# 五十音 색인

| あ 1 | い 48 | う 100 | え 127 | お 149 |
|---|---|---|---|---|
| か 189 | き 282 | く 347 | け 378 | こ 410 |
| さ 477 | し 517 | す 642 | せ 665 | そ 701 |
| た 731 | ち 779 | つ 808 | て 831 | と 860 |
| な 912 | に 939 | ぬ 954 | ね 958 | の 968 |
| は 981 | ひ 1032 | ふ 1074 | へ 1119 | ほ 1135 |
| ま 1167 | み 1189 | む 1209 | め 1221 | も 1233 |
| や 1252 | (い) | ゆ 1268 | (え) | よ 1282 |
| ら 1304 | り 1310 | る 1326 | れ 1328 | ろ 1337 |
| わ 1345 | ゐ 1357 | (う) | ゑ 1357 | を 1357 |
| ん 1358 | | | | |

교학사
비즈니스

# 일한사전

(주)교학사

# 머리말

새로운 시대인 21세기는 정보의 시대, 인터넷의 시대라고 합니다. 십수년 간 정보 기술은 우리가 예상치 못했던 빠른 속도로 발전하고 있어서 정보화에서 한번 뒤떨어진 나라는 쉽사리 정보 선진국을 따라 잡을 수 없으며 그에 따른 격차는 이전 산업 사회에서와는 비교할 수 없는 결과로 나타나게 될 것입니다. 더욱이 국가 간의 교류와 협력이 더욱 빈번하고 커져감에 따라 다른 나라의 사회와 문화에 대한 지식과 이해가 필요하고 이에 따라 사회는 개개인에게 보다 많은 정보와 지식을 요구하고 있습니다. 따라서 다양한 정보를 얻기 위해 인터넷의 사용은 불가피하고 효과적인 인터넷의 활용을 위해서 외국어의 습득은 매우 중요하고 절실합니다. 우리 나라의 경우 이전의 영어는 물론 최근에는 일본어에 대해 폭발적인 관심이 일고 있습니다. 예로부터 일본은 우리나라와 지리적으로 가까워 서로 영향을 주고 받을 수 밖에 없는 애증의 역사를 갖고 있으며 앞으로도 상호간에 교류와 영향은 클 수 밖에 없을 것입니다. 그렇기 때문에 일본을 더 잘 알고 이해하기 위한 기초 단계로 일본어를 배워야합니다. 일본 문화가 개방되고 있는 현 시점에서 일본어 학습에 대한 열의가 커졌으며 일본어를 공부하는 인구가 이전보다 훨씬 많아졌습니다. 따라서 일본어 학습에 필수적인 좋은 사전에 대한 필요성도 커졌습니다.

이러한 필요에 도움이 되는 실용적인 사전을 만들기 위해 이 사전은 일한 사전편·한일 사전편으로 나누어 일한 사전편에는 경제 용어·시사 용어·외래어·일본 역사와 문화의 배경이 되는 백과사전 항목 등을 수록하였으며 실생활에서 두루 쓰이는 생생한 관용구를 다양하게 실었습니다. 또한 한일 사전편에서는 우리 말의 어휘를 엄선하여 가장 적절한 풀이와 예해를 제시하였습니다. 이 사전이 여러분의 일본어 공부에 도움이 되기를 바라며 부족한 점을 보완하여 더 좋은 사전이 되도록 노력하겠습니다.

2000년 11월
편저자 씀

**ねっき—ねつき　きょう—きよう　ファン—ふあん**

④외래어의 장음 「—」는 앞의 모음이 중복된 것으로 보고 배열하였다.
⑤표제어의 표기가 같을 경우 한자모 항목·고유어·한자어·외래어 순으로 하였다.

**たい**【体】 **—たい**[ˣ鯛] **—たい**【他意】 **—タイ** (tie)

⑥고유어 표제어의 표기가 같을 경우 품사에 따라 접두어·접미어·조동사·조사·보통명사·조어 요소·고유명사·대명사·동사(自·他·五段·上一·下一·上二·下二·カ変·サ変·ナ変·ラ変)·형용사·形容動詞·부사·連体詞·접속사·감탄사·連語 순으로 수록하였다. 또한 다른 품사에서 변한 말은 뒤로 돌렸다.
⑦한자어 표제어의 표기가 같을 경우는 자수(字數)가 적은 순으로, 자수가 같은 항목은 첫 한자의 획수가 적은 순으로 배열하였다.
⑧외래어 표제어의 표기가 같을 경우는 원어 철자의 알파벳 순으로 배열하였다.
⑨파생어·복합어 등은 기본이 되는 표제어 아래에 부표제어로서 수록하되 표제어 부분은 「—」로 대용하였다. 또한 필요에 따라 連語도 같은 형식으로 다루기도 했다.

**ちどり**[千鳥] ……。
　**—足** ……。
**ストップ** (stop) ……。
　**—モーツョン** (stop motion) ……。

⑩관용구는 따로 慣用句 라는 약물 아래, ⑨과 같은 표기 방식을 취하였다.

**みち**[道] ……。
　慣用句
　**—が開ける** ……。

## 4. 어구성(語構成)의 표시

①표제어가 복수의 요소로 구성된 경우, 가장 뚜렷이 갈리는 부분에서 두 부분으로 나누어 글자의 간격을 조금 띄웠다.

**とわず がたり**[問わず語り]　**ちょうげんじつてき**[超現実的]

일러두기

②두 단어를 묶은 꼴이나 성립 과정을 중시한 말은 다음과 같이 나누어 나타내었다.

**さんふじんか**【産婦人科】 (「産科＋婦人科」의 꼴)
**よのなか**【世の中】　　**しんぜんび**【真善美】

③활용어 중 어간과 어미로 나뉘는 말은 그 사이에 「・」를 넣어 나타내었다.

**か・く**【書く】　　**お・きる**【起きる】　　**たか・い**【高い】

④조사・조동사・고유명사는 대상에서 제외하였다.

## 5. 표제어의 정서법

①【 】속에 한자와 가나의 혼용문에서 한자를 주로하여 표기할 경우의 표준적인 정서법을 보였다.

②정서법에 따른 표기형이 여럿일 경우는 열거하여 나타내었다.

**おさ・える**【押(さ)える・抑える】　　**つうじ**【通事・通詞・通辞】

③「常用漢字表」에 없는 한자는 그 앞에 「×」표를 하였다.

**こけ**【×苔】　　**ぜいたく**【×贅沢】　　**なみだ**【涙・×泪】

④상용 한자표에 있는 한자가 음훈란에 제시되지 않은 음훈으로 쓰인 경우는 그 앞에 「△」표를 하였다.

**おおだな**【大△店】　　**はだ**【肌・△膚】

⑤熟字訓인 경우는 〈 〉에 넣어 나타냈다. 단,「常用漢字表」의「付表」에 들어 있는 것은 〈 〉를 생략했다.

**はた**【〈二十〉】　　**そこかしこ**【〈其処彼処〉】　　**つゆ**【梅雨】

⑥일본 내각 고시「送り仮名のつけ方」에서 생략이 허용된 送り仮名는 ( ) 속에, 활용 어미의 앞 음절부터 仮名로 표기할 수 있는 말은 원칙 뒤에 아울러 적었다.

**うか・ぶ**【浮(か)ぶ】　　**おこな・う**【行う・行なう】

⑦감탄사 등의 특수한 옛 표기는 참고란에 보충 설명하였다.

**ああ** ……。▷「嗚呼」「嗟」는 취음자

⑧의미・용법에 따라 다른 글자를 쓰기도 하는 경우 해당되는 자리에 따라 나타냈다.

**くら・べる**【比べる・△較べる】①… ②【△競べる】겨루다, 경쟁하다

## 6. 외래어의 표시

①언어명과 원어의 철자를 ( ) 안에 적었으며 외래어의 대부분을 차지하는 영어의 경우 언어명을 생략하였다.

　　**リラ** (이 lira)　**ソーダ** (네 soda)　**カウント** (count)

②영국·미국의 철자가 다른 경우, 미국식을 먼저 넣고 영국식을 세미콜론 다음에 병기(倂記)하였다.

　　**ユーモアー** (humor; humour)　**シアター** (theater; theatre)

③프랑스어 등의 남성 명사·여성 명사는 다음과 같이 나타냈다.

　　**アミ** (프 ami(e))　　　　**グルマン** (프 gourmand(e))

④중국어는 정서법란의 한자 표기 앞에「⁺」이라고 표시하였다.

　　**ウーシャンフェン**【⁺五香粉】　**クーリー**【⁺苦力】

⑤일본식 영어는 ( ) 안에 다음과 같이 나타냈다.

　　**リヤカー** (일 rear car) ……。

⑥약어는 참고란에 원어를 나타냈다.

　　**アイディーカード** …… ▷ identity card·identification card의 약어

## 7. 문법적 성질의 표시

①격조사「が」「を」「へ」가 붙는 일반적인 명사는 따로 품사를 표시하지 않았다.

　　**いえ**【家】　　**つき**【月】　　**にんき**【人気】

②한정적인 격(格)용법을 갖는 명사는 뒤에 붙는 격조사를 표시했다.

　　**てんぷ**【天賦】 名の　　　**ふじ**【不時】 名の

③명사이면서 부사적 용법을 갖는 것은 다음과 같이 나타냈다.

　　**きょう**【今日】 ①《부사적으로도 씀》……。

④동사는 자동사와 타동사로 구별하고 아울러 활용의 종류를 표시했다.

　　**と·る**【取る】 他五　**みる**【見る】 他上一　**くる**【来る】 自カ変

⑤두 자로 된 한자어나 외래어에「する」가 붙어 サ行変格 활용 동사가 되는 것은 다음과 같이 표시했다.

　　**つうか**【通過】 名自スル　　　**セレクト** (select) 名他スル

일러두기

⑥形容動詞는 용법의 차이에 따라 다음과 같이 구별하여 나타냈다.
　㉠활용 어미가 갖추어져 있는 것
　　**たいせつ**【大切】 ｜ナ｜　　　　　**びんかん**【敏感】 ｜ナ｜
　㉡활용 어미가 갖추어져 있고 連体形에 「の」가 있는 것
　　**どくとく**【独特】 ｜ノ｜　　　　**ふじみ**【不死身】 ｜名｜ノ｜
　㉢문어 활용의 잔존형
　　**たいぜん**【泰然】 ｜タル｜　　　　**くうじゃく**【空寂】 ｜名｜ナル｜タル｜
⑦부사는 용법의 차이에 따라 다음과 같이 구별하여 나타냈다.
　㉠부사로만 쓰이는 것
　　**もはや**【△最早】 ｜副｜
　㉡명사로도 부사로도 쓰이는 것
　　**じゃっかん**【若干】 ｜名｜副｜
　㉢단독 또는 「と」가 붙어 쓰이는 것과 반드시 「と」가 붙어 쓰이는 것
　　**ゆるり** ｜副ᵗ｜　　　**とろりと** ｜副｜
　㉣단독 또는 「に」가 붙어 쓰이는 것과 반드시 「と」가 붙어 쓰이는 것
　　**ともども**【共共】 ｜副ⁿ｜　　**とみに** ｜副｜
　㉤단독 또는 「と」나 「に」가 붙어서 쓰이는 것
　　**ごたごた** Ⅰ……。Ⅱ ｜副ᵗⁿ｜ ｜自スル｜
　㉥「と」가 붙느냐 「に」가 붙느냐에 따라 뜻이 달라지는 경우
　　**かんかん** ｜副｜ ①｜副ᵗ｜……。②｜副ᵗⁿ｜……。③｜副ⁿ｜……。
　㉦「の」가 붙는 부사는 보충 설명으로 나타냈다.
　　**どれほど**【△何れ程】 ｜副｜……。▷「～の」의 꼴로 連体修飾로도 씀
⑧連語는 ｜連語｜라고 표시하고, 그 문법적 성질을 주기하였다.
　　**ついて**【就いて】 ｜連語｜(「…に～」의 꼴로)
⑨조사에서 쓰임이 각기 다를 경우에는 번호를 갈라 나타냈다.
　　**と** Ⅰ ｜格助｜……。Ⅱ ｜接助｜……。Ⅲ ｜終助｜……。
⑩일본어에서 조어 요소로서의 작용이 그 말의 일부에 그치는 경우는 해당되는 번호에 따로 ｜(造語)｜라고 표시하였다.
　　**どろ**【泥】 ①……。② ｜(造語)｜……。

## 8. 어의 해설

①전체적으로 해설은 간결하고 용례는 풍부하게 한다는 방침으로 기술하였으나 특히 일본의 역사·문화 등을 이해하는 데 필요한 항목들은 자세하게 설명하였다.

②뜻갈래는 ①, ②, ③,……의 꼴로 나누었으나, 다음의 경우는 대분류를 병용했다.

　㉠품사가 다른 경우

　　**ごめん**【御免】Ⅰ 名 ……。Ⅱ 感 ……。

　㉡의미 분류상 歷史的仮名遣い에 따라 표기하는 경우

　　**うま・い** Ⅰ【△甘い・△旨い】……。Ⅱ【△甘し・△旨し・△美し】……。

　㉢자동사·타동사로도 쓰이면서 각각 뜻풀이가 필요한 경우

　　**ち・する**【治する】(文) Ⅰ 自 サ変 ①(병이) 낫다 ……。

　　　　Ⅱ 他 サ変 ①(병을) 고치다 ……。

③용례 중에서 표제어 부분은「~」로 생략하여 나타냈다. 단, 활용어인 표제어가 終止形 이외의 꼴로 쓰인 경우는 어간 부분을「~」로, 어미의 활용 형태는「·」을 붙여 나타냈다.

　　**たんどく**【単独】名 단독¶ ~行動<small>こう</small> 단독 행동

　　**と・ぶ**【飛ぶ】自五 ① ……　④(날듯이) 급히 달려 가다¶ 家<small>いえ</small>に~·んで帰<small>かえ</small>る。집으로 급히 달려 가다

④어간·어미의 구별이 없는 용언이 終止形 이외의 꼴로 쓰인 경우는 전체를 다 표기했다.

　　**にる**【似る】自 上一 ……¶ 母<small>はは</small>に似<small>に</small>た子<small>こ</small> ……

⑤표제어의 첫 음이 連濁인 경우 용례의「~」부분은「≈」로 했다.

⑥문법·용법·어원 설명은《 》로 묶어서 뜻풀이 앞에 놓았다.

⑦▷ 난에는 참고 사항이나 전문어에 대응하는 외국어 등의 보충 설명을 넣었다.

　　**こうし**【講師】……　▷「こうじ」로 읽으면 딴말

　　**ラマーズほう**【ラマーズ法】醫 라마즈법……　▷ Lamaze method

⑧이해를 돕기 위해 뜻풀이 다음에「=」「⇔」를 넣어서 동의어와 반의어를 나타내었다.

일러두기

**おもかじ**【面˟舵】〚交〛①‥‥‥ ②‥‥‥ ＝ 右舷げん ▷ ①② ⇔ 取舵とりかじ

⑨접사가 딸리어 다른 품사로 파생되는 경우는 다음과 같이 나타냈다.

**かわい・い**【可ᴬ愛い】形 ‥‥‥ 名 －さ 動 －が・る 形動 －げ

⑩문어형(文語形)이 있는 말은 그 어형과 활용을 다음과 같이 나타냈다.

**おく・れる**【遅れる・後れる】自 下一 ①‥‥‥ ⑦‥‥‥ 文おく・る 下二

⑪동의어로 풀이가 중복될 경우 「→」, 참조 항목은 「⇨」를 붙였다.

**おこた** (女) → こたつ

**ごうはん**【合板】합판＝ごうばん ⇨ ベニヤ板ばん


## 9. 한자모(漢字母) 항목

①한자어의 조어 성분으로 쓰이는 「常用漢字」, 「人名用漢字」, 일반 한자 등을 수록하였다.

②일본식 한자를 제외한 표제어는 모두 대표 자음을 내세워 풀이하였다.

**ちゃ**【茶】‥‥‥

③통용(通用) 자체는 【 】에 넣고, 구자체(舊字體)는 뒤에 표기하였다.

**よ**【与】【與】音ヨ 訓あたえる‥‥‥

④상용 한자가 아닌 한자에는 「˟」를, 인명용 한자에는 「ᴺ」표를 하였다.

**あ**【˟啞】　　**あ**【ᴺ阿】

⑤片仮名로 자음(字音)을 들고 이어 平仮名로 자훈(字訓)을 들었다.

⑥한자어의 조어 요소로서의 뜻을 풀이하고, 그 한자를 사용한 용례를 열거했다.

⑦한 글자로 된 한자어는 조어 요소로서의 자의(字義) 해설 부분을 Ⅰ, 단어로서의 해설 부분을 Ⅱ로 갈라 나타냈다.

**と**【途】〖途〗音ト・ズ(ヅ) 訓みち│(음)도. Ⅰ (造語) 길, (특히) 어떤 목적을 가지고 가는 코스¶ 途中とちゅうの 도중‥‥‥

Ⅱ (文) 길, 지나가는 길¶ 帰宅きたくの～ 집으로 돌아가는 길

# 약어표

## 품사·활용

- 接頭 접두어
- 接尾 접미어
- 助動 조동사
- 助 조사
- 格助 격조사
- 接助 접속조사
- 並助 並立助詞
- 係助 係助詞
- 終助 終助詞
- 間助 間投助詞
- 副助 副助詞
- 名 명사
- 名ノ 격조사「ノ」를 붙여 쓰며 독립 용법이 없는 명사
- 名ニノ 격조사「ニ·ノ」를 붙여 쓰며 독립 용법이 없는 명사
- ((形式)) 형식명사
- 代 대명사
- ((指示)) 지시대명사
- ((人称)) 인칭대명사
- 自 자동사
- 他 타동사
- 自スル サ行変格 활용 자동사
- 他スル サ行変格 활용 타동사
- 自他スル サ行変格 활용 자동사·타동사
- 五 5段 활용
- 四 문어(文語) 4段 활용
- 上一 上一段 활용
- 下一 下一段 활용
- 上二 문어 上二段 활용
- 下二 문어 下二段 활용
- カ変 カ行変格 활용
- サ変 サ行変格 활용
- ナ変 ナ行変格 활용
- ラ変 ラ行変格 활용
- ((補助)) 보조 동사
- 形 형용사
- ((形式)) 형식 형용사
- ク 문어 ク활용
- シク 문어 シク활용
- ナ 形容動詞(활용 어미를 갖춘 것)
- ナノ 形容動詞(활용 어미를 갖추고 連体形에「ノ」가 있는 것)
- ナル 形容動詞(문어 활용의 잔존형)
- ナル 形容動詞(문어 활용의 잔존형)
- タリ 문어 タリ활용
- ナリ 문어 ナリ활용
- 副 부사
- 副ト 단독 또는 어미「ト」를 붙여 쓰는 부사
- 副ニ 단독 또는 어미「ニ」를 붙여 쓰는 부사
- 副トニ 단독 또는 어미「ト」나「ニ」를 붙여 쓰는 부사
- 連体 連体詞
- 接 접속사
- 感 감탄사
- 連語 連語
- ((造語)) 조어
- ((助数)) 조수사
- 文 문어형
- 音訓 한자어의 음·훈
- 名動 形動 파생어형
- 慣用句 관용구
- 熟字訓 熟字訓

## 외래어

- 그  그리스어
- 네  네덜란드어
- 노  노르웨이어
- 덴  덴마크어
- 독  독일어
- 라  라틴어
- 러  러시아어
- 말  말레이어
- 베  베트남어
- 범  범어(梵語)
- 스  스웨덴어
- 아  아랍어
- 에  에스파니아어
- 에스페 에스페란토
- 이  이탈리아어
- 인  인도네시아어
- 인디 인디아어
- 일  일본식 영어
- 티  티벳어
- 페  페르시아어
- 포  포르투갈어
- 프  프랑스어
- 핀  핀란드어
- 하와이 하와이어
- 헝  헝가리어
- 히  히브리어
- 힌  힌두어

## 전문어

- 〚가〛 가톨릭

## 약어표

- 〔改新〕 개신교
- 〔建〕 건축·토목
- 〔經〕 경제·경영
- 〔考古〕 고고학
- 〔工〕 공학·공업
- 〔廣〕 광고·선전
- 〔鑛〕 광물
- 〔敎〕 교육
- 〔交〕 교통
- 〔軍〕 군사
- 〔劇〕 연극
- 〔機〕 기계
- 〔氣〕 기상
- 〔論〕 논리
- 〔農〕 농업·임업
- 〔動〕 동물
- 〔文〕 문학·문학사
- 〔文法〕 문법·어학
- 〔物〕 물리
- 〔美〕 미술·공예
- 〔民〕 민속·민속학
- 〔放〕 방송·TV
- 〔法〕 법률
- 〔服〕 복식
- 〔佛〕 불교·불교어
- 〔史〕 역사
- 〔社〕 사회학
- 〔商〕 상업
- 〔生〕 생물·생화학
- 〔水〕 수산·어업
- 〔數〕 수학
- 〔植〕 식물
- 〔心〕 심리
- 〔野〕 야구
- 〔藥〕 약품·약학
- 〔言〕 언어
- 〔人〕 문화 인류학
- 〔映〕 영화
- 〔藝〕 전통 예능
- 〔料〕 요리
- 〔宇〕 우주공학
- 〔原〕 원자력
- 〔倫〕 윤리
- 〔音〕 음악
- 〔醫〕 의학·생리
- 〔日史〕 일본 역사
- 〔電〕 전기·전자 공학
- 〔情〕 정보·통신
- 〔政〕 정치
- 〔宗〕 종교
- 〔地〕 지학
- 〔天〕 천문
- 〔哲〕 철학
- 〔體〕 체육
- 〔컴〕 컴퓨터·OA
- 〔統〕 통계
- 〔版〕 출판·인쇄
- 〔表〕 표현·수사
- 〔海〕 해양
- 〔化〕 화학

### 용법·기타

- ㉠ 고어
- ㉣ 구어
- ㉤ 문어
- ㉢ 궁중어
- ㉥ 방언
- ㉦ 속어
- ㉧ 枕詞
- ㉨ 은어
- ㉩ 여성어
- ㉪ 유아어

## 기호표

- 【 】 표제어의 정서법
- 【×】 상용 한자표에 없는 한자
- 【△】 상용 한자표에 없는 음훈
- 【⑱】 인명용 한자
- 【中】 중국식 한자음
- 【( )】 생략해도 좋은 送り仮名
- ( ) 외래어
- 〈 〉 【 】안에 쓰인 熟字訓
- 《 》 문법·용법·어원 설명
- = 동의어
- ⇔ 반의어
- ¶ 용례
- ▷ 보충 설명
- → 그 표제어로 가 보라
- ⇨ 참조
- · 활용어의 어간과 어미의 구분
- / 용례의 구분
- ~ 용례에서 표제어의 생략
- ≃ 용례에서 「~」로 생략된 표제어의 첫 음이 連濁가 됨
- ― 파생어·복합어가 부표제어일 경우 표제어의 생략
- Ⅰ Ⅱ 대분류(大分類)
- 🄵🄶 중분류(中分類)
- ① ② 소분류(小分類)
- ㉠ ㉡ 소분류에서 더욱 작은 구분
- 「 」 고유어·주요어 표기

# あ ア

**あ** 五十音図ごじゅうおんずの「あ」行(行)의 첫째 かな。ひらがな「あ」는「安」의 초서체, かたかな「ア」는「阿」의 왼쪽 변을 취한 것

**あ**[亜][亞]音ア 訓つぐ|(음)아。造語 ① 버금가다, 준하다¶亜流りゅう 아류・亜熱帯ねったい 아열대②化 (무기산에서) 산소 원자가 적음을 나타냄¶亜硫酸りゅうさん 아황산 ③ 외국어「ア」의 차음자¶亜米利加アメリカ 미국 ④「亜細亜アジア」의 준말¶東亜とうあ 동아

**あ**[阿]音ア 訓おもねる|(음)아。造語 ① 산・강의 모퉁이¶山阿さんあ 산모퉁이 ② 아부[아첨]하다¶阿世あせい 아세・阿附あふ 아부 ③친근감을 나타내어 남을 부르는 말¶阿兄あけい 아형 ④ (「オ」로 읽어서) 여자・아이의 이름에 붙이는 애칭 ⑤ 외국어「ア・アー」의 차음자¶阿片あへん 아편・阿弥陀あみだ 아미타 ⑥「阿弗利加アフリカ」의 준말¶南阿なんあ 남아

**あ**[×啞]音ア 訓おし|(음)아。造語 ① 벙어리¶聾啞ろうあ 맹아・聾啞錢ろうあせん 농아 ② 놀라서 말이 나오지 않음¶啞然あぜん 아연

**あ**[×堊]音ア|(음)악。造語 백토, 회반죽¶白堊はくあ 백악 ▷「亜あ」가 대용자

**あ**[×蛙]音ア 訓かえる|(음)아。造語 개구리¶井蛙せいあ 정와, 우물 안 개구리

**あ**感(口)아 ①(놀라거나 갑자기 생각날 때) 아이고・あっ¶〜、危あぶない 아 위험하다/〜、そうか 그렇다 ②(가볍게 부르거나 긍정을 나타내어) 이봐, 응, 그래＝ああ¶〜、もしもしよ 여보세요/〜、いいよ 응, 괜찮아

**ああ**副(口) 저렇게, 저만큼, 저처럼¶〜なってからはおそい 저렇게 되어서는 늦다/〜ひどいとは思おもわなかった 저만큼 심할 줄은 생각지 않았다

慣用句
**―言いえばこう言いう** 이렇게 말하면 저렇게 말하다. 남의 말에 일일이 토를 달며 반항하다

**ああ**感(口) ①(놀람・기쁨・슬픔・한탄 등을 나타내는 소리) 아아, 아, 오, 오호¶〜、痛いたい 아아 아프다/〜、びっくりした 아 깜짝이야 ②(가볍게 부르거나 긍정적으로 대답하는 소리) 아, 이봐＝あ¶〜、ちょっと ア 잠깐만/〜、そうだよ 아 그래요

**ああいう**連体 그런, 저런＝あんな・あのような¶〜ことはするな 그런 짓은 하지 말아라/そもそも〜男おとこが 원래 그런 사나이란 말이다

**アーク** (arc) 아크 ①電 전광 ②호, 원호 ③활 모양의 것 **―灯**電 아크등 **―放電**電 아크 방전 **―溶接**ょう 아크 용접 **―炉**ろ 아크로

**アース** (earth) 名他スル電 어스, 접지

**ああだ**連語(口) 저렇다, 저런 식이다 **―こうだ**連語 이렇다저렇다, 이러쿵저러쿵¶〜(と)文句ぶんくばかり言いう 이러쿵저러쿵 트집만 잡다

**アーチ** (arch) 아치 ①建 홍예 ②문(綠門) ③ 아치형, 활꼴¶〜ダム 아치 댐/虹にじを描かく 무지개가 아치형으로 뜨다 ④野 호런

**アーチェリー** (archery) 아처리, 양궁, 양궁 경기

**アート** (art) 아트, 예술, 미술 **―紙**版 아트지 **―シアター** (art theater) 아트 시어터 **―ディレクター** (art director) 아트 디렉터

**アーバン** (urban) 造語 어번, 도시의, 도시풍의 ⇔ルーラル¶〜ライフ 도시 생활

**アーベント** (독 Abend) 아벤트. (음악회 등) 저녁에 열리는 행사. …밤¶ショパン〜 쇼팽의 밤

**アーメン** (히 amen) 感宗 아멘

**アール** (프 are) 아르, 넓이의 단위 ▷ 1아르는 100㎡. 약 30.25평

**アール** [R・r] 아르. 영어 알파벳의 18번째 자모

**アールエッチいんし** [Rh因子] 医 아르 에이치 인자 ▷ Rh는 Macacus rhesus

**アールエッチしきけつえきがた** [Rh式血液型] 医 아르 에이치식 혈액형

**アールエヌエー** [RNA] 生 아르 엔 에이. 리보 핵산 ▷ ribonucleic acid

**アールヌーボー** (프 art nouveau) 美 아르 누보, 신미술

**あい**[哀]音アイ 訓あわれ・あわれむ・かなしい・かなしむ|(음)애。造語 ①가엾게 여기다¶哀憐あいれん 애련 ②슬프다, 슬퍼하다¶哀悼あいとう 애도・悲哀ひあい 비애 ③애절하게 굴다¶哀願あいがん 애원・哀訴あいそ 애소

**あい**[×挨]音アイ|(음)애。造語 (서로) 밀다¶挨拶あいさつ 인사

**あい**[愛]音アイ 訓いとしむ・めでる|(음)애。I 造語 ①사랑하다 愛情じょう 애정・慈愛じあい 자애 ②(이성을) 연모하다¶愛人あいじん 애인・恋愛れんあい 연애 ③좋아하다¶愛読あいどく 애독・愛用あいよう 애용 ④소중히 여기다¶愛護あいご 애호・祖国愛そこくあい 조국애 ⑤아끼다¶愛惜あいせき 애석 ⑥「愛蘭アイルランド」의 준말 II ①사랑, 애정, 연모¶親おやの〜 부모의 사랑/〜の告白こくはく 사랑의 고백 ②소중히 여김¶郷土きょうどへの〜 향토애 ③하느님의 사랑 ④佛 물욕과 그에 대한 집착, 번뇌

慣用句
**―の巣す** 사랑의 보금자리¶〜を営いとなむ 사랑의 보금자리를 차리다

**あい**[相]接頭 ①서로, 함께, 마주¶〜客きゃく 동석[동숙]객/〜乗のり 합승/〜対たいする 마주 대하다/〜異ことなる 서로 다르다 ②어조를 고르고 장중함을 나타내는 말¶まことに〜済すみません 정말 미안합니다

**あい**[間] ①사이, 틈＝あいだ・すきま¶幕まく〜 막간 ②藝「あい狂言きょうげん」의 준말 ③「間着あいぎ」의 준말 ④「間駒あいごま」의 준말

**あい**[藍]植 쪽 ②쪽물 ③쪽빛, 남색

アイ

アイ [I·i] 아이. 영어 알파벳의 아홉 번째 자모

あいあい [藹藹] (文) 애애 ①(초목이) 무성함 ②온화함 ¶ 和気あいあい~ 화기 애애

あいあいがさ [相合傘·相相傘] (남녀가) 한 우산을 같이 씀, 맞우산 ¶ ~で行く 한 우산을 쓰고 가다

アイアン (iron) 아이언. 공을 치는 부분이 쇠로 된 골프채

あいいく [愛育] 名 他スル 애육 ¶ 子供こどもを~する 자식을 애육하다

あいいれない [相容れない] 連語 (서로) 맞지 않다, 양립하지 않다 ¶ 利害がい立場たちばを~ 이해가 상충하는 입장/ 保守ほしゅと革新かくしんとは~ 보수와 혁신은 양립할 수 없다

あいいろ [藍色] 남색, 쪽빛 = 藍あい¶~にそめる 쪽빛으로 물들이다

あいいん [合印] 대조인(印) = 合判ばん·あいじるし ¶ ~を押おす 대조인을 찍다

あいいん [愛飲] 名 他スル 애음, 즐겨 마심 ¶ ぶどう酒さけを~する 포도주를 애음하다

あいうち [相打ち·相撃ち·相討ち] ①(검도 등에서) 동시에 서로 상대방을 침 ¶ ~になる 동시에 상대방을 치게 되다 ②무승부 ¶ ~ということにする 무승부로 한다

あいう·つ [相打つ·相搏つ] 自五 (文) 온 힘을 다하여 서로 싸우다 ¶ 竜虎りゅうこ~ 용호 상박

アイ イー エー [IAEA] 政 아이 에이 이. 국제 원자력 기구 ▷ International Atomic Energy Agency

アイ エヌ エフ [INF] 軍 아이 엔 에프. 중거리 핵전력 ▷ intermediaterange nuclear forces

アイ エム エフ [IMF] 政 아이 엠 에프. 국제 통화 기금 ▷ International Monetary Fund

アイ エル オー [ILO] 政 아이 엘 오. 국제 노동 기구 ▷ International Labor Organization

あいえんか [愛煙家] 애연가

あいえん きえん [合縁奇縁·合縁機縁] 어울리는 연분 야릇한 인연, (사람 사이의) 인연이란 생각대로 짝이 되지 않음

あいおい [相生] ①한 뿌리에서 두 가닥의 나무 줄기가 돋아남 ②부부가 함께 오래 삶 ―の松まつ 한 뿌리에서 두 가닥 이상의 줄기가 돋아난 소나무

アイ オー シー [IOC] 體 아이 오 시. 국제 올림픽 위원회 ▷ International Olympic Committee

あいか [哀歌] (文) 애가. 비가, 엘레지

あいかぎ [合鍵] 곁쇠, 여벌[복제] 열쇠 ¶ ~を使つかって開あける 곁쇠를 써서 열다

あいかた [相方] ①상대, 상대자 ¶ 漫才まんざいの~を務つとめる 만담의 상대역을 하다 ② [敵娼] 손님의 상대가 되는 창녀

あいがも [間鴨·合鴨] 動 물오리와 집오리의 잡종

あいかわらず [相変(わ)らず] 副 여전히, 변함없이 ¶ ~元気げんきだ 여전히 건강하다/ 本年ほんねんも~よろしく 금년도 변함없이 잘 부탁합니다

あいかん [哀感] (文) 애감. 슬픈 감정 = 悲哀感ひあいかん ¶ ~が漂ただよう 애감이 감돌다

あいかん [哀歓] 애환. 기쁨과 슬픔 ¶ ~をともにする 애환을 함께하다

あいがん [哀願] 名 自他スル 애원 = 哀訴あいそ ¶ ~を退しりぞける 애원을 물리치다/ 慈悲じひを~する 자비를 베풀어 달라고 애원하다

あいがん [愛玩] 名 他スル 애완 ¶ ~犬けん 애완견/ ~動物どうぶつ 애완 동물

あいき [愛機] 애기. 애용하는 비행기·사진기

あいぎ [間着·合着] ①춘추복 = 間服あいふく ②겉옷과 속옷 사이에 입는 옷

あいきどう [合気道] (호신술인) 합기도

あいきゃく [合客] ①동숙객 ¶ 宿屋やどやで~になる 여관에 동숙하게 되다 ②동석객, 합석객 ¶ ~に二人ふたり同席どうせきの客きゃくが二人이다

アイ キュー [IQ] 아이 큐. 지능 지수 = 知能指数ちのうしすう ▷ intelligence quotient

あいきょう [愛郷] 애향 ¶ ~心しん 애향심

あいきょう [愛敬·愛嬌] 애교 ①(용모 등이) 귀엽고 상냥함 ¶ ~のある顔かお 귀엽고 상냥한 얼굴/ ~がこぼれる 애교가 넘치다 ②사소한 서비스·익살, 아양, 재롱 ¶ ほんの御~で 변변치 못합니다만/ ~を振ふりまく 애교를 부리다 ―者もの 재롱둥이

あいぎん [愛吟] 名 他スル (文) 애음. (시가 등을) 즐겨 읊음, 그런 시가 ¶ ~集しゅう 애음집

あいくぎ [合釘·間釘] (판자와 판자를 잇는 데 쓰는) 양끝이 뾰족한 못

あいくち [合口] ①[匕首] 비수 ¶ 懐ふところに~を呑のんでいる 품에 비수를 품고 있다 ②(성격 등이) 잘 통함, 죽[궁합]이 맞음, 그런 사람 = 相性あいしょう ¶ ~の友とも 서로 잘 통하는 친구/ ~がいい 죽이 잘 맞다 ③물건의 이음매
慣用句
ー が悪わるい (상대로서 성격·기량이) 어울리지 [맞지] 않다, (씨름 등에서) 상대하기 거북하다

あいくる·しい [愛くるしい] 形 귀엽디 귀엽다, 귀염성이 있다 ¶ ~笑顔えがお 귀염성스러운 웃는 얼굴

あいけん [愛犬] 애견 ①귀여워하는 개 ② 名 개를 귀여워함 ¶ ~家か 애견가

あいこ [相子] (口) 비김. 무승부 = 引ひき分わけ ¶ これでお~になった 이것으로 비겼군

あいこ [愛顧] 애고. (고객이 상인·연예인 등을) 아끼고 돌보아 줌 ¶ ご~をいただく 애고를 입다, 돌보아 주시다/ 日ひごろのご~にこたえて 평소둘 돌보아 주신 데 보답하여

あいご [相碁] 맞바둑, 호선(互先), 상선

あいご [愛語] 佛 (부처·보살이 건네는) 인자하고 애정어린 말

あいご [愛護] 名 他スル 애호 ¶ 動物どうぶつ~週間しゅうかん 동물 애호 주간

あいこう [愛好] 名 他スル 애호 ¶ 音楽おんがく~家か 음악 애호가

あいこう [愛校] 애교 ¶ ~心しん 애교심

あいごう [哀号] 애호 (文) 호곡(號哭), 애곡 ②(한국·중국에서) 상중에 소리내어 욺, 곡

**あいこく**【愛国】名 애국 **一心**ん 애국심
**あいことば**【合(い)言葉】①암호, 암호말¶ ~で話はす 암호로 말하다 ②모토, 구호, 표어¶ クリーンな政治せいじを~にする 깨끗한 정치를 구호로 삼다
**アイコノクラズム** (iconoclasm) 아이코노클래즘
**あいごま**【間゚駒・合゚駒】(일본 장기에서) 飛車ひしゃ・角行かくぎょう・香車きょうしゃ 등이 장군을 불렀을 때 그 먹을 막아 방어하기, 그런 말
**アイコン** (icon) 명 아이콘
**あいさい**【愛妻】애처 ①사랑하는 아내¶ ~弁当べんとう 사랑하는 아내가 싸 준 도시락 ②名 아내를 사랑하고 아낌¶ ~家 애처가
**あいさつ**【挨拶】名自スル ①(일상적인) 인사¶ あさの~ 아침 인사/ ~を交かわす 인사를 나누다 ②(특별한 용건·계절 등의) 인사¶ お礼れいに伺うかがう 인사차 찾아뵈다 ③(공적인) 인사, 인사말¶ 来賓らいひんの~ 내빈의 인사/ 一言ひとこと御ご~申もうし上あげます 한 마디 인사 말씀 드리겠습니다 ④ 대답, 응답¶ 何なんの~もない 아무 응답도 없다 ⑤(「御~だ」의 꼴로) 상대방의 결례되는 언행을 비꼬아 하는 말¶ それはまた御ご~だね 거 무슨 말을 그렇게 하시나

**あいし**【哀史】(文) 애사, 비사¶ 女工じょこう~ 여공 애사
**あいし**【哀詩】(文) 애시, 슬픈 사연을 읊은 시
**あいじ**【愛児】애아, 사랑하는 자식 = いとしご¶ ~を亡なくした母ははの悲かなしみ 사랑하는 자식을 잃은 어머니의 슬픔
**アイ シー**【IC】아이 시 ①(電) 집적 회로 ②(文) 고속 도로 인터체인지
**アイ シー ビー エム**【ICBM】(軍) 아이 시 비 엠, 대륙간 탄도 미사일
**あいしゃ**【愛車】애차¶ ~を駆かって出でかける 애차를 몰고 나가다
**あいじゃく**【愛着】名自スル 애착 ①(佛) 애집 (愛執), 애염(愛染) ② → あいちゃく
**あいしゅう**【哀愁】애수¶ ~を帯おびた歌声うたごえ 애수 띤 노래 소리
**あいじゅう**【愛執】(佛) 애집, 애착, 애염(愛染)¶ ~の念ねんを断たつ 애집의 마음을 끊다
**あいしょ**【愛書】애서 ①애독서¶ ~詩集ししゅう 애독 시집 ②名 책을 좋아함¶ ~家 애서가
**あいしょう**【相性・合性】①(성격·기질의) 상통성 (특히 남녀간의) 궁합¶ ~がいい性格 성격이 잘 맞다/ ~の悪わるい夫婦ふうふ 궁합이 맞지 않는 부부 ②(사람과 사물 또는 각 사물간의) 상호 적응도¶ この機械きかいは~が悪わるい 이 기계는 적응이 잘 안 된다
**あいしょう**【哀傷】名他スル(文) 애상, 애도¶ ~に打うたれる 애상에 큰 감동을 받다 **一歌**か (文) 애상가
**あいしょう**【愛妾】(文) 애첩
**あいしょう**【愛称】애칭
**あいしょう**【愛唱】名他スル애창, 즐겨 노래함¶ ~歌か 애창가 ②【愛誦】애송¶ ゲーテの詩しを~する 괴테의 시를 애송하다

**あいじょう**【哀情】(文) 애정, 구슬픈 심정
**あいじょう**【愛情】애정 ①사랑하고 소중히 여기는 마음¶ 深ふかい~ 깊은 애정/ ~にうえる 애정에 굶주리다 ②(이성에 대한) 연정¶ ひそかに~をいだく 남몰래 애정을 품다/ ~を打うち明あける 애정을 고백하다
**あいじょう**【愛嬢】(文) 영애(令愛), 영양(令孃), 사랑하는 딸 = まなむすめ
**あいじるし**【合印・合標】①(전쟁터에서) 아군 표지¶ ~を見みて味方みかたと知しる 표지를 보고 아군임을 알다 ②(바느질에서) 천의 이음매 등을 나타내는 표시 ③ → あいいん(合印)
**あいじん**【愛人】애인 ①연애 상대, 연인¶ 彼女かのじょの~ 그녀의 연인 ②정부(情婦) 사람을 사랑함 敬天けいてん~ 경천 애인
**あい・す**【愛す】他五 → あいする
**アイス** (ice) 아이스 ①얼음 ②(造語) 얼음이 든, 얼린, 냉 ③「アイスキャンデー・アイスクリーム」 등의 준말 ④(俗) 고리 대금업자
**あいず**【合図・相図】名自スル 신호, 사인¶ コーチからの~ 코치로부터의 사인/ 手てで~する 손으로 신호하다
**アイスボックス** (icebox) 아이스박스
**あいすまな・い**【相済まない】形 ①미안하다¶ ~ことをした 미안한 짓을 했네 ②그대로 내버려 둘 수 없다¶ それでは~ 그대로 봐 두지 않겠다, 그냥 넘길 수 없다
**あい・する**【愛する】他サ変 사랑하다 ①귀여워하다 子供こどもを~ 아이를 사랑하다 ②(이성을) 사모하다¶ ~人ひと 사랑하는 사람 ③좋아하다, 즐기다 孤独こどくを~ 고독을 즐기다/ 詩しを~ 시를 사랑하다 ④소중히 여기다, 아끼다¶ 私わたしの~絵え 내가 아끼는 그림/ 書物しょもつを~ 책을 소중히 하다
**あいせき**【相席・合席】名自スル 합석, 동석¶ ~になる 합석하게 되다/ ~で食事しょくじする (모르는 사람과) 동석해서 식사하다
**あいせき**【哀惜】名他スル(文) 애석¶ ~の念ねんにたえない 애석한 마음 금할 길이 없다
**あいせき**【愛惜】名他スル(文) 애석, (물건 등을) 소중히 하여 아낌, 아쉬워 함¶ ~の品しな 아끼는 물건
**あいせつ**【哀切】名ナ(文) 애절¶ ~きわまりない話はなし 애절하기 그지없는 이야기
**アイゼン** (독 Eisen) 아이젠, 등산화 바닥에 대는 뾰족한 쇠
**あいそ**【哀訴】名自他スル(文) 애소, 애원 = 哀願あいがん¶ 切せつなる~ 간절한 애소
**あいそ**【愛想】①붙임성, 상냥함¶ ~がいい 붙임성이 있다/ ~を振ふりまく 애교를 떨다 ②(남에 대한 친밀한) 정 ③대접 = もてなし 何なんのお~もありませんで… 아무 대접도 못해 드리고… ④「~を言いう」의 꼴로) 발림말을 함 店員てんいんが~を言う 점원이 발림말을 하다 ⑤(흔히 「お~」의 꼴로) (식당 등에서) 계산, 계산서¶ お~です 계산서입니다/ お~にしてもらう (손님쪽의 말로) 계산해 주시오 **一尽**つかし 정【정나미】떨어짐, 그런 것

을 나타내는 말·태도 **―笑**ぃ 비위를 맞추기 위해 짓는 웃음, 간살떠는 웃음

[慣用句]
**―が尽きる** 정〔정나미〕 떨어지다
**―もこそも尽き果てる** 정이고 뭐고 다 떨어지다, 완전히 정나미가 떨어지다
**―を尽かす** 정나미가 떨어져 상대하지 않다

**あいそう**【愛想】→ あいそ(愛想)
**あいぞう**【愛憎】[文] 애증, 사랑과 미움
**あいぞう**【愛蔵】[名][他スル] 애장 = 秘蔵ひぞう¶ ～書 애장서/ ～の品々 애장품
**あいそく**【愛息】[文] 애식, 영식(令息), 사랑하는〔귀한〕아들 = 愛嬢あいじょう
**アイソトープ**(isotope)[化] 아이소토프
**あいそん**【愛孫】[文] 애손, 사랑하는〔귀한〕손자
**あいだ**【間】 사이 ①(한정된 공간의) 중간 부분¶ 山やまと海うみの～に町まちがある 산과 바다 사이에 도시가 있다 ②(시간·공간적인) 거리, 간격, 틈새¶ ～をおいて歌うたう 간격을 두고 노래하다/ 前まえの人ひととの～を空あける 앞 사람과의 사이를 ③(한정된 일련의) 기간, 동안¶ 夏休なつやすみの～ 여름 방학 동안/ 長ながい～のごぶさた 오랜 기간의 무소식 ④(서로 다른 것의) 중간, …간¶ ～に入はいって話はなしをまとめる 중간에 들어가 이야기를 결말짓다 ⑤(인간에서의) 한정된 범위¶ 専門家せんもんかの～で評判ひょうばんになる 전문가들 사이에서 인기가 있다 ⑥인간·가족 관계¶ 嫁よめと姑しゅうとめの～がうまくいかない 고부 사이가 원만치 못하다
**あいたい**【相対】①마주 대함¶ ～で話はなし合あう 맞대면해서 서로 이야기하다 ②당사자끼리 함¶ ～でなら何なんでも言いえる 당사자끼리라면 무슨 말이든 할 수 있다 **―尽**ずく 당사자끼리 의논하여 결정함
**あいたい・する**【相対する】[自][サ変] ①마주보다¶ 二辺にへん 마주 보는 두 변 ②맞서다, 대립하다¶ ～意見いけん 대립하는 의견
**あいだがら**【間柄】 사람과 사람간의 관계, 사이¶ 叔父おじ、甥おいの～ 숙부와 조카 사이
**あいだぐい**【間食い】[名][自スル][口] 간식
**あいたしゅぎ**【愛他主義】애타주의, 이타주의
**あいたずさ・える**【相携える】[自][下一] 제휴하다, 서로 손잡고 협력하다¶ ～えて経済けいざいを回復かいふくさせる 제휴하여 경제를 회복시키다
**あいち**【愛知】[地] 일본 중부 지방 서남부의 태평양에 면한 현. 현청 소재지는 名古屋なごや시
**あいちゃく**【愛着】[名][自スル] 애착¶ ～をおぼえる 애착을 느끼다/ ～が強つよい 애착이 강하다
**あいちょう**【哀調】애조¶ ～を帯おびた歌声うたごえ 애조를 띤 노랫소리
**あいちょう**【愛重】[名][他スル][文] 애중, 애지중지
**あいちょう**【愛鳥】 애조 ①사랑해서 기르는 새 ②[名] (야생의) 새를 애호함¶ ～週間しゅうかん 애조 주간
**あいつ**【彼奴】[代] ①(人称) 저 녀석, 저놈, 저 치, 그 녀석¶ ～を逃にがすな 저 녀석을 놓치지 마라/ ～のことなら、もう言いうな そのぐち 그 녀석 이야기라면 이제 하지 마라 ②(指示) 저것, 그것 = あれ¶ 右みぎから二ふたつめの～を取とっておいで 오른쪽에서 두번째 것을 집어 오너라

**あいつ・ぐ**【相次ぐ·相継ぐ】[自][五] 잇달다, 뒤를 잇다¶ ～朗報ろうほう 잇단 낭보/ 事件じけんが～ 사건이 뒤를 잇다
**あいづち**【相槌】 (이야기 등의) 맞장구
[慣用句]
**―を打**う**つ** 맞장구 치다
**あいて**【相手】 상대 ①한패, 동료, (행위의) 대상자, 짝¶ 遊あそび～ 놀이 동무/ だれも～にしてくれない 아무도 상대해 주지 않다 ②경쟁자¶ 試合しあい～ 시합 상대 **―方**がた 상대방, 상대편 **―次第**しだい 상대방 나름 **―取**どる[他五] 상대로 하여 다투다 **―役**やく (영화·연극 등에서) 상대역
**アイデア**(idea) 아이디어 ①착상, 구상, 생각¶ すてきな～ 멋진 착상 ②[哲] 관념, 이념 = イデア **―マン** (일 idea man) 아이디어 맨
**アイディーカード** (ID card) 아이디 카드. 신분증명서 ▷ identity card·identification card
**あいでし**【相弟子】 동문, 동학(同學)
**アイテム** (item) 아이템 ①(신문 기사 등의) 항목 ②(한 세트 중의) 단위 품목, (특히) 옷의 종목 ③[컴] 한 항목의 데이터
**アイデンティティー** (identity) [心] 아이덴티티. 자기 동일성, 정체성¶ ～を確立かくりつする 정체성을 확립하다
**あいとう**【哀悼】[名][他スル][文] 애도¶ つつしんで～の意いを表あらわす 삼가 애도의 뜻을 표하다
**あいどく**【愛読】[名][他スル] 애독¶ ～書 애독
**アイドリング** (idling) [機] 아이들링. (동력·기계 등의) 공회전 = 空回からまわり
**アイドル** (idol) 아이들. 우상¶ 若者わかものの～ 젊은이의 우상
**あいなかば・する**【相半ばする】[自][サ変][文] 상반하다, 서로 반반이다¶ 功罪こうざい～ 공과(功過)가 상반하다
**あいなめ**【鮎魚女·鮎並】[動] 쥐노래미
**あいならぬ**[連語] 안 되다 見みては～ 보아서는 안 된다
**あいな・る**【相成る】[自][五][文] 되다¶ いかが～・りましょうや 어떻게 될까요/ ～べくは 가급적이면
**あいにく**【生憎】[ダ][副] 공교롭게, 마침, 하필이면 = 折あしく¶ ～の雨あめ 공교롭게 내리는 비/ お～さま 안 되었군요, 미안합니다
**アイヌ** 아이누 **―語**ご 아이누어
**あいのけっしょう**【愛の結晶】[連語] 사랑의 결정
**あいのこ**【合の子·間の子】①혼혈아 ②잡종 ③[口] 중간치, 얼치기¶ ～弁当べんとう 쌀밥에 양식 요리를 곁들인 도시락
**あいのて**【合の手·間の手】①[藝] (일본 전통 음악에서) 노래 사이에 三味線しゃみせん 만으로 넣는 간주 ②가락에 맞춰 넣는 손장단이나 소리 = 手事てごと ③상대방의 말이나 동작을 원활하게끔 끼워 넣는 말이나 소리¶ ～を入いれる 장단을 넣다[맞추다]

**あいのむち**【愛の*鞭】〖連語〗사랑의 매
**あいのり**【相乗り】〖名自スル〗①합승♥タクシーの〜 택시 합승 ②공동으로 사업을 함♥〜番組ばん 공동 스폰서가 딸린 프로그램
**あいば**【愛馬】애마 ①사랑하는 말 ②〖名〗말을 아끼고 사랑함=精神めめ愛馬 정신
**あいはん**【合判】①(서류 등의) 대조인(印) ②두 사람 이상이 연대해서 찍은 도장
**あいばん**【合判・間判・相判】①〖版〗(종이의) 국판 ②〖美〗(浮世絵えよ 판화에서) 세로 약 33cm×가로 약 23cm 크기의 것
**アイビー**(ivy) 아이비 ①〖植〗담쟁이덩굴 ②「アイビーリーグ」의 준말 ③「アイビールック」의 준말 **ーリーグ** (Ivy League) 아이비 리그. 미국 북동부의 8개 유명 사립 대학의 총칭 **ールック** (일 Ivy look)〖服〗아이비 룩. 아이비 리그의 학생들의 전형적인 복장
**あいびき**【合(い)挽(き)】쇠고기 · 돼지고기를 섞어 다짐, 또는 그 고기
**あいびき**【*逢(い)引(き)・*媾*曳(き)】〖名自スル〗(남녀의) 밀회=忍しのび会あい♥〜をかさねる 밀회를 거듭하다
**あいびょう**【愛猫】〖文〗①귀여워하는 고양이 ②〖名〗고양이를 귀여워함
**あいふ**【合符】(수하물의) 물표, 짐표
**あいぶ**【愛撫】〖名他スル〗애무
**あいふく**【合服・合服】간복. 춘추복=あいぎ
**あいふだ**【合札】①물표, 보관증 ②부절(符節)
**あいべつ**【哀別】〖名自スル〗애별, 이별을 슬퍼함, 슬픈 이별♥〜の情じょ 애별의 정
**あいべや**【相部屋】(여관 등에서의) 동숙♥〜の人び 동숙자/〜になる 동숙하게 되다
**あいぼ**【愛慕】〖名他スル〗〖文〗애모, 사랑하여 사모함♥〜の情じょ 애모의 정
**あいぼう**【相棒】①(口)(함께 하는) 짝, 한패, 파트너=商売ばい上じょの〜 장사의 동업자/ あの二人ふたりはいい〜だ 저 두 사람은 잘 어울리는 짝이다 ②(가마 · 목도 등을 맞메는) 짝
**あいぼし**【相星】(승패의 수효에서의) 임♥5勝しょう2敗はい の〜 5승 2패의 동률 성적
**アイボリー**(ivory) 아이보리 ①상아 ②상아빛 ③상아빛의 두꺼운 양지 **ーホワイト** (ivory white) 아이보리 화이트, 유백색
**あいま**【合間】사이 ①(시간의) 짬, 틈♥時間じかんの〜 시간의 사이 / 勉強べんきょうの〜にアルバイトをする 공부하는 틈틈이 아르바이트를 하다 ②(물건의) 틈=すきま♥〜に挟はさむ 사이(틈)에 끼우다
**あいまい**【*曖*昧】〖ナ〗①(태도 · 내용이) 애매함♥〜な返事へん 애매한 대답 ②수상적음=模糊も♥〜模糊 애매모호=一屋おくに 겉으로는 요리집처럼 보이나 매춘부를 둔 수상적은 가게
**あいまって**【相俟って】〖連語〗서로 힘입어서, 겹쳐서, 어울려서♥運うんと実力じつりょくが〜成功せいこうした 운과 실력이 겹쳐서 성공했다
**あいみたがい**【相身互い】동병상련, 서로 동정하고 도움=武士どうしは〜 무사끼리는 서로 동정하여 돕기 마련

**あいもかわらぬ**【相も変(わ)らぬ】〖連語〗여전한, 전과 다름없는♥〜不景気けいき 여전한 불경기
**あいもち**【相持ち】〖名〗①(한 물건을) 교대로 함께 갖기, 공유♥財産ざいの〜 재산의 공유 ②똑같이 부담함, 추렴=わりかん♥バス代だいは〜にする 버스 요금은 각자가 부담한다
**あいやき**【*藍焼(き)】〖化〗청사진=青焼あおやき
**あいやく**【相役】동료=同役やく
**あいやど**【相宿】동숙(同宿)♥〜を希望きぼうする 동숙을 희망하다
**あいよう**【愛用】〖名他スル〗애용♥〜の小机こづくえ 애용하는 작은 탁자/国産品こくさんひんを〜する 국산품을 애용하다
**あいよく**【愛欲・愛慾】애욕 ①정욕♥〜におぼれる 애욕에 빠지다 ②〖佛〗(속세에 대한) 애착, 애집(愛執)
**あいよつ**【相四つ】〖相撲〗상대방을 잡는 기술이 같음=喧嘩けんか四つ♥〜に組むむ 서로 같은 수법으로 잡다
**あいらく**【哀楽】〖文〗애락=喜怒きど〜 희로 애락
**あいらし・い**【愛らしい】〖形〗귀엽다, 사랑스럽다=しぐさ 귀여운 몸짓
**アイリス**(iris) ①〖植〗아이리스 ②홍채(虹彩)
**アイリスアウト** (iris-out) 〖映〗아이리스 아웃
**アイリスイン** (iris-in) 〖映〗아이리스 인
**あいれん**【*哀*憐】〖文〗애련, 애처로움♥〜の情じょに堪たえない 애처로운 마음을 금할 수 없다
**あいれん**【愛*憐】〖文〗애련=なさけ
**あいろ**【*文色】〖文〗(사물의) 색 · 형태 · 모습, (사물의) 구별
**あいろ**【*隘路】〖文〗애로 ①험로♥〜を歩あるく 험로를 걷다 ②난관, 장애♥〜を打開だかいする 난관을 타개하다
**アイロン** (iron) 아이론 ①다리미♥〜をかける 다리미질을 하다 ②머리털을 지져서 다듬는 기구
**あいわ**【哀話】〖文〗애화, 비화, 슬픈 이야기
**あ・う**【合う】〖自五〗①합쳐지다, 만나다, 맞닥뜨리다♥知人ちじんに〜 아는 사람을 만나다 ②【遭う・遇う】(바람직하지 않은 일과) 조우하다♥嵐あらしに〜 폭풍을 만나다/交通こうつう事故じこに〜 교통 사고를 만나다 ③【遭う・遇う】(바람직하지 않은 행위를) 겪다, 당하다♥巻まき返かえしに〜 반격을 당하다/ ひどい目めに〜 혼이 나다 ▷「会う」는「모여서 대면하다」,「遭う・遇う」는「우연히 만나다」,「逢う」는「약속하고 만나다」의 뜻
〖慣用句〗
**ーは別わかれの始はじめ** 만남은 헤어짐의 시작
**あ・う**【合う】〖自五〗①맞다 ①맞다, 만나다♥視線しせんが〜 시선이 마주치다/支流しりゅうが本流ほんりゅうと〜 지류가 본류와 합쳐지다 ②일치하다, 들어맞다♥寸法すんぽうが〜 치수가 맞다/二人ふたりのそりが〜・わない 두 사람의 뜻이 맞지 않다 ③어울리다, 조화되다♥好このみに〜 취향에 맞다 ④(이치 · 기준에) 닿다, 일치하다♥答こたえが〜 답이 맞다/リズムに〜 · わ

ない 리듬이 맞지 않다 ⑤수지가 맞다¶割に/・わない仕事は 수지가 맞지 않는 일 ⑥(補助)(動詞 連用形에 붙어) 서로 …하다¶信じ～ 서로 믿다/ 慰め～ 서로 위로하다
**アウト** (out) 아웃 ①(造語) 바깥, 밖 ②(테니스 등에서) 공이 규정선 밖으로 나감 ③(野) 타자・주자가 공격 자격을 잃음 ④(골프에서) 18홀 코스의 전반인 9홀 ⑤(俗) 뻗음, 실패함, 낙방함 **―コース** (일 out course) 아웃 코스 ①(野) 타자의 먼 쪽을 지나가는 공의 코스 ②원형 경기장의 바깥쪽 주로 **―フォーカス** (일 out focus) (映)(放) 아웃 포커스
**アウトサイダー** (outsider) 아웃사이더 ①국외자 ②(社) 기성 질서를 거부하고 독자적인 사상・행동을 할 가능성이 있는 사람 ③(經) 카르텔・트러스트 등에 가입하지 않은 동업자
**アウトサイド** (outside) 아웃사이드 ①바깥쪽 ②(野) 외각
**アウトドア** (outdoor) 아웃도어, 옥외, 야외 **―ライフ** (outdoor life) 아웃도어 라이프
**アウトバーン** (독 Autobahn) 아우토반. (독일의) 자동차 전용 고속도로
**アウトプット** (output) 名 他スル (機)(컴) 아웃풋. 출력＝出力ショリ ⇔ インプット
**アウトライン** (outline) 아웃라인 ①윤곽 ②개요¶事件ジけんの～ 사건의 개요 ③(表) 요점＝梗概コウガイ¶～をまとめる 요점을 간추리다 **―ステッチ** (outline stitch) 아웃라인 스티치
**アウトロー** (outlaw) 아웃트로, 무법자
**あうん** [×阿×吽] 아훔 ①(佛) (만물의) 처음과 끝 ②(佛) (사찰의 문둥에 놓인) 한 쌍의 인왕상(仁王像)의 모습 ③(文) 장단 **―の呼吸** (어울려서 어떤 일을 할 때의) 호흡, 장단¶～が合う 호흡이 맞다
**あえ・ぐ** [喘ぐ] 自五 ①헐떡이다¶高熱コウネツで 고열로 헐떡이다 ②허덕이다, 시달리다¶不況フキョウに～ 불황에 허덕이다
**あえず** [×敢えず] 連語 (동사 연용형에 붙어) 다 …하지 못하고, 채 …하기도 전에 取ルるものも～ 갈겨쓰는 쟁길 것도 채 쟁기지 못하고 급히 달려가다 (오다)
**あえて** [×敢えて] 副 ①감히, 굳이, 억지로＝しいて¶～いえば 굳이 말한다면/ ～難問ナンモンに挑戰チョウセンする 감히 어려운 문제에 도전하다 ②구태여, 결코, 별로¶～買カい換かえる必要ヨウはない 구태여 바꿔 살 필요는 없다
**あえな・い** [敢え無い] 形(文) 어이없다, 허망하다＝あっけない¶～最期サイゴをとげる 어이없는 죽음을 당하다
**あえなくなる** [×敢(え)無くなる] 連語(文) 작고하다＝死しぬ「죽다」의 완곡한 표현
**あえ もの** [×和(え)物・×韲(え)物] [料] (어패류・채소 등을 버무린) 무침
**あ・える** [×和える・×韲える] 他下一 (어패류・채소 등을 된장・초 등으로) 무치다, 버무리다¶酢すみそで～ 초된장에 무치다
**あえん** [亜鉛] [化] 아연 **―華カ** 아연화. 산화 아연 **～軟膏ナンコウ** 아연화 연고

**あお** [青] ①청. 파랑, 푸른 색¶～空ぞら 푸른 하늘/ ～色ィロ 청색, 파랑색 ②초록, 녹색¶～葉ば 초록 잎 ③신호등¶信号シゴウの青신호 ④「青毛アオげ」의 준말. 가라말 빛깔, 청가라말 [慣用句]
**―は藍アイより出いでて藍アイより青アオし** (比) 청출어람(青出於藍). 제자가 스승보다 뛰어남
**あお あお** [青青] 副 自スル 푸르게, 파랗게¶～と茂しげる 푸르게 우거지다
**あお あざ** [青×痣] ①시퍼런 멍 ②(피부의) 푸른 반점
**あお あらし** [青×嵐] (文) 청람. 신록의 계절에 부는 상쾌한 바람＝せいらん
**あおい** [×葵] ①(植) (아욱・접시꽃 등) 아욱과 식물 ②(紋) 徳川도쿠가와 가문의 문장
**あお・い** [青い] 形 ①파랗다, 푸르다¶～目めパラン 눈／ ～海ウミ 푸른 바다 ②초록색이다, 푸르다¶～野菜ャサイ 녹색 채소/ 新緑シンリョクが～ 신록이 푸르다 ③파리하다, 창백하다¶～顔かお 창백한 얼굴 ④퍼렇다, 설익다, 미숙하다¶～果実カジッ 설익은 과일/ 君きみはまだ～ 너는 아직 미숙하다 ⑤(造語) (어간「あお」가 명사・형용사에 붙어) 풋, 어린, 미숙한¶青二才アオニサイ 풋내기
**あおいき といき** [青息吐息] (매우 곤란할 때 나오는) 한숨, 허덕임¶売ウり上あげ不振フシンで～だ 매상 부진으로 허덕이다
**あおいろ しんこく** [青色申告] [經] (법인세・개인 소득세의) 청색 신고
**あおうなばら** [青海原] (文) 창해, 대양
**あおうみがめ** [青海×亀] (動) 바다거북
**あおうめ** [青梅] 청매. 덜 익은 푸른 매실
**あおえんどう** [青×豌豆] [植] 청완두. 그린피스
**あおがい** [青貝] ①(자개의 재료로 쓰이는) 조가비 ②(動) 진주조개 ③(조가비의) 진주층 ④「青貝細工サイク」의 준말. 자개 세공, 나전
**あおがえる** [青×蛙] [動] 청개구리
**あおかび** [青×黴] [植] 푸른곰팡이
**あおがり** [青刈(り)] [農] (비료・사료로 쓰기 위해) 벼과・콩과의 작물을 잎이 푸른 동안에 베어 버리기
**あおき** [青木] [植] 식나무 ②상록수＝ときわぎ ③생나무＝なまき
**あおぎ・みる** [仰ぎ見る] 他上一(文) 우러러보다＝うちだ보다¶山頂サンチョウを～ 산꼭대기를 쳐다보다 ②추앙하다¶師シと～ 스승으로서 우러러보다
**あおぎり** [青×桐・×梧桐] [植] 벽오동
**あお・ぐ** [仰ぐ] 他五(文) ①쳐다보다, 우러러보다＝うちだ보다¶天テンを～ 하늘을 쳐다보다 ②우러르다, 공경하다, 추앙하다¶救国キュウコクの英雄エイユウと～ 구국의 영웅으로 추앙하다 ③모시다, 받들다¶師シと～ 스승으로 모시다/ 統帥トウスイに～ 통수로 받들다 ④(명령・기부 등을) 삼가 바라다, 청하다¶寄付キフを～ 기부를 삼가 청하다/ 指揮シキを～ 지휘를 바라다
**あお・ぐ** [×扇ぐ・×煽ぐ] 他五 부치다, 부채질하다¶うちわで～ 부채로 부치다

**あおくさ** [青草] 청초. 푸른 풀¶ ～がおいしげる 푸른 풀이 우거지다

**あおくさ・い** [青臭い] 形 ①풋내가 나다¶ ～・くて飲めない 풋내가 나서 마실 수 없다 ②(생각·학문 등이) 유치하다, 미숙하다¶ ～意見ｹﾝ 유치한 의견

**あおくなる** [青くなる] 連語 ①(색이) 파래지다 ②창백해지다, 새파래지다 旅券ﾘｮｳを なくして～ 여권을 잃어버리고 창백해지다 ③몹시 두려워하다¶ あおくなって逃にげ出だした 질겁을 공포로 창백해진

**あおぐろ・い** [青黒い] 形 검푸르다¶ ～色ｲﾛ 검푸른 빛 /～・くよどんだ水ﾐｽﾞ 검푸르게 괴어 있는 물

**あおこ** [青粉] ①파래 가루 ②갓가루

**あおさ** [石蓴] 植 청태, 갈파래＝ちさのり

**あおざ・める** [青褪める·蒼褪める] 自下一 (공포 등으로) 파리해지다, 창백해지다¶ 恐怖ﾌで～ 공포로 창백해지다

**あおじ** [青地] 청색 바탕¶ ～の織物ｵﾘﾓﾉ 청색 바탕의 직물

**あおしお** [青潮] 〚水〛 적조(赤潮)

**あおじそ** [青紫蘇] 植 푸른차조기, 청소엽

**あおじゃしん** [青写真] ①청사진〔도면 등의〕청색 사진 ②구상, 미래도¶ 未来都市ﾐﾗｲﾄｼの～を描ｴｶﾞく 미래 도시의 청사진을 그리다

**あおじろ・い** [青白い] 形 ①파르스름하다, 푸르스름하다¶ 月ﾂｷの光ﾋｶﾘが ～ 달빛이 푸르스름하다 ②〔蒼白い〕창백하다, 파리하다¶ ～顔ｶｵ 창백한 얼굴

**あおじろきインテリ** [青白きインテリ] 창백한 인텔리

**あおしんごう** [青信号] 청신호, 푸른 신호¶ ～が出でる 청신호가 떨어지다／開発計画ｶｲﾊﾂｹｲｶｸに～が灯ﾄﾓる 개발 계획에 청신호가 켜지다

**あおすじ** [青筋] ①푸른 선〔줄기〕②핏대
慣用句
**―を立たてる** (관자놀이에 핏대가 설 정도로) 노발대발하다, 핏대를 세우다

**あおせん** [青線] 청선. 푸른 선〔줄〕『青線区域ｸｲｷ·青線地帯ﾁﾀｲ』의 준말 ―区域 영업 허가 없이 무허가 매춘을 하던 음식점 거리

**あおぞら** [青空] ①푸른 하늘, 창공¶ ～が広ﾋﾛがる 창공이 펼쳐지다 ②(造語) 옥외, 노천, 야외¶ ～教室ｷｮｳ 노천 교실

**あおた** [青田] 청전¶벼가 푸릇푸릇한 논 ②벼가 다 익지 않은 논 ―買かい ①입도 선매 ②졸업 전의 학생과 채용 계약을 맺음 ―刈かり ＝青田買ｶｲ

**あおだいしょう** [青大将] 動 능구렁이

**あおだけ** [青竹] ①植 청죽, 취죽 ②「笛ﾌｴ피리」의 딴이름

**あおだたみ** [青畳] ①거죽이 푸르스름한 새 다타미 ②푸르고 잔잔한 해면, 넓게 펼쳐진 푸른 논밭

**あおだち** [青立ち] 〚農〛 (벼가 여물지 못하고) 푸릇푸릇하게 서 있음, 그런 벼

**あおっぱな** [青っ洟] → あおばな

**あおでんしゃ** [青電車] 막차 바로 앞에 떠나는 전차 ⇨ 赤電車ｱｶﾃﾞﾝｼｬ

**あおぞら** [青空] 〔이중 게시 - 생략〕 ①푸른 하늘, 창공¶青空ｱｵｿﾞﾗ ②(經) (시세가) 천정부지로 치솟음¶ 株価ｶﾌﾞｶは～だ 주가는 천정부지로 치솟고 있다

**あおどうしん** [青道心] 〚佛〛 ①풋내기 중, 사미승＝今道心ｲﾏﾄﾞｳｼﾝ ②갑자기 생긴 신앙심

**あおな** [青菜] 푸성귀
慣用句
**―に塩**ｼｵ 풀이 죽어 기운 없이 있음

**あおにさい** [青二才] 풋내기¶ 生意気ﾅﾏｲｷな～ 건방진 풋내기／～のくせにこしゃくだ 풋내기인 주제에 건방지다

**あおのり** [青〈海苔〉] 〚植〛 파래

**あおば** [青葉] ①푸른 잎 ②새잎, 신록＝わかば ③～の頃ｺﾛ 신록의 계절

**あおばえ** [青蠅·蒼蠅] ①〚動〛 금파리, 쉬파리 ②귀찮게 달라붙는 사람

**あおばな** [青っ洟] (아이들이 흘리는) 퍼런 콧물¶ ～を垂ﾀれた퍼런 콧물을 흘리다

**あおば・む** [青ばむ] 自五 푸른빛을 띠다, 푸르스름해지다¶ 木ｺの葉ﾊが～ 나뭇잎이 푸르스름하다

**あおびょうし** [青表紙] ①푸른 색 표지 ②경서(經書) ③〚藝〛 浄瑠璃ｼﾞｮｳﾙﾘの 연습용 책

**あおびょうたん** [青瓢箪] ①풋 호리병박 ②(比) 야위고 얼굴빛이 창백한 사람¶ ～のような顔ｶｵ 창백한 얼굴

**あおぶくれ** [青膨れ·青脹れ] 푸르뎅뎅하게 부음, 그런 사람¶ ～の顔ｶｵ 푸르뎅뎅하게 부은 얼굴

**あおぶさ** [青房] 相撲 씨름판의 동북쪽 지붕에 늘어뜨린 파란 술

**あおふどう** [青不動] ①푸른 색 不動明王ﾐｮｳｵｳ ②京都ｷｮｳﾄの 青蓮院ｼｮｳﾚﾝｲﾝの 不動明王의 통칭

**あおほん** [青本] 〚文〛 草双紙ｿｳｿﾞｳｼの 하나

**あおまめ** [青豆] 〚植〛 ①푸르대콩, 청태 ②그린피스

**あおみ** [青み] ①푸른 기, 푸른 빛¶ ～を帯ｵﾋﾞた白ｼﾛ 푸른 기를 띤 흰색 ②(요리에 곁들이는) 푸른 채소¶ ～をあしらう 푸른 채소를 곁들이다

**あおみずひき** [青水引] 반은 청색이고 반은 흰색으로 된 포장용 끈

**あおみどろ** [青味泥·〈水綿〉] 〚植〛 수면, 수태

**あおむき** [°仰向き] 위를 봄〔향함〕, 그런 상태¶ ～になって寝ﾈる 바로 누워서 자다

**あおむ・く** [°仰向く] 自五 (얼굴이나 물건의 앞면이) 위를 보다〔향하다〕＝あおのく ⇨ うつむく¶ ～・いた鼻ﾊﾅは 들창코／～・いて空ｿﾗを見ﾐる 고개를 들어 하늘을 보다

**あおむけ** [°仰向け] 위를 봄〔향함〕, 그런 상태 ⇔ うつむけ¶ ～に倒ﾀｵれる 벌렁 나자빠지다

**あおむ・ける** [°仰向ける] 他下一 (얼굴이나 물건의 앞면을) 위를 향하게 하다 ⇔ うつむける¶ 顔ｶｵを～ 얼굴을 쳐들다

**あおむし** [青虫] (나비·나방 등의) 애벌레

**あおもの** [青物] ①채소류, 푸성귀, 청과물¶

~市場ば 청과물 시장 ②등푸른 생선 **ー屋** 채소 가게, 채소 장수

**あおもり** [青森] [地] ①일본 동북 지방 북단의 현 ②①의 현청 소재지

**あおやき** [青焼(き)] [版] (인쇄하기 직전의) 교정용 청사진 = 藍焼あいやき

**あおやぎ** [青゙柳] ①푸른 버드나무 ②개랑조개의 살

**あおり** [〈障泥〉·〈泥障〉] 장니. 말다래

**あおり** [゙煽り] ①(강풍 등의) 충격, 진동¶突風とっぷうの~で屋根やねが飛とぶ돌풍의 충격으로 지붕이 날아가다 ②(돌발 사건 등의) 영향, 여파¶停電ていでんの~を受うける 정전의 영향을 받다 ③선동, 부추김, 충동질함¶~行為こうい 선동 행위
[慣用句]
**ーを食くう** (사고·사건의 영향으로) 뜻하지 않은 피해를 입다

**あお·る** [゙呷る] [他五] 단숨에 들이켜다 酒さけを~ 술을 단숨에 들이켜다

**あお·る** [゙煽る] I [他五] ①(바람이) 펄럭이게 하다, 뒤흔들다¶帽子ぼうしが風かぜに~·られる 모자가 바람에 들먹거리다 ②(부채 등으로) 부치다¶炭火すみびを~ 숯불을 부치다 ③홀홀 건드리다¶蚊帳かやのすそを~·って入はいる 모기장 아랫자락을 홀홀 걷고 들어가다 ④부추기다, 선동하다¶民衆みんしゅうを~ 민중을 선동하다 ⑤(「~·られる」의 꼴로) 이끌리다, 자극을 받다¶座ざに~·られて行動こうどうを起おこした 좌흥에 이끌려 행동을 일으켰다 ⑥[経](시세 등을 조작하려고) 마구 사고 팔다¶相場そうばを~ 시세를 부추기려고 마구 매매하다 ⑦(을)마구 달리다¶(말을 달리게 하다, 박차를 가하다 II [自五] (바람 등으로) 흔들리다¶戸とが風かぜで~ 문이 바람에 흔들리다

**あか** [赤] ①빨강, 적색¶~色いろ 빨간색¶信号しんごう 적신호 ②계통의 빛깔, 적갈색¶~犬いぬ 누렁이/~靴くつ 적갈색 구두¶「赤字あかじ」의 준말. 적자 ④[故] 교정을 본 붉은 글자¶~を入いれる 교정을 보다 ⑤공산주의, 공산주의자, 빨갱이¶~狩がり 빨갱이 일제 단속/~になる 공산주의자가 되다

**あか** [゙垢] ①때¶~がたまる 때가 끼다/~を洗あらい流ながす 때를 씻어 버리다 ②물때 = みずあか¶~をおとす 물때를 벗기다 ③속세의 더러움¶浮世うきよの~に染そまる 속세의 더러움에 물들다 ④(「~ほど」의 꼴로) 아주 적음¶~ほどにも 눈곱만큼도

**あか** [゙淦] 뱃바닥에 괸 물

**あか** [゙銅] 동, 구리¶~の屋根やね 구리 지붕

**あか** [閼゙伽] [佛] ①알카. 알가수, 알가수를 담는 그릇 **ー棚** 알가수를 올리는 선반

**あかあかと** [赤あかと] [副] 새빨갛게¶火ひが~燃もえる 불이 새빨갛게 타다

**あかあかと** [明明と] [副] 아주 밝게, 환하게¶電灯でんとうが~ともる 전등이 환하게 켜지다

**あか·い** [赤い] [形] 빨갛다. 붉다¶~唇くちびる 붉은 입술 ②(사상이) 빨갱이다. 공산주의 사상을 가지고 있다¶~思想しそう 공산주의 사상 ③[造語] (어간 「あか」가 명사에 붙어) 상태를 강조함¶赤恥あかはじをかく 개망신을 당하다

**あかいはね** [赤い羽根] (공동 모금에 기부한 사람에게 달아 주는) 빨간 깃털

**あかいわし** [赤゙鰯] ①소금에 절이거나 절여 말린 정어리 ②녹슨 칼

**あかうみがめ** [赤海゙亀] [動] 붉은바다거북

**アカウント** (account) 어카운트 ①계산, 셈 ②예금 계좌 ③[商] 거래선, 광고주

**あかえ** [赤絵] 적색을 주조로 하여 그림을 그린 도자기

**あかえい** [赤゙鱝·赤゙鯆] [動] 노랑가오리

**あかえぼし** [赤゙烏゙帽子] ①붉은 칠을 한 烏帽子えぼし ②색다른 취미, 별난 취미

**あかがい** [赤貝] [動] 피조개

**あかがえる** [赤゙蛙] [動] 송장개구리

**あかがし** [赤゙樫] [植] 붉가시나무

**あかがね** [゙銅·赤゙金] 동, 구리¶~色いろ 구릿빛

**あかかぶ** [赤゙蕪] 붉은색의 순무

**あかがみ** [赤紙] ①붉은 종이 ②[俗] 빨간 딱지, 압류 딱지¶~をはられる 압류당하다 ③[俗] 구(舊)일본군의 소집 영장¶~が来きた 소집 영장이 왔다

**あがき** [゙足゙掻き] 발버둥, 몸부림¶悪わる~ 아무리 해도 소용 없는 발버둥
[慣用句]
**ーが取とれない** 취할 방법·수단이 없다, 꼼짝할 수 없다

**あかぎつね** [赤狐] [動] 붉은여우

**あかぎれ** [゙皸·゙皹] (추위로 살갗이) 틈, 튼 데¶~が切きれる 살갗이 트다

**あが·く** [゙足゙掻く] [自五] ①(말 등이) 앞발로 땅을 긁다 ②발버둥치다, 몸부림치다 = もがく¶押おさえこまれて~ 꼼짝못하게 눌려 발버둥치다 ③애쓰다, 안달하다¶どう·いても むだだ 제아무리 애써도 헛일이다

**あかくなる** [赤くなる] [連語] ①(빛깔이) 붉어지다¶木きの実みが~ 나무 열매가 붉어지다 ②(얼굴이) 빨개지다¶赤くなってうつむく 새빨개져 고개를 숙이다 ③[俗] 빨갱이가 되다

**あかげ** [赤毛] ①빨간 머리(털)¶~の女おんな 빨간 머리의 여자 ②(말의) 다갈색 털, 그런 말

**あかゲット** [赤ゲット] ①빨간 담요 ②도회지에 온 시골뜨기 ③익숙하지 않은 해외 여행자

**あかげら** [赤゙啄木鳥] [動] 오색딱따구리

**あかご** [赤子] 갓난아기, 젖먹이
[慣用句]
**ーの手てを捻ひねる** ①[比] 무력한 사람에게 쉽게 이기다 ②누워 떡먹기다, 아주 손쉬운 일이다

**あかこうのう** [赤行゙嚢] 「赤郵袋あかゆうたい」의 옛일컬음. 붉은 우편 행낭

**あかざ** [゙藜] [植] 명아주

**あかさかりきゅう** [赤坂離宮] 東京都とうきょうと 赤坂あかさか에 있는 별궁

**あかざとう** [赤砂糖] 황설탕

**あかさび** [赤錆·赤゙銹] 붉은 녹¶~のついたナイフ 붉은 녹이 슨 나이프

**あかし** [゙灯] [文] ①등불 ②등명 = 灯明とうみょう

**あかし** [゜証] 증거, 증명¶ 生いきた~ 산 증거/ ~示しめす 증거를 제시하다
慣用句
—を立たてる 결백함을 증명하다

**あかし** [明石] ①兵庫ひょうご현 남부의 시 ②「明石縮あかしちぢみ」의 준말 —縮ちぢみ 여성용 여름옷에 쓰는 견직물

**あかじ** [赤地] 붉은 바탕, 그런 천¶ ~に緑色みどりの模様もよう 붉은 바탕에 녹색 무늬

**あかじ** [赤字] ①적자. 결손¶ ~を出だす 적자를 내다 ②[版] (교정쇄에서) 빨간 색으로 바로잡은 글자¶ ~を入いれる 교정하다 —国債こくさい 세입 보전 국채

**アカシア** [acacia] [植] 아카시아

**あかしお** [赤潮] [水] 적조

**あかしくら・す** [明(か)し暮(ら)す] [自五] 나날[세월]을 보내다¶ ぼんやり~ 멍하니 세월을 보내다

**あかじ・みる** [垢染みる] [自上一] 때묻다, 때에 찌들다¶ 襟元えりもとが~ 웃깃 언저리가 때에 찌들다

**あかしんごう** [赤信号] 적신호 ①(신호등의) 빨간 신호 ⇔青信号あおしんごう¶ ~がつく 적신호가 켜지다 ②위험 신호, (물건이) 부족하다는 신호¶ 健康けんこうへの~ 건강의 적신호/ 水不足みずぶそくの~ 물 부족의 위험 신호

**あかしんぶん** [赤新聞] 폭로 위주의 저속한 신문, 엘로 페이퍼

**あか・す** [明かす] [他五] ①밝히다, 털어놓다¶ 手品てじなの種たねを~ 요술의 속임수를 털어놓다/ 秘密ひみつを~ 비밀을 밝히다 ②[゜証す] 입증하다, 증명하다¶ 身みの潔白けっぱくを~ 자신의 결백을 입증하다 ③(「鼻はなを~」의 꼴로) (남을 앞질러) 깜짝 놀라게 하며, 선수를 치다 ④(밤을) 지새우다¶ 一夜いちやを~ 하룻밤을 지새우다

**あか・す** [飽かす] [自五] 싫증나게[물리게] 하다¶ 人ひとを~きない趣向しゅこう 남을 싫증나게 하지 않는 취향 ②(「…に~して」의 꼴로) 아낌없이 쓰다¶ 金かねに~して買かいあさる 돈을 아낌없이 써서 사들이다

**あかず** [飽かず] [副] (언제까지나) 싫증내지 [물리지] 않고¶ ~に眺ながめる 싫증내지 않고 바라보다

**あか・せる** [飽かせる] [他下一] → あかす(飽)

**あかせん** [赤線] ①적선, 붉은 줄¶ ~を引ひく 붉은 줄을 긋다 ②「赤線区域あかせんくいき・赤線地帯あかせんちたい」의 준말 —区域くいき 적선 구역, (공식으로 인정된) 매춘하는 특수 음식점이 모여 있던 거리

**あかだし** [赤出し] [料] ①붉은 된장국 ②大阪おおさか天満宮てんまんぐう식의 붉은 된장으로 끓인 국

**あかちゃ・ける** [赤茶ける] [自下一] 적갈색으로 바래다¶ 畳たたみが~ 다다미가 적갈색으로 바래다

**あかちゃん** [赤ちゃん] 젖먹이, 갓난아기

**あかちょうちん** [赤゜提灯] 대중 술집, 대폿집

**あかチン** [赤チン] [藥] 옥도정기의 속칭

**あかつき** [暁] [文] ①새벽, 동틀녘 = 夜明よあけ¶ ~の空そら 새벽 하늘/ ~に野辺のべに出でる 동틀녘에 들로 나가다 ②(連体 수식어 다음에 놓여) 어떤 일이 실현되는 (그)때¶ 成功せいこうの~には 성공하는 때에는

**あがったり** [上がったり] [名] [口] 장사・사업이 잘 되지 않음, 말이 아님, 엉망임¶ 商売しょうばい~だ 장사가 말이 아니다

**あかつち** [赤土・゜赭土] ①적토. 자토. 석간주 ②적색의 그림 물감

**あかっぱじ** [赤っ恥] [口] → あかはじ

**アカデミー** [academy] 아카데미 ①학술원, 한림원, 예술원 ②대학・연구소 등의 총칭 —賞しょう [映] 아카데미상

**アカデミック** [academic] [ダ] 아카데믹, 학구적. 학술적, 전통적, 현학적¶ ~な研究態度けんきゅうたいど 아카데믹한 연구 태도

**あかてん** [赤点] 낙제점¶ ~を取とる 낙제점을 받다

**あかでんしゃ** [赤電車] (노면 전차에서) 막차

**あかでんわ** [赤電話] 적색 공중 전화 = 委託いたく公衆電話こうしゅうでんわ

**あか とんぼ** [赤゜蜻蛉] ①[動] 고추잠자리 ②(구(舊))일본 육군의) 연습용 비행기

**あがな・う** [゜購う] [他五] [文] 사다¶ 土地とちを~ 토지를 사다

**あがな・う** [゜贖う] [他五] ①속죄하다¶ 死しをもって罪つみを~ 죽음으로써 속죄하다 ②(금품 등으로) 배상하다

**あかなす** [赤゜茄子] 「トマト」의 딴이름

**あかにし** [赤゜螺] [動] ①피뿔고둥 ②구두쇠

**あかぬけ** [垢抜け] [名][自スル] 세련됨, 때를 벗음¶ ~のした人ひと 세련된 사람

**あかぬ・ける** [゜垢抜ける] [自下一] (용모・태도 등이) 세련되다, 때를 벗다¶ ~けた服装ふくそう 세련된 복장/ まだ~けしていない娘むすめ 아직 때를 벗지 못한 처녀

**あかね** [゜茜] [植] 꼭두서니 ②①에서 채취한 염료, 그런 빛깔¶ ~雲ぐも (햇빛을 받은) 자주빛 구름

**あかねいろ** [゜茜色] 자주빛 = あかね¶ 空そらを~に染そめる 하늘을 자주빛으로 물들이다

**あかねさす** [゜茜さす] [枕] 「日ひ・昼ひる・照てる・紫むらさき・君きみ」 등을 수식함

**あかのたにん** [赤の他人] [連語] 생판 남, 전혀 관계가 없는 사람

**あかのまんま** [赤の゜飯] [口] ①팥찰밥 ②[植] 「いぬたで」의 딴이름, 개여뀌

**あかはじ** [赤恥] 심한 창피 = あかっぱじ¶ ~をかく 개망신을 당하다

**あかはた** [赤旗] 적기 ①붉은 기, 위험 신호기 ②공산당・노동 조합 등의 기 ③平氏へいしの기

**あかはだ** [赤肌・赤゜膚] ①(피부가 벗겨진) 벌건 살갗 ②벌거숭이, 알몸뚱이 ③민둥민둥함¶ ~の急斜面きゅうしゃめん 민둥민둥한 급사면

**あかはだか** [赤裸] 알몸 ①알몸뚱이, 벌거숭이 = すっぱだか ②빈털터리, 무일푼¶ 火事かじで~になる 화재로 빈털터리가 되다

**あかはな**【赤鼻】 빨간 코, 주부코, 딸기코
**あかはら**【赤腹】 ①[動] 붉은배지빠귀 ②[動] 황어= うぐい ③[動] 영원= いもり ④[俗] 이질
**あかびかり**【*垢光】[名][自スル] 때에 절어서 번들거림¶ ~した襟が 때에 절어서 번들거리는 깃
**あかぶさ**【赤房】[相撲] 씨름판 지붕의 동남쪽 모서리에 늘어뜨린 붉은 술
**あかふだ**【赤札】 ①빨간 딱지 ②[꽤] 팔린 상품이나 세일 상품에 붙이는 붉은 딱지
**あかふどう**【赤不動】붉은색 不動明王¶ 高野산 明王院의 不動明王 그림의 통칭
**あかぶどうしゅ**【赤*葡*萄酒】 적포도주
**アガペー**(그 agape)【基】 아가페, 신의 사랑
**あかぼう**【赤帽】 ①빨간 모자 ②(역의) 포터= ポーター¶ ~を呼ぶ 포터를 부르다
**あかほん**【赤本】 ①江戶시대 草双紙의 하나 ②장정이 조악하고 내용이 저속한 책
**あかまいし**【赤間石】 적갈색 응회암
**あかまつ**【赤松】[植] 적송, 소나무= めまつ
**あかみ**【赤み】 붉은 기, 불그스름함¶ ~を帶びる 붉은 기를 띠다/ 顔に~がさす 얼굴에 붉은 기가 돌다
**あかみ**【赤身】 ①(육류의) 붉은 살코기 ②(생선의) 붉은 살 ③(목재의) 심재(心材)
**あかみそ**【赤味噌】붉은 된장= 白味噌
**あかむけ**【赤*剝け】[名][自スル](살갗이) 벌겋게 벗겨짐, 그런 살갗¶ ひざが~になる 무릎이 벌겋게 까지다
**あかめ**【赤目】 ①충혈된 눈 ②혈관이 붉게 비쳐 보이는 눈, 빨간 눈 ③ → あかんべ
**あかめがしわ**【赤芽*柏】[植] 예덕나무
**あか・める**【赤める・*赧める】[他][下一] 붉히다= 赤らめる¶ 顔を~ 얼굴을 붉히다
**あが・める**【*崇める】[他][下一] 우러르다, 숭상하다, 공경하다¶ 仏を~ 부처를 공경하다
**あかもん**【赤門】 ①붉은 문 ②[東京] 대학 서남쪽의 붉은 칠을 한 문 ③東京 대학의 통칭¶ ~出 東京 대학 출신
**あかゆうたい**【赤郵袋】(등기 우편물 등을 수송할 때 쓰는) 붉은 우편 낭
**あからがお**【赤ら顔・*赭ら顔】 불그레한 얼굴¶ ~の男と 얼굴이 불그레한 남자
**あからさま**[ダ] 있는 그대로임, 분명함, 명백함, 노골적임¶ ~な悪意 노골적인 악의/ ~に言う 있는 그대로 말하다
**あから・む**【赤らむ・*赧らむ】[自五] 불그레해지다¶ 顔が~ 얼굴이 불그레해지다
**あから・む**【明らむ】[自五] (동이 터서) 밝아 오다, 환해지다¶ 東の空が~ 동녘 하늘이 밝아 오다
**あから・める**【赤らめる・*赧らめる】[他][下一] (얼굴 등을) 붉히다= 赤める¶ ほおを~, めて話す 뺨을 붉히고 말하다
**あかり**【明(か)り】 ①빛= ひかり¶ 月光の~ 달빛/ 雪~ 눈에 반사되는 빛 ②불빛, 등불¶ ともしび¶ ~をともす 등불을 켜다/ 窓に~がつく 창에 등불이 켜지다
**あがり**【上がり】 ①(가격・위치・정도 등이) 오

름, 올라감, 상승⇔下がり¶ ~口 올라가는 입구/ 物價の~下がりが激しい 물가의 오르내림이 심하다 ②(일이) 끝남, 마침¶ 一丁~ (요리가) 한 가지 끝났음/ 仕事の~が早い 일의 끝마무리가 빠르다 ③(주사위・카드 놀이 등에서) 오름, 남 ④(일의) 뒤끝, 마무리¶ 染めの~がきれいだ 염색의 마무리가 곱다 ⑤수입, 수확¶ 田畑の~ 논밭의 수확/ 店の~が少ない 가게 수입이 적다 ⑥(초밥집 등의) 갓 끓인 차 ⑦[造語] (어떤 상태가 막 끝난 것을 나타냄) …뒤, …후¶ 病み~ 병후/ 雨~ 비 갠 뒤 ⑧[造語] …출신¶ 役人~ 공무원 출신
**あがりかまち**【上がり*框】[建] (현관・마루 등의) 앞귀틀¶ ~に腰をかける 마루 끝에 걸터앉다
**あがりぐち**【上がり口】 ①(봉당에서 올라가는) 마루 입구 ②계단 입구 ▷「あがりくち」라고도 함
**あがりこ・む**【上がり込む】[自五] (남의 집에) 제멋대로 들어가다, 들어가 앉다¶ 無斷で人の家に~ 허락없이 남의 집에 들어가다
**あがりさがり**【上がり下がり】(가격 등의) 오르내림¶ ~がはげしい 오르내림이 심하다
**あかりさき**【明(か)り先】 빛이 비쳐오는 쪽¶ ~に立ちふさがる 빛이 드는 쪽을 막아서다
**あかりしょうじ**【明(か)り障子】(방을 밝게 하기 위해) 한쪽에 흰 종이를 바른 미닫이
**あがりだか**【上がり高】 수입액, 매상, 매출액, 수확량¶ 店のが~減る 가게의 매상이 줄다
**あかりとり**【明(か)り取り】 채광창
**あがりはな**【上がり端】(봉당에서 올라가는) 방 입구
**あがりばな**【上がり花】(갓 끓인) 차= あがり
**あがりめ**【上がり目】 ①치켜 올라간 눈¶ ~の女 눈초리가 치켜 올라간 여자 ②(물가 등의) 오름세, 상승세¶ 株の~ 주가의 오름세/ 成績が~になる が~減る 성적이 오르기 시작하다
**あがりもの**【上がり物】 ①제물, 공물 ②[논밭의] 수확물, 소출 ③잡수시는 것, 드시는 것 ④폐물, 폐품
**あがりゆ**【上がり湯】 끝마무리로 몸을 씻는 깨끗한 더운물
**あが・る**【上がる】 Ⅰ[自五] 오르다 ①(높은 곳으로) 올라가다¶ 屋上に~ 옥상으로 올라가다/ 舞台に~ 무대로 오르다 ②【揚(が)る】솟아[피어] 오르다¶ たこがよく~ 연이 잘 솟아오르다/ 煙が~ 연기가 오르다 ③(물 속에서) 나오다, 상륙하다¶ プールから~ 풀에서 나오다/ 陸に~ 뭍에 오르다 ④(집 안으로) 들어가다 [오다]¶ 座敷に~ 객실로 들어가다/ どうぞ、お~りください 어서 들어오십시오 ⑤【揚(が)る】(위치가) 높아지다¶ 水銀柱が~ 수은주가 오르다 ⑥【擧(が)る】(몸의 일부가) 올라가다¶ 質問の手が~ 질문하겠다는 손이 올라가다/ 頭が~らない 머리를 들 수 없다 ⑦(지위・단계가) 높아지다¶ 地位が~ 지위가 오르다 ⑧입학하다, 진학[진급]하다

¶ 小学校(しょうがっこう)に〜 초등학교에 입학하다 ⑨ (윗사람을) 찾아가 뵙다 ¶ ご相談(そうだん)に〜・りたく存(ぞん)じます 의논드리러 찾아 뵙겠습니다 ⑩ (京都(きょうと)から)북쪽으로 가다 ¶ 河原町(かわらまち)を〜 河原町를 북쪽으로 가다 ⑪ (신불에게) 올리다 ¶ 灯明(とうみょう)の〜・った仏壇(ぶつだん) 등명이 오른 불단 ⑫ 침착함을 잃다, 흥분하다 ¶ 舞台(ぶたい)で〜 무대에서 얼다 ⑬ (기세 등이) 더해지다, 붙다 ¶ 意気(いき)が〜 기세가 오르다 ¶ スピードが〜 스피드가 붙다 ⑭ (질・수입 등이) 늘다, 좋아지다 ¶ 成績(せいせき)が〜 성적이 오르다 ⑮ 騰(あ)がる 비싸지다 ¶ 物価(ぶっか)が〜 물가가 오르다 ⑯ (함성이) 일다 ¶ 歓声(かんせい)が〜 환성이 일다 ⑰ (형상이) 생기다 ¶ 火(ひ)の手(て)が〜 불길이 오르다 ⑱ (바람직한 결과가) 생기다 ¶ 成果(せいか)が〜 성과가 오르다 ⑲ (현상・일 등이) 그치다 ¶ 夕立(ゆうだち)が〜 소나기가 그치다 ⑳ (주사위 등에서) 나다 ¶ もう〜・った 벌써 났다 ㉑ (비용 등이) 들다, 먹히다 ¶ 費用(ひよう)が安(やす)く〜 비용이 싸게 들다 ㉒ (초목 등이) 마르다, 죽다, (기계의 성능이) 다 되다 ¶ 農薬(のうやく)で魚(うお)が〜 농약으로 물고기가 죽다/バッテリーが〜 배터리가 다 되다 ㉓ 멎다, 그치다 ¶ 母乳(ぼにゅう)が〜 모유가 멎다 ㉔ (補助) ㉠ (동작의 완료) …하다 ¶ 書(か)き〜 다 쓰다 ¶ 出来(でき)〜 다 완성되다 ㉡ (동작의 정도) 아주[완전히] …하다 ¶ 縮(ちぢ)み〜 바싹 오그라들다/のぼせ〜 몹시 흥분하다 Ⅱ 他五 잡수시다, 드시다 ¶ 召(め)しあがる 何(なに)を〜・りになりますか 무엇을 드시겠습니까

あが・る【挙(が)る】自五 ①잡히다, 검거되다 ¶ 犯人(はんにん)が〜 범인이 잡히다 ②(증거가) 명백해지다, 드러나다 ¶ 証拠(しょうこ)が〜 증거가 드러나다

あが・る【揚(が)る】自五 (기름에) 튀겨지다 ¶ てんぷらが〜 튀김이 튀겨지다

あかる・い【明るい】形 밝다 ①환하다 ¶ 〜部屋(へや) 밝은 방/外(そと)はまだ〜 바깥은 아직 환하다 ②(빛깔 등이) 선명하다 ¶ 〜黄色(きいろ) 밝은 황색 ③명랑하다 ¶ 〜性格(せいかく) 밝은 성격 ④공정하다, 공명하다 ¶ 〜選挙(せんきょ) 공명 선거 ⑤유망하다 ¶ 〜将来(しょうらい) 밝은 장래 ⑥(「…に〜」의 꼴로) …에 밝다, 훤하다 ¶ ここの地理(ちり)に〜 이곳 지리에 훤하다

あかるみ【明るみ】 밝은 곳 ¶ 〜に出(だ)して見(み)る 밝은 곳에 내놓고 잘 보다 ②드러난 [공개된] 곳 ¶ 事件(じけん)が〜に出(で)る 사건이 드러나다

あかる・む【明るむ】自五 밝아지다 ¶ 東(ひがし)の空(そら)が〜・んできた 동녘 하늘이 밝아왔다

あかんたい【亜寒帯】【地】 아한대 ¶ 〜気候(きこう) 아한대 기후

あかんべ【口】 (조롱・거절의 뜻으로) 손가락으로 아래 눈꺼풀을 뒤집어 보이는 짓

あかんぼう【赤ん坊】 ①갓난아기, 젖먹이 ¶ 〜に乳(ちち)を飲(の)ませる 아기에게 젖을 먹이다 ②어린애, 철부지 ¶ まだほんの〜でして 아직 그저 철부지여서

あかんぼく【亜灌木】【植】 아관목

あき【秋】 가을 ¶ 〜の半(なか)ば 중추/〜が深(ふか)まる 가을이 깊어지다
[慣用句]
—の日(ひ)は釣瓶(つるべ)落(お)とし (우물에 두레박을 떨어뜨리듯이) 가을 해는 잠간 사이에 저문다

あき【明き・空き】①(語誌) 비어 있음, 빔 ¶ が〜 텅 빔/〜びん 빈 병 ②(쓰지 않는) 빈 공간, 빈 자리 ¶ 〜部屋(べや) 빈 방/今(いま)は〜がない 지금은 빈 자리가 없다 ③쓰지 않고 있는 것・상태 ¶ 〜椅子(いす)がない 빈 의자가 없다/手(て)での〜があれば手伝(てつだ)ってくれ 쉬고 있는 사람이 있으면 도와줘 ④공석, 결원 ¶ 管理職(かんりしょく)に二名(にめい)の〜がある 관리직에 2명의 공석이 있다 ⑤틈, 짬 ¶ 〜時間(じかん) 틈나는 시간/仕事(しごと)に追(お)われて〜がない 일에 쫓겨서 짬이 없다

あき【飽き・倦き】싫증, 물림 ¶ 〜がはやい 빨리 싫증이 나다
[慣用句]
—が来(く)る 싫증이 나다, 물리다

あき【安芸】【地】 일본의 옛지명. 지금의 広島(ひろしま)현 서부 = 芸州(げいしゅう)

あきあかね【秋茜】【動】 고추좀잠자리

あきあき・する【飽き飽きする・倦き倦きする】自サ変 진력나다, 넌더리가 나다 ¶ もう〜・した 이제 신물이 난다/だらだらした話(はなし)に〜 질질 끄는 이야기에 넌더리가 나다

あきあじ【秋味】【方】 가을에 산란하기 위해 강을 거슬러 오르는 연어

あきおち【秋落(ち)】①【農】 (예상보다) 추수가 적음 ②「秋落(あきお)ち相場(そうば)」의 준말. (풍작으로) 추수 때 쌀값이 떨어짐 ⇔ 秋高(あきだか)

あきかぜ【秋風】①추풍, 가을 바람 ②남녀간의 애정이 식은 상태
[慣用句]
—が立(た)つ ①가을 바람이 불기 시작하다 ②(남녀 간의) 애정이 식다

あきかん【空(き)缶】 빈 깡통

あきくさ【秋草】 가을 화초

あきぐち【秋口】 초가을, 초추= 初秋(しょしゅう) ¶ 〜のさびしさ 초가을의 쓸쓸함

あきご【秋蚕】 추잠, 가을누에

あきさく【秋作】 ①가을에 재배하는 작물 ②가을에 거두는 작물 ⇔ 春作(はるさく)

あきさめ【秋雨】 가을비, 가을 장마 —前線(ぜんせん)【気】 가을 장마 전선

あきしょう【飽き性・倦き性】 싫증을 잘 내는 성질, 금방 물리는 성미 ¶ 〜の人(ひと) 싫증을 잘 내는 사람

あき【空(き)巣】 ①빈 둥지 ②빈집 ③「空(あ)き巣(す)狙(ねら)い」의 준말=狙(ねら)い 빈집털이 ¶ 〜が入(はい)る 빈집털이가 들다

あきた【秋田】【地】①東北(とうほく) 지방의 현 (県) ②①의 현 특산 소재지 = 〜犬(けん)【動】秋田県 원산의 사납고 몸집이 큰 개

あきたいふう【秋台風】【気】 가을 태풍

あきだか【秋高】 가을에 쌀 시세가 오름

あきたりない【飽(き)足りない・慊い】連語

あきち

성에 차지 않다, 만족스럽지 못하다, 미흡하다 ¶ ～ は あきたらぬ | ～ に思う 성에 차지 않는 심정 ¶ ～ ところがある 미흡한 데가 있다

**あきち** [空(き)地] 공지, 빈터, 공터 ¶ ～の利用法 공지의 이용법

**あきつ** [〈蜻蛉〉・秋津] 잠자리의 옛이름

**あきっぽ・い** [飽きっぽい] [形][口] 싫증을 잘 내다, 이내 물리다 ¶ ～性質 싫증을 잘 내는 성질

**あきない** [商い] ①장사 ¶ ～をはじめる 장사를 시작하다 ②매상고, 매출액 ¶ ～が少ない 매상고가 적다 一口 ①장사꾼의 능란한 말투 ②거래처

**あきな・う** [商う] [他][五] 장사하다, 매매하다 ¶ 雑貨を～ 잡화상을 하다

**あきなす** [秋茄子] 늦가을 가지

[慣用句]

— は嫁に食わすな 늦가을 가지는 며느리에게 먹이지 마라

**あきのおうぎ** [秋の扇] [連語] ①가을 부채(쓸모가 없음의 비유) ②남자의 사랑을 잃은 여자

**あきのそら** [秋の空] [連語] ①가을 하늘[날씨] ②사랑의 변심, 변하기 쉬운 마음 ¶ 女心と～ 여자의 마음과 가을 날씨

**あきのななくさ** [秋の七草] 가을에 피는 대표적인 일곱 가지 화초

**あきばしょ** [秋場所] [相撲] 매년 9월 東京 国技館에서 열리는 일본 씨름 대회

**あきばれ** [秋晴(れ)] 맑게 갠 가을 날씨 ¶ ～の日曜日 맑게 갠 가을 날씨인 일요일

**あきびより** [秋日和] 가을답게 쾌청한 날씨 ¶ もってこいの～だ 더없이 쾌청한 가을 날씨

**あきま** [空(き)間・明(き)間] 틈, 사이 = すきま ¶ わずかの～ 약간의 틈 ②빈 방 ¶ ～を探す(세를 들) 빈방을 찾다

**あきまつり** [秋祭(り)] (수확을 감사하여 神社에서 올리는) 가을 축제[제사]

**あきめ・く** [秋めく] [自][五] 가을다워지다 ¶ 日ごとに～いてきた 날로 가을다워졌다

**あきめくら** [明(き)盲] ①청맹과니, 눈뜬 소경 ②문맹자, 까막눈이 ③사물의 본질을 꿰뚫어 보지 못하는 사람

**あきや** [空(き)家・明(き)家] 빈집 ¶ ～を探す (세를 들) 빈집을 찾다

**あきらか** [明らか] [ナ] ①뻔함, 분명함, 명백함 ¶ ～な証拠 명백한 증거 / 問題を～にする 문제를 분명히 하다 / 火を見るよりも～だ 불 보듯 뻔하다 ②[文] 밝음 ¶ 月～なり 달이 밝도다

**あきらめ** [諦め] 체념, 단념 ¶ ～の境地 깨끗이 단념할 수 있는 경지 / ～がつく 체념이 되다 / ～がいい 선뜻 체념하기 잘하다

**あきら・める** [諦める] [他][下一] 체념하다 ①단념하다 ¶ 進学を～ 진학을 단념하다 ②(마지못해) 받아들이다 ¶ 天罰と～ 천벌이라고 체념하다

**あきら・める** [明らめる] [他][下一][文] (사물의 진상을) 밝히다, 규명하다 ¶ 道理を～ 도리를 밝히다

**あ・きる** [飽きる・厭きる] [自][上一] 물리다, 질리다, 질력나다 ¶ ごちそうに～ 맛있는 음식에 물리다 / 仕事に～ きた 일에 질력났다

**あきれかえ・る** [呆(れ)返る] [自][五] 어이가 없어지다, 질려 버리다 / だらしなさに～ 칠칠치 못한 점에 질려 버리다 / ～ってものも言えない 어이가 없어 말도 안 나오다

**アキレス** (Achilles) 아킬레스 一腱 ①[醫] 아킬레스건 ②유일한 약점, 치명적인 허점 ¶ 相手の～をつく 상대방의 허점을 찌르다

**あきれは・てる** [呆(れ)果てる] [自][下一] 어이가 없어지다, 질려 버리다 ¶ 君にはあきれ～ と～、その人には 정말 질려 버렸다

**あき・れる** [呆れる・憫れる] [自][下一] 어이가 없어지다, 기가 막히다, 질리다, 놀라다, 아연하다 ¶ 被害の大きいのに～ 피해가 큰 데에 ～／ほどうまい 놀랄 만큼 잘 한다

**あきんど** [商人] 상인 ～かたぎ 상인 근성

**あく** [悪] [名] アク・オ(ヲ) [訓] わるい・にくむ (음) 악・オ Ⅰ [造語] ①나쁘다, 옳지 못하다 ¶ 悪意 악의・罪悪 죄악・勧善懲悪 권선징악 ②싫다, 불쾌하다, 추하다 ¶ 悪臭 악취・悪夢 악몽・醜悪 추악 ③질이 나쁘다, 뒤떨어지다, 허술하다 ¶ 悪筆 악필・劣悪 열악 ④악당, 사납다 ¶ 悪太郎 악태랑 ⑤(歌舞伎 등에서) 악역 ¶ 悪形・色悪 미남 악역 ⑥괴롭다, 고통스럽다 ¶ 悪戦苦闘 악전고투 ⑦(オ로 읽어서) 미워하다, 혐오하다 ¶ 憎悪 증오・嫌悪 혐오・悪寒 오한 ¶ 부끄러워하다 ¶ 羞悪 수오 ⑧의문・반어의 어조사, 한문 훈독에서 「いずくんぞ」라고 읽음 [熟字訓] 悪戯 장난・悪阻 입덧 Ⅱ [名] 부정 ¶ ～の温床 악의 온상 ¶ ～にそまる 악에 물들다

**あく** [握] [音] アク [訓] にぎる (음) 악 [造語] ①쥐다, 움켜쥐다 ¶ 握手 악수・握力 악력 ②휘어잡다 ¶ 掌握 장악・把握 파악 ③한줌의 양 ¶ 一握 한 줌

**あく** [渥] [音] アク うるおう・あつい (음) 악 [造語] ①윤기를 띠다, 윤이 나다 ¶ 渥美 윤이 나고 아름다움 ②두텁다 ¶ 渥恩 두터운 은혜・優渥 우악

**あく** [灰汁] ①잿물 ②떫은 맛 ¶ ～をとる 떫은 맛을 빼다 ③(성격・문장 등의) 개성, 독특하고 강렬함 ¶ ～の強い文章 개성이 강한 문장

**あ・く** [開く] [自][五] ①열리다 ¶ 戸が～ 문이 열리다 ②(영업 등이) 시작되다, 열리다, 개점(개막)되다 ¶ 幕が～ 막이 오르다 / 店が～ 가게가 열리다 ③[明く] 뜨이다, 벌어지다 ¶ 傷口が～ 상처가 벌어지다

[慣用句]

— いた口が塞がらない 벌어진 입이 닫히지 않다, 어이가 없어 말이 나오지 않다

**あ・く** [空く] [自][五] 비다 ①공간이 생기다, 나다 ¶ 穴が～ 구멍이 나다 / すきまが～ 틈새가 생기다 ②결원이 생기다, 공석이 되다

課長のポストが~ 과장 자리가 비다 ③ (시간이) 나다¶ 体が~ 짬이 나다/ 手が~ 손이 비다. 짬이 나다 ④쓰지않는 상태로 있다¶ ~部屋で 빈방/ 座席が~ 좌석이 비다
あ・く [飽く] 自五 질리다, 물리다 = 飽きる
あく あらい [灰汁洗い] 잿물로 닦아냄
あくい [悪意] 악의 ①나쁜 마음 ⇔ 好意¶ ~に満ちている 악의에 차 있다 ②나쁜 뜻 [의미]¶ ~にとる 나쁜 뜻으로 받아들이다 ③[法] 어떤 사실을 알고 있음¶ ~の占有 악의의 점유
あくいん [悪因] 文 악인. 나쁜 결과를 낳는 원인 ⇔ 善因 —悪果 仏 악인 악과
あくうん [悪運] 악운 ①불운¶ ~続き 계속되는 악운 ②나쁜 짓을 해도 도리어 번창하는 강한 운세¶ ~が強い 악운이 세다/ ~が尽きる 악운이 다하다
あく えいきょう [悪影響] 악영향. 나쁜 영향¶ ~を及ぼす 악영향을 미치다
あくえき [悪疫] 文 악역. 악성 유행병¶ ~がはやる 악성 유행병이 창궐하다
あくえん [悪縁] 악연 ①나쁜 인연¶ ~を断ち切る 악연을 끊다 ②(남녀 사이의) 떼려야 뗄 수 없는 인연¶ くされ縁
あく がた [悪形] 劇 (歌舞伎에서) 악역
あく かんじょう [悪感情] 악감정. 좋지 못한 감정¶ ~を抱く 악감정을 품다
あくぎゃく [悪逆] 악역. 인도(人道)에서 벗어난 행위¶ ~無道 악역 무도/ ~を貫く 인도에 벗어난 행위로 일관하다
あくぎょう [悪行] 악행. 나쁜 [못된] 짓 ⇔ 善行¶ ~の数々 갖은 악행
あくごう [悪業] 仏 악업 ⇔ 善業¶ ~の報い 악업의 응보
あくさい [悪才] 못된 짓을 하는 재주. 못된 [나쁜] 꾀¶ ~に長ける 못된 꾀를 잘 부리다
あくさい [悪妻] 악처 ⇔ 良妻
慣用句
—は百年の不作 악처는 평생의 원수
あくじ [悪事] ①악행. 나쁜 짓 ⇔ 善事¶ ~を働く 나쁜 짓을 저지르다 ②나쁜 일. 재앙¶ ~が重なる 나쁜 일이 겹치다
慣用句
—千里を走る 악사 천리. 나쁜 짓은 금방 세상에 알려진다 = 悪事千里
あくじき [悪食] ①별난 것을 태연하게 먹음 = いかものぐい ~家 아무것이나 막 먹는 사람 ②악식. 조식(粗食). 悪衣~ 조의 조식
あくしつ [悪疾] 文 악질. 고질(痼疾). 악병
あくしつ [悪質] ヲ ①악질¶ ~な業者 악질적인 업자 ②품질이 나쁨. 저질¶ ~の紙 질 나쁜 종이/ ~の油 저질유
あくしゅ [悪手] 악수. (바둑・장기에서) 잘못 둔 [불리한] 수¶ ~を打つ 악수를 두다
あくしゅ [悪趣] 仏 악취. 이승에서 나쁜 짓을 한 사람이 죽어서 간다는 세계
あくしゅ [握手] 名 自スル ①악수¶ 固い~を交わす 굳은 악수를 나누다 ②화해. 제휴¶

労使が~する 노사가 제휴하다
あくしゅう [悪臭] 악취¶ ~を放つ 악취를 풍기다/ ~が鼻をつく 악취가 코를 찌르다
あくしゅう [悪習] 악습. 나쁜 버릇¶ ~に染まる 악습에 물들다
あくしゅみ [悪趣味] 名 ヲ 악취미 ①저속한 취미¶ ~な服装で 저속한 복장으로 입장이고 좋아하기. 짓궂음¶ ~ないやがらせ 짓궂은 골탕먹이기
あくじゅんかん [悪循環] 악순환¶ ~に陥る 악순환에 빠지다
あくしょ [悪所] ①길이 험하고 위험한 곳 = 難所 ②유곽 = 遊里¶ ~狂い 유곽 출입에 미친 사람 —通い 유곽 출입
あくしょ [悪書] 악서. [해로운] 책 ⇔ 良書¶ ~追放運動 악서 추방 운동
あくじょ [悪女] 악녀 ①성질이 고약한 여자 ②추녀(醜女)
慣用句
—の深情 ①추녀일수록 애정이 깊고 두터움 ②달갑지 않음
あくしょう [悪性] 名 ヲ ①성질이 나쁨 ②행실이 나쁜 남자 ~女 행실이 나쁜 여자
あくじょうけん [悪条件] 악조건¶ ~が重なる 악조건이 겹치다/ ~の下で成果を収める 악조건 하에서 성과를 거두다
アクション (action) 액션 ①동작. 행동 ②(배우의) 연기. 격투 연기¶ ~映画 액션 영화
あくしん [悪心] 文 악심. 악한 마음¶ ~を抱く 악한 마음을 품다
あくじん [悪神] 文 악신. 사람에게 재앙을 주는 신. 악귀
あくせい [悪声] 악성 ①文 나쁜 소문. 악평¶ ~が立つ 나쁜 소문이 나다/ ~を放つ 악평을 하다 ②나쁜 목소리 ⇔ 美声
あくせい [悪性] 名 ヲ (병 등의) 악성 ⇔ 良性¶ ~の風邪 독감/ ~腫瘍 악성 종양
あくせい [悪政] 악정 ⇔ 善政¶ ~に苦しむ 악정에 시달리다
あくぜい [悪税] 악세. 부당한 과세. 가혹한 세금
あくせく [齷齪] 副 自スル 악착. 아득바득. 안달함¶ ~と働く 악착같이 일하다/ つまらないことに~する 하찮은 일에 안달하다
アクセス (access) 액세스 ①[컴] 정보의 입력・호출 ②(어떤 곳으로 가는) 경로. 접근 —回線 [情] 액세스 회선. 가입 회선 —権 액세스권 —タイム (access time) [컴] 액세스 타임. 호출 시간
アクセル [機] 악셀. 액셀러레이터. (자동차 등의) 가속 장치¶ ~を踏む 액셀을 밟다
あくせん [悪銭] 악전 ①질이 나쁜 돈 = 悪貨 ②부정하게 번 돈
慣用句
—身に付かず 부정하게 번 돈은 오래 가지 못함
あくせんくとう [悪戦苦闘] 名 自スル 악전 고투 ①강적을 맞이하여 필사적으로 싸움¶ ~の連続 악전 고투의 연속 ②곤란한 상황을

극복하려고 열심히 노력함¶難問に~する 어려운 문제로 악전 고투하다

アクセント (accent) 악센트 ①[文法] 강세 ② (디자인 등의) 강조점 ③중점, 역점¶平和問題に~をおく 평화 문제에 역점을 두다
—記号 [文法] 악센트 기호, 강세 부호

あくそう [悪相] 악상 ①무서운[추한] 인상 ②불길한[재수없는] 징조

あくそう [悪僧] 악승 ①계율을 어기고 나쁜 짓을 하는 중 ②(무예에 뛰어난) 사나운 중

あくた [芥] 쓰레기, 먼지, 티끌 = ごみ¶ちり~ 먼지 쓰레기

アクター (actor) 액터, 배우, 남자 배우

あくたい [悪態] 욕, 욕설
慣用句
—をつく 심한 욕을 하다, 욕설을 퍼붓다

あくたがわしょう [芥川賞] [文] 아쿠타가와상. 芥川竜之介를 기념하여 1935년 文芸春秋社가 제정한 신인 문학상

あくだま [悪玉] (口)[악인, 악당 ②[劇] 악역

あくたれ [悪たれ] (口) ①짓궂은 장난이나 난폭한 짓을 함, 그런 아이¶~小僧 개구쟁이 ②悪たれ口의 준말¶一日~ 욕, 욕지거리를 하다, 욕지거리를 하다

あくた・れる [悪たれる] 自下一 (口) 떼를 쓰다, 못되게 굴다¶わがままを言って~ 버릇없는 말을 하며 못되게 굴다

あくたろう [悪太郎] 개구쟁이, 악동, 선머슴

アクチニウム (actinium) [化] 악티늄

アクチノイド (actinoids) [化] 악티노이드

アクチブ (러 activ) 액티브. (공산당·노동 조합 등의) 열성 분자, 활동가

アクチブ (active) ア 액티브, 적극적, 능동적

アクチュアリティー (actuality) 액추얼리티. 현실성, 현실¶~がない 현실성이 없다

アクチュアル (actual) ア 액추얼. 현실적, 실제적¶~な問題 실제적인 문제

アクト (act) 액트 ①행위, 동작 ②[劇] 막(幕)

あくど・い 形 ①악랄하다, 악질적이다, 악착스럽다¶~やり口 악랄한 수법; ~商法 악질 상술 ②(색 등이) 칙칙하다. 짙다, 야하다¶~化粧 야한 화장; 色彩が~ 색채가 칙칙하다

あくとう [悪投] 名 自スル [野] 악투, 악송구¶一塁へ~する 1루에 악송구하다

あくとう [悪党] ①악당¶~の一味 악당의 한패 ②[史] (鎌倉·南北朝 시대에) 영주나 幕府 지배에 항거했던 토지 관리인 집단

あくどう [悪童] 악동, 개구쟁이

あくどう [悪道] 악도 ①나쁜 길, 험로 ②[佛] 이승에서 나쁜 일을 한 사람이 죽어서 간다는 고뇌의 세계 = 悪趣¶~ 나쁜, 방탕한 세계¶~に走る 나쁜 길로 들어서다

あくとく [悪徳] 악덕, 부도덕 ⇔ 美徳¶~業者 악덕 업자

アクトレス (actress) 액트리스, 여배우, 여우

あくなき [飽く無き] 連体(文) 만족할[지칠] 줄 모르는, 끝없는¶~探究心 지칠 줄 모르는 탐구심/~戦い 끝없는 싸움

あくにち [悪日] 악일, 나쁜 날, 흉일

あくにん [悪人] 악인, 악한 = 悪者 ⇔ 善人¶~をこらしめる 악인을 응징하다 — 正機 [佛] 악인이야말로 구원을 받아 극락왕생할 참다운 조건을 갖추고 있음

あくぬき [〈灰汁〉抜き] 名 他スル (채소 등의) 떫은 맛을 우려냄¶ワラビの~をする 고사리의 떫은 맛을 우려내다

あくぬけ [〈灰汁〉抜け] 名 自スル ①(채소 등의) 떫은 맛이 우려짐[빠짐] ②세련됨, 말쑥함

あくねん [悪念] (文) 악념, 나쁜 생각¶~を去る 악념을 버리다

あくば [悪×罵] 名 他スル(文) 호되게 욕함, 호된 욕설¶~を浴びせる 호된 욕설을 퍼붓다

あくび [〈欠伸〉·欠] ①하품¶生~ 선하품/~が出る 하품이 나다 ②(한자 부수의) 하품흠방¶次·欲 등의 欠 부분

あくひつ [悪筆] 악필, 졸필¶生まれつきの~ 타고난 악필/~をお許しください 졸필을 용서해 주십시오

あくひょう [悪評] 악평 ⇔ 好評¶~たらたら 장황한 악평/~が立つ 악평이 나다

あくびょう [悪病] 악병, 나쁜 병, 악질(悪疾)

あくびょうどう [悪平等] 형식적인 평등, 그릇된 평등¶頭割りでは~だ 인원수에 의한 할당은 불공평하다

あくふ [握×斧] [考古] 악부, 주먹도끼

あくふう [悪風] 악풍, 나쁜 풍속, 악습 ⇔ 美風¶~に染まる 악풍에 물들다

あくぶん [悪文] ①좋문, 서투른 글 ⇔ 名文 ②[表] 난해한 글¶~で読みづらい 난해한 글이라 읽기 어렵다

あくへい [悪弊] 악폐, 나쁜 폐단¶~を一掃する 악폐를 일소하다

あくへき [悪癖] 악벽, 나쁜 버릇, 악습¶直し難い~ 고치기 힘든 나쁜 버릇

あくへん [悪変] 名 自スル(文) (상태가) 나빠짐, 악화¶事態が~する 사태가 악화되다

あくほう [悪法] 악법, 나쁜 법¶~もまた法である 악법도 또한 법이다

あくほう [悪報] ①흉보, 나쁜 기별 ⇔ 吉報 ②[佛] 악보, 악과(悪果)

あくま [悪魔] 악마 ①[宗] 마귀, 사탄¶~にとりつかれる 마귀에게 홀리다 ②[佛] 수행을 방해하는 나쁜 신 ③(흉악한) 악당¶天人ともにゆるさざる~のしわざ 천인 공노할 악당의 소행 — 主義 (文) 악마주의

あくまで [飽く×迄] 副 어디까지나, 끝까지, 철저하게¶~戦う 끝까지 싸우다/~もしらを切る 시치미를 떼다

あくむ [悪夢] 악몽, 흉몽¶~を見る 악몽을 꾸다/~のような出来事 악몽같은 사건
慣用句
—から覚める 악몽에서 깨어나다

あぐ・む [×倦む] 自五 (補助) (동사 연용형에 붙어) …하다 지치다 = あぐねる¶攻め~

공격하다 지치다/ 待*ち~ 기다리다 지치다
**あくめい** [悪名] 악명. 나쁜 평판≒あくみょう 美名♭¶ ~が高い 악명이 높다
**あくやく** [悪役] 악역 ①[劇] 악인역¶ ~の俳優 악역 배우 ②미움을 사는 역할¶ ~を勤める 악역 노릇을 하다
**あくゆう** [悪友] 악우 ①나쁜 친구⇔良友¶ ~を避ける 나쁜 친구를 피하다 ②(反)친한(허물없는) 친구¶ 学生時代の~ 학창 시절의 허물없는 친구
**あくよう** [悪用] 名他スル 악용⇔善用
**あぐら** [〈胡座〉・〈胡坐〉] 책상다리¶ ~を組む 책상다리를 하다 ━鼻 개발코
[慣用句]
━をかく ①책상다리를 하고 앉다 ②(노력하지 않고) 편히 쉬다, 안주하다
**あくらつ** [悪*辣] ナ 악랄¶ ~な手段 악랄한 수단¶ ~なことをする 악랄한 짓을 하다
**あぐりあみ** [揚網網][水] 후릿그물, 건착망
**アグリーメント** (agreement) 어그리먼트 ①협정, 계약 ②합의 ③[文法] (수・격 등의) 일치
**あくりょう** [悪霊] 악령. 원령≒怨霊¶ ~を払う 악령을 쫓다
**あくりょく** [握力] 악력. (손아귀로) 쥐는 힘¶ ~を計る 악력을 재다 ━計 악력계
**アクリル** (acryl) 아크릴 ¶「アクリル樹脂」의 준말¶「アクリル繊維」의 준말 ━酸[化] 아크릴산 ━樹脂 아크릴 수지 ━繊維 아크릴 섬유
**あくる** [明くる] 連体 다음의, 이듬의≒翌¶ ~日 이튿날/ ~年 이듬해/ ~朝 다음날 아침
**あくれい** [悪例] 악례. 나쁜 선례¶ ~を残す 나쁜 선례를 남기다
**アグレマン** (프 agrément) [政] 아그레망. 외교 사절 파견에 대한 상대국의 동의
**あくろ** [悪路] 나쁜 길, 험로¶ ~になやまされる 나쁜 길(험로)에 시달리다
**アクロバット** (acrobat) 애크러배트, 곡예, 곡예사≒飛行公 곡예 비행
**あけ** [*朱・*緋] [文] 주홍, 붉은 빛
[慣用句]
━に染まる 피투성이가 되다
**あけ** [明け] ①날이 샘, 새벽, 밝을녘≒夜明け¶ 夜の~を待つ 날이 밝기를 기다리다 ②[造語] (어느 기간이) 끝남, 끝난 직후¶ 休み~の日 휴일 다음 날/ 梅雨~ 장마의 끝
**あげ** [上げ] ①[造語] 올림 ②値~ 가격 인상/ 床上~ (병이 낫거나 하여) 이부자리를 걷어치움 ②[服] (옷을 줄이기 위해) 어깨나 허리 부분을 징금ᅳぬいあげ¶ 着物の~をする 옷을 징금 ③[経] 시세가 오름, 상승
**あげ** [揚げ] ①유부 ②[造語] 튀김¶ 精進~ 야채 튀김/ とりの唐~ 닭고기 튀김
**あげあし** [上(げ)足] [経] 시세가 올라가기
**あげあし** [揚(げ)足・挙(げ)足] (유도・씨름에서) 기술을 걸기 위해 들어올린 다리
[慣用句]
━を取る 상대방의 말꼬리・틀린 곳을 잡고 늘어지다

**あげあぶら** [揚(げ)油] 튀김용 기름
**あげいた** [上(げ)板・揚(げ)板] ①[建] (마루청 등의) 널빤지 뚜껑ᅳあげぶた ②(목욕탕 등의) 바닥에 놓는 널빤지
**あげうた** [上歌] [芸] (謡曲에서) 7・5조의 구를 높은 가락으로 노래하는 부분⇔下歌
**あげえん** [揚(げ)縁] (가게 앞의) 매달아 올리도록 된 툇마루
**あげおろし** [上(げ)下(ろ)し] ①올리고 내림: あげさげ¶ 箸の~ 젓가락질¶ (짐을) 싣고 부림¶ 荷物の~ 짐을 싣고 부림
**あげかじ** [上(げ)*舵] 상승타(舵)⇔下さげ舵
**あげかす** [揚(げ)*滓] 튀김한 뒤에 기름에 남은 찌꺼기
**あけがた** [明け方] 동틀녘, 새벽녘≒夜明け⇔暮れ方¶ ~の月 동틀녘의 달/ ~の冷え込み 새벽녘의 (몸에 스미는) 냉기
**あけがらす** [明(け)*鳥] 새벽에 우는 까마귀, 그 우는 소리
**あげく** [揚句・挙句] ①[文] (連歌・俳諧에서) 마지막 7・8조의 구, 결구 ②그 끝에, 그 결과, 끝내는 長い病気の~に亡くなった 숙환 끝에 사망했다 ③《連体 수식어를 받아》…한 끝에, …한 결과¶ じっくり考えた~決行する 곰곰이 생각한 끝에 결행하다
[慣用句]
━の果て 끝내는, 결국은
**あけくれ** [明け暮れ] 名自スル ①아침 저녁, 조석≒朝晩さ¶ ~はとても冷える 아침 저녁은 몹시 싸늘하다 ②나날, 나날의 생활¶ 受験勉強に~する 수험 공부에 나날을 보내다 ③밤낮, 늘, 항상¶ ~仕事に励んでいる 항상 일을 열심히 하고 있다
**あけ・れる** [明け暮れる] 自下一 ①세월이 흐르다 ②나날을 보내다¶ 研究に~ 연구로 나날을 보내다
**あげさげ** [上(げ)下げ] 名他スル ①올렸다 내렸다 함ᅳあげおろし¶ 箸の~ 젓가락질/値段を~する 값을 올렸다 내렸다 하다 ②추겼다 깎아내렸다 함, 쓸까스름¶ 人を~してからかう 사람을 추겼다 깎아내렸다 하며 놀리다 ③밀물과 썰물
**あげしお** [上(げ)潮] ①밀물, 만조ᅳみちしお⇔ひきしお ②상승세¶ ~に乗る 상승세를 타다
**あげず** [上げず] 連語 《흔히「三日に~」의 꼴로》…이 멀다 하고¶ 三日に~飲み屋に通う 사흘이 멀다 하고 술집에 다니다
**あけすけ** [明け透け] ナ[口] 거리끼거나 숨기지 않음, 노골적임¶ ~にものを言う 거리낌없이 말하다
**あげせん** [上(げ)銭・揚(げ)銭] ①매상금 ②수수료, 구전 ③해웃값, 화대≒揚げ代
**あげぜん** [上(げ)*膳] 밥상을 올리기(물리기)
[慣用句]
━据え膳 가만히 앉아서 밥상을 받음
**あげぞこ** [上(げ)底] (내용물이 실제보다 많아

보이게한 상자 등의) 바닥을 높인 것¶ ~の
菓子箱(かしばこ) 바닥을 높인 과자 상자
あげだい【揚(げ)代】화대, 해웃값=玉代(ぎょくだい)
あげだし【揚(げ)出し】【料】두부·가지 등에 녹말 가루를 약간 뿌려 기름에 살짝 튀긴 요리¶~豆腐(どうふ)기름에 살짝 튀긴 두부
あけたて【開け閉て】图他スル (문 등의) 개폐, 여닫힘¶ドアの~ 도어의 개폐/ 静(しず)かに~する 조용히 여닫다
あげだま【揚(げ)玉】【料】①튀김을 할 때 생기는 찌꺼기=てんかす ②둥근 고구마 튀김
あげちょう【揚(げ)超】【經】「引(ひ)き揚(あ)げ超過(ちょうか)」의 준말. 민간 자금을 흡수한 재정 자금〔収入〕이 일정 기간 지출을 초과하는 일 ⇔払(はら)い超/散超(さんちょう)
あけっぱなし【開けっ放し·明けっ放し】Ⅰ 图 연 채로 둠, 개방¶引(ひ)き出(だ)しを~にする 서랍을 연 채로 두다 Ⅱ 개방적, 숨김없음=あけっぴろげ¶~な性格(せいかく) 개방적인 성격
あけっぴろげ【開けっ広げ·明けっ広げ】图ダ ①(口)개방적임, 숨김없음=あけっぱなし¶~な性質(せいしつ)개방적인 성격/~に話(はな)す 숨김없이 말하다 ②활짝 열려 놓음¶~の玄関(げんかん)활짝 열려 있는 현관
あげつら·う【論う】他五 (가부·선악을) 논하다, 왈가왈부하다¶若者(わかもの)の風俗(ふうぞく)を~ 젊은이의 풍속을 왈가왈부하다
あけて【明けて】副 새해 들어, 해가 바뀌어¶~三歳(さんさい)になる 새해 들어 세 살이 되다
あげど【揚(げ)戸】①위로 밀어올려 여는 문, 들어열개 ②내리닫이문
あげなべ【揚(げ)鍋】튀김 냄비
あけに【明(け)荷】①여행용 고리짝 ②【相撲】十両(じゅうりょう) 이상인 씨름꾼의 샅바나 앞두르개 등을 넣는 직사각형 상자¶~を下(お)ろす (씨름꾼의) 직사각형 상자를 내리다
あけのこ·る【明け残る】自五(文)(달·별빛이) 새벽에도 남아 있다¶~空(そら)새벽에도 달빛이 남아 있는 하늘/~月(つき)지새는 달
あけのみょうじょう【明けの明星】샛별, 계명성 ⇔宵(よい)の明星(みょうじょう)
あげはちょう【揚羽蝶·鳳蝶】【動】호랑나비
あけはな·す【開け放す·明け放す】他五 활짝 열다, 열어제치다¶窓(まど)を~ 창문을 활짝 열다=あけはなつ
あけはな·れる【明け離れる】自下一(날이) 훤히 새다, 밝다¶夜(よる)が~ 날이 훤히 새다
あけはら·う【開け払う·明け払う】他五 ①(문 등을) 활짝 열다, 열어제치다¶窓(まど)を~ 창을 열어제치다 ②(집·성을) 비워 주다, 명도하다¶家(いえ)を~ 집을 비워 주다/ 城(しろ)を~·って立(た)ち退(の)く 성을 내주고 퇴거하다
あけばん【明け番】①(철야 근무가 끝난) 하번, 난번¶~になる 난번이 되다 ②(당직 근무 다음날의) 비번 휴무¶~の日(ひ) 비번 휴무일
あけび【〈木通〉·〈通草〉·〈野木瓜〉】【植】으름
あげひばり【揚(げ)雲雀】하늘 높이 날아 오르는 종달새

あげぶた【上(げ)蓋·揚(げ)蓋】(마루청 등의) 날빤지 뚜껑
あけぼの【曙】(文)①새벽, 여명¶~の空(そら)새벽 하늘 ②(시대·사조 등이) 새로 시작되려는 때¶文明(ぶんめい)の~ 문명이 싹틀 때
あげまき【揚巻·総角】①양쪽으로 갈라 귀 위에서 둥글게 땋은 옛날 아이들의 머리 모양, 그 머리를 한 아이 ②(문갑 등의) 장식용 잠자리 매듭 ③【藝】(歌舞伎(かぶき)에서) 여자역 배우의 가발의 하나 (明治(めいじ) 시대에 유행한) 트레머리의 하나 一貝(がい)【動】가리맛조개
あげまく【揚(げ)幕】【藝】(能(のう)에서) 무대로 통하는 출입구에 드리운 막=きり幕(まく)
あげまど【揚(げ)窓】들창
あけむつ【明(け)六つ】(옛 시각으로) 새벽 여섯 시, 그때 치는 종 ⇔暮(く)れ六(む)つ
あげもの【揚(げ)物】튀긴 요리, 튀김¶~屋(や)튀김집/野菜(やさい)の~ 야채 튀김
あげや【揚(げ)屋】유곽, 유녀를 불러 노는 집
あけらかんと 副(口)→あっけらかんと
あ·ける【明ける】自下一 ①(날이) 새다, 밝다¶夜(よ)が~ 날이 새다 ②(해가) 바뀌다¶年(とし)が~ 새해가 되다 ③(기간이) 끝나다¶梅雨(つゆ)が~ 장마가 끝나다/ 喪(も)が~ 탈상하다
あ·ける【開ける】他下一 ①열다, 따다, (몸의 일부를) 벌리다¶目(め)を~ 눈을 뜨다/ 木戸(きど)を~ (지붕 없는) 대문을 열다/ ビール瓶(びん)を~ 맥주병을 따다 ②(구멍 등을) 내다, 뚫다¶壁(かべ)に穴(あな)を~ 벽에 구멍을 내다/ 水路(すいろ)を~ 수로를 내다 ③(영업을) 시작하다, 열다¶店(みせ)を~ 가게를 열다/ 幕(まく)を~ 막을 올리다 ④(사이를) 띄우다¶二人(ふたり)の間隔(かんかく)を~ 두 사람의 간격을 띄우다 ⑤【空ける】㋐(내용물을) 비우다¶グラスを~ 글라스를 비우다/ かばんの中身(なかみ)を~ 가방 속에 든 것을 꺼내다 ㋑(딴 곳으로) 옮기다, 쏟다¶お湯(ゆ)を茶碗(ちゃわん)に~ 더운 물을 찻잔에 붓다 ㋒(집 등을) 비우다, (짬·틈을) 내다¶家(いえ)を~ 집을 비우다/ 明日(みょうにち)の夕方(ゆうがた)まで~·けておこう 내일 저녁은 시간을 비워 놓을께
[慣用句]
一·けて悔(くや)しい玉手箱(たまてばこ) 열어 보고 후회하는 보물 상자, 기대가 어긋나서 섭섭함
あ·げる【上げる】他下一 ①(높은 데로) 올리다, 얹다¶幕(まく)を~ 막을 올리다/ 棚(たな)に荷物(にもつ)を~ 선반에 짐을 얹다 ②【揚げる】띄우다, (쏘아) 올리다¶たこを~ 연을 띄우다/ 花火(はなび)を~ 불꽃을 쏘아 올리다 ③【揚げる】높이 내걸다, 게양하다¶国旗(こっき)を~ 국기를 게양하다 ④【揚げる】뭍으로 옮기다, 부리다¶船荷(ふなに)を~ 뱃짐을 부리다 ⑤【挙げる】(몸·소지품 등을) 올리다, (쳐)들다¶こぶしを~ 주먹을 쳐들다 ⑥(앞쪽으로) 들다¶頭(あたま)を~ 고개를 들다/ 目(め)を~ 똑바로 보다 ⑦토하뇌다, 게우다¶気分(きぶん)が悪(わる)くて~ 기분이 나빠서 토하다 ⑧들여보내다, 맞아들이다¶座敷(ざしき)に~ 객실로 맞아들이다 ⑨(지위를) 올리다, 승진시키다¶課長(かちょう)に~ 과장으로

승진시키다 ⑩입학시키다¶ 娘を大学に
～ 딸을 대학에 보내다 ⑪(신불에게) 바치다
¶賽銭を～ 새전을 바치다 ⑫(가치 등을)
올리다, 높이다¶ 能率を～ 능률을 올리다/
名を～ 이름을 날리다 ⑬(정도를) 올리다,
높이다¶ スピードを～ 스피드를 높이다 ⑭
(값을) 올리다¶ 定価を～ 정가를 올리다
⑮(소리를) 지르다, 올리다¶ 悲鳴を～ 비
명을 지르다 ⑯(연기 등을) 내다, 일으키다¶
砂塵を～ 모래 먼지를 일으키다/ 水しぶ
きを～ 물보라를 일으키다 ⑰(일을) 마치다,
끝내다¶ 仕事を～ 일을 마치다 ⑱(어떤 수
량·기간으로) 끝내다¶ 旅費を十万円
で～ 여비를 10만 엔으로 해결하다 ⑲(성과·
수익 등을) 거두다¶ 成果を～ 성과를 거두다 ⑳「やる·あたえる」의 공손한 말, 드리다¶ プレゼントを～ 선물을 드리다 ㉑
(補助) ㉠(동작의 완료) 마치다, 다 해내다¶
育てて～ 길러 내다/書きて～ 다 쓰다 ㉡(결손
한 기분) 올리다, 드리다¶ 申し～ 말씀 드
리다/存じ～ 알고 있습니다 ㉒(補助) (동사
運用形＋조사 「て」에 붙어) 남을 위해 어떤
동작을 함의 공손한 말, …해 드리다¶ 肩を
もんで～ 어깨를 주물러 드리다

あ・げる [挙げる] 他下一 ①붙잡다, 검거하다
¶犯人を～ 범인을 체포하다 ②들다, 열
거하다, 밝히다¶ 証拠を～ 증거를 들다
③(식을) 올리다, 거행하다¶ 結婚式を～
～ 결혼식을 올리다 ④(전력을) 기울이다, 다
하다¶ 全力を～ 전력을 다하다 ⑤(자식
을) 얻다¶ 一子を～ 자식 하나를 얻다 ⑥
일으키다¶ 兵を～ 거병하다 ⑦(「…を挙げ
て」의 꼴로) 전부 다, 총동원해서¶ 国を挙
げて祝う 거국적으로 축하하다

あ・げる [揚げる] 他下一 ①튀기다¶ てんぷ
らを～ 튀김을 하다 ②높이 날리다¶ たこを
～ 연을 (높이) 날리다

あけわた・す [明け渡す] 他五 내주다, 비워
주다, 명도하다¶ 城を敵に～ 성을 적에게
내주다

あけわた・る [明け渡る] 自五(文) (날이) 훤
히 새다, (하늘이) 환히 밝아지다¶ 夜が～
날이 훤히 새다

あこ [下火] [佛] (선종(禅宗)의 화장 의식으로서) 관에 불을 붙이는 행동

あご [顎·頤·頷] ①턱¶ 上～ 위턱 ②아래
턱¶ 二重～ 이중턱/～ひげ 턱수염
慣用句
──が干上がる 목구멍에 거미줄 치다
──で使う 턱으로 부리다, (사람을) 거만한
태도로 부리다
──を出す 몹시 지쳐 버리다, 기진맥진하다
──を撫でる 턱을 쓰다듬다, (자기 뜻대로 되
어) 흐뭇해 하다
──を外す (턱이 빠질 정도로) 크게 웃다

あこうだい [赤魚·鯛] [動] 붉돔

アコーディオン (accordion) [音] 아코디언 ━ド
ア (accordion door) 아코디언 도어. 접었다 폈다

하는 칸막이 ━プリーツ (일 accordion pleats)
[服] 아코디언 플리츠. (스커트 등의) 겹쳐진
가는 주름

あこがれのまと [¹憧れの的·˟憬れの的] 連語
동경의 대상

あこが・れる [¹憧れる·˟憬れる] 自下一 동경
하다, 그리워하다¶ 英雄に～ 영웅을 동경
하다/歌手に～ 가수를 동경하다

あこぎ [阿漕] ㊀ 탐욕 무도함, 악독함¶ ～
なやり方 악독한 방법/～な高利貸し 탐
욕 무도한 고리 대금업자

あごひも [顎紐] (모자의) 턱끈¶ ～をかけ
る 턱끈을 매다

あこめ [衵·袙] ①(옛날에) 下襲와 単衣
사이에 입던 소매가 좁은 남자옷 ②(옛날의)
여성·소녀용 속옷

あこやがい [阿古屋貝] [動] 진주조개

あさ [麻] 마 ①대마·저마·아마 등의 총칭 ②
[植] 삼＝大麻 ③삼실, 삼베¶ ～のスーツ
삼베 슈트/～ひも 삼끈

あさ [朝] 아침, 아침나절, 오전¶ ～ご飯 조
반/～のうちにお訪ねします 아침나절에 방
문하겠습니다

あざ [字] 町長·村 안의 작은 구획의 이름

あざ [痣] ①점, 모반(母斑)¶ うなじに～があ
る 목덜미에 점이 있다 ②멍¶ 転んでひざ
に～ができた 넘어져서 무릎에 멍이 들었다

あさあけ [朝明け] (文) 새벽녘, 동틀녘＝あけ
がた¶ ～の露 새벽녘의 이슬

あさ・い [浅い] 形 ①(깊이·바닥이) 얕다¶
～なべ 운두가 낮은 냄비/～池 얕은 연못
②(정도·양 등이) 적다, 낮다¶ ～知識 얕
은 지식/眠りが～ 잠이 얕다 ③(수량·정
도가) 얼마 안된다, 짧다¶ 歴史が～ 역사
가 짧다/付き合って日が～ 교제한 지가
얼마 되지 않는다 ④(造語) (어간 「あさ」가 명사
등에 붙어) 얼음·연함을 나타냄  浅黒い
거무스름하다/浅漬け 얼절이 채소

あさいち [朝市] (채소·생선 등의) 아침장¶
～が立つ 아침장이 서다

あさいと [麻糸] 마사, 삼실

あさうら [麻裏] ①삼베 안감 ②삼실로 엮은 끈
목을 바닥에 댄 일본 짚신

あさおき [朝起き] 아침 일찍 일어남, 그런
사람¶ ～は三文の徳 아침 일찍 일어나면
무언가 이득이 있다 ②(일어났을 때의) 아침
기분¶ ～がいい 아침 기분이 좋다

あさがえり [朝帰り] 외박하고 이튿날 아침에
자기집으로 가는 일

あさがお [朝顔] ①[植] 나팔꽃 ②갈때기 모양
의 남자용 소변기

あさがけ [朝駆け·朝駈け] ①아침 일찍 말을
달림(길을 떠남) ②새벽 기습¶ 敵に～をか
ける 적을 새벽에 기습하다 ③(신문 기자 등
의) 새벽 취재 방문
慣用句
──の駄賃 (아침에는 말의 기력도 좋고 노
임도 많이 받는 데서) 일하기 쉬움의 비유

あさがた【朝方】 아침결, 해뜰 무렵 ⇔ 夕方ゆう ¶ ～に雨あめが降ふった 아침결에 비가 내렸다

あさぎ【浅黄·浅·葱】 ①열은 남빛, 옥색, 하늘색 ②「あさぎうら」의 준말 ―裏うら ①열은 남빛 안감(을 댄 옷) ②(江戸의 유곽에서) 시골 무사나 교양없는 사람을 비꼬아 부른 말

あさぎり【朝霧】 아침 안개 ⇔ 夕霧ゆう ¶ ～がたちこめている 아침 안개가 자욱이 끼어 있다

あさくさ【浅草】【地】 東京とうきょう도(都) 台東たいとう구의 지명 ―紙がみ 재생지로 만든 저질 종이 ―海苔のり ①【植】홍조류의 바닷말 ②1로 만든 김

あさぐもり【朝曇り】 아침 날씨가 흐림

あさげ【朝·餉·朝·食】(文) 조반, 아침 식사

あさげいこ【朝稽古】 (무술·예능 등에서) 아침 연습·수업 ¶ 柔道じゅうどうの～に通かよう 아침 유도 연습에 다니다

あざ·ける【嘲る】 他五 비웃다, 조소하다 ¶ 人ひとの失敗しっぱいを～ 남의 실패를 비웃다

あさざけ【朝酒】 아침 술 ¶ 朝寝あさね～朝湯あさゆが 大好だいすき 늦잠과 아침 술과 아침 목욕을 아주 좋아함

あささむ【朝寒】(文) 아침 한기, (특히 늦가을의) 새벽 추위 ¶ ～が身みにしみる 아침 한기가 몸에 스며들다

あさしお【朝潮】 아침 밀물(만조) ⇔ ゆうしお

あさじめり【朝湿り】 名 自スル 아침 누기, (아침에 이슬·비 등으로) 눅눅해지는 일 ¶ ～のした庭木にわき 아침에 촉촉히 젖은 정원수

あさ せ【浅瀬】 (바다·강의) 얕은 곳, 여울 ¶ ～を渡わたる 여울을 건너다

あさだち【朝立ち】 名 自スル 아침 일찍 길을 떠남 = 早立はやだち ↔ 夜立よだち ¶ 五時ごじの～ (아침) 다섯 시에 일찍 떠남

あさちえ【浅知恵·浅·智·慧】 얕은 꾀, 잔꾀 ¶ 猿さるの～ 원숭이의 얕은 꾀

あさつき【浅·葱】【植】 큰산파

あさづけ【浅漬(け)】 ①무·가지·오이 등을 소금·겨에 살짝 절인 것 ②말린 무를 간하여 누룩·설탕·미림에 절인 것 = べったらづけ

あさって【明後日】 (口) 모레 ¶ し―글피/やの―그글피/～帰国きこくする 모레 귀국한다

〔慣用句〕

―の方ほうを向むく (俗) 엉뚱한 쪽으로 향하다, 엉뚱한 곳을 보다

あさっぱら【朝っぱら】 (俗) 이른 아침, 식전 ¶ ～から何なんの用ようだ 이른 아침부터 무슨 용무냐

あさつゆ【朝露】 아침 이슬 ↔ 夜露よつゆ ¶ ～を踏ふんで 아침 이슬을 밟고

あさ で【浅手·浅·傷】 경상, 가벼운 상처 = うすで ⇔ 深手ふかで ¶ ～を負おう 경상을 입다

あさ·い【浅い】 形 ①얕다, 약삭빠르다 ¶ ～考かんがえ 약삭빠른 생각 ②약빨리다 ¶ ～売うり方かた 약랄한 판매 방법

あざ な【。字】 ①자. (옛날에 문인·학자 등이 쓰던) 본명 이외의 이름 ②별명 = あだな ③市し·町ちょう·村そん 안의 한 구획 = 字あざ

あさなあさな【朝な朝な】 副(文) 아침마다, 매일 아침 ⇔ 夜な夜なよな ¶ ～小鳥ことりが訪おとずれる 아침마다 새가 찾아온다

あさ·う【×糾う】他五 (새끼·실 등을) 꼬다 禍福かふくは～える縄なわのごとし 화복은 마치 꼬아 놓은 새끼와도 같다(번갈아 온다)

あさなぎ【朝・凪】【気】 아침뜸 ↔ 夕凪ゆうなぎ

あさなゆうな【朝な夕な】 副(文) ①아침저녁, 조석 ¶ ～に神仏しんぶつに祈いのる 조석으로 신불에 빌다 ②늘, 밤낮, 항상

あさね【朝寝】 名 自スル 아침잠, 늦잠 ⇔ 朝起あさおき ¶ ～をしてしまった 늦잠을 자고 말았다 ―坊ぼう 名 自スル 늦잠을 잠, 잠꾸러기

あさのは【麻の葉】 ①삼잎 ②삼잎 무늬 ③【紋】삼잎 모양의 가문(家紋)

あさはか【浅はか】 ダ (생각이) 얕음, 경박함, 어리석음 ¶ ～な考かんがえ 얕은 생각 / ～な人ひと 경박한 사람

あさ はん【朝飯】(口) 조반, 아침밥 = あさめし

あさばん【朝晩】 Ⅰ 名 아침저녁, 조석 ¶ ～の冷ひえ込こみ 아침저녁의 쌀쌀함 Ⅱ 副 밤낮, 자나깨나, 늘 ¶ 旅たびの子こを思おもう 자나깨나 여행 떠난 자식을 생각하다

あさ ひ【朝日·朝·陽】 ①아침 해 ¶ ～が昇のぼる 아침 해가 떠오르다 ¶ ～がさし込こむ 아침 햇살이 비쳐 들어오다 ―影かげ(文) 아침 햇빛(햇살)= 夕日影ゆうひかげ

あさぶろ【朝風呂】 아침 목욕 = 朝湯あさゆ

あさぼらけ【朝ぼらけ】 ⑰ 동틀녁, 새벽녘

あさまいり【朝参り】 새벽 참배

あさまし·い【浅ましい】 形 ①한심스럽다, 딱하다, 비참하다 ¶ ～なりをしている 한심스런 몰골을 하고 있다 / 落おちぶれて～姿すがた 영락하여 비참한 모습 ②비열하다, 치사하다 ¶ ～根性こんじょう 비열한 근성 / ～遺産相続いさんそうぞく争あらそい 치사스러운 유산 상속 다툼

あさまだき【朝まだき】 날이 채 새기 전, 미명(未明), 어둑새벽 ¶ ～に出でかける 어둑새벽에 나서다

あさみ【浅み】(文) (수심이) 얕은 곳 ⇔ 深みふかみ

あざみ【×薊】 【植】 엉겅퀴

あさみどり【浅緑】 담록색, 연두빛 = 深緑ふかみどり

あざむ·く【欺く】他五 ①속이다, 기만하다 ¶ 人ひとを～ 남을 속이다 ②(「…を～」의 꼴로) …로 착각할 정도이다, …도 무색하리만치 …하다 ¶ 昼ひるを～明あかるさ 대낮이 무색할 만큼 환함

あさめし【朝飯】(口) 조반, 아침밥 = あさはん ¶ ～を食たべる 아침밥을 먹다 ―前まえ ①조반 전, 아침 식사 전 ②名 아주 쉬움, 누워서 떡 먹기, 식은죽 먹기

あさもや【朝霧】 아침 안개

あざやか【鮮やか】 ダ ①(빛 등이) 뚜렷함, 산뜻함, 선명함 ¶ ～な山やまの色いろ 산뜻한 산색 / 墨痕ぼっこん～ 묵흔도 뚜렷함 ②(솜씨 등이) 멋짐, 훌륭함 ¶ ～な手並てなみ 훌륭한 솜씨

あさやけ【朝焼け】【気】 아침놀 ⇔ 夕焼ゆうやけ

あさゆ【朝湯】 ①아침 목욕 = あさぶろ ¶ ～朝酒あさざけ 아침 목욕과 아침 술 ②아침의 대중탕

**あさゆう**【朝夕】 **Ⅰ** 图 조석. 아침저녁¶~の散歩ぽ 아침저녁의 산책 **Ⅱ** 副 밤낮으로, 항상

**あざらし**【《海豹》】[動] 해표. 바다표범

**あさり**【浅《蜊》】[動] 바지락

**あさ・る**【漁る】[他五] ①(어패류를) 잡다, 채취하다¶はまぐりを~ 대합을 잡다 ②(먹이·물건을) 찾아 다니다, 뒤지고 다니다¶えさを~ 먹이를 찾아 다니다/ 古本ふるほんを~ 고서를 뒤지고 다니다 ③[補助]…하며 다니다, 마구잡이로 …하다 読ょみ~ 마구 읽어대다/ 買かい~ 마구잡이로 사 모으다

**アザレア** (azalea) [植] 아잘레아. 양진달래

**あざわら・う**【嘲笑う】[他五] 비웃다, 조소하다¶人ひとの失敗しっぱいを~ 남의 실패를 비웃다

**あし**【足·脚·《肢》】①[図] 다리¶前まえ~ 앞다리 ②[図] 발¶~の裏うら 발바닥¶~をくじく 발을 삐다 ③(물건의) 다리, 굽¶机つくえの~ 책상 다리 ④한자 구성 요소 중 아래쪽 부분 ▷「兀」의「儿」등 ⑤(반죽 등의) 찰기, 끈기¶~がある 찰기가 있다 ⑥적자, 손실¶~が出る 적자가 나다 ⑦발걸음, 보조¶~をそろえる 보조를 맞추다 ⑧발길, 왕래¶~を運はこぶ 발길을 옮기다/ ひとお先さきに한발 앞서 ⑨(비·바람 등의) 움직여 가는 상태, 발¶雨あめ~ 빗발/ 日ひの~が早はやい 해가 빨리 지다 ⑩발자취, 종적¶~を追おう 발자취를 쫓다 ⑪교통 기관¶~の便びんがいい 교통편이 좋다 ⑫(「~の」의 꼴로) 돈 = おかね ⑬(「その~で」의 꼴로) 그 길로. 내친걸음에¶その~で本屋ほんやに寄よった 그 길로 책방에 들렀다

[慣用句]

—**が有ある** 발이 빠르다. 움직임이 잽싸다

—**が地ちに付つかない** ①(흥분 등으로) 안절부절못하다. 마음이 들뜨다 ②(생각·행동 등이) 착실치 못하다. 불안정하다

—**が付つく** (도망친 사람 등의) 꼬리가 잡히다

—**が出でる** ①적자가 나다 ②(숨겼던 일이) 탄로나다, 들통나다

—**が速はやい** ①걸음이 빠르다 ②(식품이) 빨리 상하다¶夏場なつばはなまものの~ 여름철에는 날것이 쉬이 상한다 ③(물건이) 잘 팔리다

—**が乱みだれる** ①보조가 흐트러지다, 행동이 통일되지 않다 ②(사고 등으로) 교통 기관의 운행이 엉망이 되다

—**が向むく** (무의식 중에 어디로) 발길이 가다

—**に任まかせる** ①발길 닿는 대로 가다 ②제 힘으로 걸어가다

—**を洗あらう** 발을 씻다 ①(떳떳하지 못한 짓 등을) 그만두다 ②(옳지 못한 일·친구 등과의) 관계를 끊다

—**を出だす** ①초과 지출하다, 적자를 내다 ②(거래에서) 손해를 보다 ③(숨겼던 일이) 탄로나다

—**を取とられる** ①(술에 취해) 제대로 걷지 못하다, 휘청거리다 ②(길이 나빠) 걷기 힘들다 ③(차가 없거나 하여) 발이 묶이다

—**を伸のばす** (여행 등에서) 예정보다 멀리 가다

—**を引ひっ張はる** ①(남의 성공·진보를 시샘하여) 발목을 잡다, 훼방놓다 ②(일부가 전체의 진행을) 지체시키다. 지장을 주다

—**を棒ぼうにする** 발이 닳도록 돌아다니다

—**を向むける** ①어느 방향·장소로 가다, 발길을 향하다 ②(「あしを向むけては寝ねられない」의 꼴로) 그 쪽으로 다리를 뻗고 자는 결례를 할 수는 없다

**あし**【×葦·×蘆·×荻】[植] 갈대

**あじ**【味】①(음식의) 맛¶~をつける 맛을 내다 ②(체험을 통한) 느낌, 맛¶貧乏びんぼうの~を知しらない 가난이 무엇인지 모른다 ③멋, 운치, 재미, 묘미¶風流ふうりゅうの~ 풍류의 맛/ ~のある文章ぶんしょう 운치 있는 문장

[慣用句]

—**も素そっ気けも無ない** 아무 멋[재미]도 없다, 무미건조하다¶~講義こうぎ 무미건조한 강의

—**を占しめる** (한 번 해본 것에) 맛들이다, 재미를 붙이다

—**をやる** 재치 있는 짓을 하다

**あじ**【×鰺】[動] 전갱이¶~の干物ひもの 전갱이 말린 것

**アジ** 애지테이션. 선동¶~演説えんぜつ 선동 연설

**アジア** (Asia) 아시아 ▷「亜細亜」라고도 썼음
—**アフリカ会議かいぎ**[政] 아시아 아프리카 회의 —**競技大会きょうぎたいかい**[體] 아시아 경기 대회. 아시안 게임

**あしあと**【足跡】 발자취¶発자국¶犬いぬの~ 개의 발자국 ②종적, 행방¶~をくらます 행방을 감추다 ③업적¶故人こじんの~をしのぶ 고인의 업적을 기리다

**あしいれこん**【足入れ婚】[民] 결혼식은 시집에서 거행하지만 당분간 처가에서 살다가 나중에 시집으로 들어가는 혼인 형식

**あしおと**【足音·×跫音】①발소리¶~をたてる 발소리를 내다 ②다가오는 소리[기색]¶春はるの~ 봄이 오는 기색

**あしか**【《海驢》】[動] 강치

**あしかが**【足利】 성씨의 하나 —**時代じだい**室町시대 —**幕府ばくふ**[史] 室町幕府むろまちばくふ를 말함

**あしがかり**【足掛(か)り】 발판¶발디딜 곳, 발붙일 데 = あしば¶岩いわを~に登のぼる 바위를 발판 삼아 오르다 ②실마리, 단서¶解決かいけつの~ 해결의 실마리/ 反撃はんげきの~とする 반격의 발판으로 삼다

**あしかけ**【足掛け】①(유도·씨름 등에서) 다리걸기 ②(연·월·일의 계산에서) 햇수, 달수, 날수¶~十日とおか 날수로 열흘

**あしかげん**【味加減】맛·간의 정도¶~をみる 맛[간]을 보다

**あしかせ**【足×枷】①족가, 족쇄, 차꼬¶~をはめる 족쇄를 채우다 ②자유로운 행동을 속박하는 것, 구속¶家族かぞくが行動こうどうの~となる 가족이 행동의 속박이 되다

**あしがた**【足形】①발자국 = あしあと ②【足型】 신골, 발 본¶~をとる 발 본을 뜨다

**あしがため**【足固め】[名][自スル] ①보행 연습, 다리 훈련 ②기초 다지기¶立候補りっこうほの~ 입

**あしからず** [°悪しからず] 副 나쁘게[달리] 생각 마시도록, 양해해 주시기를¶ どうか…ご了承ください 아무쪼록 달리 생각 마시고 양해해 주십시오

**あしがらみ** [足搦み] (유도 등에서) 다리걸기, 낚시걸이¶ ～をかける 다리걸기를 하다

**あしがる** [足軽] [日史] (전시에 병정으로 편성되던) 병졸, 잡병, 최하급 무사

**アしきしゅうきゅう** [ア式蹴球] 아식 축구, 축구= サッカー

**あじきな・い** [味気ない] 形 무미건조하다, 따분하다= あじけない¶ ～暮らし 따분한 생활

**あしきり** [足切り] (입학 시험 등에서) 예비 시험 성적이 일정 수준 미달인 자를 탈락시키는 일, 예비 선발

**あしくせ** [足癖] ①(걷기나 신기 또는 발놀림 등의) 버릇¶ ～の悪い馬 발놀림이 나쁜 말 ②[相撲] 다리 재간, 다리 기술= あしわざ¶ ～のある力士 다리 재간이 있는 씨름꾼

**あしくび・あしくび** [足首・足頸] 발목 ⇔ 手首¶ ～をくじく 발목을 삐다

**あしげ** [足蹴] ①발길질 ②모진[몹쓸] 짓¶ 親友を～にする 친구에게 몹쓸 짓을 하다

**あしげ** [葦毛] (말의) 청부루

**あしげい** [足芸] 발로 하는 곡예, 발재주

**あじけな・い** [味気ない] 形 → あじきない

**あしこし** [足腰] 다리와 허리¶ ～を鍛える 다리와 허리를 단련하다

**あしごしらえ** [足拵え] (먼 거리나 험한 길을 걸어서 갈) 길 채비¶ ～をしっかりする 길 채비를 단단히 하다

**あじさい** [紫陽花] [植] 자양화, 수국(水菊)

**あじさし** [°鯵刺] [動] 제비갈매기

**あしざま** [°悪し様] 刀 (文) 사실보다 나쁜 모양¶ ～な言い様 사실보다 나쁘게 말하기 ②(「～に」의 꼴로) (악의를 가지고) 나쁜 양, 나쁘게¶ 事実をまげて～に書く 사실을 왜곡하여 나쁘게 쓰다

**アシスト** (assist) 名 他スル 어시스트 ①(업무를) 보좌함 ②(축구 등에서) 적절히 패스하여 득점으로 연결시킴, 그런 선수

**あしずり** [足摺] 名 自スル 발을 구름, 발버둥질침¶ ～して泣く 발버둥질치며 울다

**あした** [明日] 내일¶ ～また会おう 내일 또 만나자

**あした** [朝] (文) ①아침 ②이튿날[다음날] 아침 [慣用句]
**─に道を聞かば夕べに死すとも可なり** 아침에 인간의 도를 들으면 저녁에 죽어도 여한이 없다

**あしだ** [足駄] (땅이 질척일 때 신는) 굽 높은 下駄= たかげた
[慣用句]
**─を履いて首ったけ** (이성에게) 푹 빠져 있음

**あしだい** [足代] 차비, 교통비¶ ～は自分持ち 차비는 자기 부담/ ～にもならない稼ぎ 교통비도 되지 않는 벌이

**あしだまり** [足溜まり] ①임시 거처 ②발 디딜 곳, 발판, 근거지¶ 東京を～として行動する 東京을 근거지로 삼아 행동하다

**あしついで** [足序] 나선[가는] 길, 내친 걸음¶ ～に寄る 나선 길에 들르다

**あしつき** [足付(き)] ①걸음새, 걸음걸이¶ 危なげな～ 위태위태한 걸음새 ②[脚付(き)] (기물에) 다리가 달림, 그런 물건¶ ～の台 다리 달린 받침대

**あしつぎ** [足継ぎ] ①(높이를 돋우기 위해) 다리 부분을 이어 댐 ②발판= ふみつぎ

**あじつけ** [味付(け)] 名 他スル 맛을 냄, 조미, 가미¶ ～のり 맛김/ 中華風に～する 중국식으로 맛을 내다

**あしでがき** [°葦手書き] (平安 시대에 유행했던) 平仮名의 회화풍 서법(書法)

**あしてまとい** [足手纏い] 名 刀 거추장스러운 것, 부담, 짐= あしでまとい¶ 他の人たちの～になる 다른 사람들의 짐이 되다

**アジト** 아지트, (좌익 운동 등의) 비밀 본부, 은신처 ▷ agitating point에서

**あしどめ** [足止め・足留め] 名 他スル ①발을 묶음, 외출을 금지함¶ 事故で～をくう 사고로 발이 묶이다 ②(염색에서) 약품을 넣어 얼룩이 지지 않도록 함

**あしとり** [足取り] [相撲] 상대방의 한쪽 발을 들어 쓰러뜨리는 기술

**あしどり** [足取り] ①걸음, 보조, 걸음걸이¶ ～も軽く出かけた 발걸음도 가볍게 외출했다 ②(범인 등의) 종적, 행방, 발자취¶ ～捜査 종적 수사/ ～を追う 행방을 쫓다 ③[經] 시세의 변동

**あじな** [味な] 連体 (口) 신통한, 그럴듯한¶ ～ことを言う 그럴듯한 말을 하다

**あしなえ** [足萎え・°蹇] 절름발이, 앉은뱅이

**あしながばち** [足長蜂] [動] 쌍살벌

**あしなみ** [足並(み)] 보조 ①(함께 걷는) 발걸음¶ ～をそろえる 보조를 맞추다 ②통일적인 움직임, 호흡¶ 野党の～が乱れる 야당의 보조가 흐트러지다

**あしならし** [足慣(ら)し・足馴(ら)し] 名 自スル ①(병후나 운동 전의) 보행 연습, 다리 훈련¶ 軽く～する 가볍게 다리 훈련을 하다 ②준비 행동, 사전 준비¶ ～運転 시험 운전

**あしば** [足場] ①발판, 비계¶ ～を板に組む 비계로 ~를 組む 비계를 짜다 ②발디디기, 디딤새, 발디딜 곳¶ ～が悪い 발디디기가 나쁘다 ③교통편¶ ～がよい 교통편이 좋다 ④활동할 토대, 기반¶ ～を築こう 기반을 구축하다

**あしばや** [足早・足速] 刀 빠른[잰] 걸음¶ ～に歩く 잰 걸음으로 걷다/ ～に立ち去る 빠른 걸음으로 떠나가다

**あしはら** [°葦原] 갈대밭= あしわら

**あしはらい** [足払い] (유도에서) 다리후리기

**あしび** 〈馬酔木〉→ あせび

**あしひきの** [足引の] (枕)「山ᇰ・峰ᇰ」등을 수식함＝あしびきの

**あしびょうし** [足拍子] 발장단¶～をとる 발장단을 맞추다

**あしぶえ** [*葦笛] 갈피리, 갈잎 피리

**あしぶみ** [足踏み] 名 自スル ①제자리걸음¶～を続ける 제자리걸음을 계속하다 ②답보, 정체¶～状態になる 답보 상태가 되다

**アジプロ** 아지프로, 선동과 선전, 선동적 선전

**あし べ** [*葦辺] (文) 갈대가 우거진 물가

**あしへん** [足偏] (한자 부수의) 발족변 ▷「路・跡」등의「足」부분

**あしまかせ** [足任せ] 名 ①발길 가는 대로[정처없이] 걸음¶～に歩なく 정처없이 걷다 ②걸을 수 있을 때까지 걸음

**あしまめ** [足まめ] ナ 부지런히 돌아다님¶～な人と 바지런히 돌아다니는 사람/～に通かう 부지런히 다니다

**あじ み** [味見] 名 他スル 맛을 봄, 간을 봄¶料理りょうの～ 요리의 맛(간)

**あじ も** [味藻]「アマモ」의 딴이름

**あしもと** [足下・足元・足ᇰ許] ①발 밑, 발치¶～を照らす 발 밑을 비추다/～にうずくまっている 발치에 웅크리고 앉다 ②걸음새, 걸음걸이, 발걸음¶～がふらつく 걸음걸이가 휘청거리다 ③신변, 바로 곁¶～を捜さがす 가까운 데를 찾다 ④(생각・행동의) 기초, 기반¶～を固かめる 기초를 다지다 ⑤(입장・상태의) 약점

慣用句
**—から鳥とりが立たつ** ①자기 주변에서 뜻밖의 일이 일어나다 ②느닷없이 일을 시작하다
**—に付つけ込こむ** 약점을 이용하다[노리다]
**—に火ひがつく** 발등에 불이 붙다[떨어지다]
**—にも及およばない** 발 밑에도 미치지 못하다, 어림도 없다
**—の明あかるいうち** ①날이 저물기 전에, 해가 지기 전에 ②때늦기 전에
**—へも寄よりつけぬ** ①발 밑에도 미치지 못하다 ②황송해서 친히 교제할 수 없다
**—を見みる** 약점을 간파하다, 약점을 이용하다

**あしやすめ** [足休め] (피곤하여) 다리를 쉼

**あじゃり** [*阿闍梨] (佛) 아사리 ①고승 ②(천태종・진언종의) 승려의 학위＝あざり

**あし ゆ** [足湯・脚湯] 발을 따끈한 물에 담금¶～をする 발을 따끈한 물에 담그다

**あしゅう** [阿州] → あわ(阿波)

**あしゅら** [阿修羅] (佛) 아수라 ①고대 인도의 나쁜 귀신 ②팔부중(八部衆)의 하나 ③「あしゅら どう」의 준말 **一道どう** 아수라도

**あしょう** [亜相]「大納言だいなごん」의 중국식 호칭

**あしよわ** [足弱] ナ 걷는 힘이 약함, 그런 사람

**あしら・い** ①대접, 취급, 대우¶客きゃくの～ 손님 대접/子供こどもの～ 어린애 취급 ②곁들임, 배합¶～に果物くだものを使つかう 곁들임에 과일을 쓰다

**あしら・う** 他五 ①응대하다, 다루다, 접대(대접)하다¶冷つめたく～ 냉대하다/いいかげんに～ 적당히 접대하다 ②곁들이다, 배합하다¶バラにかすみ草くさを～ 장미에 안개꽃을 곁들이다

**アジ・る** 他五 (俗) 선동하다, 부추기다¶ストを～ 동맹 파업을 선동하다

**あじろ** [*網代] ①어살, 어전(魚箭) ②(대・편백 등의) 얇은 오리로 짠 자리 ③(옛날에) ②를 지붕에 인 牛車ᇰ **一木ᇰ** 어살 말뚝

**あじ わい** [味わい] ①(음식물의) 좋은 맛, 풍미¶独特どくとくの～ 독특한 풍미/～がある 맛깔스럽다 ②(사물이 풍기는) 멋, 정취, 재미¶～のある文章ᇰ 감칠맛이 있는 문장

**あじわ・う** [味わう] 他五 ①(음식의) 맛을 보다[즐기다]¶香かおり高だかい酒さけを～ 향기 좋은 술을 맛보다 ②음미하다, 감상하다¶古典ᇰを～ 고전을 음미하다 ③(몸소) 실감하다, 겪다, 체험하다¶勝利しょうりの喜よろこびを～ 승리의 기쁨을 맛보다

**あしわざ** [足技・足業] ①(유도・씨름에서) 다리 기술 ②다리로 하는 곡예

**あす** [明日] ①내일¶～の朝あさお宅たくに伺うかがいます 내일 아침 댁으로 찾아뵙겠습니다 ②가까운 장래, 앞날¶～に備そなえる 앞날에 대비하다/～のための計画ᇰ 장래를 위한 계획

慣用句
**—知しらぬ身み** 내일 어찌 될지 모르는 신세
**—には明日あすの風かぜが吹ふく** 내일은 내일의 바람이 분다

**あすか** [飛鳥] (地) 지금의 奈良ᇰ현에 위치했던 옛 도읍지 이름 ＝「明日香」라고도 함 **一時代じだい** (日史) (6세기 말에서 7세기 전반까지의) 아스카 시대 **一文化ᇰ** 6~7세기의 聖徳太子しょうとくたいしの 시정 시대를 중심으로 한 문화

**あずかり** [預(か)り] ①맡음, 보관, 보관(인)¶手荷物てにもつ～所 수하물 보관소 ②보관증¶品物ものを～とひきかえに渡わたす 물품을 보관증과 맞바꾸어 인도하다 ③(相撲) 판정의 보류

**あずかりしらない** [与り知らない] 連語 아는 바 아니, 관련이 없다¶僕ぼくの～ところだ 내 알 바 아니다

**あずか・る** [与る] 自五 (文) ①관여하다, 관계하다¶財団だんの設立せつに～ 재단 설립에 관여하다 ②預かる (윗사람의 호의・은혜 등을) 받다¶おほめに～ 칭찬을 받다/ごちそうに～ 음식 대접을 받다

**あずか・る** [預かる] 他五 ①(물건 등을) 맡다, 보관하다¶書類しょるいを～ 서류를 보관하다/子供こどもを～ 아이를 맡다 ②(일 처리를) 맡다, 돌보다¶留守るすを～ 집을 보다/けんかを～ 싸움의 중재를 맡다 ③보류하다, 덮어두다¶審判はんが決定けっていする～ 심판이 결정을 보류하다

**あずき** [小豆] (植) 팥 **一色ᇰ** 팥빛, 검붉은 색

**あずけ** [預け] ①(造語) 맡김, 보관¶～物ものᇰ 맡긴 물건 ②(「お～」의 꼴로) ㉠(계획 등의) 보류, 중지¶計画ᇰが～になった ㉡(개에게 먹이를 주고) 먹으라 할 때까지 기다리게 하는 재주 ③(日史) (江戸ᇰ시대에) 죄인을 일정 기간 大名だいみょう・町ᇰ・村ᇰ

등에 맡겨 감금시키던 형벌
**あずけい・れる**【預(け)入れる】〔他下一〕(은행 등에) 예입하다, 예금[저금]하다 ¶ そっくり銀行ぎんこうに～ 몽땅 은행에 예금하다
**あず・ける**【預ける】〔他下一〕①맡기다, 보관시키다 ¶ お金かねを銀行ぎんこうに～ 돈을 은행에 맡기다 ②(몸을) 기대다 ¶ 壁かべに上体じょうたいを～ 벽에 상체를 기대다 ③(일처리를) 맡기다, 위임하다, 일임하다 ¶ 店みせを～ 가게를 맡기다/上司じょうしに判断はんだんを～ 상사에게 판단을 일임하다
**あすこ**〔代〕(口) → あそこ
**あずさ**【*梓】①〔植〕가래나무 ②판목(版木)
〔慣用句〕 **―に上のぼす** 상재하다, 출판하다
**あすなろ**【翌檜】・〈羅漢柏〉〔植〕 나한백
**アスパラガス**(asparagus)〔植〕아스파라거스
**アスパラギンさん**【アスパラギン酸】〔生〕아스파라긴산
**アスペクト**(aspect) 애스펙트 ①국면, 양상 ②〔文法〕(동사에서) 상(相)
**あずま**【東・*吾妻】①東北とうほく지방의 옛이름=東国とうごく ②鎌倉かまくら幕府ばくふの옛일컬음 ③(京都きょうと・大阪おおさか지방에서) 江戸えどを일컫던 말 ④(일본 고대의) 거문고
**あずまえびす**【*東*夷】①東北とうほく사람을 경멸하여 이르던 말=えぞ ②(京都きょうと에서) 東北지방의 무사를 경멸하여 이르던 말
**あずまおとこ**【東男】①東北とうほく지방 태생의 남자 ②江戸えど 태생의 남자
〔慣用句〕 **―に京女きょうおんな** 남자는 씩씩하고 멋있는 東北지방 태생이 좋고 여자는 상냥한 京都きょうと지방 태생이 좋다
**あずまくだり**【東下り】京都きょうと에서 東北とうほく지방(특히 鎌倉かまくら)으로 가는 일
**あずまげた**【*吾妻下*駄】굽이 낮고 바닥에 삿자리를 댄 여성용 下駄げた
**あずまコート**【*吾妻コート】외출할 때 일본옷 위에 입는 여성용 롱코트
**あずまや**【東屋・*四*阿】〔建〕정자= 亭てい
**あせ**【汗】①땀 ¶ 冷ひやや・冷あせ/～をかく 땀을 흘리다/ 手てに～を握にぎる 손에 땀을 쥐다 ②(표면에 서리는) 물방울 ¶ ガラスが～をかいている 유리에 물방울이 서려 있다
**あぜ**【*畦・*畔】①〔農〕논두렁 ¶ ～道みち 논두렁길 ②〔建〕(윗중방・문지방의 홈 사이의) 턱
**アセアン**【ASEAN】〔政〕아세안, 동남 아시아 국가 연합
**あせい**【亜聖】〔文〕아성, 현인(賢人), 맹자
**あせかき**【汗*掻き】땀을 많이 흘리는 체질, 그런 사람
**あせくら**【校倉】〔建〕각재(角材)를 우물정(井)자 모양으로 짜올려 지은 창고 ―造づくり〔建〕校倉あぜくら식의 일본 건축 양식
**あせじ・みる**【汗染みる】〔自上一〕①땀에 젖다 ¶ わきの下したが～ 겨드랑이가 땀에 젖다 ②땀이 배다 ¶ ～・みた作業服さぎょうふく 땀이 밴 작업복
**あせしらず**【汗知らず】땀띠약

**アセスメント**(assessment) 어세스먼트, 종합 평가・사정 ¶ 環境かんきょう～ 환경 영향 평가
**あせ・する**【汗する】〔自サ変〕①땀을 내다, 땀 흘리다 ②열심히 노력하다 ¶ ～・して働はたらく 땀흘리며 열심히 일하다
**あせだく**【汗だく】〔名〕땀투성이 ¶ ～になって働はたらく 땀투성이가 되어 일하다
**あぜち**【按察使】〔日史〕奈良なら시대에 설치된 지방 행정 조찰관=あんさつし
**あせとり**【汗取り】①땀을 닦는 종이나 헝겊 ②땀받이, 땀홀거리
**あせのけっしょう**【汗の結晶】땀의 결정
**あせば・む**【汗ばむ】〔自五〕땀이 나다 [배다] ¶ ～・んだ下着したぎ 땀이 밴 속옷
**あせび**【馬酔木】〔植〕마취목 = あしび
**あせみず**【汗水】흘러내리는 땀 ¶ ～垂たらして働はたらく 땀을 흘리며 일하다
**あせみずく**【汗水く】〔名〕(文) 땀에 흠뻑 젖음, 땀투성이가 됨 ¶ ～になる 땀투성이가 되다
**あぜみち**【畦道・畔道】논두렁길
**あせみどろ**【汗みどろ】〔名〕땀에 흠뻑 젖음, 땀투성이가 됨 = 汗あせみずく
**あせも**【汗*疹・汗*疿】〔医〕땀띠 ¶ ～ができる 땀띠가 나다
**あせり**【焦り】초조해함, 조급함 ¶ ～の色いろが見みえる 초조한 기색이 보이다
**あせ・る**【焦る】〔自五〕조급해지다, 초조하게 굴다, 안달하다 ¶ 気きばかり～ 마음만 조급해지다/ 入試にゅうしが近ちかづいて～ 입시가 다가와서 초조해지다
**あ・せる**【*褪せる】〔自下一〕①바래다, 퇴색하다 ¶ 色いろが～ 색이 바래다 ②(열의・용모 등이) 시들다 ¶ 色香いろかが～ 아리따운 모습이 이울다
**あぜん**【*唖然】〔形動ト〕아연 ¶ ～として顔かおを見合みあわす 아연해하며 얼굴을 마주보다
**あそこ**〔彼処・彼所〕〔代〕〔指示〕①(멀리 떨어진) 저기, 저쪽 ¶ 二人ふたりで～まで走はしろう 둘이서 저기까지 달리자 ②(이미 알고 있는) 거기, 그 곳 ¶ ～へは今いまでもよく行いく 그 곳에는 지금도 자주 간다 ③(어떤 상태・정도 등을 나타내어) 거기, 그 점, 그 상황, 그 정도 ¶ よく～までがんばった 거기까지 잘 버티어냈다
**あそば・す**【遊ばす】〔他五〕①놀게 하다 ¶ 子供こどもを外そとで～ 아이를 밖에서 놀게 하다 ②(쓰지 않고) 놀리다, 놀려 두다 ¶ 手てを～ 일손을 놀리다 ③(보조 동사적으로) 하시다 ④〔補助〕(「お・御」가 붙은 명사・동사 連用形れんようけいに 붙어서)…하시다 ¶ ご覧らん～ 보시다/ お待まち・せ 기다려 주십시오
**あそばせことば**【遊ばせ言葉】〔女〕「あそばせ」를 붙여서 쓰는 여성의 존경・공손한 말씨
**あそば・せる**【遊ばせる】〔他下一〕→ あそばす
**あそ・ぶ**【遊ぶ】〔自五〕①놀다 ¶ 水みず・物ものなし/～に夢中むちゅうになる 노는 데 열중하다 ②유흥, 주색잡기 ¶ ～を覚おぼえる 유흥에 눈뜨다 ③(일을 하지 않고) 놀, 쉼 ¶ 雨あめが降ふって今日きょうは

~だ 비가 와서 오늘은 논다 ④(기계의) 여유, 유격¶ ハンドルの~ 핸들의 유격 ⑤(기예의) 기예에는 여유가 있다 ⑥심심풀이, 재미, 장난¶ ~半分ばんに 반 장난으로/ ~に絵えをかく 심심풀이로 그림을 그리다

**あそびにん** [遊び人] ①직업 없이 빈둥거리며 사는 사람, 건달, 노름꾼¶ ~風ふうの男おとこ 건달처럼 보이는 사나이 ②난봉꾼

**あそびほう・ける** [遊び惚ける] 自下一 노는 데 열중하다 夜中よなかまで~ 한밤중까지 노는 데 열중하다

**あそ・ぶ** [遊ぶ] 自五 놀다 ①놀이를 하다¶ 公園こうえんで~ 공원에서 놀다 ②(일을 하지 않고) 쉬다¶ 会社かいしゃをやめて~んでいる 회사를 그만두고 놀고 있다 ③쓰이지 않다¶ 機械きかいを~ばせておく 기계를 놀려 두다 ④유학하다¶ パリに~ 파리에 유학하다 ⑤유람가다, 놀러 가다¶ 吉野よしのの山やまに~ 吉野산에 유람가다 ⑥(주색잡기에) 놀아나다¶ 紅灯こうとうの巷ちまたに~ 홍등가에서 놀아나다

**あだ** [仇] ①원수, 적 親おやの~を討うつ 어버이의 원수를 갚다 ②앙갚음, 보복 恩おんを~で返かえす 은혜를 원수로 갚다 ③원망¶ それを~に思おもう 그것을 원망스럽게 생각하다

**あだ** [徒] 名 ナ ①헛됨, 헛수고¶ ~な思おもいやり 헛된 배려/ せっかくの親切しんせつも~となる 애써 베푼 친절도 허사가 되다 ②경망스러움, 철저하지 못함¶ ~やおろそかに思おもうな 허술하게 생각하지 말아라 ③덧없음, 허무함¶ ~夢ゆめ 허무한 꿈

**あだ** [徒] ナ 요염함¶ ~っぽい 요염하다/ ~な姿すがた 요염한 자태

**あたい** [値・価] 値 ①(文) 가격, 대금= ねだん¶ 商品しょうひんに~をつける 상품에 값을 매기다 ②값어치, 가치¶ ねうちを 千金せんきんの~がある 천금의 가치가 있다 ③数 수치¶ 未知数みちすうの~を求もとめよ 미지수의 값을 구하라

**あたい** [私] 代 (口) 나, 저

**あたい・する** [値する・価する] 自サ変 …할 가치가 있다, …할 만하다¶ 称賛しょうさんに~ 칭찬할 만하다/ 尊敬そんけいに~ 존경할 가치가 있다

**あた・う** [能う] 自五 (文) 할 수 있다, 가능하다¶ ~限かぎりの努力どりょく 가능한 한의 노력

**あだうち** [仇討(ち)] ①원수를 갚음, 복수¶ 敵討かたきうちを~を遂とげる 원수를 갚다 ②(시합 등에서) 설욕, 앙갚음

**あた・える** [与える] 他 ①주다 ①건네다, 수여하다 賞しょうを~ 상을 주다 ②내주다, 부여하다, 과하다 猶予ゆうよを~ 유예를 주다/ 課題かだいを~ 과제를 내주다 ③(어떤 행위를) 해주다¶ 注意ちゅういを~ 주의를 주다/ 打撃だげきを~ 타격을 주다 ④(영향을) 미치다, 입히다¶ ショックを~ 쇼크를 주다

**あだおろそか** [徒疎か] ナ 허투루 함, 함부로[소홀히] 함¶ 御厚意ごこういを~には致いたしません 호의를 소홀히 하지 않겠습니다

**あたかも** [恰も・宛も] 副 ①(「~のごとく」 등이 딸리어》 마치, 흡사¶ ~真昼まひるのようだ 마치 대낮 같다 ②마침, 때마침 時しも春はる 때는 마침 봄 ーよし 連語 (文) 때마침¶ ~、春は三月さんがつ 때마침 춘삼월

**あたくし** [私] 代 (口) 나, 저

**あだごと** [徒事] (文) ①내실이 없는 것, 하찮은 (부질없는) 일, 헛일¶ ~を言いう 부질없는 소리를 하다 ②정사(情事)

**あだざくら** [徒桜] 덧없이 지는 벚꽃

**あたし** [私] 代 (口) 나, 저

**あたし** [他し・異し] (造語) 다른, 딴¶ ~国くに 다른 나라/ ~男おとこ 딴 남자, 정부

**あだし** [徒し・空し] (造語) 덧없는, 허무한, 변하기 쉬운¶ ~世よ 덧없는 세상

**あだしごころ** [徒し心] (文) 변하기 쉬운 마음, 변덕스러운 마음, 들뜬 마음

**あだ・する** [仇する・寇する] 自サ変 (文) ①적대하다 ②해를 끼치다

**あたたか** [暖か・温か] ナ 따뜻함, 훈훈함, 따스함, 포근함¶ ~な雰囲気ふんいき 훈훈한 분위기/ 部屋へやは~だった 방은 따뜻했다

**あたたか・い** [暖かい・温かい] 形 따뜻하다 ①(기온이) 온난하다¶ ~地方ちほう 따뜻한 지방 ②(온도가) 따끈하다¶ ~料理りょうり 따뜻한 요리 ③다정하다, 정겹다¶ ~もてなし 따뜻한 대접 ④(호주머니가) 두둑하다 懐ふところが~ 호주머니가 두둑하다 ⑤(빛깔이) 차가운 느낌을 주지 않는다¶ ~色いろ 따뜻한 색깔

**あたたま・る** [暖まる・温まる] 自五 따뜻해지다, 훈훈해지다¶ 部屋へやが~ 방이 따뜻해지다/ 心こころが~話はなし 마음이 훈훈해지는 이야기

**あたた・める** [暖める・温める] 他下一 ①(공간을) 따뜻하게 하다¶ 部屋へやを~ 방을 따뜻하게 하다 ②데우다, 덥히다¶ 料理りょうりを~ 요리를 데우다/ 冷ひえた手足てあしを~ 차가워진 손발을 녹이다 ③(완성도를 높이려고) 고이 간직하다¶ 構想こうそうを~ 구상을 고이 품어 간직하다/ 思おもい出でを~ 추억을 고이 간직하다 ④(옛정을) 되살리다, 돈독히 하다¶ 旧交きゅうこうを~ 옛정을 되살리다 ⑤(금래) 후무리다, 착복하다¶ 公金こうきんを~ 공금을 착복하다 ⑥(새가 알을) 품다¶ 卵たまごを~ 알을 품다 ⑦(자리를) 지키고 있다, 대기하다¶ ベンチを~ 벤치를 지키다

**アタック** (attack) 名他スル 어택 ①공격함¶ 猛烈もうれつな~ 맹렬한 공격 ②(등산에서) 정상 도전¶ 冬山ふゆやまに~する 겨울산에 도전하다 ③(난문에) 도전함¶ 難関なんかんに~する 난관에 도전하다 ④(音) (기악・성악 등에서) 소리를 내기, 발성함 ⑤(배구에서) 공격 ーエリア (attack area) 어택 에어리어

**アタッシェ** (프 attaché) 아타셰. (대사관・공사관의) 전문 담당관 ーケース (attaché case) 아타셰 케이스

**あだっぽ・い** [婀娜っぽい] 形 요염하다¶ ~しぐさ 요염한 몸짓

**あだな** [徒名・仇名] 염문¶ ~が立たつ 염문이 돌다/ ~を流ながす 염문을 퍼뜨리다

**あだな** [*渾名・*綽名・*仇名] 별명＝닉네임¶ ～を付ける 별명을 붙이다

**あだなさけ** [^徒情(け)・*仇情(け)] (文) 일시적인 정, 풋사랑, 덧없는 사랑¶ 一夜限りの～ 하룻밤의 풋사랑

**あだなみ** [^徒波・^徒浪・*仇浪] (文) ①공연히 이는 물결 ②변하기 쉬운 사람의 마음

**あだばな** [^徒花] ①열매를 맺지 않는 꽃, 수꽃＝むだ花 ②피었다가 곧 지는 꽃, (특히) 벚꽃 ③제철이 아닌 때에 피는 꽃 ④속 빈 강정, 빛 좋은 개살구¶ ～に終わる 빛 좋은 개살구에 그치다

**あたふた** (副)(自スル)(口) 허겁지겁, 허둥지둥, 황급히¶ ～と駆け込む 황급히 뛰어들어오다/ 不意の来客に～する 뜻밖의 내객에 허둥지둥하다

**アダプター** (adapter) (기계 등의) 어댑터

**あたま** [頭] 머리 ①두부, 고개¶ ～を上げる 고개를 들다/ ～をなでる 머리를 쓰다듬다 ②머리카락, 머리털¶ ～を刈る 머리를 깎다 ③두뇌, 지능, 사상, 사고력¶ ～がいい 머리가 좋다/ ～が古い 사고 방식이 낡다 ④머릿수, 인원¶ 数が 인원수 ⑤(사물의) 맨 위나 앞부분, 행렬의 선두/ ねじの～ 나사의 머리/ くぎの～ 못가리 ⑥우두머리, 두목, 賊の～をつかまえる 도적의 두목을 체포하다 ⑦(사물의) 처음, 시초¶ ～から否定する 처음부터 부정하다 ⑧남의 몫의 일부, 구전, 구문

(慣用句)

─が上がらない ①(누구에게) 고개를 들 수 없다, 대등하게 행동할 수 없다, 큰소리 칠 수 없다 ②(병이 낫지 않아) 일어날 수 없다

─が痛い ①머리가 아프다 ②(대처하는 데) 골치가 아프다

─隠して尻隠さず 머리만 감추고 엉덩이는 감추older 못하다

─が下がる (상대방의 행동・태도가 훌륭해서) 머리가 수그러지다

─が高い (사람을 대하는 태도가) 무례하고 건방지다, 거만하다, 고자세다

─が低い (사람을 대하는 태도가) 겸손하다

─から湯気を立てる 격노하다

─に来る ①화가 치밀다, 부아가 나다 ②(취해서) 머리가 아프다 ③머리가 돌다, 미치다

─の黒い鼠 머리 검은 쥐, 한 집에 살면서 그 집의 물건을 훔치는 사람을 비유하는 말

─の天辺から足の爪先まで 머리 끝에서 발끝까지, 처음부터 끝까지 모두

─を押さえる 꼭뒥 누르다, 권력이나 위력으로 상대를 억누르다

─を抱える 머리를 감싸쥐다, 골치를 썩이다

─を掻く (실패・칭찬 등에 대해) 머리를 긁적이다

─を下げる 머리를 숙이다 ①절하다, 경의를 표하다 ②(정중하게) 사의(謝意)를 표하다 ③굴복하다

─を悩ます 골머리를 앓다

─を撥ねる (남의 몫・이익의 일부를) 가로채다, 후무리다

─を丸める ①(삭발하고) 중이 되다, 출가하다 ②머리를 박박 깎다

─を擡げる 고개를 쳐들다 ①(착상 등이) 떠오르다 ②두각을 나타내다 ③드러나다, 대두하다

**あたまうち** [頭打ち] (名) ①(經) 시세가 더 오를 가망이 없는 상태, 천장을 침¶ ～になる 천장을 치다 ②한계점¶ 売り上げが～になる 매상이 한계점에 이르다

**あたまかず** [頭数] 머릿수, 인원수＝人数¶ ～をそろう 머릿수를 채우다

**あたまかぶ** [頭株] 중심 인물, 우두머리＝頭分¶ 会社の～になる 회사의 간부가 되다

**あたまから** [頭から] (口) ①처음부터, 덮어놓고, 대뜸¶ ～うそと決めつける 덮어놓고 거짓말이라고 단정하다 ②전혀, 아예¶ ～相手にしない 아예 상대하지 않다

**あたまきん** [頭金] ①계약금, 착수금¶ ～を払う 계약금을 치르다 ②(일본 장기에서) 상대방의 王将 앞에 두는 金将

**あたまごし** [頭越し] (名) ①남의 머리 너머로 무엇을 함¶ ～に手渡す 머리 너머로 넘겨주다 ②(중간을 건너뛰어) 직접 교섭함

**あたまごなし** [頭ごなし] (名) 일방적임, 무조건, 불문곡직¶ ～にしかりつける 무조건 야단치다

**あたまでっかち** [頭でっかち] (名)(ㄱ)(口) ①머리만 큼, 그런 사람 ②상부[위]가 큼¶ ～な会社 간부만 많은 회사 ③말[이론]만 앞섬[많음], 그런 사람

**あたまのもの** [頭の物] 여성의 머리 장식품

**あたまわり** [頭割り] 머릿수[인원수]대로 나눔, 노느매기¶ 費用を～にする 비용을 머릿수대로 나누다

**あでめ・く** [*婀*娜めく] (自五) 요염하게 보이다¶ ～いた姿が 요염해 보이는 자태

**あだやおろそか** [^徒や疎か] (ㄱ) → あだおろそか

**あたら** [可惜] (副)(文) 아깝게도, 애석하게도¶ ～若い命を散らす 애석하게도 젊은 목숨을 잃다

**あたらし・い** [新しい] (形) 새롭다 ①새것이다¶ ～家 새집 ②考えが 새로운 생각 ③현대적이다 ④感覚が～ 감각이 새롭다 ⑤싱싱하다, 생생하다¶ ～野菜 싱싱한 채소/ 記憶に～ 기억에 생생하다

(慣用句)

─酒を古い革袋に盛る 새 술을 낡은 가죽 부대에 담다

**あたらしがりや** [新しがり屋] (口) 새로운 것을 즐겨 좋는 사람

**あたらない** [当(た)らない] (連語) …할 필요가 없다, …할 것까지는 없다¶ 驚くには～ 놀랄 것까지는 없다

**あたり** [辺り] ①부근, 근처, 주위¶ この～ 이 근처/ ～に気兼ねする 주위에 신경을 쓰다

②(造語) …쯤, …경¶ 来年らい~ 내년쯤 ③(造語) …정도, …같은 사람¶ あの人~が適任だろう 저 사람 정도가 적임일 것이다 ④(造語) …같은 곳, …등지¶ 新宿しんじゅく~がよかろう 新宿 같은 곳이 좋을 거다
慣用句
─を払はらう 주위 사람을 물리치다, (범접을 못할 정도로) 위풍이 당당하다

**あたり** [当(た)り] ①명중, 적중¶ 矢やの~ 화살의 명중 ②당첨¶ ~くじ 당첨된 제비/ 大おお~がでる 크게 적중한 당첨이 나오다 ③성공, 히트¶ 芝居しばいで~をとる 연극에서 히트를 치다 ④(바둑의) 단수¶ ~をかける 단수를 치다 ⑤(낚시의) 입질¶ ~がある (물고기가) 입질하다 ⑥(격투기에서) 타격¶ 激はげしい~ 격심한 타격 ⑦[野] 타격¶ ~が出でる 잘 맞은 타구가 나오다 ⑧(사람을) 대하는 품, 붙임성¶ 人ひと~がいい 붙임성이 있다 ⑨(음식이) 닿는 감촉, 입맛¶ 口くち~のさっぱりした酒さけ 입에 닿는 감촉이 산뜻한 술 ⑩짚어봄, 떠봄, 짐작¶ ~をつけて探さぐる 떠보고 탐색하다/ 心こころ~がある 마음에 짚이는 데가 있다 ⑪[^中(다)り] (造語) (음식・더위로 인한) 탈¶ 食しょく~ 식중독/ 暑しょ~ 더위먹음 ⑫(形式) 《수량을 나타내는 말에 붙어》…당 = あて¶ トン~ 톤당/ 一人ひとり~ 七個ななこ 1인당 7개

**あたりきょうげん** [当(た)り狂言] [劇] 흥행에 성공하여 관객이 많은 연극

**あたりさわり** [当(た)り障り] 《흔히 부정의 말이 딸리어》지장, 탈 = さしさわり¶ ~のない話はなし 탈이 없는 [무난한] 이야기

**あたりちら・す** [当(た)り散らす] [自五] (주위 사람에게) 마구 화풀이하다¶ 子供こどもに~ 아이에게 마구 화풀이하다

**あたりどし** [当(た)り年] ①수확이 많은 해, 풍년¶ みかんの~ 밀감의 풍년 ②운수가 좋은 해

**あたりばこ** [当(た)り箱] 벼룻집 = すずりばこ

**あたりはずれ** [当(た)り外れ] ①(추첨・예상의) 적중과 빗나감¶ ~は時しだいの運うん 맞아떨어지느냐 빗나가느냐는 그 때의 운수 ②(좋은 물건을 얻게 될) 가능성과 그렇지 못함¶ 機械類きかいるいには~がある 기계류는 좋은 것이 얻어걸릴 수도 있지만 그렇지 않을 수도 있다 ③성공과 실패¶ ~のある商売しょうばい 성공과 실패의 기복이 있는 장사

**あたりばち** [当(た)り鉢] [口] 화돌, 유발

**あたりまえ** [当(た)り前] [Z] ①당연함, 마땅함¶ ~の結果けっか 당연한 결과/ 怒おこるのは~だ 화를 내는 것은 당연하다 ②보통, 예사, 여느¶ ~の服ふく 평상복/ ごく~の行動こうどう 극히 예사로운 행동

**あたりや** [当(た)り屋] ①(거래・내기에서) 횡재한 사람, 손님이 많은 가게 ②[野] 안타를 많이 치는 선수¶ 今日きょうの~ 오늘 안타를 많이 친 선수 ③(달리는 차에 고의로 치여 돈을 뜯어내는) 자해꾼, 자해 공갈꾼

**あたりやく** [当(た)り役] (배우의) 호평받은

역, 히트친 역

**あた・る** [当(た)る] I [自五] ①맞다, 부딪히다¶ 石いしが頭あたまに~ 돌이 머리에 맞다 ②맞서다, 대항[대적]하다¶ 強敵きょうてきに~ 강적과 맞서다 ③찾아보다, 떠보다, 알아보다¶ 辞書じしょに~ 사전을 찾아보다/ 周まわりの人ひとに~ ・ってみる 주위 사람에게 알아보다 ④(햇볕・바람 등을) 비치다, 맞다, 쬐다, 쬐이다¶ 日ひの場所ばしょ 양지바른 장소/ 火ひに~ 불을 쬐다/ 外気がいきに~ 바깥 공기를 쬐다 ⑤ [^中(あ)る] 탈이 나다, 체하다, 중독되다¶ 暑さに~ 더위를 먹다/ ふぐの毒どくに~ 복어의 독에 중독되다 ⑥(낚시질에서) 입질하다¶ ~・ればすぐ竿さおを上あげる 입질을 하면 즉시 낚싯대를 들어올린다 ⑦(주위 사람에게) 심하게 대하다, 모질게 굴다¶ 妻つまに~ 아내에게 심하게 대하다 ⑧(어떤 관계가) 성립되다, 대응[해당]하다¶ 叔母おばに~人ひと 숙모가 되는 사람 ⑨(어떤 역할을) 맡다¶ 当番とうばんに~ 당번이 되다 ⑩지명되다¶ 授業中じゅぎょうちゅうによく~ 수업중에 자주 지명되다 ⑪(예상 등이) 들어맞다, 적중하다¶ 勘かんが~ 육감이 들어맞다 ⑫(장사 등이) 잘 되다, 성공하다¶ 芝居しばいが~ 연극이 성황을 이루다/ 商売しょうばいが~ 장사가 잘되다 ⑬(제비에) 뽑히다, 당첨되다¶ 宝たからくじに~ 복권에 당첨되다/ 景品けいひんが~ 경품을 타다 ⑭(어떤 일을) 맡다, 종사하다, 임하다¶ 看護かんごに~ 간병을 하다/ 事態じたいの解決かいけつに~ 사태 해결에 임하다 ⑮《「…に当たり・…に当たって」의 꼴로》…에 즈음하여, …를 맞이하여¶ 卒業そつぎょうするに~ ・り 졸업에 즈음하여/ 重大じゅうだいな時ときに~ ・って 중대한 시기를 맞이하여 II [他五] (머리・수염을) 깎다, (곡물을) 빻다, 갈다¶ ごまを~ 참깨를 빻다/ 墨すみを~ 먹을 갈다/ 床屋とこやでひげを~ ・ってもらう 이발소에서 수염을 깎다

慣用句
─・って砕くだけろ 과감하게 부딪쳐 시도해 보라
─らず障さわらず (핵심을 비켜) 두루뭉실하게
─らずと雖いえども遠とおからず 정확히 맞지는 않으나 크게 빗나가지는 않는다
─も八卦はっけ当あたらぬ八卦はっけ (점이란) 맞을 수도 있고 안 맞을 수도 있다
─を幸さいわいに 닥치는 대로, 덮어놓고

**あたん** [亜炭] [地] 아탄, 아갈탄

**アチーブメントテスト** (achievement test) 어치브먼트 테스트, 학력 검사

**あちこち** [彼方此方] I [代] 여기저기, 사방¶ ~を探さがし回まわる 여기저기 찾아 돌아다니다 II [名] 《「~になる・~に…」의 꼴로》엇바뀜, 뒤바뀜 = あべこべ¶ 話はなしが~になる 이야기가 뒤바뀌다/ 足袋たびを~に履はく (일본식) 버선을 엇바꿔 신다 ─**する** [自サ変] ①왔다갔다하다 ②(말 등이) 오락가락하다, 순서가 뒤바뀌다¶ 話はなしがあちこちして、わかりにくい 이야기가 오락가락하여 이해하기가 어렵다

**あちゃらか** [俗] 익살스러운 오락극¶ ~芝居しばい 익살스러운 오락 본위의 연극

アチャラづけ【アチャラ漬(け)】 잘게 썬 무·순무 등을 초·간장·술 등과 섞어 절인 식품

あちら【彼方】[代] ①[指示] ㉠(자기·상대방에서 떨어진 방향) 저쪽¶ ~を向く 저쪽을 향하다 ㉡(㉠에 해당되는 장소) 저기¶ ~はもう春らしい 저기는 벌써 봄인가봐 ㉢(외국, 특히 미국이나 유럽을 가리켜) 그 곳, 그쪽¶ ~の生活 그쪽 생활 ㉣(멀리 떨어진 곳에 있는 물건) 저것, 저쪽 것¶ ~の方が形がよい 저쪽 것이 모양이 좋다 ②[人称](자기·상대방보다 멀리 있는 사람) 저 분, 저 사람¶ ~はどなたですか 저 분은 누구십니까 —帰り 외국에 거주하다 돌아옴〔온 사람〕 —此方 → あちこち

[慣用句]
—立てれば此方が立たぬ 한 쪽이 좋으면 다른 쪽이 나쁘다

あつ【圧】【壓】[音]アツ・オウ(アフ) [訓]おす·おさえる|(음)압. I [造語] ①누르다, 짓누르다¶ 制圧/圧制 제압/압제, 압력/압축 누르다, 억누르다¶ 気圧/気압, 抑圧 억압, 弾圧 탄압 ③능가하다¶ 圧巻 압권, 圧倒的 압도적, 圧倒 압도 II 「圧力」의 준말, 압력¶ ~を加える 압력을 가하다/ ~をかける 압력을 넣다

あつ [感][口] 앗, 아이고, 이크¶ ~、流れ星だ 앗, 유성이다/ ~、そうだ 아이고, 그렇군

[慣用句]
—と言う間 순식간, 눈깜짝할 사이
—と言わせる 깜짝 놀라게 하다

あつあげ【厚揚(げ)】 두껍게 썰어 살짝 튀긴 두부 ≒生揚げ

あつあつ【熱熱】[ア][口] ①(음식 등이) 매우 뜨거움¶ ~の御飯 따끈따끈한 밥/ ~のうちにどうぞ 따끈따끈할 때 어서 드십시오 ②(애정이) 열렬함¶ ~のカップル 열렬한 사랑의 커플

あつ・い【厚い】[形] ①두껍다¶ ~本 두꺼운 책/ ~雲 짙은 구름 ②[篤い](정 등이) 두텁다, 후하다, 돈독하다¶ 友情が~ 우정이 두텁다/ ~くもてなす 후하게 대접하다 ③[篤い][文](병세가) 무겁다, 위독하다¶ 病が~ 병이 위독하다 ④(어간 「あつ」가 명사 등에 붙어) 두꺼운, 짙은¶ 厚化粧 짙은 화장/ 厚紙 두꺼운 종이

あつ・い【暑い】[形] ①덥다 ⇔寒い¶ ~車内 더운 차내/ 夏は~ 여름은 덥다 ②((어간 「あつ」가 명사·형용사에 붙어)) 더운, 무더운¶ 暑苦しい 무더운 듯이 덥다

あつ・い【熱い】[形] 뜨겁다 ⇔冷たい ①(온도가) 높다, 따끈하다¶ ~スープ 뜨거운 수프/ 額が~ 이마가 뜨겁다 ②열렬하다, 열정적이다¶ ~視線 열렬한 시선/ ~論争 뜨거운 논쟁 ③(사랑에) 열중해 있다¶ お~仲 뜨거운 사이 ④(어간 「あつ」가 명사 등에 붙어》 뜨거운¶ 熱燗 따끈한 술

あつえん【圧延】[名][他スル][工] 압연¶ ~機 압연기

あっか【悪化】[名][自スル] 악화¶ 事態の~ 사태의 악화/ 病状が~する 병세가 악화하다

あっか【悪貨】[經] 악화. 지금(地金)의 질이 나쁜 화폐 ⇔良貨

[慣用句]
—は良貨を駆逐する 악화는 양화를 구축한다

あつかい【扱い】 ①다루기, 취급¶ 器具の~ 기구의 취급 ②대접, 대우, 응대¶ お客様~ 손님 대접/ 外国人の~に慣れている 외국인 응대에 익숙해 있다

あつか・う【扱う】[他] 다루다, 취급하다 ①조작하다, 처리하다¶ 危険物を~ 위험물을 취급하다/ 薬品を~ 약품을 다루다 ②담당하다, 처리하다¶ 複雑な事件を~ 복잡한 사건을 다루다 ③대우(대접)하다, 간주하다¶ 息子を一人前として~ 아들을 어엿한 성인으로 대우하다 ④(상품을 갖추어) 매매하다¶ 食品は~っていません 식품은 취급하지 않습니다

あつかまし・い【厚かましい】[形] 뻔뻔스럽다, 철면피하다¶ ~男だ 철면피한 사나이/ 無断で人の車を使うとは~ 함부로 남의 자동차를 쓰다니 뻔뻔스럽다

あつがみ【厚紙】 두꺼운 종이, 판지(板紙)

あつがり【暑がり】 더위를 잘 탐 ⇔寒がり¶ ~屋の父 더위를 잘 타는 아버지

あっかん【圧巻】 (많은 것 중에서) 가장 뛰어난 부분〔것〕¶ 最後の場面が~だ 마지막 장면이 압권이다

あっかん【悪漢】 악한, 악당 =わるもの

あつかん【熱燗】 술을 따끈하게 데움, 따끈한 술¶ ~で一杯やる 따끈한 술로 한잔 하다

あっき【悪鬼】[佛] 악귀¶ ~の如き残虐な犯罪 악귀 같은 잔학한 범죄

あつぎ【厚着】[名][自スル] (옷을) 여러 겹 껴입음 ⇔薄着¶ ~をする 옷을 많이 껴입다

あつくるし・い【暑苦しい·熱苦しい】[形] 몹시 무덥다¶ ~部屋 무더운 방

あっけ【呆気】 어리둥절함, 어안이벙벙함¶ ~ない 어이없다, 싱겁다, 허망하다¶ ~結末 어이없는 결말/ あっけなく死んだ 허망하게 죽었다

[慣用句]
—に取られる 어안이벙벙하다, 어리둥절하다

あげしょう【厚化粧】 짙은 화장 ⇔薄化粧¶ ~の女my 짙게 화장한 여자

あっけらかんと [副][口] ①(어안이벙벙해서) 우두커니, 멍청히¶ ~眺めるのみ 멍청히 바라보고 있다 ②천연스럽게, 태연하게¶ 本人は~していた 본인은 태연하게 있었다

あっこう【悪口】[名][スル] 욕, 욕설, 악담 =わるくち¶ ~を浴びせる 욕설을 퍼붓다 —雑言 온갖 욕지거리¶ ~の限りを尽くす 온갖 욕설을 다 해대다

あつさ【暑さ】 더위 ⇔寒さ¶ ~をさける 더위를 피하다/ ~も盛りの八月 더위가 기승을 부리는 8월

慣用句
**―寒さも彼岸まで** 더위와 추위도 춘분·추분까지이다

**あっさい** [圧砕] 名他スル 文 압쇄¶ ~機 압쇄기

**あっさく** [圧搾] 名他スル 압착 ①눌러서 짜기¶ 大豆を~する 콩을 압착하다 ②(기체의) 압축¶ ガスを~する 가스를 압축하다 **―空気** 圧搾 空気. 압축 공기

**あつさしのぎ** [暑さ凌ぎ] 더위를 이겨냄, 그 방법¶ ~の水浴 더위를 쫓기 위한 미역감기

**あっさつ** [圧殺] 名他スル 압살 ①눌러죽임 ②억눌러 막음¶ 反対派を~する 반대파를 압살하다

**あっさり** 副ス自スル ①산뜻하게, 담박하게= 싸ぱり¶ ~とした料理 담박한 요리/ ~したデザインの服 산뜻한 디자인의 옷 ②간단히, 깨끗이, 선선히¶ ~と負ける 간단히 지다/ ~と白状する 선선히 자백하다

**あっし** [私] 代 口 나 ▷ 상인·장인들이 씀

**あっし** [圧死] 名자ル 압사. 깔려 죽음

**アツシ** [厚子·厚司] ①난티나무 껍질의 섬유로 짠 직물 ②두껍고 질긴 무명옷

**あつじ** [厚地] 두꺼운 천 ⇔ 薄地

**あっしゅく** [圧縮] 名他スル 압축 ①(工) 압력을 가해 부피를 줄임= 圧搾¶ 気体を~する 기체를 압축하다 ②(문장 등을) 줄여서 짧게 만듦¶ ~された文章 압축된 문장 **―空気** 工 압축 공기. 圧搾空気

**あっしょう** [圧勝] 名自スル 압승. 대승¶ 大差で~する 큰 차로 압승하다

**あっ·する** [圧する] 他サ変 ①제압하다, 압도하다¶ 相手を~気迫 상대방을 제압하는 기백 ②짓누르다, 억누르다¶ 胸を~ 가슴을 짓누르다

**あっせい** [圧制] 압제¶ ~政治 압제 정치

**あっせい** [圧政] 압정. 압제 정치¶ ~に苦しむ 압정에 시달리다

**あっせん** [斡旋] 名他スル 알선 ①(교섭·거래 등에서) 주선¶ ~料 알선료/ 就職を~する 취직을 알선하다 ②(노사 분규에서) 중재¶ ~に乗り出す 중재에 나서다

**あっち** [代] 口 저기, 저쪽¶ ~こっち 여기저기/ ~へ行きなさい 저쪽으로 가요

**あつで** [厚手] 名 形動 (종이·천 등의) 바탕이 두꺼움, 그런 것 ⇔ 薄手¶ ~のセーター 두꺼운 스웨터

**あってん** [圧点] 医 압점. (피부의) 감각점

**あつでんき** [圧電気] 物 압전기

**あっとう** [圧倒] 名他スル 압도¶ 相手を数でで~する 상대편을 수로 압도하다/ 美しさに~される 아름다움에 압도되다 **―的** ノ 압도적

**あっぱく** [圧迫] 名他スル 압박 ①누름¶ 胸を~する 가슴을 압박하다 ②위압¶ 敵を~する 적을 압박하다

**あっぱっぱ** [俗] 낙낙한 여성용 여름 원피스

**あっぱれ** [〈天晴れ〉·遖] I ノ (행동·태도가) 훌륭함, 장함¶ ~な行い 훌륭한 행동 II 感 훌륭하다, 장하다= でかした¶ ~、よくやった 장하다, 잘했다/ ~、~と叫ぶ 장하다 장해 하고 소리치다

**アップ** (up) 업 I 名自スル 오름, 올림¶ レベル~ 레벨 업/ 賃金が10%~した 임금이 10% 올랐다 II 名 ①(여성이) 뒷머리를 모아 올림, 그런 머리 모양 ②클로즈업¶ ~で撮る 클로즈업으로 촬영하다 **―ダウン** (up down) 업 다운 ①(골프에서) 코스의 기복 ②(인생 등의) 기복, 부침

**あっぷあっぷ** 副自スル 口 ①(물에 빠져 버둥거리는 모양) 허위적허위적, 어푸어푸¶ ~ともがく 허위적거리며 발버둥치다 ②(곤경에 처해 힘겨워하는 모양) 허덕허덕¶ 不景気で~する 불경기로 허덕거리다

**あっぷく** [圧伏·圧服] 名他スル 文 압복. 힘으로 눌러 복종시킴¶ 反対派を~する 반대파를 압복하다

**アップリケ** (프 appliqué) 아플리케

**アップル** (apple) 애플. 사과¶ ~パイ 애플 파이

**アッペ** 医 맹장 아래쪽에 있는 돌기. 충수

**あつぼった·い** [厚ぼったい] 形 口 두툼하다, 투박스럽다¶ ~唇 두툼한 입술

**あつまり** [集(ま)り] 名 ①모인 것¶ 寄金の~が悪い 기부금이 잘 모이지 않는다 ②집회, 회합¶ ~がある 모임이 있다

**あつま·る** [集まる] 自五 모이다 ①(사람·동물이) 모여들다, 집합하다¶ 学生がグラウンドに~ 학생이 운동장에 모이다 ②(한곳에) 쏠리다, 집중하다 情報が~ 정보가 모이다/ 関心が~ 관심이 집중하다 ③《「~·っている」の形で》 (어느 곳에) 몰려 있다¶ 神田には古本屋が·っている 神田에는 고서점이 몰려 있다

**あつみ** [厚み] ①(물건의) 두께, 두꺼움, 두터움¶ 板この~の널빤지의 이 두께 ②중후함¶ 人間性に~を増す 인간성에 중후함이 더하다

**あつ·める** [集める] 他下一 모으다 ①집합시키다¶ 聴衆を~ 청중을 모으다 ②끌어모으다, 집중시키다¶ 注目を~ 주목을 끌다/ 関心を~ 관심을 모으다

**あつもの** [羹] 뜨거운 국
慣用句
**―に懲りて膾を吹く** 자라 보고 놀란 가슴 솥뚜껑 보고 놀란다

**あつもりそう** [敦盛草] 植 개불알꽃

**あつよう** [厚様·厚葉] 두껍게 뜬 鳥の子紙나 雁皮紙 ⇔ 薄様

**あつらえ** [*誂(え)] 맞춤, 주문, 오더메이드¶ ~の靴 맞춤 구두

**あつらえむき** [*誂(え)向き] ノ 《「お~」의 꼴로》 안성맞춤¶ お~のマンション 안성맞춤인 맨션

**あつら·える** [*誂える] 他下一 맞추다, 주문하다¶ スーツを~ 슈트를 맞추다

**あつりょく** [圧力] 압력 ①物 누르는 힘¶ ~計 압력계 ②(심리적인) 억압¶ 無言の~

あつれき【×軋×轢】알력, 마찰= いざこざ¶ ～が生ずる 마찰이 생기다

あて【当(て)】 ①목표, 지향¶ ～もなくさまよう 정처 없이 헤매다 ②기대, 의지, 가망¶ ～にならない話 믿을 수 없는 이야기/ ～が外れる 기대가 어긋나다 ③(造語)(보호·보강하기 위해) 덧대는 것, 바대, 보호대¶ ひざ～ 무릎 바대/ 腹～ 배두렁이

あて【当(て)·宛】 ①(사람·조직 등을 나타내는 말에 붙어) …앞, …귀중¶ 編集部～ 편집부 귀중 ②(수량을 나타내는 말에 붙어) …당, …에 대해, …앞에 = 当たり¶ 一人～二個ずつ配る 1인당 2개씩 도르다

あていぼく【亜低木】【植】 아관목= 亜灌木

あてうま【当て馬】 ①(교미시키기 전에) 종마 대신 미리 내보내는 숫말 ②(선거 등에서) 들러리 후보¶ ～候補 들러리 후보

あてがいぶち【×宛い扶×持·×宛行扶×持】 ①주는 쪽이 일방적으로 정해서 주는 금품¶ ～で暮らす 정해서 주는 급료로 생활하다 ②【日史】 江戸시대 영주가 가신에게 급여한 녹미

あてが·う【宛う·宛行う】〔他五〕 ①(가늠해서) 주다, 나누어 주다¶ おやつを～ 간식을 나누어 주다 ②(딱 맞게) 대다, 붙이다¶ 物差しを～ 자를 대다

あてこす·る【当(て)擦る】〔他五〕 비꼬다, 빗대어 빈정거리다¶ 人の失態を～ 남의 실수를 비꼬다

あてごと【当て事】 기대, 희망, 기대하고 있는 일¶ ～が外れる 기대하고 있던 일이 어긋나다

あてこ·む【当て込む】〔他五〕 기대하다, 믿다¶ ボーナスを～んで車を買う 보너스를 기대하고 차를 사다

あてさき【×宛先】 수신인, 수신처¶ ～不明の 수신인(수신처) 불명

あてじ【当て字·×宛字】 한자를 본디 뜻과는 관계없이 음이나 훈을 빌려서 쓰는 일, 그런 한자, 취음자 ▷ "出鱈目·野暮" 등

あてずいりょう【当て推量】 억측, 어림짐작

あでずがた【艶姿】 요염한 모습

あてずっぽう【当てずっぽう】〔名〕〔俗〕 어림짐작, 억측¶ ～に答える 어림짐작으로 대답하다

あてつけがまし·い【当て付けがましい】〔形〕 빗대는 듯하다, 빈정거리는 듯하다¶ ～いやみをいう 빗대는 듯이 듣기 싫은 말을 하다

あてつ·ける【当(て)付ける】〔他下一〕 ①넌지시 빗대다, 에둘러 비꼬다, 빗대어(빗대어 말해) 남을 빗대어 말하다 ②자랑삼아(일부러) 보이다, 과시하다¶ 仲のよさを～ 사이가 좋은 것을 과시하다

あてっこ【当てっこ】〔名〕〔自スル〕〔口〕 ①알아맞히기¶ 好物の～ 좋아하는 것 알아맞히기 ②

あてど【当て所】 목표, 지향, 정처¶ ～もなくさまよう 정처 없이 헤매다

あてな【×宛名】 수신인명, 주소 성명¶ 封筒に～を書く 봉투에 수신인 주소 성명을 쓰다

アテナ (ユ Athena) 아테나. (그리스 신화의) 지혜·전쟁·예술의 여신

あてにげ【当(て)逃げ】 (자동차 등의) 충돌사고 후의 뺑소니¶ ～事件 뺑소니 사건

あてはずれ【当(て)外れ】 기대에 어긋남, 예상이 빗나감¶ 昇格の～だった 승진은 예상 밖이었다

あてはま·る【当(て)嵌(ま)る】〔自五〕 (조건에) 들어맞다, 적합하다¶ 歴史の教訓は現代にも～ 역사의 교훈은 현대에도 들어맞는다

あては·める【当(て)嵌める】〔他下一〕 적용하다, (들어)맞추다¶ 数式を～ 수식을 적용하다

あてみ【当て身】 (유도 등에서) 상대방의 급소를 질러 기절시키는 기술

あてもの【当て物】 ①(퀴즈·수수께끼 등) 알아맞히기 놀이 ②(물건 사이에) 대는 물건, 받침

あでやか【艶やか】〔ダ〕 (용모·꽃 등이) 아리따움, 화사함, 요염함¶ ～な着物姿 아리따운 모습

アデュー (프 adieu)〔感〕 아듀, 안녕(히)

あてられる【当てられる】〔連語〕 ①(몸에) 해를 입히다, 중독되다¶ 毒気に～ 독기에 중독되다 ②(본의 아니게) 정다운 모습을 목격하다¶ 新婚夫婦に～ 신혼 부부의 정다운 모습을 목격하다

あ·てる【当てる】〔他下一〕 ①부딪다, 맞히다¶ 石を窓ガラスに～ 돌을 창유리에 맞히다 ②(바람·빛 등을) 쐬이다, 쬐다, 맞게 하다¶ 夜露に～ 밤이슬을 맞히다/ 布団を日に～ 이불을 볕에 쐬이다 ③대다, 얹다, 덧대다¶ 破れ目につぎを～ 해진 곳에 헝겊을 대다/ 胸に手を～ 가슴에 손을 얹다 ④대전시키다¶ 前大会の優勝者に～ 전대회 우승자와 대전시키다 ⑤【充てる】(맞추어) 대응시키다¶ 和語に漢字を～ 일본어에 알맞는 한자를 대응시키다 ⑥【充てる】 충당하다, 돌리다¶ 予備費を会議費に～ 예비비를 회의비에 충당하다 ⑦지명하다¶ 名簿の順に～ 명단 순으로 지명하다 ⑧【×宛てる】…앞으로 보내다(부치다)¶ 恩師に～てた手紙 은사에게 부친 편지 ⑨맞히다, 명중시키다¶ 矢を的に～ 화살을 과녁에 맞히다 ⑩알아맞히다¶ 謎を～ 수수께끼를 알아맞히다 ⑪당첨되다, 당선하다¶ 懸賞で一等を～ 현상에서 1등으로 당첨되다 ⑫성공하다, 별다, (한몫) 잡다¶ 芝居で～ 연극에서 성공하다/ 株で～ 주식에서 한몫 잡다 ⑬(임무를) 맡기다, 할당하다¶ 警備に～ 경비를 맡기다

あてレコ【当てレコ】 (외국 영화 등의) 대사 번역 녹음

**あと** [後] ①(공간적으로) 뒤쪽, 후방 ¶ ~から押す 뒤에서 밀다 / 故郷を~にする 고향을 뒤로 하다 ②(시기적으로) 나중, 다음 ¶ 一年~ 1년 후 / で後悔する 나중에 후회하다 ③이전 ¶ ~を振り返잖る 과거를 되돌아보다 ④사후, 죽은 뒤 ¶ ~にのこされた妻子 뒤에 남겨진 처자 ⑤(순서에서) 다음, 나중 ¶ ~に続く 다음으로 계속되다 ⑥(뒤에) 남은 것, 나머지 ¶ ~は明日にしよう 나머지는 내일 하자 ⑦뒷일, 훗일 ¶ ~を頼む 뒷일을 부탁하다 ⑧후임(자), 후처, 후손 ¶ ~を決める 후임자를 정하다 / ~をもらう 후처를 얻다 / ~が絶える 후손이 끊기다 ⑨앞으로 ¶ ~三日で帰れる 앞으로 사흘이면 돌아갈 수 있다 ⑩(口) 그 다음에, 그리고 나서, 그밖에 ¶ ~、何かあるかな 그 밖에 무엇이 있지
慣用句
**—が無い** (물러설 데가 없어) 막다른 지경이다, 절망적이다
**—の雁が先になる** ①후배가 선배를 추월하다 ②젊은 쪽이 먼저 죽다
**—は野のとなれ山となれ** 나중에야 삼수갑산에 갈지라도
**—へ引く** 뒤로 물러서다 ①후퇴하다 ②(상대의 말을 인정해서) 양보하다
**—へ引けない** 뒤로 물러설 수 없다, (자기 입장 등을 지키기 위해) 양보할 수 없다
**—を追う** 선인의 뒤를 좇다 ①뒤따라가다 ②뒤따라 죽다 ③선인의 모범에 따라 행동하다
**—を弔う** 죽은 사람의 명복을 빌다
**—を引く** ①(여운·영향 등이) 가시지 않, 계속되다 ②(음식이) 자꾸 먹고 싶어지다

**あと** [跡] [*痕·址*] (남겨진) 자국, 흔적, 유적 ¶ 戦いの~ 전적 / 城の~ 성터 / 傷~ 상혼 ②(지나간) 자국, 자취, 행방, 종적 ¶ 足~ 발자국 ③(노력하여 이룬) 자취, 흔적 ¶ 努力の~が認められる 노력한 흔적이 있어 보인다 ④(집안의) 대, 후사 ¶ ~取り 대를 잇는 상속자 / ~をつぐ 대를 잇다 ⑤필적 ¶ 水茎の~ 필적, 먹물 자국
慣用句
**—が絶える** ①(대[후사]가) 끊기다 ②왕래가 끊기다
**—を晦ます** 행방[종적]을 감추다
**—を絶つ** (文) 완전히 없어지다, 끊이다
**—を付ける** ①흔적을 남기다 ②뒤를 밟다, 미행하다 ¶ 犯人の~ 범인의 뒤를 밟다
**—を濁す** 뒤를 흐려놓다, 뒤처리를 깨끗이 하지 않다

**あと** [跡] (能の·狂言から에서) 조역 = わき役
**アド** (ad) 애드, 광고, 선전 ▷ advertisement의 준말 **—バルーン** (일 ad balloon) [商] 애드벌룬
**あとあし** [後足·後脚·後肢] (짐승의) 뒷발, 뒷다리 ↔ [前] 말의 뒷다리역(의 배우)
慣用句
**—で砂を掛ける** 뒷발질로 모래를 끼얹다
**あとあじ** [後味] 뒷맛 ①먹고 난 뒤의 맛 ~がよい 뒷맛이 좋다 ②일이 끝난 뒤의 느낌 ¶ ~の悪い結末 뒷맛이 개운치 않은 결말
**あとあと** [後後] [名副] 오랜 뒤, 먼 훗날 ¶ ~まで問題が残る 먼 훗날까지 문제가 남다
**あとおい** [後追い・跡追い] ①(사람의) 뒤를 쫓기 ②(선인의 언동이나 선례)를 흉내내기, 모방 ¶ ~企画 모방 기획 **—心中** 죽은 배우자나 애인의 뒤를 따라 자살하기
**あとおし** [後押し] [名他サ] ①뒤에서 밂 ②뒷바라지, 후원, 후원자 ¶ 新人候補を~する 신인 후보를 후원하다
**あとがき** [後書(き)] ①(책·논문 등의) 후기, 발문 = 跋 ↔ [前書き] ②(편지의) 추신
**あとかた** [跡形] 자취, 흔적
**あとかたづけ** [後片付け·跡片付け] 뒤처리, 뒤치다꺼리 = 後始末
**あとがま** [後釜] ①후임, 후임자 ¶ ~に据える 후임으로 앉히다 / ~に納まる 후임으로 앉다 ②후처 ¶ ~をもらう 후처를 얻다
**あときん** [後金] ①잔금 ¶ ~を払う 잔금을 치르다 ②후불, 후급 ↔ 前金
**あとくされ** [後腐れ] 뒤탈 ¶ ~がないように別れる 뒤탈이 없도록 헤어지다
**あとくち** [後口] ①뒷맛 = あとあじ ¶ ~がさっぱりしている 뒷맛이 산뜻하다 ②후임, 후임자 ¶ ~がひかえている 다음 사람을 대기하고 있다 ③(신청·차례 등의) 다음 번, 뒤 차례 ¶ ~に回す 다음 번으로 돌리다
**あとげつ** [後月] 지난달, 전달 = 先月
**あどけな・い** [形] 천진난만하다, 천진스럽다 ¶ ~寝顔 천진난만한 자는 얼굴
**あとざ** [後座] [劇] (能の) 무대에서) 배경막 앞에 있는 가로대 판의 부분
**あとさき** [後先] 앞뒤 ①(장소의) 전후, 주위 ¶ ~を見回す 앞뒤[주위]를 둘러보다 ②(일의) 순서 ¶ ~を誤る 순서를 틀리다 ③전후 사정, 결과 ¶ ~を考えずに行動する 앞뒤를 생각지 않고 행동하다 **一見ず** 무분별함, 마구잡이, 무모한 사람
慣用句
**—になる** 앞뒤[순서]가 뒤바뀌다
**あとさく** [後作] [農] 후작, 뒷갈이
**あとざん** [後産] [醫] 후산 = のちざん
**あとしき** [跡式·跡敷] 상속 대상이 되는 가독·재산, 그것을 상속하는 일, 상속
**あとじさり** [後退り] 뒷걸음질 = あとずさり ¶ ~おそれて~をする 두려워서 뒷걸음질치다
**あとしまつ** [後始末・跡始末] [名他サ] 뒤처리, 뒷마무리, 뒤치다꺼리 = 後始末
**あとずさり** [後退り] [名自サ] → あとじさり
**あとぜめ** [後攻め] (口) 나중에 공격하는, 후공 ↔ 先攻め ¶ ~を選ぶ 후공을 택하다
**あとぞめ** [後染(め)] 다 짠 다음에 염색하기, 후염 ⇨ 先染め
**あとち** [跡地] ①철거 부지 ¶ ~利用 철거 부지의 이용 ②수확이나 벌채가 끝난 땅
**あとつぎ** [跡継(ぎ)·後継(ぎ)] ①(집안의) 대

あとづけ

- **あとづけ**【後付(け)】[版] (책의 권말에 붙이는) 발문・후기; 색인 등의 총칭
- **あとづ・ける**【跡付ける】[他下一] 자취를 더듬다, 추적하다¶事件の経過を～ 사건의 경과를 추적하다
- **あととり**【跡取り】→ あとつぎ【跡継ぎ】
- **アトニー**(독 Atonie) [医] 아토니, 무력증¶胃～ 위 아토니
- **あとのまつり**【後の祭(り)】[連語] 행차 후의 나팔¶～の騒ぎは～だ 진 다음에 들어 보아야 행차 후의 나팔이다
- **アドバタイジング**(advertising) [廣] 애드버타이징, 광고, 광고업
- **あとばら**【後腹】①(출산 후의) 훗배앓이 ②뒤탈, 후유증¶～を病む 후유증을 앓다 ③후처 소생 ⇔ 先腹
- **あとばらい**【後払(い)】후불 = 前払い・先払い¶～運賃 운임 후재
- **アトピーせいひふえん**【アトピー性皮膚炎】[医] 아토피성 피부염
- **あとひき**【後引き】연거푸 먹음(마심), 게걸스러움 = 上戸¶술자리가 질긴 술꾼
- **あとぶつ**【阿堵物】(文) 금전, 돈
- **あとぼう**【後棒】가마의 뒷채를 메는 사람, 뒷교군 ⇔ 先棒
  [慣用句]
  - **―を担ぐ** 뒤채를 메다, (주모자를 도와) 한 몫 거들다, 한다리 끼다
- **あとまわし**【後回し・後廻し】뒤로 미룸¶自分の事は～にする 자기 일은 뒤로 미루다
- **アトム**(atom)[物] 아톰, 원자, 원자력
- **あとめ**【跡目】①대를 이음, 상속(후계)자, 후사, 가독(家督) = あととり ②(상속하는) 가업, 가명, 가통 ―相続 가독 상속
- **あともどり**【後戻り】[名][自スル] ①되돌아감, 되돌아옴¶～して捜す 되돌아가서 찾다 ②뒷걸음질, 후퇴, 퇴보, 역행¶景気が～する 경기가 후퇴하다
- **あとやく**【後厄】액년의 다음해 ⇔ 前厄
- **あとやま**【後山】(광산에서) 채굴물 운반인, 신출내기 광부 ⇔ 先山
- **アトラス**(Atlas) Ⅰ(그리스 신화에서) 지구 아틀라스를 떠받치고 있다는 거인 Ⅱ (atlas) 지도책 ―山脈 [地] 아틀라스 산맥
- **アトランダム**(at random) [ナ] 애트 랜덤, 무작위임¶～に選び出す 무작위로 골라내다
- **アトリエ**(프 atelier) 아틀리에, 화실, 공방
- **アドリブ**(ad lib) 애드 리브, 즉흥적인 대사・연주
- **アドレナリン**(독 Adrenalin) [医] 아드레날린
- **あな**【穴・*孔】①구덩이¶洞～ 동굴¶落とし～ 함정¶地面に～を掘る 땅바닥에 구덩이를 파다 ②구멍¶抜け～ 빠져 나갈 구멍¶壁に～を開ける 벽에 구멍을 뚫다 ③(짐승이 사는) 굴¶～に逃げ込む 굴로도 망치다 ④은신처, 소굴¶～をつきとめる 은

신처를 찾아내다 ⑤(일반에게 알려지지 않은) 노다지, 노른자위¶～場 노다지판 ⑥(경마 등에서) 요행, 요행수¶～をねらう 요행수를 노리다¶大穴が出る 예상외의 큰 상금이 나오다 ⑦빈자리, 공석, 펑크¶番組に～があく 프로그램에 펑크가 나다 ⑧약점, 허점¶～の目立つ理論 허점이 두드러진 이론 ⑨(금전상의) 손실, 부족, 결손¶帳簿の～を埋める 장부의 결손을 메우다
  [慣用句]
  - **―があったら入りたい** (부끄러워서) 쥐구멍이라도 있으면 들어가고 싶다
  - **―の開くほど** 뚫어지게
- **アナ** 「アナウンサー・アナーキズム」의 준말
- **アナーキズム**(anarchism) 아나키즘, 무정부주의 = アナ
- **あなうめ**【穴埋め】[名][自他スル] ①구덩이(구멍)을 메움¶防空壕の～作業 방공호 메우기 작업 ②(손실을) 메움, 보충, 벌충¶赤字の～をする 적자를 메우다
- **アナウンサー**(announcer) 아나운서 = アナ
- **あなかがり**【穴縢り】(단추 구멍 등의) 사뜨기
- **あながち**【強ち】[副][文] (부정의 말이 딸리어) 반드시, 꼭 = まんざら¶～うそとも思えない 꼭 거짓말이라고 여길 수도 없다
- **あながま**【窖窯】위를 흙으로 덮은 터널 모양의 도자기 가마
- **あなかんむり**【穴冠】(한자 부수의) 구멍혈머리 ▷「空」「窓」 등의 「穴」 부분
- **あなぐま**【穴熊】[動] ①오소리 ②(일본 장기에서) 장을 수비하기 위한 포진의 하나
- **あなぐら**【穴蔵・*窖】땅광, 움, 움막
- **あなご**【穴子】[魚] 붕장어
- **アナコンダ**(anaconda) [動] 아나콘다
- **あなじ**【穴痔】치루 = 痔瘻
- **あなた**【彼方】[代][文] ①저쪽, 저편, 저기¶山の空遠く 산 너머 저쪽 하늘 멀리 ②먼 옛날¶二千年の～ 이천년 전의 먼 옛날
- **あなた**【貴方】[代] ①당신¶～自身がやったことだ 당신 자신이 한 일이다 ②아내가 남편을 부르는 말¶ねえ～ 그런데 여보 **―任せ** ①시키는 대로만 함, (되어가는 대로) 내 맡김 ②[佛] 부처의 힘에 의지함
- **あなづり**【穴釣(り)】①구멍 낚시질 ②얼음 구멍 낚시질
- **アナトキシン**(anatoxin) [薬] 아나톡신
- **あなど・る**【侮る】[他五] 깔보다, 얕보다 = みくびる¶相手を～ 상대를 깔보다/ ～りがたい敵 얕볼 수 없는 적
- **あなば**【穴場】①(남이 모르는) 좋은 자리¶釣りの～ 낚시질할 좋은 자리/ ～を探す 비밀스런 좋은 곳을 찾다 ②(俗) (경마장 등의) 매표소
- **あなはぜ**【穴沙魚】[動] 돌팍망둑
- **あなばち**【穴蜂】[動] 조롱박벌
- **アナフィラキシー**(anaphylaxis) [医] 아나필락시, 과민증¶ペニシリン～ 페니실린 과민증

あな ぼこ 【穴ぼこ】 (口) 구멍, 구덩이
アナボリック ステロイド (anabolic steroid) 【醫】 아나볼릭 스테로이드
アナログ (analog; analogue) 아날로그 ⇔ デジタル ━通信【情】 아날로그 통신
アナロジー (analogy) 아날로지. 유추, 추론
あに 【兄】 ①형, 오빠 ⇔ 弟 ¶一番上の～ 제일 큰형 ②시숙, 매형, 자형, 손위 처남, 형부 ▷ ②는 보통「義兄」로 씀
あに い 【兄い】 (俗) ①형, 오빠, 매형, 자형 ②의협심이 있는 젊은이
あに うえ 【兄上】 (文)「兄」의 높임말. 형님
あに き 【兄貴】 (口) ①형 ②(깡패 사회 등에서의) 형님, 선배 ¶～分 형님뻘 되는 분/～風を吹かす 선배 티를 내다
あに でし 【兄弟子】 동문 선배 ⇔ 弟弟子
あに はからんや 【豈図らんや】 連語 (文) 어찌 생각이나 했으랴, 뜻밖에도, 예상과는 달리 ¶～、それが真っ赤なうそ 어찌 생각이나 했으랴 그것은 새빨간 거짓말
あに ぶん 【兄分】 (의형제의) 형뻘 ⇔ 弟分
アニマル (animal) 애니멀 ①동물, 짐승 ②짐승 같은 사람, 비정한 사람 ¶エコノミック～ 이코노믹 애니멀, 경제적 동물
アニミズム (animism) 애니미즘. 정령 신앙, 정령 숭배, 물활론(物活論)
アニメーション (animation) 애니메이션. 동화
アニュアル (annual) 애뉴얼. 연보, 연감
あに よめ 【兄嫁・嫂】 형수
アニリン (aniline) 【化】 아닐린
あね 【姉】 ①언니, 누나 ⇔ 妹 ¶一番上の～ 제일 큰 언니 ②형수, 새언니, 처형, 손위 올케·시누이 ▷ ②는 보통「義姉」로 씀
あね うえ 【姉上】 (文)「姉」의 높임말. 언니, 누님
あね かとく 【姉家督】 (法) 장녀가 데릴사위를 맞아 대를 이어 상속하는 일
あね き 【姉貴】 (口) 언니·누나를 정답게 부르는 말
あね ご 【姉御】 ①언니·누나의 높임말 = ねえさん ② 【*姐御】 (깡패 사회 등에서의) 두목의 아내, 여두목 【女頭目】
あねさま にんぎょう 【姉様人形】 각시 인형, (색종이를 접어 만든) 새색시 인형 = あねさ
あね さん 【姉さん】 ①언니·누나를 정답게 부르는 말 ②연상의 여자를 정답게 부르는 말 ③ 【*姐さん】 = 姉御 ━被り (여자가 밭일 등을 할 때에) 머리에 수건을 쓰는 방식 = ねえさんかぶり ━女房 연상의 아내
あねったい 【亜熱帯】 【地】 아열대 ━高気圧 【気】 아열대 고기압
あね にょうぼう 【姉女房】 연상의 아내
アネモネ (anemone) 【植】 아네모네
あの 【*彼の】 I 連体 ①(좀 떨어져 있는) 저 ¶～人 저 사람 ②(서로 알고 있는) 그 ¶～話 그 이야기/～事件はどうなったか 그 사건은 어떻게 되었던가 II 感 (사람을 부를 때·주저하며 말을 꺼낼 때·말이 막혔을 때 등) 저, 저어 ¶あのう¶～ちょっと, 저어, 잠깐/ですから、～ 그러니까 저어

あのて このて 【*彼の手*此の手】 連語 이런 수 저런 수, 이런저런 (온갖) 수단·방법 ¶～で攻めてくる 갖가지 수단으로 공격해오다/～をくりだす 온갖 수를 다 동원하다
アノミー (프 anomie) 【社】 아노미. 사회 규범의 이완과 붕괴로 생기는 혼돈 상태
あのよ 【*彼の世】 저승, 저 세상, 내세 ⇔ この世 ¶～に行く 저승으로 가다/～の人となる 저 세상 사람이 되다, 죽다
アノラック (anorak) 아노락. 후드가 달린 등산·스키용 반코트
あばき た・てる 【暴(き)立てる】 他下一 마구 들추어내다, 폭로하다 ¶スキャンダルを～ 스캔들을 마구 들추어내다
あば・く 【暴く·*発く】 他五 ①파헤치다 ¶墓を～ 무덤을 파헤치다 ②들추어내다, 폭로하다 ¶旧悪を～ 예전에 저지른 악행을 들추어내다/正体を～ 정체를 폭로하다
あば ずれ 【*阿婆擦れ】 (여자가) 닳고 닳음, 그런 여자 = すれっからし
あばた 【痘痕】 마마 자국, 곰보 (자국) ¶面に～がある 마마 자국이 있는 〔곰보〕 얼굴 / 月面は～のようだ 달 표면은 우툴두툴하다
慣用句
━も靨 제 눈에 안경
あば よ 感 (俗) (헤어질 때의 스스럼없는 인사말) 안녕, 잘 있어 ¶～、また来るぜ 잘 있어 또 오게
あばら ぼね 【*肋骨】 늑골 → ろっこつ
あばら や 【荒屋·荒家】 ①황폐한 집, 폐가 ②자기집의 겸사말. 누추한 집, 누옥 ¶～にお出かけください 누추한 집이지만 들러주십시오
あば・れる 【暴れる】 自下一 날뛰다 ①난폭하게 굴다 ¶馬が～ 말이 날뛰다 ②날씨가 거칠다 ¶台風が～ 태풍이 날뛰다 ③대담하게 행동하다, 설치다 ¶新天地で思う存分～ 신천지에서 마음껏 활동하다
アパレル (apparel) 어패럴. 복장, 의류, 기성복 ━産業 어패럴 산업. 패션성이 높은 의류 제조·도매업의 총칭
あばれん ぼう 【暴れん坊】 ①난폭자 ¶街道の～ 가도의 난폭자 ②마음대로 행동하는 사람, 방해꾼 ¶政界の～ 정계의 망나니
アバンギャルド (프 avant-garde) 【美】 아방가르드. 전위 예술, 전위파
アバンゲール (프 avant-guerre) 아방게르. 전전파 ⇔ アプレゲール
アピール (appeal) 어필 I 名 他スル (여론에) 호소함, 호소 II 名 自スル ①마음을 끄는 매력이 있음, 그런 매력 ¶セックス～ 섹스 어필 ②(야구 등에서의) 심판 판정에 대한 항의
あび きょうかん 【*阿鼻叫喚】 (文) 아비규환
あひ さん 【亜*砒酸】 【化】 아비산
あび じごく 【*阿鼻地獄】 【佛】 아비지옥
あびせ か・ける 【浴(び)せ掛ける】 他下一 끼얹다, 퍼붓다 ¶水を～ 물을 끼얹다 / 非難を

を~ 비난을 퍼붓다
**あびせたおし**【浴(び)せ倒し】[相撲] 상대를 덮쳐 누르듯이 하여 쓰러뜨리는 기술
**あび・せる**【浴びせる】[他下一] ①끼얹다, 들씌우다¶湯を~ 더운물을 끼얹다 ②퍼붓다¶非難を~ 비난을 퍼붓다/ 砲火を~ 포화를 퍼붓다 ③[相撲] 상대를 덮치다
**あひる**【家鴨】[動] 집오리
**あ・びる**【浴びる】[他上一] ①뒤집어쓰다, 들쓰다, 쬐다¶水を~ 물을 뒤집어쓰다/ ほこりを~ 먼지를 뒤집어쓰다/ 日を~ 볕을 쬐다 ②(비난·주목 등을) 받다¶非難を~ 비난을 받다/ 注目を~ 주목을 받다
**あふ**【阿付·阿附】[名][自スル][文] 아부. 비위를 맞춰 알랑거림¶~迎合 아부 영합
**あぶ**【虻】[動] 등에
[慣用句]
**―蜂取らず** 두 가지를 얻으려다 아무것도 얻지 못하다
**アフォリズム** (aphorism) [表] 아포리즘. 금언, 격언, 경구
**アフガン** (afghan) 아프간 **―編み** 아프간뜨기
**あぶく**【泡】거품= あわ
**あぶくぜに**【泡銭】부정하게 얻은 돈, 악전
**アブストラクト** (abstract) 앱스트랙트 I [〒] 추상적, 관념적 II [名] ①[美]「アブストラクトアート」의 준말 ②약, 요지, 발췌¶論文の~ 논문의 요약 **―アート** (abstract art) [美] 앱스트랙트 아트. 추상 예술
**アブソーバー** (absorber) 업소버¶ショック~ 쇼크 업소버, 충격 완화 장치
**アフター** (after) [造語] 애프터. 다음, 뒤, 사후 **―サービス**(일 after service) 애프터 서비스 **―レコーディング**(일 after recording) [映] → アフレコ
**アフターケア** (aftercare) 애프터케어 ①병후 보호, 병후 보호 시설 ②애프터 서비스
**アプトしきてつどう**【アプト式鉄道】[交] 아프트식 철도. (급사면을 오르내리는) 톱니바퀴식 철도
**あぶな・い**【危ない】[形] ①위험하다, 위태롭다¶~遊び 위험한 놀이/ 工事中ですので~ 공사 중이라 위험하다 ②불안하다, 미덥지 않다, 위태롭다¶空模様が~ 날씨가 불안하다/ 不景気で会社が~ 불경기로 회사가 위태롭다 ③「~・く」의 꼴로) 하마터면, 아슬아슬하게¶~・く命を落とすところだった 하마터면 목숨을 잃을 뻔했다
[慣用句]
**―橋を渡る** 위험을 무릅쓰고 하다
**あぶなえ**【危な絵】[美] (노출이 심한 여성의 모습을 그린) 선정적인 풍속화
**あぶなげ**【危なげ】[名][ナ] 위태위태함, 불안스러움¶~な手つき 위태로운 손놀림/ このプレーで~がない 이 플레이는 무난하다
**あぶなっかし・い**【危なっかしい】[形](ロ) 위태위태하다, 보기에도 조마조마하다, 염려스럽다¶~足どりで 위태위태한 걸음걸이로

**あぶみ**【鐙】①등자(鐙子)¶~に足を掛ける 등자에 발을 딛다 ②(암벽을 오를 때 쓰는) 줄사다리 모양의 등반 용구
**あぶら**【油】기름¶ごま~ 참기름/ 機械に~をさす 기계에 기름을 치다 ②활력소, (특히) 술¶~が切れる (마시는 도중에) 술이 떨어지다
[慣用句]
**―を売る** 근무 중 잡담으로 시간을 허비하다
**―を絞る** ①(과실 등을) 호되게 야단쳐 진땀 빼게 하다 ②(어려운 일로) 몹시 고생시키다
**―を注ぐ** 기름을 붓다, 부추기다
**あぶら**【脂·膏】①(동물의) 지방, 굳기름 ②(몸의) 기름기¶鼻の~ 코의 개기름/ 顔に~が浮く 얼굴에 기름기가 돌다
[慣用句]
**―が乗る** ①(물고기 등이) 기름살이 오르다 ②(일에) 신명이 나다, 신바람이 나다
**あぶらあげ**【油揚】 유부 → あぶらげ
**あぶらあし**【脂足】 진땀이 많이 나는 발
**あぶらあせ**【脂汗】 진땀, 비지땀¶~がにじむ 진땀이 배다/ ~を流す 비지땀을 흘리다
**あぶらえ**【油絵】 유화
**あぶらえのぐ**【油絵の具】 유화용 물감, 유화구
**あぶらかす**【油粕·油糟】 유박. 깻묵
**あぶらがみ**【油紙】 유지. 기름종이= ゆし
[慣用句]
**―に火の付いたよう** (比)(기름종이에 불이 붙은 듯) 막힘 없이[줄줄] 지껄임
**あぶらぎ・る**【脂ぎる】[自五] ①기름기가 돌다, 번들거리다¶~った顔 기름기가 도는 얼굴 ②뚱뚱하고 정력적이다¶~・った男 뚱뚱하고 정력적인 남자
**あぶらけ**【油気·脂気】 기름기= あぶらっけ¶~のない髪 기름기가 없는 머리
**あぶらげ**【油揚】 유부
**あぶらさし**【油差(し)】 (기계 등에) 기름을 치는 도구
**あぶらじ・みる**【油染みる】[自上一] 기름때가 묻다, 기름에 찌들다¶~・みた服 기름에 찌든 옷
**あぶらしょう**【脂性】 지성. (기름기가 도는) 지방 체질 ⇔ 荒れ性¶~の肌 지성 피부/ ~の人 지방 체질인 사람
**あぶらしょうじ**【油障子】 기름 종이를 바른 미닫이
**あぶらぜみ**【油蟬】[動] 유지매미
**あぶらっこ・い**【脂っこい·油っこい】[形](ロ) ①기름지다, 느끼하다¶~肉 기름진 고기 ②(성격이) 간질기다¶~・くていやな人 깐질거서 싫은 사람
**あぶらで**【脂手】 진땀이 잘 나는 손
**あぶらでり**【油照り】 찌는 듯한 무더위
**あぶらな**【油菜】[植] 유채. 평지= 菜の花
**あぶらみ**【脂身】 비계, 비곗살, 기름살¶ぶた肉の~ 돼지고기의 비계
**あぶらむし**【油虫】①[動] 진디 ②「ゴキブリ」의 딴이름 ③(俗) 남에게 음식을 얻어먹거나

공짜 구경을 하는 사람
**あぶらやけ**[油焼け] 水 염장·냉동·말린 물고기의 장기 보존에 따른 변색
**アプリオリ**(라 a priori) 名 ㋑ 哲 아 프리오리. 선험적(先驗的). 선천적 ⇔ アポステリオリ
**アフリカ**(Africa) 地 아프리카 **—諸語**ょ = 言 아프리카 제어
**アフリカーンスご**[アフリカーンス語] 言 아프리칸스어. 남아프리카 공화국의 공용어
**アプリコット**(apricot) 아프리콧. 살구. 살구빛
**あぶりだし**[※炙(り)出し] 불에 쬐면 글자나 그림이 나타나는 종이. 은현지(隱顯紙)
**あぶりもの**[※炙り物] 불에 쬐어서 구운 것. 구이. (특히) 구운 생선
**あぶ·る**[※炙る·※焙る] 他五 ①(불에 살짝) 굽다¶ ~ するめを ~ 오징어를 굽다 ②(불에) 쬐다. 말리다¶ 手⟨て⟩を ~ 손을 쬐다
**アプレゲール**(프 après-guerre) 아프레게르. 전후파 = アプレ = アバンゲール
**アフレコ** 映「アフターレコーディング」의 준말. 영상을 먼저 찍고 나중에 녹음하는 일
**あふ·れる**[※溢れる] 自下一 넘치다 ①넘쳐 흐르다¶ 風呂⟨ふろ⟩の水⟨みず⟩が ~ 목욕물이 넘치다/涙⟨なみだ⟩が ~ 눈물이 쏟아지다 ②눈칠만큼 많다¶ 才気⟨さいき⟩が ~ 재기가 넘치다/会議室⟨かいぎしつ⟩に人⟨ひと⟩が ~ 회의실에 사람이 넘치다
**あぶ·れる** 自下一(口) ①일자리를 얻지 못하다¶ 仕事⟨しごと⟩に ~ 일자리를 얻지 못하다/雨⟨あめ⟩で ~ 비로 공치다 ②(낚시·사냥 등에서) 허탕치다
**アプローチ**(approach) 어프로치 Ⅰ 名 自スル (학문·연구 대상으로의) 접근. 접근 방법 Ⅱ 名 ①建 (양옥에서) 대문에서 현관까지의 사이 ②(스키 점프에서) 도움닫기 활주로 ③「アプローチショット」의 준말 **—ショット** (approach shot) 어프로치 샷. (골프에서) 그린 근처에서 홀쪽으로 붙도록 치는 타법
**アフロディテ**(그 Aphrodite) 아프로디테. (그리스 신화의) 사랑과 미의 여신
**あべかわもち**[※安倍川※餅] 구운 찰떡을 더운물에 담갔다가 콩가루·설탕을 묻힌 과자
**あべこべ** 名 ㋕(口) 반대. 거꾸로임. 짝이 바뀜 = さかさま¶ まったく~の方向に 완전히 반대 방향/靴⟨くつ⟩を~に履⟨は⟩く 신발을 짝을 바꾸어 신다/親子⟨おやこ⟩の立場⟨たちば⟩が~だ 부모 자식의 입장이 뒤바뀌다
**アベック**(프 avec) 아베크¶ **—族**⟨ぞく⟩ 아베크족
**アベマリア**(라 Ave Maria) ㋕ 아베 마리아
**アベレージ**(average) 애버리지 ①평균. 평균값 ②野 타율 ③(볼링에서) 평균 득점
**あへん**[※阿片·※鴉片] 薬 아편 **—窟**⟨くつ⟩ 아편굴 **—戦争**⟨せんそう⟩ 史 아편 전쟁(1840~1842)
**アポイント**「アポイントメント」의 준말
**アポイントメント**(appointment) 어포인트먼트. (회합·만남 등의) 약속
**あほう**[※阿※呆·※阿※房] 名 ㋕ 바보 같음. 어리석음. 바보. 천치 = ばか¶ **—なことを言⟨い⟩う** 바보 같은 소리를 하다 **—鳥**⟨どり⟩ 動 신천옹

**アボカド**(avocado) 植 아보카도
**あほくさ·い**[※阿※呆臭い] 形 (口)(方) 바보스럽다. 어리석다
**アポクリンせん**[アポクリン腺] 医 아포크린샘. 아포크린 한선(汗腺)
**ア ポステリオリ**(라 a posteriori) 名 ㋑ 哲 아 포스테리오리. 후천적. 경험적 ⇔ アプリオリ
**アポストロフィ**(apostrophe) 아포스트로피. (영어 등에서) 생략·소유격을 나타내는 부호
**あほらし·い**[※阿※呆らしい] 形 (口) 바보스럽다. 어리석다 = あほらし·ばかばかしい
**アポロ**(라 Apollo) 아폴로 = アポロン **—計画**⟨けいかく⟩ 宇 아폴로 계획
**アポロン**(그 Apollon) 아폴론. (그리스 신화의) 태양·음악·시가·의약 등의 신 = アポロ **—的** 哲 아폴론적 ⇔ ディオニュソス的
**あま**[尼] ①佛 여승. 비구니 ②㋕ 수녀¶ ~になる 수녀가 되다 ③[※阿魔] 俗 (젊은 여성을 욕하는 말) 계집년 = あまっこ
**あま**[海女·〈海人〉·〈海士〉·※蜑] 해녀. 비바리
**あま**[天] 造語 하늘. 천상 = そら¶ **~下**⟨くだ⟩り 강림. 고급 관료가 퇴임 후 관련 단체·회사의 간부로 취직하는 일. 상부의 일방적인 지시
**あま**[亜麻] 植 **—色**⟨いろ⟩ 아마색. 황갈색 **—仁**⟨に⟩ 아마인. 아마씨 **—仁**⟨に⟩**油**⟨ゆ⟩ 아마인유
**アマ**「アマチュア」의 준말
**あまあい**[雨間] 비가 그친 사이 = あめま¶ **~を見て出⟨で⟩かける** 비가 갠 틈을 타서 떠나다
**あまあし**[雨足·雨脚] ①비가 지나가는 모양¶ ~が遠⟨とお⟩い 비가 먼곳에서 지나가다 ②빗발. 빗줄기¶ ~が激⟨はげ⟩しくなる 빗발이 세지다
**あま·い**[甘い] 形 ①(맛이) 달다¶ **柿**⟨かき⟩ 단감 ②(간이) 싱겁다¶ みそ汁⟨しる⟩が ~ 된장국이 싱겁다 ③엄하지 않다. 안이하다. 무르다. 어수룩하다¶ **~考**⟨かんが⟩**え** 안이한 생각/採点⟨てんてん⟩が ~ 채점이 후하다/人⟨ひと⟩が ~ 사람이 어수룩하다 ④달콤하다. 감미롭다¶ **~ことばで誘**⟨さそ⟩**う** 달콤한 말로 유혹하다 ⑤(사랑이) 아기자기하다¶ **~夫婦**⟨ふうふ⟩ 아기자기한 부부/~**仲**⟨なか⟩ 정이 두터운 사이 ⑥(기능이) 무디다. 느슨하다. 헐겁다¶ ねじが ~ 나사가 헐겁다/焼⟨や⟩**きの~刀**⟨かたな⟩ 담금질이 무딘 칼 ⑦(어간 「あま」가 명사 등에 붙어) 단. 싱거운. 달콤한¶ **甘酒**⟨あまざけ⟩ 감주/甘塩⟨あまじお⟩ 얼간
慣用句
**—汁**⟨しる⟩**を吸**⟨す⟩**う** 애쓰지 않고 이득을 얻다
**—く見**⟨み⟩**る** (사물이나 상대를 실력 이하로) 깔보다. 얕보다. 만만히 보다
**あま·える**[甘える] 自下一 ①응석부리다. 어리광부리다¶ ~ えた声⟨こえ⟩ 응석부리는 목소리/子供⟨こども⟩が母親⟨ははおや⟩に ~ 어린아이가 어머니에게 어리광부리다 ②(상대의 호의·친절에) 힘입다. 말씀대로 ~ 하다¶ お言葉⟨ことば⟩に ~ えて拝借⟨はいしゃく⟩します 말씀하신 대로 빌리겠습니다
**あまえんぼう**[甘えん坊] 口 응석꾸러기
**あまおおい**[雨覆い] ①비를 막는 덮개 = 雨よけ¶ **~をかける** 비를 막는 덮개를 씌우다 ②칼집의 등쪽을 덮는 금속 장식 ③動 (새

의) 비를 막는 짧은 깃털
**あまおち**[雨落ち] ①낙숫물이 떨어지는 곳 ②(극장의) 무대 바로 앞쪽의 관람석[객석]
**あまがえる**[雨˚蛙][動] 청개구리
**あまがけ·る**[天翔ける·天駆ける][自五][文] 하늘을 날아다니다¶ ～わし 하늘을 나는 독수리
**あまがさ**[雨傘] 우산
**あまがっぱ**[雨合羽] 비옷, 우장
**あまからい**[甘辛] ①달고 짭짤함¶ ～せんべい 달고 짭짤한 전병 ②(사고 방식 등이) 안이하면서도 신랄함¶ ～問答 안이하면서도 신랄한 문답
**あまかわ**[甘皮] ①(과일·나무 등의) 속껍질 ⇔ 粗皮 ②손톱 뿌리의 살갗
**あまぎ**[雨着] 비옷, 레인코트
**あまぎみ**[尼君] 고귀한 신분이었다가 여승이 된 사람에 대한 높임말
**あまぐ**[雨具] 우비, 우장(雨裝)
**あまくだり**[天下り·天降り] [名][自スル] ①[政] 고급 관료가 퇴임 후 관련 단체·회사의 간부로 취직하는 일¶ ～人事 낙하산 인사 ②(상부의) 일방적인 지시¶ ～[신의] 강림
**あまくち**[甘口] ①(술·된장 등이) 단맛이 돎, 그런 것 ⇔ 辛口¶ ～のみそ 단맛이 나는 된장 ②단것을 좋아함, 그런 사람 ③달콤한 말, 감언¶ ～に乗る 감언에 넘어가다
**あまぐつ**[雨靴] 우화, 레인 슈즈, 비신
**あまぐも**[雨雲] 비구름, 매지구름
**あまぐもり**[雨曇(り)] (비가 올 듯이) 잔뜩 흐림¶ ～の空 잔뜩 흐린 하늘
**あまぐり**[甘栗] ①단밤, 뜨거운 자갈에 익혀 물엿 등으로 단맛과 윤기를 낸 밤 ②황률
**あまけ**[雨気] 비가 올 듯한 기미
**あまごい**[雨˚乞い] 비가 오기를 빎, 기우¶ ～のまつり 기우제
**あまざけ**[甘酒·˚醴] 감주
**あまざらし**[雨˚曝し] 비를 맞는 대로 내버려 둠¶ ～にする 비를 맞게 내버려두다
**あまじお**[甘塩] ①(간이) 싱거움＝うすじお ②(생선을) 살짝 절임, 얼간
**あまじたく**[雨支度·雨仕度] (외출할 때의) 비에 대한 채비＝あめじたく
**あましょく**[甘食] 달콤한 원뿔 모양의 과자빵, 단 식빵
**あま·す**[余す] [他五] ①(일부를) 남기다, 남겨 두다¶ 食事に～ 식사를 남기다/ 小遣いを～ 용돈을 남겨 두다 ②남아 있다¶ ～ところ, あと三日 남아 있는 것은 사흘뿐
[慣用句]
**一所**も**無**く 남김없이, 모조리, 죄다
**あます**[甘酢] 단 식초, 단맛을 낸 식초
**あまずっぱ·い**[甘酸っぱい] [形] ①달콤새콤하다¶ このみかんは～ 이 밀감은 달콤새콤하다 ②즐거움과 쓸쓸함이 뒤섞인 느낌이다¶ ～青春の思い出 달콤하고도 쓸쓸한 청춘의 추억
**あまずら**[˚甘˚葛] [料] 식물에서 추출한 달콤한 액을 조린 감미료
**あまぞら**[雨空] (흐려) 비가 올 듯한 날씨, 잔뜩 찌푸린 날씨, 비오는 날씨, 우천
**あまた**[〈数多〉·〈許多〉] [副][文] 수많이, 무수히, 허다하게¶ ～ある中で 무수히 많은 가운데/ 引く手～ (자기 쪽에) 붙으라고 권유하는 사람이 수두룩/ ～のつわものが集う 수많은 용사가 모이다
**あまだい**[甘˚鯛] [動] 옥돔
**あまだれ**[雨垂れ] 낙숫물 ━**落**ち 낙숫물이 떨어지는 곳＝雨落ち
[慣用句]
━**石**を**穿**つ 낙숫물이 댓돌을 뚫는다
**あまちゃ**[甘茶] ①[植] 산수국(山水菊) ②감차, 산수국 또는 돌외의 잎을 말려 달인 차
**あまっこ**[尼っ子] [口] (여자를 욕하는 말) 년, 계집년＝あま·あまっちょ
**あまつさえ**[˚剰え] [副][文] 게다가, 더군다나, 그뿐만 아니라¶ さんざん罵のり, ～, 乱暴らんぼうを働はたく 실컷 욕지거리하고 게다가 난동을 부리다
**あまったる·い**[甘ったるい] [形][口] ①(맛이) 달콤하다, 달디달다¶ ～ケーキ 달디단 케이크 ②(목소리·태도 등이) 달콤하고, 어리광스럽다¶ ～声 어리광부리는 목소리 ③흐리멍덩하다¶ ～考え 흐리멍덩한 생각
**あまったれ**[甘ったれ] [名][了] 응석[어리광]을 부림, 응석꾸러기¶ 世間知らずの～ 세상 물정 모르는 응석꾸러기
**あまった·れる**[甘ったれる] [自下一] 응석부리다, 어리광부리다¶ ～れた根性 어리광부리는 근성
**あまっちょろ·い**[甘っちょろい] [形][口] (생각 등이) 안이하다, 어수룩하다¶ ～考え方 안이한 사고방식
**あまつぶ**[雨粒] 빗방울
**あまでら**[尼寺] ①여승방 ②[가] 수녀원
**あまてらすおおみかみ**[天照大神·天照大御神] (일본 신화에서) 高天原たかまはらの 주신(主神)
**あまど**[雨戸] 덧문, 빈지문¶ ～を閉める 덧문을 닫다
**あまどい**[雨˚樋] (빗물의) 홈통, 빗물받이¶ ～がつまる 홈통이 막히다
**あまとう**[甘党] 단것을 좋아하는 사람＝辛党
**あまなつ**[甘夏] 신맛이 덜하게 개량한 여름밀감＝甘夏柑
**あまなっとう**[甘納豆] 팥이나 강낭콩 등을 삶아서 당밀에 졸여 설탕에 버무린 과자
**あまねく**[˚普く·˚遍く] [副][文] 두루, 널리, 골고루, 두루두루¶ ～知れわたる 널리 알려지다
**あまの**[天の] [連体] 하늘에 있는, 천상(天上)에 있는 ━**岩戸**しゃと 高天原たかまはらに 있었다는 굴의 문 ━**川** [天] 은하수 ━**邪鬼**じゃき ①심술꾸러기 ②(민화에 나오는) 악귀 ③[佛] (사천왕·인왕이 밟고 있는) 악귀 ━**羽衣**はごろも (전설 중에서) 선녀의 날개옷
**あまのり**[甘˚海苔] [植] 홍조류의 바닷말
**あまぼし**[甘干(し)] ①곶감 ②설말린 건어물

**あまま** [雨間] 비가 멎은 짬[사이]
**あまみ** [甘み] ①닮, 단맛, 단 정도¶ ～が足たりない 단맛이 부족하다 ②단것
**あまみず** [雨水] ①우수, 빗물¶ ～を溜める 빗물을 모으다 ②비가 와서 괸 물
**あまもよい** [雨催い] 비가 올 듯한 날씨＝あめもよう¶ ～の空ぞら 비가 올 듯한 하늘
**あまもよう** [雨模様] →あめもよう
**あまもり** [雨漏り] 名自スル 비가 샘, 그런 빗물
**あまやか・す** [甘やかす] 他五 응석을 받아주다¶ 子供こどもを～ 아이의 응석을 받아주다
**あまやどり** [雨宿り] 名自スル 비를 피함[그음]＝あまよけ¶ 軒下のきしたで～をする 처마밑에서 비를 피하다
**あまやみ** [雨止み] 文 ①(잠시) 비가 멎음[그침, 그 사이]¶ ～を待まつ 비가 멎기를 기다리다 ②비를 피함[그음]＝あまやどり
**あまよ** [雨夜] 文 우야, 비 오는 밤
**あまよけ** [雨避け] ①비를 막는 덮개 ②비를 잠시 피함
**あまり** [余り] Ⅰ 名 ①남은 것, 나머지, 여분＝残のこり¶ 食事しょくじの～ 식사하고 남은 것／～が出でる 나머지가 생기다 ②数 나머지, 우수리¶ 5を2で割ると答こたえは1だ 5を2로 나누면 답은 2 나머지 1이다 ③形式 ((「…(の)～」の꼴로)) …한 나머지¶ 仕事しごとを急いそぐ～ミスを犯おかした 일을 서두른 나머지 실수를 범했다¶ うれしさの～～駆かけ出だした 기쁜 나머지 달려나가다 ④(수량을 나타내는 말에 붙어) …보다 조금 많게, …남짓¶ 70キロ～の体重じゅう 70킬로그램이 조금 넘는 체중 Ⅱ 지나침, 심함, 너무함¶ ～な仕打しうちを受うける 지나친 처사를 당하다／これでは～にひどすぎる 이건 너무 심하군 Ⅲ 副 ①너무, 지나치게, 심하게¶ ～忙いそがしいのも困こまる 너무 바쁜 것도 곤란하다 ②(부정의 말이 딸리어) 그다지, 그리, 별로¶ 時間じかんが～ない 시간이 별로 없다
慣用句
**―と言いえば** (말도 안 될 정도로) 너무나도¶ ～な仕打しうち 해도 너무한 처사
**あまりある** [余り有る] 連語 …하고도 남음이 있다 ①아직 여유가 있다, …하는 데 충분하다¶ 補おぎなって～ 보충하고도 남음이 있다 ②아무리 …해도 모자라다, 이루 다 …할 수 없다¶ 惜おしんでもなお～ 애석해하고도 남음이 있다
**あまりもの** [余り物] 여분, 쓰고 남은 나머지¶ ～には福ふくがある 남은 것에 뜻밖의 복이 있다
**あまりもの** [余り者] 처치 곤란한 사람, 주체스러운 사람, 애물 단지
**アマリリス** (amaryllis) 植 아마릴리스
**あま・る** [余る] 自五 ①남다¶ 予算よさんが～ 예산이 남다 (수량이) 넘다¶ 十指じっしに～ 열 손가락으로 셀 수 없다 ③넘치다, 겹다, 벅차다, 지나치다¶ 身みに～光栄こうえい 분에 넘치는 영광／手てに～仕事ごと 벅찬 일 ④(나눗셈에서) 남다¶ 20を7で割ると商は2で、6が～ 20을 7로 나누면 몫은 2이고 6이 남는다

**あまん・じる** [甘んじる] 自 上一 →あまんずる
**あまん・ずる** [甘んずる] 自サ変 ①만족하다¶ 清貧せいひんに～ 청빈에 만족하다 ②달게 받다, 감수하다¶ ～・じて非難ひなんを受うける 비난을 감수하다
**あみ** [網] ①그물¶ ～を打うつ 그물을 치다 ②석쇠 ③网 ④金かな～ 쇠망／～を張はった窓まど 망을 친 창 ④치밀하게 얽혀진 조직, 망¶ 法ほうの～をくぐる 법망을 빠져나가다
慣用句
**―を張はる** ①그물을 치다 ②수사망을 펴다
**あみ** [醬蝦]・[糠蝦] 動 곤쟁이
**アミ** (프 ami(e)) 아미, 벗, 친구, 애인
**あみあげ** [編み上げ] 「編あみ上げ靴ぐつ」의 준말 ―靴ぐつ 편상화
**アミーバ** (amoeba) 動 아메바＝アメーバ
**あみうち** [網打(ち)] ①투망질, 투망질을 하는 사람 ②相撲 상대편의 한쪽 팔을 잡고 뒤로 젖혀 넘어뜨리는 기술
**あみがき** [編(み)×笠] 삿갓
**あみがしら** [×罔頭] (한자 부수의) 그물망머리 ▷「罪」「罰」 등의 부수 부분
**あみき** [編(み)機] 편물기
**あみシャツ** [網シャツ] 服 망셔츠, 그물처럼 성긴 천으로 만든 여름용 셔츠
**あみし** [編(み)結] 그물 뜨기, 그물 뜨는 사람
**あみだ** [×阿×弥×陀] ①佛 아미타, 아미타불 ②「あみだかぶり」의 준말 ③「あみだくじ」의 준말 ―被かぶり (모자 등을) 뒤로[비스듬히] 젖혀 씀 ―経きょう 佛 아미타경 ―×籤くじ 공집기, 제비를 뽑아 거기 적힌 금액대로 돈을 추렴하는 내기 ―聖ひじり 佛 아미타불의 이름을 찬양하며 시내를 걸어다니는 중
**あみだ・す** [編(み)出す] 他五 ①짜기[엮기・뜨기] 시작하다 ②고안해내다, 생각해내다¶ 独自どくじの方法ほうほうを～ 독자적인 방법을 고안해내다
**あみだな** [網棚] (전차 등에 있는) 그물 선반
**あみてん** [網点] 版 망점
**あみど** [網戸] (방충)망을 친 문
**あみど** [編(み)戸] (대・나무쪽으로) 엮은 문
**アミノさん** [アミノ酸] 化 아미노산
**あみのめ** [網の目] ①그물코＝あみめ ②조직적으로 정연하게 펼쳐진 것, 망¶ 法ほうの～をくぐる 법망을 빠져나가다
**あみばり** [編(み)針] 뜨개질바늘
**あみはん** [編版] 版 망판, 사진 동판
**あみぼう** [編(み)棒] 뜨개바늘, 대바늘
**あみめ** [網目] ①그물코 ②그물코 모양의 것, 망 ―版ばん 版 망판, 사진 동판 ―を五目めに減へらす 코를 다섯 개 줄이다
**あみもと** [網元] (어선・어망을 가지고) 어부를 고용하는 사람, 선주(船主)
**あみもの** [編(み)物] 편물, 뜨개질

**あみやき**

**あみやき** [網焼(き)] [料] (고기 등을) 석쇠로 굽기, 석쇠구이

**アミラーゼ** (amylase) [生] 아밀라아제

**あ・む** [編む] [他五] ①엮다, 뜨다, 짜다¶ セーターを~ 스웨터를 뜨다/ 竹でかごを~ 대나무로 광주리를 엮다 ②편집하다, 엮다, 편찬하다¶ 遺稿集を~ 유고집을 엮다/ 郷土史を~ 향토사를 편찬하다 ③(계획 등을) 짜다, 세우다, 편성하다¶ 旅行計画を~ 여행 계획을 짜다

**あめ** [雨] ①[気] 비, 우천¶ ~が降る 비가 오다/ ~が上り 비 온 뒤 흐림 ②계속해서 날아오는 것¶ 弾丸の~ 빗발치는 탄환

〔慣用句〕

**―が降ろうが槍が降ろうが** 무슨 일이 있어도, 세상없어도

**―降って地固まる** 비 온 뒤 땅이 굳는다

**あめ** [飴] 엿¶ 水~ 물엿/ ~ん棒~ 엿가래

〔慣用句〕

**―をしゃぶらせる** (口) 엿을 먹이다 ①상대방을 방심시키려고 일부러 져주다 ②상대방의 비위를 맞추어주다

**あめあがり** [雨上(が)り] 비가 막 갠 뒤

**あめあし** [雨足·雨脚] → あまあし

**あめあられと** [雨·霰と] [副](文) 총알·비난 등이 빗발치듯¶ 弾丸が飛んでくる 총알이 빗발치듯 날아오다/ 非難を~浴びる 빗발치듯한 비난을 받다

**あめいろ** [*飴色] 조청빛, 황갈색

**あめうし** [*飴牛·*黄牛] 황소

**アメーバ** (독 Amöbe) [動] 아메바= アミーバ**―赤痢** [医] 아메바 이질

**あめかぜ** [雨風] 비바람, 풍우¶ ~をしのぐ 비바람을 견디다

**あめがち** [雨勝ち] [ア] 비가 잦음¶ ~な季節 비가 잦은 계절

**あめかんむり** [雨冠] (한자 부수의) 비우부¶ ~ あまかんむり ▷「雪·雷」등의 「雨」부분

**あめざいく** [*飴細工] 엿으로 인형·동물·꽃 모양을 만듦, 그렇게 만든 것

**アメジスト** (amethyst) [鉱] 애머시스트, 자수정

**あめたいふう** [雨台風] [気] 폭우가 따르는 태풍, (특히) 비의 영향이 큰 태풍

**あめだま** [*飴玉] 알사탕, 눈깔사탕

**あめつゆ** [雨露] 우로, 비와 이슬¶ ~をしのぐ 우로를 견디다, 가난하게 살아가다

**あめの** [天の] [連体] 하늘에 있는, 천상에 있는

**あめのむらくものつるぎ** [天(の)叢雲(の)剣] (일본 왕실의) 「三種の神器」세 가지 신기」 중의 하나인 칼 = くさなぎのつるぎ

**あめふらし** [雨·降·雨·虎] [動] 군소

**あめふり** [雨降り] 비가 옴, 강우, 우천

**あめもよい** [雨·催い] → あまもよい

**あめもよう** [雨模様] 비가 올 듯한 날씨

**アメリカ** (America) 아메리카 ①남북 아메리카 대륙의 총칭 ②「アメリカ合衆国」의 준말 **―英語** 미국식 영어 **―合衆国** [地] 미합중국, 미국

**アメリカン** (American) 아메리칸 ①[造語] 미국의, 미국식의¶ ~スタイル 아메리칸 스타일 ②「アメリカンコーヒー」의 준말 **―コーヒー** (일 American coffee) 묽게 끓인 미국식 커피 **―フットボール** (American football) 미식 축구

**あめんぼ** [*水黽] [動] 소금쟁이

**アモルファス** (amorphous) [物] 어모퍼스 **―金属** [工] 비결정 금속

**あや** [文·彩·綾] ①무늬¶ 杉の~ 삼목 무늬 ②(표현상의) 멋, 꾸밈, 수식¶ 文章の~ 문장의 멋진 수식 ③(얽힌) 줄거리, 짜임새¶ 事件の~ 사건의 줄거리

**あや** [綾] ①능직, 능직물¶ ~緞 능단 ②사선으로 짠 무늬

**あやう・い** [危うい] [形] ①(文) 위태롭다, 위험하다¶ 祖国の~ 조국이 위태롭다 ②(「~く」의 꼴로) 하마터면, 자칫하면¶ ~く命を落とすところだった 하마터면 목숨을 잃을 뻔 했다

〔慣用句〕

**―きこと累卵の如し** 누란지세, 포개어 쌓아놓은 계란같이 매우 불안정하고 위험함

**あやおり** [綾織(り)] 능직, 능직물, 능직물을 짜는 방법 [사람]

**あやかし** ①배가 난파할 때 나타난다는 괴물 ②괴이함, 이상함, 불가사의한 일 ③[怪士] (能에서) 남자의 망령·원령 등이 쓰는 탈

**あやかりもの** [*肖(り)者] ①(남들이 닮고 싶어할 정도의) 행운아, 행복한 사람 ②(존경하는 사람을) 닮고자 하는 사람

**あやか・る** [*肖る] [自五] (부러운 사람·존경할 만한 사람을) 닮다¶ あの人に~・りたい 저 사람을 닮고 싶다

**あやじ** [*綾地] 능직물, 능직 옷감

**あやし・い** [怪しい] [形] 수상하다 ①이상하다, 괴이하다¶ ~物音が 수상한 소리 ②수상쩍다, 미심쩍다, 의심스럽다¶ ~話だ 미심쩍은 이야기/ 根拠が~ 근거가 의심스럽다 ③심상치 않다¶ ~(能)~ 空模様だ~ 날씨가 심상치 않다 ④어설프다, 서투르다¶ ~英語を使う 서투른 영어를 쓰다 ⑤(남녀 간에) 애정 관계가 있는 것 같다¶ 二人は~ 두 사람 관계가 수상하다 ⑥「妖しい」(불가사의하게) 매력적이다, 신비하다¶ ~美しき 불가사의한 아름다움

**あやしげ** [怪しげ] [ナ] 이상함, 수상쩍음¶ ~な店 수상쩍은 가게

**あやし・む** [怪しむ] [他五] 이상하게 여기다, 의심하다, 의아해하다¶ 誠意を~ 성의를 의심하다/ 本当かしらと~ 정말일까 하고 의아해하다

**あや・す** [他五] (아이를) 어르다, 달래다¶ 泣く子を~ 우는 아이를 달래다

**あやつり** [操り] ①조종, 조작 장치 ②「操り人形」의 준말

**あやつりしばい** [操り芝居] [芸] → にんぎょうじょうるり(人形浄瑠璃)

あやつり にんぎょう【操り人形】 ①꼭두각시 놀음, 인형극 ②〈比〉꼭두각시, 괴뢰, 망석중이¶彼$\text{かれ}$は〜にすぎない 그는 꼭두각시에 지나지 않는다
あやつ・る【操る】 他五 ①(도구 등을 써서) 움직이게 하다, 다루다¶さおで舟$\text{ふね}$を〜 삿대로 배를 젓다/指人形$\text{にんぎょう}$を〜 손가락 인형을 놀리다 ②(언어 등을) 구사하다¶数$\text{すう}$か国語$\text{こくご}$を自由$\text{じゆう}$に〜 수개 국어를 자유롭게 구사하다 ③(사람을 뒤에서) 뜻대로 부리다, 조종하다¶陰$\text{かげ}$で人$\text{ひと}$を〜 배후에서 사람을 조종하다
あやとり【*綾取り】(놀이의) 실뜨기= 糸$\text{いと}$とり
あやど・る【綾取る】 他五 ①잘 다루다, 조종하다 ②(멜빵 등을) 십자형으로 메다¶たすきを〜 어깨띠를 십자형으로 메다
あやな・す【綾なす・彩なす】〈文〉 I 自五 아름답게 물들다, 아름다운 무늬를 만들어내다¶〜雲$\text{くも}$ 아름답게 물든 구름 II 他五 잘 다루다, 조종하다
あやにく【*生憎】 副 공교롭게도= あいにく
あやにしき【*綾錦】〈文〉①능라(綾羅), 능단(綾緞) ②눈부시게 아름다움
あやぶ・む【危ぶむ】 他五 걱정하다, 불안해하다, 신경을 쓰다¶安否$\text{あんぴ}$を〜 안부를 걱정하다
あやふや ナ 애매함, 모호함¶〜な態度$\text{たいど}$/〜な返事$\text{へんじ}$ 모호한 대답
あやまち【過ち】 과실 ①실수¶〜を認$\text{みと}$める 실수를 인정하다 ②잘못, 과오¶〜を改$\text{あらた}$める 잘못을 고치다 ③(이성간의) 부도덕한 관계, 실수¶〜を犯$\text{おか}$す 실수를 범하다
あやま・つ【過つ】 他五〈文〉①실수하다, 잘못하다¶ねらい〜.たず命中$\text{めいちゅう}$する 잘못 겨냥하지 않고 명중하다 ②그르치다, 과실을 범하다, 잘못을 저지르다¶道$\text{みち}$を〜 길을 잘못 들다
あやまり【誤り】 오류 ①틀린 곳, 틀림= まちがい¶〜を正$\text{ただ}$す 틀린 곳을 바로잡다 ②잘못, 실수, 실책, 과오¶人選$\text{じんせん}$の〜 인선의 오류
あやま・る【誤る】 他五 I 他五 ①계산 등을 잘못하다, 틀리다¶計算$\text{けいさん}$を〜 계산을 잘못하다/〜って人$\text{ひと}$を傷$\text{きず}$つける 실수하여 사람을 다치게 하다 ②그르치다¶人生$\text{じんせい}$を〜 인생을 그르치다 ③나쁜 길로 인도하다¶友$\text{とも}$を〜 친구를 나쁜 길로 인도하다 II 自五 도리에 어긋나다, 그릇되다¶〜った考$\text{かんが}$え方$\text{かた}$ 그릇된 사고 방식
あやま・る【謝る】 他五〈文〉①사과하다, 사죄하다¶不手際$\text{ふてぎわ}$を〜 서툰 짓을 사과하다 ②사양하다, 거절하다¶そんな手間$\text{てま}$のかかる仕事$\text{しごと}$は〜 그렇게 품이 드는 일은 사양한다
あやめ【〈菖蒲〉】〈植〉 붓꽃
あやめ【文目】 ①(직물의) 발, 무늬¶布$\text{ぬの}$を〜に織$\text{お}$る 천을 능직으로 짜다 ②(사물의) 분간, 분별, 도리, 이치, 사리¶〜も知$\text{し}$らぬ年$\text{とし}$ごろ 사리 분별도 못 하는 나이
慣用句
—も分$\text{わ}$かぬ 사물의 분간도 할 수 없다

あや・める【*危める・*殺める】 他下一 죽이다, 위해를 가하다¶人$\text{ひと}$を〜 사람을 해치다[죽이다]
あゆ【*鮎・〈香魚〉・〈年魚〉】〈動〉은어
あゆ【*阿*諛】 名 自サ〈文〉아유, 아부, 아첨= おべっか¶〜追従$\text{ついしょう}$ 아부 추종
あゆみ【歩み】〈文〉걸음, 발걸음, 보조¶〜がのろい 걸음이 더디다 ②(사물의) 진척, 진행, 추이, 변천¶筆$\text{ふで}$の〜 운필/歴史$\text{れきし}$の〜 역사의 변천
あゆみあい【歩み合い】(서로) 양보함, 타협¶〜で解決$\text{かいけつ}$する 타협으로 해결하다
あゆみよ・る【歩み寄る】 自五 ①(걸어서) 다가가다, 접근하다 ②서로 양보하여 의견을 접근시키다= 折$\text{お}$れ合$\text{あ}$う¶双方$\text{そうほう}$〜.った 쌍방이 양보하여 접근했다
あゆ・む【歩む】 自五〈文〉①걷다= あるく ②거쳐오다, 나아가다, 전진하다¶つらい人生$\text{じんせい}$を〜 고달픈 인생을 살아오다/成功$\text{せいこう}$に向$\text{む}$かって一歩$\text{いっぽ}$〜 성공을 향해 일보 전진하다
あら【粗】 ①서덜¶〜ぶりの〜煮$\text{に}$ 방어의 서덜조림 ②(쌀의) 겨, 뉘 ③결점, 흠¶〜探$\text{さが}$し 흠 찾기/〜を見$\text{み}$つける 결점을 발견하다
あら【新】(명사에 붙어) ①신, 새¶〜手$\text{て}$ 신참/〜身$\text{み}$ 새로 버린 칼 ②아직 쓰지 않은¶〜湯$\text{ゆ}$ (데워서) 아직 쓰지 않은 새 목욕물
あら 感 (ロ) (놀라거나 감탄했을 때 내는 말) 어머, 어머나, 大変$\text{たいへん}$ 어머 어머 큰일이네/〜、もちろんよ 어머나 물론이에요
アラー (아 Allah)〈宗〉알라. 이슬람의 유일신
あらあら【粗粗】副〈文〉대강, 대충, 대략 — かしこ (여성이 편지에서 쓰는 맺음말) 이만 총총 ▷ 지금은「かしこ」로만 씀
あらあらし・い【荒荒しい】 形 몹시 거칠다, 난폭하다, 우락부락하다¶〜態度$\text{たいど}$ 난폭한 태도/〜声$\text{こえ}$ 거친 목소리
あらい【洗い】①빪, 씻음, 빨래¶下$\text{した}$〜 애벌빨래/〜に出$\text{だ}$す 세탁소에 보내다 ②[料] 찬물이나 얼음물로 씻어 오돌오돌하게 한 생선회
あら・い【荒い】 形 ①거세다, 세차다¶〜息遣$\text{いきづか}$い 거친 숨결/波$\text{なみ}$が〜 파도가 거칠다 ②세련되지 않다, 난폭하다¶〜気性$\text{きしょう}$ 거친 성품 ③도가 지나치다, 막되다¶金遣$\text{かねづか}$いが〜 돈 씀씀이가 헤프다 ④황폐하다
あら・い【粗い】 形 거칠다 ①거칠까칠하다¶肌$\text{はだ}$が〜 피부가 거칠다 ②성기다¶網$\text{あみ}$の目$\text{め}$が〜 그물코가 성기다 ③(알맹이가) 굵다¶粗塩$\text{あらじお}$ 굵은 소금/〜くひいたコーヒー 거칠게 간 커피 ④조잡하다, 엉성하다¶計算$\text{けいさん}$が〜 엉성한 계산/細工$\text{さいく}$が〜 세공이 거칠다
あらいあ・げる【洗(い)上げる】 他下一 ①다 씻다, 씻어내다¶五分$\text{ごふん}$で〜 5분에 다 씻다 ②충분히 씻다¶真$\text{ま}$っ白$\text{しろ}$に〜 새하얗게 씻다 ③철저히 조사하다¶身辺$\text{しんぺん}$を〜 신변을 캐내다
あらいおけ【洗い桶】①(식기, 채소를) 씻는 통 ②목욕통
あらいがみ【洗い髪】 갓 감은 머리
あらいこ【洗い粉】 가루 비누

あらいざらい【洗(い)*浚い】副 죄다, 모조리, 깡그리¶~白状する 모조리 자백하다

あらいざらし【洗(い)*晒し】여러 번 빨아서 색이 바램, 그런 것¶~のシャツ 여러 번 빨아서 색이 바랜 셔츠

あらいそ【荒磯】파도가 거칠고 암석이 많은 바닷가=ありそ

あらいだし【洗(い)出し】①콘크리트 벽이나 바닥이 굳기 전에 물로 씻어내어 표면에 잔돌이 드러나게 한 것 ②물로 씻어내어 나뭇결을 도드라지게 한 삼나무 널빤지 ③벽돌벽의 표면을 바르지 않고 바탕 그대로 둔, 그런 벽

あらいだ・す【洗(い)出す】他五①표면을 씻어서 바탕의 무늬를 드러내다 ②(진상을) 캐내다, 밝혀내다¶問題点を~ 문제를 밝혀내다

あらいたて【洗(い)立て】갓 씻음[빪]¶~のシャツ 갓 세탁한 셔츠

あらいた・てる【洗(い)立てる】他下一①말끔히 씻다, 충분히 닦아내다¶~てた玄関 말끔히 닦아낸 현관 ②(진상 등을) 샅샅이 들추어내다¶過去を~ 과거를 샅샅이 들추어내다

あらいなお・す【洗(い)直す】他五①다시 씻다[빨다] ②다시 검토하다, 재검토하다¶計画を~ 계획을 재검토하다

あらいば【洗い場】①(물건을) 씻는 곳, 빨래터 ②(목욕탕에서) 몸을 씻는 곳 ③(식당의) 설거지칸

あらいはり【洗(い)張(り)】옷을 뜯어 빨아 그 천에 풀을 먹여 판자 등에 펴서 말림, 재양침

あらいもの【洗い物】①빨랫감, 설거짓감¶~を片付ける 빨랫감[설거짓감]을 처리하다 ②빨래, 설거지

あら・う【洗う】他五①씻다, 빨다, 닦다¶皿を~ 접시를 닦다/雨に~われた歩道 비에 씻기어 보도 ②(파도가) 밀려와 부딪치다¶甲板を~白波 갑판에 밀려와 부딪치는 흰 파도 ③(마음을) 깨끗하게[너그럽게] 하다¶心が~われる 마음이 깨끗해지다 ④(진상을) 캐내다, 밝혀내다¶身辺を~ 신변을 캐내다

あらうま【荒馬】사나운 말, 길들이지 않은 말

あらうみ【荒海】(파도가) 거친 바다

あらえびす【荒夷】난폭한 야만인, 거친 시골뜨기

あらが・う【抗う】自五(文) 맞서다, 저항하다¶権力に~ 권력에 맞서다

あらかじめ【予め】副 미리, 사전에, 앞서서¶~知らせておく 사전에 알려두다

あらかせぎ【荒稼ぎ】名自スル①수단을 가리지 않고 돈 벌기, 막벌이 ②일확천금함, 떼돈을 벎¶株で~をする 주식으로 일확천금하다

あらかた【粗方】대강, 대충, 거의, 대부분¶仕事は~済んだ 일은 대강 끝났다

あらがね【鉱・粗金】①조광, 원광 ②「鉄」의 딴이름, 철, 무쇠

あらかべ【粗壁・荒壁】초벽, 애벌로 흙만 바른 벽

アラ カルト (프 à la carte) 【料】아 라 카르트, 일품(一品) 요리

あらかわ【粗皮】①(나무・곡물 등의) 겉껍질 ⇔甘皮 ②무두질하지 않은 생가죽

あらかん【阿羅漢】【佛】아라한, 나한=らかん

あらき【粗木・荒木】①(벌채한 그대로의) 생나무, 원목 ②【新木】가공하지 않은 새 재목

あらきだ【荒木田】(늪・진창 등에서 나오는) 붉은 점토

あらぎも【荒肝】담력, 배짱
[慣用句]
—を拉ぐ 간담을 서늘하게 하다

あらぎょう【荒行】(승려 등이 하는) 고행, 모진 수행

あらくれ【荒くれ】(성격 등이) 난폭함, 우락부락함, 거칠고 사나움¶~男 우락부락한 사나이/~者 난폭한 자

あらけずり【粗削り・荒削り】I 名他スル (재목 등을) 거칠게 깎음, 건목침¶~の柱 거칠게 깎은 기둥 II ①잘 다듬어지지 않음¶文章がまだ~だ 문장이 아직 잘 다듬어지지 않았다 ②야성적이며 세세한 것에 구애받지 않음¶~な魅力 야성적인 매력

あらごと【荒事】【歌舞伎】(歌舞伎에서) 무인이나 귀신 등의 거칠고 과장된 연기, 그런 연극

あらごなし【粗ごなし・荒ごなし】(본격적으로 시작하기 전에) 대충하는 준비, 대충 손보는 것

あらさがし【粗探し・粗捜し】(남의) 흠을 잡음, 헐뜯음¶同僚の~をする 동료의 흠을 잡다

あらし【*嵐】①폭풍 ②폭풍우 ③파동, 파란¶不況の~ 불황의 파란
[慣用句]
—の前の静けさ 폭풍 전의 고요함

あらしごと【荒仕事】①거칠고 힘든 일, 막일 ②난폭한 일, (특히 강도・살인 등의) 범죄

あらじょたい【新所帯・新*世帯】신접살림

あら・す【荒らす】他五①황폐하게 하다, 망치다, 부수다¶道路を~ 도로를 망가뜨리다/肌を~ 피부를 거칠게 하다 ②털다, 노략질하다¶留守宅を~ 빈집을 털다

あらず【*非ず】連語(文) ①그렇지 않다, 아니다¶なきにしも~ 없는 것도 아니다 ②(「に」를 받아서)…이 아니다¶涙かな~ 눈물이 아니다 ③(감탄사적으로) 틀리다, 그렇지 않다

あらすじ【粗筋・荒筋】(소설・계획 등의) 대강의 줄거리, 개요¶~をたどる 줄거리를 더

あらずもがな【有らずもがな】連語(「~の」의 꼴로) 없느니만 못하다, 없는 편이 낫다¶~の解説 없느니만 못한 해설

あらせいとう【植】자라난화=ストック

あらそい【争い】다툼, 싸움, 분쟁¶~が絶えない 싸움이 끊이지 않다

あらそ・う【争う】I 他五 다투다 ①우열을 다루다, 경쟁하다¶勝負を~ 승부를 겨루다/議席を~ 의석을 놓고 다투다 ②서로 먼저(빨리) 하려고 하다¶一刻を~事態

**あられ**

あらそえない [争えない] 連語 숨길(속일) 수 없다, 부정할 수 없다¶ 血°は~ 핏줄은 속일 수 없다 / ~事実°° 부인할 수 없는 사실

あらそ・って [争って]副 다투어서¶ ~救°いを求°めた 다투어 도움을 청했다

あらた [新た]ナ 새로움, 새로이 함¶ ~な気持°ち 새로운 기분 / 認識°°을~にする 인식을 새로이 하다

あらたか ナ (영검·효험 등이) 뚜렷함, 신통함¶ 霊験°°な神 영검이 뚜렷한 신

あらだ・つ [荒立つ]自五 ①(마음·파도 등이) 거칠어지다, 날카로워지다¶ 波°が~ 물결이 거칠어지다 ②시끄러워지다, 복잡해지다¶ 事°が~ 일이 시끄러워지다

あらだ・てる [荒立てる]他下一 ①거칠게 하다, 날카롭게 하다¶ 声°を~ 목소리를 거칠게 하다 ②시끄럽게 만들다, 복잡하게 하다¶ 事件°°を~ 사건을 복잡하게 만들다

あらたまの [新玉の・荒玉の]枕 「年°·月°·日°·春°」등을 수식함

あらたま・る [改まる]自五 ①(새것으로) 바뀌다, 변경되다¶ 年°が~ 해가 바뀌다 ②(좋게) 바뀌다, 고쳐지다, 새로워지다¶ 態度°°が~ 태도가 바뀌다 / 制度°°が~ 제도가 고쳐지다 ③격식을 차리다¶ ~った言°い方°で 격식을 차린 말투 ④ 〔改まる〕(文)(병세가) 나빠지다, 악화하다¶ 病勢°°が~り永眠°°された 병세가 악화되어 돌아가셨다

あらため [改め] ①고침, 변경, 바뀜 ②《명사에 붙어》 조사, 검문, 검색¶ 関所°°の~ 관문의 검문

あらためて [改めて]副 ①다른 기회에, 다시, 후에¶ ~伺°います 다시 찾아뵙겠습니다 ②새로이, 새삼스럽게¶ ~審議°°にかける 새로이 심의하게 하다

あらた・める [改める・革める]他下一 ①(새롭게) 고치다, 바꾸다, 변경하다¶ 制度°°を~ 제도를 고치다 ②(좋게) 고치다, 개선하다¶ 欠点°°を~ 결점을 고치다 ③〔検める〕(진위 등을) 조사하다, 점검하다¶ 帳面°°を~ 장부를 조사하다 / 車掌°°が切符°°を~ 차장이 표를 검사하다 ④(文)(다른 것으로) 바꾸다, 가다듬다¶ 服装°°を~ 복장을 가다듬다 / 日°を~めて出直°す 다른 날에 다시 오다

あらづくり [粗造り] 날림, 대충 만듦, 조제(粗製)¶ ~の納屋°° 날림으로 지은 헛간

あらっぽ・い [粗っぽい]形 난폭하다, 거칠다¶ ~口°の利°き方°た 난폭한 말투 / 荷物°°を~く扱°°う 짐을 거칠게 다루다

あらっぽ・い [粗っぽい]形(口) 거칠다, 조잡하다, 엉성하다¶ 仕事°°ぶりが~ 일솜씨가 거칠다

あらて [新手] ①새 병력, 새 선수, 신참, 신인¶ ~を繰°り出°す 새 병력을 투입하다 ②새로운 수법(수단)¶ ~の商売°°を考°°え出す 새로운 수법의 장사를 생각해내다

あらと [粗砥・荒砥] 거친숫돌 ⇔ 真砥°°

あらなみ [荒波] ①거친 파도, 격랑 ②세상살이의 고초(고난), 세파¶ 世°の~にもまれる 세파에 시달리다

あらなわ [荒縄] 굵은 새끼, 밧줄, 동앗줄

あらぬ [有らぬ]連体 ①엉뚱한, 딴, 다른¶ ~想°いにふけっている 엉뚱한 생각에 잠겨 있다 ②뜻밖의, 터무니없는¶ ~うわさがたつ 터무니없는 소문이 나돌다 一方° 엉뚱한 방향¶ ~を見°る 엉뚱한 방향을 보다

あらぬり [粗塗(り)] 애벌칠, 바닥칠

あらの [荒野°·曠野] 황야, 광야 = あれの

あらばこそ [有らばこそ]連語(文) …있을 리 없다, …있기는커녕, …도 없이¶ 寝°る暇°も~ 잘 시간이 있기는커녕 / 身°をかわす間°も~ 몸을 피할 틈도 없이

アラビア (Arabia)地 아라비아 一数字°° 아라비아 숫자 一文字°° 아라비아 문자

あらびき [粗°碾き] (곡물·커피 등을) 굵게 갈기, 그렇게 간것

あらひとがみ [現人神] 사람의 모습으로 이 세상에 나타난 신 = あきつかみ

アラブ (Arab) 아랍 ①아라비아인 ②(動) 아라비아 말 一連盟°° (政) 아랍 연맹

あらぶる [荒ぶる] 거칠고 우락부락한 중, 용맹스러운 중, 승병

あらぼとけ [新仏] 죽은 뒤 처음으로 우란분재에 모시는 혼령 = しんぼとけ·にいぼとけ

あらまき [荒巻(き)] ①짚이나 대쪽 껍질 등으로 싼 물고기 = つと·すまき ② [新巻(き)] 얼간 연어

あらまし I 名 개요, (대략적인) 줄거리, 개략¶ 事件°°の~ 사건의 줄거리 II 副 대강, 대충 = おおよそ¶ ~わかった 대충 알겠다

あらみ [新身] 새로 벼른[만든] 칼

あらみたま [荒°御魂] 거칠고 용맹한 신령·영혼 ⇔ 和御魂°°

あらむしゃ [荒武者] 거칠고 용맹한 무사

あらむしろ [粗°筵·荒°筵] 거칠게 짠 명석

あらめ [荒布](植) 대황

あらもの [荒物] (가정용 비·양동이·소쿠리 등의) 일용 잡화류 一屋° 가정용 잡화상

あらゆる 連体 온갖, 모든, 일체의¶ ~方法°°を試°°みる 온갖 방법을 시도해 보다

あららか [荒らか]ナ(文) 거칠음, 사나움, 난폭함

あららぎ [°蘭](植) ①산달래 ②주목

あらら・げる [荒らげる]他下一 거칠게(난폭하게) 하다¶ 声°を~ 거칠게 말하다 / 鼻息°°を~ 서슬이 퍼래지다

ありょうじ [荒療治] ①거친 치료 ②과감한 조치, 단호한 개혁¶ ~の人員°°整理°° 과감한 인원 정리

あられ [°霰] ①(気) 싸라기눈, 싸락눈 ② (料)「霰

**あられもない**

切${}_{ぎ}$り」의 준말. (일본 요리에서) 육면체가 되게 썲, 깍둑썰기. 그렇게 썬 것 ③잘게 썬 떡을 굽거나 기름에 튀겨 맛을 낸 과자

**あられもない** [連語] (여성의 태도·모습이) 흐트러져 있다. 단정하지 못하다. 여자답지 못하다¶~かっこう 여자답지 못한 모습/ ~服装${}_{そう}$ 흐트러진 옷차림

**あらわ** [${}^{*}$露·${}^{*}$顕] ①드러남, 노출¶肌${}_{はだ}$も~に 살갗을 드러내고 ②노골적임¶~に非難${}_{なん}$する 노골적으로 비난하다 ③공공연함¶内情${}_{ないじょう}$が~になる 내정이 공공연해지다

**あらわざ** [荒技] (무술·스포츠 등의) 거친 기술, 대담한 기술

**あらわ・す** [現す·現わす] [他五] ①(모습 등을) 드러내다, 나타내다¶正体${}_{たい}$を~ 정체를 드러내다 ②[${}^{*}$顕す] 널리 알리다¶德${}_{とく}$を~ 덕을 널리 알리다 ③[著す·著わす] (文) (책을) 쓰다, 저술하다¶専門書${}_{せんもんしょ}$を~ 전문 서적을 저술하다 ④[表す·表わす] (기분·생각 등을) 나타내다, 드러내다, 표현하다, 표명하다¶喜${}_{よろこ}$びを表情${}_{ひょうじょう}$に~ 즐거움을 표정에 나타내다/ 感謝${}_{かんしゃ}$の気持${}_{き}$ちをことばで~ 감사한 마음을 말로 표현하다 ⑤가리키다¶名${}_{な}$は体${}_{たい}$を~ 이름은 본체를 나타낸다

**あらわれ** [現れ·現われ] 현상, 발로, 결과¶努力${}_{どりょく}$の~ 노력의 결과

**あらわ・れる** [現れる·現われる] [自下一] ①나타나다, 출현하다¶効果${}_{こうか}$が~ 효과가 나타나다 ②[${}^{*}$顕れる] 드러나다, 탄로나다, 발각되다¶秘密${}_{ひみつ}$が~ 비밀이 탄로나다 ③[表れる·表われる] (기분·생각 등이) 나타나다, 표현되다, 표명되다¶怒${}_{いか}$りが顔${}_{かお}$に~ 노여움이 얼굴에 나타나다

**あらんかぎり** [有らん限り] [副] 있는 것 모두, 몽땅¶~の声${}_{こえ}$を振${}_{ふ}$り絞${}_{しぼ}$る 목청껏 소리를 내지르다/ ~の力${}_{ちから}$を出${}_{だ}$す 있는 힘을 다 내다

**あり** [${}^{*}$蟻] [動] 개미

[慣用句]
**—の穴${}_{あな}$から堤${}_{つつみ}$も崩${}_{くず}$れる** 개미 구멍으로 둑도 무너진다
**—の這${}_{は}$い出${}_{で}$る隙${}_{すき}$もない** 개미 한 마리 빠져나갈 틈도 없다

**あり** [有り·在り] [自ラ変] (古) → ある (有) Ⅱ
**アリア** [(이 aria)] [音] 아리아 ①(오페라의) 영창 ②서정적인 소가곡·기악곡
**ありあい** [有(り)合い] (마침) 가지고 있음, 그런 것 = ありあわせ
**ありあけ** [有明] ①달이 지지 않은 채 먼동이 틈, 그 달, 그런 새벽¶~の月${}_{つき}$ 지새는 달 ②「有明灯${}_{あんどん}$」의 준말 =行灯${}_{あんどん}$ 머리맡에 밤새 켜 두는 작은 등불, 머리맡 장등
**ありあま・る** [有り余る] [自五] 남아돌다, 지쳐도 남다¶食料${}_{しょくりょう}$が~っている 음식물이 남아돌고 있다
**ありあり** [副] 뚜렷이, 역력히, 선히¶まざまざと¶今${}_{いま}$でも~と思${}_{おも}$いだす 지금도 뚜렷이 생각난다/ ~と浮${}_{う}$かぶ 선히 떠오른다

**ありあわせ** [有(り)合(わ)せ] 마침 있음, 마침 가지고 있음 = ありあい¶~で失礼${}_{しつれい}$ですが 마침 가지고 있는 것이어서 미안합니다만/ ~ですます 마침 있는 것으로 때우다
**ありあわ・せる** [有(り)合(わ)せる·在(り)合(わ)せる] [自下一] 마침 있다, (마침) 나와 있다¶~せた金${}_{かね}$ 마침 있던 돈
**ありうべからざる** [有(り)得べからざる] [連語] 있을 수 없는, 있어서는 안 될¶~事故${}_{じこ}$ 있어서는 안 될 사고
**ありうべき** [有(り)得べき] [連語] 있을 수 있는, 있을 법한¶~事態${}_{じたい}$に備${}_{そな}$える 있을 수 있는 사태에 대비하다
**あり・うる** [有(り)得る] [自下二] 있을 수 있다, 일어날 가능성이 있다¶~話${}_{はなし}$ 있을 수 있는 이야기
**ありえない** [有(り)得ない] [連語] 있을 수 없다¶~うわさ話${}_{ばなし}$ 있을 수 없는 소문
**ありか** [在(り)処] 있는 곳, 소재¶敵${}_{てき}$の~を突${}_{つ}$き止${}_{と}$める 적의 소재를 알아내다
**ありかた** [在り方] 바람직한[마땅히 그래야 할] 상태, 본연의 자세 = ありよう¶学問${}_{がくもん}$の~ 학문의 본연의 자세
**ありがた・い** [形] ①고맙다, 감사하다¶~くいただきます 고맙게 받겠습니다 [먹겠습니다] ②황송하다, 거룩하다, 과분하다¶~おことばを賜${}_{たまわ}$る 황송한 말씀을 듣다
**ありがた・がる** [他五] ①고마워하다, 감사히 여기다¶援助${}_{えんじょ}$を~ 원조를 고마워하다/ 少${}_{すこ}$しも~らない 조금도 고마워하지 않다 ②소중하게 생각하다¶勲章${}_{くんしょう}$を~ 훈장을 소중하게 생각하다
**ありがた なみだ** [有(り)難涙] 감사의 눈물, 감루(感涙)¶~を流${}_{なが}$す 감사의 눈물을 흘리다
**ありがたみ** [有(り)難み] 고마움¶~が薄${}_{うす}$い 고마움이 적다/ ~を忘${}_{わす}$れる 고마움을 잊다
**ありがためいわく** [有(り)難迷惑] [名ダ] (친절·호의 등이) 고맙기는 하나 달갑지 않음, 짐스러움¶~な贈${}_{おく}$り物${}_{もの}$ 고맙기는 하나 달갑지 않은 선물
**ありがち** [有(り)勝ち] [ダ] 흔히 있음, 있을 법함¶若者${}_{わかもの}$に~な間違${}_{まちが}$い 젊은이에게 흔히 있는 실수
**ありがとう** [有(り)難う] [感] 고맙다, 감사하다, 고마워, 고맙소¶どうも~ 정말 고맙다/ 本当${}_{ほんとう}$に~ございました 정말 감사합니다
**ありがね** [有り金] 가진 돈, 수중에 있는 돈¶~をはたいても買${}_{か}$う 가진 돈을 털어서 사다
**ありきたり** [在(り)来り] [ダ] 흔해빠짐, 평범함, 진부함¶~の祝辞${}_{しゅくじ}$ 평범한 축사
**ありぎれ** [有(り)切れ] (마침) 있는 헝겊, 가지고 있는 헝겊¶~で作${}_{つく}$った袋${}_{ふくろ}$ 마침 있는 헝겊으로 만든 자루
**ありくい** [${}^{*}$蟻食] [動] 개미핥기
**ありげ** [有りげ] 《명사에 붙어 形容動詞를 만듦》…이 있는 듯함, …이 있어 보임¶意味${}_{いみ}$~な笑${}_{わら}$い 의미 있는 듯한 웃음/ 自信${}_{じしん}$~な顔${}_{かお}$ 자신 있어 보이는 얼굴

**ありさま**【有(り)様】(실제로 파악할 수 있는) 모습, 모양, 상태, 형편¶ この世の～ 이 세상의 모습/ なんという～だ 이게 무슨 꼴이냐

**ありし**【在りし】連体(文) 지나간, 이전의, 생전의¶ ～昔の 지나간 옛, 고인이 살아 있던 옛날 ―日 連体(文)①지난날, 옛날¶ ～の思い出 지난날의 추억 ②(고인의) 생전¶ ～をしのぶ 살아 생전을 그리다

**ありじごく**【*蟻地獄】①【動】개미귀신 ②개미지옥

**ありだか**【在(り)高・有(り)高】 현재 있는 액수, 현재 있는 양, 현재고

**ありたやき**【有田焼】 佐賀縣의 有田 지방에서 산출되는 도자기＝伊万里焼

**ありづか**【*蟻塚】개미탑＝ありの塔

**あり・く**【有り付く】自五 (우연히) 얻어 걸리다, (겨우) 얻게 되다¶ 仕事に～ 일거리가 얻어걸리다/ えさに～ 먹이를 먹게 되다

**ありったけ**【有りっ丈】名副(口) 있는 것 전부, 다, 몽땅, 모조리¶ ～の力を振り絞る 있는 힘을 다 짜내다

**ありてい**【有(り)体】名 있는 그대로임, 사실대로임¶ ～に言えば 사실대로 말하자면

**ありとあらゆる**【有りと有らゆる】連語 모든, 온갖, 갖은¶ ～方法を試みる 온갖 방법을 시도해 보다

**ありなし**【有(り)無し】 유무, 있고 없음¶ 学歴の～を問わない 학력의 유무를 묻지 않다

**ありのとう**【*蟻の塔】개미탑＝蟻塚

**ありのとわたり**【*蟻の*門渡り】①개미의 행렬 ②양쪽이 골짜기로 된 좁은 산길 ③(俗) 회음

**ありのまま**【有(り)の*儘】있는 그대로임, 사실대로임＝ありがまま¶ ～を報告する 사실대로 보고하다

**ありのみ**【有(り)の実】배

**ありふ・れる**【有(り)触れる】自下一 (('～・れた'의 꼴로)) 어디에나 있다¶ ～れた出来事 흔해빠진 사건

**ありまき**【*蟻巻】【動】진딧물＝あぶらむし

**ありもしない**【連語】있지도 않은¶ ～ことをいう 있지도 않은 일을 말하다

**ありゅう**【亜流】아류, 추종자

**ありゅうさん**【亜硫酸】【化】아황산 ―ガス【化】아황산가스

**ありよう**【有(り)様・在(り)様】①모양, 상태 ②있는 그대로, 실정, 실상, 진상＝ありのまま¶ ～を申せ 이실직고하라 ③바람직한 모습, 본연의 자세¶ 会の～を考える 모임 본연의 자세를 생각하다 ④있을 까닭¶ そんなこと～がない 그런 일이 있을 까닭이 없다

**あ・る**【有る・在る】自五 있다 ①(어느 곳에) 존재하다¶ 庭には桜の木が～ 뜰에 벚나무가 있다/ 解答には誤りが～ 해답에는 오류가 있다/ (특정한 사람에) 존재하다¶ 支持者が～ 지지자가 있다/ 欠席者が～ 결석자가 있다 ③(소유물・소속으로) 존재하다¶ 弟が～ 동생이 있다/ 責任が～ 책임이 있다 ④(수량을 나타내는 말에 붙어) 되다, 나가다¶ 学校まで2キロ～ 학교까지 2킬로미터 되다 ⑤(어느 상태에) 처하다¶ 発展途上に～ 발전 도상에 있다 ⑥달려 있다, 귀착하다¶ 向こうの出方に～ 저쪽에 어떻게 나오냐에 달려 있다 ⑦(어떤 일이) 일어나다, 행해지다¶ 地震が～ 지진이 일어나다/ 今夜コンサートが～ 오늘 밤 음악회가 있다 ⑧(시간이) 경과하다, 지나다 ⑨(補助)(「…で～」의 꼴로, 또는 형용사・形容動詞의 連用形에 붙어) …이다, …하다¶ 静かで～ 조용하다/ 頼もしくも～り、心配にでも～ 믿음직스럽기도 하고 걱정스럽기도 하다 ⑩(補助)(「동사 連用形＋「つつ」에 붙어)…하고 있다《資料を集めつつ～ 자료를 모으고 있다 ⑪(補助)(《타동사 連用形＋「て」에 붙이》) …하여 있다, …되어 있다¶ 穴が掘って～ 구멍이 파여 있다

**ある**【*或(る)】連体 어느, 어떤¶ ～人 어느 사람/ 昔々～所に 옛날 옛적 어느 곳에

**あるいは**【*或(い)は】Ⅰ接 ①(「…で…」의 꼴로) 혹은 … 또는 … 아니면 … 또는 … 혹은 … 또는 … 아니면 … 또는 … 혹은 … 또는…¶ 金～銀 금 또는 은/ これか、～それ 이것이냐 아니면 그것 ②(「～～」의 꼴로) 혹은 … 혹은 … 또는 … 또는 …¶ ～列車で～飛行機で行く 혹은 기차로 혹은 비행기로 가다 Ⅱ副 어쩌면, 혹시¶ そんなことも～あるかもしれない 그런 일이 어쩌면 있을지도 모르겠다/ ～と思って受けた試験に合格する 혹시나 하고 치른 시험에 합격하다

**あるかぎり**【有る限り】連語 있는 모든, 한껏, 모조리¶ 力の～を尽くす 있는 모든 힘을 다하다

**あるか・せる**【歩かせる】他下一 걸리다 ①걷게 하다¶ 近いから～ 가까우니까 걷게 하다 ②【野】(포볼을 던져) 타자를 1루로 내보내다¶ ～せて満塁策をとる 걸려서 만루책을 쓰다〔만루로 만들다〕

**あるかなきか**【有るか無きか】連語(文) 있는 둥 마는 둥한, 있으나마나한¶ ～のかすかな光 있는 둥 마는 둥한 희미한 빛

**あるかなし**【有るか無し】連語 있는 둥 마는 둥한, 아주 적은¶ ～の香りが漂う 있는 둥 마는 둥한 향기가 감돌다

**あるがまま**【在るが*儘】있는 그대로, 사실 그대로¶ ～の姿が 있는 그대로의 모습

**アルカリ**(alkali) 【化】알칼리 ⇔ 酸 ―乾電池【電】알칼리 건전지 ―金属【化】알칼리 금속 ―性【化】알칼리성 ―性食品【化】알칼리성 식품 ―性土壌【地】알칼리성 토양 ―電池【電】알칼리 전지

**アルカローシス**(alkalosis)【醫】알칼로시스, 알칼리 중독 ⇔ アシドーシス

**アルギンさん**【アルギン酸】【化】알긴산

**ある・く**【歩く】自五 ①걷다¶ 田舎道を～ 시골길을 걷다/ ～・いて十分ぐらいだ 걸어서 10분 정도다 ②거닐다, 방문하다, 찾

**アルコール** (alcohol) 알코올 ①〖化〗에틸알코올 ②술 **—依存**〖医〗알코올 의존 **—飲料** 알코올 음료 **—中毒** 알코올 중독 **—発酵**〖生〗알코올을 발효 **—ランプ** (alcohol lamp) 알코올 램프

**あることないこと**【有る事無い事】〖連語〗 있는 일 없는 일. 사실과 거짓¶ ～を言いつける 있는 일 없는 일을 일러바치다

**アルゴン** (argon)〖化〗아르곤

**あるじ**【主】주인 ①가장¶ 一家の～ 집안의 주인 ②임자, 소유주=もちぬし ③別荘の～ 별장의 소유주 ③손님 대접하는 사람

**アルちゅう**【アル中】알코올 중독

**アルツハイマーびょう**【アルツハイマー病】〖医〗알츠하이머병

**アルデヒド** (aldehyde)〖化〗알데히드

**アルテミス**(ユ Artemis) 아르테미스. (그리스 신화의) 사냥・짐승・출산・풍작의 여신

**アルト**(이 alto)〖音〗알토 ①여성(女聲) 중 가장 낮은 음역, 그런 소리의 가수 ②중간 음역의 소리를 내는 악기¶ ～サックス 알토 색소폰

**あるときばらい**【有る時払(い)】〖連語〗(기한을 정하지 않고) 돈이 있을 때 지불하기 〖慣用句〗**—の催促なし** 돈이 있을 때 지불하기로 하여 재촉하지 않기로 하는 금전 대차

**アルバイト**(독 Arbeit) 아르바이트 ①부업, 그것을 하는 사람=バイト¶ ～で英語を教えている 아르바이트로 영어를 가르치고 있다 ②(학문상의) 연구・업적

**アルパカ**(에 alpaca) 알파카 ①〖動〗낙타과의 포유류 ②①의 털로 만든 털실・모직물

**アルバトロス** (albatross) 알바트로스 ①〖動〗신천옹 ②(골프에서) 표준 타수보다 3타 적은 타수

**アルバム** (album) 앨범 ①사진첩 ②(몇 개의 곡을 담은) 레코드¶ ヒット～ 히트 앨범

**アルファ**(ユ alpha;A・α) 알파 ①그리스어 자모의 첫째 글자 ②처음, 최초 ③(어떤 수량에 덧붙는) 약간의 양・금액¶ 固定給プラス～ 고정급 플러스 알파 ④ 초에 정해졌을 때 이긴 팀의 득점에 붙이는 부호¶ 三に対1 3 알파 대 1 〖慣用句〗**—にしてオメガ** 알파이자 오메가, 처음이자 마지막, 전부 다, 모두

**アルファベット** (alphabet) 알파벳 ①(로마자 등의) 자모를 일정 순서로 배열한 것 ②초보, 첫걸음, 입문¶ 野球の～ 야구의 초보

**アルプス** (Alps)〖地〗알프스 ①유럽 중남부에 있는 산맥 ②①과 유사한 산맥¶ 日本～ 일본 알프스

**アルヘイとう**【有平糖】설탕과 엿을 섞어 막대기 모양으로 만든 과자

**あるべき**【有るべき】〖連語〗(당연히) 있어야 할, (마땅히) 그래야 할¶ 民主主義の～姿る 민주주의의 본연의 모습

**アルペン**(독 Alpen) 알펜, 알프스 산맥 **—シュトック**(독 Alpenstock) 알펜슈토크, 등산용 지팡이 **—種目** 알펜 종목. (스키 경기의) 회전・대회전・활강의 3종목 **—スキー**(일 Alpen ski) 알펜 스키, 산악 스키

**アルマイト** (Alumite) 알루마이트, 양은 ▷상표명

**あるまじき**【有るまじき】〖連語〗있을 수 없는, 있어서는 안 될¶ 教師に～言動 교사로서 있을 수 없는 언행

**アルマジロ**(에 armadillo)〖動〗아르마딜로=よろいねずみ

**アルミ**「アルミニウム」의 준말 **—サッシ** 알루미늄 새시 **—銅** 알루미늄동 **—ホイル** 알루미늄 포일, 알루미늄박

**アルミナ** (alumina)〖工〗알루미나

**アルミニウム** (aluminium)〖化〗알루미늄

**あれ**【荒れ】거칠음 ①(피부 등의) 꺼칠함 肌の～ 살갗의 거칠음 ②(바람・파도 등의) 사나움, 풍파¶ ～模様の天候 거칠어질 것 같은 날씨 ③(진행 등의) 변동이 많음¶ 会議業は大～の～れた 회의는 매우 스러웠다 ④황폐함¶ この家の～は激しい 이 집의 황폐함은 대단하다

**あれ**【彼(れ)】I 代 ①〖指示〗(멀리 떨어진) 저것¶ ～は何だろう 저것은 무엇인가 ㄴ(이미 알고 있는) 그것, 그 일¶ ～が始まったらしばらく帰れないぞ 그 일이 시작되면 동안 돌아가지 못할 거야 ㄷ(이미 알고 있거나 먼 과거의 시점을 가리켜) 그때¶ ～以来 그때 이후/～から十年 그로부터 10년 ㄹ(먼 곳을 가리켜) 저기¶ ～へ下りよう 저기로 내려가자 ㅁ(명백히 표현하고 싶지 않거나 표현할 수 없는) 무엇, 거시기¶ 今いまさら申し上げるのも—ですが 이제 와서 말씀드리는 것도 무엇합니다만 ②(人称) 저 사람, 그 사람¶ ～に来させよう 그 사람을 오게 하지 II 感(□어, 어렴쇼, 어머나, 저런¶ ～、留守か 어렵쇼 집에 없나/～、変だぞ 어 이상한데

**あれい**【亜鈴】아령=ダンベル

**あれかし**〖連語〗있어라, 있을지어다¶ 幸あれ～ 행복하라, 행운이 있을지어다

**あれくる・う**【荒(れ)狂う】自五 ①미친듯이 날뛰다¶ 暴徒が～ 폭도가 미친듯이 날뛰다 ②(풍랑이) 몹시 거칠어지다, 사나워지다¶ ～波 사납게 놀치는 파도

**アレグロ**(이 allegro)〖音〗알레그로

**アレゴリー** (allegory)〖表〗알레고리, 비유

**あれこれ**【彼(れ)是】I 代 이것저것, 여러 가지¶ 他人の～をあげつらう 남의 일을 이것저것 들먹이다 II 副 이리저리, 이렇다저렇다

**あれしき** [彼式] 名 (口) (겨우) 그만큼, 그 정도, 그까짓 것 ¶ ~のことで泣くなんて 그만한 일로 울다니

**あれしょう** [荒れ性] (피부가) 건성임, 건성 체질 ⇔ 脂性 ¶ ~の肌 건성 피부

**アレス** (그 Ares) 아레스. (그리스 신화에서) 전쟁의 신

**あれち** [荒れ地] 황무지 ¶ ~の開墾 황무지의 개간 **—の待宵草** 植 바늘꽃과의 2년초

**あれでら** [荒れ寺] 황폐해진 절

**あれの** [荒れ野・曠野] 황야, 거친 들판= あらの・こうや ¶ ~をさまよう 황야를 헤매다

**あれはだ** [荒れ肌・荒れ膚] 거친 피부, 꺼칠해 칠한 살갗, 건성 피부

**あれは・てる** [荒(れ)果てる] 自下一 아주 황폐해지다, 몹시 거칠어지다 ¶ ~てた庭園 아주 황폐해진 정원

**あれほうだい** [荒れ放題] 형동 황폐해질 대로 내버려둠 ¶ ~の家 황폐해질 대로 내버려둔 집

**あれほど** [彼程] 副 그렇게까지, 그토록, 그만큼 ¶ ~言ったのにこの有様 그토록 말했는데도

**あれもよう** [荒れ模様] ① (날씨 등이) 거칠어질 듯함 ¶ ~の天気 거칠어질 듯한 날씨 ② (기분이) 언짢은 듯함, 언짢은 듯이 보임 ¶ 彼女は今日は~なのだ 그녀는 오늘도 언짢은 듯하다 ③ (분위기가) 험악함, 시끄러울 듯함 ¶ ~の議会 험악해질 듯한 의회

**あれよあれよ** 感 (口) (일이 뜻밖으로 진전된 데에 놀라서) 저런 저런 ¶ ~という間に 저런 저런 하는 사이에

**あ・れる** [荒れる] 自下一 거칠어지다 ① (날씨 등이) 사나워지다 ¶ 天気が~ 날씨가 거칠어지다/台風で海が~ 태풍으로 바다가 사나워지다 ② 황폐해지다, 퇴락하다 ¶ 畑が~ 밭이 황폐해지다/建物が~ 건물이 퇴락하다 (태도 등이) 흐트러지다, 난잡해지다 ¶ 生活が~ 생활이 난잡해지다/投球が~ 투구가 콘트롤되지 않다 ④ (상태가) 소란해지다 ¶ 会議が~ 회의가 소란해지다 ⑤ (피부 등이) 까칠까칠해지다, 트다 ¶ 水仕事で手が~ 진일로 손이 트다 ⑥ (성질이) 난폭해지다 ¶ 酒を飲むと~ 술을 마시면 난폭해진다

**アレルギー** (allergy) 名 医 알레르기, 알러지 ¶ ~体質により 알레르기 체질에 의해/~を起こす 알레르기를 일으키다 ② 比 정신적인 거부 반응 ¶ 英語~ 영어 알레르기 **—性疾患** 医 알레르기성 질환

**アレンジ** (arrange) 名 他スル 어레인지 ① 배열, 배합, 안배 ② 音 편곡 ③ 각색

**アロイ** (alloy) 工 알로이, 합금

**あろうことか** [有ろう事か] 連語 (文) 있어서야 되겠는가, 있을 법이나 한 일인가, 당치 않게 도 ¶ ~家が流されてしまった 당치 않게도 집이 유실되어 버렸다

**アロエ** (라 Aloe) 植 알로에= 蘆薈

**アロハ** (하와이 aloha) 알로하 I 感 안녕, 잘 가시오 II 名 「アロハシャツ」의 준말 **—シャツ** (aloha shirt) 服 알로하 셔츠

**アロマ** (aroma) 아로마, 향기, 방향

**あわ** [泡・沫] ① 거품 ¶ ~が立つ 거품이 일다 ② (입가의) 게거품 ¶ 口角に~を飛ばす 입가에 게거품을 뿜다, 열변을 토하다 ③ 기포 慣用句
**—を食う** 몹시 당황하다, 질겁하다
**—を吹かせる** 몹시 당황하게 (질겁하게) 하다

**あわ** [粟] ① 植 조, 좁쌀 ② 소름 ¶ ~を生じる 소름이 끼치다

**あわ** [安房] 地 일본의 옛지명, 지금의 千葉현 남부= 房州

**あわ** [阿波] 地 일본의 옛지명, 지금의 徳島현 지방= 阿州 **—踊り** 芸 徳島시 근처에서 행해지는 음력 7월 15일 밤의 춤

**あわい** [間] 文 사이, 틈, 경계 ¶ 虚と実の~ 허와 실의 사이(경계)/~を埋める 틈을 메우다

**あわ・い** [淡い] 形 ① (빛깔・맛 등이) 진하지 않다, 연하다 ⇔ 濃い ¶ ~ピンク色 연한 핑크색 ② 어렴풋하다, 희미하다 ¶ ~恋心 아련한 연심/~期待 덧없는 기대

**あわさ・る** [合(わ)さる] 自五 합쳐지다, 어우러지다, 조화되다 ¶ 手が~ 손이 모아지다/貝殻がぴったりと~ 조가비가 딱 물리다

**あわじ** [淡路] 地 일본의 옛지명, 지금의 淡路島= 淡州 **—人形** 芸 세 사람이 움직이는 인형극

**あわ・す** [合(わ)す] 他五 → あわせる(合)

**あわ・す** [醂す] 他五 (떫은 감을) 침담그다, 우리다= さわす

**あわせ** [袷] 服 겹옷= 羽織り 겹옷 하오리

**あわせ** [合(わ)せ] ① (둘 이상의 것을) 맞춤, 합침, 맞댐, 붙임 ¶ 隣と~ 이웃간/背中を~ 등을 맞댐 ② (둘 이상의 것을) 견주어 우열 가리기 ¶ 歌~ 노래짓기 겨루기

**あわせいと** [合(わ)せ糸] 겹실, 합사, 꼰 실

**あわせおび** [合(わ)せ帯] (양면으로 쓸 수 있도록) 다른 무늬의 천을 맞추어 만든 띠

**あわせかがみ** [合(わ)せ鏡] 맞거울, (뒷모습을 보기 위해) 앞뒤에서 비취 보는 거울

**あわせず** [合(わ)せ酢] 소금・술・설탕 등을 섞은 식초

**あわせて** [併せて・合(わ)せて] 連語 ① (「…を)~」의 꼴로) 합해서, 모두, 도합 ¶ 男女を~五人 합해서 5명 ② 아울러 ¶ 新春を賀し、~御健康を祈ります 신춘을 축하하며 아울러 건강하시기를 기원합니다

**あわせと** [合(わ)せ砥] ① 딱딱한 마무리용 숫돌 ② 면도칼용 숫돌의 지방분을 제거하기 위해 쓰는 잔돌

**あわせばおり** [袷羽織] 겹옷 羽織り, 안을 댄 겹 羽織= 単羽織

**あわせも・つ** [併せ持つ・合(わ)せ持つ] 他五 함께 지니다[갖추다], 겸비하다 ¶ 硬軟なん〜 딱딱함과 부드러움을 겸비하다

**あわ・せる** [会わせる] 他下一 ①[°逢わせる] 만나게 하다, 대면시키다 ¶ 二人ふたりを〜 두 사람을 대면시키다 ② [遭わせる・遇わせる] (좋지 않은 일을) 경험하게 하다, 겪게[당하게] 하다 ¶ 危険きけんな目に〜 위험한 꼴을 당하게 하다 / 痛いたい目に〜 따끔한 맛을 보게 하다

**あわ・せる** [合(わ)せる] 他下一 ①[併せる] 합치다, 모으다 ¶ 手てを〜 손을 모으다 / 力ちからを〜・せて働はたらく 힘을 모아 일하다 ②마주치게 하다, 마주 대하다, 마주 보게 하다 ¶ 顔かおを〜 얼굴을 마주 대하다 / 視線しせんを〜 시선을 마주치다 ③섞다, 배합하다 ¶ 調味料ちょうみりょうを〜 조미료를 치다 / 薬くすりを〜 약을 조제하다 ④보태다, 합치다, 더하다 ¶ サービス料りょうを〜・せて二万円にまんえん 서비스료를 합쳐서 2만 엔 ⑤(가락에) 맞추다, 일치시키다 ¶ 調子ちょうしを〜 장단을 맞추다 ⑥(악기 등에) 맞추다, 합주하다 ¶ 音おとを〜 음을 맞추다 ⑦(어울리게[걸맞게] 하다, 맞추다 ¶ 家具かぐを壁かべの色いろに〜 가구를 벽 색깔에 어울리게 하다 ⑧(기준・규범에) 합치시키다, 맞추다 ¶ 時計とけいを〜 시계를 맞추다 ⑨맞춰 보다, 대조하다 ¶ 原文げんぶんと〜 원문에 대조하다
[慣用句]
─顔かおが無ない 대할 낯이 없다, 면목이 없다

**あわただし・い** [慌(ただ)しい・°遽しい] 形 ①바쁘다, 분주하다, 황망하다 ¶ 一日いちにちを過ごす 바쁜 하루를 보내다 ②어수선하다 ¶ 〜政局せいきょく 어수선한 정국

**あわだ・つ** [泡立つ] 自五 거품이 일다 ¶ せっけんが〜 비누 거품이 일다

**あわだ・つ** [°粟立つ] 自五 소름이 끼치다[돋다] ¶ 肌はだが〜 피부에 소름이 돋다

**あわだ・てる** [泡立てる] 他下一 거품이 일게 하다, 거품을 일으키다 ¶ せっけんを〜 비누 거품을 일으키다

**あわて ふため・く** [慌てふためく] 自五 (몹시) 당황하다, 허둥지둥하다 ¶ 敵てきの襲撃しゅうげきに〜 적의 습격에 허둥지둥하다

**あわて もの** [慌て者] 침착하지 못하고 덜렁대는 사람, 덜렁이, 덜렁쇠

**あわ・てる** [慌てる・°周てる] 自下一 ①당황하다, 허둥대다, 허둥지둥하다 ¶ 突然とつぜんの来客らいきゃくに〜 갑작스런 손님에 허둥지둥하다 / 秘密ひみつがばれて〜 비밀이 탄로나서 당황하다 ②(깜짝 놀라) 황급히 굴다, 몹시 서두르다 ¶ 〜・てて飛とび出だす 황급히 서둘러서 뛰쳐나가다

**あわび** [鮑・鰒] 動 전복
[慣用句]
─の片思かたおもい 比 짝사랑 / 磯いその〜 짝사랑

**あわ もり** [泡盛] (조와 쌀로 빚어) 맑고 독한 沖縄おきなわ 특산 소주

**あわや** 副 자칫, 하마터면, 당장에라도, 아차, 저런, 앗 ¶ 〜転落てんらくと思おもったとき 이젠 전락하는구나 하고 생각했을 때 ¶ 〜と思おもう間もなく衝突とつしゅうした 아차할 사이도 없이 충돌했다

**あわ ゆき** [泡雪・沫雪] ①[紀] 거품처럼 가볍고 쉽게 녹는 눈 ②[料]「泡雪羹あわゆきかん」의 준말. 거품 낸 달걀 흰자위와 한천・설탕으로 만든 과자

**あわ ゆき** [淡雪] (초봄 무렵에 내리는) 금방 녹아 없어지는 눈, 자국눈 ¶ 春はるの〜のごとく消きえる 봄의 자국눈처럼 사라지다

**あわよくば** 副 잘하면, 잘만 되면, 어쩌면 ¶ 〜間まに合あうだろう 잘하면 시간에 맞게 갈 것이다

**あわれ** [哀れ] 名 ①[°憐れ] 연민, 동정심, 가엾음, 애처로움 ¶ 〜を催もよおす 연민을 불러일으키다 / 一抹いちまつの〜を誘さそう 일말의 동정심을 자아내다 ②[°憐れ] 초라함, 비참함 ¶ おちぶれて〜な姿すがたになる 영락하여 초라한 모습이 되다 ③[文] 정, 정취, 정감 ¶ ものの〜 사물의 정취 / 旅たびの〜 여수

**あわれっぽ・い** [哀れっぽい・°憐れっぽい] 形 (口) 가련하다, 애처롭다, 처량하다, 청승맞다 ¶ 〜姿すがた 가련한 모습 / 小犬こいぬの〜泣なき声こえ 강아지의 처량한 울음 소리

**あわれ・む** [哀れむ・°憐れむ] 他五 ①가엾게 [불쌍히] 여기다 ¶ 同病どうびょう相あい〜 동병상련하다 ②[文] 귀여워하다, 사랑하다 ¶ 子こを〜 자식을 귀여워하다

**あを によし** [青丹よし] 枕 → あおによし

**あん** [安] 音 アン 訓 やすい (음)안. (造語) ①편안하다, 평온하다 安心あんしん 안심・安否あんぴ 안부・不安ふあん 불안 ②값이 싸다 安価あんか 안가・〜の손쉽다, 쉽다 安易あんい 안이 ④(의문・반어의 어조사)「いずくんぞ」라고 읽음. 한문 훈독으로「いずくんぞ」라고 읽음

**あん** [按] 音 アン 訓 おさえる (음)안. (造語) ①억제하다 按摩あんま 안마 ②조사하다, 생각하다 按排あんぱい 안배 [熟字訓] 按察使あぜち 平安へいあん 시대의 지방 행정 감독관

**あん** [案] 音 アン (음)안. I (造語) ①물건을 놓는 대, 책상 ¶ 案下あんか 안하 ②생각하다, 조사하다 代案だいあん 대안・提案ていあん 제안・翻案ほんあん 번안 ③예상 案外あんがい 예상외 ④사전 준비, 계획 法案ほうあん 법안・立案りつあん 입안 ▷ [熟字訓] 案山子かかし 허수아비 II ①안, 생각 ¶ 〜を出だす 안을 내놓다 ②예상 ¶ 〜に相違そういして 예상과 달리 ③안, 계획 ¶ 〜を立たてる 계획을 세우다

**あん** [庵] 音 アン 訓 いお・いおり (음)암. I (造語) ①암자 庵室あんしつ 암실・草庵そうあん 초암 ②(문인 등의) 아호에 붙는 말, 문인의 주거의 아호 ¶ 芭蕉庵ばしょうあん 파초암 ③요릿집의 옥호에 붙이는 말 長寿庵ちょうじゅあん 장수암 II ①초막, 암자 ¶ 〜を結むすぶ 초막을 엮어 짓다 ②(다실 등의) 작은 집

**あん** [暗] 音 アン 訓 くらい・やみ (음)암. (造語) ①잘 보이지 않다, 어둡다, 어스스하다 ¶ 暗雲あんうん 암운・暗黒あんこく 암흑・明暗めいあん 명암 ②거

**あん** [ˣ鞍] 會 アン 訓 (1)안. (造語) 마소의 등에 놓는 안장¶ 鞍馬ᵃⁿ 안마

**あん** [ˣ諳] 會 アン | (음)암. (造語) 외우다, 외워 알다¶ 諳記ᵃⁿ 암기·諳誦ᵃⁿ 암송 ▷「暗ᵃⁿ」이 대용자

**あん** [闇] 會 アン 訓 やみ·くらい | (음)암. (造語) ①빛이 적다¶ 闇黒ᵃⁿ 암흑·闇夜ᵃⁿ 암야 ②도리에 어둡다, 어리석다¶ 闇愚ᵃⁿ 암우 ③남몰래, 불법으로, 부정하게¶ 闇研ⁿ̂ 암작, 암살 ▷「暗ᵃⁿ」이 대용자

**あん** [ˣ餡] 會 アン | (음)함. I (造語) ①떡·만두의 소¶ 肉餡ⁿⁱ 고기소 ②팥소¶ 晒餡ⁿⁱ 말린 꿀 팥가루·小豆餡ᵃⁿ 팥소 II (1)(떡·만두에 넣는) 소¶ ~を詰ᵗˢᵘめる 소를 넣다 ②팥소 ③팥고물¶ ~をかける 팥고물을 뿌리다

**あんあん** [暗暗] (文) 암암 I 副 어두움 II 名 남몰래 함, 은밀함¶ ~のうちに処分ˢʰᵒⁿする 남몰래 처분하다 ―裏ᵏⁱ 名 암암리, 비밀리

**あんい** [安易] 名 形動 ①안이. 손쉬움, 용이함¶ ~な方法ʰᵒᵘ 안이한 방법 ②(마음이) 홀가분함, 편안함¶ ~な気持ᵏⁱ 홀가분한 마음

**あんいつ** [安逸·安ˣ佚] 名 形動 안일¶ ~な考えかえ 안일한 생각/~をむさぼる 안일을 탐하다

**あんうつ** [暗ˣ鬱] (文) 암울. 우울¶ ~な気分 암울한 기분

**あんうん** [暗雲] 암운. 먹구름¶ 両国ʳʸᵒᵘ関係ᵏᵃⁿ に~が漂ᵗᵃᵈᵃᵘ 양국 관계에 암운이 감돌다 **―低迷**ᵗᵉⁱ 위험한 일이나 사건이 당장 일어날 듯한 불온한 기운이 감돎

**あんえい** [暗影·暗ˣ翳] (文) 암영 ①어두운 그림자 ②불길한 조짐, 불안¶ ~が漂ᵗᵃᵈᵃᵘ 불길한 조짐이 감돌다/ 前途ᶻᵉⁿᵗᵒ に~を投ᵗᵒᵘげかけ る 앞날에 암영을 던지다

**あんか** [安価] 名 形動 안가 ①값이 쌈, 염가¶ ~な商品ˢʰᵒᵘ 염가 상품/~に提供ᵏʸᵒᵘす る 싼값으로 제공하다 ②하찮음, 값쌈¶ ~な同情心ᵈᵒᵘᵏʸᵒᵘ 값싼 동정심

**あんか** [行火] (숯불을 담아 손발을 쬐는) 작은 화로¶ 電気ᵈᵉⁿᵏⁱ~ 전기 각로 ⇒ ˣ炬燵ᵗᵃᵗˢᵘ

**あんか** [案下] (文) (편지에서 상대편 이름 밑에 쓰는) 안하. 궤하 ◇ 원뜻은「책상 밑·책상 곁」

**あんが** [安臥] 名 自スル 안와. 편히 드러누움

**アンカー** (anchor) 앵커 ①닻 = 錨ⁱᵏᵃ ②(릴레이에서) 최종 주자·영자ᵉⁱ (泳者) ③放 앵커맨

**アンカーマン** (anchorman) 放 앵커맨

**あんがい** [案外] 副 의외로, 뜻밖에, 예상 외로, 예상과 달리¶ ~な結果ᵏᵃ 의외의 결 말/~簡単ᵏᵃⁿᵗᵃⁿだ 뜻밖에 간단하다

**あんかけ** [餡掛(け)] 料 조미하여 걸쭉하게 끓인 갈분물을 얹은 요리

**あんかん** [安閑] 形動 안한 ①안은, 한가로움

¶ 花がが~と咲ˢᵃᵏᵘ 꽃이 한가로이 피다 ②태평함, 느긋함¶ ~としてはいられない 태평하게 있을 수는 없다

**あんき** [安危] 안위. 안전과 위험¶ 一国ⁱᵏᵏᵒᵏᵘ の~にかかわる 일국의 안위에 관계되다

**あんき** [安気] 형 근심이 없고 편안함. 태평함¶ ~な身分ᵇᵘⁿ 태평한 신세

**あんき** [暗記·ˣ諳記] 名 他スル 암기. 욈¶ 丸ᵐᵃʳᵘ~ 통째로 욈

**あんぎゃ** [行脚] 名 自スル ①(佛) 행각¶ ~僧ᵒᵘ 행각승 ②순회, 순례, 편력¶ 全国ᵏᵒᵏᵘ~ 전국 순회/資金ᵏⁱⁿ集ᵃᵗˢᵘめの~に出ᵈᵉʳᵘ 자금 모금의 순례에 나서다

**あんきょ** [暗ˣ渠] 암거. 지하 수로 **―排水**ʰᵃⁱ 農 암거 배수

**あんぐ** [暗愚] 名 形動 (文) 암우. 어리석고 사리에 어두움, 아둔함, 그런 사람¶ ~政治ᵉⁱ 암우 정치/~な跡継ᵗˢᵘᵍⁱぎ 아둔한 후계자

**あんぐう** [行宮] 天皇ᵒᵘ가 행차할 때 머무는 임시 숙소, 행궁, 이궁 (離宮)

**アンクタッド** [UNCTAD] 政 운크타드. 유엔 무역 개발 회의 ▷ United Nations Conference on Trade and Development

**アングラ**「アンダーグラウンド」의 준말. 언더 그라우드. 지하, 비밀, 반체제, 전위¶ ~情報ʰᵒᵘ 지하 정보/~出版ᵖᵃⁿ 지하 출판 **―マネー** 經 지하 경제에서 유통되는 화폐(돈)

**あんぐり** 副 自スル (입을 크게 벌리는 모양) 딱, 떡, 쩍¶ 口ᵘᵗⁱを~と開けける 입을 딱 벌리다

**アングル** (angle) 앵글 ①모서리, 구석 ②각도 ③카메라의 위치¶ カメラ~ 카메라 앵글 ④관점, 견지¶ 社会的ʰᵃᵗᵉᵏⁱな~で問題ᵃⁱを とらえる 사회적인 관점에서 문제를 파악하다

**あんくん** [暗君] (文) 암군. 어리석은 군주

**アンケート** (프 enquête) 앙케트, 설문 조사 **―法**ᵖᵒᵘ 統 앙케트법. 설문 조사법

**あんけん** [案件] 안건. 의안¶ 重要ᵒᵘ~ 중요 안건/~を上程ᵗᵉⁱする 안건을 상정하다 ②소송 사건

**あんこ** [方] 처녀, 아가씨 = むすめ

**あんこ** [ˣ餡こ] (口) ①팥소 = あん ②(안에 채워 넣는) 속¶ 前髪ᵐᵃᵉᵍᵃᵐⁱに~を詰ᵗˢᵘᵐᵉ る 앞머리에 속을 넣다

**あんご** [安ˣ居] 佛 안거. 하안거 = 夏安居ᵍᵉᵃⁿᵍᵒ

**あんこう** [ˣ鮟ˣ鱇] 動 안강, 아귀

**あんごう** [暗号] 암호¶ ~文ᵇᵘⁿ 암호문/~を解ᵗᵒᵏᵘ 암호를 풀다

**あんごう** [暗合] 名 自スル 암합. 우연히 일치함

**あんこうしょく** [暗紅色] (文) 암홍색. 검은 빛을 띤 빨강

**アンコール** (프 encore) 名 自スル 앙코르 ①재청¶ ~を受ᵘᵏᵉける 앙코르를 받다 ②재방송, 재상연, 재상영

**あんこく** [暗黒·ˣ闇黒] 암흑 ①매우 어두움, 어둠 = くらやみ¶ ~の夜ᵒ 감감한 밤 ②(사회적·정신적으로) 희망이 없는 상태¶ ~時代ᵈᵃⁱ 암흑 시대 **―街**ᵍᵃⁱ 암흑가 **―大陸**ᵗᵃⁱʳⁱᵏᵘ 암흑 대륙 **―面**ᵐᵉⁿ 암흑면

アンゴラ (Angora) 앙고라 ①[地] 터키의 수도 「앙카라」의 옛일컬음 ②앙고라토끼의 모피. 그것으로 짠 모직물 ―兎 [動] 앙고라토끼 ―猫 [動] 앙고라고양이

あんころ [餡ころ] (口) ①팥소= あん・あんこ ②팥고물을 묻힌 찰떡

あんざ [安座・安坐] [名][自スル](文) 안좌. 책상다리를 하고 앉음. 편히 앉음

アンサー (answer) 앤서. 대답

あんざいしょ [行在所] → あんぐう(行宮)

あんさつ [暗殺] [名][他スル] 암살

あんざん [安産] [名][他スル] 안산. 순산 ⇔ 難産 ¶ ～のお守りを 안산을 비는 부적

あんざん [暗算] [名][自スル] 암산. 속셈

あんざんがん [安山岩] [地] 안산암

あんじ [暗示] [名][他スル] 암시 ¶ ヒント ¶ ～を与える 암시를 주다 ②(최면술 등으로) 무의식 중에 무엇을 믿도록 하는 일 ¶ ～にかかる 암시에 걸리다

あんじがお [案じ顔] 근심스런[걱정스런] 얼굴 ¶ ～で控えている 근심스런 얼굴로 기다리고 있다

あんししょく [暗紫色] (文) 암자색. 검은 빛을 띤 자주색

あんしそうち [暗視装置] 암시 장치. 적외선 투시 장치

あんしつ [庵室] 암자 = いおり・あんじつ

あんしつ [暗室] 암실

アンシャン レジーム (프 ancien régime) [史] 앙시앵 레짐. 구(舊)제도

あんしゅ [暗主] (文) 암군= 暗君 ⇔ 明主

あんじゅ [庵主] 암주. 암자 주인 = あんじゅう

あんじゅう [安住] 안주 ①편히 삶 ¶ ～の地を求める 안주할 곳을 구하다 ②(현상에) 만족함. 現在の地位に～する 현재의 지위에 안주하다

あんしゅつ [案出] [名][他スル](文) 안출. 생각해냄. 궁리해냄 ¶ よい方法を～する 좋은 방법을 생각해내다

あんしょう [暗唱・暗誦・諳誦] [名][他スル] 암송 ¶ 詩を～する 시를 암송하다

あんしょう [暗証] [現金 카드 등의) 비밀 번호. 부호. 암호 ¶ ～番号 비밀 번호

あんしょう [暗礁] [海] 암초
[慣用句]
―に乗り上げる ①암초에 얹히다. 좌초하다 ②난관에 부딪치다

あんしょく [暗色] 암색. 어두운 색 ⇔ 明色

あん・じる [按じる] [他][上一] → あんずる(按)

あん・じる [案じる] [他][上一] → あんずる(案)

あんしん [安心] Ⅰ [名][自スル] 안심 ¶ 親を～させる 부모를 안심시키다/ これで～だ 이것으로 안심이군 Ⅱ [名][佛] → あんじん (安心) ―立命 → あんしんりゅうめい (安心立命)

あんじん [安心] [佛] 안심. 불도를 깨우쳐 흔들림이 없는 경지 ―立命 [佛] 안심입명

あんず [杏子・杏] [植] 살구. 살구나무

あん・ずる [按ずる] [他][サ変](文) ①누르다. 문지르다. 어루만지다 ②곰곰이 생각하다 ③조사하다. 살피다 ▷ 「按じる」라고도 함

あん・ずる [案ずる] [他][サ変](文) ①이리저리 생각하다. 궁리해 내다 ¶ 一計を～ 한 가지 계책을 생각해내다 ②걱정하다. 염려하다 ¶ 子供の行く末を～ 아이의 장래를 염려하다 ▷ 「案じる」라고도 함
[慣用句]
―より産むが易し 낳기를 걱정하는 것보다는 실제로 낳는 것이 쉽다

あんずるに [案ずるに・按ずるに] [連語](文) 생각해 보면. 생각컨대 ¶ つらつら～ 곰곰이 생각컨대

あんせい [安静] [名][ダ] 안정 ¶ 絶対～を要する 절대 안정을 필요로 하다

あんせん [暗線] [物] 암선

あんぜん [安全] [名][ダ] 안전 ¶ 身の～ 일신의 안전/ 交通～ 교통 안전/ ～を脅かす 안전을 위협하다 ―剃刀 안전 면도기 ―ガラス 안전 유리 ―器 [電] 안전기. 안전 개폐기. 두꺼비집 ―性 안전성 ―装置 안전 장치 ―地帯 ①위험이 없는 지역 ②(文) 안전 지대 ―灯 안전등 ―ピン 안전핀 ―弁 ①[機] 안전 밸브 ②안전 장치 ―保障条約 [政] 안전 보장 조약 ―保障理事会 [政] (국제 연합의) 안전 보장 이사회

あんぜん [暗然・黯然] [ダ](文) 암연 ①어두움. 캄캄함 ②(슬퍼서) 침울함. 암담함 ¶ ～とした面持ちで 침울한 표정

あんそく [安息] (文) 안식. 편히 쉼 ¶ ～所 안식처 ―香 [植] 안식향 ―香酸 [化] 안식향산 ―日 [宗] 안식일

アンソロジー (anthology) 앤솔러지. 시문선. 사화집(詞華集)

あんた [代] (口) 당신

あんだ [安打] [野] 안타. 内野～ 내야 안타

アンダー (under) [造語] 언더. 아래. 하위 ―スロー 언더 스로. 언더핸드 스로 ―パー (under par) 언더 파 ①(골프에서) 타수가 규정 타수보다 적음 ②[経] (채권 가격이) 액면가를 밑돎 ⇔ オーバーパー

アンダーグラウンド (underground) 언더그라운드 ▷ 「アングラ」라고도 함

アンダーハンド (underhand) 언더핸드. (구기에서) 볼을 아래로 던지는 일

アンダーライン (underline) 언더라인. 밑줄 ¶ ～を引く 밑줄을 긋다

あんたい [安泰] [名][ダ] 안태. 안전 무사함 ¶ お家の～ (주군) 가문의 안태

あんたん [暗澹] [ダ](文) 암담 ①어두침침함 ②(앞날이) 절망적임 ¶ ～とした気持ち 암담한 기분

アンダンテ (이 andante) [音] 안단테

あんち [安置] [名][他スル] 안치. 仏像を～する 불상을 안치하다

アンチ (anti-) 〘造語〙 안티. 반(反) ¶ ～ミリタリズム 반군국주의/ ～テーゼ 안티테제

アンチック (프 antique) 앙티크 ①〘印〙 (활자의) 앙티크체 ② → Antique ①

アンチテーゼ (독 Antithese) 안티테제 ①〘論〙 반정립(反定立) ⇔ テーゼ ②반대 의견, 대립물

あんちゃく [安着] 名 自スル 안착 航空機$^{こうくうき}$が～する 항공기가 안착하다

あんちゃん [゛兄ちゃん] 〘俗〙(口) ①(자기 형을 부르는 말) 형, 형님 ②(젊은 남자를 친근하게 부르는 말) 젊은이, 친구 ③불량스러운 젊은이, 건달 ¶ 街$^{まち}$の～ 거리의 건달

あんちゅう [暗中] 암중. 어둠 속 —飛躍$^{ひやく}$ 암중비약, 암약 —模索$^{もさく}$ 암중모색

あんちょく [安直] 形動(口) ①값쌈, 돈이 별로 안 듦 ¶ ～な酒場$^{さかば}$ 값싼 술집 ②안이함, 간편함, 손쉬움 ¶ ～な方法 안이한 방법

あんちょこ 〘俗〙 (교과서의) 자습서, 참고서

アンチロマン (프 antiroman) 〘文〙 앙티로망. 반(反)소설

あんてい [安定] 名 自スル 안정 生活$^{せいかつ}$が～する 생활이 안정되다/ ～をとりもどす 안정을 되찾다/ ～を保$^{たも}$つ 안정을 유지하다 ―株主$^{かぶぬし}$〘経〙 안정 주주 ―所$^{じょ}$ 공공 직업 안정소 ―大陸$^{たいりく}$ 안정 대륙 ―多数$^{たすう}$〘政〙 (국회 등의) 안정 다수

アンティーク (프 antique) 〘美〙 앙티크 ①고전 미술 ②고미술품, 골동품, 고물

アンテナ (antenna) ①〘電〙 안테나 ¶ テレビ～ 텔레비전 안테나 ②여러 가지 정보를 얻기 위한 방법 ¶ ～を張$^{は}$りめぐらす 빈틈없이 정보망을 설치하다 ―ショップ (일 antenna shop) 〘経〙 안테나숍, 파일럿 점포

あんてん [暗転] 名 自スル 암전 ①〘劇〙 무대를 어둡게 하여 장면을 바꿈 ―ダークチェンジ ¶ 舞台$^{ぶたい}$が～する 무대가 암전하다 ②〘文〙 (상황 등이) 어두운 쪽으로 변함, 악화 ¶ 事態$^{じたい}$が～する 사태가 악화되다

あんど [安堵] 名 自スル ①안도함 ほっと～のため息$^{いき}$ 휴 하는 안도의 한숨/ ～の胸$^{むね}$をなでおろす 한시름 놓다 ②〘日史〙 (鎌倉$^{かまくら}$시대 이후) 영주로부터 토지의 소유권·지배권을 공인받던 일

あんとう [暗闘] 名 自スル ①암투 長$^{なが}$い間$^{あいだ}$の両派$^{りょうは}$の～ 오랫동안의 양파의 암투 ②〘歌舞伎$^{かぶき}$에서〙 등장 인물이 대사 없이 서로 더듬어 찾는 동작을 표현하는 연출법

アントシアン (독 Anthozyan) 〘生〙 안토시안. 화청소(花青素)

アントニム (antonym) 〘表〙 안토님. 대의어, 반의어 ⇔ シノニム

あんどん [行灯] 대나무 등으로 만든 틀에 종이를 바르고 속에 기름 접시를 놓아 불을 붙이던 옛날 일본식 조명 기구, 등롱 ¶ 軒先$^{のきさき}$の～ 처마 끝의 등롱

あんな 連体 ①(《あのような》의 구어적 표현) 저런, 그런 ¶ ～人 저런 사람/ ～では困$^{こま}$る 저래서는 곤란하다/ いつも～なんて言

제나 저럽니까? ②(「～に」의 꼴로) 저렇게, 그토록 ¶ ～に大$^{おお}$きな木$^{き}$を見$^{み}$たことがない 저렇게 큰 나무는 본 적이 없다

あんない [案内] I 名 他スル 안내 ①통지(서), 알림(글) ¶ 学校$^{がっこう}$の～ 학교 안내/ 会合$^{かいごう}$の～ 모임의 통지/ 結婚式$^{けっこんしき}$の～状$^{じょう}$ 청첩장 ②인도, 구경시킴 ¶ 町内$^{ちょうない}$を～する 시내를 안내하다 ③전갈 ― とりつぎ 校長$^{こうちょう}$に～を請$^{こ}$う 교장 선생님에게 (자기가 왔다는 것을) 전갈해 주기를 청하다 II 名 《흔히「御～」의 꼴로》 (무엇에 대해) 알고 있음 ＝承知$^{しょうち}$ ¶ ご～でしょうが 알고 계시겠지만

あんに [暗に] 副 넌지시, 은근히, 암암리에 ¶ ～示$^{しめ}$す 넌지시 보이다[가리키다]/ ～辞意$^{じい}$をにおわせる 은근히 사의를 비치다

あんねい [安寧] 〘文〙 안녕 ¶ 社会$^{しゃかい}$の～を乱$^{みだ}$す 사회의 안녕을 어지럽히다

あんのじょう [案の定] 副 아니나다를까, 예상 (짐작)한 대로, 역시, 과연 ¶ ～山$^{やま}$は吹雪$^{ふぶき}$になった 아니나다를까 산에는 눈보라가 쳤다

あんのん [安穏] 名 形動 안온. 평온, 무사함 ＝平穏$^{へいおん}$ ¶ ～に暮$^{く}$らす 안온하게 지내다

あんば [゛鞍馬] ①안장을 얹은 말 ②(체조에서) 안마. 안마 경기

あんばい [゛按排·゛按配] 名 他スル 안배 ¶ 仕事量$^{しごとりょう}$を適当$^{てきとう}$に～する 작업량을 적당히 안배하다

あんばい [゛塩梅·゛按配] 名 自スル ①(음식의) 간, 맛 ②(사물의) 상태, 형편 体$^{からだ}$の～が悪$^{わる}$い 몸의 상태가 좋지 않다/ 仕事$^{しごと}$の方$^{ほう}$はどんな～だ 일 쪽은 어떤 형편이오 ③「いい～に」의 꼴로》 알맞게, 적절하게 ¶ いい～に晴れ 알맞게 날이 개었다

アンパイア (umpire) 엄파이어. 심판

あんばこ [暗箱] 암상. (사진기의) 어둠 상자

あんパン [゛餡パン] 팥빵

あんぴ [安否] 안부 ¶ 安危 遭難者$^{そうなんしゃ}$を気遣$^{きづか}$う 조난자의 안위를 염려하다 ②소식 ¶ 手紙$^{てがみ}$で～を問$^{と}$う 편지로 안부를 묻다

あんぶ [゛鞍部] 안부. 산등성이의 움푹 들어간 곳

あんぷ [暗譜·゛諳譜] 名 他スル 암보. 악보를 욈 ¶ ～でピアノを弾$^{ひ}$く 악보를 보지 않고 피아노를 치다

アンプ (amp) 〘電〙 앰프. 증폭기

あんぷく [゛按腹] 名 自スル 복부의 안마

アンプル (프 ampoule) 〘薬〙 앰풀. 주사액을 담아 밀봉한 작은 유리병

あんぶん [案分·按分] 名 他スル 안분. 비례하여 나눔. 비례 배분 ¶ ～比例$^{ひれい}$に 안분 비례

あんぶん [案文] 名 他スル ①문장을 기초함. 초안, 초고 ¶ ～を練$^{ね}$る 초안을 다듬다

アンペア (ampere) 〘電〙 암페어

アンペラ 〘植〙 암페라. 금방동사니 ②로 엮은 거적

あんぽ [安保] 〘政〙 미일 안전 보장 조약

あんぽう [゛罨法] 名 他スル 〘医〙 엄법. 찜질 ＝湿布$^{しっぷ}$ 冷$^{れい}$～ 냉찜질

あんぽんたん 〘俗〙 바보, 천치, 얼간이, 멍텅구리

**あんま** [按摩] 图 自スル 안마. 안마사 ¶ 〜を してもらう 안마를 받다
**あんまく** [暗幕] 암막. 실내에 치는 검은 막 ¶ 〜を張り巡らす 암막을 둘러치다
**あんまり** Ⅰ 副 (口) ①너무, 지나치게 ¶ 〜急ぐと転ぶよ 너무 서두르면 넘어져요 ②((부정의 말이 딸리어)) 그다지, 과히, 별로 ¶ 〜感心しない 그다지 탐탁지 않다 Ⅱ ⑦ 너무함, 지나침, 과도함 ¶ 〜な要求 지나친 요구
**あんまん** [*饅頭] (중국식) 팥만두
**あんみつ** [*餡蜜] 당밀을 친 삶은 완두콩 위에 팥소를 얹은 음식
**あんみん** [安眠] 图 自スル 안면
**アンメーター** (ammeter) 〖電〗 암미터. 전류계
**あんめん** [暗面] (文) 암면 ①어두운 면 ②이면, (숨겨진) 추한 면 ¶ 社会の〜 사회의 이면
**あんもく** [暗黙] 图 암묵 ¶ 〜のうちに認める 암묵리에 인정하다/ 〜の了解 암묵의 양해
**アンモナイト** (ammonite) 〖地〗 암모나이트
**アンモニア** (ammonia) 〖化〗 암모니아 **―水** 암모니아수
**アンモンがい** [アンモン貝] 〖地〗 암몬조개, 암모나이트
**あんや** [暗夜・闇夜] (文) 암야. 어두운[캄캄한] 밤 = やみよ ¶ 〜にまぎれて逃走する 암야를 틈타서 도주하다
**あんやく** [暗躍] 图 自スル 암약 ¶ 政界で〜する 정계에서 암약하다
**あんゆ** [暗喩] (表) 암유, 은유(隱喩)
**あんよ** 图 自スル (幼) ①발 ¶ 〜が痛い 발이 아프다 ②걸음마 ¶ 〜は上手だね 걸음마 잘 하네/ さあ、〜しなさい 자 걸음마해요
**あんらく** [安楽] 图 形動 안락 ¶ 〜に暮らす 안락하게 지내다 **―椅子** 안락 의자 **―死** 안락사 **―浄土** (佛) 안락 정토. 극락 정토
**あんりゅう** [暗流] (文) 암류 ①(흐름의) 저류 ②겉에 드러나지 않는 불온한 움직임 ¶ 政界の〜 정계의 암류
**あんるい** [暗涙] (文) 암루. 남몰래 흘리는 눈물 ¶ 〜にむせぶ 남몰래 흐느끼다

# い イ

**い** 五十音図の「あ」行(行)・「や」행(行)의 둘째 かな. ひらがな「い」는「以」의 초서체, かたかな「イ」는「伊」의 오른쪽 변을 취한 것
**い** [已] 會 イ 訓 すでに (音)이 (造語) ①완료의 어조사, 한문 훈독으로「すでに」로 읽음, 이미, 벌써 ¶ 已然形 문어 활용형의 하나 ②그로부터, 이로부터 ¶ 已往 이왕. 已後 이후. 已来 이래 ③한정의 어조사, 한문 훈독으로 「のみ」로 읽음 ▷ ⑤는「以」와 같음
**い** [以] 會 イ 訓 もって (音)이. (造語) ①(범위·방향 등의 기점을 나타냄) 그로부터, 以下 이하. 以前 이전. 以内 이내. 以来 이래 ②(수단·재료를 나타내는 어조사. 한문 훈독은「もって」로 읽음)…으로, …으로써 ¶ 以心伝心 이심전심 ▷ ①은「已」와 같음 熟字訓 所以 소이, 까닭
**い** [伊] 會 イ (音)이. (造語) ①「伊賀」의 준말 ¶ 伊州 지금의 三重현의 일부 ②외국어「イ」의 차음자.「伊太利」의 준말 熟字訓 伊達 짐짓 헛기를 부림
**い** [夷] 會 イ 訓 えびす (音)이. Ⅰ (造語) ①미개인, 야만인 ¶ 攘夷 양이・東夷 동이 ②평정하다, 격퇴하다, 멸망시키다 ¶ 焼夷弾 소이탄 熟字訓 蝦夷 에조 아이누족・辛夷 목련 Ⅱ ⑦. 오랑캐, 미개인, 야만인
慣用句
**―を以もって夷を制す** (文) 이이제이(以夷制夷). 남의 힘을 이용하여 자신의 이익을 얻다
**い** [衣] 會 イ・エ 訓 ころも・きぬ (音)이. Ⅰ (造語) ①옷, 의복 ¶ 衣食 의식・脱衣 탈의・作業衣 작업복 ②승의, 승복 ¶ 法衣 법의 ▷ 熟字訓 衣魚 좀・浴衣 무명 홑옷 Ⅱ ⑦. 의복 ¶ 〜と食こと住と 의식주
**い** [位] 會 イ(ヰ) 訓 くらい (音)위. (造語) ①사람・물건이 놓이는 장소, 방향 ¶ 位置 위치・方位 방위 ②석차, 등급, 위계 ¶ 王位 왕위・順位 순위・優位 우위 ③순위나 위계를 나타냄 ¶ 一位 1위 ④타인에 대한 높임말, 죽은 사람의 혼백 ¶ 位牌 위패・諸位 제위 ⑤품질・수량을 계량할 때의 정도[기준] ¶ 〜の위・単位 단위
**い** [囲][圍] 會 イ(ヰ) 訓 かこむ・かこう (音)위. (造語) ①에워싸다, 둘러싸다 ¶ 囲碁 바둑・範囲 범위・包囲 포위 ②둘레, 주위 ¶ 胸囲 흉위・周囲 주위
**い** [医][醫] 會 イ 訓 いやす (音)의. Ⅰ (造語) ①병을 고침 ¶ 医院 의원・医学 의학 ②의사 ¶ 獣医 수의・名医 명의・主治医 주치의 Ⅱ (文) ①병을 고침, 의술 ¶ 〜を業とする 의술을 업으로 삼다 ②의사 ¶ 〜を遣わす 의사를 보내다
慣用句
**―は仁術** 의술은 인술
**い** [依] 會 イ・エ 訓 よる (音)의. (造語) ①의지하다, 기대다 ¶ 依託 의탁・依頼 의뢰 ②그대로, 원래대로 ¶ 依然 의연
**い** [委] 會 イ(ヰ) 訓 ゆだねる・まかせる・くわしい (音)위. (造語) ①맡기다, 위임하다 ¶ 委員 위원・委託 위탁 ②자세하다, 상세하다 ¶ 委細 위세 ③「委員会」의 준말 ¶ 教委 교위, 교육 위원회
**い** [威] 會 イ(ヰ) 訓 おどす (音)위. Ⅰ (造語) ①위협하다, 으르다 ¶ 威圧 위압・脅威 협위 ②엄하다, 엄숙하다 ¶ 威厳 위엄・威容 위용 ③세력, 권력 ¶ 威勢 위세・権

威$_{けん}$ 권위・国威$_{こく}$ 국위 Ⅱ (文) 위엄, 위세¶ 虎$_{とら}$の～を借$_{か}$るきつね 호가 호위(狐假虎威)
[慣用句]
— あって猛$_{たけ}$からず (文) 위엄이 있으되 사납지 않다
— を振$_{ふ}$るう (文) 위세를 떨치다

い【為】【爲】 畲イ(ヰ) 剛ため・なす |(음)위. (造語) ①하다, 행하다¶ 行為$_{こう}$ 행위. (造語). 注意$_{ちゅうい}$ 주의・弔意$_{ちょうい}$ 조의 ②인위(人爲)¶ 人為$_{じん}$ 인위. 当為$_{とう}$ 당위 (佛) 인연으로 생기는 현상¶ 無為$_{むい}$ 무위・有為$_{うい}$ 유위 ③단정의 어조사. 한문 훈독으로는「たり」로 읽음 ④피동의 어조사. 한문 훈독으로는「る・らる」로 읽음 [熟字訓] 為替$_{かわせ}$ 환(換)

い【畏】 畲イ(ヰ) 剛おそれる・かしこまる |(음)외. (造語) ①두려워하다, 황송해하다¶ 畏縮$_{いしゅく}$ 외축・畏伏$_{いふく}$ 외복 ②존경하다, 공경하다¶ 畏敬$_{いけい}$ 외경・畏友$_{いゆう}$ 외우

い【胃】 畲イ(ヰ) (음)위. Ⅰ (造語) ①위, 위장¶ 胃液$_{いえき}$ 위액・胃癌$_{いがん}$ 위암・胃腸$_{いちょう}$ 위장 ② (天) 이십팔수의 하나. 위수(胃宿) Ⅱ 名 [醫] 위. 위장¶ ～をこわす 위장을 상하다/ ～が丈夫$_{じょうぶ}$だ 위가 튼튼하다

い【尉】 畲イ(ヰ) 剛じょう |(음)위. (造語) ①군대 계급의 하나¶ 尉官$_{いかん}$ 위관・大尉$_{たいい}$ 대위・中尉$_{ちゅうい}$ 중위 ②옛 중국의 벼슬 이름¶ 都尉$_{とい}$ 도위・校尉$_{こうい}$ 교위

い【惟】 畲イ(ヰ)・ユイ (음)유. (造語) ①생각하다¶ 思惟$_{しい・しゆい}$ 사유 ②한정의 어조사. 한문 훈독으로는「ただ」로 읽음

い【異】 畲イ 剛こと |(음)이. Ⅰ (造語) ①다른, 별도의¶ 異見$_{いけん}$ 이견・異国$_{いこく}$ 이국・異論$_{いろん}$ 이론 ②차이가 있다, 다르다¶ 異常$_{いじょう}$ 이상・差異$_{さい}$ 차이・大同小異$_{だいどうしょうい}$ 대동소이 ③보통이 아니다, 수상하다, 기묘하다¶ 異彩$_{いさい}$ 이채・異変$_{いへん}$ 이변・怪異$_{かいい}$ 괴이 ④옳지 않다¶ 異教$_{いきょう}$ 이교・異端$_{いたん}$ 이단 Ⅱ 名 보통과 다름, 틀림¶ ～としない 다르지 않다 Ⅲ 形 이상한, 기묘한¶ 縁$_{えん}$は～なもの 인연이란 이상한 것/ これは～なことをおっしゃる 이거 이상한 말씀을 하시는군요
[慣用句]
— を立$_{た}$てる 이의를 제기하다
— を唱$_{とな}$える 이의를 주장하다

い【痍】 畲イ (음)이. (造語) 상처, 상처를 입히다¶ 傷痍軍人$_{しょういぐんじん}$ 상이군인・満身創痍$_{まんしんそうい}$ 만신창이

い【移】 畲イ 剛うつる・うつす |(음)이. (造語) 변하다, 변하게 하다, 옮기다¶ 移住$_{いじゅう}$ 이주・移動$_{いどう}$ 이동・変移$_{へんい}$ 변이

い【萎】 畲イ(ヰ) 剛なえる・しぼむ |(음)위. (造語) ①시들다, 이울다, 쇠약해지다¶ 萎縮$_{いしゅく}$ 위축・萎靡$_{いび}$ 시듦・萎黄病$_{いおうびょう}$ 위황병

い【偉】 畲イ(ヰ) 剛えらい |(음)위. (造語) 훌륭하다, 뛰어나다¶ 偉業$_{いぎょう}$ 위업・偉人$_{いじん}$ 위인・偉大$_{いだい}$ 위대

い【葦】 畲イ(ヰ) 剛あし |(음)위. (造語) 갈대¶ 葦席$_{いせき}$ 위석, 갈대로 엮은 돗자리

い【彙】 畲イ(ヰ) (음)휘. (造語) 분류해서 모은 것, 동류인 것¶ 彙報$_{いほう}$ 휘보・語彙$_{ごい}$ 어휘

い【意】 畲イ (음)의. Ⅰ (造語) ①마음, 생각, 기분¶ 意外$_{いがい}$ 의외・意見$_{いけん}$ 의견・意識$_{いしき}$ 의식・注意$_{ちゅうい}$ 주의・弔意$_{ちょうい}$ 조의 ②내용, 의미, 뜻, 이유¶ 意味$_{いみ}$ 의미・合意$_{ごうい}$ 합의・有意$_{ゆうい}$ 유의 Ⅱ 名 ①생각, 마음, 기분, 의사¶ ～にしたがう 의사에 따르다/ 遺憾$_{いかん}$の～を表$_{あらわ}$す 유감의 뜻을 표하다 ②뜻, 의미, 내용
[慣用句]
— に介$_{かい}$さない 개의치 않다
— に適$_{かな}$う 마음에 들다
— に満$_{み}$たない 마음에 들지 [차지] 않다
— のある所$_{ところ}$ 참마음, 속마음, 성의
— を致$_{いた}$す (文) 진심으로 마음을 쓰다, 정성을 다 쏟다
— を受$_{う}$ける (상대방의) 뜻을 받들다
— を汲$_{く}$む (상대방의) 뜻을 헤아리다
— を決$_{けっ}$する 결심하다
— を体$_{たい}$する (文) (남의) 뜻을 받들다
— を尽$_{つ}$くす 생각하는 바를 충분히 나타내다
— を強$_{つよ}$くする 자신을 갖다
— を迎$_{むか}$える (文) (남의) 비위를 맞추다

い【違】【違】 畲イ(ヰ) 剛ちがう・ちがえる |(음)위. (造語) ①다르다, 엇갈리다¶ 相違$_{そうい}$ 상위 ②어기다, 위반하다¶ 違憲$_{いけん}$ 위헌・違背$_{いはい}$ 위배・違約$_{いやく}$ 위약 ③이치에 맞지 않다, 옳지 않다¶ 非違$_{ひい}$ 비위

い【維】 畲イ(ヰ) (음)유. (造語) ①밧줄, 줄기, 실¶ 繊維$_{せんい}$ 섬유・維管束$_{いかんそく}$ 유관속 ②잇다, 지탱하다¶ 維持$_{いじ}$ 유지 ③뜻을 강조하다¶ 維新$_{いしん}$ 유신

い【慰】 畲イ(ヰ) 剛なぐさめる・なぐさむ |(음)위. (造語) 위로하다¶ 慰安$_{いあん}$ 위안・慰問$_{いもん}$ 위문・慰労$_{いろう}$ 위로・弔慰$_{ちょうい}$ 조위

い【遺】【遺】 畲イ(ヰ)・ユイ 剛のこす |(음)유. (造語) ①잊다, 빠뜨리다¶ 遺漏$_{いろう}$ 유루・補遺$_{ほい}$ 보유 ②버리다¶ 遺棄$_{いき}$ 유기・遺失物$_{いしつぶつ}$ 유실물 ③새다, 싸다¶ 遺尿$_{いにょう}$ 유뇨, 야뇨 ④사후에 남기다, 남은 것¶ 遺言$_{いごん・ゆいごん}$ 유언・遺産$_{いさん}$ 유산・遺伝$_{いでん}$ 유전

い【緯】 畲イ(ヰ) 剛よこいと |(음)위. (造語) ①(직물의) 씨실, 횡선¶ 経緯$_{けいい}$ 경위 ②적도와 평행으로 그은 선¶ 緯線$_{いせん}$ 위선・緯度$_{いど}$ 위도 ③「緯度$_{いど}$」의 준말¶ 北緯$_{ほくい}$ 북위 ▷ ①～③ ⇔ 経 [熟字訓] 経緯$_{いきさつ}$ 경위

い 接尾 《(명사 등에 붙어)》 형용사를 만드는 말¶ 黄色$_{きいろ}$～ 노랗다／ 四角$_{しかく}$～ 네모나다

い 終助 ①㋐《(조동사「だ」에 붙어)》 상대방의 언행에 대해 의외・문책・경멸의 기분을 나타냄¶ いやだ～ 싫어／ うそだ～ 거짓말이야／ 何言$_{なにい}$ってんだ～ 무슨 소리 하는 거냐 ㋑《(명령・금지의 말에 붙어)》 그런 기분을 강조함. 속된 말로도 쓰임¶ 早$_{はや}$く 上$_{あ}$げろ～ 빨리 들어／ ふざけるな～ 놀고 있네 ②㋐《(의문사+「だい」의 꼴이나 의문의 終助詞「か」에 붙어)》 편한 마음으로 질문하는 말¶ 君$_{きみ}$の家$_{いえ}$どこだ～ 너희 집은 어디냐／ だいじょうぶか～ 괜찮겠느냐 ㋑《(의문의 終助詞「か」에 붙어)》 반박・반

발의 뜻을 나타냄¶ 知らったことか〜 알게 뭐냐 ③상대방에게 호소하고 싶은 뜻을 가볍게 말할 때 쓰임¶ 困っちゃった〜 곤란한데
い [イ] [音] 가, A음. (다장조에서) 라음¶ 〜長調が가 장조
い [井] [文] 우물 = いど
[慣用句]
―の中の蛙大海を知らず 우물 안 개구리 큰 바다를 모른다
い [亥] 해 ①십이지의 열두번째. 돼지 = いのしし¶ 〜年生まれ 돼지 띠 ②(옛시각의) 해시 ③해방(亥方), 북북서
い [胆] 담. 담낭, 쓸개 = きも¶ 熊の〜 웅담
い [藺] [植] 골풀, 등심초 = いぐさ
いあい [居合] (검도에서) 한쪽 무릎을 꿇은 채 재빨리 칼을 뽑아 베는 수 ―抜き 앉은 채로 재빨리 긴 칼을 뽑아 적을 베는 검술, 그것을 보여주는 연기
いあい [遺愛] [名] (고인이) 생전에 아끼고 사랑함¶ 〜の品 생전에 아끼고 사랑하던 물건
いあく [帷幄] [文] ①유막, 본영, 본진 ②모신(謀臣), 참모
いあつ [威圧] [名] [他スル] 위압¶ 〜的な態度を取る 위압적인 태도를 취하다
いあわ・せる [居合(わ)せる] [自下一] (마침 그 곳에) 있다, 나와 있다¶ たまたま現場に〜・せた 마침 현장에 있었다
いあん [慰安] [名] [他スル] 위안, 위로¶ 〜会 위안회¶ 〜旅行 위로 여행
いい [謂] [文]《「…の〜」의 꼴로》…이라는 뜻, …이란 까닭 = いわれ・わけ¶ 邂逅とは出会いの〜である 해후란 만남이란 뜻이다
い・い [°好い·善い·良い] [形] ①좋다 well ①이제 그만, 이제 해도 좋다/ 〜顔をしない 좋은 얼굴을 하지 않다 ⇨ よい ②[反] 심하다, 엄청나다, 지독하다, 형편없다¶ 〜迷惑だ 달갑지 않다/ 〜ざまだ 꼴 좋다/ 〜恥さらしだ 개망신이다
[慣用句]
―面の皮 꼴이 말이 아니군, 꼴 좋다
―目が出る 일이 잘 풀리다, 운이 좋다
いい [易易] [ト·タル] [文] 쉽순, 용이함¶ そんなことは〜たるものだ 그런 일은 쉬운 일이다
いい [唯唯] [ト·タル] [文] 유유. 남의 말을 잘 따름 ―諾諾 [ト·タル] [文]《「〜として」의 꼴로》유유낙낙, 고분고분함¶ 〜として従う 유유낙낙하고 따르다
イー [E·e] 이. 영어 알파벳의 다섯째 자모
いいあ・う [言(い)合う] [自五] ①입에 올리다¶ 人々の悪口を〜 남의 험담을 입에 올리다 ②말다툼하다, 언쟁하다¶ 兄弟が〜 형제가 말다툼하다
いいあ・てる [言(い)当てる] [他下一] (짐작해서) 알아맞히다
いいあやま・る [言(い)誤る] [他五] 잘못[틀리게] 말하다¶ 番号を〜 번호를 잘못 말하다
いいあらそ・う [言(い)争う] [自五] 말다툼하다, 언쟁하다 解釈をめぐって〜 해석을 둘러싸고 언쟁하다
いいあらわ・す [言(い)表す·言(い)表わす] [他五] 말로 나타내다, 표현하다¶ 〜方法がない 말로 표현할 방법이 없다
いいあわ・せる [言(い)合(わ)せる] [他下一] ①말을 나누다, 의논하다 ②(사전에) 약속하다¶ 〜・せたように皆が賛成する 약속이나 한 듯이 모두 찬성하다
イーイーシー [EEC] [経] 이이시. 유럽 경제 공동체 ▷ European Economic Community
いいえ [感] [口] 아니오, 아뇨¶ いま降らないのですか。〜, 降ります 지금 비가 오지 않습니까? 아니오 옵니다¶ 二人か〜, 三人さん来ます 두 사람 아니 세 사람 입니다
いいお・く [言(い)置く] [他五] 말해 두다, 말을 남기다¶ 用件を〜・いて出かける 용건을 말해 두고 외출하다
いいおく・る [言(い)送る] [他五] ①(편지 등으로) 말을 전하다¶ すぐ帰ると〜 곧 돌아간다고 말을 전하다 ②(차례로) 말을 전하다¶ クラス全員に〜 학급 전원에 말을 전하다
いいおと・す [言(い)落(と)す] [他五] 할 말을 빠뜨리다, 빠뜨리고 말하다¶ 用件をうっかり〜 용건을 말하는 것을 깜박 빠뜨리다
いいかえ [言(い)換え·言(い)替え] 바꿔 말함, 환언(換言), 그런 말¶ 〜が利かない 바꿔[달리] 말할 수가 없다
いいかえ・す [言(い)返す] [他五] ①되풀이하여 말하다¶ 何度も同じことを〜 몇 번이고 같은 말을 되풀이하다 ②말대답하다, 말대꾸하다¶ 相手の非難に〜 상대방의 비난에 말대꾸하다
いいか・える [言(い)換える·言(い)替える] [他下一] ①다른 말로 바꾸어 말하다, 환언하다¶ 易しい言葉で〜 쉬운 말로 바꿔 말하다 ②(앞서의 말과는) 다른 말을 하다
いいかお [°好い顔] ①예쁜 얼굴 ②좋은 얼굴[기색]¶ いつも〜ばかりしてもいられない 좋은 얼굴만 하고 있을 순 없다 ③잘[널리] 알려진 얼굴, 유력자 = 顔役¶ このあたりでは〜だ 이 부근에서는 알려진 얼굴이다
[慣用句]
―をしない 좋은 얼굴을 하지 않다
いいがかり [言(い)掛(か)り] ①생트집, 생떼 ②(일단) 말을 꺼냄¶ 〜上, 取り消せない 말을 꺼낸 이상 취소할 수 없다
[慣用句]
―を付ける 트집을 잡다
いいか・ける [言(い)掛ける] [他下一] ①말을 꺼내다, 말하기 시작하다¶ 〜・けてた口をつぐむ 말을 꺼내다 말고 문득 입을 다물다 ②말을 걸다¶ 隣の人に〜 이웃집 사람에게 말을 걸다 ③말하다 말다, 말하다 그만두다
いいかげん [°好い加減] [口] ①(무엇을 하기에) 적당함, 알맞음¶ ちょうど〜のふろ 딱 알맞은 목욕물/ 冗談も〜にしなさい 농담 좀 작작 하시오 ②철저하지 않음, 미적지근함¶ 〜な考えではだめだ 미적지근한 생각으

**로**는 안 된다 ③무책임함, 엉터리임¶ ~なことを言うな 무책임한 말을 하지 마라 Ⅱ 副 페, 어지간히, 상당히¶ ~酔った 폐 취했다/~いやにやになる 어지간히 싫어하다

**いいかた** [言い方] ①말하기, 표현¶ ~を知らない 말할 줄을 모르다 ②말투, 말씨¶ 控えめな~ 조심스러운 말투/~が丁寧だ 말씨가 공손하다

**いいか・ねる** [言(い)兼ねる] 他下一 말하기 거북하다, (차마) 말할 수 없다¶ だめだとは~ 안 된다고는 차마 말할 수 없다

**いいか・わす** [言(い)交(わ)す] 他五 ①말을 주고 받다, 말을 나누다¶ ねぎらいの言葉を~ 위로의 말을 주고 받다 ②언약하다, (특히) 결혼을 약속하다¶ 深く~した仲 깊게 언약한 사이

**いいき** [好い気] ﾀ ①태평함, 낙천적임¶ 人の苦労も知らず~なものだ 남의 고생도 모르고 태평하군 ②(혼자서) 우쭐함, 자만함¶ ~になる 우쭐해지다

**いいき** [異域] 文 이역, 외국= 異国
慣用句
—の鬼となる 이역의 혼이 되다, 타향[타국]에서 죽다

**いいきか・せる** [言(い)聞かせる] 他下一 타이르다, 훈계하다¶ よく~ 잘 타이르다/くじけるなと自分に~ (마음이) 꺾이지 말라고 자신에게 타이르다

**いいきみ** [好い気味] 고소함, 통쾌함¶ ざまを見ろ, ~だ 꼴 좋다 고소하군

**いいき・る** [言(い)切る] 他五 ①다 말하다, 말을 마치다¶ 一息で~ 단숨에 다 말하다 ②잘라 말하다, 단언하다¶ きっぱりと~ 딱 잘라 말하다

**いいぐさ** [言い草・言い種] ①말투¶ 親に向かって何という~だ 부모한테 그 무슨 말투냐 ②입버릇¶ 口癖にする言, 입버릇¶ いつもの~ 언제나 하는 말 ③구실, 변명, 할 말¶ そんな~はない 그런 변명은 없다/~がいいじゃないか 핑계가 그럴싸하구나 ④화제, 이야깃거리¶ 世間の~になる 세상의 화제가 되다

**いいくら・す** [言(い)暮(ら)す] 他五 (늘) 같은 말만 하며 지내다¶ 毎日~, ぐちばかり~ 날마다 불평만 하며 지내다

**イーグル** (eagle) 이글 ①動 독수리 ②(골프에서) 표준 타수보다 2타 적은 타수

**いいくる・める** [言(い)くるめる] 他下一 구슬리다, (말로) 구워 삶다¶ うまく~ 잘 구슬리다

**いいけ・す** [言(い)消す] 他五 ①(남의 말을) 부인하다¶ 人のことばを~ 남의 말을 부인하다 ②(한 말을) 취소하다

**いいこ** [好い子] ①(아이를 칭찬·달랠 때 하는 말) 착한 아이¶ ~だから 待っててね 착한 아이니까 기다려라 ②사랑받으려고 설쳐는 사람¶ ~ぶる 착한 사람인 체하다
慣用句
—になる (남에게) 잘 보이려고 하다

**いいこ・める** [言(い)込める] 他下一 말로[이치로 따져] 꼼짝못하게 하다¶ 相手を~・めてやる 상대방을 말로 꼼짝못하게 해 주다

**いいさ・す** [言いさす] 他五 말하다 말다, 말을 중단하다¶ ~したまま席を立つ 말하다 말고 자리에서 일어서다

**イーシー** [EC] 政 이 시, 유럽 공동체 —型付加価値税 經 이 시행 부가 가치세 —市場統合 經 유럽 공동체 시장 통합

**イージー** (easy) ﾀ 이지, 쉬움, 간편함 —オーダー (일 easy order) 이지 오더, 반(半)기성복

**イージーゴーイング** (easygoing) ﾀ 이지고잉, 안이함, 쉽게 생각함

**いいしぶ・る** [言(い)渋る] 他五 말하기 주저하다[꺼리다]¶ 行き先を~ 행선지를 말하기 주저하다

**いいじょう** [言い条] ①하고 싶은 말, 할 말, 주장¶ 彼女の~ももっともだ 그의 주장도 마땅가 있다 ②(「…とは~」의 꼴로)) …라고는 하지만¶ 兄弟とは~あかの他人と同じだ 형제라고는 하나 생판 남과 다를 바 없다

**いいしれぬ** [言(い)知れぬ] 連語 (이루) 말할 수 없는, 형언할 수 없는¶ ~苦しみ 말할 수 없는 고생/~悲しみ 형언할 수 없는 슬픔

**いいす・ぎる** [言(い)過ぎる] 他上一 말이 지나치다¶ 小言を~ 잔소리가 지나치다

**いいすご・す** [言(い)過(ご)す] 他五 도에 넘치게 말하다, 말이 지나치다¶ 興奮して~ 흥분해서 말이 지나치다

**いいす・てる** [言(い)捨てる] 他下一 말을 내뱉다, 내뱉듯이 말하다¶ ~・てて帰る 내뱉듯이 말하고 돌아오다

**いいせいい** [以夷制夷] 文 이이제이, 타국 간의 불화를 이용하여 자국의 해가 되는 나라를 누름

**いいそ・える** [言(い)添える] 他下一 말을 덧붙이다, 덧붙여 말하다¶ 一言~・えておく 한 마디 덧붙여 두다

**いいそこな・う** [言(い)損(な)う] 他五 ①잘못 말하다, 틀리게 말하다¶ 地名を~ 지명을 잘못 말하다 ②실언하다¶ うっかり~ 그만 깜빡 실언하다 ③할 말을 못하고 말다¶ 恥ずかしくて~ 부끄러워서 말을 못하고 말다

**いいそび・れる** [言いそびれる] 他下一 기회를 놓쳐 말 못하다, 말을 꺼내지 못하다¶ 言いたいことを~ 하고 싶은 말도 꺼내지 못하다

**いいだこ** [飯蛸] 動 꼴뚜기

**いいだしっぺ** [言い出しっ屁] (口) ①먼저 말을 꺼냄, 그런 사람 ②말을 꺼낸 사람이 먼저 시작함

**いいた・す** [言(い)足す] 他五 말을 덧붙이다, 덧붙여 말하다¶ 条件を~ 조건을 덧붙여 말하다

**いいだ・す** [言(い)出す] 他五 말을 꺼내다 ①말을 시작하다, 말문을 열다 ②(남보다) 먼저 말하다, 처음으로 말하다

**いいた・てる** [言(い)立てる] 他下一 ①주장하다, 강조하다¶ 無罪を~ 무죄를 주장하다 ②(하나하나) 들어 말하다, 초들어 말하다

いいちがい

¶人のあらを～ 남의 결점을 들어 말하다

いいちがい【言(い)違い】 잘못 말함, 실언¶～に気がつく 잘못 말한 것을 알아차리다

いいちら・す【言(い)散らす】①멋대로 지껄이다 ②말을 퍼뜨리다= 言いふらす¶近所に～ 이웃에게 말을 퍼뜨리다

いいつか・る【言(い)付かる】他五 분부받다, 지시받다¶伝言を～ 전갈을 분부받다

いいつ・ぐ【言(い)継ぐ】他五 ①말을 잇다 ②말로 전하다, 구전하다¶代々～・がれた家訓 대대로 구전되어 온 가훈

いいつく・す【言(い)尽(く)す】他五 다 말하다, 죄다 말해 버리다¶日ごろの考えを～ 평소의 생각을 다 말해 버리다

いいつくろ・う【言(い)繕う】他五 둘러대다¶巧みに～ 교묘하게 둘러대다

いいつけ【言(い)付け】분부, 명령¶親の～を守る 부모의 분부를 지키다

いいつ・ける【言(い)付ける】他下一 ①시키다, 분부하다¶用事を～ 용무를 분부하다 ②일러바치다, 고자질하다¶先生に～ 선생님께 일러바치다 ③늘 말하다, 말해 버릇하다

いいつたえ【言(い)伝え】①전해 온 이야기, 전설, 구전 ②전갈, 전언¶昔からの～ 옛날부터 전해 온 이야기 ②전갈, 전언¶先生からの～ 선생님으로부터의 전갈

いいつた・える【言(い)伝える】他下一 ①(후세에) 구전하다¶昔から～・えられて話だ 예로부터 전해 내려온 이야기 ②전언하다, 전갈하다¶社長の指示を～ 사장의 지시를 전갈하다 ③(소문을) 내다, 널리 퍼져나간 추문

いいつの・る【言(い)募る】他 말을 점점 심하게 하다, 말이 점점 격해지다¶興奮して～ 흥분해서 말이 점점 격해지다

いいとお・す【言(い)通す】他五 우겨대다, 주장하다¶最後まで～ 끝까지 주장하다

いいとし【好い年】①좋은 해, 행복한 해¶今年こそ～にしたい 금년이야 말로 행복한 해로 하고 싶다 ②지긋한 나이¶もう～だ 이젠 지긋한 나이다 ③「～をして」의 꼴로)¶～をして何をしている 나잇살이나 먹은 주제에 뭐하고 있는 거야

いいとして【良いとして】連語 (口) ～은 그렇다 치고¶金のことは～, 仕事はうまくいっているのか 돈 문제는 그렇다 치고 일은 잘 되어가고 있는가

いいなお・す【言(い)直す】他五 ①다시 말하다¶大声で～ 큰소리로 다시 말하다 ②고쳐 말하다, 정정하여 말하다¶間違いを～ 틀린 것을 고쳐 말하다 ③바꿔 말하다¶易しい表現で～ 쉬운 표현으로 바꿔 말하다

いいなか【好い仲】친한 사이, (특히) 사랑하는 사이¶あの二人は～だ 저 두 사람은 사랑하는 사이이다

いいな・す【言(い)做す】他五(文) ①(그럴싸하게) 꾸며 말하다, 사실처럼 둘러대다¶上手に～ 능숙하게 둘러대다 ②(중간에들어) 좋도록 말하다, 중재하다¶仲直りするようにうまく～ 화해하도록 잘 중재하다

いいなずけ【許嫁・許婚】①약혼자= フィアンセ ②(어려서부터 정혼해 둔) 약혼자¶～の間柄 약혼한 사이

いいならわ・す【言(い)習わす】他五 ①예로부터 말해 오다, 일컬어 오다¶子供には旅をさせよと・～してきた 귀여운 자식에겐 여행을 시키라고 일컬어 왔다 ②입버릇처럼 말하다¶彼女が～・した家訓 그녀가 입버릇처럼 말했던 가훈

いいなり【言(い)なり】名 하라는 대로 함, 시키는 대로 함¶～放題 입에서 나오는 대로 지껄임/相手の～になる 상대가 하라는 대로 하다

いいにく・い【言いにくい】形 ①발음하기 어렵다¶～ことば 발음하기 어려운 말 ②말하기 거북하다¶～ことをあえて言う 말하기 거북한 것을 감히 말하다

いいぬ・ける【言(い)抜ける】他下一 (말로) 발뺌하다, 둘러대어 모면하다¶うまく～ 그럴싸하게 발뺌하다

いいね【言(い)値】(파는 사람이) 부르는 값⇔付け値¶～で買う 부르는 값으로 사다

いいのが・れる【言(い)逃れる】(둘러대어) 발뺌하다= 言いぬける¶その場を～ 그 자리를 발뺌하다

いいのこ・す【言(い)残す】他五 ①할 말을 못다하다, 할 말을 남기다¶～・したことを手紙に書く 못다 말한 것을 편지로 쓰다 ②(죽거나 떠나면서) 말을 남기다, 말해 두다¶～して去る 말을 남기고 떠나다

いいはな・つ【言(い)放つ】他五 ①잘라 말하다, 단언하다¶それは嘘だと～ 그것은 거짓말이라고 단언하다 ②함부로 지껄이다¶無責任なことを～ 무책임한 말을 함부로 지껄이다

いいは・る【言(い)張る】他五 우겨대다, 주장하다¶この方がよいと～ 이쪽이 좋다고 우겨대다

いいひと【好い人】①좋은 사람, 호인 ②사랑하는 사람, 애인¶～ができる 애인이 생기다

いいひらき【言(い)開き】名自スル 변명, 해명¶～ができない 변명할 수 없다

いいふく・める【言(い)含める】他下一 알아듣게 말하다, 잘 타일러 납득시키다¶子供によく～ 아이에게 잘 알아듣게 말하다

いいふら・す【言(い)触らす】他五 (말을) 퍼뜨리다, 소문내다¶人の失敗を～ 남의 실패를 소문내다

いいふる・す【言(い)古す】他五 익히 들어서 새로운 맛이 없다, 많이 들어 낯설지 않다¶～されたことば 많이 들어 진부한 말

いいぶん【言い分】할말, 하고 싶은 말, 주장, 이의, 불만¶相手の～を聞く 상대방의 주장을 듣다/～があるなら言え 할 말이 있으면 말하라

イーブン (even) 이븐 ①서로 같음 ②「イーブン

パー」의 준말 ③(권투에서) 포인트 수가 같은 과하지 않겠다 ④(「…と～…」의 꼴로) …라
━パー (even par) 이븐 파. (골프에서) 규정 는, …라고 하는¶ 食べると～行爲 먹는다
타수로 돌기 는 행위 ⑤(「…といい…といい」의 꼴로) …도
**いいまか・す** [言(い)負(か)す] 他五 (토론해 …도 色いろと～い模樣もようと～い結構けっこうな
서) 설복하다, 이기다¶ 相手あいてを～ 상대방 ものだが 색깔도 무늬도 괜찮은 것이다 ⑥(「…
을 설복하다 とはいえ と(は)いって(も) …と(は)い
**いいまぎら・す** [言(い)紛らす] 他五 ①(말머 うものの」의 꼴로) …라고 해도, …하다고 하
리를 돌려) 얼버무리다 ②말참견하여 혼란하 더라도¶ 疲つかれたからと…って寝ているわ
게 하다 けにはいかない 피곤하다고 해서 누워 있을
**いいまく・る** [言(い)捲る] 他五 (혼자서만) 수는 없다 ⑦(「…といったらない」의 꼴로) 이
지껄여대다, 줄곧 떠들어대다¶ 勝手かってなこ 이상 …한 것은 없다, 정말이지 …하다¶ う
とを～ 제멋대로 지껄여대다 れしいと～ったらない 기쁘다고 해도 이렇
**いいまる・める** [言(い)丸める] 他下一 (그럴 게 기쁠 수야 ⑧(「こう・そう・ああ」등의 말
듯한 말로) 구슬리다, 구워 삶다¶ 交渉こうしょう を 앞세워)…한, 같은 말¶ こう～機會きかいに
相手あいてを～ 교섭 상대를 구슬리다 이런 기회에 ⑨(「…といえば」등의 조건을 나
**いいまわし** [言(い)回し] 말주변, 말의 표현¶ 타내는 꼴로) …라고 하면¶ 花はなと～えば
巧たくみな～ 교묘한 말주변 櫻さくらだ 꽃이라고 하면 벚꽃이다
**いいもら・す** [言(い)漏(ら)す] 他五 ①(할 慣用句
말을) 빠뜨리고 말하다 ②(비밀 등을) 누설하 ━事こと無なし 더할 나위 없다, 나무랄 데 없다
다¶ 秘密ひみつを～ 비밀을 누설하다 ━事こと を聞きく 말을 듣다, 명령에 따르다
**いいよう** [言い樣] ①말하는 법, 말투, 말씨¶ ━に言いわれぬ ①말로 표현할 수 없는 ②차
叱しかるようなものの～ 꾸짖는 듯한 말투 ②표 마 말할 수 없는
현 방법, 말하기¶ ものは～ 말은 하기 나름 ━に事こと を欠かいて (하필이면) 말할 것이 없
**いいよど・む** [言(い)淀む] 他五 말을 머뭇 어서¶ ～師匠ししょうの惡口とは 말할 것이 없
거리다(더듬거리다), 말이 막히다¶ 肝心かんじん 어서 스승의 험담을 하다니
なところで～んでしまった重要な대목에 ━までもない 말할 것도 없다, 물론이다
서 말을 머뭇거리고 말했다 ━も愚おろか 말하는 것 자체가 어리석을 정도
**いいよ・る** [言(い)寄る] 自五 ①말을 걸며 접 로 당연하다, 말할 것도 없다
근하다 ②구애하다¶ 女おんなに～ 여자에게 구 ━も更さらなり 새삼스럽게 말할 것도 없다
애하다 **いうなれば** [言うなれば] 副(口) 말하자면, 이
**いいわけ** [言(い)分け] 말의 가려 쓰기¶ ～は 를테면 = いわば¶ この町まちは～第二 にの故
大切たいせつだ 말의 가려 쓰기는 중요하다 鄕こきょうだ 이 도시는 이를테면 제2의 고향이다
**いいわけ** [言(い)訳] 名 自スル 변명, 구실, 핑 **いえ** [家] ①집 ①주택, 가옥¶ 木造もくぞうの～ 목조
계¶ ～が立たつ 변명이 되다 주택/ ～を建たてる 집을 짓다 ②자택, 자기집
**いいわたし** [言(い)渡し] ①명령, 통고¶ 六 ¶ ～に歸かえる 집으로 돌아가다/ ～に招まね
時じ集合しゅうごうの～ 여섯 시 집합 명령 ②[法] く 집으로 초대하다 ③가정, 세대¶ ～を持もつ 가
선고¶ 判決はんけつの～ 판결의 선고 정을 갖다 ④집안, 가문, 혈통, 가계¶ ～を繼つ
**いいわた・す** [言(い)渡す] 他五 (결정・명령 ぐ 가문을 잇다/ ～を興おこす 집안을 일으키다
등을) 알리다, 통고하다, 선고하다¶ 立たち ⑤[法] (일본 구 민법에서) 호적에 일괄 등록
退のきを～ 퇴거를 통고하다/ 死刑しけいを～ 사 되어 동일 가족 단체를 형성한 사람들의 집단
형을 선고하다 慣用句
**いいん** [醫院] [醫] 의원¶ 內科ないか～ 내과 의원 ━を空あける 집을 비우다, 집에서 떠나 있다
**いいん** [委員] 위원¶ 執行しっこう～ 집행 위원 ━ ━を外そとにする 집에 돌아가지 않다, 집을 비
会かい 위원회 우다¶ 安心あんしんして～ 안심하고 집을 비우다
**い・う** [言う・云う・謂う] I 他五 말하다 ① **いえい** [遺詠] (文) ①고인의 미발표 시가(詩歌)
이야기하다¶ 禮れいを～ 고맙다고 말하다 ②  ②세상을 하직할 때의 시가
一言いちごんで～えば 한 마디로 말하자면 ②…라 **いえい** [遺影] 유영, 고인의 사진・초상화
고 하다〔일컫다〕¶ 漱石そうせきは本名ほんみょうを金之 **いえがまえ** [家構え] 집의 구조 = やづくり¶
助すけと～ 漱石는 본명을 金之助라고 한다 立派りっぱな～の邸宅ていたく 으리으리한 구조의 저택
¶ 부르다, 일컬어 말하다¶ 彼かれこそ言いうべ **いえがら** [家柄] ①집안, 가문¶ 貴族きぞくの～ 귀
き人物じんぶつだ 그 사람이야말로 거장이라고 불리 족 가문/ ～がよい 가문이 좋다 ②명문¶ ～
야 할 인물이다 II 自五 ①소리가 나다, 소리 の人ひと 명문 출신인 사람
를 내다¶ 風かぜがピューピュー～ 바람이 윙윙 **いえき** [胃液] [醫] 위액
소리를 내다 ②(「…と～」의 꼴로) …라고 하 **いえじ** [家路] (文) 귀로 = 歸路きろ¶ ～を急いそぐ
다, …라고 하더라¶ 政權せいけんが變かわると～ 정 귀로를 서두르다/ ～につく 귀로에 오르다
권이 바뀐다고 한다 ③(「…と～…」의 꼴로) **イエス** (yes) 예스¶ ～かノーかはっきりせよ 예
…라는〔은〕 (모두)¶ 今度こんどと～今度は絶 스냐 노냐 분명히 해라 ━ノー 예스 노
對たいに見逃みのがさぬ 꼭 이번에야말로 절대 간 **いえすじ** [家筋] 집안의 혈통, 가계¶ 由緖ゆいしょ

いえだに

のある～ 유서 깊은 가계〔혈통〕
**いえだに**〔家蜱・家〔壁蝨〕〕〔動〕진드기
**いえつき**〔家付(き)〕〔名〕집이 딸림¶～の土地を買かう 집이 딸린 토지를 사다 —娘な 데릴 사위를 맞아 뒤를 이은 딸
**いえで**〔家出〕〔名〕〔自スル〕가출¶～人に 가출인
**いえども**〔°雖も〕I〔接助〕(「…と～」의 꼴로)…라 할지라도, 비록 …라 하더라도¶春はると寒さむさは厳きびしい 비록 봄이라 하더라도 추위는 심하다 II〔副助〕(「…と～」의 꼴로)…이라도, …도 역시¶鬼神きじんと～感かんずれば泣なく 귀신이라도 감동하면 울 것이다
**いえなみ**〔家並(み)〕 ①집들이 늘어섬. 그런 모양새¶まばらになった～ 드문드문 늘어선 집들 ②집집마다, 매호, 가가호호¶～に訪問ほうもんする 가가호호를 방문하다
**いえぬし**〔家主〕가주, 집주인＝ やぬし
**いえねこ**〔家猫〕집에서 기르는 고양이, 집괭이
**いえのこ**〔家の子〕①양가집 자제 ②가신, 종복 ③(유력한 정치인 등의) 부하, 심복 ④〔日史〕(무인 가계의 일족으로) 본가의 후계자와 주종 관계를 맺고 있는 사람
**いえばえ**〔家蠅〕〔動〕집파리
**いえもち**〔家持(ち)〕①집을 가짐, 그런 사람 ②가장, 세대주 ③살림(살이)¶～がよい 살림을 잘하다 ④〔日史〕(江戸ど 시대에) 일반 주민으로서 집을 소유하고 거주한 사람
**いえもと**〔家元〕(예도에서) 그 유파의 본가로서 전통을 잇는 집, 그 집의 당주, 종가(집)＝ 宗家けの¶華道かどうの～ 꽃꽂이의 종가
**いえやしき**〔家屋敷〕집과 그 대지¶～を人手ひとに渡わたす 집과 대지를 남의 손에 넘기다
**い・える**〔癒える〕〔自下一〕〔文〕(병・상처 등이) 낫다, 아물다¶病やまいが～ 병이 낫다 ②(고뇌・슬픔 등이) 치유되다¶心こころの傷きずが～ 마음의 상처가 아물다
**イエロー**(yellow) 옐로, 황색 **—カード**(yellow card) 옐로 카드 **—ジャーナリズム**(yellow journalism) 옐로 저널리즘 **—フラッグ**(yellow flag) 옐로 플래그, (국제 신호인) 검역기
**いえん**〔以遠〕〔造語〕이원, (어느 지점을 포함해) 그곳보다 더, …보다 먼 곳〔쪽〕¶広島ひろしま～ 広島以원 **—権**けん 이원권
**いえん**〔胃炎〕〔医〕위염 **慢性**まんせい**～** 만성 위염
**いおう**〔以往〕〔造語〕= 以後いご¶明治めいじ～百年ひゃくねん 明治 이후 100年
**いおう**〔硫黄〕〔化〕유황, 황＝ ゆおう
**いおうびょう**〔"萎黄病〕위황병 ①〔医〕철결핍성 빈혈 ②〔農〕식물의 잎이 황백색이 되는 병
**イオマンテ** 곰축제＝ イヨマンテ 〔아이누 말〕
**いおり**〔"庵〕초막, 암자¶～を結むすぶ 암자를 짓다
**イオン** (독 Ion)〔化〕이온 **—価**か〔化〕이온가 **—化**か**傾向**けいこう〔化〕이온화 경향 **—結合**けつごう〔化〕이온 결합 **—交換**こうかん**樹脂**じゅし〔化〕이온 교환 수지 **—反応式**はんのうしき〔化〕이온 반응식
**いおんびん**〔イ音便〕〔文法〕활용 어미「き・ぎ・り」등이「い」로 변하는 音便 ▷「咲さきて」가

「咲さいて」,「ございます」가「ございます」로 되는 것 등
**いか**〈烏賊〉〔動〕오징어
**いか**〈紙鳶〉・°凧〕연＝ たこ
**いか**〔以下〕이하 ①〔造語〕《수량・단계 등을 나타내는 명사에 붙여》그것을 포함해서 그보다 아래임¶六歳ろくさい～ 6세 이하/人間にんげんの扱あつかい가 인간 이하의 취급 ②〔造語〕《대표로 쓰는 말에 붙여》…외¶主将しゅしょう～六名ろくめいが 주장 이하 여섯 명 ③(이것으로부터) 뒤, 다음¶～同文どうぶん 이하 동문
**いか**〔医科〕①의과 ②의과대학의 속칭 **—大学**だいがく 의과 대학
**いか**〔医家〕〔文〕의가, 의사, 의원
**いか**〔異化〕〔名〕〔自他スル〕〔心〕이화 **—作用**さよう〔生〕이화 작용 ⇔ 同化作用どうかさよう
**いが**〔"毬〕(밤 등의) 가시 돋친 겉껍데기¶くりの～ 밤송이
**いが**〔伊賀〕〔地〕일본의 옛지명. 지금의 三重현 북서부 = 伊州いしゅう —袴ばかま〔服〕무릎 부분을 끈으로 묶어 아랫도리를 가뿐하게 한 바지
**いかい**〔位階〕위계, 품계 **—勲等**くんとう 위계 훈등
**いかい**〔遺戒・遺誡〕〔文〕유계, 유훈¶父ちちの～を守まる 아버지의 유훈을 지키다
**いがい**〔貽貝〕〔動〕홍합
**いがい**〔以外〕〔造語〕이외 ①(범위의) …밖 ⇔ 以内いない ②(제외한) 외, 밖¶僕ぼく～知しらない 나 이외는 모른다/関係者かんけいしゃ～の入室にゅうしつを禁止きんしする 관계자외의 입실을 금지하다
**いがい**〔意外〕〔形動〕의외, 예상 외, 뜻밖¶彼かれが来くるとは～だ 그가 오다니 뜻밖이다 **—と**〔副〕의외로, 예상 외로, 뜻밖에
**いがい**〔遺骸〕유해, 시체＝ なきがら
**いがいちょう**〔居開帳〕〔佛〕절의 본존 등을 참배객에게 공개하는 일 ⇔ 出開帳でがいちょう
**いかいよう**〔胃潰瘍〕위궤양
**いかが**〔如何〕〔副〕①어떤가, 어떻게¶～お過すごしですか 어떻게 지내십니까 ②(의견을 묻거나 권유하는) 어떤가, 어떻게¶こちらにいらしては…ですか 이쪽으로 오시면 어떻겠습니까 ③(생각해 보아야 하는) 어떨까¶それは～なものでしょう 그것은 어떨는지요
**いかがわし・い**〔如何わしい〕〔形〕①의심스럽다, 수상하다, 수상적다¶～品物しなもの 의심스러운 상품/～人物じんぶつ 수상쩍은 인물 ②(풍기상) 수상하다, 저속하다¶～場所ばしょ 수상쩍은 장소/～本ほん 저속한 책
**いかく**〔威嚇〕〔名〕〔他スル〕위하, 위협¶～射撃しゃげき 위협 사격
**いがく**〔医学〕의학 **臨床**りんしょう**～** 임상 의학
**いがく**〔異学〕①이학, 정통이 아닌 학문 ②江戸えど幕府ばくふ가 인정한 주자학 이외의 유학
**いがぐり**〔"毬"栗〕①송이밤 ②까까머리
**いかけ**〔鋳掛(け)〕땜질 **—屋**や 땜쟁이
**いかさま**〈如何〉様〕I〔副〕〔口〕과연, 정말¶～, ごもっとも 과연 지당하다/ ～今いまにも崩くずれそう 정말 지금이라도 무너질 것 같다 II〔名〕가짜, 사기, 협잡¶～ばくち 사기 도박/

物』 가짜, 위조품/ ~をやる 사기를 치다 —**師** 사기꾼, 야바위꾼

**いか・す** 国(俗) (모습・복장 등이) 매력적이다, 근사하다, 멋지다¶ —デザイン 멋진 디자인/ こいつは~ねえ 이건 근사한데

**いか・す** [生かす・活かす] 他国 살리다 ⇔ 殺す ①되살리다, 소생시키다 死んだ者を~わけにはいかない 죽은 사람을 되살릴 수는 없다 ②살려두다¶~しては帰さぬ 살려서는 돌려보내지 않는다 ③유효하게 쓰다, 활용하다¶ 個性を~ 개성을 살리다

**いかすい** [胃下垂] 医 위하수

**いかずち** [*雷] (文) 우레, 천둥

**いかぞく** [遺家族] 유가족

**いかだ** [*筏] ①뗏목 —**乗り** 뗏목꾼/ ~流し 뗏목으로 강을 내려감 ②[料] 꼬치

**いがた** [鋳型] ①주형, 거푸집¶~を外す 거푸집을 떼어내다 ②정해진 틀¶~にはめて教育する 틀에 박힌 듯이 교육하다

**いかだし** [*筏師] 뗏목꾼, 뗏목 사공

**カタル** [胃カタル] 医 위카타르, 위염

**いかつ** [威喝] 名他スル (文) 큰 소리로 위협함, 으름¶ 相手を~する 상대방을 위협하다

**いかつ・い** [厳つい] 形 억세다, 준엄하다¶~肩 다부진 어깨/~顔 준엄한 얼굴

**いかな** [〈如何〉な] 連体 어떠한, 어떤¶~人でも答えられない 어떤 사람이라도 대답하지 못한다

**いかなご** [玉筋魚] 動 까나리 = こうなご

**いかなる** [〈如何〉なる] 連体 (文) 여하한, 어떠한, 어떤¶~ことがあろうとも驚かない 여하한 일이 있어도 놀라지 않다

**いかに** [〈如何〉に] 副 ①어떻게, 어찌¶~生きるかが問題だ 어떻게 살 것인가가 문제다 ②얼마나, 아무리¶~強くても彼女には勝てまい 아무리 강해도 그에게는 이기지 못할 것이다 ③정말로, 매우, 자못 ②과연, 확실히

**いかのぼり** [紙鳶・*凧] 연, 종이연

**いかばかり** [〈如何〉許り] 얼마나, 얼마만큼¶~心配したことか 얼마나 걱정했는지

**いかほど** [〈如何〉程] 副 ①(분량・가격의) 얼마, 얼마만큼¶ お代は~ですか 값은 얼마입니까/~差し上げましょうか 얼마나 드릴까요 ②(정도가) 아무리, 얼마나¶~努力してもだめだ 아무리 노력해도 헛일이다

**いがみあ・う** [*啀(み)合う] 自国 ①(짐승이) 으르렁거리다¶ 牙をむいて~ 엄니를 드러내고 으르렁거리다 ②(사람이) 서로 미워하며 다투다, 으드등거리다¶ 隣どうしで~ 이웃끼리 서로 으드등거리다

**いかめし・い** [厳しい] 形 위압적이다, 준엄하다, 삼엄하다¶~顔つき 위엄 있는 얼굴 생김새/ ~警備 삼엄한 경비/ —**門構えの家** 으리으리한 대문이 있는 집

**いかもの** [〈如何〉物] ①가짜, 모조품¶~をつかまされる 가짜를 속아 사다 ②별난 것, 색다른 것¶~をあさる 별난 것을 찾아다니다 —**食い** ①별난(색다른) 것을 즐겨 먹음, 그런 사람 ②별난(색다른) 취미・기호를 가짐, 그런 사람

**いかよう** [〈如何〉様] ⑦(文) 어떻게, 어떠한, 어떤 = どのよう¶~にもいたします 어떻게라도 할 수 있습니다/~に取りはからいましょうか 어떻게 조처할까요

**いから・す** [怒らす] 他国 ①위압적인 태도를 취하다¶ 目を~ 눈을 부라리다/ 肩を~ 어깨를 으쓱거리다 ②화나게(성나게) 하다¶ からかって~ 놀려대서 화나게 하다

**いがらっぽ・い** 形 아릿하다 = えがらっぽい¶ のどが~ 목구멍이 아릿하다

**いかり** [怒り] 화, 노여움, 분노¶~を買う 분노를 사다/ ~に燃える 노여움에 불타다
慣用句
—**心頭に発す** 격노하다, 노발 대발하다

**いかり** [錨・*碇] 닻¶~を上げる 닻을 올리다/ ~を下ろす 닻을 내리다

**いかりがた** [怒り肩] 모나고 치켜 올라간 어깨

**いかりくる・う** [怒り狂う] 自国 미친듯이 화를 내다, 격노하다

**いかりそう** [*碇草] 植 삼지구엽초

**いかる** [斑鳩] 動 밀화부리, 고지새

**いか・る** [生かる・活かる] 自国 (꽃 등이) 꽃꽂이로 꽂히다, 살 수 있는 상태로 꽂히다¶ 菊が一輪~・っている 국화가 한 송이 꽂혀 있다

**いか・る** [怒る] 自国(文) ①화내다, 성내다, 노하다¶ 烈火のごとく~ 열화같이 노하다 ②(모양이) 모나다 = かどばる¶ ~・った肩 모난(딱 바라진) 어깨

**いか・る** [埋かる] 自国 묻히다¶ 灰に炭が~・っている 재에 숯이 묻혀 있다

**いかるが** [斑鳩] 動 밀화부리, 고지새 —**の里** 地 法隆寺가 있는 부근의 지명 —**の宮** 601년 聖徳太子가 지은 궁전

**いかれぽんち** (俗) 경박한 남자, 분별없는 사나이

**いか・れる** 自下一(俗) ①못쓰게 되다, 망가지다¶ ~・れた自転車 망가진 자전거 ②제정신이 아니다, 돌다, 얼빠지다¶ すっかり頭が~・れている 완전히 머리가 돌았다 ③불량기를 띠다¶ ~・れたかっこう 불량스러운 모양 ④넋을 잃다, 빠지다, 열중하다¶ 彼女に~・れている 그녀에게 빠져 있다 ⑤당하다, 지다¶ 奴に~・れてしまった 녀석에게 당하고 말았다

**いかん** 連語(口) 안 된다, 좋지 않다, 못쓴다¶ 見ては~ 보아서는 안 된다/ そんなことをしては~ 그런 짓을 해서는 못쓴다

**いかん** [〈如何〉・奈何] (文) I 名 여하, 어떠함¶ 理由の~を問わず 이유 여하를 막론하고/ 結果の~によって 결과 여하에 II 副 어떻게, 어떤지¶ 結果は~ 결과는 어떤가? —**せん** 連語 어찌하랴, 유감스럽게도 —**とも** 副 어떻게도

**いかん** [衣冠] ①의관, 의복과 관 ②(옛날 귀족의) 束帯에 버금가는 약식 예복 —**束帯**

いかん

옛날 귀족의 정장
**いかん**【尉官】(군인 계급에서) 위관
**いかん**【異観】⊗ 색다른 모습, 진기한 광경¶～を呈する 진기한 광경을 보이다
**いかん**【移管】图他ス 이관¶事業を県に～する 사업을 현에 이관하다
**いかん**【偉観】⊗ 위관, 장관¶～を誇る 장관을 자랑하다
**いかん**【遺憾】图⑦⊗ 유감¶～に堪えない 유감스럽기 짝이 없다/今回の結果를～に思う 이번 결과를 유감스럽게 생각하다－**千万** 유감 천만 **無く** 連語 유감없이
慣用句
**—の意を表する** 유감의 뜻을 표하다
**いかん**【依願】【造語】의원, 본인의 원에 의함¶～退職 의원 퇴직
**いがん**【胃癌】[医] 위암
**いかんそく**【維管束】[植] 유관속, 관다발
**いき**【域】音イキ(キキ)(음)역. Ⅰ 【造語】구획된 장소, 경계 ¶域内 역내 · 区域 구역 ②경계의 안쪽, 정해진 범위¶地域 지역 · 領域 영역 · 지방, 나라¶異域 이역 Ⅱ 사물의 정도 · 범위, 경지, 단계¶名人の～に達する 명인의 경지에 이르다 · 素人の～を出ない 초심자의 단계를 벗어나지 못하다
**いき**【息】①숨, 호흡, 입김＝呼吸¶～が苦しい 숨이 가쁘다/～が白い 입김이 뿌옇다/～のあるうちに言い残す 숨이 붙어 있는 동안에 유언을 하다 ②(무엇을 함께 할 때의) 기분, 손발¶二人の～もぴったりだ 두 사람의 호흡이 잘 맞다
慣用句
**—が合う** 호흡이 맞다, 손발이 맞다
**—が掛かる** 입김이 닿다, 영향력이 미치다
**—が通う** ①살아 있다 ②생생하다
**—が切れる** ①숨이 차다 ②숨이 끊어지다, 죽다
**—が絶える** 숨이 멎다, 죽다
**—が続く** 어떤 상태가 계속 이어지다
**—が詰まる** 숨이 막히다
**—が長い** 생명이 길다, 오래 지속되다
**—が弾む** 숨결이 거칠어지다, 숨을 헐떡이다
**—を入れる** 한숨 돌리다, 잠깐 쉬다
**—を凝らす** (긴장 등으로) 숨을 죽이다
**—を殺す** 숨소리를 죽이다, 숨소리를 참고 가만히 있다
**—を吐く** 한숨 돌리다, 잠시 마음을 놓다
**—を吐く暇も無い** 숨 돌릴 겨를도 없다, 잠시 쉴 틈도 없다
**—を抜く** 숨을 돌리다, (도중에) 잠시 쉬다, 기분 전환하다
**—を呑む** (놀라서) 숨을 죽이다
**—を引き取る** 숨을 거두다, 죽다
**—を吹き返す** 되살아나다 ①소생하다 ②회복되다
**いき**【粋】图ナ ①(기질·옷차림 등이) 멋짐, 세련됨¶～なきもの姿だ 멋진 일본옷 차림이다 ②(세상 물정에) 정통함, (화류계에) 통달함

¶～な計らい 배려 깊은 조처/～筋の女 화류계 방면의 여성 ▷①② ☞ 野暮
**いき**【生】图【造語】①생, 삶, 살아 있음¶～証人 산 증인/～仏 살아 있는 부처 ②【活き】싱싱함, 신선함, 선도¶とれたての～のいい魚 갓 잡은 물이 좋은 생선 ③【活き】(바둑에서) 생, 삶¶この石は～だ 이 돌은 살았다 ④【版】생, (수정한 곳을) 다시 살림
慣用句
**—がいい** (물고기 등이) 싱싱하다, 물이 좋다
**いき**【壱岐】[地] 일본의 옛지명. 지금의 長崎현 壱岐군＝壱州
**いき**【位記】⊗ 위기, 벼슬의 품계를 적어 본인에게 교부하는 문서
**いき**【委棄】图他ス⊗ 위기, 권리를 포기하고 타인의 의사에 맡기는 일
**いき**【意気】의기 ①마음가짐, 기개, 기상¶必勝の～ 필승의 의기/人生に～に感じる 인생은 의기에 감동한다 ②기세¶～が揚がる 기세가 오르다 **—軒昂** 기세 당당한 모양, 원기 왕성한 모양 **—込み** 기세, 패기, 열의 **—込む** 自五 분발하다, 힘을 내다 **—地** (무엇을 관철하려는) 오기, 패기, 고집 **—消沈** 의기 소침 **—衝天** 의기 충천 **—阻喪** 의기 저상, 기세가 꺾임 **—投合** 의기 투합 **—揚揚** 의기 양양
**いき**【遺棄】图他ス[法] 유기¶～死体 사체 유기 **—罪** [法] 유기죄
**いぎ**【威儀】위의, 위용＝威容¶～を正す 위용을 바로하다 **—師** [仏] 계율을 받을 때 예의범절을 지도하는 승려
**いぎ**【異議】의의＝～語 동음 이의어
**いぎ**【異議】이의 ①다른 의견, 이론＝異論¶～なし 이의 없음/～を唱える 이의를 제기하다 ②[法] 불복의 의사 표시¶～の申し立て 이의 신청
**いぎ**【意義】의의 ①뜻, 의미 ②가치, 값어치, 중요성¶～のある仕事 의의 있는 일
**いきあ・う**【行(き)合う】自五 → ゆきあう
**いきあたり**【行(き)当(た)り】→ ゆきあたり
**いきあた・る**【行(き)当(た)る】自五 → ゆきあたる
**いきいき**【生き生き】副 自ス 생생한(싱싱한) 모양, 생기 있는 모양, 활기찬 모양¶～とした顔 생기 있는 얼굴/～と描かれている 생생하게 묘사되어 있다
**いきうつし**【生(き)写し】⊗ 꼭 닮음, 빼닮음¶母親に～の娘 어머니를 빼닮은 딸
**いきうま**【生(き)馬】살아 있는 말
慣用句
**—の目を抜く** 눈 감으면 코 베어 간다
**いきうめ**【生(き)埋め】생매장¶～になる 생매장되다
**いきえ**【生(き)餌·活(き)餌】산 미끼(먹이)
**いきおい**【勢い】Ⅰ 图 ①힘, 기세¶破竹の～ 파죽지세/火の～ よく燃える 불이 기세좋게 타다 ②위력, 위세, 세력¶一位で当選する～ 일등으로 당선될 위세/～をふる

う 위력을 떨치다 ③(「~で」의 꼴로) 기운으로, 여세로¶ 酔った~で 취한 기운으로/勝った~で優勢をねらう 이긴 여세로 우승을 노리다 ④(되어 가는) 추세, 時のにまかせる 시대의 추세에 맡기다 Ⅱ 副 당연히, 자연히, 필연적으로¶ ~、彼の方も黙ってはいない 당연히 그의 쪽에서도 잠자코 있지는 않는다

いきおいこ・む【勢い込む】 自五 단단히 마음먹다[벼르다]. 분발하다¶ 今度こそ勝とうと~ 이번이야말로 꼭 이기겠다고 분발하다/~・んで仕事にとりかかった 단단히 벼르고 일에 착수했다

いきがい【生(き)甲斐】 사는 보람¶ ~を感じる 사는 보람을 느끼다

いきがい【域外】 역외, 구역 밖 ⇔ 域内¶ ~調達 역외 조달

いきか・う【行(き)交う】 自五 (文) → ゆきかう

いきかえり【行(き)帰り】 → ゆきかえり

いきかえ・る【生き返る】 自五 되살아나다 ①싱싱해지다¶ 雨で草木が~ 비로 초목이 싱싱해지다 ②소생하다¶ 死者が~ 죽은 사람이 소생하다

いきがかり【行(き)掛(か)り】 → ゆきがかり

いきがけ【行(き)掛け】 → ゆきがけ

いきかた【生き方】 생활 방식, 생활 태도¶ 厳しい~ 엄격한 생활 태도

いきかた【行き方】 → ゆきかた

いきがみ【生(き)神】 살아 있는 신, 생불¶ ~様のように敬われる 생불처럼 존경받다

いきき【行き来】 → ゆきき

いきも【生(き)肝】 생간
|慣用句|
―を抜く 생간을 빼내다 ①간담을 서늘하게 하다 ②몹시 놀라게 하다

いきぎれ【息切れ】 ①(숨이 차서) 헐떡임 ②(힘에 겨워) 헐떡임, 중도에 그만둠

いきぐるし・い【息苦しい】 形 ①숨쉬기가 힘들다¶ 熱があって~ 열이 있어 숨쉬기가 힘들다 ②(긴장된 분위기로) 숨막힐 듯하다, 답답하다¶ 緊張で~ 숨막힐 듯한 긴장/ ~空気 답답한 공기

いきさき【行(き)先】 → ゆきさき

いきさつ【〈経緯〉】 경위, 일의 경과, 사정, 곡절¶ これまでの~ 지금까지의 경위/事件の~を説明する 사건의 경위를 설명하다

いきじごく【生(き)地獄】 생지옥¶ 現場はそれこそ~だった 현장은 그야말로 생지옥이었다

いきしな【行きしな】 가는 길, 가는 김¶ = ゆきしな¶ ~に寄る 가는 길에 들르다

いきしに【生き死に】 생사 = 生死¶ ~にかかわる問題 생사에 관계되는 문제

いきじびき【生(き)字引】 살아 있는 사전, 만물박사¶ 先生は~だ 선생님은 만물 박사다

いきす・ぎる【行(き)過ぎる】 自上一 → ゆきすぎる

いきすじ【粋筋】 ①화류계 방면¶ ~に通じた人 화류계 사정에 밝은 사람 ②정사(情事)에 관한 일

いきせき・きる【息急き切る】 自五 (매우 급해서) 숨을 헐떡거리다, 헐레벌떡하다¶ ~ってかけつける 헐레벌떡하며 달려오다

いきたい【生き体】 [相撲] 넘어질 듯하면서도 다시 일어날 수 있는 상태 ⇔ 死に体

いきだおれ【行(き)倒れ】 → ゆきだおれ

いきたな・い【寝穢い】 形 ①(잠에) 곯아떨어지다¶ ~・く眠る 곯아떨어져 자다 ②잠버릇이 험하다¶ ~寝姿 잠버릇이 험한 모습

いきち【生(き)血】 생혈, 생피
|慣用句|
―を吸う 생피를 빨아먹다, 냉혹한 수단으로 이익을 탐하다

いきちがい【行(き)違い】 → ゆきちがい

いきづかい【息遣い】 숨, 숨결¶ 苦しい~ 가쁜 숨결/ 荒い~をする 거친 숨을 쉬다

いきつぎ【息継ぎ】 名スル ①(노래・대사 도중에) 숨을 쉼¶ 小節間に~する 소절 사이에서 숨을 쉼 ②(수영에서) 호흡 ③(일하는 도중) 잠시 쉼, 한숨 돌림¶ ~に一服する 잠시 쉬는 짬에 한 대 피우다

いきつ・く【行(き)着く】 自五 → ゆきつく

いきづ・く【息衝く】 自五 (文) ①한숨쉬다, 탄식하다 ②헐떡이다, 가쁜 숨을 쉬다¶ 急いで来たので~ 급히 왔기 때문에 헐떡거리다 ③숨쉬다, 살아 있다¶ 現代に~伝統 현대에 숨쉬고 있는 전통

いきつけ【行(き)付け】 → ゆきつけ

いきづま・る【行(き)詰(ま)る】 自五 → ゆきづまる

いきづま・る【息詰(ま)る】 自五 (긴장감 등으로) 숨이 막히다¶ 熱戦 숨막히는 열전

いきつもどりつ【行きつ戻りつ】 連語 → ゆきつもどりつ

いきどお・る【憤る】 自五 (文) 분노하다, 분개하다, 노하다¶ 悪徳商法に~ 악덕 상법에 분개하다

いきとど・く【行(き)届く】 自五 → ゆきとどく

いきどまり【行(き)止まり】 → ゆきどまり

いきない【域内】 名 (文) 역내, 구역 안 ⇔ 域外¶ ~貿易 역내 무역

いきなが・らえる【生(き)長らえる】 自下一 오래 살다¶ 無為に~えて恥をかいた 하는 일 없이 오래 살아 치욕을 당했다

いきなや・む【行(き)悩む】 自五 → ゆきなやむ

いきなり 副 갑자기, 별안간, 돌연, 느닷없이¶ ~立ち上がる 갑자기 일어서다/ ~泣き出した 느닷없이 울기 시작했다

いきぬき【息抜き】 名 自スル ①잠시 쉼, 한숨 돌림¶ ~に散歩する 잠시 쉬려고 산책하다 ②환기창, 환기통

いきぬ・く【生(き)抜く】 自五 (고난을 참고) 살아 나가다[나오다]¶ 苦難の時代を~ 어려운 시대를 살아 나가다

いきのお【息の緒】 ①목숨, 생명 ②호흡, 숨

いきのこり【生(き)残り】 살아 남음, 생존자¶ 戦争の~ 전쟁의 생존자

いきのこ・る [生(き)残る] 自五 살아 남다¶最後まで〜 끝까지 살아 남다
いきのした [息の下] 끊어질 듯한 숨결 속¶苦しい〜から言う 넘어갈 듯한 괴로운 숨결 속에서 말하다
いきのね [息の根] 숨통, 호흡, 목숨, 생명 慣用句 ─を止める ①숨통을 끊다, 죽이다 ②(재기할 수 없도록) 패배시키다
いきの・びる [生(き)延びる] 自上一 ①(죽을 것을) 살아 남다¶危ないところを〜 위험한 고비에서 살아 남다 ②오래 살다
いきば [行き場] → ゆきば
いきはじ [生き恥] 살아서 수모를 당함, 살아서 당하는 치욕 ⇔死に恥 ¶〜をさらす 살아서 수모를 당하다
いきば・る [息張る] 自五 ①숨을 들이켜 배에 힘을 주다 ②분발하다, 힘내다
いきぼとけ [生(き)仏] ①생불, 살아서 부처처럼 숭상받는 사람 ②덕이 높은 스님
いきま・く [息巻く] 自五 ①큰소리치다, 기염을 토하다¶優勝すると〜 우승한다고 큰소리치다 ②(노해서) 씩씩거리다, 으르대다, 딱딱거리다¶ふざけるなと〜 까불지 말라고 씩씩거리다
いきみ [生き身] 산몸, 살아 있는 몸
いき・む [息む] 自五 (숨을 들이켜) 배에 힘을 주다=いきばる
いきもの [生き物] ①살아 있는 것, 생물, 동물 ②생명체처럼 살아 움직이는 것¶言葉は〜だ 말은 살아 있는 생명체다
いきやすめ [息休め] 名 スル (일 도중에) 잠시 쉼, 한숨 돌림¶ちょっと〜する 잠시 쉬다
いきよ [依拠] 名 自スル 文 의거, 근거를 둠¶フロイトの説に〜する 프로이트의 설에 의거하다
いきょう [異教] 이교 ①(자신의 종교와) 다른 종교 ②기독교 이외의 종교 ─徒 이교도
いきょう [異郷] 文 이향, 타향, 타관, 타국=他郷 ¶〜にさすらう 타향에서 방랑하다
いきょう [異境] 이경, 이국, 외국, 타향=他国 ¶〜の土となる 타국에서 죽다
いぎょう [医業] 의업, 의료업
いぎょう [異形] 文 이상한 모습, 괴이한 모양¶〜の者 이상한 모습을 한 사람
いぎょう [偉業] 위업¶〜を成し遂げる 위업을 이룩하다
いぎょう [遺業] 文 유업, 고인이 남긴 사업¶先代の〜を継ぐ 선대의 유업을 잇다
いぎょうどう [易行道] 佛 이행도
いきよく [医局] 醫 (대학 병원 등의) 의국¶内科〜 내과 의국
いきょく [委曲] 文 위곡, 아주 상세함, 소상한 곡절¶〜を知らせる 상세하게 알리다 慣用句 ─を尽くす 아주 소상히 밝히다
イギリス [포 Inglês] 영국 ─革命 史 17세기에 영국에서 일어난 청교도 혁명과 명예 혁명의 총칭 ─連邦 政 영연방
いきりた・つ [いきり立つ] 自五 격노하다, 격분하다¶横柄な態度に〜 건방진 태도에 격노하다
いきりょう [生(き)霊] 생령, 살아 있는 사람의 원령(怨靈) ⇔死霊 ¶〜がとりつく 살아 있는 사람의 원령이 쒸다
い・きる [生きる] 自上一 살다 ①생존하다¶六十まで〜 예순 살까지 살다 ②생계를 유지하다, 생활하다¶〜手立て 생계를 유지할 수단¶(「…に〜・…を〜」의 꼴로) 생활하다, 살아가다¶楽園に〜 낙원에서 살다/ 二十世紀を〜 20세기를 살아가다 ④(생명이 있듯이) 살아 있다¶海は〜・きている 바다는 살아 있다 ⑤(마음을 쏟고) 살아가다¶芸術に〜 예술에 살다 ⑥유효하다, 가치를 지니다¶この規則は今も〜・きている 이 규칙은 지금도 살아 있다 ⑦생동하다, 살아나다¶この語句によって文章が〜 이 어구로 문장이 살다 ⑧[^活きる](효력이) 나타나다, 살아나다¶素材の味が〜・きた料理 소재의 맛이 살아난 요리 ⑨[^活きる] (바둑에서) 살아나다¶隅の白が〜 구석의 백이 살아나다 慣用句
─・きた心地もしない (너무 두려워서) 살아 있는 기분이 나지 않다
─・きた空はない (너무 두려워서) 살아 있는 감이 안 나다=生きた心地もしない
─・きとし生ける物 살아 있는 모든 것, 온갖 살아 있는 것
いきれ [造語] 찌는 듯한 열기, 훈김¶人〜 사람의 훈김¶草〜 풀의 훈김
いきわかれ [生(き)別れ] 생이별 ⇔死に別れ ¶子供と〜になる 자식과 생이별하다
いきわた・る [行(き)渡る] 自五 → ゆきわたる
いく [育] 舊 イク 訓 そだて・そだてる|(음)육, (造語) ①기르다, 양육하다¶育児 육아¶訓育 훈육・飼育 사육 ②성장하다¶成育 성육・発育 발육 ③교육하다¶教育 교육・体育 체육
いく [^郁] 舊 イク|(음)욱, (造語) 번성함, 향기로움¶郁郁 욱욱・馥郁 복욱
いく [幾] (명사・형용사에 붙어) 몇¶얼마¶〜夜 몇 밤/〜年 몇 해/〜山河 얼마나 많은 산하 ②많은, 여러, 수¶〜千年も 수천 년이나/〜久しく 오래 오래
い・く [行く・往く] 自五 → ゆく(行)
い・く [逝く] 自五 → ゆく(逝)
いぐい [居食い] 名 自スル (직업이 없이) 놀고 먹음, 무위 도식¶〜の生活 놀고 먹는 생활
いくいく [^郁^郁] 舊 スル 文 욱욱 ①문물이 번성함 ②향기가 진동함
いくえ [幾重] 文 여러 겹, 몇 겹, 겹겹, 첩첩¶〜もの人垣 여러 겹의 사람 울타리/雲が〜かかっている 구름이 첩첩이 떠있다 ─にも 副 몇 번이고, 거듭
いくえい [育英] 名 ¶〜事業 육영

사업/ ~資金ﾙ 육영 자금 **一会**ｶ 육영회
**いくさ** [戦]˹軍˼ 전쟁, 전투, 싸움¶ ~に勝ｶ
  つ 싸움에 이기다 **一の庭** 싸움터
**いぐさ** [˟藺草] → い(藺)
**いくさき** [行く先] → ゆくさき
**いくじ** [育児] 육아¶ ~日記ｷ 육아 일기/ ~
  に追われるの 육아에 쫓기다
**いくじ** [意気地] 기개, 패기, 의지= 意地ｼﾞ¶
  ~がない 패기가 없다 **一無**ﾅｼ 패기가 없음,
  그런 사람
**いくしゅ** [育種] [農] 육종. 품종 개량¶ ~学ｶﾞ
  육종학
**いくせい** [育成] [名] [他ｽﾙ] 육성¶ 後継者ｺｳｹｲ
  の~ 후계자의 육성
**いくた** [幾多] [名] [文] 수많음, 숱함¶ ~の困
  難ﾅﾝを克服ｸする 수많은 곤란을 극복하다
**いくたび** [幾度] [文] 몇 번, 몇 차례= いくど
**いくたり** [幾人] [文] 몇 명, 몇 사람= いくにん
**いぐち** [〈兎唇〉·〈欠唇〉] = としん (兎唇)
**いくつ** [幾つ] [名] [副] ①몇, 몇 개¶ ~ありま
  すか 몇 개 있습니까? ②몇 살¶ 年ﾄｼは~です
  か 나이는 몇 살입니까? ③((`~も`·`にも`
  의 꼴로)) 몇이고, 여럿¶ 駅ｴｷを~も通ﾄｵりす
  ぎる 역을 몇 번이나 지나가다 ④((`~か`의 꼴
  로)) 몇인가, 약간¶ その品物ｼﾅﾓﾉなら~かある
  그 물건이라면 약간 있다
**いくど** [幾度] [文] ①몇 번, 몇 차례¶ ~読ﾖ
  んでも面白ｵﾓｼﾛい 몇 번 읽어도 재미있다 ②((`
  ~か`의 꼴로)) 몇 번인가¶ ~かお会ｱｲした
  ことがある 몇 번인가 만난 적이 있다 ③((`~
  も`의 꼴로)) 몇 번이나, 여러 번¶ ~も電話ﾃﾞﾝ
  をする 몇 번이나 전화를 걸다
**いくどうおん** [異口同音] [名] 이구 동성¶ ~
  に唱ﾄﾅえる 이구 동성으로 제창하다
**いくとせ** [幾˹年˼] [文] 몇 년, 몇 해= いくねん
  ¶ ~も続ﾂﾂﾞく 몇 해고 계속되다
**いくにち** [幾日] 며칠 ①몇 날¶ あと~もない
  앞으로 며칠 안 남았다 ②며칟날, 어느 날¶
  結婚式ｹｯｺﾝｼｷは二月ﾆｶﾞﾂの~ですか 결혼식은 2
  월 며칟날입니까
**イグニッション** (ignition) 이그니션. (기관의)
  점화 장치 **一キー** (ignition key) 이그니션 키
**いくにん** [幾人] 몇 사람¶ 出席者ｼｭｯｾｷｼｬは~
  もいない 출석자는 몇 사람 되지 않는다
**いくばく** [幾何·幾許] [文] ((`~も`의 꼴로
  부정의 말이 딸리어)) 얼마 …(없다), 조금밖
  에 …(없다)¶ 余命ﾖﾒｲ~もない 여생이 얼마
  남지 않았다 **一か** [副] 얼마간, 조금, 다소
  [慣用句]
  **一も無**ﾅｸ 얼마 안 가, 이내
**いくび** [猪首] 짧고 굵은 목, 그런 목을 한 사람
**いく ひさしく** [幾久しく] [副] ⓒ 언제까지나,
  오래오래¶ ~お幸ｼｱﾜせに 언제까지나 행복하
  시기를
**いくぶん** [幾分] I [名] 일부, 일부분¶ 資産ｻﾝ
  の~を残ﾉｺす 자산의 일부를 남기다 II [副]
  얼마쯤, 약간, 다소¶ ~気ｷがひける 다소 마
  음이 내키지 않다

**いくよ** [幾夜] [文] ①며칠 밤= 幾晩ｲｸﾊﾞﾝ¶ ~そ
  の知ｼらせを待ﾏったことか 며칠 밤 그 소식
  을 기다렸던가 ②여러 날 밤¶ 眠ﾈﾑれぬ~ 잠
  못드는 여러 날 밤
**いくら** [幾ら] I [名] [副] ①얼마, 어느 정도¶ 値
  段ﾀﾞﾝは~ですか 값은 얼마입니까? ②((`~
  でも`의 꼴로)) 얼마든지¶ ~でも食ﾀべられ
  る 얼마든지 먹을 수 있다 ③((`~も`의 꼴로
  흔히 부정의 말이 딸리어)) 얼마 …(없다)¶
  残ﾉｺりは~もない 나머지는 얼마 안 된다 II [副]
  ((가정을 나타내는 말이 딸리어)) ①아무리
  …해도[라도]¶ ~話ﾊﾅしても尽ﾂきない 아무리
  이야기해도 끝이 없다 ②설사 …할지라도, 가
  령 …라도¶ ~子供ｺﾄﾞﾓでも許ﾕﾙせない 설사 어
  린애라 할지라도 용서할 수 없다 **一か** [副] 얼
  마간, 조금, 다소
  [慣用句]
  **一何**ﾅﾝでも** [連語] 아무리 사정이 있더라도
**イクラ** (러 ikra) 이크라. 연어·송어의 알을 한
  알씩 헤쳐서 소금에 절인 식품¶ ~ すじこ
**イグルー** (igloo) 이글루
**いくん** [偉勲] [文] 위훈. 큰 공훈¶ ~を立ﾀてる
  위훈을 세우다
**いくん** [遺訓] [文] 유훈¶ 父ﾁﾁの~を守ﾏﾓる 아
  버지의 유훈을 지키다
**いけ** 接頭 (불쾌한 기분을 강조하는 말) 매우,
  아주¶ ~好ｽかない 아주 싫다
**いけ** [池] ①못, 연못¶ ~を掘ﾎる 연못을 파
  다 ②연지(硯池) ⇔ 陸ｸ ③움푹 패인 곳에 빗
  물이 고인 곳
**いけい** [˟畏敬] [名] [他ｽﾙ] [文] 외경, 경외(敬畏)
  ¶ ~の念ﾈﾝ 외경심/ 私ﾜﾀｼたちの~する人物ｼﾞﾝﾌﾞﾂ 내
  가 경외하는 인물
**いけいれん** [胃˹痙攣˼] [醫] 위경련= さしこみ
**いけうお** [˹活(け)魚] (식용) 활어¶ ~料理ﾘｮｳ
  활어 요리
**いけがき** [生(け)垣] 산울타리, 생울타리¶ ひ
  ばの~ 노송나무 생울타리
**いけしゃあしゃあ** [副] (俗) (얄밉도록) 넉살좋
  게, 뻔뻔스럽게¶ ~と嘘ｳｿをつく 넉살좋게 거
  짓말을 하다
**いけす** [生(け)˟簀] 활어조¶ ~の魚ｳｵ 활어조
  의 물고기
**いけず** [名] [ﾅ] [方] 심보가 나쁨, 심술궂음, 심술쟁이
**いけずうずうし·い** [いけ˹図˼図しい] [形] [口]
  (얄미울 정도로) 넉살좋다, 뻔뻔스럽다¶ ~
  やつ 넉살좋은 녀석
**いけすかな·い** [いけ好かない] [形] [口] 매우 마
  음에 들지 않다, 마땅찮다¶ ~連中ﾚﾝﾁｭｳ 마땅
  잖은 패거리들
**いけぞんざい** [名] [ﾅ] [口] 매우 막됨, 무람없음¶ ~
  なふるまい 매우 막돼먹은 행동
**いげた** [井˹桁˼] ①나무로 짠 「井」자 모양의 우
  물 난간 ②「井」자형¶ ~に組ｸむ 「井」자형으
  로 짜다 ③˹紋˼ 「井」자 모양의 가문(家紋)
**いけづくり** [生(け)作り·˹活˼(け)作り] [料] 싱
  싱한 생선을 회로 쳐서 다시 원래 모습으로
  꾸며 내놓는 요리= いきづくり

いけどり【生(け)捕り】①생포, 사로잡음 ②포로=とりこ 敵を〜にする 적을 포로로 하다

いけど・る【生(け)捕る】他五 생포하다, 사로잡다 敵を〜 적을 생포하다

いけない 連語 ①바람직하지 않다, 좋지 않다, 나쁘다¶〜子 못된 아이/ このやり方は〜 이 방법은 좋지 않다 ②가망이 없다, 틀리다, 그르다¶病状はもう〜 병세는 이제 글렀다 ③못쓰게 되다¶ この靴はもう〜 이 구두는 이제 못쓰게 되었다 ④안됐다, 딱하다¶ それは〜ね 감기라니 그거 안됐군 ⑤(「…しては〜」의 꼴로)…해서는 안 된다¶ 死んでは〜 죽어서는 안 된다 ⑥(「…しなければ〜」의 꼴로)…해야 한다, …하지 않으면 안 된다¶ 生きなければならない 살아야 한다/ 明日までに報告しなければ〜 내일까지 보고하지 않으면 안 된다 ⑦(형용사 連用形+「て」에 붙어) 손 쓸 도리가 없다, 어쩔 수 없다, 아무래도 안 되겠다¶ 寒くって〜 추워서 안 되겠다 ⑧술을 못하다¶ 〜口なので… 술을 못하는 편이라서…

いけにえ【生(け)贄】①산 제물¶ 〜をささげる 산 제물을 바치다 ②(文) 희생물, 희생양¶革命の〜になる 혁명의 희생이 되다

いけばな【生(け)花・活(け)花】꽃꽂이, 꽃꽂이한 꽃¶ 〜を習う 꽃꽂이를 배우다

い・ける【行ける】自下一(口) ①갈 수 있다¶ ひとりで〜 혼자서 갈 수 있다, 패하다¶ 水泳はかなり〜 수영은 상당히 잘 한다 ③먹을 만하다¶ この料理は〜ね 이 요리는 맛이 있군 ④(술) 꽤 마실 줄 알다¶彼は〜口だ 그는 꽤 마시는 편이다

い・ける【生ける・活ける】他下一 ①(화초를 꽃병 등에) 꽂다, 꽃꽂이하다, 심다¶ 花瓶に菊を〜 꽃병에 국화를 꽂다 ②살려 두다¶ いけすに魚を〜 활어조에 물고기를 살려 두다

い・ける【埋ける】他下一 ①(숯불을 재 속에) 묻다¶ たどんを〜 숯덩이를 묻다 ②(보존하기 위해 땅에) 묻다¶ 大根を〜 무를 묻다

いける【生ける】連体(文) 살아 있는 산 ものみな 生きる 것 모두 ¶一屍 連語 산송장, 폐인¶〜と変わりなくなる 산송장이나 다름없이 되다

いけん【異見】(文) 이견, 다른 견해, 이론¶ 〜を立てる 이견을 내세우다

いけん【意見】Ⅰ名 의견, 생각¶ 〜が合う 의견이 맞다/ 多数に〜に従う 다수 의견에 따르다 Ⅱ名 自スル (생각을 말하고) 훈계함, 타이름¶ 息子に〜する 아들에게 훈계하다 一文 表 의견문

いけん【違憲】违헌¶ 〜訴訟 위헌 소송 一立法審査権 法 위헌 입법 심사권

いけん【遺賢】(文) 유현. 초야에 묻혀 있는 유능한 인재

いげん【威厳】위엄¶ 〜のある態度で 위엄있는 태도/ 〜を示す 위엄을 보이다

いげんびょう【医原病】医 의원병

いご【以後】이후 ①造語 그 후, 그 뒤로 ⇔ 以前¶ 七時〜外出禁止 7시 이후 외출 금지 ②이후, 앞으로= 今後¶ 〜気をつけます 앞으로 조심하겠습니다

いご【囲碁】바둑= 碁

いこい【憩(い)】(文) 쉼, 휴식, 휴게¶ 〜のひととき 휴식의 한 때/ 〜の時間 휴게 시간

いこ・う【憩う】自五(文) 쉬다, 휴식하다¶ 忙しくて〜間もない 바빠서 쉴 틈도 없다

いこう【*已講】仏 불교 강의를 맡은 승려에게 수여되는 칭호

いこう【以降】造語 이강, 이후= 以後¶ 創立〜今日まで 창립 이후 오늘까지

いこう【衣桁】의항. (방에 세워 두는) 옷걸이, 횃대

いこう【威光】위광, 위력, 위세¶ 権力の〜 권력의 위광/ 親の〜を笠に着る 부모의 위세를 믿고 빼기다

いこう【移行】名 自スル 이행¶ 〜措置 이행 조치/ 新体制に〜にする 새 신체제로 이행하다

いこう【移項】名 他スル 数 이항¶ 左辺へ〜する 좌변으로 이항하다

いこう【偉功】위공. 뛰어난 공로, 위훈¶ 〜を立てる 위공을 세우다

いこう【偉効】(文) 큰 효과, 큰 효험¶ 〜を奏する 큰 효험을 나타내다

いこう【意向】의향. 뜻¶ 〜を打診する 의향을 타진하다/ 先方の〜をくむ 상대방의 의향을 고려하다

いこう【遺構】유구. 옛 건축물로 현재도 남아 있는 것, 유적

いこう【遺稿】유고¶ 〜集 유고집

イコール(equal)이콜 Ⅰ名 ①동등함, 같음 ② 数 등호(等號) Ⅱ接 즉, 곧¶ 倹約〜けちではない 검약이 즉 인색은 아니다

いこく【異国】이국, 다른 나라, 외국= 外国¶ 〜の地 이국 땅 一情緒 이국 정서 一的 ナ 이국적

いごこち【居心地】어느 지위·장소에서 느끼는 기분¶ 〜がよい 지내기 편하다

いこじ【依怙地・意固地】名 ナ 외고집, 옹고집= 片意地, えこじ¶ 〜な人 옹고집쟁이/ 〜になる 외고집을 부리다

いこつ【遺骨】유골. 죽은 사람의 뼈¶ 〜を拾う 유골을 줍다(수습하다)

いこぼ・れる【居溢れる】自下一 (넘칠만큼) 사람이 꽉 차 있다

いこ・む【鋳込む】他五 (금속을 녹여 거푸집에) 부어 넣다

いこん【遺恨】유한, 잊을 수 없는 원한¶ 〜を晴らす 유한을 풀다

いごん【遺言】=ゆいごん ② 法 유언

いざ 感(文) (권유하거나 일을 시작하려고 할 때 하는 말) 자, 그럼= さあ¶ 〜、まいれ 자 덤벼라/ 〜、行こう 그럼 가자
慣用句
―鎌倉 만일의 경우, 일단 유사시
―という時 만일의 경우, 일단 유사시

**いさい** [委細] ①자세한 사정, 상세한 내용¶ ~は面談のうえ決めよう 상세한 내용은 만나서 정하자 ②모두, 만사¶ ~承知した 모두 잘 알았다
(慣用句)
**ーかまわず** 어떤 사정이 있건 상관 않고, 사정이야 어떻든

**いさい** [異彩] 이채
(慣用句)
**ーを放つ** 이채를 띠다, (재능·기량 등이) 한층 돋보이다

**いさい** [偉才·異才] (文) 위재, 특별히 뛰어난 재능, 그런 재주를 가진 사람¶ ~を発揮する 위재를 발휘하다

**いざい** [偉材·異材] (文) 위재, 특별히 뛰어난 인물¶ ~を輩出する 위재를 배출하다

**いさいそく** [居催促] [名] [他X] (상대방이 있는 곳에) 눌러앉아 [붙어] 재촉함¶ 借金の~ 눌러앉아 빚을 갚으라고 재촉함

**いさお** [功·勲] (文) 공, 공훈¶ ~を立てる 공을 세우다

**いさおし** [功·勲] (文)「いさお」의 힘줌말

**いさかい** [諍い] 말다툼, 언쟁, 싸움¶ ~をおこす 언쟁을 일으키다/ 夫婦間に~が絶えない 부부 간에 말다툼이 끊이지 않는다

**いざかや** [居酒屋] 선술집, 대폿집, 목로 주점¶ 場末の~ 변두리의 선술집

**いさき** [動] 벤자리

**いさぎよ・い** [潔い] [形] (태도가) 미련없이 깨끗하다, 떳떳하다¶ ~最期 떳떳한 최후/ ~くあきらめる 깨끗이 단념하다
(慣用句)
**ーとしない** 떳떳하게 여기지 않다

**いさく** [遺作] 유작¶ 故人の~ 고인의 유작

**いさご** [砂·沙·砂子·沙子] (文) 모래

**いざこざ** (사소한) 실랑이, 옥신각신, 싸움, 분규¶ 家庭の~ 가정의 사소한 실랑이

**いささか** [些か] [副] 얼마간, 약간, 조금¶ ~驚いた 약간 놀랐다/ ~の悪意もない 조금도 악의는 없다

**いざしらず** [いざ知らず] [連語] (「…は~」의 꼴로) 잘 모르지만, 어떠지 모르지만¶ 外国は~ 韓国は… 외국은 어떠지 모르지만 한국은…

**いざな・う** [誘う] [他X] (文) 권(유)하다, 꾀어내다, 꾀어들이다, 유혹하다¶ 童話の世界へ~ 동화의 세계로 이끌다

**いさまし・い** [勇ましい] [形] ①용감하다, 용맹스럽다, 씩씩하다¶ 軍人らしく~ 씩씩한 군인/ ~く戦う 용감하게 싸우다 ②활기차다, 힘차다, 우렁차다¶ 音楽が~ 활기찬 음악/ 掛け声とも~く行進する 함성도 우렁차게 행진하다

**いさみあし** [勇み足] ①덤비다가 실수함¶ ~をする 덤비다가 어처구니 없는 실수를 하다 ②[相撲] 상대를 떠밀다 힘이 넘쳐 자기 발을 씨름판 밖으로 내디디어 지는 일

**いさみた・つ** [勇み立つ] [自X] 용기가 솟

다, 기운이 나다, 분발하다¶ 試合を前に心が~ 경기를 앞두고 용기가 솟다

**いさみはだ** [勇み肌] 의협심, 협기(俠氣)¶ ~の男 의협심이 강한 사나이

**いき・む** [勇む] [自X] 힘이 솟다, 용기가 솟아나다¶ 朗報に~ 낭보에 힘이 솟다

**いさ・める** [諫める] [他下一] 간하다, 충고하다¶ 死をもって~ 죽음으로써 간하다

**いざよい** [十六夜] ①음력 16일 밤, 그날 밤의 달¶ ~の月 열엿새날 밤의 달 ②[料] 둥 그스름하게 만든 요리에 붙이는 말

**いざよ・う** [自X] (文) (나아가지 못하고) 머뭇거리다, 일렁대다¶ 波間に~舟 물결 사이에서 일렁대는 배

**いさり** [漁(り)] (文) 고기잡이 = すなどり

**いざり** [躄] ①앉은뱅이걸음, 무릎걸음 ②움직여 밀려나다

**いさりび** [漁(り)火] (文) 어화, 고기잡이 불

**いざりよ・る** [躄(り)寄る] [自X] 앉은걸음[무릎걸음]으로 다가오다

**いざ・る** [躄る] [自X] ①앉은걸음치다, 무릎 걸음을 하다¶ ~って仏前に進む 앉은 걸음쳐서 불전에 나아가다 ②(놓였던 자리에서 물건이) 밀려나다, 움직이다¶ 振動で机が~ 진동으로 책상이 밀려나다

**いさん** [胃散] [薬] 위산, 위병에 쓰는 가루약

**いさん** [胃酸] 위산 **一過多症** [醫] 위산 과다증, 과산증

**いさん** [違算] (文) 위산, 예측이 빗나감, 계산 착오, 오산¶ 重大な~ 중대한 계산 착오

**いさん** [遺産] 유산 ①사후에 남겨진 재산¶ ~争い 유산 다툼/ 莫大な~をのこす 막대한 유산을 남기다 ②전대(前代)의 사람들이 남긴 업적¶ 文化の~ 문화 유산 **一相続** 유산 상속 **一分割** [法] 유산 분할

**いし** [石] ①돌, 돌멩이¶ ~につまずいてころぶ 돌에 채여 넘어지다 ②암석, 돌, 석재¶ 造りの家 돌로 지은 집/ ~屋 석재상 ③(보석·라이터용) 돌¶ 指輪の~ 반지의 보석/ ライターの~ 라이터용의 돌 ④(가위바위보의) 바위 = ぐう ⑤바둑돌¶ 白い~を~をもつ 흰 돌을 쥐다 ⑥[醫] 결석¶ ~を取り出す 결석을 제거하다 ⑦「トランジスター」의 속칭 ⑧돌같음, 단단함, 냉정함, 무정함¶ ~頭 돌대가리/ ~のように冷たい人 돌같이 무정한 사람
(慣用句)
**ーが流れて木の葉が沈む** 일이 보통과 거꾸로 되다, 이치에 어긋나다

**ーに齧り付いても** 무슨 일이 있어도

**ーに布団は着せられず** (比) 부모님께는 살아계실 때 효도하라

**ーに立つ矢** (比) 강한 의지로 일을 추진하면 반드시 이룬다

**ーの上にも三年** (比) 참고 견디면 성공할 날이 있다

**ーを以て追わるる如し** 많은 사람에게 비난을 받고 쫓겨나듯이 떠나가는 모양

いし【医師】의사= 医者¶ ―法[法] 의사법
いし【意志】의지 ①의사, 의향, 뜻¶ ～の疎通を欠かく 의사 소통이 없다/ 働くはたらく～がない 일할 의사가 없다 ②적극적인 마음가짐¶ ―確固たる～が強つよい 의지가 강하다 ―薄弱はくじゃく 의지 박약
いし【意思】(文) 의사, (하고자 하는) 뜻, 생각¶ お互たがいに～が通つうじる 서로 뜻이 통하다/ 本人ほんにんの～に任まかせる 본인의 의사에 맡기다 ―決定けってい 의사 결정 ―表示ひょうじ 의사 표시
いし【遺子】(文) 유아= 遺児
いし【遺志】유지¶ 師しの～を継つぐ 스승의 유지를 계승하다
いし【頤使・頤指】名自スル (文) 이사, 이지. 사람을 턱으로 부림, 남을 마음대로 부림
いし【縊死】名自スル (文) 액사. 목을 매어 죽음= 首くくり¶ 窓枠まどわくに帯おびをかけて～する 창틀에 띠를 걸고 목을 매어 죽다
いじ【意地】①심보, 심술, 근성¶ ～が悪わるい 심보가 나쁘다 ②고집, 오기¶ 武士ぶしの～ 무사의 오기/ ～を見みせる 고집을 보이다 ③탐욕, 식욕, 食欲しょくよく ―尽ずく 억지를 씀, 오기를 부림 ―一つ張はり 名ク 고집을[억지를] 부림, 고집, 억지, 고집쟁이 ―でも 連語 오기로라도 ―にも 連語 억지를 써서라도, 오기로라도 ―悪わる 名ク (口) ①심술궂음, 짖궂음. 심술쟁이
〔慣用句〕
―が汚きたない (음식・금전 등에) 욕심이 많다, 탐욕스럽다, 게걸스럽다
―が悪わるい 심보가 나쁘다, 심술궂다
―になる 오기를 부리다, 고집불통이 되다
―を通とおす 고집을 부리다
―を張はる 고집을 부리다, 오기를 부리다
いじ【意字】표의 문자 ⇔ 音字おんじ
いじ【維持】名他スル 유지¶ 現状げんじょう～ 현상 유지/ 生計せいけいを～する 생계를 유지하다
いじ【遺児】유아= 遺子¶ 交通こうつう～ 교통 사고로 생긴 유아
いしあたま【石頭】①(돌처럼) 단단한 머리 ②석두. 융통성이 없고 완고한 사람, 돌대가리¶ あの～とは話はなしにならぬ 저 돌대가리하고는 이야기가 되지 않는다
いじいじ 副ク 自スル (口) 우물우물, 어물어물, 쭈뼛쭈뼛¶ ～した子こ 쭈뼛쭈뼛 하는 아이/ ～と答こたえる 우물우물 대답하다
いしうす【石臼】석구. 돌절구, 돌확, 맷돌
いしがき【石垣】돌담, 석축, 돌축대= 石いしべい・石いしがけ¶ 大阪城おおさかじょうの～ 大阪 성의 석축/ ～をめぐらした家いえ 돌담을 둘러쌓은 집 ―鯛だい 名動 돌돔
いしがみ【石神】석신
いしがめ【石亀】名動 남생이
いしかわ【石川】地 일본 중부 지방의 동해에 면한 현. 현청 소재지는 金沢かなざわ시
いしき【意識】Ⅰ名 의식 ①행동・상태 등에 대한 정신 작용¶ 無む～ 무의식/ ～を取とり戻もどす 의식을 되찾다 ②(社) 현상・문제 등에 대한 자기의 감정・견해¶ エリート～ 엘리트 의식/ ～調査ちょうさ 의식 조사 Ⅱ名他スル 의식함, 자각함¶ 人ひとの目めを～する 남의 눈을 의식하다 ―的てき 의식적
いしき【違式】名ク (격식[양식]에 어긋남¶ ～の作法さほう 격식에 어긋난 예의범절
いしきあて【居敷当(て)】[服] 옷 안쪽의 엉덩이가 닿는 곳에 대는 천
いしきり【石切(り)】①채석, 채석 인부¶ ～場ば 채석장 ②석공, 석수= 石工いしく
いしく【石工】석공, 석수= 石切いしきり
いしぐみ【石組(み)】(일본식 정원에서) 자연석을 배치함= いわぐみ
いじくる【弄(く)る】他五(俗) 만지작거리다, 주무르다= いじる
いしくれ【石塊】(文) 돌멩이= 石いしころ
いしけり【石蹴り】(아이들 놀이의) 사방치기
いじける 自下一 움츠러들다, 위축되다= すくむ¶ 空腹くうふくで体からだが～ 공복으로 몸이 움츠러들다 ②(성격 등이) 비뚤어지다, 주눅들다¶ ～けた性格せいかく 비뚤어진 성격
いしけん【石拳】가위바위보= じゃんけん
いしこ【石粉】석분, 장석(長石) 가루
いしこづめ【石子詰(め)】平安へいあん 시대에 죄인을 산 채로 구덩이에 넣고 잔돌을 채워 죽이던 형벌
いしころ【石塊】(口) 돌멩이= 小石こいし
いしずえ【礎】(文) 초석 ①주춧돌¶ 寺院じいんの～ 사원의 주춧돌 ②(사물의) 기초, 토대¶ 国くにの～となる 나라의 초석이 되다/ 繁栄はんえいの～を築きずく 번영의 토대를 구축하다
いしずり【石摺(り)】탁본= 拓本たくほん¶ 石碑せきひの～を取とる 비석의 탁본을 뜨다
いしだい【石鯛】名動 돌돔
いしだたみ【石畳・甃】(文) 포석을 깐 곳¶ ～の道みち 포석을 깐 길 ―具ぐ 名動 울타리고둥
いしだん【石段】석단. 돌층계¶ 神社じんじゃの～ 신사의 돌층계
いしつ【異質】ク 이질 ⇔ 同質どうしつ¶ ～な文化ぶんか 이질적인 문화
いしつ【遺失】名他スル (文) 유실, 분실¶ ～届とどけ 분실계 ―物ぶつ 유실물¶ ～を保管ほかんする 유실물을 보관하다
いしづき【石突(き)】①(창・우산 등의) 물미¶ ステッキの～がとれる 스틱의 물미가 떨어져 나가다 ②(버섯류의) 밑동, 버섯 밑동의 단단한 부분
いじどうくん【異字同訓】【文法】 한자는 다르나 훈독이 같음 ▷「調ちょうとう」와「整ちょうとう」등
いしどうろう【石灯籠】석등롱, 석등
いしばし【石橋】돌다리
〔慣用句〕
―を叩たたいて渡わたる 돌다리도 두드려 보고 건너다, 매우 신중하다
いしぶみ【碑・石文】비석, 석비= せきひ
いしべきんきち【石部金吉】융통성이 없는 사람, 공생원, 샌님
いしへん【石偏】(한자 부수의 하나로) 돌석

변 ▷「研・破・砂」등의「石」부분
**いしぼとけ**【石仏】①석불. 돌부처= 石仏{せきぶつ} ②목석 같은 사람
**いじまし・い**【形】〈俗〉쩨쩨하다. 치사스럽다¶ ~生活{せいかつ} 쩨쩨한 생활/ ~・く金{かね}をためる 치사스럽게 돈을 모으다
**いしむろ**【石室】석실. 석굴= 岩屋{いわや}
**いじめっこ**【*苛めっ子】〈口〉(약한 아이를 못살게 구는) 개구쟁이, 심술꾸러기
**いじ・める**【*苛める・*虐める】【他下一】괴롭히다, 못살게 굴다, 학대하다¶ 犬{いぬ}を~ 개를 못살게 굴다/ 同級生{どうきゅうせい}に~・められている 동급생에게 괴롭힘을 당하고 있다
**いしもち**【石持・〈石首魚〉】【動】석수어. 조기
**いしゃ**【医者】의사¶ ~にかける 의사에게 보이다, 진찰을 받게 하다
〖慣用句〗
—の不養生{ふようじょう} ①의사의 불섭생 ②(알고 있으면서도) 언행이 일치하지 않음
**いしゃ**【慰謝・慰*籍】【名】【他スル】위자 —料{りょう}【法】위자료¶ ~を請求{せいきゅう}する 위자료를 청구하다
**いしや**【石屋】석수, 석공, 석재상
**いしやき**【石焼(き)】①【料】돌구이 ②자기(磁器), 사기그릇
**いじゃく**【胃弱】【医】위약. 위아토니
**いしやま**【石山】석산 ①돌산 ②채석하는 산
**いしやり**【石*槍】→ せきそう(石槍)
**いしゅ**【異種】이종. 종류가 다른 것, 다른 종류⇔ 同種{どうしゅ} ¶ ~交配{こうはい} 이종 교배
**いしゅ**【意趣】〈文〉①(마음 속에 간직한) 생각, 의향 ②원한, 앙심¶ ~を晴らす 원한을 풀다/ ~を含むこむ 앙심을 품다 —返{がえ}し 앙갚음, 보복, 복수 —晴{ば}らし → いしゅがえし
**いしゅう**【異臭】〈文〉이취. 고약한 냄새¶ ~を放{はな}つ 이취를 풍기다
**いしゅう**【*蝟集】【名】【自スル】〈文〉위집. 운집¶ 四方{しほう}から~して来{く}る 사방으로부터 운집해 오다
**いしゅう**【伊州】→ いが(伊賀)
**いじゅう**【移住】【名】【自他スル】이주¶ ~者{しゃ} 이주자/ アメリカへ~する 미국으로 이주하다
**いしゅく**【*畏縮】【名】【自スル】외축, 두려워 움츠러듦¶ ~して声{こえ}も出{で}ない 외축되어 목소리도 안 나오다
**いしゅく**【*萎縮】【名】【自スル】위축, 활기를 잃고 움츠러듦¶ 気持{きも}ちが~する 기분이 위축되다 —腎{じん}【医】위축신
**いしゅつ**【移出】【名】【他スル】이출. (국내의 다른 곳으로) 반출함⇔ 移入{いにゅう} ¶ ~品{ひん} 이출품/ 県外{けんがい}へ~する 현 밖에서 이출하다
**いしゆみ**【石弓・*弩】①돌쇠뇌, 큰 화살이나 돌을 쏘아대는 옛날 무기 ②돌을 매달아다 줄을 끊어 적을 살상하는 장치
**いしょ**【医書】〈文〉의서. 의학서
**いしょ**【遺書】①유서, 유언장¶ ~をしたためる 유서를 쓰다/ ~を公開{こうかい}する 유서를 공개하다 ②유저= 遺著{いちょ}

**いしょう**【衣装・衣*裳】의상 ①옷, 의복¶ 花嫁{はなよめ}~ 신부 의상/ 馬子{まご}にも~ 옷이 날개 ②(영화・연극 등에서) 배우가 입는 옷 舞台{ぶたい}~ 무대 의상 —方{かた}(배우의) 의상 담당자
**いしょう**【異称】〈文〉이칭. 딴이름, 별칭
**いしょう**【意匠】①(제작상의) 생각, 궁리¶ ~を凝{こ}らす 여러모로 궁리하다 ②(제품의) 디자인¶ 工業{こうぎょう}~ 공업 의장 —権{けん}【法】의장권 —登録{とうろく}【法】의장 등록
**いじょう**【以上】이상 ①【造語】…보다 많음, …보다 위임¶ 以下{いか}¶ 十個{じっこ}~ 10개 이상/ 予想{よそう}~の好成績{こうせいせき} 예상 이상의 좋은 성적 ②(지금까지) 말한 바, 상기한 바⇔ 以下¶ ~の理由{りゆう}から 상기한 바의 이유로/ ~をもって発表{はっぴょう}を終{お}わります 이상으로 발표를 끝내겠습니다 ③합하여¶ 男性{だんせい}三名{さんめい}女性{じょせい}七名{ななめい}、~十名{じゅうめい} 남성 3명 여성 7명 합계 열명 ④(서신・문서 등에서) 이만, 끝¶ 各自{かくじ}の努力{どりょく}に期待{きたい}する~. 각자의 노력에 기대한다. 이상 ⑤【形式】…한(된) 이상, …한(된) 바에는¶ 引{ひ}き受{う}けた~、きっとやる 맡은 이상 반드시 한다
**いじょう**【委譲】【名】【他スル】이양. (권리・권한 등을) 남에게 위임・양도함¶ 権限{けんげん}の~ 권한의 위양
**いじょう**【異状】【名】【了】이상. 보통과는 상태, 평소와는 다른 모양¶ ~なし 이상 없음/ エンジンに~をきたす 엔진에 이상이 생기다
**いじょう**【異常】【名】【了】이상. 보통과는 다른 상태・현상. 정상이 아님⇔ 正常{せいじょう} ¶ ~なこだわり方{かた} 비정상적인 집착/ ~に高{たか}い気温{きおん} 이상하게 높은 기온/ 空気{くうき}が~に乾燥{かんそう}している 공기가 이상하게 건조해 있다 —気象{きしょう}【気】이상 기상 —児{じ} 이상아 —体質{たいしつ} 이상 체질
**いじょう**【移乗】【名】【自スル】갈아 탐. 바꿔 탐, 옮겨 탐¶ 避難用{ひなんよう}ボートに~する 피난용 보트로 갈아타다
**いじょうふ**【偉丈夫】위장부. 대장부¶ 堂々{どうどう}たる~ 당당한 위장부
**いしょく**【衣食】①의식. 의복과 식사 ②생활, 생계¶ ~に事欠{ことか}く 생활에 어려움이 있다 —住{じゅう} 의식주
〖慣用句〗
—足{た}りて礼節{れいせつ}を知{し}る 의식이 족해야 예절을 차릴 줄 안다
**いしょく**【委嘱】【名】【他スル】위촉¶ 製作{せいさく}を~する 제작을 위촉하다/ 委員{いいん}に~される 위원으로 위촉되다 —審査{しんさ}【政】위촉 심사
**いしょく**【異色】이색Ⅰ【名】다른 색¶ ~の取{と}り合{あ}わせ 다른 색의 배합Ⅱ【了】색다름, 보통과는 다름, 두드러진 특색이 있음¶ ~の作家{さっか} 색다른 작가
**いしょく**【移植】【名】【他スル】이식 ①(식물을) 옮겨 심음¶ 苗{なえ}を~する 모종을 이식하다 ②【医】(조직・장기 등을) 다른 개체에 옮김¶ 皮膚{ひふ}~ 피부 이식 ③(외국의 제도・문화를) 도입함¶ 外国{がいこく}文化{ぶんか}の~ 외국 문화의 도

入 一鍬 모종삽

いじょく【居職】자기 집에서 일하는 직업

いじらし・い【形】애처롭다, 안쓰럽다, 갸륵하다, 기특하다¶〜心根 기특한 속마음/少女の姿が〜 소녀의 모습이 안쓰럽다

いじ・る【弄る】【他五】만지다 ①만지작거리다, 주무르다¶ネクタイを〜 넥타이를 만지작거리다 ②(취미삼아) 손대다, 손보다¶パソコンを〜 PC를 다루다/盆栽を〜 분재를 손보다 ③(표면적·부분적으로) 고치다, 손보다, 손대다¶文章を〜 문장을 고치다/機構を〜 기구에 손대다

いしわた【石綿】【鉱】석면＝アスベスト

いしん【威信】위신¶国家の〜にかかわる 국가 위신에 관계되다/〜を失う 위신을 잃다

いしん【異心】〈文〉이심, 딴마음＝ふたごころ

いしん【維新】유신 ①(정치적인) 제도 개혁 ②「明治維新」의 준말

いしん【遺臣】유신, 구신

いじん【異人】이인 ①외국인¶〜さん 외국분 ②다른 사람¶同名の〜 동명 이인

いじん【偉人】위인¶〜伝 위인전

いしんでんしん【以心伝心】이심 전심 ①은연 중에 서로 마음이 통함¶〜の間柄 이심전심으로 통하는 사이 ②【佛】심오한 교리를 마음으로 전해 깨닫게 하는 일

いす【椅子】①의자¶長い〜 긴 의자/〜に座る 의자에 앉다 ②자리, 직책, 지위＝ポスト¶大臣の〜につく 대신의 지위에 앉다

いず【伊豆】【地】일본의 옛지명. 지금의 静岡県 伊豆 반도와 伊豆諸島＝豆州

いすう【異数】【名】〈文〉이례, 아주 드묾¶〜の昇進 이례적인 승진

いすか【交喙】【動】솔잣새

慣用句

一の嘴【比】일이 뜻대로 되지 않음

いすくま・る【居竦(ま)る】【自五】(두려워 움츠린 채) 꼼짝 못하다, 오금을 못 펴다＝いすくむ¶地震に〜 지진이 무서워 꼼짝 못하다

いすく・む【居竦む】【自五】→いすくまる

いすく・める【射竦める】【他下一】①(활을 쏘아) 꼼짝 못하게 하다 ②(노려보아) 꼼짝 못하게 하다¶鋭い視線で〜 날카로운 시선으로 오금을 못펴게 하다

いずくんぞ【^安^ぞ・^焉んぞ】【副】〈文〉어찌, 어찌하여¶〜知らん 어찌 아리오

いずこ【^何^処】【代】〈文〉어디, 어느 곳＝どこ¶昔の栄光は、今〜 옛날 영광은 지금 어디에

いずまい【居住(ま)い】앉음새, 앉은 자세¶〜を正す 앉음새를 바로하다

いずみ【泉】①샘, 샘물 ②원천, 근원¶話の〜 이야기의 샘/知識の〜 지식의 원천

いずみ【和泉】【地】일본의 옛지명. 지금의 大阪府 남부 지방＝泉州

いずみだい【泉鯛】【動】「ティラピア」의 딴이름

いずみねつ【泉熱】【医】이형 성홍열

イズム (ism) 이즘, 주의, 설

いずも【出雲】【地】일본의 옛지명. 지금의 島根県 동부 지방＝雲州 一の神 ①出雲大社에 모신 신 ②남녀의 연분을 맺어주는 신

イスラム (Islam) 이슬람 ①【宗】이슬람교, 이슬람 교도 ②이슬람 문화권 一教【宗】이슬람교, 회교 一原理主義【宗】이슬람 원리주의 一帝国【史】이슬람 제국 一文化 이슬람 문화

い・する【医する】【他サ】〈文〉(병・상처를) 낫게 하다, 고치다¶渇を〜 갈증을 풀다

い・する【委する】【他サ】〈文〉맡기다, 위임하다¶処理は会長に〜 처리는 회장에게 위임하다 ②내버려두다, 방임하다¶衰退に〜 쇠퇴한 대로 내버려두다

い・する【慰する】【他サ】〈文〉위로하다, 어루만지다¶長旅の労を〜 긴 여행의 노고를 위로하다

いずれ【何れ・孰れ】I【代】어느 것〔쪽・편・곳〕¶〜の道を選ぶべきか 어느 쪽 길을 택할 것인가 II ①어차피, 어쨌든, 결국은, 아무래도¶〜わかることだ 어차피 알게 될 일이다 ②머지않아, 조만간¶〜改めてご挨拶に伺います 조만간 다시 인사 여쭈러 찾아뵙겠습니다 一様【代】어느 분, 누구 ーともなく【副】〈文〉어디든지 ーにしても 어느 쪽이든, 어쨌든, 어차피, 결국 ーにせよ【副】어느 쪽이든, 어쨌든, 어차피 ー も【副】어느 것이나, 모두 一も様【代】여러분, 모든 분, 모두들

慣用句

一菖蒲か杜若 어느 쪽이 뛰어난지 우열을 가릴 수 없다, 선택하기 어렵다

いすわ・る【居座る・居坐る】【自五】눌러앉다 ①버티고 앉다¶玄関に〜 현관에 버티고 앉다 ②(같은 위치・지위에) 머물러 있다¶会長の〜 회장의 자리에 눌러앉다

いせ【伊勢】【地】①일본의 옛지명. 三重県의 대부분＝勢州 ②三重県의 伊勢市 一海老【動】대하, 왕새우 一音頭【楽】伊勢 지방에서 생겨난 민요 一神宮 伊勢에 있는 神宮 一参り 伊勢神宮의 참배

いせい【以西】【造語】이서. (어떤 지점・지역을 포함한) 서쪽 지역¶東京〜 東京 이서

いせい【威勢】①위세¶〜を振るう 위세를 부리다/敵の〜におされる 적의 위세에 눌리다 ②원기, 기운, 기세, 활기참¶〜のいい声が響く 활기찬 목소리가 울리다

いせい【異姓】〈文〉이성. 성씨가 다름, 타성

いせい【異性】이성 ⇔同性 ①(생물의) 성이 다름 ②남성 또는 여성이 서로를 가리키는 말¶〜との交際 이성과의 교제 ③성질이 다름¶〜一体化 이성체

いせい【遺制】〈文〉유제. 아직 남아 있는 옛 제도¶封建時代の〜 봉건 시대의 유제

いせい【遺精】【医】유정

いせいしゃ【為政者】위정자

いせき【井堰・堰】보(洑)¶〜を築く 보를 쌓(아 막)다

いせき【移籍】 图 自スル 이적 ①본적을 옮김 ② 소속을 옮김 他球団ちゅうだんに~する 다른 구단으로 이적하다
いせき【遺跡・遺蹟】 유적, 유적지 =旧跡きゅうせき
いせこみ【服】 (소매나 팔꿈치 등의 재봉에서) 천을 줄여 가며 박아서 다리미로 형태를 갖춰 입체화하는 기법
いせざきおり【伊勢崎織】 群馬ぐんま현 伊勢崎시 지방에서 나는 견직물 =伊勢崎銘仙めいせん
いせつ【異説】 이설 ~を唱となえる 이설을 주장하다
いせものがたり【伊勢物語】【文】 平安へいあん 시대 전기의 和歌わかみ로 된 이야기
い・せる 他下一 (길이가 다른 두 개의 천을 맞꿰맬 때 긴 쪽에) 주름을 잡아 줄이며 박다
いせん【緯線】【地】위선, 위도선 ⇔ 経線けいせん
いぜん【以前】 이전 ①造語 그 전, 그 이전 ¶ 昭和しょうわ~ 昭和 이전 ②예전, 옛날, 과거 ¶ ~の住所じょ 예전 주소/ ~のままだ 예전대로다 ③(造語) (어떤 수준) 이하 ¶ あの曲きょくは音楽以おんがくい~だ 그 곡은 음악이랄 것도 못 된다
いぜん【依然】 ト・タル 副 의연, 여전함 ¶ 旧態きゅうたい~たる態度たいど 구태 의연한 태도/ ~として誤あやまりを認みとめない 여전히 잘못을 인정하지 않다
いぜんけい【已然形】【文法】 문어 문법의 활용형의 하나 ▷ 구어 문법의 가정형에 해당됨
いそ【磯】 ①돌・바위가 많은 물가 ¶ ~釣づり 갯바위 낚시 ②(비파 등의) 몸통의 양 측면
いそじ【五十路】【文】 ①쉰, 오십 ②쉰살, 오십세, 오십대
イソ【ISO】 이소, 아이 에스 오. 국제 표준화 기구 = International Organization for Standardization —感度かんど (필름의) 이소[아이 에스 오] 감도 —規格きかく 이소[아이 에스 오] 규격
いそいそ 副 自スル (기쁨에) 들떠, 신명나게, 신이 나서 ¶ ~と出でかける 신이 나서 외출하다/ 朝あさから~している 아침부터 들떠 있다
いそう【位相】 위상 ¶ ~差さ 위상차/ ~数学すう 위상 수학/ ~空間くうかん 위상 공간 —幾何学きかがく 数 위상 기하학 —語ご 言 위상어
いそう【異相】【文】 이상. (보통과는 다른) 특이한 인상 (人相)・모습
いそう【移送】 图 自スル 이송 ①다른 장소로 옮겨 보냄 身柄がらを~する 신병을 이송하다 ②法 계류 중인 사건을 다른 법원으로 이첩함 ¶ 事件じけんを他の裁判所さいばんしょへ~する 사건을 다른 법원으로 이송하다
いぞう【遺贈】 图 他スル 法 유증. 유언으로 재산을 증여함 ¶ 財産ざんを母校ぼこうに~する 재산을 모교에 유증하다
いそうがい【意想外】 ナ 예상외, 의외, 뜻밖 ¶ ~の展開てんかい 예상외의 전개
いそうろう【居候】 图 自スル (남의 집에) 얹혀 삶, 더부살이, 식객 ¶ 親戚しんせきの家いえに~する 친척집에 얹혀 살다
いそがし・い【忙しい】 形 ①바쁘다, 분주하다 ¶ ~・くて目めが回まわりそう 바빠서 눈이 핑핑 돌 지경이다 ②어수선하다, 수선스럽다 ¶

~性分しょうぶん 수선스런 성미/ 政局せいきょくが~・くなった 정국이 어수선해졌다
いそが・す【急がす】 他五 재촉하다, 몰아치다 ¶ 間まに合あうように~ 시간에 대도록 재촉하다
いそが・せる【急がせる】 他下一 → いそがす
いそぎ【急ぎ】 급함, 화급함 ¶ 売うり~ 급매/ ~の用よう 급한 용무
いそぎあし【急ぎ足】 빠른 걸음, 잰걸음, 급한 걸음 ¶ ~でやって来くる 빠른 걸음으로 오다
いそぎんちゃく【磯巾着】 動 말미잘
いそ・ぐ【急ぐ】 自他五 ①급히 가다, 바삐 움직이다 ¶ 道みちを~ 길을 서두르다/ 帰かえりを~ 귀로를 서두르다 ②(빨리 하려고) 안달하다, 조급해지다 ¶ 事件じけんの解決かいけつを~ 사건 해결을 서두르다
慣用句
—・がば回まわれ 급하면[급할수록] 돌아가라
いぞく【遺族】 유족, 유가족 ¶ 戦没者せんぼつしゃの~ 전몰자의 유족 —年金ねん 유족 연금 —補償ほしょう 유족 보상
いそくさ・い【磯臭い】 形 갯가 냄새가 나다 ¶ ~風かぜ 갯내 나는 바람
いそし・む【勤しむ】 自五【文】 힘쓰다, 열심히 노력하다 ¶ 勉学べんがくに~ 면학에 힘쓰다
いそちどり【磯千鳥】 갯바위에 사는 물떼새
イソップ【Aesop】 이솝. B.C. 6세기경의 그리스의 우화 작가 —物語ものがたり 이솝 이야기
いそづり【磯釣(り)】 갯바위 낚시 ⇔沖釣おきづり
イソトープ【독 Isotop】 化 아이소토프, 동위원소
いそべ【磯辺】 ①파도가 밀려오는 해안, 바위가 많은 해변 ②料 김을 재료로 한 요리에 붙이는 말
いそめ【磯目】 動 갯지렁이
いそやけ【磯焼け】 水 염분이 많은 해수나 하천수의 대량 유입으로 해조류가 고사하는 현상
いそん【依存】 图 自スル 의존 = いぞん 経済力けいざいりょくに~する 경제력에 의존하다
いぞん【異存】 이의, 반대[다른] 의견 ¶ ~を唱となえる 반대 의견을 주장하다/ 別べつに~はない 달리 이의는 없다
いそんひん【易損品】【文】 (철도 소화물에서) 깨지기 쉬운 물건 ¶ ~の扱あつかいを受うける 깨지기 쉬운 물건 취급을 받다
いた【板】 ①판자, 널, 널빤지 ¶ ~ガラス 판유리/ 一張ひとはり 판자를 댐 ②도마 ③요리사 ¶ ~前まえさん 요리사 양반 ④「板付いたつき蒲鉾かまぼこ」의 준말 ⑤무대 ¶ ~に掛かける 무대에 올리다
慣用句
—に付つく ①(솜씨가) 몸에 배다, 능숙하다 ②잘 어울리다
いた・い【痛い】 形 아프다 ①(몸에) 고통이 있다 ¶ 傷きずが~ 상처가 아프다 ②(약점・급소 등을 찔러) 뜨끔하다 ¶ 耳みみが~ 귀가 따갑다, 듣기 거북하다/ ~目めに遭あう 따끔한 맛을 보다 ③(마음이) 쓰라리다, 뼈아프다 ¶ ~失点しってん 뼈아픈 실점
慣用句

いたい

—所を突く 아픈 곳을 찌르다, 약점을 찌르다
—・くも痒くもない 아무렇지도 않다
—・くもない腹を探られる 엉뚱한 혐의를 받다, 까닭없이 의심을 받다

**いたい** [衣帯] 〔文〕 의대 ①옷과 띠¶ ～を解かず 의대를 풀지 않다 ②옷매무새, 복장¶ ～を正しくする 옷매무새를 바로잡다

**いたい** [異体] ①보통과 다른 모양＝いてい ②다른 개체¶ 雌雄～ 자웅 이체 ③한자의 정자 외의 글자체 —字 이체자[문자]

**いたい** [遺体] 유체, 유해, 시체＝なきがら¶ ～を安置する 유체를 안치하다

**いだい** [医大] 의대, 의과 대학

**いだい** [偉大] 〔ナ〕 위대 ①크고 훌륭한 모양¶ ～な杉 크고 훌륭한 삼나무 ②위대함¶ ～な学者 위대한 학자

**いたいいたいびょう** [イタイイタイ病] 〔医〕 이타이이타이병

**いたいけ** 〔ナ〕〔文〕 어리고 귀여움, 가련함, 애처로움¶ ～な幼児に 귀여운 어린아이 —ない 〔形〕 어리고 귀엽다

**いたいたし・い** [痛痛しい] 〔形〕 애처롭다, 안쓰럽다, 측은하다¶ ～声 애처로운 목소리/ 幼児の～姿 어린아이의 측은한 모습

**いたえ** [板絵] ①널빤지에 그린 그림 ②(중세 유럽에서 제작된) 판자에 그려진 제단화

**いたがね** [板金] 판금, 금속판

**いたがみ** [板紙] 판지

**いたガラス** [板ガラス] 판유리

**いたきれ** [板切(れ)] 널빤지 조각

**いたく** [痛く・甚く] 〔副〕〔文〕 몹시, 매우, 깊이¶ ～感動する 깊이 감동하다

**いたく** [依託] 〔名〕〔他スル〕 의탁 ①(물체에) 의지함[기댐]¶ ～射撃 의탁 사격 ②(남에게) 의뢰함¶ ～学生 의탁 학생

**いたく** [委託] 〔名〕〔他スル〕 위탁 ①일을 다른 사람에게 맡김 ②〔法〕 위임¶ 訴訟を弁護士に～する 소송을 변호사에게 위임하다 ③(사무·매매 등을) 다른 기관에 맡김, 위촉¶ 販売を業者に～する 판매를 업자에게 위탁하다 —加工貿易 〔経〕 위탁 가공 무역 —制度 〔販〕 위탁 제도 —売買業務 〔経〕 위탁 매매 업무 —販売 〔経〕 위탁 판매

**いたく** [遺沢] 〔文〕 유택, (사후까지 미치는) 은택¶ 先祖の～を受ける 조상의 유택을 입다

**いだ・く** [抱く・懷く] 〔他五〕〔文〕 ①(품에) 안다, 껴안다＝だく¶ 胸に～かれる 가슴에 안기다 ②(마음에) 품다¶ 疑念を～ 의혹을 품다/ 青年よ、大志を～け 청년이여 큰 뜻을 품어라 ③둘러싸다, 에워싸다¶ 山に～かれた村 산으로 둘러싸인 마을

**いたけだか** [居丈高] 〔ナ〕 고자세, 위압적임¶ ～になる 고자세가 되다/ ～に命令する 위압적으로 명령하다

**いたこ** 〔民〕 (일본 東北 지방의) 공수하는 무당, 무녀

**いたご** [板子] 뱃바닥 판자

〔慣用句〕

—枚下は地獄 뱃바닥 판자 한 장 밑은 지옥, 배를 타는 일의 위험함을 비유

**いたしかた** [致し方] 하는 방법, 하는 수¶ ～ない 하는 수 없다

**いたしかゆし** [痛し痒し] 〔連語〕 (어떻게 해야 좋을지) 난처함, 이러지도 저러지도 못함¶ いずれにせよ、～だ 여하튼 난처하군

**いたじき** [板敷(き)] 마루, 마루방＝板の間¶ ～の部屋 마루방

**いたじとみ** [板蔀] (판자로만 만든) 널빈지

**いたじめ** [板締め] 무늬를 새긴 두 판자 사이에 천이나 실을 끼우고 죄어 염색하는 방법, 그렇게 염색한 것

**いた・す** [致す] I 〔他五〕 ①도달하게 하다, 이르게[미치게] 하다¶ 故郷に思いを～ 고향 생각을 하다 ②「する」의 겸사말, 하다¶ お願い～します 부탁드리겠습니다/ わたしが～しましょうか 제가 할까요 ③보내다, 바치다¶ 返事を～ 답장을 보내다 ④다하다¶ 誠を～ 정성을 다하다 ⑤〔補助〕…하다¶ 御紹介～します 소개하겠습니다/ 参上～します 찾아뵙겠습니다 II 〔自五〕 (좋지 않은 결과를) 가져오다, 초래하다, 야기하다¶ わたくしの不徳の～ところ 나의 부덕의 소치로

**いたずら** [〈悪戯] 〔名〕〔ナ〕〔自スル〕 장난 ①짓궂은 [못된] 장난¶ ～が過ぎる 장난이 지나치다 ②(가치 없는) 장난질, 심심풀이¶ ～半分にかいて見る 장난삼아 (심심풀이로) 그려보다 ③자기 행위 등에 대한 겸사말¶ 歌づくりはほんの～です 노래[시]를 짓는 것은 그저 장난삼아서입니다

**いたずらに** [徒らに] 〔副〕〔文〕 헛되이, 공연히, 쓸데없이¶ ～騷ぐ 공연히 시끄럽게 굴다/ ～日を過ごす 헛되이 세월을 보내다

**いただき** [頂] 꼭대기 ①정수리¶ ～に霜を置く 머리가 백발이 되다 ②(산 등의) 정상¶ 塔の～ 탑꼭대기/ ～にのぼる 정상에 오르다

**いただき** [頂き・×戴き] 〔俗〕 힘들이지 않고 차지함, 이김, 승리함¶ この試合は～だ 이 시합은 거저 얻은 거나 다름 없는 승리다

**いただきます** [頂きます] 〔感〕〔口〕 (식사할 때의 인사말) 잘 먹겠습니다

**いただきもの** [頂き物・×戴き物] 받은 물건, 선물¶ 母から～をする 어머니로부터 선물을 받다

**いただ・く** [頂く・戴く] 〔他五〕 ①(높은 곳 위에) 이다, 얹다¶ 雪を～いた富士山 눈을 이고 있는 富士山 ②(두 손을) 높이 들다, 쳐들다, 치켜들다¶ 賞状を～いたまま後ろへ下がる 상장을 치켜든 채로 뒤로 물러나다 ③(윗사람에게서) 받다, 얻다¶ おほめの言葉を～ 칭찬의 말씀을 듣다 ④받들다, 모시다¶ 顧問に～ 고문으로 모시다 ⑤들다, 먹다, 마시다¶ もう十分～きました 이미 충분히 먹었습니다 ⑥〔俗〕 자기 것으로 하다, 승부에서 이기다¶ この試合

は必<sub>かなら</sub>ず~ 이 시합은 꼭 이기겠다 ⑦(補助) …해 주시다, …해 받다¶ 先生<sub>せんせい</sub>に読<sub>よ</sub>んで~ 선생님께서 읽어 주시다 ⑧(補助) (「…させて」의 꼴로) …하도록 해 주셨으면 한다, …하겠다¶ 考<sub>かんが</sub>えさせて~・きます 생각해 보겠습니다/ そうさせて~・きます 그렇게 하도록 하겠습니다

**いただけな・い** [頂けない] 形(口) 받아들일 수 없다, 달갑지 않다, 마땅치 않다¶ 暴力<sub>ぼうりょく</sub>は~ 폭력은 달갑지 않다/ その考<sub>かんが</sub>えは~ 그 생각은 마땅치 않다

**いただ・ける・`戴ける**] 自下一(口) ① 얻을[받을] 수 있다¶ お金<sub>かね</sub>を~とはありがたい 돈을 받을 수 있다니 고맙다 ②먹을〔마실〕수 있다, 들 수 있다¶ もう一杯<sub>ぱい</sub>~・けませんか 한 잔 더 마실 수 없을까요 ③받아들일[납득할] 수 있다, 쓸 만하다, 좋다¶ その説<sub>せつ</sub>は~ 그 설은 쓸 만하다/ この酒<sub>さけ</sub>は~・けない 이 술은 좋지 않다

**いただたみ** [板畳] (文) ①판자를 심으로 넣은 다다미 ②마루, 마루방 = 板<sub>いた</sub>畳<sub>じき</sub>

**いたたまれな・い** [居たたまれない] 形 (그곳에) 더 이상 있을 수 없다, 견딜 수 없다, 배겨낼 수 없다 = いたたまらない¶ 恥<sub>はず</sub>かしくて~ 부끄러워서 견딜 수 없다

**いたち** [`鼬・`鼬`鼠] 動 족제비

**|慣用句|**

**—の最後<sub>さいご</sub>っ屁** (궁지에 몰릴 때 쓰는) 최후의 비상 수단

**—の道<sub>みち</sub>** 왕래・교제・소식 등이 두절됨

**いたちごっこ** [`鼬ごっこ] 다람쥐 쳇바퀴 돌 듯 함, 아무 진전이 없음¶ ~の愚<sub>おろ</sub>かしい議論<sub>ぎろん</sub> 아무런 진전이 없는 어리석은 논의

**いたつき** [板付(き)] 芸 ①개막 전부터 배우가 무대에 나와 있음, 그런 배우 ②板付<sub>つ</sub>き蒲鉾<sub>かまぼこ</sub>의 준말 ③마루, 마루방 = 蒲鉾<sub>かまぼこ</sub>널에 붙여 말린 생선묵

**いたって** [至って] 副 매우, 몹시, 대단히, 극히¶ ~すくない 극히 적다/ 当方<sub>とうほう</sub>は~元気<sub>げんき</sub>です 이쪽은 대단히 건강합니다

**いたで** [痛手] ①심한 상처, 중상 = ふかで¶ ~を負<sub>お</sub>う 심한 상처를 입다 ②(정신적・물질적인) 타격, 손해, 피해¶ 心<sub>こころ</sub>の~を負<sub>お</sub>う 심적인 타격을 입다/ 台風<sub>たいふう</sub>で~を受<sub>う</sub>う 태풍으로 큰 피해를 입다

**いだてん** [`韋駄天] 佛 ①위타천 ②빨리 달리는 사람 **—走<sub>ばし</sub>り** 매우 빨리 달림

**いたどこ** [板床] ①판자를 깐 床<sub>とこ</sub>の間<sub>ま</sub> ②板畳<sub>いただたみ</sub>의 심

**いたどり** [`虎杖] 植 호장, 감제풀

**いたのま** [板の間] 마루방 **—稼<sub>かせ</sub>ぎ** 온천・대중 목욕탕 전문 들치기

**いたば** [板場] ①(요리집의) 주방, 조리장 ②조리사, 요리사, 숙수 = いたまえ

**いたばさみ** [板挟み] (흔히 「~になる」의 꼴로) 둘 사이에 끼어 이러지도 저러지도 못함, 진퇴유곡¶ ~になる 중간에 끼어 이러지도 저러지도 못하다

**いたばり** [板張(り)] ①판자를 댐, 판자를 댄 곳¶ ~のへい 판자담, 판장 ②재양, 재양침

**いたび** [板碑] 佛 편평한 돌로 만든 솔도파

**いたぶき** [板`葺(き)] (지붕을) 판자로 임, 판자 지붕¶ ~の屋根<sub>やね</sub> 판자로 인 지붕

**いたぶ・る** [`甚振る] 他五 俗 괴롭히다, 못살게 굴다, 학대하다, 갈취하다¶ 子供<sub>こども</sub>を~ 아이를 못살게 굴다

**いたべい** [板`塀] 판자울, 판장 = 板垣<sub>いたがき</sub>

**いたほう** [依他法] 表 의타법

**いたまえ** [板前] (요리집의) 요리사, 숙수

**いたまし・い** [痛ましい] 形 가엾다, 비참하다, 애처롭다¶ ~事故<sub>じこ</sub> 비참한 사고/ ~姿<sub>すがた</sub> 애처로운 모습

**いたみ** [悼み] 애도

**いたみ** [痛み] ①(육체적인) 아픔, 통증¶ 古傷<sub>ふるきず</sub>の~ 오래된 상처의 아픔 ②【傷み】괴로움, 고뇌, 고통, 슬픔¶ 胸<sub>むね</sub>の~をいやす 가슴 속의 괴로움을 치유하다

**いたみ** [傷み] ①(식품 등이) 상함, 부패 = くさり¶ ~やすい食<sub>た</sub>べ物<sub>もの</sub> 상하기 쉬운 음식물 ②손상, 파손¶ 機械<sub>きかい</sub>の~ 기계의 파손

**いたみい・る** [痛み入る] 自五 황송하다, 송구하다¶ 丁寧<sub>ていねい</sub>なご挨拶<sub>あいさつ</sub>に~ 공손한 인사에 황송해하다/ ご親切<sub>しんせつ</sub>で~・ります 친절하게 해주셔서 송구스럽습니다

**いたみどめ** [痛み止め] 진통, 진통제

**いたみわけ** [痛み分け] 相撲 어느 한쪽의 부상으로 무승부가 됨

**いた・む** [痛む] 自五 ①(육체적으로) 아프다¶ 傷<sub>きず</sub>が~ 상처가 아프다 ②【傷む】(정신적으로) 아프다, 괴롭다, 고통스럽다¶ 心<sub>こころ</sub>が~ 마음이 아프다

**いた・む** [傷む] 自五 ①손상되다, 파손되다, 망가지다¶ ~・んだ本<sub>ほん</sub> 손상된 책/ 台風<sub>たいふう</sub>で屋根<sub>やね</sub>が~ 태풍에 지붕이 손상되다 ②(음식 등이) 상하다, 썩다¶ ~・んだご飯<sub>はん</sub> 쉰 밥/ 果物<sub>くだもの</sub>が~ 과일이 썩다

**いた・む** [悼む] 他五 애도하다, 애통해하다¶ 恩師<sub>おんし</sub>の死<sub>し</sub>を~ 은사의 죽음을 애도하다

**いため** [板目] ①판자와 판자의 이음매 ②紙 (판자의) 엇결 **—紙<sub>がみ</sub>** 반지・미농지 등을 여러 겹 배접한 두꺼운 종이

**いためがわ** [`撓革] 아교물에 담갔다가 두들겨서 굳힌 가죽

**いためつ・ける** [痛め付ける] 他下一 혼내 주다, 고통을 주다¶ 容赦<sub>ようしゃ</sub>なく~ 가차없이 혼내 주다

**いた・める** [`炒める] 他下一 (기름에) 볶다, 지지다¶ 野菜<sub>やさい</sub>を~ 채소를 볶다

**いた・める** [痛める] 他下一 ①(몸을) 다치다, 상하다, 앓게 하다¶ 指<sub>ゆび</sub>を~ 손가락을 다치다/ 肺<sub>はい</sub>を~ 폐를 상하다 ②【傷める】(심적인) 고통・타격을 입다, 상심하다¶ ひとり心<sub>こころ</sub>を~・めている 혼자 속을 썩이고 있다

**いた・める** [傷める] 他下一 ①흠 내다, 망가뜨리다, 파손하다¶ レコードを~ 레코드를

**いためる** 망가뜨리다 ②(식품을) 상하게 하다, 썩이다 ¶ 果物ものを~ 과일을 상하게 하다

**いた・める**【揉める】［他下一］(가죽을) 아교물에 담갔다가 두들겨 굳히다＝ねる

**いたや**【板屋】판자 지붕, 판잣집 ―貝がい［動］국자가리비

**いたよせ**【板寄せ】［經］(증권 거래소에서) 첫 장과 마지막 장 또는 매매가 쇄도할 때 板いたらしと고 부르는 종이에 매매 주문을 써서 약정가를 정해 매매를 성립시키는 방법

**いたらない**【至らない】［連体］→いたらぬ

**いたらぬ**【至らぬ】［連体］(사려가) 미흡한, 미치지 못하는, 부족한 ¶ ~息子むすこですが 부족한 자식입니다만/ ~点てんはお許ゆるしください 미흡한 점은 용서해 주십시오

**いたり**【至り】《조어 성분으로서「…の~」의 꼴로》①다시없음, 그지없음, 지극함＝極きわみ ¶ 光栄こうえいの~ 다시없는 영광 ②탓, 소치 ¶ 若気わかげの~ 젊은 혈기의 탓

**イタリック**(italic) ［版］이탤릭, (활자의) 사체

**いた・る**【至る・到る】［自五］이르다 ①(어느 지점・시점에) 다다르다, 당도하다 ¶ 目的地もくてきちに~ 목적지에 다다르다/ 現在げんざいに~まで 현재에 이르기까지 ②(어떤 상태에) 다다르다, 되다 ¶ 大事だいじに~前まえに 큰일이 되기 전에/ 倒産とうさんするに~ 도산하기에 이르다 ③(文) 찾아오다, 닥치다, 도래하다 ¶ 好機こうきの~ 호기가 도래하다 ④(「…に~っては」의 꼴로)…에 이르러서는 ¶ 事ことここに~っては やむをえない 일이 여기에 이르러서는 어쩔 수 없다 ―所ところ［連語］도처에, 가는 곳마다 ―れり尽つくせり［連語］빈틈없다, 극진하다, 더할 나위 없다

**いたわさ**【板(山葵)】［料］널에 붙인 생선묵을 얇게 썰어 고추냉이를 곁들인 요리

**いたわし・い**【^労しい】［形］가엾다, 애처롭다, 딱하다 ¶ ~だが 애처로운 모습/ まったく~ことです 정말 딱한 일입니다

**いたわり**【^労り】위로, 달램 ¶ ~の言葉ことばを かける 위로의 말을 건네다

**いたわ・る**【^労る】［他五］①돌보다 ¶ 老人ろうじんを~ 노인을 돌보다 ②(노고를) 위로하다 ¶ 選手せんしゅを~ 선수를 위로하다

**いたん**【異端】이단 ¶ ~となす 이단으로 치부하다 ―視し［名他スル］이단시 ―者しゃ 이단자

**いち**【一】［音］イチ・イツ［訓］ひと・ひとつ・ひ(音)［造語］I ①하나, 일 ¶ 一度いちど 한 번, 만일まんいち 만일/ 一生いっしょう 일생 ②최초, 처음 ¶ 一位いちい 1위 ③최상의 것, 최고 ¶ 一流いちりゅう 일류, 世界せかい一 세계 제일 ④오로지, 전적으로 ¶ 一途いちず 외곬・一念いちねん 일념 ⑤하나로 간추리다 ¶ 一丸いちがん 한 덩어리로, 統一とういつ 통일 ⑥하나로 간추려진 것 ¶ 一族いちぞく 일족, 一行いっこう 일행 ⑦어느 하나 ¶ 一芸いちげい 한 가지 기예, 一説いっせつ 일설 ⑧얼마 안 됨, 적음 ¶ 一顧いっこ 일고, 一喝いっかつ 일갈 ⑨혹은, 또는 ¶ 一喜一憂いっきいちゆう 일희일비, 一進一退いっしんいったい 일진일퇴 ―〔默字訓〕一寸ちょっと 잠깐・一日ついたち 초하룻날 ―

向むこう 오로지・一昨日おととい 그저께・一昨年おととし 재작년・一昨昨年さきおととし 그끄러께 II ①일, 하나 ¶ 万まんが一いち 만의 하나, 처음, 첫째 ¶ ~の子分こぶん 첫째 가는 부하/ ~から出直でなおす 처음부터 다시 하다 ③(琴こと・三味線しゃみせん에서) 제일 낮은 음 ④최고, 으뜸, 최상 ¶ ~、二にを争あらそう 첫째 둘째를 다투다

**[慣用句]**
**―か八ばちか** 되든 안 되든, 흥하든 망하든
**―から十じゅうまで** 하나에서 열까지, 전부, 죄다
**―も二にもなく** 두말없이, 무조건
**―を聞きいて十じゅうを知しる** 하나를 들으면 열을 알다

**いち**【壱】【壹】［音］イチ・イツ｜(음)］일 ［造語］「一いち」의 갖은자 ¶ 金壱万円きんいちまんえん 금일만 원

**いち**【市】①장, 시장 ¶ 朝あさ~ 아침장/ ~が立つ 장이 서다 ②사람이 많이 모이는 거리, 저잣거리＝まち

**[慣用句]**
**―を成なす** 문전 성시, 성황을 이루다

**いち**【位地】［文］지위, 계급＝くらい

**いち**【位置】［名自スル］위치 ①자리, 장소 ¶ 所定しょていの~に置おく 정해진 위치에 두다 ②자리, 지위, 입장 ¶ 会社かいしゃでの~ 회사에서의 지위, 微妙びみょうな~ 미묘한 입장 ―付つける［他下一］자리를 매기다, 어떤 위치에 놓다, 평가하다

**いちあん**【一案】일안, 하나의 안 ¶ 〈生覚せいかく〉~を示しめす 하나의 안을 제시하다

**いちい**【一位】①1위, 수위 ¶ ~を占しめる 수위를 차지하다 ②(數) 한 자리 수 ¶ 小数点以下しょうすうてんいか~ 소수점 한 자리 수 ③최고의 위계 ¶ 正しょう~ 정일품

**いちい**【一位・^櫟・^水松】［植］주목＝あららぎ

**いちい**【一意】I［副］한결같이, 오로지 ¶ 成功せいこうへと~邁進まいしんする 성공으로 일로 매진하다 II［名］일. 단 하나의 뜻 ―専心せんしん 일의 전심, 오로지 한가지 일에 전념함

**いちいたいすい**【一衣帯水】［文］일의대수, 띠같이 좁은 강이나 해협 ¶ ~の地ち 일의대수의 땅

**いちいち**【一一】［副］일일이, 하나하나, 낱낱이, 모두 ¶ ~説明せつめいする 일일이 설명하다/ 問といに~答こたえる 질문에 하나하나 대답하다

**いちいん**【一因】일인, 한 원인

**いちいん**【一員】(단체를 구성하는) 한 사람 ¶ 家族かぞくの~ 가족의 일원

**いちいんせい**【一院制】［政］일원제, 단원제

**いちう**【一宇】［文］일우, 한 채의 건물 ¶ 八紘はっこう~ 팔굉 일우

**いちえん**【一円】［名］①「円えん」의 최소액, 1엔 ②［造語］일원, 일대 ¶ 関東地方かんとうちほう~の雨雲あまぐも 関東 지방 일원의 비구름

**いちおう**【一応・一往】［副］일단, 우선, 대충 ¶ ~話はは通とおしてある 일단 얘기는 해 두었다

**いちがいに**【一概に】［副］일률적으로, 일괄해서, 몰아서, 한 마디로 ¶ ~言いえないが 일률적으로 말할 수는 없지만

**いちがつ**【一月】1월, 정월＝むつき

**いちがん**【一丸】《「~となる・~とする」의 꼴

**いちがん** [一眼] 일안 ①한 눈, 한쪽 눈 ②외눈 = 片目(かため) ¶ (리플렉스 카메라에서) 렌즈가 하나임 **ーレフ** 일안 리플렉스 카메라

**いちぎ** [一義] ①일의, 하나의 뜻 **一音**(おん)**～説**(せつ) 일음 일의설 ②일리, 하나의 도리 ¶ それにも～ある 거기에도 일리는 있다 ③제일의, 근본 의의 **美**(び)**を～に置**(お)**く主義**(しゅぎ) 미를 근본 의의로 두는 주의 **ー的**(てき) [주] 일의적 ① 한 가지 뜻 뿐임 ②제일의적, 근본적

**いちぎ** [一議] ①¶ ～に한 마디 논의(상의) ¶ ～もなく 한 마디 논의도 없이 ②이의, 이론 ¶ ～もない 아무런 이의도 없다

慣用句

**ー に及**(およ)**ばず** 상의할 필요도 없다

**いちぎょう あき** [一行空き] [表] (문장에서 행을 바꿀 때) 한 행을 비우고 씀

**いちく** [移築] [名] [他スル] [建] 이축, 옮겨 지음 ¶ **社屋**(しゃおく)**を～する** 사옥을 이축하다

**いちぐう** [一隅] [文] 일우, 한구석 = かたすみ

**いちぐん** [一軍] ①일군, 한 무리의 군대 ¶ ～**を率**(ひき)**いる** 일군을 거느리다 ②전군 = 全軍(ぜんぐん) ¶ ～**の将**(しょう) 전군의 장수 ③(프로 야구에서) 1군, 1군의 선수

**いちぐん** [一群] 일군, 한 떼, 한 무리 = ひとむれ

**いちげい** [一芸] 한 가지 기예[재주] ¶ ～**に秀**(ひい)**でる** 한 가지 기예[재주]에 뛰어나다

**いちげき** [一撃] [名] [他スル] 일격 = ひとうち ¶ ～**のもとに倒**(たお)**す** 일격에 쓰러뜨리다

**いちげん** [一元] 일원 ①[名] 근원이 하나임 ⇔ 多元(たげん) ¶ ～**的思想**(てきしそう) 일원적 사상 ②(天皇(てんのう)の治世(ちせい)에서) 1대에 사용하는 연호 ¶ **一世**(いっせい)**～** 일세 일원 ③[数] (방정식에서) 미지수가 하나임 **ー化**(か) [名] [他スル] 일원화 **ー方程式**(ほうていしき) [数] 일원 방정식 **一論**(ろん) [哲] 일원론

**いちげん** [一見] ①¶ ～**に面**(めん), 첫 대면 ②그 가게에 처음 옴, 그런 손님 ¶ ～**の客**(きゃく) (요리집 등에) 처음 온 손님 ▷「いっけん」은 딴말

**いちげん** [一言] [名] [自スル] 일언, 한 마디 **一一行**(いちぎょう) 일언 일행 ¶ ～**を慎**(つつし)**む** 일언 일행을 삼가다 **ー居士**(こじ) 일언거사

**いちげん きん** [一弦琴・一絃琴] 일현금

**いち けんしき** [一見識] 일가견 ¶ ～**をもつ** 일가견을 갖다

**いちこ** [市子・巫女] 무녀, 무당

**いちご** [苺・莓] [植] 딸기

**いちご** [一期] [佛] ①일기, 일생, 한 평생 ¶ ～**の大事**(だいじ) 일생의 대사 ¶ **四十歳**(しじゅっさい)**を～として世**(よ)**を去**(さ)**る** 40세를 일기로 세상을 떠나다 ②최후, 임종 ¶ ～**に臨**(のぞ)**んで** 임종에 임하여 **一一会**(え) 일생에 한 번밖에 못 만남, 일생에 한 번 뿐임

**いちご** [一語] 일언, 한 마디 = ひとこと ¶ ～**で言**(い)**えば** 한 마디로 말하면 / ～**も聞**(き)**き漏**(も)**らさず聞**(き)**く** 한 마디도 빼놓지 않고 듣다 **一文**(ぶん) [文法] 한 단어로 된 문장

**いちごう** [一合] ①한 홉 ②산 밑에서 정상까지의 10분의 1 ③(검도에서) 일합 **一目**(め) 산 밑에서 정상까지의 10분의 1인 지점

**いちごう** [一毫] [名] [文] 일호, 아주 적음, 추호 ¶ ～**の欠点**(けってん)**もない** 일호의 결점도 없다 / ～**の油断**(ゆだん)**も許**(ゆる)**されない** 추호의 방심도 허용될 수 없다

**いち こじん** [一個人] 일개인, 한 개인 = いっこじん ¶ ～**としての所見**(しょけん) 일개인으로서의 소견

**いち ころ** [名] [俗] 단번에 짐, 한 판에 짐 ¶ **大会**(たいかい)**ではいつも～だ** 대회에서는 언제나 단 한 판에 진다 / **どんな害虫**(がいちゅう)**も～だ** 어떤 해충도 단번에 끝난다

**いちごん** [一言] [名] [自スル] 일언, 한마디 ¶ ～**つけ加**(くわ)**える** 한마디 덧붙이다 **一一句**(く) 일언 일구 **一半句**(はんく) 일언반구

慣用句

**ー のもとに** 한마디로, 일언지하에

**ー もない** (무어라고) 할 말이 없다, 한마디도 변명할 수 없다

**いちざ** [一座] Ⅰ [名] 일좌 ①만좌, 좌중 ¶ ～**を見渡**(みわた)**す** 좌중을 둘러보다 ②(강연 등의) 일장, 일석 ¶ ～**の演説**(えんぜつ) 일장 연설 ③(예능인의) 일단 ¶ ～**の花形**(はながた)**のスター** 일단(불량 등의)의 스타 ④(불량 등의) 1기 (基) ¶ **阿弥陀**(あみだ)**～** 아미타 1좌 Ⅱ [名] [自スル] 한자리에 앉음, 동석 ¶ **祝**(しゅく)**いの宴**(えん)**に～する** 축하연에 동석하다

**いちじ** [一字] 일자, 한 자, 한 글자 **一一句**(く) 일자 일구 ¶ ～**を書**(か)**き漏**(も)**らさない** 일자 일구도 빼놓지 않고 쓰다 **一千金**(せんきん) 일자 천금

**いちじ** [一次] 일차 ①[名] 일회, 최초, 첫번 ¶ ～**試験**(しけん) 1차 시험 / **第**(だい)**～世界大戦**(せかいたいせん) 제1차 세계 대전 ②[数] (대수학에서) 제곱 의 변수를 갖지 않는 것 ¶ ～**方程式**(ほうていしき) 1차 방정식 **一関数**(かんすう) [数] 1차 함수 **一産業**(さんぎょう) [経] 1차 산업 **一産品**(さんぴん) [経] 1차 산품 **一電池**(でんち) [電] 1차 전지

**いちじ** [一事] 일사, 한 가지 사항 [일] **一不再理**(ふさいり) [法] 일사 부재리

慣用句

**ー が万事**(ばんじ) 한 가지 일을 보면 다른 모든 일을 미루어 알 수 있다

**いちじ** [一時] 일시 ①(과거의) 한때, 그 당시 ¶ ～**は苦労**(くろう)**した** 한때는 고생했다 / ～**の勢**(いきお)**いはない** 그 당시의 기세는 없다 ②일시적임, 임시, 그때만임 ¶ ～**の間**(ま)**に合**(あ)**わせ** 임시 변통 / ～**の気休**(きやす)**め** 그때뿐인 위안 ③1시 ¶ **午前**(ごぜん)**～に** 오전 1시에 ④잠시, 잠깐 ¶ **曇**(くも)**り、のち雨**(あめ)**、～あられ** 흐리고 뒤에 비 / **台風**(たいふう)**の勢力**(せいりょく)**が～衰**(おとろ)**える** 태풍의 세력이 잠시 쇠퇴하다 **一解雇**(かいこ) 일시 해고 **一帰休制**(ききゅうせい) 일시 귀휴제 **一金**(きん) 일시금 **一凌**(しの)**ぎ** 임시 방편, 임시 변통 **一停止**(ていし) 일시 정지, 일시 중지 **一的**(てき) [주] 일시적, 한때뿐이 **一に** [副] 일시에, 동시에, 한꺼번에 **一逃**(のが)**れ** 일시적인 발뺌, 임시 모면 **一払**(ばら)**い** 일시불

**いちじかん** [一時間] 한 시간 ①60분간 ②(학교 수업 시간의) 한 단위 ¶ **~目**(め)**の講義**(こうぎ) 첫

**いちじき** [一時期] ①한 시기, 한 때 ¶ ～帰省していた 한 때 고향에 돌아가 있었다 ②한 시대 ¶ ～を画する 한 시대를 구분짓다

**いちじく** [〈無花果〉] [植] 무화과

**いちじげん** [一次元] 일차원

**いちしちにち** [一七日] 한이레, 초이레

**いちじつ** [一日] ①(그 달의) 1일, 초하루= ついたち ¶ 四月の～ 4월 1일 ②어느 날 ¶ 秋の～ 가을 어느 날 ③(그날) 하루 ¶ ～も早く会いたい 하루라도 빨리 만나고 싶다 **―千秋** 일일 천추, 일일여삼추
[慣用句]
**―の長** 일일지장, 남보다 조금 나음

**いちじゅ** [一樹] (文) 한 그루의 나무
**―の陰も一河の流れも他生の縁** 생면부지의 나그네끼리 같은 나무 그늘에서 비를 피하고 같은 냇물을 마시는 것도 다 전생의 인연에 의한 것이다

**いちじゅういっさい** [一汁一菜] 일즙 일채, 국 한 그릇과 나물 한 가지, 검소한 식사

**いちじゅん** [一旬] (文) 일순, 10일간

**いちじゅん** [一巡] 일순, 한 바퀴 돎= ひとめぐり ¶ 打者～の猛攻 타자 일순의 맹공/公園を～する 공원을 한 바퀴 돌다

**いちじょ** [一女] (文) ①일녀, 딸 하나 ¶ 一男～をもうける 1남 1녀를 두다 ②장녀, 맏딸

**いちじょ** [一助] 일조, 약간의 도움 ¶ 救援活動の～にする 구원 활동에 일조하다

**いちじょう** [一条] (文) ①한 줄기, 한 가닥 ¶ ひとすじの煙けむりが 한 줄기 연기/～の活路を見い出す 한 가닥의 활로를 찾아내다 ②(조항의) 1조, 한 조목[조문]= ひとくだり ③한 건, 일건= 一件

**いちじょう** [一乗] [佛] 일승, 모든 중생을 구하고 깨달음으로 인도하는 설법

**いちじょう** [一場] [名] 일장 ①잠시 동안, 그 때뿐임 ¶ ～の喜劇 일장의 희극 ②그 자리, 한 자리, 한바탕 ¶ ～の訓示 일장 훈시
[慣用句]
**―の夢** 일장춘몽, 한바탕의 꿈

**いちじるし・い** [著しい] [形] 현저하다, 두드러지다 ¶ ～変化 두드러진 변화/進歩の跡が～ 진보의 흔적이 현저하다

**いちじん** [一陣] 일진 ①제1진, 선진 ¶ ～が出発する 1진이 출발하다 ②[名] 비·바람이 한차례 내림[불] ¶ ～の驟雨 한바탕 내리는 소나기
[慣用句]
**―の風** (文) 일진의 바람, 한바탕 부는 바람

**いちじんぶつ** [一人物] 어엿한 인물, 상당한 사람 ¶ 彼らは政界の～である 그는 정계의 상당한 인물이다

**いちず** [一途] [ず] 외곬, 한결같음, 고지식함= ひたむき ¶ ～な性格 한결같은 성격/学問～の人 오로지 학문밖에 모르는 사람

**いちせいめん** [一生面] (文) 새 분야, 새로운 방면, 신기축 ¶ ～を開く 새 장을 열다

**いちぜんめし** [一膳飯] ①한 그릇의 밥, 공기밥 ②(죽은 사람에게 올리는) 메 **―屋** 공기밥에 반찬을 곁들여 내놓는 간이 식당

**いちぞく** [一族] 일족, 동족, 일문 ¶ ～郎党 일족과 그 무리들/～が集まる 일족이 모이다

**いちぞん** [一存] 혼자만의 생각[판단] ¶ 私の～では決められない 나 혼자만의 판단으로는 결정할 수 없다

**いちだ** [一打] 일타, (야구·골프 등의) 한 번의 타격·타구 ¶ 逆転の～ 일타 역전

**いちだい** [一大] (接語) (명사 앞에 붙어) 일대, 중대한, 하나의 큰 ¶ ～事件 일대 사건

**いちだい** [一代] 일대 ①일생, 한평생 ¶ 一世～ 일세 일대/～の不覚 일생의 불찰 ②군주·호주 등이 그 지위에 있는 기간, 대 ¶ ～で絶える 한 대에서 끊어지다 ③한 시대, 그 시대, 당대 ¶ ～の名著 당대의 명저 **―記** 일대기, 전기 **一年寄** [相撲] 공적을 남긴 씨름꾼에게 평생동안 주어지는 원로 자격

**いちたいいち** [一対一] 일대일 ¶ ～の関係 [連語] 일대일의 관계

**いちだいじ** [一大事] 일대사, 중대사, 큰일, 대사건 ¶ お家の～ (영주) 가문의 중대사

**いちだん** [一団] 일단, 한 떼, 한 무리 ¶ ～となって歩く 한 떼를 지어 걷다 ②특정 단체, 한 패거리 ¶ 旅芸人の～に入る 순회 예술인 일단에 들어가다

**いちだん** [一段] Ⅰ[名] 일단 ①한 계단[단계] 階級 ¶ ～が上がる 계급이 한 단계 오르다 ②(문장 등의) 한 단락 ¶ ～の大意 한 단락의 대의 ③한 가지 사항 Ⅱ[副] 한층 더, 훨씬, 더욱 ¶ ～とあでやかで上品 한층 더 아름답다

**いちだんかつよう** [一段活用] [文法] 1단 활용, 일본어 동사 활용의 하나

**いちだんらく** [一段落] [名][自スル] 일단락 ①(문장 등의) 한 단락 ②(일의) 한 단계가 끝남 ¶ 事件が～つく 사건이 일단락되다

**いちてんき** [一転機] → いってんき

**いちど** [一度] 한 번, 한 차례= ひとたび ¶ 一生に～だけ 일생에 한 번만/～おいでください 한 번 와 주십시오 **―ならず** [副] 한 번뿐 아니라, 몇 번이나 **―に** [副] 일시에, 동시에, 한꺼번에

**いちどう** [一同] 일동, 전원, 모두= みんな ¶ ～起立する 일동 기립/～を代表してお礼を申します 일동을 대표하여 감사드립니다

**いちどう** [一堂] [名](文) 일당, 같은 자리, 한 건물 ¶ ～一字 일당 일우
[慣用句]
**―に会する** 많은 사람이 한 자리에 모이다

**いちどう** [一道] 일도 ①하나의 길 ②한 가지 기예 ¶ ～に秀でる 한 가지 기예에 뛰어나다 ③한 줄기 ひとすじ ¶ ～の光 한 줄기의 빛

**いちどきに** [一時に] [副] 일시에, 동시에, 한꺼번에= 一度に ¶ ～押しかけてきた 한꺼번에 밀어 닥쳐왔다

**いちどく**【一読】 名 他スル 일독. 한 번 읽음 ¶ ~に値<sup>あたい</sup>する 일독할 가치가 있다

**いちなん**【一男】 ①장남. 아들 하나 ¶ ~一女<sup>じょ</sup> 1남 1녀 ②장남, 맏아들 ¶ ~をもうける 장남을 얻다

**いちなん**【一難】 일난. 한 가지 재난

慣用句
━去<sup>さ</sup>ってまた一難<sup>なん</sup> 한 재앙이 물러가자 새로운 재앙이 닥침. 산 넘어 산

**いちに**【一二】 ①한둘, 한두 가지, 약간 ¶ ~の例<sup>れい</sup>をあげる 한두 가지 예를 들다 ②첫째와 둘째. 1등과 2등

慣用句
━を争<sup>あらそ</sup>う 첫째 둘째를 다투다

**いちにち**【一日】 일일 ①하루, 일일야 ¶ ~三回<sup>かい</sup> 하루 3회 ②하루 종일 ¶ ~休<sup>やす</sup>まず働<sup>はたら</sup>く 하루 종일 쉬지 않고 일하다 ③어느 날, 어느 하루 ¶ 春<sup>はる</sup>の~ 봄날 어느 하루 ④(그 달의) 1일, 초하루= ついたち ¶ 三月<sup>がつ</sup>の~ 3월 1일 ━一善<sup>ぜん</sup> 일일 일선 ━千秋<sup>せんしゅう</sup> 일일 천추. 일일여삼추 ━延<sup>の</sup>ばし 하루하루 연기함. 하루하루 미룸

慣用句
━増<sup>ま</sup>しに 하루가 다르게. 날이 갈수록. 나날이=ひましに

**いちにょ**【一如】 佛 일여. 진리는 영원 불변하며 단 하나뿐임 ¶ 物心<sup>ぶっしん</sup>~ 물심 일여

**いちにん**【一人】 文 일인. 한 사람 ¶ 用<sup>よう</sup>~ 일 인용 ¶ ~につき 일인당 ━称<sup>しょう</sup>【文法】일인칭 ━前<sup>まえ</sup> ①인분. 어른. 어른다움. 성인임 ¶ ~に扱<sup>あつか</sup>う 어른으로 대접하다/ ~のことを言<sup>い</sup>う 어른스런 말을 하다 ③제 몫[구실]을 함 ¶ 一の医者<sup>いしゃ</sup> 어엿한 의사

**いちにん**【一任】 名 他スル 일임

**いちねん**【一年】 일년 ①(달력상의) 한 해 ¶ ~の計<sup>けい</sup>は元旦<sup>がんたん</sup>にあり 일년지계는 원단[설날]에 있다 ②(어느 날부터) 1년, 한 해 동안 ¶ あれから~たつ 그로부터 1년이 지나다 ③1학년. 1년생 ¶ 大学<sup>だいがく</sup>~の秋<sup>あき</sup> 대학 1학년의 가을 ④(연호의) 원년 ━忌<sup>き</sup> 1주기 ━一周<sup>しゅう</sup>忌<sup>き</sup> 1주기 ━生<sup>せい</sup> 일년생 ━生<sup>せい</sup>植物<sup>しょくぶつ</sup>【植】일년생 식물. 일년초 ━草<sup>そう</sup>【植】일년초 ━坊主<sup>ぼうず</sup> 1학년생, (특히) 초등학교 1학년생을 놀려서 하는 말

**いちねん**【一念】 일념 ①한결같은 마음 ¶ 岩<sup>いわ</sup>をもとおす 일념이 바위도 뚫는다/ 会<sup>あ</sup>いたい~から飛<sup>と</sup>んでくる 만나고 싶은 일념에서 달려오다 ②어떤 한가지 생각 ③佛 한 번 염불을 외움 ━義<sup>ぎ</sup>【佛】정토종의 한 종파 ━往生<sup>おうじょう</sup>【佛】일념 왕생 ━発起<sup>ほっき</sup> 名 自スル 【佛】일념 발기. 불도를 닦으려고 결심함 ②(마음을 고쳐 먹고) 새로 결심함

**いちのう**【一能】 일능. 한 가지 능력·재능 ¶ 一芸<sup>げい</sup>~ 일예 일능

**いちのぜん**【一の*膳】 料 (정식 일본 요리에서) 맨 처음에 나오는 상= 本<sup>ほん</sup>ぜん

**いちのたに**【一の谷】 神戸<sup>こうべ</sup>시 須磨<sup>すま</sup>구 서쪽의 지명. 源義経<sup>みなもとのよしつね</sup>가 平家<sup>へいけ</sup>군을 급습한 옛 전쟁터

**いちのとり**【一の*酉】 11월 첫째 유일(酉日), 그 날 서는 장

**いちば**【市場】 시장 ①장 ¶ 魚<sup>うお</sup>~ 어시장/ やみ~ 암시장/ ~に行<sup>い</sup>く 장에 가다 ②상설 시장 ¶ ~に店<sup>みせ</sup>を出<sup>だ</sup>す 시장에 가게를 내다

**いちばい**【一倍】 ①1배. 한 배 ¶ ~半<sup>はん</sup> 한 배 반 ②《造語》「人<sup>ひと</sup>~」의 꼴로) 배, 갑절 ¶ ~働<sup>はたら</sup>く 남보다 갑절 일하다 ③(부사적으로) 한층, 더욱 더 ¶ ~慎重<sup>しんちょう</sup>にしなきゃならぬ 더욱 더 신중히 하지 않으면 안 된다

**いちはつ**【一八・〈鳶尾〉】 【植】 연미붓꽃

**いちはやく**【逸早く】 副 재빨리, 잽싸게, 날쌔게 ¶ ~逃<sup>に</sup>げ出<sup>だ</sup>す 잽싸게 도망가다

**いちばん**【一番】 Ⅰ 名 ①일번. 첫번째. 맨 먼저 ¶ ~打者<sup>だしゃ</sup> 일번 타자/ ~に駆<sup>か</sup>けつける 맨 먼저 달려오다 ②으뜸, 최고, 일등 ¶ 試験<sup>しけん</sup>で~になる 시험에서 일등이 되다/ 何<sup>なに</sup>よりも健康<sup>けんこう</sup>が~だ 무엇보다도 건강이 최고다 ③1회, 한 번, 단판 ¶ ~勝負<sup>しょうぶ</sup> 단판 승부 ④(바둑·씨름 등의) 한 판 ¶ 結<sup>むす</sup>びの~ 끝맺는 한 판 ⑤(歌舞伎<sup>かぶき</sup>・能<sup>のう</sup> 등의) 한 곡 Ⅱ 副 ①가장, 제일, 맨 ¶ ~よい服<sup>ふく</sup>を着<sup>き</sup>る 제일 좋은 옷을 입다 ②시험삼아, 한 번 ¶ ここは~やってみるか 이건 시험삼아[한 번] 해볼까 ━手<sup>て</sup> ①선봉, 선두 ②선두 주자, 가장 유력한 후보 ━鶏<sup>どり</sup> 첫닭 ━乗<sup>の</sup>り 名 自スル ①(적진에) 맨 먼저 쳐들어감 ②제일 먼저 도착함 ━星<sup>ぼし</sup> (저녁에 뜨는) 첫 별 ━槍<sup>やり</sup> 맨 먼저 창을 들고 적진에 돌입함, 그런 사람 ②맨 먼저 공을 세움, 그런 사람

**いちひめにたろう**【一姫二太郎】 □ 처음엔 딸 다음엔 아들을 낳는 것이 좋다는 말

**いちびょうそくさい**【一病息災】 건강에 자신 있는 사람보다 하나쯤 병이 있는 사람이 자기 몸을 잘 돌보기 때문에 오히려 장수한다는 말

**いちぶ**【一分】 ①전체의 10분의 1, 조금 ¶ ~咲<sup>さ</sup>き 꽃이 조금 핌 ¶ ~のすきも見<sup>み</sup>せない 한 치의 빈틈도 보이지 않다 ②백분의 1, 1퍼센트, 1푼 ③(척관법에의) 일푼 ④(江戸<sup>えど</sup> 시대의) 一分金<sup>きん</sup>(1냥의 4분의 1에 해당하는 금화) ━一分銀<sup>ぎん</sup>(1냥의 4분의 1에 해당하는 은화) ━一厘<sup>りん</sup> 일푼 일리. 극히 적음 ¶ ~の狂<sup>くる</sup>いもない 극히 적은 오차도 없다

**いちぶ**【一部】 일부 ①일부분, 한 부분 ¶ ~の人<sup>ひと</sup> 일부분의 사람/ ~を修正<sup>しゅうせい</sup>する 일부를 수정하다 ②(서적·인쇄물 등의) 한 부, 한 권, 한 질 ¶ パンフレット~ 팸플릿 한 부/ ~取<sup>と</sup>り寄<sup>よ</sup>せる 한 질을 가져오게 하다 ③(대학의) 주간부 ━始終<sup>しじゅう</sup> 자초지종, 전말

**いちふじ**【一富士】 첫째로 富士(산)

慣用句
━二鷹<sup>たか</sup>三茄子<sup>なすび</sup> 첫째는 富士산 둘째는 매 셋째로는 가지 ▷ 새해 첫꿈에 보면 재수가 좋다는 것을 차례로 늘어놓은 말

**いちぶぶん**【一部分】 일부분. 한 부분 ¶ ~を見<sup>み</sup>ただけではわからない 일부분만 보고서는 모른다

**いちぶん [一分]** 체면, 면목, 체통¶ ～がする 체면이 깎이다/ ～が立たない 체통이 서지 않다 ▷「いっぷん」은 딴 뜻

**いちぶん [一文]** (文) ①한 문장, 짧은 글¶ ～を草する 일문을 초하다 ②괜찮은 문장¶ ～をものにする 괜찮은 문장을 만들다

**いちべつ [一別]** (文) 일별, 한 번 헤어짐¶ ～のあと 한 번 헤어진 후 **一以来**で [連語] 일별 이래, 한 번 헤어진 후¶ ～の挨拶さっ 일별 이래의 인사

**いちべつ [一*瞥]** 图 他スル (文) 일별, 한 번 흘끗 봄¶ ～をくれる 한 번 흘끗 보다

**いちぼう [一望·一*眸]** 图 他スル 일망, 한 눈에 바라봄¶ ～のもとに見渡わたせる 한 눈에 바라보다 **一千里**ざん 일망 천리

**いちぼく [一木]** 일목, 한 그루의 나무¶ **一草**そう (文) 일목 일초 **一造**づくり (美) 통나무 하나에 조각하여 만드는 불상 조각 기법

**いちまい [一枚]** ①(널빤지·종이 등의) 1매, 한 장, 한 닢¶ 紙かを～, 종이 한 장/ コインを～入いれる 동전을 한 닢 넣다 ②(논밭의) 한 뙈기, 한 배미¶ 田たを～ 논 한 뙈기 ③(역할을 하는) 한 사람, 한 몫¶ 彼かれも～加くわえよう 그도 한 몫 끼우자 ④(한 단계, 한 수¶ 彼女かのじょの方ほうが～うわてだ 그녀 쪽이 한 수 위다 **一岩**いか ①한 덩어리로 된 큰 바위, 통반석 ②굳음, 튼튼함, 한결같음¶ ～の団結けっ 굳은 단결 **一上**うえ 图 (능력면에서) 한 수 위 **一看板**かばん ①유일한 간판 ②(歌舞伎かぶきで) 극장 앞에 세워 놓은 큰 간판 ③중심 인물, 간판 스타¶ 劇団だんの～ 극단의 간판 스타

**いちまつ [一抹]** ①물감 등을 묻힌 붓으로 슬쩍 스쳐감 ②일말, 아주 적음¶ ～の不安あん 일말의 불안

**いちまつ [市松]** ①「市松人形にんぎょう」의 준말 ②「市松模様もよう」의 준말 ③[料] 市松模様처럼 담은 요리 **一人形**にんぎょう 소리가 나게 뱃속에 피리를 넣어 만든 흙인형 **一模様**もよう 흑백 바둑판 무늬

**いちみ [一味]** 일미 ①일당, 한패¶ ～に加くわわる 한패에 끼다 ②한 가지 맛, 독특한 맛·정취¶ ～の涼風りょうふう 한 가닥의 시원한 바람 ③(한약·양념 등의 성분이) 한 종류임

**いちみゃく [一脈]** 일맥, 한 줄기, 한 가닥
慣用句
**一相通**あいつうずる 일맥 상통하다

**いちめい [一名]** 일명 ①한 명, 한 사람¶ 欠席せき～ 결석 한 명 ②별칭, 딴이름¶ アメリカは～米国こく といわれる 아메리카는 일명 미국이라 불린다

**いちめい [一命]** ①(한 사람의) 목숨, 생명¶ ～を賭して戦たたう 목숨을 걸고 싸우다 ②하나의 명령¶ ～を拝はす 명령을 받다

**いちめがさ [市女*笠]** 한가운데가 튀어나온 平安あん 시대의 여성용 삿갓

**いちめん [一面]** ①(사물의) 일면, 한 측면, 어떤 입장¶ 事件けんを～からとらえる 사건을 한 측면에서 파악하다/ ～にはよいこともある 일면으로는 좋은 일도 있다 ②전체, 주변 일대¶ ～の雪景色げしき 일대의 설경/ 空そらに広がった雲くも 하늘 전체를 뒤덮은 구름 ③(거문고·거울 등을 세는 말) 하나, 1개 ④(신문의) 일면¶ ～のトップ記事 1면의 톱기사 **一観**かん 한쪽에 치우친 견해[관찰], 편견 **一的**てき [ナ] 일면적, 일방적, 편파적

**いちめんしき [一面識]** 일면식¶ ～もない 일면식도 없다

**いちもうさく [一毛作]** [農] 일모작

**いちもうだじん [一網打*尽]** 일망 타진

**いちもく [一目]** I 图 ①일목, 한쪽 눈, 외눈 **一片目**かた (바둑에서) 한 점 ¶ ～勝かつ 한 집 승 II 图 自スル ①한번 봄, 언뜻 봄, 일견¶ ～して状況じょうを把握あくする 한 번 보고 상황을 파악하다 ②한 번에 전체를 내려다봄¶ ～の中なかに落おちる 한 눈 안에 들다 **一散** さん 副 곧장, 쏜살같이 **一瞭然** りょうぜん 일목 요연
慣用句
**一置**おく (자기보다 우월한 사람에게) 한 수 위임을 인정하다, 한 수 위로 보다

**いちもつ [一物]** ①한 가지 물건¶ ポケットには～もない 호주머니에는 아무것도 없다 ②속셈, 꿍꿍이속, 흉계¶ 腹はらに～ある 꿍꿍이속이 있다 ③(돈·음경을 노골적으로 말하기를 꺼려 대신 쓰는 말) 그것, 그 물건

**いちもつ [逸物]** 일물 ①뛰어난 물건, 일품¶ 世に知しられた～ 세상에 알려진 일품 ②뛰어난 인물·동물

**いちもん [一文]** ①(江戸ど 시대 화폐 단위인) 일문, 엽전 한 닢 ②한푼, 한푼어치, 아주 적은 돈¶ ～の値打ちもない 한푼의 가치도 없다 **一*惜**お しみ 인색함, 째째함 **一菓子**ぐ ち, 수전노 **一*がし** 싸구려 과자 **一半銭**はん 일푼 반전 **一無**な し 무일푼, 빈털터리¶ ～になる 빈털터리가 되다 **一不通**つう 일자 무식
慣用句
**一*惜**お しみの百ひゃく知しらず 한 푼을 아끼다가 후에 백 냥 잃는 줄을 모른다

**いちもん [一門]** 일문 ①일족, 일가¶ 一族ぞく▪藤原ふじわら ～ 藤原 일문 ②(종교·무도·예능 등의) 같은 종파, 일파¶ 真言宗しゅうの～ 진언종 일파 ③(학문 등의) 동문

**いちもんいっとう [一問一答]** 图 自スル 일문 일답 **一形式**けいしき 일문 일답 형식

**いちもんじ [一文字]** ①한 글자, 한 자¶ ～もわきまえない 한 자도 모른다, 일자 무식이다 ②한일자, 일자 모양¶ 口くちを～に結ぶ 입을 한일자로 다물다 ③(족자의 위아래에 댄 좁다란 헝겊 ④극장의 무대 위에 걸려 있는 옆으로 긴 검은 막

**いちや [一夜]** ①일야, 하룻밤¶ ～を明あかす 하룻밤을 지새우다 ②(文) 어느 날 밤¶ ～友ともを訪ねた 어느 날 밤 친구를 찾아갔다 **一作**づく り ①하룻밤 사이에 만듦 ②급히 만듦, 급조¶ ～の作品ひん 급조한 작품 **一*漬**づ け ①하룻밤만에 익혀 먹는 *漬*つけ物もの ②벼락치기, 당일치기¶ 試験前ぜんの～ 시험 전의 당일치기

공부

**いちやく** [一躍] 图副自スル 일약. (지위·명성 등이) 단숨에 오름¶〜有名になる 일약 유명해지다

**いちゃつ・く** 自国俗 (남녀가) 노닥거리다, 시시덕거리다¶人目もはばからず〜 남의 눈도 꺼리지 않고 노닥거리다

**いちゃもん** 俗 트집, 시비, 구실＝言いがかり¶〜をつける 트집을 잡다

**いちゅう** [移駐] 图自スル 이주. (군대 등이) 다른 곳으로 옮겨 주둔함

**いちゅう** [意中] 의중. 마음속, 심중¶〜をさぐる 의중을 떠보다/〜を打ち明ける 심중을 털어놓다

慣用句
—**の人** 의중에 두고 있는 사람

**いちゆう** [一揖] 图自スル文 가볍게 인사함(절함)¶〜して席についた 가볍게 절하고 자리에 앉았다

**いちょ** [遺著] 유저 ①저자의 사후에 출판된 서적, 유작 ②후세에 남겨진 저서

**いちょう** [銀杏·公孫樹·鴨脚樹] 植 은행나무 **—返し** 정수리에 모은 머리채를 갈라 반원형으로 틀어 올리는 일본식 여자 머리 모양

**いちょう** [医長] (병원 등에서) 각과의 수석[주임] 의사 〜の回診 수석 의사의 회진

**いちょう** [胃腸] 위장¶〜薬 위장약

**いちょう** [異朝] 文 ①외국의 조정 ②외국, 이국 ▷①② ⇔ **本朝**

**いちょう** [移牒] 图他スル 이첩. 관할이 다른 관청에서 문서로 통지함, 그런 통지

**いちょう** [移調] 图音 이조, 조옮김¶ニ長調から〜する 라장조로 조옮김하다

**いちょう** [一葉] 文 일엽 ①(나뭇잎) 한 잎 ②(종이) 한 장 ③(조각배) 한 척¶〜の扁舟 일엽 편주

慣用句
—**落ちて天下の秋を知る** 일엽지추(一葉知秋), 사소한 조짐을 보고 장차의 일을 미리 짐작한다

**いちよう** [一様] ア 똑같음, 한결같음¶〜に扱う 똑같이 취급하다/皆〜に反対する 모두 똑같이 반대하다

**いちようらいふく** [一陽来復] 일양 내복 ①동짓달, 동지 ②겨울이 가고 봄이 옴 ③계속되던 나쁜 상태가 호전됨, 액운이 가고 행운이 옴¶〜の兆し 액운이 가고 행운이 돌아올 조짐

**いちよく** [違勅] 图自スル文 위칙, 천자의 영[칙령]을 어김

**いちよく** [一翼] 일익 ①한쪽 날개 ②한 가지 역할[소임]¶〜をになう 일익을 담당하다

**いちらん** [一覧] 일람Ⅰ图他スル 한 번 쭉 훑어봄¶書類を〜する 서류를 일람하다Ⅱ图 편람¶名所〜 명승지 일람 **—表** 일람표

**いちらんせいそうせいじ** [一卵性双生児] 医 일란성 쌍둥이

**いちり** [一利] 일리. 한가지 이익¶百害

あって〜なし 백해 무익하다 **—一害** 일리일해, 일장 일단＝一得一失

**いちり** [一里] 10리 **—塚** ①(江戸 시대에) 전국 가도에 십리마다 흙을 쌓고 나무를 심어 이정표로 삼았던 것 ②목표 도달 과정의 한 단계

**いちり** [一理] 일리¶〜ある見解 일리 있는 견해

**いちりつ** [一律] 图ア 일률 ①똑같음, 한결같음¶千篇〜 천편 일률 ②똑같이 다룸[취급함]¶両者を〜に扱う 양자를 똑같이 취급하다

**いちりつ** [市立] 图口 시립 ▷「市立っ」와「私立っ」를 구별하기 위해서 씀

**いちりゅう** [一流] ①일류, 제1급¶〜のホテル 일류 호텔 ②독특한[특유의] 방식¶彼ら〜の考え方 그의 독특한 사고 방식 ③한 유파 書道の〜 서도의 한 유파

**いちりゅうまんばい** [一粒万倍] 일립 만배. 적은 것에서 큰 이익을 올림

**いちりょう** [一両] ①(옛날 화폐 단위의) 한 냥 ②[造語] 한둘, 한두¶〜度 한두 번/〜年 한두 해 **—日** 하루나 이틀

**いちりん** [一輪] 일륜 ①바퀴 하나, 외바퀴¶〜車 일륜차 ②[꽃] 꽃 한 송이 **—挿し** (한두 송이의 꽃을 꽂는) 작은 꽃병

**いちる** [一縷] 图 극히 미약함[미미함], 일루¶〜の希望 일루의 희망

**いちるい** [一塁] ①(야구의 보루 ②野 1루, 1루수 **—手** 1루수＝ファースト

**いちるい** [一類] ①같은 종류, 같은 무리, 한패, 한 종류 ②동족, 일족

**いちれい** [一礼] 图自スル 한 번 인사함, 가볍게 절함¶〜して引き下がる 가볍게 절하고 물러 나오다

**いちれい** [一例] 일례, 한 예¶〜を挙げる 일례를 들다

**いちれつ** [一列] ①일렬, 한 줄¶〜縦隊 일렬 종대/〜に並ぶ 한 줄로 늘어서다 ②첫째 줄, 제1렬 ③동렬[同列], 같은 무리[동아리]¶〜に考える 동렬로 생각하다

**いちれん** [一連] 일련, 관계있는 일의 연속¶〜の現象 일련의 현상 ②한 두름, 한 묶음＝ひとつながり¶めざしを〜買う 말린 정어리 한 두름을 사다 ③(종이의) 한 연 **—番号** 일련 번호

**いちれん** [一聯] 일련 ①(시의) 한 연 ②(율시의) 대구(對句)

**いちれんたくしょう** [一蓮托生] 일련 탁생. 행동·운명을 같이함¶死ぬも生きるも全員〜だ 죽든 살든 전원이 운명을 같이한다

**いちろ** [一路] 일로Ⅰ图 ①한 줄기의 길¶真実〜 진실 일로 ②(바둑에서) 한 칸¶〜右を한 칸 오른쪽Ⅱ副 곧장, 똑바로¶〜邁進する 일로 매진하다

**いちろく** [一六] ①하나와 여섯 ②(주사위·화투 등의) 한 끗과 여섯 끗 ③매월 1과 6이 든 날 **—銀行** 俗 전당포 **—勝負** 俗 ①주사위 노름, 도박 ②모험적인 승부

**いちわり** [一割] 일할. 10퍼센트¶ 全品ぜん~引びき 전품목 일할 할인

**いつ** [佚] 冑イツ(음)일. (造語) ①속세를 피하다¶ 佚民いつみん 일민 ②없다, 없어지다, 버리다¶ 佚文いつぶん 일문・亡佚ぼういつ 망일 ③즐기다, 노닐다¶ 佚遊いつゆう 일유・安佚あんいつ 안일 ▷「逸いつ」와 같음

**いつ** [逸] 冑イツ・イチ(음)일. I (造語) ①도망치다, 놓치다, 피하다¶ 逸機いっき 일기・逸脱いつだつ 일탈 ②숨다, 빠지다, 새다¶ 逸話いつわ 일화 ③마음 편하다, 속된 것에서 벗어나 있다¶ 逸民いつみん 일민・安逸あんいつ 안일 ④뛰어나다¶ 逸品いっぴん 일품・逸物いつぶつ 일물▷「佚いつ」와 같음 II (文) 안락을 즐김¶ ~を求めもとめる 안락한 생활을 추구하다

**いつ** [溢] 冑イツ 訓あふれる|(음)일. (造語) ①꽉 차다, 넘치다¶ 溢血いっけつ 일혈・充溢じゅういつ 충일 ②정도가 지나치다¶ 溢美いつび 과찬

**いつ** [一] (文) ①(造語) 1. 하나 ②같음, 동일함¶ 全員ぜんいん心こころを~にする 전원이 마음을 같이하다 ③일방, 한편¶ ~は難かたく, ~は易やすし 한편은 어렵고 한편은 쉽다

**いつ** [五] 다섯, 5=いつつ・ご¶ ~日か 닷새/~, む, なな, や 다섯 여섯 일곱 여덟

**いつ** [何時] 代 ①언제, 어느 때¶ ~生うまれましたか 언제 태어났습니까 ②~来きたのだろう 언제 왔을까 ②여느 때, 평소
慣用句
—とはなく 어느덧, 어느새
—に無ない 평소와 다르다¶ ~に無く肌寒はださむい日ひ 여느 때와는 달리 쌀쌀한 날
—の間まにか 어느새, 어느덧

**いついつ** [何時何時] 代 副「いつ」의 힘줌말
—迄まで も 副 언제까지나, 영원토록

**いつう** [胃痛] 위통

**いっか** [一価] [化] 1가¶ ~元素げんそ 1가 원소

**いっか** [一家] 일가 ①하나의 가정¶ ~を構かまえる 가정을 꾸미다 ②한 가족, 온 가족¶ ~団欒だんらん 일가 단란 ③(학문・예능 등에서의) 독자적인 한 유파¶ ~を興おこす 한 유파를 일으키다 ④한 조직, 일파, 일당¶ ~言いちごん 일가언
慣用句
—を成なす 일가를 이루다. 권위자가 되다

**いっか** [一過] 名 自スル 일과. 한 번 지남¶ 台風たいふうの秋晴あきばれ 태풍이 일과한 후의 좋은 가을 날씨 ~性せい 일과성, 일시적이다¶ ~の発熱はつねつ 일과성 발열/~のブーム 일시적인 붐

**いつか** [五日] 5일 ①(그 달의) 초닷새¶ 六月ろくがつ~ 6월 5일 ②닷새, 5일간

**いつか** 副 ①언젠가는, 조만간, 차차¶ ~また会あおう 조만간 또 만나자/~わかるだろう 언젠가는 알게 될 것이다 ②언젠가, 전에¶ ~言いったとおり 전에 말했던 바와 같이 ③어느새, 어느 틈에¶ ~夜よには明あけていた 어느 틈에 날은 밝아져 있었다 —しら 副 어느덧, 어느새, 어느 틈에

**いっかい** [一介] 名 (文) 일개, (보잘것없는) 한 사람¶ ~の書生しょせいにすぎない 일개 서생에 불과하다

**いっかい** [一回] 1회 ①번=一度いちど¶ 週しゅうに~ 주 1회/~行いってみよう 한 번 가보자 ②일순, 일주, 한 바퀴 ③제1회, 첫 회¶ 連載小説しょうせつの~ 연재 소설의 1회 —忌き 1주기 —生せい 제1년도의 졸업생

**いっかい** [一階] ①일층 ②각 층의 하나, 한 층

**いっかい** [一塊] (文) 한 덩어리[덩이], 한 몽치=ひとかたまり¶ ~の土つち 한 덩어리의 흙

**いっかいてん** [一回転] 名 自スル 일회전 ①한 번 돎¶ 車輪しゃりんが~する間あいだ 차바퀴가 한 번도는 사이 ②(되풀이 되는 작업에서) 1회분이 끝남¶ ~するのに二日ふつかかかる 한 차례 끝나는 데 이틀이 걸린다

**いっかく** [一角] 일각 ①한 모퉁이[구석], 한 모서리¶ 氷山ひょうざんの~ 빙산의 일각/町まちの~ 거리의 한 모퉁이 ②하나의 각 한쪽의 뿔, 외뿔 ③ [動] 긴이돌고래, 일각고래 —獣じゅう ①「麒麟きりん」의 딴이름 ②일각수, 유니콘

**いっかく** [一画] 일획 ①(한자의) 한 획¶ 一点いってん~をおろそかにしない 한 점 한 획을 소홀히 하지 않다 ②한 구획

**いっかく** [一郭・一廓] ①일곽, 한 울 안의 지역, (같은 것이 모여 있는) 일대¶ 歓楽街かんらくがいの~ 환락가의 일곽/~をなす 일곽을 이루다

**いっかくせんきん** [一攫千金] 일확 천금¶ ~の夢ゆめを見みる 일확 천금을 꿈꾸다

**いっかつ** [一括] 名 他スル 일괄¶ ~審議しんぎ 일괄 심의/~して処理しょりする 일괄하여 처리하다

**いっかつ** [一喝] 名 他スル 일갈. 크게 한 번 꾸짖음¶ ~のもとにしりぞく 일갈지하에 물러나다

**いっかど** [一角・一廉] 副 (한층) 뛰어남, 특출함, 두드러짐=ひとかど¶ ~の人物じんぶつ 한층 뛰어난 인물

**いっかな** 副 (口) 《부정의 말이 딸리어》 아무리 해도, 좀처럼, 도무지, 조금도¶ ~白状はくじょうしない 좀처럼 자백하지 않다/~承知しょうちしない 아무리 해도 승낙하지 않다

**いっかん** [一巻] 일권 ①한 권¶ ~にまとめる 한 권으로 정리하다 ②제1권, 첫째 권
慣用句
—の終おわり 모든 게 끝장남, 만사 휴의

**いっかん** [一貫] I 名 自スル 일관¶ 始終しじゅう~ 시종 일관/~性せいがない 일관성이 없다 II 名 (중량의 단위로) 한 관 —作業さぎょう (제조・가공 등의) 일관 작업

**いっかん** [一管] ①(피리・붓 등의) 한 자루 ②(能楽のうがく 등에서) 피리 연주자가 독주하는 일

**いっかん** [一環] 名 ①(쇠사슬의) 한 고리 ②(전체의) 일부, 일부분¶ 記念行事きねんぎょうじの~ 기념 행사의 일환

**いっかんばり** [一閑張(り)] [美] 종이를 여러 겹 바르고 그 위에 옻칠을 한 칠기

**いっき** [一気] 한숨, 단숨, 한 호흡 —呵成かせい 일기 가성 ①단숨에 함 ②(시・문장 등을) 단숨에 지어냄 —に 副 단숨에, 단번에, 일거에

**いっき** [一季] ①한 철, 한 계절 ②(江戸えど 시대 고용 계약에서) 1년 기한

いつき [一基] (석등·묘비 등의) 1기¶灯台<sup>とう</sup>~ 등대 1기/ 石灯篭<sup>いし</sup>~ 석등 1기

いっき [一揆] 【史】무사·농민의 집단 행동, 봉기, 폭동¶百姓<sup>ひゃう</sup>~ 농민 폭동

いっき [一期] 1기 ①제1기, 일회째¶~生<sup>せい</sup> 1기생 ②(일정한 기간의) 한 기 第<sup>だい</sup>~計画<sup>かく</sup> 제1기 계획

いっき [一簣] 한 삼태기, 한 삼태기의 흙
[慣用句]
—の功<sup>こう</sup> 마지막 노력, 완성 직전의 노력¶~を虧<sup>か</sup>く (모든 공이) 마지막 한 번의 실수로 수포가 되다

いっき [一騎] 일기, 말에 탄 한 사람, 한 사람의 기마 병사 —討<sup>う</sup>ち 기마 병사끼리 일대 일로 싸움, 일대 일의 대결 —当千<sup>とうせん</sup> 일기 당천¶~の兵<sup>つわもの</sup> 일기당천의 용사

いっき [逸機] 일기, 기회를 놓침, 실기¶初回<sup>しょかい</sup>に~したのが敗因<sup>はいいん</sup>だ 첫 회에 실기한 것이 패인이다

いっき いちゆう [一喜一憂] 일희일우, 일희일비¶速報<sup>そくほう</sup>に~する 속보에 일희일우하다

いっきく [一掬] 名 (文) ①한 움큼을 ひとすくい¶~の水<sup>みず</sup> 한 움큼의 물 ②조금, 얼마간, 약간¶~の涙<sup>なみだ</sup> 약간의 눈물

いっきゃく [一脚] 다리가 달린 기물 하나

いっきゅう [一級] 일급 ①일등급¶一品<sup>いっぴん</sup> 일급품 ②(유도·바둑 등의) 1급 ③한 학급, 한 학년¶~上<sup>うえ</sup>の先輩<sup>せんぱい</sup> 한 학년 위의 선배 ④한 계급¶~ずつ昇進<sup>しょうしん</sup>する 한 계급씩 승진하다 —河川<sup>かせん</sup> 일급 하천

いっきょ [一挙] (造語) 일거, 한 가지 동작, 한 번의 행동 —動<sup>どう</sup> 일거 일동 —に 副 일거에, 단숨에, 단번에 —両得<sup>りょうとく</sup> 일거 양득

いっきょう [一興] 한가지 재미[즐거움], 하나의 흥취¶それも~だ 그것도 한가지 재미다/~をもよおす 흥취를 자아내다

いっきょう [一驚] 名 自スル (文) 깜짝 놀람
[慣用句]
—を喫<sup>きっ</sup>する 깜짝 놀라다

いっきょう [逸興] (文) 일흥, 아주 재미있음, 아주 흥겨움

いっきょく [一曲] 일곡, 한 곡, 한 곡조¶お得意<sup>とくい</sup>の~ 자신있는 한 곡

いっきょく [一局] 일국 ①(바둑·장기의) 한 판¶~打<sup>う</sup>つ 한 판 두다 ②(우체국·방송국 등의) 한 국

いっきょしゅ いっとうそく [一挙手一投足] ①일거수 일투족¶~に注目<sup>ちゅうもく</sup>する 일거수 일투족에 주목하다 ②약간의 수고, 적은 노력¶~の労<sup>ろう</sup>を費<sup>つい</sup>やす 약간의 수고를 들이다

いっく [一句] 일구 ①(俳句·連歌<sup>れんが</sup> 등의) 한 수, 한 구절¶~ひねる 한 수 짓다 ②한 마디= ひとこと¶一言<sup>いちごん</sup>~も聞<sup>き</sup>き漏<sup>ら</sup>らさない 일언 일구도 빠뜨리지 않는다

いつ・く [居着く] 自五 ①눌러 살다, 자리잡다, 정착하다¶奈良<sup>なら</sup>に~·いてから五年<sup>ねん</sup>になる 奈良에 자리잡은 지 5년이 된다 ②계속 머물러, 붙어 있다¶使用人<sup>しようにん</sup>が~·か ない 고용인이 붙어 있지 않는다

いつくしま [厳島] 広島<sup>ひろしま</sup>현 広島만 서남쪽에 있는 작은 섬. 天橋立<sup>あまのはしだて</sup>·松島<sup>まつしま</sup>와 함께 일본 삼경(三景)의 하나

いつくし・む [慈しむ] 他五 (文) 귀여워하다, 애지중지하다¶子供<sup>こども</sup>を~ 아이를 귀여워하다/~·み育<sup>そだ</sup>てる 애지중지하며 기르다

いっけい [一系] 일계, 한 혈통¶万世<sup>ばんせい</sup>~ 만세 일계

いっけい [一計] 일계, 한 계책·계략¶~をめぐらす 한 가지 계략을 꾸미다

いっけつ [一決] 名 自スル (文) 일결. (의논 등이) 하나로 결정됨¶衆議<sup>しゅうぎ</sup>~ 중의 일결

いっけつ [一穴] ①하나의 구멍 ②뜸을 놓는 경락의 하나, 한 혈 ③대소변 겸용 변기

いっけつ [溢血] 名 自スル 【醫】 일혈¶脳<sup>のう</sup>~ 뇌일혈

いっけん [一犬] (文) 한 마리의 개
[慣用句]
—虚<sup>きょ</sup>に吠<sup>ほ</sup>えて万犬<sup>ばんけん</sup>実<sup>じつ</sup>を伝<sup>つた</sup>う 공연히 한 마리의 개가 짖으면 여러 마리가 덩달아 짖어 시끄러워진다, 한 사람이 거짓말을 하면 많은 사람이 옮겨 진실인 것처럼 된다

いっけん [一件] 일건 ①한 건, 하나의 사항¶~書類<sup>しょるい</sup> 일건 서류/ 事故<sup>じこ</sup>が~もない 사고가 한 건도 없다 ②그 건, 그 일¶例<sup>れい</sup>の~は無事<sup>ぶじ</sup>解決<sup>かいけつ</sup>した 예의 일건은 무사히 해결되었다 —落着<sup>らくちゃく</sup> 한 사건이 매듭지어짐

いっけん [一見] 名 他スル 일견 ①한 번 봄, 언뜻 봄¶~は百聞<sup>ひゃくぶん</sup>にしかず 백문이 불여일견 ②(부사적으로) 언뜻 보기에¶~会社員<sup>かいしゃいん</sup>風<sup>ふう</sup>の男<sup>おとこ</sup> 언뜻 보기에 회사원풍의 남자

いっけん [一軒] 집 한 채, 한 집¶店<sup>みせ</sup>を~構<sup>かま</sup>える 가게를 한 채 장만하다 —家<sup>や</sup> ①외딴집 ②단독 주택, 독채 집

いっけん [一間] 한 칸 ①기둥과 기둥 사이, 그 길이 ②척관법의 길이의 단위, 여섯 자 ③바둑판의 한 눈¶~とび 한 칸 띄위 돌을 놓음

いっこ [一己] (文) (자기) 혼자, 일개인¶私<sup>わたし</sup>~の考<sup>かんが</sup>え 나 혼자의 생각

いっこ [一戸] 일호, 한 집, 한 가구¶~分<sup>ぶん</sup>の家賃<sup>やちん</sup>/~を構<sup>かま</sup>える 한 세대주가 되다

いっこ [一個·一箇] 일개 ①한 개¶~売<sup>う</sup>り 낱개로 팖 ②한 사람¶~の人間<sup>にんげん</sup>として 한 사람의 인간으로서/ ~の会社員<sup>かいしゃいん</sup>に過<sup>す</sup>ぎない 일개 회사원에 불과하다

いっこ [一顧] 名 他スル (文) 일고, 한 번 돌아봄 [돌이켜봄]¶~の価値<sup>かち</sup>もない 일고의 가치도 없다/~だにしない 거들떠 보지도 않다

いっこう [一向] 副 ①아주, 매우¶~平気<sup>へいき</sup>でいる 아주 태연하다 ②(부정의 말이 딸리어) 전혀, 조금도, 통¶~に進<sup>すす</sup>まない 전혀 진척되지 않다/~に構<sup>かま</sup>わない 통 개의치 않다

いっこう [一考] 일고, 한 번 생각해 봄¶~を要<sup>よう</sup>する 좀 생각해 볼 필요가 있다

いっこう [一行] 일행 ①동행자들¶御<sup>ご</sup>~様<sup>さま</sup> 일행이신 분/~に合流<sup>ごうりゅう</sup>する 일행에 합류하다 ②한 가지 행동 —言<sup>げん</sup>~ 일언 일행

いっこうしゅう【一向宗】【佛】浄土真宗의 딴이름
いっこく【一国】①일국. 한 나라 ¶ ～の宰相이 일국의 재상 ～全国, 온 나라 ～をあげて歓迎する 거국적으로 환영하다 ─社会主義【政】일국 사회주의
慣用句
─一城の主 ①한 나라[성]의 주인 ② 독립적인 사람, 하나의 영역을 확보한 사람
いっこく【一刻】 I 图 일각 ①옛 시각의 단위. 一時의 4분의 1 ▷ 약 30분 ②촌각, 한시, 짧은 시간 ¶ ～を争う 촌각을 다투다 / ～も猶予できない 한시라도 유예할 수 없다 II 【一刻】 ⑦ ①성급하며 화를 잘 냄 ②완고함, 고집스러움 ¶ かたいじ～な老人 완고한 노인 ─千金 일각에 천만금같이 중요함 ─者 완고하고 화를 잘 내는 사람, 옹고집쟁이 ¶ ～高だい~ 유명한 옹고집쟁이

いっこじん【一個人】개개인. 공적인 입장을 떠난 한 인간 = いちこじん ¶ ～として参加する 일개인으로 참가하다
いっこん【一献】①술 한 잔, 한 잔의 술 ¶ ～傾ける 술 한 잔 하다 ②(간단한) 술대접 ¶ ～差し上げたい 술 한 잔 대접하고 싶다
いっさい【一切】 图 일체. 전부, 모두, 모든 것 ¶ ～を取りしきる 일체를 혼자 도맡아 하다 / ～の責任を負う 모든 책임을 지다 II 副 (부정의 말이 딸리어) 일절, 전혀, 전연 ¶ ～役に立たない 전혀 쓸모가 없다 / 謝礼に는 ～受け取らない 사례는 일절 받지 않는다 ─合切 일체, 모든 것, 몽땅 ¶ ～を売り払う 몽땅 팔아 치우다 ─経【佛】일체경, 대장경 ─衆生【佛】일체 중생 ─法【佛】존재하는 모든 것
いっさい【一再】图 ⑦ 한두 번 ¶ ～にとどまらず 한두 번에 그치지 않고 ─ならず 副 여러 번, 자주, 종종 = たびたび ¶ ～お世話に なる 종종 신세를 지다
いつざい【逸材】일재. 뛰어난 재능, 그런 인재 ¶ 百年に一人の～ 백년에 한 사람 나올 만한 뛰어난 인재
いっさく【一昨】(造語) 전전, 지난번 ¶ ～夜 그저께 밤 ─昨【造語】그그저께 ¶ ～日 그그저께 ─日 그저께 ─年 재작년, 그러께
いっさく【一策】일책. 하나의 방책[계책] ¶ 窮余の～ 궁여지책 / ～を案ずる 한 계책을 생각해 내다
いっさつ【一札】한 통의 편지[증서·문서] ¶ ～とってある 한 통의 문서를 받아 두었다
慣用句
─入れる (약속·보증을 위해) 증서·각서 등을 써주다
いっさつたしょう【一殺多生】일살 다생. 한 사람을 죽여 많은 사람을 구함
いっさん【一*盞】⑦ 술 한 잔, 한 잔 술 ¶ ～を傾ける 술 한 잔을 하다
いっさんかたんそ【一酸化炭素】【化】일산화탄소 ─中毒【醫】일산화탄소 중독

いっさんかちっそ【一酸化窒素】【化】일산화질소
いっさんに【一散に・逸散に】副 쏜살같이, 부리나케, 곧장 ¶ ～逃げる 부리나케 도망치다
いっし【一子】①자식 하나 ¶ ～をもうける 자식 하나를 얻다 ②외아들, 외동딸 ③여러 자식 중의 하나. (특히) 적자(嫡子) ④(바둑에서) 돌 하나 ─相伝 (학문·기예 등의 비결을) 한 자식에게만 전수함
いっし【一矢】일시. 한 개의 화살
慣用句
─を報いる (상대방의 공격·공박 등에 대해) 조금이나마 반격하다[반론하다]
いっし【一死】일사 ①(文) 목숨을 버림, 죽음 ¶ ～報国 일사 보국 ②【野】원 아웃 ¶ ～満塁 1사 만루
いっし【一糸】(文) 한 오리의 실, 실 한 오라기
慣用句
─纏わず 실오라기 하나 걸치지 않고
─乱れず 일사불란하게
いっし【一指】(文) 일지, 손가락 하나
いっし【逸史】(文) 일사. 정사(正史)에서 누락된 사실(史實)
いつじ【逸事】(文) 일사. (세상에) 알려지지 않은 일, 숨은 사실
いつしか【〈何時〉しか】副 어느새, 어느덧 ¶ ～夜が明けていた 어느새 날이 새어 있었다
いっしき【一式】일식. 일습, 한 벌 = ひとそろい ¶ 家財道具～ 가재 도구 일습
いっしつ【一室】일실 ①하나의 방 ¶ 離れの～ 별채의 일실 ②같은 방, 한방 ¶ ～に泊まる 한방에 묵다 ③어떤 방 ¶ 船底の～ 뱃바닥의 어떤 방
いっしつりえき【逸失利益】【法】일실이익
いっしどうじん【一視同仁】일시동인. 모든 사람을 평등하게 보며 똑같이 사랑함
いっしはんせん【一紙半銭】아주 적은[약소한] 것 ¶ ～も惜しむ 아주 적은 것도 아끼다
いっしゃせんり【一*瀉千里】일사천리 ①(일이) 거침없이 진척됨 ¶ ～に片付ける 일사천리로 해치우다 ②(문장·변설이) 거침없음 ¶ ～に物語る 일사천리로 이야기하다
いっしゅ【一種】일종 ①어떤 종류 ②图 어떤 종류 ¶ ～の天才だ 일종의 천재다 ③(부사적으로) 약간, 좀, 어딘지 ¶ ～独特の書体 어딘지 독특한 서체
いっしゅう【一周】图 自スル 일주. 한 바퀴 돎 ¶ 世界～ 세계 일주 / 場内を～する 장내를 일주하다 ─忌 일주기 ─年 일주년
いっしゅう【一週】①일주일 ②7일간 ¶ ～間の休暇 1주일간의 휴가
いっしゅう【一*蹴】图 他スル 일축 ①간단히 거절함 ¶ 進言を～する 진언을 일축하다 ②간단히 물리침 ¶ 挑戦者を～する 도전자를 간단히 물리치다
いっしゅく【一宿】图 自スル (文) 일숙, 일박 = 一泊 ─一飯 일숙 일반. 하룻밤의 숙식을 신세 짐 ¶ ～の恩義 하룻밤의 숙식을 신세진 은혜

**いっしゅつ** [逸出] 名 自スル 文 일출 ①벗어남, 빠져나감 ②뛰어남, 출중함, 걸출함

**いっしゅん** [一瞬] 일순, 일순간, 순간¶ 優勝の～ 우승의 순간／～目を疑った 일순 눈을 의심했다

**いっしょ** [一所] 文 ①한 군데, 한 곳 ②같은 곳 **―懸命** ナ 副 열심히 함 =一生懸命 **―不住** 文 일정한 거처가 없음

**いっしょ** [一書] 文 일서 ①한 권의 책¶ ～にいわく 일서에 이르기를 ②한 통의 편지¶ ～を送る 한 통의 편지를 보내다

**いっしょ** [一緒] Ⅰ 名 ①하나로 합침 [모음]¶ みんな～でいくらですか 모두 합쳐 얼마입니까 ②함께 함, 같이 함¶ 友達と～に遊ぶ 친구와 함께 놀다 ③때가 같음, 동시¶ ～に買った物 같이 산 물건 Ⅱ 形動 같음, 마찬가지, 동일함¶ 意見が～になる 의견이 같아지다 Ⅲ 名 自スル (「ご～する」의 꼴로) 동행하다¶ 恩師と中国へ御～する 스승과 중국에 동행하다 **―くた** 名 俗 이것 저것 뒤섞어 하나로 함, 뒤죽박죽으로 만듦

慣用句
**―になる** ①하나가 되다, 하나로 합쳐지다 ②부부가 되다¶ 彼女と～ 그녀와 부부가 되다

**いっしょ** [逸書・佚書] 文 일서. 이름만 남아 있고 실물은 전해지지 않는 책

**いっしょう** [一生] 일생 ①평생, 생애¶ ～の願いを叶える 평생의 소원／～をかける 일생을 걸다 ②겨우 살아남¶ 九死に～を得る 구사일생하다 **―懸命** ナ 副 열심히 함¶ ～働く 열심히 일하다

**いっしょう** [一将] 文 일장, 한 장수

慣用句
**―功成って万骨枯る** 한 장수가 공을 세우기까지는 많은 병사들의 희생이 따른다

**いっしょう** [一笑] 名 自スル 일소 ①가볍게 웃음¶ 破顔～ 파안 일소 ②깔보고 웃음, 웃음거리

慣用句
**―に付する** 일소에 부치다, 웃고 문제삼지 않다

**いっしょう** [一章] 일장, (책의) 한 장¶ 第～ 제1장

**いっしょうがい** [一生涯] 한평생, 일생¶ ～の事業 일생의 사업／～独身で通す 평생을 독신으로 지내다

**いっしょうさんたん** [一唱三嘆] 일창 삼탄, 일독 삼탄, 한 번 읽고 세 번 감탄하다

**いっしょく** [一色] 일색 ①한가지 색 = ひといろ¶ ～刷り 단도 인쇄／白に～にぬる 흰색 일색으로 칠하다 ②하나의 종류·경향¶ 反対派～ 반대파 일색

**いっしょく そくはつ** [一触即発] 일촉 즉발¶ ～の危機 일촉 즉발의 위기

**いっしん** [一心] 일심 ①한마음¶ ～協力 일심 협력 ②일념, 전념함¶ 帰りたい～で働く 돌아가고 싶은 일념으로 일하다 **―同体** **―に** 副 오직 한마음으로, 열심히¶ ～祈る 열심히 기도하다 **―不乱** 일심 불란, 한 가지 일에만 열중함

**いっしん** [一身] 일신 ①(자기) 한 몸¶ 人気を～に集める 인기를 한 몸에 모으다 ②온 몸¶ ～をささげる 온 몸을 바치다 **―上** 일신상¶ ～の都合により 일신상의 사정으로

**いっしん** [一新] 名 他スル 일신¶ 面目を～する 면목을 일신하다

**いっしん** [一審] 法 1심¶ ～判決 1심 판결

**いっしん いったい** [一進一退] 名 自スル 일진일퇴¶ ～の戦況 일진일퇴하는 전황／病状が～する 병세가 좋아졌다 나빠졌다 하다

**いっしん きょう** [一神教] 宗 일신교

**いっしんとう** [一親等] 法 1촌 =一等親

**いっすい** [一睡] 名 自スル 한잠, 일잠 잠 = ひとねむり¶ 昨夜～もできなかった 어제 밤은 한잠도 못 잤다

**いっすい** [溢水] 名 自スル 文 일수, 물이 넘침

**いっすいのゆめ** [一炊の夢] 일취지몽, 한단지몽, 일생의 영고성쇠가 꿈처럼 덧없음

**いっ・する** [逸する] 自他 サ変 ①놓치다, 간과하다¶ 機会を～ 기회를 놓치다／要点を～ 요점을 간과하다 ②(「～している」의 꼴로) 빠뜨리다¶ 名簿から名を～ 명단에서 이름을 빠뜨리다 ③벗어나다, 일탈하다¶ 常軌を～ 상궤를 벗어나다

**いっすん** [一寸] 한 치 ①척관법의 길이의 단위. 한 자의 10분의 1 ②매우 짧은 거리·시간·길이, 극히 작은 것¶ ～刻みに進行する 조금씩 조심조심 나아가다／～のすきもない構え 한 치의 빈틈도 없는 자세 **―逃れ** 일시적인 발뺌, 임시 모면 **―先** 한 치 앞

慣用句
**―先は闇** 한 치 앞은 어둠, 전도를 조금도 예측할 수 없음
**―の光陰軽んずべからず** 짧은 시간이라도 헛되이 보내지 말라
**―の虫にも五分の魂** 한 치의 벌레에도 닷푼의 혼, 지렁이도 밟으면 꿈틀한다

**いっすんぼうし** [一寸法師] 난쟁이

**いっせ** [一世] 일세 ①佛 현세 親子～は 부모 자식 간은 일세(의 인연) ②일생, 한평생 **―一代** ①藝 歌舞伎나 能의 배우가 은퇴할 때 마지막으로 제일 잘 하는 연기를 함 ②일생 일대, 일생에 단 한 번뿐이

**いっせい** [一世] 일세 ①일생, 한평생¶ ～の大事業 일생의 대사업 ②한 시대, 당대¶ ～の英雄 당대의 영웅 ③(한 군주·가장이 다스리는) 일대 =一元 ④(제왕·교황 등의) 초대, 제1대¶ エリザベス～ 엘리자베스 1세 ⑤(이민 등의) 첫대 사람¶ ハワイ移民の～ 하와이 이민의 1세

慣用句
**―を風靡する** 일세를 풍미하다

**いっせい** [一斉] 名 일제¶ ～射撃 일제 사격／～取り締まり 일제 단속

**いっせき** [一夕] 文 ①일석. 하루 저녁, 하룻밤¶ 一朝～ 일조 일석 ②어느 날 저녁

[밤]¶ ～祝宴らょぅを開ひらく 어느 날 저녁 축하연을 열다
**いっせき [一石]** (文) 일석. 돌 한 개 ━二鳥ちょぅ 일석이조¶ ～の名案あん 일석이조의 명안
(慣用句)
**━を投とうずる** 파문을 일으키다
**いっせき [一隻]** ①(배) 한 척¶ ～の船ふね 한 척의 배 ②(쌍으로 된 것 중의) 한 짝¶ ～の靴くつ 한 짝의 구두 ━眼がん ①한쪽 눈, 외눈=隻眼せきがん ②일가견, 비범한 식견¶ ～を備そなえる 일가견을 가지다
**いっせき [一席]** ①한 모임, 한 자리¶ ～用意ょぅする 한 자리를[모임을] 준비하다 ②(연설 등의) 한차례, 한바탕, 일장¶ ～同ぉなじう 일장연설을 듣다 ③(전람회 등에서) 일등, 수석
(慣用句)
**━設もぅける** 모임을 가지다, 연회를 마련하다
**いっせつ [一節]** 일절 ①한 구절, 한 악절¶ 詩の～を朗読ろぅどくする 시의 한 구절을 낭독하다 ②(야구·경마 등의) 일정한 구분
**いっせつ [一説]** 일설 ①하나의 설, 한가지 주장 ②이설(異說), 다른 주장¶ ～によると 일설에 의하면
**いっせつたしょう [一殺多生]** (佛) 일살다생
**いっせつな [一刹那]** 한 찰나, 일순간¶ それは～のできごとであった 그것은 일순간에 일어난 일이었다
**いっせん [一閃]** 名 (自スル) (文) (빛이) 한 번 번쩍임, 그 섬광¶ 電光でんこぅ～ 전광이 한 번 번쩍함
**いっせん [一戦]** 名 (自スル) 일전, 한바탕의 싸움¶ ～を交まじえる 한 차례 교전하다/ ～を辞じさない 일전을 불사하다
**いっせん [一銭]** ①(화폐 단위의) 일전¶ 五厘りん 일전 오리 ②푼돈, 한푼¶ ～を惜ぉしむ 푼돈을 아끼다/ ～もない 한푼도 없다
**いっせん [一線]** 일선 ①한 줄¶ ～に並ならぶ 한 줄로 늘어서다 ②분명한 구분, 한계¶ ～を引ひく 구분 짓다/ 公私こぅしの間ぁぃだに～を置ぉく 공사 간에 한계를 두다 ③제일선, 최전선¶ ～から退しりぞく 일선에서 물러나다
(慣用句)
**━を画かくする** 일선을 긋다, 분명히 구분 짓다
**いっそ** 副(口) 차라리, 오히려, 도리어= むしろ·かえって¶ ～やめてしまおぅ 차라리 그만두자/ ～いないほぅがいい 오히려 없는 게 낫다 **━の事こと** 副 차라리, 숫제
**いっそう [一双]** 한 쌍, 한 벌¶ 六曲ろっきょく～の屛風びょぅぶ 여섯 폭 한 쌍의 병풍
**いっそう [一掃]** 名(他スル) 일소. 모조리 쓸어버림, 죄다 없애버림¶ 暴力りょく を～する 폭력을 일소하다
**いっそう [一層]** 일층, 단층 I 名 ①한 층, 단층¶ ～樓 단층 누각 ②제1층, 1층¶ 五重塔ごじゅぅのとぅの第だい～ 오층탑의 제1층 II 副 한층 더, 한결, 더욱=ひとしお¶ 寒さむさが～厳きびしくなった 추위가 한층 더 심해졌다
**いっそう [逸走]** 名(自スル) (文) 일주. 피해 달아남, 코스를 벗어나서 달림

**いっそく [一足]** (신발·양말 등의) 한 켤레
**いっそくとび [一足飛び]** ①모두뜀, 두 발을 모아 뜀 ②단숨(한달음)에 달림¶ ～に走はしって帰かえる 단숨에 달려 돌아가다 ③(순서를 밟지 않고) 껑충 뜀, 뛰어넘음, 일약¶ ～に重役じゅぅゃくに昇進しょぅしんする 일약 중역으로 승진하다
**いっそく [一足]** (文) 일족(足). 준족, 발이 매우 빠름 ②재주가 뛰어난 사람, 인재
**いつぞや〈何時ぞや〉** 副 언젠가, 지난번에, 일전에¶ ～行ぃった土地ち 언젠가 갔던 땅/～は失礼しつれぃしました 일전에는 실례했습니다
**いったい [一体] I** ①일체, 한몸, 한덩어리¶ 三位さんみ～ 삼위 일체/ 労使ろぅし が～となる 노사가 한몸이 되다 ②(불상·조각 등의) 하나, 일좌¶ 仏像ぶつぞぅ～ 불상 일좌 ③하나의 체재·양식¶ 漢字かんじ～ 한자의 한 체 II ①副 원래, 본디, 애당초¶ ～に政治せいじといぅものは本ほん ど政治라고 하는 것은 ②도대체, 대관절¶ ～どぅなるのか 도대체 어떻게 되는 거야 ～全体ぜんたぃ 도대체, 대관절 **━に** 副 대체로, 일반적으로
**いったい [一帯]** ①한 줄기¶ ～の光ひかり 한 줄기 빛 ②(造語) 일대. 일원¶ 九州きゅぅしゅぅ～ 九州 일대
**いつだつ [逸脱]** 名 (自他スル) 일탈. 벗어남, 빗나감¶ 職権しょっけんを～する 직권을 이탈하다/ 本分ぶん を～する行為こぅ 본분을 벗어나는 행위 ②(실수하여) 빠뜨림, 빠짐
**いったん [一反]** ①피륙 한 필의 길이, 한 필 ②산림·전답의 면적. 1단보
**いったん [一旦]** 副 일단 ①우선, 잠깐, 당장¶ ～停止ていし 일단 정지/ ～帰国きこく する 일단 귀국하다 ②한번¶ ～怒ぉこりだすと手て がつけられない 일단 화를 내면 어찌할 도리가 없다
(慣用句)
**━緩急かんきゅぅあれば** 일단 유사시에는
**いったん [一端]** 일단 ①한쪽 끝=かたはし 일부분¶ ほんの～に過すぎない 단지 일부분에 지나지 않는다/ 所信しょしんの～を述のべる 소신의 일단을 말하다
**いっち [一致]** 名 (自スル) 일치¶ 言文げんぶん～ 언문일치/ 意見けんの～を見みる 의견의 일치를 보다
**いっちはんかい [一知半解]** (文) 일지반해. 어설프게[피상적으로] 앎≈なまかじり¶ ～な知識しき 어설픈[수박 겉핥기식] 지식
**いっちゃく [一着]** 일착 ①(경주에서) 1등 ②(양복) 한 벌¶ 背広びろ～ 신사복 한 벌 ③옷을 입음¶ 新ぁたらしい洋服ょぅふく を～に及およぶ 새 양복을 입게 되다 ④(바둑에서) 한 수¶ 痛恨こんの～ 통한의 한 수
**いっちゅう [一籌]** (文) 일주 ①산가지 하나 ②한 계책[계략], 일책
(慣用句)
**━を輸ゆする** (文) 조금 뒤지다, 한 수 뒤떨어지다
**いっちゅうや [一昼夜]** 일주야. 하루 밤낮¶ ～水みず に浸ひたす 일주야 물에 담그다
**いっちょう [一丁]** 일정 ①(칼·총 등의) 한 자루 ▷「一挺ちょぅ」라고도 씀 ②(요리의) 일인분

¶ さしみ～ 생선회 1인분 ③(口) (여러 일 중의) 한 가지 ¶ ～上がり 한 가지 일 끝, (요리가) 한 가지 됐음 ④(책의) 종이 한 장 ⑤거리・면적의 단위. 1정, 1정보 ⑥(口) 한 판, 한 번 ¶ ～もんやるか 한 번 손 좀 봐줄까

**いっちょう** [一町] ①거리의 단위. 1정 ②면적의 단위 ③행정 구획의 하나로 동, 읍

**いっちょう** [一朝] (文) 일조 Ⅰ 名 ①어느 날 아침, 그날 아침 ②하루아침, 잠시 동안, 한때 ¶ ～の夢 한때의 꿈/ ～にして変化する 하루아침에 변화하다 Ⅱ 副 일단, 만약의 경우 ━━夕 일조 일석. 단시일, 짧은 시일

**いっちょういっし** [一張一弛] (文) 일장일이. 때로는 엄하고 때로는 너그럽게 함

**いっちょう いったん** [一長一短] 일장일단 ¶ どれも～があって選びかねる 어느 것이나 일장일단이 있어 선택하기 어렵다

**いっちょうら** [一張羅] (口) ①단벌의 나들이옷 ¶ ～の背広 단벌 나들이 신사복 ②단벌, 단벌 옷 ¶ ～で通す 단벌로 지내다

**いっちょくせん** [一直線] 일직선 ① 직선 ② 名 똑바름 ¶ ～に進する 똑바로 나아가다

**いつつ** [五つ] 다섯, 5, 다섯 개, 다섯 살 ¶ ～子 다섯 쌍둥이/ 今年で～になる 올해 다섯 살이 되다 ②「いつつ時」의 준말. 옛 시각의 이름. 진시, 술시 ━━紋 [紋] 羽織나 着物의 등・양쪽 가슴・양쪽 소매의 다섯 군데에 가문(家紋)을 염색한 것

**いづつ** [井筒] ①우물 울, 우물 둘레에 나무나 돌로 쌓아 올린 울 ≒ 井戸がわ ②[紋] 우물 정(井)자 모양의 문장

**いっつい** [一対] 한 쌍, 한 벌 ¶ 上下～ 위 아래 한 벌/ ～をなす 한 쌍을 이루다

**いっつう** [一通] (편지・서류의) 한 통 ¶ 手紙～よこさない 편지 한 통 보내지 않다

**いつづけ** [居続け] 名 自スル ①한 곳에 오래 묵음, 장기 체류 ②유곽 등에서 오래 묵으며 집에 돌아가지 않음 ≒ 流連 ¶ ～の客 유흥가에 오래 머무는 손님

**いって** [一手] ①(바둑・장기의) 한 수 ¶ 次の～ 다음의 수 ②(「…の～」의 꼴로) 단 한 가지 수단 [수] 밀고 나가는 단 한 가지 수단 ③ 名 혼자 도맡음 ≒ ひとて ¶ ～販売 독점 판매/ 苦情を～に引き受ける 불평을 혼자 도맡다

**いってい** [一定] 名 自他スル 일정 ¶ ～の期間 일정한 기간/ 条件が～しない 조건이 일정하지 않다

**いっていじ** [一丁字] (文) 한 자, 한 글자
慣用句
━━も無い 낫 놓고 기억자도 모른다

**いってき** [一滴] 한 방울, 지극히 적은 양 = ひとしずく ¶ ～もない 방울도 없다

**いってき** [一擲] 名 他スル 일척. 과감히 한 번에 버림 [그만 두] 乾坤～ 건곤 일척

**いってつ** [一徹] 名 ナ 완고함, 옹고집 ¶ ～な性格 완고한 성격/ 老いの～ 늙그막의 옹고집

**いって みれば** [言って見れば] 連(口) ①말하자면, 바꾸어 말하면 ②요약하면, 결국

**いってん** [一天] (文) ①온 하늘, 하늘 전체 ¶ ～にわかにかき曇る 온 하늘이 갑자기 흐려지다 ② 名 천하, 세상, 온세계 ━━万乗の一天 만승. 천하를 다스리는 군주, 천자 ¶ ～の君 천하를 다스리는 군주

**いってん** [一点] 일점 ①한 점 ¶ 直線上の～ 직선상의 일점 ② 名 《부정의 말이 딸리어》 조금, 약간 ¶ ～の非もない 한 점 나무랄 데가 없다 ③(작품 등의) 한 점 ¶ ～出品する 한 점 출품하다 ④(점수의) 1점 ¶ ～の差で勝つ 1점 차로 이기다 ⑤한 가지 사항 ¶ その～だけが気がかりだ 그 한 가지만이 마음에 걸린다 ⑥(옛 시각의) 한 시 ▷ 지금의 2시간을 넷으로 나눈 시간의 첫 시각 ━━画 (한자의) 일점 일획 ━━張り ①(도박에서) 한 곳에만 돈을 걺 ②(오로지) …만 파고 듦, …으로 일관함, 외곬 ¶ 知らぬ存ぜぬの～ 모른다는 말로 시종 일관함

**いってん** [一転] 名 自他スル 일전 ①한바퀴 구름 [돎], 일회전 ¶ 空中で～する 공중에서 1회전하다 ②싹 변함, 일변, 一変 心機～ 심기 일전/ 態度が～する 태도가 싹 바뀌다

**いってんき** [一転機] 한 전기 = いちてんき ¶ 人生の～ 인생의 한 전기

**いっと** [一途] ①한 가지 수단・방법 ¶ ただ攻撃の～あるのみ 오직 공격의 한 가지 방법이 있을 뿐 ②일로(一路), 오직 한 방향 ¶ 下落の～をたどる 하락 일로를 걷다 ③일치함 ¶ 言文～ 언문 일치

**いっとう** [一刀] ①한 자루의 칼 ②한칼, 단칼 ¶ ～のもとに倒す 단칼에 쓰러뜨리다 ━━彫り [美] 일도조 ━━両断 ①한칼에 두 쪽을 냄 ②과감하게 처리함

**いっとう** [一党] 일당 ①한 정당[당파] ¶ ～独裁 일당 독재 ②한 패거리, 한 무리 ¶ ～を率いる 일당을 거느리다 ━━制 [政] 일당제

**いっとう** [一等] Ⅰ 名 일등 ①한 등급[계급] ¶ 罪を～を減ずる 죄 일등급을 감하다 ②최상위, 맨 윗등급 ¶ ～席 1등석/ ～になる 1등을 차지하다 Ⅱ 副 가장, 제일, 최상 ━━親 [法] 일등친 ━━星 [天] 일등성 ━━兵 [軍] 일등병

**いっとう** [一統] Ⅰ 名 전체, 일동 御～様 일동 여러분/ 人類～の平和 인류 전체의 평화 Ⅱ 名 自他スル (文) 통일함 ¶ 天下を～する 천하를 통일하다

**いっとう** [一頭] 일두 ①머리 하나 ②(짐승의) 한 마리, 한 필 ¶ 牛～ 소 한 필
慣用句
━━地を抜く 남보다 한층 뛰어나다

**いっとき** [一時] 일시 ①(口) 잠시 ¶ ～の苦労 잠시의 고생 ②(과거의) 한때 ¶ ～は死ぬかと思った 한때는 죽는구나 생각했다 ③옛 시각의 하나 ④同시에, 동시에, 한꺼번에 ━━逃れ 일시 회피, 임시 모면

**いっとく** [一得] 일득. 한 가지 이득[이익] ¶ 千慮の～ 천려 일득 ━━一失 일실 일득. 일장 일단 = 一利一害

いつなんどき〔何時〕何時】副 언제 어느 때 ¶~災害ミミミに遭ぁうかわからない 언제 어느 때 재앙을 만날지 모른다 ーでも 副 언제 어느 때라도

いつに〔一に〕副(文) ①오로지, 전적으로 = ひとえに ¶成否ツミミは~君ミミの努力ミテッにかかっている 성공 여부는 오로지 너의 노력 여하에 달려있다 ②다른 말로는, 한편, 또는 ¶~日ジッく 달리 말해서

いっぱ〔一波〕(文) 일파 ①하나의 물결 ¶하나의 파문, 한바탕의 소동 ③(주기적인 것의) 첫회, 제1파 ¶津波ズミの第~ 해일의 제1파

いっぱ〔一派〕 일파 ①(학문・예술 등의) 한 파, 한 유파 独立ミミして~を立たてる 독립하여 일파를 세우다 ②일당, 한패 ¶彼ミミらの主張ミョミ 그들 일당의 주장

いっぱい〔一杯〕 I 일배 ①한 잔, 한 그릇 ¶お冷ひやを~ください 냉수 한 그릇 주시오 ②소량의 술, 술 한잔함 ¶勤ミミめの帰かえりに~やる 퇴근 길에 술 한잔하다 ③(오징어・낙지 등의) 한 마리 ¶いか・たこ のオ징어 한 마리 ④(배)의 한 척 ¶舟ふね~ 배 한 척 Ⅱ 副 ①(ロ) 가득 참, 많음 ¶人ひとで~になる 사람으로 가득 차다 ②빠듯함, …껏, 내내 ¶これで~ 이것으로 빠듯하다 ③力ちから~働はたらく 힘껏 일하다 ー一杯 連語 빠듯함, 한도에 참 ー機嫌ミミ 한 잔해서 거나한 기분

慣用句
ー食くう 한방 먹다, 보기 좋게 속다
ー食くわす 한 방 먹이다, 보기 좋게 속이다 ¶まんまと一杯食わされた 감쪽같이 속았다

いっぱい〔一敗〕 名 自スル 일패, 한 번 짐 ¶~を喫きっする 1패를 당하다

慣用句
ー地ちに塗まみれる (文) 일패도지하다, 여지없이 패하여 다시 일어설 수 없게 되다

いっぱく〔一白〕 ①(한쪽 다리의 아랫부분이 희게 얼룩짐, 그런 말 ②(음양도에서) 일백

いっぱく〔一拍〕 일박 ①한 번 손뼉을 침 ②〔音〕 한 박자 ③〔法〕 한 음절

いっぱく〔一泊〕 名 自スル 일박, 하룻밤 묵음 ¶~二日かの旅行ぎょこう 1박 2일의 여행

いっぱし〔一端〕 副 어엿이, 제법, 남 못지않게 ¶~の社会人ミミミミ 여엿한 사회인/ ~の口ミを利きく 제법 그럴듯한 말을 하다

いっぱつ〔一発〕 일발 ①(탄환) 한 발 ¶弾丸ミミ~ 탄환 1발 ②(총・대포를) 한 방 쏨, 한 방 ¶~で仕留しとめる 한 방으로 쏘아 잡다 ③(꾸지람・주먹을) 한 방 먹임 ¶~くらうう 한 방 먹다 ¶~賭かけてみよう 한 번 걸어 보자 ⑤(野) 한 방, 적시타 (특히) 홈런

いっぱつ〔一髪〕(文) ¶한 오리의 머리카락 ②극히 작음, 극히 짧음 ¶間ぁいだ~ 간일발, ~の間ぁいだに逃のがれ出だした 아슬아슬하게 도망쳤다 ③(造語) 극히 긴박한 상태 ¶危機ミミ~ 위기 일발 ④(먼 산이나 섬 등이) 희미하게 보임

いっぱん〔一半〕(文) 반쪽, 절반 ¶責任ミミミの~ は私わたしにある 책임의 반은 나에게 있다

いっぱん〔一般〕 일반 ①名 전반, 보편 ¶~の傾向ミミミ 일반적인 경향/ ~に不景気ミミミミだ 전반적으로 불경기다 ②名 보통 ¶~によくある間違ミミミい 보통 흔히 있는 잘못이다 ¶毎晩일반, 마찬가지임 ¶外国人きこくじんでも考かんえ方ミミは我々々と~だ 외국인이라도 사고방식은 우리들과 매일반이다 ー意志いし 〔哲〕 일반 의지 ー化か 名 自他スル 일반화, 보편화 ー会計ミミ 일반 회계 ー消費税ミミミ 일반 소비세 ー人じん 일반인, 보통 사람 ー性ミミ 일반성 ー的 ダ 일반적 ー法ミ 〔法〕 일반법 ー論ろん 일반론

いっぱん〔一斑〕 ①하나의 얼룩무늬 ②(文) (전체의) 일부, 일부분 ¶意見ミミの~を述のべる 의견의 일부를 말하다

慣用句
ー を見みて全豹ぜんぴょうを卜ぼくす (사물의) 일부분을 보고 전체를 짐작하다

いつび〔溢美〕 과찬 ¶決けっして~の言こではない 결코 과찬의 말이 아니다

いっぴ〔一臂〕(文) ①한 쪽 팔꿈치, 한 팔 ②名 약간의 힘(도움) ¶~の力ちからを貸かす 약간의 조력을 하다

いっぴき〔一匹・一疋〕 일필 ①(동물의) 한 마리 ¶馬うま~ 말 한 필 ¶虫むし~殺ころさぬ顔かお 벌레 한 마리 죽이지 못할 것 같은 얼굴 ②(비단 등의) 한 필 ¶絹きぬ~ 비단 한 필 ③(부끄럼 없은) 한 사람 ¶男おとこ~ 사내 대장부 ④(옛 화폐의) 10文ミミ, 25文ミミ ー狼おおかみ 독불 장군

いっぴつ〔一筆〕 일필 ①한 자루의 붓으로 같은 필적 ②단번에 씀 ¶~書がき 일필쓰기 ④간단한 문장(편지) ¶~お礼ミミを申ぅし上ぁげます 몇자 적어 감사의 말씀을 드립니다 ⑤(토지의) 한 필지 ー啓上ミミミ 〔…〕 (남자들이 편지 첫머리에서) 몇 자 적습니다

いっぴょう〔一票〕 일표 ①한 장의 표・쪽지 ②(투표・득표의) 한 표 ¶~の差さ 한 표차/ 清きき一を投とうじる 깨끗한 한 표를 던지다

いっぴょう〔一瓢〕(文) ①호리병 하나 ②술이 든 호리병, 그 안에 든 술

イッヒロマン (독 Ich-Roman)〔文〕 이히로망. 1 인칭 소설, 사(私)소설

いっぴん〔一品〕 일품 ①하나의 물건 ¶~選えらぶ物もの 하나를 고르다 ②최상의 물건, 걸작품 ¶天下てんか~ 천하 일품 ー料理ミミミ 〔料〕 일품 요리

いっぴん〔逸品〕 일품, 걸작품 ¶~を集ぁっめた展覧会てんらんかい 걸작품을 모은 전람회

いっぴんいっしょう〔一顰一笑〕(文) 일빈일소, 약간의 표정의 변화, 안색 ¶上役ミミミの~をうかがう 상사의 안색을 살피다

いっぷ〔一夫〕(文) 일부, 한 남편, 한 사람의 남자 ー一婦ぃっぷ 일부 일처 ー多妻たさい 일부 다처

いっぷう〔一風〕(文) 남과는 다른 풍격(특색) ¶~ある暮くらし 남과는 다른 풍격이 있는 생활 Ⅱ 副 (変かわる・異ことなる 등의 말에 붙어) 남달리, 특이하게 ¶~変かわっている 어딘가 색다르다

**いっぷく [一服]** I 名 가루약 한 봉지¶ 食後~ずつ服用する 식후에 한 봉지씩 복용하다 II 名他スル ①차를 한 잔 마심, 담배를 한 대 피움 ②갓깐 쉼¶~人れる 잠시 쉬다/ ここで~しよう 이쯤에서 잠깐 쉬자
[慣用句]
**一盛る** (남을 죽이려고) 독약을 타다

**いっぷく [一幅]** 일폭. (서화의) 한 폭¶ ~の繪 한 폭의 그림

**いっぷく [一腹]** 名(文) 한배, 동복, 같은 어머니한테서 태어남 = 同腹

**いつぶ・す [鋳潰す]** 他五 (금속 제품을) 녹여서 지금(地金)으로 만들다¶ 銀貨を~ 은화를 녹여서 지금을 만들다

**いつぶん [逸文]** 文 일문 ①*佚文*(없어져 전해지지 않는 글) ②*佚文*(없어져 다른 책에) 일부만 전해지는 글¶ 風土記の~ 풍토기의 일문 ③뛰어난 문장

**いつぶん [逸聞]** 文 일문. 일화(逸話)

**いっぺん [一片]** ①한 장¶ ~の紙切れ 한 장의 종이쪽지/ ~の花びら 한 잎의 꽃잎 ②한 조각, 한 토막¶ ~の肉 한 조각의 고기 ③ 名 조금, 약간¶ ~の良心ももたない 일말의 양심도 없다

**いっぺん [一辺]** 일변. (도형의) 한 변¶ 三角形の~ 삼각형의 한 변 **一倒** 일변도. 한 편으로 기울기¶ アメリカ~の政策 미국 일변도의 정책

**いっぺん [一変]** 名自他スル 일변. 완전히 변함(바뀜)¶ 事態が~する 사태가 일변하다

**いっぺん [一遍]** I 副 한 번. 1회¶ ~行ってみたい 한 번 가보고 싶다/ 週に~集まる 주에 1회 모이다 II 名(造語) ①(오직) ~하기만 함. 한결같음¶ 正直~の性格 정직하기만 한 성격 ②(通り~の의 꼴로) 형식임. 대강. 대충¶ 通り~の説明 형식적인 설명 III 副 일시에, 한꺼번에, 동시에

**いっぽ [一歩]** 일보 ①한 발, 한 걸음은 ひとあし¶ ~前へ出る 한 발 앞으로 나아가다 ②근소한 거리¶ 事態が~も進まない 사태가 한 발짝도 진척되지 않다 ③한 단계, 한 과정¶ 崩壊~の手前 붕괴 일보 직전
[慣用句]
**一讓る** ①한 단계 뒤지다, 조금 떨어지다 ②조금 양보하다
**一を踏み出す** 첫걸음을 내딛다, 새 출발하다

**いっぽう [一方]** I 名 일방 ①방향, 한 방면¶ ~交通 일방 교통/ ~が海に面する町 한쪽이 바다에 면한 시가/ どちらか 어느 한쪽¶ ~の意見だけで決める 한쪽 의견만으로 결정하다 ③(造語)《용언의 連体形에 붙어》 오직 …하기만 함, 오로지 …뿐임¶ 食べる~ 오직 먹기만 함/ 減~だ 오로지 줄 뿐이다 II 接 한편, 다른 한편으로는 **一通行** 일방 통행 **一的** 접두 일방적

**いっぽう [一報]** 名他スル(文) 일보 ①간단히 알림, 그런 기별¶ とりあえず御~ください 지체없이 기별해 주십시오 ②제1보¶ 現場から~が屆く 현장에서 제1보가 도착하다

**いっぽう の あらそい [*鷸蚌の争い]** 양자 싸움에 제삼자가 이익을 봄. 어부지리

**いっぽん [一本]** 名 ①(가늘고 긴 것의) 하나, 한 개¶ 木~ 나무 한 그루/ 糸~ 실 한 다발/ 筆~ 붓 한 자루 ②(유도·검도 등의) 한 판¶ ~取られる 한 판 뺏기다 ③한 권의 책¶ ~に日记く 한 권에 이르기를 ④(편지·전화 등의) 한 통, 한 통화¶ 電話~で済ませる 전화 한 통으로 끝내다 ⑤(술 담은 「とくり」) 한 병¶ 德利~/ ~つける とくり 한 병을 데우다 ⑥(게이샤로서의) 예기¶ ~になる 어엿한 기생이 되다 ⑦《(명사에 붙어)》 …한 가지, 일변도¶ 文筆~の生活 문필 전업의 생활 **一勝ち** (유도·검도 등의) 한판승. 한판으로 이김 **一気** 名 ⑦ 순수하고 외곬임, 기질이 곧음 **一勝負** 名 한판 승부, 단판 승부 **一立ち** ①(나무 등이) 외따로 서 있음 ②자립, 독립 **一調子** 名 ⑦ 단조로움, 변화가 없음 **一釣り** ①외바늘 낚시 ②個別 개별 설득 행위, 각개 격파 **一橋** 외나무 다리 **一槍** ①창으로 한 번 찔러 승부를 결판냄 ②한 가지만으로 일관함. 일변도
[慣用句]
**一取る** ①(검도·유도 등에서) 한판으로 이기다 ②말로 상대방을 꺾다

**いっぽん [一品]** (親王의 품계에서) 일품

**いつまで [何時*迄]** 副 언제까지¶ ~かかるだろうか 언제까지 걸릴까 **一も** 副 언제까지나, 영원히

**いつみん [逸民・*佚民]** 文 일민. (속세를 떠나) 은둔해서 사는 사람, 마음 편히 생활을 즐기는 사람

**いつも [何時も]** I 副 늘, 언제나, 항상¶ ~威勢がいい 항상 활기차다/ ~笑顔で話す 늘 웃는 얼굴로 말하다 II 名 평소, 여느 때, 평상시¶ ~の通り 평소와 같이

**いつや [*乙夜]** 을야. 이경(二更)

**いつゆう [逸遊]** 名自スル(文) 일유. 마음내키는 대로 즐겁게 놂, 일락

**いつらく [逸楽]** 名(文) 일락. 마음내키는 대로 즐김¶ ~にふける 일락에 빠지다

**いつわ [逸話]** 일화¶ 故人の~ 고인의 일화

**いつわり [偽り・*詐り]** 거짓(말)¶ ~のない批評 거짓없는 비평/ うそ~を言う 거짓말을 하다

**いつわ・る [偽る・*詐る]** 他五 거짓말하다, 속이다¶ 本心を~ 본심을 속이다/ 身分を~ 신분을 속이다

**イデア** (그 idea) 哲 이데아. 이념, 관념 = イデー

**イディオム** (idiom) 이디엄. 관용구, 관용어

**イデオロギー** (독 Ideologie) 이데올로기

**いてき [*夷*狄]** 文 이적 ①야만인, 미개인, 오랑캐 = えびす ②외국인

**いてざ [射手座]** 天 ①사수자리 ②십이궁(十二宮)의 하나. 인마궁(人馬宮)

**いでしお [*出(で)潮]** 밀물, 만조 ⇔ 入り潮

**いでたち [*出(で)立(ち)]** ①文 길을 떠남 ②

いてつく 〘文〙 (외출시 등의) 옷차림, 차림새, 몸단장¶旅の~を整える 여장을 갖추다

いて・つく【凍て付く】〘自五〙〘文〙 얼어붙다¶~寒さ 얼어붙을 듯한 추위

いでゆ【^出(で)湯・^温泉】〘文〙 온천¶~の里 온천 마을/ ~めぐり 온천장 순례

い・てる【凍てる・^冱てる】〘自下一〙〘文〙 얼다, 얼어붙다, 얼어붙은 듯이 차갑게 느껴지다¶~・てた道 얼어붙은 길

いてん【移転】〘名自他スル〙 이전 ①(장소·주소를) 옮김, 이사¶~先 이전한 곳/ 社屋を~する 사옥을 이전하다 ②(권리의) 이양¶所有権の~をする 소유권을 이전하다 ―収支 이전 수지 ―所得 이전 소득

いでん【遺伝】〘名自他スル〙〘生〙 유전¶隔世~ 격세 유전/ その病気はまったく~しない 그 병은 전혀 유전되지 않는다 ―子〘生〙 유전자 ―工学 유전자 공학 ―情報〘生〙 유전 정보

いと【糸】①실¶毛~ 털실/ ~をつむぐ 실을 잣다 ②실 모양의 것, 줄¶くもの~ 거미줄 ③낚싯줄¶~がもつれる 낚싯줄이 엉키다 ④(현악기의) 현, 줄¶~を張る 현을 당기다 ⑤(거문고·三味線 등의) 현악기¶~をかき鳴らす 현악기를 연주하다 ⑥사물을 서로 잇는 줄¶記憶の~をたぐる 기억의 줄을 더듬다
〘慣用句〙
―を垂れる 낚싯줄을 드리우다, 낚시질하다
―を引く ①(끈끈해져) 실처럼 늘어지다 ②(영향이) 계속되다, 끊이지 않다 ③(배후에서) 조종하다

いと【意図】〘名他スル〙 의도¶よからぬ~ 좋지 않은 의도/ ~した通りになる 의도한 대로 되다 ―的 의도적, 계획적

いど【井戸】 우물¶~を掘る 우물을 팜, 우물 파는 사람/ ~水をくむ 우물물을 긷다 ―替え 우물치기 ―側 우물의 내벽, 우물 안쪽 ―車 우물 위 가로대에 두레박을 다는 도르래 ―端会議 (여자들의) 우물가 공론

いど【異土】〘文〙 이토, 이국땅, 타향¶~に没す 타향에서 죽다

いど【緯度】〘地〙 위도 ⇔ 経度¶~観測 위도 관측/ ~が高い 위도가 높다

いと あやつり【糸操(り)】 꼭두각시 놀음

いといがわ【糸魚川】〘地〙 新潟県 현 남서부의 姫川 하류 지역에 있는 도시

いといり【糸入(り)】 무명실에 명주실을 섞어서 짠 피륙, 교직

いと・う【厭う】〘他五〙 싫어하다, 꺼리다¶世間を~ 세상을 꺼리다/ どんな苦労も~・わない 어떠한 노고도 마다하지 않다 ②아끼다, 소중히 하다, 조심하다¶お体を お~いください 몸조심하십시오

いとう【以東】〘造語〙 이동, 동쪽 지역¶大阪~ 大阪 이동

いどう【異同】 이동, 다른 점, 차이¶両者に は全く~がない 양자에는 전혀 차이가 없다

いどう【異動】〘名自他スル〙 이동, (지위·직무 등이) 바뀜, 바꿈¶人事~ 인사 이동

いどう【移動】〘名自他スル〙 이동, (위치가) 바뀜, 바꿈¶~図書館 이동 도서관 ―演劇〘映〙 이동 연극, 순회 연극 ―撮影〘映〙 이동 촬영 ―性高気圧〘気〙 이동성 고기압 ―体通信〘情〙 이동 통신

いとおし・い 〘形〙〘文〙 ①귀엽다, 사랑스럽다¶末っ子の~は~もの 막내는 귀여운 것 ②가엾다, 불쌍하다¶被害にあった子供たちが~ 피해를 당한 아이들이 가엾다

いとおし・む【他五】〘文〙 ①귀여워하다, 사랑하다¶子を~ 자식을 귀여워하다 ②아끼다, 소중히 하다¶命の~を~ 목숨을 소중히 하다 ③아쉬워하다¶行く春を~ 가는 봄을 아쉬워하다 ④가엾게〔측은히〕여기다, 애처로워하다

いとおり【糸織(り)】 꼰 명주실로 짠 천

いときりば【糸切(り)歯】 (사람의) 송곳니

いとく【威徳】〘文〙 위덕, 위엄과 덕망¶~を兼ね備えられる 위덕을 겸비하다

いとく【遺徳】〘文〙 유덕, 고인이 남긴 덕¶先人の~をしのぶ 옛사람의 유덕을 그리다

いとくず【糸屑】 실보무라지, 실부스러기

いとぐち【糸口・^緒】①(감기나 헝클어진) 실 끝 ②단서, 실마리¶解決の~をつかむ 해결의 실마리를 잡다

いとくり【糸繰り】①실잣기, 실 잣는 사람¶~とり 얼레 ―車 물레

いとぐるま【糸車】 물레 ⇒ いとくりぐるま

いとけな・い【^幼い・^稚い】〘形〙〘文〙 어리다, 천진스럽다, 순진하다¶~頃 어린 시절/ ~子 천진스러운 아이

いとこ【〈従兄弟〉·〈従姉妹〉】 종형제, 종자매, 사촌

いどころ【居所】①거처, 있는 곳¶~をつきとめる 거처를 알아내다/ 虫の~が悪い 기분이 언짢다 ②사는 곳, 주소¶~を知らせる 주소를 알리다

いとこんにゃく【糸^蒟蒻】 실처럼 길고 가늘게 썬 곤약

いとざくら【糸桜】〘植〙 수양벚나무

いとさばき【糸^捌(き)】①실 다루는 솜씨 ②(三味線 등의) 연주 솜씨¶~がうまい 연주 솜씨가 뛰어나다

いとし・い【愛しい】〘形〙 ①귀엽다, 사랑스럽다, 그립다¶わが子~ 사랑스러운 아이/ ~人 그리운 사람 ②가엾다, 불쌍하다

いとしご【愛し子】〘文〙 귀여운 자식, 소중한 자식¶~を残して 귀여운 자식을 남겨놓고

いとぞこ【糸底】 (도자기 등의) 실굽¶茶わんの~ 찻잔의 실굽

いとたけ【糸竹】 사죽 ①악기의 총칭 ②음악, 음곡¶~の道 음악의 길

いとづくり【糸作り】〘料〙 가늘게 썬 생선회

いとど【^竈馬】〘動〙「かまどうま」의 옛이름, 꼽등이

いととじ【糸^綴(じ)】〘版〙 책의 등 쪽을 실로 꿰매는 것

**いととんぼ** [糸〈蜻蛉〉] [動] 실잠자리
**いとなみ** [営み] (文) ① 영위, 경영¶ 毎日の～の영위¶ 毎日の～ ②일, 근무, 생업¶ 日々の～に追われる 나날의 생업에 쫓기다 ③불사(佛事) ④준비, 채비
**いとな·む** [営む] (文) 他五 ①경영하다, 꾸리다¶ 金融業を～ 금융업을 경영하다 ②영위하다¶ 社会生活を～ 사회 생활을 영위하다 ③(불사 등을) 올리다, 지내다¶ 法事を～ 불사를 올리다
**いとのこ** [糸鋸] 실톱
**いとはん** [〈嬢〉はん] (方) 아가씨
**いとひめ** [糸姫] 제사·방직 공장의 여공
**いとびん** [糸*鬢] 머리를 대부분 밀고 양쪽 밑머리만 실같이 가늘게 남긴 일본식 남자 머리 모양
**いとへん** [糸編] ①(한자 부수의 하나) 실사변 ▷「結·綿」 등의 「糸」 부분 ②(俗) 섬유 관련 산업¶ ～景気 섬유 산업 경기
**いとま** [*暇] ①틈, 겨를, 짬, 여가 = ひま¶ 眠る～もない 잠잘 틈도 없다 ②휴가, 휴가¶ ～を乞う 휴가를 청하다 ③사직, 해고, 이혼¶ 職人に～を出す 직공을 해고하다/～を願い出る 사직을 신청하다/ 妻に～を出す 아내와 이혼하다 ④떠남, 작별, 물러남¶ もう～いたします 이제 가겠습니다/～を告げる 작별을 고하다
**いとまき** [糸巻] ①실을 감음, 실패, 실감개 ②(三味線 등의) 줄을 감아 조정하는 장치, 줄감개 ③머리카락을 빗에 둘둘 감아 실패 모양으로 만든 일본식 여자 머리 모양
**いとまごい** [*暇*乞い] 名 自スル ①작별 인사¶～に行く 작별 인사하러 가다 ②휴가를 청함, 휴가원, 사직원¶ 主人に～する 주인에게 휴가(사직)를 청하다
**いとみみず** [糸〈蚯蚓〉] [動] 실지렁이
**いど·む** [挑む] Ⅰ 自五 ①(난관에) 도전하다¶ 難問に～ 어려운 문제에 도전하다¶ 冬山に～ 겨울 산에 도전하다 ②구애하다, 집적거리다¶ 娘に～ 처녀에게 구애하다 Ⅱ 他五 (싸움·시비를) 걸다¶ 決闘を～ 결투를 청하다
**いとめ** [糸目] ①실낱, 실가닥, 실같이 가는 선¶ ～がもつれる 실가닥이 엉클어지다 ②(연의) 벌이줄 ③줄거리, 맥락¶ 話の～ 이야기의 줄거리 ④고치 안에 관에서 뽑은 생사의 무게 ⑤(그릇에 새긴) 실금 ⑥[動] 실갯지렁이
慣用句
―を付けない 돈을 아끼지 않다
**いと·める** [射止める] 他下一 ①쏘아 잡다, 사살하다¶ 一発で～ 한 발로 쏘아 잡다 ②차지하다, 획득하다¶ 金賞を～ 금상을 차지하다
**いとも** 副 매우, 아주, 지극히¶ 簡単に勝つ 극히 간단히 이기다
**いとやなぎ** [糸柳] [植] 수양버들
**いとゆう** [糸遊] (文) 아지랑이 = 陽炎
**いとより** [糸*撚り·糸*縒り] ①실을 꿈[드림], 꼰실, 연사 ②[動] 도미의 일종

**いとわく** [糸枠] 얼레 = 糸繰り
**いとわし·い** [*厭わしい] 形 (文) 싫다, 귀찮다, 번거롭다¶ 顔を見るのも～ 얼굴 보는 것도 싫다/ 何もかもが～ 매사가 귀찮다
**いな** [*鯔] [動] 모쟁이
**いな** [異な] 連体 (文) 이상한, 묘한¶ 縁とは～もの 인연이란 묘한 것/ これは～ことを承りたます 이것 참 이상한 말씀을 듣게 되는군요
**いな** [否] Ⅰ 感 (文) ①아니, 아니오 = いいえ¶ ～と答える 아니오라고 대답하다/～さにあらず 아니 그게 아니라 ②(자기 말을 중간에 부정하여 끊거나 주저할 때 쓰는 말) 저, 아니¶ 全国に、～、全世界に 전국에 아니 전세계에 Ⅱ 名 ①반대, 동의하지 않음¶ 賛成の～ 찬성인가 반대인가/ よもや～とは言えまい 아무리 싫다고는 않겠지¶ ②아님¶ 学生か～かは問わない 학생인가 아닌가는 묻지 않는다
**いな** [維*那] 절의 사무를 관장하는 스님
**いない** [以内] (造語) 이내 ①(어떤 범위의) 안쪽 ⇔ 以外¶ 境界線～ 경계선 이내 ②(시간·거리·수량 등의) 어떤 범위 이내¶ 一週間～ 일주일 이내
**いなおりごうとう** [居直り強盗] 좀도둑이 강도로 돌변함, 그런 강도
**いなお·る** [居直る] 自五 ①고쳐 앉다, 앉음새를 바로하다¶ 来客を迎えて～ 내객을 맞아 고쳐 앉다 ②갑자기 태도를 바꾸다, 강압적인 태도로 나오다¶ ～ってすごむ 갑자기 태도를 바꾸어 위협하다
**いなか** [田舎] ①시골, 지방¶ ～育ち 시골에서 자람 ②외진 곳, 인가가 적고 전답이 많은 곳¶ 便利になったとはいっても、まだ～だ 편리해졌다고는 해도 아직은 시골이다 ③(造語) (명사에 붙어) 소박함, 세련되지 않음¶ ―風 시골풍 ―臭い 形 촌스럽다, 세련되지 않다 ―言葉 시골 말씨 ―侍 시골 출신의 촌스러운 무사 ―芝居 시골에서 공연되는 수준 낮은 연극 ―染みる 自上一 촌티가 나다 ―汁粉 으깬 팥으로 만든 단팥죽 ―紳士 시골 신사, 촌티나는 신사 ―っぺい (俗) 촌놈, 시골뜨기 ―訛 사투리 ―びる 自上一 시골티가 나다, 촌스럽게 느껴지다 ―間 [建] 한 칸의 길이가 여섯자인 방이나 다다미의 치수 ―味噌 보리메주로 만든 검붉고 짠 된장 ―者 시골 사람, 촌사람, 시골뜨기 ―家 시골집, 시골풍의 집
**いなかけ** [稲掛け] 벤 벼를 걸쳐서 말리는 도구, 볏덕 = いねかけ·はさ
**いながらに** [居ながらに] 副 (흔히「～して」의 꼴로) 앉은 채로¶ ～して外国の情勢がわかる 들어앉아서 외국의 정세를 알다/ ～して人をつかう 앉은 채로 사람을 부리다
**いなが·れる** [居流れる] 自下一 죽 늘어앉다, 열좌하다¶ 左右に～·れている 좌우로 죽

늘어앉아 있다
**いなご** [稲子・*蝗*] [動] 메뚜기
**いなさく** [稲作] ①벼농사, 미작¶ ~地帯 미작 지대 ②벼의 작황¶ 今年の作柄は平年作を上回る 금년의 벼 작황은 평년작을 웃돈다
**いな·す** [*往なす*] [他五] ①(공격·추궁 등을) 살짝 받아넘기다¶ 追及を~ 추궁을 슬쩍 받아넘기다 ②[相撲] 살짝 몸을 돌려 상대를 비틀거리게 하다 ③돌려보내다¶ 妻を実家に~ 아내를 친정으로 돌려보내다
**いなずま** [稲妻] ①번개 = 稲光¶ ~が走る 번개가 치다 ②동작이 재빠름, 시간이 짧음¶ ~のごとく飛び去る 번개같이 날아가 버리다 **-形** 뇌문(雷紋), 번개 무늬
**いなせ** [*鯔背*] [名][ナ] 멋있고 씩씩함¶ ~な若い衆 멋있고 씩씩한 젊은이들
**いなだ** [動] 마래미
**いなだ** [稲田] 논
**いなな·く** [*嘶く*] [自五] (말이) 소리 높이 울다
**いなば** [*因幡*] 일본의 옛지명. 지금의 鳥取현 동부 지방 = 因州
**いなびかり** [稲光] 번개 = いなずま
**いなほ** [稲穂] ①벼이삭¶ ~の波 벼이삭의 물결 ②[料] 벼이삭 모양으로 조리한 요리에 붙이는 말
**いなむら** [稲*叢*] 볏가리, 볏단 더미
**いなめない** [否めない] [連語] 거절할 수 없다, 부정할 수 없다¶ ~事実 부정할 수 없는 사실/ せっかくの招待とあれば~ 모처럼의 초대라고 한다면 거절할 수 없다
**いなや** [否や] [文] I [連語] ①(「…や~」의 꼴로) …인지 아닌지, …이 있는가 어떤가¶ 返答ありや~ 답장이 있는가 없는가 ②(「…や~…と~」의 꼴로) …하자마자, …와 동시에¶ 戸を開けるや~ 문을 열자마자 II [名] ①이의, 불찬성, 반대¶ ~はない 이의는 없다 ②가부¶ ~を問わう 가부를 묻다
**いなら·ぶ** [居並ぶ] [自五] 죽 늘어앉다, 줄지어 앉다¶ 有名人が~なか 유명인사가 죽 늘어앉아 있는 가운데
**いなり** [稲荷] ①오곡의 신(神)인 倉稲魂의 신, 그 신을 모신 神社 ②「きつね」의 딴이름 **-鮨** 유부초밥
**いなん** [以南] [造語] 이남¶ 長崎~ 長崎 이남
**いにゅう** [移入] [名][他スル] 이입¶ 感情~ 감정 이입¶ (국내의 다른 지역에서 물자 등을) 들여옴¶ ~品 이입품
**いによう** [囲*繞*] [名][他スル] ①[文] 요위, 둘러쌈 = いじょう ¶ ~地 위요지 ②[佛] 오른쪽으로 돌며 염불을 욈
**いによう** [遺尿] [医] 유뇨¶ ~症 유뇨증
**いにん** [委任] [名][他スル] 위임 ①(처리)를 믿고 맡김, 대행시킴¶ 交渉による 교섭을 하게 한다 ②[法] 사무 처리를 위탁하는 계약¶ 権限の~ 권한의 위임 **-行政** [法] 위임 행정 **-状** [法] 위임장 **-統治** [政] 위임 통치
**イニング** (inning) [野] 이닝, 회(回)
**いぬ** [犬] ①[動] 개 ②앞잡이, 끄나풀, 첩자¶ 警察の~ 경찰의 끄나풀 ③[造語] 《명사 앞에 붙어》 개 ⑦천한 것, 하찮은 것, 헛된 것¶ ~侍 겁쟁이 무사/ ~死 개죽음 ㉡《식물명 앞에 붙어》 비슷하나 사실은 다른 것¶ ~たで 개여뀌

[慣用句]
**—と猿** 견원지간, 사이가 나쁨의 비유
**—の遠吠え** 허장성세, 겁쟁이가 뒤에 숨어서 허세를 부림
**—も歩けば棒に当たる** ①나다니다 보면 횡재할 수도 있다 ②주제넘게 참견하다 화를 당하다
**—も食わぬ** 아무도 거들떠보지 않다

**いぬ** [*戌*] ①십이지(十二支)의 열한번째 ②술시(戌時) ③술방(戌方), 서북서
**い·ぬ** [*往ぬ・*去ぬ] [自五] [方] 되돌아 가다
**いぬい** [*戌亥・*乾] 건방(乾方), 북서(北西)
**いぬおうもの** [犬追物] (鎌倉 시대에) 말 탄 무사가 대나무 울타리 안에서 개를 쫓아가며 활을 쏘던 무예
**いぬかき** [犬*掻*(き)] 개헤엄
**いぬき** [居抜き] 시설·상품 등을 모두 껴서 곪 [세놓음] ¶ ~で買う 모두 껴서 [통째로] 사다
**いぬぐい** [犬食い] 밥상에 그릇을 둔 채로 입을 대고 개처럼 먹음
**いぬくぎ** [犬*釘*] [交] 선로 침목용 대못
**いぬくぐり** [犬*潜*(り)] 개구멍
**いぬころ** [犬ころ] [俗] 강아지 = 小犬
**いぬざむらい** [犬侍] 겁쟁이 무사
**いぬじに** [犬死(に)] [名][自スル] 개죽음
**いぬたで** [犬*蓼*] [植] 개여뀌
**いぬちくしょう** [犬畜生] ①짐승 ②(욕하는 말) 개자식¶ ~にも劣らぬ奴 개만도 못한 놈
**いぬのふぐり** [犬の〈陰嚢〉] [植] 개불알풀
**いぬはりこ** [犬張(り)子] 종이를 여러 겹 풀칠해서 만든 액막이용 장난감 개
**いね** [稲] [植] 벼¶ ~を刈る 벼를 베다
**いねか** [稲科] [植] 벼과
**いねかけ** [稲掛け] → いなかけ
**いねかり** [稲刈(り)] 벼베기
**いねこき** [稲扱(き)] 벼훑이, 벼를 훑는 기구
**いねむり** [居眠り] [名][自スル] 앉아서 좀, 말뚝잠¶ ~運転 졸음 운전/ 教室で~する 교실에서 졸다
**いのいちばん** [いの一番] [名] 맨 먼저, 맨 처음 = 真っ先¶ ~に知らせる 맨 먼저 알리다/ ~に申し込む 맨 처음 신청하다
**いのう** [異能] 특이한 재능, 남다른 능력¶ カ士 뛰어난 씨름꾼/ ~を示す 남다른 능력을 보이다
**いのこ** [*亥(*の)子] 음력 10월의 첫번째 해일(亥日)
**いのこずち** [〈牛膝〉] [植] 우슬, 쇠무릎지기
**いのこ·る** [居残る] ①뒤에 혼자 남다, 잔류하다¶ 会場に一人だけ~ 회장에 혼자만 남다 ②잔업하다¶ ~って仕事をかたづける 남아서 일을 처리하다
**いのしし** [*猪*] [動] 멧돼지
**いのししむしゃ** [*猪武者*] ①물불을 가리지 않

고 돌진하는 무사 ②저돌적인 사람

イノシンさん [イノシン酸] [生] 이노신산

いのち [命] ①목숨, 생명¶～を張る 생명을 걸다/～にかかわる傷 치명적인 상처 ②생애, 일생¶短い～を終える 짧은 생애를 마치다 ③명, 수명¶～の限り 명이 다할 때까지 ④가장 소중한 것¶商売は信用が～だ 장사는 신용이 생명이다 一の親 생명의 은인 一の洗濯 기분 전환 一の綱 목숨을 의지하는 것, 가장 소중한 것

[慣用句]

―あっての物種 목숨이 제일, 우선 살고 볼 일

―から二番目 목숨 다음 가는 것, 매우 소중한 것

―長ければ恥多し 오래 살다 보면 욕보는 수가 많다

―に懸けても 목숨을 걸고라도

―を懸ける 목숨을 걸다

―を削る (수명을 줄일 정도로) 애쓰다

―を捧げる 목숨을 바치다

―を縮める 수명을 단축하다

―を投げ出す 목숨을 내던지다, 필사적으로 노력하다

―を拾う 목숨을 건지다

―を的にする 목숨을 걸고 일에 임하다

いのちがけ [命懸け] [名] 목숨을 걺, 필사적임, 결사적임¶～の作業 목숨을 건 작업/～で取材する 결사적으로 취재하다

いのちからがら [命辛辛] [副] 간신히, 가까스로¶～逃げ帰る 간신히 도망쳐 돌아오다

いのちげ [命毛] 붓끝의 긴 털

いのちごい [命乞い] [名自スル] ①목숨을 구걸함, 살려달라고 빎¶敵に～する 적에게 목숨을 구걸하다 ②(신불에게) 장수를 기원함

いのちしらず [命知らず] [名ダ] 죽음을 두려워하지 않음, 그런 사람¶～の若者 죽음을 두려워하지 않는 젊은이

いのちづな [命綱] ①구명삭, 구명줄 ②생명선, 생명줄¶この資金が最後の～だ 이 자금이 최후의 생명선이다

いのちとり [命取り] ①죽게 하는 원인, 사인¶～の病気 치명적인 병 ②실패·실각의 원인¶汚職事件が内閣の～になった 독직 사건이 내각의 실각 원인이 되었다

いのちびろい [命拾い] [名自スル] 목숨을 건짐, 구사일생함¶とっさの機転で～した 순간적인 재치로 목숨을 건졌다

いのちみょうが [命冥加] [名ダ] (신불의 가호로) 죽을 목숨을 건짐, 운좋게 살아남¶～が尽きる 목숨이 다하다

いのふ [胃の腑] 위, 위장 = 胃袋

いのまま [意のまま] 뜻대로, 마음대로, 생각한 대로¶～に操る 마음대로 조종하다

いのり [祈り] 기도, 기원¶～を捧げる 기도를 드리다/～に近い望み 기원에 가까운 소망

いの・る [祈る・禱る] [他五] 빌다 ①기도하다, 기원하다¶冥福を～ 명복을 빌다 ②바라

다, 희망하다¶無事を～ 무사하기를 빌다

いはい [位牌] 위패¶先祖の～ 조상의 위패/～を汚す 조상의 위패를 더럽히다

いはい [違背] [名] 위배, 위반¶指令に～する 지령에 위배되다

いば・える [嘶える] [自下一] (말이) 울다

いばく [帷幕] [文] 유막 ①본영, 본진, 진영 ②작전·기밀 등을 의논하는 곳

いばしょ [居場所] 있는 곳, 앉을 자리, 거처¶～がない 몸둘 곳이 없다/～が分からない 거처를 모르다

いば しんえん [意馬心猿] [佛] 의마심원

いはつ [衣鉢] 의발 ①[佛] 가사와 바리때, 불교의 오의 ②[文] 스승이 제자에게 가르치는 오의, 선인들의 유업

[慣用句]

―を継ぐ 의발을 물려받다, (학문·예술 등의) 뒤를 잇다¶師の～ 스승의 뒤를 잇다

いはつ [遺髪] 유발, 고인이 남긴 머리카락

いばら [茨·棘·荊] ①[植] 가시나무 (식물의) 가시 ③[植] 들장미 ④[名] 고난, 고통¶～の道 가시밭길/～を負う 고난을 짊어지다

いばらき [茨城] [地] 関東 지방의 동북부 태평양에 면한 현, 현청 소재지는 水戸시

いばらのみち [茨の道] [連語] 가시밭길¶～を歩むの道 가시밭길을 걷다

いば・る [威張る] [自五] 으스대다, 뽐내다, 빼기다¶部下に～ 부하에게 으스대다/少しも～ったところがない 조금도 뽐내는 구석이 없다

いはん [違反] [名自スル] 위반, 위배¶選挙～ 선거 위반/ルールに～する 규칙에 위배되다

いはん [違犯] [法] 위범, 범법

いび [萎靡] [名自スル] [文] 위미, 쇠퇴¶～沈滞 위미 침체

いびき [鼾] [醫] 코를 곪, 코고는 소리¶～をかく 코를 곪다

いひつ [遺筆] [文] 유필

いびつ [歪] [名ダ] (마음·형태가) 일그러짐, 찌그러짐, 비뚤어짐, (상태가) 정상이 아님¶～な焼物 일그러진 도자기/～な社会 비뚤어진 사회

いひょう [意表] 의표, 뜻밖, 예상외

[慣用句]

―に出る 뜻밖의 행동을 하다

―を突く 의표를 찌르다

いびょう [胃病] 위병, 위장병

いびりだ・す [いびり出す] [他五] 구박하여 내쫓다¶嫁を～ 며느리를 구박하여 내쫓다

いび・る [他五] 못살게 굴다, 구박하다, 학대하다 = いじめる¶ままこを～ 의붓자식을 학대하다

いひん [遺品] ①유품¶亡夫の～ 죽은 남편의 유품 ②분실물, 유실물

いふ [畏怖] [名他スル] [文] 외포, 매우 두려워함¶～の念をいだく 두려워하는 마음을 품다

いふ [異父] [名] [文] 이부, 아버지가 다름 ⇔ 異母¶～兄弟 이부 형제

いぶ【威武】(文) 위무. 권위와 무력¶ ～を示す 위무를 보이다

いぶ【慰\*撫】图他スル (文) 위무. 위로하고 어루만져 달램¶ 人心を～する 인심을 위무하다

イブ (eve) 이브. 축제 전야, 전야제. (특히) 크리스마스 이브

イブ (Eve) 이브. (구약 성서에 나오는) 인류 최초의 여자. 하와 = エバ

いふう【威風】위풍 **一堂堂**どうどう 副 위풍 당당¶ ～と行進する 위풍 당당하게 행진하다
[慣用句]
**一辺りを払**はら**う** 위풍을 사방에 떨치다. 위풍이 주위 사람들을 압도하다

いふう【異風】(文) 이풍 ①이상한 풍속·풍습 ②색다른 모습

いふう【遺風】(文) 유풍 ①전해 내려오는 풍습¶ ～古臭ふるい 낡아빠진 유풍 ②유훈¶ ～を守まる 유훈을 지키다

いぶか·しい【\*訝しい】形(文) 의심스럽다. 의아하다. 수상쩍다. 미심쩍다¶ ～態度で/ 言いい分ぶんに～ところがある 말하는 것에 의심스러운 데가 있다

いぶかしげ【\*訝しげ】ナ 의아스러움. 미심쩍음. 수상쩍음¶ ～な顔かつきになる 의아한 듯한 표정이 되다

いぶか·る【\*訝る】他五 (文) 의심하다 ①수상해 하다. 의아하게 여기다¶ 真意しんを～ 진의를 의심하다 ②미덥지 않게 여기다¶ 目標もくの達成を～ 목표 달성을 의심하다

いぶき【息吹】(文) ①숨, 숨결. 호흡 ②기운, 조짐, 활기¶ 春はるの～ 봄 기운/ 青春せいしゅんの～ 청춘의 활기

いふく【衣服】의복. 옷¶ ～をまとう 옷을 입다

いふく【威服】图他スル (文) 위복. 위력으로 복종시킴

いふく【畏服·\*畏伏】图自他スル (文) 외복. 두려워 복종함, 위세로 복종시킴

いふく【異腹】图(文) 이복. 배다름, 어머니가 다름 = 腹違はらちがい¶ ～の兄弟きょうだい 이복 형제

いぶくろ【胃袋】(口) ①「胃い」의 속칭. 밥통¶ ～を満みたす 배를 채우다 ②식생활¶ 市民しみんの～ 시민의 식생활

いぶし【\*燻し】①그을림 ②모깃불 ③[料] 훈제¶ ～いか 훈제 오징어 ④(유황을 태워) 금속을 그을림¶ 銀ぎんに～をかける 은을 그을리다

いぶしぎん【\*燻銀】①[表面의 광택을 유황으로 그을린 은, 그런 빛깔 ②图 드러내 보이지는 않으나 실력[식속]을 갖춘, 은연함¶ ～の魅力みりょく 은연한 매력

いぶ·す【\*燻す】他五 ①연기를 피우다[내다]¶ 蚊取かとり線香せんこうを～ 모기향을 피우다 ②(연기로) 그을리다 ③(생선·고기를) 훈제하다 ④(유황을 태워) 금속을 그을리다¶ 銀ぎんの燭台しょくだいを～ 은촛대를 그을리다

いぶつ【異物】이물 ①여느 것과 다른 물건 ②[醫] 체내 조직과 다른 이상한 것¶ ～摘出てきしゅつ 이물 적출

いぶつ【遺物】①유물. 유품¶ 故人こじんの～を整理せいりする 고인의 유품을 정리하다 ②유물. 옛날 사람들이 남긴 제작품¶ 前世紀ぜんせいきの～ 전세기의 유물 ③유실물, 분실물

イブニング (evening) 이브닝. 저녁, 밤 **―ドレス** (evening dress) 服 이브닝 드레스

いぶ·る【\*燻る】自五 (잘 타지 않고) 연기가 나다, 그을다¶ ～くすぶる¶ 生木なまきが～ 생나무가 잘 타지 않고 연기가 나다

いぶん【異聞】(文) 이문. 진기하고 색다른 이야기

いぶん【遺文】(文) 유문 ①유고¶ ～集しゅう 유고집 ②옛 시대의 문장·문헌¶ 平安へいあん～ 평안 시대의 유문

いぶんし【異分子】이분자. 이단자¶ 党内とうないの～ 당내의 이분자

いへき【胃壁】【生】위벽

イペリット (프 ypérite) 이페리트. 머스터드 가스, 미란성 독가스

いへん【\*韋編】(文) 위편. 서책. (고대 중국에서) 대쪽에 쓴 글을 무두질한 끈으로 묶은 책
[慣用句]
**一三絶**さんぜつ 위편 삼절. 책을 맨 가죽끈이 세 번이나 끊어질 만큼 열심히 책을 읽음

いへん【異変】이변 ①괴이한 변, 변고¶ 一大いちだい～がおこる 일대. 이번이 일어나다 ②변화, 이상¶ ～を来きたす 이상을 초래하다

イベント (event) 이벤트 ①사건 ②경기 종목 ③개최물, 행사

いぼ【\*疣】【醫】사마귀 ②(물건 표면의) 작은 돌기¶ きゅうりの～ 오이의 작은 돌기

いぼ【異母】图(文) 어머니가 다름, 이복, 배가 다름 = 腹違はらちがい, 異腹いふく ⇔ 異父いふ

いほう【異邦】(文) 이방. 타국, 외국 **―人**じん 외국인

いほう【移封】图他スル (文) 이봉. 영주를 다른 영지로 옮김 = お国替くにがえ

いほう【\*彙報】(文) ①휘보. 종류별로 모은 보고¶ 学会がっかいの～ 학회의 휘보 ②(공용문에서) 잡보(雜報)

いほう【違法】위법 **―合法**ごうほう·**適法**てきほう¶ ～行為こうい 위법 행위/ ～駐車ちゅうしゃ 불법 주차

いほく【以北】(造語) 이북¶ 関西かんさい～ 관서 이북

いぼく【遺墨】유묵. 고인의 서화·필적

いぼじ【\*疣\*痔】수치질, 치핵(痔核)

いぼた【水蠟】①쥐똥나무 ②수랍. 백랍 **―の木**き【植】수랍목. 쥐똥나무 = 蟲いぼた 수랍, 백랍 **―蟲**かいがらむし【動】깍지벌레

いぼだい【\*疣\*鯛】【動】샛돔

いほん【異本】이본 ①(원래는 같은 책이었으나) 문장·글자 등이 바뀌어 약간 달라진 책 ②진기한 책, 진본

いま【今】I 名 ①지금, 현재, 이제¶ ～が盛さかりだ 지금이 한창이다/ ～となっては 이제 와서는 ②현대, 오늘날, 요새¶ 今世こんせいの世よ 요즘 세상/ ～ではやらない 오늘날에는 유행하지 않는다 ③(造語)《명사에 붙어》현대의, 당대의, 새로운¶ ～浦島うらしま 현대판 우라시마/ ～出来できの品しな 새로 만든 물건 II 副 ①지금[이제] 곧, 바로¶ ～出でます 지금 나갑니다/ ～始

まる 이제 곧 시작된다 ②방금, 조금 전, 지금 막¶ ~帰ったところです 지금 막 돌아왔습니다 ③좀더, 한 번 더¶ ~少し 조금 더/ ~一度やってみたらどうだろう 한 번 더 해 보면 어떨까
慣用句
―が今 지금〔방금〕막, 바로 지금
―か今か 이제나저제나 하고
―泣いた烏がもう笑う 울던 아이가 금방 기분이 좋아져서 웃다
―にして思う 지금[이제] 와서 생각하다
―に始まった事ではない 지금 시작된 일은 아니다, 새로운 일이 아니다
―の今迄 지금껏, 여지껏, 여태까지
―は是れ迄 이젠 끝장이다
―を時めく 지금 한창 날리고 있는

**いま** [居間] 거실¶ 洋風の~ 서양식 거실
**いまいまし・い** [忌(ま)忌(ま)しい] 形 분하다, 화가 나다¶ ~やつだ 울화통 터지는 놈이다/ ~・げに舌打ちする 분한 듯 혀를 차다
**いまがわやき** [今川焼] 풀빵, 국화빵
**いまごろ** [今頃] 名副 ①지금쯤, 이맘때= いまじぶん¶ 去年の~ 작년 이맘때/ ~どうしてるだろうか 지금쯤 어떻게 지내고 있을까 ②(때늦은) 이 시간에, 이제 와서¶ ~のこのこ出てくるなんて 이 시간에 어슬렁어슬렁 나오다니/ ~そんなことを言っても駄目だよ 이제 와서 그런 말을 해도 소용없어요
**いまさら** [今更] 副 ①새삼스럽게¶ ~いうまでもない 새삼스럽게 말할 것까지도 없다 ②이제 와서¶ ~後悔しても始まらない 이제 와서 후회해도 소용이 없다
慣用句
―のように 이제 와서 새삼스럽게
**いましがた** [今し方] 방금, 이제 막, 지금 막= たったいま¶ ~戻ったか 방금 돌아왔나/ ~寝入った 지금 막 잠들었다
**いまじぶん** [今時分] 이맘때= いまごろ¶ 去年の~ 작년 이맘때/ ~になると帰ってくる 이맘때가 되면 돌아온다
**いましめ** [戒め・×誡め・°警め] ①교훈, 훈계¶ 将来の~とする 장래의 교훈으로 삼다/ 親の~を守る 어버이의 훈계를 지키다 ②벌, 응징, 징계¶ ~こらしめ ~のために立てたせる 벌주기 위해 세워 두다 ③금지, 억제, 제지¶ 一切の~を解く 일체의 금지를 풀다 ④경계, 방비¶ ~を厳重にする 경계를 엄중히 하다
**いましめ** [縛め] (文) 포박= 捕縛¶ ~を解く 포박을 풀다
**いまし・める** [戒める・°誡める・°警める] 他下一 ①타이르다, 훈계하다, 나무라다¶ 親不孝を~ 불효를 훈계하다/ 子供のいたずらを~ 아이의 장난을 나무라다 ②(文) 경계하다, 단속하다¶ あたりを~ 주위를 경계하다/ 厳重に~ 엄중히 단속하다
**いまし・める** [縛める] 他下一 (文) 묶다, 포박하다¶ 泥棒を~ 도둑을 포박하다/ 縄で

後ろ手に~ 포승줄로 뒷짐 결박을 하다
**いましも** [今しも] 副 (文) 바로 지금, 지금 막, 바야흐로= たった今¶ ~発車しようとする 지금 막 발차하려고 한다
**いますこし** [今少し] 副 (口) 조금 더, 좀더¶ ~待つように 조금 더 기다리도록
**いまだ** [未だ] 副 (文) ①(부정의 말이 딸리어) 아직, 이때까지¶ ~その時期にあらず 아직 그 시기가 아니다/ ~行方が知れない 아직까지 행방을 알 수 없다 ②아직껏, 여태껏, 여지껏¶ ~健在なり 여지껏 건재하다 ―曾て 副 (부정의 말이 딸리어) 아직까지 한 번도, 일찍이 ―に 副 ①(부정의 말이 딸리어) 아직도, 이때까지¶ ~完成しない 아직도 완성되지 않았다 ②아직껏, 여지껏, 여전히
**いまちのつき** [居待(ち)の月] 음력 18일의 달
**いまでき** [今出来] 名 요새 만들어짐, 근래의 물건¶ ~の物とは質が違う 근래의 물건과는 질이 다르다
**いまどうしん** [今道心] (佛) 초신자(初信者), 불문에 든 지 얼마 안 되는 사람
**いまどき** [今時] (口) ①요즘, 오늘날, 근래= このごろ¶ ~の若者か 요즘 젊은이/ ~珍らしい服装か 근래 보기 드문 복장 ②지금= いまごろ¶ ~になって何をいうのか 이제 와서 무슨 소리를 하는 건가
**いまどやき** [今戸焼] 東京都 浅草 今戸에서 생산된 질그릇
**いまに** [今に] 副 ①이제 곧, 머지않아, 언젠가는¶ ~みておれ 이제 두고 보자/ ~後悔するぞ 언젠가는 후회하게 될 걸 ②아직도, 지금까지도¶ ~覚えている悲しさ 아직도 기억하고 있는 슬픔 ―も 副 이제라도, 당장이라도, 금방
**いまひとつ** [今一つ] I 副 (부정의 말이 딸리어) 뭔가 조금, 지금만 더= もう少し¶ ~努力が足りない 뭔가 조금 노력이 부족하다 II 名 하나 더, 다른 하나¶ ~の考え方では 또 하나의 사고 방식으로는/ ~いかが 어떠십니까
**いまふう** [今風] 名 현대풍, 현대적, 당세풍¶ ~の考え方 현대적인 사고 방식/ ~に言えば 요즘식으로 말하면
**いままで** [今迄] 副 지금까지, 여태껏, 종래¶ ~のやり方 종래의 방법/ ~知らなかった 여태껏 몰랐다
**いまめかし・い** [今めかしい] 形 현대풍이다, 신식이다, 새롭다
**いまもって** [今以て] 副 (부정의 말이 딸리어) 아직도, 아직껏, 지금까지도¶ ~実行したことがない 아직껏 실행한 적이 없다/ ~消息不明しょうそくである 불명이다
**いまや** [今や] 副 ①지금이야말로, 바야흐로= いまこそ¶ ~団結のとき 지금이야말로 단결할 때 ②지금은 이미, 이제는¶ ~もう古くさい 지금은 이미 낡아왔다 ③이제 곧, 막¶ ~崩壊寸前 막 붕괴하기 직전
慣用句

いまよう
**―遅しと** (文) 이제나저제나 하고
**いま よう** [今様] 图 현대풍, 당세풍, 현대적¶ ~の考かんえ方がた 현대적인 사고 방식/ ~の服装そう 현대풍 복장
**いまりやき** [伊万里焼] 佐賀が현의 有田た 지방에서 생산된 자기의 총칭 = 有田焼やき
**いま わ** [今際] 图 죽음에 임함, 임종 ¶ ~の言葉ば 유언/ 父ちの~に間ま에合あう 아버지의 임종에 맞춰 가다 **―の際** 임종 때, 임종시 ¶ ~に言いのこす 임종 때 유언을 남기다
**いまわし・い** [忌(ま)わしい] 厖 ①아주 싫다, 불쾌하다 ¶~思おい出で 불쾌한 추억 ②꺼림칙하다, 께름칙하다 ¶~夢ゆめ 불길한 꿈/ 口くちにするのも~ 입에 담는 것도 꺼림칙하다
**いみ** [忌(み)・斎] ①꺼림, 싫어함 ②상중, 거상(居喪), 복상(服喪) ¶~が明あける 탈상하다 ③[民] 금기 = 物忌ものみ
**いみ** [意味] 의미 Ⅰ 图 スル 뜻 ¶~が伝つたわる 뜻이 전해지다/ 沈黙もくは賛成せいを~する 침묵은 찬성을 의미한다 Ⅱ 图 ①[文法] 말뜻, 개념 ¶単語ごの~を調しらべる 단어의 뜻을 조사하다 ②의도, 까닭, 취지, 내용 ¶違ちがう~にとる 다른 의미로 받아들이다 ③가치, 의의, 보람 ¶~のある仕事ごと 보람 있는 일/ なんの~もない 아무런 의미도 없다 **―合あい** (문맥・용법을 고려한) 의미, 까닭, 의도 **―深長しん**ナ 의미심장 **―付づける** 他下一 의미를 부여하다, **―論ろん** 의미론
**いみ あけ** [忌(み)明け] 탈상(脫喪) = きあけ
**いみきら・う** [忌(み)嫌う] 他五 (文) 몹시 싫어하다, 꺼리다, 기피하다 ¶ 四ろの字じを~ 사(四)자를 꺼리다
**いみ ことば** [忌(み)言葉・忌(み)詞] ①[民] (어떤 사회・장소에서) 불길하다 하여 쓰기를 꺼리는 말 ②①의 말 대신 쓰이는 말
**いみじくも** 副 적절하게, 매우 교묘하게, 그럴싸하게 ¶~言いってのけた 그럴싸하게 말해 치웠다
**いみな** [忌(み)名・諱] 名・スル ①휘, 휘자(諱字) ②시호, おくりな ¶ ~を送おくる 시호를 내리다
**いみょう** [異名] ①이명, 별칭, 딴이름 ②별명 = あだな
[慣用句]
**―を取とる** 별명을 얻다, 별명이 붙다
**いみん** [移民] 图 自スル 이민 ¶ 海外がいへ~ 해외 이민/ ~法ほう 이민법
**い・む** [忌む] 他五 ①꺼리다, 기피하다, 삼가다 ¶ 宗教上しゅうきょうじょう、肉食にくを~ 종교상 육식을 꺼리다 ②증오하다, 혐오하다 ¶ 不正ふせいを~ 부정을 혐오하다
**いむしつ** [医務室] 의무실
**いめい** [依命] (文) 의명, 명령에 의함 ¶ ~通達たつ 의명 통달
**いめい** [遺命] (文) 유명, 임종시의 분부 ¶ 父ちちの~に従したがう 아버지의 유명에 따르다
**イメージ** (image) 이미지 ①심상(心象) ②인상
**いも** [芋・薯・藷] ①[植] 감자, 고구마, 토란 ②[造語] 빈약함, 하찮음, 촌스러움 ¶ ~侍ざむらい

촌뜨기 무사
[慣用句]
**―の煮にえたも御存ごぞんじない** 세상 물정에 어두운 사람을 비웃는 말
**―を洗あらうよう** 붐빔, 북적거림
**いもうと** [妹] ①여동생, 누이동생 ⇔ 姉あね ②손아래 시누이, 처제, 계수
**いもがしら** [芋頭] 토란의 어미뿌리 = おやいも
**いもがゆ** [芋粥] ①참마 죽 ②고구마 죽
**いもがら** [芋幹] (말린) 토란 줄기 = ずいき
**いもざし** [芋刺し] 창・칼로 사람을 찔러 죽임 = くしざし
**いもちびょう** 〈稲熱〉病 [農] 도열병
**いもづるしき** [芋蔓式] 图 한 가지 일로 그와 관련된 일이 연달아 튀어나옴, 줄줄이 풀려감 ¶ 事実じつを~に明あきらかにしていく 사실을 연달아 밝혀 나가다/ 犯人はんにんが~につかまる 범인이 줄줄이 붙잡히다
**いもの** [鋳物] 주물 ¶ ~師 주물공
**いもばん** [芋版] 고구마 등의 단면에 글자・도안을 새긴 판, 그것으로 찍은 판화
**いもむし** [芋虫] (나비・나방 등의) 털이 없는 유충의 총칭
**いもめいげつ** [芋名月] 음력 8월 보름달, 추석달, 한가윗달
**いもり** [井守・蠑虫原] [動] 영원 = あかはら
[慣用句]
**―の黒焼くろやき** 영원 암수 한 쌍을 검게 태워 가루로 만든 것
**いもん** [慰問] 图 他スル 위문 ¶ ~品ひん 위문품/ 軍隊たいを~する 군대를 위문하다
**いや** [嫌・厭] ①싫음 = きらい ¶ ~な奴やつ 싫은 녀석/ 雷かみなりは~だ 천둥은 싫다 ②불쾌함 ¶ ~な顔かおをする 불쾌한 표정을 짓다
[慣用句]
**―という程ほど** ①실컷, 질리도록, 지겹도록 ②심하게, 몹시, 매우
**いや** [弥] 副 (文) 점점, 더욱더 ¶ ~遠とおく 점점 더 멀리/ ~さかえる 더욱더 번창하다
[慣用句]
**―が上うえにも** 점점, 더욱더, 게다가 더
**いや** 感 야, 이거 ¶ いやはや・いやあ ¶ ~、すばらしい 야, 멋지다/ ~、大変たいへんだ 이거, 큰일났다
**いや** [否] 感 (口) ①(부정・거절할 때의) 아니, 아니오 = いいえ ¶ ~、そうではない 아니, 그렇지는 않아 ②(자기 말을 부정하고 다시 말할 때의) 아니 = いな ¶ 三年ねん、~五年ねんはかかるだろう 3년 아니 5년은 걸릴 것이다
[慣用句]
**―が応おうでも** 뭐라 해도, 싫든 좋든
**―でも応おうでも** 싫든 좋든, 가부간에, 어쨌든
**―も応おうもなく** 좋든 싫든 간에, 무조건
**イヤーブック** (yearbook) 이어북, 연감
**いやいや** [嫌嫌・^厭^厭] (口) Ⅰ 副 마지못해, 하는 수 없이 = しぶしぶ ¶ ~掃除そうじをする 마지못해 청소를 하다/ ~承知しょうちする 하는 수 없이 승낙하다 Ⅱ 图 (아기의) 싫다는 도

리질¶ ～をする 싫다고 도리질을 하다 **ーながら** 連語 마지못해, 하는 수 없이
**いやいや** [゜否゜否] 感 ㈠ ①아니아니, 결단코, 천만에＝ いえいえ¶ ～、それは違うよ 아니아니, 그건 틀려/ ～、それにはおよびません 천만에, 그럴 필요는 없습니다
**いやおうなしに** [゜否応無しに] 連語 다짜고짜, 무조건, 불문곡직하고¶ ～承諾させられた 무조건 승낙하게 했다/ ～連れ出す 불문곡직하고 데리고 나가다
**いやがらせ** [嫌がらせ] 남이 싫어하는 것을 일부러 함, 짓궂음¶ ～を言う 짓궂은 말을 하다
**いやが・る** [嫌がる] 他五 싫어하다¶ 人の～仕事 남이 싫어하는 일
**いやき** [嫌気] ① → いやけ ② (거래에서) 시세가 예상같지 않아 인기가 떨어짐
**いやく** [医薬] 의약 ①의약품 ②의료와 조제 **ー品** [薬] 의약품 **ー部外品** [薬] 의약 부외품 **ー分業** [醫] 의약 분업
**いやく** [意訳] 名他スル 의역 ⇔ **直訳**
**いやく** [違約] 名自スル 위약 **ー金** 위약금
**いやけ** [嫌気] 싫증, 싫은 마음＝ いやき¶ ～になる 싫어지다/ ～を催す 싫증을 내다
慣用句
**ーが差す** 싫증이 나다
**いやさか** [゜弥栄] Ⅰ 名 文 더욱더 번영〔번창〕함¶ ～を祈る 더욱 번창할 것을 빌다 Ⅱ 感 번영을 기원하여 외치는 말, 만세
**いやし・い** [卑しい・゜賤しい] 形 ①천하다, 저속하다, 상스럽다¶ ～笑い 상스러운 웃음/ 根性が～ 근성이 천하다 ②미천하다¶ 生まれが 미천한 태생 ③초라하다¶ ～身なり 초라한 옷차림 ④탐욕스럽다, 게걸스럽다¶ ～食べ方 게걸스럽게 먹기/ 金に～ 돈에 탐욕스럽다
**いやしくも** [゜苟も] 副 ①적어도＝ かりそめにも¶ ～公務員たるものが 적어도 공무원이라는 자가 ②혹시라도¶ ～人を疑わわれるようなことはするな 혹시라도 남에게 의심받을 짓은 하지 말아라 ③만일¶ ～そんなことをすれば、ただでは置かない 만약 그런 짓을 하면 그냥 두지 않겠다
慣用句
**ーせず** 文 소홀히 하지 않다
**いやし・む** [卑しむ・゜賤しむ] 他五 → いやしめる
**いやし・める** [卑しめる・゜賤しめる] 他下一 깔보다, 무시하다, 멸시하다¶ 人を～ 남을 깔보다
**いやしんぼう** [卑しん坊] 俗 식탐이 많음, 게걸스러움, 걸신, 식충이＝ 食いしん坊
**いや・す** [゜癒す] 他五 (병・허기 등을) 치료하다, 달래다, 가시게 하다¶ 傷を～ 상처를 치료하다/ 気持ちを～ 기분을 달래다/ のどの渇きを～ 목의 갈증을 가시게 하다
**いやち** [゜厭地・゜忌地] 農 기지, 연작으로 농작물의 수확이 감소됨, 그런 경작지＝ いやじ
**いやでも** [゜否でも] 副 싫어도, 어쨌든¶ ～来い 어쨌든 오너라/ ～承知する わけにはいかない 싫어도 승락하지 않을 수 없다
**いやに** 副 ㈠ ①이상하게, 묘하게＝ へんに¶ ～早いね 이상하리 이상하다/ ～静かだ 묘하게 조용하다 ②몹시, 무척, 대단히＝ ひどく¶ ～寒い 몹시 춥다
**いやはや** 感 ㈠ 거참, 어허, 아이고¶ ～、困ったな 거참, 곤란하군/ ～、また雨だ 어허, 또 비로군
**イヤホーン** (earphone) 電 이어폰＝ イヤホン
**いやまさ・る** [゜弥増さる] 自五 文 더욱 심해지다, 점점 더해가다¶ 恋しさは～ばかりだ 그리움은 더욱 더해갈 뿐이다
**いやま・す** [弥増す] 自五 文 더욱 심해지다, 점점 더해가다＝ いやまさる¶ 暑さ～今日 こ このごろ 더위가 더욱 심해지는 요즈음
**いやみ** [嫌み・゜厭み] 名 불쾌감을 주는 말・태도¶ ～を言う 듣기 싫은 소리를 하다
**いやらし・い** [嫌らしい] 形 ①불쾌하다, 역겹다, 메스껍다 おべっかを言う～人 역겨운 사람 ②음탕스럽다¶ ～目つき 음탕스러운 눈초리
**いゆう** [゜畏友] 文 외우, 존경하는 친구¶ ～金君 존경하는 친구인 김군
**いよ** [伊予] 地 일본의 옛지명, 지금의 愛媛県＝ 予州
**いよいよ** [゜愈・゜愈゜愈] 副 ①점점, 더욱더＝ますます¶ 雨が～激しく降る 비가 점점 세차게 내리다/ まちいよ 目的地に着く 내일 드디어 목적지에 도착한다 ③정말로, 확실히＝ たしかに¶ ～彼が怪しい 확실히 그가 수상하다 ④여차할 때¶ ～というときは加勢を頼むむ 여차할 때는 도움을 부탁하게
**いよう** 感 ㈠ 야아, 여어¶ ～、御両人 여어 두 분/ ～、しばらく 여어 오랜만일세
**いよう** [威容] 文 위용, 위엄있는 모습¶ ～を誇る 위용을 자랑하다
**いよう** [異様] ナ 이상함, 야릇함¶ ～な雰囲気 이상한 분위기/ ～に聞こえる 야릇하게 들리다
**いよう** [移用] 名他スル 이용, 예산을 다른 목적에 유용하는 일
**いよう** [偉容] 위용, 크고 훌륭한 모습¶ ～をあらわす 위용을 드러내다
**いよく** [意欲・意゜慾] 의욕¶ ～的な作品 의욕적인 작품/ ～に燃える 의욕에 불타다
**いらい** [以来] ①造語 이래, 이후 明治以来, 明治 이래/ あれ～顔を見ていない 그 후로 얼굴을 못 봤다 ②금후, 앞으로도¶ ～注意します 앞으로 주의하겠습니다
**いらい** [依頼] 名自他スル 의뢰 ①부탁¶ ～人 의뢰인/ 調査を～する 조사를 의뢰하다 ②(남에게) 의지함, 의탁 **ー心** 의뢰심
**いらいら** [゜苛゜苛] Ⅰ 副 自スル ①안달하는 모양, 안절부절못함¶ ～と動き回る 안절부절못하며 돌아다니다 ②따끔따끔함, 까끌까끌함¶ のどが～する 목구멍이 따끔따끔하다 Ⅱ 名 초조함, 조바심, 안달¶ ～がおさまら

いらう

ない 조바심이 가시지 않다

いら・う【弄う】他五[方] ①만지작거리다, 주물럭거리다= いじる ②놀리다, 조롱하다

いらか【甍】(文) 기와, 기와 지붕¶ ～の波ᇴ 즐비한 기와 지붕

いらくさ【刺草・蕁麻】[植] 쐐기풀

いらざる【要らざる】[連体] 불필요한, 쓸데없는 ¶ ～お世話ᇰ 쓸데없는 참견

イラスト 「イラストレーション」의 준말 ━マップ 일러스트 맵

イラストレーション (illustration) 일러스트레이션, 삽화, 설명도, 삽화[설명도] 넣기

いらせら・れる[自下一]「いらっしゃる」보다 예스러운 높임말. 계시다, 오시다, 가시다

いらだたし・い【*苛立たしい】[形] 초조하다, 조바심이 나다¶ ～気持ᇰち 초조한 기분

いらだち【*苛立(ち)】 초조함, 조바심이 남¶ ～を抑える 초조함을 억누르다

いらだ・つ【*苛立つ】[自五] 초조해지다, 조바심이 나다¶ 神経ᇰが～ 신경이 곤두서다/ 心ᇰが～ 마음이 초조해지다

いらだ・てる【*苛立てる】[他下一] 초조하게 하다, 안절부절못하게 하다¶ 神経ᇰを～ 신경을 곤두세우게 하다

いらっしゃい[感][口] ①(환영하는 말) 어서 오세요, 어서 오십시오¶ ～、お待ᇰちしてました 어서 오십시오, 기다리고 있었습니다 ②(불러들이는 말) 오세요, 오십시오¶ ～、安ᇰいよ、安ᇰいよ 어서 오세요 싸요 쌉니다

いらっしゃ・る[自五] ①가시다¶ どこへ～いますか 어디로 가십니까 ②오시다¶ どちらから～いましたか 어디서 오셨습니까 ③계시다¶ お父様ᇰは今ᇰ～いますか 아버님은 지금 계십니까 ④[補助](동사·형용사의 連用形+「て·で」에 붙어) …하고 계시다¶ 新聞ᇰを読ᇰんで～ 신문을 읽고 계시다 ⑤[補助](形容動詞의 連用形「で」 또는 명사+「で」에 붙어) …이시다¶ お元気ᇰで～ 건강하시다

いらぬ【要らぬ】[連体] 쓸데없는, 필요없는, 소용없는= いらざる ¶ ～お節介ᇰ 쓸데없는 참견/ ～ことを言ᇰうな 필요없는 말은 하지 마라

いり【入り】①들어감, 들어간 양·정도¶ 客ᇰの～がよい 입장객이 많다 ②해·달이 짐 ⇔ 出¶ 日ᇰの～ 일몰 ③(어떤 기간의) 첫날, 시작¶ 彼岸ᇰの～ 춘분·추분의 첫날 ④수입¶ ～のいい仕事 수입이 좋은 일 ⑤[要り] 비용¶ ～がかさむ 비용이 늘다 ⑥[造語] ㉠(어떤 분야·장소에) 들어감 政界ᇰ～ 정계 입문/ ～の船ᇰ 입항선 ㉡(안에) 들어가 있는 きのこ～のスープ 버섯이 들어간 수프 ㉢(용량을 나타내어) …들이 一ᇰリットル～の瓶ᇰ 1리터들이 병

いりあい【入会】어떤 지역의 주민이 특정 산림·어장 등을 공동 이용하여 수익을 올리는 일¶ ～権ᇰ 공동 사용권/ ～地ᇰ 공유지

いりあい【入相】(文) 해질녘, 일몰, 저녁때¶ ～を告ᇰげる鐘ᇰの音ᇰ 저녁때를 알리는 종소리 ━の鐘ᇰ 절에서 치는 저녁종, 만종(晩鐘)

いりうみ【入(り)海】만(灣), 내해(內海)

いりえ【入(り)江】[地] 후미, 호수·바다 등이 물으로 굽어 든 곳

いりがた【入(り)方】해·달이 질 무렵¶ 日ᇰの～ 해질녘

いりかわり【入(り)替(わ)り】→ いれかわり

いりかわ・る【入(り)替(わ)る】[自五] → いれかわる

いりぐち【入(り)口】①입구, 어귀¶ 路地ᇰの～ 골목길의 어귀/ ～で出会ᇰう 입구에서 마주치다 ②(사물의) 처음, 시작, 초기 단계¶ 芸ᇰの～ 기예의 초보/ 春ᇰの～ 봄의 문턱

いりく・む【入(り)組む】[自五] 뒤엉키다, 복잡해지다¶ 道ᇰが～ 길이 뒤얽히다/ 話ᇰが～ 이야기가 복잡해지다

いりこ【*炒(り)子・*煎(り)子】쪄서 말린 멸치

いりこ【*炒(り)粉・*煎(り)粉】쌀·보리로 만든 미숫가루

いりこ【〈海参〉・*煎海鼠】쪄서 말린 해삼, 건해삼= ほしこ

いりこ・む【入(り)込む】[自五] ①헤집고[밀치고] 들어가다 ②숨어들다, 잠입하다¶ 敵陣ᇰに～ 적진에 잠입하다 ③뒤얽히다, 복잡해지다¶ ～んだ事情ᇰ 복잡한 사정

いりしお【入(り)潮】①썰물, 간조= 引ᇰき潮ᇰ ⇔ 出潮ᇰ ②밀물, 만조= 満ᇰち潮ᇰ

いりたまご【*煎(り)卵・*煎(り)玉子】[料] 지진 달걀, 달걀지짐이

いりつ・ける【*煎(り)付ける・*炒(り)付ける】[他下一] 볶다, 지지다¶ 魚ᇰを～ 생선을 지지다/ 豆ᇰを～ 콩을 볶다

いりでっぽう【入(り)鉄砲】(江戶) 시대에) 江戶로 반입되던 총포

いりどうふ【*煎(り)豆腐】[料] 두부지짐이

いりひ【入(り)日】(文) 지는 해, 석양= 夕日ᇰ·落日ᇰ¶ 真ᇰっ赤ᇰな～ 새빨간 석양

いりびたり【入(り)浸り】①물에 잠겨 있음 ②(남의 집 등에) 죽치고 있음, 틀어박힘¶ 友達ᇰの家ᇰに～だ 친구집에 눌러앉아 있다

いりびた・る【入(り)浸る】[自五] ①물에 잠겨 있다 ②죽치고 있다, 틀어박히다¶ 酒場ᇰに～っている 술집에 죽치고 있다

いりふね【入(り)船】입항선, 항구로 들어오는 배 ⇔ 出船ᇰ

いりぼし【*炒(り)干し・*煎(り)干し】→ いりこ

いりまじ・る【入(り)交じる・入(り)混じる】[自五] 뒤섞이다, 한데 섞이다¶ 大小ᇰ～ 크고 작은 것이 뒤섞이다

いりまめ【*炒(り)豆・*煎(り)豆】볶은 콩

いりみだ・れる【入(り)乱れる】[自下一] 뒤엉키다, 뒤섞이다, 뒤범벅되다¶ 敵味方ᇰが～·れて戦ᇰう 적과 아군이 혼전을 벌이다

いりむこ【入(り)婿】데릴사위= 婿養子ᇰ

いりめ【入(り)目】경비, 비용= かかり¶ ～がかさむ 비용이 늘다

いりもやづくり【入ᇰ母屋造】[建] 팔작지붕, 위는 맞배지붕이고 아래는 우진각지붕으로 된 일본식 건축 양식, 그런 건물

**いりゅう** [慰留] 名他スル 위류. (사의를 표명한 사람을) 달래어 머무르게 함¶〜に努める 열심히 위류하다

**いりゅう** [遺留] 名他スル〈文〉 유류 ①(재산 등을) 죽은 뒤에 남김 ②잊고 놓아둠¶現場に証拠の品を〜する 현장에 증거물을 유류하다 **―品** 유류품. 유실물 **―分**[法] 유류분

**いりゅうぎり** [移流霧] 〈気〉 따뜻하고 습기찬 공기가 이동하다가 차가운 지면이나 해면에 접해서 발생하는 안개

**いりょう** [衣料] 의료. 옷, 의류, 옷감¶〜品 의료품

**いりょう** [衣糧] 〈文〉 의량. 의복과 식량

**いりょう** [医療] 의료¶〜保険 의료 보험

**いりよう** [入(り)用] Ⅰ 名ダ 필요함=にゅうよう¶〜な品を調達する 필요한 물품을 조달하다 Ⅱ 名 필요한 비용, 경비¶いくら御〜ですか 얼마나 경비가 필요하십니까

**いりょく** [威力] 위력 ①남을 압도하는 강한 힘¶金の〜 돈의 위력 ②돈의 위력을 발휘하다 ②[法] 타인의 의사를 제압하는 한 세력¶〜業務妨害 위력 업무 방해

**いりょく** [意力] 의지력

**い・る** [入る] 自五 들다, 들어가다 ①〈文〉(안으로) 이동하다¶部屋に〜 방으로 들어가다/郷に〜っては郷に従え 남의 고장에 가면 그 고장 법을 따르라 ②〈文〉뒤에 숨다, 해·달 등이 지다¶月が西に〜 달이 서쪽으로 지다 ③몸을 두다, 몸담다¶仏門に〜 불문에 들다/政界に〜 정계에 투신하다 ④어떤 시각·계절이 되다¶夜に〜 밤이 되다/秋に〜 가을이 되다 ⑤(감각을 통해) 대상을 인식하다¶手に〜 손에 들어오다, 받다/気に〜 마음에 들다 ⑥(어떤 상태에) 도달하다, 이르다¶戦争状態に〜 전쟁 상태에 들어가다 ⑦〈補助〉(동사 連用形에 붙어) …하다¶寝〜 잠들어 버리다/恥じ〜 몹시 부끄러워하다

**い・る** [要る] 自五 필요하다, 들다, 소용되다¶費用が〜 비용이 들다/相当の期間が〜 상당한 기간이 필요하다

**い・る** [\*炒る・\*煎る・\*熬る] 他五 ①지지다¶豆腐を〜 두부를 지지다 ②볶다¶豆を〜 콩을 볶다

**いる** [居る] 自上一 ①(사람·동물이) 있다, 존재하다¶部屋に女の子が〜 방에 여자아이가 있다 ②살다, 살고 있다¶兄はアメリカに〜 형은 미국에서 산다 ③앉다 ④(어떤 상태에) 있다¶学生の身で〜 아직 학생 신분으로 있다 ⑤〈補助〉(동사 連用形+「て」에 붙어) ㉠ …하고 있다¶雨が降って〜 비가 오고 있다/地下鉄を利用して〜 지하철을 이용하고 있다 ㉡ …[하여] 있다¶山がそびえて〜 산이 솟아 있다 ㉢ …한 적이 있다¶その本ならもうとっくに読んで〜 그 책이라면 이미 읽었다 ▷「いる」는 살아 있는 것·움직이는 것에 대해 쓰며 그렇지 않은 것에는 「ある」를 쓰는 것이 일반적임
〈慣用句〉
**いても立っても居られない** (걱정 등으로) 앉지도 서지도 못하다, 안절부절못하다

**いる** [射る] 他上一 ①쏘다¶矢を〜 화살을 쏘다 ②쏘아 맞히다, 명중시키다¶的を〜 과녁을 맞히다 ③(빛 등이) 강렬하게 비추다¶光が目を〜 빛이 눈부시게 비추다 ④쏘아보다¶眼光するどく人を〜 날카로운 눈빛으로 사람을 쏘아보다

**いる** [鋳る] 他上一 (금속을 녹여) 주조하다¶大砲を〜 대포를 주조하다

**いるい** [衣類] 의류. 옷가지

**いるい** [異類] 〈文〉 ①이류. 다른 종류¶〜の世界にすむ 다른 종류의 세계에 살다 ②(인간 이외의) 짐승, 귀신

**いるか** 〈海豚〉 [動] 돌고래

**いるす** [居留守] 집에 있으면서 없는 체함¶〜を使う 집에 있으면서 없다고 따돌리다

**いれあげ・る** [入(れ)揚げる] 他下一 (좋아하는) 돈을 쏟아 붓다¶競馬に〜 경마에 돈을 쏟아 붓다

**いれあわ・せる** [入(れ)合(わ)せる] 他下一 ①섞어 넣다, 한데 넣다 ②채워 넣다, 보충하다

**いれい** [威令] 〈文〉 위령 ①위엄과 명령 ②위력 있는 명령

**いれい** [異例] 名ダ 이례. 전례가 없음¶〜の措置 이례적인 조치

**いれい** [慰霊] 위령¶〜塔 위령탑

**いれか・える** [入(れ)替える・入(れ)換える] 他下一 ①갈아[바꾸어] 넣다¶プールの水を〜 풀의 물을 갈아 넣다/心を〜 마음을 고쳐 먹다 ②바꾸다, 교체[교대]하다¶担当者を〜 담당자를 바꾸다/メンバーを〜 멤버를 교체하다 ③옮겨 넣다¶車両を別の線に〜 차량을 다른 선으로 옮겨 넣다

**いれがみ** [入(れ)髪] 다리 = 入れ毛

**いれかわり** [入(れ)替(わ)り] 교체, 교대 = いりかわり¶選手の〜 선수의 교체 **―立ち替り** 副 쉴 새 없이 들락날락하는 모양¶名優の〜現る 유명한 배우가 쉴 새 없이 들락거리다

**いれかわ・る** [入(れ)替(わ)る] 自五 바뀌다, 교체되다, 교대되다 = いりかわる¶席を〜 자리가 바뀌다/負傷した選手と〜 부상 선수와 교체되다

**いれげ** [入(れ)毛] 다리 = 入れ髪¶〜をする 다리를 드리다

**いれこ** [入(れ)子] ①크기대로 포개 넣을 수 있게 만든 상자·그릇¶〜になっている箱 포개 넣게 되어 있는 상자 ②친자식이 죽은 뒤에 양자를 맞아들임, 그런 양자 ③(배의) 늣구멍

**いれこみ** [入(れ)込み] (남녀·신분의 구별없이) 많은 사람을 한데 몰아넣음, 그런 장소

**いれずみ** [入(れ)墨・〈文身〉・\*刺青] ①문신 ②(옛 중국·江戸시대에) 문신의 형¶〜者 전과자

**いれちえ** [入(れ)知恵・入(れ)\*智\*慧] 名自スル

**いれちがう**

(남에게) 꾀를 일러줌, 그런 꾀¶ ～をする 꾀를 일러주다

**いれちが·う [入(れ)違う] I** 自五 ①서로 엇갈리다＝ゆきちがう¶ ちょうど～って会えなかった 마침 엇갈려서 만나지 못했다 ②바뀌다¶ 中身が～ 내용물이 바뀌다 **II** 他五 잘못 넣다, 바꿔 넣다¶ さとうと塩を～ 설탕과 소금을 바꿔 넣다

**いれちがえ [入(れ)違え]** ①잘못 넣음 ②서로 엇갈림 ▷「入れ違い」라고도 함

**いればば [入(れ)歯]** ①의치, 틀니¶ ～にする 틀니로 하다(해 넣다) ②(げた의 굽을 갊

**いれふだ [入(れ)札]** ①입찰＝入札¶ ～투표

**いれぼくろ [入(れ)〈黒子〉]** (일부러) 그려 넣거나 붙인 점＝つけぼくろ

**いれめ [入(れ)目]** (口) 의안(義眼)

**いれもの [入(れ)物・〈容(れ)物〉]** 용기, 그릇

**い·れる [入れる]** 他下一 ①넣다＝집어 넣다, 들이다, 들어가게 하다¶ 小銭を財布に～ 잔돈을 지갑에 넣다/ 客を部屋に～ 손님을 방에 들이다 ②수용하다, 들게 하다, 위 주다¶ 学校に～ 학교에 넣다/ 仲間に～ 한패에 끼워 주다 ③포함시키다, 집어 넣다¶ 税金を～ 계산에 넣다 ④듣게 하다, 보게 하다¶ 御覧に～ 보시게 하다/ 耳に～ 듣게 하다 ⑤(힘을) 들이다, 쏟다¶ 念を～ 정성을 들이다 ⑥(어떤 모양 등을) 만들어 내다¶ 印を～ 표시를 넣다/ 模様を～ 무늬를 넣다 ⑦끼워 넣다, 박다¶ 歯を～ 이를 해 넣다 ⑧보태다, 치다¶ 調味料を～ 조미료를 넣다 ⑨(도중에) 넣다, 끼어들다¶ くちばしを～ 말참견하다/ 合いの手を～ 가락을 넣다/ 茶々を～ 헤살을 놓다 ⑩(「手を～」 등의 꼴로) 수정하다, 손보다¶ 原稿に手を～ 원고를 손보다 ⑪(기구 등을) 가동시키다, 작동시키다¶ そろばんを～ 주판을 놓다/ 電気のスイッチを～ 전등 스위치를 넣다 ⑫(시간을) 들이다¶ 年季を～ 여러 해 동안 수련을 쌓다 ⑬(돈을) 치르다, 치르다, 부어 넣다¶ 家賃を～ 집세를 치르다 ⑭(전당포에) 맡기다¶ カメラを質屋に～ 카메라를 전당포에 잡히다 ⑮투표하다, 의사 표시를 하다¶ 賛成票を～ 찬성표를 던지다 ⑯연락하다, 보내다¶ 第一報を～ 제1보를 송고하다 ⑰(容れる) 수용하다¶ 三万人を～球場 3만 명을 수용하는 구장 ⑱(容れる) 받아들이다, 용인하다¶ 先方の希望を～ 상대방의 희망을 받아들이다 ⑲(滝れる) (차를) 달이다, 끓이다¶ コーヒーを～ 커피를 끓이다

**いろ [色]** ①색깔, 빛깔, 색채¶ 落ち着いた～ 차분한 색깔/ ～があせる 색이 바래다 ②얼굴빛, 표정, 기색¶ 疲労の～ 피로한 기색/ 憂いの～を濃くする 근심스런 빛이 짙어지다 ③빛, 정취¶ ～を添える 정취를 곁들이다/ 秋の～が深くなる 가을 빛이 짙어지다 ④색, 색정, 정사¶ ～におぼれる 색정에 빠지다 ⑤(俗) 애인, 정부¶ ～を持つ

애인을 두다 ⑥(造語) 종류¶ とりどりの花の～ 갖가지 꽃 ⑦(造語) 색¶ 音～ 음색/ 十人十～ 십인 십색 ⑧(藝) (일본 전통 음악에서) 詞と 節의 중간적 표현

[慣用句]

━の白いは七難隠す 살빛이 흰 여자는 용모에 좀 결점이 있어도 그것을 숨겨버린다

━を失こう (놀라움・충격 등으로) 창백해지다, 파리해지다

━を好む 호색하다¶ 英雄～ 영웅 호색

━を付ける 덧붙여 주다, 덤을 얹어 주다

━をなす (화가 나서) 안색이 달라지다

**いろあい [色合(い)]** ①색조¶ ～が気に入る 색조가 마음에 들다 ②성질, 경향, 기색¶ 混迷の～を深める 혼미한 경향이 짙어지다

**いろあく [色悪]** (歌舞伎의) 미남 악역

**いろあげ [色揚(げ)]** ①(빛바랜 천 등의) 재염색 ②염색된 상태, 염색의 완성도 ③(채소 등을) 빛깔 좋게 삶거나 절임

**いろあ·せる [色褪せる]** 自下一 ①빛이 바래다, 퇴색하다¶ ～せた写真 빛바랜 사진 ②시들다, 진부하다¶ ～せたニュース 진부해진 뉴스

**いろいろ [色色] I** 名・ナノ 여러 가지, 갖가지, 가지각색¶ ～な場合 갖가지 경우/ ～と話したいことがある 여러 가지로 이야기할 것이 있다

**いろう [慰労]** 名・他スル 위로¶ ～金 위로금

**いろう [遺漏]** 名・自スル (文) 유루, 실수¶ ～なきを期す 유루 없기를 기하다

**いろえ [色絵]** ①채색화 ②유약을 발라 구운 도자기에 그린 그림

**いろえんぴつ [色鉛筆]** 색연필¶ ～で赤く塗る 색연필로 빨갛게 칠하다

**いろおとこ [色男]** ①미남, 미남자¶ ～金と力ははなかりけり 미남자란 돈과 힘은 없는 법이다 ②정부, 애인＝いろ

**いろか [色香]** ①빛깔과 향기 ②(여자의) 미색¶ ～に迷う 미색에 미혹되다

**いろがみ [色紙]** 색지, 색종이¶ ～で鶴を折る 색종이로 학을 접다

**いろがわり [色変(わ)り]** 名・自スル ①변색, 퇴색¶ 洗濯で～した服 세탁으로 변색한 옷 ②(모양・무늬는 같고) 색깔만 다름¶ ～のブレザー 같은 디자인에 색만 다른 블레이저 ③색다름, 별남¶ ～の食べ物 색다른 음식물

**いろきちがい [色気違い]** (口) ①색광 ②호색, 호색한

**いろけ [色気]** ①색조＝色合い¶ ～を見る 색조를 보다 ②성적 매력¶ ～を振りまく 성적 매력을 마구 풍기다 ③성적인 관심, 이성에 대한 흥미¶ ～がつく 성에 눈뜨다 ④멋, 취향, 재미¶ ～のない話 재미없는 이야기 ⑤의욕, 관심, 흥미¶ その地位に～を示す 그 지위에 관심을 보이다 ⑥(모임・연회 등에서의) 여자(의 존재) ＝おんなっけ¶ ～のない場所で話す 여자가 없는 곳에서 이야기하다 ━付く 自五 ①(꽃・열매가 익

어) 물들다 ②성에 눈뜨다
**いろけし**【色消し】Ⅰ 汨 (모처럼의) 재미·흥미·정취를 없앰= つやけし¶ ~な話題 흥을 깨는 화제/下手な歌で~ 서투른 노래로 흥이 깨지다 Ⅱ 图 物 색지움, 색수차를 없앰¶ ~レンズ 색수차를 없앤 렌즈
**いろこい**【色恋】연애, 남녀가 서로 사랑함¶ ~抜きの付き合い 연애 감정 없는 교제
**いろこうせい**【色校正】版 컬러 인쇄물을 만들 때의 교정= 色校
**いろごと**【色事】①정사, 연애¶ ~には縁遠い生活 정사에는 인연이 먼 생활 ②(연극에서) 정사 연기 ー師 ①(연극에서) 정사 연기에 능한 배우 ②바람둥이, 호색한
**いろごのみ**【色好み】호색, 호색한, 색골
**いろざと**【色里】→ いろまち【色町】
**いろじかけ**【色仕掛(け)】미인계¶ ~にはまる 미인계에 넘어가다
**いろしゅうさ**【色収差】物 색수차
**いろじろ**【色白】图 ア 살갗이 흼 ⇔ 色黒
**いろずり**【色刷(り)】 色 색도 인쇄, 색판 인쇄, 컬러 인쇄, 그런 인쇄물¶ ~の絵本 색도 인쇄한 그림책
**いろづ・く**【色付く】自五 ①(나뭇잎·열매 등이) 물들다, 단풍 들다¶ かきが~ 감이 붉게 물들다 ②성적 매력이 생기다¶ ~年ごろになる 성적 매력이 생기는 나이가 되다
**いろづけ**【色付け】图 自他スル ①채색, 착색 ②값을 깎아주거나 덤을 줌¶ ~に一割お引きます サービスで 1할 할인합니다
**いろっぽ・い**【色っぽい】形 요염하다, 성적 매력이 있다¶ ~しぐさ 요염한 몸짓/~くほほえむ 요염하게 미소짓다
**いろつや**【色艶】①(얼굴·살갗의) 윤기¶ 顔の~がよくなる 안색이 좋아지다 ②흥미, 재미, 정취¶ ~をつけて話す 재미있게 이야기하다
**いろどり**【彩り】图 自他スル ①착색, 채색¶ はなやかに~する 화려하게 채색하다 ②배색¶ ~豊か 배색이 풍부함 ③(배합·구색으로 생기는) 재미, 흥취, 정취¶ 料理に~よく盛り付ける 요리를 구색 맞춰 담다/~を添える 흥취를 돋우다
**いろど・る**【彩る】他五 文 ①착색하다, 색칠하다¶ ふちを~ 가장자리를 색칠하다 ②멋을 부리다, 꾸미다, 정취를 곁들이다¶ 窓辺を花で~ 창가를 꽃으로 꾸미다/生活に~ 생활에 정취를 곁들이다 ③화장하다¶ ほお紅で~ 볼연지로 화장하다
**いろなおし**【色直し】图 自スル ①(결혼식이 끝난 후) 신부가 다른 옷으로 갈아입음 ②재염색, 다시 염색함= 染め直し
**いろは**【いろは·伊呂波】①「いろは歌」 47자의 가나의 총칭 ▷ 끝에 「ん」을 붙이기도 함 ②순서를 나타내는 기호¶ ~順 イロハ順, 가나다 순 ③초보, 기초, 입문¶ 野球の~も知らない 야구의 기초도 모른다 ー歌 ひらがな 47자가 각각 한 번씩 들어간 7·5조의

노래 ーガルタ いろは 47자와「京」자로 시작되는 속담을 적은 48매의 카드에 각각의 그림을 그려넣은 놀이 카드
**いろまち**【色町】홍등가, 유락= 色里
**いろめ**【色目】①(의복 등의) 색조, 색상= 色合い 渋い~の帯 수수한 색상의 띠 ②추파, 윙크, 곁눈질= ながし目·秋波
[慣用句]
ー**を使う** ①추파를 던지다, 곁눈을 주다 ②(어떤 목적을 위해) 관심을 보이다¶ 政界に~ 정계에 관심을 보이다
**いろめがね**【色眼鏡】①색안경¶ ~をかける 색안경을 쓰다 ②편견, 선입견¶ 人を~で見る 사람을 편견을 가지고 보다
**いろめきた・つ**【色めき立つ】自五 (긴장·흥분하여) 술렁거리다, 동요하다, 들뜨다¶ 聴衆が~ 청중이 술렁거리다
**いろめ・く**【色めく】自五 ①곱게 물들다, 화려해지다¶ 庭の木立たちが~ 마당의 나무들이 곱게 물들다 ②(긴장·흥분하여) 술렁거리다, 동요하다, 들뜨다¶ 敗戦の知らせに~ 패전보에 술렁거리다 ③요염해지다¶ ~·いた表情 요염해진 표정
**いろもの**【色物】①(흰색과 검은색 이외의) 색깔 있는 옷·옷감¶ ~を避ける 색깔 있는 옷을 피하다 ②(寄席에서 講談·義太夫에 대하여) 음곡·곡예·만담 등
**いろやけ**【色焼け】图 自他スル ①살갗이 그을음¶ ~した皮膚 살갗이 그을은 피부 ②(옷·커튼 등이) 볕에 바램¶ すっかり~した本の表紙 완전히 바랜 책 표지
**いろよ・い**【色好い】바람직하다, 만족스럽다¶ ~返事 바람직한 대답
**いろり**【囲炉裏】마루바닥을 네모나게 잘라 내고 재를 깔아 난방·취사용 불을 피우게 만든 장치, 노(爐)= 炉ろ ーばた 炉邊
**いろわけ**【色分け】图 他スル ①달리 색칠하여 구분함¶ 国ごとに~した地図 나라마다 달리 색칠하여 구분한 지도 ②종류별로 구분함, 분류¶ 賛成派と反対派にはっきり~される 찬성파와 반대파로 분명히 분류되다
**いろん**【異論】이론, 이의¶ ~はない 이의는 없다/~を唱える 이론을 제기하다
**いろんな**【色んな】連体 口 여러 가지, 갖가지, 별의별¶ ~方法 여러 방법/世の中には~ことがある 세상에는 별의별 일이 있다
**いわ**【岩·巌】바위, 암석¶ ~の多い山 바위가 많은 산/~をうがつ 바위를 뚫다
**いわい**【祝い】①축하¶ 誕生日の~ 생일 축하/~の宴 축하연 ②축하 선물, 축의금, 축하의 말¶ お~を述べる 축하의 말을 하다
**いわいごと**【祝(い)事】축하할 일, 경사
**いわいざけ**【祝(い)酒】축하주¶ 就職の~に酔う 취직 축하주에 취하다
**いわいばし**【祝(い)箸】축하연 때 쓰는 둥근 버드나무 젓가락
**いわ・う**【祝う】他五 ①축하하다¶ 結婚をお~い申し上げます 결혼을 축하드립니

いわお

다 ②축복하다, 행운을 빌다¶ 前途ぜんを~・って乾杯かんぱいする 전도를 축복하며 건배하다 ③축하 선물을 보내다¶ 誕生日たんじょうびに花はなを~・ってやる 생일에 꽃을 축하 선물로 보내주다 ④신년을 축하하는 행위를 하다¶ 雑煮ぞうにを~ 떡국을 먹으며 새해를 축하하다

いわお [*巌] (文) 큰 바위, 반석¶ ~のようにどっしり構かまえる 반석같이 듬직한 자세를 취하다

いわかん [違和感] 위화감 ①(신체의) 부조화 ¶ 腹部ふくぶに~がある 복부에 위화감이 있다 ②어울리지 않은[어색한] 느낌¶ 町並まちなみと~のある建物たてものの 거리에 늘어선 집들과 위화감을 주는 건물

いわき [岩木] ①바위와 나무 ②비정한 사람, 목석= 木石ぼくせき

いわき [磐城] [地] 일본의 옛지명. 福島ふくしま현 동부와 宮城みやぎ현의 남서부 지방= 磐州ばんしゅう

いわく [*日く] (連語) ①(文) 왈. 가라사대. 가로되, 이르기를¶ 孔子こうし~ 공자 왈/ 聖書せいしょに~ 성서에 이르기를 ②[(명사적으로)] 말 못할) 사정·까닭¶ それには~がある 거기에는 까닭이 있다 —因縁いんねん 복잡한 사정·사연 —付つき (名) (바람직하지 않은) 사연이 있음 ¶ ~の物件ぶっけん 사연이 있는 물건

|慣用句|

—言いい難がたし 복잡한 사정이 있어 간단히 설명하기 어렵다

いわぐみ [岩組(み)] ①정원석의 배치= 石組いしぐみ ②(무대 장치의) 종이로 만든 바위

いわけな・い [*稚い] (形)(文) 어리다, 앳되다¶ ~声こえ 앳된 목소리

いわし [*鰯・*鰛] (정어리·멸치 등) 청어과 물고기의 총칭

|慣用句|

—の頭あたまも信心しんじんから 정어리 대가리도 믿기 나름

いわしぐも [*鰯雲] [気] 조개구름= 巻積雲けんせきうん

いわしみず [岩清水] 석간수¶ ~をくむ 석간수를 긷다

いわしろ [岩代] [地] 일본의 옛지명. 지금의 福島ふくしま현 서부 지방

いわずかたらず [言わず語らず] (連語) 무언중에, 암묵리에¶ ~の間あいだに 암묵리에/ ~のうちに伝つたわる 무언중에 전해지다

いわずとしれた [言わずと知れた] (連語) 말하지 않아도 다 아는, 당연한¶ 経済けいざいが重要じゅうようなのは~ことだ 경제가 중요하다는 것은 말하지 않아도 다 아는 것이다

いわずもがな [言わずもがな] (連語) ①말하지 않는 편이 좋을¶ ~のことを言いう 안 해도 좋을 말을 하다 ②말할 것도 없고, 물론¶ 子供こどもは~、親おやも喜よろこぶ 아이들은 물론이고 부모도 기뻐한다

いわ・せる [言わせる] (他)(下一) ①말하게 하다, 말을 시키다 ②말하는 대로 내버려두다¶ ~・せておけば、いい気きになって 말하는 대로 내버려두면 우쭐해져서 ③(「…に~と」의 꼴로)…의 말에 의하면¶ 彼かれに~と、そうで

もないらしい 그의 말에 의하면 그렇지도 않은 것 같다

いわた おび [岩田帯] 복대. (임신 5개월째 술일부터) 태아의 보호를 위해 배에 감는 흰천

いわつつじ [岩*躑躅] ①[植] 바위철쭉 ②바위 틈에 난 진달래

いわつばめ [岩*燕] [動] 흰털발제비

いわて [岩手] [地] 東北とうほく 지방의 태평양에 면한 현. 현청 소재지는 盛岡もりおか시

いわでも [言わでも] (連語) 말하지 않아도 됨 [좋음]¶ ~のこと 말하지 않아도 되는 일

いわと [岩戸] 바위굴의 문 —神楽かぐら ①天照大神あまてらすおおみかみ가 바위굴에 숨었을 때 그녀를 불러내려고 연주했다는 신화에서 유래한 민속음악 ②[歌] 歌舞伎囃子かぶきばやし의 하나 —隠かくれ 天照大神가 素戔嗚尊すさのおのみこと의 난폭함에 노하여 바위굴에 숨어 천지가 캄캄해졌다는 신화

いわな [岩*魚] [動] 곤들매기

いわぬがはな [言わぬが花] (連語) 말은 입밖에 다 내지 않는 편이 오히려 나음¶ 結果けっかは~ 결과는 말을 다 하지 않는 편이 오히려 낫다

いわね [岩根] (文) ①큰 바위, 암석, 반석 ②바위의 밑동

いわば [岩場] (등산에서) 암벽, 바위가 많은 곳¶ ~をよじ登のぼる 암벽을 기어 오르다

いわば [言わば・*謂わば] (副) 말하자면, 이를 테면¶ あの人ひとは~何なんでも屋や다 저 사람은 이를테면 만능 선수이다

いわはだ [岩肌・岩*膚] 암면, 바위의 표면¶ ~を伝つたう 바위의 표면을 따라 이동하다

いわぶろ [岩風*呂] (온천 등에서) 움푹한 바위 틈을 이용해서 만든 목욕탕¶ ~につかる 바위 목욕탕에 몸을 담그다

いわみ [石見] [地] 일본의 옛지명. 지금의 島根しまね현 서부 지방= 石州せきしゅう

いわむろ [岩室] 바위 동굴, 암굴

いわや [岩屋] ①바위 동굴, 암굴= いわむろ ②바위를 뚫어 만든 주거, 암굴집

いわ ゆる [(所謂)] (連体) 소위, 이른바¶ ~独身貴族どくしんきぞく 소위 독신 귀족/ ~けがの功名こうみょうだ 이른바 뜻밖의 공로이다

いわれ [*謂れ] ①내력, 유래¶ その寺てらの~ 그 절의 내력 ②이유, 까닭¶ ~のない反抗はんこう 이유 없는 반항/ 疑うたがわれる~は毛頭けとうない 의심받을 까닭은 조금도 없다 —因縁いんねん 사물의 유래, 이유와 내력

いわろくしょう [岩緑青] 공작석에서 만들어지는 녹색 안료

いわんかたなし [言わん方無し] (連語)(文) 이루말할 수 없다, 무어라 표현할 수 없다¶ 景色けしきの美うつくしさ~ 경치의 아름다움이란 이루 말할 수 없다

いわんとすること [言わんとする事] (連語) 말하고자 하는 바¶ 彼かれの~がよく分わからない 그가 말하고자 하는 바를 잘 모르겠다

いわんばかり [言わん*許り] (連語) 마치 …라고 말하려는 듯이, …하다는 듯이¶ まるで全部ぜんぶ一人ひとりでやったと~ 마치 전부 혼자 했

다고 말하려는 듯이
**いわんや** [*況や*] 圖(文) (「~…をや」의 꼴로) 하물며, 더군다나, 말할 것도 없이¶ 大人なができぬ恐しい、~子供どもにおいてをやだ 어른도 무서운데, 더군다나 아이에게 있어서는 어떻는가 말이다
**いん** [*允*] 畜イン(ヰン) 訓ゆるす|(음)윤. (造語) ①승낙하다, 허락하다¶ 允許きょ 윤허 ②진실로¶ 允恭きょう 윤공・允協きょう 윤협
**いん** [引] 畜イン 訓ひく・ひける|(음)인. (造語) ①끌어 당기다, 당기다, 끌다¶ 引力りょく 인력・牽引けん 견인・索引さく 색인¶ 늘이다¶ 延長えん 연인 ②이끌다, 안내하다¶ 引率そつ 인솔・引導どう 인도・誘引ゆう 유인 ④책임을 지다¶ 引責せき 인책 ⑤다른 사례를 끌어 오다¶ 引証しょう 인증・引用よう 인용
**いん** [印] 畜イン 訓しるし|(음)인. Ⅰ(造語) ①도장, 표시¶ 印鑑かん 인감・検印けん 검인・封印ふう 봉인 ②인쇄하다, 표시하다¶ 印刷さつ 인쇄・影印えい 영인 ③외국어 「イン」의 차음자. 「印度ド」의 준말¶ 印日にち 인일본과 인도 Ⅱ인 ①(文) 문서에 찍는 도장, 인감¶ ~を押す 도장을 찍다, 날인하다 ②(佛) 인계, 인상 = 印相そう¶ ~を結むす 결인하다
**いん** [因] 畜イン 訓よる|(음)인. (造語) ①근원, 근본¶ 原因げん 원인・要因よう 요인 ②(佛) 원인이¶ 因果が 인과・悪因あく 악인 ③…에 의함, 기인함¶ 因習しゅう 인습・因循始息じゅんこそく 인순 고식¶ (佛) 어떤 결과를 초래하는 원인 ⇔ 果か¶ ~をなす 원인이 되다
**いん** [*咽*] 畜イン・エツ・エン 訓のど・むせぶ|(음)인・열. (造語) ①목구멍¶ 咽喉こう 인후・咽頭とう 인두 ②흐느낌¶ 嗚咽おえつ 오열 ③삼킴¶ 咽下えん・か 연하
**いん** [姻] 畜イン|(음)인. (造語) 출가, 혼인¶ 姻戚せき 인척・婚姻こん 혼인
**いん** [*胤*] 畜イン 訓たね|(음)윤. (造語) 혈통, 자손¶ 後胤こう 후윤・落胤らく 낙윤, 서출
**いん** [員] 畜イン(ヰン)|(음)원. (造語) ①사람 수¶ 人員じん 인원・定員てい 정원・満員まん 만원 ②역을 맡은 사람, 소속되는 사람¶ 委員い 위원・特派員とくは 특파원 ③조직에서 일하는 사람¶ 教員きょう 교원・職員しょく 직원 ④(다리・도로 등의) 폭¶ 幅員ふく 폭원
**いん** [殷] 畜イン|(음)인. Ⅰ(造語) ①번성하다, 성하다¶ 殷盛せい 은성 ②강한 소리가 울리다¶ 殷殷いん 은은 Ⅱ(史) (옛 중국의) 은나라
**いん** [院] 畜イン(ヰン)|(음)원. Ⅰ(造語) ①담, 담으로 에워싼 건물 ③학교¶ 学院がく 학원 ⓒ 사찰¶ 寺院じ 사원・修道院しゅうどう 수도원 ⓒ 관청 등의 기관¶ 下院か 하원・参議院さんぎ 참의원 ②병원¶ 退院たい 퇴원・入院にゅう 입원 ③ 그 외¶ 院政せい 원정・斎院さい 제원 ④계명(戒名)에 붙임¶ 院号ごう 원호 Ⅱ①지체 높은 사람의 저택¶ 三条さんの~ 三条에 있는 저택 ②法皇・上皇・女院의 높임말, 그 거처
**いん** [*寅*] 畜イン 訓とら|(음)인. (造語) 십이지(十二支)의 세번째, 인¶ 甲寅こう 갑인
**いん** [*淫*] 畜イン 訓みだら|(음)음. (造語) ①색을 좋아함, 음탕하¶ 淫行こう 음행・淫乱らん 음란, 간음하다, 지나치다¶ 淫雨いん 음우
**いん** [陰] 畜イン・オン 訓かげ・かげる|(음)음. Ⅰ(造語) ①그늘, 응달¶ 陰影えい 음영・緑陰りょく 녹음 ②숨다, 눈에 띄지 않다¶ 陰謀ぼう 음모・夜陰やいん 야음 ③(역으로에서) 음극¶ 陰極きょく 음극・陰陽道おんよう 음양도 ④시간¶ 光陰こう 광음・寸陰すん 촌음 ▷ ①은 「蔭かげ」과 같음 Ⅱ(文) ①보이지 않는 곳, 그늘 ②어둡고 침한 경향 ③(자기・전기의) 음극, 마이너스 ⇔ 陽よう¶ ~のイオン 음극의 이온
*慣用句*
**—に籠こもる** 울적하다, 음침하다¶ 気持きもちが~ 기분이 울적하다
**—に陽ように** 음으로 양으로¶ ~力ちからになる 음으로 양으로 힘이 되다
**いん** [飲] [飮] 畜イン・オン 訓のむ|(음)음. (造語) 마시다, 마실 것, 음료¶ 飲酒しゅ 음주・飲食しょく 음식・暴飲ぼう 폭음
**いん** [*隕*] 畜イン(ヰン)|(음)운. 떨어지다, 떨어뜨리다¶ 隕星せい 운성・隕石せき 운석
**いん** [蔭] 畜イン 訓かげ|(음)음. 나무 그늘, 그늘¶ 樹蔭じゅ 수음・涼蔭りょう 양음・緑蔭りょく 녹음 ▷「陰いん」이 대용자
**いん** [隠] [隱] 畜イン・オン 訓かくす・かくれる|(음)은. ①밖에 나타나지 않다, 숨다¶ 隠顕けん 은현・隠密おんみつ 은밀 ②세상을 멀리 하다, 속세를 떠나다¶ 隠居きょ 은거・隠遁とん 은둔 ③보이지 않게 하다, 숨기다¶ 隠語ご 은어・隠匿とく 은닉 ④불쌍히 여기다¶ 惻隠そく 측은
**いん** [韻] 畜イン(ヰン)|(음)운. Ⅰ(造語) ①(한 자음에서) 두자음(頭子音)을 제외한 모음을 중심으로 한 부분¶ 韻学がく 운학・畳韻じょう 첩운 ②(시가에서) 구나 행의 처음과 끝에 오게 하는 같은 종류의 음¶ 韻律りつ 운율・押韻おう 압운・頭韻とう 두운 ③음향, 울림¶ 音韻おん 음운・余韻よ 여운 ④멋, 정취¶ 気韻きいん 기운・風韻ふう 풍운 ⑤풍류적임, (특히) 시가나 문예¶ 韻士し 운사・韻事じ 운사 Ⅱ①(한자음에서) 두자음(頭子音)을 제외한 모음을 중심으로 한 부분 ⇔ 音おん¶ ~が通かよう 운이 통하다 ②두운, 각운 ③(助數) (連歌등에서) 구를 세는 말
*慣用句*
**—を踏ふむ** (시가에서) 운을 밟다, 압운하다
**イン** (in) 圖 ①(造語) 내부, 안쪽¶ (테니스 등에서) 타구가 규정된 선 안에 들어감¶ (골프에서) 18홀 코스의 후반 9홀 **—コース** 인 코스 ①(경주 등에서) 원형 경기장의 안쪽 주로 ②(野) 타자의 몸쪽으로 던지는 투수의 공 **—コーナー** (일 in corner) (野) 인코너, 내각(內角) **—プレー** (in play) 인 플레이, (구기에서) 시합이 속행되고 있는 상태, 시합 중
**いんい** [陰萎] [醫] 음위, (남성의) 발기 불능증
**いんイオン** [陰イオン] [化] 음이온 ⇔ 陽ようイオン

いんいつ [*淫*佚・*淫逸] 名ス (남녀 관계가) 음탕함, 음란함, 유흥에 빠짐¶ ～な関係かん 음탕한 관계／～をむさぼる 음일을 탐하다

いんいつ [隠逸] 名 은거, 은둔, 속세를 피함¶ ～の賢人けんじん 은둔한 현인

いんいん [*殷*殷] 副 文 은은, 크게 울려 퍼짐¶ ～たる砲声 은은한 포성／鐘かねが～と鳴なり響ひびく 종이 은은하게 울려퍼지다

いんいん [陰陰] 副 文 음침함, 음산함, 어둠침침하고 적적함, 어슴푸레하고 적막함¶ 忍しのび泣なく声が～と響ひびく 남몰래 우는 소리가 음산하게 울리다

いんいんほう [隠引法] 表 ①특별히 출처를 표시하지 않고 인용하는 수사법 ②암시 인용

いんう [*淫雨] 文 음우, 농작물에 피해를 주는 장마, 궂은비

いんうつ [陰鬱] 名 음울 ①우중충함¶ ～な天気てんき 우중충한 날씨 ②울적함, 우울함¶ ～な顔かお 음울한 얼굴

いんえい [印影] 文 인영, 인발, 도장 찍은 자국¶ ～の真偽しんぎを照合しょうごうする 인영의 진위를 대조하다

いんえい [陰影・陰*翳] 영영 ①그림자, 그늘 = かげ¶ 写実体しゃじつたいに～をつける 피사체에 음영을 넣다 ②(표현 등의) 함축성, 뉘앙스¶ ～の深ふかい文章ぶんしょう 깊은 함축성이 있는 문장
慣用句
—に富とむ 함축성이 풍부하다

いんおうごぞく [印欧語族] 言 인구어족

いんか [*允可] 名他スル 文 윤가, 윤허, 허가

いんか [引火] 名自スル 인화¶ ～性物資せいぶっし 인화성 물질 一点てん 化 인화점

いんか [印可] 名他スル 文 인가 ①佛 사승(師僧)이 그 제자에게 도를 깨쳤음을 증명함, 그런 증표 ②(예도 등에서) 스승이 뛰어난 제자에게 면허를 줌, 그런 면허

いんか [陰火] 文 음화, 도깨비불

いんが [印画] 인화 写真しゃしんの～ 사진의 인화 一紙し 인화지

いんが [因果] I 名 인과 ①원인과 그 결과¶ ～関係かんけい 인과 관계 ②佛 업보¶ 親おやの～が子こに報むくいる 어버이의 업보가 자식에게 미치다 ③불운, 불행, 숙명¶ 身みの～とあきらめる 자신의 숙명으로 알고 체념하다 II ナ ①불운함, 불행함¶ ～な身みの上うえ 불운한 신세 ②별다른 방법이 없음, 딱함¶ それは～なことだ 그건 딱한 일이군 一応報おうほう 佛 인과 응보 一関係かんけい 인과 관계 一律りつ 哲 인과율
慣用句
—を含ふくめる (어쩔 수 없는 일이라고) 체념하게 하다, 납득시키다

いんが [陰画] 음화 = ネガ ⇔ 陽画ようが

いんがい [員外] 文 원외, 정원 외¶ ～職員しょくいん 정원 외의 직원

いんがい [院外] 원외, (특히) 중의원・참의원의 외부 ⇔ 院内いんない ～闘争とうそう 원외 투쟁 一団だん 政 (정당원의) 원외 단체

いんかく [陰核] 医 음핵, 공알 = クリトリス

いんかしょくぶつ [隠花植物] 植 은화식물, 민꽃식물 ⇔ 顕花植物けんかしょくぶつ

インカム (income) 인컴, 수입, 소득¶ ダブル～ 더블 인컴 ーゲイン (income gain) 経 인컴게인, (주식 등의) 배당・이자 수입

いんかん [印鑑] 인감 ①실인, 인감 도장 ②도장, 인장 一証明しょうめい 인감 증명

いんかんとおからず [*鑒遠からず] 文 은감 불원, 교훈이 될 만한 전례는 주위에도 얼마든지 있음

いんき [陰気] ナ 음울함, 음침함, 음산함 ⇔ 陽気ようき ～な性格せいかく 음침한 성격／なんとなく～な人ひと 어딘지 모르게 음울한 사람 一臭くさい 形 몹시 음침하다, 음울하다

いんぎ [院議] 원의, 국회의 회의・결의, 특히 중의원・참의원의 의결¶ ～を経へる 원의를 거치다

いんきゃく [韻脚] 운각, (한시의) 각운

いんきょ [*允許] 名他スル 文 윤허, 허가¶ ～を与あたえる 윤허하다／～が下くだる 윤허가 내리다

いんきょ [隠居] 名自スル 은거, 은퇴 (한 사람)¶ 横丁よこちょうの御ご～さん 골목의 은퇴한 노인장／楽らく～の身分みぶん 은퇴해서 마음 편한 신세

いんぎょう [印形] ①도장, 인장 ②인영, 인발

いんきょく [陰極] 電 음극 ⇔ 陽極ようきょく 一管かん 物 음극관 一線せん 物 음극선

いんぎん [*慇*懃] 은근 I 名 ナ 정중함, 공손함, 예의 바름¶ ～な態度たいど 예의 바른 태도／～を極きわめる 매우 정중하다 II ナ 친밀, 교분¶ ～を重かさねる 친분을 두터이 하다 —無礼ぶれい 名 ナ 은근 무례, 정중한 체하나 실은 무례함

いんきんたむし [陰金田虫] 医 완선(頑癬)

インク (ink) 잉크 ーリボン (일 ink ribbon) 잉크 리본, 인자용 리본

イングリッシュ (English) 잉글리시 ①영어, 영국인 ②(造語) 영국의, 영국풍의, 영국식의

いんくんし [隠君子] ①속세를 피해 숨어 사는 군자 ②植 국화

いんけい [陰茎] 医 음경, 남근

いんけい [印契] 佛 인계

いんけん [引見] 名他スル 文 인견, 접견¶ ～室しつ 접견실／使節しせつを～する 사절을 인견하다

いんけん [陰険] ナ 음험, 음흉함¶ ～な人ひと 음험한 사람／やり方かたが～だ 하는 방법이 음흉하다

いんけん [隠見・隠顕] 名自スル 文 은현, 보였다 안 보였다 함¶ 木々きぎの間あいだに～する空そら 나무들 사이로 보였다 안 보였다 하는 하늘

いんげんまめ [隠元豆] 植 강낭콩

いんこ [*鸚哥] 動 잉꼬

いんご [隠語] 은어

いんご [韻語] 表 운어, (한시문에서) 운을 단 문자・문장

いんこう [印行] 名他スル 文 인행, 간행, 출판

いんこう [*咽*喉] 文 ①인후, 인두와 후두, 목 ②중요한 길목, 요로
慣用句
—を扼やくする 요소를 차지하다, 요로를 제압

하다
**いんこう** [*淫行*] (文) 음행. 음탕한 행실
**いんごう** [因業] I ナ 냉혹하고 인간미가 없음, 완고하고 몰인정함¶ ～な高利貸ः 냉혹한 고리 대금업자 II 名[佛] 인업, 업인 ―**親父**ঃ 완고하고 매정한 아버지
**いんごう** [院号] ①옛날 上皇ঃঃ·皇太后ঃঃঃ 등에게 주어진 존호(尊號) ②「院ত」자가 붙는 계명(戒名)
**いんこく** [印刻] 名[自他スル] (文) 인각, 전각, 도장을 새김¶ ～師 인각공
**いんこく** [陰刻] 名[自他スル] (文) 음각 ⇔ 陽刻
**インサート** (insert) 名[他スル] 인서트 ①삽입 ②[映] 삽입 화면
**いんざい** [印材] 인재. 도장 재료
**インサイダー** (insider) 인사이더 ①내부자 ②[經] 카르텔·트러스트 등에 가맹한 동업자 ―**取引**ঃ [經][他スル] 인사이더 거래, 내부자 거래
**インサイド** (inside) 인사이드 ①안쪽, 내부 ②(테니스 등의) 코트 경계선 안쪽, 거기에 공이 떨어지는 것 ③[野] 他スル 내각(內角), 인코너
**いんさつ** [印刷] 名[他スル] 인쇄 **活版**ঃ～ 활판 인쇄/ ～**物**ঃ 인쇄물
**いんさん** [陰惨] ナ 어둡고 참혹함, 참담함¶ ～な光景ঃ 참담한 광경
**いんし** [印紙] 인지¶ 収入ঃঃঃ～ 수입 인지
**いんし** [因子] 인자 ①근본 요소, 소인 = ファクター¶ 遺伝ঃ～ 유전 인자 ②[數] 인수(因數) ―**分析**ঃ [統] 인자 분석
**いんし** [*淫*祠] (文) 음사, 사신(邪神)을 모신 사당¶ ～**邪教**ঃঃ 음사 사교
**いんし** [隠士] 은사, 은자 = 隠者ঃ
**いんじ** [印字] 인자, (타이프라이터 등으로) 문자나 기호 등을 찍음, 그런 문자·부호¶ ～**機**ঃ 인자기
**いんじ** [印璽] 인새, 옥새와 국새의 총칭
**いんじ** [韻字] [漢] (한시의) 운자¶ ～**を踏**ঃ む 운자를 달다 ②短歌ঃ 끝에 압운처럼 쓰이는 말 ③(連歌ঃ·俳諧ঃঃ에서) 구의 끝에 쓰이는 말
**いんじ** [韻事] (文) (시가·문장을 짓는 등의) 풍류적인 행위(놀이)¶ **風流**ঃঃ～ 풍류 운사
**インジケーター** (indicator) 인디케이터 ①[機] 지시 계기, 표시기 ②[化] 지시약(藥) ③[野] (심판의) 계수기
**インジゴ** (indigo) 인디고, 남색, 남색 물감
**いんしつ** [陰湿] ナ 음습, 그늘지고 축축함, 음산하고 축축함¶ ～**な土地**ঃ 음습한 토지/ **性格**ঃঃ**が**～**だ** 성격이 음침하다
**いんじゃ** [隠者] 은자, 은사, 은둔자 = 隠士ঃ
**いんしゅ** [飲酒] 名[自スル] 음주¶ ～**運転**ঃঃ**を禁**ঃ**ずる** 음주 운전을 금하다
**いんじゅ** [印綬] (文) 인수, 인끈
  [慣用句]
  ―**を帯**ঃ**びる** (文) 관직에 오르다, 임관하다
  ―**を解**ঃ**く** (文) 관직에서 물러나다
**いんじゅ** [院主] (文) (절의) 주지
**いんじゅ** [陰樹] 음수, 그늘에서 잘 자라는 나무

**いんしゅう** [因習·因襲] 인습, 예로부터의 관습¶ ～**にとらわれる** 인습에 사로잡히다
**いんしゅう** [因州] → いなば(因幡)
**いんじゅん** [因循] 인순 ①구태의연한 방법, 구습에 얽매임¶ ～**なやり方**ঃ 구태의연한 방법 ②머뭇거림, 우유부단함¶ ～**な性格**ঃঃ 우유부단한 성격 ―**姑息**ঃঃ 名[ナ] 인순 고식
**いんしょう** [引証] 名[他スル] (文) 인증, 증거로서 인용함
**いんしょう** [印章] (文) 인장, 도장
**いんしょう** [印象] 인상¶ **第一**ঃ～ 첫인상/ ～**深**ঃ**い印象**ঃ**が**/ **強**ঃ**い**～**を受**ঃ**ける** 강한 인상을 받다 ―**主義**ঃঃ [美] 인상주의 ―**付**ঃ**ける** [他下一] 강한 인상을 주다 ―**的**ঃ ナ 인상적 ―**派** [美] 인상파 ―**批評**ঃঃ 인상 비평
**いんしょく** [飲食] 名[自他スル] 음식, 마시고 먹음, 음식물 **無銭**ঃঃ～ 무전 취식 ―**店**ঃ 음식점 ―**物**ঃ 음식물, 식품
**いんしん** [音信] (文) 음신, 소식, 편지 = おんしん¶ ～**不通**ঃঃ 소식 불통
**いんしん** [殷賑] 名[ナ] (文) 은진, 번화하고 흥청댐¶ ～**な商店街**ঃঃঃ 번화한 상점가
**いんしん** [陰唇] [醫] 음순, 여성 외음부의 일부
**いんすう** [因数] [數] 인수 ―**分解**ঃঃ [數] 인수분해
**いんずう** [員数] (文) 원수, 정수(定數), 정원 = **いんず**¶ ～**外**ঃ 정원[정수] 외/ ～**をそろえる** 정원수를 채우다
**インスタント** (instant) 인스턴트, 즉석¶ ～**食品**ঃঃ 인스턴트 식품
**インスピレーション** (inspiration) 인스피레이션, 영감¶ ～**がわく** 영감이 솟다
**いん・する** [*淫する*] [自サ変] (文) (지나치게) 몰두하다, 열중하다, 빠지다, 탐닉하다¶ **書**ঃ**に**～ 독서에 몰두하다/ **酒**ঃ**に**～ 술에 빠지다
**いん・する** [印する] [他サ変] (文) 발자취를 남기다, 자국을 남기다¶ **月面**ঃঃ**に第一步**ঃঃঃ**を**～ 달 표면에 첫 발자국을 남기다
**いんせい** [殷盛] 名[ナ] (文) 은성, 번창함, 번성함¶ ～**をきわめる** 매우 번성하다
**いんせい** [院生] 원생, 대학원·기원·소년원 등에 소속되어 있는 사람
**いんせい** [院政] ①[日史] 上皇ঃঃ나 法皇ঃঃ가 天皇ঃঃ를 대신하여 국정을 보던 정치 형태 ②은퇴한 사람이 후임자를 지도하는 일
**いんせい** [陰性] 음성 I 名[ナ] (성질이) 소극적이고 음침함¶ ～**な男**ঃ 소극적이고 음침한 남자 II 名[醫] (병균에 대한) 검사의 반응이 없음 ⇔ **陽性**ঃঃ¶ ～**反応**ঃঃঃ 음성 반응
**いんせい** [陰晴] (文) 흐림과 갬 = 晴曇ঃঃ
**いんせい** [*隕星*] (文) 운성, 운석, 유성
**いんせい** [隠*棲*·隠*栖*] 名[自スル] 은서, 은거 생활, 은둔¶ **山奥**ঃঃ**に**～**する深**ঃ**い山奥**ঃ**の中**ঃ**で**隠거 생활을 하다
**いんぜい** [引声] [佛] 가락을 붙여 염불·경문 등을 욈
**いんぜい** [印税] [版] 인세
**いんせき** [引責] 名[自スル] 인책¶ ～**辞任**ঃঃ 인

책 사임
**いんせき** [姻戚] 인척¶ ～関係 인척 관계
**いんせき** [隕石] 〔天〕 운석. 별똥돌
**いんせつ** [引接] 名 인접, 접견, 인견 ＝引見¶ 新任大使を～する 신임 대사를 인접하다
**いんぜん** [院宣] 院庁의 관리가 上皇나 法皇의 명령으로 내린 선지(宣旨)
**いんぜん** [隠然] 形動(文) 은연. (겉으로는 나타나지 않지만) 숨은 실력이 있음¶ ～たる影響力をもつ 은연한 영향력을 갖다
**インセンティブ** (incentive) 인센티브 ①유인, 자극 ②장려금
**いんそう** [印相] ①〔佛〕 인상. 인계 ②〔佛〕 부처의 표정 ③도장에 나타난 길흉의 상
**いんぞく** [姻族] 인족(親)¶ ＝姻戚 ②〔法〕 배우자의 혈족, 자기 혈족의 배우자
**いんそつ** [引率] 名他スル 인솔¶ ～者 인솔자
**インター** 인터 ①「インターチェンジ」의 준말 ②「インターナショナル」의 준말
**インターチェンジ** (interchange) 인터체인지. 나들목 ＝インター
**インターナショナル** (international) 인터내셔널 Ⅰ 形動 국제적, 국제간 Ⅱ 名 ①史 (노동·사회주의 운동의) 국제적인 조직 ②만국 노동가
**インターフェロン** (interferon) 〔薬〕 인터페론
**インターポール** (Interpol) 인터폴. 국제 형사 경찰 기구의 통칭
**インターホン** (interphone) 〔電〕 인터폰
**インターン** (intern) 인턴. 수습, 수습생
**いんたい** [引退] 名自スル 인퇴. 일선에서 물러남, 은퇴¶ ～声明 은퇴 성명/ 政界から～する 정계에서 물러나다
**いんたい** [隠退] 名自スル 은퇴. 은거¶ 山里に～する 산골에 은거하다
**いんたいぞう** [隠退蔵] 名他スル(文) (물자 등을) 은닉하여 저장함, 쓰지 않고 숨겨 둠¶ ～物資 은닉 저장 물자
**いんたく** [隠宅] (文) ①은거한 처소, 은거처 ＝隠居所 ②숨어 사는 집 ＝隠れ家
**インダストリアル** (industrial) 〔造語〕 인더스트리얼, 산업의, 공업의, 생산의 ーエンジニアリング (industrial engineering) 〔経〕〔工〕 인더스트리얼 엔지니어링. 경영 공학, 산업 공학 ーデザイン (industrial design) 인더스트리얼 디자인. 공업 디자인, 산업 디자인
**インタビュー** (interview) 名自スル 인터뷰. 회견. (취재를 위한) 면담 ＝インタヴュー¶ ～に応じる 인터뷰에 응하다
**インタレスト** (interest) 인터리스트 ①흥미, 관심 ②이해 관계 ③이익¶ パブリック～ 공익 ④이자, 이식
**いんち** [引致] 名他スル 인치 ①(文) 억지로 끌고 감 ②〔法〕 강제 연행¶ 容疑者を～する 용의자를 인치하다
**いんち** [印池] 인주 통, 인주 합
**いんち** [韻致] (文) 운치, 아취, 풍류
**いんちき** 名ナ自スル (口) ①(도박 등에서) 부정,

협잡, 속임수 ＝ ごまかし¶ ～をする 속임수를 쓰다 ②가짜, 엉터리¶ ～な商品 가짜 상품/ ～医者 돌팔이 의사
**いんちょう** [院長] 원장. 원(院)으로 불리우는 시설의 장
**インディアン** (Indian) 인디언 ①아메리카 인디언 ②인도 사람
**いんてつ** [隕鉄] 〔天〕 운철
**インデックス** (index) 인덱스 ①색인 ②지수, 지표 ③〔版〕 (글자 윗쪽에 붙어 있는) 어깨글자 ーファンド (index fund) 〔経〕 인덱스 펀드
**インテリ** 「インテリゲンチャ」의 준말. 인텔리
**インテリア** (interior) 인테리어. 실내 장식(품) ーデザイン (interior design) 인테리어 디자인. 실내 장식 및 설계
**インテリゲンチャ** (러 intelligentsiya) 인텔리겐치아. 지식 계급, 지식인 ＝インテリ
**インテリジェンス** (intelligence) 인텔리전스, 지성, 지능, 지력¶ ～に富む知性 지성이 풍부하다
**いんでんがわ** [印伝革] (양·사슴 등의) 무두질한 가죽, 그것으로 만든 주머니
**いんでんき** [陰電気] 〔物〕 음전기 ⇔ 陽電気
**いんでんし** [陰電子] 〔物〕 음전자 ⇔ 陽電子
**いんとう** [咽頭] 〔醫〕 인두¶ ～炎 인두염 ー結膜熱 〔醫〕 인두 결막열
**いんとう** [淫蕩] 名ナ 음탕¶ ～な生活 음탕한 생활
**いんどう** [引導] 인도 ①이끎, 안내 ②〔佛〕 중생을 불도로 이끎 ③〔佛〕 장례식에서 망자의 혼이 극락으로 가도록 중이 경문을 외우는 일 〔慣用句〕 ー を渡す ①망자의 혼을 인도하기 위해 경문을 외다 ②마지막 선언을 하여 체념시키다
**いんとく** [陰徳] 음덕. 숨은 덕행, 남모르는 선행 ⇔ 陽徳¶ ～を積む 음덕을 쌓다 〔慣用句〕 ー有れば陽報有り 음덕 양보. 남몰래 좋은 일을 하면 반드시 그 보답을 받는다
**いんとく** [隠匿] 名他スル 은닉, 몰래 감춤, 비밀로 함¶ ～物資 은닉 물자
**インドヨーロッパごぞく** [インドヨーロッパ語族] 〔言〕 인도 유럽 어족. 인도 게르만 어족
**イントロダクション** (introduction) 인트로덕션 ①서론, 서설 ②입문 ③〔音〕 서주, 도입부
**いんとん** [隠遁] 名自スル 은둔¶ ～者 은둔자/ ～生活 은둔 생활
**インナー** (inner) 이너 ①〔服〕「インナーウエア」의 준말 ②안쪽, 내측 ーウエア (innerwear) 〔服〕 이너 웨어. 내의류 ⇔ アウターウエア ーキャビネット (inner cabinet) 〔政〕 이너 캐비넛, 소(小)내각
**いんない** [院内] 원내. 원(院)으로 불리는 조직·시설의 내부, 국회의 내부 ⇔ 院外¶ ～活動 원내 활동
**いんに** [陰に] 副 음으로, 남몰래, 뒤에서¶ ～批判する 뒤에서 비판하다/ ～陽に, 援助する 음으로 양으로 원조하다
**いんにく** [印肉] 인주

**いんにん** [隠忍] 名 自スル (文) 은인. (분노 등을 드러내지 않고) 참음 ¶ ～しがたい処遇 참기 힘든 처우 **―自重** 名 自スル 은인 자중

**イニング** (inning) [野] 이닝. 회 = イニング

**いんねん** [因縁] 인연 ① [佛] 인과 ②운명 ¶前世からの～ 전생으로부터의 인연 / それも何かの～だ 그것도 무엇인가의 운명이다 ③ (운명적인) 관계, 연분 ¶ 切っても切れない～ 끊을래야 끊을 수 없는 인연 ④유래, 연유, 까닭 ¶ いわれ～ 사물의 내력 / それには深い～がある 그것에는 깊은 유래가 있다 ⑤트집, 시비 **―尽く** 인연으로 생긴 일, 인연 탓 [慣用句] **―を付ける** (俗) 트집을 잡다, 시비를 걸다

**いんのう** [陰囊] [醫] 음낭. 신낭

**インバーター** (inverter) ①[電] 교류 변환 장치 ②[컴] 입출력 부호를 반대로 하는 기능을 가진 회로

**いんばい** [×淫売] 매음, 매춘, 매춘부 ¶ ～婦 매춘부

**インパクト** (impact) 임팩트 ①충격, 영향 ②(야구・골프 등에서) 공이 배트나 클럽 등에 맞는 순간

**いんばん** [印判] (文) 도장, 인장. 判子

**いんび** [×淫×靡] [ナ](文) 음미, 음란하고 난잡함 ¶ ～な雰囲気 음란한 분위기

**いんび** [隠微] 名 ナ(文) 은미. 겉으로 드러나지 않아 희미함 [알 수 없음] ¶ ～でとらえがたい 겉으로 드러나지 않아 헤아리기 힘들다

**いんぶ** [陰部] 음부. 외부 생식기, 국부

**いんぷ** [印譜] (文) 인보. 인발을 모은 책

**いんぷ** [×淫婦] (文) 음부. 음탕한 여자

**いんぷ** [陰府] 음부. 저승, 명부

**インフィールド** (infield) [野] 인필드. 내야 **―フライ** (infield fly) [野] 인필드 플라이

**インフォメーション** (information) 인포메이션 ①정보, 보도 ②안내(소), 접수(처) **―センター** (일 information center) 인포메이션 센터. 정보 센터

**インプット** (input) 名 他スル [컴] 인풋. 입력 ¶ ～する データを～する 데이터를 입력하다

**インフレ** [經]「インフレーション」의 준말 ⇔ デフレ **悪性～** 악성 인플레 **―ヘッジ** [經] 인플레 헤지

**インフレーション** (inflation) [經] 인플레이션. 통화 팽창 ¶ ～を抑制する 인플레이션을 억제하다

**インプレッション** (impression) 임프레션. 인상, 느낌, 감명 **ファースト～** 첫인상

**いんぶん** [韻文] 운문 ①운을 붙인 언어 표현 ②[表] 음성면에서의 규칙성이 보이는 언어 표현 ⇔ 散文 ¶ ～ 시가 (詩歌)

**いんぺい** [隠×蔽] 名 他スル 은폐 ¶ ～物 은폐물 / 真相を～する 진상을 은폐하다

**インペリアリズム** (imperialism) 임페리얼리즘. 제국주의

**インベルターゼ** (invertase) [生] 인베르타아제. 사카라제 = サッカラーゼ

**インボイス** (invoice) [經] 인보이스. 송장

**いんぼう** [陰謀] 음모 ①몰래 나쁜 일을 꾸밈 ¶ ～をめぐらす 음모를 꾸미다 ②[法] 두 사람 이상이 범죄 실행에 관해서 모의함 ¶ 殺人～に加担する 살인 음모에 가담하다

**インポート** (import) 임포트, 수입, 수입품

**インポテンツ** (독 Impotenz) [醫] 임포텐츠. (남성의) 성교 불능증 = インポ

**いんぽん** [院本] 浄瑠璃를 한 권으로 간추려 출판한 책 = 丸本

**いんぽん** [×淫奔] [ナ](文) 음분. (여자가) 성적으로 문란 [음란] 함 ¶ ～な行為 음란한 행위

**いんめつ** [隠滅・×湮滅・×堙滅] 名 自他スル 인멸 ¶ 証拠～ 증거 인멸

**いんめん** [印面] 인면 ①도장의 글자를 새긴 면 ②우표의 도안이 인쇄된 면

**いんも** [×恁×麼・×什×麼] 名(文) 어떻게, 어떠한, 이와 같이 ¶ ～の事 이와 같은 일

**いんもう** [陰毛] 음모. 거웃 = 恥毛

**いんもつ** [音物] 선물. = 贈り物 ②뇌물

**いんもん** [陰門] 음문. 여성의 외부 생식기

**いんやく** [隠約] (文) 은약. 분명하게 표현하지 않음, 분명하지 않음 ¶ ～の間に語る 은연 중에 말하다

**いんゆ** [引×喩] [表] 인유. 다른 예를 인용하여 비유하는 수사법 ¶ ～法 인유법

**いんゆ** [因由] (文) 인유. 원인, 연유

**いんゆ** [隠×喩] 은유, 암유 ¶ ～法 은유법

**いんよう** [引用] 名 他スル 인용 ¶ ～文 인용문 / 論文を～する 논문을 인용하다 **―符** 인용부, 인용 부호 **―法** [表] 인용법

**いんよう** [陰陽] 음양 ①만물의 근본이 되는 두 개의 상반되는 성질 ② [物] 음극과 양극 **―五行説** 음양 오행설

**いんよう** [飲用] 名 他スル 음용. 마시기 위한 것, 마심 ¶ ～に適する 마시기에 적당하다

**いんよく** [×淫慾] 음욕. 색욕, 성욕 ¶ ～を抑える 음욕을 억제하다

**いんらく** [×淫楽] (文) 음탕한 즐거움, 음욕에 의한 쾌락 ¶ ～を追う 음욕의 쾌락을 좇다

**いんらん** [×淫乱] 名 ナ 음란 ¶ ～な性向 음란한 성향

**いんりつ** [韻律] [表] 운율. (시가 등에서의) 리듬 ¶ ～を整える 운율을 고르다

**いんりょう** [飲料] 음료. = 飲み物 ¶ アルコール～ 알코올 음료 **―水** 음료수 **清涼～** 청량 음료수

**いんりょく** [引力] [物] 인력 ⇔ 斥力 ¶ 万有～ 만유 인력 / ～圏 인력권

**いんれい** [引例] 名 他スル 인례. 예를 듦, 인용례 ¶ 古典から～する 고전에서 예를 들다

**いんれき** [陰暦] 음력 ⇔ 陽暦

**いんろう** [印×籠] ①인통. 옛날에 무사 등이 허리에 찼던 작은 약상자 = 薬籠 ② [料] 오이・가지 등의 속을 파내고 소를 넣어 인롱처럼 만든 요리

**いんわい** [×淫×猥] [ナ](文) 음외, 음란함, 음탕함, 외설스러움 ¶ ～な話 음탕한 이야기

# う ウ

う 五十音図(ごじゅうおんず)の「あ」행(行)의 셋째 かな. ひらがな「う」는「宇」의 초서체, かたかな「ウ」는「宇」의 갓머리를 취한 것

う【右】 音ウ・ユウ(イウ) 訓みぎ (음) 우. (造語) ①오른쪽¶ 右舷(げん) 우현・右筆(ひつ) 서기・座右(ざゆう) 좌우 ②보수적 입장・경향¶ 右翼(よく) 우익・極右(きょくう) 극우 ⇔ 左

う【宇】 音ウ (음) 우. (造語) ①처마, 차양, 지붕, 큰 건물¶ 殿宇(でんう) 전우・堂宇(どうう) 당우 ②큰 지붕으로 덮인 것 같은 세계, 광대무변¶ 宇宙(ちゅう) 우주・八紘一宇(はっこういちう) 팔굉 일우 ③태세, 도량¶ 気宇(きう) 기우・眉宇(びう) 미우 ④건물을 세는 말¶ 金堂一宇(こんどういちう) 금당 일우

う【羽】 音ウ 訓は・はね (음) 우. (造語) ①새의 깃¶ 羽化(うか) 우화・羽毛(うもう) 우모 ②오음(五音)의 하나

う【芋】 音ウ 訓いも (음) 우. (造語) 감자, 토란. 땅 주로 音(訓)「いも」로 쓰임

う【*迂】 音ウ (음) 우. I (造語) 우회하다, 에두르다, 사리에 어둡다¶ 迂回(うかい) 우회・迂闊(うかつ) 오활・迂路(うろ) 우회로 ▷「紆」와 같음 II (文) 세상 물정에 어두움¶ ～とも愚(ぐ)とも言(い)いようがない 물정에 어둡다고도 어리석다고도 딱히 표현할 길이 없다

う【*盂】 音ウ (음) 우. (造語) ①밥을 담는 그릇, 공기, 둥근 모양의 것¶ 腎盂(じんう) 신우 ②범어의 차음자¶ 盂蘭盆(うらぼん) 우란분

う【雨】 音ウ 訓あめ・あま (음) 우. (造語) 비가 오다, 비¶ 雨天(うてん) 우천・豪雨(ごうう) 호우・梅雨(ばいう) 장마・暴風雨(ぼうふうう) 폭풍우 ▷(熟字訓) 時雨(しぐれ) 늦가을부터 초겨울에 걸쳐 오는 비・梅雨(つゆ) 장마・五月雨(さみだれ) 음력 5월 장마

う【*紆】 音ウ (음) 우. (造語) 구부리다, 구부러지다¶ 紆回(うかい) 우회・紆余曲折(うよきょくせつ) 우여 곡절 ▷「迂」와 같음

う【*烏】 音ウ 訓からす (음) 오. (造語) ①까마귀¶ 烏合(うごう) 오합・烏兎(うと) 오토, 해와 달 ②문・반어의 어조사. 한문 훈독으로「いずくんぞ」로 읽음 ▷(熟字訓) 烏賊(いか) 오징어

う (助動) ①(의지・결의)…할 생각이다, …하려 하다, …하겠다, …하자¶ 帰(かえ)りましょ～ 돌아가자／今日(きょう)言(い)お～ 오늘 말할께 ②(권유)…하십시다, 하십시오, …하자꾸나¶ 早(はや)く行(い)こ～よ 빨리 가자꾸나／さあ, 出(で)かけましょ～ 자 떠납시다 ③추측 ㉠(추측・상상)…할 것이다¶ やがて遠(とお)い思(おも)い出(で)となろ～ 머지않아 먼 추억이 되겠지 ㉡(완곡한 단정)…겠지¶ そうしてもよかろ～ 그렇게 해도 괜

찮겠지 ④《의문사・의문의 終助詞가 딸리어》(반어)…할 것인가, …하랴¶ そうすべきではなかろ～か 그렇게 해야 할 일이 아닐까 ⑤《의존명사「こと・もの・はず」앞에 붙어 특정한 관용구를 구성하여》가능・당연함을 나타냄¶ あろ～ことかこの惨事(さんじ) 이런 참사가 있을 수 있겠는가／なろ～ものなら教(おし)えてください 가능하다면 가르쳐 주십시오 ⑥(동의를 구해서)…지, …지요, …같지¶ 君(きみ)も行(い)くだろ～? 너도 가겠지?

う【*卯】 묘 ①십이지의 넷째, 토끼 ②묘시(卯時) ▷ 지금의 오전 6시, 또는 5시에서 7시 사이 ③묘방(卯方), 동(東)

う【*兎】 動 토끼 = うさぎ

う【*鵜】 動 가마우지

[慣用句]

一の真似(まね)をする烏(からす)水(みず)に溺(おぼ)れる 뱁새가 황새를 따라가면 가랑이가 찢어진다

うい【初】 (造語) 《명사에 붙어》초, 첫¶ ～産(ざん) 초산／～陣(じん) 첫 출전

う・い【憂い】 形(文) 괴롭다, 고통스럽다, 슬프다

う・い【*愛い】 連体 귀여운, 기특한¶ ～奴(やつ) 귀여운[기특한] 녀석

うい【有為】 (佛) 유위. 인연에 의해서 생기고 변화하는 사물・현상 ⇔ 無為(むい)¶ ～の奥山(おくやま) 덧없는 세상・転変(てんぺん) 유위 전변. 만물이 항상 변하여 덧없음¶ ～は世(よ)の習(なら)い 유위 전변은 세상사

ウイ【V・v】 → ブイ

ウイーク (week) (造語) 위크, 주, 주간 —エンド (weekend) 위크엔드

ういういし・い【初初しい】 形 때묻지 않고 신선하다, 앳되다, 순진하다¶ ～花嫁姿(はなよめすがた) 앳된 새색시의 모습

ういきょう【*茴香】 (植) 회향

ういご【初子】 첫아기 = はつご

ヴィザ (visa) → ビザ

ういざん【初産】 초산 = はつざん

ういじん【初陣】 ①첫 출진¶ ～に功(こう)を立(た)てる 첫 출진에서 공을 세우다 ②(경기의) 첫 출장[출전]¶ ～を飾(かざ)る 첫 출전을 장식하다

ウイスキー (whisky) 위스키 —ボンボン (whisky bonbon) 위스키 봉봉. 속에 위스키를 넣은 사탕

ういまご【初孫】 첫손자, 첫손녀 = はつまご

ウイルス (독 Virus) (生) 바이러스, 바이러스 = ビールス・ヴィールス・バイラス

ういろう【*外郎】 ①「ういろうぐすり」의 준말. 江戸(えど) 시대 外郎(ういろう) 집안이 小田原(おだわら)에서 팔기 시작한 거담제 ②「ういろうもち」의 준말. 쌀 가루에 설탕을 넣고 찐 과자 ③(日史) 원나라가 망한 뒤 일본에 귀화한 가문

ウインカー (winker) (文) 윙커. 점멸식 방향 지시등, 깜박이 = フラッシャー

ウイング (wing) 윙 ①날개, (비행기의) 주익 ②(공항 등에서) 건물 중심에서 좌우로 뻗은 부분 ③무대의 좌우 끝부분 ④(축구 등에서) 공격의 중심이 되는 좌우 양끝의 선수

**ウインチ** (winch) 원치. 권양기(捲揚機)¶ ～で持ち上げる 원치로 들어올리다

**ウインドー** (window) 윈도 ①창, 창문 ②「쇼ーウインドー」의 준말 ③〔컴〕 화면상의 정보 표시 영역 **ーシート** (window seat) 창쪽 좌석 **ーショッピング** (window-shopping) 윈도 쇼핑 **ーディスプレー** (window display) 윈도 디스플레이. 쇼 윈도의 상품 진열

**ウインドサーフィン** (windsurfing) 윈드서핑

**ウーマン** (woman) 우먼, 여성, 여자, 부인¶ キャリア～ 캐리어 우먼 **ーパワー** (womanpower) 우먼파워 **ーリブ** (women' lib) 우먼 리브. 여성 해방 운동

**ウーロンちゃ** [〈烏竜〉茶] 오룡차

**うえ** [上] Ⅰ 名 ①높은 곳¶ 山々の～ 산 위/～にのぼる 위로 오르다 ②표면, 겉¶ 紙きの～ 지면/ 雪ゅの～を滑える 눈 위를 미끄러지다 ③(정도·가치·지위 등이) 높음, 나음¶ ～のクラス 상급 반/ 成績せいが僕ぼくより～だ 성적이 나보다 낫다 ④(순서의) 앞¶ ～に述べたとおり 앞에서 말한 대로 ⑤(나이가) 많음, 연상¶ 一歳いっさい～の兄あに 한 살 위의 형 ⑥신상¶ 身みの～の話はなし 신상에 관한 이야기 ⑦(形式)(「…の～」의 꼴로) …에 관해, …상¶ 仕事しごとの～の付つき合あい 업무상의 교제 ⑧(形式)(「…に～」의 꼴로)…에 더하여, …인데다¶ その～に 게다가/ 高たかい～にまずい 비싼 데다 맛이 없다 ⑨(形式)…한 후, …한 이상¶ 面接めんせつの～, 決定けっていする 면접한 후 결정하다/ こうなった～は覚悟かくごを決きめる 이렇게 된 이상 각오하겠다 Ⅱ 接尾 (손윗사람에 대한 경의를 나타내는 말)…님¶ 父ちち～ 아버님/ 兄あに～ 형님

慣用句
**ーには上がある** 위에는 또 위가 있다. 뛰는 놈 위에 나는 놈이 있다
**ーを下への大騒おおさわぎ** 혼란스러운 대소동. 야단법석

**うえ** [飢え·餓え] 굶주림, 기아= ひもじさ¶ ～をしのぐ 굶주림을 견뎌 내다/ ～に苦くるしむ 굶주림에 시달리다

**ウエア** (wear) 웨어. 옷, 의복¶ フォーマル～ 예복/ アンダー～ 내의

**ウエート** (weight) 웨이트 ①무게, 중량 ②(체급별 경기에서) 체중 ③무게, 중점, 중요도¶ 大おきな～を占める 큰 무게를 차지하다 **ートレーニング** (weight training) 웨이트 트레이닝 **ーリフティング** (weight lifting) 역도

慣用句
**ーを置く** 중점을 두다, 어떤 사항을 중시하다

**ウエーブ** (wave) 名他スル 웨이브 ①물결, 파동 ②음파, 전파¶ マイクロ～ 마이크로 웨이브, 초단파 ③동글동글 곱슬곱슬함. 그런 모양¶ 軽かるく～した前髪まえがみ 가볍게 웨이브진 앞머리

**うえき** [植木] 정원수¶ ～の手入れをする 정원수를 손질하다 ②화분에 심어 기르는 나무¶ ～をいじる 화분에 심은 나무를 만지다 **ー算**ざん(数) 같은 간격으로 나무를 심었을 때 그 나무의 수·간격·전체 거리간의 관계에서 값을 구하는 응용 문제

**うえこみ** [植(え)込み] ①(정원 등에서) 나무를 많이 모아 심은 곳¶ ～の陰かげ 정원수 숲의 그늘 ②(다른 것 속에) 끼워 넣음

**うえこ·む** [植(え)込む] 他五 ①(나무·구근 등을) 심다 ②(다른 것 속에) 끼워넣다¶ ボルトを基礎きそに～ 볼트를 기초에 끼워넣다

**うえさま** [上様] ①天皇てんのう·将軍しょうぐん 등 고귀한 사람에 대한 존칭 ②(영수증 등에서) 상대방의 이름 대신 쓰는 말. 귀하

**うえした** [上下] ①상하. 위아래¶ ～そろいの服 위아래 한 벌짜리 옷/～に重かさねる 위아래로 포개다 ②名 거꾸로 함¶ 置おき方かたが～になる 거꾸로 놓는 법치 거꾸로 되다

**うえじに** [飢(え)死に·餓(え)死に] 名自スル 굶어 죽음. 아사¶ 飢饉ききんで多おおくの人ひとが～する 기근으로 많은 사람이 굶어 죽다

**ウエス** (기계 등을 닦는) 걸레

**ウエスタン** (western) 웨스턴 ①서부극 ②웨스턴 뮤직 **ーリーグ** (일 Western League) 웨스턴 리그. (일본 프로 야구에서) 서일본을 본거지로 하는 6개 구단의 2군 리그

**ウエスト** (waist) 웨이스트 ①허리, 허리 둘레 (옷의) 허리 부분¶ ～ライン 웨이스트 라인

**うえつ** [羽越] 地 出羽でわ와 越こし 지방. 지금의 秋田あきた현·山形やまがた현·富山とやま현과 佐渡さど를 제외한 新潟にいがた현·福井ふくい현의 일부

**うえつがた** [上つ方] (文) 지체 높은 사람

**うえつけ** [植(え)付け] ①이식, 옮겨 심기 ②모내기, 모심기, 이앙(移秧) = 田植たうえ

**うえつ·ける** [植(え)付ける] 他下一 ①옮겨 심다, 이식하다¶ キャベツの苗なえを～ 양배추 모종을 옮겨 심다 ②(사상·감정 등을) 심어 주다¶ まちがった考かんがえを～ 잘못된 생각을 심어 주다

**ウエット** (wet) ナ 웨트 ①젖음, 습함¶ ～ティッシュ 물휴지 ②정에 무르고 감상적임¶ ～な性格せいかく 감상적인 성격 **ースーツ** (wet suit) 웨트 슈트, 고무 잠수복

**ウエディング** (wedding) 웨딩. 결혼, 결혼식 **ーケーキ** (wedding cake) 웨딩 케이크 **ードレス** (wedding dress) 웨딩 드레스 **ーマーチ** (wedding march) 웨딩 마치. 결혼 행진곡

**ウエハー** (wafer) 〔컴〕 웨이퍼. 반도체의 단(單)결정을 얇게 재단한 것= ウエハ

**うえぼうそう** [植え疱瘡] 종두 = 種痘しゅとう

**う·える** [飢える·餓える] 自下一 ①굶주리다¶ 大飢饉だいききんで～ 대기근으로 굶주리다 ②(욕망에) 주리다¶ 親おやの愛情あいじょうに～ 부모의 애정에 주리다

**う·える** [植える] 他下一 ①(식물을) 심다¶ 稲いねを～ 벼를 심다 ②꾸이다, 꽂다¶ 活字かつじを～ 식자하다/ 一列いちれつに杭くいを～ 한 줄로 말뚝을 꽂다 ③접종하다, 배양하다¶ 種痘しゅとうを～ 종두를 접종하다/ 細菌さいきんを～ 세균을 배양하다 ④(사상 등을) 불어 넣다, 주입하다¶ 自由思想じゆうしそうを～ 자유 사상을 불어 넣다

**ウエルカム** (welcome) 웰컴. 환영, 어서 오십시오
**ウエルターきゅう** [ウエルター級] (권투·레슬링 등의) 웰터급
**うえん** [*迂遠*] ㋴ (文) 우원. 우회적임 ¶ ～な方法ほう 우회적인 방법
**うえん** [有縁] 유연 ①(文) 직접·간접으로 서로 관계가 있음 ②(佛) 불도와 인연이 있음
**うお** [魚] 물고기, 어물 = さかな ¶ ～市場いちば 어시장/ 干ほし～ 건어물
[慣用句]
—と水みず 수어지교, (물고기와 물같이) 서로 떨어질 수 없는 친밀한 사이
**うおいちば** [魚市場] 어시장. 어물 시장
**うおう さおう** [右往左往] 名 自スル 우왕좌왕 ¶ 出口でぐちを求もとめて～する 출구를 찾아 우왕좌왕하다
**ウオーキートーキー** (walkie-talkie) 워키토키
**ウオーキング** (walking) 워킹 ①보행, 걷기 ②경보(競步) —シューズ (walking shoes) 워킹 슈즈 —ディクショナリー (walking dictionary) 워킹 딕셔너리. 만물 박사
**ウオークマン** (Walkman) 워크맨. 휴대용 소형 스테레오 카세트
**ウオーター** (water) 워터. 물 ¶ ミネラル～ 광천수 —クローゼット (water closet) 워터 클로짓. 화장실 —ポロ (water polo) 워터 폴로. 수구(水球)
**ウオータークレス** (watercress) [植] 물냉이, 양갓냉이
**ウオータープルーフ** (waterproof) 워터프루프 ①방수성, 내수성. 방수 가공 ②[服] 방수포
**ウオーミングアップ** (warming-up) 名 自スル 워밍업 ①준비[예비] 운동 ②(엔진의) 공회전
**ウォールがい** [ウォール街] 월가. 월 스트리트 ①뉴욕 증권 거래소의 소재지 ②미국 금융계, 미국 금융 시장
**ウオールナット** (walnut) 월너트. 호두, 호두나무. 호두나무 재목
**うおがし** [魚河岸] ①어시장 ②東京とうきょうの築地つきじ
**うおかす** [魚*滓*] 기름을 짜낸 생선 찌꺼기
**うおごころ** [魚心] 물을 좋아하는 물고기의 마음
[慣用句]
—あれば水心みずごころ 오는 정이 있어야 가는 정이 있다
**うおざ** [魚座] ①[天] 물고기자리 ②[天] (십이궁의) 쌍어궁 ③(중세 일본에서) 어류 상인들의 동업 조합
**ウオツカ** (러 vodka) 보드카 = ウオトカ
**ウオッシャブル** (washable) [服] 워셔블. 물빨래가 가능함. 그런 제품
**ウオッチ** (watch) 名 他スル 워치 ①회중 시계, 손목 시계 ②스톱 워치 —ストップ 스톱 워치 ③(항해 용어로) 파수(把手), 당직 ¶ ～に出でる 파수보러 나가다 ③지켜봄, 주시, 관찰 ¶ 年としの暮くれの街まちを～する 연말의 거리를 지켜보다
**うおのめ** [魚の目] 티눈 = けいがん ¶ ～ができる 티눈이 생기다

**うおへん** [魚偏] (한자 부수의) 고기어변 ▷「鯨·鮮」등의「魚」부분
**うおんびん** [ウ音便] [文法] 音便의 하나.「ひ·く·ぐ」등이「う」로 음이 변하는 현상
**うか** 助 → か 助
**うか** [羽化] 名 自スル [動] 우화 ¶ ヤゴが～してトンボになる 수채가 우화하여 잠자리가 되다 —登仙とうせん 우화 등선. 사람이 날개 돋친 선인(仙人)이 되어 승천한다는 전설
**うか** [雨下] 名 自スル (文) 비오듯이 계속 쏟아져 내림, 내리퍼부음 ¶ 弾丸だんがん～ 탄환이 비오듯 퍼부음
**うが** 助 → が 助
**うかい** [*鵜飼*(い)] 가마우지를 훈련시켜 물고기를 잡게 하는 일, 그것을 업으로 하는 사람
**うかい** [迂回] 名 自スル 우회 ¶ ～路ろ 우회로/ 渋滞じゅうたいのため～して行いく 교통 체증 때문에 우회하여 가다
**うがい** [*嗽*·*含嗽*] 名 自スル [醫] 양치, 양치질 ¶ 食塩水えんすいで～する 식염수로 양치질하다
**うかうか** 副 自スル ①얼떨결에, 여루어 봄 무심코= うっかり ¶ つい, ～とだまされる 그만 얼떨결에 속아 넘어가다 ②엄벙덤벙, 멍청히 ¶ ～と暮くらす 엄벙덤벙 지내다
**うかがい** [伺い] ①여쭘, 여쭈어 봄 ¶ ご機嫌きげん～ 안부를 여쭘 ②(「お～」의 꼴로) 찾아뵘 ¶ 明日みょうにちお～します 내일 찾아뵙겠습니다 ③신불의 계시를 구함. 신탁을 구함
[慣用句]
—を立たてる ①(윗사람에게) 여쭈어 보다 ②신불의 계시를 구하다
**うかがう** [伺う] I 他五 ①듣다, 여쭙다 ¶ 先生せんせいに～ 선생님께 여쭙다/ 病気びょうき とか～いました 와병 중이라고 들었습니다 ②(口) (寄席よせ 등에서) 이야기를 하다, 만담을 하다 ¶ 一席いっせき～います 한 관 벌려 보겠습니다 II 訪찾아뵙다 ¶ 今いまから～います 지금부터 찾아뵙겠습니다
**うかがう** [*窺う*] 他五 엿보다, 살피다 ¶ かぎの穴あなから中なかの様子ようすを～ 열쇠 구멍으로 안의 상태를 엿보다 ②(보고) 판단하다, 살피다 ¶ 顔色かおいろを～ 안색을 살피다 ③(시기를) 노리다 ¶ チャンスを～ 찬스를 노리다
**うがく** [有学] [佛] 유학. 아직 배울 것이 남아 있어 해탈에 이르지 못한 도승 ⇔ 無学むがく
**うかされる** [浮かされる] 自下一 ①(마음이) 들뜨다 ¶ 海外旅行かいがいりょこうに～れている 해외 여행에 들떠 있다 ②(고열 등으로) 의식이 몽롱하다 ¶ 熱ねつに～ 열로 의식이 몽롱하다
**うかす** [浮かす] 他五 ①띄우다, 뜨게 하다 ¶ 杯さかずきに花はなびらを～ 술잔에 꽃잎을 띄우다 ②腰こしを～ 몸을 엉거주춤 일으키다 ②(돈·시간을 절약하다, 벌다 ¶ 出張費しゅっちょうひを～ 출장비를 남기다/ 時間じかんを～ 시간을 벌다
**うかせる** [浮かせる] 他下一 → うかす
**うがちすぎ** [*穿*(ち)過ぎ] 알려고 너무 파고들어 도리어 진상과는 멀어지는 일
**うかつ** [*迂闊*] ㋴ 우활. 오활 ①주의·배려

가 부족함, 경솔함¶ ~にも口<ruby>くち</ruby>をすべらす 경솔하게도 입을 잘못 놀리다 ②(사정에) 어두움¶ ~には手<ruby>て</ruby>を出<ruby>だ</ruby>せない 잘 모르면서 섣불리 손댈 수 없다

うが・つ【穿つ】他五 ①(文) 뚫다, 꿰뚫다¶ 岩<ruby>いわ</ruby>を~ 바위를 뚫다/ トンネルを~ 터널을 뚫다 ②핵심을 찌르다¶ ~・ったことを言う 핵심을 찌르는 말을 하다 ③(文) 입다, 신다, 끼다¶ くつを~ 구두를 신다/ はかまを~ 하카마를 입다/ 手袋<ruby>てぶくろ</ruby>を~ 장갑을 끼다

うかと 副 깜박, 얼떨결에, 무심코¶ ~しゃべってしまう 무심코 말해 버리다/ 母<ruby>はは</ruby>の使<ruby>つか</ruby>いを~忘<ruby>わす</ruby>れた 어머니의 심부름을 깜박 잊었다

うかぬかお【浮かぬ顔】連語 시무룩한 얼굴, 침울한 표정¶ ~で返事<ruby>へんじ</ruby>をする 시무룩한 얼굴로 대답을 하다

うかば・れる【浮(か)ばれる】自下― ①(죽은 사람이) 고이 잠들 수 있다¶ これで仏<ruby>ほとけ</ruby>も~ことだろう 이것으로 죽은 사람도 고이 잠들 수 있을 것이다 ②면목이 서다¶ この成績<ruby>せいせき</ruby>では~・れない 이 성적으로는 면목이 서지 않는다

うかびあが・る【浮(か)び上がる】自五 ①(수면·공중으로) 떠오르다¶ 凧<ruby>たこ</ruby>が空<ruby>そら</ruby>に~ 연이 하늘에 떠오르다 ②(표면에) 드러나다, 떠오르다¶ 輪郭<ruby>りんかく</ruby>が~ 윤곽이 드러나다/ 捜査線上<ruby>そうさせんじょう</ruby>に~ 수사선상에 떠오르다 ③(좋은 상태·지위에) 오르다, (역경에서) 벗어나다¶ どん底<ruby>そこ</ruby>から~ 밑바닥 생활에서 벗어나다/ 最下位<ruby>さいかい</ruby>から~ 최하위에서 올라가다

うか・ぶ【浮(か)ぶ】自五 ①(액체에) 뜨다¶ 泡<ruby>あわ</ruby>が~ 거품이 뜨다/ ボートが湖水<ruby>こすい</ruby>に~ 보트가 호수에 뜨다 ②떠 있다이 보이다¶ 内海<ruby>ないかい</ruby>に~小島<ruby>こじま</ruby> 내해에 떠 있는 듯한 작은 섬 ③(공중에) 뜨다¶ 空<ruby>そら</ruby>に気球<ruby>ききゅう</ruby>が~ 하늘에 기구가 뜨다 ④(물 속에서) 떠오르다¶ 死<ruby>し</ruby>んだ魚<ruby>さかな</ruby>が~ 죽은 물고기가 떠오르다 ⑤(표면에) 떠오르다, 나타나다¶ 目<ruby>め</ruby>に涙<ruby>なみだ</ruby>が~ 눈에 눈물이 어리다/ 容疑者<ruby>ようぎしゃ</ruby>が捜査線上<ruby>そうさせんじょう</ruby>に~ 용의자가 수사선상에 떠오르다 ⑥(의식 속에) 떠오르다, 생각나다¶ アイディアが~・んでこない 아이디어가 떠오르지 않는다 ⑦(역경에서) 벗어나다

うかぶせ【浮(か)ぶ瀬】(환경·입장이) 좋아질 기회, 운이 트일 시기¶ 身<ruby>み</ruby>を捨<ruby>す</ruby>ててこそ~もあれ 자신을 버려야만 운이 트일 시기도 있을 것이다

うか・べる【浮(か)べる】他下― ①띄우다¶ 川<ruby>かわ</ruby>に舟<ruby>ふね</ruby>を~ 강에 배를 띄우다 ②(겉으로) 나타내다, 띄우다¶ 涙<ruby>なみだ</ruby>を~ 눈물을 짓다/ 不安<ruby>ふあん</ruby>な表情<ruby>ひょうじょう</ruby>を~ 불안한 표정을 드러내다 ③(의식에) 떠올리다, 그리다¶ その光景<ruby>こうけい</ruby>を脳裏<ruby>のうり</ruby>に~ 그 광경을 뇌리에 떠올리다

うか・る【受かる】自五 (口) (시험 등에) 합격하다¶ 試験<ruby>しけん</ruby>に~ 시험에 합격하다

うかれだ・す【浮(か)れ出す】自五 (마음이) 들뜨기 시작하다

うか・れる【浮(か)れ出る】自下― (마음이)들떠서) 밖으로 나오다¶ 祭<ruby>まつ</ruby>りの太鼓<ruby>たいこ</ruby>に~ 축제의 북소리에 들떠서 나오다

うか・れる【浮(か)れる】自下― (마음이) 들뜨다¶ 春風<ruby>はるかぜ</ruby>に~ 봄바람에 마음이 들뜨다¶ 盛<ruby>さか</ruby>り場<ruby>ば</ruby>を~・れ歩<ruby>ある</ruby>く 번화가를 마음이 들떠 돌아다니다

うがん【右岸】(文) 우안, (강의 하류를 향해) 오른쪽 기슭 ⇔ 左岸<ruby>さがん</ruby>

うかんむり【ウ冠】(한자 부수의) 갓머리 ▷「安·富」등의 「宀」부분

うき【浮き】①(물에) 뜸, 뜨는 상태¶ ~沈<ruby>しず</ruby>み 부침 ②【〈浮子〉】낚시찌 ③부표 ④「浮き袋<ruby>ぶくろ</ruby>·浮き輪<ruby>わ</ruby>」의 준말

うき【雨季·雨期】(氣) 우계, 우기, 장마철 ⇔ 乾季<ruby>かんき</ruby> ¶ ~に入<ruby>はい</ruby>る 우기로 접어들다

うきあが・る【浮(き)上がる】自五 ①(수면·공중으로) 떠오르다¶ 難破船<ruby>なんぱせん</ruby>が~ 난파선이 떠오르다 ②(바닥에서) 들뜨다¶ 土台<ruby>どだい</ruby>が~ 토대가 들뜨다 ③(역경에서) 벗어나다¶ 下積<ruby>したづ</ruby>みから~ 밑바닥 생활에서 벗어나다 ④(표면에) 드러나다, 떠오르다¶ 月明<ruby>つきあ</ruby>かりで夜道<ruby>よみち</ruby>が~・って見<ruby>み</ruby>える 달빛으로 밤길이 드러나 보이다 ⑤유리되다, 고립되다¶ 国民<ruby>こくみん</ruby>から~・った政治<ruby>せいじ</ruby> 국민으로부터 유리된 정치

うきあし【浮(き)足】①발끝만 땅에 닿아 있는 발걸음¶ ~で歩<ruby>ある</ruby>く 발끝으로 살짝 걷다 ②금방이라도 도망치려는 태세¶ ~になる 도망치려는 자세가 되다 ― 立<ruby>だ</ruby>つ 自五 침착성을 잃다, 도망치려고 하다, 동요하다

うきうお【浮(き)魚】(水) 부어, 해면 가까이에서 사는 물고기의 총칭 ⇔ 底魚<ruby>そこうお</ruby>

うきうき【浮き浮き】副 自スル (마음이 들뜬 모양) 들썽들썽, 들썩들썩 ― そわそわ¶ 遠足<ruby>えんそく</ruby>の朝<ruby>あさ</ruby>、子供<ruby>こども</ruby>たちは~としている 소풍가는 날 아침 아이들은 마음이 들떠 있다

うきおり【浮(き)織(り)】돋을무늬로 짬, 돋을무늬 직물

うきがし【浮(き)貸(し)】(은행원 등이 장부를 허위 조작한) 불법 대출, 부정 대출

うきかわたけ【浮(き)河竹】(강가에 난 대나무처럼) 부평초 같은 신세, (특히) 창녀의 신세¶ ~の流<ruby>なが</ruby>れ身<ruby>み</ruby> 부평초처럼 떠도는 몸

うきぎ【浮(き)木】①부목 ②뗏목, 배
慣用句
―の亀<ruby>かめ</ruby> 맹귀우목(盲龜遇木), 좀처럼 만나지 못함의 비유 ⇨ 盲龜<ruby>もうき</ruby>の浮木<ruby>ふぼく</ruby>

うきくさ【浮(き)草】①(植) 부평초, 개구리밥 ②부엽 식물의 총칭, 부초 ③(比) 불안정한 상태¶ ~の日々<ruby>ひび</ruby>を送<ruby>おく</ruby>る 부평초 같은 나날을 보내다 ― 稼業<ruby>かぎょう</ruby> 떠돌이 직업

うきぐも【浮(き)雲】(文) ①뜬구름 ②(比) 불안정한 생활·신세¶ ~のような人生<ruby>じんせい</ruby> 뜬구름 같은 인생

うきごし【浮(き)腰】①엉거주춤한 자세¶ ~で棚<ruby>たな</ruby>の本<ruby>ほん</ruby>をとる 엉거주춤한 자세로 선반의 책을 집다 ②(유도에서) 상대를 자기 허리에 실어서 메어치는 기술 ③언제라도 도망치려

うきしずみ

는 태세¶ ～になる 도망치려는 자세가 되다
うき しずみ【浮(き)沈み】图自スル 부침 ①떴다 가라앉았다 함¶ 波間に舟が～する 물결 사이로 배가 떴다 가라앉았다 하다 ②영고성쇠¶ ～の激しい業界 부침이 극심한 업계
うきしま【浮(き)島】①[植](늪·호수 등에 밀생하여) 섬처럼 보이는 수초 ②(신기루에서) 바다 위에 떠 있는 듯이 보이는 섬
うきす【浮(き)巣】①(물새의) 물 위에 튼 둥지 ②[比] 일정치 않은 주거
うきだ・す【浮(き)出す】自五 ①(표면으로) 떠오르다, 드러나다¶ 漏れた油が水面に～ 새어나온 기름이 수면에 떠오르다 ②(무늬·모양 등이) 도드라지다¶ 刺繍が～・して見える 자수가 도드라져 보이다
うきた・つ【浮(き)立つ】自五 ①(기분이) 들뜨다¶ 休暇を前にして心が～ 휴가를 앞두고 마음이 들뜨다
うき・でる【浮(き)出る】自下一 ①(표면에) 드러나다, 떠오르다¶ 血管が～ 혈관이 도드라지다 ②(무늬 등이) 도드라지다¶ 紺地に～花模様 감색 바탕에 도드라진 꽃무늬
うきドック【浮(き)ドック】[工] 부양식 도크, 부선거(浮船渠)
うきな【浮(き)名】염문¶ ～が立つ 염문이 나돌다 /～を流す 염문을 퍼뜨리다
うきに【浮(き)荷】①(난파를 막으려고 던져지거나 난파 등으로) 물 위에 떠다니는 화물 ②[商] 거래할 사람이 결정되지 않은 채로 하주가 배에 실어서 파는 물건
うきね【浮(き)寝】①(물새가) 물에 뜬 채로 잠 ②정처없이 떠돌며 잠¶ ～の旅 정처없는 여행
うきはし【浮(き)橋】부교, 주교, 배다리
うきぶくろ【浮(き)袋】①부대, 부낭¶ ～をつける 부낭을 착용하다 ②[鰾][動](물고기의) 부레
うきふね【浮(き)舟】물 위에 떠 있는 조각배
うきぼり【浮(き)彫(り)】①[美] 부조, 돋을새김＝レリーフ ②부각¶ 問題点を～にする 문제점을 부각시키다
うきみ【浮(き)身】(수영에서) 힘을 빼고 물 위에 바로 누워 뜨는 법
うきみ【憂(き)身】[文] 고달픈 신세
[慣用句]
—を窶す (여윌 정도로) 열중하다, 빠지다¶ 恋に～ 사랑에 빠지다
うきめ【憂(き)目】[文] 쓰라림, 쓰라린 경험¶ ～を見る 쓰라린 경험을 하다 /とんだ～に遭う 뜻하지 않은 쓰라림에 봉착하다
うきよ【浮(き)世】①고달프고 덧없는 세상¶ ～をはかなむ 덧없는 세상을 비관하다 ②속절없이 세상의 속세를 버리다 ～離れ 图自スル 속세에서 벗어나 있음, 탈속적임
[慣用句]
—の風 실제 사회의 현실, 세파, (뜻대로 안 되는) 세상 풍조¶ ～にあたる 세파를 겪다
—の習い 이승에 흔히 있는 일, 세상사, 세상 관습

うきよえ【浮世絵】[美] 江戸 시대의 풍속화
うきよく【迂曲·紆曲】图自スル[文] 우곡 ①꾸불꾸불 구부러짐¶ 川が～する 강이 꾸불꾸불 구부러지다 ②멀리 돎, 우회
うきよぞうし【浮世草子·浮世草紙】[文] 江戸 시대의 세태를 묘사한 풍속 소설
うきわ【浮(き)輪】고리 모양의 부낭, 튜브
う・く【浮く】自五 ①(액체에) 뜨다¶ 体が水に～ 몸이 물에 뜨다 ②(공중에) 뜨다¶ 空に～・いている雲 하늘에 떠 있는 구름 ③들뜨다, 흔들거리다¶ 歯が～ 이가 흔들거리다 ④(집단에서) 겉돌다, 유리되다¶ 仲間から～・いた存在 동료로부터 겉도는 존재 ⑤(마음이) 들뜨다, 싱숭생숭해지다¶ ～・いた気分 들뜬 기분 ⑥경박하다¶ ～・いたうわさが流れる 뜬소문[염문]이 떠돌다 ⑦(표면에) 나타나다¶ 額に油汗が～ 이마에 비지땀이 나다 ⑧남다, 여분이 생기다¶ 費用が～ 비용이 남다 /工期が一か月～ 공기가 한 달 단축되다
うぐ【迂愚】图[文] 우우, 사리에 어둡고 우둔함¶ ～の君主をいただく 우둔한 군주를 받들다
うぐい【石斑魚】[動] 황어＝あかはら
うぐいす【鶯】①[動] 휘파람새 ②고운 목소리를 가진 여자¶ ～芸者 목청이 고운 기생
[慣用句]
—鳴かせたこともある 한때는 남성들에게 인기가 있었다
—の谷渡り 휘파람새가 나무에서 나무로 골짜기에서 골짜기로 날아다님, 그때 우는 고운 울음소리
うぐいすいろ【鶯色】어두운 황록색, 녹갈색
うぐいすばり【鶯張(り)】[建] 밟으면 휘파람새 울음소리 같은 소리가 나도록 마룻널을 깖, 그런 마루
うぐいすまめ【鶯豆】완두콩을 무르게 삶아 단맛을 낸 식품
うぐいすもち【鶯餅】팥소를 넣고 푸른 콩가루를 묻힌 떡
うけ【筌】(물고기를 잡는) 통발＝うえ
うけ【受け】①받음, 받는 것¶ ～渡し 주고받음 / 郵便～ 우편함 ②지주¶ 軸～ 축받이 ③(공격에 대한) 방어, 수비¶ ～身 방어 자세¶ ～に回る 수비로 전환하다 ④평판, 인기¶ 大衆の～をねらう 대중의 인기를 노리다¶ ～のいい商品 평판이 좋은 상품
うけ【請け】『請け人』의 준말, 보증인, 보증¶ ～に立つ 보증을 서다
うけ【有卦】유괘, (음양도에서) 행운이 7년간 계속된다는 연운 ⇔ 無卦
[慣用句]
—に入る 운이 트이다, 운수 대통이다
うけあい【受(け)合(い)·請(け)合(い)】①떠맡음¶ 安～ 경솔하게 떠맡음 ②틀림없음, 보증함¶ 成功することを～ 성공하는 것은 틀림없다

**うけあ・う**【受(け)合う・請(け)合う】他五 ①(부탁을 자신있게) 들어주다, 떠맡다¶ 人質󰄤を救出󰄧󰅀を～ 인질 구출을 떠맡다 ②(확실함을) 보증하다¶ 大丈夫󰄬󰄤󰄸～よ 틀림없어, 보증해

**うけい**【右傾】名 自スル 우경 ①오른쪽으로 기욺 ②(사상이) 우익으로 기욺, 보수적・국수주의적으로 됨¶ ～化が進󰄬む 우경화가 진행되다

**うけいれ**【受(け)入れ】①받아들임¶ ～態勢󰄤 받아들일 태세 ②(장부상의) 수입, 차변 ③들어줌, 승낙¶ 提案󰄤を～ 제안을 받아들임

**うけい・れる**【受(け)入れる】他下一 받아들이다 ①(입국・입학 등을) 허가하다¶ 難民󰄤を～ 난민을 받아들이다 ②(물건을) 받다, 수납하다 ③(문화 등을) 수용하다¶ 東洋󰄤の文明󰄤を～ 동양 문명을 받아들이다 ④(요구 등을) 들어주다, 승낙하다¶ その条件󰄤は～れられない 그 조건은 승낙할 수 없다

**うけうり**【受(け)売り】名 自スル ①(물건을 받아 팖, 소매, 전매 酒󰄤を～する 술을 받아 팔다 ②(남의 의견 등을) 그대로 인용함, 자기 것처럼 도용함¶ 彼󰄤の発言󰄤はほとんど～だ 그의 발언은 거의 남의 것의 도용이다

**うけおい**【請負】청부, 도급¶ ～業󰄤 도급업/ ～に出󰄤す 도급을 주다 —師 (토목・건축 공사 등의) 청부업자, 도급업자

**うけお・う**【請(け)負う】他五 도급맡다, 청부맡다¶ 工事󰄤を～ 공사를 도급맡다

**うけぐち**【受(け)口】①물건을 넣는(끼우는) 곳, 투입구¶ 郵便󰄤の～ 우편 투입구/ 電球󰄤の～ 전구 소켓 ②아랫입술이 윗입술보다 나온 입 ③벌목할 때 나무를 쓰러뜨릴 쪽, 그 밑동에 미리 찍어 놓는 도끼 자국

**うけごし**【受(け)腰】①(물건을 받으려 할 때의) 엉거주춤한 자세 ②수동적인 태도¶ ～で交渉󰄤にのぞむ 수동적인 태도로 교섭에 임하다

**うけこたえ**【受(け)答え】名 自スル 응답¶ しっかりした～をする 확실한 응답을 하다

**うけざら**【受(け)皿】①받침 접시 ②(전임자의 지위나 일을) 인계받을 태세, 인수 태세¶ ～が小さい 인수받을 그릇이 작다/ ～を用意󰄤する 인계받을 준비를 하다 —会社 (経) 위탁 경영 회사

**うけしょ**【請(け)書】승낙서≒ うけがき¶ ～に判󰄤をおす 승낙서에 도장을 찍다

**うけだ・す**【請(け)出す】他五 ①(저당물 등을) 돈을 갚고 찾다¶ 質󰄤物󰄤を～ 저당잡힌 물건을 찾다 ②몸값을 치르고 창녀를 빼내다

**うけだち**【受(け)太刀】①(검술에서) 상대의 공격을 막는 칼(솜씨) ②(논쟁 등에서) 수세에 몰림¶ 相手󰄤の鋭󰄤い口調󰄤に～となる 상대방의 날카로운 말투에 수세에 몰리다

**うけたまわ・る**【承る】他五 (文) ①삼가 받다, 받잡다, 배수하다¶ ご用命󰄤を～ 분부를 받잡다 ②삼가 듣다, 배청하다¶ ご意見󰄤を～ 삼가 고견을 듣다 ③잘 알다, 알아모시다¶ お申󰄤し越󰄤しの件󰄤、確󰄤かに～・りました 의뢰하신 건, 잘 알았습니다 ④전해 듣다¶ ～ところによりますと 듣자온건대

**うけつ・ぐ**【受(け)継ぐ】他五 이어받다, 계승하다¶ 家業󰄤を～ 가업을 계승하다/ 器用󰄤さを～ 재주를 이어받다

**うけつけ**【受付】①접수¶ 願書󰄤の～ 원서의 접수 ②접수처, 접수인¶ ～に問󰄤い合󰄤わせる 접수처에 문의하다

**うけつ・ける**【受(け)付ける】他下一 받아들이다 ①접수하다¶ 願書󰄤を～ 원서를 접수하다 ②(요구 등을) 받아들이다¶ 何󰄤を言󰄤っても～・けない 무슨 말을 해도 받아들이지 않다 ③(음식물을) 잘 받다¶ アルコールを～・けない体質󰄤 알코올이 잘 받지 않는 체질

**うけて**【受(け)手】①수취인¶ ～がない 수취인이 없다 ②수험자¶ ～の側󰄤から 수험자측 ③청취자, 시청자¶ テレビの～ 텔레비전 시청자 ④〔言〕 언어 표현을 받아들이는 쪽, 듣는 쪽

**うけてたつ**【受けて立つ】連語 (상대편의 도전에) 당당하게 맞서다

**うけと・める**【受(け)止める】他下一 ①받아내다¶ 落下物󰄤を～ 낙하물을 받아내다 ②(자기 문제로) 받아들이다, 인식하다¶ 忠告󰄤を謙虚󰄤に～ 충고를 겸허하게 받아들이다

**うけとり**【取・請取】①수취, 수령, 받음¶ ～人󰄤 수취인/ 品物󰄤の～に行󰄤く 물품을 받으러 가다 ②영수증, 수령증¶ ～を書󰄤く 영수증을 쓰다 —手形󰄤 수취 어음, 받을 어음

**うけと・る**【受(け)取る・請(け)取る】他五 ①받다¶ 原稿󰄤を～ 원고를 받다 ②(어떤 뜻으로) 받아들이다, 해석하다¶ 額面󰄤どおりに～ 액면대로 받아들이다

**うけなが・す**【受(け)流す】他五 받아넘기다 ①(검도 등에서 공격을) 슬쩍 피하다¶ やり先󰄤を～ 창끝을 받아넘기다 ②적당히 응대해 넘기다¶ 柳󰄤に風󰄤と～ 버드나무가 바람에 나부끼듯(자연스럽게) 받아넘기다

**うけにん**【請(け)人】보증인¶ ～に立󰄤つ 보증을 서다

**うけはらい**【受(け)払い】(금전의) 수불, 수납과 지급, 지출과 수입¶ 普通󰄤預金󰄤の～ 보통 예금의 수불

**うけはん**【請(け)判】보증인이 되어 도장을 찍음, 보증인(印)

**うけみ**【受(け)身】①소극적인 입장, 수동적인 자세, 수세¶ ～になる 수동적인 자세가 되다 ②(유도에서) 낙법¶ ～の練習󰄤 낙법 연습 ③〔文法〕 수동, 피동, 수동태

**うけもち**【受(け)持(ち)】담임, 담임자, (특히) 담임 선생¶ ～の区域󰄤 담당 구역/ ～の先生󰄤 담임 선생

**うけも・つ**【受(け)持つ】他五 담당하다, 담임하다¶ 新入生󰄤を～ 신입생을 맡다/ 配達󰄤を～ 배달을 담당하다

**うけもど・す**【請(け)戻す】他五 (저당물을) 돈을 갚고 되찾다≒ うけだす¶ 質󰄤ぐさの指

輪わを~ 저당잡힌 반지를 되찾다

う・ける【受ける】I 他下一 ①받다¶ボールを~ 공을 받다. 賞しょうを~ 상을 받다 ②응하다, 받아들이다¶挑戦ちょうせんを~ 도전을 받아들이다 ③『承ける』이어받다¶親おやの跡あとを~ 부모의 뒤를 이어받다 ④받다, 누리다¶寵愛ちょうあいを~ 총애를 받다/ この世よに生しょうを~ 이 세상에 태어나다 ⑤(작용을) 받다¶攻撃こうげきを~ 공격을 받다 ⑥믿다, 해석하다¶真まに~ 곧이듣다 ⑦향하다¶南みなみを~・けた部屋へや 남쪽을 향한 방 ⑧『請ける』(요구 등에) 응하다, 받다¶注文もんを~ 주문을 받다 II 自下一 좋은 인상을 받다, 호평을 받다, 인기를 모으다¶若者わかものに~ 젊은이에게 인기가 있다

うけわたし【受(け)渡(し)】名他スル ①주고받음, 수수¶商品しょうひんの引수 인도 ②(거래에서) 대금을 받고 물품을 건넴, 상환(相換) 인도¶期日きじつ 상환 인도 기일

うげん【右舷】우현, 오른쪽 뱃전 ⇔ 左舷さげん¶~に舵かじをとる 우현으로 키를 잡다

うげんほう【*迂言法】(表) 우언법

うご【羽後】(地) 일본의 옛지명. 지금의 秋田あきた 현과 山形やまがた현의 북부 지방

うご【雨後】(文) 우후, 비온 뒤
(慣用句)
—の筍たけ 우후죽순

うごう【*烏合】오합. (까마귀 떼처럼) 무질서하게 모임 —の衆しゅう 오합의 무리, 오합지졸

うごか・す【動かす】他五 움직이다 ①흔들다¶そよ風かぜが木このの葉はを~ 산들바람이 나뭇잎을 흔들다 ②(위치·소속을) 옮기다, 바꾸다¶机つくえを~ 책상을 옮기다 ③작동시키다, 가동하다¶モーターを~ 모터를 가동하다/ 활동하게 하다¶思おもいのままに人ひとを~ 뜻대로 사람을 움직이다 ⑤감동시키다¶心こころを~ 마음을 감동시키다 ⑥운용[활용]하다¶大金たいきんを~ 큰돈을 굴리다

うこぎ【〈五加〉·〈五加〉木】(植) 오갈피나무

うごき【動き】움직임 ①이동¶雲くもの~ 구름의 움직임 ②(위치·상태의) 변화, 동태, 동향¶時勢じせいの~ 시국의 동향/不穏ふおんな~が見みえる 불온한 움직임이 보이다 ③행동, 동작¶~がすばやい 동작이 재빠르다 ④(심리상태의) 변화¶気持きもちの~ 기분의 변화
(慣用句)
—が取とれない 꼼짝할 수가 없다, 옴쭉달싹 못하다

うご・く【動く】自五 움직이다 ①(위치·소속이) 바뀌다, 이동하다¶電車でんしゃが~ 전차가 움직이다/ 人事課じんじかに~ 인사과로 이동하다 ②흔들리다¶振ぶり子こが~ 진자가 흔들리다 ③활동하다¶陰かげで~ 배후에서 활동하다 ④작동하다, 가동하다¶電気でんきで~おもちゃ 전지로 움직이는 장난감 ⑤(마음이) 동요하다, 흔들리다¶金かねに心こころが~ 돈에 마음이 끌리다 ⑥(상태가) 바뀌다, 변하다¶相場そうばが~ 시세가 변하다/ 決定けっていは~·かない 결정은 바뀌지 않는다 ⑦(「~・かぬ」의 꼴로 連体詞的으로) 확실하다, 움직일 수 없다¶~・かぬ証拠しょうこ 움직일 수 없는 증거

うこさべん【右顧左眄】名自スル(文) 좌우고면, 좌고우면, 망설임 = 左顧右眄うこうべん¶~する 여유がない 좌고우면할 여유가 없다

うごめか・す【*蠢かす】他五 벌름거리다, 꿈틀거리다¶鼻はなを~ 코를 벌름거리다

うごめ・く【*蠢く】自五 꿈실거리다, 꿈틀거리다, 준동하다¶うじ虫むしが~ 구더기가 꿈틀거리다/ わる者ものが~ 악한이 준동하다

うこん【*鬱金】①(植) 울금, 심황 ②「うこん色いろ」의 준말. 등황색, 진노랑

うさ【憂さ】울적함, 시름¶~をはらす 울적함을 풀다/ 酒さけで~をまぎらす 술로 시름을 달래다

うさいかく【*烏犀角】오서각, 코뿔소의 검은 뿔

うさぎ【兎】(動) 토끼¶野のの~ 산토끼

うさぎうま【兎馬】「ろば」의 딴이름, 당나귀

うさぎとび【兎跳び】토끼뜀

うさばらし【憂さ晴らし】기분 전환 = 気晴きばらし¶~に旅行りょこうする 기분 전환으로 여행하다

うさん【*胡散】(文) 수상함¶~な行動こうどう 수상한 행동 —臭くさい(形) 어쩐지 수상쩍다

うし【*大人】①귀인·영주 등의 높임말. 대인 ②스승·학자의 높임말

うし【*丑】축 ①십이지의 둘째, 소 ②축시 ▷ 지금의 오전 1시에서 3시 사이 ③축방(丑方), 북북동

うし【牛】(動) 소¶雌めの~ 암소/ 子こ~ 송아지
(慣用句)
—に引ひかれて善光寺ぜんこうじ参まいり 친구 따라 강남 간다
—の歩あゆみ 황소 걸음, 일의 진행이 느림
—は牛うし連づれ馬うまは馬うま連づれ 유유상종
—を馬うまに乗のり換かえる 형편에 따라 편리한 쪽으로 바꾸다

うし【*齲歯】(醫) 우치, 충치

うじ【氏】I 名 ①씨, 성(姓), 성씨 ②가문, 집안, 문벌 ③(日史) 고대 지배 계급의 단위. 씨족, 동족 II 接尾 성에 붙여 존경을 나타냄. ~씨¶山田やまだ~ 山田씨 ▷ 지금은「し」로 읽음
(慣用句)
—より育そだち 혈통보다 자란 환경, 사람은 가문보다 가정 교육이 더 중요함

うじ【*蛆】구더기. うじむし¶~がわく 구더기가 끓다

うじ【宇治】京都きょうと府(府) 남부의 시 —茶ちゃ 宇治 지방에서 산출되는 좋은 차

うじうじ 副自スル(口) 우물쭈물, 머뭇머뭇¶~して何なにも言いえない 우물쭈물하며 아무 말도 못하다

うしお【*潮】(文) ①조수, 바닷물 ②「潮汁うしおじる」의 준말

うしおい【牛追(い)】 소몰이 = 牛方うしかた

うしおじる【*潮汁】(料) 흰살 생선이나 어패류를 넣고 끓여 소금으로 간을 한 맑은 장국

うしおに【*潮煮】(料) 흰살 생선을 뼈째 끓여

소금으로 간을 한 요리
**うしかい** 【牛飼(い)】 소를 기르는 사람, 소를 부리는 사람
**うしがえる** 【牛蛙】【動】 황소개구리
**うじがみ** 【氏神】 ①씨족신 ②그 고장의 수호신, 서낭신 = 産土神$_{うぶすな}$
**うしぐるま** 【牛車】 ①우차, 달구지 ②平安$_{へいあん}$ 시대에 귀족이 탄던 우차 = ぎっしゃ
**うじこ** 【氏子】 ①씨족신의 자손 ②같은 수호신을 모시는 사람들 —**組織**$_{そしき}$ 【民】 지역 공동체 수호신의 제사를 함께 올리는 지연적인 집단
**うじすじょう** 【氏素性·氏素姓】 (태어난) 가문, 집안, 혈통
**うじでら** 【氏寺】 한 씨족이 일문의 번영과 조상의 명복을 빌기 위해 세운 절
**うしとら** 【*丑*寅·*艮】 간, 간방(艮方), 북동
**うしな·う** 【失う】【他】【国】 잃다 ①【文】 잃어버리다¶命$_{いのち}$を〜 목숨을 잃다/ 定期券$_{ていきけん}$を〜 정기권을 잃어버리다 ②【文】 사별하다, 여의다¶父$_{ちち}$を〜 아버지를 여의다 ③상실하다¶職$_{しょく}$を〜 직장을 잃다 ④(정상적인 정신 상태를) 잃다¶理性$_{りせい}$を〜·った振$_{ふ}$る舞$_{ま}$い 이성을 잃은 행동 ⑤알 수 없게 되다¶方角$_{ほうがく}$を〜 방향 잃다 ⑥놓치다¶チャンスを〜 기회를 놓치다 ⑦(「…たるを〜·わない」의 꼴로) 충분히 그 자격이 있다¶偉人$_{いじん}$たるを〜·わない 충분히 위인의 자격이 있다
**うじのかみ** 【氏の上】 고대 씨족의 수장 = 氏$_{うじ}$の長$_{おさ}$·氏$_{うじ}$の長者$_{ちょうじゃ}$
**うしのこくまいり** 【*丑の刻参り】 → うし(丑)のときまいり(時参り)
**うしのときまいり** 【*丑の時参り】 축시(새벽 2시경)에 神社$_{じんじゃ}$에 참배하여 남을 저주하던 일
**うしのひ** 【*丑の日】 ①(십이지의) 축일 ②【民】 여름 토왕과 겨울 토왕의 축일
**うしへん** 【牛偏】 (한자 부수의) 소우변 ▷「牧·物」 등의 「牛」 부분
**うしみつ** 【*丑三つ·*丑満】 ①축시를 넷으로 나눈 세 번째 시간 ②한밤중, 오밤중¶草木$_{くさき}$も眠$_{ねむ}$る〜時$_{とき}$ 초목도 잠드는 한밤중
**うじむし** 【*蛆虫】 ①구더기 = うじ ②〜の沸く 구더기가 꿇다 ③버러지 같은 놈¶社会$_{しゃかい}$の〜 사회의 버러지 같은 놈
**うじゃうじゃ**【副】【自ス】【口】 ①우글우글, 바글바글¶みみずが〜としている 지렁이가 우글거리고 있다 ②구시렁구시렁, 투덜투덜¶くどくど〜くだらないことを〜言$_{い}$う 하찮은 일을 구시렁구시렁거리다
**うしゅう** 【羽州】 → でわ(出羽)
**うじょう** 【有情】 ①감정을 가진 모든 생물¶ 天地$_{てんち}$〜 천지 유정 ②【佛】 범인(凡人), 범부¶애증의 감정이 있는 것
**うじょう** 【*鵜匠】 가마우지를 길들여 고기잡이를 하는 사람
**うしろ** 【後ろ】 뒤 ①뒤쪽, 후방¶ 〜をふり向$_{む}$く 뒤를 돌아보다/ 〜から攻$_{せ}$める 뒤에서 공격하다 ②뒷부분, 후부, 배후¶ 〜の席$_{せき}$ 뒷자리/ 人$_{ひと}$の〜に立$_{た}$つ 남의 뒤에 서다 ③뒷면,

후면, 이면, 등¶山$_{やま}$の〜 산너머/ セーターの前$_{まえ}$と〜を間違$_{まちが}$える 스웨터의 앞과 뒤를 잘못 알다 ▷①~③ ⇔ 前$_{まえ}$
【慣用句】
—**を見**$_{み}$**せる** ①등을 보이고 달아나다 ②약점을 보이다
**うしろあし** 【後ろ足】 → あとあし
**うしろあわせ** 【後ろ合(わ)せ】 ①등을 맞댐¶〜に立$_{た}$つ 등을 맞대고 서다 ②반대
**うしろおし** 【後ろ押し】 ①뒤를 믦 ②후원¶みんなの〜で当選$_{とうせん}$した 모두의 후원으로 당선되었다
**うしろかげ** 【後ろ影】【文】 뒷모습¶ 〜を見送$_{みおく}$る 뒷모습을 지켜보며 전송하다
**うしろがみ** 【後ろ髪】 뒷머리, 뒷머리털
【慣用句】
—**を引**$_{ひ}$**かれる** (뒷머리가 당겨지듯이) 아쉽다, 미련이 남다
**うしろきず** 【後ろ傷·後ろ*疵】 (도망칠 때) 등에 입은 상처 ⇔ 向$_{む}$こう傷$_{きず}$
**うしろぐら·い** 【後ろ暗い】【形】 뒤가 구리다(켕기다), 떳떳치 못하다¶〜過去$_{かこ}$ 떳떳치 못한 과거/ 〜所$_{ところ}$がある 켕기는 구석이 있다
**うしろすがた** 【後ろ姿】 뒤에서 본 모습, 뒷모습¶〜に見覚$_{みおぼ}$えがある 뒷모습이 눈에 익다
**うしろだて** 【後ろ楯】 ①뒷받침, 후원(자)¶ 〜がつく 후원자가 생기다 ②뒤쪽을 막는 방패
**うしろで** 【後ろ手】【名】 ①팔을 뒤로 돌림, 뒷짐¶ 〜に縛$_{しば}$る 뒷결박하다 ②뒤쪽, 후방¶敵$_{てき}$の〜に回$_{まわ}$る 적의 배후로 돌다
**うしろはちまき** 【後ろ鉢巻】 뒤통수에서 매는 머리띠 ⇔ 向$_{む}$こう鉢巻$_{はちまき}$
**うしろまえ** 【後ろ前】 (옷·모자 등의) 앞뒤가 바뀜¶ 〜に着$_{き}$る 앞뒤를 바꿔 입다/ 帽子$_{ぼうし}$を〜にかぶる 모자를 거꾸로 쓰다
**うしろみ** 【後ろ見】 ①후원, 후원자 = 後$_{うし}$ろ楯$_{だて}$ ②후견인 = 後見人$_{こうけんにん}$
**うしろみごろ** 【後ろ身頃】【服】 (옷의) 뒷길
**うしろむき** 【後ろ向き】 ①등을 돌림¶ 〜に座$_{すわ}$る 등을 돌리고 앉다 ②【名】 (발전·진보 등에) 역행함, 퇴보함, 소극적임¶ 〜の対策$_{たいさく}$ 소극적인 대책 ▷② ⇔ 前$_{まえ}$向$_{む}$き
**うしろめた·い** 【後ろめたい】【形】 꺼림칙하다, 뒤가 켕기다, 떳떳하지 못하다¶ 〜思$_{おも}$い 떳떳치 못한 생각/ 〜気持$_{きも}$ちがする 꺼림칙한 기분이 들다
**うしろゆび** 【後ろ指】 (비난하는) 뒷가락질
【慣用句】
—**を指**$_{さ}$**される** 뒷손가락질을 당하다, 남에게 비난받다
**うしん** 【有心】 유심 ⇔ 無心$_{むしん}$ ①【佛】 집착하는 마음 ②【文】 (和歌·連歌$_{れんが}$에서) 우아하고 용어가 바른 본격적인 시체 ③【文】 和歌
**うす** 【*臼】 【国】 〜でつく 절구로 찧다 ②맷돌¶ 〜でひく 맷돌로 갈다
**うず** 【渦】 ①소용돌이¶ 〜を巻$_{ま}$く 소용돌이치다 ②소용돌이 무늬·모양 ③혼란한 상태, 와중¶争$_{あらそ}$いの〜に巻$_{ま}$き込$_{こ}$まれる 싸움의 와

**うす あきない** [薄商い] [經] (거래에서) 매매되는 양이 적어 시장에 활기가 없는 일

**うすあじ** [薄味] [名] 담박한 맛

**うす・い** [薄い] [形] ①얇다¶ ~紙 얇은 종이/ ~・く切る 얇게 썰다 ②옅다, 연하다, 묽다, 적다¶ ~みそ汁 묽은 된장국/ 髪が~ 머리칼이 적다 ③얇다, 깊지 않다¶ なじみが~ 친분이 얇다 ④적다, 희박함¶ 利が~ 이익이 적다/ 人情が~ 인정이 별로 없다 ⑤ [造語] ((어간 '薄'가 상태를 나타내는 말에 붙어) ㉠얇음¶ 薄氷 박빙 ㉡연함, 엷음, 묽음, 적음¶ 薄緑 연초록/ 薄曇り 흐린 안개 ㉢약함¶ 薄明り 박명 ㉣어쩐지, 어딘지 모르게¶ 薄気味悪い 어쩐지 기분 나쁘다 ⑥[造語] ((어간 '薄'가 명사 뒤에 붙어) 그다지…이 없음¶ 品薄 품귀/ 気乗り薄 그다지 마음이 내키지 않음

**うすい** [雨水] ①빗물 ②우수, 24절기의 하나

**うすうす** [薄薄] [副] 어렴풋이, 희미하게나마¶ ~感づく 어렴풋이 눈치채다

**うずうず** [副] [自スル] (ロ) 하고 싶어서 안달하는 모양, 근질근질¶ 遊びたくて~とする 놀고 싶어서 안달하다

**うすがみ** [薄紙] 얇은 종이
[慣用句]
**一を剝ぐよう** (얇은 종이를 벗기듯) 더디기는 하나 조금씩 좋아지는 모양

**うすかわ** [薄皮] ①얇은 껍질, 얇은 막 ②껍질이 얇고 팥소가 많은 만두

**うすぎ** [薄着] [名] [自スル] (추운 계절에 옷을) 얇게 입음 ⇔ 厚着¶ 伊達の~ 멋을 부리려고 옷을 얇게 입다

**うすぎたな・い** [薄汚い] [形] ①지저분하다, 구중중하다¶ ~部屋 지저분한 방/ ~格好をする 구중중한 꼴을 하다 ②(방법・태도가) 구질구질하다¶ ~やり方 구질구질한 방법

**うすきみわる・い** [薄気味悪い] [形] 어쩐지 기분이 나쁘다, 으스스하다¶ ~顔つき 어쩐지 기분 나쁜 얼굴/ ~夜道を歩く 으스스한 밤길을 걷다

**うず・く** [疼く] [自五] 쑤시다, 욱신거리다¶ 心が~ 마음이 아프다, 좀 쑤시다/ 傷が~ 상처가 욱신거리다

**うすくち** [薄口] ①얇퍅하게 만든 그릇 ②(국・찌개 등이) 맛이 삼삼함 ③ '薄口醬油'의 준말 ⇔ 濃い口**一醬油** 빛깔이 연한 関西 지방 특산의 간장

**うずくま・る** [蹲る・踞る] [自五] 웅크리다, 쪼그리고 앉다¶ ショックでその場に~ 쇼크로 그 자리에 쪼그리고 앉다

**うすぐも** [薄雲] 박운, 엷게 낀 구름¶ ~が切れる 엷은 구름이 끊기다

**うすぐもり** [薄曇(り)] 약간 흐림, 그런 날씨¶ ~の日が続く 약간 흐린 날씨가 계속되다

**うすぐら・い** [薄暗い] [形] 어스레하다, 어둑어둑하다¶ ~部屋 어스레한 방/ 昼でも~森の中 낮에도 어둑어둑한 숲 속

**うすげしょう** [薄化粧] [名] [自スル] 엷은 화장 ⇔ 厚化粧¶ ~の顔 엷은 화장을 한 얼굴

**うすじ** [薄地] (천 등이) 얇음, 얇게 만든 것

**うすじお** [薄塩] 살짝 절임, 얕간 = 甘塩

**うずしお** [渦潮] 와류, 소용돌이치는 조수

**うすずみ** [薄墨] ①묽은 먹물, 담묵 ②'薄墨色'의 준말, 담묵색, 연한 먹빛

**うずたか・い** [堆い] [形] (쌓여서) 수북하다¶ 一本の山 수북이 쌓인 책더미

**うすちゃ** [薄茶] ①묽은〔연한〕차 = お薄 ②연한 다갈색 ▷①② 濃茶

**うすつ・く** [*臼搗く・春く] [自他五] ①(文) 절구질하다 ②해가 지려고 하다

**うすっぺら** [薄っぺら] [形動] (ロ) ①매우 얇퍅함, 얇다람¶ ~な紙 얕다란 종이 ②경박함, 천박함¶ ~な思想 천박한 사상

**うすで** [薄手] ①얇음, 얇퍅함¶ ~の茶碗 얇퍅한 공기 ②천박함, 경박함¶ ~なドラマ 경박한 드라마 II [名] [文] 가벼운 상처, 경상¶ ~を負う 경상을 입다

**うすにく** [薄肉] ①'薄肉色'의 준말, 엷은 살색 ②[美] '薄肉彫り'의 준말, 얕은 돋을새김 ③[歌] (歌舞伎에서) 황토를 태운 가루를 분과 섞어 발라 분홍색을 띠게 하는 화장

**うすのろ** [薄鈍] [名] [形動] (ロ) 지능이 좀 낮고 둔함, 멍청함, 멍청이¶ ~な動作 멍청한 동작

**うすば** [薄刃] ①칼날이 얇음 ②날이 얇은 식칼

**うすばか** [薄馬鹿] 좀 바보스러움, 멍청이, 얼간이

**うすばかげろう** [薄羽 ¦ *蜉蝣] [動] 명주잠자리

**うすび** [薄日] 엷은 햇살¶ ~がさす 엷은 햇살이 비치다

**うすべり** [薄緣] 휘갑친 돗자리

**うずまき** [渦巻] ①소용돌이 = うず¶ ~に巻き込まれる 소용돌이에 휘말리다 ②소용돌이 모양・무늬¶ ~模様 소용돌이 무늬 ③소용돌이치는 듯한 움직임¶ 戦乱の~ 전란의 소용돌이

**うずま・く** [渦巻く] [自五] ①소용돌이치다¶ 波が~ 파도가 소용돌이치다 ②격렬하게 뒤섞여 움직이다¶ 不満の声が~ 불만의 소리가 소용돌이치다

**うずま・る** [埋まる] [自五] ①묻히다, 파묻히다¶ 道が雪で~ 길이 눈에 파묻히다 ②(장소가) 꽉차다, 메워지다¶ 会場が群衆で~ 회장이 군중으로 꽉차다

**うずみひ** [*埋(み)樋] 땅에 묻은 통수관

**うずみび** [*埋(み)火] [文] (잿속에) 묻어 둔 숯불, 잿불 = いけぼく

**うすめ** [薄目] [名] 얇퍅함, 연함, 좀 싱거움¶ ~の味 좀 싱거운 듯한 맛/ ~に塗る 좀 연하게 칠하다

**うすめ** [薄目] 실눈¶ ~を開ける 실눈을 뜨다

**うす・める** [薄める] [他下一] 묽게 하다, 엷게 〔연하게〕 하다¶ 水で~ 물로 묽게 하다

**うず・める** [埋める] [他下一] ①묻다, 파묻다¶ 金塊を~ 금괴를 파묻다 ②(장소를) 채우다, 메우다¶ 会場を~・めた大

うす もの【薄物】얇은 옷감, 얇은 옷

うずも・れる【*埋(も)れる】[自下一] ①묻히다, 파묻히다¶雪に~れた村 눈에 파묻힌 마을 ②(세상에) 드러나지 않다¶~・れた人材 숨은 인재

うす よう【薄様】①【薄葉】얇게 뜬 고급 안피지(雁皮紙) ②천의 끝에서 다른 쪽 끝으로 점점 엷게 물들이는 염색법, 바림염색

うすよご・れる【薄汚れる】좀 더러워지다, 꾀죄죄해지다¶~・れた身なり 꾀죄죄한 옷차림

うす ら【薄ら】【造語】(명사·형용사에 붙어) ①얇은, 엷은, 희미한, 어렴풋한¶~明かり 희미한 불빛/~笑い 엷은 웃음 ②좀, 어쩐지, 어딘지¶~寂しい 좀 쓸쓸하다

うずら【*鶉】[動] 메추라기¶【歌舞伎など】극장에서) 아래층 양쪽 좀 높게 만든 관람석

うすら・ぐ【薄らぐ】[自五] 덜해지다, 적어지다, 약해지다¶痛みが~ 아픔이 덜해지다

うすら さむ・い【薄ら寒い】[形] 으스스하게 춥다, 좀 춥다¶火の気もなく~部屋 불기도 없이 으스스하게 추운 방

うすら わらい【薄ら笑い】 → 薄笑い

うす・れる【薄れる】[自下一] 약해지다, 적어지다, 사라져 가다, 희미해지다/色が~ 색이 희미해지다/期待が~ 기대가 사라져 가다

うす わらい【薄笑い】[名][自サ] (사람을 무시하는) 엷은 웃음, 비웃음¶~を浮かべる 비웃음을 띠우다

う せい【*迂生】[代][文] (편지에서) 자기를 낮추어 쓰는 말, 우생(愚生), 소생

うせい【雨声】[文] 빗소리 = あまおと

う せつ【右折】[名][自サ] 오른쪽으로 꺾임, 우회전 ⇔左折¶~禁止 우회전 금지

う せもの【*失せ物】[文] 잃어버린 물건, 분실물

う・せる【*失せる】[自下一] ①[文] 없어지다, 사라지다, 가시다¶熱意が~ 열의가 없어지다/血の気が~ 핏기가 가시다 ②죽다 ③「行く・去る」의 막된말, 꺼지다¶とっと と~・せろ 냉큼 꺼져라

うぜん【羽前】일본의 옛지명, 지금의 山形현 대부분 지역

うそ【*嘘】①거짓말¶~をつく 거짓말을 하다 ②엉터리, 틀림, 잘못¶~の字を書くくては~だ 그렇게 나와서 온당하지/ここで引き下がっては~だ 여기서 물러난다는 것은 말도 안 된다 **一の皮** 새빨간 거짓말

(慣用句)

**一から出た実** 거짓말이었던 것이 우연히 사실이 됨

**一も方便** 거짓말도 (하나의) 방편

うそ【*獺】[動] 「かわうそ」의 딴이름

うそ【*鷽】[動] 피리새

うそ【造語】좀, 약간, 어쩐지¶~寒い 좀 춥다/~寂しい 어쩐지 쓸쓸하다

うそう【有相】【佛】유상. 개별적인 형상이 있음, 그런 형상 **一無相**【佛】유상 무상, 형태가 있는 것과 없는 것

うそう うそう【圖】[文] 두리번두리번, 서성서성¶~と歩きまわる 서성거리며 돌아다니다/~とあたりを見回す 두리번거리며 주위를 둘러보다

う ぞう むぞう【有象無象】①【佛】유상무상, 형태가 있는 것과 없는 것 ②어중이떠중이¶~の世の中 어중이떠중이의 세상

うそ さむ・い【うそ寒い】[形][文] 좀 춥다, 으스스하다 = うすら寒い¶晩秋の~日 늦가을의 으스스한 날

うそ じ【*嘘字】틀린 글자, 엉터리 글자

うそ つき【*嘘吐き】거짓말을 함, 거짓말쟁이¶~は泥棒の始まり 거짓말하는 것은 도둑놈 될 장본

うそ っぱち【*嘘っぱち】[口] 거짓부렁¶そんなのに決まっている 그런 건 거짓부렁이 틀림없다

うそ はっけん【*嘘発見器】거짓말 탐지기

うそを並べる【*嘘八百】거짓말투성이¶~を並べる 온갖 거짓말을 늘어놓다

うそぶ・く【*嘯く】[自五] ①시치미떼다, 딴전부리다¶そうですかねえとて~ 그런가요 하며 시치미를 떼다 ②큰소리치다, 호언 장담하다¶柔道は五段だと~ 유도 5단이라고 큰소리치다 ③[文] 으르렁대다, 포효하다¶虎の~声 호랑이가 포효하는 소리

うた【歌】①【*唄】노래¶船~ 뱃노래/~を歌う 노래를 부르다 ②시·短歌などの 총칭, (특히) 和歌など¶~を詠む 和歌를 읊다

うた あわせ【歌合(わ)(せ)】[文] (平安 시대에 귀족들이) 두 패로 나뉘어 和歌를 한 수씩 지어 서로 우열을 겨루던 놀이

うたい【謡】[藝] 能楽에 맞추어 부르는 가사, 그것에 가락을 붙여 노래함

うだい【宇内】[文] 천하, 세계¶~に覇を唱えるを夢にも覇を主張하다

うたい あ・げる【歌(い)上げる】[他下一] ①(시·노래로) 표현하다, 노래하다¶自然の美を~ 자연의 아름다움을 노래하다 ②끝까지 노래하다¶愛の歌を朗々と~ 사랑의 노래를 낭랑하게 끝까지 노래하다 ③【謳(い)上げる】[文] 자랑스럽게 찬미하다¶自由の校風を~ 자유로운 교풍을 찬양하다

うたい て【歌い手】노래를 잘 부르는 사람, 가수¶巧みな~ 능숙한 가수/彼はなかなかの~だ 그는 노래깨나 부른다

うたいめ【歌い女】[文] 노래나 춤으로 흥을 돋우는 것을 직업으로 삼는 여인

うたい もの【謡物】[藝] (謡曲·長唄 등) 가사에 가락을 붙인 노래의 총칭

うたい もんく【*謳い文句】표어, 캐치프레이즈, 선전 문구¶福祉の増進を~にする 복지의 증진을 표어로 내세우다

**うた・う** [歌う] Ⅰ 他五 ①[´謡う・´唄う] 노래부르다, 노래하다¶ 演歌を~ 演歌를 부르다/三味線に合わせて~ 三味線에 맞추어 노래하다 ②[´詠う] (시가를) 읊다¶ 旅の心を~ 여정을 읊다 ③[´謳う] 강조해서 말하다, 주장하다¶ 日本の憲法は戦争放棄を~ っている 일본은 헌법에서 전쟁 포기를 주장하고 있다 ④[´謳う] 구가하다¶ 太平の世を~ 태평성대를 구가하다 Ⅱ 自五 (새가) 울다, 지저귀다¶ ウグイスが~ 휘파람새가 지저귀다

**うだうだ** 副 (口) 구시렁구시렁, 이러쿵저러쿵¶ ~言ってないで早くしなさい 구시렁거리고 있지 말고 빨리 해요

**うたがい** [疑い] ①의문, 의심¶ ~を抱く 의문을 품다 ②불확실한 점¶ ~なし 틀림없음 ③혐의¶ ~をはらす 혐의를 풀다

**うたがいなく** [疑い無く] 副 의심할 여지 없이, 틀림없이¶ ~こちらの方が得だ 틀림없이 이쪽이 득이다

**うたかいはじめ** [歌会始(め)] 매년 1월 중순에 궁중에서 여는 새해 첫 和歌 모임

**うたがいぶか・い** [疑い深い] 形 의심이 많다¶ ~たち 의심이 많은 성질

**うたが・う** [疑う] 他五 의심하다 ①(사실 여부에) 의문을 품다¶ 記事の内容を~ 기사의 내용을 의심하다 ②확실치 않다고 생각하다¶ 誠意を~ 성의를 의심하다 ③수상쩍다고 여기다, 혐의를 두다¶ 犯人ではないかと~ 범인이 아닌가 하고 의심하다

**うたがうらくは** [疑うらくは] 副 (文) 의심하건대, 아마도

**うたかた** 〈泡沫〉 (文) ①포말, 물거품 ②名 (出) 덧없음, 허무함¶ ~の夢と消えさった 덧없는 꿈으로 사라졌다

**うたがら** [歌柄] 노래・和歌의 품격

**うたガルタ** [歌ガルタ] 和歌를 적은 놀이 카드, 그것으로 하는 놀이

**うたがわし・い** [疑わしい] 形 의심스럽다, 수상쩍다¶ ~行為 수상쩍은 행위/実現が~ 실현은 의심스럽다

**うたぎれ** [歌切(れ)] 명필이 쓴 가집에서 시가의 일부를 잘라낸 부분

**うたぐち** [歌口] ①和歌를 읊는 솜씨, 그 솜씨가 뛰어남 ②(피리의) 취구(吹口)¶ ~に唇を当てる 취구에 입술을 대다

**うたぐりぶか・い** [´疑り深い] 形 (口) 의심이 많다¶ ~性質 의심이 많은 성질

**うたぐ・る** [´疑る] 他五 (口) 의심하다¶ 彼の心を~ 그의 마음을 의심하다

**うたげ** [´宴] (文) 연회, 잔치

**うたごえ** [歌声] 노랫소리¶ ~が聞こえる 노랫소리가 들리다

**うたごころ** [歌心] (文) ①和歌를 지어보려는 마음, 시심(詩心)¶ ~をそそられる 시심이 우러나다 ②和歌에 대한 이해・소양, 시정(詩情)¶ 多少の~はある 다소의 시정은 있다 ③和歌의 의미・내용

**うたた** [転た] 副 (文) 더욱, 한층= ますます¶ 山川草木も~荒涼 산천 초목이 더욱 황량하구나/~今昔の感にも堪えない 한층 금석지감을 억누르지 못하다

**うたたね** [転た寝] 선잠, 앉은 잠= 仮寝

**うだち** [´梲] [建] ①[卯建] 맞배지붕 위에 합각머리의 벽을 높게 올리고 작은 지붕을 설치한 것 ②동자기둥, 쪼구미

**うだつ** [´梲] [建] → うだち

慣用句

**-が上がらぬ** (늘 눌려 있어) 빛을 보지 못하다, 뜻한대로 출세하지 못하다

**うたびと** [歌人] (文) 가인, 和歌의 시인, 시인

**うたひめ** [歌姫] 여자 가수, 여류 성악가

**うたまくら** [歌´枕] ①예로부터 和歌의 소재가 된 명승지 ②(文) 和歌의 소재가 되는 말이나 명승지 이름을 모은 책

**うたものがたり** [歌物語] (文) (平安 시대에 발달한) 和歌를 중심으로 짧은 설화를 모은 이야기 문학, 그런 이야기를 모은 것

**うたよみ** [歌詠み] (文) 和歌의 시인, 가인

**うだ・る** [´茹(だ)る] 自五 ①삶아지다, 삶기다 ②(더위로) 축 늘어지다, 녹초가 되다¶ 猛暑に~ 심한 더위로 녹초가 되다

**うたわ・れる** [転わ・れる] 自下一 ①좋은 평판을 얻다¶ 名人と~ 명인이라는 평을 얻다 ②명문화되다¶ 憲法に~・れている 헌법에 명문화되어 있다

**うち** [打ち] 腰頭 《동사에 붙어》 ①뜻을 강조함¶ ~続く 계속되다/~沈む 풀이 죽다 ②조금, 가볍게, 살짝¶ ~見る 슬쩍 보다

**うち** [内] Ⅰ 名 안 ①내부, 안쪽, 속¶ ~ポケット 안주머니 ②(한정된 범위) 가운데, 중¶ 学生の~から選ぶ 학생 중에서 고르다 ③(일정한 시간・수량) 동안, 사이, 이내¶ 若い~ 젊었을 동안/ 朝の~ 아침 나절 ④마음 속, 심중¶ ~に秘めた闘志 심중에 간직한 투지 ⑤우리, 나¶ ~の会社 우리 회사 ⑥[´家] 자기 집, 가정¶ ~へ帰る 집으로 돌아가다 ⑦[´家] 가옥, 집, 주택¶ この辺の~は古い 이 근처의 가옥은 낡았다 ⑧(文) 궁궐, 궁중 ⑨(文) 天皇을 Ⅱ 代 (人称) (方) 나, 저¶ ~はわからんん 난 몰라

**うちあげ** [打(ち)上げ] ①쏘아 올림, 발사¶ 人工衛星の~ 인공 위성의 발사 ②(일・흥행을) 마침, 종료¶ ~式 종료식/芝居の~ 연극의 종연 **一花火** 공중으로 쏘아 올리는 불꽃

**うちあけばなし** [打(ち)明け話] 숨김없이 털어놓는 이야기

**うちあ・ける** [打(ち)明ける] 他下一 털어놓다, 고백하다¶ 人知れぬ悩みを~ 남 모르는 고민을 털어놓다

**うちあ・げる** [打(ち)上げる] 他下一 ①쏘아 올리다, 쏘아 올리다¶ ロケットを~ 로켓을 쏘아 올리다 ②(파도가) 밀려오다 ③(일・흥행 등을) 마치다, 종료하다¶ 地方公演を~ 지방 공연을 마치다

**うち あわせ**【打(ち)合(わ)せ】①타합, 협의, 미리 상의함¶〜どおりに運ぶ 협의한 대로 진행되다 ②【服】옷의 터놓은 곳이 겹쳐진 부분

**うち あわ・せる**【打(ち)合(わ)せる】他下一 ①미리 상의하다, 협의하다¶手筈を〜せておく 절차를 협의해 두다 ②(물건을) 맞부딪치다¶グラスを〜せて乾杯する 잔을 맞부딪쳐 건배하다 ③(접근시켜 잘) 붙이다, 모으다¶かかとを〜 발뒤꿈치를 모으다

**うち いり**【内入(り)】①내입, (빚·대금 등의) 일부를 갚는 일= 内払い ②수입

**うち いり**【討(ち)入(り)】(적진으로) 쳐들어감, 습격¶赤穂義士の〜 赤穂 의사의 습격/〜を果たす 습격을 완수하다

**うち いわい**【内祝(い)】집안 사람끼리의 축하 행사¶(출산·결혼 등) 집안의 경사 때 선물함, 그런 선물

**うち うち**【内内】名 집안 사람끼리 함, 내밀히 함= ないない¶〜の話 내밀한 이야기/〜にすませる 집안 사람끼리 끝내다

**うち うみ**【内海】①내해 ②호수= 湖

**うち お**【打(ち)緒】여러 가닥으로 꼰 끈

**うち おと・す**【打(ち)落(と)す】他五 ①두들겨서(때려서) 떨어뜨리다¶木の実を竹竿で〜 나무 열매를 장대로 때려 떨어뜨리다 ②【撃ち落とす】쳐서(베어) 떨어뜨리다¶敵の首を〜 적의 목을 베어 떨어뜨리다 ③【撃ち落とす】쏘아 떨어뜨리다¶鳥を銃で〜 새를 총으로 쏘아 떨어뜨리다

**うち かえ・す**【打(ち)返す】I 他五 ①받아치다, 되받아 넘기다, 반격하다¶ボールを〜 공을 되받아 넘기다 ②(헌 솜을) 타다, 틀다¶古い綿を〜 헌 솜을 타다 ③(논·밭을) 갈다¶畑を〜して種をまく 밭을 갈아 씨를 뿌리다 II 自五 (파도가) 되밀려오다¶岸辺に〜波 바닷가로 되밀려오는 파도

**うち かけ**【打(ち)掛(け)·裲襠】①(江戸 시대의) 무가(武家) 부인의 예복= かいどり ②(平安 시대에) 조정의 의식 때 무관이 속대 위에 입던 조기 모양의 비단옷

**うち かけ**【打(ち)掛(け)】(바둑에서) 그날로 승부가 나지 않을 때 일단 중지하는 일, 봉수

**うち がけ**【内掛(け)】相撲 안다리걸기

**うち がし**【内貸し】名 他スル (임금·보수의) 일부를 미리 지불함, 선불[가불]해 줌

**うち か・つ**【打(ち)勝つ】自五 ①【打(ち)克つ】이겨내다, 극복하다¶けがに〜 부상을 이겨내다/貧乏に〜 가난을 극복하다 ②(타력으로) 압도해 이기다¶打撃戦のすえついに〜った 타격전 끝에 드디어 이겼다

**うち かぶと**【内冑·内兜】①투구 차양의 안쪽¶〜を射させる 투구 차양의 안쪽을 쏘아 맞히다 ②내부 사정, 내막, 약점= よわみ

慣用句
**ーを見透かす** 상대방의 내막[약점]을 간파하다

**うち がま**【内釜】목욕탕의 불을 때는 솥이 욕조 내부에 붙박이로 설치되어 있는 것, 아궁이가 욕실 내에 있는 구조

**うち がり**【内借り】名 他スル (임금·보수의) 일부를 선불로 받음, 가불 받음

**うち がわ**【内側】내측, 안쪽, 내부 ⇔ 外側から¶垣根の〜 울타리 안쪽/〜から鍵を掛ける 안쪽에서 자물쇠를 잠그다

**うち き**【内気】내성적임, 암띰¶〜な性格 내성적인 성격

**うち ぎ**【袿】(平安 시대에) 남자는 直衣나 狩衣 밑에 받쳐 입고 여자는 唐衣 밑에 받쳐 입던 옷 ▷「うちき」라고도 함

**うち きず**【打(ち)傷】타박상

**うち きり**【打(ち)切り】중단, 중지¶審議を〜にする 심의를 중지하다

**うち き・る**【打(ち)切る】他五 ①중단하다, 중지하다¶連続ドラマを〜 연속 드라마를 중단하다/交渉をいったん〜 교섭을 일단 중지하다 ②(文) 힘차게 자르다¶枝を〜 가지를 치다

**うち きん**【内金】내입금, 선불금, 계약금¶〜を入れる 선불금을 내다

**うち くだ・く**【打(ち)砕く】他五 ①(文) 쳐부수다, 박살내다¶氷を〜 얼음을 깨부수다 ②꺾어 버리다, 분쇄하다¶敵の野望を〜 적의 야망을 분쇄하다 ③(「〜・いて」의 꼴로) 알기 쉽게 말하다¶〜・いて話す 알기 쉽게 이야기하다

**うち くび**【打(ち)首】참수, 참형¶〜にする 참형에 처하다

**うち けし**【打(ち)消し】①부정하기= 否定 ②【文法】부정¶〜の助動詞 부정의 조동사

**うち け・す**【打(ち)消す】他五 ①부정하다¶人のことばを〜 남의 말을 부정하다 ②없애다, 지우다¶騒音が話し声を〜 소음이 이야기 소리를 지우다

**うち ゲバ**【内ゲバ】(학생 운동 등에서) 파벌내의 세력 다툼 등으로 생기는 폭력 싸움

**うち げんかん**【内玄関】(가족들이 출입하는) 작은 현관 ⇔ 表玄関

**うち こ**【打(ち)粉】①(칼 손질에 쓰는) 숫돌 가루 ②땀띠약 ③반죽을 밀 때 밀방망이 등에 달라붙지 않도록 덧뿌리는 가루

**うち こ・む**【打(ち)込む】他五 ①때려[두드려] 박다, 박아 넣다¶くぎを〜 못을 박다 ②열중하다, 전념하다, 몰두하다¶研究に身を〜 연구에 전념하다 ③(검도 등에서) 공격해 들어가다¶竹刀を〜 죽도로 공격해 들어가다 ④(콘크리트를) 쳐서 넣다¶ビルの基礎を〜 빌딩의 기초를 콘크리트로 다져넣다 ⑤【撃(ち)込む】쏘아맞히다¶大砲を〜 대포를 쏘아맞히다 ⑥(바둑에서) 상대방 포진 속에 뛰어들다 ⑦(테니스 등에서) 내리치다, 내리꽂다¶スマッシュを〜 스매시를 내리치다 ⑧【野】(투수에게) 집중타를 날리다¶〜・まれて降板する 난타당하여 강판하다

**うち ころ・す**【打(ち)殺す】他五 ①쳐죽이다, 때려죽이다 ②【撃(ち)殺す】쏘아 죽이다¶

鳥<sup>とり</sup>を鉄砲<sup>てっぽう</sup>で～ 새를 총으로 쏘아 죽이다
**うち こわし** 【打(ち)殺し·打(ち)壊し】 ①때려부숨, 쳐부숨 ②[史] (江戸 시대에) 군중이 쌀가게·전당포 등을 습격하여 쌀이나 돈을 강탈하거나 싸게 팔라고 요구했던 폭동
**うちこわ·す** 【打(ち)壊す·打(ち)殺す】 他五 ①쳐부수다, 때려부수다¶ 家<sup>いえ</sup>を～ 집을 때려부수다 ②(잘 정돈된 것을) 망쳐 버리다¶ 計画<sup>けいかく</sup>を～ 계획을 망쳐 놓다
**うち しず·む** 【打(ち)沈む】 自五 (文) 몹시 풀이 죽다, 침울해지다, 우울해지다¶ 悲<sup>かな</sup>しみに～ 슬픔에 잠기다
**うちじに** 【討(ち)死に】 名 自スル 싸움터에서 죽음, 전사
**うちす·える** 【打(ち)据える】 他下一 ①(文) 붙박다, 고정시켜 두다 ②때려눕히다¶ 木刀<sup>ぼくとう</sup>で～ 목도로 늘씬하게 때려눕히다
**うちぜい** 【内税】 [経] 소비세[부가세] 포함¶ この価格<sup>かかく</sup>は～です 이 가격은 소비세 포함 가격입니다
**うちたえて** 【打(ち)絶えて】 副 (文) 《(부정의 말이 따리이))전혀, 아주¶ ～連絡<sup>れんらく</sup>もない 전혀 연락도 없다
**うちだか** 【内高】 [史] 江戸 시대 大名<sup>だいみょう</sup>의 실질적인 수입 ⇔ 表高<sup>おもてだか</sup>
**うちだし** 【打(ち)出し】 ①(금속판 등을) 안쪽에서 두들겨 무늬가 겉으로 도드라지게 함, 돋을무늬¶ ～細工<sup>ざいく</sup> 돋을무늬 세공 ②(연극·씨름 등의) 그날의 흥행의 끝¶ ～の太鼓<sup>たいこ</sup>の音<sup>おと</sup> 그날의 종연을 알리는 북소리
**うちだ·す** 【打(ち)出す】 他五 ①발사하다, 쏘기 시작하다¶ 大砲<sup>たいほう</sup>を～ 대포를 발사하다 ②(금속판 등을) 안쪽에서 두들겨 무늬를 겉으로 도드라지게 하다¶ 花模様<sup>はなもよう</sup>を～ 꽃무늬를 겉으로 도드라지게 하다 ③내세우다, 제창하다¶ 特色<sup>とくしょく</sup>を～した辞典<sup>じてん</sup> 특색을 내세운 사전 ④치기 시작하다¶ 太鼓<sup>たいこ</sup>を～ 북을 치기 시작하다
**うちた·てる** 【打(ち)立てる】 他下一 세우다 ①(文) 건립하다¶ 地上<sup>ちじょう</sup>五十階<sup>ごじっかい</sup>のビルを～ 지상 50층의 빌딩을 세우다 ②훌륭히 해내다, 달성하다¶ 新記録<sup>しんきろく</sup>を～ 신기록을 세우다 ③튼튼하게 만들어 내다, 수립하다¶ 文化国家<sup>ぶんかこっか</sup>を～ 문화 국가를 수립하다
**うちちがい** 【打(ち)違い】 ①잘못 침¶ 電報<sup>でんぽう</sup>の～ 전보를 잘못 침/ タイピストの～ 타이피스트의 오타 ②십자형, 엇걸림, 교차됨¶ 板<sup>いた</sup>を～にする 널빤지를 십자형으로 하다
**うちつけ** 名 ①돌연함, 갑작스러움¶ ～の申<sup>もう</sup>し出<sup>で</sup> 갑작스러운 제안 ②노골적임, 드러내 놓음¶ ～に話<sup>はな</sup>す 드러내놓고 이야기하다
**うちつ·ける** 【打(ち)付ける】 他下一 ①(세게) 부딪다, 부딪치다¶ 頭<sup>あたま</sup>を壁<sup>かべ</sup>に～ 머리를 벽에 부딪다 ②(못 등을) 박아 고정시키다¶ 台風<sup>たいふう</sup>に備<sup>そな</sup>えて戸<sup>と</sup>を～ 태풍에 대비해서 문을 박아 고정시키다
**うちつづ·く** 【打(ち)続く】 自五 (文) (죽) 계속되다¶ ～地震<sup>じしん</sup> 계속되는 지진

**うちづら** 【内面】 집안 사람을 대하는 얼굴·태도 ⇔ 外面<sup>そとづら</sup>¶ ～がいい 집안 사람을 대하는 품이 부드럽다
**うちつ·れる** 【打(ち)連れる】 自下一 (文) (흔히 「～·れて」의 꼴로) 함께 가다, 동반하다¶ 仲間<sup>なかま</sup>と～·れて飲<sup>の</sup>みにいく 동아리와 함께 술 마시러 가다
**うちでし** 【内弟子】 내제자, 스승이 집에 데리고 있는 제자¶ ～をとる 내제자를 두다
**うちでのこづち** 【打(ち)出の小槌】 요술 방망이, 도깨비 방망이
**うちと·ける** 【打(ち)解ける】 自下一 마음을 터놓다, 허물없이 지내다¶ すっかり～した様子<sup>ようす</sup> 아주 스스럼없는 모양/ ～·けて話<sup>はな</sup>し合<sup>あ</sup>う 허물없이 이야기를 나누다
**うち どころ** 【打(ち)所】 ①(몸의) 부딪친 데¶ ～が悪<sup>わる</sup>かった 부딪친 곳이 나빴다 ②지적할[탓할] 데, 흠잡을 곳¶ 非<sup>ひ</sup>の～がない 나무랄 데가 없다
**うちどめ** 【打(ち)止め·打(ち)留め】 ①끝냄, 끝마침¶ そろそろ～にしよう 슬슬 끝내기로 하자 ②(연극·씨름 등의) 흥행을 끝남¶ 地方<sup>ちほう</sup>公演<sup>こうえん</sup>を～にする 지방 공연을 끝내다 ③(パチンコ에서) 일정량의 구슬이 다 나온 기계의 사용을 금지시키는 일
**うちと·める** 【打(ち)止める】 他下一 ①박아서 고정시키다¶ 看板<sup>かんばん</sup>を～ 간판을 박아 고정시키다 ② 【撃(ち)止める】 쏘아 죽이다¶ いのししを一発<sup>いっぱつ</sup>で～ 멧돼지를 한 방에 쏘아 죽이다¶ 【討(ち)止める】 쳐죽이다¶ 一刀<sup>いっとう</sup>のもとに～ 단칼에 쳐죽이다
**うちと·る** 【打(ち)取る·撃(ち)取る·討(ち)取る】 他五 ①(무기로 상대를) 죽이다, 難敵<sup>なんてき</sup>を～ 난적을 쳐죽이다 ②(경기 등에서 상대를) 물리치다¶ 凡打<sup>ぼんだ</sup>に～ 범타로 잡다/ 強豪<sup>きょうごう</sup>を～ 강호를 물리치다
**うちなら·す** 【打(ち)鳴らす】 他五 (종·악기 등을) 두들겨[쳐서] 소리가 나게 하다
**うちに** 【打(ち)荷】 (배가 난파할 위험이 있을 때 안전을 위해) 화물의 일부를 바다에 버림, 투하(投荷)
**うちにわ** 【内庭】 안뜰, 안마당 = 中庭<sup>なかにわ</sup>
**うちぬき** 【打(ち)抜き】 ①쳐서 구멍을 냄, 천공, 천공한 것 ②(판지·판금 등에) 본을 대고 쳐서 본대로 떠냄
**うちぬ·く** 【打(ち)抜く·打(ち)貫く】 他五 ①본을 대고 쳐서 그 모양을 떠내다¶ 玩具<sup>がんぐ</sup>の型<sup>かた</sup>を～ 완구의 틀을 떠내다 ②꿰뚫다, 구멍을 뚫다¶ 山<sup>やま</sup>を～いたトンネル 산을 뚫어 만든 터널 ③끝까지 관철시키다¶ ストライキを～ 스트라이크를 관철하다 ④ 【撃(ち)抜く】 (총을 쏘아) 관통하다¶ 胸板<sup>むないた</sup>を～ (탄환이) 가슴판을 관통하다
**うちのひと** 【内の人·家の人】 남에게 자기 남편을 일컫는 말, 우리집 양반
**うちのめ·す** 【打ちのめす】 他五 ①때려눕히다¶ 挑戦者<sup>ちょうせんしゃ</sup>を～ 도전자를 때려눕히다 ②(재기 불능토록) 큰 타격을 입히다¶ 大敗

に~·される 대패하여 (재기 불능의) 큰 타격을 입다

**うちのもの** [内の者·°家の者] 자기 가족, 자기 아내, 집사람 ③자기 고용인

**うちのり** [内法] ①(용기 등의) 안치수, 안목 ⇔ 外法ホホ ②문지방과 상인방 사이의 거리

**うちはた·す** [討(ち)果(た)す] 他五 ①베어 죽이다, 쳐죽이다 ¶敵将ショッを~ 적장을 쳐죽이다 ②(적을) 모조리 죽이다, 무찌르다

**うちばらい** [内払い] ①내입금을 치러 둠 ②빚의 일부를 우선 치름

**うちはら·う** [打(ち)払う] 他五(文) ①털다, 털어 내다 ¶コートの雪ユキを~ 코트의 눈을 털어 내다 ②[討(ち)払う] 쫓아 버리다, 흩어지게 하다 ¶泥棒ドロボゥを~ 도둑을 쫓아 버리다 ③[撃(ち)払う] 격퇴하다 ¶敵兵テキヘィを~ 적병을 격퇴하다

**うちひも** [打(ち)紐] 여러 가닥을 꼬아 만든 끈, 끈목 = 打ゥち緒ォ·組ウみ紐ヒモ

**うちぶ** [打(ち)歩] 주식·채권의 매매 가격이 액면가를 상회하였을 때의 차액, 할증금, 프리미엄

**うちぶところ** [内懐] ①(일본옷을 입었을 때) 안쪽 ¶~にどすを隠カクす 품에 단도를 숨기다 ②마음속, 내심, 내정, 내막 ¶敵テキの~に飛ビび込コむ 적의 내정으로 뛰어들다 / ~を見ミすかされる 속마음이 드러나다

**うちぶろ** [内風°呂] 건물 안에 있는 목욕탕, 옥내 목욕탕, 자택 욕실 = 内湯ユ

**うちべり** [内耗] ①(곡식을 쩧었을 때) 처음보다 좀 줄어듦, 그 줄어든 양 ②(셈에서) 감소액의 원액(元額)에 대한 비율

**うちべんけい** [内弁慶] 名ケ 집안에서만 큰소리치며 밖에서는 꼼짝 못함, 그런 사람, 횃대밑 사내 ¶~な子供コドモ 집안에서만 큰소리를 치는 아이

慣用句
—の外味噌 집안에서만 큰소리치며 밖에서는 꼼짝 못함, 그런 사람, 횃대밑 사내

**うちぼり** [内堀·内°濠·内°壕] 성안의 해자(垓子)〔이중 해자 중〕 안쪽의 해자 ⇔ 外堀ソトボリ

**うちまく** [内幕] 내막, 내부 사정 ¶~をさらけだす 내막을 속속들이 드러내다 / ~を探サグる 내막을 염탐하다

**うちまご** [内孫] 친손자 ⇔ 外孫ソトマコ

慣用句
—より外孫 친손자보다 외손자

**うちまた** [内°股] ①허벅지 ②안짱다리 걸음 ¶~で歩アルく 안짱다리로 걷다 ③(유도에서) 안다리후리기 ¶~をかける 안다리후리기를 걸다 —膏薬コゥャク 간에 붙었다 쓸개에 붙었다 함, 그런 사람 = 二股タマタ膏薬コゥャク

**うちまわり** [内回り·内°廻り] ①(트랙 등의) 안쪽을 돎, 인코너 달리기 ②(전차 등의 순환선에서) 안쪽을 도는 노선

**うちみ** [打(ち)見] (文) 언뜻 봄 ¶~にはよさそうに見ミえる 언뜻 보기에는 좋아 보인다

**うちみ** [打(ち)身] 타박상 ¶転コロんで~をこしらえた 넘어져서 타박상을 입었다

**うちみず** [打(ち)水] 名 自スル (먼지를 막거나 더위를 식히기 위해) 물을 뿌림, 그런 물 ¶店ミセの~をする 가게 앞에 물을 뿌리다

**うち·みる** [打(ち)見る] 他上一(文) 언뜻 보다 ¶~·みたところ 変カゎったようすはない 언뜻 보기에 달라진 것 같지는 않다

**うちもの** [打(ち)物] ①두드려 만든 날붙이, 도검류 ②두드려 만든 금속 기구, 단조물 ③틀로 찍어낸 과자 ④타악기 —業ギョウ 칼·창 등으로 싸우는 기술

**うちもも** [内°股·内°腿] 허벅지 = うちまた

**うちやぶ·る** [打(ち)破る] 他五(文) ①(때려) 부수다, 쳐부수다 ¶障子ショゥジを~ 미닫이문을 부수다 ②타파하다, 깨뜨리다 ¶迷信メイシンを~ 미신을 타파하다 ③[撃(ち)破る] 격파하다, 쳐부수다 ¶難敵ナンテキを~ 난적을 격파하다

**うちゆ** [内湯] ①(여관이나 주택의) 옥내 목욕탕 ②자택 욕실 = 内フロ

**うちゅう** [宇宙] 우주 ¶~の万物バンブッ 우주의 만물 / ~ステーション 우주 정거장 / ~の果ハて 우주의 끝 —開発事業団カイハッジギョゥダン (1969년 일본이 설립한) 우주 개발 사업단 —科学カガク 우주 과학 —基地キチ 우주 기지 —人ジン 우주인 —塵ジン 우주 먼지 —船セン 우주선 —線セン [物] 우주선 —中継チュゥケイ 위성 중계 —物理学ブッリガク [物] 우주 물리학 —兵器ヘィキ 우주 병기 —論ロン 우주론

**うちゅう** [雨中] 우중, 빗속 ¶~の試合シァイ 우중의 시합

**うちょうてん** [有頂天] ①名 기뻐서 어쩔 줄 모름 ¶ほめられて~になった 칭찬을 받고 기뻐서 어쩔 줄 몰랐다 ②[佛] 유정천. (색계·속계 등) 형상이 있는 세계의 가장 높은 곳

**うちよ·せる** [打(ち)寄せる] I 自下一 밀려오다, 밀어닥치다 ¶波ナミが~ 파도가 밀려오다 / ~群グン 밀어닥치는 군중 II 他下一 (파도가 표류물을 해안으로 실어) 날라 오다 ¶波ナミが流木リュゥボクを~ 파도가 유목을 바닷가로 날라오다

**うちわ** [内輪] ①집안, 집안끼리임 ¶~の会カィ 집안 사람끼리의 모임 ②내부 사정 ¶~の問題モンダイ 내부 문제 ③名 (실제보다) 좀 적은 듯함 ¶~に申告シンコクする 좀 적게 신고하다 —話バナシ 내밀한 이야기 —揉モめ 내분

**うちわ** [団扇°] ①부채 ¶~であおぐ 부채로 부치다 ②「軍配グンパィの団扇ウチヮ」의 준말. 심판이 손에 드는 부채 모양의 도구 ¶~を上アげる 승리의 판정을 내리다 —太鼓ダィコ (日蓮宗ニチレンシュゥ에서 염불할 때 두드리는) 부채 모양의 북

**うちわけ** [内訳] 내역, 명세 ¶~書ショ 명세서 / 支出シシュッの~を聞キく 지출 내역을 듣다

**うちわた** [打(ち)綿] (헌 솜을) 새로 탄 솜

**うちわたし** [内渡し] 내입금(内入金)을 치름

**うつ** [鬱] 音 (音)(음). I (造語) ①초목이 울창하다 ¶鬱蒼ウッソゥ 울창 ②울적하다 ¶鬱積ウッセキ 울적·鬱憤ウップン 울분·沈鬱チンゥッ 침울 ③번성하다 ¶鬱勃ウッポッ 울발 ▷「欝」는 속자 II 울적하다 ¶酒ササで~を散チらす 술로 울적함을 달래다

**う·つ** [打つ] 他五 치다 ①때리다, 부딪치다

¶馬をむちで~ 말을 채찍으로 치다/ 机で腰を~ 책상에 허리를 부딪치다 ②(비•바람이 강하게) 부딪다, 때리다¶ 雨がガラス窓を~ 비가 유리창을 두드리다 ③(두드려) 박다, (힘주어) 꽂다¶ くぎを~ 못을 박다/ 注射を~ 주사를 놓다 ④(논밭을) 갈다, 일구다¶ 田を~ 논을 갈다 ⑤(공을) 날리다¶ ホームランを~ 홈런을 치다 ⑥쳐서 울리다¶ 鐘を~ 종을 치다 ⑦시계가 울려 시간을 알리다¶ 柱時計が一時に~ 벽시계가 1시를 치다 ⑧(두들겨 도검 등을) 만들다¶ 刀を~ 칼을 벼려 만들다 ⑨(다듬어) 세공하다¶ 面を~ 탈을 만들다 (쳐서) 만들다¶ そばを~ 메밀 국수를 치다/ 古綿を~ 헌솜을 타다 ⑪(틀에) 다져 넣어 고정시키다¶ コンクリートを~ 콘크리트를 치다 ⑫자극•감동을 주다¶ 心を~ 演技に心を~ 마음을 감동시키는 연기/ 臭気が鼻を~ 역한 냄새가 코를 찌르다 ⑬(키를) 두드리다¶ 電報を~ 전보를 치다 ⑭(써서) 표시하다, 달다, 찍다¶ 句読点を~ 구두점을 찍다 ⑮(멀리) 던지다¶ つぶてを~ 팔매질하다 ⑯던져 펼치다¶ 網を~ 그물을 던지다 ⑰(물을) 뿌리다, 끼얹다¶ 庭に水を~ 마당에 물을 뿌리다 ⑱(행위•동작을) 하다¶ 寝返りを~ 돌아눕다, 배반하다 ⑲(바둑을) 두다, (노름을) 하다¶ 花札を~ 화투를 치다 ⑳(흥행을) 하다¶ 芝居を~ 연극을 공연하다 ㉑(주기적으로) 뛰다¶ 脈が~ 맥박이 뛰다 ▷ 자동사적으로도 씀 ㉒치르다, 계약하다¶ 手付金を~ 계약금을 치르다 ㉓묶다¶ 罪人に縄を~ 죄인을 포박하다 ㉔강력히 비난, 공격하다¶ 相手方の非を~ 상대방의 비리를 공격하다¶ 不意を~ 허를 찌르다 ㉕과감하게[기세좋게] 행동하다¶ 雪崩だって攻め寄せる 눈사태처럼 우르르 공격해 오다 ㉖(손을) 쓰다, (방도를) 강구하다¶ 先手を~ 선수치다 ㉗가설하다¶ 幕を~ 휘장을 치다 ㉘대결다¶ 制札を~ 금지하는 방을 내붙이다 ㉙(토지를) 측량하다¶ さおを~ 폴을 세워 측량하다 ㉚(안을) 대다, 바르다¶ 紙で裏を~ 종이로 안을 바르다 ㉛{討つ•伐つ} (무기를 써서) 공격하다, 치다, 죽이다¶ 敵を~ 적을 공격하다¶ かたきを~ 원수를 갚다 ㉜{撃つ} 쏘다, 맞히다¶ 鉄砲を~ 총을 쏘다
[慣用句]
一って一丸となる 모두 한덩어리가 되다
うつうつ 副(조는 모양) 깜박깜박 = うつら うつら¶ ~とする 깜박깜박 졸다
うつうつ [*鬱鬱] 형동(文)①울울함, 울적함¶ ~として日々を送る 우울하게 나날을 보내다 ②울창함¶ ~たる森林が広がる 울창한 숲이 펼쳐다
うっかり 副 自スル 깜빡, 무심코, 멍청히¶ ~と秘密をもらす 무심코 비밀을 누설하다/ ~して通りすぎる 깜빡 지나쳐 버리다
うっき [*鬱気] (文) 울기. 답답한 기분, 후련하지 못한 기분
うつぎ [*空木•〈卯木〉] 植 댕강목
うづき [*卯月] 음력 사월
うつくし・い [美しい] 형 아름답다 ①곱다, 예쁘다¶ ~花は 고운 꽃/ ~音色 아름다운 음색 ②(행위•태도가) 훌륭하다¶ ~行い 훌륭한 행위/ ~友情 아름다운 우정
うっくつ [*鬱屈] 名 自スル (불만•불안으로) 울적함, 우울함¶ ~した青春 우울한 청춘/ 気持が~する 마음이 울적해지다
うつけ [*空け•虚け] (文)①멍청함, 멍청이¶ ~者 멍청이 ②속이 빔
うっけつ [*鬱血] 名 自スル 医 울혈
うっけつ [*鬱結] 名 自スル (文) 울결. 가슴이 막혀 답답함, 울적함
うつし [写し] ①베낌, 필사, 필사한 것 ②(문서 등의) 복사, 사본, 부본¶ 証明書の~ 증명서 사본 ③(서화 등의) 모사, 모작품
うつしえ [写し絵] (文)①베낀 그림, 사생화 ②사진, 환등(幻燈)「映うし絵」로도 씀
うつしえ [移し絵] 판박이 그림
うつ・す [写す] 他五 ①베끼다, 모사하다¶ 経文を~ 경문을 베끼다 ②(사진으로) 찍다, 촬영하다¶ スナップ写真を~ 스냅 사진을 찍다 ③(그림•글로) 표현하다, 묘사하다¶ 情景を~ 정경을 묘사하다/ 思いを筆に~ 생각을 붓으로 표현하다
うつ・す [映す] 他五 ①비추다¶ 投影하다¶ 富士が湖水に姿を~ 후지산이 호수에 모습을 비추다/ 鏡にわが身を~ 거울에 자기 몸을 비추다 ②(영상을) 방영하다¶ スクリーンに~した画像が ス크린에 비친 화상
うつ・す [移す] 他五 옮기다 ①이동하다 이전하다¶ 会場を郊外に~ 회장을 교외로 옮기다 ②(배치•소속을) 바꾸다¶ 人事課に~ 인사과로 옮기다 ③(시선•관심을) 돌리다¶ 視線を上座に~ 시선을 상좌로 옮기다 ④(병 등을) 전염시키다¶ 風邪を~ 감기를 옮기다 ⑤(다음 단계로) 밀고 가다¶ 計画を実行に~ 계획을 실행에 옮기다 ⑥시간을 허비하다¶ 時を~さず実行する 지체 없이 실행하다 ⑦{遷す}(天皇の거처•수도를) 천도하다¶ 都を京都に~ 도읍을 교토로 천도하다
うっすら 副 어렴풋이, 희미하게, 엷게¶ ~気づく 어렴풋이 눈치채다/ ~と見える 희미하게 보이다/ 雪が~と積もる 눈이 엷게 쌓이다
うっ・する [*鬱する] 自 サ変 (文) 울적하다, 우울하다¶ 気が~ 기분이 울적하다
うっせき [*鬱積] 名 自スル 울적. (불평 등이) 축적됨, 쌓임¶ 不満が~する 불만이 쌓이다
うつぜん [*鬱然] 副연 ①울창함¶ ~たる原始林 울창한 원시림 ②(세력이) 막강함, 왕성함¶ ~たる勢力 막강한 세력¶ 울적함¶ ~たる気分 울적한 기분
うっそう [*鬱蒼] 울창함¶ ~たる森林 울창한 삼림

うったえ【訴え】 ①호소 ②[法] 소송, (특히) 민사 소송의 청구¶ 離婚の~ 이혼 소송/~をしりぞける 소송을 기각하다

うった・える【訴える】他下一 호소하다 ①고소하다, 소송하다¶ 債務の不履行で~ 채무 불이행으로 고소하다 ②하소연하다¶ 空腹を~ 공복을 호소하다 ③(마음·감각에) 작용하다¶ 人々の理性に~ 사람들의 이성에 호소하다 ④(강력한 수단 등을) 쓰다¶ 腕力に~ 완력에 호소하다

うっちゃらか・す【打っ遣らかす】他五 (俗) 내팽개치다, 방치하다¶ ~ ほったらかす¶ やりかけた仕事を~ 시작한 일을 내팽개치다

うっちゃり【打っ遣り】①[相撲] 씨름판 가장자리까지 밀렸다가 상대방을 씨름판 밖으로 내던지는 수 ②아이가 형세를 역전시킴¶ ~をくう 막판에 역전당하다

うっちゃ・る【打っ遣る·打っ棄る】他五 ①(口)던져버리다, 내던지다¶ 子供がおもちゃを~ 아이가 장난감을 내던지다 ②(口)팽개치다, 방치하다¶ 仕事を~ったままにしておく 일을 팽개친 채로 내버려 두다 ③[相撲] 씨름판 가장자리까지 밀렸다가 상대방을 씨름판 밖으로 내던지는 수 ④막판에 역전시키다¶ 土壇場で~られる 막판에 역전당하다

うつつ【現】(文) ①현실, 생시¶ ~の世 현실 세상/ これは夢か~か 이게 꿈이냐 생시냐 ②본심, 제정신¶ ~とも思えぬ振る舞い 제정신이라고는 생각되지 않는 행위 ③비몽사몽¶ ~ながら聞いた人声 비몽사몽간에 들은 사람 소리

慣用句
ー を 抜かす (놀이 등에 열중하여) 넋을 잃다, 제정신을 잃다

うって【討手】 적 등을 치기 위해 파견된 사람, 토벌대¶ ~を差し向ける 토벌대를 보내다

うって【打っ手】 취해야 할 수단, 손쓸 방법, 대응책¶ ~がない 손쓸 도리가 없다

うってがえし【打って返し】 (바둑에서) 환격 = 打って替え

うってかわ・る【打って変わる】自五 싹 달라지다, 돌변하다¶ 昨日の~とは~った態度 어제와는 싹 달라진 태도

うってつけ【打って付け】[ズ] 안성맞춤임, 알맞음, 걸맞음, 적합함¶ 彼に~の仕事がある 그에게 꼭 맞는 일이 있다

うって・でる【打って出る】自下一 ①공격으로 나가다, 치고 나가다¶ 敵の正面に~ 적의 정면으로 치고 나가다 ②자진해서 나서다, 진출하다¶ 市長選挙に~ 시장 선거에 출마하다

うっとうし・い【鬱陶しい】形 ①(기분·날씨 등이) 울적하다¶ ~気分の기분¶ ~天気で 잔뜩 찌푸린 날씨 ②귀찮다, 성가시다, 거추장스럽다¶ ~仕事 귀찮은 일/ 長い髪が~ 긴머리가 거추장스럽다

うっとり 副 自スル 멍하니, 넋을 잃고¶ ~と見つめる 넋을 잃고 바라보다

うつのみや【宇都宮】栃木현의 현청 소재지

うつびょう【鬱病】[医] 울증, 우울증, (조울병의) 울(鬱)상태 = 抑鬱症 ⇔ 躁病

うつぶ・す【×俯す】自五 ①엎드리다¶ 地に~ 땅에 엎드리다 ②(고개를) 숙이다

うつぶせ【俯せ】①엎드림¶ 布団に~になる 요에 엎드리다 ②엎어놓음¶ ~に置く 엎어놓다

うつぶ・せる【×俯せる】他下一 ①(고개를) 숙이다, 엎드리다 ②엎어놓다¶ 茶碗を~ 공기를 엎어놓다

うっぷん【鬱憤】 울분¶ 積年の~を晴らす 오랜 세월 동안 쌓인 울분을 풀다

うつぼ【靫·空穂】 허리에 차는 화살통, 전동

うつぼ【鱓】[動] 곰치

うつぼかずら【靫葛·靫蔓】[植] 벌레잡이통풀, 네펜데스

うつぼつ【鬱勃】[ト]し (文) (기운 등이) 왕성함¶ ~たる闘志 왕성한 투지

うつむ・かす【俯かす】고개를 숙임, 엎드림¶ ~に寝かす 엎드려 재우다/~加減に歩く 약간 고개를 숙이고 걷다

うつむ・く【×俯く】自五 고개를 숙이다 ⇔ 仰向く¶ 恥ずかしそうに~ 부끄러운듯 고개를 숙이다

うつむけ【俯け】 고개를 숙임, 그런 상태¶ ~に寝かせる 엎드려 재우다

うつむ・ける【×俯ける】他下一 ①(고개를) 숙이다¶ 顔を~ 얼굴을 숙이다 ②(기물의 윗부분을 아래로) 숙이다¶ カメラを~けて写真をとる 카메라를 숙여 사진을 찍다

うつら うつら 副 自スル (졸리거나 열이 나서 의식이 분명치 않은 상태) 깜박깜박¶ ~と車中では~としていた 차속에서는 깜박깜박 졸고 있었다

うつり【映り】①비침, 영상¶ テレビの~がいい 텔레비전의 영상이 좋다 ②(색·무늬 등의) 배합, 배색¶ 柄の~ 무늬의 배합

うつり【移り】①옮김, 이동, 변화, 변천¶ 世の~ 세상의 변천 ②(흔히 「お」를 붙여서) 답례품¶ ~を贈る 답례품을 보내다

うつりが【移り香】 잔향, 옮아 남은 향기¶ 香水の~ 향수의 잔향

うつりかわり【移り変(わ)り】변천, 바뀜¶ 人の世の~ 인간 세상의 변천

うつりかわ・る【移り変(わ)る】自五 (세월에 따라) 바뀌다, 변천하다¶ 世の中が~ 세상이 변천하다

うつりぎ【移り気】名ダ 변덕¶ ~な性格 변덕스러운 성격

うつりばし【移り箸】 반찬과 밥을 번갈아 먹지 않고 반찬을 집어먹은 뒤 곧 다른 반찬을 집어먹는 일 □ 일본 식사 예절에 어긋남

うつ・る【写る】自五 ①(사진이) 찍히다¶ この写真はよく~っている 이 사진은 잘 찍혔다 ②(속이) 비쳐 보이다¶ 薄い紙で下の絵が~ 얇은 종이라서 밑의 그림이 비쳐 보이다

うつ・る【映る】 自五 ①(그림자·빛 등이) 비치다, 반영되다¶鏡に姿が～ 거울에 모습이 비치다 ②(눈에) 비치다, 보이다, 인상을 받다¶彼の態度が人にどのように～か 그의 태도가 남들에게 어떤 인상을 줄까 ③배합·배색이 잘 되다, 어울리다=はえる¶青い服によく～アクセサリー 푸른 옷에 잘 어울리는 액세서리

うつ・る【移る】 自五 ①(다른 곳으로) 옮기다, 이동되다, 이전하다¶新居に～ 새집으로 옮기다 ②(배치·소속이) 바뀌다, 옮기다¶部署を～ 부서를 옮기다 ③(관심·상태가) 변하다, 바뀌다¶興味が～ 흥미가 바뀌다 / 話題が宗教に～ 화제가 종교로 옮겨가다 ④(병 등이) 옮다, 전염되다¶はしかが～ 홍역이 옮다 ⑤(행동으로) 옮아가다¶実行に～ 실행으로 옮아가다 ⑥(시간이) 흐르다, 지나다¶時が～のは早いものだ 세월이 흘러가는 것은 빠르군 ⑦【遷る】(天皇의 거처·수도가) 천도하다¶都が東京に～ 수도가 東京으로 옮겨지다

うつろ〈空虚〉〈空ろ·虚ろ〉Ⅰ名ダ (속이) 텅 빔=からっぽ¶中が～な木 속이 텅 빈 나무 Ⅱ ①공허함, 내용이 없음¶声だけが～に響く 목소리만이 공허하게 울리다 ②멍함, 얼빠짐¶～な顔 얼빠진 얼굴

うつわ【器】 ①그릇, 용기¶～に入れる器 에 담다 ②(무엇인가 할 수 있는) 그릇, 인물, 도량, …감¶社長の～ではない 사장감이 못 된다

うつわもの【器物】 ①그릇, 용기 ②유능한 사람

うで【腕】 ①팔=片～ 외팔 /～を振り回す 팔을 휘두르다 ②능력, 기량, 솜씨, 수완=うでまえ¶～を磨く 기량을 연마하다 / 君の～次第だ 자네의 수완 여하에 달려 있다 ③완력¶～にものをいわせる 완력을 발휘하다 ④가로대¶いすの～ 의자의 팔걸이
慣用句
─が立つ 솜씨가 뛰어나다
─が鳴る 솜씨를 보이고 싶어 좀이 쑤시다
─に覚えがある 솜씨에 자신이 있다
─に磨きをかける 솜씨를 연마하다
─に縒りをかける 있는 솜씨를 다하다
─を上げる 솜씨가 늘다
─を拱く 수수 방관하다
─を振るう 솜씨를 발휘하다

うてき【雨滴】 (文) 빗방울, 낙숫물=雨垂れ
うでぎ【腕木】 완목, 가로대¶電柱の～ 전주의 가로대
うできき【腕利き】 솜씨·능력이 뛰어남, 민완, 민완가, 수완가¶～の刑事 민완 형사
うでくび【腕首】 팔목, 손목=手首
うでぐみ【腕組み】 팔짱¶～をして見守る 팔짱을 끼고 지켜봄
うでくらべ【腕比べ·腕競べ】名自ス 완력·솜씨를 겨룸
うでじまん【腕自慢】名自ス 완력·솜씨를 자랑함, 그런 사람¶～が集まる〔集う〕 자랑하는 사람이 모이다

うでずく【腕尽く】《흔히「～で」의 꼴로》완력을 앞세움, 주먹 다짐으로 함¶～でも奪ってみせる 완력을 써서라도 빼앗아 보겠다
うでずもう【腕相撲·腕〈角〉力】 팔씨름
うでぞろい【腕揃い】 완력·솜씨가 뛰어난 사람이 모여 있음, 실력가가 망라된
うでだっしゃ【腕達者】名ダ 솜씨가 좋음, 그런 사람¶～の面々 솜씨 좋은 사람들
うでだて【腕立て】 완력을 믿고 남과 다툼¶～無用 완력 행사 금지
うでたてふせ【腕立て伏せ】 엎드려 팔굽혀펴기
うでだめし【腕試し】名自ス 실력의 정도를 알아봄, 솜씨를 시험해 봄¶～に受験する 실력을 알아보기 위해 응시하다
うでっこき【腕っこき】 (口) 기량이 매우 뛰어남, 민완, 민완가¶～の記者 민완 기자
うでっぷし【腕っ節】 (口) 힘, 완력¶～が強い 힘이 세다
うでどけい【腕時計】 손목 시계
うてな【台】 ①(전망이 좋은) 높은 집, 누각¶玉の～ 옥루 ②(물건의) 받침대, 대(臺)¶蓮の～ 연화대 ③【植】 꽃받침
うでぬき【腕貫】 ①갈자루 끝에 다는 고리 모양의 가죽 끈 ②(사무·보온용) 토시 ③팔찌=うでわ ④창 자루의 구멍, 물비 ⑤채찍 자루 끝에 붙여 손목을 꿰우는 끈
うてばひびく【打てば響く】連語《흔히「～ような·～ように」의 꼴로》반응이 재빠름¶～ような利口な子 반응이 빠른 영리한 아이
うでまえ【腕前】 솜씨, 기량¶見事な～ 훌륭한 솜씨¶～が上がる 솜씨가 늘다 / ～を発揮する 기량을 발휘하다
うでまくり【腕捲り】名自ス 팔을 [소매를] 걷어붙임¶～して働く 팔을 걷어붙이고 일하다
うでわ【腕輪·腕〈環〉】 팔찌＝ブレスレット
うてん【雨天】 우천, 비오는 날(씨)¶～でも決行する 우천이라도 결행한다 ─順延 우천 순연
うど〈独活〉【植】 두릅 ▷「土当帰」로도 씀
慣用句
─の大木 키 큰 두릅나무, 덩치만 크고 쓸모가 없음의 비유
うと・い【疎い】形 ①(물정에) 어둡다, 잘 모르다¶世事に～ 세상 물정에 어둡다 ②(사이가) 멀다, 소원하다¶去る者は日々に～し 떨어져 있으면 점점 멀어지기 마련이다
うとう【善知鳥】【動】 흰수염바다오리
うとう【右党】 (文) ①우익 정당, 보수 정당 ②(술을 못 마시고) 단것을 좋아하는 사람
うとうと 副自ス 깜박깜박, 꾸벅꾸벅＝うつらうつら¶本を読みながら～する 책을 읽으면서 꾸벅꾸벅 졸다
うとうと・い【疎疎しい】形 (사이가) 서먹서먹하다, 소원하다¶～間柄 소원한 사이
うとそうそう【烏兎匆匆】 (文) 오토 총총. 세월의 흐름이 빠름

うとまし・い [疎ましい] 形 매우 싫다, 역겹다= いとわしい¶声を聞くのも~ 목소리를 듣는 것도 역겹다

うと・む [疎む] 他国 (文) (꺼려) 멀리하다= うとんずる¶みんなから・まれる 모두에게서 따돌림을 당하다

うどん [饂飩] 우동, 가락국수 ―粉 밀가루

うどんげ [優曇華] 우담화 ①[佛] 우담바라 ②[植] 뽕나무과의 낙엽교목 ③천장 등에 슬어 놓은 풀잠자리의 알
慣用句
―の花は [比] 좀처럼 만날 수 없는 행운

うとん・じる [疎んじる] 他上一 → うとんずる

うとん・ずる [疎んずる] 他サ変 (文) (꺼려) 멀리하다, 싫어하다= うとむ・うとんじる

うなが・す [促す] 他国 ①재촉하다, 촉구하다¶注意を~を 주의를 촉구하다/ 返事を~ 대답을 재촉하다 ②촉진하다¶植物の生長を~ 식물의 생장을 촉진하다

うなぎ [鰻] (動) 뱀장어

うなぎ のねどこ [鰻の寝床] 連語 좁고 길쭉한 방

うなぎのぼり [鰻登り・鰻上り] (물가・지위 등이) 마구 뛰어오름¶~の物価が 마구 뛰어오르는 물가/ ~の出世 빠른 출세

うなさ・れる [魘される] 自下一 가위눌리다¶悪夢に~ 악몽에 시달리다

うなじ [項] 목덜미= 襟首

うなじゅう [鰻重] 찬합 윗칸에는 뱀장어 구이를 넣고 아랫칸에는 밥을 넣은 것

うなず・く [頷く・肯く] 自国 ①(고개를) 끄덕이다, 수긍하다¶軽く~ 가볍게 고개를 끄덕이다 ②찬성하다, 승낙하다¶いくら頼んでも~いてくれない 아무리 부탁해도 승낙해 주지 않다

うなだ・れる [項垂れる] 自下一 고개를 떨구다, 머리를 숙이다¶悲しげに~ 슬픈 듯이 고개를 떨구다

ウナでん [ウナ電] 지급 전보

うなどん [鰻丼] [料] 장어덮밥= うなぎどんぶり

うなばら [海原] (文) 넓은 바다, 창해(蒼海)¶青き~ 푸르고 넓은 바다

うなり [唸り] ①신음(소리), 윙윙거리는 소리¶~を発する 신음 소리를 내다/ 機械が~をあげる 기계가 윙윙 소리를 내다 ②연에 달아서 바람으로 소리가 나게 만든 것 ③[物] 맥놀이

うな・る [唸る] Ⅰ 自国 ①신음하다 腹痛で~ 복통으로 신음하다 ②(동물이) 으르렁거리다¶犬が~ 개가 으르렁거리다 ③(기계 등이) 윙윙거리다¶モーターが~ 모터가 윙윙거리다 ④(탄성을 지를 만큼) 감동하다, 감탄시키다 聴衆を~・らせる 청중을 감탄시키다 ⑤남아돌다, 넘쳐흐르다 金が~ほどある 돈이 남아돌 만큼 있다 Ⅱ 他国 (謠曲 등을) 쥐어짜는 듯한 저음으로 노래하다¶一節~ 한 곡을 쥐어짜듯 뽑다

うに [海胆] ①[動] 성게 ②[雲丹] 성게젓

うぬ [`己・`汝] 代 (俗) ①네놈, 이놈 ②나

うぬぼ・れる [`己惚れる・`自惚れる] 自下一 (실력 이상으로) 자부하다, 자만하다¶美人だと~ 미인이라고 자부하다

うね [畝・畦] ①이랑, 밭이랑 ②[服] 천 표면에 난 골

うねうね 副 ①구불구불, 굽이굽이¶~と流れる川 굽이굽이 흐르는 강물 ②높으락낮으락¶~と連なる山並み 높으락낮으락 이어지는 연산 ③넘실넘실¶~と波打つ 넘실넘실 파도치다

うねおり [畝織(り)] (천을) 골이 지게 짬, 그렇게 짠 천

うねめ [采女] [日史] 天皇・皇后를 모시고 잡일을 하던 궁녀

うねり ①굽이침, 굴곡¶~の多い山道 굴곡이 심한 산길 ②높게 이는 파도, 놀¶~が出る 놀이 일다 ③기복, 곡절¶感情の~ 감정의 기복

うね・る 自国 ①(파도가) 넘실거리다, 너울거리다¶波が大きく~ 파도가 몹시 넘실거리다 ②구불구불하다, 굽이돌다¶川が~ 강이 굽이돌다

うのけ [`兎の毛] ①토끼털 ②아주 적음, 털끝¶~ほどの欲もない 털끝만큼의 욕심도 없다
慣用句
―で突いた程 아주 조금, 극소¶~の傷もない 아주 작은 상처도 없다

うのはな [`卯の花] ①[植] 댕강목, 댕강목의 꽃 ②「おから」의 딴이름. 비지

うのみ [`鵜呑み] ①(음식을) 통째로 삼킴 ②(남의 말 등을) 그대로 받아들임¶人の話はな を~にする 남의 말을 그대로 받아들이다

うのめたかのめ [`鵜の目`鷹の目] 먹이를 노리는 날카로운 눈초리

うは [右派] 우파, 보수파 ⇔ 左派

うば [乳母] 유모= めのと¶~にそだてられる 유모의 손에서 자라다 ―車 유모차

うば [`姥] (文) ①늙은 여자, 노파 ②(能楽에서) 노파탈

うばい [優婆`夷] [佛] 우바이 ⇔ 優婆塞

うば・う [奪う] 他国 빼앗다 ①탈취하다¶財布を~ 지갑을 빼앗다/ 自由を~ 자유를 빼앗다 ②(빼앗아) 없애다¶機会を~ 기회를 빼앗다 ③(다투어) 얻다, 획득하다¶リードを~ 리드를 쟁취하다 ④「~・われる」의 꼴로) 사로잡다, (마음을) 빼앗기다¶目を~・われるほどのあでやかさ 눈을 사로잡을 만한 아름다움

うばざくら [`姥桜・`媼桜] ①잎보다 꽃이 먼저 피는 벚나무의 속칭= ひがん桜 ②한창때가 지났는데도 아직 요염한 여자

うばすてやま [`姥捨山] = おばすてやま

うばそく [優婆`塞] [佛] 우바새 ⇔ 優婆`夷

うはつ [有髮] 名 (文) (승려・비구니가) 머리를 삭발하지 않고 있음¶~の尼 머리를 기른 비구니

うばら [`茨] 「イバラ」의 옛이름

うひょう 【雨氷】 【氣】 우빙

うぶ 【ˆ初・〈初心〉】 ㋫ ①숫됨, 순진함¶ そのまま信じるほど～ではない 그대로 믿을 만큼 순진하지는 않다 ②아직 남녀 관계의 경험이 없음¶ ～な娘 숫처녀

うぶがみ 【産神】 【民】 ①산신, 삼신, 삼신 할머니 ②태어난 고장의 수호신= 産土神

うぶぎ 【産着・産ˆ衣】 배냇옷

うぶげ 【産毛】 ①배냇머리 ②(피부의) 솜털¶ 額の～を剃る 이마의 솜털을 깎다

うぶごえ 【産声】 갓난아기의 첫 울음소리, 고고지성¶ ～を上げる 세상에 태어나다

うぶすな 【産ˆ土】 ①태어난 곳, 출생지 ②「産土神」의 준말 ━神 태어난 고장의 수호신= 氏神

うぶや 【産屋】 ①해산 때 부정을 꺼려 따로 지은 집 ②산실, 산방

うぶゆ 【産湯】 갓난아이의 첫 목욕, 그 목욕물¶ ～を使う 갓난아이를 첫 목욕시키다

うべな・う 【ˆ宜う・ˆ諾う】 他五㋫ 승낙하다, 동의하다 快く～ 쾌히 승낙하다

うへん 【右辺】 ①【數】 우변 ②(바둑판의) 오른쪽 부분 ▷ ①② ⇔ 左辺

うほう 【右方】 ①우방, 오른쪽 ②【藝】 한국에서 전래된 무악 = 高麗楽

うま 【ˆ午】 오 ①십이지(十二支)의 일곱째, 말 ②오시 ③오방(午方), 남쪽

うま 【馬】 ①【動】 말 ②말발, 접사다리= ふみ台・ˆ脚立 ③(장기 등의)「桂馬」의 준말 ④「つけうま」의 준말. 음식값・술값을 받아내기 위해 손님에게 딸려 보내는 사람

慣用句
━が合う 마음이 맞다, 의기 투합하다
━には乗ってみよ人には添うてみよ 말은 타 봐야 알고 사람은 겪어 봐야 안다
━の背を分ける 오뉴월 소나기는 쇠 등을 두고 다툰다
━の耳に念仏 쇠 귀에 경읽기, 마이동풍
━を牛に乗り換える 말에서 소로 바뀌타다, 좋은 것을 버리고 나쁜 것을 취하다

うま・い 【ˆ甘い・ˆ旨い】 形 ①맛있다¶ ～菓子 맛있는 과자 ②〈上手〉い・ˆ巧い 잘하다, 솜씨가 좋다¶ スキーが～ 스키를 잘 탄다 ③(자기에게) 좋다, 유리하다, 그럴싸하다¶ ～話はそのそうな만한 말에 속다/ ～・くいかない 잘 되어 가지 않다

慣用句
━汁を吸う 힘 안들이고 실속만 차리다

うまいかだ 【馬ˆ筏】 여러 마리의 말을 늘어 세우고 그것에 의지하여 강을 건너는 일

うまいち 【馬市】 마시, 말 시장

うまうま 副㋫㋣ 감쪽같이, 보기 좋게¶ ～と出しぬかれた 보기 좋게 속아 넘어갔다

うまおい 【馬追(い)】 ①말을 부림, 마바리꾼, 마부 ②(방목장의) 말몰이(꾼) ③「馬追い虫」의 준말 ━虫 【動】 베짱이

うまがえし 【馬返し】 산길이 험해 말을 타고는 갈 수 없는 곳

うまかた 【馬方】 마바리꾼, 마부 = まご

うまごやし 【馬肥し・ˆ苜蓿】 【植】 개자리

うまじるし 【馬印・馬ˆ標】 (옛날 싸움터에서) 장수 옆에 세워 그 위치를 알리던 표지

うまずたゆまず 【ˆ倦まず撓まず】 連語 싫증내거나 게으름피우지 않고, 지칠 줄도 모르고, 꾸준히¶ ～修行を続ける 꾸준히 수행을 계속하다

うまずめ 【〈石女〉】 석녀, 아이를 못 낳는 여자

うまづら 【馬面】 ①말상, 아래위로 긴 얼굴 ②「馬面剝」의 준말 ━剝 【動】 말쥐치

うまとび 【馬跳び】 (아이들의) 말타기 놀이

うまに 【ˆ甘煮・ˆ旨煮】 【料】 생선・고기・채소를 달짝지근하고 진한 맛이 나도록 조린 요리

うまのあし 【馬の足・馬の脚】 【劇】 ①말의 다리 역을 맡는 배우 ②하급「役者」, 서투른 배우

うまのほね 【馬の骨】 ㋫ ①말뼈 ②내력・신원 등을 잘 알 수 없는 사람에 대한 멸칭¶ どこの～とも知れない奴 어디서 굴러먹던 놈인지도 알 수 없는 녀석

うまのり 【馬乗り】 ①승마, 승마하는 사람 ②(말타듯) 올라타팜 ～になって殴りつける 올라타고 두들겨패다

うまぶね 【馬槽】 ①구유= かいばおけ ②큰 물통

うまへん 【馬偏】 (한자 부수의) 말변 ▷ 「駅・駐」등의「馬」부분

うままわり 【馬回り・馬ˆ廻り】 장수가 탄 말의 주위, 그 주위에서 호위하는 기마 무사¶ ～役 말 탄 장수를 호위하는 기마 무사의 역할

うまみ 【ˆ甘味・ˆ旨味】 ①(음식의) 맛¶ ～のある料理 맛깔스런 요리/ 酒の～がわかる 술맛을 알게 되다 ②(기술의) 솜씨, 묘미¶ ～のある芸 묘미가 있는 기예 ③(장사 등에서) 재미, 이익¶ ～のある商売 수지 맞는 장사/ この株はあまり～がない 이 주식은 별로 재미를 볼 수 없다

うまや 【馬屋・ˆ厩】 마구간 ━肥 외양간 두엄

うまや 【駅家・ˆ駅】 【日史】 역참(驛站)

うま・る 【埋(ま)る】 自五 ①묻히다, 파묻히다, 뒤덮이다¶ 雪崩で～ 눈사태로 묻히다/ 花びらに～・った庭 꽃으로 뒤덮인 뜰 (빈곳이) 메워지다, 가득 차다¶ 人で～・った観客席 사람으로 가득 찬 관객석 ③(부족한 것이) 메워지다, 보충되다¶ 欠員が～ 결원이 보충되다/ 赤字が～ 적자가 메워지다 ④막히다, 메워지다¶ 土砂で池が～ 토사로 연못이 메워지다 ▷「うずまる」라고도 함

うまれ 【生(ま)れ】 ①출생, 태어남¶ 明治～ 명치생 ②출생, 집안, 가문¶ 名門の～ 명문 출신/ ～がいい 출신이 좋다 ③태생, 출생지¶ ドイツ～の韓国人 독일 태생의 한국인 ④타고난 것, 천성¶ 陽気な～ 명랑한 천성

うまれお・ちる 【生(ま)れ落ちる】 自上一 (文) 태어나다¶ ～・ちてこのかた 태어난 이래

うまれかわり 【生(ま)れ変(わ)り】 (전생과 다른 모습으로) 다시 태어남, 환생한 것

うまれかわ・る 【生(ま)れ変(わ)る】 自五 ①

다른 모습으로 태어나다, 환생하다¶ 鳥に〜・りたい 새로 다시 태어나고 싶다 ②(성격・행동이) 판판이 되다, 일변하다¶ 〜ったようにおとなしくなる 딴사람이 된 것처럼 얌전해지다

**うまれこきょう**【生(ま)れ故郷】태어난 고장

**うまれそだ・つ**【生(ま)れ育つ】自五 (그곳에서) 태어나서 성장하다¶ 〜・った土地 태어나서 자란 땅

**うまれつき**【生(ま)れ付き】Ⅰ 名 천성, 타고남¶ 〜の性質 타고난 성질/ 音楽的才能は〜だ 음악적 재능은 천성이다 Ⅱ 副 태어날 때부터, 선천적으로＝ 生来¶ 〜器用だ 선천적으로 재주가 있다

**うまれながら**【生(ま)れながら】副 타고남, 천성임, 선천적임¶ 〜にして 선천적으로/ 〜の怠け者 타고난 게으름뱅이

**うまれもつかぬ**【生(ま)れもつかぬ】連語 (사고・병으로) 태어났을 때와는 판이한 모습으로 변해 있음¶ 〜不自由な身となる 태어났을 때와는 판이한 부자유스런 몸이 되다

**うま・れる**【生(ま)れる・産(ま)れる】自下一 ①태어나다, 출생하다¶ 貧乏な家に〜 가난한 집에 태어나다/ もって〜・れた性分 타고난 천성 ②(새로운 것이) 생기다, 만들어지다, 나오다¶ アイディアが〜 아이디어가 생기다/ 必要から発明が〜 필요에서 발명이 나오다

**うみ**【海】①바다¶ 〜の幸 해산물/ 〜にかこまれる 바다로 둘러싸이다 ②일대에 널리 펼쳐져 있는 것¶ 血の〜 피바다/ 一面が火の〜になる 일대가 불바다가 되다 ③연지, 연해
慣用句
―に千年山に千年 →うみせんやません
―の物とも山の物ともつかぬ 어떤 것인지 알 수 없다, 어떻게 될지 예측할 수 없다

**うみ**【膿】①醫 고름, 농¶ 〜を持つ 고름이 들다 ②(조직 내의) 병폐¶ 党内の〜を出す 당내의 병폐를 도려내다

**うみ**【生み・産み】出산, 출산¶ 〜の母 생모/ 〜の苦しみ 산고/ 〜の恩より育ての恩 낳은 은혜보다 길러준 은혜

**うみうし**【海牛】動 갯민숭달팽이

**うみおと・す**【生(み)落(と)す・産(み)落(と)す】他五 낳다, 출산하다＝ 生む¶ 卵を〜 알을 낳다/ 男の子を〜 사내아이를 낳다

**うみがめ**【海亀】動 바다거북의 총칭

**うみさち**【海幸】해산물⇔ 山幸

**うみじ**【海路】(文)＝ かいろ【海路】

**うみせんやません**【海千山千】산전 수전 다 겪음, 그런 사람¶ 〜のやり手 산전 수전 다 겪은 수완가

**うみだ・す**【生(み)出す・産(み)出す】他五 ①낳다¶ 卵を〜 알을 낳다 ②(새것을) 내놓다, 만들어 내다¶ 新製品を〜 신제품을 만들어 내다/ 奇抜なアイデアを〜 기발한 아이디어를 내놓다 ③(결과를) 낳다, 가져오다¶ 利益を〜 이익을 낳다

**うみづき**【産み月】산월, 해산달＝ りんげつ

**うみつ・ける**【生(み)付ける・産(み)付ける】他下一 ①(알을) 낳다, 슬다¶ 木の葉に卵を〜 나뭇잎에 알을 슬다 ②(어떤 모양・성질로) 낳다¶ 愚鈍に〜 우둔한 사람으로 낳다

**うみつばめ**【海燕】動 바다제비

**うみなり**【海鳴(り)】氣 해명¶ 遠くで〜がしている 멀리서 해명이 들려오다

**うみねこ**【海猫】動 괭이갈매기

**うみのいえ**【海の家】①여름 해수욕장을 위해 해변에 지은 가건물¶ 〜が並ぶ 여름용 가건물이 늘어서다 ②바닷가 근처에 피서・휴양 등을 위해 설치된 시설

**うみのおや**【生(み)の親・産(み)の親】①친부모 ②창시자 ▷ ①② ⇔ 育ての親
慣用句
―より育ての親 낳아준 부모보다 길러준 부모, 낳은 정보다 기른 정

**うみのくるしみ**【生(み)の苦しみ・産(み)の苦しみ】진통 ①산고 ②창조해 내는 노고

**うみのこ**【生(み)の子・産(み)の子】친자식

**うみのさち**【海の幸】해산물, 해물⇔ 山の幸

**うみびらき**【海開(き)】해수욕장의 개장, 그 개장일(日)

**うみべ**【海辺】해변, 바닷가¶ 〜に沿って歩く 해변을 따라 거닐다

**うみへび**【海蛇】①바다뱀 ②「うつぼ」의 딴이름

**うみぼうず**【海坊主】①(뱃길을 방해한다는) 바다도깨비 ②動 푸른바다거북

**うみほおずき**【海酸漿】(바다 고둥류의) 알주머니

**うみやま**【海山】①바다와 산¶ 〜のシーズン 바다와 산의 계절 ②名 (은혜・자애심이) 깊고 높음¶ 〜の恩 깊고 높은 은혜

**う・む**【倦む】自五 싫증나다¶ 〜・まずたゆまず努力する 싫증내거나 게을리하지 않고[꾸준히] 노력하다 ②지치다¶ 〜ことを知らぬ 지칠 줄 모르다

**う・む**【熟む】自五 (과일이) 익다, 여물다

**う・む**【膿む】自五 곪다, 화농하다

**う・む**【生む・産む】他五 ①(아이・알을) 낳다¶ 子を〜 아이를 낳다/ 卵を〜 알을 낳다 ②(새것을) 만들어 내다, 생기다, 가져오다¶ 利益を〜 投資 이익을 낳는 투자

**う・む**【績む】他五 (삼・모시를) 삼다

**うむ**【有無】①유무, 있음과 없음＝ 有り無し¶ 予定を〜を聞く 예정의 유무를 묻다 ②승낙과 거절, 가부, 좋고 싫음¶ 結婚式への出席の〜 결혼식 참석의 가부
慣用句
―を言わせず 다짜고짜, 불문곡직하고, 덮어놓고

**ウムラウト**(독 Umlaut)文法 움라우트, 변모음

**うめ**【梅】①植 매화나무 ②매실
慣用句
―が香 매화 향기
―に鶯 (매화나무에 휘파람새처럼) 조화가

うめあわせる

잘 됨, 잘 어울리는 좋은 사이
**うめあわ・せる** [埋(め)合(わ)せる] 他下一 (부족・손실 등을) 메우다, 벌충하다¶ 欠員を～ 결원을 메우다/ 今日ँの失敗を明日ँの成功で～ 오늘의 실패는 내일의 성공으로 벌충한다
**うめき** [埋(め)木] ①[建] 목재의 벌어진 틈을 나뭇조각으로 메움, 그런 나뭇조각 ②「埋め木細工」의 준말 ━細工 쪽매붙임 세공, 나무쪽 세공 ≒ 寄せ木細工
**うめ・く** [呻く] 自五 ①신음하다 ②고심하여 시가(詩歌)를 짓다
**うめくさ** [埋(め)草] (신문・잡지의) 여백을 메우는 기사¶ ～を用意する 여백을 메울 기사를 준비하다
**うめごよみ** [梅暦] 매화꽃
**うめしゅ** [梅酒] 매실주
**うめず** [梅酢] 매실을 소금에 절였을 때 나오는 즙, 매실초
**うめた・てる** [埋(め)立てる] 他下一 (강・바다 등을) 메우다, 매립하다¶ みずうみを～ 호수를 매립하다
**うめづけ** [梅漬(け)] ①매실 절임 ②얇게 썬 무나 생강 등을 梅酢ँ에 절인 식품
**うめばち** [梅鉢] 紋 매화를 도안화한 문장
**うめびしお** [梅^醬] 梅干ँし를 으깨어 설탕을 넣고 갠 식품
**うめぼし** [梅干(し)] 매실장아찌 ━婆ば 쪼그랑 할멈
**うめもどき** [梅^擬] 植 낙상홍(落霜紅)
**う・める** [埋める] 他下一 ①묻다, 파묻다¶ ごみを～ 쓰레기를 묻다 ②(빈 곳을) 메우다¶ 裂け目をコンクリートで～ 갈라진 곳을 콘크리트로 메우다 ③(장소를) 메우다, 꽉차게 하다¶ ファンが会場ँを～ 팬이 회장을 가득 채우다 ④(손해・부족) 메우다, 보충하다¶ 赤字を～ 적자를 메우다 ⑤미지근하게 하다¶ 熱い湯を～ 뜨거운 물을 미지근하게 하다
**うもう** [羽毛] 우모, 깃털¶ ━布団ँ 깃털 이불
**うもれぎ** [埋(も)れ木] ①매목 ━細工 매목 세공 ②(文)(出) 세상에서 잊혀진 처지, 그런 사람¶ 一生ँを～におわる 일생을 세상에서 잊혀진 채 마치다
慣用句
━に花が咲く 죽은 나무에 꽃이 피다, 오랫동안 불우했던 사람이 뜻밖에 출세하는 행운을 만남의 비유
**うも・れる** [埋(も)れる] 自下一 ①매몰되다, 파묻히다¶ 雪ँに～れた家 눈에 파묻힌 집 ②세상에 알려지지 않다, 묻혀 있다¶ ～れた人材 세상에 알려지지 않은 인재
**うもん** [有文] 천에 무늬가 있음 ⇔ 無文ँ
**うもん** [有紋] 옷 등에 가문(家紋)이 붙어 있음, 그런 물건 ⇔ 無紋ँ
**うやうやし・い** [恭しい] 形 공손하다, 정중하다¶ ～態度ँ 공손한 태도/ ～く一礼する 정중하게 절을 하다

**うやま・う** [敬う] 他五 공경하다, 존경하다¶ 師ँと～ 스승으로 공경하다
**うやむや** [有^耶無^耶] 유야무야, 흐지부지함, 애매함¶ 責任の所在を～にしておく 책임의 소재를 유야무야로 해두다/ 話ँが～におわる 이야기가 흐지부지 끝나다
**うゆう** [*烏有] 오유, 전무, 아무 것도 없음
━に帰す 文 오유로 돌아가다, 완전히 없어지다, (화재 등으로) 다 타버리다
**うようよ** 副 自スル (口) 우글우글, 득실득실¶ ミミズが～といる 지렁이가 우글거리고 있다
**うよきょくせつ** [*紆余曲折] 名 自スル ①구불구불함¶ ～した道 구불구불한 길 ②우여곡절¶ 幾多ँの を経て会が結成された 수많은 우여곡절을 거쳐 모임이 결성되었다
**うよく** [右翼] 우익 ①오른쪽 날개 ②(대열・함대의) 오른쪽¶ 敵ँの～を攻撃する 적의 우익을 공격하다 ③보수적・국수적 경향, 그런 사람・단체¶ ～団体ँ 우익 단체 ④[野] 오른쪽 외야, 우익수 ▷ ①～④ ⇔ 左翼ँ ━手 [野] 우익수
**うよく** [羽翼] 文 우익 ①(새의) 날개 ②보좌, 보좌역¶ 社長ँの～ 사장의 보좌역
**うら** [^心] 接頭 《주로 감정을 나타내는 형용사에 붙어》 어쩐지, 어딘지 모르게¶ ～悲しい 어쩐지 구슬프다
**うら** [浦] ①(바다・호수의) 후미, 포구 ≒ 入り江ँ ②바닷가, 해변 ≒ 海辺ँ
**うら** [裏] 뒤 ①눈에 보이지 않는 면¶ 足ँの～ 발바닥 ②뒷면 ～口 뒷문/ 紙ँの～ 종이의 뒷면 ③(옷의) 안, 안감¶ ～を付ける 안감을 대다 ④(건물 등의) 뒤쪽¶ ～庭 뒤뜰/ 家ँの～ 집 뒤쪽 ⑤내부 사정, 내정, 내막¶ 政界ँの～ 정계의 내막 ⑥(겉과) 반대되는 것, 속뜻¶ 相手ँのことばの～をみとる 상대방 말의 속뜻을 알아차리다 ⑦증거, 근거, 뒷받침¶ 自白ँの～ 자백의 뒷받침 ⑧[野] (…회) 말¶ 九回ँの～ 9회 말 ⑨사후, 이면¶ ～取り引き 뒷거래/ ～から頼ँみこむ 배후에서 부탁하다 ⑩[論] 역(逆)
慣用句
━には裏ँがある 이면에는 이면이 또 있다, 내막에는 복잡한 사정이 있다
━を返す ①같은 일을 두 번 하다 ②(유곽에서) 같은 여자를 두 번째 와서 또 부르다 ③「～を返せば」의 꼴로: 뒤집어 말하면
━をかく 문 [허] 허를 찌르다
━を取る (증거를 찾아내어 진위를) 확인하다
**うらあみ** [裏編(み)] (뜨개질의) 안뜨기
**うらうち** [裏打(ち)] 名 他スル ①(종이・천 등의) 안을 댐, 배접¶ 紙ँで～する 종이로 배접하다 ②보강, 뒷받침 ≒ 裏づけ¶ 予測ँを事実ँが～する 예측을 사실이 뒷받침하다
**うらうら** [浦浦] 도처에 있는 바닷가 ≒ 津々ँ ～ 방방곡곡
**うらうら** 副 文 화창하게 ≒ うららか¶ 春ँの日ँが～とさす 봄 햇살이 화창하게 비치다

うら えり [裏襟·裏衿] (겹옷의) 안깃
うら おもて [裏表] ①안팎, 안과 겉¶紙の~ 종이의 앞뒤 ②드러난 표면과 숨은 사실¶政界の~ 정계의 안팎 사정 ③겉과 속이 다름, 표리 부동¶~のある行動 표리 부동한 행동 ④(안과 겉을) 뒤집음= うらがえし¶~に着る (안팎을) 뒤집어 입다
うら かいどう [裏街道] ①뒷길, 샛길 ②(인생의) 뒤안길, 떳떳하지 못한 삶¶~を步んだ半生 뒤안길을 걸어온 반평생
うら がえ·す [裏返す] 他五 (안과 겉을) 뒤집다¶~·して 뒤집어 입다¶シャツを~·して着る 셔츠를 뒤집어 입다
うら がき [裏書(き)] 名 自他サ 이서 ①문서 뒤쪽에 이름이나 증명이 되는 글씨를 씀, 그런 것 ②(사실에 대한) 뒷받침, 입증¶無実の~をする新事実 죄가 없음을 뒷받침하는 새로운 사실 ③[經] (수표·증권 등의) 배서¶手形に~して渡す 어음에 배서하여 건네주다 ④(서화 등의 뒷면에) 내력·감정문 등을 씀, 그런 글씨 —讓渡 어음을 배서해서 양도하기 —手形 [經] 배서하여 양도한 어음 —人 (수표 등의) 배서인
うら かた [裏方] ①무대 뒤에서 일하는 사람, 스태프 ②배후 역할자¶終始~に徹する 처음부터 끝까지 배후 역할자로 일관하다 ③귀인의 아내, 本願寺의 주지의 아내
うら がなし·い [心悲しい] 形文 어쩐지 구슬프다(서글프다)¶~秋の日 어쩐지 서글픈 가을날
うら がね [裏曲·裏矩] (곱자의) 뒷눈금
うら がね [裏金] ①(거래·교섭이 잘 되게 하기 위한) 뒷돈, 비자금¶~が流れる 비자금이 돌고 있다 ②(구두 등의) 징
うら がれ [末枯れ] (文) (가지·잎의) 끝이 시듦, 그런 것
うら が·れる [末枯れる] 自下一 (文) (가지·잎의) 끝이 시들다¶~·れた木立 우듬지가 시든 나무들
うら き [末木] 나무[가지] 끝, 우듬지
うら きど [裏木戸] ①집 뒤쪽으로 난 나무 쪽문 ②(극장 등의) 뒤쪽 출입문
うら きもん [裏鬼門] (음양도에서) 이귀문. 서남방
うら ぎ·る [裏切る] 他五 ①배신하다, 배반하다¶祖國を~行爲 조국을 배반하는 행위 ②(예상·기대 등에) 어긋나다, 저버리다¶予想を~ 예상을 뒤엎다/ 友人の信賴を~ 친구의 신뢰를 저버리다
うら ぐち [裏口] ①뒷문 ⇔ 表口¶こっそり と~からはいる 몰래 뒷문으로 들어오다 ② 부정한 수단·방법, 뒷구멍¶~營業 비밀[불법] 영업 —入學 부정 입학
うら け [裏罫] [版] (조판에서) 괘선의 뒤쪽을 사용한 굵은 선 ⇔ 表罫
うら げい [裏芸] 숨은 재주= かくし芸 ⇔ 表芸¶~をきそう 숨은 재주를 겨루다
うら ごえ [裏声] ①[音] 가성(假聲), 기교적인 높은 목소리= ファルセット¶~で歌う 가성으로 노래하다 ②三味線의 높은 가락보다 낮게 부르는 노랫소리
うら ごし [裏漉し] 名 他スル [料] (조리용) 체, 체로 거름¶~にかける 체로 거르다
うら さく [裏作] [農] 이작, (그루갈이의) 뒷그루= あとさく ⇔ 表作
うら ざと [浦里] (文) 갯마을, 어촌= 漁村
うら さびし·い [心寂しい] 形文 어쩐지 쓸쓸하다, 호젓하다¶~漁村 호젓한 어촌
うら じ [裏地] (옷의) 안감 ⇔ 表地
うら じゃく [裏尺] (곱자의) 뒷눈금= 裏曲
うら じょうめん [裏正面] [相撲] 씨름판 정면 맞은쪽, 그쪽의 관람석
うら じろ [裏白] ①뒷면·안쪽이 흼, 그런 것 ②[植] 풀고사리
うら だな [裏店] (초라한) 뒷골목의 집
うら づけ [裏付け] ①(사실에 대한) 뒷받침, 입증¶~捜査 방증 수사/ 彼のことばの~をする 그의 말을 뒷받침하다 ②(보강을 위해) 종이나 베로 안을 댐, 배접
うら づ·ける [裏付ける] 他下一 뒷받침하다, 입증하다¶事実を~資料 사실을 입증하는 자료
うら て [裏手] 뒤쪽, 뒤편, 배후¶~に回る 뒤쪽으로[배후로] 돌다
うら どおり [裏通り] 뒷골목 ⇔ 表通り
うら どし [裏年] 과일이 잘 열리지 않는 해
うら ない [占い·ト] 점, 점쟁이=~師 점쟁이/ ~に見てもらう (점쟁이에게) 점을 치다
うら な·う [占う·ト] 他五 점치다 ①(길흉 등을) 점쳐 예언하다¶運勢を~ 운수를 점치다 ②(장차의 추세를) 예측하다¶景気の動向を~ 경기의 동향을 예측하다/ 試合の勝敗を~ 시합의 승패를 점치다
うら ながや [裏長屋] 뒷골목의 연립 주택
うら なり [末生り·末成り] ①(덩굴 식물의) 늦깎이, 끝물¶~瓢簞 끝물 호리병박 ② 안색이 창백하고 허약함, 그런 사람
うらにほん [裏日本] 本州의 동해에 면한 지역의 총칭 ⇔ 지금은「日本海側」라 함
うら にわ [裏庭] 뒤뜰, 뒷마당
ウラノス (그 Ouranos) 우라노스 ①(그리스 신화의) 하늘의 신 ②[天] 천왕성
うら はぐさ [裏葉草] [植] 마크령
うら はずかし·い [心恥ずかしい] 形 어쩐지 부끄럽다, 쑥스럽다, 수줍다¶~年ごろ 수줍음을 타는 나이
うら ばなし [裏話] 숨은 이야기, 뒷이야기, 비화¶政界の~ 정계의 비화
うら はら [裏腹] [ナ] 정반대임, 모순됨, 상반됨¶口とは~のやり方 말과는 모순되는 방법
うら ばんぐみ [裏番組] (어떤 프로그램과 같은 시간대에 방송되는) 대항 프로그램
うら ぶ·れる 自下一 ①(文) (영락하여) 초라해지다¶~·れた身なり 초라한 옷차림 ② 슬픔에 잠기다, 풀죽어 있다
うらぼんえ [盂蘭盆会] 우란분재, 음력 7월

うらまち [裏町] 뒷골목 거리

うらみ [恨み・*怨み] ①원망, 원한¶ ～を晴らす 원한을 풀다 ②[憾み] 아쉬움, 불만스러운 점, 유감¶ 時代遅れの～がある 시대에 뒤떨어진 아쉬움이 있다
[慣用句]
―骨髓に徹す 원한이 골수에 사무치다
―を買う 원한을 사다
―を飲む 원한을 꾹 참다, 분을 삭이다

うらみがまし・い [恨みがましい・怨みがましい] 形 원망하는 듯하다, 원망스럽다¶ ～・くにらむ 원망스러운 듯이 노려보다

うらみごと [恨み言・*怨み言] 원망하는 말¶ ～を言う 원망하는 말을 하다

うらみち [裏道] ①뒷길, 골목길 ②샛길 ③옳지 못한 방법, 뒤안길¶ 政界の～ 정계의 뒤안길/～の人生 그늘진 인생

うらみっこ [恨みっこ] (口) 서로 원망함¶ ～なし 서로 원망하지 않기

うらみつらみ [恨みつらみ・怨みつらみ] 쌓이고 쌓인 원한, 갖은 원망¶ ～を並べる 갖은 원망을 늘어놓다/～をぶちまける 쌓이고 쌓인 원한을 털어놓다

うら・む [恨む・*怨む] 他五 ①원망하다¶ 上司を～ 상사를 원망하다 ②[憾む] 애석해 하다, 유감스러워하다, 후회하다¶ 詰めの甘さが～・まれる 마무리가 야무지지 못함이 유감스럽다/ 先輩の死を～ 선배의 죽음을 애석해 하다

うらむらくは [*憾むらくは] 副(文) 유감스럽게도, 애석하게도

うらめ [裏目] ①(주사위에서 어떤 눈의) 반대쪽 눈 ②(예상에 반하는) 나쁜[엉뚱한] 결과¶ ～に出る 기대에 어긋나다

うらめし・い [恨めしい・*怨めしい] 形 ①원망스럽다¶ 友の裏切りが～ 친구의 배반이 원망스럽다 ②유감스럽다, 한스럽다¶ 体の弱いのが～ 몸이 약한 것이 유감스럽다

うらもん [裏門] 뒷문, 후문 ⇔ 表門

うらもん [裏紋] (紋) 약식 가문(家紋)

うらやま [裏山] 뒷산, 뒷동산

うらやまし・い [羨ましい] 形 부럽다, 샘이 나다¶ 他人の幸福が～ 다른 사람의 행복이 부럽다

うらや・む [*羨む] 他五 부러워하다, 선망하다¶ 人の幸福を～ 남의 행복을 부러워하다/ 人も～仲 남들도 부러워하는 사이

うらら [*麗ら] ナ(文) 화창함 = うららか¶ 春の～の隅田川 봄이 화창한 隅田川

うららか [*麗らか] ナ ①화창함¶ ～な日和 화창한 날씨 ②낭랑하고 밝음, 명랑함¶ ～な気分 명랑한 기분/ ～な声で歌う 낭랑하고 맑은 소리로 노래하다

うらわ [浦和] 埼玉현의 현청 소재지

うらわか・い [*心若い] 形 젊디젊다¶ ～娘 젊디젊은 처녀

うらんかな [売らん*哉] 連語 우선 팔고 보자¶ ～の商法 우선 팔고 보자는 상법

うり [*瓜] (참외・오이・수박 등) 박과 식물의 총칭, 그 열매
[慣用句]
―の蔓に茄子はならぬ 오이 덩굴에 가지가 열리지 않는다, 콩 심은 데 콩 나고 팥 심은 데 팥 난다

うり [売り] ①(물건을) 팖¶ 店を～に出す 가게를 팔려고 내놓다 ②(經) (거래에서) 팔기

うりあげ [売(り)上(げ)] 매상, 매상금, 매상고¶ ～金 매상금/ ～がのびる 매상고가 늘다 ―原価 (經) 매상 원가 ―税 (經) 매상세 ―高 (經) 매상고

うりいえ [売(り)家] 팔 집 = うりや

うりいそ・ぐ [売(り)急ぐ] 他五 서둘러 팔다¶ 株を～ 주식을 서둘러 팔다

うりおしみ [売(り)惜しみ] 名 他スル 팔기를 꺼림, 매석¶ 値上がりを見越して～をする 값이 오를 것을 내다보고 팔기를 꺼리다

うりかい [売(り)買い] 名 他スル 팔고 삼, 매매, 거래¶ 株の～が激しくなる 주식의 매매가 활발해지다

うりかけ [売(り)掛け] 외상 판매, 그 대금, 외상값 ―金 (經) 외상 판매 대금

うりかた [売(り)方] ①파는 방법, 판매술¶ 要は～の問題だ 요는 파는 방법의 문제다 ②파는 쪽, 매도측 ⇔ 買い方

うりき [売(り)気] ①팔려는 생각 ②(經) (거래에서) 팔려는 경향, 매기 ▷ ①② ⇔ 買い気

うりき・れる [売(り)切れる] 自下一 다 팔리다, 매진되다¶ チケットが～ 티켓이 매진되다

うりぐい [売(り)食い] 名 自スル (수입이 없이) 가진 것을 팔아서 생활해감¶ ～する生活 가진 것을 팔아서 먹고 사는 생활

うりこ [売(り)子] (백화점・열차 등의) 판매원, 점원¶ 新聞売りの～ 신문팔이/ デパートの～ 백화점 점원

うりごえ [売(り)声] (행상인 등이) 사라고 외치는 소리, 호객하는 소리¶ 八百屋の～ 채소 장수의 사라고 외치는 소리

うりことば [売(り)言葉] 시비 거는 말
[慣用句]
―に買い言葉 오는 말에 가는 말, 폭언에 대해 폭언으로 대꾸함

うりこ・む [売(り)込む] 他五 ①(열심히) 팔다, 판로를 넓히다¶ 新製品を～ 신제품을 팔다 ②널리 알리다, 선전하다¶ 志望する会社に自分を～ 지망하는 회사에 자신을 피아르하다 ③(정보 등을) 팔아 넘기다¶ 情報を～ 정보를 팔아 넘기다

うりざねがお [*瓜実顔] (외씨처럼) 희고 갸름한 얼굴

うりさば・く [売(り)*捌く] 他五 (널리・솜씨 좋게) 팔아 치우다¶ 大量に～ 대량으로 팔아 치우다

うりだし [売(り)出し] ①발매(發賣), 팔기 시작함¶ 新製品の～ 신제품의 발매 ②특

うりだ‧す [売(り)出す] I 他五 ①팔기 시작하다, 발매하다¶ 指定券を～ 지정권을 발매하다 ②대대적으로 팔다, 세일하다¶ 特別価格で～ 특별 가격으로 세일하다 II 自五 유명해지다¶ 歌手として～ 가수로서 유명해지다

うりたた‧く [売(り)叩く] 他五 ①(현금화하기 위해) 밑지고 팔다, 투매하다¶ 現金が欲しいため～ 현금이 아쉬워 밑지고 팔다 ②經 (시세를 하락시키려고) 헐값에 마구 팔다¶ 手持ちの株を～ 가지고 있는 주식을 헐값에 마구 팔다

うりたて [売(り)立て] (소장품 등을) 경매‧입찰 등으로 일정 기간에 처분하기

うりだめ [売(り)溜め] 「売り溜め金」의 준말. 매상금을 모아둠, 그런 돈

うりつ‧ける [売(り)付ける] 他下一 억지로 팔다, 강매하다¶ 会員券を～ 회원권을 강매하다

うりつなぎ [売(り)繋ぎ] ①(품절되지 않도록) 계속 팔기 ②經 (거래에서) 가격 하락으로 인한 손실을 막기 위해 매도를 약정해 두는 일, 연계(連繫) 매매

うりて [売(り)手] 파는 쪽, 매주 ━市場 經 매주 시장, 파는 쪽이 유리한 시장

うりとば‧す [売(り)飛ばす] 他五 아낌없이 팔아 치우다¶ 二束三文で～ 헐값으로 팔아 치우다

うりどめ [売(り)止め] (일시적으로) 판매 중지

うしぬし [売(り)主] 파는 사람, 매주(賣主)

うりね [売値] 파는 값, 매가 ⇔ 買値¶ 安い～ 싸게 파는 값

うりば [売(り)場] ①파는 곳, 매장¶ 切符～ 매표소 ②파는 쪽이 유리한 시기, 팔 시기¶ 今が～だ 지금이 팔 시기다

うりはら‧う [売(り)払う] 他五 전부 팔아 치우다¶ 家屋敷を～ 집과 대지를 몽땅 팔아 치우다

うりふたつ [瓜二つ] ⑦ (두 사람의 얼굴이) 꼭 닮다¶ 上の姉に～ 손위 누님과 꼭 닮다

うりもち [売(り)持ち] 經 외국환 은행이 고객과 외국환 매매를 할 때 은행의 잔고를 초과하여 판 상태 ⇔ 買い持ち

うりもの [売(り)物] ①팔 물건, 매물, 상품 ②(그 사람‧가게의) 자랑거리, 주무기, 장기¶ アフターサービスが～の店 애프터서비스가 주무기인 가게

うりもみ [瓜揉み] [料] 오이 초무침

うりや [売(り)家] → うりいえ

うりょう [雨量] 氣 우량, 강우량, 강수량 ━計 우량계

うりわた‧す [売(り)渡す] 他五 팔아 넘기다 ①매도하다 ②(자기편을 배신하여) 적 쪽에 넘겨주다¶ 味方を敵に～ 동지를 적에게 팔아 넘기다

うる [粳] (곡식이) 찰기가 적은 품종, 메 ＝うる ⇔ 糯 ━米 멥쌀／～あわ 메조

う‧る [売る] 他五 팔다 ①판매하다, 매각하다¶ 切符を～ 표를 팔다／家を～ 집을 팔다 ②배신하다, 배반하다¶ 国を～ 나라를 팔다 ③(세상에 널리) 알리다¶ 名を～ 이름을 떨치다／顔を～ 얼굴을 알리다 ④넘기다, 걸다¶ 恩を～ (억지로) 은혜를 베풀다／けんかを～ 싸움을 걸다

うる [得る] 他下一 ①얻다, 손에 넣다¶ 名声を～ 명성을 얻다 ②…할 수 있다¶ 有りうる～こと은 있을 수 있는 일이다

うるう [閏] 윤 ～二月 윤 2월

うるうづき [閏月] 윤월, 윤달 ＝じゅんげつ

うるうどし [閏年] 윤년 ＝じゅんねん

うるおい [潤い] ①(알맞은) 습기, 물기 ＝しめりき¶ 肌に～がない 피부에 습기가 없다 ②(정신적인) 여유, 윤기, 정감¶ ～のある生活 마음의 여유가 있는 생활 ③(물질적인) 여유, 보탬, 혜택¶ 暮らしに～が生まれる 생활에 여유가 생기다／自然の～を受ける 자연의 혜택을 받다

うるお‧う [潤う] 自五 ①축축해지다, 물기를 머금다¶ 雨で畑が～ 비가 내려 밭이 축축해지다 ②윤택해지다, 풍족해지다¶ ふところが～ 주머니가 두둑해지다／工場誘致で町が～ 공장 유치로 마을이 풍족해지다

うるお‧す [潤す] 他五 ①(마른 것을) 축이다, 축축하게 하다¶ のどを～ 목을 축이다 ②(정신적‧물질적으로) 혜택을 주다, 윤택하게 하다¶ 観光が市の財政を～‧した 관광이 시의 재정을 윤택하게 했다

うるか [鰶鱐] 은어의 내장‧알로 담근 젓갈

うるさ‧い [煩い‧五月蠅い] 形 ①시끄럽다, 소란스럽다¶ 機械の音が～ 기계 소리가 시끄럽다 ②귀찮다, 번거롭다¶ ～手続きで 번거로운 절차 ③거추장스럽다, 성가시다¶ 蠅が～ 성가신 파리／長い毛が～ 머리가 거추장스럽다 ④잔소리가 심하다, 까다롭다¶ 味に～ 맛에 까다롭다

うるさがた [煩型] 매사에 참견하여 말하기 좋아하는 성질, 그런 사람¶ ～がそろう 말 많은 사람들이 (모두) 모이다

うるし [漆] ①植 옻나무 ②옻칠

うるしかぶれ [漆かぶれ] 옻을 탐, 옻이 오름

うるしまけ [漆負け] 옻을 탐, 옻이 오름

うるち [粳] ①멥쌀 ⇔ もち米 ② (곡식이) 찰기가 적은 품종, 메 ＝うる ⇔ もち

ウルトラ (ultra) 造語 울트라 ━C━ 울트라 시 (체조 경기에서) 난이도 C급 이상의 고난도 기술 ③초인간적인 재주, 매우 어려운 일

うる‧む [潤む] 自五 ①물기를 띠다, (습기로) 흐릿해지다¶ 霧雨で眼鏡に窓から～ 이슬비에 창문이 부예지다 ②(눈물로) 글썽이다¶ 目が～ 눈물을 글썽이다 ③울먹이다¶ ～‧んだ声 울먹이는 목소리

うるめいわし [潤目鰯] 動 눈퉁멸 ＝うるめ

うるもち [粳餅] 찹쌀에 멥쌀을 섞어 만든 떡

**うるわし・い** [麗しい] 形(文) ①곱다, 아름답다¶見目も〜 용모가 아름답다 ②(마음씨 등이) 아름답다, 흐뭇하다¶〜光景 흐뭇한 광경／〜友情 아름다운 우정 ③(심기・날씨 등이) 좋다, 맑다¶ごきげん〜・くお帰りになった 심기가 좋으신 가운데 돌아오셨다

**うれあし** [売れ足] (상품이) 팔리는 상태, 팔림새¶〜がおそい 잘 팔리지 않다

**うれい** [憂い・愁い] ①수심, 우수¶〜に沈む 수심에 잠기다 ②불안, 우려, 근심, 걱정¶将来に対する〜 장래에 대한 근심／景気後退の〜がある 경기가 후퇴할 우려가 있다 ③(古) 한탄하고 호소함, 하소연

**うれえ** [憂え・愁え] 우려, 걱정, 근심, 수심

**うれ・える** [憂える・愁える] 他下一 ①(고통 등을) 호소하다 ②우려하다, 걱정하다¶子供の将来を〜 아이의 장래를 걱정하다 ③가슴아파하다, 슬퍼하다, 한탄하다¶気力のなさを〜 기력이 없음을 한탄하다

**うれくち** [売れ口] ①판로¶〜を開拓する 판로를 개척하다 ②취직 자리, 시집갈 곳¶まだ〜が決まらない 아직 혼처[취직 자리]가 결정되지 않다

**うれし・い** [嬉しい] 形 기쁘다 ⇔ 悲しい¶涙が出るほど〜 눈물이 나올 만큼 기쁘다／〜くて夢中になる 기뻐서 어쩔 줄 몰라하다

慣用句
──悲鳴を上げる 즐거운 비명을 지르다

**うれしがらせ** [嬉しがらせ] 남을 기쁘게 해 주는 말・태도¶〜を言う 듣기 좋은 말을 하다

**うれしなき** [嬉し泣き] 名自スル 너무 기뻐서 욺¶〜に泣く 너무 기뻐서 울다

**うれしなみだ** [嬉し涙] 기쁨의 눈물¶〜がこみあげる 기쁨의 눈물이 복받치다

**うれだか** [売れ高] 매상고¶〜が伸びる 매상고가 늘다

**うれっこ** [売れっ子] (俗) 잘 팔리는 사람, 인기 있는 사람¶〜作家 한창 인기 있는 작가

**うれのこり** [売れ残り] ①팔다 남음, 잔품¶バーゲンセールの〜 바겐세일의 잔품 ②(俗) (나이들도록) 시집을 못 간 여자¶〜の年増 시집 못 간 노처녀

**うれゆき** [売れ行き] 팔림새, 판매 추세¶〜がよい 잘 팔리다

**う・れる** [売れる] 自下一 ①팔리다¶野菜がよく〜 채소가 잘 팔리다 ②((〜・れている・〜・れた」의 꼴로)) 널리 알려지다¶名が〜・れた画家 이름이 널리 알려진 화가

**う・れる** [熟れる] 自下一 (과일 등이) 익다, 여물다¶赤く〜・れた柿 빨갛게 익은 감

**うれわし・い** [憂わしい] 形(文) 걱정스럽다, 한탄스럽다, 우려되다¶国の将来が〜 나라의 장래가 걱정스럽다

**うろ** [虚・空] 속이 비어 있는 곳, 공동(空洞)¶古木の〜 고목의 공동

**うろ** [有漏] (佛) 유루, 번뇌에 얽매인 속인

**うろ** [迂路] (文) 오로, 우회로¶〜をたどる 우회로를 따라가다

**うろ** [雨露] (文) ①우로, 비와 이슬¶〜をしのぐ 우로를 피하다 ②큰 은혜¶〜の恩恵 헤아릴 수 없이 큰 은혜

**うろ** [烏鷺] (文) 오로 ①까마귀와 백로 ②흑과 백¶囲碁의 딴이름, 바둑

慣用句
──の争い (바둑에서) 승부를 겨룸, 바둑 시합

**うろうろ** 副自スル ①어정버정, 어슬렁어슬렁¶町中を〜する 시내를 어슬렁거리다 ②허둥지둥¶突然の申し出に〜とする 갑작스런 제안에 허둥지둥

**うろおぼえ** [うろ覚え] 名 희미한[어렴풋한] 기억¶〜の数字 희미하게 기억하는 숫자／〜で話す 어렴풋한 기억으로 이야기하다

**うろこ** [鱗] 動 비늘＝こけら¶〜を落とす 비늘을 벗기다

**うろこぐも** [鱗雲] 비늘구름

**うろた・える** 自下一 당황하다, 허둥거리다, 갈팡질팡하다¶うそがばれて〜 거짓말이 들통나서 당황하다

**うろちょろ** 副自スル (口) (귀찮게 어정거리는 모양) 얼씬얼씬, 어른어른¶家の周りを〜とする 집 주위를 얼씬거리다

**うろつ・く** [彷徨く] 自五 헤매다, 배회하다¶夜の町を〜 밤거리를 배회하다

**うろぬ・く** [疎抜く] 他五 솎다, 솎아내다＝まびく¶大根を〜 무를 솎아내다

**うろん** [胡乱] 名 ダ 확실하지 않음, 애매하고 수상쩍음¶〜な行動 수상쩍은 행동

**うわ** [上・表] (造語) (가치・정도・위치・방향이) 상, 위임, 윗, 웃¶〜役 상사／〜向き 상향／〜値 비싼 값／〜着 윗옷

**うわあご** [上顎] 위턱 ⇔ 下顎

**うわえ** [上絵] ①(염색에서) 희게 남겨놓은 부분에 다른 색으로 그린 그림・무늬 ②(美) (도자기에서) 유약을 발라 구운 뒤에 덧붙여 그린 그림・무늬, 윗그림

**うわおき** [上置き] ①장・책상 등의 위에 얹는 상자 모양의 그릇 ②밥・국수 위에 얹는 반찬

**うわがき** [上書き] 겉에 상대방 주소 성명을 씀, 표서(書書)¶手紙の〜 편지의 겉봉에 상대방 주소 성명을 씀

**うわがみ** [上紙] ①포장지 ②(책의) 표지

**うわかわ** [上皮] 상피, 외피, 표피, 겉가죽, 겉껍질＝うわっかわ

**うわがわ** [上側] ①(물건의) 위쪽 ②표면, 외면, 겉보기＝うわべ¶〜だけで判断する 겉만 보고 판단하다

**うわき** [浮気] 名 ダ 自スル ①변덕스러움, 변덕¶〜で長続きしない 변덕스러워 오래가지 않다 ②바람을 피움, 바람기¶〜な性分 바람기 있는 성격／旅先で〜する 여행지에서 바람을 피우다

**うわぎ** [上着・上衣・表着] ①겉옷 ⇔ 下着 ②상의, 윗도리¶替え〜 갈아입을 윗도리

**うわぐすり** [釉薬・上薬] 유약, 잿물＝ゆうやく¶〜をかける 유약을 바르다

うわくちびる [上唇] 윗입술 ⇔ 下唇した
うわぐつ [上靴] 실내화, 덧신 ＝ うわばき
うわごと [ˣ譫言·ˣ囈言] 헛소리¶ 熱ねつにうかされて〜を言いう 열에 들떠 헛소리를 하다
うわさ [ˣ噂] ①소문, 풍문¶ 〜が立たつ 소문이 나다／ それは〜に過すぎない 그것은 풍문에 불과하다 ②그 자리에 없는 사람에 대해 이러니저러니 이야기함, 남의 말¶ 人ひとの〜も七十五日しちじゅうごにち 남의 말도 석달
[慣用句]
　—をすれば影かげがさす 호랑이도 제 말을 하면 온다
うわさ ばなし [ˣ噂話] 소문, 남의 이야기
うわしき [上敷(き)] 깔개, 돗자리 ＝ うすべり
うわすべり [上滑り] I 名自スル 미끄러움¶ 雨あめで路面ろめんが〜する 비로 노면이 미끄럽다 II 名[ア] 피상적임, 표면적임, 경솔함¶ 〜な知識ちしき 피상적인 지식／〜な行動こうどう 경솔한 행동
うわずみ [上澄み] 윗물, 웃국¶ 酒さけの〜 술의 윗물／〜をすくう 웃국을 걷어내다
うわず・る [上擦る] 自五 (흥분·긴장 등으로) 들뜨다, 달아오르다, 상기되다¶ 気持きもちが〜 기분이 달아오르다／ ・った顔かお 상기된 얼굴
うわせい [上背] 키, 신장¶ 〜がある 키가 크다
うわちょうし [上調子] 名[ア] 침착하지 못함, 경박함＝うわっちょうし¶ 〜な態度たいど 경박한 태도
うわぢょうし [上調子] 名 ①(三味線しゃみせんの 날카로운 소리 ②(三味線 합주에서) 본 가락보다 높게 켜는 가락, 그런 연주자 ③[綱] (거래에서) 시세가 상승 경향에 있음, 상승세
うわつ・く [浮つく] 自五 들뜨다, 들썽거리다¶ 気持きもちが〜 기분이 들뜨다 ②경박한 감이 있다¶ 〜いた風潮ふうちょう 경박한 풍조
うわづつみ [上包(み)] ①겉포장, 포장지 ②편지를 싸는 종이, 겉봉
うわっぱり [っ張り] (일을 할 때 겹쳐 입는) 덧옷, 가운
うわづみ [上積み] 名他スル ①위에 다시 짐을 쌓음, 그런 짐, 웃짐 ②(정해진 수에) 덧보탬, 더 얹어¶ 千円せんえんを〜して妥結だけつした 천엔을 더 얹어 타결됨
うわつら [上面] (口) 표면, 겉, 외양, 피상적인 것＝うわっつら¶ 〜だけでは人ひとは判断はんだんできない 외양만으로 사람을 판단할 수 없다
うわて [上手] I 名 ①위쪽, 상부＝かみて ㉠(땅의) 높은 쪽¶ 坂さかの〜 비탈길의 높은 쪽 ㉡(강의) 상류 ㉢바람이 불어오는 쪽 ②(장기·바둑에서) 상수 ③씨름에서 상대의 팔 바깥쪽에서 샅바를 잡음, 그런 수¶ 〜を取とる 상대방의 팔 바깥쪽에서 샅바를 잡다 ▷ 〜③ ⇔ 下手したて II 名[ア] ①(재능·지식이) 남보다 뛰어남, 상수¶ 彼女かのじょのほうが一枚いちまいも二枚にまいも〜だ 그 사람 쪽이 한 수나 두 수 위다 ②위압적, 고자세임¶ 〜な物言ものいい 위압적인 말투 —投なげ [相] 상대방의 팔 바깥쪽에서 샅바를 잡고 던지는 수 ⇔ 下手投したてなげ —回まわ

し ①뱃머리를 바람 부는 쪽으로 돌려 반대쪽 뱃전에 바람을 맞게 하기 ②[相] 상대방이 내민 팔 위로 잡은 샅바
[慣用句]
　—に出でる 고자세로 나오다, 위압적인 태도를 취하다
うわに [上荷] ①(차·배에) 실은 짐, 적화물 ②짐 위에 더 쌓은 짐, 웃짐
うわぬり [上塗(り)] 名他スル ①마무리칠¶ 壁かべの〜をする 벽의 마무리칠을 하다 ②거듭함, 겹침¶ 恥はじの〜 거듭된 망신
うわね [上値] [綱] (시세보다) 비쌈, 비싼 값¶ 〜を張はる 시세보다 비싸지다
うわのせ [上乗せ] 名他スル 덧붙임, 더 얹음¶ 1万円まんえん〜して支払しはらう 1만 엔으로 얹어서 지불하다
うわのそら [上の空] 名[ア] 건성¶ 〜で話はなしを聞きく 건성으로 이야기를 듣다
うわのり [上乗り] 名自スル (짐의 보호나 하역 작업을 위해) 짐과 함께 탐, 그런 사람¶ トラックの〜をする 트럭의 짐 위에 타고 가다
うわばき [上履(き)] 실내화 ⇔ 下履したばき
うわばみ [ˣ蟒·ˣ蟒蛇] ①큰 뱀, 이무기＝おろち ②(俗) 술고래 —草そう [植] 쐐기풀
うわば・り [上張り·上貼り] 名他スル (미닫이나 벽을) 마무리로 덧바름, 그런 종이나 천
うわべ [上辺] 겉, 겉보기, 외관, 외양¶ 〜を飾かざる 겉을 꾸미다／〜だけではわからない 외관만으로는 알 수 없다
うわまえ [上前] ①겉섶 ⇔ 下前したまえ¶ 〜を合あわせる 겉섶을 여미다 ②(중개해서) 남에게 전해 줄 돈의 일부분
[慣用句]
　—を撥はねる (중개 등으로) 남에게 전해 줄 돈의 일부를 가로채다
うわまわ・る [上回る·上廻る] 自五 웃돌다, 상회하다 ⇔ 下回したまわる¶ 去年きょねんを〜実績じっせき 작년을 상회하는 실적
うわむき [上向き] ①名[ア] 위를 향함¶ 〜に置おく 위를 향해 놓다 ②겉, 겉보기, 외관 ③(경기·수치 등의) 오름세¶ 景気けいきは〜だ 경기가 오름세이다
うわむ・く [上向く] 自五 ①위를 향하다[보다] ②(일이) 궤도에 오르다, 능률이 오르다¶ 仕事しごとの調子ちょうしが〜 일의 능률이 오르다 ③(수치)가 상승하다, 높아지다¶ 視聴率しちょうりつが〜 시청률이 올라가다
うわめ [上目] ①(눈을) 치뜸, 지릅뜸, 치뜬 눈 ⇔ 下目しため¶ 〜を使つかう 눈을 치뜨다 ②(어떤 수량을) 넘음, 초과¶ 千円せんえんより〜だ 1000엔을 넘는다 ③(무게를) 포장째 닮＝かいがけ —遣づかい (눈을) 치떠봄, 지릅뜸¶ 〜に人ひとを見みる 눈을 지릅뜨고 사람을 보다
うわや [上屋·上家] ①기둥과 지붕만 있는 건물 ②(역·부두의) 간이 창고 ③[建] (공사 등을 위해) 건축물의 일부를 덮는 임시 지붕
うわやく [上役] 상사, 윗사람, 상관 ⇔ 下役したやく
うわ・る [植わる] 自五 심어지다¶ 空あき地ち

に花$_{はな}$が~っている 빈터에 꽃이 심어져 있다
**うわん** [右腕] 우완. 오른팔 ⇔ 左腕$_{さわん}$¶ ~投手$_{とうしゅ}$ 우완 투수
**うん** [˟云] 賁ウン 訓いう | (음)운. (造語) 말하다. ¶ 云云$_{うんぬん}$ 운운·云為$_{うんい}$ 운위
**うん** [運] [運] 賁ウン 訓はこぶ | (음) 운. I (造語) ①운, 운수, 명명 ¶ 運命$_{うんめい}$ 운명·幸運$_{こううん}$ 행운 ②나르다, 옮기다¶ 運送$_{うんそう}$ 운송·運搬$_{うんぱん}$ 운반 ③돌다, 돌리다, 움직이다¶ 運行$_{うんこう}$ 운행·運動$_{うんどう}$ 운동·運用$_{うんよう}$ 운용 II 운, 운수, 명명¶ ~がない 운수가 없다
[慣用句]
―が向$_{む}$く 운이 트이다
―の尽$_{つ}$き 운이 다함
―を天$_{てん}$に任$_{まか}$せる 운을 하늘에 맡기다
**うん** [雲] 賁ウン 訓くも | (음) 운. (造語) 구름. ¶ 雲集$_{うんしゅう}$ 운집·青雲$_{せいうん}$ 청운·風雲$_{ふううん}$ 풍운 [黙字語] 雲丹$_{うに}$ 성게 알젓·東雲$_{しののめ}$ 동틀녘
**うん** [感] (口) (긍정·승낙 등을 나타내는) 응, 음, 그래¶ ~, わかった 그래 알았다/ ~, いいよ 음 좋아/ ~, ぼくだよ 응 나야
**うんい** [˟云為] 名 他スル (文) 운위. 언행(言行)
**うんえい** [運営] 名 他スル 운영 ¶ 委員会$_{いいんかい}$の~ 위원회의 운영
**うんえん** [雲煙·雲˟烟] (文) 운연. 구름과 연기, 구름과 안개 ―過眼$_{かがん}$ 운연과안. (구름과 안개가 순식간에 지나가듯이) 사물에 집착하지 않음
**うんか** [˟浮塵子] [動] 멸구
**うんか** [雲˟霞] (文) ①운하. 구름과 안개 ②사람들이 무수히 모인 모양¶ 群衆$_{ぐんしゅう}$が~のごとく押$_{お}$し寄$_{よ}$せる 군중이 구름처럼 모여들다
**うんが** [運河] 운하
**うんかい** [雲海] 운해. 구름바다¶ 眼下$_{がんか}$に~が広$_{ひろ}$がる 눈 아래에 구름바다가 펼쳐지다
**うんき** [˟温気] 열기, 무더운 공기¶ むっとするような~ 숨이 막힐 듯한 열기
**うんき** [運気] ①자연 현상에서 나온다는 운세 ②운기, 운수
**うんき** [雲気] ①운기. 구름의 움직임 ②[藝] (歌舞伎$_{かぶき}$에서) 구름의 모습이나 느낌을 나타냄
**うんきゅう** [運休] 名 自スル 「運転休止$_{うんてんきゅうし}$·運航休止$_{うんこうきゅうし}$」의 준말. 운휴 ¶ 台風$_{たいふう}$で船便$_{ふなびん}$が~する 태풍으로 배편이 운휴하다
**うんきゅう** [雲級] [氣] 운급
**うんげん** [˟繝˟綢·˟暈˟繝] 같은 계통의 색을 엷은 색에서 짙은 색으로 또는 그 반대로 층지게 채색함, 그런 무늬의 직물¶ ~錦$_{にしき}$ 붉은 바탕의 세로줄 사이에 색무늬를 짜 넣은 비단 ―縁$_{べり}$「うんげん錦$_{にしき}$」로 만든 畳$_{たたみ}$의 가선
**うんこ** (俗) 똥= うんち
**うんこう** [運行] 名 自スル 운행¶ 月$_{つき}$の~ 달의 운행/ バスの~時間$_{じかん}$ 버스의 운행 시간
**うんこう** [運航] 名 自スル 운항
**うんざ** [運座] (俳諧$_{はいかい}$에서) 여럿이 모여 俳句$_{はいく}$를 지어 서로 비평하는 모임
**うんさい** [雲際] (文) 운제. 구름의 끝, 먼 하늘
**うんざり** 副 自スル 진저리나게, 지겹게, 지긋지긋하게¶ 甘$_{あま}$い物$_{もの}$はもう~だ 단것은 이제 지겹다
**うんさん** [雲散] 名 自スル (文) 운산. 구름같이 흩어짐 ⇔ 雲集$_{うんしゅう}$ ―霧消$_{むしょう}$ 名 自スル 운산무소. 씻은 듯이 사라짐¶ すべての疑惑$_{ぎわく}$が~する 모든 의혹이 씻은 듯이 사라지다
**うんざん** [運算] 名 他スル (數) 운산. 연산
**うんしゅう** [雲集] 名 自スル (文) 운집. 구름같이 모여듦 ⇔ 雲散$_{うんさん}$¶ 会場$_{かいじょう}$に~した若者$_{わかもの}$たち 회장에 운집한 젊은이들
**うんしゅう みかん** [˟温州˟蜜˟柑] [植] 온주귤
**うんじょう** [運上] [日史] ①(江戸$_{えど}$ 시대에) 상공업·운송업자 등에게 부과하던 세금 ②(鎌倉$_{かまくら}$ 시대에) 공물을 京都$_{きょうと}$로 운송하던 일
**うんしん** [運針] (文) ①(재봉에서) 바늘 쓰는 법, 꿰매는 법 ②바늘땀이 똑바로 나도록 꿰매기 ―縫$_{ぬ}$い 바늘땀이 똑바로 나면서 빠르게 꿰매기
**うんすい** [雲水] 운수 ①구름과 물 ②[佛] 행각승(行脚僧), 탁발승
**うんせい** [運勢] 운세. 운수¶ ~を占$_{うらな}$う 운수를 점치다
**うんそう** [運送] 名 他スル 운송¶ ~業$_{ぎょう}$ 운송업/ 船$_{ふね}$で~する 배로 운송하다 ―状$_{じょう}$ [經] 운송장 ―約款$_{やっかん}$ [經] 운송 약관
**うんそう** [運˟漕] 名 他スル (文) 운조. 배로 짐을 운반함
**うんだめし** [運試し] 운수를 시험해 보기¶ ~に宝$_{たから}$くじを買$_{か}$う 운수보기로 복권을 사다
**うんちく** [˟蘊˟蓄] 온축. 축적해 온 깊은 지식·학식
[慣用句]
―を傾$_{かたむ}$ける 축적해 온 지식을 충분히 발휘하다
**うんちん** [運賃] ①운임¶ ~を引$_{ひ}$き上$_{あ}$げる 운임을 인상하다 ②교통 기관의 이용 요금
**うんでい** [雲泥] 운니 ①구름과 진흙, 하늘과 땅 ②차이가 심한 것 ―の差$_{さ}$ 큰 차이, 천양지차¶ 技量$_{ぎりょう}$に~がある 기량에 큰 차이가 있다
**うんてん** [運転] 名 他スル ①운전¶ ~免許$_{めんきょ}$ 운전 면허 ②(자금 등의) 운용¶ 資金$_{しきん}$の~ 자금의 운용 ―士$_{し}$ ①배의 운항에 종사하는 승무원 ②운전 기사 ―資金$_{しきん}$ 운전 자금 ―手$_{しゅ}$ 운전수. 운전사
**うんと** 副 (俗) 많이, 잔뜩, 실컷, 훨씬, 몹시¶ ~買$_{か}$う 잔뜩 사다/ ~でかい 엄청나게 크다/ 前$_{まえ}$より~減$_{へ}$った 전보다 훨씬 줄었다
**うんどう** [運動] 名 自スル 운동 ①[物] (물체의) 움직임¶ 天体$_{てんたい}$の~ 천체의 움직임 ②(건강을 위해) 몸을 움직임¶ ~不足$_{ぶそく}$ 운동 부족/ ~競技$_{きょうぎ}$ 운동 경기 ③(목적 달성을 위한) 활동¶ 学生$_{がくせい}$~ 학생 운동 ―員$_{いん}$ 운동원 ―エネルギー [物] 운동 에너지 ―会$_{かい}$ 운동회 ―場$_{じょう}$ 운동장 ―神経$_{しんけい}$ 운동 신경 ―方程式$_{ほうていしき}$ [物] 운동 방정식 ―量$_{りょう}$ [物] 운동량
**うんとも すんとも** 連語 (口) (부정의 말이 딸리어) 좋다거나 나쁘다거나, 가타부타¶ ~言$_{い}$わない 가타부타 말이 없다

うんどんこん [運鈍根] (성공하기 위한 조건인) 운수·무딤[둔함]·끈기 = 運根鈍こん

うんぬん [゛云゛云] (文) 운운. 이런저런= しかじか¶ 天には人の上にに~ 하늘은 사람 위에 운운/ ~の事情じょうがある 이런저런 사정이 있다 —する 自他 サ変 운운하다, 왈가왈부하다

うんのう [蘊゛奥] (文) 온오. 학문·기예 등의) 심오한 경지, 오의 = うんおう¶ 学問がんの~を究きめる 학문의 오의를 궁구하다

うんぱく [雲伯] 出雲いずもと伯耆ほうき 지방, 지금의 島根しまね현 동부와 鳥取とっとり현 서부 지방

うんぱん [運搬] 名他スル 운반¶ 荷車くるまで~する 짐수레로 운반하다

うんぴつ [運筆] 운필. 붓놀림 = 筆ふでづかい¶ 力ちからのこもった~ 힘찬 운필

うんぴょう [雲表] (文) 구름 위¶ ~にそびえる山やま 구름 위에 우뚝 솟은 산

うんぷてんぷ [運否天賦] 운을 하늘에 맡김, 운수 소관 = 運任うんまかせ¶ これから先さきは~だ 이제부터 앞으로는 운수 소관이다

うんまかせ [運任せ] 운에 맡김¶ ~でやって見みる 운에 맡기고 해보다

うんむ [雲霧] (文) 운무. 구름과 안개

うんめい [運命] ~を切きり拓ひらく 운명을 개척하다 —論ろん 운명론

うんも [雲゛母] (鉱) 운모 = きらら

うんゆ [運輸] 운수 —業ぎょう 운수업 —省しょう [政] 운수성 —大臣だいじん 운수 대신

うんよう [運用] 名他スル 운용¶ 法ほうの~ 법의 운용/ 資本しほんを~する 자본을 운용하다

うんりゅうがた [雲竜型] [相撲] 横綱よこづなが 씨름판에 등장할 때 왼손을 가슴에 대고 오른팔을 옆으로 뻗는 의식

うんりょう [雲量] [気] 운량. 구름이 하늘을 덮고 있는 비율

# え エ

え 五十音図ごじゅうおんずの「あ」行(行)과 「や」行(行)의 넷째 かな. ひらがな「え」는 「衣」의 초서체, かたかな「エ」는 「江」의 오른쪽을 취한 것

え [゛穢] 會 エ(エ)・ワイ・アイ (음)예. (造語) 더럽히다¶ 穢土えど 예토・汚穢おわい・おえ 오예

え [重] (助数) 중. 겹¶ 二に~三み~ 2중 3중/ いく~にもつつむ 여러 겹으로 싸다

え 終助 ①(긍정문에 붙어) …말이야, …말이지¶ いやだ~ 싫단 말이야/ そう, 行いくぞ~ 그래 간다니까 ②(의문문에 쓰여) …나, …지¶ どうしたんだ~ 웬일이지/ いやか~ 싫으냐

え [江] 후미 = いりえ

え [゛枝] (文) 자루 = えだ¶ 松まつの~ 소나무 가지

え 「゛柄] (文) 자루, 손잡이¶ 鍬くわの~ 괭이 자루/ 傘かさの~ 우산 손잡이

え [゛餌] (文) 먹이, 모이, 미끼 = えさ

え 感 ①(뜻밖의 일에 놀라서) 어, 뭐¶ ~, そんなばかな 뭐, 저런 멍청한 ②(반문할 때) 예, 뭐¶ ~, なんとおっしゃいました 예, 뭐라고 말씀하셨죠? ③(긍정·승낙을 나타내어) 예, 네¶ ~, そうですとも 예, 그렇고말고요

え [絵・^画] ①그림¶ ~をかく 그림을 그리다 ②(영화·텔레비전의) 화면, 화상¶ ~が乱みだれる 화상이 흔들리다

慣用句
—に描かいた餅もち 그림의 떡
—になる ①그림으로 묘사할 만하다 ②그럴듯하게 보이다, 잘 어울리다

え [゛慧・恵] [佛] 혜. 진리를 파악하는 뛰어난 지혜, 득도하는 데 불가결한 영지

エア (air) 에어 ①공기 ②항공¶ ~メール 항공우편 ③방송 —クッション (air cushion) 에어 쿠션 —クリーナー (air cleaner) [機] 에어 클리너 —コン 에어컨이서. 에어 컨디셔너 —ディショナー (air conditioner) [機] 에어 컨디셔너. 공기 조절 장치 = エアコン —コンプレッサー (air compressor) [機] 에어 컴프레서 —ターミナル (air terminal) 에어 터미널, 공항 청사, 공항행 연계 버스 발착지 —チェック (air check) 名他スル 에어 체크 —バッグ (air bag) [文] 에어 백 —ブレーキ (air brake) 에어 브레이크 —ポケット (air pocket) [気] 에어 포켓 —ポンプ (air pump) 에어 펌프

エアポート (airport) 에어포트, 공항

エアメール (airmail) 에어메일, 항공 우편

エアライン (airline) 에어라인, 정기 항공 노선, 항공 회사

エアロビクス (aerobics) 에어로빅스¶ ~ダンス 에어로빅 댄스

えあわせ [絵合(わ)せ] 平安へいあん 시대에 두 편으로 갈라서 겨루던 그림 딱지 맞추기 놀이

えい [永] 會 エイ 訓 ながい (음)영. (造語) 오래 계속되다, 영원하다, 길다¶ 永遠えん 영원・永久えいきゅう 영구・永生えいせい 영생・永眠えいみん 영면

えい [゛曳] 會 エイ (음)예. 끌다, 당기다¶ 曳航えいこう 예항・曳船えいせん 예선

えい [泳] 會 エイ 訓 およぐ (음)영. (造語) 헤엄치다¶ 泳法えいほう 영법・競泳きょうえい 경영・水泳すいえい 수영・遊泳ゆうえい 유영

えい [英] 會 エイ 訓 はなぶさ (음)영. (造語) ①뛰어나다¶ 英才えいさい 영재・英雄えいゆう 영웅 ②꽃, 꽃송이¶ 石英せきえい 석영 ③「英吉利」의 준말¶ 英語えいご 영어・英国えいこく 영국 ▷ 은「叡えい」와 같음 熟字訓 蒲公英たんぽぽ 민들레

えい [映] 會 エイ 訓 うつる・うつす・はえる (음)영. (造語) ①비치다, 비추다¶ 映画えいが 영화・映像えいぞう 영상・上映じょうえい 상영・放映ほうえい 방영 ②映写えいしゃ 영사・上映じょうえい 상영・放映ほうえい 방영

えい [栄] [榮] 會 エイ 訓 さかえる・はえ・は

える|(음)영. I (造語) ①번성하다, 번영하다, 무성하다¶ 栄える<small>えい</small> 영고, 繁栄<small>はんえい</small> 번영 ②영예, 광영, 빛나다¶ 栄光<small>こう</small> 영광, 栄転<small>てん</small> 영전・虚栄<small>きょ</small> 허영 ▷ 熟字訓 栄螺<small>さざえ</small> 소라 II (文) 영예, 영광, 광영 = ほまれ・一身<small>いっしん</small>の~・拝眉<small>はいび</small>の~に浴する 배안의 광영을 입다

えい [*洩] 音エイ・セツ 訓もれる|(음)예, 설. (造語) 새다¶ 漏洩<small>ろうせつ</small> 누설

えい [*盈] 音エイ|(음)영. (造語) 차다, 채우다, 가득하다¶ 盈虚<small>えいきょ</small> 영허

えい [営] [營] 音エイ 訓いとなむ|(음)영. (造語) ①만들다¶ 設営<small>せつえい</small> 설영・造営<small>ぞうえい</small> 조영 ②하다, 영위하다, 일하다¶ 営業<small>ぎょう</small> 영업・経営<small>けいえい</small> 경영, 営業, 사업¶ 官営<small>かんえい</small> 관영・公営<small>こう</small> 공영・民営<small>みん</small> 민영 ④(군대가) 진을 친 곳¶ 兵営<small>へいえい</small> 병영・野営<small>や</small> 야영

えい [*瑛] 音エイ|(음)영. (造語) 아름답고 투명한 옥, 옥의 빛¶ 玉瑛<small>ぎょくえい</small> 옥영

えい [詠] 音エイ 訓よむ|(음)영. I (造語) ①읊다, 노래하다¶ 吟詠<small>ぎんえい</small> 음영・朗詠<small>ろうえい</small> 낭영 ②시가를 짓다¶ 詠歌<small>えいか</small> 영가・献詠<small>けんえい</small> 현영 II 시가를 지음, 시가, 시가 노래

えい [裔] 音エイ 訓すえ|(음)예. I (造語) 후계, 자손¶ 後裔<small>こうえい</small> 후예 II (文) 후예, 자손, 후손¶ 徳川<small>とくがわ</small>十五代<small>じゅうごだい</small>の~ 徳川 15대의 후손

えい [影] 音エイ 訓かげ|(음)영. (造語) ①그림자¶ 影響<small>きょう</small> 영향, 暗影<small>あん</small> 암영 ②모습, 모양¶ 影像<small>ぞう</small> 영상・撮影<small>さつえい</small> 촬영 ③빛¶ 月影<small>えい</small> 월영 ▷ ①은 翳<small>えい</small>와 같음

えい [鋭] [銳] 音エイ 訓するどい|(음)예. (造語) ①빠르하다, 날카롭다¶ 鋭鋒<small>えいほう</small> 예봉・尖鋭<small>せんえい</small> 첨예 ②재빠르다, 뛰어나다¶ 鋭気<small>えいき</small> 예기・新鋭<small>しんえい</small> 신예・精鋭<small>せいえい</small> 정예

えい [*叡] 音エイ|(음)예. (造語) ①현명하다¶ 叡知<small>えいち</small> 예지 ②천자에 관한 일을 높이 대접¶ 叡感<small>かん</small> 예감・叡覧<small>らん</small> 예람 ③「比叡山<small>ひえいざん</small>」의 준말¶ 叡山<small>さん</small> 叡山 比叡山 ▷ 5는 「英<small>えい</small>」와 같음

えい [*穎] 音エイ|(음)영. (造語) ①(곡물의) 까끄라기 ②뛰어나다¶ 穎才<small>さい</small> 영재, 穎脱<small>だつ</small> 영탈 ▷ 顕<small>えい</small>는 속자(俗字)

えい [衛] [衞] 音エイ(ヱイ)・エ(ヱ) 訓まもる|(음)위. (造語) 방어, 지킴, 지키는 사람¶ 衛生<small>せい</small> 위생・後衛<small>ごうえい</small> 후위・自衛<small>じ</small> 자위・親衛<small>しん</small> 친위・防衛<small>ぼう</small> 방위

えい [*嬰] 音エイ|(음)영. I (造語) ①갓난아기¶ 嬰児<small>じ</small> 영아 ②두르다, 지키다¶ 退嬰<small>たいえい</small> 퇴영 II [音] 음 높이를 반음 올림 = シャープ ⇔ 変<small>へん</small>¶ ~記号<small>ごう</small> 올림표

えい [*纓] 音エイ・ヨウ(ヤウ)|(음)영. I (造語) 갓끈¶ 纓冠<small>えいかん</small> 영관・纓絡<small>えいらく</small> 영락 II 갓이나 관 뒤에 늘어뜨리는 끈 장식, 갓끈

えい [*鱝] [動] 가오리

えい 感 (口) (힘쓰거나 결심을 할 때 하는 소리) 얏, 에이¶ ~, と投げ飛<small>な</small>ばす 얏 하고 내동댕이치다¶ ~, やめてしまえ 에이 그만둬라

えいい [栄位] (文) 영위. 명예로운 지위

えいい [営為] (文) 영위. 의식적으로 행함

えいい [鋭意] 副 예의, 열심히¶ ~努力<small>どりょく</small>します 열심히 노력하겠습니다

えいいん [影印] 名 他スル (攷) 영인¶ ~本<small>ぼん</small> 영인본

えいいん [営営] 副 (文) 열심히 (부지런히) 함¶ 家族<small>かぞく</small>のために~と働<small>はたら</small>く 가족을 위해 열심히 일하다

えいえん [永遠] ① 名 영구¶ ~の平和<small>へいわ</small> 영원한 평화/ ~に続<small>つづ</small>く 영원히 계속되다 ② [哲] 시간성을 초월함¶ 魂<small>たましい</small>の~性<small>せい</small> 영혼의 영원성 —真理<small>しんり</small> [哲] 영원 진리, 영구 진리

えいか [詠歌] ①시나 노래를 읊음, 그런 시가 ② → ごえいか(御詠歌)

えいが [映画] 영화 —館<small>かん</small> 영화관 / ~を上映<small>じょうえい</small>する 영화를 상영하다

えいが [栄華] 영화¶ ~を極<small>きわ</small>める 더없는 영화를 누리다 —の夢<small>ゆめ</small> 영화의 꿈, 일장춘몽

えいかく [鋭角] [数] 예각 ⇔ 鈍角<small>どんかく</small>¶ ~三角形<small>さんかくけい</small> 예각 삼각형 —的<small>てき</small> 予 예각적

えいがく [英学] (文) 영어・영문학・영국에 관한 학문 ②영어로 하는 연구나 학문

えいかん [栄冠] 영관 ①승리자에게 주어지는 관¶ 優勝<small>ゆうしょう</small>の~ 우승의 영관 ②영예¶ ~にかがやく 영예에 빛나다

えいき [英気] (文) 영기 ①기력, 원기¶ ~を養<small>やしな</small>う 영기를 기르다 ②(뛰어난) 재기¶ ~を伴<small>ともな</small>った人物<small>じんぶつ</small> 영기를 갖춘 인물

えいき [鋭気] 예기 ①날카로운 기상¶ ~に満<small>み</small>ちた行動<small>こうどう</small> 예기에 찬 행동 ②날카로운 기세¶ 敵<small>てき</small>の~をくじく 적의 예기를 꺾다

えいき [*盈*虧] (文) 영휴. 영허(盈虚), 달의 참과 이지러짐

えい きごう [*嬰記号] [音] 올림표, 샤프(♯) = シャープ ⇔ 変記号<small>へんきごう</small>

えいきゅう [永久] 名 영구¶ ~不変<small>ふへん</small> 영구 불변/ ~に保存<small>ほぞん</small>する 영구히 보존하다 —機関<small>きかん</small> 영구 기관 —欠番<small>けつばん</small> [野] 영구 결번 —歯<small>し</small> [医] 영구치 —磁石<small>じしゃく</small> [物] 영구 자석

えいきょ [*盈虚] (文) 영허 ①(달의) 참과 이지러짐 ②~ 달의 영고, 영고성쇠

えいきょう [影響] 名 自スル 영향¶ 台風<small>たいふう</small>の~ 태풍의 영향/ ~を与<small>あた</small>える 영향을 주다 —力<small>りょく</small> 영향력

えいぎょう [営業] 名 自他スル 영업 ①영리를 목적으로 사업함¶ ~部<small>ぶ</small> 영업부 ②개점하고 있음, 업무중임¶ ~中<small>ちゅう</small> 영업중/ 夜<small>よる</small>おそくまで~する 밤늦게까지 영업하다 —収入<small>しゅうにゅう</small> 영업 수입 —所<small>しょ</small> 영업소 —損益<small>そんえき</small> 영업 손익 —停止<small>ていし</small> 영업 정지 —年度<small>ねんど</small> 영업 연도 —費用<small>ひよう</small> 영업 비용 —利益<small>りえき</small> 영업 이익

えいきょく [*郢曲] ①[楽] 平安<small>へいあん</small> 시대부터 鎌倉<small>かまくら</small> 시대에 걸쳐 읊었던 가요 ②유행가, 속곡

えいぎん [詠吟] 名 他スル (文) 영음. 시가를 읊음, 그런 시가

えいけつ [永訣] 名 自スル (文) 영결. 영원한 이별, 사별

えいけつ [英傑] 영걸. 영웅 호걸¶ 一代<small>いちだい</small>の~ 일대의 영걸

えいこ [栄枯] 영고. 성함과 쇠함¶ ～常󠄁なし 영고는 무상한 것 **一盛衰** 영고 성쇠
えいご [英語] 영어¶ 時事󠄁～ 시사 영어/ ～が上手だ 영어를 유창하게 하다
えいご [ˣ穎悟] (文) 영오. 매우 영리함. 총명함¶ 資性ニ、～にして 천성이 총명하여
えいこう [ˣ曳航] 名 他スル (文) 예항. 배가 다른 배를 끌고 감¶ 港まで～する 항구로 예항하다
えいこう [栄光] ①영광¶ 勝利の～ 승리의 영광/ 神に～あれ 신에게 영광이 있으라 ②(文) 서광¶ ～がさす 서광이 비치다
えいきゅう [永久] 영구. 장구한 세월. 영구¶ 未来ニ～ 미래 영겁/ 若きは～に続くものではない 젊음은 영구히 지속되는 것은 아니다 **一回帰** 〔哲〕영겁 회귀. 영원 회귀
えいこうだん [ˣ曳光彈] 예광탄¶ ～を打ち上げる 예광탄을 쏘아 올리다
えいこく [英国] 영국＝イギリス. ～人 영국인 **一国教会** 〔宗〕영국 국교회
えいこん [英魂] (文) 영혼. 영령
えいさい [英才・ˣ穎才] 영재¶ ～教育 영재 교육
えいさくぶん [英作文] 영작문¶ ～を書く 영작문을 쓰다
えいざん [叡山] 「比叡山」의 약칭
えいし [英姿] (文) 영자. 용맹하고 당당한 모습
えいし [英詩] 영시. 영국시. 영문시
えいし [英資] (文) 영자. 뛰어난 자질
えいし [詠史] (文) 역사상의 인물이나 사실을 시가로 읊음. 그런 시가
えいし [衛視] 국회의 경비 직원
えいじ [英字] 영자¶ ～新聞 영자 신문
えいじ [嬰児] 영아¶ ①젖먹이, 갓난아기 ②세 살 정도까지의 어린이. 유아
えいじつ [永日] (文) 영일 ①낮이 긴 (봄)날 ②헤어질 때의 인사나 편지 끝에 쓰는 말
えいじはっぽう [永字八法] 한자 필법. 「永」자한 글자에 여덟 가지 기본 운필법을 가르치는 전수법
えいしゃ [泳者] 영자. (계영 등에서) 헤엄치는 사람¶ 第一～ 첫번째 주자
えいしゃ [映写] 名 他スル 영사¶ ～機 영사기
えいしゃ [営舎] (文) 영사. 군대 막사. 병사
えいしゃく [栄爵] (文) 영작. 영예로운 작위
えいしゅ [英主] (文) 영주. 영명한 임금
えいじゅ [衛ˣ戍] (文) 위수¶ ～令 위수령
えいじゅう [永住] 名 自スル 영주¶ ～權 영주권/ カナダに～する 캐나다에 영주하다
えいしゅん [英俊] 영준. 재능·자질 등이 특히 뛰어남. 준영¶ 斯界ニ～ 사계의 준영
えいしょう [詠唱] 영창 **I** 〔楽〕 아리아＝アリア **II** 名 他スル 가락을 붙여 노래함¶ 名詩を～する 명시를 영창하다
えいじょく [栄辱] (文) 영욕. 영예와 치욕
えい・じる [映じる] 自 上一 (文) →えいずる (映)
えい・じる [詠じる] 他 上一 (文) →えいずる (詠)
えいしん [栄進] 名 自スル 영진. 승진¶ 重役に～する 중역으로 승진하다

えいしん [詠進] 名 他スル (文) 영진. 시가를 지어 궁중이나 神社 등에 바침¶ 歌会始に～する 새해 처음 열리는 어전 和歌 모임에서 和歌를 지어 바치다
エイズ [AIDS] 〔醫〕에이즈. 후천성 면역 결핍 증후군 ▷ acquired immunodeficiency syndrome
えい・ずる [映ずる] 自 サ変 (文) ①(모습 등이) 비치다¶ 山々が湖面に～ 산들이 호수면에 비치다 ②(빛을 받아) 빛나다¶ 夕日に～紅葉 석양에 빛나는 단풍 ③(눈에) 비치다, 보이다¶ 彼の目には それが滑稽に～ 그의 눈에는 그것이 익살스럽게 비친다
えい・ずる [詠ずる] 他 サ変 (文) 읊다 ①(시가를) 소리내어 외다¶ 朗々と～ 낭랑하게 읊다 ②시가를 짓다¶ 望郷の念を詩に～ 망향의 정을 시로 지어 읊다
えいせい [永世] 名 영세. 영구 **一中立** 〔法〕영세 중립¶ ～国 영세 중립국
えいせい [永生] (文) 영생 ①장수. 오래 삶 ②영원한 생명
えいせい [永逝] 名 自スル (文) 영서. 서거. 영면
えいせい [衛生] 위생¶ 公衆～ 공중 위생 **一的** 〔ナ〕위생적
えいせい [衛星] 위성 ①〔天〕행성 주위를 공전하는 천체¶ 地球の～ 지구의 위성 ②인공 위성¶ 通信～ 통신 위성 ③(造語) 중심이 되는 것의 주위에 있는 것¶ ～国 위성국 **一船** 유인 인공 위성 **一中継** 위성 중계 **一通信** 〔情〕위성 통신 **一都市** 위성 도시 **一放送** 위성 방송
えいせん [ˣ曳船] (文) 예선. 예인선＝ひきぶね
えいぜん [営繕] 名 他スル 영선. (건물 등을) 짓거나 수리함¶ ～費 영선비
えいそう [営倉] 영창¶ ～に入れられる 영창에 갇히다
えいそう [営巣] 名 自スル 〔動〕보금자리를 만듦
えいそう [詠草] (文) 和歌や·俳諧 등의 초고. 그런 작품. 가고(歌稿)
えいぞう [映像] 영상 ①(물체의) 비추어진 상¶ 鏡に映った～ 거울에 비친 영상 ②(영화 등의) 영상¶ テレビの～ 텔레비전의 화상 ③심상. 이미지＝イメージ¶ 亡き姉の～ 돌아가신 누님의 영상
えいぞう [営造] 名 他スル 영조. 조영¶ 宮殿の～ 궁전의 조영 **一物** 영조물 ①건조물 ②공공 시설
えいぞう [影像] ①초상 ②영상(映像)
えいぞく [永続] 名 自スル 영속¶ ～的な仕事は 영속적인 일 **一性** 영속성
えいたい [永代] 名 영대. 영세 **一供養** 〔佛〕영세 공양
えいたつ [栄達] 名 自スル 영달. 입신출세함¶ ～を望むの 영달을 바라다
えいだつ [ˣ穎脱] 名 自スル (文) 영탈. 재능이 매우 뛰어남
えいたん [詠嘆・詠歎] 名 自スル (文) 영탄¶ ～の声を上げる 영탄의 소리를 지르다
えいだん [英断] 영단. 뛰어난 결단¶ ～を下

す 영단을 내리다
**えいだん** [営団] 영단. 제2차 대전 중 공공 사업을 하기 위해 설치된 법인. 공단
**えいち** [英知·*叡知·*叡智] 영지. 예지
**エイチ** [H·h] → エッチⅡ
**えいてい** [営庭] 영정. 병영 안에 있는 광장
**えいてん** [栄典] (文) 영전 ①경사로운 의식 ②영예를 기리기 위해 수여되는 작위나 훈장
**えいてん** [栄転] 名 自スル 영전 本社はんに~が決きまる 본사로의 영전이 결정되다
**エイト** (eight) 에이트 ①여덟, 8 ②여덟 명이 젓는 경주용 보트, 그 경기·선수 ③ (럭비에서) 스크럼을 짜는 여덟 명의 전위
**えいねん** [永年] 名 영년, 오랜 세월¶ ~勤続表彰きんぞく 영년[장기] 근속 표창
**えいのう** [営農] (文) 영농¶ ~資金しきん 영농 자금
**えいはつ** [映発] 名 自スル (文) (빛이나 빛깔이) 잘 어울림[조화됨]¶ 新緑しんりょくが湖水こすいと~する 신록이 호수와 잘 어울리다
**えいびん** [鋭敏] 名 ダ 예민 ¶ ~な頭脳ずのう 영민한 두뇌 ②(감각이) 예리함¶ ~に反応はんのうする 예민하게 반응하다
**えいぶん** [英文] 영문 ①영어로 쓴 문장의 記事きじ 영문 기사 ②「英文学えいぶんか·英文科えいぶんか」의 준말「英文学科えいぶんか·英文科えいぶんか」의 준말 ¶ ~の出で 영문과 출신 一学科がっか 영문학과
**えいぶん** [*叡聞] (文) 예문. 天皇てんのう가 들음¶ ~に達たっする 천황께서 들으시다
**えいぶんがく** [英文学] 영문학
**えいへい** [衛兵] 위병. 경비병¶ ~所じょ 위병소/~に立たつ 위병을 서다
**えいべつ** [永別] 영별. 영이별
**えいほう** [泳法] 영법. 수영법
**えいほう** [鋭鋒] (文) 예봉 ①뾰족한 창 끝¶ 날카로운 공격. ~を交かわす 예봉을 주고 받다/ 敵てきの~をくじく 적의 예봉을 꺾다
**えいまい** [英邁] 名 ダ (文) 영매. 영명(英明)¶ ~な君主くんしゅ 영매한 군주
**えいみん** [永眠] 名 自スル 영면 祖父そふは~いたしました 할아버님은 영면하셨습니다
**えいめい** [英名] (文) 영명. 뛰어난 평판, 명성¶ ~をはせる 영명을 떨치다
**えいめい** [英明] 名 ダ (文) 영명. 영매함¶ ~な生うまれつき 영명한 천성
**えいやく** [英訳] 名 他スル 영역¶ 和文わぶんの~ 일문 영역
**えいゆう** [英雄] 영웅¶ 建国けんこくの~ 건국의 영웅/ ~的てきな行為こうい 영웅적인 행위
[慣用句]
**一色いろを好このむ** 영웅 호색
**えいよ** [栄誉] 영예. 명예¶ ~をたたえる 영예를 찬양하다
**えいよう** [栄養·営養] 영양¶ ~不良ふりょう 영양 불량/ ~をとる 영양을 섭취하다 一価か 영양가 一士し 영양사 一失調しっちょう 영양 실조 一生殖しょく (植) 영양 생식 一素そ (生) 영양소 一繁殖しょく (農) 영양 번식 一分ぶん 영양분
**えいよう** [栄耀] (文) 영요 ①매우 번영함¶ 栄華えいが 영요 영화 ②호사함, 사치함¶ ~を極きめる 영요를 다하다
**えいらん** [*叡覧] (文) 예람. 天皇てんのう께서 친히 보심, 어람(御覧)
**えいり** [絵入り] (책·신문 등에) 그림이 들어 있음, 그런 간행물¶ ~新聞しんぶん 삽화가 실려 있는 신문
**えいり** [営利] 영리¶ ~事業じぎょう 영리 사업¶ ~にきゅうきゅうとする 영리에 급급하다 一的てき ダ 영리적 一法人ほうじん (法) 영리 법인 一誘拐罪ゆうかいざい (法) 영리 유괴죄
**えいり** [鋭利] 영리 ①(날붙이 등이) 날카로움¶ ~なナイフ 예리한 나이프 ②(머리·감각이) 날카로움¶ ~な観察かんさつ 예리한 관찰
**エイリアン** (alien) 에일리언 ①외국인 ②(공상 과학 소설 등에서) 우주인, 외계인
**えいりょ** [*叡慮] (文) 예려. 天皇てんのう의 심려, 성려¶ ~をわずらわす 天皇てんのう께 심려를 끼쳐드리다
**えいりん** [営林] 영림¶ ~事業じぎょう 영림 사업
**えいれい** [英霊] ①훌륭한 사람의 영혼 ②고인(특히 전사자)의 영혼의 높임말¶ 戦没せんぼつした~たち 전몰한 영령들
**えいれんぽう** [英連邦] (政) 영연방
**えいわ** [英和] ①영국과 일본 ②영어와 일본어¶ ~対訳たいやく 영일 대역 ③「英和辞典えいわじてん」의 준말 一辞典じてん 영일 사전
**ええ** 感 (口) ①(긍정·승낙의 뜻을 나타내어) 예, 네¶ ~, そのとおりです 예 말씀대로입니다 ②(말을 잇기 위해) 에에, 저어 母ははは~、家いえにいることはいるのですが 어머니는 저어 집에 계시긴 계십니다만 ③(놀랐을 때) 예, 뭐, 뭐라고요¶ ~、ほんとうですか 예 정말입니까 ④(초조하거나 실망했을 때) 이봐, 이, 에라¶ ~、かってにしろ 에이 맘대로 해라/ ~、早はやく出発しゅっぱつしないのか 이봐 빨리 출발하지 않겠나

**エー** [A·a] 에이 ①영어 알파벳의 첫번째 자모 ②연속되는 것의 첫번째 ③가장 우수한 성적¶ 評点ひょうてん~ 평점 A
**エーエム** (A.M.; a.m.) 에이 엠. 오전 ⇔ ピーエム ▷ 라틴어 ante meridiem
**エーエムほうそう** [AM放送] (放) 에이 엠 방송. 중파(中波) 방송 ⇔ FM放送ほうそう
**エーカー** (acre) 에이커. (아드·파운드법의) 면적의 단위 ▷ 1에이커는 약 40아르
**エーがた** [A型] A형. ABO식 분류법에 의한 혈액형의 하나
**エーがたかんえん** [A型肝炎] (医) A형 간염
**エークラス** [Aクラス] 에이 클래스. 제1급, 최상급 ▷ 일본식 영어 A class
**エージ** (age) (造語) 에이지 ①시대¶ ゴールデン~ 골든 에이지 ②연령, 나이¶ ミドル~ 중년
**エース** (ace) 에이스 ①(카드 놀이에서) A의 카드, (주사위의) 1 ②제1인자, (특히 야구의) 주전 투수 ③「サービスエース」의 준말
**エーディー** (A.D.) 에이 디. 서력 기원 ⇔ ビーシー ▷ 라틴어 Anno Domini

**エーテル** (ether) 에테르 ①〖化〗에틸 에테르 ②옛날에 우주에 충만해 있다고 생각했던 물질

**エーデルワイス** (독 Edelweiss) 〖植〗에델바이스. 솜다리

**エーばん** 〖A判〗〖版〗에이판. 일본 공업 규격(JIS)에 의한 종이 칫수의 하나

**エービーオーしきけつえきがた** 〖ABO式血液型〗〖腎〗에이 비 오식 혈액형. 혈액형의 하나

**エービーがた** 〖AB型〗AB형. ABO식 분류법에 의한 혈액형의 하나

**エービーシー** 〖ABC〗에이 비 시 ①영어 알파벳의 첫 세 문자. 영어 알파벳¶ 名前なまえは順じゅんです 이름은 ABC순입니다 ②초보. 입문¶ ～からやり直なおす 초보부터 다시 하다 —**兵器**へいき〖軍〗에이 비 시 병기. 원자·생물학·화학 무기의 총칭

**エーブイ** 〖AV〗에이 브이. 시청각의 ▷ audio-visual **—機器**きき 시청각 기기

**エープリルフール** (April fool) 에이프릴 풀. 만우절

**エール** (yell) 엘. 응원 소리¶ ～を交換こうかんする 서로 상대를 응원하다

**ええん** 〖会〗〖厭〗〖生〗회염. 후두개

**えがお** 〖笑顔〗웃는 얼굴

**えかき** 〖絵描き〗①그림 그리기 ②화가

**えがきだ・す** 〖描き出す〗他五 그려내다 ①(그림·도표로) 표현하다¶ 女性美じょせいびを～ 여성미를 그려내다 ②(글·음악으로) 표현하다. 묘사하다 ③(마음 속에) 떠올리다¶ 幼おさないころをまぶたに～ 어린 시절을 눈에 떠올리다

**えが・く** 〖描く·画く〗他五 文 그리다 ①(그림·도표로) 나타내다¶ 風景ふうけいを～ 풍경을 그리다 ②(글·음악으로) 표현하다. 묘사하다¶ 世相せそうを～いた小説 세태를 그린 소설 ③(마음 속에) 떠올리다¶ 将来しょうらいの夢ゆめを～ 장래의 꿈을 그리다 ④(어떤 모양으로) 이루다¶ 弧こを～いて飛とぶ 호를 그리며 날다

**えがた・い** 〖得難い〗形 구하기 어렵다. 얻기 힘들다¶ ～人材じんざい 얻기 힘든[귀중한] 인재

**えがら** 〖絵柄〗(공예품 등의) 무늬. 도안. 디자인¶ きれいな～ 멋진 도안

**えがらっぽ・い** 〖形〗(口) (목이) 얼얼하다. 아릿하다¶ のどが～くなる 목이 아릿해지다

**えかんばん** 〖絵看板〗(극장 등의) 그림 간판¶ 今月こんげつの興行こうぎょうの～ 이달 흥행의 그림 간판

**えき** 〖亦〗音エキ·ヤク訓また(음)역. 〖造語〗①또. 또한 ②반어의 어조사. 한문 훈독으로「また…ずや」로 읽음

**えき** 〖易〗音エキ·イ訓やさしい(음)역·이. I〖造語〗①바꾸다. 바뀌다. 교환하다¶ 交易こうえき 교역·貿易ぼうえき 무역·(イロ하서) 쉽다. 손쉽다¶ 安易あんい 안이·簡易かんい 간이·容易ようい 용이 ③점치다. 점치기¶ 易者えきしゃ 역자·易えきの 준말 II ①〖文〗쉬움. 손쉬움 ⇔ 難かた ～につく 쉬운 쪽에 붙다 ②주역에 따라 산가지와 점대로 점치는 법. 역학¶ ～を立てる 점을 치다 ③역경(易経). 주역

**えき** 〖疫〗音エキ·ヤク(음)역. 〖造語〗유행병. 전염병¶ 疫学えきがく 역학·検疫けんえき 검역·防疫ぼうえき 방역·免疫めんえき 면역

**えき** 〖益〗音エキ·ヤク(음)익. I〖造語〗①늘어나다. 늘리다¶ 増益ぞうえき 증익 ②유익하다. 효과가 있다¶ 公益こうえき 공익·無益むえき 무익·有益ゆうえき 유익 ③벌이. 이익¶ 収益しゅうえき 수익·利益りえき 이익 II①벌이. 이익¶ 損そん ～が少すくない 이익이 적다 ②유익 ⇔ 害がい¶ ～になる話はなしをする 유익한 이야기를 하다

**えき** 〖液〗音エキ(음)액. I〖造語〗즙. 액체¶ 液体えきたい 액체·血液けつえき 혈액·原液げんえき 원액·溶液ようえき 용액 II 액. 즙. 액체¶ リンパ～ 림프액/ ～をしぼる 즙을 짜다

**えき** 〖駅〗〖驛〗音エキ訓うまや(음)역. I〖造語〗①역참¶ 駅伝えきでん 역전·宿駅しゅくえき 역참 ②역¶ 駅弁えきべん 역에서 파는 도시락·始発駅しはつえき 시발역 II 역. 정거장¶ ～で待まち合あわせる 역에서 만나기로 하다

**えき** 〖役〗전쟁=戦争せんそう¶ 西南せいなんの～ 서남 전쟁

**えきいん** 〖駅員〗역의 직원

**えきうり** 〖駅売(り)〗역에서 물건을 팖. 그런 사람¶ ～の雑誌ざっし 역에서 파는 잡지

**えきか** 〖液化〗名 自他スル 액화 ⇔ 気化きか¶ ～酸素さんそ 액화 산소/ 石油ゆを～する 석유를 액화하다 **—ガス**〖化〗액화 가스

**えきか** 〖×腋窩〗〖文〗액와. 겨드랑이

**えきが** 〖×腋芽〗〖植〗액아. 결눈 ▷ 頂芽ちょうが

**えきがく** 〖疫学〗〖医学〗역학. 면역학 **—者**しゃ 역학자

**えきがく** 〖疫学〗역학. 면역학

**えきぎゅう** 〖役牛〗역우. 일소

**えききょう** 〖易経〗역경. 주역 = 周易しゅうえき

**えききん** 〖益金〗익금. 이익금 ⇔ 損金そんきん

**えきざい** 〖液剤〗액제. 물약¶ 消毒用しょうどくようの～ 소독용 액제

**エキサイト** (excite) 名 自スル 엑사이트. 흥분함

**えきさく** 〖易〗〖簀〗학덕있는 사람이나 귀인의 죽음을 이르는 말

**エキジビション** (exhibition) 엑시비션. 전시회. 전람회 **—ゲーム** (exhibition game) 엑시비션 게임. 공개 시범 경기

**えきしゃ** 〖易者〗역자. 점쟁이

**えきしゃ** 〖駅舎〗역사. 역 건물

**えきしゅ** 〖駅手〗역에서 잡일을 하는 직원

**えきじゅう** 〖液汁〗액즙. 짜낸 즙

**えきしょう** 〖液晶〗〖物〗액정

**えきじょう** 〖液状〗액상. 액체 상태¶ ～のガス 액상 가스 **—化現象**かげんしょう〖地〗액상화 현상

**エキストラ** (extra) 엑스트라. 임시 단역 배우

**えき・する** 〖役する〗他サ变〖文〗①부역시키다 ②쓰다. 부리다¶ 心こころを～ 마음을 쓰다/ 牛馬ぎゅうばを～ 우마를 부리다

**えき・する** 〖益する〗自 他サ变 유익하다. 이바지하다¶ 世よを～ 세상에 이바지하다/ 人類じんるいに～ 인류에게 유익하다

**えきせいかくめい** 〖易姓革命〗역성 혁명. 부덕한 군주를 타도하고 새 왕조를 여는 일

**エキセントリック** (eccentric) ナ 엑센트릭. 별남. 색다름¶ ～な行動こうどう 별난 행동

エキゾチック (exotic) 〒 엑조틱. 이국적인
えきたい【液体】[物] 액체¶ ～燃料 액체 연료 ―空気 [化] 액체 공기 ―酸素 [化] 액체 산소 ―ロケット [宇] 액체 로켓
えきちく【役畜】(文) 역축. 일을 시키기 위해 기르는 가축
えきちゅう【益虫】 익충. 유익한 곤충 ⇔ 害虫
えきちょう【益鳥】 익조. 유익한 새 ⇔ 害鳥
えきちょう【駅長】 역장
えきてい【駅逓】 역체 ①역참에서 역참으로 화물 등을 보내던 일 ②郵便 의 이름
えきでん【駅伝】 역전 ①「駅伝競走」의 준말. 역전 경주 ②[日史]〔令制〕에서 역마 제도
えきとう【駅頭】(文) 역두, 역전, 역 앞
えきどめ【駅留(め)・駅止(め)】 도착역 유치¶ ～の貨物 도착역 유치 화물
えぎぬ【絵絹】 동양화를 그리는 데 쓰는 생견
えきばしゃ【駅馬車】 역마차
えきひ【液肥】[農] 액비, 액체 비료
えきびょう【疫病】 역병, 돌림병, 전염병¶ ～が蔓延している 돌림병이 만연하고 있다
えきビル【駅ビル】 역사 빌딩, 역사의 일부에 백화점・쇼핑몰 등이 입주하여 있는 빌딩
えきべん【液便】 수변, 물찌똥
えきべん【駅弁】 역에서 파는 도시락
えきむ【役務】 역무. 노역¶ ～賠償 역무 배상
えきゆう【益友】 익우. 유익한 벗 ⇔ 損友
えきり【疫痢】[医] 역리. 이질
えきれい【疫癘】(文) 역병, 악성 유행병
えきろ【駅路】 역로. 역참이 있는 길
えぐ・い 아릿하다, 알알하다¶ 食べたあと、のどが～ 먹은 뒤 목이 아릿하다
エクササイズ (exercise) 엑서사이즈 ①연습, 연습 문제 ②체조, 운동
エクスクラメーション マーク (exclamation mark) 엑스클러메이션 마크. 느낌표, 감탄 부호
エクスタシー (ecstasy) 엑스터시. 황홀, 도취 상태¶ ～の境地 황홀한 경지
エクスプレス (express) 익스프레스. (열차・버스 등의) 급행
エクスポート (export) 익스포트. 수출, 수출품
エクセレント (excellent) 〒 엑설런트. 우수함, 탁월함 ―カンパニー (excellent company)[経] 엑설런트 컴퍼니. (초) 우량 기업
エクソシスト (exorcist) 엑소시스트. 마귀를 쫓는 기도사, 무당
エクソダス (exodus) 엑서더스. 대량 출국, 국외 탈출
えくぼ【靨・笑窪】 보조개¶ あばたも～ 마마 자국도 보조개로 보이다, 제 눈에 안경
エクリンせん【エクリン腺】[医] 에크린선
えぐ・る【抉る・刳る・剔る】[他] ① 도려내다. 파내다. 뚫다¶ ナイフで果物の しんを～ 칼로 과일 속을 파내다 ②(마음을) 아프게 하다. 에다¶ 肺腑を～一言は 폐부를 찌르는 한마디 ③날카롭게 지적하다¶ 問題の核心を～ 문제의 핵심을 찌르다
えげ【会下】[佛] 회하, 회하승

えげつな・い [形](口) 노골적이고 비루하다, 야비하다. 몰인정하다¶ ～やり方 야비한 방법
えこ【依怙】[佛] 의지함, 의지할 곳, 불도의 수행자 [名スル] 편듦, 역성듦, 편애함 末っ子を～する 막내를 역성들다
エゴ (라 ego) 에고 ①[心] 자아 ②「エゴイズム」「エゴイスト」의 준말
えこう【回向・廻向】[名][自スル][佛] 회향 ①자기 공덕을 남을 위해 돌림 ②불공을 들여 죽은 사람의 명복을 빎
エコー (echo) 에코 ①메아리 ②잔향(残響), 잔향 효과 ③음향 장치
エコール (프 école) 에콜. 학파, 유파(流派) ―ドパリ (프 École de Paris)[美] 에콜 드 파리
えごころ【絵心】 ①그림을 그리고 싶은 마음¶ ～をかきたてる 그림을 그리고 싶은 마음을 불러 일으키다 ②그림에 대한 조예・소질¶ ～をもつ 그림에 대한 소질이 있다
えこじ【依怙地】〒 고집스러움, 외고집¶ ～な態度で 고집스런 태도
エゴチスト (egotist) 에고티스트. 자기 중심주의자, 자기 본위인 사람
エゴチズム (egotism) 에고티즘. 자기 중심주의
えことば【絵詞】 ①그림에 글을 곁들인 두루마리 = 絵巻 ②①의 그림 설명문
エコノミー (economy) 이코노미 ①경제 ②경제적임, 절약 ―クラス (economy class) 이코노미 클래스. (여객기 등의) 보통석, 일반석
エコノミクス (economics) 이코노믹스. 경제학
エコノミック アニマル (economic animal) 이코노믹 애니멀. 경제 제일주의의 비인간적인 인간¶ 国際 사회에서 일본인을 비난하는 말
えごのり【恵胡海苔】[植] 석묵
えごま【荏胡麻】[植] 들깨
エコマーク 에코 마크. 환경 오염 방지 상품이나 자원 재활용 상품에 붙이는 마크
えごよみ【絵暦】 ①그림이 들어가 있는 달력 ②(옛날의 문맹자용) 그림 달력
エコロジー (ecology) 에콜로지. 생태학, 인간 생태학
えさ【餌】 ①먹이, 모이¶ 鳥の～ 새 모이 ②(사람을 꾀는) 미끼¶ 金を～に誘惑する 돈을 미끼로 유혹하다
えさがし【絵捜し・絵探し】 숨은 그림이나 글자를 찾기, 그런 그림
えし【絵師・画師】 ① 「画家・画工」의 옛이름 ② 옛날 궁중이나 幕府 의 전속 화가
えし【壊死】[名][自スル][医] 회사. 국부적인 세포나 조직의 죽음
えじ【衛士】[日史] 위사. 〔令制〕에서 여러 군단의 병사 중 교대로 상경하여 왕궁의 수비나 잡역에 복무했던 군사
えしき【会式】 ①법회 의식 ② →おえしき
えじき【餌食】 ①(동물의) 먹이¶ ライオンの～となる 사자의 먹이가 되다 ②(남의 욕망의) 희생물, 제물¶ 詐欺師の～となる 사기꾼의 희생물이 되다
えしゃく【会釈】[名][自スル] ①가볍게 인사함¶ ～

して通る 가볍게 인사하고 지나가다 ②배려, 동정, 사정¶ 遠慮なく非難する 인정사정없이 비난하다

えしゃじょうり [会者定離] 《文》 회자정리. 만난 사람은 반드시 헤어짐

えしん [回心·廻心] 名 自スル 《佛》 회심. 개심

エス [S·s] 에스 ①영어 알파벳의 19번째 자모 ②(俗) 여학생 간의 동성애, 그 상대자 ③「S判·Sサイズ」의 준말

えず [絵図] ①그림 ②(건물 등의) 평면도

エスエフ [SF] 에스 에프. 공상 과학 소설¶ ~作家 에스 에프 작가 ▷ science fiction

エスオーエス [SOS] 에스 오 에스 ①(선박 등의) 조난 신호 ②구조를 청함, 위기 상태

えすがた [絵姿] 화상, 초상화

エスカルゴ (프 escargot) 動 에스카르고. 식용달팽이

エスカレーション (escalation) 에스컬레이션. 단계적 확대. 격화

エスカレーター (escalator) 에스컬레이터

エスキス (프 esquisse) 《美》 에스퀴스, 밑그림, 스케치 화고(画稿)

エスキモー (Eskimo) 에스키모. 북극해 연안에 사는 민족 ━犬. エスキモー견

エスきょく [S極] S극. 지구의 남쪽을 가리키는 자극(磁極) ⇔ N極

エスサイズ [Sサイズ] 에스 사이즈. (옷 등의) 스몰 사이즈, 작은 첫수

エステル (ester) 에스테르

エストロゲン (estrogen) 《生》 에스트로겐

エスニック (ethnic) 名 ダ 에스닉 ①민족적임, 이국풍임 ②특정 소수 민족, 소수 인종 ━料理 민족 요리, 이국풍 요리

エスノロジー (ethnology) 에스놀러지. 민족학

エスは [S波] 《地》 에스파. (지진의) 횡파(横波)

エスピー [SP] 에스 피 ①(일본에서) 요인 경호 담당 사복 경찰관 ②1분에 78회전하는 음반

エスプリ (프 esprit) 에스프리 ①재치, 기지 ②정신

えずめん [絵図面] (토지·건물 등의) 평면도

えせ [〈似非〉·〈似而非〉] (造語) (口) 사이비¶ ~学者 사이비 학자

えそ [°壊°疽] 《醫》 회저 = 脱疽. 肺~ 폐 회저

えぞ [蝦夷] ①고대에 関東·東北 지방에서 北海道에 걸쳐 살던 일본의 선주 민족 = えみし·えびす ②「北海道」의 옛 이름 ③아이누족의 옛일컬음 ━菊 《植》 国화꽃 ━松 《植》 가문비나무

えぞう [絵像·°画像] 화상, 초상화 = かぞう

えぞうし [絵双紙·絵草紙] ①(江戸 시대의) 그림을 곁들인 통속적인 이야기 책 ②(江戸 시대의) 세간의 사건을 그림을 곁들여 인쇄한 인쇄물 ③다색 인쇄의 목판 풍속화 = 錦絵

えそらごと [絵空事] 있을 수 없는 일, 허황된 일¶ ~としか考えられない 허황된 일로밖에 생각할 수 없다

えだ [枝] ①가지¶ 庭木の~を切る 정원수의 가지를 치다 ②원 줄기에서 갈라진 것¶ ~道にそれる 샛길로 벗어나다

えたい [得体] 정체, 실체, 진짜 모습¶ ~が知れぬ人物 정체 불명의 인물

えだうち [枝打ち] 名 スル 가지를 침, 가지치기, 전지(剪枝) = 枝おろし

えだずみ [枝炭] 지탄. (다도에서 쓰는) 진달래·상수리나무 가지로 구운 숯

えだにく [枝肉] 지육. (소·돼지 등의) 머리·목·내장 등을 제거한 고기

エタノール (ethanol) 《化》 에타놀, 에틸 알코올

えだは [枝葉] 지엽 ①가지와 잎 ②(본질에서 벗어난) 사소한 부분¶ ~にこだわる 지엽적인 일에 구애되다

えだぶり [枝振り] 가지의 모양

えだまめ [枝豆] 가지째 자른 풋콩, 가지째 삶은 콩

えだみち [枝道] 옆길 ①샛길¶ ~にはいる 샛길로 접어들다 ②본줄기에서 벗어난 곳·방향¶ 話が~にそれる 이야기가 옆길로 새다

えたり [得たり] 連語 됐다, 옳거니 ━顔 잘 됐다는 득의 만면한 얼굴 / ━とばかりに手をたたく 옳거니 하고 손뼉을 치다

慣用句
━賢し 됐다, 옳거니 = しめた
━や応 잘 되었거나 자기에게 유리해졌을 때 하는 말) 됐어, 좋아

えだわかれ [枝分かれ] 名 自スル ①가지가 갈려져 나옴. 분지 ②(주된 것에서) 갈라져 나옴¶ 本家から〜した 본가에서 분가하다

エタン (ethane) 《化》 에탄. 메탄계 탄화 수소

エチケット (프 étiquette) 에티켓. 예법, 예의 범절

えちご [越後] 《地》 일본의 옛지명. 지금의 佐渡를 제외한 新潟현 ━獅子 《藝》 어린아이가 사자탈을 쓰고 재주를 부리며 돈을 구걸하는 사자춤 = 角兵衛獅子·獅子

えちぜん [越前] 《地》 일본의 옛지명. 지금의 福井현의 동부

エチュード (프 étude) 에튀드 ①《音》 연습곡 ②《美》 습작

エチル (ethyl) 《化》 ①에틸. 에틸기「エチルアルコール」의 준말 ━アルコール (ethyl alcohol) 《化》 에틸 알코올 ━エーテル (ethyl ether) 《化》 에틸 에테르

エチレン (ethylene) 《化》 에틸렌

えつ [悦] 〔悦〕 音 エツ 訓 よろこぶ | (음)열. I (造語) 기뻐하다, 기쁘게 하다¶ 悦楽 열락·喜悦 희열 II 《文》 기쁨, 기뻐함, 즐거워함

慣用句
━に入る (만족하여) 기뻐하다

えつ [越] 音 エツ(ヱツ)·オチ(ヲチ) 訓 こす こえる | (음)월. I (造語) ①뛰어 넘다¶ 越訴 월소 ②(정도·한계를) 넘다, 지나치다¶ 越権 월권·超越 초월 ③(구간을) 지나다, 통과하다¶ 越境 월경·越年 월년 ④「越南」의 준말¶ 中越紛争 중·베트남 분쟁 II 《史》 (중국의) 월나라

**えつ** 【謁】 [謁] 【曽】エツ|(음)알. I 〖造語〗 지체 높은 분을 뵙다, 배알하다¶ 謁見 알현·拝謁 배알 II 〖文〗 지체 높은 분을 뵘, 알현, 배알¶ ~を願ぎる 알현을 허락하시다

**えつ** 【閲】 [閲] 【曽】エツ|(음)열. I 〖造語〗 ①조사하다, 확인하다¶ 閲兵 열병·閲覧 열람·検閲 검열·校閲 교열 ②시간이 지나다, 경과하다¶ 閲歴 열력 II 〖文〗 글을 바로잡음, 교열¶ ~を乞う 교열을 청하다

**えつ** 【感】 ①(놀라거나 감동했을 때) 앗, 어, 이크¶ ~、そんな 앗 그런 ②(의문을 나타낼 때) 뭐, 뭐라고¶ ~、どうして 뭐 어째서 ③(힘을 주어 뭔가를 할 때) 에잇

**えつきょう** 【越境】 名 自スル 월경¶ 不法~ 불법 월경 ―入学 〖教〗 타학군의 공립 학교에 입학함

**えづ・く** [*餌付く*] 自五 (야생 동물이 길들여져) 주는 먹이를 먹게 되다¶ 野生の猿が~ 야생 원숭이가 주는 먹이를 먹게 되다

**エックス** [X·x] 엑스 ①영어 알파벳의 24번째 자모 ②미지의 사물, 미지수

**エックスきゃく** [X脚] 〖医〗 엑스각, 밭장다리

**エックスせん** [X線] 〖物〗 엑스선, 뢴트겐선 ―写真 엑스선 사진 ―二重造影法 〖医〗 엑스선 이중 조영법

**えづけ** [*餌付け*] (야생 동물에게) 먹이를 주어 길들임¶ ~に成功する 먹이를 주어 길들이는 데 성공하다

**えっけん** 【越権】 월권¶ ~行為 월권 행위

**えっけん** 【謁見】 名 自スル 〖文〗 알현¶ 法王に~する 교황께 알현하다

**エッジ** (edge) 에지 ①가, 가장자리 ②스키의 활주면 끝에 붙이는 금속판¶ ~を利かす 에지의 효과를 잘 살리다 ③스케이트의 날¶ ~を研ぐ 스케이트의 날을 갈다

**エッジング** (edging) 에징 ①(스키·스케이트에서) 정지·방향 전환을 위해 에지를 세우는 일 ②〖服〗 가두리 장식

**えっ・する** 【謁する】 自 サ変 〖文〗 알현하다, 배알하다¶ 皇帝に~ 황제를 배알하다

**えっ・する** 【閲する】 他 サ変 〖文〗 ①조사하다, 검열하다¶ 原案を~ 원안을 검열하다 ②(시일이) 지나다, 경과하다¶ 完成まで七年を~ 완성까지 7년이 경과하다

**エッセイ** (essay) 에세이 ①수필, 수상 ②소론(小論), 평론

**エッセンシャル** (essential) ナ 에센셜 ①본질적임 ②필수적임

**エッセンス** (essence) 에센스 ①식물에서 추출한 향의 성분, 인공 합성 향료¶ バニラ~ 바닐라 에센스 ②본질, 정수¶ 美の~ 미의 정수

**えっそ** 【越訴】 〖史〗 월소, 거쳐야 할 순서를 무시하り 직접 상관에게 호소함

**エッチ** [H·h] I 名 에이치, 영어 알파벳의 8번째 자모 II 名 ナ 변태, 징그러움, 음란함, 그런 사람¶ ~な映画 좀 음란한 영화/ ~な人ね 좀 징그러운 사람이야

**えっちゅう** 【越中】 ①〖地〗 일본의 옛지명. 지금의 富山현 ②『越中褌』의 준말 ―褌 한쪽 끝에 끈을 단 들보

**えっちら おっちら** 副 (口) 터벅터벅¶ ~と山道を登る 터벅터벅 산길을 오르다

**エッチング** (etching) 에칭 ①〖美〗 부식 동판화 ②〖版〗 필름 위의 망점을 약품으로 녹여 작게 함

**えっとう** 【越冬】 名 自スル 월동¶ ~準備 월동 준비

**えつどく** 【閲読】 名 他スル 〖文〗 열독, 죽 훑어 읽음¶ 記録を~する 기록을 열독하다

**えつねん** 【越年】 名 自スル 월년, 해를 넘김¶ 山小屋で~する 산막에서 해를 넘기다 ―草 〖植〗 월년초, 월년생 식물

**えっぷく** 【悦服】 名 自スル 〖文〗 열복, 기쁜 마음으로 복종함

**えっぺい** 【閲兵】 名 他スル 열병¶ ~式 열병식

**えつぼ** 【笑壷】 웃으며 흥겨워함, 만족하여 웃음

慣用句

―に入る ①마구 웃으며 흥겨워하다 ②(뜻대로 되어) 저도 모르게 웃다

**えつらく** 【悦楽】 名 自スル 열락, 기뻐하고 즐거워함¶ ~に浸る 열락에 빠지다

**えつらん** 【閲覧】 名 他スル 열람¶ ~室 열람실¶ ~に供する 열람하도록 하다

**えつれき** 【閲歴】 열력, 경력, 이력 = 経歴¶ 華やかな~ 화려한 경력

**えて** 【得手】 장기, 특기¶ ~の課目 특기 과목 ―勝手 名 ナ 제멋대로 굶

慣用句

―に帆を揚げる (장기를 발휘할 기회를 만나) 신바람이 나다

**えて** [*猿*] 俗 원숭이, 잔나비¶ ~公 원숭이공

**エディション** (edition) 名 에디션, (출판물의)판¶ ファースト~ 초판

**エディプス コンプレックス** (Oedipus complex) 〖心〗 오이디푸스 콤플렉스

**えてして** 【得てして】 副 자칫, 자칫하면¶ 自信家は~失敗することが多い 자신만만한 사람은 자칫 실패하는 수가 많다

**エデン** (Eden) 에덴, (구약 성서에서) 낙원¶ ~の園 에덴 동산

**えと** 〈干支〉 간지 ①십간과 십이지, 육십 갑자= かんし ②십이지로 나타낸 해¶ 今年の~は寅だ 올해의 간지는 인이다

**えど** 【江戸】 『東京』의 옛이름 ―唄 〖楽〗 江戸에서 발생한 노래의 총칭 ―表 (옛날에) 지방에서) 江戸를 가리키던 말 ―歌舞伎 〖芸〗 江戸의 극장용으로 쓰여진 歌舞伎 각본 ―家老 〖史〗 江戸에 있는 大名의 저택에 주재하던 중신 ―狂言 〖芸〗 歌舞伎 ―時代 〖史〗 江戸 시대(1603~1867) ―城 〖史〗 江戸에 있었던 성. 1590년 徳川家康가 ~する 여성(居城)이었으나 1868년 이후 天皇의 궁성 = 千代田城 ―浄瑠璃 〖芸〗 江戸에서 만들어진 浄瑠璃 ―っ子 江戸 토박이, 東京 토박이 ―褄 옷섶에서 앞판에 걸쳐 무늬를 염색한 여성용 일본옷 ―詰 〖史〗 大名과 그 가신이 江戸에서 근무

하던 일 **一幕府**ばくふ〖日史〗德川家康가 1603년 江戸에 설치한 幕府 **一間**けん〖建〗(기둥 사이 거리의 기준으로) 한 칸을 여섯 자로 잡은 척도 **一前**まえ ①東京만 부근에서 잡은 신선한 생선, 그 요리 ②江戸풍, 江戸式 **一紫**むらさき 남빛이 도는 보랏빛

〖慣用句〗
**一の敵**かたき**を長崎**ながさき**で討**う**つ** 종로에서 뺨 맞고 한강에서 눈 흘기다

**えど** [*穢土] 〖佛〗예토. 사바. 이승 ⇔ 浄土じょう

**えとき** [絵解き] ①도해, 그림의 내용을 설명함. 그림으로 설명함 ②〖佛〗전승된 그림으로 불교의 유래·교리를 설명함 **一台本**だいほん 그림 풀이 대본 ③수수께끼·의문의 풀이

**えとく** [会得] 名他ス 터득, 깨침 **難**むずか**しい技術**じゅつ**の~** 어려운 기술의 터득

**エト セトラ** (라 et cetera) 에트 세트라. …등등

**えど・る** [絵取る] 他五 ①색칠하다, 채색하다 **青**あお**で~** 파랗게 색칠하다 ②덧쓰다, 덧그리다 **手本**てほん**を~** 글씨본 위에 덧쓰다

**えな** [*胞衣] 포의(胎衣)

**エナジー** (energy) 에너지 = エネルギー

**エナメル** (enamel) 에나멜 ①에나멜 페인트, 에나멜칠 ②법랑「エナメル革」의 준말 **一革**かく 에나멜 가죽 **一質**しつ〖醫〗(이의) 법랑질

**えにし** [*縁] 〈文〉 인연, 연분 = ゆかり・えん **古**ふる**い~で結**むす**ばれる** 오랜 인연으로 맺어지다

**エニシダ** 〖植〗 금작화

**えにっき** [絵日記] 〖教〗 그림 일기

**エヌ** [N・n] 엔. 영어 알파벳의 14번째 자모

**エヌ エイチ ケイ** [NHK] 엔 에이치 케이.「日本放送協会にっぽんほうそうきょうかい」의 약칭

**エヌきょく** [N極] 〖物〗 엔극. 지구의 북쪽을 가리키는 자극(磁極) ⇔ S極きょく

**エヌジー** [NG] 엔 지. (영화·텔레비전 등의) 촬영·녹음에서의 실수

**エネルギー** (독 Energie) 에네르기. ①〖物〗일을 할 수 있는 힘의 양 **~保存**ほぞん**の法則**そく 에너지 보존의 법칙 ②정력, 기력 **~を集中**しゅう**する** 정력을 집중하다 ③생산·생활에 쓰이는 동력 자원 **~資源**げん 에너지 자원 **一代謝**たいしゃ 〖生〗에너지 대사 **一率**りつ 에너지 효율

**エネルギッシュ** (독 energisch) ダ 에네르기슈. 정력적임 **~な男**おとこ 정력적인 남자

**えの あぶら** [*荏の油] 들기름, 들깨기름

**えのき** [*榎] 〖植〗 팽나무

**えのきたけ** [*榎*茸] 〖植〗 팽이버섯

**えのぐ** [絵の具] 그림 물감

**えのころぐさ** [*狗尾*草] 〖植〗 강아지풀

**えはがき** [絵葉書] 그림 엽서

**えはつ** [衣鉢] → いはつ(衣鉢)

**えば はおり** [絵羽織] 옷 전체에 하나의 큰 그림이 그려진 여성용의 외출용 羽織하오리

**えば もよう** [絵羽模様] 옷 전체에 하나의 큰 그림이 그려지도록 도안한 무늬

**えび** 〖海老〗・*蝦〗 〖動〗 새우

〖慣用句〗

**一で鯛**たい**を釣**つ**る** 새우로 도미를 낚다, 되로 주고 말로 받다

**えひがさ** [絵日傘] 그림이 그려진 양산

**えびがため** 〖海老〗固め・*蝦固め〗 (레슬링에서) 상대방의 목과 다리를 감아 굳히는 기술

**えびがに** 〖海老〗蟹・*蝦蟹〗 〖動〗 미국가재

**エピキュリアニズム** (Epicureanism) 에피큐리어니즘. 쾌락주의, 향락주의

**エピゴーネン** (독 Epigonen) 에피고넨. 모방자, 추종자

**えびごし** 〖海老〗腰・*蝦腰〗 새우등, (노인의) 구부정한 허리

**えびじょう** 〖海老〗錠・*蝦錠〗 ①맹꽁이자물쇠 ②(빗장에 채우는) 새우 모양의 반월형 자물쇠

**えびす** [*夷・*戎] ① → えぞ ②미개인 ③(일본 동쪽 지방의) 기질이 거친 무사 **あずま一** 동쪽 지방의 기질이 거친 무사

**えびす** [恵比*須・恵比*寿] 칠복신(七福神)의 하나. 낚싯대와 도미를 쥔 어업·상업의 수호신 **一顔**がお (恵比寿처럼) 방글방글 웃는 얼굴 **一講**こう 음력 10월 20일에 상인이 恵比寿에게 번영을 비는 제사 **一舞**まい 〖藝〗정월에 恵比寿로 분장하여 풍어를 기원하여 노래하며 추는 춤

**エピソード** (episode) 에피소드 ①일화 ②삽화

**えびたい** 〖海老〗鯛・*蝦鯛〗「海老えびで鯛たいを釣つる」의 준말

**えびちゃ** 〖葡萄〗茶・〈海老〉茶〗 짙은 적갈색

**えびづる** 〖葡萄〗蔓〗 〖植〗 까마귀머루, 영욱

**えびね** 〖海老〗根・*蝦根〗 〖植〗 새우난초

**えひめ** [愛媛] 〖地〗 四国しこく 지방 북서부의 현. 현청 소재지는 松山まつやま市

**えびら** [*箙] (등에 메는) 화살통, 전동(箭筒)

**エピローグ** (epilogue) 에필로그. (음악·문학 등의) 마무리 부분, 종장 ⇔ プロローグ

**エフ** [F・f] 에프 ①영어 알파벳의 여섯째 자모 ②〖音〗「바」음, F음 ③화씨 온도

**エフェドリン** (ephedrine) 〖藥〗 에페드린

**エフ エムほうそう** [FM放送] 〖放〗 에프 엠 방송 ▷ FM은 frequency modulation

**えぶっし** [絵仏師] 〖佛〗 불화·불상 채색 등에 종사하는 직업 화가

**えふで** [絵筆] 화필, 그림 붓 **~を折**お**る** 화필을 꺾다, 그림그리기를 그만두다

**えぶね** [*船舶] 선상 생활을 하는 어민 = えふね

**エプロン** (apron) 에이프런 ①앞치마 ②격납고나 공항 터미널 앞의 광장 ③「エプロンステージ」의 준말 **一ステージ** (apron stage) 에이프런 스테이지. 객석을 향해 돌출된 무대 **一ドレス** (apron dress) 에이프런 드레스

**エペ** (프 épée) 〖體〗 에페. 펜싱의 한 종목

**えへん** 感(口) (헛기침 소리) 어험, 에헴 **~と咳払**せきばら**いをする** 어험하고 헛기침을 하다

**えほう** [惠方・*吉方] 길방. (음양도에서) 그 해의 간지에 따라 좋다는 방위 **一参**まい**り** 설날에 좋은 방위에 있는 神社じんじゃ나 절을 찾아 복을 비는 일

**エポキシじゅし** [エポキシ樹脂] 〖化〗 에폭시 수지

**えぼし** [*烏*帽子] (옛날에) 관례를 마친 성인

남자가 쓰던 건(巾)의 하나
**エポックメーキング** (epoch-making) 〖7〗 에폭메이킹. 획기적임¶ ~な発見 획기적인 발견
**エホバ** (Jehovah) 〖宗〗 에호바, 여호와, 야훼. (구약 성서의) 창조주 = ヤハウェ
**えほん** [絵本] (유아용) 그림책
**えま** [絵馬] (기원하거나 소원 성취의 사례로) 神社に 말 대신 봉납하는 말 그림 액자
**えまき** [絵巻] 「絵巻物えまきもの」의 준말 **一物いちもつの〖美〗** 이야기・전기물 등을 여러 장면으로 그린 것에 글을 곁들인 두루마리
**えみ** [笑み] 〖文〗 싱긋 웃음. 미소¶ 満面まんめんに~をたたえる 만면에 미소를 띠다
**エミグレーション** (emigration) 에미그레이션. 이민 ⇔ イミグレーション
**えみこぼ・る** [笑み溢れる] 〖自下一〗〖文〗 만면에 미소를 띄우다, 함박웃음을 웃다
**えみし** [蝦夷] 「えぞ」①의 옛이름
**えみわ・れる** [笑み割れる] 〖自下一〗 (열매가) 익어서 벌어지다, 아람 벌다¶ 栗くりのいがが~ 밤송이가 익어서 벌어지다
**え・む** [笑む] 〖自五〗〖文〗 ①생긋 웃다, 미소짓다 ②꽃이 피다 花はなの~とき 꽃이 필 때 ③ (열매가) 익어서 벌어지다, 아람 벌다¶ 栗くりの実みが~ 밤송이가 익어서 벌어지다
**エム** [M・m] 엠 ①영어 알파벳의 13번째 자모 ②〖俗〗 돈, 금전
**エム アンド エー** [M&A] 〖経〗 엠 엔드 에이. 기업의 합병・매수
**エムエスドス** [MS-DOS] 〖컴〗 엠 에스 도스. 마이크로소프트사가 개발한 PC용 운영 체제
**エムサイズ** [Mサイズ] 엠 사이즈. (의류 등의) 중간 치수
**エムブイピー** [MVP] 〖體〗 엠 브이 피. (프로스포츠 등의) 최우수 선수. 그에게 수여되는 상
**エメラルド** (emerald) 〖鑛〗 에메랄드 **ーグリーン** (emerald green) 에메랄드 그린. 선명한 녹색
**えもいわれぬ** [えも言われぬ] 〖連語〗〖文〗 말로 표현할 수 없는, 이루 말할 수 없이 (좋은)¶ ~心地ここちよさ 이루 말할 수 없이 좋은 기분
**エモーション** (emotion) 이모션. 감정, 정서
**えもじ** [絵文字] ①그림 문자, 회화 문자 ②장식 문자
**えもの** [得物] 무기, 가장 자신있는 무기¶ ~を手にして戦たたかう 자기의 무기를 손에 들고 싸우다
**えもの** [獲物] ①(어업・수렵에서) 잡은 짐승・물고기, 사냥감¶ ~を追おう 사냥감을 좇다 ②전리품, 노획물¶ ~を公平こうへいに分わける 전리품을 공평하게 나누다
**えものがたり** [絵物語] 그림 있는 이야기책
**えもん** [衣文・衣紋] ①의관을 갖춤, 그런 법식 ②옷깃을 여민 곳, 옷깃 언저리¶ ~をつくろう 옷깃을 잘 여미다 **ー掛かけ** 옷걸이, 횃대 **ー竹だけ** 대나무 옷걸이
**えら** [鰓] ①〖動〗 아가미 ②턱, 하관¶ ~が張はった顔かお 턱이 나온 얼굴
**えら・い** [偉い・豪い] 〖形〗 ①훌륭하다, 위대하다¶ ~学者がくしゃ 훌륭한 학자 ②(지위・신분이)

높다¶ 出世しゅっせして~人ひとになる 출세해서 높은 사람이 되다 ③(口) 심하다, 엄청나다, 대단하다¶ ~目めに遭あう 혼이 나다/~騷さわぎになる 대단한 소동이 되다 ④뜻밖이다, 어이없다¶ ~ところで会あった 뜻밖의 장소에서 만났다
**えら・ぶ** [選ぶ・択ぶ] 〖他五〗 ①고르다, 뽑다, 선택하다¶ 委員いいんを~ 위원을 뽑다/大だいすい方ほうを~ 큰 쪽을 고르다 ②「撰ぶ」(골라) 책으로 엮다, 편찬하다¶ 歌集かしゅうを~ 가집을 엮다 ③(부정의 말이 딸리어) 가리다¶ 手段しゅだんを~ばない 수단을 가리지 않다
〖慣用句〗
**一所いっしょが無ない** (조금도) 다를 바 없다, 같다
**えらぶつ** [偉物・豪物] (口) 훌륭한 사람, 걸물, 수완가¶ 彼かれはなかなかの~だ 그는 상당한 걸물이다
**えらぶ・る** [偉ぶる] 〖自五〗 잘난 체하다, 젠체하다¶ ~った態度たいど 잘난 체하는 태도
**えり** [魞] (강・호수 등에서) 대발을 쳐서 물고기를 잡는 장치
**えり** [襟・衿] ①옷깃¶ シャツの~を立たてる 셔츠의 깃을 세우다 ②목덜미
〖慣用句〗
**ーに付つく** 권세에 아부하다
**ーを正ただす** ①옷깃을 여미다, 자세를 바로하다 ②정신을 차리다
**エリア** (area) 〖造語〗 에어리어. 지역, 구역¶ サービス~ 서비스 에어리어
**えりあか** [襟垢] 옷깃의 때¶ ~のついたシャツ 옷깃에 때가 묻은 셔츠
**えりあし** [襟足] 목덜미의 머리털이 난 언저리
**エリート** (elite) 엘리트. 선량¶ ~社員しゃいん 엘리트 사원/~意識いしき 엘리트 의식
**エリカ** (Erica) 〖植〗 에리카. 히스 = ヒース
**えりかざり** [襟飾り] ①(양복의) 깃 장식 ②「ネクタイ」의 예스러운 말
**えりがみ** [襟髪] 목덜미의 머리털, 뒷덜미¶ ~をつかむ 뒷덜미를 잡다
**えりぎらい** [選り嫌い] 〖名〗〖自ス〗 가림 = えりごのみ¶ ~がはげしい؏ 까다롭다
**えりくび** [襟首] 목덜미 = うなじ
**えりぐり** [襟刳り] (깃을 달기 위해 파낸) 목 둘레의 선, 네크라인
**えりごのみ** [選り好み] 〖名〗〖自ス〗 좋아하는 것만을 골라 취함, 가림 = よりごのみ¶ ~が過すぎる 가리는 것이 심하다
**えりしょう** [襟章] 옷깃에 다는 휘장, 배지¶ 学生服がくせいふくの~ 학생복의 배지
**えりす・ぐる** [選りすぐる] 〖他五〗 골라내다, 뽑아내다, 선발하다 = よりすぐる¶ 少数精鋭しょうすうせいえいを~ 소수 정예를 선발하다
**えりぬき** [選り抜き] ①골라 뽑음, 가려 뽑음¶ ~の人材じんざい 골라 뽑은 인재¶ ~の選手せんしゅ 엄선한 선수
**えりまき** [襟巻] 목도리, 머플러¶ ~を巻まく 목도리를 두르다
**えりもと** [襟元] 옷깃 언저리, 목 언저리¶ ~

が寒らい 목 언저리가 춥다

えりわ·ける [「選(り)分ける」] 他下一 골라 내다, 선별하다 ¶ 不合格品ふごうかくひんを~ 불합격품을 골라 내다

え·る [「選る·択る」] 他五文 고르다, 골라 내다, 추려 내다, 선택하다= よる ¶ ~ りに~·った洋服ようふく 고르고 고른 양복

える [「得る」] 他下一 ①손에 넣다, 획득하다 ¶ よき伴侶はんりょを~ 좋은 반려자를 얻다 ②(이해·지지를) 받다 ¶ 承認しょうにんを~ 승인을 받다/ 信任しんにんを~ 신임을 얻다 ③(어떤 상태가) 되다 ¶ 病やまいを~ 병들다 ¶ 「…ざるを得ない」의 꼴로 …하지 않을 수 없다 ¶ 行いかざるを得ない 가지 않을 수 없다 ⑤(補助) (동사 連用形에 붙어) …할 수 있다 ¶ あり~ 있을 수 있다/ ありえない 있을 수 없다

エル [L·l] 엘 ①영어 알파벳의 12번째 자모 ②「L判ばん」「Lsize」의 준말 ③(俗) 애인 ④(俗) 연애 편지

エル エス ディー [LSD] [薬] 엘 에스 디. 맥각(麥角)으로 만드는 강력한 환각제

エル エヌ ジー [LNG] [化] 엘 엔 지. 액화 천연 가스

エル エル [LL] 엘 엘 ①[教] 어학 연습실 ②「エルエルサイズ」의 준말 ―サイズ 엘엘 사이즈. (의류 치수에서) 특대 사이즈

エルサイズ [Lサイズ] 엘 사이즈. (의복 등의) 표준보다 큰 치수

エル シー ディー [LCD] 엘 시 디. 액정 디스플레이

エル ディー ケー [LDK] 엘 디 케이. 거실·주방·식당을 겸한 방 ▷ living, dining, kitchen

エルニーニョ (에 El Niño) 엘니뇨. (수년마다 일어나는) 적도 부근 해면 수온의 이상 상승 현상

エル ピー [LP] 엘 피. 엘피반, 1분간 33회 1/3을 회전하는 레코드

エル ピー ジー [LPG] [化] 엘 피 지. 엘피 가스, 액화 석유 가스

エルボー (elbow) 엘보우 ①팔꿈치 ②(아이스 하키에서) 팔꿈치 보호대

エルム (elm) [植] 엘름. 느릅나무

エレガント (elegant) ナ 엘리건트. 우아함, 고상함, 품위 있음 ¶ ~な服装ふくそう 우아한 복장

エレキ ①「エレキテル」의 준말 ②「エレキギター」의 준말 ―ギター 일렉트릭 기타. 전기 기타

エレキテル 일렉트릭. 전기= エレキ

エレクトラ コンプレックス (Electra complex) [心] 엘렉트라 콤플렉스 ⇨ エディプスコンプレックス

エレクトロン (electron) 일렉트론 ①[物] 전자 ②일렉트론 메탈, 마그네슘이 주성분인 합금

エレジー (elegy) 엘레지 ①비가, 애가(哀歌) ②[音] 비애감을 주제로 하는 악곡·가곡

エレベーター (elevator) [機] 엘리베이터. 승강기

エロ 에로 ①「エロチック」의 준말 ¶ ~本ぼんに 에로[외설적인] 책 ②「エロチシズム」의 준말 ―グロ 색정적이고 기괴함

エロス (그 Eros) 에로스 ①(그리스 신화에서) 사랑의 신 ②성애(性愛) ⇔ アガペー

エロチシズム (eroticism) 에로티시즘. 애욕·성애를 강조하는 경향= エロティシズム·エロ

えん [「円」] [圓] 音エン(ヱン) 訓まるい | (음)원. Ⅰ (造語) ①둥글다, 동그라미 ¶ 円周えんしゅう 원주·楕円だえん 타원 ②모가 없음 ¶ 円滑えんかつ 원활·円満えんまん 원만 ③부근 일대, 주변 ¶ 関東一円かんとういちえん 관동 일원 ④화폐 단위 ¶ 円貨えんか 엔화·円高えんだか 엔고 Ⅱ [動] 원 ¶ ~を描えがく 원을 그리다 ②일본의 화폐 단위. 엔 ¶ ~が急騰きゅうとうする (엔이) 급등하다

えん [「宛」] 音エン(ヱン) 訓あてる | (음) 완. (造語) ①구부리다, 몸을 꼬다 ¶ 宛転えんてん 완전 ②흡사, 마치 ¶ 宛然えんぜん 완연

えん [「延」] [延] 音エン 訓のびる·のべる·のばす | (음) 연. ①늘이다, 넓어지다 ¶ 延長えんちょう 연장·蔓延まんえん 만연 ②(기일이) 늦어지다 ¶ 延期えんき 연기·遅延ちえん 지연

えん [「沿」] 音エン 訓そう | (음) 연. (造語) (도로 등을) 따르다 ¶ 沿海えんかい 연해·沿岸えんがん 연안·沿道えんどう 연도

えん [「炎」] 音エン 訓ほのお | (음) 염. (造語) ①불꽃 ¶ 紅炎こうえん 홍염·陽炎ようえん 양염 ②불타듯 격렬하다, 타오르다 ¶ 炎焼えんしょう 염소·気炎きえん 기염 ③불꽃처럼 뜨겁다, 더위가 심하다 ¶ 炎暑えんしょ 염서·炎天えんてん 염천 ④염증 ¶ 胃炎いえん 위염·脳炎のうえん 뇌염 ▷ ①은 「焰」과 같음

えん [「苑」] 音エン(ヱン)·オン(ヲン) 訓その | (음)원. (造語) ①정원 ¶ 外苑がいえん 외원·御苑ぎょえん 어원 ②문학·예술인들의 모임 ¶ 芸苑げいえん 예원·文苑ぶんえん 문원 ▷ ①은 「園えん」과 같음

えん [「垣」] 音エン(ヱン) 訓かき | (음)원. (造語) 담, 울타리

えん [「怨」] 音エン(ヱン)·オン(ヲン) 訓うらむ | (음)원. (造語) 원망하다, 원한을 품다, 원한 ¶ 怨恨えんこん 원한·怨霊おんりょう 원령·宿怨しゅくえん 숙원·積怨せきえん 적원

えん [「冤」] 音エン(ヱン) | (음)원. (造語) 억울한 죄, 누명 ¶ 冤罪えんざい 원죄·雪冤せつえん 설원 ▷ 「㝹」은 속자

えん [「宴」] 音エン 訓うたげ | (음)연. Ⅰ (造語) ①주연, 술잔치 ¶ 宴会えんかい 연회·酒宴しゅえん 주연·祝宴しゅくえん 축연 ②즐기다 ¶ 宴遊えんゆう 연유 Ⅱ (文) 잔치, 연회, 주연 ¶ 花はの~ 꽃 잔치/ 送別そうべつの~ 송별연 ¶ ~を張はる 연회를 베풀다

えん [「捐」] 音エン | (음)연. (造語) 금품을 내다, 버리다 ¶ 出捐しゅつえん 출연·義捐金ぎえんきん 의연금 ▷ 「捨」이 대용자

えん [「烟」] 音エン 訓けむり | (음)연. (造語) 연기 ¶ 喫煙きつえん 끽연·禁煙きんえん 금연·煤煙ばいえん 매연 ▷ 「煙えん」은 다른 글자꼴

えん [「婉」] 音エン | (음)원. (造語) ①정숙하고 아름답다 ¶ 婉然えんぜん 완연·妖婉ようえん 요완 ②온화함, 모나지 않음 ¶ 婉曲えんきょく 완곡

えん [「掩」] 音エン 訓おおう | (음)엄. 덮다, 가리다, 감싸다 ¶ 掩護えんご 엄호·掩蔽えんぺい 엄폐

えん [「淵」] 音エン(ヱン) 訓ふち | (음)연. (造語)

えん

①소, 못, 물이 깊은 곳¶ 淵源ぇん 연원·海淵かい 해연·深淵しん 심연 ②사물이 많이 모이는 곳¶ 淵叢そう 연총 ▷「渕」은 속자

えん [*堰] 【堰】 ⾳エン｜(음)언. (造語) 둑, 보, 방축¶ 堰堤てい 언제

えん [*媛] 【媛】 ⾳エン(ヱン) 訓ひめ｜(음)원. (造語) 아름다운 여성, 아가씨¶ 才媛さい 재원

えん [援] 【援】 ⾳エン 訓たすける｜(음)원. (造語) ①도움, 돕다¶ 援軍ぐん 원군·援助じょ 원조·応援おう 응원·救援きゅう 구원 ②끌다, 당기다¶ 援用よう 원용

えん [*焰] 【焔】 ⾳エン 訓ほのお｜(음)염. (造語) 불길, 타오르다¶ 火焔ゕ 화염·気焔き 기염 ▷「炎」과 같음

えん [園] 【園】 ⾳エン(ヱン) 訓その｜(음)원. Ⅰ(造語) ①식물을 재배하는 밭¶ 園芸げい 원예·田園でん 전원·農園のう 농원 ②사람이 모여 즐기는 뜰, 정원¶ 公園こう 공원·庭園てい 정원·動物園どうぶつ 동물원 ③아동·학생을 보호·교육하는 시설¶ 園児じ 원아·学園がく 학원·幼稚園ようち 유치원 ▷「苑」과 같음 Ⅱ「원」자가 붙는 시설¶ 〜の運営うん 원의 운영

えん [煙] 【煙】 ⾳エン 訓けむる·けむり·けむい｜(음)연. Ⅰ(造語) ①연기¶ 煙幕まく 연막·硝煙しょう 초연 ②안개, 이내¶ 煙雨う 연우·煙霧む 연무 ③그을음¶ 煤煙ばい 매연·油煙ゆ 유연 ④담배¶ 喫煙きつ 끽연·禁煙きん 금연 ▷「烟」은 다른 글자꼴 黙字訓 煙管のど 봉화

えん [猿] 【猿】 ⾳エン 訓さる·ましら｜(음)원. (造語) 원숭이¶ 猿臂ぴ 원숭이의 팔·犬猿けん 견원·類人猿るいじん 유인원

えん [*筵] 【筵】 ⾳エン 訓むしろ｜(음)연. (造語) 자리, 饗筵きょう 향연·講筵こう 강연

えん [遠] 【遠】 ⾳エン(ヱン)·オン(ヲン) 訓とおい｜(음)원. (造語) ①시간·거리가 멀다¶ 遠隔かく 원격·遠足そく 소풍·永遠えい 영원·望遠鏡ぼうきょう 멀어지다, 멀리하다¶ 遠心力しんりょく 원심력·疎遠そ 소원¶ 「遠江」의 준말·遠州しゅう 지금의 静岡しずおか현 서부 지방

えん [鉛] 【鉛】 ⾳エン 訓なまり｜(음)연. (造語) ①납, 연¶ 鉛筆ぴつ 연필·亜鉛ぁ 아연 ②납으로 만든 안료¶ 鉛白はく 연백

えん [塩] 【鹽】 ⾳エン 訓しお｜(음)염. Ⅰ ①소금¶ 塩田でん 염전·塩分ぶん 염분·食塩しょく 식염 ②「塩素そ의 준말」塩化か (化) 염화·塩基き 염기·塩酸さん 염산 Ⅱ(化) 염류

えん [厭] 【厭】 ⾳エン·オン 訓あきる·いとう·いや｜(음)염. (造語) 물리다, 싫증나다¶ 厭世せい 염세·厭戦せん 염전·倦厭けん 권염

えん [演] 【演】 ⾳エン 訓のべる｜(음)연. (造語) ①설명하다, 넓히다¶ 演繹えき 연역·演説ぜつ 연설·講演こう 강연 ②음악·연극 등을 하다¶ 演技ぎ 연기·演奏そう 연주·共演きょう 공연·演習しゅう 연습하다·演算さん 연산·演芸げい 연예

えん [縁] 【縁】 ⾳エン 訓ふち·えにし｜(음)연. Ⅰ(造語) ①가장자리¶ 縁辺へん 연변·外縁がい 외연 ②뒷마루¶ 縁側がわ 뒷마루 ③연관, 관계¶ 悪縁あく 악연·絶縁ぜつ 절연 ④인연¶ 縁故こ 연고·縁談だん 혼담·血縁けつ 혈연 ⑤[佛] 인연¶ 縁起ぎ 연기·因縁いん 인연·結縁けつ 결연 Ⅱ ①마루, 뒷마루¶ 〜に上がる 마루에 오르다 ②연, 관계, 연계¶ 〜がない 돈에는 인연이 없다 ③(혈족·결혼 등에 의한) 인연, 연분¶ 〜をむすぶ 인연을 맺다 ④[佛] 인연¶ 前世ぜ の〜 전세의 인연

慣用句

一無ゐ 衆生しゅじょうは度ど し難がたし 불연이 없는 중생은 제도하기 어렵다

一は異な もの味あじ なもの 남녀 간의 인연은 어떻게 맺어질지 모르는 묘하고 재미있는 것

一も所縁ゆかり も無い 아무 인연도 관계도 없다

えん [*燕] 【燕】 ⾳エン 訓つばめ｜(음). Ⅰ(造語) 제비¶ 燕雀じゃく 연작·燕麦ばく 귀리·燕尾服びふく 연미복 Ⅱ [史] (중국의) 연나라

えん [*艶] 【艶】 ⾳エン 訓つや｜(음)염. Ⅰ(造語) ①요염하다, 화려하고 아름답다¶ 濃艶のう 농염·豊艶ほう 풍염 ②남녀 간의 사랑에 관한 것¶ 艶書しょ 염서·艶福ふく 염복·艶聞ぶん 염문 Ⅱ 요염함, 품위 있고 아름다움¶ 〜を競きそう 요염함을 겨루다

えんいん [延引] (名)(自スル) (文) 연인, 지연= えんにん¶ 説明会せつめいかい が〜された 설명회가 지연되었다

えんいん [援引] (名)(他スル) (文) 원인. (자료·증거 등을) 자기에게 유리하게 인용함, 원용

えんいん [遠因] 원인, 간접적인 원인 ⇔ 近因きん¶ 戦争そう の〜 전쟁의 원인이 되다

えんう [煙雨] (文) 연우. 는개= きりさめ

えんうんどう [円運動] [物] 원운동

えんえい [遠泳] (名)(自スル) 원영. 먼 거리를 헤엄침

えんえき [演繹] (名)(他スル) 연역 ①부연해서 말함 ②[論] 전제에서 논리적 절차를 밟아 결론을 이끌어냄 ⇔ 帰納のう¶ 〜的方法てきほうほう 연역적 방법 一法ほう [論] 연역법

えんえん [*奄*奄] ①엄엄. 숨이 곧 끊어질 듯함¶ 気息きそく 〜 숨이 곧 끊어질 듯이 약함 ②어둠, 어슴푸레함

えんえん [延延] (길게 이어지는 모양) 장장¶ 〜二時間じかん にわたる討論会とうろんかい 장장 두 시간에 걸친 토론회

えんえん [炎炎] [ ル] (文) 염염. 활활 타오름¶ 〜と燃も え上がる 활활 타오르다

えんえん [*蜿*蜒·*蜿*蜓·*蜿*蜿] [ ル] 원연. 꾸불꾸불 길게 이어짐¶ 〜長蛇ちょうだ の列れつ 꾸불꾸불 길게 이어진 행렬

えんお [厭悪] [名] (他スル) 염오, 혐오

えんおう [*閻王] (文)「閻魔大王えんまだいおう」의 준말

えんおう [*鴛*鴦] (動) 원앙= おしどり 一契ちぎり 원앙지계. 부부간에 금실이 좋음

えんか [円価] [経] 가치

えんか [円貨] [経] 엔화. 일본의 円을 단위의 화폐

えんか [煙霞·烟霞] (文) 연하 ①연기와 안개, 연무와 안개 ②연무가 끼여 부연 경치

えんか [塩化] (名)(自スル) [化] 염화 一アンモニウム [化] 염화 암모늄 一水素すいそ [化] 염화 수소

—ナトリウム [化] 염화 나트륨. 식염 —ビニール 염화 비닐 —物 [化] 염화물

えんか [演歌·艶歌] ① [藝] (明治·大正 시대에) 일본에서 바이올린 등을 연주하면서 부르던 유행가 ② [音] 일본적인 멜로디에 애조를 띤 대중 가요 —師 ①바이올린 등에 맞춰 유행가를 부르며 노래책을 팔던 사람 ②기타 등을 들고 번화가를 돌며 손님의 청에 따라 유행가를 직업적으로 부르는 사람

えんか [縁家] [文] 사돈집

えんか [＊燕窩] 연와. (중국 요리 재료의 하나인) 제비집, 연소

えんか [＊嚥下] 名 他スル [文] 연하. 삼킴=えんげ

えんかい [沿海] 연해 ①바다를 따라 접해 있는 육지¶ ～都市¶ 연해 도시 ②근해¶ ～漁業¶ 연해 어업

えんかい [宴会] 연회¶ ～の余興¶ 연회의 여흥/～を催す 연회를 베풀다

えんかい [遠海] 원해. 원양 ⇔ 近海

えんかい [縁海] [地] 연해. 대륙의 가장자리에 있어 섬이나 반도로 접해있는 바다

えんがい [円蓋] [建] 둥근 천장(지붕). 돔

えんがい [＊掩蓋] [文] 엄개 ①덮개, 씌우개 ② [軍] 참호 등의 지붕 —壕 엄개호

えんがい [煙害] 연해. 연기에 의한 피해

えんがい [塩害] [氣] 염해. 農作物が～をうける 농작물이 염해를 입다

えんかく [沿革] 연혁. 변천¶ 学校の～ 학교의 연혁

えんかく [遠隔] 名 원격¶ ～の地¶ 원격지 —制御 [工] 원격 제어. 원격 조종=リモートコントロール —操作 원격 조작

えんがく [縁覚] [佛] 연각. 스스로 득도한 성자 —乗 [佛] 연각의 경지에 이르는 도·가르침

えんかつ [円滑] 名 ダ 원활¶ 議事の～な進行¶ 의사의 원활한 진행/～を欠く 원활하지 못하다 —体 [表] 읽기 좋고 매끄러운 문장 표현 방식

えんがわ [縁側] ①툇마루¶ 日あたりのよい～ 볕이 잘 드는 툇마루 ②가자미나 넙치의 지느러미 부분의 살

えんかわせ [円為替] [經] 엔화를 기축으로 하는 외국환

えんかん [鉛管] 연관. 납으로 만든 관

えんがん [沿岸] 연안 ①바다·호수·강가 등을 따라 접해있는 육지¶ ～地方¶ 연안 지방 ②육지에 가까운 수역¶ ～200海里 연안 200해리 —漁業 [水] 연안 어업 —霧 [氣] 연안에서 발생하는 안개

えんがん [遠眼] [文] 원안. 원시 ⇔ 近眼¶ ～鏡 원시 안경

えんき [延期] 名 他スル 연기 支払いを～する 지불을 연기하다

えんき [塩基] 염기 —性 [化] 염기성

えんぎ [＊衍義] 연의. 뜻을 확대하여 자세히 설명함. 그렇게 설명한 것

えんぎ [演技] 名 自スル 연기 ①관객 앞에서 예능의 재주를 보임. 그런 재주¶ 華麗な～ 화려한 연기 ②남에게 보이기 위한 꾸민 행동거지¶ ことさらに仲のよさを～する 짐짓 사이가 좋음을 연기하다

えんぎ [演義] 연의 ①사실이나 뜻을 알기 쉽게 설명함 ② [文] 역사를 통속적으로 재미있게 쓴 소설¶ 三国志～ 삼국지 연의

えんぎ [縁起] ①(길흉의) 조짐, 징조, 재수¶ ～をかつぐ 길흉의 조짐을 들먹이다/～がいい 재수가 좋다 ②(神社 등의) 기원, 유래, 그것을 기록한 것¶ 北野天神の～ 北野神社의 유래 ③ [佛] 연기. 모든 것은 다 인연이 있어 생긴다는 사상 —担ぎ 길흉의 조짐을 들먹임, 그런 사람 —棚 (상인의 집에서) 장사가 잘 되도록 빌기 위해 모시는 神棚 —直し 나쁜 운수가 좋아지도록 빎 —物 복을 불러 들인다는 물건

[慣用句]

—でもない 재수 없다, 불길하다

—を祝う 재수 있기를 빌다

—を担ぐ (무슨 일에나) 길흉을 들먹이다, 길흉의 조짐을 들먹여 재수를 따지다

えんぎょう [円教] [佛] 원교. 완전 무결한 궁극적인 가르침

えんきょく [婉曲] 名 ダ 완곡. 에둘러 말함¶ ～な言い方 완곡한 말씨/～にことわる 완곡하게 거절하다 —語法 [表] 완곡 어법

えんきょり [遠距離] 원거리. 장거리 ⇔ 近距離¶ ～通学 원거리 통학

えんきり [縁切り] (부자·부부·형제·사제간 등의) 인연을 끊음, 절연¶ ～状 절연장 —寺 江戸 시대 학대받는 아내 등이 도망처 들어와 일정 기간을 지내면 이혼이 인정되는 특권이 있던 절=駆け込み寺

えんきん [遠近] 원근¶ ～感 원근감 —法 [美] 원근법

えんぐみ [縁組] 부부의 연을 맺음, 결혼함¶ 二人だけの～が整うだった 두 사람의 혼인이 이루어졌다 ②양자·양녀의 연을 맺음¶ 養子～ 양자 결연

えんグラフ [円グラフ] [數] 원그래프

えんぐん [援軍] 원군. 원병¶ ～来らず 원군이 오지 않다/～をさしむける 원군을 보내다

えんげ [＊嚥下] 名 他スル [醫] 연하. 삼킴¶ 異物を～する 이물질을 삼키다

えんけい [円形] 원형¶ ～劇場¶ 원형 극장

えんけい [遠景] 원경 ①먼 경치 ②(그림·사진의) 먼 배경¶ ～に富士山を入れる 먼 배경으로 富士山을 넣다 ▷①② 近景

えんげい [園芸] 원예¶ ～作物¶ 원예 작물

えんげい [演芸] 연예¶ ～界に入る 연예계에 들어가다

えんげき [演劇] 연극¶ 素人～ 아마추어 연극/～界のスター 연극계의 스타

エンゲル けいすう [エンゲル係数] [經] 엥겔 계수

えんげん [＊怨言] [文] 원언. 원망의 말¶ ～を並べる 원언을 늘어놓다

えんげん [＊淵源] [文] 연원. 근원¶ ～をさかのぼる 연원을 거슬러 올라가다

えんこ

**えんこ** [名][自スル] ①(幼) 주저앉음 ②(俗) (차가) 고장나서 움직이지 않음¶ぽんこつ車が~する 고물차가 고장나서 서버리다

**えんこ** [円弧] 원호. 호

**えんこ** [塩湖] [地] 염호. 함수호

**えんこ** [縁故] 연고 ①(인간 관계의) 줄=つて¶~を頼る 연고에 의지하다 ②사물의 관계¶~をたどる 연고를 더듬어 찾다

**えんご** [掩護] [名][他スル] 엄호¶~射撃を命ずる 엄호 사격을 명령하다

**えんご** [援護] [名][他スル] 원호¶~物資 원호 물자

**えんご** [縁語] [表] 의미가 연관된 말을 써서 흥취를 돋우는 수사법

**えんこう** [円光] [佛] 원광. 후광=後光·背光¶~がさす 후광이 비치다

**えんこう** [猿猴] [文] 원후. 원숭이
〔慣用句〕
—月を取る 원후취월. 분수를 모르고 큰 것을 바라다가 화를 부르게 된다

**えんこうきんこう** [遠交近攻] 원교 근공. 먼 나라와 우호 관계를 맺고 가까운 나라를 침공함

**えんごく** [遠国] ①원국. 먼 나라 ②수도에서 멀리 떨어진 지방 ▷①② ⇔近国

**えんこん** [怨恨] 원한=うらみ¶~を抱く 원한을 품다

**えんさ** [怨嗟] [名][他スル] [文] 원차. 원망하고 한탄함¶~の声 원차의 소리. 원성

**えんざ** [円座·円坐] [名][自スル] 빙 둘러앉음=車坐¶~して話し合う 빙 둘러앉아 이야기하다 ②짚으로 만든 둥근 방석=わろうだ

**えんざ** [縁座·縁坐] [名][自スル] 연좌. 친인척의 죄 때문에 함께 처벌을 받음

**えんざい** [冤罪] 원죄. 무고한 죄¶~をこうむる 무고한 죄를 뒤집어쓰다

**えんさき** [縁先] 툇마루 끝[앞]¶~に腰を下ろすす 툇마루 끝에 걸터앉다

**えんさだめ** [縁定め] (부부·양자 등의) 인연을 맺음. 결연. 정혼

**えんさん** [塩酸] [化] 염산

**えんさん** [鉛槧] [文] 연참. 문필에 종사함

**えんざん** [演算] [數] 연산=運算¶~装置 연산 장치 **—記号** [數] 연산 기호

**えんし** [遠視] [醫] 원시. 원시안 ⇔近視

**えんじ** [衍字] [文] 연자. (어구 중에) 잘못 들어간 글자

**えんじ** [園児] 원아. 유치원 등에 다니는 어린이¶~を募集する 원아를 모집하다

**えんじ** [臙脂] 연지. 검붉은 색

**えんじつてん** [遠日点] [天] 원일점

**エンジニアリング** (engineering) 엔지니어링. 공학. 공학 기술

**えんじゃ** [縁者] 친척. 일가¶~びいき 족벌주의

**えんじゃく** [燕雀] [文] 연작 ①제비나 참새 같은 작은 새 ②작은 인물. 소인배
〔慣用句〕
—安んぞ鴻鵠の志を知らんや 연작이 어찌 홍곡의 뜻을 알리요

**えんしゃっかん** [円借款] [經] 엔 차관

**えんじゅ** [槐] [植] 회화나무

**えんしゅう** [円周] [數] 원주 **—率** [數] 원주율

**えんしゅう** [演習] ①연습¶実際 훈련¶予行~ 예행 연습 ②[敎] 세미나¶経済学~ 경제학 세미나 ③(군대의) 실전 훈련¶~地 실전 연습지 **—林** 연습림

**えんじゅく** [円熟] [名][自スル] 원숙¶~した人柄 원숙한 인품 ②(기능이) 나무랄 데 없이 숙달됨¶~の域に達する 원숙한 경지에 이르다

**えんしゅつ** [演出] [名][他スル] ①(영화·연극 등의) 연출¶~家 연출가 ②(행사 등을) 예정대로 진행시킴¶大会の~ 대회를 예정대로 진행시킴

**えんしょ** [炎暑] [文] 염서. 혹서¶~の折り 혹서지절

**えんしょ** [艶書] [文] 염서. 연애 편지=恋文

**えんじょ** [援助] [名][自スル] 원조. 구원¶~の手をさしのべる 원조의 손을 뻗다

**えんしょう** [延焼] 연소. 불길이 번짐

**えんしょう** [炎症] [醫] 염증

**えんしょう** [煙硝] ①초연. 연기가 나는 화약 ②초석. 질산 칼륨

**えんしょう** [遠称] [文法] 원칭 ▷「あれ·あそこ·あちら」등 멀리 있는 것〔곳〕을 가리키는 지시 대명사

**えんしょう** [艶笑] [文] 염소. 호색적이고도 익살스러움 **—文学** 염소 문학

**えんじょう** [炎上] [名][自スル] 불타오름¶天守閣の~ 성의 높은 망루가 불타오름

**えんしょく** [怨色] [文] 원색. 원망하는 기색

**えんしょく** [艶色] [文] 염색. (여성의) 요염한 자색(姿色)

**えんしょく はんのう** [炎色反応] [化] 염색 반응. 불꽃 반응

**えん·じる** [怨じる] [他上一] → えんずる(怨)

**えん·じる** [演じる] [他上一] → えんずる(演)

**えんしん** [遠心] [名] 원심 ⇔求心 **—分離機** [機] 원심 분리기 **—力** [物] 원심력

**えんじん** [猿人] [考古] 원인¶ジャワ~ 자바 원인

**えんじん** [厭人] [文] 사람을 싫어함. 인간 혐오

**えんすい** [円錐] [數] 원추. 원뿔 **—曲線** [數] 원추 곡선. 원뿔 곡선

**えんすい** [塩水] 염수. 소금물=しおみず

**えんすい** [鹽髓] 연수. 숨골

**エンスト** (口) 엔 스토. (자동차 등의) 엔진 고장. 엔진 고장으로 멈춤

**えん·ずる** [怨ずる] [他サ変] [文] 원망하다¶~そぶりを見せる 원망하는 기색을 보이다

**えん·ずる** [演ずる] [他サ変] ①연기하다¶主役を~ 주역을 맡아 하다 ②(좋지 않은 일을) 하다. 저지르다¶醜態を~ 추태를 부리다 / 失策を~ 실책을 범하다

**えんせい** [延性] [物] 연성¶金の~ 금의 연성

えんせい [遠征] [名][自スル] 원정¶ ～軍 원정군/ ～試合 원정 경기
えんせい [*厭世] [名] 염세. 사는 것이 싫음¶ ～自殺 염세 자살 一家 염세가 ―観 염세관 ―主義 [哲] 염세주의 ―的 염세적
えんせき [宴席] 연석. 연회석¶ ～を設ける 연석을 마련하다
えんせき [遠戚] [文] 원척. 먼 친척¶ ～にあたる人 먼 친척(뻘)이 되는 사람
えんせき [塩析] [名][他スル][化] 염석
えんせき [緣戚] [文] 인척. 친척¶ 社長とは～になる 사장과는 인척이 된다
えんぜつ [演説] [名][自スル] 연설¶ 街頭～ 가두 연설
えんせん [沿線] 연선. 철도 연변¶ ～の住民 철도 연변의 주민
えんせん [厭戰] 염전¶ ～思想 염전 사상
えんぜん [*宛然] [副][文] 완연. 흡사함¶ ～として真に迫る 흡사 실제를 방불케 하다
えんぜん [*婉然] [文] (여자가) 얌전하고 아름다움¶ ～たる挙措 얌전하고 아름다운 행동 거지
えんぜん [*嫣然] [副][文] (여자가) 상긋 웃는 모양¶ ～とほほえむ 상긋 웃다
えんそ [遠祖] 원조. (고조 이전의) 먼 조상
えんそ [塩素] [化] 염소¶ ～で消毒する 염소로 소독하다
えんそう [*淵叢] [文] 연총. (사물이) 많이 모이는 곳. 학예의 중심
えんそう [演奏] [名][他スル] 연주¶ ～会 연주회
えんぞう [塩蔵] [名][他スル] 염장¶ ～食品 염장 식품
えんそうほう [縁装法] [表] 관련어 등을 넣어 문장에 감칠맛이 나게 하는 표현 기법
えんそく [遠足] 소풍¶ 楽しい～ 즐거운 소풍
えんたい [延滞] [名][自他スル] 연체¶ ～金 연체금/授業料が～している 수업료가 연체되어 있다 ―利息 [法] 연체 이자
えんたい [*掩体] [軍] 엄체. 엄호물¶ 飛行機用～ 비행기용 엄호물
えんだい [遠大] [形動] 원대¶ ～な計画をたてる 원대한 계획을 세우다
えんだい [演台] 연단에 놓는 책상. 연탁
えんだい [演題] 연제. 강연·연설 등의 제목
えんだい [*縁台] 나무나 대나무로 만든 걸상. 평상 ―将棋 평상 위에서 두는 장기
えんだか [円高] [経] 엔고. 엔화 강세 ⇔ 円安 ―差益 [経] 엔고 차익
えんたく [円卓] 원탁. 둥근 탁자¶ ～をかこむ 원탁 탁자에 둘러앉다 ―会議 원탁 회의
えんタク [円タク] 「一円タクシー」의 준말. 시내 요금이 일률적으로 1엔이었던 택시
えんだて [円建て] [経] (대외 거래·자금 대차에서) 엔화로 금액을 표시하는 일
エンタルピー (enthalpy) [物] 엔탈피. 열함량
えんたろうばしゃ [円太郎馬車] 明治시대 합승 마차의 속칭
えんだん [演壇] 연단¶ ～に登る 연단에 오르다

えんだん [縁談] 혼담¶ 娘の～がまとまる 딸의 혼담이 성립되다
えんちてん [遠地点] [天] 원지점 ⇔ 近地点
えんちゃく [延着] [名][自スル] 연착 ⇔ 早着¶ 列車が～する 열차가 연착하다
えんちゅう [円柱] 원주 ①둥근 기둥¶ 神殿の～ 신전의 원주 ②[数] 원기둥= 円筒
えんちょう [円頂] ①둥근 꼭대기 ②까까머리 ③중 ―黒衣 [文] 원정 흑의. 중의 모습. 중
えんちょう [延長] 연장 I [名][自他スル] ①(길이·시간이) 늘어남. 늘임. 短縮되나. 時間を～する 제한 시간을 연장하다 ②[数] 직선을 늘임. 그 늘인 부분¶ 線分を～する 선분을 연장하다 II [名] ①연속된 것으로 생각하기¶ 仕事の～と考かえ 일을 놀이의 연장으로 생각하다 ②뻗친 전체 길이¶ ～5キロに達する 연장 5킬로미터에 이르다 ―戦 연장전
えんちょう [園長] (유치원 등의) 원장
えんちょく [鉛直] [数] 연직 ―線 [数] 연직선
えんづ・く [縁付く] [自五] 시집가다. 데릴사위로 들어가다. 결혼하다¶ 娘は商家に～いた 딸은 상사하는 집으로 시집갔다
えんづ・ける [縁付ける] [他下一] 시집보내다. 데릴사위로 들어보내다¶ 娘を～ 딸을 시집보내다
えんつづき [縁続き] 친척. 인척. 사돈(관계에 있음)¶ ～にあたる人 친척뻘이 되는 사람
えんてい [*堰堤] [文] 언제. 둑. 제방. 댐
えんてい [園丁] [文] 원정. 정원사
エンディング (ending) 엔딩. 끝. 결말
えんてん [炎天] 염천¶ ～下の行進 염천하의 행진
えんでん [塩田] 염전= 塩浜
えんてんかつだつ [円転滑脱] 원전 활탈. 일이 잘 진행됨. 사람과의 응대가 원활함
えんとう [円筒] 원통 ①둥근 통 ②[数] 원주
えんとう [遠投] [名][他スル] (공·낚시줄 등을) 멀리 던짐
えんとう [遠島] 江戸시대에 죄인을 낙도 등으로 유배시키던 형벌= 島流し
えんどう [沿道] 연도. 길가
えんどう [*羨道] [考古] 연도. 횡혈(横穴) 고분 (古墳)의 입구에서 현실(玄室)까지의 통로
えんどう [*豌豆] [植] 완두 ―豆 완두콩
えんどお・い [縁遠い] [形] ①관계가 적다. 인연이 멀다¶ 芸術に～仕事 예술과는 관계가 먼 일 ②(혼사에) 인연이 없다. 좀처럼 결혼할 기회를 얻지 못하다¶ ～娘 좀처럼 결혼할 기회를 얻지 못한 아가씨
えんどく [煙毒] 연독. 제련소나 공장의 연기에 들어 있는 유독 물질
えんどく [鉛毒] 연독. 납에 함유되어 있는 독. 납중독¶ ～症 연독증
えんとして [*宛として] [副][文] 마치. 흡사. 꼭
えんとつ [煙突] 연돌. 굴뚝¶ ～が詰まる 굴뚝이 막히다

エンドラン 〔野〕「ヒットエンドラン」의 준말
エントリー (entry) 名 自スル 엔트리. 참가 등록 ¶ ～した選手 참가 등록한 선수
えんにち 【縁日】〔神社・절에서〕신불을 공양하고 재를 올리는 날. 잿날
えんにゅう 【円融】〔佛〕원융. 각각 자기를 보존하면서 서로 방해하지 않고 융합되어 있는 진리의 모습 = えんゆう
えんによう 【延繞】〔한자 부수의〕민책받침 ▷ 「建・廷・延」등의 「廴」부분: いんにょう
えんねつ 【炎熱】염열. 염서 ¶ ～地獄 염열지옥
えんねん 【延年】① 연년. 수명을 늘임. 장수함 ② 〔芸〕「延年舞」의 준말. 중고 시대부터 행해졌던 사찰에서의 가무
えんのう 【延納】名 他スル 연납. (기한보다) 늦게 납부함 利子の～ 이자의 연납/ 税金を～する 세금을 늦게 납부하다
えんのぎょうじゃ 【役行者】〔奈良 시대에〕산악 수행하는 주술사 ▷ 修験道の시조
えんのした 【縁の下】마루 밑 = 床下 ¶ 一の力持ち 눈에 띄지 않는 곳에서 남을 위해 애씀. 그늘에서 일함. 숨은 일꾼
えんぱ 【煙波】〔文〕연파. 연기가 낀 것처럼 뿌옇게 보이는 바다
エンパイア (empire) 엠파이어. 제국(帝國)
えんばく 【燕麦】〔植〕연맥. 귀리 = オート麦
えんぱつ 【延発】名 自スル 연발. 출발 시각・시일이 연기됨 ¶ 点検のため一時間～する 점검때문에 한 시간 연발하다
えんばん 【円盤】원반 ① 접시 모양의 둥근 판 ¶ 空とぶ～ 비행 접시 ② (경기용) 원반던지기 도구 ¶ 一投げ〔體〕원반던지기. 투원반
えんばん 【鉛版】〔版〕연판 ¶ ～工/～연판공/ にとる 연판으로 뜨다
えんピ 【塩ビ】〔化〕염화 비닐 수지
えんび 【猿臂】〔文〕원비. (원숭이처럼) 긴 팔
慣用句
一を伸ばす 팔을 길게 뻗다
えんぴつ 【鉛筆】연필 ¶ ～を削る 연필을 깎다
えんびふく 【燕尾服】연미복
えんぶ 【円舞】원무 ① 남녀가 짝지어 원을 그리며 추는 춤 ② 윤무 一曲〔音〕원무곡. 왈츠
えんぶ 【演武】연무. 무예의 실연・연습을 함 ¶ 一台 연무대
えんぶ 【演舞】名 自スル 연무. 춤을 공연함. 그 연습 ¶ ～場 연무장
えんぶ 【閻浮】〔佛〕「閻浮提」의 준말 一提〔佛〕염부제. 수미산(須弥山) 남쪽에 있다는 대륙. (특히) 사바 세계. 현세
えんぷ 【怨府】〔文〕원부. 사람들의 원망이 쏠리는 곳 ¶ 国民の～となる 국민의 원부가 되다
えんぷうがい 【塩風害】〔気〕염풍해. 염분을 함유한 기류에 의한 피해
えんぷく 【艶福】염복. 여복. 여자복 ¶ ～のある奴 염복이 있는 녀석 一家 염복가
えんぶん 【衍文】〔文〕연문. 문장에 잘못 들어간 글귀 ¶ ～がまぎれ込む 연문이 끼어들다
えんぶん 【塩分】염분. 소금기
えんぶん 【艶文】〔文〕염문. 연문. 연애 편지 ¶ ～を送る 염문을 보내다
えんぶん 【艶聞】염문. 정사에 관한 소문 ¶ ～がたえない 염문이 끊이지 않다
えんぺい 【掩蔽】名 他スル 엄폐 ①〔文〕가리어 숨김. 은폐 ¶ ～壕 엄폐호/ 旧悪を～する 구악을 은폐하다 ②〔天〕성식(星蝕)
えんぺい 【援兵】원병. 구원병. 원군
えんぺん 【縁辺】〔文〕① 가장자리. 주변 ② 연고자. 친척 ¶ ～をたよって就職する 연고자를 의지하여 취직하다
えんぼう 【遠望】名 他スル 원망. 멀리 바라봄. 그 경치 ¶ ～がきく 멀리까지 바라보이다
えんぼう 【遠謀】원모. 먼 장래까지 예측한 계획 ¶ ～をはかる 원모를 피하다 一深慮 원모 심려. 먼 장래의 일까지 깊이 생각함
えんぽう 【遠方】 원방. 먼 곳 ¶ ～に出向く 먼 곳으로 나가다/ ～からの客 멀리서 온 손님
エンボス (emboss) 엠보스. (종이・천 등을) 올록볼록하게 만들어 냄. 그런 무늬 ¶ ～加工 엠보스 가공
えんぽん 【円本】(昭和 초기에 유행했던) 권당 1엔 균일의 전집류・시리즈물
えんま 【閻魔】염마. 염라 대왕 = 閻羅大王 ¶ ～えんおう 一蟋蟀〔動〕왕귀뚜라미 一大王 염라 대왕 一帳 염마장 ① 염라 대왕이 죽은 사람의 생전의 죄를 치부해 둔 장부 ②(교사의) 교무 수첩
えんまく 【煙幕】연막
慣用句
一を張る 연막을 치다 ① (전투에서) 연막을 발생시키다 ② (그럴싸한 말로) 이쪽의 진의를 알지 못하게 하다
えんまん 【円満】名ダ 원만 ① 모나지 않고 너그러움 ¶ ～な人格 원만한 인격 ② 순조로움 ¶ ～に事を運ぶ 원만하게 일을 진행시키다
えんむ 【煙霧】연무 ① 〔文〕연기와 안개 ② 매연. 스모그
えんむすび 【縁結び】① 부부의 인연을 맺음. 연분으로 결혼함 ② (결혼을 빌며) 결혼하는 사람의 이름・나이를 쓴 쪽지를 절・神社의 문살이나 나무 등에 매다는 일 一の神 결혼을 맺어준다는 出雲大社 등의 신
えんめい 【延命】명ずる ① 수명을 늘임 ② 임기 등을 연장하여 현상을 유지함 ¶ ～策を講じる 연명책을 강구하다
えんめい 【冤名】〔文〕까닭 없이 나쁜 평판
えんめつ 【煙滅】名 自スル 연기처럼 혼적 없이 사라지다. 인멸 ▷「湮滅」의 오기
えんもく 【演目】(연극・예능 등의) 상연(연주) 종목. 레퍼토리
えんや 【艶冶】名ダ〔文〕염야. (여자가) 요염하고 아리따움 ¶ 乙女の～な姿 젊은 여인의 요염하고 아리따운 모습
えんやこら 感〔口〕(달구질을 할 때 장단을 맞추는 소리) 영치기. 이영차. 영차. 어여차
えんやす 【円安】〔経〕엔저. 엔화 약세 ⇔

高$^{こう}$¶〜の影響$^{えいきょう}$を受$^{う}$ける 엔화 약세의 영향을 받다
えんゆ [縁由] 연유 ①(文) 관계, 인연, 유래 ②〘法〙법률 행위나 의사 표시의 동기
えんゆうかい [園遊会] 원유회, 가든 파티
えんよう [援用] 名 他スル 원용. 남의 학설・문헌을 인용하여 자기의 설을 보강함¶先行$^{せんこう}$の文献$^{ぶんけん}$を〜する 선행 문헌을 원용하다
えんよう [遠洋] 원양 ─漁業$^{ぎょう}$ (水) 원양 어업
えんよう [艶容] 염용. 요염하고 아리따운 용모
えんらい [遠来] 名 원래. 멀리서 옴¶〜の客$^{きゃく}$ 멀리서 온 손님
えんらい [遠雷] (文) 원뢰. 멀리서 울리는 우레¶〜の音$^{おと}$ 멀리서 울리는 우레 소리
えんりえど [×厭離×穢土] 〘佛〙염리 예토. 더러운 속세를 떠남 = おんりえど
えんりょ [遠慮] I 名 원려 ①먼 장래까지 내다보고 생각함 深謀$^{しんぼう}$〜 심모 원려 ②(日史) (江戸$^{えど}$시대에 무사・승려에게) 문을 닫고 낮동안 출입을 금지시켰던 근신 처분 II 名 自他スル ①언행을 삼감, 조심함, 발언을 삼가다 ②사양함, 거절함, 사절함¶その話$^{はなし}$は御$^{ご}$〜します 그 이야기는 사양하겠습니다 ─深$^{ぶか}$い 形 몹시 조심스럽다, 신중하다

|慣用句|
─会釈$^{えしゃく}$もなく 인정사정없이, 가차없이
えんるい [塩類] (化) 염류 = 塩$^{しお}$ ─泉$^{せん}$ 염류천
えんるい [縁類] (文) (결혼・양자 결연 등으로) 인척이 된 사람
えんれい [×婉麗] ナ (모습・문장 등이) 정숙하고 아름다움
えんれい [×艶麗] 名 ナ 염려 ①(자태가) 요염하고 아름다움¶〜な女$^{じょ}$ 요염하고 아름다운 여인 ②(문장 등이) 화려하고 아름다움¶〜な文章$^{ぶんしょう}$ 화려하고 아름다운 문장
えんろ [遠路] 원로. 먼 길¶〜はるばる訪$^{たず}$ねてくる 먼 길을 일부러 찾아오다

# お オ

お 五十音図$^{ごじゅうおんず}$「あ」행(行)의 다섯째 かな, ひらがな의「お」는「於」의 초서체, かたかな의「オ」는「於」의 행서체에서 왼쪽 변을 취한 것
お [汚] 曾 オ〈ヲ〉訓 けがす・けがれる・けがらわしい・よごす・よごれる・きたない (음) 오, (造語) 더럽히다, 더럽다 ¶汚職$^{おしょく}$ 오직, 汚染$^{おせん}$ 오염, 汚物$^{おぶつ}$ 오물, 汚名$^{おめい}$ 오명
お [*於] 曾 オ 訓 おいて (음) 어, (造語)①장소・시간의 어조사, 한문 훈독(訓讀)에서「おいて」로 읽음 ②원인・기점이나 비교의 어조사, 한문 훈독에서「より」로 읽음 ③긍탄의 뜻을 나타내는 말, 아, 아아¶〜乎$^{ああ}$ 어호
お [小] 接頭 작은, 적은, 조금¶〜川$^{がわ}$ 시내/〜止$^{や}$みなく降$^{ふ}$る雨$^{あめ}$ 조금도 쉬지 않고 내리는 비
お [^御] 接頭 ①상대방에게 속하는 것에 대해 존경・공손의 뜻을 나타냄¶〜手紙$^{てがみ}$を頂$^{いただ}$く 혜서를 받다/先生$^{せんせい}$の〜話$^{はなし}$ 선생님의 말씀 ②자기 행동을 낮추어서 존경의 뜻을 나타냄¶調$^{しら}$べたうえで〜返$^{かえ}$しいたします 조사한 다음에 돌려드리겠습니다/〜礼$^{れい}$申$^{もう}$し上$^{あ}$げます 감사의 말씀드립니다 ③공손의 뜻을 나타냄¶〜菓子$^{かし}$ 과자/〜天気$^{てんき}$ 날씨 ④《여자 이름에 붙여》 존경・친애감을 나타냄¶〜富$^{とみ}$さん 富さん ⑤(「になる・なさる・あそばす」등이 딸리어) 동작을 하는 사람에 대해 경의를 나타냄¶〜帰$^{かえ}$りになるのでしたら 돌아가시는 거라면/〜歌$^{うた}$いなさる 노래하시다 ⑥「なさい」를 생략하여 가벼운 명령을 나타냄¶〜だまり 잠자코 있어요/〜帰$^{かえ}$りよ 일찍 돌아오렴 ⑦〘形容詞・形容動詞에 붙어〙존경・겸손・공손의 뜻을 나타냄¶〜寂$^{さび}$しいことでしょう 적적하시겠습니다 ⑧인사말을 만드는 말¶〜疲$^{つか}$れさま 수고하셨습니다
お [尾] ①꼬리¶犬$^{いぬ}$を振$^{ふ}$る 개가 꼬리를 치다 ②꼬리와 비슷한 것¶行列$^{ぎょうれつ}$の〜 행렬의 끝 ③(文) (길게 뻗은) 산기슭

|慣用句|
─を引$^{ひ}$く 꼬리를 끌다 ①뒤로 길게 늘어지다 ②(끝난 후에도) 영향이 남다
お [^男・*夫] 남자, 사나이
お [^麻・*苧]「あさ」의 옛이름 ③삼실, 모시실
お [緒] ①끈¶かぶとの〜 투구의 끈 ②신발끈¶下駄$^{げた}$の〜 왜나막신의 끈 ③(악기・활 등의) 줄, 현 ④(比) 길게 이어지는 것¶息$^{いき}$の〜 목숨
お [雄・*牡] (造語) 수, 수컷 ⇔ 雌$^{めす}$ ¶〜花$^{ばな}$ 수꽃/〜牛$^{うし}$ 숫소
おあいそ [^御愛想] (口) ①겉치레말¶〜を言$^{い}$う 겉치레말을 하다 ②(음식점의) 계산(서)¶〜をする 계산을 하다 ③대접¶なんの〜もできず 아무 대접도 못 해드려 (미안합니다)
おあいにくさま [^御(生憎)様] 感 (口) (상대방 뜻대로 되지 않아) 미안합니다, 죄송합니다¶御$^{ご}$期待$^{きたい}$にそえなくて〜 기대에 어긋나게 되어 죄송합니다
おあし [^御足・^御銭] (口) 돈, 금전 = おかね
おあずけ [^御預け] ①(口) (실행이) 보류됨, 유보¶〜を食$^{く}$う 유보되다/旅行$^{りょこう}$は当分$^{とうぶん}$〜になった 여행은 당분간 보류되었다 ②(개를 훈련할 때) 먹이를 앞에 놓고 허락이 있을 때까지 먹지 못하게 함 ③(日史) 江戸$^{えど}$시대에 죄인을 大名$^{だいみょう}$ 등에게 맡겨 감금했던 처분
おい [^笈] 행각승(行脚僧)이나 수도자가 책・옷・식기 등을 넣어 짊어지고 다니던 궤
おい [*甥] 조카, 생질 ⇔ 姪$^{めい}$
おい [老い] 늙음, 늙은이, 노인¶〜も若$^{わか}$きも 늙은이나 젊은이나/〜を忘$^{わす}$れて働$^{はたら}$く 나

**おい** 〖感〗 (친한 사람・아랫사람을 부르는 말) 어이, 이봐¶ 〜、木村(きむら)くん 어이 木村군/〜、待(ま)たないか 이봐 기다려야지

**おい あ・げる** 【追(お)い上げる】 〖他下一〗 ①위쪽으로 몰다 獲物(えもの)を山(やま)の上(うえ)に〜 사냥감을 산 위로 몰아 올리다 ②바짝 뒤쫓아 앞서 가는 사람에 접근하다¶ ゴール間近(まぢか)で〜 골 가까이에서 바짝 뒤쫓아가다

**おい うち** 【追(お)い討ち・追(お)い撃ち】 ①추격¶ 逃(に)げる敵(てき)に〜をかける 도망치는 적을 추격하다 ②열세인 상대를 더욱 공격함¶ 相手(あいて)に〜をかける 상대편을 더욱 몰아붙여 보내다

**おいえ** 【°御家】 (봉건 시대에) 섬기고 있는 주군〔영주〕의 집 —芸(げい) ①〘歌舞伎(かぶき) 등에서〙 그 가문에 전해지는 독자적인 기예 ②그 사람의 특유한 장기 —様(さま) 〘古〙 남의 부인에 대한 높임말. 마님 —騒動(そうどう) ①〘日史〙 大名(だいみょう) 집안의 상속 다툼이나 신하의 권력 다툼 등에 의한 내분 ②(집안・조직 등의) 주도권을 둘러싼 내분

**おい お・い** 【追(お)い追(お)い】 〖副〗 차차, 점차¶ 〜慣(な)れるだろう 차차 익숙해지겠지

**おいおい** (口) Ⅰ 〖感〗 (상대에게 주의・가벼운 나무람 또는 독촉할 때) 여봐 여봐, 이봐 이봐¶ 〜、どうする気(き)だ 여봐 여봐 그걸 어떻게 할 생각이야 Ⅱ 〖副〗 (큰 소리로 우는 모양) 엉엉¶ 〜と泣(な)く 엉엉 울다

**おい おと・す** 【追(お)い落(お)とす】 〖他五〗 몰아내다, 실각시키다¶ 反対派(はんたいは)を〜 반대파를 몰아내다

**おい かえ・す** 【追(お)い返す】 〖他五〗 되돌려 보내다, 쫓아 보내다¶ 使(つか)いの者(もの)を〜 심부름 온 사람을 돌려 보내다

**おい か・ける** 【追(お)い掛ける】 〖自下一〗 ①뒤쫓다, 쫓아가다¶ 敵(てき)を〜 적을 뒤쫓다 ②(「〜・けて」의 꼴로》 뒤따라 일어나다, 잇달다¶ 〜・けて注文(ちゅうもん)が来(く)る 잇달아 주문이 들어오다

**おい かぜ** 【追(お)い風】 뒤에서 불어오는 바람, 순풍¶ 〜に乗(の)る 순풍을 타다

**おい かわ** 【追河】 〖動〗 피라미

**おい き** 【老い木】 노목, 고목 ⇔ 若木(わかぎ) 〖慣用句〗 —に花(はな) 고목에 꽃이 핌, 쇠한 것이 다시 성함

**おい ごえ** 【追(お)い肥】 〖農〗 추비, 웃거름, 뒷거름

**おい こし** 【追(お)い越し】 (앞서 가는 차 등을) 앞지르기, 추월¶ 〜禁止(きんし) 앞지르기 금지

**おい こ・す** 【追(お)い越す】 〖他五〗 앞지르다 ①추월하다¶ 前(まえ)の車(くるま)を〜 앞차를 추월하다 ②(뒤졌던 것이) 앞서다¶ 先進国(せんしんこく)に追(お)いつき〜 선진국을 따라잡고 앞지르다

**おい こみ** 【追(お)い込み】 ①몰아넣음 ②최종 단계, 막판, 막판에 한층 더 분발함¶ 〜をかける 마지막 힘을 내다/〜に入(はい)る 막판에 접어 들다 ③(극장 등에서) 지정석을 마련하지 않고 손님을 마구 몰아넣음 ④〖版〗 (조판 등에서) 행을 바꾸지 않고 잇달아 판을 짬

**おい こ・む** 【老い込む】 〖自五〗 부쩍 늙다, 노쇠하다¶ 退職(たいしょく)してすっかり〜・んだ 퇴직하고 폭삭 늙어버렸다

**おい こ・む** 【追(お)い込む】 〖他五〗 ①몰아넣다¶ 羊(ひつじ)を囲(かこ)いの中(なか)に〜 양을 울 안으로 몰아 넣다 ②(궁지에) 빠뜨리다¶ 窮地(きゅうち)に〜 궁지에 빠뜨리다 ③막판에 분발하다¶ ゴール直前(ちょくぜん)で一気(いっき)に〜 골 직전에 단숨에 힘을 내다 ④〖版〗 잇대어 조판하다¶ 改行(かいぎょう)せずに〜 별행을 잡지 않고 잇대어 조판하다

**おい さき** 【追(お)い先】 앞날, 장래¶ 〜が楽(たの)しみな学生(がくせい) 장래가 촉망되는 학생

**おい さき** 【老(お)い先】 (노인의) 여생¶ 〜短(みじか)い 여생이 얼마 남지 않다

**おい さらば・える** 【老いさらばえる】 〖自下一〗 〘文〙 늙어빠지다, 노추해지다¶ 〜・えた姿(すがた) 늙어빠진 모습

**おいし・い** 【美味しい】 〖形〗 맛있다 ⇔ まずい¶ 〜菓子(かし) 맛있는 과자

**おい しげ・る** 【生(お)い茂る】 〖自五〗 (초목이) 우거지다¶ うっそうと〜 울창하게 우거지다

**おい しょう** 【追(お)い証】 〖経〗 추가 납입 보증금

**おい すが・る** 【追(お)い*縋る】 〖自五〗 뒤쫓아서 매달리다¶ 〜・って懇願(こんがん)する 매달리며 간청하다

**おいずる** 【°笈°摺】 순례자들이 옷 위에 입는 소매 없는 얇은 홑옷= 

**おい せん** 【追(お)い銭】 가욋돈, 추가금¶ 盗人(ぬすっと)に〜 손해본 데다가 또 손해를 봄

**おい そだ・つ** 【生(お)い育つ】 〖自五〗 자라서 커지다, 성장하다¶ すくすくと〜 무럭무럭 자라다

**おいそれと** 〖副〗 (口) 《부정의 말이 딸리어》 간단히, 쉽게, 쉽사리¶ 〜は引(ひ)き受(う)けられない 간단히 떠맡을 수는 없다

**おいた** (口) 〖女〗 아이의 장난¶ 〜をする 장난치다

**おい たき** 【追(お)い炊き】 〖名自スル〗 밥이 모자라서 다시 더 지음, 그런 밥

**おい だき** 【追(お)い°焚き】 〖名自スル〗 식은 목욕물을 다시 데움

**おい だ・す** 【追(お)い出す】 〖他五〗 ①(어느 장소에서) 몰아내다, 내쫓다¶ 猫(ねこ)を部屋(へや)から〜 고양이를 방에서 내쫓다 ②(조직・집단에서) 쫓아내다¶ 家(いえ)から〜・された息子(むすこ) 집에서 쫓겨난 자식

**おい たち** 【生(お)い立ち】 성장, 성장 과정, 자라난 내력¶ 〜を見守(みまも)る 성장을 지켜보다

**おい たて** 【追(お)い立て】 내쫓음¶ 〜を食(く)う 쫓기다

**おい た・てる** 【追(お)い立てる】 〖他下一〗 ①내쫓다, 내몰다¶ やじうまを〜 떠들썩한 구경꾼을 내몰다/家(いえ)を〜・てられる 집에서 내쫓기다 ②재촉하다, 몰아치다¶ 原稿(げんこう)の締(し)め切(き)りに〜・てられる 원고 마감에 쫓기다

**おいちょかぶ** 손에 쥔 패와 새로 돌린 패의 합계의 끗수가 9이거나 9에 가까운 수가 이기게 되는 화투 도박

**おい ちら・す** 【追(お)い散らす】 〖他五〗 내몰아 흩어지게 하다, 쫓아버리다¶ 群衆(ぐんしゅう)を〜 군중을 쫓아버리다

**おい つか・う** 【追(お)い使う】 〖他五〗 마구 부리

다, 혹사하다 ¶ 従業員$_{じゅうぎょういん}$을~ 종업원을 마구 부리다

おいつ・く [追(い)付く・追(い)着く] 自五 따라잡다 (앞선 것에) 따라붙다 ¶ 先頭$_{せんとう}$のランナーに~ 선두 주자를 따라잡다 ②(목표・수준에) 도달하다, 이르다 ¶ ~・き追い越$_{こ}$せ 따라잡아 앞질러 가라

おいつ・める [追い詰める] 他下一 (막다른 곳까지) 몰아붙이다, 몰아넣다 ¶ 敵$_{てき}$を窮地$_{きゅうち}$に~ 적을 궁지에 몰아붙이다

おいて [追^風] 순풍 = おいかぜ
慣用句
ー に帆$_{ほ}$を上$_{あ}$げる ①순풍에 돛을 달다 ②(일이) 순조롭게 진행되어 가다

おいて [^於(い)て] 連語 (「…に~」의 꼴로) ①(장소・시기・분야) …에, …에서, …에 있어서 ¶ 幼児期$_{ようじき}$に~ 유아기에/国会$_{こっかい}$に挙行$_{きょこう}$する 국회에서 거행한다 ②(관련・비교의 근거) …에 관해서, …으로 ¶ 神$_{かみ}$の名$_{な}$に~ 신의 이름으로

おいて [^措いて] 連語 (「…を~」의 꼴로) …을 제외하고, …이외에 ¶ 君$_{きみ}$を~ほかにいない 자네를 제외하고 다른 사람은 없다

おいで [^御出で] ①가심, 오심, 나가심, 계심 ¶ どちらへ~ですか 어디까지 가십니까/~を願います 오시기를 부탁합니다 ②(口)가거라, 오거라, 있거라 ¶ こっちへ~ 이리 오렴/おとなしくして~ 얌전히 있어라 ─御出$_{お}$ー$_{いで}$で (아기를 지어 부르는) 이리 온 ¶ ~をする 이리 온 이리 온하고 손짓하다

おいてきぼり [置いてきぼり] (口) 남겨 놓고 떠나버림, 따돌림 ¶ ~にする 따돌리다/~を食$_{く}$った 따돌림을 당했다

おいてけぼり [置いてけぼり] (口) → おいてきぼり

おいなりさん [^御⟨稲荷⟩さん] ①「稲荷$_{いなり}$」의 높임말 ②「稲荷鮨$_{いなりずし}$」의 공손한 말

おいぬ・く [追(い)抜く] 他五 앞지르다 ¶ 先輩$_{せんぱい}$を~ 선배를 앞지르다

おいのいってつ [老いの一徹] 늙어서 고집 불통임 ¶ ~に手$_{て}$をやく 늙어 고집 불통이라 애를 먹다

おいのくりごと [老いの繰(り)言] 늙어서 같은 말을 자꾸 되풀이함, 노인의 푸념

おいはぎ [追^剝(ぎ)] 노상 강도 ¶ ~に遭$_{あ}$う 노상 강도를 당하다

おいばね [追^羽根] (아이들이 설에 하는) 羽子板치기 놀이 = 追$_{お}$い羽子$_{はご}$

おいばら [追^腹] (봉건 시대에) 신하가 주군을 따라 할복 자살함 = 殉死$_{じゅんし}$ ¶ ~を切$_{き}$る 주군을 따라 할복 자살하다

おいばらい [追(い)払い] 名 他五 추가 지불함

おいはら・う [追(い)払う] 他五 쫓아버리다, 내쫓다 ¶ 邪魔者$_{じゃまもの}$を~ 방해자를 내쫓다

おいぼれ [老^耄] 늙어빠짐, 늙은이, 늙다리 ¶ あんな~に何$_{なに}$がわかる 저런 늙다리가 뭘 알아

おいぼ・れる [老い^耄れる] 自下一 늙어버리다, 늙어빠지다 ¶ 最近$_{さいきん}$めっきり~・れた 최근에 부쩍 늙어버렸다

おいまく・る [追(い)^捲る] 他五 ①(사정없이) 내쫓다, 쫓아버리다 ¶ 敵$_{てき}$を~ 적을 사정 없이 쫓아버리다 ②재촉하다, 다그치다 ¶ 仕事$_{しごと}$に~・られる 일에 쫓기다

おいまわ・す [追(い)回す] 他五 ①(뒤를) 쫓아다니다 しつこく~ 끈질기게 쫓아다니다 ②(「~の꼴로) 혹사당하다 ¶ 仕事$_{しごと}$に~・される 일에 혹사당하다

おいめ [負(い)目] (정신적・물질적인) 빚, 부담 ¶ 彼$_{かれ}$に~がある 그에게 빚이 있다/~を感$_{かん}$じる 부담을 느끼다

おいもと・める [追(い)求める] 他下一 (文) 추구하다 ¶ 幸福$_{こうふく}$を~ 행복을 추구하다

おいや・る [追(い)^遣る] 他五 ①쫓아내다, 쫓아 보내다 ¶ 政界$_{せいかい}$から~ 정계에서 쫓아내다 ②몰아넣다, 몰고 가다 ¶ 総辞職$_{そうじしょく}$に~ 총사직으로 몰고 가다

おいら [俺^等・^己^等] 代 (口) 남자의 자칭, 나

おいらく [老いらく] 名 늘그막, 노년 ¶ ~の恋$_{こい}$ 늘그막의 사랑

おいらん [花魁] ①유곽의 상급 창녀 ②창녀, 유녀 ─草$_{そう}$ 植 풀협죽도 ─道中$_{どうちゅう}$ 성장한 상급 창녀가 아랫사람들을 거느리고 유곽을 행진함 감

お・いる [老いる] 自上一 (文) 늙다, 노쇠해지다 ¶ ~・いたりといえどもまた働$_{はたら}$ける 비록 늙었다 하더라도 아직 일할 수 있다
慣用句
ー・いては麒麟$_{きりん}$も駑馬$_{どば}$に劣$_{おと}$る 늙으면 뛰어난 사람이라도 보통 사람에게도 못미친다
ー・いては子$_{こ}$に従$_{したが}$え 늙어서는 자식을 따르라
ー・てはますます壮$_{さか}$なるべし 노익장이어야 한다

オイル (oil) 오일 ①기름 ②석유 ③윤활유 ─フェンス (oil fence) 오일 펜스

オイルクロース (oilcloth) 오일클로스 ①유포(油布) ②두꺼운 천에 에나멜을 입힌 것

オイルスキン (oilskin) 오일스킨, 유포(油布)

おいわけ [追分] ①(옛날 국도의) 갈림길 ②「追分節$_{おいわけぶし}$」의 준말 ─節$_{ぶし}$ 信濃$_{しなの}$의 追分 역참에서 불리우던 마부가를 모체로 한 민요

おう [王] 音 オウ(ワウ) | (음) 왕. I (造語) ①덕으로 천하를 다스림 ¶ 王者$_{おうじゃ}$ 왕자 ②군주 ¶ 王子$_{おうじ}$ 왕자・国王$_{こくおう}$ 국왕 ③天皇$_{てんのう}$부터 5세(지금은 3세) 이내의 황족 남자 ¶ 親王$_{しんのう}$ 친왕 ④최고 실력자 ¶ 棋王$_{きおう}$ 기왕・三冠王$_{さんかんおう}$ 3관왕 II ①왕, 임금, 군주 ¶ ~의 최고 실력자 ¶ 百獣$_{ひゃくじゅう}$の~ 백수의 왕 ③(일본 장기짝에서) 「王将$_{おうしょう}$」의 준말

おう [凹] 音 オウ(アフ) | (음) 요. (造語) 움푹 들어가 있음, 오목함 ¶ 凹凸$_{おうとつ}$ 요철・凹版$_{おうはん}$ 요판・凹面鏡$_{おうめんきょう}$ 오목 거울

おう [央] 音 オウ(アウ) 訓 なか | (음) 앙. (造語) 가운데, 중심 ¶ 震央$_{しんおう}$ 진앙・中央$_{ちゅうおう}$ 중앙

おう [応] [應] 音 オウ こたえる | (음) 응. I (造語) ①응답하다 ¶ 応答$_{おうとう}$ 응답・呼応$_{こおう}$ 호

응 ②따라 움직이다, 반응하다¶ 応援ホミ 응원・応急ホマ 응급・反応ホミ 반응 ③걸맞다, 어울리다¶ 応用ホᵘ 응용・相応ホᵘ 상응 ④추측의 어조사, 한문 훈독으로「まさに…べし」로 읽음 Ⅱ 승낙, 응함¶ いやも〜もない 승낙하고 안 하고가 없다

おう【往】⑧オウ(ワウ)⑪ゆく|(음)왕. (造語)①가다¶ 往診ホᵘ 왕진・往復ホᵘ・来往ホᵘ 내왕 ②끝나다, 죽다, 가다¶ 往生ホᵘ 왕생・往年ホᵘ 왕년 ③그 후¶ 以往ホᵘ 이후

おう【押】⑧オウ(アフ)⑪おす・おさえる|(음)압. (造語)①누르다, 적다¶ 花押ホᵘ 화압 ②붙잡다, 압류하다¶ 押収ホᵘ 압수・押領ホᵘ 압령 ③운(韻)을 달다¶ 押韻ホᵘ 압운

おう【˚旺】⑧オウ(アフ)|(음)왕. (造語)성하다, 번창하다¶ 旺盛ホᵘ 왕성

おう【欧】【歐】⑧オウ|(음)구. (造語)「欧羅巴ョーロッ」의 준말. 유럽¶ 欧州ホᵘ 구주・欧米ベᵛ 구미・西欧ホᵛ 서구・南欧ホᵛ 남구

おう【殴】【毆】⑧オウ⑪なぐる|(음)구. (造語)치다, 때리다¶ 殴打ホᵘ 구타

おう【桜】【櫻】⑧オウ(アウ)⑪さくら|(음)앵. (造語)벚꽃, 벚나무¶ 桜花ホᵘ 벚꽃・桜桃ホᵘ 앵두・観桜ホᵛ 벚꽃 구경

おう【翁】⑧オウ(ヲウ)⑪おきな|(음)옹. Ⅰ(造語)①늙은 남자¶ 老翁ホᵛ 노옹 ②남자 노인에게 존경의 뜻을 나타냄¶ 芭蕉翁ハᵇシ᳚ᵘ 바쇼옹 (黙字訓)信天翁ァホウゴᵘ 신천옹 Ⅱ 남자 노인의 경칭. 옹¶ 〜の業績ゼキ⁰をたたえる 옹의 업적을 찬양하다

おう【奥】【奧】⑧オウ(アウ)⑪おく|(음)오. (造語)깊숙한 곳¶ 奥義ホᵘ・ᴶᵘ 오의・蘊奥ホᵛ・ᴶᵘ 온오・深奥シᵛ 심오

おう【˚嘔】⑧オウ|(음)구. (造語)토하다¶ 嘔吐ホᵘ 구토

おう【横】⑧オウ(ワウ)⑪よこ|(음)횡. (造語)①가로¶ 横断ホᵘ 횡단・縦横ホᵘ 종횡 ②눕다, 눕히다¶ 横臥ホᵛ 횡와 ③도리에 어긋나다, 제멋대로 굴다¶ 横行ホᵘ 횡행・横柄ホᵘ 건방짐・横領ホᵘ 횡령 ④번창하다¶ 横溢ホᵛ 횡일 ⑤예사롭지 않다¶ 横死ホᵛ 횡사

おう【˚謳】⑧オウ|(음)구. (造語)노래하다¶ 謳歌ホᵘ 구가

お・う【負う】⑪五 ①(文)업다, 짊어지다¶ 赤ホ⁰んぼうを〜 아기를 업다/背中ホ⁰に荷物ホᵘを〜 등에 짐을 짊어지다 ②(자기 것으로) 맡다, 지다¶ 責任ニン⁰を〜 책임을 지다 ③(상처 등을) 입다¶ 重傷シᵤᵘ⁰を〜 중상을 입다 Ⅱ自五 ①(「…に〜」의 꼴로) 〜에 힘입다, 덕분이다¶ 今回カイ⁰の成功ホᵘは彼のの力カラ⁰に〜ところが大ホホ⁰きい 이번 성공은 그에게 힘입은 바가 크다 ②(「名ナに〜」의 꼴로) 이름에 걸맞다, 유명하다¶ 名に〜名所ショ⁰ 이름에 걸맞는 명소

(慣用句)
—うた子コ⁰に瀬セ⁰を教ホシ⁰えられる 업은 아이의 가르침으로 여울을 건너다

お・う【追う・遂う】他五 쫓다 ①뒤쫓아가다, 따르다¶ 先頭ホᵘ⁰を〜 선두를 쫓다/二兎ニ⁰を〜 두 마리 토끼를 쫓다 ②추구하다¶ 理想ソᵘ⁰を〜 이상을 추구하다 ③(순서・시류 등을) 따르다, 쫓다¶ 流行ホᵘ⁰を〜 유행을 쫓다/先例ゼン⁰を〜 선례를 따르다 ④몰다¶ 牛シ⁰を〜 소를 몰다 ⑤(지위・장소에서) 내쫓다, 추방하다¶ 国ネ⁰を〜 나라에서 추방하다 ⑥(움직임을) 더듬다, 뒤쫓다¶ 彼女カノ⁰の後ホᵘ⁰の姿ガᵘ⁰を〜 그녀의 뒷모습을 쫓다 ⑦(「…におわれる」의 꼴로) 쫓기다, 몰리다¶ 期日ゲリ⁰に〜・われる 기일에 쫓기다

おう【感】(부르거나 물음에 대한 긍정의 대답) 아, 여, 어¶ 〜、しばらく 여 오래간만이구/〜、それはよかった 어 그것 잘됐군

おうあ【欧亜】(文) 구아. 유럽과 아시아

おう【王位】 왕위¶ 〜に就ᵗク 왕위에 오르다

おういつ【横溢】图自スル(文) 횡일. 넘칠 듯이 왕성함¶ 元気ゲン⁰〜 원기 왕성함

おういん【押印】图自スル 도장을 찍음, 날인

おういん【押韻】图自スル (文) 압운. (시 등에서) 운(韻)을 닮

おうう【奥羽】①옛날의 陸奥ムツ⁰와 出羽ガ⁰ 지방 ②青森ホホᵘ・岩手ᵗテ⁰・宮城ホギ⁰・福島シマ⁰・秋田ᵗタ⁰・山形ガタ⁰ 6현의 총칭, 東北ホᵘ 지방

おうえん【応援】图他スル 응원¶ 〜歌ガ⁰ 응원가

おうおう【往往】副 왕왕, 이따금, 때때로
(慣用句)
—にして 왕왕, 이따금

おうおう【˚怏˚怏】(文) 앙앙. (불평・불만으로) 마음이 시뭇함¶ 〜として楽タノ⁰しまず 앙앙 불락하다, 시뭇하여 기뻐하지 않다

おうか【王化】(文) 왕화. 임금의 덕화

おうか【欧化】图自他スル 서구화

おうか【桜花】(文) 앵화. 벚꽃¶ 〜爛漫ラン⁰ 앵화 난만, 벚꽃이 만발함

おうか【謳歌】图他スル 구가¶ 青春セイ⁰を〜する 청춘을 구가하다

おうが【˚枉˚駕】图自スル(文) 왕가. 왕림¶ 〜の栄エイ⁰に浴ス⁰する 왕림의 영광을 입다

おうが【˚横˚臥】图自スル(横隔膜) 횡와. 모로 누움

おうかくまく【横隔膜】【醫】 횡격막

おうかん【王冠】왕관 ①임금의 관 ②영예를 기리는 관 ③(금속제) 병마개

おうかん【往還】(文) Ⅰ图 가도(街道), 한길 Ⅱ图自スル 왕래, 왕복¶ 〜のはげしい通リ⁰ 왕래가 빈번한 큰길/東京トᵘキ⁰と大阪オᵛᵒサ⁰を〜する 東京과 大阪를 왕복하다

おうぎ【扇】(접었다 폈다 할 수 있는) 쥘부채¶ 〜であおぐ 쥘부채로 부치다

おうぎ【奥義】오의. (학예・무술 등의) 진수, 비결 = おくぎ¶ 〜を究ᵏ゙ᵛラメ⁰る 오의를 구명하다

おうぎがた【扇形】선형. 부채꼴 = せんけい

おうきゅう【王宮】왕궁, 궁궐

おうきゅう【応急】图 응급¶ 〜策ᵏク⁰ 응급책/〜処置ショ⁰ 응급 처치 一手当ᵗテ⁰ 응급 치료

おうぎょく【黄玉】【鑛】황옥 = こうぎょく

おうけ【王家】왕가, 왕족, 왕실¶ 〜の家系ケイ⁰ 왕실의 가계/〜の墳墓フンボ⁰ 왕실 묘

**おうけん** [王権] 왕권 **—神授説**〖史〗왕권 신수설, 제왕 신수설

**おうげん** [横痃] 〖醫〗가래톳= 横根(ね)

**おうこ** [往古] (文) 왕고. 오랜 옛날= 大昔(おおむかし)

**おうこう** [王公] (文) 왕공. 왕과 귀족

**おうこう** [王侯] 왕후. 왕과 제후¶ **—貴族**(きぞく)**の暮**(く)**らし** 왕후 귀족의 생활

**おうこう** [往航] 왕항. (배·비행기가) 목적지로 가는 운항 ⇔ 復航

**おうこう** [横行] [名][自スル] 횡행 ①(바람직하지 않은 것이) 판을 침¶ **悪事**(あくじ)**が〜する** 나쁜 일이 횡행하다 ②제멋대로 다님¶ **—闊歩**(かっぽ)**する** 횡행 활보하다

**おうこく** [王国] 왕국 ¶**動物**(どうぶつ)**〜** 동물 왕국

**おうごん** [黄金] 황금 ①금¶ **〜の杯**(さかずき) 황금 술잔 ②돈, 금전¶ **—万能主義**(ばんのうしゅぎ) 황금 만능주의 ③[名] 매우 가치 있는 것¶ **〜の左腕**(ひだりうで) 황금의 왼팔 **—時代**(じだい) 황금 시대, 전성기 **—分割**(ぶんかつ) 〖數〗황금 분할 **—律**(りつ) 황금률

**おうざ** [王座] 왕좌 ①임금이 앉는 자리, 왕위¶ **〜に就**(つ)**く** 왕좌에 앉다 ②제일인자의 지위¶ **業界**(ぎょうかい)**の〜を守**(まも)**る** 업계의 왕좌를 지키다

**おうさつ** [殴殺] [名][他スル](文) 구살, 때려 죽임

**おうさつ** [鏖殺] [名][他スル](文) 몰살, 남김없이 다 죽임

**おう さま** [王様] 왕 ①임금님 ②(어떤 분야·영역에서) 최고의 것, 세력이 있는 것¶ **消費者**(しょうひしゃ)**は〜だ** 소비자는 왕이다

**おうし** [王師] 왕사 ①제왕의 군대 ②제왕의 스승

**おうし** [押紙] 부전(付箋), 찌지= おしがみ

**おうし** [横死] [名][自スル](文) 횡사, 변사¶ **〜をとげる** 비명에 죽다

**おうじ** [王子] 왕자 ①왕의 아들 ②왕족 남자

**おうじ** [王事] 왕사. 국왕·왕실에 관한 일

**おうじ** [往事] (文) 왕사. 옛날 있었던 일, 지나간 일¶ **〜を思**(おも)**い起**(お)**こす** 지난 일을 상기하다

**おうじ** [往時] (文) 왕시, 지난날, 옛날¶ **〜を回顧**(かいこ)**する** 지난날을 회고하다

**おうじ** [皇子] 황자. 황제의 아들, 天皇(てんのう)의 아들

**おうしざ** [牡牛座] 〖天〗황소자리 ②금우궁

**おうしつ** [王室] 왕실 ¶**英国**(えいこく)**〜** 영국 왕실

**おうじつ** [往日] (文) 왕일, 지난날, 옛날¶ **〜をかえりみる** 지난날을 돌이켜보다

**おうしゃ** [往者] 지난날, 옛날, 지난일

**おうじゃ** [王者] 왕자 ①제왕, 임금¶ **天下**(てんか)**を平定**(へいてい)**して〜となる** 천하를 평정하여 제왕이 되다 ②(그 사회에서) 가장 권세있는 자¶ **密林**(みつりん)**の〜** 밀림의 왕자 ③(어느 분야에서) 제일인자¶ **ゴルフ界**(かい)**の〜** 골프계의 제일인자

**おうしゅ** [応手] (바둑·장기에서) 응수¶ **〜を誤**(あやま)**る** 응수를 잘못 하다

**おうしゅ** [応需] ①요구에 응함¶ **入院**(にゅういん)**〜** 입원 설비 완비됨

**おうしゅう** [応酬] [名][他スル] 응수 ①(의견 등을) 주고받음¶ **激**(はげ)**しい議論**(ぎろん)**の〜** 격론의 응수 ②되받아 침¶ **負**(ま)**けずに〜する** 지지 않고 응수하다 ③(술잔을) 주고받음 ④답서, 응답¶ **手紙**(てがみ)**の〜** 편지의 답서

**おうしゅう** [押収] [名][他スル]〖法〗압수¶ **証拠品**(しょうこひん)**を〜する** 증거품을 압수하다

**おうしゅう** [欧州] 구주, 유럽 **—議会**(ぎかい) 유럽 의회 **—共同体**(きょうどうたい) 유럽 공동체 **—経済共同体**(けいざいきょうどうたい) 유럽 경제 공동체 **—通貨制度**(つうかせいど) 유럽 통화 제도

**おうしゅう** [奥州] 옛날 磐城(いわき)·岩代(いわしろ)·陸前(りくぜん)·陸中(りくちゅう)·陸奥(むつ)의 5개 지방, 지금의 青森(あおもり)·岩手(いわて)·宮城(みやぎ)·福島(ふくしま) 4현과 秋田(あきた)현 일부 **—街道**(かいどう) 〖日史〗奥州 가도, 江戸(えど)と 日本橋(にほんばし)에서 陸奥 白河(しらかわ)까지의 큰 길

**おうじゅく** [黄熟] [名][自スル] 누렇게 익음= こうじゅく¶ **〜した麦**(むぎ) 누렇게 익은 보리

**おうじゅ ほうしょう** [黄綬褒章] 황수 포장, 일본 정부가 근로자 등에게 주는 포장

**おうじょ** [王女] 왕녀 ①공주 ②왕족[황족]의 여자 ▷ **〜** ⇔ 王子(おうじ)

**おうじょ** [皇女] 황녀, 天皇(てんのう)의 딸= 皇子(おうじょ)

**おうしょう** [王将] (일본 장기에서) 궁(宮)

**おうしょう** [応召] [名][自スル] 응소 ①호출에 응함 ②소집에 응해 군대에 입대함

**おうしょう** [鞅掌] [名][自スル](文) 앙장, 쉴새없이 열심히 일함¶ **政務**(せいむ)**に〜する** 쉴새없이 정무를 보다

**おうじょう** [王城] (文) 왕성, 왕궁, 왕도

**おうじょう** [往生] [名][自スル] ①〖佛〗왕생 **極楽**(ごくらく)**〜** 극락 왕생 ②죽음 ③체념함, 단념함¶ **ほどほどに〜したらどうです** 적당히 단념하면 어때 ④난감함, 손듦¶ **この大雨**(おおあめ)**には〜した** 이 큰 비에는 두 손 들었다 **—際**(ぎわ) ①임종 ②체념, 단념¶ **〜が悪**(わる)**い** 깨끗이 체념하지 못하다

**おうしょく** [黄色] (文) 황색, 노랑= こうしょく **—人種**(じんしゅ) 황색 인종

**おう・じる** [応じる] [自][上一] → おうずる

**おうしん** [往信] 왕신, 답장을 바라고 보내는 편지

**おうしん** [往診] [名][自スル] 왕진 ⇔ 宅診(たくしん)¶ **〜料**(りょう) 왕진료¶ **〜に行**(い)**く** 왕진하러 가다

**おう す** [御薄] (口) 「薄茶(うすちゃ)」의 공손한 말

**おうすい** [王水] 〖化〗왕수

**おうすい** [黄水] (토할 때의) 누런 물= きみず

**おう・ずる** [応ずる] [自][サ変] 응하다 ①응응하다, 답하다¶ **呼**(よ)**びかけに〜** 부름에 응하다 ②대응하다, 따르다, 걸맞다¶ **能力**(のうりょく)**に〜じた仕事**(しごと) 능력에 맞는 일 ③(움직임·변화에) 따르다, 호응하다¶ **圧力**(あつりょく)**に〜・じて変**(か)**わる** 체적은 압력에 따라 변한다

**おう せ** [逢瀬] (연인끼리의) 밀회¶ **たまの〜を楽**(たの)**しむ** 이따금의 밀회를 즐기다

**おうせい** [王制] 왕제, 군주제

**おうせい** [王政] 왕정 **—復古**(ふっこ) 〖史〗왕정 복고

**おうせい** [旺盛] [ダ] 왕성 ¶**元気**(げんき)**〜** 원기 왕성¶ **食欲**(しょくよく)**が〜になる** 식욕이 왕성해지다

**おうせき** [往昔] (文) 흘러간 옛날, 과거

**おうせつ** [応接] [名][自スル] 응접, 접대, 응대¶

**おうせん**〜に暇も無なし 손님 접대에 쉴 틈이 없다 **─間ま** 응접실

**おうせん**【応戦】[名][自スル] 응전¶必死ひっしに〜する 필사적으로 응전하다

**おうせん**【横線】(文) 횡선. 가로줄 ⇔ 縦線じゅうせん **─小切手**きって 【経】횡선 수표

**おうそ**【応訴】[名][自スル] 【法】응소 ⇔ 提訴ていそ

**おうそう**【往相】【佛】왕상. 극락 정토에 왕생함

**おうそう**【押送】[名][他スル] 압송

**おうぞく**【王族】왕족¶〜の出で 왕족 출신

**おうた**【^御歌】남의 시가에 대한 높임말. (특히) 天皇てんのう가 지은 和歌わか **─所**どころ 1946년까지 宮内省くないしょう에 속하여 天皇・皇后こうごう의 和歌에 관한 사무를 맡아 보던 곳

**おうだ**【殴打】[名][他スル](文) 구타

**おうたい**【応対】 응대¶心こころのこもった〜 정성 어린 응대/ そっけなく〜する 무뚝뚝하게 응대하다

**おうたい**【黄体】【醫】황체 **─形成**けいせい**ホルモン** 황체 형성 호르몬 **─刺激**しげき**ホルモン** 황체 자극 호르몬 **─ホルモン** 황체 호르몬

**おうたい**【横隊】횡대 ⇔ 縦隊じゅうたい¶一列いちれつ〜に並ならぶ 1열 횡대로 늘어서다

**おうだく**【応諾】[名][他スル](文) 응낙. 승락. 수락¶二ふたつ返事へんじで〜する 두말 없이 응낙하다

**おうだん**【黄疸】【醫】황달

**おうだん**【横断】[名][他スル] 횡단 ①(길을) 가로지름. 동서로 지나감¶大陸たいりくを〜する 대륙을 가로로 절단하다¶一面いちめん 횡단 **─歩道**ほどう 횡단 보도

**おうち**【^棟・^樗】「栴檀せんだん」의 옛이름

**おうちゃく**【横着】[名][ナ][自スル] ①게으름. 뺀들거림¶〜を決きめこむ 게으름을 피우다 ②제멋대로 굶. 비릇없음. 무례함¶〜なやつ 무례한 놈 ③뻔뻔스러움. 교활함¶〜な態度たいど 뻔뻔스러운 태도

**おうちょう**【王朝】왕조 ①제왕에 의한 정체(政體) ②같은 계통의 왕가 계열¶ロマノフ〜 로마노프 왕조 **─時代**じだい 왕조 시대

**おうつり**【^御移り】(선물 보내온 그릇에 넣어 보내는) 답례품

**おうて**【王手】(1)(일본 장기에서) 장군¶〜をかける 장군을 부르다 ②승리를 결정짓는 마지막 단계[수단]¶優勝ゆうしょうに〜をかける 우승을 위한 결정타를 가하다

**おうてっこう**【黄鉄鉱】【鑛】황철광

**おうてん**【横転】[名][自スル]①옆으로 넘어짐¶乗用車じょうようしゃが〜した 승용차가 옆으로 굴렀다 ②좌우로 회전함

**おうと**【嘔吐】[名][他スル]【醫】구토. 토해냄¶〜を催もよおす 구역질이 나다

**おうど**【王土】(文) 왕토. 제왕이 다스리는 땅

**おうど**【黄土】[名][地] 중국 황하 유역의 누런 흙 ②산화철을 성분으로 하는 황색 안료

**おうとう**【応答】[名][自スル] 응답¶質疑しつぎ〜 질의 응답/ 直ただちに〜にせよ 즉시 응답하라

**おうとう**【桜桃】【植】①양벚. 버찌 ②앵두나무. 앵두

**おうどう**【王道】왕도 ①임금이 덕으로 나라를 다스림 ⇔ 覇道はどう ②쉽고 편한 방법. 지름길¶学問がくもんに〜なし 학문에 왕도란 없다

**おうどう**【黄銅】황동. 놋쇠=こうどう **─鉱**こう 【鑛】황동광

**おうどう**【横道】[名][ナ](文) 횡도. 정도에서 벗어남. 사도(邪道)

**おうとつ**【凹凸】①요철. 오목볼록함. 울퉁불퉁함¶〜の激はげしい路面ろめん 몹시 울퉁불퉁한 노면 ②기복. 불등등¶月つき の出来高できだかに〜がある 매월의 기성고에 기복이 있다

**おうなつ**【押^捺】[名][自スル] 도장을 찍음. 날인. 지문을 찍음¶指紋しもんを〜 지문 날인

**おうねつびょう**【黄熱病】【醫】황열병

**おうねん**【往年】왕년. 지난날¶〜の名選手めいせんしゅ 왕년의 명선수

**おうのう**【懊悩】[名][自スル](文) 오뇌. 고뇌. 번민¶ながい〜の末すえ決定けっていした 오랜 번민 끝에 결정하였다

**おうばい**【黄梅】【植】영춘화

**おうはん**【凹版】【版】요판¶〜印刷いんさつ 요판 인쇄

**おうばんぶるまい**【椀飯振(る)舞(い)】진수성찬의 향응. 후하게 대접함¶新築しんちく祝いわいに〜をする 신축 축하로 진수 성찬을 차려 대접하다

**おうひ**【王妃】①왕비 ②일본 황족으로 王王おうの 칭호를 가진 사람의 배우자

**おうひ**【奥秘】 오비. 심오한 비결. 오의=奥義おうぎ¶剣術けんじゅつの〜を伝つたえる 검술의 오의를 전수하다

**おうふう**【欧風】유럽풍. 유럽식. 서양식

**おうふく**【往復】Ⅰ①왕복 ⇔ 片道かたみち ②「往復切符きっぷ」의 준말 Ⅱ[名][自スル]①왕복. 갔다가 되돌아옴¶ソウル・パリ間あいだを〜する 서울 파리 간을 왕복하다 ②교제. 내왕¶あの一家いっかとは親したしく〜している 저 집안하고는 친하게 내왕하고 있다 ③(편지의) 왕래. 주고 받기¶手紙てがみを〜する 편지를 주고받다 **─切符**きっぷ 왕복 차표 **─葉書**はがき 왕복 엽서

**おうぶん**【応分】[名] 응분. 분수에 맞음¶〜の働はたらき 응분의 일

**おうぶん**【欧文】구문 ①유럽어의 문장・글자 ②로마자 **─脈**みゃく 【文】유럽의 언어 표현을 그대로 옮긴 직역체. 번역투

**おうへい**【横柄】[名][ナ] 건방짐. 무례함¶〜な話はなし方かた 건방진 말투/ 〜に振ふる舞まう 무례하게 행동하다

**おうべい**【欧米】구미. 유럽과 미국¶〜諸国しょこく 구미 제국

**おうへん**【応変】응변¶臨機りんき〜 임기 응변

**おうぼ**【応募】[名][自スル] 응모¶〜要領ようりょう 응모 요령 **─者利回**りまわり 【経】신규 발행 채권을 사서 최종 상환 기한까지 계속 보유했을 때의 연간 이율

**おうほう**【王法】왕법. 국왕의 법령・정치

**おうほう**【応報】【佛】응보¶因果いんが〜 인과 응보

**おうほう**【往訪】[名][他スル](文) 가서 찾아봄. 방문=来訪らいほう¶〜してご機嫌きげんをうかがう

**おうぼう**【横暴】 名ナ 횡포¶ ~の限りを尽くす 갖은 횡포를 다 부리다

**おうま**【黄麻】 图 = つなを

**おうまがとき**【*逢魔が時】 황혼, 해질녘, 땅거미 질 때

**おうみ**【近江】 [地] 일본의 옛지명. 지금의 滋賀 $_{が}$ 현 지방≒江州 $_{しゅう}$ ¶ —八景 $_{はっけい}$ 近江 팔경. 琵琶湖 $_{びわこ}$ 남부의 여덟 명승

**おうむ**【鸚鵡】 [動] 앵무새 —貝 $_{がい}$ [動] 앵무조개 —返 $_{がえ}$ し (남이 한 말을) 그대로 되받아 함 [되뇌임] —病 $_{びょう}$ 앵무병

**おうめわた**【青梅綿】 (옷 속에 두기 쉽게 길게 편) 상등품의 솜 ▷ 青梅 $_{おうめ}$ 시의 특산품

**おうめん**【凹面】 요면, 오목면 ⇔ 凸面 $_{とつめん}$ —鏡 $_{きょう}$ [物] 요면경. 오목 거울 ⇔ 凸面鏡 $_{とつめんきょう}$

**おうもんきん**【横紋筋】 [醫] 횡문근. 가로무늬근 ⇔ 平滑筋 $_{へいかつきん}$

**おうよう**【応用】 名他スル 응용¶ ~が利 $_{き}$ く 응용이 가능하다/ 実生活 $_{じっせいかつ}$ に~する 실생활에 응용하다 —問題 $_{もんだい}$ 응용 문제

**おうよう**【*鷹揚】 ナ 의젓함¶ ~な態度 $_{たいど}$ 의젓한 태도

**おうらい**【往来】 I 名¶ ①도로, 길¶ ~で遊ぶ 길에서 놀다 ②교제, 교류, 내왕¶ 親 $_{した}$ しい~ 친한 교제 II 名自スル 왕래, 오감, 통행¶ 車 $_{くるま}$ がはげしく~する 자동차가 빈번하게 왕래하다 —物 $_{もの}$ [教] 平安 $_{へいあん}$ 말기부터 明治 $_{めいじ}$ 초까지 서당에서 쓰던 교과서의 총칭

**おうりょう**【横領】 名他スル 횡령¶ 公金 $_{こうきん}$ を~する 공금을 횡령하다 —罪 $_{ざい}$ [法] 횡령죄¶ 業務上 $_{ぎょうむじょう}$ ~ 업무상 횡령죄

**おうりょく**【応力】 [物] 응력

**おうりん**【黄*燐】 [化] 황린

**おうれつ**【横列】 횡렬 ⇔ 縦列 $_{じゅう}$

**おうレンズ**【凹レンズ】 [物] 오목 렌즈

**おうろ**【往路】 왕로. 가는 길 ⇔ 帰路 $_{きろ}$ ·復路 $_{ふくろ}$

**おえしき**【^御会式】 [佛] 日蓮宗 $_{にちれんしゅう}$ 의 종조(宗祖) 日蓮 $_{にちれん}$ 의 기일인 10월 13일에 올리는 법회≒会式

**おえつ**【*嗚咽】 名自スル [文] 오열. 흐느껴 욺¶ 遺体 $_{いたい}$ にすがって~する 시체에 매달려 오열하다

**おえな・い**【負えない】 形 (「…に~」의 꼴로) 감당할 수 없다, 어찌할 수 없다¶ 乱暴 $_{らんぼう}$ で手 $_{て}$ に~ 난폭해서 감당할 수 없다/ 始末 $_{しまつ}$ に~ 처치 곤란하다

**おえらがた**【^御偉方】 [口] 높은 양반들¶ ~が出席 $_{しゅっせき}$ する 높은 양반들이 출석하다

**お・える**【終える】 他下一 마치다 ①끝내다, 종료하다¶ 営業 $_{えいぎょう}$ を~ 영업을 끝내다/ 練習 $_{れんしゅう}$ を~ 연습을 마치다 ②죽다¶ 一生 $_{いっしょう}$ を~ 일생을 마치다 ③(補助)(동사 連用形에 붙어) …하다¶ 論文 $_{ろんぶん}$ を書きを~ 논문을 다 쓰다

**おお**【大】 (造語) ①큰, 넓은¶ —太鼓 $_{だいこ}$ 큰북¶ —空 $_{ぞら}$ 넓은 하늘 ②큰, 많은, 중요한, 독특한¶ —旦那 $_{だんな}$ 큰 주인/ —晦日 $_{みそか}$ 섣달 그믐/ —立 $_{た}$ て者 $_{もの}$ 거물 ③궁극적인¶ —詰 $_{づ}$

막판. 종국/ ~潮 $_{じお}$ 한사리 ④심한, 지나친¶ ~騒 $_{さわ}$ ぎ 대소동/ ~威張 $_{いば}$ り 몹시 으스댐 ⑤큰, 많은¶ ~雪 $_{ゆき}$ 큰눈 ⑥대충, 대강의¶ ~筋 $_{すじ}$ 대강의 줄거리/ ~ざっぱ 대충

**おお** 感 ①(놀람·감탄을 나타냄) 야, 어, 아이고¶ ~、寒 $_{さむ}$ い 야 춥다 ②(긍정·승낙의 뜻을 나타냄) 암, 응, 그래¶ ~、そうだ 응 그렇다/ ~、行 $_{い}$ くとも 암 가고말고

**オー**【O·o】 오. 영어 알파벳의 15번째 자모

**おおあざ**【大字】 일본 행정 구획의 하나. 町 $_{ちょう}$ ·村 $_{そん}$ 내의 구획으로 小字 $_{こあざ}$ 를 포함한 지역

**おおあし**【大足】 ①큰 발 ¶ ~ばかりの 바보의 큰 발 ②큰 걸음, 황새 걸음¶ ~で歩 $_{ある}$ く 성큼성큼 걷다 ③수렁논에 들어갈 때 신는 큰 나막신

**おおあじ**【大味】 ナ ①(맛이) 덤덤함¶ ~な果物 $_{くだもの}$ 맛이 덤덤한 과일 ②짜임새가 없음, 아기자기한 맛이 없음¶ ~な文章 $_{ぶんしょう}$ 감칠맛이 없는 문장

**おおあたり**【大当(た)り】 名自スル ①딱 들어맞음, 적중함¶ 予想 $_{よそう}$ が~だった 예상이 딱 들어맞았다 ②큰 상을 받음, 크게 덩첨됨¶ 最終 $_{さいしゅう}$ レースで~する 최종 레이스에서 큰 배당을 받다 ③(흥행·장사가) 크게 성공함, 히트함¶ ~の芝居 $_{しばい}$ は 히트한 연극 ④[野] 잘 침¶ 打撃 $_{だげき}$ が~ 타선의 큰 불발했다

**おおあな**【大穴】 ①큰 구멍 ②큰 결손, 큰 손해¶ 投機 $_{とうき}$ で~をあけた 투기로 큰 손해를 보았다 ③(경마·경륜 등에서) 예상 외의 고액 배당을 받음¶ ~をねらう 예상 외의 고액 배당을 노리다

**おおあめ**【大雨】 큰비, 호우 ⇔ 小雨 $_{こさめ}$ ¶ ~注意報 $_{ちゅういほう}$ 호우 주의보

**おおあり**【大有り】 (口) 「あること」의 힘줌말. 많이 있음, 물론[얼마든지] 있음¶ 言 $_{い}$ いたいことが~だ 하고 싶은 말이 물론 있다

**おおあれ**【大荒れ】 名ナ 몹시 거침¶ ~の天候 $_{てんこう}$ 몹시 거친 날씨

**おおあわて**【大慌て】 매우 당황함

**おおい**【覆い·被い】 덮개, 씌우개 ¶ ~をかける 덮개를 씌우다

**おお・い**【多い】 形 많다¶ 人 $_{ひと}$ が~ 사람이 많다/ 雨 $_{あめ}$ の年 $_{とし}$ 비가 많이 오는 해

**オーイーエム**【OEM】 [經] 오 이 엠. 주문자 상표 생산

**オーイーシーディー**【OECD】 [經] 오 이 시 디. 경제 협력 개발 기구

**おおいかく・す**【覆(い)隠す】 他五 ①덮어서 가리다¶ ハンカチで顔 $_{かお}$ を~ 손수건으로 얼굴을 가리다 ②숨기다, 감추다, 은폐하다¶ 事実 $_{じじつ}$ をあくまで~ 사실을 끝까지 숨기다

**おおいかぶさ・る**【覆(い)被さる】 自五 덮이다¶ 前髪 $_{まえがみ}$ が目 $_{め}$ に~ 앞머리가 눈에 덮이다

**おおいかぶ・せる**【覆(い)被せる】 他下一 덮어씌우다¶ 鳥籠 $_{とりかご}$ に布 $_{ぬの}$ を~ 새장에 헝겊을 덮어씌우다

**おおいき**【大息】 한숨¶ ~をつく 한숨을 쉬다

**おおいそぎ**【大急ぎ】 名ナ 바삐 서두름, 화급함¶ ~で用 $_{よう}$ をすます 서둘러 용무를 끝내다

**おおいた【大分】** 九州 북동부의 현. 현청 소재지는 大分市

**おおいちばん【大一番】** (장기・씨름 등에서) 우승을 가리는 중대한 대국・대전

**おおいちょう【大〈銀杏〉】** ①큰 은행나무 ②상투 끝을 은행잎 모양으로 넓게 편 무사의 머리 모양

**おおいなる【大いなる】**〖連体〗〖文〗크나큰, 위대한¶～足跡を残す 크나큰 발자취를 남기다

**おおいに【大いに】**〖副〗매우, 크게, 많이, 실컷¶～困る 매우 곤란하다/～がんばる 크게 분발하다/～飲む 실컷 마시다

**おおいぬぎ【大犬座】**〖天〗큰개자리

**おおいばり【大威張り】**〖名·自スル〗①몹시 으스댐, 마구 뽐냄¶～で仲間に自慢する 마구 으스대며 동아리에게 자랑하다 ②(아주) 떳떳함¶これで～で出席し出来る 이것으로 떳떳하게 출석할 수 있다

**おおいり【大入(り)】** (입장객으로) 만원이 됨¶～満員 대만원 一袋 흥행장 등에 초만원이 되었을 때 종업원 등에게 나눠주는 축의금 봉투

**おお・う【覆う·被う·掩う·蔽う】**〖他五〗덮다¶苗床をビニールで～ 묘상을 비닐로 덮다 ②가리다¶両手で顔を～ 양손으로 얼굴을 가리다 ③뒤덮다¶濃い霧が町を～ 짙은 안개가 시내를 뒤덮다 ④숨기다, 감추다, 은폐하다¶真相を～ 진상을 숨기다 ⑤(《目を～》의 꼴로) 차마 볼 수 없다¶惨状に目を～ 참상을 차마 볼 수 없다

**おおうた【大歌】**〖藝〗설날・단옷날 등에 궁정 연회에서 연주된 노래

**おおうち【大内】**「大内山」의 준말. 궁궐, 대궐, 天皇의 거처

**おおうちがり【大内刈(り)】** (유도에서) 안다리후리기

**おおうつし【大写し】**〖名·他スル〗(영화 등에서) 클로즈업¶画面いっぱいに～する 화면 가득히 클로즈업하다

**おおうなばら【大海原】**〖文〗대해, 넓은 바다

**オーエー【OA】**〖口〗오 에이, 사무 자동화

**おおえど【大江戸】** 江戸의 미칭(美稱)¶～八百八町 江戸의 모든 거리

**オーエムアール【OMR】**〖컴〗오 엠 아르, 광학식 입력 장치

**オーエル【OL】** 오 엘, 여사무원 ▷ office lady

**おおおく【大奥】**〖日史〗江戸城에서 将軍의 부인이나 측실이 거처하던 곳

**おおおじ【大伯父·大叔父】** 종조부, 외종조부

**おおおとこ【大男】** 덩치 큰 남자
〖慣用句〗
**一総身に知恵が回りかね** 덩치만 큰 우둔한 남자를 비꼬는 말

**おおおば【大伯母·大叔母】** 종조모, 외종조모

**おおがい【大貝·頁】** (한자 부수의) 머리혈 ▷「頭·項」등의「頁」부분

**おおがかり【大掛(か)り】**〖ダ〗대규모임, 대대적임¶～な事業 대대적인 사업

**おおかぜ【大風】** 대풍, 큰 바람, 강풍

**おおかた【大方】** Ⅰ〖名〗①태반, 대부분, 대강¶参加者は学生だ 参加者의 태반은 학생이다/～は理解しできた 대강은 이해할 수 있었다 ②세상 사람, 많은 사람¶～の御意見をお待ちします 많은 분의 의견을 기다리겠습니다 Ⅱ〖副〗①아마도, 어쩌면¶～夢を見たのだろう 아마도 꿈을 꾸었던 게지 ②대충, 거의, 대체로¶片付けが～終わる 치우는 게 대충 끝나다

**おおがた【大形】**〖名〗대형. (모양이) 큼¶～の菊 큰 국화

**おおがた【大型】**〖名〗대형. 큰 것¶～の台風 대형 태풍/～バス 대형 버스 一株〖經〗대형주 一間接税〖經〗대형 간접세

**オーがた【O型】** (혈액형의) O형

**おおかべ【大壁】**〖建〗기둥을 속에 넣어 보이지 않게 한 벽

**おおかみ【〈狼〉】** ①〖動〗이리 ②〖比〗늑대 같은 사람, 난폭한 ～送り 여자를 바래다 주는 체하면서 덮치는 남자

**おおがら【大柄】** Ⅰ〖ダ〗몸집이 큼¶～な若者 몸집이 큰 젊은이 Ⅱ〖名〗무늬가 큼직함, 그런 무늬¶～の浴衣 큼직한 무늬의 무명 옷

**おおかれ すくなかれ【多かれ少なかれ】**〖連語〗많든 적든, 다소간에, 정도의 차이는 있어도¶～皆に責任がある 많든 적든 모두에게 책임이 있다

**おおかわ【大皮·大鼓】** 큰북 ＝大つづみ

**おおき・い【大きい】**〖形〗크다 ①(길이·넓이·부피 등이) 크다¶～家 큰 집/背丈が～ 키가 크다 ②(정도·수량 등이) 많다¶～被害 큰 피해/声が～ 목소리가 크다 ③(나이가) 위다¶姉はわたしより三つ～ 누나는 나보다 세 살 위이다 ④포용력이 있다, 도량이 넓다¶人物が～ 인물로서 크다 ⑤중대하고 가치가 있다¶～目的 큰 목적 ⑥허세부리다¶～口をきく 큰소리 치다 ⑦잘난 체하다, 건방지다¶態度が～ 태도가 건방지다/～く構える 잘난 체하다
〖慣用句〗
**一口を叩く** 큰소리 치다

**おおきど【大木戸】** ①큰 일각 대문 ②(江戸시대에) 국경이나 도시 출입구에 설치한 관문

**おおきな【大きな】**〖連体〗큰, 커다란¶～期待 큰 기대/～影響をあたえる 큰 영향을 미치다 一顔 젠체하는 얼굴, 뻐기는 태도
〖慣用句〗
**一お世話** 쓸데없는 참견

**おおきに【大きに】** (口) Ⅰ〖副〗대단히, 몹시¶～迷惑だ 몹시 성가시다/～ご苦労さま 대단히 수고했습니다 Ⅱ〖感〗(方) 고맙다, 고맙습니다

**おおきみ【大君】** ①天皇의 높임말 ②여러 王

**オーきゃく【O脚】**〖醫〗오각. 내반슬

**おおぎょう【大仰·大形】**〖ダ〗과장된 모양¶～な身ぶり 과장된 몸짓/～に騒ぐ 호들갑스럽게 떠들다

**おおぎり** [大切り] ①크게 토막침¶ ～の大根 크게 토막친 무 ②[갋] (歌舞伎에서) 그 날 흥행의 마지막 막・공연물 ③ [大入利] [갋] (寄席演芸에서) 마지막 연기자 뒤에 예능 사람이 하는 예능 ④끝, 마지막

**おおく** [多く] Ⅰ 名 ①많음, 많은 것¶ ～を語らない많은 것을 이야기하지 않다¶ ～が謎に包まれている 대부분이 수수께끼에 싸여 있다 Ⅱ 副 대체로, 대개, 대저, 흔히¶ 初心者は～こうした誤りをおかす 초심자는 대개 이러한 잘못을 범한다

**オーク** (oak) [植] 오크. 떡갈나무

**おおぐい** [大食い] 많이 먹음, 대식가¶ やせの～ 마른 사람이 많이 먹는다

**おおぐち** [大口] ①입. 입을 크게 벌리다¶ ～を開ける 입을 크게 벌리다 ②[名] 금액・수량이 큼 ⇔ 小口¶ ～預金者 고액 예금자/ ～の注文 대규모의 주문

[慣用句]

**―を叩く** 큰소리치다, 호언장담하다

**おおくびえ** [大首絵] [美] 배우나 미인의 상반신이 크게 그려진 浮世絵

**おおぐまざ** [大熊座] [天] 큰곰자리

**おおくら** [大蔵] [史] 고대 雄略天皇 시대에 창설되었다는 大和 조정의 재물 보관 창고 **―省** 대장성 **―大臣** ①[政] 대장 대신 ②[俗] 살림을 맡은 가정 주부

**オーケー** [OK] 오케이 Ⅰ 感 알았다, 좋다 ＝ オーライ Ⅱ 名 自スル 동의, 승낙¶ ～を取る 승낙을 받다/ 最終案で～した 최종안으로 동의했다

**おおげさ** [大袈裟] Ⅰ ア 과장됨, 야단스러움¶ ～な話 과장된 이야기 Ⅱ 名 ①[佛] 큰 가사 ②(칼 등으로) 한쪽 어깨에서 반대쪽 허리로 비스듬히 내리쳐 베기

**オーケストラ** (orchestra) [音] 오케스트라. 관현악, 관현악단 **―ボックス** (일 orchestra box) [音] 오케스트라 박스. 악단석

**おおごえ** [大声] 대성; 큰소리 ⇔ 小声¶ ～を張り上げる 큰소리를 지르다

**おおごしょ** [大御所] ①은퇴한 将軍, 그의 거처 ②대가, 거두, 거물 文壇の～ 문단의 대가/ 財界の～ 재계의 거두

**おおごと** [大事] 名 큰일, 중대사¶ それは～だ 그건 큰일이다/ ～になる 큰일이 나다

**おおさか** [大阪] 近畿 지방 중앙의 부(府), 그 부청 소재지인 시 **―城** 1583년 豊臣秀吉가 大阪에 쌓은 성

**おおざけ** [大酒] 대주. 많은 술¶ ～飲み 대주가, 모주꾼

**おおざっぱ** [大雑把] ア ①엉성함, 대략적임¶ ～な見積り 대략적인 견적/ 仕事が～だ 일이 엉성하다 ②(…의 꼴로) 어림잡아, 대충 ¶～に言う 대충 말하다

**おおざと** [阝] (한자 부수의) 우부방¶ 「都・部」 등의 부수 부분

**おおさわぎ** [大騒ぎ] 名 自スル 큰 소동, 야단법석¶ ～になる 야단법석이 되다

**おおじ** [大路] 대로, 한길¶ 都の～ 장안의 대로

**おおし・い** [雄雄しい・男男しい] 形 남자답다, 씩씩하다, 용감하다¶ ～態度 씩씩한 태도

**オージー** [OG] 오지. (학교의) 여자 선배, 여자 졸업생 ⇔ オービー ▷ 일본식 영어 old girl

**オーシーアール** [OCR] [컴] 오 시 아르. 광학 문자 판독 장치

**おおしお** [大潮] [海] 한사리 ⇔ 小潮

**おおじかけ** [大仕掛(け)] ア 대규모임¶ ～の工事 대규모 공사/ ～な実験設備 대규모 실험 설비

**おおじだい** [大時代] ア 예스러움, 케케묵음¶ ～言いかた 예스러운 말투/ ～な演説 케케묵은 연설

**おおしまつむぎ** [大島紬] 鹿児島県 奄美大島의 특산의 비백 무늬 견직물 = おしま

**おおすじ** [大筋] (사물의) 개략, 대략, 대강의 줄거리 = あらまし¶ ～で合意した 대체적으로 합의했다/ 話の～をつかむ 이야기의 큰 줄거리를 파악하다

**おおすみ** [大隅] [地] 일본의 옛지명. 지금의 鹿児島県의 동부 지방

**おおずもう** [大相撲] ①[相撲] 일본 씨름 협회가 주최하는 씨름 대회 ②쉽게 판가름 나지 않는 열띤 대전¶ ～になる 열띤 대전이 되다

**おおせ** [仰せ] 분부, 명령¶ ～に従う 분부에 따르다

**おおぜい** [大勢] 여러 사람, 많은 사람 ⇔ 小勢¶ ～集まる 여러 사람이 모이다

**おおぜき** [大関] [相撲] 씨름꾼 계급의 두 번째 ▷ 横綱의 아래이며 関脇의 위

**おおせつか・る** [仰(せ)付かる] 自五 분부받다, 지시를 받다¶ 上役から～ 상사로부터 분부받다

**おおせつ・ける** [仰(せ)付ける] 他下一 명령하다, 분부하다¶ 使いの者に～・けください 심부름하는 사람에게 분부하여 주십시오

**おおせら・れる** [仰せられる] 他下一 말씀하시다, 분부하시다¶ なんと～れましたか 무어라 말씀하셨습니까

**おお・せる** [果せる] 自他下一 (補助) (동사 用形에 붙어) 다 …해내다, 끝내다 逃げ～ 도망쳐버리다/ やり～ 다 해내다

**おおそうじ** [大掃除] 名 他スル 대청소

**おおぞこ** [大底] [経] (거래 등에서) 최저가 ⇔ 大天井

**おおそとがり** [大外刈(り)] (유도에서) 밭다리 후리기

**オーソドックス** (orthodox) 名 ア 오소독스. 정통파, 정통적¶ ～な考え方 정통적인 사고 방식

**おおぞら** [大空] 넓은 하늘, 창공¶ ～舞い上がる 창공으로 날아오르다

**オーソリティー** (authority) 오소리티. 권위자, 대가¶ 歴史学の～ 역사학의 권위자

**おおぞん** [大損] 큰 손해¶ ～をする 큰 손해를 보다

**オーダー** (order) 오더 Ⅰ 名 ①순서¶ バッティン

**おおだい**

グ~ 타순 ②(숫자의) 단위, 자리수¶ 万え の~に達たっする 만의 자리수에 달하다 Ⅱ 名 他スル 주문함, 발주¶ 洋服ふくを 양복을 주문하다 ─メード (일 order made) 오더 메이드. 맞춤, 맞춤 제품 ⇔ レディーメード

**おおだい** 【大台】 ①(수량 · 금액의) …대, …선¶ 売上高くりあげが一兆円えんに乗のる 매상고가 일조엔 대에 오르다 ②經 (시세에서) 100엔 대, 100엔 선¶ ~を割わる 100엔 대 이하로 하락하다

**おおだいこ** 【大太鼓】 큰북 ⇔ 小太鼓だいこ

**おおだすかり** 【大助かり】 (口) 크게 도움이 됨¶ そうしてくれれば~だ 그렇게 해준다면 크게 도움이 된다

**おおたちまわり** 【大立(ち)回り】 ①劇 난투 장면, 활극 ②큰 싸움¶ ~を演えんじる 대관 싸움을 벌이다

**おおだてもの** 【大立(て)者】 ①실력자, 거물¶ 政界かいの~ 정계의 거물 ②(극단의) 간판 스타

**おおだな** 【大店】 큰 상점¶ ~の若旦那わかだんな 큰 상점의 젊은 주인

**おおだんな** 【大旦那 · 大 檀那】 ①큰 주인 ②(절의) 대시주

**おおつ** 【大津】 滋賀が현의 현청 소재지 ─絵え 美 大津 그림 ② 「大津絵節おおつえぶし」의 준말 ─絵節 藝 大津 그림을 소재로 한 속말

**おおつかみ** 【大*摑み】 ㊤ ①한 움큼¶ 豆まめを~にとる 콩을 한 움큼 쥐다 ②대략적임¶ 経過けいかを~に説明めいする 경과를 대충 설명하다

**おおつごもり** 【大晦】 (文) 섣달 그믐날

**おおづつ** 【大筒】 대포의 옛일컬음

**おおつづみ** 【大鼓】 (能楽에서 쓰는) 큰북

**おおつな** 【大綱】 ①굵은 밧줄 ②대강, 근본이 되는 것

**おおっぴら** 【大っぴら】 ㊀ (口) 공공연함 = おおびら¶ ~な交際こう 공공연한 교제 / 事件けんが~になる 사건이 공공연해지다

**おおつぶ** 【大粒】 名㊀ (낟알이) 굵음, 굵은 알갱이 ⇔ 小粒つぶ¶ ~の雨あめ 굵은 빗방울

**おおづめ** 【大詰(め)】 ①最후 단계, 종국, 막판¶ 予算編成へんせいが~を迎むかえる 예산 편성이 최종 단계에 접어들다 ②劇 (江戶歌舞伎えどかぶき에서) 마지막 장면, 대단원

**おおて** 【大手】 ①성의 정문[정면] ¶ ~門もん 성의 정문 ②(옛 전투에서) 정면 공격 부대 ⇔ 搦手からめ ③(동업자 중의) 대기업, 대형 업소¶ ~商社しゃ 대기업 상사 ─筋すじ 經 ①(거래에서) 큰손, 고객 거래자 ②대기업, 대형 업소

**おおで** 【大手】 팔
慣用句
─を広ひろげる 두 팔을 벌리다
─を振ふる 활개를 치다

**オーディオ** (audio) 오디오 ①음성 · 음향 부분 ②고급 음향 수신 · 녹음 · 재생 장치

**オーディション** (audition) 오디션 ①(가수 등의) 실기 테스트 ②(레코드 등의) 시험 청취

**おおでき** 【大出来】 (예상 밖의) 훌륭한 성과, 썩 잘됨¶ 三回戦さんかいせんまで進すすめば~だ

3회전까지 진출하면 썩 잘 한 것이다

**おおてんじょう** 【大天井】 經 (거래에서) 최고가 ⇔ 大底ぞこ

**オート** (auto) 오토 ①造語 자동의, 자동식 ②자동차 ─三輪りん 交 자동 삼륜차 ─バイ 交 모터사이클 ─レース (일 auto race) 모터사이클 경주, 자동차 경주

**オート** (oat) 植 오트. 귀리, 연맥(燕麥)

**おおど** 【大戶】 (집 · 상점 등의) 정문¶ ~をおろす 정문을 닫다

**おおどうぐ** 【大道具】 대도구, 무대 장치, 그 담당자 ⇔ 小道具どうぐ ─方がた 무대 장치 담당

**おおどおり** 【大通り】 큰길, 한길

**おおどか** ㊀ (文) 대범하고 느긋함, 태평스러움¶ ~な性質せいしつ 대범하고 느긋한 성질

**おおどころ** 【大所】 ①대표적인[주된] 사람, 대가¶ ~がそろう 대가가 다 모이다 ②큰 부자

**おおどしま** 【大年增】 한창 때가 지난 중년 여자

**おおとの** 【大殿】 ①궁정이나 귀인의 저택의 높임말, 대전 ②대신의 경칭 ③귀인이나 그 부친의 경칭

**オートマチック** (automatic) Ⅰ ㊀ 오토매틱, 자동적 Ⅱ 名 ①자동 소총 ②자동 변속 장치 ─トランスミッション (automatic transmission) 機 오토매틱 트랜스미션. 자동 변속 장치

**オートメーション** (automation) (口) 오토메이션. 자동 작동[제어] 장치

**おおとり** 【大鳥 · *鴻 · *鳳】 ①큰 새 ② *鵬 붕. 붕새

**オーナードライバー** (owner-driver) 오너 드라이버. 자가 운전자

**おおなた** 【大*鉈】 큰 손도끼
慣用句
─を振ふるう 과감하게 메스를 가하다¶ 機構こうの改編へんに~ 기구 개편에 메스를 가하다

**おおなだい** 【大名題】 ①(江戶歌舞伎에서 하루의 狂言きょうげん 전체에 통하는 제목 ─看板ばん 藝 大名題를 써넣은 간판

**おおにゅうどう** 【大入道】 ①까까머리의 거인 ②까까머리 모습의 도깨비

**おおにんずう** 【大人数】 사람 수가 많음, 많은 사람 = 多人数にんずう ⇔ 小人数にんずう

**おおね** 【大根】 ①근본¶ 事ことの~をつかむ 일의 근본을 파악하다 ②요점

**オーバー** (over) 오버 Ⅰ 名 自他スル 넘침, 초과 Ⅱ ㊀ 과장됨 Ⅲ 名 服 외투 ─スロー 野 오버 스로. 어깨 위에서 내리던지는 투구법 ─ドクター (일 over doctor) 박사 과정을 수료하고 아직 취직을 못한 사람 ─ネット (테니스 · 배구 등에서) 오버 네트 ─パー (over par) 오버 파 ①(골프에서) 타수가 기준 타수보다 많음 ②經 채권의 시중 가격이 액면가를 초과함 ─フェンス 野 오버 펜스. 홈런의 속칭

**オーバーコート** (overcoat) 服 오버코트. 외투

**オーバータイム** (overtime) 오버타임 ①시간외 근무, 초과 근무 ②(배구 · 핸드볼 등에서) 규정 시간 · 횟수를 초과한 플레이

**オーバーヒート** (overheat) 名自スル 오버히트 ①

(엔진 등의) 과열 ②매우 흥분함

オーバーラップ (overlap) 名 自スル 오버랩 ①[映] 앞 장면이 사라지기 전에 다음 장면이 점차 겹쳐짐 ②(이미지 등이) 겹쳐짐

オーバーラン (overrun) 名 自スル 오버런 ①멈춰야 할 곳을 지나쳐 달림 ②[野] 주자가 베이스를 넘어 지나쳐 달림

オーバーローン (overloan) [経] 오버론, 초과 대출

おおばこ 〖車前草·大葉子〗[植] 차전초, 질경이 = おんばこ·おばこ

おお はば 〖大幅〗 대폭 Ⅰ 名 (천의) 큰 폭, 넓은 폭 Ⅱ ナ (수량의) 변동이 큼¶ ～の値上げ 대폭적인 가격 인상

おお はらえ 〖大祓〗 (神社나 궁중에서 6월과 12월 그믐날에 행하는) 죄나 부정을 씻기 위한 액막이 의식 = おおはらい

おお ばん 〖大判〗①安土桃山·江戸 시대에 통용된 타원형의 큰 금화 ②(종이·노트 등의) 대형판¶ ～のノート 판형이 큰 노트 ③(옷의) 큰 치수¶ ～のシャツ 큰 치수의 셔츠

おお ばん 〖大番〗①[日史]「大番役」의 준말 ②[日史] (江戸 幕府에서) 江戸성·大坂성·二条성 등의 경호를 담당했던 직명 ③대형 一役〖～やく〗 平安·鎌倉시대에 京都의 궁정을 경비하던 지방의 무사

オー ビー 〖OB〗오 비 ①(학교의) 남자 선배, 졸업생 ▷ old boy ②(골프에서) 경기 금지 구역 ▷ out of bounds

おお びけ 〖大引け〗[経] (거래소에서 전장·후장의) 입회 마감, 종가 ⇔ 寄り付き

おお ひろま 〖大広間〗①(회합 등을 위한) 큰 방, 넓은 홀 ②江戸시대의 큰 방 중에서 大名 등이 열석하던 곳

おお ふう 〖大風〗 ナ 거만함, 방자함¶ ～な態度 거만한 태도

オープナー (opener) 오프너 ①깡통[병]따개 ②개막전, 개막 경기 ③(연극 등의) 첫 공연물

オープニング (opening) 오프닝 ①시작, 개시¶ ～セレモニー 개회식 ②(흥행 등의) 첫날¶ ～ショー 오프닝 쇼 ③(작품의) 도입부 一ナンバー (opening number) 오프닝 넘버, (음악회 등의) 첫 곡

おお ぶね 〖大船〗 대선, 큰 배
慣用句
一に乗る (큰 배에 탄 듯) 마음놓고 의지할 수 있다¶ 大船に乗った気持ち 크게 의지할 수 있어 든든한 기분

おお ぶり 〖大振り〗 名 他スル 크게 휘두름¶ バットを～する 배트를 크게 휘두르다 Ⅱ ナ 큼직함¶ ～な鯛 큼직한 도미

おお ぶり 〖大降り〗 名 (비·눈 등이) 세차게 옴¶ ～にあう 세차게 쏟아지는 비를 만나다

おお ぶろしき 〖大風呂敷〗①큰 보자기 ②허풍, 과장된 이야기¶ 例の～が始まる 예의 허풍이 시작되다
慣用句
一を広げる 허풍을 떨다

オープン (open) 오픈 Ⅰ 名 他スル 엶, 개시, 개업, 개점, 개장¶ 本日～します 오늘 개업합니다 Ⅱ ナ ①덮혀 있지 않음 ②공개적임, 개방적임¶ ～に話す 탁 터놓고 이야기하다 Ⅲ 名「オープンゲーム」의 준말 ーアカウント (open account) [経] 오픈 어카운트, 청산 계정 ーカー (open car) [交] 오픈 카, 무개차 ーショップ (open shop) 오픈 숍, 자유스럽게 노동 조합에 가입하는 제도 ーセット (open set) 오픈 세트, (영화 촬영을 위한) 야외 장치 ー戦〖～せん〗 오픈전, (프로 야구 등에서) 시범 경기 ーブロー (open blow) (권투에서) 오픈 블로

おお へい 〖大柄〗 ナ → おうへい

おお べや 〖大部屋〗①큰 방, (여관 등에서) 여러 사람이 숙박할 수 있는 방 ②(극장의) 단역 배우 등이 공동으로 쓰는 방, 단역 배우

おお まか ナ 사소한 것에 구애받지 않음, 대범함, 대략적임¶ ～な性格 대범한 성격/ ～に話す 대충 말하다

おお まじめ 〖大〈真面目〉〗 ナ 매우 진지함, 아주 고지식함¶ ～な顔 고지식한 얼굴/ ～に話しを切り出す 진지하게 말을 꺼내다

おお また 〖大股〗 양다리를 넓게 벌림, 보폭이 큼 ⇔ 小股¶ ～に歩く 성큼성큼 걷다

おお まつよいぐさ 〖大待宵草〗[植] 큰달맞이꽃

おお まわり 〖大回り·大廻り〗 名 自スル ①멀리 돌아감, 우회함¶ ～して行く 우회해서 가다 ②크게 원을 그리며 돎¶ かどを～する 모퉁이를 크게 원을 그리며 돌다

おお まんどころ 〖大政所〗摂政 또는 関白의 모친에 대한 경칭 = 大北政所

おお み 〖大身〗 ナ 날이 길고 큼¶ ～の槍 날이 길고 큰 창

おお みえ 〖大見得〗[艺] (歌舞伎 배우가) 유달리 눈에 띄는 표정을 짓거나 연기를 함
慣用句
一を切る ①(歌舞伎에서) 배우가 유다른 제스처를 쓰다 ②허세를 부리다, 호언 장담하다

おお みこと 〖大〈御言〉〗 天皇의 말씀

おお みず 〖大水〗 큰물, 홍수¶ ～が出る 홍수가 나다

おお みそか 〖大〈晦日〉〗 섣달 그믐날

おお みや 〖大宮〗①皇居·神宮의 높임말 ②皇太后·太皇太后에 대한 경칭 ③모후 一人〖～びと〗 궁중에 있는 벼슬아치

おお みよ 〖大御代〗 天皇의 치세

オーム (독 Ohm) [電] 옴, 전기 저항의 단위 ーの法則〖～ほうそく〗[物] 옴의 법칙

おお むかし 〖大昔〗 먼 옛날, 태고 = 太古

おお むぎ 〖大麦〗[植] 대맥, 보리

おお むこう 〖大向(こ)う〗①(극장에서) 무대 정면 관객석 뒤의 입석, 입석 관객, 일반 관객 ②관심을 가지고 보고 있는 사람
慣用句
一を唸らせる ①입석[일반] 관객을 감탄시키다 ②대중의 갈채를 받다

おお むね 〖概ね·大旨〗副 대체로, 대강, 대충¶ ～了解した 대체로 양해했다

おお むらさき 〖大紫〗[動] 왕오색나비

おおめ【大目】 名 ①큰 눈 ②사소한 것에 구애받지 않음, 너그러움, 관대함¶ ～に許ゆす 너그러이 용서하다
慣用句
—に見ゕる 너그러이 봐주다
おおめ【多目】 名 (분량이) 약간 많음 ⇔少すなめ¶ ～に入ゕれておく 좀 넉넉하게 넣어 두다
おおめだま【大目玉】 ①왕방울눈, 부릅뜬 눈 ②심한 꾸중, 야단
慣用句
—を食ゕう 심한 꾸중을 듣다, 호되게 야단맞다
おおめつけ【大目付】 【日史】 (江戶시 幕府ばくふ의) 老中ろうじゅう 밑에서 大名だいみょう의 행동을 감시하고 幕府의 정무 전체를 감독하던 직분
おおもじ【大文字】 ①큰 글자 ② (로마자의) 대문자 ▷ ①② ⇔ 小文字こもじ
おおもて【大持て】 名 크게 인기를 끎, 크게 환대받음¶ 若者わかものに～の歌手ゕしゅ。젊은이에게 크게 인기있는 가수
おおもと【大本】 대본, (사물의) 근본, 기초¶ 国くにの～ 나라의 대본
おおもの【大物】 ①큰 것, 대짜¶ ～をつりあげる 큰 것을 낚다 ②거물¶ 財界ざいかいの～ 재계의 거물 一食くい (승부의 세계에서) 자기보다 실력이 나은 사람을 이김, 상수잡이
おおもり【大盛(り)】 (음식을) 수북이 담음, 고봉¶ 御飯ごはんの～ 고봉으로 담은 밥
おおもん【大門】 (성·유곽 등의) 정문
おおや【大家·大屋】 ①셋집 주인 ⇔ 店子たなこ ②본채, 안채
おおやけ【公】 ①조정, 정부, 국가, 관청¶ ～の事業じぎょう 정부 사업/ ～の職しょくにつく 공직에 취임하다 ② 公, 공적임¶ ～の立場たちば 공적인 입장/ ～の施設しせつ 공공 시설 ③ (「～にする·～になる」의 꼴로) 일반에 알려짐, 공개됨¶ 事件じけんが～になる 사건이 공개되다
おおゆき【大雪】 대설, 큰눈
おおよう【大様】 ナ 의젓함, 대범함¶ ～な態度たいど 대범한 태도/ ～に構かまえる 의젓한 태도를 취하다
おおよしきり【大葦切】 動 개개비
おおよそ【凡そ·大凡】 I 名副 대체로, 대략, 대강, 개요¶ ～見当けんとうがつく 대체로 짐작이 가다/ 計画けいかくの～を話はなす 계획의 개요를 말하다 II 副 대저, 도대체, 무릇
おおよろい【大鎧】 平安へいあん 중기 이후에 기마 사전용(射戰用)으로 입기 시작한 갑옷
オーライ 感 ⓛ 올 라이트, 좋다, 알았다
おおらか【大らか】 ナ 유연함, 대범하고 느긋함, 너글너글함¶ ～な人柄ひとがら 유연한 인품
オール (all) 造語 올, 모두, 전부, 순, 전체¶ ～ウール 순모/ ～スター 올스타 —オアナッシング (all or nothing) 전부 아니면 전무 —バック (일 all back) (머리 스타일의) 올 백
オール (oar) 오어, (보트의) 노(櫓)
オールウエザー (all-weather) 造語 전천후용¶ —コート 전천후용 코트
オールスター キャスト (all-star cast) 올스타 캐스트, 인기 배우 총출연
オールスター ゲーム (all-star game) 올스타 게임, (프로 야구 등에서) 인기 선수가 총출장하는 비공식 시합 ＝ オールスター戰
オールド (old) 造語 올드, 늙은, 낡은, 오래된 —タイマー (old-timer) 올드타이머 ①고참 ②시대에 뒤진 사람 —ボーイ (old boy) 올드 이, (남자) 졸업생, 선배 ＝ オービー —ミス (일 old miss) 올드 미스, 노처녀
オールナイト (all-night) 올나이트, 철야 (영업)
オールマイティー (almighty) 올마이티 ①만능, 전지 전능, 그런 사람 ② (카드 놀이에서) 스페이드의 에이스
オールラウンド (all-round) 올라운드, (스포츠 등에서) 만능임¶ ～プレーヤー 만능 선수
おおるり【大瑠璃】 動 큰유리새
オーロラ (aurora) 氣 오로라, 극광
おおわざ【大技】 (유도·씨름에서) 대담하고 호쾌한 수, 큰 기술 ⇔ 小技こわざ¶ ～を掛かける 대담한 수를 걸다
おおわざもの【大業物】 매우 잘 드는 큰 칼
おおわらい【大笑い】 名 自スル ①대소, 큰소리로 웃음 ②웃음거리¶ 彼かれが威張いばるなんて～だ 그가 으스대다니 웃을 일이다
おおわらわ【大童】 ⓛ 열심히 일하는 모양¶ 準備じゅんびに～だ 준비에 열심이다
おか【丘·岡】 ①구릉, 언덕¶ ～に登のぼる 언덕에 오르다 ②낮은 산, 동산
おか【陸】 ①뭍, 육지 ⇔ 海うみ ② (벼루의) 먹을 가는 자리 ③ (욕조 밖의) 몸을 씻는 곳
慣用句
—へ上ぁがった河童かっぱ (比) 실력을 발휘할 곳을 떠나 아무것도 할 수 없게 된 사람
おか【傍·岡】 造語 곁, 옆¶ ～目はめ八目はちもく 제3자가 시비 곡절을 더 잘 앎/ ～焼ゃき 남의 일에 부질없이 질투함
おが【大鋸】 큰톱
おかあさま【ⓛ御母様】 어머님
おかあさん【ⓛ御母さん】 모친을 존경하여 친하게 부르는 말, 어머니 ▷ 자식이 있는 아내를 남편이 부를 때도 씀
おかいこぐるみ【ⓛ御蠶包み】 온통 비단옷으로 휘감음, 사치스러움¶ ～で育そだつ 호사스럽게 자라다
おかえし【ⓛ御返し】 名 自スル ①답례, 답례품¶ お祝いゎいの～ 축하에 대한 답례 ②복수, 보복¶ 去年きょねんの敗戰はいせんの～をする 작년의 패전에 대한 복수를 하다
おかか (口) (女) 「かつおぶし」의 딴이름
おかか【ⓛ御嬶·ⓛ御母】 어머니·아내·남의 아내를 부를 때 쓰는 말
おかかえ【ⓛ御抱え】 전속 고용함, 전속 고용인¶ ～の運転手うんてんしゅ 전속 운전사
おかがみ【ⓛ御鏡】 (女) 「鏡餠かがみもち」의 공손한 말
おかき【ⓛ御欠】 (女) 「かきもち」의 공손한 말
おがくず【大鋸屑】 톱밥
おかぐら【ⓛ御神樂】 ①「神樂かぐら」의 공손한 말 ②단층집에 2층을 증축한 것

**おかくれ** [^御隠れ] 돌아가심, 운명하심¶ ～になる 돌아가시다/ ～あそばす 운명하시다

**おかげ** [^御陰・^御蔭] 덕분 ①신・불의 도움, 가호¶ 神様の～ 하느님의 가호로 ②(남의) 은혜, 덕택¶ ～で救われた 덕분에 살았다 —様 (고마우신) 덕분

**おかざり** [^御飾り] ①설날에 대문에 다는 금줄 장식이나 소나무 장식 ②신불에게 드리는 제물이나 장식물

**おがさわらりゅう** [小笠原流] ①鎌倉 시대에 小笠原清長가 창시한 마술・궁술의 유파 ②室町時代에 小笠原長秀가 창시한 무가(武家) 예식법의 유파 ③(변하여) 지나치게 딱딱한 예의 범절

**おかし・い** [〈可笑〉しい] [形] ①우습다, 우스꽝스럽다¶ ～くてたまらない 우스워 죽겠다 ②정상이 아니다, 이상하다 頭が～ 머리가 이상하다/ 車の調子が～ 자동차 컨디션이 정상이 아니다 ③수상하다, 의심스럽다 そぶりが～ 거동이 수상하다

**おかしがたい** [犯(し)難い] [連語] 범접하기 어렵다¶ ～気品 범접하기 어려운 기품

**おかしな** [〈可笑〉しな] [連体] ①우스운, 우스꽝스러운¶ ～な 우스운 사람/ 格好な 우스꽝스러운 모양 ②이상한¶ ～話しで合点がいかない 이상한 이야기라 이해할 수 없다

**おかじょうき** [^陸蒸気] 기차

**おかしらつき** [尾頭付(き)] 꼬리와 머리가 붙어 있는 채로 구운 생선

**おか・す** [犯す] [他五] ①범하다, 어기다, 저지르다 過ちを～ 과오를 범하다/ 罪を～ 죄를 저지르다 ②[侵す] 침범하다, 침해하다 領土を～ 영토를 침범하다/ 権利を～ 권리를 침해하다 ③(여자를) 범하다, 욕보이다 婦女を～ 부녀자를 범하다

**おか・す** [侵す] [他五] 손상을 입히다¶ 金属を～酸 금속에 손상을 주는 산

**おか・す** [冒す] [他五] ①무릎쓰다 危険を～ 위험을 무릎쓰다 ②더럽히다, 모독하다¶ 神を～ 신을 모독하다 ③(흔히 피동형으로) 해를 끼치다¶ 不治の病に～される 불치의 병에 걸리다 ④남의 이름을 사칭하다¶ 山田の姓を～ 山田성을 사칭하다

**おかず** [^御数・^御菜] 반찬, 부식¶ 晩の～をつくろう 저녁 반찬을 적당히 골라 마련하자

**おかせられて** [於かせられて] [連語] 「於いて」의 높임말. …께서는¶ 殿下に～は 주군께서는

**おかた** [^御方] 남의 높임말. 분¶ あの～ 저 분

**おかちん** [女] 떡 = もち

**おかっぱ** [^御^河童] (여자 아이의) 단발머리

**おかっぴき** [岡っ引] [江戸 시대에] 포리(捕吏)의 끄나풀 = めあかし

**おかづり** [^陸釣(り)] ①물가에서 낚시질을 함 ⇔ 沖釣り ②(俗) 여자를 유혹하는 일

**おかどちがい** [^御門違い] [名][자] 번지수가 틀림, 잘못 생각함[짚음], 짐작이 틀림 = 見当違い¶ 彼を責めるのは～だ 그를 책망하는 ~

는 건 번지수가 틀렸다

**おかね** [^御金] 돈, 금전

**おかばしょ** [^岡場所] 江戸 시대에 吉原 이외의 공인되지 않은 유곽, 사창가

**おかぶ** [^御株] 어느 사람의 장기, 독특한 버릇¶ ～を取られた 장기를 빼앗다/ また母親の～が始まった 또 어머님의 버릇이 시작되었다

[慣用句]
**—を奪う** 남의 장기를 그보다 더 잘 해내다

**おかぼ** [^陸稲] 육도, 밭벼 = りくとう

**おかぼれ** [^傍^惚れ・^岡^惚れ] [名][自スル] ①남의 애인을 짝사랑함 ②짝사랑 = 片思い¶ ～している女性 짝사랑하고 있는 여성

**おかま** [^御釜] ①솥・화덕의 높임말 ②하녀 ③(俗) 궁둥이 ④(俗) 남창, 남색

**おかまい** [^御構い] ①(부정의 말에 딸리어) 손님 접대, 대접¶ なんの～もいたしませんで 아무 대접도 못해 드려서 ②(부정의 말에 딸리어) 상관함, 개의함¶ 人々の迷惑かも～なく 남에게 폐를 끼치는 것도 아랑곳하지 않고 ③(江戸 시대의) 추방형

**おかみ** [女将] (요정이나 여관의) 여주인, 안주인¶ 宿屋の～ ～여관집 여주인 ～さん 남의 아내, (특히 상인의 아내인) 안주인

**おかみ** [^御上] ①天皇, 조정 ②정부, 관청¶ ～の御用 관청의 용무/ ～にたてつく 정부에 항거하다

**おがみあわせ** [拝(み)合(わ)せ] [服] 겹치지 않고 여밈

**おがみうち** [拝(み)打ち] 두 손으로 칼을 쥐고 머리 위로 올렸다가 내려치기

**おがみたお・す** [拝(み)倒す] [他五] 부탁하며 억지로 승낙시키다¶ ～して金を貸してもらう 사정사정해서 돈을 꾸다

**おが・む** [拝む] [他五] ①절하다, 배례하다, 절하다¶ 仏様を～ 부처님께 합장 배례하다 ②사정하다, 간청하다¶ ～から、助けて 사정하오니 도와주십시오 ③뵙다¶ お姿を～ 모습을 뵙다

**おかめ** [^阿亀] ①둥근 얼굴에 광대뼈가 불거지고 코가 납작한 추녀의 탈, 그렇게 생긴 여자 = おたふく¶ 「阿亀蕎麦・阿亀饂飩」의 준말 —蕎麦 어묵・송이버섯・김・유부 등을 넣은 메밀 국수

**おかめ** [^傍目・^岡目] (제삼자의 입장에서) 곁에서 봄 —八目 당사자보다 곁에서 보는 사람이 사리 판단을 더 정확히 함

**おかもち** [岡持(ち)] 손잡이와 뚜껑이 있는 음식 배달용 통

**おかやき** [^傍焼(き)・^岡焼(き)] [名][自スル] (남의 사이가 좋은 것을) 부질없이 시샘함, 질투함¶ —半分はんの告げ口 반쯤 시샘으로 고자질함

**おかやま** [岡山] 中国 지방 동부의 瀬戸内海에 면한 현. 현청 소재지는 岡山市 —城 1573년 宇喜多秀家가 지은 성

**おかゆ** [^陸湯] (목욕을 마칠 때 쓰는) 헹굼물

**おから** [°御殼] 비지

**おがら** [°麻°幹] 겨릅대, 껍질을 벗긴 삼대

**おかん** [°痾°桶] 어린이·환자용 변기, 요강

**おかわ** [小川] 시내, 개울

**おかわり** [°御代(わ)り] 한 그릇 더 먹음[마심], 그런 음식¶ 御飯ﾞの～ 한 그릇 더 드는 밥

**おかん** [悪寒] 오한, 한기

**おかんむり** [°御冠] (기분이) 언짢음¶ すっかり～だ 아주 기분이 언짢다/ 社長ﾞは今ちょっと～だ 사장은 지금 좀 저기압이다

**おき** [沖] ①난바다 ¶ ～に出る 난바다로 나가다 ②넓은 밭이나 들에서) 먼 들판

**おき** [°燠・°熾] ①잉걸불, 빨갛게 핀 숯불 ②장작이 타서 숯처럼 된 것

**おき** [隱岐] 일본의 옛지명. 지금의 島根ﾞ현의 일부

**おき** [置き] (造語) (시간·거리 등을 나타내는 말에 붙어) …간격, …걸러, …마다, …건너¶ 一日ﾞに～に通うﾞ 하루 걸러 다니다/ 10ｍﾒｰﾄﾙ～に杭ﾞを立てる 10미터마다 말뚝을 세우다

**おぎ** [°荻] [植] 물억새

**おきあい** [沖合] 난바다 쪽¶ ～漁業ﾞ 근해어업/ はるか～に浮ﾞかぶ小島ﾞ 멀리 난바다쪽에 떠 있는 작은 섬

**おきあがりこぼし** [起(き)上(が)り小°法師] 오뚝이, 부도옹

**おきあが・る** [起(き)上がる] [自五] 일어나다, 일어서다 ¶ ～から～ 누워서 일어나다

**おきあみ** [沖°醬蝦] [動] 크릴새우

**おきいし** [置(き)石] ①정원석 ②(처마 밑의) 댓돌 ③(접바둑에서) 하수가 미리 화점에 두는 돌

**おきかえ** [置(き)換え] ①바꿔 놓음 ②치환 ③수식의 문자를 해당 수치로 바꾸기

**おきか・える** [置(き)換える] [他下一] ①옮겨 놓다¶ この本ﾞを本箱ﾞの上にﾞ～ 인형을 책장 위로 옮겨 놓다 ②바꿔 놓다¶ 一輪挿ﾞしをつぼに～ 작은 꽃병을 항아리로 바꿔 놓다

**おきがけ** [起(き)掛け] [名] (잠자리에서) 막 일어났을 때 = 起ﾞき抜ﾞけ ¶ ～の体操ﾞを 막 일어나서 하는 체조

**おきがさ** [置(き)傘] (근무처 등에) 예비로 두는 우산¶ 古いﾞ方ﾞを～にする 오래된 것을 예비 우산으로 하다

**おきご** [置(き)碁] 접바둑

**おきごたつ** [置(き)°炬°燵] 이동식 각로(脚爐)

**おきざり** [置(き)去り] [名] 내버려 두고 가버림¶ 子供ﾞを～にする 아이를 내버려 두고 가버리다

**おきじ** [置(き)字] [文法] ①어조사 ▷ 焉ﾞ·乎ﾞ·矣ﾞ 등 ②편지글에서 쓰는 부사·접속사 ▷ 凡ﾞ·抑ﾞ·又ﾞ 등

**おきしな** [名] 일어나려고 할 때, 막 일어난 때 = 起ﾞき抜ﾞけ

**おきつち** [置(き)土] 객토 = 客土ﾞ

**おきづり** [沖釣(り)] 난바다 낚시

**おきて** [°掟] ①규정, 규칙 = 定ﾞめ ¶ ～に従ﾞう 규정에 따르다 ②법률, 법도¶ 国ﾞの～ 나라의 법률/ ～を守ﾞる 법도를 지키다

**おきてがみ** [置(き)手紙] [名] [自スル] (상대편이 부재중일 때) 용건을 적어 남겨두는 편지, 쪽지¶ ～をしておく 편지를 써 남겨놓다

**おきどけい** [置(き)時計] 탁상 시계

**おきどこ** [置(き)床] [建] 床ﾞの間ﾞ처럼 만든 이동할 수 있는 대(臺)

**おきどころ** [置(き)所] ①두는[둔] 자리¶ ～に困ﾞる 둘 곳이 마땅찮아 난처하다/ ～を忘ﾞれる 둔 자리를 잊다 ②몸이나 마음을 둘 곳¶ 身ﾞの～がない 몸 둘 바가 없다

**おきな** [°翁] (文) ①옹, 늙은 남자 노인 ②노인의 겸손한 자칭. 늙은이 ③能楽ﾞ에서 쓰는 노인 탈 ④[劇] 공식 연예물로서 처음에 연기되는 能楽ﾞ ⑤(造語) [料] 흰실 모양의 다시마를 이용한 요리에 붙이는 말

**おぎない** [補い] 보충함, 보충한 것¶ ～をつける 보충을 하다

**おぎな・う** [補う] [他五] 보충하다 ①(부족분을) 채우다¶ 水分ﾞを～ 수분을 보충하다 ②보완하다¶ 欠点ﾞを～ 결점을 보완하다 ②메우다, 벌충하다¶ 損害ﾞを～ 손해를 보충하다

**おきなお・る** [起(き)直る] [自五] 일어나 바로 앉다

**おきなかし** [沖仲仕] 배에서 짐을 부리고 싣는 인부, 항만 노동자

**おきなぐさ** [°翁草] [植] 할미꽃

**おきなわけん** [沖縄단의 현. 현청 소재지는 那覇ﾞ市 ━**開発庁** ﾞ [政] 沖縄 개발청 ━**返還協定** ﾞ [政] 沖縄 반환 협정

**おきにいり** [°御気に入り] [名] 마음에 듦, 그런 사람·물건¶ ～の弟子ﾞ 마음에 드는 제자

**おきぬけ** [起(き)抜け] ¶ 막 일어남, 일어났을 때 = 起ﾞきがけ¶ ～に電話ﾞがかかる 막 일어나자 전화가 걸려오다

**おきのどくさま** [°御気の毒様] [感] (口) ①(상대방을 동정하여 유감스럽게 표현). 딱하게 됐습니다¶ うまく行ﾞかないとは～です 일이 잘 되지 않는다니 안됐습니다 ②(상대방의 기대에 어긋나거나 폐를 끼쳤을 때) 미안합니다¶ 留守ﾞにして～でした 집을 비워서 미안하게 되었습니다

**おきば** [置(き)場] 둘 곳, 두는 자리¶ 鞄ﾞの～ 가방을 두는 자리/ 物ﾞの～がない 물건을 둘 곳이 없다

**おきび** [°燠火・°熾火] 잉걸불 = おき

**おきびき** [置(き)引(き)] [名] [他スル] (대합실·열차 안에서의) 들치기¶ 駅ﾞの待合室ﾞで～される 역 대합실에서 들치기당하다

**おきふし** [起(き)伏し・起(き)°臥し] (文) I [名] [自スル] 일어남과 누움, 기동, 기거, 일상 생활¶ ～もままにならない 기동도 뜻대로 되지 않는다/ あばら屋ﾞに～する 누옥에서 생활하고 있다 II [副] 언제나, 자나깨나, 일상¶ ～思ﾞい出ﾞすのは母ﾞのこと 언제나 생각나는 것은 어머니의 일

**おきまり** [°御決(ま)り] (口) 늘 정해져 있는 투, 상투적임¶ ～の文句ﾞ 상투적인 문구/ また

~を言う 또 는 하는 소리를 하다
おき みやげ [置(き)土産] ①(떠날 때) 두고 가는 선물 ②(고인이나 전임자가) 남겨 놓은 것이나 업적¶優勝を~に引退する 우승을 고별 선물로 은퇴하다
おき もの [置物] ①床の間 등에 두는 장식물 ②명목뿐인 인물, 허수아비¶会長といっても~にすぎない 회장이라고 해도 허수아비에 불과하다
おきや [置屋] 포주집
おきゃく さん [^御客さん] ①손님 ②(俗) 단체의 일원이지만 적극적인 역할을 하지 않는 사람 ③(俗) (경기 등에서) 간단하게 이길 수 있는 상대, 다루기 쉬운 상대, 봉
おきゃん [^御^侠] 名 말괄량이, 왈가닥¶~なむすめ 말괄량이 아가씨
おきゅうと 우뭇가사리를 고아 한천 모양으로 굳혀 만든 식품
おぎょう [御形] 植 떡쑥= ごぎょう
お・きる [起きる] 自上一 일어나다 ①(잠에서) 깨다, 기상하다¶朝早く~ 아침 일찍 일어나다 ②《「~ている」의 꼴로》 자지 않고 있다, 뜬 눈으로 있다¶夜中まで~・きている 한밤중까지 자지 않고 있다 ③일어서다¶転んでも~ 넘어져도 일어나다 ④생기다, 발생하다¶風が~ 바람이 일다/革命が~ 혁명이 일어나다 ⑤ [^熾きる] 불기가 일어나다, 피어 오르다¶こんろの炭が~ 화덕의 숯불이 피어 오르다
慣用句
一・きて半畳 寝て一畳 사람이 기거하는 데 필요한 공간은 얼마 안 된다
おき わす・れる [置(き)忘れる] 他下一 ①둔 곳을 잊다¶眼鏡を~ 안경 둔 곳을 잊어버리다 ②잊고 두고 오다¶傘を車の中に~ 우산을 차 안에 두고 오다
おく [屋] 音 オク や (음) 옥, 집, 건물 ①屋外 옥외·家屋 가옥·陋屋 누옥 ②지붕, 덮개¶屋上 옥상 Ⅱ (文) 지붕¶屋上に~を架す 옥상 가옥
おく [億] 音 オク (음) 억. Ⅰ (造語) ①(수의) 억¶一億 1억 ②수가 많다¶億万長者 억만·巨億 거억 ③헤아리다¶億測 억측·億断 억단 ▷ ③은 「臆」와 같음 Ⅱ ①(수의) 억¶~を数える 억을 헤아리다 ②(수가) 매우 많음¶~兆 억조
おく [憶] 音 オク おもう (음) 억. (造語) ①생각하다, 상기하다¶憶測 억측·憶断 억단·追憶 추억 ②외다¶記憶 기억 ▷ 은 「臆」의 대용자
おく [^臆] 音 オク (음) 억. (造語) ①마음속, 가슴속¶胸臆 심정 ②주눅들다¶臆病 겁이 많음·臆面 기죽은 모양 ③미루어 헤아리다¶臆説 억설·臆測 억측 ▷ 은 「億」가 대용체
おく [奥] ①(입구에서 먼) 안쪽¶店の~ 가게의 안쪽 ②(깊숙한) 속, 안¶山の~ 산속/引き出しの~を探す 서랍 속을 찾다 ③겉에 드러나지 않은 곳, 속, 내부¶胸の~ 가슴 속 ④오의¶茶道の~を極める 다도의 오의를 터득하다 ⑤가족이 사는 곳, 집안, 안방¶~向きの用事で 집안 일/~の間/~に通じる 안으로 모시다 ⑥(귀인이 자기 처를 부를 때 쓰는) 부인
お・く [置く] Ⅰ 他五 ①두다, 놓다¶机を窓際に~ 책상을 창가에 두다 ②설치하다, 두다¶選考委員会を~ 전형 위원회를 두다 ③남겨 두다, 남겨 놓다¶家族を~・いて単身赴任する 가족을 남겨 놓고 단신 부임하다 ④맡기다, 예금으로 맡기다¶銀行に~・いてある金 은행에 맡겨놓은 돈 ⑤입히다, 칠하다¶金箔を~ 금박을 입히다 ⑥계산하다¶そろばんを~ 주판을 놓다 ⑦(한 집에) 살게 하다, 두다, 고용하다¶店に番頭を~ 가게에 지배인을 두다 ⑧(어떤 상황하에) 두다¶支配下に~ 지배하에 두다 ⑨(목표 등을) 정하다, 두다¶創造性にウエートを~ 창조성에 중점을 두다 ⑩(마음에) 간직하다, 두다¶念頭に~ 염두에 두다 ⑪(간격을) 두다¶一定の距離を~ 일정한 거리를 두다 ⑫ [^措く] 보류하다¶その件はひとまず~・こう 그 건은 일단 보류하자 ⑬ [^擱く·^措く] 그만두다, 중지하다¶筆を~ 붓을 놓다, 각필하다 ⑭ (補助) 《동사 연용형 또는 동사 연용형+「て」에 붙어》 ㉠(계속) …해 두다¶据え~ 그대로 두다, 거치하다 ㉡(미리) 해 두다¶試合に備えて練習して~ 시합에 대비해서 연습해 두다 ㉢(우선) …해 두다¶とにかく話しだけは聞いて~・こう 여하튼 이야기만은 들어 두기로 하세 Ⅱ 自五 (이슬·서리가) 내리다¶葉に霜が~ 잎에 서리가 내리다
おくがい [屋外] 옥외, 집 밖 ⇔屋内¶~授業 옥외 수업/~で遊ぶ 집 밖에서 놀다
おく がき [奥書] ①(필사본 등에서) 간기(刊記), 발문 ②서화류의 감정서 ③(관공서에서) 기재 내용을 증명하기 위해 서류 끝에 적는 글
おくがた [奥方] 귀인의 부인, 마님¶殿の~ 주군의 마님
おく ぎ [奥義] → おうぎ (奥義)
おく ざしき [奥座敷] 집 안쪽에 있는 방, 안방
おく さま [奥様] ①남의 아내의 높임말, 부인 ②(피고용인의 입장에서) 마님, 안주인
おく さん [奥さん] 부인¶隣の~ 옆집 부인
おぐし [^御髪] 남의 머리털에 대한 높임말 ━上げ 남의 머리를 틀어올림
おくしゃ [屋舎] (文) 옥사, 집, 건물
おくじょう [屋上] 옥상
慣用句
一 屋上を架す 옥상 가옥
おくじょちゅう [奥女中] (江戸 시대에) 将軍·大名 등의 부인을 시중드는 시녀
おく・する [^臆する] 自サ変 겁내다, 두려워하다, 주눅들다¶~ことなく主張する 겁내지 않고 주장하다
おくせつ [憶説·^臆説] 억설

おくそく [憶測・臆測] 名 他スル 억측, 지레짐작 ¶ ~に過ぎない 억측에 불과하다

おくそこ [奥底] ①깊숙한 곳 ¶ ~の知れない淵 깊이를 헤아릴 수 없는 못 ②마음속, 본심 ¶ ~を打ち明けた 본심을 털어놓다

オクターブ [프 octave] [音] 옥타브, 8도 음정 ¶ ~が上がる 흥분하여 목소리가 높아지다

おくだん [憶断・臆断] 名 他スル 억단, 억측에 의한 판단 ¶ 不当な~ 부당한 억측

オクタンか [オクタン価] [機] 옥탄가 ¶ ~の高いガソリン 옥탄가가 높은 가솔린

おくち [奥地] 오지, 벽지 ¶ ~探検 오지 탐험

おくちょう [億兆] 名 ①한없이 큰 수 ②억조 창생, 만민 ¶ ~の心を一つにする 억조 창생이 마음을 하나로 하다

おくちよごし [御口汚し] [口] (손님에게 음식을 권할 때의 말) 소찬, 변변찮은 음식 ¶ ほんの~ですが… 그저 변변찮은 소찬입니다만…

おくづけ [奥付] [版] 판권장(版權張)

おくて [奥手・〈晩生〉] ①[農] (작물・과일 등의) 만생종 ¶ 晩稲 ¶ 晩 만도, 늦벼 ↔ 早稲 ③[比] 늦된 사람, 늦깎이 ¶ あの子は~だ 저 아이는 늦깎이다

おくでん [奥伝] (스승의) 비법을 전수받음

おくない [屋内] 옥내, 실내 ↔ 屋外

おくに [御国] ①나라의 높임말 ¶ ~のため 나라를 위해 ②상대방의 고향・출신지의 높임말 ¶ ~はどちらですか 고향은 어디십니까 ③지방, 시골, 고향 ¶ ~自慢 자기 고장 자랑 ④(江戸 시대에) 大名의 영지 ―入り ①(江戸 시대에) 근무 교대로 大名이 자기 영지로 돌아가는 일 ②국회 의원 등이 자기 선거구로 가는 일 ―言葉 방언, 사투리 ―訛り 시골 사투리

おくのいん [奥の院] 神社・절의 본당 안쪽에 신이나 본존 등을 모셔 놓은 곳

おくのて [奥の手] ①비장의 무기, 최후 수단 ¶ ~を出した 비장의 무기를 쓰다 ②비법, 오의

おくば [奥歯] 어금니
[慣用句]
―に物が挟まったよう 무엇인가 숨기는 듯이 날 뿐, 석연치 않음

おくび [〈噯気〉] 트림 ¶ ~にも出さぬ (전혀) 내색도 하지 않다

おくびょう [臆病] 名 ㋕ 겁이 많음
[慣用句]
―風に吹かれる 겁을 먹다, 겁에 질리다

おくふかい [奥深い] 形 ①깊숙하다 ¶ ~屋敷 깊숙한 곳에 있는 저택 ②(뜻이) 깊다, 심오하다 ¶ ~表現 심오한 표현

おくまる [奥まる] 自五 깊숙해지다, 깊숙한 (후미진) 곳에 있다 ¶ 路地の~った所 골목길의 후미진 곳

おくまん [億万] 억만, 수가 매우 많음 ¶ ~の富 억만의 부 / ~劫 아주 오랜 옛날 ―長者 억만 장자, 대부호

おくみ [衽・袵] [服] (일본옷의) 섶

おくみや [奥宮] 본당보다 안쪽에 있는 神社

おくむき [奥向き] ①(집의) 안쪽 ②집안일, 가정사 ¶ ~のことは奥にまかす 집안일은 부인에게 맡기다

おくめん [*臆面] 주눅든 기색 ¶ ~もなく 뻔뻔스럽게, 넉살좋게

おくやま [奥山] 깊은 산, 심산 ≒ 深山

おくゆかしい [奥床しい] 形 품위있고 신중하다, 그윽하고 고상하다 ¶ ~人柄 고상한 인품

おくゆき [奥行(き)] ①(건물 등의) 안쪽까지의 길이, 안길이 ↔ 間口 ¶ ~50mの地所 안길이가 50미터인 대지 ②(지식 등의) ~のある学問 깊이 있는 학문

おくゆるし [奥許し] 스승에게 비법을 전수받음

おくら [*御蔵] ①(영화・연극 등의) 상연 중지 ¶ ~になる 상연이 중지되다 / ~にする 상연을 중지하다 ②(계획 등이) 중지됨, 보류 ③[日史] 徳川幕府가 직할 영지에서 수납한 쌀을 보관하던 창고 ―入り 名 自スル ①(물건이) 쓰이지 않고 창고에 보관됨 ②(영화 등의) 상연이 중지됨 ③(계획이) 보류됨

おぐら [小倉] 「小倉飴・小倉汁粉」의 준말 ―餡 팥을 거른 소에 삶은 팥알을 섞은 소 ―汁粉 小倉飴으로 만든 단팥죽

おぐらい [小暗い] 形 어둑어둑하다, 어스레하다 ¶ ~山道 어스레한 산길

おくらす [遅らす・後らす] 他五 → おくらせる

おくらせる [遅らせる・後らせる] 他下一 늦추다, 늦게 하다 ¶ 時計を5分~ 시계를 5분 늦추다

おぐらひゃくにんいっしゅ [小倉百人一首] [文] 藤原定家가 상고 시대부터 鎌倉 시대 초기까지의 대표적 가인 100명의 和歌 한 수씩을 선정하여 모은 가집

おくり [送り] ①(물건 등을) 보냄, 보내어 줌 ¶ ~先 보낼 곳 / ~状 송장 ②배웅함, 전송함 ¶ 人を~に行く 사람을 배웅하러 가다 ③장송용 野辺の~ 장송 행렬 ④(관할・처리를) 옮김 ¶ 検察庁~ 검찰청 송치 ⑤차례로 다음으로 옮김 ¶ フィルムの~ 필름을 감음 / 順~ 차례차례 보냄

おくりおおかみ [送り狼] 여자를 바래다 주는 체하며 도중에 유혹하는 남자, 치한

おくりかえす [送り返す] 他五 되돌려 보내다, 반송하다 ¶ 封をも切らずに~ 개봉하지 않고 반송하다

おくりがな [送り仮名] ①한자 읽기를 명확히 하기 위해 한자 뒤에 붙이는 仮名 ②한문 훈독 표기를 위해 한자 오른쪽 밑에 작게 다는 片仮名

おくりこむ [送り込む] 他五 (사람・물건을) 목적지로 보내다, 데려다 주다 ¶ 応援部隊を~ 응원 부대를 보내다

おくりじょう [送り状] ①[經] 송장, 인보이스 ②물품을 보낼 때 곁들여 보내는 편지

おくりだし [送り出し] [相撲] 상대를 뒤에서 떼밀어 내는 기술

おくりだす [送り出す] 他五 ①배웅하다

¶ 客<sub>きゃく</sub>を~ 손님을 배웅하다 ②(사회로) 내보내다, 배출하다 ¶ 卒業生<sub>そつぎょうせい</sub>を世<sub>よ</sub>に~ 졸업생을 사회에 내보내다 ③相撲<sub>すもう</sub> 상대의 등을 밀어 씨름판 밖으로 밀어 내다

おくりつ・ける [送(り)付ける] 他下一 (일방적으로) 송달하다, 보내다 ¶ 請求書<sub>せいきゅうしょ</sub>を~ 청구서를 송달하다

おくりて [送り手] ①보내는 사람, 발송인 ② (방송·통신 등의) 정보 제공자 ③배웅객 ¶ ~が少<sub>すく</sub>ない 배웅객이 적다

おくりとど・ける [送(り)届ける] 他下一 (목적지까지) 보내 주다, 데려다 주다 ¶ 子供<sub>こども</sub>を家<sub>いえ</sub>に~ 아이를 집에 바래다 주다/ 荷物<sub>にもつ</sub>を会社<sub>かいしゃ</sub>まで~ 짐을 회사까지 보내 주다

おくりな [贈(り)名·諡] 시호 = 諡号<sub>しごう</sub>
おくりバント [送りバント] 野 번트
おくりび [送り火] 우란분(盂蘭盆) 마지막 날 밤에 조상의 영혼을 저승으로 되돌려 보내기 위해 피우는 불 ⇔ 迎<sub>むか</sub>え火<sub>び</sub>
おくりむかえ [送(り)迎え] 송영, 배웅과 마중
おくりもの [贈(り)物] 선물 = プレゼント
おく・る [送る] 他五 보내다 ①(물건을) 부치다 ¶ 手紙<sub>てがみ</sub>を~ 편지를 부치다/ 注文<sub>ちゅうもん</sub>の品<sub>しな</sub>を~ 주문한 물건을 손님에게 보내다 ②파견하다 ¶ 代表団<sub>だいひょうだん</sub>を~ 대표단을 파견하다 ③(정보 등을) 닿게 하다 ¶ 信号<sub>しんごう</sub>を~ 신호를 보내다 ④바래다 주다 ¶ 車<sub>くるま</sub>で家<sub>いえ</sub>まで~ 차로 집까지 바래다 주다 ¶ 来客<sub>らいきゃく</sub>を玄関<sub>げんかん</sub>で~ 내객을 현관에서 전송하다 ⑥장송하다 ¶ 野辺<sub>のべ</sub>に~ 장송하다 ⑦(차례로) 옮겨 보내다, 넘기다 ¶ 行<sub>ぎょう</sub>を~ 행을 차례로 넘기다/ ひざを~ 무릎을 좁혀 앉다 ⑧(세월을) 지내다 ¶ 青春<sub>せいしゅん</sub>を~ 청춘을 보내다 ⑨(送りがな 등을) 붙이다 ¶ 語幹<sub>ごかん</sub>に語尾<sub>ごび</sub>を~ 어간에 어미를 붙이다

おく・る [贈る] 他五 ①추서하다, 수여하다 ¶ 勲章<sub>くんしょう</sub>を~ 훈장을 수여하다 ②(축복·격려의 뜻으로) 보내다, 주다, 선물하다 ¶ 賛辞<sub>さんじ</sub>を~ 찬사를 보내다

おくるみ [^御^包み] 아기의 옷 위에 껴입히는 방한복

おくれ [遅れ·後れ] ①늦음, 뒤늦음, 뒤짐 ¶ 時代<sub>じだい</sub>~ 시대에 뒤떨어짐/ ~を取<sub>と</sub>り戻<sub>もど</sub>す 뒤진 것을 만회하다 ②(남보다) 못함, 열등함
慣用句
—を取<sub>と</sub>る 뒤지다, 못하다, 지다

おくれげ [後れ毛] (여자의) 귀밑머리, 살쩍 = おくれがみ [ほつれた·흐트러진 귀밑머리]

おくれじ [後れじ] 連語文 뒤지지 않겠다, 늦어서는 안 된다 ¶ ~と駆<sub>か</sub>けつける 늦지 않으려고 급히 뛰어오다

おくればせ [遅れ·馳せ·後れ·馳せ] ①뒤늦게 달려옴 ¶ ~に駆<sub>か</sub>けつける 뒤늦게 달려오다 ②시기를 잃음, 때늦음, 뒤늦음 ¶ ~の感<sub>かん</sub> 때늦은 감
慣用句
—ながら 뒤늦게나마

おく・れる [遅れ·後れる] 自下一 ①(정해진 기한보다) 늦다, 늦어지다 ¶ 出発<sub>しゅっぱつ</sub>が~ 출발이 늦어지다 ②(예정·기준보다) 늦다 ¶ 時計<sub>とけい</sub>が~ 시계가 늦다 ③(진도가) 뒤지다, 뒤떨어지다 ¶ 流行<sub>りゅうこう</sub>に~ 유행에 뒤지다 ④뒤떨어지다, 처지다 ¶ 先頭<sub>せんとう</sub>より100mメートル~ 선두보다 100미터 뒤떨어지다 ⑤여의다 ¶ 夫<sub>おっと</sub>に~ 남편을 여의다 ⑥(능력·가치 등이) 뒤떨어지다, 뒤지다 ¶ ~·れた文化<sub>ぶんか</sub> 뒤떨어진 문화 ⑦기가 죽다, 주눅들다 ¶ ~·れた様子<sub>ようす</sub>もない 주눅든 기색도 없다

おけ [^桶] 통, 나무통 ¶ 手<sub>て</sub>~ 들통/ ふろ~ 목욕통/ 棺<sub>かん</sub>~ 관

おけつ [瘀血] 어혈, 병독으로 변질된 혈액
おけら [^朮] 植 삽주 = うけら
おけら [^螻蛄] ①[植] 「ケラ」의 딴이름 ②(俗) 빈털터리, 무일푼 = すかんぴん ¶ 今<sub>いま</sub>、~だ 지금 무일푼이다

お・ける [^於ける] 連語文 ①…에 있어서의, …의 경우의 ¶ 学界<sub>がっかい</sub>に~評価<sub>ひょうか</sub> 학계에서의 평가 ②…에 관한 ¶ 楽器<sub>がっき</sub>に~知識<sub>ちしき</sub> 악기에 관한 지식

おこ [^痴·^烏^滸·^尾^籠] 形動文 어리석음, 바보스러움 ¶ ~の者<sub>もの</sub> 바보같은 놈/ ~の沙汰<sub>さた</sub> 어리석은 짓

おこえがかり [^御声掛(か)り] (윗사람·유력자의) 천거, 추천, 주선, 분부 ¶ 社長<sub>しゃちょう</sub>の~で課長<sub>かちょう</sub>になる 사장의 천거로 과장이 되다

おこがまし・い [^痴がましい·^烏^滸がましい] 形 주제넘다, 건방지다 ¶ ~ようですが一言<sub>ひとこと</sub>申<sub>もう</sub>し上<sub>あ</sub>げます 주제넘습니다만 말씀 좀 드리겠습니다

おこげ [^御焦げ] (女) 누룽지 = こげ
おこし [〈粔籹〉] 밥풀 과자
おこし [^御越し] 왕림, 행차 ¶ ~を願<sub>ねが</sub>う 왕림하시기를 바라다
おこ・す [起(こ)す] 他五 일으키다 ①(잠에서) 깨우다 ¶ 寝<sub>ね</sub>る子<sub>こ</sub>を~ 잠든 아이를 깨우다 ②일으켜 세우다 ¶ 体<sub>からだ</sub>を~ 몸을 일으키다 ③정면을 보게 하다, 젖히다 ¶ 顔<sub>かお</sub>を~ 얼굴을 들다/ 花札<sub>はなふだ</sub>を~ 화투장을 젖히다 ④ (땅을) 일구다 ¶ 畝<sub>うね</sub>を~ 이랑을 일구다 ⑤ (어떤 현상을) 나타내다 ¶ 爆発<sub>ばくはつ</sub>を~ 폭발을 일으키다 ⑥(감정·욕망을) 가지다 ¶ むき気<sub>け</sub>を~ 변덕을 부리다/ かんしゃくを~ 짜증을 내다 ⑦글로 쓰다 ¶ 録音<sub>ろくおん</sub>した講義<sub>こうぎ</sub>を文章<sub>ぶんしょう</sub>に~ 녹음한 강의를 문장으로 쓰다 ⑧[興す] 부흥시키다, 성하게 하다 ¶ 国<sub>くに</sub>を~ 나라를 부흥시키다 ¶ [興す] 새로 시작하다 ¶ 事業<sub>じぎょう</sub>を~ 사업을 시작하다 ⑩[^熾す] (불을) 피우다 ¶ こんろに火<sub>ひ</sub>を~ 풍로에 불을 피우다

おこぜ [〈虎魚〉] 動 쑤기미
おごそか [厳か] ナ 엄숙함
おこそずきん [^御^高祖頭^巾] 눈만 내놓고 얼굴과 머리를 감싸듯이 쓰는 여성용 방한 두건

おこたり [怠り·^惰り] (文) 태만, 게으름 ¶ ~の気持<sub>きも</sub>ち 태만한 기분

おこたりない [怠りない·^惰りない] 連語 언

제나 준비하고 있다¶ 用意ょう~ 준비가 되어 있다/ 万事ばんおこたりなく整ととのえる 만사 소홀함이 없이 준비하다

**おこた・る** [怠る・惰る] 他五 ①게을리 하다, 태만히 하다¶ 勉強べんを~ 공부를 게을리 하다 ②소홀히 하다, 방심하다¶ 注意ちゅうを~ 주의를 소홀히 하다

**おこない** [行い・行ない] ①행동, 행위¶ 乱暴らんぼうな~ 난폭한 행동 ②품행, 몸가짐, 행실¶ 日ひごろの~ 평소의 행실/ ~が悪わるい 품행이 나쁘다 ③[佛] 불도의 수행, 근행

**おこないすま・す** [行い澄ます・行ない澄ます] 自五 ①[佛] 계율을 지키며 불도를 닦다 ②점잖은 체하다¶ ~・した顔かお 점잖은 체하는 얼굴

**おこな・う** [行う・行なう] 他五 ①하다, 실행하다, 거행하다¶ 検査けんを~ 검사를 하다/ 取とり調しらべを~ 취조를 하다 ②[佛] 불도를 닦다

**おこなわ・れる** [行われる・行なわれる] 自下一 ①행하여지다, 실시되다, 거행되다¶ 実験じっけんが~ 실험이 실시되다 ②널리 퍼지다, 유행되다¶ 世よに~慣習かんしゅう 세상에 널리 퍼진 관습

**おこのみ** [御好み] (口) 기호, 좋아하는 것 ―食堂しょくどう 자기가 좋아하는 요리를 마음대로 주문해서 먹을 수 있는 식당 ―焼やき [料] 밀가루 반죽에 달걀・쇠고기・오징어 등을 넣어 철판에 부쳐 먹는 부침개

**おごのり** [^海髮海苔] [植] 강리= うごのり

**おこぼれ** [御零れ] (口) (남아서 돌아오는) 덕, 여택¶ ~にあずかる 여택을 입다

**おこも** [^御薦] (口)(女) 거지= こじき

**おこもり** [御籠り] 名自スル (신불에게 기도하기 위해) 절이나 神社じんじゃに 일정 기간 머무름= 参籠さんろう

**おこり** [起(こ)り] ①기원, 시초, 유래¶ 地名ちめいの~ 지명의 유래 ②원인, 발단¶ けんかの~ 싸움의 원인/ 事ことの~ 일의 발단

**おこり** [^瘧] 학질, 말라리아

**おごり** [^傲り・^驕り] 교만함, 방자함

**おごり** [^奢り] ①사치, 호사= ぜいたく¶ ~を極きわめる 온갖 사치를 다하다 ②한턱 냄¶ 今日きょうは彼かれの~だ 오늘은 그가 한턱 내는 거다

**おこりじょうご** [怒り上戸] 술에 취하면 화를 잘 내는 버릇, 그런 버릇을 가진 술꾼

**おこりっぽ・い** [怒りっぽい] 形(口) 화를 잘 내는 성미다, 걸핏하면 성내다¶ ~人ひと 화를 잘 내는 사람

**おこりんぼう** [怒りん坊] (口) 화를 잘 냄, 그런 사람

**おこ・る** [怒る] I 自五 화내다, 노하다, 성내다¶ 本気ほんきで~ 진짜로 화내다/ かんかんに~ 노발대발하다 II 他五 너무 꾸짖다, 야단치다= しかる¶ いたずらな子供こどもを~ 장난치는 아이를 나무라다/ 上司じょうしに~・られる 상사에게 야단맞다

**おこ・る** [起(こ)る] 自五 일어나다 ①(현상이) 생겨나다, 발생하다¶ 波なみが~ 파도가 일다/ めまいが~ 현기증이 일어나다 ②(사태가) 발생하다¶ パニックが~ 공황이 발생하다 ③(감정・욕망 등이) 생기다¶ 好奇心こうきしんが~ 호기심이 생기다 ④[興る] 부흥하다¶ 国くにが~ 나라가 부흥하다 ⑤[^熾る] (불)이 피어 오르다¶ 炭火すみびが~ 숯불이 피어 오르다

**おご・る** [^驕る] 自五 교만을 떨다, 거만하게 굴다¶ 富とみに~ 부자라고 거만하게 굴다
[慣用句]
―平家へいけは久ひさしからず → 驕おごれる者もの久ひさしからず
―れる者もの久ひさしからず 교만한 자는 오래가지 못한다

**おご・る** [^奢る] I 自五 사치하다¶ 口くちが~・っている 입이 사치스럽다 II 他五 한턱내다¶ 酒さけを~ 한턱 내다

**おこわ** [^御強] (女) 팥찰밥= 赤飯せきはん

**おさ** [^長] 장, 우두머리, 두목= かしら¶ 村むらの~ 촌장/ 一族いちぞくの~ 일족의 우두머리

**おさ** [^筬] (베틀의) 바디

**おざ** [^御座] 「座席ざせき」의 공손한 말, 좌석
[慣用句]
―が醒さめる 좌흥이 식다, 판이 깨지다

**おさい** [^御菜] (口) 반찬, 부식물= おかず

**おさえ** [押(さ)え・抑え] ①누름, 지질러 놓음, 지지름돌, 누름돌¶ ~に石いしを使つかう 누르는 데 돌을 쓰다 ②통솔력, 지배력¶ ~がきく 통솔력이 있다 ③(반발・반격)을 저지함, 그런 사람¶ ~の投手とうしゅ 반격을 저지하는 투수 ④(군대・대열의) 후진= しんがり¶ ~に配はいす 후진으로 배치하다

**おさえこ・む** [押(さ)え込む] 他五 ①억누르다, 억제하다¶ インフレを~ 인플레이션을 억제하다 ②(유도에서) 상대의 몸을 덮쳐 눌러 꼼짝못하게 하다

**おさえつ・ける** [押(さ)え付ける] 他下一 ①힘주어 (꽉) 누르다, 억누르다, 억압하다¶ 反対派はんたいはを~ 반대파를 억압하다

**おさ・える** [押(さ)える・抑える] 他下一 억누르다 ①누르다¶ 文鎮ぶんちんで紙かみを~ 문진으로 종이를 누르다 ②(몸에) 대다¶ 傷口きずぐちをガーゼで~ 상처를 거즈에 누르다 ③(움직임・세력 등을) 막다, 저지하다¶ 病状びょうじょうの進行しんこうを~薬くすり 병의 진행을 막는 약 ④(한도를 넘지 않게) 억제하다, 묶어놓다¶ 出費しゅっぴを半分はんぶんに~ 비용 지출을 반으로 억제하다 ⑤파악하다, 포착하다¶ 要点ようてんを~ 요점을 파악하다/ 証拠しょうこを~ 증거를 포착하다 ⑥(감정을) 억제하다, 참다¶ 悲かなしみを~ 노여움을 누르다 ⑦(꼼짝 못하게) 붙잡다, 잡아두다, 압류하다¶ 容疑者ようぎしゃの身柄みがらを~ 용의자의 신병을 구속하다/ 財産ざいさんを~ 재산을 압류하다 ⑧(장소를) 今ぃまから会場かいじょうを~ 지금부터 회장을 확보해 둔다 ⑨봉쇄하다, 장악하다, 억압하다¶ 首都圏しゅとけんを~ 수도권을 장악하다 ⑩(바둑에서) 상대편 돌의 움직임을 봉쇄하다¶ 黒石くろいしの伸のびを~ 흑의 진로를 봉쇄하다

**おさ おさ** 【副】(文) 거의, 조금도, 결코¶用意ょう~怠ったりなし 만반의 준비가 되어 있다

**お さがり** [°御下(が)り] ①제퇴선(祭退膳) ②(손님상의) 남은 음식 ③(윗사람의) 퇴물림, 후물림¶姉の~の服 언니의 퇴물림옷

**お さき** [°御先] ①앞, 먼저¶~に失礼しします 먼저 실례하겠습니다 ②남의 앞잡이 ③전도, 장래 **一走り** 【7】 전도가 암담함

**おさきぼう** [°御先棒] 〈口〉 (남의) 앞잡이
**慣用句**
**一を担ぐ** 〈口〉 (경솔하게) 남의 앞잡이 노릇을 하다

**お さげ** [°御下げ] ①(소녀의) 땋아 늘어뜨린 머리 모양 ②【服】 (일본 여자옷에서) 양쪽 끝을 늘어뜨려 おび를 매는 법

**お さしき** [°御座敷] ①객실, 손님 방 ②(연예인·기생 등이 불려 나가는) 연회석, 술자리¶~を勤める 술자리에서 시중을 들다
**慣用句**
**一がかかる** ①(연예인·기생 등이) 연회석에 불려 나가다 ②〈俗〉 출연·참석을 요청해 오다

**お さだまり** [°御定まり] 〖名〗 판에 박힘, 상투적임 = お決まり¶~の文句 판에 박힌 문구 / ~のコース 언제나 같은 코스

**お さつ** [°御*薩] 〖女〗 고구마 = さつまいも

**お さつ** [°御札] 〈口〉 지폐

**おざつき** [°御座付(き)] ①기생이 술자리에서 축하의 뜻으로 먼저 三味線을 타며 노래를 부르는 일, 그런 노래 ②맨 먼저 나오는 가벼운 요리

**お さと** [°御里] 〈口〉 ①친정¶~帰り 친정으로 돌아감 ②태생, 천성, 바탕
**慣用句**
**一が知れる** 언행으로 태생·경력이 드러나다

**おさな・い** [幼い] 【形】 ①어리다¶~子供 어린아이 ②유치하다, 미숙하다¶~考え方 유치한 생각

**おさながお** [幼顔] 어릴 적 얼굴¶まだ~が残っている 아직 어릴 적 얼굴이 남아 있다

**おさなご** [幼子·幼児] 〖女〗 유아, 어린아이

**おさなごころ** [幼心] 어린 마음, 동심¶~にもはっきり覚えている 어린 마음에도 또렷이 기억하고 있다

**おさな ともだち** [幼友達] 어릴 적 동무, 소꿉동무, 죽마지우

**おさな なじみ** [幼馴染(み)] 소꿉동무¶~に会う 소꿉동무를 만나다

**おざなり** [°御座なり] 〖名〗【7】 적당히 얼버무림, 건성임, 임시 변통¶~の仕事を 건성으로 하는 일 / ~を言う 얼버무려 말하다 / ~にする 되는 대로 하다

**おさま・る** [収まる] 〖自五〗 ①(장소에) 어울리다¶この花瓶は棚の上にうまく~ 이 꽃병은 장 위에 놓으면 잘 어울린다 ②【納まる】 (알맞게) 들어가다¶居間に家具が~ 거실에 가구가 알맞게 들어가다 ③【治まる】 해결되다, 납득되다¶腹の虫が~らない 화가 나서 참을 수 없다 ④【治まる】 가라앉다, 수습되다¶騒ぎが~ 소란이 가라앉다

**おさま・る** [納まる] 〖自五〗 ①취임하다, 들어앉다¶家庭の主婦に~ 가정 주부로 들어앉다 ②(금품이) 걷히다, 들어오다, 납입되다¶注文の品が店に~ 주문한 물건이 가게로 들어오다 / 税金が~ 세금이 걷히다

**おさま・る** [治まる] (세상이) 평온해지다, 안정되다¶国が~ 나라가 평온해지다

**おさま・る** [修まる] 〖自五〗 (행실이) 좋아지다, 단정해지다¶素行が~ 소행이 좋아지다

**おさむ・い** [°御寒い] 【形】 ①「寒い」의 공손한 말 ②〈俗〉 빈약하다, 한심스럽다¶~福祉行政 한심스런 복지 행정

**おさめ** [納め] 마지막, 최후, 끝¶御用~ 종무(終務) / ~のけいこ 마지막 연습

**おさ・める** [収める] 【他】下一 ①【納める】 넣다, 담다¶楽器をケースに~ 악기를 케이스에 넣다 ②【納める】 받아들이다¶粗品ですがどうぞお~めください 변변치 않은 물건이지만 부디 받아주십시오 ③【治める】 (혼란·감정 등을) 가라앉히다, 진정시키다, 수습하다, 참다¶紛争を~ 분쟁을 수습하다 ④간직해 두다, 담아두다¶風景をカメラに~ 경치를 카메라에 담아두다 ⑤(결과를) 얻다, 거두다¶成功を~ 성공을 거두다 ⑥(제자리로) 거두다, 거둬 들이다¶矛を~ 창을 거두다 ⑦(어느 범위로) 마치다, 끝내다¶スピーチは五分以内に~こと 스피치는 5분 이내로 끝낼 것 ⑧간추리다¶一枚の図に~ 한 장의 그림으로 간추리다

**おさ・める** [納める] 【他】下一 ①(금품을) 바치다, 납부하다¶年貢を~ 소작료를 바치다 ②〖補助〗 마치다, 끝내다¶書き~ 쓰기를 마치다 / 見~ 마지막으로 보다

**おさ・める** [治める] 【他】下一 통치하다, 다스리다¶天下を~ 천하를 다스리다

**おさ・める** [修める] 【他】下一 닦다 ①(심신을) 수양하다¶身を~ 수신하다 ②(文) 익히다, 습득하다¶学業を~ 학업을 닦다

**おさらい** [°御浚い] 〖名〗〖他スル〗 (예능에서) 익힌 것을 발표함, 발표회¶お琴の~ 琴의 발표회 ②복습¶英語を~する 영어를 복습하다

**おさらば** 〖名〗〖自スル〗 〈口〉 작별¶~を告げる 작별을 고하다 / この世に~する 이 세상을 하직하다

**お さんじ** [°御三時] 〖女〗 (오후의) 간식

**おさんどん** 〈口〉 ①하녀, 부엌데기, 식모 ②부엌일¶~をする 부엌일을 하다

**おし** [押し] 接頭 【동사에 붙어】 뜻을 강조함¶~入る 밀고 들어가다 / ~黙る 잠자코 있다

**おし** [°啞] 벙어리¶~になる 벙어리가 되다, 물어도 대답하지 않다

**おし** 〈鴛鴦〉 「おしどり」의 옛이름

**おし** [押し·°圧し] ①누름, 누름돌¶漬物の~が足りない 채소절임을 눌러주는 힘이 부족하다 ②억지¶~の強い人 억지가 센 사

람/ ~の一手で 억지로 밀어붙이는 수 ③[相撲] 손바닥을 상대편 몸에 대고 밀어내는 기술
- **おじ** [伯父·叔父] ①[伯父] 백부, 큰아버지, 큰외숙부, 큰외고모부, 큰이모부 ②[叔父] 숙부, 작은아버지, 작은외숙부, 작은고모부, 작은이모부
- **おじ** [小父]《「~さん·~さま·~ちゃん」의 꼴로》아저씨
- **おしあいへしあい** [押(し)合いへし合い][連語] 밀치락달치락함¶ 群衆が~めいている 군중이 밀치락달치락 아우성치고 있다
- **おし·い** [惜しい][形] 아깝다 ①(소중해서) 놓치기 싫다¶ 命が~ 목숨이 아깝다 ②애석하다, 아쉽다¶ 一点差で~·くも負けた 한 점 차로 아깝게 졌다
- **おじいさん** [^祖父さん] 할아버지
- **おじいさん** [御^爺さん] 노인의 높임말. 할아버지, 영감님¶ 近所の~ 이웃집 할아버지
- **おしいただ·く** [押(し)頂く·押(し)戴く][他五] 공손히 받다, 삼가 받다¶ 賞状を~ 상장을 공손히 받다¶ 받들어 모시다¶ 先生を会長に~ 선생님을 회장으로 받들어 모시다
- **おしい·る** [押(し)入る][自五] 억지로 들어가다, 침입하다¶ 強盗が~ 강도가 침입하다
- **おしいれ** [押(し)入(れ)] 벽장, 반침¶ ふとんを~にしまう 이불을 반침에 넣다
- **おしうつ·る** [推(し)移る][自五] (세월·시세 등이) 변천하다, 바뀌다¶ 時代が~のを感ずる 시대가 변천하는 것을 느끼다
- **おしうり** [押(し)売(り)][名][他スル] ①강매, 강매 상인¶ ~を撃退する 강매 상인을 물리치다 ②강요함¶ 親切の~をする 억지로 친절을 베풀다
- **おしえ** [教え] 가르침 ①교육¶ ~を受ける 가르침을 받다 ②교훈, 타이름¶ 父の~を守る 아버지의 타이름을 지키다 ③교의, 교리, 설유¶ 仏の~ 부처님의 가르침
- **おしえ** [押(し)絵] 종이로 모양을 만들어 헝겊으로 싸고 속에 솜을 넣어 입체감을 살려 판자 등에 붙인 그림
- **おしえご** [教え子] 제자
- **おしえこ·む** [教(え)込む][他五] 철저히 가르치다¶ 技術を~ 기술을 철저히 가르치다
- **おしえのにわ** [教えの庭] 배움터, 학교
- **おし·える** [教える][他下一] 가르치다 ①교육하다¶ 英会話を~ 영어 회화를 가르치다 ②일러주다, 알려 주다¶ 道順を~ 목적지로 가는 길을 가르쳐 주다 ③훈도하다, 깨우쳐 주다¶ 処世術を~ 처세술을 가르치다
- **おしおき** [御仕置(き)] 처분, 처치, 형벌
- **おしかえ·す** [押(し)返す][他五] ①되물리치다¶ 敵の攻撃を~ 적의 공격을 물리치다 ②되돌려보내다¶ 贈り物を~ 선물을 되돌려보내다
- **おしかく·す** [押(し)隠す][他五] 애써 감추다¶ 失態を~ 실수를 애써 감추다
- **おしかけにょうぼう** [押(し)掛け女房] 남자에 게 매달려 억지로 아내가 된 여자
- **おしか·ける** [押(し)掛ける][自下一] ①(불청객이) 방문하다, 들이닥치다¶ 課長宅に~ 과장님 댁에 들이닥치다 ②(많은 사람이) 몰려들다, 밀어닥치다¶ 債権者が~ 채권자가 몰려들다
- **おしがみ** [押(し)紙] → おうし(押紙)
- **おしがり** [押(し)借り][名][他スル] (금품 등을) 억지로 빌림
- **おしが·る** [惜しがる][他五] 아까워하다, 아쉬워하다, 애석해 하다¶ 死を~ 죽음을 애석해 하다
- **おしき** [^折敷] 얕은 테를 두른 네모난 쟁반
- **おじき** [伯父貴·叔父貴][口] 백부·숙부를 친숙하게 부르는 말. 아저씨
- **おじぎ** [^御辞儀][名][自スル] 절, 인사¶ ありがとうと~する 고맙다고 절하다
- **おしきせ** [^御仕着せ] ①고용인에게 철 따라 옷을 해 입힘, 그런 옷 ②상부에서 일방적으로 정하는 일¶ ~の旅行 상부에서 정한 여행
- **おじぎそう** [^含羞草][植] 함수초, 미모사
- **おしきり** [押(し)切り] ①눌러서 자름¶ 작두 一帳 (돈을 건네줄 때) 게인을 찍는 장부
- **おしき·る** [押(し)切る][他五] ①눌러서 자르다 ②(반대·곤란을) 무릅쓰고 밀고 나가다, 강행하다¶ 反対を~ 반대를 무릅쓰고 밀고 나가다
- **おしくも** [惜しくも][副] 아깝게도, 애석하게도, 유감스럽게도¶ ~犯人を逃がす 아깝게도 범인을 놓치다
- **おしくら** [押(し)^競][口] 아이들이 모여서 서로 밀어내는 놀이 = おしっくら
- **おしげ** [惜しげ] 아까워하는 기색
  [慣用句]
  —も無く 아낌없이
- **おじけ** [^怖じ気] 두려움, 공포심, 겁 一付く [自五] 두려워지다, 공포심이 일다, 겁나다
  [慣用句]
  —を振るう 겁에 질려 몸이 떨리다, 공포심에 사로잡히다
- **おじ·ける** [^怖じける][自下一] 겁이 나서 벌벌 떨다, 겁먹다, 두려워하다¶ ~けて何も言えない 두려워서 아무 말도 못 하다
- **おしこみ** [押(し)込み] ①강도¶ ~を働く 강도질을 하다 ②벽장, 반침
- **おしこ·む** [押(し)込む] I[自五] ①억지로 들어가다, 밀고 들어가다¶ 数を頼んで会場に~ 수를 믿고 회장으로 밀고 들어가다 ②(강도가) 들다, 침입하다¶ 強盗が~ 강도가 침입하다 II[他五] 억지로 밀어 넣다, 쑤셔 넣다¶ かばんに~ 가방에 쑤셔 넣다
- **おしこ·める** [押(し)込める][他下一] ①(억지로) 밀어 넣다, 쑤셔 넣다¶ めばあと五人入れば~ 밀어 넣으면 아직 다섯 명은 들어간다 ②가두다, 감금하다¶ 牢屋に~ 감옥에 처넣다
- **おしころ·す** [押(し)殺す·^圧(し)殺す][他五] ①눌러 죽이다, 압살하다 ②(표정·감정 등

을) 억누르다, 억제하다, 꾹 참다¶ あくびを～ 하품을 꾹 참다

おじ さん [〈小父〉さん] → おじ (小父)

おしずし [^押鮨] 나무 상자에 밥을 담아 생선을 얹고 누른 뒤 알맞게 자른 초밥: =はこずし

おしすす・める [押(し)進める] 他下一 밀고 나아가다, 추진하다¶ 事業ヒェッを～ 사업을 추진하다

おしずもう [押(し)相撲] 相撲 밀어붙이는 기술로 공격하는 씨름 ⇔ 四つ相撲ㇲㅜ

おしせま・る [押(し)迫る] 自五 닥쳐오다, 박두하다, 임박하다¶ 期日キッが～ 기일이 박두하다

おしたおし [押(し)倒し] 相撲 밀어 넘어뜨리는 기술

おしたお・す [押(し)倒す] 他五 밀어 넘어뜨리다[쓰러뜨리다]¶ 強風キョゥが木ギを～ 강풍이 나무를 쓰러뜨리다

おしたじ [御下地] (女) 간장: =しょうゆ

おしだし [押(し)出し] ①밀어냄 ②相撲 상대를 씨름판 밖으로 밀어내기 ③野 밀어내기¶ ～の一点ᅎ 밀어내기로 1점 ④풍채, 외양¶ ～の立派リッパな人 풍채가 훌륭한 사람

おしだ・す [押(し)出す] Ⅰ 自五 ①몰려가다, 메지어 나가다¶ 花見ミに～ 꽃구경하러 몰려가다 ②치솟다, 솟아오르다¶ 噴火カンで溶岩ガンが～ 분화로 용암이 솟아오르다 Ⅱ 他五 ①밀어내다, 짜내다¶ チューブから絵ェの具ダを～ 튜브에서 물감을 짜내다 ②意見ᅢンを前面ᅢンに～ 의견을 전면에 내세우다

おした・てる [押(し)立てる] 他下一 ①내세우다¶ 旗ハタを高タカく～ 기를 높이 내세우다 ②천거하다 代表タイᇂョゥに～ 대표로 천거하다

おしだま・る [押(し)黙る] 自五 입을 꾹 다물다, 침묵을 지키다

おしちや [御七夜] 첫이레, 한이레

おしつけがまし・い [押(し)付けがましい] 形 강요하는 듯하다¶ 親切シンセッが～ 억지로 베푸는 듯한 친절

おしつ・ける [押(し)付ける] 他下一 ①꽉 누르다, 밀어붙이다¶ 体カラダを～ 몸을 밀어붙이다 ②떠맡기다, 강요하다¶ 役員ᅢインを～ 임원을 떠맡기다 ③뒤집어씌우다, 덮어씌우다¶ 責任ᅲキニンを～ 책임을 뒤집어씌우다

おしっこ (幼) 오줌, 오줌¶ ～をする 쉬야를 하다/ ～を漏らす 오줌을 싸다

おしつま・る [押(し)詰(ま)る] 自五 닥치다 ①박두하다, 임박하다¶ 日程ニッテイが～ 일정이 닥치다 ②(연말이) 다가오다¶ 暮クれも～ってきた 연말도 다가왔다

おしつ・める [押(し)詰める] 他下一 ①눌러 넣다, 밀어넣다¶ 箱ハコにぎゅうぎゅう～ 상자에 꽉꽉 눌러넣다 ②몰아넣다, 몰아붙이다¶ 土壇場ᅊダンバに～ 막다른 곳으로 몰아붙이다 ③요약하다, 간추리다¶ ～めて言イえば 요약해서 말하면

おして [押して] 副(文) 억지로, 무리하게, 굳이¶ ～お願ᄀイいいたします 굳이 부탁드립니다

おして しるべし [推して知るべし] 連語 능히 [쉽게] 짐작할 수 있다¶ その他ホᆮは～だ 그 밖의 것은 능히 짐작할 수 있다

おしとお・す [押(し)通す] 他五 ①억지로 통하게 하다 ②(끝까지) 밀고 나가다, 관철하다¶ 法案ホウアンを～ 법안을 밀고 나가다

おしどり [鴛鴦] 원앙 ①動 원앙새 ②금실 좋은 부부¶ ～夫婦フウフ 원앙 부부

おしなべて [押(し)並べて] 副 전부, 한결같이¶ 今年コトシの生徒ᅢᅵトは～成績セイセキがよい 금년의 학생은 한결같이 성적이 좋다

おしの・ける [押(し)退ける] 他下一 ①밀어 제쳐놓다¶ 荷物ニモᅎを～ 짐을 밀어 제쳐놓다 ②(남을) 밀어 젖혀놓다¶ 人ヒトを～ ・けて出セッ世ᅥする 남을 밀어 내고 출세하다

おしのび [^御忍び] (口) (지체 높은 사람・유명인의) 미행(微行), 미복 잠행¶ ～で町マチに出デる 미행으로 시내에 나오다

おしば [押(し)葉] 석엽, (책갈피 등에 끼워서) 눌러 말린 꽃・잎

おしはか・る [推(し)量る・推(し)測る] 他五 (文) 헤아리다, 짐작하다¶ 人ヒトの心ココロを～ 남의 마음을 헤아리다

おしばな [押(し)花] (끼워서) 눌러 말린 꽃

おしひろ・める [押(し)広める] 他下一 ①널리 퍼뜨리다, 보급시키다¶ 世ᅩに～ 세상에 널리 퍼뜨리다 ②널리 적용시키다¶ その法則ホウソクを～ 그 법칙을 널리 적용시키다

おしべ [雄^蕊] 植 웅예, 수술, 수꽃술

おしボタン [押(し)ボタン・押(し)^釦] 누름단추¶ ～式ᅩキ呼ᆮび鈴리ン 누름단추식 초인종

おしぼり [御絞り] 물수건¶ ～を差サし出ダす 물수건을 내놓다

おしまい [御仕舞い)・^御終(い)] (口) ①끝, 종료¶ これで～にする 이것으로 끝낸다/ ～まで聞キきなさい 끝까지 들어라 ②결단남, 끝장, 마지막¶ 不渡フワタりがだすようではこの会社カイᅎャもも～だ 부도를 낼 정도라면 이 회사도 이제 끝장이군

おしまく・る [押(し)^捲る] 他五 (일방적으로) 밀어붙이다¶ 最初サイᅎᅭから～・って勝カつ 처음부터 밀어붙여서 이기다

おしみな・い [惜しみない] 形 아낌없다¶ ～拍手ハクᅳを送オクる 아낌없는 박수를 보내다

おし・む [惜しむ] 他五 아끼다 ①소중히 여기다¶ 命イノチを～ 목숨을 아끼다/ 寸暇スンカを～・んで働ハタらく 촌가를 아껴서 일하다 ②(쓰기를) 꺼리다¶ 労ᄅウを～ 수고를 아끼다 ③아쉬워하다, 애석해 하다¶ 別ワカれを～ 이별을 아쉬워하다/ 故人コジンを～ 고인을 애석해 하다

おしむぎ [押(し)麦] 압맥, 납작보리

おしむらくは [惜しむらくは] 副 아깝게도, 애석하게도, 유감스럽게도¶ ～もう時間ジカンがない 애석하게도 이젠 시간이 없다

おしめ [^御襁・〈襁褓〉] 기저귀¶ ～をあてる 기저귀를 채우다

おしめ [押(し)目] 經 (거래에서) 일시 급락¶ ～買カい 시세가 일시 급락했을 때 삼

**おじめ** [緒締め] 주머니의 아가리를 졸라매는 끈에 꿰는 구슬

**おしめり** [御湿り] (알맞게) 촉촉한 비

**おしも** [御下] (口) ①대소변¶ ～の世話をする 대소변 시중을 들다 ②(궁중·귀인댁의) 하녀

**おしもんどう** [押(し)問答] 名 自スル 입씨름, 승강이, 옥신각신함¶ ～をくり返す 입씨름을 되풀이하다

**おじや** 名 채소·어패류를 넣고 간장 등으로 간을 한 죽= 雑炊

**おしゃか** [御釈迦] (俗) ①잘못 만든 것, 불량품, 파치¶ ～が出る 불량품이 나오다 ②소용없게 됨, 못쓰게 됨¶ ～になる 못쓰게 되다 ③파탄이 남, 중지됨¶ 雨で行事が～になる 비로 행사가 중지되다 ━様 부처님

(慣用句)

━様でも御存じない (口) 부처님도 모르신다, 전혀 뜻밖의 일이라 아무도 모른다

━にする 못쓰게 만들다

**おしゃく** [御酌] 名 自スル (口) ①술을 따름 ②작부, 접대부 ③동기(童妓) = 半玉

**おしゃぶり** 名 갓난아이에게 물리는 장난감

**おしゃべり** [御喋り] I 名 自スル 잡담¶ 友達と～する 친구들과 잡담하다 II 名 ⑦ 수다스러움, 다변, 수다쟁이¶ 余計な～ 불필요한 수다¶ ～な女 수다스러운 여자

**おしゃま** 名 ﾅ (口) (아이가) 되바라짐, 자깝스러움, 그런 아이 ▷ 주로 여자 아이에게 씀

**おし・やる** [押し遣る] 他 五 밀어놓다, 밀어내다, 물리치다¶ ベッドを片隅に～ 침대를 한구석으로 밀어놓다/ 雑念を～ 잡념을 몰아내다

**おしゃれ** [御洒落] 名 ﾅ 멋을 부림, 모양을 냄, 멋쟁이¶ ～な女 멋쟁이 여자/ ～をする 모양을 내다

**おじゃん** (口) (예정이) 틀어짐¶ 雨で～になる 비가 와서 예정이 틀어지다

**おしゅう** [汚臭] 文 고약한 냄새, 구린내

**おじゅう** [御重] (女) 찬합

**おしょう** [和尚] 佛 화상¶제자가 사승을 부르는 말, 스님 ②중, 승려, 주지

**おじょうさま** [御嬢様] ①(주인집의) 따님 ②남의 딸에 대한 높임말, 영애 ③고생을 모르고 자란 아가씨¶ ～育ち 고이 자란 아가씨

**おじょうず** [御上手] I 名 ⑦ 잘함¶ 運転が～ですね 운전을 잘 하시는군요 II 名 겉치레말, 발림말¶ ～を言う 겉치레말을 하다

**おしょく** [汚職] 오직, 독직

**おじょく** [汚辱] 文 오욕, 치욕, 창피¶ ～を被る 창피를 당하다

**おしよ・せる** [押(し)寄せる] 自 下一 밀어닥치다, 밀려들다, 몰려들다¶ 敵が～ 적이 밀어닥치다/ 大波が～ 큰 파도가 밀려들다

**おしらさま** [御白様] 民 東北 지방의 민간에서 믿는 집의 신, 누에의 신이라고도 함

**お・じる** [怖じる] 自 上一 겁먹다, 두려워하다 = こわがる¶ ～ことなく前進する 두려워하지 않고 전진하다

**おしろい** [〈白粉〉] (화장용) 분¶ 粉～ 가루분/ ～をつける 분을 바르다 ━下 기초 화장품 ━花 植 분꽃 ━焼け 분독, 화장독

**おしわ・ける** [押し分ける] 他 下一 (좌우로) 밀어 헤치다¶ 人を～けて進む 사람을 헤치고 앞으로 나아가다

**おしわり** [押(し)割り] 납작보리

**おしんこ** [御新香] (口) (채소를 소금·겨에 절인) 절임, 절임 김치= しんこ·しんこう

**おす** [雄·牡] 動 수, 수컷, 숫놈 ⇔ 雌¶ 犬の～ 수캐/ ～のにわとり 수탉

**お・す** [押す] 他 五 ①밀다¶ 前の人の背中を～ 앞 사람의 등을 밀다 ②(내리) 누르다¶ ブザーを～ 버저를 누르다 ③ [捺す] (도장을) 찍다¶ 記念スタンプを～ 기념 스탬프를 찍다 ④ [圧す] 압도하다¶ ～しぎみに試合を～を進めるる 압도하듯이 경기를 진행하다 ⑤(「念を～, だめを～」의 꼴로) 다짐하다¶ だめを～ 쐐기를 박다, 다짐하다 ⑥(「…を～して」의 꼴로)…을 무릅쓰고¶ 病気を～して参加する 병을 무릅쓰고 참가하다

(慣用句)

━しも押されもせぬ 어엿한, (지위가) 확고 부동한

━な押すな 많은 사람이 몰려와 혼잡함

━に押されぬ (아무도 책잡을 수 없는) 실력 있고 어엿한, 당당하고 위엄이 있는

**お・す** [推す] 他 五 ①추천하다, 추대하다¶ 委員長に～ 위원장으로 추대하다 ②추측하다, 미루어 알다¶ 状況から～して知ることができる 상황으로 미루어 알 수가 있다

(慣用句)

━・して知るべし 미루어[생각해 보면] 알 수 있다, 자명하다

**おすい** [汚水] 오수, 더러운 물¶ ～処理場 오수 처리장

**おずおず** [怖ず怖ず] 副 조심조심, 주뼛주뼛, 머뭇머뭇¶ ～と質問する 머뭇머뭇 질문하다

**おすきやぼうず** [御数寄屋坊主] 江戸幕府에서 다도에 관한 일을 맡았던 하급 관리

**おすそわけ** [御裾分け] 名 他スル 얻은 것의 일부를 나누어줌¶ ～にあずかる 얻은 물건의 일부를 나누어 받다

**おすべらかし** [御垂髪] 앞머리를 갈라 옆으로 부풀게 틀고 남은 머리를 뒤로 늘어뜨린 궁정 부인의 머리 모양= すべらかし

**おすまし** [御澄(ま)し] 名 スル (口) ①새침함, 새침데기¶ ～をした子供 새침한 아이 ②料 맑은 장국= すましじる

**おすみつき** [御墨付] ①史 戦国·江戸 시대에) 将軍 또는 大名이 서명하여 신하에게 준 영토 보증 문서 ②(권위자의) 보증¶ 専門家の～をもらう 전문가의 보증을 받다

**おせいぼ** [御歳暮] 세찬, 세밑으로 보내는 선물

**おせおせ** [押せ押せ] 名 ①마구 밀어붙임, 압도함¶ ～ムードに酔う 압도하는 분위기에

도취하다 ②(일이) 자꾸 밀림¶ 仕事ことが~ になる 일이 자꾸 밀리다 ③사람이 몰려들어 북적댐¶ ~の盛況せいきょう 대만원의 성황
お せじ [゜御世辞] 아부하는 말, 발림말, 겉치레말¶ ~笑わらい 아부하는 웃음/ ~にもほめられない 빈말로라도 칭찬할 수 없다
お せち [゜御節] 설·명절 음식, (특히) 세찬
お せっかい [゜御節介] 名ナ (공연한) 참견, 덥적거림, 그런 사람¶ ~やき 말참견/ 余計よけいな~はするな 부질없는 참견은 하지 마라
お せん [汚染] 名自他スル 오염
お ぜんだて [゜御膳立て] 名他スル ①밥상을 차림¶ 夕飯ゆうはんの~をする 저녁 밥상을 차리다 ②(실수 없이) 준비함, 채비¶ 放送ほうそうの~をする 방송 준비를 하다
おそ [゜獺] 「かわうそ」의 딴이름, 수달=うそ
おそ [悪阻] 医 입덧=つわり
おそ・い [遅い] 形 늦다 ①느리다, 더디다¶ 足あしが~ 걸음이 느리다/ 物ものわかりが~ 이해하는 게 더디다 ②(제때에) 대지 못하다¶ 今いまごろ来きてももう~ 지금쯤 와도 이미 늦다 ③[゜晩い] (보통 때보다) 뒤져 있다¶ 帰宅たくが~ 귀가가 늦다 ④[゜晩い] (밤이) 깊다¶ 夜よ~電車でんしゃ 늦은 밤의 전차
慣用句
―かりし由良之助ゆらのすけ 행차 뒤에 나팔
―きに失しっする 너무 늦어 시기를 놓치다
おそ・う [襲う] 他五 ①덮치다, 습격하다¶ 強盗ごうとうが銀行を~ 강도가 은행을 습격하다/ 台風たいふうが四国を~ 태풍이 四国을 덮치다 ②(좋지 않은 감정이) 엄습하다¶ 焦あせりの気持きもちに~われる 초조한 마음이 엄습하다 ③(느닷없이) 방문하다¶ 友人ゆうじんの家を~ 친구네 집에 들이 닥치다 ④(文) 잇다, 계승하다¶ 名跡みょうせきを~ 가명(家名)을 잇다
おそうそう さま [゜御草草様] 感 (口) (손님을 대접한 뒤 주인이 하는 인사말) 변변치 못했습니다, 약소했습니다=お粗末そまつさま¶ 보통 「~でした」의 꼴로 씀
おそ うまれ [遅生(ま)れ] 생일이 늦음, 4월 2일부터 12월 31일 사이에 태어남, 그런 사람
おそかれ はやかれ [遅かれ早かれ] 連語 조만간에, 머지않아, 언젠가는¶ ~わかることだ 조만간에 알게 될 것이다
おそく とも [遅くとも] 副 늦어도¶ ~夕食ゆうしょくまでには帰かえる 늦어도 저녁 식사 때까지는 돌아온다
おぞけ [゜怖気] 공포심, 무서움=おじけ 立たつ 自五 무서워서 오싹해지다, 소름끼치다
慣用句
―を震ふるう 겁에 질려 떨다
おそ ざき [遅咲き] (꽃이) 늦게 핌, 그런 품종⇔早咲はやざき¶ ~の梅うめ 늦게 피는 매화
おそ さま [゜御祖師様] (口)(仏) 祖師そし를 일컫는 높임말, 조사님
おそ じも [晩霜] 늦서리=ばんそう
おそ ちえ [遅知恵] ①(지능 발달이) 늦됨¶ ~の子供こども 늦된 아이 ②뒤늦게 떠오른 꾀, 때

늦은 꾀=あほうの~ 바보의 때늦은 꾀
おそで [遅出] ①(교대 근무에서) 늦게 출근함, 그런 차례⇔早出はやで ②(보통 때보다) 늦게 출발함[나섬]
おそなえ [゜御供え] ①제물, 공물¶ 仏様ほとけさまの~ 부처님께 드리는 제물 ②신불에게 바치는 둥글납작한 떡=かがみもち
おそ なわ・る [遅なわる] 自五 (文) 늦어지다
お そば [゜御側] ①곁¶ 주군의 곁, 측근, 근신¶ ~付つき 측근자
おそ ば [遅場] 벼가 늦되는 고장⇔早場はやば¶ ~米まい 늦되는 고장의 쌀
おそ ばん [遅番] (교대 근무에서) 늦게 출근하는 차례, 그런 차례인 사람⇔早番はやばん
おそ まき [遅蒔き] ①(農) 늦심기, 늦게 파종함 ②뒤늦게 「뒤늦게」 일에 대처함¶ ~ながら加入かにゅうする 때늦게나마 가입하다
おぞまし・い [゜悍ましい] 形 몹시 싫다, 매우 불쾌하다¶ 考かんがえただけで~ 생각만 해도 매우 불쾌하다
おそ まつ [゜御粗末] ナ ①변변찮음 ②(口) 신통찮음, 시시함¶ ~な計画けいかく 시시한 계획/~な芸げいで申もうし訳わけない 신통찮은 솜씨여서 미안합니다 一様さま (제공한 것에 대해 겸손하게 말하는 인사말) 변변치 못했습니다
おそらく [恐らく] 副 아마, 필시¶ ~承知しょうちするだろう 아마 승낙할 것이다
おそる おそる [恐る恐る] 副 조심조심, 흠칫흠칫, 주뼛주뼛=こわごわ¶ ~敵てきに近付ちかづく 조심조심 적에게 접근하다
おそる べき [恐るべき] 連体 ①무서운, 가공할¶ ~兵器へいき 가공할 무기 ②놀라운, 대단한, 엄청난¶ ~力ちから 엄청난 힘
おそれ [恐れ·怖れ·虞] ①두려움, 공포, 겁¶ 敵てきの勢いきおいに~をなす 적의 기세에 겁을 먹다 ②염려, 우려¶ 台風たいふうが上陸じょうりくする~がある 태풍이 상륙할 염려가 있다 ③[゜畏れ] 경외심¶ 神かみの偉大いだいさに~をいだく 신의 위대함에 경외심을 품다
おそれいりや の きしぼじん [恐れ入谷の鬼子母神] 連語 (口) 「恐おそれ入いりました」의 익살스러운 표현, 황송합니다
おそれい・る [恐れ入る] 自五 ①죄송해하다, 황송해하다¶ 御心配ごしんぱいをかけて~りました 심려를 끼쳐서 죄송합니다 ②(너무 훌륭해서) 감탄하다, 탄복하다¶ 君きみの誠実せいじつさには~よ 자네의 성실함에는 정말 탄복하네 ③질리다, 어이없다, 기막히다¶ ~った話はなしだ 어이없는 이야기다
おそれおお・い [恐れ多い·畏れ多い] 形 ①황공하다, 송구스럽다, 죄송스럽다¶ ~ことながら… 황공한 일입니다만… ②과분하다, 고맙다¶ ~おことばを賜たまる 과분한 말씀을 내려 주시다
おそれ ながら [恐れながら] 連語 황송합니다만, 죄송합니다만¶ ~申もうしあげます 죄송합니다만 말씀드리겠습니다
おそ・れる [恐れる·怖れる] 自下一 두려워

おそろしい

하다 ①무서워하다, 겁내다¶暗闇を~ 어둠을 무서워하다 ②염려하다, 우려하다¶失敗を~ 실패를 염려하다 ③[˚畏れる·˚懼れる] 경외하다¶神をも振るわぬ舞い 신을 두려워하지 않는 행동거지

おそろし・い [恐ろしい] 形 ①무섭다, 두렵다¶マムシは~ 살모사는 무섭다 ②두렵다, 걱정스럽다, 염려스럽다¶結果が~ 결과를 보기가 두렵다 ③놀랍다, 놀랄 만하다¶~·く頭の回転が早い 놀랄 만큼 머리 회전이 빠르다 ④〔흔히 「~·く」의 꼴로〕심하다, 굉장하다, 대단하다¶今日は~·く暑い 오늘은 지독하게 덥다

おそわ・る [教わる] 自五 배우다¶平泳ぎを~ 평영을 배우다

おそわ・れる [魘われる] 自下一 악몽에 시달리다, 가위눌리다= うなされる¶悪夢に~ 악몽에 시달리다

おそん [汚損] 名 自他スル 〔文〕오손, 더럽혀지거나 흠이 남, 더럽히거나 흠을 냄¶設備の~状態 설비의 오손 상태

オゾン (ozone) 《化》오존 ―層 《気》오존층 ―ホール (ozone hole) 《気》오존홀

おだ 《俗》〔「~を上げる」의 꼴로〕멋대로 기염을 토하는 것, 酒を飲んで~を上げる 술을 마시고 멋대로 기염을 토하다

おたあさま [˚御母様] 宮 어마마마

おだい [˚御代] 대금(代金)

おたいこ [˚御太鼓] ①「お太鼓結び」의 준말 ②아첨꾼= 太鼓持ち 一結び 일본 여자 옷에서 허리띠를 불룩하게 매는 법

おだいば [˚御台場] 徳川幕府가 말기 해안 방비를 위해 만든 구축한 포대, 특히 品川도

おだいもく [˚御題目] ①〔佛〕日蓮宗에서 외는 「南無妙法蓮華経」의 일곱 글자 ②공염불, 헛공론¶~を並べる 헛공론을 늘어놓다¶~に終わる 공염불에 그치다

おたいらに [˚御平らに] 連語 〔口〕편히 앉으라고 권하는 말¶~どうぞ 편히 앉으십시오

おた おた 副 自スル 《俗》(당황하여 어쩔 줄 모르는) 갈팡질팡, 허둥지둥¶抜き打ち의 試験に~する 불시에 치는 시험에 갈팡질팡하다

おたがい さま [˚御互い様] 피차 일반, 피장파장, 매일반¶困るのは~だ 곤란하기는 피차 일반이다

おたかく とまる [˚御高くとまる] 連語 도도하게 굴다, 거만떨다

おたから [˚御宝] 〔口〕①종이에 인쇄한 보물선 그림 ②《俗》돈, 금전¶~が入いる 돈이 들어오다 ③소중한 물건, 보물¶~を手放す 보물을 처분하다

おだき [雄滝·˚男滝] (한 쌍의 폭포 중) 폭이 넓고 기세가 강한 쪽 ⇔ 雌滝

おたく [˚御宅] I 名 ①댁, 귀댁¶~に伺う 댁으로 찾아뵙겠습니다 ②〔口〕댁의 근무처¶~の設備は立派ですね 댁의 근무처의 설비는 훌륭하군요 ③댁의 바깥주인 II 代 댁, 귀하¶~のお話し 댁의 말씀/ ~どなた 댁은 누구십니까

おだく [汚濁] 名 自他スル 〔文〕오탁, 더럽혀짐= おじょく¶~に満ちた世 오탁으로 가득찬 세상

おだけ [雌竹·˚男竹] 큰 대나무의 속칭

おたけび [雄叫び] 〔文〕우렁찬 외침¶~をあげる 우렁차게 외치다

おたずね もの [˚御尋ね者] 수배 중인 범죄 용의자, 지명 수배자

おたち [˚御立ち] 떠나심¶いつ~ですか 언제 떠나십니까

おたちあい [˚御立(ち)合い] 〔口〕(노점 상인 등이 손님을 부르는 말) 와 보십시오¶さあ さあ~ 자 자 구경들 하세요

おたっし [˚御達し] (상부로부터의) 지시, 명령, 그런 문서¶本庁から~がある 본청으로부터 지시가 있다

おだてに のる [˚煽てに乗る] 連語 치켜세우는 데 넘어가다¶煽おだてに乗って出馬する 치켜세우는 데 넘어가서 출마하다

おだ・てる [˚煽てる] 他下一 ①추다, 치켜세우다¶実力は抜群だと~ 발군의 실력이라고 치켜세우다 ②선동하다, 부추기다¶民衆を~ 민중을 선동하다

おたな もの [˚御店者] (옛날 상점의) 점원

おたびしょ [˚御旅所] 神社의 제례 때 神輿を를 본전에서 옮겨 놓는 임시 안치소

おたふく [˚御多福] 둥근 얼굴에 양 볼이 불거지고 코가 납작한 여자= おかめ ―風邪 《医》유행성 이하선염의 속칭, 항아리 손님 ―豆 알이 굵은 누에콩, 그것을 달게 삶은 것

おだぶつ [˚御陀仏] 名 《俗》①죽음¶~になる 죽다 ②(일을) 망침, 허사가 됨¶計画が~になった 계획이 허사가 되었다

おたま [˚御玉] ①「御玉杓子」①의 준말 ②《女》계란, 달걀 ―杓子 ①올챙이 모양의 국자 ②〔蝌蚪〕올챙이 ③《俗》음표의 속칭, 콩나물 대가리

おだまき [×苧環·小田巻] ①베실꾸리 ②《植》매발톱꽃 ―蒸し 《料》국수를 넣고 닭고기·버섯·어묵 등을 위에 얹은 다음 달걀을 풀어 그릇째 찐 음식

おたまや [˚御霊屋] (귀인의 영혼을 모신) 사당, 영묘= 廟·霊廟

おためごかし [˚御為ごかし] 名〔了〕남을 위하는 체하면서 자기 이익을 차림, 그런 행동·말¶~を言う (자기 실속을 차리면서) 남을 위하는 체하는 말을 하다

おだやか [穏やか] 〔ノ〕온화함 ①평온함, 평화로움¶~な天気 온화한 날씨/ 世の中が~だ 세상이 평온하다 ②온후함, 차분함¶性格が~な人 성격이 온후한 사람

おだわら [小田原] 〔地〕神奈川현 서남부 相模灣에 면한 시 ―提灯 접었다 폈다 할 수 있는 원통 모양의 초롱 ―評定 질질 끌기만 하고 결론이 나지 않는 회의

おだんぎ [˚御談義] 훈계, 잔소리

**おたんこなす** 《俗》 느림보, 얼간이, 멍청이
**おたんちん** 《俗》 느림보, 얼간이, 멍청이
**おち** [落ち] ①실수, 잘못¶ 手続きに~がないように실수가 없도록 ②빠뜨림(진), 데, 누락¶ 目録に~がある 목록에서 빠진 데가 있다 ③좋지 않은 결말¶ 結局はこうなるのが~だ 결국은 이렇게 되는 것이 고작이다 ④(만담 등에서) 웃기면서 이야기를 매듭짓는 부분¶ ~がつく 웃기면서 이야기를 끝맺다 ⑤쫓겨서 빠져나감, 도망침¶ 都~ 서울서 도망침 / ~武者 패잔 무사
**おち あ・う** [落(ち)合う] 自五 합류하다 ①(약속한 곳에서) 만나다¶ 駅で~ 역에서 만나다 ②(둘 이상의 강이) 합쳐지다¶ ふたつの川がここで~ 두 강이 여기서 합류한다
**おちあゆ** [落(ち)鮎] (가을에 산란하러) 하류로 내려가는 은어 = 下り鮎・さび鮎
**おちい・る** [陥る] 自五 ①(구멍 등에) 빠지다¶ 穴に~ 구멍에 빠지다 ②(나쁜 상태에) 빠지다¶ 危篤に~ 위독 상태에 빠지다 ③함락되다¶ 城が~ 성이 함락되다
**おちうお** [落(ち)魚] ①(산란하러) 하류로 내려가는 물고기 ②(가을에 수온 저하를 피해) 깊은 곳으로 옮겨가는 물고기 ③죽은 물고기
**おちうど** [落人] = おちゅうど
**おちえん** [落(ち)縁] (방바닥보다) 낮은 툇마루
**おちおち** 副 안심하고, 마음놓고, 차분히¶ 眠れない 마음놓고 잘 수 없다
**おちくぼ・む** [落(ち)窪む] 自五 움푹 패다 [들어가다]¶ 目が~ 눈이 움푹 들어가다
**おちこぼれ** [落(ち)零れ] ①떨어져 흩어져 있는 것, (특히) 벼 이삭¶ ~のもみを拾う 떨어져 흩어진 뉘를 줍다 ②남은 물건, 나머지 ③《俗》 학교 수업을 따라가지 못하는 학생
**おちこ・む** [落(ち)込む] 自五 ①(떨어져) 빠지다¶ 池に~ 연못에 빠지다 ②움푹 패다¶ 目が~ 눈이 움푹 들어가다 ③(나쁜 상태에) 빠지다, 떨어지다¶ 景気が~ 경기가 나빠지다 / 生産性が~ 생산성이 떨어지다 ④풀이 죽다, 맥이 빠지다¶ 倒産にすっかり~ 도산하여 맥이 푹 빠지다
**おちしお** [落(ち)潮] 썰물 = ひきしお
**おちつき** [落(ち)着き] ①침착함, 차분함¶ ~がない 차분하지 않다 / ~を取り戻す 침착함을 되찾다 ②(물건의) 안정감, 안정성¶ ~の悪いテーブル 안정감이 없는 테이블
**おちつきはら・う** [落(ち)着き払う] 自五 매우 침착하다, 태연 자약하다¶ ~って答える 매우 침착하게 대답하다
**おちつ・く** [落(ち)着く] 自五 ①안정되다, 가라앉다, 차분해지다¶ 相場が~ 시세가 안정되다 / 気持ちが~ 기분이 차분해지다 ②자리잡다, 정착하다¶ 田舎に~ 現状維持で~ 현상 유지로 결론이 나다 / 잘 어울리다, 조화되다, 차분하다¶ ~・いた街並み (건물이) 잘 조화된 거리 / ~・いた色 차분한 빛깔 ⑤침착하다, 차분해지다¶ ~・いた

物腰 침착한 언행
**おちつ・ける** [落(ち)着ける] I 他下一 가라앉히다, 진정시키다¶ 心を~ 마음을 가라앉히다 II 自下一 안정할 수 있다, 차분해질 수 있다¶ ~住まい 안정할 수 있는 집
**おちど** [落(ち)度・越度] 과오, 과실, 실수, 잘못¶ 自分の~を認める 자신의 과오를 인정하다
**おちの・びる** [落(ち)延びる] 自上一 (무사히) 멀리 달아나다¶ 追手から無事に~・びた 추격자로부터 무사히 달아났다
**おちば** [落(ち)葉] ①낙엽¶ ~を掃く 낙엽을 쓸다 ②낙엽 빛깔, 황갈색을 띤 갈색
**おちぶ・れる** [落魄れる・〈零落〉れる] 自下一 영락하다, 몰락하다¶ ~・れた姿をさらす 영락한 모습을 드러내다
**おちぼ** [落(ち)穂] 낙수, 이삭¶ ~拾い 이삭줍기
**おちむしゃ** [落(ち)武者] 싸움에 져서 달아나는 무사 = おちゅうど
**おちめ** [落(ち)目] 名 (운세 등이) 기욺, 내리막길, 사양길¶ ~になる 사양길에 접어들다
**おちゃ** [御茶] ①차¶ ~を入れる 차를 달여 내다 ②다도 = 茶の湯¶ ~を習う 다도를 배우다 ③일하다 잠시 쉼 一汲み (회사・관청 등에서) 차를 대접하는 직책 一の子 다과 一の子さいさい 《口》 아주 손쉬움, 누워서 떡먹기, 식은죽 먹기 一挽き (기생 등이 손님이 없어) 한가함, 공침
[慣用句]
一にする (일하는 도중에) 잠깐 쉬다
一を濁す (그 자리를) 적당히 얼버무리다, 어물어물 넘기다
一を挽く (기생 등이 손님이 없어) 공치다
**おちゃっぴい** 名 《俗》 (여자 아이가) 장난기가 많고 수다스러운, 그런 여자 아이¶ ~な女の子 장난기 많고 수다스러운 여자 아이
**おちゃらか・す** 他五 《俗》 (상대방을 업신여겨) 우습게 취급하다, 조롱하다, 놀리다
**おちゅうげん** [御中元] 음력 7월 15일 백중날에 보내는 선물
**おちゅうど** [落人] ①싸움에 져서 달아나는 무사 ②(남의 눈을 피해) 몰래 도망가는 사람
**おちゆ・く** [落(ち)行く] 自五《文》 ①달아나다, 도망가다¶ ~・先はどこ 도망가는 곳은 어디인고 ②귀착하다, 낙착되다 ③영락해 가다
**おちょうしもの** [御調子者] 경솔하고 비위나 맞추는 사람, 경박한 사람 = おっちょこちょい
**おちょうめちょう** [雄蝶雌蝶] ①수나비와 암나비 ②(혼례 때) 술병이나 주전자에 매다는 종이로 접은 한 쌍의 나비 ③(혼례 때) 신랑・신부에게 술을 따르는 소년・소녀
**おちょく・る** 他五 《口》 놀리다¶ 人を~ 気か 사람을 놀릴 작정인가
**おちょこ** [御猪口] 《口》 작은 사기 술잔
[慣用句]
一になる 받고 있던 우산이 바람에 날려 뒤집히다

**おちょぼぐち**【△御ちょぼ口】오므린 귀여운 입

**お·ちる**【落ちる】[自][上一] 떨어지다 ①(아래로) 내려오다¶ 滴(しずく)が~ 물방울이 떨어지다 ②【△墜ちる】(비행기 등이) 낙하하다, 추락하다¶ 戦闘機(せんとうき)が~ 전투기가 떨어지다 ③(빛·시선이) 내리쬐다, 쏠리다¶ 日(ひ)ざしが~ 햇살이 내리쬐다 ④(해·달이) 지다¶ 日(ひ)が西(にし)の空(そら)に~ 해가 서쪽 하늘로 지다 ⑤흘러들다¶ ギャンブルに~お金(かね) 도박으로 흘러드는 돈 ⑥(그림자가) 비치다¶ 月影(つきかげ)が湖面(こめん)に~ 달빛이 호수면에 비치다 ⑦지워지다, 빠지다¶ 化粧(けしょう)が~ 화장이 지워지다 ⑧누락되다, 빠지다¶ 名前(なまえ)がリストから~ 이름이 명단에서 누락되다 ⑨낙방하다¶ 試験(しけん)に~ 시험에 떨어지다 ⑩적어지다, 빠지다¶ ほおの肉(にく)が~ 뺨의 살이 빠지다 ⑪저하하다, 낮아지다¶ 体力(たいりょく)が~ 체력이 떨어지다 ⑫【△堕ちる】저속해지다, 타락하다¶ 話(はなし)が~ 이야기가 저속해지다 ⑬쇠퇴하다, 약해지다¶ 人気(にんき)が~ 인기가 떨어지다 ⑭(수량·정도가) 줄다¶ 売(う)り上(あ)げが~ 매상이 줄다 ⑮(기준보다) 뒤지다¶ 味(あじ)が~品(しな) 맛이 떨어지는 물건/ 人後(じんご)に~·ちない 남에게 뒤지지 않다 ⑯(계략 등에) 빠지다¶ 敵(てき)のわなに~ 적의 함정에 빠지다 ⑰(소유권이) 넘어가다¶ 人手(ひとで)に~ 남의 손에 넘어가다 ⑱(어떤 상태에) 이르다, 빠지다¶ 眠(ねむ)りに~ 잠에 빠지다 ⑲함락되다¶ 城(しろ)が~ 성이 함락되다 ⑳몰래 도망가다, 떠나다¶ 都(みやこ)を~ 서울을 떠나다 ㉑자백하다, 실토하다¶ 容疑者(ようぎしゃ)が~ 용의자가 자백하다 ㉒(남의 뜻대로) 되다, 넘어가다¶ 詐欺師(さぎし)の手口(てぐち)に~ 사기꾼의 수법에 넘어가다

**おっ**【押っ】[接頭]《口》 뜻이나 어조를 강조함¶ ~かぶせる 덮어씌우다/ ~付(つ)ける 밀어붙이다

**おつ**【乙】[音]オツ·イツ [訓]おと·きのと|(음) 을. **I** 《造語》 ①십간(十干)의 두 번째¶ 乙亥(いつがい) 을해 ②차례의 두 번째¶ 乙種(おつしゅ) 을종·甲乙(こうおつ) 갑을 **II** [名] ①(계약서 등에서) 을¶ 甲(こう)は~に対(たい)し印税(いんぜい)を支払(しはら)う 갑은 을에게 인세를 지불한다 ②(일본 음악에서) 낮은 음 **III** [ナ] (보통 때와 달리) 멋짐, 독특함, 별스러움¶ ~な味(あじ) 독특한 맛/ ~にすます 별스럽게 새침떼다

**おっか·ける**【追っ掛ける】[他][下一]《口》 뒤쫓다, 쫓아가다= おいかける¶ 親(おや)のあとを~ 부모의 뒤를 쫓아가다

**おっかな·い** [形]《俗》 두렵다, 무섭다¶ ~顔(かお)をする 두려운 표정을 짓다

**おっかなびっくり** [副]《口》 벌벌 떨며, 흠칫거리며¶ ~運転(うんてん)する 벌벌 떨며 운전하다

**おっかぶ·せる**【押っ△被せる】[他][下一]《口》 ①덮어씌우다¶ 布団(ふとん)を~ 이불을 덮어씌우다 ②(책임 등을) 뒤집어씌우다, 전가하다¶ 責任(せきにん)を~ 책임을 뒤집어씌우다 ③《「~ように」의 꼴로》 고압적인〔위압적인〕 태도로¶ ~ように言(い)う 위압적인 태도로 말하다

**おつき**【△御付き】(지체 높은 사람의) 종자, 시종¶ ~の者(もの) 종자/ ~武官(ぶかん) 시종 무관

**おつぎ**【△御次】《口》 ①다음, 다음 분¶ ~の方(かた) 다음 분 ②「次(つぎ)の間(ま)」의 공손한 말 ③江戸(えど)시대 将軍(しょうぐん)·大名(だいみょう)의 거실 옆방에서 시중들던 시녀의 경칭 ④남의 집 가정부의 경칭

**おっくう**【億×劫】[ナ] 귀찮음, 내키지 않음¶ 出(で)かけるのは~だ 외출하는 건 내키지 않는다

**おつくり**【△御作り·△御造り】①《料》 생선회 ②《女》 화장, 몸치장

**おつけ**【△御×汁·△御付け】국, (특히) 된장국

**おつげ**【△御告げ】신불의 계시, 탁선¶ 神(かみ)の~ 신의 계시, 신탁

**おっこ·ちる**【落っこちる】[自][上一]《俗》 떨어지다¶ 入試(にゅうし)で~ 입시에서 낙방하다

**おっこと·す**【落っことす】[他][五]《俗》 떨어뜨리다¶ 財布(さいふ)を~ 지갑을 떨어뜨리다

**おっさん**《俗》 중년 남성을 친근하게 또는 다소 업신여겨 부르는 말, 아저씨

**おっしゃ·る**【△仰る·〈仰有〉る】[他][五] 말씀하시다¶ ~とおり 말씀하신 대로

**おっそ**【△越訴】《日史》 월소, (옛날에) 순서를 밟지 않고 직접 상급 관청에 호소하던 일

**おっちょこちょい** [名][ナ]《口》 덜렁거림, 경박함, 덜렁쇠, 촐랑이

**おつつかつつ** [ナ] 비슷비슷함, 엇비슷함, 비등비등함¶ ~の成績(せいせき) 엇비슷한 성적

**おっつ·く**【追っ付く】[自][五]《俗》 ①따라잡다¶ 彼(かれ)に~者(もの)がない 그를 따라잡을 사람이 없다 ②미치다, 달하다 ③벌충되다, 만회되다¶ あせったって~·かない 안달해도 소용 없다

**おっつけ**【追っ付け】[副]《口》 곧, 머지않아¶ ~来(く)るでしょう 곧 올 겁니다

**おっつ·ける**【押っ付ける】[他][下一]《口》 → おしつける

**おって**【追っ手】추격자¶ ~をかける 추격자를 보내다/ ~がかかる 추격자가 뒤따르다

**おって**【追って·追×而】**I** [副] 추후에, 나중에¶ ~お知(し)らせいたします 추후에 알려드리겠습니다 **II** [名] (편지 말미에 덧붙이는 말) 추이(追而) **一書(が)き** (편지를 끝맺은 뒤 빠진 것을 덧붙여 쓰는 말) 추신(追伸)

**おっと**【夫·〈良人〉】남편 ⇔ 妻(つま)¶ ~のある身(み) 남편이 있는 몸

**おっとせい**《動》 물개, 해구

**おつとめ**【△御勤め】①근무, 근무처¶ ~はどちらですか 근무하시는 곳은 어디입니까 ②《佛》 매일 불전에서 하는 독경, 근행¶ 朝夕(あさゆう)の~ 아침 저녁의 근행 ③(손님에게) 봉사함

**おっとり** [副(ト)][自スル] 의젓하게¶ ~している 의젓하다/ ~と構(かま)える 유연한 자세를 취하다

**おっとりがたな**【押っ取り刀】[連語]《「~で」의 꼴로》 몹시 서두름, 허겁지겁, 허둥지둥¶ ~で駆(か)けつける 허둥지둥 달려가다

**おつにょう**【乙×繞】(한자 부수의) 새을부 ▷「九·乞·乳」등의 부수 부분

**おっぱい**《幼》 젖, 유방= おちち

**おっぱじ·める**【押っ始める】[他][下一]《俗》「始(はじ)める」의 거친 말투, 느닷없이 시작하다

おっぱら・う [追っ払う] 他五 (口) 쫓아 버리다= おいはらう
おっぽ [尾っぽ] 《俗》꼬리
おつぼぐち [御壺口] 작게 오무린 귀여운 입
おっぽりだ・す [押っ放り出す] 他五 (口) 내던져버리다, 내팽개치다¶ がらくたを~ 허섭쓰레기를 내던져버리다/ 仕事を~ 일을 내팽개치다
おつまみ [御摘み] (口) 간단한 안주
おつむ [女] 머리¶ ~がいい 머리가 좋다
おつもり [御積(も)り] (술자리에서) 마지막 잔, 납배(納杯), 종배¶ これで~にする 이것으로 종배하다
おつや [御通夜] (상가에서의) 밤샘
おつゆ [御汁] 국, 국물
おつり [御釣(り)] (口) 거스름돈, 우수리
慣用句
―が来る ①지불하고도 거스름돈이 돌아오다 ②충분하고도 남다
おてあげ [御手上げ] (口) 어찌할 도리가 없음, 손듦, 속수 무책¶ こうなってはもう~だ 이렇게 되고서는 이제 어찌할 도리가 없다
おでい [汚泥] 文 오니, 진흙, 진흙탕
おでき [御出来] 부스럼, 종기¶ 顔の~ 얼굴의 부스럼
おでこ (口) ①이마가 튀어나옴, 그런 사람 이마¶ ~をぶつける 이마를 부딪다
おてしょ [御手塩] (女) 작고 얕은 접시
おてだま [御手玉] ①공기, 공기놀이 ②(野) (공을 단번에 받지 못하고) 글러브에서 두어 번 튀기듯 하다가 받음
おてつき [御手付き] ①(かるた 놀이에서) 딱지를 잘못 집음 ②주인이 하녀 등과 성관계를 맺음, 그렇게 된 여인
おてつだい [御手伝い] ①「手伝い」의 공손한 말 ②가정부¶ ~さん求む 가정부 구함
おてのもの [御手の物] 名 (口) 장기, 특기¶ 手品ぐらいなら僕の~だ 요술이라면 내 장기이다
おてまえ [御手前] 名 다도의 예법
おでまし [御出座し] 납심, 행차하심¶ 殿下の~になる 전하께서 행차하시다
おてもと [御手元・御手許] ①손이 미치는 곳 ②(요릿집 등에서) 손님이 쓰는 젓가락
おてもり [御手盛(り)] 名 ①스스로 음식을 그릇에 담음 ②자기에게 유리하도록 일을 처리함¶ ~の予算 자기에게 유리하게 짠 예산
おてやわらかに [御手柔らかに] 連語 (口) 관대하게, 잘¶ ~お願いします 잘 부탁합니다
おてらさん [御寺さん] (口) 중・주지의 높임말, 스님
おてん [汚点] 오점 ①얼룩 ②불명예스러운 흠¶ ~を残す 오점을 남기다/ 経歴に~がつく 경력에 흠이 생기다
おでん [料] (두부・무・곤약 등을 간을 맞춰 끓인) 꼬치
おてんき [御天気] (口) ①날씨¶ 明日の~を占う 내일의 날씨를 점치다 ②심기, 기분¶ 父の~をうかがう 아버지의 심기를 살피다 一屋 변덕쟁이, 기분파
おてんとさま [御天道様] (口) 해님¶ 昼まで寝ていては~に申し訳ない 낮까지 자고 있어서는 해님에게 죄송하다
おてんば [御転婆] 名ナ 말괄량이, 왈가닥¶ ~娘 말괄량이 아가씨
おと [音] ①(物) 음, 음파 ②소리, 음향, 음색¶ 太鼓の~ 북소리/ 大きな~がする 큰 소리가 나다 ③소문, 평판¶ ~に名高い 소문이 자자하다 ④(古) 소식
慣用句
―に聞く 풍문으로 듣다, 유명하다
おとうさま [御父様] 아버님
おとうさん [御父さん] 아버지 ▷ 아이가 있는 아내가 남편을 부를 때도 씀
おとうと [弟] ①남동생, 아우¶ 末の~ 막내아우 ②손아래 처남, 아우뻘, 매제
おとうとでし [弟弟子] (동문) 후배
おとうとぶん [弟分] (의형제 사이에서) 동생뻘, 동생뻘이 되는 사람, 의제 ⇔ 兄分
おとおし [御通し] (요릿집 등에서) 주문한 요리가 나오기 전에 내놓는 간단한 음식
おどおど 副 自スル 벌벌, 흠칫흠칫, 주뼛주뼛¶ ~した目つき 주뼛주뼛 겁먹은 눈매
おとがい [頤] 아래턱 = したあご
慣用句
―を解く (입을 벌리고) 크게 웃다
おどか・す [脅かす・威かす・嚇かす] 他五 ①겁주다, 위협하다, 으르다 = おどす¶ むちを鳴らして~ 회초리를 휘둘러 소리 내며 겁주다 ②놀라게 하다 = 隠れていて~・してやろう 숨어 있다가 놀라게 해주자
おとぎ [御伽] ①말벗이 됨, 말상대를 함 ②수청듦, 수청 드는 여자 ③병구완을 함, 간병인 ④『御伽話』의 준말 一話 (아이들에게 들려주는) 옛날 이야기
おどき [男時] 운이 트일 때 ⇔ 女時
おとぎぞうし [御伽草子] (文) ①(室町 시대에 유행한) 그림을 곁들인 소박한 단편 소설 ②江戸 중기에 ①의 단편을 모아 간행한 책
おどけ [戯け] 익살맞음, 장난기, 농담, 해학¶ ~役 익살꾼 역
おど・ける [戯ける] 自下一 익살부리다, 실떡거리다¶ ~・けて子供を笑わせる 익살을 떨어 아이를 웃기다
おとこ [男] ①남자, 남성¶ ~の方 남자 분/ ~専用 남성 전용 ②성인 남자, 어엿한 남자¶ ~になる 어엿한 남자가 되다 ③남자로서의 체면・체통¶ ~を立ててください 남자로서의 체면을 지키게 해주십시오 ④((흔히「よい・いい」에 붙어서)) 남자다움, 사나이다움¶ いい~ 멋진 남자 ⑤정부(情夫)¶ ~ができる 남자가 생기다 ⑥남자 하인, 머슴¶ ~を使う 하인을 부리다
慣用句
―が廃る 남자 체면이 말이 아니다
―が立つ 남자로서의 체면이 서다
―は度胸女は愛敬 남자는 배짱 여

**おとこいっぴき**

**—を上げる** 남자로서의 면목을 세우다
**—を拵える** (여자가) 정부나 애인을 만들다
**—を下げる** 남자로서의 체면이 깎이다
**おとこいっぴき** [男一匹] 連語 사내 대장부¶~、断じてやる 사내 대장부다 결단코 한다
**おとこおび** [男帯] (일본옷에서) 남자가 매는 허리띠
**おとこおや** [男親] 바깥 부모, 아버지
**おとこおんな** [男女] ①여자 같은 남자, 암미남자 ②남자 같은 여자, 선머슴 같은 여자
**おとこぎ** [男気·俠気] 사나이다운 기상, 의협심, 협기¶~のある人 의협심이 있는 사람
**おとこぎらい** [男嫌い] 名 ジ (여자가) 남자를 싫어함, 그런 여자 ⇔女おんなぎらい¶~でおす 남자를 싫어하는 여자로 일관하다
**おとこぐるい** [男狂い] (여자가) 남자와의 정사에 미침, 그런 여자 ⇔女狂おんなぐるい
**おとこごころ** [男心] ①남자다운 마음 ②남자의 바람기¶~と秋の空 남자의 바람기와 가을 하늘 ▷ ⇔女心おんなごころ
**おとこざか** [男坂] (두 비탈길 중에서) 가파른 쪽의 비탈길 ⇔女坂おんなざか
**おとこざかり** [男盛り] 남자의 한창 때
**おとこしゅう** [男衆] ①남정네, 남자들 ②남자 하인, 머슴 ⇔女子衆おなごしゅう
**おとこじょたい** [男所帯] 홀아비 살림, 남자 뿐인 살림 ⇔女所帯おんなじょたい
**おとこずき** [男好き] ①(여자의 용모·기질이) 남자가 좋아함¶~のする顔かたち 남자들이 좋아하는 얼굴 생김새 ②(여자가) 남자를 밝힘, 그런 여자¶~の女おんな 남자를 밝히는 여자
**おとこだて** [男〈伊達〉] 사나이다운 기상이 있음, 의협심이 강함, 그런 사람, 협객
**おとこっぷり** [男っ振り] (口) → おとこぶり
**おとこで** [男手] ①남자의 일손[노동력]¶~が足りない 남자의 일손이 모자라다 ②한자(漢字) ③남자가 쓴 글씨, 남자 필적¶~のノート 남자 필적의 노트 ▷①~③ ⇔女手おんなで
**おとこでいり** [男出入り] (여성의) 남자 관계로 인한 말썽¶女出入おんなでいりが絶えない 남자 관계로 인한 말썽이 끊이지 않다
**おとこなき** [男泣き] 사나이 울음¶~に泣く 사나이가 감정에 북받쳐 울다
**おとこのこ** [男の子] ①사내아이¶~が生うまれた 사내아이가 태어났다 ②젊은 남자¶入社じゅうしゃしたての~ 갓 입사한 젊은 남자
**おとこばら** [男腹] 아들만 낳는 여자
**おとこひでり** [男〈旱〉] (결혼·연애 상대로서의) 남자가 모자람, 남자 기근, 남자 흉년
**おとこぶり** [男振り] ①남자다운 풍채·용모¶~のよい人 남자다운 풍채가 좋은 사람 ②사나이로서의 체면¶~を上げる 사나이로서의 체면을 세우다
**おとこまえ** [男前] ①남자다운 용모나 풍채 ②미남자, 호남¶なかなかの~ 상당한 미남자
**おとこまさり** [男勝り] 名 ジ (여자가) 남자 못지 않음, 그런 여자, 여장부¶~な気性きしょうの

持ち主 남자 못지 않은 기질의 소유자
**おとこみょうり** [男〈冥利〉] 남자로 태어난 기쁨·행복¶~に尽きる 남자로 태어나서 더없이 기쁜다
**おとこむすび** [男結び] 끈의 오른쪽 끝을 왼쪽 아래로 돌려 뺀 코에다 왼쪽 끝을 넣어 맺는 방법 ⇔女結おんなむすび
**おとこめかけ** [男妾] 남첩. 여자가 먹여 살리는 정부 = だんしょう
**おとこめん** [男面] 藝 (能楽のうがくの) 남자 탈
**おとこもち** [男持ち] 남성용 ⇔女持おんなもち
**おとこもの** [男物] 남성용품 ⇔女物おんなもの
**おとこやく** [男役] (여배우가) 남자역을 함, 그런 여배우¶~を演ずる 남자역을 하다
**おとこやもめ** [男〈鰥〉] 홀아비

慣用句
**—に蛆が湧く** 홀아비 살림에 구더기가 끓다. 홀아비는 이가 서 말

**おとこらしい** [男らしい] 形 남자답다, 사나이답다¶~態度たいど 남자다운 태도
**おとさた** [音〈沙汰〉] 소식, 기별, 연락¶何何なんの~もない 아무 소식도 없다
**おとし** [落(と)し] ①떨어뜨림, 낙하 ②덫¶ねずみを~にかける 쥐를 덫으로 잡다 ③(문지방 구멍에 꽂는) 문빗장 ④이야기의 결말[맺음] = おち ⑤「落おとし掛がけ」③의 준말
**おどし** [*縅] 갑옷 미늘을 실이나 가죽끈으로 얽어 맴, 그런 것
**おどし** [脅し·威し·*嚇し] 위협, 협박, 공갈¶~文句もんく 으름장 / ~をかける 위협하다 / ~にのる 협박에 넘어가다
**おとしあな** [落(と)し穴] 함정 ①허방다리¶~をほる 함정을 파다 ②계략, 모략¶~にかかる 계략에 걸려들다
**おとしい·れる** [陥れる] 他下一 ①(구멍 등에) 빠뜨리다¶穴あなに~ 구멍에 빠뜨리다 ②(궁지에) 몰아넣다, (계략에) 빠뜨리다¶政敵せいてきを~ 정적을 계략에 빠뜨리다 ③함락시키다¶城しろを~ 성을 함락시키다
**おとしがけ** [落(と)し掛け·落(と)し懸け] ①일본식 주택 객실이나 서원의 창 위로 가로지른 횡목 ②난간 밑에 대는 구름 모양의 조각물 ③나무 화로의 재를 담는 곳 = 落おとし
**おとしがみ** [落(と)し紙] (화장실용) 화장지
**おとしご** [落(と)し子] ①(귀인의) 사생아, 서자 ②(比) 예기치 않은 결과, 부산물¶情報化じょうほうか社会しゃかいの~ 정보화 사회의 부산물
**おとしざし** [落(と)し差し] 칼끝이 처지게 참
**おとしだね** [落(と)し〈胤〉] (귀인의) 사생아, 서자 = 落おとし子·落胤らくいん
**おとしだま** [御年玉] 새해 선물, 세뱃돈
**おどしつ·ける** [脅し付ける·威し付ける] 他下一 몹시 위협하다, 으르대다¶~けて金品きんぴんをうばう 으르대어 금품을 빼앗다
**おとしばなし** [落(と)し話·落(と)し*噺] 藝 익살스럽게 끝맺는 재미있는 만담
**おとしぶた** [落(と)し*蓋] ①냄비 속으로 들어가게 만든 뚜껑 ②위아래로 여닫게 된 뚜껑

**おとしぶみ**【落(と)し文】①(옛날에) 공공연히 말할 수 없는 일을 글로 써서 일부러 길에 떨어뜨려 놓던 쪽지 ②[動] 밤바구미, 거위벌레

**おとしまえ**【落(とし)前】[俗] (싸움 등을) 가운데 들어 수습함, 뒷수습, 그에 필요한 돈¶ ~をつける 중간에 들어 뒷수습을 하다

**おとし・める**【貶める】[他下一] ①업신여기다, 얕보다, 깔보다¶ 人を~物言い 남을 얕보는 말투 ②손상시키다, 깎아내리다¶ 名を~振る舞い 이름을 깎아내리는 행동

**おとしもの**【落(と)し物】 분실물, 유실물

**おどしゃ**【御土砂】[佛] 입관하기 전에 망자의 극락 왕생을 빌며 시체에 뿌리는 깨끗한 모래
[慣用句]
**—を掛ける** 감언을 부려 상대방의 마음을 누그러뜨리다

**おと・す**【落(と)す】[他五] 떨어뜨리다 ①(아래로) 떨어지게 하다¶ 鉛筆を床に~ 연필을 마루에 떨어뜨리다 ②(빛·그림자를) 비추다¶ 影を~ 그림자를 비추다 ③(시선 등을) 떨구다¶ 首を~ 고개를 떨구다 ④흘러들게 하다¶ 雨水を貯水池に~ 빗물을 저수지로 흘러들게 하다 ⑤잃다, 잃어버리다, 분실하다¶ 戦争で命を~ 전쟁으로 목숨을 잃다 ⑥지우다, 없애다, 빼다, 깎다¶ ペンキを~ 페인트를 지우다/ あかを~ 때를 빼다 ⑦빠뜨리다, 빼먹다, 누락시키다¶ 言い~ 빼먹고 말하다 ⑧낙제시키다, 불합격시키다¶ 点数の満たない学生を~ 점수가 미달되는 학생을 떨어뜨리다 ⑨없애다, 빼내다¶ ふろの湯を~ 목욕탕 물을 빼내다 ⑩지다, 패하다¶ 初戦を~ 초전에서 지다 ⑪(지위·가치 등을) 낮추다, 저하시키다¶ 位を~ 위계를 낮추다 ⑫[*堕とす] 천하게 [상스럽게] 하다, 타락시키다¶ 話を~ 이야기를 상스럽게 하다 ⑬(기세·크기 등을) 낮추다, 줄이다¶ スピードを~ 속도를 줄이다 ⑭줄이다, 작게 하다¶ 活字のポイントを~ 활자의 포인트를 줄이다 ⑮(기준보다) 미치지 못하게 하다¶ 味を~ 맛을 떨어뜨리다 ⑯[*堕とす] (나쁜 상태에) 빠뜨리다, 뒤집어씌우다¶ わなに~ 함정에 빠뜨리다 ⑰손에 넣다, 낙찰하다¶ 入札で名画を~ 입찰로 명화를 손에 넣다 ⑱달아나게 하다, 도피시키다¶ 敵を~ してやる 적을 도망가게 해주다 ⑲함락시키다¶ 要塞を攻めて~ 요새를 공격하여 함락시키다 ⑳(뜻대로) 따르게 하다, 복종시키다¶ 彼女を~ してみせる 그녀를 내 여자로 만들어 보이겠다 ㉑빼내다, 공제하다¶ 銀行口座から~ 은행 계좌에서 빼다 ㉒(만담 등에) 재미있게 끝을 마무리하다¶ きれいに~ 재치있게 끝을 마무르다 ㉓깨어놓다¶ お汁に卵を~ 국에 달걀을 깨뜨리다 ㉔놓치다, (힘을 받은 것을) 받아 부드럽게 받아들이다¶ 受けたボールを~ 받은 공을 떨어뜨리다 ㉕(아도에서) 기절시키다¶ 首締めで~ 목조르기로 기절시키다 ㉖(돈을) 쓰다, 뿌리다¶ 観光客が~ して行く金 관광객이 쓰고 가는 돈 ㉗자백시키다¶ 容疑者を~ 용의자를 자백시키다

**おど・す**【脅す・*威す・*嚇す】[他五] 겁을 주다, 위협하다, 협박하다¶ うわさを種に~ 소문을 빙자하여 위협하다

**おとずれ**【訪れ】[(女)] ①찾아옴, 방문, 내방¶ 友の~ 친구의 방문/ 春の~ 봄이 찾아옴 ②소식, 편지¶ なんの~もない 아무 소식도 없다

**おとず・れる**【訪れる】[自下一] ①방문하다 ①(사람이) 찾아오다¶ わが家を~れた友 우리 집을 찾아온 친구 ②(남의 집·다른 고장을) 찾아가다¶ 東京を~ 東京를 방문하다 Ⅱ[自下一] (계절·상태가) 찾아오다, 닥쳐오다¶ 春が~ 봄이 오다/ 幸せが~ 행복이 찾아오다

**おとつい**【〈一昨日〉】[口] → おととい

**おとと・い**【〈一昨日〉】 그저께= おととい・いっさくじつ¶ ~の夜 그저께 밤
[慣用句]
**—来い** (사람을 쫓아보낼 때의 말) 두 번 다시 오지 말라

**おととし**【〈一昨年〉】 재작년, 그러께= いっさくねん¶ ~の夏 재작년 여름

**おとな**【大人】Ⅰ[名] ①어른, 성인¶ ~の料金 어른 요금/ 体が~になる, することは子供だ 몸집은 어른인데 하는 짓은 아이다 ②어른스러움, 숙성함, 의젓함¶ もっと~になりなさい 더 의젓해져야지 Ⅱ[名·ダ] (아이가) 얌전함, 착함

**おとな・う**【訪う】[自五][(女)] 찾다, 방문하다¶ ~人もなくさびれた寺 찾는 사람도 없는 쓸쓸한 절

**おとなげ・ない**【大人げない】[形] 어른답지 못하다, 점잖지 못하다¶ ~振る舞い 어른답지 못한 행동

**おとなし・い**【大人しい】[形] ①얌전하다, 온순하다¶ ~性格 얌전한 성격 ②조용하게 가만히 있다¶ ~く寝ている 가만히 누워있다 ③점잖다, 수수하다¶ ~模様 수수한 무늬

**おとなしやか**【大人しやか】[ダ][(女)] 조용함, 온화함¶ ~な人柄 온화한 인품

**おとな・びる**【大人びる】[自上一] 어른스러워지다¶ ~びた挨拶 어른스러워진 인사

**おとひめ**【乙姫・*弟姫】 용궁에서 산다는 전설 속의 미녀, 용녀

**おとぼけ**【*御惚け】[口] 시치미뗌, 모른체함

**おど・む**【澱む】[自五] ①가라앉다, 침전하다 ②정체되다, 지체되다

**おとめ**【乙女・少女】[(女)] ①소녀¶ ~時代 소녀 시절 ②처녀, 여자 아이 —子 소녀, 여자 아이 —座 [天] 처녀자리

**おとも**【*御供】[名・自スル] ①수행, 수행원¶ 途中まで~しましょう 도중까지 모시고 가겠습니다 ②(요릿집 등에서) 손님을 모시러 드릴 차¶ ~が参りました 모셔다 드릴 차가 왔습니다

**おとや**【乙矢・*弟矢】(손에 든 두 대의 화살 중에서) 나중에 쏘는 화살 ⇨ 甲矢

**おとり** [^囮] 미끼 ①짐승·물고기를 유인하는 다른 짐승이나 물고기¶ ～に使う友釣り 미끼로 쓰는 낚싯밥 ②남을 유인하는 수단¶ ～捜査 함정 수사/ ～になる 미끼가 되다

**おどり** [踊り] ①춤, 무용¶ ～を踊る 춤을 추다 ②(젖먹이의) 숫구멍, 숨구멍 = おどりこ

**おどりあが・る** [躍り上がる] 自五 ①(힘있게) 뛰어오르다¶ 壇上に～ 단상에 뛰어오르다 ②(기쁨·놀라움으로) 펄쩍 뛰다¶ ～って喜ぶ 펄쩍 뛰며 기뻐하다

**おどりかか・る** [躍り掛かる·躍り懸かる] 덤벼들다, 달려들다¶ 獲物に～ 사냥감에 덤벼들다

**おどりくる・う** [躍り狂う] 自五 미친듯이 춤추다, 정신없이 날뛰다

**おどりこ** [踊り子] ①무용수, 무희 ②춤추는 소녀 ③(젖먹이의) 숫구멍, 숨구멍

**おどりこ・む** [躍り込む] 自五 (몸을 날려) 뛰어들다¶ 敵陣に～ 적진에 뛰어들다

**おとりさま** [^酉様] 「鷲神社·酉の市」의 공손한 말

**おどりじ** [踊り字] (같은 글씨의) 반복 부호, 되풀이 부호(「々」등)

**おとりそうさ** [^囮捜査] 法 함정 수사

**おどりで・る** [踊り出る] 自下一 ①(힘차게) 뛰어나가다(오다)¶ 舞台に～ 무대로 뛰어나가다 ②(남을 앞질러) 뛰어오르다¶ 一躍トップに～ 일약 수위로 뛰어오르다

**おどりねんぶつ** [踊り念仏] 가락을 붙여 춤을 추며 염불을 욈 = 空也念仏

**おどりば** [踊り場] ①층계참 ②무도장

**おと・る** [劣る] 自五 ①뒤떨어지다, 뒤지다¶ 品質が～ 품질이 떨어지다 ②(「…に…らず」의 꼴로) 에 못지않게¶ 睡眠も栄養に～らず大切だ 수면도 영양 못지않게 중요하다

**おど・る** [踊る] 춤추다¶ 輪になって～ 윤무를 추다

**おど・る** [躍る] 自五 ①뛰다, 뛰어오르다¶ 魚が水面で～ 물고기가 수면에서 뛰어오르다 ②뒤틀리다, 들쭉날쭉하다¶ 字が～っている 글씨가 비뚤거리다 ③설레다, 두근거리다¶ 喜びで胸が～ 기쁨으로 가슴이 두근거리다

**おどろ** [^棘] 名 ナ ①초목이 우거짐, 덤불 ②머리카락이 헝클어짐¶ 髪を～にふり乱す 머리카락을 헝클어 흩뜨리다

**おとろ・える** [衰える] 自下一 쇠약해지다, 쇠퇴하다¶ 体力が～ 체력이 쇠약해지다/ 台風の勢力が～ 태풍의 세력이 약해지다

**おどろおどろし・い** 形 무시무시하다¶ ～形相 무시무시한 형상

**おどろか・す** [驚かす] 他五 놀래키다, 놀라게 하다¶ 世を～事件 세상을 놀라게 하는 사건/ あまりの大きさに～された 너무 큰 데 놀랐다

**おどろきい・る** [驚き入る] 自五 매우 놀라다¶ ～った次第 매우 놀라운 지경이군

**おどろ・く** [驚く·^愕く] 自五 놀라다¶ 大胆な発言に～ 대담한 발언에 놀라다 ーべき 連体 놀랄 만한

慣用句

ーなかれ 놀라지 말아라

**おないどし** [同い年] 名 口 같은 나이, 동갑

**おなか** [^御中] 口 배¶ ～がすく 배가 고프다/ ～をこわす 배탈이 나다

**おなが** [尾長] 動 물까치 ー猿 動 긴꼬리원숭이 ー鶏 動 긴꼬리닭, 장미계(長尾鶏)

**おながれ** [^御流れ] ①윗사람이 건네주는 술잔으로 술을 받아 마심, 그런 술¶ ～を頂戴する 윗사람이 건네주는 술잔으로 술을 마시다 ②(예정된 일이) 중지됨¶ 雨で試合が～になる 비로 시합이 중지되다 ③(윗사람이) 물러줌, 퇴물림

**おなぐさみ** [^御慰み] ①(그때뿐인) 재미, 좌흥 ②(약간 비꼬아서) 다행한 일, 즐거운 일¶ うまくいったら～だが 잘된다면 다행이지만

**おなご** [^女子] ①계집아이, 여자 아이 ②여자, 여성¶ ～の仕事 여자의 일 ③하녀 ー衆 ①여자들 ⇔ 男衆 ②하녀

**おなじ** [同じ] I ナ 같음, 똑같음, 동일함¶ 全員を～に扱う 전원을 똑같이 취급하다/ どっちを取っても～だ 어느 쪽을 사도 마찬가지다 II 副(「～…なら」의 꼴로) 결국, 어차피, 이왕¶ ～食べるならおいしい店がいい 이왕 먹을 바에는 맛있는 집이 좋다

慣用句

ー穴の狢 같은 무리의 악당, 한 패거리

ー釜の飯を食う 한솥밥을 먹다

**おなじ・い** [同じい] 形 같다 ▷ 지금은 形容動詞「同じ」를 씀

**おなじく** [同じく] I 副 같이, 마찬가지로¶ 志を～する 뜻을 같이하다/ 私也も～だ 나도 마찬가지로 속았다 II 接 (같은 말을 열거할 때 대신 쓰는 말) 동(同)¶ 大学生が～A、～B 대학생 A 동 B

**おなじゅうする** [同じゅうする] 連語 文 같게 하다, 같이하다, 함께하다¶ 席を～ 좌석을 함께하다

**おなべ** [^於鍋·^阿鍋] 하녀, 식모

**おなみ** [男波·^男浪] 文 (높고 낮은 파도 중에서) 높은(큰) 파도 ⇔ 女波

**おなみだちょうだい** [^御涙頂戴] 連語 (연극·영화 등에서) 관객의 눈물을 자아내게 하는 일, 최루성 작품·장면

**おなら** 口 방귀 = 屁¶ ～をする 방귀를 뀌다

**おなり** [^御成り] (왕족·将軍 등의) 행차, 납심, 내방¶ ～になる 행차하시다

**おなんど** [^御納戸] ①귀인의 옷가지·도구 등을 넣어 두는 방¶ 「御納戸色」의 준말 ③「御納戸役」의 준말 ー色 회색을 띤 남빛 ー方 [史] = 御納戸役 ー役 [史] 幕府의 将軍가·의복 등의 금은 ·大名 등의 진상품 등을 관리하던 벼슬

**おに** [鬼] ①귀신, 도깨비 ー退治 도깨비 퇴치/ ～が出る 귀신이 나오다 ②혼백, 영령

¶ 護国ごくの~ 호국의 영령 ③비정, 모짐, 냉혹함, 그런 사람¶ 心こを~にする 마음을 모질게 먹다/ あんたは~だ 당신은 비정한 사람이다 ④(어떤 일에) 미친 사람¶ 仕事ごとの~ 일에 미친 사람 ⑤(술래잡기의) 술래¶ ~になる 술래가 되다 ⑥(造語) ㉠무서움, 용맹함, 냉혹함, 엄함¶ ~ばばあ 마귀 할멈/ ~軍曹ぐそう 엄한 중사 ㉡귀신같은 얼굴¶ ~瓦がら 귀면 기와 ㉢름¶ ~ぐも 왕거미

慣用句
— が出でるか蛇じゃが出でるか 장차 어떤 일이 일어날지 예측할 수 없다
— が笑わう 귀신이 웃는다
— に金棒かな 도깨비에게 쇠방망이, 범에게 날개
— の居いぬ間まの洗濯せん 무서운 사람이 없는 동안 편히 지냄
— の首くびを取とったよう (흔히 「~な・~に」의 꼴로) 큰 공이라도 세운 듯 우쭐거림
— の目めにも涙なみだ 비정한 사람도 때로는 감동의 눈물을 흘린다
— も十八じゅう番ばんも出花でばな 귀신도 18세면 아름다우며 엽차도 갓 달이면 맛이 있다

おに あざみ [鬼ˆ薊] (植) 도깨비엉겅퀴
オニオン (onion) 어니언, 양파
おに がしま [鬼ˆ島] (옛날 이야기에 나오는) 도깨비가 살았다는 섬
おに がみ [鬼神] (사납고 무서운) 귀신, 두억시니 = きじん
おにがら やき [鬼殼燒(き)] (料) 새우를 껍질째 구운 요리
おに がわら [鬼ˆ瓦] 귀와, 귀면 기와
お にぎり [ˆ御握り] (口) 주먹밥 = 握にぎりめし・お結むすび¶ ~をほおばる 주먹밥을 먹다
お にご [鬼子] ①부모를 닮지 않은 아이 ②날 때부터 이가 나 있는 아이
おに ごっこ [鬼ˆごっこ] 술래잡기
おにっ こ [鬼っ子] → おにご
おに のかくらん [鬼ˆの霍亂] (連語) 평소 건강하던 사람이 어쩌다 병이 남
おに ば [鬼歯] 뻐드렁니
おに ばば [鬼ˆ婆] 마귀할멈 ①노파로 변신한 귀신 ②냉혹하고 심술궂은 노파
おに び [鬼火] ①귀화, 도깨비불 ②(장례에서) 출관할 때 문전에서 피우는 불
おに もつ [ˆ御荷物もつの의 공손한 말 ②부담이 되는 것, 짐스러운 존재¶ みんなの ~になる 모두의 짐이 되다
おに やらい [鬼遣い・追儺] → ついな
おに やんま [鬼やんま] (動) 장수잠자리
おに ゆり [鬼百合] (植) 참나리
おに わか [鬼若] (藝) (人形浄瑠璃じょうるりで에서 쓰는) 힘센 젊은이의 모습의 인형 머리
おにわ ばん [ˆ御庭番] (日史) (江戸と 幕府ばくの의 직명으로) 将軍しょうの 직속 밀정
お ぬし [ˆ御主] (代) (口) 그대, 자네, 너 ▷ エスㄹ러운 말
お ね [尾根] 산등성이, 능선¶ ~伝つたいに步あるく 능선을 따라 걷다

お ねじ [雄〈螺子〉・雄〈捻子〉] 수나사 ⇔ 雌めねじ
お ねしょ (幼) 자면서 오줌을 쌈, 야뇨
お の [ˆ斧] 도끼

慣用句
— の柄えˆ朽くつ 신선 놀음에 도끼자루 썩는 줄 모른다

おの [ˆ己] (古) 자기, 자신¶ ~が身み 자기 자신
おの おの [各・各各] (代) (副) 각각, 각기, 각각¶ 大中小だいちゅうの~二ふたつずつ持もつ 대 중 소 각각 두 개씩 갖다
おの が じし [ˆ己がじし] (副) (文) 각자 뜻대로, 각각 = めいめい
おの こ [ˆ男] ①남자, 남성 ②사내아이 ⇔ 女めの子こ
おのずから [ˆ自ずから] (副) 스스로, 저절로, 자연히¶ ~そうなる 저절로 그렇게 되다/ ~わかる 자연히 알게 되다
おのずと [ˆ自ずと] (副) 자연히, 저절로¶ ~力ちからが入はいる 저절로 힘이 들어가다
おのの・く [ˆ戦く] (自) (五) 몸이 떨리다, 부들부들 떨다, 전율하다¶ 恐怖きょうに~ 공포로 몸이 떨리다
おのぼり さん [ˆ御上りさん] 촌뜨기, 시골뜨기
おのれ [ˆ己] I (名) 자기 자신, 자기¶ ~を知しる 자기 자신을 알다 II (代) ①나, 저 ②너, 자네¶ ~からまず名なを名乗のれ 너부터 먼저 이름을 대라 III (感) 이놈, 네 이놈¶ ~、裏切うらぎったな 네 이놈 배반했구나

慣用句
— に勝かつ 자기 욕망이나 감정을 억제하다
— を虛むなしゅうする 자기 마음을 비우다

お ば [伯母・叔母] ①[伯母] 큰어머니, 큰외모, 큰고모, 큰이모 ②[叔母] 작은어머니, 작은외모, 작은고모, 작은이모
お ば 〈小母〉 (「~さん・~さま・~ちゃん」의 꼴로) 아주머니
おば あさん [ˆ御〈祖母〉さん] 할머니, 조모님
おば あさん [ˆ御〈姿〉さん] (늙은 여성에 대한 경칭과 친근한 표현으로) 할머니
おば うちからす [尾羽打(ち)枯らす] (連語) 지체가 높거나 권세 있는 사람이 영락하여 초라한 몰골이 되는 일
お はぎ [ˆ御萩] 찹쌀 경단 = はぎのもち
お はぐろ [ˆ御歯黑・〈鉄漿〉] 열치(涅歯), 검게 물들인 이, 이에 물들이는 액체
お ばけ [ˆ御化け] ①요괴, 도깨비¶ ~屋敷やしき 요괴가 나오는 저택/ ~が出でる 도깨비가 나오다 ②(造語) 이상할 정도로 큰 것¶ ~かぼちゃ 굉장히 큰 호박
お はこ [〈十八番〉] 십팔번, 장기, 특기¶ ~を披露ひろうする 십팔번을 보여주다
おば さん 〈小母〉さん 아주머니 = 小父おぢさん
おは じき [ˆ御〈弾き〉] 구슬치기, 구슬치기 구슬
おは しょり [ˆ御〈端折(り)〉] (服) 여자의 긴 일본옷을 허리께에 접어 올려 끈으로 맨, 그런 부분
おばすて やま [〈姨捨山〉] 나이 먹어 소용 없는 사람을 전속시켜 보내는 직장・지위
お はち [ˆ御鉢] ①밥통 ②(화산의) 분화구¶ ~

おはつ

―が回る 차례가 돌아오다

おはつ [゜御初] ①처음, 시초 ②첫물, 맏물 ③새옷, 처음 입는 옷
慣用句
―にお目にかかります 처음 뵙겠습니다

おばな [尾花] [植] 참억새, 참억새꽃
おばな [雄花] [植] 수꽃 ⇔ 雌花

おはなばたけ [゜御花畑・゜御花畠] ①「花畑」꽃밭의 공손한 말 ②고산 식물의 꽃이 많이 피어 있는 곳

おはよう [゜御早う] [感] (口) (동년배나 손아랫사람에 대한 아침 인사) 안녕하세요, 잘 잤나

おはらい [゜御払(い)] ①지불¶ ~を済ます 지불을 끝내다 ②불필요한 것을 처분함 一箱 ①(소용이 없는 사람을) 해고함¶ ~にする 해고하다/ ~になる 해고되다 ②(불필요한 물건을) 버림

おはらい [゜御祓(い)] ①神社의 신관이 기구하여 재앙을 없애는 일 ②(神社에서 발행하는) 액막이 부적

おはらめ [゜大原女] 京都 교외의 大原에서 물건을 머리에 이고 시내로 팔러 오는 여자

おはり [゜御針] (口) 바느질, 재봉 = 침모

おび [帯] ①(일본옷의) 허리띠, 띠¶ ~を結ぶ 띠를 매다 ②「帯紙・岩田帯」의 준말 ③「帯番組・帯ドラマ」의 준말
慣用句
―に短し襷に長し 허리띠로는 짧고 어깨띠로는 길다, 넘고 처지다

おびあげ [帯揚(げ)] (일본 여자옷의) 띠가 처지지 않도록 매듭에 대어 돌려매는 헝겊

おひい さま [゜御姫様] (口) 지체 높은 사람의 딸에 대한 경칭, 아가씨

おび いわい [帯祝(い)] 임신 5개월째의 술일(戌日)에 임산부가 순산을 빌며 복대를 감는 축하 행사

おび・える [゜怯える・゜脅える] [自下一] 두려워 벌벌 떨다, 무서워하다, 겁먹다¶ 物音に~ 무슨 소리에 겁을 먹다

おび がね [帯金] ①쇠테 ②끈을 꿰기 위해 칼집에 단 고리 ③띠를 맬 때 쓰는 쇠붙이

おび がみ [帯紙] ①(포장하는 데 쓰는) 종이띠 ②(版) (책 표지에 두르는) 띠종이

おび がわ [帯革・帯皮] ①가죽 허리띠, 혁대 ②(기계용) 피대

おび がわ [帯側] (일본 여자옷에서) 겹띠의 겉감으로 쓰는 두꺼운 천

お ひきずり [゜御引(き)摺り] ①길게 옷자락을 끄는 일, 그렇게 만든 옷 ②멋만 내고 일하지 않는 여자나 칠칠치 못한 여자를 조롱하는 말

おびきだ・す [゜誘(き)出す] [他五] 꾀어내다, 유인해 내다¶ ことば巧みに~ 그럴싸한 말로 꾀어내다

おびきよ・せる [゜誘(き)寄せる] [他下一] 꾀어들이다, 유인하다¶ 集魚灯で~ 집어등으로 정어리를 유인하다

おびグラフ [帯グラフ] [数] 띠그래프

おひ さま [゜御日様] (口) 해님

おひざもと [゜御膝元・゜御膝下] ①지체 높은 분의 곁 ②天皇・人・将軍 등이 살고 있는 곳, 수도¶ 江戸は天下の~ 江戸는 천하의 수도

おびじ [帯地] 띠를 만드는 천, 띠감

おびじめ [帯締(め)] (일본 여자옷의 띠가 흘러내리지 않게) 띠 위에 두르는 끈

おびしろ はだか [帯代裸] (일본 옷의) 가는 띠만 매고 있는 단정치 못한 여자의 모습

おび しん [帯゜芯] (띠의 형태가 망가지지 않도록) 띠 속에 넣는 심

お ひたし [゜御浸し] [料] 채소를 데쳐서 간장 등으로 양념한 나물

おびただし・い [゜夥しい] [形] ①엄청나다, 굉장히 많다¶ 人の波が 엄청나게 많은 인파 ②(「…こと~」의 꼴로) …하기 이를 데 없다, …하기 짝이 없다¶ きたないこと~ 더럽기 짝이 없다

お ひつ [゜御櫃] 밥통 = おはち・めしびつ

おひつじざ [牡羊座] [天] ①염소자리 ②백양궁

おび どめ [帯留(め)] (여자옷에서) 띠가 흘러내리지 않게 매는 끈, 그 양끝을 물리는 장식

おび と よし [゜御人゜好し] [名][ダ] 사람이 좋음, 호인¶ ~な性格 사람 좋은 성격

おびドラマ [帯ドラマ] [放] 연속 드라마[극]

おひな さま [゜御雛様] ①「ひなまつり」의 제단에 진열하는 작은 인형 ②삼짇날에 여자 아이를 위하여 여는 축제= ひなまつり

お ひねり [゜御捻り] 돈을 종이에 싸서 비튼 것

おび のこ [帯鋸] [機] 띠톱

おび ばんぐみ [帯番組] [放] 연속 프로그램, 연속물

おびひも [帯゜紐] 띠와 끈
慣用句
―を解く ①아무 경계심도 없이 편히 쉬다 ②(여자가 남자에게) 몸을 허락하다

おび ふう [帯封] (우송할 때 쓰는) 띠종이

お ひや [゜御冷や] (口) ①(마시는) 냉수, 찬물 ②찬밥, 식은 밥

おびやか・す [゜脅かす] [他五] 위험하다 ①겁주다, 협박하다¶ ピストルで~ 권총으로 위협하다 ②(생활・상태 등을) 위태롭게 하다¶ 生命を~ 생명을 위협하다

お ひゃくど [゜御百度] 「お百度参り」의 준말 ―参り 일정한 곳에서 신전・불전까지 100번 왕복하며 참배하면서 소원을 빎
慣用句
―を踏む ①お百度参りを하다 ②여러 번 청탁하러 찾아가다

おひやらか・す [他五] [俗] 놀리다, 조롱하다

お ひら [゜御平] [女] 운두가 낮고 넓적하며 뚜껑이 있는 공기 = 平わん

お ひらき [゜御開き] (연회 등이) 끝남, 폐회¶ 披露宴が~になる 피로연이 끝나다

お ひる [゜御昼] (口) 낮, 점심¶ ~になる 점심 시간이 되다/ ~にする 점심을 먹다

お・びる [帯びる・゜佩びる] [他上一] ①(文) (몸

에) 차다. 달다 ¶ 刀<sup>かたな</sup>を~ 칼을 차다 ②(성질을) 띠다, 머금다 ¶ 哀調<sup>あいちょう</sup>を~·びた旋律<sup>りつ</sup> 애조를 띤 선율 ③(임무를) 맡다, 띠다 ¶ 使命<sup>しめい</sup>を~·びている 사명을 띠고 있다

**おひれ** [尾鰭] ①꼬리와 지느러미 ②과장
〖慣用句〗
━**を付ける** 사실보다 과장하다, 보태어 말하다 ¶ 話<sup>はなし</sup>に~ 이야기를 보태어 말하다

**おびれ** [尾鰭] 〖動〗 꼬리지느러미
**おひろい** [°御拾い] 걸으심
**おひろめ** [°御披露目] ①피로 ②(기생 등이) 처음으로 연회석에 나감, 그때 하는 인삿말
**オフ** (off) 오프 ①(전기 기구 등의) 스위치가 켜 있지 않음, 꺼져 있음 ②〖造語〗 떨어져 있음, 밖에 있음 ━**リミット** (off limits) 출입 금지 ━**レコ** 보도・발표하지 않음
**オフィス** (office) 사무실, 회사, 관청 ━**オートメーション** (office automation) 〖工〗 사무 자동화 ━**コンピューター** (office computer) 〖컴〗 사무실용 소형 컴퓨터
**おぶ** [負(女)(幼)] ①더운물, 차 ②목욕
**おぶ・う** [負ぶう] 〖他五〗 업다 ¶ 赤<sup>あか</sup>ん坊<sup>ぼう</sup>を~ 아기를 업다
**おふくろ** [°御袋] 어머니 ⇔ 親父<sup>おやじ</sup>
**おふくわけ** [°御福分け] 남에게 받은 물건을 다른 사람에게 나누어 줌 = おすそわけ
**オフサイド** (offside) 오프사이드. (축구 등에서) 경기 불허 위치에서 경기하는 반칙
**おぶさ・る** [負ぶさる] 〖自五〗(口) ①업히다 ②(남의 힘・돈에) 의지하다, 기대다, 얹히다 ¶ 他人<sup>たにん</sup>に~·って生活<sup>せいかつ</sup>する 남에게 의지하여 생활하다
**オブジェクト** (object) 오브젝트 ①객관, 대상, 객체 ②〖文法〗 목적어, 목적격
**オフショア** (offshore) 〖造語〗 오프쇼어. 역외의, 권역외의 ━**市場**<sup>しじょう</sup> 〖經〗 오프쇼어 시장 ━**生産**<sup>せいさん</sup> 〖經〗 오프쇼어 생산, 역외 생산
**オプショナル** (optional) 〖造語〗 옵셔널, 임의의 ━**ツアー** (optional tour) 옵셔널 투어. (단체여행에서) 별도 희망자만 참가하는 여행
**オプション** (option) 옵션 ①자유 선택, 선택권 ②〖機〗 (표준 장비 이외의) 선택 부품 ③'オプション取引<sup>とりひき</sup>'의 준말 ━**取引**<sup>とりひき</sup> 〖經〗 옵션 거래, 매매 선택권 거래
**おふせ** [°御布施] 시주, 보시 ¶ ~を包<sup>つつ</sup>む 시주돈을 싸서 내놓다
**オフセット** (offset) 〖版〗 오프셋 ━**印刷機**<sup>いんさつき</sup> 오프셋 인쇄기
**おふだ** [°御札] (神社<sup>じんじゃ</sup>・절에서 발행하는) 부적
**おぶつ** [汚物] 〖名〗 오물 ¶ ~処理施設<sup>しょりしせつ</sup> 오물 처리 시설
**おふでさき** [°御筆先] (天理教<sup>てんりきょう</sup> 등에서) 신의 계시를 교주가 써 두었다는 문서, 신의 계시
**オブラート** (독 Oblate) 오블라토
〖慣用句〗
━**に包**<sup>つつ</sup>**む** 듣기 좋은 말로 얼버무리다. 노골적인 표현을 피해 완곡하게 말하다
**オフライン** (off-line) 〖컴〗 오프라인. 단말기가 본체와 연결되어 있지 않은 상태 ⇔ オンライン

**おふる** [°御古] 헌 것, 낡은 것, 퇴물림
**おふれ** [°御触(れ)] 통지・명령, 공고 ¶ ~を出<sup>だ</sup>す 공고를 내다 ━**書**<sup>がき</sup> 江戸<sup>えど</sup>시대에 幕府<sup>ばくふ</sup>가 大名<sup>だいみょう</sup> 등이 일반인에게 알리던 공고문
**おべっか** (口) 아부, 아첨, 알랑거림, 그런 말 ¶ ~を使<sup>つか</sup>う 아부하다
**オペック** [OPEC] 〖政〗 오펙. 석유 수출국 기구
**おへやさま** [°御部屋様] (江戸<sup>えど</sup>시대에) 大名<sup>だいみょう</sup> 등 귀인의 첩에 대한 경칭
**オペラ** (이 opera) 〖音〗 오페라 ━**グラス** (opera glass) 오페라 글라스 ━**ハウス** (opera house) 오페라 하우스 ━**ブッファ** (이 opera buffa) 〖音〗 오페라 부파. 이탈리아 희가극 ⇔ オペラセリア
**オペラコミック** (프 opéra-comique) 〖音〗 오페라 코믹. 희가극 = コミックオペラ
**オベリスク** (obelisk) 오벨리스크. (고대 이집트의) 방첨탑
**オペレーション** (operation) 오퍼레이션 ①〖經〗 중앙 은행의 시장 조작 ②수술 ③군사 작전 ④(기계류의) 운전, 조작
**オペレーター** (operator) 오퍼레이터 ①(기계류의) 조작원 ②해운업자, 선박 운수 업자
**オペレーティング システム** (operating system) 〖컴〗 오퍼레이팅 시스템 ▷ 약어는 OS
**オペレッタ** (이 operetta) 〖音〗 오페레타. 경가극
**おべんちゃら** (俗) 알랑거리는 말, 듣기 좋은 말 ¶ ~を言<sup>い</sup>う 듣기 좋은 말을 하다
**おぼえ** [覚え] ①기억, 이해, 습득 ¶ ~が悪<sup>わる</sup>い 기억력이 나쁘다, 이해가 더디다 ② …한 기억[적] ¶ 身<sup>み</sup>に~がない …한 적이 없다/彼<sup>かれ</sup>には会<sup>あ</sup>った~がある 그를 만난 기억이 있다 ③(자신) 腕<sup>うで</sup>に~がある 솜씨에 자신이 있다 ④신임, 신뢰 ¶ 上役<sup>うわやく</sup>の~がめでたい 상사의 신임이 두텁다 ⑤비망, 각서, 메모
**おぼえがき** [覚(え)書(き)] 각서 ①메모, 비망록 ②〖政〗 조약에 부대되는 간단한 외교 문서 = メモランダム ¶ ~を交<sup>か</sup>わす 각서를 교환하다 ▷ ②는 「覚書」라고 씀
**おぼえこ・む** [覚(え)込む] 〖他五〗 잘 기억하다, 잘 익히다 ¶ 操作<sup>そうさ</sup>の仕方<sup>しかた</sup>を~ 조작 방법을 잘 익히다
**おぼえず** [覚えず] 〖副〗(文) 부지중에, 무의식중에, 자기도 모르게 ¶ ~ため息<sup>いき</sup>をつく 부지중에 한숨을 쉬다
**おぼ・える** [覚える] 〖他下一〗 ①[°憶える] 기억하다 ¶ 筆順<sup>ひつじゅん</sup>を~ 필순을 기억하다 ②배우다, 익히다, 습득하다 ¶ 技術<sup>ぎじゅつ</sup>を~ 기술을 익히다 ¶ 요령을 터득하다 ③느끼다 ¶ 寒<sup>さむ</sup>さを~ 추위를 느끼다
**おぼこ** (口) Ⅰ〖名〗 ①순진함, 그런 사람 ¶ ~娘<sup>むすめ</sup> 순진한 처녀 ②숫처녀 Ⅱ〖名〗 숭어의 치어
**おぼし・い** [°思しい] 〖形〗(文) 「…と~」의 꼴로) …라고 생각되다, …처럼 보이다 ¶ 高校生<sup>こうこうせい</sup>と~少女<sup>しょうじょ</sup> 고교생처럼 보이는 소녀
**おぼしめし** [°思(し)召(し)] ①뜻, 의향, 생각 ¶ 神<sup>かみ</sup>の~ 신의 뜻 ②(상대방의) 배려 ¶ 格

おぼしめす

別<sup>べつ</sup>の~ 각별한 배려 ③(俗) (이성에 대한) 관심, 마음¶ 客<sup>きゃく</sup>は彼女に~があるようだ 손님은 그녀에게 마음이 있는 것 같다

**おぼしめ・す** [^思(し)召す] [他五] 생각하시다, 여기시다¶ ばかなやつと~・してお許しください 바보같은 놈이라 여기시고 용서해 주십시오

**おぼつかな・い** [覚束ない] [形] ①(잘 될지) 의심스럽다, 가망이 없다¶ 成功<sup>せいこう</sup>は~ 성공은 가망이 없다 ②불안하다, 미덥지 못하다¶ ~足どり 불안한 발걸음 ③확실치 않다, 희미하다¶ ~記憶<sup>きおく</sup>をたどる 확실치 않은 기억을 더듬다

**おぼっちゃま** [^御坊ちゃま] ①도련님 ②세상 물정 모르고 자란 남자, 궁도령

**おぼれじに** [溺れ死(に)] 물에 빠져 죽음, 익사

**おぼれだに** [溺れ谷] [地] 익곡

**おぼ・れる** [溺れる] [自下一] 빠지다 ①물에 빠지다, 익사하다¶ プールで~ 풀에 빠지다 ② 열중하다, 탐닉하다¶ 酒<sup>さけ</sup>に~ 술에 빠지다 [慣用句]
—者<sup>もの</sup>は藁<sup>わら</sup>をも攔<sup>つか</sup>む 물에 빠진 사람은 지푸라기라도 잡는다

**おぼろ** [^朧] Ⅰ [ダ] 희미함, 어슴푸레함, 몽롱함, 어렴풋함¶ ~にかすんで見える 어슴푸레하게 보이다 Ⅱ [名] [料] 생선의 흰살을 으깨고 양념하여 볶거나 찐 식품

**おぼろぐも** [^朧雲] [高層雲<sup>こうそううん</sup>]의 딴이름

**おぼろげ** [^朧げ] [ダ] 희미함, 어렴풋함¶ ~な記憶 희미한 기억/ ~に思<sup>おも</sup>い出<sup>だ</sup>す 어렴풋하게 생각나다

**おぼろこぶ** [^朧昆布] 초를 친 다시마를 얇고 가늘게 썬 식품

**おぼろづき** [^朧月] 으스름달 —夜<sup>よ</sup> 으스름 달밤= おぼろ夜<sup>よ</sup>

**おぼろよ** [^朧夜] 으스름 달밤

**おぼん** [^お盆] [^盂蘭盆会<sup>うらぼんえ</sup>]의 준말. 우란분재, 백중맞이

**おまいり** [^御参り] 신불을 참배하러 감, 참배

**おまえ** [^御前] [代] 너, 자네¶ もう~も子供<sup>こども</sup>ではない 이제 너도 어린애가 아니다

**おまけ** [^御負(け)] [名] [他スル] (口) ①(값을) 깎아 줌, 에누리¶ 百円<sup>ひゃくえん</sup>~する 백 엔 깎아주다 ②덤, 경품, 부록¶ ~のおもちゃ 경품으로 붙은 이야기에 덧거리가 붙다 —に [腰] (口) 게다가, 그 위에

**おませ** [名] [ダ] (口) 조숙함, 조숙한 아이

**おまちかね** [^御待(ち)兼ね] [名] (口) 학수고대¶ ~のお年玉<sup>としだま</sup> 학수고대하는 새해 선물

**おまちどおさま** [^御待(ち)遠様] [感] (口) (상대방을 기다리게 해서 미안하다는 인사말) 오래기다리셨습니다¶ どうも~ 오래 기다리셨습니다¶ ~です/~でした 의 꼴로도 씀

**おまつ** [雄松] [くろまつ]의 딴이름

**おまつりさわぎ** [^御祭(り)騒ぎ] ①축제로 떠들썩함, 축제로 인한 법석¶ ~は夜<sup>よる</sup>遅<sup>おそ</sup>くまで続<sup>つづ</sup>いた 축제로 인한 법석은 밤늦게까지 계

속되었다 ②(축제 때처럼) 시끌벅적함, 떠들썩함¶ サッカーの優勝<sup>ゆうしょう</sup>で~になった 축구 우승으로 떠들썩해졌다

**おまもり** [^御守(り)] (神社<sup>じんじゃ</sup>나 절의) 부적¶ ~を身につける 부적을 몸에 지니다

**おまる** [^御虎子] (유아용) 변기, 요강

**おまわりさん** [^御巡りさん] (口) 순경 아저씨, 경찰 아저씨¶ ~に道<sup>みち</sup>を聞<sup>き</sup>く 순경 아저씨에게 길을 묻다

**おまんま** [^御飯] (俗) 밥, 식사¶ こうひまじゃ、~の食<sup>く</sup>いあげだ 이렇게 일이 없어서야 밥벌어먹기도 다 틀렸다

**おみ** [^御御・^御](接頭) «일본 고유어 명사에 붙어» 정중・존경의 뜻을 나타냄¶ ~くじ 제비/ ~帯<sup>おび</sup> 띠/ ~大<sup>おお</sup>きい 크시다

**おみ** [^御身] 옥체, 존체= おんみ¶ ~お大事<sup>だいじ</sup>に 옥체 보존하십시오

**おみあし** [^御御足] 남의 발에 대한 높임말

**おみおつけ** [^御御^御汁] 된장국

**おみかぎり** [^御見限り] (口) 정나미가 떨어져 상대하지 않음, 발을 끊음

**おみき** [^御神酒] ①제주 ②(俗) 술, 약주¶ ~がまわる 술이 거나해지다 —徳利<sup>とっくり</sup> ①술을 담아 신전에 바치는 한 쌍의 술병 ②①처럼 보이는 한 쌍, 항상 붙어다니는 두 사람

**おみくじ** [^御^御^籤・^御^神籤] (神社<sup>じんじゃ</sup>나 절에서 길흉을 점쳐 보는) 제비¶ ~を引<sup>ひ</sup>く 제비를 뽑다

**おみこし** [^御神輿] ①제례 때 신을 모시는 가마 ②(俗) 허리, 궁둥이¶ やっと~をあげる 겨우 자리에서 일어나다, 비로소 착수하다

**おみそれ** [^御見逸れ] [名] [他スル] ①알아차리지 못함, 알아뵙지 못함¶ もう少<sup>すこ</sup>し~で~するところでした 하마터면 알아뵙지 못할 뻔했습니다 ②(남의 능력 등을) 알아모시지 못함, 과소 평가함, 가볍게 봄¶ これは~しました、立派<sup>りっぱ</sup>なものです 이거 알아모시지 못했습니다 훌륭하십니다

**おみなえし** [<女郎花>] [植] 마타리

**おみなご** [女子] (文) 여자 아이, 여아

**おみぬぐい** [^御御^拭(い)] [佛] 절에서 본존불을 흰 수건으로 닦아 깨끗이 하는 의식

**おみみ** [^御耳]
[慣用句]
—に入<sup>い</sup>れる 귀에 들어가게 하다, 말씀드리다

**おむすび** [^御結び] 주먹밥= お握<sup>にぎ</sup>り

**おむつ** [^御<襁褓>] 기저귀= むつき・おしめ¶ ~をあてる 기저귀를 채우다

**オムニバス** (omnibus) 옴니버스 ①독립된 몇 개의 단편을 하나로 묶은 영화 작품 ②합승 자동차

**おめ** [^御目] 눈, 보는 눈, 안목¶ ~をけがす 눈을 더럽히다
[慣用句]
—に掛<sup>か</sup>かる 만나뵙다
—に掛<sup>か</sup>ける 보여드리다
—に留<sup>と</sup>まる 눈에 들다, 인정을 받다

**おめい** [汚名] 오명, 불명예스러운 평판¶ ~をすすぐ 오명을 씻다

**おめおめ** [副] 염치없이, 뻔뻔스럽게, 순순히¶ 〜と帰る 염치없이 돌아가다/ 〜と引き下がる 순순히 물러서다

**オメガ** (그 omega; Ω・ω) 오메가 ①그리스어 자모의 마지막 글자 ②끝, 최후 ⇔アルファ¶ アルファから〜まで 처음부터 끝까지

**おめかし** [名][自スル] 모양을 냄, 멋을 부림
**おめがね** [^御眼鏡] ①안경 ②(사물을) 제대로 보는 눈, 감식안

[慣用句]
**—に叶う** (윗사람의) 눈에 들다, 인정을 받다¶ 先生の〜 선생님의 눈에 들다

**おめ・く** [^喚く] [自五][文] 소리지르다, 부르짖다, 외치다¶ 大声で〜 큰소리로 부르짖다

**おめざ** [名][幼] ①잠에서 깸 ②어린이가 잠에서 깨었을 때 먹는 과자 : めざまし

**おめし** [^御召(し)] ①청하심, 부르심, 타심, 입으심¶ 〜により参りました 부르셔서 왔습니다¶「御召し物」의 준말 ③「御召し縮緬」의 준말 —**縮緬**(ちりめん) 선염한 연사로 짠 오글오글한 견직물 —**物** 옷, 의복 —**列車**(れっしゃ) 天皇(てんのう)・皇后(こうごう) 타는 특별 열차

**おめずおくせず** [^怖めず臆せず] [連語] 겁내거나 주눅들지 않고, 당당하게¶ 〜行動する 당당하게 행동하다

**おめだま** [^御目玉] [口] 꾸중, 야단¶ 〜を食う 꾸중을 듣다

**おめでた** (결혼・출산 등의) 경사¶ 〜がつづく 경사가 계속되다

**おめでた・い** [形] ①경사스럽다¶ 〜この日 경사스러운 날 ②[反] 어수룩하다, 어리석다¶ 〜人だね 어수룩한 사람이군

**おめでとう** [感] (축하하는 인사말) 축하한다¶ 誕生日(たんじょうび)〜 생일을 축하한다/ あけまして〜ございます 새해 복많이 받으십시오

**おめみえ** [^御目見得] [名][自スル] ①(지체 높은 분을) 만나뵘, 배알함¶ 閣下(かっか)に〜する 각하를 배알하다 ②(고용인이) 시험삼아 며칠 일을 해보임¶ 奉公人(ほうこうにん)〜にきた 고용인이 시험삼아 며칠 일하러 왔다 ③[歌] (歌舞伎(かぶき) 배우 등의) 첫 무대, 새로 온 배우가 첫 선을 보임, 그 공연¶ 〜興行(こうぎょう) 첫 선을 보이는 흥행 ④첫 선을 보임, 처음 공개됨¶ 新型(しんがた)の車〜 신형차가 처음 첫 선을 보였다 ⑤[日史] 江戸시대 将軍을 직접 알현하던 일, 그런 신분

**おめもじ** [^御目文字] [名][自スル][女] 만나뵘¶ 〜のうえ 만나뵙고서

**おも** [面] ①[造語] 얼굴¶ 〜ざし 얼굴 모습/ 長(なが)き 갸름한 얼굴 ②[文] 표면¶ 水(みず)の〜 수면

**おも** [主・重] [ダ] 주됨, 주요함, 중요함¶ 〜な点 주된 점/ 〜な議題 주요한 의제

**おもい** [思い] ①[文] 생각¶ 〜を述(の)べる 생각을 말하다 ②느낌, 기분, 심정¶ 怖(こわ)い〜をする 무서운 기분이 들다/ 身(み)につまされる〜だった 남의 일같지 않게 딱하게 느껴졌다 ③뜻, 예상¶ 〜どおり 예상대로다 ④생각, 추억¶ 昔(むかし)の〜 옛생각/ 〜にふける 추억에 잠기다 ⑤소원, 바람, 뜻¶ 〜を遂(と)げる 소원을 이루다/ 〜かなう 소원이 이루어지다 ⑥연정, 애정¶ 〜を寄(よ)せる 사모하다 ⑦한, 원한¶ 〜を残(のこ)す 한을 남기다 ⑧근심, 걱정, 시름¶ 〜に沈(しず)む 시름에 잠기다 ⑨(명사에 붙어) …을 끔찍이 생각함[사랑함]¶ 親(おや)〜の息子(むすこ) 부모를 끔찍이 생각하는 아들

[慣用句]
**—半(なか)ばに過(す)ぎる** [文] (나머지는) 충분히 짐작이 가다, 짐작하고도 남음이 있다
**—も掛(か)けない** 미처 생각지도 못하다
**—も寄(よ)らない** 미처 생각도 못하다, 뜻밖이다
**—を懸(か)ける** 연정을 품다, 사모하다
**—を馳(は)せる** [文] (시간・공간적으로) 먼 것에 대해 이것 저것 생각하다
**—を晴(は)らす** ①소원을 이루다 ②불만・시름을 풀다 ③한을 풀다

**おも・い** [重い] [形] 무겁다 ①무게가 나가다¶ 〜荷物(にもつ) 무거운 짐 ②(기분이) 개운하지 않다, (언행이) 묵직하다, 둔하다¶ 〜足(あし)どり 무거운 발걸음/ 頭(あたま)が〜 머리가 개운치 않다/ 口(くち)が〜 입이 무겁다 ③중대하다, 중요하다¶ 〜責任(せきにん)が〜 책임이 무겁다 ④(정도가) 심하다¶ 〜罪(つみ) 무거운 죄/ 病気(びょうき)が〜 병이 위중하다 ▷ ①〜④ ⇔ 軽い

**おもいあ・う** [思い合う] [自五] ①서로 사모하다[사랑하다]¶ 〜った仲 서로 사랑하는 사이 ②우연히 생각이 일치하다, 같은 생각을 하다

**おもいあがり** [思い上がり] 우쭐해 함, 잘난 체함¶ 〜も甚(はなは)だしい 우쭐함이 지나치다

**おもいあが・る** [思い上がる] [自五] 우쭐해하다, 잘난 체하다¶ 〜った態度 잘난 체하는 태도

**おもいあた・る** [思い当(た)る] [自五] (미루어) 짐작이 가다, 짚이다¶ 〜節(ふし)がある 짚이는 바가 있다

**おもいあま・る** [思い余る] [自五] (궁리해 보아도) 생각이 떠오르지 않다¶ 〜って相談(そうだん)する 생각다 못해 상의하다

**おもいあわ・せる** [思い合(わ)せる] [他下一] 견주어 생각하다, 관련시켜 생각하다¶ あれこれと〜 이것저것 견주어 생각하다

**おもいいた・る** [思い至る] [文] (궁리 끝에) 생각이 미치다¶ そこまでは〜らなかった 거기까지는 생각이 미치지 못했다

**おもいいれ** [思い入れ] ①깊이 생각함, 생각에 잠김¶ 著者(ちょしゃ)の〜が感(かん)じられる作品 저자의 깊은 생각이 느껴지는 작품 ②(배우가) 말없이 심정을 나타냄, 그런 동작・표정

**おもいうか・べる** [思い浮(か)べる] [他下一] 마음속에 그리다[떠올리다], 생각해 내다¶ 故郷(こきょう)を〜 고향을 마음속에 그리다

**おもいえが・く** [思い描く] [他五][文] (장차의 일을) 마음속에 그리다, 상상하다¶ 将来(しょうらい)の生活(せいかつ)を〜 장래의 생활을 마음속에 그리다

**おもいおこ・す** [思い起(こ)す] [他五][文] (의식적으로) 생각해 내다, 상기하다¶ 昔(むかし)の

おもいおもい [思い思い] 副 각자 생각대로, 제 나름대로¶ ～の意見を述べる 각자 나름대로의 의견을 말하다

おもいかえ・す [思い返す] 他五 ①돌이켜 생각하다, 회상하다, 회고하다¶ 当時を～・して見る 당시를 돌이켜 생각해 보다 ②고쳐 생각하다, 생각을 바꾸다

おもいがけず [思い掛けず] 副 뜻밖에, 뜻하지 않게, 예치치 않게¶ ～に成功した 뜻밖에도 성공했다

おもいがけな・い [思い掛けない] 形 뜻밖이다, 예상 밖이다, 의외이다¶ ～事件に巻き込まれる 뜻밖의 사건에 말려들다

おもいきや [思いきや] 副 (口) (…라고) 생각했으나 뜻밖에도¶ もう来ないと～ましても来た 이젠 오지 않겠지 생각했으나 뜻밖에도 또 왔다

おもいきり [思い切り] 선뜻 단념함, 체념함¶ ～が悪いは 선뜻 체념하지 못하다 II 副 마음껏, 실컷¶ ～暴れる 마음껏 날뛰다

おもいき・る [思い切る] I 他五 ①단념하다, 체념하다¶ かぜのため出張を～ 감기 때문에 출장을 단념하다 ②(「～・って」의 꼴로) 과감히, 대담하게, 큰맘 먹고¶ ～・って発言する 과감히 발언하다 ③(「～・った」의 꼴로) 과감한, 대담한¶ ～・った手を打つ 대담한 수를 쓰다 II 自五 결심하다, 각오하다

おもいくっ・する [思い屈する] 自サ変 (文) 풀이 죽다, 울적해지다, 우울해지다

おもいこ・む [思い込む] 自五 ①굳게 믿다, 확신하다¶ 事実だと～ 사실이라고 군게 믿다 ②깊이 마음먹다, 결심하다¶ ～んだら命がけ 한번 마음먹으면 결사적임

おもいざし [思い差し] 상대편에게 마음이 있어 술을 권함

おもいしら・せる [思い知らせる] 他下一 뼈저리게 느끼게 하다, 절실히 깨닫게 하다¶ 芸の厳しさを～ 기예의 엄격함을 뼈저리게 느끼게 하다

おもいし・る [思い知る] 他五 뼈저리게 느끼다, 절감하다, 절실히 깨닫다¶ 自分が未熟なことを～ 자신이 미숙한 것을 절감하다

おもいすごし [思い過ごし] 지나친 생각, 쓸데없는 걱정, 기우¶ それはあなたの～ですよ 그것은 당신의 지나친 생각입니다

おもいすご・す [思い過(ご)す] 他五 지나치게 생각하다, 쓸데없이 걱정하다

おもいだしわらい [思い出し笑い] (지난 일을) 생각하고 혼자 웃음

おもいだ・す [思い出す] 他五 (지난 일을) 생각해 내다, 상기하다, 회상하다¶ 若いころを～ 젊은 시절을 회상하다

おもいた・つ [思い立つ] 他五 (하려고) 마음먹다, 결심하다¶ 勉強しようと～ 공부하려고 마음먹다

慣用句
一日が吉日 (하려고) 마음먹은 날이 길일이다

おもいちがい [思い違い] 名 自スル 잘못 생각함, 오해, 착각¶ とんだ～をする 엉뚱한 오해를 하다

おもいつき [思い付き] 생각, 착상, 발상¶ いい～ 좋은 착상/ ほんの～に過ぎない 단지 발상에 불과하다

おもいつ・く [思い付く] 他五 생각해 내다 ①문득 생각이 떠오르다¶ 名案を～ 명안을 생각해 내다 ②(잊었던 일을) 기억해 내다¶ 急用を～・いた 급한 볼일이 생각났다

おもいつ・める [思い詰める] 他下一 (외곬으로) 깊이 생각하다, 골똘히 생각하다¶ ～めた表情 골똘히 생각하는 표정

おもいで [思い出・想い出] 추억, 추억거리¶ ～話 추억담/ いい～を残す 좋은 추억을 남기다

おもいどおり [思い通り] 副 생각한 대로, 뜻대로¶ ～に事を運ぶ 생각한 대로 일이 진행되다

おもいとどま・る [思い止まる・思い留まる] 他五 (하려던 것을) 그만두다, 단념하다¶ 引退を～ 은퇴를 단념하다

おもいなお・す [思い直す] 他五 고쳐 생각하다, 생각을 바꾸다, 재고하다¶ 結婚を～ 결혼을 다시 생각해보다

おもいなしか [思いなしか] 連語 생각 탓인지, 그렇게 생각해서인지¶ ～元気がない 그렇게 생각해서인지 기운이 없다

おもいな・す [思いなす] 他五 (文) …라고 생각하다

おもいなや・む [思い悩む] 他五 (이것저것) 생각하며 고민하다¶ 将来を～ 장래를 생각하며 고민하다

おもいのこ・す [思い残す] 他五 미련을 남기다¶ 今何も～ことはない 이젠 아무런 미련도 없다

おもいのたけ [思いの丈] (어떤 사람을) 생각하는(사모하는) 마음의 전부¶ ～を述べる (사모하는) 마음속을 다 말하다

おもいのほか [思いの外] 副 뜻밖에, 의외에¶ ～の好成績 뜻밖의 좋은 성적

おもいのまま [思いの儘] 名 뜻대로, 마음대로, 마음껏¶ ～に操る 마음대로 조종하다

おもいめぐら・す [思い巡らす] 他五 두루 생각하다, 여러모로 생각하다

おもいもう・ける [思い設ける] 他下一 (文) (미리) 생각하다, 예상하다, 예기하다¶ ～・けぬ事件 예기치 못한 사건

おもいもの [思い者] ①애인, 연인 ②첩

おもいやり [思い遣り] 남의 기분을 헤아림, 배려, 동정심¶ ～が足りない 배려가 부족하다

おもいや・る [思い遣る] 他五 ①(멀리 있는 것을) 아득히 생각하다, 그리다¶ 故郷の母を～ 고향의 어머님을 아득히 그리다 ②(남의 기분을) 헤아리다, 동정하다 ③(「～られる」의 꼴로) 염려되다, 걱정되다¶ 将来が～・られる 장래가 걱정되다

**おもい わずら・う**[思い煩う] 他五(文) 이것저것 생각하고 괴로워하다, 고민하다¶ 進路<sub>しんろ</sub>について~ 진로에 대해서 고민하다

**おも・う**[思う・^想う] 他五 생각하다 ①여기다, 느끼다¶ 結果<sub>けっか</sub>を不満<sub>ふまん</sub>に~ 결과를 불만스럽게 여기다 ②예상하다, 상상하다, 추측하다¶ ~ったほどひどくはない 생각했던 만큼 심하지는 않다 ③그리워하다¶ 故郷<sub>こきょう</sub>を~ 고향을 그리워하다 ④판단하다¶ これで十分<sub>じゅうぶん</sub>だと~ 이것으로 충분하다고 생각한다 ⑤[^念う] 바라다, 소망하다¶ なかなか~ようにはならない 좀처럼 생각대로 되지 않는다 ⑥마음이 끌리다, 사랑하다¶ わが子<sub>こ</sub>を~気持<sub>きも</sub>ち 내 자식을 사랑하는 마음 ⑦마음먹다, 결심하다¶ 二度<sub>にど</sub>と行<sub>い</sub>くまいと~ 두 번 다시 가지 않겠다고 마음먹다 ⑧믿다¶ この世<sub>よ</sub>に神<sub>かみ</sub>はいると~ 이 세상에 신은 있다고 믿는다

[慣用句]

**一に任<sub>まか</sub>せない** (일이) 뜻대로 되지 않다

**一念力<sub>ねんりき</sub>岩<sub>いわ</sub>をも通<sub>とお</sub>す** 열심히 노력하면 안 될 일이 없다

**おもうさま**[^御父様](宮) 아바마마

**おもうさま**[思う様] 副 마음껏, 실컷¶ ~いじめてやる 실컷 괴롭혀 주다

**おもうぞんぶん**[思う存分] 副 마음껏, 실컷, 충분히¶ ~遊<sub>あそ</sub>ぶ 실컷 놀다

**おもうつぼ**[思う壺] 連語 바라던[의도한] 바¶ 敵<sub>てき</sub>の~にはまる 적이 바라던 대로 되다

**おもうに**[思うに・^惟うに] 副 생각컨대¶ ~彼<sub>かれ</sub>はまだ子供<sub>こども</sub>なんだ 생각컨대 그는 아직 어린아이다

**おもうまま**[思うまま] 副 생각대로, 하고 싶은대로, 뜻대로¶ すべてが~に運<sub>はこ</sub>んだ 모든 것이 뜻대로 진척되었다

**おも・える**[思える] 自下一 생각되다, 여겨지다¶ 人<sub>ひと</sub>のしわざとは~えない 사람의 짓이라고는 여겨지지 않는다

**おもおもし・い**[重重しい] 形 ①묵직하고 위엄이 있다¶ ~口調<sub>くちょう</sub> 묵직하고 위엄이 있는 어조 ②엄중하다, 답답하다¶ ~雰囲気<sub>ふんいき</sub> 답답한 분위기 ▷ ①② ⇔ 軽軽<sub>かるがる</sub>しい

**おもがい**[面繫・×羈] 재갈에 매어 말 머리 위로 걸치는 장식 끈

**おもかげ**[面影・^俤] ①(마음에 떠오르는) 모습¶ 昔<sub>むかし</sub>の~がなくなった 옛모습이 사라졌다 ②얼굴 모습, 용모¶ 若<sub>わか</sub>いときの母<sub>はは</sub>の~がある 젊은 시절의 어머니의 얼굴 모습이 있다

**おもかじ**[面舵] ①뱃머리가 오른쪽으로 가도록 키를 잡음¶ ~いっぱい 키를 오른쪽으로 잔뜩 꺾어라 ②우현 ▷ ①② ⇔ 取舵<sub>とりかじ</sub>

**おもがわり**[面変(わ)り] 얼굴 모습이 달라짐, 변모함¶ 成長<sub>せいちょう</sub>して~がする 성장하여 얼굴 모습이 달라지다

**おもき**[重き] 중요함, 중점

[慣用句]

**一を置<sub>お</sub>く** 중점을 두다, 중시하다

**一を成<sub>な</sub>す** 중요한 자리를 차지하다

**おもくるし・い**[重苦しい] 形 답답하다, 숨 막힐 듯하다¶ ~沈黙<sub>ちんもく</sub>が続<sub>つづ</sub>く 숨막힐 듯한 침묵이 계속되다

**おもさ**[重さ] 무게 ①무거움, 무거운 정도¶ その~といったら 그 무거운 정도라니 ②중량¶ ~をはかる 무게를 달다 ③중요함, 중대함¶ 責任<sub>せきにん</sub>の~ 책임의 중대함 ④[物] 물체에 작용하는 중력의 크기

**おもざし**[面差(し)] 얼굴 모습, 얼굴 생김새¶ 祖父<sub>そふ</sub>に~が似ている 할아버지와 얼굴 생김새가 닮았다

**おもし**[重石] ①누름돌, 김칫돌¶ ~をのせる 누름돌을 얹다 ②저울추 ③남을 위압하는 힘, 위력, 관록¶ 指導者<sub>しどうしゃ</sub>としての~ 지도자로서의 관록

**おもしろ・い**[面白い] 形 재미있다 ①즐겁다, 유쾌하다¶ ~芝居<sub>しばい</sub> 재미있는 연극/ ~く過<sub>す</sub>ごす 즐겁게 지내다 ②흥미 있다¶ 試合<sub>しあい</sub>が~くなる 경기가 흥미로워지다 ③우습다, 우스꽝스럽다¶ ~顔<sub>かお</sub> 우스꽝스러운 얼굴

**おもしろおかし・い**[面白(可笑)しい] 形 재미있고 유쾌하다¶ ~暮<sub>く</sub>らす 재미있고 유쾌한 생활

**おもしろくな・い**[面白くない] 形 재미없다 ①시시하다¶ ~話<sub>はなし</sub> 시시한 이야기 ②언짢다, 좋지 않다, 불만스럽다¶ 成<sub>な</sub>り行<sub>ゆ</sub>きが~になっていく 되어가는 상태가 좋지 않다/ 言<sub>い</sub>われた当人<sub>とうにん</sub>は~ 말을 들은 당사자는 언짢다

**おもしろずく**[面白尽く] 名 재미로[장난삼아] 함, 흥미 본위¶ ~でやられてはたまらない 장난삼아 하면 곤란하다

**おもしろはんぶん**[面白半分] 名 반은 농으로 반은 재미, 장난삼아¶ ~にからかう 장난삼아 놀리다

**おもた・い**[重たい] 形 무겁다 ①묵직하다¶ 荷物<sub>にもつ</sub>が~ 짐이 묵직하다 ②(기분・언행이) 답답하다, 개운하지 않다¶ ~足取<sub>あしど</sub>り 무거운 걸음걸이/ 気<sub>き</sub>が~ 기분이 개운치 않다

**おもだか**[沢瀉][植] 택사, 벗풀

**おもたせ**[^御持たせ] (손님이) 가져오신 선물¶ ~で失礼<sub>しつれい</sub>ですが 가지고 오신 선물이어서 미안합니다만

**おもだち**[面立ち] 얼굴 모습, 용모¶ ~がいい 용모가 좋다

**おもだった**[主立った・重立った] 連体 (어느 집단 중에서) 주가 되다, 중심이 되다¶ ~面々<sub>めんめん</sub> 중심이 되는 사람들

**おもちゃ**[玩具] ①완구, 장난감, 장난감= がんぐ¶ ~の自動車<sub>じどうしゃ</sub> 장난감 자동차 ②노리개

[慣用句]

**一にする** 가지고 놀다, 노리개로 삼다

**おもて**[表] ①겉, 겉면, 앞면¶ 紙<sub>かみ</sub>の~と裏<sub>うら</sub> 종이의 앞면과 뒷면/ 裏<sub>うら</sub>~にシャツを着<sub>き</sub>る 앞뒤로 셔츠를 뒤집어 입다 ②겉모양, 외양¶ ~を飾<sub>かざ</sub>る 외양을 꾸미다 ③표면에 나타나는 것, 공식적임¶ ~の理由<sub>りゆう</sub> 표면상의 이유 ④바깥, 집밖, 문밖¶ ~へ行<sub>い</sub>く 바깥으로 나가다 ⑤(건물의) 앞쪽, 정면, 현관¶ ~から家<sub>いえ</sub>

**おもて** 【面】 (것) ①얼굴, 낯¶ ~を伏ふせる 얼굴을 숙이다 ②겉면, 표면¶ 海うみの~ 해면 ③가면, 탈
[慣用句]
―を上あげる 얼굴을 들다

**おもで** 【重手・重傷】 중상, 심한 상처＝深手ふかで¶ ~を負おう 중상을 입다

**おもて あみ** 【表編(み)】 (뜨개질의) 겉뜨기, 메리야스뜨기 ⇔ 裏編うらあみ

**おもて がえ** 【表替(み)】 다다미의 거죽을 새것으로 바꿈

**おもて がき** 【表書(き)】 (편지·소포 등의) 겉봉을 씀, 그런 글씨＝上書うわがき

**おもて かた** 【表方】 (극장 등에서) 관객의 응대나 영업 업무를 맡은 사원·안내원 ⇔ 裏方うらかた

**おもて がまえ** 【表構え】 집 정면의 꾸밈새¶ ~が立派だ 정면의 꾸밈새가 훌륭하다

**おもて かんばん** 【表看板】 ①(극장 등에서) 정면에 내거는 간판 ②(내세우는) 표면상의 명목¶ 実業家じつぎょうかを~にやくざをはたらく 실업가를 간판으로 내걸고 깡패 노릇을 하다

**おもて ぐち** 【表口】 ①(건물의) 앞문, 정면 출입구 ⇔ 裏口うらぐち ②주(정식) 등산구 ③(건물·토지에서) 정면의 폭, 내림＝間口まぐち

**おもて けい** 【表罫】 [版] 표패, 가는 괘선

**おもて げい** 【表芸】 ①전문적인 기예 ②교양으로 익히는 기예¶ 生いけ花はなは女おんなの~ 꽃꽂이는 여성이 익혀야 할 기예

**おもて げんかん** 【表玄関】 ①(집의) 정문 현관 ②국가·도시 등의 주 출입구가 되는 공항·역·항구¶ 成田空港なりたくうこうは日本にほんの~である 成田 공항은 일본의 현관이다

**おもて さく** 【表作】 [農] 앞갈이, 앞갈이 작물

**おもて ざしき** 【表座敷】 큰 길의 입구 쪽에 있는 객실로 쓰는 방＝表座敷おくざしき

**おもて ざた** 【表沙汰】 ①공공연하게 드러남, 표면화됨¶ ~になる 표면화되다 ②소송, 재판¶ ~にする 소송을 걸다

**おもて だか** 【表高】 [史] (江戸 시대에) 무사의 공식적인 녹봉 ⇔ 内高うちだか

**おもて だ・つ** 【表立つ】 (자5) ①공공연히 드러나다, 표면화되다¶ 今いまのところ~った動どきはないな 표면화로서는 표면화된 움직임은 없다 ②정식 형태를 취하다 ③소송 문제가 되다

**おもて どおり** 【表通り】 큰길, 한길 ⇔ 裏通うらどおり¶ ~の店みせ 큰길에 있는 가게

**おもて にほん** 【表日本】 本州ほんしゅうの 태평양에 면한 지방의 총칭 ⇔ 裏日本うらにほん

**おもて むき** 【表向き】 ①표상상¶ ~の理由りゆう 표면상의 이유 ②공공연함, 표면화함, 정식임¶ ~になる ③정부·관계 당국, 그에 관련된 사항, (특히) 소송¶ ~に申もうし出でる 관계 당국에 신고하다

**おもて もん** 【表門】 정문, 대문, 앞문 ⇔ 裏門うらもん

**おもて もん** 【表紋】 [紋] (각 가문에의) 정식 문장 ⇔ 裏紋うらもん

**おもと** 【万年青】 [植] 만년청

**おもと** 【御許】 (文) ①(「~に」의 꼴로) (여성의 편지에서) 곁, 께, 앞¶ 哲子様てつこさま~に 哲子님께 ②(지체 높은 사람의) 곁

**おも なが** 【面長】 [ ] 얼굴이 갸름함¶ ~の顔立かおだち 갸름한 얼굴 모습

**おも に** 【重荷】 ①무거운 짐¶ ~を背負せおう 무거운 짐을 짊어지다 ②무거운 부담, 부담스러운 일¶ 好意こういがかえって~になる 호의가 도리어 무거운 부담이 되다
[慣用句]
―を下おろす 무거운 짐을 벗다, 책임을 다하여 홀가분하다

**おも に** [主に] (副) 주로¶ ~英語えいごに力ちからを入いれて勉強べんきょうする 주로 영어에 주력하여 공부하다

**おも ね・る** [阿る] (자5) 아첨하다, 영합하다¶ 上司じょうしに~ 상사에게 아첨하다/ 世間せけんに~ 세상에 영합하다

**おも はゆ・い** [面映(ゆ)い] (形) 겸연쩍다, 낯간지럽다¶ ほめられて~ 칭찬을 받아 겸연쩍다

**おも み** [重み] 무게 ①묵직한 느낌, 중량감¶ かばんの~ 가방의 무게 ②중요함, 중대함¶ 一票いっぴょうの~ 한 표의 중대함 ③관록¶ ~がつく 관록이 붙다

**おも むき** [趣] ①멋, 풍취, 정취¶ ~のある庭にわ 정취 있는 정원 ②느낌, 모습, 분위기¶ 江戸えど時代じだいの~がある 江戸 시대의 분위기가 있다 ③내용, 취지¶ お話はなしの~はわかりました 말씀하신 취지는 잘 알아들었습니다 ④(文) …이라는 말씀¶ 承うけたまわればご病気びょうきの~と聞き及およんでおります 듣자 하니 병환이라는 말씀

**おも む・く** [赴く・趣く] (자5)(文) ①(어떤 곳을 향해) 가다¶ 任地にんちに~ 임지로 가다 ②(어떤 상태·경향으로) 향하다¶ 本能ほんのうの~ままに 본능이 내키는 대로/ 病気びょうきが快方かいほうに~ 병이 회복세로 들어서다

**おも むろに** [徐に] (副) 서서히, 천천히¶ ~立たち上あがる 서서히 일어서다

**おも もち** [面持ち] (기분이 나타난) 얼굴 표정¶ 不安ふあんそうな~ 불안한 듯한 표정

**おも や** [母屋・母家] ①본채, 안채¶ ~と離はなれ 본채와 별채 ②건물의 주요 부분, 몸채¶ ひさしを貸かして~をとられる 처마 밑을 빌려주고 몸채를 빼앗기, 봉당을 빌려주니 안방까지 달란다 ③본가, 본점

**おも やつれ** [面*窶れ] (名)(자サ) (병·근심 등으로) 얼굴이 야윔(=수척해짐)¶ ~が目立めだつ 얼굴이 수척해진 것이 두드러지다

**おもゆ** [重湯] 미음¶ ~を口くちにする 미음을 먹다

**お もらい** [御*貰い] (口) 거지＝こじき

**お もらし** [御*漏らし] (幼) 오줌을 쌈

**お もり** [重り・錘] 추 ①낚싯봉＝釣つり糸いとの~ 낚싯줄의 봉 ②저울추, 분동

**お もり** [御守り] (名)(타자) 남의 시중을 듦, 돌봄, 그런 사람¶ 赤あかちゃんの~をする 아기를 돌보다

**おも・る** [重る] 自五 (文) ①무거워지다 ②(병이) 악화되다, 위중해지다

**おも わ** [面輪] (文) 얼굴, 얼굴 모양, 안면

**おもわく** [思惑] ①의도, 예상, 생각 ¶ ~どおりだ 예상대로다 ②평판 ¶ 世間の~を気にする 세상의 평판에 신경 쓰다 ③(經) 시세 변동을 예측함 ¶ ~師 투기꾼 一買い (經) 투기 매입 一違い 名(ア) 예상이 빗나감

**おもわし・い** [思わしい] 形 바람직하다, 소망스럽다 ¶ 病状が~くない 병세가 바람직하지 않다

**おもわず** [思わず] 副 무의식적으로, 엉겁결에, 무심코 ¶ ~叫んだ 엉겁결에 외쳤다

慣用句
**ー知らず** 무의식중에, 엉겁결에

**おも わすれ** [面忘れ] 名(自スル) (남의) 얼굴을 잊음, 몰라봄 ¶ すっかり~してしまった 아주 얼굴을 잊어버렸다

**おもわせぶり** [思わせ振り] 名(ア) 의미 있는 듯한 말·태도, 변죽을 울림 ¶ ~な言い方で 변죽 울리는 말투

**おもわれびと** [思われ人] (文) 그리워하는 사람, 연모하는 사람

**おもん・じる** [重んじる] 他 下一 → おもんずる

**おもん・ずる** [重んずる] 他 サ変 중시하다, 중히 여기다, 존중하다 ⇔ 軽んずる ¶ 名誉を~ 명예를 중히 여기다

**おもんぱかり** [慮り] 名 ①깊이 생각함 ¶ 깊은 생각, 사려, 遠き~ 먼 장래에 대한 깊은 생각 ③모사(謀事)

**おもんぱか・る** [慮る] 他五 (文) 깊이 생각하다, 숙고하다, 고려하다, 배려하다= おもんぱかる ¶ 万一の場合を~ 만일의 경우를 숙고하다

**おもん・みる** [惟る] 他 上一 (文) 잘 생각해 보다 ¶ つらつら~に 곰곰이 생각해 보건대

**おや** [親] ①어버이, 부모 ¶ 生みの~より育ての~ 낳은 부모보다 기른 부모 ②(동물의) 어미, 어미에게 수정시킨 수컷 ③조상, 선조 ¶ 代々の土地 조상 대대로 물려진 땅 ④근원이 되는 것 ¶ ~株 어미포기, 구주 ⑤(造語) 중심이 되어 지배하는 것 ¶ ~会社 모회사 ⑥(造語) (상대되는 것 중) 큰 것 ¶ ~指 엄지, ~見出し 표제어 ⑦(노름에서) 선 ¶ マージャンの~が続うく 마작의 선이 계속되다 ⑧(계의) 계주

慣用句
**ーに似ぬ子は鬼っ子** 사람이면 부모를 닮는 것이 당연하다
**ーの心子知らず** 자식을 생각하는 부모의 마음을 자식은 헤아리지 못한다
**ーの脛を噛る** 부모에게 얹혀 살다
**ーの光は七光** 부모의 지위나 평판이 높아서 자식이 여러모로 그 음덕을 입음
**ーは無くとも子は育つ** 조실 부모해도 자식은 어떻게 해서든지 자란다

**おや** 感 (口) (놀라거나 의문이 생겼을 때) 어, 어머, 아이고, 아니 ¶ ~、だれかしら 어머 누구지/ ~、何だか変だ 어 뭔가 이상하군

**おや いも** [親芋] (農) (토란의) 어미줄기, 원뿌리= いもがしら

**おや おもい** [親思い] 효성스러움 ¶ ~の子 효성스러운 자식

**おや おや** 感(口) (뜻밖의 일에 놀라거나 이상한 느낌이 들 때) 어, 어머, 아이고, 어럽쇼

**おやがいしゃ** [親会社] 모회사 ⇔ 子会社

**おや がかり** [親掛(か)り] 부모에 의지함, 부모의 신세를 짐 ¶ まだ~の身だ 아직 부모 신세를 지는 몸이다

**おや かた** [親方] ①(인부 등의) 우두머리, 보살펴 주는 사람 ②(相撲) 후진을 양성하는 은퇴한 씨름꾼 一日の丸 (俗) 고용주가 국가임

**おや かぶ** [親株] ①(農) 어미포기, 원포기, 원그루 ②(經) 구주(舊株) ▷ ⇔ 子株

**おや がわり** [親代(わ)り] 부모 대신 양육하는 일, 그런 사람 ¶ ~となって弟の面倒をみる 부모 대신으로 동생을 돌보다

**おやぎ** [親木] (접목할 때의) 관철elep, 대목

**おやく** [御役] 「役目」의 공손한 말 一御免 ①직위 해제, 면직 ¶ ~になる 직위 해제되다 ②폐기 처분 ¶ 車を~にする 폐차시키다

**おやくしょしごと** [御役所仕事] 관청 일, 형식적이고 융통성이 없으며 비능률적인 사무 처리

**おやこ** [親子] ①어버이와 자식, 부모와 자식 ¶ ~の間柄 부모와 자식 사이 ②근원이 되는 것과 갈라져 나온 것, 크고 작은 것 ¶ 電球 (한 소켓에 끼운) 크고 작은 전구 一電話 한 선으로 같이 쓰는 두 대 이상의 전화 一丼 (料) 닭고기 계란덮밥

**おや ご** [親御] (「~さん」의 꼴로) 남의 부모의 높임말. 부모님, 양친 ¶ ~さんはお達者かね 부모님께서는 건강하신가요

**おや こうこう** [親孝行] 名(ア) 名スル 효성스러움, 효도, 효행 ⇔ 親不孝 ¶ ~な息子 효성스러운 아들

**おや ごころ** [親心] ①(자식을 사랑하는) 부모의 마음, 親思う心にまさる~ 자식이 부모를 생각하는 마음을 능가하는 부모의 마음 ②(아랫사람에 대한) 어버이 같이 따뜻한 마음 ¶ ~で世話をやく 부모 같은 마음으로 돌봐주다

**おや さと** [親里] 친정, 생가, 본가

**おやじ** [親父·親仁·親爺] ①아버지 ¶ うちの~ 우리 아버지 ②(나이든 남자를 친근하게 또는 얕잡아 부르는) 아저씨, 영감 ¶ 隣の~さん 이웃집 아저씨/ たぬき~ 너구리 같은 영감 ③(가게·집 주인을 친근하게 부르는) 주인, 아저씨, 영감 ¶ 店の~ 가겟집 아저씨 ④(직장 상사를 친근하게 부르는) 영감 ¶ ~の頼みを聞く 영감의 부탁을 듣다

**おやじ** [親字] (한자 사전에서) 표제 한자

**おやしお** [親潮] (海) 쿠릴 열도에서 北海道 동쪽 해안을 따라 남쪽으로 흐르는 한류

**おや しらず** [親知らず] ①친부모의 얼굴을 모름 ②사랑니 ¶ ~が生える 사랑니가 나다

**おや しらず** [親不知] 新潟현 남서부에 있는

가파른 해안 = 親不知子不知

**おやす・い** [御安い] 形 ①「安い」의 공손한 말 ②간단하다, 쉽다¶～御用だ 문제없다, 쉬운 일이다

**おやすくない** [御安くない] 連語 (口) (남녀 사이가) 보통이 아니다, 심상치 않다¶～仲 심상치 않은 사이

**おやだいだい** [親代代] 名 조상 대대¶～の家業 조상 대대의 가업

**おやだま** [親玉] ①(口) 염주알 중에서 제일 큰 알 ②(집단의) 중심 인물, 두목¶不良グループの～ 불량 그룹의 두목

**おやつ** [御八つ] (오후의) 간식

**おやばか** [親馬鹿] 자식 사랑에 눈이 멂, 그런 부모¶彼らは典型的な～だ 그는 자식 사랑에 눈이 먼 전형적인 부모다

**おやばなれ** [親離れ] (자식이 커서) 부모 슬하를 떠나 자립함 ⇔ 子離れ

**おやふこう** [親不孝] 名 ナ 自スル 불효, 불효자

**おやぶね** [親船] 모선(母船), 본선

[慣用句] ―に乗ったよう(比) 마음이 든든함

**おやぶん** [親分] ①두목, 우두머리 ⇔ 子分¶～肌 두목 기질/やくざの～ 깡패 두목 ②친부모처럼 의지하는 사람

**おやぼね** [親骨] 부채 양끝의 굵은 살, 겉살

**おやま** [女形] ①(藝) (歌舞伎에서) 여자 역을 하는 남자 배우¶立～ 여자 역을 하는 주연 배우 ②(古) 창녀

**おやまさり** [親勝り] ア 부모보다 잘남, 그런 자식¶～に育つ 부모보다 훌륭하게 자라다

**おやまのたいしょう** [御山の大将] ①흙더미 위에서 서로 올라오는 아이를 떠밀어내는 아이들 놀이 ②좁은 세계에서 잘난 체 우쭐댐, 그런 사람

**おやみ** [小止み] (文) (비·눈이) 잠깐 그침[멎음] = こやみ¶雪が～なく降る 눈이 그칠 사이 없이 오다/雨の～を待って出かける 비가 잠깐 멎는 짬을 기다려 외출하다

**おやもじ** [親文字] ①(로마자의) 대문자 ②(한자 사전의) 표제 한자 ③(활자의) 원자

**おやもと** [親元·親許] 부모가 살고 있는 곳, 부모 곁[슬하]¶～を離れる 부모 곁을 떠나다/～に知らせる 부모가 살고 있는 곳에 알리다

**おやゆずり** [親譲り] 名 부모에게서 물려받음, 대물림¶～の財産 부모에게서 물려받은 재산/～の気性 대물림한 기질

**おやゆび** [親指] 엄지손가락, 엄지발가락

**およが・す** [泳がす] 他五 → およがせる

**およが・せる** [泳がせる] 他下一 ①헤엄치게 하다 ②(俗) (몰래 감시하면서) 자유로이 행동하게 하다¶容疑者を～せておいた 용의자를 돌아다니게 내버려두었다

**およ・ぐ** [泳ぐ] 自五 ①헤엄치다, 수영하다¶プールで～ 풀에서 헤엄치다 ②(앞쪽으로) 비틀거리다, 휘청거리다¶後ろから押されて思わず～いだ 뒤에서 떠밀려 저도 모르

게 휘청거렸다 ③(능란하게) 처세하다¶業界を巧みに～ 업계에서 능란하게 처세하다 ④(사람들 속을) 헤쳐 나가다¶群衆の中を～ 군중 속을 헤쳐 나가다

**およそ** [凡そ] I 名 대강, 대략, 대개¶～の見当がつく 대강의 짐작이 가다 II 副 ①대체로, 대강, 대충¶～一万人という 대충 1만 명 ②대저, 무릇¶～人間というものは 무릇 인간이란 ③도무지, 전혀, 아주¶～つまらない話だ 아주 시시한 이야기다

**およばずながら** [及ばずながら] 副 미흡하나마, 불충분하나마¶～お手伝いします 미흡하지만 거들겠습니다

**およばな・い** [及ばない] 形 (「…には～」의 꼴로) ①～할 필요는 없다, …할 것까지는 없다¶遠慮するには～ 사양할 것까지는 없다 ②못 미치다, 당할 수 없다¶彼の実力には～ 그의 실력에는 못 미친다

**およばれ** [御呼ばれ] (口) (향응 등에) 초대 받음¶～にあずかる 초대를 받다

**および** [及び] 接 (文) (체언 또는 체언에 준하는 말을 병렬시켜) …와[과], 및¶肩～腰～ 어깨와 허리/生徒～父兄 학생 및 부형

**およびごし** [及び腰] 名 ①엉거주춤한 자세 ②엉거주춤한 태도, 확신이 서지 않는 모양¶政治改革に～になる 정치 개혁에 어정쩡한 태도를 취하다

**およびたて** [御呼び立て] 名 他スル (口) (정중하게) 사람을 불러냄¶～してすみません 나오시라고 해서 죄송합니다

**およびもつかない** [及びもつかない] 連語 어림도 없다, 도저히 미치지 못하다¶～値段 어림도 없는 값

**およ・ぶ** [及ぶ] 自五 이르다 ①(어떤 범위·한도에) 미치다, 달하다¶被害が全国に～ 피해가 전국에 미치다 ②(역량 등이) 미치다, 견주다, 필적하다¶英語では彼に～者はいない 영어에서는 그를 필적할 자가 없다 ③(어떤 상태까지) 가다, 하게 되다¶犯行にまで～ 범행하기에 이르다

**およぼ・す** [及ぼす] 他五 (작용을) 미치다, 끼치다, 주다¶影響を～ 영향을 미치다/迷惑を～ 폐를 끼치다

**オランウータン** (orang-utan) 動 오랑우탄, 성성이

**オランダ** (포 Olanda) ①[地] 네덜란드 ▷「和蘭」「阿蘭陀」라고도 씀 ②(造語) [料] (일본 요리에서) 네덜란드식 요리법이나 조미법을 쓴 것에 붙이는 말¶～あえ 네덜란드식 무침/～焼き 네덜란드식 구이 ― 苺[植] 양딸기 ―海芋 [植] 칼라 ―芥子 [植] 크레송 ―正月 양력 설 ―石竹 [植] 카네이션 ―芹 [植] 파슬리 ―三葉 [植] 셀러리

**おり** [澱] ①앙금, 침전물 ②마음속의 응어리

**おり** [檻] ①우리¶猛獣を～に入れる 맹수를 우리에 넣다 ②옥, 감방¶～を破った犯罪人 탈옥한 범죄인

**おり** [折(り)] ①접음, 꺾음, 그런 것 ②접은 금, 접은 자국¶～をつける (접은) 줄을 세

우다 ③「折り箱‥‥折り詰め」의 준말. 나무 상자, 나무 도시락(에 담은 음식)¶ ~에 詰める 나무 도시락에 담다 ④시기, 때, 기회, 계절¶ ~よく 때마침, 마침 ~もあるように 하필이면 ⑤(版) 접지, 접지한 종이 ⑥(助數) ①③⑤를 세는 말¶ 菓子ふた~ 과자 두 상자/ 半紙ひと~ 반지 한 쪽

(慣用句)
**一も折** 때마침, 마침 그때

**おり [織(り)]** (옷감 등을) 짬, 짠 것, 짠 모양새¶ 手で~ 수직/ 毛~ 모직
**おり [汚吏]** 오리 貪官~탐관 오리
**おりあい [折(り)合い]** ①타협¶ ~をつける 타협을 짓다 ②인간 관계, 사이¶ 夫婦の~が悪い 부부 사이가 나쁘다
**おりあ・う [折(り)合う]** (自五) 타협하다, 절충하다¶ 値段を~ 가격을 절충하다/ 彼と~ことはできない 그와 타협할 수는 없다
**おりあしく [折(り)悪しく]** (副) 공교롭게도, 하필이면¶ ~は あいにく ~先方は留守だった 공교롭게도 상대방은 부재중이었다
**おりいって [折り入って]** (副) 각별히, 특별히, 긴히, 꼭¶ ~お願いしたいことがある 긴히 부탁하고 싶은 일이 있다
**オリーブ (olive)** (植) 올리브, 감람나무 **一色** 올리브색 **一油** 올리브유, 감람유
**おりえぼし [折(り)烏帽子]** 위를 꺾어 구부린 에보시 ⇔ 立て烏帽子
**おりえり [折(り)襟]** (양복 등의) 밖으로 젖히게 만든 옷깃 ⇔ つめえり
**オリエント (Orient)** 오리엔트 ①동양, 동방 ②중근동 ③고대 이집트·메소포타미아 지역
**おりおり [折折]** I (副)(文) 그때그때¶ 四季~の花は 사철 따라 그때그때 피는 꽃 II (副) 때때로, 이따금¶ ~訪ねる 이따금 방문하다
**オリオンざ [オリオン座]** (天) 오리온자리
**おりかえし [折(り)返し]** I (名) ①접어 꺾음, 그런 부분¶ 襟の~ 옷깃의 접어 꺾은 부분 ②(갔던 길을) 되돌아옴, 그런 지점¶ ~運転 되짚어오는 운전/ マラソンの~点 마라톤의 반환점 ③(詩·노래의) 후렴 II (副) 즉시, 바로¶ ~御返事くださいますよう お願いいたします 즉시 회답해 주시기를 부탁드립니다
**おりかえ・す [折(り)返す]** I (他五) (반대로) 접어 꺾다[젖히다]¶ すそを~ 옷자락을 접어 젖히다 II (自五) (온 방향으로) 되돌아오다, 되짚어가다¶ 駅で~ 역에서 되돌아오다
**おりかさな・る [折(り)重なる]** (自五) 접쳐지다, 포개어지다¶ ~って倒される 겹쳐 넘어지다
**おりかさ・ねる [折(り)重ねる]** (他下一) (종이 등을) 접어서 쌓다, 포개다¶ 新聞を~ 신문을 접어서 쌓다
**おりがし [折(り)菓子]** 얇은 나무 상자에 담은 과자
**おりかばん [折(り)鞄]** 반으로 접는 서류 가방
**おりがみ [折(り)紙]** ①(공문서·선물 목록 등에 쓰는) 접지 ②(서화·도검류의) 감정서 ③종이 접기, 종이 접기 색종이 **一付き** (名) ①감정 보증서가 붙은 물건 ②정평이 남¶ ~の腕前だ 정평이 난 솜씨

**おりから [折(り)柄]** I (副) 때마침, 마침 그때¶ ~の雨 때마침 오는 비/ ~笛が響き渡る 마침 그때 피리 소리가 퍼져나간다 II (名) (「…の~, 꼴로」) …한 때[철]이므로¶ 寒さ厳しき~御自愛のほどを 몹시 추운 때이오니 몸조심하시도록

**おりく [折句]** (文) ①(和歌·雜俳에서) 사물 이름의 한 자씩을 각 구의 첫머리에 배열하여 읊음, 그런 작품 ②(雜俳에서) 평점하는 사람이 윗구를 제시하고 거기에 두 구를 이어 만듦, 그런 작품

**おりくぎ [折(り)釘]** 대가리가 구부러지게 만든 못= 折れ釘

**おりこみ [折(り)込み]** ①접어서 안쪽에 끼워넣음, 그런 것¶ ~ページ 접어넣은 페이지 ②(閣) (신문·잡지 등 사이에) 전단·부록 등을 접어서 끼워넣음, 그런 전단이나 부록

**おりこ・む [折(り)込む]** (他五) ①(안쪽으로) 접어넣다¶ 端を~ 가장자리를 접어넣다 ②(사이에) 접어서 끼워넣다¶ 新聞にちらしを~ 신문에 전단을 끼워넣다

**おりこ・む [織(り)込む]** (他五) ①섞어 짜넣다¶ 金糸を~ 금실을 섞어 짜넣다 ②(다른 것에) 엮어 넣다¶ 統計数値を~んで解説する 통계 수치를 넣어 해설하다

**おりしき [折敷]** 왼쪽 무릎을 세우고 오른쪽 무릎을 꿇고 앉음, 그런 자세

**オリジナル (original)** 오리지널 I (ダ) 독창적임 II (名) 원형, 원작, 원본

**おりしも [折しも]** (副)(文) 때마침, 마침 그때¶ ~雷が鳴りだした 때마침 천둥이 치기 시작했다

**おりすけ [折助]** (江戶시대) 무가(武家)의 남자 하인 **一根性** 겉과 속이 다른 고용인 특유의 교활한 근성

**おりたた・む [折(り)畳む]** (他五) 접다¶ 접어 개다, 개키다¶ ふろしきを~ 보자기를 접어 개다 ②접어서 작게 하다¶ いすを~ 의자를 접다

**おりた・つ [降り立つ·下り立つ]** (自五)(文) 내려서, 내려가서¶ 庭先に~ 뜰에 내려서다

**おりちょう [折(り)丁]** (版) 접장

**おりづめ [折(り)詰(め)]** 나무 도시락에 담음, 그런 음식¶ ~のすし 나무 도시락에 담은 초밥

**おりづる [折(り)鶴]** 종이 학

**おりてほん [折(り)手本]** 접책으로 된 글씨본이나 그림본

**おりど [折(り)戸]** 가운데 경첩을 달아 접게 만든 문짝, 분합

**おりな・す [織(り)成す]** (他五)(文) ①(무늬를) 짜내다¶ 錦を~ 비단을 짜내다 ②다양하게 엮어내다[구성하다]¶ さまざまな人間模様を~大河小說 갖가지 인간상을 다양하게 엮어낸 대하 소설

**おりにふれて [折(り)に触れて]** (連語) 기회 있

**おりばこ** [折(り)箱] 얇은 나무나 판지를 접어서 만든 상자, 나무 도시락=折箱

**おりひめ** [織(り)姫] ①직녀, 베짜는 여자 ②여자 방직공의 애칭 ③[天] 직녀성

**おりふし** [折節] [文] Ⅰ [名] ①그때그때¶ ~の思いを そのときそのときの 생각, 계절¶ ~の移り変わり 계절이 바뀜 Ⅱ [副] ①때마침, 마침 그때 ②때때로, 이따금¶ ~思い出す 이따금 생각나다

**おりほん** [折(り)本] [版] ①접책 ②접지

**おり・げる** [折(り)曲げる] [他下一] (꺾어) 구부리다¶ 体を~ 몸을 구부리다

**おりま・ぜる** [織(り)交ぜる] [他下一] ①(무늬 등을) 섞어 짜다 ②(다른 것에) 섞어 넣다¶ 虚実を~・ぜて語る 허와 실을 섞어서 이야기하다

**おりめ** [折(り)目] ①접은 금, 주름¶ ズボンに~をつける 바지에 주름을 잡다 ②(사물의) 단락, 매듭=けじめ¶ 仕事に~をつける 일에 매듭을 짓다 ━**正しい** [形] 예절바르다

**おりもと** [織元] 팔기 위해 직물을 짜는 집, 직물의 제조원

**おりもの** [下り物] ①대하(帯下)=こしけ ②후산=後産 ③월경

**おりもの** [織物] 직물¶ 絹~ 견직물

**お・りる** [下りる] [自上一] ①(아래로) 내려오다, 내려가다¶ 階段を~ 계단을 내려오다 ②(윗쪽이 고정된 채) 내려오다, 내리다¶ 幕が~ 막이 내리다 ③(상사·상급 관청에서 금품·명령 등이) 내리다, 나오다¶ 年金が~ 연금이 나오다/ 許可が~ 허가가 내리다 ④(몸 밖으로) 나오다¶ 虫下しで回虫が~ 회충약으로 회충이 나오다

**お・りる** [降りる] [自上一] ①(탈것에서) 내리다¶ バスから~ 버스에서 내리다 ②(지위·직책에서) 물러나다, 그만두다¶ 主役を~ 주역을 그만두다 ③(서리·안개 등이) 내리다¶ 初霜が~ 첫서리가 내리다

**オリンピック** (Olympic) 올림픽 ━**競技種目** 올림픽 경기 종목 ━**競技大会** 올림픽 기 대회 ━**憲章** 올림픽 헌장 ━**冬季競技大会** 동계 올림픽 경기 대회

**お・る** [居る] [自上一] ①있다 ㉠자기에게는 거만하고 남에게는 가볍게 여기는 말투¶ 私はここに~ぞ 나는 여기 있다/ そこに~・れ게 있거라 ㉡3인칭의 경우 에스카나 만화풍의 말로 과거형으로만 쓰임¶ 昔おじいさんとおばあさんが~・ったとき 옛날 옛적에 할아버지와 할머니가 살고 있었단 ㉢《「~ります」의 꼴로》 자기 또는 자기 쪽 사람을 겸손하게 말함¶ 私どもならここに~・ります 우리들이라면 여기 있습니다 ②[補助] 《(동사 連用形+「て」에 붙어)》…하고 있다¶ そんなことわかって~ 그런 건 알고 있다 ③[補助] 《(동사 連用形에 붙어)》 남을 가볍게 여기거나 자기 거만하게 표현하는 말투¶ 来~・っ

たか, ばかめ 와 있었냐 바보 같은 녀석

**お・る** [折る] [他五] ①접다¶ 色紙でつるを~ 색종이로 학을 접다 ②(몸을) 구부리다, 굽히다¶ ひざを~ 무릎을 구부리다 ③꺾다, 부러뜨리다¶ 小枝を~ 작은 가지를 꺾다 ④중단하다, 꺾다¶ 筆を~ 절필하다/ 話の腰を~ 말허리를 꺾다

**お・る** [織る] [他五] ①(옷감을) 짜다¶ 機を~ 베를 짜다 ②(짚·대나무 등을) 엮다, 짜다¶ むしろを~ 거적을 짜다 ③엮어내다¶ 物語を~ 이야기를 엮어내다

**オルガスムス** (독 Orgasmus) 오르가슴, 성적인 절정감=オルガスム

**オルガナイザー** (organizer) 오거나이저 ①[社] 조직자 ②기획자, 주최자 ③[生] 형성체

**おれ** [^俺] [代] (남자가 스스럼없이 쓰는) 나¶ ~とお前との仲を 나와 너 사이/ ~に任せろ 나에게 맡겨라

**おれあ・う** [折れ合う] [自五] → おりあう

**おれい** [^御礼] 「礼」의 공손한 말, 사례, 감사의 인사·선물¶ ~を申し上げる 감사의 인사를 드리다 ━**返し** 답례품 ━**奉公** 고용인이 감사의 뜻으로 계약 기간이 끝난 후에 얼마간 무보수로 일해 주는 일 ━**参り** 신불에게 기원한 일이 이루어진 데 대한 보답으로 참배를 하는 일 ━**[俗]** (형기를 마치고 소소한 사람의) 고발자에 대한 보복 행위

**おれききれ** [^御歴歴] 명사들¶ 土地の~が集まる 지방의 명사들이 모이다

**おれくぎ** [折れ釘] ①굽어서 못쓰게 된 못 ②(물건을 걸기 위해) 구부린 못 ━**一流** 글씨가 몹시 서투름, 졸필

**おれくち** [折れ口] 부러진[꺾인] 자리

**おれせん** [折れ線] [数] 꺾은선=折線 ━**グラフ** [数] 꺾은선 그래프

**おれまが・る** [折れ曲(が)る] [自五] 구부러지다, 꺾어지다¶ 林を~と道が~ 숲을 빠져나가면 길이 꺾어진다

**お・れる** [折れる] [自下一] ①접히다¶ 表紙が~ 표지가 접히다 ②꺾어지다, 부러지다¶ 茎が~ 줄기가 꺾어지다 ③꺾이다, 굽히다, 양보하다¶ 相手の要求に~・る 상대방 요구에 양보하다/ 我が~ 고집이 꺾이다 ④(방향이) 바뀌다, 구부러지다, 꺾이다, 돌아가다¶ 交差点を右に~ 십자로에서 오른쪽으로 돌아가다 ⑤《「骨が~」의 꼴로》 고생이 되다, 힘들다¶ 骨が~仕事 힘든 일

**おろおろ** [副] [自スル] ①(어찌할 바를 몰라) 허둥지둥¶ 悪い知らせに~とするばかり 나쁜 소식에 허둥지둥할 따름 ②울 때 목소리가 떨리는 모양¶ ~と泣く 떨리는 목소리로 울다

**おろか** [^疎か] [形動] ①[文] 적당히 함, 소홀함 ②《「…は~も~」의 꼴로》…은 물론, 은 말할 것도 없이¶ 言い~는 말할 것도 없이/ 子供は~大人までも 아이는 물론 어른까지도

**おろか** [愚か] [形動] 어리석음, 미련함, 바보스러움¶ ~な行為 어리석은 행위

**おろかし・い** [愚かしい] 形 어리석다, 바보스럽다 ¶ ~振る舞い 어리석은 행동

**おろし** [下ろし] ①(造語)(아래로) 내림, 부림 ¶ 雪~ 눈을 쓸어 내림/積み~ 싣고 부림 ②[卸し] 강판에 갊, 그 즙 ¶ 大根~ 무즙 ③['颪] 気 산에서 내리부는 찬바람, 재넘이 ¶ 伊吹~ 伊吹산에서 내리부는 바람 ④(造語) 새 것을 처음 씀 ¶ 仕立て~の洋服 새로 맞춰 입은 양복

**おろし** [卸] 「卸売り」의 준말

**おろしうり** [卸売(り)] 도매 ¶ ~市場 도매 시장 **~業者** 経 도매업자 **~物価** 経 도매 물가 ¶ ~指数 도매 물가 지수

**おろしがね** [下ろし金・卸(し)金] 강판 ¶ リンゴを~にかける 사과를 강판에 갈다

**おろしだいこん** [下ろし大根] 무즙

**おろしたて** [下ろし立て] 새 물건을 갓 쓰기 시작함, 그런 물건 ¶ ~の背広 갓 입기 시작한 신사복

**おろしね** [卸値] 도매값, 도매 가격 ¶ ~で二百円です 도매값으로 200엔입니다

**おろ・す** [下ろす] 他五 ①(아래로) 내리다, 내려놓다 ¶ 棚から荷物を~ 선반에서 짐을 내리다 ②(윗부분을 고정시킨 채) 내리다 ¶ 幕を~ 막을 내리다 ②물리다, 물려받다 ¶ 仏壇から供え物を~ 불단에 물린 물건을 물리다/姉の服を妹に~ 언니의 옷을 동생에게 물리다 ③(생선 살을) 발라내다 ¶ 魚を三枚に~ 생선을 뼈와 양쪽 살로 갈라 나누다 ⑤(몸 밖으로) 내보내다 ¶ 回虫を~ 회충을 구제하다 ⑥['堕ろす] 낙태하다, 지우다 ¶ 子供を~ 아이를 지우다 ⑦(머리털을) 깎다, 밀다, 삭발하다 ¶ 髪を~して尼になる 삭발하고 여승이 되다 ⑧[卸す] 강판에 갈다 ¶ 大根を~ 무를 강판에 갈다 ⑨(예금을) 인출하다, 찾다 ¶ 貯金を~ 저금을 인출하다 ⑩(새 물건 등을) 쓰기 시작하다 ¶ 新しい靴を~ 새 구두를 신기 시작하다

**おろ・す** [降ろす] 他五 ①(탈것에서) 내리게 하다, 내려놓다 ⇔ 乗せる・載せる ¶ 飛行機の乗客を~ 비행기의 승객을 내리게 하다 ②(지위・직책에서) 물러나게 하다, 해임하다 ¶ 役を~ 직무에서 물러나게 하다

**おろ・す** [卸す] 他五 도매하다 ¶ 問屋が品物を~ 도매상이 물건을 도매하다

**おろそか** [疎か] ダ 소홀함, 등한함 ¶ 復習を~にする 복습을 소홀히 하다

**おろち** [〈大蛇〉] 큰 뱀, 이무기

**おろぬき** [〈疎抜き〉] 솎음, 솎아냄, 솎아낸 것 = うろ抜き ¶ ~大根 솎음 무

**おわい** [汚穢] ①오예, 더러움, 더러운 것 ②(변소의) 대소변, 분뇨 ¶ ~屋 변소 치는 사람

**おわらいぐさ** [御笑い種・御笑い草] 웃음거리 ¶ ほんの~まで 겨우 웃음거리 정도로

**おわり** [終り] ①끝, 마지막 ⇔ 始まり ¶ ~まで見る 마지막까지 보다/病気になって~だ 병에 걸리면 끝장이다 ②일생의 끝, 임종, 종언

(慣用句)
— **良ければすべて良し** 결과가 좋으면 과정이야 어쨌건 상관없다
— **を告げる** 文 종말을 고하다, 끝나다

**おわり** [尾張] 일본의 옛지명, 지금의 愛知현 서부 지방 = 尾州

**おわりね** [終値] 経 (증권 거래소에서) 종가

**おわりはつもの** [終(わ)り初物] 계절이 끝날 무렵에 익어 귀하게 여기는 채소나 과일

**おわ・る** [終わる] I 自五 끝나다, 종료되다 ¶ 会が~ 모임이 끝나다/徒労に~ 헛되이 끝나다 II 他五 ①끝내다, 마치다, 종료하다 ¶ 取り調べを~ 취조를 끝내다 ②(補助)(동사 연용형에 붙어) 다 …해 버리다 ¶ 食べ~ 다 먹어 버리다/飲み~ 다 마시다

**おん** [音] 音 オン・イン 訓 おと・ね (음) 음 (造語) ①소리, 음향 音響 음향, 録音 녹음 ②음악적인 음 音楽 음악, 和音 화음 ③목소리, 음성 音読 음독, 子音 자음・濁音 탁음 ④중국음으로 한자 읽기 ¶ 音訓 음훈・唐音 당음 ⑤소식 音信 음신 편지, 福音 복음 II 음 ①음색 ¶ ~が狂う 음색이 틀리다 ②목소리, 음성 ¶ アの表わす~ ア가 나타내는 음성 ③한자를 읽는 국음을 바탕으로 읽는 방법 ¶ ~で読む 음으로 읽다 ④(한자의) 자음

**おん** [恩] 音 オン (음) 음 I (造語) 은혜를 베풀다, 은혜를 입다 ¶ 恩恵 은혜, 恩人 은인・報恩 보은・忘恩 망은 II ¶ 父母の~ 부모의 은혜/~をうける 은혜를 입다

(慣用句)
— **に着せる** 생색을 내다, 공치사하다
— **に着る** 받은 은혜를 고맙게 여기다
— **を仇で返す** 은혜를 원수로 갚다
— **を売る** 은혜를 베풀다

**おん** [温] 音 オン(ヲン) 訓 あたたか・あたたかい・あたたまる・あたためる・ぬくい (음) 온 (造語) ①따뜻하다 ¶ 温室 온실, 温泉 온천 ②따뜻함, 온도 気温 기온, 体温 체온 ③온화하고 다정하다 温順 온순, 温和 온화 ④되살리다, 복습하다 ¶ 温古 온고, 温習 온습 ⑤아끼다, 소중히 여기다 温存 온존

**おん** [穏] 音 オン(ヲン) 訓 おだやか (음) 온 (造語) 온화한(안온한) 모양 温和 온화・不穏 불온・平穏 평온

**おん** [御] 接頭 (명사에 붙어) 존경・공손의 뜻을 나타냄 ¶ ~身のため에 옥체를 보중하시기를/~礼申し上げます 감사의 말씀드립니다 ▷「お」보다 더 정중한 표현

**おん** ['雄] 수, 수컷 ⇔ 雌 ¶ ~どり 수탉

**オン** (on) 온, 스위치가 켜져 있음, 기계가 작동 중임 **—リミット** (on limits) 온 리미트, 출입이 자유로움 **—レコ** 온 레코드, (기자 회견 등에서) 공표를 전제로 말하는 것

**おんあい** [恩愛] 文 은혜 ①자비를 베풀고 사랑함 ②(부자・부부 간의) 애정, 그런 애정에 대한 집착심 ¶ ~のきずな 애정의 굴레

**おんあんぽう** [温*罨法] 온엄법. 더운찜질
**おんい** [恩威] (文) 은위. 은혜와 위엄¶ ~とも に行なわれる 은위가 함께 베풀어지다
**おんいき** [音域] [音] 음역. 음넓이¶ ~が広ぃ 음역이 넓다
**おんいん** [音韻] [文法] 음운 ①음소(音素)¶ ~変化 음운 변화 ②(한자의) 음과 운 **—論** [文法] 음운론
**おんうち** [御内] (편지에서) 상대방의 부인이나 가족 전체에게 보낼 때 겉봉의 이름 옆에 쓰는 말. 댁내, 함내
**おんが** [温雅] [ア] (文) 은아. 온화하고 점잖음¶ ~な人柄 온아한 인품
**おんかい** [音階] [音] 음계¶ 長~ 장음계
**おんがえし** [恩返し] [名][自スル] 은혜를 갚음. 보은¶ 世話になった人に~をする 신세진 사람에게 은혜를 갚다
**おんがく** [音楽] 음악¶ ~家 음악가/ ~鑑賞 음악 감상
**おんかん** [音感] 음감¶ 絶対~ 절대 음감
**おんがん** [温顔] (文) 온안. 온화한 얼굴¶ ~に接する 온화한 얼굴을 뵙다
**おんき** [遠忌] 종조·개조 등의 50주기 이후에 50년마다의 추모 법회
**おんぎ** [音義] 음의 ①한자의 음과 뜻, 그것의 해설서¶ 法華経~ 법화경의 음의 ②(언어의) 음 하나하나가 갖는 뜻¶ ~説 음의설
**おんぎ** [音義·恩誼] 은의¶ ~を忘れする 은의를 잊다/ ~に報いる 은의에 보답하다
**おんきせがまし·い** [恩着せがましい] [形] 자못 은혜라도 베푸는 듯이 굴다. 생색내는 듯하다¶ ~やり方 생색내는 듯한 처사
**おんきゅう** [恩給] 은급. (옛날 일본의 공무원·군인의) 연금
**おんきゅう** [温*灸] 온구. 약쑥을 기구에 넣고 불을 붙여 환부를 간접적으로 뜸질하는 것
**おんきょう** [音響] 음향¶ ~効果 음향 효과 **—学** [物] 음향학 **—兵器** 음향 병기
**おんぎょく** [音曲] 음곡. 일본의 전통 악곡·가요의 총칭¶ 歌舞~ 가무 음곡
**おんくん** [音訓] 음훈. (한자의) 음과 훈¶ ~索引 음훈 색인
**おんけい** [恩恵] 은혜¶ ~を施す 은혜를 베풀다/ ~を受ける 은혜를 입다
**おんけつどうぶつ** [温血動物] [動] 온혈 동물
**おんけん** [穏健] [ア] 온건. 온당하고 건전함 ⇔ 過激¶ ~派 온건파
**おんこ** [恩顧] (文) 은고
**おんこう** [温厚] [ア] 온후¶ ~篤実 온후하고 독실함
**おんごく** [遠国] → えんごく
**おんこちしん** [温故知新] 온고지신
**おんさ** [音*叉] [物] 음차. 소리굽쇠
**おんし** [恩師] 은사¶ ~の教え 은사의 가르침
**おんし** [恩賜] [名] 은사. (天皇·영주로부터) 하사받음, 그런 물건¶ ~の時計 天皇로부터 하사받은 시계
**おんじ** [音字] 음자. 표음 문자 ⇔ 意字

**おんしつ** [音質] 음질¶ ~がいい 음질이 좋다
**おんしつ** [温室] [農] 온실¶ ~栽培 온실 재배 **—効果** [気] 온실 효과 **—育ち** 온실에서 귀하게 자람, 그런 사람
**おんしっぷ** [温湿布] 더운찜질 ⇔ 冷湿布
**おんしゃ** [音写] [名][他スル] 차음자 ¶「亜米利加(アメリカ)」「仏陀(ぶっだ)」등
**おんしゃ** [恩赦] 은사. 특별 사면, 특사¶ ~にあずかる 은사를 받다
**おんしゃく** [恩借] [名][他スル] (文) (주는 이의 호의로 금품을) 빌려 씀, 그런 금품
**おんじゃく** [温石] ①돌을 불에 달구어 천에 싼 것 ②남루한 옷차림을 한 사람을 조롱하는 말
**おんじゅ** [飲酒] [佛] 음주. 술을 마심
**おんしゅう** [恩*讐] (文) 은혜와 원한. 사랑과 미움¶ ~を越えて 은혜와 원한을 초월하는
**おんしゅう** [温習] 온습. (주로 예능의) 복습¶ ~会 (예능의) 발표회
**おんじゅう** [温柔] [ア] (文) 온유 ①온화하고 순함¶ ~な性格 온유한 성격 ②따스하고 부드러움
**おんじゅん** [温順] [ア] 온순 ①(文) 온순¶ ~な人柄 온순한 인품 ②(날씨가) 온화함¶ ~な風土 온화한 풍토
**おんしょう** [恩賞] 은상. (국왕·주군 등이) 내림, 그런 상¶ ~を賜る 은상을 받다
**おんしょう** [温床] 온상 ①[農] (촉성 재배를 위해) 따뜻하게 한 묘판 ⇔ 冷床¶ ~栽培 온상 재배 ②[比] 좋지 않은 것이 자라기 쉬운 환경¶ 悪の~となる 악의 온상이 되다
**おんじょう** [音声] ①음성. 목소리¶ 大~に呼ばわる 큰 목소리로 부르다 ②(악악에서) 관현악기의 소리
**おんじょう** [恩情] (文) 은정. 자애로운 마음씨¶ ~主義 은정주의
**おんじょう** [温情] 온정. 따뜻한 마음씨¶ ~ある判決 온정 어린 판결
**おんしょく** [音色] → ねいろ
**おんしょく** [温色] 온색 ①(文) 온화한 얼굴빛 ②난색(暖色) ⇔ 冷色
**おんしらず** [恩知らず] [名][ア] 은혜를 모름, 배은망덕함, 그런 사람¶ ~な行い 배은망덕한 행위
**おんしん** [音信] 음신. 소식. 편지¶ ~不通 소식 불통
**おんじん** [恩人] 은인¶ 命の~ 생명의 은인
**オンス** (ounce) 온스. (야드 파운드법의) 무게·부피의 단위
**おんすうりつ** [音数律] [表] 음수율
**おんせい** [音声] ①목소리¶ なつかしい人の~ 그리운 사람의 음성 ②(텔레비전 등의) 소리¶ ~多重放送 다중 방송 **—学** [言] 음성학 **—器官** 음성 기관. 발음 기관 **—記号** 음성 기호. 발음 기호 **—合成** 음성 합성 **—認識** [컴] 음성 인식
**おんせつ** [音節] [文法] 음절 = シラブル¶ ~文字 음절 문자

**おんせん【温泉】** 온천 ①[地] 온정(溫井), 탕천 ¶ ～が湧く 온천이 솟다 ②온천장 ～町 온천 마을/ ～宿 온천 여관 ━マーク ①(지도 등의) 온천 마크, 온천 표지 ▷기호는 ♨ ②(俗) 러브 호텔 ━療法[醫] 온천 요법

**おんそ【音素】**[文法] 음소 ¶ ～文字 음소 문자

**おんぞうし【御曹司・御曹子】** ①명문가의 아들, 자제 ¶ 某財閥の～ 모재벌의 자제 ②(옛날에) 귀족이나 상류 무사 집안의 아직 독립하지 않은 아들을 높여 이르던 말

**おんそく【音速】**[物] 음속 ¶ 超～ 초음속

**おんぞん【温存】** 온존, (쓰지 않고) 소중히 보존함 ¶ 力を～する 힘을 온존하다

**おんたい【御大】** (두목·주인을 친근하게 부르는 말) 대장님, 두목님, 두령님 ¶ ～のお出まし 대장님의 행차

**おんたい【温帯】**[地] 온대 ¶ ～気候 온대 기후

**おんたく【恩沢】**(文) 은택, 혜택, 은혜 ¶ ～に浴する 은택을 입다

**おんだん【温暖】**[ダ] 온난, 온화하고 따뜻함 ¶ ～の地 온난한 지방 ━前線[気] 온난 전선

**おんち【音痴】** ①음치 ②(俗) 특정한 감각이 둔함, 그런 사람 ¶ 方向～ 방향 감각이 둔함

**おんちゅう【御中】**(文) (우편물 수신자인) 귀중 ¶ 国立図書館～ 국립 도서관 귀중

**おんちょう【音調】** 음조 ①음의 높낮이 ②[文法] 말의 억양 ③(시가의) 운율 ¶ ～を整える 운율을 고르게 하다 ④[音] 선율, 리듬

**おんちょう【恩寵】**(文) 은총 ¶ 神の御～ 신의 은총

**おんつう【音通】** ①같은 음의 한자를 쓰는 일 ▷「義」와「誼」,「剛勇」와「豪勇」등 ②[文法] 五十音図の同じ行·列の音이 서로 전환되는 일 ▷「さけ」와「さか」,「うばら」와「いばら」등

**おんてい【音程】**[音] 음정

**おんてき【怨敵】**(文) 원적, 원한이 있는 적

**おんてん【恩典】** 은전 ¶ ～に浴する 은전을 입다

**おんてん【温点】**[醫] (피부의) 온점 ⇔冷点

**おんでん【隠田】** (중세·근세에) 몰래 농사를 지으며 当局에 조세를 내지 않던 논 = 隠し田

**おんど【音頭】** ①선창 ②여럿이 노래에 맞추어 춤을 춤 ③(무슨 일에) 앞장섬, 선도함 ¶ 彼の～で選挙運動が進められた 그의 선도로 선거 운동이 추진되었다 ④(雅楽에서) 관악기를 불기 시작하는 사람 ━取り ①선창함, 선창자 ②앞장섬, 선도자
(慣用句)
━を取る ①선창하다 ②(무슨 일에) 앞장서다, 선도하다, 주창하다

**おんど【温度】** 온도 ¶ ～差 온도차/ 絶対～ 절대 온도 ━計[物] 온도계

**おんとう【温湯】**(文) 온탕, 따뜻한 물

**おんとう【穏当】** 온당 ¶ ～な処置 온당한 조치/ ～を欠く 온당치 못하다

**おんどく【音読】** 음독 ①소리내어 읽음 ②(한자를) 자음(字音)으로 읽음

**おんどり【雄鳥・雄鶏】** ①새의 수컷 ②(特) ¶ ～が時をつくる 수탉이 시간을 알리다

**おんとろうろう【音吐朗朗】** (읽는) 소리가 낭랑하고 성량이 풍부함 ¶ ～と読みあげる 낭랑하고 풍부한 소리로 읽어 내다

**おんな【女】** ①여자, 여성 ¶ ～物 여성용품 ②성숙한 여인, 어엿한 여자 ¶ ～になる 어엿한 여자가 되다 ③(「よい・いい」에 붙어서) 여자다움, 여성스러움 ¶ いい～ 멋진 여자 ④정부, 첩 ¶ ～ができる 여자가 생기다/ ～を囲う 첩을 두다 ⑤가정부, 하녀 ¶ 宿の～ 여관의 하녀 ⑥창녀 ¶ ～を買う 창녀를 사다
(慣用句)
━一買えば しゅうて 牛を売り損なう 여자란 똑똑한 듯해도 앞을 내다보지 못해 실패하기 쉽다
━三人寄れば姦しい 여자는 수다스러워 세 사람 모이면 더욱 시끄러워진다
━の腐ったよう 분명하지 않고 엉거주춤한 태도를 취하는 남자를 욕하는 말
━は氏なくて玉の輿 여자는 신분이나 가문이 좋지 않아도 용모만 예쁘면 부귀한 남자의 아내가 될 수 있다
━は三界に家無し 여자는 세상 어느 곳에도 안주할 곳이 없다
━を拵える 남자가 애인이나 정부를 만들다, 첩을 두다

**おんなあそび【女遊び】** 여자와 놀아남, 계집질 ¶ ～を覚える 계집질을 배우다

**おんない【恩愛】**(文) → おんあい

**おんなおび【女帯】** (일본옷에서) 여자가 매는 허리띠

**おんなおや【女親】** 안부모, 어머니, 모친

**おんながた【女形】** (歌舞伎 등에서) 여자역을 하는 남자 배우

**おんなぎらい【女嫌い】** (남자가) 여자를 싫어함, 그런 남자 ⇔男嫌い ¶ ～の男は 여자를 싫어하는 남자

**おんなぐせ【女癖】** (「～が悪い」의 꼴로) 여자만 보면 집적거리는 버릇

**おんなぐるい【女狂い】** (남자가) 여자에게 미침, 여색에 빠짐, 그런 남자 ⇔男狂い

**おんなごころ【女心】** ①여자다운 마음 ②여자가 남자를 그리워하는 마음 ¶ ～の切なさ 여심의 안타까움 ③여자의 변하기 쉬운 마음 ¶ ～と秋の空 여자의 마음과 가을 하늘

**おんなこども【女子供】** 아녀자 ¶ ～の来る所ではない 아녀자가 올 곳이 아니다

**おんなごろし【女殺し】** ①여자를 죽임, 그런 범죄자 ②(여자를 사로잡는) 매력적인 남자

**おんなざか【女坂】** (두 비탈길 중에서) 경사가 완만한 쪽의 비탈길 ⇔男坂

**おんなざかり【女盛り】** 여자로서 한창인 때 ¶ ～を過ぎる 여자의 한창때가 지나다

**おんなしゅじんこう【女主人公】** (이야기·소설 등의) 여주인공= ヒロイン

**おんなじょたい【女所帯】** 여자만의 살림, 과부 살림 ⇔男帯

**おんなずき【女好き】** ①(남자의 용모·기질이)

**おんなだてらに** [女だてらに] 副 여자답지 않게, 여자인 주제에¶ ~喧嘩ばかりする 여자답지 않게 싸움질만 한다

**おんなたらし** [女誑し] 여자를 농락함, 난봉꾼, 색마= 色魔

**おんなっぷり** [女っ振り] (口) → おんなぶり

**おんなで** [女手] ①여자의 일손, 여자의 힘¶ ~一つで育てあげる 여자 혼자 힘으로 길러내다 ②「ひらがな」의 옛일컬음는 女文字¶ ③여자 글씨, 여자 필적¶ ~の手紙 여자 필적의 편지 ▷ ①~③ ⇔ 男手

**おんなでいり** [女出入り] (남자의) 여자 관계로 인한 말썽¶ ~が絶えない 여자 관계로 인한 말썽이 끊이지 않다

**おんなのこ** [女の子] ①여자 아이, 계집아이¶ ~を生む 여자 아이를 낳다 ②(젊은 여자를 친근하게 부르는) 아가씨¶ 会社の~ 회사의 아가씨 ▷ ①② ⇔ 男の子

**おんなばら** [女腹] 딸만 낳는 여자 ⇔ 男腹

**おんなひでり** [女旱り] (연애·결혼 상대로서의) 여자 기근(흉년)

**おんなぶり** [女振り] 여자로서의 용모, 여자다운 모습 ⇔ 男振り¶ ~が上がる 여자로서의 용모가 돋보이다

**おんなへん** [女偏] (한자 부수의) 계집녀변 ▷「好·妙」등의 「女」부분

**おんなむすび** [女結び] 끈의 왼쪽 끝을 오른쪽 아래로 돌려 뺀 코에다가 오른쪽 끝을 넣어 맺는 방법 = 男結び

**おんなめん** [女面] (藝) (能楽에서) 여자 탈

**おんなもじ** [女文字] ①여자 글씨, 여자 필적¶ ~の原稿 여자 필적의 원고 ②「ひらがな」의 옛일컬음

**おんなもち** [女持ち] 여성용 = 男持ち

**おんなもの** [女物] 여성용품 = 女持ち

**おんならし・い** [女らしい] 形 여자답다¶ ~く振る舞す 여자답게 행동하다

**おんねつりょうほう** [温熱療法] 〘醫〙 온열 요법

**おんねん** [怨念] 원념, 원한

**おんのじ** [御の字] (俗) 매우 고마운 일, 감지덕지한 일¶ この程度ですば~だ 이 정도로 끝난다면 감지덕지한 일이다

**おんば** [乳母] (口) 유모 = うば **一日傘**(유모를 붙인다 양산을 받친다 하여) 애지중지 기름¶ ~で育てる 애지중지하는 가운데 자라다

**おんぱ** [音波] 〘物〙 음파¶ 超~ 초음파

**おんばん** [音盤] (文) 음반, 레코드

**おんびき** [音引(き)] ①(사전에서) 단어를 발음이나 자음(字音)으로 찾음, 그런 사전·옥편 ②장음 부호

**おんぴょうもじ** [音標文字] 〘文法〙 음표 문자 ①표음 문자 ②발음 기호

**おんびん** [音便] 〘文法〙 (일본어에서) 음이 연속될 때 발음하기 쉽도록 다른 음으로 변하는 현상

**おんびん** [穏便] ダ 온편, 온당함, 원만함, 모나지 않음¶ ~に済ます 원만하게 끝내다

**おんぶ** [負んぶ] 名 他スル ①(幼) 어부바, 업음¶ 赤ちゃんを~する 아기를 업다 ②(口) (남에게) 기댐, 의존함¶ 生活費を親に~する 생활비를 부모에게 의존한다

慣用句

**一に抱っこ** (口) 업으면 안아 달라고 한다, 말끝에 경마 잡히고 싶다

**おんぷ** [音符] 음부 ①글자의 보조 기호 ▷ 탁음 부호·반복 부호 등 ②(한자의 구성 요소에서) 음을 나타내는 부분 ③〘音〙 음표

**おんぷ** [音譜] 음보, 악보 = 楽譜

**おんぷう** [温風] 온풍, 따뜻한 바람

**おんぷ きごう** [音部記号] 〘音〙 음부 기호

**おんべ** [御幣] 종이·베오리를 가는 막대기에 끼워 액막이로서의 제구(祭具) = ごへい

**おんぼう** [隠亡·隠坊] (옛날 화장터에서) 시체를 화장하던 사람·직업을 얕잡아 부르는 말

**おんぼろ** (俗) 낡아빠짐, 몹시 낡음¶ ~ぐるま 고물 차/ ~バス 털터리 버스

**おんみ** [御身] (文) Ⅰ 名 옥체, 존체¶ ~お大切に 옥체 보중하시기를 Ⅱ 代 그대, 당신¶ ~の姿が 당신의 모습

**おんみつ** [隠密] Ⅰ 名 〘史〙 (江戸 시대의) 첩자, 밀정¶ ~を放つ 첩자를 내보내다 Ⅱ ダ 은밀¶ ~な計画 은밀한 계획

**おんみょうどう** [陰陽道] → おんようどう

**おんめい** [音名] 〘音〙 음명, 음 이름

**おんめい** [恩命] 은명. (임금·주군 등의) 고마우신 분부(말씀)¶ ~に浴す 고마우신 분부를 받다

**おんもと** [御許] 名 代 → おもと (御許)

**おんやく** [音訳] 名 他スル (한자 등의) 음역

**おんよう** [音容] (文) 음용, 음성과 용모

**おんよう** [温容] (文) 온화한 얼굴¶ 老師の~に接する 연로하신 스승의 온화한 얼굴을 뵙다

**おんようどう** [陰陽道] 음양도

**おんよく** [温浴] 名 自スル 온욕, 더운물로 목욕함

**おん よみ** [音読み] 음독, 한자를 자음으로 읽음 = おんどく ⇔ 訓読み

**オンライン** (on-line) (컴) 온라인 **ーシステム** (on-line system) (컴) 온라인 시스템

**オンリー** (only) (造語) 온리 ①오직 …밖에 모르니, 다만 …뿐인¶ 会社の生活~ 오직 회사일밖에 모르는 생활 ②(俗) 한 사람만 상대하는 양공주

**おんりつ** [音律] 음률¶ 正しい~ 바른 음률

**おんりょう** [怨霊] 원령, 원혼

**おんりょう** [音量] 음량, 볼륨

**おんりょう** [温良] ダ (文) 온량, 온화하고 양순함¶ ~な性格 온화하고 양순한 성격

**おんる** [遠流] 伊豆·佐渡 등 수도에서 멀리 떨어진 곳으로 귀양 보내는 일, 원배

**おんわ** [温和] ダ 온화 ①(기후가) 따뜻하고 고름¶ ~な地方 온화한 지방 ②(성격 등이) 부드러움, 모나지 않음 ③ [穏和] 온순하고 부드러움¶ ~な人格 온화한 인격

# か カ

**か** 五十音図ごじゅうおん 「か」행(行)의 첫째 かな. ひらがな 「か」는 「加」의 초서체, かたかな 「カ」는 「加」의 왼쪽 변을 취한 것

**か**【下】🔊カ・ゲ 🔊 した・しも・もと・さげる・さがる・くだる・くだす・くださる・おろす・おりる|(음)하. (造語) ①아래¶ 地下ちか 지하・上下じょうげ 상하 ②(지위가) 낮음¶ 下位かい 하위・下女じょ 하녀・臣下しんか 신하 ②(정도・가치가) 뒤떨어짐¶ 下等とう 하등・下品ひん 천박 ④(「ゲ」로 읽어서) 차례가 늦은 쪽¶ 下巻げかん 하권・下旬じゅん 하순 ⑤영향・관리를 받는 쪽¶ 部下ぶか 부하・門下もんか 문하 ⑥내려가다, 내리다¶ 低下ていか 저하・落下らっか 낙하 ⑦존경을 나타냄¶ 閣下かっか 각하・貴下きか 귀하

**か**【化】🔊カ(クヮ)・ケ 🔊 ばける・ばかす|(음)화. (造語) ①바뀌다, 변하다¶ 消化しょうか 소화・変化へんか 변화・都会化かいか 도시화 ②자연이 만물을 생성하는 활동¶ 造化ぞうか 조화 ③가르쳐 인도하다; 선도하다¶ 感化かんか 감화・教化きょうか 교화 ④「化学かがく・化合ごう」의 준말¶ 化繊かせん 화섬・酸化さんか 산화

**か**【*戈】🔊カ(クヮ) 🔊 ほこ|(음)과. (造語) 쌍날창, 무기, 전쟁¶ 干戈かんか 간과・兵戈へいか 병과

**か**【火】🔊カ(クヮ) 🔊 ひ・ほ|(음)화. (造語) ①불, 불꽃¶ 火山かざん 화산・発火はっか 발화 ②등불¶ 漁火ぎょか 어화・灯火とうか 등화 ③타다, 태우다¶ 火災かさい 화재・火事かじ 화재 ④화약을 쓴 무기¶ 火器かき 화기 ⑤서두르는 모양¶ 火急かきゅう 화급 ⑥오행의 하나¶ 「火曜日かようび」의 준말¶ [熟字訓] 火傷やけど 화상・小火ぼや 작은 화재

**か**【加】🔊カ 🔊 くわえる・くわわる|(음)가. (造語) ①더하다, 보태다¶ 加工こう 가공・増加ぞうか 증가・付加ふか 부가 ②(한패에) 끼다, 가입하다¶ 加入にゅう 가입・参加さんか 참가 ③더하기¶ 加算さん 가산・加減乗除じょうじょ 가감승제 ④외국어¶ 「加奈陀カナダ」 캐나다・「加州カリフォルニア」 캘리포니아의 준말

**か**【可】🔊カ 🔊 よい・べし|(음)가. I (造語) ①좋다고 인정하다¶ 可決けつ 가결・可否ひ 가부 ②할 수 있다, 가능하다¶ 可能のう 가능・可燃性ねんせい 가연성 ③가능・허가의 뜻을 나타내는 어조사. 훈독으로는 「べし」로 읽음¶ [熟字訓] 可笑おかしい 가소롭다 II 가 ①좋음, 괜찮음¶ 使用しよう〜も〜 사용도 괜찮음 ②가함, 가능함¶ 分売ばい〜 나누어 파는 것도 가능함 ③성적 등의 한 단계¶ 優〜良〜〜〜우・양・가
[慣用句]
**—も無なく不可ふかも無なし** 가도 없고 불가도 없다, 좋지도 않고 나쁘지도 않다

**か**【仮】【假】🔊カ・ケ 🔊 かり|(음)가. (造語) ①임시, 일시적, 진짜가 아님¶ 仮定てい 가정・仮病びょう 꾀병 ②빌리다¶ 仮借しゃ・しゃく 가차, 임시 차용¶ [熟字訓] 仮令たとい 가령

**か**【*瓜】🔊カ(クヮ) 🔊 うり|(음)과. (造語) 참외¶ 瓜田かでん 과전, 외밭・西瓜すいか 수박

**か**【何】🔊カ 🔊 なに・なん|(음)하. (造語) ①어느, 얼마, 무엇¶ 幾何きか 기하・誰何すいか 수하 ②의문・반어의 어조사 ▷ 주로 훈「なに・なん」으로 쓰임. [熟字訓] 何時いつ 언제・何処どこ 어디・何故なぜ 왜・如何いかん 여하

**か**【*伽】🔊カ・ガ・キャ 🔊 とぎ|(음)가. (造語) 범어「カ・ガ・キャ」의 차용자. 사원, 절¶ 伽陀だ 가타・伽藍らん 가람

**か**【花】🔊カ(クヮ)・ケ 🔊 はな|(음)화. (造語) ①꽃¶ 花鳥ちょう 화조・桜花おうか 벚꽃・開花かい 개화 ②아름다움, 화려함¶ 花燭しょく 화촉・花押おう 수결 ▷「華か」와 같음 [熟字訓] 花魁おいらん 상급 창녀・女郎花おみなえし 마타리

**か**【価】【價】🔊カ 🔊 あたい|(음)가. (造語) ①(물건의) 값¶ 価格かく 가격・高価こうか 고가・物価ぶっか 물가 ②가치¶ 価値ち 가치・真価しんか 진가・声価せいか 성가・評価ひょうか 평가 ③(助數) 원자가・이온가 등의 가의 수를 세는 말

**か**【佳】🔊カ 🔊 よい|(음)가. (造語) ①훌륭하다¶ 佳作さく 가작・佳話わ 가화 ②경사스럽다¶ 佳日じつ 가일・佳節せつ 가절 ③아름답다¶ 佳景けい 가경・佳人じん 가인

**か**【*呵】🔊カ 🔊 しかる|(음)하. (造語) ①꾸짖다, 나무라다¶ 呵責しゃく 가책・咳呵たんか 으름장 ②웃다¶ 呵呵 가가, 껄껄 웃음

**か**【果】🔊カ(クヮ) 🔊 はたす・はてる・はて|(음)과. I (造語) ①열다, 열매¶ 果実じつ 과실・果樹じゅ 과수 ②결말¶ 結果けっか 결과・効果こうか 효과 ③응보¶ 果報ほう 과보・因果いんが 인과 ④감행, 단행¶ 果敢かん 과감 ⑤예측대로임¶ 無лс むるん 무화과 [熟字訓] 果物くだもの 과일 II (仏) 과 ①응보¶ 因となり〜となる 인과 응보가 되다 ②(仏) 수행해서 얻는 깨달음, 득도¶ 〜を得える 깨달음을 얻다, 득도하다

**か**【河】🔊カ・ガ 🔊 かわ|(음)하. (造語) ①큰강¶ 河川せん 하천・運河うんが 운하・山河さんか 산하 ②(중국의) 황하¶ 河北ほく 하북 ③은하수¶ 銀河ぎんが 은하 [熟字訓] 河豚ふぐ 복어

**か**【*苛】🔊カ 🔊 |(음)가. (造語) ①가혹하다¶ 苛酷こく 가혹・苛斂誅求かれんちゅうきゅう 가렴주구 ②살갗을 진무르게 하다¶ 苛性せい ソーダ 가성 소다

**か**【*茄】🔊カ 🔊 |(음)가. (造語) ①가지 ②연꽃 [熟字訓] 茄子なす 가지

**か**【科】🔊カ(クヮ) 🔊 しな・とが|(음)과. I (造語) ①구분, 분류된 종목¶ 科学がく 과학・工科こうか 공과 ②규정, 법¶ 科条じょう 과조・金科玉条きんかぎょくじょう 금과옥조 ③잘못, 죄¶ 科料りょう 과료・前科ぜんか 전과 ④배우의 연기¶ 科白はく 배우의 연기와 대사 [熟字訓] 科白台詞せりふ 대사 II 과 ①(학문 분야 등의) 구분 ②(生) 생물 분류학 단위의 하나¶ イヌはネコ目もくイヌ

~キツネ属 개는 고양이목 개과의 여우속

**か** [架] 音力 訓かける・かかる|(음)가. (造語)
①걸다, 걸리다¶ 架設ᵏᵉ 가설・架空ᵏᵘ 가공・高架ᵏᵒ 고가 ②선반, 시렁¶ 画架ᵍᵃ 화가・書架ˢʰᵒ 서가・十字架ʲᵘʲⁱ 십자가

**か** [夏] 音カ・ゲ 訓なつ|(음)하. (造語) 여름¶ 夏季ᵏⁱ 하계・夏至ˢʰⁱ 하지・初夏ˢʰᵒ 초하・立夏ʳⁱ 입하 II [史] (고대 중국의) 하나라

**か** [家] 音カ・ケ 訓いえ・や|(음)가. (造語) ①집, 주택¶ 家屋ᵒᵏᵘ 가옥・農家ⁿᵒ 농가 ②일족¶ 家業ᵍʸᵒ 가업・家来ʳᵃⁱ 가신・武家ᵇᵘ 무가 ③(학문・기술의) 유파, (기예 등에) 통달한 사람¶ 画家ᵍᵃ 화가・大家ᵗᵃⁱ 대가 ▷ [黙字訓] 家鴨ᵃʰⁱʳᵘ 집오리

**か** [荷] 音力 訓に・かなう|(음)하. (造語) ①메다, 짊어지다, 떠맡다¶ 荷重ʲᵘ 하중・荷担ᵗᵃⁿ 하담・負荷ᶠᵘ 부하 ②짐¶ 出荷ˢʰᵘᵗ 출하・入荷ⁿʸᵘ 입하 ③(助數) 지는 짐을 세는 말¶ 酒樽一荷ⁱᵏᵏᵃ 술통 한짐 ④연꽃¶ 荷葉ᵏᵃʸᵒ 연잎

**か** [華] 音カ(クヮ)・ケ・ゲ 訓はな|(음)화. I (造語) ①꽃¶ 華道ᵈᵒ 꽃꽂이・散華ˢᵃⁿ 산화 ②화려함¶ 華燭ˢʰᵒᵏᵘ 화촉・豪華ᵍᵒ 호화 ③흰가루, 결정¶ 亜鉛華ᵃᵉⁿ 아연화 ④중국의 자칭¶ 華僑ᵏʸᵒ 화교・中華ᶜʰᵘ 중화 ▷「花ᵏᵃ」와 같음 II (文) 화려함, 화사함

[慣用句]
**―を去ˢᵃり実ʲⁱᵗに就ᵗˢᵘく** 허식을 버리고 실질을 존중하다

**か** [菓] 音カ(クヮ)|(음)과. (造語) ①과실, 열매 ②과자¶ 菓子ˢʰⁱ 과자・茶菓ˢᵃ 다과・製菓ˢᵉⁱ 제과 ▷「果ᵏᵃ」와 같음

**か** [訛] 音カ(クヮ) 訓なまる・なまり|(음)와. (造語) ①틀리다, 거짓말하다¶ 訛伝ᵈᵉⁿ 와전 ②사투리, 방언¶ 訛語ᵍᵒ・訛訛ᵗˢᵘ 와언・転訛ᵗᵉⁿ 전와

**か** [貨] 音カ(クヮ)|(음)화. ①돈, 금전¶ 貨幣ʰᵉⁱ 화폐・金貨ᵏⁱⁿ 금화・通貨ᵗˢᵘ 통화 ②값어치 있는 물건, 보물¶ 財貨ᶻᵃⁱ 재화・商品, 물品¶ 貨物ᵐᵒᵗˢᵘ 화물・雑貨ᶻᵃᵗ 잡화

**か** [渦] 音カ(クヮ) 訓うず|(음)와. (造語) ①소용돌이¶ 渦動ᵈᵒ 와동・渦紋ᵐᵒⁿ 와문 ②격동하는 사물¶ 渦中ᶜʰᵘ 와중・戦渦ˢᵉⁿ 전와

**か** [過] 音カ(クヮ) 訓すぎる・すごす・あやまつ・あやまち|(음)과. ①지나다, 통과하다¶ 通過ᵗˢᵘ 통과・過渡期ᵏᵃᵗᵒᵏⁱ 과도기 ②시간의 경과¶ 過去ᵏᵒ 과거・過日ʲⁱᵗˢᵘ 지난날 ③도가 지나치다¶ 過激ᵍᵉᵏⁱ 과격・過剰ʲᵒ 과잉 ④잘못, 실수¶ 過失ˢʰⁱᵗˢᵘ 과실・過ち 잘못 ⑤죄, 허물¶ 過料ʳʸᵒ 과료・罪過ᶻᵃⁱ 죄과 ⑥(化) 과¶ 過酸化水素ˢᵃⁿᵏᵃˢᵘⁱˢᵒ 과산화수소

**か** [嫁] 音カ 訓よめ・とつぐ|(음)가. (造語) ①시집가다¶ 婚嫁ᵏᵒⁿ 혼가・再嫁ˢᵃⁱ 재가 ②(죄・책임을) 떠넘기다¶ 転嫁ᵗᵉⁿ 전가 ▷ [黙字訓] 許嫁ⁱⁱⁿᵃᶻᵘᵏᵉ 약혼자

**か** [暇] 音カ 訓ひま|(음)가. (造語) ①틈, 한가함¶ 閑暇ᵏᵃⁿ 한가・寸暇ˢᵘⁿ 촌가・休暇ᵏʸᵘ 휴가 ②쉼, 일이 없음¶ 休暇ᵏʸᵘ 휴가

**か** [禍] [禍] 音カ(クヮ) 訓わざわい|(음)화. (造語) 불행, 재앙¶ 禍根ᵏᵒⁿ 화근・輪禍ʳⁱⁿ 윤화

**か** [靴] [靴] 音カ(クヮ) 訓くつ|(음)화. (造語) 구두, 신¶ 軍靴ᵍᵘⁿ 군화・製靴ˢᵉⁱ 제화

**か** [嘉] 音カ(クヮ) 訓よみする|(음)가. ①좋다, 훌륭하다¶ 嘉句ᵏᵘ 가구・嘉言ᵍᵉⁿ 가언 ②경사스럽다¶ 嘉節ˢᵉᵗˢᵘ 가절・嘉例ʳᵉⁱ 가례 ③좋다고 칭찬하다¶ 嘉賞ˢʰᵒ 가상・嘉納ⁿᵒ 가납

**か** [寡] 音カ(クヮ) 訓すくない|(음)과. I (造語) ①적다¶ 寡作ˢᵃᵏᵘ 과작・寡欲ʸᵒᵏᵘ 과욕 ②홀아비, 홀아비¶ 寡婦ᶠᵘ 과부 ▷ [黙字訓] 寡男ʸᵃᵐᵒ 홀아비 II (文) 과, 적음, 적은 인원¶ ～は衆ˢʰᵘに敵ᵗᵉᵏⁱせず 중과 부적

**か** [樺] 音カ(クヮ) 訓かば|(음)화. (造語) 자작나무 ②주황색

**か** [歌] 音カ 訓うた・うたう|(음)가. (造語) 노래하다¶ 歌劇ᵍᵉᵏⁱ 가극・歌手ˢʰᵘ 가수 ②가락을 붙여 노래하는 가사¶ 歌詞ˢʰⁱ 가사・歌集ˢʰᵘ 가집¶ 和歌ʷᵃ 와카・人歌ʲⁱⁿ 인가・短歌ᵗᵃⁿ 단가

**か** [箇] 音カ 訓|(음)개. (造語) ①사물을 헤아리는 말¶ 個所ˢʰᵒ 개소 ②수사에 붙여 헤아리는 말¶ 一箇ⁱᵏᵏᵒ 한개・六箇月ʳᵒᵏᵏᵃᵍᵉᵗˢᵘ 육개월

**か** [稼] 音カ 訓かせぐ|(음)가. ①곡식을 거두어 들이다¶ 稼穑ˢʰᵒᵏᵘ 가색 ②벌다, 일하다¶ 稼業ᵍʸᵒ 가업・稼働ᵈᵒ 가동

**か** [課] 音カ(クヮ)|(음)과. I (造語) ①할당하다, 할당¶ 課税ᶻᵉⁱ 과세・日課ⁿⁱᵗ 일과 ②교과 내용・교과서의 구분¶ 課外ᵍᵃⁱ 과외・学課ᵍᵃᵏᵘ 학과 ③성적을 검토하다¶ 考課ᵏᵒ 고과 ④사무 기구의 단위¶ 営業課ᵉⁱᵍʸᵒᵏᵃ 영업과 II 과 ①교육 내용・교과서의 구분¶ この～の内容ʸᵒ 이 과의 내용 ②사무 기구의 단위¶ 同ᵒⁿᵃʲⁱ～の同僚ᵈᵒʳʸᵒ 같은 과의 동료

**か** [鍋] 音カ 訓なべ|(음)과. (造語) 냄비 ▷ 훈(訓)「なべ」로 쓰임

**か** [霞] 音カ 訓かすみ|(음)하. (造語) 안개, 아지랑이¶ 雲霞ᵘⁿ 운하・煙霞ᵉⁿ 연하

**か** [接頭] 뜻을 강조하거나 어조를 고름¶ ～細ᵇᵒˢᵒい 가냘프다/ ～弱ʸᵒʷᵃい 연약하다

**か** [日] [接尾] 일 ①날짜를 나타냄¶ 四月五日ˢʰⁱᵍᵃᵗˢᵘⁱᵗˢᵘᵏᵃ ～ 4월 5일 ②(助數) 날수를 나타냄¶ 連休ʳᵉⁿᵏʸᵘが五ⁱᵗˢᵘ～も続ᵗˢᵘᶻᵘく 연휴가 5일이나 계속되다

**か** I [終助] ①(질문・반문) …까, …가, …지¶ 捨ˢᵘᵗᵉましょう～ 버릴까요?/ こよい出船ᵈᵉᶠᵘⁿᵉ～ 오늘밤 출항하는가 ②(권유・반발・힐문) …가, …냐¶ そんなことできる～ 그런 일 할 수 있겠는가/ 知ˢʰⁱったこと～ 알 게 뭔가 ③(확인・영탄・감회) …가, …구나, …라, …や、きみ、…아 자네가/やはりそう～ 역시 그러냐 ④(완곡한 희망・의지・명령・금지) …까, …가¶ もうやめない～ 이제 그만두지 않겠는가 II [副助] ①(의문사 또는 의문사+「だ」의 꼴에 딸리어) 불확실함을 나타냄¶ …か、…지¶ いつ～来ᵏⁱた道ᵐⁱᶜʰⁱ 언제 가 온 길 ②불확실한 추정을 나타냄¶ …지 思ᵒᵐᵒいしや～お顔ᵏᵃᵒがあおい 그렇게 생각해서인지 얼굴이 창백하오 ▷ [副助詞]「どころか・ばかり・のみ」に 딸리어)…뿐더러, …커녕 III [並助] 사물을 열거하여 택일하거나 한정할 수 없음을 나타냄¶ …나, …이든 …아니든

一日(にち)~二日(ふつか)旅(たび)に出(で)る 하루나 이틀 여행을 간다/ 来(く)る~来(こ)ない~はおまえの勝手(かって) 오든지 말든지는 네 맘대로

か [香] 향기, 냄새¶ 梅(うめ)の~ 매화 향기/ 磯(いそ)の~ 해변의 냄새

か [蚊] 覺(動) 모기¶ ~取(とり)線香(せんこう) 모기향
慣用句
 —の鳴(な)くような声(こえ) 매우 작은 목소리
 —の涙(なみだ) (比) 아주 적음, 새발의 피

か [^彼] (代) ①「何(なん)や~や・何(なん)の~の」의 꼴로) 막연히 사물을 가리키는 말. 것, 일¶ ~や~や忙(いそが)しい 이런 저런 일로 바쁘다/ 何(なん)の~のと文句(もんく)を言(い)う 이러쿵저러쿵 불평을 말하다 ②(文) 멀리 있는 사람·사물을 가리키는 말. 저것, 그, 저이

か [^牙] 覺 ガ・ゲ 訓 きば|(음)아. (造語) ①엄니・歯牙(しが) 치아・象牙(ぞうげ) 상아 ②상아로 장식한 천자나 장군의 깃발¶ 牙城(がじょう) 아성

か [^瓦] 覺 ガ(グワ) 訓 かわら|(음)와. (造語) ①유약을 바르지 않고 구운 토기, 기와¶ 瓦石(がせき) 와석・煉瓦(れんが) 연와 ②부서지기 쉬움¶ 瓦解(がかい) 와해 ③외국어「ガ」의 차음자¶ 瓦斯(ガス) 가스 ④「グラム」의 차음자, 그램¶ 5瓦(グラム) 5그램¶ 熟字訓 瓦落(がら) (주가의) 폭락

が [我] 覺 ガ 訓 われ・わ|(음)아. I (造語) ①나, 자기, 자신¶ 自我(じが) 자아・彼我(ひが) 피아 ②자기 본위¶ 我執(がしゅう) 아집 ③(佛) 행위의 주체로서의 자기¶ 無我(むが) 무아 II 자기 본위의 생각, 고집¶ ~を通(とお)す 고집을 피우다
慣用句
 —が強(つよ)い 고집이 세다
 —を折(お)る 고집을 꺾다
 —を張(は)る 고집을 부리다

が [画][畫] 覺 ガ(グワ)・カク(クワク)・エ(ヱ) 訓 えがく・くぎる|(음)화, 획. (造語) ①그림을 그리다¶ 画家(がか) 화가・画工(がこう) 화공 ②그림¶ 絵画(かいが) 회화・漫画(まんが) 만화 ③영화, 영상¶ 名画(めいが) 명화・録画(ろくが) 녹화 ④(「カク」로 읽어서) 한자의 획¶ 画数(かくすう) 획수・字画(じかく) 자획 ⑤(「カク」로 읽어서) 한정하다, 구획하다¶ 画然(かくぜん) 획연・区画(くかく) 구획 ⑥꾀함, 계략¶ 企画(きかく) 기획・計画(けいかく) 계획 ⑦패목의 효 (交) ▷ ⑤는「劃」의 대용자 II 그림 그리기, 그림 書(がくしょ)と~に秀(ひい)でる 서예와 그림에 뛰어나다

が [^臥] 覺 ガ(グワ) 訓 ふす・ふせる|(음)와. (造語) 눕다, 드러눕다¶ 安臥(あんが) 안와・横臥(おうが) 횡와・臥薪嘗胆(がしんしょうたん) 와신상담

が [芽] 覺 ガ 訓 め|(음)아. ①싹, 눈¶ 麦芽(ばくが) 맥아・胚芽(はいが) 배아・発芽(はつが) 발아 ②사물의 시초¶ 萌芽(ほうが) 맹아

が [^俄] 覺 ガ にわか|(음)아. (造語) 급한 모양¶ 俄然(がぜん) 아연

が [賀] 覺 ガ|(음)하. I (造語) 축하하다¶ 賀宴(がえん) 하연・祝賀(しゅくが) 축하・謹賀新年(きんがしんねん) 근하신년 II (文) 축하¶ 七十(しちじゅう)の~ 고희의 축하

が [^蛾] 覺 ガ 訓 ひとりむし|(음)아. (造語) 나방¶ 蛾眉(がび) 아미・灯蛾(とうが) 등아・毒蛾(どくが) 독나방 II (動) 나방

が [雅] 覺 ガ 訓 みやびやか|(음)아. I (造語) ①풍류, 우아함, 고상하고 풍아함¶ 雅号(がごう) 아호・優雅(ゆうが) 우아 ②올바름¶ 雅楽(ががく) 아악・雅語(がご) 아어 ③남을 존경하여 말함¶ 雅兄(がけい) 아형 ④「시경」의 육의(六義)의 하나, 순수하고 올바른 시¶ 大雅(たいが) 대아 II (文) 고상하고 풍아함, 풍류¶ ~と俗(ぞく) 풍아와 속된 것

が [餓] 覺 ガ 訓 うえる|(음)아. (造語) 굶주리다¶ 餓死(がし) 아사・飢饉(ききん) 기아

が [^駕] 覺 ガ|(음)가. I (造語) ①탈것, 남의 내왕을 높여 일컫는 말¶ 枉駕(おうが) 왕가・車駕(しゃが) 능가 ▷ 熟字訓 駕篭(かご) 가마 II (文) 탈것
慣用句
 —を枉(ま)げる 왕림하다

が I [格助] ①(주격) ~가, ~이¶ もず~鳴(な)いている 때까치가 울고 있다/ 鐘(かね)~鳴(な)る 종이 울린다 ②(대상격) ~가, ~이, ~을¶ 別(わか)れ~つらい 이별이 쓰라리다/ 母(はは)~恋(こい)しい 어머니가 그립다 ③(連体格) ~의, ~의 것¶ 君(きみ)~み胸(むね) 그대의 가슴/ 眠(ねむ)る~ごとく 잠자듯이 II [接助] ①(병렬・공존・대비・시간적인 추이) ~이지만, ~하지만¶ 口(くち)も荒(あら)い~気(き)も荒(あら)い 입도 거칠지만 성깔도 거칠다 ②(역접) ~지만, ~이더라도¶ いい天気(てんき)だ~風(かぜ)が冷(つめ)たい 좋은 날씨지만 바람이 차다 ③(설명적인 조건 관계) ~(말)인데¶ 明日(あした)も会(あ)えるかい/ まだはっきりしないのだ~来月(らいげつ)には返事(へんじ)~があるだろう 아직 확실하지 않지만 내달에는 회답이 있을 거야 III [終助] ①(강한 매도) ~같으니(라고)¶ ばかめ~ 바보 천치 같으니라고 ②(실현되기 힘든 소원) ~(하련)만, ~(싶은)데¶ 明日(あした)も会(あ)えるといい~なあ 내일도 만났으면 좋으련만/ 早(はや)く読(よ)みたいのだ~ 빨리 읽고 싶은데 ③(완곡한 주장) ~만, ~인데¶ わたしは帰(かえ)ります~ 저는 돌아갑니다만 ④(경시・체념) ~만(도) 伝(つた)えておきます~ね 전해 두기는 하겠습니다만 IV [陸] (文) 그러나, 하지만, 그런데¶ やるだけはやった。~失敗(しっぱい)に終(お)わった 할 만큼은 했다. 그러나 실패로 끝났다

カー (car) 카, 자동차 —フェリー (car ferry) 카페리, 페리선 = フェリーボート

カー・ゲーベー (KGB) (政) 카 게 베, 케이지비. 옛 소련의 국가 비밀 경찰

かあさん [母さん] (口) 엄마 ⇔ 父(とう)さん

カースト (caste) 카스트. (인도의) 세습 계급 제도

ガーター (garter) 가터 ①양말 대님 ②(대바늘 뜨기에서) 가터뜨기 —勲章(くんしょう) 가터 훈장

カーディナル (cardinal) 카디널 ①(가) 추기경 ②진홍색

カーテン (curtain) 커튼 —コール (curtain call) 커튼 콜

カード (card) 카드 —システム (card system) 카드 시스템 —ローン (일 card loan) (經) 카드론

ガード 도로 위에 걸린 철교, 육교¶ ~下(した) 육교 밑 ▷ girder bridge

**ガード** (guard) 名他スル 가드 ─フェンス (guard fence) 가드 펜스

**カートゥーン** (cartoon) 카툰 ①한 컷짜리 만화, 시사 만화 ②연재 만화

**カートリッジ** (cartridge) 카트리지 ①(레코드 플레이어의) 바늘을 끼우는 부분 ②(만년필의) 예비 잉크통, (탄알의) 화약통 ③녹음 테이프 용기 ④(카메라의) 필름을 감아넣는 용기

**ガードル** (girdle) 거들. 배와 허리의 체형을 보정하는 여성용 속옷

**カービンじゅう**[カービン銃]〖軍〗 카빈 총

**カーブ** (curve) 커브 ─ミラー (일 curve mirror) 커브 미러. 길모퉁이 등에 설치된 볼록 거울

**カーボン** (carbon) 카본 ①〖化〗 탄소 ②(전극용) 탄소봉 ─紙 카본지 ─ファイバー (carbon fiber)〖工〗 카본 파이버

**カール** (curl) 名自他スル 컬. 고수머리

**ガール** (girl) 걸. 소녀 ─スカウト (Girl Scouts) 걸 스카우트 ─ハント (일 girl hunt) 名自スル 걸 헌트 ─フレンド (girl friend) 걸 프렌드

**かい**[介] 音カイ 訓すけ|(음)개. (造語)①중개하다, 중매하다¶ 紹介かい 소개・仲介かい 중개 ②돕다, 시중들다¶ 介護かい 간호・介抱かい 간호 ③마음에 두다¶ 介意い 개의 ④작다, 一介かい 일개 ⑤굳다¶ 狷介けん 견개 ⑥딱지, 단단한 딱지가 있는 동물¶ 魚介かい 어개 ▷「芥」와 같음

**かい**[会][會] 音カイ(クワイ)・エ(ヱ) 訓あう|(음)회. Ⅰ(造語)①만나다¶ 会談かい 회담・再会さい 재회 ②모이다, 모임¶ 会員いん 회원・音楽会おんがく 음악회 ③이해하다¶ 会心しん 회심・会得とく 납득・心会しん 심회 ④계산하다¶ 会計かい 회계 ⑤때, 기회¶ 機会かい 기회 Ⅱ회 ①행사, 모임, 회합¶ 送別そうべつの～を催もよおす 송별회를 열다 ②단체¶ 自然しぜんを守まもる～ 자연을 지키는 회

**かい**[回] 音カイ(クワイ)・エ(ヱ) 訓まわる・まわす・めぐる・かえる|(음)회. Ⅰ(造語)①돌다, 돌리다¶ 回顧かい 회고・回覧らん 회람 ②돌아오다, 되돌리다¶ 回復ふく 회복・撤回てっ 철회 ③일정한 기간을 두고 행해지는 것의 차례¶ 回収しゅう 회수・回答とう 회답 Ⅱ회 ①한바퀴, 횟수¶ ～を重かさねる 횟수를 거듭하다 ②〖野〗 이닝¶ 9きゅうの裏うら 9회 말 ③(助数) 도수・횟수를 세는 말¶ 幾いく～ 몇 회

**かい**[灰][灰] 音カイ(クワイ) 訓はい|(음)회. (造語)①재¶ 灰土ど 회토・石灰せき 석회 ②생기를 잃은 것¶ 死灰い, 불기 없는 재 ③잿빛¶ 灰白色はく 회백색 ▷〖熟字訓〗灰汁る 잿물

**かい**[快] 音カイ(クワイ) 訓こころよい|(음)쾌. Ⅰ(造語)①기분이 좋다, 병이 낫다¶ 快活かつ 쾌활・快癒ゆ 쾌유・不快ふ 불쾌 ②빠르다¶ 快速そく 쾌속・軽快けい 경쾌 ③반갑다¶ 快報ほう 쾌보 Ⅱ(文)유쾌함, 상쾌함, 즐거움¶ ～をむさぼる 유쾌함을 만끽하다

**かい**[戒] 音カイ 訓いましめる・いましめ|(음)계. Ⅰ(造語)①경계하다, 조심하다¶ 戒厳げん 계엄・警戒けい 경계・哨戒しょう 초계 ②타이르다, 주의를 주다¶ 訓戒くん 훈계・懲戒ちょう 징계 ③계율¶ 戒律りつ 계율・破戒はっ 파계 Ⅱ〖佛〗 계율¶ ～をつづける 계율을 지키다

**かい**[改] 音カイ 訓あらためる・あらたまる|(음)개. (造語)①새롭게 바꾸다, 바뀌다¶ 改善ぜん 개선・改築ちく 개축・改訂てい 개정 ②검사하다¶ 改札さつ 개찰

**かい**[芥] 音カイ 訓あくた|(음)개. (造語)①먼지, 쓰레기¶ 塵芥じん 진개・厨芥ちゅう 주개 ▷〖熟字訓〗芥子からし・겨자

**かい**[届][屆] 音カイ 訓とどける・とどく・とどけ|(음)계. (造語) 주로 훈(訓)「とどける・とどく・とどけ」로 쓰임

**かい**[怪] 音カイ(クワイ)・ケ 訓あやしい・あやしむ|(음)괴. Ⅰ(造語) ①이상하다, 수상하다¶ 奇怪き 기괴・怪文書ぶんしょ 괴문서 ②이상한 것, 괴물¶ 怪談だん 괴담・妖怪よう 요괴 ③보통이 아니다, 남다르다¶ 怪談だん 괴담・怪力りき 괴력 Ⅱ(文) 수상함, 괴상함, 괴이함

**かい**[拐] 音カイ 訓|(음)괴. (造語) 속이다, 속여 빼앗다, 속여 데리고 가다¶ 拐帯たい 괴대・誘拐ゆう 유괴

**かい**[廻] 音カイ(クワイ)・エ(ヱ) 訓めぐる・まわる|(음)회. (造語) 돌다, 돌리다, 되돌리다¶ 廻転てん 회전・迂廻う 우회・巡廻じゅん 순회・輪廻りん 윤회 ▷「回」가 대용자

**かい**[悔] 音カイ(クワイ)・ケ 訓くいる・くやむ・くやしい|(음)회. (造語) 뉘우치다, 후회하다¶ 悔恨こん 회한・後悔こう 후회・懺悔ざん 참회

**かい**[海] 音カイ 訓うみ|(음)해. (造語) ①바다¶ 海軍ぐん 해군・海洋よう 해양 ②넓고 크다¶ 雲海うん 운해 ③많은 것이 모여 있는 곳, 세계¶ 苦海く 고해・人海戦術じんかいせんじゅつ 인해전술 ▷〖熟字訓〗海豹ざらし 해표・海女ま 해녀・海老び 새우・海月げ 해파리・海鼠こ 해삼・海苔り 해태・海狸り 해리・海鞘ぼや 멍게

**かい**[界] 音カイ 訓さかい|(음)계. Ⅰ(造語) ①경계¶ 界線せん 경계선・境界きょう 경계 ②한정된 범위 내, 사회¶ 世界せ 세계・視界し 시계・社交界しゃこう 사교계 Ⅱ계 ①경계 ②〖生〗 생물 분류학상의 단위의 하나¶ 動物ぶつ～ 동물계 ③〖地〗 지질 시대의 「代だい」에 해당하는 기간에 이루어진 모든 지층¶ 古生せい～ 고생계

**かい**[皆] 音カイ 訓みな|(음)개. (造語) 모두, 전부, 죄다, 남김없이¶ 皆勤きん 개근・皆目もく 전연, 도무지・皆既食しょく 개기식

**かい**[掛] 音カイ(クワイ) 訓かける・かかる・かかり|(음)괘. (造語) 주로 훈(訓)「かける・かかる・かかり」로 쓰임

**かい**[晦] 音カイ(クワイ) 訓みそか・くらます|(음)회. (造語) ①그믐날¶ 晦日じつ 그믐날 ②명확하지 않음, 보이지 않게 함¶ 晦渋じゅう 회삽・晦冥めい 회명

**かい**[械] 音カイ|(음)계. (造語) 틀, 도구, 장치¶ 機械き 기계・機器き 기계기

**かい**[絵][繪] 音カイ(クワイ)・エ(ヱ)|(음)회. (造語) 그림¶ 絵画が 회화・絵本ほん 그림

책·下絵한 밑그림

かい [開] 音カイ 訓ひらく·ひらける·あく·あける|(음)개. (造語) ①열다, 열리다¶開国 개국·開放 개방 ②시작하다, 시작¶開業 개업·開幕 개막 ③개척하다, 발달시키다¶開拓 개척·開発 개발

かい [階] 音カイ 訓きざはし|(음)계. I (造語) ①계단, 층계¶階段 계단 ②건물의 각 층¶階下 계하·階上 계상·地階 지계 ③지위·신분·상하 등의 계급¶階級 계급·階層 계층·段階 단계 II ①(건물의) 층¶一番上의~에 住む 제일 위층에 살다 ②[地] 지질 시대의 기(期)에 해당되는 기간에 생긴 지층, 층 ③(助數) (건물의) 층¶三階~建ての家 3층집 ④계단, 층계¶~をのぼる 층계를 오르다

かい [解] 音カイ·ゲ 訓とく·とかす·とける·ほどく|(음)해. I (造語) ①ㄱ부분으로 나누다, 풀다, 흩어지다¶解散 해산·解体 해체·分解 분해 ㄴ녹이다, 녹다¶融解 융해·溶解 용해 ②알다, 이해하다, 알게 하다, 문제를 풀다¶解決 해결·理解 이해 ③(긴장 등을) 풀다, 풀리다¶解禁 해금·解雇 해고·解氷 해빙 ④(ゲ로 읽어서) 아래에서 상달하는 문서¶解状 구소 영장·解文 상신서, 진정서 II [數] 해, 값, 해답¶方程式の~を求めよ 방정식의 값을 구하라

かい [塊] 音カイ 訓かたまり|(음)괴. (造語) 덩어리, 흙덩어리¶塊状 괴상·金塊 금괴·土塊 토괴·氷塊 빙괴

かい [楷] 音カイ|(음)해. I (造語) 한자 서체의 하나¶楷書 해서 II (文) (한자 서체의) 해서¶~と草に書き分ける 해서와 초서로 써서 구분하다

かい [魁] 音カイ(クワイ) 訓さきがけ|(음)해. (造語) ①선진, 선구 ②우두머리, 수령¶首魁 수괴 ③당당하면서 크다¶魁偉 괴위·魁傑 괴걸 ▷ [熟字訓] 花魁 상급 창녀

かい [誠] 音カイ 訓いましめる|(음)계. (造語) 훈계하다, 훈계¶誡告 계고·教誡 교계·訓誡 훈계 ▷ [戒]는 대용자

かい [潰] 音カイ(クワイ) 訓ついえる|(음)궤. (造語) 무너지다, 허물어지다, 흐트러지다, 문드러지다¶潰滅 궤멸·潰瘍 궤양·崩潰 붕괴 ▷ [壞]와 같음

かい [壊][壞] 音カイ(クワイ)·エ(ヱ) 訓こわす·こわれる|(음)괴, 회. (造語) 부수다, 부서지다¶破壊 파괴·崩壊 붕괴·壊死 괴사·壊疽 괴저·회저 ▷ [潰]와 같음

かい [懷] 音カイ(クワイ) 訓ふところ·なつかしい·なつかしむ·なつく·なつける·おもう·いだく|(음)회. (造語) ①생각하다, 생각¶感懐 감회·述懐 술회 ②그리워하다, 그리운 생각¶懐旧 회구·懐古 회고 ③따르다, 따르게 하다¶懐柔 회유 ④품다¶懐疑 회의·懐妊 회임 ⑤품¶懐剣 회검·懐中 회중

かい [獪] 音カイ(クワイ)|(음)회. (造語) 간교하다, 교활하다¶狡獪 교회, 교활·老獪 노회

かい [諧] 音カイ|(음)해. (造語) ①잘 조화되다¶諧調 해조 ②희룽거리다, 익살맞은 짓을 하다¶諧謔 해학·俳諧 익살

かい [搔] 接頭 뜻을 강조하거나 어세를 고름¶~くぐる 틈새로 빠져 나가다/~つくろう 정돈하다

かい 終助 ①반발·부정을 나타냄. …느냐, …냐¶そんなこと知る~ 그런 것 알게 뭐냐 ②가벼운 의문·확인·권유·의뢰·다짐을 나타냄. …に, …냐, …냐¶おや、きみ~ 어 자넨가/来てくれる~ 와 주겠니/いい~、きっとだぞ 알겠니 꼭이야

かい [甲斐·効] 보람¶努力の~があった 노력한 보람이 있었다

かい [貝] ①[動] 조개류¶~拾い 조개 잡이 ②조가비, 조개 껍질¶~細工 조개 껍질 세공 ③[法螺貝]의 준말. 소라고둥을 이용한 신호용 기구¶~を吹く 소라고둥을 불다

かい [峡] [文] 산골짜기

かい [櫂] 노= オール¶~をこぐ 노를 젓다
[慣用句]
――は三年櫓は三月 뱃전의 노를 젓는 데 3년 고물의 노를 젓는 데 3개월이 걸린다, 무엇이든 제대로 하기는 쉽지 않다

かい [買い] ①(물건 등을) 삼, 사기¶安物の~ 싸구려 사기 ②(시세가 오를 것을 예상하여) 사들임¶思惑~ 시세가 오를 것을 예상하고 사들이기 ▷ ①② ⇔ 売り

かい [甲斐] 일본의 옛지명. 지금의 山梨현 지방=甲州

かい [隗] 괵외(郭隗), 중국 전국시대의 연(燕)나라 사람
[慣用句]
――より始めよ ①원대한 사업을 이루려면 우선 쉬운 것부터 시작하라 ②일을 하려면 우선 자기 자신부터 시작하라

かい [下位] 하위 ⇔ 上位¶~順 하위 타순/~に落ちる 하위로 떨어지다 ―概念 [論] 하위 개념 ―分類 하위 분류

かい [下意] [文] 하의¶~を反映した政策 하의를 반영한 정책 ―上達 하의 상달

がい [刈] 音ガイ 訓かる|(음)예. (造語) 주로 훈「かる」로 쓰임¶苅는 다른 글자꼴

がい [外] 音ガイ(グワイ)·ゲ 訓そと·ほか·はずす·はずれる|(음)외. (造語) ①표면, 겉, 바깥¶外貌 외모·外科 외과 ②어느 범위 밖에 있는 곳¶外国 외국·例外 외·外道 외도 ④처녀, 외가¶外来 외래·外道 외도 ④처가, 외가¶外戚 외척·外祖父母 외조부모 ⑤제외하다, 멀리하다¶除外 제외·疎外 소외 ⑥[外国]의 준말¶外貨 외화·在外 재외

がい [亥] 音ガイ 訓い|(음)해. (造語) 십이지(十二支)의 열두번째¶乙亥 을해·辛亥革命 신해 혁명

がい [劾] 箇ガイ|(音)핵.(造語) 죄를 조사하다, 따지다¶ 弾劾だん 탄핵
がい [˟咳] 箇ガイ|訓せき|(音)해.(造語) 기침¶ 咳嗽がいそう 해소・咳唾がいだ 해타・鎮咳ちんがい 진해
がい [害] |害| 箇ガイ|(音)해. I (造語)①해치다, 상처를 입히다¶ 害虫がい 해충・侵害しん 침해・損害そん 손해 ②방해하다, 훼방놓다¶ 妨害ぼう 방해・障害しょう 장해・妨害ぼう 방해 ③재앙, 재난¶ 公害こう 공해・水害すい 수해 = 被害がい 피해▷②는 礙い와 같음 II 해. 해로움, 손실, 재앙¶ ～を受ける 해를 입다
がい [崖] 箇ガイ|訓がけ|(音)애.(造語) 벼랑, 낭떠러지¶ 懸崖けん 현애・断崖だん 단애
がい [涯] 箇ガイ|訓はて|(音)애.(造語) ①물가, 강가 ②끝, 종말¶ 生涯しょう 생애・天涯孤独てんがい 천애고독
がい [凱] 箇ガイ|(音)개.(造語) 전승을 축하하는 음악, 승리의 함성¶ 凱歌がい 개가・凱旋がい 개선
がい [街] 箇ガイ・カイ|訓まち|(音)가, 해. 큰길, 대로변의 동네, 시중¶ 街道がい 가도・街路がい 가로・繁華街はんか 번화가
がい [慨] |慨| 箇ガイ|(音)개.(造語) 한탄하다, 한탄¶ 慨嘆がい 개탄・感慨かん 감개・慷慨こう 강개・憤慨ふん 분개
がい [碍] 箇ガイ・ゲ|(音)애.(造語) 방해하다, 가로막다¶ 碍子がい 애자・障碍しょう 장애・無碍むげ 무애 ▷ 礙い가 정자이며 害い와 같음
がい [蓋] 箇ガイ|訓ふた・けだし|(音)개.(造語) ①덮다, 덮개, 뚜껑¶ 口蓋こう 구개・天蓋がい 천개・無蓋むがい 무개 ②추정의 어조사. 아마, 필경 ▷ 한문 훈독(訓読)으로「けだし」로 읽음 ③삿갓 등을 세는 말¶ すげ笠三蓋かさん 삿갓 세 개
がい [該] 箇ガイ|(音)해.(造語) ①겸비하다¶ 該博がい 해박 ②맞다, 적합하다, 일치하다¶ 該当がい 해당・当該とう 당해 ③그, 당해¶ 該案がい 그 안・該日がい 그 날・該地がい 그 땅
がい [概] |概| 箇ガイ|訓おおむね|(音)개. I (造語)①대체로, 대강, 대충¶ 概要がい 개요・概略がい 개략・大概たい 대개 ②모양, 형세¶ 気概がい 기개 II (文) 모양, 형세, 풍격, 기개¶ 古武士ふるの〜がある 옛 무사의 풍격이 있다
がい [˟漑] 箇ガイ|(音)개.(造語) 흘러 들다, 물을 부어 축이다¶ 灌漑かん 관개
がい [˟骸] 箇ガイ|訓むくろ|(音)해.(造語) 시체, 뼈만 앙상한 시체, 뼈대¶ 骸骨がい 해골・遺骸がい 유해・残骸ざん 잔해・死骸がい 시체
がい [鎧] 箇ガイ|訓よろい|(音)해.(造語) 갑옷¶ 鎧袖一触がいしゅういっしょく 개수일촉
がい [礙] 箇ガイ・ゲ|(音)애.(造語) 방해하다, 가로막다¶ 障礙しょう 장애・妨礙ぼう 방해¶ 礙がの 정자.害い와 같음
がい [我意] (文) 고집, 아집¶ 〜を張る 아집을 부리다
がい [画意] 화의. 그림이 지닌 뜻
がい [賀意] (文) 하의. 축하의 뜻¶ 〜を表する 축하의 뜻을 표하다

かいあく [改悪] 名他スル 개악 ⇔ 改善かいぜん¶ 規約やくを〜する 규약을 개악하다
がいあく [害悪] 해악. 해¶ 〜を流す 해악을 퍼뜨리다
かいあげ [買(い)上(げ)] ①(관공서의) 수매¶ 〜価格かかく 수매 가격 ②(「お〜」의 꼴로) (손님이) 사심, 사들이심¶ お〜いただく 사 주시다
かいあ・げる [買(い)上(げ)る] 他下一 (관공서 등이) 사들이다, 수매하다 ⇔ 払い下げはらいさ¶ 政府せいふが米こめを〜 정부가 쌀을 수매하다
かいあさ・る [買(い)^漁る] 他五 여기저기서 사 모으다¶ 安物やすものを〜 싼 물건을 여기저기서 사 모으다
かいい [介意] 名他スル (文) 개의. 괘념함¶ 少しも〜しない 조금도 개의치 않다
かいい [会意] 회의. 한자의 육서의 하나. 두 자 이상의 한자를 합쳐 한 글자로 만든 것
かいい [怪異] I 名ナ 괴이. 이상야릇함¶ 〜な事件けん 괴이한 사건 II 名 도깨비, 요괴 = 化ばけ物もの
かいい [˟魁偉] ナ (文) 괴위. (체격이나 얼굴이) 유난히 크고 우람함¶ 容貌ぼうが〜 용모 괴위
がいい [害意] (文) 해의. 해치려는 마음 = 害心がいしん¶ 〜を抱いだく 해치려는 마음을 품다
かいいき [海域] 해역
かいいぬ [飼(い)犬] 기르는 개
慣用句
一に手てを嚙かまれる 기르는 개한테 손을 물리다, 믿는 도끼에 발등 찍히다
かいい・れる [買(い)入れる] 他下一 사들이다, 매입하다¶ 一括いっかつして〜 일괄해서 매입하다
かいいん [会員] 회원¶ 〜をつのる 회원을 모집하다
かいいん [改印] 名他スル 개인. 신고된 인감을 바꿈¶ 〜届とどけ 인감 신고
かいいん [海員] 해원. (선장 이외의) 선원
かいいん [開院] 名自他スル 개원 ①(병원 등의) 개업 ②(병원 등에서의) 당일 업무 개시 ③(일본 구(舊)제국 의회가) 열림 ▷ 지금의「開会かい」에 해당함
かいいん [˟誨淫] (文) 회음. 음탕한 짓을 가르침¶ 〜の書しょ 회음서
がいいん [外因] 외인. 외부 원인 = 内因ない¶ 〜性せい疾患しっかん 외인성 질환
かいう・ける [買(い)受ける] 他下一 사들이다, 매수하다¶ 地所じしょを〜 대지를 사들이다
かいうん [海運] 해운 = 陸運りく¶ 〜業ぎょう 해운업 一同盟どうめい [經] 해운 동맹
かいうん [開運] 개운. 운이 트임¶ 〜を祈願きがんする 운수 대통을 기원하다
かいえき [改易] 名他スル [日史] (江戸えど 시대에) 무사의 신분을 평민으로 낮추고 재산을 몰수하던 형벌
かいえん [海˟淵] [地] 해연
かいえん [開園] 名自他スル 개원 ①(동물원・유치원 등의) 개설 ②(동물원・유치원 등의) 당

**かいえん** [開演] 名 自他スル 개연. (연예·연극 등의) 당일 프로그램 개시, 개막 ⇔ 終演 ¶午後七時に~ 오후 일곱 시 개연

**がいえん** [外延] 論 외연 ⇔ 内包

**がいえん** [外苑·外*庭] 외원. (궁성·신사 등에 소속된) 바깥 정원 ⇔ 内苑

**かいおうせい** [海王星] 天 해왕성

**かい おき** [買(い)置き] 名 他スル (예비로) 사 둠, 사 놓음, 그런 물건 ¶ せっけんの~があ る 비누 사 놓은 것이 있다

**かいおけ** [飼い桶] 여물통

**かい オペレーション** [買(い)オペレーション] 経 중앙 은행이 채권 매입으로 통화를 방출 하여 금융을 완화하는 공개 시장 조작

**かいおん** [快音] 쾌음. 경쾌한 소리 ¶~を発 して打球が飛んだ 경쾌한 소리를 내며 타구가 날아갔다

**かい おんせつ** [開音節] 文法 개음절. 모음· 이중 모음으로 끝나는 음절 ⇔ 閉音節

**かいか** [怪火] 괴화 (1)도깨비불 = 鬼火 (2)원 인을 알 수 없는 화재 = 不審火

**かいか** [開化] 名 自スル 개화 ¶~期 개화기/ 文明~ 문명 개화 ―丼 料 고기·양파 를 조려 계란으로 버무려 밥 위에 얹은 덮밥

**かいか** [開花] 名 自スル 개화 (1)꽃이 핌 ¶桜 の~期 벚꽃의 개화기 (2)성과가 나타남, 응 성해짐 ¶庶民文化の~ 서민 문화의 개 화/努力が~がする 노력한 성과가 나타나 다 ―前線 気 개화 전선. (벚꽃 등의) 개 화기가 비슷한 지점을 연결한 선

**かいか** [開架] 개가. 자유 열람 방식의 서가 개 방 ¶~式 개가식

**かいか** [階下] 文 (1)(2층 이상 건물의) 아래 층 (2)계단 밑 ⇔ (1)(2) 階上

**かいが** [絵画] 회화, 그림

**がいか** [外貨] 외화 (1)외국 화폐 ¶~獲得 외 화 획득 (2)외국 상품 ¶~を排斥する 외국 상품을 배척하다 ―準備高 経 외화 준 비고 ―預金 経 외화 예금

**がいか** [凱歌] 개가 ¶勝利の~を揚げる 승리의 개가를 올리다
[慣用句]
―を奏する 개가를 올리다, 승리하다

**かいかい** [開会] 名 自他スル 개회 ⇔ 閉会 ¶ ~式を宣言する 개회식을 선언하다

**かいがい** [海外] 해외 ¶~旅行 해외 여행 ― 金融先物取引 해외 금융 선물 거래 ―直接投資 해외 직접 투자

**かいがい** [外海] 외해 (1)육지에 의해 둘러싸이지 않 은 바다 ⇔ 内海 (2)먼 바다 = 遠海

**がいかい** [外界] 외계. 바깥 세계 ⇔ 内界 ¶ ~から遮断される 외계로부터 차단되다

**かい がい** [*皚*皚] 文 애애. 눈·서리 등이 하 얗게 내린 모양 ¶~たる雪原 애애한 설원

**かいがい し・い** [*甲*斐*甲*斐しい] 形 (몸을 아끼지 않고 일하는 모양) 부지런하다 ¶~ く立ち働く 부지런하게 일을 잘 하다

**かいかく** [改革] 名 他スル 개혁 ¶行政~を 進める 행정 개혁을 추진하다

**がいかく** [外角] (1)数 외각 (2)野 아웃코너 ¶ ~寄りの球 아웃코너에 가까운 공

**がいかく** [外殻] 외각. (조개 등의) 겉껍데기

**がいかく** [外郭·外*廓] 외곽 (1)(건물 등의) 바 깥 둘레 (2)(사물의) 윤곽 ¶話の~ 이야기 의 윤곽 ―団体 외곽 단체

**かい かけ** [買(い)掛(け)] 외상 매입 ⇔ 売り 掛け ―金 経 외상 매입 대금

**かい かた** [買(い)方] (1)사는 쪽, 매수인 = 買い 手 ¶~に回る 사는 쪽이 되다 (2)사는 방법

**かいかつ** [快活] 名 ナ 쾌활 ¶~な少年 쾌 활한 소년

**かいかつ** [快*闊·快*豁] ナ (1)쾌활. 도량이 넓 고 확트임 ¶전망이 확 트임

**かいかつ** [開*豁] ナ (1)개활 (1)활짝 트여 전 망이 좋음 ¶天空~ 천공 개활 (2)활달함. 도량이 넓음 ¶~な気性 활달한 성품

**がいかつ** [概括] 名 他スル 개괄 ¶内容を~ する 내용을 개괄하다

**かい かぶ・る** [買(い)*被る] 他五 과대 평가 하다 ¶人を~ 사람을 과대 평가하다

**かいがら** [貝殻] 패각. 조가비, 조개 껍데기 ― 骨 俗 견갑골, 어깨뼈 ―虫 動 패각충

**かいかん** [会館] 회관 ¶市民~ 시민 회관

**かいかん** [快感] 쾌감 ¶~を覚える 쾌감을 느 끼다 ―原則 心 쾌감 원칙

**かいかん** [怪漢] 文 괴한 ¶~を取り押さえ る 괴한을 붙잡다

**かいかん** [開巻] 文 개권 (1)책을 폄 (2)책의 첫 부분, 권두 ¶~第一ページ 권두의 제 1쪽

**かいかん** [開館] 名 他スル 개관. (도서관·미 술관 등의) 개설, 당일 업무 개시 ⇔ 閉館

**かいがん** [海岸] 해안 = 海辺 ―気候 気 해안 기후 ―線 해안선 (1)연해선 (2)연안선, 해안의 철도 선로 ―段丘 地 해안 단구

**かいがん** [開眼] 名 自他スル 개안 ¶~手術 개안 수술 ▶「かいげん」은 딴말

**がいかん** [外患] 文 외환. 외우 ⇔ 内患 ¶ 内憂~ 내우 외환

**がいかん** [外観] 외관. 겉보기 ¶~は立派だ が中身はお粗末だ 외관은 훌륭하지만 알 맹이는 시원치 않다

**がいかん** [概観] 名 他スル 개관. 대충 살펴봄 ¶ 近代史を~する 근대사를 개관하다

**かい き** [買(い)気] 매기 (1)사고자 하는 마음 ¶ ~がつく 매기가 일다 (2)経 가격 상승을 예 상하여 주식 등을 사려는 경향

**かいき** [会規] 회규. 회칙 = 会則

**かいき** [会期] 회기 ¶国会の~ 국회의 회기 ―延長 政 회기 연장

**かいき** [回忌] 佛 주기(週忌) ¶一~ 1주기

**かいき** [回帰] 名 自スル 회귀 ¶~性 회귀성 ―線 天 회귀선 ¶南~ 남회귀선 ―熱 医 회귀열, 재귀열 = 再帰熱

**かいき** [快気] 名 自スル 쾌차, 쾌유 ¶~祝い 쾌유 축하

かいき【怪奇】 名ナ 괴기 ①괴상하고 기이함, 기괴함 複雑な~ 복잡 괴기 ②(모습・모양이) 괴상함 ~な面相 괴기스런 면상 ―小説 괴기 소설

かいき【海気】 해기. 해변의 공기

かいき【海気・海黄】 연사로 평직한 견직물= 甲斐絹

かいき【開基】 I 名他スル 개기 ①(文) 사물의 기초를 닦음 ②(佛) 절을 창건함, 개산(開山) II 名(佛) 절을 창건한 승려, 개조, 개산

かいぎ【会議】 名自スル 회의 国際~ 국제 회의 / 方針について~する 방침에 대해 회의하다

かいぎ【回議】 名他スル 회의. 담당자가 입안한 것을 관계자들에게 차례로 돌려 의견을 묻거나 승인을 구하는 일

かいぎ【快技】 (文) (속이 후련해지는) 묘기, 파인 플레이= ファインプレー

かいぎ【懐疑】 名スル 회의 ~の念を抱く 회의의 마음을 품다 / ~的に見る 회의적으로 보다 ―主義 회의주의 ―論 (哲) 회의론

がいき【外気】 외기. 바깥 공기 ~に触れる 바깥 공기를 쐬다

かいきえん【怪気炎】 기세가 등등해서 진실성이 의심스러워지는 큰소리 ~を上げる 큰 소리를 탕탕 치다

かいきしょく【皆既食・皆既蝕】 (天) 개기식

かいぎゃく【諧謔】 (文) 해학, 익살 ~を弄す 익살을 떨다 ―曲 (音) 해학곡, 스케르초

がいきゃく【外客】 외객. 외국인 손님

かいきゅう【階級】 계급 ①(지위・신분 등의) 등급, 단계 ~が上がる 계급 ②지위・신분이 같은 집단, 계층 労働者~ 노동자 계급 ―意識 계급 의식 ―闘争 (政) 계급 투쟁

かいきゅう【懐旧】 (文) 회구, 회고 ~の情に浸たる 회고의 정에 잠기다

かいきょ【快挙】 쾌거 前例のない~ 전례 없는 쾌거

かいきょう【回教】 회교 ~徒 회교도

かいきょう【海峡】 (地) 해협

かいきょう【懐郷】 (文) 회향. 망향 ―望郷 ~の念が募る 고향을 그리는 마음이 더해지다 ―病 회향병

かいぎょう【改行】 名自スル (인쇄물・원고 등에서) 행을 바꿈

かいぎょう【開業】 名自他スル 개업 ①사업・영업을 새로 시작함, 개점 = 店開き ②(그 날의) 영업 개시 ―中 영업중 ―医 개업의

がいきょう【概況】 개황 天気~ 일기 개황 / ~を知らせる 개황을 알리다

かいきょく【開局】 名自スル (방송국・우체국 등의) 개국 ~十周年記念 개국 10주년 기념

がいきょく【外局】 (政) 외국. 중앙 관청에 직속되어 있으면서 독립적인 권한을 가진 기관

かいきり【買(い)切(り)】 ①(물건 등을) 전부 사 버림, 매점 劇場を~にする 극장을 대절하다 ②매절(買切) ~制 매절제

かいきる【買(い)切る】 他五 ①매점하다, (좌석 등을) 대절하다 指定席を~ 지정석을 매점하다 ②매절하다 ③大量の品物を~ 대량의 물품을 매절하다

かいきん【皆勤】 名自スル 개근 ~賞 개근상

かいきん【開襟・開衿】 ①개금. 젖힌 옷깃, 오픈 칼라 ②「開襟シャツ」의 준말 ~シャツ 오픈 셔츠, 노타이 셔츠 = オープンシャツ

かいきん【解禁】 名他スル 해금 鮎釣りの~ 은어 낚시의 해금

がいきん【外勤】 名自スル 외근 ⇔内勤 ~社員 외근 사원

かいく【化育】 名他スル (文) 화육. 천지 자연이 만물을 낳고 기름 生々~ 생생 화육

かいく【海区】 해구 (어업・군사상 목적으로) 구분된 해역

がいく【街区】 (文) 시가지를 도로로 구분한 한 구획, 블록 = ブロック

がいく【街衢】 (文) 가구, 거리, 시가지, 시내

かいぐい【買(い)食(い)】 名他スル 군것질 ~して叱られる 군것질하여 꾸중을 듣다

かいくぐる【掻い潜る】 自五 (교묘하게) 빠져 나가다 監視の目を~ 감시의 눈을 피해 빠져 나가다

かいぐすり【買(い)薬】 (의사의 처방 없이) 약국에서 산 약, 매약 = 売薬

かいくる【掻い繰る】 他五 (양손으로 번갈아) 잡아당기다 たづなを~ 고삐를 잡아당기다

かいくれ【掻い暮れ】 副 전혀, 아주, 도무지 ~わからぬ 도무지 알 수 없다

かいくん【回訓】 名他スル (본국 정부의) 회답 훈령 ⇔請訓 ~を乞う 회훈을 바람

かいぐん【海軍】 (軍) 해군 ―省 (구 일본) 해군성 ―兵学校 해군 사관학교

かいけい【会計】 ①회계 ~係 회계 담당 ②(식당 등에서의) 계산, 셈 = 勘定 ~を済ませる 셈을 치르다 ―監査 회계 감사 ~人 회계 감사인 ―検査 회계 검사 ―検査院 감사원 = 우리 나라의 감사원 ―士 회계사. 공인 회계사 ―士補 회계사보 ―年度 회계 연도

かいけい【塊茎】 (植) 괴경. 덩이줄기

がいけい【外形】 외형. 겉모양 ~を整える 겉모양을 단정히 하다

かいけいのはじ【会稽の恥】 회계지치. 뼈에 사무치는 치욕 ~を雪ぐ 뼈에 사무치는 치욕을 씻다

かいけつ【怪傑】 괴걸. 특별한 재주가 있는 호걸

かいけつ【解決】 名自他スル 해결 長年の懸案が~する 오랜 현안이 해결되다

かいけつびょう【壊血病】 (醫) 괴혈병

かいけん【会見】 名自スル 記者~ 기자 회견 / ~に応じる 회견에 응하다

かいけん【改憲】 개헌. 헌법 개정

かいけん【懐剣】 단도, 비수, 호신용 단검

かいげん【戒厳】 계엄 ―令 계엄령 ~を

布く 계엄령을 선포하다

**かいげん** [改元] 名 他スル 개원. 연호를 고침

**かいげん** [開眼] 名 他スル ①[佛] 새 불상·불화에 눈을 그려넣음¶ 大仏の~ 대불 개안 ②[佛] 진리를 깨달음 ③진수를 깨달음¶ 芸の道に~する 예도의 진수를 깨치다

**がいけん** [外見] 외견. 외관. 겉보기¶ ~をつくろう 외관을 꾸미다/ ~では判断できない 겉보기로는 판단할 수 없다

**かいこ** [蚕] 누에¶ ~を飼う 누에를 치다

**かいこ** [回顧] 名 他スル 회고. 往時を~する 지난 날을 회고하다 **━録** 회고록

**かいこ** [解雇] 名 他スル 해고¶ ~通告 해고 통고

**かいこ** [懐古] 名 自スル 회고. 회구(懷舊)¶ ~趣味 회고 취미

**かいご** [介護] 名 他スル (환자·노인 등을) 돌봄. 간호. 간병¶ ~者 간병인

**かいご** [改悟] 名 自他スル 文 개오. 개전(改悛)

**かいご** [悔悟] 名 自他スル 文 회오¶ 前非を~する 전비를 회오하다

**がいご** [外語] ①외국어 ②「外国語学校がいこくご·外国語大学だいがく」의 준말

**かいこう** [回航·廻航] I 名 他スル 회항. 빈 배를 항구로 항행시킴¶ 神戸に~する 神戸로 회항하다 II 각지를 항해함. 순항

**かいこう** [改稿] 名 自スル 개고. 원고를 고쳐 씀 ¶ 全面的に~する 전면적으로 개고하다

**かいこう** [海港] 해항. (무역을 위한) 항구

**かいこう** [海溝] 地 해구

**かいこう** [開口] 名 自スル 개구 ①입을 벌림. 입을 열어 말하기 시작함 ②(물건의 아가리가) 밖을 향해 (벌어져) 있음¶ ~部 개구부 **━一番** 개구 일성. 입을 열자마자¶ ~、自然破壊の危険を訴える 입을 열자마자 자연 파괴의 위험을 호소하다

**かいこう** [開校] 名 自他スル 개교 ⇔ 閉校¶ ~記念日 개교 기념일

**かいこう** [開港] I 名 自他スル 개항 ①무역항을 개방함 ②새로 항구·공항을 엶¶ 来年成空港が~する 내년에 공항이 개항된다 II 名 「開港場かいこうじょう」의 준말 **━場** 개항장

**かいこう** [開講] 名 自他スル 개강 ⇔ 閉講

**かいこう** [邂逅] 名 自スル 해후. めぐり合い¶ 十年ぶりの~ 10년만의 해후

**かいごう** [会合] 名 自スル 회합¶ ~を開く 회합을 열다

**かいごう** [改号] 개호 ①칭호를 고침. 개칭 ②연호를 고침. 개원 **━元号**

**がいこう** [外交] 외교 ①외국과의 교제·교섭 ¶ ~を絶つ 외교를 단절하다 ②외부와의 교제·교섭. (회사원 등의) 외무 활동 **━員** 외교원. **━家** 외교가, 사교가 **━官** 외교관 **━交渉** 政 외교 교섭 **━辞令** 외교 사령. 겉치레 말 **━特権** 法 외교 특권

**がいこう** [外光] 외광. (특히) 바깥의 햇빛

**がいこう** [外向] 名 외향 ⇔ 内向¶ ~的な人 외향적인 사람 **━性** 외향성

**がいこう** [外冠] 文 외구. 외적

**がいこう** [外港] 외항 ①(항구의) 방파제 바깥쪽 구역 ⇔ 内港 ②(대도시에 근접하여 바다로의) 출입구 역할을 하는 항구¶ 仁川はソウルの~である 인천은 서울의 외항이다

**がいこきゅう** [外呼吸] 醫 외호흡

**かいこく** [回国·廻国] 名 自スル 여러 나라·지방을 두루 돌아다님 **━巡** 여러 나라·지방의 영지를 순례함. 그런 순례자

**かいこく** [戒告·誡告] 名 他スル 계고 ①엄중히 주의시킴. 경고함¶ 厳重に~する 엄중히 계고하다 ②法 공무원 등의 의무 위반에 대한 징계 처분¶ ~処分 계고 처분

**かいこく** [海国] 해양국. 섬나라¶ ~日本 해양국 일본

**かいこく** [開国] 名 自他スル 개국 ①(외국과의) 교류·통상을 시작함 ⇔ 鎖国¶ ~に踏み切る 개국하기로 결단하다 ②건국

**がいこく** [外国] 외국 **━使節** 외국 사절/ ~から帰る 외국에서 돌아오다 **━為替** 經 외국환. 외환 **━為替手形** 經 외국환 어음 **━人** **━登録済証明書** 외국인 등록필 증명서 **━郵便** 외국 우편

**がいこつ** [骸骨] 해골

慣用句

**━を乞う** 퇴관·사직을 원하다

**かいことば** [買(い)言葉] 대꾸하는 욕설¶ 売りことばに~ 오는 말에 가는 말

**かい こ・む** [買(い)込む] 他五 사들이다¶ 値上がりを見越して~ 값이 오를 것을 내다보고 사들이다

**かい こ・む** [掻い込む] 他五 ①(겨드랑이 등에) 끼다¶ 槍を小わきに~ 창을 겨드랑이에 끼다 ②(물 등을) 퍼담다¶ 水を~ 물을 퍼담다

**かいごろし** [飼(い)殺し] ①(쓸모 없게 된 가축을) 죽을 때까지 먹여 기름 ②(회사에서) 능력을 발휘할 기회를 주지 않고 계속 고용해 둠¶ ~にされるよりは辞めたほうがましだ 한직에서 허송 세월하기보다는 그만두는 쪽이 낫겠다

**かいこん** [悔恨] 文 회한. (과오 등을) 뉘우침¶ ~の涙を流す 회한의 눈물을 흘리다

**かいこん** [開墾] 名 他スル 개간 荒れ地を~する 황무지를 개간하다

**かいこん** [塊根] 植 괴근. 덩이뿌리

**かいさい** [快哉] 文 쾌재¶ ~を叫ぶ 쾌재를 부르다

**かいさい** [皆済] 名 他スル 文 개제 ①(일을) 모두 마침 ②(빚·납입금을) 전부 갚음. 완제¶ 旧債を~する 묵은 빚을 다 갚다

**かいさい** [開催] 名 他スル 개최¶ スポーツ大会を~する 스포츠 대회를 개최하다

**かいざい** [介在] 名 自スル 개재. 사이에 끼어 있음¶ 難問が~している 어려운 문제가 개재되어 있다

**がいさい** [外債] 經 외채¶ ~を募る 외채를 모집하다 **━市場** 經 외채 시장

**がいざい** [外在] 名 自スル 외재. 외부에 존재함¶ ~的 외재적 —批評ひょう 文 외재 비평
**かいさく** [快作] 쾌작. 쾌저
**かいさく** [改作] 名 他スル 개작. 개작품¶ 脚本きゃくを~する 각본을 개작하다
**かいさく** [開削·開鑿] 名 他スル 文 개착. 산야를 깎아 도로 등을 냄¶ ~工事 개착 공사
**かいささえ** [買(い)支え] 經 (시세 하락을 막기 위해) 적극적으로 사들임¶ 日銀にちぎんが円えんの~に出でる 일본 은행이 엔의 적극적인 매입에 나서다
**かいさつ** [改札] 名 自スル 개찰¶ ~口ぐち 개찰구
**かいさつ** [開札] 名 自他スル 개찰. (입찰·투표함 등의) 개표
**かいさん** [海産] 해산¶ ~物ぶつ 해산물
**かいさん** [開山] 개산 ① 佛 절을 창건함, 그 창건자 ② 佛 각 종파의 창시자, 개조 ③사물의 창시자 ④제1인자¶ 日ひの下した~ 하늘 아래 제1인자
**かいさん** [解散] 名 自他スル 해산 ①(회합 참석자의) 산회¶ デモ隊たいが~する 시위대가 해산하다 ②(조직의) 해체 ③ 政 (임기 도중의) 의원의 일제 자격 소멸¶ 国会こっかいは~された 국회는 해산되었다 —權けん 政 해산권. 국회를 해산하는 권한
**かいざん** [改竄] 名 他スル 개찬. (공문서 등을 고의로) 고쳐 씀¶ 日付ひづけを~する 날짜를 고쳐 쓰다
**かいざん** [海山] 地 해산
**がいさん** [概算] 名 他スル 개산. 어림셈¶ 費用ようを~する 비용을 개산하다 —要求ようきゅう 經 개산 요구
**かいし** [怪死] 名 自スル 괴사. 원인 불명의 죽음, 변사 = 変死へんし¶ ~体たい 괴사체, 변사체
**かいし** [海市] 文 신기루 = 蜃気楼しんきろう
**かいし** [開始] 名 自他スル 개시. 시작¶ 攻撃こうげきを~する 공격을 개시하다
**かいし** [懐紙] ①접어서 품에 지니는 종이 ② 和歌わか·連歌れんが 등을 정식으로 기록하거나 궁중·神社じんじゃ 등에 제출할 때 쓰는 용지
**かいじ** [快事] 文 쾌사¶ 近来きんらいの~ 근래의 쾌사
**かいじ** [怪事] 文 괴사. 괴상한 일, 괴사건
**かいじ** [海事] (造語) 해사. 바다에 관한 일¶ ~法ほう 해사법
**かいじ** [開示] 名 他スル ①개시. (법정 등에서) 공개적으로 분명히 나타냄¶ 拘留理由こうりゅうりゆうを~する 구류 이유를 개시하다 ②확실히 설명하여 보임, 가르쳐 깨우침¶ 真義しんぎを~する 참뜻을 가르쳐 깨우치다
**かいじ** [解字] 한자의 자형 분석
**がいし** [外史] 외사. 민간인이 쓴 역사, 야사 ⇔ 正史せいし¶ 日本にほん~ 일본 외사
**がいし** [外紙] 외지¶ ~の報道どうは 외지의 보도
**がいし** [外資] 외자. 외국 자본¶ ~を導入どうにゅうする 외자를 도입하다
**がいし** [碍子] 電 애자
**がいじ** [外耳] 醫 외이¶ ~炎えん 외이염

**がいじ** [外事] (造語) 외사 ①외부의 일 ⇔ 内事ないじ ②외국(인)에 관한 일¶ ~課か 외사과
**かいしき** [皆色·皆式] 副 조금도, 도무지, 전혀¶ ~見当けんとうがつかぬ 도무지 짐작이 가지 않는다
**がいじし** [外字紙] 외자지. (국내에서 발행되는) 외국어 신문
**がいして** [概して] 副 대체로¶ 稲いねの発育はついくは~良好りょうこうだ 벼의 발육은 대체로 양호하다
**かいしめ** [買(い)占め] 매점, 사재기¶ 株かぶの~ 주식의 매점
**かいしめる** [買(い)占める] 他 下一 매점하다, 사재기하다¶ 株かぶを~ 주식을 매점하다
**かいしゃ** [会社] 회사¶ 株式かぶしき~ 주식 회사/ ~員いん 회사원 —更生法こうせいほう 法 회사 갱생법 —犯罪はんざい 法 회사 범죄 —法ほう 法 회사법
**かいしゃ** [膾炙] 名 自スル 文 회자. 널리 사람들의 입에 오르내림¶ 人口じんこうに~する 인구에 회자되다
**がいしゃ** [外車] 외제차
**がいしゃ** [害者] (俗) (살인 사건의) 피해자
**かいしゃく** [介錯] 名 他スル ①시중을 듦, 시중드는 사람 ②할복하는 사람의 목을 쳐줌, 그런 사람¶ ~人にん 할복하는 사람의 목을 쳐주는 사람
**かいしゃく** [解釈] 名 他スル 해석¶ 独自どくじの~ 독자적인 해석/ 善意ぜんいに~する 선의로 해석하다 —学がく 해석학
**かいじゃくし** [貝杓子] 가리비 국자
**がいじゅ** [外需] 經 외수. 외국의 수요
**かいしゅう** [会衆] 文 회중. 회합의 참석자
**かいしゅう** [回収] 名 他スル 회수¶ 廃品はいひん~ 폐품 회수/ 答案とうあんを~する 답안을 회수하다
**かいしゅう** [改宗] 名 自スル 개종¶ キリスト教きょうに~する 기독교로 개종하다
**かいしゅう** [改修] 名 他スル 개수¶ 橋はしの~工事じ 다리의 개수 공사
**かいじゅう** [怪獣] 괴수. 괴상한 짐승
**かいじゅう** [海獣] 動 해수. 바다에 사는 포유류의 총칭
**かいじゅう** [晦渋] ナ 文 회삽. (문장 등이) 난삽함, 난해¶ ~な文章ぶんしょう 난삽한 문장
**かいじゅう** [懐柔] 名 他スル 회유¶ ~策さく 회유책/ 敵てきを~する 적을 회유하다
**がいじゅういっしょく** [鎧袖一触] 文 개수일촉. 상대방을 가볍게 굴복시킴
**がいじゅうないごう** [外柔内剛] 외유 내강
**がいしゅつ** [外出] 名 自スル 외출¶ ~着ぎ 외출복/ 急用きゅうようで~する 급한 일로 외출하다
**かいしゅん** [回春] 文 회춘 ①봄이 다시 돌아옴 ②다시 젊어짐¶ ~薬やく 회춘약 ③병이 나음¶ ~の喜よろこび 쾌유의 기쁨
**かいしゅん** [改悛·悔悛] 名 自スル 文 개전. 잘못을 뉘우치고 반성함¶ ~の情じょうが著いちじるしい 개전의 정이 현저하다
**かいしょ** [会所] 회소. 집회소¶ 碁ご~ 기원
**かいしょ** [楷書] 해서 = 真書しんしょ
**かいじょ** [解除] 名 他スル 해제 ①(금지·규제

등을) 풀어서 자유롭게 함¶ 警報(けいほう)～ 경보 해제 ②〔法〕 유효한 계약 관계를 소멸시킴¶ 契約(けいやく)を～する 해약하다

**かいしょう**【△甲×斐性】 패기, 기력, 행동력, 주변머리¶ 年(とし)をとって～が無(な)くなる 나이를 먹어 기력이 없어지다 **—無(な)し** 무기력함, 주변머리 없는 사람＝いくじなし

**かいしょう**【会商】[名][自スル](文) 모여서 의논함, 협상¶ 日米(にちべい)～ 미일 협상

**かいしょう**【回章・×廻章】(文) 회장 ①회람장 ②(편지의) 답장

**かいしょう**【快勝】[名][自スル] 쾌승

**かいしょう**【改称】[名][他スル] 개칭. 개명¶ 社名(しゃめい)を～する 사명을 개칭하다

**かいしょう**【海相】 해상. 해군 대신

**かいしょう**【海×嘯】(文) ①해소 ②「津波(つなみ) 해일」의 옛일컬음

**かいしょう**【解消】[名][自他スル] 해소 ①(어떤 사물·상태를) 지워서 없앰¶ ストレス～ 스트레스 해소 ②(약속·결정 등의) 해지¶ 婚約(こんやく)を～する 약혼을 취소하다

**かいじょう**【会場】 회장. 집화 장소

**かいじょう**【回状・×廻状】 회람장, 회람 문서

**かいじょう**【海上】 해상. 해면, 바다 위¶ ～交通(こうつう) 해상 교통 **—権(けん)**〔法〕 해상권. 제해권 **—自衛隊(じえいたい)** 해상 자위대 **—封鎖(ふうさ)**〔軍〕 해상 봉쇄 **—保安庁(ほあんちょう)**〔政〕 해상 보안청

**かいじょう**【開城】[名][自スル] 개성. 항복하고 적에게 성을 내줌

**かいじょう**【開場】[名][自スル] 개장 ⇔ 閉場(へいじょう)¶ 六時(ろくじ)～ 여섯 시 개장

**かいじょう**【階上】(文) ①(2층 이상 건물의) 위층, 그 곳의 방 ②계단 위 ▷ ①② ⇔ 階下(かいか)

**かいじょう**【階乗】〔數〕 계승. 1에서 *n*까지 연속되는 자연수의 곱

**かいじょう**【塊状】(文) 괴상. 덩어리진 모양¶ ～火山(かざん) 괴상 화산

**がいしょう**【外相】 외상. 외무 장관¶ ～会議(かいぎ) 외상 회의

**がいしょう**【外商】 ①외국 상사·상인 ②외판, 출장 판매¶ ～部(ぶ) 외판부

**がいしょう**【外傷】 외상 ①몸 외부에 입은 상처 ⇔ 内傷(ないしょう)¶ ～を負(お)う 외상을 입다 ②〔心〕「外傷体験(がいしょうたいけん)」의 준말

**がいしょう**【街×娼】 가창. 거리의 창녀

**がいじょう**【街上】(文) 가상. 노상, 길거리

**かいしょく**【会食】[名][自スル] 회식¶ 会議(かいぎ)のあとで～する 회의 뒤에 회식하다

**かいしょく**【戒×飭】[名][自他スル]「かいちょく」의 오독(誤讀)

**かいしょく**【海食・海×蝕】[名][自スル]〔地〕 해식. 바닷물에 의한 침식 작용 **—崖(がい)**〔地〕 해식애 **—台(だい)**〔地〕 해식대 **—洞(どう)**〔地〕 해식동

**かいしょく**【解職】[名][他スル] 해직. 면직¶ ～処分(しょぶん) 해직 처분

**がいしょく**【外食】[名][自スル] 외식¶ 昼(ひる)はいつも～する 점심은 언제나 외식한다 **—産業(さんぎょう)**〔經〕 외식 산업

**かいしん**【会心】[名ノ] 회심. 마음에 들어 흡족함¶ ～の作(さく) 회심작

[慣用句]

**—の笑(え)み** 회심의 미소

**かいしん**【回心】[名][自スル]〔基〕 회심. 잘못을 회개하고 다시 하느님께 돌아감

**かいしん**【回診】[名][他スル] 회진¶ 科長(かちょう)の～ 과장의 회진

**かいしん**【戒心】[名][自スル](文) 계심. 경계함, 조심함¶ 心(こころ)から～する 진심으로 계심하다

**かいしん**【戒慎】[名][自スル](文) 계신. 스스로 경계〔조심〕하여 삼감

**かいしん**【改心】[名][自スル] 개심. 마음을 바르게 고침¶ ～してまじめに働(はたら)く 개심하여 성실하게 일하다

**かいしん**【改新】[名][自他スル] 개신. 혁신¶ 大化(たいか)の～ 大化 원년의 개신

**かいしん**【海進】〔地〕 해진. 해침 ⇔ 海退(かいたい)

**かいじん**【灰×燼】(文) 회진. 잿더미

[慣用句]

**—に帰(き)す** 잿더미로 화하다

**かいじん**【怪人】 괴인. 정체 불명의 사람¶ 覆面(ふくめん)の～ 복면한 괴인

**かいじん**【海神】 해신. 바다의 신＝わたつみ

**がいしん**【外心】〔數〕 외심 ⇔ 内心(ないしん)

**がいしん**【外信】 외신¶～部(ぶ) 외신부

**がいしん**【害心】(文) 해심. 해치려는 마음＝害意(がいい)¶ ～を抱(いだ)く 해치려는 마음을 품다

**がいじん**【外人】 외인. 외국인 ⇔ 邦人(ほうじん)¶ ～部隊(ぶたい) 외인 부대

**がいじん**【外陣】(절·神社(じんじゃ)에서) 일반인이 예배하는 곳 ⇔ 内陣(ないじん)

**かいず**【海図】〔交〕 해도¶ 航海用(こうかいよう)～ 항해용 해도

**かいすい**【海水】 해수. 바닷물¶ ～の温度(おんど) 해수의 온도 **—着(ぎ)** 해수욕복, 수영복 **—魚(ぎょ)** 바닷물고기 **—浴(よく)** 해수욕

**かいすう**【回数】 횟수¶ 乗(の)った～ 탄 횟수/ ～を重(かさ)ねる 횟수를 거듭하다 **—券(けん)** 회수권

**がいすう**【概数】〔數〕 개수. 어림수¶ ～計算(けいさん) 어림수 계산/ ～をつかむ 개수를 파악하다

**かい・する**【会する】 **I** [自][サ変](文) ①모이다, 회동하다¶ 一堂(いちどう)に～ 한 자리에 모이다 ②만나다, 합쳐지다, 마주치다¶ 旧友(きゅうゆう)に～ 옛 친구와 마주치다 **II** [他][サ変](文) ①모으다 ②깨닫다, 터득하다

**かい・する**【介する】[他][サ変] ①중간에 세우다, 개재시키다¶ 人(ひと)を～・して商談(しょうだん)を進(すす)める 사람을 중간에 세우고 상담을 진행시키다 ②마음에 두다, 개의하다¶ 意(い)に～・しない 개의치 않다

**かい・する**【解する】[他][サ変] ①알다, 이해하다¶ 風流(ふうりゅう)を～ 풍류를 알다 ②해석하다¶ 善意(ぜんい)に～ 선의로 해석하다

**がい・する**【害する】[他][サ変] ①해치다, 상하게 하다 ⇔ 益(えき)する¶ 健康(けんこう)を～ 건강을 해치다 ②(文) (사람을) 해치다, 죽이다¶ 主人(しゅじん)を～ 주인을 해치다 ③방해하다, 가로막다¶

稲の生育を～ 벼의 생육을 방해하다

**がい・する** [慨する] 他 サ変 文 개탄하다, 분개하다¶ 世を～ 세상을 개탄하다

**かいせい** [回生] 회생¶ 起死～ 기사 회생

**かいせい** [快晴] 쾌청¶ 遠足の日は～に恵まれた 소풍은 다행히 쾌청한 날씨였다

**かいせい** [改正] 名 他スル 개정¶ 憲法を～する 헌법을 개정하다

**かいせい** [改姓] 名 自スル 개성. 성을 바꿈¶ ～届け 개성 신고

**かいせい** [*諧声] 文 ①조화된 목소리 ②해성, 형성 = 形声

**かいせい** [外征] 名 自スル 文 외국으로 원정함

**がいせい** [慨世] 文 개세¶ ～の言 개세지언, 세상을 개탄하는 말

**がいせい** [蓋世] 文 개세¶ ～の気 기개세/抜山～の英雄 발산 개세의 영웅

**かいせき** [会席] ①회석, 모이는 자리 ②連歌·俳諧를 짓는 자리 ③「会席料理」의 준말 —膳 会席料理를 차려내는 다리 없는 옻칠 상 —料理 料 정식 일본 요리를 간소화한 주연용 고급 요리

**かいせき** [解析] Ⅰ 名 他スル 해석, 분석하여 밝힘¶ データ를～する 데이터를 해석하다 Ⅱ 「解析学·解析幾何学」의 준말 —学 数 해석학 —幾何学 数 해석 기하학

**かいせき** [懐石] 料 (다도에서) 차가 나오기 전에 내는 간단한 요리 —料理 料 제철 재료 등을 요리하여 한 가지씩 담아 내놓는 고급 일본 요리

**がいせき** [外戚] 외척, 외가 친척 ⇔ 内戚

**かいせつ** [回折·*廻折] 物 회절 격자 —法 物 회절법

**かいせつ** [開設] 名 他スル 개설¶ 診療所を～する 진료소를 개설하다

**かいせつ** [解説] 名 他スル 해설¶ 時事～ 시사 해설/～者 해설자

**かいせつ** [外接] 名 自スル 文 数 외접 ⇔ 内接¶ ～円 외접원

**がいせつ** [*剴切] 名 文 개절, 아주 적절함, 딱 들어맞음¶ な表現 아주 적절한 표현

**がいせつ** [概説] 名 他スル 개설¶ 世界史～ 세계사 개설

**カイゼルひげ** [カイゼル*髭] 카이저 수염

**かいせん** [会戦] 名 自スル 회전, 대규모 전투¶ 敵の大軍と～する 적의 대군과 회전하다

**かいせん** [回旋·*廻旋] 名 自他スル 文 회선, 선회¶ —起重機 선회 기중기 —曲 音 회선곡 = ロンド —塔 回旋塔. (유원지 등의) 쇠줄에 매달린 회전 놀이기구

**かいせん** [回船·*廻船] 연안 운송선¶ ～問屋 연안 운송업자

**かいせん** [回線] 회선, 회로¶ ～の故障 회선의 고장 —交換 情 회선 교환 —再販売 情 회선 재판매

**かいせん** [改選] 名 他スル (임기 만료된 의원 등의) 개선¶ 委員の～ 위원의 개선

**かいせん** [海戦] 해전¶ 太平洋～ 태평양 해전

**かいせん** [界線] 계선 ①(투영도에서) 정면과 평면과의 경계를 나타내는 선 ②경계선

**かいせん** [*疥*癬] 医 개선. 옴 = 皮癬¶ ～虫 개선충. 옴벌레

**かいせん** [開戦] 名 自スル 개전 ⇔ 終戦¶ ～を宣しる 개전을 선포하다

**かいぜん** [改善] 名 他スル 개선 ⇔ 改悪¶ ～案 개선안/ 社員の待遇を～する 사원의 대우를 개선하다

**がいせん** [外線] 외선 ①바깥쪽 선 ②옥외 전선¶ ～工事 외선 공사 ③외부로 통하는 전화선, 그런 전화 ▷ ①～③ ⇔ 内線

**がいせん** [凱旋] 名 自スル 개선¶ ～パレード 개선 퍼레이드/故国に～する 고국에 개선하다 —門 개선문

**がいぜん** [慨然] 副 文 ①개연, 분개함¶ ～として下野する 개연히 하야하다 ②분발함, 분연¶ ～たる意気 분연한 기개

**がいぜん** [蓋然] 造語 개연 ⇔ 必然 —的 개연적 —性 개연성. (실현) 가능성¶ ～が高い 개연성이 높다

**かいそ** [改組] 名 他スル 개조. 조직을 개편함¶ 委員会の～ 위원회의 개조 —する 委員会を改編하다

**かいそ** [開祖] 개조 ①宗 한 종파를 시작한 사람, 개산(開山) ②한 유파의 창시자

**かいそう** [会葬] 名 自スル 회장, 장례식에 참석함¶ ～者 장례식 참석자

**かいそう** [回送·*廻送] 名 他スル 회송 ①(편지 등의) 반송¶ 手紙を転居先へ～する 편지를 이사간 곳으로 회송하다 ②(전차 등의) 환송¶ —車 回 회송차

**かいそう** [回想] 회상¶ ～にふける 회상에 잠기다/ 青春時代を～する 청춘 시절을 회상하다 —録 회상록, 회고록¶ ～の執筆に かかる 회고록 집필에 착수하다

**かいそう** [回漕·*廻漕] 名 他スル 회조. 배로 화물을 운송함, 조운¶ ～業 조운업

**かいそう** [快走] 名 自スル 쾌주¶ ～するヨット 쾌주하는 요트

**かいそう** [改葬] 名 他スル 개장. 이장¶ 故郷の墓地に～する 고향 묘지에 이장하다

**かいそう** [改装] 名 他スル 개장. 새로 단장함¶ 店内の～ 가게 내부 개장

**かいそう** [怪僧] 괴승, 수상한 중

**かいそう** [海草] 해초 ①바다에서 자라는 속씨식물의 총칭 = うみくさ ②해조류의 속칭

**かいそう** [海藻] 植 해조, 바닷말 = うみも

**かいそう** [階層] 계층 ①층계 ②(비유) 사회 구성원의 여러 층¶ 低所得～の人々 저소득 계층의 사람들

**かいそう** [*潰走] 名 自スル 文 궤주. 패주¶ ～する反乱軍 궤주하는 반란군

**かいぞう** [改造] 名 他スル 개조¶ 内閣～ 내각 개조/ 内部を～する 내부를 개조하다

**がいそう** [外装] 외장 ①외부 장식 ⇔ 内装¶ ～工事 외장 공사 ②겉포장¶ ～を解く 겉포장을 풀다

かいそう [外層] 외층. 바깥층 ⇔ 内層(ないそう)
かいそう [*咳*嗽] 名 自スル (文) 해소. 기침= せき
かいぞうりょく [解像力] [物] 해상력
かいぞえ [介添え] 名 自スル (곁에서) 시중 듦. 시중 드는 사람. 들러리¶花嫁(はなよめ)の~をする 신부의 시중을 들다
かいそく [会則] 회칙. 회규
かいそく [快足] 걸음이 빠름. 빠른 걸음¶~を誇る 빠른 걸음을 자랑하다
かいそく [快速] ① 名 쾌속¶~船(せん) 쾌속선 ②「快速電車(でんしゃ)・快速列車(れっしゃ)」의 준말
かいぞく [海賊] 해적¶~行為(こうい) 해적 행위 ―船(せん) 해적선 ―版(ばん) 해적판
がいそふ [外祖父] (文) 외조부. 외할아버지
がいそぼ [外祖母] (文) 외조모. 외할머니
かいぞめ [買(い)初め] 새해 들어 처음 물건을 삼
かいそん [海損] [法] 해상 사고로 인한 선박・화물의 손해¶~契約書(けいやくしょ) 해손 계약서
がいそん [外孫] (文) 외손= そとまご
かいだ [快打] 名 自他スル [野] 통쾌한 (멋진) 안타¶~を放(はな)つ 멋진 안타를 치다
がいだ [*咳*唾] 해타. (손윗사람의) 말씀
慣用句
―珠(たま)を成(な)す 하는 말마다 주옥같이 아름답다
かいたい [拐帯] 名 他スル 괴대. 위탁받은 금품을 가지고 도망감= 持(も)ち逃(に)げ¶公金(こうきん)~ 공금을 가지고 달아남
かいたい [海退] [地] 해퇴 ⇔ 海進(かいしん)
かいたい [解体] 名 他スル 해체 ①분해¶~修理(しゅうり) 해체 수리/ 財閥(ざいばつ)の~ 재벌의 해체 ②해부
かいたい [懐胎] 名 自スル (文) 회태. 잉태. 회임
かいだい [改題] 名 他スル 개제. 제목을 바꿈¶旧作(きゅうさく)を~する 구작을 개제하다
かいだい [海内] ① 국내 ② 천하¶~無双(むそう) 천하 무쌍
かいだい [開題] 名 他スル ① [佛] 개제 ② 해제
かいだい [解題] 名 他スル 해제¶名著(めいちょ)~ 명저 해제
かいたく [開拓] 名 他スル 개척 ①개간¶西部(せいぶ)~ 서부 개척 ②(새로운 분야의) 개발¶市場(しじょう)を~する 시장을 개척하다 ―使(し) [日史] 北海道(ほっかいどう)의 행정・개척을 담당했던 관청
かいだく [快諾] 名 他スル 쾌락. 쾌히 승낙함¶~を得(え)る 쾌락을 얻다
かいだし [買(い)出し] ①시장・도매상에 가서 물건을 삼 ②2차대전 중・후에 생산지로 식량 등을 구하러 감¶田舎(いなか)へ米(こめ)の~に行(い)く 시골로 쌀을 사러 가다
かいだ・す [*掻*い出す] 他五 퍼내다¶ボートの水(みず)を~ 보트의 물을 퍼내다
かいたた・く [買(い)叩く] 他五 (값을) 후려쳐 사다. 터무니없이 싼 값으로 사다¶弱(よわ)みにつけこんで~ 약점을 이용하여 터무니없이 싼 값으로 사다
かいだめ [買(い)溜め] 名 他スル 사재기. 매점¶値上(ねあ)げ前(まえ)に~する 값이 오르기 전에 사재기하다
がいため [外*為*] (口) 「外国為替(がいこくかわせ)」의 속칭.

外国為替 ―会計(かいけい) [經] 「外国為替資金(しきん)特別会計(とくべつかいけい)」의 준말. 외국환 자금 특별 회계 ―公認銀行(こうにんぎんこう) [經] 외국환 취급 은행 ―市場(しじょう) [經] 외국환 시장 ―相場(そうば) [經] 외국환 시세
かいだん [会談] 名 自スル 회담¶首脳(しゅのう)~ 수뇌 회담
かいだん [戒壇] [佛] 계단
かいだん [怪談] 괴담¶~物(もの) 괴담물 ―噺(ばなし) [藝] 괴담으로 중심으로 한 落語(らくご)
かいだん [階段] 계단 ①층층대. 층계¶らせん~ 나선 계단 ②단계¶出世(しゅっせ)への~ 출세로의 계단 ―教室(きょうしつ) 계단 교실
かいだん [解団] 名 他スル 해단 ⇔ 結団(けつだん)
かいたん [慨嘆・慨歎] 名 自他スル 개탄¶軽薄(けいはく)な風潮(ふうちょう)は~に堪(た)えない 경박한 풍조를 개탄하여 마지 않다
がいだんこうせつ [街談*巷*説] (文) 가담 항설. 거리나 항간에 떠도는 소문¶~に惑(まど)わされる 가담 항설에 현혹되다
かいだんし [快男子] 쾌남자. 쾌남아. 쾌걸
がいち [外地] 외지 ①외국¶~勤務(きんむ) 외국 근무 ②2차대전 전의 일본 식민지 ⇔ 内地(ないち)
かいちく [改築] 名 他スル 개축¶校舎(こうしゃ)を~する 교사를 개축하다
かいちゅう [回虫・*蛔*虫] 회충
かいちゅう [改鋳] 名 他スル 개주. 다시 주조함¶貨幣(かへい)の~ 화폐의 개주
かいちゅう [海中] 해중. 바다 속 ―公園(こうえん) 해중 공원
かいちゅう [懐中] 名 他スル 회중. 호주머니 속. 품속¶~がさびしい 돈이 달랑달랑하다 ―汁粉(じるこ) 말린 팥소 등을 나카에 싼 식품 ―時計(どけい) 회중 시계 ―物(もの) ~にはご用心(ようじん) 회중품에 조심
がいちゅう [外注・外*註*] 名 他スル 외주¶部品(ぶひん)を~で作(つく)る 부품을 외주로 만들다
がいちゅう [害虫] 해충 ⇔ 益虫(えきちゅう)¶~を駆除(くじょ)する 해충을 구제하다
かいちょう [会長] 회장 ①모임의 대표¶後援会(こうえんかい)~ 후원회 회장 ②(회사에서) 사장 위의 최고 직책¶~の就任(しゅうにん) 회장의 취임
かいちょう [回朝] [醫] 회조
かいちょう [快調] ナ 쾌조. 상태가 매우 좋음. 순조로움¶~な滑(すべ)りだし 쾌조의 출발/ 仕事(しごと)が~に進(すす)む 일이 쾌조로 진행되다
かいちょう [海鳥] 해조. 바다새
かいちょう [開帳] 名 他スル 개장 ①[佛] (절에서) 특정한 날에 불감을 열어 불상 등을 공개함 ② [開張] 노름판을 벌임
かいちょう [開張] (곤충이) 날개를 폈을 때의 폭
かいちょう [階調] (화면 등에서) 농담의 차= グラデーション
かいちょう [諧調] 해조. (리듬・색채 등이) 잘 조화가 됨= ハーモニー
かいちょう [益鳥] 해조= 益鳥(えきちょう)
かいちょく [戒飭] 名 自他スル (文) 계칙. 스스로 근신함. 남을 훈계하여 근신시킴¶~処分(しょぶん) 계칙 처분 ▷「かいしょく」는 오독임

かいちん【開陳】 [名][他スル] 개진
かいつう【開通】 [名][自スル] 개통¶ 新幹線しんかんの~ 新幹線의 개통
かいづか【貝塚】 패총, 조개 무지
かいづくし【貝尽くし】 ①여러 가지 조가비 그림 무늬¶ ~の帯 조가비 그림 무늬의 띠 ②여러 가지 조가비를 모아 노리개로 삼음
かいつくろ・う【搔い繕う】 [他五] ①(복장 등을) 단정히 하다¶ 急いで襟元えりもとを~ 서둘러 옷깃을 매만지다 ②정리하다
かいつけ【買(い)付け】 ①단골¶ ~の店 단골 가게 ②(상인이 대량으로) 사들임, 구매¶ 木材もくざいの~に行いく 목재 구매차 가다
かいつけ・る【買(い)付ける】 [他下一] ①단골로 사다, 대놓고 사다 ②(상인이) 대량으로 사들이다¶ 原油げんゆを~ 원유를 사들이다
かいつぶり【鸊鷉】 [動] 농병아리¶ ニオ
かいつま・む【搔い摘む】 [他五] 간추리다, 요약하다¶ ~・んで話はなす 간추려서 말하다
かいづめ【貝爪】 납작하고 짧은 손톱・발톱
かいて【買(い)手】 살 사람, 매주 ⇔ 売手うりて¶ ~がつく 살 사람이 나서다 ━市場しじょう [經] 매주 시장, 바이어즈 마켓 ⇔ 売手市場うりてしじょう
かいてい【改定】 [名][他スル] 개정¶ 料金りょうきんの~ 요금 개정/規則きそくを~する 규칙을 개정하다
かいてい【改訂】 [名][他スル] 개정¶ ~版 개정판
かいてい【海底】 해저, 바다 밑¶ ~トンネル 해저 터널 ━火山ざん [地] 해저 화산
かいてい【開廷】 개정 ⇔ 閉廷へいてい¶ ~を宣せんする 개정을 선언하다
かいてい【階梯】 [文] 계제 ①계단 ②(학문・예술을 배우는) 초보, 입문(서)¶ 天文学てんもんがく~ 천문학 입문서 ③(사물의) 단계
かいてき【快適】 [ダ] 쾌적¶ ~な住すまい 쾌적한 주거
がいてき【外敵】 외적
がいてき【外的】 외적 ①외부적¶ ~条件じょうけん 외적 조건 ②육체적, 물질적¶ ~原因げんいんによる疾患しっかん 외적 원인에 의한 질환
かいてん【回天・廻天】 [名][文] 회천, 천하의 형세를 뒤바꿈, 국가의 쇠한 세력을 만회함¶ ~の事業じぎょう 회천의 사업
かいてん【回転・廻転】 I [名][自スル] 회전 ①빙 돎¶ 体からだを右みぎに~させる 몸을 오른편으로 회전시키다 ②(상품 유통・자금 등이) 한번 돎¶ 資金しきんが~する 자금이 회전하다 ③지능의 작용¶ 頭あたまの~が早はやい 머리 회전이 빠르다 II [名] 「回転競技きょうぎ」의 준말 ━椅子いす 회전 의자 ━儀ぎ [機] 회전의, 자이로스코프 ━競技ぎ (스키의) 회전 경기 ━子し [機] 회전자 ━軸じく 회전축, 돌대 ━体たい [數] 회전체 ━窓まど 회전창 ━木馬もくば 회전 목마
かいてん【開店】 [名][自他スル] 개점 ①개업¶ ~資金しきん 개업 자금/新装しんそうと~ 신장 개업 ②(그날의) 영업 시작¶ ~時間じかん 개점 시간 ▷①② ⇔ 閉店へいてん ━休業きゅうぎょう 개점 휴업¶ ~の状態じょう 개점 휴업 상태
かいでん【皆伝】 (무도・예도 등에서) 스승에게 비법을 모두 전수받음¶ 免許めんきょ~ 스승의 비법을 전부 전수받음
がいでん【外伝】 외전, 본전(本傳)에서 기술되지 않은 부분을 다룬 전기¶ 義士ぎし~ 赤穗義士ぎし의 외전
がいでん【外電】 외전, 외신
ガイド (guide) 가이드 I [名][他スル] 안내하기, (특히 여행・등산 등의) 안내 II [名] ①안내서, 입문서 ②(여행・등산 등의) 안내인
かいとう【会頭】 회장¶ 商工会議所しょうこうかいぎしょ~ 상공 회의소 회장
かいとう【回答】 [名][自スル] 회답¶ 正式せいしきな~を待まつ 정식 회답을 기다리다
かいとう【快刀】 쾌도, 매우 잘 드는 칼
[慣用句] ━乱麻らんまを断たつ 쾌도로 난마를 끊다
かいとう【快投】 [野] 쾌투, 멋진 투구¶ ~を演えんずる 멋진 투구를 하다
かいとう【怪盗】 괴도¶ ~ルパン 괴도 뤼팽
かいとう【解党】 [名][他スル] 해당, 정당 등을 해산함 ⇔ 結党けっとう
かいとう【解凍】 [名][他スル] 해동¶ 冷凍食品れいとうしょくひんを~する 냉동 식품을 해동하다
かいとう【解答】 [名][自他スル] 해답¶ 模範はん~ 모범 해답
かいとう【解糖】 [生] 해당
かいどう【会同】 [名][自スル] [文] 회동, 회의를 해 모임
かいどう【会堂】 회당 ①집회용 건물¶ 公こう~ 공회당 ②(기독교・유대교의) 교회당
かいどう【怪童】 괴동, 몸집이 크고 괴력을 지닌 아이
かいどう【海棠】 [植] 해당화
かいどう【海道】 ①해안 도로¶ 「東海道とうかい」의 준말¶ 一いちの親分おやぶん 東海道에서 제일가는 두목 ③배가 왕래하는 길, 항로
かいどう【街道】 가도¶ 甲州こうしゅう~ 甲州 가도
がいとう【街灯】 외등¶ ~の光ひかり 외등의 불빛
がいとう【外套】 ①외투, 오버코트 ②[動] 투막
がいとう【街灯】 가등, 가로등¶ ~がともる 가로등이 켜지다
がいとう【街頭】 가두, 길거리¶ ~演説えんぜつ 가두 연설/~に立たつ 길거리에 서다 ━募金ぼん 가두 모금
がいとう【該当】 [名][自スル] 해당¶ ~者しゃ 해당자
かいどく【買(い)得】 사서 득을 봄¶ 安やすくて~の品物しなもの 싸게 사서 득을 보는 물건
かいどく【会読】 [名][他スル] [文] 회독, 여럿이 모여 책을 읽고 그 내용을 서로 연구함
かいどく【回読】 [名][他スル] 회독, 윤독¶ 情報誌じょうほうしを~する 정보지를 돌려 읽다
かいどく【解読】 [名][他スル] 해독¶ 暗号あんごうを~する 암호를 해독하다
がいどく【害毒】 해독¶ 社会しゃかいに~を流ながす 사회에 해독을 끼치다
かいどり【*掻取】 ①(일본 여자옷에서) 띠를 두른 위에 걸쳐 입는 긴 옷 ②(옷단・옷자락을

걸어 올려 땅에 끌리지 않게 함
**かいどり**【飼(い)鳥】사조. (애완용으로) 기르는 새 ⇔ 野鳥
**かいと・る**【買(い)取る】他五 사들이다, 매입하다¶ 古いい家を~ 고옥을 매입하다
**かいな**[°腕]「うで」의 예스러운 말. 팔¶ ~力 팔 힘
**かいな・い**[°甲斐ない] 形 ①보람없다, 효과가 없다¶ 看護の~・く死亡した 간호한 보람없이 사망했다 ②(…할) 가치가 없다¶ 生きていても~命だ 살아갈 가치도 없는 목숨이다
**かいなで**[°掻い°撫で] 수박 겉핥기, 피상적임¶ ~の書評 수박 겉핥기식의 서평
**かいなら・す**【飼(い)慣らす】他五 ①사육하여 길들이다 ②(사람을) 길들이다¶ 手下を~ 수하를 길들이다
**かいなん**【海難】해난¶ ~救助 해난 구조
**かいなんぷう**【海軟風】해연풍. 낮에 바다에서 뭍으로 부는 바람 ⇔ 陸軟風
**かいにゅう**【介入】名自スル 개입¶ 武力~ 무력 개입/ 紛争に~する 분쟁에 개입하다
**かいにん**【解任】名他スル 해임, 면직¶ ~を通告する 해임 통고
**かいにん**【懐妊】名自スル 회임, 임신¶ 目出度くご~なさる 경사스럽게도 회임하시다
**かいにんそう**【海人草】 植 해인초
**かいぬし**【買(い)主】살(사는) 사람, 매주
**かいぬし**【飼(い)主】사육주, (동물을) 기르는 사람¶ ~のいない犬 주인 없는 개
**かいね**【買値】매가, 사는 값, 매입가 ⇔ 売値¶ ~で売る 산 값으로 팔다/ ~を割る 원가를 밑돌다
**がいねん**【概念】개념 ①哲 보편적 관념¶ 一般~ 일반 개념 ②개략적인 지식¶ ~をつかむ 개념을 파악하다 一的 ダ 개념적
**がいねんきかん**【外燃機関】 機 외연 기관
**かいのう**【皆納】名他スル 文 개납. (세금 등의) 완납
**かいは**【会派】政 회파. (국회에서) 두 사람 이상의 파벌이나 단체
**かいば**【飼(い)葉】꼴, 여물¶ 馬に~をやる 말에게 꼴을 주다
**かいば**【海馬】해마 ①수마 ②바다코끼리 ③바다사자
**かいはい**【改廃】名他スル 文 개폐. (법률 등의) 개정과 폐기¶ 法規の~ 법규의 개폐
**がいはく**【外泊】名自スル 외박
**がいはく**【該博】 ダ 文 해박¶ ~な知識 해박한 지식
**かいはくしつ**【灰白質】 醫 회백질
**かいはくしょく**【灰白色】회백색
**かいばしら**【貝柱】①패주, 조개관자 ②①를 삶아 말린 포
**かいはつ**【開発】名他スル 개발 ①개척¶ 原野を~する 벌판을 개발하다 ②(천연 자원의) 실용화¶ 電源~ 전원 개발 ③(재능·능력의) 계발¶ 能力の~ 능력 개발 ④(신기술 등의) 창출¶ 新薬の~に成功する 신약 개발에 성공하다 **一途上国** 經 개발 도상국 **一輪入** 經 개발 수입
**かいばつ**【海抜】地 해발. 표고≒ 標高
**かいはん**【改版】名他スル 개판, 개정판
**かいはん**【開板·開版】名他スル 개판. (목판본의) 출판
**かいはん**【解版】名自他スル 版 해판
**かいひ**【会費】회비¶ ~を徴収する 회비를 징수하다
**かいひ**【回避】名他スル 회피¶ 責任~ 책임 회피/ 危険を~する 위험을 회피하다
**かいひ**【開扉】名自スル ①문을 엶, 문을 열게 함 ②佛 → 開帳
**がいひ**【外皮】외피, 겉껍질 ⇔ 内皮
**かいびかえ**【買(い)控え】名他スル (일시적으로) 사기를 중지함, 사는 양을 줄임
**かいびゃく**【開闢】개벽 ①천지가 처음 열림¶ 天地~以来の出来事 천지 개벽 이래의 사건 ②(사물의) 시작
**かいひょう**【海氷】 氣 해빙
**かいひょう**【海豹】 動 해표= あざらし
**かいひょう**【開票】名他スル 개표¶ ~速報 개표 속보/ 即日に~する 당일에 개표하다
**かいひょう**【解氷】名自スル 해빙¶ ~期をむかえる 해빙기를 맞이하다
**がいひょう**【概評】名他スル 개평. 대체적인 비평¶ 研究発表の~ 연구 발표의 개평
**かいひん**【海浜】해변, 바닷가= 海辺
**かいふ**【回付·廻付】名他スル 회부¶ 書類を~する 서류를 회부하다
**かいふ**【開府】 文 幕府의 개설
**がいぶ**【外貌】 文 외모. 외국이나 외부로부터 받는 모욕
**がいぶ**【外部】외부 ①바깥쪽 부분¶ 建物の~ 건물의 외부 ②외부인¶ ~に秘密をもらす 외부에 비밀을 누설하다
**かいふう**【海風】해풍 ①바다 위를 부는 바람 ②氣 해연풍= 海軟風 ⇔ 陸風
**かいふう**【開封】I 名他スル 개봉. 봉함을 엶¶ 無断で~する 무단으로 개봉하다 II 名 봉하지 않은 우편물= ひらき封じ
**がいふう**[°凱風] 文 개풍. 초여름의 기분좋은 바람
**かいふく**【回復·恢復】名自他スル 회복¶ 病気が~する 병이 회복되다/ 信用を~する 신용을 회복하다
**かいふく**【開腹】名自スル 醫 개복
**かいぶし**【蚊°燻し】모깃불= 蚊やり
**かいぶつ**【怪物】괴물 ①정체 불명의 것¶ ~の正体 괴물의 정체 ②뛰어난 힘·재능을 지닌 인물¶ ~投手 괴물 투수
**がいぶつ**【外物】외물, 외계의 사물, 다른 것
**かいぶん**【回文·廻文】회문 ①거꾸로 읽어도 같은 음이 되는 글 ②文「回文歌·回文狂歌·回文詩·回文俳諧」 등의 준말 ③회장, 회람 **一歌** 文 (和歌의 한 형식으로) 거꾸로 읽어도 같은 음이 되는 시

**かいぶん** [灰分] 회분 ①재＝灰分 ②(음식물 속의) 광물질＝ミネラル
**かいぶん** [怪聞] (文) 괴문. 괴상한 소문¶ ～乱れ飛ぶ 괴상한 소문이 난무하다
**かいぶん** [外聞] 图 他スル 외분¶ 外分 ない
**がいぶん** [外聞] ①바깥 소문, 세평¶ ～を気にする 세평에 신경을 쓰다 ②체면¶ ～が悪い 체면이 말이 아니다
**かいぶんしょ** [怪文書] 괴문서¶ ～が出回る 괴문서가 나돌다
**がいぶんぴつ** [外分泌] [醫] 외분비
**かいへい** [海兵] 해병 ①해군의 하사관과 사병 ②「海軍兵学校かいぐんへいがっこう」의 준말. 구 일본 해군 사관 학교 **一隊** [軍] 해병대
**かいへい** [皆兵] [造語] 개병. 전국민이 병역 의무를 가짐¶ 国民ぶん ～ 국민 개병
**かいへい** [開平] [數] 개평. 제곱근 풀이
**かいへい** [開閉] 图 自他スル 개폐. 여닫음¶ 自動ど う ～装置そ う ち 자동 개폐 장치 **一器** [電] 개폐기. 스위치
**がいへき** [外壁] 외벽. 바깥벽 ⇔ 内壁ない
**かいへん** [貝偏] (한자 부수의) 조개패변 ▷ 「財・貯」등의 「貝」부분
**かいへん** [改変] 图 他スル 개변¶ 内容ない よ う を～する 내용을 개변하다
**かいへん** [改編] 图 他スル 개편¶ 組織しきを～する 조직을 개편하다
**かいへん** [海辺] (文) 해변. 바닷가＝うみべ
**かいべん** [快弁] (文) 쾌변. 거침없는 언변¶ ～を振るう 쾌변을 토하다
**がいへん** [外編・外篇] 외편. (한문 서적에서) 내편에 추가해서 써넣은 부분 ⇔ 内編ない
**かいほう** [介抱] 图 他スル 간호. 병구완¶ 親身みに なって～する 친부모처럼 간호하다
**かいほう** [会報] 회보
**かいほう** [回報・廻報] 회보 ①(편지의) 답장, 회답¶ ～を出す 답장을 보내다 ②회람¶ ～を回す 회보를 돌리다
**かいほう** [快方] (병세의) 차도¶ ～に向かう 차도가 있다
**かいほう** [快報] (文) 쾌보. 낭보＝朗報
**かいほう** [開放] 图 他スル 개방 ①(문 등을) 열어놓음¶ ～厳禁げん きん 개방 엄금 ②(출입 제한 등을) 풂¶ 門戸もん こ～ 문호 개방 **一的** [ダ] 개방적
**かいほう** [開方・開法] [數] 개방. 근을 구하는 방법
**かいほう** [解放] 图 他スル 해방¶ ～感に浸ひ たる 해방감에 빠지다／役目や くめから～される 임무에서 해방되다 **一の神学** [가] 해방 신학
**かいほう** [懐抱] 图 他スル (文) 회포 ①품안에 지님 ②마음속에 품음
**かいぼう** [海防] 해방. 해안[연안] 방비
**かいぼう** [海膨] [地] 해팽
**かいぼう** [解剖] 图 他スル 해부 ①[醫] (생체의) 절개 조사＝解体かい たい／生体せい たい～ 생체 해부 ②자세히 분석하여 연구함¶ 思考し こうの過程か ていを～する 사고의 과정을 분석하다
**がいぼう** [外貌] (文) 외모 ①얼굴 모습¶ ～が似にている 외모가 닮았다 ②외관, 겉모습, 외양＝うわべ¶ ～を飾る 외모를 꾸미다
**かいぼり** [搔い掘り] 图 他スル (도랑・연못 등의) 물을 퍼냄
**かいまい** [回米・廻米] ①[史] (江戸시대에) 지방에서 江戸・大坂おおさかに 연공(年貢)으로 운송한 쌀 ②산지에서 보내온 쌀
**がいまい** [外米] 외미. 외국쌀 ⇔ 内地米ないち まい
**かいまき** [搔巻] 소매 달린 차렵옷
**かいまく** [開幕] 图 自他スル 개막 ①(연극 등의) 막이 오름, 막을 올림¶ ～時間 じ かん 개막 시간 ②(행사 등의) 시작, 개시¶ 公式戦こうしきせんの～ 공식전의 시작 ⇔ 閉幕へい まく
**かいま・みる** [*垣間見る] 他 上一 ①(틈새로) 슬쩍 엿보다¶ 通 と お りすがりに中なかの様子よ う す を～ 지나는 길에 안의 사정을 슬쩍 엿보다 ②(比) (어떤 일의) 일면을 알다¶ 事件じ けんの裏面り めんを～ みた気がした 사건의 이면을 본 듯한 느낌이 들었다
**かいみょう** [戒名] [佛] 계명. 법명
**かいみん** [快眠] 图 自スル 쾌면¶ 朝あ さまで～する 아침까지 기분좋게 푹 자다
**かいむ** [会務] 회무. 회(会)의 사무¶ ～に携たずさわる 회무에 종사하다
**かいむ** [海霧] [氣] 해무. 해상에 끼는 안개¶ ～に覆おおわれる 해무에 덮이다
**かいむ** [皆無] [ナ] 개무. 전무, 전혀 없음¶ 勝かつ見込みこみは～だ 이길 가망은 전혀 없다
**がいむ** [外務] 외무 ①외국과의 교섭에 관한 행정 사무 ⇔ 内務ない む ②**～公務員**こう むいん 외무 공무원 ②외근¶ ～員いん 외무 사원 **一省** [政] 외무성 **一大臣** だい じん [政] 외무 대신. 외상
**かいめい** [改名] 图 自スル 개명. 이름을 바꿈. 바꾼 이름¶ ～届とどけ 개명 신고
**かいめい** [*晦冥] (文) 회명. 어두컴컴해짐＝くらやみ¶ 天地てん ちの～ 천지 회명
**かいめい** [開明] 개명. 개화¶ ～の世よ 개명한 세상
**かいめい** [階名] [音] 계명
**かいめい** [解明] 图 他スル 해명¶ 真相しんそうを～する 진상을 해명하다
**かいめつ** [壊滅・潰滅] 图 自スル 괴멸. 궤멸¶ ～状態じょう たい 궤멸 상태
**かいめん** [海面] 해면. 바다의 표면
**かいめん** [海綿] ①「海綿動物かいめんどうぶつ」의 준말 ②해면¶ ～で水みずを吸すい取とる 해면으로 물을 빨아내다 **一動物**どう ぶつ [動] 해면 동물
**かいめん** [界面] [物] 계면 **一活性剤** かっせいざい [化] 계면 활성제
**がいめん** [外面] 외면 ①겉면, 표면¶ 月つき の～ 달의 표면 ②겉, 겉모양, 외관¶ ～を飾かざる 겉모양을 꾸미다／～は平静へいせいをよそおう 겉으로는 태연한 체하다 **一的** [ダ] 외면적. 표면적, 외관적
**かいもく** [皆目] 副 전혀, 도무지¶ ～見当けん とうがつかない 도무지 짐작을 할 수 없다
**かいもち** [買(い)持ち] [經] (외국환 은행이 고객과 외국환 매매를 할 때) 그 잔고에서 매입

이 초과한 상태 ⇔ 売り持ち
かい もど・す [買(い)戻す] 他五 되사다¶損をしながら土地を〜 손해를 보면서 토지를 되사다
かい もと・める [買(い)求める] 他下— 수소문해서 사들이다, 입수하다
かい もの [買(い)物] 名 自スル ①쇼핑¶〜かご 장바구니¶〜に行く 쇼핑하러 가다 ②산 물건¶〜がたくさんある 쇼핑한 물건이 많이 있다 ③싸게 산 물건, 사서 이득인 물건¶これはなかなかの〜だ 이것은 꽤 잘 산 물건이다
かいもん [開門] 名 自スル 개문, 문을 엶 ⇔ 閉門¶博物館は午前十時に〜する 박물관은 오전 10시에 문을 연다
がいや [外野] 外야 ①外野¶〜ファウルフライ 외야 파울 플라이 ②「外野手」의 준말 ③「外野席」의 준말 ④방관자, 제삼자, 국외자¶〜がうるさい 제삼자가 시끄럽다 —手 [野] 외야수 —席 [野] 외야석
かい やき [貝焼(き)] ①조개구이 ②[料] 냄비 대신 조가비에 재료를 넣고 구움, 그런 요리
かい やく [改訳] 名 他スル 개역¶聖書を〜する 성서를 개역하다
かい やく [解約] 名 他スル 해약¶〜手続き 해약 절차/ 保険を〜する 보험을 해약하다
かい ゆ [快癒] 名 自スル (文) 쾌유, 쾌차 = 全快¶けがが〜した 상처가 쾌유되다
かい ゆう [会友] 회우 ①같은 모임의 회원 ②회원 이외에 그 모임과 관계가 깊은 사람
かい ゆう [回遊・廻遊] 名 自スル 회유 ①유람¶各地を〜する 각지를 유람하다 ②[回] 游(물고기의) 계절적인 대이동¶〜魚 회유어
がい ゆう [外遊] 名 自スル 외유¶〜の途に上る 외유 길에 오르다
がい ゆうせい [外遊星] [天] 외행성
かい よう [海洋] 해양¶〜資源 해양 자원 —汚染 [水] 해양 오염 —温度差発電 [工] 해양 온도차 발전 —性気候 [気] 해양성 기후 —地殻 [地] 해양 지각
かい よう [海容] (文) 해용, 바다처럼 넓은 마음으로 용서함, 해서(海恕) ¶失礼の段, 御〜ください 실례한 점 해용하시기 바랍니다
かい よう [潰瘍] [医] 궤양¶胃〜 위궤양
がい よう [外用] 名 他スル 외용 = 外用¶〜薬 외용약
がい よう [外洋] 외양, 외해 ⇔ 内洋
がい よう [概要] 개요 = あらまし, 概略¶〜を述べる 개요를 말하다
かい らい [界雷] [気] 계뢰 = 前線雷
かい らい [傀儡] 괴뢰¶〜子 = くぐつ ②[比] 남이 조종하는 대로 움직이는 사람·조직¶〜政権 괴뢰 정권 —師 = (인형극의) 꼭두각시를 놀리는 사람 ②[比] 책사, 막후 조종자
がい らい [外来] 외래 ①외부·외국에서 옴¶〜思想 외래 사상 ②「外来患者」의 준말 —患者 외래 환자 —語 [言] 외래어
かい らく [快楽] 쾌락 = けらく¶〜をむさぼる 쾌락을 탐하다 —主義 쾌락주의
かい らん [回覧・廻覧] I 名 他スル ①회람, (차례로) 돌려 봄¶手紙を〜する 편지를 돌려 가며 읽다 II 名 他スル(文) 출범, 출항 = ふなで
かい らん [壊乱] 名 自他スル 괴란, 문란¶風俗を〜 풍속 괴란
かい り [乖離] 名 自スル (文) 괴리¶人心が〜する 인심이 괴리하다
かい り [海里・浬] (助數) 해리, 항해·항공 거리의 단위¶200〜 漁業水域 200해리 어업 수역
かい り [海狸] [動] 해리, 비버 = ビーバー
かい り [解離] 名 自他スル [化] 해리
かい りき [怪力] 괴력¶〜無双 괴력 무쌍
かい りつ [戒律] 계율¶〜を守る 계율을 지키다
かい りつ [開立] 名 他スル [数] 개립, 세제곱근 풀이
がい りゃく [概略] 개략, 개요, 대략¶〜を述べる 개략을 말하다/ 内容は以下のとおりである 내용은 대략 다음과 같다
かい りゅう [海流] [海] 해류
かい りゅう [開立] 名 他スル → かいりつ (開立)
かい りょう [飼(い)料] ①사료 = しりょう ② (가축의) 사육비
かい りょう [改良] 名 他スル 개량¶品質〜 품질 개량/ 装置を〜する 장치를 개량하다 —種 [農] 개량종 —主義 [政] 개량주의
がい りょく [外力] 외력, 외부에서 작용하는 힘 ⇔ 内力¶〜が加わる 외력이 가해지다
がい りん [外輪] 名 외륜 ①바깥쪽 바퀴 ②(바퀴의) 쇠테, 쇠덮개 ③바깥 둘레, 바깥쪽 —山 [地] 외륜산 —船 외륜선
かい れい [回礼] 名 自スル 회례 ①여기저기 방문하여 인사를 함 ②새해에 세배하러 돌아다님¶年始に〜 새해에 세배하러 돌아다님
かい れい [海嶺] [地] 해령, 해저 산맥
かい れき [改暦] I 名 自スル (文) 개력, 역법(曆法)을 고침 II 名 自スル 신년, 새해 = 新年
かい ろ [回路] [電] 회로를 集積する 집적 회로
かい ろ [海路] 해로, 뱃길 = 陸路 ⇔ 待てば〜の日和あり 기다리면 항해하기에 좋은 날이 온다, 쥐구멍에도 볕들 날이 있다
かい ろ [懐炉] 회로, 몸을 따뜻하게 하기 위해 품 속에 넣는 작은 기구¶〜灰 회로로 쓰는 고체 연료/ 使い捨て〜 일회용 회로
がい ろ [街路] (文) 가로 —樹 가로수
かい ろう [回廊・廻廊] [建] 회랑, (건물을 둘러싼) 지붕이 있는 긴 복도¶宮殿の〜 궁전의 회랑
かい ろう どうけつ [偕老同穴] 해로동혈 ①부부가 같이 늙어 죽은 뒤에 한 무덤에 묻힘¶〜の契りを 해로동혈의 약속 ②[動] 오웨니바다수세미
かい ろく [回禄] (文) 불, 화재¶〜の災い 화재의 재앙
がい ろん [概論] 名 自スル 개론, 철학¶哲学〜 철학 개론/ 〜的な説明 개론적인 설명

**かいわ**【会話】名 自スル 회화, 대화¶ 英~ 영어 회화/ ~をかわす 대화를 나누다 **—型**がた**処理**り 名 일괄 처리하지 않고 단계적으로 응답하면서 처리하는 방법 ⇔ バッチ処理

**かいわい**【界*隈】 근처, 일대¶ 新宿じゅく~ 新宿 일대

**がいわくせい**【外惑星】天 외행성

**かいわり**【*穎割(り)・貝割(り)】떡잎, 자엽

**かいわん**【怪腕】뛰어난 수완¶ ~を振るう 뛰어난 수완을 발휘하다

**かいん**【下院】政 하원 ⇔ 上院いん

**か・う**【支う】他五 ①받치다, 버티다, 괴다¶ つっかい棒ぼうを~ 버팀목을 받치다 ②지르다, 채우다¶ 鍵じょうを~ 자물쇠를 채우다

**か・う**【買う】他五 사다 ①구입하다 ⇔ 売うる¶ 株かぶを~ 주식을 사다 ②자초하다 ¶ 招まねく¶ 恨うらみを~ 원한을 사다 ③떠맡다, 자청해서 나서다 ⇔ 売うる¶ 売うられた喧嘩けんかを~ 걸어온 싸움을 떠맡다 [상대하다] ④높이 평가하다, 인정하다¶ 努力どを~ 노력을 높이 사다/ 将来性しょうらいを~ って抜擢ばっきする 장래성을 인정해서 발탁하다 ⑤(돈을 주고 여자와) 놀다¶ 女おんなを~ 창녀와 놀다

慣用句

**—·って出でる** 자진해서 떠맡다, 맡고 나서다¶ 仲裁役ちゅうさいやくを~ 중재역을 떠맡다

**か・う**【飼う】他五 (동물을) 기르다, 사육하다, 치다¶ 犬いぬを~ 개를 기르다/ かいこを~ 누에를 치다

**ガウスへいめん**【ガウス平面】数 가우스 평면, 복소(複素) 평면

**かうん**【家運】가운, 가세¶ ~隆盛りゅうせい 가운 융성/ ~が傾かたむく 가세가 기울다

**カウンター** (counter) 카운터 ①(식당 등의) 주방과 객석을 갈라 음식 등을 놓는 대 ②계산대 ③접수대 ④계산기, 계수기¶ ガイガー~ 가이거 계수기 ⑤(게임에서) 점수 계산용 패

**カウンター** (counter) 카운터. 「カウンターパンチ・カウンターブロー」의 준말

**カウンターパンチ** (counterpunch) 카운터펀치 = カウンターブロー

**カウンターブロー** (counterblow) 카운터블로, (권투에서) 반격, 역습 = カウンター

**カウント** (count) 名 他五 카운트 ①셈, 계산, 셈한 수 ②(경기 등의) 득점 계산, 득점¶ ~をとる 카운트를 하다 ③(권투 등에서) 녹다운 때 초수(秒數)를 셈, 그런 수 ④野 볼카운트¶ ~をかせぐ 볼카운트를 유리하게 가져가다 ⑤방사성 입자의 입자수를 측정함, 그 수치 **—アウト** (count out) 카운트 아웃

**カウントダウン** (countdown) 카운트 다운, 초읽기

**かえ**【代え・替え・換え】①대신, 대리, 대용, 여벌¶ 靴下したの~ 바꾸어 신을 양말 ②대체, 교환¶ ~がきかない 대체할 수가 없다

**かえうた**【替(え)歌】(같은 곡조에) 가사만 바꾼 노래

**かえぎ**【替(え)着】갈아 입을 옷, 여벌 옷

**かえし**【返し】①돌려줌, 반환(물) ②답례, 반례¶ お祝いわいのお~ 축하 선물에 대한 답례품 ③대답, 회답, 답가 ④보복, 앙갚음 = しかえし¶ このお~は必かならずする 이 앙갚음 반드시 한다 ⑤(바람·지진 등이) 한번 멈췄다가 다시 일어남¶ ゆり~ 여진(餘震)

**かえしうた**【返し歌】①답가 = 返歌かん ②長歌ちょう 끝에 곁들이는 短歌たん = 反歌はん

**かえしぬい**【返(し)縫い】되돌려 바느질 = 返なし針ばり

**かえしわざ**【返し技】(유도 등에서) 상대방의 기술을 되받아 역이용하는 기술, 되받아치기

**かえ・す**【返す】 I 他五 ①[*反す] 뒤집다 ¶ 座布団ざぶとんを~ 방석을 뒤집다 (원 상태로) 되돌리다¶ 話はなしを元もとへ~ 이야기를 원 상태로 되돌리다 ③(빚 등을) 갚다, 돌려주다¶ 借金しゃっきんを~ 빚을 갚다/ 拾ひろい物ものを主ぬしに~ 주운 물건을 임자에게 돌려주다 ④(같은 행위로) 갚다, 대갚음하다¶ 恩おんを~ 은혜를 갚다/ 会釈えしゃくを~ 끄덕이며 가볍게 답례하다 ⑤(땅을) 갈다, 파 엎다¶ 田たを~ 논을 갈다 II 他五 ①(파도가) 밀려가다¶ 寄よせては~波なみ 밀려왔다 밀려가는 물결 ②(補助) 되풀이해서 …하다¶ 読よみ~ 되풀이하여 읽다

慣用句

**—刀**かたな**で** ①한 쪽을 친 칼을 번드쳐 즉시 다른 쪽을 침¶ ~のどを突つく 내친 칼을 번드쳐 목을 찌르다 ②한 쪽을 공격하다 이내 다른 쪽을 공격함

**かえ・す**【帰す*還す】他五 ①돌려보내다, 돌아오게[돌아가게] 하다¶ 子供こどもを家いえへ~ 아이를 집으로 돌려보내다 ②町 주자를 홈으로 불러들이다

**かえ・す**【孵す】他五 (알을) 까다, 부화하다¶ ひなを~ 병아리를 부화하다/ 卵たまごを~ 알을 까다

**かえすがえす**【返す返す】副 ①거듭거듭, 되풀이하여¶ ~思おもうに 거듭거듭 생각하건대/ ~言いいふくめる 되풀이하여 타이르다 ②아무리 생각해도, 몹시¶ ~も残念ざんねんだ 아무리 생각해도 분하다

**かえズボン**【替(え)ズボン】①여벌 바지 ②콤비 바지

**かえだま**【替(え)玉】①(진짜 대신 쓰는) 가짜 ②(본인으로 속이는) 대리, 대역¶ ~受験じゅけん 대리 수험

**かえち**【替(え)地】①땅을 바꿈, 바꾼 땅, 환토, 환토 ②대신 주는 땅, 대토

**かえって**【*却って】副 오히려, 도리어¶ 高たかくつく 오히려 비싸게 치이다/ 儲もうけようとして~損そんをした 돈을 벌려다가 도리어 손해를 보았다

**かえて**【替(え)手】①교대하는 사람, 교대자 ②藝 (三味線しゃみ・琴こと등이 합주할 때) 주선율에 맞추어 합주하도록 변화를 준 선율

**かえで**【*楓】植 단풍나무 = もみじ

**かえば**【替(え)刃】(안전 면도기 등의) 갈아 끼우는 날

**かえらぬたび**【帰らぬ旅】連語 文 저승길, 죽음¶ ~に赴おもむく 저승길에 오르다

**かえらぬ ひと** [^帰らぬ人] [連語] 불귀의 객, 죽은 사람, 고인¶ 〜となる 고인이 되다

**かえり** [^回り] [助数] …번, …차례= たび¶ 一^ひ〜 한 차례/ 三^さ〜 세 번

**かえり** [返り] ①(원상태로) 되돌아감¶ 若^わ〜 되젊어짐, 회춘 ②대답, 답장, 답가(歌)

**かえり** [帰り] ①돌아옴, 돌아감¶ 〜が早^はい 돌아오는 것이 이르다 ②돌아올[돌아갈] 때, 귀로¶ 〜を急^いそぐ 귀로를 서두르다/ 仕事^ごと の〜に寄^よる 일하고 돌아올 때 들르다

**かえり うち** [返(り)討ち] 원수를 갚으려다 도리어 당함, 안고짐¶ 〜にあう 원수를 갚으려다 도리어 당하다

**かえり がけ** [帰りがけ] 돌아오는[돌아가는] 길 ¶ 〜に寄^よる 돌아오는 길에 들르다

**かえり ぐるま** [帰り車] (손님을 태워 주고) 돌아가는 빈차¶ 〜ですからお安^やすく行^いきます 돌아가는 빈차니까 싸게 모시겠습니다

**かえり ざき** [返(り)咲き] ①(제철이 지나) 다시 꽃핌, (특히) 봄에 피는 꽃이 가을에 또 피는 것¶ つつじが〜をした 철 아닌 진달래가 피었다 ②다시 돌아와 활약함, 복귀¶ 政界^かいへの〜を狙^ねらう 정계의 복귀를 노리다

**かえり じたく** [帰り支度] 돌아갈 채비¶ 〜をする 돌아갈 채비를 하다

**かえり しな** [帰りしな] 돌아오려 할 때, 돌아오는 길¶ 〜に用^よ_うができた 돌아오려 할 때 일이 생겼다/ 〜による 돌아오는 길에 들르다

**かえり しょにち** [返り初日] (연극 등에서) 재상연하는 첫날

**かえり しんざん** [帰り新参] ①복직함, 복직자 ②[相撲] (三役^さや_くや 幕内^まくうちから 탈락했던 씨름꾼이) 다시 복귀함

**かえり ち** [返り血] (상대를 베었을 때에) 튀어 오는 피¶ 〜を浴^あびる 튀어 오는 피를 뒤집어쓰다

**かえり ちゅう** [返り忠] 섬기던 주군을 배반하고 새 주군에게 충성함= 寝返^ねがえり

**かえり てん** [返り点] (한문을 훈독할 때) 한자 옆쪽 밑에 붙여 아래에서 위로 읽는 순서를 나타내는 기호

**かえり なん** [帰りなん] [連語] (文) (고향으로) 이제 돌아가자¶ 〜、いざ 자 이제 돌아가자

**かえり ばな** [返り花] 제철이 아닌 때 핀 꽃, 두번 핀 꽃

**かえり みち** [帰り道・帰り^路] 돌아오는[가는] 길, 귀로¶ 〜を急^いそぐ 귀로를 서두르다/ 〜に出会^であった 돌아오는 길에 만났다

**かえり・みる** [省みる] [他上一] (文) 돌이켜보다, 반성하다¶ わが身^みを〜 스스로를 돌아보다/ 自分^じぶんの過^あやまちを〜 자기의 과오를 반성하다

**かえり・みる** [顧みる] [他上一] (文) ①돌이켜보다, 회상하다¶ 過去^かこを〜 과거를 돌이켜보다 ②돌보다, 보살피다¶ 家庭^かていを〜 가정을 돌보다/ 背後^はいごを〜 뒤쪽을 돌아다보다

[慣用句]

― ・みて他^たを言^いう (대답하기 곤란할 때) 말머리를 딴 데로 돌려 얼버무리다

**かえる** [^蛙] 개구리= かわず

[慣用句]

― の子^こは蛙^かえる 개구리 새끼는 개구리
― の面^つらに水^みず 낯짝에 물붓기

**かえ・る** [返る] [自五] ①[反る] 뒤집어지다, 뒤집히다¶ シャツの襟^えりが〜 셔츠의 칼라가 뒤집어지다/ 車^くるまが〜・った 차가 뒤집혔다 ②[^還る] (원 상태로) 되돌아가다¶ 我^われに〜 제정신이 들다/ 原点^げんてんに〜 원점으로 되돌아가다 ③(원 소유주에게) 되돌아오다¶ 忘^われ物^ものが持^もち主^ぬしに〜 분실물이 소유주에게 되돌아오다 ④(반응이) 되돌아오다¶ こだまが〜 메아리치다 ⑤(補助) 몹시(완전히) …하다¶ あきれ〜 아주 어이가 없어지다/ 静^しずまり〜・った場内^じょうない 쥐죽은듯 조용한 장내

**かえ・る** [帰る] [自五] 돌아오다, 돌아가다, 귀가하다¶ 夜道^よみちを〜 밤길을 돌아오다/ 故国^ここくに〜 고국으로 돌아가다

**かえ・る** [^孵る] [自五] (알이) 깨다, 부화하다¶ 卵^たまごが〜 알이 부화하다

**か・える** [代える・換える・替える] [他下一] 바꾸다 ①맞바꾸다, 교환하다¶ 円^えんをドルに〜 엔을 달러로 바꾸다 ②(새것으로) 갈다, 교체하다¶ シーツを〜 시트를 바꾸다 ③대신하다¶ 試験^しけんをレポートで〜 시험을 리포트로 대신하다 ④(『…に〜』의 꼴로) …을 바치다 ¶ 命^いのちに〜・えて国^くにを守^まもる 목숨을 바쳐 나라를 지키다

**か・える** [変える] [他下一] 바꾸다 ①(상태를) 변하게 하다¶ 顔色^かおいろを〜 안색을 바꾸다/ 職場^しょくばを〜 직장을 바꾸다 ②(위치를) 옮기다 ¶ 席^せきを〜 자리를 바꾸다 ③(날짜・예정 등을) 변경하다¶ 期日^きじつを〜 기일을 변경하다

**かえる および ぎ** [^蛙泳ぎ] (口) 개구리헤엄, 평영

**かえる さ** [帰るさ] 돌아갈 때, 돌아가는 길

**かえる とび** [^蛙跳び] 말타기 놀이

**かえる また** [^蛙^股・^蟇^股] [建] (절・神社^じんじゃ 건축에서) 들보 위에 덧대는 개구리 뒷다리 모양의 장식

**かえん** [火炎・火^焰] (文) 화염, 불길¶ 〜放射器^ほうしゃき 화염 방사기/ 〜につつまれる 화염에 휩싸이다 ―太鼓^だいこ 주위에 불꽃 모양의 장식이 있는 큰 북 ―瓶^びん 화염병

**が えん** [賀宴] (文) 하연, 축하연= 祝宴^しゅくえん

**がえん** [賀^筵] (文) 하연, 축하연 자리

**がえん・ずる** [^肯んずる] [他サ変] (文) (남의 생각을) 인정하다, 수긍하다, 승낙하다¶ 容易^よういに〜じない 쉽사리 인정하지 않다

**かお** [顔] ①낯^つら, 둥근 얼굴/ 〜をそむける 얼굴을 돌리다, 외면하다 ②얼굴 생김새, 용모¶ きれいな〜 예쁜 얼굴 ③표정, 기색¶ 知^しらん〜をする 모르는 체하다/ 〜を曇^くもらせる 어두운 표정을 짓다 ④(造語) 《《명사・동사 連用形에 붙어》 마치 …인 체하는 얼굴¶ 人待^ひとまち〜 사람을 기다리는 듯한 얼굴/ 主人^しゅじん〜に振^ふる舞^まう 주인인 체하며 행동하다 ⑤지명도, 교제 범위

¶ ～が広い 교제 범위가 넓다 ⑥신용, 권세, 안면 ¶ この辺ではちょっとした～だ 이 근처에서는 좀 통하는 얼굴이다 ⑦낯, 체면, 면목, 명예 ¶ 合わせる～がない 볼 낯이 없다/ 君の～に免じて許す 너의 체면을 보아 허락한다 ⑧멤버, 참가자 ¶ そろえる 멤버를 모이게 하다 ⑨대표하는 사람[것] ¶ 受付は会社の～だ 접수처는 회사의 얼굴이다

<慣用句>

━が売れる 얼굴이 팔리다, 유명해지다
━が利く (안면이 넓어) 잘 통하다
━が立つ 체면이 서다
━が潰れる 체면이 깎이다
━が広い 잘 알려지다, 발이 넓다
━から火が出る (부끄러워서) 얼굴이 화끈거리다
━に泥を塗る 얼굴에 먹칠을 하다
━に紅葉を散らす (부끄러워서) 얼굴을 붉히다
━を合わせる 얼굴을 맞대다, 대면하다
━を売る 얼굴을 팔다, 널리 알려지게 하다
━を貸す (부탁을 받고) 얼굴을 내밀다
━を出す 얼굴을 내밀다 ①(남의 집을) 방문하다, (모임 등에) 참석하다 結婚式にちゃっと～ 결혼식에 잠깐 얼굴을 내밀다 ②(일부가) 드러나다, 드러내다 ¶ おてんとさまが～ 해님이 얼굴을 내밀다
━を立てる 상대방의 체면이 상하지 않게 하다, 체면을 보다
━を繋ぐ 관계를 유지하다
━を見せる 얼굴・모습을 보이다, 나타나다

かお あわせ [顔合(わ)せ] 名 自スル ①처음 모여 만남, 첫 모임 ¶ 今日きょうは～だけです 오늘은 처음 모여 낯만 익히기입니다 ②(배우들의) 공연 ¶ 二大スターの初～ 2대 스타의 첫 공연 ③(경기 등의) 대진 初～ 첫 대진

かお いろ [顔色] 안색 ①(건강 상태를 나타내는) 얼굴빛 ¶ ～がすぐれない 안색이 좋지 않다 ②(감정을 나타내는) 표정 ¶ ～を変える 안색을 바꾸다

かおう [花押] 수결 = 書き判

かお かたち [顔形・顔*貌] 얼굴 모양[생김새], 용모 ¶ 端正な～ 단정한 용모

かおく [家屋] 가옥, 집 ¶ ～台帳 가옥 대장

かおしゃしん [顔写真] 얼굴 사진 犯人の～ 범인의 얼굴 사진

かお ぞろい [顔揃い] ①(모일 사람이) 다 모임 ②쟁쟁한 면면들이 다 모임 ¶ いずれおとらぬ～ 내노라하는 쟁쟁한 면면

かお だし [顔出し] 名 自スル 얼굴을 내밈 ①(남의 집을) 방문함 ②(회합 등에) 참석함 ¶ ちょっと～ぐらいしろ 잠깐 얼굴이라도 내밀어라

かおだち [顔立ち] 얼굴 생김새, 용모 ¶ 上品な～ 고상한 용모/ 男らしい～ 사나이다운 얼굴 생김새

かおつき [顔付き] ①얼굴 생김새, 용모 ¶ 険しい～ 험상궂은 얼굴 ②표정, 안색 ¶ 不満そうな～をする 불만인 듯한 표정을 짓다

かお つなぎ [顔繋ぎ] 名 自スル ①(때때로 방문하거나 나가) 얼굴을 익힘, 잊혀지지 않게 함 ¶ ～に出席する 얼굴을 익히기 위해 출석하다 ②(모르는 사람끼리 사귀도록) 소개시킴 ¶ ～をする 소개를 하다

かお なじみ [顔馴染(み)] 낯이 익음, 낯익은 얼굴, 친한 사이 ¶ ～の客 낯익은 손님/ 前からの～だ 전부터 친한 사이다

かおパス [顔パス] 俗 안면 통과, 지면(知面)으로 무료 입장・승차하기

かおばせ [顔ばせ] 文 얼굴 생김새, 용모= かんばせ

かお ぶれ [顔触れ] (모임・사업 등에) 참가하는 사람들, 면면, 멤버 ¶ 豪華な～がそろう 호화로운 멤버가 다 모이다

かお まけ [顔負け] 名 自スル (상대방의 실력・태도 등에) 압도됨, 무색해짐 プロ～の腕前だ 프로가 무색해질 만한 솜씨

かお みしり [顔見知り] 안면이 있음, 그런 사람 ¶ ～の犯行 안면이 있는 자의 범행

かお みせ [顔見せ] ①(사람들에게) 처음 선을 보임 ②「顔見世芝居」「顔見世狂言」의 준말 ━狂言 [劇] 연극단의 배우가 총출연하여 관객에게 선을 보이는 狂言 ━芝居 [劇] (歌舞伎에서) 연극단 배우의 배역 등이 새로 정해진 후의 첫 흥행

かお むけ [顔向け] 남과 얼굴을 마주 대함, 맞대면

<慣用句>

━ができない 얼굴을 마주 대할 수가 없다, 대할 낯이 없다

かお やく [顔役] (어느 지역・집단의) 실력자, 유지, 보스 ¶ 町の～ 마을의 유지/ 盛り場の～ 유흥가의 보스

かお よごし [顔汚し] 체면을 손상함, 그런 행동을 하는 사람= つらよごし ¶ 親の～ 부모의 얼굴에 먹칠을 하는 사람

かお よせ [顔寄せ] (관계자의) 모임, 회합 ②(연극에서) 제목・배역 등이 정해진 다음의 관계자 전원의 첫모임

かおり [薫り・香り・*馨り] ①향기 ¶ ～の高い花 향기 높은 꽃 ②품격・격조가 있음 ¶ ～高い文章 격조 높은 문장

かお・る [薫る・香る・*馨る] 自五 文 향기를 풍기다 ¶ 風～五月 바람도 향긋한 5월/ バラの花が～ 장미꽃이 향기를 풍기다

かおん [訛音] 文 와음, 바르지 못한 발음

かか [*呵呵] 副 文 가가, 크게 웃는 모양, 껄껄 ¶ ～大笑する 가가 대소하다

かが [加賀] 일본의 옛지명, 지금의 石川현 남부 지방 = 加州

かが [画架] 화가, 이젤 = イーゼル

がか [画家] 화가 ¶ 日曜～ 일요 화가

がが [*峨峨] トタル 文 (산・바위 등이) 험준함 ¶ ～たる山脈 아아한[험준한] 산맥

かかあ [*嚊・*嬶] 口 자기・남의 아내를 허물없이 부르거나 욕하는 말, 여편네, 마누라 ¶

うちの~ 우리집 여편네

かかあ でんか [*嚊天下·嬶天下] 내주장

かかい [加階] 名 自他スル (文) 가계. 품계가 오름. 품계를 올림

かかい [歌会] 和歌를 지어 발표·비평하는 모임 = うたかい

かかい [加害] 가해 ⇔ 被害 ¶ ~者 가해자

かがい [花街] (文) 화류계. 홍등가 = 色町

かがい [禍害] (文) 화해. 재난. 재앙

かがい [課外] 名 과외 ①(학교의) 교과·과정 이외 ¶ ~活動 과외 활동 ②(회사 등의) 과의 이외 ¶ ~の者立ち入り禁止 과외인의 출입 금지

がかい [*瓦解] 名 自スル (文) 와해 ¶ 政権が~する 정권이 와해하다

がかい [画会] ①(작품 판매를 위한) 전시회. 회화전 ②그림을 그리거나 비평하는 모임

がかい [雅懐] (文) 아회. 풍류스러운 마음

かかえ [抱え] ①고용함. 전속 ¶ お~の運転手 전속 운전사 ②기한부로 고용한 기생·창녀 ⇔ 自前 ③아름 ¶ 三~もある杉の木 세 아름이나 되는 삼나무

かかえこ・む [抱(え)込む] 他五 ①(두 손으로) 끌어안다. 껴안다 ¶ 大きな荷物を~ 큰 짐을 끌어안다 ②(감당하기 힘들 정도로) 떠맡다 ¶ 面倒な仕事を~ 귀찮은 일을 떠맡다 ③(자기 것이라고 주장하여) 남이 건드리지 못하게 하다 ¶ 情報を~ 정보를 독차지하여 남에게 알리지 않다

かかえぬし [抱え主] 고용주. (창녀 등의) 포주

かか・える [抱える] 他下一 ①안다. 껴안다. 끼다 ¶ 荷物を小わきに~ 짐을 겨드랑이에 끼다 ②(책임질 일을) 떠맡다 ¶ 借金を~ 빚을 떠맡다 ③고용하다 ¶ 運転手を~ 운전사를 고용하다

カカオ (cacao) 柏 카카오

かかく [価格] 가격. 값 ¶ ~を押える 가격을 억제하다 ─カルテル 経 가격 카르텔 ─競争 가격 경쟁 ─景気 経 가격 경기

かかく [家格] 가문의 격. 문벌 = 家柄 ¶ ~を重んずる 가문의 격을 중시하다

かかく [過客] (文) ①내객. 찾아온 손 ②과객. 지나가는 손. 길손

かがく [*顎] (文) 아래턱 = したあご

かがく [化学] 화학 ─生 ~ 생화학 / ~工業 화학 공업 ─記号 화학 기호 ─結合 화학 결합 ─式 화학식 ─繊維 화학 섬유 ─調味料 화학 조미료 ─反応 화학 반응 ─式 화학 반응식 ─肥料 화학 비료 ─兵器 화학 병기 ─変化 화학 변화 ─療法 화학 요법

かがく [価額] (文) 가액. 값. 가격

かがく [科学] 과학 ─者 / ~者 / ~が進歩する 과학이 진보하다 ─衛星 (宇) 과학 위성 ─技術庁 政 과학 기술청 ─的 ┬ 과학적 ─的社会主義 政 과학적 사회주의 ─万能 과학 만능

かがく [家学] (文) 가학. 그 집안에 대대로 전해오는 학문

かがく [歌学] 和歌에 관한 학문

ががく [雅楽] 芸 아악. 예로부터 전해 오는 궁정 음악의 총칭

かがく じょうたつ [下学上達] (文) 하학 상달. 정도가 낮은 것부터 점차 높은 단계로 배워 올라가는 일

かか・げる [掲げる] 他下一 ①(높이) 달다. 걸다. 쳐들다 ¶ 看板を~ 간판을 내걸다/旗を~ 기를 달다 ②(인쇄물 등에) 싣다. 게재하다 ¶ 第一面トップに~·げられたニュース 제1면 톱으로 실린 뉴스 ③(주의·방침 등을) 내세우다 ¶ 減税を目標に~ 감세를 목표로 내세우다 ④걷어 올리다 ¶ 簾を~ 발을 걷어올리다

かかし [*案山子] ①허수아비 = かがし ②比 보기만 그럴듯하고 쓸모없는 사람 ¶ 社長といっても~同然だ 사장이라고는 하지만 허수아비나 다름없다

かか・す [欠かす] 他五 ①(해야 할 것을) 빠뜨리다. 빼먹다. 거르다 ¶ 一日も練習を~したことがない 하루도 연습을 거른 적이 없다 ②(필요한 것을) 빠뜨리다 ¶ 旅行にカメラは~·せない 여행에 카메라는 빠뜨릴 수 없다

かかずら・う 自五 ①(귀찮은 일에) 관련되다. 관계되다 ¶ 事件に~ 사건에 관련되다 ②구애되다 ¶ 細かいことに~ 세세한 것에 구애되다

かかって [掛(か)って] 副 오로지. 오직. 전적으로 ¶ 成功するか否かは~諸君の熱意による 성공하고 못하고는 오로지 제군의 열의에 달렸다

かかと [*踵] ①발뒤꿈치 ¶ ~を上げる 발뒤꿈치를 들다 ②(신발의) 뒤축. 굽 ¶ ~の高いくつ 굽이 높은 구두 / ~がすり減る 뒤축이 닳아 해지다

かがま・る [*屈まる] 自五 → かがむ

かがみ [鏡] ①거울 ¶ ~に映った姿 거울에 비친 모습 ②[*鑑] 모범. 귀감 ¶ 政治家の~ 정치가의 귀감 ③(술통의) 마개 ¶ ~を抜く 마개를 뽑다 ④(「お~」의 꼴로) 신불에게 바치거나 床の間에 차려 놓는 두 개의 둥글 납작한 떡 = 鏡もち

かがみ いし [鏡石] ①겉이 반질거리고 물건이 잘 비치는 돌 = かがみいわ ②神社의 手水鉢(손 씻는 물그릇) 앞에 놓는 돌

かがみ いた [鏡板] ①문이나 천장에 끼우는 매끄럽고 반반한 널 ②芸 能 무대의 뒤쪽 정면에 끼우는 노송을 그려넣은 널빤지

かがみ の ま [鏡の間] 芸 能 무대와 분장실 중간의 판자를 깐 방

かがみ びらき [鏡開き] 정월 11일 또는 20일에 설날 床の間에 차려 놓았던 鏡もち를 물려 단팥죽 등에 넣고 끓여 먹는 행사

かがみ もち [鏡*餅] 설날 등에 床の間나 신불 앞에 차려놓는 크고 작은 두 개의 둥글납작한 떡 = お鏡

かがむ

かが・む【△屈む】[自五] ①구부러지다, 굽다¶腰が~・んだ老人 허리가 굽은 노인 ②웅크리다, 숙이다¶道端に~ 길가에 웅크리다
かが・める【△屈める】[他下一] 굽히다, 구부리다¶腰を~ 허리를 굽히다
かがやかし・い【輝かしい・*耀かしい】[形] 눈부시다, 빛나다, 매우 훌륭하다¶~成果をおさめる 매우 훌륭한 성과를 거두다
かがやか・す【輝かす・*耀かす】[他五] 빛내다 ①반짝이다¶目を~・して喜ぶ 눈을 반짝이며 기뻐하다 ②(위력 등을) 널리 알리다, 떨치다¶国威を~ 국위를 떨치다
かがや・く【輝く・*耀く】[自五] 빛나다 ①반짝이다, 빛을 발하다, 빛을 받아 반짝이다¶ネオンが~ 네온사인이 반짝이다 ②표정이 생생하고 환하다¶喜びに~・いた顔 기쁨에 빛나는 얼굴 ③눈부신 성공을 거두다, 영예를 쟁취하다¶勝利の栄冠に~ 승리의 영관에 빛나다
かかり【係・掛】[名] ①담당, 담당자¶~の人 담당자 ②(관청・회사 등의) 계, 직¶庶務~ 서무계/出納~ 출납계
かかり【係り】[文法] 문법적으로 어떤 어구가 뒤에 오는 다른 어구에 관련되는 일, 걸림
かかり【掛(か)り】①걸림, (특히 물고기의) 입질¶魚の~がよい 물고기가 잘 걸린다 ②(엔진이) 걸림, 발동¶エンジンの~が悪い 엔진이 잘 걸리지 않다 ③비용, 경비, 지출¶なにかと~がかさむ 이래저래 경비가 많이 든다 ④(바둑에서) 걸침, 공세¶~を打つ (상대편에 둔 귀의 돌에) 걸치다
かがり【*篝】①화톳불을 피우는 쇠바구니 ②화톳불 = かがり火
かかり【掛(か)り】(어떤 일을 하는 데) …이서 함, 소요됨, 걸림¶三人~で攻める 셋이서 공격하다/一年~の大仕事 1년이 걸리는 큰 일 ②의탁함, 신세짐¶親들の身~ 부모에게 의탁하고 있는 몸, …과 비슷함, …조(調)¶芝居~のいいぐさ 연극조의 말 ④ …하는 김, …하는 길¶行~きに 가는 김에/通り~に店に立ち寄る 지나는 길에 가게에 들르다
かかりあい【掛(か)り合い】(바람직스럽지 않은) 관계를 가짐, 말려듦, 연루됨¶~を恐れる 연루되는 것을 두려워하다
かかりいん【係員・掛員】계원, (일의) 담당자¶営繕~ 영선계원
かかりかん【係官】(일의) 담당관, 담당 공무원¶~を派遣する 담당관을 파견하다
かかりきり【掛(か)切り】한 가지 일에만 종사함, 매달림¶育児に~ 육아에만 매달리다
かかりちょう【係長】(관청・회사 등의) 계장
かかりつき【掛(か)り切り】→かかりきり
かかりつけ【掛(か)り付け】[名] 특정한 의사나 병원의 진료만 받음¶~の医者 단골 의사, 주치의
かがりとじ【*縢り*綴じ】[版] (제본할 때) 접지한 책을 실로 꿰매는 것 = 糸綴じ

かがりび【*篝火】 화톳불 = かがり
かかりむすび【係(り)結び】[文法] 문어 문법에서 글 중의 係助詞가 문말 진술에 미치는 호응 관계
かかりゆ【掛(か)り湯】(목욕 후 또는 욕조에 들어가기 전에) 몸에 끼얹는 깨끗한 물
かか・る【係る・*繋る】[自五] ①(文) 관련되다, 관계되다¶外交機密に~ 외교 기말에 관계되다 ②(다른 어구를) 수식 한정하다¶形容詞はすぐあとの名詞に~ 형용사는 바로 다음의 명사를 수식한다
かか・る【掛(か)る】[自五] 걸리다 ①(높은 곳에) 고정되다¶木の枝に鳥の巣が~ 나뭇가지에 새둥지가 걸리다 ②드리워지다, 매달리다, 달려 있다¶ハンガーにコートが~・っている 옷걸이에 코트가 걸려 있다 ③ (불 위에) 놓이다¶ガスレンジにやかんが~・っている 가스 레인지에 주전자가 놓여 있다 ④(저울에) 달리다, (무게가) 나가다¶秤に~ 저울에 달리다/ずいぶん目方が~ 꽤 무게가 나가다 ⑤【懸かる】(하늘 위에) 끼다¶霧が~ 안개가 끼다 ⑥쏟아지다, 튀다, 뿌려지다¶雨が~ 비가 오다/泥水が~ 흙탕물이 튀다 ⑦덮이다, 포기다¶ほこりが~ 먼지가 덮이다 ⑧(끈으로) 두르다, 동여지다¶水引きの~・った品 포장용 색끈이 둘려진 물건 ⑨【懸(か)る】(소망 등이) 걸려 있다¶将来に期待が~ 장래에 기대가 걸리다 ⑩(남에게) 의지되다, 의탁하다, 치료 [진찰]을 받다¶専門医に~ 전문의에게 진찰받다 ⑪(문제로) 거론되다, 다루어지다¶その件が会議に~ 그 건이 회의에서 거론되다/(기계・//등으로) 처리되다¶コンピューターに~ 컴퓨터로 처리되다 ⑬(도구・기계가) 돌아가다, 작동하다¶ブレーキが~ 브레이크가 걸리다 ⑭잠기다, 채워지다¶ドアに鍵が~・っている 문에 자물쇠가 잠겨 있다 ⑮【懸(か)る】눈에 띄다, 마음에 걸리다¶お目に~ 만나 뵙다/気に~ 마음에 걸리다 ⑯(기합 등이) 가해지다¶催眠術に~ 최면술에 걸리다 ⑰(나쁜 일이) 미치다, (의심 등을) 받다¶迷惑が~ 폐가 되다/嫌疑が~ 혐의가 걸리다 ⑱(힘 등이) 가해지다¶重圧が~ 중압이 걸리다 ⑲(노력・비용・시간 등이) 들다¶お金が~ 돈이 든다/手数が~・る仕事 품이 드는 일 ⑳(「手に~・口に~」의 꼴로) …에 의해 처치되다, 살해되다, 걸려들다¶敵の手に~ 죽어 죽음을 당하다/彼に~・ってはどうにもならない 그에게 걸려들면 어쩔 도리가 없다 ㉑(동물이) 잡히다¶小鳥が網に~ 새가 그물에 걸리다 ㉒(계략 등에) 걸려들다, 빠지다¶誘導尋問に~ 유도 심문에 걸려들다 ㉓【懸(か)る】(득실이) 걸려 있다, 달려 있다¶社の存亡の~・った仕事 회사의 존망이 걸린 일/成否は努力に~・っている 성공 여부는 노력에 달려 있다 ㉔【懸(か)る】(보험금・상금 등이) 걸려

있다¶ 賞金が~ 상금이 걸리다 ㉕(다른 요소가) 가해지다. 띠다¶ 黃の~った赤 황색을 띤 붉은 색 ㉖(다른 종류) 교배하다¶ 虎にライオンが~った新種 호랑이에 사자가 교배된 새로운 종 ㉗(행위·작용 등이) 미치다¶ 号令が~ 호령이 떨어지다/ 電話が~ 전화가 걸려오다 ㉘(어느 지점·시점에) 이르다. 도달하다¶ 列車はトンネルに~ 열차는 터널에 이르다 ㉙시작하다, 착수하다, 종사하다¶ 片付けに~ 치우기 시작하다 ㉚(연예물이) 상연되다, 오르다¶ 舞台に~ 무대에 오르다¶ (음반 등이 장치되어) 움직이다¶ ピアノ曲が~っている 피아노곡이 걸려 있다 ㉜[架(か)る] 놓이다. 가설되다¶ 橋が~ 다리가 놓이다 ㉝(補助) …에 기대다, 의지하다¶ もたれ~ 기대다 ㉞(補助) …하기 시작하다¶ 日が暮れ~ 해가 저물기 시작하다 ㉟(補助) 바야흐로 [막] …하려고 하다¶ 死に~ 죽어 가다/ 倒れ~った土塀 무너져 내리려 하는 토담 ㊱(補助) 대들다, 덤비다¶ なめて~ 깔보고 대들다 ▷ ㉝~㊱은 동사 連用形에 붙어 쓰임

かか・る [*罹る] 自国 (병에) 걸리다¶ インフルエンザに~ 독감에 걸리다

がかる [*斯(か)る] 連体(文) 이러한, 이런 ~ 事態に, 이러한 사태

かが・る [*縢る] 他国 감치다. 사뜨다¶ ボタンの穴を~ 단추 구멍을 사뜨다/ ふちを~ 가를 휘감치다

がか・る (조어 성분으로서 명사에 붙어 5段 동사를 만듦. 흔히「…~った」의 꼴로) ①…의 모양이 되다, …조가 되다¶ 芝居~った振る舞い 연극조의 행동 ②…의 빛을 띠다¶ 赤~ 불그스름해지다

かがわ [香川] 四国 지방 동북부의 현, 현청 소재지는 高松

かかわらず [*拘(わ)らず] 連語 (「…に(も)~」의 꼴로) …와 관계없이, (에도) 불구하고¶ 年齢に~応募可 연령에 관계없이 응모 가/ 努力にも~失敗に終わった努力 에도 불구하고 실패로 끝났다

かかわりあい [*関(わ)り合い・*係(わ)り合い] 관계, 관련, 연관¶ 被害者と~がある 피해자와 관계가 있다

かか・わる [*関(わ)る・*係(わ)る] 自国 ①관계가 있다. 상관하다¶ 事件に~ 사건에 관계가 있다 ②(존폐에) 영향이 있다, 관계되다¶ 威信に~ 위신에 관계되다 ③사귀다, 교제하다¶ 悪い友達に~ 나쁜 친구와 사귀다 ④…拘(わ)る 구애받다¶ 小事に~ 사소한 일에 구애받다

かかん [加冠] 名 自スル (文) 가관. (옛날에 남자가) 관례를 처음 하고 씀

かかん [花冠] 화관 ①(植) 꽃부리¶ 頭状~ 두상 화관 ②(文) 꽃으로 만든 관

かかん [果敢] ダ 과감¶ 勇猛~ 용맹 과감/ ~な攻撃 과감한 공격

かがん [河岸] (文) 하안. 강기슭 = かし 一段 丘 [地] 하안 단구

かかんしょうせい [可干渉性] [物] 간섭성

ががんぼ [(大蚊)] [動] 각다귀 = かとんぼ

かき [*搔き] 接頭 어세를 강하게 함 —口説く 열심히 설득하다/ ~曇る 확 흐려지다/ ~抱く 얼싸안다/ ~消す 싹 지우다

かき [牡蠣] [動] 굴¶ 生~ 생굴/ ~養殖 굴 양식

かき [垣] 울타리, 담¶ いけ~ 산울타리/ ~をめぐらす 울타리를 두르다

かき [柿] [植] 감나무, 감¶ ほし~ 곶감/ ~もみじ 감나무 잎의 단풍잎

かき [下記] (文) 하기 ⇔上記¶ 日時は~のとおり 일시는 하기와 같음

かき [火気] ①화기, 불기¶ ~厳禁 화기 엄금 ②화력, 불기운¶ ~が強い 화력이 세다

かき [火器] (文) 화기 ①총포류¶ 自動~ 자동 화기 ②불을 담는 기구

かき [花卉] (文) ①화초 = 草花 ②화훼¶ ~園芸 화훼 원예

かき [花期] 화기. 꽃이 피는 시기・기간¶ ~がはやい 꽃 피는 시기가 빠르다/ ~が短い 꽃 피는 기간이 짧다

かき [花器] 화기. 꽃꽂이 그릇 = 花生け

かき [夏季] 하계. 여름철 ⇔冬季¶ ~休暇用の施設 하계 휴가용 시설

かき [夏期] 하기. 여름 기간 ⇔冬期¶ ~講習 하기 강습 —休暇 하기 휴가 —講座 하기 강좌

かぎ [*鉤] ①갈고랑이, 갈고리 ②갈고랑이 모양, 그렇게 구부러진 것 ③낫표 ▷「」등 ④갈고랑이에 자루를 단 무기

かぎ [*鍵] ①열쇠¶ ~穴 열쇠 구멍 ②자물쇠¶ 玄関に~をつける 현관에 자물쇠를 달다 ③(해결의) 열쇠, 실마리, 관건¶ 事件の~をにぎる 사건의 열쇠를 쥐다

がき [餓鬼] ①[佛] 아귀 ②[佛] 연고자가 없는 망령 ③꼬마 녀석, 개구쟁이¶ この~め 이 개구쟁이야/ うるさい~だ 귀찮게 구는 꼬마다 —大将 골목 대장 —道 [佛] 아귀도

かきあげ [*搔揚げ] [料] 해물·채소 등을 잘게 썰어 밀가루 반죽에 버무려 튀긴 요리 ②(등불의 심지 등을) 돋움

かき・あ・げる [書(き)上げる] 他下一 ①다 쓰다, 탈고하다¶ 論文を~ 논문을 다 쓰다 ②(하나하나) 들추어 쓰다, 낱낱이 적다¶ 要点を~ 요점을 낱낱이 적다

かき・あ・げる [*搔(き)上げる] 他下一 ①(손·손톱으로) 그러올리다, 쓸어올리다¶ ほつれ髪を~ 흐트러진 머리를 쓸어올리다 ②(등불의 심지 등을) 돋우다

かきあじ [書き味] (글씨를 쓸 때) 펜 등의 감촉¶ ~を試す (펜)의 감촉을 시험해보다

かき・あつ・める [*搔(き)集める] 他下一 긁어 모으다, 그러모으다¶ 落ち葉を~ 낙엽을 긁어모으다/ 資金を~ 자금을 그러모으다

かぎ・あ・てる [*嗅(ぎ)当てる] 他下一 ①냄새 맡아 알아내다¶ 中身を~ 냄새로 알맹

**かぎあな** 이를 알아내다 ②(추측하여) 찾아내다, 알아채다¶ 隠れ家を~ 은신처를 알아채다

**かぎあな**【鍵穴】열쇠 구멍¶ ~からのぞく 열쇠 구멍으로 엿보다

**かき あぶら**〈牡蠣〉油〉굴소스

**かぎ あみ**【鉤編(み)】코바늘뜨기, 코바늘로 뜬 것

**かき あらわ・す**【書(き)表す・書(き)表わす】他五 ①(글로) 써서 나타내다, 표현하다¶ いきさつをことこまかに~ 경위를 자세하게 글로 써서 나타내다 ②【書(き)著す・書(き)著わす】저술하다, 책을 써서 펴내다

**かき あわ・せる**【搔(き)合(わ)せる】他下一 ①(옷깃 등을) 여미다¶ すそを~ 옷자락을 여미다 ②(현을 맞춰) 합주하다

**かき いれ**【書(き)入れ】①기입, 써넣음, 그런 글귀 = 余白に~をする 여백에 써 넣다 ②「書き入れ時」의 준말 一期を 대목, 한창 바쁜 철¶ 師走の~ 연말의 대목

**かき い・れる**【書(き)入れる】他下一 기입하다, 써넣다¶ 本文の余白に~ 책의 여백에 써넣다/ 用紙に~ 용지에 기입하다

**かき いろ**【*柿色】①감빛, 주황색 ②적갈색

**かき おき**【書(き)置き】①용건을 적어 남긴 메모¶ ~を残しす메모를 남기다 ②유서, 유언장

**かき おこ・す**【書(き)起こす】他五 새로 쓰기 시작하다, 기고하다¶ 時代背景から~ 시대 배경부터 쓰기 시작하다

**かき おこ・す**【*搔(き)起こす】他五 ①안아 일으키다¶ 転んだ子を~ 넘어진 아이를 안아 일으키다 ②쑤석거려 일으키다¶ 炭火を~ 숯불을 쑤석거려 일으키다

**かき おと・す**【書(き)落(と)す】他五 빠뜨리고 쓰다 = 書き漏らす¶ 名前を~ 이름을 빠뜨리고 쓰다

**かき おろし**【書(き)下ろし】(이미 발표한 것이 아니고) 새로 씀, 그런 작품¶ ~単行本 새로 쓴 단행본

**かき おろ・す**【書(き)下ろす】他五 (소설・논문 등을) 새로 쓰다¶ 一気に~ 단숨에 새로 쓰다

**かき かえ**【書(き)換え・書(き)替え】①고쳐 씀, 다시 씀¶ 看板の~ 간판을 다시 씀 ②(계약서 등의) 개서, 갱신¶ 名義の~ 명의의 개서/ 免許証の~ 면허증의 갱신

**かき かた**【書(き)方】①쓰는 법, 작성법, 서식¶ 履歴書の~ 이력서 서식 ②획순, 운필법¶ ~をまちがえる 획순을 틀리다 ③【教】(일본 구 소학교 국어 과목의) 습자, 글씨쓰기¶ ~の時間 습자 시간

**かぎ かっこ**【*鉤括弧】(문장 중의 회화・인용문에 쓰는) 낫표 ▷ 기호 「」

**かき き・える**【*搔(き)消える】自下一 갑자기 사라지다, 싹 없어지다¶ 姿が一瞬にして~ 모습이 순식간에 싹 사라지다

**かきくだしぶん**【書(き)下し文】한문을 일본어 어순에 따라 문어문으로 고친 문장

**かき くだ・す**【書(き)下す】他五 ①(차례로) 써 내려가다, 내리 쓰다 ②(붓 가는 대로) 써 내려가다¶ 原稿を一気に~ 원고를 단숨에 써 내려가다 ③(한문을) 훈독(訓讀)할 때의 문장으로 고쳐쓰다

**かき くど・く**【*搔(き)口説く】自五 끈덕지게 설득하다, 통사정하다¶ くどくど~ 끈덕지게 설득하다/ 取りすがって~ 매달리며 통사정하다

**かき くも・る**【*搔(き)曇る】自五(文) ①갑자기 【화】 흐려지다¶ 一天にわかに~ 온 하늘이 별안간 확 흐려지다 ②눈앞이 흐려 잘 보이지 않다¶ 涙に~で~ 눈물로 눈앞이 흐려지다

**かき く・れる**【*搔(き)暮れる・搔(き)暗れる】自下一(文) ①(주위가) 아주 캄캄해지다 ②《「涙に~」의 꼴로》 눈물로 지새다

**かき け・す**【*搔(き)消す】他五(文) ①완전히 〔싹〕 지우다 ②갑자기(감쪽같이) 보이지 않게 되다¶ ~ように見えなくなる 갑자기 사라진 듯이 보이지 않게 되다

**かき ごおり**【欠(き)氷】①빙수 ②잘게 깬 얼음

**かき こし**【垣越し】名 울타리 너머, 울타리를 넘음¶ ~の松 울타리 너머의 소나무

**かき ことば**【書(き)言葉】①문장어, 문어 ②문자언어 ▷ ①② ↔ 話し言葉

**かき こみ**【書(き)込み】(여백 등에) 써넣음, 그런 글・기호¶ 行間の~ 행간에 써넣은 글

**かき こ・む**【書(き)込む】他五 (여백・행간 등에) 써넣다, 기입하다¶ 訳を~ 해석한 것을 넣다

**かき こ・む**【*搔(き)込む】他五 ①그러모으다¶ 自分のほうに~ 자기쪽으로 그러모으다 ②(밥을 입에) 그러넣다, 급히 먹다¶ 茶漬けを~ 찻물에 만 밥을 그러넣다

**かぎ ざき**【*鉤裂き】(옷이 뾰족한 것에 걸려) 찢김, 찢긴 자리¶ くぎに引っかけて~をこしらえる 못에 걸려 찢기다

**かき さ・す**【書(き)止す】他五 쓰다가 말다, 도중까지 쓰다

**かき しぶ**【*柿渋】(떫은) 감물

**かき しる・す**【書(き)記す】他五(文) 적다, 기록하다¶ 事件の一切を~ 사건의 전모를 기록하다

**かき す・てる**【書(き)捨てる】他下一 ①써 놓은 채 내버려 두다¶ ~てたままの原稿 써 놓은 채 내버려 둔 원고 ②아무렇게나 쓰다

**かぎ そう**【*鍵層】地 건층

**かき そ・える**【書(き)添える】他下一 (글을) 덧붙이다, 덧붙여 쓰다¶ 手紙のおわりに~ 편지 끝에 덧붙여 쓰다

**かき ぞめ**【書(き)初め】신춘 휘호, 새해에 처음 붓글씨를 쓰는 행사

**かき そんじ**【書(き)損じ】잘못〔틀리게〕 씀, 그렇게 쓴 것¶ 手紙の~ 편지를 잘못 쓴 것

**かき だし**【書(き)出し】①문장 서두의 글, 첫머리 ②연극 배역표에 첫번째로 적힌 인기 배우 이름 ③계산서, 청구서

**かき た・す**【書(き)足す】他五 (불충분한 것을) 보충해 쓰다, 첨서하다¶ 二行を~ 두 줄을 보충해 쓰다

かき だ・す【書(き)出す】 他五 ①쓰기 시작하다¶ 小説を～ 소설을 쓰기 시작하다 ② (필요한 부분을) 뽑아 쓰다¶ 要点を～ 요점을 뽑아 쓰다 ③써서 내걸다¶ 黒板に値段を～ 칠판에 값을 써서 내걸다

かき だ・す【ˆ搔(き)出す】①(손・도구 등으로) 긁어내다, 퍼내다¶ 船底の水を～ 뱃바닥의 물을 퍼내다 ②긁기 시작하다¶ かゆいところを～ 가려운 곳을 긁기 시작하다

かぎ だ・す【嗅(ぎ)出す】他五 ①냄새를 맡아 알아내다¶ 犬がうさぎを～ 개가 냄새로 토끼를 찾아내다 ②탐지하다, 찾아내다¶ 敵の秘密を～ 적의 비밀을 알아내다

かき た・てる【書(き)立てる】他下一 ①들어서 죽 쓰다, 열기하다¶ 必要条件を一つ一つ～ 필요 조건을 하나하나 열기하다 ② 떠들썩하게 써대다, 크게 다루다¶ スキャンダルを～ 스캔들을 대서특필하다

かき た・てる【ˆ搔(き)立てる】他下一 ①마구 휘젓다¶ 卵を～ 달걀을 마구 휘젓다 ② (심지・불기를) 돋우다¶ ろうそくの芯を～ 양초의 심지를 돋우다 ③(자극을 주어) 북돋우다, 불러일으키다¶ 情熱を～ 정열을 북돋우다 ④(현악기 등을) 켜다, 퉁기다

かぎたばこ【嗅ぎ煙草】 ～をかぐ 코담배를 맡다

かきたま【ˆ搔(き)卵・ˆ搔(き)玉】料 녹말을 넣은 장국에 달걀을 풀어 넣은 국

かき た・める【ˆ書(き)ˆ溜める】他下一 (원고 등을) 써 모아두다¶ 長年かかって～めた原稿 긴 세월 써 모아둔 원고

かきちら・す【書(き)散らす】他五 ①마구 써대다, 아무렇게나 쓰다¶ 雑文を～ 잡문을 마구 써대다 ②여기저기 쓰다¶ 落書を～ 낙서를 여기저기 쓰다

かきつく・す【書(き)尽(く)す】他五 (모든 것을) 다 쓰다, 남김없이 쓰다

かきつけ【書(き)付(け)】 ①(용건 등을) 쓴 것, 메모 ②증서, 대금 청구서

かき つ・ける【書(き)付ける】他下一 ①써 두다, 기록해 두다¶ 電話番号を～ 전화번호를 기록해 두다 ②(글씨를) 써 버릇하다¶ 毛筆ではあまり～けていない筆 모필로는 그다지 써 버릇하지 않았다

かぎ つ・ける【嗅(ぎ)付ける】他下一 ①(냄새를) 맡아 찾아내다¶ 猫が魚を～ 고양이가 생선을 냄새 맡아 찾아내다 ②(짐작하여) 알아내다, 탐지해 내다¶ 秘密を～ 비밀을 알아내다 / 隠れ家を～ 은신처를 탐지해 내다

かぎっこ【ˆ鍵っ子】俗 (항상 열쇠를 가지고 다니는) 맞벌이 부부의 아이

かきつばた【〈杜若〉・〈燕子花〉】植 연자화. 제비붓꽃

かきて【書き手】 ①쓰는 사람, 필자¶ ～の意図をくむ 필자의 의도를 짐작하다 ②명필, 문장가¶ なかなかの～だ 상당한 문장가다

かきとめ【書留】 등기 우편

かき と・める【書(き)留める】他下一 써 두다, 적어 두다¶ 電話番号を～ 전화번호를 적어 두다

かきとり【書(き)取り】 ①베껴 쓰기 ②받아쓰기, 仮名로 쓴 글을 한자로 바꾸어 쓰기¶ 英語の～ 영어 받아쓰기/ 漢字の～試験 한자 받아쓰기 시험

かき と・る【書(き)取る】他五 ①받아쓰다¶ 講義を～ 강의를 받아쓰다 ②베껴 쓰다¶ 古い文献を～ 옛 문헌을 베껴 쓰다

かきなお・す【書(き)直す】他五 고쳐 쓰다, 다시 쓰다¶ 台本を～ 대본을 고쳐 쓰다

かきなが・す【書(き)流す】他五 줄줄 써 내려 가다, 힘들이지 않고 써 나가다¶ いいかげんに～した文章 적당히 줄줄 써 내려간 문장

かきなぐ・る【書きなぐる】他五 휘갈겨 쓰다¶ 急いで～った字 서둘러 휘갈겨 쓴 글자

かきなら・す【ˆ搔(き)鳴らす】他五 (현악기를) 켜다, 타다¶ ギターを～ 기타를 켜다

かぎなり【ˆ鉤ˆ状】名 갈고랑이 모양¶ ～に曲がった廊下 갈고랑이 모양으로 굽은 복도

かきな・れる【書(き)慣れる】自下一 (쓰는 데) 익숙해지다, 손에 익다, (글에) 숙달하다¶ ～れた文章 숙달된 문장

かぎなわ【ˆ鉤縄】끝에 갈고랑이를 단 밧줄

かきぬき【書(き)抜き】名 他スル ①(요점 등을) 뽑아 씀, 뽑아 쓴 것, 발췌¶ 要点を～した文書 요점을 발췌한 문서 ②(연극 대본에서) 각 배우 별로 따로 뽑아 쓴 대사

かきぬ・く【書(き)抜く】他五 ①(필요한 곳을) 뽑아 쓰다, 발췌하다¶ 論文の要旨を～ 논문의 요지를 발췌하다 ②마지막까지 쓰다

かきね【垣根】울타리¶ ～をめぐらす 울타리를 치다 一越し 名 울타리 너머¶ ～に話をす 울타리 너머로 이야기하다

かきのこ・す【書(き)残す】他五 ①써서 남기다¶ 遺言を～ 유언을 써서 남기다 ②빠뜨리고 쓰다¶ 無意로 빠뜨리고 쓰다 ③쓰다가 남기다¶ まだ二枚分～している 아직 두 장분이 쓰다가 남아 있다

かきのし【書(き)ˆ熨斗】선물 포장지에 熨斗紙 대신 약식으로「のし」라고 쓴 글씨

かきのぞき【垣ˆ覗き】울타리 사이로 안을 엿봄

かぎのて【ˆ鉤の手】名 갈고랑이 모양, ㄱ자꼴¶ ～の廊下 ㄱ자 모양의 복도

かぎばな【ˆ鉤鼻】①매부리코 = わし鼻 ②美 코를 가늘게 매부리코로 그리는 平安시대의 묘사법

かぎばり【ˆ鉤ˆ針】코바늘 ⇔ 棒針¶ ～編み 코바늘 뜨개질

かきはん【書(き)判】화압, 수결 = 花押

かきぶり【書(き)振り】①글 쓰는 품 ②글 쓰는 사람의 개성 등이 나타난 서체・문체, 필치¶ 格調の高い～ 격조 높은 문체

かきま・ぜる【ˆ搔(き)混ぜる】他下一 (휘저어) 뒤섞다¶ コーヒーに砂糖を～ 커피에 설탕을 뒤섞다

かきまわ・す【ˆ搔(き)回す】他五 ①휘젓다¶

ふろの湯ゆを～ 목욕탕의 더운물을 휘젓다 ②(질서를) 어지럽히다, 혼란을 야기하다¶ 会議かいを～ 회의를 어지럽히다

**かぎまわ・る** [*嗅(ぎ)回る] 他五 ①냄새를 맡으며 돌아다니다 ②(숨겨진 일 등을) 탐지하며 돌아다니다

**かきみだ・す** [*搔(き)乱す] 他五 ①(휘저어) 마구 엉클어뜨리다, 어지르다¶ 髪かみを～ 머리를 헝클어뜨리다 ②어지럽히다, 교란시키다¶ 気持きもちを～ 마음을 어지럽히다

**かきむし・る** [*搔(き)*毟る] 他五 쥐어뜯다¶ 髪かみを～ 머리를 쥐어뜯다

**かきもち** [欠(き)餅] ①鏡餅かがみもち를 잘게 뜯은 것 ②얇게 썰어 말린 찰떡 ③와 비슷한 과자

**かきもの** [書(き)物] ①쓴 것, 문서, 서류, 기록¶ ～を残のこす 문서를 남기다 ②글자나 글을 씀¶ ～をする 글을 쓰다

**かきもみじ** [柿紅葉] 감나무 잎이 단풍이 듦

**かきもら・す** [書(き)漏らす] 他五 (일부를) 빠뜨리고 쓰다¶ 大事だいじなことを～ 중요한 것을 빠뜨리고 쓰다

**かきもん** [書(き)紋] ①옷에 붓으로 그린 문장(紋章) ②옷에 붓으로 그린 무늬

**かぎゃく** [可逆] 名 가역¶ ～性せい 가역성 —反応はんのう (化) 가역 반응 —変化へんか (物) 가역 변화

**かきゃくせん** [貨客船] 화객선, 승객을 태울 수 있는 설비를 한 화물선

**かきゅう** [下級] 하급¶ ～生せい 하급생 —裁判所さいばんじょ 하급 법원

**かきゅう** [火急] 名 (文) 화급¶ ～の用件ようけん 화급한 용건 / ～を要ようする 화급을 요하다

**かぎゅう** [*蝸牛] ①(文) 와우, 달팽이＝かたつむり ②(医) 와우각, 달팽이관
[慣用句]
—角上かくじょうの争あらそい 와우각상의 싸움, 작은 나라끼리 싸우거나 하찮은 일로 싸움

**かきゅうてき** [可及的] 副 (文) 가급적, 되도록＝できるだけ¶ ～速すみやかに退去たいきょせよ 가급적 빨리 퇴거하라

**かきよ** [科挙] 과거¶ ～に応おうずる 과거를 보다

**かきよ** [家居] (文) I 名 自スル 가거, 칩거¶ ～して官かんに仕つかえず 칩거하여 벼슬하지 않다 II 名 주거, 주택

**かきよ** [寡居] (文) 과부・홀아비로 지냄

**かきょう** [佳境] 가경 ①흥미 진진한 경지¶ 話はなしがいよいよ～に入はいる 이야기가 점입가경이다 ②(文) 경치가 좋은 곳

**かきょう** [架橋] 名 自スル 가교, 다리를 놓음

**かきょう** [家郷] (文) 가향, 고향＝ふるさと

**かきょう** [華僑] 화교

**かきょう** [歌境] ①和歌わかに 표현된 경지, 시경 ②和歌를 지을 때의 심경

**かぎょう** [家業] 가업 ①대대로 이어온 직업¶ ～を継つぐ 가업을 잇다 ②일가의 생업¶ ～を手伝てつだう 가업을 거들다

**かぎょう** [稼業] 생업, 직업, 장사¶ 浮うき草くさ～ 불안정한 직업 / ～にはげむ 생업에 힘쓰다

**かぎょう** [課業] (文) 과업, 수업

**がきょう** [画境] ①그림을 그릴 때의 심경 ②그림에 표현되어 있는 경지, 화경¶ 新あたらしい～を開ひらく 새로운 화경을 개척하다

**がぎょう** [画業] 화업 ①그림을 그리는 일¶ ～に精進しょうじんする 화업에 정진하다 ②화가로서의 업적¶ 後世こうせいに残のこる～ 후세에 남는 화업

**かぎょうへんかくかつよう** [カ行変格活用] 《文法》 동사의 カ행 변격(變格) 활용＝カ変へん

**かきょく** [歌曲] 가곡 ①노래, 노래 가락 ②(音) 리트, 독일 가곡

**かきよ・せる** [*搔(き)寄せる] 他下一 ①끌어당기다¶ 布団ふとんを～ 이부자리를 끌어당기다 ②긁어 모으다¶ 落葉おちばを～ 낙엽을 긁어 모으다

**かぎらない** [限らない] 連語 (「…とは～」의 꼴로) …라고 정해져 있는 것은 아니다, 꼭…하다고는 할 수 없다¶ むだとは～ 꼭 헛된 일이라고는 할 수 없다

**かぎり** [限り] ①한, 한계, 한도, 끝¶ 数かずに～がある 수량에 한계가 있다 / 欲よくを言いえば～がない 욕심을 말하자면 한이 없다 ②최후, 끝, 마지막¶ 今いまを～とがんばる 지금이 마지막이라고 여기고 힘을 내다 ③(쓸 수 있는) 전부, (한도)껏, 극(도)¶ 声こえを～に叫さけぶ 목청껏 외치다 ④전체 범위, 범위 내의 모든 것¶ わたしの知しる～では 내가 아는 범위에서는 ⑤(「…～ではない」 꼴의 술어로) ～바 아니다, ～할 것까지는 없다¶ 私わたしの知しる～ではない 내 알 바 아니다 ⑥(形式)(「…～だ」의 꼴로) 극, 끝, 한량¶ 喜うれしい～だ 그저 기쁘기 한량없다 ⑦(形式) …까지, …만, …뿐¶ その場ば～の約束やくそく 그 자리에서만의 약속 ⑧(形式) …한, …하는 이상¶ 仕事しごとを引ひき受うける～は最後さいごまでやる 일을 맡은 이상은 끝까지 한다

**かぎりな・い** [限り無い] 形 끝없다, 한이 없다, 무한하다¶ ～喜よろこび 무한한 기쁨 / ～大地だいち 끝없는 대지

**かぎ・る** [限る] I 他五 경계짓다, 한정하다, 제한하다¶ 期日きじつを～ 기일을 한정하다 / 一人ひとり二個にこまでに～ 1인 2개까지로 제한한다 II 自五 (「…に～」의 꼴로) 제일이다, 최고다¶ 夏なつはビールに～ 여름에는 맥주가 제일이다 ②(「…に～・って …に～・り」의 꼴로) …에 한해서, …만은, …따라¶ 月曜げつようの午後ごに～・い閲覧えつらんができる 월요일 오후에 한해서 열람할 수 있다 / 今夜こんやに～・って早はやく来きた 오늘 저녁따라 빨리 왔다

**かきわ・ける** [書(き)分ける] 他下一 구별하여 쓰다, 갈라 쓰다¶ 読者層どくしゃそうによって～ 독자층에 따라 구별하여 쓰다

**かきわ・ける** [*搔(き)分ける] 他下一 헤치다, 밀어제치다, 헤집다¶ 人込ひとごみを～ 붐비는 인파를 헤치다

**かぎわ・ける** [嗅(ぎ)分ける] 냄새로 판별하다¶ 香水こうすいの銘柄めいがらを～ 향수의 상표를 냄새로 판별하다

**かきわす・れる** [書(き)忘れる] 他下一 쓰는

**かきわり** [書〈割り〉] (연극에서) 집이나 경치 등을 그린 무대 배경

**かきん** [家禽] 가금 ⇔ 野禽(やきん)

**かきん** [゛瑕瑾] (文) 허근 ①사소한 흠·결점

**かく** [各] 音カク 訓おのおの|(음)각. (造語) 각, 각각 ¶ 各国(かっこく) 각국·各自(かくじ) 각자·各種(かくしゅ) 각종·各地(かくち) 각지

**かく** [角] 音カク 訓かど・つの・すみ|(음)각. I (造語) ①동물의 뿔 ¶ 角質(かくしつ) 각질·一角獣(いっかくじゅう) 일각수 ②뾰족하게 나온 것, 모난 것 ¶ 圭角(けいかく) 규각·頭角(とうかく) 두각 ③네모 ¶ 角材(かくざい) 각재·角柱(かくちゅう) 각주 ④각, 각도 ¶ 角度(かくど) 각도·三角(さんかく) 삼각 ⑤귀퉁이, 모퉁이 ¶ 口角(こうかく) 구각·四角(しかく) 사각, 다투다 ¶ 角逐(かくちく) 각축·互角(ごかく) 호각 「角力(かくりょく)」의 준말 ¶ 씨름·角界(かっかい) 씨름계 ⑧동양 음악의 음계명의 하나 ⑨[天] 이십팔수(二十八宿)의 하나 II 각 ①네모, 4각 ¶ 〜に切る 네모나게 썰다 ② [数] 각 ¶ 二(ふた)つの〜の和 두 각의 합계 ③ [版] 일본 활자의 크기를 나타내는 말 ¶ 6ポイント〜 6포인트 활자·全(ぜん)〜 전각 ④(일본 장기에서) 장기말의 하나 = 角行(かくぎょう)

**かく** [拡] [擴] 音カク(クワク) 訓ひろげる|(음)확. (造語) 넓혀 크게 하다 ¶ 拡散(かくさん) 확산·拡大(かくだい) 확대·軍拡(ぐんかく) 군비 확장

**かく** [革] 音カク 訓かわ|(음)혁. (造語) ①짐승의 가죽, 무두질한 가죽 ¶ 革帯(かくたい) 혁대·皮革(ひかく) 피혁 ②피혁 제품의 무기 ¶ 兵革(へいかく) 병혁 ③개혁하다, 고치다 ¶ 革新(かくしん) 혁신·革命(かくめい) 혁명·沿革(えんかく) 연혁·改革(かいかく) 개혁

**かく** [格] 音カク(カウ)・キャク|(음)격. I (造語) ①기준, 법칙, 규칙 ¶ 格式(かくしき) 격식·規格(きかく) 규격 ②모양새, 품격 ¶ 骨格(こっかく) 골격·人格(じんかく) 인격 ③지위·신분·가격의 단계 ¶ 格差(かくさ) 격차·同格(どうかく) 동격 ¶ [文法] 目的格(もくてきかく) 목적격 ⑤맞서다, 치다 ¶ 格闘(かくとう) 격투 ⑥네모로 짠 재목 ¶ 格子(こうし) 격자 ⑦깔끔하게 하다 ¶ 格納(かくのう) 격납·厳格(げんかく) 엄격 ⑧이르다, 궁구하다 ¶ 格物致知(かくぶつちち) 격물치지 II 격 ①지위·신분·가격의 단계 ¶ 〜が上(あ)がる 격이 오르다 ② [文法] (문장 중에서) 한 낱말이 다른 낱말에 대해 갖는 관계 ¶ 〜変化(へんか) 격변화 ③삼단 논법의 형식 분류

**かく** [核] 音カク|(음)핵. I ①과일의 씨 ②물건의 중심에 있는 부분 ¶ 細胞核(さいぼうかく) 세포핵 ③사물의 중심이 되는 것, 핵심 ¶ 核心(かくしん) 핵심·中核(ちゅうかく) 중핵 ④「原子核(げんしかく)」의 준말 ¶ 核実験(かくじっけん) 핵실험·核武装(かくぶそう) 핵무장 II 핵 ① [植] (과일의) 씨, 알맹이 ② [生] 세포핵 ¶ 〜分裂(ぶんれつ) 핵분열 ③(사물의) 중심이 되는 인물 ④핵무기 ¶ 〜の脅威(きょうい) 핵무기의 위협 ⑤ [地] 지구의 중심 부분

**かく** [゛殻] [殼] 音カク 訓から|(음)각. (造語) 껍질, 외피 ¶ 外殻(がいかく) 외각·甲殻(こうかく) 갑각·地殻(ちかく) 지각·卵殻(らんかく) 난각

**かく** [郭] 音カク(クワク)|(음)곽, 확. (造語) ①도시의 성곽 ¶ 城郭(じょうかく) 성곽·遊郭(ゆうかく) 유곽 ②둘레, 외곽 ¶ 外郭(がいかく) 외곽·輪郭(りんかく) 윤곽 ③넓다, 크다 ¶ 郭大(かくだい) 확대 ▷「廓(かく)」의 대용자

**かく** [゛喀] 音カク|(음)객. (造語) 토하다 ¶ 喀血(かっけつ) 객혈·喀痰(かくたん) 객담

**かく** [覚] [覺] 音カク 訓おぼえる・さます・さめる・さとる|(음)각. (造語) ①눈뜨다 ¶ 覚醒(かくせい) 각성 ②깨닫다, 깨달음 ¶ 覚悟(かくご) 각오·自覚(じかく) 자각·発覚(はっかく) 발각 ③감지하다, 기억하다 ¶ 感覚(かんかく) 감각·視覚(しかく) 시각

**かく** [較] 音カク・コウ(カウ) 訓くらべる|(음)교. (造語) 비교하다 ¶ 較差(こうさ) 교차·較量(こうりょう) 교량·比較(ひかく) 비교

**かく** [隔] 音カク 訓へだてる・へだたる|(음)격. (造語) ①간격이 떨어지다, 사이를 떼다 ¶ 遠隔(えんかく) 원격·間隔(かんかく) 간격 ②건너 뛰다, 거르다 ¶ 隔日(かくじつ) 격일·隔週(かくしゅう) 격주

**かく** [劃] 音カク(クワク)|(음)획. (造語) 구획 짓다, 구분하다 ¶ 劃一(かくいつ) 획일·劃然(かくぜん) 획연·区劃(くかく) 구획 ▷「画(かく)」가 대용자

**かく** [゛廓] 音カク(クワク) 訓くるわ|(음)곽, 확. (造語) ①토지나 건물의 둘레 ¶ 外廓(がいかく) 외곽·胸廓(きょうかく) 흉곽·城郭(じょうかく) 성곽 ②넓다, 넓히다 ¶ 廓大(かくだい) 확대 ③유곽 ¶ 遊廓(ゆうかく) 유곽 ▷「郭(かく)」가 대용자

**かく** [゛攫] 音カク(クワク) 訓つかむ|(음)확. (造語) 주로 훈(訓) 「つかむ」로 쓰임

**かく** [゛赫] 音カク|(음)혁. (造語) ①밝음, 성함 ¶ 赫赫(かっかく) 혁혁 ②화내다 ¶ 赫怒(かくど) 혁노 ▷ ②는「嚇(かく)」와 같음

**かく** [閣] 音カク|(음)각. (造語) ①높고 큰 전각 ¶ 高閣(こうかく) 고각·仏閣(ぶっかく) 불각 ②내각 ¶ 閣僚(かくりょう) 각료·組閣(そかく) 조각·入閣(にゅうかく) 입각

**かく** [確] 音カク 訓たしか・たしかめる|(음)확. (造語) ①굳다, 확고하다 ¶ 確固(かっこ) 확고·確立(かくりつ) 확립 ②틀림없다, 확실하다 ¶ 確実(かくじつ) 확실·正確(せいかく) 정확 ③확인하다 ¶ 確認(かくにん) 확인

**かく** [獲] 音カク(クワク) 訓える|(음)획. (造語) ①(동물을) 잡다 ¶ 漁獲(ぎょかく) 어획·捕獲(ほかく) 포획 ②성과를 얻다 ¶ 獲得(かくとく) 획득

**かく** [嚇] 音カク 訓おどす|(음)혁. (造語) ①성내다, 꾸짖다 ¶ 嚇怒(かくど) 혁노 ②위협하다 ¶ 威嚇(いかく) 위혁, 위협

**かく** [穫] 音カク(クワク)|(음)확. (造語) 수확하다, 수확 ¶ 収穫(しゅうかく) 수확

**かく** [゛鶴] 音カク 訓つる|(음)학. (造語) 학, 두루미 ¶ 鶴首(かくしゅ) 학수·鶴声(かくせい) 학성

**かく** [攪] 音カク・コウ(カウ)|(음)교. (造語) 휘젓다, 교란시키다 ¶ 攪拌(かくはん) 교반·攪乱(かくらん) 교란

**か・く** [欠く・缺く・闕く] 他五 ①없다, 부족하다, 결여되다, 빠뜨리다 ¶ 〜ことのできない大切(たいせつ)なもの 없어서는 안될 중요한 것/必要(ひつよう)〜べからざる存在(そんざい) 필요 불가결한 존재 ②(일부를) 손상시키다 ¶ 茶碗(ちゃわん)を〜 찻잔의 이가 빠지게 하다 ③게을리 하다, 소홀히 하다 ¶ 礼儀(れいぎ)を〜 예의를 소홀히 하다

か・く【舁く】(他五) (어깨에) 메다¶ 駕籠を~ 가마를 메다
か・く【書く】(他五) ①(글씨・기호를) 쓰다¶ 漢字で~ 한자로 쓰다 ②(글을) 쓰다¶ 手紙を~ 편지를 쓰다 ③『描く・畫く』(그림・도표를) 그리다¶ 静物画を~ 정물화를 그리다
か・く【搔く】(他五) ①긁다¶ 痒い所を~ 가려운 데를 긁다 ②긁어 모으다¶ くま手で落葉を~ 갈퀴로 낙엽을 긁어 모으다 ③긁어내다, 깎다¶ 氷を~ 얼음을 긁어내다/かつお節を~ 가다랭이포를 깎다 ④베다, 자르다¶ 寝首を~ 자는 사람의 목을 베다 ⑤(손발 등으로) 젓다, 헤치다¶ アヒルは水かきで水を~ 오리는 물갈퀴로 물을 젓는다 ⑥(논밭을) 갈다, 일구다¶ 田を~ 논을 갈다 ⑦(현을) 타다, 켜다 ⑧(어떤 현상을) 드러내다¶ 汗を~ 땀을 흘리다/ いびきを~ 코를 골다 ⑨(나쁜 상태를) 보이다¶ 恥を~ 창피를 당하다/ べそを~ 울상이 되다
かく『斯く』(副)(文) 이렇게, 이와 같이¶ ~のごとく 이와 같이/ ~も盛大に 이렇게도 성대하게
かく【画】획. (한자의) 자획
かく【佳句】(文) ①가구. 시가의 좋은 구 ②좋은 俳句
か・ぐ【嗅ぐ】(他五) ①(냄새를) 맡다¶ 花の匂いを~ 꽃 냄새를 맡다 ②(낌새를) 알아채다, 알아내다¶ 秘密を~・ぎつける 비밀을 알아채다
かぐ【下愚】(文) 매우 어리석음, 그런 사람
かぐ【家具】가구¶ ~付きの貸間が 가구가 딸린 셋방/ ~を調える 가구를 마련하다
がく【学】『學』(音)ガク (訓)まなぶ (음)학. I (造語)①배우다, 익히다¶ 学問 학문・見学 견학 ②배우는 시설, 학교¶ 学校 학교・大学 대학 ③체계적인 지식・학과¶ 学科 학과・医学 의학 ④연구하는(배우는) 사람¶ 学究 학구・碩学 석학 II ①학문, 배움¶ ~に志ざす 학문에 뜻을 두다 ②지식, 교양, 학식¶ ~のある人 학식이 있는 사람
がく【岳】『嶽』(音)ガク (訓)たけ (음)악. (造語) ①큰 산¶ 山岳 산악 ②장인・장모의 높임말¶ 岳父 악부・岳母 악모
がく『愕』(音)ガク (訓)おどろく (음)악. (造語) 놀라다¶ 愕然 악연・驚愕 경악
がく『萼』(音)ガク (訓)I (造語) 꽃받침¶ 萼片 악편 II 『植』 꽃받침¶ 花~ 꽃받침
がく【楽】『樂』(音)ガク・ラク (訓)たのしい・たのしむ I (음)악, 락, 요 I (造語) ①악기를 연주하다, 음곡, 음악¶ 楽器 악기・音楽 음악 ②『ラク』로 읽어서 즐겁다. 즐거움¶ 楽園 낙원・快楽 쾌락・娯楽 오락 ③『千秋楽』의 준말. 씨름・연극의 마지막 날¶ 楽日 씨름・연극의 마지막 날 II 『邦楽』神楽 신악 II (음)악, 악곡¶ ~を奏でる 음악을 연주하다
がく【額】(音)ガク (訓)ひたい (음)액 I (造語) ①액수, 금액¶ 高額 고액・半額 반액 ②액자¶ 額緑 액자 ③이마¶ 前額 앞이마 II ①액수, 금액¶ 年間生産~ 연간 생산액 ②액자

がく【顎】(音)ガク (訓)あご (음)악. (造語) 턱¶ 下顎 하악・上顎 상악
かくあげ【格上げ】(他スル) (자격・지위 등의) 격상, 승격 ⇔ 格下げ¶ 課を部に~ 과를 부로 승격하다
かくい【各位】(造語)(文) 각위. 여러분, 제위¶ お客様~に申し上げます 손님 여러분께 말씀 드립니다
かくい【隔意】(文) 격의 ¶ ~なく話し合う 격의없이 이야기하다
がくい【学位】학위 ─論文 학위 논문
かくいつ【画一・劃一】(名) 획일¶ ~主義 획일주의 ─的 획일적
かくいん【各員】(文) 각자¶ ~一層の奮起を期待する 각자 가일층의 분발을 기대한다
かくいん【客員】(文) 객원¶ ~教授 객원 교수
かくいん【閣員】각원, 각료 = かくりょう
がくいん【学院】『学校』의 딴이름. 학원
かくう【架空】 가공 I (名) ①(공중을) 건너지름¶ ~ケーブル 가공 케이블 II (名) 허구¶ ~の物語 가공적인 이야기
かぐう【仮寓】(名)(自スル)(文) 가우, 임시 거처, 우거¶ しばらく友達の家に~している 잠시 친구네 집에 우거하고 있다
かくえき【各駅】각역¶ ~停車の電車 각역에 정차하는 전차
かくエネルギー【核エネルギー】『物』핵에너지
がくえん【学園】학교, 학원
かくおち【角落ち】(일본 장기에서) 잘하는 쪽이 角(장기말의 하나)를 떼고 두는 대국
かくおび【角帯】(일본 옷에서) 겹으로 된 빳빳하고 폭이 좁은 남자용 허리띠
がくおん【楽音】『物』『音』악음. 일정한 진동 주기를 가진 음 ⇔ 噪音
かくかい【各界】각계¶ ~の代表 각계의 대표
かくかい【角界】씨름계, 씨름꾼의 사회
かくがい【格外】 I (名) 격외, 규격외¶ ~の品る 규격 외의 물품 ②규격 이하¶ ~の粗悪品 규격 이하의 조악품
かくがい【閣外】각외. 내각의 외부 ⇔ 閣内¶ ~に去る 각외로 물러나다
がくがい【学外】학외. (특히) 대학의 외부
かくかく『斯く斯く』(副) 이러이러, 여차여차¶ ~の事情で 여차여차한 사정으로
がくがく(副)(自スル) ①흔들흔들, 근들근들¶ 入れ歯が~する 틀니가 흔들거리다 ②덜덜, 오들오들, 부들부들¶ ひざが~する 무릎이 덜덜 떨리다
がくがく『諤諤』(ス)(文) 악악, 기탄없이 바른 말을 함¶ 侃侃~ 기탄없이 직언함
かくかくさんぼうしじょうやく『核拡散防止条約』핵확산 방지 조약
かくかそう『隔靴掻痒』→ かっかそうよう
かくかぞく【核家族】『社』핵가족

**かくがた** [角形] 각형. 사각형. 네모꼴¶ ～の封筒 사각 봉투

**かくがり** [角刈り] 상고머리¶ ～の若者 상고머리의 젊은이

**かくぎ** [格技] 격투기¶ ～場 격투기장

**かくぎ** [閣議] [政] 각의¶ ～を召集する 각의를 소집하다

**かくぎょう** [角行] (일본 장기의) 장기말의 하나

**がくぎょう** [学業] 학업¶ ～に励む 학업에 힘쓰다/ ～に身が入らない 학업에 열의가 없다

**かくきょり** [角距離] [物] 각거리

**かくぐう** [客寓] 名 自スル 文 객우 ①손님으로 남의 집에 머뭄, 그런 집 ②객사

**かくぐんかく** [核軍拡] [政] 핵군비 확대 경쟁

**がくけい** [学兄] 文 학형 = がっけい

**がくげい** [学芸] 학예. 학문과 예술¶ ～欄 학예란 —員 학예원 (박물관·미술관의) 학예 연구원 —会 [教] 학예회

**がくげき** [楽劇] [音] 악극

**かくげつ** [各月] 名 文 매달, 매월¶ ～の平均 매달의 평균

**かくげつ** [客月] 文 객월. 지난달 = 先月

**かくげつ** [隔月] 名 文 격월¶ ～に発行する 격월로 발행하다

**かくげん** [格言] 격언 = 金言

**かくげん** [確言] 名 自スル 文 확언¶ ～を避ける 확언을 피하다

**かくご** [客語] [文法] 객어. 목적어 = きゃくご

**かくご** [覚悟] 名 自他スル 각오 ①체념하여 마음을 정함, 마음의 준비¶ ～を決める 각오를 하다/ 死ぬ～で戦う 죽을 각오로 싸우다 ②[佛] 깨달음, 득도
[慣用句]
—の前 각오하 바

**かくさ** [格差] 격차¶ 賃金～ 임금 격차

**かくさ** [較差] 교차 ①최대와 최소의 차 ②[気] (일정 기간 내의 기온의) 최고치와 최저치의 차¶ 年～ 연교차

**かくざ** [擱座·擱坐] 名 自スル 文 ①각좌, 좌초 ②(탱크·차량 등이) 파괴되어 꼼짝 못함

**かくさい** [客歳] 文 지난해, 작년 = 去年

**かくざい** [角材] 각재

**がくさい** [学才] 학재¶ ～がある 학재가 있다

**がくさい** [学際] 名 학제. 연구가 여러 분야의 학문과 관련되어 있음¶ ～的な研究 여러 학문 분야와 관련된 연구

**かくさく** [画策] 名 他スル 획책, 계략을 꾸밈¶ ストライキを～する 동맹 파업을 획책하다

**かくさげ** [格下げ] (자격·지위 등의) 격하 = 格上げ¶ 平社員に～される 평사원으로 격하되다

**かくざとう** [角砂糖] 각설탕¶ コーヒーに～を入れる 커피에 각설탕을 넣다

**かくさん** [拡散] 名 自スル 확산 ①널리 퍼짐¶ 核兵器の～を防止する 핵무기 확산을 방지하다 ②[物] [化] 혼합물의 농도 분포의 균일해지는 현상¶ ～率 확산율

**かくさん** [核酸] [生] 핵산

**がくさん** [学参] (口) 학습 참고서

**かくし** [隠し] ①숨김, 은폐¶ 神～ (어린이 등이) 갑자기 행방 불명이 됨/ 照れ～ 멋쩍음을 감춤 —男 샛서방 ②호주머니, 포켓¶ ～にいれる 호주머니에 넣다

**かくし** [各紙] 각지. 각 신문¶ ～がとりあげた事件 각지가 다룬 사건

**かくし** [各誌] 각 잡지

**かくし** [客死] 名 自スル 文 객사¶ アメリカで～する 미국에서 객사하다

**かくし** [核子] [物] 핵자. 양자와 중성자의 총칭

**かくじ** [各自] 각자. 저마다¶ 昼食は～持参 점심은 각자 지참할 것

**がくし** [学士] 학사¶ 法～ 법학사/ ～号 학사 칭호 —院 (일본) 학사원

**がくし** [学資] 학자. 학자금, 학비¶ アルバイトで～をかせぐ 아르바이트로 학자금을 벌다

**がくし** [楽師] 악사 ① [楽士] 음악을 연주하는 사람¶ 街頭の～ 거리의 악사 ②雅楽を연주하는 사람

**がくじ** [学事] 학사¶ ～計画 학사 계획

**かくしあじ** [隠し味] [料] 음식맛을 돋우기 위해 특별한 조미료를 침, 그런 조미료

**かくシェルター** [核シェルター] [軍] 핵셀터. 핵공격에 대비한 지하호

**かくしがまえ** [*匚構え] (한자 부수의) 터진에운담 ▷ 区·匹 등의 「匚」 부분

**かくしき** [格式] 격식¶ ～にこだわる 격식에 얽매이다/ ～を重んずる 격식을 존중하다 —張る 自五 격식을 차리다

**がくしき** [学識] 학식¶ 豊かな～ 풍부한 학식 —経験者 학식 경험자

**かくしげい** [隠し芸] 숨은 재주, 여기(余技)¶ ～を披露する 여기를 선보이다

**かくしご** [隠し子] 숨겨놓은 자식, 사생아

**かくしごと** [隠し事] 비밀로 해둔 일, 비밀¶ ～をする 비밀로 하다

**かくしだ** [隠し田] (조세를 피하려고) 영주나 나라 몰래 경작하는 논 = おんでん

**かくじだいてき** [画時代的] ナ 文 획시대적. 획기적 = エポックメーキング

**かくしだて** [隠し立て] 名 自他スル 숨김, 비밀로 함¶ ことさらに～する 일부러 숨기다

**かくしだま** [隠し球] ①몰래 간직해 둔 수단 ②[野] 야수가 공을 숨겼다가 베이스에서 떨어진 주자를 터치아웃하는 트릭 플레이

**かくしつ** [角質] [動] 각질 —層 [動] 각질층

**かくしつ** [革質] 혁질. 가죽 같은 성질

**かくしつ** [確執] 名 自スル 文 확집. 자기 주장만 고집함, 그로 인한 불화 [갈등]¶ 嫁と姑との～ 고부간의 갈등

**かくじつ** [隔日] 名 文 격일. 하루 걸러¶ ～勤務 격일 근무

**かくじつ** [確実] ナ 확실¶ ～なことは言えない 확실한 것은 말할 수 없다

**かくじっけん** [核実験] 핵실험¶ ～の禁止 핵실험 금지

**かくして** [*斯くして] 接 文 이리하여, 이렇게

해서= このようにして¶ 〜一年(ねん)が過(す)ぎ去(さ)った 이리하여 1년이 지나갔다
**かくしどり** [隠し撮り] 名 他スル 몰래 찍음. 비밀 촬영
**かくしぬい** [隠し縫い] (바느질에서) 공그르기
**かくしボタン** [隠しボタン] 服 밖에서 보이지 않게 단 단추
**かくしマイク** [隠しマイク] 비밀 마이크
**かくしゃ** [客舎] 文 객사. 여관= 旅館(りょかん)
**がくしゃ** [学舎] 文 학사. 교사(校舎). 학교
**がくしゃ** [学者] 학자 ①학문을 연구하는 사람¶〜になる 학자가 되다 ②학문이 뛰어난 사람, 지식이 많은 사람¶ 〜ぶる男(おとこ) 학자인 체하는 사나이
**かくしゃく** [×矍×鑠] ダル (늙어도) 정정함, 노익장¶〜たる老人(ろうじん) 정정한 노인
**かくしゅ** [各種] 각종¶ 〜各様(かくよう) 각양 각색 **— 学校(がっこう)** 각종 학교
**かくしゅ** [×馘首] 名 他スル 文 괵수. 해고, 면직
**かくしゅ** [×鶴首] 名 自スル 文 학수(고대). 목을 길게 빼고 기다림¶〜して待(ま)つ 학수 고대하다
**かくしゅう** [隔週] 名 文 격주¶ 〜発行(はっこう) 격주 발행
**かくじゅう** [拡充] 名 他スル 확충¶ 軍備(ぐんび)の〜を図(はか)る 군비의 확충을 꾀하다
**がくしゅう** [学修] 名 他スル 文 수학¶ 〜すべき過程(かてい) 수학해야 할 과정
**がくしゅう** [学習] 名 他スル 학습¶ 〜の手引(てび)き 학습 안내/ 新(あたら)しい教科(きょうか)を〜する 새 교과를 학습하다 **— 指導要領(しどうようりょう)** 教 학습 지도 요령
**がくじゅつ** [学術] 학술 ①전문적인 학문¶ 〜用語(ようご) 학술 용어 ②학문과 예술 **— 会議(かいぎ)** 학술 회의
**かくしょ** [各所] 각처. 여기저기
**かくしょう** [各省] 각성. 각각의 성(省)
**かくしょう** [確証] 확증
**がくしょう** [学生] ①[日史] (律令制(りつりょうせい) 하에서) 大学寮(だいがくりょう)나 国学(こくがく)에서 공부한 사람 ②[佛] 큰 절에서 교리를 익힌 학승 ▷「がくせい」는 딴말
**がくしょう** [学匠] 학장 ①文 위대한 학자 ②[佛] 교리를 익혀 스승 자격이 있는 사람
**がくしょう** [楽匠] 文 악장. 위대한 음악가
**がくしょう** [楽章] 音 악장
**がくしょく** [学殖] 文 학식. 몸에 익혀 축적된 학문상의 지식
**かくじょし** [格助詞] [文法] 격조사. 체언 또는 이에 준하는 말에 붙는 조사
**かくしん** [革新] 名 他スル 혁신 ⇔ 保守的(ほしゅてき)。¶ 〜政党(せいとう) 혁신 정당/ 技術(ぎじゅつ)〜 기술 혁신 **— 的** ダ 혁신적
**かくしん** [核心] 핵심¶ 問題(もんだい)の〜 문제의 핵심/ 〜をつく 핵심을 찌르다
**かくしん** [隔心] 文 격의¶ 〜なく話(はな)す 격의 없이 이야기하다
**かくしん** [確信] 名 他スル 확신¶ 〜をもつ 확신을 가지다 **— 犯(はん)** 法 확신범
**かくじん** [各人] 각인. 각자¶ 〜各説(かくせつ)/ 〜の自覚(じかく)に俟(ま)つ 각자의 자각을 기대하다 **— 各様(かくよう)** 각인 각양. 각인 각색
**がくじん** [楽人] 文 악인, 악사
**かく・す** [画す・劃す] 他五 → かくする
**かく・す** [隠す] 他五 감추다, 숨기다 ①눈에 띄지 않게 하다¶ 宝物(たからもの)を〜 보물을 숨기다 ②비밀로 하다¶ 真相(しんそう)を〜 진상을 감추다 ③(불안정한 상태를) 드러나지 않게 하다¶ 動揺(どうよう)を〜せない 동요를 감추지 못하다
**かくすい** [角×錐] 数 각추. 각뿔
**かくすう** [画数] 획수¶ 〜順(じゅん)にならべる 획 수순으로 배열하다
**かく・する** [画する・劃する] 他サ変 文 ①선을 긋다 ②(다른 것과) 구별하다, 구분짓다¶ 一線(いっせん)を〜 뚜렷한 선을 긋다 ③계획하다, 꾀하다¶ 人事刷新(じんじさっしん)を〜 인사 쇄신을 꾀하다
**かくせ** [角背] 版 책 제본의 평평한 등
**かくせい** [覚醒] 名 自スル 각성¶ 〜を促(うなが)す 각성을 촉구하다 **— 剤(ざい)** 薬 각성제
**かくせい** [隔世] 名 文 격세 **— 遺伝(いでん)** 生 격세 유전

**慣用句**
 **— の感(かん)** 격세지감

**かくせい** [×廓清] 名 他スル 文 확청. 누적된 부정·불법 등을 제거함, 숙청
**がくせい** [学生] 학생. 대학생¶ 〜証(しょう) 학생증 ▷ 초등학생은「児童(じどう)」, 중·고생은「生徒(せいと)」라고 함 **— 運動(うんどう)** 社 학생 운동 **— 割引(わりびき)** 학생 할인= 学割(がくわり)
**がくせい** [学制] 教 학제¶ 〜を改革(かいかく)する 학제를 개혁하다/ 〜を敷(し)く 학제를 펴다
**がくせい** [楽聖] 악성¶ 〜ベートーベン 악성 베토벤
**かくせいき** [拡声器] 확성기
**がくせき** [学籍] 학적¶ 〜を置(お)く 학적을 두다 **— 簿(ぼ)** 학적부
**かくせつ** [確説] 文 확설. 확실한 설¶ 〜とは言(い)い難(がた)い 확설이라고는 말하기 어렵다
**かくぜつ** [隔絶] 名 自スル 文 격절. 동떨어짐= 懸絶(けんぜつ)¶ 文明(ぶんめい)から〜された世界(せかい) 문명으로부터 동떨어진 세계
**がくせつ** [学説] 학설
**がくせつ** [楽節] 音 악절¶ 小(しょう)〜 소악절
**かくぜん** [画然・劃然] ダル 文 확연. 분명함¶ 〜とした相違(そうい) 확연한 차이
**かくぜん** [確然] ダル 文 확연. 확고함¶ 〜たる解答(かいとう) 확연한 해답
**がくぜん** [×愕然] ダル 악연. 깜짝 놀람¶ 意外(いがい)な結果(けっか)に〜とする 뜻밖의 결과에 악연하다
**かくせんりゃく** [核戦略] 政 핵전략
**かくそう** [各層] 각층. 각 계층¶ 各界(かくかい)〜 각계 각층/ 〜に亘(わた)る 각 계층에 미치다
**がくそう** [学窓] 학창¶ 〜を巣立(すだ)つ 학창을 떠나다
**がくそう** [学僧] 학승
**がくそう** [楽想] 악상. 악곡의 구상¶ 〜を練(ね)

**がくそく** [学則] 학칙 ¶ ～違反(いはん) 학칙 위반
**かくそくど** [角速度] 【物】 각속도
**がくそつ** [学卒] 「大学卒業者(だいがくそつぎょうしゃ)」의 준말. 대학 졸업자, 대졸 ¶ ～社員(しゃいん) 대졸 사원
**かくそで** [角袖] ①(일본 남자옷의) 네모난 소매 ②〈俗〉(明治(めいじ) 시대의) 사복 형사
**かくたい** [客体] 객체 = きゃくたい ⇔ 主体(しゅたい)
**かくだい** [拡大・廓大] 名 自他スル 확대 ¶ 勢力(せいりょく)の～ 세력의 확대/ 写真(しゃしん)を～する 사진을 확대하다 ―解釈(かいしゃく) 名 他スル 확대 해석 ―鏡(きょう) 확대경. 돋보기 = ルーペ ―再生産(さいせいさん) 【経】 확대 재생산
**がくたい** [楽隊] 악대
**かくたる** [確たる] 連体 확고한, 확실한 ¶ ～信念(しんねん) 확고한 신념/ ～証拠(しょうこ)もなく 확실한 증거도 없이 ▷ 문어적 표현
**かくたん** [喀痰] 〈文〉 객담. 가래를 뱉음 ¶ ～検査(けんさ) 객담 검사
**かくだん** [格段] Ⅰ 名 현격, 각별 ¶ ～の相違(そうい) 현격한 차이 Ⅱ 副 현격하게, 각별히 ¶ ～と美(うつく)しくなった 현격하게 아름다워졌다
**がくだん** [楽団] 악단 ¶ 管弦(かんげん)～ 관현악단
**がくだん** [楽壇] 악단. 음악계
**かくだんとう** [核弾頭] 【軍】 핵탄두
**かくち** [各地] 각지 ¶ 全国(ぜんこく)～から集(あつ)まる 전국 각지에서 모이다
**かくちく** [角逐] 名 自スル 〈文〉 각축 ¶ 列強(れっきょう)が～する 열강이 각축을 벌이다
**かくちゅう** [角柱] 각주 ①네모난 기둥 ②【数】 각기둥
**かくちょう** [拡張] 名 他スル 확장 ⇔ 縮小(しゅくしょう) ¶ 販路(はんろ)の～ 판로의 확장
**かくちょう** [格調] 격조 ¶ ～の高(たか)い詩 격조 높은 시
**がくちょう** [学長] 학장. (대학교의) 총장 ▷ 종합 대학의 단과 대학장은 学部長(がくぶちょう)
**がくちょう** [楽長] 악장 ①악대・악단의 지휘자 ②악사장
**かくつう** [角通] 씨름・씨름계 사정에 정통함, 그런 사람
**かくづけ** [格付け] 名 自スル ①등급을 매김 ¶ ～審査(しんさ) 등급을 매기는 심사 ②【経】(채권 등의) 우열의 서열화
**かくて** [斯くて] 接 〈文〉 이리하여 ¶ ～その年(とし)も暮(く)れた 이리하여 그해도 저물었다
**かくてい** [画定・劃定] 名 他スル 확정. 명확히 구분하여 정함 ¶ 国境(こっきょう)～交渉(こうしょう) 국경 획정 교섭
**かくてい** [確定] 名 自他スル 확정 ―申告(しんこく) 【経】 확정 신고 ―判決(はんけつ) 【法】 확정 판결
**がくてき** [学的] 形動 학적. 학문적
**カクテル** (cocktail) 칵테일 ―パーティー (cocktail party) 칵테일 파티 ―ラウンジ (cocktail lounge) 칵테일 라운지
**がくてん** [楽典] 【音】 악전
**かくど** [角度] 각도 ①【数】 각의 크기 ¶ ～をはかる 각도를 재다 ②관점 ¶ 違(ちが)う～から物(もの)を見(み)る 다른 각도에서 사물을 보다
**かくど** [客土] ①객지 ② ⇒ きゃくど
**かくど** [嚇怒・赫怒] 名 自スル 혁노. 격노
**がくと** [学徒] 학도 ①학생 ¶ ～兵(へい) 학도병 ②학자, 연구자 ¶ 歴史(れきし)の～ 역사 학도 ―出陣(しゅつじん) 학도 출진 ―動員(どういん) 학도 동원
**かくとう** [角灯] 각등. 유리를 끼운 네모난 등
**かくとう** [格闘・挌闘] 名 自スル ①격투 ¶ ～技(ぎ) 격투기 ②(比) 어려운 일을 해결하기 위해 씨름함 ¶ 原書(げんしょ)と～する 원서와 씨름하다
**かくとう** [確答] 名 自スル 확답 ¶ ～を避(さ)ける 확답을 피하다/ ～を得(え)る 확답을 얻다
**がくどう** [学童] 학동. 초등 학생 ¶ ～疎開(そかい) 【日史】 학동 소개 ―保育(ほいく) 학동 보육
**かくとく** [獲得] 名 他スル 획득 ¶ 政権(せいけん)を～する 정권을 획득하다 ―形質(けいしつ) 【生】 획득 형질. 후천성 형질
**がくとく** [学徳] 학덕. 학문과 덕행 ¶ ～兼備(けんび) 학덕 겸비/ ～を積(つ)む 학덕을 쌓다
**かくとした** [確とした] 連語 확실한, 틀림없는 ¶ ～証拠(しょうこ)はない 확실한 증거는 없다
**かくない** [閣内] 각내, 내각의 내부 ⇔ 閣外(かくがい) ¶ ～の意見調整(いけんちょうせい) 각내의 의견 조정
**がくない** [学内] 학내. 학교(특히 대학) 내부 ⇔ 学外(がくがい) ¶ ～問題(もんだい) 학내 문제
**かくにん** [確認] 名 他スル 확인 ¶ 未(み)～報道(ほうどう) 미확인 보도/ 身元(みもと)を～する 신원을 확인하다
**かくねん** [客年] 〈文〉 객년. 작년 = 昨年(さくねん)
**かくねん** [隔年] 名 격년 ¶ ～に刊行(かんこう)する 격년으로 간행하다 ―結果(けっか) 【農】 격년 결과
**がくねん** [学年] 학년 ①(학교에서 정한) 1년간의 수학 기간 ¶ ～末(まつ)試験(しけん) 학년말 시험 ②입학 연도로 구분된 학급 ¶ ～別(べつ)の集会(しゅうかい) 학년별 집회
**かくねんりょう** [核燃料] 【原】 핵연료 ―サイクル 【原】 핵연료 사이클
**かくのう** [格納] 名 他スル 격납 ¶ 飛行機(ひこうき)を～する 비행기를 격납하다 ―庫(こ) 격납고
**かくのかさ** [核の傘] 【政】 핵우산 ¶ 米国(べいこく)の～の下(した)におかれる 미국의 핵우산 밑에 놓이다
**かくのごとし** [斯くの如し] 連語 〈文〉 이와 같다 ¶ 偉大(いだい)なること～ 위대함이 이와 같다
**かくのふゆ** [核の冬] 【気】 핵겨울
**かくは** [各派] 각파. 각 유파 [당파・학파]
**がくは** [学派] 학파 ¶ ケインズ～ 케인스 학파
**かくばくはつ** [核爆発] 핵폭발
**がくばつ** [学閥] 학벌 ¶ ～主義(しゅぎ) 학벌주의/ ～を打破(だは)する 학벌을 타파하다
**かくば・る** [角張る] 自五 ①네모나다, 모나다 ¶ ～った顔(かお) 네모난 얼굴 ②격식차리다, 점잔빼다 ¶ ～った挨拶(あいさつ) 격식차린 인사
**かくはん** [各般] 名 〈文〉 제반, 여러 가지 ¶ ～の事情(じじょう) 제반 사정
**かくはん** [攪拌] 名 他スル 교반, 휘저어 섞음 ¶ ～機(き) 교반기 ▷ 「こうはん」의 관용음
**かくはんのう** [核反応] 【原】 핵반응
**がくひ** [学費] 학비 ¶ ～をかせぐ 학비를 벌다

かくびき [画引き] 획인. (사전 등에서) 한자를 획수에 따라 찾는 일, 그렇게 찾도록 한 것 ¶ ~索引₍ₛₐ_ₓ₎ 획수 색인

かくひつ [角筆] 뿔로 만든 붓모양의 막대

かくひつ [擱筆] 名 自スル (文) 각필. 쓰기를 끝냄 ¶ ~に際して 각필에 즈음하여

がくふ [学府] 학부 ¶ 最高₍ₛₐᵢₖₒ₎~ 최고 학부

がくふ [岳父] (文) 악부, 장인

がくふ [楽譜] 악보 ¶ ~を読む 악보를 읽다

がくぶ [学部] 학부 ¶ 文~ 문학부

がくふう [学風] 학풍 ①학문상의 경향·태도 ¶ 実証的な~ 실증적 학풍 ②학교의 기풍, 교풍 ¶ 自由な~ 자유스러운 학풍

かくぶそう [核武装] 名 自スル (軍) 핵무장 ¶ ~禁止 핵무장 금지

がくぶち [額縁] ①액자 ¶ 写真を~に入れる 사진을 액자에 끼우다 ②문틀, 문광

かくぶつちち [格物致知] 격물 치지

かくぶん [確聞] 名 他スル (文) 확문. 확실히 들음 ¶ ~したところによると 확실히 들은 바에 의하면

かくぶんれつ [核分裂] 핵분열 ①(生) 세포핵 분열 ②(原) 원자핵 분열 ¶ ~物質 핵분열 물질 ¶ ~生成物 핵분열 생성물

かくへいき [核兵器] (軍) 핵병기, 핵무기

かくへき [隔壁] 격벽. 칸막이벽 ¶ 防火~ 방화 칸막이벽

かくべつ [格別] 形動 副 ①각별, 특별, 유별남 ¶ ~の御配慮 각별한 배려/ 今日の寒さは~だ 오늘 추위는 각별하다 ② …이면 몰라도, 예외로. 어쨌든(간에) ¶ いやなら~だが 싫다면 몰라도

かくほ [確保] 名 他スル 확보 ¶ 人員の~ 인원의 확보/ 権利を~する 권리를 확보하다

かくほう [確報] (文) 확보. 확실한 소식 ¶ ~を待つ 확보를 기다리다

かくぼう [角帽] ①각모. 사각 모자 ②(俗) 대학생 ¶ ~をかぶる 각모를 쓰다, 대학생이 되다

がくほう [学報] 학보 ①학술 보고, 학술 잡지 ②(대학 내의) 홍보 잡지·신문

がくぼう [学帽] 학모. 학생모 = 学生帽

がくぼく [学僕] 글방이나 스승의 집에서 일하면서 공부하는 사람

かくま・う [匿う] 他五 숨겨 주다, 은닉하다 ¶ 犯人を~ 범인을 숨겨 주다

かくまき [角巻] 담요로 만든 방한용 어깨걸이

かくまく [角膜] (医) 각막 ¶ ~炎 각막염

かくまで [斯く迄] 副 (文) 이렇게까지, 이토록 ¶ ~御厚意を賜り 이토록 후의를 받자와

かくミサイル [核ミサイル] (軍) 핵미사일

がくむ [学務] 학무 ¶ ~課 학무과

かくめい [革命] 혁명 ¶ フランス~ 프랑스 혁명/ ~というべき大発見 혁명이라고 할 만한 대발견 -的 ダナ 혁명적

がくめい [学名] 학명 ①(生) 라틴어로 된 생물명 ¶ 昆虫の~ 곤충의 학명 ②학자로서의 명성 ¶ ~があがる 학명을 떨치다

がくめん [額面] 액면 ①액자(의 표면) ②표면상의 의미 ③「額面価格」의 준말 -価格 (経) 액면 가격 ¶ 株式 (経) 액면 주식 -一通り ①(유가 증권이) 액면가대로 통용되는 것 ②액면 그대로, 표면상의 의미로 -発行 (経) 액면 발행 -割れ (経) (유가 증권의) 시장 가격이 액면가보다 떨어지는 일

かくも [斯くも] 副 이토록 ¶ ~盛大な歓迎会 이토록 성대한 환영회

がくもん [学問] 名 自スル 배움, 학식 ¶ ~する喜び 학문하는 기쁨 II 名 체계적인 지식 ¶ ~の進歩 학문의 진보 -的 ダナ 학문적

かくや [斯くや] 連語 (文) 이렇기도 할까, 이러랴

がくや [楽屋] ①(극장의) 분장실, 대기실 내막, 이면 ¶ 政界の~ 정계의 내막 -裏 ①무대 뒤, 그 내부 ②내막, 내부 사정 ¶ ~をあばく 내막을 폭로하다 -落ち ①(연극 등에서) 연기자끼리만 통하는 대사나 익살스런 말을 하는 일 ②자기들끼리만 알고 다른 사람은 모르는 일 -雀 ①연극통 ②어떤 방면의 내막에 밝은 사람 -話 내막 이야기

かくやく [確約] 名 他スル 확약

かくやす [格安] (품질에 비해) 아주 쌈 ¶ ~の品 매우 싼 물건

がくゆう [学友] 학우 ①같은 학교에서 배우는 친구 ¶ ~会 학우회 ②학문상의 친구

かくゆうごう [核融合] (原) 핵융합 ¶ ~反応 핵융합 반응 -炉 (原) 핵융합로

かくよう [各様] 名 각양. 각색 ¶ 各人~ 각인 각양

がくようひん [学用品] 학용품

かぐら [神楽] (芸) ①신에게 제사 지낼 때 연주하는 일본 고유의 무악 ②能·狂言 등의 장단을 맞추며 흥을 돋우는 반주

かくらん [霍乱] 곽란 ¶ 鬼の~ 도깨비의 곽란, 평소 튼튼하던 사람이 병에 걸림

かくらん [攪乱] 名 他スル 교란 ¶ 人心を~する 민심을 교란하다

かくり [隔離] 名 自他スル 격리 ¶ 患者を~する 환자를 격리하다

がくり [学理] 학리. 학문상의 이론·원리 ¶ ~的研究 학리적 연구

かくりたい [画離体] (天) 작자가 현실·대상과 거리를 두고 표현하는 문체

かくりつ [格率] (哲) 격률. 행위나 논리의 규준·준칙

かくりつ [確立] 名 自他スル 확립 ¶ 制度を~する 제도를 확립하다

かくりつ [確率] (数) 확률 ¶ 雨の降る~ 비가 올 확률/ ~が高い 확률이 높다

かくりょう [閣僚] 각료 ¶ ~会議 각료 회의

がくりょう [学寮] 학교 기숙사 ②(江戸) 시대] 절에서 학승이 수학하던 곳

かくりょく [核力] (物) 핵력

がくりょく [学力] 학력 ¶ 高等学校程度の~ 고등학교 정도의 학력

がくれい [学齢] [教] 학령 ①의무 교육을 받는 기간¶ ~児童 학령 아동 ②취학 연령¶ ~に達する 학령에 이르다

かくれが [隠れ家・隠れ処] 은신처¶ ~をつきとめる 은신처를 알아내다

がくれき [学歴] 학력¶ ~を問わない 학력을 불문하다 **—社会** 학력 편중 사회

かくれキリシタン [隠れキリシタン] 江戸 시대에 幕府의 금지령 때문에 숨어서 기독교를 믿었던 사람

かくれざと [隠れ里] ①은둔해서 사는 동네 ②세상과 격리된 별천지

かくれみの [隠れ蓑] ①입으면 모습이 보이지 않는다는 상상의 도롱이 ②실체를 숨기기 위한 수단·명목¶ 公共性を~にした利潤追求 공공성을 위장한 이윤 추구

かくれもない [隠れも無い] [連体] 널리 알려진, 주지의¶ ~事実 널리 알려진 사실

かく・れる [隠れる] [自下一] ①(모습을) 감추다, 가리다¶ 月が雲に~ 달이 구름에 가리다 ②숨다¶ 押し入れに~ 벽장에 숨다 ③숨어 살다¶ ~れた人材 숨은 인재 ④서거하시다¶ お~れになる 돌아가시다

かくれんぼう [隠れん坊] 숨바꼭질, 술래잡기

かぐろ・い [か黒い] [形] [文] 새까맣다, 검다¶ ~髪 새까만 머리

かくろう [客臘] [文] 객랍, 구랍, 작년 섣달

かくろう [閣老] 江戸 시대 老中의 딴이름

がくろく [岳麓] 산기슭, 산록

かくろん [各論] 각론 ⇔総論¶ ~で詳細に論ずる 각론에서 상세히 논하다

かぐわし・い [香しい・芳しい・馨しい] [形] [文] ①향기롭다¶ ~花の香り 향기로운 꽃향기 ②報답다¶ ~乙女 아름다운 처녀

がくわり [学割] 「学生割引」의 준말. 학생 할인¶ ~料金 학생 할인 요금

かくん [家訓] 가훈¶ 我が家の~ 우리 집 가훈

がくん [口] ①(갑자기 충격을 받아) 덜컹, 덜커덕¶ ~汽車がとまる 덜커덕 기차가 서다 ②(충격으로 꺾여서) 탁, 꽉¶ ひざが~する 무릎이 탁 꺾이다

かけ [鶏] 닭의 옛이름

かけ [欠け] ①이지러짐¶ 月の満ち~ 달이 차고 이지러짐 ②깨진 조각, 파편¶ 茶碗の~ 공기의 깨진 조각

かけ [掛け] ①「掛け売り・掛け買い」의 준말. 외상¶ ~で買う 외상으로 사다 ②외상 매출금¶ 「掛けそば・掛けうどん」의 준말 ④부금, 외상값¶ ~がたまる 외상값이 밀리다 ⑤에누리¶ ~をつける/ 衣紋に~ 옷걸이/窓に~ 커튼 ⑥[形式] …하려 중, …하는 중, 하다 만¶ 作り~ 만드는 중 / 飲み~のお茶 마시다 만 차 / 咲き~の花 막 피려고 하는 꽃

かけ [賭け] 내기, 도박, 모험¶ 碁の~ 내기 바둑 / ~に勝つ 내기에 이기다

かげ [陰·蔭·翳] ①그늘, 응달¶ ~干し 응달에서 말림 / 大木のつくる~ 큰 나무가 만

드는 그늘 ②보이지 않는 곳, 뒤¶ 車の~から人が飛び出す 자동차 뒤에서 사람이 뛰어나오다 ③뒷전, 이면, 배후¶ ~ながら応援しっする 뒤에서나마 응원하다 ④「お」의 꼴로) 은혜, 덕분, 덕택¶ お~で成功しました 덕택으로 성공했습니다
[慣用句]
**—で糸を引く** 배후에서 조종하다
**—になり日向になり** 음으로 양으로

かげ [影] ①그림자¶ ~を踏む 그림자를 밟다 ②(수면·거울에) 비친 모습, 영상¶ 鏡に写った~ 거울에 비친 모습 ③모습, 형체, 자취¶ 人~ 사람의 모습 / 見る~もない 옛자취를 찾아볼 수 없다 ④마음에 떠올리는 모습, 환영(幻影)¶ ~を慕う 모습을 그리워하다 ⑤어두운 그림자·분위기¶ 死~の 죽음의 그림자/ ~のある人 어두운 구석이 있는 사람 ⑥(해·달 등의) 빛¶ さえわたる月~ 밝게 비추는 달빛
[慣用句]
**—が薄い** ①존재가 희미하다 ②(쇠약해서) 생기가 없어 보이다
**—が差す** ①빛이 비치다 ②그림자·모습이 획 비추다 ③(좋지 않은) 조짐이 나타나다
**—の形に添うよう** 그림자처럼 붙어 다님
**—も形も無い** 그림자도 없다. 흔적도 없다
**—を潜める** 자취를 감추다

かげ [鹿毛] 사슴털빛 구렁말, (갈기·꼬리네 굽이 검은 색인) 다갈색 털의 말

がけ [崖] 벼랑, 낭떠러지, 절벽¶ 切り立った~ 깎아지른 듯한 낭떠러지

がけ [掛け] ①[形式] …하는 길 [참]¶ 出~に立ち寄る 외출하는 길에 들르다 ②[造語]《착용하는 물건 이름에 붙어》…바람, 차림¶ 浴衣~で出かける 유카타 바람으로 나가다 ③[造語] …인용, …이 앉을 수 있음¶ 三人~のいす 3인용 의자 ④[造語] (1부터 9까지의 수에 붙어) …할¶ 定価の八~で売る 정가의 8할로 팔다

かけあい [掛(け)合い] ①담판, 교섭, 홍정¶ ~に行く 담판하러 가다 ②서로 번갈아 함, 서로 경쟁해서 함¶ 漫才の~ 두 사람이 주고 받는 만담/ 技の~ 기술을 서로 겨룸

かけあ・う [掛(け)合う] Ⅰ [自五] 교섭하다, 담판하다, 홍정하다 Ⅱ [他五] 地主に~ 땅 주인과 교섭하다 Ⅱ [他五] 서로 퍼붓다, 주고받다, 번갈아 가며 하다¶ 水を~ 물을 서로 끼얹다

かけあし [駆け足] ①뛰어감, 구보 ②(체조 등에서) 일정한 속도로 달림 ③(마술에서) 말의 보통 속도의 구보 ④급하게 함, 빨리 함¶ ~で読む 빨리 읽다

かけあわ・せる [掛(け)合(わ)せる] [他下一] ①곱셈하다, 곱하다¶ 八と三を~ 8과 3을 곱하다 ②(동식물을) 교배시키다¶ 馬とろばを~ 말에 당나귀를 교배시키다

かけい [火刑] [文] 화형¶ ~に処せられる 화형에 처해지다

かけい [花茎] [植] 화경, 꽃줄기

**かけい【佳景】**(文) 가경, 좋은 경치¶白沙青松はくしょうの〜 백사 청송의 가경

**かけい【家兄】**(文) 가형, 자기의 형

**かけい【家系】** 가계, 가통= 家筋すじ¶由緒ゆいしょある〜 유서 있는 가계/〜をたどる 가계를 더듬어 올라가다

**かけい【家計】** 가계, 생계¶〜のやりくり 가계를 꾸림/〜を支ささえる 생계를 유지하다 ―調査ちょうさ 가계 조사 ―簿ぼ 가계부

**がけい【雅兄】**代(文)(편지 등에서) 아형

**かけうり【掛(け)売り】**名 他スル 외상 판매= 掛かけ⇔掛かけ買がい¶〜お断ことわり 외상 사절

**かげえ【影絵・影゛繪】**①그림자 놀이, 그림자 그림 ②실루에=シルエット

**かけえり【掛(け)襟】**①(일본옷의) 옷깃에 때가 타지 않도록 그 부분에 같은 천을 덧댄 것 ②(이불의) 덧깃

**かけおち【駆(け)落ち・゛驅(け)落ち】**名 自スル 사랑의 도피¶〜をする 사랑의 도피를 하다

**かけがい【掛(け)買い】**名 他スル 외상 매입

**かけがえ【掛(け)替え】** 여벌, 대체품¶〜を用意ようする 여벌을 준비하다

慣用句
―の無ない 다시 없다, 둘도 없다

**かけがね【掛(け)金】** 문고리, 걸쇠, 빗장¶〜をかける 문고리를 채우다

**かげき【過激】**ケ 과격 ―派は 과격파

**かげき【歌劇】**音 가극, 오페라= オペラ¶〜団だん 가극단 ―場じょう 가극장

**かけきん【掛(け)金】**①부금¶保険ほけんの〜 보험의 부금, 보험료 ②외상값¶〜を支払しはらう 외상값을 지불하다

**がけくずれ【゛崖崩れ】** 벼랑의 암석・토사 등이 무너져 내림, 사태¶〜が起おこる 사태가 일어나다

**かげぐち【陰口】** 뒤에서 하는 험담, 뒷공론= 陰言かげごと¶〜をたたく 뒷공론을 하다

**かけくらべ【駆(け)比べ・゛駈(け)競べ】**名 自スル 달음질, 달리기 경주= かけっこ¶兎うさぎと亀かめの〜 토끼와 거북이의 경주

**かけご【懸子・掛子・掛゛籠】** 다른 상자 전에 걸쳐서 그 안에 끼워 넣게 된 상자¶飯盒はんごうの〜 반합의 반찬 그릇

**かけごえ【掛(け)声】**①(사람을) 부르는 소리¶〜を掛ける (사람을) 부르는 소리를 지르다 ②(연극・경기에서) 격려[성원]하는 소리¶がんばれ〜がかかる 힘내라고 격려하는 소리가 나오다 ③(여럿이 같은 동작을 할 때) 장단을 맞추기 위해 지르는 소리¶よいしょよいしょ〜勇いましく 영차영차 장단 소리도 씩씩하게 ④(제안하는) 구호¶〜だけに終わおわる 구호만으로 그치다

**かけごと【゛賭け事】**(금품을 거는) 내기, 노름, 도박¶〜に凝こる 노름에 열중하다

**かげごと【陰言】** 뒤에서 하는 험담, 뒷공론= かげぐち¶〜をたたく 뒷공론을 하다

**かけことば【掛゛詞・懸゛詞】**表 동음 이의어를 이용하여 한 낱말에 둘 이상의 뜻을 갖게 하는 표현 방법

**かけこみ【駆(け)込み・゛駈(け)込み】**①뛰어듦¶〜乗車じょう 뛰어들어 타기 ②(놓치지 않게) 서두름¶〜で間まに合あった 서둘러서 시간에 간신히 댔다 ―訴訴そしょう(江戸시대에) 상급 관리에게 직소하던 일 ―寺てら (江戸 시대에) 남편과 헤어지기 위해 도망쳐 나온 여자를 보호하던 절

**かけこ・む【駆(け)込む・゛駈(け)込む】**自五 뛰어들다, 慌あわてて会場かいじょうに〜んだ 황급히 회장으로 뛰어들었다

**かけざん【掛(け)算】**数 곱셈⇔ 割わり算ざん

**かけじ【掛(け)字・懸(け)字】** 글씨를 쓴 족자

**かけじく【掛(け)軸】** 족자= 掛かけ物もの¶〜を掛かける 족자를 걸다

**かけす【懸゛巣】**動 어치= かしどり

**かけず【掛(け)図】** 괘도¶黒板こくばんに〜を掛かける 칠판에 괘도를 걸다

**かけすて【掛(け)捨て】**①(보험 등의) 부금 불입을 중도에 그만둠, 중도 해약 ②(만기 때) 적립금을 돌려받지 못하는 보험

**かけずりまわ・る【駆(け)ずり回る】**自五 이리저리 뛰어다니다, 동분서주하다¶資金しきんを集あつめに〜 자금을 모으려고 이리저리 뛰어다니다

**かげぜん【陰゛膳】** 집을 떠나 있는 가족이 무사하기를 빌며 매일 차려 놓는 밥상¶朝食ちょうしょく〜をすえる 객지에 나간 가족을 위해 조석으로 밥상을 차려 놓다

**かけそば【掛け〈蕎麦〉】** 메밀국수 장국= 掛かけ

**かけだおれ【駆(け)倒れ】**①외상값을 떼임 ②부금만 붓고 손해 봄 ③비용에 걸맞는 이익이 없음¶費用ひようの〜になった 비용만 들었지 이익이 없었다

**かけだし【駆(け)出し】**名 신출내기, 신참= 新米しんまい¶〜の記者きしゃ 신출내기 기자

**かけだ・す【駆(け)出す】**自五 ①뛰어나가다¶運動場うんどうじょうへ〜 운동장으로 뛰어나가다 ②뛰기[달리기] 시작하다¶慌あわてて〜 황급히 뛰기 시작하다

**かけちが・う【掛(け)違う】**Ⅰ自五 ①(길이) 엇갈리다¶〜って会あえない 서로 엇갈려 만나지 못하다 ②(의견 등이) 엇갈리다, 어긋나다¶前まえの話はなしと〜 먼저 한 말과 어긋나다 Ⅱ他五 잘못 걸다[끼다]¶ボタンを〜 단추를 잘못 끼다

**かけちゃや【掛(け)茶屋】** (길가의) 간이 찻집

**かけつ【可決】**名 他スル 가결⇔ 否決ひけつ¶満場まんじょう一致いっちで〜する 만장 일치로 가결하다

**かけつけ さんばい【駆(け)付け三杯】**連語 후래 삼배¶〜を飲のませる 후래 삼배를 먹이다

**かけつ・ける【駆(け)付ける】**自下一 ①목적지에 급히 달려오다[달려가다]¶現場げんばに〜 현장으로 달려가다

**かけっこ【駆けっこ】**口 달음박질, 뜀박질

**かけつなぎ とりひき【掛けつなぎ取引】**経 (가격 하락으로 인한 현물 손실을 피하기 위한) 연계 매매, 헤지 거래

**かけて**連語 ①〜에 맹세하여, 맹세코¶神

かける

に~うそは言わぬ 신에게 맹세코 거짓말은 하지 않는다 ②…을 걸고¶ 命ぃのに~ 목숨을 걸고 ③(「…に~〔へ~〕の 꼴로) 어제부터 오늘에 걸쳐서 ④(「…に~は」의 꼴로) …에 관해서〔대하여〕¶ 将棋しょうぎに~は右に出る者の がない 장기에 관해서는 능가할 사람이 없다
かけ どけい [掛(け)時計] 괘종, 벽시계
かけ とり [掛(け)取り] 외상값 수금(원)¶ ~ に回まる 외상값을 수금하러 다니다
かげ ながら [陰ながら] 副 멀리서나마, 마음으로나마¶ ~お祈いりいたします 멀리서나마 기원하고 있습니다
かけ なげ [掛(け)投げ] 相撲 한쪽 다리를 상대방 다리 안쪽에 걸고 넘어뜨리는 기술
かけ ぬ・ける [駆(け)抜ける] 自下一 달려서 빠져나가다, 달려서 앞지르다¶ 人込ひとごみの 中を~ 인파 속을 달려 빠져나가다
かけ ね [掛(け)値] 에누리 ①실제로 팔 값보다 비싸게 매긴 값¶ ~なしの値段ねだん 에누리없는 값 ②과장¶ ~のないところを言った 에누리 없이 말했다
かけ はし [掛(け)橋・懸(け)橋] ①(벼랑 등에 걸쳐놓은) 널다리 ②가교, 임시 다리 ③(文) 다리를 놓음, 중개¶ 日米にちべいの~になる 미일간의 교량 역할을 하다
かけ はな・れる [掛(け)離れる・懸(け)離れる] 自下一 (차이가) 현격하다, 동떨어지다¶ 庶民しょみんと~れた生活せいかつ 서민과 동떨어진 생활
かけ ひ [*筧・懸*樋] 물을 끌어대기 위해 지상에 걸쳐놓은 나무 홈통= かけい
かけ ひき [駆(け)引き] 名 自スル 홍정, 요령, (임기 응변의) 술수¶ 恋こいの~ 연애의 요령/ ~がうまい 흥정을 잘하다
かげ ひなた [陰日向] ①음지와 양지 ②(언행의) 표리¶ ~のない人 표리가 없는 사람 ③(「~になり・~になって」의 꼴로) 음으로 양으로¶ ~になってかばう 음으로 양으로 감싸다〔비호하다〕
かけ ぶとん [掛(け)布団・掛(け)*蒲団] 이불
かけ へだた・る [懸(け)隔たる] 自国 동떨어지다 ①멀리 떨어지다¶ 中央ちゅうおうから~った土地 중앙에서 멀리 떨어진 토지 ②큰 차이가 있다¶ 現実げんじつと理想りそうとはあまりにも~・っている 현실과 이상과는 너무나도 동떨어져 있다
かけ へだ・てる [懸(け)隔てる] 他下一 멀리 떨어지게 하다, (간격·차이 등을) 크게 하다
かけ べり [掛(け)減り] (저울에 달았을 때) 전보다 감량됨= 目へり
かげ べんけい [陰弁慶] 헷대 밑 사내. 집안에서만 큰소리 치고 밖에서는 꼼짝 못하는 사람 = 内うち弁慶
かげ ぼうし [影法師] (사람의) 그림자¶ 長い~が映う 긴 그림자가 비치다
かげ ぼし [陰干し・陰乾し] 名 他スル 그늘에서 말림 ⇔ 日干し¶ 濡ぬれた靴くつを~する 젖은 구두를 그늘에서 말리다

かけ ぼとけ [懸(け)仏] 佛 (둥근 동판이나 목판의) 걸게 불상
かげ ま [陰間] ①歌 (근세에) 아직 무대에 서지 못한 소년 배우 ②[江戸]시대의 어린 남창
かげ まつり [陰祭(り)] 神社じんじゃ에서 정기 제례가 없는 해의 간소한 제례
かけ まわ・る [駆(け)回る] 自五 ①(여기저기) 뛰어다니다¶ グラウンドを~ 운동장을 뛰어다니다 ②분주하게 돌아다니다, 동분서주하다¶ 借金しゃっきんに~ 돈을 꾸려고 동분서주하다
かげ み [影身] (그림자처럼) 잠시도 떨어지지 않음, 그런 사람¶ ~離はなれず世話せわする 그림자처럼 떨어지지 않고 돌봐 주다
かげ むしゃ [影武者] ①(적을 속이기 위해) 대장으로 가장한 무사 ②배후 조종사, 막후 인물
かけ め [欠(け)目] ①(홈이 저) 불완전한 부분, 홈¶ 湯飲ゆのみの~ 찻잔의 홈 ②모자란 근수 ③(바둑에서) 옥집, 잘래집
かけ め [掛(け)目] ①(저울에 단) 무게, 근수 ②생사 1kg을 뽑는 데 드는 고치값
かけ めぐ・る [駆(け)巡る] 自五 (여기저기) 뛰어다니다¶ 山野さんやを~ 산야를 뛰어다니다
かけ もち [掛(け)持ち] 겸임, 겸직¶ 二校にこうで教ちる 두 학교에 겸임해서 가르치다
かけ もの [掛(け)物] ①족자= 掛かけ軸じく ②설탕을 바른 마른 과자 ③(모포·이불 등) 덮는 것
かけ もの [*賭(け)物・懸(け)物] 내기·놀이에 거는 금품
かけ や [掛(け)矢] 단단하고 큰 나무메
かけ よ・る [駆(け)寄る] 自五 (가까이) 달려오다, 달려가다¶ 母ははのそばへ~ 어머니 곁으로 달려가다
かけ ら [欠けら・欠*片] ①깨진 조각, 파편¶ ガラスの~ 유리 파편 ②(比) 극히 작은 것¶ ~ほども反省はんせいの色いろがない 손톱만큼도 반성의 빛이 없다
慣用句
—も無ない (「…の~」의 꼴로) 조금의 …도 없다¶ 愛情あいじょうの~ 손톱만큼의 애정도 없다
かげり [陰り・*翳り] (해가 기울어) 어스레해짐 ②(표정·전망의) 그늘짐, 어두운 분위기¶ ~が見える 경기에 어두운 면이 보이다
かけ・る [*翔る] 自五 (하늘 높이) 날다, 비상하다¶ 空そらを~鳥とり 하늘을 나는 새
か・ける [欠ける] 自下一 ①(일부분이) 깨져 떨어지다, 귀떨어지다, 홈이 나다¶ 歯はが~ 이가 빠지다 ②(해·달 등이) 이지러지다¶ 月つきが~ 달이 이지러지다 ③(있어야 할 것이) 빠지다, 결여되다¶ メンバーが一人ひとり~ 구성원이 한 명 빠지다 ④(수량·정도가) 모자라다, 부족하다¶ 目方めかたが~ 근량이 모자라다 / 一貫性いっかんせいが~ 일관성이 부족하다
か・ける [駆ける・駈ける] 自下一 달리다, 질주하다¶ 精せいいっぱい~ 힘껏 달리다/ 野のを~馬うま 들판을 달리는 말
か・ける [掛ける] 他下一 ①(높은 곳에) 달다, 것다¶ 鳥とりがこずえに巣すを~ 새가 우듬지에 둥지를 틀다 ②(고정시켜) 드리우다, 달

かける

다, 걸다¶ 掛軸을 ~ 족자를 걸다/ 表札을 ~ 표찰을 달다 ③(불 위에) 올려 놓다¶ やかんを火に~ 주전자를 불에 올려 놓다 ④(저울에) 달다¶ はかりに~ 저울에 달다 ⑤기대다. 얹다. 앉다¶ いすに腰を~ 의자에 앉다 ⑥뿌리다. 끼얹다. 치다¶ 香水を~ 향수를 뿌리다 ⑦입히다. 씌우다. 덮다¶ 床にワックスを~ 마루에 왁스칠을 하다/ ふとんを~ 이불을 덮다 ⑧감다. 두르다. 묶다¶ たすきを~ 어깨띠를 두르다 ⑨|懸ける|(희망 등을) 걸다¶ 息子に期待を~ 자식에게 기대를 걸다 ⑩의지하다. (특히 의사에게) 보이다¶ 医者に~ 의사에게 보이다 ⑪(회의 등에) 부치다. 회부하다. 상정하다¶ 案件을 会議に~ 안건을 회의에 상정하다 ⑫(기계·도구로) 처리하다¶ 資料를 コンピューターに~ 자료를 컴퓨터로 처리하다 ⑬(기계를) 작동시키다. 틀다. 걸다¶ エンジンを~ 엔진을 걸다 ⑭(자물쇠 등을) 잠그다. 채우다¶ 戸にかぎを~ 문에 자물쇠를 잠그다 ⑮|懸ける|(마음·감각을) 포착하다. 받아들이다¶ 思いを~ 애정을 품다/ 気を~ 걱정하다 ⑯(작용 등을) 미치다. 걸다¶ ズボンにアイロンを~ 바지를 다림질하다/ 魔法を~ 마술을 걸다 ⑰(폐·걱정 등을) 끼치다¶ 隣人に迷惑を~ 이웃에게 폐를 끼치다 ⑱(힘 등을) 가하다¶ プレッシャーを~ 압력을 가하다 ⑲(노력·시간 등을) 들이다. 쓰다¶ 人手を~ ·けて作る 품을 들여 만들다 ⑳죽이다. 살상하다. 처치하다¶ 刃に~ 칼로 죽이다 ㉑(동물 등을) 잡다¶ ウサギを~ 토끼를 덫으로 잡다 ㉒(함정에) 빠뜨리다¶ 計略に~ 계략에 빠뜨리다 ㉓|懸ける|(득실·성패를) 걸다¶ 命を~ ·けた恋だ 목숨을 건 사랑이다 ㉔|懸ける|(돈을) 치르다. 들다. 걸다¶ 手付けの金を~ 계약금을 치르다/ 保険に~ 보험에 들다 ㉕(양쪽에) 걸쳐서 하다. 겸하다¶ 二校を~ ·けて受験する 두 학교에 걸쳐 수험을 치르다 ㉖교미시키다¶ ヒョウとライオンを~ 표범과 사자를 교미시키다 ㉗곱하다. 곱셈하다¶ 5に4を~ と20になる 5에 4를 곱하면 20이 된다 ㉘(「~から~にかけて」의 꼴로))~에서 ~에 걸쳐¶ 晩秋から初冬に~ ·けて降る雨 늦가을에서 초겨울에 걸쳐 오는 비 ㉙(무대에) 올리다¶ 舞台に~ 무대에 올리다 ㉚(음반 등을) 틀다¶ ベートーベンの「運命」を~ 베토벤의 「운명」을 틀다 ㉛|架ける|(한쪽에서 다른 쪽으로) 걸치다. 놓다. 가설하다¶ 橋を~ 다리를 놓다 ㉜(補助)(앞 동사의 동작에 작용을) 미치다. 걸다. 주다¶ 語りかけ~ 말을 걸다/ おどし~ 위협하다 ㉝(補助)~하기 시작하다. ~하고 있다¶ 観客が席を立ち~ 관객이 자리를 뜨기 시작하다 ㉞(補助) ~할 뻔하다¶ 忘れ~ 잊을 뻔하다
か·ける【係ける·掛ける】他下一 ①(다른 어구와) 결부시키다¶ 修飾語を後続の名詞に~ 수식어를 후속 명사에 결부시키다 ②(동음 이의어를) 엇걸리게 하다¶ 秋と飽きを~ 秋와 飽きを 엇걸리게 하다 ③(「~に~·けては」의 꼴로)~에 있어서는~인 점에서는¶ 古典芸能に~ ·けては大変な権威だ 고전 예능에 있어서 대단한 권위자다
か·ける【賭ける】他下一 걸다 ①(내기에 돈 등을) 지르다¶ 競馬にお金を~ 경마에 돈을 걸다 ②그것을 잃을 각오로 하다¶ 命を~ ·けた恋 목숨을 건 사랑
かげ·る【陰る·翳る】自五 ①(빛을 가려) 어두워지다. 그늘지다¶ ~·った道さ 늘진 길 ②(해가 기울어) 어두워지다¶ 冬は早く日が~ 겨울은 해가 빨리 기운다 ③표정이 어두워지다. 상태가 좋지 않게 되다¶ 表情が~ 표정이 흐려지다
かげろう【陽炎】 아지랑이¶ ~が立つ 아지랑이가 아른거리다
かげろう【蜉蝣】·〈蜻蛉〉 ①[動] 하루살이 ②[比] 덧없음¶ ~の命 덧없는 목숨 ③잠자리의 옛이름
かけわた·す【掛(け)渡す】他五 ①건너지르다. 걸치다¶ ロープを~ 로프를 건너지르다/ 橋を~ 다리를 놓다 ②온통 걸치다
かけん【家憲】 가헌. 가법. 한 집안의 법도
かげん【下弦】[天] 하현¶ ~の月 하현 달
かげん【下限】 하한 ⇔ 上限¶ 相場の~ 시세의 하한
かげん【加減】 I 名 (ス) 가감 ①더하기와 빼기 ②조절함¶ 味の~が難しい 맛의 조절이 어렵다 II 名 ①상태. 형편. 건강 상태¶ ふろの~を見る 목욕물의 온도가 알맞은 지를 보다 ②[造語] 정도. 상태¶ 働きの~ 활동 상태/ 傷の治り~ 상처의 치유 정도 ③[造語] 꼭 알맞은 정도¶ 飲みの~の熱さのお茶 마시기 알맞게 더운 차 ④[造語] 좀 ~한 듯함¶ [잠음]~ ほろ酔い~ 좀 거나하게 취한 듯함/ うつむき~に歩く 고개를 약간 숙인 자세로 걸어가다 ━乗除 가감승제
かげん【嘉言】(文) 가언. (교훈이 될) 좋은 말
かげん【寡言】 名(文) 과언. 과묵¶ 寡黙¶ ~な人 과묵한 사람
がけん【我見】(文) ①아견. 자기만의 편협한 생각 ②[佛] 아집. 아 = 我執
がげん【雅言】 아언. 아어 = 雅語
かげんてき【仮言的】 ㊀[論] 가언적¶ ~三段論法 가언적 삼단 논법
かこ【水夫】(文) 수부. 뱃사람. 선원
かこ【過去】 ①지난날. 옛날¶ ~の記憶 과거의 기억/ (알리고 싶지 않은) 전력¶ ~は問わない 과거는 묻지 않는다 ③[佛] 전세. 전생 ④[文法] 과거 시제 ━完了 [文法] 과거 완료 ━七仏 [佛] 과거 칠불 ━帳 과거장. (절의) 점귀부 = 鬼籍

かこ【駕籠】 가마¶ ~をかつぐ 가마를 메다
慣用句
━に乗る人と担ぐ人とそのまた草鞋を作る

**る人**가마를 타는 사람 그것을 메는 사람 또 그 가마꾼의 짚신을 만드는 사람

**かご**[*籠] 바구니 ¶ 鳥~ 새장/ ゆり~ 요람/ ~を編む 바구니를 엮다

**かご**[加護] 名他スル 가호 ¶ 神の~を祈る 신의 가호를 빌다

**かご**[華語] 화어. 중국어

**かご**[*訛語] 文 와어. 사투리

**かご**[過誤] 文 과오 ¶ ~をおかす 과오를 범하다

**かご**[歌語] 시가·和歌에 쓰이는 특수한 말

**がご**[雅語] 아어. 우아하고 세련된 말. 平安시대까지의 정통적인 大和말

**かこい**[囲い] ①에워쌈 ¶ ~をする 에워싸다 ②에워싼 것. 울타리. 담 ¶ 畑に~をする 밭에 울타리를 치다 ③저장 ¶ ~米 저장미. 비축미 / ~を築く 저장할 수 있다 ④(집안에 마련한) 다실 ⑤딴살림을 차려 준 첩

**かこい こみ**[囲い込み] ①둘러쌈. 에워쌈 ②史 영주·지주 등이 개방된 농지를 울타리 등으로 둘러쳐 농민을 내몰았던 일

**かこい もの**[囲い者] 딴살림을 차려 준 첩

**かこ・う**[囲う] 他五 ①에워싸다. 둘러싸다 ¶ 庭を垣根で~ 마당을 울타리로 둘러싸다 ②숨겨 두다 ¶ 犯人を~ 범인을 숨겨 두다 ③첩을 두다 ¶ 女を~ 첩을 두다 ④저장하다 ¶ 野菜を~ 채소를 저장하다

**かこう**[下降] 名自スル 하강 ¶ ~気流 하강 기류/ ~線をたどる 하강선을 걷다

**かこう**[火口] ①地 (화산의) 분화구 ②(보일러 등의) 아궁이 —丘 地 화구구 —原 地 화구원 —湖 地 화구호

**かこう**[加工] 名他スル 가공 ¶ 委託加工/ ~業 위탁 가공업 —貿易 經 가공 무역

**かこう**[仮構] 名他スル 허구 = 虚構 ¶ ~の世界 허구의 세계

**かこう**[花梗] [植] 화경. 꽃자루 = 花柄

**かこう**[佳肴·嘉肴] 名 가효. 맛있는 요리 [안주] ¶ 珍味~ 진미 가효

**かこう**[河口] 하구. 강어귀 = 川口

**かこう**[河港] 하항. 강어귀 등에 있는 항구

**かこう**[華甲] 文 화갑. 회갑. 환갑

**かこう**[歌稿] 가고. 노래의 원고

**かごう**[化合] 名自スル 化 화합 —物 化 화합물 —物半導体 電 화합물 반도체

**かごう**[加号] 數 덧셈 기호. 플러스 「+」

**がこう**[画工] (직업적인) 화공 = 絵かき

**がこう**[画稿] 초벌 그림. 밑그림. 인쇄용 그림 원고

**がごう**[雅号] 아호. (화가·서예가 등의) 호

**かこうがん**[花*崗岩] 地 화강암

**かこうそう**[*鵝口瘡] 醫 아구창

**かごかき**[駕籠*舁(き)] 가마꾼. 교군

**かこく**[*苛酷] ナ 가혹 ¶ ~な刑罰/ ~な労働 가혹한 노동

**かこく**[過酷] ナ 과혹. 지나치게 가혹함 ¶ ~な条件 가혹한 조건

청 소재지는 鹿児島市

**かこ・つ**[*託つ] 他五 文 한탄하다. 불평하다 ¶ 不遇を~ 불우함을 한탄하다

**かこ つ・ける**[*託ける] 他下一 구실삼다. 핑계삼다. 빙자하다 = ことよせる ¶ 用事に~・けて遊びに行く 용무를 핑계삼아 놀러 가다

**かこ ぬけ**[*籠脱け] ①긴 대바구니를 빠져나가는 곡예 ②「籠脱け詐欺」의 준말 —詐欺 건물 등에서 관계자인 양 가장하여 금품을 받아쥐고 뒷문으로 빠져 도망치는 사기

**かごのとり**[*籠の鳥] ①새장에 갇힌 새 ②자유를 속박당한 몸. (특히) 창녀

**かこみ**[囲み] ①에워쌈. 에워싼 것 ¶ 丸太で~を作る 통나무로 울타리를 만들다 ②(적의 주위를) 포위함. 포위 ¶ ~を解く 포위를 풀다 ③둘레. 주위 ④「囲み記事」의 준말

**かこみきじ**[囲み記事] (신문·잡지 등의) 박스 기사

**かこ・む**[囲む] 他五 ①둘러싸다. 에워싸다. 포위하다 ¶ 該当項目を丸で~ 해당 항목에 동그라미를 치다 ②(바둑·마작 등을) 두다. 대국하다 ¶ 一局~ 한 판 두다

**かごめ**[*籠目] ①바구니의 엮어 짠 눈 ②바구니를 엮어 짠 것 같은 무늬

**かごめかごめ** 눈을 가리고 쭈그린 술래 주위를 여럿이 손을 잡고 노래부르며 돌다가 멈춰섰을 때 술래가 등 뒤 사람을 알아맞히는 아이들 놀이

**かこん**[禍根] 화근 ¶ ~を残す 화근을 남기다

**かごん**[過言] 과언. 지나친 말 ¶ 世界一と言っても~ではない 세계 제일이라고 말해도 과언은 아니다

**かさ**[*笠] ①삿갓 ¶ ~をかぶる 삿갓을 쓰다 ②갓모양의 것 ¶ 電灯の~ 전등의 갓

慣用句
—に着る 남의 권세·세력을 믿고 뻐기다
—の台が飛ぶ ①목이 잘리다 ②면직되다

**かさ**[傘] 우산. 양산 ¶ ~をさす 우산을 받다

**かさ**[*嵩] 크기. 부피. 분량 ¶ 荷物の~ 짐의 부피/ ~が張る 부피가 커지다

慣用句
—に懸かる ①기세 등등하게 공격하다 ②위압적으로 나오다

**かさ**[*暈] 氣 (해·달의) 무리 ¶ 月の~ 달무리

**かさ**[*瘡] ①종기. 부스럼 ②「梅毒」의 속칭. 창병. 매독 ¶ ~かき 매독 환자

**かさあげ**[*嵩上げ] 名他スル ①(제방 등을) 더 높임 ¶ 堤防の~工事 제방을 높이는 공사 ②(금액 등을) 늘림. 인상 ¶ 料金の~ 요금 인상

**かざあし**[風脚·風足] 풍속. 바람의 속도

**かざあな**[風穴] ①바람 구멍. 障子문 등의 바람 구멍 ②환기통. 통풍구 ③풍혈. 산허리 등에 있는 깊은 동굴 = ふうけつ

**かさい**[火災] 화재 ¶ ~予防 화재 예방 —報知機 화재 경보기 —保険 화재 보험

**かさい**[花菜] 꽃 부분을 먹는 채소

かさい【果菜】①(文) 과채. 과일과 채소 ②[農] 과채류, 열매를 먹는 채소¶〜類 과채류
かさい【家裁】 가정 법원
かさい【歌才】 和歌를 짓는 재능
かさい【家財】 가재 ①살림살이¶〜道具 가재 도구 ②가산(家産)¶〜をつかい果たす 가산을 탕진하다
がさい【画才】 화재. 그림 그리는 재능
がざい【画材】 ①화재. 그림의 소재 ②화구(畫具). 그림 재료¶〜屋 화구상
かさいがん【火砕岩】[地] 화쇄암
かさいきゅう【火砕丘】[地] 화쇄구
かさいりゅう【火砕流】[地] 「火山 砕屑流」의 준말. 화쇄류. 화산쇄설류
かざおれ【風折れ】 (나무 등이) 바람에 꺾임
かさかき【瘡掻き】[俗] 창병[매독] 환자
かさかさ Ⅰ [副][自スル] ①바삭바삭, 바스락바스락¶枯れ葉が〜と鳴る 마른 잎이 바스락거리다 ②계칠계칠¶〜した髪 꺼칠한 머리카락 Ⅱ [ナ] ①메말라 까칠함. 顔が〜になる 얼굴이 까칠해지다 ②짐 등을 대강[엉성하게] 꾸린 모양¶〜の小包 엉성하게 꾸린 소포
がさがさ [副][自スル] ①바스락바스락, 부스럭부스럭¶虫が箱の中を〜と動く 벌레가 상자 속에서 부스럭부스럭 움직이다 ②성격이 차분하지 못하고 거친 모양¶〜した性格 거슬거슬한 성격 Ⅱ [ナ] ①꺼칠꺼칠. 〜の手 꺼칠꺼칠한 손 ②매우 엉성함¶〜に包んである 매우 엉성하게 포장되어 있다
かざかみ【風上】 바람이 불어오는 쪽 ⇔ 風下
[慣用句]
——にも置けぬ 성품·행동이 몹시 비열한 사람을 욕하는 말
かさぎ【笠木】[建] 神社의 鳥居·문·난간 등의 위에 대는 가로대 = 冠木
かざきり【風切り】①(배 위의) 풍향 깃발 ②[動](새의) 칼깃 ③너새기와, 합각머리의 양쪽으로 용마루에서 처마까지 덮은 암키와
かさく【仮作】[名][他スル] 가작 ①임시로 만듦. 임시작 ②꾸며냄, 허구 = 虚構¶〜物語 허구의 이야기
かさく【佳作】 가작 ①우수한 작품 ②(응모 작품 중) 입상작 다음으로 좋은 작품¶選外〜 선외 가작
かさく【家作】 ①집을 지음 ②셋집으로 지은 집. 셋집 = 貸家¶〜持ち 셋집 소유주
かさく【寡作】[名][スル][文] 과작¶多作に対し〜な作家 과작하는 작가
かさぐも【笠雲】[氣] (높은 산의) 삿갓구름
かざぐるま【風車】 ①풍차 ②바람개비
かさけ【瘡気】 창기, 매독 기미, 매독의 징후
かざけ【風邪気】 감기 기운 = かぜけ¶〜で熱がある 감기 기운으로 열이 있다
かさご【笠子】 쑥벵이
かざごえ【風邪声】 감기 든 목소리, 코멘 소리
かさこそ [副] 바스락바스락, 버석버석¶落ち葉が〜と鳴る 낙엽이 바스락거리다
かささぎ【鵲】[動] 까치

かささぎのはし【鵲の橋】[連語] 오작교
かざし【挿頭】 옛날에 관(冠)이나 머리에 꽂아 장식하던 꽃·조화
かざしも【風下】 바람이 불어가는 쪽 ⇔ 風上
[慣用句]
——に立つ 남의 영향 하에 있다, 열세에 놓이다
かざ・す【翳す】[他五] ①(손·물건을 올려) 빛을 가리다¶小手を〜 손으로 햇빛을 가리다 ②쬐다, 대다, 받치다¶ストーブに手を〜 난로에 손을 쬐다 ③(손에 든 것을) 높이 쳐들다¶灯火を〜 등불을 높이 쳐들다
かざ・す【挿頭す】[他四][古] ①(꽃·가지 등을) 관(冠)이나 머리에 꽂다 ②위에 장식하다
かさだか【嵩高】[ナ] ①(무게에 비해) 부피가 큼¶〜な荷 부피가 큰 짐 ②거만함, 고압적으로 굶¶〜な言い方 고압적인 말투
がさつ [ナ] (언행이) 거칠고 막됨, 데퉁스러운 사람¶〜な人 데퉁스러운 사람
がさつ・く [自五] ①바스락거리다¶紙袋が〜 종이 봉지가 바스락거리다 ②(동작·태도가) 수선거리다, 덜렁거리다¶〜·いた人 수선스러운 사람 ③윤기가 없어지다, 꺼칠해지다¶肌が〜 살결이 꺼칠해지다
かさな・る【重なる】[自五] 겹치다 ①포개지다¶松の幹が〜 소나무 줄기가 포개지다 ②(일이) 거듭되다¶災難が〜 재난이 거듭되다 ③(둘 이상의 사물이) 동시에 겹치다¶祝日が日曜日と〜 경축일이 일요일과 겹치다
かさね【重ね】①겹침, 겹친 것 ②[襲] 옛날에 袍 밑에 받쳐 입던 옷 ③겉옷과 속옷이 갖추어진 옷 ④옷을 껴입음 ⑤[助數] 포개진 것을 세는 말¶重箱二〜 찬합 두 틀
かさねあわせのげんり【重ね合わせの原理】[物] 중합 원리
かさねがさね【重ね重ね】[副] 거듭거듭 ①여러 번, 잇따라, 자주¶〜のお喜び 거듭되는 기쁨 ②부디, 제발¶〜おわびします 거듭 사과드립니다
かさねぎ【重ね着】[名][自スル] 옷을 여러 겹 껴입음
かさねことば【重ね詞】 ①첩어, 강조하기 위해 같은 말을 되풀이하여 쓴 것 ②같은 음의 단어를 연이어 쓰는 말놀이
かさねて【重ねて】[副] 거듭, 재차 = 再び¶〜お願いいたします 거듭 부탁드립니다
かさねもち【重ね餅】(口) ①(신불에게 바치는) 크고 작은 두 개를 포갠 떡 = かがみもち ②[相撲] 서로 맞붙은 채로 포개어서 넘어짐
かさ・ねる【重ねる】[他下一] ①겹치다, 포개다¶布団を〜 이불을 포개다 / セーターを〜·ねて着る 스웨터를 겹쳐 입다 ②되풀이하다, 거듭하다¶回を〜 회를 거듭하다 / 練習に練習を〜 연습에 연습을 되풀이하다 ③(《시간을 나타내는 말을 받아서》) 오랜 시간을 보내다¶無為に日を〜 허송세월하다
かざばな【風花】①(개인 날에) 바람이 불기 시작하며 가랑눈이 오는 일 ②(눈쌓인 쪽에서) 바람에 날려 오는 눈

**かさば·る** [×嵩張る] [自五] (무게에 비해) 부피가 커지다 ¶荷物<sub>にが</sub>~ 짐의 부피가 커지다

**かさぶた** [×瘡蓋·×痂] 부스럼 딱지 ¶~がとれる 부스럼 딱지가 떨어지다

**かさまち** [風待ち] [自スル] (출항하려고) 순풍을 기다림 = かぜまち ¶港<sub>みなと</sub>で~する 항구에서 순풍을 기다리다

**かさまつ** [傘松·×笠松] 가지가 벌어져 우산처럼 된 소나무

**かざまど** [風窓] ①(가옥의) 통풍창 ②(천정·마루 밑 등의) 바람 구멍, 통풍구

**かざみ** [風見] 풍향계 = かざきり ¶一鶏<sub>どり</sub> ①수탉 모양의 풍향계 ②[比] 항상 유리한 쪽에 붙으려고 하는 사람 ¶政界<sub>せいかい</sub>の~ 정계의 해바라기족

**がざみ** [〈蝤蛑〉] [動] 꽃게 = わたりがに

**かさ·む** [×嵩む] [自五] ①(부피·분량이) 커지다, 많아지다 ¶荷物<sub>にもつ</sub>が~ 짐의 부피가 커지다/仕事<sub>しごと</sub>が~ 일이 많아지다 ②(금액이) 많아지다, 늘다 ¶経費<sub>けいひ</sub>が~ 경비가 늘다

**かざむき** [風向き] ①풍향, (되어가는) 형세, 형편, 추세 ¶~が変わりうる交渉<sub>こうしょう</sub>が難航する 형세가 바뀌어 교섭이 난항하다 ¶(사람의) 기분, 심기 ▷「かぜむき」라고도 함

[慣用句]
**一が悪<sub>わる</sub>い** ①형세가 불리하다 ②기분이 언짢다

**かざよけ** [風除け] 바람막이 = かぜよけ

**かざり** [飾り] ①장식, 장식품 ¶燃<sub>も</sub>えにレースの~をつける 옷깃에 레이스 장식을 달다 ②겉치레, 꾸밈, 허식 ¶単<sub>たん</sub>なる~にすぎない 단지 겉치레에 불과하다 ③「注連飾<sub>しめかざり</sub>·松飾<sub>まつかざり</sub>」의 준말 ④[比] 장식품, 허울뿐인 것 ¶会長<sub>かいちょう</sub>といっても~だ 회장이라고 하지만 허울뿐이다

**かざりけ** [飾り気] 자신을 꾸며 남에게 잘 보이려는 마음, 겉치레 ¶~のない態度<sub>たいど</sub> 꾸밈 없는 태도

**かざりしよく** [飾り職·×錺職] 금속 장식품 세공업(자), 은장이

**かざり·たてる** [飾(り)立てる] [他下一] 화려하게 꾸미다, 요란하게 장식하다 ¶バスの外装<sub>がいそう</sub>を~ 버스의 외장을 요란하게 꾸미다

**かざりだな** [飾り棚] ①(응접실의) 장식장 ②(가게의) 진열장

**かざりつけ** [飾(り)付け] 장식하기, 장식 ¶ショーウインドーの~ 쇼윈도의 장식/会場<sub>かいじょう</sub>の~をする 회장을 장식하다

**かざりつ·ける** [飾(り)付ける] [他下一] ①장식하다, 꾸며 놓다 ¶門松<sub>かどまつ</sub>を~ (정월에) 문앞에 세우는 소나무를 장식하다 ②(전시품 등을) 보기좋게 진열하다 ¶商品<sub>しょうひん</sub>を~ 상품을 보기좋게 진열하다

**かざりまど** [飾り窓] 진열창, 쇼윈도

**かざりもの** [飾り物] ①장식품 ②설 장식물 = お飾<sub>かざ</sub>り ¶허울뿐이고 실속이 없는 것 [사람] ¶~の社長<sub>しゃちょう</sub> 명색뿐인 사장

**かざ·る** [飾る] [他五] 장식하다 ①꾸미다, 치장하다 ¶窓辺<sub>まどべ</sub>を花<sub>はな</sub>で~ 창가를 꽃으로 장식하다/身<sub>み</sub>なりを~ 몸치장을 하다 ②빛나

다, 영광되게 하다 ¶最後<sub>さいご</sub>を~ 마지막을 장식하다 ③(좋게 보이도록) 늘어놓다, 차리다 ¶うわべを~ 겉을 꾸미다/棚<sub>たな</sub>に品物<sub>しなもの</sub>を~ 선반에 물건을 늘어놓다

**かさん** [加算] I [名][他スル] 가산, 합산 ⇔ 減算<sub>げんさん</sub> ¶利子<sub>りし</sub>を~する 이자를 가산하다 II [名] 덧셈 = 加法<sub>かほう</sub>

**かさん** [加×餐] [名][文] 몸조심, 양생, 섭생 ¶御<sub>ご</sub>~下<sub>くだ</sub>さい 몸조심하시기 바랍니다

**かさん** [家産] 가산, 가재 = 家財<sub>かざい</sub> ¶~を傾<sub>かたむ</sub>ける 가산을 탕진하다

**かざん** [火山] 活<sub>かっ</sub>~ 활화산/死<sub>し</sub>~ 사화산 **一岩**<sub>がん</sub> [地] 화산암 **一岩尖**<sub>がんせん</sub> [地] 용암 첨탑 **一砕物**<sub>さいぶつ</sub> [地] 화산 쇄설물 **一帯**<sub>たい</sub> [地] 화산대 **一灰**<sub>はい</sub> [地] 화산재

**がさん** [画賛·画讚] 화찬, 그림의 여백에 곁들인 글

**かさんかすいそ** [過酸化水素] [化] 과산화수소

**かし** [河岸] ①하안, (배를 대는) 강가 ¶荷物<sub>にもつ</sub>を~に揚<sub>あ</sub>げる 짐을 강가에 부리다 ②(강가의) 시장, 어시장 ¶魚<sub>うお</sub>~ 강가의 어시장 ③(어떤 일을 하는) 장소

[慣用句]
**一を変**<sub>か</sub>える 장소를 바꾸다, 자리를 옮기다

**かし** [×樫·×橿] [植] 떡갈나무 = オーク

**かし** [貸し] ①빚, 빚으로 준 금품 ¶君<sub>きみ</sub>には十万円<sub>じゅうまんえん</sub>の~がある 자네에겐 10만 엔의 빚이 있다 ②(남에게 베푼) 은혜 ¶彼<sub>かれ</sub>には~がある 그에게는 베푼 은혜가 있다 ③「貸<sub>か</sub>し方<sub>かた</sub>」의 준말. 대변 ▷①~③ ⇔ 借<sub>か</sub>り

**かし** [下肢] [文] 하지, 다리 ⇔ 上肢<sub>じょうし</sub> ¶~切断<sub>せつだん</sub>の重傷<sub>じゅうしょう</sub> 하지 절단의 중상

**かし** [下賜] [名][文] 하사품 ¶ご~品<sub>ひん</sub> 하사품

**かし** [可視] [名] 가시, 눈에 보임 ¶~光線<sub>こうせん</sub> 가시 광선 **一化**<sub>か</sub> [名][他スル] 가시화 **一光**<sub>こう</sub> [物] 가시 광선

**かし** [仮死] [医] 가사 ¶~状態<sub>じょうたい</sub> 가사 상태

**かし** [菓子] 과자 ¶洋<sub>よう</sub>~ 양과자/和<sub>わ</sub>~ 일본 과자/~屋<sub>や</sub> 과자점 **一折**<sub>おり</sub> 과자 상자 **―パン** 팥소나 크림을 넣은 빵 **―盆**<sub>ぼん</sub> 과자 쟁반

**かし** [×瑕×疵] [文] ①흠, 결점 ¶~の―もない 추호의 하자도 없다 ②[法] 법률상 어떠한 결함·결점이 있는 것 ¶売買<sub>ばいばい</sub>の目的物<sub>もくてきぶつ</sub>の~ 매매 목적물의 하자

**かし** [歌詞] (가곡·가요곡 등의) 가사 ¶~を作<sub>つく</sub>る 작사하다

**カし** [カ氏] [物] 화씨 ¶~温度計<sub>おんどけい</sub> 화씨 온도계 ▷「華氏」라고도 썼음

**かじ** [×梶] [植] 꾸지나무

**かじ** [×梶] [文] ①「楫」(배의) 노, 삿대 ¶~をこぐ 노를 젓다「梶棒<sub>かじぼう</sub>」의 준말. (수레의) 채 ③「×舵」(배의) 키 ¶~とり 키잡이 ④「×舵」(비행기의) 조종간, 방향타

[慣用句]
**一を取**<sub>と</sub>る ①키를 잡다 ②이끌어 나가다

**かじ** [鍛冶] 대장일, 대장장이 ¶~屋<sub>や</sub> 대장간, 대장장이

**かじ** [火事] 화재, 불 ¶~になる 불이 나다/

かじ

~を起こす 화재를 일으키다 **一場**は 화재 현장 **一場泥棒** ①화재 현장의 혼란을 틈타 도둑질하는 사람 ②(比) 혼란을 틈타 부정을 저지르는 사람 **一見舞** 화재 위문, 그런 위로의 말·위로금

**かじ** [加持] [名][自スル][佛] 가지 ①신불에게 가호를 빎 ②부처가 중생을 가호함, 그런 힘 **―祈禱**[佛] 가지 기도

**かじ** [家事] 가사 ①가정 사정¶ ~の都合で により休暇を 가정 형편에 따른 휴가 ②집안일 ¶ ~に追われる 가사에 쫓기다

**がし** [接尾] …란 듯이¶ 聞こえよ~に言う 들으란 듯이 말하다

**がし** [賀詞] (文) 하사, 축하의 말, 축사

**がし** [餓死] [名][自スル] 아사, 굶어 죽음¶ ~者 아사자, 굶어 죽은 사람

**かしいしょう** [貸(し)衣装] (돈을 받고) 빌려주는 옷, 대여 의상

**かしうり** [貸(し)売り] [名][他スル] 외상 판매

**カシオペアざ** [カシオペア座] [天] 카시오페이아 자리

**かじか** [河鹿] [動] 기생개구리 = かじかがえる

**かじか** [鰍·杜父魚] [動] 둑중개 = ごり

**かしかた** [貸(し)方] ①빌려주는 방법·수단 ②(대차 관계에서) 빌려주는 사람 ③(복식 부기의) 대변 ▷ ①~③ ⇔ 借り方た

**かしかぶ** [貸(し)株] [經] 대부 주권

**かじか・む** [自五] (추위로) 손발이 곱다¶ 指が~んでペンが持てない 손가락이 곱아서 펜을 쥘 수 없다

**かしかり** [貸(し)借り] 대차¶ これで~なしだ 이것으로 대차는 없다

**かしかん** [下士官] 하사관

**かしき** [梶木·旗魚] [動] 청새치

**かしきり** [貸(し)切(り)] 대절, 전세¶ ~バス 전세 버스/~にする 전세 내다, 대절하다

**かしき・る** [貸(し)切る] ①대절하다¶ バスを~ 버스를 대절하다 ②몽땅 빌려주다

**かしきん** [貸(し)金] 대금, 빌려 준 돈, 빚¶ ~を催促する 빌려 준 돈을 독촉하다

**かしきんこ** [貸(し)金庫] (은행의) 대여 금고

**かしく** [感] (文) "かしこ"의 변한말

**かし・ぐ** [傾ぐ] [自五] 기울다, 기울어지다¶ 山崩れで土台が~ 산사태로 토대가 기울다

**かし・ぐ** [炊ぐ·爨ぐ] [他五] (文) 밥을 짓다¶ 米を~ 쌀로 밥을 짓다

**かしく** [花軸] [植] 화축, 꽃대

**かし・げる** [傾げる] [他下一] 갸웃하다, 기울이다¶ 首を~ 고개를 갸웃하다

**かしこ** [彼処] [代] (文) 저기, 저쪽¶ ここ~と探ろし回る 여기저기 찾아다니다

**かしこ** [感] (文) (여자가 편지 끝에 쓰는 말) 이만 줄입니다

**かしこ・い** [賢い] [形] ①영리하다, 현명하다¶ ~子 영리한 아이 ②(反) 약삭빠르다, 요령이 좋다¶ ~く立ち回る 약삭빠르게 처신하다

**かしこくも** [畏くも] [副](文) 황공하옵게도 = 恐れ多くも¶ ~お言葉を賜る 황공하옵게도 말씀을 내리시다

**かしこし** [貸(し)越し] ①대출 초과 ②[經] 대월, 당좌 대월

**かしこ・す** [貸(し)越す] [他五] ①한도 이상으로 빌려주다 ②[經] (당좌 거래자에게) 대월해 주다

**かしこだて** [賢立て] 똑똑한[약은] 체함

**かしこどころ** [賢所] ①궁중에 天照大神おおみかみ의 위패인 神鏡かがみ를 모셔 놓은 곳 ②(일본 왕실의 신기구의 하나인) 八咫の鏡かがみ을 가리키는 거울

**かしこま・る** [畏まる] [自五] ①황공해하다, 송구해하다 ¶ ~って聞く 황송해하며 듣다 ②잘 알아듣다, 삼가 상대의 말을 따르다¶ はい、~りました 예 잘 알았습니다 ③정좌하다

**かし・さげる** [貸(し)下げる] [他下一] (관청에서) 민간에 대여하다 ⇔ 借り上げる

**かしざしき** [貸(し)座敷] ①임대용 회의장, 연회장 = 貸席かし ②유곽 = 女郎屋じょろうや

**かししつ** [貸(し)室] 대실, 셋방

**かしず・く** [傅く] [自五] ①시중들다, 받들어 모시다¶ 社長に~ 사장을 받들어 모시다 ②시집가다, 출가하다 = とつぐ

**かしせき** [貸(し)席] 임대용 회의장, 연회장

**かしだおれ** [貸(し)倒れ] 빌려준 돈을 떼임, 대손(貸損) ¶ ~になる 돈을 떼이다 **―引当金**ひきあてきん [經] 대손 충당금

**かしだし** [貸(し)出し] [名][他スル] 대출 ¶ ~額がく 대출액 / 図書としょの~ 도서의 대출

**かしだ・す** [貸(し)出す] [他五] 대출하다 ⇔ 借かり入いれる ¶ 図書としょを~ 도서를 대출하다 / 資金しきんを~ 자금을 대출하다

**かしちん** [貸(し)賃] 임대료, 세 ⇔ 借かり賃ちん

**かしつ** [過失] ①실수¶ ~をおかす 실수를 범하다 ②[法] 부주의로 말미암아 어떤 사실을 인식하지 못하는 것¶ ~傷害罪しょうがいざい 과실 상해죄 **―相殺**そうさい [法] 과실 상쇄 **―致死**ちし [法] 과실 치사 **―犯**はん 과실범

**かじつ** [佳日·嘉日] 가일, 길일, 좋은 날¶ ~を期して結婚式けっこんしきを挙げる 길일을 잡아 결혼식을 올리다

**かじつ** [果実] 과실 ①열매 ②(文) 과일 ③[法] 과실금 **―酒** 과실주

**かじつ** [過日] (文) 지난날, 전날, 요전번¶ ~申し上げたとおり 전날 말씀드린 대로

**がしつ** [画室] 화실, 아틀리에 = アトリエ

**がしつ** [画質] 화질, (텔레비전·사진 등의) 화상의 상태·질감

**かしつけ** [貸(し)付(け)] 대부, 빌려 줌¶ ~金きん 대부금 **―信託**しんたく [經] 대부 신탁

**かしつ・ける** [貸(し)付ける] 대부하다, 빌려 주다¶ 資金しきんを~ 자금을 대부하다

**かして** [貸(し)手] 빌려 주는 사람, 대주

**かしどり** [樫鳥·橿鳥] [動] 어치

**かじとり** [舵取り] ①키를 잡음, 키잡이, 조타수 ②(比) 지휘, 지도, 지도자¶ 君に~を

まかせれば安心だ 자네한테 지휘를 맡기면 안심이다
かしぬし【貸(し)主】대주. 빌려 주는 사람
カジノ(casino) 카지노. 도박장을 중심으로 한 오락장
かじのき【*梶の木】〖植〗꾸지나무= かじ
かしビル【貸(し)ビル】임대 빌딩
かじぼう【*梶棒】(수레 등의) 채, 끌채= かじ¶ 〜を取る 채를 잡다
かしほん【貸本】대본. 빌려 주는 책·잡지¶ 〜屋ゃ 대본 가게
かしま【貸間】셋방¶ 〜あり 셋방 있음
かしま【鹿島】茨城ばら현의 지명 **―躍**り〖舞〗근세에 鹿島神宮じんの 예능자가 전파시킨 민속 춤 **―立**ち 〖名〗〖自スル〗〖文〗여행을 떠남
かじまくら【*楫枕】〖文〗배 안에서 잠, 배로 하는 여행= なみまくら
かしましい【*姦しい·*囂しい】〖形〗(이야기 소리가) 시끄럽다, 떠들썩하다¶ 女おん三人さん寄ょれば〜 여자 셋이 모이면 시끄럽다
かしみせ【貸(し)店】임대 점포
かじめ【*搗布】〖植〗감태
かしもと【貸元】①돈을 빌려 주는 사람, 전주 ②(도박판에서) 물주
かしゃ【仮借】가차. 한자 육서의 하나
かしゃ【貨車】화차 ⇔ 客車きゃく ¶ 無蓋むがい〜 무개 화차 **―渡**わし (상품의) 화차 인도
かしや【貸家】셋집¶ 〜をさがす 셋집을 구하다 **―札**だ 셋집이라고 써붙인 게시문·쪽지
かじゃ【冠者】→ かんじゃ(冠者)
かしゃく【仮借】가차 Ⅰ 〖名〗〖他スル〗사정을 봐줌, 눈감아줌¶ 〜なき追及 가차없는 추궁 Ⅱ 〖名〗 → かしゃ(仮借)
かしゃく【*呵責】〖名〗〖他スル〗가책¶ 良心りょうの 〜を覚ぼえる 양심의 가책을 느끼다
かしゅ【火手】〖文〗(기관차 등의) 화부
かしゅ【火酒】〖文〗화주. 알코올 도수가 높은 증류주
かしゅ【歌手】가수¶ 流行りゅうこう〜 유행 가수
かじゅ【下寿】하수. 예순 살 또는 여든 살을 이름
かじゅ【果樹】과수¶ 〜園えん 과수원
がしゅ【画趣】화취 ①그림이 될 만한 풍경 ②그림과 같은 정취
がしゅ【雅趣】〖文〗아취. 운치= 雅致がち¶ 〜に富とむ 아취가 넘치다
がしゅ【賀寿】하수. 장수(長壽)의 축하
かしゅう【加州】〖地〗① → かが(加賀) ②미국의 캘리포니아주
かしゅう【河州】→ かわち(河内)
かしゅう【家集】개인의 和歌集
かしゅう【歌集】가집 ①和歌わかを모은집¶ 〜を出だす 가집을 내다 ②가곡을 모아 엮은 책, 가곡집
かじゅう【加重】〖名〗〖自他スル〗가중¶ 〜平均きん 가중 평균 / 〜される 가중이 가중되다
かじゅう【佳什】〖文〗가집. 뛰어난 시문= 古今東西こきんの〜を集あつめる 동서 고금의 가집을 모으다
かじゅう【果汁】과즙¶ 天然てんねん〜 천연 과즙

かじゅう【荷重】하중 ①짐의 무게¶ 〜制限せいげん 하중 제한 ②〖物〗구조물에 가해지는 외부의 힘·무게¶ 橋脚きょうにかかる〜 교각에 걸리는 하중
かじゅう【過重】〖ナ〗과중¶ 〜な労働どう 과중한 노동
がしゅう【我執】아집 ①〖佛〗영원 불변의 자아가 있다고 믿는 집착= 我見がん ②자아 집착¶ 〜にとらわれる 아집에 사로잡히다
がしゅう【画集】화집
がしゅう【賀州】→ いが(伊賀)
がじゅまる【*榕樹】〖植〗용수= ガジマル
がしゅん【賀春】〖文〗하정(賀正). 근하 신년
がしゅん【雅馴】〖名〗〖文〗아순. (문장 중의 말씨·필적이) 점잖고 기품이 있음
かしょ【家書】〖文〗가서 ①자기 집에서 온 편지, 가신 ②자기 집에 있는 책
かしょ【歌書】和歌わかに 관한 책
かしょ【箇所·*個所】개소 ①장소, 곳, 점, 군데, 부분¶ 危険けん〜 위험한 장소 / 訂正ていす べき〜 정정해야 할 곳 ②〖助数〗장소, 군데¶ 誤字ごじが二に〜ある 오자가 두 군데 있다
かじょ【加除】〖名〗〖他スル〗가제, 보탬과 뺌¶ 項目もくの〜/訂正ていせい 항목의 가제 정정
かじ【花序】〖植〗화서. 꽃차례¶ 総状そうじょう〜 총상 화서
かしょう【火傷】〖名〗〖自スル〗〖文〗화상= やけど
かしょう【仮称】〖名〗〖他スル〗가칭¶ 〜で呼ぶ 가칭으로 부르다
かしょう【仮象】〖文〗가상. 주관적인 환상¶ 経験的けいけん〜 경험적 가상
かしょう【花床】〖植〗화상. 꽃받침
かしょう【和尚】〖佛〗화상, 스님 ①출가 수계자의 사승(師僧) ②(주로 천태종에서) 중의 일반적인 존칭
かしょう【河床】하상. 강바닥= かわどこ ¶ 凹凸おうとつのはげしい〜 요철이 심한 하상
かしょう【過賞】과상. 지나친 칭찬
かしょう【過小】〖ナ〗과소. 너무 작음 ⇔ 過大だい ¶ 〜な予算 과소한 예산 **―評価**ひょう 〖名〗〖他スル〗과소 평가
かしょう【過少】〖ナ〗〖文〗과소. 너무 적음¶ 人口こうが〜な地域ちいき 인구가 과소한 지역
かしょう【*嘉賞】〖名〗〖他スル〗〖文〗가상. 칭찬하여 기림
かしょう【歌唱】〖名〗〖自スル〗가창. 노래를 부름, 그 노래¶ 〜指導どう 가창 지도
かしょう【寡少】〖ナ〗과소. 극히 적음¶ 〜な戦力りょく 과소한 전력
かじょう【下情】하정. (윗사람 쪽에서 본) 아랫사람[서민]의 사정¶ 〜に通つうじる 아랫사람의 사정에 밝다
かじょう【渦状】와상. 소용돌이 모양¶ 〜星雲せいうん 와상 성운
かじょう【過剰】〖名〗〖ナ〗과잉¶ 自意識じいしき〜 자의식 과잉 / 〜生産さん 과잉 생산 **―雇用**よう 과잉 고용 **―防衛**ぼうえい 과잉 방위
かじょう【箇条·*個条】개조 ①조항, 조목, 항

**목**¶ 該当するに分ける 해당하는 개조로 나누다 ②(助數) 조항¶ 五~の御誓文 5개조의 서문 **一書き** 조목별로 씀, 그렇게 쓴 글

**がしょう**【画商】 화상. 그림의 매매를 업으로 하는 사람

**がしょう**【*臥床】〈文〉Ⅰ图自スル 와상. (병으로) 자리에 누움, 몸져 누음 Ⅱ图 잠자리

**がしょう**【賀正】〈文〉 하정. 근하 신년

**がじょう**【*牙城】 아성 ①대장이 있는 성, 성의 중심 건물¶ 敵の~に迫る 적의 아성에 육박하다 ②조직·단체 등의 본거지¶ 保守派の~ 보수파의 아성

**がじょう**【画帖】 화첩 ①화집 ②스케치북

**がじょう**【賀状】 하장. 축하 편지, 연하장

**かじょうさはん**【家常茶飯】〈文〉 흔히 있는 일, 일상 다반사¶ ~事 일상 다반사

**かしょく**【火食】 图自スル〈文〉 화식. (음식을) 익혀서 먹음 ⇔ 生食

**かしょく**【仮植】 图他スル【農】 가식. 임시로 심어둠 = 仮植 ⇔ 定植

**かしょく**【家職】 ①가업 = 家業¶ ~をつぐ 가업을 잇다 ②(무사·귀족 집안의) 청지기

**かしょく**【貨殖】 화식. 재산을 늘림

**かしょく**【過食】 图自他スル 과식¶ ~は百病の本 과식은 만병의 근원

**かしょくのてん**【華*燭の典】〈文〉 화촉지전, 결혼식¶ ~を挙げる 결혼식을 올리다

**かしょのくに**【華*胥の国】 화서지국
〔慣用句〕
**—に遊ぶ** 화서지몽을 꾸다, 기분 좋게 낮잠을 자다

**かしょぶんしょとく**【可処分所得】 가처분 소득

**かしら**Ⅰ終助〈女〉 ①(불확실한 것에 대해 자문하는 기분을 나타냄) …인지[할지] 몰라, …할까, …일까¶ どこでなにしている~ 어디서 뭘 하고 있을까 ②(상대에게 조용히 질문하는 뜻을 나타냄) …인지[할지] 몰라, …할까¶ お訪ねしてもよろしい~ 찾아뵈어도 괜찮을지 모르겠네요 ③(「くださる·くれる」의 부정, 「いただく·もらう」의 可能動詞형의 부정에 붙어 희망을 나타냄) …하지 않으려나, …할 수 없을까 代わりに行ってもらえない~ 대신 가 줄 수 없을까 Ⅱ副助 (疑問詞에 붙어 불확정·불확실을 나타냄) …인지, 인가¶ 何だ~寒い 어쩐지 춥다/ だれ~に渡しましたよ 누군가에게 건네 주었습니다 ▷ 본디는 「…か知らぬ[ん]」임

**かしら**【頭】 ①머리, 고개, 머리털¶ ~、右向け右/! ~をふる 고개를 흔들다 ②(사물의) 맨 위, 맨 앞, 첫머리¶ ~文字 머리글자 ③ (단체의) 장, 우두머리, 수령¶ ~にすえる 우두머리로 두다 ~に立つ 도편수 ⑤인형의 머리(造語) …하자마자, …한 순간¶ 出会い~にぶつかった 마주치는 순간에 부딪혔다 ⑦(造語) 가장 …한 사람¶ 出世~ 가장 출세한 사람/ せぎ~ぞ 가장 많이 버는 사람이다 **—の雪** 

백발, 흰머리
〔慣用句〕
**—に霜を置く** 백발이 되다
**—を下ろす** 머리를 깎고 중이 되다, 출가(出家)하다

**かしらじ**【頭字】 두문자 = 頭文字

**かしらだ·つ**【頭立つ】 自五 남의 위에 서다, 우두머리가 되다¶ 会の~った人 모임의 우두머리가 된 사람

**かしらぶん**【頭分】 우두머리, 두목, 수령¶ ごろつきの~ 깡패 두목

**かしらもじ**【頭文字】 ①두문자, 대문자, 머리글자 ②성명의 첫 글자, 이니셜

**かじりつ·く**【*齧り付く】 自五 ①덥석 물다, 물어뜯다¶ パンに~ 빵을 덥석 물다 ② 〔口〕 매달리다, 달라붙어 떨어지지 않다¶ 首っ玉に~ 목에 매달리다 ③열심히 매달려 하다¶ 仕事に~ 일에 매달리다/ 机に~·いて勉強する 책상에 눌러붙어 열심히 공부하다

**かじ·る**【*齧る】 他五 ①갉다, 갉아먹다¶ りんごを~ 사과를 갉아 먹다/ ねずみが箱を~ 쥐가 상자를 갉다 ②조금 알다, (알려고) 기웃거리다¶ 聞き~·った情報 귀동냥 정보

**かしわ**【*柏·*槲】【植】떡갈나무

**かしわ**【黄鶏】 ①황계. 털이 갈색인 일본닭 ②닭고기

**かしわで**【*柏手】 (신에게 배례할 때) 손바닥을 마주 쳐서 소리를 냄, 박장[拍掌]¶ ~を打つ 신전에서 박장하며 배례하다

**かしわもち**【*柏餅】 ①떡갈나무 잎으로 싼 팥소가 든 찰떡 ②〈俗〉 이불을 반으로 접어서 그 속에 들어가서 자는 일

**かしん**【花心·花芯】〈文〉 화심 = 花蕊

**かしん**【花信】〈文〉 화신. 꽃소식¶ 南からの~に接する 남쪽으로부터의 화신에 접하다

**かしん**【佳*辰·*嘉*辰】〈文〉 가신. 길일¶ ~令月 가신 영월

**かしん**【家臣】 가신. (大名 등의) 신하

**かしん**【家信】〈文〉 가신. 자기 집에서 온 편지, 가서 = 家書

**かしん**【過信】 图他スル 과신. 지나치게 믿음¶ 安全性を~する 안전성을 과신하다

**かじん**【佳人】 가인, 미인, 미녀¶ 才子~ 재자 가인 **—薄命** 가인 박명, 미인 박명

**かじん**【家人】 가인. 집안 사람, 가족¶ ~を呼ぶ 가족을 부르다

**かじん**【歌人】 가인. 和歌의 시인 = 歌よみ¶ 宮廷~ 궁정 가인

**がしんしょうたん**【*臥薪*嘗胆】 와신상담

**かす**【*粕·*糟】 지게미, 술찌끼, 재강¶ ~漬け 재강에 절인 채소

**かす**【*滓】①찌꺼기, 앙금¶ 豆乳の~ 콩깻묵/ ~がたまる 앙금이 앉다 ②찌꺼기, 쓰레기¶ 残りは~だけ 남은 것은 찌꺼기뿐

**か·す**【化す】自他五〈文〉 → かする(化)

**か·す**【嫁す】自他五〈文〉 → かする(嫁)

か・す【仮す】 他五 (文) 일시적으로 주다 ¶ 日時を~ 시일을 잠시 주다

か・す【貸す】 他五 빌려 주다 ①꾸어 주다, 대여하다, 임대하다 ¶ 土地を~ 토지를 빌려 주다/ 金を~ 돈을 꾸어 주다 ②돕다, 조력하다 ¶ 知恵を~ 지혜를 빌려 주다/ 人手を~ 일손을 돕다 ▷ ①② ⇔ 借りる

かず【数】①(개수·순서 등의) 수 ¶ ~を数える 수를 세다 ②숫자, 숫자 ¶ ~が合わない 숫자가 안 맞다 ③(수량·종류가) 많음 ¶ ~ある寺院の中でも名高い 수많은 사원 중에서도 유명하다 ④손꼽을 만한 가치가 있는 것 ¶ 秀才の~にはいる 수재 축에 끼다
慣用句
—をこなす 많은 것을 처리하다
—を尽くす (「~を尽くして」의 꼴로) 있는 것은 모두 다, 남김없이 모조리

ガス (gas) 가스 ①기체 ¶ 毒~ 독가스 ②연료용 기체 ¶ 都市~ 도시 가스 ③휘발유, 가솔린 ¶ ~不足 가솔린 부족 ④짙은 안개 ¶ ~がかかる 짙은 안개가 끼다 ⑤(俗) 방귀 ¶ ~が出る 방귀가 나오다 ⑥「ガス糸・ガス織り」의 준말 —糸 가스실, 주란사실 —織り 가스실로 짠 직물, 주란사 —管 가스관 —欠 (자동차 등이) 주행중 연료가 떨어짐 —煋炉 (gas turbine)【機】가스 터빈 —体 기체 —タンク (gas tank) 가스 탱크 —中毒 가스 중독 —灯 가스등 —抜き ①(탄광에서) 발생된 가스를 배출시킴 ②(불만·긴장 억제를 위해) 김빼기 —風呂 가스를 연료로 쓰는 목욕탕 —マスク (gas mask) 가스 마스크, 방독면

かすい【下垂】 名 自スル 하수 ¶ 胃~ 위하수 —体【醫】하수체, 뇌하수체

かすい【仮睡】 名 自スル (文) 가수, 선잠 ¶ どろどろと~する 감박감박 선잠을 자다

かすい【花穂】 화수, 이삭꽃, 수상화(穗狀花)

かすい ぶんかい【加水分解】 名 自他スル【化】가수 분해

かすう【加数】【數】가수, (덧셈에서) 더하는 쪽의 수

かすう【価数】【化】가수, 원자가·이온가를 표시하는 수치

かすか【微か】 ナ ①【幽か】(모습·소리 등이) 희미함, 어렴풋함 ¶ ~な記憶 어렴풋한 기억/ ~に聞こえる 희미하게 들리다 ②힘이 없음, 미약함, 미미함 ¶ ~に生きている 근근이 살고 있다

かすがい【鎹】 ①꺾쇠 (둘 사이를 잇는 것) ¶ 子は夫婦の~ 자식은 부부간을 이어 주는 것 ②(문의) 걸쇠 = かけがね

かすかす【口】ヌ ①(과일 등이) 물기가 없음, 퍼석퍼석함 ¶ ~のみかん 퍼석퍼석한 귤 ②아슬아슬함, 가까스로임 ¶ ~で進級した 가까스로 진급했다

かず かず【数数】 副 다수, 수많음, 여러 가지 ¶ 失敗の~ 수많은 실패/ 意見が~ある 의견이 여러 가지가 있다

かすがづくり【〈春日〉造】【建】박공 지붕에 차양을 달아 지은 神社의 건축 양식

かず・ける【被ける】 他下一 ①(책임 등을) 뒤집어씌우다, 전가하다 ¶ 罪を人に~ 죄를 남에게 뒤집어씌우다 ②핑계삼다, 빙자하다 ¶ 病気に~・けて辞退する 병을 빙자하여 사퇴하다 ③(머리에) 씌우다 ¶ ずきんを~ 두건을 씌우다

かずさ【上総】 일본의 옛지명. 지금의 千葉현 중부 지방

かすじる【粕汁・糟汁】【料】지게미를 풀고 자반 연어나 방어를 넣어 끓인 국

カスタネット (castanets)【音】캐스터네츠

カスタム (custom) 커스텀, 특별 주문 제작, 특제 ¶ ~カー 주문제작한 차 —メード (custom made)【服】주문복, 맞춤옷, 오더 메이드

かす づけ【粕漬・糟漬〈け〉】 생선·채소·고기 등을 지게미에 절임, 그런 식품

カステラ 카스텔라

かすとり【粕取り・糟取り】 ①지게미를 발효시켜 증류한 막소주 ②(제2차 세계대전 직후에) 감자 등으로 만든 품질이 나쁜 밀조주 —雑誌 저속한 기사를 주로 실은 대중 잡지

かずとり【数取り】 名 自スル ①수를 셈 ②수를 세는 도구, 계수判 ③(줄넘기·구슬놀이 등) 수를 많이 얻는 쪽이 이기는 놀이 —器 계수기(計數器) = カウンター

かず ならぬ【数ならぬ】 連体 (文) 축에도 끼지 못하는, 하찮은 ¶ ~身 하찮은 몸

かずのこ【数の子】 청어알, 말린 청어알을 소금에 절인 식품

ガスボンベ (독 Gasbombe) 가스봄베, 가스 저장용 금속제 용기

かすみ【霞】①안개, (특히) 봄안개 ¶ ~がた なびく 안개가 길게 끼다 ②【眼】(눈이) 침침함 ¶ ~がかかってよく見えない (눈이) 침침해져 잘 보이지 않다 ③새그물

かすみ あみ【霞網】 새그물, 조망(鳥網)

かす・む【霞む】 自五 ①안개가 끼다 ¶ 空が~ 하늘에 안개가 끼다 ②흐릿하게 보이다 ¶ 遠くに~山々 멀리 흐릿하게 보이는 산들 ③(눈이) 침침해지다 ¶ 目が~ 눈이 침침해지다 ④(존재 등이) 희미해지다 ¶ 彼の存在はすっかり~・んでしまった 그의 존재는 아주 희미해져 버렸다

かすめと・る【掠め取る】 他五 슬쩍 훔치다, 후무리다, 탈취하다 ¶ 他人の利益を~ 남의 이익을 슬쩍 빼앗다

かす・める【掠める】 他下一 ①슬쩍 훔치다, 후무리다 ¶ 公金を~ 공금을 후무리다 ②《흔히 「目を~」의 꼴로》눈을 속이다 ¶ 親の目を~・めて遊ぶ 부모의 눈을 속이고 놀다 ③스치듯 빠르게 지나가다 ¶ つばめが軒を~ 제비가 처마를 스쳐 지나가다 ④(한 순간) 스쳐가다, 스치다 ¶ 不安が脳裏を~ 불안이 뇌리를 스쳐 지나가다

かずもの【数物】①수가 많아 값싼 물건, 싸구려, 하등품 ②세트로 된 것 ¶ ~の茶碗 세

かずら

트로 된 공기 ③수가 한정된[적은] 물건
**かずら**【˟葛】덩굴풀
**かずら**【˟鬘】①덩굴풀 등으로 꾸민 머리 장식 ②가발=かつら
**かすり**【˚掠り・˚擦り】①스침, 긁힘 ②(남의 이익의) 일부를 가로챔=ぴんはね¶〜を取る (남의 이익의) 일부를 가로채다
**かすり**【˟絣・˟飛白】살짝 스친 듯한 흰 무늬가 있는 천, 그런 무늬, 비백 무늬
**かすりきず**【˚擦り傷】①찰과상¶〜を負う 찰과상을 입다 ②가벼운 손해・피해¶〜で済んでよかった 가벼운 손해로 끝나 다행이다
**かす・る**【掠る・擦る】〖他〗〖五〗①살짝 스치다, 스쳐 지나가다¶ボールがバットを〜 공이 배트를 살짝 스치다 ②일부를 슬쩍 가로채다, 후무리다¶手間賃を〜 품삯을 후무리다 ③(글씨나 그림이) 먹이 덜 묻어 흰 자국이 남, 비백(飛白)¶〜がき 비백서
**か・する**【化する】Ⅰ〖自〗〖サ変〗〖文〗①화하다, 변하다, 바뀌다¶暴徒と〜 폭도로 변하다/焦土と〜 초토화하다 ②감화되다¶悪人も〜して善人となる 악한 사람이 감화되어 착한 사람이 되다 Ⅱ〖他〗〖サ変〗〖文〗①(다른 것・상태로) 변화시키다 ②감화시키다¶教え諭して人を〜 가르치고 깨우쳐서 사람을 감화시키다
**か・する**【嫁する】Ⅰ〖自〗〖サ変〗〖文〗시집가다, 출가하다¶名門家に〜 명문 집안으로 출가하다 Ⅱ〖他〗〖サ変〗〖文〗떠넘기다, 전가하다¶責任を人に〜 책임을 남에게 전가하다
**か・する**【˚呵する】〖他〗〖サ変〗〖文〗①강하게 꾸짖다, 힐책하다 ②숨을 강하게 불다¶禿筆を〜 (겸손하게 말해서) 서투른 글을 쓰다
**か・する**【科する】〖他〗〖サ変〗(형벌을) 과하다¶罰金を〜 벌금을 과하다
**か・する**【架する】〖他〗〖サ変〗〖文〗(공중에) 건너지르다, 가설하다, 구축하다¶橋を〜 다리를 놓다/屋上屋を〜 옥상 가옥
**か・する**【課する】〖他〗〖サ変〗(의무로) 과하다, 부과하다, (일 등을) 시키다¶税金を〜 세금을 부과하다/宿題を〜 숙제를 내주다
**が・する**【賀する】〖他〗〖サ変〗〖文〗축하하다, 경하하다¶新年を〜 새해를 축하하다
**かす・れる**【˚掠れる・˚擦れる】〖自〗〖下一〗①(먹 등이 잘 묻지 않아) 비백이 생기다¶字が〜 글씨에 비백이 지다 ②목소리가 쉬다(잠기다)¶応援で声が〜 응원으로 목소리가 쉬다
**かせ**【˟枷】①차꼬, 고랑, 칼¶手〜 쇠고랑/足〜 차꼬/首〜 칼 ②(자유를 속박하는) 방해물, 거추장스러운 것¶子は三界の〜 자식은 삼계의 애물[평생의 짐] ③三味線の음조를 조절하는 줄 꼽목
**かせ**【˟桛】①얼레, 실패, 자새 ②【˟綛】에 서 푼 실=綛糸 ③【˟綛】(일정한 길이의 실을 감은) 타래
**かぜ**【風】①바람¶追い〜 순풍/〜が吹く 바람이 불다 ②그때그때의 사회의 관습・양식, 분위기¶世間の冷たい〜に当たる 세상의 차가운 분위기에 접하다 ③(造語)((직업・지위 등을 나타내는 말에 붙여))태도, 티, 상태¶先輩〜を吹かす 선배 티를 내다
〖慣用句〗
**―が吹けば桶屋が儲かる** 바람이 불면 통장수가 돈을 번다
**―に櫛り雨に沐う** 즐풍목우(櫛風沐雨), 객지로 떠돌며 고생하다
**―の吹き回し** 일이 되어가는 추세・형편¶どういう〜かひょっこり顔を見せた 무슨 바람이 불었는지 불쑥 얼굴을 내밀었다
**―の前の塵** 바람 앞의 먼지
**―の前の灯火** 풍전등화
**―を切る** 바람을 가르다, (탈것・화살 등이) 기세 좋게 나아가다
**―を食らう** (낌새를 채고) 재빨리 달아나다
**かぜ**【風邪】감기¶鼻〜 코감기
〖慣用句〗
**―を引く** ①감기에 걸리다 ②(차・밀가루 등이 오랫동안) 바깥 공기를 쐬어 변질하다
**かぜあたり**【風当(た)り】①바람이 불어닥침, 그 세기 ②(주위의) 저항, 비난, 공격, 비판¶周囲の〜が強い 주위의 비난이 심하다
**かせい**【化成】〖名〗〖自他スル〗〖文〗화성 ①좋게 됨, 게 함 ②성장함, 성장시킴 ③변형하여 다른 것이 됨 ④【化】화학적으로 합성하여 다른 물질을 만드는 일 ―**肥料** 화성 비료
**かせい**【火成】〖名〗화성 ―**活動**【地】화성 활동, 화성 작용 ―**岩**【地】화성암 ―**鉱床**【地】화성 광상
**かせい**【火星】〖天〗화성=マルス
**かせい**【火勢】화세, 불기운¶〜が強い 불기운이 세다
**かせい**【加勢】〖名〗〖自スル〗가세, 거듦, 조력, 원군, 원병¶弱い方に〜する 약한 쪽에 가세하다/〜を求める 원군을 청하다
**かせい**【仮性】〖名〗가성 ⇔真性¶〜コレラ 가성 콜레라 ―**近視**【医】가성 근시
**かせい**【河清】하청, 중국 황하(黃河)의 탁류가 맑아지는 일
〖慣用句〗
**―を俟つ** (황하가 맑아지기를 기다리는 것처럼) 전혀 실현 가능성이 없음¶百年〜 백년 하청을 기다리다
**かせい**【˟苛性】〖名〗가성 ―**カリ**【化】가성 칼리 ―**ソーダ**【化】가성 소다
**かせい**【˟苛政】〖文〗가정, 가혹한 정치, 학정
〖慣用句〗
**―は虎よりも猛し** 학정은 호랑이보다도 무섭다
**かせい**【家政】가정, 가사, 살림살이¶〜学 가정학/上手な〜 능숙한 살림살이 ―**婦** 가정부
**かせい**【歌聖】〖文〗가성, 아주 뛰어난 和歌 시인
**かぜい**【課税】〖名〗〖自スル〗과세 ―**累進**〖経〗누진 과세/〜率 과세율/所得に〜する 소득에 과세하다 ―**最低限**【経】과세 최저한
**がせい**【画聖】〖文〗화성, 아주 뛰어난 화가

**かせいそ** [花青素] [植] 화청소= アントシアン
**かせいと** [ガ糸・絖糸] ①얼쩨・실패・자새에서 푼 실, 테실 ②(일정한 길이의 실을 감은) 타래
**かぜかおる** [風薫る] [連語] (文) 초여름의 푸른 초목을 스쳐 지나가는 상쾌한 바람이 부는 모양¶ ～五月の頃 훈풍이 부는 5月경
**かせき** [化石] [名] [自スル] ①화석 ¶ ～層 화석층 ② 시대에 뒤처짐, 시대의 유물 ¶ 封建時代の～ 봉건 시대의 유물 ③돌처럼 굳어짐 ¶ ～したような表情 돌처럼 굳어진 표정 ━燃料 [化][地] 화석 연료
**かせぎ** [稼ぎ] ①생활을 위해 일함, 벌이함 ¶ ～に出る～ 타관에 가서 돈벌이함/ 共～ 맞벌이/ ～に出る 벌이하러 나가다 ②수입, 벌이 ¶ ～高 수입액/ ～がよい 벌이가 좋다
**がせき** [*瓦石] (文) ①와석. 기와와 돌 ②[比] 가치 없는 것
**かせぎて** [稼ぎ手] ①벌이하는 사람 ¶ 一家の～ 한 집안을 벌어 먹이는 사람 ②일을 잘 하는 사람
**かぜぎみ** [風邪気味] 감기 기운
**かせ・ぐ** [稼ぐ] I [他五] ①(돈을) 벌다 ¶ アルバイトで学費を～ 아르바이트로 학비를 벌다 ②(시간을) 벌다, 끌다 ¶ 援軍が来るまで時を～ 원군이 올 때까지 시간을 벌다 ③(점수를) 올리다, 따다 ¶ 独りで五点を～ 혼자서 5점을 올리다 II [自五] 부지런히 일하다
[慣用句]
━に追いつく貧乏無し 늘 열심히 일하는 자에게 가난이란 없다
**かぜくさ** [風草] [植] 암크령= かぜしりぐさ
**かぜぐすり** [風邪薬] 감기약
**かぜけ** [風邪気] 감기 기운
**かぜごえ** [風邪声] 감기든 목소리
**かぜごこち** [風邪心地] → かぜぎみ
**かせつ** [下接] [名][他スル] [文法] (복합어의 구성 요소에서) 뒷부분에 오는 것 ⇔ 上接
**かせつ** [仮設] [名][他スル] 가설 ①임시로 설치함 ¶ ～舞台 가설 무대 ②[数][論] 가정, 전제
**かせつ** [仮説] 가설 ①어떤 사항을 설명하기 위한 추측 ②[哲] 아직 경험적으로 확인되지 않은 과학 이론 ¶ ～を立てる 가설을 세우다 ━演繹法 [哲] 가설 연역법
**かせつ** [佳節・*嘉節] 가절. 명절, 경축일
**かせつ** [架設] [名][他スル] 가설 ¶ 電話線の～ 전화선의 가설
**カセット** (cassette) 카세트 ━テープ (cassette tape) 카세트 테이프 ━デッキ (cassette deck) 카세트 덱 ━ブック (일 cassette book) 카세트 북
**かぜとおし** [風通し] ①통풍= かざとおし ¶ ～が悪い 통풍이 나쁘다 ②(조직 내의) 의사 소통 ¶ ～社内の～をよくする 사내의 의사 소통이 잘되게 하다
**かぜのかみ** [風の神] ①풍신, 풍백(風伯), 바람의 신= 風神 ②감기를 옮기는 귀신
**かぜのこ** [風の子] 바람의 아들, 찬바람 속에서도 씩씩하게 뛰어 노는 아이들 ¶ 子供は～ 어린이는 바람의 아들
**かぜのたより** [風の便り] [連語] 풍문, 풍설
**かぜひかる** [風光る] [連語] (文) 따뜻한 햇빛을 받은 새싹이 훈풍에 뒤집힐 때마다 반짝반짝 빛나는 것처럼 보이는 모양, 그런 계절 ¶ ～五月 봄바람이 솔솔 부는 5月 ▷ 俳句 편지 등에 쓰이는 말
**かぜひき** [風邪引き] 감기에 걸림 [걸린 사람]
**かざむき** [風向き] → かざむき
**かせん** [化繊] 화섬. 화학 섬유
**かせん** [河川] ¶ 一級～ 일급 하천 ━敷 하천 부지
**かせん** [河船] (文) 하선. 강을 왕래하는 배
**かせん** [架線] [電] 가선 ①(송전선 등의) 선을 가설함 ¶ ～工事 가선 공사 ②(전차 등의 전력 공급용) 가설 전선= がせん
**かせん** [寡占] [名] [経] 과점 ¶ ～価格を禁止する 과점 가격을 금지하다
**かせん** [歌仙] 가선 ①和歌의 명인 ②[文] 「歌仙連歌・歌仙俳諧」의 준말. 삼십육구(句)로 된 連歌・連句의 형식
**かぜん** [果然] [副] (文) 과연. 역시 ¶ その事が～問題となった 그 일이 역시 문제가 되었다
**がぜん** [*俄然] [副] 아연, 갑자기, 돌연 ¶ ～はりきりだした 아연 활기를 띠었다/ ～脚光を浴びる 갑자기 각광을 받다
**がせんし** [画仙紙・画*箋紙] 화선지
**かそ** [可塑] [造語] 가소 ━剤 [化] 가소제 ━性 [化] 가소성 ━物 [化] 가소물
**かそ** [過疎] [名] 과소. 어느 지역의 인구가 극도로 감소한 상태 ⇔ 過密 ¶ ～の村 (인구가) 과소한 마을 ━化 과소화
**かそう** [下層] 하층 ①아래층= 雲 하층운 ②아래 계층 ¶ ～階級 하층 계급
**かそう** [火葬] [名][他スル] 화장 ¶ ～場 화장터
**かそう** [仮葬] 가매장
**かそう** [仮装] [名][自スル] 가장 ①변장 ¶ 女に～する 여자로 가장하다 ②위장 ¶ ～巡洋艦 가장 순양함 ━行列 가장 행렬 ━舞踏会 가장 무도회
**かそう** [仮想] [名][他スル] 가상 ¶ ～敵 가상 적 ━敵国 가상 적국
**かそう** [家相] 가상. 집의 구조・위치 등으로 판단하는 길흉상 ¶ ～が悪い 가상이 나쁘다
**かぞう** [加増] [名][自他スル] 가증. (영지・녹봉 등을) 증가시킴, 증가함 ¶ 家来に百石を～する 가신에게 100석을 가증하다
**かぞう** [架蔵] [名][他スル] (文) 가장. (서적 등의) 소장 ¶ 一本 ～本 소장본
**かぞう** [家蔵] [名][他スル] (文) 가장. 자기 집에 소장함, 그런 물건 ¶ ～の宝 가장하는 보물
**がぞう** [画像] 화상 ①초상 ¶ 自～ 자화상 ②영상 ¶ ～が乱れる 영상이 흐트러지다 ━石 [考古] 화상석 ━通信 [情] 화상 통신 ¶ ～で会議をする 화상 통신으로 회의를 하다
**かぞえ** [数え] 「数え年」의 준말. 세는 나이
**かぞえあ・げる** [数え上げる] [他下一] ①하나

**かぞえうた**

하나 세다, 열거하다 ¶ 可能性かのうせいを~ 가능성을 열거하다 ②다 세다, 세기를 끝내다

**かぞえうた**【数え歌】 숫자풀이 노래

**かぞえた・てる**【数え立てる】 他下一 하나하나 세다, 열거하다 ¶ 欠点けってんを~ 결점을 열거하다

**かぞえどし**【数え年】 세는 나이, 태어난 해를 한 살로 치는 나이 = 数かぞえ ⇔ 満年齢まんねんれい ¶ ~の十六じゅうろく 세는 나이로 열여섯

**かぞ・える**【数える】 他下一 ①(수를) 세다, 계산하다 ¶ 人数にんずうを~ 인원수를 세다/ 何番目なんばんめかを~ 몇 번째인가를 세다 ②일일이 들다, 꼽다, 罪状ざいじょうを~ 죄상을 열거하다/ 名所めいしょの一ひとつに~・えられる 명소의 하나로 꼽히다

慣用句
**一程ほど** 손꼽을 정도, 아주 적음

**かそく**【加速】 名 自他スル 가속 ¶ アクセルを踏ふんで~する 액셀러레이터를 밟아 가속하다

**かそく**【仮足】 【生】 가족. 위족(偽足)

**かぞく**【家族】 가족 ¶ 核かく~ 핵가족/ ~連つれの旅行りょこう 가족 동반 여행/ ~をやしなう 가족을 부양하다 **─合あわせ** 가족 구성원의 딱지를 짝맞춰 겨루는 딱지놀이 **─計画けいかく** 가족 계획 **─制度せいど** 가족 제도 **─手当てあて** 가족 수당 **─療法りょうほう** 【心】 가족 요법

**かぞく**【華族】 화족, 明治じ유신 후 公卿くぎょう・大名だいみょう에게 주어진 귀족 칭호

**がぞく**【雅俗】 【文】 아속 ①풍아와 비속 ②아어와 속어, 문어체와 구어체 **─折衷体せっちゅうたい** 【表】 아속 절충문

**かそくど**【加速度】 가속도 ①속도가 증가함 ¶ ~がつく 가속도가 붙다 ②【物】 속도의 시간적인 변화의 비율을 나타내는 양 **─的てき** 下 가속도적 ¶ ~増ぞう 가속도적인 증대

**カソリック**(Catholic) 【가】 가톨릭 = カトリック ¶ ~教会きょうかい 가톨릭 교회

**かた**【方】 ①분 ¶ あちらの~ 저쪽 분/ 男おとこの~ 남자 분 ②방향, 방위, 쪽 ¶ 向むこうの~ 저쪽 방향 ③(造語) …하는 방법, …하기 ¶ 正ただしい食たべ~ 바르게 먹는 방법/ 打うち~やめ 쓰기 중지/ 담당 ¶ 賄まかない~ 취사 담당 ⑤(造語) (둘 중의) 한쪽, 편 ¶ 貸かし~ 대변/ 売うり~ 파는 쪽 ⑥(造語) ~댁, 방 ¶ 木村様きむらさま~ 木村씨 전교 ⑦(造語) (「お…」를 붙여) 세 사람까지의 수를 나타내는 공손한 말, 분 ¶ おひと~ 한 분/ おふた~ 두 분/ おさん~ 세 분 ⑧(形式) …쯤, 정도 ¶ 三割さんわり~安やすく買かえる 3할 정도 싸게 살 수 있다 ⑨(形式) 즈음, 시절, 무렵 ¶ 明あけ~ 동틀 무렵/ 過すぎし~ 지난 시절

**かた**【片】 ①(둘 중의) 한쪽, 한편 ¶ ~や社長しゃちょう、~や平社員ひらしゃいんでは話はなしにならない 한쪽은 사장 한쪽은 평사원으로는 이야기가 되지 않는다 ②(造語) (한쌍 중의) 한쪽, 편, 짝, 외, (전체의) 한 부분 ¶ ~方ほう 한쪽/ ~腕うで 외팔/ ~道みち 편도/ ~思おもい 짝사랑 ③(造語) 불완전, 불충분, 조금, 약간 ¶ ~こと

몇 마디 말, 서투른 말/ ~手間てま (본의의) 여가/ ~時とき 잠시 ④(造語) 주변, 치우침 ¶ ~すみ 한쪽 구석/ ~田舎いなか 벽촌/ ~意地いじ 외고집

慣用句
**─が付つく** 결말이 나다, 해결되다
**─を付つける** 결말을 내다, 해결하다

**かた**【形】 ①형태, 모양, 흔적, 자국 ¶ 足あし~ 발자국/ ~が崩くずれる 모양이 망가지다 ②저당, 담보 ¶ 家いえを借金しゃっきんの~に取とられる 집을 빚 담보로 잡히다

慣用句
**─の如ごとく** 형식・관례대로

**かた**【肩】 ①(몸의) 어깨 ¶ ~でかつぐ 어깨로 지다/ ~をもむ 어깨를 주무르다 ②(옷의) 어깨, 어깨 부분 ¶ ~にパッドを付つける 어깨에 심을 넣다 ③(산・길・그릇 등의) 어깨와 비슷한 모양의 부분 ¶ ~道みちに注意ちゅうい 길의 튀어나온 곳에 주의 ④(종이・글씨 등의) 어깨 부분 ¶ 原稿げんこうの右みぎ~に番号ばんごうを打うつ 원고의 오른쪽 어깨 부분에 번호를 달다 ⑤(물건을 던지거나 지는) 어깨 힘, 어깨 ¶ ~が弱よわい 어깨가 약하다

慣用句
**─が良よい** 어깨가 좋다, (구기에서) 공을 잘 던질 수 있는 힘을 가지고 있다
**─が軽かるくなる** 어깨가 가벼워지다 ①어깨의 뻐근함이 풀리다 ②무거운 책임・짐 등을 벗어 홀가분해지다
**─が凝こる** ①어깨가 뻐근하다 ②(긴장하여) 부담을 주다 ¶ ~話はなし 부담을 주는 이야기
**─で息いきをする** (헐떡헐떡) 어깨숨을 쉬다
**─で風かぜを切きる** (어깨로 바람을 가르듯) 의기 양양하게 걷다, 활치다, 위세가 당당하다
**─の荷にが下おりる** (어깨의 짐을 내린 듯) 홀가분해지다
**─を怒いからす** (으스대며) 어깨를 치켜올리다, 상대에게 위압적인 태도를 보이다
**─を入いれる** ①(관심・기대를 가지고) 임하다, 돕다, 거들다, 응원하다 ②벗었던 웃옷을 단정하게 다시 입다
**─を落おとす** 어깨를 늘어뜨리다, 낙담하다
**─を貸かす** 거들어 함께 지키나 나르다 ①돕다, 원조하다, 협력하다
**─を竦すくめる** (추위・불만・의외의 기분임을 나타내어) 어깨를 움츠리다
**─を並ならべる** ①어깨를 나란히 하다 ②어깨를 겨루다
**─を持もつ** (한쪽을) 편들다, 두둔하다, 역성들다

**かた**【型】 형 ①본, 틀, 거푸집, 골 ¶ 鋳いいがた~ 주형/ ~を取とる 본을 뜨다 ②【形】 틀, 형식, 관습 ¶ ~どおりの挨拶あいさつ 틀에 박힌 인사/ 従来じゅうらいの~を破やぶる 종래의 형식을 타파하다 ③(예능・무도 등의) 규범적인 동작・자세, 품 ¶ 柔道じゅうどうの~ 유도의 형/ ~が決きまる 품이 잡히다 ④유형, 타입, 패턴 ¶ 血液けつえき~ 혈액형/ うるさ~ 잔소리꾼/ 軍人ぐんじん~ 군인 타입/ 新あたらしい~の車くるま 신형 자동차

**かた【潟】** ①[地] 석호(潟湖) ②개펄, 간석지＝干潟¶ ③만, 포구¶ 松浦まつうら～ 松浦만

**かた**[多] 과다, 너무 많음¶ 胃酸さん～ 위산 과다/ ～な期待き 지나친 기대

**かた【*夥多】**[名][ナル][文] 과다, 굉장히 많음

**がた【方】**[接尾] …분들이 …님들이 あなた～ 여러분들/ 先生せんせい～ 선생님들

**がた**[口] (상태가) 좋지 않음, 덜거덕거림

[慣用句]
**─が来くる** ①(낡아서) 덜거덕거리다¶ がたが来た自動車じどうしゃ 덜거덕거리는 자동차 ②(나이를 먹어) 몸이 부실해지다

**かたあげ【肩上げ・肩揚げ】**[名][他スル][服] 아이들 옷의 화장을 어깨 부분에서 징그어 짧게 줄임, 그렇게 징근 부분

[慣用句]
**─が取とれる** 다 자라다, 어른이 되다

**かたあし【片足】** 한쪽 다리(뿐인 상태)

[慣用句]
**─を突つっ込こむ** 한쪽 다리를 걸쳐놓다, 관련이 있다

**かたあて【肩当て】** ①(옷의) 어깨심, 어깻바대¶ 作業服さぎょうふくの～ 작업복의 어깨 바대 ②(잘 때) 어깨에 두르는 방한용 천 ③(짐을 멜 때) 어깨에 대는 것

**かた・い【硬い】**[形] ①단단하다¶ 鉄てつは～ 쇠는 단단하다 ②딱딱하다, 굳다, 얼다¶ ～文章ぶん 딱딱한 문장/ ～表情ひょう 굳은 표정

**かた・い【固い・堅い】**[形] ①단단하다, 견고하다¶ ～守備しゅび 견고한 수비/ ～・くしばる 꽉 짜다 ②굳다¶ ～約束やく 굳은 약속/ 口くちが～ 입이 무겁다 ③융통성이 없다¶ 頭あたまが～ 머리가 완고하다 ④착실하다, 믿을 수 있다, 견실하다¶ ～人ひと 견실한 사람 ⑤확실하다, 틀림없다¶ 優勝ゆうしょうは～ 우승은 틀림없다

**かた・い【難い】**[形] 어렵다, 힘들다, 곤란하다¶ 言いうはやすく行おこなうはかたし 말하기는 쉽고 행하기는 어렵다

**かたい【下腿】**[文] 하퇴, 종아리

**かたい【過意】**[文] 과태 ①과실, 태만 ②(과실에 대한) 보상, 벌

**かたい【歌体】** 가체 ①노래의 체재・형체 ②和歌わかの 형식

**かだい【仮題】** 가제, 가제목, 임시 제목

**かだい【架台】**[文] 가대 ①(철도・교량 등의) 받침대 ②발판

**かだい【過大】**[ダ] 과대¶ ～視し 과대시 **─評価ひょうか** 과대 평가

**かだい【歌題】** 和歌わかの 제목

**かだい【課題】** 과제 ①해결해야 할 문제¶ 本年度ねんどの～ 금년도의 과제 ②(일・공부의) 제목¶ ～を与あたえる 과제를 주다

**がた・い【難い】**[形][形式] …하기 어렵다, …할 수 없다¶ 信しんじ～ 믿기 어렵다/ 度どし～ 구제할 수 없다/ 得え～人物じんぶつ 얻기 힘든 인물

**がだい【画題】** 화제 ①그림의 제재 ②그림의 제목¶ ～をつける 그림의 제목을 달다

**かたいき【片息】** 어깨숨, 어깨를 들먹이며 가쁘게 쉬는 약한 숨¶ ～をつく 어깨숨을 쉬다

**かたいじ【片意地】**[名] 외고집, 쇠고집, 황소 고집¶ ～を張はる 외고집을 부리다

**かたいっぽう【片一方】**[口] (둘 중 어느) 한쪽¶ 手袋てぶくろの～ 장갑의 한 짝

**かたいと【片糸】** 단사, 홑실

**かたいなか【片田舎】** 벽촌, 외만 시골

**かたいれ【肩入れ】**[名][自スル] 편듦, 가세, 도움, 후원함¶ 市しが～をしている行事ぎょうじ 시가 후원하고 있는 행사

**かたうで【片腕】** ①한쪽 팔, 외팔 ②심복, 오른팔¶ 社長しゃちょうの～ 사장의 오른팔

**かたうらみ【片恨み】** (근거 없이) 일방적으로 원망함, 그런 원망

**かたえ**[口] ①한쪽, 한편 ②[*傍] 한 옆, 한 곁¶ ～に寄よる 한쪽 곁으로 비키다

**かたえくぼ【片*靨】** 한쪽 보조개

**かたおか【片丘・片*岡】** 한쪽이 다른 쪽에 비해 경사가 급한 언덕

**かたおき【型置き】** 무늬본을 놓고 그 위에 칠하는 염색 기법, 그런 일을 하는 직공

**かたおち【がた落ち】**[名][自スル][口] ①(값・인기 등이) 뚝 떨어짐¶ 人気にんき～だ 인기가 뚝 떨어지다/ 遊あそび過すぎて成績せいせきが～した 너무 놀아서 성적이 뚝 떨어졌다 ②훨씬 뒤짐[못 미침]¶ 腕うでは～だ 솜씨가 훨씬 뒤진다

**かたおなみ【片男波】** 높은 파도 ⇔ 男波おなみ

**かたおもい【片思い】** 짝사랑 ＝片恋かたこい¶ ～の切せつなさ 짝사랑의 안타까움

**かたおや【片親】** ①한쪽 부모 ⇔ ふたおや ②편친, 편모¶ ～で育そだつ 편모 슬하에서 자라다

**かたがき【肩書(き)】** ①(명함 등에 적힌) 직함¶ なんの～もない 아무 직함도 없다 ②사회적 지위, 신분¶ 立派りっぱな～をもつ 훌륭한 직함을 갖다, 사회적 지위가 어연번듯하다 **─付つき** ①직함이 있음 ②전력이 있음, 악명이 높음¶ ～の悪党あくとう 이름난 악당

**かたかけ【肩掛(け)】** 어깨걸이, 숄＝ショール

**かたかげ【片陰】** ①(구석진) 한쪽 그늘¶ ～へ呼よんで話はす 한쪽 그늘로 불러 이야기하다 ②그늘, (특히 여름 오후의) 짙은 그늘

**かたかた【片方】** 한쪽, 한편＝かたほう¶ ～の手てを上あげる 한쪽 손을 쳐들다

**かたがた【方々】** 제현, 여러분¶ お集あつまりの～ 모이신 여러분/ 御希望ごきぼうの～はお申もうし出でください 희망하시는 분들은 신청해 주십시오

**かたがた【*旁】** …할 겸, …하는 김에＝がてら¶ お礼れい～御機嫌ごきげん伺うかがいに参まいる 인사 말씀 드릴 겸 문안 드리고자 찾아뵙다

**かたがた【*旁】**[接][文] 아울러, 겸하여＝ついでに¶ 任務にんむをまっとうし～見聞けんぶんを広ひろめる 임무를 다하고 아울러 견문을 넓히다

**がたがた I**[副][自スル] ①덜커덩덜커덩, 덜컹덜컹¶ 雨戸あまどが～と鳴なる 덧문이 덜커덩덜커

**かたかな** 【片仮名】 仮名の하나. 한자의 일부를 따서 만든 음절 문자

**かたがみ** 【型紙】 형지 ①(양재에서) 종이 본¶ ～を取る 종이 본을 뜨다 ②무늬를 염색할 때 쓰는 종이

**かたがわ** 【片側】 한쪽, 일방¶ ～通行 일방통행 —町 길 한쪽에만 집이 늘어선 동리 = 片町¶ 河に沿った～ 강을 따라 길 한쪽에만 집이 늘어선 동리

**かたがわり** 【肩代(わり)・肩替(わり)】 名 自他スル 대신 떠맡음¶ 借金を～する 빚을 대신 떠맡다

**かたき** 【敵】 ① 【˚仇】 원수= あだ¶ 親の～ 어버이의 원수/ 目の～ 눈엣가시 ②경쟁 상대, 적수¶ 恋～ 연적/ 碁～ 바둑의 적수
慣用句
—を討つ 원수를 갚다, 복수하다
—を取る 원수를 갚다, 복수하다

**かたぎ** 【気質】 기질. (직업・신분・환경 특유의) 기풍¶ 昔～ 옛 기풍/ 職人～ 장인 기질

**かたぎ** 【形木・˚模】 ①날염용 판박이 판 ②판목=版木

**かたぎ** 【堅気】 名 ſ ①건전한 직업에 종사함, 그런 직업¶ ～になる 건전한 직업인이 되다 ②고지식함, 건실함¶ ～な人 고지식한 사람/ ～で暮す 건실하게 살아가다

**かたきうち** 【敵討ち】 원수를 갚음, 복수¶ 親の～をする 부모의 원수를 갚다

**かたぎぬ** 【肩衣】 ①어깨와 몸통만 있고 소매가 없는 서민의 옷 ②소매 없이 어깨에서 등으로 걸쳐 입는 무사의 예복

**かたきやく** 【敵役】 악역 ①(연극의) 악인 역 ②미움받는 입장인 사람, 미움받는 역¶ ～を務めさせる 미움받는 역을 담당하다

**かたく** 【火宅】 【佛】 화택, 이승, 현세, 사바¶ 三界の～ 삼계의 화택

**かたく** 【仮託】 名 他スル 文 가탁. 빙자¶ 昔話に～にして諭す 옛날 이야기를 가탁하여 타이르다

**かたく** 【花˚托】 【植】 화탁, 꽃턱= 花床

**かたく** 【家宅】 가택, 주거¶ ～侵入 가택 침입 —搜索 【法】 가택 수색

**かたくち** 【片口】 ①한쪽만의 말¶ ～の御裁断 한쪽 말만 듣고 내리는 판정 ②한쪽에만 귀때가 달린 주발이나 술병 —鰯 【動】 멸치

**かたくち** 【肩口】 어깻죽지, 어깨부들기¶ 矢先を～にあてる布 어깻죽지에 대는 헝겊

**かたくな** 【˚頑】 ナ 완고함, 고집스러움¶ ～な態度 완고한 태도/ ～に口をつぐむ 고집스럽게 입을 다물다

**かたくない** 【難くない】 連語 文 (「…に～」의 꼴로) …하기가 어렵지 않다, 쉽게 …할 수 있다¶ 想像するに～ 상상하기가 어렵지 않다

**かたくり** 【片˚栗】 【植】 얼레지 —粉 얼레짓가루, 녹말

**かたくるし・い** 【堅苦しい】 形 딱딱하다, 거북스럽다¶ ～挨拶はぬきにして… 딱딱한 인사는 생략하기로 하고…

**かたぐるま** 【肩車】 ①목말¶ ～に乗せる 목말을 태우다 (유도 등에서) 어깨로 메치기

**かた・げる** 【担げる】 他下一 (어깨에) 메다, 짊어지다=かつぐ¶ リュックサックを～ 륙색을 짊어지다

**かた・げる** 【傾げる】 他下一 기울이다, 갸웃하다=かしげる¶ 首を～ 고개를 갸웃하다

**かたこい** 【片恋】 짝사랑

**かたこと** 【片言】 ①편언, 한 마디 말¶ ～も聞き漏らすまいとする 한 마디 말도 빠뜨리지 않고 들으려고 하다 ②서투른[더듬거리는] 말씨¶ ～の英語 서투른 영어 ③한쪽만의 말

**かたこり** 【肩凝り】 어깨가 뻐근함[결림]

**かたさき** 【肩先】 어깻죽지, 어깻부들기= 肩口¶ ～が寒い 어깻죽지가 시리다

**かたしき** 【型式】 형식. (자동차 등의) 모델¶ ～番号 형식 번호/ 新しい～の車を展示 새로운 모델의 자동차를 전시하다

**かたじけな・い** 【˚忝い・˚辱い】 形 文 ①(은혜 등을 입어) 과분하다, 황송하다¶ ～お言葉 황송하신 말씀¶ 고맙다, 감사하다¶ ご配慮いただくこと・～く存じます 배려해 주셔서 정말 감사합니다 ▷ 예스러운 말

**かたしろ** 【形代】 ①신주, 지방, 위패 ②재앙을 쫓는 데 쓰는 종이 인형 ③대신하는 것, 대역

**かたじん** 【堅人】 건실한[고지식한] 사람

**かた・す** 【片す】 他五 치우다 ①정돈하다, 정리하다¶ 机の上を～ 책상 위를 치우다/ 道具を～ 도구를 정돈하다 ②(한쪽으로) 옮기다¶ わきへ～ 옆으로 치우다

**かたず** 【固˚唾】 마른침
慣用句
—を呑む (긴장하여) 마른침을 삼키다

**かたすかし** 【肩透かし】 ①【相撲】 공격해 오는 상대를 살짝 피하며 어깨를 쳐서 쓰러뜨리는 기술 ②상대방 공격을 잘 피함, 허탕치게 함¶ ～を食わせる 골탕을 먹이다

**かたすみ** 【片隅】 한구석

**かたすみ** 【堅炭】 참숯, 백탄

**かたぞう** 【堅蔵】 (口) (풍류를 모르는) 고지식한 사람= 堅物

**かたそで** 【片˚袖】 ①한쪽 소매 ②서랍이 한쪽에만 있는 책상

**かたぞめ** 【型染(め)】 형지(型紙)로 무늬를 박아 염색함, 그렇게 염색한 것

**かたたがえ** 【方˚違え】 民 (음양도에서) 출타할 때 목적지의 방향이 불길하면 그 전날 다른 곳에서 자고 다음날 목적지로 떠나는 일

**かただより** 【片便り】 (편지를 보냈는데) 답장이 오지 않음

**かたち** 【形】 ①모양, 형상, 형체¶ 山の～ 산

모양/ 影₩も ~もない 그림자도 형체도 없다 ②(외관상의) 자세, 태도¶ ~を改める 태도를 바꾸다/ ~を繕う 자세를 가다듬다 ③(정연한) 상태, 형식¶ こういう~で決착した 이런 형식으로 결착되었다 ④(실질이 있는) 형식, 외형¶ 一応は終ったという~にしておく 일단 끝났다는 모양새로 하여 두다

**かたちづく・る** [形作る] [文] I 他五 화장하다, 몸치장을 하다 II 他五 ①(형태를) 이루다, 형성하다¶ 工場地帶を~ 공장 지대를 형성하다 ②(내용을) 이루다, 구성하다¶ 組織を~ 조직을 구성하다

**かたち ばかり** [形ばかり] 連語 (「~の」의 꼴로 쓰여) 형식뿐인, 명색뿐인¶ ~のお祝い 명색뿐인 축하

**かた ちんば** [片跛] 口 I 名 절름발이, 절뚝발이= ちんば II 형 짝짝이¶ 靴下を~に履く 양말을 짝짝으로 신다

**かたつ** [下達] 名 他スル 文 하달 ⇔ 上達¶ 上意~ 상의하달

**かた つき** [肩付き] 어깨 모양¶ ほっそりした~ 호리호리한 어깨 모양

**かた つき** [型付き] (옷 등에) 형지를 써서 무늬를 박은 것

**かたづ・く** [片付く] 自五 ①정돈되다, 정리되다¶ 机の上が~ 책상 위가 정돈되다 ②해결되다, 끝나다¶ 事件が~ 사건이 해결되다, 宿題が~ 숙제가 끝나다 ③시집가다, 출가하다¶ 末娘が~ 막내딸이 시집가다 ④俗 방해자가 제거되다, 살해되다

**かた つ・く** 自五 ①덜커덕거리다, 덜컹거리다¶ 風で戶が~ 바람에 문이 덜컹거리다 ②와들와들 떨다 ③(조직이) 흔들리다, 동요하다¶ 組織が~ 조직이 흔들리다

**かた つけ** [型付け] 형지(型紙)를 대고 무늬를 찍음, 그런 일을 하는 직공= 型置き

**かたづけ** [片付け] 치움, 처리, 後~ 뒷처리 一物 (사용한 물건을) 정리해서 치움, 뒤치다꺼리¶ ~を済ます 뒤치다꺼리를 마치다

**かたづ・ける** [片付ける] 他下一 치우다 ①정돈하다, 정리하다¶ 部屋を~ 방을 치우다 ②(어디에 넣어) 정리하다¶ 書類を金庫に~ 서류를 금고에 넣어 정리하다 ③처리하다, 끝내다¶ 仕事を~ 일을 끝내다 ④시집보내다¶ 娘を~ 딸을 시집보내다 ⑤俗 (사람을) 처치하다, 죽이다¶ 邪魔者を~ 방해꾼을 처치하다

**がたっと** 副 口 ①(물건이 기울거나 무너지는) 덜컥, 덜커덕¶ 棚から箱が~落ちる 선반에서 상자가 덜컥 떨어지다 ②(사태가 갑자기 나빠지는) 뚝, 두드러지게¶ 成績が~落ちる 성적이 뚝 떨어지다

**かたっぱしから** [片っ端から] 副 닥치는 대로, 모조리¶ 小說を~読む 소설을 닥치는 대로 읽다

**かたつむり** [蝸牛] 動 달팽이

**かた て** [片手] ①한 손¶ ~で運転する 한 손으로 운전하다 ②(5·50·500 등) 5자가 붙는 수¶ ~だけ貸してくれ 다섯 장만 빌려주게 ③한쪽¶ 舞台の~ 무대의 한쪽 ④본업의 짬= かたてま 一桶 한쪽에만 손잡이가 달린 통

**かた おち** [片手落ち] 名 不 편파적임, 불공평함¶ ~の処分 편파적인 처분/ 君だけ助けるなんて~だ 너만 도와준다니 불공평하다

**かた てま** [片手間] 名 본업의 짬, 틈¶ ~の仕事 틈틈이 하는 일, 부업

**かた どおり** [型通り] 不 판에 박은 듯함, 격식대로임¶ ~の挨拶 판에 박은 듯한 인사

**かた とき** [片時] 한시, 잠시¶ ~の命の 짧은 목숨/ ~も忘れない 한시도 잊지 않다

**かた ど・る** [象る] 他五 ①(모양을) 본뜨다, 모방하다¶ 山水を~ 산수를 본뜨다 ②(어느 모습을) 닮게 하다¶ 生の喜びを~った群舞 삶의 기쁨을 유사하게 표현한 군무

**かた な** [刀] ①칼 ②(허리에 차는) 긴 칼, 검 **一の鯖**(「~となる·~にする」의 꼴로) 칼 맞아 죽는 일, 칼로 베어 죽이는 일 **一の手前** 무사의 체면상 慣用句 **一折れ矢尽きる** 칼은 부러지고 화살은 바닥났다 ①싸움에서 완패하다 ②속수 무책이다 **一に懸けても** 칼을 써서라도, 힘으로라도 ②무사의 명예를 걸고라도

**がた・い** 形 [形い] → がたい

**かたな かじ** [刀鍛冶] 도공(刀工)

**かたな がり** [刀狩(り)] 史 농민 소유의 무기·무구의 몰수 정책

**かた ながれ** [片流れ] 외쪽 지붕, 용마루에서 추녀까지 한쪽으로만 경사진 지붕¶ ~造 외쪽 지붕으로 지음

**かたな きず** [刀傷·刀疵] 칼로 생긴 상처, 칼자국¶ ほおに~のある男 뺨에 칼자국이 있는 남자

**かた なし** [形無し] 名 ①아주 엉망이 됨, 잡침, 망침¶ 大雨で競技会も~になる 큰 비로 경기 대회도 엉망이 되다 ②면목없음, 체면을 잃음¶ 失敗続きで~だ 실패의 연속으로 체면이 말이 아니다

**かた ならし** [肩慣らし] 名 自スル (투수 등이) 가벼운 투구 연습으로 어깨 컨디션을 조절함¶ ~程度の練習 어깨를 푸는 정도의 연습

**かた ねり** [固練り·固煉り] 차지게 반죽함, 차지게 반죽한 것¶ ~のようちかん 차진 양갱

**かた は** [片刃] 외날, 외날의 칼붙이= かたば ⇔ 両刃·諸刃 ¶ ~のかみそり 외날 면도칼

**かた はい** [片肺] ①한쪽 폐 ②(쌍발기의) 한쪽 엔진만 작동됨¶ ~飛行 한쪽 엔진만으로의 비행

**かた ばかり** [形許り] 連語 형식뿐임, 명색뿐임= かたちばかり ¶ ~の挨拶 형식뿐인 인사

**かた はく** [片白] 백미와 현미를 누룩으로 빚은 술

**かた はし** [片端] ①한쪽 끝¶ ベンチの~ 벤치의 한쪽 끝/ ~からなぎ倒す 한쪽 끝부터 닥치는 대로 베어 버리다 ②일부분, 단편¶ 話しの~を聞く 이야기의 일부를 듣다

かたはだ【肩肌】한쪽 어깨・팔의 피부[살갗]
  慣用句
  —脱ぐ ①한쪽 어깨를 벗어 어깨・팔을 내놓다 ②발벗고 나서다, 거들다, 원조하다
かたパッド【肩パッド】服 어깨 패드, 어깨심
かたはば【肩幅】①어깨폭, 어깨의 너비¶ ~が広い 어깨통이 넓다 ②服 (옷의) 품
かたばみ〈酢漿草〉植 괭이밥
かたはらいた・い【片腹痛い】形 가소롭다¶ 身の程知らずで~ 분수도 모르다니 가소롭다
カタパルト (catapult) 캐터펄트 ①돌이나 창을 쏘아 보내는 옛 무기 ②함선의 갑판에서 비행기를 발진시키는 장치
かたパン【堅パン】건빵= 乾パン
かたびさし【片庇】①한쪽으로만 난 차양 ②허술한 달개 지붕
かたひじ【肩肘】어깨와 팔꿈치
  慣用句
  —張る ①(긴장해서) 뻣뻣하게 굴다 ②뽐내다, 버기다
がたぴし 副 自スル (口) ①탁, 덜커덕¶ 機械が~する 기계가 덜커덕거리다 ②(문 등이) 삐걱삐걱¶ ~と障子をしめる 삐걱삐걱하며 미닫이를 닫다 ③(比) (조직 등이) 느슨해서 움직임이 둔한 모양¶ 社内が~している 사내가 삐걱거리고 있다
かたぶつ【堅物】고지식한 사람, 융통성이 없는 사람
かたぶとり【堅太り・固肥り】名 自スル 탄탄하게 살짐, 그런 사람¶ ~のした体格 탄탄하게 살찐 체격
がたべり【がた減り】名 自スル (口) 현저히 줌, 격감¶ 生産が~になる 생산이 격감하다
かたへん【方偏】(한자 부수의) 모방변 = ほうへん ▷「旅・旗」 등의「方」 부분
かたへん【片偏】(한자 부수의) 조각편변 ▷「版・牌」 등의「片」 부분
かたほ【片帆】①(두 돛 중의) 한쪽 돛¶ 돛을 한쪽으로 기울여 올림 ⇔ 真帆
かたほう【片方】(둘 중의) 한쪽, 한 짝¶ ~だけの言い分 한쪽 만의 주장/ 手袋の~がなくなる 장갑 한 짝이 없어지다
かたぼう【片棒】(두 교군꾼 중의) 한쪽 교군꾼
  慣用句
  —を担ぐ (상대편과 손잡고) 함께 일하다, 가담하다, 거들다
かたぼうえき【片貿易】편무역
かたほとり【片辺】①(중심지에서 떨어져 한적한) 한구석 ②두메, 벽촌
かたまえ【片前】(양복의) 싱글 ↔ 両前
かたまり【塊】①덩어리¶ 土の~ 흙덩어리 ②집단, 무리, 떼¶ 一つの~になる 한 무리가 되다 ③(어떤 경향・성질의) 극단적으로 강함¶ 欲の~ 욕심덩어리
かたま・る【固まる】自五 ①굳다, 굳어지다¶ 雨降って地~ 비온 뒤에 땅이 굳는다 ②(상태・생각 등이) 굳어지다, 튼튼해지다,

확고해지다¶ 方針が~ 방침이 굳어지다/ 基礎が~ 기초가 튼튼해지다 ③모이다, 뭉치다¶ 子供達が~って遊ぶ 아이들이 모여서 놀다
かたみ【×篋】(女) (가늘게 엮은) 대바구니¶ 花~ 꽃바구니
かたみ【片身】①몸의 반쪽, (특히) 등뼈를 따라 반으로 가른 생선의 한쪽¶ かつおの~ 가다랭이 반 토막 ②(옷의) 길의 반쪽
かたみ【形見・片身】①유물, 유품¶ 母の~ 어머니의 유품 ②(과거의) 추억거리, 기념물¶ 青春の~ 청춘의 추억거리/ 一分を~ 인의 유품을 친척・친지 등에게 나누어 줌
かたみ【肩身】①어깨와 몸통 ②면목, 체면
  慣用句
  —が狭い 떳떳하지 못하다, 창피하다
  —が広い 떳떳하다, 자랑스럽다
かたみがわり【互替(わり)】名 번갈아[교대로] 함¶ ~に行く 번갈아 가다
かたみち【片道】편도¶ ~運賃 편도 운임¶ ~通行 일방 통행
かたむき【傾き】①기울기, 경사¶ ~かげん 경사도/ 坂道の~がひどい 비탈길의 경사가 심하다 ②경향¶ 景気下降の~がある 경기가 하강하는 경향이 있다
かたむ・く【傾く】自五 기울다 ①비스듬해지다¶ 塀が~ 담이 기울다 ②(해・달이) 지려고 하다¶ 太陽が西の空に~ 해가 서쪽 하늘로 기울다 ③쇠퇴하다¶ 国運が~ 국운이 기울다 ④(생각 등이) 쏠리다, 치우치다¶ 理論だけに~ 이론에만 치우치다
かたむ・ける【傾ける】他下一 기울이다 ①비스듬하게 하다¶ 杯を~ 잔을 기울이다 ②집중하게 하다¶ 耳を~ 귀를 기울이다 ③쇠퇴하게 하다, 망하게 하다¶ 国を~ 나라를 망하게 하다¶ 身代を~ 가산을 기울게 하다
かため【固め】①(強語) 굳힘, 단단하게 함¶ 基礎の~ 기초를 굳힘¶ 足の~ 발판을 다짐 ②굳은 약속, 맹세¶ ~の杯 맹세의 술잔 ③방비, 수비¶ 城門の~ 성문의 방비
かため【片目】①한쪽 눈¶ ~をつぶる 한쪽 눈을 감다 ②애꾸눈, 외눈
  慣用句
  —が明く ①계속 지고 있던 승부에서 겨우 한번 이기다 ②일자무식을 조금 면하다
かため【固め】名 (음식이) 되직함, 조금 됨¶ ~の御飯 되직한 밥
かた・める【固める】他下一 ①(무른 것을) 굳히다, 다지다¶ 雪を踏んで~ 눈을 밟아 다지다 ②굳히다, 확고히 하다, 다지다¶ 計画を~ 계획을 확고히 하다/ 結束を~ 결속을 다지다 ③모으다, 집중시키다¶ 荷物を一か所に~ 짐을 한곳으로 모으다 ④(집단・조직을) …만으로 이루다, 구성하다¶ 委員会を自派だけで~ 위원회를 자파 사람만으로 구성하다 ⑤(방비를) 공고히 하다, 굳게 지키다¶ 城門を~ 성문을 굳게 지키다 ⑥단정하게 입다¶ 晴れ着で身を~

나들이옷으로 몸치장을 하다
**かためわざ** [固め技] (유도에서) 굳히기
**かためん** [片面] 편면, 한쪽 면, 일면¶ レコードの~ 레코드의 한쪽 면/ ~刷り 편면 인쇄
**かたや** [片や] 連語¶한쪽은 ~ 政界の、~財界の大物 한쪽은 정계의 한쪽은 재계의 거물 ②[相撲] (심판이 씨름꾼을 씨름판으로 불러들일 때 하는 말) 한쪽은¶ ~栃錦、こなた… 한쪽은 栃錦 이쪽은…
**かたやぶり** [型破り] 名[ナ] 파격적임, 엉뚱함, 색다름¶ ~の行動 파격적인 행동/ ~な男 엉뚱한 사나이
**かたやまざと** [片山里] 文 두메 산골, 벽촌
**かたよ・せる** [片寄せる] 他下一 한쪽으로 치우다¶ 荷を~・せておく 짐을 한쪽으로 치워 두다
**かたよ・る** [偏る・片寄る] 自五 치우치다 ①(한쪽으로) 쏠리다¶ 船の荷物が~が前よりに 배의 짐이 앞으로 쏠리다 ②(목표에서) 벗어나다¶ 航路が南に~ 항로가 남쪽으로 치우치다 ③불공평해지다¶ ~・った判定 불공평한 판정
**かたら・う** [語らう] 他五 文 ①이야기를 나누다¶ 友と~ 친구와 이야기를 나누다 ②(설득하여) 끌어들이다, 규합하다¶ 同志を~・って旗揚げする 동지를 규합하여 거사하다
**かたり** [語り] ①이야기¶ 昔の~ 옛날 이야기 ②[芸] (能・狂言에서) 가락을 붙이지 않고 과거를 이야기함, 그런 문구 ③(라디오・텔레비전 등의) 낭독, 내레이션¶ ~のうまい声優 낭독을 잘 하는 성우
**かたり** [騙り] (남을) 속임, 편취, 사기, 사기꾼¶ ~に遭う 사기를 당하다
**かたりあ・う** [語り合う] 他五 (친하게) 이야기를 나누다¶ 楽しく~ 즐겁게 이야기를 나누다
**かたりあか・す** [語り明かす] 他五 이야기하며 밤을 새우다¶ 旧友と~ 옛친구와 이야기하며 밤을 지새우다
**かたりぐさ** [語り草・語り種] 이야깃거리, 화제¶ 後世の~となる 후세의 이야깃거리가 되다
**かたりくち** [語り口] ①말투, 어조¶ 神妙な~ 온윤한 말투 ②(落語・講談 등에서) 말솜씨¶ 絶妙の~ 절묘한 말솜씨
**かたりつ・ぐ** [語り継ぐ] 他五 말로 전해 내려가다, 구전하다¶ ~・がれた浦島伝説 구전되어 온 浦島 전설
**かたりつた・える** [語り伝える] 他下一 (후세에) 이야기로 전하다, 구전하다
**かたりて** [語り手] ①말하는 사람, 화자(話者) ②이야기꾼¶ 彼は上手な~だ 그는 뛰어난 이야기꾼이다 ③내레이터, 해설자
**かたりべ** [語り部] [史] 奈良・平安 시대 조정에 출사하여 전설・고사를 이야기하는 것을 직업으로 삼았던 씨족
**かたりもの** [語り物] [芸] 가락을 붙여 악기에 맞춰 서사적인 이야기를 낭창하는 예능
**かた・る** [語る] 他五 ①말하다, 이야기하다¶ あらましを~ 개요를 말하다/ 昔のことを~ 옛날 일을 이야기하다 ②가락을 붙여 낭독하다, 읊다¶ 浄瑠璃を~ 浄瑠璃를 가락을 붙여서 읊다 ③文 나타내다, 표현하다¶ 事故の悲惨さを如実に~ 사고의 비참함을 여실히 나타내다
慣用句
──に落ちる 이야기하는 중에 무심코 사실을 말해 버리다
──に足る 이야기할 만하다[가치가 있다]
**かた・る** [騙る] 他五 ①사칭하다¶ 身分を~ 신분을 사칭하다 ②사취하다, 편취하다¶ 宝石を~ 보석을 사취하다
**カタル** (독 Katarrh) [医] 카타르¶ 胃~ 위카타르
**カタルシス** (그 katharsis) 카타르시스 ①정신 정화 요법 ②[心] 정신 정화 요법
**かたわ** [片端・片輪] ①신체 장애(자), 불구자¶ 戦争で~になる 전쟁으로 불구자가 되다 ②(짝으로 된 도구 등이) 다 갖추어져 있지 않음 ③(생각 등이) 치우쳐 있음, 비정상임, 불균형임¶ ~な考え方 한쪽으로 치우친 사고 방식
**かたわき** [片脇] 한 옆, 한쪽 구석¶ ~によせる 한쪽 옆에 놓다
**かたわら** [傍ら] ①옆, 곁, 가¶ 道の~ 길가/ ~から口を出す 옆에서 말참견하다 ②…하는 한편, …함과 동시에¶ 育児の~大学에 通う 육아를 하는 한편 대학에 다니다
慣用句
──に人無きが若し 곁에 아무도 없는 것같이 행동하다, 방약무인(傍若無人)하다
**かたわれ** [片割れ] ①깨진 조각, 파편¶ 土器の~ 토기 파편 ②(갖추어진 것의) 한 부분, (쌍의) 한 짝 ③(한패 중의) 한 사람¶ 強盗の~がつかまる 강도 중의 한 사람이 붙잡히다 ④분신 ⑤半月, 조각달
**かたん** [下端] 하단 ⇔ 上端
**かたん** [荷担・加担] 名 自スル 가담¶ 陰謀に~する 음모에 가담하다
**かだん** [花壇] 화단, 꽃밭¶ 小さな~をつくる 작은 화단을 만들다
**かだん** [果断] [ナ] 과단¶ ~な処置 과단성 있는 조처
**かだん** [歌壇] 가단, 가인(歌人)들의 사회
**がだん** [画壇] 화단, 화가들의 사회¶ ~の奇才 화단의 기재
**カタンいと** [カタン糸] 코튼사, (재봉틀용) 무명실
**がたんと** 副(ロ) ①(물건이 넘어지거나 떨어지는 소리) 쾅, 쿵, 덜커덩¶ 戸を~しめる 문을 쾅 하고 닫다/ いすが~倒された 의자가 덜커덩 쓰러졌다 ②(갑자기 악화되는 모양) 뚝¶ 成績が~下がる 성적이 뚝 떨어지다
**かち** [*褐] 짙은 남색 = かつ
**かち** [°徒] 걸어감, 도보¶ ~で行く 도보로 가다
**かち** [勝ち] 이김, 승리 ⇔ 負け¶ 逆転~

かち

역전승/ ～を収める 승리를 거두다

慣用句

―に乗ずる 이긴 여세를 몰다

―を拾う 뜻밖의 승리를 거두다

かち【価値】 ①값어치, 유용성¶一見の～もない 한번 볼만한 가치도 없다 ②經재화의 효용 정도¶貨幣～ 화폐 가치 ―観 가치관 ―判断 가치 판단

がち【勝ち】 ①(의 비율)이 많음¶黒目～ 눈동자가 큼 ②…의 경향이 많음, 자주(자꾸) …함¶曇り～ 주로 흐림/病気～ 곧잘 병을 앓음/ えてしてそう考え～だ 자칫 그렇게 생각하기 쉽다

がち【雅致】〔文〕 아치, 아취(雅趣)¶～に富む 아취가 넘치다

かちあ・う【*搗ち合う】自五 ①부딪치다, 충돌하다¶頭と頭が～ 머리와 머리가 부딪치다 ②겹치다¶祝日が日曜と～ 경축일이 일요일과 겹치다

かちいくさ【勝ち戦・勝ち*軍】 승전¶一方的な～ 승전

かち・える【勝ち得る・*贏ち得る】他下一 (노력해서) 거두다, 쟁취하다, 획득하다¶勝利を～ 승리를 거두다/信用を～ 신용을 얻다

かちかちⅠ副と ①딱딱, 딸깍¶拍子木を～とたたく 딱따기를 딱딱 두드리다 ②재깍재깍, 똑딱똑딱¶時計が～音をたてる 시계가 재깍재깍 소리를 내다Ⅱ形動 ①(굳어서) 단단함¶～のパン 딱딱한 빵 ②(긴장해서) 굳어짐¶壇上で～になる 단상에서 얼어 버리다 ③융통성이 없음, 빡빡함¶～の石頭 융통성이 없는 돌대가리

がちがちⅠ副と(口) ①딱딱, 탁탁¶寒さで歯が～なる 추위로 이가 딱딱대다 ②아득바득, 악착같이¶～と稼ぎまくる 아득바득 돈을 벌어대다Ⅱ形動 ①매우 단단히 굳힘¶セメントで～固める 시멘트로 단단히 굳히다 ②탐욕으로 뭉쳐 있음¶～の守銭奴 탐욕으로 뭉쳐진 수전노

かちき【勝ち気】名ノ 기승스러움=負けん気¶～な子 기승스러운 아이

かちく【家畜】畜 가축

かちぐり【*搗栗・*勝栗】 황률, 황밤

かちこ・す【勝ち越す】自五 이긴 횟수가 진 횟수보다 많다 ⇔負け越す¶八勝七敗で～ 8승 7패로 이긴 횟수가 더 많다

かちすす・む【勝ち進む】自五 ①(싸움에서) 연승하여 전진하다 ②(시합 등에서) 이겨 다음 단계로 나아가다¶決勝まで～ 이겨서 결승까지 올라가다

かちっぱなし【勝ちっ放し】 내리 이김, 연승

かちどき【勝*鬨・*勝ち*鬨】 개가, 승리의 함성=凱歌¶～を挙げる 개가를 울리다

かちと・る【勝ち取る】他五 (노력해서) 얻다, 차지하다, 쟁취하다¶優勝を～ 우승을 차지하다/自由を～ 자유를 쟁취하다

かちなのり【勝ち名乗り】 ①相撲 심판이 이긴 쪽 이름을 부르는 일¶～を受ける 이름이 불리워 승리를 선언받다 ②(경기에서) 승리함¶～を挙げる 승리를 선언하다

かちぬき【勝ち抜き】 ①(경기에서) 결승까지 승자끼리 싸워 우승자를 결정하는 방식, 토너먼트 ②질 때까지 계속해서 상대를 바꾸어 시합하는 방식¶～戦 승자 진출전

かちぬ・く【勝ち抜く】自五 ①결승까지 승자끼리 서로 승부를 거듭해 가다¶トーナメントを～ 토너먼트를 이겨 나가다 ②(경기에서) 계속 상대를 꺾어가며 내리 이기다¶～いて決勝戦にすすむ 내리 이겨 결승전에 진출하다 ③끝까지 싸워 이기다¶苦しい戦いであったがついに～・いた 고통스러운 싸움이었으나 마침내 이겨냈다

かちのこり【勝ち残り】 계속 상대를 꺾어 내리 이긴 승자

かちのこ・る【勝ち残る】自五 (경기에서) 이겨 다음 단계로 진출하다=勝ち進む¶決勝戦まで～ 결승전까지 진출하다

かちはだし【*徒*跣】 맨발로 걸음=はだし

かちほこ・る【勝ち誇る】自五 이겨서 의기양양하다, 승리하여 뽐내다¶～った態度 이겨서 의기 양양한 태도

かちぼし【勝ち星】相撲 이긴 사람 이름 위에 찍는 흰 동그라미=白星¶～をあげる 이기다, 승리하다

慣用句

―を拾う 가까스로〔아슬아슬하게〕이기다

かちまけ【勝ち負け】 승부, 승패=勝敗・勝負¶～を争う 승패를 다투다

かちみ【勝ち味】 승산, 이길 가망=勝ち目¶～がない 승산이 없다

かちめ【勝ち目】 승산, 이길 가망=勝ち味¶～のない戦い 승산이 없는 싸움

かちゃかちゃ 副と → がちゃがちゃⅡ

がちゃがちゃⅠ名 「くつわむし」철썩기」의 속칭Ⅱ副とスル(口) ①잘가닥잘가닥, 절그렁절그렁¶鍵の束を～させる 열쇠 꾸러미를 절그렁거리다 ②시끌시끌, 쫑알쫑알¶～文句ばかり言う 쫑알쫑알 불평만 하다Ⅲ形動 뒤죽박죽임¶机の上が～だ 책상 위가 뒤죽박죽이다

がちゃめ【がちゃ目】(俗) 사팔뜨기, 사시

かちゅう【火中】〔文〕①불 속 ②(「～にする」꼴로) 불 속에 던져넣어 태움¶手紙を～にする 편지를 불 속에 던져넣어 태우다

慣用句

―の栗を拾う 남의 이익을 위해 위험을 무릅쓰다

かちゅう【家中】 ①집 안¶～くまなく 집 안 구석구석까지 ②온 가족(식구)¶～の安全 온 가족의 안전 ③大名・小名의 가신

かちゅう【華中】 화중, 중국 중부 지방의 통칭

かちゅう【渦中】〔文〕 와중 ①소용돌이 속¶～に巻き込まれる 소용돌이 속에 빨려 들어가다 ②名 (분쟁・사건 등의) 한가운데¶論争の～にある人 논쟁의 와중에 있는 사람

**かちょう** [花鳥] 화조. 꽃과 새 **—画**(美) 화조화 **—風月** 화조 풍월 ①자연의 아름다운 경치¶ ～を友とする 화조 풍월을 벗삼다 ②풍류¶ ～をたのしむ 풍류를 즐기다

**かちょう** [家長] 가장¶ **—権** 가장권

**かちょう** [課長] 과장¶ **人事**～ 인사 과장

**がちょう** [画帳] 화첩, 스케북

**がちょう** [×鵞鳥] [動] 거위

**かちょうきん** [課徴金] [経] 과징금

**カチンコ** (영화 촬영 때) 카메라가 돌아가는 것과 동시에 치는 딱따기

**かちんと** [副] 쨍, 쨍그랑, 짤그랑¶ グラスが～ふれあう 유리잔이 쨍그랑 맞닿다

〖慣用句〗
**—来る** (상대방의 언동이) 몹시 비위를 건드리다, 몹시 불쾌하게 느껴지다

**かつ** [×恰] [音] カツ・コウ(カフ) [造語] 마치, 흡사¶ **恰好** 모습・**恰幅** 풍채 ▷「カツ」는「コウ」의 변화형

**かつ** [×刮] [音] カツ(クワツ) [음] 괄. [造語] 문지르다¶ **刮目** 괄목

**かつ** [括] [音] カツ(クワツ) [訓] くくる [음] 괄. [造語] 묶다, 하나로 간추리다¶ **括弧** 괄호・**括約筋** 괄약근・**一括** 일괄

**かつ** [活] [音] カツ(クワツ) [訓] いきる [음] 활. [造語] ①힘차게 움직이다, 살다, 살리다¶ **活動** 활동・**生活** 생활・**復活** 부활 ②싱싱하다, 싱그럽다¶ **活気** 활기・**活火山** 활화산・**活写** 활사 ▷ [熟字訓] **独活** 땅두릅 II (文) 삶, 살기¶ **死中**に～を**求**める 사경에서 삶을 구하다 ②활기찬[생생한] 정신, 제 정신

〖慣用句〗
**—を入れる** ①기절한 사람을 소생시키다 ②활력을 불어넣다, 기운을 북돋우다

**かつ** [喝] [喝] [音] カツ [음] 갈. I [造語] 꾸짖다, 큰 소리로 으르다, 큰 소리를 내다¶ **喝采** 갈채・**一喝** 일갈・**恐喝** 공갈 II [佛] (선종에서) 그릇된 생각・망상을 꾸짖어 깨닫게 할 때의 고함 소리, 갈

**かつ** [渇] [渴] [音] カツ [訓] かわく [음] 갈. I [造語] ①물이 마르다¶ **渇水** 갈수・**枯渇** 고갈 ②목이 마르다, 탐하다, 열망하다¶ **渇望** 갈망・**飢渇** 기갈 II (文) 갈증 ①목이 마름¶ ～をいやす 갈증을 풀다 ②소망, 정신적인 욕구¶ ～を**覚**える 갈증을 느끼다

〖慣用句〗
**—に臨みて井を穿つ** 목마르자 우물을 판다, 필요할 때가 되어서야 비로소 준비한다

**かつ** [割] [音] カツ [訓] わる・われる・さく [음] 할. [造語] 가르다, 칼로 베어 가르다¶ **割拠** 할거・**割腹** 할복・**分割** 분할

**かつ** [滑] [音] カツ(クワツ)・コツ [訓] すべる・なめらか [음] 활・골. [造語] ①미끄럽다, 순조롭게 진행되다¶ **円滑** 원활・**潤滑** 윤활 ②미끄러지다¶ **滑space** 활공・**滑走** 활주 ③거침없이 말이 나옵니다¶ **滑稽** 골계

**かつ** [×猾] [音] カツ(クワツ) [음] 활. [造語] 교활하다¶ **狡猾** 교활

**かつ** [褐] [褐] [音] カツ・カチ [음] 갈. [造語] ①거친 천으로 만든 옷¶ **褐寛博** 천한 사람의 옷 ②갈색¶ **褐色** 갈색・**褐炭** 갈탄

**かつ** [×豁] [音] カツ(クワツ) [음] 활. [造語] 널찍하다, 너그럽다¶ **豁達** 활달・**開豁** 개활

**かつ** [轄] [音] カツ [음] 할. [造語] 바퀴의 굴대 빗장, 단속하다, 통솔하다¶ **管轄** 관할・**直轄** 직할・**統轄** 통할

**かつ** [×闊] [音] カツ(クワツ) [訓] ひろい [음] 활. [造語] ①넓다, 너그럽다¶ **闊達** 활달・**闊葉樹** 활엽수 ②물정에 어둡다, 동떨어져 있다¶ **迂闊** 우활 ▷「濶」는 속자

**か・つ** [勝つ] [自五] ①이기다, 승리하다¶ **敵**に～ 적에게 이기다 / **裁判**に～ 재판에서 이기다 ②(상대적으로) 더 강하다, 앞서다¶ **甘**みより**辛**みが～った**料理** 단맛보다 매운 맛이 더 강한 요리 ③ [×克つ] 극복하다, 이겨내다¶ **誘惑**に～ 유혹을 이겨내다 / **困難**に～ 곤란을 극복하다

〖慣用句〗
**—って兜の緒を締めよ** 이겼다고 해서 방심해서는 안 된다
**—てば官軍負ければ賊軍** 이기면 충신 지면 역적

**かつ** [且つ] I [副] 동시에, 또한, 한편으로는¶ ～**歌**い、～**舞**う 한편으로는 노래하고 한편으로는 춤을 추다 II [接] 또, 그 위에, 게다가¶ **迅速**かつ**正確**に 신속하고도 정확함¶ **面白**くかつ**教育的**である 재미있고 게다가 교육적이다

**カツ**「カツレツ」의 준말. 커틀릿¶ **豚**～ 포크커틀릿, 돈까스

**かつあい** [割愛] [名] [他スル] 할애 ①아깝지만 나눔¶ **紙面の一部**を～する 지면의 일부를 할애하다 ②아쉽지만 생략함¶ **説明**を～する 설명을 생략하다

**かつあげ** (俗) (隱) 공갈로 금품을 빼앗음, 갈취

**かつ・える** [×餓える・×飢える] [自下一] ①굶주리다, 허기지다¶ **食べ物**に～ 먹을 것에 굶주리다 ②결핍되다, 갈망하다¶ **親の愛**に～ 부모의 사랑에 주리다

**かつお** [×鰹・〈松魚・〈堅魚] [動] 가다랭이

**かつおぎ** [×鰹木・〈堅魚木・勝男木・×葛緒木] [建] 神社나 궁전의 마룻대 위에 직각으로 늘어놓는 짧은 장식 통나무

**かつおぶし** [×鰹節] 가다랭이포＝**かつぶし**

**かっか** [副] [自スル] ①(몸이 몹시 달아올라) 화끈화끈, 후끈¶ **顔**が～とする 얼굴이 화끈거리다 ②(숯불 등이 성하게 피어오르거나 햇볕이 강하게 내리쬐어) 이글이글¶ ～と**燃**える 활활 타다 / ～と**照**りつける**太陽** 이글이글 내리쬐는 태양 ③(俗) (노여움・불만으로 속이 타올라) 발끈, 울컥¶ そうな～るな 그렇게 발끈하지 말아라

**かっか** [閣下] 각하¶ **大統領**～ 대통령 각하

**がっか** [学科] 학과 ①학과목, 교과¶ **得意**の～ 가장 잘 하는 학과 ②(대학의) 과¶ **国**

がつか

文ぶん~ 국문학과
がっか【学課】학과. 학업의 과정¶ 一定いっていの~を履修りしゅうする 일정한 학과를 이수하다
がっかい【学会】학회
がっかい【学海】(文) 학해 ①노력을 거듭하여 연구를 완성시킴 ②학문
がっかい【学界】학계. 학문의 세계, 학자의 사회¶ ~の意見いけん 학계의 의견
がっかい【楽界】악계. 음악계= 楽壇がくだん
かっかく【×赫×赫】 (文) 혁혁 ①붉게 빛나는 모양¶ ~たる夏なつの太陽たいよう 강렬하게 내리쬐는 한여름의 태양 ②뛰어난 공명을 올리는 모양¶ ~たる戦果せんか 혁혁한 전과 ▷「かくかく」라고도 함
かつかざん【活火山】【地】활화산
かゆそうよう【隔靴×搔×痒】격화소양¶ ~の感かんがある 격화소양의 감이 있다
かつかつ 副 겨우, 가까스로, 간신히, 빠듯이¶ 食たべていくのが~だ 가까스로 먹고 사는 것이 고작이다
がつがつ 副 自ス (口) ①(시장하여 음식을 탐하는) 게걸게걸, 걸근걸근, 아귀아귀¶ ~と食たべる 게걸스럽게 먹다 ②(마구 탐하는) 바득바득, 아등바등¶ ~とためこむ 아등바등 모아두다 ③(보기 흉할 정도로 힘쓰는) 악착같이¶ ~と勉強べんきょうする 악착같이 공부하다
がっかり 副 自ス ①맥이 풀린 모양¶ 疲つかれて~したようすで歩あるく 피곤해서 맥풀린 모습으로 걷다 ②실망하여 낙담한 모양¶ 試合しあいに負まけて~する 경기에 져서 낙담하다
かつがん【活眼】(文) 활안. 본질을 꿰뚫어보는 견식¶ ~を開ひらいて大勢たいせいを見みる 활안을 뜨고 대세를 보다
がっかん【学監】학감
かっき【客気】(文) 객기. 혈기= 血気けっき¶ ~にかられる 객기에 이끌리다
かっき【活気】활기¶ ~が満みちる 활기차다/ ~があふれる 활기가 넘치다

慣用句

―を帯おびる 활기를 띠다

がっき【学期】학기¶ ~末まつ試験しけん 학기말 시험/ 新しん~が始はじまる 신학기가 시작되다
がっき【楽器】악기¶ 打だ~ 타악기
かつぎあ・げる【担(ぎ)上げる】他下一 ①메어 올리다, 져올리다¶ 荷物にもつを~ 짐을 메어 올리다 ②추대하다¶ 会長かいちょうに~ 회장으로 추대하다
かつぎこ・む【担(ぎ)込む】他五 (환자 등을) 업어 내다, 업어 들이다¶ 近ちかくの病院びょういんに~ 가까운 병원으로 업어 나르다
かつぎだ・す【担(ぎ)出す】他五 ①밖으로 메어 내다, 업어 내다¶ 酒さかだるを倉くらから~ 술통을 창고에서 메어 내다 ②추대하여, 받들어 모시다¶ 会長かいちょうに~ 회장으로 추대하다 ③(명목 삼아) 들고 나오다 大義名分たいぎめいぶんを~ 대의 명분을 들고 나오다
かつきてき【画期的·×劃期的】 ダ 획기적¶ ~な発明はつめい 획기적인 발명

かつぎや【担ぎ屋】①생산지에서 식량·채소 등을 가져다 파는 사람. (특히 제2차대전 후) 암거래 물자를 가져와 팔던 사람 ②(口) 남을 골탕먹이고 즐거워하는 사람가 ③(口) 남을 골탕먹이고 즐거워하는 사람
がっきゅう【学究】(文) 학구. 학문에 전념함, 그런 사람¶ ~肌はだの人ひと 학구적인 사람
がっきゅう【学級】학급. 반= クラス·組くみ¶ ~を編成へんせいする 학급을 편성하다 ―新聞しんぶん 학급 신문
かっきょ【割拠】名 自ス 할거¶ 群雄ぐんゆう~ 군웅 할거
かっきょう【活況】활황¶ ~を呈ていする 활황을 보이다
がっきょく【楽曲】악곡
かっきり I 副 확연히, 또렷이¶ ~と区切くぎる 확연히 구분하다 II 副 정확히, 꼭, 딱¶ 十時じゅうじ~に着つく 10시 정각에 도착하다
かっきん【×恪勤】名 自ス (文) 각근. (일·임무 등에) 충실히 근무함 精励せいれい~ 정려 각근
かつ・ぐ【担ぐ】他五 ①지다, 메다¶ 荷物にもつを~ 짐을 지다 ②받들다, 추대하다¶ 委員長いいんちょうに~·ぎだす 위원장으로 받들어 모시다 ③장난으로 속이다, 골탕먹이다¶ 人ひとを~ 남을 골탕먹이다 ④(미신·운수에) 사로잡히다 御幣ごへいを~ 미신을 믿다
がっく【学区】학구. 공립 학교의 취학·통학 구역¶ ―制せい 학구제
がっく【楽句】 前 악구. 프레이즈= フレーズ
かっくう【滑空】名 自ス 활공 ①글라이더 등이 기류를 타고 비행하는 일 ②새가 날개짓을 하지 않고 날개를 편채 공중을 나는 일 ―機き 활공기, 글라이더= グライダー
がっくり 副 自ス ①(갑자기 꺾이거나 휘어서) 풀썩, 폭, 덜컥¶ ~と倒たおれる 푹 쓰러지다/ ~とひざをつく 풀썩 무릎을 꿇다 ②(갑자기 긴장이 풀려) 맥없이, 쭉, 뚝¶ 悲報ひほうを聞きって~くる 비보를 듣고 맥이 탁 풀리다
かっけ【×脚気】【医】각기, 각기병 ―衝心しょうしん【医】각기충심. 각기병으로 인한 심장 장애
かっけい【活計】(文) 살림, 생계¶ ~に困こまる 살림에 쪼들리다
がっけい【学兄】(文) 학형 ①학문상의 선배 ②(편지에서) 학우의 높임말
かつげき【活劇】활극 ①격투극, 난투극¶ ~を演ずる 난투극을 벌이다 ②(明治めいじ 시대의) 사회상을 그대로 묘사한 극
かっけつ【×喀血】名 自ス【医】객혈, 각혈
かっこ【各個】각개, 각각, 제각기¶ ~の問題だい 각각의 문제/ ~に準備じゅんびする 제각기 준비하다 ―撃破げきは 각개 격파
かっこ【括弧】名 他ス 괄호. 묶음표¶ ~でくくる 괄호로 묶다
かっこ【×羯鼓】갈고 ①아악에서 쓰는 타악기 ②(能楽のうがくで)에서) 갈고춤
かっこ【確固·確×乎】 タル 확고¶ ~不動ふどう 확고 부동/ ~とした信念しんねん 확고한 신념 ―不抜ふばつ 확고 불발. 확고 부동¶ ~の精神せいしん 확고 불발한 정신

**かっこう** [格好・恰好] I 名 모습, 모양, 체재, 체면, 꼴¶歩く~ 걷는 모습/ ~が悪い 꼴이 사납다 II ⑦ ①알맞음, 걸맞음, 적당함¶~の値段だ 적당한 값/ この役には~な人だ 이 역에 걸맞는 사람이다 ②《수사에 붙어》그 나이 정도, …쯤 됨, …가량¶三十じゅう~の女오 30세 가량 되는 여자
(慣用句)
**―が付く** 모양이 잡히다, 모양이 갖추어지다, 체면이 서다
**―を付ける** 모양을 갖추다, 체면 세우다
**かっこう** [郭公] 名 [動] 뻐꾸기
**かっこう** [滑降] 활강 I 名 自スル 미끄러져 내려감¶雪の斜面を~する 눈의 사면을 활강하다 II 名 (스키의) 활강 경기
**かつごう** [渇仰] 名 他スル 渇仰 ①[佛] 부처를 깊이 믿음 ②(文) 깊이 흠모함¶故人の徳を~する 고인의 덕을 깊이 흠모하다
**がっこう** [学校] 학교¶小~ 초등 학교/ ~に通う 학교에 다니다 **―教育法** [法] 학교 교육법 **―法人** [法] 학교 법인
**かっこく** [各国] 각국, 각 나라¶世界の~ 세계 각국/ ~の代表者 각국의 대표자
**がっこつ** [顎骨] (文) 악골, 턱뼈¶上~ 상악골, 위턱뼈/ 下~ 하악골, 아래턱뼈
**かっさい** [喝采] 名 自スル 갈채¶拍手~ 박수 갈채/ ~を浴びる 갈채를 받다
**がっさい** [滑剤] (기계 등의) 윤활제
**がっさい** [合切・合財] [造語] 모조리, 일체, 몽땅¶一切~ 모조리 다, 몽땅/ 家具一~ 가구 일체 **―袋** 자잘한 휴대품을 넣는 주머니[자루]= 信玄袋しんげんぶくろ
**がっさく** [合作] 名 自他スル 합작 ①공동 제작(품)¶~映画 합작 영화 ②공동 목표를 위해 힘을 합침, 협력¶国共~ 국공 합작
**かっさつ** [活殺] (文) 활살, 생살= 生殺せい~ **―自在** 활살 자재¶~に人をあやつる 활살 자재로 사람을 다루다
**がっさつ** [合冊] 名 他スル 합책, 합본
**かっさら·う** [搔攫う] 他五 (口) 옆에서 낚아채다¶「かきさらう」의 전음
**がっさん** [合算] 名 他スル 합산, 합계= 合計ごう~¶費用を~する 비용을 합산하다
**かつじ** [活字] 활자 ①[版] 활판 인쇄용 자형¶五号~ 5호 활자 ②인쇄물¶~になる 활자화되다 **―体** [版] 활자체
**かっしゃ** [活写] 名 他スル 생생하게 묘사함¶世相を~する 세태를 생생하게 묘사하다
**かっしゃ** [滑車] 활차, 도르래
**かっしゃかい** [活社会] 실사회, 현실 사회
**がっしゅうこく** [合衆国] 합중국 ①여러 주·국가가 연합하여 생긴 국가 ②「アメリカ合衆国」의 준말, 아메리카 합중국, 미국
**がっしゅく** [合宿] 名 自スル 합숙¶一ヶ月~訓練をする 한 달간 합숙 훈련을 하다
**かっしょう** [滑翔] 名 自スル (文) 활공, 새가 날개를 편 채 미끄러지듯이 하늘을 낢
**かつじょう** [割譲] 名 他スル (文) 할양, (토지·

물건의) 일부를 할애해서 남에게 양도함¶領土の~ 영토의 할양
**がっしょう** [合従] 합종, 여러 나라[지방·업자]가 동맹하여 적에게 대처함 **―連衡** れんこう 합종 연형
**がっしょう** [合唱] 名 自他スル 합창 ①여럿이 함께 노래함¶校歌を~する 교가를 합창함 ②[音] 코러스¶混声四部こんせい~ 혼성 4부 합창 ③여러 사람이 일제히 같은 문구를 외침¶万歳の~が起こる 만세의 합창 소리가 일다 **―曲** [音] 합창곡
**がっしょう** [合掌] 名 自スル 합장¶~拝礼はい 합장 배례 II 名 [建] 재목을 합각으로 어긋매김 **―造** [建] 재목을 합각으로 어긋매껴 지은 건축 양식, 그런 건물
**かっしょく** [褐色] 갈색¶暗~ 암갈색/ ~の肌 갈색 피부
**がっしり** 副 自スル 다부지게, 튼튼하게, 야무지게, 꽉¶~とした体格 다부진 체격/ ~と組む 단단히 짜다, 꽉 맞잡다
**かつじんが** [活人画] 활인화
**かつじんけん** [活人剣] 활인검, 도움이 되는 강력한 수단 ⇔ 殺人剣さつじん~
**かっすい** [渇水] 名 自スル 갈수, 물이 마름¶~期 갈수기
**かっ·する** [渇する] 自 サ変 (文) ①물이 마르다¶井戸が~ 우물물이 마르다 ②목이 마르다¶・した人が水を求める 목마른 자가 물을 구한다 ③(比) 갈망하다, 주리다¶愛情に~ 애정에 주리다
(慣用句)
**―しても盗泉の水は飲まず** 목이 말라도 도천의 물은 마시지 않는다, 아무리 어려워도 부정한 짓은 하지 않는다
**がっ·する** [合する] I 自 サ変 만나다, 합쳐지다¶支流が~ 지류가 합쳐지다 II 他 サ変 합치다, 합하다, 하나로 만들다¶力を~ 힘을 합치다
**かっせい** [活性] ①[化] 활성¶~剤 활성제/ 界面めん~ 계면 활성 ②생기 넘치는 성질, 활기찬 성질 **―化** 名 他スル ①[化] 활성화 ②화학 반응을 활발하게 함 ③생기 넘치게 활기차게 함 **―炭** 활성탄
**かっせき** [滑石] [鑛] 활석, 곱돌 **―製玉類** ぎょく [考古] 고대에 만들어진 곡옥의 옥 종류
**かっせん** [合戦] 名 自スル 전투, 접전, 회전¶~場 접전장/ 源平げん~ 源氏げん와 平家へい의 전투
**かっせん** [活栓] 활전, (수도 등의) 고동, 코크, 밸브, 판(瓣)
**かっせん** [割線] [數] 할선
**かつぜん** [戛然] 스 (文) 알연, 딱딱한 것이 맞부딪치는 소리, 딸가닥함¶~と鳴る 딸가닥 소리 내어 울리다
**かつぜん** [豁然] スル 副 (文) 활연 ①시야가 환히 트이는 모양, 광활한 모양¶~と目が開く 활연히 눈앞이 트이다 ②의문·미혹이 갑자기 사라지는 모양¶~として悟る 활연히

かつそう

깨닫다
**かっそう**〖滑走〗⦗名⦘⦗自スル⦘활주¶飛行機ひこうきが～する 비행기가 활주하다 —路ろ 활주로
**かっそう**〖褐藻〗⦗植⦘갈조, 갈색 조류¶～類るい 갈조류
**がっそう**〖合奏〗⦗名⦘⦗他スル⦘⦗音⦘합주 ⇔独奏どくそう¶弦楽げんがく～ 현악 합주 —協奏曲きょうそうきょく⦗音⦘합주 협주곡=コンチェルトグロッソ
**かっそく**〖活\*塞〗⦗文⦘활색. 피스톤=ピストン
**カッター**(cutter) 커터 ①마스트가 하나인 작은 범선 ②노로 젓는 대형 보트 ③재단기, 절단기 ④⦗服⦘재단사
**かったい**〖\*癩〗(口) 문둥병, 나병. 나병 환자
⦗慣用句⦘
—の瘡うらみ 나병 환자가 매독 환자를 부러워함, 자기보다 조금이라도 나은 처지의 사람을 부러워함
**がったい**〖合体〗⦗名⦘⦗他スル⦘합체, 합쳐짐¶公武こうぶ～ 공무 합체, (江戸 말기의) 조정과 幕府ばくふ의 합체
**かったつ**〖闊達・\*豁達〗⦗ナ⦘활달¶自由じゆう～な気性きしょう 자유 활달한 기질
**かつだつ**〖滑脱〗⦗ナ⦘⦗文⦘활탈, 자유 자재로 변화함¶円転えんてん～ 원전 활탈
**かったる・い**⦗形⦘(口) ①나른하다, 노곤하다¶足あしが～ 다리가 노곤하다 ②성에 차지 않다, 답답하다¶～話はなし振ぶり 답답한 말투 ③귀찮다¶～仕事しごと 귀찮은 일
**かったん**〖褐炭〗⦗鉱⦘갈탄¶亜あ～ 아갈탄
**かつだんそう**〖活断層〗⦗地⦘활단층
**がっち**〖合致〗⦗名⦘⦗自スル⦘합치, 일치=一致いっち¶目的もくてきに～する 목적에 합치하다
**かっちゃく**〖活着〗⦗名⦘⦗自スル⦘활착. 꺾꽂이나 이식한 식물이 뿌리내려 자람
**かっちゅう**〖甲\*冑〗갑주. 갑옷과 투구¶～をつける 갑주를 착용하다
**かっちり**⦗副⦘⦗自スル⦘(딱 들어맞거나 단단히 조인 모양) 딱, 꼭, 꽉¶～と組くみ合あわせる 단단히 짜맞추다/錠じょうが～とかかる 자물쇠가 단단히 걸리다
**がっちり**⦗副⦘⦗自スル⦘①(잘 짜여서 빈틈 없이) 꼭, 꽉, 단단히¶～と手てを握にぎる 손을 꽉 잡다/～とした石垣いしがき 단단한 돌담 ②야무지게, 빈틈없이, 알뜰하게, 인색하게¶～した人ひと 빈틈없는 사람 ③(모양·체격 등이) 튼튼하게, 다부지게¶～した体格たいかく 다부진 체격
**ガッツ**(guts) 거츠, 근성, 기력¶～がある 근성이 있다 —ポーズ (일 guts pose) 거츠 포즈. 팔을 처들어 승리의 기쁨 등을 나타내는 자세
**がっつく**⦗自五⦘⦗俗⦘(먹을 것에) 걸근거리다, (공부·일 등에) 너무 욕심부리다¶あまり～な 너무 걸근거리지 말아라/～・いて勉強べんきょうする 기를 쓰고 공부하다
**かって**〖勝手〗I⦗名⦘제멋대로임, 마음대로임¶～な行動こうどう 제멋대로인 행동/～にしろ! 마음대로 해라! II⦗名⦘①부엌¶お～·仕事しごと 부엌일 ②살림, 생계¶～がくるしい 살림이 쪼들리다 ③(건물·장소 등의)

내부 사정·형편, 그에 대한 행동 방법¶～知しったる家いえ 내부 사정을 아는 집 ④(일하기) 편리함, 편함¶～が悪わるい 불편하다, 형편이 나쁘다 —口ぐち ①부엌문 ②(茶室ちゃしつ 주인의 출입구 —次第しだい⦗名⦘제멋대로 굶 —聾つんぼ 듣고도 못 들은 체함 —向むき ①부엌용, 부엌일 ②살림, 생계 —元もと ①부엌(일), 식사 준비 ②살림, 생계
⦗慣用句⦘
—が違ちがう 상황이나 사정이 달라 당황하다
—な熱ねつを吹ふく 제멋대로 하고 싶은 말을 다 말하다
**かつて**〖\*曾て·\*嘗て〗⦗副⦘①전혀, 전연, 한번도¶～経験けいけんしたことがない 전혀 경험한 적이 없다 ②일찍이, 전에, 옛날에¶～見みた映画えいが 전에 보았던 영화/彼かれは～作家さっかとして知しられていた 그는 일찍이 작가로 알려져 있었다 ▷ 구어에서는「かって」라고도 읽음
**カッティング** (cutting)⦗名⦘⦗他スル⦘커팅 ①자르기, 절단 ②(영화 필름 등의) 편집 ③(탁구·테니스 등의) 커트, 깎아치기 ④(옷감의) 재단
**がってん**〖合点〗I⦗名⦘⦗自スル⦘(口) 납득, 수긍¶～だ 알았다/～がゆく 납득이 가다 II⦗名⦘①(和歌·俳諧はいかい 등에서) 평하는 사람이 자기가 좋다고 생각하는 작품 옆에 붙인 표시 ②(회람 등에서) 내용을 알았다는 것을 표시하기 위해 자기 이름에 붙인 표시
**かっと**⦗副⦘⦗自スル⦘①(갑자기 불·빛이 강하게) 쫙, 확¶日ひが～照てりつける 햇빛이 쫙 비치다 ②딱, 불끈, 번쩍¶～目めをむく 불끈 눈을 부릅뜨다/～ひらいたくちばし 딱 벌린 주둥이 ③(갑자기 화를 내어) 발끈, 벌컥¶～する 발끈하다
**カット** (cut) 컷 I⦗名⦘⦗他スル⦘①자름, 절단, 삭감, 삭제¶賃金ちんぎんを～する 임금을 삭감하다 ②(머리를) 잘라 가지런히 함¶髪かみを～する 머리를 자르다 ③(탁구·테니스 등에서) 깎아치기, 커팅 ④⦗野⦘야수가 홈으로 던진 공을 도중에서 다른 선수가 받기 ⑤⦗映⦘(촬영의) 일시적 중단, (촬영을 끝낸 필름을) 잘라내기 ⑥(원석을) 다면체로 깎아 연마하기 II⦗名⦘①(신문·잡지 등의) 작은 삽화 ②(연속 촬영한 한 장면 —グラス (cut glass) 컷 글라스. 조각·세공을 한 유리 용기 —プレー (일 cut play)⦗野⦘커트 플레이, 중계 플레이
**ガット**〖GATT〗⦗経⦘가트. 관세 및 무역에 관한 일반 협정
**カットアウト** (cut-out)⦗映⦘컷아웃. 영상·음성의 일부를 삭제하기, 그런 부분 ⇔カットイン
**カットイン** (cut-in) 컷인 ①⦗放⦘영상·음성의 일부를 삽입하기 ②(럭비 등에서) 터치라인 주변에서 안쪽으로 갑자기 진로를 바꾸기
**かっとう**〖\*葛\*藤〗⦗名⦘⦗自スル⦘갈등 ①서로 대립함, 서로 미워함¶心こころの～ 마음의 갈등/～が生しょうじる 갈등이 생기다 ②⦗佛⦘번뇌
**かつどう**〖活動〗I⦗名⦘⦗自スル⦘활동¶火山かざん活動かつどう/～を始はじめる 활동을 시작하다 II⦗名⦘「活動写真かつどうしゃしん」의 준말 —家か 활동가¶

生徒~ 학생 운동가 **―写真** 활동 사진. 영화 **―的** 〖ナ〗 활동적

**かっ とば・す**〖かっ飛ばす〗〘他五〙〖口〗〖野〗(타자가) 공을 날리다¶ホームランを~ 홈런을 날리다

**カットバック** (cutback) 컷백 ①〖映〗두 장면을 교차하여 심리적 긴박감을 나타내는 기법 ②(축구 등에서) 상대 공격을 피하기 위해 일단 후퇴함 ③〖經〗(생산의) 축소, 삭감

**カツどん**〖カツ丼〗〖料〗포크 커틀릿 덮밥

**かつ は**〖且つは〗〘副〙〘文〙(「~…~…」의 꼴로) 한편으로는 … 다른 한편으로는 …¶~飮み~歌う 한편으로는 마시고 다른 한편으로는 노래하다

**かっぱ**〖合羽〗①비옷 ②짐 등에 씌우는 방수용 기름 종이

**かっぱ**〖河童〗①(일본에서) 어린애 모습에 정수리에 접시가 있고 헤엄을 잘 치며 강·늪 등에서 산다는 상상의 동물 ②헤엄을 잘 치는 사람 ③〖俗〗오이, 오이를 넣은 김밥
〖慣用句〗
**―の川流れ** かっぱ도 물에 빠져 죽는 수가 있다. 잘 하는 것도 방심하면 실패한다
**―の屁** 식은 죽 먹기

**かっぱ**〖喝破〗〘名〙〘自スル〙 갈파 ①큰소리로 다른 설을 물리침 ②진리를 말하여 밝힘¶真理を~する 진리를 갈파하다

**かっぱつ**〖活発·活潑〗〘形動〙 활발¶~な人 활발한 사람/~な討論 활발한 토론

**かっぱらい**〖*搔っ払い〗〖口〗들치기, 날치기¶~にあう 날치기 당하다

**かっぱら・う**〖*搔っ払う〗〘他五〙〖口〗①(다리를) 옆으로 휘둘러 치다¶足を~ 다리를 옆으로 휘둘러 치다 ②들치기, 날치기하다 ¶カバンを~ 가방을 들치기하다

**かっぱん**〖活版〗〖版〗①활판 ②「활자 조판」「활판인쇄」의 준말 **―印刷**〖版〗활판 인쇄

**がつび**〖月日〗월일. (날짜로서의) 달과 날¶生年~ 생년 월일

**がっぴつ**〖合筆〗〘名〙〘他スル〙 합필. (등기부에서) 여러 필지의 토지를 한 필지로 합하기 ⇔分筆

**がっぴょう**〖合評〗〘名〙〘他スル〙 합평. 합동 비평

**かっぷ**〖割賦〗〘文〙할부¶~販売 할부 판매

**カップ** (cup) 컵 ①(손잡이가 달린) 찻잔 ②양을 재는 그릇¶計量~ 계량컵 ③상배¶優勝~ 우승컵 ④(골프에서) 공을 쳐넣는 구멍, 홀 ⑤유리컵

**かっぷく**〖*恰幅〗풍채, 허우대¶~がよい 풍채가 좋다

**かっぷく**〖割腹〗〘名〙〘自スル〙 할복=切腹¶~自殺 할복 자살

**かっぷつ**〖活仏〗①덕이 높은 중이나 사람 ②생불 ③〖宗〗라마교의 수장

**がっぷり**〘副〙(일본 씨름에서) 서로 단단히 맞잡은 모양) 꽉¶~と四つに組む 꽉 맞붙어 잡다

**カップル** (couple) 커플. 한 쌍. (특히) 남녀 한 쌍¶似合いの~ 잘 어울리는 커플

**がっぺい**〖合併〗〘名〙〘他スル〙 합병¶町村~ 읍면 합병/ライバル会社が~される 라이벌 회사에 합병되다 **―症**〖醫〗합병증

**かつべん**〖活弁〗(무성 영화의) 변사

**かっぽ**〖*闊歩〗〘名〙〘自スル〙 활보 ①큰 걸음으로 당당히 걷기¶往来を~する 거리를 활보하다 ②으스대면서 걷기, 멋대로 행동함¶政界を~する 정계를 활보하다

**かっぽう**〖割烹〗〖料〗①음식의 조리, 요리 ②(일본식) 요릿집 **―着**(요리할 때 입는) 소매 달린 앞치마

**かつぼう**〖渇望〗〘名〙〘他スル〙 갈망¶独立を~する 독립을 갈망하다

**がっぽう**〖合邦〗〘名〙〘他スル〙〘文〙 합방. 둘 이상의 국가를 합병함. 그렇게 해서 된 나라

**がっぽり**〘副〙〖口〗(돈이 한꺼번에 단단히 들어 오는 모양) 듬뿍, 흠뻑¶~と稼ぐ 듬뿍 벌다

**がっぽん**〖合本〗〘名〙〘自他スル〙 합본. 합책(合冊)

**かつ また**〖且つ又〗〘接〙〘文〙 또한. 그 위에 또. 게다가¶怠慢であり、~無責任であり게다가 무책임하다

**かつもく**〖*刮目〗〘名〙〘自スル〙 괄목¶~に値する 괄목할만한 것

**かつやく**〖活躍〗〘名〙〘自スル〙 활약¶選手として~する 선수로 활약하다/~が期待される 활약이 기대되다

**かつやく きん**〖括約筋〗〖醫〗괄약근

**かつゆ**〖活喩〗〖表〗활유. 활유법

**かつよう**〖活用〗활용 Ⅰ〘名〙〘他スル〙 이용¶効率的な~ 효율적인 활용/資料を~する 자료를 활용하다 Ⅱ〘名〙〘自他スル〙〘文法〙용언이나 조동사가 규칙적으로 어미 변화하는 일¶動詞の~ 동사의 활용 **―形**〖文法〗활용형 **―語**〖文法〗활용어 **―語尾**〖文法〗활용 어미

**かつようじゅ**〖*闊葉樹〗〖植〗활엽수

**かつら**〖*桂〗①〖植〗일본계수나무 ②(달 속에 있다는) 계수나무

**かつら**〖*鬘〗①가발¶~をつける 가발을 쓰다 ②다리=かもじ

**かつら した**〖*鬘下〗아래로 처지게 맨 머리를 은행잎 모양으로 틀어 올린 일본식 여자 머리

**かつら むき**〖*桂*剝き〗〖料〗무나 오이를 5~6cm로 잘라 돌려가며 깎는 법

**かつりょく**〖活力〗활력¶~素 활력소/~にあふれる 활력에 넘치다

**かつれい**〖割礼〗〖人〗 할례¶~をほどこす 할례를 하다

**カツレツ** (cutlet)〖料〗커틀릿=カツ¶ビーフ~ 비프 커틀릿

**かつろ**〖活路〗활로 ①살길, 곤경을 벗어날 길¶~を開く 활로를 열다 ②생활 수단, 생계

**かて**〖*糅〗(밥의 양을 늘리기 위해 넣는) 밥밑 ②→かてめし

**かて**〖糧〗양식 ①식량 ②활동의 밑바탕(근원)¶心の~となる 마음의 양식이 되다

**かてい**〖仮定〗〘名〙〘他スル〙 가정. 가설, 전제¶~にもとづく 가정에 의거하다/事実だと~

かてい して 사실이라고 가정하고 **一形** 〖文法〗 가정형 **一法**〖文法〗 가정법

かてい【家庭】가정 ¶ ~着 홈웨어/ ~을 가지 つ 가정을 갖다 **一科**〖教〗가정과 **一教育** 가정 교육 **一教師** 가정 교사 **一裁判所** 〖法〗가정 법원 **一欄** (신문 등의) 가정란

かてい【過程】과정 = プロセス ¶ 思考の~ 사고의 과정/ 成立の~ 성립 과정

かてい【課程】과정 ¶ 修士~ 석사 과정/ 教育~ 교육 과정

かててくわえて〖×糅てて加えて〗〖連語〗 엎친 데 덮쳐서, 설상가상으로 ¶ ~雨あまで降ふり出いだ した 설상가상으로 비까지 내리기 시작했다

かてめし〖×糅飯〗 밥을 섞어 지은 밥 = かて

がてら〖接尾〗…하는 김에, …을 겸하여 ¶ 散 歩~買かい物ものに行いく 산책하는 김에 쇼핑 하러 가다

かてん【加点】〖名〗〖自他スル〗가점 ①훈독을 위해 한문에 ヲコト点·返かえり点·仮名 등을 써 넣음 ②점수를 추가함

かでん【瓜田】〖文〗 과전, 오이밭, 참외밭
〖慣用句〗
**一に履を納れず** 과전불납리(瓜田不納履). 오이밭에서는 신발을 고쳐 신지 않는다

かでん【家伝】가전, 전가 ¶ ~の宝刀 가전의 보도

かでん【荷電】〖名〗〖自スル〗①하전, 대전 = 帯電 ¶ ~粒子 하전 입자 ②전하(電荷)

かでん【訛伝】〖文〗 와전, 오전 ¶ ~か も知しれない 와전일지도 모른다

がてん【合点】〖名〗〖自スル〗납득, 양해 = がってん ¶ ~がいかない 납득이 안 간다

がでんいんすい【我田引水】아전 인수

かと【過渡】과도 ¶ ~的な処置 과도적인 처 치 **一期** 과도기 ¶ ~の混乱 과도기의 혼란

かど【角】①모서리, 귀퉁이 ¶ 机の~ 책상 모서리 ②구석 ¶ 部屋の~ 방 구석 ③모퉁 이 ¶ ~のポスト 모퉁이의 우체통 ④(성격이) 모남 ¶ ~のある人 모난 사람
〖慣用句〗
**一が立つ** 모가 나다
**一が取れる** (원숙해서) 원만해지다

かど【門】①문 ¶ ~をたたく 문을 두드리다 ② 문간, 문 근처, 집 앞 ¶ ~で見送みおくる 문간에 서 배웅하다 ③집, 집안 ¶ 笑わらう~には福来たる 소문 만복래, 웃는 집에 복이 온다
〖慣用句〗
**一を広げる** (자손을 많이 낳아) 집안을 번 창케 하다

かど【×廉】문제삼을 점, 혐의, 이유 ¶ 不審の ~がある 미심쩍은 점이 있다/ 窃盗の~ で逮捕する 절도 혐의로 체포하다

かど【過度】과도 ¶〖×〗~の労働 과도한 노동

かといって【連語】〖口〗 그렇다고 해서 ¶ ~寝 ていたい. ~起きないわけにはいかない 그냥 자고 싶다. 그렇다고 해서 일어나지 않을 수 없다

かとう【下等】하등 I 〖名〗 하위, 하류, 하급 ¶ ~な動物 하등 동물 II 〖名〗〖ダ〗(품질·성 등의) 저질, 저속 ¶ ~な趣味 저속한 취미 **一植物** 하등 식물 **一動物** 하등 동물

かとう【果糖】〖生〗 과당

かとう【過度】과도 〖과분〗함 ¶ ~競 争 과도 경쟁/ ~な料金 과도한 요금

かどう【可動】〖名〗가동 ¶ ~橋 가동교

かどう【花道·華道】꽃꽂이

かどう【渦動】〖文〗와동, 소용돌이 모양의 운동 ¶ ~輪 와동륜

かどう【歌道】和歌の도, 和歌의 분야·작법

かどう【稼働·稼動】〖名〗〖自スル〗가동 ①일함, 취 로 ¶ ~日数 가동 일수 ②(기계를) 움직 임, 운전 ¶ 印刷機の~時間 인쇄기의 가동 시간 **一率** 가동률, 조업률

かとうせいじ【寡頭政治】〖政〗과두 정치

かどかどし・い【角角しい】〖形〗①(성질이) 모나다, 원만하지 않다 ¶ ~性格 모난 성격 ②(모양이) 모가 나다, 모지다

かとく【家督】가독 ①(집안의) 상속인, 장남, 장자 ②(상속을) 집안 재산, 가산 ¶ ~る 가산을 물려주다 〖法〗(일본 구 민법에 서) 호주, 호주의 권리와 의무 **一相続** 가 독 상속 ①(집안의) 대를 잇거나 가산을 상속 하기 〖法〗(일본 구 민법에서) 호주 상속

かどぐち【門口】문간, 집의 출입구 ¶ ~に立 つ 문간에 서다

かどだ・つ【角立つ】〖自五〗 모나다 ①(물건이) 모가 지다 ②부자연스럽게 정색하다 ③거칠 어지다 ¶ 話はなし~ 말이 거칠어지다

かどだ・てる【角立てる】〖他下一〗모나게 하다 ①(물건에) 모가 지게 하다 ②거칠게 하다 ¶ 話はなしを~ 말을 모나게 하다

かどち【角地】길 모퉁이에 있는 땅

かどづけ【門付(け)】〖芸〗 걸립패, 장타령꾼

かどで【門出·首途】〖文〗①(긴 여행·출진 등으로) 집을 나섬 ②새출발 ¶ 人生の~ 인 생의 새출발

かどなみ【門並(み)】〖名〗①잇대어 늘어선 집 들 = 軒並のきなみ ②집집마다, 가가호호 ¶ ~に 国旗を掲げる 집집마다 국기를 달다

かどば・る【角張る】〖自五〗 모나다 ①모가 지 다 ¶ ~った岩 모난 바위 ②(태도 등이) 딱딱하고 거칠어지다 ¶ ~った物言い 딱 딱하고 거친 말씨

かどばん【角番】①(바둑·장기 등에서 승부가 나는) 막판 대국 ¶ ~に追い込まれる 막판 대국으로 몰리다 ②〖相撲〗(패한 횟수가 많아 지위가 내려가게 되는) 막판 승부 ¶ ~を迎 える 막판 승부를 맞이하다 ③〖比〗 승패의 갈 림길, 고빗사위 ¶ 人生の~に立つ 인생의 갈림길에 서다

かどび【門火】〖佛〗①우란분재(盂蘭盆齋) 때 문 앞에서 피우는 迎える火와 送る火 ②(장례· 혼례 때 등에) 문 앞에서 피우는 불

かどまつ【門松】(설날에 문 앞에 세우는) 장 식용 소나무 ¶ ~を立てる 장식용 소나무를 세우다

かどやしき【角屋敷】길 모퉁이에 자리한 저택

**かとりせんこう** [蚊取(り)線香] 모기향
**かどわか・す**〖〈幻引〉かす〗 他五 유괴하다, 속여서 꾀어내다¶ ～娘ゅを～ 처녀를 유괴하다
**かとん** [火*遁] 화둔, 불을 이용하여 모습을 숨기는 환술(幻術)¶ ～の術ゅ 화둔술
**かとんぼ** [蚊〈蜻蛉〉] 1 動 꾸정모기 2 俗 호리호리한 사람, 말라깽이
**かな** 終助 文 1 (영탄) …구나, …도다¶ ああ壮ぅなる～ 아아 장하도다 2 (의문) …가¶ また～ 또 그런가
**かな** 連語 1 (가벼운 영탄이 담긴 의문·자문) …가, …까¶ どうしてそんなに怖ぃのか～ 어째서 그렇게 두려운 것일까 2 (《"…ない～"의 꼴로》(소망) …려나, …련만¶ 何ゕかいいことない～ 뭔가 좋은 일이 있었으면 좋으련만
**かな** [仮名·仮*字] 平仮名ひぁ·片仮名かたの 총칭 **―書**がきかなに 쓰기〔쓴 것〕 **―遣**ゔかいかな 표기법 **―交**まじり 한자와 かな를 섞어 쓰는 것, 그런 글 **―文字**ゖかな 글자
**がな** 連語 …련만, …텐데, …겠는데¶ 早ゃく来ᄒてくれるといいんだ～ 빨리 와주었으면 좋겠는데/ 晴ゖれてほしいんだが～ 날이 개었으면 좋으련만
**かなあみ** [金網] 철망, 쇠그물¶ ～を張ʰる 철망을 치다
**かない** [家内] 가내 1 집안¶ ～の建具ぐ 집안의 창호 2 가족, 식구¶ ～の安全ぜん 가족의 안전 3 집사람, 안사람¶ 家ゕのことは～に任ᄁせてあります 집안 일은 안사람에게 맡겨 놓고 있습니다 **―工業**ょぅ 가내 공업
**かな・う** [*適う·*叶う] 自五 1 맞다, 들어맞다¶ 目的ゥに～ 목적에 들어맞다 2 (뜻대로) 이루어지다¶ 願ゕぃが～ 소망이 이루어지다/ ～・わね恋ぃ 이루지 못할 사랑 3 (～敵ᅟᅡ) 대항할 수 있다, 필적할 수 있다¶ 彼ゕれに～ものはいない 그에 필적할 수 있는 자는 없다
**かなえ** [*鼎] 정 1 옛날에 음식을 익힐 때 쓰던 금속제 솥 2 세발 솥 3 제위의 상징
慣用句
**―の軽重**ゖぃを問とぅ 권위자를 얕보고 그 자리를 넘겨다 보다, 남의 능력을 의심하다
**かな・える** [*適える·*叶える] 他下一 1 적합하게 하다, 충족시키다¶ 条件ょ ぅを～・えた人ʰ 조건을 충족시키는 사람 2 들어 주다, 이루어 주다¶ 夢ゅ を～ 꿈을 이루어 주다
**かながしら** [金頭] 動 달강어
**かながた** [金型] 工 금형
**かなかな** [*蜩] 動 쓰르라미＝ひぐらし
**かながわけん** [神奈川] 関東かんとぅ지방의 현, 현청 소재지는 横浜ょこはま
**かなきりごえ** [金切り声] (여자의) 새된〔날카로운〕소리¶ ～をあげる 새된 소리를 지르다
**かなぐ** [金具] (기구 등의) 쇠장식＝金物がの¶ 扉ᄒらの～ 문의 쇠장식
**かなくぎ** [金*釘] 1 쇠못「金釘流りゅぅ」의 준말 **―流** 서투른 필체
**かなくさ・い** [金臭い] 形 (물 등이) 쇳내가 나다¶ この水ゞは～ 이 물은 쇳내가 난다

**かなぐし** [金*串] (생선 등을 구울 때 쓰는) 쇠꼬챙이¶ あゆを～に刺ᄭして焼ゃく 은어를 쇠꼬챙이에 꿰어 굽다
**かなくず** [金*屑] 쇠부스러기
**かなぐそ** [金*屎] 1 쇠의 녹 2 쇠똥, 광재 ▷「かなくそ」라고도 함
**かなぐつわ** [金*轡] 1 쇠재갈 2 입막음을 위한 뇌물¶ ～をはめる 입막음으로 뇌물을 주다
**かなぐりす・てる** [かなぐり捨てる] 他下一 내팽개치다, 벗어 던지다, 미련없이 내던지다¶ 上衣ょぅを～ 윗도리를 벗어 던지다/ 恥はも外聞がぃも～ 창피고 체면이고 내팽개치다
**かなけ** [金気·*鉄気] 1 (물·흙에 함유된) 철분¶ ～の強ʊぃ水ゞ 철분이 강한 물 2 (새 솥·냄비 등에 뜨는) 쇳물¶ ～が浮ゥく 쇳물이 뜨다 3 돈, 금전¶ ～には縁遠ぉぉ 금전과는 인연이 멀다 ▷「かなっけ」라고도 함
**かなざわ** [金沢] 石川ぃゕゎ현(縣)의 현청 소재지
**かなし・い** [悲しい·*哀しい] 形 슬프다 ⇔うれしい **―出来事**ごと 슬픈 사건
**かなしき** [鉄敷·金敷] 工 모루＝かなとこ
**かなしばり** [金縛り] 1 꼼짝 못하게 묶음¶ ～になる 꼼짝 못하게 묶이다 2 俗 돈으로 자유를 속박함, 꼼짝 못하게 함¶ ～にする 돈으로 꼼짝 못하게 하다
**かなしぶ** [金渋·*鉄渋] 쇳물, 녹물
**かなしみ** [悲しみ·*哀しみ] 슬픔, 비애, 비탄 ⇔喜ょるこび¶ 親ぉを失ᅮしなった～ 어버이를 잃은 슬픔/ ～をいやす 슬픔을 달래다
**かなし・む** [悲しむ·*哀しむ] 他五 슬퍼하다 ⇔喜ょるこぶ¶ ～べき事態じたぃ 슬퍼해야 할 사태/ 息子ʰこの死ᄭを～ 아들의 죽음을 슬퍼하다
**かなぞうし** [仮名草子] 文 江戸ぇど시대 초기의 仮名로 쓴 쉬운 이야기·수필의 총칭
**かなた** [〈彼方〉] 代 文 저쪽, 저편¶ はるか～ 아득한 저쪽/ 海ゥの～ 바다 건너 저편
**かなだらい** [金*盥] 쇠대야
**かなづち** [金*鎚·*鉄*鎚] 1 쇠망치 2 俗 수영을 못함, 그런 사람 **―頭**ᅟᅡたま 1 단단한 머리 2 돌대가리, 석두＝石頭ぃしぁたま
慣用句
**―の川流**ゎながれ (쇠망치를 물 속에 넣으면 머리 부분이 가라앉듯이) 고개를 들지 못함, 출세할 가망이 없음
**かなつぼ** [金*壺] 쇠단지, 쇠항아리 **―眼**まな 옴팡눈¶ ～でにらむ 옴팡눈으로 노려보다
**かなつんぼ** [金*聾] 귀가 전혀 들리지 않음, 그런 사람
**かなてこ** [金*梃] 쇠지레¶ ドアを～でこじあける 도어를 쇠지레를 써서 억지로 열다
**かな・でる** [奏でる] 自他下一 文 (음악을) 연주하다, (악기를) 켜다¶ 小曲ょぅを～ 소곡을 연주하다/ バイオリンを～ 바이올린을 켜다
**かなとこ** [*鉄床·*鉄*砧] 모루
**かなばさみ** [金*鋏] 1 금속을 자르는 가위, 양철 가위 2 쇠집게, 불집게＝かなばし
**かなばし** [金*箸] 쇠집게, 불집게
**かなひばし** [金火*箸] 1 부젓가락 2 젓가락처

럼 야윈 사람, 말라깽이
かなぶつ [金仏] ①금불. 금속제 불상= かなぼとけ ②[比] 냉혹한 사람, 목석¶ ~のような男는 목석 같은 사나이
かなぶん [動] 풍이
かなへび [金蛇] [動] 장지뱀
かなぼう [金棒・^鉄棒] ①쇠몽둥이¶ 鬼에 ~ 귀신에게 쇠몽둥이 ②(옛날에 야경꾼 등이 휴대했던) 대가리에 쇠고리를 단 철장(鐵杖) ③(체조용) 철봉¶ 木馬와 ~ 뜀틀과 철봉 ④「金棒引」의 준말 —引き ①대수롭지 않은 일을 떠벌리고 다니는 사람, 허풍선이 ②(옛날의) 야경꾼
かなめ [^要] ①(부채의) 사북 ②가장 중요한 곳·인물, 요점¶ 肝心의 ~ 가장 중요한 곳/話의 ~ 이야기의 요점
かなめがき [^要垣] 붉은가시딸기나무 산울타리
かなめもち [扇骨木] [植] 붉은가시딸기나무
かなもの [金物] 금속제 기구, 철물, 쇠장식¶ ~店 철물전
かなやま [金山] 광산= 鉱山
かならず [必ず] [副] 꼭, 반드시, 틀림없이¶ ~行く 꼭 간다/ 約束는 ~はたす 약속은 틀림없이 지킨다
かならずしも [必ずしも] [副] 반드시 …라고는 할 수 없다, 꼭 …인 것은 아니다¶ 金持가 ~幸福ではない 부자가 반드시 행복한 것은 아니다
かならずや [必ずや] [副] 반드시, 틀림없이, 꼭 ¶ ~勝つであろう 반드시 이길 것이다
かなり [?] [副] ①(충분치는 않지만) 제법, 꽤¶ ~よくできた 제법 잘 되었다/ ~おもしろい 꽤 재미있다 ②상당한, 어지간히 ¶ ~の人 だ 상당한 인과다/ ~時間がかかる 상당히 시간이 걸린다
カナリア (canaria) [動] 카나리아
がなりた・てる [がなり立てる] [自下一] (俗) 고래고래 소리지르다, 떠들어대다¶ 朝っぱらから~ 식전부터 떠들어대다
がな・る [自五] (俗) 고래고래 소리지르다, 고함치다¶ 遠くで~ 멀리서 고함치다
かなわ [金輪・^鉄輪] ①쇠고리, 쇠바퀴 ②(화로 등의) 삼발이= 五徳
かなわない [^敵わない] [連語] ①당할 수 없다, 이길 수 없다¶ この相手には~ 이 상대에게는 이길 수 없다/ 口では~ 입으로는 당할 수 없다 ②(다) 참을 수 없다, 견딜 수 없다¶ どうにも寒くて~ 도무지 추워서 견딜 수 없다
かなわぬ [^敵わぬ・^叶わぬ] [連体] ①이루어지지 않다, 성취되지 않다¶ ~望 이루어지지 않는 소망 ②할 수 없다, 허용되지 않다¶ その会になくては~人 그 모임에서 없어서는 안 될 사람
[慣用句]
—時の神頼み 자기 힘으로는 소원 성취가 불가능할 때 평소 믿음이 없었던 것을 잊고 신에게 구원을 빎
かなん [火難] 화난, 화재¶ ~の相 화난을 당

할 상/ ~除け 화재막이 부적
かに [^蟹] [動] 게
[慣用句]
—は甲羅に似せて穴を掘る 게는 제 딱지에 알맞게 구멍을 판다, 사람은 제 분수에 걸맞은 생각과 행동을 하게 마련이다
かにく [果肉] [植] 과육
かにこうせん [^蟹工船] [水] 게 가공선
かにざ [^蟹座] [天] ①게자리 ②십이궁의 하나
かにたま [^蟹玉] [料] 중국 요리의 하나. 게살과 채소를 넣은 달걀 부침
かにばば [^蟹^屎] 배냇똥, 태변(胎便)
がにまた [^蟹^股] [醫] 오각, 내반슬= O脚
かにゅう [加入] [名] [自スル] 가입¶ 保険に~する 보험에 가입하다
かぬまつち [鹿沼土] [地] 栃木현 鹿沼시 부근에 많이 있는 경석질(輕石質)의 흙
かね [金] ①쇠, 금속, 철물¶ ~のたらい 쇠대야/ ~でつくる 금속으로 만들다 ②돈, 금전, 화폐¶ ~をためる 돈을 모으다/ ~に困っている 돈에 곤란을 받고 있다
[慣用句]
—が唸る 돈이 남아 돌다
—が物を言う 돈이 말하다, 돈이면 무엇이든지 해결할 수 있다
—に飽かす 돈을 아낌없이 쓰다
—に糸目を付けない 돈을 아끼지 않다
—にする 돈으로 바꾸다, 돈벌잇감으로 삼다
—に目が眩む 돈에 눈이 멀다
—の切れ目が縁の切れ目 돈 떨어지면 정분도 떨어진다
—の生る木 잇달아 이윤이 나게 하는 재원
—の世の中 돈이면 무엇이든 다 되는 세상
—の草鞋で捜す 온갖 수단을 써서 끈질기게 찾아다니다
—は天下の回り物 돈은 돌고 도는 것
—を寝かす 돈을 묵히다 [놀리다]
かね [^矩] 「曲尺」의 준말. 곱자
かね [^鉦] ①징, 꽹과리, 소라¶ ~を鳴らす 징을 울리다 ②정고= 鉦鼓
[慣用句]
—や太鼓で捜す 여럿이 야단 법석을 떨며 찾다
かね [〈鉄漿〉] 이를 검게 물들이는 물감
かね [鐘] 종, 종소리¶ ~をつく 종을 치다/ 除夜の~を聴く 제야의 종소리를 듣다
かねあい [兼(ね)合い] 균형¶ 予算との~を決める 예산과의 균형을 생각해서 정하다
かねうり [金売り] [옛날에] 사금(砂金)을 매매하던 상인, 금장수¶ ~金吉의 환전상
かねかし [金貸(し)] 돈놀이, 대금업, 대금업자¶ 金をためて~をする 돈을 모아서 돈놀이를 하다
かねがね [^予^予] [副] 전부터, 진작부터¶ 気にかかっていた 전부터 마음에 걸렸었다
かねぐら [金蔵] ①금은·재보를 넣어 두는 곳간 ②(俗) 돈을 대주는 사람, 돈줄¶ ~がついている 돈줄이 달려 있다

**かねぐり** [金繰(り)] 돈의 변통, 돈마련, 자금 융통¶ ～がつく 돈이 변통되다/ ～が苦しい 돈마련이 어렵다

**かねごえ** [金肥] 금비. 화학 비료＝きんぴ

**かねごと** [*予言] 약언. 약속의 말

**かねざし** [曲差・*矩差] 곱자＝かねじゃく

**かねじゃく** [^曲尺・*矩尺] ①곡척. 곱자 ②약 30.3㎝를 한 자로 삼는 자, 그 자로 재는 법

**かねずく** [金^尽く] 무엇이든 돈의 힘으로 처리함¶ ～で解決する 돈으로 해결하다

**かねそな・える** [兼(ね)備える] 他下一 함께 갖추다, 겸비하다¶ 知恵と勇気を～ 지혜와 용기를 겸비하다

**かねだか** [金高] 금액, 액수¶ ～が張る 금액이 많아지다

**かねたたき** [*鉦叩(き)] ①징을 침, 징잡이 ②징을 치고 경문을 외며 구걸하는 사람 ③징채, 당목(撞木) ④動 귀뚜라미과 곤충의 하나

**かねつ** [加熱] 名他スル 가열¶ ～器 가열기/ ～して殺菌する 가열하여 살균하다

**かねつ** [過熱] 名自スル 과열 ①지나치게 뜨거워짐¶ 原子炉が～する 원자로가 과열하다 ②심해짐, 격렬해짐¶ 景気が～する 경기가 과열하다

**かねづかい** [金遣い] 돈씀씀이¶ ～が荒い 돈씀씀이가 헤프다

**かねづまり** [金詰(ま)り] 돈줄이 막힘, 자금 융통이 안 됨¶ ～で四苦八苦する 돈줄이 막혀 몹시 고생하다

**かねづる** [金^蔓] 돈줄, 스폰서¶ ～をさがす 돈줄을 찾다/ 有力な～をつかむ 유력한 스폰서를 잡다

**かねて** [予て] 副(文) 진작, 미리, 전부터¶ ～話したとおり 진작 말했던 대로/ ～の予定 전부터의 예정

**かねない** [兼ねない] 連語 …할지도 모른다, 할 듯하다¶ 言い～ 말할지도 모른다/ 彼ならそんなこともし～ 그라면 그런 짓도 할 듯하다

**かねばなれ** [金離れ] 돈씀씀이, 돈 쓰는 솜씨¶ ～がいい 돈을 잘 쓰다

**かねへん** [金偏] ①(한자 부수의) 쇠금변「鉄・銅」등의「金」부분 ②俗 (광산업・제철업 등) 금속 관련 산업¶ ～景気 금속 관련 산업의 경기

**かねまわり** [金回り] ①돈의 유통, 금융 ②수입 상태, 주머니[자금] 사정¶ ～がいい 주머니 사정이 좋다

**かねめ** [金目] ①(돈으로 환산한) 값, 값어치¶ ～に見積もる 값으로 어림하다 ②값나감, 값진¶ ～のもの 값진 물건

**かねもうけ** [金儲け] 名自スル 돈을 벎, 돈벌이¶ ～になる 돈벌이가 되다/ 一筋に生きる ～にのみ 열중하며 살아가다

**かねもち** [金持(ち)] 부자, 재산가¶ ～になる 부자가 되다

慣用句
―喧嘩せず ①부자는 싸우지 않는다, 부자는 몸을 사린다 ②유리한 입장에 있는 사람은 불리하게 될 일로 다투지 않는다

**か・ねる** [兼ねる] Ⅰ 他下一 ①겸하다¶ 大は小を兼ねる 큰 것은 작은 것을 겸한다/ 休暇を～ねて海外に出かける 휴가를 겸해서 해외로 나가다 ②(《気を～》의 꼴로) 신경을 쓰다¶ 相手の気を～ 상대방에게 신경을 쓰다 Ⅱ 自下一 (補助)…하기 어렵다, …할 수 없다¶ 賛成しー意見 찬성하기 어려운 의견/ よしあしを決めー 좋고 나쁨을 결정할 수 없다

**かねん** [可燃] 名 가연. 잘 탐, 불붙기 쉬움 ―性 가연성 ―物 가연물. 가연성 물질

**かねんど** [過年度] (文) 과년도. 작년도¶ ～収入 과년도 수입

**かの** [^彼の] 連体 저, 그, 예의¶ ～有名な詩人 저 유명한 시인

**かのう** [化膿] 名自他スル 医 화농. 곪음¶ ―菌 화농균

**かのう** [可能] 名 가능¶ ～利用 이용 가능/ 実行は～である 실행은 가능하다 ―性 가능성 ―動詞 (文法) 가능 동사

**かのう** [嘉納] 名他スル (文) 가납¶ 御～あらせられる 가납하시다

**がのう** [画^嚢] (文) 화낭¶ 그림 도구를 넣는 자루¶ 그림의 소재, 모티브

**かのえ** [*庚] 경. 십간의 일곱 번째＝庚

**かのこ** [*鹿の子] ①새끼 사슴, 사슴 ②「鹿の子絞り・鹿の子斑・鹿の子餅」등의 준말 ―絞り 바탕에 흰 반점을 흩뜨린 홀치기 염색 ―斑 다갈색 바탕에 흰 반점이 흩어진 무늬 ―餅 팥소가 든 찰떡에 달게 삶은 팥・강낭콩 등을 묻힌 과자

**かのじょ** [彼女] Ⅰ 代 그녀, 그 여자¶ ～と話をかわす 그녀와 이야기를 나누다 Ⅱ 名 俗 (여자) 애인, 연인 ⇔ 彼氏¶ ～ができた 애인이 생겼다

**かのと** [*辛] 신. 십간의 여덟 번째

**かば** [*蒲] ①植 「蒲」의 딴이름 ②주황빛

**かば** [*樺] ①植 자작나무 ②주황빛＝樺色

**かば** [河馬] 하마

**カバー** (cover) 커버 Ⅰ 名 ①씌우개, 덮개 ②싸개, 책가위¶ 本の～ 책가위 ③잡지 표지 ④덧신, 덧버선 Ⅱ 名他スル ①(손실・부족의) 보충, 메움¶ 欠点を～する 결점을 커버하다 ②野 수비를 엄호[지원]함 ③망라함¶ 首都を～するサービス網 수도를 커버하는 서비스망 ―ガール (cover girl) 커버 걸 ―チャージ (cover charge) 커버 차지. (레스토랑 등의) 좌석료, 서비스료

**かはい** [加配] 名他スル 추가 배급¶ ～米 추가 배급미

**かばいだて** [*庇い立て] 名他スル 감싸줌, 비호¶ 仲間を～する 자기 패를 감싸주다

**かばいて** [*庇い手] 相撲 상대 선수와 겹쳐 쓰러질 때 아래쪽 선수의 몸을 감싸주기 위해 위쪽 선수가 먼저 손을 짚는 일

**かばいろ** [*蒲色・*樺色] 주황빛＝かば

**かば・う** [*庇う] 他五 감싸다, 두둔하다. (상

かばかば【副】①물이 몹시 흔들거리거나 솟아나는 소리. 출렁출렁, 콸콸¶泉が～と沸き出る 샘물이 콸콸 솟아나다 Ⅱ【副】【自スル】팽팽하게 펼쳐진 것이 서로 맞닿는 소리. 쿨렁쿨렁, 꿀렁꿀렁¶シーツが～する 시트가 쿨렁쿨렁하다 Ⅲ【?】【自スル】(옷·구두 등이) 헐렁헐렁함¶～の服 헐렁헐렁한 옷

かはく【下膊】하박. 팔뚝 ⇔ 上膊

かはく【仮泊】임시 정박¶沖合に～する 먼바다에 가박하다

かはく【科白】(㊀)(배우의) 몸짓과 대사, (특히) 대사

かはく【画伯】화백¶大～ 대화백

かばしら【蚊柱】(한 곳에 모여) 기둥 모양을 이뤄 나는 모기떼¶～が立つ 모기가 기둥 모양으로 떼지어 날다

がばと【副】(㊀) 벌떡¶～起き上がる 벌떡 일어서다

かばね【姓·尸】【歴】고대에 호족이 씨족의 이름에 붙여 가문이나 직업을 나타내던 세습 칭호

かばね【屍·尸】(㊀) 시체, 송장¶生ける～ 산송장/～を葬る 시체를 매장하다

かばやき【蒲焼(き)】【料】뱀장어·미꾸라지 등의 뼈를 발라내고 꼬치에 꿰어 양념 간장을 발라 구운 요리

かばらい【過払い】과불. (대금·급료 등의) 초과 지급

かばり【蚊鉤】제물낚시¶～で釣る 제물낚시로 낚다

かはん【河畔】(㊀) 하반. 강변, 강가

かはん【過般】(㊀) 과반. 일전. 지난번. 요전¶～来 지난번 이래/～お願いした件 지난번 부탁드렸던 건

かばん【鞄】가방¶旅行～ 여행 가방/～をさげる 가방을 들다

かばん【下番】【自スル】(교대 근무의) 하번. 난번 ⇔ 上番

がばん【画板】화판

かはんしん【下半身】하반신 ⇔ 上半身¶～を鍛える 하반신을 단련하다

かはんすう【過半数】과반수¶賛成が～に達した 찬성이 과반수에 달했다

かばんもち【鞄持(ち)】①(상사 등의) 가방을 들고 수행함, 수행 비서 ②(상사 등에게) 알랑대며 붙어 다니는 추종자

かひ【下婢】하비, 하녀 = 下女

かひ【可否】가부 ①시비, 좋음과 나쁨, 적격과 부적격¶～を論ずる 가부를 논하다 ②가결과 부결, 찬반¶～同数 가부 동수/～を決する 가부를 결정하다

かひ【花被】【植】화피, 꽃덮이

かひ【果皮】①과피, 과실의 껍질 ②【植】과육

かひ【歌碑】가비. 和歌를 새긴 기념비

かび【黴】곰팡이¶～が生える 곰팡이가 슬다

かび【華美】【名】【ダ】화미, 화려¶～な服装 화려한 복장/～に過ぎる 지나치게 화려하다

がび【蛾眉】(㊀) 아미 ①아름다운 눈썹 ②미인 ③초생달 = 眉月

かびくさ·い【黴臭い】【形】①곰팡이 나다¶～布団 곰팡내 나는 이불 ②케케묵다, 진부하다¶～思想 케케묵은 사상

かひつ【加筆】【名】【自他スル】가필¶旧稿に～する 구고에 가필하다

がひつ【画筆】화필 = えふで¶～をふるう 화필을 휘두르다

かひょう【苛評】(㊀) 가평. 혹평

がひょう【賀表】【微表】하표. 축하의 뜻을 적어 국가나 조정에 바치는 글

がびょう【画鋲】압정, 압핀¶～でとめる 압정으로 붙이다

か·びる【黴びる】【自上一】①곰팡이가 슬다¶本が～ 책에 곰팡이가 슬다 ②낡다

かひん【佳品】(㊀) 가품. 훌륭한 작품, 품질 좋은 물건

かびん【花瓶】화병. 꽃병¶～にゆりをさす 화병에 나리꽃을 꽂다

かびん【過敏】【?】과민¶神経～ 신경 과민/～な反応をしめす 과민한 반응을 보이다

かふ【下付】【名】【他スル】하부. (정부·관청 등이 일반인에게) 교부함¶許可書を～する 허가증을 교부하다

かふ【火夫】화부 = 火手

かふ【花譜】화보. 꽃 도감

かふ【家父】(㊀) 가부. 가친(家親)

かふ【寡婦】(㊀) 과부. 미망인

かぶ【株】①포기, 그루¶～わけ 포기나누기 ②그루터기 = 切り株¶～を掘り起こす 그루터기를 파헤치다 ③안정된 신분·지위 등의 권리, 이권¶問屋の～を譲り受ける 도매상의 이권을 양수받다 ④【造語】…격, …뺄인 사람¶親分～ 두목격/ねえさん～언니뻘의 사람 ⑤「お」의 꼴로) 장기, 특기¶お～を奪う 남의 장기를 가로채다 ⑥주식, 주권, 주식의 매매¶親～ 구주/～を買い占める 주식을 매점하다 ⑦【助数】주. 포기, 그루¶二本の木 두 그루의 매화나무 ⑧【助数】주. 주식¶一株～千円まで売りりに出す 한 주에 천 엔으로 팔려고 내놓다

【慣用句】

―が上がる ①주가가 오르다 ②인기·평판이 좋아지다¶彼の～ 그의 인기가 오르다

かぶ【無】【植】순무

かぶ【下部】하부 ⇔ 上部¶～組織 하부 조직 一構造【哲】하부 구조

かぶ【歌舞】(㊀) 가무. 노래와 춤¶～音曲 가무 음곡

かふ【画布】화포. 캔버스 = カンバス

かふ【画譜】화보 ①화집 ②회화 기술의 도해서

がふ【楽府】악부. (한시의) 한 형식

かふう【下風】①바람이 불어가는 방향 ②남의 밑. 아래 지위¶人の～に立つ 남의 아랫자리에 서다

かふう【家風】가풍¶～に合わない 가풍에 맞지 않다

かふう [歌風] 和歌의 작풍・특색
がふう [画風] 화풍
カフェ (프 café) 카페 ①다방 ②(大正시대부터 昭和초기까지의) 서양식 술집
カフェイン (caffeine) [薬] 카페인 ~抜きのコーヒー 카페인이 없는 커피
かぶか [株価] 주가, 주식 가격¶ ~指数 주가 지수/ ~が急落した 주가가 급락했다
—純資産倍率 주가 순자산 배율
がぶがぶ I [副] 꿀꺽꿀꺽, 벌컥벌컥¶ ビールを~と飲む 맥주를 벌컥벌컥 마시다 II [名] (口) (많이 마셔 배가 꿀렁꿀렁함) 腹が~になる 배가 꿀렁꿀렁해지다
かぶき [歌舞伎] [薬] 江戸시대에 발달・완성된 일본 고유의 민중 연극¶ ~役者 歌舞伎 배우 —十八番 [薬] 市川가문에 전승된 歌舞伎 걸작 18종류
かぶきもん [冠木門] [建] 문의 두 기둥 위에 가로장을 건너지른 지붕 없는 문
かふそく [過不足] 과부족¶ ~のない人員数 과부족 없는 인원수
かふく [禍福] 화복, 불행과 행복
[慣用句]
—は糾える縄の如し 인생의 행・불행은 꼬아 놓은 새끼처럼 서로 끊임없이 변전한다
がふく [画幅] 화폭, 그림 족자
かふくぶ [下腹部] 하복부, (특히) 음부
かぶけん [株券] [経] 주권, 유가 증권, 주식
かぶさ・る [被さる] [自五] ①덮이다¶ 車に雪が~ 자동차에 눈이 덮이다 ②(부담 등이) 덮어 씌워지다, 지워지다¶ 責任が~ 책임이 지워지다
かぶしき [株式] [経] ①주식¶ —相場 주식 시세 ②주주권 ③주권 —委託 手数料 주식 위탁 수수료 —会社 주식 회사 —公開 주식 공개 ①—買付制度 주식 공개 매수 제도 —先物取引 주식 선물 거래 —市場 주식 시장 —取引所 주식 거래소, 증권 거래소 —配当 주식 배당
カフス (cuffs) 커프스, 양복・와이셔츠의 소맷부리 —ボタン 커프스 버튼, 커프스 단추
かぶせぶた [被せ蓋] (내용물을 완전히 가리도록 만들어진) 전이 달린 뚜껑
かぶ・せる [被せる] [他下一] ①덮다¶ 土を~ 흙을 덮다/ カバーを~ 커버를 씌우다 ②(죄・책임을) 덮어씌우다¶ 人に罪を~ 남에게 죄를 덮어씌우다 ③(액체・가루를) 끼얹다¶ 水を~ 물을 끼얹다
カプセル (독 Kapsel) 캅셀, 캡슐 [薬] 교갑(膠匣)¶ ~入りの薬 캡슐에 든 약 ②기밀 용기¶ タイム~ 타임 캡슐 —ホテル 캡슐 호텔
かふそく [過不足] 과부족, 과불급¶ ~なく分ける 과부족 없이 나누다
かぶだち [株立ち] 한 그루(포기)에서 갈라져 나와 자란 초목
かぶと [兜・冑・甲] ①투구¶ ~をかぶる 투구를 쓰다 ②[料] (도미 등의) 생선 대가리¶ ~煮 생선 머리찜

[慣用句]
—の緒を締める 방심하지 않고 더욱 조심하다¶ 勝ってかぶとの緒を締めよ 이기고 나서 방심하지 말고 더욱 조심하여라
—を脱ぐ 항복하다, 두손들다
かぶとがに [兜蟹] [動] 투구게
かぶとちょう [兜町] ①東京都中央区 日本橋의 동네 이름. 東京 증권 거래소가 있음 ②東京 증권 거래소의 속칭
かぶとむし [甲虫・兜虫] [動] 투구벌레, 투구풍뎅이
かぶぬし [株主] [経] 주주 —権 주주권 —総会 주주 총회 —割当 주주 할당
がぶのみ [がぶ飲み] [名他スル] (물・술 등을) 벌컥벌컥 마심¶ ビールを~する 맥주를 벌컥벌컥
かぶま [株間] (농작물의) 그루와 그루 사이
かぶや [株屋] 주식 중개인, 주식 중개업
かぶら [蕪・蕪菁] [植] 「かぶ」의 딴이름
かぶらや [鏑矢] ①속이 빈 나무나 사슴뿔로 만들어 날아갈 때 우는 소리를 내는 깍지 ②「鏑矢」의 준말, 우는살, 명적(鳴鏑)
かぶらや [鏑矢] 우는살, 명적(鳴鏑), 효시
かぶり [頭] 머리, 고개 ＝あたま
[慣用句]
—を振る 고개를 가로 젓다, 부정[거부]하다
かぶりつき [噛り付き・齧り付き] (극장의) 무대 바로 앞쪽 좌석
かぶりつ・く [噛り付く・齧り付く] [自五] (口) ①덥석 물다¶ りんごに~ 사과를 덥석 물다 ②딱 들러붙다¶ 背に~ 등에 딱 들러붙다
がぶりと [副] 덥석, 꿀꺽¶ 水を~飲む 물을 꿀꺽 마시다/ ~食いつく 덥석 물다
かぶりもの [被り物・冠り物] 머리에 쓰는 것의 총칭, 쓰개
かぶ・る [被る] I [他五] ①쓰다¶ 帽子を~ 모자를 쓰다 ②(물・먼지 등을) 뒤집어쓰다¶ 火の粉を~ 불똥을 뒤집어 쓰다 ③(책임 등을) 덮어쓰다, 짊어지다¶ 人の罪を~ 남의 죄를 덮어쓰다 II [自五] (노출 과다 등으로) 필름이 흐려지다¶ この写真は~っている 이 사진은 필름이 흐려져 있다
かぶ・る [齧る] I [他五] 덥석 물다, 꿀꺽 마시다 II [自五] 배가 아프다, 나다¶ 腹が~ 복통이 일어나다
がぶ・る [自五] ①(배가) 몹시 흔들리다 ②[相撲] 상대를 마구 흔들면서 밀치다
かぶ・れる [自下一] ①(옻 등을) 타다, 피부염을 일으키다¶ 漆に~ 옻을 타다 ②(영향을 받아) 물들다, 감화되다¶ 急進思想に~ 급진 사상에 물들다
かぶわけ [株分け] [名他スル農] 분주, 포기 나누기¶ 菊の~ 국화의 포기나누기
かふん [花粉] [植] 화분, 꽃가루 —症 [医] 화분증 —情報 [気] 화분 정보
かぶん [過分] [ナ] 과분¶ ~のおもてなしを受ける 과분한 대접을 받다

かぶん【寡聞】[名] 과문¶~にして知らない 과문한 탓으로 모른다
がぶん【雅文】[表] 격조 있는 大和ことばで 쓴 平安시대의 仮名글, 그것을 모방하여 우아한 느낌을 내려고 한 의고문(擬古文)
かぶんすう【仮分数】[數] 가분수
かべ【壁】벽 ①바람벽 土~ 흙벽/ ~で仕切る 벽으로 칸을 막다 ②장애, 난관, 방해
[慣用句]
―に突き当たる 벽에 부딪치다
―に耳あり 벽에도 귀가 있다, 밤말은 쥐가 듣고 낮 말은 새가 듣는다
かへい【花柄】[植] 화병, 꽃자루= 花梗
かへい【貨幣】[經] 화폐 ―価値[經] 화폐 가치 ―経済[經] 화폐 경제 ―数量説[經] 화폐 수량설 ―石[地] 화폐석, 화폐 모양의 원형 화석
かへい【寡兵】[文] 과병, 소수 병력¶よく大軍を破る 과병이 능히 대군을 격파하다
がへい【画餅】화병, 화중지병, 그림의 떡
[慣用句]
―に帰す 헛수고〔수포〕로 돌아가다
かべかけ【壁掛(け)】벽걸이
かべがみ【壁紙】벽지¶~を張る 벽지를 바르다
かべごし【壁越し】[名] 벽 너머 ~に聞こえる 벽 너머로 들리다
かべしたじ【壁下地】외, 흙벽의 뼈대= かべしろ
かべしろ【壁代】①(궁전 등의) 칸막이 휘장 ②외, 흙벽의 뼈대= かべしたじ
かべしんぶん【壁新聞】벽신문, 대자보
かべそしょう【壁訴訟】①혼자서 투덜거림 ②빗대어〔에둘러서〕 빈정댐¶こえよがしの―を言うらんに 빗대어 빈정댐
かべつち【壁土】(벽을 바르는) 벽토
かべどなり【壁隣】벽을 사이에 둔 이웃집
かべひとえ【壁一重】이웃과 벽 하나 사이, 매우 접근해 있음¶~の長屋 이웃과 벽 하나 사이의 연립 주택
かへん【カ変】[文法] 「カ行変格活用」의 준말, 가행(行) 변격 활용
かへん【可変】가변 ⇔ 不変¶~式 가변식 ―資本[經] 가변 자본
かへん【花片】[文] 화편, (하나하나의) 꽃잎
かへん【佳編・佳*篇】[文] 가편, 뛰어난 작품
かべん【花弁】꽃잎= はなびら
かペン【*鵞ペン】거위깃펜
かぼ【家母】[文] 가모, 자기 어머니
かほう【下方】하방, 아래쪽(방향) ⇔ 上方
かほう【火砲】화포, 대포
かほう【加法】[數] 가법, 덧셈= たし算
かほう【加俸】가봉, 본봉 이외에 지급되는 급여¶年功~ 연공 가봉
かほう【果報】Ⅰ[名][佛] 과보, 인과응보 Ⅱ[名][ナ] 행운, 행복, 복¶~な人 복많은 사람, 행운아 ―者 행운아= 幸運児
[慣用句]
―は寝て待て 행운은 누워서 기다려라, 차분히 때를 기다려라

かほう【家宝】가보¶門外不出の~ 비장의 가보
かほう【家法】①가법, 가풍 ②집안 전래의 비법¶秘伝の~ 비전의 가법
かほう【過褒】[文] 과찬, 칭찬이 지나침
がほう【画法】화법¶東洋画の~ 동양화의 화법
がほう【画報】화보¶時事~ 시사 화보
がほう【芽胞】[文] 포자= 胞子
がほう【画*舫】[文] 화방, 채색해서 아름답게 장식한 유람선
かほうわ【過飽和】[化] 과포화¶~溶液 과포화 용액/ ~蒸気 과포화 증기
かぼく【家僕】가복, 남자 하인= しもべ
かほご【過保護】[名][ナ] 과보호, 과잉 보호¶~な親 과잉 보호하는 부모/ ~にそだった子 과보호로 자란 아이
かぼそ・い【か細い】[形] 가냘프다, 가녀리다¶~声 가냘픈 목소리/ きゃしゃで~体 つき 날씬하고 가녀린 몸매
かぼちゃ【*南瓜】[植] 호박¶~の種 호박씨 ―野郎 〈俗〉 호박같이 못생긴 녀석
かほど【*斯程】[副] 이만큼, 이토록, 이 정도, 이다지¶~うれしいことはない 이다지도 기쁜 일은 없다/ ~言っても 이토록 말해도
かほんか【*禾本科】[植] 화본과= イネ科
かま (물고기의) 가슴지느러미가 있는 부분
かま【*缶・*罐】기관(汽罐), 보일러= ボイラー
かま【*釜】①솥, 밥솥¶電気~ 전기 밥솥/ 同じ~のめしを食う 한솥 밥을 먹다 ②차관(茶罐)¶茶~ 차관
かま【*窯】요, 가마¶炭焼~ 숯 가마/ 陶器~ 도요/ ~跡 가마터, 요지
かま【*鎌】낫
[慣用句]
―を掛ける 넘겨짚다, (슬쩍) 떠보다, 유도 심문하다
かま【*竈】→ かまど
がま【*蒲・〈蒲黄〉】[植] 향포, 부들
がま【*蝦蟇・〈蝦蟆〉】[動] 두꺼비 ―口 쇠테를 끼운 돈지갑/ ~の油 두꺼비 기름
かまいたち【鎌*鼬】피부가 낫으로 벤 듯 갑자기 갈라지는 일
かまいつ・ける【構(い)付ける】[他][下一] 상대하다¶何を言っても~・けない 무슨 말을 해도 상대하지 않다
かまいて【構い手】상대해〔돌보아〕 주는 사람¶だれも~がない 아무도 상대해〔돌봐〕 주는 사람이 없다
かま・う【構う】Ⅰ[他][五] ①상대하다, 돌보다, 마음을 쓰다, 배려하다¶だれも~・ってくれない 아무도 상대해〔돌보아〕 주지 않다 ②(상대해서) 놀리다¶猫を~・って 이를 놀리다 Ⅱ[自][五] 문제삼다, 개의하다, 애하다¶費用に~・っていられない 비용에 구애받을 수 없다/ 金はいくらかかっても~・いません 돈은 얼마가 들더라도 상관없습니다

かまえ【構え】①외관, 구조¶家のの~ 집의 구조/立派な~の店 훌륭한 외관의 가게 ②태세, 준비¶心の~ 마음가짐/戦う~をとる 싸울 태세를 갖추다 ③(검도 등의) 자세¶上段の~ (검도의) 상단 자세/~のすきもない ~ 조금도 빈틈없는 자세 ④한자 부수 이름의 하나. 몸

かまえて【構えて】副 조심해서, 명심해서¶~油断するな 명심하여 방심하지 말아라

かま·える【構える】I 他下一 ①태세를 갖추다, 자세를 취하다¶刀を上段に~ 칼을 상단으로 쳐든 자세를 취하다/銃を~ 총을 겨누다 ②마련하다, 세우다, 꾸미다¶居を~ 주거를 마련하다/店を~ 가게를 차리다 ③짐짓 꾸미다, 조작하다¶事を~ 일을 짐짓 꾸미다/口実を~ 구실을 만들다 II 自下一 ①태도를 취하다¶のんびり~ 한가로운 태도를 취하다/横柄に~ 거만한 태도를 취하다 ②마음의 준비를 하다¶~・えて待つ 마음의 준비를 하고 기다리다

かまきり【*蟷螂】당랑, 버마재비, 사마귀

かまくび【鎌首】낫 모양으로 굽은 목¶へびが~をもたげる 뱀이 대가리를 쳐들다

かまくら【鎌倉】神奈川현의 도시. 鎌倉시대의 정치 중심지. 源頼朝가 鎌倉幕府를 세운 1192년경부터 1333년경까지의 약 150년간 ―幕府【日史】源頼朝가 鎌倉에 세운 幕府 ―彫【美】무늬를 목각한 위에 검정·주홍·갈색 옻칠을 하고 연마하는 공예품. 정자 세공 기법

かま·ける 自下一 (한 가지 일에만) 얽매이다, 매달리다¶仕事に~・けて家庭を顧みない 일에 매달려 가정을 돌보지 않다

がまし·い 接尾 마치 …하는 (하는 것) 같다¶恩着せ~ 은혜라도 베푸는 듯하다/言い訳~ 변명하는 것 같다

かましき【*釜敷(き)】솥·주전자 등의 깔관

かます【*叺】かます

かます【*魳魚】動 꼬치고기

かま·す【*嚙ます】他五 ①꽂아 넣다¶てこを~ 지렛대를 꽂아 넣다 ②(俗)(한 방) 먹이다¶一発~ 한 방 먹이다

かまたき【*缶焚き·*罐焚き】기관에 불을 땔, 화부

かまち【*框】【建】①마룻귀틀¶上がり~ 마루 앞귀틀 ②문얼굴, 문틀/窓~의 창문틀

かまど【*竈】①부뚜막, 아궁이 ②한살림, 한가구, 한집¶~を分ける 분가하다, 분가시키다/別に~を持つ 따로 살림을 차리다

かまどがみ【*竈神】動 조왕신

かまとと (俗) (여자가 순진한 체하면서) 의뭉떨기, 새침데기¶~娘 새침데기 아가씨/~振る 시치미떼다

かまどめ【*鎌止め】산야에서 초목을 베는 것을 금함, 금양(禁養)

かまびすし·い【*喧しい·*喧しい】形 (文) 시끄럽다, 떠들썩하다¶~せみの声 시끄러운 매미 소리

かまぼこ【*蒲鉾】①어묵, 생선묵¶板付き~ 나무쪽에 붙인 어묵 ②나무쪽에 붙인 어묵 모양을 한 것¶兵舎 반원형 군인 막사 ③(보석을 박지 않은) 가운데가 볼록한 반지 ―形 (나무쪽에 붙인 어묵처럼) 가운데가 볼록한 꼴, 반원형

かまめし【*釜飯】【料】작은 솥에 1인분씩 지은 솥밥, 솥밥

かまもと【窯元】도자기 가마, 도공

かまゆで【*釜*茹で】①솥에서 삶음 ②죄인을 팽(烹)함, 정확의 형벌

かまわない【構わない】連語 ①상관없다, 괜찮다¶人にさえ~・ければ 남에게 괜찮다면 ②신경 쓰지 않다, 돌보지 않다¶服装などに~人 복장 따위 신경 쓰지 않는 사람/子供にも~親 아이를 돌보지 않는 부모

がまん【我慢】I 名 自他スル 참음, 견딤¶腹がたつのを~する 화가 나는 것을 참다/痛くて~しきれなくなる 아파서 견딜 수 없게 되다 II 名 ①고집부림 ②〔佛〕교만, 자만 ―強い 形 참을성이 많다, 인내심이 강하다

かみ【上】상 ①위, 윗쪽¶~手 윗쪽/風~ 바람이 불어오는 쪽 ②(文) 옛날¶その~の話 그 옛날의 이야기¶冒〔앞〕부분¶~の句〔和歌など〕첫 구/~半期 상반기 ③(신분·격식 등이) 높음, 윗자리, 상좌, 상석¶~座 상좌/お~のお出かけ 주군의 행차¶お~のお触れ 관청에서 내는 공고

かみ【長官】【日史】(令制官에서) 4등관의 최고위 관직의 총칭. 중앙·지방 장관, 태수

かみ【神】신 ①하느님¶~の摂理 신의 섭리/~のみぞ知る 하느님만이 아신다 ②신령¶かまどの~ 부뚜막의 신/~をまつる 신을 모시다 ③넋, 혼령, 영령¶靖国の~となる 호국의 영령이 되다
〔慣用句〕
―ならぬ身 신이 아닌 몸, 범인(凡人)
―も仏も無い 신도 부처도 없다, 세상은 무정하고 각박하기만 하다

かみ【紙】①종이¶白~ 백지/~に包む 종이에 싸다/~一重の差 종이 한 장 차이 ②(가위바위보의) 보 = 바~

かみ【髪】①머리, 머리털, 머리카락¶縮れ~ 고수머리/~を分ける 가리마를 타다/~がうすい 머리 숱이 적다 ②머리 모양¶日本にに結う 일본식 머리 모양으로 땋다
〔慣用句〕
―を下ろす 머리를 깎고 중이 되다

かみ【加味】名 他スル 가미 ①(양념 등으로) 맛을 더함¶甘味を加えて~する 단맛을 가미하다 ②(다른 요소를) 곁들임, 참작함¶友人の意見にも~する 친구의 의견도 참작하다

かみあ·う【*嚙(み)合う】自五 ①서로 물어뜯고 싸우다¶二匹の犬が~ 두 마리의 개가 서로 물어뜯고 싸우다 ②(이·톱니바퀴가) 맞물리다¶歯車が~ 톱니바퀴가 맞물리다 ③(논점 등이) 일치하다¶議論が~ 논의가 일치하다

**かみあげ** 【髪上げ】 머리를 땋아 올려 비녀를 꽂기, 결발(結髮), 결발한 여인

**かみあわ・せる** 【*嚙(み)合(わ)せる】 他下一 ①서로 물어뜯게 하다, 싸움을 붙이다¶ 犬を~ 개 싸움을 붙이다 ②(이・톱니바퀴 등) 맞물리게 하다¶ 歯車を~ 톱니바퀴를 맞물리게 하다 ③(서로 잘) 어울리게(일치하게) 하다¶ 論点を~ 논점을 어우러지게 하다

**かみいちだんかつよう** 【上一段活用】 【文法】 어미가 五十音図의 「い」단으로 활용되는 동사 활용 형식

**かみいれ** 【紙入れ】 ①(외출할 때) 휴지 등을 넣는 주머니 ②(지폐를 넣는) 지갑

**かみうた** 【神歌】 【藝】 ①신을 찬양하는 노래, 신에 관한 가요의 총칭 ②能楽의 「翁」의 사장(詞章) = しんか

**かみおむつ** 【紙/御(襁褓】 1회용 종이 기저귀

**かみおろし** 【神降(ろ)し】 강신 ①(제례 때) 신을 부름 ②(신탁을 받기 위해 무당이 자기 몸에) 신이 내리게 함

**かみがかり** 【神懸(か)り・神*憑り】 ①신내림, 신내린 사람¶ ~になる 신내리다 ②(사고・행위 등이) 광신적임, 미신적임, 그런 사람¶ ~的な言動 광신적인 언행

**かみかくし** 【神隠し】 ①(어린이 등이) 갑작스레 행방 불명임¶ ~にあう 갑자기 행방 불명이 되다 ②(복상 중에) 신령을 모시는 감실(龕室)을 흰 종이로 싸놓은 것

**かみかけて** 【神懸けて】 連語 신께 맹세코, 결코¶ ~うそではない 신께 맹세코 거짓말이 아니다

**かみかざり** 【髪飾り】 머리 장식품의 총칭, 머리 꾸미개

**かみかぜ** 【神風】 ①신풍, 신의 위력으로 일어난 바람 ②《俗》 (운전 등이) 난폭함, 무모함¶ ~タクシー 총알 택시/ ~運転 난폭 운전

**かみがた** 【上方】 京都・大阪 지방 = **歌舞伎** 【藝】 ⇔ 上方から江戸に下った狂言師 = **狂言** 【藝】 京都・大阪에서 상연된 歌舞伎 = **狂言** **贅六** 江戸 사람이 京都・大阪 지방 사람을 경멸하여 이르던 말

**かみがた** 【髪形・髪型】 머리형, 머리 모양, 헤어스타일¶ 今年流行の~ 올해 유행하는 머리 모양

**かみかたち** 【髪形】 ①머리 모양, 헤어스타일 = かみがた ②머리를 땋은 모양

**がみがみ** 副 (시끄럽게 잔소리하거나 꾸짖는) 꽥꽥, 앙알앙알, 구시렁구시렁¶ ~と小言を言う 구시렁구시렁 잔소리를 하다

**かみき** 【上期】 상반기 = 上半期 ⇔ 下期

**かみきり** 【紙切り】 ①종이 자르는 칼 = 페이퍼나이프 ②손님의 요청에 따라 즉석에서 종이를 오려 인형이나 동물 등을 만드는 것

**かみきりむし** 【髪切り虫・*天牛】 【動】 천우, 하늘소

**かみき・る** 【*嚙(み)切る】 他五 물어 끊다¶ 犬が縄を~ 개가 새끼줄을 물어 끊다

**かみきれ** 【紙切れ】 종잇조각, 쪽지, 지편(紙片)¶ ~にメモをする 쪽지에 메모를 하다

**かみくず** 【紙*屑】 휴지¶ ~を拾う 휴지를 줍다/ この契約書は~同然だ 이 계약서는 휴지나 다름없다

**かみくだ・く** 【*嚙(み)砕く】 他五 ①잘 씹어 잘게 씹다, 잘게 씹다¶ 錠剤を~・いて飲む 알약을 잘 씹어서 먹다 ②(어려운 것을) 알기 쉽게 설명하다¶ ~・いて説明する 알기 쉽게 설명하다

**かみこ** 【紙子・紙*衣】 종이옷, 감물을 먹인 종이로 지은 보온용 옷¶ ~着て川へはまる 종이옷 걸치고 냇물에 빠지다, 무모한 짓을 할 알기 쉽게 설명하다

**かみこな・す** 【*嚙みこなす】 他五 ①잘 씹어 새기다 ②잘 새겨 이해하다¶ 論文の主旨をよく~ 논문의 주지를 잘 새겨 이해하다

**かみころ・す** 【*嚙み殺す】 他五 ①물어 죽이다¶ 猫がねずみを~ 고양이가 쥐를 물어 죽이다 ②(하품・웃음 등을) 억지로 참다¶ あくびを~ 하품을 삼키다/ 笑いを~ 웃음을 억지로 참다

**かみざ** 【上座】 상좌, 상석 ⇔ 下座¶ ~にすわる 상좌에 앉다

**かみざいく** 【紙細工】 종이 세공, 종이 세공물

**かみさ・びる** 【神さびる】 自上一 《文》 ①예스럽고 신성해 보이다, 성스럽고 엄숙해 보이다 ②연공이 쌓이다, 고풍스러워지다¶ ~・びた町のたたずまい 고풍스러워진 거리의 모습

**かみさま** 【上様】 귀인・무사의 아내에 대한 경칭, 마님

**かみさま** 【神様】 ①하느님 ②그 방면의 권위자, 귀재¶ 小説の~ 소설의 귀재

**かみさん** 【上さん】 (口) ①아내의 속칭, 마누라¶ うちの~ 우리 마누라 ②(장사치 등의) 안주인¶ 魚屋の~ 생선 가게의 안주인

**かみしばい** 【紙芝居】 그림 연극

**かみし・める** 【*嚙(み)締める】 他下一 ①악물다, 꼭 깨물다¶ 歯を~ 이를 악물다¶ 唇を~・めて耐える 입술을 깨물고 참다 ②(씹어) 음미하다, 새기다¶ 師の教えを~ 스승의 가르침을 새기다

**かみしも** 【上下】 ①상하, 위와 아래 ②(신분의) 상하, 윗사람과 아랫사람 ③(무대의) 오른쪽과 왼쪽 ④(강의) 상류와 하류 ⑤【*裃】 江戸 시대 무사의 예복
慣用句
一**を脱ぐ** 격식을 차리지 않다, 마음을 터놓다

**かみじょちゅう** 【上女中】 시녀(侍女), 시비(侍婢) = 奥女中 ⇔ 下女中

**かみしんじん** 【神信心】 신을 믿음

**かみすき** 【紙*漉き】 종이를 뜸, 그런 일을 하는 직공

**かみそり** 【*剃刀】 ①면도칼¶ 安全~ 안전 면도기 ②(머리 회전・동작 등이) 매우 빠르고 날카로움¶ ~のように切れる人 면도칼처럼 예리한 사람 ―**負け** 면도한 뒤에 피부가 벌겋게 되는 것, 면도독= かみそりかぶれ

**かみだな** 【神棚】 집안에 신령을 모신 감실

**かみ だのみ** [神頼み] 신의 가호를 빎¶ 苦しいときの～ 괴로울 때 신의 가호를 빎

**かみ たばこ** [紙*煙草] 씹는 담배

**かみつ** [過密] 名 과밀 ⇔ 過疎 人口~ 인구 과밀 ーダイヤ 文 과밀 운행표

**かみつ・く** [*噛(み)付く] 自五 ①달려들어 물다¶ 犬が子供に～ 개가 아이에게 달려들어 물다¶ (불평하며) 대들다¶ 上役に～ 상사에게 대들다

**かみづつみ** [紙包(み)] 종이로 싼 것

**かみつぶ・す** [*噛み*潰す] 他五 ①씹어 깨다, 깨물어 부수다¶ 苦虫を～したような顔 벌레 씹은 듯한 얼굴 ②(하품·웃음 등을) 꾹 참다¶ あくびを～ 하품을 꾹 참다

**かみつぶて** [紙*礫] (입으로 씹어 뭉친) 종이 뭉치¶ ～が飛ぶ 씹은 종이 뭉치가 날아오다

**かみて** [上手] ①위쪽, 상좌 쪽¶ ～に座る 상좌 쪽에 앉다 ②(강의) 상류 쪽¶ 船を～にまわす 배를 상류 쪽으로 돌리다 ③(무대를 향해서) 오른쪽 ⇔ 下手

**かみでっぽう** [紙鉄砲] ①종이 딱총, 물에 적셔 뭉친 종이를 대롱에 재어 쏘는 장난감 총 ②삼각형으로 접은 종이를 세게 내리 휘두르면 딱 소리가 나게 만든 장난감

**かみどこ** [髪床] '髪結い床'의 준말. 江戸 시대의 이발소

**かみなり** [雷] ①(気) 천둥, 벼락, 우레, 뇌성¶ ～が鳴る 천둥이 치다/ ～に打たれる 벼락을 맞다 ②뇌신¶ ～様 뇌신님 ③불호령, 불벼락¶ ～を落とす 불호령을 내리다

〔慣用句〕
一が落ちる ①벼락이 떨어지다 ②불호령이 내리다

**かみなりおやじ** [雷親父] 口 호통을 잘 치는 아버지

**かみなりぐも** [雷雲] → らいうん

**かみにだんかつよう** [上二段活用] 文法 어미가 五十音図의 「い·う」의 2단으로 활용되는 문어의 동사 활용 형식

**かみねんど** [紙粘土] 종이 찰흙

**かみのく** [上の句] ①(短歌에서) 첫 5·7·5의 세 구 ②(連歌 連句에서) 5·7·5의 구 ③(俳句에서) 첫 다섯 문자

**かみのくに** [神の国] ①신이 수호하는 나라 ②基 천국

**かみのけ** [髪の毛] 머리털, 머리카락 = かみ¶ ～を逆立てる 머리털을 곤두세우다, 몹시 화를 내다

**かみばさみ** [紙挟み] ①서류 끼우개, 페이퍼 홀더 ②종이 집게, 클립

**かみばな** [紙花] (장례식 때 쓰는) 종이꽃, 조화

**かみはんき** [上半期] 상반기 ⇔ 下半期

**かみひとえ** [紙一重] (종이 한 장 정도의) 근소한 차이¶ ～の差で勝つ 근소한 차이로 이기다

**かみぶくろ** [紙袋] 종이 봉투, 봉지

**かみぶすま** [紙*衾] (속에 짚을 넣은) 종이로 만든 이부자리 = かみふすま

**かみふぶき** [紙吹雪] (축하·환영의 뜻으로 흩뿌리는) 잘게 썬 색종이¶ ～が舞う大通り 색종이가 흩날리는 큰길

**かみほとけ** [神仏] 신불 = しんぶつ

**かみまき** [紙巻] 궐련 = シガレット

**かみもうで** [神*詣で] 名 自スル 神社에 참배하기 = 参詣

**かみやしき** [上屋敷] (江戸 시대에) 大名·旗本 등이 평상시 거처하던 江戸의 저택

**かみやすり** [紙*鑢] 사포(砂布), 사지(砂紙) = やすり紙·サンドペーパー

**かみゆい** [髪結(い)] 머리를 틀어 올림, 그런 일을 직업으로 하는 사람 [가게] ー床 ①江戸 시대 かみゆい를 업으로 하던 가게 = 髪床 ②(일본의 옛날) 이발소 ーの亭主 아내가 벌어서 먹고 사는 남편

**かみよ** [神代] (일본의) 신화 시대 = じんだい¶ ～の昔 신화 시대의 옛날, 태고적

**かみより** [紙*縒り] 지노, 종이를 가늘게 꼰 끈

**かみわ・ける** [*噛み分ける] 他下一 ①잘 씹어 맛보다, 맛을 가리다¶ 酸いも甘いも～ 신맛 단맛 다 맛보다 ②잘 분별하다¶ 道理を～ 도리를 분간하다

**かみわざ** [神業] ①[神技] 신기, 귀신같은 솜씨¶ まさに～だ 정말 귀신 같은 솜씨다 ②신에 관한 행사, 신사(神事), 제례

**かみん** [仮眠] 名 自スル 가수(仮眠), 선잠 = 仮寝¶ 宿直で二時間～をとる 숙직이어서 두 시간 선잠을 자다

**かみん** [夏眠] 名 自スル 動 하면, 여름잠

**か・む** [*擤む·*拤む] 他五 (코를) 풀다¶ 鼻を～ 코를 풀다

**か・む** [噛む·咬む·*噬む] I 他五 ①씹다¶ ガムを～ 껌을 씹다 ②깨물다, 악물다¶ 唇を～ 입술을 깨물다 ③물다, 물어뜯다¶ 犬に～んだ傷 개가 문 상처 ④세차게 부딪치다¶ 岩を～ 激しい流れ 바위에 세차게 부딪치는 격류 II 自五 ①(톱니바퀴 등이) 맞물리다¶ 自動車のギアがうまく～ 자동차의 기어가 잘 맞물리다 ②관여하다, 관계가 있다¶ その件には彼が一枚～んでいる 그 건에는 그가 좀 관여하고 있다

〔慣用句〕
一んで吐き出すよう 씹어 뱉듯이, 몹시 언짢은 투로 말하는 모양

一んで含める (음식을 씹어서 입에 넣어 주듯) 알기 쉽게 풀어서 설명하다

**ガム** (gum) 껌¶ ～をかむ 껌을 씹다 ーテープ (일 gum tape) 껌 테이프, 접착 테이프

**カムイ** 카무이, 신(神) ▷ 아이누어

**がむしゃら** [我武者羅] 名 ナ (앞뒤 생각없이) 무턱대고 함, 저돌적임, 무모함¶ ～な男が無모한 사나이/ ～に走る 무턱대고 달리다

**かむろ** [*禿] ①단발 머리, 그런 머리를 한 아이 ②창기가 부리는 계집애 ▷ 「かぶろ」라고도 함

**かめ** [*瓶·*甕] ①독, 항아리 ②꽃병 ③술병

**かめ** [*亀] 動 거북

かめい [下命] 名 他スル (文) 하명. 명령을 내림. 분부. 御~の品をそろえる 분부하신 물건을 갖추어놓다

かめい [加盟] 名 自スル 가맹¶ ~国 가맹국

かめい [仮名] 가명¶ ~を使う 가명을 쓰다

かめい [家名] ①(한 집안의) 성¶ ~をつぐ 성씨를 잇다 ②가문. 한 집안의 명예·명성¶ ~をおこす 가명을 떨치다

がめい [雅名] ①아명. 풍류적인 이름 ②아호

かめかん [*甕棺] [考古] 옹관. 매장용 토기 관

がめつ・い 形 (俗) 악착스럽다. 애바르다¶ ~商法 악착스런 상법

かめのこ [亀の子] 거북 새끼. 거북의 애칭. 작은 거북 ―束子 (종려나무 섬유로 만든) 거북 모양의 수세미

かめのこう [亀の甲] 귀갑. 거북의 등딱지 ②귀갑 무늬

慣用句

―より年の功 귀갑보다는 연공. 오랜 경험이 제일이라는 비유

かめのて [亀の手·*石蜐] [動] 거북손

かめぶし [亀節] 작은 가다랭이를 뼈를 바르고 둘로 갈라 쪄서 말린 포

かめむし [椿象·*亀虫] [動] 노린재

カメラ (camera) 카메라¶ 胃~ 위 카메라/~に収める 카메라에 담다 ―アイ (camera-eye) 카메라아이 ―アングル (camera angle) 카메라 앵글 ―マン (cameraman) 카메라맨

カメリア (camellia) [植] 카멜리아. 동백나무

かめん [仮面] 가면. 탈. 마스크¶ ~舞踏会 가면 무도회

慣用句

―を被る 가면을 쓰다. 정체를 감추다
―を脱ぐ 가면을 벗다. 정체를 드러내다

がめん [画面] 화면 ①그림의 표면 ②(영화·텔레비전의) 화상. 영상¶ ~が乱れる 화면이 어른거린다

かも 係助 의문의 뜻을 나타냄. …일까. …할까 ¶ 来る~しれない 올지도 몰라

かも [*鴨] ①[動] 오리 ②(俗) 봉¶ ~にする 봉으로 삼다/ いい~だ 좋은 봉이다

慣用句

―が葱をしょって来る (오리구이를 하려는데 오리가 파를 지고 오듯이) 더욱 안성맞춤이라는 일. 일이 더욱 잘 되어 간다 =鴨葱

かもい [*鴨居] [建] 상인방 ⇔敷居

がもう [*鵞毛] ①거위의 깃털 ②(比) 회거나 매우 가벼운 것¶ 雪は ~のごとく舞い散る 눈은 거위의 깃털처럼 날아 흩어진다

かもがわにんぎょう [*賀茂川人形] 버드나무 목각에 비단 헝겊을 붙인 인형

かもく [科目] 과목 ①항목¶ 会計~ 회계 과목 ②학과목¶ 必修~ 필수 과목

かもく [課目] 과목. 과해진 항목. (학교 등에서) 습득할 학과¶ ~外のクラブ活動 과목 외의 클럽 활동

かもく [寡黙] 名 (文) 과묵. 말수가 적음

かもじ [*髢] ①다리¶ ~を入れる 다리를 드리다 ②머리. 머리털

かもしか [*氈鹿·〈羚羊〉] [動] 영양

かもしだ・す [醸(し)出す] 他五 (기분·분위기를) 자아내다. 조성하다¶ 家庭的な雰囲気を~ 가정적인 분위기를 자아내다

かもしれない [かも知れない] 連語 …일지도 모른다¶ 彼myself知っている~ 그는 알고 있을 지도 모른다

かも・す [醸す] 他五 빚다 ①양조하다¶ 酒を~ 술을 빚다 ②(분위기·상태를) 자아내다. 조성하다¶ 物議を~ 물의를 빚다

かもつ [貨物] 화물¶ ~を託送する 화물을 탁송하다 ②「貨物列車」의 준말 ―自動車 화물 자동차. 트럭 ―船 화물선 ―列車 화물 열차

かもなんばん [鴨南蛮] 오리고기와 파를 넣은 가락 국수·모밀 국수

かものはし [鴨の*嘴] [動] 오리너구리

かもまつり [賀茂祭] 5월 15일 賀茂神社에서 거행되는 京都의 3대 축제의 하나

かもめ [*鷗] [動] 갈매기. 백구

かもん [下問] 名 他スル (文) 하문 ①손아랫사람에게 물음¶ 御~になる 하문하시다 ②손윗사람의 물음에 대한 높임말¶ 御~をお受けする 하문을 받잡다

かもん [家門] 가문 ①일가. 문중¶ ~の誉れ 가문의 명예 ②집안. 문벌 = いえがら¶ よい ~の生まれ 좋은 가문 출생

かもん [家紋] 가문. 한 집안의 문장(紋章)

かもん [渦紋] 와문. 소용돌이 무늬¶ ~を描く 水 소용돌이치는 물

かや [茅·*萱] [植] 지붕을 이는 풀의 총칭. 새

かや [*榧] [植] 비자나무

かや [蚊帳·蚊屋] 모기장¶ ~をつる 모기장을 치다 ―吊草 [植] 금방동사니

がやがや 副 名 スル (口) 시끌시끌. 왁자지껄¶ 通りが~と騒ぎ出す 거리가 시끌시끌하다

かやく [火薬] 화약¶ ~庫 화약고/ ~をこめる 화약을 재다

かやく [加薬] ①(한방에서) 주된 약에 더 넣는 보조약. 가미(加味) ②양념(五目飯 우동 등에 넣는) 꾸미

かやつ [*彼*奴] 代 (口) 저 놈. 그 놈 = きやつ

カヤック (kayak) 카약 ①해표 가죽으로 만든 에스키모의 배 ②[體] 카누 경기의 하나

かやと [*茅戸] 띠·억새 등이 무성한 산비탈이나 평지 ▷ 산골 사람·등산가들의 말

かやぶき [*茅*葺き] [茅*葺き] 새(띠)로 지붕을 임. 그런 지붕¶ ~の農家 새(띠)로 지붕을 인 농가

かやり [蚊遣り] 모기불을 피움. 그 재료 = かいぶし¶ ~を焚く 모기불을 피우다 ―香 모기향 = 蚊取り線香 ―火 모깃불

かゆ [粥] 죽¶ 五分~ 묽은 죽/ ~をすする 죽을 후루룩 마시다

かゆ・い [*痒い] 形 가렵다¶ 蚊に刺されて ~ 모기에 물려 가렵다

慣用句

―所に手が届く (가려운 곳을 긁어주듯)

세심한 데까지 배려하다
**かゆばら** [*粥腹*] 죽만 먹어서 기운을 못 쓰는 배¶ ～では力仕事ができない 죽만 먹고서는 힘쓰는 일을 할 수 없다
**かゆみ** [*痒み*] 가려움, 소양감¶ ～止め 가려움을 멈추게 하는 약
**かよい** [通い] ①왕래, 내왕＝ゆきき¶ アメリカ～の船 미국을 오가는 배 ②통근＝住み込み¶ ～のお手伝いさん 파출부 ③『通い帳』의 준말. 통장
**かよいじ** [通い路] (文) 통로, 오가는 길¶ 夢の～ 꿈길
**かよいちょう** [通い帳] 통장 ①외상 장부＝酒屋の～ 술집의 외상 장부 ②예금 통장
**かよいつ·める** [通(い)詰める] (自下一) 자주 다니다, 늘 드나들다
**かよいばこ** [通い箱] 주문 상품 배달용 상자
**かよ·う** [通う] (自五) ①다니다, 왕래하다¶ 学校に～ 학교에 다니다/ 質屋に～ 전당포에 드나들다 ②(두 지점이) 통하다¶ 日光に～街道 日光로 통하는 가도 ③(탈것이) 다니다, 오가다¶ 夏だけバスが通う 여름에만 버스가 다니다 ④(피·전류 등이) 흐르다¶ 全身に血が～ 전신에 피가 흐르다 ⑤서로 통하다, 상통하다¶ 心が～ 마음이 통하는 사이
**かよう** [斯様] (ダ)(文) 이와 같음, 이러함＝このよう¶ ～な内容 이와 같은 내용
**かよう** [火曜] 화요일＝火曜日
**かよう** [歌謡] 가요 ①(文) 운문 형식의 문학￭ 古代～ 고대 가요 ②유행가·민요·동요·속요 등의 총칭￭ 一曲￭ 가요곡, 유행가
**がようし** [画用紙] 도화지
**かようせい** [可溶性] (化) 가용성 ⇔ 不溶性
**かよく** [寡欲·寡慾] (名)(ダ)(文) 과욕, 욕심이 적음¶ ～な人 욕심이 적은 사람
**がよく** [我欲·我慾] 아욕, 자기만의 욕심¶ ～の強い人 아욕이 강한 사나이
**かよけ** [蚊除け] 모기를 쫓음, 그런 물건¶ ～の薬を塗る 모기 쫓는 약을 바르다
**かよわ·い** [か弱い] (形) 가냘프다, 연약하다¶ ～乙女 가냘픈 소녀/ ～女の力が 연약한 여자의 힘
**かよわ·す** [通わす] (他五) ①다니게 하다＝通わせる¶ 子供を学校に～ 아이를 학교에 다니게 하다 ②통하게 하다¶ 心を～ 마음을 통하게 하다

**から** I [格助] ①(기점·출발점) ⋯에서, ⋯부터¶ ソウル～帰って来た 서울에서 돌아왔다/ 親に～離された 부모로부터 떠나다/ 今日～夏休みだ 오늘부터 여름 방학이다 ②(출처, 판단의 근거·관점) ⋯에서, ⋯(으)로, ⋯으로부터¶ 米～造った酒 쌀로 빚은 술/ そういうこと～親しくなった 그런 일로 친해졌다/ 私たちの立場～は何とも言えない 내 입장에서는 뭐라고 말할 수 없다 ③(동작·작용의 주체 관계) ⋯한테서, ⋯으로부터¶ 先生に～しかられた 선생님한테 야단맞았다/ 友人～誘われた仕事 친구로부터 권유받은 일/ 魚屋～買った生鮮 가게에서 샀다 ④(순서·범위의 시발점) ⋯에서, ⋯부터, ⋯이상¶ 君～始めよう 너부터 시작하자/ 一万円～の買い物 1만 엔 이상의 쇼핑/ 起床～朝食～まで 기상부터 아침 식사까지 II [接助]《활용어의 終止形에 붙음》①(원인·이유) ⋯때문에, ⋯므로, ⋯이니까¶ 手紙が来た～安心だ 편지가 왔으니까 안심이다 ②(「～(に)は」의 꼴로) ⋯한 이상은, ⋯바에는¶ 頼まれた～にはあとへ引けない 부탁받은 이상 뒤로 물러설 수 없다 III [終助] ①(상대방에 대한 강한 마음과 뜻을 담아) ⋯하니까, ⋯한단 말이야¶ 心配したんだ～ほんとに 걱정했다니까 정말로/ もう大丈夫だ～ 이젠 괜찮단 말이야 ②(강하게 경고하는 기분을 나타냄) ⋯테니까, ⋯테야¶ 聞かないのなら行っちゃう～ね 말을 듣지 않으면 가버릴 테니까 말이야 ③(상대방에 대한 동정이나 달래는 마음을 나타냄) ⋯야¶ いい～いい～ 괜찮아 괜찮다니까/ もう行く～行く～ 이제 간다 간다니까

**から** [空] ①(속이) 빔¶ ～の財布 빈 지갑/ コップを～にする 컵을 비우다 ②(造語) 공, 빈, 헛된, 거짓¶ ～車 빈 차/ ～元気 허세/ ～約束 거짓 약속/ ～回り 공전
**から** [唐·漢·韓] ①한국·중국의 옛일컬음, 외국 ②(造語) 외국에서 건너온 것임을 나타냄. 도래물, 박래(舶來)의¶ ～綾 중국산 비단
**から** [殻] ①껍질, 껍데기¶ まめの～ 콩깍지/ 貝～ 조가비/ 허물을 ぬけがら せみの～ 매미의 허물 ③빈 용기¶ かんづめの～ 빈 깡통 ④비지＝おから ⑤(比) 외계로부터 자기를 격리시키는 벽, 그 안의 세계¶ ～にとじこもる 자기만의 세계에 틀어박히다/ ～を破る 틀에서 벗어나다
**から** I (副)(口) 전혀, 도무지, 아주＝からきし¶ ～いくじがない 도무지 패기가 없다 II [接頭] 전혀, 온통, 아주¶ ～うそ 새빨간 거짓말/ ～ばか 지독한 바보
**がら** ①저질 코크스 ②(수프용) 닭뼈
**がら** [終] (거래에서) 시세의 대폭락＝がら落ち
**がら** [柄] ①몸집, 체격¶ ～が大きい 몸집이 크다 ②품위, 품격¶ ～が悪い 품위가 없다 ③체격, 분수, 주제¶ ～にもないことをする 격에도 맞지 않는 짓을 하다 ④(옷감 등의) 무늬¶ 花～ 꽃무늬/ はでな～ 화려한 무늬 ⑤(造語) 성질·상황 등의 뜻을 나타냄¶ 場所～ 장소의 성질상/ 職業～ 직업상/ 人～ 인품
**カラー** (collar) [服] 칼라, 깃＝襟
**カラー** (color; colour) ①색, 색채 ②그림 물감 ③(영화 등의) 천연색 —**スキャナー** (color scanner) 컬러 스캐너 —**テレビ** 컬러 텔레비전 —**フィルム** (color film) 컬러 필름
**がらあき** [がら空き] (ダ)(口) 텅 빔¶ 昼間の電車は～だ 낮의 전차는 텅 비어 있다

**からあげ** [空揚(げ)・唐揚(げ)] 名 他スル [料] 가루를 약간만 묻혀서 튀김, 그런 요리

**からあし** [空足] ①맨발 ②헛디딤 ③헛걸음
[慣用句] **—を踏む** ①헛걸음하다 ②발을 헛디디다

**からあや** [唐綾] (중국에서 전해진) 능직(綾織) 비단

**から‐い** [辛い] 形 ①맵다, 얼얼하다¶~料理 매운 요리/ わさびが利いて~ 고추냉이가 들어 얼얼하다 ② [鹹い] 짜다¶~味噌 짠 된장 ③엄하다, 짜다, 박하다¶点が~ 점수가 짜다 ④쌉살하다¶~酒 쌉살한 술

**からいばり** [空威張り] 名 自スル 허세, 허세를 부림¶弱い人ほど~する 힘없는 사람일수록 허세를 부린다

**からいり** [乾煎り] 名 他スル [料] 기름을 두르지 않고 볶음¶おからを~する 비지를 볶다

**からうす** [唐臼・碓] ①디딜방아= ふみうす ②매통= すりうす

**からうた** [唐歌・漢詩] 한시 ⇔ 大和歌

**からうつし** [空写し] ①(필름이 없거나 잘못 넣어) 사진이 찍히지 않음¶필름을 돌리기 위해 셔터를 누름

**からうり** [空売り] [経] 공매, 공매도 ⇔ 空買い

**から‐え** [唐絵] ①당화(唐畫) ②중국에서 건너온 그림 ②중국화의 제재・기법을 본떠 일본인이 그린 그림 ⇔ 大和絵

**からえずき** [空嘔] 헛구역질

**からオケ** [空オケ] 가라오케 ▷「オケ」는「オーケストラ」의 준말

**からおし** [空押し] 名 他スル 형압. 종이나 가죽 등에 무늬나 글씨를 오목하거나 볼록하게 찍음, 그렇게 찍은 것

**からおり** [唐織(り)] ①중국에서 건너온 직물, 그것을 본떠서 짠 직물 ② [能] 옷차림에서) 여자의 우아한 상의

**からかい** [空買い] [経] 공매, 공매수 ⇔ 空売り

**からか‐う** 他 五 놀리다, 조롱하다, 야유하다¶友達を~ 친구를 놀리다

**からかさ** [唐傘・傘] 지우산, 종이 우산¶~を差す 지우산을 받다

**からかぜ** [空風・乾風] → からっかぜ

**からかね** [唐金] 청동(青銅)= 青銅

**からかぶ** [空株] [経] 공주. (증권 거래에서) 공매매(空賣買)된 주= くうかぶ ⇔ 実株

**からかみ** [唐紙] ①당지, 중국에서 건너온 색과 무늬가 있는 고운 종이, 그것을 본떠 만든 종이 ②「唐紙障子」의 준말, 맹장지

**からから** I ①물기 없이 바싹 마른 모양¶のどが~だ 목이 바싹 마르다 II 副 ①단단한 것이나 마른 것이 부딪치는 소리, 데그락데그락, 달각달각¶~鳴る 데그락데그락 소리나다 ②큰소리로 웃는 모양, 껄껄, 깔깔¶~と笑う 껄껄 웃다

**がらがら** I 副 自スル ①와르르¶~と崩れ落ちる 와르르 무너져 내리다 ②드르륵 ③(口) (「~した」의 꼴로) 덜렁덜렁¶~した人 덜렁대는 사람 II ⑦ (속이) 텅 빈¶~な電車 텅 빈 전차 III 名 딸랑우, 흔들면 딸랑딸랑거리는 유아용 장난감 — 蛇 [動] 방울뱀

**からかわ** [唐皮] ①호피(虎皮) ②네덜란드에서 건너온 양・사슴의 무두질한 가죽

**からき** [唐木] (자단(紫檀)・흑단・백단 등) 열대산 경질 목재의 총칭= とうぼく

**からきし** 副 (口) 전혀, 통= からっきし¶酒は~飲めない 술은 통 못한다

**からぎぬ** [唐衣] 당의. (平安 시대 女官 등이) 十二単 곁에 입는 짧은 비단 예복

**がらく** [瓦落] 시세의 폭락= がら落ち・がら

**からくさもよう** [唐草模様] 당초문, 당초 무늬

**からくじ** [唐籤] 공첨. 당첨되지 않은 제비, 꽝¶~なしの福引 꽝 없는 복권

**がらくた** 잡동사니¶~を処分する 잡동사니를 처분하다

**からくち** [辛口] ①(된장・술 등이) 쌉쌀함, 그런 식품¶~の酒 쌉쌀한 술 ②짜거나 매운 것을 좋아함, 그런 사람 ▷ ①② ⇔ 甘口

**からく‐も** [辛くも] 副 간신히, 겨우, 가까스로= からくして¶~終電に間にあった 겨우 막차를 잡았다

**からくり** [絡繰り] ①(여러가지 고안을 한) 장치, 기계 장치, 구조 ②계략, 조작¶~を見抜かん 계략을 간파하다 **—人形** 용수철이 장치된 자동 인형

**からぐるま** [空車] 빈 차= くうしゃ

**からくれない** [唐紅・韓紅] 진홍색, 심홍색

**からげいき** [空景気] 겉으로만 경기가 좋아 보임¶~をつける 경기가 좋은 체하다

**から・げる** [絡げる] 他 下一 ①묶다, 얽어매다¶荷物をなわで~ 짐을 새끼줄로 묶다 ②걷다, 걷어 올리다¶すそを~ 옷자락을 걷어 올리다

**からげんき** [空元気] 허세, 객기¶~を出す 허세를 부리다

**からこ** [唐子] ①중국식 복장과 머리 모양을 한 아이¶—**人形** 중국식 복색을 한 인형 ②(江戸 시대의) 정수리와 양 옆머리를 남기고 민 유아의 머리 모양 ③「唐子髷」의 준말 —**髷** ①(옛날에) 머리 위에 두 개의 고리를 얹은 것처럼 땋은 사내아이들의 머리 모양 ②(江戸 시대 이후) 양 옆머리를 조금 남기고 틀어 그 위로 고리를 만든 여자 머리 모양

**からざお** [殻竿・連枷] 도리깨¶~をうつ 도리깨질을 하다

**からざけ** [空酒] 안주 없이 마시는 술, 강술

**からざけ** [乾鮭] 말린 연어

**からさわぎ** [空騒ぎ] 名 自スル 대수롭지 않은 일로 떠들어댐, 헛소동¶マスコミの~に終わる 매스컴의 헛소동으로 끝나다

**からし** [芥子・辛子] 겨자¶~粉 겨자가루 —**漬** 채소에 겨자・누룩・술・소금 등을 넣고 버무려 담근 절임 —**菜** [植] 갓

**からじし** [唐獅子] ①사자 ②장식화된 사자

**からす** [烏・鴉] ① [動] 까마귀¶鵜のまねをする~ 가마우지 흉내내는 까마귀, 제 분수를 모르고 남을 흉내냄 ②검은 것¶~ねこ 검은

から・す [枯らす] 他五 시들게 하다, 말라 죽게 하다 ¶ 木を~ 나무를 말라 죽이다 ¶
から・す [涸らす] 他五 ①(물을) 말리다 ¶ 井戸を~ 우물을 말리다 ②고갈시키다, 바닥내다 ¶ 資源を~ 자원을 고갈시키다
から・す [嗄らす] 他五 (목소리를) 쉬게 하다 ¶ 声を~・して応援する 목이 쉬도록 응원하다
ガラス (네 glas) 글라스, 유리 ¶ ~窓 유리창/ ~板 판유리 ▷「硝子」는 취음자 —絵 유리 그림 —切り 유리 커터 —質 유리질 —障子 유리 장지 —繊維 유리 섬유 —張り ①유리를 끼움, 그런 것 ②공명 정대함 ¶ ~の政治 공명 정대한 정치
からすうり [烏瓜] 〚植〛 쥐참외, 하늘타리
からすがい [烏貝] 〚動〛 말합(馬蛤), 말섭조개
からすがね [烏金] 날변의 고리채
からすかんざえもん [烏勘左衛門] 까마귀를 의인화한 말
からすき [唐鋤・犁] 쟁기
がらすき [がら空き] 名 텅 빔 = がらあき ¶ ~の映画館 텅 빈 영화관
からすぐち [烏口] 오구, 선을 긋는 제도 용구
からすてんぐ [烏天狗] 까마귀 같은 부리와 날개를 가진 天狗
からすみ [鱲子] 숭어의 알집을 소금에 절여 말린 것 ▷ 모양에서 「唐墨」와 흡사한 데서
からすむぎ [烏麦] ①〚植〛 메귀리 ¶「燕麦」의 딴이름
からせき [空咳・乾咳] ①헛기침 ②마른 기침
からせじ [空世辞] 겉치레 말, 입에 발린 말 ¶ ~を言う 입에 발린 말을 하다
からだ [体・躯・〈身体〉] 몸 ①신체, 체구 ¶ がっしりした~ 다부진 몸/ ~が大きい 체구가 크다 ②몸통 ¶ ~の線が崩れる 몸의 선이 흐트러지다, 살이 찌다 ③건강 ¶ ~が弱い 몸이 약하다 ¶ ~に気をつける 건강에 주의하다 ④인격체, 육체 ¶ まだ修業中の~ 아직 수업 중인 몸/ ~が空く 짬이 나다
慣用句
—が言うことを聞かない 몸이 말을 안 듣다, 몸이 뜻대로 움직이지 않다
—を売る 몸을 팔다, 매춘하다
—を壊す 건강을 해치다
—を知る 육체 관계를 가지다
—を張る 몸을 바쳐 행동하다
からだき [空焚き] 名 他スル 솥 안에 물을 넣지 않은 채 불을 땜
からたけ [幹竹・唐竹] ①「真竹」의 딴이름 ②「淡竹」의 딴이름 —割り (대나무 쪼개듯) 세로로 똑바로 쪼갬
からたち [枳殼] 〚植〛 탱자나무
からたちばな [唐橘] 〚植〛 송이꽃자금우
からだつき [体付き] 몸매, 체격 ¶ ほっそりした~ 호리호리한 몸매
からちゃ [空茶] 과자를 곁들이지 않고 차만 냄, 그런 차
からつ [唐津] ①「唐津焼」의 준말 ②(関西 지방에서) 도자기의 총칭 —焼 佐賀현 唐津 지방에서 구워 낸 도자기
からつかぜ [空っ風] 눈·비는 오지 않고 세차게 부는 바람 = からかぜ
からっきし 副 (口) → からきし
からっぽ [空っ穴] 俗 빈털터리, 무일푼 = 無一物 ¶ ~になる 빈털터리가 되다
からっと 副 ①갑자기 훤히 트인 모양, 탁, 훤히 ¶ 視界が~開ける 시계가 탁 트이다 ②상쾌하게 갠 모양. ¶ ~した青空 활짝 갠 푸른 하늘 ③(성격이) 시원시원함 ¶ ~した性格 시원시원한 성격 ④잘 건조된 모양, 바싹 ¶ てんぷらが~揚がる 튀김이 바싹 튀겨지다
がらっと 副 → がらりと
カラット (carat; karat) 캐럿 ①보석의 무게 단위 ②합금 중에 포함된 금의 비율
がらっぱち (口) 언동이 침착하지 못하고 조심성이 없음, 덜렁댐, 덜렁이
からっぽ [空っぽ] 形動 (口) 텅 빔 ¶ ~の箱 텅 빈 상자
からつゆ [空梅雨] 마른장마 = 照りつゆ
からづり [空釣(り)] 미끼 없이 하는 낚시질
からて [空手] ①공수, 빈손, 맨손 = 手ぶら・素手 ¶ ~で訪問する 빈손으로 방문하다 ②[唐手] 가라테, 당수
からてがた [空手形] 공수표 ①綛 융통 어음 ②공약 ¶ ~に終わる 공약으로 끝나다
からとう [辛党] 애주가, 주당, 술꾼 ⇔ 甘党
からとて 接助 (역접) ...라고 하더라도 [해서] ¶ つらい~止めるわけにはいかない 고되다고 해서 그만둘 수는 없다
からとりひき [空取引] 綛 공거래, 차금 매매(差金賣買), 차금 거래 = くうとりひき
からねんぶつ [空念仏] 공염불 ①진심이 깃들지 않은 염불 ②실행이 따르지 않는 주장 ¶ ~におわる 공염불로 끝나다
からはふ [唐破風] 建 (桃山 시대 건축에서) 양끝이 약간 치켜 휘고 중앙부가 봉긋한 곡선형 박공
からびつ [唐櫃] (의류·문서 등을 넣는) 다리가 좌우로 2개·앞뒤로 4개 달린 중국식 궤
からぶき [乾拭き] 名 他スル 마른 걸레질 ¶ 家具を~する 가구에 마른 걸레질을 하다
からふと [樺太] 「サハリン」의 일본명
からぶり [空振り] 名 他スル ①(야구·골프 등에서) 헛침, 헛스윙 ¶ 強打者を~で三振させる 강타자를 헛스윙으로 삼진시키다 ②(권투에서) 펀치가 빗나감 ③(口) 허사, 수포 ¶ 事業が~に終わった 사업이 수포로 돌아갔다
からへた [から下手] 形動 (口) 몹시 서투름

から へんじ【空返事】 → そらへんじ
がら ぼう【がら紡】 부스러기솜・부스러기실로 특수한 실을 잣는 방적. 그것으로 짠 면포
から ぼり【空堀】 물이 없는 해자(垓子)
から・む・す【絡ます】 他五 ①휘감기게 하다¶朝顔のつるを支柱に~ 나팔꽃 덩굴을 지주에 휘감기게 하다 ②관련짓다. 얽히게 하다¶~して説得する 이후와 처우와 관련시켜 설득하다
から ま・せる【絡ませる】 他下一 → からます
から まつ【唐松・〈落葉松〉】【植】 낙엽송
から む【絡む】 自五 ①휘감기다¶釣り糸が~ 낚싯줄이 휘감기다 ②얽히다¶いくつもの問題が~ 몇 가지 문제가 얽히다
から まわり【空回り】 名 自スル 공전 ①(엔진・바퀴 등이) 헛돎¶車輪が~する 차바퀴가 헛돌다 ②(이론・행동 등이) 제자리를 맴돎¶議論が~する 의논이 공전하다
から み【辛み】 ①매운맛. 짠맛¶~を利かす 매운맛(짠맛)을 내다 ②매운맛(짠맛)을 내는 식품 —餅 갓 찧은 떡에 간장과 무즙을 끼얹은 것
から み【空身】 홀몸. 맨몸. 빈 몸¶~で旅に出る 홀몸으로 여행을 떠나다
が ら み【絡み・搦み】 ①…과 관련하여¶仕事~の旅行 업무와 관련된 여행 ②(나이・가격 등을 나타내는 수사에 붙어) …쯤, …가량, …안팎¶四十~の男性 40세 가량의 남성 ③…째. 통틀어. 아울러¶箱~ 買う 상자째 사다
から みあ・う【絡み合う】 自五 뒤얽히다 ①서로 얽히다¶毛糸が~ 털실이 뒤얽히다 ②(사물이) 얽혀서 복잡해지다¶いろいろな事情が~ 여러 가지 사정이 뒤얽히다
から みつ・く【絡み付く】 自五 ①휘감기다. 달라붙다¶スカートのすそが足に~ 스커트 자락이 다리에 휘감기다 ②치근덕거리다. 시비를 걸다¶酔って人に~ 취해서 남에게 시비를 걸다
から・む【絡む】 自五 ①휘감기다. 얽히다¶朝顔のつるが棚木に~ 나팔꽃 덩굴이 울짱에 휘감기다 ②걸리다¶痰が~ 가래가 걸리다 ③얽히다. 관계되다¶金銭が~んだ問題 금전이 얽힌 문제 ④트집잡다. 치근덕거리다. 시비를 걸다¶酔って人に~ 취해서 남에게 시비를 걸다
から むし【*苧・〈苧麻〉】【植】 모시풀 = マオ
からめて【*搦(め)手】 ①성의 뒷문. 적의 후방. 그 곳을 공격하는 군대 ⇔ 大手 ②…에 회오리는 적의 후방으로 돌다 ③상대의 허점・약점. 사물의 이면¶~から攻める 약점을 공략하다/ ~から工作する 이면에서 공작하다
から・める【*搦(め)捕る】 불잡아 묶다. 포박하다¶泥棒を~ 도둑을 포박하다
から・める【絡める】 他下一 ①감다. 얽다¶腕を~ 팔을 휘감다 ②관련시키다¶他の条件も~めて考える 다른 조건도 관련시켜 생각하다 ③(고물・엿 등을) 묻히다. 바르다¶団子に水飴を~ 경단에 물엿을 바르다
から・める【*搦める】 他下一 ①포박하다¶罪人を~ 죄인을 포박하다 ②하나로 묶다¶古新聞を~ 헌 신문을 하나로 묶다
カラメル (caramel) 캐러멜 —ソース (caremel sauce)【料】 캐러멜 소스
がら もの【柄物】 무늬가 있는 옷・천
がら ゆき【柄行】 무늬의 모양・배색, 그로부터 받는 느낌
から よう【唐様】 ①당풍(唐風), 중국풍, 중국 양식 ⇔ 和様 ②중국식 서체 ③【建】鎌倉 시대에 송나라에서 전해진 절의 건축 양식
から りと 副 ①맑게 갠 모양. 활짝¶晴れ上がった空 활짝 갠 하늘 ②밝고 명랑한 모양. 구김없이, 쾌활하게¶~した青年 쾌활한 청년 ③잘 마른 모양. 바싹¶天ぷらを~揚げる 튀김을 바싹 튀기다
が らりと 副 ①드르륵. 활짝¶~戸を開ける 드르륵 문을 열다 ②와르르¶箱が~くずれる 상자가 와르르 무너지다 ③싹¶~態度を変える 싹 태도를 바꾸다
カラン (네 kraan) (수도 등의) 꼭지, 코크
が らん【*伽藍】 가람. 절의 큰 건물¶七堂~ 칠당 가람 —配置【佛】 가람 배치
がらん どう 텅 비어 휑뎅그렁하게¶~した部屋 텅 빈 방
がらん どう ⑦ 텅 비어 있음. 휑뎅그렁함¶~の倉庫 텅 빈 창고
かり【仮】 名 ①임시, 일시 : まにあわせ¶免許の~ 임시 면허/ ~の処理 일시적인 처리 ②가짜¶~の名 가명
かり【雁・*鴈】「雁」의 딴이름
かり【狩】 ①사냥, 수렵¶~に行く 사냥하러 가다 ②(물고기・조개를) 잡음, 채취함¶潮干~ (썰물 때) 개펄의 조개잡이 ③(곤충・식물 등을) 채집・감상함¶蛍~ 개똥벌레 잡기/ 紅葉~ 단풍놀이
かり【借り】 빚 ①빌림, 부채¶~をつくる 빚을 지다 ②갚아야 할 은혜・원한¶~おぼえていろ!この~はきっと返すからな 두고 보자! 이 빚은 꼭 갚고 말테니 ③「借り方」의 준말. 차변 ▷ ①~③ ⇔ 貸し
カリ (네 kali)【化】 칼리 ①「カリウム」의 준말 ②칼륨 염류, 탄산 칼륨 ▷「加里」는 취음자 —肥料【農】 칼리 비료
が り【我利】 사리, 자기 잇속만¶~我欲 사리 사욕 —我利 자기 잇속만 차림 —我利亡者 자기 잇속만 차리는 욕심쟁이
かりあげ【刈(り)上げ】 ①(머리를) 치올림, 깎아 올림, 그런 머리 모양¶髪を~ 처 올린 머리 ②(작물을) 다 베어 거두어 들임¶~の済んだ田 수확이 끝난 논
かりあげ【借(り)上げ】 ①(관공서나 윗사람이 민간이나 아랫사람에게) 빌림, 임차함¶建物の~ 건물의 임차 ②【史】江戸 시대에 大名가 재정 궁핍으로 신하들에게 차용 형식으로 행한 감봉

かりに

かりあ・げる【借(り)上げる】他下一 (관공서 등이 민간에게서) 빌리다, 임차하다

かりあつ・める【駆(り)集める】他下一 (사람・물건 등을) 급히 그러모으다 ¶参加者を~ 참가자를 급히 모집하다

かりいれ【刈(り)入れ】(농작물을) 베어들이기, 추수, 수확 ¶稲の~ 벼 수확

かりい・れる【刈(り)入れる】他下一 (농작물을) 베어들이다, 거두어들이다, 수확하다 ¶早稲を~ 조생벼를 베어들이다

かりい・れる【借(り)入れる】他下一 (자금 등을) 꾸어 오다, 차입하다 ¶銀行から工事費を~ 은행에서 공사비를 차입하다

かりう・ける【借(り)受ける】他下一 빌리다, 임차하다 ¶私有地を~ 사유지를 임차하다

かりうど【狩人】→かりゅうど

カリウム(네 kalium)【化】칼륨=カリ

ガリウム(gallium)【化】갈륨 —砒素【化】갈륨 비소

カリエス(독 Karies)【醫】카리에스, 골양, 골저 ¶脊椎~ 척추 카리에스

かりおや【仮親】①양부모, 수양 부모=養い親 ②대리 부모=おやがわり

かりか・える【借(り)換える】他下一 (빌린 것을) 되돌려주고 다시 빌리다 ¶本を~ 빌려 왔던 책을 반환하고 다시 빌려 왔다

かりかた【借(り)方】①꾸는 법, 차용 방법 ②꾸는[빌리는] 사람=借かり手 ③(부기에서) 차변(借邊)⟨①~③⇔貸かし方⟩

カリカチュア(caricature) 캐리커쳐, 풍자화, 희화(戯畵)

かりかつよう【カリ活用】【文法】문어의 형용사 連用形에「あり」가 붙어서 융합된 활용

かりがね【雁が音・雁金】【文】①기러기 울음 소리 ②「雁」의 딴이름

かりかぶ【刈(り)株】(벼・보리 등의) 그루터기

かりかぶ【借(り)株】(신용거래에서) 증권 회사가 증권 금융 회사로부터 빌린 주식

かりかり 副 自スル (口)①아삭아삭, 와삭와삭, 오독오독 ¶りすがくるみを~と食たべる 다람쥐가 호두를 오독오독 씹어먹다 ②신경이 곤두서는 모양 ¶無責任な批評に神経しんけいを~にする 무책임한 비평에 신경이 곤두서다

がりがり I 副 ①으드득으드득 ¶氷こおりを~かじる 얼음을 으드득으드득 깨물다 ②(단단한 것을 긁거나 깎아 내는 소리) 득득 ¶頭あたまを~と搔かく 머리를 득득 긁다 ③(口)한 가지 일만 깊이 파고드는 모양 ¶~勉強べんきょうする 기를 쓰고 공부하다 II 名 (口)①(몹시 야윈 모양) 깨깨, 빼빼 ¶~にやせた体からだ 빼빼 마른 몸

かりぎ【借(り)着】名他スル (옷을) 빌려 입음, 빌려 입은 옷 ¶~でパーティーに出でる 빌린 옷을 입고 파티에 나가다

かりぎぬ【狩衣】옛날 귀족의 약식 복장

かりき・る【借(り)切る】他五 몽땅 빌리다, 전세내다, 대절하다 ⇔貸かし切る ¶バスを~ 버스를 대절하다

かりこし【借(り)越(し)】차월 ①일정 한도를 넘어서 빌림 ¶~金きん 차월금 ②빌려준 것보다 빌려 온 것이 더 많음

かりこみ【狩(り)込み】①(짐승 등을) 몰아서 잡음 ②(부랑자 등의) 일제 검거

かりこ・む【刈(り)込む】他五 ①(머리・초목 등을) 다듬다, 손질하다 ¶かみの毛けを~ 머리를 손질하다 ②베어들이다 ¶牧草ぼくそうを~ 목초를 베어들이다

かりしゃくほう【仮釈放】【法】가석방

かりしゅうげん【仮祝言】집안 사람끼리 하는 약식 결혼식

かりしゅつごく【仮出獄】【法】가출옥

かりしゅっしょ【仮出所】(俗)가출소, 가출옥

かりじゅよう【仮需要】【經】가수요

かりしょぶん【仮処分】【法】가처분

かりずまい【仮住(まい)】名自スル 잠시 거주함, 임시 거처=仮寓かぐう ¶改築かいちくはアパートに~する 개축 중에는 임시로 아파트에서 거주하다

かりせいほん【仮製本】【版】가제본=仮綴かりとじ

かりそめ【仮初(め)】I 名(文)①일시적임, 한때뿐임, 덧없음 ¶~の恋こい 덧없는 사랑/~の約束やくそく 그때뿐인 약속 ②우연함, 사소함 ¶~の病やまいから 사소한 병으로 ③소홀히[등한히] 함 ¶勉強べんきょうを~にしてはいけない 공부를 소홀히 해서는 안 된다 —にも 副 ①적어도 ¶~学生がくせいではないか 적어도 학생이 아닌가 ②조금이라도, 결코

かりたお・す【借(り)倒す】他五 빚을 떼어먹다=ふみたおす ¶借金しゃっきんを~ 빚을 떼어먹다

かりだ・す【駆(り)出す】他五 ①끌어내다, 동원하다 ¶選挙運動せんきょうんどうに~ 선거 운동에 동원하다 ②(狩り出す)(짐승을) 몰아내다 ¶猪いのししを~ 멧돼지를 몰아내다

かりた・てる【駆(り)立てる】他下一 ①몰아넣다, 내몰다 ¶学徒がくとを戦争せんそうに~ 학생들을 전쟁에 내몰다 ②(狩り立てる)(짐승을) 내몰다, 몰아내다 ¶えものを~ 사냥감을 내몰다

かりちん【借(り)賃】임차료, 세 ⇔貸かし賃ちん

かりっぱなし【借(り)っ放し】(口)빌린 채 돌려주지 않음 ¶本ほんを~にしている 책을 빌린 채 돌려주지 않고 있다

かりて【借(り)手】차주(借主), 차용인, 빌려 쓰는 사람 ⇔貸手かして ¶家いえの~ 집을 세든 사람/~がつく 차주가 나서다

かりとじ【仮綴(じ)】①가철 ②【版】가제본

かりと・る【刈(り)取る】他五 ①베어들이다, 거두어들이다, 수확하다 ¶稲いねを~ 벼를 베어들이다 ②없애다, 제거하다 ¶雑草ざっそうを~ 잡초를 없애다

かりに【仮に】副 ①일시적으로, 임시로, 잠정적으로 ¶~縫ぬっておく 임시로 꿰매 두다 ②만약, 설사 ¶~僕ぼくが君きみだったら 만약 내가 너라면 —も 副 ①조금이라도, 결코, 절대로 ¶~言いうべきことではない 결코 해서는 안 될 말이다 ②적어도 ¶~軍人ぐんじんともあろうものが 적어도 군인이라는 자가

**かりぬい**〖仮縫い〗图 他スル〖服〗가봉, 시침 바느질, 징금질¶ほころびを~しておく 터진 데를 징금질해 두다

**かりぬし**〖借主〗图 차주, 차용인 ⇔ 貸主

**かりね**〖仮寝〗图 自スル ①잠시 눈을 붙임, 선잠=うたたね ②〖文〗객지에서 자는 잠, 한뎃잠

**かりのやど**〖仮の宿〗①임시 거처, 여행지에서의 숙소 ②덧없는 이 세상, 현세

**かりのよ**〖仮の世〗덧없는 이 세상, 현세

**かりば**〖狩(り)場〗사냥터, 수렵장

**がりばん**〖がり版〗등사판

**かりぶしん**〖仮普請〗임시 건축 ⇔ 本普請

**カリフラワー**〖cauliflower〗〖植〗콜리플라워. 꽃양배추=花キャベツ

**がりべん**〖がり勉〗〖俗〗공부만 들이팜, 그런 사람, 공부벌레¶~조용하는 사람

**かりほ**〖刈(り)穂〗베어낸 벼 이삭

**かりまた**〖雁股〗두 갈래로 갈라진 화살촉, 그런 촉이 달린 화살

**かりみや**〖仮宮〗①임시 궁전 ②행궁=行宮 ③제례때 神輿의 임시 안치소=御旅所

**かりめん**〖仮免〗〖口〗「仮免許」의 준말

**かりめんきょ**〖仮免許〗가면허, 임시 면허

**かりもの**〖借(り)物〗빌린 물건¶~の式服빌린 예복

**かりもよお・す**〖駆(り)催す〗他五〖文〗(여기저기서 사람을) 그러모으다

**かりや**〖借(り)家〗차가, 셋집=借家

**かりゅう**〖下流〗하류 ①강이 흘러가는 아래쪽=川下 ②낮은 계층=下層

**かりゅう**〖花柳〗화류 ①꽃와 버들 ②기생, 창녀¶「花街柳巷」의 준말. 유락 —界 화류계 —病 화류병, 성병

**かりゅう**〖顆粒〗과립, 작은 알갱이

**がりゅう**〖我流〗아류, 자기류, 자기식¶~の書体자기류의 서체

**かりゅうど**〖狩人〗사냥꾼, 엽사=猟師

**かりょう**〖下僚〗〖文〗하급 관리=下役

**かりょう**〖加療〗图 自スル〖文〗가료, 三ヵか月の~を要する3개월의 가료를 요하다

**かりょう**〖佳良〗〖文〗가량, 양호함¶品質~品質이 양호함

**かりょう**〖科料〗〖法〗과료¶~に処せられる과료에 처해지다 ▷「過料」와 구별하기 위해 「とがりょう」라고도 함

**かりょう**〖過料〗〖法〗과료, 과태료 ▷「科料」와 구별하기 위해 「あやまちりょう」라고도 함

**がりょう**〖臥竜〗〖文〗와룡 ①엎드려 있는 용 ②세상에 알려지지 않은 큰 인물

**がりょう**〖雅量〗〖文〗아량¶~を示す아량을 보이다

**がりょうてんせい**〖画竜点睛〗화룡 점정, 가장 중요한 끝마무리=がりゅうてんせい

〖慣用句〗
—を欠く 가장 중요한 끝마무리를 빠뜨려 전체가 살지 못하다

**かりょく**〖火力〗화력 ①불의 세기¶~が強い 화력이 세다 ②화기의 위력¶~において勝る 화력에 있어서 우세하다 —発電〖工〗화력 발전

**か・りる**〖借りる〗他上一 빌리다 ①꾸다, 차용하다¶友人から金を~ 친구에게 돈을 빌리다 ②임차하다¶レンタカーを~ 렌터카를 빌리다 ③(도움을) 받다¶手を~ 일손을 빌리다 ④「藉りる」대용하다, 원용하다¶ゲーテの~りて表現する 괴테의 시를 빌어 표현하다

〖慣用句〗
—りて来た猫 〖比〗평소와 달리 아주 얌전한 모습

**かりわたし**〖仮渡し〗图 他スル 임시로 지불함, 가불

**かりん**〖花梨〗〖植〗모과나무, 모과

**かりんさんせっかい**〖過燐酸石灰〗〖農〗과린산 석회

**かりんとう**〖花林糖〗설탕을 섞은 밀가루 반죽을 길고 둥글게 잘라 기름에 튀긴 후 다시 흑설탕을 묻힌 과자

**か・る**〖刈る〗깎다, 베다 稲を~ 벼를 베다 頭を~ 머리를 깎다

**か・る**〖狩る〗他五 ①사냥하다¶猛獣を~ 맹수를 사냥하다 ②(꽃·초목 등을) 찾아 즐기다¶さくらを~·벚꽃놀이하다

**か・る**〖駆る·駈る〗他五〖文〗①급히 달리다, 하다¶馬を~ 말을 달리다 ②쫓다, 몰다¶羊の群れを~ 양떼를 몰다 ③~ 몰아대다. 몰아대다¶国民を戦争に~ 국민을 전쟁으로 내몰다 ④(「…に~られる」의 꼴로) (어떤 감정에) 사로잡히다¶衝動に~られる 충동에 사로잡히다

**が・る**〖接尾〗(형용사·형용동사의 어간에 붙어) ①…라고 생각하다[여기다], …하게 느끼다¶寒~ 추위하다/不思議~ 이상하게 여기다 ②…체하다¶強~ 강한 체하다/粋~ 멋스런 체하다

**かる・い**〖軽い〗形 가볍다 ①(무게가) 적다¶~荷物 가벼운 짐 ②(힘이) 약하다¶~く肩をたたく 가볍게 어깨를 두드리다 ③대수롭지 않다¶~罪 가벼운 죄/~扱い 허술한 취급 ④홀가분하다, 경쾌하다¶~足どり 경쾌한 발걸음/心~も~ 마음도 홀가분하다 ⑤경솔하다¶口が~ 입이 가볍다/尻が~ 궁둥이가 가볍다, 출랑거리다 ⑥손쉽고 간편하다, 부담스럽지 않다¶~食事 가벼운 식사/~·く言ってのける 가볍게 말해 버리다 ⑦담박하다¶口あたりが~ 입맛이 담박하다 ⇔ ①〜⑤ 重い

**かるいし**〖軽石〗〖地〗경석, 속돌

**かるかや**〖刈萱〗〖植〗솔새=めがるかや

**かるがゆえに**〖かるが故に〗接〖文〗그런고로, 그러므로

**かるがる**〖軽軽〗副 가볍게, 가뿐히, 거뜬히¶~と勝つ 가볍게 이기다/~と持ち上げる 가뿐히 들어 올리다 —しい 形 경솔하다, 경박하다, 경망스럽다 ⇔ おもおもしい

**かるかん**〖軽羹〗참마를 강판에 갈아서 쌀가

루와 설탕을 넣고 반죽하여 찐 과자

**かる くち** 【軽口】 ① 입이 가벼움〔잼〕, 그런 사람 ¶ ~な人 입이 가벼운 사람 ② 익살, 농담 ¶ ~をたたく 익살을 떨다 ③ (江戸 시대에 유행한) 재담 **-話** 익살스러운 재담

**カルタ** (포 carta) 놀이 딱지, 딱지, 카드 ▷ 「いろはがるた·歌がるた·花がるた」 등이 있음. **骨牌·歌留多**는 취음자

**カルチャー** (culture) 컬처, 문화, 교양 **ーセンター** (일 culture center) 컬처 센터, 문화 센터

**カルテ** (독 Karte) 【醫】 카르테, 진료 기록 카드

**カルデラ** (caldera) 【地】 칼데라. 화산 중앙부의 움푹 팬 지형 **一湖** 【地】 칼데라호

**かる はずみ** 【軽はずみ】 [名] [ㄱ] 경솔함, 경망함 = 軽率 ¶ ~な言動 경솔한 언동

**かる み** 【軽み】 ① 가벼운 느낌 ② 【文】 松尾芭蕉가 주장하던 俳諧의 미적 이념 = かろみ

**カルメやき** 【カルメ焼(き)】 → カルメラ

**カルメラ** (caramelo) 카라멜로 = カルメ焼き

**かる やき** 【軽焼(き)】 찹쌀가루에 설탕을 섞어 부풀려 구운 납작 과자 = 軽焼きせんべい

**かる ら** 【迦楼羅】 ① 【佛】 불전에 나오는 거대한 새 = 金翅鳥 ② 伎楽에 쓰는 가면의 하나

**かる わざ** 【軽業】 ① 몸을 가볍게 날려서 하는 곡예 = アクロバット ② 【比】 위험이 따르는 사업·계획 ¶ 融資だけで事業を興すという~をやってのけた 융자만으로 사업을 일으키는 일을 해냈다 **一師** 곡예사

**かれ** 【彼】 I [代] 【人称】 ① 그, 그 사람, 그 남자 ② 【文】 【指示】 저것 = あれ II [名] 【俗】 애인, 남편, 그이, 저이 ¶ ~ができる 애인이 생기다

**がれ** (등산에서) 사태가 난 뒤의 급사면(急斜面) **一場** 사태가 난 뒤의 급사면

**かれい** 【鰈】 【動】 가자미

**かれい** 【加齢】 가령 ① 나이를 한 살 더 먹음 ② 고령화에 따른 육체적 쇠퇴 과정 ¶ ~現象 가령 현상

**かれい** 【家令】 ① (明治 시대 이후) 왕족·귀족의 사무·회계를 관리하던 사람 ② (律令制에서) 親王·귀족 집안의 일을 관리하던 직책을 맡은 사람

**かれい** 【家例】 【文】 가례. 한 집안의 관례

**かれい** 【華麗】 [名] [ㄱ] 화려 ¶ ~な演技 화려한 연기 **一体** [表] 화려체

**かれい** 【佳例·嘉例】 【文】 가례. 경사스러운 선례 (先例), 길례 = 吉例

**かれ いろ** 【枯れ色】 고색. (초목의) 마른 빛깔

**カレー** (curry) 카레 ① 카레 가루, 카레 소스 ② 카레 라이스 **ーライス** (curry and rice; curried rice) 카레 라이스 = ライスカレー

**かれ えだ** 【枯れ枝】 ① 고지. 삭정이, 마른 가지 ② 잎이 떨어진 가지

**かれ おばな** 【枯れ尾花】 마른 억새 ¶ 幽霊の正体見たり~ 유령인가 했는데 알고 보니 마른 억새더라

**かれ き** 【枯れ木】 ① 고목(枯木) ② 잎이 진 나무 [慣用句] **一に花** 【比】 쇠하였던 것이 다시 번영함

**一も山の賑わい** (마른 나무라도 산에 정취를 보낸다는 뜻에서) 시시한 것이라도 없는 것보다 나음

**がれき** 【瓦礫】 【文】 와륵 ① 기와와 자갈 ¶ ~の山 와륵의 무더기, 쓰레기더미 ② 【比】 쓸모없는 것 ¶ ~同然 쓰레기나 다름없음

**かれくさ** 【枯れ草】 ① 마른 풀 ② 꼴, 여물

**かれこれ** 【彼此】 ① [副] 이러쿵저러쿵, 이러니저러니 ¶ ~うるさく言う 이러쿵저러쿵 시끄럽게 말하다 / ~するうちに目的地に着いた 이러니저러니하는 동안 목적지에 도착했다 ② 대충, 이럭저럭 ¶ ~一時間 대충, ~이럭저럭 한 시간 / ~一時間が過ぎた 이럭저럭 근 한시간이 지났다

**かれさんすい** 【枯山水】 돌이나 모래로 산수를 표현한 일본 정원 양식 = かれせんずい

**かれし** 【彼氏】 I [代] 【人称】 ① 그 분, 그 양반 II [名] 애인, 그이 ¶ ~ができる 애인이 생기다

**かれすすき** 【枯れ薄】 마른 참억새

**かれつ** 【苛烈】 [名] [ㄱ] 가열. 격렬함, 가혹함 ¶ 戦いは~をきわめた 전투는 격렬하기 짝이 없었다

**かれの** 【枯れ野】 (겨울철의) 초목이 마른 들판, 황량한 들판

**かれ は** 【枯れ葉】 고엽, 마른 잎 **一剤** 【軍】 고엽제

**かれ ば・む** 【枯ればむ】 [自] [五] (초목이) 시들기 시작하다

**かれら** 【彼等】 [代] 그들, 그 사람들

**か・れる** 【枯れる】 [自] [下一] ① (초목이) 시들다, 말라죽다 ¶ 庭の木が~ 정원의 나무가 시들다 ② (능력·세력 등이) 쇠퇴하다 ¶ やせても~れても 아무리 늙었어도〔영락해도〕③ (기예·인격 등이) 고담해지다, 원숙해지다 ¶ 芸が~ 기예가 고담해지다

**か・れる** 【涸れる】 [自] [下一] 마르다 ① (수분이) 없어지다 ¶ 井戸が~ 우물이 마르다 / 涙も~ 눈물도 마르다 ② 고갈되다, 다하다 ¶ 資金が~ 자금이 고갈되다

**か・れる** 【嗄れる】 [自] [下一] (목이) 쉬다, 잠기다 = しわがれる ¶ 歌い過ぎてのどが~ 노래를 너무 불러서 목이 잠기다

**かれん** 【可憐】 [ㄱ] 가련함, 애틋함, 애처로움, 사랑스러움 ¶ ~な野花 애틋한 들꽃

**かれんちゅうきゅう** 【苛斂誅求】 【文】 가렴 주구. (세금 등을) 가혹하게 거두어 징수함

**かろう** 【家老】 【日】 (江戸 시대) 大名의 으뜸 가신으로 정무를 총괄하던 직책, 그런 사람

**かろう** 【過労】 과로 ¶ ~死 과로사 / ~がもとで病気になる 과로가 병의 원인이 됨

**がろう** 【画廊】 화랑, 갤러리 = ギャラリー

**かろうじて** 【辛うじて】 [副] 가까스로, 간신히, 겨우 ¶ ~勝つ 간신히 이기다

**かろし・める** 【軽しめる】 [他] [下一] 얕보다, 깔보다, 경시하다

**かろ とうせん** 【夏炉冬扇】 하로 동선. 제철에 맞지 않는 쓸모 없는 물건

**かろやか** 【軽やか】 [ㄱ] 가뿐함, 경쾌함 ¶ ~な足どり 가뿐한 발걸음

かろん [歌論] 和歌에 관한 이론·평론
がろん [画論] 화론. 그림에 관한 이론·평론
かろん・じる [軽んじる] 他上一 → かろんずる
かろん・ずる [軽んずる] 他サ ①깔보다, 얕보다, 업신여기다, 경시하다¶敵を~ 적을 얕보다 ②가볍게 여기다¶伝統を~風潮 전통을 가볍게 여기는 풍조 ▷ ①② 重んずる
かわ [川·河] 강, 내, 시내, 하천¶~をさかのぼる 강을 거슬러 올라가다
かわ [皮] ①가죽, 껍질= 表皮¶木の~をはぐ 나무 껍질을 벗기다/ りんごの~をむく 사과 껍질을 벗기다 ②털가죽, 모피¶虎の~ 호랑이 털가죽 ④알맹이를 싸는 것, 껍데기¶布団の~ 이불 호청/ まんじゅうの~ 만두피 ④(比) 본색을 숨기는 표면¶化けの~がはげる 정체가 드러나다
かわ [革] (무두질한) 가죽¶~靴 가죽 구두
かわ [側] ①(대립하는 것의) 한쪽 면, 측, 쪽, 편¶がわ の向ごうの~ 강 건너편/ 相手の~に立つ 상대 쪽에 서다 ②열, 줄¶後ろの~ 뒤쪽 줄/ 二に~に並ぶ 두 줄로 늘어서다
かわ [佳話] (文) 가화, 미담
かわ [歌話] (文) 和歌에 관한 이야기
がわ [側] ①(대립하는 것의) 한쪽 면, 측, 쪽, 편¶北~ 북쪽/ 政府~ 정부측 ②옆, 곁¶本人より~が騒ぎ立てる 당사자보다 옆 사람이 떠들어대다 ③둘러싸는 것¶金~の時計 금딱지 시계
かわ あかり [川明(か)り] (어둠 속에서) 강의 수면이 희미하게 밝음
かわ あき [川明き] (江戸 시대) 강물이 불어 도강을 금지했던 것을 해제하던 일 ⇔ 川止め
かわ あそび [川遊び] ①강에서 헤엄치거나 모래 사장에서 노는 일 ②뱃놀이= 船遊び
かわい・い [可愛い] 形 ①귀엽다, 예쁘다¶~小犬 귀여운 강아지/ ~声 예쁜 목소리 ②사랑스럽다¶~孫 사랑스러운 손자 ③작다, 조그맣다¶~電池 꼬마 전지
慣用句
一子には旅をさせよ 귀여운 자식에게는 여행을 시켜라
かわい・がる [可^愛がる] 他五 ①귀여워하다, 애지중지하다¶末っ子を~ 막내를 애지중지하다 (反) 흔내 주다, 엄하게 길들이다¶新入りを~ 신참을 길들이다
かわいげ [可^愛げ] 名 ダ 귀여운 데, 귀염성¶~のない子 귀여운 데가 없는 아이
かわいさ [可^愛さ] 귀여움, 귀여운 심정
慣用句
一余って憎さ百倍 귀여워하는 마음이 강한 만큼 한번 미워지면 미움도 훨씬 커진다
かわいそう [ナ] 불쌍함, 가엾음, 가련함¶~な孤児 불쌍한 고아/ ~な境遇 가련한 처지
かわいらし・い [可^愛らしい] 形 귀엽다, 사랑스럽다. 작고 예쁘장하다¶~人形 작고 예쁘장한 인형/ ~口もと 귀여운 입매

かわうそ [川^獺·獺] 動 수달= かわおそ
かわ おと [川音] 냇물(강물) 소리
かわ おび [革帯] 혁대. 가죽띠, 벨트= ベルト
かわか・す [乾かす] 他五 말리다¶洗濯物を~ 빨래를 말리다
かわ かぜ [川風] 강바람
かわ かみ [川上] 하천의 상류, 상류 쪽 ⇔ 川下¶一産業 (経) 소재나 중간 제품을 만드는 산업 ⇔ 川下産業
かわ がり [川狩(り)] 천렵= 川漁
かわき [乾き] 건조¶~が早い 건조가 빠르다
かわき [渇き] 갈증 ①목마름¶~を覚える 갈증을 느끼다 ②(比) 갈구, 갈망¶心の~をいやす 마음의 갈증을 풀다
かわ ぎし [川岸] 하안, 냇가, 강기슭, 강변
かわ はじめ [皮切り] ①시작, 처음, 개시= 手はじめ¶式~の挨拶 개식사/ 事件の~ 사건의 발단 ②맨 처음 뜨는 뜸
かわ・く [乾く] 自五 마르다, 건조하다¶地面が~ 지면이 마르다/ ~いた空気 건조한 공기
かわ・く [渇く] 自五 ①목이 마르다, 갈증이 나다¶のどが~ 목이 마르다 ②(比) 몹시 바라다, 굶주리다¶愛情に~ 애정에 굶주리다
かわ ぐ [革具·皮具] 가죽으로 만든 도구
かわ くだり [川下り] ①배를 타고 강을 따라 내려가면서 주위의 풍경을 구경하는 일 ②목재를 뗏목에 싣고 강을 따라 내려가는 일
かわ ぐち [川口·河口] 하구. 강 어귀
かわ ぐつ [革靴·皮靴] 가죽 구두
かわ ご [皮籠] 피롱. 가죽을 씌운 궤(櫃)
かわ ごし [川越し] ①걸어서 내를 건넘 ②강 건너¶~の村 강 건너 마을 ③「川越し人足」의 준말. 월천(越川)꾼
かわ ごろも [皮衣] 털옷, 모피옷
かわ ざかな [川魚] 민물고기= かわうお
かわ ざんよう [皮算用] 독장수셈, 계획이 실현되기도 전에 미리 이익을 계산하는 일¶~に終わる 독장수셈으로 끝나다
かわ しも [川下] 하천의 하류, 하류 쪽= 川下り¶一産業 (経) 소비 생활과 직결된 문화 창조형 산업 ⇔ 川上産業
かわ じり [川尻] ①하류= 川下 ②강어귀
かわ・す [交(わ)す] 他五 ①주고받다, 교환하다, 나누다¶便りを~ 서신을 주고받다/ 挨拶を~ 인사를 나누다 ②교차시키다¶刃を~ 칼을 교차시키다 ③(補助) 서로 ~하다¶酒を酌み~ 술잔을 나누다
かわ・す [躱す] 他五 슬쩍 몸을 돌려 비키다[피하다]¶攻撃を~ 슬쩍 공격을 피하다/ 身を~ 슬쩍 몸을 돌려 비키다
かわず [*蛙] ①개구리 ②「かじか」의 옛이름
かわ すじ [川筋] ①강줄기 ②강변 도로, 강가의 땅= 川面の町
かわせ [為替] (経) 환¶郵便~ 우편환/ 外国~ 외국환 一管理 (経) 외환 관리 一相場 (経) 환시세 一手形 (経) 환어음 一投機 (経) 환투기 ーレート (経) 환율

かわせ [川瀬] 강의 여울
かわせがき [川施餓鬼] [佛] 익사자의 명복을 빌기 위해 강가나 배 위에서 하는 법회
かわせみ [川蟬・〈翡翠〉] [動] 물총새=ひすい
かわぞい [川沿い] 냇가, 강가, 강변¶ ～の道を歩く 강변 도로를 걷다
かわたけ [川竹・河竹] ①강가에 자라는 대나무 ②「まだけ 참대」의 옛이름 ③창녀 신세
かわだち [川立ち] ①강가에서 태어나 자람 ②헤엄을 잘 치는 사람
[慣用句]
—は川に果てる 헤엄 잘 치는 사람은 물에 빠져 죽는다
かわたれ 〈文〉어슴새벽¶ ～時 어스름 새벽녘
かわたろう [河太郎・川太郎] 「河童」를 의인화(擬人化)한 이름
かわち [河内] 일본의 옛지명. 지금의 大阪府(부) 동부 지방. 河州
かわちどり [川千鳥] 강가에 모여드는 물떼새
かわづたい [川伝い] 강을 끼고(따라) 감
かわづら [川面] ①강의 수면=かわも ②강가
かわと [革砥] 혁지. 가죽숫돌
かわどこ [川床] 강의 밑바닥, 하상=河床
かわとじ [革綴(じ)・皮綴(じ)] [版] ①표지를 가죽으로 제본함, 그런 책 ②가죽끈으로 철함
かわどめ [川止め] [江戸 시대에] 강물이 불어 위험할 때의 도강 금지 ⇔ 川明
かわながれ [川流れ] ①강물에 떠내려 감 ②강에서 익사함, 익사자¶ 河童の～ 헤엄 잘 치는 河童도 물에 빠져 죽는 수가 있다
かわなみ [川波] 강에 이는 물결
かわのじ [川の字] 내 천(川)자
[慣用句]
—に寝る (「川」자 모양으로) 셋이 나란히 자다, 부부가 아이를 사이에 두고 자다
かわはぎ [皮剝(ぎ)] ①짐승의 가죽을 벗겨 피혁을 만듦, 그런 일을 하는 사람 ②[動] 쥐치
かわはば [川幅] 냇가, 강폭=かわのは
かわはば [川幅] 강폭(江幅), 강의 너비
かわびらき [川開き] ①강에서의 납량(納凉) 개시를 축하하는 행사 ②수로의 개통을 축하하는 일
かわぶね [川船] 물윗배, 강을 오르내리는 흘수가 얕은 배
かわべ [川辺] 강변, 냇가=川べり
かわへん [革偏] (한자 부수의) 가죽혁변 ▷「靴・鞋」등의「革」부분
かわむこう [川向(こ)う] 강 건너편, 대안(對岸)=かわむかい
かわも [川面] 〈文〉강의 수면=かわづら¶ ～に映える山並み 강 수면에 비치는 산줄기
かわや [川屋] 측간, 변소, 뒷간
かわやなぎ [川柳] ①냇가에 자라는 버드나무 ②엽차의 상등품 ③[植] 냇버들
かわい・い [形] [口] 귀엽다, 사랑스럽다
かわよど [川淀] 강물이 잘 흐르지 않고 괴어 있는 곳
かわら [瓦] 기와¶ ～で屋根をふく 기와로

지붕을 이다
かわら [河原・川原] 강가의 모래밭 [자갈밭]
かわらけ 〈土器〉질그릇, 토기 술잔
かわらこじき [河原乞食] 歌舞伎 배우를 경멸하여 이른 말 = 河原者
かわらせんべい [瓦煎餅] 밀가루・달걀・설탕을 반죽해서 기와 모양으로 구운 과자
かわらばん [瓦版] 江戸 시대에 사회적 사건을 속보 기사로 한 인쇄물
かわらぶき [瓦葺(き)] 기와로 지붕을 임, 기와 지붕¶ ～の家 기와집
かわらもの [河原者] ①(중세에) 강변에서 살던 천민 ②＝かわらこじき
かわり [代(わ)り・替(わ)り] ①전임자와 교체함, 교대한 사람¶ 前任者の～を探す 전임자의 후임을 찾다 ②대신, 대리, 대역, 대용¶ 母の～に出席する 어머니를 대신하여 출석하다 ③대가¶ 残業する～に手当をはずむ 잔업하는 대가로 수당을 듬뿍 주다 ④[劇] [歌舞伎에서] 그때까지 하던 흥행을 대신하여 새로 상연하는 狂言など ⑤(「お～」의 꼴로) 한 그릇 더 먹음¶ ご飯のお～をする 밥을 한 그릇 더 먹다
かわり [変(わ)り] ①변함, 변화¶ 状況に～がない 상황에 변화가 없다 ②별고, 이상¶ ～なくお過ごしですか 별고 없이 지내십니까? ③차이, 다름¶ 大きさに～はない 크기에 차이는 없다
かわりだね [代(わ)り種] ①변종¶ 朝顔の～ 나팔꽃의 변종 ②유별난 사람, 별종¶ 法学部出身という～の音楽家 법학부 출신이라는 유별난 경력의 음악가
かわりに [代(わ)りに] [副] 대신에¶ ～これをもらう 대신에 이걸 갖겠다
かわりばえ [代(わ)り映え] 바꾼 보람¶ 一向に～がしない 전혀 바꾼 보람이 없다
かわりは・てる [変(わ)り果てる] [自下一] 아주 변해 버리다¶ ～てた姿 몰라보게 변해 버린 모습
かわりばんこ [代(わ)り番こ] [口] 번갈음, 교대, 교대 순번¶ ～に使う 교대로 사용하다
かわりみ [変(わ)り身] (상황에 따라 태도 등이) 바뀜, 전신(轉身), 전향(轉向)¶ ～が早い 전향이 빠르다
かわりめ [変(わ)り目] (사물이) 바뀔 때, 변할 때¶ 季節の～ 환절기
かわりもの [変(わ)り者] 괴짜, 기인(奇人), 별난 사람 = 変人
かわりょう [川漁] 천렵 = 川狩り
かわ・る [代(わ)る・換(わ)る・替(わ)る] [自五] ①바뀌다, 교체되다, 교대하다¶ 首相が～ 수상이 바뀌다/ 投手が～ 투수가 교체되다 ②대리하다, 대신하다¶ 兄に～って出席する 형을 대리하여 출석하다
かわ・る [変(わ)る] [自五] ①변하다, 바뀌다¶ 情勢が～ 정세가 바뀌다 ②(장소 등이) 바뀌다¶ 住所が～った 주소가 바뀌었다 ③(시기 등이) 바뀌다, 변경되다¶ 時

かわるがわる

代だいが～ 시대가 바뀌다 ④색다르다, 별나다¶～った人ひと 별난 사람

**かわる がわる** [代(わ)る代(わ)る] 副 ①번갈아, 교대로, 차례로¶シャワーを～使つかう 차례로 샤워를 하다 ②잇달아, 줄지어¶～客きゃくが訪おとずれた 잇달아 손님이 방문했다

**かん** [干] 音カン 訓ほす・ひる |(음)간. (造語) ①말리다, 마르다, 조수가 써다¶干潮かんちょう 간조・干瀉かた 干潟かた ②관여하다, 침범하다¶干渉かんしょう 간섭・干与かんよ 간여 ③방패, 막다, 방비하다¶干戈かんか 간과・干城かんじょう 간성 ④구하다¶干禄かんろく 벼슬 자리를 구함 ⑤천간(天干)¶干支かんし 간지・十干じっかん 십간 ⑥얼마간¶若干じゃっかん 약간 ⑦난간¶欄干らんかん 난간 ▷ ①은 「乾かん」의 대용자. ⑤는 「幹」과 같음

**かん** [刊] 音カン |(음)간. (造語) ①출판하다¶刊行かんこう 간행・月刊げっかん 월간¶新聞しんぶん 朝刊ちょうかん 조간・夕刊ゆうかん 석간¶『刊行かんこう』의 준말¶教学社刊きょうがくしゃかん 교학사 (간행)

**かん** [甘] 音カン 訓あまい・あまえる・あまやかす |(음)감. (造語) ①맛좋다, 달다¶甘味かんみ 감미・甘露かんろ 감로 ②만족하다, 달게 받다¶甘受かんじゅ 감수・甘心かんしん 감심 ③비위를 맞추다, 기분이 좋다¶甘言かんげん 감언

**かん** [奸] 音カン |(음)간. I (造語) ①간사하다, 간악하다¶奸計かんけい 간계・奸臣かんしん 간신・奸悪かんあく 악인¶漢奸かんかん 한간, 매국노 ▷「姦かん」과 같음 II (文) ①간사함, 간악함¶～をなし科とがを犯おかす 간악한 짓을 하고 과오를 범하다 ¶～を暴あばく 군주 측근의 간신

**かん** [汗] 音カン 訓あせ |(음)한. (造語) ①땀을 흘리다, 땀¶汗腺かんせん 땀샘・発汗はっかん 발한 ②몽골・터키계 유목민 수장의 칭호¶成吉思汗ジンギスかん 칭기즈칸 ▷ [熟訓] 汗疹かも 땀띠

**かん** [缶・罐] 音カン(クワン) |(음)관. I (造語) ①깡통, 양철통¶缶詰かんづめ 통조림・空缶あきかん 빈 깡통¶『缶詰かんづめ』의 준말¶鮭缶さけかん 연어 통조림 ②물 끓이는 용기¶薬缶やかん 주전자 ③가마, 보일러¶汽缶きかん 기관 ▷「鑵かん」이라고도 씀 II 금속제 용기, 깡통¶石油せきゆの～ 석유 깡통

**かん** [完] 音カン(クワン) |(음)완. I (造語) ①완전하다, 결함이 없다¶完勝かんしょう 완승・完全かんぜん 완전・完備かんび 완비 ②완수하다, 끝나다¶完結かんけつ 완결・完成かんせい 완성・完了かんりょう 완료 II 완결¶영화・소설 등의 마지막에 씀

**かん** [旱] 音カン 訓ひでり |(음)한. (造語) 가뭄¶旱害かんがい 한해・旱魃かんばつ 한발・大旱たいかん 대한 ▷「干かん」이 대용자

**かん** [肝] 音カン 訓きも |(음)간. (造語) ①간, 간장¶肝炎かんえん 간염・肝臓かんぞう 간장 ②마음, 속마음¶肝胆かんたん 간담・心肝しんかん 마음속 ③가장 중요한 부분¶肝心かんじん 요긴함・肝要かんよう 간요

**かん** [侃] 音カン |(음)간. (造語) 똑바름, 강함¶侃侃諤諤かんかんがくがく 기탄없이 논의함

**かん** [函] 音カン 訓はこ |(음)함. (造語) ①상자¶私書函ししょかん 사서함¶『函館はこだて』의 준말¶青函せいかんトンネル 青森あおもり・函館はこだて 터널

**かん** [官] 音カン(クワン) |(음)관. I (造語) ①관직, 관리¶官職かんしょく 관직・高官こうかん 고관・長官ちょうかん 장관 ②국가 기관, 정부¶官庁かんちょう 관청・官報かんぽう 관보 ③기관(器官)¶官能かんのう 관능・五官ごかん 오관 II (文) 관청, 관직¶～を辞じする 관직에서 물러나다

**かん** [冠] 音カン(クワン) 訓かんむり |(음)관. I (造語) ①관¶王冠おうかん 왕관・月桂冠げっけいかん 월계관 ②관례를 올리다¶弱冠じゃっかん 약관・冠婚葬祭かんこんそうさい 관혼상제 ③가장 뛰어남, 으뜸감¶冠絶かんぜつ 관절 ▷ [熟訓] 鶏冠とさか 볏・冠木門かぶきもん 가로대를 건너지른 문 II (文) 관¶～をいただく 관을 쓰다

**かん** [巻] 音カン(クワン)・ケン 訓まく・まき |(음)권. I (造語) ①감다, 둥글게 하다¶席巻せっけん 석권・巻子本かんすぼん 권자본 ②두루마리, 서책¶巻頭かんとう 권두・全巻ぜんかん 전권 II (文) 두루마리¶～に仕立したてる 두루마리로 만들다 ②(文) 책, 서적¶～を閉とじる 책을 덮다 ③(助數) 책의 수나 맨 갈래를 나타내는 말. 권¶上じょう～ 상권／全二十にじっ～ 전20권 ④(助數) 필름・테이프 등을 세는 말. 권, 개

**かん** [姦] 音カン |(음)간. (造語) ①교활하다, 간사하다, 간악하다¶姦計かんけい 간계・姦臣かんしん 간신 ②간음하다, 간통하다¶姦淫かんいん 간음・姦通かんつう 간통 ③여자를 범하다¶強姦ごうかん 강간 ▷「奸かん」과 같음

**かん** [柑] 音カン |(음)감. (造語) 밀감, 귤¶柑橘かんきつ 감귤・蜜柑みかん 밀감

**かん** [看] 音カン 訓みる |(음)간. (造語) 살펴보다, 지켜보다¶看過かんか 간과・看護かんご 간호・看板かんばん 간판

**かん** [悍] 音カン |(음)한. (造語) 용감하다, 거칠다, 난폭하다¶悍馬かんば 한마・精悍せいかん 정한

**かん** [疳・癇] 音カン(クワン) |(음)감. (造語) 경풍, 발작성 경련¶脾疳ひかん 비감 ▷「癇」과 같음 II (신경성 소아병인) 경풍, 발작성 경련¶～の虫むしがおさまる 발작성 경련이 가라앉다

**かん** [莞] 音カン(クワン) |(음)완. (造語) ①순하게 웃는 모양, 미소¶莞爾かんじ 완이・莞然かんぜん 완연, 생긋 웃는 모양 ②골풀, 등심초

**かん** [陥] 音カン 訓おちいる・おとしいれる |(음)함. (造語) ①움푹 패다, 빠뜨리다, 함락되다¶陥没かんぼつ 함몰・陥落かんらく 함락 ②덫, 함정¶陥穽かんせい 함정 ③결점¶欠陥けっかん 결함 ▷는「欠かん」의 대용자.

**かん** [乾] 音カン・ケン 訓かわく・かわかす・ほす |(음)간. (造語) ①마르다, 말리다¶乾季かんき 건계・乾燥かんそう 건조・乾杯かんぱい 건배 ②(이)하는「ケン」으로 읽어서 팔괘의 하나¶乾坤けんこん 건곤 ④방위의 하나, 북서쪽

**かん** [勘] 音カン |(음)감. I (造語) ①생각하다, 조사하다¶勘案かんあん 감안・勘定かんじょう 계산・勘弁かんべん 용서, 참음 ②죄를 따져 묻다¶勘当かんどう 의절・勅勘ちょっかん (왕의) 문책 II 육감¶山かん～ 협잡(꾼), 요행수／～が鋭するどい 민감하다

**かん** [患] 音カン(クワン) 訓わずらう |(음)환. (造語) ①걱정하다, 근심하다¶患苦かんく 환고・

憂患かん 우환 ②병을 앓다¶ 患者かんじゃ 환자·疾患しつ 질환 ③환자¶ 急患きゅうかん 급환

かん [×管] 畱 カン(クワン) 訓 すげ |(음)관. (造語) 사초, 띠, 모초

かん [貫] 畱 カン(クワン) 訓 つらぬく |(음)관. (造語) ①꿰다, 꿰뚫다¶ 貫通かん 관통·貫流かんりゅう 관류 ②관철하다¶ 貫徹かん 관철·一貫いっかん 일관 ③옛날의 화폐 단위 ▷ 한 관은 천 문 ④척관법의 무게의 단위 ▷ 한 관은 3.75kg

かん [寒] [寒] 畱 カン 訓 さむい |(음)한. (造語) ①춥다, 추위¶ 寒気かん 한기·悪寒おかん 오한 ②외딸다, 가난하다¶ 寒村かんそん 한촌·貧寒ぴん 빈한 Ⅱ 일년 중 가장 추운 시기, 입춘 전의 30일 간¶ 小こ~ 소한/大だい~ 대한/~の入いり 소한날/~の明あけ 입춘이 됨

かん [喚] 畱 カン(クワン) 訓 よぶ |(음)환. (造語) ①큰소리로 외치다, 소리치다¶ 喚呼かんこ 환호·叫喚きゅうかん 규환 ②불러 일으키다, 부르다¶ 喚起かんき 환기·召喚しょうかん 소환

かん [×喊] 畱 カン |(음)함. (造語) 큰소리, 고함소리¶ 喊声かんせい 함성

かん [堪] 畱 カン·タン 訓 たえる |(음)감. (造語) ①견디다, 참다¶ 堪忍かんにん 참음, 견딤 ②뛰어나다¶ 堪能かんのう 감능·不堪ふかん 불감

かん [×嵌] 畱 カン 訓 はめる |(음)감. (造語) 박다, 박아넣다¶ 象嵌ぞうがん 상감

かん [換] 畱 カン(クワン) 訓 かえる·かわる |(음)환. (造語) 바꾸다, 바뀌다¶ 換気かん 환기·交換こうかん 교환·変換へんかん 변환

かん [敢] 畱 カン 訓 あえて |(음)감. 감히, 감히 하다, 감행하다¶ 敢行かんこう 감행·果敢かかん 과감·勇敢ゆうかん 용감

かん [棺] 畱 カン(クワン) 訓 ひつぎ |(음)관. Ⅰ (造語) 관¶ 棺桶かんおけ 관·出棺しゅっかん 발인·石棺せっかん 석관 Ⅱ. 널¶ ~に納おさめる 입관하다

慣用句
—を蓋おおいて事こと定さだまる 사람의 진가는 죽은 후에야 알 수 있다

かん [款] 畱 カン(クワン) |(음)관. Ⅰ (造語) ①정성, 진심¶ 款待かんたい 관대 ②비석·서화에 기록한 글자¶ 落款らっかん 낙관 ③(법령·약속 등의) 조목, 조문, 조항¶ 借款しゃっかん 차관·定款ていかん 정관·約款やっかん 약관 Ⅱ (文) 정성, 진심¶ ~を寄よせる 정성을 기울이다

かん [間] 畱 カン·ケン 訓 あいだ·ま |(음)간. Ⅰ (造語) ①사이, 틈, 동안¶ 間隔かんかく 간격·中間ちゅうかん 중간·眉間みけん 미간 ②사이, 가운데, 안¶ 空間くうかん 공간·世間せけん 세상 ③정탐하다¶ 間諜かんちょう 간첩 ④("ケン"으로 읽어서) 집·방의 크기를 나타내는 말 ⑤("ケン"으로 읽어서) 척관법의 길이의 단위 ▷ 6척¶ 二間にけん 2간 2척 Ⅱ 간. (시간·공간 등의) 사이, 틈, 동안¶ 五日いつか~5일간/学生がくせい~の対立たいりつ 학생 간의 대립

慣用句
—髪はつを入いれず 지체없이 곧

かん [閑] 畱 カン |(음)한. Ⅰ (造語) ①한가하다, 짬¶ 閑居かんきょ 한거·閑散かんさん 한산·農閑期のうかんき 농한기 ②고요하다¶ 閑寂かんじゃく 한적·閑静かんせい 한정 ③등한히 하다¶ 等閑とうかん 등한·閑却かんきゃく 한각 ▷ 黙字訓 等閑なおざり 등한·長閑のどか 한가로움 Ⅱ (文) 한가함¶ 忙中ぼうちゅう~あり 망중 유한

かん [勧] [勸] 畱 カン 訓 すすめる |(음)권. (造語) 권하다, 권장하다¶ 勧誘かんゆう 권유·勧善懲悪かんぜんちょうあく 권선징악

かん [寛] [寬] 畱 カン(クワン) |(음)관. (造語) 너그럽다, 도량이 크다, 여유가 있다¶ 寛大かんだい 관대·寛容かんよう 관용

かん [幹] 畱 カン 訓 みき |(음)간. (造語) ①(나무) 줄기, 사물의 중심¶ 幹部かんぶ 간부·基幹きかん 기간 ②재능, 기량, 솜씨¶ 才幹さいかん 재간

かん [感] 畱 カン |(음)감. (造語) ①마음이 움직이다, 인상¶ 感情かんじょう 감정·感動かんどう 감동·好感こうかん 호감 ②…한 느낌¶ 圧迫感あっぱくかん 압박감·優越感ゆうえつかん 우월감 ③感冒かんぼう의 준말¶ 流感りゅうかん 유행성 감기 ④마음을 움직임, 사물에 대한 인상¶ 隔世かくせいの~がある 격세지감이 있다

慣用句
—極きわまる 몹시 감동하다
—に堪たえない 감격을 누를 길이 없다, 감개무량하다

かん [漢] [漢] 畱 カン から |(음)한. (造語) ①중국, 중국 민족, 중국어¶ 漢学かんがく 한학·漢字かんじ 한자·漢方かんぽう 한방 ②사나이¶ 悪漢あっかん 악한·門外漢もんがいかん 문외한 ③은하수¶ 天漢てんかん 천한 Ⅱ (史) (중국의) 한나라

かん [慣] 畱 カン(クワン) 訓 なれる·ならす |(음)관. (造語) 익숙해지다, 관행, 습관¶ 慣習かんしゅう 관습·慣用かんよう 관용·習慣しゅうかん 습관

かん [管] 畱 カン 訓 くだ |(음)관. Ⅰ (造語) ①대롱, 관¶ 気管きかん 기관·血管けっかん 혈관·配管はいかん 배관 ②관악기¶ 管弦楽かんげんがく 관현악 ③다스리다, 지배하다, 단속하다¶ 管轄かんかつ 관할·所管しょかん 소관 ④시야가 좁음¶ 管見かんけん 관견 ▷ 黙字訓 オロシヤ 파이프 Ⅱ 관. Ⅱ. 파이프¶ 水道すいどうの~を掘ほり起おこす 수도관을 파헤치다

かん [関] [關] 畱 カン(クワン) 訓 せき |(음)관. (造語) ①문을 거는 가로대, 빗장¶ 関鍵かんけん 관건 ②연결됨, 중요한 곳¶ 関節かんせつ 관절·機関きかん 기관 ③관계하다, 관여하다¶ 関係かんけい 관계·関心かんしん 관심 ④관문¶ 関門かんもん 관문·難関なんかん 난관

かん [歓] [歡] 畱 カン(クワン) 訓 よろこぶ |(음)환. Ⅰ (造語) 기뻐하다, 즐거워하다¶ 歓迎かんげい 환영·哀歓あいかん 애환 ▷ 黙字訓 合歓木ねむの 자귀나무 Ⅱ (文) 기쁨, 즐거움

慣用句
—を尽つくす 마음껏 즐기다

かん [監] 畱 カン |(음)감. (造語) ①감시하다¶ 監禁かんきん 감금·監視かんし 감시·監督かんとく 감독 ②감독관, 단속자¶ 舎監しゃかん 사감·総監そうかん 총감 ③감방¶ 監獄かんごく 감옥·収監しゅうかん 수감

かん [緩] 畱 カン(クワン) 訓 ゆるい·ゆるやか·ゆるむ·ゆるめる |(음)완. (造語) 느슨하다, 완만하다, 늦추다, 느슨해지다¶ 緩行かんこう

완행・緩慢$_{かん}$ 완만・緩和$_{わ}$ 완화

かん[*緘*] 音カン|(음)함. (造語) 봉하다, 입을 다물다¶ 緘口$_{こう}$ 함구・封緘$_{かん}$ 봉함

かん[憾] 音カン 訓うらむ|(음)감. (造語) 원망하다, 섭섭하게 생각하다¶ 遺憾$_{いかん}$ 유감

かん[燗] 音カン|(음)란. I (造語) 술을 데우다 II 술을 알맞게 데움¶ 熱$_{あつ}$~ 따끈하게 데운 술/ ~をつける 술을 데우다

かん[*翰*] 音カン|(음)한. (造語) 편지, 문장¶ 翰林$_{かん}$ 한림・書翰$_{しょ}$ 서한 ▷ 편지의 뜻으로는「簡」이 대용자

かん[*諫*] 音カン 訓いさめる|(음)간. (造語) 간하다, 충고하다¶ 諫言$_{げん}$ 간언・直諫$_{ちょっかん}$ 직간

かん[還] [*還*] 音カン(クワン) 訓かえる・かえす|(음)환. (造語) (원 위치로) 돌아오다, 돌아가다¶ 還元$_{げん}$ 환원・返還$_{へん}$ 반환

かん[館] [*舘*] 音カン 訓やかた・たち・たて|(음)관. I (造語) ①큰 건물, 저택¶ 開館$_{かい}$ 개관・本館$_{ほん}$ 본관 ②공공 건물・시설¶ 図書館$_{としょ}$ 도서관 ③객사, 여관¶ 旅館$_{りょかん}$ 여관 II 큰 건물¶ ~の外$_{そと}$で待$_{ま}$ち合$_{あ}$わせる 건물 밖에서 만나기로 하다

かん[環] [*環*] 音カン(クワン) 訓わ|(음)환. (造語) ①고리 모양(의 구슬)¶ 環球$_{きゅう}$ 환구・環礁$_{かん}$ 환초・一環$_{いっかん}$ 일환 ②돌다, 두르다¶ 環境$_{かん}$ 환경・循環$_{じゅん}$ 순환

かん[*癎*] 音カン|(음)간. I (造語) 간질, 신경질¶ 癎症$_{かん}$ 간증・癲癎$_{てんかん}$ 전간 ▷「疳$_{かん}$」과 같음 II 격하기 쉽고 신경질적인 성격¶ ~が高$_{たか}$ぶる 부아가 나다

[慣用句]
—に障$_{さわ}$る (신경에 거슬려) 화가 나다

かん[*瞰*] 音カン|(음)감. (造語) 굽어보다, 내려다보다¶ 俯瞰$_{ふ}$ 부감・鳥瞰図$_{ちょうかんず}$ 조감도

かん[*韓*] 音カン|(음)한. I (造語) ①한반도¶ 三韓$_{さん}$ 삼한・馬韓$_{ば}$ 마한 ②대한민국, 한국¶ 韓日会談$_{かんにちかいだん}$ 한일회담 II [史] (중국의) 한나라

かん[簡] 音カン・ケン|(음)간. I (造語) ①글자를 기록하는 나무쪽¶ 竹簡$_{ちく}$ 죽간・木簡$_{もく}$ 목간 ②책, 편지, 문서¶ 書簡$_{かん}$ 서간 ③간편함, 간단함¶ 簡易$_{い}$ 간이・簡単$_{たん}$ 간단함 ▷ 편지의 뜻으로는「翰$_{かん}$」의 대용자 II [名]+ 간단함, 간편함

[慣用句]
—にして要$_{よう}$を得$_{え}$る 간단하면서도 요점이 잡혀 있다

かん[観] [觀] 音カン(クワン) 訓みる|(음)관. I (造語) ①살펴보다, 바라보다¶ 観客$_{きゃく}$ 관객・観光$_{こう}$ 관광・観測$_{そく}$ 관측 ②견해, 생각¶ 客観$_{きゃく}$ 객관・先人観$_{せんにゅう}$ 선입관・歴史観$_{れきし}$ 역사관 ③볼품, 경관, 모양¶ 外観$_{がい}$ 외관・壮観$_{そう}$ 장관 ④나타내 보이다¶ 観兵式$_{しき}$ 관병식 II 모양, 외관, 느낌¶ 別人$_{べつじん}$の~がある 딴사람이 보이다

かん[灌] [*灌*] 音カン(クワン) 訓そそぐ|(음)관. (造語) ①(물을) 붓다, 대다¶ 灌漑$_{がい}$ 관개・灌腸$_{ちょう}$ 관장 ②떼지어 나다¶ 灌木$_{ぼく}$ 관목

かん[艦] 音カン|(음)함. I (造語) 군함¶ 艦艇$_{てい}$ 함정・軍艦$_{ぐん}$ 군함・潜水艦$_{せんすい}$ 잠수함 II 군함¶ ~が沈$_{しず}$む 군함이 가라앉다

かん[鑑] 音カン 訓かがみ・かんがみる|(음)감. (造語) ①비추어 교훈으로 삼는 거울, 본보기, 훈계¶ 亀鑑$_{き}$ 귀감 ②대조・비교하여 보는 것¶ 印鑑$_{いん}$ 인감・図鑑$_{ず}$ 도감・年鑑$_{ねん}$ 연감 ③대조해서 살펴보다, 식별하다¶ 鑑賞$_{しょう}$ 감상・鑑定$_{てい}$ 감정・鑑別$_{べつ}$ 감별

かん[甲] (일본 고유 음악에서) 높은 음역의 소리, (특정한 음보다) 한 옥타브 높은 음

がん[丸] 音ガン(グワン) 訓まる・まるい・まるめる|(음)환. (造語) ①둥글다, 둥글게 하다¶ 丸薬$_{がん}$ 환약・一丸$_{いち}$ 한 덩어리 ②둥근 것¶ 睾丸$_{こう}$ 고환・弾丸$_{だん}$ 탄환 ③환약 이름에 붙이는 말¶ 救命丸$_{きゅうめい}$ 구명환

がん[含] 音ガン 訓ふくむ・ふくめる|(음)함. (造語) 머금다, 간직하다, 포함하다¶ 含蓄$_{がん}$ 함축・含有$_{がん}$ 함유・包含$_{ほう}$ 포함

がん[岸] 音ガン 訓きし|(음)안. (造語) ①기슭, 물가¶ 海岸$_{かい}$ 해안・彼岸$_{ひ}$ 피안 ②우뚝 솟다, 위압감을 주다¶ 傲岸$_{ごう}$ 오만 ▷ [熟字訓] 河岸$_{かし}$ 강변

がん[*玩*] 音ガン(グワン)|(음)완. (造語) 가지고 놀다, 노리개로 삼다¶ 玩具$_{ぐ}$ 완구・愛玩$_{あい}$ 애완・償玩$_{しょう}$ 상완 ▷「翫$_{がん}$」과 같음

がん[岩] 音ガン 訓いわ|(음)암. (造語) ①바위¶ 岩礁$_{しょう}$ 암초・岩壁$_{ぺき}$ 암벽 ②지각을 구성하고 있는 광물¶ 砂岩$_{さ}$ 사암・変成岩$_{へんせい}$ 변성암

がん[眼] 音ガン・ゲン 訓まなこ・め|(음)안. I (造語) ①눈¶ 眼科$_{か}$ 안과・肉眼$_{にく}$ 육안 ②눈 같은 구멍¶ 銃眼$_{じゅう}$ 총안 ③사물을 꿰뚫어보는 능력¶ 眼識$_{しき}$ 안식・慧眼$_{けい}$ 혜안 ④요점, 중심¶ 眼目$_{もく}$ 안목・主眼$_{しゅ}$ 주안 ▷ [熟字訓] 眼鏡$_{めがね}$ 안경 II 봄, 보기, 눈

[慣用句]
—を付$_{つ}$ける (俗) 상대방 얼굴을 쳐다보다 ▷ 불량배 등이 시비를 걸 때 구실로 씀

がん[雁] 音ガン 訓かり|(음)안. I (造語) 기러기¶ 雁行$_{こう}$ 안행・雁書$_{しょ}$ 안서 II [動] 기러기 = かり

がん[頑] 音ガン(グワン) 訓かたくな|(음)완. (造語) ①융통성이 없다, 고집이 세다¶ 頑固$_{がん}$ 완고・頑迷$_{めい}$ 완미 ②굳세다, 강하다¶ 頑強$_{きょう}$ 완강・頑丈$_{じょう}$ 튼튼함, 건강함

がん[*翫*] 音ガン(グワン)|(음)완. (造語) 가지고 놀다¶ 愛翫$_{あい}$ 애완・償翫$_{しょう}$ 상완 ▷「玩$_{がん}$」과 같음

がん[癌] 音ガン|(음)암. I (造語) 악성 종양, 암¶ 癌細胞$_{さいぼう}$ 암세포・胃癌$_{い}$ 위암 II ①[醫] 악성 종양 ②(比) (조직・운영에서) 난점이 되는 것¶ 税制問題$_{ぜいせいもんだい}$の~だ 세제 문제의 암이다

がん[顔] [顏] 音ガン・ゲン 訓かお|(음)안. (造語) ①얼굴, 안면¶ 顔色$_{がん}$ 안색・紅顔$_{こう}$ 홍안・童顔$_{どう}$ 동안 ②채색¶ 顔料$_{りょう}$ 안료

がん[*贋*] 音ガン 訓にせ|(음)안. (造語) 가짜

¶ 贋作ɡɑᵏᵘ 위조, 贋物ɡɑᵐᵒⁿᵒ 가짜, 真贋ˢʰⁱⁿɡᵃⁿ 진위

**がん** [願] 🔊 ガン(グワン)·ゲン 🔠 ねがう¦(음) 원. Ⅰ 造語 바라다, 소망하다¶ 祈願ᵏⁱɡᵃⁿ 기원·願書ɡᵃⁿˢʰᵒ·願望ɡᵃⁿᵇᵒ̄·嘆願ᵗᵃⁿɡᵃⁿ 탄원·念願ⁿᵉⁿɡᵃⁿ 염원 Ⅱ (신불에 대한) 기원
慣用句
**—を掛ᵏᵃける** (신불에게) 빌다, 기원하다

**がん** [⁎厳] 🔊 ガン 🔠 いわ·いわお¦(음) 암. 造語 바위¶ 厳窟ɡᵃⁿᵏᵘᵗˢᵘ 암굴·奇厳ᵏⁱɡᵃⁿ 기암 ▷「岩」이 대용자

**かんあく** [¹奸悪·²姦悪] 名 ダ 文 간악¶ ~な行動ᵏᵒ̄ᵈᵒ̄ 간악한 행동

**かんあけ** [寒明け] 한중이 끝나고 입춘이 됨

**がんあつ** [眼圧] 医 안압= 眼圧ɡᵃⁿᵃᵗˢᵘ

**かんあん** [勘案] 名 他スル 감안¶ 諸般ˢʰᵒʰᵃⁿ의 事情ᵈʒᵒ̄을 ~する 제반 사정을 감안하다

**かんい** [官位] 관위 ①관직과 위계(位階) ②관등(官等)¶ 最高ˢᵃⁱᵏᵒ̄의 ~ 최고 관위

**かんい** [冠位] (옛날에) 관의 색깔로 나타낸 위계

**かんい** [敢為] 文 원의. 과감히 행함¶ ~な気性ᵏⁱˢʰᵒ̄ 과감한 기상

**かんい** [簡易] ダ 간이 **裁判所**ˢᵃⁱᵇᵃⁿˢʰᵒ 法 간이 법원= 簡裁ᵏᵃⁿˢᵃⁱ **—保険**ʰᵒᵏᵉⁿ 간이 보험

**がんい** [含意] 名 自他スル 文 함의. 함축하고 있는 뜻¶ ~を読ʸᵒᵐ취るべ 함의를 독해하다

**がんい** [願意] 文 원의 ①바라는 심정 ②바라는 내용·취지¶ ~をくみ取ᵗᵒる 바라는 취지를 헤아리다

**かんいっぱつ** [間一髪] 名 간일발. 아슬아슬함¶ ~の差ˢᵃ 간일발의 차/~のところで間ᵐᵃにあった 아슬아슬하게 시간에 댔다

**かんいん** [官印] 관인 ↔ 私印ˢʰⁱⁱⁿ
**かんいん** [官員] 관원, 관리
**かんいん** [×姦×淫] 名 自他スル 文 간음
**かんいん** [館員] 관원¶ 大使ᵗᵃⁱˢʰⁱ~ 대사관원

**かんう** [甘雨] 감우. 단비= 慈雨ʒⁱᵘ

**かんうんやかく** [閑雲野⁎鶴] 한운야학

**かんえい** [官営] 관영. 국영 ↔ 民営ᵐⁱⁿᵉⁱ
**かんえい** [艦影] 文 함영. 해상에 떠있는 군함의 모습

**かんえつ** [簡閲] 名 他スル 文 간열. (인원을) 세어서 조사함¶ ~点呼ᵗᵉⁿᵏᵒ 간열 점호
**かんえつ** [観閲] 名 他スル 사열¶ ~式ˢʰⁱᵏⁱ 사열식

**かんえん** [肝炎] 医 간염. 간장염
**がんえん** [岩塩] 鉱 암염. 돌소금

**かんおう** [感応] 名 自スル → かんのう
**かんおう** [観桜] 文 벚꽃 구경. 벚꽃놀이= 花見ʰᵃⁿᵃ ~会ᵏᵃⁱ 벚꽃놀이 모임

**かんおけ** [⁎棺⁎桶] 관(棺) = ひつぎ¶ ~におさめる 관에 안치하다. 입관하다
慣用句
**—に片足ᵏᵃᵗᵃᵃˢʰⁱを突ᵗˢᵘっ込ᵏᵒむ** 관 속에 한 발을 들여 놓다, 죽을 날이 멀지 않다

**かんおん** [感恩] 名 自スル 文 감은. 은혜에 감사함

**かんおん** [漢音] 한음. 수·당대에 중국 북부 지방의 음이 일본에 전해져 쓰이고 있는 한자음

**かんか** [干戈] 文 간과 ①방패와 창, 무기, 무력 ②전쟁¶ ~を交ᵏᵃわえる 전쟁을 하다

**かんか** [看過] 名 他スル 간과¶ ~することのできない問題ᵐᵒⁿᵈᵃⁱ 간과할 수 없는 문제
**かんか** [患家] 文 환가. 환자의 집
**かんか** [閑暇] 文 한가. 틈, 여가
**かんか** [感化] 名 他スル 감화¶ 友達ᵗᵒᵐᵒᵈᵃᶜʰⁱに~された 친구에게 감화되었다 **—院**ⁱⁿ 法 소년원
**かんか** [管下] 관하. 관내
**かんか** [⁎鰥寡] 文 환과. 홀아비와 과부¶ ~孤独ᵏᵒᵈᵒᵏᵘ 환과고독. 외롭고 의지할 곳 없는 사람
**かんが** [官衙] 文 관아. 관청= 官庁ᵏᵃⁿᶜʰᵒ̄
**かんが** [閑雅] 文 한아 ①우아함, 고상함¶ ~な文体ᵇᵘⁿᵗᵃⁱ 우아한 문체 ②조용하며 풍취가 있음¶ ~な庭園ᵗᵉⁱᵉⁿ 한아한 정원
**がんか** [眼下] 안하. 눈아래¶ ~にひろがる風景ᶠᵘ̄ᵏᵉⁱ 눈아래 펼쳐지는 풍경
慣用句
**—に見ᵐⁱる** ①(높은 곳에서) 내려다보다 ②(사람을) 깔보다, 업신여기다

**がんか** [眼科] 안과
**がんか** [眼⁎窩] 医 안와, 눈구멍

**かんかい** [官界] 文 관계¶ ~に身ᵐⁱを投ᵗᵒ̄ずる 관계에 투신하다
**かんかい** [勧戒] 名 他スル ①文 권계. 선을 권하고 악을 경계함 ②佛 수계(受戒)를 권함
**かんかい** [感懐] 文 감회
**かんかい** [環海] 文 환해. 사방이 바다로 둘러싸임. 사방을 바다로 둘러싼 바다
**かんがい** [干害·⁎旱害] 農 한해
**かんがい** [寒害] 農 한해. 냉해
**かんがい** [感慨] 감개 **—無量**ᵐᵘʳʸᵒ̄ ダ 감개 무량
**かんがい** [管外] 관외. 관할 밖 ↔ 管内ᵏᵃⁿⁿᵃⁱ
**かんがい** [⁎灌⁎漑] 名 他スル 農 관개¶ ~用水ʸᵒ̄ˢᵘⁱ 관개 용수

**がんかい** [眼界] 안계 ①시계¶ ~が開ʰⁱʳᵃける 시계가 트이다 ②시야, 안목¶ ~が広ʰⁱʳᵒⁱ 안목이 넓다

**かんがえ** [考え] 생각 ①사고, 사려¶ ~をめぐらす 궁리하다/~の足ᵗᵃりない行動ᵏᵒ̄ᵈᵒ̄ 지각 없는 행동 ②상상¶ ~も及ᵒʸᵒᵇばない 상상도 못하다 ③의견, 견해, 판단¶ 甘ᵃᵐᵃい~ 안이한 생각 ④각오, 작정, 의도¶ 別ᵂᵃᵏᵃれる~はない 헤어질 생각은 없다 ⑤착상, 아이디어¶ いい~が浮ᵘᵏᵃぶ 좋은 생각이 떠오르다

**かんがえあぐ・む** [考え倦む] 自五 생각하다 지치다¶ 対策ᵗᵃⁱˢᵃᵏᵘを~ 대책을 생각하다 지쳐 버리다

**かんがえおよ・ぶ** [考え及ぶ] 自五 생각이 미치다¶ 凡人ᵇᵒⁿᶻⁱⁿには~·ばない 범인으로서는 생각이 미치지 않다

**かんがえかた** [考え方] 사고 방식¶ ~次第ˢʰⁱᵈᵃⁱ 사고 방식 나름/~が偏ᵏᵃᵗᵃよっている 사고 방식이 편협하다

**かんがえごと** [考え事] ①이런저런 생각, 궁리¶ ~にふける 이런저런 생각에 잠기다 ②걱정, 걱정거리¶ 子供ᵏᵒᵈᵒᵐᵒのことで何ⁿᵃⁿᵃか~が多ᵒ̄ⁱ 아이의 일로 여러모로 걱정이 많다

**かんがえこ・む** [考え込む] 自五 골똘히 생각

かんがえだす

하다¶ どうしたらいいかと~ 어찌해야 좋을까하고 골똘히 생각하다

かんがえだ·す [考え出す] 他五 생각해내다, 궁리해 내다¶ 画期的な案を~ 획기적인 안을 생각해 내다

かんがえつ·く [考え付く] 他五 생각이 나다, 생각이 떠오르다¶ いいことを~·いた 좋은 생각이 떠올랐다

かんがえなお·す [考え直す] ①다시 생각하다, 재고하다¶ もとから~ 원점부터 다시 생각하다 ②생각을 바꾸다¶ ~·して行かないことにした 생각을 바꾸어 가지 않기로 했다

かんがえぬ·く [考え抜く] 他五 충분히 생각하다¶ ~·いた末の結論 충분히 생각한 끝의 결론

かんがえぶか·い [考え深い] 形 생각이 깊다, 사려 깊다¶ ~人 사려 깊은 사람

かんがえもの [考え物] ①생각해 볼 일¶ 彼に頼むのは~だ 그에게 부탁하는 것은 생각해 볼 일이다 ②수수께끼, 퀴즈¶ ~を解く 수수께끼를 풀다

かんが·える [考える] 他下一 생각하다 ①궁리하다¶ なぜそうなるかを~·えてみる 왜 그렇게 되는지를 생각해 보다 ②예상하다, 상상하다¶ 簡単に済むものと~·えていた 간단히 끝날 것이라고 생각했었다 ③판단하다¶ 彼の主張がただしいと~ 그의 주장이 옳다고 생각한다 ④연구하다, 고안하다¶ 別のやり方を~ 다른 방법을 생각하다 ⑤고려하다, 배려하다¶ 相手の立場も~·えなければならない 상대방의 입장도 생각하지 않으면 안 된다

[慣用句]

一葦 [哲] 생각하는 갈대

かんかく [扞格] 名 自スル (文) 서로 받아들이지 않음 [거부함]¶ ~齟齬 서로 받아들이지 않고 어긋남

かんかく [看客] (文) 간객, 구경꾼, 관객

かんかく [間隔] 간격= へだたり¶ 電車は五分でくる 전차는 5분 간격으로 온다

かんかく [感覚] 名 ①[醫][心] 오관을 통한 느낌¶ 指の~がなくなる 손가락의 감각이 없어지다 ②감수성, 심미안¶ 現代的な~ 현대적인 감각 ―器官 [醫][心] 감각기관 ―的 감각의 一点 감각점

かんがく [官学] 관학 ①관립[국립] 학교 ⇔ 私学 ②정부가 공인한 학문

かんがく [漢学] 한학¶ ~者 한학자

がんかけ [願掛け] 名 自スル 신불에게 발원함, 소원을 빎¶ 酒を断って~する 술을 끊고 발원하다

かんかつ [寛闊] 名 (文) 관활, 도량이 넓음¶ ~な度量 관활한 도량

かんかつ [管轄] 名 他スル 관할¶ ~区域 관할 구역 ―裁判所 [法] 관할 법원

かんがっき [管楽器] [音] 관악기

かんが·みる [鑑みる] 他上一 (文) (선례·시례에) 비추어 보다, 감안하다, 거울삼다¶ 時局に~·みて 시국을 감안하여/過去の失敗に~·みて対処する 과거의 실패를 거울삼아 대처하다

かんかん [喚] 副 ①(쇠붙이 등을 두드릴 때 나는) 땅땅, 꽝꽝¶ ~とたたく 땅땅 두드리다 ②[副] (햇볕이 내리쬐는) 쨍쨍¶ 日が~と照りつける 햇볕이 쨍쨍 내리쬐다 ③[副] (불길이 힘차게 타오르는) 활활¶ 炭火が~におこる 숯불이 활활 피어오르다 ④[副] (노발대발하여) 불같이¶ ~に怒る 불같이 화를 내다 ―照り 햇볕이 쨍쨍 내리쬠, 뙤약볕 ―帽 (俗) 밀짚모자

かんかん [看貫] (文) ①저울에 달아봄, 저울질 ② 「台秤」의 준말, 앉은뱅이저울

かんかん [閑閑] [ト] (文) 한가로움=悠々¶ ~たる生活 한가로이 유유하는 한가로운 생활

かんかん [感官] (文) 감관, 감각 기관, 그 작용

かんかん [漢奸] (文) 한간, (중국에서) 매국노, 적과 내통하는 자

かんかん [汗顔] 名 (얼굴에 땀이 날 정도로) 몹시 부끄러움¶ ~の至り 부끄럽기 이를데 없음

かんかん [宦官] [史] 환관, 내시(内侍)

がんがん I 副 ①(금속 등을 두드릴 때 나는) 땡땡¶ 半鐘を~·ならす 경종을 땡땡 울리다 ②(심하게 잔소리하는) 꽥꽥¶ ~言われる 시끄럽게 잔소리를 듣다 ③기세가 왕성하게¶ ~と勉強する 억척같이 공부하다 ④(불을 세게 피우는) 활활¶ ストーブを~たく 난로를 활활 피우다 II 副 自スル (두통으로) 욱신욱신, 지끈지끈¶ 頭が~する 머리가 욱신거리다

かんかんおどり [看看踊(り)] [藝] 江戸시대 長崎에서 유행한 중국식 춤

かんかんがくがく [侃侃諤諤] (文) 간간악악, 서로 기탄없이 논의함 = 侃諤¶ ~の議論 기탄없는 논의

かんかんしき [観艦式] 관함식, 국가 원수 등이 자국의 함선을 사열하는 의식

かんき [官紀] (文) 관기, 관청의 규율¶ ~粛正 관기 숙정

かんき [刊記] 간기

かんき [官記] (文) 관리의 임명서·사령장

かんき [乾季·乾期] [氣] 건계, 건기 ⇔ 雨季

かんき [勘気] (文) (윗분의) 문책, 책망, 꾸중¶ ~にふれる 책망을 받다

かんき [喚起] 名 他スル 환기, 불러일으킴¶ 注意を~する 주의를 환기시키다

かんき [寒気] 한기, 추위 = 寒さ ⇔ 暑気¶ ~が緩む 추위가 누그러지다

かんき [換気] 名 自他スル 환기¶ 窓を開けて~する 창문을 열고 환기하다 ―孔 환기공, 통풍구 ―扇 환풍기

かんき [歓喜] 名 自スル 환희¶ ~のなみだ 환희의 눈물

がんぎ [雁木] ①(눈이 많은 고장에서) 추녀에 긴 차양을 내달고 그 아래를 통로로 한 구조물 = 雁木造り ②잔교(棧橋)의 계단 ③갱내(坑內)용 사다리다리 ④큰톱

かんぎく [寒菊] [植] 한국
かんぎく [観菊] 관국. 국화 감상= 菊見る
かんきつるい [゛柑橘類] [植] 감귤류
かんきゃく [閑却] [名] [他スル] [文] 한각. 등한히 함, 내버려둠 ¶ ～できない問題だい 등한히 할 수 없는 문제
かんきゃく [観客] 관객 ¶ ～席せき 관객석
かんきゅう [官給] [名] [他スル] 관급 ¶ ～品ひん 관급품/ 制服ふく を～する 제복을 관급하다
かんきゅう [感泣] [名] [自スル] [文] 감읍. 감격한 나머지 욺 ¶ 師し の温情じょう に～する 스승의 온정에 감읍하다
かんきゅう [緩急] 완급 ①느슨함과 급함 ②느림과 빠름 ③급한 일, 위급한 사태 ¶ 一旦だん ～あれば 일단 유사시에는 **一自在, 自**완급 자재. (속도 등을) 마음대로 조절할 수 있음
[慣用句]
**—宜よろ しきを得え る** (속도·박자 등이) 그때 그때에 맞춰 적절하다
がんきゅう [眼球] [医] 안구. 눈알
かんぎゅうじゅうとう [汗牛充棟] [文] 한우 충동. 장서(藏書)가 매우 많음
かんきゅうちゅう [肝吸虫] 간흡충. 간디스토마
かんきょ [官許] [名] [他スル] [文] 관허. 관청의 허가 ¶ ～を得え る 관허를 얻다
かんきょ [閑居] 한거 I [名] 한적한 거처 ¶ ～にこもる 한거에 틀어박히다 II [名] [自スル] ①(할 일이 없어) 한가함 ¶ 小人じん ～して不善ぜん をなす 소인은 한가하면 옳지 못한 짓을 한다 ②한가롭게 지냄
かんぎょ [干魚·乾魚] [文] 건어물= ひもの
かんぎょ [還御] [名] [自スル] [文] 환어. 환궁(還宮)
かんきょう [感興] 감흥 ¶ ～をそそる 감흥을 돋우다/ ～をもよおす 감흥을 자아내다
かんきょう [環境] 환경 ¶ 家庭てい ～ 가정 환경/ ～に適応おう する 환경에 적응하다 **—衛生えい** [社] 환경 위생 **—基準じゅん** [社] 환경 기준 **—庁ちょう** [政] 환경청
かんきょう [艦橋] 함교. 브리지= ブリッジ
かんぎょう [官業] 관업. 관영 사업
かんぎょう [寒行] [佛] 한행. 한중(寒中)에 하는 수행
かんぎょう [勧業] 권업. 산업을 장려함 ¶ ～博覧会はくらん 권업 박람회
かんぎょう [観経] [佛] 관경 ①간경= 看経きん ②「観無量寿経かんむりょうじゅきょう 」의 준말
がんきょう [眼鏡] [文] 안경= めがね
がんきょう [頑強] [ダ] ①완강 ¶ ～に拒こば む 완강히 거부하다 ②(몸이) 다부짐= 頑健がん ¶ ～な体からだ 다부진 몸
かんきり [缶切り] 깡통 따개
かんきん [官金] 관금. 관청의 돈= 公金きん
かんきん [看経] [名] [自スル] [佛] 간경 ①불경을 묵독함= 観経きょう ②독경= 読経きょう
かんきん [゛桿菌] [医] 간균
かんきん [換金] [名] [自他スル] 환금. 물건을 팔아 돈으로 바꿈 ¶ ～作物ぶつ 환금 작물
かんきん [監禁] [名] [他スル] 감금 ¶ 人質じち を～す

る 인질을 감금하다
かんぎん [閑吟] [名] [他スル] [文] 한음. 시가(詩歌)를 조용히 읊조림
かんぎん [感吟] [文] I [名] [他スル] ①감동하여 시가를 지음. 그런 시가 ②감동하여 시가를 읊조림 II [名] 감탄할 만한 시가·俳句はい
がんきん [元金] 원금 ①본전 ②(장사의) 밑천, 자본금= 元手もと
かんく 【甘苦】 감고 ①단것과 쓴것 ②고락 ¶ ～を共とも にする 고락을 같이하다
かんく [管区] 관구. 관할 구역
かんく [゛艱苦] [文] 간고. 간난 신고= 艱難辛苦しんく ¶ ～に耐た える 간고를 견디다
がんぐ [玩具] [文] 완구. 장난감= おもちゃ
がんぐ [頑愚] [名] [ダ] [文] 완우. 완고하고 우매함
がんくつ [岩窟] 암굴= 岩屋いわ
がんくび [゛雁首] ①안수. 담뱃대의 대통 ②[俗] 목, 머리
かんぐ・る [勘繰る] [他五] 억측하여 의심하다
かんぐん [官軍] 관군 ¶ 賊軍ぞく に勝か てば～、負ま ければ賊軍ぐん 이기면 관군 지면 역적
かんけ [勧化] [名] [他スル] [佛] 권화. 불도를 권함
かんけい [゛奸計·゛姦計] [文] 간계 ¶ ～をめぐらす 간계를 꾸미다
かんけい [関係] 관계 I [名] [自スル] ①관련, 연관 ¶ 因果が ～ 인과 관계/ 事件じけん に～する 사건에 관계하다 ②영향 ¶ 成績せき に～する 성적에 관계되다 ③(남녀 간의) 정교(情交) ¶ ～をもつ 관계를 가지다 II [名] ①연고 ¶ 同郷きょう の～で入社にゅう する 동향인 연고로 입사하다 ②방면 ¶ 貿易ぼう ～会社がい 무역 관계의 회사 **—代名詞だいめい** [文法] 관계 대명사 **—付つ ける** [他下一] 관련짓다, 연관시키다
かんけい [還啓] [名] [自スル] 환어. 왕비·왕대비·세자가 행차했던 곳에서 돌아옴
かんけい [簡勁] [ダ] [文] 간경. 간결하고 힘참 ¶ ～な文章しょう 간경한 문장
かんげい [歓迎] [名] [他スル] 환영= 歓送かん ¶ 盛大だい な～を受う ける 성대한 환영을 받다
かんげいこ [寒゛稽古] 한중(寒中)의 이른 새벽이나 야간에 무예·기예 등을 연습함
かんけいどうぶつ [環形動物] [動] 환형 동물
かんげき [間゛隙] 간극 ①틈, 간격, 허 ¶ ～を突つ く 허를 찌르다 ②불화
[慣用句]
**—を生しょう ずる** ①틈이 생기다 ②사이가 틀어지다
**—を縫ぬ う** ①틈 사이를 누비다, 빈 시간을 이용하다 ②남이 생각지 못한 일을 하다
かんげき [感激] [名] [自スル] 감격 ¶ ～の涙なみだ 감격의 눈물/ ～にたえない 감격해 마지 않다
かんげき [観劇] [名] [自スル] 관극. 연극 관람
かんげざい [緩下剤] 완하제
かんけつ [完結] [名] [自スル] 완결 ¶ 連載小説れんさいしょうせつ が～する 연재 소설이 완결되다
かんけつ [間欠·間歇] [名] 간헐 ¶ ～的てき に降ふ る雨あめ 간헐적으로 내리는 비 **—泉せん** [地] 간헐천 **—熱ねつ** [医] 간헐열

**かんけつ** [簡潔] 名 ダ 간결¶ ～な文章ぶんしょう 간결한 문장／～に述のべる 간결하게 서술하다 **━体**たい 表 간결체

**かんげつ** [寒月] 文 한월. 차가워 보이는 겨울밤의 달

**かんげつ** [観月] 文 관월. 달 구경. (특히) 한가위 달을 관상함 ＝月見つき¶ ～会かい 관월회

**かんけん** [官権] 文 관권¶ ～を濫用らんようする 관권을 남용하다

**かんけん** [官憲] 관헌 ①경찰 당국. 경찰 공무원¶ ～の弾圧だんあつを受うける 관헌의 탄압을 받다 ②관청. 행정 관청. 그 관리＝役所やくしょ

**かんけん** [乾繭] 건견. 마른 누에고치

**かんけん** [管見] 관견 ①좁은 식견 ②자기 소견에 대한 겸사말¶ ～によれば 제 좁은 소견으로는

**かんげん** [甘言] 감언. 달콤한 말¶ ～に乗のせられる 달콤한 말에 넘어가다

**かんげん** [換言] 名 自スル 환언. 바꾸어 말함¶ ～すれば 환언하면

**かんげん** [寛厳] 名 관엄. 관대함과 엄격함¶ ～よろしきを得える 관엄이 중용을 이루다

**かんげん** [管弦・管絃] 관현. 관악기와 현악기 **━楽**がく 音 관현악 **━楽団**がくだん 音 관현악단

**かんげん** [*諫言] 名 他スル 간언. 간하는 말

**かんげん** [還元] 名 自他スル 환원 ①근본으로 되돌아감[되돌림]¶ 白紙はくしに～ 백지 환원／利益えきを社会しゃかいに～する 이익을 사회에 환원하다 ②化 산화물에서 산소를 제거함 ⇔酸化かか **━主義**しゅぎ 哲 환원주의

**がんけん** [眼瞼] 文 안검. 눈꺼풀＝まぶた

**がんけん** [頑健] ダ 건강하고 튼튼함. 강건함¶ ～な体からだ 강건한 몸

**かんこ** [歓呼] 名 환호¶ ～の声こえを上あげる 환호성을 올리다

**かんこ** [*鹹湖] 地 함호. 함수호(鹹水湖)

**かんご** [看護] 名 他スル 간호¶ 手厚てあつい～を受うける 극진한 간호를 받다 **━婦**ふ 여자 간호사

**かんご** [閑語] 名 自スル 文 한어 ①조용히 말함 ②한담(閑談)¶ 閑人かんじん～ 한인 한어

**かんご** [漢語] 한어 ①중국에서 일본으로 전래된 말 ②(일본어에서) 음독(音読)하는 한자 표기의 말＝和語わご

**かんご** [監護] 名 他スル 감호. 감독 보호함

**がんこ** [頑固] ダ ①완고. 고집스러움¶ ～おやじ 완고한 아버지[영감]／新しんしいやり方かたを～に拒こばむ 새로운 방식을 고집스럽게 거부하다 ②끈덕짐¶ ～な病気びょうき 고질적인 병／～に居座いすわる 끈덕지게 눌러앉다

**かんこう** [刊行] 名 他スル 간행. 출판¶ 定期ていき～物ぶつ 정기 간행물

**かんこう** [完工] 名 自他スル 완공. 준공

**かんこう** [勘考] 名 他スル 文 감고. 숙고함¶ 諸般しょはんの事情じじょうを～する 제반 사정을 감고하다

**かんこう** [勘校] 名 他スル 文 감교. 대조하여 바로잡음＝校勘こうかん

**かんこう** [敢行] 名 他スル 감행¶ 拡張工事かくちょうこうじを～する 확장 공사를 감행하다

**かんこう** [感光] 名 自スル 감광¶ ～フィルム 감광 필름 **━紙**し 감광지

**かんこう** [寛厚] ダ 文 관후. 관대하고 온후함¶ ～な人柄ひとがら 관후한 인품

**かんこう** [慣行] 관행. 관례¶ ～に従したがう 관행에 따르다

**かんこう** [*緘口・*箝口] 名 自スル 文 겸구. 함구 **━令**れい 함구령¶ ～を敷しく 함구령을 내리다

**かんこう** [緩行] 名 自スル 文 완행 ⇔急行きゅうこう¶ ～列車れっしゃ 완행 열차

**かんこう** [*緘口] 名 自スル 文 함구. 입을 다묾

**かんこう** [還幸] 名 自スル 文 환행. 군주(君主)의 환궁＝行幸ぎょうこう

**かんこう** [観光] 名 他スル 관광¶ ～客きゃく 관광객／～地ち 관광지／～旅行りょこう 관광 여행 **━資源**しげん 관광 자원 **━都市**とし 관광 도시

**かんごう** [勘合] 名 他スル ①조회하여 진위를 확인함. 생각을 맞추어봄 ②「勘合符かんごうふ」의 준말 **━符**ふ 日史 (室町むろまち시대에) 명나라가 공인된 무역선에 증표로 삼게 한 부절(符節) **━貿易**ぼうえき 日史 (室町시대에) 幕府ばくふ와 명나라 간에 勘合符를 사용해서 한 공인 무역

**がんこう** [眼孔] ①안공. 눈구멍 ②식견＝見識けんしき¶ ～が広ひろい 식견이 넓다

**がんこう** [眼光] 안광 ①눈빛¶ ～がするどい 안광이 날카롭다 ②文 관찰력. 통찰력

慣用句
**━紙背**しはい**に徹**てっ**す** 자구 외의 뜻까지 이해하다
**━人**ひと**を射**い**る** 눈빛이 날카로워 위압감을 갖게 하다

**がんこう** [*雁行] 안행 Ⅰ 名 기러기가 줄지어 날아감. 그런 행렬 Ⅱ 名 自スル (기러기떼의 행렬처럼) 비스듬히 줄지어 나아감¶ ～する船団せんだん 비스듬히 줄지어 전진하는 선단

**がんこう しゅてい** [眼高手低] 文 안고수저. 이상은 높으나 실력이 없음

**かんこうちょう** [官公庁] 관공서

**かんこうば** [勧工場] (明治めいじ・大正たいしょう 시대에) 한 건물 안에 여러 가게가 들어서서 갖가지 상품을 팔던 곳. 옛 백화점

**かんこうばい** [寒紅梅] 植 한홍매

**かんこうへん** [肝硬変] 간경변

**かんごえ** [甲声] 새된 목소리

**かんごえ** [寒声] 한중(寒中)의 발성 연습

**かんごえ** [寒肥] 農 한비. 겨울에 비료를 줌. 그런 비료¶ ～を施ほどこす 한비를 주다

**かんごえ** [*癇声] 신경질적인 높은 소리¶ ～を張はり上あげる 신경질적인 소리를 지르다

**かんこく** [勧告] 名 他スル 권고¶ 辞職じしょくを～する 사직을 권고하다

**かんこく** [韓国] 한국 ①대한 민국 ②史 대한 제국

**かんごく** [監獄] 法 감옥

**かんこつ** [顴骨] 骨 관골. 광대뼈＝ほおぼね

**かんこつ だったい** [換骨奪胎] 名 他スル 환골탈태＝焼やき直なおし

**かんこどり** [閑古鳥]「かっこう」의 딴이름

慣用句

**一が鳴く** (뻐꾸기 소리가 들릴 만큼) 적적하다. 장사가 잘 되지 않다

**かんごり** [寒垢離] 한중(寒中)에 냉수욕을 하면서 신불에게 기원함 =寒行

**かん こん そう さい** [冠婚葬祭] 관혼상제

**かんさ** [監査] 名他スル 감사¶会計~ 회계 감사 **—委員** 감사 위원 **—報告** [経] 감사 보고 **—役** 감사역. 감사

**かんさ** [鑑査] 名他スル 감사. 감정(鑑定)¶応募~作品を~する 응모 작품을 감사하다

**かんさい** [完済] 名他スル 완제. 채무를 완전히 변제함¶ローンを~する 융자를 완제하다

**かんさい** [漢才] 한재. 한학에 뛰어난 재능 =からざえ¶和魂~ 일본 고유의 정신에다 한학에 뛰어난 재능

**かんさい** [関西] ①京都·大阪를 중심으로 하는 近畿 지방 ②(옛날에) 逢坂의 관문(關門)으로부터 서쪽의 여러 지방

**かんさい** [簡裁] '簡易裁判所'의 준말

**かんさい** [艦載] 名他スル 함재. 군함에 실음¶ **~機** 함재기

**かんざい** [寒剤] 한제. 저온(低溫)을 얻기 위한 물질·약제

**かんざい** [管財] 관재¶ **—人** [法] 관재인

**かんさく** [間作] 名他スル [農] ①간작. 사이짓기 ②수확 후 다음 작물을 짓기까지 다른 작물을 재배함

**かんさく** [*奸策·*姦策] 名 간책. 간계 = 奸計¶~を弄する 간책을 부리다

**がんさく** [贋作] 名他スル(文) 안작. 위조(품)

**かんざけ** [*燗酒] 데운 술 ⇔冷酒

**かんざし** [*簪] ①비녀 ②관(冠)이 벗겨지지 않게 상투에 꽂는 부속품

**かんさつ** [監察] 名他スル 감찰¶行政~ 행정 감찰 **—医** [医] 검시관

**かんさつ** [観察] 名他スル 관찰¶野鳥を~する 들새를 관찰하다 **—眼** 관찰안. 관찰력

**かんさつ** [鑑札] 감찰. 허가증¶営業~ 영업 감찰

**がんさつ** [贋札] 위조 지폐. 위폐 = にせさつ

**かん さ びる** [閑さびる] 自上一 한적하다

**かんざまし** [*燗冷まし] (데워다가) 식은 술

**かん ざらし** [寒晒し] ①한중(寒中)에 곡식 등을 밖에 말림 ②한겨울에 물에 불렸다가 그늘에 말려 빻은 찹쌀 가루

**かんさん** [甘酸] (文) 감산 ①달고 심 ②고락 = 苦楽¶~をなめる 고락을 맛보다

**かんさん** [換算] 名他スル 환산¶ドルを円に~する 달러를 엔으로 환산하다

**かんさん** [閑散] ナノ 한산¶~とした商店街 한산한 상점가

**かんさん** [漢讃] 한찬. 한문으로 된 불교 찬가

**がんさん** [元三] 원단. 설날 = 元旦¶~の 설날부터 사흘 동안 = 三が日

**かんし** [干支] (文) 간지. 십간(十干)과 십이지(十二支) = えと

**かんし** [冠詞] [文法] 관사¶定~ 정관사

**かんし** [漢詩] (文) 한시 ①중국 한대(漢代)의 시 ②중국의 시 ③중국 고래의 시의 형식을 본떠서 지은 시 = 唐歌

**かんし** [*鉗子] [医] 겸자¶~分娩 겸자 분만

**かんし** [監視] 名他スル 감시¶国境を~する 국경을 감시하다

**かんし** [*諫止] 名他スル (文) 간지. 간하여 말림

**かんし** [*諫死] 名自スル (文) 간사. 죽음으로써 [죽음을 각오하고] 간함

**かんし** [環視] 名他スル 환시. 많은 사람이 주목함¶衆人~の中で 중인 환시리에

**かんじ** [感じ] 느낌 ①감각¶寒さで指先の~が失なわれる 추위로 손끝의 감각을 잃어 버리다 ②인상¶~のよい人 인상이 좋은 사람 ③기분. 분위기¶暗い~の絵 어두운 느낌의 그림

**かんじ** [完治] 名自スル → かんち(完治)

**かんじ** [*莞爾] ト/タル (文) 완이. 빙그레 웃는 모양¶~として笑う 빙그레 웃다

**かんじ** [幹事] 간사¶ **—長** 간사장

**かんじ** [漢字] 한자 **—音** 한자음. 한자의 자음(字音) **—制限** 한자 제한

**かんじ** [監事] 감사 ①단체의 사무를 맡아보는 사람·직책 ②[法] 법인의 재산·업무 집행 상황을 감독하는 기관. 감사역(監査役)

**かん じ い る** [感じ入る] 自五 몹시 감동하다¶堂々とした態度に~ 당당한 태도에 감동하다

**がんじがらめ** [雁字搦め] 名 ①칭칭 얽어맴¶どろぼうを~にする 도둑을 칭칭 얽어매다 ②(比) 인간 관계나 규칙에 얽매여 꼼짝못함¶規則で~になる 규칙에 얽매여 꼼짝못하다 ▷「がんじがらみ」라고도 함

**かんしき** [乾式] 名 건식 ⇔湿式¶ **—変圧器** 건식 변압기

**かんしき** [鑑識] 감식 ①감정 식별함. 그런 능력¶ **—能力** 감식 능력 ②(범죄 수사에서) 과학적인 감정¶指紋を~に回す 지문 감식을 의뢰하다 **—眼** 감식안

**かんじき** [*橇] 설피

**がんしき** [眼識] 안식 = 目利き¶~のある人 안식이 있는 사람

**かんじく** [巻軸] ①두루마리 = 巻物 ②두루마리 끝의 축(軸)에 가까운 부분 ③두루마리나 책 가운데 뛰어난 시가(詩歌)나 글귀

**かんジストマ** [肝ジストマ] [医] 간디스토마

**カンジだしょう** [カンジだ症] [医] 칸디다증

**かんしつ** [乾湿] 건습¶ **—計** 건습계 **—球湿度計** 건습구 습도계

**かんしつ** [乾漆] 건칠 ①옻나무 진을 말린 덩어리 ②삼베를 옻칠하여 배접하는 기술. 그런 작품¶ **—像** [美] 건칠 불상

**がんしつ** [眼疾] (文) 안질. 눈병 = 眼病

**がんじつ** [元日] 원일. 원단. 설날

**かん じつげつ** [閑日月] (文) 한일월 ①한가로운 나날¶~を楽しむ 한일월을 즐기다 ②마음에 여유가 있음¶英雄~あり 영웅은 마음에 여유가 있다

**かんじ と る** [感じ取る] 他五 감지하다. 알

かんしゃ 아채다¶ 好意ᇰᄒ를～ 호의를 감지하다
**かんしゃ** [甘蔗] [植] 사탕수수
**かんしゃ** [官舍] 관사
**かんしゃ** [感謝] 名 自スル 감사¶ ～の意ᅵを表ᇂする 감사의 뜻을 표하다 **―祭ᄆ** 추수 감사절
**かんじゃ** [冠者] ①관례를 치른 소년, 젊은이 ②위계가 6품(品)으로 벼슬이 없는 사람 ③젊은 하인, 종자 ▷「かじゃ」라고도 함
**かんじゃ** [患者] 환자¶ 外来ᅵ～ 외래 환자/～を診ᄆる 환자를 진찰하다
**かんじゃ** [間者] 간자, 첩자, 간첩
**かんしゃく** [官爵] 관작, 관직과 작위
**かんしゃく** [*癇*癪] 짜증, 뼛성, 피새¶ ～が強ᄎい 피새가 여물다 **―玉ᆷ** ①俗 부아통, 울화통 ② ～が破裂ᄈᄇする 부아통이 터지다 ②딱총 **―持ᄆち** 불뚱이
慣用句
**―を起ᆻこす** 짜증을 내다, 뼛성내다
**かんじゃく** [閑寂] 名 ナ 文 한적¶ ～な郊外ᅵ 한적한 교외/～を友ᄇとする 한적을 벗삼다
**かんじやす・い** [感ᄉじ易い] 形 다감하다, 감수성이 예민하다¶ ～年ᇀごろ 감수성이 예민한 나이
**かんしゅ** [巻首] 文 권두＝巻頭ᇀ
**かんしゅ** [看守] 간수, 교도관＝刑務官ᆫᆫ
**かんしゅ** [看取·観取] 名 他スル 文 간취, 알아차림¶ 事件ᆫの真相ᆼを～する 사건의 진상을 알아차리다
**かんしゅ** [感取] 名 他スル 文 (피부로) 느낌¶ 春ᆮの息吹ᆿを～する 봄의 숨결을 느끼다
**かんしゅ** [監守] 文 감수, 감독하고 보호함, 그런 사람
**かんしゅ** [艦首] 함수 ⇔ 艦尾ᇙ
**かんじゅ** [甘受] 名 他スル 감수, 달게 받음¶ 非難ᆫを～する 비난을 감수하다
**かんじゅ** [官需] 文 관수, 정부의 수요 (물자) ⇔ 民需ᆫ¶ ～品ᆸ 관수품
**かんじゅ** [貫首·貫主] ①[佛] 각 종파의 총본산이나 큰 절의 최고 승직＝座主ᆨ·貫長ᆼ ②「蔵人頭ᆼ」의 딴이름
**がんしゅ** [癌*腫] [醫] 암종, 암＝癌ᆼ
**がんしゅ** [願主] (신불에게) 기원하는 사람, 시주, 공양주(供養主)＝がんじゅ
**かんしゅう** [慣習] 관습¶ ～に従ᆺう 관습에 따르다 **―法ᆸ** [法] 관습법
**かんしゅう** [監修] 名 他スル 감수¶ 全集ᆸを～する 전집을 감수하다
**かんしゅう** [観衆] 관중¶ 大ᆮ～ 대관중
**がんしゅう** [含*羞] 함수, 부끄러워함, 멋쩍어함＝はじらい
**かんじゅく** [完熟] 완숙
**かんじゅく** [慣熟] 관숙, 익숙해짐¶ 機械ᄋの操作ᆽに～する 기계 조작에 익숙해지다
**かんじゅせい** [感受性] 감수성¶ ～(の)豊ᄇかな人ᆫ 감수성이 풍부한 사람/～が鋭ᄃい 감수성이 예민하다

**かんしゅだん** [慣手段] 관용 수단, 상투 수단
**かんしょ** [甘蔗] [植] 사탕수수
**かんしょ** [甘薯·甘藷] [植] 고구마
**かんしょ** [官署] 文 관서, 관공서＝官庁ᆼ
**かんしょ** [寒暑] 한서, 추위와 더위
**かんしょ** [漢書] 한서, 한적(漢籍)＝からぶみ
**かんじょ** [官女] 여관(女官), 궁녀＝女官ᆫ
**かんじょ** [寛*恕] [文] 관서 ①도량이 넓고 인자함 ②너그러이 용서함¶ 御ᆼ～を請ᇂう 용서를 청하다
**かんじょ** [緩徐] 名 ナ 文 완서, 느릿느릿함
**がんしょ** [*雁書] 文 안서, 편지, 서간
**がんしょ** [願書] ①원서¶ 入学ᆨに～ 입학 원서 ②신불에게 비는 기원문＝願文ᆫ
**かんしょう** [干涉] 名 自スル 간섭 ①참견함¶ 他人ᆫの私生活ᆽにᅳᆮに～する 남의 사생활에 간섭하다 ②타국의 내정·외교에 개입함¶ 内政ᆼに～ 내정 간섭 ③[物] 둘 이상의 파동이 겹쳐지는 현상 **―性ᆼ** [物] 간섭성
**かんしょう** [奸商·姦商] 文 간상, 악덕 상인
**かんしょう** [完勝] 名 自スル 완승 ⇔ 完敗ᆸ¶ 大差ᆯで～する 큰 차로 완승하다
**かんしょう** [冠省] 文 (편지에서 서두 인사 등을 생략할 때 쓰는 말) 관생＝前略ᆨ
**かんしょう** [換称] [表] 환칭, 제유법(提喩法) 중에서 고유 명칭으로 전체를 나타내는 수사법
**かんしょう** [勧奨] 名 他スル 文 권장¶ 貯蓄ᆨを～する 저축을 권장하다
**かんしょう** [勧賞] 文 권상, 칭찬하여 격려함
**かんしょう** [感傷] 감상¶ ～に浸ᄏる 감상에 젖다 **―主義ᆼ** 文 감상주의 **―的ᆨ** 감상적
**かんしょう** [感賞] 文 ①감상, 감동하여 칭찬함 ②(상관 등이 내리는) 포상
**かんしょう** [管掌] 名 他スル 文 관장¶ 事務ᅵを～する 사무를 관장하다
**かんしょう** [緩衝] 名 他スル 완충¶ ～装置ᆷ 완충 장치 **―液ᆨ** [化] 완충액
**かんしょう** [環礁] [地] 환초
**かんしょうしょう·かんしょうせい** [*癇症·*癇性] I 名 간벽, 신경질을 잘 내는 성질 II 形 병적으로 결벽함
**かんしょう** [簡捷] 名 ナ 文 간첩, 간단하고 빠름¶ ～な事務処理ᆮ 간첩한 사무 처리
**かんしょう** [観照] 名 他スル 文 관조 ①사물의 본질을 객관적으로 관찰하여 파악함¶ 人生ᆫを～する 인생을 관조하다 ②[美] 작품의 미를 직관적으로 파악함
**かんしょう** [観賞] 名 他スル 관상¶ ～植物ᄇ 관상 식물
**かんしょう** [鑑賞] 名 他スル 감상¶ 詩ᆯを～する 시를 감상하다 **―批評ᆼ** 감상 비평
**かんじょう** [干城] 文 간성, 나라를 지키는 무사·군인¶ 国家ᅳᆨの～ 국가의 간성
**かんじょう** [冠状] 文 관상, 관 모양 **―動脈ᆨ** [醫] 관상 동맥
**かんじょう** [勘定] 名 他スル ①셈, 계산¶ ～が合ᇂう 계산이 맞다／つれた魚ᅵを～する 낚은 고기를 세다 ②(대금의) 지불, 셈, 그 대금

~をすます 계산을 마치다/ ~をはらう 셈을 치르다 ③예상, 고려¶こういう事態は~に入れていなかった 이런 사태는 고려하지 않았다 ④(복식 부기에서) 계정 ¶資産~ 자산 계정 ⑤미리 이해 득실 등을 고려하여 판단을 내림 —書 청구서, 계산서 —尽く 타산적으로만 행동함 —高い 타산적이다 —奉行 [日史] ①(室町 시대에) 大名家의 금전 출납을 담당했던 직책 ②江戸幕府 직할지의 민정・재무 관계를 담당했던 직책 = 勘定方

[慣用句]
—合って銭足らず ①계산상으로는 맞으나 현금이 부족하다 ②이론과 현실이 다르다

かんじょう [勸請] 名他スル(文) ①신불의 왕림을 빎 ②신불의 분령(分靈)을 맞아서 모심

かんじょう [感狀] (文) 전공이 있는 자에게 주군이나 상관이 주던 상장

かんじょう [感情] 감정¶~を害する 감정을 해치다/~を抑える 감정을 억제하다 —移入 [心] 감정 이입 —表現 감정 표현

かんじょう [環狀] 名 환상, 고리 모양¶~道路 환상 도로 —線 환상선 —列石 [考古] 환상 열석

かんじょう [灌頂] 관정 ①(인도에서) 국왕의 즉위 때 머리에 물을 뿌리던 의식 ②[佛] ㉠보살이 부처의 위(位)에 오를 때 받는 의식 ㉡(밀교의) 수계(受戒) 의식 ▷「かんちょう」라고도 함

がんしょう [岩床] [地] 암상

がんしょう [岩漿] [地] 암장, 마그마 = マグマ

がんしょう [岩礁] 암초 = 暗礁

がんしょう [頑丈・岩乘] 튼튼함, 실팍함, 견고함¶~なからだ 튼튼한 몸/~につくる 견고하게 만들다

かんしょく [官職] 관직¶~につく 관직에 오르다

かんしょく [寒色] 한색, 찬 느낌을 주는 빛깔

かんしょく [間色] 간색, 중간색

かんしょく [間食] 名自スル 간식

かんしょく [閑職] 한직¶~にまわされる 한직으로 밀려나다

かんしょく [感触] ①감촉, 촉감¶~のよい毛布 감촉이 좋은 담요 ②(분위기 등에서 받는) 느낌¶~を得る 어딘지 모르게 동의하는 느낌을 받다

がんしょく [顔色] 안색, 낯빛 = かおいろ¶~を窺う 안색을 살피다

[慣用句]
—無し ①(두려움・놀라움으로) 파랗게 질리다 ②완전히 압도되어 꼼짝못하다

かん・じる [感じる] I 他上一 ①(감각으로) 느끼다¶痛みを~ 아픔을 느끼다 ②(마음으로) 느끼다¶責任を~ 책임을 느끼다 II 自上一 ①감동하다¶熱意に~ 열의에 감동하다 ②(계기에) 반응이 있다¶地震計に~ 지진계에 반응이 있다 ▷「かんずる」라고도 함

かん・じる [觀じる] 他上一 (文) → かんずる(觀)

かんしん [甘心] 名自スル(文) 만족함, 흡족함

かんしん [奸臣・姦臣] 名自スル(文) 간신

かんしん [寒心] 名自スル(文) 오싹함, 무섭게 여김¶~にたえない 무섭기 짝이 없다

かんしん [感心] I 名自スル 감탄함, 탄복함¶親孝行に~する 효행에 감탄하다 II ナ 기특함, 신통함¶~な子 기특한 아이

[慣用句]
—しない 탐탁치 않다, 동감할 수 없다

かんしん [關心] 관심¶周圍の~の的 주위의 관심의 대상/~が高まる 관심이 높아지다 —事 관심사

かんしん [歡心] 환심

[慣用句]
—を買う 환심을 사다

かんじん [肝心・肝腎] ナ 중요함, 요긴함 = 肝要¶~なことを忘れる 중요한 일을 잊다 —要 名ナ 가장 중요함

かんじん [閑人] (文) 한인, 한가한[할 일 없는] 사람¶~の手すさび 한가한 사람의 심심풀이

かんじん [勸進] 名他スル ①권화, 불도를 권하여 공덕을 쌓게 함 ②[佛] 권화, 절・불상의 건립・수리를 위한 기부, 그런 일을 하는 사람 = 勸化 ③구걸 —相撲 [相撲] 勸進②를 위해 흥행하는 씨름 —帳 [佛] 권화장 —能 [藝] 勸進②를 위해 공연하는 能 —元 勸進②를 위한 행사의 흥행주

かんじん [寬仁] 名ナ(文) 관인, 너그럽고 인자함¶~大度 관인 대도

かんじん [漢人] 한인 ①한(漢)민족인 사람 ②중국인

かんじん [觀心] [佛] 관심, 자기의 본성을 밝히어 살핌

かんしんせい [完新世] [地] 완신세, 충적세

かんす [鑵子] ①차관(茶罐) ②청동・놋쇠로 만든 손잡이가 달린 물 끓이는 기구

かんすい [完遂] 名他スル(文) 완수¶任務を~する 임무를 완수하다

かんすい [冠水] 名自スル (홍수 등으로) 물에 잠김, 침수¶~地域 침수 지역

かんすい [梘水] 중국식 국수를 만들 때 가루에 섞어 반죽하는 알칼리성 액체

かんすい [鹹水] (文) 함수, 짠물, 바닷물¶~湖 함수호 —魚 바닷물고기

かんすい [灌水] 名自スル(文) 관수, 물을 뿌림¶花畑に~する 꽃밭에 물을 뿌리다

がんすいたんそ [含水炭素] 함수탄소, 탄수화물

かんすう [卷數] ①(책의) 권수 ②(두루마리의) 개수 ③(필름・테이프 등의) 개수

かんすう [關數・函數] [數] 함수¶三角~ 삼각 함수

かんすうじ [漢數字] 수를 나타내는 한자

かんすぽん [卷子本] 권자본, 두루마리로 된 책

かん・する [姦する] (文) I 自サ変 간통하다 II 他サ変 (여자를) 범하다, 겁탈하다

かん・する [關する] 自サ変 관하다, 관계가 있다¶この問題に~限り 이 문제에 관한 한

**かん・する** [冠する] (文) I 他 サ変 위(앞)에 붙이다¶ 接頭語を~ 접두어를 붙이다 II 自 サ変 관을 쓰다, 관례를 치르다

**かん・する** [緘する] 他 サ変 (文) ①입을 다물다, 함구하다 ②봉(封)하다

**かん・ずる** [感ずる] 自他スル → かんじる(感)

**かん・ずる** [観ずる] 他 (文) ①달관하다, (진리를) 깨닫다¶ 人生の無常に~る 인생 무상을 깨닫다 ②정관하다, 살펴보다¶ 現時局を~に 현시국을 살펴보건대

**かんせい** [完成] 名 自他スル 완성¶ ~品 완성품/ 大作を~する 대작을 완성하다

**かんせい** [官制] 관제¶ ~改革 관제 개혁

**かんせい** [官製] 관제. 관제품 ⇔ 私製

**かんせい** [陥穽] (文) 함정¶ 허방다리=おとしあな ②계략¶ ~におちいる 함정에 빠지다

**かんせい** [乾性] 건성¶ ~塗料 건성 도료

**かんせい** [喚声] 환성¶ ~をあげる 환성을 지르다

**かんせい** [喊声] (文) 함성¶ ~を発して突撃する 함성을 내지르며 돌격하다

**かんせい** [閑静] 名 ナ 한정. 조용함¶ ~な住宅街 조용한 주택가

**かんせい** [感性] 감성. 감수성 ≒ 悟性・理性¶ 豊かな~ 풍부한 감성

**かんせい** [慣性] 物 관성 = 惰性¶ ~の法則 관성의 법칙/ ~質量 관성 질량

**かんせい** [管制] 名 他スル 관제¶ 報道~ 보도 관제 —塔 관제탑

**かんせい** [歓声] 환성. 환호성

**かんせい** [鼾声] (文) 코고는 소리¶ ~雷のごとし 코고는 소리가 뇌성과 같다

**かんぜい** [関税] 経 관세¶ 保護~ 보호 관세 —率 経 관세율 = タリフ

**がんせい** [眼睛] (文) 안정 ①눈동자. 검은 자위 = ひとみ ②눈알 = 目のだま

**がんせい ひろう** [眼精疲労] 医 안정 피로

**かんぜおん** [観世音] 仏 관세음. 관세음보살

**かんせき** [漢籍] 한적. 한문 서적 = 漢書

**がんせき** [岩石] 암석 ①바위 ②地 지각(地殻)을 구성하는 물질¶ —層 암석층

**かんせつ** [官設] 名 自スル 관설 ⇔ 私設

**かんせつ** [間接] I 名 간접¶ ~伝染 간접 전염/ ~に依頼する 간접으로 의뢰하다 II ナ ~な非難 간접적인 비난 —強制 法 (채무자에 대한) 간접 강제 —照明 간접 조명 —税 간접세 —選挙 간접 선거 —的 ナ 간접적 —民主制 政 간접 민주제 —話法 表 간접 화법

**かんせつ** [関節] 医 관절¶ ~がはずれる 관절을 삐다 —炎 관절염

**かんせつ** [環節] 動 환절. 고리마디 = 体節

**かんせつ** [冠雪] 名 自スル 관절. 가장 뛰어남. 으뜸¶ 天下に~する名山 천하에 으뜸가는 명산

**がんぜな・い** [頑是無い] 形 ①철없다¶ ~子供 철없는 어린아이 ②천진 난만하다¶ ~顔 천진 난만한 얼굴

**かんぜより** [観世縒り] 지노. 종이 노끈

**かんせん** [汗腺] 医 한선. 땀샘

**かんせん** [官撰] 名 관찬. 정부에서 편찬함. 그런 저서 ⇔ 私撰

**かんせん** [官選] 名 관선. 국선 = 国選 ⇔ 民選 —弁護人 法 관선 변호사

**かんせん** [幹線] 간선¶ ~道路 간선 도로

**かんせん** [感染] 名 自スル 감염 ①전염¶ ~経路 감염 경로/ ウイルスに~する 바이러스에 감염되다 ②감화됨. 물듦¶ 過激な思想に~する 과격한 사상에 물들다 —症 医 감염증

**かんせん** [観戦] 名 他スル 관전¶ ~記 관전기/ 名人戦を~する 명인전을 관전하다

**かんせん** [艦船] 함선. 군함과 선박

**かんぜん** [完全] 名 ナ ~看護 완전 간호/ ~を期する 완전을 기하다 —雇用 완전 고용 —試合 野 완전 시합. 퍼펙트 게임 —失業者 완전 실업자 —燃焼 名 自スル 완전 연소 —変態 動 완전 변태 —無欠 ナ 완전 무결

**かんぜん** [間然] 名 自スル 결점을 들어 비난함 慣用句 ~する所が無い (文) 비난할 여지가 없다. 흠잡을 데가 없다

**かんぜん** [敢然] タル (文) 감연. 결연함¶ ~と立ち向かう 감연히 맞서다

**がんぜん** [頑癬] 医 완선 = いんきんたむし

**がんぜん** [眼前] 안전. 눈앞 = 目前

**かんぜん ちょうあく** [勧善懲悪] 권선 징악 = 勧懲¶ ~の物語 권선 징악의 이야기

**かんそ** [簡素] 名 ナ 간소¶ ~な服装 간소한 복장

**がんそ** [元祖] 원조 ①시조. 한 가계(家系)의 조상 ②창시자. 창업자 = 鼻祖

**かんそう** [完走] 名 自スル 완주. 끝까지 달림¶ マラソンで~する 마라톤에서 완주하다

**かんそう** [乾草] 건초. 마른풀 = 干し草

**かんそう** [乾燥] 名 自他スル 건조¶ ~機 건조기/ 部屋の空気が~する 방안의 공기가 건조하다 —体 動 건조제. 형용・수식을 극도로 억제한 표현 방식 —地帯 건조 지대

**かんそう** [間奏] 間奏 —曲 音 간주곡

**かんそう** [感想] 감상. 소감¶ 読書~文 독후감/ 率直な~を述べる 솔직한 감상을 말하다

**かんそう** [歓送] 名 他スル 환송¶ ~会 환송회

**かんそう** [還送] 名 他スル 환송. 송환 = 送還¶ 本国へ~する 본국으로 환송하다

**かんそう** [観相] (文) 관상¶ ~術 관상술

**かんそう** [観想] 名 他スル (文) 관상. 본질을 파악하고자 마음을 한 대상에 쏟음

**かんぞう** [甘草] 植 감초 = あまくさ

**かんぞう** [肝臓] 医 간장. 간 = 肝 —炎 医 간장염. 간염 —癌 医 간장암. 간암 —ジストマ 간디스토마 = 肝吸虫

**かんぞう** [萱草] 植 훤초. 원추리

**がんぞう** [含嗽・含漱] 名 自スル (文) 함수

치질= うがい¶ ～剤ざい 함수제
**がんぞう** [*贋造*] 名他スル 안조, 위조, 위조품¶ ～品ひん 안조품/ ～紙幣しへい 위조 지폐
**かんそく** [観測] 名他スル 관측 ①(자연 현상의) 관찰 측정¶ 気象きしょう～ 기상 관측/ 天体てんたいを～する 천체를 관측하다 ②예측¶ 希望的きぼう的な～ 희망적인 관측 —気球ききゅう 관측 기구
**かんぞく** [*奸賊*·*姦賊*] (文) 간적
**かんそん** [寒村] 한촌
**かんそん みんぴ** [官尊民卑] (文) 관존 민비¶ ～の思想 관존 민비의 사상
**かんたい** [寒帯] 한대¶ ～林りん 한대림
**かんたい** [歓待·款待] 名他スル 환대¶ ～を受ける 환대를 받다
**かんたい** [緩怠] (文) ①태만 ②과오, 허물, 실수= とが¶ ～をわびる 실수를 사과하다 ③무례, 실례¶ ～至極しごく 무례하기 짝이 없음
**かんたい** [艦隊] (軍) 함대¶ 連合れんごう～ 연합 함대
**かんだい** [寛大] ナ 관대, 너그러움¶ ～な処分ぶんを期待きたいする 관대한 처분을 기대하다
**がんたい** [眼帯] 안대
**かんたいじ** [簡体字] 간체자, 중국의 간략화된 자체의 한자
**かんたいへいようかざんたい** [環太平洋火山帯] (地) 환태평양 화산대
**かんだか・い** [甲高い] 形 새되다¶ ～声こえで叫さけぶ 새된 목소리로 외치다
**かんたく** [干拓] 名他スル 간척¶ ～地ち 간척지
**がんだて** [願立て] (신불에게) 소원을 빎, 발원= 願掛がんけ·立願りつがん
**かんたまご** [寒卵] 한중(寒中)에 낳은 달걀
**かんたる** [冠たる] 連体 으뜸가는¶ 世界せかいに～福祉国家こっか 세계에서 으뜸가는 복지 국가
**かん だれ** [雁垂] (한자 부수의) 민엄호 ▷「原·圧」 등의 「厂」 부분
**かんたん** [肝胆] (文) 간담 ①간과 쓸개 ②속마음, 진심
(慣用句)
**—相照あいてらす** 서로 흉금을 터놓고 지내다
**—を砕くだく** 심혈을 기울이다, 온힘을 다하다
**かんたん** [邯鄲] 邦명 動 귀뚜라미
**かんたん** [邯鄲] 한단, 중국 허베이(河北)성 북부의 도시 —の夢ゆめ 한단지몽, 인생의 영고 성쇠가 덧없음
**かんたん** [感嘆·感歎] 名自スル 감탄¶ ～の声こえを漏もらす 감탄하는 소리를 지르다 —詞し〚文法〛 감탄사 —符ふ 감탄부, 느낌표 —文ぶん〚文法〛 감탄문
**かんたん** [簡単] ナ 간단¶ ～明瞭めいりょうな간단 명료/ ～に解決かいけつする 간단히 해결하다 —服ふく 간편한 여성용 여름 원피스
**かんだん** [寒暖] 한란, 추위와 따뜻함¶ ～の差さ 한란의 차¶ —計けい 한란계= 温度計おんどけい
**かんだん** [間断] ①간단, 잠깐 끊어짐, 잠시 그침 ②「～なく」의 꼴로」 쉴새없이, 끊임없이¶ 車両しゃりょうが～なく通とおりすぎる 차량이 끊임없이 지나가다
**かんだん** [閑談] 名自スル (文) 한담 ①조용히 이야기함, 그런 이야기 ②심심풀이로 이야기함, 그런 이야기¶ ～に興きょうじる 한담을 즐기다
**かんだん** [歓談] 名自スル 환담¶ 時ときを忘わすれて～する 시간 가는 줄 모르고 환담하다
**がんたん** [元旦] 원단, 설날, 설날 아침= 元日がんじつ¶ ～を祝いわう 설날을 축하하다/ 一年ねんの計けいは～にあり 일년지계는 원단에 있다
**かんち** [完治] 名自スル 완치= かんじ¶ ～するまで通院つういんする 완치될 때까지 통원하다
**かんち** [寒地] 한지, 추운 고장 ⇔暖地だんち —植物しょくぶつ(植) 한지 식물
**かんち** [換地] 名自スル 환지, 환토, 대토
**かんち** [閑地] (文) 한지 ①조용한 곳 ②공지= あき地ち ③한직¶ ～に就つく 한직에 취임하다
**かんち** [感知] 名他スル 감지¶ 火災かさい感知기/ 危険きけんを～する 위험을 감지하다
**かんち** [関知] 名自スル 관지, 관여함¶ この事件けんには～しない 이 사건에는 관여하지 않겠다
**かんちがい** [勘違い] 名自スル 착각= 考かんがえ違ちがい¶ 祭日さいじつを日曜日にちようびと～する 국경일을 일요일로 착각하다
**かんちく** [寒竹] (植) 한죽, 설죽(雪竹)= 紫竹しちく
**がんちく** [含蓄] 名他スル 함축¶ ～のある文章ぶんしょう 함축성 있는 문장
**かんちつ** [巻帙] (文) 권질, 책, 책의 권수
**かんちゅう** [寒中] 한중 ①소한부터 대한 사이= 寒かんの内うち ②한겨울
**かんちゅう** [閑中] (文) 한중, 한가한 동안¶ ～忙ぼうあり 한중망
**がんちゅう** [眼中] 안중 ①눈 속 ②시계(視界), 의식·관심의 범위¶ ～に入はいらない 안중에 들어오지 않다
(慣用句)
**—に置おかない** 안중에 두지 않다
**—に無ない** 안중에 없다, 문제시하지 않다
**—に人ひと無なし** 안하 무인
**かんちょう** [干潮] 간조, 썰물= 引ひき潮しお
**かんちょう** [官庁] 관청= 役所やくしょ¶ ～街がい 관청가/ 中央ちゅうおう～ 중앙 관청
**かんちょう** [*浣腸·灌腸] 名他スル 〚医〛 관장
**かんちょう** [貫長·貫頂] 〚佛〛 (큰 절의) 주지
**かんちょう** [間諜] 간첩, 스파이= 間者かんじゃ¶ ～を放はなつ 간첩을 보내다
**かんちょう** [勧懲] 권징, 권선징악
**かんちょう** [管長] 관장, (불교나 神道しんとう 등에서) 한 종파를 관리하는 우두머리
**かんちょう** [館長] 관장¶ 図書と しょ～ 도서관장
**かんちょう** [艦長] 함장
**がんちょう** [元朝] (文) 원조, 설날 아침, 원단= 元旦がんたん
**かんつう** [*姦通] 名自スル 간통 —罪ざい〚法〛 간통죄
**かんつう** [貫通] 名自他スル 관통¶ トンネルが～する 터널이 관통되다 —銃創じゅうそう 관통 총창, 관통상 ⇔盲管銃創もうかんじゅうそう

**かんづ・く** [感付く・勘付く] 自国 알아차리다, 눈치채다¶ 敵に~・かれる 적에게 발각되다

**かんつばき** [寒*椿] ①[植] 동백나무의 한 품종 ②한중(寒中)에 피는 동백꽃

**かんづめ** [缶詰(め)] ①통조림¶ 鯖의~ 고등어 통조림 ②[俗][比] 사람을 어떤 장소에 가두고 외부와의 접촉을 차단함¶ 作家를 ホテルに~にする 작가를 호텔에서 나가지 못하게 하다

**かんてい** [官邸] 관저¶ 首相~ 수상 관저

**かんてい** [*戡定] 名他スル [文] 감정. 무력으로 난을 평정함

**かんてい** [艦艇] 함정

**かんてい** [鑑定] 名他スル 감정 = 目利き¶ 筆跡~ 필적 감정

**がんてい** [眼底] 안저¶ ~出血 안저 출혈

**かんていりゅう** [勘亭流] 歌舞伎나·相撲 등의 간판이나 番付 등을 쓰는 둥글둥글하고 굵은 장식 서체

**かんてつ** [貫徹] 名他スル 관철¶ 初志를~する 초지를 관철하다

**かんてん** [干天・旱天] [文] 한천, 가뭄 날씨

[慣用句]

—の慈雨 한천 자우. 가뭄 끝에 오는 단비

**かんてん** [寒天] 한천 ①추운 겨울 하늘¶ ~に冴える月 한천에 시린 달 ②[料] 우무

**かんてん** [観点] 관점, 시점, 견지 = 見地¶ 客観的な~ 객관적인 관점/ ~を変えて考える 관점을 바꾸어 생각하다

**かんでん** [乾田] 건답(乾畓) ①배수가 잘 되어 물을 빼면 밭이 되는 논 ②마른 논

**かんでん** [感電] 名他スル 감전¶ ~死 감전사

**かんてんきち** [歓天喜地] 名ナリ [文] 환천 희지. 대단히 기뻐함

**かんでんち** [乾電池] [電] 건전지

**かんと** [官途] [文] 관도, 벼슬길

[慣用句]

—に就く 벼슬길에 오르다, 관리가 되다

**かんど** [感度] 감도¶ ~が鈍い 감도가 무디다/ 高い~ フィルム 고감도 필름

**かんど** [漢土] 중국의 옛일컬음. 한토

**かんとう** [完投] 名自スル [野] 완투

**かんとう** [官等] 관등, 관리의 등급

**かんとう** [巻頭] 권두¶ ~言 권두언, 머리말

**かんとう** [*竿灯] ⑧월 5~7일에 秋田 등지에서 행해지는 칠석제 행사, 그때 쓰는 도구 ②「街灯」 가로등」의 예스러운 말

[慣用句]

**かんとう** [*竿頭] [文] 간두. 장대 끝

**かんとう** [敢闘] 名自スル [野] 감투¶ ~精神 감투 정신

**かんとう** [関東] ①東京·栃木·群馬·茨城·埼玉·千葉·神奈川의 1도(都) 6현 지방 ②江戸나 箱根に서 관동지 쪽의 여덟 지방 —管領 [史] 室町 시대에 関東 지방을 다스리기 위해 鎌倉에 두었던 직명 —軍 [史] 관동군. 2차대전 전에 만주에 주둔했던 일본 육군 부대 —大震災

[日史] 関東 대지진

**かんとう** [関頭] [文] 관두, 기로, 갈림길¶ 生死の~に立つ 생사의 기로에 서다

**かんどう** [勘当] [文] 감당¶ 放蕩息子를~する 방탕한 아들과 의절하다

**かんどう** [間道] 간도, 샛길 = 抜け道 ⇔ 本道¶ ~を抜ける 샛길로 빠져 나가다

**かんどう** [感動] 名自スル 감동¶ 深い~を覚える 깊은 감동을 느끼다 —詞 [文法] 감동사, 감탄사

**がんとう** [岩頭·巌頭] [文] 바위 위, 꼭대기

**がんとう** [*龕灯] ①불단의 등불, 등명 ②「龕灯提灯」의 준말 —返し [劇] 배경을 밑에서 밀어 올려 바꾸는 무대 장치 —提灯 구리나 쇠로 범종 모양을 만들고 그 안에 세운 양초가 언제나 앞방 비추게 된 초롱

**かんとうし** [間投詞] [文法] 간투사. 감탄사

**かんとうじょし** [間投助詞] [文法] 감탄 조사

**かんどうみゃく** [冠動脈] [醫] 관상 동맥

**かんとく** [感得] 名他スル [文] 감득 ①깨침, 터득함¶ 物事の道理를~する 사물의 이치를 깨치다 ②신심이 신불에 통하여 소원이 이루어짐 ③뜻밖의 물건을 손에 넣음

**かんとく** [監督] 名他スル 감독¶ 現場~ 현장 감독/ 業界를~する 업계를 감독하다

**かんどくり** [燗徳利] 술을 데우는 술병

**かんどころ** [勘所] ①(현악기에서) 일정한 음을 내기 위해 현을 짚는 곳 = つぼ ②급소, 요점¶ ~を外す 요점에서 벗어나다

[慣用句]

—を押さえる 요점을 파악하다, 정곡을 찌르다

**がんとして** [頑として] 連語 완강히, 고집스레¶ ~反対する 완강히 반대하다

**かんドック** [乾ドック] [工] 건독, 건선거

**かんな** [*鉋] 대패¶ ~をかける 대패질하다

**かんない** [管内] 관내, 관할 구역 ⇔ 管外

**かんない** [館内] 관내¶ ~禁煙 관내 금연

**かんながら** [随神·惟神] 副ナリ 신(神) 그대로, 신의 뜻 그대로

**かんなぎ** [*巫] 무녀 = みこ·かむなぎ

**かんなくず** [*鉋屑] 대팻밥

**かんなづき** [神無月] 음력 10월의 딴이름

**かんなべ** [*燗*鍋] 술을 데우는 냄비

**かんなめさい** [神*嘗祭] 10월 17일에 天皇가 햅쌀을 伊勢神宮에 바치는 제사

**かんなん** [*艱難] 간난. 모진 고생¶ ~辛苦 간난 신고/ ~を忍ぶ 간난을 견디다

[慣用句]

—汝を玉にす 사람은 시련을 극복하면서 훌륭한 인물로 자란다

**かんにゅう** [貫入] 관입 Ⅰ 名他スル 뚫고 들어감(넣음) Ⅱ 名 마그마가 지각의 암석으로 녹아 들어감 Ⅲ 名 관유 = 貫乳 —岩体 [地] 관입암체

**かんにゅう** [貫乳·貫入] 관유. 유약을 바른 도자기 표면의 섬세한 금

**かんにゅう** [*嵌入] 名他スル [文] 감입. 끼워넣

**かんにゅう** [観入] 名 自スル 관입. 심안(心眼)으로 대상을 정확히 파악함

**かんにん** [堪忍] 名 他スル ①참고 견딤, 인내 ②참고 용서함¶ならぬ~するが~ 참고 용서할 수 없는 것을 용서하는 것이 참다운 인내다 **一袋** 참고 견디는 도량을 자루에 비유한 말
[慣用句]
**─袋の緒が切れる** (울화통이 터져) 더 이상은 참을 수 없게 되다

**がんにん** [願人] ①지원자, 청원자 ②(신불에 대한) 발원인 =「願人坊主」의 준말
**─坊主** (江戸 시대의) 탁발승

**かんぬき** [*門] ①(문의) 빗장¶~をかける 빗장을 지르다 ②[相撲] 두 겨드랑이 밑에 지른 상대의 팔을 껴안고 죄는 수

**かんぬし** [神主] (神社의) 신관(神官)

**かんねい** [*奸*佞・*姦*佞] 名 ナ (文) 간녕. 간교하고 아첨을 잘함¶~邪智 간녕 사지

**かんねつし** [感熱紙] 감열지

**かんねん** [観念] Ⅰ 名 ①관념¶(哲) 사물에 대한 의식, 개념¶善悪の~ 선악의 관념 ②(무엇에 대한) 생각, 견해¶時間に乏しい 시간 관념이 없다 Ⅱ 名 自スル 체념, 각오¶もうだめだと~する 더 이상 도리가 없다고 체념하다 **─的** ナ 관념적 **─論** 관념론
[慣用句]
**─の臍を固める** 이젠 다 소용없다고 체념하다, 각오하다

**がんねん** [元年] 원년. 새 연호의 첫해¶平成~ 평성 원년

**かんねんぶつ** [寒念仏] 한중(寒中)의 30일간 새벽이나 밤에 소리 높여 염불을 외우는 수행

**かんのあけ** [寒の明け] 대한이 지나고 입춘이 됨, 그 날

**かんのいり** [寒の入り] 한중(寒中)으로 접어듦, 소한(小寒) 날

**かんのう** [完納] 名 他スル 완납¶税金を~する 세금을 완납하다

**かんのう** [官能] 관능 ①감각 기관의 기능 ②육체적 쾌락, 성적 감각¶~的 관능적/~をくすぐる 관능을 은근히 자극하다

**かんのう** [堪能] 名 ナ (文) 통달함, 아주 능함, 그런 사람 = たんのう

**かんのう** [間脳] [醫] 간뇌

**かんのう** [感応] 名 自スル (文) 감응 ①감동하여 반응함 ②신심이 신불(神佛)에 통함 ③도체가 전기·자기를 띰 = 誘導

**かんのむし** [疳の虫] ①감병(疳病)을 일으킨다는 벌레 ②경풍, 짜증

**かんのもどり** [寒の戻り] 늦봄의 일시적 추위

**かんのん** [観音] 「観世音」의 준말. 관음. 관세음 **─経** 【佛】관음경 **─開き** ①쌍바라지(문) ②[版] (팸플릿 등에서) 양쪽에서 접어 넣는 방식 ③[料] 두툼한 생선이나 닭고기를 좌우로 벌려 가르는 방식

**かんば** [*悍馬・*駻馬] (文) ①한마. 사나운 말 ②성질이 사나운 사람

**かんぱ** [看破] 名 他スル (文) 간파¶相手の意図を~する 상대의 의도를 간파하다

**かんぱ** [寒波] [氣] 한파

**かんばい** [完売] 名 他スル 완매. 상품을 다 팔아치움¶即日~ 즉일 완매

**かんばい** [寒梅] 한매, 한중에 피는 매화

**かんばい** [観梅] 매화꽃 구경 = 梅見

**かんぱい** [完敗] 名 自スル 완패 ⇔ 完勝¶~を喫する 완패를 당하다

**かんぱい** [乾杯・乾盃] 名 自スル 건배¶当選を祝して~する 당선을 축하하여 건배하다

**かんぱい** [感佩] 名 自スル (文) 감패. 깊이 감사하여 잊지 않음

**かんぱく** [関白] ①【日史】(平安 중기에 설치된) 天皇을 보좌하던 직책 ②(比) 세도가¶亭主~ 폭군 같은 남편

**かんばし・い** [芳しい] 形 (文) 향기롭다. 향긋하다¶~コーヒーの香り 향긋한 커피향

**かんばしくない** [芳しくない] 連體 좋지 않다, 신통치 않다¶病状が~ 병세가 좋지 않다

**かんばし・る** [甲走る] 自五 새되게 [날카롭게] 울리다¶~った声 새된 목소리포=

**かんばせ** [*顔・*顔容] (文) ①얼굴, 용모¶花の~ 꽃같은 얼굴 ②낯, 체면¶何の~あって相まみえん 무슨 낯으로 마주 대하랴

**かんぱち** [間八] 【動】잿방어

**かんばつ** [干*魃・*旱魃] [氣] 한발, 가뭄

**かんばつ** [間伐] 名 他スル [農] 간벌, 솎아베기

**かんばつ** [簡抜] 名 他スル (文) 간발, 골라 뽑음

**かんぱつ** [*渙発] 名 他スル (文) 환발. 조칙(詔勅)을 발포함¶大詔~ 조칙 발포

**かんぱつ** [*煥発] 名 自スル (文) (재능 등이) 번득임¶才気~ 재기가 번득임

**かんはっしゅう** [関八州] 箱根 관문 동쪽의 여덟 지방 = 関東八州

**かんばのろう** [汗馬の労] 連體 (文) 한마지로. 동분 서주하는 수고¶~を執る 한마지로를 다하다, 애써 뛰어다니다

**がんばり** [頑張り] 꿋꿋하게 버팀, 잘 견뎌냄¶~が利く 잘 견뎌내다 **─屋** 참고 노력하는 사람

**がんば・る** [頑張る] 自五 ①참고 노력하다¶~. れ 힘내라/一致団結して~ 일치 단결하여 분발하다 ②고집하다, 우기다¶あくまで~ 끝까지 우기다 ③버티고 있다[서다]¶入り口に犬が~っている 입구에 개가 버티고 있다

**かんばん** [看板] 간판 ①(상점·극장 등의) 선전·안내 등을 위해 내건 표지¶~を出す 간판을 내걸다 ②(표면상의) 명목, 명분¶慈善事業を~にする 자선 사업을 명분으로 삼다 ③인기·평판이 좋은 사람¶~役者 간판 배우 ④가게 이름의 권리, 영업권¶~を譲り受ける 영업권을 양도받다 ⑤그 날의 영업이 끝남, 폐점¶そろそろ~の時間です 이제 곧 폐점 시간입니다 **─倒れ** 겉만 번지레하고 실속은 없음, 궁둥이 **一娘**

かんばん (가게 등에서) 손님을 끌기 위해 두는 예쁜 아가씨
慣用句
―が泣く 표면상의 신용이나 평판에 못 미치다, 그때까지의 평판에 금이 가다
―に偽り無し 겉과 속이 일치하다
―を下ろす ①폐점하다, 폐업하다 ②공공연히 내걸었던 일을 그만두다
かんばん [*燗番] (요릿집 등에서) 술 데우는 일을 맡은 사람= おかんばん
かんぱん [干犯] 名 他スル 간범, 간섭하여 침범함¶統帥権の― 통수권의 간범
かんぱん [甲板] 갑판= デッキ
かんぱん [官版・官板] (文) 관판, 정부 간행(물)
かんぱん [乾板] (사진에서) 건판
カンパン [乾パン] 건빵
がんばん [岩盤] 地 암반
かんび [甘美] ナ 감미 ①달콤하여 맛이 좋음¶―な味 달콤한 맛 ②(감각적으로) 달콤하게 느껴짐¶―な調べ 감미로운 선율
かんび [完備] 名 自他スル 완비¶冷暖房―の~ 냉난방 완비
かんび [巻尾] 권미, 권말= 巻末⇔巻首
かんび [艦尾] 함미, 군함의 선미[고물]
かんび [官費] 관비, 국비= 国費⇔私費¶―留学 관비 유학
がんぴ [雁皮] ①雁皮 삼지닥나무 ②「がんぴ紙」의 준말 ─紙 안피지
かんびょう [看病] 名 自スル 간병, 간호, 병구완¶―に明け暮れる 밤낮없이 병구완하다
かんぴょう [干瓢・乾瓢] 박고지¶―巻 간장・설탕에 조린 박고지를 넣은 김밥
がんびょう [眼病] 안병, 눈병= 眼疾¶―を患う 안질을 앓다
かんぴょうき [間氷期] 地 간빙기⇔氷期
かんぶ [患部] 환부¶―を湿布する 환부를 찜질하다
かんぶ [幹部] 간부¶組合の― 노조 간부
かんぷ [*姦夫] (文) 간부, 간통한 남자
かんぷ [*姦婦] (文) 간부, 간통한 여자
かんぷ [*悍婦] (文) 한부, 성질이 사나운 여자
かんぷ [乾布] 건포, 마른 헝겊¶―摩擦 건포 마찰
かんぷ [還付] 名 他スル 환부, 환급¶―請求 환부 청구
カンフー [*功夫] 쿵후, 중국의 호신용 격투기¶―映画 쿵후 영화
かんぷう [完封] 名 他スル 완봉 ①(상대의 활동을) 완전히 봉쇄함 ②野 투수가 완투로 상대 팀을 영패시킴¶―勝ち 완봉승
かんぷう [寒風] 한풍, 찬바람¶身を切るような― 몸을 에는 듯한 찬바람
かんぷく [官服] 관복⇔私服
かんぷく [感服] 名 自スル 감복, 탄복함¶―の至り 감복하기 그지 없음/ 度量の大きさに―する 도량이 큰 데 탄복하다
がんぷく [眼福] 안복, 진귀한 [아름다운] 것을 볼 수 있는 행복¶―にあずかる 진귀한 것을 보게 되다
かんぶくろ [紙袋] (口) 종이 봉지
かんぶつ [*奸物・*姦物] (文) 간물, 간교한 사람
かんぶつ [官物] 관물, 관유물= かんもつ
かんぶつ [乾物] 건어물 ─屋 건어물 가게
かんぶつ [換物] 名 他スル 환물, 돈을 물건으로 바꿈
かんぶつ [灌仏] 佛 ①관불, 불상에 향수・감차(甘茶)를 뿌리는 일 ②「灌仏会」의 준말 ─会 佛 관불회
がんぶつ [*贋物] (文) 가짜, 위조품
がんぶつそうし [玩物喪志] (文) 완물 상지
かんぷ なきまで [完膚無きまで] 連語《흔히「に」가 딸리어》철저히, 사정없이¶―にやっつける 사정없이 해치우다
カンフル (네 kamfer) 藥 캠퍼, (강심제로 쓰이는) 장뇌액 ─注射 ①캠퍼 주사 ②(比) 망쳐 버릴 듯한 일을 되살리기 위한 비상 수단
かんぶん [漢文] 한문¶―学 한문학 ─訓読 한문 훈독= 訓読体 表 한문 훈독체 ─体 表 한문체 ─調 表 한문조 ─脈 한문 훈독의 읽는 법으로 엮은 문체
かんぶん [感奮] 名 自スル (文) 감분, 감격하여 분발함¶―興起 감분 흥기
かんぺいしき [観兵式] 관병식, 열병식¶―に臨む 관병식에 임석하다
かんぺいしゃ [官幣社] (明治 시대에) 궁내성(宮内省)으로부터 공물을 받았던 격높은 神社
かんぺき [完璧] 완벽= 完全無欠¶―の守備 완벽한 수비
かんぺき [*癇癖] 간벽, 화를 잘 내는 버릇
がんぺき [岸壁] 안벽 ①부두 ②깎아지른 벼랑
かんべつ [鑑別] 名 他スル 감별¶ひなの雌雄を―する 병아리의 암수를 감별하다
かんべに [寒紅] 한중(寒中)에 만든 연지
かんべん [勘弁] 名 他スル 용서함¶もう―できない 더는 용서할 수 없다
かんべん [簡便] ナ 간편¶―な操作 간편한 조작
かんぺん [官辺] 관변, 정부 관계[방면]
かんぼう [官房] 政 관방, (일본의 내각에서) 장관에 직속하여 기밀・인사・예산 등의 사무를 담당하는 기관 ─長官 관방 장관
かんぼう [感冒] 감모, 감기= 風邪
かんぼう [監房] 감방¶―に入れる 수감하다
かんぼう [観望] 名 他スル (文) 관망¶情勢を―する 정세를 관망하다
かんぽう [官報] 관보
かんぽう [漢方] 한방¶―医学 한방 의학 ─医 한의, 한의사 ─薬 한방약, 한약
かんぽう [観法] 관법 ①(文) 관상 보는 법 ②佛 진리를 관조하여 깨닫는 실천적 수행
かんぽう [艦砲] 軍 함포¶―射撃 함포 사격
がんぼう [願望] 名 他スル 원망, 소원, 염원
かんぼうのまじわり [管鮑の交わり] 관포지교, 절친한 친구 사이의 사귐
かんぼく [*翰墨] (文) 한묵 ①필묵(筆墨) ②시문・서화를 씀[그림]

**かんぼく** [×灌木]【植】관목 ⇔ 喬木きょう

**かんぼつ** [陷没]【名】【自スル】함몰¶ 地震じしんで道路どうが〜する 지진으로 도로가 함몰하다

**がん ほどき** [願解き] (소원 성취했을 때) 감사의 뜻으로 신불에게 참배함= 礼参れいまいり

**かんぽん** [刊本] 간본, 간행본

**かんぽん** [完本] 완본, 완질본 ⇔ 端本はん

**かんぽん** [元本] ①원금, 밑천 = 元手もと ②원물

**ガンマ** (그 gamma;Γ·γ) 감마 ①그리스어 알파벳의 셋째 자 ②【物】자장(磁場)의 세기를 나타내는 단위 **━線せん** 【物】감마선

**かん まいり** [寒参り] 한중(寒中) 30일 동안 매일 밤 절이나 神社じんしゃ를 참배하는 일〔사람〕

**かんまつ** [巻末] 권말 ⇔ 巻頭かん·巻首かん

**かんまん** [干滿] 간만, 썰물과 밀물¶ 〜の差さが大おおきい 간만의 차가 크다

**かんまん** [緩慢]【ナ】①완만, 느림¶ 〜な動作さ 느린 동작 ②미온적임, 허술함¶ 〜な取とり締しまり 허술한 단속

**かんみ** [甘味] 감미 ①단맛, 단 것 ②좋은 맛, 맛있는 음식물 ③(比) 감칠맛, 재미 **━料りょう** 감미료¶ 人工じんこう〜 인공 감미료

**かんみ** [×鹹味]【文】함미, 짠맛, 짠 음식물

**がんみ** [含味·×玩味]【名】【他スル】완미¶【文】(음식물) 맛봄 ②(내용·의미를) 음미함¶ 作品さくを熟読じゅく〜する 작품을 숙독 음미하다

**かんみん** [官民] 관민¶ 〜一体いったい 관민 일체

**かん みんぞく** [漢民族] 한민족, 한족

**かんむり** [冠] ①원금, 밑천을 쓰다 ②(한자 부수에서) 윗부분을 구성하는 것, 머리 ▷「家」「冠」 등의 「宀」「冖」 부분

**慣用句**
**━を曲まげる** 기분이 상하다, 부르퉁해지다

**かん むりょう** [感無量]【ナ】감개 무량

**かんむりょうじゅきょう** [観無量寿経]【佛】관무량수경 = 観経かん

**かんめ** [貫目] ①【助數】관, 척관법의 무게의 단위 ②무게, 중량, 근량= めかた¶ 〜を量はる 중량을 달다 ③위엄, 관록

**かんめい** [官名] 관명, 관직명

**かんめい** [官命]【文】관명, 정부의 명령¶ 〜を帯おびる 관명을 띠다

**かんめい** [感銘·肝銘]【名】【自スル】감명¶ 深ふかい〜を受うける 깊은 감명을 받다

**かんめい** [漢名] 한명, 중국에서의 명칭, 중국어 명칭

**かんめい** [簡明]【名】【ナ】【文】간명, 간단 명료¶ 〜な文章ぶんしょう 간명한 문장

**がんめい** [頑迷·頑×冥]【名】【ナ】【文】완미, 완고하고 사리에 어두움 ━固陋ごろう 완미 고루/ 〜な年寄としより 완고한 노인

**かんめん** [乾×麵] 건면, 마른 국수

**かんめん** [顔面] 안면, 얼굴

**がんもう** [願望]【名】【他スル】→ がんぼう

**かんもく** [×緘黙]【名】【自スル】【文】함묵, 입을 다물고 침묵함

**がんもく** [眼目] 요점, 주안점¶ 話はなしの〜 이야기의 요점

**かん もじ** [閑文字]【文】한문자, 쓸모없는 군글자나 문장, 무의미한 말장난¶ 〜を並ならべる 무의미한 말장난을 늘어 놓다

**かん もち** [寒×餠] 한중(寒中)에 만든 찰떡

**がん もどき** [×雁×擬き] 으깬 두부 속에 당근·실다시마 등을 넣어 둥글납작하게 튀긴 음식

**かんもん** [喚問]【名】【他スル】환문¶ 証人にんを〜する 증인을 환문하다

**かんもん** [関門] 관문 ①(옛날의) 검문소, 그 문 ②(比) 통과하기 어려운 고비¶ 入試にゅうしの〜 입시 관문

**かんもん** [願文] 원문, (신불에의) 발원문

**かんや** [寒夜]【文】한야, 추운 밤, 겨울 밤

**かんやく** [完訳]【名】【他スル】완역 = 全訳ぜん ⇔ 抄訳しょう¶ 〜本ぼん 완역본

**かんやく** [漢訳]【名】한역, 한문으로 번역함, 한문 번역물¶ 梵語ぼんごを〜した経典きょうてん 범어를 한역한 경전

**かんやく** [簡約]【名】【ナ】【スル】간약, 간추림, 간략하게 줄임

**がんやく** [丸薬] 환약, 알약

**かんゆ** [肝油]【薬】간유

**かんゆ** [換×喩]【表】환유, 표현 대상과 관련된 다른 사물이나 속성을 들어 그 대상을 나타내는 표현 기법 **━法ほう**【表】환유법

**かんゆう** [官有]【名】관유, 국유¶ 〜地ち 국유지

**かんゆう** [×奸雄·×姦雄]【文】간웅, 간교한 영웅¶ 乱世らんせの〜 난세의 간웅

**かんゆう** [勧誘]【名】【他スル】권유¶ 加入にゅうを〜される 가입을 권유받다

**がんゆう** [含有]【名】【他スル】함유¶ 〜量りょう 함유량/ 鉄分ぶんを〜した質問 철분을 함유하다

**かんよ** [関与·干与]【名】【自スル】관여¶ 事件じけんに〜する 사건에 관여하다

**かんよう** [肝要]【ナ】간요, 긴요, 매우 중요함 = 肝心じん¶ 健康けんこうに〜することが〜だ 건강에 주의하는 것이 간요하다

**かんよう** [×涵養]【名】【他スル】【文】함양, 서서히 양성함¶ 徳性とくを〜する 덕성을 함양하다

**かんよう** [寛容]【名】【他スル】관용, 너그러이 용납함¶ 〜の精神しん 관용의 정신/ 〜な処置しょち 관용적인 조치

**かんよう** [慣用]【名】【他スル】관용¶ 〜的てき用法ほう 관용적 용법/ 〜に従したがう 관용을 따르다 **━音おん** 관용음¶ **━句く·━語ご** 관용어 **━読よみ** (한자의) 관용음에 따라 읽기

**かんよう しょくぶつ** [観葉植物] 관엽 식물

**がんらい** [元来]【副】원래, 본시, 애당초¶ 悪わるい子こではなかった 원래 나쁜 아이는 아니었다

**がんらいこう** [×雁来紅]【植】안래홍, 색비름

**かんらく** [陷落]【名】【自スル】함락 ①(성·진지 등을) 빼앗김¶ 首都とを〜する 수도가 함락되다 ②(땅이) 꺼짐, 함몰 = 陥没かん¶ 地盤ばんが〜する 지반이 함몰되다 ③(구멍 등에) 떨어져 빠짐 ④(지위 등이) 떨어짐¶ 次長じちょうから課長かちょうに〜する 차장에서 과장으로 떨어지다 ⑤(俗) 설득당함¶ 熱意ねつに負まけて〜する 열의에 넘어가 설득당하다

**かんらく** [乾酪] (文) 건락. 치즈= チーズ
**かんらく** [歓楽] 환락¶ ～街ᵃⁱ 환락가
**かんらん** [甘藍] 「キャベツ」의 딴이름. 감람
**かんらん** [×橄×欖] 감람¶ —樹 감람나무¶ —オリブ —石ₐₖᵢ [鉱] 감람석
**かんらん** [観覧] 名 他スル 관람¶ ～席ₛₑₖᵢ 관람석/映画ᵉⁱᵍᵃ を～する 영화를 관람하다
**かんり** [官吏] 관리. 공무원= 役人ᵧₐₖᵤₙᵢₙ
**かんり** [管理] 名 他スル 관리 ①관할하여 처리함¶ 品質ʰⁱⁿˢʰⁱᵗˢᵘ～ 품질 관리/ビルを～する 빌딩을 관리하다 ②[法] 재산 등을 보존하고 그 이용과 개량을 도모함 —価格 관리 가격 —社会ˢʰᵃᵏᵃⁱ 관리 사회 —職ˢʰᵒᵏᵘ 관리직 —通貨制度ᵗˢᵘ̄ᵏᵃˢᵉⁱᵈᵒ 관리 통화 제도 —人ⁿⁱⁿ 관리인
**かんり** [監理] 名 他スル 감리. 감독하고 관리함¶ 電波ᵈᵉⁿᵖᵃ —局ᵏʸᵒᵏᵘ 전파 감리국
**がんり** [元利] 원리. 원금과 이자¶ ～金ᵏⁱⁿ 원리금
**がんりき** [眼力] 안력. 통찰력. 분별력. 안목¶ 鋭ᵗᵉⁱ い— 날카로운 안목
**がんりき** [願力] 원력 ①발원하여 목적을 달성하고자 하는 정신력= 念力ⁿᵉⁿʳⁱᵏⁱ ②[佛] (부처의) 중생을 제도하는 본원(本願)의 힘
**かんりつ** [官立] 관립. 국립= 国立ᵏᵒᵏᵘʳⁱᵗˢᵘ
**かんりゃく** [簡略] 간략. 간편하고 간단함¶ ～な説明ˢᵉᵗˢᵘᵐᵉⁱ 간략한 설명
**かんりゅう** [乾留·乾×溜] 名 他スル [化] 건류
**かんりゅう** [貫流] 名 自スル 관류 ①가로질러 흐름¶ 平野ʰᵉⁱʸᵃ を～する川ᵏᵃʷᵃ 평야를 관류하는 강 ②(比) 어떤 경향 등이 전체를 꿰뚫고 흐름¶ 時代ʲⁱᵈᵃⁱ の底層ᵗᵉⁱˢᵒ̄ を～する思想ˢʰⁱˢᵒ̄ 시대의 저층을 관류하는 사상
**かんりゅう** [寒流] 한류 ①차가운 물의 흐름 ②[海] 찬 해류 ⇔ 暖流ᵈᵃⁿʳʸᵘ̄
**かんりゅう** [還流·環流] 환류 I 名 自スル ①본래의 방향으로 되돌아 흐름¶ 血液ᵏᵉᵗˢᵘᵉᵏⁱ が体内ᵗᵃⁱⁿᵃⁱ を～する 혈액이 체내를 환류하는 것 ②대기·해수의 순환. 그 흐름 II 名 적도 해류가 대륙 등에 부딪쳐서 두 갈래로 나뉘어 극지 방향으로 동류하는 난류
**かんりょう** [完了] 완료 I 名 自他スル 완전히 끝남. 끝마침¶ 準備ʲᵘⁿᵇⁱ ～ 준비 완료/予定ʸᵒᵗᵉⁱ の仕事ˢʰⁱᵍᵒᵗᵒ を～する 예정된 일을 완료하다 II 名[文法] 동작·상태가 끝났거나 그 결과가 현재까지 계속되고 있음을 나타내는 어법 —形ᵏᵉⁱ [文法] 완료형 —の助動詞ʲᵒᵈᵒ̄ˢʰⁱ [文法] 완료의 조동사
**かんりょう** [官僚] 관료. 공무원 —主義ˢʰᵘᵍⁱ 관료주의 —制ˢᵉⁱ [政] 관료제 —的ᵗᵉᵏⁱ ナ 관료적
**かんりょう** [感量] 감량. 계기(計器)의 바늘이 감응할 수 있는 최저량
**がんりょう** [顔料] 안료 ①[化] 착색제 ②그림 물감. 염료
**かんりん** [×翰林] (文) 한림 ①학자·예술가들의 무리 ②(옛날 중국에서) 학자나 문인이 천자의 부름을 받고 가서 기다리던 대기소 ③「翰林院ᵏᵃⁿʳⁱⁿⁱⁿ」의 준말 —院ⁱⁿ [史] 한림원 ①(옛날 중국에서) 조칙(詔勅)의 작성·국사 편찬

등을 맡던 관청 ②「アカデミー」의 번역어
**かんるい** [感涙] (文) 감루. 감격의 눈물¶ ～にむせぶ 감격의 눈물을 흘리다
**かんれい** [寒冷] 名 ナ 한랭¶ ～作物ˢᵃᵏᵘᵐᵒᵗˢᵘ 한랭 작물/ —地ᶜʰⁱ 한랭지 —紗ˢᵃ 한랭사. 발이 거칠고 얇은 무명 —前線ᶻᵉⁿˢᵉⁿ [気] 한랭 전선
**かんれい** [慣例] 관례. 관례= ならわし·しきたり
**かんれき** [還暦] 환갑(還甲). 회갑= 本卦還ʰᵒⁿᵏᵉᵍᵃᵉ り¶ ～を迎ᵐᵘᵏᵃ える 환갑을 맞이하다
**かんれん** [関連·関聯] 名 自スル 관련¶ ～が深ᶠᵘᵏᵃ い 관련이 깊다
**かんろ** [甘露] 감로 ①(중국 전설에서) 하늘이 내리는 감미로운 영액 ②달콤하고 맛있을 때 쓰는 말¶ ああ、～、～ 아 맛좋다 맛좋아 ③[佛] 신들이 불사(不死)를 위해 마신다는 달콤한 영액 —煮ⁿⁱ [料] 잔 생선 등을 조청·간장 등으로 달고 짭짤하게 조려 통째로 먹는 음식¶ 鮎ᵃʸᵘ の～ 달고 짭짤한 은어 조림
**かんろ** [寒露] (文) ①한로. 24절기의 하나 ②늦가을에서 초겨울에 걸쳐 내리는 이슬
**がんろう** [×玩×弄] 名 他スル (文) 완롱. 우롱¶ 人ʰⁱᵗᵒ を～するにもほどがある 남을 우롱하는 데도 정도가 있다 —物ᵇᵘᵗˢᵘ ①장난감 ②노리갯감. 놀림감¶ 人ʰⁱᵗᵒ の～になる 남의 놀림감이 되다
**がんろう** [頑×陋] ナ (文) 완루. 완고하고 고루함¶ ～な人物ʲⁱⁿᵇᵘᵗˢᵘ 완고하고 고루한 인물
**かんろく** [貫×禄] 관록¶ ～がつく 관록이 붙다/ ～を示ˢʰⁱᵐᵉ す 관록을 보이다
**かんわ** [官話] 관화. 중국 청대(淸代)의 표준어
**かんわ** [閑話] 名 他スル (文) 한화 ①한담¶ ～を楽ᵗᵃⁿᵒˢʰⁱ む 한담을 즐기다 ②잡담 —休題ᵏʸᵘ̄ᵈᵃⁱ (文) 한화 휴제. 각설하고. 여담은 그만두고
**かんわ** [緩和] 名 自他スル 완화¶ 条件ʲᵒ̄ᵏᵉⁿ を～する 조건을 완화하다
**かんわじてん** [漢和辞典] 한자·한어(漢語)의 발음을 표시하고 뜻을 일본어로 풀이한 사전

# き キ

**き** 五十音図ᵍᵒʲᵘ̄ᵒⁿᶻᵘ 「か」行(行)의 둘째 かな. ひらがな「き」는「幾」의 초서체. かたかな「キ」는「幾」의 초서체의 아랫부분을 생략한 것
**き** [×几] 音 キ 訓 つくえ (음) 궤. 造語 ①다리 달린 상. 걸상¶ 床几ˢʰᵒ̄ᵍⁱ 접는 걸상 ②책상¶ 几下ᵏⁱᵏᵃ 궤하. 浄几ʲᵒ̄ᵏⁱ 깨끗한 책상 ③실내용 도구¶ 几帳ᵏⁱᶜʰᵒ̄ 칸막이 휘장
**き** [企] 音 キ 訓 くわだてる (음) 기. 造語 꾀하다. 도모하다. 계획하다¶ 企画ᵏⁱᵏᵃᵏᵘ 기획·企業ᵏⁱᵍʸᵒ̄ 기업·企図ᵏⁱᵗᵒ 기도
**き** [危] 音 キ 訓 あぶない·あやうい·あやぶむ

(음)위. (造語) ①위험하다, 위태롭다¶ 危機ᡝ 위기・危急ᡝᡝ 위급・危險ᡝ 위험 ②의심하다¶ 危惧ᡝ 위구 ③위엄하다, 해치다¶ 危害ᡝ 위해 ④험하다, 높다¶ 危峰ᡝ 위봉 ⑤이십팔수(宿)의 하나. 위숙(危宿)

**き** [机] 音キ 訓つくえ|(음)궤. (造語) 책상¶ 机案ᡝ 궤안・机下ᡝ 궤하

**き** [気] [氣] 音キ・ケ|(음)기. I (造語) ①숨, 호흡¶ 気管ᡝ 기관・吸気ᡝ 흡기 ②정신력, 활력¶ 気概ᡝ 기개・気魄ᡝ 기백 ③마음, 심기, 기분¶ 気分ᡝ 기분・勇気ᡝ 용기 ④기미, 기색, 낌새¶ 気運ᡝ 기운・気品ᡝ 기품 ⑤가스, 가스 상태의 물질¶ 気体ᡝ 기체・空気ᡝ 공기 ⑥자연계의 현상¶ 気候ᡝ 기후・電気ᡝ 전기 ⑦냄새, 향기・臭気ᡝ 악취 ⑧1년을 24등분한 한 기간, 절후¶ 節気ᡝ 절기 ▷ [熟字訓] 気質ᡝ 기질 II ①기운, 정신력, 활력¶ 浩然ᡝの〜を養ᡝう 호연지기를 기르다 ②마음의 상태, 기분¶ 〜が休ᡝまる 마음이 편해지다 ③생각, 걱정¶ 〜を使ᡝう 마음을 쓰다 ④성질, 기질¶ 〜が荒ᡝい 성질이 거칠다 ⑤생각, 속셈¶ どういう〜か 어쩔 생각인가? ⑥흥미, 관심¶ 〜を引ᡝく 관심을 끌다 ⑦정신, 의식¶ 〜を失ᡝう 의식을 잃다 ⑧적극적인 생각, 의욕, 기력¶ 〜がない 의욕이 없다 ⑨분위기, 기운, 기색 ⑩공기¶ 海辺ᡝの〜を吸ᡝう 해변의 공기를 들이마시다 ⑪(독특한) 냄새, 김¶ 〜の抜ᡝけたビール 김빠진 맥주

[慣用句]
—が合ᡝう 마음이 맞다, 뜻이 통하다
—がある ①의욕이 있다 ②(이성에게) 관심이 있다
—が多ᡝい ①마음이 들뜨다, 변덕스럽다 ②관심거리가 많다
—が置ᡝけない ①마음을 놓을 수 없다 ②마음이 쓰이지 않다, 스스럼없다, 허물없다
—が置ᡝける 마음이 쓰이다, 스스럽다
—が重ᡝい 마음이 무겁다
—が利ᡝく ①두루 생각이 잘 미치다 ②멋지다, 세련되다
—が気ᡝでない 걱정되어 마음이 놓이지 않다, 안절부절못하다
—が差ᡝす 마음에 걸리다, 꺼림칙하다, 켕기다
—が知ᡝれない 속셈을 알 수 없다, 생각을 이해할 수 없다
—が済ᡝむ 후련해지다, 홀가분해지다
—が急ᡝく 안달이 나다, 조바심이 나다
—が立ᡝつ 신경이 곤두서다, 흥분하다
—が違ᡝう 돌다, 실성하다, 미치다
—が散ᡝる 정신이 흐트러지다, 주의가 산만해지다
—が付ᡝく ①(고루) 생각이 미치다 ②정신이 들다, 의식을 회복하다
—が遠ᡝくなる 정신이 아찔해지다, 까무러치다
—が咎ᡝめる 마음에 걸리다, 켕기다, 양심의 가책을 받다
—が無ᡝい 할 마음이 없다, 흥미・관심이 없다
—が早ᡝい 성급하다
—が張ᡝる 긴장하다
—が引ᡝける 기가 죽다, 주눅이 들다
—が触ᡝれる 정신이 이상해지다, 실성하다, 미치다
—が回ᡝる 세심한 데까지 생각이 미치다
—が短ᡝい 성질이 급하다, 성마르다
—が向ᡝく 마음이 내키다, 할 생각이 생기다
—が滅入ᡝる 풀이 죽다, 우울해지다
—が揉ᡝめる 조바심이 나다, 애가 타다
—が若ᡝい (나이치고는) 마음이 젊다
—に入ᡝる 마음에 들다
—に掛ᡝかる 마음에 걸리다, 걱정되다
—に掛ᡝける 염려하다, 걱정하다
—に食ᡝわない 마음에 들지 않다
—に障ᡝる 기분이 상하다, 비위에 거슬리다
—にする 신경을 쓰다, 걱정하다
—に留ᡝめる 마음에 두다, 유념하다
—になる 마음에 걸리다, 걱정되다, 염려되다
—に病ᡝむ 고민하다, 걱정하다
—の利ᡝいた 재치있는, 세련된
—の所為ᡝ 기분 탓
—は心ᡝ 변변치 못하나 정성이 담김
—も漫ᡝろ 마음이 들뜸[설렘], 싱숭생숭함
—を入ᡝれる 마음을 쏟다, 정성을 들이다
—を失ᡝう 의식을 잃다, 실신하다
—を落ᡝとす 낙담하다, 낙심하다, 실망하다
—を利ᡝかせる (상대방의 마음에 들도록) 신경을 쓰다
—を配ᡝる 두루 신경을 쓰다, 배려하다
—を遣ᡝう (세세한 곳까지) 신경을 쓰다, 조심하다
—を付ᡝける 조심하다, 주의하다, 정신차리다
—を取ᡝられる (다른 데) 정신을 뺏기다, 정신이 팔리다
—を取ᡝり直ᡝす 정신을 차리다, 다시 힘을 내다
—を抜ᡝく 긴장을 풀다, 해이해지다
—を呑ᡝまれる (압도되어) 기가 꺾이다
—を吐ᡝく 기염을 토하다
—を晴ᡝらす 기분을 풀다
—を張ᡝる 긴장시키다, 마음을 다잡다
—を引ᡝく ①(상대의) 관심을 끌다 ②(남의 속을) 넌지시 떠보다
—を回ᡝす 필요 이상으로 이것저것 생각하다, 억측을 하다, 넘겨짚다
—を持ᡝたせる (넌지시) 기대를 갖게 하다
—を揉ᡝむ 마음을 졸이다, 애태우다
—を許ᡝす (상대를 믿고) 마음을 놓다, 방심하다
—を良ᡝくする 기분이 좋아지다, 유쾌해지다
—を楽ᡝにする 마음을 편하게 먹다
—を悪ᡝくする 기분이 상하다, 언짢아지다, 불쾌해지다

**き** [肌] 音キ 訓はだ|(음)기. (造語) 살갗, 피부¶ 肌色ᡝ 피부색・肌膚ᡝ 피부

**き** [岐] 音キ 訓わかれる|(음)기. (造語) 갈라지다, 갈림길, 기로¶ 岐路ᡝ 기로・分岐ᡝ 분기

**き** [希] 音キ・ケ 訓まれ・こいねがう|(음)희. (造語) ①드물다, 적다¶ 希少しょう 희소・希代だい 희대・古希こき 고희 ②묽다, 희석하다¶ 希釈しゃく 희석・希薄はく 희박 ③바라다, 소망하다¶ 希求きゅう 희구・希望ぼう 희망 ④「希臘ギリシア」의 준말 ▷ ①②는 「稀」의 대용자

**き** [忌] 音キ 訓いむ・いまわしい|(음)기. (造語) ①꺼리다, 싫어하다¶ 忌避ひ 기피・禁忌きんき 금기 ②복상 중임¶ 忌中ちゅう 기중 ③기일, 제삿날¶ 忌日にち 기일・周忌しゅうき 주기 II 기, 기중, 상중¶ ～が明あける 탈상하다

**き** [汽] 音キ 訓|(음)기. (造語) 김, 증기, 수증기¶ 汽車しゃ 기차・汽船せん 기선

**き** [*其] 音キ 訓その・それ|(음)기. (造語) ①사람・사물을 가리킴. 그 ②강조의 어조사. 한문 훈독에서 「それ」로 읽음 ③한문에서 어조를 고르기 위해 덧붙이는 어조사

**き** [奇] 音キ 訓くし|(음)기. I (造語) ①진기하다, 별나다¶ 奇異きい 기이・奇行こう 기행 ②수상하다, 이상하다¶ 奇怪かい 기괴・奇妙みょう 기묘 ③뜻밖의, 예상 밖의¶ 奇襲しゅう 기습・奇略りゃく 기략 ④뛰어나다, 비범하다¶ 奇才さい 기재 ⑤홀수¶ 奇数すう 기수 ▷ ①은 「畸」와 같음 II (文) 진기함, 이상함, 신기함

[慣用句]
— を衒てらう 진기함을 자랑하다, 일부러 별난 짓을 하다

**き** [祈] 音キ 訓いのる|(음)기. (造語) (신불에게) 빌다, 기구하다, 기도하다¶ 祈願がん 기원・祈禱とう 기도・祈念ねん 기념, 기원

**き** [季] 音キ 訓すえ|(음)계. I (造語) ①계절, 철¶ 季節せつ 계절・夏季かき 하계 ②계절, 시대의 끝, 마지막 달¶ 季夏か 계하 ③형제 중 가장 아래¶ 季女じょ 막내딸 ④1년을 단위로 부르는 말¶ 年季ねん (고용 계약의) 연한・半季はんき 반년 II 때, 시기¶ 雨季うき 우계, 乾季かんき 건계 II (俳句で) 등의 4계절의 구분, 계절의 풍물¶ ～が重かさなる 계절의 풍물이 겹치다

**き** [癸] 音キ 訓みずのと|(음)계. (造語) 십간의 열번째¶ 癸卯ぼう 계묘・壬癸じんき 임계

**き** [紀] 音キ 訓のり|(음)기. I (造語) ①적다, 기록하다, 차례대로 기록한 것¶ 紀行こう 기행・本紀ほんぎ 본기 ②법, 규정, 규칙¶ 紀律りつ 기율・軍紀ぐんき 군기 ③해, 년, 한바퀴 돈 연월¶ 紀元げん 기원・世紀せいき 세기 ④「紀伊の」의 준말¶ 紀州しゅう 지금의 和歌山わかやま현과 三重みえ현 남부 지방 II ①「日本書紀にほんしょき」의 준말 ②[地] (지질 시대 구분의) 기¶ 白亜はくあ～ 백악기

**き** [軌] 音キ 訓|(음)궤. (造語) ①수레바퀴 자국¶ 軌跡せき 궤적 ②레일, 레일・바퀴의 폭¶ 軌道どう 궤도・狹軌きょうき 협궤 ③규범, 법도, 모범, 사리¶ 軌範はん 궤범・常軌じょうき 상궤 II 사리, 방법, 규칙

[慣用句]
— を一いつにする 궤를 같이하다, 방법・생각을 같이하다

**き** [姬] [姫] 音キ 訓ひめ|(음)희. (造語) 여자의 미칭. 지체 높은 여자, 후궁, 귀인의 딸, 아가씨¶ 王姬おう 왕희・美姬び 미희

**き** [既] 音キ 訓すでに|(음)기. (造語) ①이미, 벌써, 이전에¶ 既決けつ 기결・既婚こん 기혼・既述じゅつ 기술・既往おう 기왕 ②이미 기식, 皆既日食かいきにっしょく 개기일식

**き** [帰] [歸] 音キ 訓かえる・かえす|(음)귀. (造語) ①돌아오다, 돌아가다¶ 帰還かん 귀환・帰国こく 귀국 ②따르다, 의탁하다, 귀착하다¶ 帰依え 귀의・帰順じゅん 귀순・帰属ぞく 귀속 ▷ 熟字訓 不如帰ほととぎす 불여귀, 두견이

**き** [記] 音キ 訓しるす|(음)기. I (造語) ①적다, 적어 두다, 기록하다¶ 記事じ 기사・記録ろく 기록・記号ごう 기호, 표시¶ 手記しゅ 수기・伝記でん 전기 ②외다, 기억하다¶ 記憶おく 기억・暗記あん 암기 II ①(文) 기, 기록, 기록문「古事記こじ」의 준말 ~紀 古事記와 日本書紀にほんしょき

**き** [起] 音キ 訓おきる・おこる・おこす|(음)기. (造語) ①일어나다, 일어서다, 일으키다¶ 起床しょう 기상・再起さいき 재기 ②비롯하다, 발생하다¶ 起工こう 기공・提起てい 제기 ③시작, 시초¶ 起源げん 기원・起点てん 기점 ④(한시의) 절구의 첫 구¶ 起承転結しょうてんけつ 기승전결

**き** [飢] [饑] 音キ 訓うえる|(음)기. 굶주리다, 기아¶ 飢餓が 기아・飢渇かつ 기갈・飢饉きん 기근 ▷「饑」와 같음

**き** [鬼] 音キ 訓おに|(음)귀. (造語) ①죽은 사람, 망령¶ 鬼哭こく 귀곡・餓鬼がき 아귀 ②사람을 해치는 요괴, 귀신, 도깨비¶ 鬼神き・しん 귀신・悪鬼あっき 악귀 ③무서운 사람, 잔인한 사람¶ 鬼畜ちく 귀축・債鬼さいき 채귀 ④뛰어남, 뛰어난 것¶ 鬼才さい 귀재 ⑤이십팔수(宿)의 하나, 귀숙(鬼宿) ▷ 熟字訓 鬼灯ほおずき 꽈리

**き** [基] 音キ 訓もと・もとい・もとづく|(음)기. I (造語) 기초, 토대, 근본¶ 基金きん 기금・基礎そ 기초・基本ほん 기본 II 기 ①[化] 한 원자처럼 반응하는 원자 집단¶ 水酸すいさん～ 수산기 ②[仏数] (묘비・대포 등) 설치되어 있는 것을 세는 말¶ 石塔せきとう一一いっき 석탑 1기

**き** [寄] 音キ 訓よる・よせる|(음)기. (造語) 의지하다, 의탁하다¶ 寄宿じゅく 기숙・寄生せい 기생¶ 맡기다, 위임하다, 보내다¶ 寄贈ぞう 기증・寄付ふ 기부 ③들르다¶ 寄席せき 기석・寄港こう 기항 ▷ 熟字訓 寄席よせ 흥행장・寄生木やどりぎ 겨우살이

**き** [崎] 音キ 訓さき|(음)기. (造語) 주로 훈(訓) 「さき」로 쓰임

**き** [規] 音キ 訓のり|(음)규. (造語) ①컴퍼스, 원을 그리는 기구¶ 規矩く 규구・定規じょうぎ ②기준, 모범, 법규¶ 規格かく 규격・法規ほうき 법규 ③规범하다, 규정하다¶ 規正せい 규정・規制せい 규제 ▷ 熟字訓 子規ほととぎす 두견이

**き** [*亀] [龜] 音キ 訓かめ|(음)귀, 구, 균. (造語) ①거북¶ 亀甲こう 귀갑・亀頭とう 귀두 ②거북의 등딱지¶ 亀鑑かん 귀감・亀裂れつ 균열

**き** [喜] 音キ 訓よろこぶ|(음)희. (造語) 기뻐하다, 기쁨 ⇔ 悲ひ¶ 喜悦えつ 희열・歓喜かんき 환희・喜怒哀楽きどあいらく 희노애락

**き** [幾] 音キ 訓いく|(음)기. (造語) ①수를 묻는 말, 몇, 얼마¶ 幾何か 기하 ②바라다¶ 庶

幾しら 진심으로 바람 ③의문·반어의 어조사. 한문 훈독에서「いく·いくばく」로 읽음

き [揮] 音キ 訓ふるう|(음)휘.(造語) ①휘두르다¶ 揮毫きご 휘호·指揮しき 지휘·発揮はっ 발휘 ②흩뿌리다¶ 揮発きはつ 휘발

き [揆] 音キ|(음)규.Ⅰ(造語) 꾀하다, 계책¶ 揆策きさく 계책·一揆いっき 민중 봉기Ⅱ방법, 방식
慣用句
—を一つにする 방법·생각 같다, 방법을 같이하다=軌を一つにする

き [期] 音キ·ゴ|(음)기.Ⅰ(造語) ①때, 시기¶ 期日きじつ 기일·時期じき·納期のうき 납기 ②기대하다, 바라다¶ 期待きたい 기대 ③일정한 시간¶ 期間きかん 기간·定期ていき 정기Ⅱ①(父) (약속한) 때, 기간, 시기, 기회¶ 再会さいかいの~を失うしな 다시 만날 기회를 잃다 ②(地) (지질 시대 구분의) 기¶ 氷河ひょうが~ 빙하기

き [棋] 音キ|(음)기. (造語) 바둑, 장기¶ 棋界きかい 기계·棋士きし 기사·将棋しょうぎ 장기

き [稀] 音キ·ケ|(음)희. (造語) ①적다, 드물다¶ 稀少きしょう 희소·稀有きゆう·古稀こき 고희 ②묽다¶ 稀釈きしゃく 희석·稀薄きはく 희박 ▷「希き」가 대용자

き [葵] 音キ·ギ 訓あおい|(음)규. (造語) 아욱과의 접시꽃 등의 총칭¶ 蜀葵きしょく 접시꽃 熟字訓 山葵わさび 고추냉이·向日葵ひまわり 해바라기

き [貴] 音キ 訓たっとい·とうとい·たっとぶ·とうとぶ|(음)귀. ①(신분·가치 등이) 높다, 훌륭하다, 비싸다¶ 貴族きぞく 귀족·高貴こうき 고귀 ②상대에 관한 말에 붙여 경의를 나타냄¶ 貴下きか 귀하·貴社きしゃ 귀사

き [毀] 音キ 訓こわす|(음)훼. (造語) ①부수다, 부서지다¶ 毀損きそん 훼손 ②헐뜯다, 욕하다¶ 毀誉きよ 훼예·毀謗きぼう 훼방

き [棄] 音キ 訓すてる|(음)기. (造語) 내버리다, 내던지다¶ 棄権きけん 기권·遺棄いき 유기·廃棄はいき 폐기 熟字訓 自棄やけ 자포자기

き [×崎] 音キ|(음)기. (造語) 색다르다, 이상하다¶ 崎形きけい 기형 ▷「奇き」와 같음

き [×詭] 音キ いつわる|(음)궤. (造語) ①속이다¶ 詭計きけい 궤계·詭弁きべん 궤변 ②수상쩍게 여기다, 수상하다¶ 詭異きい 궤이

き [旗] 音キ 訓はた|(음)기. (造語) ①기¶ 軍旗ぐんき 군기·国旗こっき 국기 ②(군대에서) 장수의 기¶ 旗下きか 기하·旗艦きかん 기함

き [×綺] 音キ|(음)기. (造語) ①능직물, 능직 비단¶ 綺羅きら 기라 ②아름다움, 아름답다¶ 綺麗きれい 기려 ③아름답게 꾸미다¶ 綺語きご 기어

き [×器] 音キ 訓うつわ|(음)기. (造語) ①그릇, 용기¶ 磁器じき 자기·容器ようき 용기 ②재능, 도량¶ 器量きりょう 기량·才器さいき 재기 ③도구¶ 楽器がっき 악기·計器けいき 계기 ④기능을 갖춘 것¶ 臓器ぞうき 장기·呼吸器こきゅうき 호흡기

き [×嬉] 音キ 訓うれしい|(음)희. (造語) 놀며 즐기다, 기쁘다¶ 嬉嬉きき 희희·嬉戯きぎ 희희

き [×槻] 音キ 訓つき|(음)규. (造語) 느티나무, 둥근느티나무 ▷ 주로 훈(訓)「つき」로 씀

き [×毅] 音キ·ギ 訓つよい|(음)의. (造語) 튼튼하고 남자답다, 강하다¶ 毅然きぜん 의연·剛毅ごうき 강의·沈毅ちんき 침착함

き [×麾] 音キ·ギ|(음)휘. (造語) 지휘하다, (장수의) 지휘용 기¶ 麾下きか 휘하

き [畿] 音キ|(음)기. (造語) 수도, 서울¶ 幾内きない 기내·近畿きんき 근기·京畿けいき 경기

き [輝] 音キ 訓かがやく|(음)휘. (造語) 빛나다, 광채를 발하다¶ 輝岩きがん 휘암·輝石きせき 휘석·光輝こうき 광휘

き [機] 音キ 訓はた|(음)기.Ⅰ(造語) ①기계, 장치¶ 機械きかい 기계·機関きかん 기관 ②때, 시기, 기회¶ 機会きかい 기회·時機じき 시기 ③마음의 움직임[작용]¶ 機知きち 기지·動機どうき 동기 ④비밀, 요점¶ 機密きみつ 기밀·軍機ぐんき 군기 ⑤구조, 기구¶ 機構きこう 기구·機能きのう 기능 ⑥「飛行機ひこうき」의 준말¶ 機首きしゅ 기수·機長きちょう 기장Ⅱ①시기, 기회, 때¶ ~を見みる 기회를 보다 ②비행기¶ ~が墜落ついらくする 비행기가 추락하다 ③(助數) 비행기를 세는 말. 기¶ 三さん~編隊へんたい 3기 편대
慣用句
—が熟じゅくする 기회가 무르익다, 호기가 찾아오다
—に乗じょうずる 기회를 타다, 기회를 이용하다
—を失しっする 기회를 놓치다, 실기하다
—を見るに敏びん 기회를 보는 데 민첩함

き [×磯] 音キ 訓いそ|(음)기. (造語) 암석이 많은 물가, 바닷가

き [騎] 音キ|(음)기. (造語) ①말을 타다¶ 騎馬きば 기마·騎兵きへい 기병 ②말탄 사람, 기병¶ 軽騎けいき 경기·敵騎てきき 적기 ③(助數) 말 탄 병사를 세는 말. 단기単騎たんき 단기

き [木] ①「樹」 나무, 수목¶ ~を植うえる 나무를 심다 ②재목, 목재¶ ~の机つくえ 나무 책상/~をけずる 목재를 깎다 ③「柝」 딱따기¶ ~がはいる 딱따기를 치다, 막이 오르다
慣用句
—から落おちた猿さる 나무에서 떨어진 원숭이
—で鼻はなを括くくる 몹시 무뚝뚝하다, 퉁명스럽다
—に竹たけを接つぐ 나무에 대나무를 접붙이다
—に縁よりて魚うおを求もとむ 연목구어(緣木求魚)
—を見みて森もりを見みず 나무를 보고 숲을 보지 못하다

き [生] ①잡것이 섞이지 않음 ②(造語) 자연 그대로임¶ ~糸いと 생사 ③(造語) 순수함¶ ~まじめ 고지식함/~醬油じょうゆ 순간장

き [黃] 황, 노랑, 황색¶ ~表紙びょうし 황색 표지

ぎ [×伎] 音ギ·キ|(음)기. (造語) ①기량, 솜씨¶ 伎芸ぎげい 기예·伎倆ぎりょう 기량 ②배우, 예능인¶ 伎楽ぎがく 기악 ▷ ①은「技」와 같음

ぎ [×妓] 音ギ·キ|(음)기. (造語) 기생, 창녀¶ 妓女ぎじょ·妓女ぎじょ 기녀·官妓かんぎ 관기·名妓めいぎ 명기

ぎ [技] 音ギ 訓わざ|(음)기.Ⅰ(造語) 솜씨, 기술¶ 技芸ぎげい 기예·技術ぎじゅつ 기술·演技えんぎ 연기·競技きょうぎ 경기Ⅱ기술, 솜씨
慣用句
—神かみに入いる 기예가 입신의 경지에 이르다

**ぎ**【宜】音ギ|(음)의. (造語) ①좋다, 적당하다, 마땅하다¶時宜ぎ 시의·適宜てき 적의·便宜べん 편의 ②권고의 어조사. 한문 훈독에서「よろしく…べし」로 읽음

**ぎ**【偽】音ギ 訓いつわる·にせ|(음)위. I (造語) 가짜, 속이다, 거짓말 偽証しょう 위증·偽善ぜん 위선·偽造ぞう 위조 II【論】위. 명제의 내용이 논리적으로 틀림

**ぎ**【欺】音ギ 訓あざむく|(음)기. (造語) 기만하다, 속이다¶欺瞞まん 기만·詐欺さ 사기

**ぎ**【義】音ギ|(음)의. I (造語) ①사람이 행할 길, 도리¶義務む 의무·正義せい 정의 ②사욕을 버리고 도리를 따르는 마음, 충성¶義挙きょ 의거·義士し 의사 ③이유, 뜻, 의미¶意義ぎ 의의·定義ぎ 정의 ④혈족이 아닌 사람이 혈연 관계를 맺음 義父 의부·義兄弟 의형제 ⑤인공, 대용의, 인공의¶義歯し 의치·義足そく 의족 II (攵) ①(오류의 하나인) 의, 도리 ②뜻, 의미 文字じの〜を明らかにする 글자의 뜻을 밝히다 ③혈족이 아닌 사람이 혈연 관계를 맺음

慣用句
—を見みてせざるは勇ゆう無なきなり 의를 보고 행하지 않음은 용기가 없음이다

**ぎ**【疑】音ギ 訓うたがう|(음)의. (造語) 의심하다, 의심스럽다¶疑心しん 의심·疑問もん 의문·疑惑わく 의혹·懐疑かい 회의

**ぎ**【儀】音ギ|(음)의. I (造語) ①본보기, 규범, 규준 儀法ほう 의법·威儀ぎ 위의 ②예의 범절, 예법¶儀式しき 의식·葬儀ぎ 장의 ③일, 사항, 사정¶祝儀ぎ 축의·役儀ぎ 역할 ④천문·지리의 관측 기기¶地球儀ぎゅう 지구의 II (攵) ①의식¶結婚こん の〜 결혼 의식 ②사항, 일 その〜は ご容赦ください この一は 용서해 주십시오 ③(造語) …으로 말하면, …는¶私の〜 소생으로 말하면

**ぎ**【戯】【戲】音ギ·ゲ 訓たわむれる|(음)희. (造語) ①장난하다, 희롱하다, 즐기다¶戯曲ぎょく 희곡·戯作さく 희작 ②놀이, 게임¶遊戯ゆう 유희 ③연극, 연기¶戯曲きょく 희곡·劇場じょう 극장 ▷熟字訓 悪戯いたずら 못된 장난

**ぎ**【誼】音ギ 訓よしみ|(음)의. (造語) 정분, 친분¶厚誼こう 후의·情誼じょう 정의·友誼ゆう 우의

**ぎ**【擬】音ギ|(음)의. (造語) ①본뜨다, 흉내내다¶擬似 의사·擬声せい 의성·模擬も 모의 ②가짜의, 흉내낸¶擬国会こっかい 의 국회

**ぎ**【犠】【犧】音ギ 訓いけにえ|(음)희. 신불에게 바치는, 희생, 제물¶犠牲せい 희생·犠打だ 희타

**ぎ**【*魏】音ギ|(음)위. (造語) 높고 크다¶魏魏ぎ 위위·魏然ぜん 위연 II 【史】(중국의) 위나라

**ぎ**【議】音ギ|(음)의. I (造語) ①논하다, 협의하다¶議会かい 의회·会議かい 회의 ②의논, 상담, 계략¶議事じ 의사·決議けつ 결의·謀議ぼう 모의 ③의견¶異議い 이의·提議てい 제의 ④「議員いん」의 준말¶県議けん 현의원 II ①의논, 상의, 상담 重役会ぎゃくの〜を経る 이사회의 심의를 거치다 ②의견, 안, 제안

**ギア**(gear) 기어 ①톱니바퀴 ②(자동차의) 변속 장치 ▷「ギヤ」라고도 함 **—シフト** (gear shift) 기어 시프트 (자동차 등의) 변속 레버

**きあい**【気合】①기합¶〜を込こめる 기합을 넣다 ②호흡, 장단¶〜が合う 호흡이 맞다/〜を計はかる 장단을 맞추다 **—負まけ** 名自スル 기가 꺾임

慣用句
—を入いれる ①기합을 주다 ②정신을 가다듬다
—を掛かける 기합을 넣다, 기합 소리를 지르다

**ぎあく**【偽悪】 위악, 일부러 악한 체함

**きあけ**【忌明け】 탈상(脱喪) = いみあけ

**きあつ**【気圧】【気】기압¶〜計けい 기압계/〜配置ち 기압 배치 **—の谷たに**【気】기압골

**きあわ・せる**【来合(わ)せる】自下一 우연히 그곳에 와서 만나다, 때마침 그곳에 오다¶彼かれはいい所ところへ〜せた 그는 때마침 그곳에 왔다

**きあん**【起案】名 他スル 기안

**ぎあん**【議案】의안¶〜を上程じょうする 의안을 상정하다

**きい**【紀伊】【地】일본의 옛지명. 지금의 和歌山わかやま현의 대부분과 三重みえ현의 일부 지역

**きい**【忌*諱】(攵) 기휘. 꺼리어 피함¶〜に触ふれる 남이 꺼리는 언동을 해서 불쾌감을 사다

**きい**【奇異】ナ 기이함¶〜な感かんじを与あたえる 기이한 느낌을 주다

**きい**【貴意】(攵) (흔히 편지문에서) 귀의, 고견 = 御意ぎょい¶〜に添そう 고견을 받들다

**キー** (key) ①열쇠 ②단서, 실마리, 관건¶事件解決けっの〜 사건 해결의 실마리 ③(피아노 등의) 건, 건반 ④(타자기 등의) 키 ⑤【音】조(調) **—インダストリー** (key industry) 【経】기간 산업 **—ポイント** (key point) 키 포인트, 주안점, 요점 **—ワード** (key word) 키 워드 ①중심어 ②【컴】정보 검색의 단서가 되는 말

**キーウイ** (kiwi) 【動】키위 **—フルーツ** (kiwi fruit) 【植】키위 프루트

**キーストーン** (keystone) 키스톤 ①【建】종석, 쐐기돌 ②【野】2루

**きいたふう**【利いた風】連語 (口) 아는 체함, 건방짐¶〜なことを言う 아는 체하고 말하다

**きいちご**【木*苺】【植】나무딸기

**きいつ**【帰一】 名自スル (攵) 귀일¶一ひとつの真理りに〜する 하나의 진리로 귀일하다

**きいっぽん**【生一本】①순수함, 순수한 것¶灘なだの〜 灘 지방에서 나는 순곡 청주 II ナ 올곧음, 외곬음¶〜な性格 올곧은 성격

**きいと**【生糸】 생사¶〜を紡つむぐ 생사를 잣다

**キーボード** (keyboard) 키보드 ①(피아노 등의) 건반 ②(타자기 등의) 글자판 ③(호텔 등의) 방 열쇠를 걸어두는 판

**きいろ**【黄色】 황색. 노랑 = 黄き

**きいろ・い**【黄色い】形 ①노랗다¶〜みかん 노란 귤 ②(목소리 등이) 새되다 ③「くちばしが〜」의 꼴》 어리다, 미숙하다 **—声こえ** (젊은 여자 등의) 새된 목소리

**きいん**【起因】 名自スル 기인 大敗たいは怠慢まんは

に～する 대패는 태만에 기인한다
**きいん** [貴院] (文) 귀원
**ぎいん** [議員] (政) 의원¶ 国会ごっ～ 국회 의원 —**特権**とっけん [法] 의원 특권 —**立法**りっぽう 의원 입법
**ぎいん** [議院] (政) 의원. 의회 —**内閣制**ないかくせい [政] 의원 내각제
**きいんせいどう** [気韻生動] (文) 기운 생동. (서화 등의) 기품·정취가 생생하게 나타나 있음
**きう** [気宇] (文) 기우. 마음의 크기, 기량¶ ～**壮大**そうだい 기우 장대
**きうけ** [気受け] (남에게 주는) 감, 느낌, 평판¶ ～がよい 호감을 주다. 평판이 좋다
**きうつ** [気鬱] 기울. 울적함 = 憂鬱ゆううつ
**きうつり** [気移り] 名 自スル 마음이 딴 데로 옮아감, 변덕¶ 次々つぎつぎに～する 계속 마음이 딴 데로 옮아가다
**きうら** [木裏] 널빤지의 안쪽 면 ⇔ 木表おもて
**きうん** [気運] 기운¶ 解決かいけつの～が高たかまる 해결의 기운이 높아지다
**きうん** [機運] 기운. 시운¶ ～が熟じゅくする 기운이 무르익다
**きえ** [帰依] 名 自スル 귀의 仏ぶつに～する 부처에 귀의하다
**きえい** [気鋭] 名 기예. 기백이 날카로움¶ 新進しんしん～の学者がくしゃ 신진 기예의 학자
**きえい** [帰営] 名 自スル 귀영. 귀대
**きえい** [機影] (文) 기영. 비행기의 모습¶ レーダーに映うつった～ 레이더에 비친 기영
**きえい・る** [消え入る] 自五 ①숨이 끊어지다, 죽다, 실신하다, 기절하다¶ ～ような思おもい 숨이 끊어질 듯한 심정 ②사라지다, 스러지다, 꺼져 들어가다¶ ～ような声こえ 꺼져 들어가는 듯한 목소리
**きえう・せる** [消え失せる] 自下一 사라져 버리다, 자취를 감추다¶ とっとと～せろ 썩 꺼져 버려
**きえぎえ** [消え消え] 名(文) ①거의 사라져 없어질 듯한 모양¶ 雪ゆきが～に残のこる 눈이 거의 다 녹아 얼마 남지 않다 ②(놀라거나 두려워서) 제정신이 아닌 모양, 자지러지는 모양
**きえさ・る** [消え去る] 自五 사라지다, 사라져 없어지다¶ 望のぞみが～ 소망이 사라지다
**きえつ** [喜悦] 名 自スル (文) 희열¶ ～の色いろを浮うかべる 희열의 빛을 띄우다
**きえのこ・る** [消え残る] 自五 (文) 다 사라지지 않고 남다¶ ～庭にわの雪ゆき 뜰의 잔설
**きえは・てる** [消え果てる] 自下一 (文) 완전히 사라지다, 다 사라져 버리다¶ 夢ゆめも希望きぼうも～ 꿈도 희망도 완전히 사라져 버리다
**き・える** [消える] 自下一 ①사라지다, 스러지다, 보이지 않게 되다¶ 彼女かのじょの姿すがたが～ 그녀의 모습이 사라지다 ②(불·불빛이) 꺼지다¶ 明あかりが～ 불빛이 꺼지다 ③들리지 않게 되다¶ 音楽おんがくが突然とつぜん～ 음악이 갑자기 들리지 않게 되다 ④(맛 등이) 없어지다, 사라지다 臭においが～ 냄새가 사라지다 ⑤(감각 등이) 없어지다, 가시다, 풀리다¶ かゆみが～ 가려움증이 없어지다 (평가·책임 등이)

이) 없어지다, 사라지다 悪名あくめいが～ 악명이 사라지다 ⑦(행동·기질·사건 등이) 사라지다, 지워지다 不遜ふそんな態度たいどが～ 불손한 태도가 사라지다/ 伝統行事でんとうぎょうじが～·えていく 전통 행사가 사라져 가다 ⑧사라지다, 죽다¶ 断頭台だんとうだいの露つゆと～ 단두대의 이슬로 사라지다 ⑨지워지다¶ 字じが～えて読よめない 글씨가 지워져서 읽을 수 없다
**きえん** [気炎·気焰] 기염¶ 怪かい～ 믿기 힘든 큰소리 —**万丈**ばんじょう 기염 만장
[慣用句]
—**を上**あ**げる** 대단한 기세로 큰소리치다
—**を吐**は**く** 기염을 토하다
**きえん** [奇縁] 기연¶ 合縁ごうえん～ 합연 기연, 사람이 화합하는 것은 다 인연에 달려있음
**きえん** [機縁] 기연 ①계기, 기회, 인연¶ 思おもわぬ～ 뜻하지 않은 계기 ②[佛] 부처의 가르침을 받을 인연
**ぎえん** [義*捐·義援] 의연¶ ～金きん 의연금
**きえんさん** [希塩酸·*稀塩酸] [化] 희염산. 묽은 염산
**きおい** [^競い] ①앞을 다툼. 경쟁함 ②「競きおい肌はだ」의 준말
**きおいた・つ** [気負い立つ·^競い立つ] 自五 (지지 않으려고) 기를 쓰다, 분발하다¶ 大仕事おおしごとを前まえに～ 큰 일을 앞두고 분발하다
**きおいはだ** [^競い肌] 협기, 호협한 기상
**きお・う** [気負う] 自五 (꼭 해내려고) 분발하다, 단단히 마음먹다
**きお・う** [^競う] 自五 (지지 않으려고) 앞을 다투다, 경쟁하다, 겨루다
**きおう** [既往] (文) 기왕. 지나간 일, 과거¶ ～は咎とがめず 지난 일은 탓하지 않는다 —**症**しょう [醫] 기왕증. 전에 걸렸던 병 = 既往歴れき
**きおく** [記憶] 名 他スル 기억¶ ～**障害**しょうがい 기억 장애/ ～にない 기억에 없다/ ～を失うしなう 기억을 잃다 —**喪失**そうしつ 기억 상실 —**装置**そうち [컴] 기억 장치 —**素子**そし [컴] 기억 소자
**きおくれ** [気後れ] 名 自スル 기가 꺾임〔죽음〕, 주눅¶ 観衆かんしゅうの前まえで～する 관중 앞에서 기가 죽다
**きおち** [気落ち] 名 自スル 낙담, 낙심¶ 試合しあいにまけて～する 시합에 져서 낙담하다
**きおも** [気重] 名 ①마음이 무거움, 기분이 내키지 않음, 침울함¶ ～な仕事しごと 내키지 않는 일 ②[經] (주식 거래가) 활발치 못함
**きおもて** [木表] 널빤지의 겉면, 고갱이에서 먼 쪽의 면 ⇔ 木裏うら
**きおん** [気温] 気 기온¶ 最高さいこう～ 최고 기온¶ ～が上あがる 기온이 올라가다
**きおん** [基音] ①[物] 기음. 원음, 기본음 ②[音] 바탕음
**ぎおん** [祇園] ①「祇園精舎しょうじゃ」의 준말 ②京都きょうとの八坂神社やさかじんじゃ, 그 부근의 유흥가 ③「祇園会え」의 준말 —**会**え 八坂神社에서 행하는 제례 —**精舎**しょうじゃ [佛] 기원 정사 —**祭**まつり → 祇園会え
**ぎおん** [擬音] 의음. (방송·연극 등의) 효과

음. 의성¶ 波(は)の~ 파도의 의음/ ~効果(こうか) 의음 효과 —語 〚文法〛 의성어

きか [机下] 〚文〛 (편지에서) 궤하. 안하

きか [気化] 名自スル 〚化〛 기화 ⇔ 液化(えきか) —熱(ねつ) 〚化〛 기화열. 증발열

きか [奇貨] 〚文〛 기화 ①진기한 물건 ②생각지 못한 이익을 얻을 수 있는 일·기회¶ スト를 ~として休(やす)む 동맹 파업을 기화로 쉬다
[慣用句]
—居(お)くべし 좋은 기회를 놓쳐서는 안 된다. 물실호기(勿失好機)

きか [奇禍] 〚文〛 기화. 뜻밖의 변[재난]¶ ~に遭(あ)う 뜻밖의 변을 당하다

きか [季夏] 〚文〛 계하 ①늦여름 ②음력 유월

きか [帰化] 名自スル ①다른 나라의 국적을 취득하여 그 나라 국민이 됨¶ 韓国(かんこく)に~する 한국에 귀화하다 ②〚生〛 동식물이 원산지를 떠나 외국에서 적응하여 번식함 —魚(ぎょ) 〚動〛 귀화 어류 —植物(しょくぶつ) 〚植〛 귀화 식물 —人(じん) 〚史〛 귀화인. 고대 한국에서 일본으로 건너가 정착한 사람. 도래인(渡来人)

きか [幾何] 기하 —学(がく) 〚数〛 기하학¶ 立体(りったい)~ 입체 기하학 —学的(がくてき)精神(せいしん) 〚哲〛 기하학적 정신 —柄(がら) 기하학적 무늬 —級数(きゅうすう) 〚数〛 기하 급수 —平均(へいきん) 〚数〛 기하 평균

きか [貴下] 代 〚文〛 귀하¶ ~ますますご健勝(けんしょう)のことと存(ぞん)じます 귀하께서 더욱 건승하시리라 믿습니다

きか [貴家] 〚文〛 (편지 등에서) 귀댁¶ ~御繁栄(ごはんえい)の段(だん) 귀댁이 번창하심

きか [麾下] 〚文〛 ①휘하. (어떤 사람의) 지휘하에 있음. 그런 사람¶ ~の軍勢(ぐんぜい) 휘하의 군세 ②〚旗下〛 将軍(しょうぐん)の직속 부하 = 旗下(きか)

きが [帰臥] 名自スル 〚文〛 귀와. (벼슬을 내놓고) 고향에 돌아와 한가하게 지냄¶ 故山(こざん)に~する 고향에 돌아와서 한가하게 지내다

きが [起臥] 名自スル 〚文〛 기와. 일어남과 누움. 일상 생활. 기거¶ ~をともにする 기거를 같이하다

きが [飢餓·饑餓] 기아. 굶주림 = 飢(う)え¶ ~を救(すく)う 기아를 구제하다

ぎが [戯画] 회화. 풍자화¶ 鳥獣(ちょうじゅう)~ 조수 풍자화 —化(か) 名他スル 〚表〛 회화화

ギガ [giga] 〚造語〛 기가. 「10억 배」의 뜻을 나타내는 접두어

きかい [奇怪] ﾅ 기괴 ①괴이함. 이상야릇함¶ ~な事件(じけん) 기괴한 사건 ②패씸함¶ ~なことを言(い)う 패씸한 말을 하다 —千万(せんばん) 기괴 천만. 괴이하기 짝이 없음

きかい [棋界] 〚文〛 기계. 바둑·장기의 사회¶ ~の雄(ゆう) 기계의 영웅

きかい [器械] 기계. 기구¶ 医療(いりょう)~ 의료 기계 —体操(たいそう) 기계 체조

きかい [機会] 기회¶ 絶好(ぜっこう)の~ 절호의 기회/ ~を逃(のが)す 기회를 놓치다 —均等(きんとう) 기회 균등¶ 教育(きょういく)の~ 교육의 기회 균등

きかい [機械] 기계¶ 工作(こうさく)~ 공작 기계¶ 工業(こうぎょう)~ 공업 기계 —化(か) 名自他スル 기계화¶

~部隊(ぶたい) 기계화 부대/ 全工程(ぜんこうてい)を~する 전공정을 기계화하다 —語(ご) 〚컴〛 기계어 —水雷(すいらい) 〚軍〛 기뢰 = 機雷(きらい) —的(てき) ﾅ 기계적 —文明(ぶんめい) 기계 문명 —論(ろん) 〚哲〛 기계론

きがい [危害] 위해. 해¶ ~を加(くわ)える 위해를 가하다

きがい [気概] 기개¶ ~のある人(ひと) 기개 있는 사람/ ~を持(も)つ 기개를 지니다

ぎかい [議会] 〚政〛 의회. 국회¶ 地方(ちほう)~ 지방 의회/ ~を解散(かいさん)する 국회를 해산하다 —制(せい) 〚政〛 의회제 —政治(せいじ) 〚政〛 의회 정치 —制民主主義(せいみんしゅしゅぎ) 〚政〛 의회제 민주주의

きがえ [着替え] (옷을) 갈아입음¶ ~をして外出(がいしゅつ)する 옷을 갈아입고 외출하다 ②갈아입을 옷¶ ~を用意(ようい)する 갈아입을 옷을 준비하다

きか·える [着替える] 他下一 (옷을) 갈아입다¶ 礼服(れいふく)に~ 예복으로 갈아입다

きがかり [気掛(か)り·気懸(か)り] ﾅ 마음에 걸림. 걱정함. 염려함. 근심¶ 明日(あす)の天気(てんき)が~だ 내일 날씨가 마음에 걸린다

きかく [企画] 名他スル 기획 = くわだて

きかく [規格] 규격¶ ~検査(けんさ) 규격 검사/ ~に合(あ)う 규격에 맞다 —判(ばん) 일본 공업 규격(JIS)에서 정한 규격판 종이의 크기 —品(ひん) 규격품

きかく [棋客] 〚文〛 기객. 기사 = ききゃく

きがく [器楽] 기악 ⇔ 声楽(せいがく) —曲(きょく) 기악곡

ぎかく [擬革] 인조 가죽

ぎがく [伎楽] 〚劇〛 반주가 따르는 고대의 무언 가면극

きがけ [来掛け] 名 오는 도중. 오는 길〚참〛¶ ~にたちよる 오는 길에 들르다

きかげき [喜歌劇] 〚劇〛 희가극

きかざ·る [着飾る] 自他五 (화려하게) 차려입다. 성장하다¶ ~って町(まち)に出(で)かける 차려입고 거리로 나가다

きか·す [利かす] 他五 → きかせる(利)

きか·す [聞かす] 他五 → きかせる(聞)

きガス [希ガス·稀ガス] 〚化〛 희가스. 희유 기체

きか·せる [利かせる] 他下一 ①(특성·효능을) 살리다. 나타내게 하다¶ 風刺(ふうし)を~ 풍자를 살리다/ 塩(しお)を~ 소금으로 간을 맞추다 ②이용하다. 힘을 보이다¶ すごみを~ 위협하다/ 幅(はば)を~ 위세를 부리다 ③(잘 되도록) 머리를 쓰다¶ 機転(きてん)を~ 재치를 부리다 ▷ 「きかす」로도 씀

きか·せる [聞かせる] 他下一 ①들려주다¶ 昔話(むかしばなし)を~ 옛날 얘기를 들려주다 ②《「言(い)って~·話(はな)して~」의 꼴로》 일러주다. 타이르다. 설명하다¶ 訳(わけ)を言(い)って~ 이유를 알아듣도록 일러주다 ③귀를 기울이게 하다. 들을 만하다¶ なかなか~話(はなし)だ 꽤 들을 만한 이야기다 ▷ 「きかす」로도 씀

きがた [木型] 목형. 나무틀

きかつ [飢渇] 〚文〛 기갈. 굶주림과 목마름

きかぬき [利かぬ気] 名ﾅ → きかんき

きがね [気兼ね] 名自スル (남의) 눈치를 봄. 신경을 씀. 어려워함. 스스러워함¶ 隣近所(となりきんじょ)

きがまえ [気構え] 마음가짐, 마음의 준비, 각오¶ ~が違う社員 마음가짐이 다른 사원

きがみ [生紙] 생지, 풀을 먹이지 않고 뜬 일본 종이

きがらちゃ [黄枯ら茶・黄唐茶] ①남색을 띤 갈색 ②「黄枯ら茶飯」의 준말 —飯 차·간장에 술을 약간 넣어 지은 밥

きがる [気軽] ナ 부담없이, 선선함=気さく¶ ~に引き受ける 선선히 떠맡다

きかん [気管] 기관 ①[醫] 숨통 ②[動] (절족 동물의) 호흡기관 —支 [醫] 기관지¶ —炎 기관지염 —支喘息 [醫] 기관지 천식

きかん [汽缶·汽罐] 기관, 보일러¶ 蒸気~ 증기 기관

きかん [奇觀] [文] 기관, 뛰어난 경치, 장관¶ ~を呈する 기관을 드러내다

きかん [季刊] 계간¶ —誌 계간지

きかん [既刊] 기간¶ 全集の~分をそろえる 전집의 기간분을 고루 갖추다

きかん [帰還] 名 自スル 귀환¶ 宇宙飛行士が地球に~する 우주 비행사가 지구에 귀환하다 —回路 [電] 귀환 회로

きかん [帰館] 名 自スル ①[文] 큰 건물이나 여관 등에 돌아감(돌아옴) ②[俗] 자신의 집에 돌아감(돌아옴)¶ 御~ 귀관하심

きかん [帰艦] 名 自スル 귀함¶ 艦載機が~する 함재기가 귀함하다

きかん [飢寒·饑寒] [文] 기한, 굶주림과 추위¶ ~に苦しむ 기한에 시달리다

きかん [基幹] 기간¶ —産業 기간 산업

きかん [亀鑑] 기감, 모범, 본보기¶ 教育者の~ 교육자의 귀감

きかん [期間] 기간¶ 準備~ 준비 기간/ 有効~がすぎる 유효 기간이 지나다

きかん [貴簡·貴翰] [文] 상대방이 보낸 편지의 높임말, 귀간, 귀한¶ ~拜受しました 귀한을 잘 받았습니다

きかん [旗艦] [軍] 기함, 사령관이 탄 군함

きかん [器官] [生] 기관¶ 感覚~ 감각 기관

きかん [機関] 기관 ①[機] 엔진¶ 内燃~ 내연 기관 ②조직, 조직체¶ 交通~ 교통 기관/ 金融~ 금융 기관 —庫 기관고 —士 기관사 —紙 기관지 ▷ 신문은 「機関紙」, 잡지는 「機関誌」로 구별함 —車 [文] 기관차 —銃 [軍] 기관총 —砲 [軍] 기관포

きがん [奇岩·奇巌] 기암¶ ~怪石 기암괴석

きがん [祈願] 名 他スル 기원¶ 合格~ 합격 기원/ 安全を~する 안전을 기원하다

きがん [帰雁] [文] 귀안, (봄에) 북쪽으로 돌아가는 기러기

きがん [輝岩] [地] 휘암

ぎかん [技官] 기관, 학술·기예 부문의 국가 공무원¶ 文部~ 문부 기관

ぎかん [技監] 기감¶ 建設~ 건설 기감

ぎがん [義眼] [醫] 의안¶ 入れ目

きかんき [利かん気] 名 ナ (口) 기승스러운, 고집스러움, 그런 성질=利かぬ気¶ ~が強い 고집이 세다

きかんぼう [利かん坊] (口) 고집스러운 아이, 기승스러운 아이=きかんぼ

きき [利き·効き] ①[造語] 역할·구실 등을 잘 함¶ 左~ 왼손잡이/ 腕~ 수완가 ②작용, 움직임, 기능¶ ブレーキの~が悪い 브레이크가 잘 안 듣다 ③효능, 효력¶ 薬の~が早い 약의 효능이 빠르다

きき [危機] 위기¶ ~が迫る 위기가 닥치다/ ~を打開する 위기를 타개하다 —髪 위기 일발 —感 위기감 —管理 위기 관리

きき [記紀] 「古事記」와 「日本書紀」

きき [鬼気] [文] 귀기, 오싹하도록 무서운 느낌

[慣用句]

—迫る 오싹할 정도로 무섭다

きき [*嬉々] タル [文] 희희, 기뻐하고 즐거워하는 모습, 희희낙락함¶ ~として出かける 희희낙락하며 나가다

きき [機器·器機] 기기, 기계·기구의 총칭¶ 電気~ 전기 기기

きぎ [木々] 많은 나무, 나무들¶ ~の緑 나무들의 푸른 빛/ 庭の~ 뜰의 나무들

きぎ [*嬉戯] 名 自スル [文] 희희, 즐겁게 놈

ぎぎ [宜宜] [文] 시기 적절함, 시의(時宜)¶ ~を得た処置 시기가 적절한 조치

ぎき [義気] [文] 의기, 의협심

ぎき [義旗] [文] 의기, 정의의 깃발

[慣用句]

—を翻す 정의를 위해 군사를 일으키다

ぎき [儀軌] 의궤 ①[佛] (밀교에서) 의식에 관한 규정, 그것을 적은 경전 ②[文] 규범, 법칙

ぎぎ [疑義] [文] 의의, 의심스러운 점, 의문¶ ~をただす 의심스러운 점을 따지다

ぎぎ [*巍巍] タル [文] 외외, (산 등이) 높고 큼

ききあし [利き足] 잘 쓰는 쪽의 발¶ ~でふんばる 잘 쓰는 쪽의 발로 버티다

ききあやまり [聞き誤り] 잘못 들음, 빗들음¶ ~のないように 잘못 듣는 일이 없도록

ききあわ・せる [聞き合わせる] 他下一 물어보다, 문의하다, 조회하다¶ 移転先を~ 이사간 곳을 문의하다/ 身元を~ 신원을 조회하다

ききい・る [聞き入る] 自五 귀를 기울이다, 열심히 듣다, 귀담아 듣다¶ 演奏熱心に~ 연주를 열심히 듣다/ じっと~ 가만히 귀를 기울이다

ききい・れる [聞き入れる] 他下一 (청을) 들어주다, 받아들이다¶ 頼みを~ 부탁을 들어주다

ききうで [利き腕] 잘 쓰는 쪽의 팔=利き手¶ ~を押さえる 잘 쓰는 쪽의 팔을 잡다

きき・く [聞き置く] 他五 들어 두다¶ ひとまず~ことにする 일단 들어 두기로 하다

ききおさめ [聞き納め] 마지막으로 들음, 듣는 마지막 기회¶ これが~だ 목소리를 듣는 것도 이것이 마지막이다

ききおと・す [聞き落とす] 他五 (들어야

**ききおぼえ**

할 말을) 빠뜨리고 못 듣다¶ 集合時刻(しゅうごうじこく)を~ 집합 시각을 빠뜨리고 못 듣다

**ききおぼえ** [聞(き)覚え] ①들은 적이 있음, 귀에 익음¶ ~のある声(こえ) 귀에 익은 목소리 ②들어서 앎, 귀동냥= 耳学問(みみがくもん)¶ ~の英語(えいご) 귀동냥으로 배운 영어

**ききおよ・ぶ** [聞(き)及ぶ] 他五 (文) (익히) 들어서 알다, 전해 듣다¶ お~・びのとおりお名前(なまえ)は~・んでおります 존함은 익히 들어 알고 있습니다

**ききかいかい** [奇奇怪怪] ナ 기기 괴괴, 매우 기괴함¶ ~の事件(じけん) 기기 괴괴한 사건

**ききかえ・す** [聞(き)返す] 他五 ①다시 듣다¶ レコードを~ 레코드를 다시 듣다 ②다시 묻다¶ 真意(しんい)を~ 진의를 다시 묻다 ③되묻다, 반문하다

**ききがき** [聞(き)書(き)] 名他スル (남에게) 들은 것을 적음, 그런 기록¶ 古老(ころう)の~ 노인에게 들은 것을 적음

**ききかじ・る** [聞(き)×齧る] 他五 (口) 주워듣다, 설듣다¶ ~・った知識(ちしき) 주워들은 지식

**ききかた** [聞き方] ①듣는 방법・태도, 듣기¶ ~が悪(わる)い 듣는 태도가 나쁘다 ②듣는 편, 듣는 사람¶ ~に回(まわ)る 듣는 입장이 되다

**ききぐるし・い** [聞(き)苦しい] 形 ①알아듣기 어렵다, 듣기 힘들다¶ お~点(てん)はお許(ゆる)しを 알아듣기 어려운 점은 양해하시기를 ②듣기 거북하다¶ ~悪口(わるくち) 듣기 거북한 욕

**ききごたえ** [聞(き)応え] 들을 만함¶ ~のある話(はなし) 들을 만한 이야기

**ききごと** [聞き事] 들을 만한 것, 들어둘 가치가 있는 일

**ききこみ** [聞(き)込み] (정보 등을) 얻어들음, 탐문(探聞)¶ ~捜査(そうさ) 탐문 수사

**ききこ・む** [聞(き)込む] 他五 (정보 등을) 얻어듣다, 탐문하다¶ うまい話(はなし)を~ 괜찮은 이야기를 얻어듣다

**ききざけ** [聞(き)酒・利(き)酒] 술맛을 봄, 시음, 시음주¶ ~名人(めいじん) 시음의 명인

**ききじょうず** [聞(き)上手] ナ (맞장구를 치며) 상대방의 말을 잘 들어줌, 그런 사람 ⇔ 聞(き)き下手(べた)¶ ~は話(はな)し上手(じょうず) 남의 이야기를 잘 듣는 사람은 이야기도 잘한다

**きぎす** ⟨雉子⟩ 「きじ(雉)」의 옛이름= ききし

**ききすご・す** [聞(き)過(ご)す] 他五 듣고 흘려 버리다, 귀담아 듣지 않다¶ いやな話(はなし)を~ 듣기 싫은 이야기를 듣고 흘려 버리다

**ききずて** [聞(き)捨て] 듣고 그냥 넘김(문제삼지 않음)¶ ~にできない 듣고 넘길 수 없다

慣用句

—ならぬ 듣고 그냥 넘길 수 없다, 묵과할 수 없다¶ ~発言(はつげん) 묵과할 수 없는 발언

**ききす・てる** [聞(き)捨てる] 他下一 듣고도 문제삼지 않다, 듣고 그냥 넘기다

**ききすま・す** [聞(き)澄ます] 他五 귀담아듣다, 귀를 기울여 듣다, 경청하다¶ 野鳥(やちょう)の鳴(な)き声(ごえ)を~ 들새의 울음소리를 귀담아듣다

**ききそこな・う** [聞(き)損なう] 他五 (口) ①들

을 기회를 놓치다, 못 듣다¶ 実況放送(じっきょうほうそう)を~ 실황 방송을 못 듣다 ②잘못 듣다, 빗듣다¶ 発言(はつげん)の主旨(しゅし)を~ 발언의 주지를 잘못 듣다

**ききだ・す** [聞(き)出す] 他五 ①탐문하다, 들어 알아내다¶ 秘密(ひみつ)を~ 비밀을 캐내다 ②듣기 시작하다¶ 講義(こうぎ)を~ 강의를 듣기 시작하다

**ききただ・す** [聞(き)^質す・聞(き)^糾す] 他五 물어서 확인하다, 캐묻다¶ 真意(しんい)を~ 진의를 캐묻다

**ききちがい** [聞(き)違い] 잘못 들음, 빗들음= 聞(き)きあやまり¶ それは何(なに)かの~だ 그것은 뭔가 잘못 들은 것이다

**ききつ・ける** [聞(き)付ける] 他下一 ①얻어 듣다, 전해 듣다¶ うわさを~ 소문을 전해 듣다 ②(들어서) 귀에 익다, 항상 듣고 있다¶ ~・けない声(こえ) 귀에 익지 않은 목소리

**ききつたえ** [聞(き)伝え] 전해 들음, 전해 들은 이야기, 전문¶ ~でしか知(し)らない 전해 들은 것 밖에는 알지 못한다

**ききづら・い** [聞(き)^辛い] 形 ①알아듣기 힘들다¶ 声(こえ)が小(ちい)さくて~ 목소리가 작아서 알아듣기 힘들다 ②듣기 거북하다¶ 人(ひと)の悪口(わるくち)は~ 남의 욕은 듣기 거북하다 ③묻기 거북하다, 질문하기 어렵다¶ ~ことを聞(き)く 묻기 거북한 것을 묻다

**きき て** [利(き)手] ①잘 쓰는 쪽의 손(팔)= 利(き)き腕(うで) ②솜씨가 뛰어난 사람, 수완가

**きき て** [聞(き)手] 듣는 사람, 듣는 입장¶ 話(はな)し手(て)~ 말하는 사람과 듣는 사람¶ ~に回(まわ)る 듣는 입장이 되다

**ききとが・める** [聞(き)^咎める] 他下一 ①(남의 이야기를 듣고 이상한 점을) 알아채다¶ 彼(かれ)のひとりごとを~ 그의 독백을 듣고 의문점을 알아채다 ②듣고 꺼지다, 따져 묻다, 비난하다¶ 失言(しつげん)を~ 실언을 따져 묻다

**ききどころ** [利(き)所] ①잘 듣는 곳, 효험이 있는 곳¶ 鍼(はり)の~ 침이 잘 듣는 곳 ②중요한 곳, 요소, 급소¶ ~をおさえる 요소를 파악하다

**ききどころ** [聞(き)所] 들을 만한 곳, 주의해서 들어야 할 부분¶ ~を逃(のが)す 들을 만한 곳을 놓치다/ そこが~だ 거기가 주의해서 들어야 할 부분이다

**ききとど・ける** [聞(き)届ける] 他下一 (청을) 들어주다, 받아들이다¶ 願(ねが)いを~ 청을 들어주다

**ききとり** [聞(き)取り] ①들음, 청취함¶ ~調査(ちょうさ) 청취 조사 ②듣기, 히어링¶ 英語(えいご)の~ 영어 듣기/ ~の試験(しけん) 듣기 시험

**ききと・る** [聞(き)取る] 他五 ①듣고 이해하다, 알아듣다¶ 英語(えいご)を~力(ちから) 영어를 알아듣는 능력 ②(사정을 알기 위해) 듣다, 청취하다¶ 関係者(かんけいしゃ)から事情(じじょう)を~ 관계자로부터 사정을 청취하다

**ききなお・す** [聞(き)直す] 他五 ①다시(고쳐) 듣다¶ 同(おな)じ曲(きょく)を~ 같은 곡을 다시 듣다 ②되묻다¶ 名前(なまえ)を~ 이름을 되묻다

**ききなが・す** [聞(き)流す] 他五 듣고 흘려버리다. 귀담아 듣지 않다=聞き捨てる¶ 悪口を~ 욕을 듣고 흘려버리다

**ききにく・い** [聞(き)難い] 形 ①알아듣기 어렵다¶ 小声なので~ 작은 소리라 알아듣기 어렵다 ②듣기 거북하다¶ 人の悪口は~ 남의 험담은 듣기 거북하다 ③묻기 거북하다¶ その点は~ 그 점은 묻기 거북하다

**ききぬ** [生絹] 생견, 생명주

**ききはず・す** [聞(き)外す] 他五 (일부를) 빠뜨리고 못 듣다. 듣지 못하다¶ 肝心なところを~ 중요한 곳을 빠뜨리고 못 듣다

**ききふる・す** [聞き古す·聞(き)旧す] 他五《흔히「~・した」의 꼴로》여러 번 듣다. 귀가 닳도록 듣다¶ ~・した文句を並べる 여러 번 들었던 잔소리를 늘어놓다

**ききべた** [聞(き)下手] (대응이 서툴러) 상대에게 충분히 말하게 할 수 없음, 그런 사람 ⇔ 聞き上手

**ききほ・れる** [聞(き)惚れる] 自下一 넋을 잃고 듣다. 도취되어 듣다¶ 演奏に~ 연주에 넋을 잃고 듣다

**ききみみ** [聞(き)耳] ①잘 들으려고 주의함 ②바깥 소문, 평판¶ 世の~ 세상의 평판 慣用句 ―を立てる (잘 들으려고) 귀를 기울이다

**ききみょうみょう** [奇奇妙妙] ダ形 기기묘묘. 매우 기묘함¶ ~な事件 기기묘묘한 사건

**ききめ** [効(き)目·利(き)目] ①효과, 효능, 효험¶ ~がある 효과가 있다/ この薬は~が速い 이 약은 효능이 빠르다 ②잘 보이는 [쓰는] 쪽의 눈

**ききもの** [聞(き)物] 들을 만한 것, 들을 가치가 있는 것¶ 今夜の~ 오늘 밤의 들을 만한 것

**ききもら・す** [聞(き)漏らす] 他五 (일부를) 빠뜨리고 못 듣다. 듣지 못하다=聞き落とす¶ 要点を~ 요점을 빠뜨리고 못 듣다

**ききゃく** [棋客] (文) = きかく(棋客)

**ききゃく** [棄却] 名·他サ 기각 ①(文) 물리침¶ 要求を~する 요구를 물리치다 ②(法) (법원이) 이유 없다고 소송을 물리침¶ 控訴~ 공소(항소) 기각

**ききやく** [聞(き)役] 듣는 입장, 듣는 사람=ききて¶ ~に回る 듣는 입장이 되다

**ききゅう** [企及] 名·自サ (文) 노력하여 따라감, 어깨를 나란히 함, 필적함¶ 凡人のぼんぽん~ではない 범인이 따를 수 없는 일이다

**ききゅう** [危急] (文) 위급¶ ~の際 위급할 때 慣用句 ―存亡の秋 위급 존망지추, 몹시 위급한 때

**ききゅう** [気球] 기구= 軽気球

**ききゅう** [希求·冀求] 名·他サ (文) 희구¶ 平和を~する 평화를 희구하다

**ききゅう** [帰休] 名·自サ 귀휴¶ 一時~ 일시 귀휴; 一~兵 귀휴병

**ききょ** [起居] 名·自サ (文) 기거 ①행동 거지 ②일상 생활¶ ~を共にする 기거를 함께하다

**ききょ** [欷歔·歔欷] 名·自サ 희허, 흐느낌

**ぎきょ** [義挙] (文) 의거¶ ~を起こす 의거를 일으키다

**ききよ・い** [聞(き)良い] 形 듣기 좋다 ①(소리가) 듣기에 알맞다¶ ~声 듣기 좋은 목소리 ②(내용이) 들어서 기분 좋다¶ 耳に~ほめことば 듣기 좋은 칭찬의 말

**ききょう** [気胸] 医 ①기흉¶ 自然~ 자연 기흉 ②「気胸療法」의 준말 ―療法 医 기흉 요법, 인공 기흉 요법

**ききょう** [奇矯] ダ(文) 기교. (언동이) 괴이하고 기발함¶ ~な発言 기교한 발언/ ~な行動に出る 기교한 행동으로 나오다

**ききょう** [桔梗] ①植 길경. 도라지 ②紋 도라지꽃 문장(紋章)

**ききょう** [帰京] 名·自サ 귀경¶ 来月~する予定です 다음 달 귀경할 예정입니다

**ききょう** [帰郷] 名·自サ 귀향¶ 夏休みには~する 여름 방학에는 귀향한다

**ききょう** [帰敬] 名·自サ 佛 귀경. (부처 등에) 귀의하여 존경함

**ききよう** [聞(き)様] ①듣기, 듣는 방법¶ 話は~でちがう 말은 듣기에 따라 다르다 ②묻기, 묻는 태도¶ ~が悪い 묻는 태도가 나쁘다

**ぎきょう** [企業] 기업¶ 民間~ 민간 기업/ ―金融 기업 금융/ ―会計原則 기업 회계 원칙 ―間信用 기업간 신용 ―広告 기업 광고 ―合同 기업 합동 ―金 기업 연금 ―別労働組合 기업별 노동 조합 ―連合 기업 연합

**ききょう** [起業] 名·自サ (文) 기업. 사업을 새로 일으킴, 창업¶ ~公債 기업 공채

**ぎきょう** [機業] (文) 기업. 직물업

**ぎきょう** [偽経] 佛 위경. 후세에 중국에서 만들어진 불전

**ぎきょう** [義侠] 의협¶ ~心 의협심

**ぎきょうだい** [義兄弟] ①의형제¶ ~の契りを結ぶ 의형제의 인연을 맺다 ②배우자의 형제·자매, 형제의 처나 자매의 남편

**ききょく** [危局] (文) 위국. 위험한 국면¶ ~に直面する 위국에 직면하다

**ぎきょく** [戯曲] ①희곡(연극의) 각본¶ ~化する 희곡화하다 ② 드라마 = ドラマ

**ききらい** [帰去来] 귀거래. 관직을 사임하고 고향으로 돌아감¶ 陶淵明の~の辞 도연명의 귀거래사

**きぎれ** [木切れ] 나무 토막, 나뭇조각

**ききわけ** [聞(き)分け] (어린아이가) 말귀를 알아들음, 들어서 분별함¶ ~のない子 말귀를 못 알아듣는 아이

**ききわ・ける** [聞(き)分ける] 他下一 ①(소리를) 분간하다, 구별하다¶ 楽器の音を~ 악기의 음을 분간하다 ②알아듣다, 이해하다, 납득하다¶ 忠告をよく~ 충고를 잘 납득하다

**ききわす・れる** [聞(き)忘れる] 他下一 ①묻는 것을 잊다, 잊고 묻지 않다¶ 住所を~ 주소 묻는 것을 잊다 ②들은 것을 잊다

**ききん** [飢饉·饑饉] 기근 ①(흉작으로) 먹

きん 을 것이 부족함¶ 大きん~ 대기근 ②(필요한) 물자가 부족함¶ 水すい~ 물 기근
ききん【基金】기금¶救済きゅうさい~に充あてる 구제 기금으로 충당하다
ぎきん【義金】의연금=義捐金ぎえん
ききんぞく【貴金属】귀금속 ⇔ 卑金属ひきんぞく
きく【菊】音キク(음)国. I(造語)菊¶菊花かきく 국화·春菊しゅんぎく 춘국 II【植】국화 국화 무늬·문장¶ ~の御紋章ごもんしょう 일본 황실의 국화 문장
きく【鞠】音キク 訓まり(음)国.(造語)①공. 가죽공¶ 蹴鞠しゅうきく 축국 ②기르다, 양육하다 ¶ 鞠育いく 국육 ③구부러지다, 구부리다¶ 鞠躬如きっきゅうじょ 국궁여 ④죄를 국문하다¶ 鞠問もん 국문 ▷ 또 「毬きゅう」와 같음
き・く【利く】I(自五)(문)①(몸이) 말을 잘 듣다, 잘 움직이다¶犬いぬは鼻はな が~ 개는 냄새를 잘 맡는다 ②(『目めが~』의 꼴로) 보는 눈이 있다, 감식 능력이 있다¶(『目先めさきが~』의 꼴로) 앞을 내다보는 눈이 있다 ③(『気きが~』의 꼴로) 주의가 미치다, 눈치가 빠르다 ④가능하다, 할 수 있다¶修理しゅうりの~靴くつ 수리할 수 있는 구두/ 見通みとおしが・かない 예측이 불가능하다 ⑤통하다, 통용하다¶顔かおが~ 안면이 통하다 ⑥【効く】잘 듣다, 효력이 있다¶風邪ぜに~薬くすり 감기에 잘 듣는 약 II(他五)(『口くちを~』의 꼴로)①말을 하다¶陰口かげぐちを~ 험담을 하다 ②말을 거들다, 거들어 말하다¶ひとつ口を~・いてやろう 한마디 거들어 주겠다
き・く【聞く】(他五)①(소리를) 듣다¶小鳥ことりの声こえを~ 새 소리를 듣다 ②【聴く】(주의하여) 듣다, 귀를 기울이다¶ニュースを~ 뉴스를 듣다 ③(요구·지시 등을) 듣다, 알아듣다, 들어주다¶教おしえをよく~ 가르침을 잘 듣다 ④【訊く】묻다, 질문하다¶道みちを~ 길을 묻다 ⑤(맛·냄새를) 맡다, 맛보다¶香かをを~ 향기를 맡다/ ~き酒ざけをする 술맛을 보다, 시음하다
慣用句
—・いて極楽ごくらく 見みて地獄じごく 말로는 극락이라 들었으나 가 보니 지옥이더라
—は一時いっときの恥はじ 聞かぬは一生いっしょうの恥はじ 묻는 것은 한 때의 수치지만 묻지 않으면 일생의 수치이다

きく【危懼】 名他スル(문)위구=危惧きぐ¶ ~の念ねんを抱いだく 위구심을 품다
きく【起句】기구 ①(문장의 첫 구 ②(문)(한시에서) 절구(絶句)의 제1구
きく【規矩】(문)규구. 규준, 규칙, 모범¶ 行為こういの~ 행위의 규준 —準縄じゅんじょう 규구준승
きぐ【危惧】 名他スル 위구=危懼きく¶ ~の念ねんを抱いだく 위구심을 품다
きぐ【器具】①용기, 그릇=入いれ物もの ②간단한 기계·도구류¶電気でんき~ 전기 기구
きぐ【機具】기구, 기계·도구의 총칭¶農のう~を使用しようする 농기구를 사용하다
きく【疑懼】 名他スル(문)의구, 의심하고 두려워함=疑惧ぎぐ

きくいただき【菊戴】(動)상모솔새
きくいも【菊芋】(植)돼지감자, 뚱딴지
きぐう【奇遇】기우. 뜻밖의 만남, 이상한 인연으로 만남¶こんなところで会あうとは、~だね 이런 곳에서 만나다니 기우인걸
きぐう【寄寓】 名自スル 기우 ①잠시 남의 집에 거처함=居候いそうろう¶友人ゆうじんの家いえに~する 잠시 친구 집에 머저하다 ②임시 거처
ぎくしゃく 副自スル(언동·관계 등이) 매끄럽지 못함, 어색함, 거북함¶ ~とした足あしどり 부자유스러운 발걸음/ ~した関係かんけいを改善かいぜんする 거북한 관계를 개선하다
きく・する【掬する】(他サ)(문) ⇒ きくする
きくず【木屑】나무 부스러기
きくすい【菊水】【紋】물 위에 뜬 국화꽃 가문
きぐすり【生薬】 ⇒ しょうやく(生薬)
きく・する【掬する】(他サ)(文)①(물 등을) 양 손으로 뜨다 ②(사정 등을) 헤아리다, 짐작하다¶心情しんじょうを~ 심정을 헤아리다
きくずれ【着崩れ】 名自スル(입고 있는 동안) 옷매무새가 흐트러짐
きぐち【木口】①재목의 품질, 목질¶ ~のよしあしを見みる 목질의 좋고 나쁨을 보다 ②(재목의) 절단면=こぐち ③(장바구니 등의) 나무 손잡이
きくづき【菊月】(文) 음력 9월의 딴이름. 국월
きくな【菊菜】「しゅんぎく 쑥갓」의 딴이름
きくにんぎょう【菊人形】국화꽃으로 꾸민 인형
きくのせっく【菊の節句】중양절(重陽節)=重陽ちょうよう ▷ 음력 9월 9일
きくばり【気配り】배려, 두루 마음을 씀=心遣こころづかい¶こまやかな~ 자상한 배려
きくばん【菊判】(版)국판 ①636㎜×939㎜ 크기의 양지(洋紙) 규격 ②152㎜×218㎜ 크기의 책 판형
きくびより【菊日和】(국화꽃 필 무렵의) 좋은 가을 날씨
きぐみ【木組(み)】(목공일에서) 재목의 짜맞추기, 턱끼움
きぐみ【気組(み)】(하고자 하는) 마음가짐, 각오¶ ~が違ちがう 마음가짐이 다르다
きぐらい【気位】품위를 지키려는 마음가짐, 자존심, 자부심
慣用句
—が高たかい 자존심이 높다[강하다]
きくらげ【木耳】(植) 목이버섯
ぎくりと 副(갑자기 놀라고 무서워서) 움찔, 찔금, 덜컥¶不意ふいの質問しつもんに~する 불의의 질문에 움찔하다
きぐろう【気苦労】심로, 잔걱정, 마음 고생¶ ~が絶たえない 잔걱정이 끊이지 않다
きくん【貴君】(代)(文) 귀군, 자네
ぎくん【義軍】の군, 의병
きけい【奇形·畸形】(生) 기형¶ ~児じ 기형아
きけい【奇計】기계, 기책¶ ~を用もちいて敵てきの不意ふいをつく 기계를 써서 적의 허를 찌르다
きけい【奇警】 名ダ(文) 기경, 기발함¶ ~な発想はっそう 기발한 발상

**きけい** [貴兄] 代(文) 귀형

**きけい** [*詭計] (文) 궤계. 계략. 속임수¶～を めぐらす 계략을 꾸미다/～に陥る 속임수에 빠지다

**きけい** [義兄] ①손위 처남·매형·형부 ⇔ 実兄 ②(의형제 중의) 의형

**ぎけい** [*伎芸] 기예. 예능에 관한 재주

**ぎげい** [技芸] 기예. 미술·공예 방면의 재주

**きげき** [喜劇] 희극 ①코미디 ⇔ 悲劇 ②(比) 우스꽝스러운 일¶事件はとんだ～に終わった 사건은 엉뚱한 희극으로 끝났다

**きけつ** [既決] 名(文) 기결¶～の書類 기결 서류/～囚 기결수

**きけつ** [帰結] 名自スル 귀결. 귀착¶当然の～だ 당연한 귀결이다

**ぎけつ** [議決] 名他スル 의결¶満場一致で～する 만장 일치로 의결하다 ─機関 의결 기관 ─権 의결권

**きけもの** [利け者] 수완가. 재주꾼¶～で通っている 수완가로 통한다

**きけん** [危険] 名 위험¶～な仕事 위험한 일/～を伴う 위험이 따르다 ─信号 위험 신호 ─性 위험성 ─半円 (気) 위험 반원. 태풍이 진행하는 방향의 오른쪽 반원

**きけん** [気圏] 기권. 대기권

**きけん** [貴顕] (文) 귀현. 신분·명성이 높은, 그런 사람¶～紳士 귀현 신사

**きけん** [棄権] 名他スル 기권¶投票を～する 투표를 기권하다

**きげん** [紀元] 기원 ①건국의 첫해 ②햇수를 세는 기준이 되는 해¶西暦～ 서력 기원 ③(어떤 일이) 새로 전개되는 시대¶癌の治療に新しい～をつくる 암 치료에 신기원을 이루다 ─節 기원절. 일본의 건국 기념일(2월 11일)의 옛일컬음 ─前 기원전. 서력 기원전

**きげん** [起原·起源] 기원¶人類の～ 인류의 기원

**きげん** [期限] 기한¶無～ 무기한/提出～を守る 제출 기한을 지키다

**きげん** [機嫌] ①기분. 심기. 비위¶～がいい 기분이 좋다/～を損ねる 기분을 상하게 하다 ②(남의) 건강 상태. 안부¶御～を伺う 안부를 묻다. 문안드리다 ③《「御～」의 꼴로》기분이 좋음¶今日は御～だ 오늘은 기분이 좋으시다 ─買い ①변덕스러움. 변덕쟁이 ②상대방의 안색을 살피다

慣用句

─気褄を取る 기분을〔비위를〕 맞추다

─を取る (상대의) 기분을〔비위를〕 맞추다

─上司の비위를 맞추다

**きげんそ** [希元素·稀元素] 《化》 희원소

**きこ** [旗鼓] (文) 기고 ①군기(旗)와 북 ②군대

慣用句

─の間に見える 피차 적이 되어 싸움터에 서 만나다

**きご** [季語] (俳句·連歌 등에서) 계절감을 나타내기 위해 넣도록 정해진 말＝季題

**きご** [*綺語] (文) 기어. 아름답게 꾸민 말¶狂言～ 광언 기어

**ぎこ** [擬古] (造語) 의고. 옛 것을 모방함¶～的 의고적/～調 의고조 ─文 의고문 ②江戸시대 중기 이후에서 明治시대 초기까지의 문체의 하나＝雅文

**きこう** [気孔] (植) 기공. 숨구멍

**きこう** [気功] 기공. (중국 전래의) 호흡법과 체조에 의한 심신의 건강 유지법

**きこう** [気候] (気) 기후¶温暖な～ 온난한 기후/～の変化 기후의 변화

**きこう** [希覯·*稀覯] (文) 희구. 희귀¶～の古書 희귀한 고서 ─本 희귀본. 희귀한 책

**きこう** [奇功] (文) 기공. 뜻밖의 뛰어난 공적

**きこう** [奇行] 기행. 기이한 행동¶～の持ち主 기행의 소유자

**きこう** [奇効] (文) 기효. 신통한 효력¶～を奏する 신통한 효력을 보이다

**きこう** [季候] 계후. 시후(時候). 계절¶よい～になる 좋은 계절이 되다

**きこう** [紀行] 기행. 기행문¶アフリカ～ 아프리카 기행(문) ─文 (表) 기행문

**きこう** [帰航] 名自スル (文) 귀항. 선박·항공기 등이 귀로에 오름¶本国に～する 본국에 귀항하다

**きこう** [帰港] 名自スル 귀항. 선박이 귀로에 오름¶航海を終えて～する 항해를 마치고 귀항하다

**きこう** [起工] 기공. 착공 ⇔ 竣工¶～式 기공식

**きこう** [起稿] 名自他スル (文) 기고. 원고를 쓰기 시작함 ⇔ 脱稿

**きこう** [寄航] 名自スル 기항. 선박·항공기가 도중에 다른 항구·공항에 들름¶横浜に～する 横浜에 기항하다

**きこう** [寄港] 名自スル 기항¶～地 기항지

**きこう** [寄稿] 名自他スル 기고¶雑誌に～する 잡지에 기고하다

**きこう** [貴校] (文) 귀교¶～の御発展を祈ります 귀교의 발전을 축원합니다

**きこう** [貴公] 代 귀공. 그대. 자네

**きこう** [機甲] (軍)¶～部隊 기갑 부대

**きこう** [機構] 기구 ①(기계 등의) 구조. 장치¶動力伝達～ 동력 전달 기구 ②(사회·단체 등의) 조직 체계¶～改革 기구 개혁/行政～ 행정 기구

**きごう** [記号] 기호 ①부호¶プラスの～ 플러스 기호/音部～ 음자리표 ②일정한 의미·내용을 나타내는 표시¶元素～ 원소 기호 ─論理学 (論) 논리학

**きこう** [揮毫] 名他スル 휘호¶～の求めに応ずる 휘호 청탁에 응하다

**ぎこう** [技工] 기공. 손으로 가공하는 기술. 그런 기술공¶歯科～士 치과 기공사

**ぎこう** [技巧] 기교¶表現の～ 표현 기교¶～を凝らす 기교를 다하다 ─的 (Ｆ) 기교적¶～的な文章 기교적인 문장 ─派 기교파

**ぎこう** [擬議] (佛) 불교에 대한 강의를 요청받은 승려. 강사(講師)

**きこうし** [貴公子] 귀공자 ①지체 높은 가문의 젊은 남자 ②기품과 풍채가 뛰어난 남자

**きこうでん** [乞巧゛奠] 걸교전. 칠석날 밤에 여자들이 견우·직녀성에 길쌈이나 바느질을 잘하게 해 달라고 비는 의식= たなばたまつり

**きこえ** [聞(こ)え] ①들림, 들리는 느낌¶部長ちょうといえば～がよい 부장이라고 하면 듣기에는 좋지만 ②평판, 소문¶名人めいの～が高たかい 명인이라는 평판이 자자하다

**きこえよがし** [聞(こ)えよがし] 名(욕설·야유 등을) 들으라는 듯이 말함¶～に皮肉ひにくを言いう 들으라는 듯이 비꼬아 말하다

**きこ・える** [聞(こ)える] 自下一 ①(소리가) 들리다¶波なみの音おとが～ 파도 소리가 들리다 ②(…로) 들리다, 여겨지다, 받아들여지다, 해석되다¶皮肉ひにくに～ 비꼬는 말로 들리다 ③(널리) 알려지다, 이름나다¶名声めいせいは世に～. えている 명성은 세상에 널리 알려져 있다 ④납득되다, 이해되다¶～. えぬこと をいう 납득되지 않는 말을 하다

**きこく** [帰国] 名自スル ①귀국¶～の途とにつく 귀국길에 오르다 ②귀향¶ひさしぶりに～する 오랜만에 귀향하다

**ぎごく** [疑獄] 의옥 ①고관이 관련된 대규모 독직 사건¶～事件じけん 의옥 사건 ②경과나 사실 관계가 분명치 않아 판단하기 어려운 사건

**きこくしゅうしゅう** [鬼゛哭゛啾 啾] 名(文) 귀곡 추추. 귀신의 울음 소리가 구슬피 들림, 귀기 (鬼氣)가 서려 무시무시함¶～たる廃墟はいきょ 귀기 서린 폐허

**きごこち** [着心地] 옷을 입었을 때의 느낌, 착용감＝着きあい¶～がよい 착용감이 좋다

**きごころ** [気心] 속마음, 본심¶～の知しれない人 본심을 알 수 없는 사람

**きこしめ・す** [聞(こ)し召す] 他四 (술을) 마시다¶一杯いっぱい～ 한잔 마시다 ※ 원래는 높임말이었으나 근세 이후에 "酒さけを飲のむ"을 농담처럼 쓴 말

**ぎごちな・い** 形 (언동이) 어색하다, 딱딱하다¶～おじぎ 어색한 인사

**きこつ** [気骨] 기골, 기개¶～のある人 기골이 있는 사람

**きこつ** [奇骨] (文) 기골. (보통과는 다른) 뛰어난 성품

**きこな・す** [着こなす] 他五 맵시 있게 입다, 어울리게 입다¶シックな服ふくを～ 세련된 옷을 맵시 있게 입다

**きこのいきおい** [騎゛虎の勢い] 連語 기호지세. 중도에 그만둘 수 없음, 내친 형세

**きこ・む** [着込む] 他五 ①껴입다¶下着したを～をたくさん～ 내의를 많이 껴입다 ②차려 입다¶スーツを～ 정장을 차려 입다

**きこり** [゛樵・〈樵夫〉] 나무를 벰, 나무꾼, 벌목꾼, 나무꾼＝杣人そまびと

**きこん** [気根] ①(文) (어려움을 참고 견디는) 기력, 끈기¶～が尽つきる 기력이 다하다 ②[植] 기근. 공기 중에 노출된 뿌리

**きこん** [既婚] 기혼 ⇔ 未婚みこん

**きこん** [機根] [佛] 기근. 중생의 마음 속에 본래부터 가지고 있어 부처의 가르침을 받으면 발동하는 능력

**きざ** [気障] 名ナ (복장·언동이) 같잖음, 아니꼬움, 뇌꼴스러움¶～なやつ 같잖은 녀석／～をいう 아니꼬운 말을 하다 **一っぽい** 形(口) 같잖다, 아니꼽다, 뇌꼴스럽다¶～ものいい 아니꼬운 말

**きざ** [゛跪座・゛跪゛坐] 名自スル(文) 궤좌. 꿇어앉음¶～していさめる 꿇어앉아 간하다

**ぎざ** ①(톱니처럼) 깔쭉깔쭉함＝ぎざぎざ ②(俗) 깔쭉기, 가장자리가 깔쭉깔쭉한 동전, (특히) 옛날 50전짜리 은화

**きさい** [奇才] 기재. 세상에 드문 재주, 그 소유자¶文壇ぶんだんの～ 문단의 기재

**きさい** [既済] 名(文) 기제. (반제·결제 등이) 이미 끝남 ⇔ 未済みさい

**きさい** [記載] 名他スル 기재¶～事項じこう 기재 사항／帳簿ちょうぼに～する 장부에 기재하다

**きさい** [起債] 名自他スル 기채¶国債こくさいを～する 국채를 기채하다¶一市場ばじょう[経] 기채 시장

**きさい** [鬼才] 귀재¶演劇界えんげきかいの～ 연극계의 귀재

**きざい** [器材] (文) 기재, 기구와 재료¶学習用がくしゅうよう～ 학습용 기재

**きざい** [器財] (文) 기재. 그릇이나 도구, 기물 **一埴輪** [考古] 각종 무구(武具)·도구를 형상화한 토용

**きざい** [機材] 기재, 기구와 재료¶撮影さつえい～ 촬영 기재

**きさき** [后・゛妃] ①황후, 왕후 ②왕족의 처

**ぎざぎざ** I 名ナ(口) (톱니처럼) 깔쭉깔쭉함, 깔쭉깔쭉한 것¶～をつける 깔쭉깔쭉하게 하다 II 形動(口) (톱니처럼) 깔쭉깔쭉한 모양¶～した葉は 깔쭉깔쭉한 잎

**きさく** [気さく] 싹싹함, 서글서글함, 시원시원함¶～な人 서글서글한 사람／～に話はしかける 싹싹하게 말을 걸다

**きさく** [奇策] 기책, 기발한 책략¶～を弄ろうする 기책을 부리다

**ぎさく** [偽作] 名他スル 위작＝贋作がんさく¶ゴッホの～ 고흐의 위작／～家か 위작가

**きざけ** [生酒] 전내기, 진국술＝生一本いっぽん

**きさご** [細螺・喜佐古・扁螺] [動] 비단고둥

**ささげ** [木〈豆豆〉・゛楸] [植] 개오동나무

**きざし** [兆し・萌し] 조짐, 전조, 징조¶よい～ 좋은 징조／回復かいふくの～が見みえる 회복의 조짐이 보이다

**きざ・す** [兆す・゛萌す] 自五(文) 싹트다 ①움트다¶新芽しんめが～ 새싹이 움트다 ②징조가 보이다, 마음이 움직이다¶邪心じゃしんが～ 사심이 일다

**きさつ** [貴札] (文) 귀찰, 귀서, 귀한

**きざはし** [゛階] (文) 계단, 층계

**きさま** [貴様] 代(口) 너, 자네, 네놈¶～とおれの仲なかは 너와 나의 사이／～の知しることか 네가 알게 뭐람

**きざみ** [刻み] ①새김, 새긴 자국¶木きに～を入いれる 나무에 새긴 자국을 내다 ②(造語)…

**きざみあし**【刻み足】종종걸음¶～に歩るく 종종걸음으로 걷다

**きざみつ・ける**[刻み付ける]他下一 새기다 ①새겨서 자국을 내다, 새겨 두다¶木きのみきに名なを～ 나무 줄기에 이름을 새겨 두다 ②아로새기다¶～べく心に誓ちかう 마음에 새기다

**きざみめ**[刻み目] 칼자국, 새긴 자국

**きざ・む**[刻む]他五 ①잘게 썰다¶ねぎを～ 파를 잘게 썰다 ②새기다, 조각하다¶版木ぎに字じを～ 판목에 글자를 새기다/仏像ぞうを～ 불상을 조각하다 ③(文)(마음에) 새기다, 아로새기다, 명심하다¶脳裏のうに～・まれた光景 뇌리에 새겨진 광경/心こに～ 마음에 아로새기다 ④(文) 잘게 구분지어 가다¶時ときを～ 시간이 일각일각 지나가다

**きさらぎ**〈如月〉 음력 2월의 딴이름. 여월

**きざわし**[木*酢・木*淡] 단감 = 甘柿あまがき

**きざわり**[気障り] 아니꼬움, 비위에 거슬림, 못마땅함¶～なことばかり言いう 아니꼬운 말만 하다

**きさん**[帰山]名自スル 귀산. 중이 자기 절에 돌아감[돌아옴]

**きさん**[帰参]名自スル ①(원래 있던 곳으로) 돌아옴 ②(일단 떠났던 무사가) 돌아와서 다시 군주를 섬김¶～がかなう 돌아와서 다시 섬기도록 허락받다

**きさん**[起算]名自スル 기산. (어느 시점·지점을 기준으로) 셈을 시작함¶～日ひ 기산일/誕生日じょうから～する 생일로부터 기산하다

**ぎさん**[蟻酸]名[化] 의산, 개미산, 포름산

**きさんじ**[気散じ] I 名 기분 전환 ¶～に出でかける 기분 전환하러 나가다 II 名ダ 마음 편함¶～な暮くらし 마음 편한 생활

**きし**[岸] 물가, 물기슭¶～辺べ 강변, 해변/～に寄よせる波なみ 물가에 밀려오는 파도

**きし**[奇士](文) 기사 ①(언행이) 뛰어난 사람 ②(언행이) 기이한 사람, 기인

**きし**[棋士] (바둑·장기의) 기사

**きし**[*愧死]名自スル 괴사 ①죽도록 부끄러워함 ②부끄러운 나머지 죽음 = 慙死ざん

**きし**[旗幟] 기치 ①(싸움터에서 쓰던) 기, 깃발 ②내세우는 자신의 입장·태도¶～を鮮明めいにする 기치를 선명하게 하다

**きし**[騎士] 기사 ①말 탄 무사 ②(중세 유럽에서) 무인의 칭호 = ナイト ━道どう 기사도

**きじ**[*雉・*雉子]〖動〗 꿩 = きぎす

慣用句
━も鳴なかずば打うたれまい 평도 울지 않으면 총에 맞지 않겠지

**きじ**[木地] ①나뭇결, 목재의 바탕 = もくめ¶～をいかす 나뭇결을 살리다 ②건목친 나무 ③칠하지 않은 나무 기물 ④「木地塗ぬり」의 준말. 나뭇결을 살린 옻칠, 옻칠한 기물 ━師し 녹로를 사용해서 나무 기물을 만드는 장인 = 木地屋きや・ろくろ師

**きじ**[生地・*素地] ①본성, 본바탕¶～が出でる 본바탕이 드러나다 ②맨 얼굴, 민낯 ③옷감, 천¶丈夫じょうな～ 튼튼한 천/洋服ようの～ 양복감 ⑤유약을 입히기 전의 재료¶パン～ 빵반죽 ⑤유약을 입히기 전의 질그릇

**きじ**[記事] 기사¶新聞ぶんの～ 신문 기사 ━広告こく 【黄】 기사체 광고 ━文ぶん【表】 기사문

**ぎし**[技師] ①기사¶土木ぼく～ 토목 기사 ②「技官かん」의 옛일컬음

**ぎし**[義士] 의사, 의인¶赤穂こう～ 赤穂 의사

**ぎし**[義子] 결연에 의한 자식 ⇔ 実子じっ

**ぎし**[義姉] ①결연에 의한 손위 누이, 인척의 손위 누이 = 実姉じっ ②의로 맺은 손위 누이

**ぎし**[義肢]〖医〗의지. 의수와 의족의 총칭

**ぎし**[義歯]〖医〗 의치. 틀니 = 入いれ歯ば

**ぎし**[疑似・擬似]名 의사. 유사(類似)¶～症状しょう 의사 증상/～コレラ 의사 콜레라

**ぎじ**[議事] 의사¶～進行こう 의사 진행/～定足数すう 의사 정족수 ━堂どう 의사당. 국회의사당 ━録ろく 의사록. 회의록

**きしかいせい**[起死回生] 기사회생

**きしかた**[来し方](文) → こしかた

**きしかん**[既視感]〖心〗기시감 = デジャヴュ

**ぎしき**[儀式] 의식. 의전, 식전¶～を厳粛げんに執とり行おこなう 의식을 엄숙히 거행하다 ━張ばる 自五 격식을 차리다, 형식에 치우치다

**ぎしぎし**〈羊蹄〉〖植〗참소리쟁이

**ぎしぎし** 副 ①(무리하게 채워넣는) 꾹꾹, 꽉꽉¶～と押おし詰つめる 꾹꾹 쑤셔 넣다 ②(단단한 물건끼리 맞스쳐 나는) 삐걱 뻐걱¶床ゆかがいう 마루가 삐걱거린다 ③(口) 함부로 말하는 모양 = ずけずけ¶～文句もんを言いう 서슴없이 불평을 말하다

**きじく**[基軸] ①기축. 중추 ━通貨つうか【経】기축 통화. 국제 통화

**きじく**[機軸] 기축 ①기관·바퀴의 축 ②(사물·활동의) 중심 부분 ③(근본적인) 방식, 방법, 구상¶新しん～をひらく 신기축을 열다

**きしつ**[気質] 기질 ①(개인의) 성질, 성미¶穏おだやかな～ 온화한 기질 ②(소속 집단 특유의) 성격, 성향¶職人にん～ 장인 기질 ③〖心〗유전적·생물학적인 감정 경향

**きじつ**[忌日] 기일 = 命日めい・きにち

**きじつ**[期日] 기일¶返済さいの～ 반제 기일

**きしづたい**[岸伝い]名 물가를 따라감¶～に歩るく 물가를 따라 걷다

**きじつぶん**[記実文]【表】 「記事文ぶん」의 예스러운 일컬음

**きしな**[来しな]名 올 때, 오는 도중[길] = 来きがけ¶～に寄よる 오는 길에 들르다

**きしばと**[*雉鳩]〖動〗산비둘기 = やまばと

**ぎしばり**[擬*餌鉤・擬*餌針] 인조 미끼를 단 낚시, 제물낚시 = 擬餌じ

**きしべ**[岸辺] 물가, 강가, 바닷가¶～にたたずむ 물가를 서성거리다

**きし・む**[*軋む]自五 삐걱거리다¶ドアが～ 도어가 삐걱거리다

**きしめ・く**[*軋めく]自五 삐걱거리다, 삐걱

**きしめん** [*基子*麺] 납작하게 뽑은 국수
**きしもじん** [鬼子母神] 귀자모신. 순산·육아를 관장하는 여신 = きしぼじん
**きしゃ** [汽車] 기차, 열차 ¶ 夜~ 밤기차/ ~賃 기차 요금 **―ぽっぽ** (幼) 기차
**きしゃ** [記者] 기자 ¶ ~席 기자석/ 新聞~ 신문 기자 **―会見** 기자 회견
**きしゃ** [喜捨] 名 他スル [佛] 「歓喜施捨」의 준말. 희사 ¶ ~を受ける 희사를 받다
**きしゃ** [貴社] (文) (상용문 등에서) 귀사 = 御社 ¶ ~の発展をお祈りします 귀사의 발전을 기원합니다
**きしゃ** [騎射] 名 自スル 기사. 말을 타고 달리면서 활을 쏨 = 歩射
**きしゃく** [希釈·稀釈] 名 他スル [化] 희석 ¶ ~液 희석액/ 水~ 水로 희석하다
**きじゃく** [着尺] (일본옷의) 어른옷 한 벌 감의 길이와 폭 ¶ ~地 일본옷 한 벌의 옷감
**きしゃご** [細螺] → ききご
**きしゅ** [奇手] ①기발한 수단·방법, 묘안, 묘책 ¶ ~を考え出す 묘안을 생각해 내다 ②(바둑·장기에서) 기발한 수, 묘수
**きしゅ** [鬼手] (文) (바둑·장기에서) 의표를 찌르는 수법, 승부수= おにて **―仏心** (比) 외과 의사가 사정없이 메스를 가하는 것은 환자를 구하려는 자비심에 기인한다는 말
**きしゅ** [期首] 기수. 어느 기간의 처음 ⇔ 期末
**きしゅ** [旗手] ①(행진에서) 기를 드는 사람 ¶ 選手団の~ 선수단의 기수/ ~を務める 기수를 맡다 ②(比) 선도자 ¶ 昭和文学の~ 쇼와 문학의 기수
**きしゅ** [機首] 기수. 항공기의 앞머리 ¶ ~を南に向ける 기수를 남쪽으로 돌리다
**きしゅ** [機種] 기종. 항공기·기계의 종류
**きしゅ** [騎手] (경마 등의) 기수
**きじゅ** [喜寿] 희수(세는 나이로) 77세, 그 잔치 ¶ ~の祝い 희수 잔치
**ぎしゅ** [技手] 기수, 기원 (技員)
**ぎしゅ** [義手] [醫] 의수
**きしゅう** [奇習] 기습, 기이한 풍습
**きしゅう** [奇襲] 名 他スル 기습= 不意打ち ¶ ~戦法 기습 전법
**きしゅう** [季秋] (文) 계추 ①만추, 늦가을 ②음력 9월의 딴이름
**きしゅう** [紀州] → きい (紀伊) **―犬** 和歌山·三重현 원산의 중간 몸집의 사냥개
**きしゅう** [既習] 名 他スル 기습. 이미 배움 ¶ ~した範囲から出題する 이미 배운 범위에서 출제하다
**きしゅう** [貴酬] (文) 상대방을 높여서 그에게 보내는 회신을 이르는 말. 답서, 회서
**きじゅう** [機銃] [軍] 「機関銃」의 준말. 기총 ¶ ~掃射 기총 소사
**きじゅうき** [起重機] 기중기 = クレーン
**きしゅく** [耆宿] (文) 기숙. 경험과 덕망을 갖춘 노대가, 숙로 (宿老), 원로 ¶ 医学界の~ 의학계의 기숙

**きしゅく** [寄宿] 名 自スル 기숙 ①남의 집에서 묵고 지냄 ¶ 親戚の家に~する 친척 집에 기숙하다 ②(학교·회사 등의) 공동 주택에서 생활함 **―舎** 기숙사/ **―生** 기숙생
**きじゅつ** [奇術] 기술 ①요술, 마술 = てじな ¶ **―師** 요술쟁이 ②불가사의한 기술
**きじゅつ** [既述] 名 他スル (文) 기술. 이미 기술함, 전술 ¶ ~のように 기술한 바와 같이
**きじゅつ** [記述] 名 他スル 기술 ¶ ~の誤り 기술의 오류/ **―的** 言語学 기술적 언어학 **―理論** [論] 기술 이론
**ぎじゅつ** [技術] 기술 ¶ ~革新 기술 혁신/ 先進~ 선진 기술의 도입/ 運転~ が未熟だ 운전 기술이 미숙하다 **―移転** 기술 이전 **―者** 기술자 **―集約化** 기술 집약화 **―提携** 기술 제휴 **―的** [ナ] 기술적 **―「技術者さい」의 속창**
**きしゅん** [季春] (文) 계춘 ①늦봄, 만춘 = 晩春 ②음력 3月의 딴이름
**きじゅん** [帰順] 名 自スル 귀순 ¶ 武器を捨てて~する 무기를 버리고 귀순하다
**きじゅん** [基準] 기준 ¶ 建築~ 건축 기준/ ~価格 기준 가격/ ~に達する 기준에 달하다 **―貸出金利** [經] 기준 대출 금리
**きじゅん** [規準] 기준. (판단·행위의) 규범이 되는 표준 ¶ 道徳~ 도덕의 규준
**きしょ** [奇書·稀書] (文) 희서, 희귀한 책, 희귀본 = 希覯書
**きしょ** [奇書] 기서, 진서 ¶ 珍書~ ¶ 中国の四大~ 중국의 사대 기서
**きしょ** [寄書] 名 自他スル 기서 ①편지를 보냄 ②기고 (寄稿)
**きしょ** [貴所] (文) I 名 귀처 (貴處), 귀지 (貴地) II [代] (편지문에서) 귀하
**きしょ** [貴書] 기서 = 尊書 ¶ 本日~を拝受しました 금일 귀서를 배수하였습니다
**きじょ** [鬼女] 귀녀 ①여자 귀신 ②악귀같은 여자, 냉혹한 여자
**きじょ** [貴女] (文) I 名 지체 높은 여자, 귀부인 II [代] (편지문 등에서) 귀녀
**ぎしょ** [偽書] 위서 ①가짜 편지·문서·서적 ②위필, 가짜 필적 = 偽筆
**ぎしょ** [戯書] (文) 희서 ①낙서 = 落書き ②장난삼아 쓴 책·문장
**ぎじょ** [妓女] (文) ①기녀 ②유녀, 창녀
**きしょう** [気性] 성질, 기질 ¶ 激しい~ 과격한 성질/ さっぱりした~ 담백한 성질
**きしょう** [気象] 기상 ①대기의 상태·현상 ¶ ~観測 기상 관측 ②기질, 성질 ¶ 進取の~ 진취적인 기상 **―衛星** 기상 위성 **―学** 기상학 **―警報** 기상 경보 **―台** 기상대 **―庁** 기상청 **―通報** 기상 통보
**きしょう** [希少·稀少] [ナ] 희소 ¶ ~性 희소성 **―価値** 희소 가치 **―金属** [化] 희소 금속
**きしょう** [奇勝] ①뜻밖의 승리 ¶ ~を博す 뜻밖의 승리를 거두다 = 絶勝 ¶ 天下の~ 천하의 기승
**きしょう** [記章] ①기장, 기념장, 메달 = 従

**軍**~ 종군 기장 ② [*徽章] 휘장. 배지
**きしょう** [起床] 图 自スル 기상 ¶ 七時に~する 7시에 기상하다
**きしょう** [起*請] 图 自スル 기청 ①일을 기획하여 윗사람의 청원함, 그런 문서 ②신불에 맹세함, 그런 문서 —**文** 기청문. 서약서
**きしょう** [*毀傷] 图 他スル (文) 훼상, 손상
**きじょう** [机上] 궤상. 책상 위, 탁상 ¶ ~の空論 탁상 공론
**きじょう** [気丈] ⑦ 마음이 굳세고 당참, 다부짐 = 気丈夫 ¶ ~な性質 다부진 성미 / ~に振る舞う 당차게 행동하다
**きじょう** [軌条] 궤조. 선로, 레일 = レール
**きじょう** [機上] 기상. 비행기 안 = 機中 ¶ ~の人となる 비행기를 타다
**きじょう** [騎乗] 图 自スル 기승. 말을 탐, 승마
**ぎしょう** [偽称] 图 他スル 위칭. 사칭 ¶ 肩書を~する 직함을 사칭하다
**ぎしょう** [偽証] 图 他スル 위증 ¶ ~罪 위증죄
**ぎじょう** [儀*仗] (文) 의장, 의식 때 쓰는 장식적인 무기 ¶ —**兵** 의장병 / —**隊** 의장대
**ぎじょう** [戯場] ⑦ 극장. 연극 무대
**ぎじょう** [議定] I 图 他スル (文) 의정. 의논해서 결정함, 그 결의 = ぎてい II 图 [日史] 1867년에 설치된 관직
**ぎじょう** [議場] 의장. 회의장
**きしょうてんけつ** [起承転結] (文) 기승전결 ① (한시에서) 구(句)의 배열법 ② (소설・희곡 등의) 줄거리의 진행・구성
**きじょうぶ** [気丈夫] ⑦ ①마음 든든함, 안심임 ¶ 君といっしょなら~だ 자네와 함께라면 마음 든든하다 ② (마음이) 다부짐, 굳세고 당참. 어기참 ¶ ~な人 다부진 사람
**きじょうゆ** [生*醤油] ①순간장, 전국 간장 ② (달이지 않은) 날간장
**きしょく** [気色] 기색. 안색, 기분 ¶ ~をうかがう 기색을 살피다 / ~が悪い 기분이 나쁘다 [개운치 않다]
**きしょく** [寄食] 图 自スル (文) 기식 ¶ 友達の家に~する 친구 집에 기식하다
**きしょく** [喜色] (文) 희색. 기쁜 기색 ¶ —**憂色** ¶ ~満面 희색 만면
**きし・る** [*軋る・*軋る] 自五 삐걱거리다 = きしむ ¶ 床板が~ 마룻청이 삐걱거리다
**きしん** [忌*辰] (文) 기신. 기일 = 忌日
**きしん** [帰心] (文) 귀심. (고향・집에) 돌아가고 싶은 마음
[慣用句]
—**矢の如し** 귀심여시 (歸心如矢)
**きしん** [寄進] 图 他スル (절・神社 등에) 기부함, 봉납함, 시주함 ¶ 鳥居を~する 鳥居를 봉납하다
**きしん** [貴紳] (文) "貴顕紳士"의 준말. 신분・품격이 높은 사람
**きじん** [奇人・*畸人] ⑦ 기인. 별난 사람, 괴짜 ¶ ~変人のたぐい 괴짜에 속하는 부류
**きじん** [鬼神] 귀신 (文) 죽은 사람의 넋, 신령 ¶ ~に横道なし 귀신은 도에 어긋나는

짓을 하지 않는다 ②사납고 무서운 신, 야차 = おにがみ ¶ 断じて行えば~もこれを避く 단호히 행하면 귀신도 그것을 막지 않는다 ③ [芸] 能楽의 귀신 가면 ④도깨비. 요괴 = 化け物 ▷ "きしん"이라고도 함
**きじん** [貴人] 귀인. 신분・지위가 높은 사람
**ぎしん** [義心] (文) 의심. 의로운 마음, 의협심
**ぎしん** [疑心] (文) 의심 = 疑がい ¶ ~を抱く 의심을 품다 **—*暗鬼** 의심 암귀
**ぎじん** [義人] (文) 의인. 의로운 사람
**ぎじん** [擬人] 의인. 사람이 아닌 것을 사람처럼 다룸 ¶ —**化** 의인화 **—*法** (文) 의인법
**きす** [*鱚] [動] 보리멸
**き・す** [帰す] 他五 (文) → きする(帰)
**き・す** [期す] 他五 (文) → きする(期)
**キス** (kiss) 图 自スル 키스. 입맞춤 = 接吻
**きず** [傷・*疵・*瑕・*創] ①상처, 다친 데, 흉터 ¶ 打ち身の~ 타박상 / 手に~をおう 손에 상처를 입다 ②(물건의) 흠, 흠집 ¶ 茶碗の~ 찻종의 흠 ③흠, 결점, 티 ¶ 玉に~ 옥의 티 / ~をあばく 결점을 들춰내다 ③흠, 오점 ¶ 経歴に~がつく 경력에 흠이 생기다
**ぎ・す** [擬す] 他五 (文) → ぎする(擬)
**ぎ・す** [議す] 他五 (文) → ぎする(議)
**きずあと** [傷跡・傷*痕・*疵*痕] 상흔. 상처 자국, 흉터 ¶ 戦争の~ ─ 전쟁의 상흔 / ~が残る 상처 자국이 남다
**きすい** [既遂] 图 기수 ①(文) 이미 끝냄 ②[法] 범죄의 실행을 완전히 끝냄 ¶ ~犯 기수범
**きずい** [気随] ⑦ 마음대로임, 제멋대로 함 ¶ ~気ままに暮らす 마음 내키는 대로 살다
**きずい** [奇瑞] (文) 기서. 기이하고 상서로운 징조
**きすう** [奇数] [数] 기수. 홀수 = 偶数
**きすう** [帰*趨] 图 귀추 = 勝敗の~を占う 승패의 귀추를 점치다
**きすう** [基数] [数] 기수. 기본수
**きずきあ・げる** [築き上げる] 他下一 쌓아 올리다, 이루어 내다 ¶ 城壁を~ 성벽을 쌓아 올리다 / 苦労を重ねて~げた財産 고생을 거듭하여 이루어 낸 재산
**ぎすぎす** 副 自スル (口) ①(동작・관계 등이) 매끄럽지 못함, 껄끄러움, 무뚝뚝함 ¶ ~とした関係 껄끄러운 관계 / ~した物言い 무뚝뚝한 말투 ②야위고 부드럽지 못함, 빼빼 ¶ ~した体つき 빼빼 마른 몸매
**きず・く** [築く] 他五 쌓다, 구축하다 ①쌓아 올리다 ¶ 堤防を~ 제방을 쌓다 ②(노력하여) 이룩하다 ¶ 富を~ 부를 쌓다 / 不動の地位を~ 확고한 지위를 구축하다
**きずぐすり** [傷薬・*疵薬] 상처에 바르는 약
**きずぐち** [傷口・*疵口] ①상처, 생채기 ¶ ~が塞がる 상처가 아물다 ②과거의 허물, 약점 ¶ 古い~に触れる 묵은 허물을 건드리다
**きずつ・く** [傷付く・*疵付く] 自五 ①상처를 입다, 다치다 ②흠이 생기다 ¶ 机が~ 책상에 흠이 생기다 ③ (比) (감정・명예 등이) 상처를 입다, 손상되다 ¶ 心が~ 마음에 상처를 입다

きずつ・ける【傷付ける・疵付ける】他下一 ①상처를 입히다, 다치게 하다¶他人を~ 다른 사람을 다치게 하다 ②물건을 흠내다, 파손하다¶陶器を~ 도자기를 파손하다 ③(감정·명예 등을) 상하게 하다, 손상시키다, 훼손하다¶名誉を~ 명예를 손상시키다

きずとがめ【傷咎め・疵咎め】 상처가 덧남

きずな【絆・紲】 ①(동물을) 매는 줄, 고삐 ②(끊기 어려운) 정리, 인연, 유대¶親子の~ 부모 자식간의 정리

きずもの【傷物・疵物】①흠이 있는 것, 흠진 물건, 파치¶~の茶碗 흠이 있는 찻종 ②(俗) 정조를 잃은 처녀

き・する【期する】他 I 自サ変 ①돌아가다, 귀착하다¶水泡に~ 수포로 돌아가다 ②귀의하다¶仏に~ 부처에 귀의하다 II 他サ変 돌리다, 전가하다¶責任を部下に~ 책임을 부하에게 전가하다

き・する【期する】他サ変(文) 기하다 ①기한을 정하다¶夜明けを~して攻撃する 새벽을 기하여 공격하다 ②기대하다, 기약하다¶合格を~ 합격을 기대하다·慎重を~ 신중을 기하다 ③벼르다, 결심하다¶心に~ものがある 마음에 결심한 바가 있다

ぎ・する【擬する】他サ変(文) ①흉내내다, 모방하다¶ゴッホを~した絵 고흐를 흉내낸 그림 ②가상(가정)해 보다, 예상하다¶次期社長に~ 차기 사장으로 가정해 보다 ③(무기 등을) 들이대다, 겨누다¶ピストルを~ 권총을 들이대다

ぎ・する【議する】他サ変(文) 의논하다, 심의하다¶国政を~ 국정을 심의하다

きするところ【帰する所】連語 귀결되는 바, 결국 = つまり¶~は同なじく 결국은 같다

きせい【気勢】기세¶~をあげる 기세가 오르다/~をそぐ 기세를 꺾다

きせい【希世・稀世】(文) 희세, 희대 = 希代¶~の大物 희세의 거물

きせい【奇声】기성¶~を発する 기성을 지르다

きせい【祈誓】(文) 기서, (신불에) 빌어 맹세함

きせい【既成】기성¶~観念 기성 관념/~作家 기성 작가・事実 기성 사실

きせい【既製】기성, 미리 만들어 놓음¶~服 기성복/~品 기성품

きせい【帰省】自スル 귀성 ①고향에 돌아감¶~客 귀성객 ②고향에 가서 부모님께 문안을 드림

きせい【寄生】自スル 기생 ①(生) 다른 생물에 붙어서 삶¶~植物 기생 식물 ②남에게 기대어 삶¶演芸界に~するやくざ 연예계에 기생하는 깡패 ─虫 기생충 ①(動) 다른 동물에 기생하는 동물 ②남에게 기대어 사는 사람¶社会の~ 사회의 기생충

きせい【規正】他スル 규정, 규칙·규정에 따라 바르게 고침¶政治資金~法 정치 자금 규정법

きせい【規制】他スル 규제 ①규칙에 따라 제한함¶交通~ 교통 규제 ②규정, 규칙¶~に従う 규제를 따르다 ─緩和 규제 완화

きせい【規整】(文) 규정, 규율에 따라 바르게 정리함

きせい【期成】(造語) 기성, 일을 꼭 이룰 것을 기약함¶校舎新築~会 교사 신축 기성회

きせい【棋聖】기성 ①바둑·장기의 명인 ②일본 바둑계 타이틀의 하나

きせい【擬制】(法) 성질이 다른 것을 동일시하여 법률상 같은 효과를 주는 일 ②(文) 겉보기, 꾸밈, 간주함 ─資本 (経) 의제 자본

ぎせい【擬勢】의세 ①(文) 허세¶~を張る 허세를 부리다 ②(동물이) 적을 위협하기 위해 취하는 동작·자세

ぎせい【擬製】(文) 의제, 흉내내어 만듦, 모조 ─豆腐 (料) 두부에 채소·달걀을 섞어 지거나 구운 요리

ぎせい【犠牲】희생 ①제사 때 바치는 산제물 ②(어떤 목적을 위해) 목숨이나 귀중한 것을 대신 바침¶自己~ 자기 희생/青春を~にする 청춘을 희생하는 ③(전쟁·재해 등으로) 목숨을 잃음, 그런 사람 ─者 희생자 ─打 (野) 희생타 ─バント (野) 희생 번트 ─フライ (野) 희생 플라이

ぎせいご【擬声語】(文法) 의성어

きせき【奇跡・奇蹟】①~の生還 기적의 생환/~的に助かる 기적적으로 살아나다

きせき【軌跡】궤적 ①(文) 바퀴 자국 ②(사람의) 발자취, 행적¶~をたどる 발자취를 더듬다 ③(幾) (기하학에서) 자취

きせき【鬼籍】(佛) 귀적, 과거장, 귀부(鬼簿) [慣用句] ─に入る 귀적에 들다, 죽다

きせき【輝石】(鉱) 휘석

ぎせき【議席】의석, 의원의 자리·자격¶~数 의석수/~を失う 의석을 잃다

きせずして【期せずして】連語 뜻밖에, 예기치 않게, 우연히¶~同じ結論に達する 뜻밖에 같은 결론에 이르다

きせつ【気節】(文) ①기개와 절조 ②계절, 기후

きせつ【季節】계절 ①철, 시절¶~の花 계절의 꽃/~の変わり目 환절기 ②시기, 철, 시즌¶卒業の~ 졸업 시즌 ─感 계절감 ─調整 (経) 계절 조정 ─病 계절병 ─風 계절풍 ─労働者 계절 노동자

きせつ【既設】自スル ⇔未設

きぜつ【気絶】自スル 기절, 실신 = 失神¶驚きのあまり~する 놀란 나머지 기절하다

ぎぜつ【義絶】自他スル(文) 의절, 인연을 끊음, 절교¶父と~とする 아버지와 의절하다

きせる【煙管】①담뱃대¶~をくわえる 담뱃대를 물다 ②(俗) (승하차역에 가까운 차표만 가지고 중간은 거저 타는) 부정 승차

き・せる【着せる】他下一 ①(옷을) 입히다¶学生服を~ 학생복을 입히다 ②입집어 씌우다, 전가하다¶罪を~ 죄를 뒤집어 씌우다 ③(곁에) 입히다, 씌우다¶メッキを~

도금을 입히다
- **きぜわし・い** [気ぜ忙しい] [形] ①부산하고 어수선하다¶年末は~ 연말은 부산하고 어수선하다 ②성급하다¶~人 성급한 사람
- **きせわた** [着せ綿] 물건 위에 씌온 솜¶菊の~ 국화꽃에 씌운 솜
- **きせん** [汽船] 기선¶定期~ 정기 기선
- **きせん** [基線] 기선 ①(삼각 측량에서) 기준이 되는 직선 ②(투영도에서) 입화면과 평화면이 교차하여 생기는 직선
- **きせん** [貴*賤] 귀천¶職業に~はない 직업에 귀천은 없다
- **きせん** [機先] 기선¶~を制する 기선을 잡다
- **きぜん** [*毅然] 의연¶~たる態度を示す 의연한 태도를 보이다
- **ぎせん** [義戦] [文] 의전. 의로운 싸움
- **ぎぜん** [偽善] 위선¶~者 위선자
- **ぎぜん** [*巍然] 우뚝 솟음. 빼어남¶~たる人物 의연한 인물
- **きせんほう** [奇先法] [法] 기선법
- **きそ** [木曽] 長野현 남서부 木曽川유역의 산과 계곡 지역. 一川은 飛騨산맥. 鉢盛산에서 발원하여 伊勢만으로 흘러드는 강. 一節 木曽谷 일대의 盆踊 노래
- **きそ** [起訴] [名][他スル] [法] 기소¶~状/ 기소장/傷害罪で~される 상해죄로 기소되다 一猶予 [法] 기소 유예
- **きそ** [基礎] 기초¶~工事 기초 공사/数学の~ 수학의 기초/~を築く 기초를 쌓다 一控除 [經] 기초 공제 一代謝 [醫] 기초 대사 一体温 [醫] 기초 체온 一付ける [他][下一] 근거를 부여하다. 밑받치다
- **きそ・う** [競う] [自][国][文] 다투다. 겨루다. 경쟁하다¶腕を~ 솜씨를 겨루다
- **きそう** [起草] [名][他スル] 기초¶法案を~する 법안을 기초하다
- **きそう** [貴僧] [文] I [名] 고승(高僧). 신분이 높은 승려 II [代] 귀승
- **きそう** [寄贈] 기증. 증정=きそう¶~品 기증품/本を~する 책을 기증하다
- **ぎそう** [偽装·擬装] [名][他スル] 위장¶~工作 위장 공작/~失業 위장 실업
- **ぎそう** [*艤装] [名][他][文] 의장. (선박의) 취항에 필요한 장비를 갖춤. 그 장비
- **ぎぞう** [偽造] [名][他スル] 위조¶贋造 [gam] 公文書~ 공문서 위조
- **きそうきょく** [奇想曲·綺想曲] [首] 기상곡
- **きそうせい** [巣巣性] 귀소성. 귀소 본능
- **きそうてんがい** [奇想天外] [7] 기상 천외¶~なアイディア 기상 천외의 착상
- **きそく** [気息] 기식. 숨. 호흡=いき·呼吸¶一竜えん 기식염염. 숨이 곧 끊어질 것 같음¶不景気で~としている企業 불경기로 헐떡거리고 있는 기업
- **きそく** [規則] 규칙¶就業~ 취업 규칙/~違反 규칙 위반/~を守る 규칙을 지키다 一的 [7] 규칙적 一動詞 [文法] 규칙 동사
- **きそく** [*驥足] [文] 준족. 뛰어난 재능¶~を

展のばす 뛰어난 재능을 펼치다
- **きぞく** [帰属] [名][自スル] 귀속 ①뒤따름. 추종함¶~意識 귀속 의식 ②그 소유가 됨¶韓国に~する領土 한국에 귀속하는 영토
- **きぞく** [貴族] 귀족 ①특권을 지닌 상류 계급¶~の出身 귀족 출신 ②(比) 혜택을 누리는 사람¶労働~ 노동 귀족 一院 (일본구 헌법하의) 귀족원 一制 [政] 귀족제
- **ぎそく** [偽足·擬足] [生] 위족. 헛발 = 仮足·虚足
- **ぎそく** [義足] [醫] 의족
- **ぎぞく** [義賊] 의적
- **きそば** [生*蕎麦] 순 메밀국수
- **きぞめ** [着初め] 새 옷을 처음으로 입음
- **きそん** [既存] [名][自スル] 기존¶~の施設を活用する 기존 시설을 활용하다
- **きそん** [*毀損] 훼손 I [名][自他スル] (물건이) 망가짐. 망가뜨림¶器物を~する 기물을 훼손하다 II [他スル] (명예·신용 등을) 손상함¶名誉~ 명예 훼손
- **きた** [北] ①북. 북쪽. 북녘¶~に向かって進む 북쪽을 향해 나아가다 ②「北風」의 준말. 북풍 ▷ ②⇔南
- **ぎだ** [犠打] [野] 「犠牲打」의 준말. 희생타
- **きたアメリカ** [北アメリカ] 북아메리카. 북미
- **きたい** [危*殆] 위태. 위험

|慣用句|
一に瀕する 위태로운 상태에 빠지다
- **きたい** [気体] [物] 기체 一定数 [物] 기체 상수 一燃料 기체 연료
- **きたい** [希*有·*稀有] [7][文] 희대. 세상에 드묾¶~の殺人魔 희대의 살인마
- **きたい** [奇態·奇体] [7] 기태. 별남. 기이함. 이상야릇함. 괴상함¶~な言動 괴상한 언동
- **きたい** [鬼胎] 귀태 ①[文] 두려움. 걱정. 근심¶~を抱く 두려움을 품다 ②[奇胎] [醫] 포상 기태 = 胞状奇胎
- **きたい** [基体] [哲] 기체. 사물의 근저에 있어서 변화하지 않는 실체
- **きたい** [期待] [名][他スル] 기대¶~外れ 기대에 어긋남/~を寄せる 기대를 걸다
- **きたい** [機体] 기체. 비행기의 동체¶~が傾く 기체가 기울다
- **きたい** [黄*鯛] [動] 황돔
- **きだい** [季題] (俳句 등에서) 계절감을 나타내기 위해 넣도록 정해진 말 = 季語·季
- **きたい** [貴台] [文] I [名] 귀댁 II [代] 귀체. 존체
- **きたい** [擬態] ①어떤 몸짓이나 모양을 흉내냄 ②[動] 동물이 다른 동물이나 주위의 빛깔·형태 등과 비슷하게 변하는 일 一語 [文法] 의태어
- **ぎだい** [議題] 의제¶~にとり上げる 의제로 채택하다
- **きた・える** [鍛える] [他][下一] ①벼리다¶鉄を~ 쇠를 벼리다 ②단련하다¶選手を~ 선수를 단련하다/~ 몸을 단련하다
- **きだおれ** [着倒れ] 옷치레하다 망함¶京都の~. 大阪の食い倒れ 京都 사람은 옷치

きたかいきせん【北回帰線】【地】 북회귀선
きたかぜ【北風】 북풍. 삭풍 ⇔ 南風
きたきゅうしゅう【北九州】①九州 북부 지방 ②福岡현 북부의 시 ―工業地帯 北九州 공업 지대
きたきりすずめ【着た切り雀】【俗】①입은 옷 뿐임, 단벌 ②단벌 신사
きたく【帰宅】 귀가
きたく【寄託】 【名他ス】 기탁 ¶ ～金 기탁금／蔵書を～する 장서를 기탁하다
きたぐに【北国】 북국. 북쪽 나라・지방 ¶ ～の春 북쪽 지방의 봄
きたけ【着丈】 옷의 길이, 옷기장 ¶ ～が合う 옷기장이 맞다
きた・す【来す】 【他五】 초래하다, 가져오다, 일으키다 ¶ 不便を～ 불편을 초래하다
きだち【木太刀】 목도, 목검(木劍)
きたつ【既達】 【名】【文】 (공문서 등에서) 이미 시달[지시]함 ¶ ～の件 이미 시달한 건
きだて【気立て】 마음씨, 심지, 성질 ¶ ～の優しい子 심지가 고운 아이
きたな・い【汚い・穢い】 【形】 더럽다 ①불결하다, 꾀죄죄하다, 지저분하다 ¶ ～部屋 더러운 방／～身なり 꾀죄죄한 옷차림／～字 지저분한 글씨 ②상스럽다, 천하다, 추잡하다 ¶ ～ことば 상스러운 말씨 ③비열하다 ¶ ～手段 비열한 수단 ④인색하다, 쩨쩨하다 ¶ お金に～ 돈에 인색하다
きたならし・い【汚らしい・穢らしい】 【形】 추접스럽다, 꾀죄죄하다 ¶ ～シャツ 꾀죄죄한 셔츠
きたのかた【北の方】①북방, 북쪽 ②(옛날에) 귀인의 정실, 내당 마님
きたはんきゅう【北半球】【地】 북반구
きたまくら【北枕】①【佛】 죽은 사람의 머리를 북쪽으로 안치하는 일 ②머리를 북쪽으로 두고 잠
きたやま【北山】①북쪽 산, (특히) 京都의 북쪽 산들 ②【俗】 배가 고파옴, 시장기가 돎 ¶ 腹がそろそろ～だ 배가 슬슬 고파온다 ―時雨 京都의 북쪽 산에서 내리기 시작하는 늦가을비 ―文化 室町 초기의 将軍인 足利義満가 다스리던 시대의 문화
ぎだゆう【義太夫】【藝】 『義太夫節』의 준말 ―節 【藝】 元禄시대의 浄瑠璃로서의 한 파
きたりゅう【喜多流】【藝】 能楽의 한 파
きた・る【来る】 【連体】【文】 오는, 이번 ⇔ 去る ¶ 遠足は～五月一日ときまりました 소풍은 오는 5월 1일로 결정되었습니다 ―べき 【連体】 다가올, 다음에 올, 요 다음의 ¶ ～投票日には 다가올 투표일에는
きたん【忌憚】 기탄 ¶ ～のない意見 기탄 없는 의견／～なく言えば 기탄없이 말하자면
きたん【奇譚】【文】 기담. 신기하고 이상한[재미있는] 이야기
きだん【気団】【気】 기단 ¶ シベリア～ 시베리아 기단

きだん【奇談】 기담 ¶ 珍談～ 진담 기담
きだん【綺談】【文】 재담(才談), 재미나게 꾸민 이야기
ぎだん【疑団】【文】 의심의 응어리, 풀리지 않는 의심 ¶ ～が氷解する 의심이 풀리다
きち【吉】【音】 キチ・キツ【よし】①【音】 길. I【造語】 경사스럽다, 좋은 일 ¶ 吉日 길일・吉凶 길흉・不吉 불길 II 길. 경사스러운 일, 좋은 일 ¶ ～と出るか凶と出るか 길하다고 나올까 흉하다고 나올까
きち【危地】 위지. 위험한 곳[입장・상태] ¶ ～に陥る 위지에 빠지다／～を脱する 위지를 벗어나다
きち【奇知・奇智】 기지. 기발한 지혜
きち【既知】【名】 기지. 이미 알려진 일, 이미 알고 있음 ⇔ 未知 ¶ ～の事実 기지의 사실 ―数 기지수 ⇔ 未知数
きち【基地】 기지 ¶ 宇宙～ 우주 기지
きち【貴地】【文】 귀지 = 御地
きち【機知・機智】 기지, 재치 = 機転 ¶ ～に富んだ会話 기지가 넘치는 회화
きち【窺知】 【名他ス】【文】 규지. 엿보아 앎 ¶ 敵の行動を～する 적의 행동을 규지하다
きちがい【気違い・気狂い】①미치광이, 정신 이상자 ②광적임, …광 ¶ 釣り～ 낚시광 ―沙汰 미치광이 같은 짓. 미친 짓 ¶ この嵐に出航するとは～だ 이런 태풍 속에 출항하다니 미친 짓이다 ―染みる 【自上一】 미치광이처럼 보이다, 미친 것 같다 ―水 술
【慣用句】
―に刃物 미친 사람에게 칼. 위험하기 짝이 없음
きちきち【口】I【名】 방아깨비 II【副】①(물건이 맞닿는 소리) 삐걱삐걱, 꼬박꼬박, 또박또박 III【ダ】①(가득 차서) 빽빽함 ¶ ～に詰め込む 빽빽히 처넣다 ②(양・시간 등이) 빠듯함 ¶ ～な予算 빠듯한 예산／～で間に合う 가까스로 시간에 대다
きちく【鬼畜】【文】 귀축 ①악귀와 짐승 ¶ ～にも劣る所行 귀축만도 못한 소행 ②비정하고 잔인한 사람 ¶ ～ 빼은덕한 사람
きちじ【吉事】 길사. 경사 = きつじ ⇔ 凶事 ¶ ～がつづく 경사가 잇따르다
きちじつ【吉日】 길일 ¶ 大安～ 대안 길일
きちじょう【吉祥】 길상. 상서로운 징조 = きっしょう ―天 길상천. 길상 천녀, 중생에게 복과 덕을 내린다는 천녀 = きっしょうてん
きちにち【吉日】 → きちじつ
きちゃく【帰着】 【名自ス】 귀착 ①돌아와 닿음 ¶ 夕方～は六時に～する 저녁 6시에 귀착하다 ②결말에 다다름, 귀결 ¶ 議論の～点 논의의 귀착점
きちゅう【忌中】 기중. 상중
きちょ【貴著】【文】 (상대방의 저서에 대한 높임말) 귀저
きちょう【几帳】 (귀인의 방에 치던) 칸막이 휘장 ―面 【ダ】 (성격 등이) 착실하고 꼼꼼함

**きちょう** [帰朝] 名 自スル 귀조. (외국에서) 귀국함¶ ～報告 귀국 보고

**きちょう** [記帳] 名 他スル 기장 ①장부에 기입함¶ 入金を～する 입금을 기장하다 ②(방명록 등에) 이름을 기입함, 등록함¶ 受付で～を済ます 접수처에서 기장을 마치다

**きちょう** [基調] 기조 ①사상・학술 등의 바탕이 되는 경향¶ ヒューマニズムを基調とした文学 휴머니즘을 기조로 한 문학 ②주조, 주조음 ③[美] 기조색¶ ～色 기조색

**きちょう** [貴重] ナ 귀중¶ ～品 귀중품¶ ～な時間を割く 귀중한 시간을 할애하다

**きちょう** [機長] (항공기의) 기장

**ぎちょう** [議長] 의장¶ 衆議院～ 중의원 의장/ ～を務める 의장직을 맡다

**きちれい** [吉例] 길례. 경사스러운 관례＝きつれい¶ ～に従う 길례에 따르다

**きちんと** 副 自スル ①깔끔히, 말끔히, 말쑥히¶ ～した髪型 말쑥한 머리 모양 ②정확히, 어김없이, 꼬박꼬박¶ ～勘定する 정확히 계산하다/ ～支払う 어김없이 지불하다 ③착실하고 규칙 바른 모양＝きっちりと¶ ～した性格 착실하고 규칙 바른 성격

**きちんやど** [木賃宿] ①숙박객이 손수 취사하고 연료비만 내고 숙박하던 여인숙 ②싸구려 여인숙

**きつ** [吃] 音キツ 訓どもる|(음)흘. (造語) ①말을 더듬다, 말더듬이¶ 吃音 흘음 ②(물을) 빨아들이다¶ 吃水 흘수 ③당하다, 끼다¶ 吃驚 흘경 ③은「喫」가 대용자

**きつ** [喫] 音キツ|(음)끽. (造語) ①마시다, 먹다, 피우다¶ 喫煙 끽연 喫茶 끽다・満喫 만끽 ②받다, 당하다¶ 喫驚 끽경 ②는「吃」의 대용자

**きつ** [詰] 音キツ 訓つめる・つまる・つむ|(음)힐. (造語) ①캐묻다, 문책하다¶ 詰責 힐책・詰問 힐문 ②막히다, 구부러지다, 밀어넣다¶ 詰屈 힐굴

**きつ** [橘] 音キツ 訓たちばな|(음)귤. (造語) ①귤, 귤나무 ②柑橘 감귤 ③고대 일본의 4대성의 하나. 橘氏 源平藤橘 일본의 4대성 ④[黙字訓] 枸橘 탱자나무

**きつ・い** 形 ①고되다, 심하다, 엄하다¶ ～仕事 고된 일/ ～・くしかる 엄하게 꾸짖다 ②(성격이) 강하다, 다부지다¶ ～性格 다부진 성격 ③꽉 죄다(끼다), 빽빽하다¶ ベルトが～ 벨트가 꽉 죄다/ ～スケジュール 빽빽한 스케줄 ④(자극이) 강하다, 독하다¶ 日ざしが～ 햇볕이 강하다/ ～酒 독한 술

**きつえん** [喫煙] 名 自スル 끽연, 흡연

**きつおん** [吃音] (文) 말을 더듬음, 그런 소리, 말더듬이¶ ～矯正 말더듬이 교정

**きっか** [菊花] (文) ①국화＝きくか ②국화꽃무늬¶ ～の紋 국화꽃 무늬

**きっかい** [奇っ怪] ナ (口) [奇怪의 힘줌말]. 기괴¶ ～千万 기괴하기 짝이 없음

**きづかい** [気遣い] ①배려, 마음 씀¶ ～を示す 배려를 보이다 ②염려, 걱정, 두려운 일¶ 失敗の～ 실패할 염려

**きづか・う** [気遣う] 他国 염려하다, 걱정하다, 마음을 쓰다¶ 安否を～ 안부를 염려하다

**きっかけ** [切っ掛け] 실마리, 기회, 계기¶ ふとした～で知り合う 우연한 계기로 알게 되다

**きっかり** (口) ①副 정확히, 꼭, 딱＝かっきり¶ ～九時に始まる 정확히 9시에 시작한다 ②副 뚜렷이, 선명하게¶ ～と浮かび上がる 선명하게 떠오르다 ③副 (시간・수량을 나타내는 말에 붙어) 꼭…, 정확히…¶ 八時～に呼んでくれ 8시 정각에 불러 주게/ 幅は1m～ある 폭은 꼭 1미터다

**きづかれ** [気疲れ] 심로, 정신적인 피로¶ ～して寝込む 심로로 몸져 눕다

**きづかわし・い** [気遣わしい] 形 (文) 염려스럽다, 걱정스럽다¶ 病状が～ 병세가 염려스럽다

**きつきゅうじょ** [*鞠躬如] (文) (존경하는 뜻으로) 몸을 굽힘, 국궁¶ ～として意向を伺う 몸을 굽혀 의향을 여쭈어 보다

**きっきょ** [拮据] 名 自スル (文) 길거, 바쁘게 (부지런히) 일함

**きっきょう** [吉凶] 길흉¶ ～をうらなう 길흉을 점치다

慣用句

**―は糾える縄の如し** (比) 길흉사는 꼬인 새끼줄처럼 번갈아 온다

**きっきょう** [喫驚・*吃驚] 名 自スル (文) 끽경. 깜짝 놀람¶ 悲報に接して～する 비보를 받고 깜짝 놀라다

**きっきん** [喫緊] ナ (文) 끽긴. 매우 긴박하고 중요함¶ ～の問題 매우 긴요한 문제

**き・づく** [気付く] ①깨닫다, 알아차리다, 눈치채다¶ 間違いに～ 틀린 것을 깨닫다/ 彼の気持ちに～ 그의 마음을 알아차리다 ②정신이 들다, 의식을 회복하다¶ ～・いたら病院にいた 정신이 들어 보니 병원에 있었다

**きっくつ** [詰屈・*佶屈] ナ 名スル (文) 길굴 ①(글 등이) 구부러짐, 꾸불꾸불함 ②(글자・글이) 난해함¶ ～な詩 난해한 시

**ぎっくりごし** [ぎっくり腰] (갑자기 허리를 비틀거나 물건을 들어올릴 때의) 심한 요통

**きつけ** [気付け] ①(실신한 사람을) 정신이 들게 함, 깨어나게 함 ②기운을 차리게 함¶ ～にいっぱいやる 기운 차리게 한 잔하다¶「気付け薬」의 준말 ━薬 ①정신이 들게 하는 흥분제 ②(俗) 술

**きつけ** [着付け] ①(일본옷을 법식에 따라) 잘 입음(입혀줌)¶ ～教室 복식 교실 ②(일본옷의) 옷맵시¶ ～がいい 옷맵시가 좋다 ③늘 입어 몸에 익음¶ ～の洋服 늘 입어 몸에 익은 양복

**きづけ** [気付け] (文) (편지 등을 다른 사람 앞으로 부칠 때 겉봉에 쓰는 말) …전교(轉交)¶ A社にゃB様 A사 전교 B씨

**きっこう** [*拮抗] 名 自スル 길항. 맞섬, 맞버팀¶ 両者が～する 양자가 맞서다

**きっこう** [亀甲] ①귀갑. 거북의 등딱지 ②귀갑 무늬, 6각형 무늬 ¶ ～編み 6각형 무늬 뜨기 ③겹쇠물호, 대괄호 ④(造園)[料] 거북의 등딱지처럼 6각형으로 자름

**きっさ** [喫茶] ①끽다. 차를 마심 ②「喫茶店てん」의 준말 ―店てん 다방, 찻집

**きっさき** [切っ先・鋒] 칼 끝, 뾰족한 끝 ¶ 鋭いー を突きつける 날카로운 칼 끝을 들이대다

**ぎっしゃ** [牛車] 우차. (옛날에 귀인이 타고 다니던) 소가 끄는 수레 = ぎゅうしゃ

**きっしょう** [吉祥] → きちじょう

**ぎっしり** [副] 가득, 꽉, 빽빽히 = ぎっちり ¶ ～と詰めて 가득 채우다/ 予定ていが～詰つまっている 예정이 꽉 차 있다

**きっしん** [吉辰] [文] 길신. 길일 = 吉日きちじつ ¶ ～を選ぶ 길일을 택하다

**きっすい** [生粋] [名] 순수 ¶ ～の江戸えっ子 순수한 東京とう 토박이

**きっすい** [喫水・吃水] [工] 흘수. 선체가 물에 잠긴 부분, 그 깊이 ―線せん [工] 흘수선

**きっ・する** [喫する] [他](文) ①마시다, 먹다, 피우다 ¶ 茶ちゃを～ 차를 마시다/ たばこを～ 담배를 피우다 ②(나쁜 일을) 당하다, 입다, 받다 ¶ 慘敗ざんを～ 참패를 당하다

**きっせき** [詰責] [名他スル](文) 힐책 = 厳きびしい～の言葉ことば 엄한 힐책의 말

**きつぜん** [屹然] [ト](文) ①(산이) 우뚝함 ¶ ～とそびえ立たつ山やま 우뚝 솟은 산 ②(태도 등이) 의연함 ¶ ～たる態度たいど 의연한 태도

**きっそう** [吉左右] ①희소식 = 吉報きっほう ¶ ～を待まつ 희소식을 기다리다 ②가부간의 소식

**きっそう** [吉相] 길상 ①길조, 상서로운 조짐 ②좋은 인상(人相) = 瑞相ずいそう

**きづた** [木蔦] [植] 상춘등, 송악 = ふゆづた

**きたはった** [切った張った] [連語](口) 칼로 베거나 주먹으로 침, 난폭함 ¶ ～のやくざ暮くらし 난폭한 깡패 생활

**きづち** [木槌] 나무 망치, 나무 메

**きっちゃ** [喫茶] [俗] → きっさ

**キッチュ** (독 Kitsch) 키치. (예술품 등의) 모조품, 조잡한 물건. 下品な食ょくは俗ぞくに= まがいもの

**ぎっちょ** [俗] ①왼손잡이 ②[動] 여치

**きっちょう** [吉兆] [文] 길조 ⇔ 凶兆きょうちょう

**きっちり** I [副自スル] ①(빈틈없이 들어맞는 모양) 꼭, 딱 = きっかり ¶ ～とした仕立たての服ふく 딱 맞게 맞춘 옷 ②(잘 정돈된 모양) 정연하게 ¶ 仕事しごとを～とやる 일을 정연하게 하다 II [副] (시간·수량을 나타내는 말에 붙여) 정확히…꼭…딱 ¶ 十二時じゅうにじ～に食事しょくじをする 12시 정각에 식사를 하다/ 十人じゅうにん～そろって来きた 딱 10명이 모여서 왔다

**キッチン** (kitchen) 키친, 부엌, 주방 ―ドリンカー (옝 kitchen drinker) (俗) 키친 드링커. 주부 상습 음주자

**きつつき** [啄木鳥] [動] 딱따구리

**きって** [切手] ①우표 ¶ ～をはる 우표를 붙이다 ②수표, 어음

**きっての** [切っての] [連語] 으뜸가는, 제일의,

가장 뛰어난 ¶ 当代とうだい～才筆さいひつ 당대 제일의 재필/ 財界ざいかい～実力者じつりょくしゃ 재계에서 으뜸가는 실력자

**きっと** [屹度・急度] [副] ①꼭, 반드시, 틀림없이 = 必かならず ¶ 昼ひるからは～雨あめになる 낮부터는 틀림없이 비가 온다/ ～お返かえししま す 꼭 갚겠습니다 ②(표정·태도가 엄해지는 모양) ¶ ～した目付めつきの鋭するどい眼光がんこう/ ～なって反論はんろんする 정색하고 반론하다

**キット** (kit) 키트. (모형 등의) 조립 부품 일습

**キッド** (kid) 키드 ①새끼 염소 가죽 ②송아지 가죽

**きつね** [狐] ①여우 ②교활한 사람 ③「きつねうどん」의 준말 ④「きつねいろ」의 준말 ⑤「いなりずし」의 딴이름

[慣用句]
― と狸たぬきの化ばかし合あい [比] 교활한 것들끼리 서로 속임
―につままれる 여우에게 홀리다

**きつねいろ** [狐色] 노르끄레한 빛깔, 엷은 갈색 ¶ こんがりと～に焼やく 알맞게 노르끄레하게 굽다

**きつねうどん** [狐饂飩] 유부 국수 = きつね

**きつねけん** [狐拳] 두 사람이 마주 앉아 손으로 「きつね 여우」「庄屋しょうや 촌장」「鉄砲てっぽう 총」 또는 「狩人かりゅうど 포수」의 흉내를 내며 겨루는 놀이

**きつねごうし** [狐格子] 뒤에 판자를 댄 격자(格子)문 = 木連格子きつれごうし

**きつねつき** [狐付き・狐憑き] 여우에게 홀려서 생긴다는 정신병, 그런 병에 걸린 사람

**きつねのよめいり** [狐の嫁入り] ①줄지어 늘어선 도깨비불 ②여우비 = 日照ひでり雨あめ

**きつねび** [狐火] 도깨비불

**きっぱり** [副] 딱 잘라, 단호히 ¶ ～と断ことわる 딱 잘라 거절하다

**きっぷ** [切符] ①표 ¶ 往復おうふく～ 왕복 차표/ ～売り場ば 매표소 ②(특정 상품의) 구입권 ¶ 衣料いりょう～ 의류 구입권 ③자격, 권리 ¶ 出場しゅつじょうの～を手てにする 출장 자격을 얻다

**きっぷ** [気っ風] 쩨쩨하지 않은 기질, 활수 ¶ ～がいい 활수하다

**きっぽう** [吉報] 길보. 회소식 ⇔ 凶報きょうほう・悪報あくほう ¶ ～が舞まい込こむ 길보가 날아 들다

**きづまり** [気詰(ま)り] [名ダ] 거북함, 어색함 ¶ 先輩せんぱいばかりの～な会かい 선배만 있는 거북한 모임

**きつもん** [詰問] [名他スル] 힐문 ¶ 失敗しっぱいの理由りゆうを～される 실패의 이유를 힐문당하다

**きづよ・い** [気強い] [形] ①믿음직하다, 마음 든든하다 = 心強こころづよい ¶ 君きみが一緒いっしょなら～ 자네가 함께라면 마음 든든하다 ②어기차다, 당차다 ¶ ～女おんな 당찬 여자

**きつりつ** [屹立] [名自スル](文) 흘립. (산 등이) 우뚝 솟아 있음 ¶ ～する国境こっきょうの山々やまやま 우뚝 솟은 국경의 산들

**きつれい** [吉例] → きちれい

**ぎて** [技手] (口) → ぎしゅ(技手)

**きてい** [汽艇] [文] 기정. 란치 = ランチ

**きてい** [既定] 图 기정 ⇔ 未定ৣ¶ ～の方針ৣৣৣ どおり 기정 방침대로

**きてい** [基底] 文 기저¶ ～を成⃝す精神ৣৣ 기저를 이루는 정신 **―状態**ৣৣ 物 기저 상태

**きてい** [規定] 图他ス 규정 ①규칙으로 정함, 그 규칙 **概念**ৣৣ～ 개념 규정 ②法 법령의 조항으로 정함, 그 조항 **前項**ৣৣ の～による と 전항의 규정에 의하면 ③化 용액의 농도를 나타내는 단위 **―演技**ৣৣ (피겨스케이트·체조에서) 규정 연기 **―打席**ৣৣ 野 규정 타석

**きてい** [規程] 규정 ①法 정해진 일련의 조항 전체 ②(관공서 등의) 직무·조직에 관한 규칙¶ **服務**ৣৣ～ 복무 규정

**きてい** [旗亭] 文 요릿집, 주막 ②여관

**ぎてい** [義弟] ①의제, 의동생＝弟分ৣৣৣ ②여동생의 남편이나 배우자의 동생 ⇔ 実弟ৣৣ

**ぎていしょ** [議定書] 图 의정서

**きてき** [汽笛] 기적, 고동 소리¶ ～を鳴らす 기적을 울리다

**きてれつ** [奇天烈] ﾅ (口) 이상야릇함, 매우 별남¶ 奇妙ৣৣৣ～ 기기묘묘함

**きてん** [起点] 기점, 출발점¶ ハイウエーの～ 고속도로의 기점

**きてん** [基点] 文 기점, 기준이 되는 점

**きてん** [機転・気転] 기지, 재치¶ ～が利きく 기지가 있다

**きでん** [起電] 图自ス 기전, 전기를 일으킴¶ **―機** 기전기 **―力** 物 기전력

**きでん** [貴殿] 代 文 (편지에서) 귀하

**ぎてん** [疑点] 文 의문점¶ ～が残ৣৣ 의문점이 남다

**ぎてん** [儀典] 文 의전¶ 典例ৣৣ

**きでんたい** [紀伝体] 表 기전체, 인물의 전기를 중심으로 기술하는 역사 서술 형태

**きと** [企図] 图他ス 文 기도¶ 地域開発ৣৣৣৣ を～する 지역 개발을 기도하다

**きと** [帰途] 文 귀도, 귀로＝帰ৣৣ道¶ ～につく 귀로에 오르다

**きど** [木戸] ①(정원 등의) 나무로 된 외짝 여닫이문 ②흥행장의 출입구¶「木戸銭ৣৣৣ」의 준말 **―口** ①(정원 등의) 출입구 ②흥행장의 출입구 **―御免**ৣৣ (흥행장의) 무료 입장할 수 있음 ②(어떤 장소에) 자유롭게 출입할 수 있음 **―銭**ৣৣ (흥행장의) 입장료 **―番**ৣৣ (흥행장의) 문지기

**きど** [輝度] 物 휘도

**きどあいらく** [喜怒哀楽] 희로애락¶ ～を共にする 희로애락을 함께 하다

**きとう** [気筒] 기통, 실린더¶ 六ৣৣ～エンジン 6기통 엔진

**きとう** [祈禱] 图自他ス 기도¶ **―師** 기도사/ ～を捧げる 기도를 올리다

**きとう** [季冬] 文 계동 ①늦겨울, 만동(晩冬) ②음력 12월의 딴이름

**きとう** [亀頭] 医 귀두¶ ～炎 귀두염

**きどう** [気道] 文 기도

**きどう** [奇童] 文 기동, 재주가 특출한 아이

**きどう** [奇道] 文 기발한 방법

**きどう** [軌道] 궤도 ①선로¶ **―車** 궤도차 ②物 운동하는 물체가 그리는 곡선¶ 楕円ৣৣ ～を描く 타원 궤도를 그리다 ③天 천체의 운행 경로¶ 火星ৣৣ の～ 화성의 궤도 ④比 사물이 진행되어 가는 일정한 경로¶ 計画ৣৣৣ の**―修正**ৣৣৣ 계획의 궤도 수정/ ～をはずれる 궤도를 벗어나다
慣用句
―に乗る 궤도에 오르다

**きどう** [起動] 图自ス 物 기동 ①움직이기 시작함 ②(기관이) 운전을 개시함, 시동¶ 発電機ৣৣৣ が～する 발전기가 시동하다

**きどう** [機動] 기동¶ **―演習**ৣৣ 기동 연습 **―作戦**ৣৣ 기동 작전 **―性** 기동성 **―隊**ৣৣ 기동대 **―部隊**ৣৣ 기동 부대 **―力** 기동력

**きどうしゃ** [気動車] 文 기동차

**きどうらく** [着道楽] 옷치레하는 일을 낙으로 삼음, 그런 사람

**きとく** [危篤] 위독, 중태¶ ～に陥ৣৣ 중태에 빠지다

**きとく** [奇特] ﾅ 기특, 갸륵함¶ ～な申し出で 기특한 제의

**きとく** [既得] 图 文 기득¶ ～の知識ৣৣ 이미 알고 있는 지식 **―権** 기득권

**きどり** [木取り] ①材 재목의 마름질, 통나무에서 각재를 켬 ②料 재료를 요리에 맞는 모양이나 크기로 썲

**きどり** [気取り] ①젠체함, 거드름¶ ～のない 性格ৣৣ 젠체하지 않는 성격 造語 ②인 체함, …연함¶ 夫婦ৣৣ～ 부부의 체함/天才ৣৣ～ 천재연함 **―屋** 거드름쟁이, 젠체하는 사람

**きど・る** [気取る] I 自五 젠체하다, 거드름피우다, 점잔빼다¶ おに～ 별스럽게 거드름피우다/ ～った歩きかた 점잔뺀 걸음걸이 II 他五 체하다, …인 척하다, …연하다¶ 紳士ৣৣ を～ 신사인 체하다

**きどるい** [希土類] 化 희토류, 희토류 원소

**きない** [畿内] ①(옛날 왕이 거처하던) 수도 주변의 땅 ②(옛날 조정이 있었던) 京都 부근의 다섯 지방의 총칭

**きない** [機内] 기내, 항공기 내부¶ **―食**ৣ 기내식

**きなが** [気長] ﾅ (성질이) 느긋함 ⇔ 気短ৣৣৣ¶ ～に構ৣৣ 느긋한 자세를 취하다

**きながし** [着流し] (袴ৣৣ를 입지 않은 남자의) 평상복 차림¶ ～で散歩ৣৣ する 평상복 차림으로 산책하다

**きなくさ・い** [焦臭い] 形 ①(천·종이 등이) 눈는 냄새가 나다, 단내가 나다 ②전쟁·소란이 일어날 낌새이다¶ ～世界情勢ৣৣৣ 전운이 감도는 세계 정세 ③어딘가 수상쩍다¶ ～男ৣ 어딘가 수상쩍은 남자

**きなぐさみ** [気慰み] 울적한 마음을 달램, 소창(消暢), 기분 전환¶ ～に散歩ৣৣ する 기분 전환으로 산책하다

**きなこ** [黄(な)粉] 콩가루, 콩고물¶ ～もち 콩고물을 묻힌 떡

**きなん** [危難] 위난, 재난¶ ～を免ৣৣれる 위

きにち [忌日] 기일, 제삿날= きじつ・命日

きにゅう [記入] 名他スル 기입 ¶申込書に氏名を~する 신청서에 성명을 기입하다

きによう [鬼繞] (한자 부수의) 귀신귀부 ▷「魅」「魁」 등의 부수 부분

きにん [帰任] 名自スル 귀임

き ぬ [^衣] (文) 옷, 의복 ¶歯に~着せず 있는 그대로 솔직하게 말하다

きぬ [絹] ①명주실, 견사 ②비단, 견직물 ¶~のスカーフ 비단 스카프

きぬいと [絹糸] 견사, 명주실

きぬおりもの [絹織物] 견직물, 명주, 비단

きぬがさ [^衣^笠・絹傘] ①(옛날 귀인의 뒤에서 받치던) 자루가 긴 비단 양산 ② → てんがい(天蓋)①

きぬかつぎ [^衣^被] ①껍질째 삶은 작은 토란 ②장옷, 그런 옷을 입은 여자

きぬぎぬ [^衣^衣・〈後朝〉] 동침한 남녀가 아침에 헤어짐, 그런 아침 ¶~の別れ 동침한 남녀의 아침 이별

き ぬけ [気抜け] 名自スル ①맥이 빠짐, 얼떨떨함 ¶目標を失なって~する 목표를 잃고 맥이 빠지다 ②김이 빠짐 ¶~したビール 김빠진 맥주

きぬごし [絹漉(し)] ①명주, 깁체로 곱게 거름, 그렇게 거른 것 ②깁체로 걸러서 만든 부드러운 두부

きぬこまち [絹小町] 「絹小町糸」의 준말, 방적 견사로 만든 바느질실

きぬじ [絹地] ①비단천 ②(동양화용의) 깁바탕, 견본(絹本) = 絵絹

きぬずれ [衣擦れ] (입고 있는) 옷의 스침, 그런 소리 ¶かすかな~の音が 희미하게 들려오는 옷 스치는 소리

きぬた [^砧] 다듬잇돌, 다듬이질 ¶~の音が 다듬이질 소리

きぬばり [絹針] (비단 바느질용) 가는 바늘

きぬばり [絹張り] ①비단을 바름, 그런 물건 ¶~の傘 비단을 바른 우산 ②재양틀= 伸子しんし ③재양판(裁陽板)

きぬぶるい [絹^篩] 깁체

きぬもの [絹物] 견직물, 비단, 비단옷

きぬ わた [絹綿] 풀솜, 설면자(雪綿子)

き ね [^杵] 절굿공이

きねずみ [木^鼠] 「りす」의 딴이름, 다람쥐

きねづか [^杵^柄] 절굿대, 공잇자루 ¶昔取った~ (지금도 자신있는) 옛날에 익힌 솜씨

キネマ [kinema] 키네마, 영화, 활동 사진

きねん [祈念] 名他スル 기념, 기원 ¶合格を~する 합격을 기원하다

きねん [紀年] (文) 기년, 기원(紀元)부터 센 햇수 ー銘 기년명

きねん [記念] 名他スル 기념 ¶~品 기념품/ ~切手 기념 우표/ 卒業~ 졸업 기념 ー祭 기념 축제 ー碑 기념비 ー日 기념일 ¶結婚~ 결혼 기념일

ぎねん [疑念] (文) 의념, 의심 ¶疑たい~を抱いだく 의심을 품다

きねんさい [祈年祭] 매년 음력 2월 4일 神祇官에서 풍년과 나라의 안녕을 빌던 제사

きのう [昨日] 어제 ①어저께 ¶~の午後 어제 오후 ②머지않은 지난날, 과거 ¶~の敵は今日の友 어제의 적은 오늘의 친구 ー今日きょう ①어제와 오늘 ②최근, 작금
慣用句
ーの今日きょう 바로 어제, 어떤 일이 일어난 지 얼마 되지 않음
ーの淵は今日の瀬 어제의 깊은 소는 오늘의 여울, 세상 일의 덧없음의 비유

きのう [気^嚢] 기낭 ①(조류의) 공기 주머니 ②(기구 등의) 가스 주머니

きのう [帰納] 名他スル (論) 귀납 ⇔ 演繹えんえき ¶~的推論 귀납적 추론 ー法 (論) 귀납법 ー論理学 (論) 귀납 논리학

きのう [帰農] 귀농

きのう [機能] 名他スル 기능 ¶~低下 기능 저하/ ~を果たす 기능을 다하다 ー主義 기능주의 ー的 기능적

ぎのう [技能] 기능 ¶~が優れている 기능이 뛰어나다 ーオリンピック 기능 올림픽

きのえ [^甲] 갑, 십간(十干)의 첫째

きのえね [^甲^子] 갑자, 육십갑자의 첫째

き の か [木の香] 나무 향기 ¶~が漂う 나무 향기가 감돌다

きのかしら [木の頭・柝の頭] (歌舞伎에서) 막이 끝날 때 두드리는 딱따기의 첫소리

きのくに [紀の国・紀伊] 지방

きのこ [^茸・^蕈・^菌] (植) 버섯 ¶毒~ 독버섯/ ~狩り 버섯 따기

きのこぐも [^茸雲] (気) 버섯 구름

きのじ [喜の字] (세는 나이로) 77세, 희수(喜壽) = きじゅ ¶~の祝い 희수 잔치

き の と [^乙] 을, 십간(十干)의 둘째

き の どく [気の毒] 名ダ ①딱함, 가엾음, 불쌍함 ¶~な身の上 불쌍한 신세/ ~に思う 가엾게 여기다 ②(폐를 끼쳐) 미안함 ¶君には~をしたね 자네에게는 미안하게 됐네

き のぼり [木登り] 名自スル 나무 타기, 나무 오르기 ¶~して遊ぶ 나무 타며 놀다

きのみ きのまま [着の身着の^儘] 連語 달랑 몸에 걸친 옷뿐임, 입은 옷밖에는 아무것도 없음 ¶~で逃げ出す 달랑 입은 옷만으로 도망가다

きのめ [木の芽] ①나무 순, 새싹 ¶~がふく 새싹이 움트다 ②산초나무 순 ー和え (料) 산초 순을 갈아 넣은 된장에 무친 요리 ー田楽 (料) 산초 순을 갈아 넣은 된장을 두부에 발라 구운 요리 ー時 새싹이 움틀 무렵, 봄철

きのやまい [気の病] 마음의 병

きのり [気乗り] 마음이 내킴, 솔깃해짐 ¶~がしない 마음이 내키지 않다 ー薄 ダ 마음이 내키지 않음 ¶~な返事 내키지 않는 답변

き ば [^牙] (動) 엄니
慣用句
ーを研ぐ 엄니를 갈다, 상대를 해치려고 벼

**―を剝く**(노하여) 엄니를 드러내다, 적의를 드러내며 대들다

**きば**【木場】①목재 저장소, 저목장(貯木場) ②목재상이 많이 모여 있는 곳

**きば**【騎馬】기마, 말을 탐, 말탄 사람¶ ~警官 기마 경관/~戰 기마전

**きはい**【跪拜】图 自ス 궤배, 무릎 꿇고 절함

**ばい**【木灰】목회, 나뭇재= もっかい

**きばえ**【着映え】입었을 때 옷맵시가 남¶~のする服 입었을 때 옷맵시가 나는 옷

**きはく**【気迫・気魄】기백, 기개¶ ~にあふれる 기백이 넘치다

**きはく**【希薄・稀薄】 ナ 희박 ①(농도 등이) 묽음, 엷음¶ 酸素の~な山頂 산소가 희박한 산꼭대기 ②(정열 등이) 부족함¶ 愛情が~だ 애정이 부족하다

**きばく**【起爆】图 기폭¶ ~装置 기폭 장치 **―剤** 기폭제

**きばさみ**【木鋏】긴 자루가 달린 전지 가위

**きはずかし・い**【気恥ずかしい】圈 어쩐지 부끄럽다, 멋쩍다, 쑥스럽다¶ ~思いをする 멋쩍은 생각이 들다

**きはだ**【木肌・木膚】나무 껍질

**きはだ**【黄肌】動 황다랑이= きわだ

**きはだ**【黄蘗】植 황벽나무= きわだ

**きばたらき**【気働き】기지, 재치= 機転¶ ~のある女 기지가 있는 여자

**きはちじょう**【黄八丈】노란 바탕에 갈색·검정 줄무늬나 격자무늬를 넣은 견직물

**きはつ**【既発】图 (文) 기발, 이미 발생함¶ ~の事件 기발 사건

**きはつ**【揮発】图 自ス 化 휘발¶ ~性の液体 휘발성 액체 **―油** 휘발유

**きばつ**【奇抜】 ナ 기발¶ ~な服装 기발한 복장/アイデアが~だ 아이디어가 기발하다

**ぎへんじゃく**【耆扁鵲】 文 기파 편작, 명의(名醫)

**きば・む**【黄ばむ】自五 노래지다, 노란빛을 띠다¶ いちょうの葉が~ 은행잎이 노래지다

**きばや**【気早】ナ 성급함, 조급함= せっかち¶ ~な性格 성급한 성격

**きばらい**【既払(い)】图 기불, 이미 지불함= きはらい ⇔ 未払い¶ ~分 기불분

**きばらし**【気晴(ら)し】图 自ス 기분 전환, 소창(消暢)¶ ~に映画を見る 기분 전환으로 영화를 보다

**きば・る**【気張る】自五 ①(배에) 힘을 주다 ②분발하다, 노력하다¶ ~って仕事をする 분발하여 일을 하다 ③큰마음 먹고 많은 돈을 쓰다, 호기 부리다¶ 祝儀を~ 축의금을 듬뿍 내다

**きはん**【帰帆】图 自ス 文 귀범, 출항했던 배가 항구에 돌아옴, 귀항선

**きはん**【規範・軌範】귀범 ①모범, 본보기¶ 世の~となる 세상의 규범이 되다 ②法 판단·행위의 기준이 되는 규칙¶ 道徳~ 도덕 규범 **―的** 倫理学 倫 규범적 윤리학

**きはん**【羈絆】文 기반, 속박, 굴레= ほだし¶ ~を脱ぎ捨てる 굴레를 벗어 던지다

**きばん**【基盤】기반, 토대, 기초¶ ~の整備 기반의 정비/生活の~を失う 생활의 기반을 잃음

**きはんせん**【機帆船】文 기범선

**きひ**【忌避】图 他ス 기피 ①꺼리어 피함¶ 徴兵~ 징병 기피 ②法 소송 당사자가 담당 재판관이나 서기의 직무 집행을 거부하는 일¶ ~の申し立て 기피 신청

**きび**【黍・稷】植 기장, 수수¶ ~団子 수수 경단/~餠 기장떡

**きび**【吉備】備前国・備中国・備後国・美作国 지방의 옛이름, 지금의 岡山현과 広島현 동부 지방= 備州

**きび**【機微】미묘한 이치·사정¶ 人情の~にうとい 인정의 미묘한 이치에 어둡다

**きび**【驥尾】기미, 준마의 꼬리

〔慣用句〕

**―に付す**(比)훌륭한 사람을 좇아 하면 능력 이상의 일을 해낸다= 驥尾に付く

**きびき**【忌引】(근친자의 사망에 따라) 학교·근무를 쉬고 복상함, 상고 휴무

**きびきび** 副 自ス (태도・동작 등이) 활기차고 시원시원함¶ ~とした応対 시원시원한 응대

**きびし・い**【厳しい・酷しい】圈 ①엄하다, 엄격하다¶ ~取り調べ 엄한 문초/~しつけ 엄격한 가정 교육 ②심하다, 혹독하다, 냉엄하다¶ ~暑さ 혹독한 더위/世間は~ 세상은 가혹하다

**きびす**【踵】文 → くびす

**きびたき**【黄鶲】動 황옹, 노랑딱새

**きひつ**【起筆】图 文 기필, 쓰기 시작함 ⇔ 擱筆¶ 論文を~する 논문을 기필하다

**きひつ**【偽筆】위필, 남의 것을 흉내내어 씀, 그런 그림[글씨] ⇔ 真筆

**きびゅうほう**【帰謬法】哲 귀류법, 간접 증명= 背理法

**きびょう**【奇病】기병, 기이한 병

**ぎひょう**【儀表】文 의표, 본보기, 모범¶ 世の~となる 세상의 의표가 되다

**きびょうし**【黄表紙】文 江戸 시대 중엽에 간행된 노란 표지의 草双紙

**きひん**【気品】기품¶ ~が漂う 기품이 감돌다

**きひん**【貴賓】귀빈¶ ~席 귀빈석

**きびん**【機敏】ナ 기민, 민첩함¶ ~な処置 기민한 조치

**きふ**【寄付・寄附】图 他ス 기부¶ ~金 기부금/~をつのる 기부금을 모으다 **―行為** 法 기부 행위

**きふ**【棋譜】기보, (바둑·장기의) 대국 기록

**きぶ**【基部】文 기부, 기초 부분, 토대

**ぎふ**【岐阜】①일본 中部 지방 서부 내륙에 있는 현 ②岐阜현의 현청 소재지 **―提灯** 孟蘭盆会 밤에 등에 다는 岐阜 특산의 초롱

**ぎふ**【義父】의부 ①①붓아버지 ②양아버지 ③시아버지, 장인 ▷ ①~③ ⇔ 実父

**きふう**【気風】기풍, 기질= かたぎ¶ 武士の

きふう [棋風] (바둑·장기의) 기풍¶ おおらかな～ 대범한 기풍
～ 무사의 기풍
きふく [帰服・帰伏] 名 自スル 귀복. 귀순하여 따름, 복종함
きふく [起伏] 名 自スル 기복 ①(토지 등이) 높아졌다 낮아졌다 함¶ ～の多い土地 기복이 많은 토지 ②(比) 성했다 쇠했다 함¶ ～に富んだ人生 기복이 많은 인생/～が激しい 기복이 심하다
きぶく [忌服] (文) 기복. 거상(居喪), 상중
きぶく・れる [着膨れる・着脹れる] 他 下一 (口) 옷을 많이 껴입어 뚱뚱해지다
きふじん [貴婦人] 귀부인
きぶつ [木仏] ①목불. 나무 부처 = きぼとけ ②(比) 무정한 사람, 목석 같은 사람
慣用句
━金仏 $^{\text{かなぶつ}}$ 石仏 $^{\text{いしぼとけ}}$ 나무 부처와 쇠부처와 돌부처, 목석 같은 사람
きぶつ [器物] ①용기, 그릇 ②도구, 기구¶ ～破損 $^{\text{そん}}$ 기물 파손
ぎぶつ [偽物] (文) 가짜, 위조품 = にせもの
きぶっせい [気ぶっせい] ナ(口) (마음이) 답답하고 거북함, 갑갑함¶ ～な人 답답한 사람/差し向かいで～だ 마주 앉아서 답답하고 거북하다
ぎぶつほう [擬物法] [表] 의물법 ⇔ 擬人法 $^{\text{ぎじんほう}}$
きふどう [黄不動] ①황색의 不動明王 $^{\text{ふどうみょうおう}}$ ②滋賀 $^{\text{しが}}$ 園城寺 $^{\text{おんじょうじ}}$ 에 있는 不動明王 그림의 통칭
きぶとり [着太り] 名 自スル ①옷을 껴입어 뚱뚱해 보임 ②옷을 입으면 실제보다 살쪄 보임 ⇔ 着瘦 $^{\text{ぎや}}$ せ¶ ～する体 $^{\text{からだ}}$ つき 옷을 입으면 살쪄 보이는 몸매
きふるし [着古し] 오래 입어 낡음, 그런 옷
きぶん [気分] 기분 ①마음, 심정¶ 歌 $^{\text{うた}}$ いたい～ 노래하고 싶은 심정/～を変 $^{\text{か}}$ える 기분을 바꾸다 ②분위기, 느낌¶ お祭 $^{\text{まつ}}$ り～ 축제 기분
きぶん [奇聞] (文) 기문. 기담
ぎふん [義憤] 의분 = いきどおり¶ ～を覚 $^{\text{おぼ}}$ える 의분을 느끼다
きへい [騎兵] ①기마병¶ ～隊 $^{\text{たい}}$ 기병대 ②[軍] 기병, 그에 속한 군인
ぎへい [義兵] 의병¶ ～を募 $^{\text{つの}}$ る 의병을 모으다
きへき [奇癖] 기벽, 기묘한 버릇
きべつ [記別] [佛] 기별. 부처가 제자들에게 미래의 성불(成佛)을 예언하는 일
きへん [木偏] (한자 부수의) 나무목변 ▷ 「机·板」 등의 「木」 부분
きへん [机辺] (文) 책상 가, 책상 옆¶ ～に置 $^{\text{お}}$ く 책상 옆에 두다
きべん [*詭弁] 궤변¶ ～を弄 $^{\text{ろう}}$ する 궤변을 늘어놓다
きぼ [規模] 규모¶ 小 $^{\text{しょう}}$ ～ 소규모/ 雄大 $^{\text{ゆうだい}}$ な～を誇 $^{\text{ほこ}}$ る 응대한 규모를 자랑하다 ━の経済 $^{\text{けいざい}}$ (經) 규모의 경제
ぎぼ [義母] 의모 ①의붓어머니, 계모 ②양어머니 ③시어머니, 장모 ▷ ①～③ ⇔ 実母 $^{\text{じつぼ}}$

きほう [気泡] 기포. 거품 = あわ¶ ～ガラス 기포 유리
きほう [気胞] 기포. (물고기의) 부레
きほう [既報] 기보. 이미 알려져 있음¶ ～の通 $^{\text{とお}}$ り 기보한 대로
きほう [貴方] 代 (文) ①(指示) 귀지, 귀처 ②(人称) 귀하, 귀공 = 貴殿 $^{\text{きでん}}$
きほう [機*鋒] 기봉. 예봉 ①창 끝, 칼 끝 = 切 $^{\text{き}}$ っ先 $^{\text{さき}}$ ②날카로운 공격, 그런 기세¶ ～をそらす 예봉을 피하다
きぼう [希望・*冀望] 희망 I 名 他スル 소망, 바람¶ ～に燃 $^{\text{も}}$ える 희망에 불타다/ 人社 $^{\text{にゅうしゃ}}$ ～する 입사를 희망하다 II 밝은 전망¶ ～がもてる 희망을 가질 수 있다 ━的 ナ 희망적¶ ～な観測 $^{\text{かんそく}}$ 희망적인 관측
きぼう [既望] (文) 기망. 음력 열엿샛날 밤, 그날 밤의 달 = いざよい
きほう [技法] 기법¶ 創作 $^{\text{そうさく}}$ ～ 창작 기법
ぎぼうし [擬宝珠] ①[植] 개옥잠화 ② → ぎぼし ①②
ぎぼうしゅ [擬宝珠] → ぎぼし ①
きぼく [*亀卜] 거북점
ぎぼく [義僕] (文) 의복. 충복(忠僕)
ぎぼし [擬*宝珠] ①[建] 난간 법수(欄干法首). 난간 기둥 머리에 붙이는 파꽃 모양의 장식 ②파꽃 ③ → ぎぼうし ①
きぼとけ [木仏] → きぶつ (木仏)
きぼね [気骨] 걱정, 심려, 심로, 마음 고생 ▷ 「きこつ」는 딴말
慣用句
━が折 $^{\text{お}}$ れる 마음 고생이 되다
きほよう [気保養] 名 自スル 피곤한 마음을 달램, 기분 전환, 소창 = きばらし
きぼり [木彫(り)] 목조. 목각 = 木彫 $^{\text{もくちょう}}$ ¶ ～師 $^{\text{し}}$ 목각 공예가
きほん [基本] 기본¶ ～方針 $^{\text{ほうしん}}$ 기본 방침/～から習得 $^{\text{しゅうとく}}$ する 기본부터 습득하다 ━給 $^{\text{きゅう}}$ 기본급 ━語彙 $^{\text{ごい}}$ [文法] 기본 어휘 ━振動 $^{\text{しんどう}}$ [物] 기본 진동 ━税率 $^{\text{ぜいりつ}}$ 기본 세율
ぎまい [義妹] 의매 ①형제의 부인이나 배우자의 여동생 = 実妹 $^{\text{じつまい}}$ ②자매 중 동생이 되는 사람, 의리로 맺은 여동생
きまえ [気前] ①기질, 성질 = 気 $^{\text{き}}$ だて ②쩨쩨하지 않음, 활수함¶ ～がいい 활수하다/～を見 $^{\text{み}}$ せる 기분 내키는 대로 굴다
きまかせ [気任せ] ナ(口). 마음 내키는 대로 함¶ ～な旅 $^{\text{たび}}$ 마음 내키는 대로 하는 여행/～を許 $^{\text{ゆる}}$ す 기분 내키는 대로 하도록 허락하다
ぎまく [義膜・偽膜] 위막, 의막
きまぐれ [気*紛れ] 名 ナ 변덕 ①(마음이) 변하기 쉬움, 그때그때의 기분에 따름¶ ～な人 $^{\text{ひと}}$ 변덕스러운 사람/～に仕事 $^{\text{しごと}}$ を始 $^{\text{はじ}}$ める 기분 내키는 대로 일을 시작하는 일 ②(比) (기후 등이) 변하기 쉬움¶ ～な空模様 $^{\text{そらもよう}}$ 변덕스러운 날씨
きまじめ [生(真面目)] 名 ナ 고지식함, 지나치게 착실함, 그런 사람¶ ～な青年 $^{\text{せいねん}}$ 고지식한 청년
きまず・い [気まずい] 形 서먹서먹하다, 거북

**きまつ** [期末] 기말¶ ～試験(しけん) 기말 시험
**きまって** [決(ま)って・極(ま)って] 副(口) 반드시, 어김없이, 으레¶ 夕方(ゆうがた)になると～雨(あめ)が降(ふ)る 저녁때가 되면 으레 비가 온다
**きまま** [気儘] 名 마음대로 함, 제멋대로 굶, 방자함¶ 勝手(かって)～ 제멋대로임¶ ～な一人旅(ひとりたび) 마음대로 하는 혼자만의 여행
**きまよい** [気迷い] ①망설임¶ 一時(いちじ)の～ 한때의 망설임 ②(주식 거래에서) 시세를 예견할 수 없어 거래가 활발하지 못함
**きまり** [決(ま)り・極(ま)り] ①매듭, 결말, 결정＝決着(けっちゃく)¶ ～が着(つ)く 매듭이 지어지다 ②규정, 규칙¶ ～を守(まも)る 규칙을 지키다 ③질서, 규율, 절도¶ ～に従(したが)う 규율에 따라서/～のない人(ひと) 절도가 없는 사람 ④늘 함, 판에 박음¶ お～の小言(こごと) 늘 하는 잔소리
慣用句
**―が悪(わる)い** 쑥스럽다, 멋쩍다, 겸연쩍다
**きまりきった** [決(ま)り切った・極(ま)り切った] 連体 극히 당연한, 판(틀)에 박힌¶ ～せりふ 판에 박힌 말/それは～事(こと)だ 그것은 극히 당연한 일이다
**きまりて** [決(ま)り手・極(ま)り手] 相撲 승부를 결판짓는 수, 승부수
**きまりもんく** [決(ま)り文句・極(ま)り文句] 틀에 박힌 말, 상투어¶ ～の挨拶(あいさつ) 틀에 박힌 인사말
**きまりわる・い** [決(ま)り悪い・極(ま)り悪い] 形(口) 쑥스럽다, 멋쩍다, 겸연쩍다¶ 顔(かお)を合(あ)わせるのが～ 얼굴을 대하는 것이 쑥스럽다
**きま・る** [決(ま)る・極(ま)る] 自五 ①정해지다, 결정되다¶ 方針(ほうしん)が～ 방침이 정해지다 ②(『～った…』의 꼴로) 정해진, 일정한¶ ～った収入(しゅうにゅう) 정해진 수입/～った時間(じかん)に来(く)る 일정한 시간에 오다 ③들이 잡히다¶ ぴたりと～った演技(えんぎ) 틀이 딱 잡힌 연기 ④(스포츠에서) 기술이 뜻대로 먹혀들다, 제대로 들어가다¶ ストライクが～ 스트라이크가 들어가다 ⑤(『～って』의 꼴로) 반드시, 으레, 꼭¶ 酔(よ)えば、～って歌(うた)いだす 취하면 으레 노래를 부르기 시작한다 ⑥(『…に～っている』의 꼴로) 반드시 …하다, …하기 마련이다¶ ～に～っている嘘(うそ)に違(ちが)いない …에 틀림없다¶ うそに～っている 거짓말임에 틀림없다

**ぎまん** [欺瞞] 名 他スル (文) 기만¶ 自己(じこ)～ 자기 기만/～する国民(こくみん)を～する 국민을 기만하다
**きみ** [君] I 名 ①국왕, 군주¶ 我(わ)が～ 우리 임금님 ②자신이 섬기는 사람, 주군¶ ～の仰(おお)せに従(したが)う 주군의 분부에 따르다 II 代 ①군, 자네, 그대¶ ～と僕(ぼく)と 자네와 나¶ 僕(ぼく)と～ 나와 자네 ②(의뢰) 여보게, 자네¶ ～、頼(たの)むよ、～ 부탁하네 자네
**きみ** [黄み] 노랑, 노란 기운¶ 黄色(きいろ)み¶ ～を帯(お)びる 노란빛을 띠다
**きみ** [黄身] (알의) 노른자위, 난황
**きみ** [気味] ①기미, 경향, 감¶ 行(い)き過(す)ぎた

～がある 지나친 감이 있다 ②기분, 느낌¶ いい～だ 기분 좋다, 고소하다 ③(造語) (『…ぎみ』의 꼴로) …감, …기운, …상태 風邪(かぜ)～ 감기 기운/遅(おく)れ～ 늦은 감 **―合(あ)い** ①기분, 마음 ②느낌＝趣(おもむき)
慣用句
**―がいい** (다른 사람의 실패 등이) 고소하다
**―が悪(わる)い** 어쩐지 기분 나쁘다, 으스스하다
**ぎみ** [君] 接尾 윗사람에 대한 높임말. 님¶ 母(はは)～ 어머님/姉(あね)～ 누님
**きみがよ** [君が代] ①주군・天皇(てんのう)의 치세, 임금님의 시대 ②일본 국가(國歌)의 제목
**きみじか** [気短] ナ 조급함, 성급함, 성마름 ⇔ 気長(きなが)¶ ～な催促(さいそく) 성급한 재촉
**きみつ** [気密] [機] 기밀¶ ～室(しつ) 기밀실/～性(せい)に富(と)む 일본 기밀성이 뛰어나다
**きみつ** [機密] 기밀¶ ～書類(しょるい) 기밀 서류/～をもらす 기밀을 누설하다 **―費(ひ)** 기밀비
**きみどり** [黄緑] 황록. 노란빛을 띤 녹색
**きみゃく** [気脈] (文) 기맥 ①혈맥, 혈관 ②(서로) 뜻이 통함, 그런 유대＝つながり
慣用句
**―を通(つう)ずる** 기맥이 통하다, 몰래 내통하다
**きみょう** [奇妙] ナ 기묘, 야릇함, 아릇함¶ ～な風習(ふうしゅう) 기묘한 풍습 **―奇天烈(きてれつ)** ナ (俗) 기기묘묘함¶ ～な出来事(できごと) 기기묘묘한 사건
**きみょう** [帰命] [佛] 귀명. 신명을 바쳐 부처에 귀의함 **―頂礼(ちょうらい)** [佛] 귀명 정례 ①진심으로 부처에 귀의함 ②예불할 때 외는 말
**ぎみん** [義民] 의민. 의로운 백성
**ぎむ** [義務] 의무 ⇔ 権利(けんり)¶ 納税(のうぜい)の～ 납세의 의무/～を果(は)たす 의무를 다하다 **―感(かん)** 의무감 **―教育(きょういく)** [教] 의무 교육 **―付(づ)ける** 他下一 의무를 지우다, 의무로서 과하다
**きむずかし・い** [気難しい] 形 (성미가) 까다롭다, 깐깐하다, 신경질적이다¶ ～老人(ろうじん) 깐깐한 노인/～顔(かお) 신경질적인 얼굴
**きむすめ** [生娘] ①숫처녀 ②(세상 물정에 어두운) 순진한 처녀＝おぼこ
**キムチ** 김치 ▷ 한국어
**きめ** [木目] ①나뭇결 ②〔肌理〕 살결, (물건의) 결¶ ～の粗(あら)い荒(あ)れた肌(はだ) 살결이 거칠고 튼 피부 ③마음씀, 배려¶ ～細(こま)かい仕事(しごと) 마음씀이 섬세한 일
慣用句
**―が細(こま)かい** ①살결이 곱다, 표면(결)이 매끄럽다 ②빈틈없이 〔꼼꼼하게〕 배려되다
**きめ** [決め・極め] 결정, 규정, 약속¶ ひとり～ 혼자서 결정함/～を守(まも)る 규정을 지키다
**きめい** [記名] 名 自スル 기명. 서명¶ ～株券(かぶけん) 기명 주권 **―投票(とうひょう)** 기명 투표
**ぎめい** [偽名] 위명. 가명. 거짓이름
**きめこみにんぎょう** [木目込(み)人形] 목각 인형에 비단 천을 입힌 일본 인형
**きめこ・む** [決(め)込む・極(め)込む] 他五 ①(제멋대로) …한 것으로 믿다¶ 相手(あいて)が承諾(しょうだく)したものと～ 상대방이 승낙한 것으로 믿다 ②(완전히) …인 것처럼 하다¶ 合

きめたおし [決(め)倒し・̊極(め)倒し] [相撲] 상대방의 팔을 낀 채 비틀어 넘어 뜨림. 그런 수

きめだし [決(め)出し・̊極(め)出し] [相撲] 상대방의 팔을 낀 채 씨름판 밖으로 밀어냄. 그런 수

きめだま [決(め)球・̊極(め)球] [野] 결정구¶直球きゅうを~にする 직구를 결정구로 삼다

きめつ・ける [決(め)付ける・̊極(め)付ける] [他下一] ①(무조건) 호되게 꾸짖다. 몹시 나무라다¶頭あたまから~ 덮어놓고 호되게 꾸짖다 ②단정적으로 말하다. 단정하다¶犯人にんと~ 범인으로 단정하다

きめて [決め手・̊極め手] ①(승부를 가리는) 결정적인 수・수단¶~を欠かく 결정적인 수가 없다 ②결정적인 증거・근거¶捜査そうさの~ 수사의 결정적인 증거 ③결정하는 사람. 결정자¶~がいない 결정하는 사람이 없다

きめどころ [決め所・̊極め所] ①결정적인 시기・곳. 고비¶ここが勝負しょうぶの~だ 여기가 승부의 고비 ②가장 중요한 곳. 결정적인 요소. 요점

き・める [決める・̊極める] [他下一] ①정하다. 결정하다¶目標もくひょうを~ 목표를 정하다 ②결심하다¶覚悟かくごを~ 각오를 하다 ③(《…と ~・めている」의 꼴로)…하기로 하고 있다¶一時いちじに寝ねると~・めている 1시에 자기로 하고 있다 ④(《…と~・めてかかる」의 꼴로)…라고 생각하고(믿고) 있다¶自分じぶんには無理むりだと~・めてかかる 자신에게는 무리라고 생각하고 있다 ⑤짐짓 그런 행동을 하다¶~・て 농땡이 부리다 ⑥잘 갖추다. 어울리게 하다¶ブラウスとスカートを同系色どうけいしょくで~ 블라우스와 스커트를 같은 계열의 색으로 어울리게 하다 ⑦(운동 경기에서) 성공시키다¶~・て成功せいこうさせる 안다리걸기를 성공시키다 ⑧(바둑에서) 마무리하다¶下辺かへんを~, 寄よせにいく 하변을 마무리하고 종반전에 들어가다

きめん [鬼面] [文] 귀면 ①귀신・도깨비의 얼굴 ②귀신탈. 도깨비탈 ③[樂] 能楽のうがくに 등장하는 도깨비탈
[慣用句]
――人ひとを驚おどろかす (도깨비탈처럼) 거짓 위세로 사람을 놀라게 하다

きも [肝・̊胆] ①간. 간장¶うさぎの~ 토끼의 간 ②내장. 오장육부 ③마음. 담력¶~が大だいきい 담력이 있다. 간이 크다
[慣用句]
――が据すわっている 배짱이 두둑하다. 대담하다
――が小ちいさい 간이 작다. 겁이 많다
――が太ふとい 간이 크다. 대담하다
――に銘めいずる 명심하다. 마음에 새기다
――を潰つぶす 간이 오그라들다. 몹시 놀라다
――を冷ひやす 간담이 서늘해지다. 섬뜩해지다

きもいり [肝̊煎(り)] ①[̊肝入(り)] (사이에 들어) 주선함. 그런 사람¶社長しゃちょうの~で見合あいをする 사장의 주선으로 맞선을 보다 ②[史] (江戸えど 시대의)「名主なぬし・庄屋しょうや」의 딴이름

きもけ [起毛] 기모. (직물・편물의) 보풀을 일게 함. ~器き 기모기

きもすい [肝吸い] [料] 뱀장어의 간을 넣어 끓인 맑은 장국

きもだま [肝玉・肝̊魂] → きもったま

きもだめし [肝試し] (밤에 으스스한 곳에 보내어) 담력을 시험함. 그런 모임

きもち [気持(ち)] ①기분. 마음. 감정. 심정¶悲かなしい~ 슬픈 마음/ 相手あいての~をくむ 상대의 기분을 헤아리다 ②(건강 상태의 다른) 기분. 느낌¶早起はやおきは~がいい 일찍 일어나면 기분이 좋다 ③마음뿐임. 마음의 표현¶ほんの~ばかりですが 그저 마음뿐입니다만 ④(부사적으로) 조금. 약간¶~だけ後ろへさがる 조금만 뒤로 물러나다

きもったま [肝っ玉・肝っ̊魂] [口] 간덩이. 배짱. 담력¶~が据すわる 담력이 있다/ ~の太ふとい男おとこ 배짱이 두둑한 사나이

きもの [着物] ①옷. 의복¶~を着きる 옷을 입다 ②일본옷¶~姿すがた 일본옷 차림

きもん [奇問] 기문. 기발한 질문・문제¶難問なんもんと~ 난문 기문

きもん [鬼門] ①귀문. 꺼리고 피하는 방위. 귀방(鬼方) ②(그 사람에게 있어서) 꺼리는〔싫어하는〕 사람・것・곳¶あの店みせは~だ 저 가게는 싫어하는 곳이다/ 英語えいごは~だ 영어는 질색이다

ぎもん [疑問] 의문 ①의심스러운. 의심스러운 점¶~点てん 의문점/ ~が残のこる 의문이 남다/ ~に思おもう 의심스럽게 여기다 ②의아하게 생각하고 물음¶~を発はっする 질문하다/ ~に答こたえる 의문에 답하다 ――詞し [文法] 의문사 ――符ふ 의문부. 물음표 ――文ぶん [文法] 의문문

きゃあきゃあ [副] [口] 꽥꽥. 꺅꺅¶~と騒さわぎ立たてる 꽥꽥 하고 떠들다

ぎゃあぎゃあ [副] [口] ①꽥꽥. 빽빽¶赤あん坊ぼうが泣ないている 아기가 빽빽 울고 있다 ②와자그르르. 와글와글¶~と文句もんくを言いう 와자그르르 불평을 하다

きゃく [却] [音] キャク[음](造語] ①물러나다. 물러서다. 물리치다¶棄却ききゃく 기각・退却たいきゃく 퇴각/ 除のぞき하다¶焼却しょうきゃく 소각・忘却ぼうきゃく 망각 ③역접의 어조사. 도리어. 반대로. 에기치 않게¶却説きゃくせつ 각설

きゃく [客] [音] キャク, カク[음]객. I [造語] ①손. 손님¶~室しつ 객실・接客せっきゃく 접객・来客らいきゃく 내객 ②(「カク」로 읽어서) 나그네. 여행자. 여행¶客死かくし 객사・旅客りょかく 여객 ③고객. 관객. 승객¶客席きゃくせき 객석・顧客こきゃく 고객・乗客じょうきゃく 승객 ④남의 일¶客観きゃっかん 객관・客体きゃくたい 객체 ⑤(「カク」로 읽어서) 능한 사람¶剣客けんかく 검객・刺客しかく 자객 II 객¶손. 손님¶招まねかれざる~ 불청객/ ~を迎むかえる 손님을 맞이하다 ②고객. 손님¶~を呼よび込こむ 손님을 불러 들이다 ③나그

네, 여행자¶ 不帰の～となる 불귀의 객이 되다 ④[助數] 사람을 접대하는 도구·그릇을 세는 말¶吸い物ゎん五～ 국그릇 다섯 개
**きゃく** [脚] 圈ギャク·キャ·カク 訓あし|(음)각. Ⅰ[造語] ①다리 脚光 각광, 健脚 건각, 馬脚 마각 ②물체의 하부, 물체를 지탱하는 부분¶脚注 각주, 脚本 각본, 失脚 실각 Ⅱ①(한자에서) 글자 아랫부분에 위치하는 것, 발 [▷「盃·思」등의 皿·心」부분¶偏旁冠~ (한자 부수의) 변·방·머리·발 ②[助數] 다리가 달린 도구를 세는 말¶机テ~ 책상 한 개
**きゃく** [格] [日史] (奈良·平安時代의) 율령의 미비한 점을 보완하기 위해 임시로 공포한 칙령·법규
**きゃく** [規約] 규약¶~改正 규약 개정/~にしばられる 규약에 얽매이다
**ぎゃく** [虐] [虐] 圈ギャク 訓しいたげる|(음) 학. [造語] 학대하다, 가혹하게 다루다¶虐殺 학살, 虐待 학대, 残虐 잔학
**ぎゃく** [逆] 圈ギャク·ゲキ 訓さか·さからう|(음) 역. Ⅰ[造語] ①거스르다, 배반하다, 어긋나다, 역, 반대¶逆光 역광, 逆転 역전, 反逆 반역 ②오는 사람을 맞이하다¶逆流 역류 Ⅱ①반대, 거꾸로임¶~輸入 역수입/順序が~になる 순서가 거꾸로 되다 ②[論] 역정리¶~は必ずしも真ならず 역이 반드시 참은 아니다
**ぎゃく** [瘧] 圈ギャク 訓おこり|(음) 학. Ⅰ[造語] 학질¶瘧瘡 학창 Ⅱ학질·おこり¶~を病む 학질을 앓다
**ぎやく** [偽薬] [藥] 위약= プラシーボ
**ギャグ** (gag) 개그, 익살
**きゃく あし** [客足] (상점·흥행장의) 손님의 수, 고객의 출입, 그런 빈도수¶~が遠のく 손님이 뜸해지다
**きゃく あしらい** [客あしらい] 손님 접대, 접객¶~がうまい 손님 접대를 잘하다
**きゃく あつかい** [客扱い] ①손님 접대, 접객¶行き届いた~ 빈틈없는 손님 접대 ②손님 대접¶~を受ける 훌륭한 손님 대접을 받다
**きゃくい** [客位] (文) ①손님의 위치·입장 ⇔ 主位 ②손님의 좌석
**きゃくいん** [客員] → かくいん (客員)
**きゃくいん** [脚韻] [表] 각운⇔ 頭韻
**きゃく うけ** [客受け] 손님이 받는 인상[느낌]¶~を気にする 손님이 받는 인상을 걱정하다 ②손님들간의 평판¶~がする 손님들간에 인기가 있다
**きゃくうん** [逆運] (文) 역운, 불운¶~を嘆く 불운을 한탄하다
**きゃくえん** [客演] 图 自スル 객연, 객원 출연
**ぎゃくえん** [逆縁] [佛] 역연 ①악행이 오히려 불도에 들어가는 인연이 되는 일 ②부모나 연장자가 자식이나 연소자를 공양하는 일 ③아무 연고가 없는 사람이 고인의 명복을 비는 일
**ぎゃく がわせ** [逆為替] [經] 역환(逆換)
**きゃくご** [客語] [文法] 객어, 목적어= かくご

**きゃく ざしき** [客座敷] 객실, 응접실= 客間
**ぎゃくさつ** [虐殺] 图 他スル 학살¶捕虜を~する 포로를 학살하다
**ぎゃくさん** [逆算] 역산¶没年から生年を~する 사망한 해에서 출생한 해를 역산하다
**ぎゃくざん** [逆産] 역산, 태아가 거꾸로 나옴
**ぎゃくし** [虐死] 图 自スル (文) → かくし (客死)
**ぎゃくし** [虐使] (文) 학사, 혹사¶~に耐える 혹사를 견디어 내다
**きゃくしつ** [客室] 객실 ①응접실= 客間 ②(여관·호텔 등의) 손님방¶~係か 객실 담당 ③(열차·선박 등의) 승객실
**きゃくしゃ** [客車] 객차¶一等~ 1등 객차
**きゃくしゃ** [客舎] (文) → かくしゃ
**ぎゃくしゅ** [逆修] [佛] 역수 ①생전에 미리 사후의 명복을 비는 재(齋)를 올림 ②연장자가 먼저 죽은 연소자의 명복을 빎
**ぎゃくしゅう** [逆襲] 图 他スル 역습¶~に転ずる 역습으로 바꾸다
**ぎゃくじゅん** [逆順] 역순 ①역 순서, 반대의 순서 ②→ 順法逆①
**ぎゃくじょう** [逆上] 图 自スル (흥분하여) 이성을 잃음, (앞뒤를 가리지 않고) 불끈함¶血を見て~する 피를 보고 불끈하다
**きゃくしょうばい** [客商売] 접객업
**きゃくしょく** [脚色] 图 他スル 각색 ①각본으로 만듦 ②사실·이야기에 손을 가함¶事実に~をして話す 사실을 각색하여 이야기하다
**きゃくじん** [客人] (文) 객인, 손님
**ぎゃくしん** [逆心] (文) 역심, 반역하려는 마음¶~を抱く 역심을 품다
**ぎゃくしん** [逆臣] 역신, 반신(反臣)
**ぎゃくすう** [逆數] [數] 역수
**きゃくすじ** [客筋] ①손님의 질·층= 客種¶~がよい 손님의 질이 좋다 ②고객, 단골손님¶~からの注文 고객으로부터의 주문
**ぎゃくせい** [虐政] (文) 학정¶~に苦しめられる 학정에 시달리다
**ぎゃくせい せっけん** [逆性石鹼] [藥] 역성 비누, 살균·소독력이 있는 약용 비누
**きゃくせき** [客席] 객석¶~を沸かせる 객석을 열광케 하다
**ぎゃくせつ** [逆接] [文法] 역접 ⇔ 順接
**ぎゃくせつ** [逆説] 역설¶~的に言えば 역설적으로 말하자면
**きゃくせん** [客船] 객선, 여객선¶豪華~ 호화 여객선
**きゃくぜん** [客膳] ①손님에게 내놓는 밥상 ②손님용 밥상
**ぎゃくせんでん** [逆宣伝] 图 他スル 역선전¶自分が有利になるように~する 자기에게 유리해지도록 역선전하다
**きゃくせんび** [脚線美] 각선미
**きゃくそう** [客僧] ①객승, 다른 절에 머물러 있는 중 ②행각승
**ぎゃくぞく** [逆賊] 역적
**きゃくたい** [客体] [哲] 객체 ⇔ 主体

ぎゃくたい【虐待】名他スル 학대¶ 動物どうぶつを～する 동물을 학대하다
ぎゃくだね【客種】(口) 손님의 층・질= 客筋きゃく¶ ～が変かわる 손님층이 바뀌다
ぎゃくだんそう【逆断層】[地] 역단층
ぎゃくたんち【逆探知】名他スル 역탐지¶ 犯人はんからの電話でんわを～する 범인으로부터의 전화를 역탐지하다
きゃくちゅう【脚注・脚註】각주¶ ～を付つける 각주를 달다
きゃくづとめ【客勤め】名自スル (직업적인) 손님 접대 ▷ 특히 유녀의 경우에
ぎゃくて【逆手】①(유도 등에서) 관절꺾기 ②역이용하여 반격함, 역습¶ 不利ふりな条件じょうけんを～にとる 불리한 조건을 역이용하여 반격하다 ③거꾸로 잡음¶ 鉄棒てつぼうを～ににぎる 철봉을 거꾸로 잡다
きゃくでん【客殿】손님을 맞는 전각
ぎゃくてん【逆転】名自他スル 역전 ①거꾸로 회전함[회전시킴]¶ モーターが～する 모터가 역전하다 ②형세가 뒤집힘, 반전시킴¶ ～勝しょうち 역전승／形勢けいせいが～する 형세가 역전되다 ―層そう [氣] 역전층
きゃくど【客土】[農] 객토= かくど
ぎゃくと【逆도】(文) 역도, 반역자
ぎゃくと【逆賭】名他スル(文) 역도, 앞일을 내다봄, 예측= げきと¶ 今後こんごの政局せいきょくは～しがたい 금후의 정국은 예측하기 어렵다
きゃくどめ【客止め】(극장 등에서 만원으로) 입장을 사절함= 札止ふだどめ¶ 満員まんで～にする 만원으로 입장을 사절하다
きゃくひき【客引き】名自スル 유객, 유객꾼
ぎゃくびきじてん【逆引き辞典】역순 사전
ぎゃくひぶ【逆日歩】[經] 역일변. (주식 신용 거래에서) 주식 부족일 경우 판 쪽인 증권 금융 회사가 주식을 조달하기 위해 지급하는 주식 차용료 ↔ 順日歩じゅん
ぎゃくひれい【逆比例】名自スル 역비례, 반비례= 反比例はんぴれい
ぎゃくふう【逆風】역풍, 앞바람, 맞바람¶ ～をついて走はしる 역풍을 가르며 달리다
きゃくぶん【客分】손님으로서 대접함, 그런 사람¶ ～として家いえに置おく 손님으로서 집에 묵게 하다
きゃくぶんすう【既約分数】[數] 기약 분수
きゃくほん【脚本】각본, 대본¶ ～家か 각본가
きゃくま【客間】객실, 응접실= 客室きゃくしつ¶ ～にとおす 객실로 안내하다
ぎゃくモーション【逆モーション】역모션 ①(야구 등에서) 움직이는 방향의 반대 방향으로 몸을 움직이는 동작¶ ～をつかれる 역모션에 걸리다 ②[映] 촬영했던 순서와 반대로 돌려서 영상을 비추는 기법
ぎゃくもどり【逆戻り】名自スル (본디의 자리나 상태로) 되돌아감, 되돌아옴¶ 話はなしが～する 이야기가 제자리로 되돌아가다
ぎゃくゆ【逆喩】[表] 역유, 모순 어법
ぎゃくゆにゅう【逆輸入】名他スル 역수입

きゃくよう【客用】객용, 손님용¶ ～の寝具しんぐ 손님용 침구
ぎゃくよう【逆用】名スル 역용, 역이용¶ 政敵せいてきの演説えんぜつを～する 정적의 연설을 역이용하다
きゃくよせ【客寄せ】손님을 끎, 그런 수단¶ ～のバーゲンセール 손님을 끌기 위한 바겐세일
きゃくらい【客来】(文) 손님이 옴, 내객= 来客らい¶ ～が絶たえない 내객이 끊이지 않다
ぎゃくりゅう【逆流】名自スル 역류¶ 満潮まんちょうで川かわが～する 만조로 강이 역류하다
きゃくりょく【脚力】각력, 다릿심¶ ～が衰おとろえる 다릿심이 약해지다
ぎゃくろう【逆浪】(文) 역랑, 역풍으로 이는 파도, 거슬러 치는 파도= げきろう
ギャザー (gather) [服] 개더, 주름을 잡음, 주름¶ ～をとる 주름을 잡다 ―スカート (gather skirt) [服] 개더 스커트, 주름 치마
きゃしゃ【*華*奢・°花車・°華車】ダ (모습・모양이) 가냘프고 품위 있음[아름다움], 섬세하고 우아함¶ ～な体からだつき 가냘프고 아름다운 몸매／～な造つくりの家いえ 섬약한 구조의 집
きやすい【気安い】形 마음 편하다, 허물없다¶ ～友達ともだち 허물없는 친구／～く話はなしかける 마음 편하게 말을 걸다
キャスター (caster) 캐스터 ①(가구 등의) 다리에 달린 작은 바퀴¶ ～バッグ 캐스터 백 ②[版] 자동 활자 주조기 ③뉴스 해설자
キャスティング (casting) 캐스팅 ①(영화 등의) 배역 ②던질낚시 ―ボート (casting vote) [政] 캐스팅 보트¶ ～を握にぎる 캐스팅 보트를 쥐다
きやすめ【気休め】일시적으로 안심시킴, 한때의 위안, 그런 말・행위¶ ～を言いう 잠시 안심시키기 위한 말을 하다／～に過すぎない 한때의 위안에 불과하다
きやせ【着*瘦せ】名自スル (옷을 입으면 실제보다) 여위어 보임¶ 父ちちは～する 아버지는 옷을 입으면 여위어 보이는 사람
きゃたつ【脚立・脚榻】접사다리
きゃつ【〈彼奴〉】代 (俗) 그 녀석, 그 자식, 그 놈, 고놈¶ また、～のいたずらだ 또 그 녀석 장난이로군
きゃっか【却下】名他スル [法] 각하¶ 上告じょうこくを～する 상고를 각하하다
きゃっか【脚下】(文) 발 밑= あしもと¶ ～にひれ伏ふす 발 밑에 부복하다
きゃっかん【客観】[哲] 객관= かっかん ↔ 主観しゅかん¶ ～主義しゅぎ 객관주의 ―化 名他スル 객관화 ―性せい 객관성 ―的てき 객관적
ぎゃっきょう【逆境】역경 ↔ 順境じゅんきょう¶ ～に強つよい男おとこ 역경에 강한 남자／～にめげずに努力どりょくする 역경에 굴하지 않고 노력하다
きゃっこう【脚光】각광= フットライト
慣用句
―を浴あびる 각광을 받다 ①배우가 무대에 서다, 각본이 상연되다 ②세상의 주목을 받다
ぎゃっこう【逆行】名自スル 역행 ↔ 順行じゅんこう¶ 時代じだいに～する考かんがえ 시대에 역행하는 생각

**ぎゃっこうか** [逆効果] 역효과= ぎゃくこうか ¶ ～をもたらす 역효과를 가져오다

**ぎゃっこうせん** [逆光線] 역광선. 역광

**キャッシュ** (cash) 캐시. 현금 —**カード** (일 cash card) 현금 인출 카드 —**ディスペンサー** (cash dispenser) 캐시 디스펜서. 현금 자동 지급기 —**レジスター** (cash register) 캐시 레지스터. 금전 등록기

**キャッチ** (catch) I 캐치 [名][他スル]①잡음. 포착함¶ 最新情報を～する 최신 정보를 포착하다 ②(공을) 받음. 잡음¶ ボールを～する 공을 받다 II [名][野] 캐처. 포수

**キャッチフレーズ** (catchphrase) 캐치 프레이즈

**キャッチャー** (catcher) [野] 캐처. 포수 —**ボート** (일 catcher boat) [水] 캐처 보트. 포경선

**キャップ** 캡. (취재팀 등 공동 작업의) 통솔자

**キャップ** (cap) 캡 ①테 없는 모자 ②(만년필 등의) 두껍 —**ランプ** (cap lamp) 캡 램프. 모자에 달린 전등

**ギャップ** (gap) 갭 ①간격, 틈, 차이¶ 世代間の～ 세대간의 차이 ②(스키 등의) 주로(走路)에 생긴[만든] 단차(段差). 높낮이¶ ～の多いコース 갭이 많은 코스

**キャディー** (caddie) (골프장의) 캐디 —**バッグ** (caddie bag) 캐디 백

**ギャバジン** (gabardine) 개버딘. 소모사나 면사를 섞어 짠 능직(綾織)

**きゃはん** [脚絆・脚半] 각반= ゲートル

**キャビア** (caviar) 캐비어. 철갑상어의 알젓

**キャピタル** (capital) 캐피털 ①(로마자의) 대문자 ②자본 ③수도 —**ゲイン** (capital gain) [經] 캐피털 게인. 자본 이득

**キャビネ** (프 cabinet) 카비네. 사진·필름·인화지의 크기의 하나. 11.8cm×16.5cm의 크기= カビネ

**キャプション** (caption) 캡션 ①[版] (잡지 등의) 사진·그림 설명문 ②[版] 기사의 제목, 표제 ③(영화·텔레비전의) 자막, 타이틀

**キャプテン** (captain) 캡틴 ①(운동 팀의) 주장 ②선장, 함장 ③(비행기의) 기장

**ギヤマン** 유리. 유리 제품. (특히) 컷트 글라스 종류

**きやみ** [気病み] 화병. 울화병

**きゃら** [*伽羅] 가라. 침향. 침향에서 채취한 향료 —**蕗** 머위 줄기를 간장으로 조린 식품

**キャラバン** (caravan) 캐러밴 ①대상(隊商) ②등산대, 조사 탐험대 ③(선전·판매 등을 위한) 순회 활동 —**シューズ** (일 Caravan shoes) 캐러밴 슈즈. 하이킹·등산용 구두

**ギャラリー** (gallery) 갤러리 ①회랑(回廊), 긴 복도 ②화랑, 미술품 진열실 ③(골프 경기의) 관객, 구경꾼

**ギャランティー** (guarantee) 개런티. 출연료

**きやり** [木遣り] ①(큰 바위·제목 등을) 여럿이서 소리를 메기며 나르는 일¶「木遣り唄」의 준말 —**唄** [樂] 木遣り 일을 할 때 힘을 합치려고 여럿이서 부르는 노래

**キャリア** (career) 커리어 ①경력, 실제 경험¶ ～を積む 경력을 쌓다 ②(俗) (일본의) 상급 공무원 시험에 합격한 국가 공무원 —**ウーマン** (career woman) 커리어 우먼. 직업 여성. (특히) 전문직 여성

**キャリア** (carrier) 캐리어 ①[物] 운반체 ②보균자 ③짐받이, 운반차, 이송 장치 ④운송업자, 운수 회사, 항공 회사

**ギャロップ** (gallop) 갤럽. (마축에서) 말의 가장 빠른 구보= 襲步. ガロップ

**ギャロップ** (galop) [音] 갤럽. 4분의 2박자의 원무곡. 그 춤= ガロップ

**ギャング** (gang) 갱 ①조직 폭력단·강도단¶ 銀行～ 은행 갱 ②(比) 흉포한 것 —**エージ** (gang age) 갱 에이지. 집단으로 거친 놀이나 장난을 하는 어린이의 성장 과정의 한 시기

**キャンター** (canter) 캔터. (마축에서) 말의 느린 구보, 보통 구보

**キャンパス** (campus) 캠퍼스 ①(대학의) 구내, 교정(校庭) ②대학¶ ～ライフを楽しむ 대학 생활을 즐기다

**キャンプ** (camp) 캠프 I [名][自スル] 야영 II [名] ①수용소 ②병영 ③(운동 선수의) 합숙 훈련, 합숙소 ④(등산에서) 베이스 캠프 —**イン** (일 camp in) 캠프 인. (프로 야구에서) 합숙 훈련에 들어감 —**村** 캠프촌

**キャンペーン** (campaign) [廣] 캠페인. 조직적인 대중 운동, 선전 활동¶ ～を張る 캠페인을 벌이다

**きゅう** [九] [音] キュウ(キウ)・ク [訓] ここの・このつ | (음) ク. I [造語] ①구, 아홉¶ 九天 구천・九月 구월・九々 구구・～수가 많음¶ 九牛一毛 구우일모・三拝九拝 삼배구배 II [訓] 아홉= ここのつ

**きゅう** [久] [音] キュウ(キウ)・ク [訓] ひさしい | (음) ク. [造語] (시간이) 길다, 오래다¶ 久遠 구원・永久 영구・耐久 내구

**きゅう** [及] [音] キュフ [訓] およぶ・および・およぼす | (음) キフ. [造語] 미침, 미치다, 이르다¶ 及第 급제・言及 언급・遡及 소급・普及 보급

**きゅう** [弓] [音] キュウ(キウ) [訓] ゆみ | (음) グ. [造語] 활, 활 모양을 한 것¶ 弓形 궁형・弓術 궁술・洋弓 양궁

**きゅう** [*仇] [音] キュウ(キウ) [訓] あだ・かたき | (음) グ. [造語] 원수, 적¶ 仇怨 구원・仇敵 구적・復仇 복구

**きゅう** [丘] [音] キュウ(キウ) [訓] おか | (음) グ. [造語] 언덕¶ 丘陵 구릉・砂丘 사구・火口丘 화구구

**きゅう** [*舊] [音] キュウ(キウ) [訓] ふるい | (음) グ. I [造語] ①오래된, 옛날의, 지난¶ 旧式 구식・新旧 신구 ②본디, 이전의¶ 旧交 구교・復旧 복구 ③옛 친구¶ 旧友 구우・故旧 고구 ④「旧暦」의 준말¶ 旧盆 음력으로 지내는 우란분 ⑤오래된, 옛¶ 旧憲法 구헌법・旧字体 구자체 II ①(文) 옛, 옛날, 예전의 상태¶ ～に復する 옛날로 돌아가다 ②음력¶ ～の正

**きゅう** [月] [ジョウ] 구정, 음력 설

**きゅう** [休] 音 キュウ(キウ) 訓 やすむ・やすまる・やすめる | (음)휴. 造語 ①쉼, 쉬다, 그만두다, 중지하다 ¶ 休暇きゅうか 휴가・休息きゅうそく 휴식・公休こうきゅう 공휴 ②기쁨 ¶ 休戚きゅうせき 휴척

**きゅう** [吸] [吸] 音 キュウ(キフ) 訓 すう | (음)흡. 造語 숨을 들이쉬다, 빨아들이다 ¶ 吸収きゅうしゅう 흡수・吸入にゅう 흡입・呼吸こきゅう 호흡

**きゅう** [朽] 音 キュウ(キウ) 訓 くちる | (음)후. 造語 썩다, 오래 되어 못쓰게 되다 ¶ 朽廃きゅうはい 후폐・不朽ふきゅう 불후・老朽ろうきゅう 노후

**きゅう** [×臼] 音 キュウ(キウ) 訓 うす | (음)구. 造語 절구, 절구 모양의 물건 ¶ 臼歯きゅうし 구치・臼状きゅうじょう 구상・脱臼だっきゅう 탈구

**きゅう** [求] 音 キュウ(キウ)・グ 訓 もとめる | (음)구. 造語 구하다, 바라다, 자기 것으로 찾다 ¶ 求愛きゅうあい 구애・求職きゅうしょく 구직・探求たんきゅう 탐구・要求ようきゅう 요구

**きゅう** [×汲] 音 キュウ(キフ) 訓 くむ | (음)급. 造語 ①물을 퍼올리다, 푸다 ¶ 汲古きゅうこ 급고・汲水きゅうすい 급수 ②바쁘다 ¶ 汲々きゅうきゅう 급급

**きゅう** [×灸] 音 キュウ(キウ) 訓. I 造語 뜸, 뜸질 ¶ 灸点きゅうてん 구점・温灸おんきゅう 온구・鍼灸しんきゅう 침구 II 뜸, 뜸질
慣用句
—を据すえる ①뜸을 뜨다 ②(훈계하기 위해) 따끔한 맛을 보이다, 호되게 나무라다

**きゅう** [°玖] 音 キュウ(キウ)・ク | (음)구. 造語 ①검고 아름다운 돌 ②「九」의 갖은자

**きゅう** [究] 音 キュウ(キウ) 訓 きわめる | (음)구. 造語 끝까지 밝히다, 구명하다 ¶ 究明きゅうめい 구명・研究けんきゅう 연구・追究ついきゅう 추구

**きゅう** [泣] 音 キュウ(キフ) 訓 なく | (음)읍. 造語 눈물을 흘리며 울다 ¶ 泣訴きゅうそ 읍소・感泣かんきゅう 감읍・号泣ごうきゅう 호읍

**きゅう** [急] [急] 音 キュウ(キフ) 訓 いそぐ | (음)급. I 造語 ①급하다, 긴박하다, 여유가 없다 ¶ 急迫きゅうはく 급박・応急おうきゅう 응급 ②빠르다, 서두르다 ¶ 急行きゅうこう 급행・至急しきゅう 지급 ③갑작스러운, 돌연한 ¶ 急騰きゅうとう 급등・急変きゅうへん 급변 ④가파르다 ¶ 急峻きゅうしゅん 험준・急傾斜きゅうけいしゃ 급경사 ⑤「急行列車」의 준말 ¶ 準急じゅんきゅう 준급・特急とっきゅう 특급 II 名 ①급함, 위급함, 긴급함 ¶ ~を要ようする 긴급을 요하다 ②[能] (能楽などの) 곡의 마지막 부분 III 形 ①빠름, 급함 ¶ ~な流ながれ 빠른 흐름 ②갑작스러움, 돌연함 ¶ ~に亡なくなる 갑자기 돌아가시다 ③성급함 ¶ ~な催促さいそく 성급한 재촉 ④가파름 ¶ ~な坂道さかみち 가파른 언덕길

**きゅう** [級] [級] 音 キュウ(キフ) 訓 しな | (음)급. I 造語 ①등급, 계급, 순서, 단계 ¶ 階級かいきゅう 계급・上級じょうきゅう 상급・進級しんきゅう 진급 ②학급, 반, 클래스 ¶ 級長きゅうちょう 급장・級友きゅうゆう 급우 ③전투에서 베어낸 머리 ¶ 首級しゅきゅう 수급 II 名 ①급, 등급 ¶ 무술・바둑 등에서) 등급, 급수 ②학급 ③[版] 사진 식자의 글자 크기 단위

**きゅう** [糾] 音 キュウ(キウ) | (음)규. 造語 ①하나로 합치다, 간추리다 ¶ 糾合きゅうごう 규합 ②뒤얽히다, 꼬이다 ¶ 紛糾ふんきゅう 분규 ③밝히다, 규명하다 ¶ 糾弾きゅうだん 규탄・糾明きゅうめい 규명

**きゅう** [宮] 音 キュウ(キウ)・グウ・ク 訓 みや | (음)궁. 造語 ①(「グウ」로 읽어서) 神社じんじゃ 신궁 ¶ 宮司ぐうじ 神社의 우두머리 신관・神宮じんぐう 신궁 ②천자・황족의 거처 ¶ 宮城きゅうじょう 궁성・宮殿きゅうでん 궁전 ③(「グウ」로 읽어서) 왕족, 황족 ¶ 東宮とうぐう 동궁 ④(동양 음악의 음계명으로) 오음의 첫음 ⑤[天] 황도를 12분한 점 ¶ 十二宮じゅうにきゅう 십이궁・白羊宮はくようきゅう 백양궁 ▷ 熟字訓 守宮やもり 도마뱀붙이

**きゅう** [×笈] 音 キュウ(キフ) 訓 おい | (음)급. I 造語 물건을 넣어 짊어지는 상자, 함, 궤 ¶ 経笈きょうきゅう 경전함・書笈しょきゅう 책상자・薬笈やっきゅう 약상자 II 책 등을 넣어 짊어지던 함, 궤
慣用句
—を負おう 공부하기 위해 고향을 떠나다, 타향으로 공부하러 가다

**きゅう** [救] 音 キュウ(キウ) 訓 すくう | (음)구. 造語 돕다, 구조하다 ¶ 救急きゅうきゅう 구급・救護きゅうご 구호・救助きゅうじょ 구조・救命きゅうめい 구명

**きゅう** [×毬] 音 キュウ(キウ) 訓 まり | (음)구. 造語 ①털로 싼 공 ¶ 打毬だきゅう 타구 ②과실의 가시 돋친 겉껍데기 ▷ ⑤은 「鞠きゅう」와 같음

**きゅう** [球] 音 キュウ(キウ) 訓 たま | (음)구. 造語 ①둥근 구슬, 둥근 것 ¶ 球形きゅうけい 구형・眼球がんきゅう 안구・地球ちきゅう 지구 ②공 ¶ 球技きゅうぎ 구기・蹴球しゅうきゅう 축구 ③「野球」의 준말 ¶ 球界きゅうかい 야구계・球場きゅうじょう 구장 II 구 I [数] 둥근 입체 ¶ ～の体積たいせき 구의 체적 ③[動] [野] 투구수를 세는 말 ¶ 第一だいいっ～ 제1구

**きゅう** [給] 音 キュウ(キフ) 訓 たまう・たまわる | (음)급. 造語 ①충분하다, 족하다 ¶ 自給じきゅう 자급・補給ほきゅう 보급 ②주다, 나누어 주다 ¶ 給与きゅうよ 급여・供給きょうきゅう 공급 ③수당, 급료 ¶ 給料きゅうりょう 급료・月給げっきゅう 월급 ④돌보다, 시중들다 ¶ 給仕きゅうじ 급사

**きゅう** [×嗅] 音 キュウ(キウ) 訓 かぐ | (음)후. 造語 냄새를 맡다 ¶ 嗅覚きゅうかく 후각

**きゅう** [×廐] [廐] 音 キュウ(キウ) | (음)구. 造語 마구간 ¶ 廐舎きゅうしゃ 구사

**きゅう** [×鳩] 音 キュウ(キウ) 訓 はと | (음)구. 造語 ①비둘기 ¶ 鳩舎きゅうしゃ 구사・鳩信きゅうしん 구신 ②모으다, 한 곳에 모이다 ¶ 鳩首きゅうしゅ 구수 ▷ 熟字訓 鳩尾みぞおち 명치

**きゅう** [窮] 音 キュウ(キウ) 訓 きわめる・きわまる | (음)궁. 造語 ①끝까지 이르다, 밝혀내다 ¶ 窮極きゅうきょく 궁극・無窮むきゅう 무궁 ②궁하다, 가난하다 ¶ 窮地きゅうち 궁지・窮乏きゅうぼう 궁핍

**キュー** (cue) ①당구봉 ②[放] 연출자가 보내는 신호 ¶ ～を出だす 큐를 보내다

**キュー** [Q・q] 큐. 영어 알파벳의 열일곱째 자모

**きゅう** [×杞憂] 기우 ¶ ～に終おわる 기우가 그치다

**ぎゅう** [牛] 音 ギュウ(ギウ)・ゴ 訓 うし | (음)우. I 造語 ①소 ¶ 牛乳ぎゅうにゅう 우유・牛車ぎゅうしゃ 우차 ②이십팔수(二十八宿)의 하나 ¶ 牽牛けんぎゅう 견우(성) ▷ 熟字訓 蝸牛かたつむり 달팽이 II

쇠고기¶ ～のヒレ 쇠고기 등심
**ぎゆう** 【義勇】 의용 ①정의와 용기 ②名 (공익을 위해) 자진해서 행동하는 일 ¶ ～軍 의용군 **一兵** 〔軍〕 의용병
**きゅうあい** 【求愛】 名自スル 구애
**きゅうあく** 【旧悪】 구악¶ ～が露見する 구악이 탄로나다
**きゅうい** 【球威】 〔野〕 구위. 투구의 위력¶ ～がある 공의 위력이 있다/ ～が落ちる 구위가 떨어지다
**きゅういん** 【吸引】 名他スル 흡인 ①빨아들임¶ ～力 흡인력/酸素を～する 산소를 빨아들이다 ②(사람을) 끎, 끌어들임¶ 観客を～する 관객을 끌다
**ぎゅういんばしょく** 【牛飲馬食】 名自スル 우음마식. 소나 말처럼 많이 먹고 마심
**ぎゅうえき** 【牛疫】 〔農〕 우역. 소의 급성 전염병
**きゅうえん** 【仇怨】 구원. 원한¶ ～を抱く 원한을 품다
**きゅうえん** 【旧怨】 (文) 구원. 묵은 원한¶ ～を晴らす 구원을 풀다
**きゅうえん** 【旧縁】 (文) 구연. 옛 인연¶ ～をたどる 구연을 더듬다(찾아다니다)
**きゅうえん** 【休演】 名自スル 휴연. 흥행이나 공연·출연을 쉼
**きゅうえん** 【求縁】 名自スル (文) 결혼 상대를 구함. 구혼
**きゅうえん** 【救援】 名他スル 구원¶ ～物資 구원 물자/～の手を差し伸べる 구원의 손길을 뻗치다
**きゅうおん** 【旧恩】 (文) 구은. 옛 은혜
**きゅうおん** 【吸音】 흡음¶ ～材を使用する 흡음재를 사용하다
**きゅうか** 【旧家】 구가 ①유서 있는 집안¶ ～の生まれ 유서 있는 집안 태생 ②이전에 살던 집
**きゅうか** 【休暇】 휴가 有給～ 유급 휴가/ 夏期～をとる 하기 휴가를 얻다
**きゅうか** 【急火】 (文) ①갑자기 일어난 화재 ②근처에서 일어난 화재 = 近火
**きゅうかい** 【旧懐】 (文) 구회. 지난날의 회포
**きゅうかい** 【会会】 名自他スル 회회 ①회합을 쉼 ②〔経〕 (주식 거래에서) 입회를 쉼
**きゅうかい** 【球界】 구계. 야구계
**きゅうかく** 【嗅覚】 〔医〕 후각 = 臭覚¶ ～器官 후각 기관
**きゅうがく** 【休学】 名自スル 휴학¶ 病気で一年間～する 병으로 1년간 휴학하다
**きゅうかざん** 【休火山】 〔地〕 휴화산
**きゅうかつ** 【久闊】 (文) 구활. 오랫동안 소식이 끊김, 격조함, 적조(積阻)함¶ ～をわびる 격조했음을 사과하다
[慣用句]
**一を叙する** 격조했던 인사를 나누다, 오랜만에 옛정을 새로이 하다
**きゅうかな** 【旧仮名】「旧仮名遣い」의 준말
**一遣い**「歴史的かなづかい」의 딴이름
**きゅうかぶ** 【旧株】 〔経〕 구주 ⇔ 新株

**ぎゅうかわ** 【牛革】 무두질한 소가죽
**きゅうかん** 【旧慣】 구관. 구습, 옛 관습¶ ～に従う 옛 관습에 따르다
**きゅうかん** 【旧館】 구관 ⇔ 新館
**きゅうかん** 【旧観】 (文) 구관. 옛 모습¶ ～をとどめる 옛 모습을 남기다
**きゅうかん** 【休刊】 名自他スル 휴간. 간행을 일시 중지함¶ ～日 휴간일
**きゅうかん** 【休閑】 〔農〕 휴한. 휴경 **一地** ①휴한지. 휴한 중인 경지 ②유휴지
**きゅうかん** 【休館】 휴관. (도서관·영화관 등의) 휴무¶ ～日 휴관일
**きゅうかん** 【急患】 급환. 급한 환자
**きゅうかんちょう** 【九官鳥】 〔動〕 구관조
**きゅうき** 【旧記】 구기. 옛 기록
**きゅうき** 【吸気】 흡기 ①들이마시는 숨 ⇔ 呼気 ②〔機〕 (엔진에서) 연료와의 혼합 공기를 실린더에 빨아들임 ⇔ 排気
**きゅうぎ** 【球技】 구기. 공으로 하는 경기
**きゅうぎ** 【球戯】 구희 ①공놀이 ②당구
**きゅうきゅう** (口) I 副 (딱딱한 것이 스칠 때 나는 소리) 뻑뻑, 찍찍 靴が～と鳴る 구두에서 뻑뻑 소리가 난다 II 〔Ⅰ〕 (가득 채워넣는 모양) 꽉꽉, 꾹꾹¶ かばんに～と詰める 가방에 꽉꽉 채우다 III 名自スル (궁하여) 빠듯함, 허덕거림¶ 貧乏で～する 가난으로 허덕거리다
**きゅうきゅう** 【汲汲】 〔ト〕 급급 金もうけに～とする 돈벌이에 급급하다
**きゅうきゅう** 【救急】 名 구급¶ ～処置 구급 처치 **一車** 구급차 **一蘇生法** 구급 소생법 **一箱** 구급 상자 **一病院** 구급 병원
**ぎゅうぎゅう** 【九牛】 구우. 아홉 마리의 소. 많은 소 **一の一毛** 구우일모. 많은 가운데 극히 적은 부분
**ぎゅうぎゅう** I 名 ①꽉 채워넣음, 빽빽함¶ 乗客を～に詰め込む 승객을 빽빽히 태우다 ②호되게 닦달함¶ ～の目に遭わせる 호되게 닦달하다 II 副 (세게 죄는) 꽉꽉¶ ～と締める 꽉 졸라매다
**きゅうきょ** 【旧居】 구거. 이전에 살던 집·곳
**きゅうきょ** 【急遽】 副 급거. 급히, 갑작스럽게, 서둘러¶ ～帰国する 급거 귀국하다
**きゅうきょう** 【旧教】 〔宗〕 구교. 천주교, 가톨릭
**きゅうきょう** 【究竟】 名 (文) 구경. 구극, 궁극¶ ～の目的 구경의 목적
**きゅうきょう** 【窮境】 궁경. 궁지¶ ～におちいる 궁지에 빠지다
**きゅうぎょう** 【休業】 名自スル 휴업¶ 臨時～ 임시 휴업
**きゅうきょく** 【究極・窮極】 名自他スル 구극. 궁극¶ ～の目的 궁극의 목적/～のところ 결국은, 마침내
**きゅうきょく** 【嬉遊曲】 〔音〕 희유곡
**きゅうきん** 【球菌】 〔生〕 구균¶ 葡萄状～ 포도상 구균
**きゅうきん** 【給金】 ①급료, 봉급 ②〔相撲〕 씨름꾼에게 지불하는 급료 **一相撲** 〔相撲〕 한 번

きゅうくつ【窮屈】图ナ ①부자유스러움, 갑갑함, 답답함, 거북함¶ ～な校則(こうそく)은 부자유스러운 교칙/靴(くつ)が～だ 구두가 꼭 낀다 ②옹색함, 구차함, 궁핍함¶ ～な生活(せいかつ)/財政(ざいせい)が～だ 재정이 궁핍하다

きゅうけい【弓形】궁형 ①(文) 활모양= ゆみがた¶ ～の月 활모양의 달 ②(数) 활꼴

きゅうけい【休憩】图自スル 휴게, 휴식¶ ～所(じょ) 휴게소/ ゆっくり～をとる 느긋하게 휴식을 취하다

きゅうけい【求刑】图他スル【法】구형¶ 死刑(しけい)を～する 사형을 구형하다

きゅうけい【球形】구형, 공 모양

きゅうけい【球茎】【植】구경, 알줄기

きゅうげき【旧劇】일본 재래의 歌舞伎(かぶき)

きゅうげき【急激】图ナ 급격¶ ～な相場(そうば)の変動(へんどう) 급격한 시세의 변동/ ～に気温(きおん)が下(さ)がる 급격하게 기온이 내려가다

きゅうけつ【\*灸穴】(文) 구혈, 뜸 뜨는 자리

きゅうけつ【給血】图自スル (文) 급혈, 수혈용 혈액을 공급함

きゅうけつき【吸血鬼】①흡혈귀¶ ～ドラキュラ 흡혈귀 드라큐라 ②(比) 남을 착취하는 사람

きゅうげん【急減】图自スル 급감, 급격히 줄 〔줄임〕 ⇔ 急増(きゅうぞう)¶ 輸出(ゆしゅつ)が～する 수출이 급격히 줄어들다

きゅうげん【給源】(文) 급원, 공급원

きゅうご【救護】图他スル 구호¶ ～活動(かつどう) 구호 활동/ 被災者(ひさいしゃ)の～に向(む)かう 재해자의 구호에 나서다 —班(はん) 구호반

ぎゅうご【牛後】(文) 우후¶ 소의 궁둥이 ②(강자의) 졸개¶ 鶏口(けいこう)となるも～となるなかれ 닭의 부리는 될지언정 쇠꼬리는 되지 마라

きゅうこう【旧交】구교, 오랜 사귐, 옛정
慣用句
—を温(あたた)める 옛정을 새로이 하다

きゅうこう【旧稿】(文) 구고, 전에 써 둔 원고¶ ～に手(て)を入(い)れる 구고를 손에 넣다

きゅうこう【休校】图自スル 휴교¶ 臨時(りんじ)～ 임시 휴교/ 台風(たいふう)のため～する 태풍 때문에 휴교하다

きゅうこう【休耕】图自スル 휴경¶ ～地(ち) 휴경지/ ～田(でん) 휴경답

きゅうこう【休航】图他スル 휴항, 운항을 쉼

きゅうこう【休講】图自スル 휴강¶ 学会(がっかい)出席(しゅっせき)のため～する 학회 출석 때문에 휴강하다

きゅうこう【急行】급행 I 图自スル 급히 감¶ 事件(じけん)の現場(げんば)に～する 사건 현장으로 급행가다 II 图 (열차 등의) 급행차¶ 目的地(もくてきち)へ～で行(い)く 목적지에 급행으로 가다 —券(けん) 급행권 —列車(れっしゃ) 급행 열차

きゅうこう【\*躬行】图他スル(文) 궁행, 몸소 실행함¶ 実践(じっせん)～ 실천 궁행하다

きゅうこう【救荒】图他スル 구황, 기근 때 사람들을 구함 —作物(さくもつ)【農】구황 작물

きゅうごう【糾合・\*鳩合】图他スル(文) 규합¶ 同志(どうし)を～する 동지를 규합하다

きゅうこうか【急降下】图自スル 급강하¶ ～爆撃(ばくげき) 급강하 폭격

きゅうこうぐん【急行軍】급행군, 강행군

きゅうこうばい【急\*勾配】급구배, 급경사¶ ～の屋根(やね) 급경사의 지붕

きゅうこく【急告】图他スル(文) 급고, 급히 알림¶ 危険(きけん)を～する 위험을 급고하다

きゅうこく【救国】구국¶ ～の士(し) 구국지사

きゅうごしらえ【急\*拵え】图 급조, 급히 만듦, 급히 만든 것¶ ～の舞台(ぶたい) 급조된 무대

きゅうこせいだい【旧古生代】【地】구고생대

きゅうこん【求婚】图自スル 구혼, 청혼

きゅうこん【球根】【植】구근, 알뿌리

きゅうさい【休載】图他スル 휴재, (신문・잡지 등에서) 연재물의 게재를 쉼

きゅうさい【救済】图他スル 구제¶ ～事業(じぎょう) 구제 사업/ 難民(なんみん)を～する 난민을 구제하다

きゅうさく【旧作】구작, 이전의 작품

きゅうさく【窮策】(文) 궁책, 궁여지책

きゅうさん【急\*霰】(文) 갑자기 내리는 싸락눈, 그 소리¶ 演奏後(えんそうご)～のような拍手(はくしゅ)が起(お)こる 연주 후 우레와 같은 박수가 일다 ▷「きゅうせん」의 관용음

きゅうし【九死】구사, 거의 죽게 된 상태
慣用句
—に一生(いっしょう)を得(え)る 구사 일생하다

きゅうし【九紫】구자, (음양도에서) 구성의 하나¶ 오행으로는 화성이고 방위는 남쪽

きゅうし【旧\*址】(文) 구지, 옛터, 구적(舊跡)

きゅうし【旧師】(文) 구사, 옛 스승

きゅうし【休止】图自他スル 휴지 ①잠시 멈춤〔쉼〕¶ 作業(さぎょう)を～する 작업을 잠깐 쉬다 ②【音】(연주하던) 음을 멈춤 —符(ふ)【音】쉼표
慣用句
—符(ふ)を打(う)つ 휴지부를 찍다, 일단락 짓다

きゅうし【臼歯】【解】구치, 어금니= うすば

きゅうし【急死】图自スル 급사¶ 交通事故(こうつうじこ)で～する 교통 사고로 급사하다

きゅうし【急使】(文) 급사¶ ～を立(た)てる 급사를 보내다

きゅうし【窮死】图自スル(文) 궁사, 고생하던 중에 죽음

きゅうじ【旧時】(文) 구시, 옛날, 지난날¶ ～を顧(かえり)みる 옛날을 뒤돌아보다

きゅうじ【\*灸治】구치, 뜸으로 치료함

きゅうじ【給仕】I 图自他スル 식사 시중을 듦, 그런 사람¶ お客様(きゃくさま)の～をする 손님의 식사 시중을 들다 II 图 급사, 사동, 사환¶ ～を呼(よ)ぶ 사환을 부르다

ぎゅうし【牛脂】우지, 쇠기름

ぎゅうじ【牛耳】우이, 쇠귀
慣用句
—を執(と)る 맹주(盟主)가 되다, 주도권을 잡다, 좌지우지하다= 牛耳(ぎゅうじ)る

キューシー【QC】【経】큐 시, 품질 관리 ▷

quality control의 약어 —サークル (일 QC circle) 〖經〗 품질 관리를 하는 종업원의 소집단

きゅうしき [旧式] 名ㆍ[ナ] 구식 ①옛 격식〔관례〕¶ ~に従したがう 옛 격식에 따르다 ②낡음, 케케묵음, 오래됨¶ ~の機械きかい 구식 기계／~な考かんがえ 케케묵은 생각 ▷ ①② ⇔ 新式しんしき

きゅうじたい [旧字体] 구자체, 예전에 쓰던 글자체 ▷「醫」·「數」 등의 글자

きゅうしつ [宮室] 文 ①궁실, 궁전, 대궐 ②제왕ㆍ천황의 일족, 황실, 왕실

きゅうじつ [休日] ①휴일, 쉬는 날¶ ~を返上へんじょうする 휴일을 반납하다 ②국경일

きゅうしつせい [吸湿性] 흡습성

きゅうしゃ [*柩車] 文 영구차

きゅうしゃ [*厩舎] 文 구사 ①마구간 ②축사

きゅうしゃ [*鳩舎] 文 구사, 비둘기장

ぎゅうしゃ [牛車] ①우차, 소달구지 = うしぐるま ② → ぎっしゃ

ぎゅうしゃ [牛舎] 우사, 외양간 = 牛小屋うしごや

きゅうしゅ [旧主] 文 구주, 옛 주군, 옛 주인

きゅうしゅ [*鳩首] 名ㆍ自スルㆍ文 구수¶ ~協議きょうぎする 구수 협의하다

きゅうしゅう [九州] ①일본 서남부의 九州 지방 ②옛날 西海道さいかいどう 중의 9개 지방

きゅうしゅう [旧習] 文 구습, 옛 관습

きゅうしゅう [吸収] 名ㆍ他スル 흡수 = 消化しょうか ~ 소화 흡수／水分すいぶんを~する 수분을 흡수하다／光ひかりを~する 黒くろい布ぬのは光の~する 검은 천 —スペクトル 〖物〗 흡수 스펙트럼

きゅうしゅう [急襲] 名ㆍ他スル 급습¶ 夜陰やいんに乗じょうじて~の야습을 틈타 급습하다

きゅうしゅつ [救出] 名ㆍ他スル 구출¶ 被災者ひさいしゃを~する 재해자를 구출하다

きゅうじゅつ [弓術] 궁술 = 弓道きゅうどう

きゅうじゅつ [救*恤] 名ㆍ文 구휼¶ ~品ひんを送おくる 구휼품을 보내다

きゅうしゅん [急峻] 名ㆍナㆍ文 가파르고 험준함, 그런 곳¶ ~な峠とうげ 가파르고 험준한 고개

きゅうしょ [急所] 급소 ①(신체의) 명사처 ~をねらう 급소를 겨냥하다, 요점¶ ~をつく 급소를 찌르다

きゅうじょ [救助] 名ㆍ他スル 구조¶ ~隊たい 구조대／~に赴おもむく 구조하러 가다

きゅうしょう [旧称] 구칭, 옛일컬음, 옛이름

きゅうしょう [求償] 名ㆍ自スル 구상, 배상ㆍ상환을 요구함¶ ~権けん 구상권

きゅうじょう [休場] 名ㆍ自スル 휴장 ①(경기장ㆍ흥행장 등이) 휴업함¶ 当分とうぶんのあいだ~します 당분간 휴장합니다 ②網 (증권 거래소가) 입회를 쉼 ③(출전 예정자의) 결장¶ ~力士りきし 출전 예정되지 않은 씨름꾼

きゅうじょう [宮城] 궁성, 궁궐

きゅうじょう [球状] 名 구상, 공 모양

きゅうじょう [球場] 구장, 야구장

きゅうじょう [窮状] 궁상, 곤궁한 상태¶ ~を訴うったえる 곤궁한 상태를 호소하다／~を見みかねて援助えんじょする 궁상을 보다 못해 원조하다

きゅうじょうかざん [*臼状火山] 〖地〗 구상 화산

きゅうじょうかつ [弓正月] 구정, 음력 설

きゅうしょく [休職] 名ㆍ自他スル 휴직

きゅうしょく [求職] 名ㆍ自スル 구직 ⇔ 求人きゅうじん¶ ~活動かつどう 구직 활동

きゅうしょく [給食] 名ㆍ自スル 급식¶ 学校がっこう~ 학교 급식／~費ひ 급식비

ぎゅうじㆍる [牛耳る] 他五 (어떤 집단 등을) 자기 마음대로 움직이다, 좌지우지하다¶ 政党とうを~ 정당을 좌지우지하다

きゅうしん [旧臣] 구신, 옛(오래된) 신하

きゅうしん [休心ㆍ休神] 名ㆍ自スルㆍ文 (편지에서) 방념, 안심¶ 無事ぶじですから、御ご~ください 무사하오니 방념하십시오

きゅうしん [休診] 휴진, 진료를 쉼¶ 本日ほんじつ~ 금일 휴진

きゅうしん [求心] 名 구심 —的てき ナ 구심적 —力りょく 〖物〗 구심력 = 向心力こうしんりょく

きゅうしん [急信] 급신, 급한 편지〔소식〕

きゅうしん [急進] 급진¶ ~派は 급진파 —主義しゅぎ 급진주의 —的てき ナ 급진적

きゅうしん [急診] 급진, 급히 진료함¶ ~を要ようする病人びょうにん 급진이 필요한 환자

きゅうしん [球審] 野 구심, 주심 = 主審しゅしん

きゅうじん [九*仞] 구인, 매우 높음 ▷ 1인(仞)은 8척으로 그 9배라는 뜻

慣用句

— の功こうを一簣いっきに欠かく 구인공 휴일궤, 오랜 공도 마지막 한 번 실수로 허사가 된다

きゅうじん [旧人] 구인 ①옛부터 있는 사람 ②구태의연한 사람 ③〖考古〗 구석기 시대의 인류

きゅうじん [求人] 구인¶ ~広告こうこくを出だす 구인 광고를 내다

きゅうす [急須] (도자기로 된) 손잡이 달린 찻주전자 = きびしょ

きゅうすい [給水] 名ㆍ自スル 급수¶ ~塔とう 급수탑／~を制限せいげんする 급수 제한하다

きゅうすう [級数] ①數 급수 ②版 사진 식자의 글자 크기의 단위

きゅうㆍする [休する] 自サ変 文 ①쉬다, 휴식하다 ②끝나다, 끝장나다

きゅうㆍする [給する] 他サ変 文 주다, 지급하다¶ 奨学金しょうがくきんを~ 장학금을 주다

きゅうㆍする [窮する] 自サ変 궁해지다 ①막히다, 곤란해지다¶ 返答へんとうすることに~ 대답할 말이 막히다 ②쪼들리다, 궁색해지다¶ 金かねに~しての行動こうどう 돈에 궁해져서 한 행동

慣用句

— ·すれば通つうず 궁하면 통한다

きゅうせい [九星] 구성, 구요성(九曜星)

きゅうせい [旧制] 구제 ①옛 제도 ②구 학제

きゅうせい [旧姓] 구성, 본성, 본성(本姓), (결혼ㆍ입양 등을 하기 전의) 본래의 성

きゅうせい [急性] 名 급성 ⇔ 慢性まんせい¶ ~肺炎はいえん 급성 폐렴

きゅうせい [急逝] 名ㆍ自スルㆍ文 급서, 갑자기 죽음

きゅうせい [救世] 名 구세 —軍ぐん 〖基〗 구세군 —主しゅ 〖基〗 구세주, 예수

きゅうせかい [旧世界] 구세계. 구대륙
きゅうせき [旧跡·旧蹟] 구적. 고적 ¶ 名所せい~ 명소 구적
きゅうせき [休戚] (文) 휴척. 기쁨과 슬픔. 행과 불행
きゅうせつ [急設] 名他スル 급설. 급히 설치함 ¶ ~の舞台たい 급설 무대
きゅうせっきじだい [旧石器時代] [考古] 구석기 시대
きゅうせん [弓箭] (文) ①궁전. 활과 화살. 궁시(弓矢) ②전쟁 ③무사. 무인. 무가(武家)
きゅうせん [休戦] 名自スル 휴전 ¶ ~協定ていの 휴전 협정
きゅうぜん [翕然] 名 (文) 흡연. 많은 것이 한곳에 모임 ¶ 同志どうが~として集まる 동지가 흡연히 모이다
きゅうせんぽう [急先鋒] 급선봉. (전투·논쟁 등에) 앞장서서 행동하는 일. 그런 사람 ¶ ~にたつ 급선봉에 서다
きゅうそ [泣訴] 名自他スル (文) 읍소. 울며 호소함 ¶ 惨状さんを~する 참상을 읍소하다
きゅうそ [窮鼠] 궁서. 궁지에 몰린 쥐
慣用句
ー猫ねこを嚙かむ 궁지에 몰린 쥐는 고양이도 문다
きゅうそう [急送] 名他スル 급송 ¶ 食糧りょうを~する 식량을 급송하다
きゅうぞう [急造] 名他スル 급조= にわかづくり ¶ ~の校舎こうしゃ 급조된 교사
きゅうぞう [急増] 名自他スル 급증. 갑자기 늘어남 ¶ 人口じんが~する 인구가 급증하다
きゅうそく [休息] 名自スル 휴식 ¶ ~をとる 휴식을 취하다
きゅうそく [急速] ナ 급속 ¶ ~な発展はつ 급속한 발전/~に接近せっきんする 급속히 접근하다
きゅうそく [球速] [野] 구속. 투구의 속도 ¶ ~におされる 구속에 눌리다
きゅうぞく [九族] (文) 구족. (자신을 중심으로) 선조·자손 각 4대를 포함한 친족 ¶ 罪つみ~におよぶ 죄가 구족에 미치다
きゅうそだい [窮措大] (文) 궁조대. 가난한 선비
きゅうたい [旧態] 구태. 옛 상태·모습 ¶ ~を脱だっする 구태를 벗어나다 ー依然いぜん 구태의연 ¶ ~たる制度ども 구태의연한 제도
きゅうたい [球体] 구체. 공 모양의 물체
きゅうだい [及第] 名自スル 급제. 합격 ¶ ~点てん 급제점/試験しけんに~する 시험에 합격하다
きゅうたいりく [旧大陸] 구대륙. 구세계
きゅうたく [旧宅] 구택. 이전에 살던 집
きゅうたん [急湍] (文) 급단. 물살이 빠른 여울
きゅうだん [糾弾·糺弾] 名他スル 규탄 ¶ 執行部しっこうぶを~する 집행부를 규탄하다
きゅうだん [球団] 구단
きゅうち [旧知] 구면. 오랜 친지 ¶ ~に町まちで会あう 오랜 친지를 거리에서 만나다
きゅうち [窮地] 궁지 ¶ ~に立たつ 궁지에 서다/~を脱だっする 궁지를 벗어나다
きゅうち [求知心] (文) 구지심. 지식욕 ¶ ~が旺盛おうせいな人 구지심이 왕성한 사람

きゅうちゃく [吸着] 名自スル 흡착. 달라붙음 ¶ ~力りょく 흡착력/色素しきそのー 색소의 흡착
きゅうちゅう [宮中] ①궁중. 궁궐 안 ②皇居きょの 경내. 궁성 안 ③神宮じんぐうの 경내
きゅうちょ [旧著] 구저. 이전에 쓴 저서
きゅうちょう [急調] (文) 급조. 빠른 템포
きゅうちょう [級長] 급장. (학급의) 반장
きゅうちょう [窮鳥] 궁조. 궁지에 몰린 새
慣用句
ー懐ふところに入いる 궁조가 사람 품 안에 들어오다. 궁지에 몰린 사람이 도움을 청해오다
きゅうつい [急追] 名他スル 급추. 맹렬히 추격함 ¶ 首位しゅいを~して差さを縮ちぢめる 수위를 맹렬히 추격하여 차이를 좁히다
きゅうっと 副(口) 「きゅっと」의 힘줌말
ぎゅうっと 副(口) 「ぎゅっと」의 힘줌말
きゅうてい [休廷] 名自スル 휴정 ¶ ~を宣せんする 휴정을 선언하다
きゅうてい [宮廷] 궁정. 궁중 ¶ ~文学ぶん 궁정 문학
きゅうていたいりょ [九鼎大呂] (文) 구정 대려 ①귀중한 보배 ②중요한 지위·명성
きゅうてき [仇敵] (文) 구적. 원수= あだ·かたき ¶ 不倶戴天ふぐたいてんの~ 불구대천의 원수
きゅうてん [九天] (文) ①구천. 천계. 천상 ②궁중
きゅうてん [灸点] 구점 ①뜸 놓을 자리에 먹으로 찍는 점. 뜸질할 자리 ②뜸자리
きゅうてん [急転] 名自スル 급전. 급격히 변함 ¶ 事態じたいが~する 사태가 급전하다 ー直下ちょっか 급전 직하
きゅうでん [休電] 名自スル 휴전. 송전을 잠시 중단함
きゅうでん [急電] 급전. 지급 전보= ウナ電でん
きゅうでん [宮殿] ①궁전. 대궐 ②신전. 신을 모신 사당
きゅうでん [給電] 名自スル [電] 급전. 전력을 공급함 ¶ ~線せん 급전선
きゅうテンポ [急テンポ] ナ 급템포. 급속도. 빠른 속도 ¶ ~な発展はつ 급속한 발전
きゅうと [旧都] 구도. 옛 도읍
きゅうとう [旧冬] (文) 구동. 작년 겨울
きゅうとう [旧套] (文) 구투. 낡은 관습·방식 ¶ ~を脱だっする 구투에서 벗어나다
きゅうとう [急騰] 名自スル [経] 급등 ⇔ 急落きゅうらく ¶ 物価ぶっかが~する 물가가 급등하다
きゅうとう [給湯] 名自スル 급탕. 더운물을 공급함 ¶ ~設備せつび 급탕 설비
きゅうどう [弓道] 궁도. 궁술= 弓術きゅうじゅつ
きゅうどう [旧道] 구도. 옛길 ⇔ 新道しんどう
きゅうどう [求道] 구도 ¶ ~者しゃ 구도자
ぎゅうとう [牛刀] 우도. 소 잡는 칼
慣用句
ーを以もって鶏にわとりを割さく 우도 할계. 소 잡는 칼로 닭을 잡다
ぎゅうとう [牛痘] [農] 우두. 종두
ぎゅうなべ [牛鍋] [料] 쇠고기 전골
きゅうなん [急難] (文) 급난. 급작스러운 재난

¶ ~を逃れる 급난을 면하다
きゅうなん [救難] 구난. 재난에서 구함 ¶ ~活動 구난 활동／~警備 구난 경비
ぎゅうにく [牛肉] 우육. 쇠고기
きゅうにゅう [吸入] 名他スル 흡입 ¶ 酸素~ 산소 흡입／~器 흡입기
ぎゅうにゅう [牛乳] 우유 ¶ ~瓶 우유병
きゅうにん [旧任] (文) 구임. 전임 ⇔ 新任
きゅうねん [旧年] (文) 구년. 작년. 지난해 ⇔ 新年 ¶ ~中は大変なお世話になりました 작년에는 매우 신세 많이 졌습니다
きゅうは [旧派] 구파 ①옛 유파. 예로부터의 방식 ②(신파극에 대하여) 歌舞伎
きゅうは [急派] 名他スル 급파
きゅうば [急場] 다급한 경우. 절박한 고비·상황 ¶ ~を切り抜ける 절박한 상황을 헤쳐 나가다 ／ ~凌ぎ 다급한 경우의 임시 변통
きゅうば [弓馬] 궁마 ①활과 말 ②궁술과 마술. 무예 ③싸움. 전쟁 ― の家 무사의 집안
ぎゅうば [牛馬] 우마. 마소
きゅうはい [九拝] 名他スル 구배 Ⅰ 여러 번 절하여 경의(사의)를 표함 ¶ 三拝~する 삼배 구배하다. 거듭거듭 절하다 Ⅱ 名 편지 끝에 써서 경의를 표하는 말. 경구 ≒ 敬具
きゅうはい [朽廃] 名自スル (文) 후폐. (건물 등이) 썩어서 못 쓰게 됨
きゅうはいすい [給排水] 급배수. 급수와 배수 ¶ ~設備の工事 급배수 설비 공사
きゅうはく [急迫] 名自スル (文) ①급박. 절박함 ¶ ~した事態 급박한 사태 ②(적이) 육박해옴 ¶ 敵の~で退却する 적이 육박해 와 퇴각하다
きゅうはく [窮迫] 名自スル 궁박. 몹시 쪼들림. 곤궁함 ¶ 生活が~する 생활이 궁박하다
きゅうばく [旧幕] 옛 幕府
きゅうはん [旧版] (版) 구판 ⇔ 新版
きゅうはん [旧藩] 明治維新 이후 江戸 시대의 藩을 가리키던 말
きゅうはん [急坂] (文) 가파른 비탈(언덕)
きゅうばん [吸盤] 흡반 ①(動) 빨판 ②벽에 물체를 고착시키는 고무·플라스틱제의 것
きゅうひ [給費] 名他スル 급비. 비용·학비를 지급함 ¶ ~留学生 급비 유학생
きゅうひ [×厩肥] (農) 구비. 마구간에서 나오는 두엄 ＝ うまやごえ
ぎゅうひ [牛皮] 우피. 쇠가죽
ぎゅうひ [×求肥] 찐 찹쌀가루에 물엿·설탕을 반죽하여 떡처럼 만든 과자
きゅうピッチ [急ピッチ] ア 급피치. 급속도. 급템포 ¶ 工事が~で進められる 공사가 급피치로 진척되다
キューピッド (Cupid) 큐피드. (로마 신화에서) 사랑의 신
きゅうびょう [急病] 급병. 급환 ¶ ~人 급환자／~で倒れる 급환으로 쓰러지다
きゅうびん [救貧] (文) 구빈. 가난한 사람을 구제함 ¶ ~事業 구빈 사업
きゅうびん [急便] (文) 급편. 지급편 ¶ ~で送る 지급편으로 보내다
きゅうふ [給付] 名他スル 급부 ①금품을 지급함 ¶ 付加~金 부가 급부금／年金を~する 연금을 지급하다 ②(法) 채권의 목적이 되는 채무자가 해야 할 행위
キューブ (cube) 큐브. 정육면체
きゅうぶつ [旧物] (文) ①고물 ②고루한 사람
きゅうぶん [旧聞] (文) 구문. 오래된 소문. 묵은 이야기 ¶ ~に属する 구문에 속하다
きゅうへい [旧弊] 구폐. 낡은 폐습. 오래된 폐단 ¶ ~を打破する 구폐를 타파하다 Ⅱ ナ 케케묵음. 고루함
きゅうへん [急変] 名 Ⅰ 急変 갑작스런 변고. 돌발 사고 ¶ ~にそなえる 갑작스런 변고에 대비하다 Ⅱ 名自スル 갑자기 변함. 돌변 ¶ 態度が~した 태도가 급변했다
きゅうぼ [急募] 名他スル 급모. 급히 모집함 ¶ 従業員を~する 종업원을 급모하다
ぎゅうほ [牛歩] 우보 ①소걸음 ②일이 잘 진척되지 않음 ― 戦術 우보 전술. 지연 전술
きゅうほう [旧法] ①(폐지된) 옛날 법령 ②남은 방법(수법) ▷ ①② ⇔ 新法
きゅうほう [×臼砲] (軍) 구포. 포신이 짧고 탄도의 만곡이 큰 대포
きゅうほう [急報] 급보 ¶ ~に接する 급보에 접하다
きゅうぼう [窮乏] 名自スル (文) 궁핍 ¶ ~生活 궁핍 생활／~にたえる 궁핍을 견디다
キューポラ (cupola) 큐폴라. 용선로
きゅうぼん [旧盆] 음력 우란분(盂蘭盆)
きゅうみん [休眠] 名自スル 휴면. 성장·활동을 일시적으로 멈춤 ¶ ~期 휴면기／事業は~の状態だ 사업은 휴면 상태다
きゅうみん [救民] 구민. 어려운 백성을 구제함 ¶ ~活動 구민 활동
きゅうみん [窮民] (文) 궁민. 빈민
きゅうむ [急務] 급무. 급선무 ¶ 失業対策が~である 실업 대책이 급선무이다
きゅうめい [旧名] 구명. 옛이름. 옛일컬음
きゅうめい [究明] 名他スル 구명 ¶ 真相を~する 진상을 구명하다
きゅうめい [糾明·×糺明] 名他スル 규명 ¶ 不正を~する 부정을 규명하다
きゅうめい [救命] 구명 ¶ ~胴衣 구명 동의 ― 具 구명구 ― 艇 구명정. 구명 보트
きゅうめん [球面] 구면 ①구의 표면 ¶ レンズの~を磨く 렌즈의 구면을 갈다 ②(数) 한 점에서 같은 거리에 있는 점 전체가 이루는 곡면 ¶ ― 体 구면체
きゅうもん [糾問·×糺問] 名他スル (文) 규문 ¶ 容疑者を~する 용의자를 규문하다
きゅうもん [宮門] (文) 궁문. 대궐 문
きゅうやく [旧約] 구약 ①옛 약속 ¶ ~を守る 구약속을 지키다 ②(宗)「旧約聖書」의 준말 ― 聖書 (宗) 구약 성서
きゅうやく [旧訳] 구역. 이전의(오래된) 번역
きゅうゆ [給油] 名自スル 급유 ¶ ~所 급유소／空中~ 공중 급유

**きゅうゆう**【旧友】(文) 구우. 옛 친구

**きゅうゆう**【旧遊】(文) 구유. 전에 가 본 적이 있음¶ ～の地 전에 가 본 적이 있는 곳

**きゅうゆう**【級友】(文) 급우. 동급생

**きゅうよ**【給与】I 名他スル (금품을) 지급함¶ 作業衣を～する 작업복을 지급하다 II 名 급료, 봉급¶ ～水準 급여 수준

**きゅうよ**【窮余】궁여. 궁한 나머지=苦しまぎれ¶ ～の一策 궁여지책

**きゅうよう**【休養】名自スル 휴양¶ 十分な～をとる 충분한 휴양을 취하다

**きゅうよう**【急用】급용. 급한 용무¶ ～で外出する 급한 용무로 외출하다

**きゅうよう**【給養】名他スル(文) 급양 ①물품을 대주어 부양함 ②[軍] (사람과 말에게) 옷·식량 등을 줌¶ ～係 급양 담당

**きゅうらい**【旧来】(文) 구래=従来¶ ～の随習 구래의 누습

**きゅうらい**【救癩】구라. 나환자를 구호함

**きゅうらく**【及落】급락. 급제와 낙제. 합격과 불합격¶ ～線上 급락 선상 / ～を分かつ 급락을 판가름하다

**きゅうらく**【急落】名自スル[經] 급락⇔急騰¶ 株価が～する 주가가 급락하다

**ぎゅうらく**【牛酪】우락. 버터=バター

**きゅうり**〈胡瓜〉【植】오이¶ ～揉み【料】얇게 썬 오이를 소금에 절여 초간장에 무친 요리

**きゅうり**【久離·旧離】(江戸시대에) 평민의 자식이 비행을 저질렀을 때 부형이나 친족이 연대 책임을 모면하기 위해 관에 신고하여 친족 관계를 끊던 일¶ ～を切る 인연을 끊다. 의절하다. 절연하다

**きゅうり**【究理】(文) ①구리. 사물의 도리·법칙을 밝힘 ②[明治 초기에] 물리학의 일컬음

**きゅうりゅう**【*穹*隆】(文) 궁륭 ①하늘, 창공 ②[建] 반구형(半球形)의 지붕·천장. 돔

**きゅうりゅう**【急流】급류¶ ～を下る 급류를 내려가다 / ～にのまれる 급류에 휩쓸리다

**きゅうりょう**【丘陵】(文) 구릉. 언덕=おか¶ ～地帯 구릉 지대

**きゅうりょう**【旧領】구령. 옛 영토·영지

**きゅうりょう**【救療】(文) 구료. 빈민을 치료하여 구제함

**きゅうりょう**【給料】급료. 급여. 봉급¶ ～日 봉급날 / ～をあげる 급료를 올리다

**きゅうれい**【旧例】구례. 옛 관례. 선례¶ ～に従う 구례에 따르다

**きゅうれき**【旧暦】구력. 음력⇔新暦

**きゅうろう**【旧*臘*】(文) 구랍. 작년 섣달

**ぎゅっと** 副(口) ①(죄거나 누르거나 움켜쥐는 모양) 꼭, 꽉 ¶ ～袋の口を締める 자루의 아가리를 꼭 졸라매다 ②(술 등을 단숨에 들이켜는 모양) 꿀꺽, 쭉 ¶ 一杯～やる 쭉 한 잔 들이켜다

**ぎゅっと** 副(口) (힘껏 쥐거나 누르는 모양) 꽉, 꼭 ¶ 腕を～押さえる 팔을 꽉 누르다

**キュニクがくは**【キュニク学派】[哲] 큐닉 학파. 견유학파=犬儒学派

**キュビスム** (프 cubisme) [美] 큐비즘. 입체주의. 입체파=キュービズム

**キュリー** (curie) 【物】 퀴리. 방사능의 단위

**キュレーター** (curator) 큐레이터. (박물관·미술관 등의) 관리자, 학예 연구원

**きょ**【去】音キョ·コ|(음)거. [造語] ①떠나다, 지나가다. 멀어지다¶ 去年 작년 / 逝去 서거·過去 과거 ②제거하다, 없애다¶ 去勢 거세·除去 제거·撤去 철거 ③한자음의 사성의 하나¶ 去声 거성

**きょ**【巨】音キョ·コ|(음)거. [造語] ①크다¶ 巨艦 거함·巨人 거인·巨細 대소 ②많다¶ 巨額 거액·巨万 거만

**きょ**【居】音キョ·コ|(음)거. I [造語] ①있다, 살다. 거주하다¶ 居住 거주·居留 거류·同居 동거·기거. 집¶ 閑居 한거·住居 주거 ③앉음, 앉다¶ 起居 기거·蹲居 웅크린 자세 II (文) 주거, 거처¶ ～を定める 거처를 정하다

**きょ**【拒】拒 音キョ 訓こばむ|(음)거. [造語] 거부하다, 막다, 방어하다¶ 拒絶 거절·拒否 거부·抗拒 항거

**きょ**【拠】據 音キョ·コ 訓よる|(음)거. [造語] 의거하다, 의지하다, 의지할 곳¶ 拠点 거점·根拠 근거·証拠 증거

**きょ**【*炬*】音キョ·コ 訓たいまつ|(음)거. [造語] ①횃불¶ 炬火 거화 ②불을 때다, 태우다¶ 炬燵 각로 II 거화. 횃불¶ ～をともす 횃불을 켜다

**きょ**【挙】【擧】音キョ あげる·あがる|(음)거. I [造語] ①일을 일으키다, 꾀하다¶ 挙兵 거병·大挙 대거 ②거동, 행동¶ 挙動 거동·義挙 의거 ③들다, 올리다¶ 挙手 거수 ④기용하다¶ 科挙 과거·選挙 선거 ⑤열거하다¶ 枚挙 매거·列挙 열거 ⑥잡다, 체포하다¶ 検挙 검거 ⑦모두, 전부¶ 挙国 거국 II (文) 행동, 동작, 행위¶ 反撃に～に出る 반격으로 나오다

**きょ**【据】音キョ 訓すえる·すわる|(음)거. [造語] 주로 훈(訓)「すえる·すわる」로 쓰임

**きょ**【虚】音キョ·コ 訓むなしい|(음)허. I [造語] ①속이 비다. 공허하다¶ 虚無 허무·虚空 허공 ②실속이 없다. 외관뿐이다¶ 虚栄 허영·虚勢 허세 ③헛되게 하다. 사심이 없다¶ 虚心 허심·謙虚 겸허 ④약하게 하다¶ 虚弱 허약·虚脱 허탈 ⑤이십팔수(二十八宿)의 하나 II 허. 허술함 ¶ ～に乗ずる 허술함을 틈타다

**きょ**【許】音キョ 訓ゆるす·もと|(음)허. [造語] 허락하다, 허용해주다¶ 許可 허가·許諾 허락·免許 면허 ②許多 허다하다·許婚 혼약자·幾許 얼마간 [黙字訓] 許多

**きょ**【*渠*】音キョ 訓みぞ·かれ|(음)거. I [造語] ①도랑, 수로¶ 暗渠 암거·船渠 선거 ②우두머리, 작은 우두머리¶ 渠首 거괴 ③의문·반어의 어조사 ▷ 한문 훈독에서「なんぞ·いずくんぞ」로 읽음 II (文) 도랑¶ ～を掘る 도랑을 파다

**きよ**[距]【距】㊥キョ|(음)거. Ⅰ(造語)(사이가) 떨어지다, 거리를 두다¶距離<sub>きょり</sub> 거리·測距儀<sub>そっきょぎ</sub> 측거의 Ⅱ(植)(꽃의) 꿀 주머니

**きよ**[*裾]㊥キョ㊧すそ|(음)거. (造語) 옷자락¶裳裾<sub>しょうきょ</sub> 옷자락, 치맛자락

**きよ**[*嘘]㊥キョ㊧うそ|(음)허. (造語) ①거짓말¶嘘言<sub>きょげん</sub> 허언 ②한숨쉬다, 한탄하다, 흐느끼다¶嘘唏<sub>きょき</sub> 허희 ▷ ①은「虚<sub>きょ</sub>」, ②는「歔<sub>きょ</sub>」와 같음

**きよ**[*墟]㊥キョ㊧あと|(음)허. (造語) 옛 흔적, 황폐한 구적¶廃墟<sub>はいきょ</sub> 폐허

**きよ**[*醵]㊥キョ㊧あつめる|(음)갹. (造語) 금품을 갹출하다¶醵出<sub>きょしゅつ</sub> 갹출

**きよ**[寄与]㊀自スル 기여, 공헌¶社会<sub>しゃかい</sub>に~する 사회에 기여하다

**ぎよ**[魚]㊥ギョ㊧うお·さかな|(음)어. (造語) 물고기¶魚網<sub>ぎょもう</sub> 어망·金魚<sub>きんぎょ</sub> 금붕어·稚魚<sub>ちぎょ</sub> 치어 ▷ 默字訓 香魚<sub>あゆ</sub> 은어·虎魚<sub>おこぜ</sub> 쏠치·紙魚<sub>しみ</sub> 반대좀·章魚<sub>たこ</sub> 낙지·魚籠<sub>びく</sub> 어롱

**ぎよ**[御]㊥ギョ·ゴ㊧おん·お|(음)어. (造語) ①다스리다, 부리다, 길들이다¶御者<sub>ぎょしゃ</sub> 어자·制御<sub>せいぎょ</sub> 제어 ②천자에 관한 일의 높임말¶御名<sub>ぎょめい</sub> 어명·崩御<sub>ほうぎょ</sub> 붕어 ③상대방에 대한 높임말¶御意<sub>ぎょい</sub> 어의·御慶<sub>ぎょけい</sub> 경사 ④(「ゴ」로 읽어서) 상대방을 존중하는 공손한 말¶御飯<sub>ごはん</sub> 식사·御機嫌<sub>ごきげん</sub> 심기 ⑤방어하다, 막다¶制御<sub>せいぎょ</sub> 제어·防御<sub>ぼうぎょ</sub> 방어 ▷ ①은「馭<sub>ぎょ</sub>」, ⑤는「禦<sub>ぎょ</sub>」의 대용자

**ぎよ**[漁]㊥ギョ·リョウ(レフ)㊧あさる·すなどる|(음)어. (造語) 어패류를 잡는다¶漁業<sub>ぎょぎょう</sub> 어업·漁師<sub>りょうし</sub> 어부 ②찾아 헤매다, 탐내어 취하는 관용어¶漁色<sub>ぎょしょく</sub> 엽색 ▷「リョウ」는「猟<sub>りょう</sub>」과 혼동한 관용음

**ぎよ**[*禦]㊥ギョ㊧ふせぐ|(음)어. (造語) 막다, 막아내다, 지키다¶制禦<sub>せいぎょ</sub> 제어·防禦<sub>ぼうぎょ</sub> 방어 ▷「御<sub>ぎょ</sub>」가 대용자

**きよい**[虚位]㊁ 허위, 실권이 없는 지위

**きよ·い**[清い·浄い·潔い]㊧㊅ 깨끗하다 ①맑다¶~流<sub>ながれ</sub> 맑은 흐름/~ひとみ 맑은 눈동자 ②(성품·동기 등이) 순수하다, 티없다¶~一票<sub>いっぴょう</sub> 깨끗한 한 표/~心<sub>こころ</sub> 티없는 마음 ③(태도 등이) 시원스럽다¶~く別<sub>わか</sub>れる 깨끗이 헤어지다

**ぎよい**[御衣]㊁ 어의¶恩賜<sub>おんし</sub>の~ 임금이 하사하신 어의/~を賜<sub>たまわ</sub>る 어의를 내리시다

**ぎよい**[御意]㊁ ①존의(尊意) ②분부, 지시¶~に従<sub>したが</sub>う 분부에 따르다/~のまま 분부하신 대로 ③「御意のとおり」의 준말. 그렇습니다¶~にござります 그러하옵니다

[慣用句]

**ー を得<sub>え</sub>る** ①뜻을 여쭈어보다 ②뵙다

**きよう**[凶]㊥キョウ|(음)흉. Ⅰ(造語) ①불길하다, 재수가 없다¶凶事<sub>きょうじ</sub> 흉사·吉凶<sub>きっきょう</sub> 길흉 ②작황이 나쁨, 흉년¶凶作<sub>きょうさく</sub> 흉작·豊凶<sub>ほうきょう</sub> 풍흉 ③나쁘다, 악인¶凶悪<sub>きょうあく</sub> 흉악·凶器<sub>きょうき</sub> 흉기 ▷ ③은「兇<sub>きょう</sub>」의 대용자 Ⅱ 흉함, 불길, 재수 없음¶吉<sub>きち</sub>と出<sub>で</sub>るか~と出<sub>で</sub>るか 길하다고 나올까 불길하다고 나올까

**きよう**[*叶]㊥キョウ(ケフ)㊧かなう|(음)협. (造語) 주로 훈(訓)「かなう」로 쓰임 ▷「協<sub>きょう</sub>」의 다른 글자꼴

**きよう**[*兇]㊥キョウ|(음)흉. (造語) 무서움, 흉악함, 악한¶兇悪<sub>きょうあく</sub> 흉악·兇器<sub>きょうき</sub> 흉기·元兇<sub>げんきょう</sub> 원흉 ▷「凶<sub>きょう</sub>」는 대용자

**きよう**[共]㊥キョウ㊧とも|(음)공. (造語) ①함께, 함께 하다¶共演<sub>きょうえん</sub> 공연·公共<sub>こうきょう</sub> 공공 ②「共産党<sub>きょうさんとう</sub>·共産主義<sub>きょうさんしゅぎ</sub>」의 준말¶日共<sub>にっきょう</sub> 일본 공산당·反共<sub>はんきょう</sub> 반공

**きよう**[匡]㊥キョウ(キャウ)㊧ただす|(음)광. (造語) 고치다, 바로잡다¶匡正<sub>きょうせい</sub> 광정·匡輔<sub>きょうほ</sub> 광보

**きよう**[叫]㊥キョウ(ケウ)㊧さけぶ|(음)규. (造語) 큰 소리를 지르다, 부르짖다, 고함치다¶叫喚<sub>きょうかん</sub> 규환·絶叫<sub>ぜっきょう</sub> 절규

**きよう**[*亨]㊥キョウ(キャウ)·コウ(カウ)㊧とおる|(음)형. (造語) ①통하다, 형통하다¶亨運<sub>こううん</sub> 행운 ②삶다, 찌다, 익히다¶亨熟<sub>こうじゅく</sub> 형숙

**きよう**[*杏]㊥キョウ(キャウ)·アン㊧あんず|(음)행. (造語) 살구¶杏子<sub>きょうし</sub> 살구, 살구나무·杏仁<sub>にん</sub>·<sub>あんにん</sub> 행인·杏林<sub>きょうりん</sub> 행림·銀杏<sub>なん</sub> 은행 ▷ 默字訓 銀杏<sub>いちょう</sub> 은행나무

**きよう**[狂]㊥キョウ(キャウ)㊧くるう·くるおしい|(음)광. (造語) ①미치다, 미치광이¶狂気<sub>きょうき</sub> 광기·狂犬<sub>きょうけん</sub> 광견 ②미친 듯하다, 익살맞음, 우스움¶狂詩<sub>きょうし</sub> 광시·粋狂<sub>すいきょう</sub> 호기심 많은 기행 ④어떤 일에 열중함, …광¶偏執狂<sub>へんしゅうきょう</sub> 편집광·野球狂<sub>やきゅうきょう</sub> 야구광

**きよう**[享]㊥キョウ(キャウ)|(음)향. (造語) 받다, 즐기다, 누리다¶享受<sub>きょうじゅ</sub> 향수·享年<sub>きょうねん</sub> 향년·享楽主義<sub>きょうらくしゅぎ</sub> 향락주의

**きよう**[京]㊥キョウ(キャウ)·ケイ·キン|(음)경. Ⅰ(造語) ①서울, 수도¶京師<sub>けいし</sub> 서울·中京<sub>ちゅうきょう</sub> 중국의 수도¶京師<sub>けいし</sub>의 준말·京美人<sub>きょうびじん</sub> 京都 미인 ③「東京<sub>とうきょう</sub>」의 준말¶上京<sub>じょうきょう</sub> 상경 ④(「ケイ」로 읽어서) 수의 경 Ⅱ (일본의 옛수도인) 京都

**きよう**[供]㊥キョウ·ク㊧そなえる·とも|(음)공. (造語) ①신불에 바치다¶供物<sub>くもつ</sub> 공물·供養<sub>くよう</sub> 공양 ②내놓다, 제공하다¶供給<sub>きょうきゅう</sub> 공급·提供<sub>ていきょう</sub> 제공 ③진술하다, 말하다¶供述<sub>きょうじゅつ</sub> 공술·口供<sub>こうきょう</sub> 구두 진술·自供<sub>じきょう</sub> 자백 ④대접하다¶供応<sub>きょうおう</sub> 향응 ⑤모심, 모시고 가다¶供奉<sub>ぐぶ</sub> 행차 때 수행함

**きよう**[協]㊥キョウ(ケフ)㊧かなう|(음)협. (造語) ①모으다, 힘을 합치다¶協会<sub>きょうかい</sub> 협회·協同<sub>きょうどう</sub> 협동 ②타협하다¶協議<sub>きょうぎ</sub> 협의·協約<sub>きょうやく</sub> 협약 ③일치하다¶協調<sub>きょうちょう</sub> 협조

**きよう**[*怯]㊥キョウ(ケフ)㊧おびえる|(음)겁. (造語) 겁먹다, 겁내다, 의지가 약하다¶怯懦<sub>きょうだ</sub> 겁나·卑怯<sub>ひきょう</sub> 비겁

**きよう**[況]㊥キョウ(キャウ)|(음)황. (造語) ①모양, 상태, 형편¶近況<sub>きんきょう</sub> 근황·好況<sub>こうきょう</sub> 호황 ②강조의 어조사, 하물며, 황차 ▷ 한문 훈독으로「いわんや…(をや)」라고 읽음

**きょう**【*侠】 ⑮キョウ(ケフ) (음)협. (造語) 협기, 의협심¶ 侠客きゃく 협객・義侠ぎきょう 의협

**きょう**【峡】 ⑮キョウ(ケフ) (음)협. (造語) 골짜기, 협곡, 해협¶ 峡谷きょく 협곡・海峡かいきょう 해협・地峡ちきょう 지협

**きょう**【挟】【*挾】 ⑮キョウ(ケフ) ⑰はさむ・はさまる (음)협. (造語) 끼우다, 끼이다¶ 挟撃きょうげき 협격・挟殺きょうさつ 협살

**きょう**【狭】【*狹】 ⑮キョウ(ケフ) ⑰せまい・せばめる・せばまる (음)협. (造語) 좁다, 좁게 하다¶ 狭軌きょうき 협궤・狭義きょうぎ 협의・狭小きょうしょう 협소・偏狭へんきょう 편협

**きょう**【恐】 ⑮キョウ ⑰おそれる・おそろしい (음)공. (造語) ①무서워하다, 무섭다¶ 恐妻きょうさい 공처・恐怖きょうふ 공포 ②황송해하다, 삼가다¶ 恐悦きょうえつ 삼가 기뻐함・恐縮きょうしゅく 공축 ③위협하다¶ 恐喝きょうかつ 공갈・恐迫きょうはく 협박

**きょう**【恭】 ⑮キョウ ⑰うやうやしい (음)공. (造語) 공경하다, 공손하다¶ 恭敬きょうけい 공경・恭順きょうじゅん 공순

**きょう**【胸】 ⑮キョウ ⑰むね・むな (음)흉. (造語) ①가슴¶ 胸囲きょうい 흉위・胸像きょうぞう 흉상 ②마음속¶ 胸襟きょうきん 흉금・度胸どきょう 배짱

**きょう**【脅】 ⑮キョウ(ケフ) ⑰おびやかす・おどす・おどかす (음)협. (造語) 위협하다¶ 脅喝きょうかつ 협박 공갈・脅迫きょうはく 협박

**きょう**【*脇】 ⑮キョウ(ケフ) ⑰わき (음)협. (造語) ①가슴의 양쪽 옆, 옆구리¶ 脇息きょうそく 사방침 ②곁, 결¶ 脇士きょうじ 협사

**きょう**【強】 ⑮キョウ(キャウ)・ゴウ(ガウ) ⑰つよい・つよまる・つよめる・しいる (음)강. (造語) ①힘세다, 강하다¶ 強国きょうこく 강국・列強れっきょう 열강 ②강화하다¶ 強化きょうか 강화・補強ほきょう 보강 ③강요하다, 억지로 하다¶ 強行きょうこう 강행・強制きょうせい 강제・勉強べんきょう 공부 ④수의 끝자리를 잘라 버릴 때 붙이는 말¶ 一割いちわり五分ごぶ強 1할 5푼 강 ↔ 「弱じゃく」는 속자 熟字訓 強請ゆする 갈취하다

**きょう**【教】【敎】 ⑮キョウ(ケウ) ⑰おしえる・おそわる (음)교. (造語) ①가르치다¶ 教育きょういく 교육・教訓きょうくん 교훈・教室きょうしつ 교실¶ 가르침, 가르치는 내용¶ 説教せっきょう 설교 ②종교, 종파¶ 教会きょうかい 교회・仏教ぶっきょう 불교

**きょう**【郷】 ⑮キョウ(キャウ)・ゴウ(ガウ) ⑰さと (음)향. (造語) ①(「ゴウ」로 읽어)마을, 시골¶ 近郷きんごう 근향・在郷ざいごう 재향 ②고향¶ 郷愁きょうしゅう 향수・帰郷ききょう 귀향・故郷こきょう 고향 ③장소, 토지¶ 他郷たきょう 타향

**きょう**【*竟】 ⑮キョウ (음)경. (造語) 끝내다, 끝나다, 드디어¶ 竟宴きょうえん 경연・究竟くっきょう 구경・畢竟ひっきょう 필경

**きょう**【*卿】 ⑮キョウ(キャウ)・ケイ (음)경. (造語) ①대신, 고관¶ 六卿りっけい 육경 ②3품・참의 이상의 신하 ③천자가 신하를 부르는 말¶ 卿等けいら 경등 ④(영국에서) 작위를 가진 사람의 존칭¶ チャールズ卿きょう 찰스 경

**きょう**【*喬】 ⑮キョウ(ケウ) ⑰たかい (음)교. (造語) 높다, 우뚝 솟다¶ 喬木きょうぼく 교목

**きょう**【境】 ⑮キョウ(キャウ)・ケイ ⑰さかい (음)경. I (造語) ①장소, 토지, 지역¶ 秘境ひきょう 비경・辺境へんきょう 변경 ②신상, 입장¶ 境遇きょうぐう 경우・環境かんきょう 환경 ③토지의 경계¶ 境界きょうかい 경계・国境こっきょう 국경 II 경 ①장소, 땅¶ 不毛ふもうの〜 불모의 땅 ②마음의 상태, 경지¶ 無我むがの〜 무아지경

**きょう**【*嬌】 ⑮キョウ(キャウ) (음)교. (造語) 요염하다, 아리땁다¶ 嬌態きょうたい 교태・愛嬌あいきょう 애교

**きょう**【橋】 ⑮キョウ(ケウ) ⑰はし (음)교. (造語) 다리¶ 橋脚きょうきゃく 교각・架橋かきょう 가교・鉄橋てっきょう 철교・陸橋りっきょう 육교

**きょう**【*頬】 ⑮キョウ ⑰ほお (음)협. (造語) 뺨¶ 豊頬ほうきょう 풍협, 통통한 뺨

**きょう**【*矯】 ⑮キョウ(ケウ) ⑰ためる (음)교. (造語) ①바로잡다, 바르게 하다¶ 矯正きょうせい 교정・矯風きょうふう 교풍 ②굳세다, 용감하다, 과격하다¶ 矯激きょうげき 교격・奇矯ききょう 기교

**きょう**【鏡】 ⑮キョウ(キャウ) ⑰かがみ (음)경. (造語) ①거울¶ 鏡台きょうだい 경대・破鏡はきょう 파경 ②렌즈, 광학 기계¶ 眼鏡がんきょう 안경・顕微鏡けんびきょう 현미경 ③거울에 비친 모습, 본보기, 모범¶ 鏡鑑きょうかん 귀감 ▷ 熟字訓 眼鏡めがねの 안경

**きょう**【競】 ⑮キョウ(キャウ)・ケイ ⑰きそう・せる (음)경. (造語) 경쟁하다, 다투다, 겨루다¶ 競技きょうぎ 경기・競争きょうそう 경쟁・競馬けいば 경마

**きょう**【響】 ⑮キョウ(キャウ) ⑰ひびく (음)향. (造語) ①음이 울림, 울리다, 영향을 미치다¶ 影響えいきょう 영향・音響おんきょう 음향 ②「交響楽団こうきょうがくだん」의 준말¶ 日響にっきょう 일본 교향악단

**きょう**【*饗】 ⑮キョウ(キャウ) (음)향. (造語) 대접하다, 연회¶ 饗宴きょうえん 향연・饗応きょうおう 향응

**きょう**【驚】 ⑮キョウ(キャウ) ⑰おどろく・おどろかす (음)경. (造語) 놀라다, 놀래다¶ 驚異きょうい 경이・驚愕きょうがく 경악・驚嘆きょうたん 경탄

**きょう**【今日】 오늘 ①금일¶ 〜から夏休なつやすみだ 오늘부터 여름 방학이다 ②(같은 날짜・요일인) 이날¶ 来年らいねんの〜また会あおう 내년 이 날 다시 만나자 ━明日あす ①오늘과 내일 ②오늘이나 내일 ━此この頃ごろ (文) 작금, 요즈음, 오늘날 ━日いちにち 오늘 하루

**きょう**【香】 「香車きょうしゃ」의 준말

**きょう**【経】 (仏) 경, 경전, 불경¶ 〜をあげる 불경을 외다/ 〜を読よむ 경을 읽다

**きょう**【興】 흥, 흥미, 흥취, 재미¶ 〜に乗のる 흥에 겹다/ 〜がさめる 흥이 깨지다

**きょう**【紀要】 기요, 정기 간행하는 연구 논문집¶ 〜に発表はっぴょうする 기요에 발표하다

**きょう**【起用】 图 スル 기용¶ 若手わかてを〜する 젊은 사람을 기용하다

**きょう**【器用】 图 ナ ①잔재주가 있음, 솜씨가 좋음¶ 手先てさきが〜だ 손재주가 있다 ②요령이 좋음, 재치 있음¶ 〜に世渡よわたりをする 처세를 잘 하다 ━貧乏びんぼう 재주가 지나치게 많으면 오히려 성공하지 못함

**ぎょう**【仰】 ⑮ギョウ(ギャウ)・コウ(カウ) ⑰あおぐ・おおせ (음)앙. (造語) 위를 보다, 우러르다¶ 仰望ぎょうぼう 앙망・信仰しんこう 신앙

**ぎょう**【*尭】【堯】⑧ギョウ(ゲウ) ⑩たかし・よし|(음)요. I (造語) 높음¶ 尭尭 요요 II (고대 중국의) 요임금¶ ～舜 요순

**ぎょう**【暁】【曉】⑧ギョウ(ゲウ) ⑩あかつき|(음)효. (造語) ①새벽¶ 暁鐘 효종・暁星 효성 ②깨닫다, 환히 알다¶ 暁達 효달・通暁 통효

**ぎょう**【業】⑧ギョウ(ゲフ)・ゴウ(ゴフ) ⑩わざ|(음)업. I (造語) ①일, 생업¶ 営業 영업・職業 직업 ②학문, 공부, 기술¶ 業務 업무・学業 학업 ③【仏】(「ゴウ」로 읽어서) 업과, 업보¶ 業報 업보・罪業 죄업 ④「産業」의 준말¶ 業種 업종・工業 공업 ⑤직업을 나타냄¶ 文筆業 문필업 II (文)일, 업무, 직업, 생업¶ 俳優を～とする 배우를 업으로 삼다 ②학문, 기술, 기능¶ ～を修める 학문을 닦다

**ぎょう**【凝】⑧ギョウ こる・こらす|(음)응. (造語) ①엉기다 凝血 응혈・凝縮 응축 ②신경을 집중하다¶ 凝視 응시

**ぎょう**【行】행 ①글자의 줄¶ ～を改める 행을 바꾸다 ②【仏】수행¶ ～を積む 수행을 쌓다 ③(한자 서체의) 행서

**ぎょう**【御宇】(文) 어우, 치세 = 御代

**ぎょう**【儀容】(文) 의용. 예법에 맞는 몸가짐¶ ～をつくろう 의용을 가다듬다

**きょうあい**【狭隘】F(文) 협애 ①좁음¶ ～な地 좁은 땅 ②편협함¶ ～な人 편협한 사람

**きょうあく**【凶悪・*兇悪】F 흉악¶ ～犯 흉악범

**きょうあつ**【強圧】⑧他スル 강압¶ ～的な態度 강압적인 태도

**きょうあん**【教案】【教】 교안. 학습 지도안¶ ～を練る 교안을 다듬다

**ぎょうあん**【暁闇】(文) 효암. 새벽 어둠= あかつきやみ¶ ～をついて出発する 새벽 어둠을 무릅쓰고 출발하다

**きょうい**【胸囲】 흉위. 가슴둘레

**きょうい**【脅威】 위협¶ ～を与える 위협을 주다/ ～にさらされる 위협에 노출되다

**きょうい**【強意】 뜻을 강조함¶ ～の助詞 뜻을 강조하는 조사

**きょうい**【驚異】 경이¶ 大自然の～に打たれる 대자연의 경이에 감동받다 ―的 F 경이적¶ ～な新記録 경이적인 신기록

**きょういき**【境域】(文) 경역 ①땅의 경계, 경계 안의 땅 ②영역, 분야

**きょういく**【教育】⑧他スル 교육¶ ～機器 교육 기기/ ～課程 교육 과정/ ～を受ける 교육을 받다 ―委員会 교육 위원회 ―家 교육가. 【一学】 교육학 ―漢字 교육 한자. (일본에서) 의무 교육 기간 중에 익히도록 지정된 1006자의 한자 ―基本法 교육 기본법 ―権 교육권. 교육을 받을 권리 ―公務員 교육 공무원 ―者 교육자 ―心理学 교육 심리학 ―長 교육장 ―勅語 교육 칙어 ―的 F 교육적

**きょういん**【教員】 교원. 교사¶ ～生活 교원 생활 ―免許制度 【教】 교원 면허 제도

**きょううん**【強運】 강운. 운이 강함(질김)¶ ～の人 운이 질긴 사람

**ぎょううん**【暁雲】(文) 효운. 새벽녘의 구름

**きょうえい**【共栄】 공영¶ 共存～への道を探る 공존 공영의 길을 모색하다

**きょうえい**【競泳】⑧自スル 경영¶ ～種目 경영 종목

**きょうえき**【共益】 공익, 공동 이익¶ ―権 공익권/ ―費 공익비

**きょうえつ**【恐悦・恭悦】⑧自スル(文) 공열. 삼가 기뻐함 ―至極 공열 지극. 삼가 기뻐함¶ ～に存じます 삼가 기뻐해 마지않습니다

**きょうえん**【共演】⑧自スル 공연¶ 二大スターの～ 2대 스타의 공연

**きょうえん**【*竟宴】(文) ①(平安 시대) 궁중에서 서책의 강독이나 칙찬가집 등의 편찬 일이 끝난 뒤 베풀던 잔치 ②축제 뒤에 여는 연회

**きょうえん**【競演】⑧他スル 경연. 연기를 겨룸¶ 名優の～ 명배우의 경연

**きょうえん**【饗宴】(文) 향연, 주연

**きょうおう**【供応・*饗応】⑧他スル 향응. 음승하게 대접함, 그런 대접¶ ～を受ける 향응을 받다/ 遠来の友を～する 멀리서 온 친구를 융승하게 대접하다

**きょうおう**【胸奥】 흉오. 흉중, 가슴속¶ ～に秘める 가슴속에 숨기다

**きょうおく**【胸臆】(文) 흉억, 심중, 가슴속, 마음¶ ～を吐露する 심중을 토로하다

**きょうおち**【香落ち】(일본 장기에서 잘 두는 사람이) 왼쪽 香車를 떼고 둠

**きょうおん**【跫音】(文) 공음, 발자국 소리

**きょうおんな**【京女】 京都 여자¶ 東男に～ 늠름한 江戸는 남자가 제일이고 예쁘고 상냥한 京都 여자가 제일이다

**きょうか**【狂歌】(文) (江戸 시대 중기부터 유행한) 풍자와 익살을 주로 한 短歌

**きょうか**【強化】⑧他スル 강화, 강하게 함¶ 規制を～する 규제를 강화하다 ―合宿 강화 합숙 ―食品 강화 식품

**きょうか**【教化】⑧他スル【教】 교화¶ 非行少年を～する 비행 소년을 교화하다

**きょうか**【教科】 교과 ―書 교과서 ―書検定制度 교과서 검정 제도 ―書体 【版】 (활자의) 교과서체

**ぎょうが**【仰臥】⑧自スル(文) 앙와. 반듯이 누움 ⇔ 伏臥¶ 畳の上に～する 다다미 위에 반듯이 눕다

**きょうかい**【協会】 협회¶ 日本文芸家～ 일본 문학가 협회

**きょうかい**【胸懐】(文) 흉중, 심중, 가슴속

**きょうかい**【教会】 교회¶ ―音楽 교회 음악 ―堂 교회당, 교회, 성당

**きょうかい**【教戒・教誨】⑧他スル(文) 교회. 가르치고 타이름 ―師 (교도소의) 교회사

**きょうかい**【境界】 경계¶ ～線 경계선/ 宗教と哲学との～ 종교와 철학과의 경계

**きょうがい**【境界】 ①【仏】 경계. (과보로서 받

きょうがい [境涯] (文) 경애. 신세. 처지 = 境遇ぐう¶ 気きの毒どくな~ 딱한 처지/ 乞食こじきの~におちいる 거지 신세가 되다

ぎょうかい [業界] 업계¶ 金融きんゆう~ 금융업계/ ~の中心人物ちゅうしんじんぶつ 업계의 중심 인물 ー紙し 업계지 ▷ 잡지는「業界誌ぎょうかいし」라고 씀

ぎょうかい [凝塊] (文) 응괴. 응고된 덩어리

ぎょうかいがん [凝灰岩] [地] 응회암

きょうかく [×俠客] 협객 = 男おとこだて¶ ~肌はだの男おとこ 협객 기질의 사나이

きょうかく [胸郭] [醫] 흉곽¶ ~呼吸こきゅう 흉곽 호흡 ー成形術せいけいじゅつ 흉곽 성형술

きょうがく [共学] 공학¶ 男女だんじょ~ 남녀 공학

きょうがく [教学] 교학. 교육과 학문¶ ~の振興しんこうをはかる 교학의 진흥을 꾀하다

きょうがく [驚愕] 名 自スル (文) 경악¶ 突然とつぜんの悲報ひほうに~する 갑작스런 비보에 경악하다

きょうかく [仰角] 앙각. 올려본 각 ⇔ 俯角ふかく

ぎょうかく [行革] [政] 행혁. 행정 개혁

ぎょうがく [行学] [佛] 행학. 수행과 학문

ぎょうかくしん [行革審] [政] 임시 행정 개혁 추진 심의회

きょうがしんねん [恭賀新年] (文) 근하 신년

きょうかたびら [経帷子] (불교식 장례에서) 죽은 사람에게 입히는 흰 수의(壽衣)

きょうかつ [恐喝] 名 他スル 공갈¶ ー罪ざい 공갈죄/ ~をはたらく 공갈을 치다

きょうがのこ [京鹿の子] ①京都きょうとにて 염색한 鹿しかの子こ 絞しぼり ②솥에 팥소를 넣고 팥고물을 묻힌 찹쌀떡 ③[植] 분홍터리꽃

きょうが・る [興がる] 自五 흥겨워하다. 재미있어하다 = 面白おもしろがる

きょうかん [凶漢・×兇漢] (文) 흉한. 악한

きょうかん [共感] 名 自スル 공감. 동감¶ ~を覚おぼえる 공감을 느끼다/ ~を呼よぶ 공감을 불러일으키다

きょうかん [叫喚] 名 自スル (文) 규환. 큰 소리로 울부짖음¶ 阿鼻あび~ 아비규환 ー地獄じごく [佛] 규환 지옥 = 阿鼻地獄あびじごく

きょうかん [峡間] (文) 골짜기 = 谷たにあい・谷間だにま¶ ~の聚落しゅうらく 골짜기의 취락

きょうかん [胸間] (文) ①가슴언저리. 가슴팍 ¶ ~に輝かがやく勲章くんしょう 가슴팍에 번쩍이는 훈장 ②가슴속. 마음

きょうかん [教官] 名 교관 ①교육〔연구〕직 공무원 ②구제 중・고교 및 대학에서 교련을 담당했던 군인

きょうかん [経巻] (文) 경권. 경문을 적은 두루마리 = 経典きょうてん

きょうかん [郷関] (文) 향관. 고향¶ 志こころざしを立たてて~を出でる 뜻을 세워 고향을 떠나다

ぎょうかん [行間] 행간¶ ~に書かきこむ 행간에 써넣다

[慣用句]
ー を読よむ 행간을 읽다, 문장의 숨은 뜻을 파악하다

きょうき [凶器・×兇器] 흉기

きょうき [狂喜] 광기. 미침¶ ~の沙汰さたとしか思おもえない 미친 짓이라고 밖에는 생각되지 않다

きょうき [狂喜] 名 自スル (文) 광희. 미친듯이 기뻐함¶ ~乱舞らんぶ 광희 난무

きょうき [俠気] 협기. 의협심 = 男気おとこぎ¶ ~に富とんだ男おとこ 의협심이 많은 남자

きょうき [狭軌] 협궤. 철도 레일이 표준 궤간보다 좁은 것 ⇔ 広軌こうき

きょうき [強記] 名 他スル (文) 강기. 기억력이 뛰어남¶ 博覧はくらん~の人ひと 박람 강기한 사람

きょうき [驚喜] 名 自スル (文) 경희. 몹시 놀라고 기뻐함¶ 思おもわぬ再会さいかいに~する 생각지도 않은 재회에 몹시 놀라고 기뻐하다

きょうぎ [経木] 무늬목

きょうぎ [協議] 名 他スル 협의¶ ~が長ながびく 협의가 길어지다/ 対策たいさくを~する 대책을 협의하다 ー離婚りこん [法] 합의 이혼

きょうぎ [狭義] (文) 협의. 좁은 뜻 ⇔ 広義こうぎ¶ ~に解釈かいしゃくする 협의로 해석하다

きょうぎ [教義] 교의. 교리 = 教理きょうり

きょうぎ [競技] 名 自スル 경기¶ 陸上りくじょう~ 육상 경기/ ー種目しゅもく 경기 종목

ぎょうぎ [×澆季] (文) 요계. 도덕이 퇴폐하고 인정이 메마른 말세

ぎょうぎ [行儀] 예의 범절. 예절¶ ~が悪わるい 버릇이 없다/ ~よく座ざる 예절 바르게 앉다

ぎょうぎ [凝議] 名 他スル (文) 숙의함. 열심히 논의함¶ 額ひたいを集あつめて~する 이마를 맞대고 숙의하다

きょうきゃく [橋脚] 교각

きょうきゅう [供給] 名 他スル 공급¶ 需要じゅようと~のバランス 수요와 공급의 균형/ 物資ぶっしを~する 물자를 공급하다

きょうきょう [恐々] (文) 두렵고 황공함. 황공무지¶ ~謹言きんげん 삼가 말씀드립니다

きょうきょう [×兢兢] トル 긍긍¶ 戦々せんせん~ 전전 긍긍

ぎょうぎょうし [行々子] [動] 개개비

ぎょうぎょうし・い [仰仰しい] 形 야단스럽다. 호들갑스럽다. 과장되다¶ ~身振みぶり 과장된 몸짓/ ~く言いう 호들갑스럽게 말하다

きょうきん [胸襟] (文) 흉금 ①가슴과 옷깃 ②마음속

[慣用句]
ー を開ひらく 흉금을 터놓다

きょうく [狂句] [文] ①익살맞은 내용을 읊은 俳句はいく 형식의 구 ②川柳せんりゅう의 딴이름

きょうく [恐×懼] 名 自スル (文) 공구. 두려워 삼감. 황공¶ ~謹言きんげん 공구 근언

きょうぐ [×笻] [宗] 교구

きょうぐ [教具] [教] 교구. 학습 도구¶ ~一式いっしき 교구 일습

きょうぐう [境遇] 경우. 처지. 형편. 환경¶ 恵めぐまれた~ 혜택받은〔좋은〕 환경

きょうくん [教訓] 名 他スル 교훈¶ ~を得える 교훈을 얻다/ よい~となる 좋은 교훈이 되다

きょうげ [教化] 名 他スル [佛] 교화. 중생을 설

법하여 감화시킴＝きょうけ
**きょうけい** [恭敬] (文) 공경. 삼가 섬김
**ぎょうけい** [行刑] [法] 행형. (교도소가) 형벌을 집행함¶ ～官 행형관, 집행관
**ぎょうけい** [行啓] (文) 행계. 왕태후·왕후·왕세자 등의 행차
**きょうげき** [京劇] (중국의) 경극＝けいげき
**きょうげき** [挟撃·×夾撃] 名 他スル 협격. 협공¶ 敵を～する 적을 협공하다
**きょうげき** [×矯激] [ナ] 교격. (언동이) 과격함¶ ～な思想 과격한 사상
**きょうけつ** [供血] 名 自スル 공혈. 수혈용 혈액을 공급함¶ ～者 헌혈자
**ぎょうけつ** [凝血] 名 自スル 응혈. 흘러나온 피가 엉김, 그런 피
**ぎょうけつ** [凝結] 名 自スル 응결 ①(化) 콜로이드 입자가 모여 큰 입자가 되어 침전하는 현상 ②(化) 응축 ③(化) (감정·생각이) 엉기어 굳어짐 ━核 (気) 응결핵
**きょうげべつでん** [教外別伝] (佛) (선종에서) 부처의 깨달음을 이심전심으로 전하는 일
**きょうけん** [恭倹] 名 ナ (文)공검. 공손하고 조심스러움¶ ～己れを持つ 공검하여 자기 분수를 지키다
**きょうけん** [恭謙] 名 (文) 공검. 공손하고 겸손함¶ ～な態度で接せっする 공겸한 태도로 대하다
**きょうけん** [強肩] 강견. (멀리 던질 수 있는) 강한 어깨, 그런 힘¶ ～を誇るキャッチャー 강한 어깨를 자랑하는 포수
**きょうけん** [強健] 名 ナ 강건¶ 身体～ 신체 강건/ ～を誇る 강건함을 자랑하다
**きょうけん** [強権] 강권 ━発動 강권 발동
**きょうけん** [教権] [宗] 교권. 교황·교회가 가진 권리
**きょうげん** [狂言] ①[藝] (室町 이후) 能楽 막간에 상연하는 희극 ②[藝] 歌舞伎의 연극, 그 각본 ③(속이기 위해) 꾸민 짓, 위장, 거짓¶ ～自殺 자살극 ━方 ━綺語 이치에 맞지 않는 말과 지나치게 꾸민 말 ━回し ①[藝] (歌舞伎에서) 진행·전개에 필요한 역 ②[比] 일의 진행을 맡은 사람
**きょうけんびょう** [狂犬病] [醫] 광견병
**きょうこ** [強固·×鞏固] 名 ナ 강고. 공고. 굳음¶ ～な意志 강고한 의지
**ぎょうこ** [凝固] 名 自スル 응고 ①엉겨서 굳어짐¶ 血液が～する 혈액이 응고하다 ②(化) 액체나 기체가 고체로 되는 현상 ⇔融解 ━点 [化] 응고점
**きょうこいん** [教護院] [法] 불량 청소년을 수용하여 보호·교육하는 아동 복지 시설 ▷「感化院」의 후신
**きょうこう** [凶行·兇行] 흉행. 흉악한 범행¶ ～に及ぶ 흉행을 저지르기에 이르다
**ぎょうこう** [凶作] 흉황. 흉작＝不作
**きょうこう** [向後·嚮後] 副 (文) 향후. 금후. 이후＝きょうご·こうご ¶ ～を期す 향후

를 기약하다
**きょうこう** [峡江] [地] 협강. 협만
**きょうこう** [恐慌] 공황 ①두려워 당황하기를 일으키다 공황을 초래하다 ②[經] 경제 공황
**きょうこう** [恐×惶] (文) 공황. 황공, 두려워서 어찌할 바를 모름¶ ～の態 황공스러워하는 모양 ━謹言 (文) 황공 근언, 공구 근언
**きょうこう** [胸×腔] [動] 흉강＝きょうくう
**きょうこう** [強行] 名 他スル 강행¶ ～突破 강행 돌파/ 競技を～する 경기를 강행하다 ━採決 [政] 강행 채결
**きょうこう** [強攻] 名 他スル 강공¶ 思いきって～策に出る 감연히 강공책으로 나가다
**きょうこう** [強硬] 名 ナ 강경¶ ～派 강경파/ ～な態度 강경한 태도
**きょうこう** [教皇] [カ] 교황＝法王
**きょうごう** [×校合] 名 他スル 교합. (다른 책과) 대조하여 검토함
**きょうごう** [強豪·強剛] 강호¶ 世界の～を相手とする 세계의 강호를 상대로 하다
**きょうごう** [競合] 名 自スル 경합 ①서로 다툼¶ 二人が～する 두 사람이 경합하다 ②여러 요소가 얽혀 있음¶ ～脱線 경합 탈선 ③[法] 하나의 행위가 둘 이상의 죄명에 해당하는 일¶ ～犯 경합범
**きょうごう** [×驕傲] 名 ナ (文) 교오. 교만함
**ぎょうこう** [行幸] 名 自スル 행행. 天皇의 행차¶ 日光に～する 日光에 행행하시다
**ぎょうこう** [暁光] (文) 효광. 새벽빛
**ぎょうこう** [×僥×倖] (文) 요행¶ ～に恵まれる 요행을 만나다/ ～を頼む 요행을 믿다
**きょうこうぐん** [強行軍] 강행군 ①(군대에서) 무리한 행군¶ 雪中の～ 눈 속의 강행군 ②[比] 무리한 일을 억지로 함¶ 多量の注文を～で仕上げる 많은 주문을 강행군으로 해내다
**きょうこく** [峡谷] 협곡
**きょうこく** [強国] 강국 ⇔弱国
**きょうこく** [郷国] 향리, 고향＝ふるさと
**きょうこつ** [×俠骨] (文) 협골. 장부다운 기질, 의협심이 있는 성질
**きょうこつ** [胸骨] [醫] 흉골. 가슴뼈
**ぎょうこつ** [行×乞] [佛] 탁발, 동냥＝托鉢
**きょうことば** [京言葉] 京都의 말, (江戸 말과 대비되는) 우아하고 아름다운 말
**きょうさ** [教唆] 名 他スル 교사 ①(나쁜 짓을 하도록) 남을 부추김¶ ～扇動する 부추켜 선동하다 ②[法] 남을 부추겨 범죄를 저지르게 함¶ 殺人を～する 살인을 교사하다 ━犯 [法] 교사범
**きょうさい** [共催] 名 他スル 공동 주최¶ ～で美術展を開く 공동 주최로 미술전을 열다
**きょうさい** [教材] [敎] 교재¶ ～研究 교재 연구/ 視聴覚～ 시청각 교재
**きょうさいか** [恐妻家] 공처가
**きょうさいくみあい** [共済組合] 공제 조합
**ぎょうざいせいかいかく** [行財政改革] [政] 행정·재정 개혁

きょうさく【凶作】 흉작 ⇔ 豊作ほうさく¶ ~の年とし 흉년/ ひきつづく~ 계속되는 흉작
きょうさく【狭窄】 名 ナ (文) 협착. (사이가) 좁음¶ 幽門ゆうもん~症しょう 유문 협착증/ 視野しや~ 시야가 좁음
きょうさく【警策】【佛】경책. 좌선할 때 졸음이나 잡념을 쫓기 위해 참선자의 어깨를 치는 넓적한 막대기= けいさく
きょうさく【競作】名 他スル 경쟁하여 작품을 만듦
きょうさつ【挟殺】名 他スル 【野】 협살¶ ランナーを~する 주자를 협살하다
きょうざつぶつ【*夾雑物】 협잡물. 불순물¶ ~を取とり除のぞく 협잡물을 제거하다
きょうざまし【興醒まし】 파흥, 흥을 깸. 기분을 잡침¶ ~の冗談じょうだん 흥을 깨는 농담
きょうざめ【興醒め】名 ノ 흥이 깨짐, 기분을 잡침¶ ~な話はなし 기분을 잡치는 이야기
きょうざ・める【興醒める】自 下一 흥이 깨지다, 기분을 잡치다¶ すっかり~めた顔 완전히 흥이 깨진 얼굴
きょうさん【共産】【謔語】공산¶ ~社会しゃかい 공산 사회 一圏けん 공산권 一主義しゅぎ 공산주의 一党とう 공산당
きょうさん【協賛】名 自スル 협찬 ①(취지에) 찬동하여 협력함¶ 大会たいかいに~する 대회에 협찬하다 ②(일본 구 헌법에서) 의회의 의안 성립을 위한 사전 동의
きょうさん【強酸】【化】강산 ⇔ 弱酸じゃく
ぎょうさん【仰山】 ノ 副 (方) ①매우 많음, 엄청남¶ 今日きょうは~釣つれた 오늘은 엄청나게 잡혔다 ②과장됨, 야단스러움¶ ~なあいさつ 야단스러운 인사
きょうし【狂死】名 自スル 광사. 미쳐서 죽음
きょうし【狂詩】 【江戸】 시대에 유행한 익살스럽고 풍자적인 한시 一曲きょく 【音】 광시곡
きょうし【教士】 (검도에서) 5단 이상의 인격과 기량이 뛰어난 사람에게 주는 칭호
きょうし【教師】 ①교사. 선생¶ ~を教員きょういん¶ 家庭かてい~ 가정 교사/ 英語えいご~ 영어 교사 ②종교 지도자. 포교사, 선교사
きょうじ【凶事】 흉사. 불길한 일 ⇔ 吉事きちじ
きょうじ【*矜持・*矜恃】(文) 긍지¶ ~を傷きずつける 긍지를 손상시키다
きょうじ【*脇侍・*夾侍・*脇士】【佛】협시. 협사. 본존 불상을 좌우에서 모시고 있는 보살= わきじ. わきだち 一菩薩ぼさつ 협시 보살
きょうじ【教示】名 他スル 교시¶ 御~をいただく 교시를 받다
きょうじ【経師】 ①(옛날에) 사경(寫經)을 업으로 하던 사람 ②경권(經卷)을 표구하는 직업. 사람 一屋や 표구사, 표구점
きょうじ【*驕児】(文) 교아 ①버릇 없는 아이= だだっこ ②교만한 젊은이¶ 球界きゅうかいの~ 야구계의 교아
ぎょうし【仰視】名 他スル (文) 앙시. 우러러봄
ぎょうし【凝脂】(文) ①응지. 엉기어 굳은 지방 ②(比)(여자의) 희고 고운 살결
ぎょうし【凝視】名 他スル 응시. 뚫어지게 보게 됨¶ 一点いってんを~する 한 점을 응시하다
ぎょうじ【行司】【相撲】심판 立たて~ 수석 심판
ぎょうじ【行事】행사¶ 年中ねんじゅう~ 연중 행사
きょうしきこきゅう【胸式呼吸】【緊】흉식 호흡
きょうしつ【教室】 ①교실¶ 階段かいだん~ 계단 교실 ②(대학의) 연구실¶ ~会議かいぎ 연구실 회의 ③(기술・예능 등의) 강습(회)¶ 料理りょうり~ 요리 교실/ スキー~ 스키 강습회
きょうじつ【凶日】(文) 흉일. 불길한 날
ぎょうじつ【行実】(文) (어떤 사람의) 행적. 그것을 적은 글= こうじつ
きょうじてき【共時的】【言】 공시적
きょうしゃ【狂者】(文) 광자. 광인. 미치광이
きょうしゃ【*俠斜】 (文) 유곽, 화류가. 홍등가= 遊里ゆうり・色町いろまち¶ ~の巷ちまた 홍등가
きょうしゃ【香車】 (일본 장기의) 장기짝의 하나
きょうしゃ【強者】 강자 ⇔ 弱者じゃく¶ ~の論理ろんり 강자의 논리
きょうしゃ【*驕奢】名 ノ (文) 교사. 사치스러움, 호사¶ ~をほしいままにする 온갖 사치를 마음껏 하다
ぎょうしゃ【業者】업자 ①사업・상업에 종사하는 사람¶ 出入でいりの~ 출입하는 업자 ②동업자¶ 仲間なかまの一人ひとり 동업자의 한 사람
ぎょうじゃ【行者】 (불도・修験道しゅげんどうを) 수행하는 사람, 수행자
きょうじゃく【強弱】강약¶ ~の変化へんかをつける 강약의 변화를 주다 一記号きごう 【音】 강약 부호, 셈여림표 一標語ひょうご 【音】 음의 세기・변화를 지시하는 말
きょうしゅ【凶手・*兇手】(文) 흉수. 흉한. 그 독수(毒手)¶ ~にかかる 흉수에 걸려들다/ ~に倒たおれる 흉한의 손에 쓰러지다
きょうしゅ【*拱手】名 自スル (文) 공수 ①(팔짱을 끼고) 아무 것도 하지 않음¶ ただ~して黙視もくしする 다만 팔짱을 끼고 묵시할 뿐이다 ②두 손을 마주 잡고 경의를 표하는 중국 절 一傍観ぼうかん 공수 방관. 수수 방관
きょうしゅ【教主】교주. 교조
きょうしゅ【*梟首】名 他スル 효수
きょうしゅ【興趣】흥취. 흥. = 面白おもしろみ¶ ~に富とむ 흥취가 많다/ 楽たのしい会話かいわが~を添そえる 즐거운 대화가 흥을 돋우다
きょうじゅ【享受】名 他スル 향수. 누림. 음미하고 즐김¶ 人生じんせいを~する 인생을 향수하다
きょうじゅ【教授】 교수 I 名 他スル (학문・기예를) 가르침¶ 生いけ花ばなを~する 꽃꽂이를 가르치다 II 名 【教】 대학 교수
ぎょうしゅ【業種】업종¶ ~別べつに区分くぶんする 업종별로 구분하다
きょうしゅう【強襲】名 他スル 강습 ①강하게 공격함. 강공¶ 三塁さんるい~のヒット 3루 강습 안타 ②공격을 강행함¶ 敵陣てきじんを~する 적진을 강습하다
きょうしゅう【教習】名 他スル 교습 一所じょ 교습소¶ 自動車じどうしゃ~ 자동차 교습소
きょうしゅう【郷愁】 향수¶ ~を誘さそう夕景色ゆうげしき 향수를 자아내는 저녁 풍경

きょうしゅう [*嬌*羞] (文) 교수. 요염한 수줍음¶ ~を含む 요염하게 수줍음을 띠다
ぎょうしゅう [凝集・凝聚] 名 自他スル ① (文) 한데 모임[모음]¶ 勢力を~させる 세력을 응집시키다 ②(生) (적혈구나 세균 등이) 한데 모여 엉김¶ 血液の~反応 혈액의 응집 반응
ぎょうじゅうざが [行住*坐*臥] (文) ①행주좌와, 일상의 기거 동작 ②늘, 항상¶ ~初心を忘れない 늘 처음 먹은 마음을 잊지 않다
きょうしゅく [恐縮] 名 自スル 공축. 죄송하게 [송구스럽게] 여김¶ ~ですが 죄송합니다만/迷惑をかけたことを~しております 폐를 끼친 것을 송구스럽게 여기고 있습니다
ぎょうしゅく [凝縮] 名 自他スル ①엉기어 줄어듦¶ 彼の体験が~されている 그의 체험이 응축되어 있다 ②(化) 응결= 凝結
きょうしゅつ [供出] 名 他スル 공출¶ ~米 공출미
きょうじゅつ [供述] 名 他スル (法) 공술. 진술¶ ~書 공술서
きょうじゅん [恭順] 공순. 순순히 따름¶ ~の意を表す 공순의 뜻을 표하다
きょうしょ [教書] ①(將軍·諸侯가) 내린 명령서= 御教書 ②(政) (미국 대통령이 의회에 제출하는) 정치 행정상의 의견서¶ 年頭の~ 연두 교서 ③(가) 주교가 교구의 성직자나 신도에게 내리는 일반적 서한
きょうじょ [狂女] (文) 광녀. 미친 여자
ぎょうしょ [行書] (한자 서체의) 행서
きょうしょう [協商] 名 自スル 협상 ①(文) 협의 ②(法) (국가간의) 협정¶ 三国~ 3국 협상
きょうしょう [狭小] ナ 협소. 좁음 ⇔ 広大¶ ~な土地 협소한 토지
きょうしょう [胸*墻] (軍) 흉장. (전쟁터에서) 가슴 높이까지 쌓은 방벽= 胸壁
きょうしょう [*梟将] (文) 효장. 맹장(猛將)
きょうしょう [*嬌笑] (文) 교소. (여자의) 요염한 웃음
きょうじょう [凶状·兇状] 흉악한 죄상 **―持ち** ①전과자 ②흉악 범죄를 저지른 도망자
きょうじょう [教条] 교조. (종교상의) 교의= ドグマ **―主義** 교조주의
きょうじょう [教場] 교장. 교실
ぎょうしょう [行商] 名 他スル 행상. 도붓장수¶ ~人 행상인/~に出る 행상을 나가다
ぎょうしょう [暁鐘] (文) 효종. 새벽종¶ ~が鳴る 새벽종이 울리다
ぎょうしょう [*驍将] (文) 효장. 용장
ぎょうじょう [行状] 행장. 행실. 품행. 몸가짐¶ ~がよくない 품행이 좋지 않다
きょうしょく [教職] 교직¶ ~に就く 교직자가 되다¶ ~職員 **―課程** (敎) 교직 과정
きょうしょく [*矯飾] 名 他スル (文) 교식. 겉만 꾸밈¶ ~して言う 거짓으로 꾸며 말하다
きょう・じる [興じる] 自 上一 → きょうずる (興)
きょうしん [共振] (物) 공진
きょうしん [狂信] 名 他スル 광신¶ ~者 광신자/ ~的な態度 광신적인 태도
きょうしん [強震] (地) 강진
きょうじん [凶刃·*兇刃] (文) 흉인. 사람을 해치는 데 쓰는 칼¶ ~に倒れる 흉인에 쓰러지다
きょうじん [狂人] (文) 광인. 미치광이
きょうじん [強*靭] ナ 강인¶ ~な体 강인한 몸/ ~な精神力 강인한 정신력
きょうしんかい [共進会] 공진회. 농산물·공산품 등을 모아 전시하고 품평하는 대회
きょうしんざい [強心剤] (薬) 강심제
きょうしんしょう [狭心症] 협심증
ぎょうしんせい [暁新世] (地) 효신세
きょうす [香子] 「香車」의 딴이름
きょうすい [胸水] (醫) 흉수. (늑막염 등으로 인해) 늑막강에 괴는 액
ぎょうずい [行水] 名 自スル ①물을 받은 통에 들어가 몸을 씻음. 목물¶ 烏の~ (까마귀가 미역 감듯이) 간단하게 하는 목욕/ ~を使う 목물하다 ②목욕 재계
きょうすいびょう [恐水病] (醫) 공수병
きょう・する [狂する] 自 サ変 (文) ①미치다. 실성하다 ②미친듯이 열광하다¶ ~・せんばかりの応援 미친듯한 응원
きょう・する [供する] 他 サ変 ①(신전 등에) 바치다. 올리다¶ 仏前に~ 불전에 바치다 ②대접하다. 내놓다¶ 茶菓を~ 다과를 대접하다 ③도움이 되게 하다. 이용하게 하다¶ 参考に~ 참고가 되게 하다
きょう・する [*饗する] 他 サ変 (음식을) 대접하다. 향응하다
きょう・ずる [興ずる] 自 サ変 흥겨워하다. 즐거워하다¶ 笑い~ 웃으며 흥겨워하다
ぎょう・ずる [行ずる] 他 サ変 ①하다. 행하다¶ 非道を~ 무도한 짓을 하다 ②수행(修行)하다¶ 仏道を~ 불도를 행하다
きょうせい [共生·共棲] 名 自スル 공생 ①함께 생활함 ②(生) 공서¶ ~植物 공생 식물
きょうせい [*匡正] 名 他スル (文) 광정. (잘못을) 바로잡음
きょうせい [胸声] (音) 흉성. 가슴에서 우러나오는 낮은 소리
きょうせい [強制] 名 他スル 강제¶ ~執行 강제 집행/ ~収容所 강제 수용소 **―振動** (物) 강제 진동 **―送還** 강제 송환 **―的** ナ 강제적 **―保険** 강제 보험
きょうせい [強精] (造語) 강정. 정력 증강¶ ~剤 강정제
きょうせい [強請] 名 他スル (文) 강청 ①무리하게 청함¶ 寄付を~する 기부를 강청하다 ②(협박하여) 등침. 강탈함
きょうせい [教生] (敎) 교생. 교육 실습생
きょうせい [*嬌声] (文) 교성. (여자의) 요염한 목소리¶ ~をあげる 교성을 지르다
きょうせい [矯正] 名 他スル 교정¶ ~視力 교정 시력/ 歯並びを~する 치열을 교정하다
ぎょうせい [行政] 行政 행정¶ ~改革 행정 개혁/ ~事務 행정 사무 **―委嘱** 행정 위촉 **―官** 행정관 **―監査** 행정 감사 **―監察**

ぎょうせい 행정 감찰 —**監督權**かんとく 행정 감독권 —**機關**かん 행정 기관 —**權**けん 행정권 —**指導**どう 행정 지도 —**處分**しょぶん 행정 처분 —**責任**せきにん 행정 책임 —**訴訟**そしょう 행정 소송 —**村**そん 행정촌 —**罰**ばつ 행정벌 —**命令**めいれい 행정 명령

ぎょうせい [曉星] (文) 효성 ①새벽 하늘에 보이는 별 ②금성, 샛별 = 明あけの明星みょうじょう

ぎようせい [擬陽性] [醫] 의양성. (투베르쿨린 반응에서) 양성에 가까운 반응을 보이는 일

ぎょうせき [行跡] (文) 행적. 품행, 행실¶不~をとがめる 종지 못한 행적을 책망하다

ぎょうせき [業績] 업적¶~をあげる 업적을 올리다 —**相場**そうば [經] 업적 시세

きょうせん [胸腺] [醫] 흉선. 가슴샘

ぎょうぜん [凝然] [ㅓ](文) 응연, 꼼짝 않고 가만히 있음¶~として目をこらす 꼼짝 않고 응시하다

きょうそ [教祖] 교조, 종조(宗祖)

きょうそう [狂騒・狂躁] (文) 광조, 미친듯이 떠들어댐¶都会とかいの~から逃のがれる 도회지의 광조에서 벗어나다

きょうそう [強壮] [名][ダ] 강장, 강건함¶~剤ざい 강장제/~滋養じよう 강장 자양

きょうそう [競争] [名][自サスル] 경쟁¶生存せいぞん~ 생존 경쟁/生産高せいさんだかを~する 생산고를 경쟁하다 —**心**しん 경쟁심 —**入札**にゅうさつ 경쟁 입찰

きょうそう [競走] [名][自サスル] 경주¶100メートル~ 100미터 경주/~馬ば 경주마

きょうそう [競漕] [名][自サスル] (文) 경조, 조정 경기

きょうぞう [胸像] 흉상

きょうぞう [經蔵] [佛] 경장 ①경문, 불경 ②경전을 넣어 두는 건물, 경당

ぎょうそう [形相] 형상. 얼굴 모습, 표정¶必死ひっしの~ 필사의 형상/~がかわる 표정이 변하다

きょうそうきょく [狂想曲] [音] 광상곡

きょうそうきょく [協奏曲] [音] 협주곡 = コンチェルト¶ピアノ~ 피아노 협주곡

きょうそく [*脇息] 앉아서 팔꿈치를 괴고 몸을 기대는 팔걸이, 사방침 = ひじかけ

きょうそく [教則] 교칙. 교수상의 규칙 —**本**ぼん [音] 교칙본, 교본

きょうぞく [凶賊・*兇賊] (文) 흉적, 흉악한 도적

きょうぞめ [京染(め)] 京都きょうと풍의 염색물

きょうそん [共存] [名][自サスル] 공존 = きょうぞん¶平和へいわ~ 평화 공존 —**共榮**きょうえい [名][自サスル] 공존 공영

きょうだ [怯懦] [名][ダ](文) 겁나. 겁이 많고 나약함, 겁약(怯弱)¶~な性格せいかく 겁이 많고 나약한 성격/~をそしる 겁약을 비난하다

きょうだ [強打] [名][他サスル] 강타 ①세게 침¶顔面がんめんを~する 안면을 강타하다 ②(구기에서) 공을 강하게 침

きょうたい [狂態] (文) 광태. 미친 짓¶~を演えんじる 광태를 부리다

きょうたい [*嬌態] (文) 교태. 요염한 자태¶~を見みせる 교태를 부리다

きょうだい [兄弟] ①형제¶仲なかの良よい~ 사이 좋은 형제/五人ごにん~の末すえっ子こ 다섯 형제의 막내 ②혼인·결연 등으로 형제뻘이 되는 사람 ③남자끼리 서로 친하게 부르는 말. 친구 —**弟子**でし 동문 제자 —**分**ぶん 형제의 의를 맺은 사이, 의형제

きょうだい [強大] [名][ダ] 강대¶~国こく 초강대국/~な組織そしき 강대한 조직

きょうだい [鏡台] 경대¶姫ひめ~ 작은 경대

ぎょうたい [業態] (文) 업태. 영업이나 기업의 상태·형태¶~調査ちょうさ 업태 조사

ぎょうたい [凝滞] [名][自サスル](文) 응체. 정체

きょうたく [供託] [名][他サスル][法] 공탁¶保証金ほしょうきんを~する 보증금을 공탁하다 —**金**きん [法] 공탁금

きょうたく [教卓] 교탁

きょうたん [驚嘆・驚歎] [名][自サスル] 경탄¶その技巧ぎこうに~する 그 기교에 경탄하다

きょうだん [凶弾・*兇弾] 흉탄

きょうだん [教団] [宗] 교단

きょうだん [教壇] 교단¶~に立たつ 교단에서 가르치다

きょうち [境地] 경지 ①처지¶苦くしい~に立たつ 괴로운 처지에 서다 ②심경¶無我むがの~ 무아의 경지 ③분야, 세계¶新あたらしい~を開ひらく 새로운 경지를 개척하다

きょうちくとう [*夾竹桃] [植] 협죽도

ぎょうちゃく [凝着] [名][自サスル][機] 응착. 부품의 마찰면이 밀착하다

きょうちゅう [胸中] 흉중. 마음속, 심중

ぎょうちゅう [*蟯虫] [動] 요충. 실거위

きょうちょ [共著] 공저, 공동 저술¶同僚どうりょうとの~ 동료와의 공저/~者しゃ 공저자

きょうちょう [凶兆] (文) 흉조. 불길한 징조

きょうちょう [協調] [名][自サスル] 협조¶~の精神せいしん 협조 정신/労使ろうしが~する 노사가 협조하다 —**介入**かいにゅう [經] 환시세의 안정을 위해 선진국 중앙은행이 외환 시장에 개입하는 일 —**利上**りあ**げ** [經] 협조 금리 인상

きょうちょう [狭長] [名](文) 협장. 좁고 긺¶南北なんぼくに~な土地とち 남북으로 좁고 긴 땅

きょうちょう [強調] [名][他サスル] ①강조¶新薬しんやくの効果こうかを~する 신약의 효과를 강조하다 ②[經] (거래에서) 시세의 강세

きょうちょく [強直] 강직 I [名][自サスル] (근육 등이) 굳어짐, 경직¶死後しご~ 사후 강직 II [ダ] (文) 굳고 정직함¶~な男おとこ 강직한 남자

きょうつい [胸椎] [醫] 흉추

きょうつう [共通] [名][自サスル] 공통¶~点てん 공통점/両者りょうしゃに~する性格せいかく 양자에게 공통되는 성격 —**語**ご [言] 공통어 ①전국에서 통용되는 말 ②다른 언어를 쓰는 사람들 간에 공통으로 쓰이는 말

きょうつう [胸痛] 흉통

きょうづか [經塚] [佛] 경총. (경전을 후세에 전하기 위해) 경권·경통 등을 묻은 무덤

きょうづくえ [經机] [佛] 경상(經床). (독경을 할 때) 경전을 얹는 탁자

きょうてい [協定] [名][他サスル] 협정 ①의논하여 결정함¶賃金ちんぎん~ 임금 협정/~価格かかく 협정

きょうてい [胸底] (文) 흉저. 흉중. 가슴속¶ ~深ふかく秘ひめる 가슴속 깊이 간직하다
きょうてい [教程] (文) 교정 ①교육 과정¶ 中学校ちゅうがっこうの~ 중학교의 교육 과정 ②교과서. 교본¶ ピアノ~ 피아노 교본
きょうてい [篋底・箟底] (文) 상자 속. 상자 밑바닥¶ ~深ふかく秘ひめておく 상자 속 깊이 감추어 두다. 비밀로 해두다
きょうてい [競艇] 경정. 모터 보트 경주
きょうてき [狂的] ナ 광적¶ ~な信仰しんこう 광적인 신앙
きょうてき [強敵] 강적 ⇔ 弱敵じゃくてき¶ ~と対戦たいせんする 강적과 대전하다
きょうてん [教典] (文) 교전 ①종교적인 가르침을 적은 책 ②교육적인 가르침을 적은 책
きょうてん [経典] 경전 ①종교적인 가르침을 기록한 책 ②(佛) 경문 = 経文きょうもん
きょうでん [強電] 강전 ①강전류 공학 분야의 통칭 ②강전류, 고압 전류
ぎょうてん [仰天] 名 自スル 깜짝 놀람. 기겁을 함¶ びっくり~ 몹시 놀람/~して腰こしを抜ぬかす 깜짝 놀라 기겁을 하다
ぎょうてん [曉天] ⓧ 효천 ①새벽 하늘¶ ~の星ほし 새벽 하늘의 별 ③새벽녘¶ ~の涼気りょうき 새벽녘의 서늘한 기운
きょうてんどうち [驚天動地] (文) 경천동지. 세상을 깜짝 놀라게 함¶ ~の大事件じけんが勃発ぼっぱつする 경천동지의 대사건이 발발하다
きょうと [凶徒・兇徒] (文) 흉도. 흉악한 무리
きょうと [京都] [地] ①近畿きんき 지방 중북부에 있는 府ふ ②京都府きょうとふ의 부청 소재지 一所司代しょしだい [日史] 京都 지방의 행정・사법・사찰 등을 관장하던 江戸えど 幕府ばくふ의 관직명
きょうと [教徒] 교도. 신도¶ 仏ぶっ~ 불교도
きょうど [匈奴] [史] 흉노
きょうど [強弩] 강노. 강한 쇠뇌¶ ~の末すえ 강노지말. 강한 자도 쇠퇴하면 별것 아님
きょうど [強度] 강도 ①힘의 정도. 세기¶ ~をはかる 강도를 측정하다 ②(정도가) 심함 ⇔ 軽度けいど¶ ~の近視きんし 심한 근시
きょうど [郷土] 향토 ①고향¶ ~の誇ほこり 고향의 자랑 ②그 지방¶ ~料理りょうり 향토 요리 一芸術げいじゅつ 향토 예술 一色しょく 향토색. 지방색¶ ~豊ゆたかな踊おどり 향토색 짙은 춤
きょうとう [共闘] 名 自スル 공투. 공동 투쟁¶ ~態勢たいせいに入はいる 공동 투쟁 태세에 들어가다
きょうとう [俠盗] (文) 협도. 의적 = 義賊ぎぞく
きょうとう [敎頭] [敎] (초・중・고의) 교감
きょうとう [郷党] 향당. 동향인¶ ~の期待きたいを担になう 향당의 기대를 걸머지다
きょうとう [驚倒] 名 自スル (文) 경도. 까무러칠 만큼 크게 놀람¶ 事態じたいの激変げきへんに~する 사태의 격변에 경도하다
きょうどう [共同] 名 自スル 공동¶ ~生活せいかつ 공동 생활/~経営けいえい 공동 경영 一社会しゃかい [社] 공동 사회. 게마인샤프트 一正犯せいはん [法] 공동 정범 一宣言せんげん [政] 공동 선언 一戦線せんせん 공동 전선 一体たい 공동체¶ 運命うんめい~ 운명 공동체 一謀議ぼうぎ [法] 공동 모의
きょうどう [協同] 名 自スル 협동¶ ~出資しゅっし 협동 출자/~して事ことに当あたる 협동하여 일을 맞다 一組合くみあい 협동 조합¶ 農業のうぎょう~ 농업 협동 조합 一体たい 협동체
きょうどう [教導] 名 他スル (文) 교도¶ 信者しんじゃを~する 신자를 교도하다
きょうどう [経堂] [佛] 경당. 불경을 넣어 두는 건물 = 経蔵きょうぞう
きょうどう [嚮導] 名 他スル (文) 향도. 앞서서 안내함. 길잡이¶ ~者しゃ 향도자
ぎょうどう [行道] [佛] 행도 ①불도의 수행 ②줄을 지어 부처의 주위를 돌며 예배함 ③(법회 때) 불경을 외며 불상의 주위를 도는 일
きょうとうほ [橋頭堡] [軍] 교두보¶ ~を築きずく 교두보를 구축하다
きょうな [京菜] [植] 순무 = 水菜みずな
きょうにん [杏仁] 행인. 살구씨의 속(을 말린 것) 一豆腐どうふ 행인 두부 一水すい 행인수
ぎょうにんべん [行人偏] (한자 부수의) 두인변 ▷「役」「後」등의「彳」부분
きょうねん [凶年] ①흉년 ⇔ 豊年ほうねん ②재앙이 든 해. 재난 = 災年
きょうねん [享年] 향년. 죽었을 때의 나이 = 行年こうねん¶ ~八十歳はちじゅっさい 향년 80세
ぎょうねん [行年] (文) 행년. 향년 = 享年きょうねん
きょうは [教派] 교파. 종파
きょうばい [競売] 名 他スル 경매¶ ~にかける 경매에 부치다 ▷ 법률 용어로는「けいばい」
きょうはく [脅迫] 名 他スル 협박¶ ~罪ざい 협박죄/~状じょう 협박장/~に屈くつする 협박에 굴복하다
きょうはく [強迫] 名 他スル 강박 ①강요 = 無理強むりじい¶ 承諾しょうだくを~する 승낙을 강요하다 ②[法] (민법에서) 상대를 위협하여 자유 의사를 방해함 一観念かんねん 강박 관념
きょうはん [共犯] [法] 공범¶ ~罪ざい 공범죄
きょうはん [教範] (文) 교범. 모범으로 삼아 가르치는 법식. 그 교본 = 教典きょうてん
きょうはん [橋畔] (文) 다리 근처 = 橋頭きょうとう
きょうひびょう [強皮病・鞏皮病] [醫] 강피증. 공피병
きょうふ [恐怖] 名 自スル ①~心しん 공포심/~に襲おそわれる 공포에 사로잡히다 一症しょう [醫] 공포증 一政治せいじ 공포 정치
きょうふ [教父] [宗] 교부 ①(고대 기독교에서) 교리상의 저술을 하던 덕망있는 신학자 ②(성공회에서) 대부 一哲学てつがく [哲] 교부 철학
きょうぶ [胸部] 흉부. 가슴 부분 一疾患しっかん 흉부 질환. 호흡기 계통의 병
きょうふう [狂風] (文) 광풍
きょうふう [強風] 강풍¶ ~注意報ちゅういほう 강풍 주의보/~にあおられる 강풍에 펄럭거리다
きょうふう [矯風] (文) 교풍. 나쁜 풍속・관습을 바로 고침¶ ~運動うんどう 교풍 운동
きょうふう [驚風] 경풍. (한의학에서) 경기¶ ~を起おこす 경풍을 일으키다

きょうぶしょう [教部省]【日史】神社·절의 폐립(廃立)과 신관·승려의 임명 등을 맡았던 관청

ぎょうぶしょう [刑部省]【日史】①(律令관제에 의한) 8성의 하나 ②1869년에 설치된 중앙 사법 기관

きょうぶん [凶文] (文) 흉문. 불길한 소식. 흉보

きょうぶん [狂文] (文) (江戸 후기에 유행했던) 익살과 풍자를 담은 문장

きょうへい [強兵] 강병 ①강한 군대 ②군사력을 강화함¶ 富国さ= 부국 강병

きょうへき [胸壁] 흉벽 ①흉장(胸墻) ②【建】성채. 요새 ③【醫】흉곽의 외벽

きょうへん [凶変·兇変] (文) 불길한 변고

きょうへん [共編] 공편. 공동 편찬

きょうべん [強弁] 강변. 억지 변명. 억지를 씀. 억지 주장¶ 自分ぶんを正当化とうかするために~する 자신을 정당화하기 위해 강변하다

きょうべん [教鞭] 교편

慣用句
—を執る 교편을 잡다

きょうほ [競歩]【經】 경보

きょうほう [凶報] 흉보 ①불길한 소식 ②부음¶ ~を接する 부음을 받다 ①②⇔吉報

きょうほう [享保] 江戸 시대의 연호(1716-1736) —の改革【日史】 1716년부터 1745년까지의 幕藩ばはん 체제의 안정을 강화하기 위한 정치 개혁 —の飢饉きん【日史】 1732년의 오랜 비 피해로 伊勢 서쪽 지방 일대에 발생했던 대기근

きょうほう [教法] 교법 ①【佛】부처님의 가르침 ②교수법

きょうぼう [凶暴·兇暴] ナ 흉포. 흉악하고 난폭함¶ ~な性格 흉포한 성격 —性 흉포성

きょうぼう [共謀] 名他スル 공모¶ ~して盗みを働たらく 공모하여 도둑질을 하다

きょうぼう [狂暴] 名ナ 광포. 미친듯이 난폭함¶ ~で手がつけられない 광포해서 손을 댈 수가 없다

きょうぼう [強暴] ナ(文) 강포. 억세고 난폭함

きょうぼう [仰望] 名他スル(文) 앙망 ①우러러봄. 존경하고 사모함 ②(실현을) 희망함. 바람¶ 平和へいを~する 평화를 바라다

ぎょうぼう [翹望] 名他スル(文) 교망. 고대함. 학수고대함 = 鶴首 ¶ 吉報を~する 좋은 소식을 고대하다

きょうぼく [梟木] (文) 효목. 옥문대

きょうぼく [喬木]【植】 교목. 灌木かんと

きょうほん [狂奔] 名自スル ①미친듯이 날뜀¶ ~するあばれ馬 미친듯이 날뛰는 말 ②(어떤 목적을 위해) 열심히 뛰어다님¶ 資金繰くりに~する 자금 변통에 광분하다

きょうほん [教本] 교본. 교칙본

きょうほん [経本] ①경문을 적은 책 = 経典 ②세로 인쇄본을 접어 만든 일본본의 양식

きょうま [京間]【建】 한 칸을 곱자 6자 5치로 하는 치수 ▷ 주로 京都를 중심으로 한 関西 지방에서 쓰는 치수

きょうまい [京舞]【藝】 京都 지방을 중심으로 발달한 일본 무용

きょうまい [供米] 쌀을 공출함. 공출미(米)

きょうまく [胸膜]【醫】 흉막. 늑막 = 肋膜¶ —炎【醫】흉막염. 늑막염 = 肋膜炎

きょうまく [強膜·鞏膜]【醫】 공막. 강막

きょうまん [驕慢] 名ナ(文) 교만¶ ~な顔 つき 교만에 찬 얼굴

きょうみ [興味] 흥미¶ ~深い議論 매우 흥미있는 논의/ ~を引く 흥미를 끌다 —津々 흥미 진진

きょうむ [教務] 교무 ①교육상의 사무¶ ~主任 교무 주임 ②종교상의 사무

ぎょうむ [業務] 업무¶ ~命令 업무 명령/ ~を怠る 업무를 게을리 하다 —上 過失 업무상 과실¶ ~致死 업무상 과실 치사 —提携 업무 제휴

きょうめい [共鳴] 名自スル 공명 ①【物】공진(共振)¶ ~器 공명기 ②(比) 남의 의견에 찬동함. 동감함¶ きみの考に~する 자네 생각에 동감하다

きょうめい [嬌名] (文) 교명. (기생 등이) 요염하다는 평판¶ ~が立つ 교명이 나다

きょうめい [嬌名] (文) 효명. 용명¶ ~をはせる 용명을 떨치다

きょうめん [鏡面] 경면. 거울·렌즈의 표면

きょうもう [凶猛·兇猛] ナ(文) 흉맹. 거칠고 사나움

きょうもん [経文]【佛】 경문. 경전

きょうやき [京焼] 京都에서 만들어진 도자기의 총칭

きょうやく [共役·共軛] 공액 ①【數】켤레¶ ~角 켤레각 ②【化】짝¶ —酸 짝산

きょうやく [共訳] 名他スル 공역. 공동 번역(물)¶ 聖書を~する 성서를 공동 번역하다

きょうやく [協約] 名自スル 협약¶ 団体~ 단체 협약/ ~を結ぶ 협약을 맺다

きょうゆ [教諭]【教】 교유. (초·중·고등학교 등의) 정교사¶ 助~ 준교사

きょうゆう [共有] 名他スル 공유. 공동 소유¶ ~財産 공유 재산/ 秘密を~する 비밀을 공유하다 —結合【化】 공유 결합

きょうゆう [享有] 名他スル(文) 향유¶ 自由を~している 자유를 향유하고 있다

きょうゆう [俠勇] (文) 협용. 의협심이 있고 용감함. 그런 사람

きょうゆう [梟雄] (文) 효웅. 용맹하고 잔인한 사람¶ 乱世の~ 난세의 효웅

きょうよ [供与] 名他スル 공여. 제공함¶ 武器の~ 무기의 공여

きょうよう [共用] 名他スル 공용. 공동 사용¶ 隣の家と水道を~する 이웃집과 수도를 공용하다

きょうよう [供用] 名他スル(文) 공용. (남에게) 쓰도록 제공함¶ 国有地を住民の運動場として~する 국유지를 주민의 운동장으로 공용하다

きょうよう [強要] 名他スル 강요¶ 寄付を~

する 기부를 강요하다

**きょうよう** [教養] 교양¶ ~講座こう 교양 강좌/ ~を積つむ 교양을 쌓다 **—課程てい** (대학의) 교양 과정 **—小説しょう** [文] 교양 소설

**きょうらく** [享楽] 名他スル 향락¶ ~主義しゅ 향락주의/ 青春せいしゅんを~する 청춘을 즐기다

**きょうらく** [京洛] [文] ①경락. 서울. 수도 ② 京都きょうと ▷「けいらく」라고도 함

**きょうらん** [狂乱] 名自スル 광란. 미쳐 날뜀¶ ~物価ぶっか/ 嫉妬しっとで~する 질투로 미쳐 날뛰다

**きょうらん** [狂瀾] [文] 광란 ①거센 파도 ②[比] 심한 혼란 상태¶ 時代だいの~に身みをまかせる 시대의 광란에 몸을 맡기다 **—怒濤どう** 광란 노도 ①거센 큰파도 ②[比] 대단히 거칠고 어지러운 상태

**きょうらん** [供覧] 名他スル 공람. 공개하여 일반에게 보임¶ ~に付ふす 공람에 부치다

**きょうり** [胸裏・胸°裡] [文] 흉리. 가슴속. 흉중¶ 深ふかく~に秘ひめておく 가슴속 깊이 간직해 두다

**きょうり** [教理] 교리¶ **—問答もんどう** 교리 문답

**きょうり** [郷里] 향리. 고향

**ぎょうりき** [行力] [佛] 행력. 불도를 닦아서 얻은 힘

**きょうりきこ** [強力粉] 강력분. 점성이 강한 밀가루

**きょうりつ** [共立] 名他スル 공립. 공동 설립¶ ~施設しせつ 공립 시설

**ぎょうりつ** [凝立] 名自スル [文] 응립. 꼼짝않고 서 있음

**きょうりつろん** [経律論] [佛] 경률론. 불전의 총칭

**きょうりゅう** [恐龍] [地] 공룡.

**きょうりょう** [狭量] 名 협량. 도량이 좁음 ⇔ 広量こうりょう¶ ~な人ひと 도량이 좁은 사람

**きょうりょう** [橋梁] [文] 교량. 다리= はし¶ ~工事こうじ 교량 공사

**きょうりょく** [協力] 名自スル 협력¶ 事業じぎょうに~する 사업에 협력하다/ 御ご~願ねがいます 협력을 부탁합니다

**きょうりょく** [強力] ナ 강력¶ ~な推薦者しゃ 강력한 추천자/ ~におし進すすめる 강력히 추진하다

**きょうりん** [°杏林] [文] 행림 ①살구나무 숲 ② 의사= 医者しゃ

**きょうれつ** [強烈] ナ 강렬¶ ~な日差ひざし 강렬한 햇살/ ~に印象いんしょうづける 강렬하게 인상을 남기다

**ぎょうれつ** [行列] 행렬 Ⅰ 名自スル 길게 늘어섬. 그린 줄¶ 仮装かそうの~ 가장 행렬/ ~をつくる 행렬을 짓다 Ⅱ 名 [數] 숫자・글자를 사각형으로 늘어놓은 것¶ **—式しき** 행렬식

**きょうれん** [狂恋] [文] 광련. 미친 듯이 열렬한 사랑¶ ~に溺おぼれる 광련에 빠지다

**きょうれん** [教練] 교련 Ⅰ 名他スル 가르쳐 단련시킴 Ⅱ 名 [軍] 군사 교련¶ ~をうける 교련을 받다

**きょうろん** [経論] [佛] 경론. 경과 논장

**きょうわ** [共和] 공화¶ ~政治せいじ 공화 정치 **—国こく** [政] 공화국 **—制せい** [政] 공화제

**きょうわ** [協和] 名自スル(文) 협화. 협력하여 화합함 **—音おん** [音] 협화음. 어울림음

**キョウワン** [峽湾] [地] 협만= フィヨルド

**きょえい** [虚栄] 허영¶ ~を張はる 허영을 부리다 **—心しん** 허영심

**ぎょえい** [御詠] [文] 天皇てんのう나 황족이 지은 시가(詩歌)

**ぎょえん** [御°苑] 어원. 금원(禁苑). 황실 소유의 정원

**きょおく** [巨億] [文] 거억. (수・규모가) 막대함¶ ~の富とみを蓄たくえる 거액의 부를 쌓다

**きょか** [°炬火] [文] 거화. 횃불

**きょか** [許可] 名他スル 허가¶ ~証しょう 허가증/ 入学にゅうがくを~する 입학을 허가하다

**ぎょか** [漁火] [文] 어화. 고기잡이 불= いさりび

**ぎょかい** [巨魁・°渠魁] [文] 거괴. 괴수. 두목¶ 暗黒街あんこくがいの~ 암흑가의 두목

**ぎょかい** [魚介・魚貝] [文] 어개. 어류와 패류. 어패류° **—類るい** 어개류

**きょがく** [巨額] 名 ヮ 거액¶ ~の寄付金きふきん 거액의 기부금

**ぎょかく** [漁獲] 어획¶ **—高だか** 어획고

**きょかん** [巨漢] [文] 거한. 거인= 大男おおとこ

**きょかん** [巨艦] 거함. 큰 군함

**きょがん** [巨岩・巨°巌] 거암. 큰 바위

**ぎょかん** [御感] [文] 天皇てんのう의 감탄이나 칭찬¶ ~にあずかる 天皇의 칭찬을 듣다

**ぎょがん** [魚眼] 어안. 물고기의 눈 **—レンズ** 어안 렌즈. 광각 렌즈

**きょき** [°歔°欷] 名自スル [文] 허희. 흐느껴 욺

**きょぎ** [虚偽] 허위. 거짓¶ ~の申もうし立たて 허위 진술/ ~をあばく 허위를 폭로하다

**ぎょき** [御忌] [佛] ①귀인・조사(祖師) 등의 기일에 여는 법회의 높임말= ごき ②정토종의 法然上人ほうねんしょうにんの 기일에 여는 법회

**ぎょき** [漁期] [水] 어기. 어획기= りょうき¶ さんまの~ 꽁치의 어획기

**ぎょきょう** [漁況] [水] 어황. 고기잡이의 상황¶ ~がいい 어황이 좋다

**ぎょぎょう** [漁業] [水] 어업¶ 遠洋えんよう~ 원양 어업/ ~協定きょうてい 어업 협정 **—協同組合きょうどうくみあい** [水] 어업 협동 조합 **—権けん** [法] 어업권

**きょきょじつじつ** [虚虚実実] 허허실실. 서로 있는 계책을 다 써서 싸우는 모양¶ ~の駆かけ引ひき 허허실실의 책략

**きょきん** [°醵金] 名自スル 갹금. 돈을 갹출함. 갹출금¶ 福祉事業ふくしじぎょうへの~ 복지 사업에의 갹출금

**きょく** [°旭] 音 キョク 訓 あさひ|(음) 욱. (造語) 아침 해. 아침 햇빛¶ **旭光こう** 아침 햇빛・**旭日じつ** 욱일

**きょく** [曲] 音 キョク 訓 まがる・まげる|(음) 곡. Ⅰ (造語) ①구부러지다. 구부리다¶ 曲線せん 곡선・屈曲くっきょく 굴곡 ②옮지 않음. 부정함¶ 曲解かい 곡해・歪曲わい 왜곡 ③자세하

고 복잡하다¶委曲 위곡 ④(음악의) 가락, 작풍¶作曲·名曲 등¶「曲芸の」의 준말¶曲馬団 곡마단 Ⅱ ①곡, 악곡¶好きな~を演奏する 좋아하는 곡을 연주하다 ②(文) 부정, 옳지 않음¶~を憎む 부정을 미워하다 ③변화가 있는 재미
[慣用句]
―が無い (아무 변화도 없어) 재미가 없다
きょく [局] 音キョク 訓つぼね|(음)국. Ⅰ(造語)①사무 기구의 단위¶支局 지국·当局 당국¶「放送局·郵便局·電話局」의 준말¶局長 국장·局番 국번 ③한정된 부분, 장소¶局限 국한·局所 국소 ④당면한 사태나 정세¶時局 시국·政局 정국 ⑤(바둑·장기에서) 승부의 정세¶局面 국면·対局 대국 Ⅱ ①(관청·회사 등의) 국¶部~間の協議 부~국간의 협의 ②「放送局·郵便局·電話局」의 준말¶~で切手を買う 우체국에서 우표를 사다 ③(文) 당면한 사태, 국면¶全力で~に当たる 전력을 다해 국면에 대처하다 (助動) 바둑 등의 대국을 세는 말. 국. 판¶第三局~ 제3국
きょく [極] 音キョク·ゴク 訓きわめる·きわまる·きわみ|(음)극. Ⅰ(造語)①끝까지 다다른 곳, 한계, 극¶極東 극동·極秘 극비¶極言 극언·極致 극치 ③극심하게, 극도로¶極小 극소·極寒 극한 ④(자석·전기 회로 등의) 극¶陰極 음극·電極 전극 Ⅱ ①(文) 끝, 한계¶幸福の~にいる 행복의 극치에 있다 ②전극, 자극¶(磁極) マイナスの~ 마이너스 극 ③[地] 지구 자전축의 양끝¶~点 극점/北~ 북극 ④(天) 天 자전축이 천구와 교차하는 점.
きょ [巨躯] 거구, 큰 몸집¶六尺あまりの~ 6척 남짓한 거구
ぎょく [玉] 音ギョク 訓たま|(음)옥. Ⅰ(造語)①보석, 구슬¶玉石 옥석·紅玉 홍옥 ②아름답다, 뛰어나다, 훌륭하다¶玉肌 옥기·金科玉条 금과옥조 ③천자에 관한 것에 붙이는 미칭¶玉音 옥음·玉体 옥체 ④남의 사물에 붙여 존경의 뜻을 나타냄¶玉案 옥안·玉稿 옥고 Ⅱ ①옥¶~を守る 옥을 지키다 ②기생, 화대¶代 화대/半~ 풋내기 기생¶「玉将」의 준말. 장기짝의 하나¶(経) (거래소에서) 주식 ⑤(음식점에서) 달걀, 달걀부침
ぎょく [漁区] (水) 어구, 어로 구역
ぎょく [漁具] 어구, 어업에 쓰이는 도구·기계
ぎょくあんか [几案下] (文) (편지 겉봉에 써서 경의를 나타냄) 옥안하. 궤하 = 机下
ぎょくいん [局員] 국원¶郵便~ 우체국원
きょくう [極右] 극우 ⇔ 極左¶~派 극우파/~団体 극우 단체
きょくうち [曲打ち] 名 他スル (북 등을) 곡처럼 재미있고 멋있게 침
ぎょくおん [玉音] (文) 옥음. 天皇의 목소리¶~放送 옥음 방송
きょくがい [局外] 국외 ①국의 관할 밖 ②제삼자적 입장¶~に立つ 제삼자의 입장에서다 ▷①② ⇔ 局内¶―者 국외자. 제삼자¶―中立 국외 중립¶~を守る 국외 중립을 지키다
きょくがく あせい [曲学阿世] (文) 곡학 아세. 학문의 진리를 왜곡해서까지 시세에 영합하려는 일¶~の徒 곡학 아세의 무리
ぎょくがん [玉顔] (文) 옥안 ①옥같이 아름다운 얼굴 ②天皇의 얼굴, 용안
きょくぎ [曲技] (文) 곡기. 곡예 같은 묘기. 곡예¶~飛行 곡예 비행
きょくげい [曲芸] 곡예¶~団 곡예단
きょくげん [局限] 名 他スル 국한¶問題を小範囲に~する 문제를 작은 범위로 국한하다
きょくげん [極言] 名 自他スル 극언. 극단적으로 말함¶~すればそれは害あって益がない 극언하자면 그것은 해만 있고 이득은 없다
きょくげん [極限] 극한 ①극, 한계, 한도¶~まで追いつめる 극한까지 몰아넣다 ②(数) 극한치, 극한값¶―状況 극한 상황
きょくさ [極左] 극좌 ⇔ 極右¶~派 극좌파/~テロ 극좌 테러
ぎょくざ [玉座] (文) 옥좌. 보좌
ぎょくさい [玉砕] 名 自スル 옥쇄¶~した守備隊 옥쇄한 수비대
きょくし [局紙] (版) 삼지닥나무로 만든 질 좋은 일본 종이
きょくじ [局事] (文) 곡사. 부정한 일¶~を働く 부정한 일을 하다
きょくじつ [旭日] (文) 욱일. 아침해 = 朝日¶―旗 (구 일본군의) 아침해를 도안화한 기
[慣用句]
―昇天の勢い 욱일 승천의 기세. (떠오르는 아침해처럼) 왕성한 기세나 세력
きょくしゃ [曲射] 名 他スル 곡사¶~砲 곡사포
ぎょくじゅう [玉什] (文) 남의 시가에 대한 높임말. 옥운(玉韻), 옥음(玉吟)
きょくしょ [局所] 국소, 국부 ①제한된 일정한 장소, 몸의 일부분¶~疲労 국소 피로 ③음부 = 局部¶―麻酔 (医) 국소 마취, 국부 마취
きょくしょ [極所] (文) 극소, 극한점, 한계점, 막다른 곳¶~にいたる 한계점에 이르다
きょくしょう [極小] 名 Ⅰ (数) 극소. 작음¶~な粒子 극히 작은 입자 Ⅱ (数) 함수의 값이 작아졌다가 다시 커지기 시작할 때의 값¶~値 극소값 ▷ⅠⅡ ⇔ 極大
きょくしょう [極少] (文) 극소. 극히 적음¶~量 극소량/~な資源 극소한 자원
ぎょくしょう [玉将] (일본 장기에서) 궁
ぎょくしょう [玉章] (文) 옥장 ①뛰어난 시문 ②상대방 편지의 높임말. 옥서 = たまずさ
きょくすい [曲水] (文) ①물이 흐르는 물¶~くすい②「曲水の宴」의 준말¶~の詩 곡수연의 시¶―の宴 곡수연

ぎょくずい [玉髄] [鉱] 옥수
きょくせい [極性] 극성
きょくせき [*跼*蹐] 名 自スル (文) 국척. 국축. 두려워 몸둘 바를 모름
ぎょくせきこんこう [玉石混交・玉石混淆] 옥석혼효. 좋은 것과 나쁜 것이 함께 뒤섞여 있음¶〜の状態 옥석혼효의 상태
きょくせつ [曲折] 名 自スル 곡절 ①구부러짐¶〜した道 구부러진 길 ②상태가 변화함. 변천¶〜の多い生涯 곡절이 많은 생애 ③복잡한 사정¶紆余〜 우여곡절
きょくせつ [曲節] 곡절. (음악의) 곡조, 가락
きょくせん [曲線] 곡선 ⇔直線¶〜を描く 곡선을 그리다 —美 곡선미
きょくだい [極大] I 名 극히 큼¶被害の〜化 피해의 극대화 II 名 数 함수의 값이 커졌다가 다시 작아지기 시작할 때의 값¶〜値 극대값 ▷ I II ⇔極小
ぎょくたい [玉体] (文) ①옥처럼 아름다운 몸 ②天皇. 귀인의 몸
ぎょくだい [玉代] 화대, 해웃값= 花代・玉代
きょくたん [極端] 名 ナ [〜な変化 극단적인 변화/ 〜から〜に走る 극단에서 극단으로 달리다
きょくち [局地] (文) 국지 ¶〜戦 국지전 —的 ナ 국지적 ¶〜な豪雨 국지적인 호우
きょくち [極地] 극지 ①땅 끝의 외진 곳 ②남극과 북극 지방¶〜探検 극지 탐험
きょくち [極致] 극치¶美の〜 미의 극치/ 〜に達する 극치에 달하다
きょくちょう [曲調] 곡조. 가락= 節回し¶哀切な〜 애절한 곡조
きょくちょう [局長] 국장
きょくちょく [曲直] (文) 곡직 ①굽음과 곧음¶線の〜 선의 곡직 ②옳고 그름, 사정(邪正). 잘잘못¶理非を〜ただす 이비[시비] 곡직을 따지다
きょくていおん [極低温] 物 극저온
きょくてん [極点] 극점 ①극도, 절정¶興奮が〜に達する 흥분이 극도에 이르다 ②남극점, 북극점¶〜に立つ 극점에 서다
きょくど [極度] 名 극도 ①한계에 이른 곳, 극한¶〜に達する 극도에 달하다 ②(정도가) 극심함¶〜の疲労 극심한 피로/ 〜に難解だ 극도로 난해하다
きょくとう [極東] 극동 ¶〜地方 극동 지방
きょくどめ [局留] 우체국 유치, 우편물을 발신인이 지정한 우체국에 두는 일
きょくのり [曲乗り] 말・자전거・공 등을 타면서 곡예를 함, 그런 곡예
きょくば [曲馬] 곡마. 말을 타고 하는 곡예¶〜団 곡마단
ぎょくはい [玉杯] (文) 옥배 ①옥으로 만든 술잔 ②술잔의 미칭
きょくばん [局番] 국번¶市外〜 시외 국번
きょくはんけい [極半径] 地 극반경
きょくび [極微] 名 ナ (文) 극미. 지극히 작음= ごくび¶〜の世界 극미의 세계

きょくびき [曲弾き] 芸 三味線・琴 등을 매우 빠르게 또는 곡예처럼 연주함
きょくひつ [曲筆] 名 自他スル (文) 곡필. 사실을 왜곡하여 씀, 그런 문장 ⇔直筆
きょくひどうぶつ [*棘*皮動物] 動 극피 동물
きょくふ [曲譜] 곡보. 악보 = 楽譜
きょくぶ [局部] 국부. 국소 ①한정된 일부분 ②몸의 일부분 ③음부¶〜麻酔 医 국부 마취. 국소 마취
きょくほ [曲浦] (文) 곡포. 구불구불 후미진 해안¶長汀〜 장정 곡포
ぎょくほ [玉歩] (文) 임금・귀인의 걸음에 대한 높임말. 옥보
きょくほう [局方] 일본 약국방 —薬 薬 일본 약국방에 기재되어 있는 의약품 本薬局方
きょくほく [極北] 극북. 북쪽 끝, 그 지방
きょくめん [曲面] 곡면 ①굽은 면 ②数 평면이 아닌 면¶〜体 数 곡면체 ⇔平面
きょくめん [局面] 국면 ①(바둑・장기의) 반면, 판세, 승부의 형세¶先手が有利な〜 선수가 유리한 국면 ②(일의) 형세, 정세¶〜を打開する 국면을 타개하다
きょくもく [曲目] 곡목 ①곡명¶演奏会の〜 연주 곡목 ②연주회의 프로그램
きょくりょう [極量] 薬 극량. (독약 등의) 정해진 최대의 분량¶〜超過 극량 초과
きょくりょく [極力] 副 극력. 힘껏, 힘을 다해¶〜説得してみる 극력 설득해 보다/ 〜努力する 힘껏 노력하다
ぎょくろ [玉露] 옥로 ①(文) 옥처럼 아름다운 이슬 ②최고급 녹차
ぎょくろう [玉楼] (文) 옥루 ①아름다운 누각¶金殿〜 금전 옥루 ②「白玉楼」의 준말
きょくろく [曲*彔・曲*椂] 곡록. (법회 등에서) 승려가 앉는 의자
きょくろん [曲論] 名 自スル 곡론. 이치에 맞지 않는 이론
きょくろん [極論] 名 自他スル 극론. 극언. 극단적인 논의¶〜すればこれは自殺行為だ 극론하면 이것은 자살 행위다
ぎょぐん [魚群] 어군. 물고기 떼 —探知機 水 어군 탐지기= 魚探
ぎょけい [御慶] (文) ①경사, 축하 ②새해 인사말¶新年の〜 새해의 축하 인사
ぎょけいすいらい [魚形水雷] 軍 어뢰
きょげつ [去月] 거월. 지난달= 先月
きょげん [虚言] (文) 허언. 거짓말¶〜癖 거짓말하는 버릇/ 〜を吐く 허언을 하다
きょこう [挙行] 名 他スル 거행¶卒業式を〜する 졸업식을 거행하다
きょこう [虚構] 허구 ①실제로 없는 것을 있는 것처럼 만듦¶〜を見破る 허구를 간파하다 ②(文) 작자의 상상력으로 만들어 낸 작품. 픽션= 仮構¶〜の世界 허구의 세계
きょごう [*倨*傲] 名 ナ (文) 거오. 거만함, 오만함= ごうまん¶〜な態度 거만한 태도
ぎょこう [漁港] 어항

きょこくいっち【挙国一致】图 自スル 거국 일치¶ ～して当たる 거국 일치하여 대처하다
きょこん【虚根】[数] 허근 ⇔ 実根こん
きょこん【許婚】(文) 약혼, 약혼자 = いいなずけ¶ ～者しゃ 약혼자
ぎょざ【御座】 어좌. 임금・귀인이 앉는 자리 = 玉座
きょさい【去歳】(文) ①거년, 지난해, 작년 ②왕년, 지나간 날
きょさい【巨細】(文) → こさい(巨細)
きょざい【巨財】(文) 거재. 많은 재산¶ ～を築く 많은 재산을 쌓다[모으다]
きょさつ【巨刹】(文) 거찰. 큰 절, 대찰
きょし【巨資】(文) 거자. 대자본
きょし【挙止】(文) 거지. 거동, 동작¶ 行動どう～に品ひんがある 행동거지에 품위가 있다
きょし【鋸歯】거치 ①(文) 톱니 ②[植] 잎 가장자리가 톱니처럼 뾰족날쭉한 부분 一文もん[考古] 거치문. (토기 등의) 삼각형의 연속적 무늬
きょじ【虚字】[文法] 허자. (한문에서) 추상적인 개념을 나타내는 문자
きょじ【虚辞】허사 ①허언, 거짓말 ②[文法] 형식적인 뜻을 나타내는 말 ③[表] 운율을 가다듬기 위해 별 의미없이 덧붙여 쓰는 말
ぎょじ【御璽】 어새. 옥새 = 玉璽ぎょく
きょしき【挙式】图 自スル 거식. 식을 올림, (특히) 결혼식을 올림¶ 教会きょうで～する 교회에서 식을 올리다
きょしつ【居室】거실. 거처방 = 居間いま
きょじつ【虚実】허실 ①없음과 있음 ②거짓과 참¶ ～とりまぜて話はなす 허실을 섞어 가며 말하다 ③허허실실. 온갖 책략을 다 씀
きょしてき【巨視的】[ダ] 거시적¶ ～世界せかい 거시적 세계¶ ～な観点かんてん 거시적인 관점
ぎょしゃ【御者・馭者】어자. 마부¶ ～台だい 마부석 一座ざ[天] 마차부 자리
きょじゃく【虚弱】[ダ] 허약¶ ～な体質たいしつ 허약한 체질 一児じ[医] 허약아
ぎょしやす・い【御し*易い】[形] 다루기 쉽다¶ ～人物ぶつ 다루기 쉬운 인물
きょしゅ【挙手】图 自スル 거수. 손을 듦¶ ～の礼れい 거수 경례
きょじゅ【巨儒】(文) 거유. 뛰어난 유학자, 학식이 깊은 학자 = 大儒たい
きょじゅ【巨樹】(文) 거수. 큰 나무 = 大木ぼく
きょしゅう【去秋】(文) 거추. 지난 가을
きょしゅう【去就】거취¶ ～に迷まよう 거취를 망설이다 /～が注目ちゅうもくされる 거취가 주목되다
きょじゅう【居住】图 自スル 거주¶ ～地ち 거주지 一者しゃ 거주자 一性せい (주택의) 거주성. (탈것 등의) 승차감
ぎょしゅう【漁舟】(文) 어주. 낚싯거루, 작은 고기잡이배
きょしゅつ【醵出・拠出】图 他スル 갹출¶ 金品きんを～する 금품을 갹출하다
きょしゅん【去春】(文) 거춘. 지난 봄 = 昨春さくしゅん
きょしょ【居所】(文) 거소. 거처¶ ～不明ふめい 거처 불명 /～を定さだめる 거처를 정하다

きょしょう【去声】 거성. 한자 사성의 하나
きょしょう【巨匠】 거장. (학문・예술 등의) 대가¶ 美術界びじゅつの～ 미술계의 거장
きょしょう【挙証】图 他スル 거증. 증거를 듦, 입증¶ ～責任せきにん 거증 책임
きょしょう【居所】 거성. 평소에 거처하는 성
ぎょしょう【魚礁・漁礁】[水] 어초¶ 人工じんこう～ 인공 어초
ぎょじょう【漁場】어장¶ 近海きんかい～ 근해 어장
きよしょく【清拭】허식. 겉치레¶ ～に満みちた生活せいかつ 허식에 가득찬 생활
ぎょしょく【漁色】(文) 어색, 엽색 = 猟色りょうしょく¶ ～家か 엽색가
きょしょくしょう【拒食症】[医] 거식증
きょしん【虚心】图 [ダ] 허심. 마음을 비움¶ ～に聞きく 허심하게 듣다 一坦懐たんかい 허심 탄회
きょじん【巨人】거인 ①거한 ②거물
ぎょしん【御寝】(文) 어침, 주무심
きょすう【虚数】[数] 허수 ⇔ 実数じっ
きょずり【清刷(り)】[印] (사진 제판 등을 하기 위해) 활자 조판을 상질지에 깨끗이 찍어 냄, 그렇게 찍어낸 것
ぎょ・する【御する】[他 サ変] ①(말 등을) 잘 부리다¶ 馬うまを～ 말을 잘 부리다 ②(남을) 잘 다루다, 부리다¶ 部下ぶかを巧たくみに～ 부하를 능숙하게 잘 부리다 ③통치하다, 다스리다¶ 民たみを～ 백성을 다스리다
きよせ【季寄(せ)】(文)【俳句はいくの】季語ごを(계절어)를 모아 분류・정리한 책
きょせい【去勢】图 他スル 거세 ①생식 기능을 제거함¶ ～された牛うし 거세된 소 ②(比) 세력을 제거함¶ 反対勢力はんたいせいりょくを～する 반대 세력을 제거하다
きょせい【巨星】거성 ①[天] 큰 별, 큰 항성 ②(文)(比) 큰 인물¶ 政界せいかいの～ 정계의 거성
慣用句
一墜おつ 거성이 떨어지다, 큰 인물이 죽다
きょせい【挙世】副(文) 거세. 온 세상, 세상 사람 모두¶ ～、これをたたう 온 세상이 이를 찬양하다
きょせい【虚勢】허세 = からいばり
慣用句
一を張はる 허세를 부리다
ぎょせい【御製】 어제. 天皇てんのうが 지은 글
きょせつ【虚説】(文) 허설. 낭설, 헛소문
きょぜつ【拒絶】图 他スル 거절. 거부¶ 面会めんかい～ 면회 거절/要求きゅうを～する 요구를 거절하다 一反応はんのう ①[医] 남의 장기에 대한 거부 반응 ②특정 사물에 대한 거부 반응
きょぜん【居然】[ダト] 거연 ①꼼짝 않음, 그대로 있음 ②평안함 ③무료함, 따분함
ぎょせん【御撰】 어선. 임금이 편집한 서적
ぎょせん【漁船】 어선. 고기잡이배
きょそ【挙措】(文) 거조. 거동, 행동거지¶ ～進退しんたい 거조 진퇴
きょぞう【虚像】허상 ①[物] 렌즈・반사경 등에서 발산된 빛이 반대 방향으로 모여 이루는 상 ②실제와는 다른 이미지¶ スターの～

타의 허상 ▷ ①② ⇔ 実像ぞう
**ぎょぞく**【魚族】 어족. 어류＝魚類るい
**ぎょそん**【漁村】 어촌. 갯마을
**きた**【許多】(文) 허다. 수가 많음
**きょたい**【巨体】 거체, 거구
**きょだい**【巨大】⑥ 거대¶〜な岩いわ 거대한 바위
**ぎょだい**【御題】(文) 어제 ①天皇てんのうが 쓴 제자(題字) ②天皇가 선정한 시가·문장의 제목
**きょたく**【居宅】(文) 거택. 평소에 살고 있는 집
**きょだく**【許諾】名他スル(文) 허락. 승낙¶〜を得える 허락을 받다
**ぎょたく**【魚拓】 어탁. 물고기의 탁본(拓本)
**きょだつ**【虚脱】名自スル ①몸이 쇠약해서 죽을 것 같이 됨 ②허탈¶〜状態じょう 허탈 상태
**きたん**【去痰】 거담¶〜薬やく 거담약
**きょたん**【虚誕】(文) 허탄. 새빨간 거짓말, 엉터리
**きょだん**【巨弾】(文) 거탄 ①큰 포탄 ②(상대에게 퍼붓는) 혹독한 비난·비판¶〜を投とうずる 혹독한 비판을 퍼붓다
**ぎょたん**【魚探】 어군 탐지기
**きょちゅうちょうてい**【居中調停】【法】 거중 조정¶〜の労ろうをとる 거중 조정 역할을 맡다
**きょっかい**【曲解】名他スル 곡해¶事実じつを〜する 사실을 곡해하다
**きょっかん**【極冠】【天】 (화성의) 극관
**きょっけい**【極刑】 극형. 사형¶〜に処しょする 극형에 처하다
**きょっこう**【旭光】(文) 욱광. 아침 햇빛
**きょっこう**【極光】【気】 극광＝オーロラ
**ぎょっこう**【玉稿】(文) 남의 원고에 대한 높임말. 옥고¶〜を拝受はいじゅする 옥고를 배수하다
**ぎょっと**副自スル 움찔¶(깜짝 놀라 눈을 치뜸). 흠칫¶〜する 흠칫하다／〜なる 섬뜩해지다
**ぎょてい**【魚梯】【水】 어제. (댐 등에) 물고기가 오르내릴 수 있도록 만든 수로＝魚道どう
**きょてん**【拠点】 거점¶戦略上せんりゃくじょうの〜 전략상의 거점／〜を築きずく 거점을 구축하다
**きょでん**【虚伝】(文) 허전. 헛소문, 뜬소문
**きょとう**【巨頭】 거두 ①큰 머리 ②(국가·조직 등의) 거물¶財界ざいかいの〜 재계의 거두 —**会談**かいだん 거두 회담, 정상 회담
**きょとう**【挙党】名 거당. 당 전체¶〜一致いっち 거당 일치
**きょどう**【挙動】 거동. 동작¶〜があやしい 거동이 수상하다 —**不審**ふしん 거동이 수상함
**ぎょとう**【漁灯】 집어등, 어화(漁火)
**ぎょどう**【魚道】 어도 ①【水】 어제＝魚梯てい ② (물고기의) 회유 경로
**きょときょと**副自スル(口) (불안·두려움으로) 두리번두리번¶〜とあたりを見回みまわす 두리번번두리번 주위를 둘러보다
**きょとんと**副自スル(口) (놀라거나 어안이벙벙하여 눈을 크게 뜨고) 멍하니, 멀거니¶〜した目つき 어리둥절한 눈매
**ぎょにく**【魚肉】 어육. 물고기의 살
**きょねん**【去年】 거년. 작년, 지난해＝昨年さくねん¶〜の今ごろ 작년 이맘때

**ぎょば**【漁場】 → ぎょじょう
**きょはく**【巨擘】(文) 거벽 ①엄지손가락 ②대가, 거두¶文壇だんの〜 문단의 거두
**ぎょばん**【魚板】 어판. 어고(魚鼓), 목어(木魚)
**きょひ**【巨費】 거비. 많은 비용¶〜を投とうじる 많은 비용을 들이다
**きょひ**【拒否】名他スル 거부¶返答へんとうを〜する 답변을 거부하다 —**権**けん 거부권 —**反応**はんのう【医】 거부 반응
**きょひ**【許否】(文) 허부. 허락 여부¶〜を決定けっていする 허락 여부를 결정하다
**ぎょひ**【魚肥】 어비. 물고기로 만든 비료
**きょふ**【巨富】 거부. 막대한 부[재산]¶〜を築きずく 막대한 재산을 모으다
**ぎょふ**【漁夫·漁父】 어부. 고기잡이 —**の利**り 어부지리¶〜を占しめる 어부지리를 차지하다
**きょぶき**【清拭き】名他スル 마른 걸레질
**ぎょふく**【魚腹】 어복. 물고기의 배, 물고기 뱃속
【慣用句】
—**に葬**ほうむ**られる** 물고기 밥이 되다, 익사하다
**ぎょぶつ**【御物】(文) 어물. 황실의 소장품¶正倉院しょうそういんの〜 正倉院의 어물
**きょぶん**【虚聞】(文) 허문 ①헛소문, 거짓 소문 ②헛된 명성, 허명＝虚名めい
**ぎょふん**【魚粉】【水】 어분. 물고기 가루
**きょへい**【挙兵】名自スル 거병, 군사를[전쟁을] 일으킴
**きょほ**【巨歩】(文) 거보 ①큰[힘찬] 걸음¶〜を踏ふみ出だす 큰 걸음을 내딛다 ②위대한 업적·공적¶〜を残のこす 위대한 업적을 남기다
**きょほう**【巨峰】【植】 거봉. 포도의 한 품종
**きょほう**【巨砲】 거포 ①큰 대포 ②【野】 강타자¶〜をそろえる 강타자를 고루 갖추다
**きょほう**【虚報】 허보, 허위 정보·보도¶〜にまどわされる 허보에 현혹되다
**ぎょほう**【漁法】【水】 어법. 어로 방법¶刺さし網あみ〜 자망 어법
**きよほうへん**【毀誉褒貶】(文) 훼예 포폄, 칭찬함과 헐뜯음, 온갖 세평¶〜にも動どうじない 온갖 세평에도 동요하지 않다
**きょぼく**【巨木】 거목 ①큰 나무 ②(比) 위대한 인물
**きよま・る**【清まる】自五 맑아지다, 깨끗해지다¶心こころが〜 마음이 맑아지다
**きょまん**【巨万】名 거만. 막대한 금액¶〜の富とみを残のこす 거만의 부를 남기다
**きよみず**【清水】「清水寺てら」의 준말 —**寺**でら 京都きょうと시에 있는 절＝清水寺 —**焼**やき 清水寺 부근에서 만들어지는 도자기
**ぎょみん**【漁民】 어민
**きょむ**【虚無】 ①허무. 공허함¶〜感かん 허무감 ②(文) 허공 —**主義**しゅぎ 허무주의
**きょめい**【虚名】 허명. 헛된 명성, 허문¶〜を博はくする 허명을 떨치다
**ぎょめい**【御名】(文) 어명. 天皇てんのうの이름¶御璽ぎょじ 天皇의 서명 날인
**きよ・める**【清める·浄める】他下一 맑게 하

**きょもう** [虚妄] (文) 허망. 사실이 아님. 거짓 ¶ ~の説 허망된 설

**ぎょもう** [漁網] 어망

**きよもつ** [御物] (文) → ぎょぶつ

**きよもと** [清元] [藝] 「清元節ぶし」의 준말 ―節ぶし [藝] 江戸도 浄瑠璃じょうるり의 한 유파

**ぎょゆ** [魚油] [水] 어유

**ぎょゆう** [御遊] (文) ①놀이 ②옛날 궁중에서 열린 아악 놀이

**きよう** [挙用] [名][他スル] (文) 겨용. 기용. 등용 ¶ 重役じゅうやくに~する 중역으로 기용하다

**きよよう** [許容] [名][他スル] 허용 ¶ ~事項じこう 허용 사항/ ~範囲はんい 허용 범위

**きよら** [清ら] [名][ナリ] (文) 청아하고 아름다움

[慣用句] ―を尽つくす 화사함을 다하다. 극도로 사치하다

**きよらい** [去来] [名][自スル] (文) 거래. 오감. 왕래 ¶ 心中しんちゅうに~する思おもい 심중에 오가는 생각

**ぎょらい** [魚雷] [軍] 어뢰 ¶ ~を発射はっしゃする 어뢰를 발사하다 ―艇てい [軍] 어뢰정

**きよらか** [清らか] [ナ] 맑음. 청아함. 깨끗함 ¶ ~な心こころ 깨끗한 마음

**きより** [巨利] (文) 거리. 큰 이익 ¶ ~を博はくする 큰 이익을 차지하다

**きより** [距離] 거리 ¶ ~がある 거리가 있다/ ~を置おいて考かんがえる 거리를 두고 생각하다

**きよりゅう** [居留] [名][自スル] 거류 ①한곳에 잠시 머물러 삶 ②(외국인이) 거류지에서 삶 ―地ち 거류지 ―民みん 거류민

**ぎょりょう** [漁猟] (文) 어렵 ①고기잡이와 사냥 ②어업

**ぎょりん** [魚鱗] (文) 어린. 물고기의 비늘. 물고기

**ぎょるい** [魚類] [動] 어류 ¶ 硬骨こうこつ~ 경골 어류 ―時代じだい [地] 어류 시대

**きよれい** [挙例] (文) 거례. 예를 듦. 예거함 ―法ほう [表] 거례법

**きよれい** [虚礼] 허례 ¶ ~虚飾きょしょく 허례 허식

**ぎょろう** [漁労・漁撈] (文) 어로. 고기잡이 ¶ ~に携たずさわる 어로에 종사하다

**きょろきょろ** [副][自スル] (口) 두리번두리번 ¶ ~見回みまわす 두리번두리번 둘러보다

**ぎょろぎょろ** [副][自スル] (口) 뒤룩뒤룩 ¶ ~とにらみ回まわす 눈을 뒤룩거리며 둘러보다

**ぎょろりと** 副 (口) (큰 눈망울을 굴려 노려보는) 휘번덕 ¶ ~目めをむく 크게 눈을 부라리다

**きよわ** [気弱] [名][ナ] 심약함. 마음이 약함 ¶ ~なことを言いう 마음 약한 소리를 하다

**きら** [*綺羅] (文) 기라. 아름다운 옷. 화려한 차림새 ¶ ~を飾かざる 화려하게 차려 입다

[慣用句] ―星ほしの如ごとし 기라성같이

**キラー** (killer) [造語] 킬러 ①특정 상대에게 강한 선수나 팀 ②상대를 쇄하는 사람 ¶ マダム~ 마담 킬러

**きらい** [嫌い] I [名][ナ] 싫어함. 꺼림 ¶ 勉強べんきょう~ 공부를 싫어함/ ~な人ひと 싫어하는 사람 II [名] ①(…하는) 경향 ¶ 速断そくだんの~がある 속단하는 경향이 있다 ②(「…の~なく」의 꼴로) 구별없이. 차별없이 ¶ 老若男女ろうにゃくなんにょの~なく 남녀노소의 구별없이

**きらい** [帰来] [名][自スル] (文) 귀래. 돌아옴

**きらい** [機雷] [軍] 기뢰 ¶ 浮遊ふゆう~ 부유 기뢰 ―原げん [軍] 기뢰원. 많은 기뢰를 부설한 수역

**きら・う** [嫌う] [他五] ①싫어하다. 미워하다. 좋아하지 않다 ¶ 外出がいしゅつを~ 외출을 싫어하다/ 油あぶらっこい料理りょうりを~ 느끼한 요리를 좋아하지 않는다 ②꺼리다. 피하다 ¶ 他聞たぶんを~話はなし 남이 들을까 꺼리는 이야기 ③약하다. 타다 ¶ 絹きぬは湿気しっけを~ 비단은 습기를 탄다 ④(「~・わず」의 꼴로) 가리지 않고. 구별하지 않고 ¶ 相手あいてを~わず話はなしかける 상대를 가리지 않고 말을 걸다

**きらきら** [副][自スル] 반짝반짝 ¶ 星ほしが~とまたたく 별이 반짝반짝 반짝이다

**ぎらぎら** [副][自スル] ①번쩍번쩍, 번들번들 ¶ ~した目めつき 번득이는 눈초리/ 油あぶらで~する 기름으로 번들번들하다 ②쨍쨍 ¶ 太陽たいようが~と照てる 태양이 쨍쨍 내리쬐다

**きらく** [気楽] [ナ] ①속 편함. 홀가분함 ¶ 一人ひとりで~に暮くらす 혼자서 홀가분하게 지내다 ②태평함. 한가함 ¶ ~な人ひと 태평한 사람

**きらく** [帰洛] [名][自スル] (文) 귀경(歸京). (특히) 京都きょうとで 돌아옴

**きら・す** [切らす] [他五] ①끊기게 하다. 끊어지게 하다 ¶ 息いきを~ 숨을 헐떡이다 ②다 없애다. 바닥내다 ¶ お米こめを~ 쌀을 바닥내다/ 油あぶらを~ 기름이 떨어지다

**きらず** [*雪花菜・切らず] 비지= おから

**ぎらつ・く** [自五] 번쩍거리다. 번질거리다

**きらびやか** [*煌びやか] [ナ] 눈부시게 아름다움. 화려함. 현란함 ¶ ~に着飾きかざる 화려하게 차려입다

**きらぼし** [*綺羅星・*煌星] 기라성 ¶ ~のごとく居並いならぶ 기라성처럼 늘어앉다

**きらめか・す** [*煌めかす] [他五] 번쩍번쩍 빛내다. 번쩍거리다 ¶ ダイヤの指輪ゆびわを~ 다이아몬드 반지를 번쩍거리다

**きらめ・く** [*煌めく] [自五] ①빛나다. 반짝이다 ¶ 星ほしが~ 별이 빛나다 / ダイヤが~ 다이아몬드가 반짝이다 ②화려하게 눈에 띄다. 번득이다 ¶ ~感性かんせい 번득이는 감성

**きらら** [*雲母] [鉱] 운모

**きらりと** 副 (날카롭게 빛나는) 반짝. 번쩍 ¶ 宝石ほうせきが~光ひかる 보석이 반짝 빛나다

**ぎらりと** 副 (칼 등이 강렬하게 빛나는) 번쩍. 번득 ¶ ナイフが~光ひかる 나이프가 번쩍 빛나다

**きらん** [貴覧] (文) (편지글 등에서) 귀람. 고람= 高覧こうらん ¶ ~に供きょうする 보여 드리다

**きり** [助] ①…만. …뿐. …밖에= …だけ ¶ 二人ふたりっ~で遊あそぶ 둘이서만 놀다 ②(「これ・それ」등을 받아) 이뿐. 그뿐. 그후로 ¶ もうこれっ~ね 이제 이것뿐이야/ それっ~何なんの消

息しょうもない 그후 아무 소식도 없다 ③(과거의 조동사 「…た~」에 붙어) …한 채, …한 그대로, …한 후 行ったの~帰ってこない 나간 채 돌아오지 않지

きり [*桐] [植] 오동나무

きり [*錐] 송곳

きり [霧] ①[気] 안개¶ 朝きり~ 아침 안개/ ~がかかる 안개가 끼다 ②(공중에 뿜은) 미세한 물방울¶ ~を吹ふく 물방울을 뿜다

きり [切(り)] ①끊음, 자름 ¶ 縁えん을 끊음 ②(일의) 매듭, 단락, 끝맺음¶ 仕事ごとに~をつける 일을 매듭짓다 ③한, 한도, 끝¶ ぜいたくを言いえば~がない 사치스런 소리를 하자면 한이 없다 ④[劇](能楽·浄瑠璃じょうるり 등의) 마지막 부분 ⑤[限] [経] (장기 청산 거래·계약에서) 결제 기한

キリ 끝, 최후, 최저(의 것)¶ ピンから~まで 처음부터 끝까지, 최상에서 최하까지

ぎり [義理] ①의리. 사람이 지켜야 할 도리¶ ~にはずれる 의리에 어긋나다 ②의리. 대인 관계에 있어서의 체면¶ ~人情にんじょう 의리와 인정/ ~を欠かく 의리의 정의(情誼)에 어긋나다 ③정의(情誼)¶ あの人には~がある 저 사람에게는 정의가 있다 ④혈육과 같은 관계에 있음¶ ~の父ちち의 붓아버지 ⑤이유, 까닭, 뜻 ¶ 彼かれにあやまる~はない 그에게 사과할 까닭은 없다 一合あい(교제상의) 의리, 정의, 체면 一堅かたい [形] 의리가 있다 一尽づく 끝까지 의리를 지킴, (어디까지나) 의리 때문에 함 一立だて [名][ス자] 의리를 지킴 一にも [連語] 아무리 좋게 말해도, 빈말로라도 ②의리상으로도, 체면상으로도

きりあ·う [切(り)合う] [自五] ①[*斬(り)合う] 서로 칼부림하다, 서로 칼을 들고 싸우다¶ 敵てきと~ 적과 칼을 들고 싸우다 ②(물건이) 서로 교차하다

きりあげ [切(り)上げ] ①일단락지음, (일단) 끝냄¶ この辺へんで~にしよう 이쯤에서 일단락짓자 ②[経](통화회의) 절상¶ 平価へいかの~ 평가 절상 ③[数] 올림

きりあ·げる [切(り)上げる] [他下一] ①일단 끝맺다, 일단락짓다¶ 仕事ごとを~ 일을 끝맺다 ②(끝수를) 올림하다¶ 小数点しょうすうてんか第二位だいにいを~ 소수점 둘째 자리를 올림하다 ③[経] (통화를) 절상하다¶ 円えんを~ 엔화를 절상하다

きりあめ [霧雨] → きりさめ

きりいし [切(り)石] ①(용도에 맞추어) 다듬어 놓은 돌 ②포석 ③깨져서 모가 난 돌

きりうり [切(り)売り] [名][他スル] ①조금씩 잘라 팖¶ 服地ふくじの~ 양복감의 자를판매 ②~する 땅을 분할 판매하다 ③학문이나 지식 등을 조금씩 내놓으며 저술·강의를 하는 일¶ 知識ちしきの~ 지식을 조금씩 우려먹음

きりえ [切(り)絵] 종이를 오려서 사람이나 형상을 만들어 대지에 붙인 것

きりおと·す [切(り)落(と)す] [他五] ①잘라내다, 잘라 버리다¶ 枝えだを~ 가지를 잘라내다 ②(둑의 한 쪽을) 터놓다, 터 버리다¶ 堤防ぼうを~ 둑을 터 버리다

きりかえ [切(り)替え·切(り)換え] ①바꿈, 변경, 전환¶ 予定よていの~ 예정의 변경/ 気持きもちの~ 기분 전환/ ギアの~ 기어의 변속 ②「切り替え畑はた」의 준말 ③[服] 체형이나 디자인의 변화에 따라 천을 잇대는 일 一畑はた [農] ①산림을 개간하여 작물을 재배하고 수확이 줄면 다시 나무를 심는 일 ②화전

きりかえし [切(り)返し] ①되받아 침, 반격 ②(검도에서) 상대방의 정면·좌우의 면(面)을 교대로 치는 기본 연습 ③(유도·일본 씨름에서) 상대방이 내디딘 발을 되받아 뒤로 넘어뜨리는 수 ④발을 곱게 가는 일 ⑤[映] 컷백

きりかえ·す [切(り)返す] [他五] ①되받아 치다 (유도·일본 씨름에서) 되받아 넘기다 ③반론하다, 반격하다¶ 気きのきいた言葉ことばで~ 재치 있는 말로 반격하다 ④흙을 갈아 엎다 ⑤(자동차 운전에서) 한쪽으로 돌렸던 핸들을 곧 반대 방향으로 꺾다

きりか·える [切(り)替える·切(り)換える] [他下一] 바꾸다 ①전환하다, 변경하다¶ 作戦さくせんを~ 작전을 바꾸다 ②(증서 등을) 갱신하다 名義めいぎを~ 명의를 바꾸다 ③환전하다

きりかか·る [切(り)掛(か)る·*斬(り)掛(か)る] [自他五] ①베려고 덤벼들다¶ 無言むごんで~ 말 없이 베려고 덤벼들다 ②[*伐(り)掛る] 시작하다¶ 髪かみを~ったときに来客らいきゃくがある 머리를 막 자르려는데 손님이 왔다

きりかけ [切(り)掛け] ①자르기[베기] 시작함, 자르다[베다가] 만 것¶ ~のパン 자르다 만 빵 ②안이 들여다보이지 않게 가리는 널판장

きりか·ける [切(り)掛ける] [自他下一] ①(칼로) 내리치려 하다 ②베기[자르기] 시작하다¶ ケーキを~ 케이크를 자르기 시작하다

きりかね [切(り)金·*截(り)金] [美] 잘게 자른 금박·은박을 그림이나 조각 등에 붙여 채색 효과를 높이는 기법, 그 금박이나 은박

きりかぶ [切(り)株] 그루터기¶ ~に腰こしを下ろす 그루터기에 앉다

きりかみ [切(り)紙] ①잘게 자른 종이, 그런 종이로 세공함 ②접은 금대로 반으로 자른 종이 = 半切はんきり ▷「きりがみ」라고도 함

きりかみ [切(り)髪] ①자른 머리털 ②어깨 부근에서 가지런히 자른 소녀의 머리 모양 ③(옛날 무사의 미망인의) 짧게 잘라 묶어서 드리운 머리 모양= 切きり下さげ髪がみ

きりかわ·る [切(り)替わる·切(り)換わる] [自五] 바뀌다, 달라지다 入試制度にゅうしせいどが~ 입시 제도가 바뀌다

きりきざ·む [切(り)刻む] [他五] 잘게 썰다¶ 肉にくを~ 고기를 잘게 썰다

きりぎし [切(り)岸] 깎아지른 절벽, 벼랑, 낭떠러지 = 断崖だんがい

きりきず [切(り)傷·切(り)*疵] 벤 상처, 칼자국¶ ほおに~のある男おとこ 뺨에 칼자국이 있는 사나이

きりきょうげん [切(り)狂言] [劇] (歌舞伎かぶき에서) 그날의 마지막 狂言きょうげん = 大切おおぎり

**きりきり** 副ㄱㄴ ①(물건을 세게 죄어 감는) 친친, 꽁꽁 ②(활을 세게 당기는) 팽팽하게¶弓ゆみを～と引ひきしぼる 활을 팽팽하게 당기다 ③삐걱삐걱, 부드득¶歯はを～といわせて悔くやしがる 이를 부드득 갈며 억울해하다 ④뱅글뱅글¶～と回まわりながら墜落ついらくする 뱅글뱅글 돌면서 추락하다 ⑤부지런히, 빨랑빨랑¶～と立たち働はたらく 부지런히 일하다/～歩あるけ 빨랑빨랑 걸어라 ⑥콕콕¶腹はらが～と痛いたい 배가 콕콕 찌르듯이 아프다 —しゃん 副ㄱ(口) 깔끔하게, 야무지게, 알뜰하게, 빈틈없이 —舞まい 名 自スル (口) ①한 발로 세게 맴돌 ②눈코 뜰 새 없이 바쁘게 움직임, 절절맴¶忙いそがしくて～をする 바빠서 절절맴대다

**ぎりぎりⅠ** 名 (꽉 차서) 여유가 없음, 빠듯함¶～の生活せいかつ 빠듯한 생활/時間じかんに着つく 시간에 빠듯이 대어가다 Ⅱ 副 ①(물건이 맞닿는) 꼭, 부드득, 부득부득¶～と・～とくいしばる 이를 꼭 악물다 ②(물건을 세게 감는) 친친, 꽁꽁¶縄なわで～としばる 새끼로 꽁꽁 묶다

**きりぎりす**【蟋蟀】【動】①여치 ②[蛬蟀] 귀뚜라미

**きりくず**【切(り)屑】 잘라 낸 부스러기, 지스러기, 지저깨비

**きりくず・す**【切(り)崩す】他五 ①깎아 무너뜨리다¶山やまを～して道路どうろを作つくる 산을 깎아 내어 길을 만들다 ②(공격해서) 무너뜨리다, 무찌르다¶横よこから～ 측면에서 무찌르다 ③(결속을) 허물어뜨리다, 와해시키다¶反対勢力はんたいせいりょくを～ 반대 세력을 와해시키다

**きりくち**【切(り)口】①벤 자리, 단면, 절단면¶～の形かたち 단면상 ②벤 자리, 베인 상처¶～がふさがる 베인 상처가 아물다 ③베는 솜씨¶鋭するどい～ 날카로운 칼 솜씨 ④(봉지 등의) 자름 표시

**きりくび**【切(り)首・斬(り)首】①목을 벰, 참수, 벤 머리 ②연극의 소도구로 쓰는 머리

**きりく・む**【切(り)組む】他五 (재목 등을) 잘라서 맞추다

**きりぐも**【霧雲】 안개구름, 층운＝層雲そううん

**きりこ**【切(り)子・切(り)籠】(네모난 것의) 모서리를 잘라낸 모양＝ガラス 컷글라스 —灯籠どうろう 「切きり子こ」 모양의 테에 종이를 바르고 조화·헝겊·오리 등을 장식한 등롱

**きりこうじょう**【切(り)口上】 끊어서 말하는 깍듯한 말투, 격식차린 딱딱한 말투¶～のあいさつ 격식차린 딱딱한 인사

**きりごたつ**【切(り)炬燵】 방바닥을 네모나게 파내어 만든 일본식 화로＝掘ほりごたつ

**きりこまざ・く**【切り細裂く】他五 토막토막 잘게 썰다, 발기발기 찢다

**きりこみ**【切(り)込み】①【斬(り)込み】 칼을 빼 들고 쳐들어감¶～隊長たいちょう 칼을 빼 든 돌격 대장 ②깊숙이 벰, 그런 자국¶～を入いれる 토막 내어 절인 생선 ④흙·모래가 섞인 자갈

**きりこ・む**【切(り)込む】自五 ①깊숙이 베다¶肩先かたさきを深ふかく～ 어깨죽지를 깊숙이 베다 ②추궁하다, 다그쳐 묻다¶不備ふびをついて～ 불비한 점을 찔러 추궁하다 ③【斬(り)込む】(칼을 빼 들고 깊숙이) 쳐들어가다¶敵陣てきじんへ～ 적진에 깊숙이 쳐들어가다

**きりさいな・む**【切り×苛む・×斬り×苛む】他五 (토막치듯) 무참하게 베어 죽이다, 난도질하다¶身みを～・まれる思おもい 몸이 난도질 당하는 듯한 심정

**きりさ・く**【切(り)裂く】他五 째다, 가르다¶布地ぬのじを～ 천을 째다/魚さかなの腹はらを～ 생선의 배를 가르다

**きりさげ**【切(り)下げ】①내리침, 잘라서 늘어뜨림¶「切きり下さげ髪がみ」의 준말 ③【經】(물가 수준이나 통화의) 절하¶平価へいか～ 평가 절하 —髪がみ → 切きり髪がみ③

**きりさ・げる**【切(り)下げる】他下一 ①(칼로) 내리치다¶肩口かたぐちを～ 어깨죽지를 내리치다 ②잘라 늘어뜨리다¶髪かみを～ 머리카락을 잘라 늘어뜨리다 ③잘라 높이를 낮추다 ④【經】(통화를) 절하하다¶為替かわせレートを～ 환율을 절하하다

**きりさめ**【霧雨】【氣】 는개, 이슬비＝ぬかあめ, きりあめ¶～がけむる 이슬비가 자욱하다

**ギリシア**(포 Grécia) 그리스 ▷「希臘」이라고도 씀 —時代じだい 그리스 시대 —神話しんわ 그리스 신화 —正教会せいきょうかい【宗】 그리스 정교회, 동방 정교회인 한 파 —文字もじ 그리스 문자

**キリシタン**(포 christão) ①16～17세기에 걸쳐 일본에 전해진 천주교, 그 신도 ②①의 신부들이 포교를 위해 썼던 물리·화학의 응용 기술 ▷「吉利支丹」「切支丹」으로도 씀 —バテレン ①천주교 신부의 높임말 ②사종(邪宗), 사교 —文学ぶんがく【文】 천주교 신부나 신도가 일본어로 쓴 문학＝南蛮文学なんばんぶんがく

**きりじに**【切(り)死に・×斬(り)死に】 名 自スル (싸움하다) 칼맞아 죽음¶乱戦らんせんのうちに～した 난전 속에서 칼맞아 죽었다

**きりすて**【切(り)捨て】①잘라서 버림 ②【数】 끝수를 버림, 小数しょうすう第二位だいにいか～ 소수(점) 둘째 자리 이하 버림 —御免ごめん ①(江戸えど 시대) 무사가 무례를 범한 평민을 베어 죽여도 죄가 안 되었던 특권 ②(比) 특권을 이용한 횡포

**きりす・てる**【切(り)捨てる】他下一 ①잘라 버리다¶枝えだを～ 가지를 잘라 버리다 ②【数】 끝수를 버리다¶小数点しょうすうてん以下いか를～ 소수점 이하를 버리다 ③【斬(り)捨てる】(사람을) 베고 그대로 버려 두다

**キリスト**(포 Christo) 그리스도, 예수＝紀元きげん 서력, 서력 기원 —教きょう【基】 그리스도교, 기독교 —降誕祭こうたんさい 크리스마스

**きりずみ**【切(り)炭】(쓰기에 알맞게) 자른 숯

**きりたお・す**【切(り)倒す】他五 베어 넘기다, 베어 넘어뜨리다¶大木たいぼくを～ 큰 나무를 베어 넘기다

**きりだし**【切(り)出し】①(목재·석재를) 베어서[잘라서] 실어 냄 ②(말을) 꺼냄, 시작 부분¶頼たのみごとは～がむずかしい 부탁 말은

**きりだ・す** 【切り出す】 他五 ①(목재·석재 등을) 잘라 실어 내다¶石を~ 돌을 떠서 실어 내다 ②(말을) 꺼내다, 시작하다¶相談事を~ 상담할 얘기를 꺼내다

**きりた・つ** 【切り立つ】 自五 (산·벼랑이) 깎아지른 듯이 솟아 있다¶~った岩山 깎아지른 듯 솟아 있는 바위산

**きりつ** 【起立】 名 自スル 기립, 일어섬¶全員~して迎える 전원 기립하여 맞이하다

**きりつ** 【規律·紀律】 규율 ①기율, 규칙¶厳しい~ 엄한 기율/~を守る 규율을 지키다 ②질서¶~のある生活 질서 있는 생활

**きりつぎ** 【切り接ぎ·切り継ぎ】 ①잘라서 이어 붙임 ②農 접목, 깎기접

**きりつ・ける** 【切り付ける】 自他下一 ①칼로 자국을 내다¶柱に印を~ 기둥에 칼로 자국을 내다 ②斬り付ける (칼로) 베려고 덤벼들다¶いきなり~ 느닷없이 베려고 덤벼들다

**きりづま** 【切妻】 建 합각머리 **―造り** 建 맞배집, 맞배지붕으로 지은 집 **―屋根** 建 맞배지붕

**きりつ・める** 【切り詰める】 他下一 줄이다 ①(잘라서) 짧게 하다¶洋服のたけを~ 양복의 기장을 줄이다 ②절약하다, 검약하다¶生活費を~ 생활비를 줄이다

**きりど** 【切り戸】 쪽문, 샛문= くぐり戸

**きりどおし** 【切り通し】 (산·언덕 등을) 깎아서 길을 냄, 개착 도로

**きりとり** 【切り取り】 ①잘라 냄, 절취¶~線 절취선 ②사람을 죽이고 금품을 빼앗음¶―強盗 살인 강도

**きりと・る** 【切り取る】 他五 ①(일부를) 잘라내다, 도려 내다¶胃を半分~ 위를 절반 잘라 내다 ②무력으로 땅을 빼앗다¶敵の領地を~ 적의 영지를 빼앗다

**きりなし** 【切り限なし】 名(口) ①끝없음, 한없음¶~に話す 한없이 이야기하다 ②끊임없음, 쉴 새 없음¶~に客が来る 끊임없이 손님이 온다

**きりぬき** 【切り抜き】 오려 냄, 오려 낸 것¶新聞の~ 신문 스크랩 **―帳** 스크랩북

**きりぬ・く** 【切り抜く】 他五 (일부를) 도려 내다, 오려 내다, 잘라 내다¶まるく~いた紙 둥글게 오려 낸 종이

**きりぬ・ける** 【切り抜ける】 他下一 ①포위를 뚫고 탈출하다¶包囲を~ 포위를 뚫고 탈출하다 ②(난국을) 뚫고 나가다, 타개하다¶不況を~ 불황을 타개하다

**きりのう** 【切能】 藝 그 날 마지막으로 상연하는 能の= 切

**きりは** 【切り羽·切り端】 (광석 등의) 채굴 현장, 막장= 切り場

**きりはく** 【切り箔】 잘게 자른 금박·은박¶옻으로 안피지(雁皮紙)에 발라 실처럼 자른 금박·은박

**きりばこ** 【霧箱】 物 하전 입자의 비적(飛跡)을 관측하는 장치

**きりはた** 【切り畑】 산자락 등을 개간한 밭

**きりばな** 【切(り)花】 절화, (꽃꽂이용으로) 가지나 줄기째 자른 꽃

**きりはな・す** 【切り放す·切り離す】 他五 ①따로 떼다, 분리하다¶問題を~して考える 문제를 따로 떼서 생각하다 ②(매어 있던 것을) 떼어 내다, 풀어 주다¶後ろの車両を~ 뒤에 달린 차량을 떼어 내다/犬を~ 개를 풀어 주다

**きりはなれ** 【切(り)離れ】 ①(뿔뿔이) 흩어짐, 분리됨 ②단념, 체념 ③돈 씀씀이, 돈 쓰는 품

**きりはら・う** 【切り払う】 他五 ①베어 버리다, 잘라 버리다¶枯れた枝を~ 마른 가지를 잘라 버리다 ②斬り払う 칼로 베어 쫓아 버리다¶敵を~ 적을 칼로 베어 쫓아 버리다

**きりばり** 【切(り)張り·切(り)貼り】 名 他スル ①(미닫이 등의 찢어진 곳을) 도려 내고 새로 바름, 때움 ②(인쇄물 등의) 일부를 오려 내어 다른 곳에 붙이는 일

**きりび** 【切(り)火】 ①나무를 마찰시키거나 부싯돌을 쳐서 내는 불, 수화(燧火) ②(먼 길을 떠날 때) 부정 타지 않도록 부싯돌을 쳐서 내는 정화(淨火)

**きりひとは** 【桐一葉】 ①(가을에 떨어지는) 오동잎 한 잎 ②(比) 쇠퇴하기 시작함

慣用句

**―落ちて天下の秋を知る** 오동잎 한 잎이 떨어지는 것을 보고 가을이 왔음을 알다

**きりひら・く** 【切(り)開く】 他五 ①절개하다¶腹部を~ 복부를 절개하다/封を~ 봉함을 뜯다 ②개간하다, 개착(開鑿)하다¶やぶを~ 덤불을 개간하다 ③(새 분야를) 개척하다¶行く手を~ 앞길을 개척하다 ④(포위 등을) 뚫다¶血路を~ 혈로를 뚫다 ⑤(곤란한 상황을) 빠져 나가다, 타개하다¶困難を~ 곤란을 타개하다

**きりふ** 【切斑】 (화살 깃으로 쓰는) 매의 꼬리 깃털

**きりふき** 【霧吹(き)】 분무, 분무기

**きりふ・せる** 【切り伏せる·斬り伏せる】 他下一 베어 쓰러뜨리다¶一刀のもとに~ 단칼에 베어 쓰러뜨리다

**きりふだ** 【切(り)札】 ①(카드 놀이에서) 으뜸패 ②결정적인 수, 비장의 수¶最後の~を出す 마지막 카드를 내놓다

**きりぼし** 【切(り)干し】 오가리, 고지, 말랭이¶大根の~ 무말랭이

**きりまい** 【切(り)米】 녹미(祿米)

**きりま・くる** 【切(り)捲る·斬(り)捲る】 他五 ①마구 베다, 닥치는 대로 베다¶敵を~ 적을 닥치는 대로 베다 ②호되게 논박하다

**きりまど** 【切(り)窓】 벽·판자 등을 뚫어 만든 채광창, 봉창

**きりまわ・す** 【切(り)回す·切(り)廻す】 他五

**きりみ** ①마구 베다, 닥치는 대로 베다 ②척척 꾸려 나가다, 잘 처리하다¶ 店を一人<sup>ひとり</sup>で~ 가게를 혼자서 척척 꾸려 나가다

**きり み** [切(り)身] 생선 토막

**きりむす・ぶ** [切(り)結ぶ・*斬(り)結ぶ] 他五 칼을 맞부딪치며 싸우다, 격렬하게 싸우다¶ 丁々<sup>ちょうちょう</sup>発止<sup>はっし</sup>と~ 찰카당찰카당 칼을 맞부딪치며 싸우다

**きり め** [切(り)目] ①벤 자국, 자른 자리, 칼집, 칼금¶ 魚<sup>さかな</sup>に~を入<sup>い</sup>れる 생선에 칼집을 내다 ②단락, 매듭¶ 仕事<sup>しごと</sup>に~をつける 일에 매듭을 짓다

**きり もち** [切(り)餅] ①네모나게 자른 떡 ②(江戸<sup>えど</sup>시대에) 네모지게 종이에 싸서 봉한 一分銀<sup>いちぶぎん</sup> 100닢

**きり もみ** [*錐*揉み] 名 自スル ①송곳을 비벼 구멍을 뚫음 ②(비행기가) 나선형으로 돌면서 급강하함¶ ~降下<sup>こうか</sup> 나선식 강하

**きり もり** [切(り)盛(り)] 名 他スル ①음식을 자르거나 담음 ②(일을) 잘 처리하여 꾸려 나감¶ 家事<sup>かじ</sup>を~する 가사를 잘 꾸려 나가다

**きりゃく じゅうおう** [機略縦横] (文) 기략 종횡

**きりゅう** [気流] [気] 기류¶ 乱<sup>らん</sup>~ 난기류/ 上昇<sup>じょうしょう</sup>~ 상승 기류/ ~に乗<sup>の</sup>る 기류를 타다

**きりゅう** [寄留] 名 自スル ①잠시 남의 집에서 머뭄 ②(法) (일본 구 민법에서) 90일 이상 본적 이외의 곳에서 거주함¶ 先<sup>さき</sup> 기류지

**きりゅうさん** [希硫酸・*稀硫酸] [化] 희황산

**きりょ** [*羈旅・*羇旅] (文) 기려, 여행 [文] (和歌<sup>わか</sup>나 俳句<sup>はいく</sup>에서) 여정(旅情)을 읊은 것

**きりょう** [器量] ①기량, 역량¶ ~が認<sup>みと</sup>められる 기량을 인정받다 ②한 가지 일에 뛰어남, 명인 ③체면 ④용모, 생김새 **一好**<sup>ごの</sup>み 용모가 아름다운 여자를 좋아함, 그런 사람 **一人**<sup>じん</sup> 기량이 뛰어난 사람 **一負**<sup>まけ</sup> 재능·용모가 너무 뛰어나서 도리어 실패하거나 복이 없음 **一好**<sup>よ</sup>し 용모가 아름다움, 미인

**ぎりょう** [技量・*伎倆・技倆] 기량, 수완= 腕前<sup>うでまえ</sup> **一の**すぐれた~ 뛰어난 기량

**ぎりょう** [議了] 名 他スル (文) 심의를 끝냄, 의사(議事)가 종료됨

**きりょく** [気力] 기력, 기백¶ ~がみなぎる 기력이 넘치다

**きりょく** [棋力] 기력, 바둑・장기의 실력

**きりりと** 副 自スル ①삐걱, 雨戸<sup>あまど</sup>が~鳴<sup>な</sup>る 빈지문이 삐걱 하고 소리 내다 ②(세게 당기거나 졸라매어) 팽팽히, 꽉¶ 鉢巻<sup>はちまき</sup>を~しめる 머리띠를 꽉 동여매다 ③야무지게, 꼭, 꽉¶ ~した顔<sup>かお</sup> 야무진 얼굴

**きりわり** [切(り)割り] ①잘라 둘로 쪼갬 ②산이나 언덕을 깎아 길을 냄 = 切<sup>き</sup>り通<sup>とお</sup>し

**きりん** [*騏*麟] 기린 ①천리마, 준마 ②(比) 뛰어난 인물
慣用句
**一も老**<sup>お</sup>**いては駑馬**<sup>どば</sup>**に劣**<sup>おと</sup>**る** 준마도 늙으면 느린 말만 못하다

**きりん** [*麒麟] 기린 ①(고대 중국에서) 성인(聖人)이 나기 전에 나타난다는 상상의 동물 ②[動] 기린 (比) 아주 뛰어난 사람 **一児**<sup>じ</sup> 기린아, 장래가 촉망되는 소년・젊은이

**き・る** [切る] 他五 ①(칼 등으로) 베다, 자르다¶ 包丁<sup>ほうちょう</sup>で野菜<sup>やさい</sup>を~ 부엌칼로 채소를 자르다/ つめを~ 손톱을 깎다 ②상처를 내다, 베다¶ 笹<sup>ささ</sup>で指<sup>ゆび</sup>を~ 조릿대에 손가락을 베다 ③[^伐る] (나무 등을) 베다, 자르다¶ 木<sup>き</sup>を~ 나무를 자르다 ④[^剪る] (가지 등을) 치다, 전지하다¶ 枝<sup>えだ</sup>を~ 가지를 치다 ⑤[^斬る] (사람을) 베다¶ 敵<sup>てき</sup>の首<sup>くび</sup>を~ 적의 목을 베다 ⑥[^截る] 재단하다, 자르다¶ きさみで紙<sup>かみ</sup>を~ 가위로 종이를 자르다 ⑦(관계・인연을) 끊다¶ 親子<sup>おやこ</sup>の縁<sup>えん</sup>を~ 부모 자식의 인연을 끊다 ⑧(전원을) 끄다¶ スイッチを~ 스위치를 끄다 ⑨(행위를) 멈추다¶ ことばを~ 말을 멈추다 ⑩헤치고 나가다, 가르다, 가로지르다¶ 風<sup>かぜ</sup>を~って進<sup>すす</sup>む 바람을 헤치고 나아가다 ⑪(카드 등을) 뒤섞다, 치다¶ カードをよく~ 카드를 잘 뒤섞다 ⑫(카드 놀이에서) 으뜸패를 내다¶ スペードのエースを~ 스페이드의 에이스를 내놓다 ⑬(바둑에서) 상대의 돌이 이어지지 못하도록 끊다 ⑭(집의 일부를 파서) 이로리나 각로를 만들다¶ こたつを~ 각로를 만들다 ⑮빼다, 없애다¶ 水<sup>みず</sup>を~ 물기를 빼다 ⑯(어떤 기준으로) 끊다, 마감하다¶ ~で合格者<sup>ごうかくしゃ</sup>を~か 어느 선에서 합격자를 끊을 것인가 ⑰못미치다, 밑돌다¶ 応募者<sup>おうぼしゃ</sup>は定員<sup>ていいん</sup>を~っている 응모자가 정원을 밑돌고 있다 ⑱(기한을) 정하다, 한정하다¶ 時間<sup>じかん</sup>を~って折衝<sup>せっしょう</sup>にあたる 시간을 정해 놓고 절충을 하다 ⑲(행동에) 들어가다, 개시하다¶ 熱戦<sup>ねっせん</sup>の火<sup>ひ</sup>ぶたを~ 열전에 들어가다 ⑳기세 좋게[두드러지게] 행동하다¶ 見<sup>み</sup>えを~ 젠체하다/ たんかを~ 마구 해대다 ㉑(어떤 형태를) 그리다, 긋다¶ 十字<sup>じゅうじ</sup>を~ 십자를 긋다 ㉒(테니스 등에서) 깎아치다¶ サーブのたまを~ 서브한 공을 깎아치다 ㉓(키 등을) 틀다, 꺾다¶ ハンドルを左<sup>ひだり</sup>に~ 핸들을 왼쪽으로 꺾다 ㉔(차표 등을) 끊다, 발행하다¶ 切符<sup>きっぷ</sup>を~ 표를 끊다/ 手形<sup>てがた</sup>を~ 어음을 발행하다 ㉕무너뜨리다, 파괴하다¶ 堤<sup>つつみ</sup>が~れる 방축이 무너지다 ㉖(셔터를) 누르다¶ カメラのシャッターを~ 카메라의 셔터를 누르다 ㉗(補助) (동사 連用形에 붙어) ㉠다[끝까지] …하다¶ 長編小説<sup>ちょうへんしょうせつ</sup>を読<sup>よ</sup>み~ 장편 소설을 독파하다 ㉡완전히[몹시] …하다¶ 信<sup>しん</sup>じ~って疑<sup>うたが</sup>わない 완전히 믿어 의심치 않다¶ 困<sup>こま</sup>り~った表情<sup>ひょうじょう</sup> 난처하기 이를 데 없는 표정 ㉢(「言<sup>い</sup>う・思<sup>おも</sup>う」의 連用形에 붙어》확실히[분명하게] …하다¶ 必<sup>かなら</sup>ずすると言<sup>い</sup>い~った 반드시 한다고 단언했다 **一**《「思<sup>おも</sup>う」의 連用形에 붙어》그만두다, 단념하다¶ もうそのことは思<sup>おも</sup>い~・りました 이제 그 일은 단념했습니다

**き る** [着る] 他上一 ①(옷을) 입다¶ ブラウスを~ 블라우스를 입다 ②받다, 입다, 뒤집어쓰다¶ 恩<sup>おん</sup>を~ 은혜를 입다 ③(方) (이불을

**きる い** [着類] 의류= 衣類ぃ.
**きれ** [切れ] Ⅰ ② ①(칼 등이) 드는 정도¶ ~のよい包丁ほう 잘 드는 부엌칼 ②조각, 토막¶ 木きの~ 나뭇토막 ③『布・裂』(천의) 자투리, 헝겊, 옷감, 직물¶ 布ぬのの~ 천의 자투리 ④『裂』(유명한 옛사람의) 필적이 단편으로 전해진 것¶ 高野~ 高野 필적의 단편 ⑤(물 등이) 빠지는 정도¶ 水ずの~がよい 물이 잘 빠진다 ⑥(머리나 솜씨가) 뛰어남, 예리함¶ 頭あたまの~ 머리가 예리하게 돌아가는 사람 Ⅱ 接尾 ①(助數) 자른 것을 세는 말, 토막, 점, 조각¶ ようかん一ひと~ 양갱한 조각 ②(석재 등의) 부피 단위 ▷『一切いっきれ』는 한 자 입량
**きれあが・る** [切れ上がる] 国 위로 째지다 ¶ ~・った目め 위로 째진 눈
**きれあじ** [切れ味] ①(날붙이의) 드는 정도¶ ~のいい小刀こがたな 잘 드는 주머니칼 ②(재능・솜씨 등의) 날카로운 정도¶ ~のよいピッチング 날카로운 피칭
**きれい** [奇麗・*綺麗] ② ① 예쁨, 고움, 아름다움¶ ~な花 고운 꽃/ ~に着飾きかざる 예쁘게 차려 입다 ②(소리가) 맑음¶ ~な音ね 맑은 소리 ③깨끗함, 청결함¶ 手てを~に洗あらう 손을 깨끗이 씻다 ④깨끗함, 완전함¶ ~に忘わすれてしまう 깨끗이 잊어 버리다 ⑤깨끗함, 공정함¶ ~な引ひき退たいき 깨끗한 퇴진 ⑥事ことは 깃치레만 함, 허울뿐임¶ ~ばかり言いう 허울좋은 말만 하다 ─好ずき 깨끗한 것을 좋아함, 그런 사람 ─所どころ 기생 ~がそろう 기생이 다 모이다
**ぎれい** [儀礼] (文) ①예의, 예절¶ 一일정한 의식¶ 通過つうか~ 통과 의례 ─的てき 의례적, 형식적¶ ~な挨拶あいさつ 의례적인 인사
**きれぎれ** [切れ切れ] ② ①조각조각임, 토막토막임¶ ~に裂さく 갈기갈기 찢다 ②끊어질 듯이 어쩌짐, 띄엄띄엄함¶ ~に聞きこえる 단속적으로 들리다
**きれくち** [切れ口] 벤 자리, 잘린 곳, 단면
**きれこみ** [切れ込み] ①깊이 잘림, 그런 자국 ②『植』(잎 가장자리의) 결각(缺刻)
**きれじ** [切れ地・*布地] ①옷감, 피륙, 직물 ②천 조각, 자투리, 헝겊
**きれじ** [切(れ)字] (連歌れん・俳句はいく 등에서) 한 구의 단락을 짓는 말
**きれじ** [切れ*痔・*裂れ*痔] 항문 열상(裂傷)
**きれつ** [*亀裂] 균열, 금¶ ひびわれ 壁かべに~が生しょうじる 벽에 균열이 생기다/ 二人ふたりの間あいだに~が入はいる 두 사람 사이에 금이 가다
**ぎれつ** [義烈] (文) 의열¶ ~の士し 의열지사
**きれっと** (등산에서) 능선이 V자형으로 깊이 험하게 잘려 나간 곳= キレット
**きれなが** [切れ長] 길게 째짐¶ ~の目め 길게 째진 눈초리
**きれはし** [切れ端] 토막, 자투리, 쪼가리¶ 木きの~ 나뭇토막/ 布ぬのの~ 헝겊 자투리
**きれはなれ** [切れ離れ] → きりはなれ
**きれま** [切れ間] 끊어진 사이, 틈¶ 雲くもの~ 구름 사이
**きれめ** [切れ目] ①잘린 곳, 그런 자국 ②(이어져 있는 것이) 끊어진 곳, 틈¶ ~なし 끊어진 곳이 없음/ 雲くもの~ 구름 사이 ③일단락¶ 話はなしの~ 이야기의 일단락 ④떨어지는 때, 끝나는 때¶ 金かねの~が縁えんの~ 돈 떨어질 때가 인연이 끊어질 때
**きれもの** [切れ物] (잘 드는) 날붙이
**きれもの** [切れ者] ①(군주의 신임이 두터운) 세력가 ②수완가, 민완가¶ 会社かいしゃ随一ずいいちの~ 회사 제일의 수완가
**き・れる** [切れる] 自下一 ①끊어지다, 잘라지다¶ ひもが~ 끈이 끊어지다 ②상처가 나다, 베이다¶ ひびが~ 살갗이 트다 ③(가려져 있던 것이) 걷히다¶ 雲くもが~ 구름이 걷히다 ④(관계가) 끊어지다¶ 縁えんが~ 인연이 끊어지다 ⑤(계속되던 것이) 끊어지다, 중단되다¶ ことばが~ 말이 끊어지다 ⑥(숨이) 끊어지다¶ 息いきが~ 숨이 끊어지다(차다) ⑦떨어지다¶ 油あぶらが~・れた車くるまが動うごかない 기름이 떨어져서 차가 움직이지 않는다 ⑧(카드 등이) 섞이다¶ よく~・れた札ふだ 잘 섞인 패 ⑨(바둑에서) 돌이 끊기다¶ 上辺うわべの黒石くろいしが~・れた 상변의 흑돌이 끊어졌다 ⑩(방향이) 바뀌다, 빗나가다, 꺾이다¶ 左ひだりに~・れたボール 왼쪽으로 빗나간 공 ⑪(기한 등이) 다 되다, 끝나다, 마감되다¶ 期限きげんが~ 기한이 끊어지다/ 制限せいげん時間じかんが~ 제한 시간이 다 되다 ⑫(기준에) 밑돌다¶ 体重たいじゅうが四十よんじゅうキロを少すこし~ 체중이 40킬로그램을 약간 밑돈다 ⑬(날붙이가) 잘 들다¶ よく~ 包丁ほうちょう 잘 드는 부엌칼 ⑭(머리는~쪽으로) 돌아가다, (능력이) 뛰어나다¶ 彼かれは~男おとこだ 그는 유능한 남자다 ⑮해어지다¶ 靴下くつしたが~ 양말이 해어지다 ⑯무너지다, 터지다¶ 土手どてが~ 둑이 무너지다 ⑰저려 오다¶ 足あしのしびれが~ 발이 저리다 ⑱(補助) ㋐[끝까지] …할 수 있다¶ 数かぞえ~・れないほどのファンレター 다 헤아릴 수 없을 정도의 팬레터 ㋑꼭[반드시] …할 수 있다¶ そうとも言いい~・れない 꼭 그렇다고는 말할 수 없다
**きろ** [岐路] (文) 기로, 갈림길, 분기점= わかれ道みち ②(사물의) 전기¶ 運命うんめいの~に立たつ 운명의 기로에 서다
**きろ** [帰路] (文) 귀로, 돌아가는[돌아오는] 길 ⇔ 往路おうろ¶ ~につく 귀로에 오르다
**ぎろう** [*妓楼] (文) 기루, 기생집, 청루
**きろく** [記録] 名 他スル 기록 ①(어떤 사실을 적은 글, 그런 글 忠実ちゅうじつに~する 충실하게 기록하다 ②(경기 등의) 성적, 결과¶ 新しん~を出だす 신기록을 내다 ─映画えいが 기록 영화 ─的てき 기록적 ─破やぶり 기록을 깸
**ぎろん** [議論] 名 自スル 의론, 논의, 토론¶ ~百出ひゃくしゅつ 의론 백출/ ~をかさねる 논의를 거듭하다
**きわ** [際] ①가장자리, 옆, 가, 곁¶ 窓まど~ 창가/ 家いえの~ 집 옆 ②즈음, 때, 무렵¶ いまわの~ 임종 때/ この~になって 이즈음에 와

**きわ**

서 ③(形式)((「…ぎわ」의 꼴로)) …하려고 할 때, …할 무렵¶帰$_{かえ}$り~ 돌아가려고 할 때/散$_{ち}$り~ (꽃이) 질 무렵

**きわ** [奇話] (文) 기화. 기담(奇談)

**ぎわく** [疑惑] 의혹 ¶~を招$_{まね}$く 의혹을 초래하다/ ~の目$_{め}$で見$_{み}$る 의아한 눈으로 보다

**き わた** [木綿・木*棉] ①면화, 솜= わた ②「パンヤ」의 딴이름

**きわだ・つ** [際立つ] 自五 두드러지다, 눈에 띄다, 현저하다¶~って背$_{せ}$が高$_{たか}$い 눈에 띄게 키가 크다

**きわど・い** [際疾い] 形 ①아슬아슬하다, 위태위태하다¶~ところで助$_{たす}$かった 아슬아슬한 고비에서 살아났다 ②음란하다, 외설스럽다¶~話$_{はなし}$ 음란한 이야기

**きわまり** [窮まり・極まり] 끝, 마지막, 궁극 **ーない** 形 (…하기) 짝이 없다, 그지없다, 극심하다¶不愉快$_{ふゆかい}$~ 불쾌하기 짝이 없다

**きわま・る** [窮まる・極まる] 自五 ①극도에 달하다, 짝이 없다, 그지없다¶感$_{かん}$~ 극도로 감격하다 ②[*谷まる] (궁지에) 빠지다, 오도가도 못하다¶進退$_{しんたい}$~ 진퇴유곡에 빠지다

**きわみ** [極み] (文) 끝, 극도, 극한, 절정 ¶幸福$_{こうふく}$の~ 행복의 절정/ 遺憾$_{いかん}$の~である 유감 천만이다

**きわめ** [極め] ①끝, 궁극 ②(서화・골동품 등의) 감정¶~をつける 감정서를 붙이다

**きわめがき** [極め書き] (서화・골동품 등의) 감정서= 極$_{きわ}$め札$_{ふだ}$

**きわめつき** [極め付き] ①(서화・골동품 등에) 감정서가 붙음 ②정평이 있음¶~の腕$_{うで}$ 정평이 있는 솜씨 ②(歌舞伎$_{かぶき}$ 등에서) 비할 데 없이 뛰어난 연기(기예), 그런 역

**きわめつく・す** [窮め尽(く)す・極め尽(く)す] 他五 철저히 연구하다, 끝까지 추구〔조사〕하다¶事件$_{じけん}$の本質$_{ほんしつ}$を~ 사건의 본질을 철저히 조사하다

**きわめて** [極めて] 副 극히, 더없이, 지극히 ¶~珍$_{めずら}$しい品種$_{ひんしゅ}$ 지극히 진귀한 품종

**きわ・める** [窮める・極める] 他下一 ①끝까지 다다르다, 극한에 이르다¶山頂$_{さんちょう}$を~ 산꼭대기에 다다르다 ②다하다, 극하다, 극도로 …하다¶口$_{くち}$を~めて称讃$_{しょうさん}$する 극구 칭찬하다 ③[究める] 구명하다, 끝까지 추구하다¶真相$_{しんそう}$を~ 진상을 구명하다

**きわもの** [際物] ①계절[명절] 상품 ②일시적인 유행을 노린 상품 ③(소설・영화 등에서) 화제의 사건 등을 즉시 반영한 작품

**きわやか** [際やか] ナ (文) 두드러짐, 뚜렷함

**きをつけ** [気を付け] 連語 차려, 직립 부동 자세, 그런 구령¶~をする 차려 자세를 하다

**きん** [*巾] 音 キン 訓 はば|(음)건, (造語) ①헝겊, 헝겊 조각¶雑巾$_{ぞうきん}$ 걸레・布巾$_{ふきん}$ 행주 ②두건¶頭巾$_{ずきん}$ 두건・兜巾$_{ときん}$ (수도자가 쓰는) 작고 검은 두건 ▷「幅$_{はば}$」의 약자로도 씀

**きん** [斤] 音 キン |(음)근, (造語) ①도끼 ②무게의 단위. 근 ▷1근은 600g ③(助数) 식빵 덩어리를 세는 말

**きん** [均] 音 キン |(음)균, (造語) 평등하다, 평평하게 고르다¶均一$_{きんいつ}$ 균일・均衡$_{きんこう}$ 균형・均等$_{きんとう}$ 균등・平均$_{へいきん}$ 평균

**きん** [*芹] 音 キン 訓 せり |(음)근, (造語) 주로 훈(訓) 「せり」로 쓰임

**きん** [近] [近] 音 キン・コン 訓 ちかい |(음)근, (造語) ①(거리가) 가깝다・遠近$_{えんきん}$ 원근・接近$_{せっきん}$ 접근 ②(시간적으로) 가깝다¶近況$_{きんきょう}$ 근황・最近$_{さいきん}$ 최근 ③(혈연・관계가) 가깝다, 깊다¶近親$_{きんしん}$ 근친・親近$_{しんきん}$ 친근

**きん** [*欣] 音 キン・ゴン 訓 よろこぶ |(음)혼, (造語) 기뻐하다¶欣快$_{きんかい}$ 혼쾌・欣然$_{きんぜん}$ 혼연

**きん** [金] 音 キン・コン 訓 かね・かな |(음)금, Ⅰ(造語) ①금, 황금¶金鉱$_{きんこう}$ 금광・純金$_{じゅんきん}$ 순금・黄金$_{おうごん}$ 황금 ②돈, 화폐¶金貨$_{きんか}$ 금화・税金$_{ぜいきん}$ 세금 ③「金属$_{きんぞく}$」의 준말¶合金$_{ごうきん}$ 합금・冶金$_{やきん}$ 야금 ④귀하다, 귀중하다, 아름답고 훌륭하다¶金言$_{きんげん}$ 금언・金剛$_{こんごう}$ 금강 ⑤「ゴン」으로 읽어서) 오행의 하나 [熟字訓] 金雀$_{きん}$枝$_{じゃく}$ 금작화・金糸雀$_{かなりや}$ 카나리아 Ⅱ金 ①[化] 금속 원소의 하나 ②귀하고 값진 것¶沈黙$_{ちんもく}$は~ 침묵은 금 ③「金賞$_{きんしょう}$・金メダル」의 준말 ④「金曜$_{きんよう}$・金曜日$_{きんようび}$」의 준말 ⑤「金将$_{きんしょう}$」의 준말. 일본 장기짝의 하나 ⑥[史] (옛 중국의) 금나라 ⑦(助数) 금의 순도 표시 단위¶十八$_{じゅうはち}$~ 18금

**きん** [*衿] 音 キン 訓 えり |(음)금, (造語) 옷깃¶開襟$_{かいきん}$ 개금 ▷「襟$_{えり}$」과 같음

**きん** [*衾] 音 キン 訓 ふすま |(음)금, (造語) 이불, 잠옷, 이불깃¶衾枕$_{きんちん}$ 금침・同衾$_{どうきん}$ 동금

**きん** [菌] 音 キン 訓 きのこ |(음)균, Ⅰ(造語) ①버섯, 곰팡이¶菌糸$_{きんし}$ 균사・菌類$_{きんるい}$ 균류 ②미생물, 세균¶細菌$_{さいきん}$ 세균・殺菌$_{さっきん}$ 살균 Ⅱ균. 미생물, 세균¶~の培養$_{ばいよう}$ 세균의 배양

**きん** [勤] [勤] 音 キン・ゴン 訓 つとめる・つとまる|(음)근, (造語) ①일하다, 힘쓰다, 열심히 하다¶勤勉$_{きんべん}$ 근면・勤務$_{きんむ}$ 근무 ②근무하다, 종사하다¶出勤$_{しゅっきん}$ 출근・転勤$_{てんきん}$ 전근

**きん** [*欽] 音 キン |(음)흠, (造語) ①공경하다, 흠모하다¶欽慕$_{きんぼ}$ 흠모 ②임금에 관한 것에 붙이는 높임말¶欽定$_{きんてい}$ 흠정

**きん** [琴] 音 キン 訓 こと |(음)금, (造語) ①거문고¶琴瑟$_{きんしつ}$ 금슬 ②건반 악기, 현악기¶提琴$_{ていきん}$ 제금・風琴$_{ふうきん}$ 풍금・木琴$_{もっきん}$ 목금

**きん** [筋] 音 キン 訓 すじ |(음)근, Ⅰ(造語) ①근육, 힘줄¶筋肉$_{きんにく}$ 근육・腹筋$_{ふっきん}$ 복근 ②중심부에 있는 뼈대 구실을 하는 것¶鉄筋$_{てっきん}$ 철근・木筋$_{もっきん}$ 목근 Ⅱ[解] 근, 근육, 힘줄

**きん** [*僅] 音 キン |(음)근, (造語) 약간, 조금, 겨우¶僅僅$_{きんきん}$ 근근・僅少$_{きんしょう}$ 근소

**きん** [禁] 音 キン |(음)금, Ⅰ(造語) ①법률, 법도, 금지된 규칙¶解禁$_{かいきん}$ 해금・国禁$_{こくきん}$ 국금 ②금지하다, 금하다¶禁止$_{きんし}$ 금지・監禁$_{かんきん}$ 감금 ③삼가다, 꺼려 피하다¶禁句$_{きんく}$ 금구 ④그만두다, 끊다¶禁煙$_{きんえん}$ 금연・禁欲$_{きんよく}$ 금욕 ⑤궁중, 대궐¶禁中$_{きんちゅう}$ 금중・禁門$_{きんもん}$ 금문, 궐문 Ⅱ(文) 금, 금지, 금령¶~を破$_{やぶ}$る 금령을 어기다

**きん** [*禽*] 音キン 訓とり｜(音)금. (造語) ①조류, 새¶ 禽獣きん 금수·家禽かきん 가금·猛禽もうきん 맹금 ②잡다¶ 禽獲きんかく 금회, 사로잡음

**きん** [緊] 音キン 訓しめる・しまる｜(音)긴. (造語) ①세게 죄다, 조이다¶ 緊縮きんしゅく 긴축·緊張きん 긴장·緊密きん 긴밀 ②다하다, 긴박하다¶ 緊急きん 긴급·緊迫きん 긴박

**きん** [*錦*] 音キン 訓にしき｜(音)금. (造語) ①비단¶ 錦衣きん 금의·錦紗きん 금사 ②비단처럼 아름답다¶ 錦鶏きん 금계·錦秋きんしゅう 단풍이 물든 가을 ③상대방에 관한 것에 경의를 나타냄¶ 錦地きん 금지, 귀지(貴地)

**きん** [*擒*] 音キン 訓とらえる・とりこ｜(音)금. (造語) 사로잡다, 생포하다, 포로¶ 擒捉きん 생포

**きん** [謹] 音キン 訓つつしむ｜(音)근. (造語) 삼가다, 정성을 들이다¶ 謹賀きん 근하·謹啓きん 근계·謹慎きん 근신

**きん** [襟] 音キン 訓えり｜(音)금. (造語) ①옷깃¶ 開襟かいきん 개금 ②가슴속, 마음속¶ 襟懐きん 금회·胸襟きん 흉금 ▷는 「衿」과 같음

**きん** [*饉*] 音キン 訓うえる｜(音)근. (造語) 흉작, 굶주림¶ 飢饉きん 기근·饑饉きん 기근

**ぎん** [吟] 音ギン｜(音)음. I (造語) ①시가(詩歌), 시가를 짓다〔읊다〕¶ 吟詠きん 음영·吟遊詩人ぎんゆうしじん 음유 시인 ②소리내어 노래하다¶ 吟唱きん 음창·朗吟きん 낭음 ③신음하다¶ 呻吟しんぎん 신음 II (文) 시가(詩歌), 俳句はいく¶ 芭蕉ばしょうの~ 芭蕉의 俳句

**ぎん** [銀] 音ギン 訓しろがね｜(音)은. I (造語) ①은¶ 銀山ぎんさん 은산·銀鉱きん 은광 ②은처럼 희고 광택이 있는 것¶ 銀河きん 은하·銀髪きんぱつ 은발 ③화폐, 돈¶ 銀貨きん 은화 ④「銀行ぎんこう」의 준말¶ 都銀きん 시중 은행·日銀にちぎん 일본 은행 II ①(化) 은의 원소 기호¶ 燭台しょくだいの~ 은 촛대 ②「銀将きんしょう」의 준말. 일본 장기짝의 하나

**きんあつ** [禁圧] 名 他スル 금압¶ キリスト教きょうを~する 그리스도교를 금압하다

**きんい** [金位] 금위. (금제품에 함유된) 금의 순도

**ぎんい** [銀位] 은위. (은제품에 함유된) 은의 순도

**きんいつ** [均一] 名 ダ 균일¶ 千円せんえん~ 천 엔 균일/~に配分はいぶんする 균일하게 배분하다

**きんいっぷう** [金一封] 금일봉¶ ~をもらう 금일봉을 받다

**きんいろ** [金色] 금색, 금빛, 황금빛= こがねいろ¶ ~の穂波ほなみ 금빛으로 물결치는 이삭

**ぎんいろ** [銀色] 은색, 은빛= しろがねいろ¶ ~の翼つばさ 은빛 날개

**きんいん** [近因] 근인, 직접적인 원인¶ 死亡しぼうの~ 사망의 근인

**きんいん** [金員] (文) 금원 ①금전 ②금액¶ 若干じゃっかんの~ 약간의 금원

**きんえい** [近詠] (文) 근영, 최근에 지은 시가

**きんえい** [近影] (文) 근영, 최근에 찍은 사진¶ 著者ちょしゃの~ 저자 근영

**きんえい** [禁衛] (文) 금위, 궁궐의 수호¶ ~隊たい 금위대

**ぎんえい** [吟詠] 名 他スル 음영 ①시가를 읊조리다¶ 漢詩かんしを~する 한시를 읊조리다 ②시가를 지음, 그 시가

**きんえん** [金円] (文) 돈, 금전= 金子きんす

**きんえん** [筋炎] (醫) 근염, 근육의 염증

**きんえん** [禁園・禁苑] (文) 금원, 대궐의 뜰, 어원(御苑), 비원

**きんえん** [禁煙・禁烟] 금연 I 名 自スル 담배를 끊음¶ 健康けんこうのために~する 건강을 위해서 금연하다 II 名 담배 피우는 것을 금지함¶ ~席せき 금연석/ 車内しゃない~ 차내 금연

**きんえん** [禁*厭*] (文) 주술, 액막이

**きんおう むけつ** [金*甌*無欠] (文) 금구무결 ①완벽함, 완전 무결함 ②(나라가 강대하여) 외국의 침략을 받은 일이 없음

**きんか** [近火] (文) 근화, 가까운 곳의〔이웃의〕화재¶ ~お見舞まい 이웃의 화재 위문

**きんか** [金貨] 금화

**きんか** [*槿*花] (文) 근화 ①무궁화 ②나팔꽃

【慣用句】
**――一日いちじつの栄えい** 〔比〕 (아침에 피었다가 저녁에 지는 데서) 덧없는 영화

**――一朝いっちょうの夢ゆめ** 〔比〕 덧없는 영화

**ぎんか** [銀貨] 은화

**ぎんが** [銀河] (天) 은하, 은하수= あまのがわ ――系けい 〔天〕 은하계

**きんかい** [近海] 근해 ⇔ 遠海えんかい¶ ~漁業ぎょぎょう 근해 어업/ 韓国かんこくの~ 한국 근해

**きんかい** [*欣*快] 名 ダ 흔쾌, 무척 기쁨¶ ~の至いたり 흔쾌하기 이를 데 없음

**きんかい** [金塊] 금괴, 금덩어리

**きんかい** [禁戒] 금계, 금하여 경계함, 그런 계율¶ ~を破やぶる 금계를 어기다

**ぎんかい** [銀塊] 은괴, 은덩어리

**ぎんかいしょく** [銀灰色] (文) 은회색

**きんかぎょくじょう** [金科玉条] 금과 옥조¶ 父ちちの教おしえを~とする 아버지의 가르침을 금과 옥조로 삼다

**きんかく** [金閣] 금각. 京都きょうとに에 있는 金閣寺きんかくじ 사리전(舍利殿)의 통칭

**きんがく** [金額] 금액= かねだか¶ 莫大ばくだいな~ 막대한 금액/ ~が張はる 값이 비싸다

**きんがく** [勤学] 名 自スル (文) 근학, 열심히 공부함, 면학

**ぎんかく** [銀閣] 은각. 京都きょうとに에 있는 銀閣寺きんかくじ 관음전(觀音殿)의 통칭

**きんかくし** [金隠し] (일본 재래식) 변기 앞쪽의 가리개

**きんがしんねん** [謹賀新年] (文) 근하 신년

**きんかた** [金方] 자본주, 전주= 金主きんしゅ

**ぎんがみ** [銀紙] ①은지, 은종이¶ ~でつつむ 은종이로 싸다 ②은박지

**きんがわ** [金側] 껍데기가 금으로 됨, 그런 물건, 금딱지¶ ~時計どけい 금딱지 시계

**ぎんがわ** [銀側] 껍데기가 은으로 됨, 그런 물건, 은딱지¶ ~万年筆まんねんひつ 금딱지 만년필

**きんがわせ ほんいせい** [金為替本位制] 〔經〕 금환 본위제

**きんかん** [近刊] (版) 근간 ①곧 간행함, 그런 책¶ ~予告よこく 근간 예고 ②최근에 간행됨,

**きんかん**　そんな 책¶ ～図書ɕょ 근간 도서
**きんかん** [金冠] 금관 ①금으로 만든 관 ②금 합금으로 만들어 이에 씌우는 것¶ 歯は に～ をかぶせる 이에 금관을 씌우다
**きんかん** [金柑] [植] 금귤
**きんかん** [金管] 「金管楽器きんがっき」의 준말 —楽器がっ [音] 금관 악기＝ブラス
**きんかん** [金環] 금환, 금고리 —食しょく [天] 금환식
**きんがん** [近眼] ①근시 ②(口)(比) 시야가 좁음, 근시안적임, 그런 사람 —鏡きょう 근시경
**ぎんかん** [銀漢] (文) 은한, 은하 ＝ 銀河がん
**きんかんばん** [金看板] ①금글씨를 새겨 넣은 간판 ②(세상에) 내세우는 주의·주장이나 상품¶ 独立どくを～とする 독립을 모토로 하다
**きんき** [近畿] ①近畿きん 지방 ②(옛날에) 수도에 가까운 지방, 京都 부근의 지방
**きんき** [禁忌] 금기 I 名 他スル 말하거나 행하는 것을 꺼리어 피하는 일 II 名 ①(文) (관습적으로) 꺼리어 금하는 일¶ ～を破やぶる 금기를 깨다 ②(특정한 약·식품을) 꺼리어 쓰지 않는 일¶ ～の薬品ひん 금기 약품
**きんき** [*錦旗] (文) 天皇の 기
**ぎんき** [銀器] 은기, 은식기, 은도구
**きんきじゃくやく** [*欣喜*雀躍] 名 自スル (文) 혼희 작약, 너무 기뻐서 날뜀¶ 合格ごうの しらせに～する 합격 통보에 기뻐 날뛰다
**ぎんぎつね** [銀狐] 은호, 은빛 여우
**きんきゅう** [緊急] 名ダ 긴급¶ ～事態たい, 긴급 사태 / —動議ぎ 긴급 동의 —自動車どうしゃ 긴급 자동차 —上程じょう [政] 긴급 상정
**きんぎょ** [金魚] [動] 금붕어 —鉢ばち 금붕어 어항
**きんぎょ** [禁漁] → きんりょう(禁漁)
**きんきょう** [近況] 근황¶ ～報告ほうこく 근황 보고
**きんぎょう** [近業] (文) 근업, 최근의 일·업적·작품
**きんきょく** [琴曲] 칠현금으로 연주하는 곡
**きんぎょく** [金玉] 금옥 ①금과 옥 ②매우 귀중한 것¶ ～の声こえ 금옥 같은 목소리
**きんきより** [近距離] 근거리¶ ～射撃げき 근거리 사격
**きん** 名(口) 번쩍번쩍 빛남, 화려함¶ ～の衣装しょう 화려한 의상 —きん 名 「きんきら」를 강조한 표현
**きんぎれ** [*錦切れ] ①비단 조각 ②明治めい 유신 때의 관군 병사
**きんきん** [近近] 副 근근, 머지않아, 얼마 안 있어¶ ～伺うかがう予定てい 머지않아 찾아뵐 예정
**きんきん** [*僅*僅] タル 副 (文) 근근, 겨우¶ ～三名めいに過すぎない 겨우 3명에 불과하다
**きんぎん** [金銀] 금은 ①금과 은 ②금화와 은화 ③돈, 금전 ④(일본 장기에서) 「金将きん」와 「銀将しょう」
**きんきんぜん** [*欣*欣然] タル 名 (文) 흔연, 매우 기뻐함
**きんく** [禁句] 금구 ①(和歌か·俳諧かい 등에서) 쓰지 않기로 약속된 어구 ②(특정한 사람 앞에서) 삼가야 할 말¶ 彼かれの前まえで病気びょうという言葉ことばは～だ 그 사람 앞에서 병이라는 말은 삼가야 할 말이다 ③(불길하다 하여) 쓰기를 꺼리는 말＝タブー
**きんぐち** [金口] 「金口煙草たばこ」의 준말, 입에 무는 부분에 금종이를 두른 궐련
**きんけい** [近景] 근경 ①가까운 경치 ②(사진·그림 등에서) 앞쪽의 경치 ▷ ①② ⇔ 遠景
**きんけい** [金鶏·*錦鶏] [動] 금계
**きんけい** [謹啓] (文) 근계
**きんけつ** [金穴] ①금광 ②부자 ③돈줄, 물주
**きんけつ** [禁*闕] (文) 금궐, 궁궐, 대궐, 그 문
**きんけつびょう** [金欠病] (俗) 돈이 없어 곤란한 것을 병에 비유한 말, 가난병
**きんけん** [近県] 가까운 현¶ ～に出稼でかせぎに行いく 가까운 현으로 돈벌이를 가다
**きんけん** [金券] 금권 ①대체 지폐 ②(특정 지역에서) 돈 대신 통용되는 증권
**きんけん** [金権] 금권¶ ～万能ばんのうの世よの中なか 금권 만능의 세상 —政治せい (政) 금권 정치
**きんけん** [勤倹] (文) 근검¶ —力行りっこう 근검 역행
**きんげん** [金言] 금언¶ 깊은 진리를 담은 짧은 말＝金句きん [佛] 부처의 말씀 [가르침]
**きんげん** [謹言] (文) 근언, 삼가 아룀¶ 恐惶きょうこう～ 황공 근언
**きんげん** [謹厳] 名ダ 근엄¶ ～実直じっちょく 근엄 실직 / ～な態度たいど 근엄한 태도
**きんこ** [近古] 근고 ①그리 오래지 않은 옛날 ②[史] 鎌倉かまくら·室町まち 시대
**きんこ** [金庫] 금고 ①현금·귀중품을 보관하는 철제 상자¶ ～破やぶり 금고털이 / ～に入いれる 금고에 넣다 ②(経) 국가·공공 단체의 현금 출납 기관 ③(経) 특별 금융을 취급하는 금융 기관¶ 信用しんよう～ 신용 금고
**きんこ** [禁固·禁錮] 금고 I 名 他スル ①(방에) 가둠, 유폐 II 名 [法] 금고형¶ ～三年ねんの判決けつ 금고 3년의 판결
**きんこう** [均衡] 名 自スル 균형¶ 収支しゅうしの～ 수지의 균형 / ～が崩くずれる 균형이 무너지다 —予算さん 균형 예산 —理論ろん 균형 이론
**きんこう** [近郊] 근교¶ 東京とうきょう～ 東京 근교
**きんこう** [*欣幸] (文) 다행으로 여겨 기뻐함¶ まことに～の至いたりである 진심으로 기쁘고 행복하기 그지없다
**きんこう** [金工] 금공, 금속 공예, 금장(金匠)
**きんこう** [金坑] 금갱, 금을 캐는 광산, 그 구덩이＝金山やま
**きんこう** [金鉱] 금광 ①[鉱] 금광석 ②금이 묻혀 있는 광산
**きんこう** [謹厚] ダ (文) 근후, 신중하고 온후함¶ ～な好人物こうじんぶつ 근후한 호인
**きんごう** [近郷] 근향, 가까운 마을, 도시에 가까운 시골¶ ～近在きんざい 도시에 가까운 마을
**ぎんこう** [吟行] 名 自スル ①(文) 시가를 읊조리며 걸음 ②(和歌か 俳句く 를 짓기 위해) 교외나 명승지를 찾아감
**ぎんこう** [銀行] ①은행¶ 都市とし～ 시중 은행 / ～融資ゆうし 은행 융자 ②(比) 필요한 것을 융통

해 주는 조직 ¶ 血液<sup>けつえき</sup>~ 혈액 은행 **-券**<sup>けん</sup> 은행권 **-手形**<sup>てがた</sup> 은행 어음
ぎんこう [銀鉱] 은광 ①[鑛] 은광석 ②은이 묻혀 있는 광산
きんこく [謹告] ㊛ 근고. 삼가 아룀
きんごく [近国] ①근국. 가까운 나라 ②(옛날) 京都<sup>きょうと</sup>에 가까운 지방 ¶ ①② ⇔ 遠国<sup>えんごく</sup>
きんごく [禁獄] ㊛ 금옥. 감옥에 가둠
きんこつ [筋骨] 근골 ①근육과 골격 ②체격 ¶ ~隆々<sup>りゅうりゅう</sup> 체격이 우람함
きんこん いちばん [緊*褌一番] (어려운 일을 앞두고) 마음을 가다듬음, 결의를 새로이 함
きんこんしき [金婚式] 금혼식
ぎんこんしき [銀婚式] 은혼식
きんさ [*僅差] 근소한 차이 ¶ ~で敗<sup>やぶ</sup>れる 근소한 차이로 패하다
きんざ [金座] [史] 江戸<sup>えど</sup> 幕府<sup>ばくふ</sup>의 금화 주조·발행소
ぎんざ [銀座] ①[史] 江戸<sup>えど</sup> 幕府<sup>ばくふ</sup>의 은화 주조·발행소 ②東京<sup>とうきょう</sup>에 있는 번화가 ③(도시 이름에 붙어) 도시의 번화가 ¶ 荻窪<sup>おぎくぼ</sup>~ 荻窪의 번화가
きんざい [近在] 도시에 가까운 마을 = 近郷<sup>きんごう</sup>
きんさく [近作] 근작. 최근 작품 ¶ ~を発表<sup>はっぴょう</sup>する 근작을 발표하다
きんさく [金策] ㊛ 自スル 돈을 마련함 ¶ ~に走<sup>はし</sup>り回る 돈을 마련하러 바삐 돌아다니다
きんさつ [金札] ①금패(金牌). 금빛 패 ②江戸<sup>えど</sup> 시대에서 明治<sup>めいじ</sup> 초기에 걸쳐 지방 영주나 정부가 발행한 금화 대용의 지폐
きんさつ [禁札] 금지 사항을 쓴 팻말 = 制札<sup>せいさつ</sup>
きんざん [金山] 금산. 금광 = 金鉱<sup>きんこう</sup>
ぎんざん [銀山] 은산. 은광 = 銀鉱<sup>ぎんこう</sup>
きんざんじ みそ [金山寺味噌·*径山寺味噌] 콩과 보리 누룩을 섞고 소금을 더한 후 외 가지 등을 넣어 띄운 된장
きんし [近視] [醫] 근시 ¶ ~の度<sup>ど</sup>が進<sup>すす</sup>む 근시의 정도가 진행되다 **-眼**<sup>がん</sup> [醫] 근시안. 근시 **-眼的**<sup>てき</sup> ㊌ 근시안적
きんし [金糸] 금실
きんし [菌糸] [植] 균사
きんし [禁止] ㊛ 他スル 금지 ¶ 立<sup>た</sup>ち入<sup>い</sup>り~区域<sup>くいき</sup> 출입 금지 구역 / 入山<sup>にゅうざん</sup>を~する 입산을 금지하다 **-法**<sup>ほう</sup> 금지법
きんじ [近似] ㊛ 自スル 근사. 유사 ¶ いろいろな点<sup>てん</sup>で~している 여러 가지 점에서 유사하다 **-計算**<sup>けいさん</sup> [數] 근사 계산 **-値**<sup>ち</sup> [數] 근사값
きんじ [近侍] ㊛ 自スル㊛ 근시. 가까이 모심. 그런 사람 = 近習<sup>きんじゅう</sup>
きんじ [近時] ㊛ 근시. 요즈음. 최근 = このごろ ¶ ~の世相<sup>せそう</sup> 요즈음의 세태
きんじ [金地] (종이·천 등의) 바탕에 금박이나 금니(金泥)를 입힌 것
きんじ [*矜持] → きょうじ
ぎんし [銀糸] 은사. 은실
ぎんじ [銀地] (종이·천 등의) 바탕에 은박이나 은니(銀泥)를 입힌 것
きんじえない [禁じ得ない] 連語㊛ 금할 수 없다 ¶ 失笑<sup>しっしょう</sup>を~ 실소를 금할 수 없다
きんじき [禁色] 금색. 옛날에 위계에 따라 규정된 빛깔 외의 옷착용을 금하던 일, 그런 색
きんし ぎょくよう [金枝玉葉] ㊛ 금지옥엽 ¶ ~の御身<sup>おんみ</sup> 금지옥엽의 귀하신 몸
きんし くんしょう [金*鵄勲章] (일본에서) 군사적 공적이 있는 군인에게 수여했던 훈장
きんじさん [禁治産] → きんちさん
きんしつ [均質] ㊇ ㊌ 균질. 등질 ¶ ~性<sup>せい</sup> 균질성 / ~な製品<sup>せいひん</sup> 균질한 제품
きんしつ [琴*瑟] ㊛ 금슬. 거문고와 비파
[慣用句]
**一相<sup>あい</sup>和<sup>わ</sup>す** 금슬이 좋다, 부부 사이가 좋다
きんじつ [近日] 근일. 근간 ¶ ~発売<sup>はつばい</sup> 근일 발매 / ~中<sup>ちゅう</sup>に仕上<sup>しあ</sup>がる 근일 중으로 완성되다 **一点**<sup>てん</sup> [天] 근일점
きんじて [禁じ手] (바둑·일본 씨름 등에서) 사용이 금지된 수 = 禁手<sup>きんて</sup>
きんしとう [金字塔] ①피라미드 ②불멸의 업적 ¶ ~をうち建<sup>た</sup>てる 금자탑을 세우다
きんしゃ [金砂] 금사 ①금가루 = 金粉<sup>きんぷん</sup> ②금박 가루 = 金砂子<sup>きんすなご</sup> ③금빛 모래. 사금
きんしゃ [金*紗·*錦紗] 금사 ①금실로 무늬를 짜 넣은 얇은 비단 ¶ 金紗御召<sup>きんしゃおんめし</sup>·金紗縮緬<sup>きんしゃちりめん</sup>의 준말 **-御召**<sup>おめし</sup> 누이어 염색한 실을 평직·문직으로 짠 비단 **-縮緬**<sup>ちりめん</sup> 가는 생사로 짠 지리멘
ぎんしゃ [吟社] ㊛ 시가를 짓기 위해 만든 모임
きんしゅ [金主] ㊛ ①전주. 자본주 = 金方<sup>かねかた</sup> ¶ ~をさがす 전주를 찾다 ②부자 ③(江戸<sup>えど</sup> 시대에) 大名<sup>だいみょう</sup>에게 돈을 빌려 주던 사람
きんしゅ [筋*腫] [醫] 근종
きんしゅ [禁酒] ㊇ 自スル 금주 ¶ ~令<sup>れい</sup> 금주령
きんじゅ [近習] → きんじゅう(近習)
きんしゅう [錦秋] ㊛ 단풍이 든 아름다운 가을 ¶ ~の候<sup>こう</sup> 금추지절
きんしゅう [*錦*繡] 금수 ①비단과 수를 놓은 직물. 아름다운 옷 ¶ ~を身<sup>み</sup>にまとう 아름다운 옷을 몸에 걸치다 ②[比] 아름다운 시문·문장 ③[比] 아름다운 꽃·단풍
きんじゅう [近習] 근시. 주군을 가까이 모시는 사람 = 近侍<sup>きんじ</sup>·きんじゅ
きんじゅう [*禽獣] ㊛ 금수 ①새와 짐승. 조수(鳥獣) ②[比] 도리나 은혜를 모르는 사람 ¶ ~にも劣<sup>おと</sup>る人 금수만도 못한 사람
きんしゅく [緊縮] ㊇ 自他スル 긴축 ¶ ~財政<sup>ざいせい</sup> 긴축 재정 / 家計<sup>かけい</sup>を~する 가계를 긴축하다
きんしょ [禁書] 금서. 행정 서적의 출판·판매·소지를 금함, 그런 책
きんしょ [謹書] ㊛ 他スル㊛ 근서. 삼가 씀
きんじょ [近所] 근처. 부근. 이웃 = 近辺<sup>きんぺん</sup> ¶ ~付<sup>つ</sup>き合<sup>あ</sup>い 이웃 교제 / 駅<sup>えき</sup>の~に住<sup>す</sup>んでいる 역 근처에 살고 있다 **一合壁**<sup>がっぺき</sup> 벽 하나 사이를 둔 이웃 **一迷惑**<sup>めいわく</sup> 이웃에 폐가 됨, 그런 행위 ¶ ~な騒音<sup>そうおん</sup> 이웃에 폐가 되는 소음
きんしょう [近称] [文法] 근칭. 자기에게 가까운 사물·방향·장소 등을 가리키는 지시 대명사 ▷「これ·ここ·こちら」등

**きんしょう** [金将] 일본 장기짝의 하나= 金しょう
**きんしょう** [僅少] 근소. 아주 적음¶ ~の差で敗れる 근소한 차로 지다
**きんじょう** [今上] 금상. 현재의 天皇¶ ~陛下 금상 폐하
**きんじょう** [近状·近情] (文) 근상, 근황¶ ~を知らせる 근황을 알리다
**きんじょう** [金城] ①금성. 수비가 견고한 성 ②「名古屋城」의 딴이름 **―鉄壁** (文) 금성철벽. ~の守り 금성 철벽 같은 수비 **―湯池** (文) 금성 탕지 ¶ 保守党の~ 보수당의 금성 탕지
**きんじょう** [勤*攘] 「勤王攘夷」의 준말
**きんじょう** [*錦上] 금상. 비단 위, 아름다운 물건 위
[慣用句]
**―花を添える** 금상 첨화
**きんじょう** [謹上] (文) 편지의 수신인 앞에 덧붙이는 말. 근상. 삼가 올림
**ぎんしょう** [吟唱·吟誦] 名 他スル (文) 음송. 시가를 소리내어 읊음 ¶ 好んで~する詩 즐겨 음송하는 시
**ぎんしょう** [銀将] 일본 장기짝의 하나= 銀しょう
**ぎんじょう** [吟醸] 名 他スル ①(文) 잘 음미한 재료로 정성껏 양조함 ②「吟醸酒」의 준말 **―酒** 백미·누룩·물 또는 양조용 알코올을 원료로 양조한 고급 清酒
**ぎんしょく** [銀燭] 은촉 ①은촛대 ②(文) 밝게 비치는 등불
**きん・じる** [禁じる] 他上一 → きんずる
**ぎん・じる** [吟じる] 他上一 → ぎんずる
**きんしん** [近臣] 근신. 가까이서 섬기는 신하
**きんしん** [近信] (文) 근신. 최근의 소식
**きんしん** [近親] 근친. 가까운 친척 **―結婚** 근친 결혼= 近親婚
**きんしん** [謹慎] 근신 I 名 自スル (언동을) 삼감 ¶ 自宅で~中 자택에서 근신 중 II 名 ①일정 기간 출근·등교를 금하여 반성시키는 처벌 ¶ ~処分 근신 처분 ②江戸시대에 일정한 거처에서 출입을 금지시키던 형벌
**きんす** [金子] (文) 금자 ①금화 ②돈, 금전
**ぎんす** [銀子] (文) 은자 ①은화 ②돈, 금전
**きんすじ** [金筋] (제복·모자에 박은) 금줄¶ ~のついたズボン 금줄이 처진 바지
**ぎんすじ** [銀筋] (제복·모자에 박은) 은줄
**きんすなご** [金砂子] 금박 가루
**ぎんすなご** [銀砂子] 은박 가루
**きん・ずる** [禁ずる] 他サ変 금하다, 금지하다= 禁じる ¶ 飲酒を~ 음주를 금하다
**ぎん・ずる** [吟ずる] 他サ変 ①(시가를) 읊다, 읊조리다, 음송하다 ②漢詩を~ 한시를 읊다 ②(俳句·和歌 등을) 짓다 ¶ 一首~ 한 수 짓다 ▷ 「吟じる」라고도 함
**きんせい** [均整·均斉] 균제, 균형 ¶ ~の取れた肢体 균형이 잡힌 지체
**きんせい** [近世] (文) ①현대에 가까운 시대 ¶ ~史 근세사 ②[日史] (일본사·일본 문학사의 시대 구분의 하나로) 江戸 시대

**きんせい** [金星] (天) 금성. 샛별= 明けの明星 · 宵の明星
**きんせい** [禁制] 名スル 금제. 금지함, 그런 법 = きんぜい ¶ 女人~ 여인 금제/ ~を犯す 금제를 범하다 **―品** 금제품
**きんせい** [近製] 名 (文) 근제. 삼가 만듦, 그런 물건 ¶ 当社~ 당사 근제
**ぎんせい** [吟声] (文) 음성. 시가를 읊는 소리
**ぎんせかい** [銀世界] 은세계 ¶ 一面の~ 주변 일대의 은세계
**きんせき** [金石] 금석 ①금속과 암석 ②금속과 석기 ③ 名 (比) 매우 단단함, 변함없음 ¶ ~の交わり 금석지교 **―学** 금석학 **―文** 금석문
**きんせつ** [近接] 名 自スル 근접 ①가까이 다가감, 접근함= 接近 ¶ 台風が~しつつある 태풍이 접근하고 있다 ②가까이 있음, 인접 ¶ 住宅地に~する工場 주택지에 인접한 공장
**きんせつ** [緊切] ナ (文) 긴절 ①긴밀한 ¶ ~な関係にある 긴밀한 관계에 있다 ②긴박하고 중요함, 매우 긴요함 ¶ ~な問題 긴박하고 중요한 문제
**きんぜつ** [禁絶] 名 他スル (文) 금절. 금하여 끊음 ¶ 麻薬を~する 마약을 금절하다
**ぎんせつ** [銀雪] 은설. 은빛으로 빛나는 눈
**きんせん** [金扇] 금선. 금칠한 쥘부채
**きんせん** [金銭] 금전, 화폐, 돈= おかね ¶ ~感覚 금전 감각/ ~にきたない 돈에 인색하다 **―信託** [経] 금전 신탁 **―尽く** 돈만을 따르며 움직임= 金ずく **―出納簿** 금전 출납부 **―登録機** 금전 등록기
**きんせん** [琴線] (文) 금선 ①거문고의 줄 ②금(心琴) ¶ ~に触れる 심금을 울리다
**きんせん** [謹選] 근선. 금선 ①삼가 뽑음 ②【謹*撰】근찬. 삼가 편찬함
**きんぜん** [*欣然] ト 副 (文) 흔연. 매우 기뻐함 ¶ ~として大笑いす 흔연히 크게 웃다
**ぎんせん** [銀*髥] 은빛 수염, 흰 수염
**きんせんい** [筋繊維] [医] 근섬유, 근육 섬유
**きんせんか** [金*盞花] [植] 금잔화
**きんそうがく** [金相学] [工] 금상학. 금속 조직학
**きんそく** [禁足] 금족. 외출을 금함 ¶ ~令 금족령/ ~を食う 외출 금지를 당하다
**きんそく** [禁則] 금칙. 금하는 규칙 ¶ ~を破る 금칙을 어기다 **―処理** [版] 금칙 처리
**きんぞく** [金属] 금속 ¶ 貴~ 귀금속 **―結合** [化] 금속 결합 **―性** 금속성 **―のひびき** 금속성의 소리 **―疲労** [工] 금속 피로
**きんぞく** [勤続] 名 自スル 근속 ¶ ~十年 근속 10년/ 永年~~者 장기 근속자
**きんそん** [近村] 근촌. 가까운 마을
**きんだ** [勤惰] (文) 근타 ①근태, 근면과 태만 ②勤怠 ②출근과 결근, 출석과 결석
**きんたい** [近体] 근체 ①최근의 체재·양식 ②[文] (한시에서) 당나라 초기 때 확립된 율시(律詩)와 절구(絶句) ⇔古体
**きんたい** [勤怠] (文) 근태. 근면과 태만

きんだい [近代] [史] 근대 ¶ ~史 근대사 / ~国家 근대 국가 —化 图 自他スル 근대화 ¶ ~された工場 근대화된 공장 —劇 근대극 —五種 근대 5종 경기 —的 ナ 근대적 —文学 근대 문학

きんだか [金高] 금액 = 金額·かねだか

きんだち [公達] 親王·귀족 등의 자제, 귀공자 ▷「きみたち」의 변한말

きんたま [金玉] 금옥 ①금빛 구슬 ②불알

きんたろう [金太郎] ①坂田金時의 아명 (兒名). 그에 얽힌 전설 ②①을 본떠 만든 인형 ③배두렁이, 배가리개 —飴 (자르면 단면에 金太郎의 얼굴이 나오도록 만든) 가래엿

きんだん [金談] 돈에 관한 의논, 금전 상담

きんだん [禁断] 图 他スル 금단, 금지함 ¶ 殺生を~する 살생을 금하다 —症状 [醫] 금단 증상 —の木の実 금단의 열매 ¶ (구약 성서에 나오는) 선악과 ②[比] 금지된 쾌락

きんち [錦地] (文) 상대방 거주지에 대한 높임말, 금지, 귀지 = 貴地·御地

きんちさん [禁治産] [法] 금치산 = きんじさん ¶ ~者 금치산자

きんちてん [近地点] [天] 근지점 ⇔ 遠地点

きんちゃく [巾着] 염낭, 두루주머니, 돈주머니 —網 [水] 두릿그물 —切り 소매치기 = すり

きんちゃく [近着] 图 自スル 근착, 최근에 도착함, 그런 것 ¶ ~図書 최근에 도착한 도서

きんちゅう [禁中] (文) 금중, 궁중, 궁궐

きんちょ [近著] 근저, 최근의 저작물

きんちょう [金打] 图 自スル 굳은 약속, 맹세

きんちょう [禁鳥] 금조, 보호조

きんちょう [緊張] 图 自スル 긴장 ⇔ 弛緩 ¶ ~緩和 긴장 완화 / ~した面持ち 긴장한 표정 / 筋肉の~をほぐす 근육의 긴장을 풀다

きんちょう [謹聴] 图 他スル (文) 근청, 삼가 (열심히) 들음 ¶ 訓話を~する 훈화를 근청하다

きんちょく [謹直] 图 ナ 근직, 근실하고 정직함 ¶ ~な人物 근직한 인물

きんつば [金鍔] ①금이나 금빛 금속으로 만든 칼의 날밑 ②「金鍔焼き」의 준말 —焼き 밀가루 반죽에 팥소를 넣고 타원형으로 철판에 구운 일본 과자

きんて [禁手] (바둑·장기·일본 씨름 등에서) 사용이 금지된 수 = 禁じ手

きんてい [欽定] 图 흠정, 군주의 명으로 제정함 —憲法 흠정 헌법

きんてい [禁廷·禁庭] (文) 금궁, 궁중, 궁궐

きんてい [謹呈] 图 他スル (文) 근정, 삼가 드림

きんでい [金泥] 금니, 아교에 갠 금가루 = こんでい

ぎんでい [銀泥] 은니, 아교에 갠 은가루

きんてき [金的] ①사방 3cm의 금빛 판의 중앙에 지름 1cm의 원을 그린 과녁 ②선망 [동경] 의 대상
[慣用句]
—を射止める 뭇 사람의 선망의 대상이 되는 것을 차지하다

ぎんてき [銀笛] (文) 은적, 은빛 피리

きんてつ [金鉄] 금철 ①금과 쇠붙이, 금속 ②[比] 매우 견고함, 철석같음 ¶ ~の志 철석같은 뜻

きんてん [均霑] 图 自スル (文) 균점, 고루 혜택을 입음 ¶ 利益を~する 이익을 균점하다

きんでん ぎょくろう [金殿玉楼] (文) 금전 옥루, 호화롭게 꾸민 아름다운 전각

きんてんさい [禁転載] (文) 금 전재, (기사의) 무단 전재를 금함

きんど [襟度] (文) 금도, 도량, 아량 ¶ 大国としての~を示す 대국으로서의 도량을 보이다

きんとう [均等] 图 ナ 균등 ¶ ~割り 균등하게 할당함 / 機会~ 기회 균등

きんとう [近東] [地] 근동

きんとき [金時] ①팥소를 넣어 만든 빙수 ②까치콩의 한 품종 ③[比] 얼굴이 붉은 사람
[慣用句]
—の火事見舞い [比] (술을 마시거나 해서) 얼굴이 몹시 붉음

ぎんどけい [銀時計] ①은 시계 ②東京 帝国 대학 우등 졸업생의 속칭 ▷ 1918년까지 天皇이 은시계를 하사했던 데서

きんとん [金団] 고구마나 강낭콩으로 만든 소에 밤 조린 밤을 섞은 음식

ぎんながし [銀流し] ①수은에 숫돌가루를 섞어 구리나 놋쇠에 발라서 은빛을 냄, 그런 물건 ②겉만 번드레함, 속 빈 강정, 굴통이

ぎんなん [銀杏] [植] ①은행나무 ②은행

きんにく [筋肉] 근육 ¶ ~質 근육질 / ~運動 근육 운동 —増強剤 [藥] 근육 증강제 —労働 육체 노동

ぎんねず [銀鼠] 은빛을 띤 회색, 은회색

きんねん [近年] 근년, 근래, 최근 몇 년 ¶ ~にない大雪 근년에 없는 큰 눈

きんのう [金納] 图 他スル 금납, (조세·소작료를) 돈으로 납부함 ⇔ 物納 ¶ 地代を~する 지대 [차지료] 를 급납하다

きんのう [勤王·勤皇] 근왕, 天皇을 위해 충성을 다함 = 尊王 ¶ ~の志士 근왕의 지사 —攘夷 (江戸 시대 말기에) 天皇의 권위를 절대화하고 외국인을 배척하던 사상

きんぱ [金歯] 금니 ¶ ~をいれる 금니를 해 넣다

きんぱ [金波] 금파, 금빛 물결

ぎんぱ [銀波] 은파, 은빛 물결

きんぱい [金杯·金盃] 금배, 금잔

きんぱい [金牌] 금패, 금메달

ぎんぱい [銀杯·銀盃] 은배, 은잔

ぎんぱい [銀牌] 은패, 은메달

きんばえ [金蝿] [動] 금파리, 쉬파리

きんぱく [緊縛] 图 他スル (文) 긴박, (꼼짝못하게) 단단히 얽어 묶음 ¶ 既存の価値観から~されている 기존의 가치관에 얽매여 있다

きんぱく [金箔] 금박 ¶ ~を置く 금박을 치다

きんぱく [緊迫] 图 自スル 긴박 ¶ ~した空気 긴박한 공기

ぎんぱく [銀箔] 은박

ぎんはくしょく [銀白色] 은백색
きんぱつ [金髪] 금발¶ ～の美人 금발 미인
きんぱつ [銀髪] 은발. 백발= しらが
きんばん [勤番] 名 自スル ①교대로 근무함, 그 번 ②[史] (江戸 시대) 영주의 가신이 번갈아 江戸의 저택에서 근무하던 일. 그 당번
ぎんばん [銀盤] (文) 은반 ①은쟁반 ②(比) 스케이트장의 얼음판¶ ～の女王 은반의 여왕
きんぴ [金肥] 금비. (화학 비료 등) 돈을 주고 사는 비료= かねごえ
きんぴか [金ぴか] 名 ヶ (口) ①금빛으로 번쩍임, 그런 물건¶ ～の時計 금빛으로 번쩍이는 시계 ②화려함, (새것이라) 번쩍번쩍 빛남¶ ～の衣装 화려한 의상
きんびょうぶ [金屏風] 금박을 입힌 병풍
きんぴら [金平] ①「金平浄瑠璃」의 주인공 이름 ②「金平牛蒡」의 준말 ━牛蒡 [料] 우엉을 잘게 썰어 기름에 볶아 간장・설탕 등으로 양념한 요리 ━浄瑠璃 [藝] 江戸의 浄瑠璃의 한 파
きんぴん [金品] 금품. 금전과 물품¶ ～を受け取る 금품을 받다
きんぷう [金風] (文) 금풍. 가을바람
きんぷくりん [金覆輪] (칼집・안장 등의) 테를 금이나 금속속으로 장식한 것¶ ～の鞍 금테로 장식한 안장
きんぶち [金縁] 금테¶ ～の眼鏡 금테 안경
ぎんぶち [銀縁] 은테
きんぷら [金麩羅] [料] 메밀 가루나 달걀 노른자를 입혀 노랗게 튀긴 튀김 ②(俗) 금도금¶ ～の時計 금도금한 시계
ぎんぶら [銀ぶら] (俗) 東京의 銀座 거리를 산책함
きんぶん [均分] 名 他スル (文) 균분. 같은 비율로 나눔¶ 利益を～する 이익을 균분하다 ━相続 균분 상속
きんぷん [金粉] 금가루, 금빛 가루
ぎんぷん [銀粉] 은분. 은가루, 은빛 가루
きんべん [勤勉] 名 ヶ 근면¶ ～な学生 근면한 학생
きんぺん [近辺] 근변, 근처, 부근¶ 家の～を散歩する 집 근처를 산책하다
キンペン [金ペン] 금펜, (만년필의) 금펜촉¶ ～付万年筆 금펜촉이 달린 만년필
きんぼ [欽慕] 名 他スル (文) 흠모. 존경하고 사모함¶ 高節を～する 높은 절개를 흠모하다
ぎんぽ [銀宝] [動] 베도라치
きんぼう [近傍] (文) 근방. 부근, 근처= 近所¶ ～の村 근방의 마을
きんぽうげ [金鳳花・毛茛] [植] 미나리아재비= うまのあしがた
きんぼし [金星] ①[相撲] 平幕의 씨름꾼이 横綱을 이겨술 때 승자의 표시 ②수훈, 큰 공훈¶ ～を上げる 수훈을 세우다
きんボタン [金ボタン] ①(학생복 등의) 금단추 ②(俗) 학생복 ③(俗) 남학생
きんほんいせい [金本位制] [經] 금본위 제도
ぎんほんいせい [銀本位制] [經] 은본위 제도

ぎんまく [銀幕] 은막 ①스크린 ②영화, 영화계¶ ～の女王 은막의 여왕
きんまんか [金満家] 금만가. 재산가, 부자
ぎんみ [吟味] 名 他スル ①음미. (내용・품질 등을) 잘 살펴봄¶ 材料を～する 재료를 잘 살펴보다 ②(죄과를) 조사함, 문초함¶ 役人の～を受ける 관원의 문초를 받다
きんみつ [緊密] ヶ 긴밀¶ ～な関係を結ぶ 긴밀한 관계를 맺다
きんみゃく [金脈] ①금맥, 금 광맥 ②자금의 출처, 돈줄¶ ～につながる 돈줄에 연결되다
きんみらい [近未来] 근미래, 가까운 미래
きんむ [勤務] 名 自スル 근무¶ ～時間 근무 시간/ 工場に～する 공장에 근무하다 ━先 근무처 ━評定 근무 평정
きんむく [金無垢] 순금= 純金¶ ～の仏像 순금 불상
きんめ [斤目] 근수, 근량= 目方
ぎんめし [銀飯] (俗) 쌀밥
きんめだい [金目鯛] [動] 금눈돔
きんモール [金モール] ①금실로 만든 장식 끈¶ ～の肩章 금몰의 견장 ②명주실과 금실로 짠 직물
きんもくせい [金木犀] [植] 금계
ぎんもくせい [銀木犀] [植] 박달목서
きんもじ [金文字] 금문자¶ 表紙の～ 표지의 금문자
きんもつ [禁物] 금물¶ 油断は～だ 방심은 금물이다
きんもん [金紋] [紋] (大名의 격에 따라 挟箱 뚜껑에) 금칠로 그린 가문 ━先箱 (大名 행차 때 맨 앞에 메고 가던) 금빛 가문이 새겨진 箱
きんもん [禁門] 금문 ①대궐 문, 궁궐 문 ②대궐, 궁궐= 皇居
きんゆ [禁輸] 금수. 수출입 금지¶ ～品目 금수 품목/ ～解除 수출입 금지 해제
きんゆう [金融] 금융¶ ～資本 금융 자본/ ～政策 금융 정책/ ～相場 금융 시세 ━機関 금융 기관 ━業 금융업 ━恐慌 금융 공황 ━公庫 こうこ (公庫) ━債 금융채 ━先物取引 금융 선물 거래 ━市場 금융 시장 ━収支 금융 수지
ぎんゆうしじん [吟遊詩人] 음유 시인
きんよう [金曜] 금요, 금요일= 金曜日
きんよう [緊要] 名 ヶ 긴요 もっとも～な問題 가장 긴요한 문제
きんよく [禁欲・禁慾] 名 自スル 금욕¶ ～生活 금욕 생활 ━主義 [倫] 금욕주의
ぎんよく [銀翼] 은익 ①은 날개 ②비행기
きんらい [近来] 名 副 근래, 요사이, 최근= 近ごろ¶ ～の快事 근래의 쾌사/ ～まれにみる出来栄え 근래 보기 드문 성과
きんらん [金襴] 금란. 금실을 씨실로 하여 무늬를 놓은 비단 ━緞子 금란 단자. 화려한 직물¶ ～の帯 금란 단자의 띠
きんり [金利] 금리, 이자, 이율¶ ～政策 금리 정책/ ～がかさむ 이자가 늘다/ ～を引

き上げる 금리를 인상하다 **—裁定取引**ᔕい&でい 금리 재정 거래 **—自由化**ᕉゆう 금리 자유화

きんり [禁裏·禁裡] (文) 금리, 궁중, 궁궐 = 皇居ᔧよ·内裏ᔳい **—様**さま 天皇ᕍのう에 대한 존칭

きんりょう [斤量] 근량, 근수, 무게 = 斤目きんめ

きんりょう [禁猟] 금렵, 수렵을 금함¶ **~区**く 금렵구

きんりょう [禁漁] 금어, 어로를 금함 = きんぎょ

きんりょく [金力] 금력, 돈의 힘¶ **~にもの をいわせる** 돈의 위력을 보이다

きんりょく [筋力] 근력, 근육의 힘¶ **~をつける** 근력을 붙이다

きんりん [近隣] 근린, 이웃¶ **~諸国**ᓱこく 근린 제국/ **~に迷惑**めいわく**をかける** 이웃에 폐를 끼치다

ぎんりん [銀輪] (文) 은륜 ①은빛 바퀴 ②자전거 바퀴, 자전거¶ **~を駆**か**る** 자전거를 달리다

ぎんりん [銀鱗] (文) 은린, 은빛 비늘, 물고기¶ **渓流**ᔅいりゅう**に躍**ᔉど**る~** 시냇물에서 뛰어오르는 물고기

きんる [近流] (옛날에) 京都きょうと에서 가까운 지방으로 귀양 보냄 = こんる

きんるい [菌類] (植) 균류

きんれい [禁令] 금령, 금지령¶ **~を犯**おか**す** 금령을 범하다

ぎんれい [銀嶺] (文) 은령. 눈이 덮여 은빛으로 빛나는 산

きんろう [勤労] 图 自スル 근로¶ **~学生**がくせい 근로 학생/ **~の義務**ぎむ 근로의 의무 **—階級**かいきゅう 근로 계급 **—感謝**ᔎん시ゃ**の日** 근로 감사의 날 **—者**しゃ 근로자 **—所得**しょとく 근로 소득

きんわ [謹話] 图 自他スル (文) 근화. 삼가 말함, 그런 말

## く ク

く 五十音図ᔃじゅうおんず「か」행(行)의 셋째 かな. ひ らがな의 「く」는 「久」의 초서체. かたかな의 「ク」는 「久」의 왼쪽을 취한 것

く [区] [區] 音ク (음)구. I (造語) ①구획짓다¶ **区画**くかく 구획·**区別**くべつ 구별 ②나눈 부분, 구획¶ **区間**くかん 구간·**選挙区**せんきょく 선거구 ③대도시의 행정상의 단위¶ **区民**くみん 구민·**市区**しく 시구 ④각기 다름¶ **区々**くく 구구 II (政) 구, 행정상의 단위¶ **~の事業**じぎょう 구의 사업

く [句] 音ク (음)구. I ¶ 말·글의 한 구절, 句点くてん·詩句しく 시구 ②시가의 한 단락¶ 起句きく 기구·結句ᔌっく 결구 ③俳句はいく 의 준말¶ **~をひねる** 俳句를 짓다

く [狗] 音ク・コウ 訓いぬ (음)구. (造語) 개¶ 走狗そうく 주구·羊頭狗肉ようとうくにく 양두구육

く [苦] 音ク 訓くるしい・くるしむ・くるしめる・にがい・にがる | (음)구. I (造語) ①불쾌하게 여기다, 쓰다¶ 苦言くげん 고언·苦杯くはい 고배 ②괴로워하다, 고민하다¶ 苦悶くもん 고민·労苦ろうく 노고 ③애쓰다, 힘쓰다¶ 苦学くがく 고학·苦心くしん 고심 ▷ 黙字訓 苦汁にがり 간수 II ¶ ①괴로움, 고생¶ 生活せいかつ**~** 생활고 ②(佛) 심신의 고통, 고뇌¶ 四し**~** 사고
使用句
**—あれば楽**らく**あり** 고생이 있으면 낙이 있다
**—にする** 괴로워하다, 걱정하다
**—になる** 마음에 걸리다, 걱정되다
**—に病**や**む** 고민하다, 걱정하다
**—は楽**らく**の種**たね 고생 끝에 낙이 온다
**—も無**な**く** 힘들이지 않고, 어렵지 않게, 쉽사리

く [倶] 音ク・グ 訓ともに (음)구. (造語) ①함께, 함께 하다¶ **不俱戴天**ふぐたいてん 불구대천 ②외국어 「ク」의 차음자¶ 俱楽部クラ 클럽

く [矩] 音ク 訓さしがね・のり (음)구. (造語) ①곱자, 規矩きく 규구·縄矩ᓯょうく 승구 ②사각¶ 矩形くけい 구형 ③규정, 법칙¶ 矩則くそく 규칙

く [駆] [驅] 音ク 訓かける・かる | (음)구. (造語) ①말을 달리다¶ 駆使くし 구사·駆動くどう 구동 ②쫓아내다, 몰아내다¶ 駆除くじょ 구제·駆逐くちく 구축 ▷ 「馳」는 속자

く [駒] 音ク 訓こま (음)구. (造語) 망아지, 말¶ 白駒はっく 백마

く [軀] 音ク 訓からだ (음)구. (造語) ①몸, 体軀たいく 체구·老軀ろうく 노구 ②(助數) 불상을 세는 말¶ 仏像一軀ぶつぞういっく 불상 1구

く [懼] 音ク・グ 訓おそれる | (음)구. (造語) 두려워하다, 두려움¶ 畏懼いく 외구·疑懼ぎく 의구·危懼きく 위구 ▷ 「惧」는 속자

く [九] 구. 아홉 = ここのつ・きゅう

ぐ [具] [具] 音グ 訓そなえる・そなわる・つぶさに | (음)구. I (造語) ①갖추다, 갖춰지다¶ 具備ぐび 구비·不具ふぐ 불구 ②갖춰 두는 용구, 도구¶ 家具かぐ 가구·工具こうぐ 공구 ③자세히, 구체적으로¶ 具申ぐしん 구신·具陳ぐちん 구진 II ①(文) 도구, 수단¶ **政争**せいそう**の~** 정쟁의 도구 ②(料) (국·국수 등의) 소, 꾸미, 건더기¶ まんじゅうの~ 만두의 소 ③(助數) 옷·기구 등의 한 벌을 세는 말. 구. 벌¶ **鎧**よろい**二~** 갑옷 2구/ **死装束**しにしょうぞく**一~** 수의 한 벌

ぐ [惧] 音グ・ク (음)구. (造語) 두려워하다¶ 危惧きぐ 위구 ▷ 「懼」의 속자(俗字)

ぐ [愚] 音グ 訓おろか (음)구. I (造語) ①어리석다, 바보¶ 愚鈍ぐどん 우둔·愚昧ぐまい 우매 ②자기와 관련된 것에 대한 낮춤말¶ 愚見ぐけん 우견·愚妻ぐさい 우처 II ¶ ①어리석음¶ **~をおかす** 어리석은 짓을 하다 ②자기의 낮춤말. 저, 소생¶ **~、按**あん**ずるに** 소생이 생각하건대 **—の骨頂**こっちょう 連語 더없이 어리석음, 어리석기 그지없음
使用句

**ーにも付かない** 터무니없는, 얼토당토않은

**ぐ** [虞] [虙] 〔魯〕〔訓〕おそれ; (음) 우. 〔造語〕 ① 두려워하다, 미리 걱정하다¶ 虞犯ぱん 우범· 不虞ぐ 불우 ② (옛 중국의) 우나라¶ 虞舜しゅん 우순· 有虞氏ゆうぐし 유우씨

**ぐあい** [具合·工合] ① (사물의) 상태, 형편, 건강 상태¶ エンジンの～がおかしい 엔진 상태가 이상하다/ 体からの～がいい 건강 상태가 좋다 ② 식, 방식¶ どんな～にやるのか 어떤 방식으로 하는 건가? ③ 모양새, 체면¶ 直接ちょく会うのは～が悪わるい 직접 만나는 것은 모양새가 좋지 않다

**くあわせ** [句合(わ)(せ)] 〔文〕 패를 갈라 俳句を 짓고 심판자가 그 우열을 가리는 놀이 ② 俳句集 = 句集しゅう

**ぐあん** [具案] 〔文〕 구안 ① 일정한 수단·방법이 갖추어져 있음, 구체적인 안 ② 안을 잡음

**ぐあん** [愚案] 〔文〕 우안 ① 어리석은 생각 ② 우견¶ 私わたの～によれば 제 소견으로는

**くい** [杭·杙] 말뚝¶ ～を打うつ 말뚝을 박다

**くい** [悔い] 뉘우침, 후회¶ ～が残のこる 후회가 남다/ ～はない 후회는 없다

〔慣用句〕
**ーを千載せんざいに残のこす** 천추에 한을 남기다

**くい・あう** [食(い)合う] Ⅰ 〔自五〕 ① 서로 잡아 먹다, 서로 물어뜯다¶ ピラニアどうしが～ 피라니아끼리 서로 물어뜯다 ② 맞물리다¶ 歯車くるまが～ 톱니바퀴가 맞물리다 Ⅱ 〔他五〕 ① 함께 먹다¶ 同おなじ釜かまの飯めしを～ 한솥밥을 먹던 사이 ② (상대편 영역을) 서로 침범하다¶ 地盤じばんを～ 선거전せんきょせん 지반을 서로 침범하는 선거전

**くいあげ** [食(い)上げ] 〔口〕 생활 수단을 잃음, 생계를 잃음¶ 飯めしの～になる 밥줄이 끊어지다

**くいあら・す** [食(い)荒(ら)す] 〔他五〕 ① 지저분하게 (흘리며) 먹다¶ 料理りょうりを～ 요리를 지저분하게 먹다 ② (농작물 등을) 먹어 해치다¶ 作物さくもつを野のネズミに～される 작물을 들쥐에게 먹혀 망쳐지다 ③ (남의 세력권을) 침범하다, 잠식하다¶ 選挙地盤せんきょじばんを～ 선거 지반을 잠식하다

**くいあらた・める** [悔(い)改める] 〔他下一〕 뉘우쳐 고치다¶ 罪つみを～ 죄를 뉘우쳐 고치다

**くいあわせ** [食(い)合(わ)せ] ① 서로 상극이 되는 음식물, 그것을 먹음¶ 西瓜すいかとてんぷらは～が悪わるい 수박과 튀김은 상극같이 먹으면 나쁘다 ② (재목 등을) 접합함, 턱끼움, 그런 부분

**くいいじ** [食い意地] 게걸, 식탐(食食), 걸신들림¶ ～が張はっている 걸신이 들렸다

**くい・いる** [食(い)入る] 〔自五〕 파고들다 ① 죄어들다 = 食い込こむ¶ ひもが手首てくびに～ 끈이 손목에 파고들다 ② (말·시선이) 찌르는 듯하다¶ ～ように見みる 뚫어지게 보다/ 心こころに～ことば 마음에 파고드는 말

**くいうち** [杭打ち] (공사 등에서) 말뚝박기

**くいおき** [食(い)置き] (한꺼번에) 많이 먹어 둠, 뱃속을 채워 둠 = 食くいだめ

**くいかけ** [食(い)掛け] 〔口〕 먹다 맒, 그런 음식물 = 食たべかけ¶ ～のパン 먹다 만 빵

**くいか・ねる** [食(い)兼ねる] Ⅰ 〔他下一〕 (너무 많거나 커서) 먹기 어렵다, 다 못먹다¶ 全部ぜんぶは～ 전부 먹기는 어렵다 Ⅱ 〔自下一〕 살기 어렵다, 생활이 어렵다¶ 貧乏びんぼうで～ 가난하여 먹고 살기 어렵다

**くいき** [区域] 구역¶ 立たち入いり禁止きんし～ 출입 금지 구역/ 受うけ持もちの～ 담당 구역

**くいき・る** [食(い)切る] 〔他五〕 ① 물어 끊다 [자르다]¶ 前歯まえばで～ 앞니로 물어 끊다 ② 모두 먹어 치우다, 다 먹어 버리다¶ 山盛やまもりで～れない 고봉으로 담아서 다 못 먹다

**ぐいぐい** 〔副〕 ① (세게 잡아당기거나 미는) 죽죽, 쭉쭉¶ ～と手綱たづなり寄よせる 쭉쭉 끌어당기다 ② (거침없이 진행하는) 척척, 부쩍부쩍¶ ～と売うり上あげを伸のばす 부쩍부쩍 매상을 늘리다 ③ 꿀컥꿀컥, 벌컥벌컥¶ 酒さけを～とあおる 술을 벌컥벌컥 들이켜다

**くいけ** [食い気] 〔口〕 식욕 = 食欲しょくよく¶ 色気いろけより～ 색욕보다 식욕/ ～がない 식욕이 없다

**くいこ・む** [食(い)込む] 〔自五〕 ① 파고들다, 죄어들다¶ 指ゆびに糸いとが～ 손가락에 실이 파고들다 ② 잠식하다, 침범하다, 축내다¶ 市場しじょうに～ 시장을 잠식하다/ 学費がくひが生活費せいかつひに～ 학비가 생활비를 축내다

**くいころ・す** [食(い)殺す] 〔他五〕 물어 죽이다¶ 猫ねこが小鳥ことりを～ 고양이가 작은 새를 물어 죽이다

**くいさが・る** [食(い)下がる] 〔自五〕 ① 달라붙어 떨어지지 않다¶ 先頭せんとうの選手せんしゅに～ 선두의 선수를 바짝 따라붙다 ② 물고 늘어지다, 끈질기게 맞서다¶ 執拗しつように～ 집요하게 물고 늘어지다 ③ 〔相撲〕 상대의 앞살바를 가슴에 머리를 처박는 낮은 자세로 달라붙다

**くいさし** [食(い)止し] 먹다 맒, 먹다 남긴 음식

**くいしば・る** [食(い)縛る] 〔他五〕 이를 악물다, 참고 견디다¶ 歯はを～ってがまんする 이를 악물고 참다

**くいしろ** [食い代] 식비, 식대

**くいしんぼう** [食(い)しん坊] 〔名〕 걸신들림, 먹보 = くいしんぼ¶ ～な子 걸신들린 아이

**くいす・ぎる** [食(い)過ぎる] 〔他上一〕 과식하다, 지나치게 먹다¶ ～ぎて腹はらをこわす 과식해서 배탈이 나다

**くいぜ** [株] 나무 그루터기 = くい

〔慣用句〕
**ーを守まもる** 주수(株守)하다, 구습에 얽매여 임기 응변으로 대처할 줄 모르다

**くいぞめ** [食(い)初め] 생후 100일 또는 120일째 되는 아기에게 처음 밥을 먹이는 축하 의식, 초반례(初飯禮) = はしぞめ

**くいたお・す** [食(い)倒す] 〔他五〕 ① 음식값을 떼어먹다, 무전 취식하다 ② (무위 도식하며 재산 등을) 탕진하다 = 食いつぶす

**くいだおれ** [食(い)倒れ] ① 식도락으로 재산을 탕진함¶ 京きょうの着倒きだおれ, 大阪おおさかの～ 京都 사람은 입어 망하고 大阪 사람은 먹어

망함 ②무위 도식함, 그런 사람

**くいだめ [食(い)×溜め]** 名 自スル (한꺼번에) 많이 먹어 둠 食い置き この機会に～しておこう 이 기회에 많이 먹어 두자

**くいたりない [食(い)足りない]** 連體 (口) ①(먹은 것이) 양에 차지 않다¶ そばぐらいでは～ 메밀 국수 정도로는 양에 차지 않는다 ②(내용이 불충분하여) 불만스럽다, 성에 차지 않다¶ ～論説ろんせつ 성에 차지 않는 논설

**くいちがい [食(い)違い]** 어긋나는 점, 차이, 불일치 ¶ 意見いけんの～ 의견의 차이/ 証言しょうげんに～が生しょうずる 증언에 차이점이 생기다

**くいちが・う [食(い)違う]** 自五 어긋나다 ①(접합 부분 등이) 잘 맞지 않다 継つぎ目めが～ 이음매가 어긋나다 ②일치하지 않다, 엇갈리다 ¶ 予想が～ 예상과 어긋나다

**くいちら・す [食(い)散らす]** 他五 ①(지저분하게) 흘리며 먹다＝食くい荒あらす¶ 子供こどもがご飯を～ 아이가 밥을 흘리며 먹다 ②이것저것 찔금찔금 먹다, 헤적거리다 ③여러 가지 일에 손을 대다¶ ～ばかりで, 一ひとつもまとまらない 집적거리기만 할 뿐 가지도 마무리가 안 된다

**くいつ・く [食(い)付く]** 自五 ①달려들어 물다¶ 犬いぬが～ 개가 달려들어 물다 ②달라붙다, 매달리다¶ 本ほんに～ 책에 달라붙다 ③(혹하여) 덤벼들다 もうけ話ばなしに～ 돈벌이 이야기에 혹하여 덤벼들다 ④(끈질기게) 불평하다, 대들다 上役うわやくに～ 상사에게 대들다

**くいつく・す [食(い)尽(く)す]** 他五 다 먹어 치우다, 바닥내다¶ 手持てもちの食糧しょくりょうを～ 보유 식량을 바닥내다

**くいつな・ぐ [食(い)×繋ぐ]** 自五 ①아껴 먹으며 목숨을 이어나가다, 연명하다¶ さつまいもで～ 고구마로 연명하다 ②겨우 생계를 유지하다 근근이 살아가다¶ 家財かざいを売うって～ 가재를 팔아서 겨우 살아가다

**くいっぱぐれ [食いっ逸れ]** (口) ①먹을 기회를 놓침, 생활 방도를 잃음¶ ～のない商売しょうばい 생계 걱정이 없는 장사

**くいっぱぐ・れる [食いっ逸れる]** 自下一 → くいはぐれる

**くいつぶ・す [食(い)×潰す]** 他五 (무위 도식하여 재산을) 탕진하다, 거덜내다＝くいたおす¶ 身代しんだいを～ 재산을 탕진하다

**くいつ・める [食(い)詰める]** 自下一 생계가 막히다, 밥줄이 끊어지다¶ ～めて夜逃よにげをする 살길이 막막해 야간 도주하다

**くいで [食いで]** (음식의) 양이 충분함, 먹어서 양에 참¶ 値段ねだんのわりに～のある料理りょうり だ 가격에 비해 양에 차는 요리다

**ぐいと** 副 ①힘껏, 확, 와락¶ ～引ひっ張ぱる 힘껏 당기다 ②쭉, 꿀꺽¶ ～飲のみ干ほす 쭉 들이켜다

**くいどうらく [食い道楽]** 식도락, 식도락가

**くいと・める [食(い)止める]** 他下一 막다, 방지하다 延焼えんしょうする～ 연소를 막다

**くいな [〈水鶏〉・〈秧鶏〉]** 動 흰눈썹뜸부기

**くいにげ [食(い)逃げ]** 名 自スル 음식값을 치르지 않고 달아남, 그런 사람

**くいのば・す [食(い)延ばす]** 他五 (음식・생활비 등을) 느루먹다, 아껴 쓰다＝くいつなぐ

**ぐいのみ [ぐい飲(み)・ぐい呑(み)]** ①꿀꺽 마심, 쭉 들이켬 ビールを～にする 맥주를 쭉 들이켜다 ②크고 운두가 높은 잔

**くいはぐ・れる [食(い)×逸れる]** Ⅰ 他下一 을 기회를 놓치다, 거르다¶ 昼食ちゅうしょくを～ 점심 식사를 거르다 Ⅱ 自下一 생계를 잃다, 생계가 막히다 ▷「くいっぱぐれる」라고도 함

**くいぶち [食(い)扶持]** 식비, 생활비＝食くい分ぶん¶ ～をあてがう 생활비를 대다

**くいぶん [食い分]** → くいぶち

**くいほうだい [食い放題]** 名 마음껏 먹음, 실컷 먹음＝食たべ放題ほうだい¶ 飲のみ放題ほうだい～ 마음껏 먹고 마심

**くいまく・る [食(い)×捲る]** 他五 닥치는 대로 (모조리) 먹다

**くいもの [食(い)物]** ①음식, 먹을 것, 식량 ②이용물, 희생물, 제물¶ 年寄としよりを～にする 노인을 제물로 하다

**くいりょう [食い料]** ①식료품, 먹을 것 ②식비

**く・いる [悔いる]** 他上一 후회하다, 뉘우치다¶ 前非ぜんぴを～ 지난 잘못을 뉘우치다

**くう [空]** 音 クウ 訓 そら・から・あく・あける・むなしい・すく(음) Ⅰ (造語) ①텅 빔, 근거 없음, 무의미, 헛일¶ 空想くうそう 공상・空腹くうふく 공복・真空しんくう 진공 ②하늘, 허공¶ 空気くうき 공기・空中くうちゅう 공중③항공기에 관한 일¶ 空軍くうぐん 공군・空港くうこう 공항 Ⅱ ①하늘, 공중, 허공¶ ～を舞まう 하늘을 날다/ ～をにらむ 허공을 노려보다 ②〔佛〕色即是しきそくぜ ～ 색즉시공 Ⅲ ナ 헛됨, 무의미함, 허사¶ 努力どりょくが～に帰きする 노력이 허사로 돌아가다¶

**く・う [食う・×喰う]** 他五 ①(음식을) 먹다¶ パンを～ 빵을 먹다 ▷「食たべる」보다 거친 말 ②생활하다, 먹고 살아가다¶ ～には困こまらない 먹고 살기에는 어렵지 않다 ③(동물이) 잡아먹다, 물다, 쏘다, 쏠다¶ 野獣やじゅうに～われる 야수에게 잡아먹히다 ④(나쁜 일을) 당하다, 입다, 받다¶ お目玉だまを～ 야단을 맞다／肩かたすかしを～ 허탕을 치다 ⑤(남의 영역을) 침입하다, 잠식하다¶ 相手あいての地盤じばんを～ 상대의 지반을 잠식하다 ⑥(상대를) 꺾다, 이기다, 압도하다¶ 横綱よこづなを～ 요코즈나를 꺾다 ⑦(「人ひとを～」의 꼴로) 사람을 깔보다, 무시하다¶ 人を～・った話はなし 사람을 깔보고 하는 이야기 ⑧(비용・시간 등을) 소모하다, 소비하다¶ ガソリンを～車くるま 휘발유를 많이 소모하는 차／手間てまを～作業さぎょう 품이 많이 드는 작업¶「年としを～」의 꼴로) 나이를 먹다¶ むだに年を～・っていない 쓸데없이 나이를 먹지 않았다 ⑩덤벼들다, 대들다¶ 人ひとに～・ってかかる 남에게 덤벼들다 ⑪마음에 들다¶ 気きに～・わない 마음에 들지 않다 ⑫((「何なにを～・わぬ顔かおをする」의 꼴로) 시치미를 떼다, 모른 체하다, 태연하다

[慣用句]
**—か食̀われるか** 먹느냐 먹히느냐
**—や食̀わず** 먹는 둥 마는 둥

**ぐう** [偶] 〔音〕グウ 〔訓〕たまたま | (음)우. (造語) ①인형. 偶像$^{ぞう}$ 우상·土偶$^{どぐう}$ 토우 ②쌍을 이루다. 짝짓다. 마주 보다¶ 対偶$^{ぐう}$ 대우·配偶者$^{しゃ}$ 배우자 ③짝수¶ 偶数$^{すう}$ 우수 ④뜻밖에. 우연히¶ 偶然$^{ぜん}$ 우연·偶発$^{はつ}$ 우발 ▷ [熟字訓] 木偶 목우

**ぐう** [*寓] 〔音〕グウ | (음)우. (造語) ①몸을 의지하다. 임시로 거처하다¶ 寓居$^{きょ}$ 우거·寄寓$^{ぐう}$ 기우 ②자기 집의 낮춤말¶ 田中寓$^{なかぐう}$ 田中 집 ③빙자하다. 빗대다¶ 寓意$^{い}$ 우의·寓話$^{わ}$ 우화 ④눈여겨 보다¶ 寓目$^{もく}$ 주목함

**ぐう** [遇] 〔音〕グウ 〔訓〕あう | (음)우. (造語) ①(뜻밖에) 만나다. 마주치다¶ 遭遇$^{ぞうぐう}$ 조우·千載一遇$^{せんざいいちぐう}$ 천재일우 ②대접하다. 대우하다¶ 厚遇$^{こう}$ 후대·待遇$^{たい}$ 대우

**ぐう** [隅] 〔音〕グウ 〔訓〕すみ | (음)우. (造語) ①구석. 모퉁이¶ 一隅$^{ぐう}$ 일우·辺隅$^{へん}$ 변경 ②「大隅$^{おお}$」의 준말¶ 薩隅$^{さつぐう}$ 지금의 鹿児島$^{かごしま}$ 현에 해당하는 薩摩$^{さつま}$·大隅 두 지방

**ぐう** (口) (가위바위보의) 바위. 주먹 = 石$^{いし}$

**くうい** [空位] (文) 공위 ①자리[지위]가 비어 있음. 공석¶ 会長$^{かいちょう}$の座$^{ざ}$が~になる 회장 자리가 공석이 되다 ②유명무실한 지위, 이름뿐인 지위

**ぐうい** [*寓意] 우의. 다른 일에 빗대어 어떤 의미를 암시함¶ ~小説$^{しょう}$ 우의 소설

**くういき** [空域] (文) 공역. 공중 영역

**ぐういん** [偶因] (文) 우인. 우연한 원인·사정

**ぐうえい** [偶詠] (文) 우영. 문득 떠오른 것을 그대로 읊음. 우음(偶吟), 그런 시가

**くうかぶ** [空株] [経] → からかぶ

**くうかん** [空間] 공간¶ 宇宙$^{ちゅう}$~ 우주 공간/~を利用$^{りよう}$する 공간을 이용하다 **—芸術**$^{げいじゅつ}$ 공간 예술·조형 예술 **—的**$^{てき}$ 공간적

**ぐうかん** [偶感] (文) 문득 떠오른 감상·생각

**くうかんち** [空閑地] (文) 공한지. 노는 땅

**くうき** [空気] 공기 ①대기¶ 新鮮$^{しんせん}$な~を吸$^{す}$う 신선한 공기를 들이마시다 ②분위기¶ 緊張$^{きんちょう}$した~ 긴장된 공기 **—銃**$^{じゅう}$ 공기총 **—制動機**$^{せいどうき}$ 공기 제동기 **—調節**$^{ちょうせつ}$ 공기 조절 **—伝染**$^{でんせん}$ 공기 전염 **—枕**$^{まくら}$ 공기 베개

**くうきょ** [空虚] 공허 ①속이 텅 빔 ②내용·실속이 없음. 허황함¶ ~な理論$^{ろん}$ 공허한 이론

**ぐうきょ** [*寓居] (文) 우거 ①임시 거처¶ 郊外$^{こうがい}$に~を構$^{かま}$える 교외에 임시 거처를 꾸미다 ②자기 집의 낮춤말

**くうくう** [空空] (文) ①아무것도 없음. 공허함 ②사려가 없음 ③[佛] 실체가 없음. 집착·번뇌가 없음 **—寂寂**$^{じゃくじゃく}$ 공공적적 ①(아무 생각이 없음. 집착하지 않음 ②우주 만물이 모두 실체가 없음 **—漠漠**$^{ばくばく}$ 공공막막 ①끝없이 넓음 ②막연하여 종잡을 수 없음

**ぐうぐう** 〔副〕(口) ①(코를 골며 잘 자는) 쿨쿨¶ ~と眠りこむ 쿨쿨 깊이 잠들다 ②(배가 고파) 꼬르륵. 꼬르륵¶ おなかが~という 뱃속에서 꼬르륵 소리가 나다

**くうぐん** [空軍] [軍] 공군

**くうげ** [空華] 공화 ①[医] 안화(眼花) ②[佛] 번뇌로 떠오르는 여러 가지 망상

**くうけい** [空*閨] (文) 공규. 공방¶ ~を守$^{まも}$る 독수 공방하다

**くうげき** [空*隙] (文) 공극. 빈틈, 틈바구니 = 間隙$^{かんげき}$¶ ~をうずめる 빈틈을 메우다

**くうけん** [空*拳] (文) 공권 ①맨손, 맨주먹 徒手$^{としゅ}$~ 적수 공권 ②남의 도움을 받지 않음

**くうげん** [空言] (文) 공언 ①뜬소문, 헛소문¶ ~をまき散$^{ち}$らす 뜬소문을 퍼뜨리다 ②빈말, 실없는 말, 허언¶ ~を吐$^{は}$く 빈말을 하다

**ぐうげん** [*寓言] 우언 ①(文) 우화 ②[表] 문장 속에 우화를 사용하는 표현법

**ぐうご** [偶語] 名 自スル (文) 우어. 마주 대하고 이야기함

**くうこう** [空港] 공항¶ 国際$^{こくさい}$~ 국제 공항

**くうこく** [空谷] 공곡. (인기척이 없는) 쓸쓸한[빈] 골짜기 **—の跫音**$^{きょうおん}$ 공곡 공음 ①빈 골짜기에 울리는 발소리 ②적적할 때 찾아오는 사람이나 반가운 소식

**くうさい** [空際] (文) ①하늘가, 하늘 끝. 지평선 = 天際$^{てんさい}$ ②[佛] 열반 = 涅槃$^{ねはん}$

**ぐうさく** [偶作] 우작. 우연한 기회에 지음, 그런 작품

**くうさつ** [空撮] 항공 촬영

**ぐうじ** [宮司] [神社]에서 제사 집행과 서무를 관장하는 우두머리 직위¶ 伊勢神宮$^{いせじんぐう}$·出雲大社$^{いずもたいしゃ}$의 大宮司$^{だいぐうじ}$·少宮司$^{しょうぐうじ}$

**くうしゃ** [空車] 공차. 빈 차 = あきぐるま

**くうじゃく** [空寂] 名 ナル [仏] 공적 ①(文) 인적이 없이 쓸쓸함 ②[佛] 만물이 모두 공(空)일 뿐 실체가 없음 = 空寂寂寂$^{くうじゃくじゃく}$

**くうしゅう** [空襲] 名 他スル [軍] 공습¶ ~警報$^{けいほう}$ 공습 경보

**くうしょ** [空所] 공소. 빈 곳, 빈 자리¶ ~補充問題$^{ほじゅうもんだい}$ 빈 곳을 채우는 문제

**ぐうじん** [偶人] (文) 인형 = でく

**ぐうすう** [偶数] (文) 우수. 짝수 ⇔ 奇数$^{きすう}$

**ぐう・する** [*寓する] I 自 サ変 우거하다, 임시 거처에 살다 II 他 サ変 빗대어 말하다, 품게 하다¶ 童話$^{どうわ}$に人生訓$^{じんせいくん}$を~ 동화에 인생훈을 담다

**ぐう・する** [遇する] 他 サ変 (文) 대접하다, 대우하다¶ 主賓$^{しゅひん}$として~ 주빈으로 대접하다

**ぐうせい** [偶成] (文) 우성. (시나 노래 등이) 우연히 만들어짐, 그런 작품 = 偶作$^{ぐうさく}$

**くうせき** [空席] 공석 ①빈 자리[좌석]¶ ~が目立$^{めだ}$つ 빈 자리가 눈에 띄다 ②결원이 된 자리[지위]¶ ~を埋$^{う}$める 공석을 메우다

**くうせつ** [空説] (文) 공설. 근거 없는 소문·말, 낭설

**くうせん** [空戦] 공전. 공중전

**くうぜん** [空前] 名 공전. 전례가 없음, 미증유¶ ~のブーム 공전의 붐 **—絶後**$^{ぜつご}$ 공전 절후. 전무후무함¶ ~の大事件$^{だいじけん}$ 전무후무한 대사건

ぐうぜん [偶然] Ⅰ 名[ダ] 우연 ⇔ 必然¶～の出会い 우연한 만남 Ⅱ 副 우연히, 뜻밖에, 뜻하지 않게¶一緒になった우연히 동행하게 되었다

くうそ [空疎] 名(文) 공소. 내용이 없음¶内容の～な論文 내용이 없는 논문

くうそう [空想] 名他スル 공상¶～家 공상가/～にふける 공상에 빠지다 ━的 社会主義 [哲] 공상적 사회주의

ぐうぞう [偶像] 우상¶若者の～ 젊은이의 우상/～視する 우상시하다 ━崇拝 우상숭배 ━破壊 우상 파괴

くうそくぜしき [空即是色] [佛] 공즉시색 色即是空 색즉시공 공즉시색

ぐうたら 名[ダ](口) 굼뜨고 게으름, 그런 사람¶～亭主 굼뜨고 게으른 남편

くうち [空地] (文) 공지 ①공한지, 빈터 ②공중과 지상, 하늘과 땅

くうちゅう [空中] 공중¶～給油 공중 급유/～輸送 공중 수송 ━査察 [軍] 공중사찰 ━写真 공중 사진. 항공 사진 ━戦 [軍] 공중전 ━線 [電] 공중선. 안테나 ━分解 名自スル 공중 분해 ①항공기가 비행 중에 분해됨 ②기획·조직 등이 도중에 폐기되거나 와해됨 ━楼閣 공중 누각 ①(실현성이 없는) 허황된 일 ②신기루

くうちょう [空調] 공조. 공기 조절

くうてい [空挺] [軍] 공정. 공중 정진¶～作戦 공정 작전 ━部隊 [軍] 공정 부대

くうてん [空転] 名自スル ①헛돎. 겉돎¶～から回り¶車輪が～する 차바퀴가 헛돌다 ②(일이) 헛되이 진행됨¶会議が～する 회의가 공전하다

くうでん [空電] [電] 공전

くうどう [空洞] 공동 ①동굴, 굴 ②[醫] 신체 조직의 회사(壞死)로 그 부분에 생긴 구멍

くうとりひき [空取引] [經] → からとりひき

クーニャン [*姑娘] 꾸냥. 소녀, 젊은 여자

ぐうのね [ぐうの音] (口) 숨이 막힐 때 나는 소리, 꺽소리

慣用句
━も出ない 꺽소리도 못하다

くうはく [空白] 공백 Ⅰ 名 여백¶～を絵で埋める 공백을 그림으로 메우다 Ⅱ 名[ダ] 하는[한] 일이 없음¶～の期間 공백 기간

くうばく [空漠] (文) 名[ダスル] ①광막¶～たる宇宙 광막한 우주 ②종잡을 수 없음, 막연함¶～とした話 막연한 이야기

くうばく [空爆] 名他スル[軍] 공폭. 공중 폭격

くうはつ [空発] 名自スル ①(화약 등이) 허공으로 폭발함 ②겨냥하지 않고 헛되이 발사됨

ぐうはつ [偶発] 名自スル 우발¶～事件 우발 사건/～的に起こる 우발적으로 일어나다

くうひ [空費] 名他スル 낭비¶いたずらに時間を～する 쓸데없이 시간을 낭비하다

くうふく [空腹] 공복= すきばら ⇔ 満腹¶～を満たす 공복을 채우다

くうぶん [空文] (文) 공문. 사문(死文)

くうぼ [空母] [軍] 항모. 항공 모함

くうほう [空包] [軍] 공포. (발사음만 나게 장치한) 연습용 탄약 ⇔ 実包

くうほう [空砲] 공포. 실탄이 들어 있지 않은 발사음¶～を鳴らす 공포를 울리다

クーポン (프 coupon) 쿠폰 ━広告 [廣] 쿠폰 광고. 할인권을 인쇄해 넣은 광고

くうめい [名文] (文) 공명. 허명= 虚名

くうもく [寓目] 名自スル(文) 주목함

くうや ねんぶつ [空也念仏] 名自スル 징·호리병박을 두드리며 춤을 추면서 가락에 맞추어 외는 염불

くうゆ [空輸] 名他スル 공수. 공중 수송¶救護物資を～する 구호 물자를 공수하다

ぐうゆ [*寓喩] [表] 우유

ぐうゆう [偶有] 名他スル(文) 우유. (어떤 성질을) 우연히 갖춤 ━性 우유성

くうらん [空欄] 공란. 빈칸¶～に書き込む 공란에 써넣다

くうり [空理] 공리. 무익한 이론 ⇔ 実理¶～空論 공리 공론

クーリー [*苦力] 쿨리. (옛날 중국·인도의) 하층 노동자. 막일꾼

くうりく [空陸] ①하늘과 땅 ②공군과 육군

くうれい [空冷] 공랭. 공기 냉각 ━式エンジン [機] 공랭식 엔진

くうろ [空路] 공로 ①항공로 ②항공편¶～日本に向かう 항공편으로 일본으로 향하다

くうろん [空論] 공론¶机上の～ 탁상 공론/～に流される 공론으로 흐르다

ぐうわ [*寓話] [表] 우화¶イソップの～ 이솝 우화

くえき [苦役] (文) ①(文) 고역. 고된 육체 노동¶～に耐える 고역을 견디다 ②(형무소에서의) 노역, 징역

くえない [食えない] 連語(口) ①먹을 수 없다 ②먹고 살 수 없다, 생활할 수 없다¶給料だけでは ― 월급만으로는 생활할 수 없다 ③(교활하여) 방심할 수 없다, 허투루 다룰 수 없다¶～人 허투루 다룰 수 없는 사람

く・える [食える] 自[下一] ①먹을 수 있다 ②먹고 살 수 있다, 생활해 나갈 수 있다 なんとか～ 그럭저럭 생활해 나갈 수 있다 ③먹을 만하다¶値段の割にはまあまあ～ね 값에 비하면 그런대로 먹을 만하군

くえんさん [*枸櫞酸] [化] 구연산 ━回路 [生] 구연산 회로. 크렙스 회로

クオリティー (quality) 퀄리티. 질, 품질 ━ペーパー (quality paper) [版] 퀄리티 페이퍼. (대중지에 대하여) 고급지

くおん [久遠] 名[佛] 구원. 영원¶～の理想 영원한 이상 ━実成 [佛] 아득한 옛날부터 성불해 있는 부처

くかい [区会] 구의회

くかい [句会] 俳句를 비평·감상하는 모임

くかい [苦海] [佛] 고해= 苦界

くがい [苦界] ①[佛] 고계. 고해 ②창녀 신세¶～に身を沈める 화류계에 몸을 담다

**くかく【区画・区劃】** 名 他スル 구획. 경계¶ 土地を～する 토지를 구획하다

**くがく【苦学】** 名 自スル 고학 ①(학비를 스스로 벌어) 고생하며 학교를 다님¶ ～生 고학생 ②고생하며 학문을 함¶ ～力行の士 고학 역행의 선비

**くかたち**〈盟神探湯〉・〈探湯〉・〈誓湯〉 상고 시대 재판에서 시비를 가리기 어려울 때 신에게 맹세하고 끓는 물에 손을 넣게 하던 일＝くがたち

**くがつ【九月】** 9월＝長月

**クかつよう【ク活用】**〖文法〗어미가「く・く・し・き・けれ」로 활용되는 일본어 둥사 형용사의 활용 형식¶「白し・高し」등

**くがら【句柄】**(連歌・俳諧 등에서) 싯구의 품격이나 됨됨이

**くかん【区間】** 不通～ 불통 구간

**くかん【軀幹】** 文 구간. 몸통. 동체

**ぐがん【具眼】** 名 文 구안. 안목이 있음¶ ～の士 구안지사. 안목을 갖춘 사람

**く【茎】** 줄기. 대¶ 葉～の～ 잎줄기

**くぎ【釘】** 名 ～を打つ 못을 박다/ ～を抜く 못을 뽑다

〚慣用句〛
―を刺す ①못을 박다 ②다짐해 두다

**くぎ【区議】** 政 구의회 의원

**くぎかい【区議会】** 政 구의회＝区会 ―議員 政 구의회 의원＝区議

**くぎかくし【釘隠し】** 못대가리를 가리기 위해 씌우는 쇠 장식

**くぎごたえ【釘応え】** ①박은 못이 잘 들어감 ②효과가 있음. 튼튼하여 오래감

**くぎざき【釘裂き】**(옷 등이) 못에 걸려 찢김. 그렇게 찢긴 자리

**くぎづけ【釘付け】** 名 他スル ①못을 박아 고정시킴 ②꼼짝못하게 함. 꼼짝할 수 없음¶ 敵を～にする 적을 꼼짝못하게 하다

**くぎぬき【釘抜き】** 못뽑이

**くぎめ【釘目】** 못박은 자리. 그 흔적

**くきょ【愚挙】** 文 어리석은 행동・계획

**くきょう【句境】** ①俳句의 진보 단계 ②俳句를 지을 때의 경지・심경

**くきょう【苦境・苦況】** 고경. 곤경. 역경¶ ～に立つ 곤경에 처하다/ ～を乗りこえる 곤경을 헤쳐나가다

**くぎょう【公卿】** 공경. 옛날 일본 조정에서 공(公)인 大臣과 경(卿)인 大納言・中納言・参議 와 3품 이상의 고관 귀족을 아울러 일컫던 말＝公家・こうけい

**くぎょう【苦行】** 名 自スル 고행 ①(佛) 득도를 위한 고통스런 수행 ②고통스런 일

**くぎり【区切り・句切り】** 단락 ①(문장의) 마디 ②(사물의) 매듭. 구분¶ 仕事の～をつける 일의 매듭을 짓다 ―符号 단락 부호

**くぎ・る【区切る・句切る】** 他五 ①(문장 등을) 구분하다, 단락을 짓다. 끊다¶ 文章を三つの段落に～ 문장을 3개의 단락으로 나누다 ②(사물을) 구획짓다, 구분하다¶ 土地を塀で～ 토지를 담장으로 구획짓다

**くぎん【苦吟】** 名 自スル 고음. 고심하여 시가(詩歌)・俳句를 지음. 그런 시가・俳句

**くく【九九】** 〖数〗구구. 구구법〔단〕¶ ～を唱える 구구단을 외다

**くく【区区】** 形動 文 구구 ①각기 다름¶ 巷説～として一定しない 항설이 구구하여 일정치 않다 ②사소함¶ ～たる問題 사소한 문제

**くぐい【鵠】**「白鳥」의 옛이름. 백조

**くぐつ【傀儡】** ①꼭두각시, 괴뢰 ②꼭두각시를 놀리는 사람, 괴뢰사 ③창녀

**くぐま・る【屈まる・踞まる】** 自五 (몸을) 구부리다, 쭈그리다＝かがむ・こごむ

**くく・む【銜む】** 他五 ①(입 속에) 머금다 ②(원한을) 품다

**くく・める【銜める】** 他下一 ①(입 속에) 머금게 하다 ②타일러 납득시키다¶ 言い～ 말로 타일러 납득시키다

**くぐも・る** 自五 (소리가) 입 안에서 우물거리다

**くぐり【潜り】**「潜り戸・潜り門」의 준말

**くぐりど【潜り戸】** 쪽문＝くぐり

**くぐりぬ・ける【潜り抜ける】** 他下一 ①(좁은 곳을) 빠져 나가다 火の中を～ 불속을 빠져 나가다 ②(위기・난관을) 벗어나다, 헤쳐 나가다¶ 危険を～ 위험을 벗어나다

**くくりまくら【括り枕】** 메밀 껍질 등으로 속을 넣고 양쪽 마구리를 졸라맨 베개

**くぐりもん【潜り門】** 담의 일부를 뚫어서 낸 낮고 작은 문＝くぐり

**くく・る【括る】** 他五 ①(끈 등으로) 묶다, 붙들어 매다¶ 新聞をひもで～ 신문을 끈으로 묶다/ 犯人を木に～ 범인을 나무에 붙들어 매다 ②한데 묶다. 총괄하다¶ 一口に～って考えん하데 묶어 생각하다 ③(문장・도표 안에서) 한데 묶다¶ かぎかっこで～ 낫표로 묶다 ④(「首を～」의 꼴로) 목을 매다. 목을 매어 자살하다 ⑤(「腹を～」의 꼴로) 판단을「결의을」굳히다¶ 腹を～って結果を待つ 결의를 굳히고 결과를 기다리다 ⑥(「たかを～」의 꼴로) 대수롭지 않게 생각하다. 가볍게 여기다¶ ちょっとした傷とたかを～ 대단치 않은 상처라고 대수롭지 않게 생각하다 ⑦끝맺다. 결말짓다¶ 話を～ 이야기를 끝맺다

**くぐ・る【潜る】** 自五 ①(밑으로) 빠져 나가다, 통과하다¶ 門を～ (몸을 구부려) 문을 빠져 나가다 ②(장애를) 뚫고 나가다, 빠져 나가다¶ 危険な場面を～ 위험한 경우를 뚫고 나가다 ③잠수하다, 무자맥질하다¶ 水中を～ 물 속으로 들어가 잠수하다

**くげ【公家】** ①조정 ②(武家 시대에) 조정에 출사하는 사람 ③「公卿」공경＝くぎょう ―華族 公家였다가 明治 유신후 귀족이 된 사람

**くげ【供花・供華】** 공화. 불전이나 죽은 사람에게 꽃을 바치는 일, 그런 꽃＝きょうか

**くけい【矩形】** 구형. 직사각형

**ぐけい【愚兄】** 文 우형 ①어리석은 형¶ ～賢

くさなぎのつるぎ

弟ﾃｲ 우형 형제 ②자기 형의 낮춤말
くけだい [*絎台] (바느질에서) 옷을 공그르거나 감칠 때 천이 늘어지지 않도록 한쪽 끝을 끈으로 고정하는 바느질대
くけぬい [*絎縫い] (바느질에서) 공그르기
く・ける [*絎ける] 他下一 (바늘 땀을) 공그르다¶ 袖口ｸﾁを~ 소맷부리를 공그르다
くげん [苦言] 고언¶ ~を呈ﾃｲする 고언을 드리다
くげん [苦^患] 【佛】 고환. 고통과 번뇌. 고뇌
ぐけん [愚見] (文) 우견 ①어리석은 의견 ②자기 의견의 낮춤말¶ ~を述ﾉﾍﾞる 우견을 말하다
ぐげん [具現] 名他ｽﾙ 구현¶ 理想ﾘｿｳを~する 이상을 구현하다
くこ [*枸*杞] 【植】 구기자나무
くご [*箜^篌] 【음】 공후 = 百済琴ｸﾀﾞﾗｺﾞﾄ
ぐこう [愚公] 우공.「열자(列子)」에 나오는 고대 중국의 전설상의 인물
慣用句
—山を移す 우공 이산. 어떤 어려운 일이라도 열심히 하면 반드시 성공한다는 말
ぐこう [愚考] 名自他ｽﾙ (文) 우고 ①어리석은 생각 ②자기 생각의 낮춤말¶ ~するに 제가 생각하건대
くごころ [句心] ①俳句ﾊｲｸを 지으려는 마음 ②俳句를 짓고 음미할 줄 아는 능력
くごほう [ク語法] 【文法】 四段 동사・ラ変 동사・형용사・조동사의 未然形・조동사 「き」의 連体形에 접미어「く」가 붙고 또 四段・ラ変 이외의 동사 終止形에 접미어「らく」가 붙어서 準体言을 구성하는 고대 어법
くこん [九献] (文) 「三三九度ｻﾝｻﾝｸﾄﾞ」의 딴이름
くさ [草] ①풀¶ ~の上ｳｴに寝転ﾈｺﾛﾌﾞ 풀밭에 뒹굴다 ②잡초¶ ~ほうぼうの庭ﾆﾜに 잡초가 무성한 뜰 ③짚, 꼴풀¶ 馬ｳﾏに~をやる 말에게 꼴을 주다 ④(지붕을 이는) 짚, 참억새¶ ~ぶきの屋根ﾔﾈ¶ ~の庵ｲｵﾘ¶ ~の초암 ⑤(造語) 본격적이 아닌, 풋내기¶ ~野球ﾔｷｭｳ 동네 야구/ ~競馬ｹｲﾊﾞ 공인되지 않은〔지방〕경마
慣用句
—を結ぶ ①(여행지에서) 노숙하다 ②풀을 묶어 길 표시를 하다
くさ [*瘡] [醫] ①피부병. (특히 젖먹이의) 습진 ②창병 = かさ
くさ [種] 《조어 성분으로서 동사 連用形 등에 붙어》 ···거리, 재료¶ 語ｶﾀﾘ~ 이야깃거리
くさ・い [臭い] 形 ①역한 냄새가 나다, 구리다¶ ~魚ｻｶﾅ 비린 생선/ 息ｲｷが~ 입냄새가 나 ②의심스럽다, 수상쩍다, 미심쩍다¶ ~仲ﾅｶ 수상적은 사이/ あの男ｵﾄｺが~ 저 남자가 미심쩍다 ③(造語) ㉠···냄새가 나다¶ 汗ｱｾ~ 땀 냄새가 나다/ こげ~ 타는 내가 나다 ㉡···음 게 느껴지다¶ 陰気ｲﾝｷ~/ 老人ﾛｳｼﾞﾝ~ 노인 티가 나다 ㉢몹시 ···하다¶ 面倒ﾒﾝﾄﾞｳ~ 몹시 귀찮다/ 古ﾌﾙ~ 케케묵다
慣用句
—飯ﾒｼを食ｸう 콩밥을 먹다, 감옥살이하다
—物に蓋ﾌﾀをする 악취가 나는 뚜껑을

덮다. 남이 알면 곤란한 일 등을 일시적으로 숨기다
ぐさい [愚妻] (文) 우처 ①어리석은 아내 ②자기 아내의 낮춤말
くさいきれ [草いきれ] (여름철) 풀섶에서 풍기는 후텁지근한 열기, 풀의 훈김¶ むせするような~ 숨막힐 듯한 풀의 훈김
くさいち [草市] 우란분재 때에 쓸 화초・불구(佛具) 등을 파는 장
くさいにち [九斎日] 【佛】 구재일
くさいりずいしょう [草入(り)水晶] 【礦】 (결정 속에 다른 광물이 섞여) 풀이 들어 있는 것처럼 보이는 수정
くさいろ [草色] 풀빛, 초록색
くさかげろう [草蜻蛉・草蜉蝣] 【動】 풀잠자리
くさがめ [臭亀・草亀] 【動】 남생이
くさかり [草刈(り)] 풀베기, 풀베는 사람
くさがれ [草枯れ] (서리・눈 등으로) 풀이 시듦, 그런 계절
くさかんむり [草冠] (한자 부수의) 초두 ▷「花・芽」등의 부수 부분
くさき [草木] 초목. 식물 = そうもく
慣用句
—も靡ﾅﾋﾞく 초목도 나부끼다, 따르지 않을 자가 없을 만큼 위세가 등등함
—も眠ﾈﾑる 초목도 잠들다. 밤이 깊어 사방이 쥐죽은 듯 고요하다
くさぎ・る [*耘る] 自五 (文) 김을 매다, 제초하다
くさく [句作] 名自ｽﾙ 俳句ﾊｲｸ를 지음
ぐさく [愚作] (文) 우작 ①시시한 작품 ②자기 작품의 겸사말. 졸작¶ ~を披露ﾋﾛｳする 졸작을 피로하다
ぐさく [愚策] (文) 우책 ①어리석은 계책, 쓸모 없는 계획¶ ~を弄ﾛｳする 우책을 쓰다 ②자기 계획의 겸사말
くさくさ 副自ｽﾙ (口) (불쾌한 일이 있어) 기분이 좋지 않은 모양¶ 梅雨ﾂﾕで気ｷが~する 장마 때문에 기분이 울적하다
くさぐさ [種種] (文) 갖가지, 여러 가지 = さまざま¶ ~の品ｼﾅ 갖가지 물건
くさけいば [草競馬] 농촌 등에서 행해지는 소규모 사설 경마, 지방 경마
くさごえ [草肥] 초비, 풋거름 = 緑肥ﾘｮｸﾋ
くさ・す [*腐す] 他五 ①헐뜯다, 깎아내리다, 비방하다¶ 人ﾋﾄを~ 남을 헐뜯다
くさずもう [草相撲] (시골에서 하는) 풋내기 씨름
くさずり [草摺り] ①갑옷의 몸통 아래로 늘어뜨려 허리 아래를 가리는 부분 ②풀로 문질러 옷자락・소매 등을 물들임, 그런 옷
くさぞうし [草双紙] (文) 江戸ｴﾄﾞ 시대의 삽화가 든 통속 소설의 총칭 = 絵草紙ｴｿﾞｳｼ
くさたけ [草丈] 작물・풀의 자란 키
くさとり [草取り] 名自ｽﾙ ①제초, 김매기, 김매는 사람 ②제초 도구
くさなぎのつるぎ [草薙の剣] 일본 왕실의 세 가지 신기(神器) 가운데 하나인 검 = 天叢雲剣ｱﾒﾉﾑﾗｸﾓﾉﾂﾙｷﾞ

くさのいおり [草の庵] 초암, 초막 ¶ ~を結ぶ 초막을 엮어 짓다
くさのね [草の根] ①풀뿌리 ②(比) 일반 대중, 민초 ¶ ~民主主義 풀뿌리 민주주의
慣用句
一を分けて搜す 샅샅이 찾다
くさばな [草花] 초화 ①화초 ¶ 庭に~を植える 뜰에 화초를 심다 ②풀에 피는 꽃
くさばのかげ [草葉の陰] 무덤, 저승 ¶ ~で幸せを祈る 저승에서 행복을 빌다
くさはら [草原] 초원= くさわら・そうげん
くさび [楔] ①쐐기 ②비녀장 ③(比) 사물과 사물을 단단히 결합시키는 것
慣用句
一を打ち込む 쐐기를 박다 ①적진에 처들어가 세력을 둘로 갈라 놓다 ②(상대편 속에) 자기 세력을 심다
くさびがたもじ [楔形文字] → せっけいもじ
くさひばり [草雲雀] [動] 풀둘다리
くさぶえ [草笛] 초적. 풀피리
くさぶか・い [草深い] [形] [文] ①풀이 우거져 있다 ¶ ~山路 풀이 우거진 산길 ②궁벽하다 ¶ ~田舎 궁벽한 시골, 벽촌
くさぶき [草葺(き)] 이엉으로 지붕을 임. 초가 지붕
くさぼうき [草箒] 싸리비
くさまくら [草枕] ①(文) 여행, 객지잠. 나그네의 잠 ¶ 旅を結ぶ・露 객지잠을 수식함
くさみ [臭み] ①(좋지 않은) 냄새, 구린내 ¶ 特有の~ 특유의 냄새/ 口の~を消す 입냄새를 없애다 ②(짐짓 꾸민 듯이 느껴져) 남에게 주는 불쾌감, 역겨움 ¶ ~のある芝居 역겨움을 주는 연극
くさむしり [草毟り] 풀뜯기, 풀뽑기, 제초
くさむら [叢・草叢] 풀밭, 풀숲
くさめ [嚔] → くしゃみ
くさもち [草餅] 쑥떡
くさや [草屋] ①초옥. 초가집 ②꼴을 넣어 두는 헛간
くさやきゅう [草野球] (빈터 등에서 하는) 풋내기 야구, 동네 야구
くさやね [草屋根] 초가 지붕= わら屋根
くさやぶ [草藪] 풀숲, 풀 덤불
くさら・す [腐らす] [他五] ①썩이다, 썩게 하다 ¶ 藁を~ 짚을 썩이다 ②(心) 속상하게 하다, 불쾌하게 하다 ¶ 気を~ 기분을 상하게 하다 ▷「腐らせる」로도 씀
くさり [鎖] ①쇠사슬 ¶ ~でつなぐ 쇠사슬로 매다 ②(比) 사물과 사물을 잇는 것, 연계, 인연 ¶ 因習の~をたち切る 인습의 사슬을 끊다
くさりかたびら [鎖〈帷子〉] (갑옷 밑에 받쳐 입는) 쇠사슬로 엮어 만든 방호구 (防護具)
くさりがま [鎖〈鎌〉] 긴 자루에 쇠뭉치가 달린 긴 쇠사슬이 붙은 옛날 무기
ぐさりと [副] (칼 등으로 세게 찌르는) 푹= ぐさッと ¶ 刀で~つく 칼로 푹 찌르다
くさ・る [腐る] [自五] ①(음식 등이) 썩다, 상하다, 부패하다 ¶ 魚が~ 생선이 상하다 ②(나무・금속 등이) 썩다, 삭다 ¶ 柱が~ 기둥이 썩다/ 鉄が~ 쇠가 삭다 ③(口) 맥이 빠지다, 낙심하다 ¶ 叱られて~ 꾸중을 듣고 맥이 빠지다 ④타락하다, 비뚤어지다 ¶ 根性が~・っている 근성이 썩어 있다 ⑤[補助] (口) 경멸・증오의 뜻을 나타냄. …해대다 ¶ 威張り~・ったやつ 뻐기대는 녀석
慣用句
一っても鯛 썩어도 준치. 값진 것은 낡거나 헐어도 그 나름의 가치가 있음
一程ある 썩어날 정도로 있다. 지천으로 널려 있다
くされ [腐れ] ①썩음, 썩은 것 ¶ 立ち~ 선채로 썩음/ ~が出る 썩기 시작하다 ②(일이) 좋지 않은 상태로 됨 ¶ あと~ 뒤탈 ③(造語) 욕하거나 비웃을 때 쓰는 말 ¶ ~儒者 썩어 빠진 선비/ ~金 더러운 돈
くされえん [腐れ縁] (끊을래야 끊을 수 없는) 나쁜 인연, 악연, 질긴 인연
くされがね [腐れ金] ①(눈에 차지 않는) 푼돈 ②더러운 돈, 부정한 돈
くさ・れる [腐れる] [自下一] 부패하다, 썩다
くさわけ [草分(け)] ①황무지를 개척함, 개척자 ②창시, 창시자 ¶ この業界の~ 이 업계의 창시자
くし [串] 꼬챙이, 꼬치 ¶ 竹~ 대꼬챙이/ ~だんご 꼬치 경단/ ~に刺す 꼬치에 꿰다
くし [櫛] ¶ ~でとかす 빗으로 빗다/ 髪に~を入れる 머리를 빗다
慣用句
一の歯を挽く (比) 일이 끊임없이 이어짐
くし [駆使] [名] [他] (比) ①구사, 능숙하게 씀 ¶ 機械を~する 기계를 능숙하게 다루다/ 英語を自由自在に~する 영어를 자유자재로 구사하다 ②혹사 ¶ 社員を~する 사원을 혹사하다
くじ [籤・鬮] 제비, 추첨 ¶ 宝~ 복권/ ~を引く 제비를 뽑다/ ~にあたる 당첨되다
くじ [九字] (호신의 비법으로 외던) 「臨兵闘者皆陣列在前」의 아홉 글자
慣用句
一を切る 九字를 외면서 손가락으로 허공에 세로로 네 줄 가로로 다섯 줄을 긋다
くしあげ [串揚(げ)] [料] 고기・채소 등을 꼬치에 꿰어 튀긴 음식. 꼬치 튀김
くじうん [籤運] 제비에 뽑히는 운수, 당첨운 ¶ ~が強い 당첨운이 좋다/ ~が悪い 당첨운이 없다
くしがき [串柿] 곶감
くしがた [櫛形] ①(얼레빗의 등같은) 반달형 ②「櫛形窓」의 준말. (채광・환기를 위해 난간에 낸) 반달형 창문
くしカツ [串カツ] [料] 돼지고기와 파 등을 대꼬치에 꿰어 튀김옷을 입혀 튀긴 음식
くしき [奇しき] [連体] [文] 이상한, 기이한, 영묘한 ¶ ~因縁 기이한 인연
くじ・く [挫く] [他五] ①삐다 ¶ 足を~ 발

ぐずう

を빼다 ②(기세를) 꺾다, 누르다¶出鼻<sup>はな</sup>を〜 초창에 꺾다, 기선을 제압하다/強<sup>つよ</sup>きを〜 강자를 누르다
ぐじぐじ [副](口) (1)투덜투덜¶いつまでも〜と言う 언제까지나 투덜투덜하다 ②우물쭈물, 우물우물¶〜言い訳<sup>わけ</sup>をする 우물쭈물 변명을 하다
くしくも [*奇しくも*] [副](文) 이상하게도, 기이하게도¶〜出会った 기이하게도 만났다
くしけず・る [梳る] [他五](文) (머리를) 빗다, 빗질하다 = すく
くじ・ける [挫ける] [自下一] ①접질리다, 삐다¶足首<sup>あしくび</sup>が〜 발목이 접질리다 ②(기세 등이) 꺾이다, 약해지다¶志<sup>こころざし</sup>が〜 의지가 꺾이다/途中<sup>とちゅう</sup>で〜 중도에 좌절하다
くしざし [*串刺*] [名] ①꼬치¶〜焼<sup>や</sup>き 꼬치구이 ②(창 등으로) 찔러 죽임¶槍<sup>やり</sup>で〜にする 창으로 찔러 죽이다
くじのがれ [*籤逃れ*] 제비뽑아 면함, (특히 옛날에 징병 검사에서 갑종 합격자가 제비뽑기로 입영이 면제되던 일
くじびき [*籤引*(き)] [名][自スル] 제비뽑기, 추첨 = 抽籤<sup>ちゅうせん</sup>¶〜で順番<sup>じゅんばん</sup>を決める 제비뽑기로 순번을 결정하다
くしまき [*櫛巻*] 머리를 빗에 감아서 위로 틀어올리는 간단한 일본식 여자 머리형
くしめ [*櫛目*] (머리를 빗은 뒤에 남는) 빗살 자국, 빗질한 자국¶一文<sup>いちもん</sup>土器<sup>どき</sup>[考古] 빗살무늬 토기, 즐문(櫛文) 토기
ぐしゃ [愚者] (文) 우자, 바보, 어리석은 사람
慣用句
一も千慮<sup>せんりょ</sup>に一得<sup>いっとく</sup>有<sup>あ</sup>り 바보도 때로는 좋은 생각을 할 때가 있다, 천려 일득
くしやき [*串焼*(き)] [料] 고기·채소·어패류를 꼬치에 꿰어 굽는 조리법, 꼬치구이
くじゃく [*孔雀*] [動] 공작새, 공작새과¶一石<sup>いっせき</sup>[鑛] 공작석 一明王<sup>みょうおう</sup>[佛] 공작 명왕
くしゃくしゃ (口) I [ダ] ①(종이·천 등이) 구깃구깃, 꼬깃꼬깃¶服<sup>ふく</sup>が〜になる 옷이 구깃구깃해지다 ②주글주글¶顔<sup>かお</sup>を〜にして泣く 얼굴을 찌푸리고 울다 ③정돈되지 않고 흐트러진 모양¶〜の髪<sup>かみ</sup>の毛<sup>け</sup> 마구 흐트러진 머리카락 II [副][自スル] ①(불만 등으로) 우울해진 모양¶くさくさ 気<sup>き</sup>が〜する 기분이 울적하다 ②(소리내며 씹는) 질경질경¶ガムを〜とかむ 껌을 질경질경 씹다
ぐしゃぐしゃ [副][自スル] (口) ①(젖어서) 질척질척, 후줄근, 문적문적¶雨上<sup>あめあ</sup>がりの〜した山道<sup>やまみち</sup> 비 갠 질척질척한 산길 ②(형태가 뭉그러져) 쭈글쭈글¶箱<sup>はこ</sup>を〜とつぶす 상자를 쭈글쭈글하게 찌부러뜨리다
くしゃくにけん [九尺二間] (정면의 가로 아홉 자이고 세로 두 칸인) 비좁은 집, 두옥 (斗屋)¶〜の裏長屋<sup>うらながや</sup> 뒷골목의 옹색한 연립 주택
くしゃしゅう [倶舎宗] [佛] 구사종
くしゃみ [*嚏*] [醫] 재채기 = くさめ

くじゅ [口授] [名][他スル] 구수, 직접 말로 전하여 가르침 = こうじゅ¶秘伝<sup>ひでん</sup>を〜する 비전을 구수하다
くしゅう [句集] 俳句<sup>はいく</sup>·連句<sup>れんく</sup> 등을 모은 책
くじゅう [苦汁] (文) ①맛이 쓴 즙, 쓴 물 ②쓴 경험¶〜を飲まされる 쓴 경험을 하다
慣用句
一を嘗<sup>な</sup>める 쓴맛을 보다, 괴로움을 겪다, 쓰디쓴 경험을 하다
くじゅう [苦渋] (文) ①고삽, 쓰고 떫음 ②(일이 뜻대로 되지 않아서) 고민함, 고뇌함¶〜の色<sup>いろ</sup>が漂<sup>ただよ</sup>う 고뇌의 빛이 감돌다
くしょ [区処] (文) I [名] 구분된 곳 II [名][他スル] 구처, 구분하여 (따로따로) 처리함
くじょ [駆除] [名][他スル] 구제¶害虫<sup>がいちゅう</sup>〜 해충 구제
ぐしょ [愚書] (文) 우서 ①시시한 책 ②자기의 저서·편지의 겸사말
くしょう [苦笑] [名][自スル] 고소, 쓴웃음 = にがわらい¶〜を漏<sup>も</sup>らす 쓴웃음을 짓다/〜を禁<sup>きん</sup>じ得<sup>え</sup>ない 고소를 금할 수 없다
くじょう [苦情] 불평, 불만, 푸념¶〜を言う 불평하다/〜を訴<sup>うった</sup>える 불만을 호소하다
ぐしょう [具象] [名][他スル] 구상¶〜画 구상화 一体<sup>たい</sup> 구상체 一的<sup>てき</sup> 구상적, 구체적
ぐしょぐしょ [ダ](口) 흠뻑 젖음 = びしょびしょ¶涙<sup>なみだ</sup>で〜の顔<sup>かお</sup> 눈물로 범벅이 된 얼굴/下着<sup>したぎ</sup>まで〜になる 속옷까지 흠뻑 젖다
ぐしょぬれ [ぐしょ濡れ] [名](口) 흠뻑 젖음 = びしょぬれ·ずぶぬれ¶夕立<sup>ゆうだち</sup>にあって〜になる 소나기를 만나서 흠뻑 젖다
くじら [鯨] ①[動] 고래 ②「鯨尺<sup>くじらじゃく</sup>」의 준말
くじらじゃく [鯨尺] 경척, 주로 피륙을 재는 데 쓰는 곱자
くじらまく [鯨幕] (장례식용) 흑백 포장막
く・じる [抉る] [他五] 후비다, 후벼내다 = えぐる¶耳<sup>みみ</sup>の穴<sup>あな</sup>を〜 귓구멍을 후비다
くしん [苦心] [名][自スル] 고심¶〜して作る 고심하여 만들다/〜の跡<sup>あと</sup>が見える 고심한 흔적이 보이다 一惨憺<sup>さんたん</sup> [名][自スル] 고심참담¶〜の挙句<sup>あげく</sup> 고심참담 끝에
ぐしん [具申] [名][他スル] 구신, (윗사람에 의견·희망 등을) 자세히 아룀¶文書<sup>ぶんしょ</sup>で〜する 문서로 구신하다
ぐじん [愚人] (文) 우인, 어리석은 사람
くす [*楠*·*樟*] → くすのき
くず [*屑*] ①부스러기¶紙<sup>かみ</sup>〜 휴지 조각 ②지스러기 = かす¶繭<sup>まゆ</sup>〜 지스러기 고치 ③(比) 쓸모없는 사람¶人間<sup>にんげん</sup>の〜 인간 쓰레기
くず [*葛*] [植] 칡 ②「葛粉<sup>くずこ</sup>·葛餡<sup>くずあん</sup>」의 준말 ③「葛布<sup>くずふ</sup>」의 준말
ぐず [名][ダ] 굼뜸, 꾸물거림, 그런 사람¶〜な男 굼뜬 남자▷[風] 성미가 까다로움
くずあん [*葛餡*] [料] 칡가루를 물에 풀고 설탕·간장으로 조미해서 걸쭉하게 끓인 음식
くずいと [*屑糸*] 실보무라지, 부스러기실
くずいれ [*屑入*れ] 휴지통, 쓰레기통
ぐずう [*弘通*] [名][自スル] [佛] 홍통, 불법이 널리

くずおれる

퍼짐= ぐつう

くず・お・れる [*頽れる] 自下一 (文) ①맥없이 쓰러지다, 털썩 주저앉다¶悲しみのあまりその場にに~ 슬픈 나머지 그 자리에 맥없이 쓰러지다 ②(실망하여) 기력을 잃다, 기가 꺾이다¶~れた気持ち 풀이 죽은 기분 ③ (체력이) 쇠약해지다

くずかけ [*葛掛(け)] [*料] 「葛あん」을 끼얹음, 그런 음식= あんかけ

くずかご [*屑籠] 휴지통= 屑入れ

くすくす 킬킬, 키키¶~笑う 킬킬 웃다

ぐずぐず Ⅰ 副 自スル ①우물우물, 우물쭈물¶借金の返済を~と引き延ばす 빚 갚는 것을 우물우물 미루다 ②(콧물을) 훌쩍훌쩍¶鼻を~といわせる 코를 훌쩍거리다 Ⅱ 副 투덜투덜¶~と文句をいう 투덜투덜 불평하다 Ⅲ 形動 느슨함, 헐렁함, 흐물거림¶包みが~だ 포장이 느슨하다/ 豆腐が~になる 두부가 흐물흐물해지다

くすぐった・い [*擽ったい] 形 ①간지럽다, 근질거리다¶脇の下が~ 겨드랑이가 간지럽다 ②쑥스럽다, 낯간지럽다, 겸연쩍다¶そんなにほめられると~ 그렇게 칭찬받으면 쑥스럽다

くすぐり [*擽り] ①간질임, 간지럽힘 ②(화술 등에서) 일부러 웃기려고 꾸미는 짓거리¶~を入れる 웃기려 꾸미는 짓거리를 끼워놓다

くすぐ・る [*擽る] 他五 ①간질이다, 간지럽히다¶わきの下を~ 겨드랑이를 간질이다 ②짐짓 익살을 부려 남을 웃기려 하다 ③(아첨하여) 듣기 좋다, 들썩이다¶虚栄心を~ 허영심을 자극하다

くずこ [*葛粉] 갈분, 칡 뿌리 가루= くず

くずし [崩し] ①무너뜨림, 허물어뜨림, 허물어뜨린 것 ②(譜) (가요 등에서) 본가락을 바꾸어 노래하거나 연주하는 일, 변주 ③「崩し書き」의 준말

くずしがき [崩し書き] ①(한자를) 초서나 행서로 씀, 그런 글씨= 崩し ②약자(略字)

くずしじ [崩し字] 흘려서 쓴 글자, 초서

くず・す [崩す] 他五 ①무너뜨리다, 허물어뜨리다¶石垣を~ 돌담을 허물어뜨리다 ②흐트러뜨리다, 이지러다¶列を~ 줄을 흐트러뜨리다 ③잔돈으로 바꾸다, 헐다¶~円札を千円札に~ 만 엔권을 천 엔권으로 바꾸다 ④(글씨를) 흘리다¶字を~・して書く 글씨를 흘려 쓰다

くすだま [*薬玉] ①조화로 꾸민 주민 향료 주머니에 오색 실을 드리운 장식품 ②(축하 행사 등에서) ①모양으로 크게 만들어 터트리면 종이 가루나 비둘기가 나오도록 한 장식물

ぐずつ・く ①칭얼거리다, 보채다, 투덜대다¶子供が~ 아이가 칭얼거리다 ②(날씨가) 끄물거리다¶天気が~ 날씨가 끄물거리다 ③(병세가) 시원치 않다, 그만저만하다¶病状が~ 병세가 그만저만하다

くずてつ [*屑鉄] ①고철, 헌쇠, 파쇠, 설철 ②쇠부스러기, 쇠똥

くずねり [*葛練(り)] 갈분을 물에 개어 설탕을 넣고 졸여서 굳힌 것

くす・ねる 他下一 (속쩍) 훔치다¶店の物を~ 가게 물건을 후무리다

くすのき [*楠·*樟] [植] 장목(樟木), 녹나무

くずひろい [*屑拾い] 쓰레기·넝마를 줍는 일, 넝마주이

くずふ [*葛布] 갈포= くず

くすぶ・る [*燻る] 自五 ①(잘 타지 않고) 연기만 내다¶薪の燃えさしが~ 타다 만 장작이 연기만 내다 ②그을다¶天井が~ 천장이 그을다 ③(감정이) 맺히다, 응어리가 남다¶不満が~ 불만이 맺히다 ④(발전하지 못하고) 맴돌다, 제자리걸음하다¶下積みで~ 말단에서 맴돌다 ⑤틀어박히다, 죽치다¶毎日家で~・っている 매일 집에 죽치고 있다

くす・べる [*燻べる] 他下一 연기를 피우다, 그슬리다¶蚊遣りを~ 모깃불을 피우다

くずまい [*屑米] 싸라기

くずまゆ [*屑繭] 지스러기 고치

くす・む 自五 ①(빛깔이) 선명하지 않다, 칙칙하다, 거무스레하다¶~んだ茶色 우중충한 갈색 ②(존재·활동 등이) 두드러지지 않다¶~んだ存在 두드러지지 않은 존재

くずもち [*葛餅] 갈분을 개어 졸여서 굳힌 떡

くずもの [*屑物] ①폐품, 폐물¶~入れ 폐품통 ②(흠집이 있어 상품 가치가 없는) 파치¶~を安値で売る 파치를 싼값에 팔다

くずや [*屑屋] 넝마장수, 넝마주이

くずゆ [*葛湯] 갈분에 설탕을 넣고 뜨거운 물을 부어 저은 음료

くすり [薬] 약 ①약물, 약제¶~を投与する 약을 투여하다/ ~をつける 약을 바르다 ②세균이나 해충을 죽게 하는 물질¶~をまく 약을 뿌리다 ③유약, 잿물, 陶器¶~をかける 도자기에 유약을 바르다 ④(比) 심신에 유익한 일¶休養が何よりの~だ 휴양이 최고의 약이다/ 失敗はいい~になる 실패는 좋은 교훈이 된다

[慣用句]

―が効く 약이 듣다 ①약의 효험이 있다 ②징계나 본때를 보인 효과가 나타나다

―にしたくても無い 약에 쓰려고 해도 없다

くすりぐい [薬食い] (병후 섭생 등을 위해) 영양분이 많은 것을 먹음, (특히) 옛날 겨울철에 몸 보신으로 짐승 고기를 먹던 일

くすりくそうばい [薬九層倍] ①(원가에 비해) 약값이 몹시 비쌈 ②(比) 부당하게 비싼 가격을 붙여 폭리를 탐함

くすりや [薬屋] 약방, 약국, 약장수

くすりゆ [薬湯] 약이나 약초를 푼 욕탕, 약탕

くすりゆび [薬指] 약지, 무명지

ぐ・する [具する] Ⅰ 自サ変 (文) 함께 가다, 동반하다¶親子に~・して行く 부모와 함께 가다 Ⅱ 他 ①갖추다, 구비하다¶資料を~・して説明する 자료를 갖추어 설명하다 ②데리고 가다, 동반하다¶供を~ 수행

원을 동반하다 ③(의견 등을) 말하다. 구신하다¶ 意見을~ 의견을 말하다

ぐず・る【自五】(口) ①투덜거리다, 칭얼거리다, 떼를 쓰다, 보채다¶ 赤ん坊が~ 아기가 칭얼대다 ②트집을 잡나, 시비를 걸다¶ 不良に~られる 불량배가 시비를 걸어 오다

くずれ【崩れ】①붕괴, 무너짐, 무너진 것〔곳〕¶ 山~ 산사태 / 塀の~ 담이 무너진 곳 ②(집회 등이 끝난 뒤에) 돌아가는 길에 흩어지는 사람들¶ 忘年会の~ 망년회를 마치고 돌아가는 무리 ③〔造語〕한때…이었다가 지금은 영락한 사람. 퇴물¶ 新聞記者~ 영락한 신문 기자 / 芸者~ 퇴물 퇴물

くず・れる【崩れる】(自下一) ①무너지다, 붕괴하다, 허물어지다¶ 山が~ 산이 무너지다 ②흐트러지다 列が~ 줄이 흐트러지다 / 天気が~ 날씨가 나빠지다 ③(기반・체계가) 무너지다, (계획 등이) 깨지다¶ 基盤が~ 기반이 무너지다 ④잔돈으로 바뀌어지다, 헐어지다¶ 千円札が~れますか 천 엔권을 잔돈으로 바꿀 수 있습니까? ⑤(시세가) 하락하다¶ 株価が~ 주가가 하락하다

くすんぼ【九寸五分】단도, 비수 → あいくち

くせ【曲】【藝】(能에서) 한 곡의 중심이 되는 부분 ▷ 보통 クセ라고 씀

くせ【癖】①버릇, 습관¶ 口~ 입버릇 / つめをかむ~ 손톱을 깨무는 버릇 / ~をつける 버릇을 들이다 ②보통과는 다른 경향・성질, 특징¶ ~のある人 유별난 사람 ③길들어 되돌려지지 않는 자국¶ 髪に~がつく 머리카락에 길이 들다

くせ【救世】【佛】구세¶ ~観音 구세 관음

ぐせい【愚生】【文】(편지 등에서) 우생. 소생

ぐぜい【弘誓】【佛】모든 중생을 구하려는 부처・보살의 큰 서원

くせげ【癖毛】곱슬거리거나 한쪽으로 자는 버릇이 있는 머리털

くせごと【曲事】【文】①옳지 못한 일 ②불길한 일, 흉사(凶事) ③법에 위배됨, 위법

くせつ【苦節】고절, 괴로움을 견디며 절개를 지킴¶ ~十年 고절 십년 / 長年の~に報いる 오랜 세월의 고절에 보답하다

くぜつ【口舌・口説】【文】말싸움, (특히 남녀간의) 말다툼 ▷ こうぜつ는 딴말

ぐせつ【愚説】【文】우설 ①어리석은 설¶ 問題にするにも足りない~ 문제 삼을 것도 못 되는 우설 ②자기 말〔설〕을 낮추어 이르는 말

くせに (활용어의 連体形・조사 の에 붙음) …인 주제에 I 【接助】…임에도 불구하고, …인데도 ¶ 知りもしない~口をだしするな 알지도 못하는 주제에 말참견하지 말아라 II 【終助】…이면서, …했잖아¶ 青二才の~の 애송이 주제에 必ずお知らせると言ってた~ 꼭 알려준다고 했잖아

くせもの【曲者】①수상한 자¶ ~が忍び込む 수상한 자가 숨어들다 ②보통내기가 아닌 사람, 만만치 않은 자¶ 相手はなかなかの~だ 상대는 여간 보통내기가 아니다 ③(평소

와 달라서) 수상쩍음, 그런 일¶ この景気が~だ 이 경기가 예사롭지 않다

くせん【苦戦】【名】【自スル】고전¶ ~をしいられる 고전을 면치 못하다

くせんてい【駆潜艇】【軍】구잠정. 잠수함을 공격하는 소형 쾌속정

くそ【糞・尿】I【名】①똥, 대변 ②분비물, 찌꺼기¶ 目~ 눈곱 / 耳~ 귀지 / 鼻~ 코딱지 ③(口)(「…も~もない」의 꼴로)…따위 필요 없다¶ こうなれば礼儀も~もない 이렇게 되면 예의고 뭐고 필요 없다 ④〔造語〕(口) 경멸하거나 도가 지나침을 나타냄¶ ~坊主 땡중 / ~へた ~몹시 서투름 / ~まじめ 고지식함 II【口】(욕하거나 분발할 때 하는) 까짓것, 제기랄, 빌어먹을¶ ~, 負けるものか 까짓것 질까 보냐

【慣用句】
—食くらえ 뒈져라, 빌어먹을. 될대로 되라
—も味噌も一緒 옥석을 가리지 않음

ぐそう【愚僧】【文】우승 ①어리석은 중 ②소승, 빈도(貧道)

くそおちつき【糞落(ち)着き】얄미울 정도로 침착함¶ ~に落ち着く 얄미울 정도로 침착하다

ぐそく【具足】I【名】【自スル】구족. 충분히 갖추어져 있음¶ 円満~ 원만하여 부족함이 없음 II【名】①도구, 세간 ②갑옷과 투구 —戒【佛】구족계 —煮【料】대하(大蝦)를 껍질째 토막내어 삶은 음식

ぐそく【愚息】【文】①어리석은 자식 ②자기 아들의 겸사말. 돈아

くそたれ【糞垂れ】(口)(욕할 때 쓰는 말) 빌어먹을 놈¶ ~めくそたれ 이 빌어먹을 놈

くそちから【糞力】(口) 몹시 센 힘, 뚝심

くそどきょう【糞度胸】(口) 지독한 배짱, 똥배짱, 강심장¶ ~で窮地を切り抜ける 똥배짱으로 궁지를 벗어나다

くそばえ【糞蠅】【俗】똥파리

くそまじめ【糞真面目】(ナ)(口) 미련할 정도로 착실함, 고지식함¶ 融通のきかない~な学生 융통성이 없는 고지식한 학생

くそみそ【糞味噌】(ナ)(口) ①(가치 있는 것이나 없는 것이나) 구별 없이 취급함, 옥석을 가리지 않음¶ 天才も凡人も~に扱う 천재와 범인을 구별 없고 대하다 ②(하찮게 취급하여) 마구, 형편없이¶ ~にけなす 마구 깎아내리다 ▷ みそくそ로도 씀

くだ【管】①관, 대롱 ②물레가락에 꽂아 실을 감는 대롱 ③베틀의 북에 넣는 실구리의 대

【慣用句】
—を巻く 술에 취해 횡설수설하다

くだい【句題】①유명한 和歌・한시의 한 구를 제목으로 읊음, 그런 시가 ②俳句의 제목

ぐたい【具体】구체¶ ~案 구체안 / ~策を練る 구체적인 방책을 짜다 —化【名】【自他スル】구체화 —性 구체성 —的〔ナ〕구체적

くだかけ【鶏】「ニワトリ」의 옛이름. 닭

くだ・く【砕く】【他五】①부수다, 깨뜨리다, 바

수다¶ 氷ᵃ゚を~ 얼음을 깨다/ 岩ᵢʷᵃ゚를 부수다 ②꺾다, 처부수다¶ 野望ʸᵃᵇᵒ゚が~·꺾이다 야망이 꺾이다 ③(「心ᶜᵒᵏᵒʳᵒ゚「身ᵐⁱ゚を~」의 꼴로) 마음을 쓰다, 애쓰다, 노심초사하다 ¶ 子供ᵏᵒᵈᵒᵐᵒ゚の健康ᵏᵉⁿᵏᵒ゚に心ᶜᵒᵏᵒʳᵒ゚を~ 아이의 건강에 마음을 쓰다 ④(「~・いて…」의 꼴로) 알기 쉽게 풀어서 말하다¶ 内容ⁿᵃⁱʸᵒ゚を~・いて説明ˢᵉᵗˢᵘᵐᵉⁱ゚する 내용을 알기 쉽게 풀어 설명하다

くた・くた [副](口)①지침, 녹초가 됨¶ 疲ᵗˢᵘᵏᵃ゚れて~になる 피곤하여 녹초가 되다 ②(천·실 등이) 후줄근함, 느른함¶ ~のふだん着ᵍⁱ゚ 후줄근한 평상복 ③호물호물함¶ ほうれん草ˢᵒ゚が~になる 시금치가 호물호물해지다

くだくだ [副](口) 말을 장황하게 늘어놓는 모양 =くどくど¶ ~と愚痴ᵍᵘᶜʰⁱ゚を言ⁱ゚う 장황하게 푸념을 늘어놓다 —しい [形](口) 장황하고 번거롭다¶ ~手続ᵗᵉᵗˢᵘᵈˢᵘᵏⁱ゚を省ʰᵃᵇᵘ゚く 장황하고 번거로운 절차를 생략하다

くだけまい [砕け米] 싸라기

くだ・ける [砕ける] [自下一] ①부서지다, 깨지다¶ 波ⁿᵃᵐⁱ゚が岩ⁱʷᵃ゚に~ 파도가 바위에 부서지다 ②꺾이다, 좌절되다¶ 意志ⁱˢʰⁱ゚が~ 의지가 꺾이다 ③허물없어지다, 스스럼없어지다¶~・けた態度ᵗᵃⁱᵈᵒ゚ 허물없는 태도

ください [下さい] [他五] ①주십시오¶ お菓子ᵏᵃˢʰⁱ゚を~ 과자를 주십시오 ②(補助) …해 주십시오¶ 貸ᵏᵃ゚して~ 빌려 주십시오/ 早ʰᵃʸᵃ゚くお送ᵒᵏᵘ゚り~ 빨리 보내 주십시오

くださ・る [下さる] [他五] ①주시다¶ 先生ˢᵉⁿˢᵉⁱ゚が本ʰᵒⁿ゚を~・った 선생님께서 책을 주셨다 ②(補助) (お·동사 連用形, 御゚·동작성 한자어, 동사 連用形+「て」에 붙어)…하여 주시다¶ お勧ˢᵘˢᵘ゚め~・った この品ˢʰⁱⁿᵃ゚ 권해 주신 물건/ 英語ᵉⁱᵍᵒ゚を教ᵒˢʰⁱᵉ゚て~ 영어를 가르쳐 주시다

くだされもの [下され物] (윗사람이) 주신 것, 하사품

くださ・れる [下される] [他下一] 주시다 ▷「くださる」보다 경의가 강하고 예스러운 표현

くだしぐすり [下し薬] 설사약, 하제=下剤ᵍᵉᵏᶻᵃⁱ゚

くだ・す [下す] I [他五] ①(명령·물건 등을) 내리다, 하달하다, 하사하다¶ 命令ᵐᵉⁱʳᵉⁱ゚を~ 명령을 내리다 ②(판정·해석 등을) 내리다¶ 判定ʰᵃⁿᵗᵉⁱ゚を~ 판정을 내리다 ③손수 …하다, 행하다¶ 手ᵗᵉ゚を~ 손대다, 손을 쓰다¶ 筆ᶠᵘᵈᵉ゚を~ 붓을 들다(어 쓰다) ④[降す] 항복시키다, 함락시키다¶ 強敵ᵏʸᵒᵗᵉᵏⁱ゚を~ 강적을 항복시키다 ⑤(「腹ʰᵃʳᵃ゚を~」의 꼴로) 설사하다 ⑥배설하다, 밖으로 내보내다¶ 虫ᵐᵘˢʰⁱ゚を~ 구충하다 ⑦(아래로) 내려보내다¶ 筏ⁱᵏᵃᵈᵃ゚を~ 뗏목을 내려보내다 ⑧[降す] (지위·정도를) 내리다, 낮추다, 강등하다¶ 官位ᵏᵃⁿⁱ゚を~ 관위를 낮추다 ⑨(補助) ㉠술술(줄줄)…해 내려가다¶ 読ʸᵒ゚み~ 술술 읽어 나가다/ 書ᵏᵃ゚き~ 줄줄 써 내려가다 ㉡(「見ᵐⁱ゚~態度ᵗᵃⁱᵈᵒ゚」 깔보다¶ 人ʰⁱᵗᵒ゚を見ᵐⁱ゚~態度ᵗᵃⁱᵈᵒ゚ 사람을 깔보는 태도

くたにやき [九谷焼] 石川ⁱˢʰⁱᵏᵃʷᵃ゚현 九谷ᵏᵘᵗᵃⁿⁱ゚지방을 중심으로 생산되는 사기 그릇

くたば・る [自五]《俗》①몹시 지치다, 녹초가 되다¶ 強行軍ᵏʸᵒᵏᵒᵍᵘⁿ゚で~ 강행군으로 녹초가 되다 ②뻗다, 뒈지다, 죽다¶ ~ってしまえ 뒈져 버려라

くたびれもうけ [草臥れ儲け] (口) 피곤하기만 하고 아무 소득이 없음, 헛수고¶ 骨折ʰᵒⁿᵉᵒ゚りの~ 애쓴 보람 없는 헛수고

くたび・れる [草臥れる] [自下一] (口) ①지치다, 피로하다¶ 気ᵏⁱ゚をつかってすっかり~·れた 신경을 썼더니 아주 지쳤다 ②(오래 써서) 낡다, 허름해지다¶ ~·れた背広ˢᵉᵇⁱʳᵒ゚ 낡아빠진 신사복 ③(補助) (동사 連用形에 붙어) …하다 지치다¶ 待ᵐᵃ゚ち~ 기다리다 지치다

くだもの [果物] 과일, 과실

くだら [百済] [史] 백제 一琴ᵍᵒᵗᵒ゚ [音] 공후=箜篌ᵏᵘᵍᵒ゚

くだらない [下らない] [連語] 시시하다, 하찮다 =くだらぬ¶ ~冗談ᵈᶻᵒᵈᵃⁿ゚ 시시한 농담

くだり [下り] ①(낮은 쪽·지방·하류로) 내려감¶ 川ᵏᵃʷᵃ゚~ (배나 뗏목을 타고) 강을 내려감 ②「下ᵏᵘᵈᵃ゚り坂ᵈᶻᵃᵏᵃ゚·下ᵏᵘᵈᵃ゚り列車ʳᵉˢˢʰᵃ゚」의 준말

くだり [件] ①(긴 문장의) 한 절, 대목¶ 平家ʰᵉⁱᵏᵉ゚都落ᵐⁱʸᵃᵏᵒᵒ゚ちの(싸움에 패한) 平家ʰᵉⁱᵏᵉ゚ 일문의 낙향 대목 ②[名] 앞에 든 사항, 전기 조항¶ ~のごとし 전기 조목과 같다

くだり [行] (문장 등의) 세로 행, 줄¶ 三ˢᵃⁿ゚·半ʰᵃⁿ゚ 세 줄 반, 이혼장

くだりあゆ [下り鮎] (산란기가 되어) 강을 내려가는 은어 =落ᵒ゚ち鮎ᵃʸᵘ゚

くだりざか [下り坂] ①내리막길, 내리받이 ②쇠퇴기, 사양길¶ 選手生命ˢᵉⁿˢʰᵘˢᵉⁱᵐᵉⁱ゚も~になる 선수 생명도 내리막에 들어가다

くだりばら [下り腹] 설사, 배탈

くだりれっしゃ [下り列車] 하행 열차

くだ・る [下る] I [自五] ①[降る] 내려가다¶ 坂道ˢᵃᵏᵃᵐⁱᶜʰⁱ゚を~ 비탈길을 내려가다 ②[降る] (하류로) 내려가다¶ いかだが川ᵏᵃʷᵃ゚を~ 뗏목이 강을 내려가다 ③(시골로) 내려가다, 하행하다¶ 東ʰⁱᵍᵃˢʰⁱ゚へ~ 京都ᵏʸᵒᵗᵒ゚에서 동부 지방으로 가다 ④(지위) 내려가다, 낮아지다, 물러나다¶ 野ʸᵃ゚に~ 하야하다 ⑤(명령·판결 등이) 내려지다, 내리다¶ 命令ᵐᵉⁱʳᵉⁱ゚が~ 명령이 내리다/ 判決ʰᵃⁿᵏᵉᵗˢᵘ゚が~ 판결이 내려지다 ⑥(어떤 기준보다) 낮아지다, 밑돌다, 떨어지다¶ 入場者ⁿʸᵘᵈᵒˢʰᵃ゚は百人ʰʸᵃᵏᵘⁿⁱⁿ゚を~·らない 입장자는 100명을 넘는다/ 定員ᵗᵉⁱⁱⁿ゚を~ことはない 정원을 밑도는 일은 없다 ⑦(시간이) 지나가다, (후세로) 내려오다¶ 時代ᵈᶻⁱᵈᵃⁱ゚が~ 시대가 후세로 내려오다 ⑧배설하다, 설사하다¶ 腹ʰᵃʳᵃ゚が~ 설사를 하다 ⑨[降る] 항복하다¶ 軍門ᵍᵘⁿᵐᵒⁿ゚に~ 적에게 항복하다

くだんの [件の] [連体](文) ①전기의, 전술한¶ ~とおり 전술한 대로 ②(例)의, 그¶ ~話ʰᵃⁿᵃˢʰⁱ゚ 그 이야기 一如ᵍᵒᵗᵒ゚し [連語](文) 전기와 같다, 전술한 바와 같다

くち [口] ①입¶ ~を開ʰⁱʳᵃ゚ける 입을 벌리다 ②식구¶ ~を減ʰᵉ゚らす 식구를 줄이다 ③입맛, 구미¶ ~がおごっている 입이 사치스럽다 ④말을 함, 말¶ ~を慎ᵗˢᵘˢʰⁱ゚む 말을 삼가다 ⑤

入口, 어귀, 초입¶ 非常ひじょうな~ 비상구/ 登山とざんの~ 등산길의 어귀 ⑥(물건의) 주둥이, 아가리, 구멍¶ ～の広ひろい瓶びん 주둥이가 넓은 병 ⑦마개, 뚜껑 瓶びんの~を抜ぬく 병 마개를 따다 ⑧(사물의) 첫부분, 시작, 시초¶ 宵よいの~ 초저녁 ⑨자리 働はたらき- 일자리/ 通訳つうやくの~を探さがす 통역 자리를 찾다 ⑩(무엇을 분류한) 그 하나하나, 쪽, 편¶ どっちの~ 어느 쪽/ すぐ音おとを上あげる 금방 죽는 소리를 하는 편이다 ⑪고삐 馬うまの~を取とる 말 고삐를 잡다 ⑫(助数) (입에 들어가는 분량·횟수를 세는) 입 一ひとつで食たべる 한 입에 먹다 ⑬(助数) (신청 단위수를 세는) 구좌¶ 一ひとつ～一万円いちまんえん 한 구좌에 1만 엔 ⑭(助数) (도검을 세는) 자루¶ 刀かたな一ひとつ 칼 한 자루

慣用句

―がうまい 말을 잘 하다, 말솜씨가 좋다
―が煩うるさい 말이 많다, 화제에 오르내리다
―が奢おごる 입(맛)이 사치스럽다
―が重おもい 입이 무겁다, 말수가 적다, 과묵하다
―が掛かかる ①(기생 등이) 손님의 부름을 받고 나가다 ②(일하자는) 제의를 받다
―が堅かたい 입이 무겁다, 해서는 안 될 말을 함부로 하지 않다
―が軽かるい 입이 가볍다, 해서는 안 될 말을 곧잘 해버리다
―が腐くさっても (「~言いわない[言いえない]」의 꼴로) (절대로 발설하지 않겠다는 결의로) 어떤 일이 있어도 결코 = 口が裂さけても
―が肥こえる 입이 정확하다
―が裂さけても → 口が腐くさっても
―が酸すっぱくなる 입에서 신물이 나다
―が滑すべる 입을 잘못 놀리다
―が干上ひあがる 입에 풀칠을 못 하다, 생계가 막히다
―が滅へらない (지지 않고) 억지를 쓰다
―から先さきに生うまれる 말수가 많거나 말솜씨가 좋은 사람을 비웃는 말
―が悪わるい 입이 걸다, 말을 함부로 하다
―に合あう 입맛에 맞다, 구미에 맞다
―にする ①먹다 ②말하다, 입에 담다
―に出だす 입밖에 내다, 말하다
―に乗のる ①남의 입에 오르다 ②감언이설에 넘어가다, 속다
―に上のぼる 입에 오르다, 소문이 나다
―に入はいる 먹을 수 있다, 먹다
―に任まかせる 입에서 나오는 대로 말하다, 능숙한 화술에 맡기다
―は禍わざいの門かど 입은 화의 근원
―程ほどにもない 듣던 것만도 못하다, 대수롭지 않다
―も八丁はっちょう手でも八丁はっちょう 말도 잘하고 일도 잘한다
―を合あわせる 입을 맞추다, 여럿이 짜고 같은 말을 하다
―を入いれる 말참견하다, 남의 말에 끼어들다
―を利きく ①말하다 ②주선하다, 소개하다
―を切きる ①입을 떼다, 맨 먼저 발언하다 ②(통조림 등의) 마개를 따다
―を極きわめて 극구
―を酸すっぱくして 신물나게
―を滑すべらす → 口が滑すべる
―を揃そろえる 입을 모으다, 여러 사람이 같은 말을 하다
―を出だす 말참견을 하다
―を叩たたく (제멋대로) 지껄이다¶ 大おおきな~ 큰소리치다
―を衝ついて出でる 말이 술술 나오다¶ ふと~詩句しく 문득 술술 나오는 시구
―を噤つぐむ 입을 다물다, 아무말도 하지 않다
―を尖とがらせる 입을 뾰쭉 내밀다, 뾰로통해지다, 토라지다
―を閉とじる 입을 다물다, 아무말도 하지 않다, 함구하다
―を拭ぬぐう 입을 씻다, 시치미를 떼다
―を挟はさむ (곁에서) 말참견하다, 끼어들다
―を開ひらけば 입만 벌리면, 말만 꺼냈다 하면
―を封ふうじる 입을 봉하다, 입막음하다
―を割わる 입을 열다, 자백하다

ぐち [愚痴·愚癡] 푸념, 게정 ―っぽい 形 푸념이 많은, 게정스럽다

慣用句

―をこぼす 푸념을 늘어놓다

くちあい [口合(い)] ①양쪽의 얘기가 잘 맞아 들어감 ②중재인, 보증인 ③발음은 비슷하나 뜻을 다르게 하는 말장난 = 語呂合ごろあわせ

くちあけ [口開け] ①마개를 처음으로 땀 ②(口) 시작, 시초, 맨 처음 ~の客きゃく 개시 손님

くちあたり [口当(た)り] ①음식이 입에 닿는 감촉¶ ～のよい酒さけ 입에 당기는 술 ②응대, 접대¶ ～のよい人ひと 응대를 잘 하는 사람

くちあら·い [口荒い] 形 말이 거칠다¶ ～·くののしる 거칠게 욕하다

くちあらそい [口争い] 말다툼, 언쟁, 입씨름

くち·い 形 (俗) (「～·くなる」의 꼴로) (터질 정도로) 배가 부르다¶ おなかが～·くなる 배가 몹시 부르다

くちいれ [口入れ] 名 他サ ①알선, 중개, 중개인 ②말참견 = 口出くちだし 一屋や (일자리 등을 알선하는) 중개인, 중개업

くちうつし [口写し] 말투나 이야기 내용이 다른 사람과 꼭 닮음(같음)¶ 彼かれの言葉ことばは評論家ひょうろんかの～だ 그의 말은 평론가의 말과 똑같다

くちうつし [口移し] 名 他サ ①음식물을 입에 머금었다가 남의 입에 넣어줌 ②구전, 말로 전함 = 口授くじゅ¶ 秘伝ひでんを～で教おしえる 비전을 구전으로 가르치다

くちうら [口裏·口占] ①남의 말을 듣고 길흉을 점침 ②말하는 품으로 그 사람의 심중을 헤아려 앎, 말귀¶ ～から察さっするに 말귀로 살펴보건대

慣用句

―を合あわせる (미리 짜고) 말을 맞추다

くちうるさ·い [口煩い] 形 잔소리가 많다[심하다]¶ ～老人ろうじん 잔소리가 심한 노인

くちえ【口絵】 권두화(卷頭畵)
くちおし・い【口惜しい】形(文) 분하다, 억울하다, 유감스럽다, 아깝다¶負けるとは~지다니 분하다
くちおも【口重】ズ 입이 무거움, 과묵함 ⇔口軽く¶~な人 입이 무거운 사람
くちがき【口書(き)】 ①(江戸 시대의) 법정 진술서, 죄인의 지장을 찍은 자백서 ②붓을 입에 물고 쓰는(그리는) 일, 구필 ③머리말, 서언
くちかず【口数】 ①말수¶~が多いい 말수가 많다 ②사람수, 인원수¶~がふえる 사람수가 늘다 ③(응모·신청 등의) 건수
くちがた・い【口堅い】形 입이 무겁다¶~人 입이 무거운 사람
くちがため【口固め】名自スル ①입막음, 함구령¶金をやって~をする 돈을 주어 입막음을 하다 ②굳은 언약¶夫婦の~をする 부부의 언약을 하다
くちがね【口金】 기물의 주둥이에 끼우는 쇠붙이, 꼭지쇠¶瓶の~ 병의 금속제 마개/電球の~ 전구의 꼭지쇠
くちがる【口軽】ズ 입이 가벼움, 입이 쌈 ⇔口重く¶~で信用できない 입이 가벼워서 신용할 수 없다
くちき【朽(ち)木】 ①썩은 나무 ②(比) 세상에 알려지지 않은 채 불우하게 일생을 마치는 사람
くちきき【口利き】 ①중개, 중개인¶~料 중개료, 구전 ②소개, 소개자¶先輩の~で就職した 선배 소개로 취직했다
くちぎたな・い【口汚い·口穢い】形 입이 걸다, 입정사납다 ①입이 더럽다, 말이 천하다¶~くののしる 상스럽게 욕하다 ②닥치는 대로 먹다
くちきり【口切り】 ①마개를 땀, 개봉 ②개시, 시작, 시초, 처음 ③(다도에서) 새 차를 담은 항아리의 봉(封)을 떼면서 하는 다회(茶會) ④(經) 처음으로 성립한 매매 거래, 마수걸이
くちく【駆逐】名他スル(文) 구축¶敵艦隊を~する 적함대를 구축하다 —艦(軍) 구축함
くちぐせ【口癖】 입버릇, 상투어¶~になる 입버릇이 되다
くちぐち【口口】 ①(「~に」의 꼴로) 제각기, 각각, 중구난방¶~に言う 중구난방으로 말하다 ②여러 곳의 출입구¶~を固める 사방의 어귀를 굳게 지키다
くちぐるま【口車】 입발림, 감언이설
[慣用句]
—に乗せる 감언이설로 속이다
—に乗る 감언이설에 넘어가다[속다]
くちげんか【口喧嘩】名自スル 언쟁, 말다툼, 입씨름¶つまらないことで~する 시시한 일로 말다툼하다
くちごうしゃ【口巧者】名ズ 말주변이 좋음, 그런 사람¶~な人 말주변이 좋은 사람
くちごたえ【口答え】名自スル 말대꾸, 말대답¶親に向かって~する 부모한테 말대꾸하다
くちことば【口言葉】(口) 구어, 입말= 口頭語

くちコミ【口コミ】(俗) 입에서 입으로 전해지는 소문·정보, 입소문¶~で売れる 입소문으로 팔리다
くちごも・る【口ﾞ籠る】自五 ①말을 우물거리다, 입안의 소리를 내다 ②(말하기 거북하여) 머뭇거리다, 멈칫거리다¶肝心な点になると~ 중요한 대목이 되면 머뭇거린다
くちさがな・い【口さがない】形 입이 걸다[험하다], 험담을 잘하다¶~連中 입이 건 치들이다
くちさき【口先】 ①입 끝¶~を尖らす 입을 빼물다 ②입에 발린 말¶~だけの約束 말뿐인 약속
くちさびし・い【口寂しい·口ﾞ淋しい】形 입이 궁금하다, 뭔가 먹고 싶은 생각이 나다= くちざみしい·くちさみしい¶禁煙中で~ 금연 중이라서 입이 궁금하다
くちざわり【口触り】 입에 닿는 감촉= くちあたり¶~がよい 입에 당기다/~が滑らかだ 입에 닿는 감촉이 부드럽다
くちしのぎ【口ﾞ凌ぎ】 ①입매, 불가심, 요기, 요깃거리 ②(일시적으로) 호구할 정도의 생활¶当座の~ 당장의 호구지책
くちじゃみせん【口三味線】 ①입으로 三味線 가락이나 소리를 흉내냄 ②그럴 듯한 말로 속임, 감언이설¶~に乗せる 감언이설로 속이다
くちじょうず【口上手】名ズ 말주변[구변]이 좋음, 그런 사람
くちずから【口ずから】副(文) 자기 입으로, 자기 말로¶~伝える 자기 입으로 전하다
くちすぎ【口過ぎ】 생계, 생활, 호구
くちずさ・む【口ﾞ遊む】他五 (노래·시 등을) 흥얼거림, 읊조림¶~·みながら歩く 흥얼거리며 걷다
くちぞえ【口添え】名自スル 곁에서 말을 거들음, 조언¶お~を願う 한 마디 거들어 주기를 부탁하다/知人のために~する 지인을 위해서 조언하다
くちだし【口出し】名自スル 말참견¶余計な~するな 쓸데없는 말참견 하지 말아라
くちだっしゃ【口達者】名ズ 말주변이 좋음, 그런 사람¶~な男 말주변이 좋은 남자
くちぢゃ【口茶】 다 우려낸 차에 새 차를 더 넣음, 그런 차
くちつき【口付き】 ①입 모양, 입매¶母親そっくりの~ 엄마와 곡닭은 입매 ②말하는 모습, 말투¶いやそうな~ 싫은 듯한 말투 ③물부리가 달린 궐련
くちづけ【口付け】名自スル 입맞춤, 키스
くちづたえ【口伝え】 구전 ①말로 전수함= 口伝¶~に教える 구전으로 가르치다 ②입에서 입으로 말을 전함= 口づて
くちづて【口ﾞ伝】 → くちづたえ ②
くちどめ【口止め】名他スル 입막음, 함구시킴
—料 입막음으로 주는 돈, 입셋이
くちとり【口取り】 ①(소나 말의) 고삐를 끎, 마부 ②[料]「口取り肴」의 준말. 조린 밤·어묵·다테巻き 등을 접시에 담은 요리

くちなおし【口直し】名自スル 입가심, 입씻이 ¶お茶で～する 차로 입가심하다
くちなし【〈梔子〉·〈山梔子〉】(植) 치자나무
くちなめずり【口舐り】名 혀로 입가를 핥음, 입맛을 다심＝舌なめずり
くちならし【口慣(ら)し·口馴(ら)し】名自スル ①(연습하여) 술술 말할 수 있게 함 ②(맛을) 입에 익힘
くちな・れる【口慣れる·口馴れる】自下一 ①입버릇이 되다, 말해 버릇하다 ②(여러 번 먹어) 맛들이다, 먹어 버릇하다 ¶～れてくるとそのうまさが分かるものだ 먹어 버릇하면 그 진미를 알게 되는 법이다
くちなわ【^蛇】「へび」의 옛이름
くちぬき【口抜き】마개뽑이, 병따개＝栓抜き
くちのは【口の端】(文) ①말 끝, 입길 ②소문, 화제 ¶～にかける 화제에 올리다
慣用句
―に上る 입에 오르다, 소문나다
くちば【朽(ち)葉】①썩은 낙엽 ②「朽ち葉色」의 준말. 적황색
くちばし【^嘴·^喙】(새의) 주둥이, 부리
慣用句
―が黄色い 애송이다, 미숙하다
―を容れる 입참견을 하다, 용훼(容喙)하다
くちばし・る【口走る】他五 (무의식중에) 지껄이다, 무심코 입 밖에 내다 ¶思わず～ 엉겁결에 지껄이다
くちはっちょうてはっちょう【口八丁手八丁】 → 口も八丁手でも八丁
くちは・てる【朽(ち)果てる】自下一 ①완전히 썩어 버리다 ②세상에 알려지지 않은 채 죽다 ¶市井の片隅知らぬに～ 시정 한구석에서 알려지지 않은 채 죽다
くちはばった・い【口幅ったい】形 (주제넘게) 큰소리치다, 건방진 말을 하다 ¶～ことを言うようですが 건방진 소리를 하는 것 같습니다만
くちばみ【^蝮】「まむし」의 옛이름. 살무사
くちばや【口早】名ダ 입이 잼, 말을 빠르게 함 ¶～に唱える 재게 외다
くちび【口火】①(가스 기구의) 점화용 불씨 ②(화승총·폭약의) 점화용 불 ③사건의 발단[계기], 도화선 ¶それが戦争の～となった 그것이 전쟁의 도화선이 되었다
慣用句
―を切る 도화선에 불을 당기다, 시작하다, 개시하다 ¶反論の～ 반론을 개시하다
くちひげ【口^髭】 콧수염
くちびょうし【口拍子】입장단
くちびる【唇】입술 ¶～の厚い人 입술이 두툼한 사람 / ～亡びて歯は寒し 순망치한
慣用句
―を嚙む 입술을 깨물다, 분을 참다
―を尖らす 입술을 뾰쪽 내밀다, (불만으로) 뽀로통해지다
―を盗む 입술을 훔치다, 강제로 입맞추다
くちぶえ【口笛】휘파람, 휘파람 소리 ¶～を吹く 휘파람을 불다
くちふさぎ【口塞ぎ】①입을 막음 ②입막음, 입씻이 ③((「お」의 꼴로)) 변변치 못한 음식 ¶お～にどうぞ 변변치 못하지만 어서 드십시오
くちぶちょうほう【口不調法】名ダ 말주변[말솜씨]가 없음 ¶～でうまく説明できない 말주변이 없어서 잘 설명하지 못한다
くちぶり【口振り】말투, 어조, 말씨 ¶まんざらでもなさそうな～ 그다지 싫은 것도 아닌 듯한 말투 / 大人びたの～をまねる 어른의 말투를 흉내내다
くちべた【口下手】名ダ 말주변이 없음 ¶～で損をする 말주변이 없어 손해를 보다
くちべに【口紅】①입술 연지 ¶～をつける 입술 연지를 바르다 ②(도자기의) 테만 빨갛게 칠함, 그런 도자기
くちべらし【口減らし】名自スル (생활고로) 식구를 줄임 ¶～に養子にやる 식구를 줄이려고 양자로 보내다
くちへん【口偏】(한자 부수의) 입구변 ▷「味·吹」등의 「口」 부분
くちまえ【口前】말씨, 말투, 말주변 ¶～がうまい 말주변이 좋다
くちまかせ【口任せ】입에서 나오는 대로 지껄임, 멋대로 지껄임 ¶～のでたらめを言う 입에서 나오는 대로 아무렇게나 말하다
くちまね【口〈真似〉】남의 말투를 흉내냄, 입내 ¶～がうまい 흉내를 잘 내다
くちまめ【口まめ】名ダ 잘 지껄임, 수다스러움 ¶～でおしゃまな子 수다스럽고 되바라진 아이
くちもと【口元·口^許】①입 언저리, 입가 ¶～に笑みを浮かべる 입가에 미소를 띠다 ②입 모양, 입매 ¶小さな～が愛らしい 작은 입매가 사랑스럽다 ③출입구 근처
くちやかまし・い【口^喧しい】形 ①말이 많아 시끄럽다 ②잔소리가 많다, 까다롭다 ¶口うるさい ¶～隠居 잔소리가 심한 노인
くちやくそく【口約束】名自他スル 언약, 구두 약속 ＝口約

くちゃくちゃ【口】I 꾸깃꾸깃, 쭈글쭈글 ¶～の手紙 꾸깃꾸깃한 편지 II 副 질겅질겅, 짝짝 ¶ガムを～とかむ 껌을 짝짝 씹다
ぐちゃぐちゃ【口】I 名ダ ①엉망진창임 ¶ぬれて～になった新聞紙 젖어서 엉망이 된 신문지 ②질척질척함 ¶雪解けで～の道 눈이 녹아 질척거리는 길 II 副 질겅질겅, 짝짝
くちゅう【苦衷】(文) 고충 ¶～を察する 고충을 헤아리다
くちゅう【駆虫】名自スル 구충 ¶～剤 구충제
くちょう【口調】어조 ¶～がいい 어조가 좋다
くちょう【区長】구청장
くちょう【愚直】名ダ 우직＝ばか正直だ ¶～な若者 우직한 젊은이
くちよごし【口汚し】①((「お～」의 꼴로)) 변변치 못한 음식 ¶ほんのお～ですが 그저 변변치 못한 음식입니다만 ②음식의 양이 적어 만족스럽지 못함

くちよせ【口寄せ】 名 自スル 공수, 공수하는 무당
く・ちる【朽ちる】 自上一 ①썩다¶ 木が～ 나무가 썩다 ②(명성 등이) 쇠망하다, 스러지다¶ その名が～ことがない 그 이름은 스러지지 않는다 ③(세상에 알려지지 못한 채) 허망하게 끝나다[죽다]
ぐち・る【愚痴る】 自五 俗 푸념하다, 투덜대다, 넋두리하다¶ いつも～ってばかりいる 언제나 푸념만 하고 있다
くちわ【口輪】 ①(가축의 입에 씌우는) 부리망 ②재갈 = 轡
ぐちん【具陳】 名 他スル 文 구진. 상세히 말함¶ 状況を～する 상황을 구진하다
くつ【屈】 音 クツ 訓 かがむ (音) 굴. (造語) ①구부리다, 구부러져 있다¶ 屈伸 굴신·屈折 굴절 ②꺾이다, 굴복하다¶ 卑屈 비굴·不屈 불굴 ③강하다¶ 屈強 굴강 ④막다르다, 다하다¶ 窮屈 거북함, 갑갑함·退屈 지루함
くつ【掘】 音 クツ ほり (音) 굴. (造語) 주로 訓「ほり」로 쓰임
くつ【掘】 音 クツ 訓 ほる (音) 굴. (造語) 땅을 파다, 구멍을 파다¶ 掘削 굴착·採掘 채굴·盗掘 도굴·発掘 발굴
くつ【窟】 音 クツ 訓 いわや (音) 굴. (造語) ①동굴¶ 石窟 석굴·洞窟 동굴 ②사람들이 모여드는 곳, 어둡고 더러운 집¶ 巣窟 소굴·貧民窟 빈민굴
くつ【靴·沓·履】 구두, 신발¶ 長～ 장화/ ～を履く 구두를 신다
くつう【苦痛】 名 ダ 고통¶ ～を訴える 고통을 호소하다
ぐつう【弘通】 名 自スル 佛 → ぐずう
くつおと【靴音】 구두 소리, 신발 소리
くつがえ・す【覆す】 他五 뒤엎다 ①뒤집다, 전복하다¶ 大波が船を～ 큰 파도가 배를 전복시키다 ②(가치·권위 등을) 뒤엎다¶ 常識を～ 상식을 뒤엎다 ③(정권 등을) 쓰러뜨리다¶ 政権を～ 정권을 뒤엎다
くつがえ・る【覆る】 自五 뒤집히다 ①뒤집어지다¶ 舟が～ 배가 뒤집히다 ②(가치·권위 등이) 부정되다¶ 定説が～ 정설이 뒤집히다 ③(정권 등이) 쓰러지다, 전복되다¶ 鎌倉幕府が～ 鎌倉 막부가 전복되다
くつきょう【究竟】 I ダ 형편이 아주 좋음, 안성맞춤¶ ～の避難所 안성맞춤의 피난처 II 副 自スル 구경, 결국, 필경
慣用句
―するに 결국, 필경＝究竟するところ
くっきょう【屈強】 ダ 듬직하고 힘이 셈¶ ～の若者 듬직하고 힘이 센 젊은이
くっきょく【屈曲】 名 自スル 굴곡¶ ～が激しい 굴곡이 심하다
くっきり 副 自スル 뚜렷이, 선명하다¶ ～とした画像 선명한 화상
くっこうせい【屈光性】 植 굴광성
くっさく【掘削·掘鑿】 名 他スル 굴착¶ ～機 굴착기

くっし【屈指】 名 굴지＝指折り¶ 世界～の工業国 세계 굴지의 공업국
くつした【靴下】 양말¶ ～止め 양말 대님
くつじゅう【屈従】 名 自スル 굴종. 圧政に～する 압정에 굴종하다
くつじょく【屈辱】 굴욕¶ ～感 굴욕감/ ～に堪える 굴욕을 견디다
ぐっしょり 副 푹 젖은 모양, 흠뻑¶ ～と汗をかく 땀을 흠뻑 내다/ 夕立にあって～とぬれた 소나기를 만나서 흠뻑 젖었다
くっしん【屈伸】 名 自他スル 굴신, 굽힘과 폄¶ ～運動 굴신 운동
くっしん【掘進】 굴진. 땅을 파들어감¶ 新しい鉱脈を～する 새로운 광맥을 굴진하다
くつずみ【靴墨】 구두약¶ ～を塗る 구두약을 칠하다
ぐっすり 副 깊이 잠이 든 모양. 푹¶ ～と眠る 푹 자다
くっ・する【屈する】 自他サ変 ①굽다, 굽히다, 구부리다, 身を～ 몸을 굽히다/ ひざを～ 무릎을 꿇다 ②(의지·결심 등이) 꺾이다, 꺾다, 굴하다¶ 失敗に～ことなく立ち上がる 실패에 굴하지 않고 일어서다 ③굴복하다, 굴복시키다¶ 権力に～ 권력에 굴복하다
くつずれ【靴擦れ】 구두에 쓸림, 그런 상처¶ ～で歩けない 구두에 쓸려서 걸을 수 없다
くっせい【屈性】 植 굴성
くっせつ【屈折】 굴절 ①휘어 구부러짐¶ ～した道 굽은 길 ②(생각 등이) 뒤틀림, 비뚤어짐¶ ～した気持ち 뒤틀린 기분 ③ 物 빛이나 음파의 진행 방향이 바뀌는 현상¶ 光の～ 빛의 굴절·屈折で一語 言 一率 物 굴절률·望遠鏡 굴절 망원경
くったく【屈託】 名 自スル ①걱정되는 일이 있어 마음이 편치 않음¶ 何の～のない顔 아무 걱정 없는 얼굴 ②지쳐서 진력이 남
くつたび【靴足袋】 양말 ▷ 에스러운 말투
ぐったり 副 自スル 녹초가 되어 축 늘어진 모양¶ ～と横たわる 축 늘어져서 드러눕다
くっつ・く 自五 ①들러붙다, 달라붙다 ②(口) 바싹 따라가다, 붙어서 떨어지지 않다¶ 先輩に～いて行く 선배를 바싹 따라가다 ③ 俗 (남녀가) 눈이 맞아 같이 살다¶ 後家と～ 과부와 눈이 맞아 살다
くっつ・ける 他下一 ①붙이다, 달라붙게 하다¶ のりで～ 풀로 붙이다 ②俗 (남녀를) 맺어 주다¶ 友人に姪を～ 친구에게 조카딸을 맺어 주다 ③(자기 편으로) 끌어들이다¶ 味方に～ 자기 편으로 끌어들이다
くってかか・る【食って掛かる】 自五 대들다, 덤벼들다¶ 顔色を変えて～ 안색을 바꾸고 대들다
ぐっと 副 ①쭉, 꿀꺽, 확¶ 一口に～飲む 한 입에 꿀꺽 마시다 ②힘껏, 꾹¶ ～踏ん張る 힘껏 버티다 ③훨씬, 한층¶ ～きれいになる 훨씬 예뻐지다 ④뭉클¶ 胸に～来る 가슴에 뭉클 와 닿다

くつぬぎ [*沓脱ぎ] ①현관·마루 등의 신발을 벗는 곳 ②「沓脱石」의 준말 ―石 현관이나 마루 등의 신발을 벗어 놓는 돌. 디딤돌

くつぷく [屈服·屈伏] 名自スル 굴복 權力に~する 권력에 굴복하다

くつべら [靴篦] 구둣주걱

くつみがき [靴磨(き)] 구두닦기, 구두닦이

つめらくがみ [苦*爪楽髪] 고생이 많으면 손톱이 빨리 자라고 편안하면 머리털이 빨리 자란다는 말 = 楽髪苦爪

くつろ·ぐ [*寛ぐ] 自五 ①편히 쉬다, 휴식하다¶ 家で~ 집에서 편히 쉬다 ②(복장·자세를) 편히 하다¶ 浴衣になって~ 홑옷차림으로 편히 하다

くつろ·げる [*寛げる] 他下一 ①느슨하게 하다, (죈 것을) 풀다¶ えりもとを~ 옷깃을 느슨하게 하다/ ひざを~ 무릎을 편하게 하다 ②느긋하게 하다, 편안히 쉬게 하다¶ 客の気持ちを~ 손님의 마음을 편안하게 해 주다

くつわ [*轡] 재갈¶ ~をはめる 재갈을 물리다
慣用句
―を並べる ①말머리를 나란히 하다 ②함께 행동하다

くつわがた [*轡形] 동그라미 속에 십자(十字)가 있는 모양

くつわむし [*轡虫] 動 철써기

ぐてい [愚弟] 文 우제 ①어리석은 동생¶ 賢兄~ 현형 우제 ②자기 동생의 겸사말

くてん [句点] 구점. 마침표, 종지부 = 丸

くでん [口伝] 구전. (비전으로) 말로 가르침, 그것을 적은 책

ぐでんぐでんに 副(口) (술에 취해) 곤드레만드레¶ ~酔う 곤드레만드레 취하다

くど [*竈] ①부뚜막 뒤의 굴뚝 ②부뚜막

くど·い [諄い] 形 ①지겹도록 장황하다, 끈덕지다¶ ~質問 끈덕진 질문/ 説明が~ 설명이 지겹도록 장황하다 ②(빛깔이나 맛이) 칙칙하다, 느끼하다, 담백하지 않다¶ ~味 느끼한 맛/ 色が~ 색이 칙칙하다

くとう [句読] ①구두, 구두법 ②「句読点」의 준말 ―点 구두점 ―法 구두법

くとう [苦闘] 名自スル 고투. 고전 悪戦~ 악전 고투

くどう [駆動] 名自他スル 구동¶ ~輪 구동륜/ 四輪~ 4륜 구동

ぐとう [愚答] 우답. 어리석은 답¶ 愚問~ 우문 우답

ぐどう [求道] ①(佛) 구도 ②바른 도리(진리)를 구함 = きゅうどう

くどき [口説き] ①설득함. 설득하는 말¶ 上手 설득에 능한 사람 ②(藝) (平曲에서) 단조로운 저음에 맞춰 풀어 가는 서사적인 부분 ㉡(謠曲에서) 생각을 차분하게 늘어놓는 부분 ㉢(浄瑠璃나 歌舞伎등 음악 등에서) 원한·비탄·생각 등을 호소하는 선율 부분 ㉣(일본 민요에서) 장편의 서사적인 노래 ―節 藝 (근세 후기에) 三味線 가락에 맞추어 정사 사건 등을 이야기조로 풀어서 부르는 속곡(俗曲)

くどきおと·す [口説き落とす] 他五 설득하여 납득시키다¶ 一心に~ 열심히 설득하여 납득시키다

くど·く [口説く] 他五 ①투덜거리다, 푸념하다¶ 泣いて~ 울며 푸념하다 ②끈질기게 설득(간청)하다, 졸라대다¶ 親を~いて費用を出させる 부모를 졸라서 비용을 내게 하다

くどく [功徳] 공덕 ①선행¶ ~を積む 공덕을 쌓다/ ~を施す 공덕을 베풀다 ②신불의 은총¶ ~にあずかる 공덕을 입다

ぐどく [愚*禿] 代(文) 우승, 소승, 빈도

くどくど 副 장황하게, 지루하게, 지겹게, 구구하게¶ ~と言う 구구하게 말하다/ ~と愚痴を並べる 지겹도록 푸념을 늘어놓다 ―しい 形 장황하다, 지루하다, 구구하다

ぐどん [愚鈍] 名ダ 우둔¶ ~な人 우둔한 사람

くない [宮内] 궁내. 궁중, 왕궁의 안 = 宮中 ―省 [日史] (律令 관제에서) 궁중의 사무를 관장하던 관청¶ 宮内府くないふ의 옛이름 ―庁 [政] 궁내청. 일본 왕실에 관한 사무를 맡아보는 관청

くなん [苦難] 고난¶ ~の道 고난의 길/ ~を乗り越える 고난을 극복하다

くに [国] ①나라, 국가, 국토¶ ~の財政 국가의 재정/ ~を治める 나라를 다스리다 ②옛날 일본의 행정 구획¶ 信濃の~ 信濃 지방 ③지방, 임지¶ ~に召し上げられる 영지를 몰수당하다 ④출신지, 고향, 향토¶ お~自慢 고향 자랑 ⑤지역, 지방¶ 南の~から花の便り 남쪽 지방에서 꽃 소식
慣用句
―破れて山河在り 국파산하재(國破山河在), 나라는 망해도 산하는 그대로
―を挙げて 거국적으로

くにいり [国入り] 名自スル ①영주가 자기 영지에 들어감 ②(「お~」의 꼴로) 금의환향¶ 大臣のお~ 대신의 금의환향

くにおもて [国表] 大名의 영지 = くにもと

くにがえ [国替] [日史] ①(平安시대에) 지방관의 임지를 희망에 따라 다른 곳으로 바꾸어 주던 일 ②(江戸 시대에) 大名의 영지를 다른 곳으로 바꾸던 일

くにがまえ [国構え] (한자 부수의) 큰입구몸, 에운담 ▷「国」「団」 등의「口」 부분

くにがら [国柄] ①그 나라·지방의 특색, 지방색, 향토색¶ 南国のお~ 남부 지방 특유의 향토색 ②국가의 성립 상태, 국체¶ 社会主義しゃかいしゅぎの~ 사회주의의 국체

くにがろう [国家老] [日史] 江戸 시대에 大名가 幕府에 출사해 있는 동안 영지에서 가신을 통솔하고 내정을 맡아보던 중신

くにく [苦肉] 고육¶ ~の策 고육지책

くにことば [国言葉] [国言葉] ①지방 사투리, 방언 = お国なまり ②나라 말, 국어

くにざかい [国境] ①국경 ②지방과 지방간의 경계

**くにざむらい**【国侍】〔史〕(江戸을에서 근무하던 무사에 대하여) 영지의 무사, 시골 무사

**くにじまん**【国自慢】고향 자랑, 향토 자랑

**くにたみ**【国民】〔文〕국민 = こくみん

**くにづくし**【国尽(く)し】옛날 일본의 66개 지방의 이름을 외기 쉽게 나열해 놓은 문구

**くにづめ**【国詰】〔史〕江戸을 시대 大名다이묘와 그 가신이 영지에서 복무했던 일

**くになまり**【国訛り】사투리, 방언 = 国ことば

**くにのみやつこ**【国造】〔史〕大和야마토 시대에 지방을 통치하기 위해 둔 세습 지방관

**くにはら**【国原】〔文〕넓은 국토

**くにぶり**【国振り·国風】국풍, 그 나라(지방) 특유의 풍속·습관·기질 = おくにぶり

**くにみ**【国見】(옛날에 天皇てんのう 등이) 높은 곳에 올라 국정이나 민생을 시찰했던 일

**くにもち**【国持】〔史〕영지를 가진 大名다이묘

━衆しゅう〔史〕室町무로마치 시대 将軍쇼군의 일문이나 지방의 守護슈고 중 幕府바쿠후의 管領칸레이 등에 봉해지지 않은 大名의 존칭 → 国持대명こくもちだいみょう

**くにもと**【国元·国許】①고향 ¶ ━からの便り 고향으로부터의 편지 ②영지, 본국

**くにゃくにゃ**(口) Ⅰ 〔副〕〔自スル〕①늑신늑신, 누글누글, 흐늘흐늘 ¶ 針金はりがねを～と曲げる 철사를 늑신늑신하게 구부리다 ②꼬불꼬불, 꼬불꼬불 Ⅱ 〔ク〕늑신늑신함, 흐물흐물함 ¶ ～のこんにゃく 흐물흐물한 곤약

**ぐにゃぐにゃ**〔副〕〔自スル〕①꾸불꾸불, 누글누글 ¶ 焼けて鉄塔てっとうが～と曲がる (햇볕에) 달구어져서 철탑이 누글누글 휘다 ②흐물흐물, 비실비실, 물렁물렁 ¶ ～した態度たいど 흐물흐물(우유부단)한 태도 Ⅱ 〔ク〕구부러지거나 변형되는 모양 ¶ ～のタコ 흐물흐물한 문어

**ぐにゃりと**〔副〕(口) ①꾸부정하게 ¶ ～曲がった腰 꾸부정하게 굽은 허리 ②흐물흐물, 비실비실, 물렁물렁

**くぬぎ**【櫟】〔植〕상수리나무

**くねくね**〔副〕〔自スル〕①구불구불 ¶ ～とした道みち 구불구불한 길 ②교태를 지어 보이는 모양 ¶ 体からだを～させて踊おどる 몸을 비비 꼬며 춤추다

**くねつ**【苦熱】〔文〕고열, 심한 더위, 혹서

**くね・る**〔自五〕①구부러지다 ¶ 曲まがり・구불구불 구부러지다 ②(성질이) 비뚤어지다 ¶ 曲がり～った根性こんじょう 비뚤어진 근성

**ねんぽ**【九年母】〔植〕향글나무

**くのう**【苦悩】〔名〕〔自スル〕고뇌 ¶ ～の色いろが浮うかぶ 고뇌의 빛이 떠오르다

**くはい**【苦杯】고배 ①쓴 잔 ②(比) 쓰라린 경험〔慣用句〕

━を嘗なめる 고배를 마시다, 쓰라린 경험을 하다

**くば・る**【配る】〔他五〕①나누어주다, 분배하다, 배포하다 ¶ 問題用紙もんだいようしを～ 문제 용지를 나누어주다/ びらを～ 전단을 배포하다 ②배달하다 ¶ 新聞しんぶんを～ 신문을 배달하다 ③배치하다 ¶ 要所ようしょに刑事けいじを～ 요소에 형사를 배치하다 ④고루 미치게 하다 ¶ 気きを～ 마음을 쓰다/ 目めを～ (주의하여) 살피다

**ぐはん**【虞犯】〔名〕우범 ¶ ～地帯ちたい 우범 대 ━少年しょうねん〔法〕우범 소년

**くひ**【句碑】俳句하이쿠를 새긴 비, 시비(詩碑)

**くび**【首】목 ①〔*頸〕경부 ¶ ほっそりした～ 호리호리한 목 (물건의) 목에 해당하는 부분 ¶ 瓶びんの～ 병목/ 手て～ 손목 ③머리, 고개 ¶ ～を垂たれる 고개를 숙이다/ 敵将てきしょうの～を取とる 적장의 목을 자르다 ④〔*馘〕해고, 면직 ¶ お前まえは～だ 너는 모가지다(해고다)

〔慣用句〕
━が危あぶない 해고·면직될 것 같다
━が繋つながる 해고를 면하다
━が飛とぶ 목이 날아가다, 해고(면직)되다
━が回まわらない (빚으로) 옴짝달싹 못하다
━にする 해고하다, 면직하다
━になる 해고되다, 면직되다
━を傾かしげる 고개를 갸웃하다, 의심스럽게 생각하다
━を切きる 목을 자르다 ①참수하다 ②해고(면직)하다
━を挿すげ替かえる (요직을) 경질하다
━を縦たてに振ふる 고개를 끄덕이다, 긍정하다, 승낙하다, 찬성하다
━を突つっこむ 깊이 관여(관계)하다
━を長ながくする 목이 빠지게 기다리다, 학수고대하다
━を捻ひねる ①궁리하다, 생각하다 ②의아해 하다
━を横よこに振ふる 고개를 가로젓다, 부정하다, 승낙하지 않다, 찬성하지 않다

**ぐび**【具備】〔名〕〔自他スル〕구비 ¶ 条件じょうけんを～する 조건을 구비하다

**くびおけ**【首桶】(옛날에) 참수한 목을 담던 통

**くびかざり**【首飾り·*頸飾り】목걸이

**くびかせ**【首枷·*頸枷】①항쇄(項鎖), 칼 ②(比) 자유를 속박하는 것 ¶ 子こは三界さんがいの～ 자식은 삼계의 애물

**くびがり**【首狩(り)】(미개 사회의 종교적 의식으로서) 적의 부족의 목을 베어 오는 풍습

**くびき**【*軛·*頸木】멍에 ¶ 牛うしに～をかける 소에 멍에를 메우다

**くびきり**【首切り·首*斬り】〔名〕〔自スル〕①참수, 망나니 ¶ ～場ば 참수장 ②해고

**くびくくり**【首*縊り】목을 매어 죽음, 액사

**ぐびぐび**〔副〕(목청을 울리며 마시는) 꿀꺽꿀꺽 ¶ 独酌どくしゃくで～やる 자작으로 꿀꺽꿀꺽 마시다

**くびじっけん**【首実検】〔名〕〔自スル〕①(옛날 싸움터에서) 적의 수급을 대장이 직접 확인하던 일 ¶ 敵将てきしょうかどうか～する 적장인지 아닌지 수급을 확인하다 ②본인 여부를 직접 확인함 ¶ 犯人はんにんの～をする 범인을 직접 확인하다

**ぐびんそう**【虞美人草】〔植〕우미인초

**くびす**【*踵】〔文〕발뒤꿈치 = かかと·きびす

〔慣用句〕
━を返かえす 발길을 돌리다
━を接せっする 사람이 줄지어 오다

**くびすじ**【首筋·*頸筋】목덜미 = 襟首えりくび·うなじ ¶ 白しろい～ 흰 목덜미

**くびづか**【首塚】전사자나 처형자의 목을 매장

くびっ한 무덤
くびったけ [首っ丈] ⑦(口) 홀딱 반함[빠짐]¶ あの子に~だ 저 애한테 홀딱 빠졌다
くびったま [首っ玉] (俗) 목¶ ~を押さえつける 목을 꽉 누르다
くびっぴき [首っ引き] 名 (口) (책 등을) 옆에 두고 늘 참조함¶ 辞書と~で洋書を読む 사전을 노상 참조하며 양서를 읽다
くびつり [首吊り] 名自スル 목매어 죽음, 액사= くびくくり
くびなげ [首投げ] (일본 씨름·레슬링에서) 한 팔로 상대방의 목을 감고 넘어뜨리는 수
くびねっこ [首根っこ] (口) 목덜미
[慣用句]
—を押さえる 목덜미를 누르다, 덜미를 잡다, (약점·급소를 눌러) 꼼짝못하게 하다
くびのざ [首の座] ①참수당할 사람을 앉히는 자리 ②(比) 면직[해고] 처분을 받을 입장
[慣用句]
—に直る ①참수당할 자리에 앉다 ②(比) (처분을 받기 위해) 각오하고 출석하다
くびひき [首引き] ①둘이서 끈을 목에 감고 서로 잡아끄는 놀이, 목씨름 ② → くびっぴき
くびまき [首巻·頸巻] 목도리, 머플러
ぐびりぐびり 副 꿀꺽꿀꺽¶ ~とうまそうに飲む 꿀꺽꿀꺽 맛있는 듯이 마시다
くび·る [絞る] 他五 목졸라 죽이다
くび·れる [括れる] 自下一 잘록해지다, 잘록하다¶ 腰が~ 허리가 잘록해지다
くび·れる [縊れる] 自下一 목매어 죽다, 액사하다¶ 屋根裏で~·れていた 다락방에 목매어 죽어 있었다
くびわ [首輪·頸輪] ①목걸이= 首飾り ②(고양이·개 등의) 목걸이
ぐぶ [供奉] 名自スル (文) 수행, 수행인
くふう [工夫] 名他スル 궁리함, 생각을 짜냄, 고안함¶ ~をこらす 머리를 짜다/ 新しい方法を~する 새로운 방법을 궁리하다
ぐふう [颶風] (文) 구풍, 강풍
くぶくりん [九分九厘] 連語 거의, 거의 전부, 99퍼센트¶ 当選は~間違いない 당선은 거의 틀림없다
ぐぶつ [愚物] (文) 우물, 어리석은 사람, 우인
くぶどおり [九分どおり] 副 거의, 거의 전부¶ ~完成した 거의 완성했다
くぶん [区分] 名他スル 구분¶ 時代~ 시대 구분/ 年齢によって~する 연령에 따라 구분하다
くべつ [区別] 名他スル 구별¶ ~がつかない 구별이 되지 않다/ 公私を~する 공사를 구별하다
く·べる [焼べる] 他下一 지피다, 태우다¶ 新を~ 장작을 지피다
くぼ [*窪·*凹] 옴푹 팬 곳, 구덩이= くぼみ
くほう [句法] 俳句가 ~ 시가를 짓는 법
くほう [公方] ①공사(公事) ②조정 ③幕府 (특히) 鎌倉·室町幕府 ④将軍家

ぐほう [*求法] 名 (佛) 구법, 구도(求道)
くぼち [*窪地·*凹地] 옴푹 팬 땅, 함지(陷地)
くぼま·る [窪まる·*凹まる] 自五 옴푹 패다= くぼむ¶ ~·った所 옴푹 팬 곳
くぼみ [*窪み·*凹み] 옴푹 팸, 구덩이¶ ~に落ちる 구덩이에 빠지다
くぼ·む [窪む·*凹む] 自五 옴푹 패다, 옴푹 들어가다¶ 道が~ 길이 옴푹 패다/ ~·んだ目 옴푹 들어간 눈
くぼ·める [*窪める·*凹める] 他下一 옴푹 패게 하다
くほん [九^品] (佛) 구품, 극락 정토의 아홉 가지 등급
くま [*隈] ①구석, 깊숙한[구부러진] 곳¶ 道の~ 길모퉁이/ 山の~ 산모롱이 ②마음속, 비밀¶ 心の~ 마음의 비밀 ③ [*暈] 짙은 색과 옅은 색이 맞닿는 부분, 짙은 부분 ④눈가의 거무스름한 반점¶ 目の~ができる 눈 밑에 그늘이 지다 ⑤「くまどり」의 준말
くま [*熊] ①(動) 곰 ②(造語) 큰, 강한¶ ~蜂 왕벌/ ~鷹 뿔매/ ~蟬 말매미
ぐまい [供米] 공미, 공양미
ぐまい [愚^妹] (文) 우매¶ 어리석은 누이동생 ②자기 누이동생을 낮추어 일컫는 말
ぐまい [愚^昧] ⑦(文) 우매, 어리석음¶ ~な人 우매한 사람
くまぐま [*隈^隈] 구석구석= すみずみ¶ ~まで広がる 구석구석까지 퍼지다
くまこうはちこう [*熊公八公] 무식하나 착한 서민층, 장삼 이사= くまさんはっつあん
くまざさ [*隈笹·*熊笹] (植) 얼룩조릿대
くまそ [熊襲] 고대 九州 남부의 지명, 그곳에 살던 부족
くまたか [*熊^鷹] ①(動) 뿔매 ②(比) 성질이 거칠고 욕심많은 사람
くまで [*熊手] ①갈퀴 ②쇠갈퀴 모양의 무기 ③복을 긁어들인다는 복갈퀴
くまどり [*隈取(り)] 名他スル (歌舞伎에서) 배우의 성격·표정을 과장하기 위해 얼굴에 물감으로 선을 그려 넣음, 그런 무늬 ②(美) (동양화에서) 색채 바림, 선염법
くまど·る [*隈取る] 他五 ①(歌舞伎에서 배우 등이) 얼굴에 물감으로 선을 그리다 ②바림을 하다, 선염법(渲染法)으로 그리다
くまなく [*隈無く] 副 ①구석구석까지, 샅샅이¶ ~探さ 샅샅이 찾다 ②그늘[흐림]없이, 훤히¶ 月が~照らす 달이 훤히 비치다
くまのい [*熊の胆] 웅담, 곰 쓸개= 熊胆
くまばち [*熊^蜂] (動) 어리호박벌, 왕벌
くままつり [*熊祭(り)] 기른 곰을 죽여서 신에게 바치는 아이누족의 종교적 의식
くまもと [熊本] ①九州 지방의 현 ②熊本현의 현청 소재지 —城 熊本市 茶臼산에 있는 성
くまんばち [*熊ん^蜂] (動) ①「すずめばち」의 딴이름, 말벌 ②어리호박벌, 왕벌= くまばち
くみ [組(み)] ①쌍, 벌, 짝, 세트¶ 茶器一~ 다기 한 벌/ 大小で~になる 皿 크고

**くみ** 작은 것이 세트로 된 접시 ②학급, 반¶ 進学(しん)~ 진학반/ 三(みっ)つの~に分ける 세 학급으로 나누다 ③조, 동아리, 팀, 그룹¶ 二人(ふた)~ 2인조/ 五人(にん)ずつ~になる 다섯 사람씩 팀이 되다 ④(印) 조판¶ ~見本(ほん) 조판 견본/ 見本~ 견본 조판

**くみ** 〖苦味〗(文) 고미, 쓴맛= にがみ ーチンキ 〖藥〗 고미정기. 건위제인 황갈색의 쓴 물약

**ぐみ** 〈茱萸〉・〈胡頽子〉〖植〗 수유나무

**くみあい** 〖組合〗 ①조합¶ 協同(きょう)~ 협동 조합 ②노동 조합¶ ~員(いん) 조합원/ ~運動(うんどう) 조합 운동 ー專從者(せんじゅうしゃ) 조합 전임 종사자

**くみあい** 〖組(み)合(い)〗 맞붙어 싸움, 드잡이

**くみあ・う** 〖組(み)合う〗 (自五) 서로 편을 짜다, 한패가 되다, 짝이 되다¶ 肩(かた)を~ 어깨 동무하다/ お互(たが)いに~って頑張(がんば)ろう 서로 손잡고 분발하자 ②맞붙어 싸우다¶ 賊(ぞく)と~ 도둑과 맞붙어 싸우다

**くみあがり** 〖組(み)上がり〗 조판 완료, 완성된 판

**くみあ・げる** 〖汲(み)あげる〗 (他下一) ①(물 등을) 퍼 올리다, 길어 올리다¶ 地下水(ちかすい)を~ 지하수를 퍼 올리다 (아랫사람의 의견을) 받아들이다¶ 若手社員(わかてしゃいん)の声(こえ)を~ 젊은 사원의 의견을 받아들이다

**くみあ・げる** 〖組(み)上げる〗 (他下一) ①다 짜다¶ 予算(よさん)を~ 예산을 다 짜다 ②짜 올리다, 쌓아 올리다¶ れんがを~ 벽돌을 쌓아 올리다

**くみあわせ** 〖組(み)合(わ)せ〗 ①짜맞추기, 배합, 짜맞춘 것¶ 色(いろ)の~を変(か)える 색의 배합을 바꾸다 ②(경기 등의) 편성, 대전표¶ 準決勝(じゅんけっしょう)の~が決(き)まる 준결승의 대전표가 정해지다 ③〖數〗 조합¶ 順列(じゅんれつ)~ 순열 조합

**くみあわ・せる** 〖組(み)合(わ)せる〗 (他下一) ①짜맞추다, 짝을 짓다, 배합하다¶ 上着(うわぎ)とズボンとを~ 윗옷과 바지를 세트로 하다 ②(경기 등에서) 편성하다, 대전시키다¶ 力(ちから)の接近(せっきん)したチームを~ 전력이 비슷한 팀을 편성하다 ③(서로) 끼다¶ 指(ゆび)を~ 깍지 끼다

**くみいと** 〖組糸〗 합사(合絲), 겹으로 드린 실

**くみいれ** 〖組(み)入れ〗 ①짜 넣음, 편입 ②포개 넣게 만듦, 그런 기물¶ ~の重箱(じゅうばこ) 겹쳐 이 짜 넣는 찬합 ③〖組(み)入れ〗〖天井(じょう)〗의 준말, 소란반자

**くみい・れる** 〖汲(み)入れる〗 (他下一) ①퍼 넣다, 길어 넣다 ②참작하다¶ 相手(あいて)の意向(いこう)を~ 상대방의 의향을 참작하다

**くみい・れる** 〖組(み)入れる〗 (他下一) ①(조직 등에) 집어 넣다, 편입하다¶ A組(ぐみ)に~ A조에 편입시키다/ 計畫(けいかく)に~ 계획에 집어 넣다 ②큰 속에 작게 넣다

**くみうた** 〖組歌・組(み)唄〗〖樂〗 짧은 곡을 몇 곡 엮어 한 곡으로 만든 三味線(しゃみせん)이나 琴(こと)의 노래

**くみうち** 〖組(み)討ち・組(み)打ち〗 ①맞붙어 싸움, 격투¶ 素手(すで)で~をする 맨손으로 격투를 하다 ②격투하여 적을 무찌름

**くみお** 〖組緖〗 끈목= 組(くみ)ひも

**くみか・える** 〖組替える・組換える〗 (他下一) 다시 짜다, 고쳐 짜다, 재편성하다¶ 日程(にってい)を~ 일정을 다시 짜다

**くみがしら** 〖組頭〗 ①조장 ②〖史〗 江戶(えど)시대 名主(なぬし)를 도와 마을의 사무를 맡아 보던 직책

**くみかわ・す** 〖酌(み)交(わ)す〗 (他五) 잔을 주고 받으며 마시다, 대작하다¶ 酒(さけ)を~ 술잔을 주고받다

**くみきょく** 〖組曲〗〖音〗 조곡. 모음곡

**くみこ** 〖組子〗 ①옛날 궁노대・총포대 등의 조장 휘하에 있던 부하 대원 ②〖建〗 엮은 문살

**くみこ・む** 〖汲(み)込む〗 (他五) 퍼 넣다, 길어 넣다¶ 風呂(ふろ)に水(みず)を~ 탕에 물을 퍼 넣다

**くみこ・む** 〖組(み)込む〗 (他五) 짜(집어) 넣다, 편입시키다¶ 予算(よさん)に~ 예산에 짜 넣다

**くみさかずき** 〖組(み)杯・組(み)盃〗 크고 작은 몇 개를 포개어 한 벌이 되는 술잔

**くみし・く** 〖組(み)敷く〗 (他五) (상대를 넘어 뜨려) 깔고 누르다, 깔아 눕히다¶ 敵(てき)の大將(だいしょう)を~ 적의 대장을 깔고 누르다

**くみした** 〖組下〗 → くみこ

**くみしゃしん** 〖組(み)写真〗 한 가지 주제로 여러 장의 사진을 구성・편집한 것

**くみしやす・い** 〖与し易い〗 (形) 만만하다, 상대하기 쉽다, 다루기 쉽다¶ ~相手(あいて)だ 만만한 상대다

**くみじゅう** 〖組(み)重〗 여러 층으로 포개 넣게 되어 있는 찬합= 重(かさ)ね重(じゅう)

**くみ・する** 〖与する〗 (自サ変) ①동의하다, 찬성하다¶ 彼(かれ)の提案(ていあん)に~ 그의 제안에 동의하다 ②가담하다, 한패가 되다¶ 改革派(かいかくは)に~ 개혁파에 가담하다

**くみだ・す** 〖汲(み)出す〗 (他五) ①(물 등을) 퍼내다¶ 殘(のこ)った水(みず)を~ 남은 물을 퍼내다 ②푸기 시작하다

**くみたて** 〖汲(み)立て〗 지금 막 푼 것, 방금 길은 것¶ ~の水(みず) 갓 길은 물

**くみたて** 〖組(み)立(て)〗 ①짜맞춤, 조립¶ 模型(もけい)の~方(かた) 모형의 조립법 ②구조, 구성, 조직¶ 文章(ぶんしょう)の~ 문장의 구성/ 內部(ないぶ)の~を調(しら)べる 내부 구조를 조사하다 ー単位(たんい)〖物〗 조립 단위

**くみた・てる** 〖組(み)立てる〗 (他下一) ①짜맞추다, 조립하다¶ 部品(ぶひん)を~ 부품을 조립하다 ②구성하다, 조직하다¶ 文章(ぶんしょう)を~ 문장을 구성하다

**くみちが・える** 〖組(み)違える〗 (他下一) ①엇갈리게 짜다, 교차시켜 짜다¶ ~えた棚(たな) 어긋매겨 짠 선반 ②잘못 짜다, 틀리게 짜다¶ 活字(かつじ)を~ 활자를 잘못 짜다

**くみちょう** 〖組長〗 ①조장 ②(학급의) 반장

**くみつ・く** 〖組(み)付く〗 (自五) 맞붙다, 달라붙다¶ 犯人(はんにん)に~いてとり押(おさ)える 범인에게 맞붙어 체포하다

**くみて** 〖組(み)手〗 ①〖相撲〗 맞잡은 팔, 맞잡은 상태 ②(당수에서) 상대와 실제로 대전하는 형의 종류 ③〖建〗 재목을 짜맞춘 부분, 짜맞추는 법

**くみてんじょう** 〖組(み)天井〗〖建〗= 組(くみ)入(い)れ天井(てんじょう) 소란반자의 반자 사이에 가는 격자를 짜넣은 천장

**くみとり** 〖汲(み)取り〗 ①퍼내기 ②재래식 변

소 치기, 변소 치는 사람 **一口**ぐち (재래식 변소의) 대소변을 퍼내는 구멍

**くみと・る** [╈汲(み)取る] 他五 ①(물 등을) 퍼내다¶ 水槽すいそうの水を~ 수조의 물을 퍼내다 ②헤아리다, 추측하다, 짐작하다¶ 気持きもちを~ 기분을 헤아리다

**くみはん** [組(み)版] 版 조판, 조판한 원판

**くみひも** [組紐] 끈목, 여러 가닥의 실을 꼰 끈

**くみふ・せる** [組(み)伏せる] 他下一 (상대를 넘어뜨리고) 깔고 누르다, 깔아 눕히다

**くみほ・す** [╈汲(み)干す・╈汲(み)乾す] 他五 ①몽땅 퍼내다, 몽땅 길어내다¶ 井戸いどの水を~ 우물물을 몽땅 퍼내다 ②(술을) 다 마셔 버리다, 잔을 말리다

**くみみほん** [組(み)見本] 版 조판 견본

**くみもの** [組(み)物] ①짜맞춘 물건, 실 등으로 꼬거나 엮어서 만든 물건 ②建 공포(栱包), 두공(枓栱) = ますぐみ

**くみやしき** [組屋敷] 史 江戸えど 시대에 하급 무사가 일정 구역에 조를 이뤄 살던 주택

**くみわけ** [組分け] 名他スル 조(반・팀) 편성¶ 新学期しんがっきの~ 신학기의 반 편성

**くみわ・ける** [╈汲み分ける] 他下一 ①(다른 용기에) 퍼서 나누다 ②헤아리다, 참작하다¶ その気持きもちを~ 그 기분을 헤아리다

**く みん** [区民] 구민, 구의 주민

**ぐ みん** [愚民] 文 우민, 어리석은 백성 **─政策**さく 우민 정책

**く・む** [╈汲む・╈酌む] 他五 ①푸다, 퍼 올리다¶ 井戸水いどみずを~ 우물물을 푸다 ②(술 등을) 따르다, 따라 마시다¶ お茶ちゃを~ 차를 따르다 ③(기분 등을) 이해하다, 헤아리다, 짐작하다¶ 先方せんぽうの意向いこうを~ 상대편의 의향을 이해하다 ④(계파 등을) 이어받다¶ 源氏げんじの流ながれを~ 源氏의 혈통을 이어받다

**く・む** [組む] I 他五 짜다 ①엇걸다, 끼다, 꼬다¶ スクラムを~ 스크럼을 짜다/ 手てを~ 깍지끼다 ②편성하다¶ スケジュールを~ 스케줄을 짜다 ③짜맞추다, 엮다, 읽다¶ やぐらを~ 망대를 짜서 세우다/ ひもを~ 끈을 꼬다 ④조판하다¶ 活字かつじを~ 활자를 조판하다 ⑤(동아리를) 만들다, 조직하다¶ ペアを~ 짝을 짓다/ 徒党ととうを~ 도당을 짜다 II 自五 ①한패가 되다, 짝이 되다, 공모하다¶ 試合しあいで同僚どうりょうと~ 시합에서 동료와 한편이 되다 ②맞붙다, 겨안다, 팔을 맞잡다¶ 四よつに~ (씨름에서) 서로 양팔을 잡(고 싸우)다

**ぐむ** 接尾 …하려고 하다, …하기 시작하다¶ 涙なみだを~ 눈물을 머금다/ 芽めを~ 싹트기 시작하다/ つのの~ (싹이) 비쭉 나오기 시작하다

**くめん** [工面] 名自他スル ①(금품을) 애써 마련함, 변통, 융통 = 算段だん¶ 入学金にゅうがくきんを~する 입학금을 마련하다/ やっと~がつく 겨우 변통하다 ②주머니 사정, 자금 사정¶ ~がいい 주머니 사정이 좋다

**く も** [雲] 구름¶ ~がたなびく 구름이 끼다/ ~に隠かくれる 구름에 가리다

慣用句

**─に梯**はし 구름에 사다리를 놓다, 분수에 맞지 않는[이루지 못할] 소망・사랑의 비유

**─を霞**かすみと 쏜살같이 도망쳐 종적을 감추다

**─を掴**つかむ 구름을 잡다, 막연하여 종잡을 수 없다

**─を衝**つくばかり 하늘을 찌를 듯이

**く も** [╈蜘蛛] 動 거미

慣用句

**─の子**こ**を散**ちらす (거미 새끼가 사방으로 흩어지듯) 사람들이 사방으로 흩어져 달아나다

**くもあい** [雲合い] 구름의 상태, 날씨

**くもあし** [雲脚・雲足] ①구름의 움직임 = 雲行うんこうき¶ ~が速はやい 구름의 움직임이 빠르다 ②낮게 드리운 비구름 ③(책상・탁자 등의) 구름 모양으로 구부려서 만든 다리

**くもがくれ** [雲隠れ] 名自スル ①(달이) 구름 속에 숨음 ②행방(종적)을 감춤¶ 借金しゃっきんで~する 빚 때문에 종적을 감추다

**くもがた** [雲形] 운형, 구름 모양 **─定規**じょうぎ 운형자, 곡선자

**くもじ** [雲路] 文 구름길 ①새가 나는 하늘의 길 ②구름이 가는 곳

**くもすけ** [雲助] (江戸えど 시대에) 역참이나 가도에서 가마를 메거나 짐을 나르던 뜨내기 일꾼 **─根性**こんじょう 남의 약점을 이용하여 돈을 뜯어내는 비열한 근성

**くもつ** [供物] 공물, 공양물 = お供そなえ

**くもで** [╈蜘蛛手] ①(길・강 등이) 사방 팔방으로 갈라져 있음 ②(나무 등을) 십자형이나 V자형으로 엮어 짠 장치 ③사방으로 뛰어다님 ④칼을 사방 팔방으로 휘두름 ⑤마음이 어지럽게 흐트러진 모양

**くものうえ** [雲の上] ①높은 하늘, 천상 ②궁중 ③손이 미치지 않는 곳¶ ~の存在そんざい 손이 미치지 않는 존재

**くものす** [╈蜘蛛の巣] ①거미집 ②(「~のように」의 꼴로) (길・새끼 따위로) 뒤얽힌 모양

**くものみね** [雲の峰] 文 뭉게구름 = 入道にゅうどう雲ぐも¶ ~が崩くずれる 뭉게구름이 흐트러지다

**くもま** [雲間] ①구름 사이¶ ~から日ひがさす 구름 사이로 해가 비치다 ②잠시 갠 동안

**くもまく** [╈蜘蛛膜] 医 지주막 **─下**か**出血**しゅっけつ 医 지주막하출혈, 수막 출혈

**くもゆき** [雲行き] ①구름이 움직이는 모양・형세, 날씨¶ この~では一雨ひとあめありそうだ 이런 날씨로는 비가 한 차례 올 것 같다 ②(사물이 되어가는) 형세, 추세¶ 政界せいかいの~が怪あやしい 정계의 형세가 심상치 않다

**くも・らす** [曇らす] 他五 ①흐리게 하다¶ 湯気ゆげが鏡かがみを~ 김이 거울을 흐리게 하다 ②文 (「顔かお・まゆを~」 등의 꼴로) (슬픔・근심 등으로) 어두운 표정을 짓다 = 悲報ひほうに顔かおを~ 비보를 듣고 어두운 표정을 짓다

**くもり** [曇(り)] ①気 흐림¶ 雨あめのち~ 비온 뒤 흐림 ②(먼지・물방울 등으로) 흐림, 부예짐¶ 眼鏡めがねの~ 안경이 부예짐 ③우울함¶ 心こころの~ 마음이 우울함 ④떳떳하지 않음, 공

명하지 않음¶ ~なき身 떳떳한 몸
くもりがち【曇(り)勝ち】图⑦ 대체로 흐림, 자칫 흐려지기 쉬움¶ ~の天気 대체로 흐린 날씨
くもりガラス【曇(り)ガラス】젖빛 유리, 불투명 유리
くも・る【曇る】自五 ①(날씨가) 흐리다¶ どんよりと~・った空 잔뜩 흐린 하늘 ②(먼지・물방울 등으로) 흐려지다, 부예지다¶ 窓ガラスが~ 유리창이 흐려지다 ③(눈물로 눈이) 흐려지다¶ 涙で目が~ 눈물로 눈이 흐려지다 ④(마음・표정이) 어두워지다, 우울해지다¶ 顔が~ 얼굴이 어두워지다
くもん【苦悶】图 自スル 고민, 괴로워함¶ ~の表情 고민하는 표정/ 日夜~する 밤낮으로 괴로워하다
ぐもん【愚問】우문, 어리석은 질문¶ ~を発する 우문을 던지다 一愚答 우문우답
くやくしょ【区役所】구청
くやし・い【悔しい・口惜しい】形 분하다¶ 涙が出るほど~ 눈물이 날 만큼 분하다
くやしなき【悔し泣き】图 自スル 분해서 욺¶ 決勝戦に敗れて~する 결승전에 패배해 분해서 울다
くやしなみだ【悔し涙】분해서 흘리는 눈물, 분루¶ 裏切られて~をこぼす 배반을 당하고 분루를 흘리다
くやしまぎれ【悔し紛れ】图 분김, 홧김¶ ~に暴言を吐く 홧김에 폭언을 하다
くやみ【悔(や)み】①뉘우침, 후회 ②문상, 조의를 표하는 말¶ お~を言う 조의를 표하다
くやみごと【悔(や)み言】①후회하는 말, 푸념 ②조의를 표하는 말¶ ~を述べる 조의를 표하다
くや・む【悔(や)む】他五 ①후회하다, 애석해 하다¶ 若いころの不勉強が~ 젊었을 때 공부하지 않은 것이 후회된다 ②애도하다, 조위(弔慰)하다¶ 親友の死を~ 친구의 죽음을 애도하다
ぐゆう【具有】图 他スル 구유, 갖추고 있음¶ 不屈の魂を~する 불굴의 혼을 가지고 있다
くゆら・す【燻らす】他五 (천천히 연기를) 피우다¶ たばこを~ 담배를 피우다
くゆ・る【燻る】自五(文) (조금) 연기가 나다¶ タバコの吸い殻が~ 담배 꽁초에서 연기가 나다
くよう【九曜】①「九曜星」의 준말, 구요성 ②(紋) 9개의 별을 배치한 모양의 문장(紋章)
くよう【供養】图 他スル 공양¶ 追善~ 추선공양
くよくよ 副 自スル (고민하여) 끙끙¶ いつまでも~するな 언제까지나 끙끙 앓지 말아라
くら【倉・蔵・庫】곳간, 창고¶ 酒~ 술곳간 慣用句
―が建つ 큰 부자가 되다
くら【鞍】안장¶ ~を置く 안장을 얹다
くらい 副助 《체언・활용어의 連体形 등에 붙어》정도, 만큼, 쯤, 가량 ①대략의 분량・정도를 나타냄¶ 二十人~の集まり 20명 정도의 모임/ 一か月~かかる 한 달쯤 걸린다 ②대략의 기준이 되는 사항을 나타냄¶ 思わずほほえむ~かわいい 절로 웃음이 나올 만큼 귀엽다 ③어떤 사항을 예를 들어 나타냄¶ ~よくする~愚かなことはない 끙끙 앓는 것만큼 어리석은 일은 없다/ 平泳ぎ~ならできるさ 평영 정도라면 할 수 있지 ④비교의 기준을 나타냄¶ 彼に できた~だから、だれだってできるよ 그가 할 수 있을 정도니까 누구든지 할 수 있어
くらい【位】①지위, 계급¶ 大臣の~ 대신의 지위/ ~が上がる 계급이 오르다 ②품격, 품위, 관록¶ ~がつく 관록이 붙다/ ~高い 芸術品 품격 높은 예술품 ③(数) 자릿수¶ 百~の~ 백의 자리
くら・い【暗い】形 어둡다 ①밝지 않다¶ ~部屋 어두운 방 ②(색이) 칙칙하다¶ ~色 어두운 색 ③(「…に~」의 꼴로) …에 어둡다, …을 잘 모르다¶ 地理に~ …지리에 어둡다 ④침울하다, 음침하다, 암울하다¶ ~表情 어두운 표정/ ~過去 어두운 과거 ⑤(전망 등이) 암담하다, 희망이 없다¶ 見通しが~ 전망이 어둡다
くらいこ・む【食らい込む】(口) I 自五 구속되다, 수감되다, 콩밥을 먹다¶ 三年も~んだ 3년이나 콩밥을 먹었다 II 他五 (귀찮은 일을) 떠맡다¶ 人の借金を~まで~ 남의 빚까지 떠맡다
くらい・する【位する】自 サ変(文) (장소・지위를) 차지하다, 위치하다, 자리하다¶ 業界のトップに~ 업계 톱을 차지하다/ 本州の中央に~ 本州의 중앙에 위치하다
くらいだおれ【位倒れ】지위만 높고 실질(수입)이 뒤따르지 않음
くらいつ・く【食らい付く】自五(口) 달려들어 물다, 물고 늘어지다¶ 魚がえさに~ 물고기가 미끼를 물다/ 相手に~・いて離れない 상대방에게 물고 늘어져 떨어질 줄 모르다
くらいどり【位取り】(계산에서) 자릿수를 정함¶ ~を間違う 자릿수를 잘못 잡다
くらいまけ【位負け】图 自スル ①실력 이상의 지위에 있어 오히려 고전함¶ 肩書きに~する 직함을 감당 못해 고전하다 ②(상대의 지위・품격에) 압도됨, 기가 꺾임¶ 戦う前から~する 싸우기 전부터 기가 꺾이다
くらいれ【蔵入れ】图 他スル 입고, 창고에 넣음, 그런 물건 ⇔ 蔵出し
くら・う【食らう】他五(口) ①(머)먹다, (퍼)마시다¶ 酒を~ 술을 마시다 ▷ 막된 말투 ②받다, 입다, 당하다¶ 罰を~ 벌을 받다
クラウン (crown) 크라운 ①왕관 ②왕관 무늬가 들어간 화폐 ③(모자의) 춤, 운두
くらがえ【鞍替え】图 自スル 직업・소속 등을 바꿈, 전직, 전신, 전업¶ 保守派に~する 보수파로 전신하다
くらがり【暗がり】①어두운 곳, 어두움 ②(比) 남의 눈에 띄지 않는 곳¶ ~に隠れる 남의

눈에 안 띄는 곳에 숨다
慣用句
**一から牛を引き出す**(比) ①구별이 되지 않음 ②행동이 느림
くらく [苦楽] 고락 ¶~を共にした仲 고락을 함께한 사이
くらくら 副 自スル ①(현기증이 나서) 어쩔어쩔¶ 頭が~する 머리가 어쩔어쩔하다 ②(물이 끓어 오르는) 부글부글¶ お湯が~と煮えたぎる 더운물이 부글부글 끓어오르다
ぐらぐら 副 自スル ①(움직이는) 흔들흔들, 근들근들¶ 歯が~する 이가 근들근들하다 ②(물 등이 끓어오르는) 버글버글, 부글부글
くらげ [〈水母〉・〈海月〉] 名 動 해파리 ②(比) 줏대 없는 사람, 무골충
くらざらえ [蔵浚え] 창고 떨이 = 蔵払い
くらし [暮し] ①생활¶ 一人~ 독신 생활/ ~が楽になる 생활이 넉넉해지다 ②살림, 생계, 생활¶ ~の足しにする 살림에 보탬이 되다/ ~が立つ 생계를 꾸려 나갈 수 있다
くらしきりょう [倉敷料] 창고 사용료, 보관료
くらした [鞍下] (소나 말 등의) 안장에 닿는 부분, 그 부위의 고기, 등심
くらしむき [暮(ら)し向き] 살림살이, 생활 형편¶ ~がよくなる 생활 형편이 나아지다
くら・す [暮(ら)す] 自他五 ①(시간・세월을) 보내다¶ 本を読んで~ 책을 읽으며 보내다 ②생활하다, 살아가다¶ 給料で~ 급료로 살아가다 ¶(補助)…하며 지내다¶ 泣き~ 울며 지내다/ 遊び~ 놀며 지내다
クラス (class) 클래스 ①학급¶ ~会 학급회 ②급, 계급, 등급¶ A~の作品 A급 작품
くらずれ [鞍擦れ] 안장에 쓸려 상처를 입음, 그런 상처=鞍傷
くらだし [蔵出し] 名 他スル 출고, 출고한 물건¶ ~税 출고세/ ~の酒 갓 출고한 술
ぐらつ・く 自五 ①흔들리다¶ 椅子が~ 의자가 흔들리다/ 体が~ 몸이 휘청거리다 ②동요하다¶ 信念が~ 신념이 흔들리다
くらつぼ [鞍壷] 안장의 걸터앉는 부분
くらに [倉荷] 창고에 넣어 둔 화물, 입고 화물 一証券 經 창하 증권, 창고 증권
くらぬし [倉主] 창고주
くらばらい [蔵払い] 창고 떨이 = 蔵浚え
くらびらき [蔵開き] 名 自スル 새해 들어 처음으로 창고를 여는 일
クラブ (club) 클럽 ①(학교의) 그룹 활동 ②공통 목적・취미로 모인 단체나 장소¶ 記者~ 기자 클럽 ③「ナイトクラブ」의 준말 ④골프채 ⑤(카드에서) 검은 ♣ 마크가 있는 패
くらぶべくもない [比ぶべくも無い] 連語 비할 바 아니다¶ 都心の雑踏には~ 도심의 혼잡에는 비할바 아니다
くらべ [比べ・較べ・競べ] (접미어적으로) ①비교¶ せい~ 키 대보기 ②경쟁, 겨루기¶ かけ~ 경주/ 知恵~ 지혜 겨루기

くらべもの [比べ物] 비교할[견줄] 만한 것¶ ~にならない 비교가 안 되다
くら・べる [比べる・較べる] 他下一 ①비교하다, 대조하다, 견주다¶ 訳文と原文を~ 번역문과 원문을 대조하다/ 例年にくらべて寒い 예년에 비해 춥다 ②[競べる] 겨루다, 경쟁하다¶ 腕前を~ 솜씨를 겨루다
グラマー (glamor; glamour) 名 글래머, 풍만하고 성적 매력이 있는 여자
くらまい [蔵米] 日史 ①(중근세에) 영주의 창고에 저장된 쌀 ②(江戸 시대에) 幕府・영주의 연공(年貢)으로 거두어 가신의 녹봉으로 지급하던 쌀 ③(江戸 시대에) 大坂의 蔵屋敷를 통해서 돈으로 바꾸던 영주의 연공미 一取り 日史 (江戸 시대에) 幕府・영주의 가신 중에서 봉토(俸土)를 받지 않고 직접 쌀을 지급받던 자
くらま・す [晦ます] 他五 ①(모습을) 감추다¶ 行方を~ 행방을 감추다 ②속이다¶ 人目を~ 남의 눈을 속이다
くらみ [暗み] 어두운 곳, 어둠
くらみせ [蔵店] 토광처럼 지은 가게
くら・む [眩む・暗む] 自五 ①눈이 부시다 ②눈이 아찔해지다, 눈앞이 캄캄해지다¶ 目の~ような絶壁 눈이 아찔한 절벽 ③(「目が~」의 꼴로) (욕심 등으로) 눈이 어두워지다, 눈이 멀다¶ 欲に目が~ 욕심에 눈이 어두워지다
グラム (프 gramme; gram) 그램 一原子 化 그램 원자 一当量 化 그램 당량 一分子 化 그램 분자
くらもと [蔵元] ①(술・간장 등의) 양조원 ②日史 (江戸 시대) 영주의 창고에서 출납을 맡았던 사람
くらやしき [倉屋敷] 日史 (江戸 시대 幕府・영주 등이) 연공미・특산물 등을 팔기 위해 江戸・大坂 등지에 두었던 창고 겸 거래소
くらやみ [暗闇] ①어둠, 어두운 곳¶ ~で手探りする 어둠 속에서 손으로 더듬다 ②(比) 남의 눈에 띄지 않는 곳¶ 事件を~に葬る 사건을 흐지부지 묻어 버리다 ③(比) 희망이 없음, 암담함¶ ~の世の中 암담한 세상
慣用句
**一から牛を引き出す**(比) ①구별이 안 감 ②동작이 느림
くらわ・す [食らわす] 他五 (口) 먹이다 ①먹게 하다¶ 子供に飯を~ 아이에게 밥을 먹이다 ②(주먹 등으로) 치다¶ 一発~ 한 방 먹이다
くらわたし [倉渡し] 名 他スル (매매한 물건의) 창고 인도
くり [栗] ①植 밤나무, 밤 ②밤색, 진한 갈색
くり [庫裏・庫裡] ①절의 부엌 ②주지나 그 속의 거처
クリアー (clear) 클리어 I ナ 뚜렷함, 명석함, 맑음, 밝음¶ ~な理論 명석한 이론/ ~な音色 맑은 음색 II 名 他スル ①(곤란 등을) 헤쳐 나감¶ 難関を~する 난관을 헤쳐 나

くりあげる

가다 ②(육상 경기에서) 바·허들을 잘 뛰어 넘음 ③(컴) 데이터를 지움 ④(축구 등에서) 상대의 공격을 잘 막아냄

くりあ·げる [繰(り)上げる] 他下一 ①(날짜·순서 등을) 앞당기다, 끌어올리다¶ 期日ﾋﾞを~ 기일을 앞당기다 ②(數) (자릿수를) 위로 올리다

くりあわ·せる [繰(り)合(わ)せる] 他下一 이리저리 변통하다, 둘러대다¶ 万障ばんしょうを~ せて出席せきする 만사를 제쳐놓고 출석하다

くりいし [*栗石] ①밤톨 크기의 자갈, 모오리 돌 ②기초 공사에 쓰는 지름 10cm 정도의 돌

くりいれきん [繰(り)入(れ)金] 이월금

くりい·れる [繰(り)入れる] 他下一 ①당겨 들이다, 끌어당기다¶ 網あみを~ 그물을 당겨 들이다 ②이월하다, 편입하다¶ 残高だかを新年度ねんどの会計かいに~ 잔고를 신년도 회계에 이월하다

くりいろ [*栗色] 밤색, 진한 갈색¶ ~の髪がみの乙女おとめ 밤색 머리의 처녀

クリーン [clean] ①클린 ①깨끗함¶ ~選挙せんきょ 깨끗한 선거 ②멋짐, 훌륭함 —アップ [cleanup] (野) 클린업, 주자 일소 —アップトリオ (일 cleanup trio) (野) 클린업 트리오, 타순 3·4·5번의 강타자

グリーン [green] 그린 ①녹색 ②초지, 잔디밭 芝生しばふ ③(골프에서) 홀 부근의 잔디가 깔린 곳 —車しゃ JR(구 일본 국유 철도)의 특별 객차 —フィー [green fee] 그린 피, 골프장의 코스 사용료 —ベルト [greenbelt] 그린벨트, 녹지대

くりかえし [繰(り)返し] 名 되풀이함, 반복¶ ~練習しゅうする 되풀이하여 연습하다

くりかえ·す [繰(り)返す] 他五 되풀이하다, 반복하다¶ 過ﾀあちを~ 잘못을 되풀이하다

くりか·える [繰(り)替える] 他下一 ①교환 하다, 대체하다, 바꿔치다¶ 休日きゅうを~ 휴일을 바꿔치다 ②변통하다, 유용하다¶ 予算ﾖさんを~ 예산을 전용하다

くりかた [*刳(り)形] ①도려낸 구멍 ②(建) 가구·건물의 표면을 파서 장식한 부분

くりから [倶梨伽羅] (佛) 구리가라, 구리가라 용왕 —紋紋もんもん 등에 새긴 구리가라의 문신, 그런 문신을 한 사람

くりき [功力] (佛) 공력, 공덕의 힘, 효험

くりくり I 副 自スル ①포동포동¶ ~と太ふとった子くども 포동포동 살이 찐 강아지 ②동글동글, 되록되록¶ ~とした目め 동글동글한 눈/目めを~させる 눈을 되록거리다 II 名 머리를 짧게 깎은 모양, 빡빡¶ ~の頭あたま 빡빡 깎은 머리 —坊主ﾎﾞうず 까까머리, 까까중

ぐりぐり I ① 名 멍울¶ 首筋すじの~ 목덜미의 멍울 II 副 自スル ①누르면서 세게 돌리는 [문지르는] 모양¶ ひじで~する 팔꿈치로 누르면서 문지르다 ②(굴릴때슴, 되록되록¶ 目めを~回ﾏわす 눈알을 때굴때굴 굴리다

くりげ [*栗毛] (말의) 밤색털, 구렁말

くりこし [繰(り)越(し)] 이월 —金きん 이월금

くりこ·す [繰(り)越す] 他五 ①차례로 다음 으로 넘기다¶ 予定ﾖていを翌月げつに~ 예정을 다음 달로 미루다 ②이월하다¶ 残高だかを次年度ねんどに~ 잔고를 다음 연도로 이월하다

くりごと [繰(り)言] 같은 말을 되풀이함, 푸념, 넋두리¶ 老おいの~ 노인의 넋두리

くりこ·む [繰(り)込む] I 自五 (떼를 지어) 몰려 들어오다¶ 会場じょうに~ 회장에 몰려 들어오다 II 他五 ①끌어당기다¶ ロープを~ 줄을 끌어당기다 ②짜넣다, 집어넣다¶ お祝儀しゅうを雑費ﾋﾞに~ 축의금을 잡비에 집어 넣다 ③(많은 것을) 들여보내다, 투입하다

くりさ·げる [繰(り)下げる] 他下一 ①차례 로 뒤로 보내다, 물리다¶ 順位じゅんを一ひとつずつ~ 순위를 하나씩 뒤로 물리다 ②(일정 등을) 늦추다, 미루다¶ 集合時間じかんを~ 집합 시간을 늦추다

くりだ·す [繰(り)出す] I 他五 ①계속 내보내다, 잇달아 투입하다¶ 大軍たいを~ 대군을 잇달아 투입하다 ②(창 등을) 내찌르다¶ 槍ﾔﾘを~ 창을 내찌르다 II 自五 (여럿이) 몰려나가다¶ 町中まちにゅうへ~ 시내로 몰려나가다

くりど [繰(り)戸] 빈지, 빈지문, 덧문

くりぬ·く [*刳(り)貫く] 他五 파내다, 도려내다¶ 岩壁がんを~ 암벽을 파내다/ カボチャの中身なかを~ 호박 속을 도려내다

くりねずみ [*栗鼠] ①(動) 다람쥐 ②밤색을 띤 쥐색

くりの·べる [繰(り)延べる] 他下一 (일시·기한을) 미루다, 연기하다¶ 出発日ﾋﾞっぽうを~ 출발일을 미루다

ぐりはま (俗) (일이) 거꾸로 됨, 상반됨, 어긋남 = ぐれはま

くりひろ·げる [繰(り)広げる] 他下一 ①펼치다¶ 絵巻物まきを~ 두루마리 그림을 펼치다 ②벌이다, 전개하다¶ 熱戦せんを~ 열전을 벌이다

くりまんじゅう [*栗饅頭] 밤만두

くりめいげつ [*栗名月] 음력 9월 13일 밤의 달

くりょ [苦慮] 名 スル (文) 고려, 고심¶ 対策たいに~する 대책에 고심하다

くりよ·せる [繰(り)寄せる] 他下一 ①끌어 당기다¶ 網あみを~ 그물을 끌어당기다 ②차례 로 다가붙이다, 끌어 들이다¶ 大軍たいを城門もんに~ 대군을 성문으로 끌어들이다

くりわた [繰(り)綿] 조면, 씨아로 씨만 뺀 솜

くりん [九輪] (佛) 구륜, 불탑의 노반(露盤) 위에 세운 아홉 개의 고리를 꿴 장식 기둥

く·る [*刳る] 他五 후비다, 도려내다, 후벼 파다¶ 丸木まるを~ 통나무를 후비다/ ブラウスの襟ﾎﾞﾘを大おおきく~ 블라우스의 깃을 크게 도려내다

く·る [繰る] 他五 ①(실 등을) 감다, 감아 당기다¶ 糸いとを~ 실을 감다 ②차례로 밀어내다¶ 雨戸あまどを~ 덧문을 하나씩 밀어내다 ③(책장을) 차례로 넘기다¶ ノートを~ 노트를 한 장 한 장 넘기다 ④차례로 세다¶ 日数すうを~ 날짜를 세다 ⑤(씨아로) 목화씨를 빼다¶ 綿わたを~ 목화씨를 빼다

**くる【来る】**［自カ変］①오다, 다가오다, 닿다, 도착하다¶人ºが～ 사람이 오다/ 郵便ºが～ 우편물이 도착하다 ②(시기・순서 등이) 찾아오다¶夏ºが～ 여름이 오다/ 締º切ºる日ºが～ 마감날이 되다 ③(눈・비 등이) 오다, 내리다¶夕立ºが～ 소나기가 오다 ④(어떤 증상이) 오다, 생기다, 일어나다¶痛ºみが～ 통증이 오다/ 不摂生ºから～病気ºを 불섭생에서 오는 병 ⑤(시설물 등이) 들어오다, 통하다¶奥山ºまで電気ºが～ 깊은 산중까지 전기가 들어오다 ⑥(화제가 그 부분에) 이르다, 오다¶話ºはやっと結論ºまで～ 이야기가 겨우 결론까지 오다 ⑦유래되다¶アイヌ語ºから来ºたことば 아이누어에서 유래된 말 ⑧(「…と～と・…ときたら・…ときては」 등의 꼴로) …라면, …라고 말하면, …로 말할 것 같으면¶酒ºときたら目ºがない 술이라면 맥을 못 춘다 ⑨(補助)《동사 連用形+「て」에 붙어》㉠…하며 오다¶走ºって～ 달려 오다 ㉡…하고[해] 오다¶書類ºを届ºけて～ 서류를 갖다주고 오다/ 家ºで調ºべて～ 집에서 조사해 오다 ㉢(차츰)…하게 되다¶だんだん疲ºれて～ 점점 피곤해지다 ㉣(서서히)…하기 시작하다¶徴候ºがあらわれて～ 징후가 나타나기 시작하다

**ぐる**［口］ (나쁜 짓을 하는) 한통속, 한패¶～になる 한통속이 되다

**くるい【狂い】** ①미침, 돎¶～人º 미친 사람 ②(기능이) 정상이 아님, 이상함¶機械ºに～が来る 기계에 이상이 생기다 ③잘못됨, 차질, 오차, 착오¶～花º 제철이 아닌 때 피는 꽃/ 手順ºに～が生ºじる 순서에 차질이 생기다 ④(造語)「…ぐるい」의 꼴로) 미침, 광¶女ºん～ 색광/ 競馬ºん～ 경마광

**くるいざき【狂い咲き】**［名］[自スル] ①제철이 아닌 때에 꽃이 핌, 그런 꽃 ②한창때가 지난 것이 갑자기 전성 기운을 회복함

**くるいじに【狂い死に】**［名］[自スル] 미쳐서 죽음

**くる・う【狂う】**［自五］①미치다, 돌다, 실성하다¶気ºが～ 정신이 이상해지다/ 頭ºが～ 머리가 돌다 ②(상태가) 이상하다, 고장나다, 정확하지 않다¶時計ºが～ 시계가 맞지 않다/ 調子ºが～ 상태가 이상해지다 ③지나치게 열중하다, 미치다, 빠지다¶ギャンブルに～ 도박에 미치다/ 踊ºりに～ 미친 듯이 춤추다 ④(계획・예상 등이) 빗나가다, 차질이 생기다, 틀리다¶勘定ºが～ 계산이 틀리다/ 予定ºが～ 예정이 어긋나다 ⑤(물건이) 비뚤어지다¶建具ºが～ 문짝이 뒤틀리다

**グループ** (group) 그룹, 집단, 한패, 무리¶～にわける 그룹으로 나누다 **—サウンズ** (일 group sounds)［音］그룹 사운드

**くるし・い【狂おしい】**［形］［文］미칠 것 같다, 미칠 듯하다＝狂わしい¶～までの思ºい 미쳐 버릴 것 같은 심정

**くるくる**［副］①뱅글뱅글, 뱅뱅, 빙글빙글, 빙빙¶～と回ºる風車º 뱅글뱅글 도는 바람개비 ②둘둘, 친친, 둘둘¶紙ºを～とまるめる 종이를 돌돌 말다 ③부지런히¶～と立ºち働ºく 부지런히 일하다 ④사물이 일정하지 않은 모양¶方針ºが～と変ºわる 방침이 어지럽게 바뀌다

**ぐるぐる**［副］①빙글빙글, 빙빙, 핑핑¶腕ºを～回ºす 팔을 빙빙 돌리다 ②둘둘, 돌돌, 친친¶縄ºで～巻ºきつける 새끼로 친친 동이다

**くるし・い【苦しい】**Ⅰ［形］①괴롭다, 고통스럽다, 답답하다¶息ºが～ 숨이 답답하다/ 胸ºのうち～ 답답한 가슴속 ②군색하다, 가난하다, 곤란하다¶家計ºが～ 가계가 군색하다/ 財政ºが～ 재정이 어렵다 ③힘들다, 고되다¶～仕事ºは 힘든 일
[慣用句]
**—時ºの神頼ºみ** 평소에 안 믿던 신을 답답하면 찾는다, 급하면 관세음보살

**くるしまぎれ【苦し紛れ】**［名］괴로운 나머지, 난처한 나머지, 궁한 나머지¶～にごまかす 난처한 나머지 속이다

**くるしみ【苦しみ】** 괴로움, 고통, 어려움¶産ºみの～ 산고
[慣用句]
**—を嘗ºめる** 고통을 겪다, 고생을 경험하다

**くるし・む【苦しむ】**［自五］①(육체적으로) 괴로워하다, 시달리다, 고생하다¶腰痛ºで～ 요통으로 고생하다 ②(정신적으로) 시달리다, 고심하다, 고민하다¶借金ºに～ 빚에 시달리다 ③(생각한 대로 되지 않아) 애먹다, 힘이 들다¶理解ºに～ 이해하는 데 애먹다

**くるし・める【苦しめる】**［他下一］괴롭히다, 고통을 주다¶親ºを～ 부모를 괴롭히다/ 重税ºに～められる 중세에 시달리다

**クルス** (포 cruz) 크루스, 십자, 십자가

**くるとし【来る年】**［文］오는 해, 내년, 명년

**くるびょう【〈佝〉僂病・〈疴〉僂病】**［醫］구루병, 곱사병

**くるぶし【〈踝〉】** 복사뼈

**くるま【車】** ①바퀴 ②탈것의 총칭, (특히) 자동차¶～で通ºう 차로 다니다/ ～に乗ºる 차를 타다 ③바퀴 모양의 것¶糸º～ 물레
[慣用句]
**—の両輪ºり** 수레의 양쪽 바퀴
**—を拾ºう** 차[택시]를 잡다

**くるまいす【車〈椅〉子】** 휠체어

**くるまいど【車井戸】** 두레우물¶～のつるべ 두레우물의 두레박

**くるまえび【車〈海老〉・車〈蝦〉】**［動］보리새우

**くるまがえし【車返し】** (길이 험해) 더 이상 차로 갈 수 없어 차를 돌려보내는 곳

**くるまざ【車座】** 빙 둘러 앉음¶～になって飲ºむ 빙 둘러 앉아 술을 마시다

**くるまだい【車代】** ①차삯, 차비, 거마비, 교통비¶お～ 거마비 ②자동차 구입비

**くるまどめ【車止め】** ①차량의 통행 금지, 통행 금지 표시 ②[交] (선로 끝의) 궤도 이탈 방지 장치 ③차・비행기가 정지해 있을 때 움직이지 않게 바퀴에 대는 물건

**くるまひき【車引き・車曳き】** 수레나 인력거를

くるまへん　くるま¶そういう 직업・사람, 차부(車夫), 인력거꾼
くるまへん【車偏】(한자 부수의) 수레거변 ▷「転・軽」등의 부수 부분
くるまや【車屋】①수레를 만들어 파는 사람・집 ②차부, 인력거꾼 ③→くるまやど
くるまやど【車宿】수레꾼을 고용해서 인력거・짐수레 등을 주선하던 집
くるまよせ【車寄せ】[建](현관의) 포치
くる・む [ˇ包む] 他五 푹 싸이다, 뒤집어 쓰다, 둘러 쓰다¶毛布ケᴵに~ 담요를 뒤집어 쓰다
くるみ【胡桃】[植] 호두나무, 호두　一割り 호두 까는 기구, 호두까기
ぐるみ 《조어 성분으로서 명사에 붙어》…까지 몽땅, …까지 합쳐서, …째¶家族ᴷᴷ~の付き合ᴬい 가족 모두와의 교제/身ᴹ~はがれる 몸에 걸친 것까지 몽땅 털리다
くるみボタン [ˇ包みボタン] 천・가죽 등으로 싼 단추
くる・む [ˇ包む] 他五 (휘감아) 싸다, 감싸다¶紙ᴷᴹに~ 종이에 싸다/ 餅ᴹを海苔ᴬで~ 떡을 김으로 싸다
くるめがすり【久留米絣】福岡ᴼᴷᴬ현 久留米ᴷᴹ지방에서 나는 감색 바탕에 비백(飛白) 무늬가 있는 무명
くる・く [ˇ眩く] 自五 (文) ①뱅뱅 돌다 ②눈이 핑핑 돌다, 현기증이 나다, 어지럽다¶~ばかりの速ᴴᴬき 눈이 핑핑 돌 정도의 속도
くる・める [ˇ包める] 他下一 ①휩싸다¶体ᴷᴬをタオルで~ 몸을 수건으로 감싸다 ②한데 합치다, 몽뚱그리다¶部屋代ᴷᴬを~・めて一万円ᴸᴸ要ᴵ゙る 방값까지 합쳐서 만 엔 든다 ③그럴 듯하게 속이다, 구슬리다¶言ᴵい~ 구슬리다
ぐるり (ロ) 주위, 둘레, 외곽¶家ᴷᴵの~ 집 주위
ぐるりと 副 ①(작게 한 번 돌거나 감는) 획, 빙글, 뱅그르르¶~向ᴴᴵき直ᴺᴬる 홱 돌아서다 ②(둘레를 한 바퀴 돌거나 둘러싸는) 빙¶~へいを~めぐらす 담을 빙 두르다 ③(태도・방침 등을 갑자기 바꾸는) 싹¶態度ᴰᴼを~変ᴷᴬえる 태도를 싹 바꾸다
ぐるりと 副 ①(한 바퀴 돌거나 둘레를 돌아보는) 획, 빙¶~振ᴹり向ᴹᴵく 획 돌아보다/ 町ᴹᴬを~回ᴹᴬる 거리를 빙 돌다 ②(둘레를 둘러싸는) 빙, 죽¶家ᴵを木立ᴰᴬが~取ᴹり囲ᴷᴵむ 집을 나무들이 빙 둘러싸다
くるる【枢】[建] ①문지도리 ②문얼굴 아래위의 테에 지르는 비녀장 = きる
くるわ [ˇ郭・ˇ廓・ˇ曲輪] ①성곽 ②구역 ③유곽
くるわことば [ˇ郭言葉] 江戸ᴱᴰᴼ 시대에 유곽에서 창녀들이 썼던 특수한 말
くるわし・い【狂わしい】形(文)→くるおしい
くるわ・す【狂わす】他五 → くるわせる
くるわ・せる【狂わせる】他下一 ①미치게 하다 ②틀리게 하다, 틀어지게 하다, 빗나가게 하다¶判断ᴴᴬᴺを~ 판단을 잘못하게 하다/ 計画ᴷᴬᴷを~ 계획을 틀어지게 하다 ③혼란시키다, 뒤엎다¶列車ᴿᴵのダイヤを~ 열차 운행

표를 혼란시키다
くれ [ˇ塊] 덩어리, 덩이¶土ᴰᴼ~ 흙덩이
くれ【暮(れ)】①저묾, 저물 무렵, 해질녘¶日ᴴᴵの~ 해질 무렵 ②연말, 세모¶年ᴺᴱᴺの~ 세모/ ~の大売ᴼᴼ出ᴰᴬし 연말 대매출 ③(文) (계절의) 끝 무렵¶春ᴴᴬᴿの~ 만춘
くれうち [ˇ塊打ち] 흙고르기
グレー (gray) 그레이 ①회색, 잿빛 ②반백¶ロマンス~ 로맨스 그레이
クレープ (프 crêpe) 크레프, 크레이프 ①오글오글하게 짠 직물 ②밀가루 반죽을 얇게 구워 크림 등을 감싼 과자
クレーム (claim) 클레임 ①(상품 거래에서) 계약 위반에 의한 손해 배상 청구 ②불평, 불만, 트집¶~をつける 클레임을 걸다, 이의를 제기하다　―タグ (claim tag) 클레임 태그. (항공기의) 수화물 보관증
くれがた [ˇ暮(れ)方] ①저물녘, 해질녘, 저녁 때¶日ᴴᴵの~ 해질 무렵 ②(계절의) 끝 무렵¶夏ᴺᴬᴛの~ 여름이 끝날 무렵
くれぐれも [ˇ呉ˇ呉も] 副 (편지문 등에 쓰여) 아무쪼록, 부디, 거듭¶~よろしくお願ᴺᴱᴳいします 부디 잘 부탁합니다
くれたけ [ˇ呉竹] 「ハチク 솜대」「マダケ 참대」의 딴이름
くれつ【愚劣】名ナ 우열. 어리석고 못남¶~な行動ᴷᴰᴼ 어리석고 못난 행동/ ~きわまる 어리석기 짝이 없다
くれない【紅】①다홍, 진홍색 ②「ベニバナ 잇꽃」의 옛이름, 홍화
くれなず・む [ˇ暮(れ)ˇ泥む] 自五(文) 해가 질 듯하면서도 쉬 지지 않다¶~春ᴴᴬᴿの日ᴴᴵ 질 듯 말 듯 하는 봄의 긴 해
くれのこ・る [ˇ暮(れ)残る] 自五(文) (해가 진 뒤에도) 어스레하다¶~西ᴺᴵᴱの空ᴷᴬ 어스레한 서쪽 하늘
くれは・てる [ˇ暮(れ)果てる] 自下一(文) 저물어 버리다 ①해가 완전히 지다 ②(계절・한해의) 끝 무렵이 다 되다
くれむつ【暮(れ)六つ】저녁 여섯 시, 저녁 여섯 시를 알리는 종 ≒ 明ᴬᴷᴱ六ᴹᴜつ
くれゆ・く [ˇ暮(れ)行く] 自五(文) (날・해・계절이) 저물어 가다¶~山際ᴴᴬᴹ 저물어 가는 능선/ 春ᴴᴬᴿを惜ᴼᴰᴼしむ暮ᴷᴿᴱれ行ᴵゆく봄을 아쉬워하다
く・れる【暮れる・ˇ昏れる】自下一 ①(해가) 저물다, 지다¶日ᴴᴵがとっぷりと~ 날이 완전히 저물다 ②(한 해・계절이) 끝나가다, 저물다¶年ᴛᴼᴿが~ 한 해가 저물다 ③ [ˇ眩れる・ˇ暗れる] (文) (슬픔이나 어찌할 바를 몰라) 마냥…하기만 하다¶涙ᴺᴬᴹᴰᴬに~ 눈물로 지새다/ 途方ᴛᴏᴴᴼᴜに~ 어쩔 바를 모르다
く・れる [ˇ呉れる] 他下一 ①(남이 나에게) 주다¶近所ᴷᴵᴺの人ᴴᴵが息子ᴹᴜᴷᴼに菓子ᴷᴬを~ 이웃 사람이 내 아들에게 과자를 주다 ② (「~・れてやる」의 꼴로 써서) (멸시하는 투로 내가 남에게) 주다¶お前ᴹᴬᴱにも少ᴼᴷᴼし~・れてやる 네게도 조금 줘어 주겠다 ③ [補助] 《동사 連用

形+「て」에 붙어》…해 주다 ㉠상대편이 호의를 가지고 한 동작을 나타냄¶ 母親(ははおや)が説明(せつめい)して~ 어머니가 설명해 주시다 ㉡남에게 불이익을 주는 뜻을 나타냄¶ こらしめて~ 혼내 주다 ㉢남이 나에게 불이익을 주는 것을 반어적으로 나타냄¶ よくも言(い)って~・れたな〔잘도〕말했겠다

ぐ・れる 〖自下一〗(口) ①(태도・성격 등이) 비뚤어지다, 빗나가다¶ 中学時代(ちゅうがくじだい)から~・れだす 중학교 때부터 빗나가기 시작하다 ②(희망・기대 등이) 어그러지다, 틀어지다¶ 計画(けいかく)が~ 계획이 어그러지다

くれわり〖°塊割(り)〗흙덩이를 부수는 농기구, 곰방메=くれたたき・たたき

ぐれん〖紅°蓮〗 ①빨간 연꽃=紅蓮華(ぐれんげ) ②〖名〗진홍색 —地獄(じごく)〖佛〗홍련 지옥

ぐれんたい〖愚連隊〗불량배, 깡패

くろ〖°畔〗①(논・밭의) 두렁=あぜ 田(た)の~ 논두렁 ②(평지의) 둔덕

くろ〖黒〗①검정, 검은빛 ~髪(かみ) 흑발 ②범죄 사실이 뚜렷함, 그런 사람¶ 状況証拠(じょうきょうしょうこ)では~だ 정황 증거로는 혐의가 짙다 ③흑, 검은 바둑돌, 흑을 쥔 사람¶ ~先(せん) 흑이 선 ▷ ①~③〔白〕

くろ・い〖黒い〗〖形〗검다¶ ~靴(くつ) 검정 구두 ②(그을리거나 더러워져서) 거무스름하다¶ 日(ひ)に焼(や)けた~肌(はだ) 햇빛에 탄 거무스름한 피부/ 襟(えり)がほこりで~くなる 깃이 먼지로 거매지다 ③(속이) 엉큼하다¶ 腹(はら)が~ 뱃속이 시커멓다〔엉큼하다〕 ④부정・불길・범죄 등의 혐의가 짙다¶ あいつを~とにらんでいる 저 놈이 혐의가 짙다고 점찍고 있다

くろいきり〖黒い霧〗〖連語〗표면에 드러나지 않은 악¶ 政界(せいかい)の~ 정계의 추악한 이면

くろう〖苦労〗〖名〗〖ア〗〖自スル〗①노고, 고생, 애씀¶ ~の種(たね) 고생거리 ②((「ご~」의 꼴로)) 수고¶ ご~をかける 수고를 끼치다/ ご~さま 수고하셨습니다 —性(しょう) 〖名〗〖ア〗잔걱정이 많은 성격 —人(にん) 온갖 풍상을 겪어 세상 물정에 훤한 사람

ぐろう〖愚老〗〖代〗〖文〗노인이 자신을 겸손하게 일컫는 말, 우로

ぐろう〖愚×弄〗〖名〗〖他スル〗우롱¶ 人(ひと)を~するも甚(はなは)だしい 사람을 우롱하는 것도 이만저만이 아니다

くろうと〖玄人〗①전문가, 프로, 숙련자 ②화류계 여자 ▷ ①②=素人(しろうと) —筋(すじ) (그 분야에) 정통한 사람, 프로 주식 시세에 대한 전문가 —跣(はだし) (비전문가이면서) 전문가 뺨치게 잘함¶ ~の腕前(うでまえ) 전문가 뺨치는 솜씨

くろうど〖蔵人〗〖日史〗궁중의 잡무를 맡아보던 관리 —所(どころ) 〖日史〗蔵人(くろうど)가 집무를 보던 관청 —の頭(とう) 〖日史〗蔵人所(くろうどどころ)의 別当(べっとう) 다음가는 직위

クローズアップ (close-up) 〖名〗〖他スル〗클로즈업 ①(영화・사진 등의) 대사(大寫) ②(出) 어떤 일을 크게 다룸

クローン (clone) 〖生〗클론, 무성 생식으로 유전자 조성이 같은 세포군・개체군

くろがき〖黒×柿〗〖植〗먹감나무
くろがね〖鉄〗〖文〗철. (무)쇠
くろかみ〖黒髪〗흑발, 검은 머리¶ 緑(みどり)の~ 삼단 같은 검은 머리
くろかわおどし〖黒革×縅〗짙은 감색 가죽의 갑옷 미늘
くろき〖黒木〗①껍질을 벗기지 않은 통나무 ②「コクタン 흑단」의 딴이름
くろき〖黒°酒〗단술에 누리장나무 재를 섞은 검은 빛깔의 술⇔白酒(しろき)
くろくま〖黒×熊〗〖動〗흑곰
くろくも〖黒雲〗①먹구름, 비구름 ②암운¶ 前途(ぜんと)を覆(おお)う~ 전도를 뒤덮은 암운
くろぐろ〖黒黒〗〖副〗아주 새까만 모양¶ ~とした髪(かみ) 새까만 머리카락
くろけむり〖黒煙〗흑연, 검은 연기=こくえん
くろこ〖黒子・黒衣〗〖劇〗歌舞伎(かぶき) 배우의 시중꾼, 그 사람이 입는 검은 옷=くろご
くろこう〖黒鉱〗〖鑛〗흑광
くろごきぶり〖黒×蜚×蠊〗〖動〗먹바퀴
くろこげ〖黒焦げ〗타서 검게 눌음, 그런 것
くろこしょう〖黒×胡×椒〗검은 후추
くろごめ〖黒米・°玄米〗현미=げんまい
くろざとう〖黒砂糖〗흑설탕
くろじ〖黒地〗①검은 천 ②검은 바탕
くろじ〖黒字〗흑자, 이익¶ ~が出(で)る 흑자가 나다 —倒産(とうさん) 〖経〗흑자 도산
くろしお〖黒潮〗〖海〗흑조, 일본 해류
くろしょうぞく〖黒装束〗검정 일색의 복장, 그런 복장을 한 사람
くろしろ〖黒白〗(口) 흑백 ①흑과 백 ②선악, 시비, 유죄와 무죄=こくびゃく
〖慣用句〗
—を着(つ)ける 시비를 가리다¶ 裁判(さいばん)で~ 재판으로 시비를 가리다
クロス (cross) 크로스 Ⅰ〖名〗십자, 십자가, 십자형 Ⅱ〖名〗〖自スル〗교차함, 가로지름 —商(あきな)い〖経〗증권 회사가 동일 종목에 대해 같은 가격으로 같은 수의 매도・매수 주문을 내놓아 그 매매를 성립시키는 방식
クロスゲーム (close game) 클로즈 게임, 팽팽한 경기, 접전, 백열전(白熱戰)
くろずむ〖黒ずむ〗검은빛을 띠다, 거무스름해지다¶ 顔(かお)が~ 얼굴이 거무스름해지다
クロゼット (closet) 클로짓 ①벽장, 선반, 다락 ②화장실, 변소=トイレ
くろそこひ〖黒〈内障〉・黒底×翳〗〖医〗흑내장=こくないしょう
くろだい〖黒×鯛〗〖動〗감성돔, 먹도미=ちぬ
くろダイヤ〖黒ダイヤ〗흑다이아 ①〖鑛〗카르보나도 ②(뜻밖의) 석탄의 미칭
くろち〖黒血〗(종기 등에서 나오는) 검은 피
くろちく〖黒竹〗〖植〗오죽(烏竹)=しちく
クロッキー (프 croquis) 〖美〗크로키, 속사화(速寫畵), 약화(略畵)
グロッキー (groggy) 〖名〗그로기 ①(권투에서) 세게 맞고 비틀거림 ②몹시 지쳐 휘청거림¶

残業(ざん)が続(つづ)きで～だ 계속된 잔업으로 지쳤다
**くろづくり**【黒作り】①검은 옻칠을 한 것¶ ～太刀 몸에 검은 옻칠을 한 장검 ②고략째 담근 오징어젓
**クロッケー**(croquet)【體】크로켓
**くろつち**【黒土】흑토, 부식질을 함유한 검은 흙
**くろっぽ・い**【黒っぽい】[形]①거뭇하다, 거무스름하다¶～服(ふく)거무스름한 옷 ②전문가답다¶～・くなってきた 전문가다위졌다
**くろてん**【黒貂】[動]검은담비, 산달
**くろねずみ**【黒鼠】①검은 쥐 ②주인집의 금품을 축내는 고용인, 인쥐 ⇔ 白鼠(しろねずみ) ③암회색
**くろはちじょう**【黒八丈】두꺼운 검은빛 명주
**くろば・む**【黒ばむ】[自五]검은빛을 띠다, 거무스름해지다＝黒(くろ)ずむ
**くろパン**【黒パン】흑빵
**くろビール**【黒ビール】흑맥주
**くろびかり**【黒光り】[名][自スル]검게 윤이 남¶～した肌(はだ)검게 타서 윤이 나는 피부
**くろぶさ**【黒房】[相撲]씨름판 위의 북서쪽 지붕 귀퉁이에 드리우는 검은 술
**くろふね**【黒船】검은 배, (특히 江戸(えど) 말기에) 서양에서 온 함선
**くろぼ**【黒穂】깜부기, 깜부기＝くろぼ―病(びょう)[農]흑수병, 깜부기병
**くろぼし**【黒星】①검게 칠한 점·별표 ⇔白星(しろぼし)②(과녁 중앙의) 흑점 ③(사물의) 중심, 정곡¶～をさす 정곡을 찌르다 ④(어떤 작용을) 나타내는 표시 ⑤실패, 패배¶警察側(けいさつがわ)の～ 경찰측의 실패
**くろほん**【黒本】[文]군담(軍談)·괴기담을 제재로 한 검은 표지의 草双紙(くさぞうし)
**くろまく**【黒幕】흑막 ①검은 막 ②[劇]배경이나 장면 전환에 쓰는 검은 장막 ③막후 인물¶事件(じけん)の～ 사건의 막후 인물
**くろまぐろ**【黒鮪】[動]다랑어, 참다랑어
**くろまつ**【黒松】[植]흑송, 해송, 곰솔
**くろまめ**【黒豆】검정콩, 흑태(黒太)
**くろみ**【黒み】검은빛, 검은 정도, 거무스름함¶～がかった生地(きじ)거무스름한 천/～を帯(お)びる 검은빛을 띠다
**くろみずひき**【黒水引】검은색[감색]과 흰색이 반반씩 섞인 포장용 끈＝青水引(あおみずひき)
**くろ・む**【黒む】[自五]검은빛을 띠다, 거매지다
**クロム**(chrome)【化】크롬 ―鋼(こう)[工]크롬강
**くろめ**【黒目】(눈의) 검은자위, 눈동자 ⇔白目(しろめ) ―勝(が)ち[名][ノ]눈동자가 큼¶～の少女(しょうじょ)눈망울이 큰 소녀
**くろ・める**【黒める】[他下一]검게 하다, 검게 물들이다
**くろもじ**【黒文字】①[植]조장나무 ②이쑤시개
**くろやき**【黒焼(き)】(동식물을 약용으로 쓰기 위해) 쪄서 검게 구운 것¶イモリの～ 검게 찜구이한 영원
**くろやま**【黒山】[ノ]사람이 많이 모인 모양¶～の人(ひと)だかり 새까맣게 모인 사람들 무리
**くろよん**【九六四】[経]소득세 비율이 급여 소득자는 9할인데 비해 자영업자는 6할·농업

소득자는 4할 밖에 안 된다는 말
**くろわく**【黒枠】①검은 테 ②부고장·영정 등에 두르는 검은 줄
**ぐろん**【愚論】[文]우론 ①부질없는 의론¶一顧(いっこ)の値(あたい)もない～だ 일고의 가치도 없는 우론이다 ②자기 의견·논문의 겸사말¶～で恐縮(きょうしゅく)ですが 우론이지만 송구스럽습니다
**くろんぼう**【黒ん坊】①검둥이, 흑인 ②피부가 거무스름한 사람 ③[芸] → ころこ
**くわ**【桑】뽕나무¶～畑(ばたけ) 뽕밭
**くわ**【鍬】괭이¶畑(はた)に～を入(い)れる 밭을 괭이로 일구다
**くわい**【慈姑】[植] 자고, 쇠귀나물
**くわいれ**【鍬入れ】①1월의 길일을 택해 길방(吉方)에 있는 밭에 첫 괭이질을 하는 농가의 행사 ②(건축 공사나 식목할 때 등의) 첫 괭이질, 첫 삽질, 기공식
**くわえざん**【加え算】[数]덧셈＝足(た)し算(ざん)
**くわえたばこ**【銜え煙草】입에 문 채로 담배를 피움¶～で話(はな)す 담배를 입에 문 채로 이야기하다
**くわ・える**【加える】[他下一]①더하다, 보태다, 가산하다¶三(さん)に二(に)を～ 3에 2를 더하다 ②부가하다, 덧붙이다¶身振(みぶ)りを～・えて解説(かいせつ)する 몸짓까지 하며 해설하다 ③(정도를) 더하다, 늘리다¶スピードを～ 스피드를 더하다 ④가입시키다, 넣다¶仲間(なかま)に～ 한패에 넣다 ⑤(어떤 작용을) 가하다, 주다, 베풀다¶危害(きがい)を～ 위해를 가하다/打撃(だげき)を～ 타격을 주다 ⑥(어떤 행위를) 하다¶筆(ふで)を～ 가필하다/反省(はんせい)を～ 반성을 하다
**くわ・える**【銜える・啣える・咥える】[他下一](입에) 물다¶パイプを～ 파이프를 물다/指(ゆび)を～ 손가락을 입에 물다
**くわがた**【鍬形】①투구 챙 위의 사슴 뿔처럼 생긴 쇠장식 ②[鍬形虫(くわがたむし)]의 준말 ―石(いし)[考古]벽옥으로 만든 팔 장식 ―虫(むし)[動]사슴벌레
**くわけ**【区分け】[名][他スル]구분, 구획
**くわご**【桑子·桑蚕·野蚕】[動]멧누에나방
**くわし・い**【詳しい·委しい·精しい】[形]①자세하다, 상세하다, 소상하다¶～解説(かいせつ) 자세한 해설/～ことはあとで話(はな)す 소상한 것은 나중에 이야기한다 ②(「…に～」의 꼴로)밝다, 정통하다¶内情(ないじょう)に～ 내정에 밝다
**くわした**【鍬下】황무지를 개간하여 논밭으로 만들기까지의 기간
**くわ・す**【食わす】[他五]①먹이다, 먹게 하다¶めしを～ 밥을 먹이다 ②부양하다, 먹여 살리다¶家族(かぞく)を～ 가족을 부양하다 ③(폭력 등을) 가하다, 주다¶リンチを～ 린치를 가하다 ④속이다, 기만하다, 골탕먹이다¶まんまと一杯(いっぱい)～ 감쪽같이 속이다
**くわずぎらい**【食わず嫌い】①먹어 보지도 않고 덮어놓고 싫어함 ②[比]해보지도 않고 덮어 놓고 싫어함¶～をする 덮어놓고 싫어하다
**くわせもの**【食わせもの】①겉만 번드르하나 속은 보잘것없는 것, 빛좋은 개살구 ②겉보기와 달리 경계해야 할 사람¶おとなしい顔(かお)をし

ているがとんだ～だ 얌전한 체하지만 아주 엉 뚱한 놈이다 ▷ 물건은「物」, 사람은「者」를 씀
くわ・せる【食わせる】 他下一 → くわす
くわだて【企て】 기도, 계획, 기획¶暗殺を～が発覚する 암살 기도가 발각되다
くわだ・てる【企てる】 他下一 기도하다, 계획하다, 꾀하다, 시도하다¶陰謀を～ 음모를 꾀하다/自殺を～ 자살을 기도하다
くわばたけ【桑畑】 뽕밭
くわばら【桑原】 I 名 뽕밭＝桑畑 II 感 (口)《「～、～」의 꼴로》벼락이나 불길한 일을 피하기 위해 외는 주문¶～、～ーという気持ちです 제발 살려 주십습고 하는 마음입니다
くわり【区割(り)】 구분, 구획＝くわけ
くわ・れる【食われる】 自下一 ①먹히다, 물리다¶蚊に～ 모기에 물리다 ②(상대에게) 압도되다¶子役に～ 아역에 압도당하다
くわわ・る【加わる】 自五 ①(수량·정도가) 가해지다, 늘다, 더해지다¶速度が～ 속도가 가해지다/給料に手当が～ 급료에 수당이 가산되다 ②(작용이) 가해지다, 미치다¶機体に圧力が～ 기체에 압력이 가해지다 ③참가하다, 참여하다, 한몫 끼다¶仲間に～ 패거리에 끼다

くん【君】 音クン 訓きみ｜(음)군. (造語) ①군주, 천자, 제왕, 제후¶君子 군자·君臣 군신 ②㉠아버지·남편·부인 등에 대한 높임말¶細君 부인·夫君 부군·父君 부군 ㉡동료·손아랫사람을 부를 때 쓰는 높임말¶諸君 제군·山田君 야마다군

くん【訓】 音クン·キン 訓おしえる｜(음)훈. I (造語) ①가르치다, 타이르다¶訓練 훈련·教訓 교훈 ②명령, 명령하는 말¶請訓 청훈 ③읽다, 뜻을 해석하다¶訓注 훈주 ④한자의 일본어 훈독(법)¶訓読 훈독·音訓 음훈 II 훈. 한자를 그 뜻에 해당하는 일본어로 읽는 법¶～を仮名で示す 훈을 가나로 표시하다

くん【勲】 動 音クン 訓いさお｜(음)훈. (造語) ①공훈¶勲章 훈장·殊勲 수훈 ②훈장 등급에 붙이는 말¶勲一等 훈일등

くん【薫】【薰】 音クン 訓かおる｜(음)훈. (造語) ①좋은 냄새, 향기가 좋다¶薫香 훈향·薫風 훈풍 ②감화를 주다¶薫育 훈육·薫陶 훈도 ③태워 연기를 내다, 연기로 끄슬다¶薫製 훈제

ぐん【軍】 音グン 訓いくさ｜(음)군. I (造語) ①병사의 집단, 군대·將軍 장군 ②육·해·공군의 총칭¶軍部 군부·全軍 전군·軍艦 군함·軍備 군비¶【熟字訓】軍鶏 크고 사나운 투계종 닭 II 군 ①군부, 군대, 군단¶～の意向 군부의 향/～を率いる 군을 통솔하다 ②(스포츠 등의) 단체¶巨人軍 요미우리 야구 팀인) 거인군

ぐん【郡】 音グン 訓こおり｜(음)군. I (造語) 군, 행정 구역의 하나, 고을¶県郡 현군·郡守 군수 II 군. 행정 구획의 하나

ぐん【群】 音グン 訓むれる・むれ・むら｜(음)군. I (造語) ①떼지어 모이다, 떼, 집단, 무리¶群集 군집·魚群 어군 ②수가 많다¶群衆 군중·群雄 군웅 II ①떼, 무리, 집단¶～をなす 무리를 이루다 ②[數] 네 가지 조건을 충족시키는 연산이 정의(定義)되어 있는 집합의 하나

[慣用句]
ー を抜く 발군이다, 많은 것 중에서 한층 뛰어나다

くんい【勲位】 훈위 ①훈등과 위계 ②훈등
ぐんい【軍医】 군의¶～官 군의관
くんいく【訓育】 名 他スル [教] 훈육¶子弟を～する 자제를 훈육하다
くんいく【薫育】 名 他スル (文) 훈육. 인격이나 덕으로 감화시켜 인도함
ぐんえい【軍営】 군영, 진영, 병영
ぐんえき【軍役】 군역 ①병역¶～につく 병역에 복무하다 ②전쟁
くんおん【君恩】 (文) 군은. 주군의 은혜¶～に報いる 군은에 보답하다
ぐんか【軍靴】 군화¶～の響き 군화 소리
ぐんか【軍歌】 군가
くんかい【訓戒·訓誡】 名 他スル 훈계¶～を与える 훈계를 주다
ぐんかく【軍拡】 [軍] 군확, 군비 확장 ⇔ 軍縮¶～競争 군비 확장 경쟁
ぐんがく【軍学】 군학. 병법＝兵学
ぐんがく【軍楽】 군악¶～隊 군악대
ぐんかん【軍艦】 [軍] 군함
くんき【勲記】 훈기. 서훈자에게 훈장과 함께 수여되는 증서
ぐんき【軍紀·軍規】 군기, 군율(軍律)¶～が乱れる 군기가 문란해지다
ぐんき【軍記】 군기 ①전기, 전쟁 기록, 전쟁을 소재로 한 책 ②「軍記物·軍記物語」의 준말 ー物 (文) ①전쟁 실록 소설＝戦記物 ②江戸 시대의 전쟁 소설 ー物語 (文) 군담 소설
ぐんき【軍旗】 군기 ①전쟁터에서 쓰는 기¶～がはためく 군기가 펄럭이다 ②구 일본 육군의 보병·기병 연대에 天皇가 내린 기, 연대기
ぐんき【軍機】 군기. 군사 기밀¶～を漏らす 군사 기밀을 누설하다
ぐんぎ【群議】 (文) 군의. 중의, 중론
ぐんきょ【群居】 名 自スル 군거 ①떼지어 있음 ②떼지어 생활함, 군서＝群棲
ぐんぐん 副 (口) 부쩍부쩍, 무럭무럭, 쭉쭉¶背が伸びる 키가 무럭무럭 자라다
くんこ【訓詁】 훈고. 고전의 자구 해석¶～学 훈고학
くんこう【君公】 (文) 주군에 대한 경칭. 군공
くんこう【勲功】 (文) 훈공. 공훈¶～を立てる 훈공을 세우다
くんこう【薫香】 (文) 훈향 ①좋은 향기 ②좋은 향기를 내는 향＝たきもの
ぐんこう【軍功】 (文) 군공. 전공(戰功)
ぐんこう【軍港】 군항
くんこく【君国】 군국 ①군주와 국가 ②군주국

**くんこく**【訓告】 图他ス 훈고 ①알아듣도록 잘 타이름 ②[法] 공무원에 대한 징계 처분의 하나¶ 〜処分を受ける 훈고 처분을 받다

**ぐんこく**【軍国】 군국 ①전쟁을 하고 있는 나라 ②군국주의 나라 —**主義** 군국주의

**くんし**【君子】 군자 ①학식과 덕행이 높은 사람¶ **聖人** 성인 군자 ②고관 대작 ③[美](동양화에서) 사군자 —**人** (덕행이 높아) 군자라고 할 만한 사람 —**蘭**[植] 군자란

慣用句
—**危うきに近寄らず** 군자는 위험한 것을 가까이 하지 않는다
—**の交わりは淡くして水の如し** 군자의 교제는 물과 같이 담백하며 변함이 없다
—**は豹変す** 군자는 잘못을 깨달으면 즉시 고친다

**くんじ**【訓示】 图他ス 훈시¶ 〜を垂れる 훈시를 내리다

**くんじ**【訓辞】 훈사. 훈계하는 말¶ 所長の〜 소장의 훈사

**ぐんし**【軍使】[軍] 군사. 전투 중에 교섭을 위해 적진에 파견되는 사자(使者)

**ぐんし**【軍師】 군사 ①참모 ②모사, 책사(策士)

**ぐんじ**【軍事】 군사 —**裁判** 군사 재판/ **独裁政権** 군사 독재 정권 —**衛星** 군사 위성 —**教練** 군사 교련 —**同盟** 군사 동맹 —**力** 군사력

**ぐんしきん**【軍資金】 군자금 ①군용금 ②[比] 어떤 일을 하는 데 필요한 밑천

**くんしゃく**【勲爵】(文) 훈작. 훈등과 작위

**くんしゅ**【君主】 군주 —**専制** 전제 군주 —**国** 군주국 —**制** (政) 군주제

**くんしゅ**【葷酒】 훈주. 훈채와 술

慣用句
—**山門に入るを許さず** 훈주를 경내로 들여오는 것을 금함

**ぐんじゅ**【軍需】 군수¶ 〜品 군수품 —**景気** 군수 경기 —**産業** 군수 산업

**くんじゅう**【薫習】[佛] 훈습. (향이 옷 등에 스며들 듯이) 선악 등의 행위와 사상이 마음속에 영향을 줌 = くんじゅ

**ぐんしゅう**【群衆】 군중¶ 〜に紛れて逃げる 군중 속에 섞여 도망치다

**ぐんしゅう**【群集】 图自ス ①떼지어 모임, 그런 무리 **砂糖に蟻が**〜**する** 설탕에 개미가 군집하다 ②[生] 군취(群聚) ③[植] 군총 = 群叢 —**心理** [社][心] 군중 심리

**ぐんしゅく**【軍縮】 군축, 군비 축소 —**会議** 군축 회의

**ぐんしょ**【軍書】(文) 군서 ①군사상의 문서 ②병서 ③전기, 전쟁 기록

**ぐんしょ**【群書】(文) 군서. 많은 서적

**くんしょう**【勲章】 훈장¶ 〜を授与する 훈장을 수여하다/ 〜をつける 훈장을 달다

**くんじょう**【燻蒸】 图他ス 훈증. 연기에 쐬어 찜, 유독 가스로 살충・살균시킴¶ **倉庫内の穀物を**〜**する** 창고의 곡물을 훈증하다

**ぐんしょう**【群小】 图 군소¶ 〜**国家** 군소 국가

**ぐんじょう**【群青】 군청. 군청색의 광물성 그림 물감, 군청색

**ぐんしれいかん**【軍司令官】 군사령관

**くんしん**【君臣】 군신. 군주와 신하¶ 〜の礼 군신의 예

**ぐんしん**【軍神】 군신 ①무운(武運)을 수호하는 신 ②무훈을 세우고 전사한 군인에 대한 높임말

**ぐんしん**【群臣】 군신. 많은 신하¶ 〜を率いる 군신을 거느리다

**ぐんじん**【軍人】 군인¶ **職業**〜 직업 군인

**ぐんじん**【軍陣】(文) 군진, 군영(軍営)¶ 〜を張る 군진을 치다

**くんずほぐれつ**【組んず解れつ】 連語 맞붙었다 떨어졌다 하며 격렬하게 싸움¶ 〜**の大格闘** 붙었다 떨어졌다 하는[격렬한] 대격투

**くん・ずる**【訓ずる】 他サ(文) (한자를) 훈독하다

**くん・ずる**【薫ずる】 自他サ(文) 향기를 풍기다. (향을 피워) 향기를 풍기게 하다¶ **南風**〜**時** 남풍이 향기로운 때

**くんせい**【薫製・燻製】 훈제¶ **鮭の**〜 연어의 훈제

**ぐんせい**【軍制】 군제, 군사 제도

**ぐんせい**【軍政】 군정 ①군사에 관한 정무 (일본 구 헌법에서) 군대의 편제・유지・관리에 관한 국무 ③(전쟁・사변 때) 점령지에서 군이 하는 통치 ⇔**民政**¶ 〜を敷く 군정을 펴다

**ぐんせい**【群生】 图自ス ①(식물의) 군생¶ **高山植物が**〜**する** 고산 식물이 군생하다 ②(群棲) 군서¶ **縞馬などの**〜 얼룩말의 군서

**ぐんぜい**【軍勢】 군세. 군의 세력, 군대¶ **敵はおびただしい**〜**だ** 적은 엄청난 군세다

**ぐんせき**【軍籍】 군적, 병적

**くんせん**【薫染】 图自他ス(文) 훈염 ①좋은 향기가 배어듦 ②좋은 감화를 줌[받음]

**ぐんせん**【軍扇】 옛날에 대장이 군사를 지휘할 때 쓰던 부채

**ぐんせん**【軍船】 군선. 옛날에 수전(水戦)에 쓰던 배 = いくさぶね

**ぐんそう**【軍曹】 (구 일본 육군의) 하사관 계급의 하나▷ 우리 나라의 중사

**ぐんそう**【軍装】 图自ス 군장 ①군인 복장, 군복 차림¶ 〜で来る 군복 차림으로 오다 ②무장¶ 〜を解く 무장을 풀다

**ぐんぞう**【群像】 군상 ①여러 사람의 모습¶ **青春**〜 청춘 군상 ②(회화・조각에서) 여러 사람의 모습을 주제로 한 작품

**くんそく**【君側】(文) 군주의 곁, 군주의 측근¶ 〜**の奸を討つ** 군주 측근의 간신을 치다

**ぐんぞく**【軍属】 군속

**ぐんたい**【軍体】 (能)에서) 무인(武人) 차림

**ぐんたい**【軍隊】 군대¶ 〜に入る 군대에 들어가다

**ぐんだい**【郡代】[日史] ①室町・戦国 시대에 한두 개의 군(郡)을 맡았던 **代官** ②江

戸ㅅ 시대에 幕府ㅅ의 직할지를 다스리던 지방관

**ぐんだり** [口]《조어 성분으로서 지명 등에 붙어》 벽지, 변방. こんな田舎ㅅ〜まで来てしまった 이런 시골 구석까지 오고 말았다

**ぐんだん** [軍団] 군단 ①[史](律令制ㅅ 시대에) 여러 지방에 배치한 상비군 ②[軍] 2개 사단 이상으로 이루어진 부대¶〜長ㅅ 군단장

**ぐんだん** [軍談] 군담 ①전쟁 이야기 ②전쟁을 소재로 한 江戸ㅅ 시대의 통속 소설 ③군담 소설에 가락을 붙여 들려주는 야담(野談)

**くんちょう** [君寵]《文》군총. 군주의 총애¶〜をこうむる 군총을 입다

**くんづけ** [君付け] (흔히 남성에 대해) 이름 밑에 「くん」을 붙여 부름

**ぐんて** [軍手] (작업용) 목장갑

**くんてん** [訓点] 한자의 훈독 기호 ▷ 返ㅅ点て・送ㅅり仮名ㅅ・振ㅅり仮名 등

**くんでん** [訓電] [名][自スル] 훈전, 훈령 전보

**ぐんと** [副][口] ①힘껏, 꽉, 떡¶〜引ㅅく 힘껏 당기다/ 〜ふんばる 떡 버티다 ②한층, 훨씬, 쑥, 부쩍¶〜引ㅅき立ㅅて色ㅅ 한층 돋보이는 색/ 気温ㅅが〜上ㅅがる 기온이 쑥 올라가다

**くんとう** [勲等] 훈등. 훈위와 계급

**くんとう** [薫陶] [名][他スル] 훈도. 감화시켜 훈육함¶〜を受ㅅける 훈도를 받다

**くんどう** [訓導] 훈도 Ⅰ [名][他スル]《文》 가르쳐 이끎, 그런 사람 Ⅱ [名][教] 일본 구제 소학교 교사의 호칭

**ぐんとう** [軍刀] 군도¶〜を帯ㅅびる 군도를 차다

**ぐんとう** [群島] 군도¶フィリピン〜 필리핀 군도

**ぐんとう** [群盗] 군도. 떼도둑

**くんとく** [君徳] 군덕. 군주가 지녀야 할 덕

**くんどく** [訓読] [名][他スル] 훈독 ①한자를 훈으로 읽음= 訓読ㅅみ ⇔ 音読ㅅ ②한문을 일본어 토을 달아 읽음

**ぐんなり** [副][自スル] 털썩, 맥없이, 픽, 시들시들¶〜すわりこむ 털썩 주저앉다/ 高熱ㅅで〜となる 고열로 시들시들해지다

**くんのう** [君上] 군상. 군주. 제왕, 임금

**ぐんば** [軍馬] 군마. 군용 말

**ぐんばい** [軍配] ①「軍配団扇ㅅ」의 준말 ②군대를 지휘함, 그런 사람 ③지시, 명령 ━団扇ㅅ ①옛날에 장수가 군대를 지휘할 때 쓰던 쇠부채 ②[相撲] 심판이 경기를 진행하거나 승부를 판정할 때 쓰는 부채
[慣用句]
━が上ㅅがる ①[相撲] 이긴 쪽에 심판의 부채가 올라가다 ②(경쟁·싸움 등에) 이기다

**ぐんばつ** [軍閥] 군벌 ━政治ㅅ 군벌 정치

**ぐんばつ** [軍発] [名][自スル] (지진 등이) 국지적으로 잇달아 일어남 ━地震ㅅ [地] 군발 지진

**ぐんび** [軍備] 군비¶競争ㅅ 군비 경쟁/〜縮小ㅅ 군비 축소 ━管理ㅅ [軍] 군비 관리

**ぐんぴ** [軍費] 군비. 군사비

**ぐんびょう** [軍兵]《文》군병. 병사, 군인

**ぐんぴょう** [軍票][軍] 군표. 군용 수표

**くんぷ** [君父]《文》군부. 임금과 아버지

**ぐんぶ** [軍部] 군부. 군당국¶〜の意向ㅅ 군부의 의향

**ぐんぶ** [郡部] 군부. 郡ㅅ에 속하는 지역

**ぐんぶ** [群舞] [名][自スル] 군무¶少女ㅅたちの〜 소녀들의 군무

**くんぷう** [薫風]《文》훈풍¶〜かおる五月ㅅ 훈풍이 부는 5월

**ぐんぷく** [軍服] 군복

**ぐんぼう** [軍帽] 군모. 군인의 제모

**ぐんぽう** [軍法] 군법 ①전술, 병법 ②군대의 법률, 군율 ━会議ㅅ 군법 회의¶〜にかける 군법 회의에 회부하다

**ぐんぽう** [群峰]《文》군봉. 많은 산봉우리¶アルプスの〜 알프스의 군봉

**ぐんま** [群馬] 関東ㅅ 지방 서북부의 현. 현청 소재지는 前橋ㅅ

**くんみん** [君民]《文》군민. 군주와 국민¶〜同治ㅅ 군민 동치

**ぐんむ** [軍務] 군무¶〜に服ㅅす 군에 복무하다

**くんめい** [君命] 군명. 주군의 명령¶〜を果ㅅたす 군명을 완수하다

**くんもう** [訓蒙] [名][他スル]《文》훈몽. 어린이·초학자를 가르쳐 깨우침, 그런 목적으로 쓴 책

**ぐんもう** [群盲] 군맹 ①많은 소경 ②많은 어리석은 사람
[慣用句]
━象ㅅを評ㅅす 장님 코끼리 말하듯 하다

**ぐんもん** [軍門] 군문. 진문(陣門)
[慣用句]
━に降ㅅる (싸움에 져서) 항복하다

**ぐんゆうかっきょ** [群雄割拠] 군웅할거¶〜の様相ㅅを呈ㅅする 군웅할거의 군웅상을 띠다

**ぐんよう** [軍用] 군용¶〜道路ㅅ 군용 도로 ━機ㅅ 군용기 ━金ㅅ 군자금 ━犬ㅅ 군용견

**くんよみ** [訓読み] → くんどく①

**ぐんらく** [群落] 군락 ①많은 촌락 ②[植] 한 지역에 군생하는 식물 집단, 식물 군락

**ぐんりつ** [軍律] 군율 ①군규, 기강¶厳ㅅしい〜 엄한 군율 ②군법

**ぐんりゃく** [軍略] 군략. 전략

**ぐんりょ** [軍旅]《文》군려 ①군대, 전시 편성 부대 ②전쟁

**くんりん** [君臨] [名][自スル] 군림¶業界ㅅに〜する 업계에 군림하다

**くんれい** [訓令] [名][自スル] 훈령¶内閣ㅅ〜 내각 훈령 ━式ㅅ 일본어 로마자 표기법의 하나

**ぐんれい** [軍令] 군령 ①진중에서의 명령 ②(일본구 헌법에서) 군대의 국방·작전·용병 등에 대한 통수 사무 ━部ㅅ [史] 군령부. (구 일본 해군의) 중앙 군령 기관 ━部総長ㅅ 군령부 총장

**くんれん** [訓練] [名][他スル] 훈련¶職業ㅅ〜 직업 훈련/ 厳ㅅしい〜にたえる 엄한 훈련을 참아내다

**くんわ** [訓話] [名][自スル] 훈화¶朝礼ㅅで生徒ㅅに〜する 조례에서 학생에게 훈화하다

# け ケ

**け** 五十音図(ごじゅうおんず)의「か」행(行)의 넷째 かな. ひらがな「け」는「計」의 초서체, かたかな「ケ」는「介」를 간추린 것

**け**[卦] 音ケ・カ(クワ)|(음)괘. I (造語) 주역의 산가지나 형상¶ 本卦(ほんけ) 태어난 해의 간지, 회갑 II 괘. 점괘¶ 八(はち)~ 팔괘/ 悪(わる)い~が出(で)る 나쁜 점괘가 나오다

**け**[袈] 音ケ・カ(음)가. (造語) 중이 어깨에 걸쳐 입는 법복¶ 袈裟(けさ) 가사 / 범어의 차음자

**け**[家] 接尾 ~가, 집안, 일족¶ 宮(みや)~ 황족 집안/ 将軍(しょうぐん)~ 将軍가

**け** 終助 《조동사「た・だ」에 붙어「つけ」의 꼴로》…었지, …었던가 ①과거를 회상하며 그리워하는 기분을 나타냄¶ あの海辺(うみべ)でよく遊(あそ)んだっ~ 저 해변에서 자주 놀았었지/ 古(ふる)い昔(むかし)のことだった~ が 오래된 옛날 일이었지만 ② ㉠생각나는 과거를 묻거나 스스로 확인하는 마음을 나타냄¶ あの人(ひと)は山田(やまだ)さんと言(い)ったっ~ 저 사람은 山田씨라고 했던가? ㉡현재의 불확실한 일에 대해 상대방의 관심을 끌어 대답을 요구함¶ あなたはおいくつでしたっ~ 당신은 몇 살이셨지요?

**け**[毛] 털 ①(動) 체모 ②머리카락, 모발¶ 髪(かみ)の~ 머리털/ ~が薄(うす)い 어린 머리숱이 적다 ③(새의) 깃털¶ 鳥(とり)の~ 새털 ④(植) 솜털¶ たんぽぽの~ 민들레의 솜털 ⑤양모, 털실¶ ~織物(おりもの) 모직물 ⑥털모양의 것¶ 歯(は)ブラシの~ 치솔의 모

慣用句
―の生(は)えた 《「~ような・~程度(ていど)」 등의 꼴로》 약간 나은 정도이¶ 船(ふね)といってもボートに~ようなものだ 배라 해도 보트를 겨우 면할 정도의 것이다
―を吹(ふ)いて疵(きず)を求(もと)める ①공연히 남의 흠·약점을 들추어내다 ②남의 흠을 잡다가 되려 자기 결점을 드러내다

**け**[褻] 평소, 일상, 보통 때 ↔晴(はれ)

**け**[化] (佛) 부처가 중생을 이끎, 교화

**け**[気] I 名 기, 기운, 기미, 기분¶ 病気(びょうき)の~ 병의 기미/ 酒(さけ)の~がある 술기운이 있다 II 接頭 어쩐지, 왜 그런지, 좀¶ ~高(だか)い 고상하다/ ~だるい 어쩐지 나른하다 III 接尾 ~기, 기미, …기척, …기분, …느낌¶ 風邪(かぜ)の~ 감기 기운/ 食(しょく)い~ 식욕/ 寒(さむ)~ 한기/ ちゃめっ~ 장난기/ 商売(しょうばい)~ 장삿속

**げ**[偈] 音ゲ(음)게. I (造語) 불전 중의 운문¶ 偈頌(げじゅ) 게송 II (佛) 게. 가타(伽陀)와 같음 唱(とな)える 게를 외우다

**げ** 接尾 《形容動詞나 명사를 만듦》…한 듯, …스러움¶ 大人(おとな)~ない 어른답지 않다/ もの欲(ほ)し~な顔(かお) 갖고 싶은 듯한 얼굴

**げ**[下] 하 ①열등함, 못함, 낮음¶ 中(ちゅう)の~の成績(せいせき) 중하의 성적/ 人間(にんげん)として~の~だ 인간으로서 아주 못났다 ②(책의) 하권

**けあがり**[ケ蹴上がり] (철봉에서) 차오르기

**けあ·げる**[ケ蹴上げる] 他下一 차올리다, 올려 차다¶ ボールを~ 공을 차올리다

**けあし**[毛足] ①(직물 등의) 표면에 난 털¶ ~の長(なが)いコート 털이 긴 코트 ②털이 자라는 모양¶ ~が早(はや)い 털이 빨리 자라다 ③털이 많이 난 다리

**けあな**[毛穴・毛孔] 모공. 털구멍

**けい**[兄] 音ケイ・キョウ(キヤウ)|(음)형. I (造語) ①형¶ 兄弟(けいてい) 형제・義兄(ぎけい) 의형 ②동료나 선배에 대한 경칭¶ 学兄(がっけい) 학형・木村兄(きむらけい) 木村형 ▷ 熟字訓 従兄弟(いとこ) II 名 (文) 형 III 代 (文) (남자끼리의 편지에서) 동료나 선배에 대한 높임말. 형¶ ~の発奮(はっぷん)を望(のぞ)む 형의 분발을 바랍니다

慣用句
―たり難(がた)く弟(てい)たり難(がた)し 난형난제

**けい**[刑] 音ケイ・ギョウ(ギャウ)|(음)형. I (造語) ①죄를 따져 벌하다¶ 刑事(けいじ) 형사・刑法(けいほう) 형법・求刑(きゅうけい) 구형 ②법, 기준으로 삼리 무리라¶ 典刑(てんけい) 전형 II 명. 형벌¶ ~に処(しょ)する 형에 처하다

**けい**[圭] 音ケイ(음)규. (造語) ①천자가 제후를 봉할 때 주던 옥¶ 圭玉(けいぎょく) 규옥 ②모나다¶ 圭角(けいかく) 규각 ▷「珪」와 같음

**けい**[形] 音ケイ・ギョウ(ギャウ)訓かたち|(음)형. (造語) ①사물의 형태, 모습, 모양¶ 形式(けいしき) 형식・図形(ずけい) 도형・人形(にんぎょう) 인형 ②형상을 이루다, 나타내다¶ 形成(けいせい) 형성・形容(けいよう) 형용・造形(ぞうけい) 조형

**けい**[系] 音ケイ(음)계. I (造語) ①연결, 일련의 관계, 혈통¶ 系統(けいとう) 계통・家系(かけい) 가계 ②계통을 이룬 부류, 과별¶ 哲学系(てつがくけい) 철학계・文科系(ぶんかけい) 문과계 ㉡서로 연관을 갖는 물체의 집합체¶ 神経系(しんけいけい) 신경계・太陽系(たいようけい) 태양계 II 名 ①(數) 어떤 정리에서 바로 이끌어낼 수 있는 명제 ②(地) 지질 시대 구분의「紀(き)」에 형성된 지층¶ 白亜(はくあ)~ 백악계

**けい**[径] [徑] 音ケイ訓みち|(음)경. I (造語) ①좁은 길, 샛길¶ 径路(けいろ) 경로・捷径(しょうけい) 첩경 ②지름¶ 直径(ちょっけい) 직경・半径(はんけい) 반경 ㉡즉시, 똑바로¶ 直情径行(ちょくじょうけいこう) 직정경행 II 지름, 직경¶ ~五(ご)センチ 지름 5센티미터

**けい**[茎] [莖] 音ケイ訓くき|(음)경. (造語) ①줄기, 줄기 모양의 것¶ 球茎(きゅうけい) 구경・根茎(こんけい) 근경 ②좁은 것을 세는 말. 줄기¶ 数茎(すうけい) 여러 줄기

**けい**[係] 音ケイ訓かかる・かかり・かかわる|(음)계. (造語) 연결하다, 관계되다¶ 係留(けいりゅう) 계류・関係(かんけい) 관계 ▷「繋(けい)」와 같음

**けい**[勁] 音ケイ訓つよい|(음)경. (造語) 강

하다, 건강하다¶ 勁弓ᄏᆷᄋᆨ 경궁·簡勁ᄏᆷ 간경

**けい** [型] 魯ケイ 訓かた|(음)형.(造語) ①형, 틀·原型ᄏᆷ 원형·体型ᄎᆎ 체형·模型ᄀᆷ 모형 ②모범이 되는 것¶ 典型ᄀᆷ 전형

**けい** [契] 魯ケイ 訓ちぎる|(음)계.(造語) ①맹세하다, 약속하다, 맹세¶ 契約ᄏᆷ 계약·黙契ᄏᆷ 묵계 ②부절(符節), 할인(割印)¶ 契印ᄋᆫ 계인 ③새기다¶ 契機ᄏᆷ 계기

**けい** [*荊] [荊] 魯ケイ 訓いばら|(음)형.(造語) ①가시나무¶ 荊冠ᄏᆫ 형관·荊棘ᄏᆨ 형극 ②자기 아내에 대한 겸사말¶ 荊妻ᄏᆷ 형처

**けい** [計] 魯ケイ 訓はかる・はからう|(음)계. I(造語) ①셈, 세다, 합계¶ 計算ᄏᆷ 계산·統計ᄐᆼ 통계 ②수량을 알기 위한 기구·장치¶ 時計ᄀᆷ 시계·温度計ᄃᆼ 온도계 ③어림하다, 계획하다, 계략¶ 計画ᄋᆨ 계획·設計ᄀᆷ 설계 II 계 ①계획¶ 百年ᄋᆫ의~ 백년의 계·一年ᄋᆫ의~は元旦ᄃᆫにあり 일년의 계획은 설날 아침에 세우기 나름 ②합계, 총계¶ ~いくらですか 합계 얼마입니까?

**けい** [*珪] 魯ケイ|(음)규.(造語) ①천자가 제후를 봉할 때 주었던 구슬¶ 珪素ᄉ의 준말¶ 珪酸ᄉ 규산·珪石ᄌ 규석·珪肺ᄑ 규폐 ▷①은 「圭」, ②는 「硅」와 같음

**けい** [恵] 魯ケイ・エ(ヱ) 訓めぐむ|(음)혜.(造語) ①금품을 주다, 은혜를 베풀다, 어여삐 여기다¶ 恵存ᄌ 혜존·恩恵ᄋ 은혜·特恵ᄐ 특혜 ②슬기롭다, 영리하다¶ 知恵ᄌ 지혜 ▷ ①은 「慧」와 같음

**けい** [*桂] 魯ケイ 訓かつら|(음)계. I(造語) 계수, 계수나무¶ 桂冠ᄏ 계관·月桂ᄋ 월계 II 「桂馬ᄆ」의 준말. 일본 장기의 장기짝의 하나

**けい** [啓] [啓] 魯ケイ 訓ひらく|(음)계. (造語) ①열다, 이해시키다, 가르쳐 인도하다¶ 啓示ᄌ 계시·啓蒙ᄋ 계몽 ②(편지에서) 여쭈다, 사뢰다¶ 啓上ᄌ 계상·謹啓ᄏ 근계 ③인도하다, 길을 열다¶ 行啓ᄏ 행계

**けい** [掲] [揭] 魯ケイ 訓かかげる|(음)계. (造語) 높이 들어올리다, 내걸다¶ 掲示ᄌ 게시·掲揚ᄋ 계양·別掲ᄇ 별게

**けい** [渓] [溪] 魯ケイ 訓たに|(음)계. 골짜기, 골짜기의 물¶ 渓谷ᄀ 계곡·渓流ᄅ 계류·雪渓ᄉ 설계 ▷「谿」로도 씀

**けい** [経] [經] 魯ケイ・キョウ(キャウ)・キン 訓へる・たつ|(음)경.(造語) ①(직물의) 날실, 경사¶ 経緯ᄋ 경위 ②지구 표면에 적도와 직각으로 그은 가상선¶ 経線ᄉ 경선 ③「経度ᄃ」의 준말¶ 東経ᄐ 동경·西経ᄉ 서경 ④항상, 통상적임, 일정한 것¶ 経常ᄌ 경상·経費ᄇ 경비, 불경¶ 経典ᄐ 경전·仏経ᄇ 불경 ⑥잘 다스리다, 경영하다, 관리하다¶ 経営ᄋ 경영·経済ᄌ 경제 ⑦절차를 거치다, 지나다. 경과하다¶ 経過ᄀ 경과·経歴ᄅ 경력·神経ᄉ 신경 ⑧목매어 죽다¶ 自経ᄌ 자경 ⑨「月経ᄀ」의 준말¶ 初経ᄎ 초경 ▷「黙字團」経緯ᄋ 경위

**けい** [蛍] [螢] 魯ケイ 訓ほたる|(음)형.(造語) 개똥벌레¶ 蛍火ᄒ 형화·蛍雪ᄉ 형설

**けい** [*頃] 魯ケイ 訓ころ|(음)경.(造語) ①요즈음¶ 頃日ᄌ 요즈음 ②잠시¶ 頃刻ᄀ 경각

**けい** [敬] 魯ケイ・キョウ(キャウ) 訓うやまう・つつしむ|(음)경.(造語) 존경하다, 공경하다, 삼가다¶ 敬語ᄋ 경어·敬礼ᄅ 경례·敬老ᄅ 경로·恭敬ᄀ 공경

**けい** [景] 魯ケイ|(음)경. I(造語) ①경치, 풍경, 모양¶ 景観ᄀ 경관·風景ᄑ 풍경·夜景ᄋ 야경 ②(연극 등의) 장면¶ 第一景ᄌ 제일경 ③경사스럽다¶ 景雲ᄋ 경운·景福ᄇ 경복 ④우러러보다, 존경하여 따르다¶ 景仰ᄋ 경앙·景慕ᄆ 경모 ⑤운치를 곁들이는 것¶ 景品ᄑ 경품·景物ᄆ 경물 II (文) 경치, 조망¶ 古都ᄏ의~ 옛 도읍지의 경치

**けい** [軽] [輕] 魯ケイ・キン 訓かるい・かろやか|(음)경.(造語) ①(동작이) 가볍다, 날쌔다¶ 軽快ᄏ 경쾌·軽井ᄌ 경주 ②(무게가) 가볍다, (중량·정도가) 적다¶ 軽減ᄀ 경감·軽油ᄋ 경유 ③손쉽다, 간편하다¶ 軽食ᄉ 경식, 간단히 먹음·軽便ᄇ 경편·경편하다¶ 軽率ᄉ 경솔·軽薄ᄇ 경박 ⑤업신여기다, 무시하다¶ 軽視ᄉ 경시·軽蔑ᄆ 경멸

**けい** [傾] 魯ケイ 訓かたむく・かたむける|(음)경. 기울이다, 치우지다¶ 傾向ᄏ 경향·傾斜ᄉ 경사·左傾ᄌ 좌경

**けい** [携] 魯ケイ 訓たずさえる・たずさわる|(음)휴.(造語) ①손에 들다¶ 携帯ᄐ 휴대·必携ᄑ 필휴 ②손을 맞잡다, 협력하다¶ 提携ᄌ 제휴·連携ᄅ 연휴

**けい** [継] [繼] 魯ケイ 訓つぐ・まま|(음)계. (造語) ①잇다, 연결하다, 이어받다, 인계받다¶ 継承ᄉ 계승·中継ᄌ 중계 ②의붓부모 자식간¶ 継父ᄇ 계부·継母ᄆ 계모

**けい** [*罫] 魯ケイ|(음)괘. I (造語) ①(바둑판 등의) 가로 세로의 선 ②괘선¶ 罫紙ᄌ 괘지·罫線ᄉ 괘선 II ①(바둑·장기판의) 가로 세로로 교차된 선 ②(노트 등의) 괘선¶ ~を引く 괘선을 긋다 (印) 괘선, 괘선을 인쇄하기 위한 얇은 금속판¶ 表ᄑ~ 가는 괘선

**けい** [*詣] 魯ケイ 訓もうでる|(음)예.(造語) ①이르다, 다다르다, (학예 등이) 진보하다¶ 造詣ᄌ 조예 ②(절·神社에) 참배하다¶ 参詣ᄉ 참배

**けい** [*閨] 魯ケイ 訓ねや|(음)규.(造語) ①여자의 방, 부부 사이에 관한 것¶ 閨房ᄇ 규방·空閨ᄀ 공규 ②부인, 아내¶ 閨秀ᄉ 규수·閨閥ᄇ 영규

**けい** [慶] 魯ケイ 訓よろこぶ|(음)경. (造語) 경사롭다, 축하하다, 기뻐하다, 기쁨¶ 慶賀ᄀ 경하·慶弔ᄌ 경축·慶弔ᄌ 경조

**けい** [*慧] [慧] 魯ケイ・エ(ヱ) 訓さとい|(음)혜.(造語) ①지혜롭다, 영리하다, 슬기롭다¶ 慧敏ᄆ 혜민·[俗]지혜를 깨치는 지혜, 슬기¶ 慧眼ᄋ 혜안·智慧ᄌ 지혜 ▷①은 「恵」와 같음

**けい** [*稽] 魯ケイ 訓かんがえる|(음)계.(造語) ①멎다, 멎게 하다, 막히다¶ 稽留ᄅ 계류 ②비교하여 생각하다¶ 稽古ᄀ 연습·滑稽ᄏ

**けい** ③머리를 땅에 대고 절하다¶稽首$_{けい}$ 계수 ▷「稽$_{けい}$」는 속자

**けい**【憩】音ケイ 訓いこう・いこい|(음)게. (造語)쉬다, 숨을 돌리다¶休憩$_{きゅう}$ 휴게・小憩$_{しょう}$ 소게 ▷「憩」는 속자

**けい**【*磬】音ケイ・キン|(음)경. I (造語) 중국의 타악기, 경쇠¶磬声$_{けい}$ 경성 II 경. 경쇠

**けい**【*頸】音ケイ 訓くび|(음)경. (造語) 목¶頭部$_{けい}$ 경부・刎頸$_{ふんけい}$ 문경

**けい**【*繋】音ケイ 訓つなぐ|(음)계. (造語) 잇다, 매다, 연결시켜 묶다¶繋船$_{けい}$ 계선・繋留$_{けい}$ 계류・連繋$_{れん}$ 연계 ▷「係」와 같음

**けい**【警】音ケイ・キョウ(キヤウ) 訓いましめる|(음)경. (造語) ①타이르다, 주의하다, 조심하다, 조심하게 하다¶警告$_{こく}$ 경고・警報$_{ほう}$ 경보 ②대비하다, 방비하다, 지키다¶警察$_{さつ}$ 경찰・警備$_{び}$ 경비 ③재빠르다, 지혜롭다, 영리하다¶警句$_{く}$ 경구・奇警$_{きけい}$ 기경 ④「警察・警察官$_{かん}$」의 준말¶市警$_{しけい}$ 시경・婦警$_{ふ}$ 여경

**けい**【鶏】【*鷄】音ケイ 訓にわとり|(음)계. (造語) 닭¶鶏舎$_{けい}$ 계사・鶏卵$_{けいらん}$ 계란・養鶏$_{よう}$ 양계¶熟字訓鶏冠$_{とさか}$ 계관・軍鶏$_{しゃも}$ 싸움닭

**けい**【*馨】音ケイ・キョウ(キヤウ) 訓かおる・かおり|(음)형. (造語) 향내가 나다, 향기롭다, 향기, 좋은 평판¶馨香$_{けいこう}$ 형향

**けい**【京】(수의) 경. 조(兆)의 만 배

**げい**【芸】【*藝】音ゲイ|(음) I (造語) ①식물을 심다, 재배하다¶園芸$_{えん}$ 원예・農芸$_{のう}$ 농예 ②기능, 솜씨, 재주¶技芸$_{ぎ}$ 기예・工芸$_{こう}$ 공예 ③오락 방면의 재주¶芸能$_{のう}$ 예능・演芸$_{えん}$ 연예 ▷「藝」의 약자로 대용함 II ①기능, 기예, 예능¶~の道$_{みち}$ 예도/~を磨$_{みが}$く 기예를 닦다 ②재주, 곡예¶犬$_{いぬ}$に~を仕込$_{しこ}$む 개에게 재주를 가르치다

慣用句
**─が細$_{こま}$かい** 세부까지 면밀하게 궁리하고 있다
**─が無$_{な}$い** ①익힌 재주가 없다 ②평범하고 재미가 없다
**─の虫$_{むし}$** 기예를 닦는 데 매우 열심인 사람
**─は身$_{み}$を助$_{たす}$ける** 취미로 배운 기예가 어려울 때 생계에 도움이 되다

**げい**【迎】音ゲイ・ゴウ(ガウ) 訓むかえる|(음)영. (造語) ①맞이하다, 접대하다¶送$_{おく}$り迎$_{むかえ}$ 송영・迎賓$_{ひん}$ 영빈・歓迎$_{かん}$ 환영 ②비위를 맞추다, 마음에 들도록 하다¶迎合$_{ごう}$ 영합

**げい**【*鯨】音ゲイ 訓くじら|(음)경. (造語) 고래¶鯨油$_{ゆ}$ 경유・捕鯨$_{ほ}$ 포경¶熟字訓鯨魚$_{くじら}$ 고래・鯨波$_{とき}$ 함성

**けいあい**【敬愛】名他スル 경애¶~の念$_{ねん}$を示$_{しめ}$す 경애하는 마음을 나타내다

**けいあん**【慶庵・慶安・*桂*庵】(고용인 등의) 소개업자, 중매쟁이＝口入$_{くちいれ}$屋

**けいい**【経緯】경위 ①날줄과 씨줄, 가로 세로 ②경도와 위도 ③사물의 경과＝いきさつ¶事$_{こと}$の~を説明$_{せつめい}$する 일의 경위를 설명하다

**けいい**【敬意】경의¶~を表$_{ひょう}$す 경의를 표하다

**けいい**【軽易】ナ(文) 경이, 손쉬움, 간단함¶~な服装$_{ふくそう}$ 간단한 복장/ごく~な仕事$_{しごと}$ 극히 손쉬운 일 ②경시함, 업신여김¶~な問題$_{もん}$ 대수롭지 않은 문제

**げいいき**【芸域】(닦은) 기예의 폭・범위, 그 깊이¶~が狭$_{せま}$い 기예의 폭이 좁다

**けいいん**【契印】①계인, 할인¶~を照合$_{しょうごう}$して調$_{しら}$べる 계인을 대조하여 조사하다 ②〔佛〕수인(手印), 인계(印契)

**けいえい**【*鯨飲】名自スル 경음, 술을 많이 마심＝牛飲$_{ぎゅういん}$¶~馬食$_{ばしょく}$ 경음마식

**けいえい**【形影】(文) 형영, 형체와 그 그림자

慣用句
**─相弔$_{あいとむら}$う** 형영상조하다, 몹시 외롭고 쓸쓸하다
**─相伴$_{あいともな}$う** 부부 사이가 좋아 그림자처럼 서로 떨어지지 않다

**けいえい**【経営】名他スル 경영 ①규모있게 일을 해 나감¶国家$_{こっか}$を~する 국가를 경영하다 ②사업을 관리・운영함¶~者$_{しゃ}$ 경영자/~難$_{なん}$にあえぐ 경영난에 허덕이다 **─学$_{がく}$** 경영학 **─権$_{けん}$** 경영권 **─層$_{そう}$** 경영층, 관리층

**けいえい**【継泳】계영, 수영의 릴레이 경기

**けいえい**【警衛】名他スル(文) 경위, 경호, 경호원¶官邸$_{かんてい}$を~する 관저를 경비하다

**けいえん**【敬遠】名他スル 경원 ①존경하는 체하면서 속으로는 멀리함¶若者$_{わかもの}$に~される 젊은이들에게 경원당하다 ②꺼리어 피함, 기피함¶甘$_{あま}$い物$_{もの}$を~する 단것을 피하다 ③〔野〕타자를 고의 포볼로 출루시킴

**けいえん**【*閨*怨】(文) 규원, 독수공방의 한(恨)

**げいえん**【芸*苑】(文) 예원, 문학가・예술가들의 사회

**けいえんげき**【軽演劇】경연극, 오락 본위의 대중 연극

**けいおんがく**【軽音楽】〔音〕경음악, 포퓰러 뮤직, 대중 음악

**けいか**【経過】名自スル 경과 ①시간이 지남¶開始後$_{かいしご}$二時間$_{じかん}$~ 개시 후 2시간 경과 ②(과정・단계를) 거침¶手術後$_{しゅじゅつご}$の~ 수술 후의 경과 ③(사물의) 진행 상태¶~措置$_{そち}$ 경과 조치/~報告$_{ほうこく}$ 경과 보고 **─法**〔法〕경과법, 경과 규정 **─利子**〔経〕경과 이자

**けいが**【慶賀】名他スル(文) 경하, 축하¶~にたえない 경하하여 마지 않다

**けいが**【*繋*駕】名自スル ①(文) 말을 수레에 맴 ②마차 경주, (특히) 1인승 이륜 마차 경주¶~レース 마차 경주

**げいか**【*猊下】(文) 예하 ①고승(高僧)의 경칭 ②(고승에게 보내는 편지에서) 수신인 이름 밑에 붙여 쓰는 말 ▷「猊座下$_{げいざ}$」의 준말

**けいかい**【啓開】名他スル(文) (장애물을 치우고) 뱃길을 틈¶水路$_{すいろ}$を~ 뱃길을 틈

**けいかい**【軽快】I ナ 경쾌 ①(몸놀림이) 가볍고 날램¶~な動$_{うご}$き 경쾌한 움직임 ②(마음이) 가볍고 상쾌함¶~なテンポ 경쾌한 템포 II 名自スル (병이) 조금 나아짐¶病気$_{びょうき}$が~する 병이 가벼워지다

けいかい [境界·境界] 경계 = きょうかい
けいかい [警戒] 名 自スル 경계¶ ~警報 경계 경보/ ~を要する 경계를 요하다 —色[動] 경계색 —心 경계심 —線 경계선 —宣言 [法] 지진 발생 위험이 높다고 판단될 때 총리가 발령하는 선언
けいがい [形骸] 文 형해 ①몸, 몸뚱이, 육체 ②형식만이 있을 뿐 내용이 없는 것, 빈 껍데기¶ 制度の~化 제도의 형해화
慣用句
—を止めない (모두 없어져) 흔적도 없다
けいがい [*謦咳] 文 경해, 헛기침
慣用句
—に接する ①존경하는 사람의 말을 가까이서 듣다 ②존경하는 사람을 직접 만나뵈다
げいかい [芸界] 연예계, 예능계
けいかく [*圭角] 文 규각 ①(구슬의) 모난 부분 ②(언행이나 성격이) 모남¶ 多少の~はある 다소 모난 데가 있기는 하다
慣用句
—が取れる 사람됨이 원만해지다
けいかく [計画] 名 他スル 계획¶ ~倒産 계획 도산/ ~を立てる 계획을 세우다/ 工場移転を~する 공장 이전을 계획하다 —経済 계획 경제 —的 ナ 계획적
けいがく [経学] 경학, 경서를 연구하는 학문
けいかん [*挂冠] 名 自スル 文 괘관(挂冠), 관직에서 물러남, 해관(解官) = かいかん
けいかん [*荊冠] 文 형관, 가시 면류관
けいかん [*桂冠] 文 「月桂冠」의 준말, 계관 —詩人 文 (영국의) 계관 시인
けいかん [渓間·*谿間] 文 계간, 계곡, 골짜기 = 谷間
けいかん [景観] 경관, 경치¶ 雄大な~ 웅대한 경관
けいかん [警官] 경관, 경찰관
けいかん [鶏冠] 文 계관, 닭의 볏 = とさか
けいがん [炯眼] 文 형안 ①날카롭게 빛나는 눈¶ ~人を射る 날카로운 눈으로 사람을 쏘아보다 ②뛰어난 통찰력
けいがん [慧眼] 혜안, 뛰어난 통찰력
けいき [刑期] [法] 형기¶ ~を満了する 형기 만료/ ~を勤める 형기를 살다, 복역하다
けいき [京畿] 文 ①궁성(宮城) 부근 지역 ②京都의 부근 지방 ③畿内를 가리킴
けいき [契機] 계기, 동기 = きっかけ¶ 失敗を~に体制を立て直す 실패를 계기로 체제를 다시 세우다
けいき [計器] 계기¶ ~飛行 계기 비행
けいき [景気] ①경기¶ ~指標 경기 지표/ ~が立ち直る 경기가 회복되다 ②(활동하는) 힘, 기세, 기운¶ ~のいい話 경기좋은 이야기 —循環 경기 순환 —変動 경기 변동 —予測 경기 예측
けいき [継起] 名 自スル 계기, 잇달아 일어남¶ ~する不祥事件 잇단 불상사
げいぎ [芸*妓] 文 예기, 기생 = 芸者
けいきかんじゅう [軽機関銃] [軍] 경기관총

けいきへい [軽騎兵] 경기병, 경무장한 기병
けいきょ [軽挙] 文 경거, 경솔한 행동 —妄動 名 自スル 경거망동¶ ~を戒める 경거망동을 경계하다
けいきょう [景況] 文 ①정황, 형편¶ ~を見守る 정황을 지켜보다 ②경기의 동향¶ 業界の~ 업계의 경기 동향
けいきょう [景教] [宗] 경교
けいぎょう [景仰] 名 他スル → けいこう (景仰)
けいきょく [*荊棘] 文 형극 ①가시나무, 가시나무가 난 황폐한 땅 ②고난, 장애물¶ ~の道を歩むる 가시밭길을 걷다 ③악한 마음
けい きんぞく [軽金属] [化] 경금속
けいく [警句] 경구¶ ~を吐く 경구를 말하다 —法 [表] 경구법
けいぐ [刑具] 형구
けいぐ [敬具] 경구, 경백(敬白)
けいぐん [鶏群] 文 계군 ①닭의 무리 ②범인 (凡人)의 무리
慣用句
—の一鶴 군계일학
けいけい [*炯炯] 卜 文 형형, (눈이) 날카롭게 번쩍임¶ ~たる眼光 형형한 눈빛
けいけい [軽軽] 경경하게, 가볍게¶ ~論じられない 경솔하게 논할 수 없다
げいげき [迎撃] 名 他スル 영격, 요격 = 邀撃¶ ~ミサイル 요격 미사일
けいけつ [経穴] 경혈, 뜸을 뜨거나 침을 놓는 자리 = つぼ
けいけん [経験] 名 他スル 경험¶ 豊かな~を積む 풍부한 경험을 쌓다 —主義 경험주의 —的 ナ 경험적 —論 경험론
けいけん [敬虔] ナ 경건¶ ~な祈り 경건한 기도 —主義 경건주의
けいけん [鶏犬] 文 계견, 닭과 개
慣用句
—相聞こゆ 마을의 집들이 잇대어 있음, 마을이 조용하고 평화로움
けいげん [軽減] 名 自他スル 경감¶ 痛みを~させる 통증을 경감시키다/ 税負担の~を図る 국민 부담의 경감을 꾀하다
けいこ [*稽古] 名 他スル ①학습, 학문, 공부 ②(무술·기예의) 연습, 수업¶ ~場 연습장/ ~に励むる 연습에 힘쓰다 —着 (무술 등의) 연습복 —事 (요리·꽃꽂이 등의) 예능을 익히는 일, 그런 예능 —台 ①연습 상대(자) ②무용 등을 연습하는 마루를 간 장소
けいご [敬語] [文法] 경어¶ ~法 경어법
けいご [警固] 名 他スル 경계하고 지킴, 경비, 그런 사람·설비¶ 官邸の~をする 관저를 경비하다
けいご [警護] 名 他スル 경호, 경호원¶ ~をつける 경호를 붙이다/ 要人を~する 요인을 경호하다
げいこ [芸子] → 芸者①
けいこう [径行] 文 경행, 소신대로 결행함¶ 直情~ 직정 경행
けいこう [経口] [造語] 경구, (약·세균 등이)

입을 통해 들어감¶ ～感染(かんせん) 경구 감염 **—避妊薬**(ひにんやく) 〔藥〕 경구 피임약

**けいこう**【蛍光】형광 ①반딧불 ②어떤 물질이 빛이나 자외선 등을 쪼였을 때 내는 빛¶ ～物質(ぶっしつ) 형광 물질 **—染料**(せんりょう) 형광 염료 **—体**(たい) 형광체 **—灯**(とう) 형광등 **—塗料**(とりょう) 형광 도료

**けいこう**【景仰】[名][他スル][文] 경앙. 우러러 사모함= けいぎょう

**けいこう**【傾向】경향¶ 増加(ぞうか)の～がある 증가하는 경향이 있다 **—的**(てき) [ナ] 경향적. (특히) 좌익적 **—文学**(ぶんがく) 경향 문학

**けいこう**【携行】[名][他スル][文] 휴행. 휴대하고 감¶ 旅行(りょこう)に～する 여행에 휴대하고 가다

**けいこう**【鶏口】[文] 계구 ①닭의 부리 ②[比] 작은 단체의 우두머리

[慣用句]

**—となるも牛後**(ぎゅうご)**となる勿**(なか)**れ** 소의 꼬리가 되기보다는 닭의 머리가 되라

**けいごう**【契合】[名][自スル][文] 계합. 딱 들어맞음, 부합

**げいごう**【迎合】[名][自スル] 영합¶ 権力(けんりょく)に～する 권력에 영합하다

**けいこうぎょう**【軽工業】경공업

**けいごうきん**【軽合金】〔工〕 경합금

**けいこく**【渓谷·×谿谷】계곡. 골짜기= 谷間(たにま)¶ 紅葉(こうよう)の～をさかのぼる 단풍이 든 계곡을 거슬러 올라가다

**けいこく**【経国】[文] 경국. 국가를 경영함 **—済民**(さいみん) 경국제민

**けいこく**【傾国】[文] 경국 ①경국지색, 절세 미인 ②창녀

**けいこく**【警告】[名][自スル] 경고 ①미리 주의시킴¶ ～を発(はっ)する 경고하다/ 事前(じぜん)に～する 사전에 경고하다 ②(유도에서) 반칙을 범했을 때의 벌칙 **—色**(しょく) 〔動〕 경계색

**けいこつ**【×脛骨】〔醫〕 경골. 정강이뼈

**けいこつ**【×頸骨】경골. 목뼈

**げいごと**【芸事】(춤·노래 등의) 예능, 예능에 관한 일

**けいさい**【×荊妻】[文] 자기 아내에 대한 겸사말. 형처. 우처(愚妻)

**けいさい**【掲載】[名][他スル] 게재¶ 全文(ぜんぶん)を～する 전문을 게재하다 **—紙**(し) 게재지. 글·그림 등이 실린 신문 ▷ 잡지는 「掲載誌(けいさいし)」라고 씀

**けいさい**【継妻】[文] 계처. 후처, 후취(後娶)

**けいざい**【経済】①경제¶ ～家(か) 경제가/ ～開発(かいはつ) 경제 개발 ②비용·시간의 변통, 절약¶ 時間(じかん)の～ 시간 절약 **—界**(かい) 경제계 **—学**(がく) 경제학 **—観念**(かんねん) 경제 관념 **—企画庁**(きかくちょう) 경제 기획청 **—社会理事会**(しゃかいりじかい) 경제 사회 이사회 **—水域**(すいいき) 「排他的(はいたてき)経済水域(けいざいすいいき)」의 준말. 배타적 경제 수역 **—成長**(せいちょう) 경제 성장¶ ～率(りつ) 경제 성장률 **—団体連合会**(だんたいれんごうかい) 「経団連(けいだんれん)」의 정식 명칭. 경제 단체 연합회 **—的**(てき) [ナ] 경제적 **—同友会**(どうゆうかい) 경제 동우회 **—白書**(はくしょ) 경제 백서 **—面**(めん) 경제면 ①경제 방면 ②(신문 등의) 경제 기사를 실은 지면

**けいさつ**【警察】경찰¶ 秘密(ひみつ)～ 비밀 경찰/ ～に届(とど)ける 경찰에 신고하다 **—官**(かん) 〔法〕 경찰관 **—権**(けん) 〔法〕 경찰권 **—署**(しょ) 〔法〕 경찰서 **—庁**(ちょう) 〔法〕 경찰청 **—手帳**(てちょう) 경찰 수첩

**けいさん**【計算】[名][他スル] 계산 ①수를 헤아림, 수치를 구함, 셈¶ お金(かね)の～ 돈 계산/ ～が合(あ)わない 계산이 맞지 않다 ②예상, 어림¶ 雨天(うてん)の場合(ばあい)も～に入(い)れて計画(けいかく)を立(た)てる 우천일 경우도 감안하여 계획을 세우다 **—機**(き) 계산기 **—尺**(じゃく) 〔數〕 계산척. 계산자 **—書**(しょ) 계산서. 청구서 **—尽**(ず)**く** 미리 계산됨, 계산적임 **—高**(だか)**い** [形] 타산적이다, 셈이 빠르다

**けいさん**【×珪酸·×硅酸】〔化〕 규산

**けいさんぷ**【経産婦】경산부. 출산 경험이 있는 여자

**けいし**【兄姉】[文] 형과 누이, 오빠와 언니

**けいし**【刑死】[名][自スル][文] 형사. 형을 받아 죽음

**けいし**【京師】[文] 경사. 수도, 서울= みやこ

**けいし**【軽視】[名][他スル] 경시 ⇔ 重視(じゅうし)¶ 人命(じんめい)～ 인명 경시

**けいし**【継子】[文] 계자. 의붓자식= ままこ

**けいし**【継嗣】[文] 계사. 후사, 후계자, 상속인

**けいし**【×罫紙】괘지¶ 両面(りょうめん)～ 양면 괘지

**けいし**【警視】경시. 경찰관 계급의 하나 ▷ 우리나라의 총경 **—総監**(そうかん) 경시 총감 **—庁**(ちょう) 경시청

**けいじ**【兄事】[名][自スル][文] 형으로 모심¶ 先輩(せんぱい)に～する 선배를 형으로 모시다

**けいじ**【刑事】〔法〕 형사 ①형법 적용에 관련된 사항¶ ～責任(せきにん) 형사 책임 ②수사·체포 등을 담당하는 경찰관¶ 私服(しふく)～ 사복 형사 **—裁判**(さいばん) 형사 재판 **—事件**(じけん) 형사 사건 **—訴訟**(そしょう) 형사 소송 **—訴訟法**(そしょうほう) 형사 소송법

**けいじ**【計時】[名][自スル] 계시. 시간을 잼, 그런 시간¶ 電子(でんし)～ 전자 계시

**けいじ**【啓示】[名][自スル]〔宗〕 계시. 묵시¶ 神(かみ)の～を受(う)ける 신의 계시를 받다

**けいじ**【掲示】[名][他スル] 게시¶ 合格者(ごうかくしゃ)の氏名(しめい)を～する 합격자의 성명을 게시하다 **—板**(ばん) 게시판

**けいじ**【慶事】[文] 경사¶ ～が重(かさ)なる 경사가 겹치다

**けいじ**【×繋辞】〔論〕 계사. 명제의 주사와 빈사를 이어 긍정 또는 부정을 나타내는 말

**けいじか**【形×而下】[名] 형이하 ⇔ 形而上(けいじじょう)

**けいしき**【形式】형식¶ ほんの～だけ 그저 형식뿐/ 一定(いってい)の～を踏(ふ)む 일정 형식을 밟다 **—語**(ご) 〔文法〕 형식어 **—主義**(しゅぎ) 형식주의 **—的**(てき) [ナ] 형식적 **—張**(ば)**る** [自][五] 형식을 중시하다, 격식을 차리다 **—犯**(はん) 형식범 **—論**(ろん) 형식론

**けいじじょう**【形×而上】[名] 형이상 ⇔ 形而下(けいじか) **—学**(がく) 형이상학

**けいしつ**【形質】형질 ①형태와 성질 ②〔生〕 (생물의) 형태적 특징, 유전적 성질¶ ～転換(てんかん) 형질 전환

**けいしつ**【継室】[文] 계실. 후실, 후처= 後妻(ごさい)

**けいしつ**【×閨室】[文] 규실 ①규방(閨房), 침실 ②처, 아내

**けいじつ**【×頃日】[文] 요사이, 요즈음

けいじどうしゃ [軽自動車] [交] 경자동차. 경차
けいしゃ [*珪砂·*硅砂] [鉱] 규사
けいしゃ [傾斜] 名 自スル ①경사. 기욺. 기울기, 물매 =山ヤマの一面メンの산의 경사면/ 船フネが右舷ゲンに~する 배가 우현으로 기울다 ②(기분·생각 등이) 쏠림, 기욺 ¶感情カンジョウの~ 감정의 쏠림 ③[地] (지층의) 경사. 경사진 상태
けいしゃ [鶏舎] (文) 계사. 닭장 = にわとりごや
げいしゃ [芸者] ①예기, 기생 = 芸子コ ¶ ー 上アがり 기생 출신
けいしゅ [警手] ①(철도 건널목의) 간수, 건널목지기 ②옛날 황궁 경찰관의 최하위 직급
けいしゅう [軽舟] (文) 경주. 가볍고 빠른 작은 배
けいしゅう [*閨秀] (文) 규수. 학예에 뛰어난 여자 ¶ ~画家ガ 여류 화가 ー作家サッカ 규수 작가
けいしゅう [軽舟] → けいちょう [軽重]
げいしゅう [芸州] → あき [安芸]
けいしゅく [慶祝] 名 他スル (文) 경축 ¶ ~行事ジ 경축 행사
けいじ [掲示] 名 他スル (文) 게시하여 보임 ¶ 合格者名ゴウカクシャメイを~する 합격자 이름을 게시하다
げいじゅつ [芸術] 예술 ¶ 総合ゴウ~ 종합 예술 ー院イン 예술원. 일본 예술원 ー家カ 예술가 ー祭サイ 예술제 ー至上主義シジョウシュギ 예술 지상주의 ー的テキ 予 예술적
慣用句
ー は長ナガく人生ジンセイは短ミジカし 예술은 길고 인생은 짧다
げいしゅん [迎春] (文) 영춘, 새해를 맞음
けいしょ [経書] 경서. 유교의 경전
けいしょう [形勝] ①요충지, 요해지 ¶ ~の地チを占シめて陣ジンを布シく 요충지를 차지하여 진을 치다 ②경승, 경승지 = 景勝ケイショウ
けいしょう [形象] 형상 ー化カ 名 他スル 형상화 ー埴輪ハニワ [考古] 사람이나 사물 형상의 토용
けいしょう [敬称] (文法) 경칭, 존칭 ¶ ~を用いる 경칭을 쓰다/ ~を略リャクする 존칭을 생략하다
けいしょう [景勝] 경승 ¶ ~の地チ 경승지
けいしょう [軽少] 予 경소 ①약간, 조금 ¶ ~な品ヒン 약간의 물품 ②경미, 사소함 ¶ ~な事柄ごと 경미한 사항
けいしょう [軽症] 경증 ⇔ 重症ジュウショウ
けいしょう [軽傷] 경상 ⇔ 重傷ジュウショウ ¶ ~を負ウう 경상을 입다
けいしょう [軽捷] 予 (文) 경첩. 민첩, 재빠름 ¶ ~な動きドウキ 민첩한 움직임
けいしょう [継承] 계승 ¶ ~者シャ 계승자/ 皇位コウイの~ 황위 계승
けいしょう [警鐘] 경종 ①위험 등을 알리기 위해 치는 종 ¶ 現代文明ゲンダイブンメイへの~ 현대 문명에 대한 경종
けいじょう [刑場] 형장 = しおきば ¶ ~の露ツユと消キエる 형장의 이슬로 사라지다
けいじょう [形状] (文) 형상. 모양 ¶ 異様ナな ~ 이상한 형상 ー記憶合金キオクゴウキン [工] 형상 기억 합금
けいじょう [計上] 名 他スル 계상 ¶ 予算ヨサンに~する 예산에 계상하다
けいじょう [啓上] 名 他スル (文) 계상. 말씀을 올림 ¶ 一筆イッピツ~ 붓을 들어 한 자 올립니다
けいじょう [経常] 경상 ¶ ~利益リエキ 경상 이익 ー収支シュウシ [経] 경상 수지 ー費ヒ 경상비
けいじょう [敬譲] 경양. 상대를 존경하고 자기를 낮춤 ¶ ~の精神セイシン 경양의 정신 ー語ゴ [文法] 존경어와 겸양어
けいじょう [警乗] 名 自スル (경찰관이 차·배 등에) 탑승하여 경계함 ¶ 列車レッシャに~する 열차에 경찰관이 탑승하여 경계하다
けいしょく [軽食] 경식. 간단한 식사 ¶ ~をとる 간단한 식사를 하다
けいじょし [係助詞] (文法) 여러 가지 말에 붙어 강조·의문 등의 뜻을 덧붙이는 조사
けいしん [敬神] (文) 경신, 신을 공경함 ¶ ~崇仏スウブツ 경신 숭불
けいしん [軽信] 名 他スル (文) 경신. 경솔하게 믿음 ¶ 人ヒトの言葉コトバを~する 남의 말을 경신하다
けいしん [軽震] [地] 경진. 가벼운 지진
けいず [系図] 계도, 계보, 족보 ¶ ~を調シラべる 계보를 조사하다 ー買カい 남의 족보를 삼, 그런 사람
けいすい [軽水] [化] 경수 ー炉ロ [原] 경수로
けいすう [係数] [数] 계수 ¶ エンゲル~ 엥겔 계수/ 摩擦マサツ~ 마찰 계수
けいすう [計数] 계수 ①수의 계산, 계산된 수치 ②경리나 경제에 관한 일, 그 개념 ¶ ~に明アカるい 계수에 밝다
けいずかい [*窩主買い] 장물 매매, 장물아비 = 故買コバイ ¶「系図買ケイズカい」로도 씀
けい·する [刑する] 他 サ変 (文) 처형하다, (특히) 사형시키다
けい·する [敬する] 他 サ変 (文) 공경하다, 존경하다
慣用句
ー して遠トオざける ①존경하여 버릇없이 굴지 않다 ②경원하다
けい·する [慶する] 他 サ変 (文) 경축하다, 축하하다 ¶ 長寿チョウジュを~ 장수를 경축하다
けいせい [形成] 名 他スル 형성 ¶ 人格ジンカクの~ 인격의 형성 ー外科ゲカ [医] 성형 외과 ー層ソウ [植] 형성층 ー体タイ [動] 형성체
けいせい [形声] (文) 형성. 뜻을 나타내는 글자와 음을 나타내는 글자를 합쳐 한자를 만드는 법 = 諧声カイセイ ¶「金」+「同」=「銅」등
けいせい [形勢] 형세. 不利フリな形勢 불리/ ~が逆転ギャクテンする 형세가 역전하다
けいせい [渓声·*谿声] (文) 계성. 골짜기의 물소리
けいせい [経世] (文) 경세. 세상을 다스림 ー家カ 경세가. 정치가 = 済民サイミン 경세 제민
けいせい [傾城] (文) 경성 ①경성지색, 경국지색, 절세미인 ②창녀
けいせい [警世] (文) 경세. 세상을 깨우침

**けいせい** [警醒] 名 他スル (文) 경성 ①잠을 깨움 ②세상 사람들을 일깨움¶ 世人を～する 세인을 일깨우다

**けいせき** [形跡] 형적. 흔적. 자취¶ 犯人が隠れた～がある 범인이 숨은 흔적이 있다

**けいせき** [珪石・硅石] [鑛] 규석

**けいせき** [蛍石] [鑛] → ほたるいし

**けいせつ** [蛍雪] (文) 형설¶ ～の功 형설지공

**けいせん** [係船・繋船] 名 自スル 계선. 배를 매어 둠¶ ～渠 계선거/ 湾内に～する 만의 안쪽에 계선하다

**けいせん** [経線] [地] 경선. 자오선 ⇔ 緯線

**けいせん** [*罫線] ①괘선 = 罫 ②[經]「罫線表」의 준말. 주식 시세 동향 그래프

**けいせん** [*頸腺] 경선. 목 부분의 림프샘

**けいそ** [刑訴] 형소. 형사 소송

**けいそ** [珪素・硅素] [化] 규소 = シリコン ー樹脂 [化] 규소 수지 = シリコン樹脂

**けいそう** [形相] (文) 형상 ①모양. 양상 ②[哲] 사물의 본질을 나타내는 현실적인 형태

**けいそう** [係争・繋争] 名 自スル 계쟁. 소송 당사자가 서로 다툼¶ ～中の事件 계쟁 중인 사건

**けいそう** [*珪藻・硅藻] [植] 규조¶ ～類 규조류 ー土 [地] 규조토

**けいそう** [軽装] 名 自スル 경장. 가벼운 옷차림¶ ～で出かける 가벼운 옷차림으로 떠나다

**けいそう** [軽*躁] 경조 Ⅰ ⑦ 경박함¶ ～な性質 경박한 성질 Ⅱ 名 [醫] (조울병 환자의) 가벼운 조(躁)상태

**けいそう** [継走] 名 自スル 계주. 릴레이 경주

**けいぞう** [形像] (文) 형상. 본떠 만든 상

**けいぞう** [恵贈] 名 他スル 남에게 금품을 받은 것을 높여 이르는 말. 혜증. 혜사. 혜투. 御～にあずかる 혜증을 받다

**けいそうど** [軽*鬆土] [地] 경송토 ①입자가 미세한 화산회토 ②부식토

**けいそく** [計測] 名 他スル 계측¶ 重量を～する 중량을 계측하다

**けいぞく** [係属・*繋属] 名 自他スル 계속 ①(文) 매여 있음. 관계가 있음 ②[法] 소송 계속(繋属)¶ ～中の訴訟 계속 중인 소송

**けいぞく** [継続] 名 自他スル 계속¶ 討議を～する 토의를 계속하다 ー審査 [政] 계속 심의

**けいそつ** [軽率] ⑦ 경솔 = 軽はずみ¶ ～な行動を慎む 경솔한 행동을 삼가다

**けいそん** [恵存] (文) 혜존 = けいぞん

**けいたい** [形態] 형태¶ 政治～ 정치 형태/ ～がととのう 형태가 갖추어지다 ー学 [生] 형태학 ー素 [文法] 형태소 ー論 [文法] 형태론

**けいたい** [敬体] [表] 경어체. 높임말

**けいたい** [携帯] 名 他スル 휴대¶ ～電話 휴대 전화/ 雨具を～する 우비를 휴대하다

**けいだい** [境内] (神社・절의) 경내

**けいたく** [恵沢] (文) 혜택¶ 文明の～に浴する 문명의 혜택을 입다

**げいだん** [芸談] 예담. 예도의 비결이나 고심담¶ ～の聞き書き 예담을 듣고 적은 글

**けいだんれん** [経団連] [經] 「経済団体連合会」의 준말. 경제 단체 연합회

**けいちつ** [啓*蟄] 계칩. (24절기의 하나) 경칩

**けいちゅう** [傾注] 名 他スル 경주. (정신·힘을) 기울임¶ 全力を～する 온 힘을 전력을 경주하다

**けいちょう** [敬弔] 名 他スル (文) 경조. 삼가 조상함¶ ～の意を表す 삼가 조의를 표하다

**けいちょう** [敬重] 名 他スル 경중. 존중함

**けいちょう** [軽重] 경중. 鼎の～を問う 구정의 경중을 묻다. 남의 실력을 의심하여 그 지위를 넘보다 ▷「けいじゅう」라고도 함

**けいちょう** [軽*佻] ⑦ (文) 경조. 경솔함. 경박함 ー浮薄 (文) 경조부박. 경솔하고 진중하지 못함¶ ～な世相 경조부박한 세태

**けいちょう** [傾聴] 名 他スル 경청. 귀담아 들음¶ ～に値する意見 경청할 만한 의견

**けいちょう** [慶弔] 경조. 경사와 흉사¶ ～費 경조비/ ～電報 경조 전보

**けいつい** [*頸椎] [醫] 경추. 목등뼈

**けいてい** [兄弟] (文) 형제 = きょうだい¶ ～あい和す 형제간의 우애가 좋다
[慣用句]
**一牆に鬩ぐ** 형제끼리 집안 싸움을 하다

**けいてい** [径庭・逕庭] (文) 경정. 현격한 차이¶ ～がない 현격한 차이가 없다

**けいてき** [警笛] 경적¶ ～を鳴らす 경적을 울리다

**けいてん** [経典] (文) 경전¶ 儒教の～ 유교의 경전 ▷「きょうてん」은 딴말

**けいでんき** [継電器] [電] 계전기 = リレー

**けいと** [毛糸] 모사. 털실

**けいど** [経度] [地] 경도 ⇔ 緯度

**けいど** [軽度] 名 경도. 정도가 가벼움 ⇔ 重度¶ ～の近視 가벼운 근시/ ～強度¶ ～の近視 가벼운 근시

**けいとう** [系統] 계통 ①순서에 따라 이어진 연계¶ 同じ～の言語 같은 계통의 언어 ②혈통¶ 父方からの～の人 친가 계통의 사람 ③같은 종류. 같은 방면. 青の～の色 파랑 계통의 색 ④[生] 생물의 유연(類縁) 관계¶ ～発生 계통 발생 ー樹 [生] 계통수. 계통 나무 ー立てる 他 下一 계통을 세우다. 체계를 세우다 ー的 ⑦ 계통적

**けいとう** [恵投] 名 他スル 혜투. 혜증¶ 御～の品 혜증하신 물건

**けいとう** [傾倒] 名 自他スル 경도. 심취함. 열중함. 존경함¶ バッハに～する 바흐에 심취하는

**けいとう** [継投] 名 自スル [野] 계투 = リリーフ

**けいとう** [鶏頭] [植] 계두. 맨드라미

**げいとう** [芸当] ①곡예. (특별한) 재주 ②아슬아슬한 짓¶ とても私にはできない～だ 도저히 나는 흉내도 못낼 짓이다

**げいどう** [芸道] 예도. 예능·기예의 길¶ ～にいそしむ 예도에 정진하다

**けいどうみゃく** [*頸動脈] [醫] 경동맥

**げいなし** [芸無し] 무재. 아무 재주도 없이 평범함. 그런 사람 = 無芸¶ ー*猿 무재 무능한 사람을 경멸하여 이르는 말

**けいにく** [鶏肉] 계육. 닭고기 = かしわ

けいにん [芸人] ①연예인, 예능인 旅~ 떠돌이 연예인 ②재주가 많은 사람, 재주꾼
げいのう [芸能] 예능 ①학예와 기예, 그런 재능 ②~じごと [~事] 연예 ~界 예능계/民俗~ 민속 예능 一人 예능인, 연예인
けいば [競馬] 경마 ~場 경마장
げいは [鯨波] (文) ①경파, 큰 파도, 노도 ②함성 ~をあげる 함성을 지르다
けいはい [*珪肺] [醫] 규폐 = よろけ
けいはい [軽輩] 미천한 사람
けいばい [啓培] 名他スル (文) 계배, 계발 배양, 지식을 습득시켜 교양을 익히게 함
けいばい [競売] 경매 = きょうばい
けいはく [敬白] (文) 경백 ①공경하여 사룀 店主~ 점주 경백 ②경구(敬具)
けいはく [軽薄] 경박 ~な考かんえ 경박한 생각 一短小 경박단소 (정밀 기기・전자 제품 등의) 경량화・소형화 추세
けいばく [*繋縛] 名他スル (文) 계박 ①결박, 얽어 맴 ~を解く 결박을 풀다 ②속박 ~から解放される 속박에서 해방되다
けいはつ [啓発] 名他スル 계발, 계몽
けいばつ [刑罰] 형벌
けいばつ [閨閥] 규벌, 처족(妻族)을 중심으로 한 세력・파벌 ~政治 규벌 정치
けいばつ [警抜] [ダ] 경발, (착상 등이) 기발하고 빼어남 ~な詩句 경발한 시구
けいはん [京阪] 京都と大阪, 그 주변 지역 = 上方かみがた 一地方 京都・大阪 지방 一神 京都・大阪・神戸, 그 주변 지역
けいはんざい [軽犯罪] [法] 경범죄 一法 [法] 경범죄법
けいひ [*桂皮] 계피
けいひ [経費] 경비, 비용 必要な~ 필요 경비/~の節減 경비 절감
けいび [軽微] [ダ] (文) 경미 ~な損害で済む 경미한 손해에 그치다
けいび [警備] 名他スル 경비 ~員 경비원/~を厳重にする 경비를 엄중히 하다
けいひつ [警蹕] 경필, 벽제, 그 소리
けいひん [京浜] 東京と横浜, 그 주변 지역 一工業地帯 東京・川崎・横浜를 중심으로 하는 일본 최대의 공업 지대
けいひん [景品] 경품 ①상품에 곁들여 주는 물건・おまけ ~つき大売り出し 경품부 대매출 ②(참가자 등에게 주는) 기념품, 상품 福引き~ 추첨 경품
げいひん [迎賓] 영빈 一館 영빈관
けいふ [系譜] 계보, 족보 ~をたどる 계보를 더듬다/国文学の~ 국문학의 계보
けいふ [継父] (文) 계부, 의붓아버지
けいぶ [軽侮] 名他スル (文) 경모, 경멸 ~の目で見る 경멸하는 눈으로 보다
けいぶ [*頸部] 경부 ①[醫] 목 목처럼 생긴 부분 半島の~ 반도의 경부
けいぶ [警部] 경감 一補 경부보
けいふう [軽風] (文) 경풍, 미풍, 산들바람
げいふう [芸風] 예풍 端正な~に魅せられる 단정한 예풍에 매혹되다

けいふく [敬服] 名自スル 경복, 감복, 탄복 心から~する 마음속으로부터 탄복하다
けいふく [慶服] 경복, 경사스럽고 복됨
けいぶつ [景物] ①경물, 풍물 初夏の~ 초여름의 풍물 ②(그 자리의) 흥미・정취를 돋우는 것 とんだ~ 뜻밖의 볼거리 ③경품, 상품 一詩 경물시, 풍물시
けいふぼ [継父母] 계부모, 계부와 계모
けいふん [鶏糞] 계분, 닭똥
げいぶん [芸文] (文) 예문, 학문과 문예, 문예
けいへいき [経閉期] 폐경기 = 閉経期
けいべつ [軽蔑] 名他スル 경멸 ~するような目つき 경멸하는 듯한 눈빛
けいべん [軽便] [ダ] 경편, 간편함, 간이 ~かみそり 간이 면도날/~な手続き 간편한 수속 一鉄道 (文) 경편 철도, 협궤 철도
けいぼ [敬慕] 名他スル 경모 師~を~する 스승을 경모하다
けいぼ [継母] (文) 계모, 의붓어미 = ままはは
けいほう [刑法] [法] 형법
けいほう [警報] 경보 ~器 경보기/空襲~を解除する 공습 경보를 해제하다
けいぼう [閨房] (文) 규방 ①침실, (특히) 부부 침실 ②내실
けいぼう [警防] 경방, (재해 등을) 경계하여 막음 一団 경방단
けいぼう [警棒] 경찰봉
けいま [*桂馬] ①(한 칸 건너 앞쪽의 대각선으로 이동할 수 있는) 일본 장기짝의 하나 = 桂 ②(바둑에서) 날일(日)자 또는 눈목(目)자로 대각선 방향으로 두는 수
けいみょう [軽妙] [ダ] 경묘, 경쾌하고 재치 있음 ~な筆致 경묘한 필치
けいむ [警務] 경무 ①경찰 업무 ②경비・경계 임무
けいむしょ [刑務所] [法] 형무소, 교도소
けいめい [鶏鳴] (文) 계명 ①닭 울음 소리 暁を告げる鶏鳴が새벽을 알리다 ②새벽녘 一狗盗 계명구도, 야비한 사람, 좀도둑
げいめい [芸名] 예명
けいもう [啓蒙] 名他スル 계몽 大衆を~する 대중을 계몽하다 一思想 계몽 사상 一主義 [哲] 계몽주의 一的 [ダ] 계몽적
けいやく [契約] 名他スル 계약 ~違反 계약 위반/~を結ぶ 계약을 맺다/~を取り消す 계약을 취소하다 一社員制度 계약 사원 제도 一書 계약서 ~を取り交わす 계약서를 주고받다
けいゆ [経由] 名自スル 경유 モスクワ~のヨーロッパ便 모스크바 경유 유럽편
けいゆ [軽油] 경유
げいゆ [鯨油] 경유, 고래 기름
けいよ [刑余] 名 (文) 형여, 전과 ~者 전과자/~の身 형여의 몸
けいよ [恵与] 名他スル (文) 혜여 ①은혜를 베풂 ②혜증 御~の品 혜증하신 물건
けいよう [形容] 형용 Ⅰ 名他スル 사물의 모양・

けいよう 형태를 말로 표현함¶ 言葉では~できない美しさ 말로는 형용할 수 없는 아름다움 Ⅱ 名 모양, 형상, 용모, 자태 **一詞** ①〔文法〕 형용사 / 수식어 **一動詞**¶〔文法〕 형용할 동사

けいよう [京葉] 東京와 千葉의 ¶ ~工業地帯 東京・千葉 공업 지대

けいよう [掲揚] 名他スル 게양¶ 国旗を~ 국기 게양 / ~台 게양대

けいら [軽羅] 〔文〕 경라. 가볍고 얇은 비단

けいら [警邏] 名他スル〔文〕 경라. 순찰 = パトロール¶ ~中の巡査 순찰 중인 순경

けいらく [京洛] 〔文〕 = きょうらく(京洛)

けいらく [経絡] 〔文〕 경락 ①〔漢〕 침・뜸의 혈과 혈을 잇는 경로 ②(사물의) 조리, 맥락

けいらん [鶏卵] 〔文〕 계란, 달걀

けいり [経理] 名他スル 경리¶ ~部 경리부 / ~に明るい 경리에 밝다

けいりし [計理士] 「公認会計士」의 옛일컬음. 계리사

けいりゃく [計略] 계략, 책략¶ ~をめぐらす 계략을 꾸미다 / ~にはまる 계략에 속다

けいりゃく [経略] 名他スル〔文〕 경략 ①국가를 통치함 ②(천하를 다스리기 위해) 남의 영토를 공략하여 지배함

けいりゅう [係留・繋留] 名他スル 계류, 붙들어 맴¶ 船を岸に~する 배를 물가에 계류하다

けいりゅう [渓流・谿流] 계류, 골짜기를 흐르는 시냇물 = 谷川

けいりょう [計量] 名他スル 계량¶ ~器 계량기 / 体重を~する 체중을 달다 **一経済学** 계량 경제학

けいりょう [軽量] 名〔了〕 경량 ⇔ 重量¶ ~級 선수 경량급 선수

けいりん [経綸] 〔文〕 경륜. 나라를 다스림. 그린 방책¶ ~の大才 나라를 다스릴 큰 인물

けいりん [競輪] 경륜

げいりん [芸林] 〔文〕 예림. 예술가・문예가의 사회. 예원 = 芸苑

けいるい [係累・*繋累] 계루 ①부양 가족, 딸린 식구¶ ~が少ない 딸린 식구가 적다 ②(심신을 얽매는) 번거로운 일¶ ~を断つ 신변의 주체스러운 것과 관계를 끊다

けいれい [敬礼] 名自スル 경례¶ 最~ (양손이 무릎에 닿도록 허리를 굽혀 하는 가장 정중한 절 / 国旗に~する 국기에 경례하다

けいれき [経歴] 경력, 이력¶ 首相の~ 수상의 경력 / ~を偽る 경력을 속이다

けいれつ [系列] 계열¶ ~会社 계열 회사 / 歴史小説に属する作品 역사 소설 계열에 속하는 작품 **一融資** 계열 융자

けいれん [*痙攣] 名自スル〔醫〕 경련¶ 胃に~を起こす 위경련을 일으키다

けいろ [毛色] ①(짐승의) 털빛 ②(口) 성질, 모양, 종류¶ ~の変わった仕事 색다른 일

けいろ [経路・径路] 경로 ①지나는 길¶ ~変更 경로 변경 ②(사물이) 거쳐온 길¶ 資料の入手~ 자료의 입수 경로

けいろう [敬老] 경로¶ ~の精神 경로 정신 / ~の日 경로의 날

げいろう [鯨蠟] 경랍

けいろく [鶏肋] 〔文〕 계륵 ①별 쓸모는 없으나 버리기는 아까운 것 ②병약한 몸

けう [*希有・*稀有] 〔文〕 희유. 매우 드묾, 희한함¶ ~な話 희유한 이야기 / ~の人物 희한한 인물

げうお [下魚] 등푸른 생선

けうとい・い [気疎い] 싫다, 불쾌하다, 역겹다¶ 人と付き合うのが~くなってきた 사람과 사귀는 일이 싫어지기 시작했다 **一工法** 케이슨 공법 **一病** 〔醫〕 케이슨병, 잠수병 = 潜函病・潜水病

けうら [毛裏] 안에 털을 댄 옷, 갖옷 = 裏毛

ケー [K・k] 케이. 영어 알파벳의 열한번째 자모

ケース (case) 케이스 ①용기, 상자, 갑 ②경우, 사례¶ 特殊な~ 특수한 케이스

ケーソン (caisson) 〔建〕 케이슨, 잠함(潜函)¶

ゲートル (프 guêtre) 게트르, 각반(脚絆)

ケーブル (cable) 케이블 ①〔電〕 피복 전선, 지중・해저용 전선¶ 海底~ 해저 케이블 ②〔工〕 강삭, 삭도¶ 空中~ 공중 케이블

けおさ・れる [気圧される] 自下一 기세에 눌리다, 기가 죽다, 압도되다¶ 相手のけんまくに~ 상대편의 무서운 기세에 기가 죽다

けおと・す [蹴落(と)す] 他五 ①차서 떨어뜨리다¶ ボールを~ 공을 차서 떨어뜨리다 ②(경쟁 상대를) 밀어내다, 실각시키다¶ ライバルを~して出世する 라이벌을 밀어내고 출세하다

けおり [毛織(り)] ①모직, 모직물¶ ~物 모직물 ②무명실의 보풀을 세워 짠, 그런 천

けか [悔過] 〔佛〕 회과. 허물을 뉘우침

けが [*怪我] ①다침, 부상, 상처¶ 足を~をする 다리를 다치다 ②과실, 잘못 ③뜻밖의 일, 우연 **一勝ち** (상대의 과실 등으로) 우연히 [뜻밖에] 이김 **一人** 다친 사람, 부상자¶ ~が出る 부상자가 생기다 **一の功名** 連語 실수한 것으로 생각했던 일이 뜻밖에 좋은 결과를 가져옴, 무심코 한 일이 뜻밖에 좋은 결과를 낳음 **一負け** (이길 실력이 있는데도 뜻밖에 [어쩌다가] 짐

げか [外科] 〔醫〕 외과¶ ~医 외과의 / 形成~ 성형 외과

げかい [下界] 하계 ①〔佛〕 인간 세계, 세상 ②지상¶ 頂上から立ちる~を見下ろす 정상에 서서 지상을 내려다보다

けかえし [*蹴返し] ①〔相撲〕 안다리후리기 ②걸을 때 옷 앞자락이 벌어짐

けかえ・す [*蹴返す] 他五 ①차서 제자리로 돌려보내다, 되차다¶ ボールを~ 공을 되차다 ②(상대방을) 되받아 차다 ③〔相撲〕 안다리후리기를 하다 ④차서 뒤엎다¶ ちゃぶ台を~ 소반을 차서 뒤엎다

けがき [毛描き] 〔美〕 (일본화에서) 사람・짐승의 털을 하나하나 그림, 그때 쓰는 가는 붓

けがき [*罫書き・*罫描き] 〔工〕 (기계・부품의 공작 때) 가공상 필요한 점・선을 재료에 표

**けが・す** [汚す・*穢す] 他五 더럽히다 ①더럽게 하다, 모독하다, 훼손시키다¶ 美しい心を~行為 아름다운 마음을 더럽히는 행위/ 家名を~ 집안의 명예를 더럽히다 ②걸맞지 않은 자리에 앉다, 외람되이 앉다¶ 重職を~ 중직을 더럽히다 ③(여자를) 욕보이다¶ 身を~・される 몸을 더럽히다

**けがに** [毛*蟹] 動 털게

**けがらわし・い** [汚らわしい・*穢らわしい] 形 ①더럽다, 불결하다, 추접스럽다¶ ~うわさ 추접스런 소문 ②싫다, 역겹다, 불쾌하다¶ 聞くだけで·· 듣기만 해도 불쾌하다

**けがれ** [汚れ・*穢れ] ①더러움, 추악함, 불결함¶ ~を知らない子供 때묻지 않은 아이 ②(상중·출산·월경 등으로 인한) 부정(不淨)

**けが・れる** [汚れる・*穢れる] 自下一 ①더러워지다, 더럽혀지다¶ ~·れた手 더러워진 손/ 心が~· 마음이 더러워지다 ②(상중·출산·월경 등으로) 몸이 부정해지다

**けがわ** [毛皮] 모피, 털가죽

**げかん** [下*浣・下*澣] 하완, 하순(下旬)

**げかん** [下*疳] 医 하감, 음부에 생기는 염증성 궤양¶ 軟性~ 연성 하감

**げかん** [*外官] [日史] (令制에서) 지방 관리

**げき** [*戟] 倉 ゲキ 劕 (음)극, (造語) 삼지창, 창¶ 剣戟 검극·刺戟 자극

**げき** [*隙] 倉 ゲキ 訓 すき・ひま | (음)극. I (造語) 사이, 간격, 짬, 틈¶ 間隙 간극·空隙 공극 ·「隙」는 속자 II 틈, 틈새, 불화¶ ~に乗ずる 틈을 타다/ ~が生じる 불화가 생기다

**げき** [劇] 倉 ゲキ 訓 はげしい | (음)극. I (造語) ①심함, 격렬함, 분주함, 바쁨¶ 劇甚 극심·劇薬 극약 ②연극의¶ 劇場 극장·悲劇 비극 ▷ ①은 「激」와 같음 II 극, 연극¶ ~を上演する 연극을 상연하다

**げき** [擊] 倉 ゲキ 訓 うつ | (음)격. (造語) ①치다, 때리다¶ 擊壞 격양·打擊 타격 ②적을 침, 공격함¶ 擊退 격퇴·反擊 반격 ③쏘다¶ 擊沈 격침·射擊 사격 ④감각에 닿다¶ 目擊 목격·衝擊 충격

**げき** [激] 倉 ゲキ 訓 はげしい | (음)격. (造語) ①(정도가) 심하다¶ 激痛 격통·激務 격무 ②기세가 세다, 극심하다¶ 激戰 격전·過激 과격 ③감정이 매우 흥분되다¶ 激情 격정·激励 격려·感激 감격 ▷ ①은 「劇」와 같음

**げき** [*檄] 倉 ゲキ | (음)격. I (造語) 격문¶ 檄文 격문 II 격문¶ ~を飛ばす 격문을 띄우다

**げき** [外記] [日史] (令制에서) 조칙 초안의 정정·상주문의 기안 등을 맡아 보던 太政官의 직명 ②[佛] 문서를 맡은 승직

**げきえいが** [劇映画] 극영화

**げきえつ** [激越] ナ 自スル 감정이 격해짐, 격앙됨¶ ~な文 격앙된 글

**げきか** [劇化] 名 他スル 극화¶ 小説を~する 소설을 극화하다

**げきか** [激化・劇化] 名 自他スル 격화= げっか¶ 競爭が~する 경쟁이 격화하다

**げきが** [劇画] 극화 ①이야기를 동적인 그림으로 구성한 만화 ②그림 연극= 紙芝居

**げきかい** [劇界] 文 극계, 연극계, 극단

**げきげん** [激減] 名 自スル 격감 ⇔ 激增¶ 売り上げの~ 매상의 격감

**げきご** [激語] 名 自スル 격어, 격한 말¶ ~をとばす 격한 말을 내뱉다

**げきさい** [擊碎・擊摧] 名 他スル 격쇄, 쳐부숨¶ 敵を~する 적을 쳐부수다

**げきさく** [劇作] 名 自スル 극작 ―家 극작가

**げきし** [劇詩] 文 극시

**げきしゅう** [激臭・劇臭] 심한 악취, 몹시 고약한 냄새¶ ~が鼻をつく 몹시 고약한 냄새가 코를 찌르다

**げきしょ** [激暑・劇暑] 文 극서, 혹서= 酷暑

**げきしょう** [激賞] 名 他スル 격상, 격찬¶ ~をあびる 격찬을 받다

**げきじょう** [劇場] 극장¶ 円形~ 원형 극장

**げきじょう** [擊壤] 격양, 태평 성대를 누리는 모양¶ 鼓腹~ 고복 격양

**げきじょう** [擊攘] 名 他スル 文 격양, (적을) 물리침, 격퇴

**げきじょう** [激情] 격정¶ ~に駆られる 격정에 사로잡히다

**げきしょうかんえん** [劇症肝炎] 医 급성 간염

**げきしょく** [激職・劇職] 극직, 몹시 바쁜 직무¶ 会長の~に就く 회장이라는 극직에 오르다

**げきしん** [激震] [地] 격진, 격렬한 지진

**げきじん** [激甚・劇甚] 名 ナ 文 격심, 극심¶ ~な被害 극심한 피해

**げき・する** [激する] I 自スル 文 ①격해지다, 거칠어지다, 격렬해지다¶ ことばが~ 말이 거칠어지다/ 感情が~ 감정이 격해지다 ②(파도 등이) 심하게 맞부딪치다¶ 岩に~·は波 바위에 사납게 부딪치는 파도 II 他 自スル 격려하다, 북돋다¶ 友を~· 벗을 격려하다

**げき・する** [*檄する] 自スル 文 격문을 띄우다

**げきぜつ** [*鴃舌] *缺舌 격설, (외국인 등이 지껄이는) 알아들을 수 없는 말을 얕잡아 이르는 말

**げきせん** [激戰・劇戰] 名 自スル 격전¶ ~地 격전지

**げきぞう** [激增] 名 自スル 격증, 급증 ⇔ 激減¶ 人口の~ 인구의 격증

**げきたい** [擊退] 名 他スル 격퇴, 쳐서 물리침¶ 敵の攻擊を~する 적의 공격을 격퇴하다

**げきたん** [激*湍] 文 격단, 빠르고 세차게 흐르는 여울

**げきだん** [劇団] 극단¶ 放送~ 방송 극단

**げきだん** [劇談] 극담 ①연극에 관한 이야기 ②[激談] 文 격렬한 담판

**げきだん** [劇壇] 극단, 연극계, 극계¶ ~を去る 연극계를 떠나다

**げきちゅうげき** [劇中劇] 극중 극

**げきちん** [擊沈] 名 他スル 격침¶ 敵艦を~する 적함을 격침하다

**げきつい** [撃墜] 名 他スル 격추¶ 爆撃機を~する 폭격기를 격추하다

**げきつう** [劇通] 연극·연극계의 사정에 정통함, 그런 사람, 연극통

**げきつう** [激痛·劇痛] 격통. 심한 통증¶ 腹部に~が走る 복부에 격통이 스쳐가다

**げきてき** [劇的] ナ 극적¶ ~な再会 극적인 재회

**げきてつ** [撃鉄] 격철. (총의) 공이치기

**げきど** [激怒] 名 自スル 격노¶ 裏切り行為に~する 배신 행위에 격노하다

**げきとう** [激闘] 名 自スル 격투, 격전

**げきどう** [激動] 名 自スル 격동 ①(세상이) 급격히 변동함¶ ~する世界情勢 격동하는 세계 정세 ②(마음이) 심하게 흔들림

**げきどく** [劇毒] 극독, 맹독(猛毒)

**げきとつ** [激突] 名 自スル 격돌¶ 優勝候補同士の~ 우승 후보끼리의 격돌

**げきは** [撃破] 名 他スル 격파¶ 各個に~する 각개 격파하다

**げきはつ** [激発] 名 自他スル 文 격발 ①거세게 일어남[일으킴]¶ 感情が~する 감정이 격발하다 ②잇달아 발생함¶ 事件が~する 사건이 격발하다

**げきひょう** [劇評] 극평, 연극평¶ 新聞の~ 신문의 극평

**げきふん** [激憤] 名 自スル 文 격분, 분격¶ 裏切りに~する 배신에 격분하다

**げきぶん** [檄文] 격문; 檄

**げきへん** [激変·劇変] 名 自スル 격변, 급변¶ 態度が~する 태도가 급변하다

**げきむ** [激務·劇務] 격무¶ ~に耐える 격무를 견디다 / ~に追われる 격무에 쫓기다

**げきめつ** [撃滅] 名 他スル 격멸¶ 敵軍を~する 적군을 격멸하다

**げきやく** [劇薬] 극약

**けぎらい** [毛嫌い] 名 他スル 까닭 없이 (괜히) 싫어함¶ 外国人を~する 외국인을 까닭 없이 싫어하다

**げきりゅう** [激流] 격류¶ 時代の~にのまれる 시대의 격류에 휩쓸리다

**げきりょ** [逆旅] 文 역려, 여관

**げきりん** [逆鱗] 文 역린, 천자(天子)·손윗사람의 노여움
慣用句
──に触れる 천자·윗사람의 노여움을 사다

**げきれい** [激励] 名 他スル 격려¶ 叱咤~ 질타 격려 / 選手たちを~する 선수들을 격려하다

**げきれつ** [激烈·劇烈] 名 ナ 격렬, 극렬¶ ~な戦い 격렬한 싸움

**げきろう** [激浪] 文 격랑, 거센 물결, 놀¶ ~に揉まれる 격랑에 휩쓸리다

**げきろん** [激論] 名 自スル 격론¶ ~を戦わせる 격론을 벌이다

**げくう** [外宮] (伊勢神宮의 하나인) 「豊受大神宮」의 딴이름 ⇔ 内宮

**げげ** [下下] 名 ①신분이 낮은 사람들, 천민 = しもじも ②가장 떨어짐, 하치¶ ~の下 だ 하치 중에서도 가장 하치다

**けげん** [化現] 名 自スル 文 화현(化身), 신불이 모습을 바꾸어 이 세상에 나타남

**けげん** [怪訝] ナ 의아해함¶ ~な顔をする 의아해 하는 얼굴을 하다

**けこ** [毛蚕] 農 알에서 갓 깬 누에, 개미누에, 털누에, 의잠

**げこ** [下戸] 술을 못마시는 사람 ⇔ 上戸

**げこう** [下向] 名 自スル 文 하향 ①서울에서 시골로 내려감 ②신불을 참배하고 돌아감

**げこう** [下校] 名 自スル 하교, 하학 ⇔ 登校¶ ~時刻 하교 시각

**げこく** [下刻] (옛날에) 一刻(약 2시간)을 셋으로 나눈 마지막 시각

**げごく** [下獄] 名 自スル 하옥, 감옥에 들어감

**げこくじょう** [下剋上·下克上] 하극상¶ ~の風潮 하극상의 풍조

**けこみ** [蹴込(み)] ①建 계단의 디딤판과 디딤판 사이의 수직 부분 ②(일본식 현관의) 마루와 현관 바닥과의 수직 부분 ③(인력거에서) 손님이 발을 올려놓는 곳

**けこ·む** [蹴込む] Ⅰ 他五 차 넣다¶ ボールをゴールに~ 공을 골에 차 넣다 Ⅱ 自五 (장사에서) 본전을 까먹다

**けごん** [華厳] 佛 화엄¶ 「華厳経·華厳宗」의 준말 ─経 佛 화엄경 ─宗 佛 화엄종

**げこん** [下根] 佛 하근, 불도를 수행할 힘이 부족한 사람 ⇔ 上根

**けさ** [今朝] 오늘 아침¶ ~から熱がある 오늘 아침부터 열이 있다 ─方 오늘 아침 무렵

**けさ** [袈裟] 가사, 승복¶ ─懸け ①(가사를 걸치듯이) 물건을 한쪽에서 반대쪽으로 비스듬히 걸침 ② → けさぎり ─斬り (칼로) 어깨로부터 비스듬히 내려 벰

**げざ** [下座] Ⅰ 名 自スル 자리에서 내려와 납작 엎드려 절함, 그런 절 Ⅱ 名 ①하좌, 말석 = しもざ ②歌 (극장 등에서) 반주자들의 자리, 그곳에서 연주되는 음악 ③佛 사미승

**げざい** [下剤] 薬 하제, 설사하게 하는 약 = 下し薬¶ ~をかける 하제를 쓰다

**げさく** [下作] 文 Ⅰ 名 보잘것없는 작품, 졸작 ⇔ 上作 Ⅱ 名 ナ 품위가 없음, 천함

**げさく** [下策] 名 하책, 졸책 ⇔ 上策

**げさく** [戯作] ①희작, 장난삼아 지은 글 ②文 江戸 후기의 통속 소설의 총칭 ─者 희작자, (특히 江戸 후기의) 통속 소설 작가

**げざん** [下山] 名 自スル 하산 ①산을 내려옴 ⇔ 登山¶ 無事に~する 무사히 하산하다 ②절에서 수행을 마치고 집으로 돌아옴

**けし** [罌粟·芥子] ①植 앵속, 양귀비 ②겨자씨 ─頭 けし坊主 ②모양의 머리 ─粒 ①양귀비씨 ②겨자씨 ③매우 작은 것 ─人形 아주 작은 목각 인형 ─坊主 ①양귀비 열매 ②머리털을 정수리만 남기고 그 둘레를 둥그렇게 민 아이들의 머리 모양

**げし** [下司] 하급 관리

**げし** [夏至] 天 하지 ⇔ 冬至¶ ~点 하지점

**げじ** [〈蚰蜒〉] [動] 그리마= げじげじ
**けしいん** [消印] 소인¶〜を押す 소인을 찍다
**けしか・ける** [°嗾ける] [他][下一] 부추기다 ①(동물을) 부추겨 덤벼들게 하다¶犬を〜 개를 부추겨 덤벼들게 하다 ②(사람을) 선동하다, 꼬드기다¶けんかをしろと〜 싸움을 하라고 부추기다
**けしガラス** [消(し)ガラス] 젖빛 유리= 摩りガラス▷ 「消し硝子」로도 씀
**けしからぬ** [連語] 괘씸하다, 발칙하다, 무례하다, 무엄하다= けしからん ¶〜男だ 괘씸한 사나이/〜振る舞い 발칙한 짓
**けしき** [気色] 기색 ①(겉으로 나타난) 표정, 태도¶ひるんだ〜もない 기죽은 기색도 없다 ②(일이 일어날 듯한) 조짐, 기미, 秋立つ〜 가을로 들어선 기미 **ーばむ** [自][五] 성난 기색을 드러내다, 노기를 띠다
**けしき** [景色] 경치, 풍경¶ 田舎の〜 시골 풍경/〜がよい 경치가 좋다
**げじき** [下直] [名][ダ] ①값이 쌈, 염가= 安価 ②가치가 없음 ⇔ 高直
**けしくち** [消(し)口] (화재시) 불을 끄기 시작하는 장소, 불길을 잡은 장소¶〜を取る (다른 소방관보다 먼저) 불을 끌 장소를 잡다
**げじげじ** [〈蚰蜒〉] ①「げじ」의 속칭 ②남들이 꺼리고 싫어하는 사람 **ー眉** 굵고 짙은 미운 눈썹
**けしゴム** [消(し)ゴム] 지우개= ゴム消し
**けしさ・る** [消(し)去る] [他][五][文] 지워 없애다¶過去を〜 과거를 지워 없애다
**けしずみ** [消(し)炭] 타다 만 장작을 꺼서 만든 숯, 뜬숯= おき
**けしつぼ** [消(し)壺] 숯불이나 장작불을 끄는 단지= 火消し壺
**けしと・ぶ** [消(し)飛ぶ] [自][五] (순식간에) 날려 없어지다, 날아가 버리다¶爆弾で橋が〜 폭탄으로 다리가 날아가 버리다
**けしと・める** [消(し)止める] [他][下一] ①(번지는) 불길을 잡다¶小火を〜 작은 불길을 잡다 ②(퍼지는 것을) 막다, 방지하다¶うわさの広がるのを〜 소문이 퍼지는 것을 막다
**けじめ** 구별, 구분¶公私の〜を分ける 공사의 구별을 짓다
**げしゃ** [下車] [名][自スル] 하차¶ 途中〜 도중 하차/〜前途無効 하차 전도 무효
**げしゅく** [下宿] [名][自スル] 하숙¶〜をさがす 하숙을 구하다
**けじゅす** [毛×繻子] 날실은 면사·씨실은 모사로 짠 매끈한 능직물
**げしゅにん** [下手人] 하수인
**げじゅん** [下旬] 하순 ⇔ 上旬·中旬
**げじょ** [下女] 하녀 ⇔ 下男
**けしょう** [化生] 화생 ①[佛] 초자연적으로 홀연히 생겨남 ②[佛] 화신 ③둔갑함, 도깨비, 요괴¶〜の者 도깨비
**けしょう** [化粧] [名][自他スル] ①화장¶厚〜 짙은 화장/〜を落とす 화장을 지우다 ②단장, 치장¶〜煉瓦 장식용 벽돌 **ー版** 화장판

대패로 민 널판 **ー紙** [相撲] 씨름꾼이 몸을 닦는 데 쓰는 반지(半紙) ②화장지, 화장할 때 쓰는 종이 **ー崩れ** 화장이 지워짐 **ー塩** [料] 생선구이를 할 때 모양이 흐트러지지 않도록 뿌리는 소금 **ー下** 기초 화장품= おしろいした **ー室** ①화장·몸단장을 하는 방 ②화장실, 변소 **ー水** 화장수 **ー石鹸** 화장비누 **ー立て** [相撲] ①호흡이 맞지 않아 다시 맞붙을 때 부정을 씻는 소금을 집으러 일어나는 일 ②정작 맞붙지는 않고 곧 붙을 듯이 일부러 엉거주춤 일어서 보이는 일 **ー裁ち** [服] 제본한 뒤의 마무리 도련= 仕上げ裁ち **ー直し** ①화장을 고침 ②건물·설비 등을 새로 단장함 **ー箱** ①화장 도구 상자 ②겉을 아름답게 꾸민 선물 상자 **ー品** 화장품 **ー回し** [相撲] (씨름꾼이 두르는) 아름답게 수놓은 앞치마 모양의 드림 **ー水** [相撲] 씨름꾼이 힘을 내기 위해 입에 머금는 물= 力水
**げじょう** [下乗] [名][自スル][文] ①(귀인에 대한 예로써) 탈것이나 말에서 내림 ②탈것이나 말을 탄 채 神社·절 등의 경내에 들어가는 것을 금함= 下馬
**げじょう** [下城] [名][自スル] 성에서 물러나 집으로 돌아감 ⇔ 登城
**けじらみ** [毛×虱] [動] 모슬, 사면발이
**けしん** [化身] 화신¶ 悪の〜 악의 화신
**げじん** [外陣] (神社·절의 본당 바깥쪽에 있는) 일반인이 배례하는 곳= がいじん
**け・す** [消す] [他][五] ①감추다, 보이지 않게 하다¶姿を〜 모습을 감추다 ②없애다, 제거하다, 지우다¶毒を〜 독을 제거하다/記憶を〜 기억을 지우다 ③(소문 등을) 없애다¶うわさの根'を〜 소문의 근원을 없애다 ④(시간을) 낭비하다¶ 途中で時間を〜 도중에서 시간을 낭비하다 ⑤(불·기구 등을) 끄다¶電気を〜 전기를 끄다/ガスを〜 가스를 끄다 ⑥[俗] (사람을) 죽이다, 없애다¶邪魔者は〜·せ 방해자는 없애라
**げす** [助動] (형용사 連用形에 붙거나 체언·形容動詞 어간+「で」〜」의 꼴로) ①…이옵니다¶お国はどちらで〜ござるか/わたしは江戸っ子で〜 나는 동경 토박이이옵니다 ②《未然形에 추측의 조동사「う」가 붙은「げしょう」의 말 끝을 올려 써서》…이시지요¶いやでげしょう? 싫으시지요
**げす** [下種·下衆·下司] Ⅰ [名] 미천한 사람, 상놈 Ⅱ [名][ダ] (성품이) 상스러움, 비열함, 그런 사람¶〜なことば 상스러운 말 **ー張る** [自][五] 비열한 근성을 드러내다
[慣用句]
**ーの勘ぐり** 비열한 사람은 곧잘 넘겨짚고 공연한 억측을 함
**ーの知恵は後から** 어리석은 사람은 일이 끝난 다음에야 좋은 생각이 떠오른다
**げすい** [下水] ①하수, 수챗물¶〜管 하수관 ②하수도 **ー道** 하수도
**けすじ** [毛筋] ①머리카락 ②빗질한 자국¶〜の通った髪 곱게 빗은 머리 ③극히 작음,

けずね

털끝만함¶ ～ほどの不正もない 털끝만큼의 부정도 없다
けずね [毛脛·毛臑] 털이 많은 정강이¶ ～を出す 털이 난 정강이를 드러내다
けずりぶし [削り節] 얇게 깎은 가다랑이포
けず·る [削る] 他五 ①깎다, 깎아내다¶ 鉛筆を～ 연필을 깎다 ②삭제하다¶ 長文を～ 장문을 삭제하다 ③삭감하다¶ 予算を～ 예산을 삭감하다
けず·る [梳る] 他五 (文) (빗으로) 빗다=くしけずる 髪を～ 머리를 빗다
げ·せる [解せる] 自下一 (口) 이해할 수 있다, 알 수 있다¶ どうにも～·せない 도저히 이해할 수 없다 ▷「解す」의 가능 동사
げせわ [下世話] 항간에서 흔히 쓰는 말, 속된 말, 속설¶ ～にも花より団子というとおり 흔히들 꽃보다 경단(허울보다 실속)이라고 하듯이
げせん [下船] 名 自スル 하선 ⇔ 乗船¶ 乗込員の～をさせる 승무원을 하선시키다
げせん [下賤] 名 ダ 하천, 미천함¶ ～の者の 미천한 자
げそ (俗) 오징어 다리 ▷ 초밥집에서 쓰는 말
げそう [懸想] (이성을) 사모함, 연모함 ▷ 에스러운 말 一文 연애 편지, 연문
げそう [外相] (佛) 겉으로 나타나는 언행, 외견상의 모습, 외면
げそく [下足] ①벗어놓은 신¶ 「下足番」의 준말 一番 신발을 지키는 사람, 신발지기
けぞめ [毛染め] 머리 염색, 머리 염색약
けた [*桁] ①[建] 도리 ②(다리의) 횡목 ③(주판의) 뀀대 ④(숫자의) 자릿수 ⑤규모, 수준, 틀, 격¶ 人物の～がずっと大きい 인물의 틀이 훨씬 크다 ⑥옆, 곁
慣用句
一が違う ①(수의) 자릿수가 틀리다 ②차원이 다르다, 현격한 차이가 있다¶ 同じ金持ちでも～ 같은 부자라도 차원이 다르다
げた [下駄] ①왜나막신 ②(양·내용 등을) 불림 ④版 =모양의 복자(伏字)=ふせじ 一履き 나막신을 신고 있음, 나막신에 어울리는 편한 차림임¶ ～で行ける店 나막신 차림으로 갈 수 있는 가게 一履き住宅 상가 주택 一箱 신발장
慣用句
一を預ける (남에게) 일임하다
一を履かせる 실제보다 크게[좋게] 보이게 하다
けたい [*懈怠] 名 自スル (文) 해태, 나태, 게으름¶ ～の心 나태한 마음
げだい [外題] ①(책의) 표제 ②(歌舞伎나·浄瑠璃 등의) 제목
けたお·す [*蹴倒す] 他五 ①차서 쓰러뜨리다¶ 椅子を～ 의자를 차서 쓰러뜨리다 ②(빚 등을) 떼어먹다=ふみたおす 借金を～ 빚을 떼어먹다
けだか·い [気高い] 形 고상하다, 품위가 있다¶ ～心 고상한 마음

けたぐり [*蹴手繰り] [相撲] 맞붙는 순간 상대방의 발을 차면서 어깨 쪽을 끌어당겨 쓰러뜨리는 기술
けたけた 副 (口) 야릇하게 또는 경박하게 웃는 모양, 낄낄, 히히
げたげた 副 (口) 큰소리로 상스럽게 또는 바보처럼 웃는 모양, 헤헤, 히히
けだし [*蹴出し] 腰巻 위에 겹쳐 입는 일본 여자옷=すそよけ
けだし [*蓋し] 副 (文) 생각컨대, 확실히, 아마¶ ～名言である 확실히 명언이다
けだ·す [*蹴出す] 他五 ①차내다 ②(절약하여) 예산을 남기다
けたたまし·い 形 (갑자기 크고 날카로운 소리가 나서) 요란하다, 소란스럽다¶ ～サイレンの音 요란한 사이렌 소리
けたちがい [桁違い] Ⅰ 名 (숫자의) 자릿수가 틀림 Ⅱ ダ (가치·정도의) 차이가 엄청남, 차원이 다름¶ ～の力量 월등한 역량
げだつ [解脱] 名 自スル (佛) 해탈¶ ～の境地 해탈의 경지
けた·てる [蹴立てる] 他下一 ①(힘차게 나아가며 흙먼지·물보라 등을) 일으키다¶ 埃を～·てて疾走する 먼지를 일으키며 질주하다 ②(마구 차서) 몰아내다, 쫓아내다 ③(자리를) 박차다¶ 席を～·てて去る 자리를 박차고 가버리다
けたはずれ [*桁外れ] ダ (표준과의) 차이가 엄청남, 월등함=なみはずれ¶ ～な安値 월등히 싼 값 / ～に大きい 엄청나게 크다
けだま [毛玉] (직물 등의) 보풀이 뭉쳐 덩어리진 것
けだもの [*獣] ①짐승=けもの ②인간미가 없는 잔인한 사람을 욕하여 하는 말¶ この～め 이 짐승 같은 놈
けたゆき [*桁行き] [建] 도리 칸수¶ ～四間, 梁間三間 도리 칸수 4칸에 들보 칸수 3칸
けだる·い [気怠い] 形 나른하다, 께느른하다¶ ～気分 나른한 기분
げだん [下段] 하단 ①아랫단 ⇔ 上段 ②(검도·창술에서) 아래로 겨누는 자세¶ 刀を～に構える 칼을 하단으로 겨두다
けち Ⅰ 名 ダ 인색함, 쩨쩨함, 그런 사람¶ ～な老人 인색한 노인 Ⅱ ダ ①마음이 좁음, 옹졸함¶ ～な了見 옹졸한 생각 ②초라함, 보잘것없음, 하찮음¶ ～な花しかない 보잘것없는 꽃밖에 없다 Ⅲ 名 ①조짐이 나쁨, 불길, 마(魔), 탈 ②트집
慣用句
一が付く 마가 끼다
一を付ける ①트집을 잡다, 탈을 잡다 ②재수 없는 언동을 하다
けちえん [*結縁] 결연, 불도와 인연을 맺음
けちが·える [*蹴違える] 他下一 ①잘못 차다, 방향이 틀리게 차다 ②차다가 근육이 삐끗하다
けちがん [*結願] 名 自スル (佛) 결원, (법회·불공 등의) 날수가 참, 만원(滿願)

**けちくさ・い** [けち臭い] 形 ①인색하다, 다랍다, 쩨쩨하다¶ 支払いに~ 지불에 인색하다 ②(소견이) 좁다, 옹졸하다¶ ~考え 좁은 생각/ ~態度を 옹졸한 태도 ③보잘것없다, 초라하다¶ ~家 초라한 집

**けちけち** 副 自スル 인색하게, 쩨쩨하게, 다랍게¶ ~と金をためる 다랍게 돈을 모으다/ 그렇게 ~するな 그렇게 쩨쩨하게 굴지 말아라

**けちみゃく** [血脈] 佛 혈맥, 법맥, 스승이 제자에게 전수하는 법통, 그것을 기록한 계보

**けちょんけちょんに** 副 (口) 호되게 몰아세우는 모양, 호되게 당해서 기운이 사그라진 모양 =散々に.こてんこてんに ¶ ~けなす 호되게 깎아내리다/ ~なる (호되게 당해서) 녹초가 되다

**けちら・す** [×蹴散らかす] 他五 「蹴散らす」의 힘줌말

**けちら・す** [×蹴散らす] 他五 ①차서 흩뜨리다 ②쫓아버리다, 쫓아 흩뜨리다¶ 群がる敵を~ 모여드는 적을 쫓아버리다

**けち・る** 他五 俗 다랍게 굴다, 인색하게 굴다¶ 交際費を~ 교제비를 다랍게 아끼다

**けちんぼう** [けちん坊] (口) 구두쇠, 노랭이

**けつ** [欠] [缺] 音 ケツ・ケン 訓 かける・かく (음)결 (造語) ①부족하다, 빠지다, 없다¶ 欠勤けっきん 결근・欠礼れい 결례・不可欠ふかけつ 불가결 ▷「欠」는 본디「缺」와는 다른 글자였음; 闕けつ와 같음. 黙字訓 欠伸あくび 하품 Ⅱ 부족함, 부족한 것¶ ~を補おぎなう 부족함을 보충하다

**けつ** [穴] 音 ケツ 訓 あな (음)혈. Ⅰ (造語) ①땅이 폭 패인 곳, 구멍, 굴¶ 洞穴どうけつ 동혈・墓穴ぼけつ 묘혈 ②(漢) 혈¶ 灸穴きゅうけつ 구혈 Ⅱ 俗 ①엉덩이¶ ~を持も上あげる 일어나다 ②꼴찌, 맨 끝¶ ~から数かぞえる 꼴찌에서부터 세다
〖慣用句〗
—を捲まくる (궁지에 몰려) 갑자기 태도를 바꾸어 협박조로 나오다

**けつ** [血] 音 ケツ・ケチ 訓 ち (음)혈 (造語) ①피¶ 血圧けつあつ 혈압・出血しゅっけつ 출혈 ②혈연¶ 血縁けつえん 혈연・血統けっとう 혈통 ③심하다, 격심하다¶ 血気けっき 혈기・血戦ばっせん 혈전

**けつ** [決] 音 ケツ 訓 きめる・きまる (음)결. Ⅰ (造語) ①둑을 무너뜨리다, 결렬되다¶ 決壊けっかい 결괴・決裂けつれつ 결렬 ②결정하다, 결심하다, 결론을 내리다¶ 決心けっしん 결심・決断けつだん 결단 ③헤어지다, 이별하다¶ 決別けつべつ 결별 ④결단코, 결코¶ 決起けっき 궐기 ▷⑤은「訣けつ」의 대용자 Ⅱ (회의 등에서) 의결, 결정¶ ~に従したがう 결정에 따르다
〖慣用句〗
—を採る 가부를 정하다, 채결하다

**けつ** [×頁] 音 ケツ 訓 (음)혈. (造語) ①머리, 목덜미 ②(한자 부수의) 머리혈 ③암석의 하나¶ 頁岩けつがん 혈암・頁の페이지

**けつ** [×訣] 音 ケツ 訓 わかれる (음)결. (造語) ①헤어지다, 이별¶ 訣別けつべつ 결별・永訣えいけつ 영결 ②가장 중요한 것, 비결¶ 秘訣ひけつ 비결・要訣ようけつ 요결

**けつ** [結] 音 ケツ・ケチ 訓 むすぶ・ゆう・ゆわえる (음)결. (造語) ①(끈으로) 잇다, 맺다, 묶다, 묶이다¶ 結合けつごう 결합・結晶けっしょう 결정・連結れんけつ 연결 ②맺음, 마무리, 매듭짓기¶ 結局けっきょく 결국・結末けつまつ 결말・完結かんけつ 완결 ③(한시에서) 결구¶ 起承転結きしょうてんけつ 기승전결

**けつ** [傑] 音 ケツ (음)걸. (造語) 뛰어나다, 뛰어난 인물¶ 傑作けっさく 걸작・傑出しゅつ 걸출・傑物ぶつ 걸물・豪傑ごうけつ 호걸

**けつ** [潔] [潔] 音 ケツ 訓 いさぎよい (음)결. (造語) 깨끗하다, 순결하다, 맑다¶ 潔白けっぱく 결백・純潔じゅんけつ 순결・清潔せいけつ 청결

**げつ** [月] 音 ゲツ・ガツ(グヮツ) 訓 つき (음)월. (造語) ①달¶ 月光げっこう 월광・風月ふうげつ 풍월・満月まんげつ 만월 ②(1년을 나눈) 월¶ 月給げっきゅう 월급・歳月さいげつ 세월・正月しょうがつ 정월 ③「月曜げつ・月曜日ようび」의 준말 ▷ 黙字訓 海月くらげ 해파리・月代さかやき 달 모양의 남자 머리 모양

**けつあつ** [血圧] 醫 혈압¶ ~計けい 혈압계/ ~が高たかい 혈압이 높다

**けつい** [決意] 名 자·타スル 결의, 결심¶ ~を新あらたにする 결의를 새로이 하다

**けついん** [欠員・闕員] 결원¶ ~補充ほじゅう 결원 보충/ ~が生しょうずる 결원이 생기다

**げつえい** [月影] 文 월영 ①달의 모습, 달그림자 ②달빛

**けつえき** [血液] 醫 혈액, 피¶ ~検査けんさ 혈액 검사 —型がた 혈액형 —銀行ぎんこう 혈액 은행

**けつえん** [血縁] 혈연, 혈족¶ ~関係かんけい 혈연 관계

**げつおう** [月央] 文 (거래 등에서) 한 달의 중간, 중순, 보름께

**けっか** [欠課] 名 自スル 文 결과, 수업에 결석함

**けっか** [決河] 名 文 강물이 범람하여 둑이 무너짐¶ ~の勢いきおい 맹렬한 기세

**けっか** [結果] 결과 Ⅰ 名 自スル 열매를 맺음, 결실 Ⅱ 名 ①어떤 원인으로 생긴 행위・사건의 최종 상태¶ 調査ちょうさの~をまとめる 조사 결과를 종합하다 ②(동사적인 連体修飾語를 받아) …의 영향으로, …으로 해서¶ 怠なまけた~落第らくだいした 게으름을 피운 결과 낙제했다 —的てき 결과적 —論ろん 결과론

**げっか** [月下] 文 월하 —美人びじん 植 월하 미인, 밤에 흰 꽃이 피는 선인장 —氷人ひょうじん 文 월하 빙인, 중매인・媒酌人ばいしゃく・仲人なこうど

**げきか** [激化] 名 自他スル → げきか(激化)

**けっかい** [血塊] 혈괴, 핏덩어리

**けっかい** [決壊・決潰] 名 自他スル 결괴, 결궤 (둑 등이) 터져 무너짐, 무너뜨림¶ 洪水こうずいで堤防ていぼうが~する 홍수로 제방이 결궤되다

**けっかい** [結界] 결계 ①佛 수행에 장애가 안 되도록 일정 구역을 정함, 그런 구역 ②佛 (불전에서) 중과 속인과의 자리를 구분하기 위해 세운 목책 ③(상점에서) 카운터의 경계로써 두는 격자

**けっかく** [欠格] 名 文 결격 ⇔ 適格てきかく¶ ~者しゃ 결격자/ ~事由じゆう 결격 사유

**けっかく** [結核] 醫 결핵, (특히) 폐결핵 —

げつがく

菌ぇ [菌] 결핵균
げつがく [月額] 월액¶ 授業料じゅぎょうりょうは~で支払はらう 수업료는 월액으로 지불한다
けっかふざ [結跏*趺*坐] [佛] 결가부좌
けっかん [欠陥] 결함¶ ~車 결함이 있는 자동차/ ~を補おぎなう 결함을 보완하다
けっかん [血管] [醫] 혈관. 핏줄
けつがん [*頁*岩] [地] 혈암; 이판암
げっかん [月刊] 월간¶ ~雑誌 월간 잡지
げっかん [月間] [名] 월간¶ ~販売数はんばいすう 월간 판매수/ 輸入拡大かくだい~ 수입 확대 월간
けっき [血気] 혈기¶ ~盛さかんな若者わかもの 혈기 왕성한 젊은이/ ~にかられる 혈기에 사로잡히다 —盛さかり 한창때, 혈기 왕성한 때
慣用句
—に逸はやる 혈기에 날뛰다, 무모하게 덤비다
—の勇ゆう 혈기지용. (앞뒤 생각지 않는) 무분별한 용기
けっき [決起・*蹶*起] [名] [自スル] 궐기¶ ~集会しゅうかいを開ひらく 궐기 집회를 열다
けつぎ [決議] [名] [他スル] 결의¶ 企業きぎょうの誘致ゆうちを~する 기업 유치를 결의하다
けっきゅう [血球] [醫] 혈구¶ 白はっ~ 백혈구
けっきゅう [結球] [名] [他スル] [農] 결구. (배추 등의) 겹겹이 겹쳐져서 속이 듦. 그렇게 된 속
げっきゅう [月給] 월급¶ ~日 월급날/ ~が上あがる 월급이 오르다 —取とり 월급쟁이
げっきゅうぎ [月球儀] [天] 월구의, 달 모형
げっきゅうでん [月宮殿] 월궁전. 월궁
けっきょ [穴居] [名] [自スル] 혈거¶ 古代人こだいんの~生活せいかつ 고대인의 혈거 생활
けっきょく [結局] 결국 I [名] ①(바둑에서) 종국, 대국을 마침 ②끝, 종말. 결말¶ 事件じけんの~ 사건의 결말 II [副] 끝내, 마침내¶ あれこれやってみたが, ~だめだった 이것저것 해 보았지만 결국 소용없었다
けっきん [欠勤] [名] [自スル] 결근 ⇔ 出勤しゅっきん¶ 無断だん~ 무단 결근/ ~届とどけ 결근계
げっきん [月琴] (중국에서 전래된) 월금
けっく [結句] I [名] [文] 결구 ①시가의 끝 구절 ②(한시에서) 절구(絶句)의 제4구 II [副] 결국, 끝내¶ ~得えをした 결국 덕을 보았다
げっけい [月桂] 월계 ①달에 있다는 계수나무 ②달, 달빛¶ 『月桂樹げっけいじゅ』의 준말 —冠かん 월계관 —樹じゅ [植] 월계수
げっけい [月経] 월경¶ ~痛つう 월경통
げっけい うんかく [月*卿*雲客] 고관대작들
けっけい もじ [*楔*形文字] → せっけいもじ
げっけん [擊劍] 격검. 검도, 검술¶ ~術じゅつ 격검술, 검술
けつご [結語] 결어. 맺음말
けっこう [欠航] [名] [スル] 결항¶ 台風たいふうのために~する 태풍으로 결항하다
けっこう [欠講] 결강. 휴강
けっこう [血行] 혈행. 혈액 순환¶ ~がよくなる 혈액 순환이 좋아지다
けっこう [決行] [名] [他スル] 결행. 단행¶ 計画けいかくは雨天うてんでも~する 계획은 우천이라도 결행한다

けっこう [結構] I [名] 결구, 짜임새, 구조¶ 建物たてものの~ 건물의 구조/ 物語ものがたりの~ 이야기의 짜임새 II [ダ] ①훌륭함, 좋음¶ 大変たいへんだ 매우 훌륭하다/ ~なものを頂いただきまして 훌륭한 것을 주셔서 ②나무랄 데 없음, 만족스러움, 다행임¶ ~な人柄ひとがら 나무랄 데 없는 인품/ お元気げんきで~です 건강하시니 다행이군요 ③(정중히 사양하는 뜻으로) 이제 됐음, 충분함¶ お酒さけはもう~です 술은 이젠 됐습니다 III [副] 그런대로, 제법 —尽くめ [名] 좋은 일뿐임, 온통 좋기만 함
けつごう [欠号] 결호. 차례로 갖추어진 잡지 등에서 어떤 호(號)가 빠짐, 그런 호
けつごう [結合] [名] [他スル] 결합¶ 分子ぶんしが~する 분자가 결합하다 —組織そしき [醫] 결합 조직. 결체 조직.
げっこう [月光] 월광. 달빛¶ ~を浴あびる 달빛을 받다
げっこう [激高・激*昂*] [名] [自スル] 격앙. 격분¶ 彼かれの態度たいどに~する 그의 태도에 격앙하다
けっこん [血痕] 혈흔. 핏자국¶ ~が残のこる 혈흔이 남다
けっこん [結婚] [名] [自スル] 결혼¶ ~適齢期てきれいき 결혼 적령기/ お見合みあい~する 중매로 결혼하다 —記念日きねんび 결혼 기념일 —式しき 결혼식
けっさい [決済] [名] [他スル] 결제¶ ~日び 결제일/ 現金げんきんで~する 현금으로 결제하다
けっさい [決裁] [名] [他スル] 결재¶ ~を仰あおぐ 결재를 바라다 —権けん 결재권
けっさい [潔斎] [名] [自スル] 결재. 목욕 재계¶ 精進しょうじん~ 정진 결재
けっさく [傑作] I [名] [文] 명작¶ 一代いちだいの~ 일대의 걸작 II [ダ] (俗) 별나고 우스꽝스러움¶ ~な格好かっこう 별나고 우스꽝스러운 모습
けつさつ [結紮] [名] [他スル] 결찰. (혈관·장 등을) 잡아 맴
けっさん [決算] [名] [他スル] 결산¶ 上半期かみはんきの~報告ほうこく 상반기 결산 보고 —承認銀行しょうにんぎんこう 결산 승인 은행 —審議しんぎ 결산 심의
げっさん [月産] 월산. 월생산량¶ ~二万台にまんだい 월산 2만대
けっし [決死] [名] 결사¶ ~隊たい 결사대
けつじつ [傑物] [名] 결사. 뛰어난 인물, 걸물
けつじ [欠字・*闕*字] ①결자. 탈자 ②궐자. (문장 중에서) 天皇てんのう·귀인의 이름 앞에 경의를 표하는 뜻에서 한두 자 간격을 남겨 두던 식
げつじ [月次] [名] [文] 월차¶ ~每まい달, 월례/ ~計画けいかく 월차 계획 ②[天] 하늘에서의 달의 위치
けっしきそ [血色素] [醫] 혈색소. 헤모글로빈
けつじつ [結実] [名] [自スル] [文] 결실 ①열매를 맺음¶ ~の季節きせつ 결실의 계절 ②성과가 나타남¶ 多年たねんの努力どりょくが~する 다년간의 노력이 결실을 맺다
けっして [決して] [副] 결코, 절대로¶ ~遅おそくない 결코 늦지 않다/ ~言いうな 절대로 말하지 말아라

けっしゃ [結社] 결사¶秘密ひみつ~ 비밀 결사
げっしゃ [月謝] 월사금. 수업료
けっしゅ [血×腫] 【醫】 혈종
けっしゅう [結集] 名他スル 결집¶総力りょくを~する 총력을 결집하다
けつじゅう [結集] 【佛】 결집. 석가의 설법·언행 등을 모아 편찬한 일 = けちじゅう
げっしゅう [月収] 월수. 월수입¶~十万円えんまん 월수 10만 엔
けっしゅつ [傑出] 名自スル 걸출. 출중함¶~した人物じん 걸출한 인물
けっしょ [血書] 名他スル 혈서¶~をしたためる 혈서를 쓰다
けっしょ [×闕所] 【日史】 ①(중세 때) 幕府ばくふ나 영주 등이 영지를 몰수하던 일. 영주가 없는 장원(莊園) ②(江戸えど 시대에) 추방 이상의 형을 받은 자의 재산·재산을 몰수하던 형벌
けつじょ [欠如·×闕如] 名自スル 〈文〉 결여¶責任感かん の~ 책임감의 결여
けつじょ [欠除·×闕除] 名他スル 제거함. 삭제함
けっしょう [血×漿] 【醫】 혈장 —交換かん 【醫】 혈장 교환
けっしょう [決勝] 결승¶準じゅん~ 준결승/ ~線せん 결승선 —戦せん 결승전 —点てん ①(경주 등에서) 골인 지점¶~に飛び込こむ 결승점에 뛰어들다 ②승리를 결정짓는 득점¶終了りょう寸前なんに~を入いれる 종료 직전에 결승점을 넣다
けっしょう [結晶] 名自スル 결정 ①化 원자 배열이 규칙적으로 이루어진 고체¶塩しおの~ 소금의 결정 ②(고심·노력 등의) 결실¶努力りょくの~ 노력의 결정/ 汗あせの~ 땀의 결실 —水すい 化 결정수 —片岩へんがん 地 결정 편암
けつじょう [欠場] 名自スル 결장. (경기 등에) 나가지 않음¶けがのために試合あいに~する 부상으로 시합에 결장하다
けっしょう [×楔状] 〈文〉 설상. 쐐기 모양. 그런 것 —文字もじ 설상 문자. 설형 문자
けっしょうばん [血小板] 【醫】 혈소판
けっしょく [欠食] 名自スル 결식¶~児童どう 결식 아동
けっしょく [血色] 혈색 ①얼굴빛¶~がいい 혈색이 좋다 ②핏빛
げっしょく [月色] 〈文〉 월색. 달빛
げっしょく [月食·月×蝕] 【天】 월식¶皆既かい~ 개기 월식
けっしん [決心] 名自スル 결심¶重大じゅう~ 중대 결심/ ~がつく 결심이 서다
けっしん [結審] 名自スル 【法】 결심¶年内ねんない~の予定 연내에 결심할 예정
けつじん [傑人] 〈文〉 걸인. 걸사. 걸물
けっ·する [決する] 自他 サ変 ①정해지다. 정하다. 결정하다¶来年ねん実施じっに~ 내년 실시로 정해지다/ 雌雄ゆうを~ 자웅을 결하다 ②둑이 터져 물이 흘러 나가다. 둑을 터서 물을 흘려 보내다
けっせい [血清] 【醫】 혈청¶~検査けん 혈청 검사 —肝炎かん 【醫】 혈청 간염 —療法ほう 【醫】

혈청 요법
けっせい [結成] 名他スル 결성¶チームを~する 팀을 결성하다
けっせい [血税] 혈세 ①고생을 해서 바치는 세금¶国民こくの~ 국민의 혈세 ②병역 의무
げっせかい [月世界] 월세계. 달나라 = 月界げっかい¶~旅行りょ 달나라 여행
けっせき [欠席·×闕席] 名自スル 결석. 궐석¶会合かいごうに~する 회합에 결석하다 —裁判さいばん 궐석 재판 —判決はんけつ 궐석 판결
けっせき [結石] 【醫】 결석¶腎臓じんの~ 신장 결석
けっせつ [結節] 결절 ①맺혀서 마디가 됨. 그런 마디 ②【醫】 피부에 콩알만하게 돋은 발진
けっせん [血栓] 혈전¶脳のう~ 뇌혈전
けっせん [血戦] 名自スル 혈전. 격렬하게 싸움
けっせん [決戦] 名自スル 결전¶~を挑いどむ 결전을 청하다
けっせん [決選] 「決定選挙けってい」의 준말. 결선 —投票とう 【政】 결선 투표
けつぜん [決然] 副〈文〉 결연. 단호함¶~たる態度 결연한 태도
けつぜん [×蹶然] 副〈文〉 궐연 ①벌떡 일어서는 모양¶갑자기 일을 시작하는 모양¶~として兵へいをあげる 궐연히 군사를 일으키다
けっそう [血相] 《「~が変かわる·~を変える」의 꼴로》 안색. 낯빛¶~を変えて飛び出だす 안색을 바꾸고 뛰어나가다
けっそう [傑僧] 〈文〉 걸승. 뛰어난 승려
けっそく [結束] 名自他スル 결속 ①묶어 맴. 그런 묶음¶わらを~する 볏짚을 묶다 ②단결함¶~を固かためる 결속을 굳히다
けつぞく [血族] 혈족 —結婚こん 혈족 결혼
げっそり 副自スル ①~とこける 볼이 홀쪽해지다 ②(口) 갑자기 맥이 빠지는 모양¶試合あいに負まけて~する 경기에 져서 맥이 푹 빠지다
けっそん [欠損] 名自スル 결손 Ⅰ 빠져서 일부가 없음¶~家庭かてい 결손 가정 Ⅱ 名 계산상의 손실. 적자¶~を埋うめる 결손을 메우다
けったい ナ〈俗〉〈方〉 기묘함. 괴상함. 이상야릇함¶~な男おとこ 괴상한 사나이
けったい [結滞] 〈醫〉 결체. (병이나 과로로) 맥박이 흐트러짐
けったん [血×痰] 혈담
けつだん [決断] 名他スル 결단¶~を下くだす 결단을 내리다/ ~を迫せまる 결단을 다그치다
けつだん [結団] 名自他スル 결단¶解団だん~式 결단식
げつたん [月×旦] 〈文〉 월단 ①매달 초하룻날 = ついたち ②「月旦評げつたんひょう」의 준말 —評ひょう 월단평. 인물평
けっちゃく [決着·結着] 名自スル 결착. 결말이 남. 매듭을 지음. 낙착됨¶~をつける 결말을 짓다/ 交渉しょうが~する 교섭이 매듭지어지다
けっちょう [結腸] 【醫】 결장
けっちん [血沈] 【醫】 「赤血球せっきゅう沈降速度ちんこう」의

의 준말. 혈침. 적혈구 침강 속도
**ゲッツー** [일 get two] [野] 병살. 더블 플레이
**けってい** [決定] [名][他スル] 결정 ¶ ～権 결정권/ 取り～する 날짜를 결정하다 ―的 결정적 ―的瞬間 결정적인 순간 ―版 결정판 ①수정이 필요없는 정확한 출판물 ②[比] (같은 종류 중에서) 가장 좋은 물건 ―論 결정론
**けってん** [欠点] [名] 결점, 단점, 흠 = 短所 ¶ ～を補う 결점을 보완하다 ②(학교 성적에서) 낙제점 ¶ ～をとる 낙제점을 받다
**けっとう** [血統] 혈통 = 血筋 ¶ ～が絶える 혈통이 끊기다 ―書 (가축의) 혈통
**けっとう** [血糖] [醫] 혈당 ¶ ～値 혈당치
**けっとう** [決闘] [名][自スル] 결투 ¶ ～を申し込む 결투를 신청하다 ―状 결투장
**けっとう** [結党] [名][自スル] 결당. 정당·당파를 결성함 ⇔ 解党 ¶ ～大会 결당 대회
**ゲットー** [ghetto] 게토 ①(나치 독일의) 유태인 강제 수용소 ②(중세 이후 유럽의) 유태인 지정 거주 지역 ③(미국의) 빈민 거주 지역
**けつにく** [血肉] 혈육 ①피와 살, 육신 ② 골육, 피붙이 ¶ ～の争い 골육상쟁
**けつにょう** [血尿] [醫] 혈뇨
**けっぱい** [欠配] [名][自他スル] 배급·급료 등이 나오지 않음 ¶ 給料が～する 급료가 나오지 않다
**けっぱく** [潔白] [名][ダ] 결백 ¶ 清廉～ 청렴결백/ 身の～を証明する 스스로의 결백을 증명하다
**けっぱつ** [結髮] [名][自スル] 결발 ①머리를 묶음, 묶은 머리 ②원복(元服), 관례(冠禮)
**けっぱん** [血判] [名][自スル] 혈판, 단지(斷指)하여 그 피로 손도장을 찍음, 그런 손도장 ―状 혈판장
**けつばん** [欠番] 결번 ¶ 背号三番を永久に～とする 등번호 3을 영구 결번으로 하다
**けつび** [結尾] 결미. 결말, 끝 ¶ 文章の～ 문장의 결미
**けつびょう** [結氷] [名][自スル] [文] 결빙 ¶ 湖が～する 호수가 결빙하다
**げっぴょう** [月表] 월표. 다달이 기록하는 표 ¶ 作業～ 작업 월표
**げっぴょう** [月評] 월평 ¶ 小説の～ 소설의 월평
**げっぷ** 트림 = おくび ¶ ～が出る 트림이 나오다
**げっぷ** [月賦] 월부 ①매달 할당함 ¶ ～で払う 월부로 지불하다 ② 「月賦払い·月賦販売」의 준말 ―販売 월부불, 월부, 할부 = げっぷ 월부 판매
**けつぶつ** [傑物] [文] 걸물. 뛰어난 인물
**けっぷん** [血粉] [農] 혈분. 동물의 피를 말려서 굳힌 비료
**けつぶん** [欠文·闕文] [文] 궐문. 글자·글귀가 빠진 문장, 그 빠진 부분
**けっぺい** [血餅] [醫] 혈병. 응고된 피
**げっぺい** [月餅] 월병. 중국 과자의 하나
**けっぺき** [潔癖] [名][ダ] 결벽 ①불결을 극도로 싫어함, 그런 성격 ¶ ～で, 何度も手を洗う 결벽하여 몇 번이고 손을 씻다 ②부정 등을 극도로 미워함, 그런 성격 ¶ 金銭関係に～な人 금전 관계에 결벽한 사람
**けつべつ** [決別·訣別] [名][自スル] 결별 ¶ ～の辞 결별사/ 青春との～ 청춘과의 결별
**けつべん** [血便] [醫] 혈변. 피똥
**けつぼう** [欠乏·闕乏] [名][自スル] 결핍, 부족함 ¶ 食糧～ 식량의 결핍
**げっぽう** [月俸] 월봉. 월급 = 月給
**げっぽう** [月報] 월보 ①월례 보고(서) ②[版] 다달이 내는 인쇄물 ¶ 文壇～ 문단 월보
**けつぼん** [欠本·闕本] 결본. 결본, 낙질
**けつまく** [結膜] [醫] 결막 ¶ ～炎 결막염
**けつまず·く** [蹴躓く] [自五] [口] 「つまずく」의 힘줌말
**けつまつ** [結末] 결말 ¶ 事件の～ 사건의 결말/ ～をつける 결말을 짓다
**げつまつ** [月末] 월말 ¶ ～締め 월말 합계
**けつみゃく** [血脈] 혈맥 ①혈관 ②혈통 = 血筋 ¶ ～が絶える 혈통이 끊기다
**けづめ** [蹴爪·距] [動] 며느리발톱
**けつめい** [血盟] [名][自スル] [文] 혈맹 ¶ ～の間柄 혈맹을 맺은 사이
**けつめい** [結盟] [名][自スル] [文] 결맹, 동맹을 맺음
**げつめい** [月明] [文] 월명. 달이 밝음, 밝은 달빛 ¶ ～の夜 달 밝은 밤
**げつめん** [月面] 월면. 달 표면 ¶ ～図 월면도/ ～に着陸する 달 표면에 착륙
**けつゆうびょう** [血友病] [醫] 혈우병
**げつよ** [月余] [文] 월여. 한 달 남짓
**げつよう** [月曜] 월요. 월요일 ¶ ～病 월요병
**げつらい** [月来] [文] 월래. 수개월 이래
**けつらく** [欠落] [名][自スル] 결락, 결여, 결핍, 누락 ¶ 社会性の～ 사회성의 결여
**げつり** [月利] 월리 ¶ ～三分 월리 3푼
**げつりん** [月輪] [文] 달의 딴이름. 월륜
**けつるい** [血淚] 혈루. 피눈물 ¶ ～を絞る 피눈물을 흘리다
**けつれい** [欠礼·闕礼] [名][自スル] 결례 ¶ 喪中につき年賀状～致します 상중이므로 새해 인사를 결례합니다
**げつれい** [月例] [名] 월례 ¶ ～会 월례회
**げつれい** [月齢] 월령 ①[天] 초승달인 때를 0으로 하여 셈한 일수 ②(갓난아기의) 개월수
**けつれつ** [決裂] [名][自スル] 결렬 ¶ 交渉が～する 교섭이 결렬되다
**けつろ** [血路] 혈로 ①포위를 뚫고 달아나는 길 ②활로 ¶ ～を求める 활로를 찾다
[慣用句]
―を開く 혈로를 열다, 활로를 트다
**けつろ** [結露] [名][自スル] [氣] 결로 ¶ ～現象 결로 현상
**けつろう** [欠漏·闕漏] [文] 결루, 누락, 빠짐
**けつろん** [結論] [名][自スル] 결론 ①최종적으로 내려진 의견·판단 ¶ ～に達する 결론에 도달하다 ②[論] 귀결
**げて もの** [下手物] [口] ①조잡한 물건 ⇔ 上手

物(ぶつ) ②별난[색다른] 것 ¶ ~趣味(しゅみ) 색다른 취미 **—食(く)い** ①색다른 것을 좋아함, 그런 사람 ②(보통 사람은 먹지 않는) 색다른 것을 먹음, 그런 사람= いかものぐい

げてん [外典] 외전. 불교 경전 이외의 책

げでん [下田] 하전. 메마른 하치 전답

けど 助 → けれど 助

けとう [毛唐] (俗) 코쟁이, 양놈

げどう [外道] ①외도, 불교 이외의 다른 종교, 그 신자 ②진리에 반하는 설, 그 주창자 ③사람에게 위해를 주는 것, 사악한 것 ④사악한 사람 ▶욕하는 말 ⑤(낚시에서) 낚고자 한 것과 다른 물고기

げどく [解毒] 名 自スル 醫 해독 ¶ ~剤(ざい) 해독제 / ~作用(さよう) 해독 작용

けとば・す [蹴飛ばす] 他五 ①내차다, 걷어차다, 냅다 차다 ¶ 石(いし)を~ 돌을 걷어차다 ②일축하다, 물리치다, 거절하다 ¶ 要求(ようきゅう)を~ 요구를 물리치다

けど・る [気取る] 他五 낌새를 채다, 눈치채다, 알아차리다 ¶ 相手(あいて)に~られる 상대방에게 눈치채이다 ▷ 흔히「気取(けど)られる」의 꼴로 씀

げな 終助 (전문(傳聞)·추측을 나타냄) …라더라, …한 모양이다 ¶ 昔(むかし)に死(し)んだ~ 벌써 훨씬 전에 죽었다더라

けなげ [健げ] ナ ①갸륵함, 기특함 ¶ ~な心(こころ)がけ 갸륵한 마음씨 ②(나이·체격에 비해) 다부짐, 다기참 ¶ ~な少年(しょうねん) 다부진 소년 ③건강함

けな・す [貶す] 他五 헐뜯다, 깎아내리다, 비방하다, 욕하다 ¶ 人(ひと)の作品(さくひん)を頭(あたま)から~ 남의 작품을 덮어놓고 깎아내리다

けなみ [毛並(み)] ①(동물의) 털의 결 ¶ ~が美(うつく)しい 털의 결이 곱다 ②(동물의) 종류, 성질 ¶ ~の変(か)わったもの 색다른 종류의 것 ③출신 성분 ¶ ~がいい 출신이 좋다

げなん [下男] 남자 하인, 머슴

けにん [家人] ①대대로 그 집을 섬겨온 사람 ②(江戸(えど) 시대) 将軍(しょうぐん) 직속의 하급 무사= ごけにん ③(律令制(りつりょうせい)에서) 천민

げにん [下人] ①신분이 낮은 사람 ②하인

けぬき [毛抜き] 족집게 **—合(あ)わせ** ①두 개를 딱 맞춤 ②(재봉에서) 안팎을 가지런히 맞추어 꿰맴 ③(版) (다색 인쇄에서) 색판을 겹치지 않게 맞춰 찍어내다

げねつ [解熱] 名 自他スル 醫 해열 ▷「下熱(げねつ)」라고도 씀 **—剤(ざい)** 薬 해열제

けねん [懸念] 名 他スル ①걱정, 염려, 불안 ¶ 情勢(じょうせい)の悪化(あっか)を~する 정세 악화를 걱정하다 ②(佛) 집념, 집착

けば [毛羽·毳] ①보풀, 괴깔 ②(지도에서) 등고선 등을 나타내는 선 **—立(だ)つ** 自五 보풀이 일다

げば [下馬] I 名 自スル 하마. (神社(じんじゃ)·절·귀인의 앞에서 경의를 표해) 말에서 내림= 下乗(げじょう) II 名 ①하등 말, 나쁜 말 ¶「下馬先(げばさき)」의 준말 **—先(さき)** (성문·절 앞 등의) 하마해야

할 곳 **—評(ひょう)** 하마평, 세평, 항간의 평판 ¶ ~に上(のぼ)る 하마평에 오르다

ゲバ (주로 학생 운동에서) 실력 행사 ¶ 内(ない)~ 내분(內紛) **—棒(ぼう)** 과격 학생들이 데모할 때 쓰는 각목·쇠파이프 등

けはい [気配] ①기색, 낌새, 기미, 기척, 분위기= けわい ¶ 人(ひと)の~を察(さっ)する 인기척을 살피다 ②(經) 시세, 경기

はえぐすり [毛生え薬] 발모제

けばけばし・い 形 요란스럽다, 현란하다 ¶ ~衣装(いしょう) 요란한 의상

けばたき [毛叩き] 깃털로 만든 먼지털이

けばり [毛鉤] 제물낚시= 蚊鉤(かばり)

けびいし [^検非違使] 史 平安(へいあん) 초기에 京都(きょうと)의 치안·재판 임무를 맡은 직책

けびょう [仮病] 꾀병 ¶ ~を使(つか)う 꾀병을 부리다

げ・びる [下卑る] 自上一 천해 보이다, 상스럽다 ¶ ~びた笑(わら)い 상스러운 웃음

げひん [下品] I ナ 품위가 없음, 천함, 상스러움 ¶ ~な話(はなし) 상스러운 이야기 II 名 (佛) 하품. 하등품, 하치 물건

けぶか・い [毛深い] 形 털(숱)이 많다 ¶ ~犬(いぬ) 털북숭이 개

けぶつ [化仏] (佛) ①화불. 부처의 화신 ②불상의 머리 부분·광배 등에 배치한 소형 불상

けぶり [気振り] 내색, 기색, 태도, 티 ¶ ~にも見(み)せない 내색도 하지 않다

けぶ・る [煙る·^烟る] 自五 ① → けむる

げほう [外法] (佛) 외법. 불법 이외의 교법 ⇔ 内法(ないほう) ②「福禄寿(ふくろくじゅ)」의 딴이름

げぼく [下僕] ①하인, 종복 ②자기의 겸사말

けほど [毛程] 連語 (흔히「~も…ない」의 꼴로) 아주 조금, 털끝만큼도 ¶ ~疑(うたが)わなかった 털끝만큼도 의심하지 않았다

けぼり [毛彫(り)] 美 모조. 털처럼 가는 선으로 무늬·글자를 새김, 그렇게 새긴 것

げぼん [下品] (佛) 극락 정토를 상·중·하로 나눈 최하위급 ¶ ~の 하등

けまり [^蹴鞠] 축국. (옛날에 귀족들의) 공차기 놀이, 그때 쓴 가죽공= しゅうきく

げまん [華鬘] (佛) 화만. 불당 안쪽의 난간 등에 거는 부채 모양의 장신구

けみ [毛見·^検見] 史 간평(看坪). (중세·근세에) 幕府(ばくふ)·영주가 관원을 시켜 벼의 작황을 조사하고 조세를 정하던 일= けんみ

けみ・する [閲する] 他サ変 (文) ①검열하다, 조사하다 ¶ 本(ほん)を~ 책을 조사하다 ②세월을 보내다, 경과하다 ¶ 歳月(さいげつ)を~ 세월을 보내다

けむ [^煙·^烟] (口) 연기= けむり ¶ ~になる 연기처럼 사라지다

慣用句

**—に巻(ま)く** (과장된 말을 하여) 현혹시키다

けむ・い [煙い] 形 (연기로) 맵다, 매캐하다= けぶい ¶ たき火(び)が~ 모닥불이 냅다

けむくじゃら 名 ナ 털이 잔뜩 남, 텁수룩함 ¶ ~の脚(あし) 털북숭이 다리

けむし [毛虫] ①動 모충. 털이 많은 벌레

けむたい

~まゆ 굵고 짙은 눈썹 ②(比) 남들이 싫어하는 사람¶ ~のようなやつ 버러지 같은 녀석
けむた·い【煙たい】[形] ① → けむい ②(가까이 하기) 거북하다, 어렵다 → けむたい·けぶたい ー存在ざぃ 거북한 존재
けむたが·る【煙たがる】[他五] ①내워하다, 매워하다 = けむがる ②거북해 하다, 어려워하다¶ 親おゃを~ 부모를 어려워하다
けむだし【煙出し】연기가 빠져 나가게 만든 창문이나 굴뚝 = けむりだし
けむり【煙·*烟】①연기¶ ~が立たちこめる 연기가 자욱하다 ②연기처럼 피어오르는 것¶ 湯ゅの~ 더운 김/ 土っちの~ 흙먼지/ 水みずの~ 물보라
慣用句
一になる ①타서 없어지다 ②(연기처럼) 사라지다 ③(죽어서) 화장되다
一を立たてる ①밥짓는 연기를 피우다 ②생활해 가다¶ ほそぼそと~ 근근이 생활해 가다
けむ·る【煙る·*烟る】[自五] ①(몹시) 연기가 나다, 연기가 자욱하다¶ 薪まきが~ 장작에서 연기가 나다 ②(文) 흐려 보이다, 부옇게 보이다¶ 雨あめに~街並まちなみ 비로 흐려 보이는 거리 ▷「けぶる」라고도 함
げめん【外面】[文] ①외면, 겉¶ ~を飾かざる 겉을 꾸미다 ②얼굴, 용모
慣用句
一如菩薩にょぼさつ内心如夜叉ないしんにょやしゃ 용모는 보살같이 온화하고 아름다우나 마음은 야차같이 잔인하다
けもの【獣】짐승 = けだもの
けものへん【獣偏】(한자 부수의) 개사슴록변 ▷「犯」「独」 등의 부수 부분
けものみち【獣道】(숲속에) 짐승이 다녀서 자연히 생긴 길
げや【下屋】[建] 본채에 잇대어 단 작은 지붕, 그 밑의 칸살, 달개, 의지간(依支間)
げや【下野】[名][自スル] 하야¶ 責任にんを取とって~する 책임을 지고 하야하다
けやき【*欅】[植] 느티나무
けやぶ·る【*蹴破る】[他五] ①차부수다¶ 扉とびらを~って侵入しんにゅうする 문짝을 차부수고 침입하다 ②쳐부수다, 격파하다¶ 敵てきを~ 적을 쳐부수다
けやり【毛*槍】깃털로 창칼 끝을 장식한 창
けら【*啄木鳥】딱따구리
けら【*螻蛄】[動] 땅강아지 = おけら
ゲラ[版] 게라 ①(활판 인쇄에서) 활자 조판을 담는 나무 상자 ②「ゲラ刷ずり」의 준말 一刷り[版] 교정쇄
けらい【家来】①주군을 섬기는 신하, 가신¶ ~として召めし抱かかえる 가신으로 들이다 ②종자, 하인, 부하¶ 社長しゃちょうの~ 사장의 부하
けらく【*快楽】쾌락 ①[佛] 번뇌를 초월한 무상의 기쁨 ②[文] → かいらく
げらく【下落】[名][自スル] 하락, (값·가치가) 떨어짐¶ 株かぶが~する 주식이 하락하다
けらくび【*螻蛄首】①창날의 목, 날과 자루 사이 부분 ②[建] 이음매가 빠지지 않게 잘록하게 깎은 부분

けらけら [副][口] 깔깔¶ ~と笑わらう 깔깔 웃다
げらげら [副][口] 껄껄¶ 人目ひとめをはばからず~と笑う 남의 이목을 꺼리지 않고 껄껄 웃다
けらつつき【*啄木鳥】딱따구리
けり (사물의) 끝, 결말, 마무리¶ ~が付っく 결말이 나다/~を付ける 결말을 짓다
けり【*鳧】 민댕기물떼새
げり【下痢】[名][自スル][醫] 설사¶ ~止どめ 지사제
げりゃく【下略】[名][自他スル][文] 하략, 이하 생략
け·る【*蹴る】[他五] ①차다, 걷어차다, 박차다¶ ボールを~ 공을 차다/ 席せきを~って立たつ 자리를 박차고 일어나다 ②물리치다, 일축하다, 거절하다¶ 要求きゅうを~ 요구를 물리치다/ 提案あんを~ 제안을 일축하다
げれつ【下劣】[名][ダ] 야비함, 비열함¶ ~な根性じょう 비열한 근성/~極きわまりない言動げんどう 야비하기 그지없는 언동
けれど I [接助](활용어의 終止形에 붙어) ①…이지만, …하나¶ 好すきだ~, 長ながつづきしない 좋아하나 오래 계속되지 않는다/ パリもいい~, 東京とうきょうもいいなあ 파리도 좋지만 東京도 좋구나 ②…데, …하는데¶ 今夜こんやは雨あめだ~, 明日あすの天気てんきはどうだろう 오늘 밤은 비가 오는데 내일 날씨는 어떨까? II [終助] ①…는데, …하는데¶ 晴はれるといいな~ 날씨가 개면 좋겠는데 ②…하지마는, …만¶ 私わたしもそう思おもうのです~ 저도 그렇게 생각합니다마는 III [接] (句(く)의 맨 앞에 붙어) 그러나, 그렇지만, 하지만 = しかし·けれども¶ この本ほんは難むずかしい。~おもしろい 이 책은 어렵다. 그러나 재미있다
けれども [助詞] = けれど
けれん【*外連】①[藝](歌舞伎かぶき 등에서) 관객에게 영합하는 연출·연기 ②가식, 속임, 꾸밈¶ ~がない 가식이 없다 一味み 대중의 인기를 노리는 짓, 쇼맨십
げろ【下呂】[名][スル][俗] ①토함, 토악질, 토한 것 = ど¶ ~を吐はく 토하다 ②[隠] 자백¶ ついに~した 마침내 자백했다
げろう【下郎】①하인, 천한 자 ②(남자를 욕하여) 놈, 자식
げろう【下臘】①근무한 지 얼마 안 되고 지위가 낮은 사람 ⇔ 上臘じょう ②천인, 상놈
けろりと [副][自スル] ①태연스럽게¶ 怒おこられても~している 화내도 태연하고 있다 ②깨끗이, 씻은 듯이, 싹, 까맣게¶ 病気びょうきが~直なおる 병이 깨끗이 낫다
けわし·い【険しい】[形] ①가파르다, 험하다¶ ~山やま 험한 산 ②험상궂다, 험악하다¶ ~表情じょう 험상궂은 표정/ 態度たいどが~ 태도가 험악하다 ③험난하다¶ 前途とが~ 전도가 험난하다
けん【犬】[音] ケン [訓] いぬ¶ (音)견, (造語) 개¶ 犬猿けんえん 견원·愛犬あいけん 애견·猛犬もうけん 맹견·盲導犬もうどうけん 맹도견
けん【件】[音] ケン [訓] くだん¶ (音)건, I [造語] 사건, 사항¶ 事件じけん 사건·条件じょうけん 조건·人

件費ひ 인건비 II 건 ①사건, 사항¶ご依頼いの~ 의뢰하신 건 ②(助數) 같은 사항・사건 등의 수를 세는 말¶数すう~ 수 건/一いっ~書類しょるい 일건 서류

けん [見] 音ケン・ゲン 訓みる・みえる・みせる・まみえる|(음)견. I (造語) ①보다으見学がく 견학・発見はっけん 발견 ②보고 생각하다, 생각, 입장¶見解かい 견해・偏見へん 편견 ③정식으로 만나다¶見参ざん 알현・会見かい 회견 ④(숨은 것이) 나타나다, 드러나다¶露見ろけん 노출, 탄로 II (文) 견해, 생각, 관점¶皮相ひそうの~ 피상적인 견해

けん [券] 音ケン|(음)권. I (造語) ①부절, 어음¶債券さいけん 채권・旅券りょけん 여권 ②(표・우표 등의) 권¶食券しょっけん 식권・乗車券じょうしゃけん 승차권 II 권, 표, 티켓¶入場にゅうじょう~ 입장권

けん [肩] [肩] 音ケン|(음)견. (造語) 어깨¶肩章けん 견장・強肩きょうけん 강견

けん [*妍] 音ケン|(음)연. I (造語) (여성의) 아름다움¶妍冶けんや 아리땁고 고움 II (文) (얼굴・모습 등이) 아름다움

慣用句
—を競きそう 아름다움을 겨루다

けん [建] 音ケン・コン 訓たてる・たつ|(음)건. (造語) ①처음 만들다, 일으키다, 건물을 짓다¶建国こく 건국・建築ちく 건축・土建どけん 토건 ②의견을 말하다, 건의하다¶建議けんぎ 건의・建白けんぱく 건백

けん [研] [研] 音ケン・ゲン 訓とぐ|(음)연. (造語) ①갈다, 문질러 닦다¶研磨けんま 연마 ②사물의 도리를 연구하다¶研究けんきゅう 연구・研修しゅう 연수 ③「研究会けんきゅうかい・研究所けんきゅうじょ」의 준말¶科研かけん 과연・人文研じんぶんけん 인문연 ④벼루¶研北けんぽく 연북 ▷ は「硯」의 대용자

けん [県] [縣] 音ケン 訓あがた|(음)현. I (造語) (행정 구획의 하나인) 현¶県知事けんちじ 현지사・近県きんけん 근현 II (政) 지방 공공 단체의 하나. 현

けん [倹] [儉] 音ケン 訓つつましい|(음)검. (造語) 절약하다, 검소하다¶倹約けんやく 검약・勤倹きんけん 근검・節倹せっけん 절검

けん [*倦] 音ケン 訓うむ・つかれる|(음)권. (造語) 물리다, 싫증나다¶倦怠けんたい 권태

けん [兼] 音ケン 訓かねる|(음)겸. (造語) ①(둘 이상을) 겸하다¶兼業ぎょう 겸업・兼任けんにん 겸임 ②사전에, 미리¶兼題けんだい 겸제

けん [剣] [劍] 音ケン 訓つるぎ|(음)검. I (造語) 양날이 있는 칼, 긴 칼¶剣客けんかく 검객・剣道どう 검도・短剣たんけん 단검 II 검, 칼¶~を取とる 검을 잡다/~を帯おびる 칼을 차다

けん [*拳] 音ケン・ゲン 訓こぶし|(음)권. I (造語) ①주먹, 권법¶拳闘とう 권투・拳固けんこ 주먹 ②삼가다, 공손하다¶拳拳服膺けんけんふくよう 권권 복응 II 가위바위보¶~を打うつ 가위바위보를 하다

けん [軒] 音ケン 訓のき|(음)헌. (造語) ①처마, 추녀¶軒灯とう 헌등 ②높이 오르다, 높다¶軒昂けんこう 헌앙 ③(助數) 가옥・건물 등을 세는 말. 채, 집¶一軒いっけん 한 채 ④서재・아호 등에 붙이는 말¶志々軒しじけん 지도헌

けん [健] 音ケン 訓すこやか|(음)건. (造語) ①튼튼하다, 건강하다¶健康けんこう 건강・強健きょうけん 강건・保健ほけん 보건 ②정도가 심하다, 왕성하다, 열심히 하다¶健闘けんとう 건투・健忘けんぼう 건망

けん [*捲] 音ケン 訓まく|(음)권. (造語) 감다, 말다, 말아내다¶席捲けん 석권・捲土重来けんどちょうらい 권토중래

けん [*牽] 音ケン 訓ひく|(음)견. 끌다, 끌어당기다¶牽引けんいん 견인・牽制けんせい 견제・牽強付会けんきょうふかい 견강부회

けん [*眷] 音ケン|(음)권. (造語) ①돌보다, 보살피다¶眷顧けんこ 권고 ②가족, 친족¶眷族けんぞく 친족・眷属けんぞく 권속

けん [険] [險] 音ケン 訓けわしい|(음)험. I (造語) ①험하다, 험한 곳¶険路けんろ 험로・峻険しゅんけん 준험 ②위험하다¶険悪あく 험악・危険けん 위험・冒険ぼうけん 모험 ③험악하다, 험상궂다¶険相そう 험상・陰険いんけん 음험 ▷ ③은 「嶮」의 대용자 II ①험함, 험준한 곳¶天下てんかの~ 천하의 험준한 곳 ②험상궂음, 사나움, 매서움¶~のある顔かお 사나운 얼굴

けん [*喧] 音ケン 訓かまびすしい|(음)훤. (造語) 시끄럽다, 떠들다¶喧嘩けんか 싸움・喧騒けんそう 훤소

けん [圏] [圈] 音ケン|(음)권. (造語) ①우리, (한정된) 구역, 범위¶圏内けんない 권내・大気圏たいきけん 대기권 ②동그라미, 원¶圏点てん 권점

けん [堅] 音ケン 訓かたい|(음)견. 단단하다, 견고하다, 견실하다¶堅固けんご 견고・堅実けんじつ 견실・堅陣じん 견진

けん [検] [檢] 音ケン 訓しらべる|(음)검. (造語) ①조사하다, 검사하다¶検閲けんえつ 검열・検査けんさ 검사・「検定けんてい・検査けんさ」의 준말¶英検えいけん 영어 검정 시험・車検しゃけん 차량 검사 ③「検察庁けんさつちょう」의 준말¶高検こうけん 고검・最高検さいこうけん 대검

けん [硯] 音ケン 訓すずり|(음)연. (造語) 벼루¶硯滴けんてき 연적・筆硯ひっけん 필연

けん [*絢] 音ケン 訓あや|(음)현. (造語) (직물의) 아름다운 무늬¶絢爛けんらん 현란

けん [嫌] [嫌] 音ケン・ゲン 訓きらう・いや|(음)혐. (造語) ①싫어하다, 꺼리다¶嫌悪けんお 혐오・嫌忌けんき 혐기 ②의심하다, 의심¶嫌疑けんぎ 혐의

けん [献] [獻] 音ケン・コン 訓たてまつる|(음)헌. (造語) ①바치다, 드리다¶献金けんきん 헌금・献身けんしん 헌신 ②(助數) (「こん」으로 읽어서) 권주의 회수를 세는 말. 배(杯)¶三献さんこん 삼헌 ③현인, 현인이 기억하고 있는 사실(史実)¶文献ぶんけん 문헌

けん [絹] 音ケン 訓きぬ|(음)견. (造語) 명주실, 명주, 비단¶絹糸けんし 견사・人絹じんけん 인견
默字訓 生絹すずし 전사・紅絹もみ 홍견

けん [*腱] 音ケン|(음)건. I (造語) 근육과 뼈를 연결하는 조직¶腱鞘けんしょう 건초 II 건, 근육과 뼈를 연결하는 섬유 형태의 조직¶アキレス~ 아킬레스건

**けん** [遣] [遺] 🔊ケン 🔉つかわす・つかう・やる |(음)견. (造語) 보내다, 파견하다¶ 先遣$_{けん}$ 선견・派遣$_{けん}$ 파견

**けん** [権] [權] 🔊ケン・ゴン |(음)권. I (造語) ①권력, 권한, 권리¶ 権威$_{けん}$ 권위・人権$_{じん}$ 인권 ②저울, 저울추¶ 権衡$_{けん}$ 권형 ③꾀, 계략¶ 権謀術数$_{けんぼうじゅっすう}$ 권모술수 ④(「ごん」으로 읽어서) 임시, 임시로 쓰이는 것¶ 権化$_{ごんげ}$ 권화 II 권. 권력, 권한, 권리¶ 兵馬$_{へいば}$의〜を握$_{にぎ}$る 군대의 통수권을 쥐다

**けん** [*峻] 🔊ケン 🔉けわしい |(음)험. I (造語) 험하다¶ 峻岨$_{けんそ}$ 험조・峻峻$_{けんしゅん}$ 준험 ▷「險」의 대용자 II 험함, 험준함, 험준한 곳¶ 天下$_{てんか}$の〜 천하의 험준한 곳

**けん** [憲] 🔊ケン 🔉のり |(음)헌. (造語) ①법규, 규정, 나라의 기본법¶ 憲章$_{けんしょう}$ 헌장・憲法$_{けんぽう}$ 헌법・合憲$_{ごうけん}$ 합헌¶ 「憲法$_{けんぽう}$」의 준말¶ 違憲$_{いけん}$ 위헌・護憲$_{ごけん}$ 호헌 ②관리, 공무원¶ 官憲$_{かんけん}$ 관헌

**けん** [賢] 🔊ケン 🔉かしこい・まさる・さかしい |(음)현. ①현명하다, 어질다, 현인¶ 賢人$_{けんじん}$ 현인・賢明$_{けんめい}$ 현명 ②상대의 행위・사물에 붙이는 높임말¶ 賢察$_{けんさつ}$ 현찰

**けん** [謙] [謙] 🔊ケン 🔉へりくだる |(음)겸. (造語) 겸손하다, 양보하다¶ 謙虚$_{けんきょ}$ 겸허・謙譲$_{けんじょう}$ 겸양・謙遜$_{けんそん}$ 겸손

**けん** [鍵] 🔊ケン 🔉かぎ |(음)건. I (造語) ①열쇠 ②(피아노 등의) 건반, 키¶ 鍵盤$_{けんばん}$ 건반・白鍵$_{はっけん}$ 백건 II (피아노・타자기 등의) 건반, 키¶ 〜をたたく 키를 두드리다

**けん** [繭] 🔊ケン 🔉まゆ |(음)견. (造語) 고치¶ 繭糸$_{けんし}$ 견사・生繭$_{なままゆ}$ 생견

**けん** [顕] [顯] 🔊ケン 🔉あきらか・あらわれる |(음)현. (造語) ①눈에 띄다, 분명하다¶ 顕在$_{けんざい}$ 현재・顕著$_{けんちょ}$ 현저・貴顕$_{きけん}$ 귀현 ②분명해지다, 밝히다, 나타나다¶ 露顕$_{ろけん}$ 노현・顕微鏡$_{けんびきょう}$ 현미경 ③밀교(密教) 이외의 불교¶ 顕教$_{けんぎょう}$ 현교・顕密$_{けんみつ}$ 현밀

**けん** [験] [驗] 🔊ケン・ゲン 🔉ためす・しるし |(음)험. (造語) ①조사하다, 확인하다, 시험하다¶ 経験$_{けいけん}$ 경험・試験$_{しけん}$ 시험・実験$_{じっけん}$ 실험 ②표지, 증거¶ 験左$_{けんさ}$ 험좌 ③효과¶ 効験$_{こうけん}$ 효험・霊験$_{れいけん}$ 영험

**けん** [懸] 🔊ケン・ケ 🔉かける・かかる |(음)현. ①걸다, 걸리다, 매달다¶ 懸案$_{けんあん}$ 현안・懸賞$_{けんしょう}$ 현상・懸垂$_{けんすい}$ 현수 ②(멀리) 떨어지다¶ 懸隔$_{けんかく}$ 현격

**けん** [*鹼] 🔊ケン |(음)감. (造語) 잿물¶ 鹼化$_{かんか}$ 감화・石鹸$_{せっけん}$ 비누

**けん** [乾] 乾 ①팔괘의 하나. 건괘 ⇔ 坤$_{こん}$ 건 방위의 하나. 건방, 북서 ＝ いぬい ③하늘

**けん** [間] 칸 ①(건물의) 기둥과 기둥 사이 ②(척관법에서) 길이의 단위 ③(助数) 바둑판・장기판의 눈을 세는 단위

**げん** [元] 🔊ゲン・ガン(グワン) 🔉もと・はじめ |(음)원. I (造語) ①머리¶ 元服$_{げんぷく}$ 원복 ②수장, 제1인자¶ 元首$_{げんしゅ}$ 원수・元老$_{げんろう}$ 원로 ③처음, 시초¶ 元始$_{げんし}$ 원시・元祖$_{がんそ}$ 원조 ④근본, 근원¶ 元素$_{げんそ}$ 원소・元金$_{がんきん}$ 원금 ⑤연호¶ 改元$_{かいげん}$ 개원・紀元$_{きげん}$ 기원 ⑥(중국의) 원나라¶ 元冦$_{げんこう}$ 원구 II 원 ①(数) (방정식에서) 미지수의 수 ②(数) 집합의 요소 ③중국의 화폐 단위 ④(중국의) 원나라

**げん** [幻] 🔊ゲン 🔉まぼろし |(음)환. (造語) ①실체가 없는 것, 환상, 환영¶ 幻覚$_{げんかく}$ 환각・幻想$_{げんそう}$ 환상・幻灯$_{げんとう}$ 환등 ②현혹시키다, (눈을) 속이다¶ 幻術$_{げんじゅつ}$ 환술・幻惑$_{げんわく}$ 환혹

**げん** [玄] 🔊ゲン 🔉くらい・くろい |(음)현. (造語) ①어슴푸레하다, 검붉은색, 검정¶ 玄武$_{げんぶ}$ 현무・玄米$_{げんまい}$ 현미 ②심오하다, 심오한 이치¶ 玄妙$_{げんみょう}$ 현묘・幽玄$_{ゆうげん}$ 유현¶ 「熟字訓」 玄人$_{くろうと}$ 전문가・玄孫$_{やしゃご}$ 현손

**げん** [言] 🔊ゲン・ゴン 🔉いう・こと |(음)언. I (造語) ①말하다¶ 言論$_{げんろん}$ 언론・提言$_{ていげん}$ 제언・予言$_{よげん}$ 예언 ②낱말, 단어¶ 言語$_{げんご}$ 언어・方言$_{ほうげん}$ 방언・伝言$_{でんごん}$ 전언 II 말, 언어¶ 彼$_{かれ}$の〜によると 그의 말에 의하면

**慣用句**
—を左右$_{さゆう}$にする 말을 이랬다저랬다 하다
—を俟$_{ま}$たない 말할 필요도 없다

**げん** [弦] 🔊ゲン 🔉つる |(음)현. I (造語) ①활줄, 활시위¶ 鳴弦$_{めいげん}$ 명현 ②활시위를 당긴 모양¶ 弦月$_{げんげつ}$ 현월・上弦$_{じょうげん}$ 상현 ③(악기의) 현, 줄¶ 管弦$_{かんげん}$ 관현・弦楽器$_{げんがっき}$ 현악기 ▷③은 「絃」의 대용자 II 현 ①활시위¶ 〜を張$_{は}$る 활시위를 매우다 ②(악기의) 줄¶ 〜が切$_{き}$れる 현이 끊어지다 ③(数) 원주・곡선 상의 두 점을 잇는 선

**げん** [*彦] [彦] 🔊ゲン 🔉ひこ |(음)언. (造語) (학문・재능이) 뛰어난 남자¶ 諸彦$_{しょげん}$ 제언

**げん** [限] 🔊ゲン 🔉かぎる・きり |(음)한. (造語) ①한정하다, 범위를 정하다¶ 限定$_{げんてい}$ 한정・制限$_{せいげん}$ 제한 ②한계, 한도¶ 限界$_{げんかい}$ 한계・期限$_{きげん}$ 기한 ③「時限$_{じげん}$」의 준말. (시각표 등의) 순서를 나타내는 말에 붙이는 말¶ 第二限$_{だいにげん}$ 제이한

**げん** [原] 🔊ゲン 🔉はら・もと |(음)원. (造語) ①기원, 시초¶ 原作$_{げんさく}$ 원작・原料$_{げんりょう}$ 원료・語原$_{ごげん}$ 어원 ②들판, 평지¶ 草原$_{そうげん}$ 초원・平原$_{へいげん}$ 평원 ③「原子力$_{げんしりょく}$」의 준말¶ 原発$_{げんぱつ}$ 원자력 발전(소) ▷①은 「源」과 같음

**げん** [現] 🔊ゲン 🔉あらわれる・あらわす・うつつ |(음)현. (造語) ①나타나다, 드러나다¶ 現象$_{げんしょう}$ 현상・実現$_{じつげん}$ 실현・出現$_{しゅつげん}$ 출현 ②실제로, 지금의, 현대의¶ 現況$_{げんきょう}$ 현황・現実$_{げんじつ}$ 현실・現代$_{げんだい}$ 현대

**げん** [*絃] 🔊ゲン |(음)현. I (악기의) 현, 줄¶ 絃楽$_{げんがく}$ 현악・管絃$_{かんげん}$ 관현 ▷「弦」이 대용자 II 현. (악기의) 줄¶ 〜を張$_{は}$る 현을 매우다/ 〜が切$_{き}$れる 현이 끊어지다

**げん** [*舷] [舷] 🔊ゲン 🔉ふなばた |(음)현. (造語) 뱃전¶ 舷側$_{げんそく}$ 뱃전・右舷$_{うげん}$ 우현

**げん** [減] 🔊ゲン 🔉へる・へらす |(음)감. I (造語) ①적어지다, 적게 하다, 줄이다¶ 減収$_{げんしゅう}$ 감수・半減$_{はんげん}$ 반감 ②뺄셈¶ 減法$_{げんぽう}$ 감법 II 감, 감소¶ 五割$_{ごわり}$の〜 5할 감소

**げん**【源】⊕ゲン ⊖みなもと|(음)원. (造語) ①수원¶ 源流 원류·水源 수원 ②근원, 시초¶ 起源 기원·語源 어원 ③옛날 일본 4성의 하나. 源氏 源平 源氏와 平氏¶ 「源」과 같음

**げん**【諺】⊕ゲン ⊖ことわざ|(음)언. (造語) ①속담¶ 俗諺 속언·俚諺 이언, 속어 ②회화체 언어, 구어¶ 諺解 언해, 구어역

**げん**【嚴】【嚴】⊕ゲン·ゴン ⊖おごそか·きびしい|(음)엄. I (造語) ①엄숙하다 厳粛¶ 嚴肅·威嚴 위엄 ②용서없다, 엄하다¶ 厳格 엄격·厳罰 엄벌 ③남의 아버지의 높임말 厳父¶ 厳父 II (名)(文) ①엄숙함, 의연함¶ ～たる態度 엄숙한 태도 ②엄함, 엄중함¶ ～に戒める 엄하게 타이르다

**げん**【験】①(길흉의) 조짐, 징조¶ ～がいい 조짐이 좋다 ②かつぐ 길흉을 몹시 가리다, 미신을 몹시 믿다 ②효험, 효능, 영검

**けんあく**【険悪】⑦ 험악 ①(표정 등이) 사나움¶ ～な顔つき 험악한 표정 ②(상황·분위기가) 험함¶ ～な空気が流れる 험악한 공기가 흐르다 ③(지세가) 험함, 험준함

**げんあつ**【減圧】名 自他スル 감압 ⇔ 増圧

**けんあん**【検案】名 他スル 검안 ①(文)(흔적·상황 등을) 조사하고 따짐 ②醫 검시(検屍)¶ 一書 (醫) (시체) 검안서

**けんあん**【懸案】현안¶ 長年の～ 오랜 동안의 현안/～が山積する 현안이 산적하다

**けんあん**【原案】원안¶ 修正案に～どおり可決する 원안대로 가결하다

**けんい**【健胃】(造語) 건위, 위를 튼튼하게 함, 위가 튼튼함 一剤(薬) 건위제

**けんい**【権威】권위 ①권력과 위력, 권세¶ ～が失墜する 권위가 실추되다 ②권위자¶ 学界の～ 학계의 권위자 一主義 권위주의

**げんい**【原意】원의, 본래의 뜻 = 原義

**けんいん**【*牽引】名 他スル (文) 견인 ①끌어당김 ②(사람을) 이끎, 이끌어 감 一車 견인차 ①차량을 끄는 기관차·자동차 ②(선두에서) 이끌어 나가는 사람¶ 世界経済の～ 세계 경제의 견인차

**けんいん**【検印】名 他スル 검인 ①검사인¶ 書類に～を押す 서류에 검인을 찍다 ②版 저자가 저서의 판권장에 찍는 도장

**げんいん**【原因】名 自スル 원인¶ 火災の～ 화재의 원인/～を突き止める 원인을 밝혀내다

**げんいん**【現員】(文) 현원, 현재 인원

**げんいん**【減員】名 自他スル 감원¶ 生産部門を～する 생산 부문을 감원하다

**けんうん**【*巻雲·絹雲】紀 권운, 새털구름

**げんうん**【*眩暈】(文) 현훈, 현기증 = めまい¶ ～を感ずる 현기증을 느끼다

**けんえい**【県営】名 현영, 県에서 경영함

**けんえい**【兼営】名 他スル 겸영, 겸하여 경영함¶ 本屋と文房具屋を～する 서점과 문방구점을 겸영하다

**けんえい**【献詠】名 他スル (文) 헌영, 시가(詩歌)를 지어 궁중·神社 등에 바침, 헌시

**げんえい**【幻影】(文) 환영, 환상 = まぼろし¶ ～におびえる 환영에 떨다[겁내다]

**けんえき**【検疫】名 自他スル 검역¶ ～済み 검역필/～官 검역관

**けんえき**【権益】(文) 권익¶ 在外～ 재외 권익/～を守る 권익을 지키다

**げんえき**【原液】원액

**げんえき**【現役】현역 ①현재 어떤 직무에서 일하고 있음, 그런 사람¶ ～を退く 현역에서 물러나다 ②(재학 중인) 고3 수험생¶ ～合格者 고3 합격자 ③軍 현재 군에 복무하고 있음, 그런 사람 ⇔ 退役 ¶ ～兵 현역병/～に服する 현역에 복무하다

**けんえつ**【検閲】名 他スル 검열¶ ～制度 검열 제도/～を受ける 검열을 받다

**けんえん**【犬猿】 견원. 개와 원숭이
慣用句
ー**の仲** 견원지간
ー**も甚だならず** 견원지간도 이만저만이 아니다

**けんえん**【*倦*厭】名 自スル (文) 권염. 지겨워서 싫어짐¶ ～を感じる 싫증을 느끼다

**けんえん**【嫌煙】(造語) 혐연¶ ～権 혐연권

**けんえん**【*慊*焉】紀(文) ①마음에 차지 않음 ②만족함

**けんお**【嫌悪】名 他スル 혐오¶ ～感 혐오감/不正を～する 부정을 혐오하다

**げんおう**【玄奥】(文) 현오. 심오함, 묘오함¶ ～を究める 깊이 연구하다

**けんおん**【検温】名 他スル 검온. 체온을 잼¶ ～の時間 검온 시간 一器 검온기

**げんおん**【原音】원음 ①원어 발음¶ ～に近い表記 원음에 가까운 표기 ②(녹음·방송 등의) 원래의 음 ③物 기음(基音)

**けんか**【県下】현 관할 지역, 현내

**けんか**【県花】현화. 그 현(県)을 상징하는 꽃

**けんか**【喧嘩】名 自スル 싸움, 다툼, 분쟁¶ 夫婦～ 부부 싸움/～をふっかける 싸움을 걸다 一腰 대듬 싸울 듯한 태도, 시비조 一早い 퉁하면 싸우려 들다 一四つ 相撲 양쪽이 상대방의 겨드랑이 밑에 질러 넣은 손이서 다툼, 그때의 손바닥 ー相撲 つ 一両成敗 싸운 자는 잘잘못을 불문하고 똑같이 처벌함 一別れ 싸운 채 헤어짐
慣用句
ー**過ぎての棒千切り** 때가 늦어 아무 소용이 없음, 행차 뒤에 나팔
ー**を売る** 싸움을 걸다
ー**を買う** ①걸어온 싸움에 응하다 ②남의 싸움을 선뜻 떠맡다

**けんか**【堅果】견과

**けんか**【献花】名 自スル 헌화¶ 英霊に～する 영령에 헌화하다

**けんか**【*鹸化】名 自スル (化) 감화. 비누화

**けんか**【懸河】(文) 현하. 세차게 흐르는 강¶ ～の勢い 현하지세
慣用句
ー**の弁** 현하지변. 유창한 말솜씨

**げんか**【言下】名 언하. 말이 떨어지자마자 =

ごんか¶~に否定する 언하에 부정하다
**げんか** [原歌・絃歌] (文) 현가. 현악기에 맞춰 노래를 부름, 그런 노래
**げんか** [原価] [經] ①생산비¶~を抑える 원가를 묶어 두다 ②매입가, 본전¶~を割って売る 원가 이하로 팔다 **—管理** 원가 관리 **—計算** 원가 계산
**げんか** [現下] (文) 현하. 현재, 당장¶~の状勢 현재의 정세
**げんか** [減価] [名][自他スル] 감가 ①정가에서 할인함, 깎은 값 ②값을 내림, 내린 가격¶~販売 감가 판매 **—償却** [經] 감가 상각
**げんか** [厳科] (文) 엄과. 엄벌
**げんが** [原画] 원화. 본그림
**けんかい** [見解] 견해¶~の相違 견해 차이/~を異にする 견해를 달리하다
**けんかい** [県会] 현회 ①현의회 ②「県議会」의 옛일컬음
**けんかい** [*狷介] (文) 견개. 고집이 셈, 비타협적임¶~不屈 견개 불굴 **—孤高** 견개고고. 자기 의지를 굽히지 않고 홀로 초연함
**けんがい** [圏外] 권외. 범위 밖¶圏内の優勝の~に去る 우승 권외로 밀려나다
**けんがい** [遣外] [造語] 견외. 해외 파견¶~使節 해외 파견 사절
**けんがい** [懸*崖] 현애 ①(文) 벼랑, 낭떠러지 ②줄기와 가지가 뿌리보다 낮게 처지도록 가꾼 분재
**げんかい** [幻怪] (文) 환괴. 이상함, 괴이함
**げんかい** [限界] 한계¶体力の~ 체력의 한계/~に達する 한계에 이르다 **—企業** [經] 한계 기업 **—効用** [經] 한계 효용 **—状況** 한계 상황
**げんかい** [厳戒] [名][他スル] 엄계. 엄중한 경계
**げんがい** [言外] [名] 언외. 말하지 않은 부분¶~の意を探る 언외의 뜻을 살피다
**げんがい** [限外] (文) 한외. 한계(한도) 밖 **—顕微鏡** [物] 한외 현미경
**げんかいなだ** [玄界灘] [地] 현해탄
**けんかく** [剣客] 검객 = けんきゃく
**けんかく** [懸隔] [名][自スル] (文) 현격. 동떨어짐, 격차¶事実と~する 사실과 동떨어지다
**けんがく** [見学] [名][他スル] 견학¶工場を~する 공장을 견학하다
**けんがく** [建学] 건학. 새로 학교를 세움¶~の精神 건학 정신
**けんがく** [研学] [名][自スル] (文) 연학. 학문을 닦음
**けんがく** [兼学] [名][自スル] 겸학. (흔히 불교에서) 둘 이상의 학문을 아울러 배움¶八宗~の高僧 박학다식한 고승
**げんかく** [幻覚] [醫] 환각¶~剤 환각제/~におそわれる 환각에 사로잡히다
**げんかく** [厳格] [ナ] 엄격¶~なしつけ 엄격한 예절 교육/~に規定する 엄격히 규정하다
**げんがく** [弦楽・*絃楽] 현악 **—四重奏** [音] 현악 4중주
**げんがく** [*衒学] (文) 현학. 학식이 있음을 과시함¶~者 현학자 **—的** [ナ] 현학적

**げんがく** [減額] [名][他スル] 감액 ⇔ 増額¶予算の~ 예산의 감액
**げんかくせいぶつ** [原核生物] [生] 원핵 생물
**けんかしょくぶつ** [顕花植物] [植] 현화 식물. 종자식물 ⇔ 隠花植物
**げんがっき** [弦楽器・*絃楽器] [音] 현악기
**けんがみね** [剣が峰] ①분화구 둘레 ②[相撲] 씨름판 둘레의 경계선¶~でこらえる 경계선에서 버티다 ③(더 이상 물러설 수 없는) 아슬아슬한 상태, 성패의 갈림길, 고비¶~に立つ (성패의) 고비에 서다
**けんかん** [兼官] [名][他スル] 겸관. 겸직
**けんかん** [顕官] 현관. 높은 벼슬. 고관
**けんがん** [検眼] [名][自スル] 검안. 시력 검사¶~鏡 검안경
**げんかん** [玄関] 현관 ①건물의 정면 입구¶車に寄せる 차를 현관 앞에 대다 ②[佛] 불교의 진리에 이르는 실마리, 선사(禪寺)의 작은 문 **—子** 문지기 = 玄関番 **—払い** ①(방문객을) 현관에서 돌려보냄 ②만나지 않고 돌려보냄, 문전 축객¶~を食う 문전 축객을 당하다 **—番** 문지기
**げんかん** [厳寒] (文) 엄한. 혹한¶~の候 엄한지절
**けんぎ** [嫌忌] [名][他スル](文) 혐기. 꺼리고 싫어함
**けんぎ** [建議] [名][他スル] 건의¶~書 건의서/政府に~する 정부에 건의하다
**けんぎ** [嫌疑] 혐의 = 容疑¶窃盗の~がかかる 절도 혐의를 받다
**げんき** [元気] [名][ナ] ①건강함, 활발함¶~な子供 건강한 아이/~に暮らす 건강하게 지내다 ②원기. 기운, 기력¶~をつける 기력을 북돋우다/~が満ちあふれる 기운이 넘쳐흐르다
**げんき** [原器] 원기 ①(같은 종류의 물건에서) 기본・표준이 되는 기물 ②[物] (도량형의) 기본・표준이 되는 기물¶メートル~ 미터 원기
**けんぎ** [*衒気] (文) 과시욕. 뽐내고 싶은 마음
**げんぎ** [原義] 원의. 본뜻 = 原意
**けんきせいさいきん** [嫌気性細菌] [生] 혐기성 세균 ⇔ 好気性細菌
**けんきゃく** [剣客] → けんかく (剣客)
**けんきゃく** [健脚] [名][ナ] 건각. 다릿심이 좋음, 그런 다리¶~を誇る 건각을 자랑하다
**けんきゃく** [減却] [名][他スル] 감각. 줆, 줄임
**けんきゅう** [研究] [名][他スル] 연구¶~費 연구비/対策を~する 대책을 연구하다 **—開発投資** 연구 개발 투자
**けんぎゅう** [牽牛星] 「牽牛星」의 준말¶~星 견우성 = ひこぼし
**げんきゅう** [言及] [名][自スル] 언급¶~を避ける 언급을 회피하다/軍縮問題に~する 군축 문제에 언급하다
**げんきゅう** [原級] ①(진급하기 이전의) 원래의 학년・등급¶~にとどめる 유급시키다 ②[文法] (영문법에서 부사・형용사 등의) 기본형
**げんきゅう** [減給] [名][自他スル] 감급. 감봉 ⇔ 増給・加給¶~処分 감봉 처분

**けんきょ** [検挙] 名 他スル 검거 ¶ 一斉~ 일제 검거/ 容疑者を~する 용의자를 검거하다

**けんきょ** [謙虚] 名 ナ 겸허 ¶ ~な態度 겸허한 태도

**げんきょ** [原拠] (文) 근본이 되는 근거

**けんぎょう** [兼業] 名 他スル 겸업. 부업 ¶ ~農家 겸업 농가

**けんぎょう** [検校] ①[仏] 절의 사무와 승려들을 감독하는 승직 ②[日史] (江戸시대에) 맹인에게 주었던 최고 벼슬

**けんぎょう** [顕教] [仏] 현교 ①알기 쉽게 풀이한 불교의 가르침 ②(밀교에서) 다른 종파

**げんきょう** [元兇·元凶] 원흉 ¶ ~をつきとめる 원흉을 밝혀내다

**げんきょう** [現況] 현황 ¶ ~報告 현황 보고

**げんぎょう** [現業] 현업 ①현장 업무·작업 ¶ ~員 현장 작업원 ②국가·지방 공공 단체가 하는 사업

**けんきょう ふかい** [*牽強付会] (文) 견강 부회 ¶ ~の説 견강 부회한 설

**げんきょく** [限局] 名 他スル 한국. 국한 = 局限 ¶ この問題に~する 이 문제에 국한시키다

**げんきょく** [原曲] (편곡되기 전의) 원곡

**けんきん** [兼勤] 겸무. 겸임

**けんきん** [献金] 名 自スル 헌금

**げんきん** [現金] Ⅰ 名 현금 ①수중에 지니고 있는 돈 ¶ ~の持ち合わせがない 현금 가진 것이 없다 ②현찰 = 現なま ¶ ~払い 현금 지불 Ⅱ 타산적임 ¶ ~なやつだ 타산적인 놈이다 ―書留 현금 등기 우편 ―自動支払い機 현금 자동 지급(인출)기

**げんきん** [厳禁] 名 他スル 엄금 ¶ 火気~ 화기 엄금/ 土足~ 토족 엄금, 신발을 벗으시오

**けんぐ** [賢愚] 현우. 현명함과 어리석음, 현자와 우자

**けんぐん** [建軍] 名 건군. 군대를 창설함

**けんぐん** [懸軍] 현군, 적지에 깊숙이 들어감, 그런 군대 ¶ ~万里 현군 만리, 적진에 아주 깊숙히 들어감

**げんくん** [元勲] 원훈. 나라에 세운 큰 공, 그런 공을 세운 사람 ¶ 維新の~ 유신의 원훈

**げんくん** [厳君] (文) 남의 부친의 높임말. 엄친

**げんげ** [*紫雲英] [植] 자운영

**けんけい** [県警] 현(県) 경찰, 현의 경찰 본부

**けいけい** [賢兄] (文) 현형 Ⅰ ①현명한 형 ¶ ~愚弟 현형 우제 ②남의 형에 대한 높임말 Ⅱ 代 (편지 등에서) 인형(仁兄), 귀형(貴兄)

**げんけい** [元型] [心] 원형

**げんけい** [原形] 원형 ①본래의 모습 ¶ ~をとどめない 원형이 남아 있지 않다 ②원시의 모습 ③[文法] (동사의) 기본형 ―質 [生] 원형질

**げんけい** [原型] 원형 ①원래의 형 ②(주물·조각 등의) 본, 거푸집 ¶ 鋳物の~ 주물의 거푸집/ ~を取る 본을 뜨다

**げんけい** [現形] (文) 현형, 현재의 모양

**げんけい** [減刑] 名 自スル 감형 ¶ ~の恩典に浴する 감형의 은전을 입다

**げんけい** [厳刑] 엄형. 엄벌 ¶ ~に処する 엄벌에 처하다

**けんげき** [剣戟] (文) 검극 ①칼과 창, 무기 ¶ ~の響 칼과 창이 맞닿는 소리 ②싸움

**けんげき** [剣劇] 검극. 검술극, 검술 영화

**けんけつ** [献血] 名 自スル 헌혈 ¶ ~車 헌혈차/ ~運動 헌혈 운동

**げんげつ** [弦月] (文) 현월. 상현(하현) 달

**げんげつ** [限月] [経] (상품 거래에서) 인수·인도 기한이 되는 월말

**けんけん** (아이들 놀이에서) 외발뛰기, 앙감질

**けんけん** 副 自スル (대하는 모양) 퉁명스러운 모양, 무뚝뚝한(퉁한) 모양 = つんけん ¶ ~とした言い方 무뚝뚝한 말투

**けんけん** [*拳*拳] 副 (文) 권권 ①두 손으로 받드는 모양 ②공손히 삼가는 모양 ―服膺 名 他スル 권권복응. 명심하여 지킴

**けんけん** [*喧*喧] 形 왁자함, 떠들썩함 ―囂囂 形 훤훤효효. 왁자지껄함, 떠들썩함 ¶ ~たる場内 왁자지껄한 장내

**けんげん** [建言] 名 他スル (文) 건언, 건의 ¶ ~書 건언서

**けんげん** [献言] 名 自他スル 헌언. 윗사람에게 의견을 말씀드림, 그런 의견

**けんげん** [権限] 권한 ¶ 社長の~ 사장의 권한/ ~をふりかざす 권한을 휘두르다

**けんげん** [顕現] 名 自他スル (文) 현현. 뚜렷이 드러냄(나타남), 그런 모습이나 사상(事象) ¶ 神の~ 신의 현현

**げんげん** [言言] (文) 언언. 한 마디 한 마디의 말 ¶ ~火を吐く 한 마디 한 마디가 불을 뿜다, 열변을 토하다

慣用句
―肺腑を衝く 한 마디 한 마디가 폐부를 찌르다, 깊은 감동을 주다

**げんげん** [*舷*舷] 뱃전과 뱃전

慣用句
―相摩す 뱃전과 뱃전이 맞닿다, 격렬한 수상 전투의 형용

**けんこ** [*眷顧] (文) 권고. 특별히 돌보아줌, 그런 보살핌 ¶ ~にひいきる 이렇게 하는 권고를 입다/ ~にあずかる 특별한 보살핌을 받다

**けんご** [堅固] ナ 견고 ①(방비가) 튼튼함 ¶ ~な要塞 견고한 요새 ②(의지가) 굳음, 확고함 ¶ ~な意志 확고한 의지 ③건강함 ¶ ~に暮す 건강하게 지내다

**けんご** [謙語] (文) 겸어. 겸사, 겸손한 말

**げんこ** [*拳固] (口) ①주먹 = げんこつ ¶ ~でなぐる 주먹으로 때리다 ②(가위바위보의) 바위 ③ 5, 50, 500

**げんこ** [*儼乎] (文) 엄숙함. 엄함 ¶ ~たる態度で 엄숙한 태도로

**げんご** [言語] 언어. 말 ¶ ~活動 언어 활동/ ~を慎む 말을 삼가다 ―学 언어학 ―障害 [医] 언어 장애

慣用句
―に絶する 말로 다 표현할 수 없다, 형언할 수 없다 ¶ ~恐ろしき 형언할 수 없는 공포

**げんご** [原語] 원어¶ 〜で読む 원어로 읽다
**げんご** [源語] 「源氏物語」의 약칭
**げんご** [×諺語] (文) ①속담=ことわざ¶ 〜辞典 속담 사전 ②속어
**けんこう** [兼行] [名][自スル](文) 겸행 ①밤낮을 가리지 않고 일을 서둘러 함¶ 昼夜の突貫工事 주야 겸행하는 강행 공사 ②동시에 둘 이상의 일을 함. 병행
**けんこう** [軒昻] [ト](文) 헌앙. 기세가 오르는 모양. 분기하는 모양. 헌거(軒擧)¶ 意気〜として 의기 헌양하여
**けんこう** [健康] (文) 건강 ①기운차고 튼튼함¶ 〜な肉体に 건강한 육체/〜に気を配る 건강에 주의하다 ②건전함¶ 〜な考え方 건전한 사고 방식 ―食品 건강 식품 ―診断 건강 진단 ―美 건강미 ―保険 건강 보험 = 健保
**けんこう** [堅甲] (文) 견갑 ①단단하게 만든 갑옷 ②단단한 껍질
**けんこう** [権衡] (文) 권형 ①저울의 추와 대 ②균형, 평형¶ 〜を保つ 균형을 유지하다
**けんごう** [剣豪] 검호. 검술의 달인¶ 〜小説 검호 소설
**げんこう** [元寇] [史] 1274년과 1281년에 원나라 군대가 九州 지방을 습격한 사건
**げんこう** [玄黃] (文) 현황. 하늘의 검은빛과 땅의 누른빛. 하늘과 땅¶ 天地の〜 천지 현황
**げんこう** [言行] 언행¶ ―一致 언행 일치/〜を慎む 언행을 삼가다 ―録 언행록
**げんこう** [原鉱] 원광. 조광. 원석
**げんこう** [原稿] 원고¶ 生〜 육필 원고/〜を執筆する 원고를 집필하다 ―用紙 원고 용지. 원고지 ―料 원고료. 고료
**げんこう** [現行] [名] 현행¶ 〜の教科書 현행 교과서/内容は〜どおりだ 내용은 현행대로다 ―犯 [法] 현행범 ―法 [法] 현행법
**げんこう** [減光] [名][自スル] 감광. 빛의 강도를 줄임¶ 〜フィルム 감광 필름
**げんごう** [元号] 원호. 연호¶ 〜を改める 원호를 변경하다
**げんごう** [減号] [数] 감호. 감표. 뺄셈 기호(-)
**けんこうこつ** [肩甲骨·肩胛骨] [骨] 견갑골. 어깨뼈 = かいがらぼね
**けんこく** [建国] [名][自スル] 건국¶ 〜神話 건국 신화 ―記念の日 (일본의) 건국 기념일 ▷ 2월 11일. 본디는 紀元節
**けんこく** [圏谷] [地] 권곡. 카르 = カール
**げんこく** [原告] [法] 원고 ⇔ 被告¶ 〜側の勝訴 원고측의 승소
**げんこく** [減石] [名][自スル] (술의) 양조량을 줄이는 일 ⇔ 増石
**げんこく** [厳酷] [ダ](文) 엄혹. 엄하고 가혹함¶ 〜な刑罰に加える 엄혹한 형벌을 가하다
**けんこつ** [×顴骨] 관골. 광대뼈 = 頬骨
**げんこつ** [×拳骨] 주먹 = にぎりこぶし·げんこ¶ 〜を振り上げる 주먹을 치켜들다
慣用句
―を見舞う (상대를) 주먹으로 치다

**げんごろう** [源五郎] [動] 물방개 ―鮒 [動] 떡붕어 = へらぶな
**けんこん** [×乾×坤] (文) 건곤 ①천지 ②음양 ③건방과 곤방. 북서와 남서 방향 ―一擲 건곤일척. 운명을 걸고 대승부를 함
**げんこん** [現今] [名](文) 현금. 현재. 오늘날¶ 〜の世相 현금의 세태
**けんさ** [検査] [名][他スル] 검사 ―血液〜 혈액 검사/立ち入り〜 입회 검사/〜済み 검사필 ―役 ①(회사·병원 등의) 검사역 ②(昔)「審判」의 옛일컬음¶ 勝負〜 승부 심판
**けんざい** [賢才] (文) 현재. 뛰어난 재능. 뛰어난 재능을 가진 사람¶ 広く〜を求める 널리 현재를 구하다
**けんざい** [建材] 건재. 건축 재재
**けんざい** [健在] [名][ダ] 건재¶ おかげで〜です 덕분에 건재합니다
**けんざい** [×硯材] 연재. 벼루를 만드는 석재
**けんざい** [顕在] [名][自スル](文) 현재. 뚜렷한 모양으로 나타나 있음 ⇔ 潜在¶ ―化する 현재화[표면화]하다
**げんさい** [減殺] [名][他スル](文) 감쇄. (양·정도를) 줄임¶ 興味が〜される 흥미가 줄다
**げんざい** [原罪] [基] 원죄
**げんざい** [現在] [名] 현재 ①지금¶ 〜のところ 현재는/〜に至る 현재에 이르다 ②[佛] 이승. 현세 ③[文法] 현재 시제¶ ―形 현재형 ―完了 [文法] 현재 완료 ―進行形 [文法] 현재 진행형 ―高 현재 있는 수량·금액 ―地 현재 있는 곳 ―法 [表] 현재법
**げんざいりょう** [原材料] 원재료. 원료
**けんざお** [間×竿] 간수(間數)를 재는 눈금이 있는 막대기. 측량대
**けんさき** [剣先] ①칼끝 = 切っ先 ②뾰족한 것의 끝 ③(일본옷에서) 옷섶의 위쪽 끝
**げんさきとりひき** [現先取引] [経] 현선 거래. 채권을 일정 기간 후에 되사거나 되파는 조건으로 이루어지는 매매 거래
**けんさく** [検索] [名][他スル] 검색¶ 情報〜 정보 검색/索引で人名を〜する 색인으로 인명을 검색하다
**けんさく** [献策] [名][他スル](文) 헌책. (윗사람에게) 계획·계책을 드림
**げんさく** [原作] 원작¶ 〜者 원작자/〜に忠実な訳 원작에 충실한 번역
**げんさく** [減作] 감작. 수확고가 줆. 감수¶ 三割の〜 3할 감작
**けんさくばん** [研削盤] [機] 연삭기. 그라인더
**けんさつ** [検札] [名][自スル] 검표¶ 車内〜 차내 검표
**けんさつ** [検察] [名][他スル] 검찰 ―官 [法] 검찰관 ―庁 [法] 검찰청¶ 最高〜 최고 검찰청. 대검찰청
**けんさつ** [賢察] [名][他スル](文) 현찰 = お察し¶ 御〜のとおり 현찰하신 대로
**けんさん** [研×鑽] [名][自スル](文) 연찬. (학문 등을) 깊이 연구함¶ 〜を積む 연찬을 쌓다
**けんざん** [剣山] (꽃꽂이에 쓰는) 침봉

けんざん [検算・験算] 名 他スル 검산= ためし算¶ ~で答えを~する 답을 검산하다
げんさん [原産] 원산¶日本~ 일본 원산 一地 원산지¶~証明書しょう 원산지 증명서
げんざん [減産] 名 自他スル 감산 ⇔ 増産¶ 米を~する 쌀을 감산하다
げんざん [^見参] 名 自スル 알현, 만나뵘, 배알 = けんざん・お目見え
げんざん [減算] 名 自スル 감산. 뺄셈= 引き算
けんし [犬歯] [醫] 견치. 송곳니
けんし [県紙] 현지. 현에서 발행하는 신문
けんし [剣士] 검사, 검객¶少年~ 소년 검객
けんし [検死・検^屍] 名 他スル [醫] 검시¶ ~官 검시관
けんし [検使] 文 ①사실 확인을 위해 보내는 사자 ②검시(檢屍)를 위해 보내는 사자
けんし [検視] 名 他スル 검시 ①사실을 잘 조사함, 그런 사람¶犯行の現場を~する 범행 현장을 검시하다 ②[法] 검시(檢屍)¶ ~に立ち会う 검시에 입회하다
けんじ [献辞] [版] 헌사. 저작물을 남에게 기증할 때 그 책에 쓰는 글 = 献詞
けんし [絹糸] 견사. 명주실
けんし [繭糸] 견사. 누에고치와 실, 생명주실
けんじ [健児] 건아, 혈기 왕성한 젊은이
けんじ [堅持] 名 他スル 견지¶従来の方針を~する 종래의 방침을 견지하다
けんじ [検字] 검자. (자전에서) 한자를 총 획순으로 나열한 색인
けんじ [検事] [法] 검사. 검찰관 계급의 하나 一局 [法] 「検察庁」의 옛일컬음 一正 [法] 검사정. 지방 검찰청의 장 一総長 [法] 검찰 총장 一長 [法] 검사장
けんじ [謙辞] [版] → けんし (献詞)
けんじ [謙辞] 文 겸사. 겸손한 말¶ ~のお言葉 겸사의 말씀
けんじ [顕示] 名 他スル 현시. 분명히 나타냄[보임], 명시¶自己~欲 자기 현시욕
げんし [元始] 文 원시. 처음, 시초
げんし [幻視] [醫] 환시¶ ~におそわれる 환시에 시달리다
げんし [原子] 원자 一エネルギー [化][物] 원자 에너지 一価 [化] 원자가 一核 [物] 원자핵 一記号 [化] 원자 기호 一時計 [物] 원자 시계 一爆弾 [軍] 원자 폭탄 一番号 [化] 원자 번호 一病 [醫] 원자병 一量 [化] 원자량 一力 [物] 원자력¶ ~潜水艦 원자력 잠수함 一力発電 [原] 원자력 발전 一力発電所 [原] 원자력 발전소 一炉 [原] 원자로 一論 [哲] 원자론
げんし [原始] 원시 ①처음, 시초¶ ~人 원시인 ②자연 그대로임, 미개함¶ ~林 원시림 一時代 원시 시대 一社会 원시 사회 一的 ナ 원시적. 자연 그대로임, 유치함
げんし [原紙] 원지 ①닥나무 껍질로 만든 두꺼운 종이 ②[版] 등사 원지¶ ~を切る (철필로) 원지를 긁다 ③가공할 때 원료가 되는 종이
げんし [原詩] 원시. 원래의 시

げんし [減資] 名 自スル [經] 감자. 자본금을 줄임
げんじ [言辞] 文 언사, 말씨, 말¶ ~を弄する 말을 함부로 하다
げんじ [現時] 文 현시. 현재, 오늘날¶ ~の情勢を見るに 오늘날의 정세를 보건대
げんじ [源氏] ①源の 성을 가진 씨족 ②「源氏物語」의 준말. 그 주인공인 光源氏 一車 ①「牛車」의 속칭 ②[紋] 牛車 바퀴를 도안화한 가문 一名 「源氏物語」의 각 권의 제목을 본떠서 붙인 궁녀・창녀 이름 一蛍 [動] 개똥벌레의 한 종류
けんしき [見識] ①견식. 식견¶ ~のある人 식견이 있는 사람 ②기품, 품위, 자존심¶ ~が下がる 품위가 떨어지다/ ~が高い 기품이 높다 一張る 自五 견식이 있는 체하다
げんしじだい [原史時代] 원사 시대
げんじつ [兼日] ①정해진 날짜 이전의 날 ②「兼日題」의 준말. (俳句 · 和歌를 짓는 모임에서) 미리 제시된 제목, 그 제목으로 미리 지어 놓은 俳句 · 和歌
けんじつ [堅実] 名 ナ 견실. 굳고 착실함¶ ~な方法 견실한 방법
げんしつ [玄室] [考古] (고분 내부의) 현실
げんじつ [言質] (言質) → げんち [言質]
げんじつ [現実] 현실¶ ~性 현실성/ ~を見直す 현실을 다시 보다 一主義 현실주의 一的 ナ 현실적
げんじてん [現時点] 현시점¶ ~での成果 현 시점에서의 성과/ ~では断定できない 현 시점에서는 단정할 수 없다
げんじものがたり [源氏物語] 文 平安 중기에 紫式部가 지은 장편 소설 一絵巻 「源氏物語」를 소재로 그린 두루마리 그림
けんしゃ [検車] 검차. 차량 검사
けんじゃ [賢者] 현자. 현인= 賢人
げんしゃ [減車] 名 他スル 감차 ⇔ 増車
けんじょう [間尺] → けんなわ (間縄)
げんしゃく [現尺] 현척. 실물 치수, 원촌= 原寸 ⇔ 縮尺
げんしゃほう [現写法] [表] 현사법. 현재법
けんしゅ [堅守] 名 他スル 견수. 굳게 지킴, 고수¶城を~する 성을 단단히 지키다
けんしゅ [賢主] 文 현주. 현군(賢君), 명군
けんじゅ [犬儒] 견유 ①견유 학파의 철학자 ②기성 사회를 경멸하고 세상을 비뚤어지게 보는 학자 一学派 [哲] 견유 학파. 키닉 학파
げんしゅ [元首] 원수. 국가의 수장
げんしゅ [原酒] 원주 ①양조한 그대로의 술 ②탁주= どぶろく ③증류한 위스키 원주
げんしゅ [原種] [農] 원종 ①원형의 야생종 ②씨를 받기 위해 뿌리는 종자
げんしゅ [厳守] 名 他スル 엄수¶時間を~のこと 시간을 엄수할 것
けんしゅう [研修] 名 他スル 연수¶語学~を受ける 어학 연수를 받다
けんしゅう [兼修] 名 他スル 검수. 둘 이상을 함께 익힘, 겸학= 兼学¶日本画と書法の~ 일본화와 서도의 겸수

けんしゅう [献酬] 名 他スル (文) 술잔을 주고받음, 수작(酬酌)
けんじゅう [拳銃] 권총 = ピストル
げんしゅう [現收] 현수. 현재의 수입¶ ~に満足する 현재의 수입에 만족하다
げんしゅう [減收] 名 自スル 감수 ⇔ 増収¶ 洪水で~となる 홍수로 감수되다
げんじゅう [現住] I 名 自スル 현주. 현재 거주하고 있음¶ ~地 현주지, 현거주지 II 名 (佛) 현재의 주지(住持)
げんじゅう [厳重] ダ 엄중¶ ~な警戒 엄중한 경계
げんじゅうしょ [現住所] 현주소
げんじゅうみん [原住民] 원주민
げんしゅく [厳肅] ダ 엄숙 ①엄격하고 정숙함¶ ~な儀式 엄숙한 의식 ②진지하고 단호함, 엄연함¶ ~に受けとめる 엄숙하게 인식하다 —主義 (倫) 엄숙주의
けんしゅつ [検出] 名 他スル 검출¶ 放射能が~される 방사능이 검출되다
けんじゅつ [剣術] 검술. 검도¶ ~指南 검술 사범
げんしゅつ [現出] 名 自他スル (文) 현출. 실제로 나타남[나타냄]¶ 夢の世界を~する 꿈의 세계를 실제로 나타내다
げんじゅつ [幻術] 환술 ①요술, 마술 ②속임수, 기술(奇術)
げんじゅつ [験術] 영험한 술법
けんしゅん [険峻·嶮峻] 名 ダ 험준¶ ~な山道 험준한 산길
けんしょ [険所·嶮所] (文) 험소, 험한 곳, 위험한 곳
けんじょ [賢女] 현녀, 슬기로운 여자
げんしょ [原初] (文) 원초, 맨 처음¶ ~的 形態 원초적 형태
げんしょ [原書] 원서, 원본, 원전, (특히) 양서(洋書)¶ ~講読 원서 강독
げんしょ [厳暑] (文) 엄서, 혹서 = 酷暑
けんしょう [肩章] 견장¶ ~を付ける 견장을 달다
けんしょう [健勝] 名 ダ (文) 건승¶ ご~のこと存じます 건승하실 줄로 아옵니다
けんしょう [検証] 名 他スル 검증¶ 現場~ 현장 검증/ 仮説を~する 가설을 검증하다
けんしょう [腱鞘] (醫) 건초¶ ~炎 건초염
けんしょう [憲章] 헌장¶ 国連~ 유엔 헌장
けんしょう [謙称] (文法) 겸칭, 겸사말
けんしょう [顕正] (佛) 현정, 올바른 불도, 널리 정의를 폄¶ 破邪~ 파사 현정
けんしょう [顕彰] 名 自他スル 현창, (선행·공적을) 밝히어 알림, 널리 알려 표창함¶ ~碑 현창비/ 功績を~する 공적을 현창하다
けんしょう [懸賞] 현상 —金 현상금¶ ~がかかる 현상이 걸리다 —募集 현상 모집
けんじょう [喧擾] (文) 훤요, 시끄럽게 떠듦
けんじょう [献上] I 名 他スル 헌상, 올림, 진상¶ ~品 헌상품 II 名 [献上博多の 준말 —博多 독고(獨鈷) 무늬를 넣은 博多織의 고급 띠 감
けんじょう [謙譲] 名 ダ 겸양¶ ~の美徳 겸양의 미덕 —語 (文法) 겸양어, 겸사말
げんしょう [現象] 현상¶ 自然~ 자연 현상/ おもしろい~が起こる 재미있는 현상이 일어나다 —界 (哲) 현상계 —学 (哲) 현상학 —主義 (哲) 현상주의 —論 현상론
げんしょう [減少] 名 自他スル 감소 ⇔ 増加¶ 人口の~傾向 인구의 감소 경향
げんじょう [原状] 원상¶ ~回復 원상 회복/ ~に戻す 원상으로 되돌리다
げんじょう [現状] 현상, 현재의 상태¶ ~打破 현상 타파/ ~に甘んじる 현상에 만족하다 —維持 현상 유지
げんじょう [現場] → げんば
けんしょうじょうぶつ [見性成仏] (佛) 견성 성불, 자기의 본성을 깨달아 부처가 됨
けんしょく [兼職] 名 他スル 겸직
けんしょく [顕職] (文) 현직, 고관, 요직¶ 高位~ 고위 현직
げんしょく [原色] 원색 ①삼원색 ②순도가 높은 강렬한 색조¶ ~のスカーフ 원색 스카프 ③본디 색깔 —版 (印) 원색판
げんしょく [現職] 현직¶ ~の知事 현직 지사
げんしょく [減食] 名 他スル 감식¶ ~療法 감식 요법
けん·じる [献じる] 他上一 → 献ずる
げん·じる [減じる] 自他上一 → 減ずる
けんしん [見神] (基) 견신, 신의 본체를 감지하는 체험
けんしん [健診] [健康診断의 준말] 건강 진단¶ 定期~ 정기 건강 진단
けんしん [検針] 검침¶ メーターを~する 미터를 검침하다
けんしん [検診] 名 他スル 검진¶ 胃の~ 위의 검진/ 集団~ 집단 검진
けんしん [献身] 名 自スル 헌신¶ 社会事業に~する 사회 사업에 헌신하다 —的 ダ 헌신적
けんしん [権臣] (文) 권신, 권력 있는 신하
けんしん [堅陣] 견진, 견고한 진지¶ ~を抜く 견고한 진지를 빼앗다
けんじん [賢人] ①현인, 현자 ⇔ 愚人 ②「にごり酒」(탁주)의 딴이름
けんしん [原審] (法) 원심¶ ~を破棄する 원심을 파기하다
げんじん [原人] (考古) 원인, 40~50만년 전의 화석 인류¶ ジャワ~ 자바 원인
けんじんかい [県人会] 타지역에 거주하는 같은 현 출신의 모임
げんず [原図] 원도, 본래의 그림
けんすい [建水] 찻잔을 부신 물을 쏟아버리는 그릇 = 水こぼし
けんすい [懸垂] 名 自スル 현수 ①매달림, 매닮¶ ~下降 현수 하강 ②(기계 체조에서) 턱걸이, 현수 운동
げんすい [元帥] 원수 ①군인의 최고 계급¶ 大~ 대원수 ②元帥府에 속한 대장의 칭호

**一府** [史] 여러 명의 육해군 대장으로 구성된 天皇의 최고 군사 자문 기관

**げんすい** [減水] 名 自スル 감수 ⇔ 増水 ¶ 晴天続きで河川が~する 맑은 날이 계속되어 강물이 줄다

**げんすい** [減衰] 名 自スル 감쇠. 점점 감소되어 감. 점점 쇠약해짐 ¶ ~振動 감쇠 진동

**げんすいきょう** [原水協] [政] 「原水爆禁止 日本協議会」의 약칭

**けんずいし** [遣隋使] [史] 견수사. 大和 조정에서 수나라에 파견한 일본 사절

**げんすいばく** [原水爆] 원수폭. 원자 폭탄과 수소 폭탄 **—禁止運動** [政] 원수폭 금지 운동

**けんすう** [件数] 건수 ¶ 交通事故の~ 교통 사고의 건수

**げんすう** [現数] (文) 현수. 현재의 수

**げんすう** [減数] 감수 Ⅰ 名 自他スル 수량이 줆. 수량을 줄임 Ⅱ 名 [数] (뺄셈에서) 빼는 쪽의 수 **—分裂** [生] 감수 분열

**けん・する** [検する] 他 サ変 ①조사하다, 검사하다 ②단속하다

**けん・する** [験する] 他 サ変 (文) ①시험하다 ②검산하다

**けん・ずる** [献ずる] 他 サ変 (文) (신불이나 윗사람에게) 바치다, 올리다, 헌상하다 ¶ 一献を~ 한 잔 올리다

**げん・ずる** [現ずる] 自他 サ変 (文) 나타나다, 나타내다 ¶ 効果を~ 효과를 나타내다

**げん・ずる** [減ずる] (文) Ⅰ 自 サ変 줄다 ¶ 体重が~ 체중이 줄다 Ⅱ 他 サ変 ①줄이다 ¶ 人員を~ 인원을 줄이다 ②뺄셈을 하다 ▷ 「減じる」라고도 함

**げんすん** [原寸] 원촌. 실물과 같은 치수. 원치수 ¶ ~大 실물 크기

**げんせ** [現世] [佛] 현세. 이승, 이 세상

**けんせい** [県勢] 현세. 현(県)의 정치·경제·산업·문화 등의 현황

**けんせい** [牽制] 名 他スル 견제 ¶ ~球 견제구/ 隣国を~する談話 이웃 나라를 견제하는 담화

**けんせい** [権勢] 권세 ¶ ~欲 권세욕/ ~を振るう 권세를 부리다

**けんせい** [憲政] 헌정 ¶ ~の常道 헌정의 상도 **—擁護** 헌정 옹호

**けんせい** [顕性] [生] 현성. 우성 ⇔ 潜性

**げんせい** [原生] [造語] 원생. 발생한 그대로 진화·발전하지 않는 것 **—代** [地] 원생대 **—動物** [動] 원생 동물 **—林** [農] 원시림

**げんせい** [原世] 원세 ①→ げんせ(現世) ② [地] 완신세, 충적세

**げんせい** [現制] 현제. 현행 제도

**げんせい** [現勢] 현세. 현재의 세력·정세 ¶ 世界の~ 세계의 현세

**げんせい** [厳正] 名 ナ 엄정 ¶ ~中立 엄정 중립/ ~な審査 엄정한 심사

**げんぜい** [減税] 名 他スル 감세 ⇔ 増税 ¶ 所得税の~ 소득세 감세

**けんせき** [譴責] 名 他スル 견책 ①질책, 문책

¶ ~を受ける 견책을 받다 ②[法] 「戒告」의 옛일컬음

**げんせき** [言責] (文) 언책 ①자기 말에 대한 책임 ¶ ~を負う 자기 말에 대한 책임을 지다 ②옳고 그름을 분명히 말해야 할 책임 ¶ ~上、申し上げる 언책상 말씀드리다

**げんせき** [原石] 원석 ①원광 ②가공하지 않은 보석 ¶ ダイヤモンドの~ 다이아몬드 원석

**げんせき** [原籍] 원적 ①호적 변경 전의 본적 ¶ ~地 원적지 ②본적

**けんせきうん** [巻積雲·絹積雲] [気] 권적운. 비늘구름= まだら雲、うろこ雲

**けんせつ** [建設] 名 他スル 건설 ①건조(建造) ¶ 住宅~ 주택 건설 ②조직·기구를 새로 만듦 ¶ 新国家の~ 새 국가의 건설 **—国債** 건설 국채 **—省** 건설성 **—大臣** 「建設省」의 장관 **—的** 건설적

**けんせつ** [兼摂] 名 他スル (文) 겸섭. (특히 장관의) 겸임 ¶ 首相が外相を~する 수상이 외상을 겸임하다

**けんぜつ** [懸絶] 名 自スル (文) 현절. 아주 동떨어짐, 크게 차이남 ¶ ~した国力 현절한 국력

**げんせつ** [言説] 언설. 말 ¶ 無用な~を弄する 쓸데없는 말을 늘어놓다

**けんせん** [献饌] 헌찬, 신전(神前)에 음식물 등을 올리는 일 ⇔ 撤饌

**けんぜん** [健全] ナ 건전 ①(심신이) 건강함 ¶ ~娯楽 건전 오락 ②(조직 등이) 건실함 ¶ ~財政 건전 재정

[慣用句]
**—なる精神は健全なる身体に宿る** 건전한 정신은 건전한 신체에 깃든다

**けんぜん** [顕然] スル (文) 현연. 아주 분명함, 뚜렷이 나타남

**げんせん** [源泉·原泉] 원천 ①물이 솟아나오는 근원 ②사물의 근원 ¶ 知識の~ 지식의 원천 **—課税** [経] 원천 과세 **—徴収** [経] 원천 징수

**げんせん** [厳選] 名 他スル 엄선 ¶ ~主義 엄선주의/ ~された名著 엄선된 명저

**げんぜん** [現前] 名 自スル 현전. 눈앞에 있음 [나타남] ¶ ~の事実 현전하는 사실

**げんぜん** [厳然·儼然] スル 엄연 ¶ ~たる態度 엄연한 태도

**けんそ** [険阻·嶮岨] 名 ナ ①험조, 험함, 험준함, 그런 곳 ¶ ~な山道 험준한 산길 ②(표정 등이) 험악함 ¶ ~な顔 험악한 얼굴

**げんそ** [元素] 원소 ¶ 同位~ 동위 원소 **—記号** [化] 원소 기호. 원자 기호

**けんそう** [険相] Ⅰ 名 험상. 험악한 인상 ¶ ~な面構え 험악한 상판 Ⅱ 名 무서운 얼굴·태도, 기세

**けんそう** [喧噪·喧騒] 名 ナ (文) 훤소. 떠들썩함 ¶ 都会の~ 도시의 떠들썩함

**けんぞう** [建造] 名 他スル 건조 ¶ 軍艦を~する 군함을 건조하다 **—物** 건조물

**げんそう** [幻想] 名 他スル 환상 ¶ ~を抱く 환상을 품다 **—曲** [音] 환상곡 **—的** ナ 환상적

げんそう 【現送】 名 自スル 현송. 현금·현물 수송
げんそう 【^舷窓】 (文) 현창. 뱃전에 낸 창
げんぞう 【幻像】 환상, 환영(幻影)¶ ~がちらつく 환영이 어른거리다
げんぞう 【現像】 名 他スル 현상¶ フィルムを~する 필름을 현상하다 **—液** 현상액
げんそううん 【^巻層雲·絹層雲】 氣 권층운. 털층구름, 햇무리구름=うすぐも
けんそく 【検束】 名 他スル 검속¶ 保護~ 보호검속
けんぞく 【^眷属·^眷族】 (文) ①권속. 일족, 친족¶ 一家ゕ゙~ 일가 권속 ②가신, 부하 ③[佛] 부처·보살에 딸린 협시(脇侍)나 종자 ④(신도(神道)에서) 주요 신에 종속된 신들
げんそく 【原則】 원칙¶ ~論ん 원칙론/ **—**として持ち込み禁止ざ 원칙적으로 반입 금지
げんそく 【^舷側】 현측. 뱃전 = 船ぶべり
げんそく 【減速】 名 自スル 감속 ⇔ 加速ぞく¶ ~装置ぞ゙ 감속 장치 **—材** 감속재
げんぞく 【^還俗】 名 自スル 【佛】 환속 = 復飾ぶく
けんそん 【謙遜】 名 自スル 겸손, 겸양¶ ~な人柄び 겸손한 성품
げんそん 【玄孫】 (文) 현손. 손자의 손자, 고손
げんそん 【現存】 名 自スル 현존 ¶ ~する最古ゕ゙의 木造建築ちく 현존하는 최고의 목조 건축물
げんそん 【厳存】 名 自スル 엄존 = げんぞん ¶ 動ゕ゙せない事実ちゕ゙ 〜 する 움직일 수 없는 사실이 엄존하다
けんたい 【^倦怠】 名 自スル 권태 ①물려서 싫어짐 ②심신이 피로하여 나른함¶ ~感ゕ゙ 권태감 **—期** 권태기
けんたい 【兼帯】 名 他スル (文) 겸대 ①겸임, 겸무 ②겸용¶ 晴雨両゙゙の傘ゕ゙ 양산 겸용 우산
けんたい 【献体】 名 他スル (의학 실습용으로) 자신의 유체를 제공함
けんだい 【見台】 「書見台だ゙ん」의 준말. (책 등을 올려 놓고 보는) 독서대
けんだい 【兼題】 (和歌ゕ゙·俳句ぐ를 짓는 모임에서) 제목을 미리 제시함. 그런 제목 = 席題ぜき
けんだい 【賢台】 代 (文) (혼히 편지에서) 동년배나 윗사람에 대한 높임말. 귀형, 인형
げんたい 【原隊】 軍 원대¶ ~に復帰ゕ゙する 원대로 복귀하다
げんたい 【減退】 名 自スル 감퇴 ⇔ 増進ぞ゙ん¶ 精力りょく~ 정력 감퇴
げんだい 【原題】 원제¶ 映画ゕ゙의 の~ 영화의 원제
げんだい 【現代】 현대¶ ~社会ゕ゙ 현대 사회/ ~文ぶ゙ 현대문 **—仮名遣** 현대 일본어 가나 표기 규칙 **—語** [言] 현대어 **—っ子** 현대아, 현대적이고 새로운 행동을 하는 젊은이 **—的** ナ 현대적 **—版** 현대판
けんだか 【権高·見高】 ナ (文) 자존심이 셈, 거만하게 굶¶ ~な言動ど゙ 거만한 언동
げんだか 【現高】 현고, 현재 있는 수량·금액
げんたつ 【厳達】 名 他スル 엄달. 엄중히 시달함¶ 命令れ゙いを~する 명령을 엄달하다
けんだま 【剣玉·拳玉】 죽방울
けんたん 【健^啖】 名 ナ 건담. 먹성이 좋음, 대식¶ **—家**ゕ 건담가, 대식가

けんたん 【検^痰】 名 他スル 검담. 객담 검사
けんたん 【減反·減段】 名 他スル 경작 면적을 줄임 ⇔ 増反ぞ゙ん¶ ~政策ゕ゙をとる 농지 축소 정책을 취하다
けんたん 【厳探】 名 他スル (文) 엄탐. 엄중히 정담〔탐색〕함
げんたん 【厳談】 名 自スル 엄담. 엄중히 담판함
げんたんい 【原単位】 經 원단위
げんだんかい 【現段階】 현단계¶ ~としてはどちらとも言゙えない 현단계로서는 어느 쪽이라고도 말할 수 없다
けんち 【見地】 I 견지. 관점¶ 教育的ゕ゙ゕ゙~からの発言ん 교육적 견지에서의 발언 II 名 他スル 토지를 검분(検分)함
けんち 【^軒^輊】 名 自スル ①오르내림, 높낮이, 고저 ②우열, 경중
けんち 【検地】 名 他スル [史] 논밭을 측량하여 등급·경계·면적·수확고 등을 정함
けんち 【検知】 名 他スル 검지. (기계 등으로) 검사해서 알아냄¶ 飲酒ん~器 음주 측정기
けんち 【^硯池】 연지, 연해(硯海)
げんち 【言質】 언질¶ ~をとる 언질을 받다
げんち 【現地】 현지 ①현재 거주·영업하고 있는 곳¶ ~妻 현지처/ ~で結婚ん゙する 현지에서 결혼하다 ②일이 일어나고 있는 현장¶ ~集合ご゙ 현지 집합 **—生産** 현지 생산
けんちく 【建築】 名 他スル 건축¶ **—物** 건축물/ 木造ぞ゙~ 목조 건축
けんちじ 【県知事】 현지사
けんちゃ 【献茶】 名 自スル 헌다. 신불·귀인에게 차를 올림
けんちゅう 【^繭^紬·絹^紬】 견주. 멧누에실로 짠명주, 산동주(山東紬)
げんちゅう 【原虫】 醫 원충, 원생 동물
げんちゅう 【原注·原註】 원주. 본본의 주(註)
けんちょ 【顕著】 ナ 현저¶ ~な成績ぜき 현저한 성적/ ~にあらわれる 현저하게 나타나다
げんちょ 【原著】 원저, 원작
けんちょう 【県庁】 현청
けんちょう 【堅調】 ナ ①견실한 상태 ②[經] (거래에서) 시세가 오름세에 있음 ⇔ 軟調なん゙ちょう
げんちょう 【幻聴】 醫 환청
けんちん 【^巻^繊】 料 ①으깬 두부와 당근·무·우엉·버섯 등을 기름에 볶아 간을 맞춘 요리 ②「巻繊汁げんちん」의 준말 **—汁** 料 げんちん을 넣고 끓인 맑은 장국
げんつき 【原付(き)】 원동기 장치 자전거
けんつく 【剣突(く)】 (口) 핀잔, 호통¶ ~を食ゕ゙わす 핀잔을 주다, 호통을 치다
けんてい 【検定】 名 他スル 검정¶ ~済ずみ 검정필/ ~教科書きょ゙ 검정 교과서/ ~試験げんに合格ごゕ゙する 검정 시험에 합격하다
けんてい 【献呈】 名 他スル 헌정. 증정¶ ~本ゕ゙を差゙し上ゕ゙げる 헌정본을 드리다
けんてい 【賢弟】 (文) I 현제 名 ①현명한 아우 ②남의 아우에 대한 높임말 II 代 (편지 등에

けんば

**げんてい** [限定] 图他刊 한정¶ 参加資格を~する 참가 자격을 한정하다 **—版** [版] 한정판. 한정본

**げんてい** [*舷梯] 현제. 뱃전의 승강용 사다리

**けんてき** [*涓滴] (文) ①물방울 ②[比] 적음, 작음¶ ~の量 근소한 양
[慣用句]
**—岩をも穿つ** 물방울이 바위를 뚫는다

**けんてき** [*硯滴] (文) ①연적 ②벼룻물, 연수

**けんてつ** [賢哲] (文) 현철 ①현인과 철인(哲人) ②어질고 사리에 밝음, 그런 사람

**けんてん** [圏点] (文) 권점. 방점 = 傍点

**けんでん** [*喧伝] 图他刊 훤전. 떠들썩하게 퍼뜨림[입에 올림]¶ 世に~される 세상에 떠들썩하게 알려지다

**げんてん** [原典] 원전¶ ~にあたる 원전과 대조하다

**げんてん** [原点] 원점 ①(길이 등의) 기준점 ②(사물의) 기점, 출발점¶ ~に返る 원점으로 돌아가다 ③[数] (좌표축의) 기준점¶ ~からの距離 원점에서의 거리

**げんてん** [減点] 图他刊 감점¶ ~の対象になる 감점 대상이 되다

**げんど** [限度] 한도¶ 最低~ 최저 한도/ 忍耐にも~がある 인내에도 한도가 있다

**けんとう** [見当] ①(대체적인) 방향¶ 駅は大体この~の 역은 대략 이 방향에 있다 ②어림, 예상, 짐작, 가늠¶ ~がつかない 짐작이 가지 않다/ ~が外れる 예상이 빗나가다 ③[造語] 《수사에 붙어》…가량, …정도, …내외¶ 一万円~の品 만 엔 정도의 물건¶ ~違いだ 예상이 어긋남

**けんとう** [*拳闘] 권투. 복싱

**けんとう** [軒灯] 헌등. 처마 밑에 다는 등

**けんとう** [健闘] 图自刊 건투¶ ~を祈る 건투를 빌다

**けんとう** [検討] 图他刊 검토¶ 比較~する 비교 검토하다/ ~を要する 검토를 요하다

**けんとう** [献灯] 图自刊 헌등. 신불에게 등을 바침, 그런 등

**けんとう** [賢答] (文) 현답 ①현명한 대답¶ 愚問~ 우문 현답 ②상대방의 대답을 높여 이르는 말

**けんどう** [県道] 현(縣)이 개설·관리하는 도로

**けんどう** [剣道] 검도¶ ~場 검도장

**けんどう** [権道] (文) 권도. 편의상의 수단, 방편¶ 外交の~ 외교상의 방편

**げんとう** [幻灯] 환등¶ ~機 환등기

**げんとう** [舷頭] 선두. 들가, 들판

**げんとう** [*舷灯] 현등. 뱃전에 다는 등불

**げんとう** [*舷頭] (文) 현두= ふなばた

**げんとう** [厳冬] (文) 엄동¶ ~の候 엄동지절

**げんどう** [言動] 언동. 언행¶ ~を慎む 언동을 삼가다

**げんどうき** [原動機] [機] 원동기 **—付き自転車** 원동기 장치 자전거 = 原付

**けんとうし** [遣唐使] [日史] 견당사. 奈良·平

安 시대에 당나라에 파견했던 사절

**げんどうりょく** [原動力] 원동력¶ 優勝の~ 우승의 원동력

**げんとして** [厳として] 副 엄연히, 단호하게¶ ~拒否する 단호히 거부하다

**けんどじゅうらい** [*捲土重来] 권토중래= けんどちょうらい¶ ~を期す 권토중래를 기하다

**けんどん** [*慳貪] (文) ①(江戸 시대에) 우동·국수·밥 등을 한 그릇씩 담아 팔던 것 ②「*慳貪箱」의 준말 **—箱** 상하·좌우의 홈에 뚜껑을 끼우고 뺄 수 있게 한 요리 배달 상자

**けんどん** [*慳貪] 名ナ ①인색하고 탐욕스러움 ②무자비함, 매정스러움= つっけんどん¶ ~に物を言う 매정하게 말을 하다

**けんない** [圏内] 권내 ⇔ 圏外¶ 当選~にある 당선 권내에 있다

**げんなおし** [験直し] 액을 막기 위해 치성을 드림, 액막이= 縁起直し¶ ~に飲む 액막이로 (술을) 마시다

**げんなま** [現生] (俗) 현금, 현찰¶ ~を握る 현찰을 쥐다

**げんなり** 副自刊 (俗) ①(더위·피로로) 녹초가 됨, 축 늘어짐 ②진절머리가 남, 물림¶ 長話に~する 장황한 얘기에 진절머리나다

**けんなわ** [間縄] 간승= 間尺

**けんなん** [剣難] 검난. 칼 등으로 살상당하는 재난¶ ~の相 검난지상

**けんなん** [険難·嶮難] 图ナ (文) ①험난¶ ~な道 험한 길 ②괴로움, 고난¶ ~な世を渡る 험한 세상을 살아가다

**げんに** [現に] 副 실제로, 눈앞에¶ ~そこにある 실제로 거기에 있다

**げんに** [厳に] 副 엄중히, 엄하게¶ ~いましめる 엄하게 훈계하다

**けんにょう** [検尿] 图自刊 [医] 검뇨, 소변 검사

**けんにん** [兼任] 图他刊 겸임 ⇔ 専任¶ ~講師 겸임 강사

**けんにん** [堅忍] 견인. 굳게 참고 견딤¶ ~持久 견인 지구 **—不抜** 견인 불발. 꾹 참고 견디며 마음을 바꾸지 않음

**げんにん** [現任] 현임. 현직¶ ~の首相 현임 수상

**けんにんじがき** [建仁寺垣] [建] 쪼갠 대의 겉이 밖을 향하도록 엮은 바자울

**けんのう** [献納] 图他刊 헌납¶ 鳥居を~する 鳥居를 헌납하다

**けんのう** [権能] [法] 권능. 권한¶ 任免の~ 임면 권한

**げんのう** [玄翁] (돌을 깨는) 큰 쇠메

**げんのしょうこ** [現の証拠] [植] 이질풀

**けんのん** [剣呑·険呑] ナ 위험함, 위태로움¶ ~な山道 위험한 산길/ ~な成り行き 위태로운 추세

**けんば** [犬馬] 견마 ①개와 말 ②[比] 천한 자 ③자신에 관한 일을 낮춰 이르는 말
[慣用句]
**—の労** 견마지로. 주군이나 남을 위해 진력함¶ ~を尽くす 견마지로를 다하다

けんぱ [検波] 名 他スル [電] 검파 ①전파의 유무를 검출함 ②변조된 고주파에서 원래의 음성 전류를 포착해 냄¶ ~器ᄁ 검파기

げんば [現場] 현장 ①(사건 등이) 실제 일어난 장소¶ 事故ᄁ~ 사고 현장 ②(작업이) 실제 이루어지는 장소·장면¶ ~監督ᄁᄁ 현장 감독 ―検証ᄁᄁ 현장 검증

けんぱい [献杯·献盃] 名 自スル 文 헌배, 잔을 올림

げんぱい [減配] 名 他スル 감배 ①배급량을 줄임 ②[経] 주식 배당을 줄임 ▷ ①② ⇔ 増配ᄁᄁ

けんばいき [券売機] 매표기¶ 自動ᄁᄁ~ 자동 매표기

けんぱく [建白] 名 自他スル 건백, 건의¶ 政府ᄁᄁ に~する 정부에 건의하다 ―書 건백서

げんぱく [玄麦] 農 현맥, 쓿지 않은 보리

げんばく [原麦] 원맥

げんばく [原爆] 원폭, 원자 폭탄¶ ~実験ᄁᄁ 원폭 실험¶ ~症ᄁ [医] 원폭증

げんばつ [厳罰] 엄벌¶ 違反者ᄁᄁᄁは~に処する 위반자를 엄벌에 처하다

げんぱつ [原発] '原子力ᄁᄁᄁ発電ᄁᄁ·原子力ᄁᄁ発電所ᄁᄁᄁ'의 준말

けんばん [検番·見番] 권번(券番), 기생의 주선·화대 계산 등을 하는 사무소

けんばん [×鍵盤] 건반 ―楽器ᄁᄁ [音] 건반 악기

げんばん [原盤] 원반

げんぱん [原板] 원판¶ 写真ᄁᄁの~ 사진 원판

げんぱん [原版] 版 원판 ①지형·연판을 뜨기 전의 활자판 ②(복제판 등에 대한) 원래의 판

けんび [兼備] 名 他スル 겸비¶ 才色ᄁᄁ~ 재색 겸비

けんぴ [建碑] 名 自スル 文 건비, 비를 세움

げんぴ [原皮] 원피, 가공하지 않은 가죽

げんぴ [原肥] 원비, 밑거름= もとごえ¶ ~を施ᄁᄁす 밑거름을 주다

げんぴ [厳秘] 文 엄비, 극비¶ ~に付ᄁする 극비에 부치다

けんびきょう [顕微鏡] [物] 현미경¶ 光学ᄁᄁ~ 광학 현미경

けんぴつ [健筆] 건필 ①文 글을 잘 지음¶ ~をふるう 건필을 휘두르다 ②글씨를 잘 씀, 달필= 達筆ᄁᄁ

けんぴょう [堅氷] 文 견빙, 단단한 얼음

げんぴょう [原票] 원표, (어음·수표 등의) 증거삼아 갈라 두는 전표

けんぴん [検品] 名 他スル 검품¶ ~で不良品ᄁᄁᄁをはねる 검품에서 불량품을 가려내다

げんぴん [現品] 현품, 현물¶ ~限ᄁり 현물에 한함¶ ~先渡ᄁᄁし 현물 선도

けんぶ [剣舞] 검무, 칼춤

けんぷ [絹布] 견포, 비단, 견직물

けんぷ [賢婦] 현부, 현부인

げんぶ [玄武] 현무, (사신(四神)의 하나인) 북방신(北方神)

げんぷ [厳父] 文 엄부 ①엄한 아버지¶ ~慈母ᄁᄁ 엄부 자모 ②엄친, 춘부장

げんぷう [厳封] 名 他スル 엄봉, 단단히 봉함

げんぶがん [玄武岩] [地] 현무암

げんぷく [元服] 名 自スル 관례(冠禮) ①원복, 옛날에 남자가 성인이 된 것을 나타내던 의식 ②(江戸ᄁ 시대에) 여자가 결혼하여 눈썹을 밀고 이를 검게 물들이며 머리를 쪽지던 일

けんぷじん [賢夫人] 현부인, 현처

けんぶつ [見物] 名 他スル ①구경, 구경꾼¶ ~人ᄁ 구경꾼/ 芝居ᄁᄁを~する 연극을 구경하다 ②구경할 만한 것, 구경거리

げんぶつ [原物] 원물, 실물¶ ~にお目ᄁにかかる 실물을 뵙다

げんぶつ [現物] 현물 ①실물, 현품¶ ~を見ᄁてから買ᄁう 현물을 보고 나서 사다 ②(금전에 대하여) 물품¶ ~支給ᄁᄁ 현물 지급 ③[経] (주식·곡물 등의) 실제 상품 ④'現物取引ᄁᄁᄁ'의 준말¶ ~給与ᄁᄁ 현물 급여 ―出資ᄁᄁ 현물 출자 ―取引ᄁᄁ [経] 현물 거래

けんぶん [見聞] 名 他スル 견문= けんもん¶ ~録ᄁ 견문록/ ~を広ᄁめる 견문을 넓히다

けんぶん [検分·見分] 名 他スル 검분, 실제로 입회하여 검사함¶ 現地ᄁᄁの実情ᄁᄁᄁを~する 현지의 실정을 검분하다

げんぶん [言文] 언문, 말과 글 ―一致ᄁᄁ 언문일치

げんぶん [原文] 원문¶ ~に忠実ᄁᄁᄁに訳ᄁす 원문에 충실하게 번역하다

けんぺい [兼併] 名 他スル 文 겸병, 합병함¶ 領土ᄁᄁを~する 남의 영토를 합병하다

けんぺい [権柄] 文 권병, 권력, 권력으로 억압함 ―尽ᄁく 우격다짐, 강압적¶ ~で物事ᄁᄁをやる 우격다짐으로 일을 하다

けんぺい [憲兵] 헌병¶ ~隊ᄁ 헌병대

げんぺい [源平] ①源氏ᄁᄁと平氏ᄁᄁ ②두 팀으로 나눠서 승부를 겨룸¶ ~合戦ᄁᄁ 청백전 ③백과 홍¶ ~もち 홍백 떡

けんぺいりつ [建×蔽率] [建] 건폐율

けんぺき [×痃癖·肩癖] ①목에서 어깨에 걸쳐 근육이 당기는 증세 ②안마술

けんべん [検便] 名 自スル [医] 검변, 대변 검사

けんぼ [賢母] 현모¶ 良妻ᄁᄁ~ 현모 양처

けんぽ [兼補] 名 他スル 文 겸보, 겸직, 겸임

けんぽ [健保] 건강 보험

げんぼ [原簿] 원부, 원 장부, (특히) 부기 원장¶ ~と照合ᄁᄁする 원부와 대조하다

けんぼう [権謀] 권모, 임기 응변의 책략 ―術数ᄁᄁ 권모 술수¶ ~をめぐらす 권모 술수를 꾸미다

けんぽう [剣法] 검법, 검술

けんぽう [×拳法] 권법, 발로 차거나 주먹으로 치는 기술을 주로 하는 중국 무술

けんぽう [憲法] 헌법¶ ~を制定ᄁᄁする 헌법을 제정하다 ―記念日ᄁᄁᄁ 헌법 기념일 (5월 3일)

げんぽう [減法] [数] 감법, 뺄셈= 引ᄁき算ᄁ

げんぽう [減俸] 名 自スル 감봉¶ ~処分ᄁᄁ 감봉 처분

けんぼうしょう [健忘症] 건망증

けんぼく [×硯北·研北] 文 (편지에서 수신인

이름 하단 옆에 쓰는) 연북. 좌하. 궤하
**げんぼく** [原木] 원목¶ ～を切り出す 원목을 베어내다
**けんぽん** [献本] 图自他スル 헌본. 서적을 증정함. 그런 서적. 증정본
**けんぽん** [絹本] 견본. 서화에 쓰는 깁바탕. 그것에 쓴[그린] 서화¶ ～に着色する 견본 착색
**げんぽん** [原本] ①근본, 근원¶ ～にさかのぼる 근본으로 거슬러 올라가다 ②원본¶ ～と照合する 원본과 대조하다
**けんま** [研磨・研摩] 图他スル 연마 ①(금속 등을) 갈고 닦음¶ ～機 연마기 ②(정신 등을) 단련함¶ 学問を～する 학문을 연마하다
**げんま** [減摩] (文) 감마 Ⅰ 图自スル 마모, 닳아서 줄어듦¶ 車軸が～する 차축이 닳다 Ⅱ 图他スル 마찰을 적게 함¶ ～剤 감마제
**げんまい** [玄米] 農 현미¶ ～パン 현미빵/～茶 현미차
**けんまく** [剣幕・見幕・権幕] (노하거나 흥분해서) 무섭고 사나운 표정·태도¶ すごい～で詰め寄る 서슬이 시퍼렇게 따지고 들다
**げんまん** [*拳万] 图自スル (幼) (약속의 표시로) 새끼손가락 걸기. 그런 약속¶ 指切り～ 새끼손가락을 걸기
**けんみ** [検見] ①검사함, 검사역 ②→けみ ③망을 봄. 감수, 척후
**げんみつ** [厳密] (ナ) 엄밀¶ ～な測定 엄밀한 측정/～に言えば 엄밀히 말하면
**げんみょう** [玄妙] 图(ナ)(文) 현묘. 오묘함¶ ～な味わい 현묘한 정취
**けんみん** [県民] 현민. 현(縣)의 주민¶ ～会館 현민 회관
**けんむ** [兼務] 图他スル 겸무. 겸임
**けんめい** [件名] 건명. (일정 기준에 따라 분류한) 각 항목 이름¶ ～目録 건명 목록
**けんめい** [賢明] (ナ) 현명¶ ～な判断 현명한 판단
**けんめい** [懸命] (ナ) 힘껏 함, 필사적임, 결사적임¶ ～な努力 필사적인 노력/一所～ 매우 열심히 함
**げんめい** [言明] 图自他スル 언명¶ ～を避ける 언명을 피하다
**げんめい** [原名] 원명. 원래의 명칭
**げんめい** [厳命] 图他スル 엄명¶ ～を下す 엄명을 내리다
**げんめつ** [幻滅] 图自スル 환멸¶ ～を覚える 환멸을 느끼다/～の悲哀 환멸의 비애
**けんめん** [券面] 권면 ①액면, 증권의 금액이 쓰인 앞면 ②「券面額」의 준말¶ ～額 권면액, 액면 가격
**げんめん** [原綿・原棉] 원면
**げんめん** [減免] 图他スル 감면¶ 刑が～される 형이 감면되다
**げんもう** [原毛] 원모
**げんもう** [減耗] 图自他スル (文) 감모. 닳아서 줄어듦. 닳아서 줄게 함
**けんもつ** [献物] 헌물. 헌상품
**けんもほろろ** (ナ) 냉담함. 쌀쌀함¶ ～の挨拶 쌀쌀한 인사/～に断わる 매몰차게 거절하다
**けんもん** [見聞] 图他スル → けんぶん [見聞]
**けんもん** [検問] 图他スル 검문¶ 国境の～所 국경의 검문소/～にひっかかる 검문에 걸리다
**けんもん** [権門] (文) 권문. 권문 세가¶ ～にへつらう 권문에 아첨하다
**げんもん** [*舷門] 현문. 뱃전의 출입구
**げんや** [原野] 원야. 황야. 벌판
**けんやく** [倹約] 图(ナ)他スル 검약. 절약¶ ～家 검약가/小遣いを～する 용돈을 절약하다
**げんゆ** [原由] (文) 원유. 근본 이유, 원인=げんゆう¶ ～を探る 원인을 찾다
**げんゆ** [原油] 化 원유¶ ～を精製する 원유를 정제하다
**けんゆう** [兼有] 图他スル (文) 겸유. 겸하여 가짐
**げんゆう** [現有] 图他スル 현유. 현재 가지고 있음¶ ～勢力 현유 세력/～議席 현유 의석
**けんよ** [権興] 권여, 시초, 발단, 기원
**けんよう** [兼用] 图他スル 겸용. 같이[함께] 씀¶ 男女～の傘 남녀 겸용 우산
**けんよう** [険要] 图(ナ)(文) 험요. 지세가 험해 방어하기 적합함¶ ～の地 험요지, 요충지
**けんよう** [顕揚] 图他スル(文) 현양. 선양¶ 校名を～する 교명을 선양하다
**けんよう** [顕要] (ナ)(文) 현요. (지위가) 높고 중요함¶ ～の職 현직(顕職)에 있다
**げんよう** [幻*妖] ①정체를 알 수 없는 괴물, 요괴 ②요술, 마술
**けんようすい** [懸*壅垂] 醫 「口蓋垂」의 옛말. 현옹수. 목젖
**けんよく** [謙抑] 图自スル 겸억, 겸양¶ ～な態度 겸양한 태도
**けんらん** [*絢*爛] スル 현란¶ ～豪華 현란 호화, 호화 찬란/～たる文章 현란한 문장
**けんり** [権利] ～と義務という 당연한 권리/～を主張する 권리를 주장하다 **—落ち** 經 권리락. 증자한 신주를 할당 받을 권리가 없어지는 일 **—金** 권리금 **—付き** 經 권리부. 증자한 신주를 가질 권리가 생기는 일 **—能力** 法 권리 능력
**げんり** [原理] 원리¶ パスカルの～ 파스칼의 원리
**けんりつ** [県立] 현립. 현(縣)이 설립·운영함. 그런 시설¶ ～高校 현립 고교
**げんりゅう** [源流] 원류 ①수원(水源)¶ 利根川の～ 利根강의 원류 ②(사물의) 근원, 기원¶ 文明の～ 문명의 원류
**けんりゅうけい** [検流計] 電 검류계
**けんりょ** [賢慮] (文) 현려 ①현명한 생각 ②상대방의 생각을 높여 이르는 말
**けんらん** [見物] ①관람료 ②복채
**げんりょう** [原料] 원료¶ 紙の～ 종이의 원료/石油を～とする 석유를 원료로 하다
**げんりょう** [減量] 图自他スル (文) 감량 ⇔増量¶ ～経営 감량 경영/試合のために～する 경기를 위해 감량하다
**けんりょく** [権力] 권력¶ ～争い 권력 다툼/

**けんるい** [堅塁] 건루. 견고한 보루¶ ～を抜<sup>ぬ</sup>く 견고한 보루를 함락시키다
**けんれい** [県令] 현령 ①「県知事<sup>けんちじ</sup>」의 옛일컬음 ②[法] 県知事<sup>けんちじ</sup>가 내린 행정 명령
**げんれい** [厳令] 名他スル 엄령. 엄명¶ ～をくだす 엄명을 내리다
**けんれん** [*眷恋] 名ヵ自他スル 권련. 애타게 연모함
**けんろ** [険路] (文) 험로. 험한 길
**けんろう** [堅牢] [ア] 견뢰. 견고함. 단단함¶ ～無比<sup>むひ</sup> 견뢰 무비/ ～な家具<sup>かぐ</sup> 견고한 가구
**げんろう** [元老] 원로 ①어느 분야에서 공로가 있는 장로¶ 文学界<sup>ぶんがくかい</sup>の～ 문학계의 원로 ②能·官위·경험이 높은 공신 ③[日史] 明治<sup>めいじ</sup> 후기부터 昭和<sup>しょうわ</sup> 초기까지) 天皇<sup>てんのう</sup>을 보좌하고 중요한 정무 결정에 영향력이 컸던 정치가 **ー院**<sup>いん</sup> 원로원 ①[史] 고대 로마의 입법·자문 기관 ②[日史] 1875년에 설치된 중앙 입법 자문 기관
**げんろく** [元禄] ①江戸<sup>えど</sup> 시대의 연호(1688~1704) ②「元禄袖<sup>げんろくそで</sup>·元禄模様<sup>げんろくもよう</sup>」의 준말 **ー時代**<sup>じだい</sup> 江戸 중기의 5대 将軍<sup>しょうぐん</sup>인 徳川綱吉<sup>とくがわつなよし</sup>의 집권 시대 **ー袖**<sup>そで</sup>(일본 여자옷에서) 길이가 짧고 배래가 둥근 소매 **ー模様**<sup>もよう</sup> 元禄 시대에 유행한 크고 화려한 무늬
**げんろん** [言論] 언론¶ ～を統制<sup>とうせい</sup>する 언론을 통제하다 **ーの自由**<sup>じゆう</sup> [法] 언론의 자유
**げんろん** [原論] 원론¶ 経済学<sup>けいざいがく</sup>～ 경제학 원론
**げんわく** [眩惑] 名自他スル 현혹¶ 衆人<sup>しゅうじん</sup>を～する 뭇사람을 현혹하다
**けんわん ちょくひつ** [懸腕直筆] 현완 직필. 붓을 곧게 쥐고 팔을 바닥에 대지 않고 쓰는 서법

# こ コ

こ 五十音図<sup>ごじゅうおんず</sup>「か」행(行)의 다섯째 かな. ひらがな「こ」는「己」의 초서체. かたかな「コ」는「己」의 처음 두 획을 취한 것
**こ** [己] 音コ·キ 訓おのれ·つちのと | (음) 기. (造語) ①나. 자기 自己<sup>じこ</sup> 자기·利己<sup>りこ</sup> 이기 ②「キ」로 읽어) 십간의 여섯째¶ 己巳<sup>きし</sup> 기사
**こ** [戸] 音コ 訓と | (음)호. (造語) ①문. 출입구. 출입문. 문짝¶ 戸外<sup>こがい</sup> 호외. 門戸<sup>もんこ</sup> 문호 ②집. 일가. 가구¶ 戸主<sup>こしゅ</sup> 호주. 戸籍<sup>こせき</sup> 호적 ③[助動] 집을 세는 말. 호. 채¶ 一戸<sup>いっこ</sup> 한 채¶ 数戸<sup>すうこ</sup> 수호 ④주량을 늘어나는 말¶ 下戸<sup>げこ</sup> 술을 못 마시는 사람·上戸<sup>じょうこ</sup> 술꾼
**こ** [*乎] 音コ | (음)호. (造語) ①상태를 나타내는 말에 붙어 강조하는 어조사¶ 断乎<sup>だんこ</sup> 단호. 牢乎<sup>ろうこ</sup> 끄떡없음 ②의문·반어·영탄의 어조사¶ 断乎 훈독에서「か·や·かな」로 읽음 ③시간·대상 등을 나타내는 어조사
**こ** [古] 音コ 訓ふるい·ふるす·いにしえ | (음)고. (造語) ①오래되다. 낡다 古書<sup>こしょ</sup> 고서. 最古<sup>さいこ</sup> 最古, 옛적¶ 古今<sup>ここん</sup> 고금·古典<sup>こてん</sup> 고전·古墳<sup>こふん</sup> 고분
**こ** [*冴] 音コ·ゴ 訓さえる | (음)호. (造語) 얼음이 얼다. 얼음처럼 맑다
**こ** [*刳] 音コ | (음)고. (造語) 쪼개다. 도려내다¶ 刳剔<sup>こてき</sup> 베어 가름. 쩸
**こ** [呼] 音コ 訓よぶ | (음)호. (造語) ①숨을 내쉼. 날숨¶ 呼気<sup>こき</sup> 호기. 呼吸<sup>こきゅう</sup> 호흡 ②소리내어 부르다. 외치다. 부르짖다¶ 呼応<sup>こおう</sup> 호응. 歓呼<sup>かんこ</sup> 환호 ③이름을 부르다. 호명하다¶ 呼称<sup>こしょう</sup> 호칭. 称呼<sup>しょうこ</sup> 칭호
**こ** [固] 音コ 訓かためる·かたまる·かたい·もとより | (음)고. (造語) ①튼튼하다. 견고하다. 굳히다. 단단하다¶ 固形<sup>こけい</sup> 고형·凝固<sup>ぎょうこ</sup> 응고·堅固<sup>けんこ</sup> 견고 ②고집스러움. 완고함¶ 固辞<sup>こじ</sup> 고사·頑固<sup>がんこ</sup> 완고 ③처음부터. 원래부터¶ 固有<sup>こゆう</sup> 고유
**こ** [*姑] 音コ 訓しゅうとめ | (음)고. (造語) ①시어머니. 장모 ②잠시. 일시¶ 姑息<sup>こそく</sup> 고식
**こ** [*狐] 音コ 訓きつね | (음)호. (造語) 여우·狐狸<sup>こり</sup> 호리·白狐<sup>びゃっこ</sup> 백호 ▷ (熟字訓) 狐臭<sup>わきが</sup> 액취
**こ** [*股] 音コ 訓また·もも | (음)고. (造語) 허벅다리. 가랑이¶ 股間<sup>こかん</sup> 고간·股関節<sup>こかんせつ</sup> 고관절
**こ** [*虎] 音コ 訓とら | (음)호. (造語) 호랑이. 범¶ 虎口<sup>ここう</sup> 호구·猛虎<sup>もうこ</sup> 맹호 ▷ (熟字訓) 虎杖<sup>いたどり</sup> 호장·虎魚<sup>おこぜ</sup> 쑤시미·虎落笛<sup>もがりぶえ</sup> 대울타리 등에 부딪쳐서 소리 내는 겨울 바람
**こ** [孤] 音コ | (음)고. (造語) ①고아¶ 孤児<sup>こじ</sup> 고아 ②혼자. 하나. 외돌토리¶ 孤島<sup>ことう</sup> 고도·孤立<sup>こりつ</sup> 고립 Ⅱ (文) ①고아¶ 五歳<sup>ごさい</sup>にして～となる 다섯 살에 고아가 되다 ②고독. 외로움¶ 徳<sup>とく</sup>は～ならず必<sup>かなら</sup>ず隣<sup>となり</sup>あり 덕이 있는 자는 외롭지 않아 협력자가 반드시 나타난다
**こ** [弧] 音コ | (음) 호. Ⅰ (造語) 활. 활 모양으로 굽은 것¶ 円弧<sup>えんこ</sup> 원호·括弧<sup>かっこ</sup> 괄호 Ⅱ 호 ①활 모양으로 굽은 것. 곡형¶ ～を描<sup>えが</sup>く 호를 그리다 ②[数] 원둘레·곡선의 일부분
**こ** [故] 音コ 訓ゆえ | (음)고. (造語) ①원래부터 있는. 예전의. 낡은. 옛일¶ 故事<sup>こじ</sup> 고사·温故知新<sup>おんこちしん</sup> 온고지신 ②예로부터의[친숙한]. 본디의¶ 故郷<sup>こきょう</sup> 고향·縁故<sup>えんこ</sup> 연고 ③특별한 사정. 사건. 지장¶ 故障<sup>こしょう</sup> 고장·事故<sup>じこ</sup> 사고 ④죽다. 죽은¶ 故人<sup>こじん</sup> 고인 ⑤일부러¶ 故意<sup>こい</sup> 고의. 故買<sup>こばい</sup> 고매 ⑥이름 위에 붙여 고인임을 나타냄¶ 故夏目漱石<sup>こなつめそうせき</sup> 夏目漱石 ▷ (熟字訓) 何故<sup>なにゆえ</sup> 왜. 어째서
**こ** [枯] 音コ 訓かれる·からす | (음)고. (造語) ①마르다. 말라 죽다¶ 枯渇<sup>こかつ</sup> 고갈·枯死<sup>こし</sup> 고사·枯木<sup>こぼく</sup> 고목 ②쇠퇴하다. 쇠약해지다¶ 栄枯盛衰<sup>えいこせいすい</sup> 영고성쇠

こ [胡] 音コ・ゴ・ウ 訓えびす|(음)호. (造語) ①중국의 북방 민족, 오랑캐, 외국¶ 胡人ごん 호인・胡麻ご 참깨 ②적당히 넘어감, 엉터리¶ 胡散さん 수상함・胡乱ろん 괴이쩍음 ③의문의 어조사, 한문 훈독으로 「なんぞ」로 읽음 ▷ 熟字訓 胡座ぐら 책상다리・胡瓜きゅう 오이・胡桃るみ 호도

こ [個] 音コ|(음)개. I (造語) 하나, 낱개, 한 사람¶ 個個ここ・個人こじん 개인・個数こすう 개수 ▷ 箇か 와 같음 II ①개인¶ ～の意志いしを尊重そんちょうする 개인의 의지를 존중하다 ②(助數) 물건의 수를 세는 말. 개¶ 二つ～ 두 개

こ [庫] 音コ 訓くら|(음)고. (造語) 곳간, 창고¶ 金庫きん 금고・倉庫そう 창고・文庫ぶん 문고・冷蔵庫れいぞうこ 냉장고

こ [袴] 音コ 訓はかま|(음)고. (造語) 하의, (일본옷에서) 주름이 잡힌 하의・軍袴ぐん 군복 바지

こ [湖] 音コ 訓みずうみ|(음)호. (造語) 호수¶ 湖沼こしょう 호소・湖水こすい 호수・江湖こうこ 강호

こ [雇] 音コ 訓やとう|(음)고. (造語) 고용하다¶ 雇用こよう・解雇かいこ 해고

こ [瑚] 音コ・ゴ (造語) ①제기(祭器) 의 이름 ②산호¶ 珊瑚さんご 산호

こ [誇] 音コ 訓ほこる|(음)과. (造語) 과장하다, 뽐내다, 자만하다¶ 誇示こじ 과시・誇大こだい 과대・誇張こちょう 과장

こ [鼓] 音コ 訓つづみ|(음)고. I (造語) ①북, 장고¶ 鼓手こしゅ 고수・太鼓たいこ 큰북 ②북을 치다, 격려하다¶ 鼓吹こすい 고취・鼓舞こぶ 고무 ▷ 「鼓こ」는 속자 II ¶ ～を鳴ならす 북을 울리다

こ [糊] 音コ 訓のり|(음)호. (造語) ①풀, 풀칠하다, 풀로 붙이다¶ 糊塗こと 호도・模糊もこ 모호 ②죽을 먹다, 겨우 살아가다¶ 糊口こう 호구

こ [顧] 音コ 訓かえりみる|(음)고. (造語) ①뒤돌아보다, 둘러보다¶ 一顧いっこ 일고・回顧かいこ 회고 ②신경을 쓰다, 소중히 여기다¶ 顧客きゃく 고객・顧慮こりょ 고려・愛顧あいこ 애고

こ [小] 接頭 ①(명사에 붙어) 작다, 적다, 가늘다, 어리다, 젊다¶ ～船ぶね 작은 배/ ～雨あめ 가랑비/ ～童ちゃ 애송이 ②(적은 수량을 나타내는 말에 붙어) 거의, 근¶ 一時間いちじかん에 1시간 ③(상태를 나타내는 말에 붙어) 좀, 약간¶ ～走ばしり 종종걸음/ ～きれいな家いえ 아담하고 깨끗한 집 ④얕보거나 무시하는 기분을 나타냄¶ ～役人にん 말단 벼슬아치/ ～利口こう/ なやつ 약아빠진 녀석 ⑤(신체를 나타내는 말에 붙어) 약간, 조금¶ ～首くびをかしげる 고개를 갸웃하다/ ～耳みみにはさむ 얼핏 듣다

こ 接尾 (명사・의태어 등에 붙어) 어조를 가다듬거나 상태를 나타냄¶ ぺしゃん～ 납작/ どろん～ 흙투성이

こ [子] ①¶ ×児 자식¶ まま～ 의붓자식/ ～を育そだてる 자식을 기르다 ②¶ ×仔 (짐승의) 새끼¶ 犬いぬの～ 강아지 ③(물고기의) 알¶ たら～ 대구 알/ ～持ちのくち 알배기 조기 ④어린아이, 꼬마¶ いじめっ～ 장난꾸러기/ いい～だね 착한 아이군 ⑤¶ ×娘 소녀, 아가씨¶ きれいな～ 예쁜 소녀 ⑥식물의 줄기나 뿌리에서 나는 싹, 순¶ 竹たけの～ 죽순/ 芋いもの～ 새끼 토란 ⑦종속된 것¶ ～会社しゃ 자회사/ ～分ぶん 부하 ⑧이자¶ 元もと～もなくす 원금도 이자도 모두 잃다 ⑨(造語) ㉠그 상태에 있는 사람을 나타냄¶ 売うり～ 점원/ 踊おどり～ 무희 ㉡(지명・시대에 붙어) 출신을 나타냄¶ 江戸えどっ～ 江戸내기 ⑩(造語) 물건을 의미함¶ 振ふり～ 추/ 張はり～のトラ 종이 호랑이 ⑪(造語) 여자 이름에 붙여 쓰는 말¶ 保やす～ (여자 이름) やすこ
慣用句
━━は鎹かすがい 자식은 부부 사이의 꺾쇠
━━は三界さんがいの首枷くびかせ 자식은 삼계의 애물
━━故ゆえの闇やみ 자식 사랑에 눈이 멀

こ [粉] 가루, 분말= こな¶ 小麦こむぎ～ 밀가루/ ～をふく (감자 등에) 흰 가루가 일다

こ [×蚕] 누에= かいこ¶ 春はる～ 춘잠/ ～棚だな 누에 시렁

こ [木] 나무= き¶ ～の実み 나무 열매/ ～の葉は 나뭇잎

こ [五] 音ゴ 訓いつ・いつつ・い|(음)오. I (造語) 다섯, 오¶ 五感ごかん 오감・五穀ごこく 오곡・三三五五さんさんごご 삼삼오오 ▷ 熟字訓 五月さつき 음력 5월・五十路いそじ 쉰 살・五月蠅うるさ 시끄럽다・五月雨さみだれ 음력 5월 장마 II ①. 다섯= いつつ¶ ～人家族かぞく 5인 가족

こ [互] 音ゴ 訓たがい|(음)호. 서로, 번갈아¶ 互換かん 호환・相互そうご 상호

こ [午] 音ゴ 訓ひる|(음)오. 십이 간지의 일곱째, 소¶ 午後ごご 오후・正午しょうご 정오・子午線ごせん 자오선

こ [×伍] 音ゴ|(음)오. I (造語) ①조, 동료, 대열¶ 隊伍たいご 대오 ②낙오¶ 伍ごの 갖은자 II (文) 5호(戶)가 한 조인 행정상의 단위, 5인 1조의 군제상의 단위¶ ～を組くむ 5인 1조의 대열을 짜다

こ [呉] 音ゴ 訓くれ|(음)오. I (造語) ①오나라 지방¶ 呉音おん 오음 ②일본에서 중국을 일컫던 말¶ 呉服ふく 당포 II (史) (중국의) 오나라

こ [×吾] 音ゴ 訓われ|(음)오. (造語) ①나, 우리, 자기¶ 吾人じん 오인 ②상대방에 대한 친밀감을 나타냄¶ 吾兄けい 오형・吾子こし 오자

こ [後] 音ゴ・コウ 訓のち・うしろ・あと・おくれる|(음)후. (造語) ①뒤, 나중¶ 最後さいご 최후・戦後せんご 전후・後輩こうはい 후배 ②뒤지다, 늦다¶ 後進しん 후진・後発はつ 후발 ▷ 熟字訓 後妻こさい 후처・後朝きぬぎぬ 동침한 남녀가 아침에 헤어짐・後方ほう 후방

こ [娯] 音ゴ 訓たのしむ|(음)오. (造語) 즐기다, 즐겁다, 즐거움¶ 娯楽ごらく 오락

こ [悟] 音ゴ 訓さとる|(음)오. ①깨닫다, 이해하다¶ 悟性せい 오성・覚悟かくご 각오・大悟だいご 대오 ②이해가 빠르다¶ 穎悟えいご 영오

こ [梧] 音ゴ|(음)오. (造語) ①벽오동¶ 梧桐ごとう 오동・梧葉よう 오동잎 ②벽오동으로 만든 책상・거문고¶ 梧下か 오하・梧右ゆう 오우 ③웅장함¶ 魁梧かいご 괴오

こ [碁] 音ゴ|(음)기. I (造語) 바둑¶ 碁会かい

바둑 대회·碁盤ばん 바둑판·囲碁は 바둑Ⅱ 바둑¶ ~を打つ 바둑을 두다

ご [語] 畜 ゴ·ギョ 訓 かたる·かたらう | (音)어. Ⅰ (造語) ①말하다, 이야기하다¶ 語勢せい·어세·語調ちょう 어조·낱말, 단어 | 語彙い 어휘·国語ごく 국어 ③언어¶ 英語えい 영어·仏語ふつ 불어 ④「物語ものがたりの」의 준말¶ 源語げん· 源氏物語ものがたりの 준말Ⅱ①말, 말씨¶ ~を改あらためる 말을 바꾸다 ②단어, 낱말

ご [誤] 畜 ゴ 訓 あやまる | (音)오. (造語) 틀리다, 실수하다¶ 誤解かい 오해·誤差さ 오차·誤診しん 오진·錯誤さく 착오

ご [護] 畜 ゴ 訓 まもる | (音)호. (造語) 감싸다, 지키다¶ 護衛えい 호위·看護かん 간호·救護きゅう 구호·警護けい 경호

ご [御] Ⅰ 接頭 ①〈상대방에 관련된 일·물건을 나타내는 한자어에 붙어〉 존경을 나타냄¶ ~健康けん 건강 / ~立派りっぱ なお仕事しごと는 훌륭하신 일 ②〈자신의 행위를 나타내는 한자어에 붙어〉 겸양을 나타냄¶ ~報告ほうこく 申もうし上あげます 보고 드리겠습니다 ③〈한자어 체언에 붙어〉 공손함을 나타냄¶ ~飯はん 밥/ ~膳ぜん 진지(상) ④조롱·비판을 담은 표현¶ ~大層たいそうなことを言いうな 큰소리치지 말게/ ~託たくを並ならべる 장황하게 말을 늘어놓다Ⅱ 接尾 〈사람을 나타내는 말에 붙어〉 존경의 뜻을 나타냄¶ 親おや~ 부모님/ 母はは~ 자당

ご [期] [文] ①때, 시기¶ この~に及およんで 逃にげるとは 이 마당에 이르러 도망하다니 ②임종 때, 죽을 때¶ 最さい~ 최후/ 末まつ~ 죽을 무렵

ごあいさつ [御挨拶] ①「あいさつ」의 높임말¶ ~に伺うかがう 인사차 찾아뵙다 ②〈비꼬는 기분으로〉 뜻밖의 말, 어이없는 말¶ これは~だね 이건 뜻밖의 말씀인데/ 会あわないとは ~だね 만나지 않겠다니 좀 심한 말이군

こあきない [小商い] 소규모 장사¶ ~をしている 조그만 장사를 하고 있다

ごあく [五悪] [佛] 오악, 오계를 범하는 일

こあげ [小揚げ] ①뱃짐을 부림, 하역, 하역부 ②유곽으로 손님을 태워다 주는 가마꾼

こあざ [小字] 〈행정 구획의 하나로〉 町ちょう· 村むら 밑에 있는 大字おおあざ를 세분한 소구역

こあじ [小味] 图 감칠맛 ⇔ 大味おお¶ ~の利きいた料理りょうり 감칠맛 나는 요리

こあたり [小当(た)り] 图 自 スル 〈남의 속을〉 슬쩍 떠봄¶ ~に当あたる 슬쩍 떠보다

こい [恋] ①사랑, 연애 ①初うい~ 첫사랑/ ~におちいる 사랑에 빠지다 ②[文] 〈和歌か·連歌れん 등에서〉 연정을 노래한 것

慣用句
—は思案しあんの外ほか 사랑은 알 수 없는 것
—は盲目もうもく 사랑은 맹목적인 것

こい [×鯉] [動] 잉어¶ 錦にしき~ 비단잉어

慣用句
—の滝登たきのぼり 잉어가 폭포를 거슬러 오름

こい [請い·×乞い] 청, 부탁¶ 雨あま~の祭まつり 기우제/ ~に応おうじる 부탁에 응하다

こ·い [濃い] 形 ①〈색·맛 등이〉 짙다, 진하다¶ ~緑みどり 짙은 초록색/ ~塩味しおあじ 진한 짠맛 ②〈농도·밀도가〉 짙다, 높다¶ ~コーヒー 진한 커피/ ~霧きり 짙은 안개/ ひげが~ 수염이 짙다 ③〈정도가〉 강하다, (확률이) 높다¶ 疑うたがいが~ 혐의가 짙다 ④〈관계가〉 밀접하다, 사이가 좋다¶ ~仲なか 정다운 사이

こい [故意] 고의 ①名 일부러, 의도적¶ ~に誤あやまる 고의로 틀리다 ②[法] 그 행위가 타인의 권리를 침해할 것임을 알면서도 하려는 의사 ⇔ 過失かしつ 未必みひつの~ 미필적 고의

ごい [語彙] [文法] 어휘¶ 基本ほん~が豊富ほうふだ 기본 어휘가 풍부하다

ごい [語意] 말뜻= 語義ぎ

こいうた [恋歌] 연가, 사랑의 시가= こいか

こいかぜ [恋風] [文] 〈바람처럼 몸에 스미는〉 간절한 연정, 그리운 생각

こいがたき [恋敵] 연적

こいき [小粋·小意気] ナ 〈어딘지〉 맵시 있음, 멋짐¶ ~なかっこう 맵시 있는 모양

こいぐち [鯉口] 칼집 아가리
慣用句
—を切きる 〈당장 칼을 뽑을 수 있도록〉 칼집 아가리를 늦추다

こいこが·れる [恋(い)焦がれる] 自下一 사랑에 애태우다, 애타게 그리다¶ 夜よも眠ねむれないほど~ 밤에도 잠 못 들 정도로 애타게 그리다

こいこく [×鯉濃] [料] 토막친 잉어를 넣고 끓인 된장국= 鯉濃漿こいこくしょう

こいごころ [恋心] 연심, 연정¶ 淡あわい~を抱いだく 아련한 연심을 품다

ごいさぎ [五位×鷺] [動] 해오라기

こいさん [方] 〈자매 중〉 막내딸의 높임말

こいじ [恋路] 연애, 연정¶ ~のやみ 사랑에 눈이 멂/ 人ひとの~の邪魔じゃまをする 남의 사랑에 훼방을 놓다

ごいし [碁石] 바둑돌

こいし·い [恋しい] 形 그립다¶ ~人ひと 그리운 사람/ 故郷こきょうが~ 고향이 그립다

こいした·う [恋(い)慕う] 他五 〈애타게〉 그리워하다¶ 母はは を~ 어머니를 그리워하다

こい·する [恋する] 他サ変 (이성을) 사랑하다, 연모하다¶ ~乙女おとめ 연모하는 처녀

ごいちごじけん [五·一五事件] [日史] 1932년 5월 15일 청년 장교와 사관 생도들이 수상 관저 등을 습격하고 수상을 살해한 사건

こいちゃ [濃(い)茶] ①늙은 차나무의 어린 잎으로 만든 말차 ②「濃茶点前こいちゃてんまえ」의 준말 ③진한 갈색 —点前まえ 〈다도에서〉 濃茶ちゃを 개어 여러 사람이 내지 않고 진하게 타는 방법

こいつ [×此×奴] 代 [人称] 이놈, 이 녀석, 이 자식¶ ~の責任せきにんだ 이 녀석 책임이다/ ~が裏切うらぎり者ものなんだ 이놈이 배신자다 ②[指示] 이것, 요것¶ ~はうまい 요것 맛 좋군

ごいっしん [御一新] 「明治維新めいじいしん」의 딴이름

こいなか [恋仲] 사랑하는 사이, 연인 사이

こいにょうぼう [恋女房] 연애 결혼한 아내, 사랑하는 아내

こいぬ [小犬] ①작은 개 ②[子犬・仔犬] 강아지 一座（いっざ）[天] 작은 개자리

こいねが・う [希う・冀う・〈庶幾〉う] 他五 (文) 간절히 바라다, 갈망하다¶ 息子(むすこ)の成功(せいこう)を～ 아들의 성공을 간절히 바라다

こいねがわくは [^希くは・冀くは・〈庶幾〉くは] 副 (文) (오로지) 바라건대, 부디＝なにとぞ ¶ ～、神(かみ)のご加護(かご)のあらんことを 부디 신의 가호가 계시기를

こいのぼり [^鯉幟] 종이나 헝겊으로 잉어 모양으로 만든 드림

こいびと [恋人] 연인, 애인
こいぶみ [恋文] 연문, 연서, 연애 편지
こいわずらい [恋煩い] 상사병¶ ～にやつれる 상사병으로 여위다 ▷ 예스러운 말
こいん [雇員] (文) 고원, 고용원＝雇(やと)い
ごいん [五音] [音] 5음＝ "五十音図(ごじゅうおんず)"의 각 행의 다섯 음, 五十音＝ごおん

こう [口] 音 コウ 訓 くち｜(음)구, (造語) ①입¶ 口腔(こうこう) 구강・開口(かいこう) 개구 ②말하다, 말¶ 口述(こうじゅつ) 구술・口伝(くでん) 구전 ③들어가는 통로, 출입구¶ 口径(こうけい) 구경・噴火口(ふんかこう) 분화구 ④사람・집의 수¶ 口銭(こうせん) 구전・人口(じんこう) 인구 ⑤(助数) 사람・칼・집 등을 세는 단위, 구, 자루¶ 剣一口(けんいっこう) 검 한 자루

こう [工] 音 コウ 訓 たくみ｜(음)공, (造語) ①물건을 만듦, 작업, 그런 기술¶ 工事(こうじ) 공사・工場(こうじょう) 공장・細工(さいく) 세공 ②만드는 사람, 직공, 장인¶ 職工(しょっこう) 직공・陶工(とうこう) 도공・熟練工(じゅくれんこう) 숙련공¶ 工科(こうか) 공과・商工(しょうこう) 상공

こう [公] 音 コウ・ク 訓 おおやけ・きみ｜(음)공, I (造語) ①공평하다, 올바르다¶ 公正(こうせい) 공정・公明(こうめい) 공명 ②국가・정부에 관한 일, 공적임, 관청¶ 公営(こうえい) 공영・公職(こうしょく) 공직 ③사회 일반, 세상¶ 公益(こうえき) 공익・公衆(こうしゅう) 공중 ④모든 것에 공통되다¶ 公理(こうり) 공리・公約数(こうやくすう) 공약수 ⑤귀인에 대한 높임말¶ 公家(くげ) (무가 시대에) 조정에 출사하던 사람・公子(こうし) 공자 ⑥공작¶ 公爵(こうしゃく) 공작 ⑦타인에 대해 경의를 표하는 말¶ 貴公(きこう) 귀공・主人公(しゅじんこう) 주인공 ▷ 熟字訓 公孫樹(こうそんじゅ) 은행나무 II ①공작¶ ～の遺訓(いくん) 공작의 유훈 ②(造語) (이름에 붙어) 친밀감이나 경멸의 뜻을 나타냄¶ 忠犬(ちゅうけん)ハチ～ 충견 하치공・ずべ～ 불량 소녀

こう [孔] 音 コウ｜(음)공, (造語) ①구멍¶ 眼孔(がんこう) 안공・瞳孔(どうこう) 동공・穿孔(せんこう) 천공 ②(중국의 사상가인) 공자¶ 孔孟(こうもう) 공맹

こう [功] 音 コウ・ク 訓 いさお｜(음)공, I (造語) ①공, 공적¶ 功績(こうせき) 공적・戦功(せんこう) 전공 ②효과, 보람¶ 功用(こうよう) 공용・功徳(くどく) 공덕 ▷ ～는「効」와 같음 II ①공, 공훈, 공적¶ 内助(ないじょ)の～ 내조의 공 ②효과, 보람¶ 労(ろう)多(おお)くして～少(すく)なし 애는 많이 쓰고 보람은 적다

〔慣用句〕
—成(な)り名(な)遂(と)げる 성공하여 이름을 떨치다
—を奏(そう)する 일을 성취하다, 성공하다

こう [叩] 音 コウ 訓 たたく｜(음)고, (造語) 두드리다, 머리 숙여 절을 하다¶ 叩頭(こうとう) 고두

こう [尻] 音 コウ 訓 しり｜(음)고, (造語) 주로 훈「しり」로 씀 ▷ 熟字訓 尻尾(しっぽ) 꼬리

こう [巧] 音 コウ 訓 たくみ｜(음)교, (造語) 솜씨가 좋음¶ 巧言(こうげん) 교언・巧妙(こうみょう) 교묘・技巧(ぎこう) 기교・精巧(せいこう) 정교

こう [広] [廣] 音 コウ(クワウ) 訓 ひろい・ひろまる・ひろめる・ひろがる・ひろげる｜(음)광, (造語) ①크다, 넓다¶ 広義(こうぎ) 광의・広野(こうや) 광야・広範囲(こうはんい) 광범위 ②널리 퍼지다, 널리 행해지다¶ 広告(こうこく) 광고・広報(こうほう) 홍보

こう [弘] 音 コウ(クワウ) 訓 ひろい・ひろめる｜(음)홍, (造語) ①크고 넓다¶ 弘誓(こうぜい) 홍서・弘通(こうつう) 홍통 ②넓히다, 퍼뜨리다¶ 弘法(こうぼう) 홍법

こう [甲] 音 コウ(カフ)・カン 訓 きのえ｜(음)갑, I (造語) ①외피, 단단한 껍질, 갑각, 갑옷, (거북 등의) 등딱지¶ 甲殻(こうかく) 갑각・甲板(こうはん) 갑판・装甲(そうこう) 장갑 ②십간(十干)의 첫째, 갑¶ 甲子(こうし) 갑자・華甲(かこう) 회갑 ③(순위・등급의) 첫째¶ 甲種(こうしゅ) 갑종 II ①(動) (거북・게 등의) 등딱지, 갑각¶ 亀(かめ)の～ 거북의 등딱지 ②(손・발의) 등¶ 手(て)の～ 손등 ③둘 이상의 것 중에서 하나의 이름을 대신하는 말, 갑¶ 雇用者(こようしゃ)を乙(おつ)と称(しょう)する 고용자를 갑 피고용자를 을이라 칭한다 ④(등급의) 갑, 첫째¶ 殊勲(しゅくん)～ 수훈 갑

こう [交] 音 コウ(カウ) 訓 まじわる・まじえる・まじる・まざる・まぜる・かう・かわす｜(음)교, I (造語) ①교차하다, 얽히다, 만나다¶ 交通(こうつう) 교통・手交(しゅこう) 수교 ②주고받다, 사귀다, 교제¶ 交際(こうさい) 교제・国交(こっこう) 국교・社交(しゃこう) 사교 ③바꾸다, 바뀌다¶ 交換(こうかん) 교환・交代(こうたい) 교대 ▷ 熟字訓 交喙(いすか) 잣새 II (文) ①환절기, 변환기¶ 秋冬(しゅうとう)の～ 추동의 환절기 ②교체¶ ～を断(た)つ 교제를 끊다

こう [光] 音 コウ(クワウ) 訓 ひかる・ひかり｜(음)광, (造語) ①빛나다, 빛¶ 光線(こうせん) 광선・採光(さいこう) 채광 ②경치¶ 光景(こうけい) 광경・観光(かんこう) 관광 ③시간, 세월¶ 光陰(こういん) 광음 ④명예, 명성¶ 光栄(こうえい) 광영・栄光(えいこう) 영광 ⑤남의 행동에 대해 경의를 표하는 말¶ 光臨(こうりん) 광림

こう [向] 音 コウ(カウ)・キョウ(キャウ) 訓 むく・むける・むかう・むこう｜(음)향, (造語) ①향하다, 향해 가다, 경향, 지향¶ 傾向(けいこう) 경향・指向(しこう) 지향 ②따르다, 따라가다¶ 向背(こうはい) 향배 ③(때・세월이) 가다, 먼저¶ 向後(こうご・きょうご)・～後(ご) 향후 ▷ 熟字訓 向日葵(ひまわり) 해바라기

こう [后] 音 コウ・ゴ｜(음)후, (造語) ①뒤, 나중¶ 午后(ごご) 오후・午中(ごちゅう) 중전, 황후¶ 皇后(こうごう) 황후・皇太后(こうたいごう) 황태후 ▷ ①은「後」와 같음

こう [好] 音 コウ(カウ) 訓 この・すく｜(음)호, (造語) ①좋아하다, 사랑하다¶ 好色(こうしょく) 호색・嗜好(しこう) 기호 ②좋다, 바람직하다¶ 好調(こうちょう) 호조・良好(りょうこう) 양호 ③사이가 좋다, 친분¶ 好誼(こうぎ) 호의・友好(ゆうこう) 우호

こう

こう【江】 倉コウ(カウ) 訓え|(음)강. (造語) 큰 강. (특히) 양쯔강(揚子江)¶ 江河$_{こうが}$ 강하, 양쯔강과 황하・長江$_{ちょうこう}$ 장강

こう【考】 倉コウ(カウ) 訓かんがえる|(음)고. (造語) ①생각하다, 궁리하다¶ 考案$_{こうあん}$ 고안・思考$_{しこう}$ 사고 ②조사하다, 판단하다, 그런 결과를 나타내는 논문¶ 考証$_{こうしょう}$ 고증・参考$_{さんこう}$ 참고 ③죽은 아버지¶ 考妣$_{こうひ}$ 고비・先考$_{せんこう}$ 선고 ▷ 옛날에는 「攷」로도 썼음

こう【行】 倉コウ(カウ)・ギョウ(ギャウ)・アン 訓いく・ゆく・おこなう|(음)행. I (造語) ①움직여 가다, 나아가다, 여행¶ 行商$_{ぎょうしょう}$ 행상・進行$_{しんこう}$ 진행 ②행하다, 행실, 소행¶ 行為$_{こうい}$ 행위・施行$_{しこう}$ 시행 ③(「ギョウ」로 읽어서) 수행¶ 勤行$_{ごんぎょう}$ 근행・修行$_{しゅぎょう}$ 수행 ④(「ギョウ」로 읽어서) 나란히 놓인 것, 문자의 열¶ 行間$_{ぎょうかん}$ 행간・改行$_{かいぎょう}$ 개행 ⑤도매상, 상점, 가게¶ 洋行$_{ようこう}$ 양행・「銀行$_{ぎんこう}$」의 준말¶ 行員$_{こういん}$ 행원 ⑦(「ギョウ」로 읽어서) 한자 서체의 행서¶ 行書$_{ぎょうしょ}$ 행서 ▷ 熟字訓 行幸$_{みゆき}$ 天皇$_{てんのう}$의 행차 II (文) ①감, 떠남, 여행을 함¶ ~を共にする 함께 가다 ②행함, 행동¶ ~の善悪$_{ぜんあく}$ 행동의 선악

こう【*劫】 倉コウ(コフ)・ゴウ(ゴフ)|(음)겁. I (造語) ①겁주다, 위협하다, 빼앗다¶ 劫火$_{こうか・ごうか}$ 겁화・劫略$_{きょうりゃく}$ 겁략 ②매우 길고 오랜 시간¶ 劫初$_{こうしょ}$ 겁초・永劫$_{えいごう}$ 영겁 II ①(佛) 겁, 매우 긴 시간¶ ~を経る 매우 길고 오랜 시간을 지나다 ②(바둑에서) 패싸움¶ ~を解消$_{かいしょう}$する 패를 해소하다

こう【坑】 倉コウ(カウ) 訓あな|(음)갱. (造語) ①(광석 등을 캐기 위해) 땅을 판 구덩이¶ 坑道$_{こうどう}$ 갱도・坑夫$_{こうふ}$ 갱부 ②구덩이에 묻다, 생매장하다¶ 焚書坑儒$_{ふんしょこうじゅ}$ 분서갱유

こう【孝】 倉コウ(カウ)|(음)효. I (造語) 부모를 잘 섬기다, 효도하다¶ 孝行$_{こうこう}$ 효행・孝心$_{こうしん}$ 효심・孝道$_{こうどう}$ 효도・忠孝$_{ちゅうこう}$ 충효 II 효, 효도, 효행¶ ~を尽くす 효를 다하다/~は百行$_{ひゃっこう}$の本$_{もと}$ 효는 백행의 근본

こう【*宏】 倉コウ(クワウ) 訓ひろい|(음)굉. (造語) 넓고 크다, 웅대하다, 넓히다¶ 宏遠$_{こうえん}$ 굉원・宏壮$_{こうそう}$ 굉장・宏大$_{こうだい}$ 굉대

こう【抗】 倉コウ 訓あらがう|(음)항. (造語) 항거하다, 대항하다¶ 抗議$_{こうぎ}$ 항의・抗弁$_{こうべん}$ 항변・対抗$_{たいこう}$ 대항・抵抗$_{ていこう}$ 저항

こう【攻】 倉コウ 訓せめる|(음)공. (造語) ①공격하다, 책망하다¶ 攻撃$_{こうげき}$ 공격・攻防$_{こうぼう}$ 공방・攻略$_{こうりゃく}$ 공략 ②깊이 배우다, 연구하다, 연마하다¶ 攻究$_{こうきゅう}$ 공구・専攻$_{せんこう}$ 전공

こう【更】 倉コウ(カウ)・キョウ 訓さら・ふける・ふかす|(음)경. (造語) ①새롭게 하다[되다], 바뀌다, 바꾸다¶ 更新$_{こうしん}$ 갱신・変更$_{へんこう}$ 변경 ②일몰부터 일출까지를 5등분한 시각의 단위¶ 初更$_{しょこう}$ 초경・深更$_{しんこう}$ 심경 ▷ 熟字訓 更衣$_{ころもがえ}$ 음력 2월・更紗$_{サラサ}$ 사라사

こう【効】【効】 倉コウ(カウ) 訓きく|(음)효. I 효과가[효력이] 있다, 효과, 효력¶ 効果$_{こうか}$ 효과・効力$_{こうりょく}$ 효력・有効$_{ゆうこう}$ 유효 ▷「功$_{こう}$」와 같음 II 효과, 효력¶ ~を奏する 주효하다/ 百薬$_{ひゃくやく}$の~無く 백약의 효험 없이

こう【*岡】 倉コウ(カウ) 訓おか|(음)강. (造語) 언덕, 작은 산¶ 岡陵$_{こうりょう}$ 강릉, 구릉 ▷ 주로 훈「オカ」를 씀

こう【岬】 倉コウ(カフ) 訓みさき|(음)갑. (造語) 곶, 갑¶ 岬角$_{こうかく}$ 갑각 ▷ 주로 훈「みさき」로 씀

こう【幸】 倉コウ(カウ) 訓さいわい・さち・しあわせ|(음)행. (造語) ①운이 좋다, 혜택을 받다, 행복¶ 幸運$_{こううん}$ 행운・多幸$_{たこう}$ 다행 ②총애하다¶ 幸臣$_{こうしん}$ 행신 ③천자의 외출, 행차¶ 行幸$_{ぎょうこう}$ 행행・巡幸$_{じゅんこう}$ 순행 II 행, 다행, 행복¶ ~か不幸$_{ふこう}$か 행인지 불행인지

こう【*庚】 倉コウ(カウ) 訓かのえ|(음)경. (造語) 십간(十干)의 일곱째¶ 庚申$_{こうしん}$ 경신

こう【拘】 倉コウ 訓とらえる・かかわる|(음)구. (造語) ①(붙)잡다, 구속하다¶ 拘引$_{こういん}$ 구인・拘禁$_{こうきん}$ 구금・拘束$_{こうそく}$ 구속 ②거리끼다, 구애받다¶ 拘泥$_{こうでい}$ 구니, 구애

こう【*昂】 倉コウ(カウ) 訓あがる・たかぶる|(음)앙. (造語) 올라가다, 높아지다, 올리다, 흥분하다¶ 昴昇揚$_{しょうよう}$ 앙양・激昂$_{げっこう}$ 격앙・意気軒昴$_{いきけんこう}$ 의기 헌앙

こう【*杭】 倉コウ(カウ) 訓くい|(음)항. (造語) 말뚝, 쇠기 ▷ 주로 훈「くい」로 씀

こう【肯】 倉コウ 訓うべなう・がえんずる|(음)긍. (造語) ①승낙하다, 수긍하다¶ 肯定$_{こうてい}$ 긍정・首肯$_{しゅこう}$ 수긍 ②(뼈에 붙은 살코기라는 뜻에서) 사물의 급소¶ 肯綮$_{こうけい}$ 긍경, 급소

こう【肴】 倉コウ 訓さかな|(음)효. (造語) 술안주¶ 嘉肴$_{かこう}$ 가효・佳肴$_{かこう}$ 가효・酒肴$_{しゅこう}$ 주효・粗肴$_{そこう}$ 조효

こう【侯】 倉コウ|(음)후. I (造語) ①영주, 군주¶ 君侯$_{くんこう}$ 군후・諸侯$_{しょこう}$ 제후 ②작위의 하나, 후작¶ 侯爵$_{こうしゃく}$ 후작 II ①영주, 군주¶ ~に列$_{れっ}$せられる 영주 반열에 들다 ②작위의 하나, 후작

こう【厚】 倉コウ 訓あつい|(음)후. (造語) ①두껍다, 후하다, 진하다¶ 厚誼$_{こうぎ}$ 후의・重厚$_{じゅうこう}$ 중후・濃厚$_{のうこう}$ 농후 ②풍족하게 하다¶ 厚生$_{こうせい}$ 후생

こう【*垢】 倉コウ・ク 訓あか|(음)구. (造語) ①때, 더러움, 수치¶ 歯垢$_{しこう}$ 치구, 이똥・無垢$_{むく}$ 무구 ②(佛) 번뇌

こう【*巷】 倉コウ(カウ) 訓ちまた|(음)항. (造語) 도시의 작은 길, 세상, 거리¶ 巷間$_{こうかん}$ 항간・巷説$_{こうせつ}$ 항설・陋巷$_{ろうこう}$ 누항

こう【恒】【恆】 倉コウ 訓つね|(음)항. (造語) 변하지 않다, 일정하다¶ 恒久$_{こうきゅう}$ 항구・恒産$_{こうさん}$ 항산・恒心$_{こうしん}$ 항심・恒例$_{こうれい}$ 항례

こう【洪】 倉コウ|(음)홍. (造語) ①큰물, 홍수¶ 洪水$_{こうずい}$ 홍수 ②크다¶ 洪恩$_{こうおん}$ 홍은・大洪$_{だいこう}$ 홍대 ③「洪牙利$_{ハンガリー}$」 헝가리의 준말

こう【*狡】 倉コウ|(음)교. (造語) 교활하다, 약삭빠르다¶ 狡猾$_{こうかつ}$ 교활

こう【皇】 倉コウ(クワウ)・オウ(ワウ)|(음)황. (造語) ①천자, 임금, 군주¶ 皇帝$_{こうてい}$ 황

こう

제·教皇$_{きょう}$ 교황 ②天皇$_{てんのう}$ 皇后$_{こう}$ 황후·皇室$_{しつ}$ 황실 ③일본│皇国$_{こく}$ 황국, 일본 ④당황하다, 허둥대다│倉皇$_{そう}$ 창황 ▷ ④는 「惶$_{こう}$」의 대용자

こう [紅] 音コウ·ク·グ 訓べに·くれない│(음)홍. (造語) ①진홍, 붉은색│紅顔$_{がん}$ 홍안·真紅$_{しん}$ 진홍 ②화장용 연지, 여성에 관한 것에 씀│紅脣$_{しゅん}$ 홍순·紅灯$_{とう}$ 홍등 熟字訓 紅型$_{びん}$ 沖縄$_{おきなわ}$산 염색천·紅絹$_{もみ}$ 홍견·紅葉$_{もみじ}$ 단풍·百日紅$_{さるすべり}$ 백일홍

こう [荒] 音コウ(クワウ) 訓あらい·あれる·あらす│(음)황. (造語) ①잡초가 무성하다, 황폐하다│荒野$_{や}$ 황야·荒涼$_{りょう}$ 황량 ②탐닉하다, 빠지다, 거칠어지다│荒淫$_{いん}$ 황음·荒廃$_{はい}$ 황폐 ③흉년이 들다, 기근│救荒$_{きゅう}$ 구황·凶荒$_{きょう}$ 흉황 ④종잡을 수 없다, 도리에 맞지 않다│荒唐無稽$_{むけい}$ 황당 무계 ⑤두메, 벽지, 변경│八荒$_{こう}$ 팔황, 팔굉(八紘)

こう [虹] 音コウ 訓にじ│(음)홍. (造語) 무지개│虹彩$_{さい}$ 홍채

こう [郊] 音コウ(カウ)│(음)교. (造語) 시외, 변두리, 시골│郊外$_{がい}$ 교외·近郊$_{きん}$ 근교

こう [香] 音コウ(カウ)·キョウ(キヤウ) 訓か·かおり·かおる·こうばしい│(음)향. (造語) ①좋은 냄새│香味$_{み}$ 향미·芳香$_{ほう}$ 방향 ②좋은 냄새를 풍기는 것│香水$_{すい}$ 향수·麝香$_{じゃこう}$ 사향 ③「キョウ로 읽어이」일본 장기짝의 하나. 香車$_{しゃ}$ 熟字訓 香魚$_{あゆ}$ 은어 Ⅱ 향이 ~을 焚く 향을 피우다
[慣用句]
――を聞$_{き}$く 향을 피워 그 향내를 맡다

こう [候] 音コウ 訓そうろう│(음)후. Ⅰ (造語) ①살피다, 염탐하다│斥候$_{せっ}$ 척후 ②기다리다│候補$_{ほ}$ 후보 ③가까이에서 섬기다, 시중들다│伺候$_{しこう}$ 사후 ④사물이 되어가는 모양, 징조, 기후·症候$_{しょう}$ 증후 ⑤시절, 계절, 때│候鳥$_{ちょう}$ 후조·時候$_{じ}$ 시후 Ⅱ (文) 시절, 계절, 때│新緑$_{しんりょく}$の~ 신록지절

こう [倖] 音コウ(カウ)│(음)행. (造語) 요행, 생각지도 않았던 행운│僥倖$_{ぎょう}$ 요행·射倖$_{しゃ}$ 사행 ▷ 「幸$_{こう}$」는 대용자

こう [晃] 音コウ(クワウ) 訓あきらか│(음)황. (造語) 빛나다, 반짝이다│晃晃$_{こう}$ 황황

こう [校] 音コウ(カウ)·キョウ(ケウ)│(음)교. (造語) ①학교│学校 학교·転校$_{てん}$ 전학 ②(助數) 학교를 세는 말 ③비교하다, 조사하다, 생각하다│校閲$_{えつ}$ 교열·校正$_{せい}$ 교정 ④(助數) 인쇄 횟수를 세는 말│再校$_{さい}$ 재교·初校$_{しょ}$ 초교 ⑤장교, 사관│将校$_{しょう}$ 장교 ▷ 熟字訓 校倉$_{あぜくら}$ 각재를 짜 올려서 짓는 광

こう [浩] 音コウ(カウ) 訓ひろい│(음)호. (造語) 넓고 크다│浩然$_{ぜん}$ 호연·浩蕩$_{とう}$ 호탕

こう [紘] 音コウ(クワウ) 訓つな│(음)굉. (造語) ①대지에 쳐 놓은 밧줄 ②넓고 크다, 끝, 경계│八紘一宇$_{いちう}$ 팔굉 일우

こう [耕] 音コウ(カウ) 訓たがやす│(음)경. (造語) ①(논밭을) 갈다│耕作$_{さく}$ 경작·耕作$_{こう}$ 경작·農耕$_{のう}$ 농경 ②일해서 생계를 이어 가다│筆耕$_{ひっ}$ 필경

こう [航] 音コウ(カウ)│(음)항. (造語) 배로 물을 건너다, 항공기로 하늘을 날다│航海$_{かい}$ 항해·航空$_{くう}$ 항공·就航$_{しゅう}$ 취항

こう [貢] 音コウ·ク 訓みつぐ│(음)공. (造語) 드리다, (조정·정부에) 공물을 바치다│貢献$_{けん}$ 공헌·朝貢$_{ちょう}$ 조공·年貢$_{ねん}$ 연공

こう [降] 音コウ(カウ) 訓おりる·おろす·ふる│(음)강. 항. (造語) ①내려오다, 내려가다│降下$_{か}$ 강하·滑降$_{かっ}$ 활강 ②(비·눈이) 내리다│降雨$_{う}$ 강우·降水量$_{すいりょう}$ 강수량 ③(어느 때) 이후의│以降$_{い}$ 이후 ④(적에게) 굴종하다│降伏$_{ふく}$ 항복·投降$_{とう}$ 투항

こう [高] 音コウ(カウ) 訓たかい·たか·たかまる·たかめる│(음)고. (造語) ①위로 솟아 있다, 높다, 높이│高原$_{げん}$ 고원·高低$_{てい}$ 고저·高度$_{ど}$ 고도 ②(정도가) 높다, 뛰어나다│高圧$_{あつ}$ 고압·高価$_{か}$ 고가·高齢$_{れい}$ 고령 ③잘난 체하다, 뽐내다│高言$_{げん}$ 고언·高慢$_{まん}$ 고만 ④남의 행위나 사물에 대해 존경의 뜻을 표시함│高説$_{せつ}$ 고설·高評$_{ひょう}$ 고평 ⑤「高等$_{とう}$·高等学校$_{がっこう}$」의 준말│高裁$_{さい}$ 고등 법원·高卒$_{そつ}$ 고졸

こう [康] 音コウ(カウ)│(음)강. (造語) 편안함, 건강함│健康$_{けん}$ 건강·小康$_{しょう}$ 소강

こう [控] 音コウ 訓ひかえる│(음)공. (造語) ①빼다│控除$_{じょ}$ 공제 ②호소하다, 고소하다│控訴$_{そ}$ 공소

こう [寇] 音コウ│(음)구. (造語) 침입해서 약탈하다, 외적│外寇$_{がい}$ 외구·倭寇$_{わ}$ 왜구

こう [梗] 音コウ·キョウ(キヤウ)│(음)경. (造語) ①골격, 줄거리│梗概$_{がい}$ 경개 ②막히다│梗塞$_{そく}$ 경색 ③(植) 도라지│桔梗$_{きょう}$ 길경 ④꽃자루│花梗$_{か}$ 화경

こう [淆] 音コウ(カウ)│(음)효. (造語) 섞이다, 뒤섞이다│玉石混淆$_{ぎょくせきこんこう}$ 옥석 혼효

こう [皐] [皋] 音コウ│(음)고. (造語) ①풀이 나 있는 저습지, 물가 ②음력 오월│皐月$_{つき}$·$_{さつき}$ 음력 오월

こう [黄] [黃] 音コウ(クワウ)·オウ(ワウ) 訓き·こ│(음)황. (造語) 노랑, 노래지다│黄色$_{こう}$·$_{しょく}$ 황색·黄金$_{きん}$ 황금·卵黄$_{らん}$ 난황│黄昏$_{こん}$ 황혼·黄香·黄楊$_{つげ}$ 회양목·黄櫨$_{はじ}$ 황로·黄泉$_{せん}$ 황천 熟字訓 黄鶏$_{かしわ}$

こう [喉] 音コウ 訓のど│(음)후. (造語) 인후, 목구멍│喉頭$_{とう}$ 후두·咽喉$_{いん}$ 인후

こう [慌] 音コウ(クワウ) 訓あわてる·あわただしい│(음)황. (造語) 당황하다, 허둥대다│恐慌$_{きょう}$ 공황

こう [惶] 音コウ(クワウ) 訓おそれる│(음)황. (造語) ①두려워 안절부절 못하다│恐惶$_{きょう}$ 공황 ②당황하다, 허둥대다│蒼惶$_{そう}$ 창황 ▷「皇$_{こう}$」가 대용자

こう [港] [港] 音コウ(カウ) 訓みなと│(음)항. (造語) ①항구│港湾$_{わん}$ 항만·出港$_{しゅっ}$ 출항·入港$_{にゅう}$ 입항 ②공항│空港$_{くう}$ 공항

こう [硬] 音コウ(カウ) 訓かたい│(음)경. (造語) 단단하다, 단단하고 강하다│硬骨

こう

경골·硬直こうちょく 경직·強硬きょう 강경

こう [絞] 音コウ(カウ) 訓しぼる·しめる·しまる|(음)교. (造語) 끈 등으로 졸라매다, 조르다. 죄이다¶ 絞殺こう 교살·絞首こう 교수

こう [*腔] 音コウ(カウ)|(음)강. 인체 내의 빈 곳¶ 口腔こう 구강·腔腸動物こうちょうどうぶつ 강장 동물 ▷ 의학 용어에서는「くう」로 읽음

こう [項] 音コウ(カウ) 訓うなじ|(음)항. I (造語) ①세분한 항목, 조목¶ 項目こう 항목·事項じ 사항 ②수식·수열 등의 구성 요소¶ 移項いこう 이항·多項式たこうしき 다항식 II (法) ~をたてる 항목을 설정하다 ②[數] 항¶ 同類どうるい~ 동류항

こう [溝] 音コウ 訓みぞ|(음)구. (造語) 수로, 도랑, 용수로, 해자¶ 溝渠こうきょ 구거·海溝かいこう 해구·排水溝はいすいこう 배수구

こう [鉱] [鑛] 音コウ(クヮウ)|(음)광. (造語) 광석, 원광석, 광산¶ 鉱石こうせき 광석·採鉱さいこう 채광·炭鉱たんこう 탄광

こう [構] [構] 音コウ 訓かまえる·かまう|(음)구. (造語) ①조립하다, 조립하여 만든 것, 장치¶ 構成こうせい 구성·構造こうぞう 구조·機構きこう 기구 ②울타리, 담¶ 構内こうない 구내

こう [綱] 音コウ(カウ) 訓つな|(음)강. I (造語) ①밧줄, 사물의 근본이 되는 것¶ 綱領こうりょう 강령·要綱ようこう 요강 ②(분류상의) 큰 구분¶ 綱目こうもく 강목·亜綱あこう 아강 II (生) 생물 분류학상의 단위¶ 哺乳ほにゅう~ 포유강

こう [*膏] 音コウ(カウ) 訓あぶら|(음)고. (造語) ①기름, 지방¶ 膏血こうけつ 고혈 ②고약¶ 膏薬こうやく 고약·軟膏なんこう 연고

こう [酵] 音コウ(カウ)|(음)효. (造語) 누룩, 발효¶ 酵素こうそ 효소·酵母こうぼ 효모·発酵はっこう 발효

こう [稿] 音コウ(カウ)|(음)고. I (造語) 원고, 초고(草稿)¶ 稿料こうりょう 고료·原稿げんこう 원고·投稿とうこう 투고 II (文) (시문 등의) 원고, 초고¶ ~を起こす 기고하다/ ~を脱だっす 탈고하다

こう [*膠] 音コウ(カウ) 訓にかわ|(음)교. (造語) 아교, 단단히 붙이다¶ 膠化こうか 교화·膠質こうしつ 교질·膠着こうちゃく 교착

こう [*縞] 音コウ(カウ) 訓しま|(음)호. (造語) 주로 훈(訓)「しま」로 쓰임

こう [興] 音コウ·キョウ 訓おこる·おこす|(음)흥. (造語) ①흥하다, 번성하다, 일으키다¶ 興奮こうふん 흥분·興亡こうぼう 흥망·新興しんこう 신흥 ②(「キョウ」로 읽어서) 재미, 흥미, 재미있게 느끼다¶ 興味きょうみ 흥미·即興そっきょう 즉흥

こう [衡] 音コウ(カウ) 訓はかり·はかる|(음)형·횡. (造語) ①저울, 무게¶ 度量衡どりょうこう 도량형 ②균형, 평형¶ 均衡きんこう 균형·平衡へいこう 평형 ③옆¶ 合従連衡がっしょうれんこう 합종 연형

こう [鋼] 音コウ(カウ) 訓はがね|(음)강. I (造語) 강철¶ 鋼鉄こうてつ 강철·鋼板こうはん 강판·鉄鋼てっこう 철강 II 강, 강철¶ 圧延あつえん~ 압연강

こう [講] [講] 音コウ(カウ)|(음)강. I (造語) ①설득하다, 설명하다, 말하다¶ 講演こうえん 강연·講義こうぎ 강의·講堂こうどう 강당 ②배우다, 익히다¶ 講習こうしゅう 강습 ③화해하다¶ 講和こうわ 강화 II (佛) 법회, 경전 강의를 위한 모임¶ ~に列れっする 법회에 참석하다 ②(예불·보시 등이 목적인) 신자 단체 ③(상호 부조 조직인) 계¶ 無尽むじん~ 무진계/ 頼母子たのもし~ 계

こう [購] [購] 音コウ 訓あがなう|(음)구. (造語) 사들이다¶ 購読こうどく 구독·購入こうにゅう 구입·購買こうばい 구매

こう [鴻] 音コウ 訓おおとり|(음)홍. (造語) ①큰 물새¶ 鴻鵠こうこく 홍곡·鴻毛こうもう 홍모 ②크다¶ 鴻恩こうおん 홍은·鴻業こうぎょう 홍업

こ·う [恋う] 他国 (文) ①그리워하다 亡なき母ははを~ 돌아가신 어머니를 그리워하다 ②연모하다¶ 人ひとを~歌うた 남을 연모하는 노래

こ·う [請う·乞う] 他国 (文) 청하다, 원하다, 바라다¶ 教おしえを~ 가르침을 바라다/ 一読いちどくを~ 한 번 읽어보기를 청하다

こう I 副 이처럼, 이렇게, 이와 같이¶ ああだ~だ 이러쿵저러쿵/ ああ言えば~言う 이리저리 변명만 하다 II 感 적당한 말이 얼른 생각나지 않을 때와 는 말. 저어, 거시기

ごう [号] [號] 音ゴウ(ガウ) 訓さけぶ|(음)호. I (造語) ①외치다, 부르짖다¶ 号泣ごうきゅう 호읍·怒号どごう 노호 ②이름을 짓다, 이름, 호칭¶ 雅号がごう 아호·年号ねんごう 연호 ③신호, 암호, 표시¶ 暗号あんごう 암호·信号しんごう 신호·番号ばんごう 번호 ④탈것의 이름에 붙이는 말¶ タイタニック号 타이타닉호 ⑤번호, 순번, 차례¶ 号外ごうがい 호외·毎号まいごう 매호 II (法) 호, 아호¶ ~を付つける 아호를 붙이다 ②(정기 간행물 등의) 호수¶ ~を重かさねる 호수를 거듭하다 ③(版) 활자 크기의 단위¶ 五~活字かつじ 5호 활자 ④(美) 캔버스의 크기 단위¶ 50~のカンバス 50호 크기의 캔버스 ⑤(助數) 차례·순서를 나타내는 말¶ 一~車しゃ 1호 차

ごう [合] 音ゴウ(ガフ)·ガッ·カッ 訓あう·あわす·あわせる|(음)합. I (造語) ①합쳐지다, 합치다¶ 合計ごうけい 합계·合唱ごうしょう 합창·集合しゅうごう 집합 ②(척관법의 용적·면적의 단위. 홉 ㉡(등산로에서) 정상까지의 10분의 1¶ 五合目ごごうめ 정상까지 10분의 5가 되는 곳 ▷ [熟字訓] 合歓ねむ 합환목·百合ゆり 백합 II (法) ①[哲] (변증법에서) 종합¶ 正反ばん~ 정반합 ②[天] 태양과 행성이 같은 방향에 있는 상태 ③(助數) 경기 횟수를 세는 말. 번, 차례¶ 熱戦ねっせん数十すじゅう~ 열전 수십 합

ごう [拷] 音ゴウ(ガウ)|(음)고. (造語) 매질하다, 고문하다¶ 拷問ごうもん 고문

ごう [剛] 音ゴウ 訓つよい|(음)강. I (造語) 군세고 단단하다¶ 剛健ごうけん 강건·剛毅ごうき 강의·剛直ごうちょく 강직 II 군세고 용감함, 단단함¶ ~の者もの 군세고 용감한 사람/ 柔じゅうよく~を制せいす 부드러운 것이 능히 단단한 것을 이긴다

ごう [*毫] 音ゴウ(ガウ)|(음)호. I (造語) ①가는 털, 아주 조금¶ 毫末ごうまつ 호말 ②붓¶¶ 揮毫きごう 휘호 ③척관법의 무게·길이의 단위. 모(毛)¶ 毫厘ごうりん 호리 추호, 아주 조금¶ ~も動どうぜず 추호도 움직이지 않다

ごう [*傲] 音ゴウ(ガウ) 訓おごる|(음)오.

こうえき

(造語) 거만하다¶ 傲慢ホォン 오만・驕傲ョョ 교오
ごう [豪] 冒ゴウ(ガウ) | (음)호. I (造語) ①뛰어나다¶ 豪傑ケッ 호걸・文豪ホン 문호 ②재력이 있다¶ 豪商ショウ 호상・富豪ホゥ 부호 ③기세가 등등하다¶ 豪雨ホゥ 호우 II 재주・역량이 뛰어남, 그런 사람¶ ~の者ホ 뛰어난 사람
ごう [×壕] 冒ゴウ(ガウ) 訓ほり | (음)호. (造語)(성의) 호, 해자, (땅을 판) 도랑¶ 堅壕ケン 참호・防空壕ボウクウ 방공호 ▷ 「濠」와 같음
ごう [濠] 冒ゴウ(ガウ) 訓ほり | (음)호. (造語)(성곽 주위의) 호, 해자
ごう [×嚙] 冒ゴウ(ガウ) 訓かむ | (음)교. (造語)주로 훈(訓) 「かむ」로 쓰임
ごう [×轟] 冒ゴウ(グワウ) 訓とどろく | (음)굉. (造語) 큰 소리가 울려퍼짐¶ 轟音ヵ 굉음・轟沈ホン 함선이 순식간에 침몰함
ごう [郷] ①(文) 시골, 향리 ②(日史) (律令制ヵッョゥ 하의) 지방 행정 구획의 말단 조직
慣用句
—に入ッっては郷に従シタカがえ 다른 지방에 가면 그 지방의 관습을 따르라
ごう [業] 업 ①(佛) 선악의 행위¶ 悪ァ~ 악업 ②(佛) 업보¶ ~が深フカい 업보가 깊다 ③번뇌
慣用句
—をさらす 전생에서 지은 업보로 이승에서 욕을 당하다
—を煮にやす (일이 뜻대로 되지 않거나 상대방의 불분명한 태도로) 애를 태우다. 속이 끓다
こうあつ [光圧] 광압
こうあつ [高圧] 고압 ①높은 압력¶ ~ガス 고압 가스 ②높은 전압¶ ~線セン 고압선 ▷ ①② ⇔ 低圧テイ —的テキ 고압적
こうあん [公安] 공공의 안녕¶ ~を保タモつ 공안을 유지하다 —委員会ィィンカィ 공안 위원회 —条例ジョウレィ (法) 공안 조례
こうあん [公案] 공안 ①(佛) (선종에서) 참선자에게 내는 과제 ②공문서의 초안
こうあん [考案] 名他スル 고안¶ 新式シキの機械ヵィを~する 신식 기계를 고안하다
こうい [好意] 호의¶ ~を抱イダく 호의를 품다/ ~を寄ョせる 호의를 보이다/ ~を無ホにする 호의를 저버리다 —的テキ 호의적
こうい [行為] 행위¶ 不法ホゥ~ 불법 행위
こうい [更衣] I 名自スル 갱의, 옷을 갈아입음¶ ~室シッ 갱의실 II 名 天皇ノゥの 갱의 담당 여관(女官)
こうい [厚意] 후의¶ 御゛~に深フカく感謝カンシャいたします 후의에 깊이 감사드립니다
こうい [皇位] 황위. 天皇ノゥの 지위¶ ~継承ケィショゥ 황위 계승
こうい [皇威] (文) 황위. 天皇ノゥの 위광(威光)
こうい [校医] 교의. 학교의 = 学校医ガッコゥ
こうい [校異] (고전 등에서) 판본 간의 이동(異同)을 비교하여 교정함, 그런 이동
こうい [高位] (文) 고위¶ ~高官コゥヵン 고위 고관
こうい [合意] 名自スル 합의¶ ~文書フンショ 합의 문서/ ~に達タッする 합의에 도달하다
こういう 連体 이와 같은, 이러한¶ ~ことに

こういき [広域] 名 광역, 넓은 구역¶ ~経済ケィザィ 광역 경제 —行政ギョウセィ 광역 행정
こういしょう [後遺症] 후유증¶ 選挙センキョの~ 선거 후유증/ ~に悩ナャむ 후유증으로 고생하다
こういた [甲板] ①책상・카운터 등의 위에 얹은 널판 = 天板ハン ②(神社シャ 건축에서) 鰹木ヵッォォキ를 받치기 위해 들보 위에 얹은 판자
こういつ [後逸] 名他スル (野) 볼을 잘못 받아 뒤로 빠뜨림
こういつ [合一] 名自他スル 합일¶ 知行チョゥ~ 지행 합일
こういっつい [好一対] 名 걸맞은 한 쌍, 잘 어울리는 한 쌍¶ ~の夫婦フゥ 잘 어울리는 한 쌍의 부부
こういってん [紅一点] 홍일점 ①많은 남성들 속에 하나뿐인 여성¶ 入選者ニュゥセンシャ中チュゥの~ 입선자 중의 홍일점 ②이채(異彩)를 띠는 것
こういど [高緯度] 고위도¶ ~地方チホゥ 고위도 지방
こういん [工員] 공원, 직공
こういん [公印] 공인. 관공서의 공식 도장 ⇔ 私印シ¶ ~偽造ギゾゥ 공인 위조
こういん [光陰] 광음, 세월, 시간¶ 一寸イッスンの~ 촌각/ ~を惜ォしむ 시간을 아끼다
慣用句
—矢ャの如コトし 세월이 화살처럼 빨리 흘러간다
こういん [行員] 행원. 은행원 = 銀行員ギンコゥ
こういん [拘引・×勾引] 名他スル (法) 구인¶ ~状ジョゥ 구인장
こういん [後×胤] (文) 후윤. 자손, 후예, 후손¶ 平氏ヘィシの~ 平氏씨의 자손
こういん [荒×淫] (文) 황음. 지나치게 색(色)에 빠짐
ごういん [強引] ナ (반대・장애를 무릅쓰고) 억지로 함¶ ~な勧誘カンユゥ 억지 권유/ ~に押ォし切キる 강행하다
こうう [降雨] 강우 —量リョゥ 강우량
ごうう [豪雨] 호우 —集中チュゥ 집중 호우
こううん [幸運] 名ナ 행운 ⇔ 不運ン¶ ~の女神メガミがほほえむ 행운의 여신이 미소짓다 —児ジ 행운아¶ 政界セィヵィの~ 정계의 행운아
こううん [耕×耘] 名他スル (農) 경운¶ ~機キ 경운기
こううんりゅうすい [行雲流水] (文) 행운유수
こうえい [公営] 名 공영 ⇔ 私営シェィ¶ ~住宅ジュゥタク 공영 주택/ ~企業キギョゥ 공영 기업 —競技ギョゥキ 공영 경기. 지방 공공 단체가 경영을 허가한 경마・경륜 등의 경기
こうえい [光栄] 名ナ 광영, 영광 = ほまれ¶ 身ミにあまる~ 과분한 영광
こうえい [後×裔] 名 후예. 자손, 후손¶ 源氏ゲンジの~ 源氏씨의 자손
こうえい [後衛] 후위 ①(배구・테니스 등의) 후방을 지키는 선수 ②(軍) 후방을 지키는 군대¶ ~部隊ブタィ 후위 부대 ▷ ①② ⇔ 前衛ゼン
こうえいへい [紅衛兵] 홍위병
こうえき [公益] 공익. 공공의 이익¶ ~を図ハカ

こうえき る 공익을 도모하다 **―事業**ぎょう 공익 사업 **―法人**ほうじん 공익 법인

こうえき [交易] 名自スル 교역. 무역¶ 外国がいとの~ 외국과의 교역 **―条件**じょうけん 교역 조건

こうえつ [校閲] 名他スル版 교열¶ 原稿げんこうを~する 원고를 교열하다

こうえつ [高閲] 고열. (원고 등을) 상대방이 훑어보거나 검토하는 것에 대한 높임말¶ 御~を乞こう 검토해 주시기를 청하다

こうえん [口演] 名自スル 구연 ①구술(口述) ②(만담 등을) 말로 엮어 나감. 그런 연예

こうえん [公園] 공원¶ 国立こくりつ~ 국립 공원

こうえん [公演] 名自他スル 공연¶ 定期ていき~ 정기 공연

こうえん [広遠・*宏遠] ナ文 광원. 평원. 넓고 큼. 넓고 심오함¶ ~な構想こうそう 광원한 구상

こうえん [好演] 名自スル 호연. 훌륭한 연기・연주¶ 新人しんじんが~した 신인이 호연했다

こうえん [後援] I 名他スル 후원¶ ~会かい 후원회 II 名 후원군¶ ~部隊ぶたい 후원 부대

こうえん [香煙] 향연. 향을 피우는 연기

こうえん [高遠] ナ 고원. 고상하고 원대함¶ ~な理想りそう 고원한 이상

こうえん [講*筵] 文 강연. 강의하는 자리・장소¶ ~に列れっする 강의를 듣다

こうえん [講演] 名自スル 강연

こうえんさいきん [好塩細菌] 生 호염 세균

こうお [好悪] 호오. 좋아함과 싫어함¶ ~の念ねん 호오의 감정

こうおつ [甲乙] 갑을 ①(십간에서) 갑과 을 ②첫째와 둘째. 우열¶ ~を争あらそう 갑을[우열]을 다투다 ③모모(某某), 누구누구
慣用句
**―付**つ**け難**がた**い** 우열을 가리기 어렵다
**―無**な**し** 우열의 차이가 없다

こうおん [厚恩・高恩] 文 후은. 두터운 은혜¶ 御~は忘わすれられません 후은은 잊지 않겠습니다

こうおん [洪恩・*鴻恩] 文 홍은. 큰 은혜. 대은¶ ~に報むくいる 홍은에 보답하다

こうおん [高音] 고음 ①높은 소리. 큰 소리¶ ~を発はっする 고음을 내다 ②音 소프라노 **―部**ぶ **―記号**きごう 音 고음부 기호. 높은음자리표

こうおん [高温] 고온¶ ~多湿たしつ 고온 다습

ごうおん [号音] 호음. 신호 소리¶ ピストルの~ 권총의 신호 소리

ごうおん [*轟音] 굉음

こうおんどうぶつ [恒温動物] 動 항온 동물. 정온 동물 ⇔ 変温動物へんおんどうぶつ

こうか [工科] 공과¶ ~大学だいがく 공과 대학

こうか [公課] 經 공과. 국가・지방 공공 단체가 부과하는 조세 이외의 금전 부담

こうか [功過] 文 공과. 공적과 과실¶ ~相半なかばする 공과가 반반이다

こうか [考課] 고과. 근무 성적을 조사하여 우열을 정함. 그런 평가¶ 人事じんじ~ 인사 고과 **―状**じょう 고과장 ①공무원의 고과에 관한 보고서 ②은행・회사의 영업 보고서

こうか [効果] 효과 ①효능¶ 投薬とうやくの~ 투약의 효과/ ~がある 효과가 있다 ②(연극・영화 등에서) 음향・조명 등으로 정취를 더하는 방법¶ 舞台ぶたい~ 무대 효과 ③(유도에서) 효과적인 메치기나 누르기로 얻는 점수 **―的**てき 효과적

こうか [後架] ①변소 ②佛 세면장. 해우소

こうか [校歌] 교가

こうか [降下] 名自スル 강하 ①하강. 낙하¶ 急きゅう~・爆撃機ばくげきき 급강하 폭격기 ②(명령 등이) 내림¶ 大命たいめい~ 대명이 내림

こうか [降嫁] 名自スル 文 강가. 황족의 딸이 신하의 가문으로 시집감

こうか [高架] 고가¶ ~線せん 고가선/ ~橋きょう 고가교/ ~道路どうろ 고가 도로

こうか [高歌] 名自他スル 고가. 큰 소리로 노래함¶ ~放吟ほうぎん 큰 소리로 시가를 읊음

こうか [高価] ナ 고가. 값이 비쌈¶ ~な古本ふるほん 고가의 고서/ ~につく 비싸게 치이다

こうか [黄禍] ①比 황화. 황인종의 번성이 백인종에게 미치는 화¶ ~論ろん 황화론 ②분요 등이 튀어서 입는 피해

こうか [硬化] 名自スル 경화 ①굳어짐¶ 動脈どうみゃく~ 동맥 경화 ②(의견・태도가) 강경해짐¶ 野党やとうの態度たいどが~する 야당의 태도가 강경해지다 ③(시세가) 오르막이 됨. 강세를 보임 ▷ ①② ⇔ 軟化なんか **―油**ゆ 경화유

こうか [硬貨] 경화. 금속 화폐= コイン

こうか [*膠化] 名自スル 文 교화. 아교질화

こうが [公*衙] 文 공관. 관청

こうが [光画] 文 광화. 양화(陽畵)

こうが [江河] 文 강하 ①(중국의) 양쯔강(揚子江)과 황하 ②큰 강. 대하

こうが [高雅] ナ 고아. 고상하고 우아함¶ ~な装よそおい 고상한 차림새

こうが [*劫火] 겁화 ①佛 세상이 멸망할 때 일어난다는 큰 불 ②比 대화재

こうが [業火] 업화 ①佛 악업의 응보로 받은 불에 타는 고통 ②比 스스로를 망치는 악업

こうが [豪家] 文 호가. 부귀한 집. 세력과 재산이 있는 집

こうか [豪華] ナ 호화¶ ~な顔かおぶれ 호화 멤버 **―版**ばん 호화판 ①版 인쇄・장정이 호화로운 출판물 ②俗 고급이고 훌륭함¶ 今夜こんやの食事しょくじは~だ 오늘밤 식사는 호화판이다

こうカード [好カード] (스포츠에서) 열전・접전이 예상되어 기대를 받는 대진

こうかい [公会] 공회 ①공개 회합 ⇔ 秘密会ひみつかい ②공식 회의 ③중요 문제를 의결하는 국제 회의 **―堂**どう 공회당

こうかい [公海] 공해 ⇔ 領海りょうかい

こうかい [公開] 名他スル 공개¶ 一般いっぱんに~ 일반 공개/ 私信ししんを~する 사신을 공개하다 **―講座**こうざ 공개 강좌 **―状**じょう 공개장 **―市場**しじょう **―操作**そうさ 공개 시장 조작 **―捜査**そうさ 공개 수사 **―放送**ほうそう 공개 방송

こうかい [更改] 名他スル 경개. (제도·계약 등을) 고쳐 새롭게 함¶ 契約の~を済ませる 계약의 경개를 마치다
こうかい [後悔] 名他スル 후회¶ いまさら~してもはじまらない 이제와서 후회해도 소용없다
慣用句
――先に立たず 후회 막급이다
こうかい [*狡*猾] ナ (文) 교활함¶ ~な手段 교활한 수단
こうかい [航海] 名自スル 항해¶ ~士 항해사/ 太平洋を~する 태평양을 항해하다
――術 항해술
こうかい [降灰] 地 화산 폭발로 땅 위로 재가 내림, 그런 재
こうがい [*笄] ①(옛날에) 머리를 올릴 때 쓰던 젓가락 모양의 도구 ②(근세에 일본식 여자 머리에 꽂는) 화잠(花簪)
こうがい [口外] 名他スル (비밀 등을) 입밖에 냄, 발설¶ ~無用/ 발설 금지/ してはならない 입밖에 내서는 안 된다
こうがい [口*蓋] 醫 구개. 입천장¶ 軟~ 연구개 ―音 (文法) 구개음 ―垂 구개수. 목젖
――扁桃 구개 편도. 편도선
こうがい [公害] 공해¶ ~問題 공해 문제/ 騒音~ 소음 공해
こうがい [郊外] 교외¶ ~電車 교외 전차
こうがい [校外] 교외¶ ~活動 교외 활동
こうがい [梗概] 경개. 대강의 줄거리, 개요¶ 長編小説の~ 장편 소설의 개요
こうがい [港外] 항외. 항구 밖 ⇔港内¶ ~に停泊する 항구 밖에 정박하다
こうがい [*慷慨] 名自他スル 강개¶ 悲憤~ 비분 강개
こうがい [構外] 구외. 울 밖¶ 駅の~ 역 구외
こうがい [豪快] ナ 호쾌¶ ~な技 호쾌한 기술/ ~に笑いとばす 호쾌하게 웃어 넘기다
ごうがい [号外] 호외¶ ~が出る 호외가 나오다
こうかがく [光化学] 化 광화학 ――スモッグ 광화학 스모그 ――反応 광화학 반응
こうかく [口角] 구각. 입아귀¶ ~炎 구각염
慣用句
――泡を飛ばす 입가에 거품을 물다, 격렬하게 논쟁하다
こうかく [広角] 名 광각 ――レンズ 광각 렌즈
こうかく [甲殻] 動 갑각. (거북·게 등의) 등딱지 = こうら ――類 動 갑각류
こうかく [降格] 名自他スル (지위·자격 등이) 내려감, 떨어뜨림, 격하, 강등¶ 平社員に~する 평사원으로 강등하다
こうかく [高閣] (文) 고각. 고층 건물, 고루(高樓) = 高殿
こうがく [工学] 공학¶ 電気~ 전기 공학
こうがく [光学] 物 광학 ――器械 광학 기계
こうがく [向学] 향학¶ ~の志 향학 의지/ ~心にもえる 향학심에 불타다
こうがく [好学] 名 (文) 호학. 학문을 좋아함
こうがく [後学] 후학 ①후진 학도 ⇔先学

②앞으로 도움이 될 지식¶ ~のために伺いますが 후학을 위해 여쭙겠습니다만
こうがく [高額] 名 ㊎ 고액 ⇔低額¶ ~紙幣. 고액 지폐/ ~にのぼる 고액에 달하다
ごうかく [合格] 名自スル 합격¶ ~品 합격품/ 大学入試に~する 대학 입시에 합격하다
ごうがく [郷学] 史 江戸 시대부터 明治 초에 藩이나 민간 유지가 藩士나 일반 백성의 교육을 위해 설립한 학교, 향교 = 郷校
こうかくか [好角家] (文) 씨름 애호가
こうがくねん [高学年] 고학년 ⇔低学年¶ ~向きの本 고학년용 책
こうかくほう [高角砲] 軍 高射砲 고사포의 구 일본 해군에서의 일컬음
こうかけ [甲掛け・甲懸け] (직사 광선·먼지 등을 막기 위해) 손등·발등에 씌우는 천
ごうかしゃ [*恒河*沙] 佛 항하사. 무한히 많은 수량
こうかつ [広*闊] ナ 광활¶ ~な原野 광활한 들판
こうかつ [*狡*猾] ナ 교활 = 狡獪¶ ~な手段で勝つ 교활한 수단으로 이기다
こうかん [公刊] 名他スル 공간. 출판하여 세상에 널리 펴냄¶ 資料集を~する 자료집을 공간하다
こうかん [公館] 공관¶ 在外~ 재외 공관
こうかん [交換] 名他スル 교환 ①서로 바꿈¶ 物々~ 물물 교환/ 部品を~する 부품을 교환하다 ②전화 교환원, 교환대¶ ~を通じて電話をかける 교환을 통해 전화를 걸다 ――公文 政 교환 공문. 약식으로 체결되는 협정 ――手 교환수. 전화 교환원 ――条件 교환 조건
こうかん [交歓·交*驩] 名自スル 교환. 모여서 같이 즐김¶ ~会 교환회
こうかん [向寒] (文) 추위로 접어듦 ⇔向暑¶ ~のみぎり 추위로 접어드는 이즈음
こうかん [好感] 호감¶ ~をもつ 호감을 가지다
こうかん [好漢] 호한. 호감이 가는 남자
こうかん [*巷間] 名 (文) 항간. 세간¶ ~のうわさ 항간의 소문/ ~に流行している治療法 항간에 유행하고 있는 치료법
こうかん [後患] (文) 후환. 뒤탈¶ ~を絶つ 후환을 없애다
こうかん [皇漢] (文) 일본과 중국 ――薬 한방약, 한약
こうかん [校勘] 名他スル 본문의 이동(異同)을 비교 연구함
こうかん [高官] 고관¶ 高位~ 고위 고관
こうかん [*浩*瀚] ナ (文) 호한 ①(책의 쪽수·권수가) 많음¶ ~な著述 방대한 저술 ②넓고 큼
こうかん [*槓*桿·*槓*杆] (文) 공간. 지레 = てこ
こうかん [鋼管] 강관. 강철관
こうがん [厚顔] ナ 후안. 뻔뻔스러움¶ ~無恥 후안무치/ ~な人 뻔뻔스러운 사람
こうがん [紅顔] 홍안¶ ~の美少年 홍안의 미소년
こうがん [*睾丸] 醫 고환. 불알 = きんたま

**ごうかん**【合巻】[文] 江戸(えど) 시대 후기에 유행한 草双紙(くさぞうし)의 하나
**ごうかん**【合歓】Ⅰ 名スル [文] 합환. 같이 즐김, 남녀가 동침함 Ⅱ 「合歓木(ねむ)」의 준말 ―木 [植] 합환목. 자귀나무＝ねむのき
**ごうかん**【強姦】名他スル 강간 ⇔ 和姦(わかん) ―未遂(みすい) 강간 미수 ―罪(ざい) [法] 강간죄
**ごうがん**【傲岸】ダ [文] 오만함, 거만함 ¶ ～不遜(ふそん) 오만 불손 ¶ ～な態度(たいど)をとる 오만한 태도를 취하다
**こうかんしんけい**【交感神経】[醫] 교감 신경
**こうき**【口気】①말투, 말씨＝口ぶり ②입김, 구기, 입내
**こうき**【工期】 공기. 공사 기간·기한
**こうき**【公器】 공기. 공공(公共)의 물건·기관
**こうき**【広軌】 [交] 광궤 ⇔ 狭軌(きょうき)
**こうき**【光輝】 광휘 ①빛남, 빛 ¶ ～を放(はな)つ 빛을 내다 ②명예, 영예 ¶ ～ある伝統(でんとう)を誇(ほこ)る 빛나는 전통을 자랑하다
**こうき**【好奇】 名 호기 ¶ ～の目(め)を向(む)ける 호기에 찬 시선을 보내다 ―心(しん) 호기심
**こうき**【好期】 호기. 좋은 시기
**こうき**【好機】 호기. 좋은 기회＝チャンス ¶ ～到来(とうらい) 호기 도래
**こうき**【後記】 후기 Ⅰ 名 ①발문(跋文) ¶ 編集(へんしゅう)～ 편집 후기 ②후세의 기록 Ⅱ 名他スル 뒤쪽에 적음, 그런 글 ¶ 詳細(しょうさい)は～したとおり 상세한 것은 후기와 같음
**こうき**【後期】 江戸(えど) 후기 ¶ ～の文学(ぶんがく) 江戸 후기의 문학 ―印象派(いんしょうは) [美] 후기 인상파
**こうき**【皇紀】 神武天皇(じんむてんのう)가 즉위한 해를 원년으로 하는 일본의 기원(紀元)
**こうき**【香気】 향기＝香(かお)り ¶ ～が漂(ただよ)う 향기가 감돌다
**こうき**【校紀】 교기. 학교 내의 풍기 ¶ ～が乱(みだ)れる 교기가 문란해지다
**こうき**【校規】 교규, 교칙 ¶ ～を乱(みだ)す 교칙을 어지럽히다
**こうき**【校旗】 교기. 학교의 기
**こうき**【高貴】 ダ 고귀 ①(신분·인품이) 높고 귀함 ¶ ～な家柄(いえがら)に 고귀한 가문 ②비싸고 귀중함 ¶ ～薬(くすり) 비싸고 귀한 약
**こうき**【綱紀】 [文] 강기. 기강 ¶ ～粛正(しゅくせい) 강기 숙정
**こうき**【興起】 名自スル [文] 흥기 ①(세력이) 왕성해짐, 왕성하게 함 ¶ 産業(さんぎょう)の～ 산업의 흥기 ②떨치고 일어남 ¶ 感奮(かんぷん)～ 감분 흥기
**こうぎ**【公儀】 ①공적임 ¶ ～の沙汰(さた) 소송, 공적인 사건 ②조정 ③幕府(ばくふ) ¶ ～の隠密(おんみつ) 幕府에서 보낸 밀정
**こうぎ**【巧技】 교기. 교묘한 재주·기술
**こうぎ**【広義】 名 [文] 광의 ⇔ 狭義(きょうぎ) ¶ ～の解釈(かいしゃく) 광의의 해석
**こうぎ**【交誼】 [文] 교의. 교분, 친분 ¶ ～を結(むす)ぶ 교의를 맺다
**こうぎ**【好誼】 [文] 호의. 친절, 친밀감 ¶ 日(ひ)ごろの～に報(むく)いる 평소의 호의에 보답하다
**こうぎ**【抗議】 名自スル 항의 ¶ 言論統制(げんろんとうせい)に～する 언론 통제에 항의하다
**こうぎ**【厚誼】 [文] 후의. 두터운 정의(情誼) ¶ 御(ご)～に与(あずか)る 후의를 입다
**こうぎ**【後議】 [政] (양원제 국회에서) 상·하원 중 어느 한 쪽이 심의한 의안을 다른 원(院)이 나중에 심의하는 일
**こうぎ**【高誼】 [文] 고의. 두터운 정의(情誼)
**こうぎ**【講義】 名他スル 강의 ¶ ～録(ろく) 강의록/国文学(こくぶんがく)を～する 국문학을 강의하다
**ごうき**【剛毅·豪毅】 名ダ [文] 강의. 강직하고 굽힘이 없음 ¶ ～果断(かだん) 강의 과단 / ～木訥(ぼくとつ) 뜻이 굳고 꾸밈이 없음
**ごうき**【剛気·豪気】 강기. 호기, 굳센 기상 ¶ ～な気風(きふう) 호기 있는 기풍
**ごうぎ**【合議】 名自他スル 합의 ¶ 委員(いいん)が～する 위원이 합의하다 ―制(せい) 합의제
**ごうぎ**【強気·豪気·豪儀】 ダ ①기세가 대단함 ②크고 멋진 모양, 굉장함 ¶ こいつは～だね これ 굉장하군
**こうきあつ**【高気圧】[氣] 고기압 ⇔ 低気圧(ていきあつ) ¶ ～が張(は)り出(だ)す 고기압이 확장하다
**こうきぎょう**【公企業】 공기업 ⇔ 私企業(しきぎょう)
**こうきせいさいきん**【好気性細菌】[生] 호기성 세균 ⇔ 嫌気性細菌(けんきせいさいきん)
**こうきゅう**【公休】 공휴(일) ①(국경일이나 일요일 이외의) 공식 휴일 ②(동업자간에 협정한) 정기 휴일 ―[休業]
**こうきゅう**【好球】 호구. (구기에서) 치기 좋은 공 ¶ ～を見逃(みのが)す 호구를 놓치다
**こうきゅう**【考究】 名他スル 고구. 깊이 생각하여 연구함 ¶ 解決法(かいけつほう)を～する 해결법을 깊이 연구하다
**こうきゅう**【功究】 名他スル [文] 공구. (학문·예술 등을) 깊이 연구함 ¶ 美(び)の神髄(しんずい)を～する 미의 진수를 공구하다
**こうきゅう**【後宮】 후궁 ①황후·중궁 등이 사는 내전 ②[后宮] 내전에 거처하는 황후·중궁, 그들의 시중을 드는 궁녀의 총칭
**こうきゅう**【恒久】 名 항구. 영구 ¶ ～の平和(へいわ)を祈願(きがん)する 항구적인 평화를 기원하다 ―的(てき) ダ 항구적
**こうきゅう**【高級】 ダ 고급 ①(계급·품위 등의) 정도가 높음 ¶ ～官僚(かんりょう) 고급 관료 / ～な話題(わだい) 차원 높은 화제 ②[化] (유기 화합물에서) 분자량이 큼 ¶ ～アルコール 고급 알코올
**こうきゅう**【高給】 고급. 높은 급료 ⇔ 薄給(はっきゅう)
**こうきゅう**【硬球】 경구. (야구·테니스에 쓰는) 딱딱한 공 ⇔ 軟球(なんきゅう)
**こうきゅう**【講究】 名他スル [文] 강구. 깊이 살펴 연구함 ¶ 王朝文学(おうちょうぶんがく)を～する 왕조 문학을 강구하다
**こうきゅう**【購求】 名他スル [文] 구하여 삼
**こうきゅう**【曠久】 [文] 헛되이 날을 보냄. (오래 끌어) 시간이 허비됨
**こうきゅう**【号泣】 名自スル 호읍. 큰 소리로 욺
**ごうきゅう**【剛球·豪球】 [野] 강속구 ¶ ～投手(とうしゅ) 강속구 투수
**ごうきゅう**【強弓】 강궁. 그런 활을 쏘는 사람

こうきょ [公許] 名 他スル (文) 공허. 관허＝官許¶ ～を得る 관허를 받다

こうきょ [抗拒] 名 自スル (文) 항거¶ ～を貫く 항거로 일관하다

こうきょ [皇居] 황거. 天皇의 거처

こうきょ [溝*渠] (文) 구거. (급수·배수를 위해 만든) 도랑

こうきょ [薨去] 名 自スル 훙거. 황족·삼품(三品) 이상인 사람의 죽음, 서거

こうぎょ [香魚] (文)「あゆ 은어」의 딴이름

こうきょう [口供] 名 他スル (文) ①구두(口頭)로 진술함 ②[法] (피고·증인 등의) 공술, 진술¶ ～書 공술서

こうきょう [公共] 공공¶ ―施設 공공 시설/～の福祉 공공의 복지 ―企業体 공공기업체 ―広告 공공 광고. 공익 광고 ―債→こうさい (公債) ―事業 공공 사업 ―職業安定所 공공 직업 안정소＝職安 ―性 공공성 ―団体 공공 단체 ―放送 (放) 공영 방송 ―料金 공공 요금

こうきょう [広狭] 광협 ①넓음과 좁음 ②폭, 넓이 ―音域 음역의 폭

こうきょう [交響] 名 自スル 교향 ―楽 [音] 교향악 ―楽団 교향악단 ―曲 교향곡 ―詩 교향시

こうきょう [好況] 호황. 호경기 ⇔不況¶ ～を呈する 호황을 보이다

こうきょう [高教] (文) 고교. 훌륭한 가르침¶ ご～を賜わる 훌륭한 가르침을 받다

こうぎょう [工業] 공업¶ 軽～ 경공업/―団地 공업 단지 ―暗化 [生] 공업 도시 부근에 생식하는 곤충류에 암색 변이체가 증가하는 일 ―所有権 [法] 공업 소유권 ―用水 [工] 공업 용수

こうぎょう [功業] 공업 ①공적¶ ～を立てる 공적을 세우다 ②가치있는 훌륭한 사업

こうぎょう [鉱業·礦業] [工] 광업¶ ―権 광업권

こうぎょう [興行] 名 他スル 흥행¶ ―師 흥행사/地方を回って～する 지방을 돌며 흥행하다

こうぎょう [興業] 흥업¶ 殖産～ 식산 흥업

こう きょうかい [公教会] [가] 공교회. 로마 가톨릭 교회, 천주 교회

こうきょく [好局] (바둑·장기에서) 볼 만한 대국, 좋은 대국

こうぎょく [紅玉] 홍옥 ①[鉱] 루비＝ルビー ②[植] 진홍색의 신맛이 강한 사과 품종

こうぎょく [黄玉] [鉱] →おうぎょく

こうぎょく [硬玉] [鉱] 경옥

こうぎょく [鋼玉] [鉱] 강옥. 강옥석

こうきん [公金] 공금¶ ～横領 공금 횡령

こうきん [行金] 은행의 보유금, 은행 돈

こうきん [抗菌] 항균¶ ～作用 항균 작용

こうきん [拘禁] 名 他スル [法] 구금¶ 被疑者を～する 피의자를 구금하다

こうぎん [高吟] 名 自他スル (文) 고음. (시가를) 큰 소리로 읊음¶ 放歌～ 방가 고음

ごうきん [合金] [工] 합금¶ 特殊～ 특수 합금/銅と錫の～ 동과 주석의 합금

こうく [鉱区] [工] 광구¶ ～を設定する 광구 설정

こうく [工具] 공구. 공작 도구¶ ―一式 공구 일습/ 切削～ 절삭 공구

こうぐ [香具] ①향을 피우는 도구 ②향료

こうぐ [校具] 교구. (학교의) 교육용 기구

こうぐ [耕具] 경구. 경작 기구

ごうく [業苦] [佛] 업고. 전세의 악업으로 현세에서 받는 고통

こうこう [口*腔] [医] 구강¶ ～外科 구강 외과 ▷「こうこう」의 의학에서 쓰는 관용음

こうくう [航空] 名 항공¶ ～券 항공권/民間～ 민간 항공 ―機 항공기 ―自衛隊 항공 자위대 ―写真 항공 사진 ―便 항공편 ―母艦 [K] 항공 모함

こうくう [高空] 고공¶ ～落下 고공 낙하

こうぐう [厚遇] 名 他スル (文) 후대. 후한 대접 ⇔冷遇¶ ～を受ける 후대를 받다

こうぐう [皇宮] (文) 황궁. 天皇의 궁전＝皇居·宮城¶ ―警察 [法] 황궁 경찰

こうくり [高句麗] [史] 고구려

こうくん [紅*裙] (文) ①여자 옷 ②미인, 기생

こうくん [校訓] (校) 교훈

こうぐん [行軍] 名 自スル 행군¶ 夜間～·야간 행군

こうぐん [皇軍] 황군. 天皇가 통솔하는 군대, 구 일본 육·해군의 호칭

こうげ [香華·香花] (文) 향화. 불전에 바치는 향과 꽃＝こうばな¶ ～を手向ける 불전에 향화를 바치다

こうげ [高下] I 名 고하. (지위·정도 등의) 높낮이, 우열¶ 身分の～を問わない 신분의 고하를 불문하다 II 名 自スル (가격 등이) 오르내림, 등락¶ 株価の乱～ 주가의 급격한 변동

こうけい [口径] 구경¶ 45～のピストル 45구경 권총

こうけい [公*卿] (文) →くぎょう(公卿)

こうけい [光景] 광경¶ 雄大な～ 웅대한 광경

こうけい [肯*綮] 긍경. (사물의) 급소, 한 곳¶ ～に中る (정통으로) 급소를 찌르다

こうけい [後景] 후경 ①(그림·사진 등의) 배경＝前景 ②(무대의) 배경화＝書き割り

こうけい [後継] 후계¶ ～者 후계자

こうげい [工芸] 공예¶ ―品 공예품

こうけい [合計] 名 他スル 합계¶ ～を出す 합계를 내다/支出を～する 지출을 합계하다

こう けいき [好景気] 호경기. 호황 ⇔不景気¶ ～に向かう 호경기로 들어서다

こうげき [攻撃] 名 他スル 공격 ①(전투·경기에서) 적을 침¶ ～力 공격력/～を浴びせる 공격을 퍼붓다 ②(토론 등에서) 상대방을 비난·비판함¶ 人身～ 인신 공격

こうけち [*纈纈] (飛鳥奈良 시대에 행해진) 홀치기 염색 ▷「こうけつ」라고도 함

こうけつ [高潔] 名 ダ (文) 고결¶ ～な人格 고결한 인격

こうけつ【\*膏血】(文) 고혈. 고생해서 얻은 수익·재산¶ ~を絞る 고혈을 짜다, 착취하다
ごうけつ【豪傑】 호걸 ①지용이 뛰어난 사람¶ 天下てんかの~ 천하의 호걸/ ~笑わらい 호탕한 웃음 ②대담한 사람, 통이 큰 사람¶ ~肌はだ 호걸풍
こうけつあつ【高血圧】【醫】 고혈압
こうけん【公権】【法】 공권 ⇔ 私権しけん
こうけん【効験】 (文) 효험, 효능 = ききめ ¶ ~あらたか 효험이 뚜렷함
こうけん【後件】 후건 ①(서술된 두 가지 중에서) 뒤의 것 ②【論】 귀결 부분. ▷ ①② ⇔ 前件ぜんけん
こうけん【後見】 後見 【名】【他スル】 Ⅰ ①뒤에서 보살펴 줌, 그런 사람¶ 本家ほんけの幼おさない当主とうしゅを~する 본가의 어린 당주를 보좌하다 ②【法】 친권자가 없는 미성년자나 금치산자의 보호·재산 관리를 하는 일¶ ~人 후견인 Ⅱ【藝】 (能のう·歌舞伎かぶき 등에서) 배우들의 뒷바라지를 해 주는 사람
こうけん【貢献】【名】【自スル】 공헌, 기여함¶ ~度ど 공헌도/ 地域医療いきいりょうに~した 지역 의료에 공헌했다
こうけん【高見】(文) 고견 ①훌륭한 의견·식견, 탁견 ②상대방의 의견에 대한 높임말¶ 御~を伺うかがいたい 고견을 듣고 싶소
こうげん【公言】【名】【他スル】 공언¶ 天下てんかに~する 천하에 공언하다/ ~してはばからない 거리낌없이 공언하다
こうげん【巧言】 교언, 입으로만 그럴듯하게 꾸며대는 말¶ ~を弄ろうする 교언을 지껄이다 ─色しょく 교언 영색
こうげん【広言】【名】【自他スル】 광언, 큰소리, 호언 장담, 흰소리¶ ~を吐はく 큰소리치다
こうげん【光源】 광원¶ ~体たい 광원체
こうげん【抗言】【名】【自スル】(文) 항언, 항변
こうげん【抗原】【生】 항원¶ ~物質ぶっしつ 항원 물질 ─抗体反応たいはんのう【生】 항원 항체 반응
こうげん【荒原】 황원, 황야 = 荒あれ野の
こうげん【高言】【名】【自スル】 고언, 뱃심 좋게 장담하는 말, 큰소리, 호언 장담
こうげん【高原】 고원, 고지의 들¶ ~野菜やさい 고랭지 채소
こうけん【合憲】 합헌¶ ~判決はんけつ 합헌 판결
こうけん【剛健】【名】【ダ】 강건 ⇔ 柔弱にゅうじゃく¶ 質実しつじつ ~ 질실 강건 ─体たい【表】 강건체
こうげんがく【考現学】 고현학, 현대 사회의 현상을 연구하는 학문 = モデルノロジー
こうげんびょう【\*膠原病】【醫】 교원병
こうこ【公庫】【經】 주택 자금 등의 대출 업무를 취급하는 정부 출자 금융 기관
こうこ【好古】【名】(文) 호고, 옛 것을 좋아함¶ ~趣味しゅみ 호고 취미
こうこ【好個】【名】(文) 적절함, 알맞음, 적당함¶ ~の題材だいざい 적절한 제재
こうこ【江湖】【名】(文) 강호, 세상, 세간¶ ~の好評こうひょうを博はくす 강호의 호평을 얻다
こうこ【後顧】【名】 후고 ①돌이켜 봄 ②후일에 가서 마음이 쓰임

(慣用句)
─の憂うれい 후일의 걱정, 후환
こうこ【\*香香】「こうこう」의 준말. 채소절임
こうこ【\*曠古】(文) 전례 없음, 공전(空前), 미증유¶ ~の偉業いぎょう 공전의 위업
こうご【口語】【文法】 구어 ①구두어 ②현대어 문법 체계에 따라 표현된 언어 ▷ ①② ⇔ 文語ぶんご ─体たい【表】 구어체 ─文ぶん【表】 구어문
こうご【交互】【名】 교호, 엇갈림, 번갈아 함¶ ~に発言はつげんする 번갈아 발언하다
こうご【向後】【副】(文) 향후, 금후, 차후, 앞으로 = きょうこう¶ ~一年ねん 향후 1년
ごうご【豪語】【名】【自スル】 호언 장담, 흰소리, 큰소리 = 大言壮語たいげんそうご¶ 優勝ゆうしょう間違まちがいなしと~する 틀림없이 우승한다고 호언하다
こうこう【副】(口) 이러이러, 여차여차¶ ~こういうわけで 이러이러한 여차한 이유로
こうこう【口腔】(文) 구강¶ ~衛生えいせい 구강 위생
こうこう【坑口】(文) 갱구, 굿문 = こうぐち
こうこう【孝行】【名】【ナ】【自スル】 효행, 효도 ⇔ 不孝ふこう¶ 親おやへの(어버이에 대한) 효도/ ~のしたい時分じぶんに親おやはなし 효도하고자 할 때 어버이는 이미 돌아가시고 안 계시다
こうこう【後考】(文) 후고, 나중에 생각함, 후인(後人)의 생각

(慣用句)
─に俟まつ 나중에 잘 생각하다, 후진(後進)의 연구〔생각〕에 맡기다
こうこう【後攻】 후공, 나중에 공격함 ⇔ 先攻せんこう
こうこう【後項】 후항 ①나중 조항 ②【數】 뒤의 항 ⇔ 前項ぜんこう
こうこう【皇考】(文) 황고, 선대(先代)의 天皇てんのう, 선제(先帝)
こうこう【\*浩\*浩】【ル】(文) 호호 ①물이 가득 어참 ②드넓음¶ ~たる大地だいち 드넓은 대지
こうこう【航行】【名】【自スル】 항행¶ ~中ちゅうの船舶せんぱく 항행 중인 선박 ─衛星えいせい【宇】 항행 위성
こうこう【高校】 고교, 고등학교
こうこう【黄口】(文) 황구, 어리고 미숙함¶ ~児じ 애송이, 풋내기 = 青二才あおにさい
こうこう【港口】(文) 항구, 항만의 출입구
こうこう【硬膏】【藥】 경고 ⇔ 軟膏なんこう
こうこう【\*皎皎·\*皓\*皓】【ル】(文) 교교, (달빛이) 맑고 밝음¶ ~と照てる月つき 교교히 비치는 달
こうこう【\*煌\*煌】【ル】(文) 황황, 휘황함¶ ~と輝かがやくライト 휘황하게 빛나는 라이트
こうこう【\*膏\*肓】(文) 고황, 병을 고치기 어려운 몸의 깊숙한 부분
こうごう【交合】【名】【自スル】(文) 교합, 성교(性交)
こうごう【皇后】 황후 = きさき
こうごう【香合·香\*盒】 향합, 향 그릇
こうごう【校合】【名】【他スル】 → きょうごう【校合】
ごうこう【\*毫光】【佛】 호광, 부처의 미간에 있는 백호(白豪)에서 비치는 빛
ごうごう【\*囂\*囂】【ル】 효효, 떠들썩함, 왁자지껄함¶ 喧喧けんけん~ 훤훤효효/ ~たる非難ひなん 떠들썩한 비난
ごうごう【\*轟\*轟】【ル】 굉굉, 요란함, 크게 울

림¶ ～たる爆音ばく 꽝꽝한 폭음
こうこうがい [硬口*蓋] [醫] 경구개
こうごうし・い [神神しい] [形] 성스럽다. 거룩하다¶ ～境内だい 성스러운 경내
こうこうせい [向光性] [植] 향광성. 향일성
こうごうせい [光合成] [植] 광합성
こうこうや [好好*爺] 호호야. 마음씨 좋은 할아버지¶ ～ぶり 호호야다운 면모
こうこがく [考古学] 고고학
こうこく [公告] 공고
こうこく [公国] 공국
こうこく [広告] [名][他スル] 광고¶ ～業ぎょうの～ 광고업/ 新聞しんぶんに～を出だす 신문에 광고를 내다 ━媒体ばいたい 광고 매체 ━文ぶん 광고문
こうこく [抗告] [名][自スル] [法] 항고¶ ～審しん 항고심 ━訴訟そしょう 항고 소송
こうこく [皇国] 황국. 天皇てんのうが 통치하는 나라¶ ～の興廃こうはいこの一戦いっせんにあり 황국의 흥망이 이 일전에 달렸도다
こうこく [興国] 흥국
こうこく [*鴻*鵠] [文] 홍곡. 큰 인물¶ ～の志こころざし 큰 인물의 원대한 포부
こうこつ [*恍*惚] Ⅰ [ダ] 황홀¶ ～として見みとれる 황홀하여 넋을 잃고 바라보다 Ⅱ [名] (나이가 들어) 정신이 혼미해짐. 망령이 듦¶ ～の人ひと 망령이 든 사람
こうこつ [硬骨] 경골 ①[醫] 군뼈 ⇔ 軟骨なんこつ ②강직하여 쉽게 굽히지 않는 기골¶ ～の士し 경골지사 ━漢かん 경골한 ━魚ぎょ [動] 경골어
こうこつぶん [甲骨文] → こうこつもじ
こうこつもじ [甲骨文字] 갑골 문자
こうこん [黄昏] [文] 황혼= たそがれ
こうさ [公差] 공차 ①[機] (계량기·가공품 등에서) 공식적으로 허용되는 오차 범위 ②[数] 등차 수열에서 서로 이웃하는 두 항의 차
こうさ [交差・交*叉] [名][自スル] 교차¶ 立体りったい～ 입체 교차 ━点てん (도로·철도의) 교차점
こうさ [考査] [名][他スル] 고사 ①(능력·학력 등을) 생각하고 조사함 ②(학교 등의) 시험¶ 期末きまつ～ 기말 고사
こうさ [黄砂] 황사 ①황색 모래 ②[気] 황사 현상
こうさ [*較差] [文] → かくさ (較差)
こうざ [口座] 구좌. 계좌 ①「預金口座よきんこうざ・振替口座ふりかえこうざ」의 준말¶ ～に振ふり込こむ 구좌에 불입하다 ②(부기에서) 계정 계좌
こうざ [高座] ①한 단 높은 자리 ②寄席よせ의 무대¶ ～に上あがる 한바탕 만담을 하다
こうざ [講座] 강좌 ①대학에서 강의하는 학과목¶ ～を設もうける 강좌를 열다/新あらたに～を設ける 새로운 강좌를 개설하다 ②강의 형식의 강습회·출판물¶ 教養きょうよう～ 교양 강좌
こうさい [口才] [文] 구재. 말재주. 말재간
こうさい [公債] [経] 공채¶ ～を発行はっこうする 공채를 발행하다
こうさい [交際] [名][自スル] 교제¶ 男女だんじょの～ 남녀 교제/ ～がひろい 교제가 넓다 ━家か 교제가. 사교가

こうさい [光彩] 광채 ①찬란한 빛 ②뛰어난 면이 두드러지게 나타남¶ ～を放はなつ 광채를 발하다 ━陸離りくり [文] 광채가 뒤섞여 눈부시게 아름다움
こうさい [*虹彩] [醫] 홍채. 눈조리개
こうさい [*高裁] 고법. 고등 법원
こうさい [鉱*滓] [工] 광재. 슬래그
こうざい [功罪] 공죄. 공적과 죄과. 좋은 점과 나쁜 점
[慣用句]
━相半あいなかばする 공적과 죄과가 반반이다
こうざい [鋼材] 강재
こうさく [工作] [名] Ⅰ ①간단한 공구로 물건을 만듦. 그런 학과목¶ ━道具どうぐ 공작 도구 ②토목·건축 공사¶ 壁かべの補強ほきょう～ 벽의 보강 공사 Ⅱ [名][他スル] 목적을 위해 몰래 미리 손을 씀¶ 政治的せいじてき～ 정치 공작 ━機械きかい [機] 공작 기계 ━物ぶつ [法] 공작물
こうさく [交錯] [名][自スル] 교착¶ 期待きたいと不安あんが～する 기대와 불안이 교착하다
こうさく [耕作] [名][他スル] [農] 경작¶ 農地のうちを～する 농지를 경작하다
こうさく [鋼索] 강삭 ━鉄道てつどう 강삭 철도
こうさつ [考察] [名][他スル] 고찰¶ 原因げんいんを～する 원인을 고찰하다
こうさつ [高札] ①방문을 내걸던 게시판= たかふだ ②입찰시 가장 높은 것 ③[文] (상대방 편지의 높임말) 혜서¶ 御お～拝見はいけんたしました 혜서를 배견하였습니다
こうさつ [高察] [文] 고찰. 현찰= お察さつ¶ 御お～のとおり 현찰하신 바와 같이
こうさつ [絞殺] [名][他スル] 교살. 목졸라 죽임
こうさつ [交拶] [名][自スル] 교잡. 교배
ごうさらし [業*晒(し)・業*曝(し)] ①전생의 업으로 이승에서 욕을 봄. 그런 사람 ②[口] (남을 욕하는) 망할 놈¶ この～め 이 망할 놈아
こうさん [公算] 공산. 확률. 가망성¶ 成功せいこうの～が大おおきい 성공할 공산이 크다
こうさん [恒産] 항산. 안정된 직업·재산
[慣用句]
━無なきものは恒心こうしん無なし 생활이 안정되지 못하면 정신도 안정되지 않다
こうさん [降参] [名][自スル] ①항복. 굴복= 降伏こうふく¶ 白旗しらはたを上あげて～する 백기를 들고 항복하다 ②[口] 손듦. 질림¶ 泣なく子こには～だ 우는 아이에게는 손들었다
こうさん [鉱産] 광산. 광업 생산(물)
こうざん [高山] 고산. 높은 산¶ ～植物しょくぶつ 고산 식물 ━帯たい 고산대 ━病びょう 고산병
こうざん [鉱山] 광산¶ ～開発かいはつ 광산 개발
こうし [子牛・*仔牛・*犢] 송아지
こうし [公子] [文] 공자. 귀족의 아들. 귀공자
こうし [公私] 공사¶ ～混同こんどう 공사 혼동/ ～のけじめをつける 공사의 구분을 짓다
こうし [公使] [政] 공사 ━館かん 공사관
こうし [光子] [物] 광자. 광량자 (光量子)
こうし [考試] [文] 고시. 시험
こうし [行使] [名][他スル] 행사¶ 実力じつりょく～ 실

こうし

력 행사/ 権力けんりょくを~する 권력을 행사하다
こうし [孝子] 효자¶ 家いえ貧まずしくして~出いず 가난한 집에서 효자 난다
こうし [厚志] (文) 후의, 후의의¶ 御~厚あつく感謝かんし致いたします 후의의에 깊이 감사드립니다
こうし [後肢] [動] 후지, 뒷다리 ⇔ 前肢ぜんし
こうし [後嗣] (文) 후사, 후손 = あとつぎ
こうし [皇嗣] (文) 天皇てんのうの 후계자, 황태자
こうし [紅紫] (文) 홍자 ①붉은빛과 보라빛 ②갖가지 아름다운 빛깔
こうし [格子] ①[建] 격자 ②「格子縞こうし・格子戸こうしど」의 준말 ③[物] 결정 격자 ―縞じま 격자 무늬, 체크 무늬 ―造づくり (문이나 창에) 격자를 맨 집 구조 ―戸ど 격자문
こうし [高士] (文) 고사 ①고결한 인격자 ②속세를 떠난 인격이 훌륭한 인물, 은군자
こうし [皓歯] (文) 고치, 희고 아름다운 이¶ 明眸めいぼう~ 명모 호치
こうし [嚆矢] (文) 효시, 시초¶ 近代文学きんだいぶんがくの~ 근대 문학의 효시
こうし [講師] 강사¶ 専任せんにん~/~として招まねかれる 전임 강사/~로 초빙되다
こうじ *[小路] 소로, 좁은 골목¶ 袋ふくろ~ 막다른 골목
こうじ *[麵・糀] 누룩, 곡자
こうじ [工事] 공사¶ 道路どうろ~ 도로 공사 ―場ば 공사장, 공사 현장
こうじ [公示] [名][他スル][法] 공시
こうじ [公事] 공사, 공무 ⇔ 私事しじ
こうじ [好字] (文) 호자 (이름을 붙일 때의) 좋은 글자, 상서로운 글자
こうじ [好事] (文) 호사 ①경사스러운 일, 좋은 일 ②선행, 착한 일
[慣用句]
―魔ま多おおし 호사다마
―門もんを出いでず 선행은 세상에 알려지기 어렵다
こうじ [好餌] (文) ①좋은 미끼¶ ~で釣つる 좋은 미끼로 꾀다 ②(욕망의) 먹이, 희생¶ 悪漢あっかんの~となる 악한의 희생물이 되다
こうじ [後事] (文) 후사, 뒷일¶ ~を託たくする 뒷일을 부탁하다
こうじ *[柑子] ①[植] 「からたちばな 송이꽃자 금우」의 딴이름 ②[植] 감자, 홍귤 = こうじみかん ③「柑子色こうじいろ」의 준말 ―色いろ 오렌지색, 주황색 ―蜜柑みかん [植] 감자, 홍귤
こうじ [高次] [名] 고차 ①고차원¶ ~の段階だんかい 고차원의 단계 ②[數] 차수가 높음¶ ~方程式ほうていしき 고차 방정식
こうし [合祀] [名][他スル](文) 합사, 둘 이상의 신위(神位)를 함께 모심¶ 戦没者せんぼつしゃを~する 전몰자를 합사하다
こうし [合資] [名][自スル](文) 합자¶ ~会社がいしゃ 합자 회사
こうし [郷士] [日史] (江戸えど 시대에) 농촌에 토착해서 살던 무사
こうじかび *[麵黴] 누룩곰팡이 = こうじ菌きん
こうしき [公式] 공식 ①[名] 공적인 형식¶ ~会談かいだん 공식 회담 ②[名] 공적임¶ ~の訪問ほうもん 공식 방문 ③[物][數] 원리나 계산 법칙을 수식으로 나타낸 것 ―主義しゅぎ 공식주의 ―戦せん 공식 경기, (프로 야구의) 페넌트 레이스 ―的てき [形動] 공식적
こうしき [硬式] [名] 경식 ⇔ 軟式なんしき¶ ~テニス 경식 테니스
こうしき [講式] [佛] ①법회의 목적・식순・법식 등을 적은 것 ②부처나 고승의 공덕을 찬송하는 글
こうじき [高直] [名][ダ](文) ①값이 비쌈, 고가 ②가치가 있음 ▷ ①② ⇔ 下直げじき
こうじきん *[麵菌] ⇒ こうじかび
こうしけっしょう [高脂血症] [醫] 고지혈증
こうしせい [高姿勢] 고자세 ⇔ 低姿勢ていしせい
こうしつ [後室] (文) ①뒷방 ②(귀인의) 미망인
こうしつ [皇室] 황실, 天皇てんのう의 일족¶ ―会議かいぎ 황실 회의 ―典範てんぱん [法] 황실 전범
こうしつ [硬質] [名] 경질 ⇔ 軟質なんしつ¶ ~ガラス 경질 유리
こうしつ [膠質] 교질, 콜로이드 = コロイド
こうじつ [口実] 구실, 핑계¶ もっともらしい~をもうける 그럴 듯한 구실을 붙이다
こうじつ [好日] (文) 호일, 즐겁고 평온한 나날¶ 日々ひびこれ~ 나날이 바로 좋은 날
こうじつせい [向日性] 향일성 ①[植] 해굽성 ②밝은 방향으로 향하는 성질¶ ~の文学ぶんがく 향일성 문학
こうじつびきゅう *[曠日弥久] (文) 광일미구, 일을 오래 끌며 헛되이 세월만 보냄
こうしゃ [公社] 공사¶ 専売せんばい~ 전매 공사 ―債さい [經] 공사채 ①공채・사채의 총칭 ②공사가 발행하는 채권
こうしゃ [公舎] (文) 공사, 공무원의 숙사, 관사
こうしゃ [巧者] [名][ダ] 교자, 능숙함, 그런 사람¶ 口くち~ 능변(가)/~な手際てぎわ 능숙한 솜씨
こうしゃ [向斜] [地] 향사 ⇔ 背斜はいしゃ
こうしゃ [後車] 후차, 뒷차 ⇔ 前車ぜんしゃ
[慣用句]
―の戒いましめ 앞 사람의 실수는 뒷사람의 교훈
こうしゃ [後者] 후자 ①뒤의 것¶ ~の問題もんだい 후자의 문제 ②뒤를 잇는 사람, 후세 사람, 후진¶ ~に託たくする 후진에게 맡기다
こうしゃ [校舎] 교사, 학교 건물
こうしゃ [降車] [名][自スル] 하차 ⇔ 乗車じょうしゃ¶ ~専用せんようのホーム 하차 전용 홈
こうしゃ [講社] 같은 신불(神佛)을 믿는 사람들의 단체 = 講中こうちゅう
こうしゃ [郷社] 神社じんじゃ의 격의 하나
こうしゃ [豪奢] [名][ダ](文) 호사¶ ~な邸宅ていたく 호사스러운 저택/~をきわめる 호사스럽기 그지없다
こうしゃく [公爵] 공작
こうしゃく [侯爵] 후작
こうしゃく [講釈] [名][他スル] ①강석 ②우쭐하여 생각・해석 등을 지걸여 댐¶ 長々ながなが と~する 우쭐하여 장황하게 지껄이다 ③[藝] 「講談こうだん 야담」의 옛일컬음 ―師し 야담가

こうじゃく ふう [黄*雀風] 황작풍. 음력 5월에 부는 남동풍
こうしゃ ほう [高射砲][軍] 고사포
こうしゅ [工手] 철도·전기 공사 등을 하는 노동자¶ 線路ばん~ 선로공
こうしゅ [公主] 공주
こうしゅ [巧手] 교묘한 솜씨·수단, 솜씨가[수단이] 좋은 사람
こうしゅ [甲種] 갑종 ①갑의 종류, 첫째가는 것 ②「甲種合格こうかく」의 준말 ―合格ごう 갑종 합격
こうしゅ [好手] 호수 ①뛰어난 기술, 그런 사람¶ なかなかの~ 상당한 호수 ②(장기·바둑에서) 좋은 수¶ ~を打うつ 호수를 두다
こうしゅ [好守][名][自スル] 호수비, 선방¶ ~を見みせる 호수비를 보이다
こうしゅ [攻守] 공수, 공격과 수비¶ ~共ともに強つよい 공수가 다같이 강하다
[慣用句]
―所ところを変かえる 형세(처지)가 역전하다
こうしゅ [校主] 교주, 사립 학교의 소유주
こうしゅ [耕種][名][他スル] 경종, 논밭을 갈아 작물을 재배함
こうしゅ [絞首] 교수, 목을 졸라 죽임¶ ~台だい 교수대 ―刑けい [法] 교수형
こうじゅ [口受][名][他スル][文] 구수, 말로(직접) 가르침을 받음 ― くじゅ
こうじゅ [口授][名][他スル][文] 구수, 말로 가르쳐 줌 ― くじゅ¶ 奥義おうぎの~ 비결의 구수
こうじゅ [*鴻儒][文] 홍유, 뛰어난 유학자, 대학자 ― 大儒だいじゅ
こうじゅ [豪酒·強酒][文] 호주, 주호
こうしゅう [口臭] 구취, 입내
こうしゅう [公衆] 공중¶ ~道徳どう 공중 도덕, ~の面前めんぜん 공중의 면전 ―衛生えい 공중 위생 ―電話でんわ 공중 전화 ―便所べん 공중 변소 ―浴場よく 공중 목욕탕, 대중탕
こうしゅう [甲州] → かい(甲斐)
こうしゅう かいどう [甲州街道][日史] 江戸えど시대의 5街道かいどう의 하나, 江戸의 日本橋にほん를 기점으로 甲府こうふ를 거쳐 下諏訪すわ에 이르러 中山道なかせんどう와 이어짐
こうしゅう [講習][名][他スル] 강습¶ 夏期かき~ 하기 강습/~を受うける 강습을 받다
こうしゅう [講中] ①신불에 참배하기 위해 조직한 모임 ②계원(契員)
ごうしゅう [江州] → おうみ(近江)
ごうしゅう [豪州·濠州] 호주, 오스트레일리아
こうしゅうせい [光周性][生] 광주성
こうしゅうは [高周波][電] 고주파
こうじゅく [紅熟][名][自スル] (과일 등이) 빨갛게 익음
こうじゅく [黄熟][名][自スル] → おうじゅく
こうじゅつ [口述][名][他スル] 구술¶ ~書しょ 구술서 ―試験しけん 구술 시험 ―筆記ひっ 구술 필기
こうじゅつ [公述] [名][他スル] 공술, 공청회 등에서 의견을 말함¶ ~人にん 공술인
こうじゅつ [後述][名][他スル] 후술, 뒤에 설명함, 그런 부분 ⇔ 前述ぜん·先述せん

こうじゅ ほうしょう [紅*綬褒章] 일본 정부가 인명을 구조한 사람에게 수여하는 포장
こうしょ [公署] 공서, 관서(官署)
こうしょ [向暑][名][文] 향서, 더운 계절로 접어듦¶ ~の候そうろう 향서지절
こうしょ [高所] 고소 ①높은 곳 ②높은 견지·입장¶ 大所たいしょから見みればわかる 크고 높은 견지에서 보면 안다 ―恐怖症きょうふ[医] 고소 공포증 ―順応じゅんのう[医] 고소 순응
こうしょ [高書] [文] 남의 편지·저서에 대한 높임말, 고서¶ 御ご~拝見はいけんいたしました 고서를 배견하였습니다
こうじょ [公序] 공서, 공공 질서¶ ~良俗りょう 공서 양속, 공공 질서와 미풍 양속
こうじょ [孝女][文] 효녀
こうじょ [皇女] 황녀, 공주 ― 内親王ないしんのう
こうじょ [控除·*扣除][名][他スル] 공제¶ ~額がく 공제액 ―扶養ふよう 부양 공제
こうしょう [*劫初][佛] 겁초, 이 세상의 처음
こうしょう [口承][名][他スル] 구승, 대대로 구전함 ―文芸ぶん (민화·전설 등) 구승 문예
こうしょう [口証][名][文] 구증, 구두 증거
こうしょう [口誦][名][他スル] 구송, 소리내어 읽음, 암송함
こうしょう [工匠][文] 공장 ①공작물의 의장(意匠), 디자인 ②장인(匠人), 장색(匠色)
こうしょう [工*廠][軍] 공창, 군수품을 제조·수리하던 병기 공장¶ 砲兵ほうへい~ 포병 공창
こうしょう [公称] 공칭 I [名][自スル] 표면적인 발표¶ 発行部数はっこうぶすうは五百万部ごひゃくまんぶ 발행 부수는 공칭 백만 부 II [名] 공식 명칭
こうしょう [公*娼] 공창 ⇔ 私娼ししょう
こうしょう [公証] 공증 ①공적 증거 ②공무원이 직권으로 하는 증명¶ ~人にん[法] 공증인 ―役場やくば 공증인 사무소
こうしょう [公傷] ①공상, 공무 중에 입은 부상 ②[相撲] 대전 중에 입은 부상 ―制度せいど[相撲] 本場所ほんばしょ때 부상으로 휴장했을 때 당시의 蕃付ばんづけ를 다음 場所ばしょ에서 그대로 인정해 주는 제도
こうしょう [交渉][名][自スル] ①교섭¶ 団体だんたい~ 단체 교섭/~が長引ながびく 교섭이 지연되다 ②상관, 관계, 관련¶ 没ぼっ~ 관계가 없음/彼かれとは~がない 그와는 상관이 없다
こうしょう [好尚][文] ①취미, 기호¶ 上品じょうひんな~ 고상한 취미 ②유행¶ 時代だいの~に合あう 시대의 유행에 맞다
こうしょう [考証][名][他スル] 고증¶ ~学がく 고증학/時代だい~ 시대 고증
こうしょう [行賞] 행상, 공적에 대하여 상을 줌¶ 論功ろんこう~ 논공 행상
こうしょう [厚相] 「厚生大臣こうせいだいじん」의 통칭
こうしょう [*咬傷] 교상, 물린 상처
こうしょう [哄笑][名][自スル] 홍소, 소리 높여 웃음¶ ~がわっと爆はじけた
こうしょう [校章] 교장, 학교의 기장(記章)
こうしょう [高尚][ダ] 고상¶ ~な趣味しゅみ 고상한 취미

こうしょう [高唱] 名 他スル 고창 ⇔ 低唱¶ 万歳ばんざいを~する 큰소리로 만세를 부르다
こうしょう [鉱床] 地 광상
こうじょう [口上] ①구두로 말함. 그런 내용 ¶ 逃にげ~/~がうまい 말을 잘하다 ② 藝 (歌舞伎かぶき 등에서) 무대에 나가 배우나 연극 줄거리 등을 설명함¶ 前まえ~ 개막 인사 —書がき 구두로 말한 내용을 기록한 것
こうじょう [工場] 공장= こうば ¶ ~敷地しきち 공장 부지 —閉鎖へいさ 공장 폐쇄
こうじょう [甲状] 名 갑상 —腺せん 醫 갑상선 —腺ホルモン 醫 갑상선 호르몬
こうじょう [交情] 文 ①교분¶ ~をあたためる 교분을 두터이 하다 ②(남녀 간의) 정분
こうじょう [向上] 名 自スル 향상 成績せいせきが~する 성적이 향상되다 —心 향상심
こうじょう [江上] 文 강상. 강 위, 강가. (특히) 양쯔강(揚子江) 강변¶ ~の破屋はおく 강가의 허물어진 집
こうじょう [厚情] 文 후정. 후의¶ 御~に感謝かんしゃいたします 후의에 감사드립니다
こうじょう [恒常] 名 항상. 일정하여 변화가 없음¶ ~的 항상적 —心しん 항상심 —性せい 生 항상성
こうじょう [荒城] 文 황성. 황폐한 성
こうじょう [膠状] 名 文 교상. 아교처럼 끈끈한 상태
ごうしょう [豪商] 호상. 거상, 대상인
ごうじょう [強情] 名 ア 고집이 셈, 완강함¶ ~な人ひと 고집쟁이/~を張はる 고집을 부리다
こうしょく [公職] 공직¶ —追放ついほう 공직 추방/~に就つく 공직에 오르다 —選擧法せんきょほう 法 공직 선거법
こうしょく [交織] 名 他スル 文 교직= まぜおり
こうしょく [好色] 名 ア 호색= 色好いろごのみ¶ ~漢かん 호색한 —家か 호색가
こうしょく [降職] 名 他スル 강직. 직위를 낮춤¶ ~される 강직당하다
こうしょく [黄色] 文 황색. 노랑= きいろ. おうしょく —人種じんしゅ 황색 인종
こうしょく [曠職] 文 광직 ①직무 태만 ②관직을 공석인 채로 둠
ごうしょっぱり [強情っ張り] 口 고집이 셈, 그런 사람. 고집쟁이
こう・じる [困じる] 自 上一 → こうずる(困)
こう・じる [高じる・嵩じる] 自 上一 → こうずる(高)
こう・じる [講じる] 自 上一 → こうずる(講)
こうしん [口唇] 文 구순. 입술= くちびる¶ ~炎えん 구순염 —期き 心 구순기
こうしん [亢進・昂進] 名 自スル 항진. 앙진 心悸しんき~ 심계 항진/ 病勢びょうせいが~の 병세가 심해지다
こうしん [功臣] 文 공신
こうしん [交信] 名 他スル 교신¶ 手旗信号てばたしんごうで~する 수기 신호로 교신하다
こうしん [行進] 名 自スル 행진¶ デモ~ 데모 행진/勇いさましく~する 씩씩하게 행진하다 —曲きょく 音 행진곡= マーチ
こうしん [孝心] 文 효심
こうしん [更新] 名 自他スル ①경신¶ 世界記錄せかいきろくの~ 세계 기록의 경신 ②法 갱신 契約けいやくを~する 계약을 갱신하다 —世せい 地 갱신세. 홍적세= 洪積世こうせきせい
こうしん [庚申] ①경신. 육십갑자의 쉰일곱째= かのえさる ②「庚申待まち」의 준말 —塚づか 青面金剛しょうめんこんごう・三猿さんえん 등을 새긴 탑 —待ち 民 경신수야(庚申守夜)
こうしん [後身] 후신 ①형태・형편이 달라진 사람・조직¶ 貴族院きぞくいんの~である參議院さんぎいん 귀족원의 후신인 참의원 ②佛 다시 태어난 몸= 生うまれ変かわり ⇔ ①②前身ぜんしん
こうしん [後進] 후진 I 名 ①후배¶ ~に道みちを讓ゆずる 후진에게 길을 터주다 ②진보・발달이 늦음¶ ~性せい 후진성 II 名 自スル (차 등이) 뒤로 감 ▷ I II ⇔ 前進ぜんしん —國こく 후진국
こうしん [恒心] 文 항심. 한결같은 바른 마음
こうしん [紅唇] 文 홍순. 붉은 입술. 연지를 바른 입술
こうじん [公人] 공인. 공직에 몸담고 있는 사람¶ ~としての責任せきにん 공인으로서의 책임
こうじん [行人] 文 행인. 길 가는 사람. 나그네. 길손
こうじん [幸甚] 文 행심. 매우 다행임, 감사함¶ ~に存ぞんじます 매우 다행스럽게 생각합니다 ▷ 편지 등에 씀
こうじん [後人] 文 후인. 후세 사람 ⇔ 先人せんじん
こうじん [後塵] 文 후진. 사람・마차 등이 지나간 뒤에 일어나는 먼지 慣用句 —を拜はいする ①지위와 권세 있는 사람을 추종하다 ②남에게 앞지름을 당하다
こうじん [紅塵] ①붉은 흙먼지 ②文 속세의 번거로움¶ ~を避さける 홍진을 피하다
こうじん [荒神] 民 ①조왕신, 부뚜막 귀신 ②몰래 뒤에서 지켜 주는 수호신
こうじん [黄塵] 황진 ①누런 흙먼지 ②속세의 번거로움¶ ~にまみれる 속세에 때묻다 —万丈ばんじょう 흙먼지가 자욱하게 일어남
こうじん [鮫人] 文 교인. (중국 전설에 나오는) 인어(人魚)
こうしんじょ [興信所] 흥신소
こうじんぶつ [好人物] 호인물, 호인
こうしんりょう [香辛料] 향신료
こうしんりょく [向心力] 物 구심력
こうしんろく [興信錄] 흥신록
こうず [好事] 名 호사. 별난 것을 좋아함= 物好ものずき ▷ 「こうじ」는 딴말 —家か 호사가. 별난 것을 좋아하는 사람. 풍류를 즐기는 사람
こうず [構図] 구도 ①(그림・사진에서) 소재의 배치¶ ~がいい 구도가 좋다 ②比 전체적인 모습・형태 犯罪はんざいの~ 범죄의 구도
こうすい [香水] 향수
こうすい [降水] 名 강수 —確率予報かくりつよほう 氣 강수 확률 예보 —量りょう 氣 강수량
こうすい [硬水] 경수. 센물 ⇔ 軟水なんすい

こうすい [鉱水] 광수 ①광천수 ②광산 폐수
こうずい [洪水] 홍수 ①큰물¶ ～注意報 홍수 주의보 ②(比) 사물이 넘칠 듯이 가득한 모양¶ 道路は車の～だ 도로는 차의 홍수다
こうずい [香水] [佛] 향수 ①불전에 바치는 물 ②관불(灌佛)할 때 뿌리는 향 달인 물
こうすう [口数] ①(신청이나 물품 등의) 건수, 가짓수＝くちかず ②인구수
ごうすう [号数] 호수¶ 活字の～ 활자의 호수/ ～を重ねる 호수를 거듭하다
こうずけ [上野] 지금의 群馬현의 옛이름＝上州
こう・する [抗する] 自サ変 (文) 맞서다, 저항하다, 거역하다¶ 政治的圧迫に～ 정치적 압박에 저항하다
こう・ずる [困ずる] 自サ変 (文) 곤란해지다, 괴로워하다, 고민하다, 시달리다＝こうじる¶ 処置に～ 처리에 고민하다
こう・ずる [高ずる・昂ずる] 自サ変 (정도가) 더해지다, 심해지다¶ 病が～ 병이 더치다
こう・ずる [薨ずる] 自サ変 (文) 황족·3품 이상인 자가 죽다, 서거하다
こう・ずる [講ずる] 他サ変 ①(文) 강의하다¶ 概論を～ 개론을 강의하다 ②(수단·방법)강구하다¶ 対策を～ 대책을 강구하다 ▷「講じる」로도 씀
ごう・する [号する] 自サ変 ①아호를 붙이다, 명명하다¶ 芭蕉庵と～ 옥호를 芭蕉庵이라고 하다 ②공공연히 일컫다, 호언하다¶ 世界一と～ 세계 제일이라고 호언하다
こうせい [公正] 名 (文) 공정¶ ～な判断 공정한 판단/ ～を期する 공정을 기하다 ―証書 [法] 공정 증서 ―取引委員会 공정 거래 위원회 ―貿易 [経] 공정 무역
こうせい [攻勢] 공세 ⇔ 守勢¶ ～に出る 공세로 나오다/ ～に転ずる 공세로 전환하다
こうせい [更正] 名 (文) 경정, (세액·판결 등을) 바로잡아 고침¶ ～決定 경정 결정/ 予算の～ 예산의 경정
こうせい [更生] 갱생 I 名 自スル ①[甦生] 소생, 회생 ②나쁜 태도·정신이 좋은 상태로 돌아옴¶ ～施設 갱생 시설 II 名 他スル (폐품 등을) 재생하다¶ ～タイヤ 재생 타이어
こうせい [厚生] 후생 ―福利 후생 복리 ―経済学 후생 경제학 ―省 후생성 ―大臣 후생 대신 ―年金 후생 연금
こうせい [後世] 후세 名 ～に残す 이름을 후세에 남기다
こうせい [後生] (文) 후생. 뒤에 태어남, 후배, 후진 ⇔ 先生
慣用句 ―畏るべし 후진은 두려워할 만하다
こうせい [恒星] [天] 항성. 붙박이별
こうせい [校正] 名 自他スル 교정 ―刷 (版) 교정쇄＝ゲラ刷り·ゲラ
こうせい [高声] (文) 고성. 큰소리
こうせい [構成] 名 他スル 구성¶ 文章の～ 문장 구성/ 委員会を～する 위원회를 구성하다
こうせい [曠世] (文) 광세. 세상에 드묾¶ ～の才 광세지재, 세상에 보기 드문 재주
ごうせい [合成] 名 他スル 합성 ―写真 합성 사진/ 音声を～する 음성을 합성하다 ―語 (文法) 합성어 ―酒 합성주 ―樹脂 합성 수지 ―繊維 합성 섬유 ―洗剤 합성 세제
ごうせい [剛性] (物) 강성¶ ～率 강성률
ごうせい [豪勢] ナ 매우 호사스러움, 호화판¶ ～な暮らし 매우 호사스런 살림
こうせいきょく [交声曲] (音) 교성곡, 칸타타
こうせいせき [好成績] 호성적. 좋은 성적¶ ～をあげる 좋은 성적을 거두다
こうせいせつ [後成説] (生) 후성설. 후생설
こうせいぶっしつ [抗生物質] (薬) 항생 물질
こうせき [口跡] (文) ①말투, 말씨 ②(歌舞伎에서) 배우가 대사를 말하는 투·음색
こうせき [功績] 공적. 공로¶ ～をたたえる 공적을 기리다
こうせき [航跡] 항적. 배가 지나간 뒤에 이는 물결 흔적
こうせき [鉱石·礦石] (鉱) 광석
こうせきうん [高積雲] (気) 고적운. 높쌘구름
こうせきせい [洪積世] (地) 홍적세. 홍적기
こうせつ [公設] 名 공설¶ ―市場 공설 시장
こうせつ [巧拙] (文) 교졸. 잘하고 못함, 능란함과 서투름¶ 作品の～ 작품의 교졸
こうせつ [交接] 名 自スル (文) ①교제, 사귐 ②교접. 성교(性交)
こうせつ [巷説] (文) 항설. 항간의 소문, 풍문¶ 街談～ 가담 항설, 항간에 떠도는 소문
こうせつ [降雪] (文) 강설¶ ～量 강설량
こうせつ [高節] (文) 고절. 높은 절개
こうせつ [高説] (文) 고설 ①뛰어난 학설 ②남의 생각·학설에 대한 높임말¶ 御～を拝聴する 고설을 삼가 듣다
こうせつ [講説] 名 他スル 강설. 강의하고 설명함, 그런 설명
こうぜつ [口舌] (文) 말로만 하는 소리¶ ～の徒 입만 잘 놀리는 사람
ごうせつ [豪雪] 대설. 큰 눈＝大雪
こうせん [口銭] 구전. 수수료
こうせん [工船] (水) 공모선(工母船)
こうせん [工賃] 공임. 공임＝工賃
こうせん [公選] 名 他スル 공선. 민선¶ ～の知事 민선 지사
こうせん [交戦] 名 自スル (文) 교전¶ 隣国と～する 이웃 나라와 교전하다 ―国 교전국
こうせん [光線] 광선¶ 可視～ 가시 광선
こうせん [好戦] 호전¶ ～的 호전적
こうせん [抗戦] 名 自スル 항전¶ 必死に～する 필사적으로 항전하다
こうせん [香煎] 미숫가루, 보리 미숫가루
こうせん [高専] ①구제 고등 학교와 전문 학교의 총칭 ②고전. 고등 전문 학교
こうせん [黄泉] (文) 황천. 저승＝冥土·よみ

こうせん

**慣用句**
**―の客** 황천객. 죽은 사람

**こうせん**【腔線・腔線】 강선

**こうせん**【鉱泉】 광천¶ ラジウム~ 라듐 광천

**こうせん**【鋼線】 강선. 강철로 만든 철사

**こうぜん**【公然】 공공연함. 버젓함¶ ~の秘密 공공연한 비밀/~と認める 공공연하게 인정하다

**こうぜん**【昂然】(文) 앙연. 의기 양양함¶ ~と胸を張る 의기 양양하게 가슴을 펴다

**こうぜん**【浩然】(文) 호연. 마음이 넓고 구애됨이 없음¶ ~の気を養う 호연지기를 기르다

**こうぜん**【傲然】 오만함. 거만함¶ ~たる態度 오만한 태도

**ごうぜん**【轟然】 굉연. 큰소리가 요란하게 울림¶ ~たる雷鳴 요란하게 울리는 뇌성

**こうそ**【公租】(経) 공조. 조세

**こうそ**【公訴】(名)(他スル)(法) 공소¶ ~事実 공소 사실 ―棄却(法) 공소 기각

**こうそ**【皇祖】(文) 황조. 天皇의 조상¶ ―皇宗 天皇의 역대 선조

**こうそ**【皇祚】(文) 황조. 황위

**こうそ**【高祖】 고조 ①먼 조상, (특히) 4대 선조 ②(중국에서) 왕조를 창시한 황제의 시호 ③(佛) 개조

**こうそ**【控訴】(名)(自スル)(法) 공소, 항소¶ ~期間 항소 기간 ―棄却(法) 항소 기각

**こうそ**【酵素】(生) 효소¶ 消化~ 소화 효소 ―製剤 효소 제제

**こうぞ**【楮】(植) 닥나무

**ごうそ**【強訴・嗷訴】(名)(自スル) 강소 ①절차를 밟지 않고 무리지어 실력으로 호소함 ②(日史) 江戸 시대 연공(年貢) 감면 등을 요구하며 일으켰던 농민 투쟁

**こうそう**【公葬】 공장. 국가나 공공 기관 등이 주재하는 장례식

**こうそう**【広壮・宏壮】(文) 굉장. 넓고 으리으리함¶ ~な屋敷 굉장한 저택

**こうそう**【好走】(名)(自スル) (야구 등에서) 잘 달림. 쾌주¶ ~を見せる 쾌주를 보이다

**こうそう**【行装】(文) 행장. 여장 ―旅仕度

**こうそう**【抗争】(名)(自スル) 항쟁¶ 派閥間の~をくり返す 파벌간의 항쟁을 되풀이하다

**こうそう**【後送】(名)(他スル) 후송 ①후방으로 보냄¶ 負傷者を~する 부상자를 후송하다 ②(짐 등을) 나중에 보냄

**こうそう**【皇宗】(文) 天皇의 역대 선조

**こうそう**【紅藻】(植) 홍조 ―類 홍조류

**こうそう**【倥偬】(名)(文) 공총. 몹시 바쁨¶ 兵馬の間の~ 전쟁으로 바쁜 나날

**こうそう**【校葬】 학교장

**こうそう**【諍争】(文) 쟁쟁. 내분, 내홍

**こうそう**【降霜】(文) 강상. 서리가 내림, 그 서리

**こうそう**【高僧】 고승

**こうそう**【高層】 고층¶ ~建築 고층 건축/~気流 고층 기류 ―雲(気) 고층운 ―気象 고층 기상

**こうそう**【高燥】(文) 고조. 지대가 높고 건조함 ⇔低湿

**こうそう**【鉱層】(地) 광층. 층상(層狀)의 광상

**こうそう**【構想】Ⅰ(名)(他スル) 구상¶ 新しい事業を~を練る 새로운 사업 구상을 짜다 Ⅱ(名)(表) (작품의) 구상¶ 雄大な~ 웅대한 구상 ―メモ(表) 구상 메모

**こうぞう**【行蔵】(文) 세상에 나가 활약하는 일과 세상을 피해 숨는 일

**こうぞう**【構造】 구조¶ 社会の~ 사회 구조/機械の~ 기계의 구조 ―湖 구조호, 함몰호 ―式(化) 구조식 ―主義 구조주의 ―調整 구조 조정

**ごうそう**【豪壮】 호장 ①호화롭고 웅장함¶ ~な邸宅 호화롭고 웅장한 저택 ②(세력이) 강하고 왕성함

**こうそく**【光束】 광속 ①광선 다발 ②(物) 광속

**こうそく**【拘束】(名)(他スル) 구속¶ 自由を~する 자유를 구속하다 ―時間 구속 시간

**こうそく**【校則】 교칙. 학교 규칙¶ ~を守る 교칙을 지키다

**こうそく**【高足】(文) 특히 뛰어난 제자. 고제

**こうそく**【高速】 고속. 고속도¶ ~運転 고속 운전 ―増殖炉(原) 고속 증식로 ―道路 고속 도로

**こうそく**【梗塞】(名)(自スル) 경색¶ 心筋~ 심근 경색/金融の~ 금융 경색

**こうぞく**【後続】(名)(自スル) 후속¶ ~部隊 후속 부대/~を断つ 후속을 끊다

**こうぞく**【皇族】 황족. 天皇의 일족

**こうぞく**【航続】(名) 항속¶ ~力 항속력/~距離 항속 거리

**ごうぞく**【豪族】 호족

**こうそくど**【光速度】(物) 광속도. 광속

**こうそくど**【高速度】 고속도. 고속 ―鋼(工) 고속도강 ―撮影(映) 고속도 촬영

**こうそつ**【高卒】 고졸. 고등학교 졸업

**こうそふ**【高祖父】(文) 고조부, 조부모의 조부

**こうそぼ**【高祖母】(文) 고조모, 조부모의 조모

**こうそん**【公孫】 공손. 왕·귀족의 자손 ―樹「いちょう 은행나무」의 한문식 이름. 공손수

**こうそん**【皇孫】(文) 황손. 天皇의 손자(자손)

**こうた**【小唄】(芸) ①三味線에 맞춰 부른 속요 ②江戸端唄에서 발생한 江戸小唄

**こうた**【小歌】(芸) 중세 때 민간에서 유행한 비교적 단막한 가요

**ごうだ**【好打】(名)(自他スル) 호타. 잘 침

**こうたい**【小謡】(芸) 謡曲 중에서 중요하거나 흥미 있는 부분만을 뽑아 낸 대목

**こうたい**【交代・交替】(名)(自スル) 교대, 교체¶ ~勤務 교대 근무/選手を~する 선수를 교체하다

**こうたい**【抗体】(生) 항체. 면역체

**こうたい**【後退】(名)(自スル) 후퇴 ①뒤로 물러남¶ 前線から~する 전선으로부터 후퇴하다 ②(세력·생각 등이) 약해짐. 소극적으로 됨¶ 景気の~ 경기의 후퇴

**こうだい**【広大・宏大】 광대. 넓고 큼

狭小[きょうしょう]¶ ～な平原[げん] 광대한 평원 **無辺[むへん]**[文] 광대 무변. 끝없이 넓음¶ ～な慈悲[じひ] 광대 무변한 자비

こうだい [後代] 후대. 후세¶ ～に伝[つた]える 후대에 전하다

こうだい [高台] Ⅰ[名] ①높은 건물 ②찻종이나 접시 등의 굽 Ⅱ[代][文] 편지에서 상대방을 가리키는 높임말＝貴台[きたい]

こうだい [高大][文] 고대. 높고 큼¶ ～な理想[りそう] 원대한 이상

こうたい [剛体][物] 강체

こうたいごう [皇太后] 황태후. 대비

こうたいし [皇太子] 황태자. 동궁＝東宮[とうぐう]

こうたいじんぐう [皇大神宮] 天照大神[あまてらすおおみかみ]를 모시는 伊勢神宮[いせじんぐう]의 内宮[ないくう]

こうだか [甲高] Ⅰ[名][了] 손등・발등이 높이 나옴[솟음] Ⅱ[名] 발등 부분이 높은 신발・버선

こうたく [光沢] 광택. 윤기¶ ～が出[で]る 광택이 나다

こうだく [黄濁][名][自スル] 황탁. (물 등이) 누렇게 흐림＝おうだく

こうたつ [口達][名][他][文] 구두 전달

こうたつ [公達][文] 정부나 관청으로부터의 통지[시달]▷「きんだち」는 딴말

こうだつ [強奪][名][他スル] 강탈. 약탈¶ 金品[きんぴん]～ 금품 강탈

こうたん [荒誕][名][了][文] 황탄. 황당 무계＝荒唐[こうとう]¶ ～無稽[むけい] 황탄[황당] 무계

こうたん [降誕][名][自スル] 강탄. 탄신. 강생 **一会[え]** 강탄회 ①석가 탄신일에 하는 법회 ②종조(宗祖) 등의 탄신을 기념하는 법회 **一祭[さい]** 강탄제 ①성탄절 ②성인의 탄신을 축하하는 행사

こうだん [公団] 공단¶ 道路[どうろ]～ 도로 공단 **一住宅[じゅうたく]** 공단 주택

こうだん [*巷談][文] 항담. 항설＝巷説[こうせつ]

こうだん [後段] 후단. (문장 등의) 뒷 단락

こうだん [降壇] 강단. 연단에서 내려옴 ⇔ 登壇[とうだん]¶ 講演[こうえん]を終[お]えて～する 강연을 마치고 하단하다

こうだん [高段] 고단. (무도・바둑 등에서) 단이 높음¶ ～者[しゃ] 고단자

こうだん [高談][文] 고담 Ⅰ[名][自スル] (남을 아랑곳하지 않고) 큰소리로 지껄임 Ⅱ[名] 남의 담화에 대한 높임말¶ 御[ご]～拝聴[はいちょう]いたしました 고담 잘 들었습니다

こうだん [講談][義] 군담(軍談)・무용담 등을 가락을 붙여 재미있게 들려 주는 연예. 야담

こうだん [講壇] 강단. 연단

こうたん [豪胆・剛胆][名][了] 호담. 대담¶ ～無比[むひ] 대담 무쌍/ ～な男[おとこ] 대담한 사나이

こうだん [強談][名][他スル][文] 강경하는 담판. 억지 담판¶ ～に及[およ]ぶ 강경한 담판을 하기에 이르다

こうだんし [好男子] 호남자. 호남아. 쾌남아

こうち [公知][文] 공지. 주지＝周知[しゅうち]¶ ～の事実[じじつ] 주지의 사실

こうち [巧遅] 교지. 잘하지만 속도가 느림

[慣用句]
**一は拙速[せっそく]に如[し]かず** 교지는 졸속만 못하다

こうち [巧緻][名][了] 교치. 정교하고 치밀함¶ ～な文章[ぶんしょう] 교치한 문장

こうち [拘置][名][他スル][法] 구치 **一所[じょ]** 구치소

こうち [狡知・*狡智][文] 교지. 간사한 꾀¶ ～にたけた人物[じんぶつ] 교지에 능한 인물

こうち [校地] 교지. 학교 부지

こうち [耕地] 경지. 경작지¶ ～面積[めんせき] 경지 면적 **一整理[せいり]**[農] 경지 정리

こうち [高地] 고지. 표고가 높은 땅¶ ～民族[みんぞく] 고지 민족

こうち [高知] ①四国[しこく] 지방 남부의 현(縣) ②高知현의 현청 소재지

こうち [碁打ち] 바둑을 잘 두는 사람. 바둑을 직업적으로 두는 사람. 기사(棋士)

こうぢき [小袿] 平安[へいあん] 시대에 귀족 여성의 약식 예복＝こううちぎ

こうちく [構築][名][他スル] 구축 **堤防[ていぼう]を～する** 제방을 구축하다

こうちせい [向地性][植] 향지성 ⇔ 背地性[はいちせい]

こうちゃ [紅茶] 홍차

こうちゃく [*膠着][名][自スル] 교착 ①아교처럼 달라붙음 ②(사태가) 진전되지 않음¶ ～状態[じょうたい] 교착 상태 **一語[ご]**[言] 교착어

こうちゅう [口中] 구중. 입 속¶ ～に含[ふく]む 입 속에 머금다

こうちゅう [甲虫][動] 갑충. 초시류 곤충

こうちゅう [校注・校註] 교주 ①교정하여 단 주석 ②교정과 주석

こうちゅう [*鉤虫][動] 구충. 십이지장충

こうちょ [皇儲][文] 황저. 天皇[てんのう]의 후사

こうちょ [高著][文] 고저. 남의 저서에 대한 높임말

こうちょう [好調][名][了] 호조. 순조 ⇔ 不調[ふちょう]¶ ～な出足[でぁし] 순조로운 출발

こうちょう [紅潮][名][自スル] 홍조. (얼굴이) 붉어짐¶ 顔面[がんめん]～ 안면 홍조

こうちょう [候鳥] 후조. 철새＝渡[わた]り鳥[どり]

こうちょう [校長][教] 교장

こうちょう [高潮] 고조 Ⅰ[名] 만조 ⇔ 低潮[ていちょう] ▷「たかしお」는 딴말임 Ⅱ[名][自スル] 한창 고비에 달함. 절정＝最[さい]～ 최고조/ 選挙戦[せんきょせん]が～に達[たっ]する 선거전이 절정에 달하다

こうちょう [高調][文] 고조 Ⅰ[名][自スル] 기세. 기분 등이 드높아짐 ⇔ 低調[ていちょう]¶ 雰囲気[ふんいき]が～する 분위기가 고조되다 Ⅱ[名] 높은 가락¶ ～の楽[がく]の音[ね] 높은 가락의 음악 소리

こうちょう [硬調][名] 경조 ①(사진 인화에서) 명암의 대조가 뚜렷함 ⇔ 軟調[なんちょう] ②[経] (증권) 오름세

こうちょう [*腔腸][動] 강장 **一動物[どうぶつ]**[動] 강장 동물

こうちょうかい [公聴会][政] 공청회

こうちょうりょく [抗張力][物] 항장력

こうちょく [硬直][名][自スル] 경직 ①[医] 근육이 굳어져 뻣뻣해짐¶ 死後[しご]～ 사후 경직 ②(사람・조직 등이) 유연성을 잃음¶ ～した

ごうちょく

**ごうちょく** [剛直] [ァ] 강직¶ ～な性格 강직한 성격
**こうちん** [工賃] 공임, 공전¶ 安い～ 값싼 공임/ ～がかさむ 공임이 늘어나다
**ごうちん** [*轟沈] [名][自스루] 굉침. (함선이 폭격 등을 받아) 순식간에 침몰함[시킴]¶ 敵艦を～する 적함을 굉침시키다
**こうつう** [交通] [名][自스루] 교통 ①(사람・탈것의) 왕래, 통행, 내왕¶ ～のさまたげになる 통행에 방해가 되다 ②운수・통신 등의 총칭¶ 海上～ 해상 교통/ ～の便がよい 교통편이 좋다 **一禍** 교통 화/ ～機関 교통 기관 **一事故** 교통 사고 **一渋滞** 교통 체증 **一巡査** 교통 순경 **一難** 교통난 **一標識** 교통 표지 **一麻痺** 교통 마비 **一網** 교통망
**ごうつくばり** [業突く張り・強突く張り] [名] (口) 이기적이고 욕심이 많으며 완고함, 그런 사람, 욕심쟁이
**こうつごう** [好都合] 형편・사정이 좋음, 적절함, 안성맞춤 ⇔ 不都合¶ その日なら～だ 그 날이라면 안성맞춤이다
**こうてい** [工程] 공정¶ 製造～ 제조 공정/ ～を短縮する 공정을 단축하다
**こうてい** [公定] 공정. 공공 기관이 정식으로 정함¶ ～価格 공정 가격 **一歩合** [経] (중앙 은행의) 공정 금리, 공정 이율
**こうてい** [公邸] 공저, 관저¶ 知事～ 지사 관저
**こうてい** [行程] 행정 ①노정¶ 歩いて約一時間の～ 걸어서 약 1시간의 노정 ②(여행 등의) 일정¶ 無理な～ 무리한 일정 ③(피스톤 등의) 왕복 거리
**こうてい** [孝貞] (文) 효정. 효성스럽고 정숙함
**こうてい** [孝悌・孝弟] (文) 효제. 부모에 효도하며 형제의 의가 좋음
**こうてい** [更訂] [名][他スル] 경정. (출판물 등의 내용을) 고쳐 바로잡음
**こうてい** [肯定] [名][他スル] 긍정 ⇔ 否定¶ 生徒の主張を～する 학생의 주장을 긍정하다 **一的** [ダ] 긍정적
**こうてい** [皇帝] 황제
**こうてい** [校定] [名][他スル] 교정. (서적 등의 문장이나 자구를) 비교하여 바르게 정함
**こうてい** [校訂] [名][他スル] 교정. (고서 등의 자구를) 각종 자료를 참조하여 바르게 고침
**こうてい** [校庭] 교정. 학교 마당・운동장
**こうてい** [航程] 항정, 항행 거리
**こうてい** [高低] 고저 ①높고 낮음¶ 音の～ 소리의 고저 ②(가격의) 등락, 고하¶ 物価の～ 물가의 등락
**こうてい** [高弟] 고제. 뛰어난 제자, 수제자
**こうでい** [拘泥] [名][自スル] 구애¶ 些事に～する 사소한 일에 구애되다
**ごうてい** [豪邸] 크고 훌륭한 저택, 대저택
**こうてき** [好適] [ダ] 호적. 매우 적절함, 썩 알맞음¶ スポーツに～な季節 스포츠에 썩 알맞은 계절

**こうてき** [号笛] (文) 호적. 신호로 부는 피리
**こうてきしゅ** [好敵手] 호적수, 맞수, 라이벌¶ ～を迎える 호적수를 맞이하다
**こうてつ** [更迭] [名][自他スル] 경질¶ 大臣の～ 대신[장관]의 경질
**こうてつ** [鋼鉄] 강철 ①(鋼) ②(比) 매우 단단하고 굳셈¶ ～の意志 강철 같은 의지
**こうてん** [公転] [名][自スル] 공전 ⇔ 自転¶ 月の～周期 달의 공전 주기
**こうてん** [交点] 교점 ①(数) 두 개의 선이나 선과 면이 만나는 점 ②(天) 행성이나 달의 궤도가 황도와 만나는 점
**こうてん** [光点] 광점. 빛을 발하는 점
**こうてん** [好天] (文) 좋은 날씨¶ ～に恵まれる (다행스럽게) 좋은 날씨가 되다
**こうてん** [好転] [名][自スル] 호전 ⇔ 悪化¶ 景気が～する 경기가 호전되다
**こうてん** [後天] [名] 후천 ⇔ 先天 **一性** 후천성 **一的** [ダ] 후천적
**こうてん** [荒天] 황천. 비바람이 몰아치는 거친 날씨, 악천후¶ ～の中で強行する 악천후 속에서 강행하다
**こうてん** [高点] (文) 고점, 고득점
**こうでん** [公電] 공전. 관청의 공용 전보
**こうでん** [香典・香奠] 향전. 부의(賻儀)¶ ～を包む 부의를 내다 **一返し** 부의에 대해 답례를 함, 그 답례품
**こうでんかん** [光電管] [電] 광전관
**こうでんこうか** [光電効果] [物] 광전 효과
**こうてんじょう** [*格天井] [建] 반자틀을 격자로 짜고 위에 판자를 얹은 반자, 소란 반자
**こうでんち** [光電池] 광전지
**こうと** [後図] (文) 후도, 장래의 계획¶ ～をはかる 장래의 일을 도모하다
**こうと** [*狡兎] 교토, 날쌘 토끼
[慣用句]
**一死して走狗烹らる** 토사구팽
**こうど** [光度] 광도 ①(物) 발광체에서 내는 빛의 강도 ②(天) 항성의 밝기
**こうど** [紅土] 홍토. (열대・아열대 지방의) 붉은 흙＝ラテライト
**こうど** [荒土] (文) 황토. 황폐한 땅＝荒れ地
**こうど** [耕土] [農] 경토, 표토(表土)＝作土
**こうど** [高度] 고도 I [名] ①평균 해수면・지면에서의 높이¶ ～計 고도계/ ～を上げる 고도를 높이다 ②(天) 천체에 대한 앙각(仰角) II [ダ] 정도가 높음¶ ～の技術 고도의 기술
**こうど** [黄土] 황토 ① = おうど(黄土) ②(文) 황천, 저승＝黄泉
**こうど** [硬度] 경도 ①(광물・금속 등의) 단단한 정도 ②(化) (물 속의) 칼슘염・마그네슘염의 함유도
**こうとう** [口答] 구답, 구두 대답 ⇔ 筆答¶ 口問～ 구문 구답
**こうとう** [口頭] 구두¶ ～で伝える 구두로 전하다 **一語** (文法) 구두어, 구어 **一試問** 구두 시문[시험] **一弁論** (法) 구두 변론

こうとう [公党] 공당 ⇔ 私党
こうとう [*勾当] [日史] ①(절·攝関家 집안 등에서) 사무·잡무를 처리하던 직무, 그 담당자 ②옛날에 시각 장애인에게 주던 벼슬
こうとう [*叩頭] [名][自スル] [文] 고두. 고수(叩首), 머리를 조아려 절함
こうとう [光頭] [文] 대머리 = はげ頭
こうとう [好投] [名][自スル][野] 호투¶ ～を続ける 호투를 계속하다
こうとう [江東] 東京도의 隅田川 동쪽 지역 ▷ 江東区·江戸川区·葛飾区 등
こうとう [皇統] [文] 황통. 天皇의 혈통
こうとう [紅灯] [文] 홍등. 붉은 등불[등롱]¶ 緑酒～ 녹주 홍등
[慣用句]
一の巷 홍등가, 화류계, 환락가
こうとう [高等] [名][ア] 고등¶ ～数学 고등 수학/ ～な技術 고등 기술 ―学校 고등 학교 ―教育 고등 교육 ―検察庁 고등 검찰청 ―裁判所 고등 법원 ―植物 고등 식물 ―動物 고등 동물
こうとう [高踏] 고답. 속세를 떠나 고결하게 처신함¶ ～的 고답적 ―派 고답파
こうとう [高騰·昂騰] [名][自スル] 앙등. 등귀¶ 地価の～ 지가의 앙등
こうとう [*喉頭] [醫] 후두¶ ～炎 후두염 ―蓋 [醫] 후두개
こうどう [公道] 공도 ①정도(正道)¶ ～を踏む 정도를 걷다 ②공로(公路) ⇔ 私道
こうどう [行動] 행동. 행위¶ 団体～·単独 행동/ ～を共にする 행동을 같이하다 ―科学 행동 과학 ―主義 행동주의 ―派 행동파 ―半径 행동 반경
こうどう [坑道] 갱도. 갱내의 통로
こうどう [孝道] 효도
こうどう [香道] 향을 피워 그것을 즐기는 예도
こうどう [高堂] [文] 고당 ①높고 훌륭한 집 ②(편지 등에서) 상대방이나 그 집에 대한 높임말
こうどう [黄道] [天] 황도궁¶ ―十二宮 황도 십이궁 ―吉日 (음양도에서) 길일
こうどう [黄銅] → おうどう(黄銅)
こうどう [講堂] 강당 ①강연·집회 등을 하는 방 ②[佛] 설교·강화를 하는 방
ごうとう [強盗] 강도¶ 銀行～ 은행 강도/ ～を働く 강도질을 하다
ごうとう [豪宕] [名][ア][文] 호탕¶ ～な気性 호탕한 기질
ごうとう [*鼇頭] [文] 오두 ①(책에서) 본문 문자 위의 여백 ②두주(頭註)
ごうどう [合同] 합동 Ⅰ [名][自他スル] 둘 이상의 것이 하나가 됨[하나로 함]¶ ～慰霊祭 합동 위령제 Ⅱ [名][ア][數] 두 도형이 일치함
こうとうぶ [後頭部] 후두부
こうとうむけい [荒唐無*稽] [名][ア] 황당 무계 = でたらめ¶ ～な話 황당 무계한 이야기
こうとく [公徳] 공덕. 공중 도덕 ―心 공덕심¶ ～を養う 공덕심을 기르다
こうとく [高徳] 고덕. 높은 덕망¶ ～の僧 덕망이 높은 중. 고승
こうどく [鉱毒] 광독. 광물의 채굴·정련 때 배출되는 독물
こうどく [講読] [名][他スル] 강독¶ 英文学～ 영문학 강독
こうどく [購読] [名][他スル] 구독¶ 定期～ 정기 구독/ ～を申し込む 구독을 신청하다
こうどくそ [抗毒素] [醫] 항독소
こうとりい [公取委] [政] 공정 거래 위원회
こうない [口内] 구내. 입속, 입 안 ―炎 [醫] 구내염
こうない [坑内] 갱내¶ ～堀り 갱내 채굴
こうない [校内] 교내¶ ～放送 교내 방송
こうない [港内] 항내. 항구의 안 ⇔ 港外¶ ～に停泊す 항내에 정박
こうない [構内] 구내. 시설·건물 안 ⇔ 構外¶ 駅の～ 역 구내
こうなご [*小女子] [動] 까나리
こうなん [後難] 후환. 뒤탈¶ ～を恐れる 후환을 두려워하다
こうなん [硬軟] 경연. 딱딱함과 부드러움, 강경함과 연약함, 강경과 온건
こうにち [抗日] 항일¶ ～運動 항일 운동
こうにゅう [購入] [名][他スル] 구입¶ 一括～ 일괄 구입
こうにん [公認] [名][他スル] 공인¶ ～候補 공인 후보 ―会計士 공인 회계사
こうにん [後任] 후임¶ 前任·先任¶ ～者 후임자/ ～を探す 후임을 찾다
こうにん [降人] [文] 항복한 사람: こうじん
こうにん [降任] [名][他スル] 강임. 강직, 강등
こうねつ [口熱] 구열. 입 속의 열
こうねつ [光熱] 광열 ―費 광열비
こうねつ [高熱] 고열¶ ～を発する 고열을 내다/ ～にうなされる 고열에 시달리다
こうねん [光年] [天] 광년
こうねん [行年] [文] 향년 = 享年
こうねん [後年] 후년. 그로부터 몇년 후¶ ～になって真実を知った 후년에 가서 진실을 알았다
こうねん [荒年] 흉년 = 凶年
こうねん [高年] 고년. 고령¶ ～層 고령층 ―初産婦 [醫] 고령 초산부
こうねんき [更年期] [醫] 갱년기 ―障害 [醫] 갱년기 장애
こうのう [行*囊] 행낭. 우편 행낭
こうのう [効能] 효능 = ききめ¶ ～が現われる 효능이 나타나다 ―書 효능서, 효능을 적은 글
ごうのう [豪農] 호농. 전답이 많은 부농
こうのとり [*鸛] [動] 황새
こうのもの [香の物] [文] 채소 절임 = こうこ
ごうのもの [剛の者] 완력·무력이 뛰어난 사람, 호걸
こうは [光波] 광파. 빛의 파동
こうは [硬派] 경파 ①강경파¶ ～に属する 강경파에 속하다 ②완력·남자다움을 강조하는 경향을 지님, 그런 청년¶ ～で鳴らす 경파

로 (이름을) 날리다 ③(신문·잡지 등의) 정치·경제 기사를 담당하는 기자 ▷ ①~③ ⇔ 軟派

こうば [工場] → こうじょう(工場)
こうはい [交配] 〖名〗〖自他スル〗〖生〗 교배¶ ~種 교배종
こうはい [光背] 〖美〗 광배, 후광 = 後光
こうはい [向背] 〖文〗 향배 ①순종과 배반, 거취¶ ~を決す 거취를 정하다 ②(사물의) 추이, 동정, 동태¶ ~を探る 동정을 살피다
こうはい [好配] 〖文〗 ①좋은 배우자¶ ~に恵まれる 좋은 배필을 만나다 ②적절한 배합·배치 (주로) 좋은 배치
こうはい [後背] 배후, 등 뒤, 뒤쪽 ―地 배후지
こうはい [後輩] 후배 ⇔ 先輩¶ ~の面倒を見る 후배를 보살피다
こうはい [荒廃] 〖名〗〖自スル〗 황폐¶ 人心の~ 인심의 황폐/ 国土が~する 국토가 황폐해지다
こうはい [高配] 〖文〗 고배, 혜념(惠念) 御~を賜わる 각별한 배려를 받다
こうはい [興廃] 흥폐, 흥망¶ ~をかけた 戦 흥망을 건 싸움
こうばい [公売] 〖名〗〖他スル〗 공매¶ ~に付する 공매에 부치다
こうばい [勾配] 구배 ①경사, 물매, 기울기¶ 急~ 급경사/ 屋根の~ 지붕의 물매 ②비탈¶ ~を下る 비탈을 내려가다
こうばい [紅梅] 홍매, 진분홍빛 매화 ―色 질은 분홍색, 자홍색
こうばい [購買] 〖名〗〖他スル〗 구매¶ ~力 구매력/ ~欲をそそる広告 구매욕을 자극하는 광고 ―組合 구매 조합
こうばいすう [公倍数] 〖数〗 공배수 ⇔ 公約数¶ 最小~ 최소 공배수
こうはく [広博] 〖名〗〖ダ〗〖文〗 광박, 지식·학식이 넓음, 해박¶ ~な知識 해박한 지식
こうはく [厚薄] 〖文〗 후박, 두꺼움과 얇음
こうはく [紅白] 홍백 ①홍색과 백색¶ ~の餅 홍백떡 ②홍군과 백군¶ ~試合 홍백전
こうはく [黄白] 〖文〗 황백 ①금과 은 ②돈
こうばく [広漠] 〖文〗 광막, 끝없이 넓음¶ ~たる草原 광막한 초원
こうばく [荒漠] 〖文〗 황막, 거칠고 한없이 넓음¶ ~たる古戦場 황막한 옛 싸움터
こうばこ [香箱] 향을 넣는 상자, 향합
こうばし・い [香ばしい・芳ばしい] 〖形〗 (알맞게 굽거나 볶아서) 냄새가 좋다, 구수하다¶ ~茶の香 구수한 차 냄새
こうはつ [後発] 〖名〗〖自スル〗 후발, 뒤늦게 떠남[시작함] ⇔ 先発¶ ~隊 후발대/ ~メーカー 후발 메이커
こうはつ [毫髪] 〖文〗 호발 ①가는 털 ②(「~も」의 꼴로 부정의 말이 딸리어) 극히 조금, 추호도¶ ~も疑わず 추호도 의심하지 않고
こうばな [香花] 향화, 불전에 올리는 향과 꽃
ごうはら [業腹] 〖名〗〖ダ〗〖口〗 화가 치밀어 부아가 끓음¶ ~が煮える 부아가 끓다

こうはん [公判] 〖法〗 공판¶ ~廷 공판정/ ~が開かれる 공판이 열리다
こうはん [孔版] 「謄写版」의 딴이름, 공판, 등사판¶ ~印刷 공판 인쇄
こうはん [広範·広汎] 〖ダ〗 광범¶ ~な地域 광범한 지역
こうはん [江畔] 〖文〗 강반, 강가, 강변
こうはん [後半] 후반 ⇔ 前半¶ 試合の~ 경기의 후반 ―期 후반기 ―戦 후반전
こうはん [紅斑] 〖口〗 홍반, 붉은 반점
こうはん [鋼板] 강판, 강철판 = こうばん
こうはん [攪拌] 〖名〗〖他スル〗 → かくはん(攪拌)
こうはん [交番] ①〖名〗〖他スル〗~制 교대제/ 世代~ 세대 교체 ②「交番所」의 준말, 파출소, 지서
こうばん [降板] 〖名〗〖自スル〗〖野〗 강판, 투수가 마운드를 내려옴 ⇔ 登板
こうばん [合板] 합판 = ごうはん
こうはんい [広範囲] 〖ダ〗 광범위¶ ~な被害 광범위한 피해/ ~にわたる 광범위에 걸치다
こうはんせい [後半生] 후반생 ⇔ 前半生
こうひ [口碑] 〖文〗 구비, 구전, 전설¶ ~文学を伝える 구비 문학을 전하다
こうひ [工費] 공비, 공사비¶ 総~ 총공사비/ ~を抑える 공비를 억제하다[묶어 두다]
こうひ [公比] 〖数〗 공비
こうひ [公費] 공비, 국가·공공 단체가 지출하는 비용 ⇔ 私費¶ ~をむだ遣いする 공비를 낭비하다
こうひ [后妃] 〖文〗 후비, 황후, 왕비 = きさき
こうひ [高庇] 〖文〗 상대방의 비호·원조에 대한 높임말¶ 師の御~を得る 스승의 각별한 비호를 얻다
こうひ [高批] 〖文〗 상대방의 비평에 대한 높임말, 고비, 고평¶ 御~を賜る 고평을 받다
こうび [交尾] 〖名〗〖自スル〗〖動〗 교미, 홀레¶ ~期 교미기
こうび [後尾] 〖文〗 후미¶ 最~ 맨 뒤쪽/ 行列の~につく 행렬의 후미에 서다
こうび [後備] 〖軍〗 후비 ①후방을 지킴, 후방 부대¶ ~をかためる 후비를 단단히 하다 ②「後備役」의 준말 ―役 〖軍〗 후비역, 구 일본 군대의 예비역을 마친 자가 복무했던 병역
こうひ [合否] 합격 여부, 합격과 불합격¶ ~の判定 합격 여부의 판정
こうヒスタミンざい [抗ヒスタミン剤] 〖医〗 항히스타민제
こうひつ [硬筆] 경필, (연필·펜 등) 끝이 딱딱한 필기구의 총칭¶ ~習字 경필 습자
こうひょう [公表] 〖名〗〖他スル〗 공표¶ ~をはばかる 공표를 꺼리다¶ 結果~の~ 결과의 공표
こうひょう [好評] 호평 ⇔ 悪評·不評¶ 若者に~の企画 젊은이에게 호평인 기획/ ~を博す 호평을 받다
こうひょう [降雹] 〖文〗 우박이 내림
こうひょう [高評] 고평 ①상대방의 비평에 대한 높임말 = 高批¶ 御~を仰ぐ 고평을 바라다 ②평판이 높음

**こうひょう**【講評】 名 他スル 강평¶ 審査委員長しんさいいんちょうの～ 심사 위원장의 강평

**こうびょう**【業病】【佛】 업병. 전생의 악업에 대한 응보로 걸린다는 난치병

**こうひょうき**【後氷期】【地】 후빙기. 후빙하기

**こうびょうりょく**【抗病力】 항병력. 병에 대한 저항력

**こうひん**【公賓】【政】 공빈. 정부가 국빈에 다음으로 대우하는 손님

**こうびん**【幸便】(文) ①마침 알맞은 편. 마땅한 인편·차편¶ ～に託す 마땅한 편에 부탁하다 ②인편에 편지를 보낼 때 곁봉에 쓰는 말

**こうびん**【後便】 다음 편지·소식¶ 委細いさいは～にてお知らせいたします 자세한 것은 다음 편지에서 알려드리겠습니다

**こうひんいテレビ**【高品位テレビ】【放】 고화질 텔레비전= ハイビジョン

**こうふ**【工夫】 (공사장의) 인부

**こうふ**【公布】 名 他スル【法】 공포¶ 改正憲法かいせいけんぽうを～する 개정 헌법을 공포하다

**こうふ**【甲府】 山梨やまなし현(縣)의 현청 소재지

**こうふ**【交付】 名 他スル 교부¶ 旅券りょけんを～する 여권을 교부하다 ━金きん 교부금

**こうふ**【坑夫】 갱부. 광산의 갱내 노동자

**こうふ**【鉱夫】 광부. 광산 노동자

**こうぶ**【公武】 ①公家くげ와 武家ぶけ ②조정과 幕府ばくふ ━合体論がったいろん【日史】 江戸えど 말기에 막부와 조정이 연합할 것을 주장한 이론

**こうぶ**【後部】 후부. 뒷부분. 뒤쪽 ⇔ 前部ぜんぶ

**こうぶ**【荒蕪】 名 自スル 황무. (땅 등이) 매우 거칠음. 그런 땅 ¶ ━地ち 황무지

**ごうふ**【豪富】(文) 거부. 부호

**こうふう**【校風】 교풍

**こうふう**【高風】(文) 고풍. 높은 품격. 고매한 인격¶ ～を慕したう 고풍을 경모하다

**こうふう**【業風】【佛】 업풍 ①세상의 종말 때 분다는 폭풍 ②(比) 악업에 대한 응보로 받는 고통

**こうふうせいげつ**【光風霽月】(文) 광풍 제월. 마음이 깨끗하여 조금도 걸리는 것이 없음

**こうふく**【口腹】(文) 구복 ①입과 배 ②식욕¶ ～を満みたす 식욕을 채우다 ③말과 생각¶ ～が違ちがっている 말과 생각이 다르다

**こうふく**【幸福】 名 ナ 행복¶ ～感かん 행복감/ ～な家庭かてい 행복한 가정

**こうふく**【降伏·降服】 名 自スル 항복 ¶ 降参こうさん¶ 無条件むじょうけん～ 무조건 항복

**ごうふく**【剛愎】 名 ナ(文) 고집이 세고 남을 따르지 않음

**ごうふく**【剛腹】 名 ナ(文) 배짱이 좋고 도량이 넓음= 太ふとっ腹ばら¶ ～な男おとこ 배짱 좋은 남자

**ごうふく**【降伏】(文) 항복. 조복¶ 悪魔あくまを～する 악마를 물리치다

**こうぶしょう**【工部省】【日史】 공부성 ▷ 1870년에 설치되고 1885년 폐지

**こうぶつ**【好物】 좋아하는 것. (특히) 좋아하는 음식¶ 大だいの～ 아주 좋아하는 음식

**こうぶつ**【鉱物】【鑛】 광물¶ ～質しつ 광물질

**こうふん**【口吻】(文) 구문 ①입. 주둥이. 부리 ②말투¶ 不服ふふくそうな～ 불복할 듯한 말투 慣用句

━を漏もらす (생각을) 말투에 넌지시 비치다

**こうふん**【公憤】(文) 공분. 의분 ⇔ 私憤しふん¶ ～を覚おぼえる 공분을 느끼다

**こうふん**【紅粉】(文) 홍분. 연지와 분. 화장

**こうふん**【興奮·昂奮·亢奮】 名 自スル 흥분¶ ～のるつぼ 흥분의 도가니/ ～をしずめる 흥분을 가라앉히다 ━剤ざい【藥】 흥분제

**こうぶん**【公文】 공문. 공문서

**こうぶん**【行文】 행문. 글솜씨. 필치¶ ～流麗りゅうれい 글솜씨가 유려함

**こうぶん**【高文】「高等文官こうとうぶんかん試験しけん」의 준말. 일본 구 제도의 고급 공무원 시험

**こうぶん**【構文】 구문¶ 英語えいごの～ 영어 구문 ━論ろん【文法】 구문론= シンタックス

**こうぶんし**【高分子】【化】 고분자 ━化学かがく 고분자 화학 ━化合物かごうぶつ【化】 고분자 화합물

**こうぶんしょ**【公文書】 공문서 ⇔ 私文書しぶんしょ ━偽造罪ぎぞうざい【法】 공문서 위조죄

**こうぶんぼ**【公分母】【數】 공분모. 공통 분모

**こうべ**【頭·首】(文) 머리. 두부. 고개. 목 慣用句

━を垂たれる 고개를 숙이다

━を回めぐらす ①뒤를 돌아보다 ②지난 일을 회상하다

**こうべ**【神戸】 兵庫ひょうご현의 현청 소재지

**こうへい**【工兵】【軍】 공병¶ ～隊たい 공병대

**こうへい**【公平】 名 ナ 공평¶ 無私むし 공평 무사/ ～を期きする 공평을 기하다

**こうへい**【衡平】(文) 형평. 평형= 平衡へいこう¶ ～を欠かいた人選じんせん 형평을 잃은 인선

**こうへい**【口辺】 입가= 口元くちもと¶ ～に笑えみをたたえる 입가에 미소를 띠우다

**こうへん**【後編·後篇】 후편. 마지막 편

**こうべん**【抗弁】 名 他スル 항변¶ 強つよく～する 강력하게 항변하다

**こうべん**【合弁】 합판. 외국 자본과 공동으로 사업을 경영함¶ 日仏にちふつ～事業じぎょう 일불 합판 사업 ━会社がいしゃ 합판 회사

**ごうべんか**【合弁花】【植】 합판화. 통꽃

**こうほ**【候補】 名 ナ 후보¶ ～地ち 후보지/ 優勝ゆうしょう～ 우승 후보/ ～に上あがる 후보에 오르다

**こうぼ**【公募】 名 他スル 공모 ①공개 모집¶ 社員しゃいんを～する 사원을 공모하다 ②【經】 신주·공사채를 모집함 ━債さい【經】 공모채

**こうぼ**【酵母】【植】 효모. 효모균= イースト

**こうほう**【公法】【法】 공법 ⇔ 私法しほう

**こうほう**【公報】 공보 ①관공서에서 일반에게 널리 알리기 위해 내는 문서¶ 選挙せんきょ～ 선거 공보 ②관청에서 개인에게 보내는 공식 보고¶ 戦死せんしの～ 전사 통지

**こうほう**【広報·弘報】【商】 홍보¶ ～活動かつどう 홍보 활동

**こうほう**【後方】(文) 후방 ⇔ 前方ぜんぽう¶ ～勤務きんむ 후방 근무

**こうほう**【後報】 후보. 나중에 들어오는 소식·보고¶ ～を待まつ 후보를 기다리다

こうほう [航法] 항법, 항행 기술¶ ～士 항법사/ 計器～ 계기 항법
こうほう [高峰] (文) 고봉 ①높은 봉우리¶ アルプスの～ 알프스의 고봉 ②(比) 어떤 집단에서 뛰어난 사람¶ 斯界の～ 사계의 고봉
こうぼう [工房] 공방. 아틀리에= アトリエ
こうぼう [広袤] (文) 광무, 넓이, 면적¶ ～果てなし 끝없이 넓다
こうぼう [弘法] 「弘法大師」의 준말 ―大師 平安 초기의 승려인 空海의 시호
〖慣用句〗
―にも筆の誤り 아무리 재주가 뛰어난 사람이라도 때로는 실수하는 수가 있다
―筆を択ばず 진짜 명인은 도구에 상관없이 훌륭히 일을 해낸다
こうぼう [光芒] 광망, 빛의 줄기¶ 探照灯の～ 탐조등의 빛 줄기
こうぼう [好望] (文) 장래에 희망이 있음, 유망
こうぼう [攻防] 공방¶ ～戦 공방전
こうぼう [興亡] 흥망= 興廃¶ 国の～をかけて戦かう 나라의 흥망을 걸고 싸우다
ごうほう [号俸] 호봉¶ 六級職一号～ 6급직 1호봉
ごうほう [号砲] 호포, 신호로 쏘는 총포¶ 一発～ 한 방의 호포/ 一斉に突撃の～ 호포 한 방으로 일제히 돌격
ごうほう [合法] 합법 ⇔ 違法¶ ～的手段 합법적 수단
ごうほう [業報] 〖佛〗 업보
ごうほう [豪放] 〒 호방¶ ～な性格 호방한 성격/ ～磊落 호방뇌락
こうほうじん [公法人] 〖法〗 공법인
こうぼく [公僕] 공복, 공무원
こうぼく [坑木] 갱목
こうぼく [香木] 향목. (香道에서) 향을 피우는 데 쓰는 향나무
こうぼく [校僕] 「用務員」의 옛일컬음. 학교의 사환
こうぼく [高木] 〖植〗 고목, 교목 ⇔ 低木
こうほね [河骨·川骨] 〖植〗 개연꽃= かわほね
こうほん [校本] 고본. 여러 전본을 비교 대조하여 본문의 차이를 알 수 있게 한 책
こうほん [稿本] 고본, 초고본
ごうま [降魔] 〖佛〗 항마¶ ～の利剣 항마검
こうまい [高邁] 〒 고매¶ ～な理想 고매한 이상/ ～な精神 고매한 정신
ごうまつ [毫末] (文) 호말 ①털끝 ②아주 조금, 추호, 털끝만큼¶ ～の疑いもない 추호의 의심도 없다
こうまん [高慢] 〒 교만, 거만, 건방짐¶ ～の鼻を高くする 콧대 높게 굴다 ―ちき 名〒(口) 태깔스러움, 시건방짐
ごうまん [傲慢] 〒 오만, 거만함¶ ～無礼 無礼な若者 오만한 젊은이
こうみ [香味] 향미, (음식의) 향기와 맛¶ ～料 향미료, 양념
こうみゃく [鉱脈] 〖地〗 광맥
こうみょう [功名] 공명¶ けがの～ 뜻밖의 공명/ ～をあらそう 공명을 다투다 ―心 공명심
こうみょう [巧妙] 〒 교묘¶ ～な手段 교묘한 수단
こうみょう [光明] 광명 ①밝은 빛¶ ～がさす 광명이 비치다 ②(比) 희망·해결의 실마리¶ 前途に～を見いだす 앞날에 희망을 발견하다
こうみょう [高名] 名〒 ①고명, 유명함= こうめい¶ ～な詩人 고명한 시인 ②무훈, 전공¶ 戦場で～を立てる 싸움터에서 무훈을 세우다
こうみん [公民] ①〖政〗 공민¶ ～としての義務を果たす 공민으로서의 의무를 다하다 ②〖史〗 (奈良·平安 시대의) 양민(良民) ―館 공민관 ―権 〖法〗 공민권
こうむ [工務] 공무. 토목 공사·건축에 관한 일¶ ～店 토목 건축 사무소
こうむ [公務] 공무¶ ～の出張 공무 출장 ―員 공무원¶ ～住宅 공무원 주택 ―執行妨害罪 〖法〗 공무 집행 방해죄
こうむ [校務] 교무¶ ～室 교무실
こうむ・る [被る·蒙る] 〘他〙 ①(피해 등을) 입다, 받다¶ 痛手を～ 타격을 입다/ お叱りを～ 꾸중을 듣다 ②(도움·이익 등을) 받다, 입다¶ 恩恵を～ 은혜를 입다/ 御免を～ 양해를 받다, 실례하다, 거절하다
こうめい [公明] 〒 공명¶ ～選挙 공명 선거 ―正大 名〒 공명 정대
こうめい [抗命] 항명¶ ～罪 항명죄
こうめい [校名] 교명, 학교 이름
こうめい [高名] I 名〒 고명, 유명, 저명= こうみょう¶ ～な作家 고명한 작가 II 名〒(文) 존함¶ 御～はかねがね承っております 존함은 익히 듣고 있었습니다
ごうめい [合名] 합명 ―会社 〖経〗 합명 회사
ごうも [毫も] 副(文) 조금도, 추호도¶ ～恐れない 조금도 두려워하지 않다
こうもう [孔孟] 공맹. 공자와 맹자 ―の教え 공맹의 가르침, 유교(儒教)
こうもう [紅毛] 홍모 ①붉은 머리털 ②「紅毛人」의 준말 ―人 홍모인 ①네덜란드인 ②서양인 ―碧眼 홍모 벽안, 서양인
こうもう [膏肓] 「こうこう(膏肓)」를 잘못 읽은 관용음
こうもう [鴻毛] (文) 홍모 ①기러기의 털 ②(比) 매우 가벼움¶ 死は～よりも軽し 죽음은 홍모보다도 가볍다
ごうもう [剛毛] 강모. 굵고 뻣뻣한 털, 센털
こうもく [項目] 항목¶ ～別に整理する 항목별로 정리하다
こうもく [綱目] (文) 강목. 사물의 대강(大綱)과 세목(細目)¶ 規約の～ 규약의 강목
ごうもくてき [合目的] 名 합목적. 목적에 적합 ―性 합목적성 ―的 合目的的
こうもり [蝙蝠] ①〖動〗 박쥐= かわほり ②「蝙蝠傘」의 준말 ―傘 양산(洋傘)
こうもん [肛門] 〖医〗 항문 ―期 〖心〗 항문기
こうもん [後門] 후문, 뒷문¶ 前門の虎～

の狼 앞문에 호랑이 뒷문에 이리. 앞뒤로 위난이 닥침
こうもん [校門] 교문¶ ～を出る 교문을 나오다. 졸업하다
こうもん [黄門] ①「中納言」의 당나라 이름 ②(水戸藩의 영주인) 徳川光圀의 통칭
こうもん [閘門] 갑문¶ ～運河 갑문 운하
こうもん [拷問] 名他スル 고문¶ ～にかける 고문을 가하다
こうや [紺屋] 염색집
慣用句
—の明後日 갖바치 내일 모레. 약속 날짜를 믿을 수 없음
—の白袴 (比) 남의 일에 정신이 팔려 자기 몸을 소홀히 하기 쉬움
こうや [広野・曠野] (文) 광야. 넓은 들
こうや [甲夜] 갑야. 오야(五夜)의 첫 번째 ▷지금의 오후 7시경에서 9시경까지
こうや [荒野] (文) 황야＝ 荒れ野の
こうや [高野] ①和歌山현 북부에 있는 산 ②「金剛峰寺」의 통칭 —豆腐「凍り豆腐」의 딴이름 —聖 ①高野山에 숨어 든 중 ②高野山에서 각 지방으로 다니는 행각승
こうやく [口約] 名他スル 구두 약속. 언약＝口約束¶ ～を交わす 언약을 주고받다
こうやく [公約] 名他自スル 공약¶ 選挙～ 선거 공약/ ～を守る 공약을 지키다
こうやく [膏薬] 고약
こうやくすう [公約数] [数] 공약수¶ 最大～ 최대 공약수
こうゆ [香油] 향유. 머릿기름¶ ～をつける 향유를 바르다
こうゆ [鉱油] 광유. 광물성 기름
こうゆう [公有] 名他スル 공유¶ ～地 공유지/ ～財産 공유 재산
こうゆう [交友] ～関係 교우 관계
こうゆう [交遊] 名自スル 교유. 교제¶ 名士と～する 명사와 교유하다
こうゆう [校友] 교우 ①학우 ②동창. 동문(同門)¶ ～会 ～회
ごうゆう [剛勇・豪勇] 名(文) 강용. 호용. 군세고 용감함. 그런 사람¶ ～無双 호용 무쌍
ごうゆう [豪遊] 名自スル 호유. 호화롭게 놂
こうよう [公用] 공용. 관용¶ ～車 관용차/ ～で出張する 공용으로 출장하다 —人 [史] ①江戸시대 大名 등을 섬기며 幕府와 관계되는 직무를 담당하던 사람 ②明治초기에 각 藩에서 중앙 정부와의 연락·교섭을 맡던 사람 —文 공용문
こうよう [孝養] 名自スル (文) 효양. 부모를 봉양하고 효도함＝ きょうよう¶ ～を尽くす 효양을 다하다
こうよう [効用] 효용 ①용도¶ ～の多いナイフ 용도가 다양한 칼 ②효험. 효능. 효과＝きき め¶ 薬の～ 약의 효능/ 何の～もない 아무 효능도 없다 ③(経) 재화에 대한 소비자의 만족도＝限界～ 한계 효용

こうよう [後葉] (文) 후엽 ①후대. 후세 ②자손¶ 八代の～ 8대 자손 ③[解] 뇌하수체 후부
こうよう [紅葉] 名自スル 홍엽. 단풍이 듦. 단풍
こうよう [高揚・昂揚] 名自他スル 고양. 앙양¶ 士気の～ 사기 앙양
こうよう [黄葉] 名自スル (文) 황엽. 누렇게 단풍이 듦. 단풍
こうよう [綱要] 강요. 요강(要綱)¶ 国文学～ 국문학 요강
こうようじゅ [広葉樹] [植] 광엽수. 활엽수
ごうよく [強欲・強慾] 名ナ 강욕. 몹시 욕심이 많음. 탐욕. 그런 사람¶ ～な高利貸 탐욕스러운 고리 대금업자
こうら [甲羅] ①(거북·게 등의) 등딱지. 갑각＝甲 ②(比) 등 ③(比) 연공＝年功
慣用句
—を経る ①연공을 쌓다. 오랜 경험으로 숙련되다 ②세상에 시달려 뻔뻔스러워지다
—を干す 엎드려 일광욕을 하다
こうらい [光来] (文) 광림. 왕림 御～をお待ちいたします 왕림하시기를 기다립니다
こうらい [後来] (文) 장래. 금후
こうらい [高麗] [史] 고려＝ こま —芝 [植] 금잔디 —縁 흰 바탕에 검은 무늬를 넣은 다다미 테두리
こうらく [行楽] 행락¶ ～客 행락객/ ～シーズン 행락 시즌[철] —地 행락지 —日和 행락에 알맞은 날씨
こうらく [攻落] 名他スル 공락. 공격하여 함락시킴＝敵陣を～する 적진을 공락하다
こうらん [高覧] (文) 어람. 고람＝御覧¶御～を請う 고람하시기를 청하다
こうらん [高欄・勾欄] [建] 고란. 궁전·절의 복도나 다리 등에 있는 굽은 난간
こうらん [攪乱] 名他スル 교란. 어지럽힘¶ 平穏な生活を～する 평온한 생활을 교란하다 ▷「かくらん」은 관용음
こうり [小売(り)] 소매¶ ～商 소매상/ ～値 소매값 —売上税 소매 단계에서 1회에 한하여 부과하는 간접세
こうり [公吏] 공리. 지방 공무원
こうり [公理] 공리 ①일반에 통용되는 도리 ②[論][数] 다른 명제를 증명하는 전제가 되는 근본 명제
こうり [功利] 공리 ①공명과 이득 ②행복과 이익 —主義 공리주의 —的 ナ 공리적
こうり [行李] 고리. 고리짝
こうり [高利] 고리 ①비싼 이자＝低利¶ ～で金を貸す 고리로 돈을 빌려주다 ②막대한 이익＝巨利¶ ～を博する 막대한 이익을 차지하다 —貸し 고리 대금(업자)
こうり [合理] 名 합리 —化 名他スル 합리화 —主義 合理主義 공리주의 —的 ナ 합리적
こうりき [合力] I 名自スル 합력. 힘을 합침[보탬]＝ ごうりょく II 名他スル 금품을 베풀어 줌. 그것을 받는 사람
ごうりき [強力・剛力] ①강력. 힘이 셈. 장사 ②등산가의 짐을 지고 안내하는 사람 —犯

こうりつ

[法] 강력범 ⇔ 知能犯の
**こうりつ** [公立] 공립¶ ~高校 공립 고교
**こうりつ** [効率] 효율¶ 熱 열효율/ ~がいい 효율이 좋다
**こうりつ** [高率] 고율. 높은 비율 ⇔ 低率¶ ~の利回り 고율의 이율
**こうりゃく** [攻略] 名他スル 공략¶ 城の~ 성의 공략/ 投手を~をする 투수를 공략하다
**こうりゃく** [後略] 文 후략¶ → 前略
**こうりゅう** [*亢竜] 文 → こうりょう(亢竜)
**こうりゅう** [*勾留] 名他スル [法] 구류, 구금(拘禁), 구치 = 拘置¶
**こうりゅう** [交流] 교류 Ⅰ 名[電] 역방향으로 흐르는 전류 ⇔ 直流 Ⅱ 名自スル 사람・문물이 서로 오가며 섞임¶ 国際~ 국제 교류
**こうりゅう** [拘留] 名自スル 구류
**こうりゅう** [蛟竜] 文 → こうりょう(蛟竜)
**こうりゅう** [興隆] 名自スル 흥륭. 융성¶ ~期を迎える 융성기를 맞이하다
**ごうりゅう** [合流] 名自スル 합류¶ ~地点 합류 지점/ 本隊に~する 본대에 합류하다
**こうりょ** [考慮] 名他スル 고려¶ ~に入れる 고려에 넣다/ 事情を~する 사정을 고려하다
**こうりょ** [行旅] 文 행려. 여행, 여행자¶ ~病者 행려 병자
**こうりょ** [高慮] 文 남의 생각에 대한 높임말. 고려
**こうりょう** [口糧] 文 구량. 병사 1인분의 식량¶ 携帯~ 휴대 식량
**こうりょう** [*亢竜] 文 항룡 ①하늘에 오른 용 ②[比] 부귀 영화를 한껏 누린 사람
慣用句
**―悔いあり** 하늘에 다 오른 용은 내려갈 일만 남아서 후회한다. 영달을 누린 자는 반드시 쇠(衰)하기 마련이다
**こうりょう** [広量・宏量] 形動 광량. 도량이 넓음¶ ~な人物 도량이 넓은 인물
**こうりょう** [考量] 名他スル 文 고량. 고려¶ 利害を~する 이해를 고려하다
**こうりょう** [荒涼・荒*寥] 形動 황량 ①황폐해져서 쓸쓸한 모양¶ ~とした風景 황량한 풍경 ②(정신이) 각박하고 거칠어진 모양¶ ~たる思い 황량한 느낌
**こうりょう** [香料] ①향료 ②향전, 부의 = 香典¶ ~を包む 부의를 내다
**こうりょう** [校了] [版] 교료. 교정필¶ 責任~ 책임 교료
**こうりょう** [高粱] [植] → コーリャン
**こうりょう** [蛟竜] 文 교룡 ①아직 용이 되지 못한 이무기 ②[比] 때를 얻지 못한 영웅・호걸¶ ~雲雨を得る 영웅・호걸이 때를 만나다 ▷ 「こうりゅう」라고도 함
**こうりょう** [綱領] 강령 ①요점, 개요¶ 哲学~ 철학 개요 ②(정당・단체의) 기본 방침을 열거한 것¶ 政党の~ 정당의 강령
**こうりょう** [稿料] 고료. 원고료
**こうりょく** [抗力] [物] 항력
**こうりょく** [効力] 효력¶ 薬の~ 약의 효

력/ ~を発する 효력을 내다
**ごうりょく** [合力] ①[物] 합력. 합성력 ⇔ 分力 ② → ごうりき
**こうりん** [光輪] ①(종교화 등에서) 광륜. 윤광. 광배 ②햇무리, 달무리
**こうりん** [光臨] 文 광림. 왕림 = 光来¶ 御~を仰ぐ 왕림을 앙망하다
**こうりん** [後輪] 후륜. 뒷바퀴 ⇔ 前輪 **―駆動** 후륜 구동
**こうりん** [降臨] 名自スル ①강림. (신불 등이) 하늘에서 내려옴¶ 天孫~ 천손 강림 ②文 귀인의 내방에 대한 높임말. 왕림, 광림
**こう・る** [梱る] 他五 (새끼 등으로) 짐을 꾸리다. 포장하다
**こうるい** [紅涙] 文 홍루 ①피눈물 ②미인이 흘리는 눈물
慣用句
**―を絞る** 피눈물을 흘리다
**こうるさ・い** [小煩い] 形 좀 성가시다, 약간 귀찮다¶ ~く聞て 귀찮게 묻다
**こうれい** [交霊] 교령. 죽은 이의 영혼과 살아 있는 이가 서로 통함¶ ~現象 교령 현상
**こうれい** [*伉儷] 文 항려. 배우자, 부부, 배필
**こうれい** [好例] 호례. 좋은 예
**こうれい** [恒例] 항례. 상례¶ 新春~の催し物 신춘 상례의 행사
**こうれい** [高齢] 고령¶ ~者 고령자 **―化社会** 고령화 사회
**ごうれい** [号令] 名自スル 호령 ①구령¶ ~をかける 구령을 붙이다 ②지휘하여 명령함, 그런 명령¶ 天下に~する 천하를 호령하다
**こうれつ** [後列] 후열. 뒷줄 ⇔ 前列
**こうろ** [行路] 文 행로 ①길을 걸어감, 그 길 ②[比] 세상살이¶ 人生~ 인생 행로 **―病者** 행려 병자 = 行き倒れ
**こうろ** [香炉] 향로
**こうろ** [航路] 文 항로¶ ~標識 항로 표지
**こうろ** [高炉] [工] 고로. 용광로
**こうろう** [功労] 공로¶ ~者 ~表彰 공로자 표창/ ~に報いる 공로에 보답하다
**こうろう** [高楼] 文 고루 = 高殿
**こうろく** [高禄] 고록. 많은 봉급, 고봉(高俸)¶ ~を食む 고봉을 받다
**こうろく** [*鉤勒・*勾勒] [美] 구륵. (동양화에서) 윤곽을 가늘고 얇게 그리는 기법
**こうろん** [口論] 名自スル 말다툼, 언쟁
**こうろん** [公論] 공론 ①사회 일반의 여론¶ ~に従う 공론에 따르다 ②공정한 의론
**こうろん** [抗論] 항론, 항변¶ 無用の~ 쓸데없는 항변
**こうろん** [高論] 文 고론 ①뛰어난 의견・논설¶ ~卓説 고론 탁설 ②남의 논설에 대한 높임말¶ 御~を拝聴する 고론을 삼가 듣다
**こうろん** [硬論] 文 경론. 강경한 의견・의론
**こうろんおつばく** [甲論乙駁] 갑론 을박¶ ~でまとまらない 갑론 을박으로 결말이 나지 않다
**こうわ** [口話] ①구화¶ ~法 구화법 ②(글로 쓰여진 문장에 대해) 언어 표현. 담화

こうわ [高話] (文) 남의 이야기에 대한 높임말. 고담. 말씀 ¶ ～拝聴 고담 경청

こうわ [講和·媾和] 名 自スル 강화 ¶ ～会議 강화 회의/ ～を結ぶ 강화를 맺다

こうわ [講話] 名 自スル 강화 ¶ 老師の～ 노사의 강화

こうわん [港湾] 항만 ¶ ～管理 항만 관리

ごうん [五蘊] [佛] 오온. 세계와 인간을 형성하는 다섯 가지 요소 ¶ ～皆空 오온 개공

こえ [声] 소리 ①음성, 목소리 ¶ せみの～ 매미 소리/ ～を上げる 소리를 지르다 ②어조, 말투 ¶ やさしい～ 상냥한 말투 ③물체의 진동으로 나는 소리 ¶ 鐘の～ 종소리 ④생각, 의견 ¶ 市民の～を聞く 시민의 소리를 듣다 ⑤세월·계절 등이 다가오는 기색 ¶ 三月の～を聞く 3월이 오는 기미를 느끼다

慣用句
—が掛かる ①부름을 받다, 권유받다, 초대받다 ②(객석에서) 성원하는 소리가 나오다 ¶ 大向こうから～ 입석에서 성원하는 소리가 나오다 ③(윗사람의) 특별한 배려·사랑을 받다 ¶ 大臣の～ 장관의 특별한 배려를 받다
—の下から 말이 채 끝나기도 전에, 말이 끝나기가 무섭게
—を落とす 목소리를 낮추다, 소리를 죽이다
—を限りに 목청껏
—を掛ける ①말을 걸다 ②불러내다, 권유하다 ③격려의 소리를 지르다, 성원하다
—を揃える 여럿이 다같이 말하다
—を呑む 말문이 막히다

こえ [肥] 비료, 거름, (비료로 주는) 분뇨=こやし ¶ 追い～ 추비

こえい [孤影] (文) 고영, 홀로 쓸쓸한〔외로운〕모습 ¶ ～悄然 홀로 초연함〔쓸쓸함〕

ごえい [護衛] 名 他スル 호위 ¶ ～警察官 호위 경찰관/ ～にあたる 호위를 맡다

ごえいか [御詠歌] [佛] 찬불가, 순례가

こえおけ [肥桶] こえたご

こえがかり [声掛(か)り] → おこえがかり

こえがら [声柄] 목소리의 성질, 목청, 음색

こえがわり [声変(わ)り] 名 自スル [醫] 변성, 변성기

こえごえ [声声] 여러 사람의 소리, 저마다 하는 소리 ¶ ～に叫ぶ 저마다 소리지르다

こえたご [肥桶] 거름통= こえおけ

こえだめ [肥溜め] 거름 구덩이= こやしだめ

ごえつどうしゅう [呉越同舟] 오월 동주

ごえもんぶろ [五右衛門風呂] 밑아둔 철제 목욕통= 長州風呂

こ·える [肥える] 自 下一 ①살찌다= 太る ¶ 丸々と～·えた小犬 토실토실하게 살찐 강아지 ②(땅이) 비옥해지다 ¶ よく～·えた土 아주 비옥한 흙 ③(안목 등이) 높아지다 ¶ 目が肥～·えた 안목이 높아지다 ④(자산이) 증대되다, 풍부해지다 ¶ ふところが～·えた 주머니 사정이 좋아지다

こ·える [越える] 自 下一 넘다, 넘어가다 ¶ 山を～·え谷を～·え 산을 넘고 골짜기를

건너/ 国境を～ 국경을 넘다 ②[超える] (어떤 기준·범위를) 넘다, 초과하다 ¶ 百万円を～·た損害 백만 원을 넘는 손해/ 人間らの理解を～ 인간의 이해를 넘어서다 ③(어떤 시기를) 넘다, 지나다 ¶ ～·えて正月三日 해를 넘겨 1월 3일 ④초월하다 ¶ 派閥を～·えた発言 파벌을 초월한 발언 ⑤[超える] 능가하다, 뛰어나다 ¶ 先人を～·える業績 선인을 능가하는 업적 ⑥(순서·단계를) 건너뛰다, 뛰어넘다 ¶ 先輩を～·えて昇進する 선배를 제치고 승진하다

こおう [呼応] 名 自スル ①서로 기맥이 통하여 행동을 같이함 ¶ 彼女の呼びかけに～して集まる 그의 부름에 호응하여 모이다 [文法] 어떤 말 뒤에 이에 응하는 특정한 말이 오게 되는 일 ¶ 否定の～ 부정의 호응

ごおう [五黄] 오황. (음양도에서) 구성(九星)의 하나

こおうこんらい [古往今来] 副 (文) 고왕 금래. 예로부터 지금까지 ¶ 親の愛情は～変わりない 어버이의 애정은 예로부터 지금까지 변함이 없다

ゴーグル (goggle) 고글. (스키·수영할 때 쓰는) 보호 안경

ゴーゴー (go-go) 고고. 로큰롤에 맞춰 격렬하게 몸을 흔드는 춤

ゴースト (ghost) 고스트 ①유령, 망령 ②[物] 허상 ③[放] 난상(亂像), 다중상 ④(사진에서) 피사체의 이차상 —タウン (ghost town) 고스트 타운. 유령 도시

コード (chord) 코드 ①현악기의 현 ②화음, (특히) 현으로 내는 화음

コード (code) 코드 ①규정 ¶ プレス～ 신문 윤리 규정 ②[컴] 정보를 나타내기 위한 기호 체계, 그 개개의 기호

コード (cord) 코드. 절연 전선 ¶ 電気の～ 전기 코드

こおとこ [小男] 몸집·키가 작은 남자

こおどり [小躍り·雀躍り] 名 自スル 작약(雀躍), 좋아서 덩실거림 ¶ ～して喜ぶ 덩실거리며 기뻐하다

コーポラス 코포러스. 집합 주택, 공동 주택

コーポラティブハウス (cooperative house) [建] 조합 주택= コープ住宅

こおもて [小面] [藝] 젊은 여자 얼굴의 能面

こおり [氷] 얼음 ¶ ～のやうば 번쩍이는 칼/ ～が張る 얼음이 얼다 ②[氷水] ②의 준말

こおり [郡] 「郡(ぐん)」의 옛일컬음

こおりがし [氷菓子] 얼음 과자, 빙과

こおりざとう [氷砂糖] 얼음 사탕

こおりつ·く [凍(り)付く] 自 五 얼어붙다 ①얼어서 달라붙다 ¶ ふたが～ 뚜껑이 얼어붙다 ②꽁꽁 얼다 ¶ 道路が～ 도로가 얼어붙다

こおりづめ [氷詰め] 얼음을 채움〔채운 것〕

こおりどうふ [凍り豆腐·氷豆腐] 「高野豆腐」의 딴이름

こおりぶくろ [氷袋·氷嚢] → ひょうのう

こおりまくら [氷枕] 얼음 베개
こおり みず [氷水] 빙수 ①얼음 냉수 ②얼음을 갈아서 당밀즙과 물을 섞은 음료= 氷こおり
コーリャン [⁺高梁] 고량. 수수¶ ～酒 고량주
こお·る [凍る·氷る] 自五 얼다¶ 水が零度で～ 물은 0°C에서 언다/ 水道が～って水が出ない 수도가 얼어서 물이 나오지 않는다 ②(比) (추위·긴장 등으로) 몸이 차가워지다¶ 身も心も～ 몸도 마음도 얼다
コール (call) Ⅰ名他スル 부름, 불러냄 Ⅱ經「コールマネー・コールローン」의 준말 ─ガール (call girl) 콜 걸. 전화로 부르는 매춘부 ─サイン (call sign) 〔通〕 콜 사인. 전파 호출 부호 ─市場 〔經〕 콜시장. 단기 융자 시장 ─マネー (call money) 〔經〕 콜 머니. 콜 자금 ─レート (call rate) 〔經〕 콜 레이트. 단기 자금의 이자율 ─ローン (call loan) 〔經〕 콜 론. (대출자 편에서의) 단자
ゴール (goal) 골 ①결승점, 결승선 ②(축구 등에서) 공을 넣는 문 ③목표, 목적 ─イン (일 goal in) 名自スル 골인 ①결승점에 도달함 ②(比) 결혼함 ─キーパー (goal keeper) (축구 등에서) 골키퍼 ─ライン (goal line) (축구·핸드볼 등에서) 골 라인
コールテン [コール天] 코르덴. 무명실로 골지게 짠 직물¶ ～のズボン 코르덴 바지
コールド (cold) 造語 콜드. 차가운, 추운 ─ウォー (cold war) 〔政〕 냉전 ─クリーム (cold cream) 콜드 크림
こおろぎ [蟋蟀] 動 ①귀뚜라미= つづれさせ ②「キリギリス 여치」의 옛이름
こおん [古音] 〔文法〕 고음. 吳音·漢音이 전해지기 이전에 일본에 전해진 한자음
ごおん [吳音] 〔文法〕 오음. 옛날에 일본으로 전해진 중국 오(吳)나라 지방의 한자음
ごおん [語音] 어음. 음운(音韻)
こ おんな [小女] ①몸집이 작은 여자 ②(요릿집 등의) 어린 여종업원
こか [古歌] 고가. 옛 노래
こが [古画] 文 고화. 옛 그림
こが [古雅] ⁇文 고아. 예스럽고 우아함¶ ～な趣 고아한 정취
こが [個我] 文 개아. 개인으로서의 자아¶ ～の意識を持つ 개아 의식을 갖다
ごか [吳下] 오하. (중국의) 오(吳)나라 안
慣用句
─の阿蒙 오하 아몽. 진보하지 않고 그대로인 사람
こがい [子飼い] ①(동물을) 새끼 때부터 기름¶ すずめの～ 참새 새끼 기르기 ②名 어릴 [초보] 때부터 가르쳐 제 몫을 하는 사람으로 키움¶ ～の部下 어릴 때부터 기른 부하
こがい [小買い] 名他スル (필요한 만큼만) 조금씩 사들임
こがい [蠶飼い] 누에치기, 양잠
こがい [戶外] 집·건물의 밖, 실외, 옥외¶ ～で遊ぶ 집 밖에서 놀다
ごかい [〈沙蚕〉] 動 갯지렁이

ごかい [五戒] 〔佛〕 오계. 신자가 지켜야 할 다섯 가지 금계(禁戒)
ごかい [碁会] 기회. 바둑 두는 모임
ごかい [誤解] 名他スル 오해¶ ～を招く 오해를 불러일으키다
こがいしゃ [子会社] 자회사 ⇔ 親会社
ごかいしょ [碁会所] 기원
ごかいどう [五街道] 〔史〕(江戶)시대에 江戶의 日本橋를 기점으로 한 5개의 가도 ▷ 東海道·中山道·奧州街道·甲州街道·日光街道
こがき [小書き] ①주(註) 등을 작게 써 넣음, 그런 글씨 ②樂(雅樂에서) 곡명 왼쪽에 작게 써넣는 특수 연주법
こかく [古格] 文 고격. 옛날 격식
こかく [孤客] 文 고객. 외로운 나그네
こかく [顧客] → こきゃく
こがく [古学] ①(江戶 시대에) 주자학·양명학에 반대하여 일어난 유학의 한 파 ②(奈良·平安 시대에) 지방 관리 자제를 가르치기 위해 각 지방에 세웠던 학교
こがく [古楽] 고악. 고대 음악
ごかく [互角] 名 호각. 백중세¶ ～の戰い 백중세의 싸움
ごかく [碁客] 文 기객. 기사= 碁打ち
ごかく [語格] 어격. 어법¶ ～にはずれる 어법에 벗어나다
ごがく [語学] 어학 ①언어학 ②외국어 학습¶ ～に弱い 어학에 약하다
こがくれ [木隱れ] 나무 그늘에 숨음, 나무 그늘에 가려서 잘 안 보임
こかげ [木陰·木蔭] 나무 그늘¶ ～で憩う 나무 그늘에서 쉬다
こがし [焦(が)し] ①눌림, 태움 ②미숫가루= 香煎¶ 麥～ 보리 미숫가루
ごかし 〈조어 성분으로 체언에 붙어〉…을 핑계로, …을 위해 주는 체하며 자기 잇속을 차림¶ おため～ 위해 주는 체하며 제 잇속을 차림/ 親切～ で人をだます 친절을 가장해서 남을 속이다
こがしら [小頭] (집단 안의) 작은 조의 우두머리, 조장, 소두목¶ 火消しの～ 소방 조장
こか·す [轉す] 他五 (俗) 쓰러뜨리다, 넘어뜨리다¶ 植木鉢を～ 화분을 넘어뜨리다 ②(물건을) 옮기다 ③(俗) 속이다, 후무리다
こが·す [焦(が)す] 他五 ①눌리다, 태우다¶ なべを～ 냄비를 태우다 ②애태우다¶ 戀に胸を～ 사랑에 가슴을 태우다
こかた [子方] ①能 (能樂 등에서) 아역, 그런 아이 ②부하, 수하
こがた [小形] 名 소형. 모양이 작음 ⇔ 大形¶ ～の花 작은 꽃
こがた [小型] 名 소형. 작은 형 ⇔ 大型¶ ～版 소형판/ ラジオ 소형 라디오
こがたき [碁敵] 기적. 바둑의 호적수=맞수
こがたな [小刀] 창칼 ①주머니칼= ナイフ ② → こづか ─細工 ①창칼 세공 ②잔꾀, 잔재간¶ ～を弄する 잔꾀를 부리다
こかつ [枯渴·涸渴] 名自スル 文 고갈 ①(물

이) 말라 버림¶ 井戸ⓖが~する 우물이 말라 붙다 ②다하여 없어짐¶ 資金ⓚんが~する 자금이 고갈되다

**ごがつ**【五月】 5월= さつき **一人形**にんぎょう 단오에 장식하는 무사 차림의 인형

**こがね**【小金】 ①적은 돈 ②적은 재산, 약간의 목돈¶ ~をためる 약간의 돈을 모으다

**こがね**【黄金】 황금 ①금¶ ~造りの太刀だち 황금으로 만든 칼 ②금화 ③「黄金色こがね」의 준말 **一色**いろ 황금색, 황금빛 **一虫**むし 【動】 풍뎅이

**こかぶ**【子株】 ①【植】새끼 그루 ②【經】신주

**こがら**【小雀】【動】북방쇠박새

**こがら**【小柄】 I 몸집이 작음¶ ~な人ひと 몸집이 작은 사람 II 名【了】 (옷 등의) 무늬가 작음, 작은 무늬¶ ~の花模様はなもよう 자잘한 꽃무늬

**こがらし**【木枯(ら)し·凩】 늦가을부터 초겨울에 부는 찬 바람

**こがれじに**【焦(が)れ死(に)】名自スル 애타게 그리다 죽음, 상사병으로 죽음

**こが·れる**【焦(が)れる】自下─ ①갈망하다, 몹시 동경하다¶ 名声めいに~ 명성을 갈망하다 ②애타게 그리다, 몹시 연모하다¶ 故郷こきょうに~ 고향을 애타게 그리다 ③(補助) 애타게 …하다¶ 待まち~ 애타게 기다리다/ 思おい~ 애타게 그리다

**こがわせ**【小為替】 ①소액 우편환 ¶「定額ていがく小為替がわせ」의 준말. (100엔~3000엔의) 소액 송금 우편환

**こかん**【*股間·*胯間】 고간, 샅, 사타구니, 가랑이= またぐら

**こがん**【孤*雁】【文】 고안, 외기러기

**こがん**【湖岸】 호안, 호숫가¶ ~の別荘べっそう 호숫가의 별장

**ごかん**【五官】 오관, (눈·코·귀·혀·피부의) 다섯 가지 감각 기관

**ごかん**【五感】 오감, (시각·청각·후각·미각·촉각의) 다섯 가지 감각

**ごかん**【互換】名自スル 호환, 서로 바꿈, 맞바꿀 수 있음 **一性**せい 【機】 【컴】 호환성

**ごかん**【語幹】【文法】 어간 ⇔ 語尾び

**ごかん**【語感】【表】 어감¶ 언어 감각¶ ~が鋭するどい 언어 감각이 예민하다 ②말의 뉘앙스

**ごがん**【護岸】 호안¶ **一工事**こうじ 호안 공사

**こかんじゃ**【小冠者】 ①철부지, 애송이, 풋내기= こわっぱ ②약관(弱冠)

**こかんせつ**【*股関節】【醫】 고관절¶ ~脱臼だっきゅう 고관절 탈구

**こき**【古希·古*稀】 고희, 70세의 다른 이름

**こき**【古記】 고기, 옛 기록¶ ~にいわく 고기에 이르기를

**こき**【呼気】 호기, 내쉬는 숨, 날숨 ⇔ 吸気きゅうき

**こぎ**【*狐疑】【文】 호의, 의심하여 망설임¶ 一逡巡しゅんじゅん 호의 준순, 깊이 의심하여 망설임

**こき**【御忌】 황족·귀인·조사(祖師)의 기일에 대한 높임말 = ぎょき

**ごき**【語気】 어기, 어조, 어세, 말투¶ ~荒あらく しかる 거친 말투로 꾸짖다

**ごき**【語基】【文法】 ①접사·조사 이외의 말의 기간이 되는 요소 ②(인도유럽어 등에서) 접사를 제외한 말의 핵이 되는 부분

**ごき**【誤記】名他スル 오기, 잘못 적음, 그런 어구= 書かき誤あやり¶ ~楠ぐすの 오식

**ごぎ**【語義】 어의, 말의 뜻= 語意

**こきおろ·す**【*扱(き)下ろす】他五 ①(口) 깎아내리다, 헐뜯다, 비방하다¶ 作品さくひんを~ 작품을 깎아내리다 ②흩어 떨어뜨리다, 훑어 내리다= こきおとす

**こぎく**【小菊】 ①【植】꽃송이가 작은 국화, 소륜국 ②판형이 작은 일본 종이

**ごきげん**【御機嫌】 I 名 심기, 기분¶ ~伺うかがい 문안(드림)¶ ~いかがですか 기분[건강]이 어떠십니까, 안녕하십니까? II 了 기분이 썩 좋음, 심기가 아주 좋음= 上機嫌じょうき¶ 万事好調こうちょうで~だ 만사가 순조로워서 기분이 좋다 **一斜**なめ 기분이 좋지 않음, 저기압 **一よう**感 안녕하십니까, 안녕히 계십시오, 안녕히 가십시오

**こきざみ**【小刻み】名【了】 ①작은 동작이 짧게 반복되는 모양¶ ~に肩かたが震ふるえる 어깨가 가늘게 떨리다 ②찔끔찔끔¶ ~に値上ねあげする 찔끔찔끔 값을 올리다 ③잘게 썲¶ きゅうりを~に切きる 오이를 잘게 썰다 ④종종걸음¶ ~に歩あるく 종종걸음으로 걷다

**ごきしちどう**【五*畿七道】【史】 律令制りつりょうせい 하에서의 지방 행정 구획의 총칭

**こぎたな·い**【小汚い】【形】 ①추레하다, 꾀죄죄하다¶ ~服装ふくそう 꾀죄죄한 복장 ②비열하다, 단작스럽다¶ ~やり方かた 비열한 짓

**こきつか·う**【*扱(き)使う】他五 혹사하다, 사정없이 부려먹다¶ 従業員じゅうぎょういんを~ 종업원을 혹사하다

**こぎつ·ける**【*漕(ぎ)着ける】他下─ ①(배를) 저어서 대다¶ 岸きしに~ (배를 저어) 물가에 대다 ②노력해서 겨우 목표에 도달하다, (간신히) …에 이르다¶ 契約けいやくに~ 가까스로 계약에 이르다

**こぎって**【小切手】 【經】 수표¶ 不渡ふわたり~ 부도 수표/ ~を切きる 수표를 발행하다

**ごきぶり**【*蜚虫廉】【動】 바퀴벌레= 油虫あぶらむし

**こきま·ぜる**【*扱(き)混ぜる】他下─ 뒤섞다, 저어서 섞다¶ 嘘うそと誠まことを~ぜて話はす 거짓말과 참말을 뒤섞어 이야기하다

**こきみよ·い**【小気味*好い】【形】 속이 시원하다, 후련하다, 통쾌하다¶ ~答弁とうべん 속이 후련한 답변

**こきみわる·い**【小気味悪い】【形】 어쩐지 기분이 나쁘다, 불길한 느낌이 들다¶ ~猫ねこなで声ごえ 어쩐지 기분 나쁜 간사한 목소리

**こきゃく**【顧客】 고객, 단골 손님= こかく, お得意とくい¶ ~名簿めいぼ 고객 명단/ ~を獲得かくとくする 단골을 손에 넣다

**ごきゃく**【五逆】 ①【佛】 오역, 다섯 가지 죄악 ②주군·부·모·조부·조모를 죽이는 일

**こきゅう**【呼吸】 I 名自他スル 호흡, 숨쉬기, 숨¶ 腹式ふくしき~ 복식 호흡/ ~が苦くるしい 숨이 답답하다 II 名 ①요령= こつ¶ ~をのみこむ

こきゅう

요령을 터득하다 ②(함께 일할 때의) 호흡, 장단¶ ~が合う 호흡이 맞다 ③짧은 시간, 사이, 순간¶ ひと~置く 잠시 사이를 두다
**一器** [醫] 호흡기 **一困難** [醫] 호흡 곤란
こきゅう [故旧] (文) 고구. 옛 친구= 昔なじみ·旧知きゅう¶ 忘れがたい~ 잊을 수 없는 옛 친구
こきゅう [胡弓·鼓弓] (중국 전래의) 호궁
こきょう [故京·古京] (文) 고도. 옛 도읍
こきょう [故郷] 고향= ふるさと¶ 生まれ~ 태어난 고향/ ~をしのぶ 고향을 그리워하다
[慣用句]
**一へ錦を飾る** 금의환향하다
こぎよう [小器用] (F) ①잔재주·손재주가 있음, 잔재간¶ ~な人 잔재주가 있는 사람 ②약삭빠름, 눈치빠름¶ ~に立ち回る 약삭빠르게 처신하다 ▷「こきょう」로도 씀
ごきょう [五経] 오경¶ 四書~ 사서 오경
ごぎょう [五行] 오행. 만물을 구성하고 지배하는 다섯 원소¶ ~説 오행설
ごぎょう [御形] (植) 떡쑥= おぎょう
こきょく [古曲] [藝] ①고곡. 옛 악곡[가곡] (특히) 箏曲そうきょく·河東節かとうぶし·荻江節おぎえぶし·一中節いっちゅうぶし·蘭八節ぶしの 총칭
こぎ・る [小切る] (他五) ①잘게 썰다[자르다·가르다] ②값을 깎다¶ 値段はもっと~ことも出来る 값은 더 깎을 수도 있다
こぎれ [小切れ] ①헝겊 조각, 자투리 ②[藝] (歌舞伎かぶきで) 배우의 의상에 딸린 소품
こぎれい [小奇麗·小綺麗] (F) 깔끔함, 말쑥함, 아담함¶ ~な身なり 깔끔한 옷차림
こく [克] 曾コク 訓かつ|(음)극 ①힘을 다해서 이기다¶ 克己 극기·克服 극복·相克 상극 ②충분히, 능히¶ 克明 극명 ▷ ®은「剋」와 같음
こく [告] 曾コク 訓つげる|(음)고. (造語) 말하여 알려주다, 알리다¶ 告示 고시·警告 경고·報告 보고 ④고소하다, 소송하다¶ 告訴 고소·被告 피고
こく [谷] 曾コク 訓たに|(음)곡. (造語) 골짜기, 계곡¶ 峡谷 협곡·渓谷 계곡
こく [刻] 曾コク 訓きざむ|(음)각. Ⅰ (造語) ①새기다¶ 刻印 각인·彫刻 조각 ②호되다, 가혹하다¶ 刻苦 각고·深刻 심각 ③시각, 때¶ 時刻 시각·遅刻 지각 Ⅱ 하루를 12등분하여 십이지로 배당한 시간의 단위¶ 子の~ 자시
こく [國] 曾コク 訓くに|(음)국. (造語) ①국가, 나라¶ 国民 국민·国家 국가·外国 외국 ②자기 나라, 일본¶ 国学 국학·国語 국어 ③정부에 관한 일¶ 国営 국영·国税 국세 ④옛날 행정 구획의 하나¶ 国司 지방관
こく [哭] 曾コク 訓なく|(음)곡. (造語) 큰소리로 울며 슬퍼하다¶ 痛哭 통곡
こく [黒] [黒] 曾コク 訓くろ·くろい|(음)흑. (造語) 먹빛, 검은 색, 검정 ⇔ 白¶ 黒色 흑색·黒板 흑판·黒白 흑백·漆黒 칠흑 ▷ [熟字訓] 黒子 검은 사마귀
こく [穀] 曾コク|(음)곡. (造語) 곡물, 곡식¶ 穀倉 곡창·穀物 곡물·五穀 오곡
こく [酷] 曾コク 訓むごい|(음)혹. Ⅰ (造語) ①가혹하다, 가차없다¶ 酷評 혹평·苛酷 가혹·冷酷 냉혹 ②정도가 심하다¶ 酷似 혹사·酷暑 혹서 Ⅱ (F) 가차없음, 가혹함¶ ~な仕打ち 가혹한 처사
こく [鵠] 曾コク|(음)곡. (造語) ①큰물새, 백조¶ 鴻鵠 홍곡 ②과녁의 중심¶ 正鵠 정곡
こく ①깊이 있는 맛, 감칠맛¶ ~のある酒 감칠맛이 나는 술 ②깊은 멋, 운치¶ ~のある映画 운치 있는 영화
こく [石] 석 ①(척관법에서) 용적의 단위. 섬 ②목재의 부피·배의 적재량의 단위 ▷ 1석은 10입방척 ③大名·무사의 봉록 단위
こ・く [扱く] (他五) 훑다= しごく¶ 稲を~ 벼를 훑다
こ・く [放く] (他五) (俗) ①(방귀를) 뀌다, (똥·오줌을) 싸다¶ 屁を~ 방귀를 뀌다 ②지껄이다, 내뱉다¶ うそを~ 뻥까지 마라
こく [古句] 옛 시구, 옛사람의 俳句はいく
こ・ぐ [扱ぐ] (他五) (식물을) 뿌리째 뽑다, 뿌리 뽑다¶ 大根を~ 무를 뽑다
こ・ぐ [漕ぐ] (他五) ①(배를) 젓다¶ ボートを~ 보트를 젓다 ②(자전거·그네 등을) 움직이려고) 발을 구르다¶ ペダルを~ 페달을 밟다/ ブランコを~ 그네를 타다 ③(船を~の 꼴로) 꾸벅꾸벅 졸다¶ 気持ちよさそうに船を~ いでいる 기분 좋은 듯이 꾸벅꾸벅 졸고 있다
こく [獄] 曾コク 訓ひとや|(음)옥. Ⅰ (造語) 소송, 고소, 재판¶ 疑獄 의옥·断獄 단옥 ②옥, 감옥, 교도소¶ 獄死 옥사·監獄 감옥·脱獄 탈옥 Ⅱ 옥, 감옥, 교도소¶ ~につながれる 옥에 갇히다
ごく [極] Ⅰ (副) 극히, 아주, 대단히¶ ~上等じょうの品 썩 좋은 물건/ ~親しい間柄 극히 친한 사이 Ⅱ (名) (수의) 극. $10^{48}$
ごく [語句] 어구, 말¶ ~の解釈 어구 해석
こくあく [酷悪] (名) 잔혹하고 악랄함
ごくあく [極悪] (名)(F) 극악¶ ~人 극악인
**一非道**, 극악 무도
こくい [国威] 국위¶ ~発揚 국위 선양
こくい [黒衣] 흑의 ①검은 옷 ②검은 승복 ▷「こくえ」라고도 함
ごくい [極意] (무도·예도 등의) 비법= 奥義おうぎ¶ ~を授ける 비법을 전수하다
ごくい [獄衣] 옥의, 죄수복
こくいっこく [刻一刻] (副) 각일각, 시시각각, 점점¶ ~と変わる戦況 시시각각으로 변하는 전황/ ~と明るくなる 점점 밝아지다
こくいん [刻印] 각인 ①도장을 새김, 새긴 도장¶ ~を押す 각인을 찍다 ② → ごくいん
ごくいん [極印] ①(화폐·물품에) 품질 증명이나 위조 방지를 위해 찍은 도장 ②움직일 수 없는 증거, 낙인= 刻印 **一付き** (名) 낙인이 찍힘

【慣用句】
**―を押**<sup>お</sup>**す** 낙인을 찍다

**こくう** [虚空] 허공. 공중. 하늘
【慣用句】
**―を摑**<sup>つか</sup>**む** (숨이 끊어질 때의 고통을 못 이겨) 주먹을 꽉 쥐고 팔을 위로 뻗다

**こくう** [穀雨] 곡우 ▷ 24절기의 하나

**こくう** [御供] 공물. 공양¶ **人身**<sup>じん</sup>**~** 인신 공양

**こくうん** [国運] 국운¶ **~を賭**<sup>か</sup>**ける** 국운을 걸다

**こくえ** [黒衣] → こくい(黒衣)

**こくえい** [国営] [名] 국영 ⇔ 私営<sup>しえい</sup>¶ **~事業**<sup>じぎょう</sup> 국영 사업

**こくえき** [国益] 국익¶ **~を守**<sup>まも</sup>**る** 국익을 지키다

**こくえん** [黒煙] (文) 흑연. 검은 연기¶ **~を吐**<sup>は</sup>**く** 검은 연기를 내뿜다

**こくえん** [黒鉛] [化] 흑연. 석묵 = 石墨<sup>せきぼく</sup>

**こくおう** [国王] 국왕¶ **~の詔勅**<sup>しょうちょく</sup> 국왕의 조칙

**こくおん** [国恩] 국은¶ **~に報**<sup>むく</sup>**いる** 국은에 보답하다

**こくがい** [国外] 국외¶ **~追放**<sup>ついほう</sup> 국외 추방

**こくがく** [国学] [日史] 국학 ①(奈良<sup>なら</sup>・平安<sup>へいあん</sup> 시대에) 지방관의 자제를 교육하기 위해 각 지방에 두었던 학교 ②(江戸<sup>えど</sup> 중기에) 일본 고유의 문화・정신을 규명하려던 학문

**こくぎ** [国技] 국기. 그 나라의 대표적인 운동 경기・무예¶ **―館**<sup>かん</sup> 국기관

**こくぐう** [酷遇] [名][他スル] (文) 혹우. 냉우. 가혹한 대우 = 冷遇<sup>れいぐう</sup>

**こくぐら** [穀倉] 곡창. 곡물 창고 = こくそう

**こくぐん** [国軍] 국군

**こくげき** [国劇] 국극. 그 나라 고유의 연극

**こくげつ** [極月] (文) 극월. 섣달 = 師走<sup>しわす</sup>

**こくげん** [刻限] 각한 ①정해진 시각. 정각¶ **約束**<sup>やくそく</sup>**の~に遅**<sup>おく</sup>**れる** 약속 시간에 늦어지다 ②때. 시각. 시간¶ **日**<sup>ひ</sup>**の暮**<sup>く</sup>**れる~** 해가 저무는 때

**こくご** [国語] 국어 ①자국어 ②(일본에서) 일본어 ③각 나라의 말 ④「国語科<sup>こくごか</sup>」의 준말 **―科**<sup>か</sup> (교과목의) 국어과 **―学**<sup>がく</sup> 국어학 **―審議会**<sup>しんぎかい</sup> 국어 심의회

**こくごう** [国号] 국호. 국명

**こくこく** [刻刻] [副] = こっこく

**ごくごく** [極極] [副] (口) 극히. 몹시 = きわめて¶ **~いい品物**<sup>しなもの</sup> 극히 좋은 물건 ▷「ごく」의 힘줌말

**こくさい** [国債] [経] 국채¶ **~を発行**<sup>はっこう</sup>**する** 국채를 발행하다

**こくさい** [国際] [造語] 국제¶ **~会議**<sup>かいぎ</sup> 국제 회의/**~収支**<sup>しゅうし</sup> 국제 수지 **―オリンピック委員会**<sup>いいん</sup> 국제 올림픽 위원회 **―関係**<sup>かんけい</sup> 국제 관계 **―空港**<sup>くうこう</sup> 국제 공항 **―結婚**<sup>けっこん</sup> 국제 결혼 **―語** 국제어 **―公法**<sup>こうほう</sup> 국제 공법 **―主義**<sup>しゅぎ</sup> 국제주의 **―色** 국제색. 국제적 색채 **―赤十字**<sup>せきじゅうじ</sup> 국제 적십자 **―単位系**<sup>たんいけい</sup> [物] 국제 단위계 **―通貨基金**<sup>つうかききん</sup> 국제 통화 기금 **―的** [ダ] 국제적 **―電話**<sup>でんわ</sup> 국제 전화 **―法**<sup>ほう</sup> 국제법 **―見本市**<sup>みほんいち</sup> 국제 견본시 **―連合**<sup>れんごう</sup> 국제 연합. 유엔 **―連盟**<sup>れんめい</sup>

제 연맹 **―労働機関**<sup>ろうどうきかん</sup> 국제 노동 기구

**ごくさいしき** [極彩色] 극채색. 아주 화려한 색채¶ **~の絵画**<sup>かいが</sup> 극채색의 회화

**こくさく** [国策] 국책. 국가의 기본 정책¶ **―会社**<sup>がいしゃ</sup> 국책 회사

**こくさん** [国産] 국산¶ **~品**<sup>ひん</sup> 국산품 **―車**<sup>しゃ</sup> 국산차

**こくし** [国士] (文) 국사 ①나라 안에서 가장 뛰어난 인물. 국가에 유용한 사람 ②우국지사¶ **~を以**<sup>もっ</sup>**て任**<sup>にん</sup>**ずる** 우국지사로 자처하다 **―無双**<sup>むそう</sup> 당대 제일의 인물

**こくし** [国司] [日史] 奈良<sup>なら</sup>・平安<sup>あん</sup> 시대 조정에서 여러 지방에 파견된 지방관

**こくし** [国史] 국사

**こくし** [国師] 국사 ①奈良<sup>なら</sup> 시대에 여러 지방에 두었던 승관(僧官) ②중세 이후에 조정에서 고승에게 내리던 칭호

**こくし** [黒子] [医] 검은 사마귀 = ほくろ

**こくし** [酷使] [名][他スル] 혹사¶ **~に耐**<sup>た</sup>**える** 혹사에 견디내다

**こくじ** [告示] [名][他スル] [法] 고시¶ **内閣**<sup>ないかく</sup>**~** 내각 고시

**こくじ** [国字] 국자 ①그 나라의 글자 ②(한자에 대하여) 仮名<sup>かな</sup> ③일본식 한자 = 和字<sup>わじ</sup>¶ 「**働**<sup>どう</sup>**・畑**<sup>はた</sup>**・峠**<sup>とうげ</sup>」**등 ―問題**<sup>もんだい</sup> 국자 문제

**こくじ** [国事] 국사¶ **~に奔走**<sup>ほんそう</sup>**する** 국사에 분주하다 **―行為**<sup>こうい</sup> 국사 행위. **天皇**<sup>てんのう</sup>**の**국사에 관한 형식적・의례적 행위 **―犯**<sup>はん</sup> 국사범. 정치범

**こくじ** [国璽] 국새. 옥새

**こくじ** [酷似] [名][自スル] 혹사. 매우 닮음. 꼭 닮음¶ **人相**<sup>にんそう</sup>**が~する** 인상이 꼭 닮다

**ごくし** [獄死] [名][自スル] 옥사 = 牢死<sup>ろうし</sup>¶ **服役中**<sup>ふくえきちゅう</sup>**に~する** 복역 중에 옥사하다

**こくしびょう** [黒死病] 흑사병. 페스트

**ごくしゃ** [獄舎] 옥사. 감옥. 교도소 = 牢獄<sup>ろうごく</sup>¶ **~につながれる** 옥사에 갇히다

**こくしゅ** [国手] (文) 국수 ①의사의 높임말. 명의 ②바둑의 명인

**こくしゅ** [国主] ①국주. 나랏님. 임금 ②[日史] 「国主大名<sup>こくしゅだいみょう</sup>」의 준말 **―大名**<sup>だいみょう</sup> [日史] 戦国<sup>せんごく</sup> 시대에서 江戸<sup>えど</sup> 시대에 걸쳐 한 지방 이상을 영유하던 大名<sup>だいみょう</sup>

**こくしゅ** [国守] [日史] ①国司<sup>こくし</sup>의 장관 = 国<sup>くに</sup>**の守**<sup>かみ</sup> ② → 国主大名<sup>こくしゅだいみょう</sup>

**こくしょ** [国初] 국초. 건국 초기

**こくしょ** [国書] 국서 ①국가의 외교 문서 ②일본어로 쓴 일본 문헌

**こくしょ** [酷暑] (文) 혹서. 무더위 ⇔ 酷寒<sup>こっかん</sup>¶ **~の候**<sup>こう</sup> 혹서지절

**ごくしょ** [極暑] (文) 극서. 혹심한 더위

**こくじょう** [国情・国状] 국정¶ **~不安定**<sup>ふあんてい</sup> 국정 불안정/**~に合**<sup>あ</sup>**った計画**<sup>けいかく</sup> 국정에 알맞는 계획

**ごくじょう** [極上] [名] 극상. 최상¶ **~の酒**<sup>さけ</sup> 최상품의 술

**こくしょく** [黒色] (文) 흑색¶ **~火薬**<sup>かやく</sup> 흑색 화약 **―人種**<sup>じんしゅ</sup> 흑색 인종. 흑인종

こくしょく【穀食】 名 自スル 곡식, 곡물을 상식함
こくじょく【国辱】 국욕, 국치¶ ～的行為ごうい 국치적 행위
こくじん【黒人】 흑인¶ ～霊歌れいか 흑인 영가
こくすい【国粋】 국수¶ ～的な思想しそう 국수적인 사상 ―主義しゅぎ 국수주의
こぐすり【粉薬】 가루약 = こなぐすり
こく・する【刻する】 他サ変 文 새기다, 조각하다, 파다¶ 碑文ひぶんを～ 비문을 새기다
こく・する【哭する】 自サ変 文 곡하다, 통곡하다
こくぜ【国是】 국시¶ ～にかかわる 국시에 관계되다
こくせい【国政】 국정¶ ～の刷新さっしん 국정 쇄신 ―調査権ちょうさけん 국정 조사권
こくせい【国勢】 국세, 나라의 형편, 힘¶ 隆々りゅうりゅうたる～ 융성한 국세 ―調査ちょうさ 국세 조사
こくぜい【国税】 국세¶ ～滞納たいのう 국세 체납 ―庁ちょう 국세청
こくせき【国籍】 法 국적¶ 二重にじゅう～ 이중 국적/～を取得しゅとくする 국적을 취득하다
こくせん【国選】 名 국선, 관선 = 官選かんせん ―弁護人べんごにん 法 국선 변호인
こくそ【告訴】 法 고소¶ ～人にん 고소인/～状じょう 고소장/名誉毀損めいよきそんで～する 명예 훼손으로 고소하다
こくそう【国喪】 文 국상
こくそう【国葬】 국장
こくそう【穀倉】 곡창¶ ①곡물 창고 = こくぐら ②곡창 지대 ―地帯ちたい 곡창 지대
こくそう【獄窓】 文 옥창, 감옥의 창문, 옥중
こくぞうむし【穀象虫】 動 바구미
こくぞく【国賊】 국적, 역적
こぐそく【小具足】 갑옷・투구의 각종 부속품, 그것만 걸친 차림
こくそつ【獄卒】 ①옥졸, 옥지기, 옥사장이 ②佛 염마졸, 염라졸
こくたい【国体】 국체 ①国가 체제¶ ～の尊とうとき 국체의 존엄성 ②「国民こくみん体育たいいく大会たいかい」의 준말, 국민 체육 대회
こくたい【黒体】 物 흑체
こくだか【石高】 ①미곡의 수확량 ②[日史] (중세부터 근세에) 쌀 수확량으로 환산한 토지의 생산력 ③[日史] (江戸えど 시대에) 쌀로 지급되던 무사의 녹봉의 수량 ④[日史] (江戸 시대에) 연공을 바치는 농민이 소유한 농지의 분량
こくだち【穀断ち】 단곡, (수행・기원을 위해) 일정 기간 곡물을 먹지 않음
こくたん【黒炭】 地 흑탄, 역청탄
こくたん【黒檀】 植 흑단
こくち【告知】 名 他スル 고지, 통지¶ ～義務ぎむ 고지 의무
こぐち【小口】 ①자른 자리, 절단면 = 切きり口ぐち ②(상거래에서) 소액, 소량 ⇔ 大口おおぐち¶ ～の預金よきん 소액 예금 ③실마리, 단서 = いとぐち¶ 話はなしの～ 이야기의 실마리 ④[阪] 책의 등을 제외한 3면의 자른 자리, (특히) 옆 ―扱あつかい (화차 한 량에 못 차는 양의) 소화

물 취급 ―書がき (일본 재래식) 책의 도련친 아래 쪽에 책명・권수 등을 기록하는 일
慣用句
―を利きく (똑똑한 체하며) 건방진 말을 하다
こぐち【木口】 建 (목재의) 절단면 = きぐち
ごくちゅう【獄中】 옥중¶ ―日記にっき 옥중 일기
こくちょう【国鳥】 국조, 그 나라의 상징 새
ごくちょうたんぱ【極超短波】 電 극초단파
こくつぶし【穀潰し】 (口) 밥벌레, 식충이¶ この～め 이 밥벌레야
こくてい【国定】 名 국정 ―教科書きょうかしょ 국정 교과서 ―公園こうえん 국정 공원
こくてつ【国鉄】 국철, 일본 국유 철도 ▷ 1987년 민영화되어 JR이 됨
こくてん【国典】 文 국전 ①나라의 법전 ②국가의 의식 ③국가의 전적(典籍)
こくてん【黒点】 흑점 ①검은 점 ②天 태양 흑점
こくでん【国電】 구 국철의 대도시 주변의 근거리 전차
こくと【国都】 文 국도, 수도
こくど【国土】 국토¶ ―開発かいはつ 국토 개발/～を防衛ぼうえいする 국토를 방위하다 ―計画けいかく 국토 계획 ―庁ちょう 국토청
こくど【国帑】 국가의 재산, 나랏돈
こくど【黒土】 흑토, 부식질을 함유한 비옥한 검은 흙 = くろつち
こくど【黒奴】 ①흑인 노예 ②흑인을 경멸하여 일컫는 말, 검둥이
こくどう【国道】 국도
ごくどう【極道・獄道】 名 ナ 못된 짓을 하거나 방탕한 생활에 빠짐, 그런 사람, 방탕아¶ ～者もの 허랑 방탕한 놈/～の限かぎりを尽つくす 온갖 방탕한 짓을 다하다
こくない【国内】 국내¶ ～消費しょうひ 국내 소비 ―オリンピック委員会いいんかい 국내 올림픽 위원회 ―最終需要さいしゅうじゅよう 국내 최종 수요, 내수 ―総生産そうせいさん 국내 총생산
ごくない【極内】 名 ナ 극비¶ ～の話はなし 극비의 이야기/～で調しらべる 극비리에 조사하다
こくないしょう【黒内障】 醫 흑내장, 청맹과니
こくなん【国難】 국난¶ 未曾有みぞうの～ 일찍이 없었던 국난/～を経へる 국난을 겪다
こくぬすびと【穀盗人】 월급만 축내는 쓸모없는 사람 = 月給泥棒げっきゅうどろぼう・禄盗人ろくぬすびと
こくねつ【酷熱】 文 혹열, 혹서¶ ～の地ち 혹서의 땅
ごくねつ【極熱】 文 극열 ①극서 ②「極熱地獄ごくねつじごく」의 준말 ―地獄じごく 佛 극열 지옥
こくはく【告白】 名 他スル 고백¶ 愛あいを～する 사랑을 고백하다
こくはく【酷薄】 名 ナ 文 혹박, 모질고 박정함, 무자비함¶ ～な心こころ 모질고 박정한 마음/～を極きわめる 박정하기 짝이 없다
こくはつ【告発】 名 他スル 고발¶ ～状じょう 고발장/企業きぎょうの内部ないぶ～ 기업의 내부 고발
こくばん【黒板】 흑판, 칠판
こくはんびょう【黒斑病】 農 흑반병
こくひ【国費】 국비¶ ～留学りゅうがく 국비 유학

こくび [小首] 목, 고개 = くび
[慣用句]
—を傾げる ①(의심스러운 듯) 고개를 갸웃하다 ②(고개를 약간 숙이고) 골똘히 생각하다
ごくひ [極秘] 名 극비¶ ~情報 극비 정보
ごくび [極微] 名ノ 文 ①극미. 지극히 작음¶ ~の世界 극미의 세계 ②(그 방면의) 오묘하고 미묘한 점. 오의(奧義)
こくびゃく [黒白] 흑백 ①검은색과 흰색 ②정사(正邪), 선악, 시비¶ 法廷で~を争う 법정에서 흑백을 다투다
[慣用句]
—の差 흑백의 차. 천양지차
—を付ける 흑백을 가리다. 정사(正邪)・선악을 구별짓다
こくひょう [酷評] 名他スル 혹평¶ ~を受ける 혹평을 받다
こくひん [国賓] 국빈¶ ~待遇 국빈 대우
ごくひん [極貧] 文 극빈¶ ~にあえぐ 극빈에 허덕이다
こくふ [国父] 국부¶ ~孫文 국부 손문
こくふ [国府] 『史』(律令制 하에서) 각 지방에 두었던 행정 관서. 그 소재지 ▷「こくぶ」로도 씀
こくふ [国富] 文 국부¶ ~論 국부론/ ~の増強 국부의 증강
こくふう [国風] ①국풍. 그 나라[지방]의 독특한 풍속・관습 ②그 나라[지방]의 풍속을 노래한 시가・속요 ③(한시에 대하여) 和歌
こくふく [克服] 名他スル 극복¶ 障害を~する 장애를 극복하다
こくふく [克復] 名他スル 文 극복. 싸움에 이겨 이전의 평화로운 상태로 돌아옴¶ 平和[[を~する 평화를 되찾다
ごくぶと [極太] 아주 굵음, 아주 굵은 것 ⇔ 極細¶ ~の毛糸 아주 굵은 털실
こくふん [穀粉] 곡문. 곡물 가루
こくぶん [告文] 文 고문
こくぶん [国文] 국문 ①그 나라 말로 쓰여진 문장 ②일본어로 쓰여진 문장 ③「国文学」의 준말 ④「国文学科・国文科」의 준말 —学 ①국문학 ②일본 문학. 일본 문학을 연구하는 학문 —学史 ①국문학사 ②일본 문학사 —学科 국문학과 = 国文科 —体 表 국문체
こくぶんぽう [国文法] ①국문법 ②일본어 문법
こくへいしゃ [国幣社] 国司나 국고에서 제물을 바치던 官幣社 다음 가는 격(格)의 神社¶ 国社 ▷ 2차 대전 후 폐지됨
こくべつ [告別] 고별¶ ~の辞 고별사 —式 고별식 ①영결식 ②이별식. 송별식
こくほ [国歩] 文 국보. 나라의 운명. 국운
こくほう [国宝] 국보¶ ~に指定される 국보로 지정되다
こくほう [国法] 국법¶ ~を守る 국법을 지키다
こくぼう [国防] 국방¶ ~計画 국방 계획 —会議 국방 회의 —色 국방색. 카키색

ごくぼそ [極細] 극세. 아주 가늚, 아주 가는 것 ⇔ 極太¶ ~の毛糸 아주 가는 털실
こくほん [国本] 文 국본. 나라의 근본[토대]. 국가(國基)
ごくみ [極微] 化 극미. 물질 구성의 최소 단위
こくみん [国民] 국민¶ ~教育 국민 교육/ ~の義務 국민의 의무 —皆兵 국민 개병 —学校 국민 학교 —健康保険 국민 건강 보험 —宿舎 국민 숙사 —所得 국민 소득 —性 국민성 —総支出 국민 총지출 —総生産 국민 총생산 —体育大会 국민 체육 대회 —投票 국민 투표 —年金 국민 연금 —の祝日 국경일
こくむ [国務] 국무¶ ~に携わる 국무에 종사하다 —相 국무상. 국무 대신. (특히) 무임소 대신 —省 (미국의) 국무성 —大臣 국무 대신 —長官 국무 장관
こくめい [克明] 形動 극명. 자세하고 꼼꼼함 = 丹念¶ ~な報告 극명한 보고/ ~にたどる 자세하고 꼼꼼하게 더듬어 가다
こくめい [刻銘] 文 각명. 금석에 새긴 글자
こくめい [国名] 국명 ①국호 ②국가의 명성
こくもつ [穀物] 곡물. 곡류. 곡식
ごくもん [獄門] ①옥문. 감옥 문 ②효수 = さらし首¶ ~にかける 효수하다
ごくや [獄屋] 감옥. 옥사
ごくやす [極安] 名ロ (값이) 아주 쌈¶ ~の品物 아주 싼 물건
こくゆ [告諭] 名他スル 고유. 깨우쳐 일러 줌, 그런 말. 유고¶ ~文 고유문
こくゆう [国有] 名 국유¶ ~化 국유화 —財産 국유 재산 —地 국유지 —林 국유림
こくようせき [黒曜石] 地 흑요석
こくら [小倉] ①福岡현 北九州시에 있는 지명 ②「小倉織」의 준말 —織 굵은 실로 두껍게 짠 면직물
こぐら・い [小暗い] 形文 어둑하다, 어슴푸레하다 = おぐらい¶ ~部屋 어슴푸레한 방
こぐら・い [木暗い] 形文 (나무가 우거져) 어둠침침하다¶ ~木立 어둠침침한 나무들
こぐらか・る 自五 こんがらがる
ごくらく [極楽] ①극락 仏 극락 정토 ⇔ 地獄¶ 聞いて~みて地獄 듣기에는 극락 보면 지옥 ②比 안락하여 아무 걱정이 없는 처지 —往生 仏 극락 왕생 —浄土 仏 극락 정토 —鳥 動 극락조 —蜻蛉 만사 태평인 사람
こくり [国利] 국리. 국가의 이익. 국익¶ ~民福 국리 민복
こくり [酷吏] 혹리. 냉혹한[무자비한] 관리
ごくり [獄吏] 옥리. 옥졸
こくりつ [国立] 국립 —公園 국립 공원
こくりょく [国力] 국력¶ ~増強 국력 증강/ ~が伸びる 국력이 신장하다
こく・る 自他 補助 《동사 連用形에 붙어》끝까지[내내] …하다. 마구 …하다¶ 黙り~ 내내 침묵을 지키다/ 塗り~ 마구 칠하다
こくるい [穀類] 곡류. 곡물

こくれつ【酷烈】 ナ(文) 혹렬. 혹독하고 심함. 지독함 ¶ ～な批評ひひょう 혹렬한 비평

こくれん【国連】 略 국련. 국제 연합 ━安全あんぜん保障ほしょう理事会りじかい 국련 안전 보장 이사회 ━軍ぐん 국제 련합군. 유엔군 ━事務総長じむそうちょう 국련 사무총장 ━総会そうかい 국제 련합 총회 ━分担金ぶんたんきん 국제 련합 분담금

こくろう【国老】 国老 ①[史] 大名だいみょう의 중신. (특히) 国家老いえがろう ② 나라의 원로

ごくろう【御苦労】 (口) Ⅰ 名ナ ①수고, 노고 ¶ ～をおかけしました 수고를 끼쳤습니다 ② 헛일, 헛수고 ¶ ～なことだ 부질없는 짓이다 Ⅱ 感 (「～さま」의 꼴로) 남의 수고·노고를 위로하거나 조롱조로 하는 말 ¶ ～さまでした 수고하셨소, 헛수고를 했군요

こくろん【国論】 国論 국론 ¶ ～沸騰ふっとう 국론 비등/ ～を二分にぶんする 국론을 양분하다

こくん【古訓】 고훈 ①한자·한문의 예스러운 훈독(訓讀) ②예로부터 전해오는 교훈

こぐん【孤軍】 고군. 고립된 소수의 군대 ━奮闘ふんとう名 고군 분투

こけ【×苔】 이끼 ¶ ～が生はえる 이끼가 끼다. 낡다. 진부하다

こけ【×鱗】 (생선의) 비늘＝こけら ¶ ～を引ひく 비늘을 벗기다

こけ【虚仮】 ①[佛] 허구, 거짓 ②(口) 생각이 얕음, 어리석음, 바보 ¶ ～の一念いちねん 어리석은 자의 일념 ━威おどし 속보이는 공갈, 엄포, 허세 ━猿ざる ①더러운 원숭이, 늙고 여윈 원숭이 ②따돌림을 받은 원숭이 ③(比) (남을 욕하는 말로) 개새끼
慣用句
━にする 바보 취급하다

ごけ【後家】 ①과부, 미망인＝やもめ ¶ 若わか～ 청상 과부 ②[造語] (쌍으로 된 것에서) 외짝, 짝짝이 ¶ ━蓋ぶた (그릇이 없어진) 외짝 뚜껑
慣用句
━を立たてる 과부로 수절하다

ごけ【碁×笥】 바둑돌 통

こけい【固形】 고형 ¶ ～燃料ねんりょう 고체 연료

こけい【孤×閨】 (文) 고규, 공규, 공방
慣用句
━を守まもる 고규를 지키다, 독수 공방하다

ごけい【互恵】 (文) 호혜 ¶ ～平等びょうどうの精神せいしん 호혜 평등의 정신

こけい【語形】 어형 ¶ ～変化へんか 어형 변화

こげくさ·い【焦げ臭い】 形 눈 냄새가 나다, 탄내[단내]가 나다 ¶ なべが～ 냄비가 타는 냄새가 난다

こけし 손발이 없는 원통형 몸통에 머리가 둥근 목제 인형

こけしみず【×苔清水】 (文) 이끼 낀 바위 사이를 흐르는 맑은 물, 석간수(石間水)

こけしょくぶつ【×苔植物】 이끼식물

こげちゃ【焦(げ)茶】 짙은 갈색 ¶ ～の靴くつ 짙은 갈색 구두

こけつ【×虎穴】 호혈 ①호랑이 굴 ②(比) 매우 위험한 곳
慣用句
━に入いらずんば虎児こじを得えず 호랑이가 굴에 들어가지 않고선 호랑이가 새끼를 얻을 수 없다

こげつ·く【焦(げ)付く】 自五 ①눌어붙다 ¶ 御飯ごはんが～ 밥이 눌어붙다 ②(口) (빌려준 돈 등의) 회수가 불가능해지다 ¶ 資金しきんが～ 자금이 회수 불능이 되다 ③[經] (시세가) 변동이 없다 ¶ 相場そうばが～ 시세가 보합 상태이다

ごけにん【御家人】 ①[史] (鎌倉かまくら·室町むろまち 시대에) 将軍しょうぐん의 가신 ②(江戸えど 시대에) 将軍을 알현할 자격이 없는 하급 무사

こけむ·す【×苔生す】 自五 ①이끼가 끼다 ¶ ～した墓石ぼせき 이끼 낀 묘석 ②오래되다, 고풍스럽다 ¶ ～寺 오래된 절

こげめ【焦(げ)目】 눌은 자국 ¶ ～が付つく 눌은 자국이 생기다

こけもも【×苔桃】 [植] 월귤, 월귤나무

こけら【×柿】 ①지저깨비 ②[建] (지붕을 이는) 얇게 켠 널＝こけら板いた

こけら【×鱗】 (생선의) 비늘＝うろこ·こけ

こけらおとし【×柿落(と)し】 신축·개축한 극장의 개장을 축하하는 첫 공연 ¶ ～の出だし物もの 개장 축하 상연물

こ·ける 自下一 (補助) (심하게) …대다, …거리다 ¶ 笑わらい～ 자지러지게 웃어대다/ 眠ねむり～ 내처 자다

こ·ける【×転ける】 自下一 넘어지다, 쓰러지다, 구르다 ¶ 石いしにつまずいて～ 돌에 걸려 넘어지다

こ·ける【×痩ける】 自下一 살이 빠지다, 여위다, 수척해지다 ¶ ほおが～ 볼이 홀쭉해지다

こ·げる【焦げる】 自下一 눋다, 타다 ¶ 魚さかなが～ 생선이 타다

こけん【×沽券】 체면, 체통, 품위 ¶ ～が下さがる 체면이 깎이다
慣用句
━に関かかわる 체면에 관계되다

こけん【孤剣】 (文) 고검. 단 한 자루의 검 ¶ ～を持じむ 단 한 자루의 칼에 의지하다

こげん【古×諺】 (文) 고언. 옛 속담

ごけん【護憲】 (文) 호헌 ¶ ～運動うんどう 호헌 운동

ごげん【五弦·五×絃】 오현 ①현악기의 다섯 줄 ②오현금

ごげん【語源】 어원 ¶ ～研究けんきゅう 어원 연구

ここ【〈此処〉·〈此所〉】 代 ①[指示] ⑦여기, 이 곳 ¶ ～に置おいてください 여기에 놓아 주세요 ②이 점, 여기 ¶ ～が肝心かんじんな点だ 이 점이 중요한 점이다 ③이 자리, 이때 ¶ ～だけの話はなしにしてくれ 이 자리에서만의 이야기로 해주게 ④이 지경, 이 상태 ¶ ～まで追おい詰つめられた 이 지경에까지 몰렸다 ⑤요새, 최근, 앞으로 ¶ ～二、三日にさんにちが峠とうげだ 요〔앞으로〕 2, 3일이 고비다
慣用句
━までお出でで甘酒あまざけ進しんじょ ①혼자 걷기 시작한 아기를 걸음마시킬 때 하는 말 ②자기가 있는 곳까지 다가올 수 없는 상대방을 조롱할 때 하는 말

—を先途<sup>ど</sup>と 지금이야말로 운명을 판가름 할 때라고 온 힘을 다하는 모양
—を以<sup>もっ</sup>て 그런 까닭에, 그렇기 때문에
ここ【戸戸】호호. 집집마다, 집집이
ここ【呱呱】〔文〕고고. 갓난아기의 울음 소리
〔慣用句〕
—の声をあげる 고고지성을 울리다 ①(아기가) 태어나다 ②(사물이) 발족하다
ここ【個個・箇箇】개개. 낱낱, 각각, 하나하나, 한 사람 한 사람¶ 〜の意見<sup>けん</sup> 개개의 의견 / 〜に責任<sup>にん</sup>を持つ 각자 책임을 지다 —人<sup>ひとり</sup> 개개인. 각자 —別別<sup>べつ</sup> 제각각 다름, 가지각색, 각자 따로임¶ 〜に食事<sup>じ</sup>をとる 각자 따로따로 식사를 하다
ここ【古語】고어. 옛말
ここ【午後】오후 ⇔ 午前<sup>ぜん</sup>¶ 〜のひととき 오후 한때
ここいちばん【ここ一番】〔連語〕이번에야말로 꼭 이겨야 하는, 이번에야말로 가장 분발하지 않으면 안 되는
ここいら【此処いら】〔代〕〔口〕이 근처, 이쯤, 이 정도¶ 〜でやめよう 이쯤에서 그만두자
ここう【戸口】〔文〕호구. 호수와 인구¶ 〜調査<sup>ちょう</sup> 호구 조사 / 〜とぐち 호구의 말뜻임
ここう【股肱】〔文〕고굉. 수족같이 믿는 부하, 심복¶ 腹心<sup>しん</sup>¶ 〜の臣<sup>しん</sup> 고굉지신
ここう【虎口】호구 ①호랑이의 입 ②(比) 몹시 위험한 곳·상태¶ 〜の難<sup>なん</sup> 호구지난
〔慣用句〕
—を脱<sup>だっ</sup>する 호구를 벗어나다, 위험을 벗어나다
ここう【孤高】名 ナ〔文〕고고. 홀로 고결함¶ 〜を持<sup>じ</sup>する 고고함을 지키다
ここう【弧光】〔文〕호광. 아치형의 빛, 아크 방전의 빛
ここう【糊口・餬口】〔文〕호구. 입에 풀칠함, 생계 ≒ くちすぎ¶ 〜の計<sup>けい</sup> 호구지책 / 〜の道<sup>みち</sup>を絶<sup>た</sup>たれる 호구할 길이 끊기다
〔慣用句〕
—を凌<sup>しの</sup>ぐ 겨우 입에 풀칠하다, 어렵게 생계를 이어가다
ここう【古豪】노장, 베테랑 ≒ 古<sup>ふる</sup>つわもの¶ 〜と新鋭<sup>えい</sup>の対戦<sup>せん</sup> 노장과 신예의 대전
ごごう【呼号】名 自スル 호호 ①큰소리로 외침¶ 天下<sup>てんか</sup>に〜する 천하가 좁다 하고 큰소리침
ごこう【五更】오경 ①하룻밤을 다섯으로 나눈 시각 (초경·이경·삼경·사경·오경)의 총칭 ②인시(寅時) ▷ 지금의 오전 3시～5시경
ごこう【後光】후광¶ 〜がさす 후광이 비치다
ごこうごみん【五公五民】〔史〕江戸 시대 조세의 징수 비율
ごこうせい【語構成】〔文法〕어구성. 의미를 가진 요소들의 모임으로서의 한 단어의 구조
こごえ【小声】작은 소리, 낮은 목소리 ⇔ 大声<sup>ごえ</sup>¶ 〜でささやく 작은 소리로 속삭이다
こごえじに【凍え死に】名 自スル 얼어 죽음, 동사 ≒ 凍死<sup>し</sup>

こご・える【凍える】自下一 (추위로) 얼다, 곱아지다¶ 寒<sup>さむ</sup>さで体<sup>からだ</sup>のしんまで〜 추위로 뼛속까지 얼다 / 手足<sup>てあし</sup>が〜 손발이 곱아지다
ここかしこ【此処彼処】〔代〕〔文〕여기저기, 사방¶ 毎日<sup>にち</sup>、〜を遊<sup>あそ</sup>び歩<sup>ある</sup>く 매일 여기저기를 놀러 다니다
ここく【故国】①고국. 모국¶ 〜の土<sup>つち</sup>を踏<sup>ふ</sup>む 고국 땅을 밟다 ②고향¶ 〜の母<sup>はは</sup>をしのぶ 고향의 어머니를 그리워하다
ここく【*胡国】〔文〕호국 ①옛날 중국 북방에 있던 오랑캐 나라 ②야만국
ごこく【五穀】오곡 ①다섯 가지 주요 곡물 ②곡물의 총칭¶ 〜豊饒<sup>ほうじょう</sup> 오곡 풍요
ごこく【後刻】〔文〕나중, 얼마 후, 다음 ≒ のちほど ⇔ 先刻<sup>せんこく</sup>¶ 〜改<sup>あらた</sup>めて参上<sup>さんじょう</sup>いたします 다음에 다시 찾아뵙겠습니다
ごこく【護国】호국¶ 〜の神<sup>かみ</sup> 호국의 신 —神社<sup>じんじゃ</sup> 국가를 위해 전사한 사람을 모신 神社<sup>じん</sup>
ここし【小腰】허리 ≒ こし
〔慣用句〕
—を屈<sup>かが</sup>める 허리를 약간 굽히다
ここち【心地】①기분¶ 夢<sup>ゆめ</sup>でも見<sup>み</sup>ている〜だ 꿈이라도 꾸고 있는 기분이다 ②(造語)(동사 連用形에 붙어 "…ごこち"의 꼴로)…한 기분〔느낌〕¶ 乗<sup>の</sup>り〜 승차감 / 酔<sup>よ</sup>い〜 취한 기분 —好<sup>よ</sup>い 形 기분 좋다, 상쾌하다
ここつ【枯骨】〔文〕고골 ①살이 썩어 없어진 뼈, 백골 ②죽은 사람, 고인
こごと【小言】①잔소리, 꾸중¶ 〜を言<sup>い</sup>う 잔소리를 하다 / 〜を食<sup>く</sup>う 꾸중을 듣다 ②불평, 투덜댐¶ 〜が多<sup>おお</sup>い 불평이 많다 —幸兵衛<sup>こうべえ</sup> (俗) 잔소리가 심하고 참견 잘 하는 사람
ここと【戸毎】매호, 집집마다¶ 〜に訪問販売<sup>ほうもんはんばい</sup>する 집집마다 방문 판매하다
ここに【此処に・*玆に・*爰に】〔文〕Ⅰ 이에, 이곳에, 이 경우에 Ⅱ 그런데. 그래서 —於<sup>お</sup>いて 〔慣〕이때에, 이에 이르러¶ 〜問題<sup>だい</sup>は解決<sup>かいけつ</sup>した 이에 이르러 문제는 해결되었다 ②이 때문에, 이런 까닭으로¶ 〜あきらめざるをえなかった 이 때문에 단념하지 않을 수 없었다
ここの【九】①구. 아홉¶ 〜日<sup>か</sup> 9일 / や、〜、とお 여덟 아홉 열 ②(造語) 수가 많음을 나타냄¶ 〜重<sup>え</sup> 구중, 여러 겹
ここのえ【九重】①구중. 아홉 겹, 여러 겹 ②구중 궁궐, 궁중 ③도읍, 도읍지
ここのか【九日】9일 ①아흐렛날¶ 九月<sup>がつ</sup>〜 9월 9일 ②9일간¶ 〜かかる 9일 걸린다
ここのつ【九つ】①아홉, 9 ②아홉 개 ③아홉 살 ④「九<sup>ここの</sup>つ時<sup>どき</sup>」의 준말 —時<sup>どき</sup> 옛 시각의 이름. 자시 또는 오시(午時)
ここのところ【此処の所】〔連語〕〔口〕요즘, 최근¶ 〜ごぶさたしている 요즘 격조하다
ここまい【古古米】고고미. 2년 이상 묵은 쌀
こご・む【*屈む】自五〔口〕→ かがむ
こごめ【小米・粉米】싸라기 —花<sup>ばな</sup> ①「しじみばな」의 딴이름 ②「ゆきやなぎ」의 딴이름
こご・める【*屈める】他下一 → かがめる

ココやし【ココ*椰子】【植】코코야자
ここら《〈此処ら》】代 ①(口) 이 근처, 이 부근¶~にあるはずだ 이 근처에 있을 것이다 ②이쯤, 이 정도¶~で一服 이쯤에서 잠깐 휴식
こご・る [凝る]自五 엉기다, 응고되다¶魚の煮汁が~ 생선 조린 국물이 엉기다
こころ【心】①마음 ㉠정신, 심정, 기분¶~の豊かな人 정신이 풍요로운 사람¶~を痛める 마음 아프게 하다 ㉡본심¶口と~の違う人 말과 본심이 다른 사람 ㉢천성, 성격¶優しい~ 고운 마음 ㉣생각, 할 마음, 의사¶~を決める 마음을 정하다 ㉤도량¶~の狭い人 도량이 좁은 사람 ㉥기억¶~に残る名演技 마음에 남는 명연기 ②정성, 인정¶~を尽くす 정성을 다하다/ ~ない仕打ちだ 인정머리없는 처사다 ③참뜻, 참맛, 진수, 본질¶詩の~を理解する 시의 참뜻을 이해하다 ④(수수께끼 풀이에서) 답의 근거, 까닭
[慣用句]
—が動く 마음이 동하다〔움직이다〕
—が通う 마음이 통하다
—に浮かぶ 마음에 떠오르다, 생각나다
—に掛かる 마음에 걸리다, 걱정되다
—に掛ける 마음에 두다, 걱정하다
—に適う 마음에 들다
—に刻む 마음에 새기다
—に留める 마음에 두다, 기억해 두다
—に任せぬ 뜻대로 되지 않다
—にも無い 마음에도 없다, 본심이 아니다
—を合わせる 마음을 합하다, 협력하다
—を致す 정성을 다하다, 마음을 쓰다
—を入れ替える 마음을 고쳐먹다
—を動かす 마음을 움직이다 ①하고 싶은 마음이 들게 하다 ②깊이 감동하다
—を打つ 마음에 와 닿다, 감동시키다
—を奪う 마음을 빼앗다, 매료시키다
—を鬼にする 마음을 모질게〔독하게〕 먹다
—を砕く 고심하다, 부심하다
—を配る 마음을 쓰다, 배려하다
—を汲む 상대방의 기분을 헤아리다
—を込める 정성을 들이다
—を引き付ける 마음을 끌다, 매혹시키다
—を向ける 마음을 두다, 관심을 갖다
—を遣る ①(먼 곳의 사람·물건을) 생각하다 ②기분 전환을 하다, 마음을 달래다
—を許す 마음을 허락하다, 마음을 주다
こころあたたまる【心暖まる・心温まる】連語 마음이 훈훈해지는¶ ~話 마음이 훈훈해지는 이야기
こころあたり【心当(た)り】①마음에 짚이는 데¶~がない 짚이는 데가 없다 ②짐작 가는 곳¶~を捜す 짐작 가는 곳을 찾다
こころあて【心当て】(文) ①추측, 짐작= 当て推量¶ かねて~にしていたこと 일찍이 짐작하고 있었던 일 ②은근히 기대함, 믿음¶~にして待つ 기대하고 기다리다
こころある【心ある】連体 ①분별〔양식〕이 있는, 사려가 있는¶ ~人々の顰蹙を買う 양식 있는 사람들의 빈축을 사다 ②이해심이 있는, 인정이 있는¶~はからい 인정 있는 배려〔조치〕③풍류를 이해하는〔아는〕
こころいき【心意気】기상, 의기, 기개¶男の~を示す 사나이의 기개를 보이다
こころいれ【心入れ】①깊이 마음 먹음, 집착심=執心 ②마음을 씀, 배려¶ ~の贈り物 정성 어린 선물
こころいわい【心祝い】마음만의 축하¶ ほんの~の品ですが 그저 마음뿐인〔정표로 보내는〕 물건입니다만
こころえ【心得】①마음가짐¶日ごろの~がよくない 평소의 마음가짐이 좋지 않다 ②수칙, 주의 사항¶プール使用上の~ 풀의 사용 수칙 ③(기예 등의) 소양, 지식¶お茶の~がある 다도에 대한 소양이 있다 ④(직명에 붙여) 대행, 대리¶課長~ 과장 대리
—顔 잘 알고 있다는 듯한 표정, 아는 체하는 얼굴 —違い ①착각, 오해 ②(도리에 맞지 않는) 그릇된 생각·행동
こころ・える【心得る】他下一 ①이해하다, 터득하다¶事情を~ 사정을 이해하다 ②(『~・えた』의 꼴로》 (이해하고) 떠맡다, 승낙하다¶よし、~・えた 그래 알겠네 ③소양이 있다 ④조심하다
こころおきなく【心置き無く】連語 ①거리낌없이, 기탄없이¶ ~話す 거리낌없이 이야기하다 ②걱정 없이, 마음놓고¶ ~旅に出る 마음놓고 여행을 떠나다
こころおくれ【心後れ】名自スル(文) 기가 죽음, 주눅듦, 위축됨=気後れ
こころおぼえ【心覚え】①기억하고 있음, 기억¶ 全く~がない 전혀 기억이 없다 ②잊지 않도록 기록해 둠, 메모¶ ~を書きつける 잊지 않도록 메모를 해 두다
こころがかり【心掛かり・心懸(か)り】名[ナ] 마음에 걸림, 걱정, 염려=気がかり¶ 母の病状が~ 마음에 걸리는 어머니의 병세
こころがけ【心掛け】마음가짐¶ ふだんの~が悪い 평소의 마음가짐이 나쁘다
こころが・ける【心掛ける】他下一 (지키려고 늘) 마음을 쓰다, 유의하다, 명심하다¶ 安全運転を~ 안전 운전에 유의하다
こころがまえ【心構え】名自スル 마음의 준비, 각오¶ ~ができている 각오가 서 있다
こころから【心から】副 마음으로부터, 진심으로¶ ~感謝する 진심으로 감사하다
こころがら【心柄】①마음씨¶ ~の優しい少女 마음씨가 착한 소녀 ②자업자득¶こうなったのも~だ 이렇게 된 것도 내 탓이다
こころがわり【心変(わ)り】名自スル ①변심, 변덕¶ 男の~をせめる 남자의 변심을 비난하다 ②미침, 실성함
こころくばり【心配り】마음을 씀, 배려¶ 細やかな~ 세심한 배려
こころぐみ【心組み】마음가짐, 각오=心構え
こころぐるし・い【心苦しい】形 (미안해서)

마음이 괴롭다¶ 一人(ひとり)だけ遊(あそ)んでいて~ 혼자만 놀아서 마음이 괴롭다
**こころざし** [志] ① (하고자 하는) 뜻, 결의, 목표¶ 青雲(せいうん)の~ 청운의 뜻/~を立(た)てる 뜻을 세우다 ② (상대방의) 호의, 친절, 후의¶ ~はありがたいが 뜻은 감사합니다만 ③ (상대방에 대한) 감사, 정표, 촌지¶ ほんの~だけです 아주 작은 성의일 뿐입니다 ④시주·부의에 대한 답례품에 쓰는 말
**こころざ·す** [志す] 自五 뜻을 두다, 지향하다, 지망하다¶ 学問(がくもん)に~ 학문에 뜻을 두다
**こころしずかに** [心静かに] 連語 (마음이) 조용하게, 차분하게¶ ~読書(どくしょ)をする 차분하게 독서를 하다
**こころして** [心して] 副 조심해서, 정신차려서¶ ~事(こと)にあたれ 조심해서 일을 처리하거라
**こころじょうぶ** [心丈夫] ダ 마음 든든함, 믿음직스러움, 미더움¶ 君(きみ)が来(き)てくれたので~だ 네가 와 주어서 마음이 든든하다
**こころしらい** [心しらい] 文 마음을 씀, 배려, 주의¶ 丁重(ていちょう)な~ 정중한 배려
**こころ·する** [心する] 自サ変 조심하다, 주의하다, 마음을 쓰다¶ その点(てん)には十分(じゅうぶん)~ように 그 점에는 충분히 주의하도록
**こころせ·く** [心急く] 自五 文 마음이 초조하다, 조급하다¶ ~ままに筆(ふで)をおきます 이만 총총 붓을 놓겠습니다
**こころぞえ** [心添え] 주의, 충고¶ お~かたじけない 충고 고맙네
**こころだのみ** [心頼み] 은근히 기대함, 마음으로 의지함¶ ~にして待(ま)つ 은근히 기대하고 기다리다
**こころづかい** [心遣い] 名 自スル 마음을 씀, 걱정함, 배려¶ 細(こま)やかな~ 세심한 배려/いろいろと~をする 여러 가지로 마음을 쓰다
**こころづ·く** [心付く] 自五 文 ①알아채다, 생각나다, 깨닫다¶ やっと悪(わる)いと~ 겨우 나쁘다고 깨달다 ②정신을 차리다¶ はっと~いて 퍼뜩 정신을 차려 ③철들다, 철나다
**こころづくし** [心尽(く)し] ①정성을 들여 함, 성의를 다함¶ ~の手料理(てりょうり) 정성껏 손수 만든 요리 ②마음을 졸임, 애태움
**こころづけ** [心付(け)] 행하, 팁¶ 使(つか)いのものに~を渡(わた)す 심부름꾼에게 팁을 주다
**こころづもり** [心積(も)り] 名 他スル 작정, 심산, 예정¶ ~が外(はず)れる 예정이 빗나가다
**こころづよ·い** [心強い] 形 마음 든든하다, 믿음직스럽다, 미덥다 ⇔ 心細(こころぼそ)い¶ ~味方(みかた)が現(あらわ)れた 믿음직스런 아군이 나타났다
**こころな·い** [心無い] ①분별[양식·사려·배려]이 없다¶ ~ことをしでかしたものだ 분별 없는 짓을 했군 ②인정이 없다, 매정하다¶ ~仕打(しう)ち 인정머리 없는 처사 ③멋이 없다, 정취·풍류를 모르는 처사¶ 花(はな)を折(お)る~人々(ひとびと) 꽃을 꺾는 풍류를 모르는 사람들
**こころなしか** [心なしか] 連語 생각[마음] 탓인지 = 気(き)のせいか¶ ~少(すこ)しやせたようだ 생각 탓인지 좀 마른 것 같다

**こころならずも** [心ならずも] 連語 본의 아니게, 부득이, 마지못해¶ ~承知(しょうち)する 마지못해 승낙하다
**こころにく·い** [心憎い] 形 (훌륭해서) 얄미울 정도다¶ ~ほどの落(お)ち着(つ)き 얄미울 정도의 침착함
**こころね** [心根] 文 ①마음씨, 심성¶ ~の優(やさ)しい子 심성이 고운 아이 ②근성, 성질 = 性根(しょうね)¶ その~を正(ただ)す 그 근성을 바로잡다
**こころのこり** [心残り] 마음에 걸림, 아쉬움이 남음, 미련¶ 家(いえ)のことが~で、立(た)ち去(さ)りがたい 집안 일이 마음에 걸려 떠나기 어렵다
**こころのたけ** [心の丈] 생각하고 있는 모든 것, 마음의 전부, 온 마음¶ ~をうち明(あ)ける 온 마음을 털어놓다
**こころのとも** [心の友] 連語 마음의 벗 ①서로 잘 이해하는 친구 ②마음의 위안·의지로 삼는 것¶ 俳句(はいく)を~とする 俳句를 마음의 벗으로 삼다
**こころのまま** [心の*儘] 連語 생각하는 대로, 바라는 대로¶ 何事(なにごと)もお~に 무슨 일이든 바라시는 대로
**こころのやみ** [心の*闇] 連語 마음의 미망, 마음의 평정을 잃어 분별력이 없어진 상태
**こころばえ** [心ばえ] 文 기질, 심성, 성품¶ やさしい~ 고운 심성
**こころばかり** [心許り] 連語 마음뿐임, 변변찮음¶ ~の品(しな) 변변찮은 물건
**こころばせ** [心*馳せ] 文 ①마음씨, 성품 ②배려, 사려 깊음¶ ~のある人(ひと) 사려 깊은 사람
**こころひか·れる** [心引かれる·心*惹かれる] 自下一 마음이 끌리다
**こころひそかに** [心*密かに] 連語 남몰래, 은근히, 내심¶ ~心配(しんぱい)する 내심 걱정하다
**こころぼそ·い** [心細い] 形 마음이 안 놓이다, 불안하다, 허전하다 ⇔ 心強(こころづよ)い¶ 一人(ひとり)で行(い)くのは~ 혼자서 가는 것은 마음이 안 놓이다
**こころまかせ** [心任せ] 마음 내키는 대로 함, 마음대로임, 임의¶ ~の旅(たび) 마음 내키는 대로 하는 여행/~に歌(うた)う 마음대로 노래하다
**こころまち** [心待ち] 名 自スル 마음속으로 기다림, 은근히 기다림¶ 子供(こども)の帰省(きせい)を~にする 자식의 귀성을 마음속으로 기다리다
**こころみ** [試み] 시도, 시험 = ためし¶ 画期的(かっきてき)な~ 획기적인 시도
**こころみに** [試みに] 副 시험삼아 = 試(ため)しに¶ ~採用(さいよう)する 시험삼아 채용하다
**こころ·みる** [試みる] 他上一 文 ①시도해 보다¶ 説得(せっとく)を~ 설득을 시도해 보다 ②(결과·능력 등을 알고자) 시험해 보다¶ うまくいくかどうか~ 잘 될지 어떨지 시험해 보다
**こころもち** [心持(ち)] Ⅰ 名 기분, 마음, 심정, 심기¶ 一杯(いっぱい)の酒(さけ)でいい~になった 한잔 술로 기분이 좋아졌다 Ⅱ 副 조금, 아주 조금, 약간¶ ~左(ひだり)に傾(かたむ)いている 약간 왼쪽으로 기울어 있다
**こころもとな·い** [心許無い] 形 불안하다,

こころやすい

걱정이 되다, 염려되다¶ 子供ださけでは~ 아이들만으로는 불안하다
こころやす・い【心安い】[形]①친한 사이다, 흉허물없는 사이다¶ ~人²の集²まり 흉허물없는 사람들의 모임 ②안심이다, 마음 놓이다¶ お·, くおぼしめせ 염려 마십시오
こころやすだて【心安だて】[名] 흉허물없음, 스스럼없음¶ ~に頼らむ 스스럼없이 부탁하다
こころやり【心遣り】(文) 기분 전환, 심심풀이, 위안¶ ~に旅をする 기분 전환으로 여행을 하다
こころゆ・く【心行く】[自五]《보통「~まで·~ばかり」의 꼴로》흡족하다, 마음에 차다¶ ~まで遊²ぶ 마음껏 놀다
こころよ・い【快い】[形]①(文) 기분 좋다, 상쾌하다, 유쾌하다¶ 涼風ラキサが~ 선들바람이 상쾌하다 ②흔쾌하다, 선선하다¶ ~·く引²き受ずける 쾌히 떠맡다
ここん【古今】고금 ①옛날과 지금 ②예로부터 지금까지¶ ~に例ホロをみない 고금에 예가 없다 —東西ネネネネ 고금 동서 —独歩ネネスキサ 고금 독보 —未曾有ネネサ 고금 미증유 —無双ネネトナネ 고금 무쌍
ここん【五根】[佛] 오근 (외계를 인식하는) 다섯 가지 감각 기관, 그런 작용, 지각 능력
ここん【語根】[文法] 어근
ここん【五言】[文] 오언, (한시에서) 한 구가 다섯 자로 되어 있는 구절, 그런 시체 —絶句ホシス [文] 오언 절구 —律詩ラシネ [文] 오언 율시
こざ【胡坐】[名][自スル][文] 책상다리를 하고 앉음, 책상다리 ¶ 부부좌 = あぐら
ごさ【誤差】①[物] 오차 ¶ ~の限界ホサス 오차의 한계 ②[比] 착오, 차질 ¶ ~を生じじる 차질이 생기다
ござ【茣蓙·蓙】 돗자리 = 薄²べり¶ ~を敷²く 돗자리를 깔다
ござ【御座】 귀인의 자리 —船² ①귀인이 타는 배 ②지붕이 달린 놀잇배
こさい【小才】 잔재주, 잔꾀 ¶ ~が利²く 잔재주가 있다
こさい【巨細】①(文) 대소, 큰 것과 작은 것 ¶ ~漏²らさず 크나 작으나 빼놓지 않고 ②상세함 ¶ ~にわたって記録²する 상세하게 기록하다 ▷「きょさい」로도 씀
こさい【五彩】(文) 오채 ①오색, 여러 가지 색조 ②여러 색으로 채색한 중국 도자기
こさい【五菜】 오채 ①다섯 가지 채소 ②다섯 가지 반찬 —汁²ゔ²키 국 하나에 다섯 가지 반찬
こさい【後妻】 후처, 후실 = 後添²ぞい
ございごい [自][特殊活用](ロ)「ございます」의 준말 ¶ お次ぎは綱渡²²リ²です, 다음은 줄타기요 ▷ 흥행 안내자 등이 쓰던 막된 말씨
こざいく【小細工】 ①자질구레한 세공 ②잔꾀, 잔재주 ¶ ~を弄²する 잔재주를 부리다
ございます【御座います】[自][特殊活用] ①있습니다 ¶ お探しの品²はこちらに~ 찾으시는 물건은 이쪽에 있습니다 ②(형용사·형용동사의 連用形에 붙거나 「…で~」의 꼴로 써서)「だ·である」의 공손어, …입니다 ¶ 有難ホロがとう~ 감사합니다/ お出²かけで~か 외출하십니까?
コサイン(cosine) [数] 코사인 = 余弦²ザ
こさ・える【拵える】[他下一][俗] → こしらえる
こざかし・い【小賢しい】[形] ①(똑똑한 체하며) 건방지다, 주제넘다 ¶ ~口²をきく 건방진 말을 하다 ②교활하고 빈틈이 없다, 약삭빠르다 ¶ ~·く立²ち回²る 약삭빠르게 처신하다
こざかな【小魚】 잔 물고기
こさく【小作】 소작, 소작인 ⇔ 自作²ホボ¶ ~権²ネネ 소작권 —争議ボボ [史] 소작 쟁의 —人ミネ 소작인 —農²ネ 소작농 —料²ネ 소작료
こざしき【小座敷】 ①작은 방 ②본채에 잇대어 들인 방, 달개 ③(다도에서) 다다미 넉장 반 크기의 방보다 작은 다실
ございしょ【御座所】「座所²ネ」의 높임말, 天皇ネネ이·귀인의 거실
ごさた【御沙汰】「沙汰²ネ」의 높임말, 분부 ¶ お上²ネの~ 주상(주군)의 분부
こさつ【古刹】(文) 고찰, 고사(古寺)
こさつ【故殺】 고살 ①고의로 사람을 죽임 ②[法] 우발적 살인
こざっぱり [副][自スル] 산뜻함, 말쑥함, 깔끔함 ¶ ~とした身²なり 말쑥한 옷차림
こさとへん【阜偏】(한자 부수의) 좌부방 ▷「防·陸」등의 부수 부분
こさめ【小雨】 가랑비 ⇔ 大雨²ネス
こざら【小皿】 작은 접시 = 手塩皿²ネネセ
ござります【御座ります】[自][特殊活用] 있습니다, 입니다
ござ・る【御座る】[自五] ①[俗] ⑦상하다, 썩다, 낡아빠지다, 노망들다 ㉡반하다, 연정을 품다 ㉢배가 고프다, 시장하다 ②(예스러운 말투로) ㉠계시다, 가시다, 오시다 = いらっしゃる ㉡있습니다 = ございます ㉢[補助]…입니다
こさん【古参】 고참 ¶ ~兵²ス 고참병
こざん【故山】(文) 고산 ①고향의 산 ②고향
ごさん【午餐】(文) 오찬, 점심 ¶ ~会²ネ 오찬회
ごさん【誤算】[名][他スル] 오산 ①계산 착오 ②잘못된 추측, 잘못 봄 ¶ 相手²ネの能力²を~していた 상대방의 능력을 오산하고 있었다
ごさんけ【御三家】①[史] (德川将軍²ネネキシの 가문의 일족 중에서) 尾張²ネ·紀伊²ネ·水戸²ネ 세 집안 ②[俗] (어떤 분야에서) 유력한 세 사람, 세 정상 ¶ 歌謡界²ネネネの~ 가요계의 트리오
ございんす【御座んす】[自][特殊活用](ロ)「ございます·ございります」의 변한말, 입니다 ¶ さようで~ 그렇습니다
こし【越·高志】「北陸道²ネネシネ」의 옛일컬음 = 越路²ネ
こし【腰】①허리 ¶ やなぎ~ 가늘고 낭긋낭긋한 허리/ ~が曲²がる 허리가 굽다 ②(벽·미닫이·산 등의) 아래 부분, (옷의) 아랫 부분 ¶ 山²ネの~がかすむ 산허리가 안개로 뿌옇다 ③(무엇을 하려는) 기세, 자세, 태도 ¶ ~が定まらない 태도가 분명치 않다 ④《「~が

ある・〜が強よい」의 꼴로》찰기, 끈기, 탄력 ⑤《和歌ゕ・短歌ゕ에서》제3구(句) ⑥《造語》(「…ごし」의 꼴로) (…하려는) 자세, 태도¶けんか〜 시비조/本気ホホ〜を入いれる 진지해지다 ⑦《助數》허리에 두르거나 차는 물건을 세는 말¶ 太刀ホ一〜 환도 한 자루/ 袴ホホ一〜 ~ 하카마 한 벌

慣用句
ー が ある 차지다, 질기다
ー が 重ォもい 엉덩이가 무겁다 ①좀처럼 행동에 옮기지 않다 ②《相撲》허릿심이 세어 메치기나 밀어붙이기에 쉽게 흐트러지지 않다
ー が 軽ゕる い 엉덩이가 가볍다 ①바지런하다 ②깊이 생각하지 않고 행동에 옮기다
ー が 碎くだける ①《相撲》(허릿심이 빠져) 자세가 흐트러지다 ②기가 죽다, 기세가 죽다 ¶ 真相解明ゕゕめ의の〜 진상 해명의 기세가 꺾이다
ー が 高たかい 고자세다, 거만하다
ー が 強つよい ①기력이 세어 좀처럼 남에게 지지 않는다, 허릿심이 세다 ②(면류·종이 등이) 차지다, 질기다, 탄력이 있다 ③(옷감 등이 심이 좋아) 옷 모양이 흐트러지지 않다
ー が 抜ぬける ①(허리를 삐거나 힘이 빠져) 일어서지 못하다 ②(놀라거나 겁을 먹어) 주저앉다, 기겁하다
ー が 低ひくい 저자세다, 겸손하다
ー が 弱ょわい ①나약하다, 무기력하다, 패기가 없다 ②(면류·종이 등이) 끈기가 없다, 찰기가 없다, 탄력이 없다 ③(옷감 등이) 쉽게 모양이 흐트러지다
ー を 上ぁげる ①일어서다 ②행동에 옮기다, 덤벼들다, 착수하다
ー を 入ぃれる (일에) 본격적으로 덤벼들다
ー を 浮ぅかす (일어서려고) 엉덩이를 들다
ー を 落ぉち 着っける ①좌정하다 ②자리잡다
ー を 折ぉる ①(인사 등을 하려고) 허리를 굽히다 ②맥을 끊다, 방해를 하다
ー を 屈ゕゕめる 허리를 굽히다
ー を 据ずぇる ①차분하게 일하다 ②(진득이) 자리잡다, 죽치고 앉다
ー を 抜ぬかす ①(허리를 삐거나 힘이 빠져) 일어서지 못하게 되다 ②(정신적 충격을 받아) 일어설 기력을 잃다, 기겁을 하다

こし [*輿] ①가마¶ 玉たまの〜に乘のる 미천한 여자가 부잣집〔좋은 집안〕으로 시집가다 ②신여(神輿)＝みこし
こし (古史) 〈文〉 고사, 고대사
こし [古*址・古*趾] 〈文〉 고지, 고적(古跡)
こし [古*祠] 〈文〉 고사, 오래된 사당
こし [古紙・故紙] 못 쓰게 된 종이＝ほご
こし [古詩] 〈文〉 고시 ①고대의 시 ②(한시에서) 고체시
こし [枯死] 名 自スル 고사, (초목이) 말라 죽음¶ 老松ろうしょうが〜する 노송이 고사하다
こじ [古寺] 고사, 고찰¶ 〜 巡礼じゅんれい 고찰 순례
こじ [固持] 名 他スル 고지, (의견 등을) 계속해서 굳게 지님¶ 信念しんねんを〜する 신념을 계속해서 굳게 지니다

こじ [固辞] 名 他スル 고사, 굳이 사양함¶ 受賞じゅしょうを〜する 수상을 고사하다
こじ [*居士] 거사 ①《佛》속인으로서 법명을 가진 사람, 우바새, 청신사 ⇔ 大姉だいし ②《佛》남자의 법명에 붙이는 칭호 ⇔ 大姉だいし ③학문과 덕이 있으면서 벼슬을 하지 않는 선비, 처사 ④《造語》〜한 남자¶ 一言ひとこと〜 일언 거사/慎重しんちょう〜 신중한 거사
こじ [孤児] 고아¶ 戦災せんさい〜 전재 고아 ー院いん 고아원
こじ [故事] 고사¶ 〜成語せいご 고사 성어 ー来歴らいれき 고사 내력, 전해 내려오는 사물의 내력
こじ [誇示] 名 他スル 과시¶ 財力ざいりょくを〜する 재력을 과시하다
ごし [五指] 오지, 다섯 손가락

慣用句
ー に 余ぁまる 다섯 손가락으로 다 꼽을 수 없다, 다섯보다 많다
ー に 入ぃる 다섯 손가락 안에 들다, 다섯 이내로 꼽히다

ごし [互市] 〈文〉 호시, 교역, 무역
ごし [語詞] 〈文〉 어사, 말, 언사
ごし 語誌・語史 낱말의 기원·변천의 역사
ごじ [誤字] 오자¶ 〜を正ただす 오자를 바로잡다
ごじ [護持] 名 他スル 호지, 수호¶ 仏法ぶっぽうを〜する 불법을 수호하다 ー僧そう (옛날 궁중에서) 天皇てんのうの 안전을 위해 불공드리던 중
こしあげ [腰上・腰揚げ] (기장을 줄이기 위해) 허리 부분을 징그는 일, 그런 부분
こじあ・ける [*抉(じ)開ける] 他 下ー (틈새에 꼬챙이 등을 끼워 넣고) 비집어[억지로] 열다¶ 戸とを〜 문을 비집어 열다
こしあん [*漉し*餡] 삶은 팥을 으깨어 체로 걸러 만든 팥소
こしいた [腰板] ①〈建〉 미닫이·울타리·벽 등의 아래 부분에 대는 판자, 머름 ②(하카마의 허리 부분에 대는) 천으로 싼 판자 조각
こしいれ [*輿入れ] 名 自スル 시집 감, 출가
こしお [小潮] 〈海〉 소조, 조금 ⇔ 大潮おおしお
こしおび [腰帯] ①요대, 허리띠 ②(일본 여자 옷의) 허리끈＝腰こしひも ③(옛날의) 조복의 허리띠＝石帯せきたい ④能のうの 의상의 띠
こしおれ [腰折れ] ①허리가 굽음, 그런 사람 ②「腰折こしおれ歌うた・腰折こしおれ文ぶみ」의 준말 ー歌うた ①윗구와 아랫구의 연결이 매끄럽지 않은 和歌わか ②자기가 지은 和歌에 대한 겸사말 ー文ぶみ 자기 문장에 대한 겸사말, 졸문
こしがき [腰垣] (허리 높이의) 낮은 울타리
こしかけ [腰掛] ①걸상, 의자 ②(ロ)「腰掛こしかけ仕事しごと」의 준말 ー仕事しごと (원하는 직업을 구할 때까지의) 임시 일자리·직업
こしか・ける [腰掛ける] 自 下ー 걸터앉다¶ ベンチに〜 벤치에 걸터앉다
こしかた [来し方] 〈文〉 지난날, 과거＝きしかた¶ 〜をふりかえる 지난날을 되돌아보다

慣用句
ー 行ぃく 末すぇ 과거와 미래

こしがたな [腰刀] 요도, 허리에 차는 단도＝

わきざし・腰差こし

**こしき** [×甑] (수레의) 바퀴통
**こしき** [古式] 고식. 옛날 방식¶ ～ゆかしい行事ぎょう 예스러운 그윽한 행사
**こじき** [×乞食] 비럭질, 거지, 걸인¶ ～をする 비럭질하다 **━根性**こんじょう 거지 근성 **━芝居**しばい ①(江戸시대에) 처마 밑·노상 등에서 공연하고 돈을 구걸하던 연극 ②서투른 연극
**こじき** [古事記] 奈良전기의 일본 최고의 역사서. 712년 완성
**ごしき** [五色] (文) 오색 ①다섯 가지 색, (특히) 청·황·적·백·흑색 ②여러 가지 색¶ ～のテープ 오색 테이프
**こしぎんちゃく** [腰巾着] ①두루주머니, 염낭 ②(口) 그림자처럼 붙어 다니며 따르는 사람, 대립추, 추종자¶ 社長しゃちょうの～ 사장의 데림추
**こしくだけ** [腰砕け] ①(相撲) 허릿심이 빠져 몸을 가누지 못함 ②(口) 중단, 좌절¶計画けいかくが～となる 계획이 중단되다
**こしぐるま** [腰車] ①(유도에서) 상대의 몸을 자기 허리에 끌어당겨 들어올리듯이 던지는 기술 ②채를 허리 부분에 대고 끄는 수레
**こしけ** [腰気·〈帶下〉] 대하. 냉=おりもの ▷의학 용어는 「たいげ」
**こしこし** (副) (세게 문지르거나 비비는) 싹싹, 박박, 북북¶～とこする 박박 문지르다/～と洗あらう 싹싹 비벼 빨다
**こしじ** [越路] ①「北陸道ほくりく」의 옛일컬음 ②「越こしの国くに」로 가는 길
**こししょうじ** [腰障子] (높이 30cm 정도의) 머름을 댄 미닫이
**こしだか** [腰高] I (名) ①(기물 등의) 운두가 높은 것 ②「腰高障子こしだかしょうじ」의 준말 II (名) (形動) ①(相撲) (대전할 때 허리를 내리지 않아 자세가) 엉거주춤함 ②건방짐, 거만함¶ ～なあいさつの인사 **━障子**しょうじ 높이 약 60cm 정도의 머름을 댄 미닫이
**こしだめ** [腰だめ] (名) ①총을 허리에 댄 채 어림겨냥으로 쏨, 난사 ②어림짐작
**こしたんたん** [虎視眈眈] (ト) 호시 탐탐¶ ～と機会きかいをうかがう 호시 탐탐 찬스를 노리다
**ごしちちょう** [五七調] (文) (시가에서) 다섯 자와 일곱 자로 된 2구를 되풀이하는 음수율
**ごしちにち** [五七日] (佛) 오칠일, 죽은 후 35일째 되는 날, 그 날 지내는 재(齋)
**こしつ** [固執] (名)(自他ス) 고집=こしゅう¶ 自説じせつを～する 자설을 고집하다
**こしつ** [個室] 개인용 방, 독실, 독방¶ ～をあてがう 독실을 배정하다
**こしつ** [×痼疾] (文) 고질. 지병¶ 年来ねんらいの～に悩なやむ 오랜 고질로 고생하다
**こじつ** [故実] 고실. 전고(典故)
**こじつ·け** [後日·晚日] 훗날, 훗날¶ ━伺うかがいます 후일 찾아뵙겠습니다 ②(사건이) 일어난 뒤 **━談**だん 후일담. 뒷이야기
**こじっかり** [小×確り] (經) (거래에서) 시세가 약간 오름세임
**こしつき** [腰つき] 허리의 자세, 허릿매¶ 中

腰こしの危あぶない～ 엉거주춤하여 불안한 허릿매
**こじつ·ける** (他下一) (구실 등을) 억지로 갖다 붙이다, 견강 부회하다=付会ふかいする¶ あとから～·けた理由りゆう 후에 갖다 붙인 이유
**ごじっぽひゃっぽ** [五十歩百步] 오십보 백보¶ 実力じつりょくは～だね 실력은 오십보 백보이군
**こじとみ** [小×蔀] 덧문이 달린 작은 채광용 창
**こしなわ** [腰繩] ①허리에 차고 다니는 밧줄 ②(죄인의) 허리를 결박함, 그런 포승
**こしぬけ** [腰抜け] ①허릿심이 빠져서 일어나지 못함, 그렇게 된 사람 ②(口) 무기력하고 겁이 많음, 겁쟁이
**こしのもの** [腰の物] 허리에 차는 칼
**こしばがき** [小×柴垣] 섶 울타리
**こしばめ** [腰羽目] (建) 벽의 허리 높이에 둘러 댄 널. 징두리널
**こしばり** [腰張り] 굽도리·머름에 종이나 천을 바름, 그런 종이·천
**こしひも** [腰×紐] (일본옷의) 허리끈=腰帯こしおび
**こしびょうぶ** [腰屛風] 허리 높이 정도의 낮은 병풍. 머릿병풍=枕屛風まくらびょうぶ
**こしべん** [腰弁] ①도시락을 허리에 참, 그런 도시락 ②(俗) (매일 도시락을 들고 출근하는) 가난한 월급쟁이=「腰弁当こしべんとう」의 준말
**こしぼね** [腰骨] ①요골. 허리뼈 ②참을성, 끈기¶ ～が強つよい 참을성이 강하다
**こしまき** [腰巻] ①(일본 여자옷에서) 속치마=ゆもじ·おこし ②(室町むろまち·江戸えど시대에) 小袖こそで 위로 허리에 두르던 여름철 여자 예복 ③(俗) (책의) 띠지
**こしまわり** [腰回り] 허리 둘레
**こしみの** [腰×蓑] 허리에 두르는 짧은 도롱이
**こしもと** [腰元] ①(옛날 귀인의) 시녀, 몸종 ②허리께¶ ～が寒さむい 허리께가 시리다
**ごしゃ** [誤写] (名)(スル) 오사. 잘못 베낌
**こしゃく** [小×癪] (名)(形動) 시건방져 비위에 거슬림, 아니꼬움¶ ～なことを言ゝう 아니꼬운 소리를 하다/～にさわる 비위에 좀 거슬리다
**ごしゃく** [語釈] 어석. 어구의 해석¶ ～をつける 어구 풀이를 하다
**ごしゃごしゃ** (口) I (ト) (많은 것이 한데 뒤섞여) 어수선함, 뒤죽박죽임, 복작복작함=ごちゃごちゃ¶ ～な本棚ほんだな 어수선한 책장 II (副)(自ス) 뒤죽박죽, 복작복작¶ ～とした町中まちなか 복작복작한 시내/品物しなものを～と並ならべる 물건을 어수선하게 늘어놓다
**こしゃほん** [古写本] 고사본. 옛 시대의 필사본
**こしゅ** [戶主] 호주 ①세대주 ②(法) 일본 구 민법에서 호주권을 가진 사람
**こしゅ** [古酒] ①오래된[묵은] 술 ②열을 가해 1년 이상 저장·숙성시킨 술
**こしゅ** [固守] (名)(他スル) 고수. 굳게 지킴¶ 自説じせつを～する 자설을 고수하다
**こしゅ** [故主] (文) 고주. 옛 주인=旧主きゅうしゅ
**こしゅ** [鼓手] 고수. 북잡이
**こしゅ** [腰湯] 좌욕¶ ～を使つかう 좌욕을 하다
**ごしゅ** [五種] 오종 **━競技**きょうぎ (競) 5종 경기

ごしゅ [御酒]「酒」의 공손어. 술= おさけ
ごしゅ [語種][言](유래・전래에 따라 구분한) 말의 종류
ごしゅいん [御朱印] → しゅいん(朱印)
こしゅう [呼集] 名他スル 소집
こしゅう [固執] 名自他スル → こしつ(固執)
こしゅう [孤舟](文) 고주. 외로이 떠 있는 배
こじゅう [*扈従] 名自スル(文) 호종. 모시고 수행함. 그런 사람 = こしょう¶ 君主$_{くんしゅ}$に~する 군주를 호종하다
ごじゅう [五十] ①오십, 50. 쉰 ②쉰 살 ―肩$_{かた}$ 오십견 = 五十腕$_{うで}$
ごじゅう [五重] 오중. 다섯 겹, 오중 ―奏$_{そう}$[音] 오중주 ―の塔$_{とう}$ 오중탑 ▷보통「五重塔」로 씀
ごじゅう [後住](文) 후임 주지 ⇔ 先住$_{せんじゅう}$
ごじゅうおん [五十音] 仮名$_{かな}$로 적은 일본어 50개의 음 ―順$_{じゅん}$ あいうえお 순 ―図$_{ず}$ 仮名의 50음을 체계적으로 배열한 일람표
ごじゅうさんつぎ [五十三次]「東海道$_{とうかいどう}$ 五十三次」의 준말. 옛 東海道에 있던 53의 역참
こじゅうと [小姑] → こじゅうとめ
こじゅうと [小舅] (처남 등) 배우자의 형제
こじゅうとめ [小姑] (시누이・처형・처제 등) 배우자의 자매 = こじゅうと
こじゅけい [小綬鶏][動] 자고새
こしゅでん [小守殿][日史](江戸$_{えど}$ 시대에) 3품 이상의 大名$_{だいみょう}$에게 출가한 将軍$_{しょうぐん}$의 딸에 대한 높임말. 그 처소 = 御守殿$_{ごしゅでん}$ 女中$_{じょちゅう}$의 준말. ①의 하녀
ごじゅん [語順] 어순 = 語序$_{ごじょ}$
こしょ [古書] 고서 ①옛날 책 ②헌책 = 古本$_{ふるほん}$
ごしょ [御所] ①궁궐, 天皇$_{てんのう}$의 높임말 ②上皇$_{じょうこう}$・皇太后$_{こうたいごう}$・親王$_{しんのう}$나 将軍$_{しょうぐん}$ 대신 등의 높임말 ―柿$_{がき}$[植] 감의 한 품종 = 五所柿 ―車$_{ぐるま}$ 옛날에 귀인이 타던 지붕 있는 수레 ―人形$_{にんぎょう}$ (江戸$_{えど}$ 초기부터 京都$_{きょうと}$에서 만든) 큰 머리에 이목구비는 작고 오동통한 흰 피부의 아기 인형
ごじょ [互助] 名自スル 서로 도움, 상조(相助) ¶~会$_{かい}$ 상조회/~精神$_{せいしん}$ 상조 정신
ごじょ [語序] 말의 배열 순서, 어순 = 語順$_{ごじゅん}$
こしょう [小姓・小性][日史] 옛날에 귀인 곁에서 시중들던 시동 =(室町$_{むろまち}$・江戸$_{えど}$ 시대에) 주군의 신변 잡무를 맡아보던 무사의 벼슬
こしょう [古称](文) 고칭. 옛이름, 옛일컬음
こしょう [呼称] 名他スル ①호칭 ②~を略$_{りゃく}$する 호칭을 생략함 (제조할 때의) 구령
こしょう [故障] I 名自スル 고장. (몸・기계의) 이상, 탈¶ ~続$_{つづ}$き 고장의 연속/ 機械$_{きかい}$が ~する 기계가 고장나다 II 名 ①지장, 장애, 마(魔)¶ ~が入$_{はい}$る 마가 끼다 ②이의, 반대 의견¶ ~を唱$_{とな}$える 이의를 주장하다
こしょう [*胡椒] ①[植] 후추나무 ②후춧가루
こしょう [*扈従] 名自スル(文) → こじゅう
こしょう [湖沼][地] 호소. 호수와 늪
こしょう [誇称] 名他スル(文) 과칭. 과장되게 자랑함, 그런 말¶ 世界一$_{せかいいち}$と~する 세계 제일이라고 과칭하다

ごじょう [古城] 고성. 옛 성
ごじょう [孤城] 고성 ①외딴 성 ②적에게 포위되어 고립된 성 ―落日$_{らくじつ}$ 고성 낙일
ごじょう [弧状](文) 호상. 궁형(弓形) = 弓$_{ゆみ}$なり ―列島$_{れっとう}$[地] 호상 열도
こじょう [湖上] 호상¶ ~の白鳥$_{はくちょう}$ 호수 위의 백조 ②호숫가, 호반
ごしょう [五障][佛] 오장 ①여자에게 있는 다섯 가지 장애 ②수도에 방해가 되는 다섯 가지
ごしょう [後生] ①[佛] 후생. 내세 ⇔ 前生$_{ぜんしょう}$ ②[佛] 극락 왕생 ③(남에게 애원하는 말) 제발, 부디¶ ~だから助$_{たす}$けてくれ 제발 살려줘 ―一生$_{いっしょう}$ 일생에 단 한 번임 ―気$_{き}$ 내세의 안락을 바라는 마음 ―嫌$_{ぎら}$い 불법과 신앙을 싫어함, 그런 사람 ―大事$_{だいじ}$ ①[佛] 내세의 안락을 기원하여 불도에 전념함 ②(사물을) 소중히 함, 애지중지 ―楽$_{らく}$[了] ①내세의 안락을 믿고 안심함 ②무사 태평
[慣用句]
―を願$_{ねが}$う 극락 왕생을 빌다
ごじょう [五常] 오상. 오륜(五倫)
ごじょう [互譲] 名(文) 호양. 서로 양보함¶ ~の精神$_{せいしん}$ 호양의 정신
ごじょう [御*諚](文) (귀인・손윗사람의) 분부. 명령
こしょうがつ [小正月] 음력 정월 대보름, 음력 정월 대보름께
こしょく [古色] 고색¶ ~を帯$_{お}$びた掛$_{か}$け軸$_{じく}$ 고색을 띤 족자 ―蒼然$_{そうぜん}$ 고색 창연
ごしょく [誤植][版] 오식¶ ~を探$_{さが}$す 오식을 찾다/ ~を直$_{なお}$す 오식을 고치다
こしよわ [腰弱] 名[了](口) ①허릿심이 약함, 그런 사람 ②끈기나 배짱이 없음, 그런 사람
こしらえ [*拵え] 名 만듦새. 짜임새¶ 急$_{きゅう}$の家$_{いえ}$ 날림으로 지은 집/ 料理屋風$_{りょうりやふう}$ての~ 요정풍의 구조 ②채비, 준비¶ 食事$_{しょくじ}$の下$_{した}$ごしらえ 식사 준비 ③차림, 화장¶ 地味$_{じみ}$な~で訪$_{おとず}$れる 수수한 차림으로 방문하다 ④(칼집 등의) 세공, 장식¶ ~に凝$_{こ}$る 세공에 공을 들이다
こしらえごと [*拵え事] 꾸며낸 일, 날조, 허구
こしらえもの [*拵え物] 진짜를 흉내낸 것, 모조품 = 作$_{つく}$りもの
こしら・える [*拵える] 他下一 ①만들다, 제조하다¶ おもちゃを~ 장난감을 만들다/ 洋服$_{ようふく}$を~ 양복을 맞추다 ②준비하다, 마련하다¶ 資金$_{しきん}$を~ 자금을 마련하다 ③꾸며내다, 조작하다¶ 言$_{い}$い訳$_{わけ}$を~ 구실을 꾸며 대다 ④꾸미다, 치장하다¶ 体裁$_{ていさい}$を~ 겉모양을 꾸미다/ 身$_{み}$なりを~ 옷치장하다
こじら・す [*拗らす] 他五 ①(일을) 어렵게 [복잡하게] 만들다, 꼬이게 하다¶ 問題$_{もんだい}$を~ 문제를 복잡하게 만들다 ②(마음 등을) 비뚤어지게 [뒤틀리게] 하다 ③(병을) 더치게 [도지게] 하다¶ 風邪$_{かぜ}$を~ 감기를 더치게 하다
こじら・せる [*拗らせる] 他下一 → こじらす
こじり [*鐺] ①칼집 끝, 그것을 싸는 쇠붙이 장식 ②서까래 끝. 그 장식
こじ・る [*抉る] 他五 (틈새에 꼬챙이 등을

**こじる** 비집다 = くじる ¶ 窓を~って 開ける 창문을 비집어 열다

**ごじる**【豆汁・呉汁】[料] 불린 콩을 갈아 넣은 된장국

**こじ·れる**【拗れる】[自下一] ①(일이) 복잡해지다, 꼬이다 ¶ 話が~ 이야기가 복잡해지다 ②(마음 등이) 비뚤어지다, 뒤틀리다 ¶ 気持ちが~ 심기가 뒤틀리다 ③(병이) 더치다, 도지다 ¶ 風邪が~ 감기가 더치다

**こじわ**【小皺】잔주름 ¶ 目尻に~が寄る 눈꼬리에 잔주름이 잡히다

**こしん**【湖心】호심. 호수 한가운데

**こじん**【古人】(文) 고인. 옛사람 ⇔ 今人

**こじん**【故人】고인. 죽은 사람 ¶ ~を偲ぶ 고인을 그리다

**こじん**【個人】개인 ¶ ~企業 개인 기업 / ~の立場に立つ 개인의 입장에 서다 —株主 개인 주주 —差 개인차 —主義 개인주의 —的 [ナ] 개인적

**ごしん**【誤信】[名他スル] 오신. 잘못 믿음

**ごしん**【誤診】[名自他スル][医] 오진 ¶ ~して手当てが遅れる 오진하여 조처가 늦어지다

**ごしん**【誤審】[名自他スル] 오심 ¶ アンパイアの~ 심판의 오심

**ごしん**【護身】호신 ¶ ~術 호신술

**こじん**【吾人】[代](文) 오인. 우리, 오등(吾等)

**こじん**【後陣】후진. 뒤에 친 진영

**ごじん**【御仁】남에 대한 예스러운 높임말. 분, 어른, 양반 ②(깔보거나 농조로) 양반 ¶ 困ったーだ 골치 아픈 양반이다

**ごしんえい**【御真影】어진(御眞). 天皇・왕후의 사진

**ごじんか**【御神火】화산의 분화를 신성시하여 이르는 말. 특히 三原山에서 분화하는 불

**ごしんぞう**【御新造】남의 아내에 대한 예스러운 높임말. 부인, 마님 → ごしんぞ

**ごしんとう**【御神灯】①신에게 바치는 등화 = みあかし ②예인(藝人)・장인의 집 문어귀에 재수 좋으라고 달던 초롱

**ごしんぷ**【御親父】춘부장 = 御尊父

**こじんまり**[副] → こぢんまり

**こ·す**【越す】[他五] ①넘다, 넘어가다, 건너다 ¶ 山を~ 산을 넘다/ 川を~ 강을 건너다 ②[超す](어떤 기준을) 넘다, 초과하다 ¶ 百坪を~敷地 100평이 넘는 부지 ③(어느 때를) 넘기다, 지나다 ¶ 冬を~ 겨울을 넘기다/ 五十路の坂を~ 50고개를 넘어서다 ④이사하다 ¶ 新居に~ 새집으로 이사하다 ⑤「お~·し」의 꼴로 가시다, 오시다 ¶ お~·しになる 행차하시다/ 会場までお~·しください 회장까지 와 주십시오 ⑥앞지르다 ¶ 先を~ 앞지르다 ⑦낫다, 더 좋다, 더하다 ¶ 安きに~·したことはない 싼 것 이상은 없다

**こ·す**【漉す・濾す】[他五] 거르다, 여과하다, 밭다 ¶ 餡を布巾で~ 팥소를 천으로 밭다

**ごす**【呉須】오수 ①유약으로 쓰는 남색 안료. ②「呉須焼」의 준말. 청화 자기

**ごず**【牛頭】[佛] 우두 ①소머리의 사람의 몸을 한 지옥의 옥졸 ¶ ~馬頭 우두 마두 ②「牛頭天王」의 준말. 당나라 때의 선종의 한 과 —天王 우두 천왕. 京都 祇園社의 제신(祭神)

**こす·い**【狡い】[形](口) ①교활하다, 약다, 간사하다 ¶ やり方が~ 수법이 교활하다 ②인색하다, 다랍다, 단작스럽다

**こすい**【湖水】(文) 호수. 호수의 물 ¶ ~のほとり 호숫가

**こすい**【鼓吹】[名他スル] 고취 ①북을 치고 피리를 붊 ②기운을 북돋아 일으킴, 고무 ¶ 士気を~する 사기를 북돋우다 ③(사상 등을) 열렬히 주장하여 널리 알림 ¶ 愛国心を~する 애국심을 고취하다

**こすい**【午睡】[名自スル] 오수. 낮잠 = 昼寝 ¶ ~をとる 낮잠을 자다

**こすう**【戸数】호수. 집의 수, 가구 수, 세대 수 —割 호별세. 옛날 지방세의 하나

**こすう**【個数・箇数】개수 ¶ ~をそろえる 개수를 채우다

**ごすう**【語数】어수. 어휘수 ¶ 収録~ 수록 어휘수 / ~を数える 어휘수를 세다

**こずえ**【梢】나뭇가지, 나뭇가지 끝, 우듬지

**こすから·い**【梢辛い】[形](口) ~こすっからい

**こすっから·い**【狡っ辛い】[形](口) 교활하고 인색하다, 약삭빠르고 다랍다 ¶ ~男だ 교활하고 인색한 사나이

**コスト**(cost) 코스트. 경비, 원가 ¶ ~ダウン 경비 절감/ ~がかかる 경비가 들다 —割れ [経] 판매가가 원가를 밑돎

**ゴスペル**[基] 고스펠 I (gospel) 복음 II (Gospel) (신약 성서의) 4복음서 —ソング (gospel song) [音] 고스펠 송

**こずみ**【濃墨】진한 먹빛깔 ⇔ 薄墨

**こす·む**【尖む】[他五] (바둑에서) 마늘모로 두다, 구자(行馬)로 두다

**コスモス**(cosmos) 코스모스 ①[植] 국화과의 일년초 = 秋桜 ②우주 ⇔ カオス

**こすりつ·ける**【擦(り)付ける】[他下一] ①문질러 바르다(묻히다) ¶ 石鹼を体に~ 비누를 몸에 문질러 칠하다 ②(기대어) 비벼대다 ¶ 壁に体を~ 벽에 몸을 비벼대다

**こす·る**【擦る】[他五] 문지르다, 비비다, 마찰하다 ¶ 目を~ 눈을 비비다/ ブラシで靴を~ 솔로 구두를 문지르다

**こ·する**【鼓する】[他サ変](文) ①(북을) 울리다, 치다 ②북돋우다, 고무하다 ¶ 勇を~ 용기를 북돋우다

**こ·する**【伍する】[自サ変](文) ①(무리에) 끼다, 들다 ②같은 위치에 서다, 어깨를 나란히 하다 ¶ 天才に~ 천재와 어깨를 나란히 하다

**こ·する**【期する】[他サ変](文) ①(예측하고) 각오하다 ¶ かねて~·したこと 이미 각오했던 일 ②결심하다 ¶ 決別を~ 결별을 결심하다 ③기대하다 ¶ 再訪を~ 다시 방문할 것을 기대하다

**こす·れる**【擦れる】[自下一] 스치다, 비벼지

**ごすんくぎ**【五寸釘】5치의 못, 대못¶ ～を打うち込こむ 대못을 박다
**ごせ**【後世】【佛】후세. 내세. = 来世らい¶ ～を願ねがう 내세의 안락을 바라다
**ごぜ**【瞽女】【藝】三味線しゃみせん을 타거나 노래를 부르며 동냥 다니던 여자 소경
**こせい**【古制】〖文〗고제. 옛 제도
**こせい**【個性】개성¶ 豊ゆたかな～ 풍부한 개성/～を生いかす 개성을 살리다 -的でき ⑦ 개성적
**こぜい**【小勢】작은 인원수, 소수 ⇔ 大勢おおぜい
**ごせい**【互生】⊜自スル〖植〗호생. 어긋나기
**ごせい**【悟性】〖哲〗오성. 지성 ⇔ 感性かんせい
**ごせい**【語勢】어세. 어조 = 語気ごき 激はげしい～ 격한 어조/～を強つよめる 어세를 높이다
**こせいだい**【古生代】〖地〗고생대
**こせがれ**【小倅】①자기 아들의 겸사말¶ うちの～ 우리 자식 놈 ②젊은이를 얕잡아 하는 말. 애송이¶ ～の分際ぶんで 애송이 주제에
**こせき**【戸籍】호적¶ ～を調しらべる 호적 조사/～に載のせる 호적에 올리다 -抄本しょうほん 〖法〗호적 초본 -謄本とうほん 〖法〗호적 등본
**こせき**【古昔】〖文〗고석. 옛날
**こせき**【古跡・古蹟】고적. 유적 = 旧跡きゅうせき¶ ～を訪たずねる 고적을 찾다
**こせこせ** ⊜ 自スル ①좀스럽게, 곰상스럽게¶ ～した態度たいど 좀스러운 태도 ②빽빽하게, 촘촘하게¶ ～した街まち 빽빽한 거리
**こせつ**【古拙】⒨ ⑦ 고졸. 고아(古雅)하고 소박한 멋이 있음
**こぜつ**【孤絶】⒨ ⊜自スル〖文〗떨어져 고립되어 있음¶ ～した空間くうかん 고립된 공간
**こせつ・く** ⊜ 固 좀스럽게 굴다, 곰상스럽게 굴다¶ こせこせする¶ そんなに～な 그렇게 좀스럽게 굴지마라
**ごせっく**【五節句・五節供】일년 중의 다섯 명절
**こせつけ**【五摂家】〖日史〗옛날에 摂政せっしょう・関白かんぱく가 될 수 있는 자격을 가진 다섯 가문
**こぜに**【小銭】①잔돈¶ ～がない 잔돈이 없다 ②약간의 목돈, 적은 돈¶ こがね～をためる 약간의 목돈을 모으다
**こぜりあい**【小競(り)合い】①소규모 전투, 작은 충돌¶ 前線ぜんせんで～がつづく 전선에서 소규모 전투가 계속되다 ②사소한 분쟁, 시비¶ 遺産いさんを～をめぐる 유산을 둘러싼 분쟁
**こせん**【古銭】고전 ①옛날 돈¶ ～の収集しゅうしゅう 고전 수집 ②1636년에 발행된 寛永通宝かんえいつうほう 이전의 화폐
**こせん**【弧線】호선. 활 모양의 선. 커브¶ ～を描えがいて飛とぶ 커브를 그리며 날아가다
**こせん**【互選】⒨ ⊜他スル 호선¶ 委員長いいんちょうを～する 위원장을 호선하다
**ごぜん**【午前】오전 ⇔ 午後ごご -様ざま (연회 등으로) 자정이 지나 귀가하는 일, 그런 사람
**ごぜん**【御前】⒨ ①어전. 귀인의 면전¶ ～に進すすみ出でる 어전에 나아가다 ②귀인에 대한 높임말 ③옛날에 여성(특히 자기 아내)에 대한 높임말 ④상전을 부를 때의 높임말 -会議かいぎ 어전 회의 -試合じあい 将軍しょうぐん・大名だいみょう 등 앞에서 하는 시합
**ごぜん**【御膳】①진짓상, 진지 ②〖造語〗《음식을 나타내는 말 앞에 붙어》최상등, 최고급 -汁粉しるこ 팥을 곱게 갈아 만든 단팥죽 -蕎麦そば 메밀가루에 달걀을 넣은 고급 메밀 국수
**こせんきょう**【跨線橋】과선교. 철로 위를 가로질러 가설한 육교
**ごせんし**【五線紙】오선지
**こせんじょう**【古戦場】고전장. 옛 싸움터
**こそⅠ** 係助 ①《連用形・부사 등에 붙어》…야말로, …만은 ～それ・私わたの夢ゆめだ 그것이야말로 나의 꿈이다 ⓒ《순접 확정・中止法의 구나 접속사 등에 붙어》…하기 때문에, …하기에¶ だから～言いったでしょうが 그러기에 말했던 것입니다만 ⓒ《「…ば・…て」 등의 꼴로》만약 …한다손치더라도 ②…할지언정, …이긴 하나¶ ほめられ～すれ、だれに叱しかられたりするものか 칭찬받을지언정 누구에게 야단맞거나 할까 보냐 Ⅱ 終助《자명한 내용의 술어를 생략하여》강조를 나타냄¶ どうぞよろしく。いや、こちら～。잘 부탁합니다. 아니 저야말로 잘 부탁합니다/これはこれは、よう～、이것 참 잘 오셨습니다
**こぞ**【去年】〖文〗거년. 작년, 지난해 = きょねん
**こそあど**〖文法〗지시어를 체계적으로 일컫는 말
**こぞう**【小僧】①나이 어린 중¶ お寺てらの～ 절의 어린 중 ②나이 어린 점원 = 丁稚でっち¶ 店みせの～ 가게의 점원 아이 ③애송이¶ はなたれ～ 코흘리개 어린놈
**ごそう**【護送】⒨他スル 호송 ①보호하며 보냄¶ ～船団せんだん 호송 선단 ②감시하에 송치함¶ 犯人はんにんを～する 범인을 호송하다
**ごぞう**【五臓】오장 ①〖美〗다섯 내장 ②장부 -六腑ろっぷ 오장 육부 ①내장의 총칭 ②뱃속, 마음속, 폐부¶ ～にしみわたる 폐부에 사무치다
**こそうきん**【枯草菌】고초균
**こそく**【姑息】⑦ 고식. 일시적인 방편¶ ～な手段しゅだんを使つかう 고식적인 수단을 쓰다
**こぞく**【古俗】〖文〗고속. 옛 풍속
**ごぞく**【語族】〖言〗어족¶ インドヨーロッパ～ 인도 유럽 어족
**こそぐ・る**【擽る】他五 → くすぐる
**ごくろう**【御苦労】(상대방을) 일부러 오거나 가게 함의 높임말¶ ～をおかけしました 일부러 오시게 해서 죄송합니다
**こそ・げる** 他下一 (늘어붙은 것을) 긁어내다, 벗겨내다¶ フライパンの底そこを～ 프라이팬 바닥을 긁어내다
**こそこそ** ⊜自スル ①바스락바스락 ②살금살금, 소곤소곤¶ ～逃にげ出だす 살금살금 도망치다/～と話はなし合あう 소곤소곤 이야기를 나누다 ③간질간질 = こちょこちょ
**ごそごそ** 圓⊜自スル 바스락바스락, 까슬까슬¶ 箱はこの中なかで～動うごき回まわる 상자 속에서 바스

こそだて

락바스락 돌아다니다
- **こそだて**【子育て】아이를 기르는 일, 육아
- **こぞっこ**【小*僧っ子】애송이, 풋내기¶ まだ～のくせに 아직 풋내기인 주제에
- **こぞって**【*挙って】副 모두, 빠짐없이¶ 祭りに参加する 모두 축제에 참가하다
- **ごそっと**【口】 몽땅, 모두= ごっそり¶ メンバーが～抜けた 멤버가 몽땅 빠지다
- **こそで**【小*袖】①소매가 좁은 평상복 ②옛날에 大袖에 받쳐 입던 깃이 둥근 통소매 옷 ③솜을 둔 명주옷 =布子
- **こそどろ**【こそ泥】좀도둑¶ ～にやられる 좀도둑에게 당하다
- **こそばゆ・い** 形 ①간지럽다, 근질근질하다= くすぐったい¶ 背中が～ 등이 근지럽다 ②낯간지럽다, 쑥스럽다, 겸연쩍다= 照れくさい¶ そんなに褒められては～ 그렇게 칭찬을 받으면 낯간지럽다
- **こぞめ**【濃染(め)】짙게 염색함, 그런 천·빛깔
- **こぞ・る**【*挙る】自五 다[모두] 모이다
- **ごぞんじ**【御存じ】①익히 아심, 잘 알고 계심 = 御承知¶ ～のとおり 아시다시피/ ～でしょうか 아시는지요? ②아는 사람, 지기 ③모두가 알고 있는, 예의
- **こたい**【古体】고체 ①옛 형식·체재 ②文 당나라 이전의 고시·악부(樂府)의 총칭
- **こたい**【固体】物 고체¶ ～燃料 고체 연료. —ロケット【字】고체 로켓
- **こたい**【個体】개체 —群 개체군. —発生【生】개체 발생
- **こだい**【古代】고대 ①옛 시대 ②史 시대 구분의 하나. (일본사에서는 奈良·平安시대)¶ ～の歴史 고대 역사 —切れ 옛날 직물의 천 조각. —紫 자주색, 가지색
- **こだい**【誇大】ダ 과대·과장¶ ～な宣伝 과대 선전. —広告 과대 광고. —妄想 과대 망상
- **ごたい**【五体】오체 ①신체의 다섯 부분 ②전신, 온몸¶ ～満足に生まれる 온전한 육신으로 태어나다 ③(한자의) 다섯 서체
- **ごだい**【五大】오대 ①[佛] 만물을 구성하는 다섯 가지 요소 ②(造語) 다섯 가지 큰 것 —州 오대주. —明王【佛】오대 명왕
- **こだいこ**【小太鼓】오대고, 작은 북
- **ごたいそう**【御大層】ダ 거창함, 어마어마함, 굉장함¶ ～な身ぶり 과장된 몸짓/ ～な理屈を並べる 거창한 구실을 늘어놓다
- **ごたいりく**【五大陸】오대륙, 오대주
- **こたえ**【答(え)】답 ①대답, 답변, 회답¶ 口で答/ ～が返ってこない 회답이 오지 않다 ②(문제의) 해답¶ ～を出す 답을 내다
- **こたえ**【応え】반응, 반향¶ 確かな～が得られる 확실한 반응을 얻을 수 있다/ 歯ばのあるキュウリ 씹히는 맛이 있는 오이
- **こたえられな・い**【*堪えられない】形 (口) 못 견디게[더할 나위 없이] 좋다¶ 湯上がりのビールは～ 목욕 후의 맥주는 더할 나위 없이 좋다
- **こた・える**【答える】自下一 답하다 ①대답하다, 응하다¶ 身の上相談に～ 신상 상담에 응하다 ②해답하다¶ 設問に～ えなさい 설문에 답하시오
- **こた・える**【応える】自下一 ①응하다, 부응하다, 보답하다¶ 声援に～ 성원에 보답하다 ②반향하다, 울리다¶ 山びこが～ 메아리가 울리다 ③(큰) 영향이 있다¶ 師匠の死が～ えた 스승의 사망이 영향을 끼쳤다 ④【*徹える】사무치다, 절실히 느껴지다¶ 寒さが骨身に～ 추위가 뼛속까지 스미다
- **こた・える**【堪える】自下一 ①견디다, 지탱하다, 참아내다= こらえる¶ 必死に～ 필사적으로 버티다 ②(補助) 참고 그 상태를 유지하다 持ち～ 지탱하다/ じっと踏み～ 꾹 참고 견디다
- **こだか・い**【小高い】形 좀[약간] 높다¶ ～丘の上の校舎 약간 높은 언덕 위의 교사
- **こだから**【子宝】(소중한) 자식¶ ～に恵まれない 자식을 두지 못하다
- **ごたく**【御託】주제넘은[건방진] 말을 장황하게 함, 그런 말
  慣用句
  —を並べる 주제넘은 말을 주절주절 늘어놓다
- **こだくさん**【子沢山】자식이 많음, 그런 사람¶ 律儀者の～ 성실한 사람은 가정에 충실하여 자식이 많게 마련
- **ごたくせん**【御託宣】①신탁(神託) ②남의 판단·명령 등을 빈정대는 말. 하시는 말씀= 御託¶ 会長の～とあらば従わざるをえない 회장님 말씀이라면 따르지 않을 수 없다
- **ごたごた** Ⅰ 名 (口) 분쟁, 말썽, 분규¶ ～の絶えない 말썽이 끊이지 않다 Ⅱ 副 自スル 잡다하고 무질서한 모양¶ 美辞麗句を～と並べる 미사여구를 잡다하게 늘어놓다
- **こだし**【小出し】名 조금씩 냄, 그런 물건¶ お金を～に使う 돈을 조금씩 쪼개어 쓰다
- **こだち**【小太刀】①작은 칼= 脇差 ②작은 칼을 쓰는 검술·무술
- **こだち**【木立】나무숲, 숲 속의 나무¶ 夏の～ 여름의 무성한 나무숲
- **こたつ**【*炬*燵·*火*燵】나무 틀에 화로를 넣고 이불을 씌운 일본식 실내 난방 장치, 각로 (脚爐)¶ ～にあたる 각로를 쬐다 —布団 こたつ櫓에 씌우는 이불 —櫓 각로 위에 놓고 이불을 씌우는 사각 틀
- **ごだつ**【誤脱】文 오탈, 오자와 탈자
- **ごた・つく** 自五 ①복작거리다, 혼잡하다, 어수선하다¶ 大掃除で家の中が～ 대청소로 집안이 어수선하다 ②분쟁·말썽이 생기다, 옥신각신하다¶ 会社が～ 회사에 분규가 일어나다
- **こだて**【小*楯·木*楯】(호신용) 임시 방패
  慣用句
  —に取る ①임시 방패로 삼다 ②보신용으로 이용하다
- **こだな**【*蚕棚】누에 채반을 얹는 시렁

こだね【子種・子*胤】①정자, 정충¶～がない 정자가 없다 ②(대를 이을) 아이, 자손¶～に惠まれない 자식을 두지 못하다

ごたぶん【御多分】많은 예·경우, 여럿
[慣用句]
—に漏れず 예외 없이, 남들처럼, 역시

こだま【木霊・*谺】名 自スル 메아리= 山びこ¶～が返る 메아리치다

ごたまぜ【名】(口) 뒤범벅, 뒤죽박죽

こだわ・る 自五 구애되다¶小事に～ 작은 일에 구애되다

こたん【枯淡】名 ヶ 고담. 속되지 않고 아취가 있음¶～の境地を 고담의 경지

コタン 코탄. (아이누족의) 마을, 부락

ごだん【誤断】名 他スル 文 오단. 오판¶～を犯す 오판을 범하다

ごだんかつよう【五段活用】【文法】5단 활용. 어미가 ア·イ·ウ·エ·オ의 5단에 걸쳐 활용하는 구어(口語)의 동사 활용 형식

こち【*鯒】【動】양태

こち【故知・故智】옛사람의 지혜¶～に学ぶ 옛사람의 지혜를 배우다

こちから【小力】꽤 센 힘, 무시할 수 없는 힘¶～がある 힘깨나 쓴다

こちこちⅠ【口】①(굳어서) 딱딱함, 딴딴함¶～のパン 딱딱해진 빵 ②꽁꽁¶～に凍る 꽁꽁 얼다 ③(긴장하여) 굳어짐, 딱딱해짐¶面接官の前であがって～になる 면접관 앞에서 긴장하여 얼어 버리다 ④완고하여 융통성이 없는 모양¶～の石頭 융통성 없는 돌대가리 Ⅱ 副 ①째깍째깍 時計が～と時を刻む 시계가 째깍째깍 시간을 가리키며 가다 ②딱딱, 똑똑¶～とぶつかる 딱딱 부딪다

こちじき【古地磁気】【地】고지자기. 잔류 자기

ごちそう【御*馳走】名 他スル ①대접¶～になる 대접을 받다 ②맛있는 음식, 진수성찬¶～を並べる 진수성찬을 차려놓다 一樣 感 ①(인사로) 잘 먹었습니다 ②(남의 정사 이야기 등을 들으며 놀리는) 좋으시겠습니다

こちとら【此方】人等】代 俗 우리, 나¶～の知ったことじゃない 내가 알 바 아니다

こちゃく【固着】名 自スル 고착 ①단단히 달라붙음¶接着剤で壁に～させる 접착제로 벽에 고착시키다 ②정주함, 정착함¶先祖代々の土地に～する 조상 대대로의 땅에 정주하다

ごちゃごちゃ 副 自スル Ⅰ 口 여러 가지가 어지럽게 뒤섞인 모양¶～の引き出し 너저분한 서랍 Ⅱ 副 ①부시선하다, 북적북적¶～した町 북적거리는 마을/～と並べる 어수선하게 늘어놓다

ごちゃまぜ 名 口 뒤섞임, 뒤범벅, 뒤죽박죽

こちゅう【古注】고주, 옛사람이 붙인 주석

こちゅう【*壷中】文 호중. 단지 속
[慣用句]
—の天地 호중 천지 ①별세계, 선경(仙境) ②술을 마시고 속세를 잊는 즐거움

ごちゅう【語中】어중 ①단어의 중간 ②이야기·문장 속¶～に誤解を招く表現がある 말 속에 오해를 살 표현이 있다

こちょう【戸長】(明治 초기에) 町·村의 행정 사무를 맡던 관리

こちょう【*胡蝶・*蝴*蝶】호접. 나비¶～の夢 호접지몽

こちょう【誇張】名 他スル 과장¶事実を～して伝える 사실을 과장하여 전하다 一法 表 과장법

こちょう【鼓腸・鼓脹】【醫】고창. 장에 가스가 차서 배가 부른 병

ごちょう【*伍長】오장. 구 일본 육군 하사관의 최하위 계급

ごちょう【語調】어조. 어투, 말투¶～を整える 어조를 가다듬다/～を和らげる 어조를 부드럽게 하다

こちら【此方】Ⅰ代 ①【指示】이쪽 ㉠이 방향¶～を向いてください 이쪽을 향해 주십시오 ㉡이곳, 여기¶～では雪が降りました 여기는 눈이 내렸습니다 ㉢이쪽 물건, 이것¶～を頂いたこうかな 이쪽을 가질까 ②【人稱】㉠나, 저희, 우리측, 이쪽편¶～から參ります 이쪽에서 가겠습니다 ㉡자기와 가까이 있거나 가까운 관계의 사람을 가리키는 말. 이분¶～さんはどなたですか 이분은 누구십니까? Ⅱ 名 (「…より〔から〕～」의 꼴로) 이래, 이후¶敗戦より～ 패전 이래

こちんこちんア【口】①매우 단단한[딱딱한] 모양＝こちこち ㉠～に凍る 꽁꽁 얼다/～になった餅 딱딱해진 떡 ②긴장하여 굳어 있는 모양¶緊張して～になる 긴장하여 얼어버리다 ④완고한[융통성이 없는] 모양

こぢんまり 副 自スル 아담하여, 오붓하게, 조촐히¶～とした住まい 아담한 집/～と暮らす 오붓하게 살다

こつ【乞】音コツ 訓こう【音】걸. 【造語】구걸하다¶乞丐걸개·乞食걸식. 걸식, 거지

こつ【忽】音コツ 訓たちまち【音】홀. Ⅰ【造語】①갑자기, 별안간¶忽焉홀언·忽然홀연 ②소홀히 하다, 등한히 하다¶忽諸홀저·粗忽조홀. 경솔함 Ⅱ 홀. 수의 단위. 1의 10만분의 1

こつ【骨】音コツ 訓ほね【音】골. Ⅰ【造語】①뼈¶骨格골격·軟骨연골 ②화장한 사람의 뼈¶遺骨유골·納骨납골 ③사물의 골격이 되는 부분. 요점¶骨子골자·鐵骨철골 ④몸¶病骨병골·老骨노골 ⑤인품, 품격, 기개¶気骨기골·反骨반골 Ⅱ【熟字訓】骨カド Ⅱ ①죽은 사람의 뼈, 화장한 뼈, 유골¶お～を拾う 화장한 뼈를 줍다 ②요령¶商売の～ 장사하는 요령/～をのみこむ 요령을 터득하다

こつ【*惚】音コツ 訓ほう【音】홀. ①아담하여, 오붓하다¶恍惚황홀 ▷【熟字訓】惚気のろ（주책없이 늘어놓는) 정사 이야기

こつあげ【骨揚げ】名 自スル 화장한 뼈를 주워 그릇에 담음= 骨拾い

**ごつ・い** [形] 〘俗〙 ①거칠다, 투박하다¶ ~手で 거친 손 ②세련되지 않다, 촌스럽다 無骨で~男 무뚝뚝하고 촌스러운 남자 ③버겁 다, 만만찮다¶ ~相手 버거운 상대

**こつえん** [忽焉] 홀연, 갑작스러움 = 忽然¶ ~として逝く 갑자기 죽다

**こっか** [刻下] [名] 〘文〙 목하, 현하, 바로 지금¶ ~の急務 목하의 급무

**こっか** [国花] 국화, 나라꽃

**こっか** [国家] 국가, 나라¶ 法治~ 법치 국가 ━公安委員会 국가 공안 위원회, 일본 경찰 행정의 최고 기관 ━公務員 국가 공무원 ━試験 국가 시험

**こっか** [国華] 국화, 나라의 명예

**こっか** [国歌] ①국가 → 和歌

**こづか** [小柄] 脇差의 칼집 바깥쪽에 끼워 차는 작은 칼

**こっかい** [国会] [政] 국회¶ 臨時~ 임시 국회/ ~を召集する 국회를 소집하다 ━議員 국회 의원 ━議事堂 국회 의사당 ━図書館 국회 도서관

**こっかい** [骨灰] 골회, 지방을 제거한 동물 뼈를 태워 빻은 가루 = こっぱい

**こつがい** [乞丐] 〘文〙 걸개, 거지 = こじき

**こづかい** [小使] 소사, 사환

**こづかい** [小遣(い)] 용돈¶ ~かせぎ 용돈 벌이/ ~をせびる 용돈을 달라고 조르다 ━帳 용돈 기입장 ━取り (용돈 정도밖에 안 되는) 적은 벌이, 수입이 시원찮은 사람

**こっかく** [骨格·骨骼] 골격, 뼈대¶ ~筋 골격근/ 論文の~ 논문의 뼈대

**こっかっしょく** [黒褐色] 흑갈색

**こつがら** [骨柄] ①골격, 뼈대 ②품격, 격조¶ いやしからぬ紳士~ 품격이 점잖은 신사

**こっかん** [国漢] 국한 ①국문과 한문 ②일문(日文)과 한문 ③(교과목의) 국어와 한문¶ ~の教師 국어와 한문 교사

**こっかん** [骨幹] ①골격, 뼈대 ②(사물의) 중심이 되는 부분, 근간

**こっかん** [酷寒] 〘文〙 혹한¶ 酷暑~ ~に耐える 혹한을 견디다

**ごっかん** [極寒] 극한 ⇔ 極暑

**こっき** [克己] [名] [自スル] 〘文〙 극기¶ ~心 극기심/ ~復礼 극기 복례

**こっき** [国旗] 국기¶ ~掲揚 국기 게양

**こづきまわ・す** [小突き回す] [他五] ①(사람을) 쿡쿡 지르거나 밀거나 하여 들볶다, 괴롭히다¶ 姑が嫁を~ 시어머니가 며느리를 들볶다

**こっきょう** [国教] 국교

**こっきょう** [国境] 국경 = くにざかい¶ ~線 국경선/ ~を越える 국경을 넘다

**こっきり** 〘수·수량을 나타내는 말에 붙어〙…만, …뿐¶ 一回~ 딱 한번

**こっきん** [国禁] 〘文〙 국금, 국법으로 금함, 그런 금제(禁制)¶ ~の書 금서/ ~を犯す 국금을 어기다

**こっく** [刻苦] [名] [自スル] 〘文〙 각고, 힘써 노력함 ¶ ~勉励 각고 면려

**こづ・く** [小突く] [他五] ①(남을) 쿡 지르다¶ ひじで~ 팔꿈치로 쿡 지르다 ②들볶다, 괴롭히다¶ 上級生に~かれる 상급생에게 괴롭힘을 당하다

**こっくり** (ロ) I [副] ①끄덕, 꾸벅¶ ~とうなずく 고개를 끄덕이다, 수긍하다/ ~、~、船をこぎはじめる 꾸벅꾸벅 졸기 시작하다 ②(갑자기 죽는) 덜커¶ ぽっくり¶ あの丈夫な人が~いってしまった 그 건강한 사람이 덜컥 죽어 버렸다 Ⅱ [名] [自スル] 끄덕거림, 꾸벅거림¶ ~をする 머리를 꾸벅하다 ━往生 오래 앓지 않고 급사하는 일

**こづくり** [小作り] ①자그마하게 만들어짐 ②(얼굴·몸집이) 자그마함 = 小柄¶ ~な女性 자그마한 여성

**こっくん** [国訓] ①훈, 훈독, 새김 ②한자 본래의 뜻과 다른 일본의 독특한 훈, 그런 훈독

**こづけ** [小付(け)] ①큰 짐에 덧붙인 작은 짐 ②추가 부담¶ 重荷に~ 설상가상 ③[料] 술안주로 내놓는 가벼운 요리 = つき出し

**こっけい** [滑稽] [名] [ダナ] ①골계, 익살, 해학¶ ~なしぐさ 익살스러운 몸짓 ②우스꽝스러움, 어이없음¶ 彼が会長とは~だな 그 사람이 회장이라니 웃기는군 ━本 〘文〙 골계본

**こっけい** [酷刑] 〘文〙 혹형¶ ~に処する 혹형에 처하다

**こっけん** [国権] 국권¶ ~乱用 국권 남용/ ~の発動 국권의 발동

**こっけん** [国憲] 국헌, 헌법

**こっけん** [黒鍵] 흑건, (피아노 등의) 검은 건반 ⇔ 白鍵

**ここ** [国庫] [経] 국고¶ ~補助を受ける 국고 보조를 받다 ━支出金 국고 지출금

**ごっこ** [德語] …의 흉내를 내는 놀이, …하기¶ 鬼~ 술래잡기/ 汽車~ 기차 놀이

**こっこう** [国交] 국교¶ ~断絶 국교 단절/ ~を開く 국교를 열다

**ごつごうしゅぎ** [御都合主義] 편의주의, 기회주의, 적당주의

**こっこく** [刻刻] [副] 시시각각, 각일각 = こくこく¶ 時々~ 시시각각/ ~と対決の時が迫る 시시각각 대결의 시간이 다가오다

**こつこつ** [副] ①(딱딱한 것이 내는) 똑똑, 뚜벅뚜벅¶ 戸を~とたたく 문을 똑똑 두드리다/ 靴音が~ 구두 소리가 뚜벅뚜벅 울리다 ②(참을성 있게) 꾸준하게¶ ~と励む 꾸준히 노력하다

**ごつごつ** [副] [自スル] ①울퉁불퉁, 거칠거칠¶ ~とした手 울퉁불퉁한 손 ②(성격·태도·문체 등이) 거칠고 세련되지 않은 모양¶ ~した文章 매끄럽지 않은 문장

**こっし** [骨子] 골자, 요점 = 要点¶ 論文の~ 논문의 골자

**こつじき** [乞食] ①거지 = こじき ②〘佛〙탁발, 탁발승¶ ~行脚 탁발 행각

**こっしつ** [骨質] 골질 ①뼈를 이루는 단단한 물질 ②뼈처럼 단단한 물질·성질

こっしょ [*忽諸] (文) ①갑자기 없어짐 ②소홀히[등한히] 함
[慣用句]
―に付*する 소홀히[등한히] 하다
こづい [骨髄] 골수 ①[醫] 골강(骨腔)을 채우고 있는 조직¶ ~炎 골수염 ②마음속. 요점. 골자 ―バンク [醫] 골수 은행
[慣用句]
―に徹*する 골수에 사무치다
こっせつ [骨折] 名 自他ス [醫] 골절¶ 肋骨を~する 늑골이 골절되다
こつぜん [*忽然] 副 (文) 홀연. 갑자기, 별안간= こつねん. 忽焉¶ ~と姿を消す 홀연히 자취를 감추다
こっそう [骨相] 골상 ①뼈대 ②골격에 나타난 상¶ ~を見る 골상을 보다 ―学 골상학
こつそしょうしょう [骨粗*鬆症] [醫] 골다공증
こっそり 副 살짝, 몰래, 슬쩍¶ ~と抜け出す 살짝 빠져 나가다/ 裏口から~と忍び込む 뒷문으로 몰래 숨어들다
ごっそり ①모조리, 전부, 모조리, 깡그리, 죄다¶ ~と盗まれた 몽땅 도둑맞았다 ②(수량이 썩 많은) 톡톡히¶ 株で~ともうける 주식으로 톡톡히 벌다
ごった [子] (口) 뒤죽박죽, 뒤범벅¶ 新旧~な資料 새 것과 이전 것이 뒤죽박죽인 자료
ごったがえ·す [ごった返す] 自五 (口) 몹시 혼잡하다, 몹시 붐비다, 들끓다¶ 帰省客で~ 귀성객으로 들끓다
ごったに [ごった煮] 여러 재료를 섞어 끓임, 그런 음식, 잡탕
こたたん [骨炭] 골탄
こっち (口) I 代「こちら」의 거친 표현. 이쪽, 이곳, 이리¶ ~の言い分 이쪽의 주장/ ~へいらっしゃい 이리로 오세요 II 名 (「…より[から]~」의 꼴로) 이래, 이후¶ 石油ショックから~ 오일 쇼크 이래로
[慣用句]
―の物 내 것, 내 마음대로 할 수 있는 것¶ 優勝は~だ 우승은 우리 것이나 다름없다
こづち [小槌] 작은 망치¶ 打ち出の~ (무엇이든 소원대로 나오는) 도깨비 방망이
ごちゃ [子] (俗) 뒤죽박죽, 뒤범벅¶ ~になる 뒤죽박죽이 되다
こっちょう [骨頂·骨張] 더할 나위 없음, 이를 데 없음¶ 愚の~ 더없이 어리석음/ 野暮の~ 촌스럽기 짝이 없음
ごっつあん 感 [相撲]「고마움」을 뜻하는 인사말¶ ~です 고맙소
こつつぼ [骨*壺] 납골 단지
こつづみ [小鼓] 소고, 작은 북 ⇔ 大鼓
こづつみ [小包] 소포 ①작은 꾸러미 ②「小包郵便」의 준말¶ ~で送る 소포로 보내다 ―郵便 소포 우편(물)
こってり I 副 自ス (맛·빛깔 등이) 짙고 강한 모양¶ ~とした味 진한 맛/ おしろいを~塗る 분을 짙게 바르다 II 副 호되게, 잔뜩, 실컷¶ ~としかられる 호되게 꾸중 듣다

こっとう [骨*董] 골동 ①「骨董品」의 준말¶ ―屋* 골동품상 ②잡다한 고물 ③오래되었을 뿐 아무 쓸모가 없는 것¶ ―的存在 골동품 같은 존재 ―品 골동품
こつどう [骨堂] 골당. 납골당
こつにく [骨肉] (文) 육육 ①뼈와 살 ②육친¶ ~の争う 혈육간의 싸움/ ~相はむ 골육상잔하다
こつねん [*忽然] 副 (文) → こつぜん
こっぱ [木っ端] ①자귓밥. 지저깨비 ②(造語) 하찮이 시시할¶ ―役人 말단 관리 ―微塵 잘게 부서져 흩어진 상태, 산산조각
こっぱい [骨牌] (文) ①カード = かるた ②골패. 마작패
こっぱい [骨灰] ①뼈가 타서 된 재 ② → こっかい (骨灰)
こっぱこ [骨箱] 납골 상자
こっぱずかし·い [こっ恥ずかしい] 形 (口) 좀 부끄럽다, 조금 멋쩍다¶ 人前に出るのは~ 남 앞에 나서는 것은 좀 부끄럽다
こつばん [骨盤] [醫] 골반 ―位 [醫] 골반위. 태아의 위치가 정상과 반대인 상태 = 逆子
こっぴど·い [こっ酷い] 形 (俗) 호되다, 지독하다¶ ~目に遭う 아주 혼쭐나다
こつひろい [骨拾い] 화장한 뼈를 주워 그릇에 담음 = 骨揚げ
コップ (네 kop) 컵, 잔 ―酒 (일본술 등을) 컵으로 마심, 잔술로 마심
[慣用句]
―の中の嵐 컵 속의 폭풍우, 당사자에겐 큰 싸움이지만 대국적으로 보면 사소한 싸움
こつぶ [小粒] 名 ダ ①소립. 입자가 작음, 작은 알갱이¶ ~の真珠 알이 작은 진주/ 山椒は~でもぴりりと辛い 산초는 작아도 얼얼하게 맵다 ②몸집이 작음¶ ~な力士 몸집이 작은 씨름꾼 ③도량이 작음
こつぷん [骨粉] [農] 골분. 뼛가루
コッヘル (독 Kocher) 코헤르. 코펠 ①등산용 취사 용구 세트 ②[醫] 수술용 지혈 겸자(鉗子)
こっぽう [骨法] (文) ①뼈대, 골격 = 骨組み ②예의 범절 ③(문학 작품·예능 등의) 요령¶ ~をつかむ 요령을 터득하다
こづま [小*褄] 옷자락¶ ~からげる 옷자락을 허리띠 사이에 걸어지름
こつまく [骨膜] [醫] 골막¶ ―炎 골막염
こづめ [小*爪] ①속손톱, 속발톱, 반달 ②(깎은) 손톱 조각, 발톱 조각¶ ~を拾う 손톱[발톱]을 줍다, 말꼬리를 잡고 나무라다
こづめ [後詰(め)] ①후방 부대 ②적의 배후를 침, 그런 군대
こづらにく·い [小面憎い] 形 꼴도 보기 싫다, 얄밉다¶ ~やつ 꼴도 보기 싫은 녀석
こづれ [子連れ] 어린애를 데리고 있음, 어린이가 딸림¶ ~の客 어린애가 딸린 손님
こつんと 副 (口) 딱 ①단단한 것이 가볍게 부딪는 소리¶ 雨戸に何かが~当った 덧문에 뭔가가 딱 하고 맞았다 ②주먹 등으로 가볍게 치는 모양¶ 頭を~やる 머리를 딱 치다

**ごつんと** 副 (口) 탁 ①무거운 것이 부딪는 소리 ¶ 丸太まるたが～ぶつかる 통나무가 탁 하고 부딪치다 ②주먹 등으로 때리는 모양

**こて** [*鏝*] ①흙손 ②인두

**こて** [小手] ①팔목, 손끝 ¶ ～をかざす 손을 이마 위에 대다/ 高手たかて～に縛しばる 팔을 꺾어 뒷짐 결박하다 ② → 籠手こて **一先**さき ①손끝 ②손재주, 잔재주 **一調**しらべ 사전 연습= 小手試ためし ¶ ほんの～だ 그저 사전 연습에 불과하다 **一投**な**げ** [相撲] 상대방의 팔을 위에서 휘어잡고 몸을 들어 던지는 기술

**こて** [*籠手*] ①(갑옷의) 팔 덮개 ② [小手] (검도에서) 손·팔뚝을 보호하는 보호구, 그 부분을 치는 기술 ③(활쏠 때) 왼팔 어깨에서 손끝까지 씌우는 덮개

**こて** [後手] 후수 ①선수를 빼앗김, 앞질림 ¶ ～に回まわる 선수를 빼앗겨 수세가 되다 ②(바둑·장기에서) 뒤에 두는 차례, 그런 사람

**こてい** [小体] 形動 (주거·생활 등이) 아담함, 조촐함 ¶ ～な家いえ 아담한 집/ ～な暮くらし 조촐한 생활

**こてい** [固定] 名 自他スル 고정 ¶ 客きゃく 고정손님/ 骨折こっせつした腕うでを～する 골절된 팔을 고정시키다 **一観念**かんねん 고정 관념 **一金利**きんり 고정 금리 **一資産**しさん 고정 자산 **一費**ひ 고정비 **一票**ひょう (선거에서) 고정표

**こてい** [湖底] 호저, 호수 바닥[밑] ¶ ～に沈しずむ 호수 밑에 가라앉다

**こてき** [*胡狄*] (文) 호적, 오랑캐 = 夷狄いてき

**こてき** [鼓笛] 고적, 북과 피리 **一隊**たい 고적대

**こてこて** 副 (口) (너무 짙게 발라) 더덕더덕, 듬뿍, 잔뜩 ¶ おしろいを～と塗ぬる 분을 더덕더덕 바르다

**ごてごて** 副 自スル (口) ①「こてこて」의 힘줌말, 더덕더덕, 잔뜩 ¶ ～と着飾きかざる 잔뜩 차려 입다 ②불평 등을 되뇌는 모양, 구시렁구시렁 ¶ ～と不平ふへいを並ならべる 구시렁구시렁 불평을 늘어놓다 ③(물건이 널려서) 어지럽게, 어수선하게 = ごたごた

**ごてつ・く** 自五 (口) ①복작거리다, 혼잡하다, 어수선하다 = ごたつく ②불평하다, 투덜대다 ③일이 복잡해지다, 말썽이 생기다, 옥신각신하다 = ごたつく

**ごてどく** [ごて得] (俗) (흥정 등에서) 이것저것 트집을 잡아 상대가 양보하게 하여 이득을 봄, 억지 덕 = ごね得どく

**こてまわし** [小手回し] ①준비성 ¶ ～がよい 준비성이 좋다 ②임기 응변에 능함, 재치가 있음 ¶ ～が利きく 재치가 있다

**ご・てる** 自下一 (俗) 칭얼거리다, 투정하다, 투덜거리다 ¶ よく～子供こ 자주 칭얼대는 아이

**こてん** [古典] 고전 ¶ 東西とうざいの～ 동서의 고전 **一音楽**おんがく 고전 음악 **一主義**しゅぎ **一的**てき 形動 고전적

**こてん** [個展] 개인 전람회, 개인전

**こでん** [古伝] 예로부터 전해 내려옴, 옛 기록

**ごてん** [御殿] ①귀인의 저택 ②호화로운 저택 **一医**い (江戸えど 시대 将軍しょうぐん·大名だいみょう의) 전의 **一女中**じょちゅう (江戸 시대) 궁중·将軍·大名의 내전에서 일하던 하녀

**ごでん** [誤伝] 名 自他スル 오전, 와전 ¶ その報道ほうどうは～らしい 그 보도도 와전인 듯하다

**こてんこてん** 副 (口) 여지없이, 가차없이 ¶ ～にやられる 호되게 당하다/ ～にやっつける 가차없이 혼내주다

**こと** 終助 ①(女) (감동) …하군요, …하네요 ¶ まあ、美うつくしい～ 어머 아름답기도 해라/ ほんとうにきれいだ～ 정말로 깨끗하군요 ②(女) (단정) …해요, …지요 ㉠(「…～よ」의 꼴로) 가볍게 주장함 早はやく行いく～よ 빨리 가야해요 ㉡(「…ない～よ[ね]」의 꼴로) 가볍게 나무람 そんなもの見みない～よ 그런 것 보면 안돼요/ つまらないことは話はなさない～ね 쓸데없는 말은 해선 안 되지요 ③(女) (「…ない～」의 꼴로 말끝을 올려서) (질문·동의·권유) 않은가요, …않을래요 ¶ そろそろ行いかない～ 슬슬 가지 않을래요/ あの帽子ぼうしすてきじゃない～ 저 모자 멋지지 않아요 ④(명령) …(할) 것 ゆっくり寝ねておく～ 푹 자둘 것/ 騒さわがない～ 떠들지 말 것

**こと** [事] ①(세상에 일어나는) 사건·현상, 일 ¶ ～のよしあし 일의 좋고 나쁨/ 起おこった～はしかたない 터진 일은 어쩔 수 없다 ②(어떤 대상에 관련된) 사항, 일 ¶ 私わたしの～を覚おぼえていますか 저의 일을 기억하고 계십니까? ③말이 뜻하는 내용 ¶ 言いう～を聞ききなさい 하는 말을 들거라 ④행위·상태 ¶ ～を見守みまもる 사태를 지키다/ ～を成なし遂げる 일을 완수하다 ⑤(造語) (흔히「ごと」의 꼴로) ㉠(동사 連用形·명사·形容動詞의 어간에 붙어) …하는 일 考かんがえ～ 갖가지 생각, 걱정(거리)/ 色いろ～ 정사 ㉡흉내내는 놀이 まま～ 소꿉놀이 ⑥(形式) 앞의 어구가 표현하는 행위나 상태를 사항으로 나타냄 泳およぐ～はできない 헤엄을 치지 못하다/ わたしから話はなす～にしよう 내가 말하기로 하자 ⑦(形式) 앞의 어구가 표현하는 뜻을 경험·필요·전문·습관·방법이나 사항으로 나타냄 読よんだ～がある本ほん 읽은 적이 있는 책/ わざわざ行いく～はない 일부러 갈 필요는 없다/ また連絡れんらくするとの～ 다시 연락한다고 합니다/ たまに失敗しっぱいする～もある 때로는 실패할 수도 있다 ⑧(形式) (形容詞 連体形에 붙어) 전체로서 부사와 같은 역할을 함 うまい～抜ぬけ出だしてきた 용케도 빠져나왔다/ 長ながい～お世話せわになりました 오랫동안 신세졌습니다 ⑨(形式) (文末에 붙어) 명령의 뜻을 첨가함 字じは丁寧ていねいに書かく～ 글자는 주의깊게 쓰시오 (子供きょうに对한 사이에 써서) ⑩(形式) (통칭의 본명 사이에 써서) 동일 인물임을 나타냄, 즉, 곧 ¶ 漱石そうせき～夏目金之助なつめきんのすけ 漱石 즉 夏目金之助

**慣用句**

**一ある時**とき 무슨 일이 생겼을 때, 유사시

**一あれかし** 무슨 일이 일어나기를 기대하고 있는 모양

**一が運**はこ**ぶ** 사태가 진전되다

—ここに至ゐる 일이[사태가] 이 지경에 이르다
—志ここると違ちがう 일이 뜻한 것과 달라지다
—とする (전념할) 일로 삼다, 일삼다
—ともせず 아랑곳하지 않고, 무릎쓰고
—無なきを得える (위험한 일·실패를 보지 않고) 무사하게[탈없이] 되다
—無なく 무사히, 아무 일 없이, 탈없이
—に当あたる 일을 맡다, 일에 대처하다
—に触ふれる (무슨) 일이 있을 때마다
—に依よると 어쩌면, 혹시
—程ほど左様さように 그 정도로, 그만큼¶ ~よくできたほうだ 그만큼 잘 된 편이다
—もあろうに 하필이면
—も愚おろか 말할 필요도 없이, 물론
—も無なく ①아무 일 없이, 무사히 ②간단히, 수월하게, 손쉽게
—を起おこす 일[문제·사건]을 일으키다
—を構かまえる 소동[싸움]을 일으키려 하다
—を好このむ 사건[소동]이 벌어지는 것을 좋아하다¶ ~人々ひとびと 사건을 즐기는 사람들
—を分わける (말에) 조리를 세우다¶ 事を分けて話はなす 조리 있게 이야기하다

**こと** [異] 다름¶ 見解けんかいを~にする 견해를 달리하다
**こと** [琴·箏] 거문고
**こと** [古都] 고도. 옛 도읍 = 旧都きゅうと
**こと** [*糊塗] 名他スル (文) 호도. 얼버무려 넘김¶ 失敗しっぱいを~する 실패를 호도하다
**こど** [弧度] [數] 라디안 = ラジアン
**ごと** (조어 성분으로서 명사에 붙어) …째, …까지, …와 함께¶ 箱はこ~運はこぶ 상자째 나르다/ぶどうを皮かわ~食たべる 포도를 껍질째 먹다
**ごと** [^毎] (조어 성분으로서 명사·동사 연체형에 붙어) …마다¶ 月つき~の行事ぎょうじ 월례 행사/会あう人ひと~に 만나는 사람마다
**ことあたらしい** [事新しい] 形 ①새롭다¶ ~ことは何なにもない 새로운 것은 아무것도 없다 ②새삼스럽다¶ ~く言いうに及およばない 새삼스럽게 말할 것까지는 없다
**ことう** [古刀] 고도. 옛 도검. 특히 慶長けいちょう 시대(1596~1615) 이전의 도검 ⇔ 新刀しんとう
**ことう** [古陶] (文) 옛날 도기[陶器]
**ことう** [孤灯] (文) 고등. 외로이 켜져 있는 등불
**ことう** [孤島] 고도. 외딴 섬¶ 絶海ぜっかいの~ 절해의 고도
**こどう** [古道] 고도 ①옛 교통로, 구도 ②예로부터의 도의·학문, 옛날 방식 ③고대 사상
**こどう** [鼓動] 名自スル 고동 ①심장이 뜀, 그 울림¶ 胸むねの~ 가슴의 고동 ②큰 활동이 시작되는 전조·조짐¶ 新時代しんじだいの~が聞きこえる 새 시대의 고동 소리가 들린다
**ごとう** [*梧桐] (文) 벽오동 = ごどう
**ごとう** [語頭] 어두, 말머리 ⇔ 語尾ごび·語末ごまつ
**ごとう** [誤答] 名自スル 오답 ⇔ 正答せいとう/~だらけ 오답투성이
**ごどう** [悟道] [佛] 오도. 불도를 깨달음
**こどうぐ** [小道具] 소도구 ①자질구레한 도구¶ ~を用意ようする 소도구를 준비하다 ②(무

대에서 쓰는) 소품, 그 담당자 ⇔ 大道具おおどうぐ
**ごとうしゃく** [五等爵] 오등작. (공작·후작·백작·남작·자작으로 나뉨) 다섯 작위
**ごとうしょ** [御当所] 상대방의 출신지·거주지를 높여 일컫는 말 = 御当地ごとうち¶ 一相撲すもう [相撲] 씨름꾼이 출신지에서 벌이는 경기
**ことうた** [琴歌] 거문고에 맞춰 부르는 노래
**ごとうち** [御当地] 타관에서 온 사람이 그 지방을 높여 일컫는 말
**ことおさめ** [事納め] ①종업, 종무 ⇔ 事ことはじめ ②옛날 음력 12월 8일에 그 해 농사가 끝났음을 축하하던 행사 ③(江戸えど시대) 음력 2월 8일에 정월의 행사를 마치던 일
**ことかく** [事欠く] 自五 ①모자라다, 부족하다¶ 毎日まいにちの米こめにも~ 매일의 끼니를 잇기도 부족하다 ②(「…に~·いて」의 꼴로) 달리 …하여도 될 텐데 하필이면¶ 言いうに~·いてどろぼう呼よばわりする 달리 말할 수도 있을 텐데 하필이면 도둑이라고 부르다
**ことがら** [事柄] 사항, 사정, 내용, 일¶ 微妙びみょうな~ 미묘한 사항/一つ一つの~ 하나하나의 일
**ごとき** [^如き] 助動 ①(비교·비유) …와 같은¶ 花はなの~青春せいしゅん 꽃다운 청춘 ②(등질·유사) …와 비슷한, …과 똑같은, …대로의¶ 今日きょうもまた昨日きのうの~一日ひ 오늘도 역시 어제와 똑같은 하루인가 ③(예시) …등의, …따위의¶ 獅子ししとの~猛獣もうじゅう 사자 등의 맹수
**ことぎれる** [事切れる] 自下一 (文) 숨이 끊어지다, 숨을 거두다, 숨지다¶ 既すでに~·れていた 이미 숨져 있었다
**こどく** [孤独] 名ナ 고독¶ 天涯てんがい~の身み 천애 고독한 신세
**ごとく** [^如く] 助動 ①(비교·비유) …와도 같이, …듯이¶ 真昼まひるの~明あかるい 대낮같이 밝다 ②(등질·유사) …와 같이, …대로¶ 思おもいの~成なし遂とげる 생각했던 대로 완수하다 ③(예시) …처럼, …만큼
**ごとく** [五徳] ①오덕. 유교의 다섯 가지 덕목 ②(화로에 놓는) 삼발이
**ごとく** [悟得] 名自他スル (文) 오득. 진리를 터득함
**ごとく** [誤読] 名他スル 오독. 잘못 읽음
**ことこと** 副 ①(물건이 가볍게 부딪는 소리) 딸그락딸그락, 탁탁 ②(약하게 끓는 소리) 보글보글¶ ~と煮にる 보글보글 끓이다
**ごとごと** 副 ①(물건이 무겁게 부딪는 소리) 덜거덕덜거덕¶ 風かぜで戸とが~いう 바람에 문이 덜거덕거리다 ②(끓이는 소리) 부글부글
**ことごとしい** [事事しい] 形 야단스럽다, 호들갑스럽다, 어마어마하다¶ ~·くさわぎたてる 호들갑스럽게 떠들어대다
**ことごとに** [事^毎に] 副 사사건건, 매사에, 일마다¶ ~反抗はんこうする 사사건건 반항하다
**ことこまか** [事細か] ナ 자세함, 상세함¶ ~に報告ほうこくする 자세히 보고하다
**ことざ** [琴座] [天] 거문고자리
**ことさら** [殊更] ナ副 ①일부러, 고의로, 짐짓¶ ~いやがらせをする 일부러 짓궂은 짓

こ と し

을 하다 ②특별히, 새삼스럽게, 각별히 ~大事をとる 각별히 신중을 기하다
こ と し【今年】금년, 올해¶~の秋 올가을/~は雨が多い 올해는 비가 잦다
こ と じ【琴柱】(거문고의) 안주(雁柱), 안족(雁足), 기러기발
慣用句
—に膠す (기러기발을 아교로 고정시키면 음을 조절할 수 없는 데서) 융통성이 없다
こ と だ ま【言霊】(고대 일본에서) 말 속에 깃들어 있다고 믿었던 신비한 영력¶~信仰 말의 영력을 믿는 신앙
こ と た・りる【事足りる】自上一 충분하다, 족하다¶これで十分に~ 이것으로 족하다
こ と づ か・る【言付かる・˚託かる】他五 전갈을 부탁받다¶手紙を~ 편지를 부탁받다
こ と づ け【言付け・˚託け】전갈, 전언¶~を頼む 전갈을 부탁하다
こ と づ・ける【言付ける・˚託ける】他下一 전갈(전달)을 부탁하다¶よろしくと~ 안부를 전해 달라고 부탁하다
こ と づ て【言伝】①전언, 전갈¶~を頼む 전갈을 부탁하다 ②전해 들음, 전문¶~に耳にする 전해 듣다
こ と づ め【琴爪】가조각(假爪角)
こ と て ん【事典】(ロ)「百科事典」의 속칭
こ と な か れ し ゅ ぎ【事勿れ主義】무사 안일주의¶官吏の~ 관료의 무사 안일주의
こ と な り【異なり】(統) 동일한 것이 중복되는 경우를 빼고 센 수⇔延べ¶~語数 (문장에서) 각기 다른 낱말의 사용 빈도수의 총계
こ と な・る【異なる】自五 다르다, 같지 않다¶所有者の~土地 소유자가 다른 토지/意見が~ 의견이 다르다
こ と に【殊に】副 특히, 특별히, 각별히¶普段と変わったことはない 평소와 특별히 다른 것은 없다
こ と の お【琴の緒】(文) 거문고 줄=琴糸
こ と の つ い で【事の˚序で】連語 하는 김에, 그 기회에¶~に用をたのむ 하는 김에 일을 부탁하다
こ と の ほ か【殊の外】副(文) 의외로, 뜻밖에¶~喜ぶ 의외로 기뻐하다
こ と の よ し【事の由】連語 사정, 이유¶~を説明する 사정을 설명하다
こ と ば【言葉】말 ①언어¶日本の~ 일본말/話し~ 구어 ②낱말, 구(句)¶難しい~ 어려운 말 ③(辞) 표현, 표현된 내용¶送別の~ 송별사/丁寧な~ 공손한 말 ④(˚詞) (소설 등의) 대화 부분—質 언질
—尻 말끝, 말꼬리—少な(ア) 말수가 적음
—遣い 말씨, 말투—付き 말투, 어조
慣用句
—に甘える (「お~」의 꼴로) (상대방의) 호의를 받아들이다
—に余る 이루 말로 다할 수 없다
—の綾 교묘한(멋진) 표현, 말의 뉘앙스
—は国の手形 말씨로 고향을 알 수 있음
—を返す ①대답하다 ②말대꾸하다
—を掛ける 말을 걸다, 인사하다
—を交わす (인사 정도의) 말을 주고받다
—を尽くす (상대방이 납득하도록) 온갖 말을 다하다
—を濁す 말을 흐리다(얼버무리다)
こ と ば が き【˚詞書】①(和歌・俳句)의 머리말 ②(絵巻物など)의 설명문 ③그림책의 대화문
こ と は じ め【事始(め)】①사물의 시초 ②일에 착수함⇔事納め ③(옛날에) 음력 2월 8일에 그 해의 농사 시작을 축하하던 행사 ④12월 8일에 대청소를 하고 설 채비를 하던 일
こ と ぶ き【寿】①축수, 축복, 그런 말 ②수명, 장수¶~を保つ 수를 누리다 ③축하할 만한 일, 경사¶~を重ねる 경사가 겹치다
こ と ぶ れ【事触れ・言触れ】널리 알리brot 다님, 소식을 전함, 전령¶春の~ 봄의 전령
こ と べ い【五斗米】오두미 ①닷 말의 쌀 ②적은 봉급, 박봉¶~のために腰を折る 적은 봉급 때문에 굽신거리다
こ と ほ・ぐ【˚寿ぐ・言˚祝ぐ】他五(文) 축하의 말을 하다, 축복하다, 축하하다¶長寿を~ 장수를 축복하다
こ ど も【子供】①자식, 아이¶~が生まれる 아이가 태어나다 ②어린이⇔大人¶~向けの映画 어린이용 영화 ③(정신적으로) 아직 미숙함, 유치함, 그런 사람¶いつまでも~だ 언제까지나 어린애다—扱い ①어린이를 다룸, 어린애의 시중을 듦 ②(어른을 보고) 어린애 취급함—組 (比) 마을의 어린이 조직—心 어린 마음, 동심—騙し 뻔한 속임수—っぽい 形 (용모, 언동 등이) 어린애같다, 유치하다—連れ 아이가 딸림
—の権利条約 (法) 어린이 권리 조약
—の日 어린이날—部屋 ①어린이 방 ②그 집에서 거느리는 기생 등이 있는 방
慣用句
—の使い (比) ①종잡을 수 없는 심부름 ②별 도움이 안 되는 심부름
—は風の子 아이들은 추운 겨울 바람 속에서도 잘 자람
こ ど も な げ【子も無げ】㋐ 아무렇지도 않은 듯이 태연한(천연덕스러운) 모양¶~に言う 태연하게 말하다
こ と よ・せる【事寄せる】自下一 핑계삼다, 구실삼다, 빙자하다=かこつける¶病気に~・せて休む 병을 핑계삼아 쉬다
こ と り【子捕り・子取り】①(아이들 놀이에서) 꼬리잡기놀이 ②아이를 채가는 일
こ と り【小鳥】작은 새
こ と わ け【事訳】(文) 사유, 까닭, 사정
こ と わ ざ【˚諺】속담
こ と わ り【断り・断わり】①거절, 거부¶~の手紙 거절 편지 ②예고, 사전 양해¶~もなしに使う 미리 양해도 없이 사용하다—状 ①거절 편지, 거절장 ②사과 편지, 사죄장 ③예고 편지, 예고장

こと わり【理】(文) ①이치, 사리¶ ~に背<sup>そむ</sup>く 이치에 어긋나다 ②이유¶ ~無<sup>な</sup>しとしない 이유가 없지 않다, 일리가 있다
ことわ・る【断る・断わる】 他五 ①거절하다, 거부하다, 사절하다¶ 縁談<sup>えんだん</sup>を~ 혼담을 거절하다 ②(예약 등을) 해지하다¶ 新聞<sup>しんぶん</sup>の定期購読<sup>ていきこうどく</sup>を~ 신문의 정기 구독을 그만두다 ③예고하다, 미리 양해를 얻다¶ 訪問<sup>ほうもん</sup>する日時<sup>にちじ</sup>を~・っておく 방문할 시일을 미리 알려 두다 ④변명하다¶ わざわざ~ことないと 일부러 변명할 필요도 없다
こな【粉】가루, 분말, (특히) 밀가루= 粉<sup>こ</sup>¶ ~にひく 가루로 빻다
こないだ[*此<sup>こ</sup>間] 連語(口) → このあいだ
こな おしろい【粉〈白粉〉】 가루분
こなか【子中・子仲】 자식이 있는 부부 사이¶ ~をなす 아이를 가진 부부가 되다
こ がら【小半・二合半】 ①1되의 반, 한 되의 4분의 1, 2홉 반 ②소량, 조금
こな ぐすり【粉薬】 가루약= こぐすり¶ ~を服用<sup>ふくよう</sup>する 가루약을 복용하다
こな ごな【粉粉】 산산이 부서짐, 박살이 남, 산산조각= 粉<sup>こ</sup>みじん¶ コップが割れて~になる 컵이 깨져 산산조각이 나다
こ なし [*熟し] ①소화함¶ 腹<sup>はら</sup>~ 음식물의 소화를 도움 ②움직임, 몸놀림, 동작¶ 身<sup>み</sup>の~が軽<sup>かる</sup>い 몸놀림이 가볍다 ③다루는 법¶ 着<sup>き</sup>~ 옷매무시
こな・す【熟す】 他五 ①잘게 부수다 ②(음식을) 소화하다, 삭이다¶ 胃<sup>い</sup>で~ 위에서 소화하다 ③(기술 등을) 자유자재로 구사하다, 익숙하게 다루다¶ 英語<sup>えいご</sup>を~ 영어를 자유자재로 구사하다 ④(일을) 처리하다, 해치우다¶ 仕事<sup>しごと</sup>を~ 일을 해치우다/ 数<sup>かず</sup>で~ 많은 수를 소화하다
こなずみ【粉炭】 분탄= こずみ
こ なた【〈此方〉】 I 代 ①(文)(指示) 이쪽, 이쪽 편 ②(人称) 이 사람, 이분 II 名(文)(「…より~」의 꼴로), 이래¶ 明治維新<sup>めいじいしん</sup>より~ 明治 유신 이래
こ なまいき【小生意気】 ナ 시건방짐¶ ~な言<sup>い</sup>い方<sup>かた</sup> 시건방진 말투
こな みじん【粉〈微〉塵】 名 산산조각이 남, 박살이 남¶ 窓<sup>まど</sup>ガラスが~になる 창유리가 산산조각이 나다
こな ミルク【粉ミルク】 분유= 粉乳<sup>ふんにゅう</sup>
こ なや【粉屋】 곡물을 빻거나 그 가루를 파는 가게·사람, 제분소, 방앗간
こな ゆき【粉雪】 분설, 가랑눈
こな・れる [*熟れる] 自下一 ①(음식물이) 소화되다, 삭다¶ 胃<sup>い</sup>で~ 위에서 소화되다 ②(지식·기술 등이) 숙달되다¶ よく~・れた 文章<sup>ぶんしょう</sup>, 잘 숙달된 문장 ③(세상사에 익숙해져) 원숙해지다¶ 人柄<sup>ひとがら</sup>が~・れてきた 사람됨이 원숙해졌다
こなん【御難】 名 ①재난, 고난¶ ~続<sup>つづ</sup>き 재난의 연속 ②비난, 난점
こ にくらし・い【小憎らしい】 形 얄밉다, 밉살스럽다¶ ~子供<sup>こども</sup> 얄미운 아이

こ にだ【小荷駄】 말에 싣는 짐·식량, (특히) 군량(軍糧) 마바리
こにち【後日】 → ごじつ
こ にもつ【小荷物】 ①작은 짐 ②철도 소화물¶ ~で送る 소화물로 부치다
ごにゅう【悟入】 名 自スル 【佛】 오입, 깨달음의 경지에 들어감
ごにん【誤認】 名 他スル 오인¶ 事実<sup>じじつ</sup>を~する 사실을 오인하다
ごにん ぐみ【五人組】 ①5인조¶ ~の強盗<sup>ごうとう</sup> 5인조 강도 ②【日史】 江戸 시대에 다섯 집을 한 조로 연대 책임을 지게 한 자치 조직
こにん【小人】 적은 인수= こにんずう
ごにん ばやし【五人*囃子】 ①(謡曲<sup>ようきょく</sup>에서) 地謡<sup>じうたい</sup>·피리·소고·북·큰북 추자의 합주 ②①을 본떠 만든 다섯 개의 작은 인형
こ ぬか【小*糠・粉*糠】 쌀겨, 고운 겨= ぬか —雨<sup>あめ</sup> 가랑비, 이슬비
慣用句
—三合<sup>さんごう</sup>持<sup>も</sup>ったら養子<sup>ようし</sup>に行<sup>い</sup>くな 쌀겨 세 홉만 있으면 양자로 가지 말아라
こねかえ・す [*捏ね返す] 他五 ①자꾸 개어 반죽하다, 이겨대다, 치대다¶ うどん粉<sup>こ</sup>を~ 밀가루를 치대다 ②(자꾸 손대어 사태를) 악화시키다¶ 問題<sup>もんだい</sup>を~ 문제를 악화시키다
こねくりかえ・す [*捏くり返す] 他五(口) 「こねかえす」의 스스럼없거나 강조한 말투
こね く・る [*捏ねくる] 他五(口) 「こねる」의 스스럼없거나 강조한 말투
ごねどく [ごね得] (俗) → ごてどく
こねどり [*捏ね取り] (떡을 칠 때 골고루 쳐지도록 옆에서) 옥여 넣음, 그렇게 하는 사람
こねまわ・す [*捏ね回す] 他五 ①몇 번이고 치대다[이겨대다], 자꾸 반죽하다 ②(일을 필요 이상으로) 주물럭거리다, 뭉그대다¶ 計画<sup>けいかく</sup>を~・してだめにする 계획을 자꾸 주물럭거려서 망쳐 버리다
こ・ねる【*捏ねる】 他下一 ①이기다, 반죽하다, 개다¶ セメントを~ 시멘트를 개다 ②억지쓰다, 떼쓰다¶ だだを~ 떼를 쓰다/ へりくつを~ 당치않은 억지를 쓰다
ご・ねる 自下一 (俗) ①죽다, 뒈지다 ②불평하다, 투덜거리다¶ 給料<sup>きゅうりょう</sup>が少<sup>すく</sup>ないと~ 급료가 적다고 불평하다
こねん【御念】 배려, 염려¶ ~の入<sup>はい</sup>った話<sup>はなし</sup>だ 정말 친절도 하시군, 걱정도 어지간하시군
ごねん せいぞんりつ【五年生存率】 【醫】 (암 치료 후) 5년 생존률
こ の【*此の】 連体 ①이¶ ~子<sup>こ</sup>この 아이/ ~仕事<sup>しごと</sup>は疲<sup>つか</sup>れる 이 일은 피곤하다¶ ~件<sup>けん</sup>についてよろしく 이 건에 대하여 잘 부탁합니다 ②이번, 요¶ ~冬<sup>ふゆ</sup> 이번 겨울/ —<sup>いっ</sup>か月<sup>げつ</sup>は多忙<sup>たぼう</sup>である 요 한 달은 아주 바쁘다
この あいだ【此の間】 요전, 일전, 지난번¶ ~の日曜日<sup>にちようび</sup> 요전 일요일/ ~から体<sup>からだ</sup>の調子<sup>ちょうし</sup>が悪<sup>わる</sup>い 일전부터 몸 상태가 나쁘다
ごのう【御悩】 (文) 병환= 御病気<sup>ごびょうき</sup>

このうえ [*此の上] 連語 ①이 이상¶ ～何を望のぞもう 이 이상 무엇을 바랄 것인가 ②이렇게 된 바에는 ーとも 連語 앞으로도 더욱 = 今後こんごとも ～よろしく 앞으로도 잘 부탁합니다 ー無ない ～ 더할 나위 없는, 최상의 ーは 連語 이렇게 된 바에는

このえ [*近衛] 근위, 天皇てんのう・군주의 측근에서 경호를 맡는 일, 그런 사람 ー師団だん 근위 사단 ー府ふ [史] 옛날에 궁중과 天皇의 호위를 맡던 관청 ー兵へい 근위병 = 친위병 = 親兵しんぺい ②근위 사단에 소속된 군대

このかた [*此の方] 連語(文) ①(「…より～」의 꼴로) 명사에 붙어)…이래, …이후¶ 会社設立かいしゃせつりつ～ 회사 설립 이래 ②(대명사적으로)「この人ひと」의 높임말, 이분

このかん [*此の間] 連語 (시간・공간상의) 그간, 그 사이, 그 동안¶ ～10ごじゅっm 그 사이 10미터¶ ～の事情じょう 그간의 사정

このご [*此の期] 連語 (최후의) 이때, 이 마당, 이판
慣用句
ーに及およんで 지금에 와서, 이 마당에 이르러

このごろ [*此の頃] 連語 요즘, 최근, 근래¶ 今日きょう～ 요즘엔¶ ～の子供こども 요즘의 아이

このさい [*此の際] 連語 차제, 이 기회, 이런 경우¶ ～はっきりさせたほうがいい 이 기회에 분명히 해두는 게 좋다

このさき [*此の先] 連語 ①이 앞, 전방¶ ～の交差点こうさてん 요 앞 교차점¶ ～には人家じんかはない 이 앞으로는 인가는 없다 ②금후, 금후¶ ～どうやって生いきていくか 앞으로 어떻게 해서 살아갈까?

このした [*木の下] 나무 아래, 나무 밑 ー陰かげ (文) 나무 그늘 ー闇やみ (文) 어두운 나무 그늘

このしろ [*鰶] (動) 전어(錢魚)

このせつ [*此の節] 連語 근래, 요즘¶ ～の若者わかもの 요즘의 젊은이

このたび [*此の度] 連語(文) 이번 = 今回こんかい¶ ～はお世話せわになりました 이번에는 신세를 졌습니다

このだん [*此の段] 連語 (편지 등에서 앞서 말한 내용을 받아서) 위에서 말한 것, 이 점, 이 일¶ ～お知しらせ申もうし上あげます 이 점 알려드립니다

このところ [*此の所] 連語 요즘, 최근, 요사이¶ ～ばかに調子ちょうしがいい 요즘 되게 상태가 좋다

このは [*木の葉] ①나뭇잎 ②(造語) 작고 보잘것 없는 것¶ ー侍ざむらい 졸때기 무사 ー髮がみ 늦가을부터 초겨울에 걸쳐 빠지는 머리카락 ー時雨しぐれ 잎이 한창 지는 모양・소리를「時雨しぐれ」에 비유한 말 ー莵ずく (動) 소쩍새 ー蝶ちょう (動) 가랑잎나비

このぶん [*此の分] 連語 이 상태, 이 모양¶ ～なら心配しんぱいいらない 이 상태라면 걱정없다

このへん [*此の辺] 連語 ①이 근처, 이 근방, 이 일대¶ ～に住すんでいる 이 근처에 살고 있다 ②이 정도, 이쯤¶ ～で打うち切きる 이쯤에서 중단한다

このほう [*此の方] I 連語 이쪽 (것), 이편¶ ～がよい 이쪽이 좋다 II 代 손아랫사람에 대하여 자기를 가리키는 말, 나

このほど [*此の程] 連語(文) 이번, 금번, 최근¶ ～発表はっぴょうされた論文ろんぶん 이번에 발표된 논문

このま [*木の間] (文) 나무 사이¶ ～隠かくれ 나무 사이로 보였다 안 보였다 함

このまえ [*此の前] 일전, 지난번, 요전¶ ～の話はなし 일전의 이야기

このまし・い [好ましい] 形 ①마음에 들다, 호감이 가다¶ ～青年せいねん 호감이 가는 청년 ②바람직하다¶ ～状態じょうたい 바람직한 상태

このまま [*此の儘] 連語 이대로, 현재대로¶ ～引ひっ込こむ 이대로 물러나다¶ ～の状態じょうたいが続つづく 이대로의 상태가 계속되다

このみ [*木の実] 나무 열매¶ 禁断きんだんの～ 금단의 열매¶ ～を拾ひろう 나무 열매를 줍다

このみ [好み] ①좋아함, 기호, 취향¶ ～に合あう 취향에 맞다¶ 女性じょせいの～のデザイン 여성 취향의 디자인 ②희망, 주문¶ お～に従したがって調製ちょうせいします 주문에 따라서 만들어니다

この・む [好む] 他五 ①좋아하다, 즐기다¶ 花はなを～ 꽃을 좋아하다¶ 音楽おんがくを～ 음악을 즐기다 ②바라다, 원하다¶ 成功せいこうを～ 성공을 바라다
慣用句
ーと好このまざるとに拘かかわらず 바라든 바라지 않든 간에, 좋든 싫든 간에

こめ [木の芽] 나무 싹(움), (특히) 산초의 새싹 = きのめ¶ ～時どき 나무 움이 틀 무렵

このもし・い [好もしい] 形(文) 「このましい」보다 약간 예스러운 표현

このゆえに [*此の故に] 接(文) 이러하므로, 이런 까닭으로

このよ [*此の世] 이 세상, 이승, 현세 ⇔ あの世¶ ～の見納みおさめ 이승에서의 마지막, 삶의 종말, 죽음¶ ～ならぬ美び?しさ 이 세상의 것이라고 생각할 수 없을 정도의 아름다움
慣用句
ーの思おもい出で 이 세상에 살았던 증거가 될 만한 일, 사는 동안에 경험해 두고 싶은 일
ーの限かぎり 이승에서의 마지막, 삶의 마지막
ーの外ほか 저승, 내세(來世)
ーの別わかれ 사별

このよう [*此の様] ナ 이런 모양, 이와 같음¶ ～な本ほん 이런 책¶ ～に記しるせ 이와 같이 적어라

このわた [〈海鼠腸] 해삼 창자젓

こんで [好んで] 副 기꺼이, 즐겨, 곧잘¶ ～一人ひとり暮ぐらしをする 기꺼이 독신 생활을 하다¶ ～風景ふうけいを描えがく 즐겨 풍경을 그리다

こば [木端・木羽] ①지저깨비, 자귓밥 ②(지붕에 씌우는 것) 너와를 얇게 켠 널

こば [後場] [經] 후장, (거래소에서) 오후에 하는 입회(立會) ⇔ 前場ぜんば

こばい [故買] [法] 고매, 장물 취득¶ ～品ひん 장물¶ 贓品ぞうひん～ 장물 고매

ごばいし [五倍子]〖植〗오배자= ふし
こばか [小馬鹿] 바보, 어리석은 사람
慣用句
—にする [口] (사뭇) 깔보다, 얕보다
こはく [˟琥珀] ①[鑛] 호박¶ ~色 호박색 ②「琥珀織ばく」의 준말. 호박단
ごはさん [御破算] ①(주판에서) 떨기¶ ~で願ねがいましては (주판셈을 시작할 때 수를 불러주는 사람이 하는 말) 떨고 놓기¶ (일을) 백지화함 計画けいかくが~になる 계획이 백지화되다
こばしり [小走り] 잔달음질, 종종걸음¶ ~に歩く 종종걸음으로 걷다
こはぜ [小˟鉤·˟鞐] 각반·책갑 같은 데 달아서 여미는 손톱 모양의 물건, 메뚜기
こはだ [小˟鰭] 중간 크기의 전어
こばな [小鼻] 콧방울
慣用句
—を動うごかす 콧방울을 실룩거리다, 우쭐해하다
—を膨ふくらます 콧방울을 부풀리다, 불만스런 표정을 짓다
こばなし [小話·小˟咄] 소화, 짧은 이야기, 짤막한 재담= 一口話ひとくち
こばなれ [子離れ] 부모가 자식으로부터 정신적으로 떨어짐¶ 親離したばれ~できない親 자식에게서 떨어지지 못하는 부모
こはば [小幅] Ⅰ 名 반 폭, (피륙 폭의 규격의 하나로) 큰 폭의 절반(약 36㎝)= 並幅なみはば Ⅱ [ナ] (수량·가격 등의) 소폭¶ ~な値動ねうごき 소폭의 가격 변동
こば·む [拒む] 他五 ①거절하다, 거부하다¶ 申もうし出でを~ 제의를 거절하다/ 出場しゅつじょうを~まれる 출장을 거부당하다 ②막다, 저지하다~ はばむ¶ 他企業きぎょうの進出しんしゅつを~ 타기업의 진출을 막다
こばら [小腹] 배, 배에 관계되는 사소한 동작·상태¶ ~が減へる 배가 좀 고프다
慣用句
—が立たつ 화가 좀 나다
こばらい [後払い] → あとばらい
こはる [小春] 〖文〗소춘, 음력 10월의 딴이름¶ ~の空そら 초겨울의 하늘 → 小春日和ひよりはる 一日和びより 초겨울의 따뜻한 날씨
こはん [古版] 고판, ①옛날 판, 구판(舊板) ②고판본 一本ぼん 고판본. 江戸えど 초기 이전의 목판본·고활자본
こはん [孤帆] 〖文〗고범, 외로이 떠 있는 돛배
こはん [湖畔] 호반, 호숫가¶ ~の宿やど 호반의 여관
こばん [小判] ①江戸えど 시대의 타원형 금화 ⇔ 大判おおばん ②(종이 등의) 소형판 一鮫さめ 〖動〗빨판상어
ごはん [御飯] 밥, 식사¶ ~時どき 식사 때/ ~のお代かわり 밥을 더 청하는 일/ ~にする 식사 등이 ~蒸むし (찬밥을 찌는) 찜통= 蒸むし器き
ごはん [誤判] 〖文〗오판, 잘못된 판단·판결·심판¶ ~のもと 오판의 원인

ごばん [碁盤] 기반, 바둑판¶ ~の目めの 바둑판의 눈 一縞じま 바둑판 무늬, 격자 무늬 一割わり (시가지·종이 등을) 바둑판 눈금 모양으로 정연하게 분할함
こはんとき [小半時] ①옛날 시각 一時いっときの 4분의 1(약 30분) ②약 半時はんとき(약 1시간)
こはんにち [小半日] 한나절, 약 반일(半日)
こび [˟媚] ①아첨 ②교태, 아양¶ ~を含ふくむ 교태를 띠다
慣用句
—を売うる ①아첨하다 ②아양 떨다, 교태를 부리다
ごび [語尾] 어미 ¶ 말끝 ⇔ 語頭ごとう¶ ~を濁にごす 말끝을 흐리다 ②〖文法〗활용어의 변하는 부분 ⇔ 語幹 一変化へんか 〖文法〗어미 변화
コピー (copy) 카피 Ⅰ 名 他スル 복사, 복제, 사본 Ⅱ 名 광고 문안 一ライター (copywriter) 카피라이터, (광고의) 문안 작성자 一ライト (copyright) 〖法〗카피라이트, 저작권
こびき [木˟挽(き)] 목재를 켬, 그런 장인, 톱장이¶ ~歌うた 나무를 켤 때 부르는 민요
こひざ [小˟膝] 무릎¶ ~を進すすめる (무릎걸음쳐서) 조금 다가앉다/ ~を打うつ 무릎을 치다
こひつ [古筆] 고필, 옛 사람의 필적, 특히 平安あん·鎌倉かまくら 시대 사람의 뛰어난 필적 一切きれ (족자 등을 만들기 위해 자른) 고필의 단편
こひつじ [小羊·子羊] 어린 양 ①작은 양, 새끼 양 ②〖基〗그리스도, 그리스도의 인도를 필요로 하는 신도¶ 迷まよえる~ 길 잃은 어린 양
こびと [小人] ①(동화 등에 나오는) 소인¶ ~の国くに 소인국 ②난쟁이 ③室町むろまち 시대에 무가(武家)에서 잡일을 하던 하인 ④江戸えど 幕府ばくふ에서 잔심부름 등을 하던 직명
こびへつら·う [˟媚(び)˟諂う] 自五 아첨하다, 알랑거리다
こびゃくしょう [小百姓] 가난한 농가, 소농
ごひゃくらかん [五百羅漢] 〖佛〗오백 나한
ごびゅう [誤˟謬] 〖文〗오류¶ ~を正ただす 오류를 바로잡다/ ~をおかす 오류를 범하다
こひょう [小兵] 몸집이 작음, 그런 사람
こびりつ·く 自五 ①달라붙다, 들러붙다¶ ご飯めしつぶが~ 밥알이 달라붙다 ②(기억·인상 등이) 뇌리에서 떠나지 않다¶ その光景こうけいが頭あたまに~ 그 광경이 머리에서 떠나지 않다
こひる [小昼] ①정오 무렵의 시각 ②(아침과 점심 사이의) 곁두리, 새참 ③간식
こ·びる [˟媚びる] 自上一 ①아첨하다, 알랑거리다¶ 権勢けんせいに~ 권세에 아첨하다 ②교태를 부리다, 아양떨다¶ 男おとこに~ 남자에게 교태를 부리다
こびん [小˟鬢] 옆머리, 살쩍= びん¶ ~をなでつける 옆머리를 곱게 매만지다
こふ [誇負] 名他スル 〖文〗뽐냄, 자부함
こぶ [˟瘤] ①혹¶ ~ができる 혹이 생기다 ②혹 모양으로 불룩 내민 것 木きの~ 나무의 옹이/ ラクダの~ 낙타의 육봉 ③(俗)(比) 거치적거리는 것, (특히) 아이¶ 目めの上うえの~ 눈엣가시

こぶ【昆布】 다시마= こんぶ 一茶ちゃ 다시마차 一巻【料】 청어·우엉 등을 다시마로 말아서 묶고 설탕·간장 등으로 조린 설 음식
こぶ【鼓舞】 图他スル 고무, 士気しきを~する 사기를 고무하다
ごふ【護符】 호부, 부적, 호신부= ごふう
ごぶ【五分】 ①(척관법에서) 5푼= 一寸いっすんの 虫むしにも~の魂たましい 지렁이도 밟으면 꿈틀한다 ②5푼, 5퍼센트 年利ねんり~ 연리 5퍼센트 ③【造語】 전체의 반 ~そで 반소매/~粥がゆ (죽과 미음의 중간 정도의) 멀건 죽 어슷비슷함, 팽팽함 ~に渡わたり合あう 팽팽하게 대전 〔논쟁〕하다 一刈がり 머리를 5푼 길이로 깎음, 그런 머리 一五分 어슷비슷함, 비등함, 팽팽함, 반반임
ごぶいん【御無音】 (文) 격조, 적조= ごぶさた 久ひさしくに打うち過すぎ 오랫동안 격조하여
こふう【古風】 고풍 Ⅰ 图 옛 풍속, 옛날 식, 옛 모습 ~を守まもる 고풍을 지키다 Ⅱ 刁 예스러움 ~な考かんがえ 케케묵은 생각
ごふう【護符】 → ごふ
ごふうじゅうう【五風十雨】 (文) 오풍십우. 날씨가 순조로워 농사짓기에 좋음, 천하가 태평함
こぶか・い【木深い】 形 나무가 우거지다, 울창하다 ~森もり 울창한 숲
こふく【鼓腹】 图 自スル (文) 고복. 배를 두드림, 천하가 태평하여 먹을 것이 넉넉함 一撃壌げきじょう (文) 고복 격양. 태평 세월을 즐김
ごふく【呉服】 일본옷의 옷감, 포목 ~屋や 포목점
こぶくしゃ【子福者】 자녀가 많은 사람, 자식 복이 많은 사람
こぶくろ【子袋】 (俗) 자궁(子宮)
ごぶさた【御無*沙*汰】 图 自スル 격조, 적조 長ながらく~いたしました 오랫동안 격조하였습니다
こぶし【*拳】 주먹 ~を握にぎる 주먹을 쥐다
こぶし【辛夷】【植】 신이. 목련
こぶし【小節】 ①(나무의) 작은 마디 ②(민요·유행가 등에서) 악보로는 나타낼 수 없는 미묘한 가락 ~を利きかせて歌うたう 미묘한 가락을 살려서 부르다
こぶし【古武士】 옛 무사
ごふしょう【御不承】 图 自スル (文) ①승낙〔동의〕하지 않음, 불찬성 ~ですが 탐탁하지 않으시겠지만 ②마지못해서 하는 승낙의 높임말 ~下ください(싫으시겠지만) 승낙해 주십시오
ごふじょう【御不浄】 「便所べんじょ」의 완곡한 표현. 화장실 ▷ 주로 여성들이 씀
こぶしん【小普請】 ①건물의 소규모 수리·개축 ②【史】 江戸えど 시대에 관직이 없는 御家人けにん·旗本はたもととして 녹봉이 200석 이상 3000석 이하인 자의 一金 【史】 江戸えど 시대에 幕府ばくふ가 건물의 수리·개축 때에 小普請ふしん ②에게 부과한 부담
こぶつ【古物·故物】 (文) 예로부터 전해오는 물건 ②고물. 낡은 물건 ~商しょう 고물상

こぶつ【個物】【哲】 개물, 개체 ⇔ 普遍ふへん
ごぶつ【五仏】【佛】 오불
こぶつき【*瘤付き】 (俗) 거치적거리는 존재, (특히) 아이가 딸림, 그런 사람 ~で再婚さいこんする 아이까지 달고 재혼하다
こふで【小筆】 세필(細筆). 작은 글씨를 쓰는 가는 붓
こぶとり【小太り·小肥り】 刁 自スル 좀 뚱뚱함 ~の人ひと 좀 뚱뚱한 사람
ごふない【御府内】 (江戸えど 시대의) 江戸 시내
こぶら【*腓】 → こむら(腓)
こぶり【小振り】 Ⅰ 图 작게 휘두름 バットを~にする 배트를 작게 휘두르다 Ⅱ 刁 (다른 것에 비해) 약간 작음 ~の器うつわ 약간 작은 그릇 ▷ⅠⅡ ⇔ 大振おおぶり
こぶり【小降り】 图 自スル 비·눈이 조금 내림, 빗발·눈발이 약함 ⇔ 大降おおぶり 雨あめが~になってきた 빗발이 약해지기 시작했다
こふん【古墳】 고분 ~文化ぶんか 고분 문화
こぶん【子分】 ①아들 대우를 받는 사람, 수양아들 ②〈乾児〉·〈乾分〉 부하 ⇔ 親分おやぶん ~をふやす 부하를 늘리다
こぶん【古文】 고문 ①옛 어법·어구로 쓰여진 문장, (특히) 江戸えど 시대까지의 문장 ②(전서(篆書) 이전의) 고체의 한자 서체 ③중국 진·한나라 이전의 산문(散文)
ごふん【*胡粉】 호분. 조가비를 구워서 빻은 백색 안료
ごぶん【誤聞】 (文) ①오문. 잘못 들음= 聞ききき違ちがい ②사실과 다른 소문
こへい【古兵】 고병. 고참병 ⇔ 新兵しんぺい
ごへい【御幣】 (신전에 올리거나 불제를 드릴 때 쓰는) 종이·천 오리를 막대기 끝에 끼워 늘어뜨린 것. 신장대= おんべ 一担かつぎ 미신·길흉에 신경을 씀, 그런 사람, 미신가
ごへい【語弊】 어폐 ~がある 어폐가 있다
こべつ【戸別】 호별 ~割わり当あて 호별 할당 一訪問ほうもん 图 自スル 호별 방문
こべつ【個別】 图 개별 ~指導しどう 개별 지도 ~に調査ちょうさする 개별로 조사하다 一消費税しょうひぜい 개별 소비세 一折衝せっしょう 개별 절충
こべや【小部屋】 ①작은 방 ②〈相撲〉 인원수가 적은 합숙소 ⇔ 大部屋おおべや
ごほう【午砲】 오포. 정오를 알리는 호포= どん
ごほう【御報】 (文) 상대방의 알림에 대한 높임말. 통지= お知しらせ
ごほう【語法】 어법 ①문법 ②말의 표현 방법
ごほう【誤報】 图 他スル 오보. 잘못된 보도
ごほう【護法】 호법 ①불법의 수호 ②불법을 수호하는 신 마귀·병마를 물리치는 법력
ごぼう【*牛*蒡】【植】 우엉 一抜ぬき ①단숨에 뽑음 ②(농성하는 사람을) 한 사람씩 잡아 끌어냄 ③(경주 등에서) 여러 명을 단숨에 앞지름
ごぼう【御坊】 ①중의 높임말. 스님 ②절의 높임말. 사찰
こぼうず【小坊主】 ①어린 중, 사미 ②(口) 사내 아이를 막되거나 친근하게 부르는 말 うちの~ 우리집 꼬마

こ ほうぜん【御宝前】神社·절의 새전함(賽錢函)이 있는 곳, 신불(神佛)의 앞
こぼく【古木】고목, 노목
こぼく【枯木】(文) 고목, 고사목 = 枯れ木
こぼこぼ 액체가 흐르거나 솟아나올 때나는 소리, 콸콸, 쿨렁쿨렁 ¶ 温泉が~とわき出る 온천이 콸콸 솟아나다
こぼし【翻·零】(다도에서) 찻잔을 부신 물을 담는 그릇 = 水こぼし
こぼ·す【零す】他五 ①흘리다, 엎지르다 ¶ 粉を~ 가루를 흘리다/ バケツの水を~ 양동이의 물을 엎지르다 ②(표정에) 드러내다, 띠다 ¶ 笑みを~ 미소를 띠다 ③투덜대다, 불평하다 = ぼやく ¶ 愚痴を~ 푸념하다
こぼね【小骨】(생선 등의) 잔뼈, 잔가시 ¶ ~をのどに立てる 잔가시가 목에 걸리다
慣用句
一が折れる 좀 고생이 되다, 약간 수고스럽다
一を折る 좀 고생하다, 약간 수고하다
こぼれざいわい【*零れ幸い】뜻밖의 행복·행운, 요행
こぼれだね【*零れ種】①저절로 땅에 떨어진 씨앗 ②서자, 사생아 = 落とし種 ③여담 = こぼれ話
こぼればなし【*零れ話】뒷이야기, 여담, 후일담 = こぼれ種
こぼ·れる【*毀れる】自下一 (날붙이의 이가) 빠지다, 망가지다 ¶ 刃の~·れた包丁 이가 빠진 식칼
こぼ·れる【*零れる】自下一 ①넘치다, 흘러내리다, 흘러나오다 ¶ 水が~ 물이 넘치다/ 涙が~ 눈물이 흘러내리 ②(겉으로) 드러나다, 비치다 ¶ 笑みが~ 미소가 흐르다
こぼんのう【子煩悩】ナ 자식을 끔찍이 사랑함 ¶ ~な父親 자식을 끔찍이 사랑하는 아버지
こま【〈独楽〉】팽이 ¶ うなり~ 웅웅 소리내는 팽이/ ~を回す 팽이를 돌리다 [치다]
こま【高麗】(史) 고려 一楽【楽】고려에서 전해진 무악(舞樂)
こま【*駒】①망아지, 말 ¶ ~を進める 말을 달리다/ ひょうたんから~ 표주박에서 망아지가 나오다, 뜻밖의 곳에서 뜻밖의 것이 나타나다 ②(장기의) 말, 장기짝 ¶ 持ち~ 이편에서 잡은 상대편 말/ ~を動かす 말을 쓰다 ③자기 마음대로 쓸 수 있는 물건·사람 ¶ 投手の~が足りない 예비 투수가 부족하다 ④(현악기의) 기러기발
こま【*齣】①영화 필름의 한 화면 ②(助數) 장면·단락 등을 세는 말 ¶ 忘れられない~ 잊을 수 없는 한 장면
こま【小間】①짬, 틈, 겨를 ②작은 방 ③(建) (일본식 건축에서) 서까래·동귀틀·기와 등의 간격 ④(일본식 배에서) 뱃머리에 제일 가까운 곳
ごま【*胡麻】(植) 참깨 ¶ ~を炊く 참깨를 볶다 一和え【料】깨소금을 넣고 무친 음식 一油 참기름 一塩 ①깨소금 ②검은 것과 흰 것이 섞여 있는 것, (특히) 희끗희끗 센 머리·수염 一擂り 아첨함, 알랑거림, 아첨꾼 一垂れ 간장과 미림을 섞어 졸인 후 참깨를 빻아 넣은 양념장 一豆腐【料】빻은 참깨에 갈분을 섞고 다시마 국물을 부어 익힌 후 굳힌 묵 一の蠅 → ごまのはい(護摩の灰) 一味噌 볶아 빻은 참깨를 섞은 된장
慣用句
一を擂る 아첨하다, 알랑거리다
ごま【護摩】(佛) 호마, (밀교에서) 부동존(不動尊) 앞에 단을 마련하고 호마목을 태우며 재앙·악업을 없애 줄 것을 기도하는 의식 一壇【壇】호마단, 호마를 행할 때 호마목을 태우는 단 一の灰 여행자를 가장해서 터는 도둑 ▷「胡麻の蠅」라고도 함
こまい【木舞·小舞】(建) ①평고대 ②(흙벽의) 욋가지
こまい【古米】(文) 묵은 쌀 ⇔ 新米
ごまいおろし【五枚下ろし】【料】→ ふしおろし(節下)ろし
こまいぬ【*狛犬】마귀를 쫓기 위해 神社나 절 앞의 좌우에 세워둔 짐승의 석상
こまえ【小前】①소규모 영업, 그것을 하는 사람 ②영세한 농업, 소작인 ③빈민, 영세민
こまおち【駒落(ち)】(장기에서 상수가) 특정한 말을 떼고 대국함 ⇔ 平手 ¶ ~将棋
こまおとし【*齣落(と)し】(映) 저속도 촬영
こまか【細か】ナ ①작음, 잠 ¶ ~な花模様 잔 꽃무늬 ②자세함, 상세함, 세심함 ¶ ~な心遣い 세심한 배려/ ~と~に説明する 자세하게 설명하다 ③타산적임 ¶ 金に~な人 돈에 깐깐한 사람
こまか·い【細かい】形 ①잘다, 작다 ¶ ~字 잔 글씨/ ~雨 가랑비 ②(움직임이) 작다, 미세하다 ¶ 肩を~·く振わせる 어깨를 가늘게 떨다 ③섬세하다, 면밀하다, 세심하다 ¶ 神経が~ 신경이 예민하다/ 芸が~ 연기가 섬세하다 ④자세하다, 상세하다 ¶ ~事情 자세한 사정/ ~·く調べる 자세하게 조사하다 ⑤(금액이) 작다 ¶ ~お金 잔돈 ⑥타산적이다, 인색하다, 쩨쩨하다 ¶ 金に~人 돈에 깐깐한 사람 ⑦사소하다, 대수롭지 않다, 하찮다 ¶ ~過ち 사소한 잘못
こまかし·い【細かしい】形 → こまかい
ごまか·す 他五 ①속이다 ¶ 計算を~ 계산을 속이다 ②얼버무리다, 얼버무리다 ¶ 適当にその場を~ 적당히 그 자리를 얼버무리다
こまぎれ【細切れ·小間切れ】잘게 썲, 작게 구분함, 그런 조각·토막 ¶ ~の布 천 쪼가리/ ~の話 토막 이야기/ ~の休暇 짤막한 휴가/ 牛肉の~ 잘게 썬 쇠고기 조각
こまく【鼓膜】(醫) 고막 ¶ ~が破れる 고막이 터지다
こまぐみ【駒組(み)】(장기에서) 말을 벌여 놓음, 그런 진형, 포진
こまげた【駒下駄】(굽을 따로 만들어 달지

않고) 통나무로 깎아 만든 왜나막신
こまごま【細細】副スル ①자질구레하게, 잡다하게¶ 〜とした用事 자질구레한 용무 ②자세히, 소상히¶ 〜と説明する 자세히 설명하다 ③세심하게¶ 〜と世話をやく 세심하게 보살펴 주다 ④바지런히¶ 〜と立ち働く 바지런히 일하다 ─しい 形 ①자질구레하고 번거롭다 ②장황하고 번거롭다
こましゃく・れる 自下一 (아이가) 되바라지다＝こまっちゃくれる 〜・れたことを言う 되바라진 소리를 하다
こまた【小股】①가랑이 〜を広げる 가랑이를 벌리다 ②보폭이 좁음¶ 〜に歩く 종종걸음으로 걷다 ─掬い【相撲】상대방의 허벅다리를 안쪽에서 들어올려 넘어뜨리는 기술
慣用句
─の切れ上がった (여자의) 다리가 길고 날씬하다, 일본옷을 입은 여성의 맵시가 멋짐을 형용하는 말
─を掬う 남의 허점을 노려서 자기 이익을
こまち【小町】(造語) (지명 뒤에 붙어) 그 고장에서 소문난 미인 ─糸 가스실(주란사실)을 두올로 꼰실 ─娘 미인으로 소문난 처녀
こまつ【小松】 작은 소나무, 잔솔＝若松
ごまつ【語末】말의 끝 부분 ⇔ 語頭
こまづかい【小間使(い)】몸종¶ 〜に用を言いつける 몸종에게 일을 시키다
こまっちゃく・れる 自下一 (口)→こましゃくれる
こまつな【小松菜】【植】평지의 한 변종
こまどり【*駒鳥】【動】울새
こまぬ・く【*拱く】他五 (文) ①수수(袖手)하다, 팔짱끼다 ②수수방관하다¶ 手を〜・いて見ている 수수방관하며 보고 있다
こまね・く【*拱く】他五 → こまぬく
こまねずみ【独楽】【鼠・*高麗】【鼠】①【動】(중국 원산의) 흰 생쥐 ②쉬지 않고 돌아다님¶ 〜のように働く 바지런히 일하다
こまむすび【小間結び・細結び】옭맺음, 옭매듭
こまめ ナ 바지런하다, 근실하다¶ 〜に手入れする 바지런하게 손질하다
ごまめ【*鱓・田作】말린 멸치새끼＝たづくり
慣用句
─の魚交じり 멸치새끼가 큰 고기와 어울림, 분수에 맞지 않는 교제
─の歯軋り 멸치새끼의 이갈기, 힘이 부치면 아무리 분개해 봤자 소용없음
こまもの【小間物】방물 ─屋 ①방물상, 방물 가게 ②(술에 취해) 토함¶ 〜を開く 온통 게워 놓다
こまやか【細やか・*濃やか】ナ ①(빛깔이) 짙다¶ 〜な松の緑 짙은 소나무의 푸른 빛 ②(정이) 두텁다¶ 人情の〜な土地 인정이 두터운 고장 ③자상하다, 세밀하다 ④미묘하고 깊다
こまよけ【*駒除け】말 등이 들어오거나 달아나지 못하도록 집 앞에 쳐 놓는 울짱
こまりき・る【困り切る】自五 몹시 난처하

다, 곤경에 빠지다, 궁지에 몰리다 ①お金がなくて〜っている 돈이 없어 곤경에 빠져 있다
こまりぬ・く【困り抜く】自五 몹시 난감하다, 궁지에 몰리다 〜・いて友人に打ち明ける 몹시 난감하여 친구에게 털어놓다
こまりは・てる【困り果てる】自下一 몹시 난처해지다, 곤경에 빠지다, 궁지에 몰리다 ほとほと ─ 정말이지 몹시 난처하다
こまりもの【困り者】귀찮은〔성가신〕사람, 골칫거리, 말썽꾸러기 一家の〜 집안의 골칫거리
こま・る【困る】自五 ①곤란하다, 어려움을 겪다 身の置き所に〜 몸둘 바를 모르다 ②난처해지다, 곤혹스럽다, 골치 아프다¶ 〜・ったやつだ 골치 아픈 놈이다 ③궁하다¶ 生活費に〜 생활비가 궁하다
こまわり【小回り】①작게 돎 ⇔ 大回り ②(상황에 따라) 재빨리 대처함 ③좀 돌아서 감
慣用句
─が利く ①좁은 곳에서도 자유롭게 회전할 수 있다¶ 〜軽自動車 회전 반경이 작은 경자동차 ②상황에 따라 신속하게 대처할 수 있다
ごまんと 副 (口) 잔뜩, 산더미같이¶ そんな例なら〜あるさ 그런 예라면 얼마든지 있어
こみ【込み】①(다른 종류를) 한데 섞음¶ 大小〜にして売る 크고 작은 것을 한데 섞어 팔다 ②(形式) …포함¶ 税〜の料金 세금을 포함한 요금 ③(바둑에서) 덤, 공제¶ 五目半の〜 다섯 집 반 공제
ごみ【*芥・*塵】쓰레기, 먼지¶ 生〜 음식물 쓰레기／粗大〜 부피가 큰 쓰레기
ごみ【五味】오미 ①다섯 가지 맛 ②【佛】우유를 정제할 때 달라져 가는 다섯 단계의 맛
こみあ・う【込(み)合う・混(み)合う】自五 붐비다, 혼잡하다, 북적이다¶ 出口が〜 출구가 붐비다
こみあ・げる【込(み)上げる】自下一 ①치밀어 오르다, 복받치다¶ 涙が〜 눈물이 복받치다 ②(토할 듯이) 울컥거리다, 吐き気を催して〜 속이 메스꺼워 울컥거리다
こみい・る【込(み)入る】自五 복잡하게 얽히다¶ 〜・った話 복잡하게 얽힌 이야기
ごみごみ (비좁은 곳에 잡다한 것이 많아) 지저분하게, 너저분하게¶ 〜とした道路 너저분한 도로
ごみさらい【*芥浚い・*塵浚い】각 가정의 쓰레기를 쳐 감, 그런 청소부＝ごみ屋
こみだし【子見出し】(사전에서) 부표제어
こみだし【小見出し】①(신문・잡지 등의) 작은 표제, 부표제 ②(한 문장 안의) 소제목
ごみため【*芥溜(め)・*塵溜(め)】쓰레기를 모아 두는 장소
こみち【小道】①좁은 길, 소로 ②샛길, 옆길
ごみとり【*芥取り・*塵取り】①쓰레받기＝ちり取り ②쓰레기를 쳐 감, 그런 청소부
こみみ【小耳】귀¶ 〜に挟む 언뜻 듣다

ごみゃく【語脈】어맥, 문맥
こむ【込】⦗剩⦘こむ・こめる](일본식 한자)「こ・こめる」로 씀
こ・む【込む】⦗自五⦘①【混む】혼잡하다, 붐비다¶道路が~ 도로가 혼잡하다/日曜日は遊園地が~ 일요일은 유원지가 붐빈다 ②복잡하게 뒤엉키다¶手での~・んだ細工 공이 많이 드는 세공 ③⦗補助⦘…해서 넣다(들어가다)¶飛び~ 뛰어들다/書き~ 써넣다 ㉡완전히 …하다¶眠り~ 깊이 잠들다/ふけ~ 폭삭 늙어버리다 ㉢철저히[충분히] …하다¶犬に芸を仕込む 개에게 재주를 철저히 가르치다/使い~・んだ釣竿 길이 잘 든 낚싯대 ㉣(어떤 상태에) 잠기다, 계속 …하다¶黙り~ 침묵에 잠기다/座り~ 눌러앉다
ゴム(네 gom) 고무¶~風船 고무 풍선 ─編み (뜨개질에서) 고무뜨기 ─印 고무인, 고무 도장 ─消し 고무 지우개=消しゴム ─長 고무 장화 ─の木⦗植⦘ 고무나무 ─糊 고무 풀 ─引き (방수를 위해 천 등에) 고무를 입힌 것 ─紐 고무줄 ─毬 고무공 ─輪 ①고무 밴드 ②고무 타이어
こむぎ【小麦】⦗植⦘소맥, 밀 ─色⦗文⦘연한 갈색 ─粉 소맥분; 밀가루
こむずかし・い【小難しい】⦗形⦘까다롭다¶~理屈 까다로운 이치 ②기분이 언짢다, 찌무룩하다¶~顔 언짢은 얼굴
こむすび【小結】 씨름꾼 계급의 하나. 三役の 최하위로 関脇의 다음 자리
こむすめ【小娘】 계집아이, 소녀¶~のくせに 계집아이 주제에
こむそう【虚無僧】⦗佛⦘보화종(普化宗)의 중
ごむよう【御無用】①필요 없습니다¶心配は~です 걱정하실 것 없습니다 ②구걸 등을 거절하는 말. 필요 없어요
こむら【腓】 종아리, 장딴지=ふくらはぎ
こむら【木*叢】⦗文⦘나무숲
こむらがえり【*腓返り】⦗醫⦘장딴지에 일어나는 쥐(경련)=こぶらがえり
こむらさき【濃紫】 짙은 보랏빛, 진보라
ごむり ごもっとも【御無理御*尤も】⦗連語⦘(口) 상대방의 무리한 요구・의견에 대해서도 고분고분 따름¶~と頭を下げる 억지 소리에도 지당합니다라고 머리를 숙이다
こめ【米】쌀 ─屋 쌀가게/ ─の飯 쌀밥/ ~をとぐ 쌀을 씻다
こめあぶら【米油】미강유
こめあらい【*穀織(り)】 짙은 올을 성기게 짠 얇은 명주
こめかみ〈顳顬〉*蟀谷〉 섭유, 관자놀이
こめくいむし【米食い虫】①바구미 ②⦗比⦘밥벌레, 식충이=ごくつぶし
こめさし【米刺(し)・米差(し)】 색대
こめじるし【米印】 참조 기호의 하나. ※
こめそうどう【米騷動】⦗日史⦘1918년 쌀값 폭등으로 인해 일어난 민중 폭동
こめそうば【米相場】①쌀 거래 시장, 쌀 시세 ②미두(米豆)

こめだい【米代】①쌀값 ②⦗俗⦘생활비¶~にも事欠く生活 끼니 잇기도 어려운 생활
こめだわら【米俵】 쌀가마니, 쌀섬
こめつき【米搗(き)】쌀을 찧음, 도정, 도정업자 ─飛蝗⦗動⦘①송장메뚜기 ②⦗比⦘아첨꾼 ─虫⦗動⦘방아벌레의 총칭
こめつぶ【米粒】 쌀알¶~ほどの大きさ 쌀알 정도의 크기
こめどころ【米所】 곡창 지대
こめぬか【米糠】⦗農⦘미강, 쌀겨=ぬか
こめびつ【米*櫃】①뒤주, 쌀통 ②⦗俗⦘생활비를 벌어들이는 사람・것
こめへん【米偏】(한자 부수의) 쌀미변▷「料・糖」 등의 「米」 부분
こめもの【込(め)物】①사이에 채우는 물건, 충전물 ②⦗印⦘(활자 조판에서) 공목, 인테르
こめや【米屋】 쌀가게, 싸전, 쌀장수
こ・める【込める・*籠める】I⦗他下一⦘①재다, 속에 넣다 銃に弾丸を~ 총에 탄알을 재다 ②(정성을) 담다, 들이다¶心を~・めてもてなす 정성 들여 대접하다 ③집중하다 力を~ 힘을 집중하다 ④포함하다, 합치다¶サービス料を~・めた料金 서비스 료를 포함한 요금 II⦗自下一⦘(연기・안개 등이) 온통 자욱이 끼다¶山あいに霧が~ 산골짜기에 안개가 자욱이 끼다
こめん【湖面】 호면, 호수의 수면¶~を渡る 風 호수면을 스치는 바람
ごめん【御免】I⦗名⦘①「면허・공인」의 높임말¶天下~の身分 천하에 공인된 신분 ②「용서」의 높임말¶~を請う 용서를 빌다 ③「면직・면관」의 높임말¶お役~となる 면직되다 ④싫다, 사양하다, 질색이다¶船旅だけは~だ 배 여행만은 질색이다 II⦗感⦘방문, 돌아갈 때・사죄할 때 등의 인사말¶待たせて~ね 기다리게 해서 미안해요/ ~なさい 실례합니다, 미안합니다 ─下さい⦗感⦘방문・용서・허락을 구할 때・돌아갈 때 등의 인사말
⦗慣用句⦘
─蒙る ①상대방의 양해를 얻다, 실례를 무릅쓰다 ②양해를 얻어 물러가다 ③거절하다¶同行は~ 동행은 사양하겠다
ごめんそう【御面相】얼굴 생김새・표정, 면상¶ひどい~だ 형편없는 얼굴이다
こも【*薦・*菰】①「まこも」의 옛일컬음 ②거적 ③(「お~」의 꼴로) 거지
こもかぶり【*薦被り】①거적으로 싼 너 말들이 술통 ②거지, 비렁뱅이=おこも
ごもく【五目】①여러 가지가 섞여 있음, 그런 것 ②五目鮨・五目飯・五目蕎麦 등의 준말 ③「五目並べ」의 준말 ─鮨 생선・채소 등을 잘게 썰어 섞고 김가루 등을 얹은 비빔 초밥 ─蕎麦 여러 가지 고명을 얹은 메밀 국수 ─並べ 오목, 연주= 連珠 ─飯 생선・채소 등을 넣고 지은 밥
こもごも【*交*交】⦗副⦘⦗文⦘번갈아, 교대로¶悲喜~ 희비가 엇갈려서/万感~至る 만감

こもじ

이 교차하다
こもじ [小文字] ①작은 글자 ②(로마자의) 소문자 ▷ 大文字
こもだれ [*薦垂れ] ①거지 집 ②누옥
こもち [子持ち] ①아이가 딸림, 그런 사람 ¶ 三人さんにんの~ 세 아이가 딸림(딸린 사람) ②임신중임, 임신중인 여자 ③알배기 (생선) ¶ ~がれい 알배기 가자미 ④[料] 생선의 배에 속을 채워 넣어 만든 요리 ¶ ~鯛たい 속을 채운 도미찜 ⑤굵은 것에 가는 것이 이중으로 되어 있음 ¶ ~罫けい (굵고 가는) 이중 괘선
こもちじま [子持(ち)*縞] 굵은 줄무늬의 옆에 가는 줄무늬가 나란히 쳐진 무늬
ごもつ [御物] [文] ①天皇·황실의 소장품= ぎょぶつ ②남의 소지품에 대한 높임말
ごもっとも [御尤も] [了](口) 「もっとも」의 공손한 말, 지당함, 당연함, 사리에 맞음 ¶ ~なご意見けんです 지당하신 의견입니다
こもの [小物] ①자질구레한 물건·도구, 부속품 ¶ ~入いれ 부속품 상자 ②하찮은 인물, 조무래기 ¶ ~は相手あいてにしない 조무래기는 상대하지 않는다 ③(낚시에서) 잔챙이 ¶ ~ばかりが釣つられた 잔챙이만 낚였다
こもの [小者] ①젊은이 ②武家ぶけ에서 잡일을 하던 사람, 하인, 종 ③견습 점원
こもり [子守] 아이를 봄, 애보기, 그런 사람 —歌うた 자장가
こも・る [隠る·籠る] [自五] ①틀어박히다, 두문 불출하다 ¶ 田舎いなかに~ 시골에 틀어박히다 ②(연기 등이) 자욱하다, 가득 차다 ¶ 部屋へやに煙けむりが~ 방에 연기가 자욱하다 ③(감정 등이) 담기다, 깃들이다, 어리다 ¶ 声こえに力ちからが~ 목소리에 힘이 들어가다/ 真心まごころの~った贈おくり物もの 진심이 담긴 선물 ④(목소리 등이 잘 안 나와) 분명하지 않다 ¶ 声こえが~ 목소리가 똑똑하지 않다 ⑤(안에서) 굳게 버티다 ¶ 城しろに~ 농성하다
こもれび [木漏れ日·木*洩れ日] 나뭇잎 사이로 새어드는 햇빛
こもん [小紋] 자잘한 무늬, 그런 옷감 ¶ ~染め 잔무늬의 염색[염직물]
こもん [顧問] 고문 —弁護士べんごし 고문 변호사/ ~に招まねく 고문으로 초빙하다
こもんじょ [古文書] 고문서, 옛 기록·문서 —学がく 고문서학
こや [小屋] ①오두막집 ¶ 山やま~ 산막/ 物置ものおき~ 헛간 ②(흥행을 위한) 가설 극장 ¶ 見み世せ物ものの~ 가설 극장 —掛かけ [名][自スル] (흥행 등을 위해) 가건물을 지음, 그런 가건물 —組くみ [建] 지붕을 받치는 뼈대
ごや [五夜] 오야 ①오경 (五更) ②무야 (戊夜)
ごや [後夜] [佛] 밤중에서 새벽까지, 그 때 행하는 근행
こやかまし・い [小*喧しい] [形] 잔소리가 심하다 ¶ ~く言いう 몹시 잔소리를 하다
こやく [子役] (영화·연극 등에서) 아역
ごやく [誤訳] [名][他スル] 오역
こやくにん [小役人] 말단 관리, 말단 벼슬아치

こやし [肥(や)し] 거름, 비료
こやす [子安] [名] 순산= 安産あんざん ¶ ~神がみ 순산을 돕는 신 —貝がい [動] 자패 (紫貝)
こや・す [肥やす] [他五] ①살찌우다 ¶ 家畜かちくを~ 가축을 살찌우다 ②기름지게 하다, 걸우다 ¶ やせた畑はたを~ 메마른 밭을 걸우다 ③(식별력을) 기르다, 넓히다 ¶ 目めを~ 안목을 기르다 ④(부당한 이득을) 취하다, 채우다 ¶ 私腹しふくを~ 사복을 채우다
こやつ [此奴] [代] 이놈, 이녀석= こいつ
こやみ [小*止み] → おやみ
こゆう [固有] [了] 고유 ①본디부터 있음 ¶ ~の領土りょうど 고유의 영토 ②특유 ¶ 日本にほん~の文化ぶんか 일본 고유의 문화 —振動しんどう [物] 고유 진동, 기본 진동 —名詞めいし [文法] 고유 명사
こゆき [小雪] 가랑눈 ¶ ~がちらつく 가랑눈이 조금씩 날리다
こゆき [粉雪] → こなゆき
こゆび [小指] 새끼손가락, 새끼발가락
こよい [*今宵] [文] 오늘 저녁, 오늘 밤
こよう [小用] ①자질구레한 볼일 ②소변, 소피 ¶ ~を足たす 소변을 보다
こよう [古謠] 고요 ①고대 가요 ②예로부터 전해오는 諺謠ことわざうた
こよう [雇用·雇*傭] [名][他スル] 고용 ¶ ~主ぬし 고용주/ 終身しゅうしん~ 종신 고용 —者しゃ 고용자 ①피고용자 ②고용주 —者しゃ所得しょとく 고용자 소득 —保險ほけん 고용 보험
ごよう [御用] ①용건, 볼일 ¶ 何なんの~でしょうか 무슨 용건이십니까? ②(궁중·관청의) 용무 ¶ お上かみの~を勤つとめる 관청의 용무를 보다 ③관명으로 체포함, 그때 외치는 소리 ¶ ~になる 체포되다 ④권력자에게 빌붙어 주체성이 없는 사람을 경멸하여 이르는 말 ¶ ~作家さっか 어용 작가 —納おさめ (관공서의) 종무 (終務) ⇔ 御用始はじめ —學者がくしゃ 어용 학자 —聞きき ①단골집을 돌며 주문을 받음, 그런 사람 ②어용 상인 —組合くみあい 어용 조합 —商人しょうにん 어용 상인 ①[日史] (江戸시대에) 幕府ばくふ·藩はん에 물품을 납입하던 상인 ②(明治めいじ 이후) 궁중·관청에 물품을 조달하던 상인 —新聞しんぶん 어용 신문 —達たし ①궁중·관청에 납품함, 그런 상품 ②어용 상인 ▷ 「ごようたつ」라고도 함 —邸てい (피서·피한용) 황실 별장 —始はじめ (관공서의) 시무
ごよう [誤用] [名][他スル] 오용 ¶ 漢字かんじの~ 한자의 오용
こようじ [小*楊枝] 이쑤시개= つまようじ
ごよく [五欲] [佛] 오욕 ①(색·성·향·미·촉의) 다섯 가지 인식 대상 ②(재욕·색욕·식욕·명예욕·수면욕 등의) 다섯 가지 욕망
こよなく [副] [文] 더없이, 비할 데 없이, 각별히 ¶ 家内かないを~愛あいする 아내를 각별히 사랑하다
こよみ [暦] ①역법 (暦法) ②달력, 책력= カレンダー ¶ ~を繰くる 달력을 넘기다
こより [*紙縒り·紙*捻り·*紙*撚り] 지노, 끈 승= かんぜより ¶ ~をよる 지노를 꼬다
こら [感](口) ①(불러 세워 나무라거나 위협할

こらい¶～、何をしているかこの 놈 밀하고 있느냐 ②(가볍게 주의를 촉구하는) 이봐, 야¶～、やめろ 이봐 그만둬

こらい【古来】 名副 고래. 자고 이래, 예로부터¶日本の風習が 일본 고래의 풍습

ごらいが【御来駕】 (文) 방문해 주심, 왕림¶～をお待ちしております 방문해 주시기를 기다리고 있습니다

ごらいこう【御来光】 (높은 산에서 맞는 장엄한) 해돋이, 그런 장관＝御来迎¶～を拝む (산정에서) 해돋이를 맞다

ごらいごう【御来迎】 ①「来迎」의 높임말 ② → 御来光¶산정에서 태양을 등지면 안개에 비치는 자신의 그림자 주위에 광륜이 보이는 현상

こらえしょう【堪え性】 (口) 인내력, 참을성, 끈기¶～のない男 참을성이 없는 남자

こら・える【堪える】 他下一 ①(고통 등을) 참다, 견디다¶頭痛を～ 두통을 참다 ②(감정 등을) 억누르다, 참다¶怒りを～ 노여움을 참다 ③용서하다

ごらく【娯楽】 오락¶～室 오락실／～番組 오락 프로그램

こらこら 感 (口) 화내거나 주의를 주는 말. 이봐이봐 ②(민요 등의) 추임새

こらし・める【懲らしめる】 他下一 징계하다, 혼내주다, 응징하다¶悪人を～ 악인을 응징하다

こら・す【凝らす】 他五 ①엉기게 하다, 응결시키다¶肩を～ 어깨를 결리게 하다 ②(한 곳에) 집중시키다¶目を～ 응시하다／耳を～ 귀를 기울이다 ③공을 들이다¶趣向を～ 취향을 돋우려고 공을 들이다

こら・す【懲らす】 他五 → こらしめる

ごらん【御覧】 ①보심¶～になる 보시다／～くださる 보아 주시다「御覧なさい」의 준말 ⑴보세요, 봐요 ⑵봐 보다 ⑶자신의 예상・충고대로 되었음을 상대에게 확인시킬 때 하는 말, 보렴, 봐라¶それ～、あれほど注意したでしょう 그것 보렴 그토록 충고했지 ⑷(補助)「…て～の꼴로」…해 보렴¶ちょっと来て～ 잠깐 와 보렴

慣用句
一に入れる 보여 드리다

こり【梱】 ①포장한 짐(짝) ②고리, 고리짝＝行李¶(助數) 포장 화물의 개수・양을 나타내는 단위, 짝¶生糸一～ 생사 한 짝

こり【凝り】 결림¶肩の～ 어깨 결림／～をもんでほぐす 결림을 주물러 풀다

こり【狐狸】 (文) ①호리, 여우와 너구리¶～妖怪 호리 요괴 ②(比) 남을 속여 못된 짓을 하는 사람

こり【垢離】 목욕 재계＝水ごり

ごりおし【ごり押し】 名 他スル (口) (자기 생각・방법 등을) 억지로 밀고 나감¶意見を～する 의견을 억지로 밀고 나가다

こりかた・る【凝り固まる】 自五 ①엉기어 굳어지다, 응고하다¶筋肉が～ 근육이 응고하다／脂肪が～ 지방이 응고하다 ②(외곬로) 열중하다, 몰두하다, 빠지다¶信仰に～ 신앙에 빠지다

こりくつ【小理屈・小理窟】 그럴싸하게 꾸민 핑계・구실¶～をこねる 그럴싸한 핑계를 대다

こりこう【小利口・小悧巧】 ナ 약삭빠름¶～に立ち回る 약삭빠르게 굴다

こりこり I 副 ①아작아작, 오도독오도독, 오도독오도독¶たくあんを～とかむ 단무지를 아작아작 씹다 ②뻐끔함, 결림¶肩が～する 어깨가 뻐끔하다 II 名 근육이 뭉쳐 있음(결림), 뻣뻣함¶～にかたまる 뻣뻣하게 뭉치다

こりごり【懲り懲り】 ナ 自スル 지긋지긋함, 넌더리가(신물이) 남¶戦争は～だ 전쟁은 이제 지긋지긋하다

こりしょう【凝り性】 名 ナ ①(어깨 등의) 근육이 결리기 쉬운 체질 ②일에 몰두하는 기질

ごりしょう【御利生】 (文) 신불(神佛)로부터 받은 은혜＝御利益

こりつ【孤立】 名 自スル 고립¶～無援 고립무원／仲間から～する 동료로부터 고립되다 一語【言】 고립어

ごりむちゅう【五里霧中】 오리 무중¶捜査は～だ 수사는 오리 무중이다

こりゃ 感 (口) ①놀랐을 때 내는 소리, 이거¶～、驚いた 이거 놀랐는 걸 ②상대를 타박하거나 아랫사람을 부를 때 쓰는 말, 이봐¶～、何をするのだ 이봐 뭐 해?

こりや【凝り屋】 (俗) 한 가지에 몰두하는 경향이 강한 사람¶写真の～ 사진광

ごりやく【御利益】 신불(神佛)이 베푸는 은혜, 영검¶～がある 영검이 있다

こりゅう【古流】 고풍스런 격식, 옛 격식

こりょ【顧慮】 名 他スル (文) 고려¶人のことなど全く～しない 남의 일 따위는 전혀 고려하지 않는다

ごりょう【御料】 ①「料」의 높임말, 天皇・귀인이 쓰는 음식물・옷・기물 등 ②황실의 재산 一地 황실 소유지 一林 황실 소유림

ごりょう【御陵】 天皇・皇后 등의 묘지, 능

ごりょう【御寮】 남의 아내・딸에 대한 높임말, 부인, 따님¶花嫁の～ 새댁 一人 (方) 중류 가정의 젊은 부인에 대한 높임말, 새댁, 아씨＝ごりょんさん

ごりょう【御霊】 ①영혼의 높임말＝みたま ②화・재앙을 가져오는 영혼

こりょうり【小料理】 간단한 요리 一屋 일품요릿집

こ・りる【懲りる】 自上一 데다, 질리다¶二度の失敗ですっかり～りた 두 번의 실패로 완전히 질렸다

ごりん【五倫】 오륜¶三綱～ 삼강 오륜

ごりん【五輪】 오륜 ①[佛] 만물을 구성하는 다섯 요소 ②(文) 근대 올림픽, 오륜 대회 一塔【佛】 오륜탑¶～の墓石 오륜탑으로 된 묘비 一マーク (올림픽의) 오륜 마크

こ・る【凝る】 自五 ①열중하다, 몰두하다, 빠

こ・る

지다¶ テニスに~ 테니스에 열중하다 ②공 들이다¶ 装飾しょくが~·っている 장식에 공이 들어 있다 ③(근육이) 뻐근하다¶ 肩がた~ 어깨가 뻐근하다
こ・る [*梱] 他五 짐을 꾸리다, 포장하다
こ・る [*樵] 他五 (文) 나무를 하다, 벌채하다¶ 木を~ 나무를 베다
ころい [孤塁] (文) ①고루, 고립된 보루 ②(比) 유일한 근거¶ ~を守る 고루를 지키다
これ [*此·^是·*之] I 代 (指示) ㉠이것¶ ~をあげよう 이걸 줄게요 ㉡이 일¶ ~が済んだら休もう 이 일이 끝나면 쉬자 ㉢(화제에 오르거나 지금부터 말하려는 사항을 가리켜) 이것¶ ~だけはよくお聞きなさい 이것만은 잘 들으세요 ㉣(文) (앞서 나온 어구를 가리켜) 이, 이것¶ 言論げんろんの自由じゆうを保障する 언론의 자유는 이를 보장한다 ②지금, 이제¶ ~から始める 이제부터 시작한다 ㉤여기, 이쪽¶ ~より道は悪くなる 여기서부터 길은 나빠진다 ②[*惟·*維] (指示) (한문투의 글에서) 강조하거나 어조를 고르는 말¶ 時とは~寛永かんえい元年がん 때는 바야흐로 寛永 원년 ③(人称) 이 사람, 이애, 이 애¶ ~は弟おとうとです 이 애는 동생입니다 II 感 불러서 주의를 주거나 꾸짖을 때 쓰는 말. 이봐, 이것 봐¶ ~、何をする 이봐 뭐 해
これい [古例] 고례, 옛 관례, 선례¶ ~に従したがう 고례를 따르다
ごれい [語例] 어례, 그 말을 쓴 예
これから [*此から] 名 副 ①앞으로, 금후, 장차¶ ~のこと 앞으로의 일 ②이제부터, 지금부터¶ ~行きます 이제 갑니다
これきり [*此切り] 副 ①이것뿐, 이것밖에=これだけ¶ ~しかない 이것밖에 없다 ②이것이 마지막, 이번뿐=これかぎり¶ もう~会あえない 이제 이걸 끝으로 만나지 못한다/~のことにしようで 이번뿐인 것으로 하자
これこれ [*此*此] 副 이러이러, 여차여차¶ ~しかじか 이러저러/~の事情じじょうで 이러이러한 사정으로
これこれ 感 (口) 여봐, 이봐¶ ~、どこへ行く 여봐 어디 가?
これしき [*此式] 名 (口) 이까짓, 이쯤, 이 정도¶ ~の仕事しごと 이 정도의 일/何なんの~のこと 뭘 그까짓 일 가지고
これっきり [*此っ切り] 副 (口) 이것이 마지막, 이것뿐, 이것밖엔¶ ~やめよう 이것을 마지막으로 그만두자/手持てもちの金かねは~だ 수중에 있는 돈은 이것뿐이다
これっぱかり [*此っ^許り] (口) I 連語 ①이 정도, 이쯤¶ ~の傷 요만한 상처 ②이것만, 이것뿐¶ ~はどうにもならない 이것만은 어쩔 도리가 없다 II 副 (『~も·~の…も』) 조금도, 전혀¶ 反対はんたいする気き は~もない 반대할 생각은 조금도 없다
これっぽっち [*此っぽっち] (口) I 名 이것뿐, 이것만, 요만큼¶ ~では物足ものたりない 이것만으로는 부족하다 II 副 (『~も·~の…も』) 의 꼴로) 조금도, 전혀¶ 悪意あくいなど~もない 악의 같은 건 조금도 없다
これという [*此と言う] 連語 (『~も』의 꼴로) 이렇다 할¶ ~話題だいもない 이렇다 할 화제도 없다
これといって [*此と言って] 連語 이렇다 하게, 특별히¶ ~特色とくしょくがない 이렇다 할 특색이 없다
これは [*此は] 感 (놀람·감탄을 나타내어) 이거, 이런, 저런¶ ~、しまった 이거 큰일났군 —此 連語 ①(文) 이것이 바로, 이야말로 ②(다른 것과 별개의 사항임을 나타낼 때) 이것은 —此は は [これは の 힘줌말. 이것 참, 이런, 저런 —したり 連語 (뜻밖이거나 어이없어 할 때) 이거 도대체, 이게 웬일이야, 이런
こればかり [*此^許り] 連語 ①(『~の』의 꼴로) 이 정도, 이만큼, 이쯤= これっぱかり¶ ~の傷きずで泣なくな 이만한 상처로 울지 마라 ((『~は』의 꼴로)) 이것만은¶ ~は許ゆるせない 이것만은 용서할 수 없다
これまで [*此迄] 連語 ①지금까지, 이제까지¶ ~の経過けいか 지금까지의 경과 ②이곳까지, 여기까지¶ わざわざ~足あしをお運はこび下くださって 일부러 이곳까지 와 주셔서 ③이렇게 되기까지¶ ~になるには大変たいへんだった 이렇게 여기까지는 여간 일이 아니었다 ④이만, 끝장¶ いよいよ~だ 이젠 끝장이다
これみよがし [*此見よがし] ⑦ 여봐란 듯이¶ ~に見みせつける 여봐란 듯이 보여 주다
これをもって [*此を以て] 連語 (文) 「これで」의 격식차린 말투. 이것으로, 이로써¶ ~閉会へいかいにします 이것으로 폐회하겠습니다
ころ [*転] (機) 굴림대
ころ [*頃] ①때, 계절, 시절¶ ~は六月がつ 때는 유월 ②경, 무렵, 시절¶ 子供こどもの~ 어린 시절 ③(적절한) 시기, 기회= ころあい¶ ~を見計みはかる 기회를 엿보다
ごろ (조어 성분으로서) 「ごろつき」의 준말. 깡패¶ 政治せいじ~ 정치 깡패
ごろ [語*呂·語調] ①어조¶ ~がいい 어조가 좋다 ②「語呂合あわせ」의 준말. —合わせ [表] ①속담·성구 등의 어조에 맞춰 뜻이 다른 글귀를 만드는 말장난 ②연속된 숫자에 어떤 뜻을 갖다 붙이는 말장난
ゴロ [野] 땅볼¶ ~を打うつ 땅볼을 치다
ころあい [*頃合] ①적당한 시기(때), 적기, 시오도키¶ ~を見計みはからって話はなしを出だす 적당한 때를 가늠하여 이야기를 꺼내다 ②알맞음, 적당함 ③적당한 가격
ころう [古老·故老] (文) 고로, 옛일을 잘 아는 노인¶ 昔むかしのしきたりを村むらの~に尋たずねる 옛 관습을 마을의 고로에게 묻다
ころう [固*陋] (文) 고루¶ 頑迷がんめい~ 완미 고루/~な人間にんげん 고루한 인간
ころう [*虎*狼] (文) 호랑 ①범과 이리 ②名 (比) 욕심 많고 잔인한 자¶ ~の心こころ 호랑심, 사납고 무자비한 마음

ころもへん

ごろう・じる [御覧じる] 他上一 (文)「見る」의 높임말. 보시다
ころおい [*頃おい] (文) (어느 때를 막연히 가리키는 말) 무렵, 때, 시기, 시절¶ もうあるじも戻る~ 이젠 주인도 돌아올 무렵
ころがき [枯露*柿・*転*柿] (작고 둥근) 곶감
ころがす [転がす] 他五 ①굴리다¶ ボールを~ 공을 굴리다 ②넘어뜨리다, 쓰러뜨리다¶ 植木鉢を~ 화분을 넘어뜨리다/相手を~ 상대방을 쓰러뜨리다 ③(俗) (값을 올리기 위해) 전매하다¶ 土地を~ 땅을 전매하다 ④(俗) (차를) 운전하다, 굴리다¶ 外車を~ 외제차를 굴리다
ころがりこ・む [転がり込む] 自五 ①(황급히) 뛰어들다¶ 追手に追われて寺に~ 추격자에 쫓기어 절에 뛰어들다 ② (뜻하지 않던 것이) 굴러 들어오다¶ 大金が~ 큰 돈이 굴러 들어오다 ③(口) (남의 집에 신세지려고) 찾아 들어오다 [가다]¶ 友人の家に~ 친구 집에 기어 들어가다
ころが・る [転がる] 自五 ①구르다, 굴러가다 =ころげる¶ タイヤが~ 타이어가 굴러가다 ②넘어지다, 쓰러지다 =ころげる¶ 地震で棚の食器が~ 지진으로 선반의 식기가 쓰러지다 ③드러눕다¶ 畳の上に~って眠る 다다미 위에 드러누워 자다 ④《「~っている」의 꼴로》㉠(아무렇게나) 뒹굴고 있다, 방치되어 있다¶ 消しゴムや鉛筆が~っている 지우개와 연필이 뒹굴고 있다 ㉡흔하다, 널려 있다, 지천이다¶ どこにでも~っている問題 어디에나 널려 있는 문제
ころく [語録] 어록¶ 高僧の~ 고승의 어록
ころくがつ [小六月] 음력 10월의 딴이름. 소춘
ころげこ・む [転げ込む] 自五 → ころがりこむ
ころげ・る [転げる] 自下一 → ころがる ②
ころころ Ⅰ 副 ① (작은 것이 구르는) 대굴대굴¶ 球が~と転がる 공이 대굴대굴 구르다 ②잇달아 바뀌는 모양¶ 意見が~変わる 의견이 잇달아 바뀌다 ③(여자가 밝게 웃는) 깔깔 Ⅱ 自ス 포동포동¶ ~と太った小犬 통통하게 살찐 강아지
ごろごろ Ⅰ 副 ①큰 물체가 구르는 모양・소리. 데굴데굴, 덜컹덜컹 ②천둥이 울리는 소리. 우르르¶ 雷が~鳴る 천둥이 우르르거리다 ③고양이가 목구멍을 울리는 소리. 그렁그렁 Ⅱ 副 自ス ①얼마든지, 우글우글¶ 世間に~している話 세상에 흔해 빠진 이야기 ②빈둥빈둥¶ 家で~する 집에서 빈둥거리다
ころし [殺し] (俗) 살인, 살인 사건¶ ~の現場 살인 현장 —文句 ①달콤한 말, (특히 남녀 관계에서) 사로잡는 말¶ ~を並べる 홀리는 말을 늘어놓다 ② (상대를 꼼짝 못하게 하는) 협박조의 말 —屋 살인 청부업자
ころしも [*頃しも] 副 (文) 때마침, 바야흐로 때는 바로~¶ 夏の~ 바야흐로 여름/~雪

降り出した때마침 눈이 오기 시작했다
ころ・す [殺す] 他五 ①죽이다, 살해하다. 죽게 하다¶ 猟銃で熊を~ 엽총으로 곰을 죽이다/手おくれで惜しい人を~した 시기를 놓쳐서 아까운 사람을 죽게 했다 ②못쓰게 만들다, 썩이다¶ 自由な発想を~ 자유로운 발상을 썩이다 ③(생리 현상・감정 등을) 억제하다, 억누르다¶ 息を~ 숨소리를 죽이다/あくびを~ 하품을 참다 ④녹쇠키다, 녹이다¶ ながし目で男を~ 추파로 남자를 녹쇠시키다 ⑤(바둑에서) 상대방의 수를 막다[봉쇄하다]¶ 中央の黒石を~ 중앙의 흑돌을 죽이다 ⑥(野) 아웃시키다¶ ランナーを~ 주자를 아웃시키다
ごろた ①통나무 ②굴림대 ③「ごろた石」의 준말. 길바닥에 나뒹구는 둥근 돌맹이
ごろつ・く 自五 (口) ①뒹굴다, 나뒹굴다, 굴러다니다¶ 大きな石が~いている 커다란 돌이 뒹굴고 있다 ②빈둥거리다¶ 夜の街を~ 밤거리를 빈둥거리다
コロニー (colony) 콜로니 ①식민지 ②(장기 요양자・장애자 등의) 집단 수용 시설 ③(生) 군서, 군락 ④(生) 군체 (群體)
ころね [*転寝] 名 自ス 옷 입은 채 아무 데서나 쓰러져 잠, 등걸잠
ころば・す [転ばす] 他五 ①굴리다¶ 猫が毛糸の球を~ 고양이가 털실 뭉치를 굴리다 ②쓰러뜨리다¶ 足をすくって~ 딴죽을 걸어 쓰러뜨리다
ごろはちちゃわん [五郎八茶*碗] 청화(青華) 자기로 된 크고 투박한 밥공기
ころび [転び] ①나뒹굶, 쓰러짐 ②(江戸 시대에) 천주교도가 탄압에 못 이겨 개종한 일, 그런 사람
ころびね [転び寝] ①등걸잠 ②선잠, 얕은 잠 ③(남녀의) 야합(野合), 밀통(密通)
ころ・ぶ [転ぶ] 自五 ①넘어지다, 자빠지다¶ つまずいて~ 발이 걸려 넘어지다 ②구르다, 굴러가다¶ 子犬が~ように駆けて行く 강아지가 구르듯이 달려오다 ③추세가 변하다, 바뀌다¶ どっちに~んでも結果は同じことだ 어느 쪽으로 바뀌더라도 결과는 마찬가지다 ④절개를 굽히다¶ 金に~ 돈에 팔리다 ⑤전향하다. (江戸 시대에 천주교도가) 개종하다 ⑥(기생 등이) 몸을 팔다
慣用句
—・ばぬ先の杖 넘어지기 전의 지팡이, 유비 무환
—・んでもただは起きぬ 넘어져도 그냥은 일어서지 않는다
ころも [衣] ①법의, 승복¶ 墨染めの~ 먹물을 들인 승복 ②(料) (과자・튀김 등의 겉에 입힌) 옷
ころもがえ [衣替え・*更衣] 名 自ス ①(계절 따라) 옷을 갈아입음 ②외관・내장 등을 새로 단장함¶ ビル街の~ 빌딩가의 새 단장
ころもへん [衣偏] (한자 부수의) 옷의변 ▷「初・襟」 등의 부수 부분

コロリ ㈠ 콜레라. 호열자

ころりと 副 ①대구루루루. 마리가~ころぶ 공이 대구루루 구르다 ②맥없이, 덜컥¶~参る 맥없이 손들다, 덜컥 죽다 ③홀딱, 싹~だまされる 홀딱 속다/考えが~変わる 생각이 싹 바뀌다

ごろりと 副 ①데구루루 ②아무렇게나 눕는 모양, 벌렁. 畳に~横になる 다다미에 벌렁 눕다

コロン (colon) 콜론, 기호「:」

こわ・い [怖い・^恐い] 形 무섭다 ①두렵다=恐ろしい¶~先生 무서운 선생님/夜道が~ 밤길이 무섭다 ②(좋지 않은 결과가 예상되어) 걱정스럽다, 염려스럽다¶口に出すのが~ 입밖에 내기가 무섭다 ③놀랄 만한 힘을 발휘하다, 대단하다¶本気になったら~よ 진지해지면 겁나요 **一物知らず** 連語 두려운 것을 모름, 무모함, 그런 사람 **一物無し** 連語 두려운 것이 없음, 그런 사람 **一物見たさ** 連語 무서운 것을 오히려 보고 싶은 마음

こわ・い [強い] 形 ①고집이 세다, 완고하다¶情けの~人 고집 센 사람 =こわだ, 딱딱하다¶御飯が~ 된밥/~布の 질긴 천 ②세다, 뻣뻣하다¶~毛 뻣뻣한 털/糊が~ 풀이 세다

こわいい [^強飯] 지에밥 ①점통에 찐 밥 ② → こわめし

こわいけん [^強意見] 따끔한 훈계, 엄한 충고

こわいろ [声色] ①음색, 목청=こわね ②(유명인의) 목소리를 흉내냄, 성대 모사¶~を使う 성대 모사하다

こわが・る [怖がる・^恐がる] 他五 무서워하다, 두려워하다¶犬を~ 개를 무서워하다

こわかれ [子別れ] 자식과의 생이별

こわき [小脇] 겨드랑이¶~に挟む 겨드랑이에 끼다/~に抱える 겨드랑이에 끼다

こわく [^蠱惑] 名 他スル (文) 고혹, 매혹¶~的な視線 고혹적인 시선

こわけ [小分け] 名 他スル 소구분, 세분, 세분한 것

こわごわ [怖怖・^恐恐] 副 조심조심, 주뼛주뼛¶~扉を開く 조심조심 문을 열다

ごわごわ I 副 (종이・천 등이) 빳빳한 [빳빳한] 모양¶~した紙 빳빳한 종이 II 형동 (종이・천 등이) 빳빳함, 빳빳한¶~の浴衣 빳빳한 유카타

こわざ [小技] (씨름・유도 등에서) 잔수, 잔재주 ⇔ 大技¶~がきく 잔재주가 능하다

ごわさん [御破算] → ごはさん

こわ・す [壊す・^毀す] 他五 ①부수다, 깨뜨리다, 파손하다¶皿を~ 접시를 깨뜨리다/机を~ 책상을 부수다 ②고장내다, 망가뜨리다¶カメラを~ 카메라를 고장내다 ③(건강을) 해치다, 탈을 내다¶お腹を~ 배탈이 나다 ④(정상적인 상태・약속 등을) 깨다, 망치다¶平和な家庭を~ 평화로운 가정을 파괴하다 ⑤(큰돈을) 헐다, 잔돈으로 바꾸다¶千円札を百円硬貨に~ 천 엔권을 백 엔짜리 동전으로 바꾸다

こわ・す [方] 입니다, 있습니다¶私のもので~ 제 것입니다/たくさん~ 많이 있습니다

こわだか [声高] 형동 목청을 돋움, 큰소리¶~に主張する 큰소리로 주장하다

こわたり [古渡(り)] 室町時代와 그 이전에 외국에서 들어옴, 그런 물건 ⇔ 新渡り¶~更紗 옛날에 도래된 사라사

こわだんぱん [^強談判] 강경한 담판¶~にも屈しない 강경한 담판에도 굴하지 않다

こわづかい [声遣い] 말투, 어조

こわっぱ [小童] 애송이, 꼬마¶こんな~に何ができるか 요런 애송이가 뭘 할 수 있겠어

こわね [声音] (文) 목소리, 음성¶か弱い~ 야냘픈 음성

こわば・る [強張る] 自五 굳어지다, 경직되다, 뻣뻣해지다¶表情が~ 표정이 굳어지다/シートがのりで~っている 시트가 풀을 먹어 빳빳하다

こわめし [^強飯] 팥을 두고 찐 찰밥, 지에밥

こわもて [^強持て] 名 自スル (口) 두려운 존재이기 때문에 각듯이 대접 받음¶~のする顔 두려움 때문에 대접 받는 얼굴

こわもて [^強面] 무서운 얼굴을 함, 강압적으로 나옴¶~の談判 강압적인 담판

こわり [小割り] ①(나무 등을) 잘게 켬, 잘게 켠 것 ②장작 패는 작은 도끼

こわれもの [壊れ物・^毀れ物] ①깨진 물건, 부서진 것 ②깨지기 쉬운 물건 = 割れ物¶~注意 파손(물) 주의

こわ・れる [壊れる・^毀れる] 自下一 ①깨지다, 부서지다, 파손되다¶窓ガラスが~ 유리창이 깨지다 ②(도구・기계가) 고장나다, 망가지다¶テレビが~ 텔레비전이 고장나다 ③(조직・상태・성질 등이) 깨지다, 파탄나다¶理論体系が~ 이론 체계가 깨지다/バランスが~ 밸런스가 깨지다 ④(성분 등이) 파괴되다, 없어지다¶熱すると有効成分が~ 가열하면 유효 성분이 파괴된다 ⑤(약속・계획 등이) 틀어지다, 어그러지다¶計画が~ 계획이 틀어지다

こん [今] 音 コン・キン 訓 いま | (음)금, (造語) ①현재, 지금¶今後 금후・古今 고금 ②이번, 今回 이번・今月 이번 달・今夜 오늘 밤 ▷ 熟字訓 今日 오늘・今朝 오늘 아침・今年 올해

こん [^艮] 音 コン・ゴン | (음)간, (造語) ①「コン」으로 읽어서) 주역에서 팔괘의 하나, 간괘 ②(「ゴン」으로 읽어서) 방위의 하나, 동북쪽

こん [困] 音 コン 訓 こまる | (음)곤, (造語) 곤란하다, 고생하다, (앞이) 막히다¶困窮 곤궁・困難 곤란・貧困 빈곤

こん [^坤] 音 コン 訓 ひつじさる | (음)곤, (造語) ①주역에서 팔괘의 하나 ②땅, 대지¶乾坤 건곤 ③여성¶坤徳 곤덕, 부인의 덕 ④방위의 하나, 남서쪽

**こん** [*昏*] 音コン 訓くらい|(음)혼. 造語 ①해가 져서 어둡다, 해질녘¶昏冥こんめい 혼명・黄昏こうこん 황혼 ②눈이 현혹되어 보이지 않다¶昏昏こんこん 혼혼・昏睡こんすい 혼수・昏迷こんめい 혼미 ▷ 熟字訓 黄昏たそがれ 황혼

**こん** [昆] 音コン|(음)곤. 造語 ①형¶昆弟こんてい 곤제 ②후사, 자손¶昆孫こんそん 곤손 ③벌레¶昆虫こんちゅう 곤충

**こん** [恨] 音コン 訓うらむ・うらめしい|(음)한. 造語 유감스럽다, 한스럽다¶遺恨いこん 유한・怨恨えんこん 원한・悔恨かいこん 회한

**こん** [根] 音コン 訓ね|(음)근. I 造語 ①(식물의) 뿌리¶球根きゅうこん 구근・大根だいこん 무・毛根もうこん 모근・蓮根れんこん 연근 ②(사물의) 근본, 근원, 근거¶根拠こんきょ 근거・根源こんげん 근원・根絶こんぜつ 근절・根本こんぽん 근본 ③기력, 근성¶根気こんき 근기・根性こんじょう 근기, 끈기¶~が続つづく 끈기가 지속되다 ②数 근¶~を求もとめる 근을 구하다 ③化 이온이 되는 경향이 있는 기¶水酸すいさん~ 수산기 ④佛 근. 감각 기관¶六ろっ~ 육근

慣用句
**―を詰つめる** 정신을 집중하다, 몰두하다

**こん** [婚] 音コン|(음)혼. I 造語 혼인을 하다, 부부가 되다¶婚約こんやく 혼약・結婚けっこん 결혼・再婚さいこん 재혼・離婚りこん 이혼 ▷ 熟字訓 許婚いいなずけ 약혼자 II 부부가 됨, 혼인을 通つうずる 통혼하다

**こん** [*梱*] 音コン|(음)곤. 造語 짐을 꾸리다¶梱包こんぽう 곤포

**こん** [混] 音コン 訓まじる・まざる・まぜる|(음)혼. 造語 섞다, 섞이다¶混血こんけつ 혼혈・混雑こんざつ 혼잡・混沌こんとん 혼돈・混乱こんらん 혼란

**こん** [痕] 音コン 訓あと|(음)흔. 造語 ①흉터¶創痕そうこん 창흔・刀痕とうこん 도흔 ②흔적, 형적¶痕跡こんせき 흔적・血痕けっこん 혈흔・弾痕だんこん 탄흔

**こん** [紺] 音コン|(음)감. 造語 감색, 자청색(紫青色)¶紺青こんじょう 감청・紺碧こんぺき 감벽・紺地こんじ 감색 천(바탕)・紺屋こうや 염색집 II 감색¶~の背広せびろ 감색 신사복

**こん** [*渾*] 音コン|(음)혼. 造語 ①여러 가지가 하나로 혼합되어 있는 모양¶渾一こんいつ 혼일・渾然こんぜん 혼연 ②모든 것¶渾身こんしん 혼신 ③물이 콸콸 흐르는 모양, 기세가 왕성한 모양¶渾渾こんこん 혼혼・雄渾ゆうこん 웅혼

**こん** [魂] 音コン 訓たましい|(음)혼. 造語 ①혼, 넋, 영혼¶魂魄こんぱく 혼백・招魂しょうこん 초혼・鎮魂ちんこん 진혼・霊魂れいこん 영혼 ②마음, 정신¶魂胆こんたん 혼담・商魂しょうこん 상혼・闘魂とうこん 투혼

**こん** [墾] 音コン|(음)간. 造語 황무지를 개간하다¶墾田こんでん 간전・開墾かいこん 개간・未墾みこん 미간

**こん** [懇] 音コン 訓ねんごろ|(음)간. ①진심이 담겨 있다, 정성¶懇願こんがん 간원・懇望こんぼう 간망 ②친하다. 진심으로 스스럼없다¶懇意こんい 친밀・懇談こんだん 간담・昵懇じっこん 절친

**こん** [献] 助数 (술자리에서) 잔을 건네는 횟수, 술과 음식을 대접하는 횟수¶酒三さんこん 술 석 잔/ 一いっ~かたむける 한 잔 마시다

**ごん** [*艮*] 간 ①(주역에서) 팔괘의 하나. 간괘 ②간방(艮方), 동북쪽= うしとら

**ごん** [権] 音ゴン (관명에 붙어) 임시의, 정원 외의¶~大納言だいなごん 임시 대납언

**こんい** [懇意] 名 친밀함, 친함, 자별한 사이임¶~な間柄あいだがら 친밀한 사이/ ~にする 친하게 지내다

**こんいつ** [混一] 名 自他スル 文 혼일. 섞여서 하나가 됨, 섞어서 하나로 함

**こんいつ** [*渾一*] 名 自他 혼일. 이질적인 것이 융합하여 하나가 됨, 하나가 되게 함

**こんいん** [婚姻] 혼인 ―適齢てきれい 혼인 적령 ―届とどけ 혼인계, 혼인 신고

**こんか** [今夏] 文 금하. 금년 여름, 올 여름

**こんか** [婚家] 文 혼가. 시가, 데릴사위로 들어간 집

**こんかい** [今回] 금회. 이번 (차례), 금번= 今度こんど¶~はじめて出席しゅっせきした 이번에 처음으로 출석했다

**こんかぎり** [根限り] 副 힘껏, 힘 자라는 데까지¶~働はたらく 힘껏 일하다

**こんがすり** [紺飛白・紺絣] 감색 바탕에 비백 무늬가 들어간 면직물, 그런 무늬

**こんがらが・る** 自五 ①(실 등이) 헝클어지다¶糸いとが~ 실이 헝클어지다 ②복잡하게 뒤얽히다¶話はなしが~ 이야기가 복잡해지다

**こんがり** 副 노릇노릇, 누르스름하게¶~と焼やき上あがったパン 노릇노릇하게 구워진 빵

**こんかん** [根幹] 근간, 근본, 중추¶~をなす 근간을 이루다

**こんがん** [懇願] 名 他スル 간원. 간청¶協力きょうりょくを~する 협력을 간청하다

**ごんかん** [権官] 日史 令制りょうせいに 정해져 있지 않은 임시직 벼슬

**こんき** [今期] 금기. 이번 시기 · 기간

**こんき** [根気] 근기, 끈기= 根こん¶~が続つづかない 끈기가 달리다 ―負まけ = 根負こんまけ

**こんき** [根基] 文 근기, 근원, 근저

**こんき** [婚期] 혼기. 결혼 적령기¶~を逸いっする 혼기를 놓치다

**こんぎ** [婚儀] 文 혼례

**こんきゃく** [困却] 名 自スル 文 곤각. 매우 곤란(난처)함¶無理むりな要求ようきゅうに~する 무리한 요구에 몹시 난감해 하다

**こんきゅう** [困窮] 名 自スル 文 ①곤궁. 빈곤¶~に耐たえる 곤궁함을 참고 견디다 ②해결책이 없어 곤란함¶対策たいさくに~する 뾰족한 대책이 없다

**こんきょ** [根拠] 근거 ①바탕이 되는 이유・사실¶正当せいとうな~に立たつ 정당한 근거에 입각하다 ②(활동의) 터전, 본거 ―地ち 근거지. 본거지

**こんぎょう** [今暁] 文 금효. 오늘 새벽

**ごんぎょう** [勤行] 佛 근행. 불전에서 독경・회향(回向) 등을 하는 일= お勤つとめ

**こんく** [困苦] 名 自スル 文 곤고, 곤궁, 고생¶~欠乏けつぼう 곤고 결핍

こんく【金口】 금구. 부처님의 입·가르침
ごんぐ【*欣*求】【佛】흔구. 진심으로 기구함 ━浄土どう【佛】흔구 정토
こんくらべ【根比べ】 끈기를 겨룸. 끈기 싸움¶どちらが早〜く音ねを上ぁげるかの〜 어느 쪽이 먼저 항복하느냐 하는 끈기 싸움
ごんげ【権化】 권화 ①【佛】 부처·보살이 중생을 구제하기 위해 사람으로 변신하여 이 세상에 나타남. 그런 화신 = 権現けん ②어떤 추상적 특질·사상이 구체화된 것으로 여겨지는 존재. 화신¶ 金銭欲の〜 금전욕의 화신
こんけい【根茎】【植】 근경. 뿌리줄기
こんけつ【混血】 혼혈 ━児じ 혼혈아
こんげつ【今月】 금월. 이달¶ 〜いっぱいかかるだろう 이달 꼬박 걸릴 것이다
こんげん【根元·根源】 근원¶ 諸悪しょの〜 모든 악의 근원
ごんげん【権現】 ①【佛】 권현. 부처·보살이 중생을 구제하기 위해 일본 신의 모습으로 나타남. 그런 신 = 権化けん ②【文語】일본에서의 신의 칭호의 하나¶ 東照大とうしょう━東照大신 ━造づくり【建】 한 용마루 밑에 배전(拝殿)과 본전(本殿)이 연결된 구조의 神社じん 건축 양식
こんご【今後】 금후. 이후. 차후 = 以後ご¶ 〜の計画がく 금후의 계획/〜一切さい禁きんずる 금후 일절 금한다
ごんご【言語】【文】 언어. 말 = げんご¶ 〜に絶ぜっする 이루 다 말할 수 없다 ━道断だん 언어 도단
こんこう【混交·混*淆】【名】【自スル】①혼효. 뒤섞임¶ 玉石ぎょく〜 옥석 혼효 ②【文法】 뜻·어형이 닮은 말이나 글을 혼합하여 새로운 말·글을 만듦
こんごう【金剛】 금강¶ 〜身 금강처럼 몹시 단단한 몸, 불신 ━界かい【佛】금강계 ━経きょう 금강경. 금강 반야 바라밀다경 ━砂しゃ【鑛】 금강사¶【相撲】 씨름꾼이 씨름판에 들어설 때 손에 문지르는 모래 ━杵しょ【佛】(밀교에서) 금강저 ━心しん【佛】 금강심 ━石せき 금강석. 다이아몬드 ━杖じょう 금강장 ━不壊ふえ【文】금강불괴 ━力士りき【佛】금강역사. 금강신. 인왕(仁王)
こんごう【根号】【數】 근호. 루트
こんごう【混合】【名】【他スル】 혼합¶ 数種しゅのスパイスを〜した調味料ちょうみ 여러 종류의 향신료를 혼합한 조미료 ━ダブルス (테니스·탁구 등에서) 혼합 복식 ━物ぶつ 혼합물
ごんごう【*五合】【口】「ごごう」의 변형말
こんこん【副】 ①(기침하는) 콜록콜록 ②(여우가 우는) 캥캥 ③(단단한 것을 가볍게 때리는) 똑똑¶ 扉とびらを〜とノックする 문을 똑똑 노크하다 ④(눈·비가 많이 내리는) 펑펑
こんこん【*昏*昏】【名】 혼혼 ①(눈 어두운 모양) ②의식이 없음, 깊이 잠들어 있는 모양¶ 〜と眠ねむる 정신없이 자다
こんこんちき【俗】 ①여우의 딴이름 ②(「…の〜」의 꼴로) 이만저만이 아님¶ 大違ちがいの〜なのさ 달라도 이만저만 다른 게 아니야

こんこんと【*滾*滾と】【副】 (끊임없이 흐르거나 솟아 나오는) 펑펑. 콸콸¶ 清水しみずが〜とわき出でる 맑은 물이 콸콸 솟아 나오다
こんこんと【懇懇と】【副】 간곡히¶ 母ははが子こを〜さとす 어머니가 자식을 간곡히 타이르다
こんサージ【紺サージ】 감색 서지(복지)
こんさい【根菜】 근채. 뿌리 채소
こんざい【混在】【名】【自スル】 혼재. 뒤섞여 있음
ごんさい【権妻】【文】 첩(妾) = めかけ
こんさく【混作】【名】【他スル】【農】 혼작¶ 野菜やさいを〜する 채소를 혼작하다
こんざつ【混雑】【名】【自スル】 혼잡¶ 交通こうつうの〜 교통 혼잡/〜を極きわめる 혼잡하기 그지없다
こんし【懇志】【文】 간지. 간곡한 뜻
こんじ【今次】【文】 이번. 금번 = 今回こん¶ 〜の大戦せん 이번 대전
こんじ【恨事】 한사. 한스러운 일¶ 千秋せんしゅうの〜 천추의 한사
こんじ【根治】【名】【自他スル】 근치. 완치 = こんち¶ 病気びょうきを〜する 병을 근치하다
こんじ【紺地】 ①감색 바탕 ②감색 옷감
こんじき【金色】 황금색. 금빛 = きんいろ
こんじゃく【今昔】 금석. 지금과 옛날
【慣用句】
━一の感かん 금석지감. 격세지감
こんしゅう【今秋】【文】 금추. 금년 가을. 올 가을
こんしゅう【今週】 금주. 이번 주
こんしゅご【混種語】【文法】 일본 고유어·한자·외래어 등이 복합된 말
こんじゅほうしょう【紺*綬褒章】 감수 포장
こんしゅん【今春】 금춘. 금년 봄. 올 봄
こんしょ【懇書】【文】 간서 ①간곡한 편지 ②혜서(惠書)¶ 御〜拝読はいいたす 혜서를 받자옵나이다
こんじょう【今生】【佛】 금생. 이승. 이 세상¶ 〜の別わかれ 이승에서의 작별. 죽음
こんじょう【根性】 근성 ①일을 끝까지 이루려는 성깔¶ 〜がない 근성이 없다 ②타고난 성질¶ 島国ぐに〜 섬나라 근성
こんじょう【紺青】【文】 감청. 선명한 남빛
こんじょう【懇情】【文】 간정. 친절한 마음
ごんじょう【言上】【名】【他スル】【文】 말씀드림. 여쭘¶ お礼れいを〜する 감사의 말씀을 드리다
こんしょく【混食】【名】【自他スル】 혼식 ①쌀에 잡곡을 섞어 먹음¶ 〜を奨すすめる 혼식을 장려하다 ②고기와 채소를 모두 먹음
こん·じる【混じる】【自】【他】【上一】【文】 → こんずる
こんしん【混信】【名】【自スル】【電】 혼신. (무선·라디오 등에서) 다른 전파가 섞여 수신됨
こんしん【渾身】【名】 혼신. 온몸. 전신¶ 〜の力ちからをふりしぼる 혼신의 힘을 다하다
こんしん【懇親】 간친. 친목¶ 〜会かい 간친회
こんじん【今人】【文】 금인. 현 시대의 사람. 현대인 ⇔古人じん
こんじん【金神】 금신. (음양도에서) 모시는 방위(方位)의 신
コンス【*公司】 공사. (중국에서) 회사
こんすい【昏睡】【名】【自スル】【醫】 혼수¶ 〜状態じょうたいに陥おちいる 혼수 상태에 빠지다

ごんずい【権*瑞】【動】쏠종개= ぎぎ
ごんすけ【権助】하인. 머슴
こん・ずる【混ずる】【自他 サ変】【文】섞이다, 섞다 = こんじる 異物が～ 이물질이 섞이다
こんせい【混生】【名】【自スル】혼생. (두 종류 이상의 식물이) 섞여 자람
こんせい【混成】【名】【自他スル】혼성 ～岩 혼성암 / ～チーム 혼성팀
こんせい【混声】【首】혼성 一合唱 혼성 합창
こんせい【懇請】【名】【他スル】【文】간청 就任を～する 취임을 간청하다
こんせき【今夕】【文】오늘 저녁, 오늘 밤 ～は御多忙のところ 오늘 저녁은 바쁘신데
こんせき【*痕跡】흔적 ～をとどめる 흔적을 남기다
こんせつ【今節】①【文】요즈음 ～の若者 요즘 젊은이 ②(프로 야구 등의) 이번 시즌
こんせつ【懇切】【名】【ダ】간절. 자상하고 친절함 ～な指導 친절하고 자상한 지도
こんぜつ【根絶】【名】【自他スル】근절 = 根絶やし 天然痘の～ 천연두의 근절
こんせん【混戦】【名】혼전 三つ巴ともの～ 삼파전 / ～模様 혼전 양상
こんせん【混線】【名】【自スル】혼선 ①【電】다른 신호・통화가 섞여 들림 ②여러 이야기가 뒤섞여 갈피를 잡을 수 없게 됨 話が～する 이야기가 혼선되다
こんぜん【*渾然】【ダ】【文】혼연 ～一体となる 혼연 일체가 되다
ごんだいなごん【権大納言】임시 大納言
こんだく【混濁・*溷濁】【名】【自スル】혼탁 ①흐림 ～した空気 혼탁한 공기 ②(기억 등이) 흐릿함 意識が～する 의식이 흐릿해지다
こんだて【献立】차림표, 메뉴 ～表 차림표 / ～準備, 채비 会議の～ 회의의 준비
こんたん【魂胆】①꿍꿍이속, 속셈, 책략 = たくらみ ～を見抜く 속셈을 꿰뚫어 보다 ②복잡한 사정・까닭
こんだん【懇談】【名】【自スル】간담 父母は～会 학부모 간담회
こんち【根治】【名】【自他スル】→ こんじ(根治)
こんちくしょう【こん畜生】【口】Ⅰ【代】(옆 사람을 욕하는 말) 이 자식, 이 새끼 ～が悪いんだ 이 자식이 나쁘다 Ⅱ【感】(몹시 화가 났을 때 내뱉는 말) 젠장, 제기랄 ～め 제기랄
こんちゅう【昆虫】【動】곤충 ～採集 곤충 채집
こんちょう【今朝】【文】오늘 아침 = けさ
コンテ【放】【映】「コンティニュイティー」의 준말
こんてい【根底・根柢】근저, 근본, 토대 ～に流れる思想 근저에 흐르는 사상
こんでい【金泥】금니. 금가루를 아교에 갠 것
こんでい【*健児】①【史】(平安 시대에) 각 지방에 배치되어 관아나 관문을 지키던 수비병 ②무사의 하인, 하급 무사
コンティニュイティー (continuity)【放】【映】콘티뉴이티. 촬영용 대본 = コンテ
こんでん【墾田】간전. 새로 개간한 전답 一永

年私財法【史】(743년 제정된) 간전을 영구적인 사유 재산으로 인정한 토지법
コンデンサー (condenser) 콘덴서 ①【機】응축기 ②【電】축전기 ③【物】집광(集光) 장치
コント (프 conte) 콩트 ①【文】짧고 재치있게 쓴 단편, 장편(掌篇) ②１과 같은 취향의 촌극
こんど【今度】①이번은 = このたび ～の課長 이번 과장 / ～出た本は 이번에 나온 책 ②이 다음 ～こそ優勝したい 이 다음에는 우승하고 싶다
こんとう【今冬】【文】금동. 금년 겨울, 올 겨울
こんとう【*昏倒】【名】【自スル】혼도, 졸도 ¶ 殴られて～した 구타당하고 졸도했다
こんどう【金堂】【佛】금당. 본당, 대웅전
こんどう【金銅】금동 ～仏 금동불
こんどう【混同】【名】【自他スル】혼동 ①섞여서 하나가 됨, 섞어서 하나로 함 = 混一 ②잘못 판단하여 하나로 취급함 公私を～する 공사를 혼동하다
こんとく【懇篤】【ダ】【文】간독. 극진함 ¶ 御～なお手紙を賜わる 간독하신 편지를 받다
ゴンドラ (gondola) 곤돌라 ①베니스의 유람선 ②(비행선・기구 등의) 조롱 ③(야구장 등의) 매단 좌석 ④(고층 건물의) 짐운반용 곤돌라
コンドル (condor)【動】콘도르
コントロール (control)【名】【他スル】컨트롤 ①통제, 조절, 제어 ¶ 感情を～する 감정을 조절하다 ②【野】제구, 제구력 ¶ ～がいい投手 제구력이 좋은 투수 一タワー (control tower)【文】컨트롤 타워, 관제탑
こんとん【混沌・*渾沌】혼돈 Ⅰ【名】태초의 혼돈 상태 Ⅱ【名】【スル】사물이 뒤섞여 혼돈한 상태 ¶ ～とした政治情勢 혼돈한 정치 정세
こんな【連体】①이런 ～仕事はもうごめんだ 이런 일은 이제 사절이다 ②(「～に」의 꼴로) 이처럼, 이렇게, 이토록 ¶ ～におもしろい本は読んだことがない 이처럼 재미있는 책은 읽은 적이 없다
こんなん【困難】【名】【ダ】곤란 ¶ 呼吸～ 호흡곤란 / ～を伴う 곤란이 따르다
こんにち【今日】①금일. 오늘 = 本日 ¶ ～の式次第 금일의 식순 ②오늘날, 요즘 ¶ ～の社会情勢 오늘날의 사회 정세 一様 해님, 태양 ¶ ～に申し訳がない 해님에게 죄송하다 一只今で 지금 바로, 곧바로 一的で 현대적. 지금 세상식 一は【感】【口】(낮에 하는 인사말) 안녕하십니까？
こんにゃく【*蒟蒻】곤약 ①【植】구약나물 ②구약나물의 알줄기를 삶아 굳힌 식품 ¶ 糸～ 실국수처럼 썬 곤약 一玉で 구약나물의 줄기 / 一版【版】(등사판의 일종인) 곤약판 一問答 엉뚱한 응수, 동문 서답
こんにゅう【混入】【名】【自他スル】혼입 ¶ 薬物が～する 약물이 혼입되다
こんねん【今年】【文】금년, 올해 = ことし
こんねんど【今年度】금년도 ¶ ～の目標 금년도의 목표
コンパ (회비를 추렴하는) 다과회, 친목회

コンバーター (converter) 컨버터 ①[電] 변환기 ②[電] 고주파를 저주파로 변환시키는 회로 ③[컴] 수치 정보를 변환하는 장치

こんぱい [困憊] 名 自スル 곤비, 지침, 고달픔 ¶ ~しきった体から 지칠대로 지친 몸

こんぱく [魂魄] 文 혼백. 영혼

コンパス (네 kompas; compass) 컴퍼스 ①원을 그리는 제도기 = ぶんまわし ②보폭 ¶ ~が長い 다리가 길다 ③나침반

コンパチブル (compatible) [機] 컴퍼티블. (다른 기종과) 호환(互換)이 됨 = コンパチ

こんばん [今晩] 오늘 밤, 오늘 저녁 = こよい —は 感口 (밤에 만났을 때 하는 인사말) 안녕하십니까?

こんぱん [今般] 文 금번, 이번 ¶ ~転居いたしました 금번 이전하였습니다

コンビナート (러 kombinat) [經] 콤비나트. 기업 결합 ¶ 石油化学せきゆかがく~ 석유 화학 콤비나트

コンビネーション (combination) 콤비네이션 ① 결합, 배합, 짝맞춤 ¶ 色いろの~がいい 색의 배합이 좋다 ②服 위아래가 붙은 속옷 ③(스포츠에서) 같은 팀 선수간의 연계 동작 ¶ ~プレー 콤비네이션 플레이 ④[野] 투구(投球) 구질의 배합, 배구(配球)

コンピューター (computer) [컴] 컴퓨터 —ウイルス (computer virus) [컴] 컴퓨터 바이러스 —グラフィックス (computer graphics) [컴] 컴퓨터 그래픽스 —ゲーム (computer game) [컴] 컴퓨터 게임

こんぴら [金毘羅] ①[佛] 금비라. 불법의 수호신 ②香川かがわ현 琴平町ことひらちょう에 있는「金刀比羅宮こんぴらぐう」의 속칭

こんぶ [昆布] 名 곤포, 다시마 = こぶ

コンフリー (comfrey) [植] 캄프리. 지치과의 약초

コンプレックス (complex) 콤플렉스 ①[心] 복합 관념 ②[建] 복합 건축물 ③열등감

コンペ 콤페 ①(경기, 특히) 골프경기 대회 ②건축 설계 경기, 「コンペティション」의 준말

コンペイトー (포 confeito) 콘페이토, 별사탕

ごんべえ [権*兵*衛] ①유아의 목 뒤 움푹한 데에 깎아 남긴 털, 제비초리 ②시골 사람·농민을 깔보아 일컫는 말. 촌뜨기 ¶ 名無なしの~ 이름없는 촌뜨기

慣用句
—が種たねを蒔まきゃ烏からすがほじくる 남이 해 놓은 일을 나중에 딴 사람이 망가뜨린다

こんぺき [紺*碧] 검푸름, 감청색 ¶ ~の海うみ 검푸른 바다

ごんべん [言偏] (한자 부수의) 말씀변 ▷「記·詩」등의「言」부분

コンベンション (convention) 컨벤션. (국제적인) 집회, 대회, 대표 회의 ¶ ~ホール 컨벤션 홀

コンポ「コンポーネントステレオ」의 준말

こんぼう [混紡] 名 他スル 혼방 ¶ ~糸いと 혼방사

こんぼう [*棍棒] 곤봉 ①몽둥이 ②체조 용구의 하나, 그것을 이용한 경기 종목 ③경찰봉

こんぽう [*梱包] 名 他スル 곤포, 짐을 꾸림, 그런 짐짝

コンポーネント (component) 컴포넌트. 스테레오를 구성하는 각 부분 —ステレオ (component stereo) 컴포넌트 스테레오 = コンポ

こんぽん [根本] 근본 ¶ ~義ぎ 근본 의의 /憲法けんぽうの~精神せいしん 헌법의 근본 정신 —的てき 근본적

コンマ (comma) 콤마 ①구두점의 하나, 기호「,」¶ ~を置おく 구두점을 찍다 ②소수점 —以下いか ①소수점 이하 ②표준(수준) 이하

こんまけ [根負け] 名 自スル ①(상대방의) 끈기에 짐 ¶ 彼かれの熱心ねっしんさに~する 그의 열성에 지다 ②끈기가 달림 = 根気負こんきまけ ¶ ~して中止ちゅうしする 끈기가 달려 중지하다

こんみょうにち [今明日] 文 금명일. 오늘 내일 ¶ ~中ちゅうに脱稿だっこうする 금명간에 탈고한다

こんめい [昏迷] 名 自スル 혼미 ①사리에 어두워 분별을 잃음 ②의식이 몽롱함 ¶ ~した精神せいしん 혼미한 정신

こんめい [混迷] 名 自スル 혼미. 뒤섞여 갈피를 잡을 수 없음 ¶ ~に陥おちいる 혼미에 빠지다

こんめい [懇命] 文 간명. 간곡하신 분부

こんもう [根毛] 名 근모. 뿌리털

こんもう [懇望] 名 他スル 文 간망, 열망, 간절한 희망 = こんぼう ¶ 総裁そうさい就任しゅうにんを~する 총재 취임을 간망하다

こんもり 副 自スル ①나무가 우거져 어둑한 모양 ¶ ~とした森もり 울창한 숲 ②도도록하게 솟은 [붕긋한] 모양 ¶ ~とした丘おか 붕긋한 언덕

こんや [今夜] 오늘 밤 = こんばん ¶ ~何なにがいますか 오늘 밤 찾아뵙겠습니다

こんや [紺屋] 염색집 = こうや

こんやく [婚約] 名 自スル 혼약, 약혼 ¶ ~者しゃ 약혼자 / ~指輪ゆびわ 약혼 반지

こんゆう [今夕] 금석, 오늘 저녁 = こんせき

こんよう [混用] 名 他スル 혼용 ¶ 漢字かんじと仮名かなを~する 한자와 가나를 혼용하다

こんよく [混浴] 名 自スル 혼욕. 남녀가 혼욕함

こんらん [混乱] 名 自スル 혼란 ¶ ~を招まねく 혼란을 초래하다 / 頭あたまが~する 머리가 혼란하게 되다

こんりゅう [建立] 名 他スル (불당 등의) 건립

こんりゅう [根粒·根*瘤] [植] 근류. 뿌리혹 —バクテリア [植] 근류 박테리아

こんりんざい [金輪際] Ⅰ 名 ①[佛] 금륜, 대지의 맨 밑바닥 ②사물의 극한[궁극] Ⅱ 副 절대로, 결단코, 끝끝내 ¶ ~許ゆるさない 절대로 용서하지 않는다

こんれい [婚礼] 혼례. 결혼식

こんろ [*焜炉] ①곤로. (취사용) 풍로 ¶ 石油せきゆ~ 석유 곤로 ②→しちりん(七輪)

こんわ [混和] 名 他スル 혼화. 골고루 뒤섞임

こんわ [懇話] 간화, 담담 ¶ ~会かい 간담회

こんわく [困惑] 名 自スル 곤혹, 난처함 ¶ ~の体てい 곤혹스런 모습 / ~した表情ひょうじょうをみせる 곤혹스런 표정을 보이다

# さ サ

**さ** 五十音図(ごじゅうおんず)「さ」행(行)의 첫째 かな. ひらがな「さ」는「左」의 초서체, かたかな「サ」는「散」의 왼쪽 윗부분에서 취한 것

**さ**【*叉】 音 サ・シャ 訓また│(음)차. (造語) 양갈래, 분기하다¶ 音叉(おんさ) 음차・交叉(こうさ) 교차・三叉路(さんさろ) 삼차로

**さ**【左】 音 サ 訓 ひだり│(음)좌. Ⅰ(造語) ①왼, 왼쪽 左岸(さがん) 좌안・左右(さゆう) 좌우 ②낮은 지위, 하위 左遷(させん) 좌천 ③옳지 않음, 부정 左道(さどう) 좌도 ④「左翼(さよく)」의 준말 左傾(さけい) 좌경・極左(きょくさ) 극좌 ⑤증거¶ 証左(しょうさ) 증좌 ⑥애주가¶ 左党(さとう) 주당 Ⅱ (세로 쓰기에서) 좌, 다음, 이하¶ ~のとおり 좌와 같음

**さ**【些】 音 サ 訓 いささか│(음)사. (造語) 조금, 하찮음¶ 些細(ささい) 사세・些少(さしょう) 사소

**さ**【佐】 音 サ 訓 たすける│(음)좌. (造語) ①돕다, 거들다, 보필하다¶ 補佐(ほさ) 보좌 ②구 일본 군대・자위대의 계급¶ 佐官(さかん) 영관・大佐(たいさ) 대좌・少佐(しょうさ) 소좌

**さ**【*沙】 音 サ・シャ 訓 すな│(음)사. (造語) ①모래¶ 沙漠(さばく) 사막・白沙(はくしゃ) 백사 ②(일어서) 골라내다, 가려내다¶ 沙汰(さた) 사금・沙汰(さた) 사태 ③범어「シャ」의 차음자¶ 沙弥(しゃみ) 사미・沙門(しゃもん) 사문 ▷①은「砂」가 대용자 熟字訓 沙子(すなご) 모래, 작은 돌・沙魚(はぜ) 망둥이

**さ**【査】 音 サ 訓 しらべる│(음)사. (造語) 조사하다, 밝히다, 알아보다¶ 査察(ささつ) 사찰・検査(けんさ) 검사・捜査(そうさ) 수사・調査(ちょうさ) 조사

**さ**【砂】 音 サ・シャ 訓 すな│(음)사. (造語) ①모래¶ 砂丘(さきゅう) 사구・砂漠(さばく) 사막・砂利(じゃり) 자갈 ②모래 모양의 것¶ 砂金(さきん) 사금・砂糖(さとう) 설탕 ▷①은「沙」의 대용자

**さ**【唆】 音 サ 訓 そそのかす│(음)사. (造語) 꾀다, 부추기다, 넌지시 알리다¶ 教唆(きょうさ) 교사・示唆(しさ) 시사

**さ**【差】 音 サ 訓 さす│(음)차. Ⅰ(造語) ①다름, 같지 않음¶ 差異(さい) 차이・差別(さべつ) 차별・千差万別(せんさばんべつ) 천차만별 ②차, 차이가 남¶ 差額(さがく) 차액・誤差(ごさ) 오차 ③사람을 보내다¶ 差遣(さけん) 차견 ④엇갈리다, 서로 물리다¶ 交差(こうさ) 교차 Ⅱ 차│차이, 간격¶ 程度(ていど)の~はあっても 정도의 차는 있어도 ②【数】 어떤 수에서 빼『~を求むる数 차를 구하다

**さ**【詐】 音 サ 訓 いつわる│(음)사. (造語) 속이다, 거짓말을 하다¶ 詐欺(さぎ) 사기・詐取(さしゅ) 사취・詐称(さしょう) 사칭・姦詐(かんさ) 간사

**さ**【*嵯】 音 サ │(음)차. (造語) 산이 높고 험한 모양¶ 嵯峨(さが) 차아

**さ**【*裟】 音 サ │(음)사. (造語) 범어의 차음자¶ 袈裟(けさ) 가사

**さ**【*瑳】 音 サ │(음)차. (造語) 갈다, 연마하다¶ 切瑳(せっさ) 절차

**さ**【鎖】【鎖】 音 サ 訓 くさり・とざす│(음)쇄. (造語) ①쇠사슬, 사슬처럼 이어짐¶ 鎖骨(さこつ) 쇄골・連鎖(れんさ) 연쇄 ②자물쇠¶ 鎖鑰(さやく) 자물쇠와 열쇠 ③닫다, 잠그다¶ 鎖国(さこく) 쇄국・閉鎖(へいさ) 폐쇄

**さ** 接頭 ①(명사・동사에 붙어) 어조를 고르고 아어를 만듦¶ ~夜(よ)/ ~まよう 헤매다 ②(명사에 붙어) 이른, 어린¶ ~乙女(おとめ) 소녀/ ~苗(なえ) 이른 모/ ~わらび 햇고사리 ▷「小~」부」 등의 한자로도 씀 ③(명사에 붙어) 음력 5월의 ~¶ ~月(つき) 음력 5월/ ~みだれ 5월 장마

**さ** 接尾 (명사를 만듦) ~함, ~임¶ 高(たか)~ 높이・面白(おもしろ)~ 재미・静(しず)か~ 고요함

**さ** Ⅰ 終助 ①(강한 주장) …이지, …이야¶ あたりまえ~ 당연하지/ そんなことくらいできる~ 그런 것쯤이야 문제없지 ②(질문・힐문) …거냐, …말이야¶ 行(い)くってどこへなの~ 가다니 어딜 간다는 거냐/ それがどうしたの~ 그게 어쨌단 말이야 ③(방관・체념) …야, …어¶ まあいい~ 뭐 괜찮아/ 心配(しんぱい)する事は無(な)い~ 걱정할 거 없어 ④(간접 경험・전문) …란다, …대¶ 昔(むかし)はここが海(うみ)だったと~ 예전에는 이 곳이 바다였었대/ お世話(せわ)にゃならないって~ 신세는 지지 않겠대 Ⅱ 間助 어조를 고르고 가벼운 다짐을 나타냄. …말이야, …말이지¶ それが~, 見(み)つからないんだよ 그게 말이지 눈에 띄지 않는 거야

**ざ**【*坐】 音 ザ 訓 すわる│(음)좌. (造語) ①앉다¶ 坐礁(ざしょう) 좌초・正坐(せいざ) 정좌 ②앉은 채로 꼼짝하지 않다¶ 坐視(ざし) 좌시・坐食(ざしょく) 좌식 ③(범죄 등에) 연루되다¶ 連坐(れんざ) 연좌 ▷「座」가 대용자 熟字訓 胡坐(あぐら) 책상다리로 앉음

**ざ**【座】 音 ザ 訓 すわる│(음)좌. Ⅰ(造語) ①앉는 자리¶ 座席(ざせき) 좌석・上座(じょうざ) 상좌 ②사물을 놓는 자리¶ 銃座(じゅうざ) 총좌・台座(だいざ) 대좌 ③모임, 모인 자리¶ 座興(ざきょう) 좌흥・講座(こうざ) 강좌 ④별자리¶ 星座(せいざ) 성좌 ⑤앉다¶ 座禅(ざぜん) 좌선・正座(せいざ) 정좌 ▷⑤는「坐」의 대용자 Ⅱ ①자리, 좌석¶ ~を取(と)る 자리를 잡다 ②(지위・신분 등의) 자리, 위치¶ 権力(けんりょく)の~ 권좌 ③사람이 모인 자리, 그 모임¶ ~を取(と)り持(も)つ 판이 깨지지 않게 신경을 쓰다 ④극단, 무대, 극장¶ ~をひきいる 극단을 이끌다 ⑤【史】(鎌倉(かまくら)・室町(むろまち)시대의) 특권적 동업 조합¶ 材木(ざいもく)~ 재목 조합 ⑥【史】(江戸(えど)시대에) 화폐 주조 기관 ⑦【助数】 (불상 등을 세는 말) 좌¶ 仏像二(ぶつぞうに)~ 불상 2좌

**ざ**【*挫】 音 ザ 訓 くじく・くじける│(음)좌. (造語) ①(관절을) 다치다¶ 挫骨(ざこつ) 좌골・挫傷(ざしょう) 좌상・捻挫(ねんざ) 염좌 ②(기세가) 꺾이다¶ 挫折(ざせつ) 좌절・頓挫(とんざ) 돈좌

**さあ** 感 (口) ①(권유하거나 재촉할 때) 자아, 어서, 그럼¶ ~食(た)べよう 자아 먹자/ ~出(で)かけよう 그럼 출발하자 ②(기쁨・놀람을 나타

サークル

**サークル** (circle) 서클 ①원, 원형 ②동인(同人), 동호회¶ ~活動ぶっ 서클 활동

**サージ** (serge) 서지. 능직(綾織)으로 짠 모직물

**サード** (third) 셋 ①제3. 세 번째 ②〔野〕3루. 3루수 ー**ベース** (third base) 〔野〕 서드 베이스

**サービス** (service) 名 自他スル 서비스 ①(상점 등에서의) 할인 판매¶ ~価格かく 서비스 가격 ②봉사¶ ~精神しん 서비스 정신 ③접대¶ アフター~ 애프터 서비스 ④(테니스 등에서) 서브¶ ~エース 서비스 에이스, 서브 득점 ー**エリア** (service area) 서비스 에어리어 ①〔放〕 시청 가능 지역 ②〔交〕 고속 도로 휴게소 ー**業** ぎょう 〔經〕 서비스업

**サーブ** (serve) 名 自スル (테니스・배구 등에서) 서핑= サービス

**サーフィン** (surfing) 서핑. 파도 타기

**サーベル** (네 sabel) 사벨. 양검(洋劍)

**ざあますことば** 〖ざあます言葉〗 「ざあます」를 많이 쓰는 말투

**さあらぬ** 〖然有らぬ〗 連語 천연덕스러운, 아무렇지도 않은 듯한 ー**体** てい 천연덕스러운 태도¶ ~を装ょそう 아무렇지도 않은 체하다

**さい** 〖才〗 音 サイ・ザイ |(음)재. Ⅰ〈造語〉①타고난 능력, 소질¶ 才能のう 재능・詩才し 시재 ②뛰어난 능력을 가진 사람¶ 才媛えん 재원・天才てん 천재 ③「歳さ」의 처음쓰기¶ 満三才 さん 만 3세 ④척관법의 용적 단위 ⑤뱃짐이나 석재・목재의 체적 단위 Ⅱ 재. 타고난 능력, 재주¶ ~に走じる 재주를 너무 믿다

**さい** 〖再〗 音 サイ・サ 訓 ふたたび|(음)재. 〈造語〉 다시, 또, 거듭, 재차¶ 再会かい 재회・再度ど 재차・再来年らいねん 내후년

**さい** 〖災〗 音 サイ 訓わざわい|(음)재. 재앙, 불행¶ 災害がい 재해・火災かさ 화재・被災地ち 피재지

**さい** 〖妻〗 音 サイ 訓つま|(음)처. Ⅰ〈造語〉 아내¶ 妻女じょ 처자・愛妻あい 애처・夫妻ふさ 부처 Ⅱ 자기 아내를 남에게 이르는 말. 처. 아내¶ うちの~がこう申しております 제 처가 이렇게 말하고 있습니다

**さい** 〖采・採〗 音 サイ|(음)채. 〈造語〉①잡다, 쥐다, 선택하다¶ 采択たく 채택・納采のう 납채 ②색채, 무늬¶ 采色しき 채색・喝采かっ 갈채 ③모습, 용모¶ 風采ふう 풍채・異采い 이채 ④영지(領地)¶ 采邑ゆう 영지 ⑤주사위 ▷①은 「採る」, ⑤는 「賽さい」와 같음 〖熟字訓〗 采女うね 옛날 天皇の 식사 시중을 들던 궁녀

**さい** 〖哉〗 音 サイ|(음)재. 〈造語〉①영탄을 나타내는 어조사, 훈독으로는 「かな」로 읽음¶ 快哉かい 쾌재 ②반어・의문의 어조사, 훈독으로는 「や・か」로 읽음

**さい** 〖砕・砕〗 音 サイ 訓くだく・くだける|(음)재. 〈造語〉 잘게 부수다, 가루가 되다¶ 砕氷船ひょう 쇄빙선・粉砕ふん 분쇄・粉骨砕身こんこつさい 분골 쇄신

**さい** 〖宰〗 音 サイ 訓つかさ・つかさどる|(음)재. 〈造語〉 주관하다, 주관하는 사람, 신하의 우두머리¶ 宰相しょう 재상・主宰しゅ 주재

**さい** 〖栽〗 音 サイ 訓うえる|(음)재. 〈造語〉 식물을 심다¶ 栽培ばい 재배・盆栽ぼん 분재

**さい** 〖彩〗 音 サイ 訓いろどる・あや|(음)채. 〈造語〉①색칠하다, 색조, 광채¶ 彩色しき 채색・光彩こう 광채 ②모습, 광채¶ 神彩しん 신채

**さい** 〖採〗 音 サイ 訓とる|(음)채. 〈造語〉 가려내다, 골라내다, 추리다¶ 採用よう 채용・採掘くつ 채굴・採算さん 채산・採点てん 채점

**さい** 〖済〗 音 サイ・セイ 訓すむ・すます・すくう|(음)제. 〈造語〉①다 끝나다, 끝내다¶ 返済へん 반제・未済みさ 미제 ②돕다, 구하다¶ 済度ど 제도・救済きゅう 구제 ③왕성한 모양¶ 多士済済たしさい 다사제제

**さい** 〖祭〗 音 サイ 訓まつる・まつり|(음)제. 〈造語〉①제사를 지내다, 제사¶ 祭壇だん 제단・司祭しさ 사제 ②떠들썩한 잔치, 축제 행사¶ 芸術祭げいじゅつ 예술제・文化祭ぶんかさ 문화제

**さい** 〖斎・齋〗 音 サイ|(음)재. 〈造語〉①행동을 삼가고 심신을 깨끗이 하여 신을 섬기다. 재계하다¶ 斎戒沐浴さいかいもくよく 재계목욕・精進潔斎しょうじんけっさい 정진결재 ②학습・독서하는 방¶ 書斎しょ 서재 ③옥호・아호・예명 등에 붙이는 말¶ 一刀斎いっとう 일도재 ④승려의 식사, 법회 때의 식사¶ 斎食じき 잿밥

**さい** 〖細〗 音 サイ 訓ほそい・ほそる・こまか・こまかい|(음)세. Ⅰ〈造語〉①가늘다¶ 細腰よう 세요・細流りゅう 세류 ②잘다, 아주 작다¶ 細菌きん 세균・繊細せん 섬세 ③자세하다, 세밀하다¶ 細密みつ 세밀・詳細しょう 상세 ④자잘구레하다, 하잖다¶ 細君くん 부인 ▷ 〖熟字訓〗 細螺きさ 비단고둥・細雪ゆき 세설・細石ざれ 잔돌・細流がれ 시냇물 Ⅱ 정밀함, 자세함, 세부¶ 微びに入いり~を穿うがつ 지극히 미세한 곳에까지 파고들다

〖慣用句〗

ー**にわたる** 세세한 곳에까지 미치다

**さい** 〖菜〗 音 サイ 訓な|(음)채. Ⅰ〈造語〉 ①푸성귀, 나물¶ 菜食しょく 채식・野菜やさ 야채 ②반찬, 부식물¶ 前菜ぜん 전채・惣菜そう 반찬 Ⅱ 반찬, 부식물¶ ~が足たりない 반찬이 모자라다

**さい** 〖最〗 音 サイ 訓もっとも|(음)최. 가장, 제일, 으뜸¶ 最強きょう 최강・最近きん 최근・最高こう 최고 ▷ 〖熟字訓〗 最中なか 한창

**さい** 〖犀〗 音 サイ|(음)서. Ⅰ〈造語〉①〔動〕 무소¶ 犀角かく 서각・犀牛ぎゅう 서우 ②단단하고 예리하다¶ 犀利り 서리 Ⅱ〔動〕 무소, 코뿔소

**さい** 〖裁〗 音 サイ 訓たつ・さばく|(음)재. 〈造語〉①마름질하다¶ 裁断だん 재단・裁縫ほう 재봉 ②(시비 등을) 판가름하다, 처리하다¶ 裁判ばん 재판・仲裁ちゅう 중재 ③「裁判所ばんしょ」의 준말¶ 地裁ちさ 지방 법원 ④「裁縫ほう」의 준말¶ 洋裁よう 양재 ⑤모양, 됨됨이¶ 体裁さい 외관

**さい** 〖催〗 音 サイ 訓もよおす|(음)최. 〈造語〉

재촉하다, 독촉하다¶ 催告さい 최고·催促さい 재촉 (2)(감정·감각 등을) 어떤 상태가 되게 하다¶ 催眠さい 최면·催涙さい 최루 (3)(행사 등을) 열다¶ 開催かい 개최·主催しゅ 주최

さい [債] 音サイ(음)재. (造語) ①빚, 채무¶ 債務さい 채무·負債ふさい 부채 ②빚을 갚으라고 요구함¶ 債鬼さい 채귀·債権さい 채권 ③債券けん의 준말¶ 外債さい 외채·国債さい 국채

さい [×塞] 音サイ・ソク 訓ふさぐ|(음)새, 색. (造語) ①성채¶ 要塞ようさい 요새 ②「ソク」로 읽어서) 막다, 막히다¶ 梗塞さい 경색·閉塞へい 폐색 ▷ ①은 「砦」와 같음

さい [歳] 音サイ・セイ とし|(음)세. (造語) ①해, 연월¶ 歳月げつ 세월·歳暮ぼ 세모·나이¶ 三十歳さんじっ 삼십 세 ③결실, 수확¶ 豊歳ほう 풍년 ▷ ②는 「才」로도 씀

さい [載] 音サイ(음)재. (造語) ①(물건을) 싣다¶ 積載せき 적재·搭載とう 탑재 ②(신문·잡지 등에) 실리다¶ 掲載けい 게재·連載れん 연재 ③해, 1년¶ 千載一遇せんざいいちぐう 천재일우 ▷ ③은 「歳」와 같음

さい [際] 音サイ 訓きわ|(음)제. I ①사귐, 어울림¶ 交際さい 교제·国際さい 국제 ②이음매, 맞닿는 곳, 경계, 근처, 옆¶ 際限げん 제한·水際さい 물가 ③만나다, 마주치다¶ 際会さい 제회, 기회, 경우¶ 実際じっ 실제 II 때, 기회¶ 別れの~ 헤어질 때

さい [×賽] 音サイ(음)새. I (造語) ①신불에게 감사 참배를 하다¶ 賽銭さん 새전 ②주사위 ▷ ②는 「采」의 俗字¶ 主사위는 = さいころ¶ ~の目 주사위의 눈 ▷ 「采·骰子」라고도 씀

慣用句
──は投げられた 주사위는 던져졌다

さい [差異] 차이 ちがい의 ~, 의견의 차이

ざい [在] 音ザイ 訓ある・います|(음)재. I (造語) ①있다, 존재하다¶ 在庫こ 재고·存在ざん 존재 ②시골, 지방¶ 在郷ごう 재향·近在ざん 근재 II ①도시의 변두리, 근교, 시골¶ 東京きょうの~にすむ 東京 근교에 살다 ②그곳에 있음, 그 곳에 와 있음¶ ~, 不在ざいをたしかめる (거기) 있는지 없는지를 확인하다

ざい [材] 音ザイ(음)재. I (造語) ①재목, 목재¶ 材木ざい 재목·製材せい 제재 ②재료, 원료가 되는 것, 쓸모가 있는 것¶ 材料りょう 재료·取材しゅ 취재·素材そ 소재 ③소질, 능, 능력, 재주¶ 人材じん 인재·適材適所てきざいてきしょ 적재적소 II ①재목, 목재¶ いい~を使う 좋은 재목을 쓰다 ②재능, 인재¶ 有為ゆうの~ 유용한 인재 ③재료, 원료

ざい [剤] 音ザイ(음)제. (造語) ①조제하다, 조제약¶ 錠剤じょう 정제·製剤せい 제제 ②(…에) 효능이 있는 약을 나타냄¶ 殺虫剤さっちゅう 살충제

ざい [財] 音ザイ・サイ 訓たから|(음)재. I (造語) 가치 있는 물건, 재화·재물¶ 財産さん 재산·財布ふ 지갑·文化財ぶんかざい 문화재 II (文) 재산, 재물, 재화¶ ~の蓄積ちく 재물의 축적/ ~を成す 재산을 모으다

ざい [罪] 音ザイ 訓つみ|(음)죄. (造語) ①법을 어기다, 죄¶ 罪人ざい 죄인·犯罪はん 범죄·有罪ゆう 유죄 ②도덕에 위배되는 행위¶ 罪悪あく 죄악·謝罪しゃ 사죄 ③형벌을 가하다, 처벌¶ 死罪ざい 사죄·免罪めん 면죄 ④죄의 명칭에 붙이는 말¶ 贈賄罪ぞうわい 증회죄

さいあい [最愛] 名 최애, 가장 사랑함
さいあく [最悪] ナ 최악 ⇔ 最善ぜん·最良りょう
さいい [罪悪] 죄악
さいい [在位] 名 自スル 재위¶ ~二十年にじゅう になる 재위 20년이 되다
さいいんざい [催×淫剤] [薬] 최음제
さいう [細雨] (文) 가랑비, 가랑비는 = きりさめ
さいうよく [最右翼] (경쟁자들 중에서) 가장 유력함[우수함], 그런 사람¶ 優勝候補ゆうしょう の~ 가장 유력한 우승 후보
さいうん [彩雲] (文) 채운, 곱게 물든 구름
ざいえき [在役] 名 自スル ①복역 중임¶ 傷害罪しょうがいで一年間いちねんかん~した 상해죄로 1년간 복역했다 ②군에 복무 중임 ③재임 중임
さいえん [才×媛] 재원 = 才女じょ¶ ~をめとる 재원을 맞아들이다
さいえん [再演] 名 自他スル 재연. (연극의) 재상연, 재출연¶ 好評ひょうにこたえて~する 호평에 힘입어 재상연하다
さいえん [再縁] 名 自スル (여자의) 재혼, 재가
さいえん [菜園] 채원, 채소밭¶ 家庭てい~ 텃밭
サイエンス (science) 사이언스 ①과학, 학문 ②자연 과학 ─フィクション (science fiction) [文] 공상 과학 소설
さいおう [再往·再応] 名 副 (文) 재차, 또다시
ざいおう [在欧] 名 自スル 유럽에 체재[주재]함¶ ~中ちゅうの思い出 유럽 체재 중의 추억
さいおうがうま [×塞翁が馬] (口) 새옹지마¶ 人間万事にんげんばんじ~ 인간만사 새옹지마
さいか [再嫁] 名 他スル (文) 재가, (여자의) 재혼
さいか [西下] 名 自スル 東京きょうから 서쪽(특히 関西かんさい)으로 감 ⇔ 東上じょう
さいか [災禍] (文) 재화, 재해, 재앙¶ ~に遭う 재해를 입다
さいか [最下] 최하 ⇔ 最上じょう
さいか [裁可] 名 他スル 재가¶ ~を仰ぐ 재가를 앙망하다
ざいか [在荷] 名 自スル (文) 재하, 재고¶ 米こめの~が多い 쌀의 재고가 많다
ざいか [財貨] (文) 재화, 재물
ざいか [罪科] (文) ①죄, 죄악¶ ~を数え立てる 죄과를 열거하다 ②형벌, 처벌¶ 重い~ 무거운 형벌
ざいか [罪過] (文) ①죄과. 죄, 잘못¶ ~を悔い改める 죄를 회개하다
さいかい [再会] 名 自スル 재회¶ 偶然ぐうぜんの~ 우연한 재회/ ~を期する 재회를 기약하다
さいかい [再開] 名 自他スル 재개¶ 試合あい~·시합 재개/ 交渉こうしょうを~する 교섭을 재개하다
さいかい [西海] ①서해, 서쪽 바다 ②[日史] 「西海道さいかいどう」의 준말 ─道どう [日史] 옛날 일본의 7도(道)의 하나. 지금의 九州しゅう 지방과

さいかい [斎戒] 名 自スル 재계 **—沐浴**ᵇᵏ 목욕재계

さいかい [際会] 名 自スル 文 (어떤 일에) 직면함, 봉착함 **危機**ᵏⁱに**~する** 위기에 직면하다

さいがい [災害] 재해 ¶ **~対策** 재해 대책
慣用句
**—は忘**ʷᵃれた頃**ʰᵒにやって来**ᵏるᵘ 재해는 잊어버렸을 때쯤 되어서 찾아온다

さいがい [際涯] 文 (땅의) 끝, 끝닿는 곳
ざいかい [財界] 재계, 경제계
ざいがい [在外] 名 재외, 해외 ¶ **~邦人**ᵇᵒᵘⁿⁱⁿ 해외 동포 **—公館**ᵏᵒᵘᵏᵃⁿ 政 재외 공관
さいかく [才覚] I 名 재치, 기지 ¶ **~のきく人**ʰⁱᵗᵒ 재치 있는 사람 II 名 他スル 돈 마련, 변통 ¶ **資金**ˢʰⁱᵏⁱⁿの~がつかない 자금 마련이 안 된다
ざいがく [在学] 名 自スル 재학 ¶ **中**ᶜʰᵘᵘ 재학 중
ざいかた [在方] 文 시골 = **いなか** [**在所**ˢʰᵒ]
さいかち [皂莢] 植 쥐엄나무
さいかん [才幹] 文 재간 ¶ **~の優**ˢᵘᵍᵘれた人 재간이 뛰어난 사람
さいかん [再刊] 名 他スル 版 재간 ①(정기 간행물의) 복간, 재간행 ¶ **機関誌**ᵏⁱᵏᵃⁿˢʰⁱを~する 기관지를 재간하다 ②재판본을 간행함
さいかん [彩管] 文 화필(畵筆)= **絵筆**ᵉᶠᵘᵈᵉ ¶ ~をふるう 화필을 휘두르다
さいかん [菜館] 채관, 중국 음식점
ざいかん [在官] 名 自スル 재관, 관직에 있음
さいき [才気] 재기 ¶ **~がみなぎる作品**ˢᵃᵏᵘʰⁱⁿ 재기가 넘치는 작품 **—煥発**ᵏᵃⁿᵖᵃᵗˢᵘ 재기 발랄
さいき [再起] 名 自スル 재기 ¶ **~不能**ᶠᵘⁿᵒᵘ/~を図**ʰᵃᵏᵃる** 재기를 꾀하다
さいき [*猜忌] 名 自スル 文 시기, 새암, 시새움 ¶ **~心**ˢʰⁱⁿを抱**いだく** 시기심을 품다
さいき [祭器] 文 제사에 쓰는 그릇
さいき [債鬼] 文 채귀, (독촉이 심한) 빚쟁이 ¶ **~に責**ˢᵉめられる 채귀에게 시달리다
さいぎ [再議] 名 他スル 文 재의, 재론 ¶ **一事**ⁱᶜʰⁱʲⁱ**不**ᶠᵘ**再議**ᵃⁱᵍⁱ**の原則**ᵍᵉⁿˢᵒᵏᵘ 일사 부재의 원칙
さいぎ [*猜疑] 名 他スル 시의, 시기하고 의심함 ¶ **~心**ˢʰⁱⁿの強**ᵗˢᵘʸᵒい人** 시의심이 강한 사람
さいぎ [祭儀] 文 제례, 제사의 의식
さいきょ [再挙] 名 自スル 文 재거 ¶ **~をはかる** 재거를 꾀하다
さいきょ [裁許] 名 他スル 文 재허, 재가(裁可)
さいきょう [西京] 서경 ①서쪽에 있는 수도 ②(東京ᵗᵒᵘᵏʸᵒᵘ에 대하여) 교토ᵏʸᵒᵘᵗᵒ
さいきょう [最強] 名 최강 ¶ **史上**ˢʰⁱʲᵒᵘ~の**メンバー** 사상 최강 멤버
ざいきょう [在京] 名 自スル 재경 ¶ **~の同窓会**ᵈᵒᵘˢᵒᵘᵏᵃⁱ 재경 동창회
ざいきょう [在郷] 名 自スル 재향, 고향에 있음 ¶ **~の名士**ᵐᵉⁱˢʰⁱ 재향 명사
さいきん [細菌] 生 세균 = **バクテリア —兵器**ʰᵉⁱᵏⁱ 세균 무기
さいきん [細*瑾] 文 사소한 잘못, 작은 흠 ¶ **大行**ᵗᵃⁱᵏᵒᵘは~を顧ᵏᵃᵉᵉりみず 큰일을 도모하는 사람은 사소한 잘못에 개의치 않는다

さいきん [最近] 名 최근 ①요즈음, 근래 ¶ **~の風潮**ᶠᵘᵘᶜʰᵒᵘ 최근의 풍조 ②(장소・위치 등이) 가장 가까움 ¶ **~の距離**ᵏʸᵒʳⁱ 가장 가까운 거리
ざいきん [在勤] 名 自スル 재근, 재직, 근무하고 있음 ¶ **~年数**ⁿᵉⁿˢᵘᵘ 재직 연수
さいぎんみ [再吟味] 재음미, 재검토 ¶ **計画**ᵏᵉⁱᵏᵃᵏᵘを**~する計画** 을 재검토하다
さいく [細工] 名 自他スル ①세공, 세공품 ¶ **竹**ᵗᵃᵏᵉ~ 죽세공품/**~を施**ʰᵒᵈᵒᵏᵒˢず 세공을 하다 ②俗 잔꾀, 농간, 수작 ¶ **陰**ᵏᵃᵍᵉで**~をする** 뒤에서 농간을 부리다
慣用句
**—は流流**ʳʸᵘᵘʳʸᵘᵘ**仕上**ˢʰⁱᵃᵍ**げを御覧**ᵍᵒʳᵃⁿじろ 궁리 끝에 한 일이니 결과를 보고 나서 비평하라
さいぐ [祭具] 제구, 제기, 제사에 쓰이는 도구
さいくつ [採掘] 名 他スル 채굴 ¶ **石油**ˢᵉᵏⁱʸᵘを~する 석유를 채굴하다
サイクル (cycle) 사이클 ①주기 ¶ **自然**ˢʰⁱᶻᵉⁿの~ 자연의 주기 ②物 주파수 ③자전거 **—ヒット** (일 cycle hit) 野 사이클 히트
サイクロン (cyclone) 気 사이클론, 인도양・아라비아해에서 발생하는 열대성 저기압
さいくん [細君] ①자기 아내의 겸칭, 집사람, 마누라 ②(동년배 이하의 남의) 부인 ¶ **~は元気**ᵍᵉⁿᵏⁱかね 부인은 안녕하신가
さいぐんび [再軍備] 재군비 ¶ **~反対**ʰᵃⁿᵗᵃⁱ**運動**ᵘⁿᵈᵒᵘ 재군비 반대 운동
ざいけ [在家] ①佛 재가, 속인 ②시골[고향]집
さいけい [歳計] 経 세계, 1년 또는 1회계 연도의 세입・세출의 총계
ざいけい [財形] 経 재형, 근로자 재산 형성 제도 **—貯蓄**ᶜʰᵒᶜʰⁱᵏᵘ 経 재형 저축 **—年金**ⁿᵉⁿᵏⁱⁿ 経 재형 연금 저축 제도
さいけいこく [最恵国] 法 (통상 등에서) 최혜국 **—待遇**ᵗᵃⁱᵍᵘᵘ 法 최혜국 대우 ¶ **~を受**ᵘける 최혜국 대우를 받다
さいけいれい [最敬礼] 名 自スル 허리를 많이 굽혀서 하는 가장 정중한 절
さいけつ [採血] 名 自スル 채혈, 피를 뽑음 ¶ **血**ᵏᵉᵗˢᵘ**液**ᵉᵏⁱのために~する 헌혈하기 위해 채혈하다
さいけつ [採決] 名 他スル 채결 ¶ **投票**ᵗᵒᵘʰʸᵒᵘによ**り~する投票** 로 채결하다
さいけつ [裁決] 名 他スル 재결 ①(옳고 그름에 대한) 판단 ¶ **~をあおぐ** 재결을 바라다 ② 法 소원이나 행정 소송에 대한 판결
さいげつ [歳月] 세월 = **としつき** ¶ **過**ˢᵘ**ぎ去**ˢᵃった~ 지나가 버린 세월
慣用句
**—人**ʰⁱᵗᵒ**を待**ᵐᵃたず 세월은 사람을 기다리지 않는다
さいけん [再見] 名 他スル 文 ①다시 봄, 고쳐 봄 ¶ **中国**ᶜʰᵘᵘᵍᵒᵏᵘ~ 중국을 다시 봄 ②다시 만남
さいけん [再建] 名 他スル 재건 ①(건물을) 다시 지음 **焼失**ˢʰᵒᵘˢʰⁱᵗˢᵘした**校舎**ᵏᵒᵘˢʰᵃを~する 소실된 교사를 재건하다 ②(사업 등을) 다시 일으킴 ¶ **会社**ᵏᵃⁱˢʰᵃ~の**努力**ᵈᵒʳʸᵒᵏᵘ 회사 재건의 노력
さいけん [再検] 名 他スル 재검사, 재검토 ¶ **~の要**ʸᵒᵘあり 재검토할 필요가 있음

さいけん [細見] I 名 他スル (文) 자세히 봄[보여 줌] II 名 ①상세한 지도·도면 ②江戸시대의 유곽 안내서

さいけん [債券] 【經】 채권¶ ~を発行する 채권을 발행하다

さいけん [債権] 【法】 채권 ⇔ 債務 ¶ ~者 채권자 ―国 채권국

さいげん [再現] 名 自他スル 재현¶ 当時の状況を~する 당시의 상황을 재현하다

さいげん [際限] 제한, 끝, 한도, 한계¶ ~なく続く話 끝없이 이어지는 이야기

ざいげん [財源] 재원¶ 観光収入を~とする国 관광 수입을 재원으로 하는 나라

さいけんとう [再検討] 名 他スル 재검토

さいこ [最古] 名 최고. 가장 오래됨¶ 世界~の活字 세계에서 가장 오래된 활자

さいご [最後] ①최후, 맨 뒤, 끝¶ ~の力を振り絞る 마지막 힘을 다하다/ 列の~に並ぶ 열의 맨 뒤에서다 ②(〖…たら~〗의 꼴로) …하면 그것으로 끝, 일단 …하기만 하면¶ 落ちたら~, 助からない 한번 떨어졌다 하면 살아날 수 없다 ―通牒 최후 통첩 ―一つ屁 ①(족제비 등이) 궁지에 몰릴 때 뀌는 방귀 ②(俗) 궁여지책, 마지막 발버둥 ―の審判 【基】 최후의 심판 ―の助っ人 (俗) (〖…したが~〗의 꼴로) …하고 그뿐, 끝장, 마지막 ―の晩餐 【基】 최후의 만찬

慣用句
―の切り札 마지막 카드, 최후의 수단
―の手段 마지막 수단

さいご [最期] 최후, 임종¶ ~をみとる 임종을 지켜보다/ 壮烈な~を遂げる 장렬한 최후를 마치다

ざいこ [在庫] 名 自スル 재고¶ ~品 재고품/~が切れる 재고가 바닥나다 ―指数 【經】 재고 지수 ―投資 【經】 재고 투자

さいこ [再考] 名 他スル 재고¶ ~を促すする 재고를 촉구하다

さいこう [再校] 名 他スル 【版】 재교, 두 번째 교정, 그런 교정쇄¶ ~を取る 재교를 보다

さいこう [再興] 재흥, 부흥¶ 国の~をはかる 나라의 재흥을 꾀하다

さいこう [砕鉱] 名 自スル 쇄광¶ ~機 쇄광기

さいこう [採光] 名 自スル 채광¶ ~窓 채광창

さいこう [採鉱] 【基】 채광, 광석을 채굴함

さいこう [最高] 名 최고 ⇔ 最低¶ ~のコンディション 최고의 컨디션 ―学府 최고 학부 ―検察庁 【法】 최고 검찰청, 대검찰청 ―裁判所 【法】 최고 재판소, 대법원

ざいこう [在校] 名 自スル 재교 ①학교에 있음¶ 午後三時まで~する 오후 3시까지 학교에 있다 ②재학 = 在学¶ ~生 재학생

ざいごう [在郷] 재향 ①시골 = 田舎¶ ~に 고향에 있음 = ざいきょう ―軍人 재향 군인

ざいごう [罪業] 【佛】 죄업, 죄가 되는 악행

さいこうちょう [最高潮] 최고조 = クライマックス¶ ~に達する 최고조에 달하다

さいこうび [最後尾] 최후미, 맨 끝¶ 行列の~ 행렬의 맨 끝

さいこうほう [最高峰] 최고봉 ①가장 높은 산 ②가장 뛰어난 것¶ 学界の~ 학계의 최고봉

さいこく [西国] ①서쪽 나라 ②近畿 서쪽 지방, (특히) 九州 지방 ③「西国三十三所」의 준말 ―三十三所 近畿 지방에서 岐阜현에 걸쳐 있는 33개소의 관음 순례의 영장(靈場) ―巡礼 西国三十三所를 두루 참배함, 그런 사람

さいこく [催告] 名 他スル 【法】 최고. 이행을 촉구함, 그런 통고, 최고장

ざいこく [在国] 名 自スル ①(文) 고향에 있음 ②[日史] 江戸시대 大名이나 그 가신이 江戸 체재를 마치고 자기 영지에 있음

さいころ 〖賽子〗·〖骰子〗 주사위 = さい

さいこん [再建] 名 他スル (文) (神社·절 등의) 중건, 중수 ▷ 「さいけん」은 딴말

さいこん [再婚] 名 自スル 재혼 ⇔ 初婚

さいさい [再再] 副 여러 번, 자주, 재삼¶ ~注意する 재삼 주의하다

さいさい [歳歳] 副 (文) 세세, 해마다¶ 年々~ 연년 세세

さいさき 〖幸先〗 ①조짐 = 前兆¶ ~がよい 조짐이 좋다 ②좋은 전조, 길조

さいさん [再三] 副 재삼, 여러 번¶ ~忠告する 재삼 충고하다 ―再四 재삼 재사

さいさん [採算] 채산 ①수지를 계산함 ②수지가 맞음¶ ~を度外視する 채산을 도외시하다

慣用句
―が合う 채산이〔수지가〕 맞다
―が取れる 채산이〔수지가〕 맞다

ざいさん [財産] 재산¶ ~を築きあげる 재산을 모으다 ―家 재산가, 부자 ―刑 【法】 재산형 ―権 【法】 재산권 ―犯 【法】 재산범

さいし [才子] (文) 재사, 재인¶ ~佳人 재사와 아름다운 여인 ―多病 재사 다병

慣用句
―才に倒れる 재사는 자기 재주를 너무 믿다가 오히려 실패하기 쉽다

さいし [再思] 名 他スル (文) 재사, 재고¶ ~三考 재사 삼고

さいし [妻子] 처자¶ ~を養う 처자를 부양하다

さいし [祭司] 제사, 제전(祭典)이나 종교상의 직무를 맡은 사람

さいし [祭祀] (文) 제사¶ 祖先の~を行う 조상의 제사를 지내다

さいじ [祭事] 신에게 제를 올리는 행사

さいじ [細字] 세자, 잔 글씨¶ ~用の筆 세자용 붓

さいじ [細事] (文) 세사 ①사소한 일¶ ~にこだわる 사소한 일에 구애받다 ②자세한 사항

さいじ [歳次] (文) 세차, 간지(干支)를 좇아 정한 해의 차례 = 年回り

さいしき [才識] (文) 재식, 재주와 식견¶ ゆたかな~ 풍부한 재식

さいしき【彩色】 名 自他スル 채색＝さいしょく ¶ ～を施ほどこす 채색을 하다
さいしき【祭式】 제식. 제사 의식
さいじき【歳時記】 ①세시기 ②俳句はいく의 계절어를 분류・해설한 책＝季寄きよせ
さいじつ【祭日】 제일 ①(神社じんじゃ의) 제사가 있는 날 ②(神道しんとう에서) 죽은 이를 제사 지내는 날 ③황실의 제사가 있는 날 ④「国民こくみんの祝日しゅくじつ」의 통칭. 국경일
ざいしつ【在室】 名 自スル 재실. 방에 있음 ¶ 社長しゃちょうは～しております 사장님은 방에 계십니다
ざいしつ【材質】 재질 ①재목의 성질. 목질 ¶ ～のかたい木き 목질이 단단한 나무 ②재료의 성질 ¶ ～のいい毛布もうふ 재질이 좋은 담요
さいして【際して】 連語 《「…に～」의 꼴로》 …에 즈음하여, …함에 있어서 ¶ 出発しゅっぱつに～ 출발에 즈음하여
ざいしゃ【在社】 名 自スル 재사 ①사내에 있음 ¶ 午前中ごぜんちゅうは～の予定よていだ 오전 중에는 사내에 있을 예정 ②(회사에) 재직함 ¶ 二十年にじゅうねんも～している 20년이나 재직하고 있다
さいしゅ【採取】 名 他スル 채취 ¶ 血液けつえきの～ 혈액의 채취
さいしゅ【採種】 名 自スル 農 채종
さいしゅ【祭主】 ①제주. 제사의 주재자 ②(伊勢神宮いせじんぐうの) 신관(神官)의 우두머리
さいしゅ【斎主】 (神道しんとうで) 제사의 주재자. 신관을 불러 제례를 올리는 주최자
さいしゅう【採集】 名 他スル 채집
さいしゅう【最終】 최종. 마지막 ¶ ～回かい 최종회 ／ ～目標もくひょう 최종 목표 ─ 需要じゅよう 網 최종 수요 ─ 利回りまわり 網 최종 이율
ざいじゅう【在住】 名 自スル 재주. 거주 ¶ 東京とうきょう～の外国人がいこくじん 東京 거주 외국인
ざいしゅく【在宅】 名 自スル (文) 재가(在家). 집에 있음＝在宅ざいたく
さいしゅつ【歳出】 網 세출 ⇔ 歳入さいにゅう
さいしゅっぱつ【再出発】 名 自スル 재출발 ¶ 人生じんせいの～ 인생의 재출발
さいしょ【細書】 名 他スル (文) 세서 ①(글씨를) 잘게 씀, 잔 글씨 ②자세히 씀, 그런 문장
さいしょ【最初】 최초. 맨 처음 ¶ ～のページ 첫 페이지 ／ ～が肝心かんじんだ 처음이 중요하다
慣用句
─の最後さいご 처음이자 마지막. 한 번뿐임
さいじょ【才女】 (文) 재녀. (특히) 문재(文才)에 뛰어난 여자＝才媛さいえん
さいじょ【妻女】 (文) ①아내와 딸 ②아내, 처
さいじょ【細叙】 名 他スル (文) 자세히 적음 ¶ 経緯けいいを～する 경위를 자세히 적다
ざいしょ【在所】 ①거처, 사는 곳 ②고향, 향리 ¶ 生うまれた～ 태어난 고향 ③시골
さいしょう【妻妾】 (文) 처첩. 본처와 첩
さいしょう【宰相】 재상 ①(중국에서) 승상 ¶ 一国いっこくの～ 일국의 재상 ②「参議さんぎ」의 중국식 호칭 ③총리 대신, 수상, 국무 총리
さいしょう【最小】 名 최소 ⇔ 最大さいだい ¶ 世界せかいで～の国くに 세계에서 가장 작은 나라 ─ 限げん 최소한 ¶ 最小限の経費けいひ 최소한의 경비 ─ 公倍数こうばいすう 数 최소 공배수
さいしょう【最少】 名 최소 ①가장 적음 ¶ ～の人数にんずう 최소 인원수 ②가장 젊음, 최연소
さいじょう【祭場】 제장. 제사 지내는 청한 곳
さいじょう【斎場】 재장 ①장례식장 ②제사를 지내는 곳＝祭場さいじょう
さいじょう【最上】 최상. 맨 위, 최고 ⇔ 最下さいか ¶ ～の喜よろこび 최상의 기쁨／ ビルの～階かい 빌딩의 맨 윗층 ─ 級きゅう 최상급
さいじょう【罪障】 佛 죄장. 성불을 가로막는 죄업 ¶ ～消滅しょうめつ 죄장 소멸
ざいじょう【罪状】 죄상 ¶ ～を否認ひにんする 죄상을 부인하다
さいしょく【才色】 재색 ¶ ～兼備けんび 재색 겸비
さいしょく【彩色】 名 自他スル → さいしき(彩色)
さいしょく【菜食】 名 自スル 채식
さいしょく【在職】 名 自スル 재직 ¶ ～年限ねんげん 재직 연한／ ～中ちゅう 재직 중
さいしょり【再処理】 名 他スル 재처리
さいしん【再審】 名 他スル 재심 ①다시 심사함 ¶ 資格しかくを～する 자격을 재심하다 ②法 다시 심리함 ¶ ～判決はんけつ 재심 판결
さいしん【細心】 ナ 세심 ¶ ～の注意ちゅうい を払はらう 세심한 주의를 기울이다
さいしん【最深】 名 최심. 가장 깊음
さいしん【最新】 名 최신 ¶ ～式しき 최신식 ／ ～の技術ぎじゅつ 최신 기술 ─ 世せ 地 최신세
さいじん【才人】 재인. 재사＝才子さいし
さいじん【祭神】 제신. 神社じんじゃ에 모신 신
サイズ (size) 사이즈. 크기, 치수 ¶ キング～ 킹 사이즈／ ～が合あう 치수가 맞다
ざいす【座椅子・坐椅子】 다리 없는 등받이 의자
さい・する【際する】 自 サ変 《「…に～・して」의 꼴로》 (…에) 즈음하다, 임하다, 처하다 ¶ 出発しゅっぱつに～・してあいさつを述のべる 출발에 즈음하여 인삿말을 하다
さいすん【採寸】 名 自スル (옷 등의) 치수 재기
さいせい【再生】Ⅰ 名 自他スル ①회생, 소생 ¶ ～を図はかる 재생을 꾀하다＝甦生こうせい ¶ ～の道みちを歩あゆむ 갱생의 길을 걷다 Ⅱ 名 他スル ①(폐품을) 다시 쓸 수 있게 함 ¶ ～タイヤ 재생 타이어 ②(녹음・녹화한 것을) 재현함 ¶ 録音ろくおんを～する 녹음을 재생하다 Ⅲ 名 自スル 生 조직・기관 등이 다시 자람 ─ 不良性貧血ふりょうせいひんけつ 医 재생불량성 빈혈
さいせい【再製】 재제. 재가공하여 제품을 만듦 ¶ ～酒しゅ 재제주
さいせい【済世】 (文) 제세. 세상 사람들을 구함 ¶ ～救民きゅうみん 제세 구민
さいせい【済生】 (文) 제생. 목숨을 구함
さいせい【祭政】 제정. 제사와 정치 ─ 一致いっち 제정 일치
ざいせい【在世】 名 自スル 재세. 이 세상에 살아 있음, 살아 있는 동안 ¶ 父ちちの～中ちゅう 선친의 생존시

**ざいせい** [財政]【經】재정 ①국가·지방 자치 단체의 경제 행위¶ ~を引き締める 재정을 긴축하다 ②(개인·가정의) 경제 상태¶ わが家<sup>や</sup>の苦<sup>くる</sup>しい 우리 집 경제 상태가 어렵다 —**投融資**<sup>とうゆうし</sup>【經】재정 투융자

**さいせいき** [最盛期] 최성기. 전성기¶ すいかの出荷<sup>しゅっか</sup>の~ 수박 출하의 최성기

**さいせいさん** [再生産] 名 他スル【經】재생산¶ 拡大<sup>かくだい</sup>~ 확대 재생산

**さいせき** [砕石] 名 自スル 쇄석¶ ~機<sup>き</sup> 쇄석기

**さいせき** [採石] 名 自スル 채석¶ ~場<sup>ば</sup> 채석장

**ざいせき** [在籍] 名 自スル 재적¶ ~証明<sup>めい</sup> 재적 증명

**ざいせき** [材積]【建】재적. 목재·석재의 부피

**ざいせき** [罪責] (文) 죄책. 범죄의 책임

**さいせき** [罪跡] (文) 죄적. 범행의 흔적

**さいせつ** [再説] 名 他スル 재설. 되풀이하여 설명함¶ ~するまでもない 재설할 필요도 없다

**さいせつ** [細説] 名 他スル (文) 세설. 상설(詳說)¶ 用法<sup>ほう</sup>を~する 용법을 세설하다

**さいせっきゅう** [砕屑丘]【地】쇄설구. 구상 화산(臼狀火山)

**さいせん** [再選] 名 他スル 재선¶ 議長<sup>ちょう</sup>に~される 의장에 재선되다

**さいせん** [*賽錢] 재선. 신불(神佛)에게 바치는 돈 —**箱**<sup>ばこ</sup> 새전함

**さいぜん** [最前] I 名 최전. 맨 앞¶ ~の席<sup>せき</sup> 맨 앞자리 II 副 아까, 조금 전¶ ~お電話<sup>でんわ</sup>した者<sup>もの</sup> 아까 전화 드린 사람입니다

**さいぜん** [最善] 최선¶ ~の策<sup>さく</sup> 최선책/ ~を尽<sup>つ</sup>くす 최선을 다하다

**さいぜん** [*截然] 「せつぜん」의 관용음

**さいぜんせん** [最前線] 최전선 ①최전방¶ ~で戦<sup>たたか</sup>う 최전방에서 싸우다 ②대외적으로 경쟁이 치열한 곳¶ 営業<sup>ぎょう</sup>の~ 영업의 최전선

**さいせんたん** [最先端·最尖端] 최첨단 ①(가늘고 긴 것이나 뾰족한 것의) 맨 끝 ②선두, 앞서 감¶ 流行<sup>こう</sup>の~をいく 유행의 최첨단을 가다

**さいぜんれつ** [最前列] 최전열. 맨 앞줄¶ ~の席<sup>せき</sup>を占<sup>し</sup>める 맨 앞줄의 자리를 차지하다

**さいそう** [才藻] (文) 재조. 문재. 시문(詩文)의 재능= 文才<sup>ぶん</sup>

**さいそう** [採草] 채초. (사료나 퇴비로 쓰려고) 풀을 벰

**さいぞう** [才蔵] ①(만담에서) 맞장구치는 어릿광대 ②맞장구를 잘 치는 사람

**さいそく** [細則] 세칙¶ 施行<sup>こう</sup>~ 시행 세칙

**さいそく** [催促] 名 他スル 재촉. 독촉¶ 矢<sup>や</sup>の~ 성화 같은 독촉/ 返事<sup>じ</sup>を~する 대답을 재촉하다 —**がましい** 形 재촉하는 듯하다

**ざいぞく** [在俗]【佛】재속. 출가하지 않고 속인으로 있음. 그런 사람= 在家<sup>け</sup>

**さいた** [最多] 최다. 가장 많음 ⇔ 最少<sup>しょう</sup>¶ ~勝利投手<sup>しょうりとうしゅ</sup> 최다 승리 투수

**サイダー** (cider) 사이다. 탄산 청량 음료수

**さいたい** [妻帯] 名 自スル 대처. 아내를 둠¶ ~者<sup>しゃ</sup> 아내가 있는 사람

**さいたい** [*臍帯]【醫】제대. 탯줄

**さいだい** [細大] 세대. 크고 작은 일, 전부
慣用句
—**漏**<sup>も</sup>**らさず** 크고 작은 일 모두 빠뜨리지 않고, 전부, 모두

**さいだい** [最大] 名 了 최대¶ ~値<sup>ち</sup> 최대치/ ~の山場<sup>やまば</sup>を越<sup>こ</sup>える 최대의 고비를 넘기다 —**限**<sup>げん</sup> 최대한 —**公約数**<sup>こうやくすう</sup>①【數】최대 공약수 ②서로 다른 의견들 간의 공통점
慣用句
—**多数**<sup>たすう</sup>**の最大幸福**<sup>こうふく</sup>【倫】최대 다수의 최대 행복

**さいたく** [採択] 名 他スル 채택¶ 議案<sup>あん</sup>を~する 의안을 채택하다

**ざいたく** [在宅] 名 自スル 재택. 집에 있음¶ 先生<sup>せい</sup>は~ですか 선생님은 댁에 계십니까? —**勤務**<sup>きん</sup> 재택 근무

**さいたま** [埼玉] 関東<sup>かん</sup> 지방 서부의 현. 현청소재지는 浦和<sup>うらわ</sup>시

**さい たる** [最たる] 連体 제일의. 으뜸가는¶ 彼<sup>かれ</sup>は不注意<sup>ちゅうい</sup>の~ものだ 그는 부주의에 있어 으뜸가는 사람이다

**さいたん** [採炭] 名 自スル (文) 채탄

**さいたん** [最短] 최단¶ ~距離<sup>きょり</sup> 최단 거리

**さいたん** [歳旦] (文) 세단. 설날= 元旦<sup>がん</sup>

**さいだん** [祭壇] 제단

**さいだん** [裁断] 名 他スル 재단 ①마름질¶ 洋服<sup>ふく</sup>の~ 양복의 재단 ②재결(裁決)¶ 上司<sup>じょう</sup>の~を仰<sup>あお</sup>ぐ 상사의 재결을 바라다

**ざいだん** [財団]【法】재단¶ 奨学<sup>しょうがく</sup>~ 장학 재단 —**法人**<sup>ほうじん</sup>【法】재단 법인

**さいち** [才知·才智] 재지. 재주와 지혜¶ ~にたける 재지가 뛰어나다

**さいち** [細緻] 名 了 (文) 세치. 치밀¶ ~な計画<sup>かく</sup> 치밀한 계획

**さいちゅう** [細注] ①세주 ①자세한 주석 ②잔 글씨로 단 주석

**さいちゅう** [最中] 한창인 때. 한창 진행 중일 때¶ 勉強<sup>べん</sup>の~に 한창 공부하는 중에/ 今<sup>いま</sup>が暑<sup>あつ</sup>い~だ 지금이 한창 더울 때이다

**ざいちゅう** [在中] 名 自スル (文) 재중¶ 写真<sup>しん</sup>~ 사진 재중

**さいちょう** [再調] 名 他スル 재조. 재조사¶ ~の要<sup>よう</sup>あり 재조사할 필요 있음

**さいちょう** [最長] 최장 ①가장 긺¶ 世界<sup>かい</sup>~の川<sup>かわ</sup> 세계 최장의 강 ②가장 뛰어남. 으뜸¶ 孝養<sup>こうよう</sup>は百行<sup>ひゃっこう</sup>の~ 효양은 백행의 으뜸 ③나이가 가장 많음. 최연장

**ざいちょう** [在庁] 名 自スル (文) 재청. (출근하여) 관청에 있음

**ざいちょう** [在朝] 名 他スル (文) 재조. 조정에 출사하고 있음. 관직에 있음 ⇔ 在野<sup>や</sup>

**さいちょうほたん** [採長補短] 남의 장점을 본받아서 자기 단점을 보완함

**さいづち** [才槌] 작은 나무 망치 —**頭**<sup>あたま</sup> 장구머리

**さいてい** [再訂] 名 他スル (文) 재정 ①글자·문장의 오류 등을 다시 정정함 ②[版] 개정, 개

정판¶ ~版ばん 개정판

さいてい【裁定】图他スル 재정¶ 仲裁ちゅうさい~ 중재 재정/~に従したがう 재정에 따르다 ─取引とりひき【經】 재정 거래

さいてい【最低】图 최저 ①(위치·정도 등이) 가장 낮음¶ ~の気温きおん 최저 기온 ②(俗) (정도·상태 등이) 더없이 나쁨. 가장 떨어짐¶ 今度こんどの試験しけんは~だった 이번 시험은 최악이었다 ▷ ①② ⇔ 最高さいこう ─限げん 최저의 ─賃金制ちんぎんせい【經】 최저 임금제

さいてい【在廷】图自スル 재정 ①(文) 조정에 출사하고 있음 ②법정에 출두하다

さいてき【最適】图 최적. 가장 적합함¶ ~な温度おんど 가장 적합한 온도

ざいテク【財テク】【經】 재테크

さいてん【再転】图他スル (바뀐 것이) 다시 바뀜¶ 事態じたいが~する 사태가 다시 바뀌다

さいてん【採点】图他スル 채점

さいてん【祭典】 제전 ①제사 의식 = 祭儀さいぎ ② 성대한 행사¶ 美びの~ 미의 제전

さいでん【祭殿】 제전. 제사를 지내는 건물

ざいてん【在天】图(文) 재천. (신·영혼이) 하늘에 있음¶ ~の霊れい 재천의 영혼

さいど【再度】 재차, 다시, 두 번째¶ ~に挑戦ちょうせんする 재차 도전하다

さいど【彩度】 채도. 색의 3요소의 하나

さいど【済度】图他スル ①【佛】제도 ②남을 구제함¶ ~しがたい男おとこ 구제하기 어려운 사내

サイド (side) 사이드 ①옆, 측면 両りょう~ 양 사이드 ②(造語) 입장, …측¶ 学生がくせい~の意見いけん 학생측의 의견 ─ステップ (side step) (복싱·무용 등에서) 사이드 스텝 ─スロー (일 side throw) 【野】 사이드 스로 ─ビジネス (일 side business) 부업 ─ブレーキ (일 side brake) 사이드 브레이크 ─ベンツ (side vents) (양복 저고리 등의) 양쪽을 튼 뒷도림 ─リーダー (일 side reader) (외국어 교재 등의) 부독본 ─ワーク (일 side work) 사이드 워크. 부업

さいとく【才徳】(文) 재덕. 재지(才智)와 덕행

さいどく【再読】图他スル 재독. 한 번 더 읽음¶ ~して作品さくひんの真価しんかを知しる 재독하여 작품의 진가를 알다 ─文字もじ (한문 훈독에서) 두 번 읽는 글자

さいとり【才取(り)】①매매를 중개하고 수수료를 받는 직업(사람). 거간꾼 ②미장이를 돕는 일(사람) ─会員かいいん【經】 (증권 거래소에서) 정회원 간의 증권 매매 중개를 하는 회원

さいな・む【苛む】他五 ①꾸짖다. 책망하다¶ 良心りょうしんに~まれる 양심의 가책을 받다 ②괴롭히다, 시달리게 하다, 못살게 하다¶ 悪夢あくむに~まれる 악몽에 시달리다

さいなん【災難】图 ~に遭あう 재난을 당하다/~が降ふりかかる 재난이 닥쳐오다

さいにち【斎日】【佛】 재일. 재계하는 날

ざいにち【在日】图自スル 재일¶ ~韓国人かんこくじん 재일 한국인

さいにゅう【歳入】【經】 세입 ⇔ 歳出さいしゅつ

さいにん【再任】图自他スル 재임¶ 議長ぎちょうに

~された 의장에 재임되었다

さいにん【再認】图他スル 재인 ①재인가 ②재인정. 재확인¶ 決定事項けっていじこうを~する 결정 사항을 재인정 ③(心) 재인식

ざいにん【在任】图自スル 재임¶ ~期間きかん 재임 기간/~中ちゅうの事件じけん 재임 중의 사건

ざいにん【罪人】 죄인¶ ~扱あつかい 죄인 취급

さいにんしき【再認識】图他スル 재인식¶ 重要じゅうようさを~する 중요성을 재인식하다

さいねん【再燃】图自スル 재연 ①(꺼진 불이) 다시 타오름 ②(쇠했던 것이) 다시 성해짐¶ ブームが~する 붐이 다시 일다 ③(진정되었던 것이) 다시 문제가 됨¶ 国境紛争こっきょうふんそうが~する 국경 분쟁이 재연되다

さいねんしょう【最年少】 최연소 = 最少さいしょう

さいねんちょう【最年長】 최연장 = 最長さいちょう

さいのう【才能】 재능¶ ゆたかな~ 풍부한 재능/~をのばす 재능을 키우다

さいのう【採納】图他スル(文) 채납. 채택. 채용

ざいのう【財嚢】(文) ①돈지갑. 돈주머니 ②가진 돈 전부¶ ~をはたく 가진 돈을 몽땅 털다

さいのかわら【*賽の河原】【佛】 죽은 아이가 간다는 저승길의 삼도천(三途川) 모래밭

慣用句

─の石積いしづみ (아무리 해도 소용없는) 헛수고, 헛된 노력

さいのめ【*采の目·*賽の目】 ①주사위의 각 면에 표시된 수[눈] ②주사위 모양(의 입방체)¶ ~に切きる 주사위 모양으로 썰다

サイノロジー (俗) 아내에게 무름, 그런 사람

さいはい【再拝】图他スル 재배 ①두 번 절함 ②(文) (편지에서) 상대방에 대한 경의를 나타내는 맺음말¶ 頓首とんしゅ~ 돈수 재배

さいはい【*采配】 (옛날 싸움터에서 대장이 쓰던) 지휘채

慣用句

─を振ふる 지휘하다, 지시하다

さいばい【栽培】图他スル【農】 재배¶ 促成そくせい~ 촉성 재배

さいばし【菜*箸】 요리를 하거나 반찬을 덜 때 쓰는 긴 젓가락

さいはじ・ける【才弾ける】自下─ 약삭빠르다, 꾀바르다¶ ~・けた子こ 꾀바른 아이

さいばし・る【才走る】自五 재기가 넘치다, 약아빠지다¶ ~・った人ひと 재기 넘치는 사람

さいはつ【再発】图自スル 재발¶ 事故じこの~ 사고의 재발/病気びょうきが~する 병이 재발하다

ざいばつ【財閥】【經】 재벌¶ ~の解体かいたい 재벌의 해체

さいはっけん【再発見】图他スル 재발견

さいはて【最果て】 맨 끝¶ ~の地ち 땅 끝

さいはん【再犯】 재범 ①재차 죄를 범함 ②【法】 누범(累犯)

さいはん【再版】图他スル【版】 재판. 재출판¶ 三十年さんじゅうねんぶりに~される 30년 만에 재판되다

さいはん【再販】【經】 재판. 재판매 가격 유지 계약 ─制度せいど【經】 재판 제도. 일부 의약품·출판물 등의 재판매가 인정되는 제도

さいばん [裁判] 名 他スル [法] 재판¶ 宗敎~ 종교 재판 **一官** [法] 재판관, 법관 **一沙汰** 소송 사건 **一所** [法] 재판소, 법원 **一上の離婚** [法] 재판상의 이혼

さいばん [歲晩] 名 (文) 세만, 연말, 세모

さいひ [採否] 채부, 채용[채택] 여부¶ ~を決定する 채용[채택] 여부를 결정하다

さいひ [歲費] 세비 ①국회 의원에게 지급되는 급여 ②세용(歲用), 1년간 쓰이는 비용

さいび [細微] 名 (ノ) (文) 세미 ①미세¶ ~な点にまで言及する 미세한 점까지 언급하다 ②신분이 낮음, 미천

さいひつ [才筆] 재필, 뛰어난 문장, 문재¶ ~をふるう 뛰어난 문장을 쓰다

さいひつ [細筆] 名 (文) 세필 ①가는 붓=ほそふで ②가늘게 씀=細書き

さいひょう [碎氷] 名 自スル 쇄빙¶ **~船** 쇄빙선

さいひょう [細氷] [氣] 세빙, 미세한 얼음

さいふ [財布] 돈지갑

[慣用句]
**一の口を締める** 돈을 아껴 쓰다, 절약하다
**一の底をはたく** 있는 돈을 몽땅 쓰다
**一の紐が堅い** 돈에 인색하다
**一の紐を握る** 금전 출납의 권한을 쥐다
**一の紐を緩める** 돈을 함부로 쓰다

さいふ [採譜] 名 他スル [音] 채보, (민요 등을) 악보화함¶ 民謠を~する 민요를 채보하다

さいぶ [細部] 세부¶ ~の檢討に入る 세부 검토에 들어가다

ざいふ [在府] 名 自スル [日史] (江戶 시대에) 大名 및 그 가신이 江戶에서 근무하던 일

さいふく [祭服] 제복, (제주·신관(神官) 등이) 제사 때 입는 옷

さいじん [才人] 재사(才士), 재주꾼=才子

ざいぶつ [財物] 재물 ①재화=ざいもつ¶ ~を蓄える 재물을 모으다 ②[法] 재산범(財産犯)의 대상이 되는 것

サイプレス (cypress) 사이프레스=糸杉

さいぶん [才分] 타고난 재능, 재주있는 천성, 천부의 재능¶ 彼の藝術的な~ 그의 예술적인 천부의 재능

さいぶん [祭文] 제문=さいもん

さいぶん [細分] 名 他スル 세분¶ 役割を~する 역할을 세분하다

ざいべい [在米] 名 自スル 재미(在美)¶ **~留学生** 재미 유학생

さいべつ [細別] 세별¶ 各項目ごとに~する 각 항목으로 세별하다

さいへん [再編] 名 他スル 재편, 재편성¶ 組織を~する 조직을 재편하다

さいへん [碎片] (文) 쇄편, 파편

さいぼ [歲暮] (文) 세모, 세밑, 연말

さいほう [再訪] 名 他スル (文) 재방, 재방문, 다시 찾음¶ **古都を~** 고도를 재방문

さいほう [西方] 서방 ① → せいほう(西方) ② [佛] 「西方淨土・西方極樂」의 준말 **一淨土** [佛] 서방 정토, 극락 정토

さいほう [採訪] 名 他スル (文) 채방, (민속학 등에서) 자료를 수집하러 다른 지방을 방문함

さいほう [裁縫] 名 自スル 재봉, 바느질¶ **~箱** 반짇고리

さいぼう [細胞] 세포 ①[生] 생물체의 기본 단위¶ **單~** 단세포 ②(단체 등의) 조직 활동의 최소 단위 **一核** [生] 세포핵 **一質** [生] 세포질 **一分裂** [生] 세포 분열 **一壁** [生] 세포벽 **一膜** [生] 세포막

ざいほう [財寶] 재보, 재화와 보물=たからもの¶ 金銀~ 금은 재보

ざいほう [罪報] [佛] 죄보, 죄의 응보

サイボーグ (cyborg) 사이보그, 신체 일부를 인공 장기(臟器)로 개조한 인간

さいまつ [歲末] 세말, 연말, 세모=年末¶ **~大売り出し** 연말 대매출

さいみつ [細密] 名 (ノ) 세밀¶ **~な觀察** 세밀한 관찰 **一畵** [美] 세밀화=ミニアチュール

さいみん [細民] (文) 세민, 영세민, 빈민

さいみん [催眠] 최면 **一術** 최면술¶ ~を掛ける 최면술을 걸다

さいむ [債務] 채무 ⇔ 債權¶ **~者** 채무자/ ~を履行する 채무를 이행하다 **一國** [經] 채무국 **一不履行** [法] [經] 채무 불이행

ざいむ [財務] 재무¶ **~分析** 재무 분석 **一諸表** [經] 재무 제표

ざいめい [在銘] 名 칼이나 기물에 제작자의 이름이 새겨져 있음 ⇔ 無銘

ざいめい [罪名] 죄명 ①죄목 ②죄가 있다는 평판¶ ~を晴らす 죄명을 벗다

さいもく [細目] 세목¶ ~をさだめる 세목을 정하다

ざいもく [材木] 재목, 목재¶ **~屋** 재목상

ざいもつ [財物] → ざいぶつ

さいもん [祭文] ①제문=さいぶん ② → うたざいもん(歌祭文) ③「祭文語り」의 준말 **一語り** [藝] (江戶 시대에) 석장(錫丈)을 짚고 소라고둥·三味線의 반주로 歌祭文을 읊으며 돌아다니던 사람

さいもんどき [彩文土器] [考古] 채문 토기, 채색 토기

ざいや [在野] 名 재야 ①민간에 있음 ⇔ 在朝¶ **~の人材** 재야의 인재 ②야당의 입장에 있음¶ **~党** 야당

さいやく [災厄] 재액, 재난¶ 災わい, 災難¶ ~が降りかかる 재액이 닥치다

さいゆ [採油] 名 自スル 채유 ①석유를 채굴함¶ **~權** 채유권 ②(식물에서) 기름을 짬

さいゆう [西遊] 名 自スル (文) 서유, 서방(특히 유럽)으로 여행함¶ **~雜記** 서유 잡기

さいゆうしゅうせんしゅ [最優秀選手] 최우수 선수, (스포츠에서) 기량이 가장 뛰어난 선수

さいよう [採用] 名 他スル ①고용¶ **現地~** 현지 채용 ②(의견 등의) 채택¶ **企画案を~する** 기획안을 채택하다

さいよう [細腰] (文) 세요, 허리가 가늚, 허리가 날씬한 미인=柳腰

さいらい [再來] 名 自スル 재래 ①(文) 다시 옴¶

平和ぃな時代ぃが～する 평화로운 시대가 재래하다 ②다시 태어남¶キリストの～ 그리스도의 재림

さいらい [在来] 재래¶～式ಽ 재래식/～の手法ෲ 재래의 수법 —線ಽ【文】기존 철도 노선

さいり [犀利] 【ダ】서리 ①(날붙이 등이) 단단하고 예리함¶～な武器ಽ 예리한 무기 ②(재능·문장 등이) 날카로움, 예리함¶～な頭脳ಽ 날카로운 두뇌

さいりゃく [才略] 【文】재략 ①재지(才智)와 책략¶～にたけた人ಽ 재략이 뛰어난 사람 ②재지가 뛰어난 계략

さいりゅう [細流] 【文】세류, 작은 시내

ざいりゅう [在留] 【名】【自スル】재류, 거류¶日本ಽに～する外国人ಽ 일본에 재류하는 외국인 —邦人ಽ 재류 교포[일본인]

さいりょう [宰領] 【名】【他スル】①많은 사람을 감독함, 감독자, (특히) 운송 화물·인부의 감독¶請負工事ಽを～する 청부 공사를 감독하다 ②단체 여행을 인솔함, 그런 사람

さいりょう [最良] 최량, 최선 ⇔最悪ಽ

さいりょう [裁量] 【名】【他スル】재량¶自由ಽ～に任ಽせる 자유 재량에 맡기다

ざいりょう [材料] 재료 ①원료, 자재¶建築ಽ～を吟味ಽする 건축 자재를 음미하다 ②자료, 데이터¶研究ಽ～ 연구 자료 ③(예술의) 제재(題材)¶小説ಽの～をさがす 소설의 제재를 찾다 ④【經】시세 등락 요인

ざいりょく [財力] 재력 ①금력¶～に物ಽを言ಽわせる 돈의 힘을 빌다 ②비용 부담 능력, 경제력¶経費ಽを負担ಽするに足ಽる 경비를 능히 부담할 재력

さいりん [再臨] 재림 ①【文】다시 옴 ②【基】세상의 종말에 그리스도가 다시 나타남

ザイル (독 Seil) 자일, 등산용 로프 =ロープ

さいるい [催涙] 최루 —ガス 최루 가스

さいれい [祭礼] 제례, 제사 의식

サイレン (siren) 【機】사이렌¶消防車ಽの～ 소방차의 사이렌

サイレント (silent) 사일런트 ①【映】무성 영화 ②【文法】묵음 —マジョリティー (silent majority) 【政】말없는 다수

サイロ (silo) 사일로 ①【農】원통형 사료 저장 창고 ②【軍】지하 미사일 격납고

さいろう [豺狼] 【文】①시랑 ①승냥이와 이리 ②(比) 잔인하고 탐욕스러운 사람

さいろく [才六·采六] ①【俗】견습 점원= でっち ②江戸ಽ 사람이 京都ಽ·大阪ಽ 사람의 빈틈없음을 비웃어 이르던 말 =ぜいろく

さいろく [再録] 【名】【他スル】【文】①(이미 발표된 것을) 다시 수록함, 그런 출판물¶全集ಽに～する 전집에 재록하다 ②다시 녹음·녹화함, 그런 것

さいろく [採録] 【名】【他スル】채록¶～地ಽ 채록지/方言ಽを～する 방언을 채록하다

さいろく [載録] 【名】【他スル】【文】책·잡지 등에 실음¶議事録ಽに～する 의사록에 재록하다

さいろん [再論] 【名】【他スル】재론, 재차 논함¶～の余地ಽがない 재론의 여지가 없다

さいろん [細論] 【名】【他スル】【文】세론, 상론(詳論)

さいわ [再話] 옛날 이야기·전설 등을 현대어를 써서 문학적으로 표현한 것

さいわい [幸い] Ⅰ【名】【ダ】다행, 행운, 행복¶不幸中ಽの～ 불행중 다행 Ⅱ【副】①다행히, 운좋게¶～事ಽなく済ಽんだ 다행히 아무 일 없이 끝났다 ②(『…を～』의 꼴로)…을 구실로, …를 기화로¶知ಽらぬを～ 모른다는 것을 구실로 —する【自サ】다행한 결과가 되다, 운이 좋게 작용하다 —にして 【連語】운좋게, 다행히도

さいわりびき [再割引] 【經】(어음의) 재할인

さいわん [才腕] 재완, 뛰어난 수완¶～を振ಽるう 재완을 발휘하다

サイン (sign) 【名】【自スル】사인 ①서명(署名) ②신호¶～を送ಽる 사인을 보내다

サイン (sine) 【數】사인, 정현 = 正弦ಽ

ざいん [座員] (극단 등의) 단원

サウスポー (southpaw) 사우스포 ①【野】좌완 투수 ②(권투에서) 왼손잡이 선수

サウナ (핀 sauna) 사우나¶～ぶろ 사우나탕

サウンド (sound) 사운드 ①소리, 음향 ②음악 —エフェクト (sound effects) 효과음, 음향 효과 —トラック (sound track) 【映】사운드 트랙

さえ 【副助】①…마저, …까지(도)¶最後ಽまでのみ～なくなった 마지막 기대마저 사라졌다 ②…조차(도) ¶小学生ಽで～理解ಽできることだ 초등학생도 이해할 수 있는 일이다 ③(『…ば』의 꼴로)…만…면 ¶これ～あればよい 이것만 있으면 된다

さえ [*冴え] ①(빛·소리 등이) 맑고 깨끗함, 산뜻함 ②(솜씨 등이) 뛰어남, 훌륭함¶包丁ಽの～きばぬの～ 귀신 같은 칼 놀림

さえかえ·る [*冴(え)返る] 【自五】①(빛·소리 등이) 매우 맑다, 맑고 깨끗하다¶～·った月ಽの光ಽ 교교한 달빛 ②매우 춥다, 추위가 매섭다¶ゆるんで又ಽ～ 풀렸다가 다시 추워지다

さえき [差益] 【經】차익 ⇔差損ಽ¶円高ಽ～엔고 차익 —還元ಽ【經】차익 환원

さえぎ·る [遮る] 【他五】①가로막다, 방해하다¶人ಽの話ಽを～ 남의 이야기를 가로막다 ②(보이지 않게) 가리다, 차단하다¶壁ಽに～·られて見ಽえない 벽에 가려 보이지 않다

さえざえ [*冴え*冴え] 【副】청명하게, 산뜻하게¶～と輝ಽやく月ಽ 휘영청 밝은 달

さえずり [囀り] 【動】번식기의 새의 울음소리

さえず·る [囀る] 【自五】①(새가) 지저귀다 ¶カナリアが～声ಽ 카나리아가 지저귀는 소리 ②(『시끄럽게』) 재잘거리다¶よく～女ಽの子ಽ 잘 재잘거리는 여자 아이

さえだ [小枝] 【文】잔가지

さえつ [査閲] 【名】【他スル】【文】사열

さえない [*冴えない] 【連語】밝지 않다, 우울하다, 신통치 않다¶話ಽは～ 신통치 않은 이야기

さえのかみ [*障の神·*塞の神] 악령의 침입·통행인을 지켜주기 위해 고개 등에 모신 신

さ·える [*冴える·*冱える] 【下一】①(빛·소

리 등이) 맑아지다, 선명해지다¶ ～・えたふえの音 맑은 피리 소리/ 色が～ 빛깔이 선명해지다 ②(솜씨가) 능란해지다, 훌륭해지다¶ ～・えた弁舌 능란한 말씨 ③「目が～」의 꼴로) (눈이) 초롱초롱해지다, 신경이 날카로워지다¶ 目が～・えて眠られない 눈이 초롱초롱해져서 잠을 이룰 수 없다 ④(머리가) 맑아지다, 예민해지다¶ 頭が～ 머리가 맑아지다 ⑤추위지다¶ 冬の朝は厳しく～ 겨울 아침은 매우 춥다

さえわた・る [*冴え渡る] 自五(文) 맑게 개다, (구석구석까지) 맑아지다¶ ～・った青空 맑게 갠 푸른 하늘

さえん [茶園] (文) 다원, 차밭= ちゃえん

さお [*竿・*棹] ①장대, 간짓대¶ 旗～ 깃대/ 物干しの～ 빨래 너는 장대 ②삿대, 상앗대¶ ～をさす 배를 젓다 ③三味線 줄을 매는 길쭉한 부분 ④(助数) 길쭉한 물건을 세는 말. 짝, 대, 개¶ たんす一～ 장롱 한 짝/ 旗五～ 깃대 5개

さお・す [*棹さす] 自五(文) ①삿대질하다, 배를 젓다 ②(시류 등을) 타다, 편승하다¶ 時流に～ 시류에 편승하다

さおだけ [*竿竹] 대나무 장대= たけざお

さおだち [*棹立ち] (말 등이) 뒷발로 곧추 섬

さおづり [*竿釣り] 대낚시

さおとめ [早乙女・*早(少女)] (文) ①모내기하는 처녀 ②처녀, 소녀= おとめ

さおばかり [*竿*秤・*棹*秤] 대저울

さおひめ [佐保姫] 봄의 여신= さほひめ

さか [坂] 고개 ①비탈(길)¶ 上り～ 오르막길/ ～をくだる 비탈길을 내려오다 ②(연령에서) 세대 사이의 경계¶ 七十の～を越す 70 고개를 넘다

さか [逆] (造語) 방향・순서 등의 반대를 나타냄. 역¶ ～潮 역조/ ～立つ 곤두서다

さか [茶菓] 다과, 차와 과자= ちゃか

さが [性] (文) ①천성, 성격¶ おろかな～ 어리석은 천성 ②관습, 습관¶ 世の～ 세상의 관습

さが [佐賀] ①九州 서북부에 있는 현 ②佐賀현의 현청 소재지

ざか [座下] 좌하 ①자리 곁, 신변 ②(편지에서) 귀하, 궤하

ざが [座臥・*坐臥] 名自スル(文) 좌와 ①앉음과 누움, 기거= 起き伏し ②평소, 일상 생활¶ 行住～ 행주 좌와, 일상의 기거 동작

さかあがり [逆上がり] (철봉・링 등에) 거꾸로 오르기

さかい [腰助] (方) …니까, …므로¶ ～から行く来る、待てすぐ 곧 올 테니까 기다려라

さかい [境・*界] ①경계¶ 国の～ 국경 ②갈림길, 기로¶ 生死の～ 생사의 갈림길 ③(文) (특정한) 지역・장소¶ 神秘の～ 신비경 ④심경, 경지¶ 安心立命の～ 안심입명의 경지

さかい [堺] 大阪부(府) 중부의 항만 도시

さかいめ [境目] 경계, 갈림길= 及び落ちの～ 급락의 갈림길/ 人道と車道の～ 인도와 차도의 경계

さかうらみ [逆恨み・逆*怨み] 名他スル ①(원한이 있는 사람에게서) 거꾸로 원한을 삼 ②호의를 곡해하여 원한을 품음¶ 親切のつもりが～される 친절을 베푼 것이 오히려 원망을 사다

さか・える [栄える] 自下一 번창하다, 번영하다, 번성하다¶ 古代文明が～・えた地 고대 문명이 번성한 지역

さかおとし [逆落(と)し] ①거꾸로 떨어뜨림 ②(절벽 등을) 단숨에 내려감

さかがめ [酒*甕] 술독, 술항아리

さかき [*榊] (植) 비쭈기나무

さがく [差額] 차액¶ ～がでる 차액이 생기다 ―ベッド (병원에서) 의료 보험에서 정한 금액 이상의 비용이 드는 독실 등의 병실

さかぐら [酒蔵・酒倉] ①술 창고 ②술을 빚는 곳간= さけぐら

さかげ [逆毛] ①곤두선 머리카락 ②(머리를 부풀리기 위해) 머리결의 반대 방향으로 빗음, 그런 머리¶ ～を立てる 머리카락을 반대로 빗어 세우다

さかご [逆子・逆*児] 역산(逆産), 태아가 거꾸로 나옴, 그런 아이

さかさ [逆さ] 역, 거꾸로 됨, 반대 =言葉 ①반어(反語) ②음절의 순서를 거꾸로 말함, 그런 말 ―富士 물에 비쳐 거꾸로 보이는 富士산의 모습 ―睫 [醫] 안쪽을 향해 거꾸로 난 속눈썹= さかまつげ

さかさま [逆様] 名 (본디 상태와) 반대임, 거꾸로임= 逆・さかさ¶ ～につるす 거꾸로 매달다/ 言う事とする事が～だ 말과 행동이 반대이다

さがしあ・てる [捜し当てる・探し当てる] 他下一 찾아내다¶ 尋ね人を～ 방문객을 찾아내다

さがし・い [賢しい] 形(文) ①영리하다= かしこい ②시건방지다= こざかしい¶ ～ことをぬかすな 시건방진 소리 하지 말아라

さかしお [酒塩] 맛을 내기 위해 음식에 술을 넣음, 맛내기 술

さかしま [逆しま] 名ナ ①거꾸로 됨, 반대임= 逆様¶ ～に道理に叛く, 부정함¶ ～な心を抱く 부정한 마음을 품다

さかしら [賢しら] 名ナ(文) 영리한 체함, 아는 체함= かしこだて¶ ～に口出しする 아는 체하고 말참견을 하다

ざがしら [座頭] ①좌상(座上), 좌장 ②(藝) (극단 등의) 우두머리 배우= 座長

さが・す [捜す・探す] 他五 찾다¶ 誤字を～ 오자를 찾다/ 仕事を～ 일거리를 찾다/ 落し主を～ 잃어버린 물건의 주인을 찾다

さかずき [杯・*盃] ①술잔¶ ～をかわす 잔을 주고받다 ② → さかずきごと ①

慣用句
―を返す ①(깡패 등이) 두목과의 인연을 끊다 ②술잔을 되돌리다

さかずきごと [杯事・*盃事] ①(부부・의형제

さかぞり

등의) 결속을 다지기 위해 술잔을 나눔 ②주연(酒宴) = さかもり

さかぞり [逆剃り] (수염이나 털을) 결 반대로 면도함 = さかずり

ざかた [座方] (江戸 시대에) 극장의 잡일을 하는 고용인

さかだい [酒代] ①술값 ② → さかて(酒手) ①

さかだち [逆立ち] 名 自スル ①(상하가) 거꾸로 되어 있음 ②거꾸로 섬, 물구나무 서기
慣用句
—しても 아무리 애써도[발버둥쳐도]¶ ~かなわない 아무리 발버둥쳐도 당할 수 없다

さかだ・つ [逆立つ] 自五 곤두서다, 거꾸로 서다¶ 髪の毛が~ 머리털이 곤두서다

さかだ・てる [逆立てる] 他下一 곤두세우다, 거꾸로 세우다¶ 柳眉を~ 미인이 몹시 성을 내다

さかだる [酒樽] 술통

さかつぼ [酒壷] 술항아리, 술단지

さかて [逆手] ①(칼 등의) 날이 자기 쪽을 향하게 쥠, 거꾸로 쥠¶ ~に握る 칼을 거꾸로 쥐다 ②(철봉 등에서) 손바닥이 자기 쪽을 향하게 쥠 ⇔ 順手 ③역공격함, 되받아 침¶ 相手の言葉を~にとって反論する 상대의 말을 되받아 쳐서 반론하다

さかて [酒手] ①(일꾼 등에게 주는) 가욋돈, 행하(行下)¶ ~をはずむ 가욋돈을 후하게 주다 ②술값

さかとうじ [酒杜氏] 술 빚는 장인(匠人) = 杜氏

さかとびこみ [逆飛(び)込み] 머리 쪽부터 물속에 뛰어듦

さかとんぼ [逆蜻蛉] 뒤로 넘는 공중제비, 뒤로 재주넘기¶ ~を打つ 뒤로 공중제비를 넘다

さかな [魚] 물고기, 생선¶ ~釣り 낚시질

さかな [肴] 안주¶ ①술안주 ②(노래·화제 등) 좌흥을 돋우는 것¶ 同僚の噂話を~にして一杯やる 동료 이야기를 안주 삼아 한 잔 하다

さかな・い [形] (성질이) 고약하다¶ ~人 성질이 고약한 사람/ 口が~ 입이 걸다

さかなで [逆撫で] 名 他スル ①(털을) 결 반대 방향으로 쓰다듬음 ②(일부러 상대의 기분을) 거슬리게 함¶ 神経を~する 신경을 거슬리게 하다

さかなみ [逆波·逆浪] 역랑, (세찬 바람 등으로) 거꾸로 치는 파도

ざがね [座金] ①[工] 자릿쇠 ②못을 박을 때 못대가리 밑에 대는 장식용 금속 = 座金物

さかねじ [逆捩じ] ①(비난 등을) 반박함, 역공격함¶ ~を食わせる 되쏘아 주다 ②반대편으로 비틂

さかのぼ・る [溯る·遡る] 自五 거슬러 올라가다 ①(흐름을) 반대로 올라가다¶ 急流を~ 급류를 거슬러 올라가다 ②(과거로) 되돌아가다¶ 時代を~ 시대를 거슬러 올라가다 ③(근본으로) 되돌아가다¶ 政治の原点に~ 정치의 원점으로 되돌아가다

さかば [酒場] 술집, 주점

さかばやし [酒林] ①(간판 삼아 술집 처마에 다는) 삼목의 잎을 공 모양으로 다발지은 것 ②(무구(武具)에서) ①의 모양을 한 指物

さかぶとり [酒太り·酒肥り] → さけぶとり

さかぶね [酒槽] ①술을 저장하는 커다란 용기 ②주조, 술주자 ③[酒船] 술을 싣고 있는 배

さかま・く [逆巻く] 自五 역랑(逆浪)이 일다, 용솟음치다¶ ~波 용솟음치는 파도

さがみ [相模] 일본의 옛지명, 지금의 神奈川현 ━トラフ [地] 相模 해분(海盆)

さかみち [坂道] 비탈길, 고갯길

さかむけ [逆剝け] 손거스러미 = ささくれ

さかもぎ [逆茂木] (적의 침입을 막기 위한) 가시나무 울타리, 녹채 = 鹿砦

さかもり [酒盛り] 주연, 술잔치 = 酒宴

さかや [酒屋] 술 파는 가게, 술집
慣用句
—へ三里 豆腐屋へ二里 [比] 살기가 몹시 불편한 외딴 곳임

さかやき [月代] ①(平安 시대) 남자가 관이 닿는 부분의 머리털을 반달 모양으로 깎던 일, 그런 부분 ②(江戸 시대) 남자가 이마에서 머리 한가운데까지 깎던 일, 그런 부분

さかやけ [酒焼け] 名 自スル 주독(酒毒)¶ ~した顔 주독으로 붉어진 얼굴

さかゆめ [逆夢] 역몽, 실제와 반대되는 꿈

さかよせ [逆寄せ] 반격, 역습

さから・う [逆らう] 自五 거스르다 ①(반대 방향으로) 거슬러 나아가다, 역행하다¶ 風に~ 바람을 거슬러 나아가다 ②역행하다, 저항하다, 반항하다¶ 親に~ 부모에게 반항하다/ 時勢に~ 시세에 역행하다

さかり [盛り] ①한창(때)¶ 夏の暑い~ 여름의 한창 더울 때, 한창, 발정¶ ~がつく 암내 내다 ③[造語] (「…ざかり」의 꼴로) 한창(때)¶ 花~ 꽃이 한창일 때/ 女~ 한창 때인 여자/ 働き~ 한창 일할 때

さがり [下がり] ①내림, 내려감, 낮아짐¶ 気温の上がり~ 기온의 오르내림 ②[造語] (시각이) 약간 지남, 그런 시각¶ 星~ 한낮이 약간 지난 때 ③ → おさがり ④[相撲] 씨름꾼의 샅바 앞에 드리우는 술 장식

さかりば [盛り場] 번화가¶ ~をうろつく 번화가를 어정거리다

さがりめ [下がり目] ①눈꼬리가 처진 눈 ②(시세·가격 등의) 내림막, 내림세¶ 株価は~だ 주가는 내림세이다

さか・る [盛る] 自五 ①[文] 기세가 좋아지다, 활발해지다¶ 火が燃え~ 불이 한창 세차게 타다 ②[文] 번창하다, 유행하다 ③(짐승이) 발정하다, 교미하다

さが・る [下がる] 自五 ①내려가다, 흘러내리다¶ エレベーターが~ 엘리베이터가 내려가다 ②내리다, 드리워지다¶ 幕が~ 막이 내리다 ③(뒤로) 물러나다¶ 一歩~ 한 걸음 물러나다 ④(허가 등이) 나오다, 내려오다¶ 営業許可が~ 영업 허가가 나오다

(5)(윗사람 앞·근무지 등에서) 물러나다¶ 御前ぜんを~ 어전에서 물러나다/ 学校がっこうから~ 학교에서 돌아오다 (6)(京都きょうから) 남쪽으로 가다 (가치·기능·수치 등이) 내려가다, 낮아지다, 떨어지다¶ 売上高うりあげだかが~ 매상이 떨어지다/ 評価ひょうかが~ 평가가 낮아지다 (8)(지위 등이) 낮아지다¶ 課長かちょうから係長かかりちょうに~ 과장에서 계장으로 좌천되다 (9)(시대가) 흐르다¶ 時代じだいが~ 시대가 흐르다

さかろ [逆ろ櫓] (배가 어느 방향으로나 갈 수 있게) 이물에 노를 단 장치, 그런 노
さかん [盛ん] ①왕성함, 활발함, 열렬함¶ 血気けっき~な若者わかもの 혈기 왕성한 젊은이 ②성함, 한창임, 붐¶ スポーツが~だ 스포츠가 붐이다 ③빈번함¶ ~に勧すすめる 자꾸 권하다
さかん [左官] 미장이=しゃかん
さかん [佐官] ①(옛 군인 계급에서) 大佐たいさ·中佐ちゅうさ·少佐しょうさ의 총칭 ②(自衛隊じえいたいの) 一佐いっさ·二佐にさ·三佐さんさ의 총칭
さがん [左岸] (文) 좌안. 왼쪽 기슭 ⇔ 右岸うがん
さがん [砂岩] [地] 사암 = しゃがん
ざかん [座棺·坐棺] 시체를 앉은 자세로 넣게 되어 있는 관
さき [先] ①끝¶ 筆ふでの~ 붓끝 ②선두, 後ごろ列れつに並ならぶ 줄을 세워 서다 ③전방, 앞쪽¶ この~は行ゆき止どまりだ 이 전방은 막다른 골목이다 ④행선지, 목적지¶ 訪問ほうもん~ 방문지/ 送おくり~ 보낼 곳 ⑤(장사·교섭의) 상대(편)¶ ~の出方でかたしだいだ 상대가 어떻게 나오냐에 달려 있다 (시간·순서가) 앞섬, 먼저, 우선¶ ひと足あし~に帰かえる 한발 앞서 돌아가다 ⑦과거, 이전¶ ~に申もうし上あげた通とおり 앞서서 말씀드린 대로 ⑧앞날, 장래, 전도¶ ~を見通みとおしての計画けいかく 앞을 내다본 계획 ⑨이어지는[계속된] 부분¶ 話はなしの~を急いそぐ 이야기의 나머지를 서두르다
慣用句
—に立たつ ①앞장 서다, 솔선하다 ②앞서다
—を争あらそう 앞을 다투다
さき [崎·埼] ①곶, 갑 = みさき ②산부리
さき [左記] [名] 좌기, (세로 쓰기에서) 다음에 적음¶ ~の通とおり 좌기와 같음
さぎ [鷺] [動] 백로, 해오라기
慣用句
—を烏からすと言いいくるめる (해오라기를 까마귀라고 우기듯) 둘러대어 구슬리다
さぎ [詐欺] 사기¶ ~を働はたらく 사기를 치다 — 罪ざい [法] 사기죄 —師し 사기꾼 = ぺてん師し
慣用句
—にかかる 사기를 당하다
さきおとつい [〈一昨昨日〉] 그끄저께, 그끄제
さきおととし [〈一昨昨年〉] 그끄러께
さきがけ [先駆け·魁] ①선구, 앞섬, 앞장섬¶ 流行りゅうこうの~ 유행의 선구 ②먼저 적진에 쳐들어감¶ ~の功名こうみょう 맨 먼저 적진에 쳐들어간 공
さき-が·ける [先駆ける·先駈ける] [自下一] 앞서다, 앞지르다 [他] 他社たしゃに~けて新製品しんせいひんを出だす 타사에 앞서 신제품을 내다

さきがし [先貸し] 선대, 선불, 선급 = 前貸まえがし ¶ 先借さきがり ¶ 賃金ちんぎんの~ 임금의 선대
さきがり [先借り] 전차, 가불 = 前借まえがり ¶ 先貸さきがし ¶ 月給げっきゅうの~ 월급의 가불
さきぎり [先限] [経] 선한. 상품 인수 기일이 가장 긴 장기 청산 거래 = 先物さきもの
さきくぐり [先○潜り] [名 自スル] ①앞질러 남몰래 무슨 일을 함 ②(남의 언동을) 지레 짐작함
さきごめ [先込め] 전장, 총구로 화약·탄약을 잼, 그런 총 ⇔ 元込もとごめ
さきごろ [先頃] [連語] 요전, 일전 = このあいだ ¶ つい~のこと 바로 요전 일
さきざき [先先] ①먼 앞날, 장래¶ ~の不安あん 장래의 대한 불안 ②가는 곳마다, 도처¶ 行いく~で歓迎かんげいを受うけた 가는 곳마다 환영을 받았다 ③오래 전¶ ~からの約束やくそく 오래 전부터의 약속
さきさま [先様] 그쪽분, 그 댁, 그분
さきぜめ [先攻め] [口] 선공, 선제 공격
さきぞなえ [先備え] 선두에 서는 부대, 선봉
さきぞめ [先染(め)] (염색의) 선염
さきそろ·う [咲(き)揃う] [自五] (꽃들이) 일제히 피다
さきだか [先高] [経] (거래에서) 오름세, 오를 기미 ⇔ 先安さきやす ¶ ~を見越みこして買かう 오름세를 내다보고 사다
さきだ·つ [先立つ] [自五] ①앞장 서다, 솔선하다¶ ~って歩あるく 앞장 서서 걷다 ②(순서가) 앞서다, 먼저 하다¶ 試合しあいに~始球式しきゅうしきに앞선 시구식 ③먼저 죽다¶ 親おやに不孝ふこう 부모보다 먼저 죽는 불효 ④우선 필요하다¶ ~ものは金かねだ 우선 필요한 것은 돈이다
さきだ·てる [先立てる] [他下一] 앞세우다 ①앞장세우다, 먼저 보내다¶ 下見したみに部下ぶかを~ 사전 조사를 위해 부하를 먼저 보내다 ②앞서 하게 하다¶ 仕事しごとを~ 일을 앞서 하게 하다 ③먼저 죽게 하다(여의다)¶ 子こに~· たれる 자식이 먼저 죽다
さぎちょう [左義長·三毬枝] 궁중에서 정월 대보름에 하는 액막이 행사
さきづけ [先付(け)] ①발행 일자 이후의 날짜로 적음¶ ~小切手こぎって 앞수표 ②(요릿집에서) 술과 함께 제일 먼저 나오는 가벼운 요리
さきっちょ [先っちょ] [俗] 끝 = さき ¶ 竿さおの~ 장대 끝
さきっぽ [先っぽ] [口] 끝, 끝쪽
さきて [先手] 선봉, 선진(先陣)
さきどり [先取り] ①선취, 먼저 가짐[행함], 앞지름¶ 流行りゅうこうを~する 유행을 앞지르다 ②(대금·이자 등을) 미리 받음
さきに [先に] [副] (文) 앞서, 전에, 이전에
さきにお·う [咲(き)匂う] [自五] (文) (꽃이) 아름답게 피다
さきのこ·る [咲(き)残る] [自五] ①(다른 꽃

さきのひ 【先の日】 (文) 요전날, 일전
さきのり 【先乗り】 ①(흥행·단체 여행 등의) 선발, 선발대 ②행렬 맨 앞의 말에 탄 사람
さきばこ 【先箱】 옛날 大名<sup>だいみょう</sup>의 행차 때 앞장 서서 메고 가던 옷궤
さきばし・る 【先走る】 自五 (남보다) 앞질러 나서다, 주제넘게 나서다 ¶ ~ った考<sup>かんが</sup>え方<sup>かた</sup> 주제넘은 생각
さきばら 【先腹】 ①전처 소생 ⇔ 後腹<sup>あとばら</sup> ②주군보다 먼저 할복함 ⇔ 追<sup>おい</sup>ばら
さきばらい 【先払(い)】 ①선불 ⇔ 後払<sup>あとばら</sup>い ②(운임·우편 요금 등을) 수취인이 지불함, 수취인 부담 ②벽제, 그런 일을 하는 별배(別陪) = 先追<sup>さきおい</sup> ¶ ~の声<sup>こえ</sup> 벽제하는 소리
さきぶれ 【先触れ】 미리 알림, 예고, 조짐, 전조 ¶ 梅雨<sup>つゆ</sup>あけの~ 장마 끝을 알리는 조짐
さきぼう 【先棒】 ①(가마의) 앞채잡이 ② → おさきぼう
さきほこ・る 【咲(き)誇る】 自五 한창 피다, 뽐내듯 아름답게 피다
さきぼそり 【先細り】 名 ①끝이 가늘어짐 ②점점 쇠퇴해 감 ¶ 事業<sup>じぎょう</sup>が~になる 사업이 쇠퇴 일로를 걷고 있다
さきほど 【先程】 名副 아까, 조금 전 ¶ ~は失礼<sup>しつれい</sup>しました 아까는 실례했습니다 ━来<sup>らい</sup> 副 아까부터
さきまわり 【先回り】 名自スル ①앞질러 가 있음 ¶ ~して待<sup>ま</sup>ちうける 앞질러 가서 기다리다 ②(지레 짐작하여) 앞질러 함 ¶ 話<sup>はなし</sup>の~をする 앞질러 말하다
さきみだ・れる 【咲(き)乱れる】 自下一 (꽃이) 어우러져(흐드러지게) 피다
さきもの 【先物】 ①經 선물 ⇔ 現物<sup>げんぶつ</sup> ¶ ~売買<sup>ばいばい</sup> 선물 매매 ②經 → 先限<sup>さきぎり</sup> ③俗 장래성이 있는 사람 ¶ ━買<sup>が</sup>い [것] ~ 선물 매입 ·유망 사업·사람 등에 미리 투자하는 일 ━取引<sup>とりひき</sup> 經 선물 거래
さきもり 【〈防人〉】 〔日史〕 옛날 東国<sup>とうごく</sup>에서 징발되어 北九州<sup>きたきゅうしゅう</sup>의 요지를 지키던 병사
さきやす 【先安】 經 (주식 거래에서) 내림세, 내릴 기미 ⇔ 先高<sup>さきだか</sup>
さきやま 【先山·<sup>△</sup>前山】 (채굴 작업에서) 석탄·광석의 채굴 작업을 하는 숙련 갱부 ⇔ 後山<sup>あとやま</sup>
さきゅう 【砂丘】 〔地〕 사구, 모래 언덕
さきゆき 【先行き】 ①전도, 전망, 장래 ¶ ~の見通<sup>みとお</sup>し 장래의 전망 ②經 (거래에서) 앞으로의 행선지 감, 선발
さぎょう 【作業】 名自スル 작업 ¶ ~にとりかかる 작업에 착수하다 ━教育<sup>きょういく</sup> 教 작업 교육
ざきょう 【座興】 ①좌흥 ¶ ~に手品<sup>てじな</sup>をする 좌흥으로 마술을 하다 ②농담 ¶ ~にしても 言葉<sup>ことば</sup>が過<sup>す</sup>ぎる 농담이라고 해도 말이 지나치다
ざぎょう 【座業·<sup>△</sup>坐業】 좌업, 앉아서 하는 일
さぎょう へんかくかつよう 【サ行変格活用】 〔文法〕 サ행 변격 활용. 구어의「する」가「し(せ·さ)·し·する·する·すれ·せよ(し

ろ)」, 문어의「す」가「せ·し·す·する·すれ·せよ」로 활용되는 동사 활용 형식= サ変
さぎり 【<sup>△</sup>狭霧】 (文) 안개
さきわけ 【咲(き)分け】 한 그루에서 빛깔이 다른 꽃이 핌, 그런 초목
さきわたし 【先渡し】 ①선도, (상품을) 대금 완불 전에 줌 ¶ 現品<sup>げんぴん</sup>~ 현품 선도 ②선불 ¶ 賃金<sup>ちんぎん</sup>~ 임금 선불 ③화물이나 대금을 도착지에서 인도함
さきん 【砂金】 〔鉱〕 사금= しゃきん
さきん 【差金】 차금, 차감한 잔금 ¶ ~決済<sup>けっさい</sup> 차금 결제 ━取引<sup>とりひき</sup> 經 차금 거래
さきん・じる 【先んじる】 自上一 → さきんずる
さきん・ずる 【先んずる】 自サ変 (남보다) 먼저 가다, 앞서 하다 ¶ 一歩<sup>いっぽ</sup>~ 한 걸음 먼저 가다
【慣用句】
━・ずれば人<sup>ひと</sup>を制<sup>せい</sup>す 남보다 앞서 행하면 유리하다, 선수를 쓰면 남을 제압할 수 있다
さく 【作】 曾 サク 訓 つくる (음) 작. Ⅰ (造語) ①만들다, 저술하다 ¶ 作家<sup>さっか</sup> 작가·製作<sup>せいさく</sup> 제작 ②경작하다, 작황, 작물 ¶ 作物<sup>さくもつ</sup> 작물·不作<sup>ふさく</sup> 흉작 ③(「サ」로 읽어서) 일, 일하다 ¶ 作業<sup>さぎょう</sup> 작업·作用<sup>さよう</sup> 작용·造作<sup>ぞうさ</sup> 수고 ④거동, 동작 ¶ 操作<sup>そうさ</sup> 조작·動作<sup>どうさ</sup> 동작 ⑤만들어진 것, 작품 ¶ 原作<sup>げんさく</sup> 원작·名作<sup>めいさく</sup> 명작 Ⅱ ①만들어진 것, 작품 ¶ 会心<sup>かいしん</sup>の~ 회심작 ②(농작물의) 작황 ¶ 今年<sup>ことし</sup>は稲<sup>いね</sup>の~がよい 금년은 벼 작황이 좋다
さく 【削】 曾 サク 訓 けずる·そぐ (음) 삭. (造語) 깎다, 깎아 없애다 ¶ 削減<sup>さくげん</sup> 삭감·削除<sup>さくじょ</sup> 삭제·添削<sup>てんさく</sup> 첨삭 ▷ 「鑿」의 대용자
さく 【昨】 曾 サク 訓 (음) 작. (造語) ①어제, 전날 ¶ 昨夏<sup>さくか</sup> 작하·昨日<sup>きのう</sup> 어제·昨年<sup>さくねん</sup> 작년·昨晩<sup>さくばん</sup> 어젯밤 ②옛날, 이전 ¶ 昨今<sup>さっこん</sup> 작금 〖熟字訓〗 昨日<sup>きのう</sup> 어제
さく 【<sup>×</sup>柵】 【柵】 曾 サク Ⅰ (造語) 울짱, 목책 ¶ 鉄柵<sup>てっさく</sup> 철책·木柵<sup>もくさく</sup> 목책 ②성채 ¶ 城柵<sup>じょうさく</sup> 성책 Ⅱ ①목책, 울짱 ¶ ~を越<sup>こ</sup>える 목책을 넘다 ②성채, 녹채(鹿砦)
さく 【<sup>×</sup>朔】 曾 サク 訓 ついたち (음) 삭. Ⅰ (造語) ①음력 초하루 ¶ 晦<sup>みそか</sup> 朔日<sup>さくじつ</sup> 삭일·八朔<sup>はっさく</sup> 팔삭 ②책력, 달력 ¶ 正朔<sup>せいさく</sup> 정삭 ③북, 북쪽 ¶ 朔風<sup>さくふう</sup> 삭풍·朔北<sup>さくほく</sup> 삭북 〖熟字訓〗 朔日<sup>ついたち</sup> 삭일 Ⅱ 〔天〕 삭, 초승달 ⇔ 望<sup>ぼう</sup>
さく 【<sup>×</sup>窄】 曾 サク 訓 (造語) 좁다, 좁아지다 ¶ 狭窄<sup>きょうさく</sup> 협착
さく 【索】 曾 サク 訓 なわ (음) 삭, 색. (造語) ①동아줄, 밧줄 ¶ 索条<sup>さくじょう</sup> 삭조·索道<sup>さくどう</sup> 철삭 ②찾다, 구하다 ¶ 索引<sup>さくいん</sup> 색인·捜索<sup>そうさく</sup> 수색 ③흩어지다, 쓸쓸하다 ¶ 索漠<sup>さくばく</sup> 삭막
さく 【策】 曾 サク 訓 はかりごと Ⅰ (음) 책. (造語) ①꾀, 계책, 계략 ¶ 策略<sup>さくりゃく</sup> 책략·政策<sup>せいさく</sup> 정책 ②관리 등용 시험 문제 ¶ 策問<sup>さくもん</sup> 책문·対策<sup>たいさく</sup> 대책 ③(글씨를 기록하는) 대쪽, 죽간, 천자가 내린 문서 ¶ 策命<sup>さくめい</sup> 책명 ④채찍, 지팡이 ¶ 散策<sup>さんさく</sup> 산책 Ⅱ 꾀, 계략, 계획 ¶ ~を練<sup>ね</sup>る 계책을 짜 내다

慣用句
**一を講ずる** 대책을 강구하다
**さく** [酢] 音サク 訓す|(음)초. (造語) 초. 식초 ¶ 酢酸ᅩᄂ 초산 ▷ 「醋」의 대용자 熟字訓 酢漿草ᅩᅡ타 괭이밥
**さく** [搾] 音サク 訓しぼる|(음)착. (造語) 쥐어짜다¶ 搾取ᅩ시 착취 · 圧搾ᅩ사 압착
**さく** [錯] 音サク · ソ 訓まじる|(음)착, 조. (造語) ①섞다. 뒤섞이다. 얽히다¶ 錯乱ᅩ라ᄂ 착란 · 交錯ᅩ고 교착 ②틀리다, 잘못되다¶ 錯誤ᅩ고 착오 · 倒錯ᅩ도 도착 ③두다, 놓다¶ 錯辞ᅩ조 조사 · 挙錯ᅩ거 거조 ▷「措」와 같음
**さく** ①[農] (괭이로) 땅을 일굼, 그런 고랑¶ ~を切る 고랑을 치다 ②[料] 생선살을 횟감으로 자른 덩어리
**さ·く** [咲く] 自五 ①(꽃이) 피다¶ 桜사ᅩ의 花나나~ 벚꽃이 피다 ②(比) (「ひと花나~・かせる」등의 꼴로) 번영하다, 성해지다
**さ·く** [割く] 他五 (일부를) 할애하다, 할양하다¶ 領土료도를~ 영토를 할양하다
**さ·く** [裂く] 他五 ①찢다¶ 紙가미를~ 종이를 찢다 ②가르다, 쪼개다, 따다¶ 魚사카나의 腹하라를~ 생선의 배를 따다 ③(사이를) 떼어놓다, 갈라놓다¶ 夫婦후후의 仲나카를~ 부부 사이를 갈라놓다
**ざく** [料] 전골에 곁들이는 채소, (특히) 어슷하게 썬 파
**ざく** [座具 · ˣ坐具] ①앉을 때 바닥에 까는 것 ②[佛] 승려가 불공 드릴 때 바닥에 까는 것
**さく·い** [形] (口) ①싹싹하다, 소탈하다¶ ~人 싹싹한 사람 ②무르다¶ ~木材 무른 목재
**さくい** [作為] 名 自スル ①조작함, 꾸밈¶ ~の跡카토 조작한 흔적 ②[法] 작위, 적극적인 행위¶ ~犯 작위범 **-的** 形動 작위적
**さくい** [作意] ①(좋지 않은) 의도¶ 別보니~はない 별다른 의도는 없다 ②작의, 창작 의도
**さくいん** [索引] 名 人名메ᅵ~ 인명 색인
**さくおう** [策応] 名 自スル 책응, 서로 짜고 함
**さく おとこ** [作男] 머슴
**さくか** [昨夏] (文) → さっか(昨夏)
**さく がら** [作柄] ①[農] 작황이 좋다¶ (예술 작품의) 됨됨이, 작품성
**さくがんき** [ˣ鑿岩機 · 削岩機] [機] 착암기
**さくぎょう** [昨暁] (文) 작효, 어제 새벽
**さくぐ** [索具] 배에서 쓰는 밧줄 종류
**さくげん** [削減] 名 他スル 삭감¶ 予算ᅩ사ᄂ을~する 예산을 삭감하다
**さくげん** [ˣ溯源 · ˣ遡源] 名 自スル (文) 소원, 근원을 더듬음
**さくげんち** [策源地] [軍] 책원지, 물자 · 병력을 보급하는 후방 기지
**さくご** [錯誤] 착오¶ 時代다ᅵ~ 시대 착오
**さく さく** 副 ①(채소를 썰거나 씹을 때 나는 소리) 사각사각, 싹둑싹둑 ②(눈이나 서릿발을 밟을 때 나는 소리) 버석버석, 사박사박
**さく さく** [ˣ嘖嘖] ト·タル (文) (칭찬이) 자자함¶ 好評호효~ 호평이 자자함
**ざく ざく** 副 ①(자갈 등을 밟거나 하는 소리) 서벅서벅 ②(채소 등을 큼직하게 써는) 석둑석둑 ③지천으로, 수없이¶ 小判코바ᄂ が~と出る 금화가 수없이 나오다
**さく さつ** [錯雜] 名 自スル 착잡, 얽히고 설킴 = 錯綜ᅩ소¶ ~した関係카ᄂ케ᅵ 착잡한 관계
**さくさん** [ˣ柞蚕] [動] 작잠, 멧누에
**さくさん** [酢酸 · ˣ醋酸] [化] 초산, 아세트산
**さくし** [作詞] 名 他スル 작사¶ ~家 작사가
**さくし** [作詩] 名 自スル 작시, 시를 지음
**さくし** [策士] 책사, 모사
慣用句
**一策に溺ᅩ보れる** 책사는 제 꾀에 넘어간다
**さくし** [錯視] [心] 착시¶ ~現象겨소 착시 현상
**さくじ** [作字] 名 他スル [版] ①(활판 인쇄에서) 쪽자를 만듦 ▷ 「削字」라고도 씀 ②(워드프로세서 등에서) 일본 공업 규격의 제1 · 제2 수준 한자 이외의 문자를 만듦
**さくじ** [作事] 가옥 등을 짓거나 수리하는 공사
**さくじつ** [昨日] (文) 작일, 어제 = きのう
**さくじつ** [ˣ朔日] (文) 삭일, 초하루 = ついたち
**さくしゃ** [作者] 작자¶ ~不詳ᅩ쇼 작자 불명
**さくしゅ** [搾取] 名 他スル 착취 ①(젖 등을) 짜냄 ②[社] 노동자 · 농민을 혹사하여 잉여 가치를 독점함¶ ~階級카ᅵ큐 착취 계급
**さくしゅう** [昨秋] (文) 작추, 작년[지난] 가을
**さくしゅん** [昨春] (文) 작춘, 작년[지난] 봄
**さくじょ** [削除] 名 他スル 삭제¶ 一行교를~する 1행을 삭제하다
**さくじょう** [作条] [農] (씨 뿌리는) 고랑
**さくず** [作図] 名 他スル 작도 ①제도 ②[數] 도형을 그림¶ 直角카카쿠의 三等分부ᄂ の~ 직각 3등분의 작도
**さく·する** [策する] 他サ変 (文) 꾀하다, 획책하다¶ クーデターを~ 쿠데타를 획책하다
**さくせい** [作成] 名 他スル 작성¶ 契約書케ᅵ카쿠소 の~にかかる 계약서 작성에 착수하다
**さくせい** [作製] 名 他スル 물건을 만듦, 제작¶ 設計図서카ᅵ조 を~する 설계도를 제작하다
**さくせい** [ˣ鑿井] 名 自スル (文) 착정, (석유 채취 등을 위해) 구멍을 팜¶ ~機 착정기
**さくせん** [作戦 · 策戦] 作戦 ①(경기 등의) 싸우기 위한 계획¶ ~を練너る 작전을 짜다 ②[軍] 적에 대한 군사 행동¶ 人質救出히토히뷰트~ 인질 구출 작전
**さくぜん** [索然] ト·タル (文) 삭연, 흥이 깨짐, 아취가 없음¶ 興味쿄ᅩ~ 흥미가 없음
**さくそう** [錯綜] 名 自スル 착종, 얽히고 설킴¶ 利害関係카ᄂ케ᅵ が~する 이해 관계가 얽히고 설키다
**さく ちがい** [作違い] 작황이 나쁨, 흉작
**さくちゅう** [作中] 名 작중, 작품 속¶ ~人物부트 작중 인물
**さくちょう** [昨朝] (文) 작조, 어제 아침
**さくづけ** [作付(け)] 작부, 농작물을 심음¶ ~面積세키 작부 면적
**さくてい** [策定] 名 他スル (文) 책정¶ 綱領ᅩ료를~する 강령을 책정하다
**さくてき** [索敵] 名 他スル (文) 색적, 적의 소재

さくど [作土] [農] 경토(耕土), 표토(表土)
さくとう [昨冬] 작동. 작년(지난) 겨울
さくどう [索道] 삭도. 공중 케이블
さくどう [策動] 名 自スル (文) 책동¶ 会社の乗っ取りを~する 회사 탈취를 책동하다
さくにゅう [搾乳] 名 自スル [農] 착유. 젖을 짬
さくねん [昨年] 작년. 지난해=去年
さくばく [索漠·索莫·索寞] (形動) (文) 삭막¶ ~たる人生 삭막한 인생
さくばん [昨晩] (文) 어젯밤=昨夜
さくひこんぜ [昨非今是] (文) 작비 금시. 경우가 바뀌면 생각도 바뀔 수 있음
さくひん [作品] 작품¶ 芸術~ 예술 작품
さくふう [作風] 작풍. 작품에 나타난 작가의 특징¶ 変わった~ 색다른 작품
さくふう [朔風] 삭풍. 북풍
さくぶつ [作物] 예술 작품
さくぶん [作文] 작문 I 名 ①문장을 지음. 그 문장 ②(교과목의) 글짓기¶ ~の宿題 작문 숙제 II 名他スル 형식은 갖추었으나 내용이 빈약한 문장¶ 適当に~して報告する 적당히 형식만 갖추어 보고하다
さくほう [作法] 작법. 문장·시가를 만드는 법=さほう¶ 文章~ 문장 작법
さくほう [昨報] 작보. (신문에서) 어제의 보도¶ ~によれば 어제의 보도에 따르면
さくぼう [策謀] (文) 책모. 책략
さくほく [朔北] 삭북. 북방. (특히) 중국 북방의 변방
さくもつ [作物] [農] 작물. 농작물
さくや [昨夜] (文) 어젯밤. 간밤
さくやく [炸薬] 작약. 폭탄·포탄 등의 폭약
さくゆ [搾油] 名 自スル 착유. (식물에서) 기름을 짬¶ ~器 착유기
さくゆう [昨夕] (文) 어제 저녁
さくよう [腊葉] 석엽. 식물을 눌러 말린 표본
さくら 바람잡이 ①야바위꾼 ②(연극이나 연설회에서) 관객을 가장하여 객석에서 분위기를 고조시키는 사람
さくら [桜] ①[植] 벚나무. 벚꽃 ②「桜色」의 준말 ③「桜肉」의 준말
さくらいろ [桜色] 연분홍색. 담홍색
さくらえび [桜海老·桜蝦] [動] 꽃새우
さくらがい [桜貝] [動] 벚조개
さくらがみ [桜紙] 얇고 부드러운 휴지
さくらがり [桜狩(り)] 벚꽃놀이=花見
さくらぎ [桜木] ①벚나무 ②벚나무 목재 ③판목(版木)
さくらぜんせん [桜前線] 벚꽃 전선¶ ~北上中 벚꽃 전선 북상중
さくらそう [桜草] [植] 앵초
さくらだい [桜鯛] ①[動] 참돔 ②꽃돔
さくらづけ [桜漬(け)] 벚꽃잎을 소금에 절인 것
さくらにく [桜肉] 말고기=さくら
さくら ふぶき [桜吹雪] 눈보라처럼 벚꽃이 바람에 흩날리는 모습=花吹雪
さくらめし [桜飯] 간장과 술을 넣어 지은 밥

さくらもち [桜゛餅] 밀가루 반죽을 얇게 밀어 구운 피에 팥소를 넣고 벚나무 잎으로 싼 떡
さくらゆ [桜湯] 소금에 절인 벚꽃잎에 뜨거운 물을 부어 마시는 음료
さくらん [錯乱] 名 自スル 착란. 마음이 어지러움. 혼란스러움¶ 精神~ 정신 착란
さくらんぼ [桜ん坊·桜桃] 버찌. (특히) 서양벚나무 열매=チェリー
さぐり [探り] 탐색함. 염탐함
慣用句
―を入れる 남의 속을 떠보다
さぐりあし [探り足] 더듬거리는 걸음¶ 暗闇を~で進む 어둠 속을 더듬거리며 나아가다
さぐりあ・てる [探り当てる] 他下一 ①(더듬어서) 찾아내다¶ 暗闇の中でスイッチを~ 어둠 속에서 스위치를 찾아내다 ②(헤아려서) 찾아내다. 알아내다¶ 相手の胸のうちを~ 상대방의 심중을 알아내다
さぐりだ・す [探り出す] 他五 ①찾아내다 ②알아내다¶ 秘密を~ 비밀을 알아내다
さくりつ [冊立] 名 他スル (文) 책립. (칙명에 의해 황후·황태자로) 책봉함
さくりと 副 (단번에 갈라지거나 잘라지는) 짝. 삭둑, 석둑=さっくりと
ざくりと 副 ①(물건이 쉽게 쪼개지거나 뿜어지는) 짝. 쑥¶ すいかを~割る 수박을 짝 쪼개다 ②(칼 등을 세게 찌르는) 푹=ざっくり¶ 槍で~突く 창으로 푹 찌르다
さくりゃく [策略] 책략. 계략¶ ~にはまる 책략에 빠지다
さぐ・る [探る·捜る] 他五 ①(더듬어) 찾다. 뒤지다¶ ポケットを~ 주머니를 뒤져 찾다. 조사하다¶ 事故の原因を~ 사고 원인을 조사하다 ③살피다. 탐색하다¶ 相手の意向を~ 상대의 의향을 살피다 ④(文) (아름다운 경치를) 찾다. 탐방하다¶ 秘境を~ 비경을 찾다
さくれい [作例] 작례 ①작문 등의 실례·본보기 ②(사전 등에서) 용례(用例)
さくれつ [炸裂] 名 自スル 작렬¶ 砲弾が~する 포탄이 작렬하다
ざくろ [石榴·柘榴] [植] 석류. 석류나무 ―口(江戸時代 대중탕에서) 엎드려 욕조를 드나드는 입구 ―鼻 주부코. 주독코
さけ [酒] ①술¶ 自棄~ 홧술¶ ~に酔う 술에 취하다/ ~が強い 술이 세다 ②청주
慣用句
―に飲まれる 술에 취해 제 정신을 잃다
―は百薬の長 술은 백약의 으뜸
さけ [鮭] [動] 연어=しゃけ
さげ [下げ] ①[造語] 내림¶ 箸の上げ~ 젓가락질 ②[経] (시세의) 내림세. 하락¶ 五十円~で 50엔 하락 ③「下げ緒」의 준말 ④(落語에서) 웃기면서 끝맺는 부분
さげあし [下げ足] [経] (시세의) 하락세
さけい [左傾] 名 自スル 좌경 ①왼쪽으로 기욺 ②좌익 사상에 물듦¶ ~思想 좌경 사상

さげお【下げ緒】 칼집에 달린 끈= 下さげ
さげかじ【下げ*舵】 (비행기의) 하강을 위한 조종타의 조작 ⇔ 上あげ舵かじ
さけかす【酒粕・酒*糟】 주박, 지게미
さげがみ【下げ髪】 머리를 뒤로 늘어뜨리거나 뒤로 묶어 늘어뜨리는 일본 여성의 머리 모양
さけくせ【酒癖】 주벽, 술버릇= さけぐせ
さけくらい【酒食らい】 (口) 술고래, 모주꾼
さけさかな【酒*肴】 주효, 술과 안주=しゅこう
さげしお【下げ潮】 썰물= 引ひき潮しお
さげじゅう【提げ重】 휴대용 찬합
さけずき【酒好き】 술을 즐김, 애주가
さげすむ【*蔑む・*貶む】 (他五) 깔보다, 얕보다, 업신여기다, 경멸하다 ¶ 〜ような目めつき 경멸하는 듯한 눈초리
さけのみ【酒飲み】 술꾼, 주당, 주호
さけびたり【酒浸り】 늘 술에 절어 있음 ¶ 〜の生活せいかつ 술독에 빠져 있는 생활
さけぶ【叫ぶ】 I (自五) (큰소리로) 외치다, 소리지르다 ¶ 大声おおごえで〜 큰소리로 외치다 II (他五) 호소하다, 부르짖다 ¶ 軍縮ぐんしゅくを〜 군비 축소를 부르짖다
さけぶとり【酒太り・酒*肥り】 술살이 찜
さげまえがみ【下げ前髪】 (소녀 등의) 앞머리를 늘어뜨린 머리 모양
さけめ【裂け目】 갈라진 곳, 금 = われめ
さけもどし【下げ戻し】 반려(返戻), 각하
さけよい【酒酔い】 술취함, 취한 상태・사람
さ・ける【裂ける】 (自下一) 찢어지다, 터지다, 갈라지다 ¶ 紙かみが〜 종이가 찢어지다/ 地震じしんで地面じめんが〜 지진으로 지면이 갈라지다
さ・ける【避ける】 (他下一) 피하다 ①달아나다, 비키다 ¶ 氷山ひょうざんを〜けて進すすむ 빙산을 피해서 나아가다 ②회피하다, 꺼리다 ¶ 人目ひとめを〜 남의 눈을 피하다, 조심하다 ¶ どぎつい表現ひょうげんを〜 자극적인 표현을 삼가다
さ・げる【下げる】 (他下一) ①내리다, 낮추다 ¶ 電灯でんとうの高たかさを〜 전등의 높이를 낮추다/ 機首きしゅを〜 기수를 내리다 ②【提げる】 늘어뜨리다, 매달다, 들다 ¶ 軒のきに看板かんばんを〜 처마에 간판을 매달다/ カバンを〜 가방을 들다 ③(뒤로) 물리다 ¶ 机つくえを〜 책상을 물리다 ④물리다 ¶ お膳ぜんを〜 밥상을 물리다 ⑤(남에게) 주다 ¶ 服ふくを弟おとうとに〜 옷을 동생에게 물려 주다 ⑥(예금 등을) 찾다, 인출하다 ¶ 貯金ちょきんを〜 저금을 찾다 ⑦(가치・기능・지위를) 낮추다, 떨어뜨리다 ¶ 値段ねだんを〜 가격을 낮추다/ 品質ひんしつを〜 품질을 떨어뜨리다/ 階級かいきゅうを〜 계급을 강등시키다 ⑧(수량・수치를) 낮추다 ¶ 生産量せいさんりょうを〜 생산량을 줄이다
さげわた・す【下げ渡す】 (他五) ①(아랫사람에게) 주다, 내리다 ②(민간에) 불하하다
さけん【差遣】 (名他スル) (文) 차견, 파견
さげん【左*舷】 (文) 좌현, 왼쪽 뱃전
さこ【雑魚】 ①(名) ②(比) 하찮은 인물, 송사리 ¶ 〜を相手あいてにする 송사리를 상대하다 一寝ね 여럿이 한 방에서 잠, 혼숙
慣用句

一の魚うおを交まじり (比) 강자 틈에 약자가 끼어 있음
さこう【鎖港】 (文) 쇄항, 외국 선박의 입항・교역을 금함
ざこう【座高・*坐高】 좌고, 앉은키
さこうべん【左顧右*眄】 (文) → うこさべん
さこく【鎖国】 (名自スル) 쇄국 ¶ 〜政策せいさく 쇄국정책 一令れい 【日史】 江戸幕府えどばくふの쇄국령
さこつ【鎖骨】 【医】 쇄골, 빗장뼈
ざこつ【座骨・*坐骨】 좌골
さざ【*笹】 (訓) さざ I (일본식 한자) 조릿대, 갓대, 작은 대나무 II 【植】 조릿대= ささたけ
ささ【*細・*小】 接頭 잔, 작은, 조금= さざ ¶ さざ波なみ 잔물결 一*濁にごり (물이) 조금 흐림
ささ【*些・*些】 (文) 사소한, 아주 적음 ¶ 〜る事ことで立腹りっぷくする 사소한 일로 화를 내다
ささ【座作・*坐作】 (文) 좌작, 행동거지, 기거 一進退しんたい 좌작 진퇴, 기거 동작
ささあめ【*笹*飴】 조릿대 잎으로 싼 엿
ささい【*些細】 [ダ] 사세, 사소함, 하찮음 ¶ 〜な事ことにこだわる 사소한 일에 구애받다
ささいろ【*笹色】 검푸른 빛= 紅紅べにべに
ささえ【支え】 받침, 버팀, 지주(支柱)
さざえ【〈栄螺〉・〈拳螺〉】 【動】 소라 一の壺焼つぼや き 【料】 통째로 굽는 소라구이
ささ・える【支える】 (他下一) ①받치다, 떠받치다 ¶ 柱はしらで梁はりを〜 기둥으로 대들보를 떠받치다 ②지탱하다, 유지하다 ¶ 家計かけいを〜 가계를 지탱하다/ 人気にんきを〜 인기를 유지하다
ささおり【*笹折】 ①조릿대 잎으로 음식을 싼것 ②(얇게 켠) 나무 도시락= おり
ささがき【*笹*掻き】 【料】 우엉 등을 조릿대 잎처럼 얇게 썲, 그렇게 썬 것
ささかまぼこ【*笹*蒲*鉾】 조릿대 잎처럼 만든 생선묵
ささぐり【*小*栗】 「シバグリ」의 딴이름
ささくれ ①(나무・대 끝이) 잘게 갈라짐, 거스러미 ②손거스러미= さかむけ
ささくれだ・つ【ささくれ立つ】 (自五) 끝이 잘게 갈라지다, 거스러미가 일다
ささく・れる (自下一) ①끝이 잘게 갈라지다, 거스러미가 일다 ¶ 〜れた畳たたみ 거스러미가 인 다다미 ②손거스러미가 일다 ¶ 指先ゆびさきが〜 손가락 끝에 손거스러미가 일다 ③(감정 등이) 날카로워지다, 거칠어지다 ¶ 〜れた雰囲気ふんいき 거칠어진 분위기
ささげ【〈豇豆〉・〈大角豆〉】 【植】 광저기
ささげもの【*捧げ物】 ①헌납품, 진상품 ②신불(神佛)에게 바치는 공물
ささ・げる【*捧げる】 (他下一) ①(신불・윗사람에게) 바치다 ¶ 仏前ぶつぜんに花はなを〜 내빈에게 꽃을 바치다 ②받들어 올리다 ¶ 賞状しょうじょうを高たかく〜 상장을 높이 받들다 ③(정성 등을) 드리다, 바치다, 다하다 ¶ 仕事しごとに一生いっしょうを〜 일에 일생을 바치다
ささたけ【*笹竹】 작은 대나무의 총칭, 조릿대
ささつ【査察】 (名他スル) 사찰 ¶ 災害さいがいの状況じょうきょうを〜する 재해 상황을 사찰하다

**さざなみ** [ˇ細波・ˇ小波・ˇ漣] 잔물결= さざれなみ・ささなみ ¶ ～が立つ 잔물결이 일다

ささなみの 枕 「ˇ志賀ˇ・ˇ大津ˢˢ・ˇ近江ˢˢ」 등을 수식함

**ささにごり** [ˇ細濁り・ˇ小濁り] (물이) 조금 흐림

**ささはら** [ˇ笹原] 조릿대가 무성한 곳

**ささぶき** [ˇ笹ˇ葺(き)] 조릿대 잎으로 지붕을 임, 그런 지붕・집

**ささぶね** [ˇ笹舟] 조릿대 잎을 접은 장난감 배

**ささべり** [ˇ笹ˇ縁] (옷・보자기 끝에 두른) 가선

**ささみ** [ˇ笹身] 닭 가슴살

**さざめ・く** 自五文 떠들어대다, 법석거리다 ¶ 笑ﾜﾗいに ～ 웃으며 떠들어대다

**ささめごと** [ˇ私語] 文 속삭이는 말

**ささめゆき** [ˇ細雪] 文 세설, 가랑눈

**ささやか** [ˇ細やか] ダ ①자그마함, 아담함 ¶ ～な庭ﾆﾜのある家ﾔ 아담한 정원이 있는 집 ②변변치 못함, 조촐함 ¶ ～な贈ｵｸり物ﾓﾉ 변변치 못한 선물 / ～な祝賀会ｼｭｸｶﾞｶｲ 조촐한 축하회

**ささやき** [ˇ囁き・ˇ私語] ①속삭임, 소곤거림 ¶ 愛ｱｲの～ 사랑의 속삭임 ②文 시냇물이 흐르는 소리, 바람이 산들거리는 소리

**ささや・く** [ˇ囁く・ˇ私語く] 自五 속삭이다, 소곤거리다 ¶ 耳ﾐﾐもとでこっそり～ 귓전에다 살짝 속삭이다

**ささやぶ** [ˇ笹ˇ藪] 조릿대 숲, 대밭

**ささら** [ˇ簓] ①대 끝을 잘게 쪼개 다발 지은 일본 민속 악기 ②얇고 조붓한 판자 끝을 엮어 만든 일본 민속 악기 ③대나무를 쪼개 묶은 부엌 솔 ④끝이 잘게 갈라짐

**ささ・る** [刺さる] 自五 박히다, 꽂히다, 찔리다 ¶ とげが指ﾕﾋﾞに～ 가시가 손가락에 박히다

**さざれ** [ˇ細れ] ①잔돌, 조약돌 ②造語 작은, 잔 ¶ ～石ｲｼ 조약돌 / ～波ﾅﾐ 잔물결

**さざれいし** [ˇ細(れ)石] 文 잔돌, 조약돌

**さざれなみ** [ˇ細(れ)波] 잔물결

**ささわり** [ˇ障り] 지장, 방해= 差ｻし障ｻﾜり

**さざんか** [ˇ山茶花] 植 산다화, 애기동백

**さし** [差(し)] 接頭 뜻을 강조하거나 어조를 고르는 말 ¶ ～出ﾀﾞす 내밀다 / ～戻ﾓﾄﾞす 반려하다

**さし** [ˇ尺・差し・指し] 자 ¶ 鯨ｸｼﾞﾗ～ 경척

**さし** [刺し] ①(생선회 ¶ いか～ 오징어회 ②색대, 간색대 ③造語 찌름, 꽂음, 뗌 ¶ 虫ﾑｼ～ 꼬치

**さし** [差(し)・指(し)] ①마주 대함(앉음) ¶ ～で話ﾊﾅす 마주 앉아 이야기하다 ②(짐을) 둘이서 멤 ③謠 (謡曲ﾖｳｷｮｸ에서) 장단에 맞추지 않고 부르는 부분 ④舞 (能ﾉｳ에서) 부채 든 오른손을 앞쪽으로 똑바로 들어올리는 동작 ⑤相撲 양손을 상대편 겨드랑이에 집어넣는 수 ⑥(물건을 넣는) 용기 ¶ 状ｼﾞｮｳ～ 편지 꽂이 / 水ﾐｽﾞ～ (따라 마시는) 물주전자 ⑦(助数) 춤을 세는 말, 곡 ¶ 一ﾋﾄ～舞ﾏｳ 한 곡 추다

**さし** [ˇ止し] 造語 《동사 連用形에 붙어》 …하다가 맒 ¶ 食ﾀﾍﾞ～のパン 먹다 만 빵 / 読ﾖﾐ～の本ﾎﾝ 읽다 만 책

**さし** [砂ˇ嘴] 地 사취

**さし** [ˇ渣ˇ滓] 文 찌꺼기, 앙금, 침전물= おり

**さし** [ˇ蠁子] ①(낚시 미끼용으로 키운) 쉬파리의 구더기 ②된장 등에 생기는 구더기

**さじ** [ˇ匙] (文) 숟가락= スプーン

慣用句

**―を投ﾅｹﾞげる** ①(의사가) 환자를 포기하다 ②(일의 가망이 없어) 손을 떼다, 단념하다

**さじ** [ˇ瑣事・ˇ些事] 사소한 일, 하찮은 일 ¶ ～にこだわる 사소한 일에 구애되다

**ざし** [差し・指し] 接尾 모양・상태를 나타내는 말 ¶ まな～ 눈빛 / おも～ 용모

**ざし** [座視・ˇ坐視] 名 좌시, 방관 ¶ ～するに忍ｼﾉびない 차마 좌시할 수 없다

**さしあい** [差(し)合(い)] ①지장, 장애 ¶ ～があって行ｲかれない 사정이 있어 갈 수 없다 ②(連歌ﾚﾝｶﾞ・俳諧ﾊｲｶｲ에서) 付合ﾂｹｱｲ의 금지 규정

**さしあ・う** [差(し)合う] I 自五 지장이 있다, 장애가 되다 ¶ 先約ｾﾝﾔｸと～って行ｲけません 선약과 맞물려서 갈 수 없습니다 II 他 술을 서로 권하다, 대작하다

**さしあ・げる** [差(し)上げる] 他下一 ①쳐들다, 들어올리다 ¶ バーベルを～ 바벨을 들어올리다 ②드리다, 바치다 ¶ 手紙ﾃｶﾞﾐを～ 편지를 드리다 ③(補助) (동사 連用形+「て」에 붙어) …해 드리다 ¶ 書ｶいて～ 써 드리다

**さしあし** [差(し)足] 발끝으로 살금살금 걸음 ¶ 抜ﾇき足ｱｼ～ 살금살금 걸음

**さしあたって** [差(し)当(た)って] 副 → さしあたり

**さしあたり** [差(し)当(た)り] 副 우선, 당장= さしあたって ¶ ～必要ﾋﾂﾖｳなものだけを買ｶう 당장 필요한 것만을 사다

**さしあた・る** [差(し)当(た)る] 自五 ①당면하다, 직면하다 ¶ ～った用事ﾖｳｼﾞはない 당면한 용무는 없다 ②(빛이) 직접 쬐다[비치다]

**さしあぶら** [差(し)油・ˇ注(し)油] ①기계에 기름을 침, 그런 기름 ②등잔에 기름을 더 부음

**さしあみ** [刺(し)網] 水 자망

**さしい・る** [差(し)入る・ˇ射(し)入る] 自五文 (빛이) 들어오다, 들이비치다

**さしいれ** [差(し)入れ] 名他スル ①(수감자에 대한) 차입(품) ②(위로・격려 등을 위해) 들여 보내는 음식물 ¶ 合宿中ｶﾞｯｼｭｸﾁｭｳの後輩ｺｳﾊｲに～する 합숙 중인 후배에게 먹을 것을 보내다

**さしい・れる** [差(し)入れる] 他下一 ①(속에) 넣다 ¶ 懐ﾌﾄｺﾛに手ﾃを～ 호주머니에 손을 찌르다 ②(수감자에게 음식・물품 등을) 차입하다 ¶ 弁当ﾍﾞﾝﾄｳを～ 도시락을 차입하다

**さしえ** [挿(し)絵] 삽화 ¶ 新聞ｼﾝﾌﾞﾝの～ 신문의 삽화

**さしお・く** [差(し)置く・差(し)ˇ措く] 他五 ①두다, 놓아두다 ②그대로[내버려] 두다 ¶ 何ﾅﾆを～いても出席ｼｭｯｾｷしたい 만사 제쳐놓고라도 출석하고 싶다 ③(사람을) 제쳐놓다, 무시하다 ¶ 先輩ｾﾝﾊﾟｲを～いて発言ﾊﾂｹﾞﾝする 선배를 제쳐놓고 발언하다

**さしおさえ** [差(し)押(き)え] 法 압류

**さしおさ・える** [差(し)押(さ)える] 他下一 ①말리다, 못하게 하다 ¶ 喧嘩ｹﾝｶをしている人ﾋﾄを～ 싸우고 있는 사람을 말리다 ②압류

さしちがえる

하다¶ 財産ざいさんを~ 재산을 압류하다
さしかえ【差(し)替え・差(し)換え】 바꿈, 바꿔 끼움, 그런 것¶ 朝刊ちょうかんの一面いちめんが~になる 조간의 일면이 교체되다
さしか・える【差(し)替える・差(し)換える】 他下一 ①갈아 차다(꽂다)¶ 刀かたなを~ 칼을 갈아 차다 ②바꾸다, 갈아 넣다¶ 文例ぶんれいを~ 문례를 바꾸다
さしかか・る【差(し)掛(か)る】 自五 ①당도하다, 다다르다, 접어들다¶ 急きゅうカーブに~ 급커브에 다다르다 ②(어느 시기에) 접어들다, 이르다¶ 終盤しゅうばんに~ 종반으로 접어들다 ③뒤덮다, 내리덮다¶ 木きの枝えだが屋根やねに~ 나뭇가지가 지붕을 뒤덮다
さしかけ【指(し)掛け】 (장기에서) 봉수(封手)
さしかけ【差(し)掛け】 ①(우산 등을) 받침 ②달개, 달개집
さしか・ける【差(し)掛ける】 他下一 ①(우산 등을) 받다, 받치다¶ 傘かさを~ 우산을 받치다 ②밖으로 내어 매어달다¶ ひさしを~ 차양을 처마에 내어달다
さじかげん【*匙加減】 ①(약을 조제할 때의) 분량의 정도 ②(음식의) 간의 조절 ③재량, 적절한 조치¶ 上役うわやくの~ひとつでどうにでもなる 오로지 상사의 재량 하나에 달려 있다
さしかざ・す【差(し)*翳す】 他五 (손・우산 등을 들어서) 머리 위에서 가리다¶ 扇おうぎを~・して見みる 쥘부채로 가리고 보다
さしかた・める【差(し)固める】 他下一 (文) (문 등을) 굳게 잠그다, 엄중히 경계하다¶ 出入でいり口ぐちを~ 출입구를 굳게 잠그다
さしか・つ【指(し)勝つ】 自五 (장기에서) 자기 작전대로 말을 써서 이기다
さしか・つ【差(し)勝つ】 自五 [相撲] 유리한 자세를 취하다
さしがね【差(し)金】 ①(금속제) 곱자= かね尺じゃく, まがりがね ②(歌舞伎かぶきの) 관객이 알아차리지 못하게 검은 막대기 끝에 나비나 새를 조종하는 철사를 단 소도구 ③막후 조종, 사주¶ だれの~だ 누구의 사주냐
さしがみ【差(し)紙】 (江戸えど시대) 관청에서 보내는 호출장
さしき【挿(し)木】 農 삽목, 꺾꽂이
さじき【桟敷】 지면보다 높게 만든 관람석
ざしき【座敷】 ①(일본집의) 객실¶ ~に通とおされる 객실에 안내되다 ②《「お~」의 꼴로》 연회, 연회석, (기생 등이) 연회석에 불려감¶ お~がかかる 연회석에 부름을 받다 —牢ろう (죄인・정신병자 등을 가두어 두는) 창살로 칸막이 한 방
さしきず【刺(し)傷】 자상, 찔러서 생긴 상처
さしき・る【指(し)切る】 自五 (장기에서) 공격하는 말을 다 써 버려 더 둘 수 없게 되다
さしき・る【差(し)切る】 自五 (경마에서) 골 직전에서 다른 말을 추월하여 우승하다
さしぐし【挿(し)*櫛】 머리에 꽂는 장식용 빗
さしぐすり【差(し)薬】 ①【*注(し)薬】 점안약, 안약 ②【挿(し)薬】 좌약(坐藥)
さしぐ・む【差(し)*含む】 自五 눈물을 머금다, 눈물짓다
さしく・る【差(し)繰る】 他五 둘러 맞추다, 변통하다¶ 予定よていを~ 예정을 둘러맞추다
さしげ【差(し)毛】 ①털에 다른 색의 털이 섞임, 그런 털 ②(모자 등에 꽂는) 장식용 깃털
さしこ【刺(し)子】 누빈 천
さしこ・える【差(し)越える】 他下一 남을 제치고 나서다, 주제넘게 나서다
さしこ・す【差(し)越す】 I 自五 ①주제넘게 나서다 ②일정한 순서・절차를 밟지 않고 행하다 II 他五 보내 오다, 보내다
さしこみ【差(し)込み】 ①찔러 넣음, 꽂음 ②플러그, 콘센트 ③산통(疝痛) = しゃく ④【料】 맑은 장국의 주재료에 첨가하는 부재료
さしこ・む【差(し)込む】 I 他五 끼워 넣다, 꽂다¶ プラグを~ 플러그를 꽂다 II 自五 ①(가슴・배가) 갑자기 쿡쿡 찌르듯이 아프다 ②【*射(し)込む】 (햇빛이) 들어오다¶ 窓まどから西日にしびが~ 창문으로 석양빛이 들어오다
さしこ・める【*鎖める・*籠める】 他下一 (文) (방 안에) 가두다
さしころ・す【刺(し)殺す】 他五 (칼 등으로) 찔러 죽이다
さしさわり【差(し)障り】 지장, 장애¶ その発言げんは~がある 그런 발언은 지장이 있다
さししお【差(し)潮】 밀물, 만조
さししめ・す【指(し)示す】 他五 지시하다, 가리키다¶ 方向ほうこうを~ 방향을 가리키다
さしず【指図】 名 スル 지시, 지휘, 명령¶ 仕事しごとを~する 일을 지시하다
さしすぎ【指(し)過ぎ】 (장기에서) 무리수를 둠¶ ~をとがめる 무리수를 나무라다
さしずめ【差(し)詰め】 副 ①결국, 필경¶ ~君きみしか適任者てきにんしゃはいない 결국 자네밖에 적임자는 없다 ②우선, 당장= さしあたり¶ ~一万円いちまんえんだけ返かす 우선 만 엔만 갚겠다
さしせま・る【差(し)迫る】 自五 닥치다, 박두하다, 임박하다¶ 目前もくぜんに~・った入試にゅうし 목전에 닥친 입시
さしぞえ【差(し)添え】 ①곁에서 시중듦, 그런 사람= つきそい¶ ~人にん 시중드는 사람 ②큰 칼에 곁들여 차는 작은 칼= 脇差わきざし
さしだしにん【差(し)出(し)人】 (우편물 등의) 발신인, 발송인¶ ~不明めい 발신인 불명
さしだ・す【差(し)出す】 他五 ①(앞으로) 내밀다¶ 手てを~ 손을 내밀다 ②제출하다¶ 書類しょるいを~ 서류를 제출하다 ③보내다, 발송하다¶ 案内状あんないじょうを~ 안내장을 발송하다
さした・てる【差(し)立てる】 他下一 (文) ①세우다¶ 旗はたを~ 기를 세우다 ②(사람 등을) 보내다¶ 使者ししゃを~ 사자를 보내다 ③(우편물 등을) 보내다, 발송하다¶ 電報でんぽうを~ 전보를 보내다
さしたる【*然したる】 連体 (文) 그다지, 별로, 이렇다 할¶ ~用事ようじもない 이렇다 할 용무도 없다
さしちが・える【刺(し)違える】 自下一 ①맞

さしちがえる

찌르다¶ ～・えて死ぬ 맞찌르고 죽다 ②잘 못 찌르다
さしちが・える [指(し)違える] 自下一 (장기에서) 악수를 두다
さしちが・える [差(し)違える] 他下一 ①잘못 넣다[꽂다] ②[相撲] 심판이 판정을 잘못하다
さしつかえ [差(し)支え] 지장, 장애¶ 勤務$_{きん}$に～ありません 근무에는 지장 없습니다 ─ 無$_{な}$い 形 지장없다, 상관없다, 괜찮다
さしつか・える [差(し)支える] 自下一 지장이 있다, 지장을 주다¶ 夜更かしは仕事$_{ごと}$に~ 밤늦게까지 안 자는 것은 일에 지장을 준다
さしつかわ・す [差(し)遣わす] 他五 (文) (사람을) 보내다, 파견하다¶ 代理人$_{だいりにん}$を~ 대리인을 보내다
さしつぎ [刺(し)継ぎ] 짜깁기
さしつぎ [指(し)継ぎ] (장기에서) 두다 만 판을 계속함
さしつ・ける [差(し)付ける] 他下一 ①갖다 대다[붙이다] = おしあてる ②(눈앞에) 들이대다¶ 銃$_{じゅう}$を~ 총을 들이대다
さして [指(し)手] ①(장기에서) 말을 두는 법 ②장기를 잘 두는 사람
さして [差(し)手] [相撲] 상대편 겨드랑이 밑에 손을 찔러 넣음, 그런 수
さして [然して] 副 그다지, 별로¶ ～急$_{いそ}$ぎがない 그다지 서두르지 않다
さしでがまし・い [差(し)出がましい] 形 주제넘다, 오지랖넓다¶ ～口$_{くち}$をきく 주제넘은 말을 하다
さしでぐち [差(し)出口] 주제넘은 말, 말참견¶ ～をきく 주제넘은 말을 하다
さし・でる [差(し)出る] 自下一 ①앞으로 나오다, 내밀다¶ 塀$_{へい}$の上$_{うえ}$に～・でた枝$_{えだ}$ 담 위로 뻗친 가지 ②주제넘게 나서다¶ ～・でたことをする 주제넘은 짓을 하다
さしとお・す [刺(し)通す] 他五 ①찔러 꿰뚫다, 꿰뜨리다 ②꿰다¶ ビーズに糸$_{いと}$を~ 구슬에 실을 꿰다
さしと・める [差(し)止める] 他下一 금지하다, 못하게 하다¶ ビルの着工$_{ちゃっこう}$を~ 빌딩의 착공을 금지하다
さしにない [差(し)担い] (짐을 앞뒤에서) 두 사람이 멤¶ ～のかご 두 사람이 메는 가마
さしぬい [刺(し)縫い] ①누비질, 누빈 천 ②바깥쪽만 윤곽을 따라 메우는 자수
さしぬき [指貫] 발목을 졸라매게 된 袴$_{はかま}$
さしね [指(し)値] [經] (위탁 매매에서) 위탁자가 희망 가격을 지정함, 지정가(價)
さし・のべる [差(し)伸べる・差(し)延べる] 他下一 ①(쭉) 내밀다, 내뻗다 ②(出)〔「…の手$_{て}$を～」의 꼴로〕…의 손을 뻗치다¶ 救援$_{きゅうえん}$の手$_{て}$を~ 구원의 손길을 뻗치다
さしのぼ・る [差(し)昇る・差(し)上る] 自五 (文) (해・달이) 솟아오르다, 떠오르다
さしば [差(し)歯] ①足駄$_{あしだ}$에 굽을 끼움, 그런 굽 ②의치(義歯)
さしはさ・む [差し挟む] 他五 ①끼우다, 끼워넣다, 꽂아넣다¶ 栞$_{しおり}$を本$_{ほん}$に~ 책에 서표를 끼우다 ②(대화 등에) 끼어들다, 말참견하다¶ 口$_{くち}$を~ 말참견하다 ③(의심・불만 등을) 품다¶ 疑念$_{ぎねん}$を~ 의심을 품다
さしひか・える [差(し)控える] I 自下一 옆에 있다, (곁에서) 대기하다¶ 左右$_{さゆう}$に~ 좌우에 있다 II 他下一 덜하다, 삼가다, 보류하다¶ たばこを~ 담배를 삼가다/ 発表$_{はっぴょう}$を~ 발표를 보류하다
さしひき [差(し)引(き)] I 名 他スル 공제, 차감, 정산¶ ～勘定$_{かんじょう}$ 차감 계산 II 名 自スル ①(조수의) 간만, 만조와 간조¶ 潮$_{しお}$の～ 조수의 간만 ②(체온의) 오르내림
さしひ・く [差(し)引く] I 他五 ①빼다, 차감하다, 공제하다¶ 必要経費$_{ひつようけいひ}$を~ 필요 경비를 공제하다 / 감안해서 평가하다 II 自五 ①조수가 썼고 들다 ②체온이 오르내리다
さしひび・く [差(し)響く] 自五 영향을 주다, (나쁜) 영향을 미치다¶ 家計$_{かけい}$に~ 가계에 영향을 미치다
さしまえ [差(し)前] 대검(帶劍) = 差$_{さ}$し料$_{りょう}$
さしまね・く [差(し)招く・麾く] 他五 (文) 손짓해 부르다¶ こちらへ来$_{こ}$いと~ 이리 오라고 손짓해 부르다
さしまわ・す [差(し)回す] 他五 (文) (지시해서) 보내다 = さしむける¶ 迎$_{むか}$えの車$_{くるま}$を~ 마중 나갈 차를 보내다
さしみ [刺(し)身] (생선・쇠고기 등의) 회
さしみ [差(し)身] [相撲] 자기가 잘 쓰는 팔을 상대방 겨드랑이 밑에 재빨리 찔러 넣음
さしみず [差(し)水] 名 自スル ①물을 더 부음, 그런 물¶ 寄$_{よ}$せ鍋$_{なべ}$に～する 모듬 냄비에 물을 더 붓다 ②우물에 나쁜 물이 들어감, 그런 물 ③하천의 수량이 약간 늘어남
さしむかい [差(し)向(か)い] (두 사람이) 마주 봄[앉음]¶ ～で話$_{はな}$し合$_{あ}$う 마주 앉아 이야기를 나누다
さしむき [差(し)向き] 副 ①당장은, 우선은 = さしあたり¶ ～何$_{なに}$も予定$_{よてい}$はない 우선은 아무 예정도 없다 ②결국, 요컨대
さしむ・ける [差(し)向ける] 他下一 ①보내다, 파견하다¶ 使$_{つか}$いを~ 심부름꾼을 보내다 ②(그 쪽으로) 향하게 하다, 돌리다
さしも [然しも] 副(文) 그렇게도, 그토록¶ ～元気$_{げんき}$な彼$_{かれ}$もついに力$_{ちから}$尽$_{つ}$きた 그토록 원기 왕성한 그도 마침내 탈진했다
さしもどし [差(し)戻し] ①반려(反戾), 반송 ②[法] 환송¶ ～判決$_{はんけつ}$ 환송 판결
さしもど・す [差(し)戻す] 他五 ①반송하다, 반려하다¶ 書類$_{しょるい}$を~ 서류를 반송하다 ②[法] 환송하다¶ 一審$_{いっしん}$に~ 일심으로 환송하다
さしもの [指物・差物] ①(옛날 싸움터에서) 무사가 갑옷에 꽂거나 종자에게 들리던 작은 기(旗)나 장식물 ②(상자, 옷장 등) 널빤지로 짜서 만든 가구 ─師 소목장이
さしゅ [詐取] 名 他スル 사취¶ 金品$_{きんぴん}$を~する 금품을 사취하다
さしゅう [査収] 名 他スル (文) 사수, 잘 조사하

**さじゅつ**【詐術】(文) 사술. 속임수¶ ～を弄する 속임수를 쓰다

**さしゆる・す**【差(し)許す】他五(文) 허가하다, 허락하다¶ いとまを～ 말미를 허락하다

**さしょう**【些少】ア 사소, 조금, 약간¶ ～な金額 사소한 금액

**さしょう**【査証】사증 Ⅰ 名他スル 조사하여 증명함 Ⅱ 名 비자, 入国ビ～ 입국 사증

**さしょう**【詐称】名他スル 사칭 経歴を～する 경력을 사칭하다

**さじょう**【砂上】사상. 모래 위 —の楼閣(比) 사상 누각

**ざしょう**【座礁・坐礁】名自スル 좌초¶ タンカーが～する 유조선이 좌초하다

**ざしょう**【挫傷】醫 좌상. 타박상

**ざじょう**【座乗・坐乗】名自スル (해군에서) 사령관이 군함을 타고 지휘함

**ざしょく**【座食・坐食】名自スル(文) 좌식. 놀고 먹음. 무위도식¶ ～の身 놀고 먹는 신세

**ざしょく**【座職・坐職】(文) 좌업. 앉아서 일하는 직업 = 座業ぎょう・居職しょく

**さしりょう**【差(し)料】 허리에 차는 칼. 패도(佩刀). 대검 = 差さし前まえ

**さしわけ**【指(し)分け】 (장기에서) 승패의 수가 같아짐

**さしわたし**【差(し)渡し】 지름. 직경

**さじん**【左衽】(文) 좌임 ①오른섶을 왼섶 위로 여밈 ②야만인

**さじん**【砂塵】 사진. 모래 먼지 = すなぼこり

**さす**【砂州・砂洲】地 사주. 모래톱

**さ・す**【止す】他五(補助) 《동사 連用形에 붙어》…하다가 말다〔그만두다〕¶ 言いい～・して席を立たつ 말을 하다가 자리에서 일어나다/ 本ほんを読よみ～ 책을 읽다 그만두다

**さ・す**【差す・射す】自五 ①(빛이) 들다, 비치다¶ 西日にしが～部屋 석양이 비치는 방 ②끼다, 띠다¶ ほおに赤あかみが～ 뺨에 홍조를 띠다 ③(조수가) 밀려오다¶ 潮しおが～ 조수가 밀려오다 ④좋지 않은 상태가 나타나다¶ 魔まが～ 마가 끼다/ 眠気ねむけが～ 졸리다

**さ・す**【差す・指す】他五 ①(방향・지점을) 가리키다. 지적하다¶ 問題もんだいの箇所かしょを～ 문제되는 곳을 지적하다 ②지목하다, 지명하다¶ 生徒せいとを～・して答こたえさせる 학생을 지명하여 답하게 하다 ③(그 방향・시점으로) 향하다¶ 東ひがしを～・して飛とぶ 동쪽을 향해 날아가다 ④가리키다, 의미하다¶ 傍線部ぼうせんぶは何なにを～か 방선 부분이 무엇을 가리키는가? ⑤(우산을) 받다¶ 傘かさを～ 우산을 받다 ⑥(손 등을) 내밀다. 뻗다¶ ～手でを引ひく手て (춤사위에서) 내미는 손과 오그리는 손 ⑦(치수를) 재다, (가구 등을) 만들다¶ 縦横じゅうおうの寸法ぼうを～ 가로 세로의 치수를 재다 ⑧(장기를) 두다¶ 将棋しょうぎを～ 장기를 두다

**さ・す**【刺す】他五 ①찌르다¶ 短刀たんとうで胸むねを～ 단도로 가슴을 찌르다 ②(벌레가) 쏘다, 물다¶ 蚊かが～ 모기가 물다/ 蜂はちに～・される 벌에 쏘이다 ③꿰뚫다, 꿰다¶ 魚さかなをくしに～ 생선을 꼬챙이에 꿰다 ④꿰매다. 누비다¶ ぞうきんを～ 걸레를 누비다 ⑤(끈끈이 장대로 새를) 잡다¶ 鳥とりを～ (끈끈이 장대로) 새를 잡다 ⑥(감각을) 자극하다¶ 異臭いしゅうが鼻はなを～ 이상한 냄새가 코를 찌르다 ⑦(마음에) 충격을 주다¶ その一言ひとことが胸むねを～・した 그 한 마디가 마음을 찔렀다 ⑧野 주자를 터치 아웃시키다¶ 二塁ルに ランナーを～ 2루 주자를 터치 아웃시키다

**さ・す**【注す・点す】他五 ①붓다, 따르다¶ 花瓶かびんに水みずを～ 꽃병에 물을 붓다 ②(약・기름 등을) 치다, 넣다¶ 機械きかいに油あぶらを～ 기계에 기름을 치다/ 目薬めぐすりを～ 안약을 넣다 ③(술을) 권하다¶ 杯さかずきを～ 술잔을 권하다 ④칠하다, 바르다¶ 紅べにを～ 입술 연지를 바르다

**さ・す**【挿す】他五 ①【差す】 차다, 찔러 〔끼워〕넣다¶ 腰こしに刀かたなを～ 허리에 칼을 차다/ かんざしを～ 비녀를 꽂다 ②(꽃을) 꽂다¶ 花瓶かびんに花はなを～ 꽃병에 꽃을 꽂다 ③꺾꽂이하다¶ 菊きくを～ 국화를 꺾꽂이하다 ④【差す】相撲 상대의 겨드랑이 밑에 손을 질러 넣다

**さ・す**【鎖す】他五 (문등을) 닫다, (빗장을) 지르다¶ 戸とを～ 문을 닫다/ くさりを～ 사슬을 지르다

**ざす**【座主】佛 ①(큰 절의) 주지 ②천태종의 종정(宗正)

**さすが**【〈流石〉・〈遉〉】ア副 ①과연¶ ～名人めいじんの作品ひんだ 과연 명인의 작품이다 ②그토록 대단한¶ ～の大臣だいじんも答弁べんに困こまったのその처럼 대단한 대신도 답변하기 곤란했다 ③역시, 뭐니뭐니해도¶ ～(に)血筋ちすじは争あらそえない 뭐니뭐니해도 핏줄은 속일 수 없다

**さずかりもの**【授かり物】 신불(神佛) 등이 내려주신 선물. (특히) 자식

**さずか・る**【授かる】自他五 (신불 등이) 내려주시다¶ 子宝こだからを～ 자식을 점지해 주시다

**さず・ける**【授ける】他下一 ①(아랫사람에게) 내리다, 수여하다, 하사하다¶ 勲章くんしょうを～ 훈장을 수여하다 ②(제자에게) 전하다, 전수하다¶ 極意ごくいを～ 비법을 전수하다

**さすて**【差す手】 (일본 무용에서) 앞으로 내미는 손 —引ひく手て (무용에서) 내미는 손과 오그리는 손. 춤사위의 손놀림

**さすまた**【刺股・刺叉】 긴 막대 끝에 U자형 쇠붙이를 꽂은 도구

**さすらい**【流離】(文) 유랑, 방랑¶ ～の旅たび 정처 없는 여행

**さすら・う**【流離う】自五(文) 떠돌다, 방랑하다, 유랑하다¶ 異国いこくの町まちを～ 이국의 거리를 유랑하다

**さす・る**【摩る】他五 문지르다, 어루만지다, 쓰다듬다¶ 疲つかれた足あしを～ 피로한 발을 문지르다/ 胸むねを～ 가슴을 쓸어내리다, 안심하다

**ざ・する**【座する・坐する】自サ変(文) ①앉다, 가만히 있다¶ ～・して死しを待まつのみ 앉아서 죽음을 기다릴 뿐 ②연좌되다, 연루되다¶

汚職事件ぉしょくに～ 독직 사건에 연좌되다

**さすれば** [然為れば] 接 (文) 그렇다면, 그러면¶ ～これにてご免ごめん 그럼 이만 실례

**ざせき** [座席] 좌석, 자리¶ ～指定してい 좌석 지정

**させつ** [左折] 名 自スル 좌회전¶ ～禁止きんし 좌회전 금지/ ～車しゃ 좌회전하는 차

**ざせつ** [挫折] 名 自スル 좌절, 중도에서 꺾임¶ ～感かんにさいなまれる 좌절감에 시달리다

**させる** 助動 [上一段・下一段 및 カ변동사의 未然形에 붙음] ①(지시・실행 강제) …하게 하다¶ 武器ぶきを捨すてて～ 무기를 버리게 하다/ はるばる来こさせてすまない 멀리까지 오게 해서 미안하다 ②(허가・묵인・방임) …하게 하다, …하게 내버려 두다¶ 好すきなところに花はなを植うえさせた 심고 싶은 곳에 꽃을 심게 했다/ 見みさせておく 보게 놔두다 ③((존경의 조동사「られる」와 함께 쓰여)(최상급의 존경) …하시다¶ 慶賀けいがを受うけさせられて 경하를 받으시고

**さ・せる** [他下一] ①시키다¶ 子供こどもに掃除そうじを～ 아이에게 청소를 시키다 ②하게 내버려 두다¶ 本人ほんにんの好すきに～ 본인이 좋을 대로 하게 내버려 두다

**させる** [然せる] 連体 (文) 별다른, 이렇다 할＝さしたる¶ ～こともなく 별다른 일도 없이

**させん** [左遷] 名 他スル 좌천¶ 地方ちほうに～される 지방으로 좌천되다

**ざぜん** [座禅・坐禅] 佛 좌선¶ ～を組くむ 좌선을 하다

**さぞ** [嘸] 副 (文) 틀림없이, 필시, 아마＝さぞかし・さだめし¶ 母上ははうえも～およろこびでしょう 어머님도 필시 좋아하실 겁니다

**さそい** [誘い] 유혹, 권유, 꾐¶ ～に乗のる 꾐에 빠지다/ ～をかける 권유하다, 유혹하다

**さそいあわ・せる** [誘(い)合(わ)せる] 自他下一 권유하여 함께 하다¶ ～・せて遊あそびに行いく 꾀어 함께 놀러 가다

**さそいい・れる** [誘(い)入れる] 他下一 권유해서 끌어들이다, 꾀어들이다¶ 仲間なかまに～ 한패로 끌어들이다

**さそいか・ける** [誘(い)掛ける] 自他下一 권유하다, 유혹하다¶ 会員かいいんにならないかと～ 회원이 되지 않겠냐고 권유하다

**さそいこ・む** [誘(い)込む] 他五 꾀어들이다, 끌어들이다¶ 悪あくの道みちに～ 나쁜 길로 꾀어들이다

**さそいだ・す** [誘(い)出す] 他五 ①불러내다, 꾀어내다, 끌어내다¶ 散歩さんぽに～ 산책하자고 불러내다 ②유도하다¶ ことば巧たくみに～ 교묘한 말로 낚다

**さそいみず** [誘い水] ①(펌프의) 마중물＝呼よび水みず¶ ～を差さす 마중물을 붓다 ②계기¶ その発言はつげんが国会混乱こんらんの～になった 그 발언이 국회 혼란의 계기가 되었다

**さそ・う** [誘う] 他五 ①권유하다, 불러내다¶ 映画えいがに～ 영화 보자고 불러내다 ②자아내다, 불러일으키다¶ 涙なみだを～ 눈물을 자아내다 ③유혹하다, 꾀다¶ 悪あくの道みちに～ 나쁜

길로 유혹하다

**ざぞう** [座像・坐像] 좌상 ⇔ 立像りつぞう

**さぞかし** [嘸かし] 副 (文) 틀림없이, 필시, 아마¶ ～お喜よろこびのことでしょう 틀림없이 기쁠 겁니다

**さぞや** [嘸や] 副 (文) 아마, 필시¶ ～うれしかろう 필시 기쁠 것이다

**さそり** [蠍] 動 전갈

**さそりざ** [蠍座] 天 ①전갈자리 ②12궁(宮)의 하나

**さそん** [差損] 經 차손, 매매 수지・가격 개정 등으로 생기는 손실¶ 為替かわ～ 환 차손

**さた** [沙汰] I ①소식, 기별¶ 何なんの～もない 아무 소식도 없다 ②짓, 행위¶ 正気しょうきの～ではない 제정신으로 한 짓이 아니다 ③(화제가 될 만한) 사건, 사태¶ 心中しんじゅう～ 정사 사건/ 裁判さいばん～に及およぶ 재판 사태에 이르다 II 名 自他スル ①소문, 평판¶ 世間せけんの取とり～ 항간의 소문 ②시비를 가림, 그 결과¶ ～の外ほか 논외(論外), 언어 도단/ 地獄じごくの～も金かねしだい 돈만 있으면 귀신도 부릴 수 있다 ③통지, 명령, 지시¶ 詳細しょうさいは追おって～する 상세한 것은 추후 통지한다 **一無なし** ①문제가 없음, 불문에 부침 ②무소식, 격조 **一止やみ** (명령・계획 등이) 중지됨, 취소

慣用句
**一の限かぎり** 당치도 않음, 언어 도단임

**さだ** [蹉跎] 名 (文) 차타 ①발이 걸려 넘어짐 ②시기를 놓침 ③몰락함 ④불우함

**さだか** [定か] ナ 확실함, 분명함＝明あきらか¶ ～な情報じょうほう 확실한 정보/ 行方ゆくえは～でない 행방은 분명치 않다

**さたく** [座卓] 좌탁, 앉아서 쓰는 책상・탁자

**ざたく** [座卓] 좌탁, 앉아서 쓰는 책상・탁자

**さだま・る** [定まる] 自五 (文) ①정해지다, 결정되다¶ 制度せいどが～ 제도가 정해지다/ 運命うんめいが～ 운명이 결정되다 ②진정되다, 가라앉다, 안정되다¶ 事態じたいが～ 사태가 진정되다/ 天候てんこうが～ 일기가 안정되다

**さだめ** [定め] (文) ①규정, 규칙, 법규¶ 国くにの～ 나라의 법규 ②운명, 팔자¶ 悲かなしい～ 슬픈 운명 ③불변함¶ ～なき世よ 덧없는 세상

**さだめし** [定めし] 副 (文) 틀림없이, 필시¶ ～驚おどろいたことだろう 필시 놀랐겠지

**さだめて** [定めて] 副 (文) 틀림없이, 필시

**さだめな・い** [定めない] 形 (文) 일정치 않다, 무상하다¶ ～世よの中なか 덧없는 세상

**さだ・める** [定める] 他下一 정하다 ①결정하다, 제정하다¶ 法律ほうりつを～ 법률을 제정하다 ②고정하다, 안정시키다¶ 身みを～ 결혼하여 자리를 잡다/ ねらいを～ 겨냥을 정하다 ③각오하다, 결심하다¶ 態度たいどを～ 태도를 정하다/ 心こころを～ 결심하다 ④(文) (세상을) 다스리다, 평정하다¶ 天下てんかを～ 천하를 다스리다

**さたん** [左袒] 좌단, 편듦¶ 弱よわい者ものに～する 약한 자를 편들다

**さたん** [嗟嘆] 名 自他スル (文) 차탄 ①탄복, 감탄¶ ～の声こえをあげる 감탄하는 소리를 지르다 ②탄식, 한탄¶ 才能さいのうのなさに～する 재능

이 없음을 한탄하다
**ざだん**【座談】图 自スル 좌담 ①여럿이 자유롭게 이야기를 나눔¶ ～を交える 좌담을 나누다 ②그 자리에서만의 이야기¶ ～に過ぎない 좌담에 지나지 않다 —会 좌담회
**さち**【幸】图(文) ①행복, 행운= さいわい¶ ～多かれと祈らむ 많은 행운이 있으라고 빌다 ②바다나 산에서 나는 수확물, 음식물¶ 海の～、山の～ 산과 바다의 산물
**ざちゅう**【座中】좌중 ①참석자 중¶ ～を見回す 좌중을 둘러보다 ②연예 단체의 한 무리¶ ～の若手 연예단의 신진
**ざちょう**【座長】좌장 ①(회의 등의) 진행자¶ ～を務める 좌장을 맡아보다 ②연예 단체· 극단의 우두머리¶ 劇団の～ 극단의 단장
**さつ**【冊】[冊] 音 サツ·サク|(음)책. (造語) ①서적, 문서¶ 冊子 책자·書冊 서책 ②(助數) 서적 등을 세는 말¶ 三冊 세 권 ③(サク로 읽어) 중국에서 천자가 신하에게 명령을 내리는 문서¶ 冊封 책봉
**さつ**【札】音 サツ 訓ふだ|(음)찰. I (造語) ①푯말, 팻말¶ 表札 표찰·門札 문패 ②표, 차표, 입장권¶ 改札 개찰·検札 표 검사 ③증서¶ 鑑札 감찰 ④편지¶ 書札 서찰 ⑤입찰¶ 入札 입찰·落札 낙찰 ⑥지폐¶ 札束 지폐 다발·千円札 천 원권 II 지폐¶ ～入れ 지갑/～をくずす 지폐를 (잔돈으로) 헐다
**さつ**【刷】 音 サツ 訓 する|(음)쇄. (造語) ①글· 그림을 찍다, 인쇄하다¶ 印刷 인쇄·増刷 증쇄 ②쓸다, 닦다, 깨끗이 하다¶ 刷新 쇄신 ③(助數) 인쇄의 횟수¶ 初版 第三刷 초판 제삼쇄 ▷ 黙字訓 刷毛 귀얄, 솔
**さつ**【刹】 音 サツ·セツ|(음)찰. (造語) ①절, 사찰¶ 古刹 고찰¶ 범어「セツ」의 차음자¶ 刹那 찰나
**さつ**【拶】音サツ|(음)찰. (造語) 다가오다, 다가서다, 다가가다¶ 挨拶 인사
**さつ**【殺】音 サツ·サイ·セツ 訓ころす·そぐ|(음) 살, 쇄. (造語) ①죽이다, 죽게 하다¶ 殺菌 살균·殺人 살인·自殺 자살 ②기를 죽이다, 정서가 없다¶ 殺伐 살벌·殺風景 살풍경 ③(「サイ」로 읽어) 줄이다, 깎다¶ 減殺 감쇄·相殺 상쇄 ④정도가 심하다¶ 殺到 쇄도·悩殺 뇌쇄 ▷ 黙字訓 殺陣 (영화 등의) 난투 장면
**さつ**【察】音 サツ|(음)찰. (造語) ①분명히 하다, 살피다, 자세히 보다(알다)¶ 観察 관찰· 診察 진찰·省察 성찰 ②추측하다, 헤아리다¶ 察知 찰지·推察 찰 찰지·推察 추찰
**さつ**【撮】 音 サツ とる|(음)촬. (造語) ①손가락으로 집다, 요점을 파악하다¶ 撮要 촬요 ②사진·영화를 찍다¶ 撮影 촬영
**さつ**【擦】音 サツ·する·すれる|(음)찰. (造語) 손으로 비비다, 문지르다, 어루만지다 ¶ 摩擦 마찰·擦過傷 찰과상
**さつ**【薩】音 サツ|(음)살. (造語) 범어의 차음자¶ 菩薩 보살

**さつ**【撒】경찰, 경찰관 ▷ 보통「サツ」로 씀
**ざつ**【雑】[雜] 音 ザツ·ゾウ(ザフ) 訓まじる|(음)잡. I (造語) ①섞이다, 뒤섞이다¶ 雑誌 잡지·雑煮 일본식 떡국·複雑 복잡 ②어수선하다¶ 雑念 잡념·雑談 잡담 ③하찮다¶ 雑音 잡음·雑草 잡초·雑巾 걸레 ④거칠다, 곱지 않다¶ 粗雑 조잡 ⑤구별[분류]하기 어렵다¶ 雑費 잡비 II 7 조잡하다 ～な造리 조잡한 만듦새
**さつい**【殺意】살의 ～を抱く 살의를 품다
**さついれ**【札入れ】지갑= 紙入れ
**さつえい**【撮影】图 他スル 촬영 —所 촬영소
**ざつえい**【雑詠】[文](俳句 등에서) 제목을 정하지 않고 여러 가지를 읊음, 그런 작품
**ざつえき**【雑役】잡역, 잡일, 허드렛일
**ざつおん**【雑音】잡음 ①소음¶ 往来の～ 한 길의 소음 ②[電](라디오 등의) 잡음¶ ラジオに～が入る 라디오에서 잡음이 나다 (比) 뜬소문¶ ～に耳を傾ける 뜬소문에 귀를 기울이다
**さっか**【作家】작가¶ 推理～ 추리 작가
**さっか**【作歌】图 自スル 和歌를 지음, 그 和歌
**さっか**【昨夏】(文) 작하. 지난 여름
**さっか**【擦過】图 自スル (文) 찰과. (표면을) 스침, 긁힘 —傷 [醫] 찰과상
**ざっか**【雑貨】잡화¶ ～商 잡화상
**さつがい**【殺害】图 他スル 살해= せつがい¶ 要人を～する 요인을 살해하다
**さっかく**【錯角】[數] 엇각
**さっかく**【錯覚】图 他スル 착각 ①[心] 사실과 다르게 지각함¶ 目の～ 눈의 착각, 착시 ②잘못 생각함¶ ～に陥る 착각에 빠지다
**ざつがく**【雑学】잡학
**ざつかぶ**【雑株】[經] 잡주. (우량주·투기 대상 주식이 아닌) 일반 주식
**さっかん**【錯簡】(文) 착간 ①(고서적 등이) 페이지 순서가 뒤바뀜 ②문자·문장이 뒤바뀜
**ざっかん**【雑感】잡감. 잡다한 감상
**さっき**【先】图 副(口) 아까, 조금 전= さきほど¶ ～出かけた 조금 전에 나갔다/ ～から呼んでいる 아까부터 부르고 있다
**さっき**【殺気】살기¶ ～が漂う 살기가 감돌다 —立つ 自国 살기를 띠다, 격앙되다
**さつき**【五月·皐月·早月】①음력 5월 ②「皐月踯躅」의 준말 —雨 음력 5월 장마= さみだれ·梅雨 —踯躅 [植] 영산홍 —晴れ ①양력 5월의 맑은 날씨 ②장마철 중의 갠 날씨= つゆ晴れ —闇 음력 5월 장마철의 어두운 밤, 그런 어둠
[慣用句]
—の鯉の吹き流し (比) 탁 트인 성격
**ざっき**【雑記】잡기¶ 身辺～ 신변 잡기
**ざっき**【座付(き)】극단에 전속함, 그런 배우·작가 —作者 극단 전속 작가
**ざつぎ**【雑技】잡기 ①잡다한 기예 ②하찮은 기예
**さっきゅう**【早急】图 7 조급. 매우 급함, 지급¶ ～に調査したい 조속히 조사하고 싶다
**さっきゅう**【遡及】图 自スル(文) → そきゅう

**ざっきょ** [雑居] 名 自スル 잡거 ①(한 건물에) 여러 가족・회사・가게 등이 입주해 있음 ②(한 지역에서) 다른 인종・민족이 뒤섞여 거주함
**さっきょう** [作況] 【農】 작황 = 作柄
**さっきょく** [作曲] 名 自他スル 작곡
**さっきん** [殺菌] 名 他スル 【醫】 살균
**ざっきん** [雑菌] 잡균
**さつぐう** [薩隅] 薩摩와 大隅 지방, 지금의 鹿児島현
**ざっくばらん** ナ(口) 솔직함, 숨김없음, 털어놓음¶ ~に言う 탁 털어놓고 말하다
**ざっくり** (口) Ⅰ 副 「さくりと」의 힘줌말 Ⅱ 副 自スル (짜임새가) 담상담상, 성기게¶ ~と編んだセーター 성기게 뜬 스웨터
**さっくりと** 副 「さくりと」의 힘줌말
**ざつげき** [雑劇] 잡극 ①중국의 고전 연극 이름 ②(일본 연극에서) 통속적 연예
**さっけん** [雑犬] 잡견, 잡종개
**ざっけん** [雑件] 잡건, 잡다한 사건・용건
**さっこう** [作興] 名 自他スル 〔文〕 작흥, 진흥, 진작(振作)¶ 士気を~する 사기를 진작하다
**ざっこう** [雑考] 〔文〕 잡고, 여러 가지 고찰・고증
**ざっこく** [雑穀] 【農】 잡곡
**さっこん** [昨今] 〔文〕 작금, 요즈음, 근자, 근래
**ざっこん** [雑婚] 잡혼, 난혼, 집단혼
**さっさと** [颯颯] 바람이 약간 세게 부는 모양, 쌉쌉, 쏴쏴 松風が~と吹く 솔바람이 쏴쏴 불다
**さっさと** 副(口) 후딱, 냉큼, 척척, 제꺽, 빨랑빨랑¶ ~歩こう 빨랑빨랑 걷다/ ~片づける 후딱 해치우다
**ざっさん** [雑纂] 名 他スル 〔文〕 잡찬, 잡다한 기록・문서를 모아 편찬함, 그런 책
**さっし** 추찰, 짐작, 이해¶ ~がいい 이해가 빠르다/ お~のとおり 짐작하신 대로
**さっし** [冊子] 책자, 책¶ 小~ 소책자
**ざっし** [雑誌] 잡지¶ 月刊~ 월간 잡지
**ざつじ** [雑事] 잡다한 일¶ 身辺の~ 신변 잡사/ ~に追われる 잡다한 일에 쫓기다
**ざっしゅ** [雑種] 【生】 잡종¶ ~の犬 잡종 개
**―強勢** 【農】 잡종 강세
**さっしゅう** [薩州] → さつま(薩摩)
**ざっしゅうにゅう** [雑収入] 잡수입
**ざっしょ** [雑書] 잡서 ①소속・분류가 명확치 않은 책 ②잡다한 것을 적은 책
**さっしょう** [殺傷] 名 他スル 살상¶ ~能力 살상 능력/ 人を~する 사람을 살상하다
**ざっしょく** [雑色] 잡색¶ ~の犬 잡색의 개
**ざっしょく** [雑食] 名 自スル 잡식¶ ~性の動物 잡식성 동물
**さっしん** [刷新] 名 他スル 쇄신¶ 人心~ 인심 쇄신/ 市政を~する 시정을 쇄신하다
**さつじん** [殺人] 살인¶ ~犯 살인범/ 尊属~ 존속 살인 ―剣 살인검 ―罪 【法】 살인죄 ―的 ナ 살인적
**さつじん** [殺陣] (영화・연극에서) 난투 장면
**さっすい** [撒水] 名 自スル 〔文〕 → さんすい(散水)
**さっすう** [冊数] 책수, 권수 = さっすう

**さっ・する** [察する] 他 サ変 ①헤아리다, 추측하다, 미루어 알다¶ 危険を~ 위험을 예측하다 ②살피다, 이해하다¶ 上司の立場を~ 상사의 입장을 이해하다
**ざつぜん** [雑然] タル 잡연, 어수선함¶ ~とした部屋 어수선한 방
**さっそう** [颯爽] タル (동작・모습 등이) 씩씩함, 당당함¶ ~たる雄姿 씩씩한 모습/ ~と歩く 당당하게 걷다
**ざっそう** [雑草] 잡초
**さっそく** [早速] Ⅰ 名 ナ 신속함¶ ~のご返事ありがとう 신속한 답신 고맙소 Ⅱ 副 곧, 즉시, 빨리¶ ~お伺いします 곧 찾아 뵙겠습니다
**さっそざい** [殺鼠剤] 【薬】 살서제, 쥐약
**さった** [薩埵] 【佛】 살타 ①중생 ②보살 ③薩埵太子の準말 一太子 살타 태자, 석가모니가 전생에 수행할 때의 이름
**ざった** [雑多] ナ 잡다¶ 種々~な商品 여러 종류의 잡다한 상품
**ざつだい** [雑題] 잡제, 잡다한 문제・제목
**さつたば** [札束] 지폐 뭉치, 돈다발
**ざつだん** [雑談] 名 自スル 잡담
**さっち** [察知] 名 他スル 찰지, 헤아려〔살펴서〕앎¶ 事前に~する 사전에 알아차리다
**さっちゅうざい** [殺虫剤] 【薬】 살충제, 제충제
**さっちょう** [薩長] 薩摩와 長門, 薩摩藩과 長州藩
**さっと** [颯と] 副 ①(갑자기 비가 내리거나 바람이 부는) 쏴, 휙¶ 風が~吹き去った 바람이 휙 불고 지나갔다 ②(동작・변화 등이) 재빠른¶ 획, 확, 싹¶ ~立つ 훌쩍 일어서다
**ざっと** 副(口) ①대충, 대강¶ ~目を通して 서류를 대충 훑어보다 ②대체로, 대략, 약¶ 人口は~10万 인구 대략 10만
**さっとう** [殺到] 名 自スル 쇄도¶ 申し込みが~する 신청이 쇄도하다
**ざっとう** [雑踏・雑沓] 名 自スル (사람들로) 붐빔, 혼잡함¶ 年末の~ 연말의 혼잡
**ざつねん** [雑念] 잡념¶ ~が浮かぶ 잡념이 떠오르다/ ~をはらう 잡념을 떨쳐버리다
**さつのう** [雑囊] 잡낭, 잡다한 물건을 넣는 천 주머니, 가방
**ざっぱい** [雑俳] 【文】 俳諧에서 변한 유희화된 俳諧의 총칭
**ざっぱく** [雑駁] ナ 잡박, 잡다하고 통일성이 없음¶ ~な知識 잡박한 지식
**さつばつ** [殺伐] タル 살벌¶ ~とした風景 살벌한 풍경/ ~たる世相 살벌한 세태
**さっぱり** Ⅰ 副 自スル ①산뜻이, 말쑥이¶ ~した身なり 말쑥한 옷차림 ②담백하게, 시원히, 깔끔히¶ ~した味 담백한 맛/ ~と話してくれた 시원스럽게 이야기해 주었다 Ⅱ 副 ①모조리, 깨끗이¶ ~平らげた 깨끗하게 모조리 먹어치웠다 ②조금도, 전혀, 통¶ ~わからない 전혀 모른다 ③(「~だ」의 꼴로) 말이 아니다, 형편없다¶ 売り上げが~だ 매상이 형편없다

**ざっぴ**[雑費] 잡비¶ ~がかさむ 잡비가 늘다
**さっぴ・く**[差っ引く] 他五(口) 빼다, 공제하다¶ 給料から~ 급료에서 공제하다
**さっぴつ**[雑筆] 잡필. 잡기(雑記)
**さつびら**[札片](口) 지폐= さつ
  慣用句
  **―を切る**(口) 돈을 물 쓰듯 하다, 보란듯이 큰돈을 뿌리다
**ざっぴん**[雑品] 잡품. 자질구레한 물건, 잡화
**さっぷ**[*撒布] 名他スル → さんぷ(散布)
**さっぷうけい**[殺風景] ナ 살풍경. 정취・흥취가 없음¶ ~な部屋 살풍경한 방/ ~な話 재미 없는 이야기
**ざっぷん**[雑粉] 잡분. 밀가루 외의 곡물 가루
**ざつぶん**[雑文] 잡문
**さつぼう**[札房] 잡보¶ ~欄 잡보란
**ざつぼく**[雑木] 잡목 ①여러가지 나무 ②별 쓸모 없는 나무=ぞうき
**さっぽろ**[札幌] 北海道의 도청 소재지
**さつま**[*薩摩] 일본의 옛 지명. 지금의 鹿児島현 서부 지방= 薩州 **―揚げ**[料] 간 생선살에 채소 등을 섞어 기름에 튀긴 식품 **―芋**[植] 고구마 **―絣**[か] 감색 바탕에 흰 무늬가 있는 面布=上布[じ] 고급 삼베 **―汁**[料] 돼지고기나 닭고기에 무・토란・곤약 등을 넣고 끓인 된장국 **―の守**[俗] 무임 승차, 무임 승차자 **―隼人**[はやと] ①薩摩 출신 무사의 이칭 ②鹿児島 출신 남자 =藩[史] 江戸 시대에 薩摩・大隅과 日向의 일부를 지배한 藩 **―焼** 薩摩 도자기
**ざつむ**[雑務] 잡무¶ ~に追われる 잡무에 쫓기다
**さつよう**[撮要](文) 촬요. 요점만 뽑아 적음, 그런 책¶ 経済学の~ 경제학 촬요
**ざつよう**[雑用](文) 잡용 ①잡무, 잡다한 용무¶ ~に追われる 잡무에 쫓기다 ②다양한 용도¶ ~に供する 다양한 용도로 쓰이다
**さつりく**[殺戮] 名他スル (文) 살육
**ざつろく**[雑録] 잡록. 잡다한 기록
**ざつわ**[雑話] 잡담¶ 身辺~ 신변 잡화
**さて**[*扨・*扠・*偖] I 接 ①그리고, 그리하여¶ ~実際にやって見ると, そううまくはいかない 그리하여 실제로 해보니 그리 잘 되지는 않는다 ②그건 그렇고, 그런데¶ ~, 話し変わって例の件ですが 그건 그렇고 이야기가 바뀌어 예의 건입니다만 II 感 ①(다음 행동으로 옮길 때) 자= さあ¶ ~, そろそろ出かけようか 자 슬슬 나가 볼까 ②(놀라거나 감탄하여) 참, 이거¶ ~, うらやましいことで 거참 부러운 일이군 ③《의문에 쓰여서》자, 글쎄¶ ~, どうした ものか 자 어떻게 한다지?
**さであみ**[*叉手網][火] 족대, 두 개의 막대기를 교차시켜 만든 그물= さで
**さてい**[査定] 名他スル 사정¶ 損害額の ~ 손해액의 사정
**さてお・く**[*扨置く・*扠措く] 他五 (잠시) 제쳐 놓다, (일단) 그대로 두다, 차치하다¶

費用は ~・き, 人手が問題だ 비용은 차치하고 일손이 문제다
**さてこそ**[*扨こそ] 副(文) 역시, 생각한 대로, 아니나다를까¶ ~事故が起きたか 역시 사고가 났군
**さてさて**[*扨*扨・*偖*偖] 感 어머나, 참으로, 저런¶ ~, 困ったものだ 저런 야단났네
**さてつ**[砂鉄][鉱] 사철= さてつ
**さてつ**[*蹉跌] 名自スル 차질¶ 運営に~を きたす 운영에 차질을 가져오다
**さては**[*扨は] I 接 끝내는, 그리고 또, 게다가¶ 飲んだり, 食べたり, ~タクシー代まで払われた 먹고 마시고 끝내는 택시 요금까지 뒤집어씌었다 II 感(口) 그리고 보니, 그렇다면¶ ~子供の仕業だな 그렇다면 어린 아이의 소행이구나
**さてまた**[*扨又] 接(文) 그리고 또, 게다가, 그 위에¶ ~今度は 게다가 이번엔
**さても**[*扨も] 感(口) 참으로, 그것 참, 거참, 정말¶ ~困ったことだ 거참 낭패로다
**サテン**(네 satijn) 새틴. 공단, 수자직= 繻子[しゅす]
**さと**[里] ①[郷] 마을, 촌락¶ 山から~へ下る 산에서 마을로 내려오다 ②[郷] 시골, 촌¶ ~にひきこもる 시골에 틀어박히다 ③[郷] 고향 ④(아내・양자・고용인 등의) 친정, 본가, 생가¶ 三年ぶりの~帰り 3년 만의 친정 나들이 ⑤양육비를 내고 아이를 맡김, 그런 집¶ ~の親 양육 부모/ ~に出す 자식을 남에게 양육시키다
**さど**[佐渡] 일본의 옛 지명. 지금의 新潟현의 일부= 佐州
**さと・い**[*聡い・*敏い] 形 ①총명하다, 영리하다¶ ~子 총명한 아이 ②예민하다, 민감하다, 날카롭다¶ 利に~人 잇속에 밝은 사람
**さといも**[里芋][植] 토란
**さとう**[左党] ①좌당, 좌익 정당 ②[俗] 주당
**さとう**[砂糖] 설탕 **―黍**[植] 사탕수수= 甘蔗 **―大根**[植] 사탕무= 甜菜[てんさい]
**さとう**[差等](文) 차등¶ 待遇に~をつける 대우에 차등을 주다
**さどう**[作動] 名自スル 작동¶ 安全装置が~する 안전 장치가 작동하다
**さどう**[茶頭・茶堂・茶道] (安土・桃山 시대부터 江戸 시대에) 다도를 맡아 보던 사람
**ざとう**[座頭] ①[日史] 중세의 상공업・예능 등의 座の 講의 우두머리 ②[日史] 맹인 琵琶法師의 관직명 ③비파를 타거나 안마・침술 등을 업으로 하는 머리를 깎은 맹인 ④맹인, 장님 **―鯨**[動] 혹등고래, 혹고래
**さどうはぐるま**[差動歯車][機] 차동 톱니바퀴
**さとおや**[里親] 남의 아이를 맡아 기르는 사람, 양육 부모, 수양 어버이 ⇔里子[さとご]
**さとがえり**[里帰り] ①(결혼한 여자의) 첫 근친¶ (며느리 등의) 친정 나들이, 귀성, 귀향
**さとかぐら**[里神楽] (궁중 이외의) 神社에서 행하는 민간 神楽
**さとかた**[里方] (며느리・사위・양자 등의) 본가, 친정, 그 친척・일가

さとご [里子] 남에게 맡겨 기르게 하는 아이 ¶ ~に出す 자식을 남에게 맡겨 기르다
さとごころ [里心] 고향 생각, 친정 생각
さとことば [里言葉] ①시골말, 사투리 ②화류계에서 쓰는 독특한 말= くるわことば
さとし [諭し] ①타이름, 설유(說諭) ②신불(神佛)의 계시, 신탁
さと・す [諭す·喩す] 他五 타이르다, 설유하다 ¶ 親が子を~ 부모가 아이를 타이르다
さとびと [里人] (文) ①마을 사람, 그 지방 사람 ②시골 사람
さとゆき [里雪] 〖気〗 동해 쪽 연안이나 평야에 내리는 눈 ⇔ 山雪
さとり [悟り·覚り] 깨달음 ①이해, 알아챔 ¶ ~が早い 이해가 빠르다 ②〖佛〗 득도(得道)
〔慣用句〕
―を開く 깨달음을 얻다, 득도하다
さとりすま・す [悟り澄ます] 自五 미망에서 완전히 벗어나다, 완전히 깨닫다 ¶ ~・した ような顔 완전히 깨달은 듯한 얼굴
さと・る [悟る·覚る] 깨닫다 Ⅰ 他五 ①이해하다 ¶ 相手の真意を~ 상대방의 진의를 이해하다 ②알아차리다, 눈치채다 ¶ 敵に~・られないように近づく 적이 눈치채지 않게 접근하다 Ⅱ 自他五 〖佛〗 득도하다, 대오하다
さなえ [早苗] (옮겨 심을 무렵의) 볏모
さなか [最中] 한창인 때 = さいちゅう ¶ 暑い~ 한창 더울 때
さながら [宛ら] 副 ①(「…のような[ように·ごとく]」가 딸리어》 마치, 꼭, 흡사 ¶ ~滝 のような雨 마치 폭포수처럼 쏟아지는 비 ②흡사함, 방불케함 ¶ 地獄さながらの光景 지옥을 방불케 하는 광경
さなぎ [蛹] 〖動〗 번데기
さなだ [真田] 「真田紐」의 준말 ―紐 넓적하고 두껍게 엮은 무명 끈 ―虫 〖動〗 촌충
さにつらう [枕]「妹·君·色·もみち」등을 수식함
さぬき [讃岐] 일본의 옛 지명, 지금의 香川현 = 讃州
さね [札] (쇠·가죽으로 만든) 갑옷 미늘
さね [実·核] 名 ①(과일·열매의) 핵. 씨 ②〖建〗 은촉
さねかずら [真葛] 〖植〗 남오미자
さねさし [相模] 수식함
さのう [砂囊] 사낭 ①샌드백 ②〖動〗 조류의 모래 주머니
さは [左派] 좌파, 좌익 당파 ⇔ 右派
さば [鯖] 〖動〗 고등어
〔慣用句〕
―を読む (比) 이득을 취하려고 수량을 속이다
さはい [差配] 名 他スル ①(일의) 분담, 분장 ②지시함 ③(주인 대신) 땅·집 등을 관리함, 관리인, 마름
サバイバル (survival) 서바이벌. 생존 ―ゲーム (survival game) 서바이벌 게임
さばおり [鯖折(り)] 〖相撲〗 두 손으로 상대의 살바를 잡아당기면서 덮치듯이 눌러 쓰러 뜨리는 수 = くじき

さばき [捌き] 다루기, 처리 ¶ 手綱~ 고삐다루기 ¶ 筆~ 붓놀림
さばき [裁き] ①재판, 심리, 심판 ¶ ~の庭 법정 ②〖基〗 신의 심판 ¶ 神の~が下る 신의 심판이 내리다
さば・く [捌く] 他五 ①(손으로) 잘 다루다 ¶ 手綱を上手に~ 고삐를 잘 다루다 ②(일을) 잘 처리하다 ¶ 困難な仕事を~ 곤란한 일을 잘 처리하다 ③(상품을) 팔아치우다 ¶ 在庫品を~ 재고품을 팔아치우다
さば・く [裁く] 他五 ①심판하다, 재판하다 ¶ 罪を~ 죄를 심판하다 ②중재하다 ¶ けんかを~ 싸움을 중재하다
さばく [佐幕] 〖日史〗 江戸幕府를 지지하고 도운 일, 그런 당파
さばく [砂漠·沙漠] 〖地〗 사막
さばぐも [鯖雲] 〖気〗 비늘구름
さばけぐち [捌け口] (상품의) 판로
さば・ける [捌ける] 自下一 ①(엉킨 것이) 잘 풀리다, 정연해지다 ¶ 渋滞が~ 정체가 풀리다 ②세상 물정에 밝아 이해심이 많다 ¶ ~・けた人 탁 트인 사람 ③(상품이) 잘 팔리다 = はける ¶ 在庫品がすべて~・けた 재고품은 전부 팔렸다
さばさば 副 自スル (ㅁ) ①시원시원, 서글서글 ¶ ~した人 시원시원한 사람 ②후련하게, 홀가분하게 ¶ 試験がすんで~する 시험이 끝나서 홀가분하다
サバナ (savanna) 〖地〗 사바나 = サバンナ ―気候 〖気〗 사바나 기후
さばよみ [鯖読み] 수효를 속임
さはんじ [茶飯事] 다반사, 흔해빠진 일 ¶ 日常~ 일상 다반사
さび [寂] ①예스럽고 아취가 있음 ②낮고 구성진 목소리 ③〖文〗 한적한 정취미
さび [錆·銹] ①녹 ¶ ~がつく 녹이 슬다 ②나쁜 결과, 응보 ¶ 身から出た~ 자업 자득
さびあゆ [錆鮎] (가을철 산란기의) 은어
さびいろ [錆色] 적갈색, 녹빛
さびごえ [寂声·錆声] 쉰 듯하면서 낮고 구성진 목소리
さびし・い [寂しい·淋しい] 形 ①한적하다, 호젓하다 ¶ 夜道は~ 밤길은 호젓하다 ②쓸쓸하다, 적막하다 ¶ ひとりぼっちの生活が~ 외돌토리의 쓸쓸한 생활이 허전하다 ¶ ふところが~ 호주머니가 허전하다, 가진 돈이 별로 없다 / 口が~ 입이 궁금하다 ▷「さみしい」라고도 함
さびだけ [錆竹] ①말라서 겉껍질에 녹빛 얼룩이 생긴 대나무 ②황산으로 구워 ①과 같은 빛깔을 낸 대나무
さび・つく [錆(び)付く] 自五 녹슬다 ①녹이 나다 ¶ ねじが~ 나사가 녹슬다 ②(比) 능이 떨어지다 ¶ 頭が~ 머리가 녹슬다
さびどめ [錆止め] 〖機〗 방수(防銹), 방수 도료
ざひょう [座標] 〖数〗 좌표 ―軸 〖数〗 좌표축
さ・びる [寂びる] 自上一 (文) 예스럽고 정취

가 있다¶ ~·びた庭[にわ] 예스럽고 정취가 있는 정원
**さ·びる** [錆びる] 自上一 ①녹슬다¶ はさみが~ 가위가 녹슬다 ②(목소리가) 차분하고 가라앉다¶ ~·びた声[こえ] 쉰 듯 차분한 목소리
**さび·れる** [寂れる] 自下一 쓸쓸해지다, 쇠퇴하다¶ ~·れた町[まち] 쇠퇴한 거리
**サブ** (sub) 서브 ①[造語] 보조, 부(副), 하위¶ ~リーダー 서브 리더 ②대리, 후보 선수 **ーカルチャー** (subculture) [社] 서브 컬처. 하위 문화 **ータイトル** (subtitle) 서브타이틀
**サファイア** (sapphire) [鑛] 사파이어, 청옥
**サファリ** (safari) 사파리. (아프리카의 오지의) 수렵 여행
**さぶつ** [作仏] [佛] 성불, 득도
**ざぶとん** [座布団·座*蒲団] 방석¶ ~を当[あ]てる 방석을 깔다
**サプライ** (supply) 서플라이, 공급
**さべつ** [差別] 名他スル 차별¶ 人種[じん]~ 인종 차별/ 無[む]~に攻撃[こうげき]する 무차별 공격하다
**さへん** [サ変] [文法] 「サ行[ぎょう]変格活用[かっきょう]」의 준말
**さへん** [左辺] 좌변 ①[數] 등호·부등호의 왼쪽에 있는 수식 ②바둑판의 왼쪽 부분 ▷ ② ⇔ 右辺[うへん]
**さほう** [作法] ①만드는 법¶ 小説[しょうせつ]~ 소설 작법 ②예의 범절, 법식¶ 礼儀[れいぎ]~ 예의 범절 ③관행, 관습¶ 武家[ぶけ]の~ 무가의 관행
**さぼう** [砂防] 사방¶ ~工事[こうじ] 사방 공사
**さぼう** [茶房] 다방= 喫茶店[きっさてん]
**サポート** (support) 名他スル 서포트. 지원함
**サボタージュ** (프 sabotage) 名 自スル 사보타주 ①태업(怠業)= サボ ②게으름을 피움
**サボテン** [植] 사보텐, 선인장= シャボテン
**さほど** [*然程] ①그다지, 그렇게 (까지), 그토록, 별로¶ ~重大[じゅうだい]とは思[おも]えない 그다지 중대하다고는 생각되지 않는다
**サボ·る** 自五 [俗] 게으름 피우다, 빼먹다¶ 授業[じゅぎょう]を~ 수업을 빼먹다
**さま** [様] I 名 모양 ①[文] 모습, 형상¶ ~変[か]わり 변모/ 人々[ひとびと]の並[なら]ぶ~ 사람들이 줄지어 있는 모양 ②상태¶ 物盤[もの]~れた·に振[ふ]る舞[ま]う 익숙한 모양으로 행동하다 II [接尾] ①님, 씨¶ 田中[たなか]~ 다나카 씨/ お嬢[じょう]~ 따님 ②(「ご·お」가 붙은 체언에 붙어) 공손한 표현을 만드는 말¶ ごちそう~ 잘 먹었습니다/ おつかれ~でした 수고하셨습니다
〔慣用句〕
**ーにならない** [口] 꼴이 아니다, 모양이 나지 않다
**ーになる** [口] 모양이 나다, 그럴듯하게 보이다
**ざま** [*様·*態] ①[口] 꼴, 꼬락서니¶ 何[なん]という~だ 무슨 꼴이냐 ②[造語] …하는 모양[방식]¶ 死[し]に~ 죽은 모양/ 生[い]き~ 생활 태도 ③[形式] …함과 동시에, …하자마자¶ 立[た]ち上[あ]がり~ 일어서자마자/ 振[ふ]り向[む]き~ 뒤돌아봄과 동시에
〔慣用句〕
**ーはない** [口] 꼴사납다, 볼품이 없다, 꼴불견이다, 체면이 말이 아니다
**ーを見[み]ろ** [俗] 꼴 좋다, 꼴 좋게 됐군
**サマー** (summer) [造語] 서머. 여름 **ースクール** (summer school) 서머 스쿨. 하기 강습회 **ータイム** (summer time) 서머 타임
**さまがわり** [様変(わ)り] ①(모양·정세가) 바뀜, 변화, 변천, 변모¶ ~の様相[ようそう]を呈[てい]する 변모의 양상을 보이다 ②[經] (거래에서) 시세 동향이 급변함
**さまさま** [様様] [接尾] [口] …덕택, …덕분¶ おふくろ~だ 어머니 덕택이다
**さまざま** [様様] ナ 副 여러 가지, 가지각색, 다양한¶ ~な人生[じんせい] 다양한 인생
**さま·す** [冷ます] 他五 ①식히다¶ お茶[ちゃ]を~·して飲[の]む 차를 식혀서 마시다 ②(체열을) 내리게 하다¶ 熱[ねつ]を~薬[くすり] 열을 내리게 하는 약 ③가라앉히다, 깨다¶ 興[きょう]を~ 흥을 깨다/ 興奮[こうふん]を~ 흥분을 가라앉히다
**さま·す** [覚ます·*醒ます] 他五 ①(잠을) 깨우다, 깨다¶ 目[め]を~ 잠을 깨다 ②깨우치다, 각성시키다¶ 迷[まよ]いを~ 미망에서 깨어나게 하다 ③(술이) 깨게 하다¶ 酔[よ]いを~ 술을 깨게 하다
**さまた·げる** [妨げる] 他下一 ①방해하다, 지장을 주다¶ 睡眠[すいみん]を~ 수면을 방해하다/ 子供[こども]の成長[せいちょう]を~ 아이의 성장에 지장을 주다 ②((「…を~·げない」의 꼴로)) …해도 괜찮다, …해도 무방하다¶ 留任[りゅうにん]を~·げない 유임도 무방하다
**さまつ** [*瑣末·*些末] ナ 사소함, 하찮음= 些細[ささい]¶ ~なことにこだわるな 하찮은 일에 구애받지 마라
**さまで** [*然然·迄] 副 [文] 그토록, 그렇게까지¶ ~気[き]にかけてはいない 그렇게까지 마음쓰고 있지는 않다
**さまよ·う** [さ迷う·*彷徨う] 自五 ①방황하다, 헤매다¶ 山中[さんちゅう]を~ 산속을 헤매다 ②오락가락하다, 헤매다¶ 生死[せいし]の境[さかい]を~ 생사의 갈림길을 오락가락하다
**さまよえる** [さ迷える·*彷徨える] 連体 [文] 헤매는, 떠돌아 다니는, 방황하는¶ ~オランダ人 방황하는 네덜란드인
**さみだれ** [五月雨] ①음력 5월경의 장마 ②[比] 단속적으로 되풀이되는 것¶ ~スト 단속적인 파업
**さみどり** [*早緑] [文] 연초록
**さむ·い** [寒い] 形 ①춥다¶ 冬[ふゆ]の~朝[あさ] 겨울의 추운 아침 ②가난하다, 부족하다¶ ふところ具合[ぐあい]が~ 호주머니 사정이 빈약하다 ③(흔히 「お~」의 꼴로) 빈약한¶ お~基礎研究[きそけんきゅう] 빈약한 기초 연구 ④(무서움 등으로) 오싹하다, 서늘하다¶ 背[せ]すじが~·くなる 등골이 서늘해지다
**さむがり** [寒がり] ①~屋[や] 몹시 추위를 타는 사람
**さむけ** [寒気] 한기 ①추위 ②오한= 悪寒[おかん]¶ ~がする 오한이 나다 **ー立[だ]つ** 自五 ①

さむさ【寒さ】 추위¶暑さ~も彼岸ひがんまで 더위도 추위도 춘분·추분 무렵까지 **一凌**しのぎ 추위를 이겨냄, 그런 방법·물건

さむざむ【寒寒】副(文)①몹시 추운 모양¶~とした部屋 썰렁한 방 ②살풍경한[황량한] 모양¶~とした人間関係にんかんけい 살풍경한 인간 관계

さむぞら【寒空】①차가운 겨울 하늘 ②추운 날씨¶この~に住すむ家いえもない 이 추운 날씨에 살 집도 없다

さむらい【侍】①(옛날에) 귀인·영주의 신변을 지키던 사람 ②무사=武士ぶし ③(俗) 남다른 인물, 걸물, 호걸¶なかなかの~だよ 대단한 걸물이지

さむらいだいしょう【侍大将】(日史)(戦国せんごく 시대에 걸쳐) 일군(一軍)을 이끌었던 지휘관

さめ【*鮫】(動) 상어

さめざめ 副(文)(눈물을 흘리며 조용히 우는) 하염없이¶~と泣なく 하염없이 울다

さめはだ【*鮫肌・*鮫膚】까슬까슬한 살갗, 거친 살결

さめやらぬ【覚(め)^遣らぬ】連語(文) 덜 깬, 덜 가신¶興奮こうふん~面持おももち 흥분이 채 가시지 않은 표정

さ・める【冷める】自下一 식다 ①차게 되다¶ふろが~ 목욕물이 식다 ②(열·관심이) 가라앉다¶興奮こうふんが~ 흥분이 가라앉다

さ・める【覚める・^醒める】自下一 ①(잠이) 깨다, (눈이) 뜨이다¶目めが~ 잠이 깨다/目めの~ような美人びじん 눈이 번쩍 뜨일 정도의 미인 ②제정신이 들다¶夢ゆめから~ 꿈에서 깨어나다 ③(술·약기운 등이) 깨다 酔よいが~ 술이 깨다 ④(「~·めた[めている]」의 꼴로) 냉정해지다¶~めた目めでものを見みる 냉정한 눈으로 사물을 보다

さ・める【*褪める】自下一 (색이) 바래다, 퇴색하다=あせる¶カーテンの色いろが日光にっこうで~ 커튼 색이 햇빛에 바래다

さも【^然も】副 ①아주, 참으로, 자못¶~うれしそうに자못 기쁜 듯이 ②(文) 그렇기도, 그럴 수도¶~あろう 그럴 수도 있겠지

さもあらばあれ【遮莫】連語(文) 그렇다면 그런대로 할 수 없다, 어떻든 간에, 어찌되었든

さもありなん【^然も有りなん】連語 그도 당연하다, 그럴 것이다¶~と思おう 그럴 만도 하다고 생각하다

さもあるべき【^然も有るべき】連語 그럴 만도 한, 그럴 수도 있는

さもし・い 形 비열하다, 야비하다, 치사하다 =いやしい¶~根性こんじょう/ 비열한 근성/品性ひんせいが~ 품성이 야비하다

ざもち【座持(ち)】좌흥(座興)을 돋움, 그런 사람¶~がうまい人ひと 좌흥을 잘 돋우는 사람

さもと【座元】(연극 등의) 흥행을 책임지고 관리함, 흥행주 地方ちほう巡業じゅんぎょうの~ 지방 순회 흥행 흥행주

さもないと【^然も無いと】連語(口) 그렇지 않으면¶~大変たいへんなことになる 그렇지 않으면 큰일 난다

さもなくば【^然も無くば】連語 그렇지 않으면, 아니면¶買かうか, ~借かりるか 사느냐 아니면 빌리느냐 ▷「さもないと」의 문어형

さもなければ【^然も無ければ】連語 그렇지 않으면, 아니면=さもなくば

さもん【査問】名他スル 사문¶~委員会いいんかい 사문 위원회/関係者かんけいしゃの~ 관계자의 사문

さや【*莢】(植)(콩 등의) 꼬투리, 깍지

さや【鞘】①칼집¶~を払はらう 칼을 뽑다 ②(붓·연필 등의) 두껍 ③(建)→鞘堂さやどう ④(経)(가격·이윤의) 차액=利鞘りざや
[慣用句]
**一を取**とる(매매의 중개로) 차액을 얻다

さやあて【*鞘当て】①(옛날) 길가던 무사끼리 서로 칼집이 부딪쳐서 시비하던 일 ②사소한 싸움 ③두 남자가 한 여자를 놓고 다툼¶恋こいの~ 사랑의 쟁탈전

さやいんげん【*莢隠元】(植) 꼬투리째 먹는 풋강낭콩

さやえんどう【*莢*豌豆】(植) 꼬투리째 먹는 청대 완두

さやか【清か・^明か】ナ(文) 청명함, 맑음, 청아함¶~な月つきの光ひかり 청명한 달빛

ざやく【座薬・*坐薬】(薬) 좌약

さやさや 副(文)①버석버석, 바스락¶~と触ふれあう木このは葉 바스락 스치는 나뭇잎 ②산들산들, 살랑살랑 風かぜが~と林はやしを渡わたる 바람이 산들산들 숲을 스쳐가다

さやどう【*鞘堂】(建) 건축물을 보호하기 위해 그 바깥쪽을 덮어 싸듯이 지은 건물=さや

さやとり【*鞘取】(経)「鞘取引さやとりひき」의 준말, (매매의 중개·전매로) 차액을 노리는 상거래

さやばし・る【*鞘走る】自五 (칼집에서) 칼이 저절로 빠져 나오다

さやまき【*鞘巻】날밑이 없는 단도, 요도

さゆ【〈白湯〉】 끓은 맹물, 백비탕(白沸湯)

さゆう【左右】Ⅰ名①좌우¶~をよく見みる 좌우를 잘 보다 ②곁, 주위¶~に気きを遣つかう 주위를 배려하다 ③(「~にする」의 꼴로) (태도 등이) 애매함¶言ことばを~にする 말을 이랬다저랬다 하다 Ⅱ名他スル 좌우함, 좌지우지함¶天候てんこうに~される 날씨에 좌우되다 **一相称**そうしょう 좌우가 똑같음 = シンメトリー

ざゆう【座右】①좌우, 신변, 곁=身辺しんぺん¶~に置おく 곁에 두다 ②(文)(편지 겉봉의) 좌전(座前), 좌하(座下) **一の銘**めい 좌우명

さゆり【*小〈百合〉】(文)「百合ゆり」의 미칭

さよ【*小夜】(文) 밤=よる¶~更ふけて 밤은 깊어지고 一嵐あらし 밤에 부는 폭풍 一曲きょく 소야곡, 세레나데 一時雨しぐれ(文) 오다 말다 하는 밤비 一鳴なき鳥どり(動) 나이팅게일

さよう【作用】名自スル 작용¶~を及およぼす 작용을 미치다 一点てん(物) 작용점

さよう【^然様・左様】Ⅰナ ①그러함, 그와 같음¶~でございます 그렇습니다 Ⅱ感 그렇다,

그래¶ ～、わたしのものだ 그래 내 것이다
—なら 감 안녕히 계십시오[가십시오]、안녕
관용구
—然らば 그러면, 그렇다면
さよく【左翼】 좌익 ①왼쪽 날개 ②(대열 등의) 왼쪽へ 敵陣の～ 적진의 왼쪽 ③사회주의적・공산주의적인 사상 경향, 그런 사람・단체¶ ～政党 좌익 정당 ④野 외야의 좌측, 좌익수 —手野 좌익수
ざよく【座浴・坐浴】 좌욕= 腰湯
さよなら Ⅰ 감口 → さようなら Ⅱ 名自スル ①口 작별, 이별, 헤어짐¶ 独身生活に～する 독신 생활과 작별하다 ②造語 이별의, 마지막, 끝나는¶ ～公演 고별 공연
さより【細魚】・〈鱵〉 動 공미리, 침어
さら【皿】 ①접시¶ ～を洗う 접시를 닦다 ②접시 모양의 것¶ ひざの～ 종지뼈/灰～ 재떨이 ③助数 접시에 담아내는 요리를 세는 말, 접시¶ 刺身一～ 회 한 접시
さら【更】 ①새로움, 새로워짐¶ まっ～ 신품/ ～湯 새로 받은 목욕물/～の洋服 새 양복
さら【沙羅】 植 사라수(沙羅樹) —双樹 ①사라수 ②佛 사라쌍수 —の木 植 사라수
ざら 「ざら紙」의 준말 「粗目」의 준말
ざら ㊀口 흔함, 흔해빠짐¶ ～にある事 흔해빠진 일이다
さらあらい【皿洗い】 접시닦이
さらい【再来】 造語 다음다음, 내후= 翌々¶ ～年 내후년/～月 다음다음 달
さら・う【*浚う・*渫う】 他五 (샘・강 등을) 쳐내다, 준설하다¶ どぶを～ 도랑을 쳐내다
さら・う【(復習)う】 他五 복습하다¶ 踊りを～ 춤을 복습하다
さら・う【*攫う】 他五 ①채다, 날치기하다¶ 財布を～って逃げる 지갑을 채어 달아나다 ②유괴하다¶ 子供を～ 아이를 유괴하다 ③휩쓸다, 독차지하다¶ 人気を～ 인기를 독차지하다
ざらがみ【ざら紙】 갱지(更紙)= わら半紙
サラきん【サラ金】「サラリーマン金融」의 준말
さらけ・だす【*曝(け)出す】 他五 드러내다, 밝히다¶ 真実を～ 진실을 밝히다/欠点を～ 결점을 드러내다
サラサ【포 saraça】 사라사, 인물・조수(鳥獣) 등을 색색으로 날염한 무명・비단¶ ～模様 사라사 무늬 ▷「更紗」라고도 씀
さらさら 副 自スル ①사각사각, 바스락바스락¶ 風が笹の葉を～と鳴らす 바람에 조릿대 잎이 바스락바스락하고 소리를 낸다 ②졸졸¶ 小川が～と流れる 시냇물이 졸졸 흐른다 ③술술, 줄줄¶ 毛筆で～と書く 붓으로 술술 쓰다 ④바슬바슬, 부석부석¶ ～した髪 바슬부슬한 머리카락
さらさら【更更】 副 조금도, 결코, 전혀¶ 謝る気は～ない 사과할 생각이 전혀 없다
ざらざら Ⅰ 副 自スル ①(거칠고 단단한 것이 부딪어 나는) 좌르르¶ 壁土が～と落ちる 벽토가 좌르르 떨어지다 ②까칠까칠, 까슬까

슬¶ ～した肌 까칠까칠한 피부 ③자꾸자꾸¶ 小銭が～と出てくる 동전이 자꾸자꾸 나오다 Ⅱ ㊁ 까칠까칠함, 까슬까슬함¶ ～の紙 까슬까슬한 종이
さらし【晒し】 ①바램, 바랜 물건 ②표백한 무명 ③(江戸)시대) 죄인을 거리에 세워놓아 창피를 주거나 효수된 목을 내걸던 형벌
さらしあめ【*晒(し)飴】 (정제한) 흰엿
さらしあん【*晒(し)餡】 말린 팥소 가루
さらしくび【*晒(し)首・*曝(し)首】 (江戸)시대에 죄인의 목의) 효수(梟首), 그 목
さらしこ【*晒(し)粉】 ①化 표백분 ②물에 바래 희게 만든 쌀가루
さらしもの【*晒(し)者】 ①「さらし」 ③의 형을 받은 죄인 ②(대중 앞에서) 웃음거리가 된 사람¶ ～になる 조소의 대상이 되다
さらしもめん【*晒(し)木綿】 희게 바랜 무명
さら・す【*晒す・*曝す】 他五 ①(햇볕・비바람을) 쬐다, 맞히다¶ 風雨に～ 비바람을 맞히다 ②(어떤 상태로) 놓아두다¶ 危険に身を～ 위험에 처하다 ③(남들의) 눈에 띄게 하다¶ 恥を～ 창피를 당하다 ④바래다, 표백하다¶ 布を～ 천을 표백하다 ⑤料 우려내다¶ 酢水に～ 식초산 탄 물에 우려내다 ⑥「さらし」 ③의 형벌에 처하다
サラダ【salad】 料 샐러드 —オイル【salad oil】 샐러드 오일 —ドレッシング【salad dressing】 料 샐러드 드레싱 —菜 植 양상치
さらち【*新地・更地】 ①손대지 않은 땅, 생땅 ②빈터, 공지¶ ～にして売る 공지로 만들어 팔다
ざらつ・く 自五 까칠까칠하다, 껄껄하다, 껄끔거리다¶ 舌が～ 혀가 껄껄하다
さらに【更に】 副 ①다시 (한 번), 거듭¶ ～お願いします 거듭 부탁드립니다 ②더욱, 한층¶ ～きれいになった 더욱 예뻐졌다 ③조금도, 전혀¶ 努力の跡が～見られない 노력의 흔적을 조금도 찾아볼 수 없다
さらぬ【^然ぬ】連体 文 ①그렇지 않은, 딴, 다른 ②아무렇지도 않은, 대단치 않은, 태연한
관용구
—体で 아무렇지도 않다는 태도로
さらば【^然らば】 Ⅰ 접 文 그러면, 그렇다면= しからば¶ ～求めよ、与えられん 구하라 그러면 주실 것이다 Ⅱ 감 文 안녕히, 잘 있거라¶ お～ 안녕히/～友よ 잘 있거라 친구여
ざらば【ざら場】 経 (증권 거래에서) 접속 매매, 입회 시간 동안 파는 쪽과 사는 쪽의 값이 맞을 때마다 연속적으로 매매가 성립되는 거래
さらば・える 自下一 文 앙상해지다, 여위다¶ 老い～えた姿 늙어 여윈 모습
さらばかり【皿*秤】 ①천칭, 앉은뱅이 저울 ②접시 달린 저울
さらまわし【皿回し・皿廻し】 접시 돌리기, 접시 돌리는 곡예사
ざらめ【*粗目】「ざらめ糖」의 준말 —糖 굵은 설탕 —雪 気 녹았다가 밤사이에 다시 얼어 싸라기처럼 된 눈

さらゆ [^新湯] 새로 데운 목욕물= あらゆ
サラリー (salary) 샐러리, 봉급, 급료, 월급 ― マン (salaried man) 월급쟁이 ーマン金融 샐러리맨 금융= サラ金

さらりと 副 スル ①매끈하게, 자르르¶ ～した髪が자르르한 머리 ②깨끗이, 선뜻¶ 未練を～と捨てる 미련을 깨끗이 버리다

ざりがに [^蝲蛄] 動 가재

さりげな・い [^然り気無い] 形 아무렇지도 않은 듯하다, 티를 내지 않다¶ ～態度だ 아무렇지도 않은 태도

さりじょう [去り状] 文 (옛날에 아내에게 주던) 이혼장= 三行半

さりとて [^然りとて] 接 文 그렇다고 해서¶ ～人に聞くわけにもいかず 그렇다고 해서 남에게 물어볼 수도 없고

さりとは [^然りとは] 接 文 그런 줄은, 그러리라고는¶ ～いっこうに気付かず失礼しました 그런 줄은 전혀 모르고 실례했습니다

さりとも [^然りとも] 接 文 그렇다 해도, 그래도¶ ～おかしな話だ 그렇다 해도 이상한 이야기다

さりながら [^然りながら] 接 文 그렇기는 하나, 그렇지만, 그러나¶ ～実行には困難が伴う 그렇지만 실행에는 곤란이 따른다

さりょう [茶寮] ①다실 ②다방 ③요릿집

さる [申] 신 ①십이지(十二支)의 아홉째 ②신시(申時) ③신방(申方), 서남서쪽

さる [猿] ①動 원숭이 ②比 교활하고 흉내를 잘 내는 사람 ③화덕 위에 매단 냄비 등의 높이를 조절하는 멈춤쇠 ④建 (덧문 등의) 비녀장
慣用句
━も木から落ちる 원숭이도 나무에서 떨어진다= 弘法にも筆のあやまり

さ・る [去る] I 自 五 ①떠나다 親元を～ 부모 슬하를 떠나다/ この世を～ 세상을 뜨다[죽다] ②(계절·때가) 지나다 ¶夏が～ 여름이 지나다 ③(상태가) 없어지다, 사라지다, 가시다¶ 暑さが～ 더위가 물러가다 ④(시간을) 거슬러 오르다¶ 今を～こと三十年前 지금으로부터 30년 전 ⑤(공간적으로) 떨어져 있다¶ 町を～る10キロメートルの地 시내에서 10킬로미터 떨어진 곳 ⑥(補助) 완전히 …하다¶ 取り～ 없애 버리다/ 消え～ 사라져 버리다 II 他 五 ①멀리하다¶ 悪友を～ 나쁜 친구를 멀리하다 ②이혼하다¶ 妻を～ 아내와 이혼하다 ③떨쳐 버리다¶ 雑念を～ 잡념을 버리다
慣用句
━者は追わず 떠나는 사람은 불잡지 않는다
━者は日日に疎し ①죽은 사람은 세월이 감에 따라 잊혀진다 ②친한 사람도 떨어져 있으면 차츰 멀어진다

さる [去る] 連体 文 지난, 지나간 ⇔ 来る¶ ～二十日 지난 20일

さる [^然る] 連体 文 ①어떤 ある¶ ～人が어떤 사람이/ ～子細があって 어떤 사정이 있어서 ②그러한, 그런¶ ～事はなし 그런 일은 없다 ③만만치 않은, 상당한¶ 敵も～者の적도 만만치 않은 자

ざる 助動 (활용어의 未然形에 붙어) …(하)지 않다¶ 許すべから～行為 용서할 수 없는 행위¶ せ～を得ない 하지 않을 수 없다

ざる [^笊] ①소쿠리 ②「笊蕎麦」의 준말「笊碁」의 준말

さるおがせ [猿^麻栲] 植 송라, 소나무겨우살이

さるがく [猿楽・^散楽・^申楽] 藝 (중고·중세 때 행해진) 익살스런 흉내·촌극·가무·곡예 등의 민중 예능

さるぐつわ [猿^轡] 재갈¶ ～をかませる (수건 등으로) 재갈을 물리다

ざるご [^笊碁] 서투른 바둑, 보리바둑= へぼご¶ ～を打つ 서툰 바둑을 두다

さることながら [^然る事ながら] 連語 …뿐만 아니라, …은 물론(…도)¶ デザインも価格もやすい 디자인은 물론 가격도 싸다

さるしばい [猿芝居] ①원숭이 곡예 ②서투른 연극 ③얄팍한 잔꾀

さるすべり [猿滑・〈百日紅〉] 植 백일홍, 배롱나무= ひゃくじつこう

ざるそば [^笊^蕎麦] 料 네모진 어레미나 대발에 담은 메밀국수= ざる

さるぢえ [^猿知恵] 잔꾀, 얕은 꾀¶ ～をめぐらす 잔꾀를 부리다

さるど [猿戸] ①(정원 입구 등에 있는) 간단한 나무문 ②建 (기둥 구멍에 비녀장을 끼워 잠그게 된) 비녀장문

さるのこしかけ [猿の腰掛] 植 말굽버섯

サルビア (salvia) 植 샐비어

ざるほう [^笊法] 허술한[유명 무실한] 법률

さるまた [猿^股] (남성용) 짧은 팬츠, 잠방이

さるまね [猿^真似] 원숭이 입내, 무턱대고 남의 흉내를 냄

さるまわし [猿回し・猿^廻し] 원숭이에게 재주를 부리게 하여 돈을 버는 사람= さるひき

ざるみみ [^笊耳] 들어도 이내 잊어버림, 그런 사람= 籠耳

さるめん [猿面] ①원숭이 같은 얼굴 ②원숭이 탈 ━冠者 ①원숭이 같은 얼굴을 한 젊은이 ②豊臣秀吉의 젊은 시절의 별명

さるもの [^然る者・^然る物] 連語 상당한[만만찮은] 자¶ 敵も～だ 적도 상당한 자이다

ざれい [座礼・^坐礼] ①앉은 채 하는 절 ⇔ 立礼 ②앉아 있을 때의 예절

ざれうた [^戯(れ)歌] ①익살스런 和歌나 俳諧歌 ② → 狂歌

されき [砂^礫] 사력, 모래와 자갈= しゃれき

されこうべ [^髑體] 촉루, 해골

ざれごと [^戯(れ)言] 文 회언, 농담, 농지거리¶ ～を言う 농담을 하다

ざれごと [^戯(れ)事] 장난, 희롱

されど [^然れど] 接 그렇기는 하나, 그렇지만, 그러나¶ ～すべての望みが断たれたわけではない 그렇기는 하나 희망이 전혀 없

**されば** [*然れば*] 接(文) 그러므로, 그러니까 ¶ ~とて そうだし 해서/ ~こそここが重大훙だいな岐路키ろなのだ 그러므로 여기가 중대한 기로인 것이다

**さ・れる** 自下一 ①「する」의 수동형. …되다. …당하다 ¶ 質問싣もんを~ 질문을 받다 ②하시다 = なさる ¶ お話하나しを~ 말씀을 하시다

**ざ・れる** [*戯れる*] 自下一 장난치다, 희롱거리다, 까불다 ¶ 男女단じょが~ 남녀가 희롱거리다

**サロン** (프 salon) 살롱 ①응접실, 홀 ②사교 모임 ③(현존 작가들의) 미술 전람회

**さわ** [*沢*] ①산골짜기, 계곡 ②풀이 자라고 있는 저습지

**さわ** [*茶話*] (文) 다화 **一会** 다화회, 다과회

**さわがし・い** [*騒がしい*] 形 ①시끄럽다, 소란스럽다 ¶ ~通도おり 시끌벅적한 거리 ②뒤숭숭하다, 불온하다 ¶ ~世서の나카中낙 뒤숭숭한 세상

**さわが・す** [*騒がす*] 他五 떠들썩하게 하다, 시끄럽게 하다, 소란하게 하다 = さわがせる ¶ 世서の中나카を~ 세상을 시끄럽게 하다

**さわが・せる** [*騒がせる*] 他下一 → さわがす

**さわぎ** [*騒ぎ*] ①소란스러움, 떠들썩함 ¶ 大오お야~ 야단법석 ②소동, 분쟁, 사건 ¶ 離婚리콘~ 이혼 소동/ ~を引힠き起오こす 소동을 일으키다 ③《「…どころの~ではない」의 꼴로》…할 정도[에서 그칠 일]의 일 ¶ 驚오도로くどころの~ではない 놀랄 정도에서 그칠 일이 아니다

**さわぎうた** [*騒ぎ歌*] ①歌가舞부伎기下게座자음악의 하나 ②(유곽 등에서) 요란스럽게 三味線샤미센을 켜며 노래하는 일

**さわぎた・てる** [*騒ぎ立てる*] 自下一 떠들어대다 ①소란을 피우다 ¶ つまらないことで~な 하찮은 일로 소란을 피우지 마라 ②시끄럽게 이러쿵저러쿵하다 ¶ マスコミが~ 매스컴이 떠들어대다

**さわ・ぐ** [*騒ぐ*] 自五 ①시끄러운 소리를 내다, 떠들다 ¶ 子供코도모が近킨くで~ 아이가 근처에서 떠들다/ 杉스기の梢코오ずえが~ 삼나무의 우듬지가 떠들다 ②술렁거리다, 소동을 벌이다 ¶ 判定한테이をめぐって~ 판정을 둘러싸고 술렁거리다 ③당황하다, 동요하다, 설레다 ¶ 胸무네が~ 가슴이 설레다 ④화제가 되다, 평판이 나다 ¶ 巷치마타항간에서 화제가 되다

**ざわざわ** 副 自スル ①우수수, 시글시글 ¶ ~とした教室쿄しつ 시끌벅적한 교실 ②와삭와삭, 버석버석 ¶ 木키々기が~と音오토を立타ててる 나무들이 와삭와삭 소리를 내다

**さわさわと** (文) ①기분이 상쾌한 모양 ②산들산들 ¶ ~吹후く風카제 산들산들 부는 바람

**さわしがき** [*醂し柿*] 침시(沈柿), 침감

**さわ・す** [*醂す*] 他五 ①(검은 옻칠을) 엷게 칠하다 ②(떫은 감을) 우리다 ③(물에 담가) 바래다

**ざわつ・く** 自五 웅성거리다, 수런거리다, 술렁이다 ¶ 心코코로が~ 마음이 술렁이다

**ざわめ・く** 自五 웅성거리다, 수런거리다, 술렁거리다 ¶ 観衆칸しゅうが~ 관중이 술렁이다

**さわやか** [*爽やか*] ダ ①상쾌함, 산뜻함 ¶ ~な初夏셔かの風카제 상쾌한 초여름 바람/ 気分키분が~だ 기분이 상쾌하다 ②시원시원하다, 명쾌하다, 유창하다 弁舌벤ぜつ~に話하나す 명쾌한 변설로 말하다

**さわら** [*椹*] [植] 화백나무

**さわら** [*鰆*] [動] 삼치

**さわらび** [*早蕨*] (文) 싹이 갓 나온 고사리

**さわり** [*触り*] ①[造語] 만짐, 촉감 ¶ 肌하다~が心地고치よい 촉감이 기분 좋다 ②(사람을 대했을 때의) 느낌 ¶ 柔야와らかい人힏부드러운 느낌의 사람 ③[樂] (義太夫기다유 가락에서) 다른 곡조를 도입한 부분 ④(이야기의) 요점, (악곡의) 가장 감동적인[들을 만한] 대목 ¶ ほんの~だけが 가장 들을 만한 대목만

**さわり** [*障り*] ①지장, 사정 ¶ ~がある 사정이 있다 ②방해, 장애 ¶ 出世슛せの~になる 출세에 장애가 되다 ③[造語] 거슬림, 불쾌함 ¶ 目메~ 눈에 거슬림 ④병, 탈 ¶ 暑아칠中츄う なんのお~もなく 삼복 더위에 아무 탈 없이

**さわ・る** [*触る*] 自五 ①(살짝) 닿다, 손을 대다, 만지다 ¶ ひんやりとしたのが顔카오に~ 선뜩한 것이 얼굴에 닿다 ②관계하다, 가까이하다 ¶ 彼카레には~・らないほうがいい 그는 가까이 하지 않는 것이 좋다 ③(감정을) 상하다, 거슬리다 ¶ 気키に~ 기분이 상하다/ しゃくに~話하나しだ 화가 나는 이야기다

[慣用句]

**―らぬ神카미に祟타다り無나시なし** 건드리지 않는 신에 동티나지 않는다, 긁어 부스럼을 만들지 말라

**さわ・る** [*障る*] 自五 지장이 되다, 해롭다 ¶ 仕事시고토に~ 일에 방해가 되다 ¶ 飲노の み過스기ぎは体카라다に~ 과음은 몸에 해롭다

**さわん** [*左腕*] 좌완, 왼팔 ¶ ~投手토うしゅ 좌완 투수

**さん** [*三*] 音 サン 訓 み・みつ・みっつ (음)삼. I [造語] ①셋, 삼 ¶ 三階가이 삼층·三他탄 세 개 ②세 번, 여러 번 ¶ 三顧코 삼고·再三再四사이산사이 재삼 재사 ③「三河가와」의 준말 ▷ ①의 갖은자는 [参] [熟字訓] 三和土타타키 시멘트 봉당(封堂) II (수의) 셋 ③「三味線샤미센에서) 가장 높은 음을 내는 셋째 줄 ¶ ~の糸이토 三味線의 셋째 줄

**さん** [*山*] 音 サン・セン 訓 やま (음)산. [造語] ①산 ¶ 山脈먀크·山癒·火山 화산 ②산처럼 쌓인 것, 많은 것 ¶ 山積서키 산적·沢山타큿 많음 ③광산 ¶ 銅山도우잔 동산 ④절, 사찰 ¶ 入山뉴우 입산·総本山앤 총본산 ▷ [熟字訓] 山葵아사비 고추냉이·山茶花사장카 산다화·案山子캇카시 허수아비

**さん** [*杉*] 音 サン 訓 すぎ (음)삼. (造語) 주로 훈(訓) 「スギ」로 씀

**さん** [*参*] 音 サン・シン 訓 まいる (음)삼, 참. (造語) ①참가하다, 참여하다 ¶ 参加카 참가·参戦센 참전 ②비교하다, 조사하다 ¶ 参考코우 참고·参照샤우 참조 ③윗사람을 찾아뵙다 ¶ 参上쟈우 찾아뵘 ④절·궁궐 등으로 향하다 ¶ 参詣케이 참예·墓参선 성묘 ⑤패하다, 손들다 ¶ 降参코우 항복 ⑥「三」의 갖은자

⑦「参議院ぎいん」의 준말 ⑧「参河みかわ」의 준말
**さん**【桟】【棧】⑧サン ⑪かけはし|(음)잔. I (造語) 잔도, 산길이나 벼랑에 나무로 질러서 낸 길¶桟道さんどう 잔도·桟橋さんきょう 잔교 ▷ 熟字訓 桟敷さじき 높게 만든 관람석 II ①(판자가 휘지 않도록 대는) 띳장¶板はんに～を打うつ 판자에 띳장을 대다 ②(문·장지 등의) 살¶障子しょうじの～をふく 미닫이의 살을 닦다 ③(사다리 등의) 디딤대 ④建 (문의) 비녀장
**さん**【蚕】【蠶】⑧サン ⑪かいこ|(음)잠. (造語) 누에, 누에를 치다, 고치에서 실을 뽑다¶蚕室さんしつ 잠실·養蚕ようさん 양잠
**さん**【惨】【慘】⑧サン·ザン ⑪みじめ|(음)참. (造語) ①마음 아프다, 가엾다¶惨憺さんたん 참담·悲惨ひさん 비참 ②참혹한, 잔인한¶惨劇さんげき 참극·無惨むざん 무참 ▷ 「ザン」으로 읽을 때는 「残ざん」으로 바꿔 쓰기도 함
**さん**【産】【産】⑧サン ⑪うむ·うまれる·うぶ|(음)산. I (造語) ①(아기를) 낳다¶産卵さんらん 산란·出産しゅっさん 출산 ②(물건을) 만들어 내다, 만들어지다¶産業さんぎょう 산업·国産こくさん 국산 ③만들어진(태어난) 곳¶日本産にほんさん 일본산 ④「産業さんぎょう」의 준말¶재산¶遺産いさん 유산·不動産ふどうさん 부동산 ▷ 熟字訓 土産みやげ 선물 II ①(보통「お～」의 꼴로) 출산, 분만¶お～が軽かるい 순산하다 ②출생지, 출신¶九州きゅうしゅう の～ 九州きゅうしゅう 출신 ③그 토지의 산물, …산¶愛媛えひめ～のみかん 愛媛えひめ 밀감 ④재산¶～を成なす 치부하다
**さん**【傘】⑧サン ⑪かさ|(음)산. (造語) 우산, 양산, (사람·물건을) 덮는 물건¶傘下さんか 산하·落下傘らっかさん 낙하산
**さん**【散】⑧サン ⑪ちる·ちらす·ちらかす·ちらかる|(음)산. (造語) ①흩다, 흩어지다¶散在さんざい 산재·解散かいさん 해산 ②두서 없다, 영성하다¶散漫さんまん 산만 ③한가한, 빈둥거리는¶閑散かんさん 한산·自由롭다, 얽매이지 않다¶散策さんさく 산책·散文さんぶん 산문 ⑤가루약¶散剤さんざい 산제·散薬さんやく 산약
**さん**【算】⑧サン ⑪かぞえる|(음)산. I (造語) ①세다, 셈하다¶計算けいさん 계산·予算よさん 예산 ②예측하다, 가늠하다¶誤算ごさん 오산·打算ださん 타산 ③나이¶聖算せいさん 성산 ▷ 熟字訓 算盤そろばん 주판 II「算木さんぎ」의 준말, 산가지
慣用句
**一を乱みだす** 뿔뿔이 흩어지다
**さん**【酸】⑧サン ⑪すい|(음)산. I (造語) ①시다, 신맛¶酸味さんみ 산미 ②맛이 나는 액체, 초¶醋酸さくさん 초산·乳酸にゅうさん 유산 ③괴롭다, 쓰라리다¶辛酸しんさん 신산 ④「酸素さんそ」의 준말¶酸化さんか 산화 ⑤산성 액체, 산성 화합물¶酸性さんせい 산성·炭酸たんさん 탄산 ▷ 熟字訓 酸模すかんぽ 수영·酸漿ほおずき 꽈리 II 化 산 ⇔ アルカリ
**さん**【撒】⑧サン·サツ ⑪まく|(음)살. (造語) 뿌리다¶撒水さんすい 살수·撒布さんぷ 살포 ▷「散さん」이 대용자
**さん**【賛】【贊】⑧サン ⑪ほめる·たたえる|(음)찬. I (造語) ①칭찬하다, 기리다¶賛美さんび

찬미·称賛しょうさん 칭찬 ②글이나 말을 보태어 돕다, 도와주다¶賛成さんせい 찬성·協賛きょうさん 협찬 ▷ ①은 「讚さん」의 대용자 II ①서화에 써넣는 제문(題文)¶画がに～ ②화찬 ②(사람·사물을 찬미하는 한문 문체의 하나)¶論ろん～ 논찬
**さん**【餐】⑧サン|(음)찬. (造語) 음식, 식사¶午餐ごさん 오찬·正餐せいさん 정찬·晩餐ばんさん 만찬
**さん**【燦】⑧サン ⑪きらめく|(음)찬. (造語) 번쩍번쩍 빛나다¶燦然さんぜん 찬연·燦爛さんらん 찬란
**さん**【纂】⑧サン ⑪あつめる|(음)찬. (造語) 모으다, 편찬하다¶編纂へんさん 편찬
**さん**接尾 ⑧①(인명·직명 등에 붙어) 님, 씨, 군, 양, 선생¶お嬢じょう～ 따님/田中たなか～ 田中たなかさん ②(인사말 등에 붙어) 친애·공손한 기분을 나타냄¶御苦労ごくろう～ 수고했어요/ お気きの毒どく～ 안됐네요 ③(「お…さん」의 꼴로) 동물·사물을 의인화하여 친근감을 나타냄¶お猿さる～ 원숭이군/ お月つき～ 달님

**ざん**【残】【殘】⑧ザン ⑪のこる·のこす|(음)잔. I (造語) ①남다, 남기다, 나머지¶残業ざんぎょう 잔업·残念ざんねん 유감 ②망가뜨리다, 상처를 입히다, 멸망시키다¶残害ざんがい 잔해·散残さんざん 패잔 ③참혹하다, 냉혹하다, 그런 행위¶残酷ざんこく 잔혹·残忍ざんにん 잔인 ▷ ②은「惨ざん」을 바꿔 쓴 것 ▷ 熟字訓 名残なごり 흔적 II 잔액, 우수리¶200円えんの～ 2백 엔의 잔액

**ざん**【斬】⑧ザン ⑪きる|(음)참. I (造語) ①베다, 베어 죽이다¶斬殺ざんさつ 참살·斬首ざんしゅ 참수 ②자르다, 잘라내다¶斬髪ざんぱつ 참발 ③눈에 띄다, 두드러지다¶斬新ざんしん 참신 II 참수형에 처함¶～に処しょす 참수형에 처하다

**ざん**【暫】⑧ザン ⑪しばらく|(음)잠. 잠깐, 얼마 동안¶暫時ざんじ 잠시·暫定ざんてい 잠정

**ざん**【懺】⑧ザン·サン|(음)참. (造語) 뉘우치다, 죄의 용서를 빌다¶懺悔ざんげ·さんげ 참회

**ざん**【讒】⑧ザン ⑪そしる|(음)참. (造語) 모함하다, 참소하다, 비방하다¶讒言ざんげん 참언·讒訴ざんそ 참소 II 文 (모함하여) 죄를 뒤집어씌움, 참언, 참소¶～に会あう 참소를 당하다

**さんあくどう**【三悪道】佛 삼악도, 아귀도·축생도·지옥도의 세 세계

**さんい**【賛意】文 찬의

**さんいく**【産育】民 산육, 임신·출산·육아에 관한 습속의 총칭

**さんいつ**【散逸·散佚】名自スル 文 산일, 흩어져 없어짐=散失さんしつ¶古文書こもんじょが～する 고문서가 산일되다

**さんいん**【山陰】①산그늘, 산의 북쪽 ②地 일본 中国ちゅうごく 지방의 동해에 면한 지방¶山陰道さんいんどう」의 준말 ー道 日史 (律令制りつりょうせい의 지방 행정 구획에서) 七道しちどう의 하나, 지금의 山陰さんいん 지방, 그 지방을 달리는 큰길

**さんいん**【参院】참의원

**さんいん**【産院】산원, 산부인과 의원·병원

**さんう**【山雨】文 산우, 산에 내리는 비, 산쪽에서 내리기 시작한 비
慣用句
**一来きたらんと欲ほっして風かぜ楼ろうに満みつ** 比 이변

**さんえ**【三衣】삼의. 승려가 입는 세 가지 옷. 가사(袈裟)=さんね

**ざんえい**【残映】(文) 잔영 ①저녁놀 ②여운, 자취 ¶ 封建制度ほうの~をとどめる 봉건 제도의 잔영을 간직하다

**さんえん**【三猿】(文) 손으로 눈・귀・입을 가리고 있는 세 마리 원숭이 상・그림

**さんか**【山河】(文) 산하. 산천=さんが ¶ 故郷きょうの~ 고향 산천/ 国くに敗やぶれて~あり 나라는 망했어도 산하는 그대로 있다 **—襟帯**さん 산하 금대. (산이 옷깃처럼 둘러싸고 강이 띠처럼 흘러) 천연 요새를 이루고 있음

**さんか**【山家】(文) 산가. 산중의 집=やまが

**さんか** 산지・강변 등을 떠돌면서 수렵이나 죽세공을 업으로 삼던 산사람

**さんか**【参加】名 自スル 참가 ¶ ~の有無う 참가 유무/ 運動うんに~する 운동에 참가하다

**さんか**【惨禍】(文) 참화 ¶ ~の跡 참화의 흔적

**さんか**【産科】医 산과. 산부인과

**さんか**【傘下】名 (文) 산하=配下はい ¶ ~に入はる 산하에 들어가다

**さんか**【酸化】名 自スル【化】산화 ⇔ 還元かん ¶ ~作用さ 산화 작용/ 鉄てつが~する 철이 산화하다 **—カルシウム**【化】산화 칼슘 **—物**【化】산화물 **—マグネシウム**【化】산화 마그네슘

**さんか**【賛歌・讚歌】(文) 찬가 ≒ 賛頌さんしょう

**さんが**【参賀】名 自スル 참하. 조정에 나아가 축하의 뜻을 표함 ¶ 新春しんしゅん~ 신춘 참하

**ざんか**【残火】(文) 잔화 ①타다 남은 불=残のこり火び ②(새벽 다회에서) 지난밤부터 꺼지지 않고 남아 있는 등롱불

**ざんか**【残花】(文) 잔화. 지고 남은 꽃

**さんかい**【山海】(文) 산해. 산과 바다
慣用句
**—の珍味**ちんみ 산해진미

**さんかい**【山塊】(文) 산괴. 산맥에서 떨어져 고립된 일군(一群)의 산

**さんかい**【参会】名 自スル 참회. 모임에 참석함 ¶ 祝賀会しゅくがかいに~する 축하회에 참석하다

**さんかい**【散会】名 自スル 산회 ¶ 本日ほんじつはこれにて~といたします 오늘은 이것으로 산회하기로 하겠습니다

**さんかい**【散開】名 自スル 산개 ①널리 흩어짐 ②【軍】(전투 대형이) 일정한 간격으로 흩어짐 ¶ 敵前てきぜんに~する 적전에 산개하다

**さんがい**【三界】①【佛】삼계 ②【佛】전세계 ③【佛】과거・현재・미래 ④【俗語】멀리 떨어진 곳=くんだり ¶ アメリカ~まで行いく 멀리 미국까지 가다 **—火宅**かたく【佛】삼계 화택
慣用句
**—の首枷**くびかせ 삼계의 굴레. (면할 길 없는) 이 세상의 고뇌 ¶ 子こは~ 자식은 삼계의 굴레

**さんがい**【惨害】(文) 참해. 참화 ¶ ~を被こうむる 참해를 입다

**ざんがい**【残骸】잔해 ①부서져 남은 조각 ¶ 事故車じこしゃの~ 사고차의 잔해 ②(전쟁터 등의) 버려진 시체 ¶ ~をさらす 잔해를 버려두다

**さんかいき**【三回忌】【佛】삼주기

**さんかく**【三角】삼각 ①삼각형, 세모꼴 ②【數】「三角法さんかくほう」의 준말 **—関係**かんけい 삼각 관계 **—関数**かんすう【數】삼각 함수 **—巾**きん 삼각건 **—形**けい【數】삼각형 **—定規**じょうぎ 삼각자 **—州**す【地】삼각주 **—測量**そくりょう 삼각 측량 **—法**ほう【數】삼각법

**さんかく**【参画】名 自スル 참획. 계획에 참여함 ¶ 新事業しんじぎょうに~する 신사업에 참획하다

**さんがく**【山岳】(文) 산악 ¶ **—地帯**たい 산악 지대/ **~部**ぶ 산악부

**さんがく**【産額】산액. 생산액, 생산량 ¶ ~は月つき1000キロに達たっする 생산량은 월 1000킬로그램에 달한다

**さんがく**【散楽】雅 ①(고대 중국의) 곡예・마술・익살 등의 대중 예능 ②이 일본으로 건너와 여흥으로 행해진 연예

**ざんがく**【残額】잔액 ¶ ~を払はらい込こむ 잔액을 불입하다

**さんがく きょうどう**【産学協同】산학 협동

**さんがつ**【三月】3월=弥生やよい・花見月はなみづき ¶ ~の節句く 3월 3일의 히나마쓰리

**さんがにち**【三が日・三箇日】(설날부터 정초의) 사흘 동안

**さんが ほうしゅう**【参稼報酬】성과급

**さんか めいちゅう**【三化螟虫】【動】삼화명충

**さんかん**【三韓】【史】삼한 ①마한・변한・진한의 총칭 ②신라・백제・고구려의 총칭

**さんかん**【山間】 산간. 산 속=やまあい ¶ **~僻地**へきち 산간 벽지

**さんかん**【参看】名 他スル 대조하여 봄, 참조=参照さんしょう

**さんかん**【参観】名 他スル 참관 ¶ 授業じゅぎょう~ 수업 참관/ **~日**び 참관일

**さんかん おう**【三冠王】삼관왕

**さんかん しおん**【三寒四温】(氣) 삼한 사온

**ざんかんじょう**【斬奸状】참간장. 간악한 자를 참수(斬首)할 때 그 이유를 적은 문서

**さんき**【山気】(文) 산기. 산속의 차가운 공기 ¶ 冷ひえ冷ひえとした~ 차디찬 산 공기

**さんぎ**【算木】①【數】산가지 ②점대

**さんぎ**【参議】【日史】참의 ①옛날 太政官だいじょうかん 내의 관직=宰相さいしょう ②(明治めいじ 초기에) 太政官に설치한 행정관 **—院**いん【政】참의원. 일본의 상원

**ざんき**【慚愧・慙愧】名 自スル (文) 참괴. 부끄럽게 여김 ¶ ~に堪たえない 부끄럽기 짝이 없다

**ざんぎく**【残菊】(文) 잔국. 늦가을에서 초겨울까지 피어 있는 국화

**さんきゃく**【三脚】삼각 ①(카메라의) 삼각 받침대 ②「三脚椅子さんきゃくいす」의 준말. 삼각 의자

**ざんぎゃく**【残虐】名 形動 잔학

**さんきゅう**【産休】산휴. 출산 휴가

**さんきょ**【山居】名 自スル (文) 산거. 산 속에서 생활함. 산 속의 집

**さんきょう**【山峡】(文) 산협. 산골짜기, 두메

**さんぎょう**【三業】 요릿집・待合まち・권번(券番)의 세 가지 유흥업 ¶ **~組合**くみあい 三業 조합 **—地**ち (요릿집・待合・권번의) 세 가지 유흥

さんぎょう [蚕業] 잠업. 양잠·제사업
さんぎょう [産業] 산업¶ ~構造ぞう 산업 구조/ ~の育成いく 산업의 육성 ―革命かく史 산업 혁명 ―組合くみあい 산업 조합 ―社会しゃ 산업 사회 ―スパイ 산업 스파이 ―廃棄物はいきぶつ 산업 폐기물 ―予備軍よびぐん 산업 예비군
さんぎょう [*鑽仰] 名他スル文 찬앙. 성인의 학문과 덕을 우러러 칭송함＝さんごう
ざんぎょう [残響] 物 잔향. 여음(餘音)
ざんぎょう [残業] 名自スル 잔업. 초과 근무
さんぎょうこうこく [三行広告] 3행 광고
さんきょく [三曲] 세 종류의 악기로 하는 합주
ざんぎり [*散切(り)] ①가지런히 잘라 뒤로 드리운 남자 머리 모양 ②[明治めいじ 초기에] 서양식으로 짧게 자른 머리 모양＝斬髪ざんぱつ
さんきん [参勤·参*覲] 名自スル ①출사하여 군주를 뵘 ②[江戸えど 시대에] 大名だいみょう가 江戸로 나와서 幕府ばくふ에 출사하던 일 ―交代こう史 [江戸 시대에] 大名들을 江戸와 영지에 1년씩 교대로 머물게 했던 제도
さんきん [産金] 文 산금. 금의 산출
ざんきん [残金] ①수입에서 지출을 뺀 나머지 돈¶ ~なし 잔금 없음 ②미지불금¶ ~を払はらう 잔금을 치르다
さんく [惨苦] 文 참고. 참혹한 고통
さんぐう [参宮] 神宮じん 참배, 伊勢いせ神宮 참배
さんぐん [三軍] 삼군 ①육·해·공군의 총칭 ②文 전군(全軍)¶ ~の指揮しきを執とる 삼군의 지휘를 하다 ③대군(大軍)
さんげ [散華] 名自スル 佛 ①산화 ①부처를 공양하기 위해 꽃을 뿌림 ②훌륭하게 전사함
ざんげ [*懺悔] 名他スル 참회 ①죄를 뉘우치고 신불(神佛)에게 고백함 ②죄나 과오를 고백하고 뉘우침¶ ―録ろく 참회록
さんけい [三景] 文 삼경. 대표적인 세 경승지
さんけい [山系] 地 산계
さんけい [参*詣] 名自スル 참예. 참배¶ ~の人波ひとなみで賑にぎわう 참배하는 인파로 북적이다
さんげき [惨劇] 참극
さんけつ [酸欠] 산소 결핍
さんげつ [山月] 文 산월. 산 위에 걸린 달
ざんけつ [残欠·残*闕] 文 잔결. (고문서·유물 등이) 일부가 빠져 불완전함, 그런 물건
ざんげつ [残月] 文 잔월. 새벽달
さんけづ·く [産気付く] 自五(力) 산기가 있다, 진통이 시작되다
さんけん [三権] 삼권 ―分立ぶん政 삼권 분립
さんけん [散見] 名自スル 산견. 여기저기에서 보임
さんげん [三弦·三*絃] ①「三味線しゃみせん」의 딴이름 ②和琴わごん·비파·쟁의 3가지 현악기
ざんげん [*讒言] 名他スル 참언. 참설, 중상
さんげんしょく [三原色] 삼원색
さんこ [三顧] 삼고¶ ~をもって迎むかえる 삼고로 맞이하다
慣用句
―の礼れい 삼고의 예. 삼고 초려

さんご [三五] ①삼오야. 보름밤 ②드문드문함, 삼삼오오 ―夜や 삼오야. 보름밤. 한가위 밤
さんご [*珊瑚] 산호 ―珠じゅ 산호주 ―樹じゅ 산호수 ①나뭇가지 모양의 산호 ②植 아왜나무 ―礁しょう地 산호초 ―虫ちゅう動 산호충
さんご [産後] 산후 ⇔ 産前ぜん¶ ~の肥立ひだちがよい 산후 회복이 좋다
さんごう [三后] 태황태후·황태후·황후의 총칭＝三宮ぐう·三皇后こうごう
さんこう [三更] 삼경. 한밤중＝丙夜へいや
さんこう [三綱] 삼강. 군신·부자·부부의 도리¶ ―五常ごじょう 삼강 오상[오륜]
さんこう [参向] 名自スル文 (윗분의 처소로) 찾아뵘. 뵈러감¶ 勅使ちょくしの~ 칙사의 알현
さんこう [参考] 참고 ―前例ぜんれいを~にする 전례를 참고로 하다 ―書しょ 참고서 ―人にん法 참고인 ―文献ぶん 참고 문헌
さんこう [散光] 物 산광
さんこう [*鑽孔] 名自スル 천공(穿孔), 구멍을 뚫음¶ ―機き 천공기/ ~カード 펀치 카드
さんごう [山号] 산호. 절 이름에 붙이는 칭호
さんごう [*鑽仰] 名他スル文 찬앙＝さんぎょう
ざんこう [残光] 文 잔광. 잔조＝残照ざんしょう
ざんごう [*塹*壕] 軍 참호
さんごうざっし [三号雑誌] 3호 정도 발행하고 폐간되는 잡지
さんごく [三国] 삼국 ①세 나라 ②史 (중국의) 위·촉·오나라 ③佛 고대 인도·중국·일본, 전세계 ④신라·고구려·백제 ―一いち 세계 제일¶ ~の花嫁はなよめ 세계 제일의 신부 ―伝来でんらい 삼국 전래. 인도에서 중국이나 한국을 거쳐 일본에 전해짐¶ ~の秘宝ひほう 삼국 전래의 비보 ―同盟どうめい史 삼국 동맹
ざんこく [残酷] 名ノ 잔혹. 잔학함¶ ~な仕打しうち 잔혹한 처사
さんこつ [山骨] 文 산의 토사가 무너져내려 암석이 드러난 곳, 그런 암석
さんこつ [散骨] 文 산골. 유골을 가루로 빻아 바다·강·산 등에 뿌리는 일
さんこん [三献] [平安へいあん시대 공가(公家)의 정식 주연에서] 술상을 세 번 내어 그 때마다 대·중·소의 잔으로 한 잔씩 마시게 하여 9잔의 술을 권하던 일 ―式しき三献こん
ざんこん [残痕] 文 잔흔. 남은 흔적, (특히) 흉터¶ ~を残のこす 흉터를 남기다
さんさ [三*叉] 名 삼차. 세 갈래 ―神経しんけい医 삼차 신경 ―路ろ 삼거리, 세 갈래 길
さんざ 副 「さんざん」의 준말. 몹시. 실컷. 마음껏¶ ~遊あそんでおいて 실컷 놀다 하고
ざんさ [残*渣] 文 잔사. 찌꺼기＝残のこりかす
さんさい [三才] 文 삼재 ①하늘과 땅과 사람 ②우주 만물 ③(관상학에서) 이마와 코와 턱
さんさい [三彩] 삼채. 3색의 유약을 발라 구운 도자기¶ 唐とう~ 당삼채
さんさい [山妻] 文 (자기 처의 겸사말) 우처＝愚妻ぐさい·荆妻けいさい
さんさい [山菜] 산채. 산나물¶ ―料理りょうり 산채 요리

さんさい [山*寨・山*砦] (文) 산채 ①산에 만든 요새 ②산적의 소굴
さんざい [散在] 名自スル 산재¶ 平地に~する農家 평지에 산재하는 농가
さんざい [散剤] (薬) 산제, 가루약 = こなぐすり
さんざい [散財] 名自スル 산재, 쓸데없이 돈을 많이 씀¶ ~させてすまない 돈을 많이 쓰게 해서 미안하다
ざんさい [残滓] (文) 잔재, 찌꺼기
ざんざい [*斬罪] 참죄, 참수형, 참형 = 打ち首¶ ~に処する 참형에 처하다
さんさがり [三下がり] (楽) (三味線에서) 셋째 현을 본 가락보다 한 음 낮춘 가락
さんさく [散策] 名自スル 산책 = 散歩
さんざし [山査子] (植) 산사나무
ざんさつ [惨殺] 名他スル 참살¶ 凶悪犯に~される 흉악범에게 참살당하다
ざんさつ [*斬殺] 名他スル 참살, 베어 죽임¶ 一刀のもとに~する 단칼에 베어 죽이다
さんざっぱら 副(俗) 실컷, 지독하게¶ ~苦労をかける 지독하게 고생을 시키다 / ~遊んだ 실컷 놀았다
さんざめ・く 自五(口) 왁자하게 떠들다¶ 弦歌巷に三味線과 노랫소리가 왁자하게 떠드는 거리
さんさん [*潸*潸] タル(文) ①(눈물이) 줄줄 = さめざめ¶ ~と流される涙 줄줄 흐르는 눈물 ②(비가) 주룩주룩¶ ~と降る雨 주룩주룩 내리는 비
さんさん [*燦*燦] タル (햇빛이 눈부시게 빛나는) 쨍쨍¶ ~と降り注ぐ陽光 쨍쨍 내리쬐는 햇빛
さんざん [三山] 삼산 ①(유명한) 세 산 ②(중국의) 삼신산(三神山)
さんざん [散散] Ⅰ ナ 지독히 나쁨, 형편없고 비참함¶ 結果は~だった 결과는 형편없었다 / ~な目にあう 호되게 경을 치다 Ⅱ 副 심하게, 실컷, 마음껏, 호되게 = さんざ¶ ~文句を言う 심하게 잔소리하다
さんさんくど [三三九度] (혼례에서) 신랑 신부가 3개의 잔으로 3차례씩 아홉 번 술을 마심
さんさんごご [三三五五] 副 삼삼 오오¶ ~連れ立って行く 삼삼 오오 짝을 지어 가다
さんし [三枝] 삼지, 셋째 가지
慣用句
―の礼 삼지례, 부모를 공경함
さんし [三思] (文) 삼사, 몇 번이고 잘 생각함, 숙고¶ ~して人事にあたる 숙고하여 인사에 임하다
さんし [蚕糸] ①잠사, 생사, 명주실 ②양잠과 제사(製絲) ¶ ~試験場 잠사 시험장
さんし [蚕紙] → さんらんし (蚕卵紙)
さんし [散史・散士] (文) 산사 ①문필에 종사하는 사람 ②문인 등이 아호에 붙여 쓰는 말
さんじ [三次] 3차 ①3차 번째¶ ~会 (술꾼의) 3차 / 第~南極越冬隊 제3차 남극 월동대 ②(数) (식・함수 등의) 차수가 3인 것 ―方程式 (数) 3차 방정식

さんじ [三時] ①세시 ②오후 세시경의 간식 ③(仏) (석가모니 사후의) 정법(正法)・상법(像法)・말법(末法)의 3시대 ④(仏) 하루 세 때, 아침・낮・밤
さんじ [参事] 참사, 어떤 일에 참여함, 그런 직명, 사람 ―官 (政) 참사관
さんじ [蚕児] (文) 누에 = おかいこ
さんじ [惨事] 참사¶ 流血の~ 유혈 참사
さんじ [産児] 산아 ―制限 산아 제한
さんじ [賛辞・讚辞] 찬사¶ ~を呈する 찬사를 바치다
ざんし [残滓] (文) 잔재, 찌꺼기 = ざんさい
ざんし [惨死] 名自スル 참사, 참혹하게 죽음¶ ~を遂げる 참사하다
ざんし [*惨死・*慙死] 名自スル(文) 참사, 부끄러워서 죽음, 부끄러워 죽을 지경임
ざんじ [暫時] (文) 잠시, 잠깐¶ ~休憩する 잠깐 휴식하다
さんしき [算式] (数) 산식, 계산식
さんしきすみれ [三色*菫] (植) 팬지
さんじげん [三次元] 삼차원
さんしすいめい [山紫水明] 산자 수명
さんした [三下] 「三下奴」의 준말, 노름꾼 사회에서 신분이 가장 낮은 사람
さんしちにち [三七日] 삼칠일 ①21일간 ②21일째, (사망 후) 21일째에 올리는 불사(仏事) ③세이레, 생후 21일제의 축하 행사
さんしつ [蚕室] 잠실, 누에치는 방
さんしつ [産室] 산실, 해산하는 방
さんしゃ [三社] ①세 神社 ②삼사, 세 회사
さんしゃ [三舎] 삼사, (옛날 중국에서) 군대의 3일간 행군 거리
慣用句
―を避ける 상대를 겁내어 물러나다
さんしゃ [三者] 삼자, 세 사람(물건)¶ ~会談 삼자 회담 / ~三様 각인 각색
さんしゃく [参酌] 名他スル 참작¶ 事情を~する 사정을 참작하다
さんじゃく [三尺] ①삼척, 석 자 ▷ 약 90cm ②「三尺帯」의 준말, (남성・어린이용의) 석 자짜리 허리띠 ―の秋水 석 자쯤 되는 날이 시퍼렇게 선 칼 ―の童子 ①삼척 동자, 어린아이 ②(比) 무지 몽매한 사람
慣用句
―去って師の影を踏まず (比) 제자는 스승을 공경하여 예의를 지켜야 한다
さんしゅ [三種] 삼종 ①세 종류 ②삼종 우편물 ―の神器 왕위 계승의 상징으로 天皇가 이어받는 3가지 보물
さんしゅ [蚕種] 잠종, 누에씨
さんじゅ [傘寿] 80세, 그 때의 축하 잔치
ざんしゅ [*斬首] 名自スル(文) 참수, 목을 벰, 벤 목¶ ~の刑に処する 참수형에 처하다
さんしゅう [三州・参州] → みかわ (三河)
さんしゅう [参集] 名自スル 참집, 모여듦¶ 全国から~する 전국에서 참집하다
さんしゅう [讚州] → さぬき (讚岐)
さんじゅう [三重] 삼중, 삼층, 세 겹 = みか

さんしゅうき ~の塔 삼층탑/ ~衝突 삼중 충돌 一殺[野] 트리플 플레이 一唱[音] 삼중창 一奏[音] 삼중주
さんしゅうき [三周忌] 삼주기 = 三回忌
さんじゅうさんしょ [三十三所][佛] 관세음보살을 안치한 서른 세 곳의 영지(靈地)
さんじゅうにそう [三十二相] ①[佛] 삼십이상. 부처가 지닌 32가지 뛰어난 육체적 특징 ②여자의 용모・자태의 모든 아름다움¶ ~すべてそろった美女 흠잡을 데 없는 미녀
さんじゅうろっけい [三十六計] 삼십 육계. (중국 옛 병법의) 36종류의 계략
[慣用句]
—逃ぐるに如かず 삼십 육계에 줄행랑이 제일
さんじゅうろっぴょう [三十六俵][相撲] 씨름판
さんしゅつ [産出] 名 他スル 산출¶ 石油を~ 国 석유 산출국
さんしゅつ [算出] 名 他スル 산출¶ 経費を~する 경비를 산출하다
さんじゅつ [算術] 산술 ①[數] 계산 방법, (특히) 초보 수학 ②[敎] 일본 구 소학교의 교과명 ▷지금은 「算数」라고 함 一級数[數] 산술 급수 一平均[數] 산술 평균
さんしゅゆ [山茱黄][植] 산수유
さんしょ [山*椒] → さんしょう(山椒)
さんじょ [*芟除] 名 他スル(文) 삼제 ①(잡초 등을) 베어 없앰 ②(악인・악폐를) 제거함¶ 旧弊を~する 구폐를 삼제하다
さんじょ [産所] 산실 = 産屋
さんじょ [賛助] 名 他スル 찬조¶ ~会員になる 찬조 회원이 되다
ざんしょ [残暑] 잔서. 늦더위¶ ~が厳しい 늦더위가 심하다 一見舞い 입추(立秋)후 더위의 문안 인사, 그런 편지
さんしょう [三唱] 名 他スル 삼창
さんしょう [山*椒][植] 산초, 산초나무 一魚[動] 도롱뇽
[慣用句]
—は小粒でぴりりと辛い 작은 고추가 더 맵다
さんしょう [参照] 名 他スル 참조
さんじょう [三乗] 名 他スル ①[數] 세제곱¶ ~根 세제곱근 ②[佛] 중생을 깨달음으로 인도하는 세 가지 가르침
さんじょう [山上] (文) 산상, 산 위 一の説教[基] 산상 수훈 = 山上の垂訓
さんじょう [参上] 名 自スル (윗사람의 처소에) 찾아뵘, 뵈러감¶ 明日~いたします 내일 찾아뵙겠습니다
さんじょう [*惨状] 참상¶ 大地震直後の~ 대지진 직후의 참상/ ~を呈する 참상을 보이다
ざんしょう [残照](文) 잔조, 저녁놀 = 残光¶ ~に染まる山々 저녁놀에 물든 산들
さんじょうき [三畳紀][地] 삼첩기
さんしょく [三色] 삼색 ①세 빛깔 ②삼원색 一旗 삼색기. 프랑스 국기 一菫 → さんし きすみれ
さんしょく [三食] 삼식. 세 끼 식사¶ ~付きの下宿 세 끼 식사를 제공하는 하숙
さんしょく [山色](文) 산색, 산의 경치[빛깔]
さんしょく [蚕食] 名 他スル 잠식¶ 市場の~ 시장의 잠식
さんしょく [産*褥] 산욕 ①출산 때 산모가 까는 자리 ②[醫] 산욕기 一期[醫] 산욕기 一熱[醫] 산욕열
さん・じる [参じる] 自上一 (文) → さんずる
さん・じる [散じる] 自他上一 (文) → さんずる
さんしん [三振] 名 自スル [野] 삼진
さんしん [参進] 名 自スル (文) (신전・귀인의 앞에) 공손히 나아감 = 参上
さんじん [山人] 산인 ①(속세를 떠나) 산속에서 살아가는 사람 ②[造語] 문인 등이 아호에 붙이는 말¶ 紅葉~ 紅葉 산인
さんじん [山神] 산신, 산신령
さんじん [散人] 산인 ①속세를 떠나 한가로이 사는 사람, 한인 ②무능한 사람 ③[造語] 문인 등이 아호에 붙이는 말¶ 荷風~ 荷風 산인
ざんしん [*斬新] ダ 참신¶ ~な人物 참신한 인물
ざんしん [*讒臣] (文) 참신, 참소를 잘하는 신하
さんしんとう [三親等][法] 삼등친. 삼촌간의 친척 = 三等親
ざんす ①공손함이나 짐짓 우아한 말투로 지정하는 뜻을 나타냄. …ㅂ니다, …입니다 = …でございます¶ そう~ 그렇습니다/ おめでとう~ 경사스럽습니다 ②미연형에 추측의 조동사「う」가 붙은「ざんせう」의 변화형인「ざんしょう」는 말끝을 올려서 쓰면 상대방의 동의를 구하는 말이 됨¶ そうざんしょう? 그렇습죠?
さんすい [山水] 산수 ①산과 강(물), 그 경치 ②석가산(石假山)・연못 등을 꾸민 정원 ③「山水画」의 준말 一画[美] 산수화
さんすい [散水・*撒水] 名 自スル 살수. 물을 뿌림 一車[機] 살수차
さんずい [三水] (한자 부수의) 삼수변
さんすう [算数] 산수 ①[敎] (초등학교의) 초등 수학 ②계산¶ ~に明るい 계산에 밝다
さんすくみ [三*竦み] 삼자가 서로 견제함¶ ~の状態 삼자 견제의 상태
サンスクリット [Sanskrit] 산스크리트, 범어, 고대 인도의 언어 = 梵語
さんすけ [三助] (대중탕에서) 물을 데우거나 손님의 등을 밀어 주던 남자 일꾼, 때밀이
さんずのかわ [三*途の川][佛] 삼도천
さん・する [参する] 自サ変 (文) 참여하다, 관계하다¶ 新事業に~ 신사업에 참여하다
さん・する [産する] (文) I 自サ変 ①태어나다¶ 旧家に~ 유서 깊은 집안에서 태어나다 ②산출되다, 생산되다¶ みかんは温暖な地に~ 귤은 따뜻한 지방에서 생산된다 II 他サ変 ①낳다, 출산하다 ②생산하다, 산출하다, 만들어내다¶ 米を~ 쌀을 산출하다
さん・する [算する] 他サ変 (文) 헤아리다, (어

띤 수량에) 달하다¶ 人出は十万を~した 인파는 10만을 헤아렸다
**さん・する** [賛する・讃する] Ⅰ自サ変 ①힘껏 돕다, 원조하다 ②동의하다, 찬성하다¶ 意見に~ 의견에 동의하다 ③(서화의 여백에) 찬(讚)을 써넣다 Ⅱ他サ変 칭찬하다, 기리다
**さん・ずる** [参ずる] 自サ変(文) ①「行く・来る」의 겸사말. 뵈러 가다, 찾아뵙다¶ 馳せ~ 급히 찾아뵙다 ②참가하다, 참여하다¶ 決起集会に~ 궐기 대회에 참가하다 ③참선하다 ▷ 『参じる』라고도 함
**さん・ずる** [散ずる] Ⅰ自サ変(文) ①흩어지다, 없어지다¶ 聴衆が~ 청중이 흩어져 없어지다 コレクションが~ 수집품이 없어지다 Ⅱ他サ変 ①흩어지게 하다 ②없애다, 탕진하다¶ 家財を~ 가산을 탕진하다 ③(기분을) 풀다¶ 気を~ 기분을 풀다 ▷ 『散じる』라고도 함
**ざん・する** [竄する] 他サ変(文) 유배하다, 귀양 보내다
**ざん・する** [讒する] 他サ変(文) 참언하다, 무고하다, 중상하다¶ 同僚を~ 동료를 중상하다
**さんずん** [三寸] ①세 치 ②(比) 짧은 것¶ 舌先~에 세치 혀, 변설
**さんぜ** [三世] 삼세 ①(佛) 전세・현세・내세. 과거・현재・미래 ②부모・자식・손자의 3대 [慣用句]
―**の縁** 삼세에 걸친 인연. (특히) 주종 관계는 ―**主従**は~ 주종 관계는 삼세에 걸친 인연
**さんせい** [三省] 名他サ変(文) 삼성. 하루에 세 번(여러 번) 자신을 반성함¶ 再思して~する 재사 삼성하다, 여러 번 생각하고 반성하다
**さんせい** [三聖] 삼성. (세계의) 3대 성인
**さんせい** [参政] (文) 참정 ―**権** [法] 참정권
**さんせい** [産生] 名他サ変 (세포가) 단백질 등의 유기물을 합성하는 일
**さんせい** [산제] 산제. 산아 제한
**さんせい** [酸性] [化] 산성¶ ~食品 산성 식품 ―**雨** [気] 산성비 ―**土壌** 산성 토양
**さんせい** [賛成] 名自サ変 찬성 ↔ 反対
**ざんせい** [残生] 余生 잔생. 여생¶ ~を有意義に過ごす 여생을 뜻있게 보내다
**さんせき** [山積] 名自サ変 산적 ①높이 쌓임 ②(일 등이) 많이 밀림¶ 難問が~する 어려운 문제가 산적하다
**ざんせつ** [残雪] (文) 잔설 ①녹다 남은 눈 ②봄이 되어도 남아 있는 눈¶ 山頂の~ 산꼭대기의 잔설
**さんせん** [三遷] → 孟母三遷の教え
**さんせん** [山川] (文) 산천. 산하(山河)¶ ~草木 산천 초목
**さんせん** [参戦] 名自サ変 참전¶ 世界大戦に~する 세계 대전에 참전하다
**さんぜん** [参禅] 名自サ変(佛) 참선
**さんぜん** [産前] 산전. 출산전 ↔ 産後
**さんぜん** [潸然] [ト] (文) 산연. 눈물을 줄줄 흘리며 욺¶ ~とほおを伝う涙 줄줄 뺨을

타고 내리는 눈물
**さんぜん** ["燦然] [ト] 찬연¶ ~と輝くダイヤモンド 찬연히 빛나는 다이아몬드
**ざんぜん** ["嶄然] [ト](文) 참연 ①한층 더 높이 솟음 ②한층 더 뛰어남
[慣用句]
―**頭角を現す** 두드러지게 두각을 나타내다. (어느 집단 중에서) 한층 재능이 뛰어나다
**さんぜん せかい** [三千世界] 삼천 세계 ①(佛) 『三千大千世界』의 준말. 광대 무변한 세계 ②넓은 세계, 이 세상¶ ~に頼る者もなし 이 세상에 의지할 이가 없음
**さんそ** [酸素] [化] 산소¶ ~欠乏 산소 결핍 ―**吸入** [医] 산소 흡입
**ざんそ** ["讒訴] 名他サ変 참소. 참언 = 讒言¶ 主人に~する 주인에 참소하다
**さんそう** [山相] (文) 산상. 산의 형상・기상
**さんそう** [山荘] 산장. 산 속의 별장
**さんそう** [山僧] 산승 ①산사의 중 ②중이 자기를 낮추어 이르는 말. 소승 = 愚僧
**さんぞう** [三蔵] (佛) 삼장 ①세 성전(聖典). 경장・율장・논장의 총칭 ②『三蔵法師』의 준말 ―**法師** [佛] 삼장 법사 ①삼장에 통달한 고승 ②(당나라 법상종의 개조인) 현장(玄奘)
**ざんぞう** [残像] [医] 잔상
**さんぞく** [山賊] 산적¶ ~が出没する 산적이 출몰하다
**さんそん** [山村] 산촌. 산 속 마을 = 山里 ―**水郭** 산촌 수곽. 산 속 마을과 강가의 마을
**さんそん** [散村] 산촌. 인가가 흩어져 있는 마을
**さんそん** [三尊] (佛) 삼존 ①삼존불 = 釈迦~像 석가 삼존상 ②불・법(法)・승 삼보
**ざんそん** [残存] 名自サ変 잔존¶ ~者 잔존자, 생존자 / 根強く~する偏見 뿌리 깊게 잔존하는 편견 ―**種** [生] 잔존종
**サンタ** (Santa) 산타 ①[가] 성녀 ②[가] (성인의 이름 앞에 붙이는 경칭) 성 = 聖 ③『サンタクロース』의 준말 ―**クロース** (Santa Claus) 산타 클로스 ―**マリア** (Santa Maria) 산타 마리아. 성모
**さんだい** [三代] 삼대 ①(부모・자식・손자의) 3세대 ②3대째의 상속인 ③삼대에 걸친 왕조・시대 ―**相恩** 삼대 몽은(蒙恩), 3대가 같은 주군을 섬겨 그 은혜를 입음
**さんだい** [参内] 名自サ変 입궐¶ ~参朝
**さんだい ばなし** [三題噺・三題咄] [芸] 관객이 낸 임의의 3가지 제목을 즉석에서 통일하여 연기하는 落語
**ざんだか** [残高] 잔고. 잔액. 잔금¶ 預金の~ 예금 잔고
**さんだつ** [簒奪] 名他サ変(文) 찬탈. 찬위(簒位)¶ 王位を~する 왕위를 찬탈하다
**さんだゆう** [三〈大夫〉] (文) 귀족・부호의 집에서 가사(家事)・회계를 맡던 남자의 통칭
**さんたろう** [三太郎] (俗) 바보, 멍청이 = ばか¶ 大ばか~ 바보 천치
**さんだわら** [桟俵] (아래위가 터져 있는) 쌀

さんたん【三嘆・三歎】 名 自スル (文) 삼탄. 여러 번(크게) 감탄함 ¶ 一読ニッ~ 일독 삼탄

さんたん【惨憺・惨澹】 [ダル] 참담 ①더없이 비참함, 처참함 ¶ ~たる結果に終わる 참담한 결과로 끝나다 ②노심초사함 ¶ 苦心ッ~ 고심 참담

さんたん【賛嘆・×讃×歎】 名 他スル (文) 찬탄 ¶ 妙技ず゙に~ する 묘기에 찬탄하다

さんだん【散弾】 산탄 ①【×霰弾】 발사하면 많은 탄알이 퍼져 나가게 된 탄환 ②산발적으로 날아오는 탄환 一銃ザ゙ 산탄총

さんだん【算段】 名 他スル ①(수단・방법을) 궁리함 ¶ ~がつく 궁리가 서다 ②(돈・물건을) 변통함 ¶ 資金ザ゙のやりくり~ 자금의 변통

さんだんがまえ【三段構え】 (만일의 경우에 대비한) 삼 단계의 대책(대비)

さんだんとび【三段跳(び)】 【體】 삼단뛰기

さんだんめ【三段目】 【相撲】 씨름꾼 계급의 하나

さんだんろんぽう【三段論法】 【論】 삼단 논법

さんち【山地】 ①산이 많은 땅, 산 속의 땅 ⇔ 平地ヘイ゙ ②산악 지대

さんち【産地】 ①산지, 생산지 ¶ ~直送チョク 산지 직송 ②출생지

サンチ 센티미터 ¶ 二十ニジ゙~砲ホッ (구경) 20센티의 포 ▷ 주로 대포의 구경을 나타낼 때 씀

ざんち【残置】 名 他スル (文) 잔치, 남겨 둠 ¶ 一分隊ブン゙を~ する 1개 분대를 잔치하다

さんちゃく【参着】 名 自スル (文) 도착 ¶ ただいま~いたしました 방금 도착했습니다

さんちゅう【山中】 산중, 산 속 = 山間ザ゙

さんちょう【山頂】 산정, 산꼭대기, 정상

さんちょう【散超】 (정부의) 지출 초과

さんづくり【×彡×旁】 (한자 부수의) 터럭삼방 ▷「形・影」の「彡」 부분

さんづけ【さん付け】 (존경・친근감을 나타내기 위해) 이름에 「さん」을 붙여 부르는 일 ¶ ~で呼ぶ 이름에 「さん」을 붙여 부르다

さんてい【算定】 名 他スル 산정 ¶ 薬価ヤッ゙の~基準ザ゙ 약값의 산정 기준

ざんてい【暫定】 잠정 ¶ ~条約ジョ゙ 잠정 조약 一的テ 잠정적 一予算ザ 【經】 잠정 예산

サンデー (Sunday) 선데이. 일요일 一スクール (Sunday School) 선데이 스쿨. (교회의) 주일 학교

ざんてき【残敵】 잔적. 패잔병

さんてん【山巓】 (文) 산전, 산꼭대기, 산정

さんてん【散点】 名 自スル (文) 산재, 점재 = 散在ザ゙・点在デ¶ ~する人家ジ゙ 산재한 인가

さんと【三都】 삼도. 3대 도시. (특히) 京都キョ゙・東京ドッ゙・大阪ナガ의 세 도시

さんど【酸度】 산도 ①산성도 ②【化】 염기 1분자 속에 포함된 수산기의 수

ざんど【残土】 (토목 공사 등에서 나온) 잔토

サンドイッチ (sandwich) 샌드위치 一マン (sandwich man) 샌드위치 맨

さんとう【三冬】 (文) 삼동. 겨울철 3개월

さんどう【山道】 산도, 산길 = やまみち

さんどう【参堂】 名 自スル 참당 ①(神社ジン゙・절에) 참배함 ②(文) 남의 집을 방문함의 겸사말

さんどう【参道】 (神社ジン゙・절에 참배하기 위해 만든) 참배로 ¶ 表オデ~ 정면의 참배로

さんどう【桟道】 ¶ 잔도. 험한 절벽에 나무로 선반처럼 만든 길 ②잔교. 절벽 사이에 놓은 다리로 된 길 = かけはし

さんどう【産道】 【醫】 산도 ¶ ~感染カン 산도 감염

さんどう【賛同】 名 自スル 찬동. 찬성, 동의

ざんどう【残党】 잔당 ¶ ~狩り 잔당 소탕

さんとうさい【山東菜】 【植】 산동배추

さんどうざい【散瞳剤】 【藥】 산동제

さんとうしん【三等親】 삼등친 = さんしんとう

さんとうせいじ【三頭政治】 【史】 삼두 정치

さんどがさ【三度×笠】 (얼굴을 가릴 정도로) 깊숙한 삿갓

さんとく【三徳】 ①삼덕. 세 가지 덕목 ②세 가지로 쓰는 물건 ¶ ~ナイフ 다용도 칼

さんどびきゃく【三度飛脚】 (江戸エ゙ 시대에) 매월 세 번씩 정기적으로 江戸ド゙와 上方ガミ゙ 사이를 왕래하던 파발꾼

サンドペーパー (sandpaper) 샌드페이퍼. 사포

サントメ (포 São Thomé) 상투메 ①【地】 인도 코로만델 지방의 옛이름 ②「サントメ革・サントメ縞ジマ゙」의 준말 一革ガ 주름지게 무두질한 가죽 一縞ジマ゙ 세로줄 무늬가 있는 면직물

さんどめ【三度目】 세 번째 = 三回目ザッ゙

【慣用句】

—の正直ジギ ①(내기・점괘 등에서) 첫 번째나 두 번째의 결과는 믿을 수 없지만 세 번째는 확실하다 ②첫 번째나 두 번째는 잘 안 되어도 세 번째는 제대로 된다

さんない【山内】 ①산 속, 산중 ②절의 경내

さんにゅう【参入】 名 自スル (文) ①(높은 사람을) 뵈러 감, 찾아뵘 = 参上ジョ゙ ¶ 宮中ゲヴに~する 입궐하다 ②들어감, 참여함 ¶ 大企業キギョ゙が~する 대기업이 참여하다

さんにゅう【算入】 名 他スル 산입. 계산에 넣음 ¶ 予算ザ゙に~する 예산에 산입하다

ざんにゅう【×竄入】 名 自スル (文) 찬입 ①도망쳐 들어감 ②잘못 섞여 들어감 ¶ この写本シャ゙は~が多オオ゙い 이 사본은 잘못 들어간 것이 많다

さんにん【三人】 3인. 세 사람 一三様ヨヴ 세 사람이 각기 다름, 각인 각색 ¶ ~の考カンガ゙え方ガ 각인 각색의 사고 방식

【慣用句】

—寄ヨ゙れば文殊モン゙の知恵ヂ 보통 사람이라도 셋이 모여 생각하면 문수보살 못지 않은 지혜가 나온다

ざんにん【残忍】 名 (ダル) 잔인 ¶ ~な犯行ハン゙ 잔인한 범행 ¶ ~を極キヷめる 잔인하기 짝이 없다

さんにんしょう【三人称】 삼인칭

ざんねん【残年】 (文) ①여생, 여명 ②남은 햇수

ざんねん【残念】 [ダ] ①유감스러움, 아쉬움 ¶ ~ながら伺ガえません 유감스럽지만 찾아뵐 수 없습니다 ②분함, 억울함 ¶ 無念ネッ゙~. 분하고 억울함/ 負マ゙けて~だ 져서 억울하다

さんねんき【三年忌】 3주기 = 三回忌ザッガ

さんのぜん【三の×膳】 【料】 (정식 일본 요리에

서) 本膳(いちの膳)・二の膳 다음에 나오는 요리
さんのつづみ [三の鼓] (아악에서) 오른쪽에 배치되는 타악기 ▷ 왼쪽의 鞨鼓와 대응함
さんのとり [三の酉] 11월의 셋째 유일(酉日), 그 날 서는 장
さんのまる [三の丸] (성의) 二の丸를 에워싼 외성(外城)
さんば [産婆] 산파. 조산사 一役 산파역
さんぱ [散播・撒播] 名他スル 【農】 논밭 전체에 파종함
さんぱい [参拝] 名自スル 참배 = 参詣¶ 平安神宮に～する 평안신궁에 참배하다
さんぱい [酸敗] 名自スル (文) 산패. (음식이) 부패하여 시어짐¶ ～した牛乳 산패한 우유
ざんぱい [惨敗] 名自スル 참패 = さんぱい¶ ～を喫する 참패를 당하다
さんぱい きゅうはい [三拝九拝] 名自スル 삼배구배. 몇번이고 절함¶ ～して頼み込む 거듭거듭 절을 하며 신신 부탁하다
さんばいず [三杯酢] 【料】식초에 간장이나 소금과 설탕이나 맛술을 섞은 조미료
さんばがらす [三羽烏] 삼총사 ①(제자・부하 중에서) 뛰어난 세 사람¶ ～とうたわれる 뛰어난 세 제자[부하]라고 평판이 나다 ②(어떤 분야의) 특출한 세 사람¶ ～の一人 삼총사의 한 사람
さんぱく がん [三白眼] 눈동자가 위로 치우쳐 흰자위가 유난히 드러나 보이는 눈
さんばし [桟橋] 잔교 ①선창 ②【建】(공사장의) 비계
さんばそう [三番叟] 【藝】 ①(能楽의 翁에서) 세 번째로 추는 노인의 춤 ②(歌舞伎 등에서) 처음에 축하 의식으로 추는 춤
さんぱつ [散発] 名自他スル 산발 (일이) 이따금 일어남¶ 事件が～的に起こる 사건이 산발적으로 일어나다 ②(총알 등이) 드문드문 발사함
さんぱつ [散髪] Ⅰ 名自スル 이발¶ ～に行く 이발하러 가다 Ⅱ 名 산발. 흐트러진 머리
ざんぱつ [斬髪] Ⅰ 名自スル → 散切り Ⅱ 名他スル 머리카락을 자름
さんばら がみ [さんばら髪] 흐트러진 머리. 산발한 머리 = ざんばらがみ
サンパン [三板] 삼판선 ①(중국이나 동남아시아의) 연안을 왕래하는 바닥이 평평한 목선 ②큰 배와 육지를 왕래하는 거룻배
ざんぱん [残飯] 잔반. 먹다 남은 밥¶ ～をあさる犬 먹다 남은 밥을 뒤지고 다니는 개
さん はんきかん [三半規管] 【醫】삼반규관. 반고리관
さんび [酸鼻] (文) 산비. 처참함, 비참함¶ ～を極めた事故現場 처참하기 짝이 없는 사고 현장
さんび [賛美・讃美] 名他スル 찬미 一歌 [改新] 찬미가. 찬송가
さんぴ [賛否] 찬부. 찬성 여부, 가부¶ ～両論 찬부 양론 / ～を問う 찬부를 묻다

さんぴつ [三筆] 삼필. 3대 명필
さんびゃく だいげん [三百代言] ①(明治 초기의) 무면허 변호사 ②엉터리 변호사 ③궤변가
さんぴょう [散票] ①산표. (투표에서) 분산된 표¶ ～を防ぐ 산표를 막다 ②(한 후보에게 투표된) 여러 투표소의 소수의 표
さんびょうし [三拍子] ①【音】 삼박자 ②【藝】세 악기로 맞추는 박자 ③세 가지 중요한 조건
【慣用句】
一揃う 삼박자를 갖추다 ①세 가지 좋은 조건을 겸비하다 ②세 가지 나쁜 조건・악습을 구비하다
さん ピン [三一] (口) ①두 개의 주사위가 3과 1로 나옴「三一侍・三一奴」의 준말 一侍 (江戸 시대에) 신분이 낮은 무사를 얕잡아 부른 말 一奴 → 三一侍
さんぴん [産品] 산품. 생산품
ざんぴん [残品] 잔품. 팔다 남은 물품
さんぶ [三部] 삼부 ①세 부분, 세 부문¶ 全体を～に分ける 전체를 삼부로 나누다 ②세 권 一合唱 【音】 삼부 합창 一作 【藝】 삼부작
さんぷ [参府] 名自スル (江戸 시대에) 参勤交代때로, 大名가 江戸로 나와 幕府에 근무하던 일
さんぷ [産婦] 산부¶ 妊～ 임산부
さんぷ [散布・撒布] 名他スル 산포, 살포¶ 除草剤を空中から～する 제초제를 공중 살포하다
ざんぶ [残部] 잔부 ①남은 부분 ②(출판물 등의) 잔품, 팔다 남은 부수¶ ～なし 잔부 없음
さんぶぎょう [三奉行] 【日史】(江戸幕府의) 寺社・町・勘定의 세 奉行
さんぷく [三伏] 삼복¶ ～の候 삼복지절
さんぷく [山腹] 산복. 산허리, 산중턱
さんぷくつい [三幅対] ①세 폭이 한 벌로 된 족자 ②세 개가 한 벌로 된 것
さんふじんか [産婦人科] 산부인과
さんぶつ [産物] 산물 ①그 고장에서 나는 물건 ②소산, 성과¶ 時代の～ 시대의 산물 / 努力の～ 노력의 소산
ざんぶつ [残物] 잔물. 남은 것, 나머지
サンプリング (sampling) 名他スル【統】 샘플링. 표본 추출¶ ランダム～ 랜덤 샘플링, 임의 추출 一台帳 모집단에서 조사 대상을 표본 추출하여 망라한 리스트
さんぶん [散文] [文] 산문¶ ～と詩 시와 산문 一詩 [文] 산문시 一的 (ダ) ¶ ～な説明 산문적인 설명
さんぺい [散兵] 【軍】산병. 적당한 간격으로 병사를 배치함, 그 병사 一線 【軍】산병선
さんぺい じる [三平汁] 절인 연어・청어 토막과 채소를 넣고 끓여 소금으로 간한 국
さんべつ [産別] 산별 ①산업별 ②전 일본 산업별 노동 조합 회의
ざんぺん [残片] 잔편. 남은 조각
さんぽ [散歩] 名自スル 산보, 산책 = 散策
さんぽう [三方] ①삼방. 세 방면(방향) ②(신불・귀인 앞에) 공물을 받쳐 올리는 소반 一

**さんぽう** [桐ぎり] (장롱 등의) 앞과 양 옆에 오동나무를 씀, 그런 물건 **―金ぱく**[版] 책의 상하·옆의 도련친 부분에 금박을 칠한 것

**さんぽう** [三宝] [仏] 삼보 ①불·법(法)·승(僧) ②부처 **―柑**[植] 三宝柑みかん 밀감=さんぽうかん **―荒神こうじん**[仏] 불·법·승의 수호신

**さんぼう** [山房] 산방 ①산장 ②(문인의 아호 등에 붙여) ¶ 漱石そうせき― 漱石 산방

**さんぼう** [参謀] 참모 ①[軍] 지휘관을 보좌하는 장교 ¶作戦さくせん― 작전 참모 ②계획을 수립·지도하는 사람 ¶選挙せんきょ― 선거 참모 **―本部ほんぶ** 참모 본부

**さんぽう** [山砲] [軍] 산포, 산악 전용 화포

**さんぽう** [算法] ①「数学すうがく」의 옛 일컬음= 算術じゅつ ②산법, 계산 방법

**ざんぼう** [*讒*謗] [名他スル] [文] 참방, 비방, 중상 ¶ 罵詈ばり― 매리 참방, 욕하고 헐뜯음

**さんぼんじろ** [三盆白] 고급 백설탕

**さんま** [〈秋刀魚〉] [動] 꽁치

**さんまい** [三枚] 3매, 석 장 **―下おろし**[料] 생선의 머리를 자르고 등뼈를 따라 뼈와 두 각의 살로 뜨는 방법 **―目め**[歌舞伎かぶき 등에서) 익살스러운 역, 그런 역의 배우 ¶익살꾼

**さんまい** [三昧] 삼매 ①[仏] 잡념을 버리고 정신을 집중함, 그런 심경 ②[造語] (어떤 것에) 열중함, 골몰함 ¶ 読書どくしょ― 독서 삼매 ③[造語] 마음껏 함 ¶ ぜいたく― 마음껏 사치함 **―境きょう** 삼매경, 무아지경

**さんまい** [産米] 산미, 생산된 쌀

**さんまい** [散米] (제사 드릴 때 부정을 없애기 위해) 신전(神前)에 뿌리는 씻은 쌀

**さんまくどう** [三*悪道*] [仏] → さんあくどう

**さんまん** [散漫] ¶ 산만 **―な話はな** 산만한 이야기/ 注意ちゅうい―になる 주의가 산만해지다

**さんみ** [三位] ①삼품, 「正三位しょうさんみ」와「従三位じゅさんみ」, 그 품계를 받은 사람 ②[基] 삼위 **―一体いったい**

**さんみ** [酸味] 산미, 신맛 ¶ ～の強つよいみかん 신맛이 강한 귤

**さんみゃく** [山脈] [地] 산맥

**さんみんしゅぎ** [三民主義] [政] 삼민주의

**ざんむ** [残務] 잔무, 남아 있는 일 ¶ ～整理せいり 잔무 정리

**ざんむ** [残夢] [文] 잔몽, 깬 뒤에도 의식에 남은 꿈 ¶ ～の余韻いん 잔몽의 여운

**さんめん** [三面] 삼면 ①세면, 세 방면 ¶ ～から包囲ほういする 삼면에서 포위하다 ②세 얼굴 ③(신문의) 제3면, 사회면 **―記事きじ** 삼면 기사, (신문의) 사회면 기사 **―鏡きょう** 삼면경 **―六臂ろっぴ** 삼면 육비 ①세 개의 얼굴과 여섯 개의 팔을 가진 불상 ②혼자서 여러 사람 몫을 함 ¶ ～の大活躍かつやく 삼면 육비의 대활약

**さんもうさく** [三毛作] [農] 삼모작

**さんもん** [三文] 삼문 ①서푼, 아주 싼 값, 헐값 ¶ 二束にそく― で売うり飛とばす 헐값으로 팔아 치우다 ②[造語] 무가치함, 싸구려 ¶ ～小説しょう― 싸구려 소설 **―判ばん** 싸구려 도장 **―文士ぶんし** 삼문 문사, 변변찮은 소설가

**さんもん** [三門] 삼문 ①[建] 중앙의 큰 문과 좌우의 작은 문이 한 조로 된 문 ②[仏] 절의 정문

**さんもん** [山門] ①산문, 절의 정문= 三門さんもん ②절 ③比叡山ひえいざん 延暦寺えんりゃくじ의 딴이름

**さんや** [山野] 산야, 산과 들판= のやま ¶ ～を駆かける 산야를 달리다

**さんやく** [三役] 삼역 ①[相撲] 大関おおぜき·関脇せきわけ·小結こむすび의 총칭 ▷ 지금은 横綱よこづな도 포함함 ②(회사·단체 등의) 중요한 세 간부(직) ¶ ―党とう― 당 3역

**さんやく** [散薬] 산약, 가루약= 粉薬こなぐすり

**さんよ** [参与] [名] Ⅰ [名自スル] 참여 ¶ 国政こくせいに～する 국정에 참여하다 Ⅱ [名] 학식·경륜이 있는 자를 행정 사무 등에 참여하게 하기 위한 직위, 고문 ¶ 内閣ないかく― 내각 고문

**ざんよ** [残余] [文] 잔여, 나머지= 余より·残のこり

**さんよう** [山容] [文] 산용, 산 모양, 산세 ¶ ～水態すいたい 산용 수태

**さんよう** [山陽] ①산양, 산의 남쪽 ②일본 中国ちゅうごく 지방 중 瀬戸せと 내해에 면한 지역 ③「山陽道さんようどう」의 준말 **―道どう** [史] (律令制りつりょうせい의 지방 행정 구역인) 七道しちどう의 하나, 지금의 山陽さんよう 지방

**さんよう** [算用] [名他スル] (수량의) 계산, 셈 ¶ 胸むね― 속셈 ¶ ～が合あわない 셈이 맞지 않다 **―数字すうじ** 산용 숫자, 아라비아 숫자

**さんようちゅう** [三葉虫] [地] 삼엽충

**さんらく** [惨落] [名自スル] [経] 참락, 시세 폭락

**さんらん** [産卵] [名自スル] 산란 **―期き** 산란기

**さんらん** [散乱] [名自スル] 산란 ①어지럽게 흩어짐 ¶ ガラスの破片はへんが～する 유리 파편이 어지럽게 흩어지다 ②[物] 파동·입자선 등이 불규칙하게 흩어지는 현상

**さんらん** [*燦爛*] [ル] [文] 찬란, 눈부시게 빛남 ¶ ～と輝かがやく 찬란하게 빛나다

**さんらんし** [蚕卵紙] 잠란지= 種紙たねがみ·蚕紙さんし

**さんり** [三里] ①30리 =こり (뜸자리의) 삼리혈 ¶ ～に灸きゅうをすえる 삼리혈에 뜸을 뜨다

**さんりく** [三陸] 옛날 일본 陸奥むつ·陸中ちゅう·陸前ぜん의 세 지방의 총칭

**さんりつ** [*簒*立] [名自スル] [文] 찬립, 가신이 주군의 자리를 빼앗아 그 자리에 오름

**さんりゃく** [三略] 삼략 ①중국의 옛 병법서 ¶ 六韜りくとう― 육도 삼략 ②계획·고안의 바탕이 되는 책 ¶ 虎とらの巻まき

**さんりゅう** [三流] [名] 삼류, 가장 낮은 등급 ¶ ～のホテル 삼류 호텔 ②세 유파(流派)

**ざんりゅう** [残留] [名自スル] 잔류 ¶ ～物ぶつ 잔류물/ 現地げんちに～する 현지에 잔류하다 **―磁気きじ**[物] 잔류 자기

**さんりょう** [三*稜*] 삼릉, 모가 셋임, 삼각 **―鏡きょう** 삼릉경= プリズム

**さんりょう** [山陵] [文] ①산과 언덕 ②天皇てんのう·皇后こうごう의 무덤, 능= みささぎ

**さんりょう** [山稜] 산릉, 산등성이= 尾根おね

**さんりん** [山林] 산림 ①산과 숲 ②산 속의 숲

**さんりんしゃ** [三輪車] ①삼륜차 ②세발 자전거

**さんるい** [三塁] ①[野] 삼루 ②「三塁手さんるいしゅ」

의 준말 **一手**[レ]〖野〗삼루수 **一打**[レ]〖野〗삼루타
**ざんるい**【残塁】잔루 **I**〖名〗남아 있는 보루 **II**〖名〗〖自スル〗〖野〗(공수가 교대될 때) 주자가 베이스에 남아 있음¶ 〜二塁ﾙｲ, 잔루 2루
**さんれい**【山霊】산령. 산신. 산신령
**さんれい**【山*嶺】산령. 산봉우리
**さんれつ**【参列】〖名〗〖自スル〗참렬. 참석. 열석¶ 結婚式ｼｷに〜する 결혼식에 참석하다
**さんれつ**【惨烈】〖名〗〖ﾅ〗〖文〗참렬. 아주 끔찍함 [처참함]¶ 〜を極ｷﾜめる 처참하기 그지없다
**さんろう**【参*籠】〖名〗〖自スル〗神社ｼﾞｬ・절 등에 일정 기간 머물며 기도함 = おこもり
**さんろく**【山*麓】산록. 산기슭 = 山ﾔﾏすそ¶ 〜の村ﾑﾗ 산기슭의 마을
**さんわおん**【三和音】〖音〗삼화음

# し シ

**し** 五十音図ｺﾞｼﾞｭｳｵﾝｽﾞ「さ」행(行)의 둘째 かな. ひらがな「し」는「之」의 초서체, かたかな「シ」는「之」의 초서체의 변형에서 따온 것
**し**【士】〖音〗シ|(음)사. **I**〖造語〗①훌륭한 남자¶ 義士ｷﾞ 의사·紳士ｼﾝ 신사 ②무사¶ 士族ｿﾞｸ 사족·武士ﾌﾞ 무사 ③군인. 장교¶ 士官ｶﾝ 사관·兵士ﾍｲ 병사 ④관직에 있는 사람¶ 進士ｼﾝ 진사·大夫ﾀｲﾌ 사대부 ⑤일정한 자격을 가진 사람¶ 修士ｼｭｳ 석사·弁護士ﾍﾞﾝｺﾞ 변호사 **II** 선비¶ 好学ｺｳｶﾞｸの〜 호학의 선비
**し**【子】〖音〗シ・ス 〖訓〗こ|(음)자. **I**〖造語〗①자녀, 자식¶ 子女ｼﾞｮ 자녀·王子ｵｳ 왕자·長子ﾁｮｳ 장자·남자에 대한 경칭¶ 君子ｸﾝ 군자·夫子ﾌｳ 부자 ③학문·인격이 출중한 사람¶ 孔子ｺｳ 공자·諸子百家ｼﾞｮｼﾋｬｯｶ 제자 백가 ④사람¶ 才子ｻｲ 재사·女子ｼﾞｮ 여자 ⑤작위의 하나¶ 子爵ｼｬｸ 자작 ⑥십이지의 첫째¶ 甲子ｶｯ・ｺｳ 갑자 ⑦작은 것¶ 原子ｹﾞﾝ 원자·電子ﾃﾞﾝ 전자 ⑧물건 이름에 붙이는 말¶ 障子ｼﾞｮｳ 장지·冊子ｻｯ 책자·椅子ｲ 의자 ⑨친한 동료의 높임말¶ 諸子ｼｮ 제자 〖熟字訓〗子規ﾎﾄﾄｷﾞｽ 두견·帷子ｶﾀﾋﾞﾗ 홑옷·硝子ｶﾞﾗｽ 유리·茄子ﾅｽ 가지·囃子ﾊﾔｼ 일본 예능의 반주 음악·黒子ﾎﾞｸﾛ 사마귀, 점·案山子ｶｶｼ 허수아비 **II**〖名〗①남자(子爵) ②공자(孔子) ▷ のたまわく 공자 가라사대 **III**〖代〗〖文〗친한 동료에 대한 높임말. 군, 귀공, 형¶ 諸ｼｮ〜 제군
**し**【*巳】〖音〗シ 〖訓〗み|(음)사. 〖造語〗십이지의 여섯째, 사¶ 上巳ｼﾞｮｳ 상사, 삼짇날
**し**【*之】〖音〗シ 〖訓〗これ・の・ゆく|(음)지. 〖造語〗①이르다. 가다 ②사람·사물을 가리키는 어조사. 이의, 이것 ▷ 훈독으로「これ・の」로

읽음 ③주격이나 수식 관계를 나타내는 어조사 ▷ 훈독으로「の」로 읽음
**し**【支】〖音〗シ 〖訓〗ささえる・つかえる|(음)지. 〖造語〗①지탱하다. 떠받치다¶ 支援ｴﾝ 지원·支柱ﾁｭｳ 지주 ②따로 떨어지다. 갈라지다¶ 支離滅裂ﾘﾒﾂﾚﾂ 지리멸렬 ③가지처럼 갈라진 것¶ 支線ｾﾝ 지선·気管支ｷｶﾝ 기관지 ④나누어 주다¶ 支給ｷｭｳ 지급·支出ｼｭｯ 지출 ⑤지장이 있다¶ 支障ｼｮｳ 지장 ⑥간지의 지¶ 干支ｶﾝ 간지·十二支ｼﾞｭｳﾆ 십이지 ⑦「支那ｼﾅ의 준말¶ 日支ﾆｯ 일본과 중국·北支ﾎｸ 중국 북부 ▷ 〖熟字訓〗干支ｴﾄ 간지
**し**【止】〖音〗シ 〖訓〗とまる・とめる・とどまる・とどめる・やむ・やめる・よす|(음)지. 〖造語〗①머무르다. 止宿ｼｭｸ 유숙·静止ｾｲ 정지 ②(진행을) 중지하다. 금지하다¶ 止血ｹﾂ 지혈·禁止ｷﾝ 금지 ③몸놀림. 거동¶ 挙止ｷｮ 거지
**し**【氏】〖音〗シ 〖訓〗うじ|(음)씨. **I**〖造語〗①가계를 나타내는 말¶ 氏族ｿﾞｸ 씨족·氏名ﾒｲ 씨명 ②씨족 이름에 붙이는 말¶ 源氏ｹﾞﾝ 源氏 씨 ③성에 붙여 경의를 표하는 말¶ 鈴木氏ｽｽﾞｷ 鈴木씨 ④사람을 나타내는 말¶ 某氏ﾎﾞｳ 모씨 **II** 어떤 사람(특히 남자)를 가리키는 말. 그이, 그분¶ 〜の功績ｺｳｾｷ 그분의 공적
**し**【仕】〖音〗シ・ジ 〖訓〗つかえる・つかまつる|(음)사. 〖造語〗①벼슬하다. 윗사람을 섬기다¶ 仕官ｶﾝ 사관·出仕ｼｭｯ 출사·奉仕ﾎｳ 봉사 ②동사「す」의 連用形「し」에 대응시켜 씀¶ 仕方ｶﾀ 방식·仕事ｺﾞﾄ 일
**し**【*仔】〖音〗シ 〖訓〗こ|(음)자. 〖造語〗①(동물의) 새끼¶ 仔魚ｷﾞｮ 물고기의 새끼 ②작다. 자세하다¶ 仔細ｻｲ 자세 ▷「子」가 대용자
**し**【司】〖音〗シ・ス 〖訓〗つかさ・つかさどる|(음)사. 〖造語〗①(공무)를 맡다. 주관하다¶ 司会ｶｲ 사회·司法ﾎｳ 사법 ②담당자, 주관자¶ 司祭ｻｲ 사제·司書ｼｮ 사서
**し**【史】〖音〗シ 〖訓〗ふみ・ふびと|(음)사. 〖造語〗①역사¶ 史学ｶﾞｸ 사학·歴史ﾚｷ 역사 ②사관¶ 侍史ｼﾞ 시사·女史ｼﾞｮ 여사
**し**【*只】〖音〗シ 〖訓〗ただ|(음)지. 〖造語〗다만, 그것뿐¶ 只管ｶﾝ 오직, 오로지 ▷ 〖熟字訓〗只管ﾋﾀｽﾗ 오로지
**し**【四】〖音〗シ 〖訓〗よ・よつ・よっつ・よん|(음)사. **I**〖造語〗①사, 넷¶ 四角ｶｸ 사각·四捨五入ｼｬｺﾞﾆｭｳ 사사오입 ②사방, 여러 곳¶ 四海ｶｲ 사해·四面楚歌ﾒﾝｿｶ 사면 초가 ▷ ⓔ은「肆」가 갖은자 **II** 사. 넷
**し**【市】〖音〗シ 〖訓〗いち|(음)시. **I**〖造語〗①시장, 저자, 장¶ 市価ｶ 시가·市場ｼﾞｮｳ・ﾊﾞ 시장 ②인가가 많은 거리¶ 市街ｶﾞｲ 시가·都市ﾄ 도시 ③지방 공공 단체의 하나¶ 市民ﾐﾝ 시민 **II** 지방 공공 단체의 하나. 시¶ 〜の中心ﾁｭｳｼﾝ 시의 중심
**し**【此】〖音〗シ 〖訓〗これ・この|(음)차. 〖造語〗이에, 여기에¶ 此岸ｶﾞﾝ 차안·彼此ﾋ 피차
**し**【矢】〖音〗シ 〖訓〗や|(음)시. 〖造語〗화살¶ 一矢ｲｯ 일시·弓失ｷｭｳ 궁시·嚆矢ｺｳ 효시
**し**【*弛】〖音〗シ 〖訓〗ゆるむ|(음)이. 〖造語〗늦추다,

풀리다, 풀다¶ 弛緩ᠷᠥ 이완

し【旨】 ⓐシ ⓚむね·うまい|(음)지. (造語) ①뜻, 생각, 취지¶ 主旨ᠷᠥ 주지·趣旨ᠷᠥ 취지 ②맛이 좋다¶ 旨酒ᠷᠥ 맛 좋은 술

し【死】 ⓐシ ⓚしぬ|(음)사. I (造語) ①죽다¶ 死刑ᠷᠥ 사형·生死ᠷᠥ 생사 ②목숨을 걺, 필사적임¶ 死守ᠷᠥ 사수·必死ᠷᠥ 필사 ③활기가 없다, 도움이 안 되다¶ 死語ᠷᠥ 사어·死火山ᠷᠥ 사화산 ③목숨이 걸린 위험¶ 死線ᠷᠥ 사선·死地ᠷᠥ 사지 ⑤[野] 아웃, 데드볼¶ 二死満塁ᠷᠥ 2사 만루 II 죽음, 사망¶ ～の恐怖ᠷᠥ 죽음의 공포

し【糸】【絲】 ⓐシ ⓚいと|(음)사. (造語) ①실¶ 製糸ᠷᠥ 제사·綿糸ᠷᠥ 면사 ②실처럼 가는 것¶ 菌糸ᠷᠥ 균사 ③수의 단위, 1의 만분의 1¶ 糸毫ᠷᠥ 사호 ④(거문고 등의) 현악기¶ 糸竹ᠷᠥ 사죽, 관현 ▷ 본디「糸」는「絲」와는 다른 글자였음 熟字訓 糸葱ᠷᠥ 산파·糸瓜ᠷᠥ 수세미외·天蚕糸ᠷᠥ 천잠사, 야잠사

し【至】 ⓐシ ⓚいたる|(음)지. (造語) ①이르다, 도달하다¶ 乃至ᠷᠥ 내지·必至ᠷᠥ 필지 ②최후에 도달한 상태, 더할 나위 없이¶ 至極ᠷᠥ 지극·至当ᠷᠥ 지당 ③태양이 극점에 이른 날¶ 夏至ᠷᠥ 하지·冬至ᠷᠥ 동지

し【伺】 ⓐシ ⓚうかがう|(음)사. (造語) 엿보다, 살피다, 찾아뵙다, 방문하다¶ 伺隙ᠷᠥ 사극·伺候ᠷᠥ 사후

し【志】 ⓐシ ⓚこころざす·こころざし|(음)지. (造語) ①뜻하다, 성의·감사의 마음, 의지¶ 志操ᠷᠥ 지조·意志ᠷᠥ 의지·闘志ᠷᠥ 투지 ②기록, 기록하다¶ 地志ᠷᠥ 지지·三国志ᠷᠥ 삼국지 ▷ ②는「誌」와 같음

し【私】 ⓐシ ⓚわたくし·ひそかに|(음)사. (造語) ①개인적인 일¶ 私学ᠷᠥ 사학·私有ᠷᠥ 사유 ②자기 이익만 생각함, 제멋대로 굴기¶ 私心ᠷᠥ 사심·私利私欲ᠷᠥ 사리사욕 ③남몰래¶ 私生児ᠷᠥ 사생아 ④자기, 자신

し【芝】 ⓐシ ⓚしば|(음)지. (造語) 영지 버섯¶ 霊芝ᠷᠥ 영지 ▷ 주로 훈「しば」로 쓰임

し【使】 ⓐシ ⓚつかう|(음)사. (造語) ①쓰다, 사용하다, 부리다¶ 使用ᠷᠥ 사용·酷使ᠷᠥ 혹사 ②심부름, 사자¶ 使命ᠷᠥ 사명·特使ᠷᠥ 특사 ③사역의 어조사 ▷ 훈독으로는「しむ」로 읽음

し【刺】 ⓐシ ⓚさす·ささる|(음)자, 척, 라. I (造語) ①찌르다¶ 刺客ᠷᠥ·ᠷᠥ 자객·刺繍ᠷᠥ 자수 ②약점을 찌르다, 비방하다¶ 風刺ᠷᠥ 풍자 ③가시, 바늘¶ 有刺鉄線ᠷᠥ 가시철사 ④이름표, 명찰¶ 名刺ᠷᠥ 명함 ▷ 熟字訓 刺青ᠷᠥ 문신 II 명함 慣用句

—を通ずる 명함을 내놓고 면회를 청하다

し【始】 ⓐシ ⓚはじめる·はじまる|(음)시. (造語) ①시작하다, 개시하다, 시작되다¶ 始業ᠷᠥ 시업·開始ᠷᠥ 개시 ②처음, 시작¶ 始初ᠷᠥ 시초·始祖ᠷᠥ 시조·原始ᠷᠥ 원시

し【姉】 ⓐシ ⓚあね|(음)자. (造語) ①손윗누이, 언니¶ 姉妹ᠷᠥ 자매·令姉ᠷᠥ 영자 ②연상의 여성에 대한 경칭¶ 諸姉ᠷᠥ 숙녀 여러분·大姉ᠷᠥ 여성 불교 신자에 대한 높임말

し【枝】 ⓐシ ⓚえだ|(음)지. (造語) ①가지¶ 枝葉ᠷᠥ 지엽·枝幹ᠷᠥ 지간 ②갈래, 분기¶ 枝流ᠷᠥ 지류·金枝玉葉ᠷᠥ 금지옥엽 ③(助數) 가늘고 긴 것을 세는 말¶ 一枝ᠷᠥ 일지·長刀一枝ᠷᠥ 장도 한 자루

し【祀】 ⓐシ ⓚまつる|(음)사. (造語) 신·신주를 어떤 곳에 모시다¶ 祭祀ᠷᠥ 제사

し【祉】 ⓐシ |(음)지. (造語) (신·하늘이 내리는) 은혜, 행복¶ 福祉ᠷᠥ 복지

し【肢】 ⓐシ |(음)지. (造語) ①팔다리, 수족¶ 肢体ᠷᠥ 지체·四肢ᠷᠥ 사지·前肢ᠷᠥ 전지 ②본체에서 갈라져 나간 것¶ 選択肢ᠷᠥ 선택지

し【姿】 ⓐシ ⓚすがた|(음)자. (造語) 모습, 겉모습, 사물의 형태¶ 姿勢ᠷᠥ 자세·姿態ᠷᠥ 자태·勇姿ᠷᠥ 용자

し【屍】 ⓐシ ⓚかばね·しかばね|(음)시. (造語) 시체, 사체, 송장¶ 屍体ᠷᠥ 시체·検屍ᠷᠥ 검시·死屍ᠷᠥ 사시, 시체

し【思】 ⓐシ ⓚおもう·おぼす|(음)사. (造語) ①생각하다, 생각¶ 思考ᠷᠥ 사고·所思ᠷᠥ 소사 ②사모하다¶ 思慕ᠷᠥ 사모·相思ᠷᠥ 상사

し【指】 ⓐシ ⓚゆび·さす|(음)지. (造語) ①손가락, 발가락¶ 指圧ᠷᠥ 지압·母指ᠷᠥ 엄지 ②지시하다¶ 指揮ᠷᠥ 지휘·指示ᠷᠥ 지시

し【施】 ⓐシ·セ ⓚほどこす·しく|(음)시. (造語) ①(「セ」로 읽어서) 베풀다, 보시하다¶ 施主ᠷᠥ 시주·布施ᠷᠥ 보시 ②널리 펴다, 행하다, 시설하다¶ 施工ᠷᠥ 시공·施行ᠷᠥ 시행·実施ᠷᠥ 실시

し【柿】 ⓐシ ⓚかき|(음)시. (造語) 감¶ 熟柿ᠷᠥ 숙시 ▷ 주로 훈「かき」로 쓰임

し【師】 ⓐシ ⓚ|(음)사. I (造語) ①스승, 선생¶ 師弟ᠷᠥ 사제·教師ᠷᠥ 교사 ②기예에 뛰어난 사람, 전문 기술자¶ 医師ᠷᠥ 의사·薬剤師ᠷᠥ 약제사·指物師ᠷᠥ 소목장이 ③전쟁, 군대¶ 師団ᠷᠥ 사단·出師ᠷᠥ 출사 ④사람이 많이 모이는 곳¶ 京師ᠷᠥ 경사 II 스승, 선생¶ 彼ᠷᠥ を～と仰ぐ 그를 스승으로 우러르다

し【恣】 ⓐシ |(음)자. (造語) 방자함, 멋대로 행동하다¶ 恣意ᠷᠥ 자의·放恣ᠷᠥ 방자

し【疵】 ⓐシ ⓚきず|(음)자. (造語) 흠, 결점¶ 瑕疵ᠷᠥ 하자

し【紙】 ⓐシ ⓚかみ|(음)지. (造語) ①종이, 글씨가 쓰여진 종이¶ 紙質ᠷᠥ 지질·紙幣ᠷᠥ 지폐 ②「新聞紙ᠷᠥ」의 준말¶ 紙面ᠷᠥ 지면·地方紙ᠷᠥ 지방지 熟字訓 紙縒ᠷᠥ 지노·紙魚ᠷᠥ 반대좀·紙鳶ᠷᠥ 연

し【脂】 ⓐシ ⓚあぶら|(음)지. (造語) ①동물성 기름¶ 脂肪ᠷᠥ 지방·皮脂ᠷᠥ 피지 ②식물의 진¶ 樹脂ᠷᠥ 수지 ③연지, 화장품¶ 脂粉ᠷᠥ 지분·臙脂ᠷᠥ 연지 熟字訓 雲脂ᠷᠥ 비듬

し【偲】 ⓐシ ⓚしのぶ|(음)시. (造語) ①서로 격려하는 모양¶ 偲偲ᠷᠥ 시시 ②그리다, 그리워하다, 사모하다

し【梓】 ⓐシ ⓚあずさ|(음)자, 재. I (造語) ①가래나무¶ 梓宮ᠷᠥ 재궁, 임금의 관·梓人

じん 자인, 목수 ②판목, 인쇄, 출판¶上梓じょう 상재 Ⅱ ①가래나무 ②판목, 인쇄, 출판
**慣用句**
**—に上す** 상재하다, (서적을) 출판하다

し [紫] 音シ 訓むらさき|(음)자. (造語) 보랏빛, 자색¶ 紫雲しうん 자운・紫煙しえん 자연・紫外線しがい 자외선 ▷ 熟語訓 紫陽花あじさい 자양화・紫雲英げんげ 자운영

し [視] [視] 音シ 訓みる|(음)시. (造語) ①살펴보다, 보다¶ 視覚かく 시각・視察さつ 시찰・透視とう 투시 ②…로 생각하다, 간주하다¶ 軽視けい 경시・疑問視もん 의문시 ③시력¶ 遠視えん 원시・弱視じゃく 약시

し [*斯] 音シ 訓この・これ・かく|(造語) ①이것, 이¶ 斯界かい 사계・斯学がく 사학 ②외국어・범어의「シ・ス」의 차음자¶ 瓦斯ガス 가스 ▷ ①은「此」와 같음

し [*覗] 音のぞく・うかがう|(음)사. (造語) 엿보다, 들여다보다

し [詞] 音シ 訓ことば|(음)사. Ⅰ(造語) 말, 언어, 문장¶ 作詞さく 작사・祝詞しゅく 축사・弔詞ちょう 조사「辞」와 같음 Ⅱ (시) (중국의) 운문 이름¶ 宋そう・송사 ②[文法] (일본어 문법에서) 단독으로 문절을 구성하는 단어

し [歯] [齒] 音シ 訓は・よわい|(음)치. (造語) ①이¶ 歯科か 치과・義歯ぎ 의치 ②맞물다, 서로 생긴 것¶ 鋸歯きょ 거치, 톱니 ③나이, 연령¶ 歯次じ 치차・年歯ねん 연치

し [嗣] 音シ 訓つぐ|(음)사. (造語) 뒤(代)를 잇다, 계승하다¶ 嗣子し 사자・後嗣こう 후사

し [*嗜] 音シ 訓このむ・たしなむ 좋아하다, 즐기다, 취미¶ 嗜虐ぎゃく 기학・嗜好こう 기호

し [詩] 音シ|(음)시. Ⅰ(造語) ①노래, 시¶ 詩集しゅう 시집・詩人じん 시인・散文詩さんぶん 산문시 ②한시¶ 詩作さく 시작・漢詩かん 한시 ③시경¶ 詩書しょ 시서 Ⅱ ①[文] ~を朗読どくする 시를 낭독하다 ②[文] 한시 ③시경
**慣用句**
**—を作るより田を作れ** 문학에 열중하기보다는 실생활에 도움이 되는 일을 해라

し [試] 音シ 訓こころみる・ためす|(음)시. (造語) ①시험하다, 시도하다¶ 試食しょく 시식・試験けん 시험 ②「試験けん」의 준말¶ 追試つい 추시・入試にゅう 입시

し [資] [資] 音シ|(음)자. Ⅰ(造語) ①밑천, 자본, 자료¶ 資料りょう 자료・投資とう 투자 ②자금을 주어 돕다, 도와주다¶ 師資しじ 사자 ③타고난 자질, 태생¶ 資格かく 자격・資質しつ 자질・「資本家ほんか」의 준말¶ 労資交渉こうしょう 노자 교섭 Ⅱ ①밑천, 자본, 재료¶ 生計けいの~ 생계의 밑천 ②천분, 천성, 자질¶ 天与よの~ 하늘이 내린 천성

し [雌] 音シ 訓め・めす|(음)자. (造語) ①암, 암컷¶ 雌雄しゅう 자웅 ②연약함, 소극적임¶ 雌伏ふく 자복

し [飼] 音シ 訓かう|(음)사. (造語) 동물을 기르다, 먹이다, 키우다¶ 飼育いく 사육・飼料しょう 사양・飼料りょう 사료

し [漬] 音シ 訓つける・つかる|(음)지. (造語) (물・소금에) 담그다, 적시다¶ 浸漬しん 침지・塩漬えんじ 염지 ▷ 주로 훈「つける・つかる」로 쓰임

し [誌] 音シ 訓しるす|(음)지. (造語) ①기록하다, 기록¶ 日誌にっ 일지・墓誌ぼ 묘지 ②「雑誌ざっ」의 준말¶ 誌面めん 지면・週刊誌しゅうかん 주간지

し [賜] 音シ 訓たまわる・たまう・たまもの|(음)사. (造語) 내리시다, 하사하다, 하사품¶ 賜金きん 사금・賜杯はい 사배・下賜かし 하사

し [諮] 音シ 訓はかる|(음)자. (造語) (윗사람이) 묻다, 자문하다¶ 諮詢じゅん 자순, 하순・諮問もん 자문

し Ⅰ 接助 ①(병렬적・대비적인 관계) …고, …며, …인데¶ 雨あめは降ふる・風かぜも吹ふく 비는 오고 바람도 불다/ 力ちからは強つよいし気きはやさしい 힘은 센데 성질은 온순하다 ②(앞의 사실이 원인・이유가 되어 뒤의 사실과 이어짐) …니¶ お近ちかくです…, どうぞお遊あそびに 가깝기도 하니 부디 놀러 오시기를 ③(「…まいし」의 꼴로) (상대방을 깔보거나 힐문함) …고, …인데, …니¶ 子供こどものけんかじゃあるまい 애들 싸움도 아니고/ 人ひとごとでもあるまい〜, まじめに考かんがえなさい 남의 일도 아닌데 진지하게 생각하시오 Ⅱ 終助 (말하다 삼가면서 결론을 암시함)…니, …고¶ まだ若わかい〜なあ 아직 젊으니 말이야/ 旅行りょこうはしたいけれども, 暇ひまはない〜 여행은 하고 싶지만 짬은 없고

し [*駟] 사두 마차, 그 말
**慣用句**
**—も舌したに及およばず** 한 번 지껄인 말은 사두마차로도 따라잡지 못할 정도로 빨리 퍼진다

シ (oi si) [音] シ 시 ①장음계의 제7음, 단음계의 제2음 ②나음(음)의 이탈리아 음이름

じ [示] 音ジ・シ 訓しめす|(음)시. (造語) 알리다, 보이다, 지시하다, 가르치다¶ 示唆さ 시사・指示じ 지시・展示じ 전시

じ [字] 音ジ 訓あざ・あざな|(음)자. Ⅰ(造語) 글자, 문자¶ 字母ぼ 자모・字幕まく 자막・活字かつ 활자・文字もじ 문자 Ⅱ ①문자, 글자, 글씨¶ きれいな〜 잘 쓴 글씨 ②한자¶ 〜をよく知しってる 한자를 잘 알고 있다

じ [寺] 音ジ 訓てら|(음)사. (造語) 절¶ 寺院じん 사원・仏寺ぶっ 불사・本寺ほん 본사

じ [次] 音ジ・シ 訓つぐ・つぎ|(음)차. (造語) ①두 번째, 다음 것 ②次期き 차기・次女じょ 차녀 ④순서, 차례¶ 次第だい 차제・席次せき 석차 ③회, 번, 차례¶ 今次こん 금차・二次にじ 이차 ④유숙하다, 묵다¶ 途次とじ 도중 ⑤[化] 산화 정도가 낮음¶ 次亜塩素酸あえん 차아염소산 ⑥염기성 염¶ 次酢酸鉛さくさんえん 차초산연

じ [耳] 音ジ 訓みみ|(음)이. (造語) ①귀¶ 耳目もく 이목・内耳ない 내이・馬耳東風ばじとうふう 마이동풍 ②한정・단정의 어조사, 뿐¶ 독훈으로는「のみ」로 읽음 ▷ ②는「爾」와 같음

じ [自] 音ジ・シ 訓みずから・おのずから・よ

じ  り｜(音)자, (造語) ①자기, 자신¶自己じこ 자기・各自かくじ 각자 ②스스로¶自習じしゅう 자습・自動じどう 자동 ③자연히, 저절로¶自生じせい 자생・自然しぜん・ぜん 자연 ④자기 마음대로¶自在じざい 자재・自由じゆう 자유 ⑤출처・기점을 나타내는 어조사¶~부터 ▷ 훈독으로 「より」로 읽음

じ【似】(音)ジ (訓)にる・にせる｜(음)사, (造語) 닮다, 비슷하다, 흉내내다¶疑似ぎじ 의사・近似きんじ 근사・類似るいじ 유사 ▷ 熟字訓 似非えせ 사이비・真似まね 흉내

じ【児】【兒】(音)ジ・ニ (訓)こ｜(음)아, (造語) 유아, 어린아이¶児童じどう 아동・育児いくじ 육아・孤児こじ 고아 ②자식, 아들, 딸¶愛児あいじ 애아・豚児とんじ 돈아 ③청년, 젊은이¶健児けんじ 건아・薨児とうじ 당아

じ【事】(音)ジ・ズ (訓)こと・つかえる｜(음)사, (造語) ①사건, 사항, 일¶事件じけん 사건・火事かじ 화재・好事家こうずか 호사가 ②사무, 업무, 임무¶事業じぎょう 사업・食事しょくじ 식사 ③섬기다, 모시다¶師事しじ 사사・事大主義じだいしゅぎ 사대주의

じ【侍】(音)ジ・シ (訓)さむらい・さぶらう・はべる｜(음)시, (造語) 시중들다, 섬기다¶侍医じい 시의・侍女じょ 시녀・内侍ないじ 내시

じ【治】(音)ジ(チ)・チ (訓)おさめる・おさまる・なおる・なおす｜(음)치, (造語) ①바로잡다, 다스리다¶政治せいじ 정치・治安ちあん 치안・統治とうち 통치 ②병을 치유하다, 고치다¶治療ちりょう 치료・完治かんち 완치・不治ふじ 불치

じ【持】(音)ジ(チ) (訓)もつ｜(음)지. I (造語) 지탱하다, 가지다, 지니다¶持参じさん 지참・持続じぞく 지속・矜持きょうじ 긍지・支持しじ 지지 II (바둑 등에서) 비김, 무승부¶〜碁ご 비긴 바둑/〜に持ちこむ 비기다, 비김수를 쓰다

じ【時】(音)ジ・シ (訓)とき｜(음)시, (造語) ①때, 시기, 그 무렵, 기회¶時期じき 시기・時代じだい 시대・戦時せんじ 전시 ②시간, 네 계절¶時間じかん 시간・時差じさ 시차 ③때로, 그때그때¶時時じじ 시시・時習じしゅう 시습 ▷ 熟字訓 時雨しぐれ 늦가을 소나기・時化しけ 파도가 거세짐・時計とけい 시계・時鳥ほととぎす 두견, 자규

じ【痔】(音)ジ(チ)｜(음)치. I (造語) 치질¶疾じしつ 치질・痔瘻じろう 치루 II [腎] 치질

じ【滋】(音)ジ・シ (訓)しげる｜(음)자. (造語) ①무성하다, 우거지다, 기르다¶滋養じよう 자양 ②수분・양분을 주다, 적시다, 젖다¶滋雨じう 자우・滋味じみ 자미

じ【慈】(音)ジ (訓)いつくしむ｜(음)자. (造語) 사랑하다, 자애롭다, 자비¶慈愛じあい 자애・慈悲じひ 자비・仁慈じんじ 인자 ▷ 熟字訓 慈姑くわい 자고

じ【蒔】(音)ジ (訓)まく｜(음)시, (造語) 주로 훈 「まく」로 읽음

じ【辞】【辭】(音)ジ (訓)やめる・ことば｜(음)사. I (造語) ①말, 언어, 문장¶辞典じてん 사전・答辞とうじ 답사 ②그만두다, 거절하다, 작별하다¶辞意じい 사의・辞職じしょく 사직¶「詞」와 같음 II 사, 말, 글¶開会かいの〜 개회사 ②[文] 한문 문체의 하나¶楚そ〜 초사 ③[文法] 단독으로 문절을 구성할 수 없는 단어

じ【爾】(音)ジ なんじ・のみ｜(음)이, (造語) ①이것, 이, 그¶爾後じご 이후・爾来じらい 이래 ②인칭 대명사, 너¶爾汝じじょ 이여, 너 ③수식어에 붙는 어조사¶莞爾かんじ 완이・卒爾そつじ 갑작스러움・한정・단정의 어조사, 훈독으로 딴 읽음 ▷ 는 「耳」와 같음, 「尓」는 속자

じ【磁】(音)ジ｜(음)자, (造語) ①자기, 자성¶磁気じき 자기・磁場じば 자장 ②자석¶磁針じしん 자침 ③자기¶磁器じき 자기・陶磁器とうじき 도자기

じ【餌】(音)ジ (訓)え・えさ｜(음)이, (造語) 먹이, 미끼¶好餌こうじ 호이・餌食えじき 이식 ②먹을 것¶食餌しょくじ 식이

じ【璽】(音)ジ｜(음)새, (造語) 표시, 인장, 천자의 도장¶玉璽ぎょくじ 옥새・国璽こくじ 국새

じ【路】接尾｜(음)지 ①(옛지명에 붙어) 가도¶木曾きそ〜 木曾 가도 ②(날수에 붙어) 도정(道程), 행정(行程)¶二日ふつ〜 이틀길 ③(助数) 《10을 단위로 한 순일분말에 붙어》 그 수・나이를 나타냄¶よわい六十むそ〜 나이 육십 세

じ【地】①땅, 토지, 지면¶雨じふって〜かたまる 비 온 뒤에 땅이 굳어진다 ②그 고장¶〜の者もの 그 고장 사람 ③본색, 본바탕¶〜が出でる 본색이 드러나다 ④옷감, 천¶絹きぬの〜 비단천 ⑤(문장 중의) 대화 이외의 부분¶〜の文ぶん 지문 ⑥「地謡じうたい」의 준말 ⑦(바둑에서) 집 ⑧(가공 전의) 기본 재료 ⑨간장

しあい【試合・仕合】名 自スル 시합, 경기¶剣道けんどうの〜 검도 시합/〜に臨のぞむ 경기에 임하다

じあい【地合(い)】①옷감의 바탕・질＝織おり地じ¶〜が薄うい 천이 얇다 ②[経] (거래에서) 시세의 상태 ③(바둑에서) 서로 차지한 집의 크기¶〜では白しろに分ぶがある 집에서는 백이 유리하다

じあい【自愛】名 自スル 자애 ①(文) 자기 몸을 아낌, 몸조심함¶どうかご〜ください 부디 자애하시기 바랍니다 ②자기 이익만 생각함 ⇔ 他愛たあい¶〜主義しゅぎ 자애주의, 이기주의

じあい【慈愛】(文) 자애¶〜に満みちたまなざし 자애에 넘친 눈길/〜に富とむ 자애심이 많다

しあがり【仕上がり】 완성, 마무리, 됨됨이¶〜が早はやい 완성이 빠르다/〜がよい 마무리가 좋다

しあが・る【仕上がる】自五 완성되다, 마무리되다¶きれいに〜 깨끗이 마무리되다

しあげ【仕上げ】①마무리, 완성, 됨됨이¶〜を急いそぐ 마무리를 서두르다 ②(일의) 끝손질, (작업의) 마지막 공정¶〜を念入ねんいりにする 끝손질에 정성을 들이다

じあげ【地上げ・地揚げ】①성토 ②(도심의) 토지 재개발업¶〜屋や 토지 재개발업자

しあ・げる【仕上げる】他下一 끝내다, 완성하다, 마무리하다¶工事こうじを〜 공사를 끝내다

しあさって【〈明明後日〉】(口) 글피

しあつ【指圧】지압¶〜療法りょうほう 지압 요법

じあつ【地厚】옷감 등이 두꺼움 ⇔ 地薄じうす¶〜なシャツ 천이 두꺼운 셔츠

じあまり【字余り】(文) (和歌・俳句はいくにて) 글자 수가 정형인 5음이나 7음보다 많음

じあめ【地雨】일정한 세기로 계속 내리는 비
しあわせ【幸せ・仕合(わ)せ】 名ナ ①운, 운수¶ ～な人は 운좋은 사람/ ～の薄い生まれ 운과는 인연이 먼 태생 ②행복¶ ～の青い鳥 행복의 파랑새/ どうぞお～に 부디 행복하시기를
しあん【私案】사안. 개인적인 안·의견
しあん【思案】Ⅰ 名自スル 궁리, 생각¶ ～のしどころ 궁리해 보아야 할 곳 Ⅱ 名 근심, 걱정¶ ～の種 근심거리/ ～顔 걱정스러운 얼굴 慣用句
**―投げ首** 고개를 숙이고 골똘히 생각함
**―に余る** 아무리 궁리해도 좋은 생각이 떠오르지 않다
**―に暮れる** 골똘히 생각하다
しあん【試案】시안 ⇔ 成案
シアン【네 cyaan】化 시안. 청소(青素) **―化カリウム** 化 청산 가리 **―化水素** 化 청산 **―化ナトリウム** 化 청산 소다 **―化物** 化 시안화물. 청산염
しい【*椎】植 모밀잣밤나무
しい【四囲】文 사위. 사방. 주위¶ ～の情勢 주위의 정세
しい【私意】文 사의 ①사견 ②사심, 사정(私情)¶ ～をさしはさむ 사심을 개입시키다
しい【思惟】名自スル 사유. (철학적·논리적으로) 생각함. 사고
しい【*恣意】文 자의. 제멋대로 생각함¶ 選択は～に任せる 선택은 자의에 맡긴다 **―的** 자의적
シー【C・c】시. 영어 알파벳의 셋째 자
じい【〈祖父〉】조부. 할아버지
じい【*爺】남자 노인, 할아버지, 할아범
じい【示威】名自スル **―運動** 시위 운동= デモ・デモンストレーション
じい【字彙】文 자휘. 자전(字典). 옥편
じい【次位】文 차위. 다음 지위, 둘째 지위
じい【自慰】文 자위 ①스스로 위로함¶ ～的 자위적 ②수음, 오나니
じい【侍医】시의. 天皇이나 황족의 주치의
じい【辞彙】文 사휘. 사전
じい【辞意】사의 ①사직(사퇴)의 의사¶ ～をひるがえす 사의를 번복하다 ②말의 뜻
ジー【G・g】지. 영어 알파벳의 일곱째 자
ジーアイ【GI】俗 지 아이. 미국 병사 **―刈り** 미국 병사의 짧게 깎은 머리 스타일
シーアイエー【CIA】政 시 아이 에이. 미국 중앙 정보국
シーアイエス【CIS】政 시 아이 에스. 독립 국가 연합
シーエーティーブイ【CATV】情 시 에이 티 브이 ①공동 안테나 텔레비전 ②케이블 텔레비전
しいか【詩歌】시가 ①한시와 和歌¶ ～管弦 시가 관현 ②시·俳句·短歌 등의 총칭
しいぎゃく【*弑逆】名他スル 文 시역. 시해¶ ～を謀る 시역을 꾀하다
しいく【飼育】名他スル 사육¶ ～場 사육장
シークレット【secret】시크릿. 비밀, 기밀 **―サービス** 시크릿 서비스 Ⅰ (secret service) 첩보 기관 Ⅱ (Secret Service) 미국 재무성 검찰국
しいざかな【強い肴】料【懐石 요리에서】예정 메뉴 이외에 중간에 추가하는 요리
じいさん【〈祖父〉さん】할아버지 ⇔ 祖母さん¶ お～ 할아버지
じいさん【*爺さん】할아버지, 영감님
しいじ【四時】文 → しじ(四時) ①
しいしき【自意識】자의식¶ ～が強い 자의식이 강하다 **―過剰** 자의식 과잉
しい·する【*弑する】他サ変 文 시해하다
しいそさん【*尸位素餐】文 시위 소찬. 능력도 없이 높은 직책을 맡아 녹을 받아 먹음
しいたけ【*椎茸】植 표고, 표고버섯
しいた·げる【虐げる】他下一文 못살게 굴다, 학대하다¶ 動物を～ 동물을 학대하다
しいて【強いて】副 억지로, 굳이, 구태여, 무리해서¶ ～言えば 굳이 말하자면/ ～反対はしない 구태여 반대는 하지 않는다
シート【sheet】시트 **―パイル** (sheet pile) 建 시트 파일. 형강판
シード【seed】시드. 토너먼트식 경기에서 처음부터 강한 선수끼리 맞붙지 않게 짜는 일
しいな【*粃・*秕】①쭉정이 벼 ②(잘 여물지 않고) 시들어 쭈그러진 과일
ジーマーク【Gマーク】지 마크. 일본 통산성이 인정한 우수 디자인 상품에 붙이는 마크
じいや【*爺や】口 할아범 ⇔ ばあや
しいら【*鱪】動 만새기
し·いる【強いる】他上一 강요하다, 억지로 시키다, 강권하다¶ 寄付を～ 기부를 강요하다/ 妥協を～られる 타협을 강요당하다
し·いる【*誣いる】他上一 왜곡하여 나쁘게 말하다, 모함하다¶ 人を～ 남을 모함하다
しいれ【仕入れ】매입, 구입¶ ～値段 매입 가격 **―先** (상품·원료 등의) 매입[구입]처
しい·れる【仕入れる】他下一 ①(상품·원료 등을) 사들이다, 매입하다¶ 原木を～ 원목을 매입하다 ②(정보·지식 등을) 입수하다, 얻다¶ 情報を～ 정보를 입수하다
じいろ【地色】(천·종이 등의) 바탕색
しいん【子音】文法 자음. 닿소리= しおん
しいん【死因】사인
しいん【私印】文 사인. 개인 도장
しいん【試飲】名他スル 시음
じいん【寺院】사원. 절 = 寺
しいんと 副 쥐죽은 듯이, 조용하게¶ ～した教室 쥐죽은 듯이 고요한 교실
じいんと 副 ①찌르르, 쩡하게¶ 胸に～くる 가슴이 쩡해지다 ②뻐근하게¶ 傷口が～する 상처가 뻐근하다
じう【慈雨】文 자우 ①(식물 성장에) 알맞게 내리는 비 ②단비¶ 干天の～ 가뭄 끝의 단비
じうす【地臼】옷감 등의 厚地 ⇔ 地厚
じうた【地唄・地歌】藝 그 고장의 속요, (특히) 京都·大阪 지방의 속요 **―舞** 그 고장의 속요를 반주로 하는 춤, (특히) 京都·大阪 지방에서 발달한 춤 = 京舞

じうたい [地謡] [藝] (能楽 등에서) 대화 이외의 부분을 노래하는 사람들, 그런 노래
しうち [仕打ち] (남에 대한) 처사¶ つれない～を受ける 매정한 처사를 당하다
しうん [紫雲] [文] 자운. 상서로운 자줏빛 구름
じうん [時運] 시운¶ ～に乗って栄える 시운을 타서 번영하다
しうんてん [試運転] [名][他スル] 시운전
しえ [紫衣] 자의. (고승이 입는) 자색의 가사
しえ [緇衣] 치의 ①검게 물들인 가사(袈裟) ②중, 승려
しえい [市営] [名] 시영¶ ～住宅 시영 주택 ―電車 시영 전차
しえい [私営] [名] 사영, 개인이 경영함 ⇔ 国営·公営¶ ～鉄道 사영 철도, 사철
じえい [自営] [名][他スル] 자영¶ ～業者 자영업자
じえい [自衛] [名][自スル] 자위¶ ～の手段をとる 자위 수단을 취하다 ―官 (일본의) 자위대 대원 ―権 [法] 자위권 ―隊 자위대
ジェー [J·j] 제이. 영어 알파벳의 열째 자
ジェーアール [JR] 1987년 구 일본 국유 철도가 분할·민영화로 이루어진 법인의 총칭
シェード (shade) 셰이드 ①차양¶ ～を下ろす 차양을 내리다 ②(전등의) 갓
しえき [私益] 사익¶ ～を貪る 사익을 탐하다
しえき [使役] 사역 Ⅰ [名][他スル] 일을 시킴¶ 壕掘りに～される 호 파는 일에 사역되다 Ⅱ [名][文法] 남에게 무엇을 시키는 것을 나타내는 어법¶ ―形 사역형
じえきけん [自益権] [經] 자익권. 주식회사에 대해 주주의 경제적 이익으로 인정되는 권리
ジェット (jet) 제트 ①[造語] 분사, 분사 추진¶ ―旅客機 제트 여객기 ②[제트기] ―エンジン (jet engine) [機] 제트 엔진 ―機 [文] 제트기 ―気流 [氣] 제트 기류
しえん [支援] [名][他スル] 지원¶ 政府の～を受ける 정부의 지원을 받다
しえん [私怨] 사원. 사사로운 원한¶ ～を晴らす 사사로운 원한을 풀다
しえん [紫煙] [文] 자연 ①보라색 연기 ②담배 연기¶ ～をくゆらす 담배를 피우다
しえん [試演] [名][他スル] 시연. 시험 상연¶ 公開～ 공개 시연
じえん [自演] 자연. 자기 작품에 자기가 출연·연출함¶ 自作～ 자작 자연
しお [入] [助数] 염색할 것을 염색물에 담그는 횟수¶ 八～ 여덟 번 담금
しお [塩] ①소금¶ ～につける 소금에 절이다 ②소금기, 간¶ ～をきかす 간을 맞추다
しお [潮·海] 조수. 밀물과 썰물¶ ～の干満 조수의 간만 ②바닷물, 해수¶ ～の香 바닷물 냄새, 갯냄새 ③기회, 호기, 계기 = 潮時¶ それを～に席を立つ 그것을 계기로 자리를 뜨다
しおあい [潮合(い)] ①만조와 간조 사이, 물 때 ②좋은 기회, 적당한 때, 호기 = 潮時¶ ～を見計らう 적당한 때를 엿보다

しおあじ [塩味] 짠맛, 소금으로 맞추는 간
しおいり [潮入(り)] ①(만조 때) 강이나 호수에 바닷물이 들어옴, 그런 곳 ②바닷물이 뱃짐에 배어들어 손상을 입음
しおおし [塩押し·塩圧し] [料] (채소·생선 등을) 소금에 절여 돌로 눌러 둠, 그렇게 절인 식품
しお·せる [^為^果せる] [他][下一] [文] 완수하다, 끝내다, 해내다¶ 難工事を～ 난공사를 끝내다
しおかげん [塩加減] 소금간, 간¶ ～をみる 간을 보다 / ～が難しい 간맞추기가 어렵다
しおがしら [潮頭] (밀물의) 물마루
しおかぜ [潮風] 바닷바람, 갯바람
しおがま [塩竈·塩釜] ①소금 가마, 염부(鹽釜) ②찹쌀 미숫가루에 설탕·소금을 넣고 틀에 박아낸 과자
しおから [塩辛] 젓, 젓갈¶ いかの～ 오징어 젓 ―声 쉰 목소리 ―蜻蛉 [動] 밀잠자리
しおから·い [塩辛い] [形] 짜다 = しょっぱい¶ ～漬物 짠 채소절임
しおき [仕置] ①(江戸 시대의) 죄인의 처벌, 처형, (특히) 사형¶ ～場 처형장 ②(아이들에 대한) 징계, 처벌, 잡도리¶ お～を受ける 처벌을 받다
しおくみ [潮汲み·汐汲み] 소금을 만들기 해 바닷물을 긷는 일, 그런 일을 하는 사람
しおぐもり [潮曇(り)] 조수의 습기로 하늘이나 해상이 흐려 보임
しおくり [仕送り] 생활비나 학비를 보내줌, 그런 금품¶ 親からの～ 부모에게서 보내온 생활비
しおけ [塩気] (음식의) 간, 소금기, 짠맛¶ ～を抜く 소금기를 빼다 / ～が強い 간이 짜다
しおけ [塩氣] 소금기를 머금은 습기¶ ～を含んだ風 소금기를 머금은 바람
しおけむり [潮煙] (바닷물의) 물보라¶ ～が立つ 물보라가 일다
しおこしょう [塩^胡椒] [名][自スル] [料] 소금과 후추로 조미함¶ 肉に～する 고기를 소금과 후추로 양념하다
しおさい [潮騒] 해조음, 밀물 때의 파도 소리 = しおざい¶ ～が聞こえる 해조음이 들리다
しおざかい [潮境] ①[海] 조경. 성질이 다른 해류의 경계 ②바닷물과 강물의 경계
しおざかな [塩魚] 소금에 절인 생선, 자반
しおさき [潮先·汐先] ①밀물의 물마루, 물때 ②사물이 시작될 때
しおざけ [塩^鮭] 자반 연어 = しおじゃけ
しおさめ [仕納め] (계속해 온 일·행동 등을) 그만둠, 마지막으로 한번만 함, 끝장¶ これが今年の仕事の～だ 이것이 올해 일의 마지막이다
しおじ [潮路] [文] ①조수가 드나드는 길 ②항로, 뱃길¶ ～の^悄^悄 [副] [文] 맥없이, 풀이 죽어서¶ ～と引き下がる 맥없이 물러나다
しおじゃけ [塩^鮭] (口) → しおざけ
しおじり [塩尻] (염전에서) 모래를 무덤처럼

しおぜ [塩瀬] 두툼하게 짠 견직물
しおせんべい [塩煎餅] 쌀가루에 간장으로 맛을 내어 구운 せんべい
しおだし [塩出し] (소금에 절인 것을) 물에 담가 소금기를
しおだち [塩断ち] (신불에 기도하거나 병으로) 일정 기간 간한 음식을 먹지 않음
しおた・れる [潮垂れる] 自下一 풀이[기가] 죽다¶ しおたれて~ 꾸중을 듣고 풀이 죽다
しおづけ [塩漬(け)] (채소·생선 등을) 소금에 절임, 소금절이¶ なすの~ 소금절이 가지
しおどき [潮時] ①물때¶ ~が近い 물때가 가깝다 ②(적당한) 때, 시기, 기회¶ ~を見計らう 기회를 엿보다
しおばな [塩花] ①흰 물결 ②부정타는 것을 막기 위해 뿌리는 소금 ③(요릿집 등에서) 재수를 빌며 출입구에 한 줌씩 놓는 소금
しおはま [塩浜] 염전
しおひ [潮干] ①간조, 썰물¶ ~の潟 썰물로 드러난 개펄 ②「潮干狩り」의 준말 ―狩り (바닷물이 빠진 후) 개펄에서의 조개잡이
しおびき [塩引(き)] 생선을 소금에 절임, 자반
しおふき [潮吹(き)] ①고래가 바닷물을 뿜어냄 ②「潮吹き貝」의 준말 ―貝 動 동죽조개
しおぼし [塩干し·塩乾し] (생선 등을) 소금에 절여 말림, 그런 건어물
しおま [潮間] 조수가 썬[나간] 동안
しおまち [潮待ち] ①(출범하기 위해) 밀물을 기다림 ②좋은 때[기회]를 기다림
しおまねき [潮招] 動 농게, 물맞이게
しおまめ [塩豆] 말린 완두콩 등을 소금물에 담갔다가 볶은 콩
しおみず [塩水] 염수, 소금물
しおみず [潮水] 조수, 바닷물= うしお
しおむし [塩蒸し] 料 소금으로 간하여 찜, 그런 요리¶ 鯛の~ 도미의 소금 도미찜
しおめ [潮目] 海 성질이 다른 두 조류의 경계를 따라 띠 모양으로 잔물결이 이는 부분
しおもの [塩物] 소금에 절인 생선, 자반
しおもみ [塩揉み] 料 (채소 등을) 소금을 뿌려 주물러서 연하게 함, 그런 요리¶ きゅうりの~ 소금을 뿌려 주무른 오이
しおやき [塩焼(き)] 料 소금구이
しおやけ [潮焼け] ①바닷바람과 햇볕에 살갗이 탐¶ ~の肌 바닷바람에 그을린 살갗 ②해면의 수증기가 햇빛에 비쳐 붉게 보임
しおらし・い 形 암전하다, 온순하고 귀엽다, 기특하다¶ ~娘 얌전한 아가씨
しおり [*栞] ①서표[書標] ②책갈피에 끼우는 안내서, 입문서¶ 旅行の~ 여행 안내서
しおり [枝折(り)] ①(옛날에 산길 등에서) 나뭇가지를 꺾어 통과한 길을 표시하던 것 ②「枝折り戸」의 준말 ―戸 사립문, 시문(柴門)
じおり [地織(り)] (주로 자급용으로 쓰기 위한) 그 고장에서 나는 직물

しお・れる [*萎れる] 自下一 ①(꽃·잎 등이) 시들다 ②풀이 죽다, 의기 소침해지다¶ しかられて~ 꾸지람을 듣고 풀이 죽다
しおん [師恩] 文 사은, 스승의 은혜 ~会 사은회
しおん [紫苑] 植 개미취
しおん [歯音] 文法 치음, 잇소리
じおん [字音] 중국에서 전래되어 일본어화한 한자의 음 ⇔字訓 ―仮名遣い 한자음을 仮名로 표기할 때의 규칙
しか 副助 …밖에, …만, …이외에는¶ 太郎~来なかった 太郎밖에 오지 않았다/ 泣く~ない 울 수밖에 없다
しか [*鹿] 動 사슴
慣用句
―を追う者は山を見ず 사슴을 쫓는 자는 산을 보지 못한다
しか [史家] 文 사가, 역사가
しか [市価] 経 「市場価格」의 준말, 시가, 시장 가격¶ ~より安く 시가보다 싼
しか [糸価] 経 생사의 거래 가격, 생사 시세
しか [私家] 文 사가 ①자기 집 ②사삿집, 여염집③개인 ―集 개인 시가집(詩歌集) ―版 사가판, 사판(私版)
しか [師家] 文 ①스승의 집 ②선생, 스승
しか [紙価] 지가, 종이값¶ 洛陽の~を高める 낙양의 지가를 올리다, 책이 불티나게 잘 팔리다
しか [詞花·詞華] 文 사화, 아름답게 꾸며서 표현한 말 ―集 사화집
しか [歯科] 医 치과 ~医 치과 의사
しか [賜暇] 文 사가, 관리 등이 휴가를 얻음, 그 휴가¶ ~願 사가원, 휴가원
しが [滋賀] 近畿의 지방 동북부의 현(県), 현청 소재지는 大津市
しが [歯牙] 文 치아, 이 = 歯
慣用句
―にも掛けない 전혀 문제 삼지 않다
じか [*直] 造語 직, 직접¶ ~談判 직접 담판/ ~取引 직거래/ ~播き 직파
じか [自火] 文 자기 집에서 난 불
じか [自家] 자가 ①자기 집 ②자기, 자기 자신¶ ~の所信 자기의 소신 ―受精 生 자가 수정 ―受粉 植 자가 수분 ―製 자기집에서 만듦, 그런 것 ―撞着 자가 당착 ―発電 자가 발전 ―用 자가용
慣用句
―薬籠中の物 필요할 때 마음대로 쓸 수 있는 기술·지식·사람
じか [時下] 文 시하, 요즈음, 요사이¶ ~冷気の候 시하 추냉지절에
じか [時価] 経 시가, 시세 ―総額 経 시가 총액 ―発行 経 시가 발행
じか [磁化] 名 自他スル 物 자화, 자성화
じが [自我] 자아 ①자기, 자기 자신 ②哲 인식·행동의 주체로서의 자기 ③心 자아¶ ~に目覚める 자아에 눈뜨다
しかい [司会] 名 自他スル 사회¶ ~者 사회

자/ ~をつとめる 사회를 맡아 보다

しかい [四海] (文) 사해 ①사방의 바다 ②천하, 세계¶ ~同胞 사해 동포 —兄弟 사해 형제. 사해 동포
慣用句
—波か静かか 온 세상이 평화로움. 천하 태평
しかい [市会] ①시회. (구 제도에서) 시의 의결 기관 ②「市議会」의 준말. 시의회
しかい [死灰] 사회 ①불기 없는 재 ②(比) 생기를 잃은 것
しかい [視界] ①시계. 시야¶ 霧で~がきかない 안개로 시계가 나쁘다 ②(比) 지식·사려가 미치는 범위¶ ~が開けた 시야가 열리다
しかい [斯界] (文) 사계. 이 분야¶ ~の権威 사계의 권위
しがい [市外] 시외¶ ~電話 시외 전화
しがい [市街] 시가. 거리¶ ~地 시가지 —電車 시가 전차. 노면 전차
しがい [死骸·屍骸] 사해. 시체. 사체. 송장
じかい [字解] 자해. 한자의 해석
じかい [次回] 차회. 다음 번¶ 試験は~に回す 시험은 다음 번으로 돌리다
じかい [耳介] (醫) 이개. 귓바퀴 = 耳殼
じかい [自戒] 名 自スル 자계. 스스로 경계함¶ 自粛~する 자숙하여 자계하다
じかい [自壞] 자괴. 내부에서 저절로 붕괴함¶ ~作用 자괴 작용
じかい [持戒] [佛] 지계. 계율을 지킴 ⇔ 破戒
じかい [磁界] [物] 자계. 자기장 = 磁場
じがい [自害] 名 自スル 자해. 자살 = 自刃¶ ~して果てる 자해하여 죽다
しがいせん [紫外線] [物] 자외선
しかえし [仕返し] 名 スル ①보복. 복수. 앙갚음¶ けんかの~ 싸움의 앙갚음 ②다시 함. 고쳐 함¶ ~がきかない 다시 할 수 없다
じがお [地顔] (화장하지 않은) 맨얼굴
しかかりひん [仕掛(か)り品] [經] 반제품. 미완성품 = しかけひん
しかか·る [仕掛(か)る] 他五 ①하기 시작하다. 착수하다¶ 夕食の支度を~ 저녁식사 준비를 하기 시작하다 ②(일을) 중도까지 하다¶ ~っている仕事をやめる 하고 있던 일을 그만두다
しかく [四角] 名 ヲ 사각. 네모꼴¶ 真~な紙 네모반듯한 종이/~に切る 네모나게 자르다 —い 形 ①네모반듯하다. 네모나다 —四面 ①정사각임, 네모반듯함 ②융통성 없이 딱딱함. 고지식함 —張る 自五 ①네모지다 ②고지식하고 딱딱하게 행동하다
しかく [死角] 사각 ①그 각도에서는 보이지 않는 범위¶ ~に入る 사각에 들다 ②(사정거리 안에 있으나) 지형이나 총포 구조 때문에 사격할 수 없는 구역¶ ~地帶 사각 지대
しかく [刺客] 자객. 암살자¶ ~を放つ 자객을 보내다
しかく [視角] 시각 ①물체의 양끝에서 눈에 들어오는 두 직선이 만드는 각¶ ~が狹い 시각이 좁다 ②(사물에 대한) 관점. 견해¶ ~を変えてみる 관점을 바꾸어 보다
しかく [視覺] [醫] 시각¶ ~教材 시각 교재 —化 名 他スル 시각화 —障害 시각 장해
しかく [詩格] 시격 ①시를 짓는 법칙 ②시의 풍격(風格)
しかく [資格] 자격¶ 親の~がない 부모 자격이 없다/顧問という~で出席する 고문이라는 자격으로 출석하다 —検定制度 자격 검정 제도
しがく [史学] 사학. 역사학
しがく [志学] (文) 지학 ①학문에 뜻을 둠 ② 15세의 나이를 일컬음
しがく [私学] 사학. 사립 학교 ⇔ 官学¶ ~に通う 사립 학교에 다니다
しがく [視学] [舊] 시학. (구교육 제도에서) 장학사¶ ~官 시학관
しがく [斯学] (文) 사학. 이 학문. 그 방면의 학문¶ ~の大家 사학의 대가
しがく [詩学] 시학 ①시론 ②시법 ③(表) 문예 일반에 대한 체계적인 이론
じかく [字画] 자획. 한자의 획. 그 획수
じかく [寺格] [佛] 사격. 절의 격식〔등급〕¶ ~が高い 사격이 높다
じかく [耳殼] [醫] 이각. 귓바퀴 = 耳介
じかく [自覺] 名 自他スル 자각¶ 責任を~する 책임을 자각하다 —症状 [醫] 자각 증상
じかく [痔核] [醫] 치핵. 수치질 = いぼじ
じがく じしゅう [自学自習] 名 自スル 자학 자습¶ ~の習慣をつける 자학 자습하는 습관을 붙이다
しかけ [仕掛(け)] ①(다른 것에) 작용함 ②(궁리하여 만든) 장치. 조작. 속임수¶ 複雑な~ 복잡한 장치/種も~もない 아무런 속임수도 없다 ③중도까지 하고 있음. 시작한 것 ④규모¶ 大~の研究 큰 규모의 연구 ⑤낚시줄에 목줄·낚싯봉·낚시찌 등을 맨 낚시 도구 ⑥「仕掛け花火」의 준말 —花火 여러 가지 모양이 나타나게 장치한 불꽃
しか·ける [仕掛ける] 他下一 ①(다른 것에) 작용하다. (싸움 등을) 걸다¶ 喧嘩を~ 싸움을 걸다 ②장치하다. 설치하다¶ わなを~ 덫을 놓다 ③(일을) 하기 시작하다. 시작해서 하는 중이다¶ 勉强を~・けたらベルが鳴った 공부를 하기 시작했더니 벨이 울렸다
しかざん [死火山] [地] 사화산
しかし [然し·併し] 接 그러나. 그렇지만. 하지만¶ すばらしい案だ。~実現は難しい 기막힌 안이다. 그러나 실현은 어렵다/~、えらいことになった 그렇지만 골치 아프게 되었다 —一方ならぬ 腰 그렇지만. 그러나
しかじか [然然·云云] 운운. 여차여차. 이러이러 = かくかく¶ ~ 이러이러 여차여차/~と言うわけで 여차여차한 이유로
じがじさん [自画自賛] 名 他スル 자화자찬¶ 得意げに~する 득의양양하게 자화자찬을 하다
しかして [然して·而して] 接 (文) 그리하여. 그리고 나서. 그래서¶ 総力を結集し、~正面から事に当たる 총력을 집결하고

그리고 나서 정면으로 사태에 대처하다

**しかず**【`如かず`】[連語]((「…に~」の形으로))…에 미치지 못하다, …하는 것이 제일[상책]이다¶百聞は一見に~ 백문이 불여일견/ 三十六計逃ぐるに~ 삼십육계 줄행랑이 제일이다

**じかせん**【耳下腺】[醫]이하선, 귀밑샘 ―炎[醫]이하선염, 항아리손님, 볼거리

**じがぞう**【自画像】자화상¶~を描く 자화상을 그리다

**しかた**【仕方】①방법, 수단¶掃除の~が悪い 청소하는 방법이 나쁘다 ②행동, 처사¶無法な~ 무법한 처사 ③몸짓, 손짓¶~をして見せる 몸짓을 해보이다 ―無しに[副] 하는 수 없이, 부득이 ―話 몸짓·손짓을 곁들여 하는 말, 그런 투의 만담
[慣用句]
―が無い ①달리 방법이 없다, 하는 수 없다 ②안되겠다, 형편없다, 틀려 먹다 ③어쩔 도리가 없다, 견딜 수 없다

**じかた**【地方】①[藝](일본 무용에서) 반주 음악이나 노래의 담당자 ②[日史](江戸시대에) 시골, 농촌의 토지·조세 제도나 농업 정책¶~役人 시골 관리 ―三役[日史]→ 村方役 ②―文書[日史] 江戸시대 村方가 작성한 공문서·기록 등의 총칭

**じかた**【地形】→ 地形

**じかたび**【地下足袋】(일본 버선 모양의) 노동자용 작업화

**じがため**【地固め】①(건축전의) 터 다짐, 달구질 ②기초 작업, 준비¶立候補への~ 입후보의 사전 준비

**じかだんぱん**【直談判】[名][自スル] 직접 담판

**しかつ**【死活】사활, 생사¶~にかかわる 사활에 관계되다 ―問題 사활 문제

**しがつ**【四月】사월 ―馬鹿 만우절

**じかつ**【自活】[名][自スル] 자활¶~の道を得る 자활의 길을 얻다

**しかつめらし·い**[形] ①(태도·표정이) 긴장하여 진지하다, 짐짓 점잔 빼다¶~顔 진지한 듯한 얼굴 ②의례적이다¶~挨拶 의례적인 인사

**しかと**【確と】[副] ①군게, 꼭, 단단히¶~約束する 군게 약속하다 ②분명하게, 확실히, 틀림없이¶~見届ける 확실히 지켜보다

**しがな·い**[形] ①보잘것없다, 시시하다, 하찮다¶~サラリーマン 시시한 월급쟁이 ②가난하다¶~暮らし 옹색한 살림

**じかに**【直に】[副] 직접, 바로¶~話す 직접 말하다/ 肌に~着る 맨살에 바로 입다

**じがね**【地金】①지금, 바탕쇠¶刀の~ 칼의 지금 ②본바탕, 본성
[慣用句]
―が現れる 본바탕[본성]이 나타나다
―を出す 본성이 드러나다
―を出す 본성을 드러내다

**しかのみならず**【`然のみならず`】[接][文] 뿐만 아니라, 게다가¶問題が多い, ~難問

ばかりだ 문제가 많다, 게다가 어려운 문제뿐이다

**じかばき**【直穿き·直履き】맨발에 바로 신음¶下駄を~にする 나막신을 맨발에 신다

**じがばち**【似我蜂】[動] 나나니벌

**しかばね**【`屍·`尸】①송장, 시체¶生ける~ 산송장 ②「しかばねかんむり」의 준말
[慣用句]
―に鞭打つ 죽은 사람을 비난하다

**しかばねかんむり**【`屍冠·`尸冠】(한자 부수의) 주검시밑▷「尾·屋」등의「尸」부분

**じかび**【直火】[料] (재료를) 불에 직접 구움, 그런 불¶~で焼く 불에 직접 굽다

**じかまき**【直播·直蒔き】[名][他スル][農](씨앗을) 직접 파종함, 직파

**じがみ**【地紙】①부채·우산에 바르는 두꺼운 종이 ②(금박·은박 등을 붙이는) 바탕 종이

**しがみ** 제 머리털¶~入れ髪

**しがみつ·く**[自五] 매달리다 ①꼭 붙들다, 붙들고 늘어지다¶腕に~ 팔에 매달리다 ②집착하다¶過去の栄光に~ 과거의 영광에 매달리다

**しかみひばち**【`獅噛火鉢】다리 부분 등에 사자 얼굴을 새겨 넣은 둥근 금속제 화로

**しかめっつら**【`顰め面】[口] 찌푸린[찡그린] 얼굴

**しか·める**【`顰める】[他下一] (고통 등으로) 찡그리다, 찌푸리다¶顔を~ 얼굴을 찡그리다

**しかも**【`然も·`而も】[接] ①그 위에, 게다가, 그러고도¶手軽で~便利な機械 간단하고 게다가 편리한 기계 ②그런데도, 그럼에도 불구하고¶二度も失敗して, ~あきらめるようすがない 두 번 실패했음에도 단념하는 기색이 없다

**しがらきやき**【信楽焼】滋賀현 甲賀군(郡) 信楽지방에서 생산되는 도자기

**しから·しめる**【`然らしめる】[他下一][文] 그렇게 만들다, 그렇게 시키다¶努力の~ところだ 노력의 소산이다

**しからずんば**【`然らずんば】[接][文] 그렇지 않으면, 아니면¶自由か~死を 자유가 아니면 죽음을

**しからば**【`然らば】[接][文] 그러면, 그렇다면, 그럼¶~これはいかが 그러면 이것은 어떤지/ ~御免 그럼 실례

**しがらみ**【柵】①책, 수책 ②[比] 얽매는[가로막는] 것¶恋の~ 사랑의 굴레

**しかり**【`然り】[自][ラ変][文] 그렇다, 그대로다, 틀림없다
[慣用句]
―と雖も 그렇다 하더라도, 그렇기는 하지만, 그러나

**しかりしこうして**【`然り`而うして】[接][文] 그리고, 그러고는, 그리하여¶~, 学者への道を歩むな 그리하여 학자의 길을 걷다

**しかりつ·ける**【`叱り付ける】[他下一] 몹시 야단치다, 꾸짖다, 호통치다¶頭ごなしに~ 덮어놓고 호통치다

しかりとば・す [*叱(り)飛ばす] 他五 호되게 꾸짖다, 혼쭐내다¶ 子供を~ 아이를 호되게 꾸짖다

しか・る [*叱る·*呵る] 他五 꾸짖다, 나무라다¶ 生徒を~ 학생을 꾸짖다

しかるに [*然るに·*而るに] 接 (文) 그런데, 그런데도¶ ～何ぞや 그런데 이게 뭔가

しかるべき [*然るべき] 連語 (文) ①《「…て~」의 꼴로》 마땅하다, 당연하다¶ しかられて～だ 꾸중을 들어 마땅하다 ②합당한, 적당한, 응분의¶ ～処置 응분의 조치／～人物を選ぶ 합당한 인물을 선정하다

しかるべく [*然る可く] 副 (文) 적절하게, 적당히, 좋도록¶ ～答えておく 적당히 대답해 두다

しかれども [*然れども] 接 (文) 그렇기는 하나, 그렇지만, 그러나

しかれば [*然れば] 接 (文) ①그러므로, 그렇기 때문에, 그러니까 ②그래서, 그런데

しかん [士官] 사관, 장교¶ ～学校 사관 학교 ―候補生 사관 후보생

しかん [子癇] 자간, 아혼 (兒癎)

しかん [止観] 佛 지관 ①정신을 집중시켜 올바른 지혜로 대상을 관조함 ②「天台宗」의 딴이름

しかん [仕官] 名 自スル 사관 ①관직에 오름 ②(무사가) 주군을 섬김

しかん [史官] 사관 ①(옛날에) 문서·기록을 관장하던 관리 ②역사 편찬을 담당하는 관리

しかん [史観] 사관, 역사관

しかん [弛緩] 名 自スル 이완

しかん [*屍姦] 시간, 시체를 범하는 일

しかん [師管·*篩管] 植 사관, 체관

しかん [*祠官] (文) 신관, 제관＝かんぬし

しかん [詩巻] 시권, 시집＝詩集

しがん [此岸] 佛 차안, 이승, 현세 ↔彼岸

しがん [志願] 名 他スル 지원¶ ～者 지원자／～して入隊する 지원하여 입대하다

じかん [字間] 자간, 글자 사이의 간격

じかん [次官] 政 차관¶ 事務～ 사무 차관

じかん [時間] 시간¶ 約束の～ 약속 시간／～がたつ 시간이 지나가다／～眠る 열 시간 자다 ―外 시간외 ―芸術 시간 예술 ―講師 시간 강사 ―差攻撃 (배구에서) 시간차 공격 ―帯 시간대 ―潰し ①시간을 헛되이 보냄 ②심심풀이 ―表 ①시간표 ②작업 진행 시간표 ②수업 시간표 ③운행 시간표 ―割 (수업) 시간표, (공사) 예정표

じかん [時艱] (文) 시간, 시국의 당면 난제

じがん [慈眼] 佛 자안, (부처·보살의) 자비로운 눈＝じげん

じがん [慈顔] (文) 자안, 자애로운 얼굴

しかんたざ [*只管打*坐·*祇管打*坐] 佛 (선종에서) 오로지 좌선에만 전념함

しき [式] 曽 シキ (음) 식, I (造語) ①의식, 식장¶ ～場 식장·儀式 의식·結婚式 결혼식 ②규칙, 방식, 형식¶ 格式 격식·形式 형식·和式 일본식 ③계산 방법,수식¶ 数式 수식 II ①의식, (특히) 결혼식¶ ～をあげる 식을 올리다 ②数 수식¶ ～を立てる 수식을 세우다

しき [識] 曽 シキ 訓 しる (음) 식, (造語) ①식별하다, 식별 능력, 알다¶ 識別 식별·意識 의식·学識 학식 ②佛 지각·인식 작용¶ 眼識 안식 ③알고 지내다¶ 面識 면식 ④표시, 기록하다¶ 標識 표지

しき 副助 《대명사「これ·それ·あれ」를 받아》 겨우〔고작〕…정도〔쯤〕, …까지¶ なんの, これ～のことで 될 겨우 이까짓 일로

しき [*鋪] (광산의) 갱도, 갱내의 한 구간

しき [敷] (造語) ①깔개, 받침¶ 鍋～ 냄비 받침／した～ 책받침 ②《「…畳」의 꼴로》 깔아놓은 畳의 수로 방의 크기를 나타냄¶ 二十畳～の広間 다다미 20장 넓이의 큰 방 ③「敷布団」의 준말 ④「敷地」의 준말 ⑤「敷金」의 준말

しき [色] 佛 색, 형태를 지닌 모든 것, 물질¶ ～即是空 색즉시공

しき [士気] 사기¶ ～が揚がらない 사기가 오르지 않다／～を高めさる 사기를 높이다

しき [子規] 「ほととぎす」의 딴이름, 자규

しき [四季] 사계, 사철¶ ～折々の花 계절마다의 꽃 ―咲き 植 사철 꽃이 핌, 그런 품종

しき [死期] 사기, 죽을 때, 임종¶ ～が迫る 임종이 다가오다／～を早める 죽음을 재촉하다

しき [志気] 지기, 의지

しき [私記] 사기, 개인적인 기록

しき 始まる 시기 ①시작되는 시기 ②法 법률 행위의 효력이 발생하는 시기

しき [指揮] 名 他スル 지휘¶ 全軍の～をとる 전군의 지휘를 하다／オーケストラを～する 오케스트라를 지휘하다 ―官 지휘관 ―権 法 지휘권 ―者 지휘자 ―棒 지휘봉

しき [紙器] 지기, 종이 그릇, 종이 상자

しぎ [鴫] 動 도요새

しぎ [仕儀] (文) (좋지 않은) 형편, 사정, 결과¶ かような～とあいなりました 이런 형편이 되었습니다

しぎ [市議] 政 시의회 의원

しぎ [私議] (文) I 名 사견＝私見 II 名 他スル 뒤에서 비방함¶ ～する者あり 뒤에서 비방하는 자가 있다

しぎ [試技] 시기 ①(역도 등에서) 허용된 세 번의 경기¶ 一回めの～で成功する 첫번째 시기에서 성공하다 ②(실제 경기 전에 하는) 예행 경기

じき [直] I 名 직접¶ ～の取引 직거래／～の返答を承りたい 직접적인 대답을 듣고 싶다 II 副 ①(口) 곧, 바로¶ ～に終わる 곧 끝나다／～そばにいる 바로 옆에 있다

じき [次期] 차기, 다음 시기¶ ～の選挙 차기 선거

じき [自記] 名 他スル 자기 ①자기가 기록함 ②자동으로 기록함¶ ～温度計 자기 온도계

じき [自棄] 名 자기¶ 自暴～ 자포 자기

じき [時季] 계절, 시즌, 철¶ 行楽の～ 행락의

락철/ ~外ばずれの着物もの 철 지난 옷
じき [時期] 시기, 때¶ 忙いそがしい~ 바쁜 시기/ ~が来くれば分わかる 때가 오면 안다 ―尚しょう早そう 시기 상조
じき [時機] 시기. 적당한 기회¶ ~到来とうらい 시기 도래/ ~をうかがう 시기 호기를 엿보다
じき [磁気] 【物】 자기¶ ~をおびる 자기를 띠다 ―嵐あらし 【地】 자기 폭풍 ―機雷きらい 【軍】 자기 기뢰 ―ディスク 〖컴〗 자기 디스크
じき [磁器] 자기. 사기 그릇
じぎ [字義] 자의. 한자의 뜻¶ ~どおりの解釈かいしゃく 한자의 뜻 대로의 해석
じぎ [児戯] 〈文〉 아회. 아이들 장난
慣用句
―に類るいする 아이들 장난 같다, 유치하다
じぎ [時宜] 시의. 때가 알맞음, 시기 적절함¶ ~を得える 시의를 얻다다/ ~にかなった発言はつげん 시기 적절한 발언
じぎ [辞儀・辞宜] 名 自スル ① (「お~」의 꼴로) 머리 숙여 절함, 인사함¶ お~をする 인사를 하다 ②〈文〉 사양, 사퇴¶ ~に及およぶ 사퇴하기에 이르다
しきい [敷居] 【建】 문지방, 문턱 ⇔ 鴨居かもい
慣用句
―が高たかい 문턱이 높다. (면목이 없어) 찾아가기 겸연쩍다
―を跨またぐ 문지방을 넘다, 그 집에 출입하다
しきいき [識閾] 【心】 식역. 의식 작용이 생기고 소멸하는 경계
しきいし [敷石] 포석(鋪石). 도로・정원 등에 까는 돌¶ ~を敷しく 포석을 깔다
しきいた [敷板] ① 깔판 ②마루청, 청널 ③발판
しきうつし [敷(き)写し] 名 他スル ① (서화 등의) 투사(透寫) = 透すき写うつし ②표절¶ 論文ぶんを~する 논문을 표절하다
しきかい [色界] 【佛】 색계. 삼계(三界)의 하나
しぎかい [市議会] 【政】 시의회 = 市会しかい ―議員いん 시의회 의원
しきかく [色覚] 【醫】 색각. 색을 식별하는 감각 = 色感しきかん ―異常いじょう 색각 이상
しきがみ [敷(き)紙] ①물건에 까는 종이 ②종이 깔개
しきがわ [敷(き)皮] 모피 깔개
しきがわ [敷(き)革] 구두 안창
しきがわら [敷瓦・甃] 땅에 까는 납작한 기와
しきかん [色感] ①색감¶ 色에서 받는 느낌¶ 鮮あざやかな~ 산뜻한 색감 ②색을 분별하는 감각 = 色覚しきかく¶ 鋭するどい~ 예리한 색감
しきぎょう [私企業] 사기업 ⇔ 公企業こうきぎょう
しききん [敷金] 집세 보증금¶ ~を入いれる 집세 보증금을 걸다
しきけん [識見] 〈文〉 식견. 견식 ¶ 卓越たくえつした~ 탁월한 식견
しきご [識語] 〈文〉 사본 등의 본문 뒤나 앞에 베낀 날짜・내력 등을 적은 간기(刊記) = しごじご
しきさい [色彩] 색채 ①빛깔 = いろどり¶ ~政治的せいじてきな~を帯おびる 정치적 색채를 띠다

다 ―語ご 색채어. 색상을 나타내는 말 ―調ちょう節せつ 색채 조절
じきさん [直参] ①주군을 직접 섬기는 신하 ②(江戸えど時代) 幕府ふ에 직속된 1만 석 이하의 가신 ⇔ 陪臣ばいしん
しきし [色紙] ①(和歌か・俳句はいく를 적는) 네모진 두꺼운 종이 ②(바느질에서) 낡은 옷의 안에 덧대는 천 ▷「いろがみ」는 별항 ―継つぎ 낡은 옷의 안에 천을 덧대고 겉에 아주 작은 바늘땀을 내는 바느질법
しきじ [式次] 식순 = 式次第しだい
しきじ [式辞] 식사¶ ~を述のべる 식사를 하다
しきじ [識字] 식자. 문자를 알게 됨¶ ~率りつ 식자율 ―運動うんどう 문맹 퇴치 운동
じきじき [直直] 名 直接¶ ~の取とり調しらべ 직접 취조/ ~に訴うったえる 직접 호소하다
しきしだい [式次第] 식순 = 式次しきじ
しきじつ [式日] ①의식이 있는 날 ②축일, 경축일 = 祝日しゅくじつ
しきしま [敷島] ① 「大和やまとの国くに」의 딴이름. 일본 ②「敷島しきしまの道みち」의 준말 ―の 【枕】 「大和やまと・日本にほん」 등을 수식함 ―の道みち 和歌わか의 도(道)
しきしゃ [識者] 식자. 지식인¶ ~に意見いけんを聞きく 식자에게 의견을 묻다
しきじゃく [色弱] 색약. 정도가 낮은 색맹
じきしょ [直書] I 名 他スル 자필, 자필 문서 = 直筆じきひつの遺言状ゆいごんじょう 자필 유언장 II 名 주군이 직접 신하에게 내리는 서장¶ 将軍しょうぐんの~ 장군의 친필 서장
しきじょう [式場] 식장¶ ~に赴おもむく 식장으로 가다
しきじょう [色情] 색정. 색욕 = 色欲しきよく¶ ~をそそる 색정을 돋구다 ―狂きょう 색정광. 색광
しきしん [色神] 색신. 색각 = 色覚しきかく
しきそ [色素] 색소¶ 有ゆう色しょく~ 유독 색소
じきそ [直訴] 名 他スル 직소¶ ~状じょう 직소장/ 領主りょうしゅに~する 영주에게 직소하다
しきそう [色相] 색상 ①색조 ②【佛】 육안으로 볼 수 있는 형상 ③에의 3요소의 하나
じきそう [直奏] 名 他スル 직주. 직접 상주(上奏)함¶ 王おうに~する 왕에게 직접 상주하다
しきそくぜくう [色即是空] 【佛】 색즉시공
しきだい [式台] 【建】 (일본식 주택의) 현관 앞의 한 단 낮은 마루
しきたり [仕来り・為来り] 관례, 관습¶ ~を守まもる 관례를 지키다/ ~に縛しばられる 관습에 얽매이다
じきだん [直談] 名 自スル 직담. 직접 담판
しきち [敷地] 부지. 대지
しきちょう [色調] 색조 = 色合いろあい¶ おちついた~ 안정된 색조
しきつ・める [敷(き)詰める] 他 下一 (전면에) 빈틈없이 깔다¶ 座ざぶとんを~ 방석을 빈틈없이 깔다
じきでし [直弟子] 직제자. 스승에게 직접 가르침을 받는 제자
しきてん [式典] 식전. 식¶ 記念きねん~ 기념 식전

**じきでん** [直伝] (비법 등을) 직접 전수함. 그런 전수¶ ～の秘法¶ 직접 전수받은 비법

**しきどう** [色道] 정사(情事)에 관한 일

**じきとう** [直答] 名他スル 직답 ①직접 대답함¶ ～を求める 직답을 요구하다 ②즉석에서 대답함¶ ～を避ける 직답을 피하다

**じきどう** [食堂] 〖佛〗절의 식당

**しきね** [敷(き)寝] (돗자리 등을) 밑에 깔고 잠. 그런 깔개 **一の船** 칠복신(七福神)과 보물선을 그린 그림

**しきねん** [式年] 정례적으로 제사를 지내는 해¶ ～祭 정례적으로 지내는 제사

**じきのう** [直納] 名他スル 직납. 직접 납부

**しきび** [式微] 名自スル 〔文〕식미. 쇠미. 쇠퇴¶ 王室の～ 왕실의 쇠미

**じきひ** [直披] 친전= 親展 · ちょくひ

**じきひつ** [直筆] 자필. 친필= 自筆 ⇔代筆¶ ～の手紙 자필 편지

**しきふ** [敷布] 요 위에 까는 천. 욧잇. 시트

**しきぶ** [式部] ①궁녀의 호칭 ②「式部省」의 준말 **一省** (律令制 관제에서) 8성(省)의 하나. 太政官에 속하여 문관의 인사 등을 관장하던 관청

**しきふく** [式服] 예복= 礼服¶ ～を着用する のこと 예복을 착용할 것

**しきぶとん** [敷(き)布団 · 敷(き)蒲団] 요

**しきべつ** [識別] 名他スル 식별¶ 色の～ 색의 식별/ 性別を～する 성별을 식별하다

**しきほう** [式法] 〔文〕식법. 의식과 예법

**しきま** [色魔] 색마¶ 希代の～ 희대의 색마

**じきまき** [直(播き · 直蒔き] → しかまき

**しきみ** [樒 · 梻] 붓순나무= しきび

**じきみや** [直宮] 天皇와 직접 혈연인 황족

**しきもう** [色盲] 〔醫〕색맹

**しきもく** [式目] ①〖史〗(武家 시대에) 법규를 조항별로 기록한 것 ②連歌나 俳諧에 관한 규칙을 총괄하여 기록한 것

**しきもの** [敷物] 깔개

**しきもの** [直物] 〔經〕현물 **一市場** 현물 시장 **一相場** 현물 시세

**じきもん** [直門] 스승에게서 직접 지도를 받음. 그런 사람= 直弟子

**しぎやき** [鴫焼(き)] 〔料〕가지에 기름을 발라 굽고 된장으로 간한 뒤 다시 한번 구운 음식

**しぎゃく** [嗜虐] 〔文〕기학. 잔학한 일을 즐김¶ ～趣味 기학 취미

**じぎゃく** [自虐] 자학. 스스로 자기를 학대함¶ ～の子宮 〔醫〕자궁¶ ～癌 자궁암 **一外妊娠** 〔醫〕자궁외 임신 **一筋腫** 〔醫〕자궁 근종

**しきゅう** [支給] 名他スル 지급¶ 現物～ 현물 지급/ 手当を～する 수당을 지급하다

**しきゅう** [四球] 〖野〗사구. 포볼

**しきゅう** [死球] 〖野〗사구. 데드볼

**しきゅう** [至急] 지급¶ ～便 지급편/ ～にお送りください 급히 보내 주십시오

**じきゅう** [自給] 名他スル 자급¶ 食糧を～する 식량을 자급하다 **一自足** 자급 자족

**じきゅう** [持久] 名 지구. 오래 견딤¶ ～力 지구력 **一戦** 지구전

**じきゅう** [時給] 시급. 시간급= 時間給

**しきゅうしき** [始球式] 〖野〗시구식

**しきゅうたい** [糸球体] 〖醫〗사구체

**しきょ** [死去] 名自スル 사거. 사망¶ ～の知らせ 사망 통지. 부고

**しぎょ** [仔魚] 〖水〗어류의 초기 발육 단계

**じきょ** [辞去] 名自スル 사거. 인사를 하고 떠남¶ 知人の家を～する 친지댁에서 작별 인사를 하고 나오다

**しきょう** [司教] 〖가〗주교

**しきょう** [市況] 〔經〕시황. (주식 · 상품 등의) 거래 상황 **一株式** ～ 주식 시황

**しきょう** [示教] 名他スル 시교. 교시= 教示¶ ～を乞う 시교를 바라다

**しきょう** [至境] 〔文〕(예도 등에서) 최고의 경지¶ ～の演技 최고의 경지에 이른 연기

**しきょう** [指教] 名他スル 〔文〕지교. 구체적으로 지시하여 가르침¶ ～を仰ぐ 지교를 바라다

**しきょう** [詩境] 시경. 시적 경지 · 세계

**しきょう** [詩興] 시흥¶ ～がわく 시흥이 솟다

**しぎょう** [始業] 名自スル 시업 ①(그 날의) 업무 개시¶ ～時間 업무 개시 시간 ②(한 학기의) 수업의 시작. 개학¶ ～日 개학일 **一式** 시업식 ①시무식 ②개학식

**しぎょう** [斯業] 〔文〕이 사업. 이 방면의 사업¶ ～の発展に努力する 이 방면의 사업 발전에 노력하다

**じきょう** [自供] 名他スル 〔法〕자공. 자백¶ 犯行を～する 범행을 자백하다

**じきょう** [自彊] 〔文〕자강. 스스로 노력함¶ ～やまず 자강 불식하다

**じきょう** [持経] 〖佛〗지경 ①경전을 믿고 늘 독송하는 일 ②(독송하려고) 늘 가지고 다니는 경전. (특히) 법화경

**じぎょう** [地形] ①(건축 전의) 터 다지기. 달구질 ②(건축물의) 기초 공사 ③지형. 토지의 형태¶ ～が悪いい 지형이 나쁘다

**じぎょう** [事業] 사업¶ 慈善～ 자선 사업/ 難～をやりとげる 어려운 사업을 해내다/ ～に手を出す 사업에 손을 대다 **一家** 사업가 **一税** 사업세. 영업세

**しきょうひん** [試供品] 시공품. 견본품

**しきょく** [支局] 지국¶ 新聞社の～ 신문사의 지국

**しきょく** [私曲] 〔文〕사곡. 사리를 꾀하여 공정치 못함

**しきよく** [色欲 · 色慾] 색욕 ①성적 욕망. 정욕¶ ～におぼれる 색욕에 빠지다 ②색정과 이욕¶ ～ともに盛んな人 색욕이 왕성한 사람

**じきょく** [時局] 시국¶ 重大な～を迎える 중대한 시국을 맞이하다

**じきょく** [磁極] 자극 ①〖物〗(자석의) 남극 · 북극 ②(지구의) 남자극 · 북자극

**じきらん** [直覧] 名他スル 〔文〕직람. 친전(親展)¶ ～の栄を賜る 직람의 광영을 주시다

しきり【仕切(り)】 ①칸을 막음, 칸막이¶部屋に~を設ける 방에 칸막이를 설치하다 ②결산, 청산¶~帳 결산 대장 ③(相撲) 씨름꾼이 맞붙을 자세를 취함¶ 仕切りに入る 두 씨름꾼이 맞붙을 자세를 취하다 ④(經) 증권 회사가 고객의 주문을 장외에서 매매하는 일「仕切り金」의 준말 ―金 청산금 ―書 청산금・상품 명세서, 청구서, 송장 ―直し(相撲) 씨름꾼이 맞붙을 자세를 취했으나 호흡이 맞지 않아 다시 자세를 취하는 일 ―値段 ①그때그때 매매가 형성된 가격 ②(거래에서) 장외 매매 가격

しきり【頻り】名 빈번함, 자꾸 되풀이됨, 거듭됨¶悔やむこと~だ 거듭 뉘우치다

しきりと【頻りと】副(口) → しきりに

しきりに【頻りに】副 ①끊임없이, 계속해서¶~催促する 자꾸만 재촉하다/犬が~ほえる 개가 계속해서 짖다 ②몹시, 매우, 열심히¶~恋しがる 몹시 그리워하다

しき・る【頻る】自五(補動) 몹시 …하다, 계속 …하다¶降り~雨 계속 내리는 비/鳥が鳴き~ 새가 몹시 울다

しき・る【仕切る】 I 他五 ①칸막이하다, 구획하다¶部屋を~すまで~ 방을 맹장지로 칸막이하다 ②(장부에) 결산하다, 마감하다¶月末で~ 월말로 결산하다 II 自五(相撲) 씨름꾼이 맞붙을 자세를 취하다

じきわ【直話】名自スル 직접 하신, 직접 한[들은] 말¶体験者の~ 체험자가 직접 한 말

しきわら【敷(き)藁】 (축사 바닥이나 농작물 보호를 위해) 까는 짚, 깃¶~を干す 짚을 말리다

しきん【至近】名 지근. 아주 가까움¶~距離 지근 거리

しきん【資金】 자금¶運転~ 운전 자금/~難がひどい 자금난이 심하다/政治~を調達する 정치 자금을 조달하다 ―繰り 자금의 융통(변통)

しきん【賜金】 사금. 하사금

しぎん【市銀】(經) 시은. 시중 은행

しぎん【齒齦】(醫) 치은. 잇몸¶~炎 치은염

しぎん【詩吟】 시음. 한시에 가락을 붙여 읊음

しきんせき【試金石】 시금석 ①(가치・능력의) 평가 기준¶優勝の~を占う~ 우승을 점치는 시금석 ②(鑛) 귀금속의 순도・품위를 조사하는 돌

し・く【如く・若く・及く】自五(文) 필적하다, 미치다¶桜に~花はない 벚꽃에 필적할 꽃은 없다/歌にかけては、彼女ほどに~者はいない 노래에 있어서는 그녀만한 사람은 없다

し・く【敷く】他五 ①깔다, 펴다¶布団を~ 이부자리를 펴다/庭に砂利を~ 정원에 자갈을 부설하다 ②부설하다¶鉄道を~ 철도를 부설하다 ③깔다, 깔아 뭉개다¶夫を尻に~ 남편을 깔아 뭉개다 ④【布く】(널리) 시행하다, 펴다¶戒厳令を~ 계엄령을 펴다/軍政を~ 군정을 펴다

しく【四苦】(佛) 사고. 생・노・병・사의 네 가지 고통

しく【市区】 시구 ①시가의 구획¶~改正 시구 개정 ②시(市)와 구(區)

しく【詩句】 시구. 시의 구절[문구]¶~を引用する 시구를 인용하다

じく【軸】曾ジク(ヂク)(音)축. I (造語) ①굴대, 축¶車軸 차축 ②두루마리・족자의 심대¶軸木 심대・卷軸 권축 ③회전이나 사물의 중심¶主軸 주축・地軸 지축 II ①(機) 축. 굴대¶車~の~ 바퀴의 굴대 ②(두루마리・족자의) 심대 ③족자¶~をかける 족자를 걸다 ④(붓・펜 등의) 자루, 대¶筆の~ 붓대 ⑤회전축 ⑥(사물의) 중심이 되는 것, 그런 사람¶チームの~ 팀의 중축 ⑦(俳句 등에서) 후기에 적힌 선자의 말 ⑧(數) 축¶座標~ の~ 좌표의 축 ⑨(助數) 족자 등을 세는 말¶卷物一~ 족자 하나

じく【字句】 자구. 문자와 어구

じくあし【軸足】 (운동할 때) 자기 몸을 받치는 축이 되는 쪽의 다리

じくう【時空】 시공. 시간과 공간¶~を超越する 시공을 초월하다

じくうけ【軸受(け)・軸承(け)】 ①(문짝 등의) 축을 받치는 부분. 은저귀¶ドアの~ 도어의 암톨쩌귀 ②(機) 축받이, 베어링

しくかつよう【シク活用】(文法) 어미가「しく・しく・し・しき・しけれ」로 활용하는 문어 형용사의 활용 형식

じくぎ【軸木】 ①(족자 등의) 심대 ②(성냥의) 나뭇개비 부분

しぐさ【仕草・仕種】 ①하는 짓, (하는) 몸짓・태도¶妙な~な 묘한 태도/~がかわいい 하는 짓이 귀엽다 ②배우의 몸짓・표정, 연기¶~はうまいが、せりふはだめだ 연기는 잘하나 대사는 틀렸다

じくじ【忸怩】 (形) (文) 육니. 부끄럽고 창피스러움¶内心~たるものがある 내심 창피한 점이 있다

しくしく I 副 훌쩍훌쩍¶~と泣く 훌쩍훌쩍 울다 II 副自スル (약하게 찌르듯 아픈) 살살, 콕콕¶おなかが~する 배가 살살 아프다

じくじく 副自スル(口) 질척질척, 질퍽질퍽, 질금질금¶傷口がうんで~する 상처가 곪아서 질척질척하다

しくじ・る 他五(口) ①실수하다, 그르치다¶試験で~ 시험에서 실수하다 ②(과실로) 해고되다¶会社を~ 회사에서 해고되다

しぐち【仕口】(建) 두 개 이상의 재목을 접합하는 법, 그렇게 이은 부분

じぐち【地口】(表) 속담・성구 등과 발음이 비슷한 글귀를 만드는 말장난

しくつ【試掘】名他スル 시굴¶~權 시굴권/石油を~する 석유를 시굴하다

シグナル (signal) 시그널 ①신호 ②신호기¶駅の~ 역의 신호기

しくはっく【四苦八苦】 I 名(佛) 사고팔고 II 名自スル 몹시 고생함¶借金の返済に~する 빚을 갚는 데 몹시 고생하다

じくばり [字配り] (서예 등에서) 글자의 배치, 배자(配字)¶ ～がよい 글자 배치가 좋다
しくみ [仕組(み)] 구조, 짜임새, 계획, 궁리¶ 複雑な～ 복잡한 구조
し・く・む [仕組む] 他五 ①(나쁜 일을) 계획하다, 짜다, 획책하다¶ 完全犯罪を～ 완전 범죄를 계획하다 ②(소설 등의) 줄거리를 짜다, 구성하다¶ 芝居に～ 연극으로 꾸미다
じぐも [地(蜘蛛)] [動] 땅거미 = つちぐも
じくもの [軸物] 족자, 두루마리 책・그림
しぐれ [時雨] (늦가을의) 오락가락하는 비 —煮 조갯살・다랑어에 생강 등을 넣고 조린 것
しぐ・れる [〈時雨〉れる] 自下一 늦가을 비가 오락가락 내리다
じくろ [*舳艫] (文) 축로. 배의 고물과 이물
[慣用句]
一相ふくむ 많은 배가 잇달아 나아가다
じくん [字訓] 자훈. 한자의 훈독(訓讀)
しくんし [士君子] (文) 사군자. 학식이 많고 덕망이 높은 사람
しくんし [四君子] 사군자. (동양화에서) 매(梅)・란(蘭)・국(菊)・죽(竹)
しけ [時化] ①(비바람으로) 바다가 거칠어짐 ⇔ 凪 ②～になる 바다가 거칠어지다 ②(바다가 거칠어져) 물고기가 잘 잡히지 않음, 흉어 ③(흥행・상점 등의) 불경기¶ ～続きの映画界 불경기가 계속되는 영화계
しけ [師家] [佛] 스승으로서 학덕을 겸비한 선승(禪僧) (특히) 참선승(參禪僧)
じげ [地下] [日史] ①당하관 ⇔ 殿上人・堂上 ②평민 = 地下人
しけい [死刑] [法] 사형¶ ～に処す 사형에 처하다 —囚 사형수
しけい [私刑] (文) 사형, 린치 = リンチ
しけい [紙型] [版] (활판 인쇄의) 지형¶ ～を取る 지형을 뜨다
しけい [詩形・詩型] (文) 시형. 시의 형식
しげい [至芸] (文) 최고의 기예, 예(藝)의 극치
じけい [字形] 자형. 글자 모양
じけい [次兄] 차형, 중형, 둘째 형
じけい [自形] [鑛] 자형. 광물 고유의 결정 구조
じけい [自警] [名] 自スル 자경. 스스로 경계・경비함¶ ～団 자경단
しけいおん [歯茎音] [文法] 치경음. 허끝소리
しけいざい [私経済] [經] 사경제. 개인・사법인의 경제 행위
しげいしゃ [*淑景舎] ①옛날 궁중 동북부 구석에 있던 전각 = 桐壺 ②しげいさ ②에 거처하던 女御¶ 更衣등의 호칭
しけいと [*絓糸] 괘사. 누에고치의 겉쪽에서 뽑은 질이 나쁜 명주실
しけおり [*絓織] 괘사로 짠 직물, 괘사직
しげき [史劇] 사극. 역사극
しげき [刺激・刺戟] [名] 自スル 자극¶ 目を～する光 눈을 자극하는 빛/ 国民感情を～する 국민 감정을 자극하다 —的 [ダ] 자극적¶ ～な発言 자극적인 발언
しげき [詩劇] (文) 시극. 운문으로 쓰여진 희곡

しげく [*繁く] 副 자주, 빈번히¶ 足～通う 뻔질나게 드나들다
しけこ・む [*繁こむ] 自五 ①(유곽 등에) 틀어박혀 놀다¶ 料理屋に～ 요릿집에 틀어박혀 놀다 ②(돈이 없어) 집에만 틀어박혀 있다
しげしげ [*繁*繁] 副 ①자주, 뻔질나게, 빈번히¶ ～と出入りする 자주 출입한다 ②찬찬히, 차근차근¶ ～と見つめる 찬찬히 여다보다
しけつ [止血] 名 自スル 지혈¶ ～剤 지혈제
じけつ [自決] 名 自スル 자결 ①자살¶ 責任を取って～する 책임을 지고 자결하다 ②스로 결정함¶ 民族～主義 민족 자결주의
しげどう [*重藤・*滋藤] 줌통을 등나무 줄기로 여러 겹 감은 활
しげみ [茂み・*繁み] 숲, 수풀, 덤불¶ 庭の～ 정원의 수풀/ バラの～ 장미 덤불
しげりあ・う [茂り合う・*繁り合う] 自五 무성하게 우거지다, 빽빽이 들어차다
し・げる [*時化る] 自下一 ①바다가 거칠어지다¶ 台風で海が～ 태풍으로 바다가 거칠어지다 ②(바다가 거칠어져) 고기가 잘 잡히지 않다 ③(俗) (「～・けた・～・けている」의 꼴로) 불경기로 우울해지다, 돈 사정이 나빠지다¶ ～・けた顔 (불경기로) 시들한 얼굴/ 懐が～・けている 주머니 사정이 나쁘다
し・ける [*湿気る] 自下一 습기가 차다, 눅눅해지다¶ ビスケットが～ 비스켓이 눅눅해지다
しげ・る [茂る・*繁る] 自五 우거지다, 무성해지다¶ 青葉が～ 푸른 잎이 우거지다
しけん [私見] 사견 ①개인적인 의견¶ ～に過ぎない 사견에 불과하다 ②자기 생각에 대한 겸사말¶ ～によれば 제 생각으로는
しけん [私権] [法] 사권. 사법상의 권리
しけん [試験] 名 他スル 시험¶ 選抜～ 선발 시험/ 飛行～ 시험 비행/ 性能を～する 성능을 시험하다 —官 시험관 —管 [化] 시험관 —地獄 시험 지옥 —切除 [醫] 시험 절제, 생검 —的 [ダ] 시험적
しけん [至言] (文) 지언. 지당한 말¶ けだし～である 확실히 지당한 말이다
しげん [始原] (文) 시원. 원시 = 原始
しげん [資源] 자원¶ 人的～ 인적 자원/ ～開発 자원 개발/ 地下～に恵まれる 지하 자원이 풍부하다
じけん [事件] 사건¶ 歴史的～ 역사적 사건/ 誘拐～ 유괴 사건 —記者 (경찰 출입) 사건 기자
じげん [示現] 시현 Ⅰ 名 自他スル (文) 신불이 영검을 보임 Ⅱ 名 自スル [佛] 부처・보살의 현신
じげん [字源] 자원 ①문자의 기원, (특히) 한자의 성립 ②仮名などの 근본이 된 한자
じげん [次元] 차원 ①[數] 공간의 넓이를 나타내는 개념¶ 三～ 삼차원 ②[物] 물리량의 기본 단위와 유도 단위의 관계를 나타내는 지수 ③(사고 방식 등의) 수준, 입장¶ ～がちがう 차원이 다르다
じげん [時言] (文) 시언. 시국담, 시평

じげん【時限】①시한¶～装置そう 시한 장치 ② (수업의) 교시¶第一だいい～の授業じゅぎょう 제1교시 수업 一ストライキ 시한부 파업 一爆弾ばくだん 시한 폭탄 一立法りっぽう【法】시한 입법. 한시법

じげん【慈眼】【佛】자안. 부처・보살의 자비로운 눈= じがん

しこ【四股】【相撲】씨름꾼이 두 발을 교대로 높이 올렸다가 땅을 밟는 기본 운동¶～を踏ふむ (씨름꾼이) 한 발씩 올려 힘차게 땅을 밟다

しこ【四顧】图自スル【文】사고. 사방을 둘러봄. 사방. 둘레

しこ【指呼】图他スル【文】지호. 손짓하여 부름 [慣用句] 一の間あいだ 지호지간. 가까운 거리

しご【死後】사후⇔生前ぜん¶～の世界かい 사후 세계 一硬直こうちょく【醫】사후 강직

しご【死語】【言】사어. 폐어

しご【私語】图自スル (강연・수업 중에) 소곤거림. 속삭임¶小ちいさな声こえで～している 작은 목소리로 소곤대고 있다

しご【詩語】시어. 시작(詩作)에 쓰이는 말

しご【×識語】→ しきご

じこ【自己】자기. 자신= 自分じぶん¶～紹介しょうかい 자기 소개/～を欺あざむく 자기를 기만하다 一暗示あんじ【心】자기 암시 一嫌悪けんお【心】자기 혐오 一顕示けんじ 자기 현시 一実現じつげん【心】자아 실현 一資本ほん【經】자기 자본 一申告制度しんこくせいど【經】자진 신고 제도 一中心的ちゅうしんてき 자기 중심적 一批判ひはん图自スル 자기 비판 一満足まんぞく图自スル 자기 만족 一免疫疾患めんえきしっかん【醫】자기 면역 질환 一流りゅう 자기류

じこ【事故】사고¶～をおこす 사고를 내다

じこ【耳語】图他スル 귓속말. 귀엣말

じこ【事後】图了 사후¶～の処理しょり 사후 처리 一承諾しょうだく 사후 승낙

じこ【持碁】비긴 바둑

じこ【×爾後】【文】이후. 금후. 그후¶～の予定てい 금후의 예정/～彼かれと会あっていないその後 그후 그와 만나지 않았다

しこう【支考】～ かがみ(各務) しこう

しこう【四更】사경 ▷ 지금의 오전 1시에서 3시 사이= 丁夜ていや

しこう【至孝】图【文】지효. 지극한 효성

しこう【至幸】图 지행. 더없는 행복

しこう【至高】图【文】지고. 더없이 높음. 최고¶～至善ぜん 지고 지선

しこう【伺候／祇候】图自スル【文】사후 ①귀인을 옆에서 모심 ②웃어른께 문안을 드림

しこう【志向】图他スル 지향¶作家さっか～する 작가를 지향하다 一性せい【哲】지향성

しこう【私行】【文】사행. 사적인 행위¶～をあばく 사생활을 들춰내다

しこう【思考】图他スル 사고¶～力りょく 사고력/客観的きゃっかんてき～ 객관적 사고

しこう【指向】图他スル 지향 一性せい【電】지향성¶ 一アンテナ 지향성 안테나

しこう【施工】图自他スル【文】시공= せこう¶～主しゅ 시공주

しこう【施行】图他スル 시행 ①【文】실시¶命令めいを～する 명령을 시행하다 ②법률의 효력을 발생시킴¶税法ぜいほうを～する 새법을 시행하다 ▷ 법률 용어로는「せこう」, 불교 용어로는「せぎょう」라고 함 一規則きそく 시행 규칙

しこう【歯×垢】【醫】치구. 치석

しこう【嗜好】图他スル 기호= 好このみ¶～にあう 기호에 맞다 一品ひん 기호품

しこう【詩稿】시고. 시의 초고

しこう【試行】图他スル 시행¶～期間きかん 시행 기간 一錯誤さくご【心】시행 착오

しこう【師号】【文】(조정에서) 고승에게 내리는 칭호

しこう【×諡号】【文】시호= おくり名な

じこう【事項】사항. 항목¶注意ちゅうい～ 주의 사항/～索引さくいん 사항 색인

じこう【侍講】시강. 군주에게 학문을 강의함. 그런 사람= 侍読じどく

じこう【時好】【文】시호. 시류. 그 시대의 유행 [慣用句] 一に投とうずる 시류에 영합하다

じこう【時効】【法】시효¶～にかかる 시효에 걸리다 一中断ちゅうだん【法】시효 중단

じこう【時候】시후. 절기. 기후¶～のあいさつ 절기 인사

じこう【寺号】절 이름. 사찰명

じこう【次号】차호. 다음 호

じこうして【×而して／×然して】圈【文】그리고. 그리하여¶～本学校ほんがっこうの前身ぜんしんが開校かいこうせられた 그리하여 본교의 전신이 개교되었다

じごうじとく【自業自得】자업 자득¶～とあきらめる 자업 자득이라고 체념하다

しごうしへい【至公至平】【文】지공 지평. 지극히 공평함

しこうひん【紙工品】지공품. 종이 가공품

じごえ【地声】타고난 목소리 ⇔ 作つくり声ごえ¶～が大おおきい 타고난 음성이 크다

しごき【×扱き】①훑기. (훑듯이) 바싹 잡아당김 ②호된 훈련. 기합¶厳きびしい～に耐たえる 엄한 기합에 견디다 ③扱しごき帯おびの 준말 一帯おび ①긴 옷을 치켜올릴 때 매는 여성용 띠 ②(신부 의상 등에서) 띠 밑에 매는 장식띠

しこく【四国】①本州ほんしゅうと九州きゅうしゅうの사이에 있는 큰 섬「四国地方ちほう」의 준말. 徳島とく・香川かがわ・愛媛えひめ・高知こうちの네 현 一巡礼じゅんれい → 四国遍路へんろ 一八十八箇所はちじゅうはっかしょ 四国에 있는 88개소의 사원 一遍路へんろ 四国 88개소의 사원을 차례로 순례하는 일. 그런 순례자

しご・く【×扱く】他五 ①(바싹) 잡아당기다. 훑다¶槍やりを～ 창을 바싹 잡아당기다 ②〈俗〉호되게 훈련시키다. 기합을 주다¶新入部員ぶいんを～ 신입 부원을 호되게 훈련시키다

しごく【至極】图(造語) 더없음. 짝이 없음. 당연함¶残念ざんねん～ 유감 천만/迷惑めいわく～ 귀찮기 짝이 없음 II 副 지극히. 더없이¶～もっともだ 지극히 타당하다

じこく【自国】자국. 자기 나라 ⇔ 他国たこく¶～の利益りえきを図はかる 자국의 이익을 도모하다

じこく 【時刻】 시각, 시간, 시기 ¶ 出発はっ~ 출발 시각/ ~到来とう 시기 도래 —表ひょう 시각표, (열차·항공기 등의) 시간표

じごく 【地獄】 ①(宗) 지옥 ¶ ~に落おちる 지옥으로 떨어지다 ②(比) 괴롭고 고통스러운 지경 ¶ 受験じゅけん~ 수험 지옥 ③(화산의) 분화구, (온천의) 분출구 —絵え ①지옥도 ②(比) 비참한 광경 —変へん ¶ 「地獄変相」의 준말 —変相へんそう 지옥에 떨어진 망령들이 온갖 고통을 받는 광경을 그린 그림 —耳みみ ①한 번 들은 것은 잊지 않음, 그런 사람 ②남의 비밀을 재빨리 들음, 그런 사람
|慣用句|
—で仏ほとけに会あったよう 지옥에서 부처님을 만난 듯하다
—の一丁目いっちょうめ (일·상황이) 피할 수 없는 상태에 빠짐, 파멸에 이르는 첫걸음
—の釜かまの蓋ふたも開ひらく 설날과 우란분의 16일에는 귀신들도 망자를 괴롭히지 않고 쉰다
—の沙汰さたも金かね次第しだい, 지옥의 심판도 돈만 있으면 유리하게 할 수 있다

じこさく 【自小作】 자소작 ①자작을 주로 하고 소작도 겸함, 그런 농가 ②자작농과 소작농

しこしこ 副 自スル ①쫄깃쫄깃 ¶ ~としておいしいうどん 쫄깃쫄깃해서 맛있는 우동 ②(俗) 차곡차곡, 꾸준히 ¶ ~金かねを貯ためる 차곡차곡 돈을 모으다

しごせん 【子午線】 자오선

しこたま 副 (俗) 잔뜩, 듬뿍, 많이, 왕창 ¶ ~買かいこむ 잔뜩 사들이다

しごと 【仕事·為事】 名 ①할 일, 작업 ¶ 貫さん~ 삯일/ ~が多おおい 할 일이 많다 ②직업 ¶ お~は何なんですか 하시는 일은 무엇입니까? ③일하기, 노동 ¶ ~人にん 일꾼 ④가치 있는 작업, 성과 ¶ いい~をする 좋은 일을 하다 ⑤(物) 물체에 힘을 가해 이동하게 하는 기능 ¶ ~の原理げんり 일의 원리 —柄がら 직업상, 일의 성질상 —着ぎ 작업복 —先さき 일터 —師し 일꾼 ①토목 공사 노동자 ②수완가 —場ば 일터 —率りつ (物) 일률
|慣用句|
—にならない (방해가 끼어) 일이 되지 않다

しこな ¶ 醜名 자기 이름의 겸칭

しこな·す 他五 잘 해내다, 솜씨있게 처리하다 ¶ 処理しょりをうまく~ 처리를 잘 해내다

しこのみたて ¶ 醜の御楯 (文) 天皇てんのう를 지키는 강한 방패가 되는 자, 병사

しこみ 【仕込み】 ①가르침, 훈련시킴, 길들임 ②(음식점 등에서 재료를) 사들임 ¶ ~にかかる 재료 사들일 준비를 하다 ③(술·된장 등을) 빚음 ④「仕込み杖」의 준말 ⑤(造語) 《장소를 나타내는 말에 붙어 「…じこみ」의 꼴로》 그 곳에서 배움, 배운 바 ¶ 本場ほんば~英語えいご 본고장에서 배운 영어

しこみづえ 【仕込み杖】 속에 칼을 장치한 지팡이 = 仕込み

しこ·む 【仕込む】 他五 ①(기술·지식 등을) 가르치다, 길들이다, 훈련시키다 ¶ 芸げいを~ 기예를 가르치다 ②속에 만들어 넣다, 내장하다 ¶ 杖つえに刀かたなを~ 지팡이 속에 칼을 장치하다 ③(술·된장 등을) 담그다, 빚그다 ¶ 酒さけを~ 술을 빚다 ④(재료를) 사들이다 ¶ 市場いちばで材料ざいりょうを~ 시장에서 재료를 사들이다

しこめ 【醜女】 (文) ①추녀 ②황천에 있다는 여자 귀신

しこり 【痼り·凝り】 응어리 ①근육이 뭉친 부분 ¶ 肩かたの~ 어깨의 응어리 ②(처리한 뒤에도 남은) 개운치 않은 기분 ¶ 両者りょうしゃの間あいだに~を残のす 두 사람 사이에 응어리를 남기다

しころ 【錏·錣】 ①투구의 목가리개 ②두건의 뒤·좌우로 늘어뜨려 목덜미를 덮는 것

しころずきん ¶ 錏頭巾·錣頭巾 大黒だいこく 두건에 늘어뜨린 목가리개

しこん 【士魂】 (文) 무사 정신 ¶ ~商才しょうさい 무사 정신과 장사의 재능을 겸비함

しこん 【私恨】 (文) 사원, 남몰래 품은 원한, 사사로운 원한 ¶ ~を抱いだく 사원을 품다

しこん 【紫根】 자근, 말린 지치 뿌리

しこん 【紫紺】 자감, 보랏빛을 띤 남색, 남보라(빛) ¶ ~の優勝旗ゆうしょうき 남보라빛 우승기

しこん 【歯根】 (医) 치근, 이촉

しこん 【詩魂】 시혼, 시정, 시심 ¶ 豊ゆたかな~ 풍부한 시혼

じこん 【自今】 副 (文) 자금, 금후, 이제부터 ¶ ~この種しゅの言動げんどうを禁きんずる 금후 이런 종류의 언동을 금하다

しさ 【示唆】 名 他スル 시사 ¶ ~に富とむ有益ゆうえきな話はなし 시사하는 바가 많은 유익한 이야기

しさ 【視差】 ①(天) 시차 ②(사진에서) 파인더와 필름에 찍힌 범위 간의 차이

しざ 【視座】 시좌, 사물을 보는 자세, 관점

じさ 【時差】 시차, 각 지방의 표준 시각 간의 차이 ¶ ~を設もうける 시차를 두다 —出勤しゅっきん 시차제 출근 —惚ぼけ 시차로 인해 생리적 리듬이 깨지는 현상

じざ 【侍座】 名 自スル (文) 시좌, (귀인·손님을) 모시고 앉음

しさい 【子細·仔細】 ①자세한 (복잡한) 사정, 경위, 자초 지종 ¶ 事ことの~を述のべる 일의 경위를 말하다/ ~ありげな様子ようす 사정이 있는 듯한 모양 ②지장 ¶ ~あるまい 지장 없겠지 —顔がお 무슨 사정이 있는 듯한 얼굴 —無ない 形 ①별일없다, 문제없다 ②지장없다 ¶ ~に 副 자세히, 소상히 —らしい 形 무슨 사정이 있는 듯하다
|慣用句|
—に及およばず 왈가왈부할 것이 못 되다

しさい 【司祭】 (가) 사제, 신부

しさい 【詩才】 시재, 시를 짓는 재능 ¶ ~に乏とぼしい 시재가 부족하다

しざい 【死罪】 사죄 ①사형 ¶ ~は免まぬかれぬ 사형은 면할 수 없다 ②죽을 죄 ③(文) 편지, 상소문의 끝에 적는 말 ¶ 頓首とんしゅ~ 돈수 사죄

しざい 【私財】 사재, 개인 재산 ¶ ~を投とうずる 사재를 투입하다

しざい 【資材】 자재, 재료 ¶ 建築けんちく~ 건축 자재

しざい【資財】 자재. 재산. 자산
じざい【自裁】 자재. 자살. 자결
じざい【自在】 Ⅰ ⑦ 자재. 마음대로임 ¶自由ゆう~/자유자재/~に操あやる 마음대로 조종하다 Ⅱ 名「自在鉤かぎ」의 준말 —画が 자재화. 자나 컴퍼스를 쓰지 않고 그린 그림 —鉤かぎ 화덕이나 부뚜막 위에 매달아 놓고 불과의 거리를 자유롭게 조절할 수 있는 냄비·주전자 걸이
じざかい【地境】 지경. 땅의 경계. 지계(地界)
しさく【思索】 名 自スル 사색
しさく【施策】 名 시책
しさく【詩作】 名 自スル 文 시작. 작시
しさく【試作】 名 他スル 시작. 시험 제작(품) ¶ ~品ひん 시작품
じさく【自作】 名 他スル 자작 ①자기가 만듦. 자기가 만든 것 ②자신이 경작함. 자작농 ⇔ 小作こさく —自演じえん 자작 자연. (영화·연극 등에서) 자기가 대본을 쓰고 자기가 출연하는 것 —農のう 農 小作農こさくのう
じざけ【地酒】 그 고장의 술. 토주. 토속주
しさつ【刺殺】 名 他スル ①척살. 찔러 죽임 ②野 터치아웃
しさつ【視察】 名 他スル 시찰 ¶現地げんちを~する 현지를 시찰하다
じさつ【自殺】 名 自スル 자살 ⇔ 他殺たさつ ¶ ~未遂みすい 자살 미수/ ~を図はかる 자살을 꾀하다 —的てき 자살적. 자살행 —幇助ほうじょ 자살 방조
しざま【為様】 (일을) 하는 방법. 시카다
しさ・る【退る】 自五 文 물러나다. 뒤로 물러가다 = しざる ¶ そろそろと後うしろへ~ 슬슬 뒤로 물러나다
しさん【四散】 名 自スル 사방으로 흩어짐 ¶機体きたいは~した 기체는 사방으로 흩어졌다/ 一家いっかの悲運ひうん 한 가족이 사방에 흩어지는 비운
しさん【私財】 사재. 사유 재산 = 私財しざい ¶ ~を傾かたむける 사재를 쏟다
しさん【試算】 名 他スル 시산 ①(어림잡기 위해) 시험삼아 계산함 ②旅行費りょこうひを~する 여행 경비를 시산하다 ②검산 = 検算けんざん
しさん【資産】 자산 ¶ ~株かぶ 자산주/ 固定こてい~ 고정 자산 —家か 자산가. 재산가 —効果こうか 자산 효과 —再評価さいひょうか 자산 재평가
しさん【賜×餐】 文 사찬. 군주 등이 식사를 배풂. 그런 식사
しざん【死産】 医 사산 ¶ ~児じ 사산아
じさん【自賛·自×讚】 名 自スル 자찬 ①(자기 그림에) 스스로 찬(贊)을 씀 ¶自画じが~ 자화자찬 ②스스로 자신을 칭찬함 ¶ ~にも程ほどがある 자찬에도 정도가 있다
じさん【持参】 名 他スル 지참 ¶弁当べんとう~ 도시락 지참 —金きん 지참금
しし【史詩】 사시. 사실(史實)을 제재로 한 시
しし【四肢】 사지 ①팔다리 ¶ ~を動うごかす 사지를 놀리다 ②(동물의) 앞다리와 뒷다리
しし【死×屍】 文 시체. 송장 ¶ ~累々るいるい 시체가 첩첩이 쌓임
慣用句
—に鞭打むちうつ 송장을 매질하다. 죽은 사람을 비난하다
しし【志士】 지사 ¶勤皇きんのうの~ 근왕의 지사
しし【孜×孜】 副と 자자. 부지런히, 꾸준히 ¶ ~として働はたらく 부지런히 일하다
しし【刺史】 ①史 자사. 옛 중국의 지방관 ②史 平安へいあん 시대 「国守こくしゅ」의 중국식 이름
しし【師資】 ①스승으로 삼고 의지함. 그런 사람 ②사제 지간 一相承そうじょう 사자 상승. 스승으로부터 가르침을 이어받음
しし【嗣子】 文 사자. 대를 이을 자식
しし【獅子】 ①해태 ②사자 ③獅子舞まい의 준말 —頭がしら 사자탈 —吼く 文 사자후 —座ざ ①天 사자자리 ②황도 12궁의) 사자궁 —鼻ばな 납작코, 개발코 —奮迅ふんじん 사자 분신 —舞まい 舞 사자춤
慣用句
—身中しんちゅうの虫むし 내부에 있으면서 조직에 해를 끼치거나 배은 망덕하는 자
—に牡丹ぼたん ①해태 장 어울림, 조화가 잘 됨
—の子落おとし 자식을 역경에 두어 능력을 시험해 봄
しし【詩史】 시사 ①시 형식으로 서술한 역사 ②시의 역사
しじ【支持】 名 他スル 지지 ①버팀. 지탱함 ¶ 一家いっかを~する 한 집안을 지탱하다 ②(의견·정책 등에) 찬동함, 뒤를 밂 ¶ ~政党せいとう 지지 정당/ 国民こくみんの~を得える 국민의 지지를 얻다 —線せん 網 (주가의) 지지선
しじ【四時】 사시 ①사계, 사철 = しいじ ②佛 하루의 네 때 ¶ ~の座禅ざぜん 사시의 좌선
しじ【死児】 ①죽은 자식 ②사산아
慣用句
—の齢よわいを数かぞえる 죽은 자식의 나이를 세다. 부질없는 한탄을 하다
しじ【私事】 사사 ①사사로운(개인적인) 일 ⇔ 公事こうじ ¶話はなしにわたって恐縮きょうしゅくですが 이야기가 사사로운 일에 이르러 죄송합니다만 ②남에게 숨기고 싶은 일, 비밀 ¶ ~を暴あばく 남에게 숨기고 싶은 일을 들추어내다
しじ【指示】 名 他スル 지시 ①가리킴 ¶ 一点いってんを~する 한 점을 가리키다 ②일러서 시킴. 지휘함 ¶部下ぶかに~する 부하에게 지시하다 —語ご 法 지시어 —代名詞だいめいし 法 지시 대명사 —薬やく 化 지시약
しじ【指事】 지사. (한자 육서에서) 위치·수량 등의 추상적 개념을 선이나 점으로 나타낸 것 ▷「一·二·上·下」등
しじ【師事】 名 自スル 사사. 스승으로 모시고 가르침을 받음 ¶漱石そうせきに~する 漱石에게 사사하다
しじ【次子】 文 차자. 차남. 차녀
じじ【侍史】 ①(귀인의) 비서 = 右筆ゆうひつ ②(편지 겉봉 수신인명 밑에 붙이는) 좌하(座下)
じじ【祖父】 口 조부. 할아버지
じじ【×爺】 口 남자 노인. 늙은이. 영감 ⇔ 婆ばば
じじ【自恃】 名 自スル 文 자부(自負) ¶ ~の気持きもち 자부하는 마음
じじ【時事】 시사 ¶ ~問題もんだい 시사 문제

じじい [*爺] (口) 늙은이, 영감, 할아범 ⇔ 婆ばば ¶ 頑固がん~ 완강하고 고루한 할아범
ししいでん [紫ˆ宸殿] → ししんでん
ししおき [^肉置き] (文) 살집= 肉ししづき
ししおどし [*鹿ˆ威し] ①전답을 망치는 새나 짐승을 쫓는 장치 ②물받이 대롱통 한 쪽에 물이 쏟아지면서 그 반동으로 큰 소리를 내게 만든 장치= 添水そうず
ししおどり [*鹿踊り] [藝] 宮城みやぎ·岩手いわて 지방의 민속 예능. 사슴탈을 쓰고 추는 춤
しき [司式] 名 他スル 의식의 진행을 주관함, (특히) 미사나 예배를 집전함
しき [歯式] [醫] 치식
じじこっこく [時時刻刻] 副 시시 각각
ししそんそん [子子孫孫] 자자 손손. 자손 대대¶ ~に伝える 자자 손손에 전하다
しつ [私室] 사실. 개인의 방
しつ [*屍室] 시체 안치실, 영안실
しつ [紙質] 지질. 종이의 품질·성질
しつ [資質] 자질¶ すぐれた~ 뛰어난 자질/ ~に恵まれる 자질을 타고나다
じつ [史実] 사실. 역사상의 사실¶ ~に忠実ちゅう な 小説しょう 사실에 충실한 소설
じつ [地質] 윤감의 성질
じつ [失] 名 自スル 자실. 얼이 빠짐¶ 茫然ぼうぜん~ 망연 자실
しつ [自室] 자실. 자기 방¶ ~にこもる 자기 방에 틀어박히다
じつ [*痔疾] [醫] 치질= 痔じ
じつ [事実] Ⅰ 名 사실. 歴史的れきしてきな~ 역사적 사실/ ~にてらして話はなす 사실에 비추어 말하다 Ⅱ 副 사실, 확실히, 정말로¶ ~予想通どおりになった 사실 예상했던 대로 되었다 —無根こん 사실 무근
[慣用句]
—は小説しょうより奇き なり 사실은 소설보다 더 기이하다
じつ [時日] 시일 ①(예정된) 일시, 날짜와 시간¶ 会合かいごうの~ 모임의 날짜와 시간 ②시간과 날, 기간¶ 短たんの~のうちに終おわる 단시일 안에 끝나다
ししつたい [子実体] [植] 자실체
じじぶつぶつ [事事物物] (文) 사사 물물. 온갖 사물·현상, 그 하나하나
しま 정적¶ 夜よの~ 밤의 정적
しみ [*蜆] [動] 가막조개
しみちょう [*蜆*蝶] [動] 부전나비
しみばな [*蜆花] [植] 조팝나무
じじむさ・い [*爺むさい] [形] (남자가) 꾀죄죄하고 늙수그레하다, 노추하다, 늙은이 같다 ¶ ~みなり 꾀죄죄한 옷차림
しむら [*肉*叢] (文) ①(자른) 고깃덩어리 ② (몸집을 말할 때의) 살덩어리
しゃ [支社] ①神社じんじゃの 분사= 末社まっしゃ ②지사¶ 本社ほんしゃ ~長ちょう 지사장
しゃ [死者] 사자, 죽은 사람, 망자 ⇔ 生者せいじゃ ¶ ~の魂たましい 죽은 자의 혼
しゃ [使者] 사절¶ ~を立てる 사자를 보내다
しゃ [試写] 名 他スル [映] 시사¶ ~会かい 시사회
しゃ [試射] 名 他スル 시사. (총포 등의) 시험 사격¶ ミサイル~場じょう 미사일 시사장
じしゃ [寺社] 절과 神社じんじゃ —奉行ぶぎょう [日史] (鎌倉かまくら·室町むろまち·江戸えど幕府ばくふ에서) 神社에 관한 사무·소송 등을 다루던 직책
じしゃ [自社] 자사. 자기 회사 ⇔ 他社たしゃ
じしゃ [侍者] (文) 시자. 귀인을 모시는 사람
ししゃく [子爵] 자작¶ ~夫人ふじん 자작 부인
じしゃく [磁石] ①[物] 자석¶ 棒ぼう~ 막대 자석/ 馬蹄てい~ 말굽 자석 ②[磁石盤ばん]의 준말 ③[鑛] 자철광 —盤ばん 나침반, 컴퍼스
じじゃく [示寂] 名 自スル [佛] 시적. (고승 등의) 입적= 入寂にゅうじゃく
じじゃく [自若] [ト] (文) 자약. 허둥대지 않음, 침착함¶ 泰然たいぜん~ 태연 자약
ししゃごにゅう [四捨五入] [數] 사사 오입. 반올림¶ 小数点しょうすうてん以下いか는 ~する 소수점 이하는 반올림한다
シシャモ [動] 바다빙어과의 물고기 ▷ 아이누어
ししゃやく [止*瀉薬] [藥] 지사제
ししゅ [旨趣] 名 [ス] 지취 ①취지 ②마음속의 생각, 의도= しいしゅ
ししゅ [死守] 名 他スル 사수¶ 陣地じんちを~する 진지를 사수하다
ししゅ [詩趣] ①시취 ①시의 정취 ②시적인 분위기¶ ~に富とむ風景ふうけい 시취가 풍부한 경치
じしゅ [自主] 名 자주¶ ~国防こくぼう 자주 국방 —権けん 자주권 —性せい 자주성 —的 [ナ] 자주적 —防衛ぼうえい 자주 방위
じしゅ [自首] 名 自スル [法] 자수¶ ~を勧すすめる 자수를 권하다
ししゅう [死臭] 시취(屍臭), 송장 썩는 냄새¶ 鼻はなをつく~ 코를 찌르는 송장 썩는 냄새
ししゅう [志州] → しま(志摩)
ししゅう [*刺*繡] 名 他スル 자수, 수를 놓음¶ スカーフに~する 스카프에 수를 놓다
ししゅう [詩集] 시집¶ 処女じょ~ 처녀 시집
しじゅう [始終] 시종 Ⅰ 名 ①처음과 끝 초지종, 전부¶ 一部ぶ~を話はなす 자초지종을 다 이야기하다 Ⅱ 副 항상, 언제나, 끊임없이¶ ~悩なやんでいる 항상 고민하고 있다
じしゅう [次週] 차주. 내주, 다음 주¶ ~をお楽たのしみに 다음 주를 기대하시오
じしゅう [自宗] 자기가 속한 종파
じしゅう [自修] 名 自他スル (文) 자수, 독학
じしゅう [自習] 자습¶ 自学がく~ 자학 자습/ ~時間じかん 자습 시간
じじゅう [自重] 자중. 자체 중량
じじゅう [侍従] ①시종 ②(宮内庁くないちょうの) 시종직 직원
ししゅうえん [歯周炎] [醫] 치주염
しじゅうかた [四十肩] → ごじゅうかた
しじゅうから [四十*雀] [動] 박새
ししゅうき [思秋期] 사추기. (사춘기에 빗대어) 중년의 위기 시기를 가리키는 말
ししゅうくにち [四十九日] ①(사망 후) 사

구일제, 사십구일재= 七七日とちち ②사망 후 다시 태어날 때까지의 49일간= 中有ちゅうう

**しじゅうしょう**【四重唱】【音】사중창= クヮルテット¶ 混声こんせい─ 혼성 4중창

**しじゅうそう**【四重奏】【音】4중주= クヮルテット¶ 弦楽げんがく─ 현악 4중주

**しじゅうはって**【四十八手】사십팔수 ①[相撲] 마흔 여덟 가지의 기술 ②(목적을 위한) 온갖 수단・방법¶ 商売しょうばいの─ 장사의 온갖 수단

[慣用句]
**─の裏表**うらおもて ①[相撲] 마흔 여덟 가지의 기술에 또 각각 그 반대의 수가 있는 일 ②온갖 술수와 수단

**ししゅく**【止宿】[名][自スル][文] (여관・하숙에) 묵음, 유숙, 숙박¶ ─人にん 숙박인

**ししゅく**【私淑】[名] 사숙. 마음 속으로 흠모하고 모범으로 삼고 배움

**ししゅく**【私塾】사숙, 사설 학당

**じしゅく**【自粛】[名][自スル] 자숙¶ ─自戒じかい 자숙 자계/ ─を促うながす 자숙을 촉구하다

**ししゅつ**【支出】[名][他スル] 지출 ⇒ 収入しゅうにゅう¶ 予算外よさんがいの─ 예산 외의 지출/ ─をおさえる 지출을 억제하다

**しじゅつ**【施術】[名][自スル] 시술¶ ─の結果けっか 시술의 결과

**ししゅほうしょう**【紫綬褒章】자수 포장

**しじゅん**【至純】[ダ] 지순. 더없이 순결함¶ ─な心根こころね 지순한 마음씨

**しじゅん**【諮詢】[名][他スル][文] 자순, 자문¶ 他の機関きかんに─する 다른 기관에 자문하다

**じじゅん**【耳順】[文] 이순. 60세의 딴이름

**じじゅんかせき**【示準化石】【地】시준 화석. 표준 화석

**ししゅんき**【思春期】【医】사춘기

**しじゅんせつ**【四旬節】【基】사순절

**ししょ**【支所】지소. (관청・회사의) 출장소

**ししょ**【支署】지서. 본서에서 분리된 관서

**ししょ**【司書】사서=─教諭きょうゆ 사서 교사

**ししょ**【四書】사서. (유교의 경전인) 대학・중용・논어・맹자 ¶ ─五経ごきょう 사서오경

**ししょ**【死所・死処】[文] 사소 ①(값있게) 죽을 장소¶ ─を得える (값있게) 죽을 만한 장소를 얻다 ②죽은 장소¶ 彼かれの─さえわからぬ 그가 죽은 장소조차 모른다

**ししょ**【私書】[文] 사서 ①개인적인 편지, 사신 ②사문서─函ばこ 사서함─箱ばこ 사서함

**ししょ**【私署】사서. 개인 자격의 서명

**ししょ**【詩書】[文] ①시집 ②「시경」과 「서경」

**しじょ**【子女】사녀, 자식¶ ─の教育きょういく 자녀 교육¶ 良家りょうけの─ 양가의 여식

**じしょ**【地所】(건물을 지을) 땅, 대지, 터¶ ─を売うる 땅을 팔다/ ─が広ひろい 터가 넓다

**じしょ**【字書】 ①옥편 ②사전. 사서

**じしょ**【自書】[名][他スル][文] 자서. 자필 = 自筆じひつ¶ ─の雅号がごう 자필 아호

**じしょ**【自署】[名][自スル][文] 자서. 본인이 서명함¶ 書類しょるいに─する 서류에 자서하다

**じしょ**【辞書】사서. 사전 ¶ ─を引ひく 사전을 찾다

**じじょ**【次女】차녀. 둘째딸

**じじょ**【次序】[文] 차서, 차례, 순서 ¶ ─を正ただす 순서를 바로잡다

**じじょ**【自序】자서. 저자가 쓴 서문

**じじょ**【児女】[文] 사녀 ①아이와 여자, 아녀 ¶ ─の手てなぐさみ 아녀자의 심심풀이 ②여자 아이 ③남자 아이와 여자 아이

**じじょ**【侍女】시녀 = 腰元こしもと

**じじょ**【×爾汝】[文] 이여. 너. 자네

[慣用句]
**─の交まじわり** 서로 너나들이 하는 사이

**ししょう**【支障】지장= さしさわり¶ ─なく済すむ 지장 없이 끝나다

**ししょう**【四生】【佛】사생

**ししょう**【四姓】사성 ① → しせい(四姓) ② 카스트= カースト

**ししょう**【死傷】[名][自スル] 사상¶ ─者しゃ 사상자

**ししょう**【私消】[名][他スル][文] 사소. (공금 등을) 사사로이 소비함

**ししょう**【私娼】사창 **─窟**くつ 사창굴

**ししょう**【私傷】사상. 공무 중이 아닌 때 입은 부상 ⇔ 公傷こうしょう

**ししょう**【刺傷】[名][他スル][文] 자상. (칼 등으로) 찔러 상처를 냄. 그런 상처 = 刺さし傷きず

**ししょう**【師匠】①선생, 스승, 사범¶ 生いけ花ばなの─ 꽃꽂이 사범/ ─譲ゆずりの芸げい 스승에게서 물려받은 기예 ②「芸人げいにん」에 대한 경칭

**ししょう**【師承】[名][他スル] 사승, 스승에게서 전승받음 = 師伝しでん¶ ─伝授でんじゅ 사승 전수/ 学説がくせつを─する 학설을 스승에게 전승받다

**ししょう**【詞章】[文] 사장 ①시가(詩歌)와 문장 ②浄瑠璃じょうるり・謡曲ようきょく 등의 말・문구

**ししょう**【×嗤笑】[名][他スル][文] 치소, 조소¶ 人ひとの─を顧かえりみず 남의 조소를 개의치 않다

**ししょう**【詩抄・詩×鈔】[文] 시초, 시선집(詩選集)

**ししょう**【史上】사상. 역사상¶ ─初はじめの快挙かいきょ 사상 최초의 쾌거

**ししょう**【史乗】[文] 역사의 기록, 사서(史書)

**しじょう**【市場】시장¶ **株式**かぶしき**─** 주식 시장¶ ─を開拓かいたくする 시장을 개척하다 **─開放政策**かいほうせいさく 시장 개방 정책 **─価格**かかく 시장 가격 **─占有率**せんゆうりつ 시장 점유율 **─調査**ちょうさ 시장 조사

**しじょう**【至上】[名] 지상. 최상¶ ─の喜よろこび 지상의[더없는] 기쁨 **─命令**めいれい 지상 명령

**しじょう**【至情】[文] ①지정, 진정, 지극한 충정¶ 憂国ゆうこくの─ 우국 충정/ ─に打うたれる 진심에 감동되다 ②지극히 자연스러운 인정¶ 人ひとの─ 인지 상정

**しじょう**【私情】사정 ①사적인 감정¶ ─を交まじえる 자의 감정을 개입시키다 ②이기적인 생각, 사심(私心)¶ ─が絡からむ 사심이 얽히다

**しじょう**【紙上】지상 ①종이 위 ②종이에 쓰여진 글¶ ─の空論くうろん 지상 공론 ③(신문의) 지면¶ ─を飾かざる 지면을 장식하다

**しじょう**【詩情】시정 ①시적 정취, 시취¶ ─

しじょう

豊かな文章ぶん. 시정이 풍부한 문장 ②시심¶ ~をそそる 시정을 자아내다
しじょう [試乗] 名 自スル 시승. 시험삼아 타 봄¶ ~歓迎かん 시승 환영
じしょう [自称] 자칭 I 名 自スル 스스로 칭함¶ ~名人めい 자칭 명인 II 名 [文法] 일인칭
じしょう [自証] 名 自他スル 자증 ①(文) 스스로 자기를 증명함 ②[佛] 스스로 깨달음
じしょう [自照] 名 自スル (文) 자조. 자기 자신을 성찰함 —文学がく (文) 자조 문학
じしょう [事象] 사상. 실제 사항. 사물의 현상¶ 社会的しゃかい~ 사회적 사상
じじょう [自乗] 名 他スル [数] 자승. 제곱 = 二乘にじょう. —根こん [数] 제곱근. 평방근
じじょう [事情] 사정¶ 交通こうつう~ 교통 사정/ ~の許ゆるす限かぎり 사정이 허락하는 한
じじょう [治定] 名 自スル (文) (일이) 정해짐. 결정됨. 낙착됨
じじょう [磁場] → じば(磁場)
ししょうかぶ [視床下部] 시상 하부
ししょうぎ [持将棋] (일본 장기에서) 王将おうしょう가 서로 적진에 들어가 승부가 나지 않는 장기
ししょうきん [糸状菌] [生] 사상균
ししょうじ [指小辞] [文法] 축소 어미
じじょうじばく [自縄自縛] 자승 자박
ししょうせつ [私小説] [文] 사소설
しょく [至嘱] 名 他スル (文) 지극히 유망함[촉망됨]
ししょく [紙燭·脂燭] → しそく(紙燭)
ししょく [試食] 名 他スル 시식¶ ~会かい 시식회/ 料理りょうを~する 요리를 시식하다
ししょく [辞色] (文) 사색. 언사와 안색¶ ~を改あらためる 언사와 안색을 바꾸다
ししょく [辞職] 名 他スル 사직¶ ~願ねがい 사직원/ 内閣ないかく総~ 내각 총사직
じじょでん [自叙伝] 자서전
ししん [私心] 사심 ①자기 혼자의 생각 · 판단. 사견 ②이기심¶ ~を挟はさむ 사심을 품다
ししん [私信] 사신 ①개인의 편지¶ ~を公開こうかいする 사신을 공개하다 ②은밀한 통신
ししん [使臣] 사신¶ 外国がいこくの~ 외국 사신
ししん [指針] 지침 ①(계기류의) 바늘 ②나아갈 방침[길잡이]¶ 行動こうどう~ 행동 지침
ししん [指箴] (文) 지침이 되는 훈계
ししん [視診] [醫] 시진. 보고 진단함
ししん [詩心] 시심. 시정(詩情)¶ ~がわく 시심이 솟다
ししん [士人] (文) ①인사. 선비¶ ~の交まじわり 선비의 사귐 ②무사
しじん [四神] 사신. 천지의 사방을 다스리는 신
しじん [至人] (文) 지인. 극히 높은 덕을 갖춘 사람
しじん [私人] 사인. 개인 ⇔ 公人こうじん¶ ~としての発言はつげん 개인으로서의 발언
しじん [詩人] 시인¶ 女流じょりゅう~ 여류 시인
じしん [地震] [地] 지진¶ ~探査たんさ 지진 탐사

—計けい 지진계 —帯たい 지진대 —波は 지진파
[慣用句]
—雷かみなり火事かじ親父おやじ 지진·천둥·화재·아버지. 무서워하는 것을 순서대로 늘어 놓은 말
じしん [自身] 자신 ①자기¶ ~の考かんがえ 자신의 생각 ②(造語) 그 자신. 그 자체¶ 彼かれ~の言いい出だしたことだ 그 자신이 꺼낸 말이다
—番ばん 『[史] (江戸えどを) 江戸 시내의 경비를 위해 동네마다 두었던 초소
じしん [自信] 자신¶ ~満々まんまん 자신 만만/ ~にあふれる 자신에 넘치다
じしん [侍臣] 시신. 근시. 근신
じしん [時針] 시침. (시계의) 단침
じしん [磁針] [物] 자침¶ ~は南北なんぼくを示しめす 자침은 남북을 가리킨다
じしん [自刃] 名 自スル (文) 자인. (칼로) 자결함¶ ~して果はてる 자인해 죽다
じしん [自尽] 名 自スル (文) 자진. 자살
じしん [自陣] 자기 진영·진지¶ ~に戻もどる 자기 진영으로 돌아가다
じしん [時人] (文) 그 당시의 사람. 동시대의 사람들
ししんおん [歯唇音] [文法] 치순음. 치치음
ししんけい [視神経] [醫] 시신경
ししんせい [始新世] [地] 시신세
ししんでん [紫宸殿] 궁중의 정전(正殿) = 南殿なでん. ししいでん
しず [倭文] (古) 화려한 무늬를 짜넣은 옛날 직물 —の学環をだたき (しずを 짜는 데 쓰는) 삼실을 감은 실타래
じ·す [辞す] 自他五 (文) → じする(辞)
ジス [JIS] 지스. 일본 공업 규격 —マーク (JIS mark) 지스 마크. 일본 공업 규격에 합격한 제품에 붙이는 마크
しずい [歯髄] [醫] 치수¶ ~炎えん 치수염
しずい [雌蘂] [植] → めしべ
じすい [自炊] 名 自スル 자취
しすう [指数] 지수¶ 物価ぶっか~ 물가 지수
しすう [紙数] 지수 ①종이 (특히 원고)의 매수¶ ~が尽つきる 매수가 다 되다 ②페이지수. 면수¶ ~をふやす 페이지 수를 늘리다
じすう [字数] 자수. 글자 수
じすう [次数] [數] 차수
しずおか [静岡] ①中部ちゅうぶ 지방 남동부의 태평양에 면한 현 ②静岡県の 현청 소재지
しずか [静か] 形動 ①조용함. 고요함¶ ~な秋あきの夜よ 고요한 가을밤 ②잔잔함. 담담함¶ ~な海うみ 잔잔한 바다/~な心こころ 담담한 마음 ③침착함. 차분함. 평온함¶ ~に答こたえる 차분하게 대답하다/ 世よの中なかが~になる 세상이 평온해지다 ④말수가 적음
しずく [滴·雫] 물방울¶ 雨あめの~ 빗방울
しずけさ [静けさ] 정적. 고요함¶ ~を破やぶる 정적을 깨다
しずしず [静静] 副 조용히. 얌전하게¶ ~と進すすみ出でる 조용히 앞으로 나아가다
しすべり [地滑り·地ずり] [地] 사태(沙汰) —的 ①점차적¶ ~な崩壊ほうかい 점차적인 붕

괴 ②압도적¶ ～勝利$_{しょうり}$ 압도적 승리
**しま・す** [為済ます] 他五 잘 해내다, 감쪽같이 해내다¶ ～・したりという得意$_{とくい}$な顔$_{かお}$ 잘 해냈다는 우쭐한 표정
**しずまりかえ・る** [静まり返る] 自五 아주 조용해지다¶ ～・った会場$_{かいじょう}$ 쥐죽은 듯이 조용한 회장
**しずま・る** [静まる·鎮まる] 自五 ①조용해지다, 잠잠해지다¶ 会場$_{かいじょう}$が～ 회장이 조용해지다 ②잔잔해지다, 가라앉다¶ 波$_{なみ}$が～ 파도가 잔잔해지다 ③(전란 등이) 진압되다, 평온해지다¶ 戦乱$_{せんらん}$が～ 전란이 가라앉다 ④(감정 등이) 가라앉다, 진정되다¶ 気$_{き}$が～ 마음이 진정되다 ⑤文 신이 진좌(鎮座)하다¶ 神$_{かみ}$～・ります社$_{やしろ}$ 신이 진좌하시는 신사
**しずみうお** [沈(み)魚] 바다 밑에 사는 물고기, 심해어 ⇔ 浮$_{う}$き魚$_{うお}$
**しず・む** [沈む] 自五 ①가라앉다¶ 船$_{ふね}$が海底$_{かいてい}$に～ 배가 해저에 가라앉다 ②(해·달이) 지다¶ 日$_{ひ}$が西$_{にし}$の空$_{そら}$に～ 해가 서쪽 하늘로 지다 ③내려앉다, 처지다¶ 地盤$_{じばん}$が～ 지반이 내려앉다 ④(나쁜 상태에) 빠지다, 영락하다¶ 不幸$_{ふこう}$な境遇$_{きょうぐう}$に～ 불행한 처지에 빠지다 ⑤침울해지다, 잠기다¶ 物思$_{ものおも}$いに～ 생각에 잠기다/ ～・んだ顔$_{かお}$ 침울한 얼굴 ⑥(('～・んだ'의 꼴로)) 차분하다, 가라앉다¶ ～・んだ色合$_{いろあ}$い 차분한 색조 ⑦(권투 등에서) 쓰러지다¶ アッパーカットを食らって, マットに～ 어퍼컷을 맞고 매트에 쓰러지다 ⑧(마작 등에서) 지다, 잃다
**しずめ** [鎮め] 다스려서 진정시킴, 진정, 진호(鎮護)¶ 国$_{くに}$の～ 나라의 진정[진호]
**しず・める** [沈める] 他下一 ①가라앉히다, 잠그다¶ 船$_{ふね}$を～ 배를 가라앉히다 ②(불행에) 빠뜨리다¶ 苦界$_{くがい}$に身$_{み}$を～ 고해에 몸을 내던지다, 매춘부 신세가 되다
**しず・める** [静める·鎮める] 他下一 ①조용하게 하다¶ 鳴$_{な}$りを～ 소리를 죽이다 ②진압하다, 다스리다¶ 国$_{くに}$を～ 나라를 다스리다/ 騒$_{さわ}$ぎを～ 소요를 진압하다 ③진정시키다, 가라앉히다¶ 気$_{き}$を～ 마음을 진정시키다 ④(신을) 진좌(鎮座)시키다¶ 神$_{かみ}$のみたまを～ 신령을 진좌시키다
**し・する** [死する] 自サ変文 죽다= 死$_{し}$ぬ
慣用句
**一$_{いっ}$して後$_{のち}$已$_{や}$む** 죽을 때까지 계속 노력하다
**し・する** [資する] 自サ変 ①文 이바지하다¶ 青少年$_{せいしょうねん}$の育成$_{いくせい}$に～ 청소년 육성에 이바지하다 ②자본을 대다
**し・する** [視する] (造語) ((한자 명사에 붙어 サ変動詞를 만듦)) …시(視)하다, …로 보다¶ 重要$_{じゅうよう}$～ 중시하다/ 白眼$_{はくがん}$～ 백안시하다
**じ・する** [侍する] 自サ変文 가까이에서 모시다¶ 君側$_{くんそく}$に～ 주군을 가까이에서 모시다
**じ・する** [治する] I 自サ変 (병이) 낫다 II 他サ変 ①(병을) 고치다 ②다스리다, 진정시키다¶ 争乱$_{そうらん}$の世$_{よ}$を～ 쟁란의 세상을 다스리다
**じ・する** [辞する] 文 I 自サ変 물러나다, 하직하다¶ 先生$_{せんせい}$のお宅$_{たく}$を～ 선생님 댁을 물러나다 II 他サ変 ①사양하다, 사절하다¶ 受賞$_{じゅしょう}$を～ 수상을 사양하다 ②사직하다, 사퇴하다¶ 会長職$_{かいちょうしょく}$を～ 회장직을 사퇴하다 ③(('～・さない[せず]' 등의 꼴로)) 불사하다, 마다하지 않다¶ 死$_{し}$をも～・さない覚悟$_{かくご}$ 죽음도 불사하는 각오
**じ・する** [持する] 他サ変文 ①유지하다, 지니다¶ 現状$_{げんじょう}$を～ 현상을 유지하다 ②지키다, 견지하다¶ 戒$_{かい}$を～ 계율을 지키다
**しせい** [氏姓] 씨성 **—制度$_{せいど}$** 〖史〗 (大和$_{やまと}$ 조정의) 氏$_{うじ}$라 불리는 지배층과 정치적 지위를 나타내는 姓$_{かばね}$가 구성 요소인 지배 형태
**しせい** [四声] 사성. (한자 성음(聲音)에서) 평성·상성·거성·입성의 네 가지
**しせい** [四姓] 사성 (인도의) 카스트 ((옛날 일본의 4대 명문인)) 源$_{みなもと}$·平$_{たいら}$·藤原$_{ふじわら}$·橘$_{たちばな}$의 4대 성씨
**しせい** [四聖] 사성. 석가·예수·공자·소크라테스의 네 사람
**しせい** [市井] 文 시정 ①거리, 저잣거리 ②세상, 항간¶ ～に交$_{まじ}$わる 세상 사람과 어울리다
**しせい** [市制] 시제. 시(市)의 제도
**しせい** [市政] 시정. 시의 행정
**しせい** [市勢] 시세. 시의 전체적인 정세¶ ～要覧$_{ようらん}$ 시세 요람
**しせい** [死生] 文 사생. 생사¶ ～を共$_{とも}$にする 생사를 같이하다
慣用句
**—命$_{めい}$あり** 인명은 재천이다
**しせい** [至聖] 文 지성. 지덕이 극히 뛰어남, 그런 사람
**しせい** [至誠] 文 지성. 진심, 성심
慣用句
**—天$_{てん}$に通$_{つう}$ず** 지성이면 감천이다
**しせい** [私製] 사제¶ ～はがき 사제 엽서
**しせい** [刺青] 문신 = 入$_{い}$れ墨$_{ずみ}$
**しせい** [姿勢] ①(몸의) 자세¶ 不動$_{ふどう}$の～ 부동 자세/ ～がいい 자세가 좋다 ②자세, 태도, 마음가짐¶ 前向$_{まえむ}$きの～ 전향적인 자세
**しせい** [施政] 시정 **—方針$_{ほうしん}$** 시정 방침
**しせい** [詩聖] 文 시성 ①매우 뛰어난 시인 ②당나라의 시인 두보(杜甫)에 대한 경칭
**しせい** [試製] 名他スル 시제, 시작(試作)
**しせい** [資性] 文 자성, 천성¶ 恵$_{めぐ}$まれた～ 타고난 천성
**しせい** [雌性] 生 자성. 암컷의 성질
**じせい** [自生] 名自スル 植 자생¶ ～植物$_{しょくぶつ}$ 자생 식물
**じせい** [自制] 名他スル 자제¶ ～心$_{しん}$ 자제심
**じせい** [自省] 名自スル文 자성¶ 深$_{ふか}$く～する 깊이 자성하다
**じせい** [自製] 名他スル 자제, 손수 만듦
**じせい** [時世] 시세, 시대, 세상= ときよ¶ 便利$_{べんり}$な御$_{ご}$～ 편리한 세상
**じせい** [時制] 〖文法〗 시제
**じせい** [時勢] 시세, 시대의 추세¶ ～に順応$_{じゅんのう}$する 시세에 순응하다

**じせい**【辞世】 사세 ①임종 때 지어 남기는 和歌·俳句¶ ~の句 임종 때 지어 남기는 구 ②이 세상을 하직함. 죽음

**じせい**【磁性】〖物〗자성¶ ~体 자성체 ━材料 자성 재료

**しせいかつ**【私生活】 사생활

**しせいかん**【司政官】 시정관

**しせいじ**【私生子】〖法〗(구 민법에서) 사생아

**しせいじ**【私生児】 사생아

**しせいしき**【示性式】〖化〗시성식

**しせいだい**【始生代】〖地〗시생대

**しせき**【史跡·史蹟】 사적¶ ~巡り 사적 순례

**しせき**【史籍】〖文〗사적. 사서=史書

**しせき**【咫尺】〖文〗Ⅰ名 지척. 아주 가까운 거리¶ ~の間 지척지간 Ⅱ名 自スル (귀인을) 가까이서 배알함¶ 竜顔に~する 용안을 가까이서 배알하다

慣用句

━を弁ぜず (어두워) 지척을 분간하지 못하다

**しせき**【歯石】〖醫〗치석

**じせき**【次席】 차석¶ ━検事 차장 검사

**じせき**【耳石】〖動〗이석. 평형석(平衡石)

**じせき**【自席】 자기 자리

**じせき**【自責】 名 自スル 자책 ━点〖野〗자책점

慣用句

━の念 자책감

**じせき**【事跡·事蹟】〖文〗사적. 일이나 사건이 있었던 흔적

**じせき**【事績】〖文〗사적. 업적¶ 輝かしい~を残す 빛나는 업적을 남기다

**しせつ**【私設】 名 사설 ⇔ 公設¶

**しせつ**【使節】 사절¶ 親善~ 친선 사절

**しせつ**【施設】 Ⅰ名 他スル 시설¶ 公共~ 공공 시설 Ⅱ名 사회 복지 시설¶ ~に寄付をする 사회 복지 시설에 기부하다

**じせつ**【自説】 자설. 자기 의견·학설¶ ~を曲げない 자설을 굽히지 않다

**じせつ**【持説】 지설. 지론 = 持論¶ ~を展開する 지설을 펼치다

**じせつ**【時節】 시절 ①계절. 철¶ 散策に適した~ 산책하기에 좋은 계절 ②(좋은) 시기, 기회¶ ~到来 시기 도래 ③시국¶ 暗い~ 암울한 시절 ━柄 ①때, 시절 ②(부사적으로) 때가 때이니 만큼

**しせる**【死せる】連体〖文〗죽은. 죽어버린

**しせん**【支線】 ①(철도의) 지선 ⇔ 本線·幹線 ②전봇대의 받침 철선

**しせん**【死線】 사선 ①생사 지경¶ ~をさまよう 사선을 헤매다/~を越える 사선을 넘다 ②교도소 등의 주위에 설치하여 그 선을 넘으면 총살할 수 있는 한계선

**しせん**【私撰】 사찬. (가집 등을) 개인이 편찬함

**しせん**【自選】 자선. 개인이 선택함¶ ━弁護人 사선 변호인

**しせん**【施線】〖文〗시선. 선을 가설함

**しせん**【視線】 시선. 눈길¶ 鋭い~ 날카로운 시선/~をそらす 눈길을 돌리다

**しせん**【詩仙】〖文〗시선 ①천재적인 시인 ②당나라의 시인 이백(李白)에 대한 경칭

**しせん**【詩箋】 시전. 시전지, 시를 쓰는 종이

**しぜん**【自然】 Ⅰ名 ①자연¶ ~の摂理 자연의 섭리 ②천성, 본성¶ 悲しければ泣くのが人間の~だ 슬프면 우는 것이 인간의 본성이다 Ⅱ形動 ①저절로 그렇게 됨¶ ~にドアが開く 저절로 문이 열리다 ②자연스러움, 꾸밈이 없음¶ ~な態度 자연스러운 태도 Ⅲ副 (「~と」의 꼴로) 자연히, 저절로¶ 大人になれば、~とわかる 어른이 되면 자연히 알게 된다 ━界 자연계 ━科学 자연과학 ━現象 자연 현상 ━主義〖文〗자연주의 ━人〖法〗자연인 ━数〖数〗자연수 ━淘汰〖生〗자연 도태 ━発生〖生〗자연 발생 ━物 자연물 ━法〖法〗자연법

**しぜん**【至善】 지선. 최상의 선

**じせん**【自選】 자선 Ⅰ名 自スル (선거에서) 자기를 선출함¶ ~投票 자선 투표 Ⅱ〖自撰〗名 他スル 자찬. 자기 작품을 추려서 편집함

**じせん**【自薦】 名 自スル 자천. 스스로 추천함

**じせん**【次善】 차선¶ ~の策 차선책

**じぜん**【事前】 名 사전 ⇔ 事後¶ ~協議 사전 협의/~に発覚する 사전에 발각되다 ━運動 사전 운동

**じぜん**【慈善】 자선¶ ~を施す 자선을 베풀다 ━市 자선시. 바자 ━事業 자선 사업 ━鍋 자선 냄비

**しそ**【始祖】〖文〗①시조¶ 流派の~ 유파의 시조 ②(선종에서) 달마대사 ━鳥〖地〗시조새

**しそ**【紫蘇】〖植〗자소. 차조기 ━巻 소금에 절인 차조기 잎에 매실·된장 등을 싼 식품

**しそ**【緇素】 치소. 승려와 속인=僧俗

**じそ**【自訴】 名 自スル 자소. 자수=自首

**しそう**【死相】 사상 ①죽을 상¶ ~が現われる 사상이 나타나다 ②죽은 사람의 얼굴

**しそう**【志操】 지조¶ ~堅固 지조 견고

**しそう**【思想】 사상¶ 遠大な~ 원대한 사상 ━家 사상가 ━犯 사상범

**しそう**【指嗾·使嗾】 名 他スル〖文〗사주. 부추김

**しそう**【師僧】 사승. 스승이 되는 스님

**しそう**【詞宗】〖文〗사종 ①시문에 뛰어난 사람 ②학자·문학자에 대한 높임말

**しそう**【詞藻】〖文〗사조 ①수사(修辞), 아름다운 말 ②시가, 문장

**しそう**【歯槽】〖醫〗치조 ━膿漏〖醫〗치조 농루

**しそう**【詩宗】〖文〗시종 ①대시인 ②시인에 대한 높임말

**しそう**【詩草】〖文〗시초. 시의 초고=詩稿

**しそう**【詩想】 시상¶ ~を練る 시상을 고르다

**しそう**【詩藻】〖文〗①아름다운 시구 ②풍부한 시심(詩心)¶ ~が枯れる 시심이 마르다

**しそう**【試走】 名 自他スル 시주 ①(자동차 등을) 시승함¶ ━車 시승차 ②(육상 경기 등에서) 경기 전에 실제 코스를 달려 봄¶ マラソンコースを~する 마라톤 코스를 시주하다

**しぞう**【死蔵】 名 他スル 사장¶ 貴重な資料を~する 귀중한 자료를 사장하다

**しぞう**【私蔵】 名 他スル 사장. 개인 소장

じそう [寺僧] 사승. 절의 승려
じそう [事相] (文) 사상. 일의 양상〔상태〕
じそう [侍曹] (文) 편지 겉봉의 상대방 이름 밑에 적어 경의를 표하는 말. 시사= 侍史じ
じぞう [地蔵]「地蔵菩薩ぼさつ」의 준말 ―顔 ①(지장보살처럼) 둥글고 인자한 얼굴 ②생글생글 웃는 얼굴 ―菩薩ぼっ [佛] 지장보살
じぞうほう [自走砲] [軍] 자주포
しそく [子息] (文)(「ご~」의 꼴로) (남의) 아드님. 자제분¶ ご~はいくつになれましたか 자제분은 몇 살이 되셨습니까?
しそく [四足] 사족 ①네 발 ②짐승
しそく [四則] [數] 사칙. 가·감·승·제의 네 가지 셈법의 총칭
しそく [紙燭·脂燭] ①옛날 궁중에서 쓰던 조명 기구 ②지노를 기름에 적신 등잔불
しぞく [士族] 사족 고장 신분 ② 明治維新めいじ 이후 무사 계급 출신에게 주어졌던 신분
慣用句
―の商法しょう 선비의 장사. 장사에 익숙치 않은 사람이 장사를 하여 실패함
しぞく [支族·枝族] 지족. 분가(分家)
しぞく [氏族] 씨족¶ ~社会しゃ 씨족 사회
じそく [自足] 图 自スル 자족 ①스스로 필요한 것을 채움¶ 自給じきゅう~ 자급 자족 ②스스로 만족함¶ 現在げんざいの生活せいかつに~する 현재의 생활에 만족하다
じそく [時速] 시속
じぞく [持続] 图 他スル 지속¶ 友好関係ゆうこうかんけいを~する 우호 관계를 지속하다
じそくみつど [磁束密度] [物] 자속 밀도
しそこな·う [為損なう] 他五 (口) 잘못하다. 실패하다. 그르치다= しくじる¶ 暗算あんざんを~ 암산을 잘못하다
しそつ [士卒] 사졸 ①하사관과 졸병 ②병사
しそん [子孫] 자손 ①아들과 손자 ②후손
しそん [至尊] (文) 지존. 더없이 존귀함, 그런 사람 ②天皇てんのう
じそん [自存] (文) 자존 Ⅰ 图 自スル 자기 힘으로 생존함¶ 自立じりつ~ 자립 자존 Ⅱ 图 자기의 생존·존재
じそん [自尊] (文) 자존 자부¶ ~自大じだい 자존 자대 ②자신의 품위와 긍지를 지킴¶ 独立どくりつ~の精神せいしん 독립 자존의 정신 ―心しん 자존심
じそん [児孫] (文) 아손. 자손
慣用句
―の為ために美田びでんを買かわず 자손을 위해 재산을 남기지 않는다
しそん·ずる [為損ずる] 他 サ変 그르치다. 잘못하다. 실패하다= しそこなう¶ せいては事ことを~ 서두르면 일을 그르친다
した [下] 하 ①아래, 밑 ②木きの~で休やすむ 나무 밑에서 쉬다 ②(옷의) 안쪽. 속¶ セーターの~にシャツを着きる 스웨터 속에 셔츠를 입다 ③마음속. 이면¶ 信しんじたい気持きもちが~にある 믿고 싶은 생각이 마음속에 있다 ④(신분·지위의) 아래. 밑¶ ~の連中れんちゅう 아랫것들 ⑤(나이의) 아래. 밑¶ 私わたしより三みっ

つ~です 나보다 세 살 아래입니다 ⑥(정도·능력 등이) 뒤짐¶ 技術ぎじゅつは彼かれのほうが~だ 기술은 그가 떨어진다 ⑦저당. 담보¶ 時計とけいを~にお金かねを借かりる 시계를 저당잡히고 돈을 빌리다 ⑧(形式)(「…から」의 꼴로) 바로 뒤. 직후¶ 言いう~から嘘うそがばれる 말하자마자 거짓이 탄로나다 ⑨(造語) 사전, 예비¶ ~調しらべ 예비 조사
慣用句
―に出でる 저자세로 나오다
―にも置おかない (접대 등이) 극진하다
した [舌] ①[醫] 혀 ②(악기의) 혀. 리드 ③변설¶ ~を振ふるう 막힘 없이 지껄이다
慣用句
―が回まわる 혀가 잘 돌아가다. 막힘 없이 잘 지껄이다
―を出だす 혀를 내밀다 ①(뒤에서) 비웃다. 헐뜯다 ②멋쩍어 하다
―を巻まく 혀를 내두르다
しだ [〈羊歯·歯朶〉] [植] ①양치류 ②「うらじろ」의 딴이름 ―植物しょく [植] 양치 식물
じた [自他] 자타 ①자기와 타인¶ ~の別べつなく 자타의 구별없이 ②[文法] 자동사와 타동사
慣用句
―共ともに許ゆるす 자타가 공인하다
じだ [耳朶] (文) ①이타. 귓불 ②귀, 귓전¶ 雨あめの音おとが~を打うつ 빗소리가 귓전을 때리다
慣用句
―に触ふれる 귀에 들어오다. 들어서 알다
したあご [下〈顎〉] 하악. 아래턱= かがく
したい [支隊] 지대 ⇔ 本隊ほんたい
したい [四諦] [佛] 사제. 미망(迷妄)과 깨우침의 인과(因果)를 밝히던 네 가지 진리
したい [死体·屍体] 사체. 시체 = 死骸しがい ⇔ 生体せいたい ―遺棄罪いきざい [法] 시체 유기죄
したい [肢体] (文) 지체 ①수족. 팔다리 ②팔다리와 몸. 전신(全身)
したい [姿態] 자태. 모습. 몸매¶ なまめかしい~ 요염한 자태
したい [詩体] 시체. 시의 형식
しだい [四大] [佛] 만물을 구성하는 4원소. 그것으로 구성되는 인간의 몸 ②(노자 사상에서) 도·천·지·왕
しだい [次第] ①순서¶ 式しき~ 식순 ②사정, 경위, 유래¶ そんな~で明日あすは何がっえない 그런 사정으로 내일은 찾아갈 수 없다 ③(形式) …에 달림. …나름임¶ 何事なにごとも人ひと~だ 무슨 일이든 사람 나름이다 ④(形式) …하는 즉시, …하는 대로¶ 気きがつけ次第 발견한 즉시/品物しなものが届とどき~代金だいきんを送おくる 물품이 도착하는 대로 대금을 보내겠다 ―書がき 團 내력·순서를 적은 문서 ―次第だいに 副 점차, 차츰 ― 副 점차, 차츰
しだい [至大] 图 (文) 지대¶ ~な業績ぎょうせき 지대한 업적
しだい [私大] 사대. 사립 대학
じたい [字体] 자체 ①글자의 모양 ②(붓글씨의) 서체 ③활자체

**じたい**【自体】**Ⅰ**[名] 자체¶ それ〜は問題ではない 그 자체는 문제가 아니다 **Ⅱ**[副] 원래, 본시, 근본적으로¶ こうなったのも、〜君に責任がある 이렇게 된 것도 근본적으로 네 책임이다

**じたい**【事態】 사태¶ 緊急〜 긴급 사태

**じたい**【辞退】[名][他スル] 사퇴¶ 出場を〜する 출장을 사퇴하다

**じだい**【地代】 지대 ①차지료(借地料) ②땅값

**じだい**【次代】 차대, 다음 세대·시대¶ 〜を担う青年 다음 세대를 짊어질 청년

**じだい**【自大】(文) 자대, 저 잘났다士고 우쭐댐¶ 夜郎〜 자기 역량도 모르고 우쭐대기

**じだい**【事大】[名] 사대 **一主義** 사대주의

**じだい**【時代】 시대 ①일정한 기간, 시절¶ 江戸〜 에도 시대／ 学生〜 학창 시절 ②에스러움, 고색 창연함¶ 〜を感じさせる 에스러움을 느끼게 하다 ③그 당시, 당대¶ 〜の風潮 시대의 풍조 **一後れ** 시대에 뒤떨어짐 **一掛かる** 에스럽다, 고색 창연하다 **一感覚** 시대 감각 **一狂言** 시대물의 歌舞伎 狂言 **一劇** 시대극 **一錯誤** 시대착오 **一色** 시대색 **一祭** 매년 10월 22일에 열리는 平安神宮의 축제 **一物** 시대물 **一がつく** 세월의 때가 묻다, 고색 창연해지다

**した・う**【慕う】[他五] ①그리워하다, 사모하다, 연모하다¶ 故国を〜 고국을 그리워하다 ②우러르다, 앙모하다¶ 学風を〜 학풍을 우러르다 ③(뒤를) 좇다, 곁에 가고 싶어하다¶ 明かりを〜って虫が飛んでくる 불빛을 향해 벌레들이 날아들다

**したうけ**【下請(け)】 ①「下請負」의 준말, 하청, 하도급¶ 〜に出す 하청을 주다 ②「下請人」의 준말, 하청인

**したうち**【舌打ち】[名][自スル] ①혀를 참¶ 残念さうに〜する 애석한 듯이 혀를 차다 ②입맛을 다심

**したえ**【下絵】 밑그림 ①(美) 초벌 그림 ②(자수·조각 등의) 재료에 그린 그림

**したおし**【下押し】[名] 아래로 밀어내림 (經)(시세가) 차츰 하락함, 내림세

**したおび**【下帯】 ①(남성의) 들보= 褌 ②(여성이 전통 의상을 입을 때) 속옷으로 두르는 천 ③(옛날) 통소매 옷 위에 매는 띠

**したが・う**【従う･随う】[自五] ①따르다, 좇다, 복종하다¶ 慣行に〜 관행을 따르다 ②뒤따르다, 수행하다¶ 案内人に〜 안내인을 뒤따르다／ 社長に〜 사장을 수행하다 ③(어느 방향을) 따라가다¶ 川に〜って下る 강을 따라 내려가다 ④종사하다¶ 業務に〜 업무에 종사하다 ⑤(「…に〜い [って]」의 꼴로)…에 따라, …와 함께¶ 登るに〜って気温が下がる 올라감에 따라 기온이 내려가다

**したが・える**【従える】[他下一] ①지배하에 두다, 복종시키다¶ 諸国を〜 여러 나라를 지배하에 두다 ②거느리다¶ 供を〜 종자를 거느리다

**したがき**【下書き】[名][他スル] ①(정서하기 전에) 연습으로 씀, 그렇게 쓴 것 ②초고, 초안¶ 〜に手を入れる 초고를 손보다 ③대체적인 윤곽을 그림

**したかげ**【下陰】(文) 나무 등에 가려 생긴 그늘, 밑그늘¶ やなぎの〜 버드나무의 밑그늘

**したがって**【従って】[腰] 따라서, 그러므로¶ この品は手作りだ。〜値が高い 이 물건은 수제품이다. 따라서 값이 비싸다

**したがり**【下刈(り)】 잡초를 벰

**したぎ**【下着】 ①겉옷 밑에 입는 옷 ⇔ 上着 ②속옷, 내복= 肌着

**したく**【支度·仕度】[名][自スル] 채비 ①준비¶ 冬〜 월동 준비 ②(외출·접대 등을 위한) 몸치장¶ 出かけるから早く〜しなさい 외출할테니까 어서 채비해라 **一金** (결혼 등의) 준비금

**したく**【私宅】(文) 사택, 개인 집, 자택

**しだ・く**[他五](補動) ①(「踏み〜」의 꼴로) 짓밟다, 뭉개다¶ 草を踏み〜 풀을 짓밟다 ②(「噛み〜」의 꼴로) 부수다, 깨뜨리다¶ 歯で噛み〜 이로 짓씹다

**じたく**【自宅】 자택, 자기 집

**したくさ**【下草】 나무 그늘에 자라는 잡초

**したくちびる**【下唇】 아랫 입술 ⇔ 上唇

**したげいこ**【下稽古】 예행(豫行) 연습

**したけんぶん**【下検分】 사전 조사[점검]

**したごころ**【下心】 ①본심, 저의, 속마음¶ 〜が見え透く 본심이 들여다보이다 ②(한자 부수의) 마음심부 ▷「思·慕」 등의 부수 부분

**したごしらえ**【下拵え】[名][他スル] ①사전 준비¶ 研究論文の〜をする 연구 논문의 사전 준비를 하다 ②(요리하기 전에) 재료를 대충 손질해 둠¶ お節料理の材料を〜する 설 음식의 재료를 대충 손질해 두다

**したさき**【舌先】 ①혀끝 ②말, 구변¶ 〜でごまかす 말로 구슬려 속이다 **一三寸** 세 치 혀끝, 교묘한 변설

**したざわり**【舌触り】 (음식물이 혀에 닿는) 감촉, 입맛¶ 〜がいい 입맛이 감칠맛이 있다

**したさんずん**【舌三寸】→ したさきさんずん

**したじ**【下地】 ①준비, 기초¶ 研究の〜 연구의 기초 ②소질, 재능¶ 〜もよいし、指導者もよかった 소질도 있었지만 지도자도 좋았다 ③간장 ④벽의 골조 부분, 초벽

**しだし**【仕出し】 ①(料) 주문 배달= 出前¶ 〜弁当 주문 도시락 ②(劇) 단역

**したし・い**【親しい】[形] 친하다, 다정하다¶ 〜友人 친한 친구 ②(혈연이) 가깝다¶ 〜縁者 가까운 일가

**慣用句**

**ーき中にも礼儀あり** 친한 사이에도 예의를 지켜야 한다

**したじき**【下敷(き)】 ①밑에 깔림¶ 倒れた材木の〜になる 무너진 재목에 깔리다 ②책받침, 밭침, 깔개 ③본보기, 바탕¶ 古い説話を〜にする 옛 설화를 바탕으로 삼다

したしく [親しく] 副 손수, 친히, 몸소, 직접 ¶ ～指揮をとる 손수 지휘를 하다/ 先生から～教えを受けた 선생님께 직접 가르침을 받았다

したしごと [下仕事] ①준비 작업 ②하청 받은 일 ¶ ～で生計を立てる 하청 받은 일로 생계를 꾸리다

したしみ [親しみ] 친밀감, 친근감

したし・む [親しむ] 自五 ①(文) 친하다, 친하게 지내다 ¶ 幼いころから～んだ友 어려서부터 친하게 지낸 친구 ②즐기다, 가까이 하다 ¶ 自然に～ 자연을 가까이 하다

したじめ [下締め] 여자가 着物의 허리띠 밑에 매는 끈

したじゅんび [下準備] 사전 준비

したしょく [下職] 하청업, 하청업자

したしらべ [下調べ] ①사전 답사, 예비 조사 ¶ ロケ地を～に行く 로케 현장에 사전 답사차 가다 ②예습

したず [下図] 초벌 그림, 밑그림

しだ・す [仕出す] 他五 ①하기 시작하다 ¶ 居眠りを～ 졸기 시작하다 ②요리를 만들어 배달하다

したそうだん [下相談] 名 自スル 미리 상의함, 사전 의논

しただい [舌代] 말대신 글로 간단히 쓴 인사말

したたか [強か・健か] Ⅰ 副 ①세게, 호되게 ¶ ～打たれた 세게 얻어맞았다 ②몹시, 심하게 Ⅱ 形動 ①만만찮음, 굳셈, 튼튼함 一者 만만찮은 사람, 다루기 힘든 사람

したた・める [認める] 他下一(文) ①적다, 쓰다 ¶ 手紙を～ 편지를 쓰다 ②식사하다, 먹다 ¶ 夕食を～ 저녁을 먹다

したた・らす [滴らす] 他五 (물방울을) 떨어뜨리다 ¶ 汗を～ 땀방울을 흘리다

したたらず [舌足らず] 名 形動 ①혀가 짧음, 발음이 정확하지 않음 ¶ ～なしゃべり方をする 혀짤배기 소리를 하다 ②(표현이) 충분하지 않음 ¶ ～な説明 불충분한 설명

したたり [滴り] (물 등이) 방울져 떨어짐, 그런 방울 血の～ 핏방울

したた・る [滴る] 自五 (물 등이) 방울져 떨어지다 ¶ 血が～ 핏방울이 떨어지다

したた・るい [舌たるい] 形 응석부리듯 혀짧은 소리를 하다, したたるい

したつ [示達] 名 他スル 시달

したつづみ [舌鼓] (맛이 있어) 입맛을 다심 ＝ 舌打ち ¶ ～を打つ 입맛을 다시다

したっぱ [下っ端] (口) (신분·지위가) 낮음, 말단 ¶ ～の役人 말단 관리

したづみ [下積み] 名 ①다른 물건 밑에 쌓음, 그런 물건 ↔ 上積み ¶ 厳禁の上에 다른 물건을 얹지 말 것 ②언제까지나 출세를 못함, 그런 사람 ¶ ～の社員 만년 사원

したつゆ [下露] (文) (초목 등에) 맺힌 이슬, 맺혀 떨어지는 이슬

したて [下手] ①아래쪽 ②(지위·능력이) 뒤짐. (특히 장기·바둑에서) 하수 ③공손한 태도 ¶ ～に出る 공손한 태도를 취하다 ④ 相撲 상대방 겨드랑이 밑으로 질러 넣은 손 ─投げ ① 相撲 상대의 겨드랑이 밑에 지른 손으로 샅바를 낚아채 쓰러뜨리는 수 ② 柔 언더스로 ─回し 相撲 상대의 겨드랑이 밑으로 팔을 질러 넣어 샅바를 잡음

したて [仕立(て)] ①(옷 등을) 만듦, 재봉 ¶ ～のよい背広 바느질이 잘된 양복 ②목적에 맞게 만듦 ¶ ミュージカル～の劇 뮤지컬화한 극 ③가르침, 교육, 훈련 ¶ ～の厳しい師匠 가르침이 엄격한 스승 ④(차량 등을 특별히) 준비함, 편성함 特別～の列車 특별 편성 열차 ─上がり (맞춤옷 등이) 완성됨, 갓 완성된 옷 ─下ろし 새로 맞춘 옷을 입음, 그런 옷 ─直し (오래된 옷을 뜯어) 다시 옷을 지음 ─物 바느질 ─屋 양복점, 바느질 집, 그 주인

した・てる [仕立てる] 他下一 ①(옷을) 만들다, 재봉하다 ¶ ドレスを～ 드레스를 만들다 ②양성하다, 길러내다 ¶ 立派な職人として～ 훌륭한 장인으로 길러내다 ③(기존의 것을) 새로이 만들어내다 ¶ 殺人事件をドラマに～ 살인 사건을 드라마화하다 ④(탈것을) 준비하다, 편성하다 ¶ 特別列車を～ 임시 열차를 편성하다 ⑤(그럴 듯하게) 꾸미다 ¶ 医者に～ 의사처럼 꾸미다

したどり [下取り] 名 他スル 새 물건의 대금 일부로 쓰던 물건을 판매자가 인수함

したなが [舌長] 了 주제넘은 소리를 함, 큰 소리침

したなめずり [舌舐(め)ずり] 名 自スル 입맛을 다심 ①(먹을 때) 혀로 입술을 핥음 ¶ ～しながら食べる 입맛을 다시면서 먹다 ②(먹이·이익을) 몹시 기다림 ¶ ～して待ち構える 입맛을 다시면서 기다리다

したぬい [下縫い] 名 他スル 시침질, 가봉

したぬり [下塗(り)] 名 他スル 초벌 [애벌] 칠, 초벌칠을 한 것

したね [下値] (시세보다) 싼값, 염가

したのね [舌の根] 連語 설근, 혀뿌리
慣用句
─の乾かぬうち 입에 침도 마르기 전에

したば [下葉] (초목의) 아래쪽 잎사귀

したばえ [下生え] 나무 밑에 난 잡초

したばき [下穿き] 속바지

したばき [下履(き)] 밖에서 신는 신

じたばた 副 自スル (口) ①바둥바둥, 버둥버둥 ¶ 押さえつけられて～する 꽉 눌려서 버둥거리다 ②허둥지둥 ¶ 今さら～するな 이제 와서 허둥대지 말아라

したばたらき [下働き] 名 自スル ①남 밑에서 일함, 그런 사람 ¶ 写真家の～で技術を学ぶ 사진가 밑에서 기술을 배우다 ②허드렛일, 허드렛일을 함, 그런 사람

したはら [下腹] 아랫배 ＝ したばら・したっぱら ¶ ～が痛む 아랫배가 아프다

したばり [下張り・下貼り] 名 他スル 초배, 초배지 ⇔ 上張り

**したび**【下火】 ①名 불기운이 약해짐 ②名 (기세가) 약해짐, 시들해짐¶流行ゅうが~になる 유행이 시들해지다 ③料 밑불, 밑에서 쬐는 불

**したびらめ**【舌平目・舌×鮃】動 서대기, 서대기

**したまえ**【下前】 (옷의) 안자락 ⇔ 上前うわ

**じたまご**【地卵】 그 지방에서 나는 달걀

**したまち**【下町】 도시의 저지대에 주로 상공업자가 사는 구역 —言葉こ東京の下町 사람들이 쓰는 말 —風ぷ東京の下町에 남아 있는 인정미 넘치고 호방한 기풍·풍속

**したまわり**【下回り・下廻り】 ①잡일을 함. 그런 사람 = 下働したばき ①商家しょうかに雇こわれる 상가의 잡역부로 고용되다 ②藝 (歌舞伎かぶきに서) 최하급 단역 배우

**したまわ·る**【下回る・下×廻る】 自五 하회하다. 밑돌다 ⇔ 上回うわまわる¶平均へいきんを~気温きおん 평균치를 밑도는 기온

**したみ**【下見】 名 他 ①사전 답사¶会場じょうを~する 회장을 사전 답사하다 ②미리 훑어봄. 예습¶演説えんぜつの草稿そうこうを~する 연설 초고를 미리 훑어보다 ③「下見張したみばり」의 준말 —板 미늘 판자 —張り 建 (일본식 목조 건물 외벽에) 가로로 대는 미늘 판자벽

**したみ**【滴み】 (액체를) 똑똑 떨어뜨림¶「したみざけ」의 준말 —酒 되 등에서 넘쳐 흘러 받힌 그릇에 고인 술

**した·む**【×滴む】 自五 ①액체를 똑똑 떨어뜨리다 ②(술 등을) 걸러내다, 밭다¶急須きゅうすの茶ちゃを~ 사기 주전자의 차를 걸러내다

**したむき**【下向き】 名 하향 ①아래쪽을 향함 ②(기세·물가 등이) 하락함, 쇠퇴함¶景気けいきが~になる 경기가 후퇴하다

**しため**【下目】눈을 내리뜸, 그런 눈매 ⇔ 上目うわめ¶~で見みる 눈을 내리뜨고 보다 ②깔봄¶人ひとを~に見る 남을 깔보다

**したもえ**【下×萌え】 (文) (싹이) 땅 속에서 움틈, 그 움

**したもつれ**【舌×縺れ】 (혀가 굳어서) 말소리가 분명치 않음

**したやく**【下役】 ①하급 관리 ②부하 직원

**したよみ**【下読み】名他スル 미리 읽어둠, 예습¶朗読ろうどくの~ 낭독할 부분을 미리 읽어둠

**じだらく**【自堕落】 名 ㄱ (몸가짐이) 단정치 못함, 방종한 생활¶~な生活せいかつ 방종한 생활

**しだれざくら**【枝垂(れ)桜・^垂(れ)桜】 植 실벚나무, 수양벚나무 = いとざくら

**しだれやなぎ**【枝垂(れ)柳・^垂(れ)柳】 植 수양버들 = いとやなぎ

**しだ·れる**【枝垂れる・^垂れる】 自下一 축 늘어지다¶枝えだが~ 가지가 축 늘어지다

**したわし·い**【慕わしい】 形 (文) 그립다 = こいしい¶~母上ははうえの姿すがたが 그리운 어머님의 모습

**したん**【紫檀】 植 자단

**しだん**【史談】 사담, 사화 = 史話しわ

**しだん**【指弾】 名 他スル (文) 지탄 = つまはじき¶世よの~をうける 세상의 지탄을 받다

**しだん**【師団】 軍 사단

**しだん**【詩壇】 시단, 시인 사회, 시문학의 세계

**じたん**【事端】 (文) 사단, 사건의 발단·계기

**じたん**【時短】 経 노동 시간 단축

**じだん**【示談】 法 시담, 화해

**じだんだ**【地団太·池団駄】 (화가 나거나 분해서) 발을 동동 구름
慣用句
—を踏ふむ 발을 동동 구르며 분해하다

**しち**【七】 접シチ·シツ 訓なな·ななつ·なの (음)칠. I (造語) 칠, 일곱¶七賢しちけん 칠현·七曜ようび 칠요 ▷「漆」가 갖은자 黙読訓 七夕たなば 칠석, 직녀(성), 베틀 II 칠, 일곱

**しち**【接頭】 패, 몹시, 매우¶~面倒めんどうな仕事しごと 몹시 귀찮은 일

**しち**【質】 ①담보물¶~に取とる 담보로 잡다 ②전당, 전당물¶時計とけいを~に入いれる 시계를 전당잡히다, 저당 잡히다¶流質る유질물

**しち**【死地】 사지 ①죽을 곳¶~と定さだめる 죽을 곳으로 정하다 ②(文) 위험한 곳¶~に赴おもむく 사지로 향하다 ③(文) 궁지¶~に陥おちいる 궁지에 빠지다

**じち**【自治】 자치 ①스스로 처리함¶~組織そしき 자치 조직/大学だいがくの~ 대학의 자치 ②지방 자치 —会かい 자치회 —省しょう 자치성 —体たい 자치체, 지자체 —大臣だいじん 자치성의 대신 —団体だんたい 자치 단체 —領りょう 자치령

**しちいれ**【質入れ】 名 他スル 전당 잡힘¶カメラを~する 카메라를 전당 잡히다

**しちかい**【七回忌】 칠주기 = 七周忌しちしゅうき

**しちがつ**【七月】 칠월 —革命かくめい 史 칠월 혁명

**しちかんのん**【七観音】 佛 칠관음

**しちく**【紫竹】 植 「クロチク」의 딴이름

**しちくさ**【質草·質種】 전당물 = 質物もの

**しちぐら**【質倉】 전당물 보관 창고

**しちけん**【質券】 전당표 = 質札ふだ

**しちけん**【質権】 法 질권¶~者しゃ 질권자

**しちごさん**【七五三】 ①축하에 쓰이는 길한 숫자 ②아이의 성장을 축하하는 행사 ③금줄, 인줄 = しめなわ

**しちごちょう**【七五調】 表 칠오조. (운문에서) 7음과 5음의 두 구가 되풀이 되는 음운율

**しちごん**【七言】 (文) 칠언. (한시에서) 한 구가 일곱 자로 된 형식 —絶句ぜっく (文) 칠언 절구 —律詩りっし (文) 칠언 율시

**しちさん**【七三】 ①7대 3의 비율¶利益えきは~に配分はいぶんする 이익은 7대 3의 비율로 배분한다 ②(歌舞伎かぶきの 花道はなみちで서) 출입구에 친 막에서 7분이고 무대로부터 3분 되는 곳

**しちしちにち**【七七日】 칠칠일, 사십구일재 (齋) = 四十九日しじゅうくにち·ななぬか

**しちしょう**【七生】 佛 칠생 —報国ほうこく 칠생 보국. 일곱 번 환생하여 나라에 충성을 다함

**しちしょく**【七色】 칠색. 일곱 가지 색

**しちせき**【七赤】 (음양도에서) 칠적 ▷ 금성에 해당하며 방위는 서쪽

**しちてんはっき**【七転八起·七顛八起】 名 自スル (文) 칠전 팔기 = ななころびやおき

**しちてんばっとう**【七転八倒·七顛八倒】 名 自スル

しちどう [七道] 7도, 일본의 옛 행정 구역
しちどうがらん [七堂伽藍] [佛] 칠당 가람
しちながれ [質流れ] 유질, 유질물
しちなん [七難] 칠난 ①갖가지 결점¶ 色$^{いろ}$の白$^{しろ}$いは〜隱$^{かく}$す 살결이 희면 못생긴 얼굴도 예쁘게 보인다 ②[佛] 이승에서 일어나는 일곱 가지 재난
しちねんき [七年忌] 칠주기 = 七回忌$^{しちかいき}$
しちふくじん [七福神] 칠복신
しちふだ [質札] 전당표 = 質券$^{しちけん}$
しちぶづき [七分×搗(き)] 칠분도, 칠분도미
しちへんげ [七変化] [藝] ①(歌舞伎$^{かぶき}$에서) 한 배우가 일곱 가지 춤을 계속해서 추는 무용 형식 ②[植]「ランタナ」의 딴이름
しちみ [七味]「七味$^{しちみ}$唐辛子$^{とうがらし}$」의 준말 ― 唐辛子$^{とうがらし}$ 고추·검정깨·삼씨·산초·진피·속·파래의 7가지를 빻아서 섞은 양념
しちめんちょう [七面鳥] [動] 칠면조
しちめんどう [七面倒] ナ (口) 매우 귀찮음¶〜な手続$^{つづき}$ 매우 귀찮은 수속 ―臭$^{くさ}$い 形 매우 성가시다, 몹시 번거롭다
しちもつ [質物] 전당물 = 七草$^{しちぐさ}$
しちや [質屋] 전당포 = 質店$^{しちみせ}$
しちや [七夜] ①(출생 후) 이레째의 밤, 그 축하 = お七夜 이레째의 밤, 이레 동안의 밤
しちゃく [試着] 名 他スル (옷이 맞는지) 입어 봄¶〜室$^{しつ}$ 옷을 입어보는 방, 갱의실
しちゅう [支柱] 지주 ①받침대, 버팀대 ②(정신적인) 기둥¶一家$^{いっか}$の〜を失$^{うしな}$う 한 집안의 기둥을 잃다
しちゅう [市中] 시중¶〜銀行$^{ぎんこう}$ 시중 은행
しちゅう [死中] 사중, 사경(死境)
[慣用句]
―に活$^{かつ}$を求$^{もと}$める 사경에서 살 길을 찾다
じちゅう [自注·自×註] 名 自スル 자주, 자기 작품에 스스로 주석을 닮, 그런 주석
じちょ [自著] 图 자저, 자기 저서
じちょう [支庁] 지청 ⇔ 本庁$^{ほんちょう}$
しちょう [市庁] 시청¶〜舎$^{しゃ}$ 시청사
しちょう [市長] 시장
しちょう [×弛張] 名 自スル (文) 이장 ①늦춤과 죔 ②관대함과 엄격함
しちょう [思潮] 사조¶文芸$^{ぶんげい}$〜 문예 사조
しちょう [師長] (文) 사장, 스승과 윗사람
しちょう [紙帳] 지장, 종이로 만든 모기장
しちょう [視聴] 시청¶テレビの〜率$^{りつ}$ 텔레비전의 시청률 ②이목, 주목, 관심¶人々$^{ひとびと}$の〜を引$^{ひ}$く 사람들의 이목을 끌다 ―覚$^{かく}$ 시청각 ―者$^{しゃ}$ 시청자
しちょう [試聴] 名 他スル 시청, 시험적으로 들음¶〜室$^{しつ}$ 시청실
しちょう [×輜重] [軍] 치중 ①군수품의 총칭, 병참¶〜隊$^{たい}$ 병참대 ②「輜重兵$^{へい}$」의 준말 ―兵$^{へい}$ [軍] (구 일본군의) 치중병, 병참병
しちよう [七曜] 칠요 ①일·월·화·수·목·금·토요일의 총칭 ②(중국 고대 천문학에서) 해·달과 화·수·목·금·토의 오성 (五星) ―星$^{せい}$ (음양도에서) 북두 칠성 ―暦$^{れき}$ 七曜②의 위치를 기재한 옛 달력
じちょう [仕丁] (옛날) 관청의 잡역부
じちょう [次長] 차장
じちょう [自重] 名 自スル 자중 ①몸가짐을 신중히 함 ②隱忍$^{いんにん}$〜 은인 자중¶자기 몸을 소중히 함¶〜自愛$^{じあい}$ 자중 자애
じちょう [自×嘲] 名 自スル 자조¶〜的$^{てき}$な笑$^{わら}$い 자조적인 웃음
しちょうそん [市町村] 일본 행정 구역의 명칭
しちょく [司直] 사직 ①재판관¶〜の手$^{て}$にゆだねる 사직의 손에 맡기다 ②검찰청, 검찰¶〜の手$^{て}$がのびる 검찰의 손이 뻗치다
しちりけっかい [七里結界] ①[佛] 70리에 결계함 ②남을 꺼려 가까이 하지 않음
しちりけっぱい [七里結×界] 남을 꺼려 가까이 하지 않음
しちりん [七輪·七厘] (흙으로 만든) 풍로
じちん [自沈] 名 自スル 자침, 자기가 탄 함선을 스스로 침몰시킴
じちんさい [地鎮祭] 지진제
しつ [×叱] 音 シツ 訓 しかる | (음)질, (造語) 꾸짖다, 책망하다¶叱責$^{しっせき}$ 질책, 叱咤$^{しった}$ 질타
しつ [失] 音 シツ 訓 うしなう·うせる | (음)실, (造語) ①잃다, 없어지다¶失業$^{しつぎょう}$ 실업, 損失$^{そんしつ}$ 손실 ②잘못, 실수¶失敗$^{しっぱい}$ 실패, 過失$^{かしつ}$ 과실 ③무심코 잘못하다¶失言$^{しつげん}$ 실언 ④[野]「失策$^{しっさく}$」의 준말¶凡失$^{ぼんしつ}$ 범실
しつ [室] 音 シツ 訓 むろ | (음)실, I (造語) ①방¶客室$^{きゃくしつ}$ 객실·教室$^{きょうしつ}$ 교실 ②굴, 동굴¶石室$^{せきしつ}$ 석실 ③아내, 처¶正室$^{せいしつ}$ 정실 ④가족, 집안 식구¶王室$^{おうしつ}$ 왕실·皇室$^{こうしつ}$ 황실 II (文) ①방 ②아내, 처, 부인
しつ [疾] 音 シツ 訓 やまい·やむ | (음)질, (造語) ①병, 질병¶疾患$^{しっかん}$ 질환·疾病$^{しっぺい}$ 병·悪疾$^{あくしつ}$ 악질 ②빠르다, 세차다¶疾走$^{しっそう}$ 질주 ③미워하다, 질투하다¶疾視$^{しっし}$ 질시 ▷③은「嫉」와 같은 [熟字訓] 疾風$^{はやて}$ 질풍
しつ [執] 音 シツ·シュウ(シフ) 訓 とる | (음)집, (造語) ①잡다, 집행하다, 다루다¶執権$^{しっけん}$ 집권·執行$^{しっこう}$ 집행·執刀$^{しっとう}$ 집도 ②고집, 執着$^{しゅうちゃく}$ 집착
しつ [湿] [濕] 音 シツ 訓 しめる·しめす | (음)습, (造語) 습하다, 젖다, 적시다¶湿気$^{しっけ}$ 습기·湿度$^{しつど}$ 습도
しつ [嫉] 音 シツ 訓 ねたむ | (음)질, (造語) 시기하다, 질투¶嫉妬$^{しっと}$ 질투·嫉視$^{しっし}$ 질시
しつ [漆] 音 シツ 訓 うるし | (음)칠, (造語) ①옷, 옻칠, 흑색¶漆器$^{しっき}$ 칠기·漆黒$^{しっこく}$ 칠흑 ②「七」의 갖은자
しつ [膝] 音 シツ 訓 ひざ | (음)슬, (造語) 무릎, 무릎 관절¶膝下$^{しっか}$ 슬하
しつ [質] 音 シツ·シチ·チ 訓 ただす | (음)질, I (造語) ①본성, 자질, 소질¶悪質$^{あくしつ}$ 악질·体質$^{たいしつ}$ 체질 ②내용, 알맹이¶質量$^{しつりょう}$ 질량·物質$^{ぶっしつ}$ 물질 ③꾸밈이 없는, 있는 그대로¶質素$^{しっそ}$ 질소·質朴$^{しつぼく}$ 질박 ④따지다, 추궁하다¶質疑$^{しつぎ}$ 질의·質問$^{しつもん}$ 질문 ⑤보증으로 맡

겨놓은 물건¶ 質權ﾆﾁ 질권·質物ﾓﾂ 전당물 Ⅱ①자질, 소질¶ 天賦ﾌﾞﾉ～に惠まれる 천부적인 소질을 타고나다 ②품질, 실질¶ 量ﾘｮｳより～を양쪽 다 질 ③[論] 판단의 질

じつ [実][實]曾ジツ 訓み·みのる[(음)실, I[造語]①실질, 내실, 내용 實質ｼﾂ 실질·充實ｼﾞｭｳ 충실 ②실로, 정말로, 실제로¶ 實驗ｹﾝ 실험·現實ｼﾞﾂ 현실 ③진실, 진심, 성심¶ 誠實ｾｲ 성실·忠實ｼﾞﾂ 충실 ④열매로 果實ｼﾞﾂ 과실·結實ｹﾂ 결실 Ⅱ①실질, 내실¶ 名を捨てて～を取る 명분을 버리고 실질을 취하다 ②진실, 사실¶～の兄弟ﾀﾞｲ 친형제 ③진심, 성의

じつあく [実悪][歌舞伎ｶﾌﾞｷ에서] 악역
しつい [失意] 실의¶～のどん底ｿｺにおちる 실의의 구렁텅이에 빠지다
じつい [実意][文] 실의 ①본심¶～をただす 본심을 묻다 ②성의, 진심¶～を尽ｸｸす 성의를 다하다
じついん [実印][法] 실인, 인감 도장
じついん [実員] 실원, 실제 인원
しつう [止痛] 지통, 진통¶一剤ｻﾞｲ 진통제
しつう [私通] [名自ｽﾙ][文] 사통, 밀통, 간통
しつう [歯痛][醫] 치통, 이앓이 = はいた
しつうはったつ [四通八達] [名自ｽﾙ][文] 사통팔달, 도로가 발달하여 각 방면으로 통함
じつえき [実益] 실익, 실제 이익, 실리¶趣味ﾐ と～を兼ﾈねる 취미와 실익을 겸하다
じつえん [実演] [名他ｽﾙ] 실연 ①실제로 해보임¶料理ﾘｮｳﾘの仕方ｶﾀを～する 요리의 조리 방법을 실연하다 ②(배우·가수가 무대에서) 실제로 연기[노래]함
しつおん [室温] 실온, 실내 온도¶～を一定ﾃｲに保ﾀﾓつ 실온을 일정하게 유지하다
しっか [失火] [名自ｽﾙ] 실화¶～による火災ｶｲ 실화에 의한 화재
しっか [膝下][文] ①슬하¶父母ﾌﾞﾎﾞの～を離ﾊﾅれる 부모 곁을 떠나다 ②(부모에게 보내는 편지에서) 호칭 뒤에 붙이는 말¶父上様ﾁﾁｳｴｻﾏ ～ 아버님 전 상서
じっか [実科] 실과, 실제 기술을 가르치는 과목
じっか [実家] ①생가¶の姓ｾｲ 생가의 성 ②친정, 본가¶～に帰ｶｴる 친정으로 돌아가다
しっかい [悉皆] [副][文] 모두, 남김없이¶～できあがった 모두 완성되었다 一屋ｵｸ 염색·세탁집, 그런 가게
しつがい [室外] 실외, 집 밖 ⇔ 室内ﾅｲ
じっかい [十戒][佛] 십계, 수행시 지켜야 할 열 가지 계율
じっかい [十誡][基] 십계, 십계명
じつがい [実害] 실해, 실제 손해, 실질적인 해악¶～をこうむる 실제 손해를 보다
しつがいこつ [膝蓋骨][醫] 슬개골, 종지뼈
しっかく [失格] [名自ｽﾙ] 실격¶反則ｿｸで～する 반칙으로 실격되다
じつがく [実学][口] 실학, 실생활에 도움이 되는 학문
じつかた [実方] → じつごとし (実事師)

しっかと [確と] [副] 「しかと」의 힘줌말
じつかぶ [実株][經] 실주, 실제로 매매되는 주권, 현주(現株) = 正株ｼｮｳ ⇔ 空株ｸｳ
しっかり [確り] [副][自ｽﾙ] ①단단히, 견고히, 꽉¶～と結ﾑｽぶ 단단히 매다 ②확실히, 확고히¶彼ｶﾚの仕事ｺﾞﾄは～している 그가 하는 일은 확실하다 ③똑똑히, 정신 차려서¶～せよ 정신 차려라 ④착실히, 열심히¶～と勉強ﾍﾞﾝｷｮｳする 착실하게 공부하다 ⑤듬뿍, 잔뜩¶今ｲﾏのうちに～と食ﾀﾍﾞておく 지금 듬뿍 먹어 두어야지 ⑥[經] (시세가) 오름세임
しっかりもの [確り者] ①견실한 사람 ②검약가, 절약가
しっかん [失陥] [名自ｽﾙ][文] 실함. (땅이나 성을) 함락되어 잃음
しっかん [疾患][醫] 질환
しっかん [質感] 질감
じっかん [十干] 십간, 천간(天干)¶～十二支ｼﾞｭｳﾆｼ 십간 십이지
じっかん [実感] [名他ｽﾙ] 실감¶～がわく 실감이 나다
しっき [湿気] → しっけ
しっき [漆器] 칠기 = 塗ﾇり物ﾓﾉ
しつぎ [質疑] [名自他ｽﾙ] 질의¶～応答ｵｳﾄｳ 질의 응답
じっき [実記] 실기, 실록 = 実録ﾛｸ
じつき [地突き·地搗き] [名自ｽﾙ] (건축 전의) 터다지기, 달구질
じつぎ [実技] 실기, 실제 연기·기술
しっきゃく [失脚] [名自ｽﾙ] 실각¶～に追ｵｲ込ｺむ 실각으로 몰아넣다
しつぎょう [失業] [名自ｽﾙ] 실업, 직직¶会社ｶｲｼｬが倒産ﾄｳｻﾝして～する 회사가 도산하여 실직하다 一保険ﾎｹﾝ 실업 보험 一率ﾘﾂ 실업률
じっきょう [実況] 실황¶～放送ﾎｳｿｳ 실황 방송
じつぎょう [実業] 실업¶～界ｶｲ 실업계 一家ｶ 실업가, 사업가 一学校ｶﾞｯｺｳ[教] 실업 학교
しっきん [失禁] [名自ｽﾙ] 실금, 무의식중에 대소변을 지림¶尿ﾆｮｳ～ 요실금
しっく [疾駆] [名自ｽﾙ][文] 질구, 질주함
しっくい [漆喰][建] (벽이나 천장 등에 바르는) 회반죽
しっくり [副][自ｽﾙ] (사물·사람이 잘 어울리는 모양) 잘, 원만히¶夫婦仲ﾌｳﾌﾅｶは～といっている 부부 사이는 원만하다 / 洋服ﾖｳﾌｸに～しないネクタイ 양복에 잘 어울리지 않는 넥타이
じっくり [副][自ｽﾙ] 차분하게, 곰곰이¶～と考ｶﾝｶﾞえる 곰곰 생각하다 / ～と待ﾏつ 차분하게 기다리다
しっけ [湿気] 습기¶～が多ｵｵい 습기가 많다
しつけ [仕付け] ①[躾] 예의 범절을 몸에 익히게 함¶家庭ｶﾃｲの～がよい 가정 교육이 잘 되어 있다 ②(양재에서) 시침질¶～をかける 시침질을 하다(농작물의) 이중, 모내기 ④「仕付ｸｹ糸ｲﾄ」의 준말 一糸ｲﾄ 시침질용 실
しっけい [失敬] 실례 Ⅰ[名][ダ] 무례¶～なことを言ｲう 무례한 말을 하다 Ⅱ[名自ｽﾙ] 작별함¶ここで～するよ 이만 실례하겠네 Ⅲ

名他スル(口)(남의 것을) 함부로 씀, 슬쩍 훔침¶隣の家の柿を~する 옆집의 감을 슬쩍 하다 IV 感 사과·작별·물건을 빌릴 때의 인사말. 미안¶ちょっと~ 잠깐 실례

じっけい [実兄] 실형. 친형 ⇔義兄
じっけい [実刑][法] 실형¶~を判決する 실형을 판결하다
じっけい [実景] 실경. 실제 경치
じつげつ [日月] 일월. 항쟁과 달 ②세월
しつ・ける [仕付ける] 他下一 ①예의 범절을 가르치다, 훈육하다¶子供を厳しく~ 아이를 엄격하게 훈육하다 ②(경험을 쌓아) 익숙해지다¶~けない仕事 늘 손에 익지 않은 일 ③시침질하다 ④옮겨 심다¶畑からキャベツを~ 밭에 양배추를 옮겨 심다
しっけん [失権] 名自スル 실권¶抗争に敗北して~する 항쟁에 패하여 실권하다
しっけん [執権] 名 ①집권. 정권을 잡음 ②[日史](院政の) 섭정기의「院の庁」의 우두머리 ③[日史] 鎌倉시대의 将軍의 보좌역 ④[日史] (室町의) 管領
しつけん [識見][文] → しきけん
しつげん [失言] 名自スル 실언
しつげん [湿原] 습원. 습기가 많은 초원
じっけん [実見] 名他スル 실견, 실제로 봄
じっけん [実検] 名他スル (사실 여부를) 실제로 조사함¶首~ (옛날 싸움터에서) 수급(首級)의 진부를 검사함
じっけん [実権] 실권¶~を握る 실권을 쥐다
じっけん [実験] 名他スル 실험 ①실험으로 경험해 봄, 체험¶~して納得する 실험하여 납득하다 ②실제로 시험함
じつげん [実現] 名自他スル 실현¶~不可能 실현 불가능¶夢が~する 꿈이 실현되다 ー性 실현성 ー利益 실현 이익
しっこ [疾呼] 名他スル(文)(소리 질러) 급히 부름¶大声に~する 큰소리로 급히 부르다
しつこ・い 形 ①(색·냄새·맛이) 산뜻하지[개운하지] 않다, 칙칙하다¶脂が多くて~味だ 기름겨서 느끼한 맛 ②집요하다, 끈질기다, 끈덕지다¶~質問 끈질긴 질문 ▷「しつっこい」라고도 한다
しっこう [失効] 실효 ⇔発効¶~条約の~ 조약의 실효
しっこう [執行] 名他スル 집행¶刑の~ 형의 집행/職務を~する 직무를 수행하다 ー官 집행관 ー機関 집행 기관 ー部 집행부 ー猶予 집행 유예
しっこう [*膝行] 名自スル(文) 슬행. (신불·귀인 앞에서) 무릎 걸음으로 나아가고 물러남
じっこう [実行] 名他スル 실행 ー関税率[経] 실행 관세율 ー力 실행력
じっこう [実効] 실효 ー税率[経] 실효 세율
しっこく [*桎梏](文) 질곡
しっこく [漆黒] 칠흑. 검고 윤이 남¶~の髪 칠흑 같은 머리
しつこし [*尻腰](文) 배짱, 끈기, 패기¶~がない 배짱이[끈기가] 없다, 무기력하다

しつごしょう [失語症][醫] 실어증
じっこん [実根][数] 실근 ⇔虚根
じっこん [*昵懇·*入魂] 名[了] 친근함¶~の間柄 친근한 사이
じっさい [実際] I 名 실제¶~問題 실제 문제 II 副 실제로, 정말로¶~やってみると難しい 실제로 해보니 어렵다 ー家 실무가 ー的 실제적
じつざい [実在] 名自スル 실재로 존재함¶~の人物 실재 인물 ー論 실재론
しっさく [失策·失錯] 名自スル 실책 ①실수¶~をしでかす 실책을 저지르다 ②[野] 에러
じっさく [実作] 실제로 만듦, 그런 작품
しっし [*嫉視] 名他スル(文) 질시¶同僚を~する 동료를 질시하다
しつじ [執事] 집사 ①(귀인의 집·절 등에서) 가사·사무를 관장하는 사람 ②(文) 편지 겉봉의 이름 밑에 써서 경의를 나타내는 말 ③[宗](성공회에서) 보좌 신부
じっし [十指] 십지. 열 손가락
[慣用句]
ー に余る 열 손가락으로도 다 셀 수 없다
ー の指す所 많은 사람이 인정하는 바
じっし [実子] 친자, 친자식
じっし [実姉] 친언니, 친누나 ⇔義姉
じっし [実施] 名他スル 실시¶~要綱 실시 요강/試験を~する 시험을 실시하다
じつじ [実字] ①실자. 구체적인 사물을 나타내는 한자 ②[文法](한문에서) 실질적인 의미를 나타내는 말 ⇔虚字·助字
しっしき [湿式] 名 습식 ⇔乾式かんん¶~複写機 습식 복사기
しつじつ [質実] 名[了] 질실. 꾸밈이 없고 성실함¶~剛健 질실 강건
じっしつ [実質] 실질¶形式ばかりで~が伴わない 형식뿐이고 실질이 따르지 않다 ー金利 실질 금리 ー賃金 실질 임금 ー的 실질적 ー犯[法] 실질범. 결과범
じっしゃ [実写] 名他スル 실사
じっしゃかい [実社会] 실사회
じつじゅ [実需] 실수. 실수요
じっしゅう [実収] 실수 ①실수입 ②실제 수확량
じっしゅう [実習] 名他スル 실습¶~生 실습생/教育~ 교육 실습
じっしゅきょうぎ [十種競技][體] 10종 경기
しつじゅん [湿潤] [了](文) 습윤, 습기가 많음
しっしょう [失笑] 名自スル 실소¶~を買う 실소를 사다, 웃음거리가 되다
じっしょう [実正](文) 확실함, 틀림없음¶右~なり 우는 틀림이 없음
じっしょう [実証] I 名 실증. 확증 II 名他スル(증거·사실에 의해) 증명함¶無実を~する 무실을 증명하다 ー主義[哲] 실증주의 ー的 실증적
じつじょう [実状] 실상. 실제의 상황·상태¶~に合わない 실상에 맞지 않다
じつじょう [実情] 실정 ①실제의 사정·상황¶苦しい~ 괴로운 실정 ②성심, 진심, 진

しっしょく [失職] 名 自スル 실직, 실업＝失業¶ ～中 실직 중
しっしん [失神·失心] 名 自スル 실신, 기절
しっしん [湿疹] [醫] 습진
じっしんほう [十進法] [數] 십진법
じっすう [実数] 실수 ①실제 수량 ②[數] 유리수와 무리수의 총칭 ⇔ 虚数
しっ・する [失する] (文) I 他 サ変 잃다, 놓치다¶ 時機を～ 시기를 놓치다 II 自 サ変 (「…に～」의 꼴로) 지나치게 …하다¶ 寛大に～ 지나치게 관대하다
しっせい [叱正] 名 他スル (文) 꾸짖고 바로잡음¶ ご～を請こう 바로잡아 주시기 바랍니다
しっせい [失政] 실정¶ 政府が～を重ねる 정부가 실정을 거듭하다
しっせい [執政] ①집정, 정무를 맡음, 그런 사람¶ ～官 집정관 ②[日史] (江戸幕府의) 老中·家老의 딴이름
しっせい [湿性] 습성 ⇔ 乾性
じっせいかつ [実生活] 실생활¶ ～に役立つ 실생활에 도움이 되다
じっせいしょくぶつ [湿生植物] [植] 습생 식물
しっせき [叱責] 名 他スル (文) 질책
しっせき [失跡] 실종, 실종
じっせき [実績] 실적¶ ～主義 실적 주의
じっせけん [実世間] 현실 세계, 실사회
しっぜつ [湿舌] [氣] (천기도에서) 수증기가 많은 기류가 혀 모양으로 나타난 부분
じっせつ [実説] 실설, 실제 이야기, 실화
じっせん [実戦] 실전¶ ～さながらの訓練 실전을 방불케 하는 훈련
じっせん [実践] 실천¶ ～に移す 실천에 옮기다 ―躬行 실천 궁행, 실제로 몸소 이행함 ―理性 [哲] 실천 이성
じっせん [実線] 실선¶ ～を引く 실선을 긋다
しっそ [質素] 名 ナ 질소, 검소함¶ ～な暮らし 검소한 생활
しっそう [失踪] 名 自スル 실종 ―宣告 [法] 실종 선고
しっそう [疾走] 名 自スル 질주
しっそう [執奏] 名 他スル (文) 중간에 들어서 상주함, 그런 사람
じっそう [実相] 실상 ①실제 모습¶ 社会の～ 사회의 실상 ②[佛] 불변의 진리, 진여
じつぞう [実像] 실상 ①[物] 광선이 반사·굴절하여 맺는 상 ②[比] 실제의 모습, 참모습¶ 都会の～ 도시의 실상 ▷①② ⇔ 虚像
しっそく [失速] 名 自スル [エ] 비행기가 전진 속도를 잃는 일 ②[比] 갑자기 속력·기세를 잃음¶ 景気が～する 경기가 급속히 후퇴하다
じっそく [実測] 名 他スル 실측
じつぞん [実存] 名 自スル 실존 ①실재(実在)¶ ～人物 실존 인물 ②[哲] 인식으로부터 독립하여 사물이 존재하는 일 ―主義 실존주의 ―哲学 [哲] 실존 철학
しった [叱咤] 名 他スル 질타¶ ～激励 질타 격려

したい [失態·失体] 실태, 면목없는 행동, 실수¶ ～を演ずる 실수를 저지르다
じたい [実体] 실체 ①본체, 정체¶ ～を見極める 실체를 파악하다 ②[哲] 본질적이고 지속적인 것
じたい [実態] 실태¶ ～調査 실태 조사
しったかぶり [知ったか振り] (口) (모르면서) 아는 체함, 그런 사람
しったつり [執達吏] 집달리
しったん [悉曇] 실담 ①범어의 자모 ②범어학
じつだん [実弾] ①실탄 ―射撃 실탄 사격 ②[俗] (남을 매수하려는) 돈¶ 選挙戦で～をまく 선거전에서 실탄을 마구 뿌리다
しっち [失地] 실지 ①(전쟁 등으로) 잃어버린 땅¶ ～回復 실지 회복 ②[比] 잃어버린 지위·권력
しっち [湿地] 습지¶ ～植物 습지 식물
じっち [実地] 실지 ①현장¶ ～調査 실지 조사 ②[名] 실제로 행함¶ ～訓練 실지 훈련 ―検証 실지(현장) 검증
しっちゃく [失着] 실착, (바둑 등에서) 악수
じっちゅうはっく [十中八九] 십중 팔구¶ ～助かるまい 십중팔구 살아나지 못할 게다
しっちょう [失調] 실조¶ 栄養～ 영양 실조
じっちょく [実直] 名 ナ 실직, 성실하고 정직함＝律儀¶ ～な性格 실직한 성격
しっちん [七珍] [佛] 칠진, 칠보 ―万宝 칠진 만보, 온갖 보물
しっつい [失墜] 실추¶ 名誉を～する 명예를 실추하다
じつづき [地続き] 땅으로 잇닿아 있음¶ ～の隣国 육지로 연결된 이웃 나라
じって [十手] (江戸 시대에) 포리(捕吏)가 가지고 다니던 철제 봉
じってい [実弟] 실제, 친아우 ⇔ 義弟
じってい [実体] [ナ] (文) 성실하고 정직함＝実直¶ ～な青年 성실하고 정직한 청년
じっていほう [実定法] [法] 실정법
しってき [質的] [ナ] 질적 ⇔ 量的¶ ～に低下する 질적으로 저하하다
じつてつ [十哲] 십철, 10명의 뛰어난 제자¶ 孔門の～ 공문 십철
しってん [失点] 실점 ⇔ 得点¶ ～を重ねる 실점을 거듭하다
しつでん [湿田] [農] 습전, (배수가 되지 않아) 늘 물이 괴어 있는 논 ⇔ 乾田
しってんばっとう [七転八倒·七顛八倒] (口) → しちてんばっとう
しっと [嫉妬] 名 他スル 질투¶ ～心 질투심¶ 同僚の昇進を～する 동료의 승진을 질투하다 ―深い 形 질투심이 강하다
しつど [湿度] [氣] 습도 ―計 습도계
じっと 副 自スル ①가만히, 꼼짝 않고¶ ～立って待っている 가만히 서서 기다리고 있다/ ～見つめる 가만히 응시하다 ②꼼, 지그시¶ ～がまんする 꾹 참다
しっとう [失当] [ナ] (文) 부당함

しっとう [失投] 名 自スル [野] 실투¶〜でヒットを打たれる 실투로 안타를 허용하다
しっとう [執刀] 名 自スル 집도¶〜医 집도의
じつどう [実働] 名 自スル 실동. 실제로 노동함 ―時間 실제 근무 시간
じっとく [十徳] (江戸 시대에) 유학자·의사·화가 등이 입던 옷
しっとり 副 自スル ①촉촉하게¶春雨に〜とぬれる 봄비에 촉촉하게 젖다 ②차분하고, 찬찬히¶〜とした物腰 차분한 연행
じっとり 副 自スル 흥건히, 흠뻑¶〜と汗ばむ 땀이 흠뻑 배다
しつない [室内] 실내, 방안 ⇔ 室外¶〜競技 실내 경기 ―楽 [音] 실내악
じつに [実に] 副 실로, 참으로¶〜残念だ 실로 유감이다
しつねん [失念] 名 他スル 실념 ①깜빡 잊음 ②[佛] 자제심·집중력을 잃고 마음이 혼란해짐
じつの [実の] 連体 친, 실제의¶〜親 친부모 ―所 連語 사실인즉, 실은
じつは [実は] 실은, 사실은¶〜、模造品なのです 사실은 모조품입니다
しっぱい [失敗] 名 自スル 실패
慣用句
―は成功の母は 실패는 성공의 어머니
じっぱひとからげ [十把一絡げ] 連語 (口) (여러 가지를) 하나로 싸잡아[뭉뚱그려] 처리함¶〜にして考える 하나로 뭉뚱그려 생각하다
しっぴ [失費] 지출, 비용¶〜がかさむ 비용이 늘어나다
しっぴ [^櫛比] 名 自スル (文) 즐비¶商家が〜する街道 상가가 즐비한 거리
じっぴ [実否] (文) 사실 여부, 진부＝じっぷ¶〜を問う 사실 여부를 묻다
じっぴ [実費] 실비, 실제 비용¶〜を請求する 실비를 청구하다
しっぴつ [執筆] 名 自他スル 집필
しっぷ [湿布] 名 他スル[医] 습포, 찜질
じっぷ [実父] 실부, 친아버지
しっぷう [疾風] 질풍, 세찬 바람＝はやて ―迅雷 질풍 신뢰 ①세찬 바람과 심한 천둥소리 ②(比) 움직임이 빠르고 기세가 맹렬함¶〜の進撃 질풍 신뢰와 같은 진격
しっぷうもくう [^櫛風沐雨] (文) 즐풍 목우
じつぶつ [実物] 실물¶〜そっくりの模型 실물과 똑같은 모형 ―大 名 실물대, 실물 크기 ―取引[^經] 실물 거래, 현물 거래
しっぺ (아이들 놀이에서) 집게손가락과 가운뎃손가락으로 상대의 팔목을 때리는 벌칙 ―返し 즉각 보복함
しっぺい [疾病] [医] 질병＝病気
しっぽ [〈尻尾〉] (口) ①(동물의) 꼬리 ②(물건·행렬 등의) 끝, 맨 뒤¶行列の〜に並ぶ 행렬의 맨 뒤에 서다
慣用句
―を出す 꼬리를 드러내다, (속임수 등이) 드러나다, 탄로나다
―を掴む 꼬리를 잡다, 단서를 잡다
―を振る 꼬리를 치다, 비위를 맞추다
―を巻く 꼬리를 내리다, 항복하다
じつぼ [地坪] 지평, 대지의 평수
じつぼ [実母] 실모, 생모, 친어머니
しっぽう [七宝] 칠보 ①[佛] 일곱 가지 보물 ②「七宝焼」의 준말 ―焼 [美] 칠보 세공
しつぼう [失望] 名 自スル 실망¶〜の色を隠せない 실망의 빛을 감출 수 없다
しっぽう [実包] (총의) 실포＝空包
しつぼく [質朴·質樸] 名 ナ 질박, 순박, 소박¶〜な農民 순박한 농민
しっぽり 副 ①촉촉히¶春雨に〜とぬれる 봄비에 촉촉히 젖다 ②아기자기하게¶〜と語りあかす 날이 새도록 정담을 나누다
じつまい [実妹] 실매. 친여동생 ⇔ 義妹
しつむ [執務] 名 自スル 집무, 사무를 봄
じつむ [実務] 실무¶〜に携わる 실무에 종사하다 ―家 실무가, 실무자
じつむ りつ [^悉無律] [生] 실무율
じづめ [字詰め] (원고지 등의) 1행·1매에 채우는 글자 수
しつめい [失明] 名 自スル 실명
じつめい [実名] 실명, 본명
しつめいし [失名氏] 실명씨, 무명씨
しつもん [質問] 名 自他スル 질문¶〜攻め 질문 공세¶〜に答える 질문에 답하다
しつよう [執拗] ナ 집요¶〜に食い下がる 집요하게 물고 늘어지다
じつよう [実用] 名 自スル 실용¶―品 실용품/〜に供する 실용화하다 ―衛星 [宇] 실용 위성 ―主義 실용주의 ―新案 실용 신안
じづら [字面] 자면 ①[表] 글자의 모양·배열에서 받는 느낌¶〜が美しい 글자가 아름답다 ②글의 표면상의 뜻
しつらい [^設い] 장치, 장식, 꾸밈＝しつらえ¶テーブルの〜をする 테이블 장식을 하다
しつら・える [^設える] 他 下一 꾸미다, 장치하다, 설치하다¶庭に物置を〜 마당에 광을 설치하다
じつり [実利] 실리¶〜をとる 실리를 취하다
じつり [実理] 실리, 실제에 맞는 이론 ⇔ 空理
しつりょう [質料] [哲] 질료. 내용, 실질
しつりょう [質量] 질량 ①[物] 물질의 양 ②질과 양 ―分析器 [化] 질량 분석기 ―保存の法則 [化] 질량 보존의 법칙
じつりょく [実力] 실력 ①능력, 기량¶〜がつく 실력이 붙다/〜を発揮する 실력을 발휘하다 ②완력, 무력¶〜に訴える 실력에 호소하다 ―行使 실력 행사 ―者 실력자
しつれい [失礼] 실례 Ⅰ 名 自スル 무례함, 예의 없음¶〜をお許し下さい 실례를 용서해 주십시오 ②(「〜ですが…」의 꼴로) 자신의 언동에 대한 허가를 구함¶〜ですが、お年は? 실례입니다만 연세는? Ⅱ 名 自スル 작별함¶お先に〜します 먼저 실례합니다 Ⅲ 感 ①(헤어질 때의) 안녕¶じゃあ、〜 그럼 안녕 ②(부탁하거나 물어볼 때) 실례¶ちょっと〜、通して下さい 잠깐 실례, 좀

じつれい 지나가겠습니다 ③(가볍게 사과하는) 미안¶ あっ, ～ 앗, 실례
じつれい【実例】 실례¶ ～をあげて説明する 실례를 들어 설명하다
じつれき【実歴】(文) ①실제 경험 ②실제 경력
しつれん【失恋】名 自スル 실연¶ ～の痛手な 실연의 아픔
じつろく【実録】 실록 ①사실의 기록 ②편년체의 역사책
じつわ【実話】 실화¶ ～小説 실화 소설
して I 格助 ①㉠(인원수를 나타내는 말에 붙어) …(으)로¶ 二人で～ 둘이서 걷다 ㉡(시간을 나타내는 말에 붙어) …지나서¶ 十日ほど～から来てください 열흘쯤 지나고 나서 와 주십시오 ②(「…をして」의 꼴로) …으로 하여금, …에게¶ わたしを～言わしめるなら 나로 하여금 말하게 한다면 II 副助 《조사 「から·し」, 終助詞「か」, 形容詞·形容動詞 連用形·부사적인 말에 붙어》 뜻을 강조함¶ …からして ～ましなものはない 하나라도 더 나은 것은 없다 III 接助 ①(동사 連用形 중 지구를 둘 이상 나열한 것에 붙어) …하고 서, …하게 되어¶ 一人立ち 二人立ち～ 뎄레나오나 하 사람 일어서고 두 사람 일어서게 되어 아무도 없게 되었다 ②(形容詞·形容動詞의 連用形에 붙어) (하)고, (하)면¶ 努力なく～成功は考えられない 노력이 없으면 성공은 생각할 수 없다 ㉡(「…ずして」「…なくして」의 꼴로) …(하)지 않으면, …(하)지 않고서는¶ 日光を見ず～結構というな 日光을 보지 않고서는 훌륭하다고 말하지 말아라
して【仕手】①할(하는) 사람¶ 掃除の～がない 청소할 사람이 없다 ②(能) (能·狂言剧의) 주역(배우) ③투기꾼, 큰손¶ 一方(能) (能楽에서) 子方·後見 등을 담당하는 출연자의 집단 一株～ 큰손이 투기 매매 대상으로 삼고 있는 주
して 接(口) 그리고, 그래서, 그런데¶ ～, 今日は何か用? 근데 오늘은 웬일이야?
しで【四手·垂】①금줄 등에 매다는 종이 오리 ②(槍) 자루에 매달아 장식하는 불자(拂子)와 비슷한 것
してい【子弟】자제 ①자식과 동생¶ ～の教育 자제의 교육 ②연소자, 젊은이¶ 良家の～ 양가의 자제
してい【私邸】사저, 개인 저택
してい【使丁】심부름꾼, 사환, 소사
してい【指定】名 他スル 지정¶ 座席を～する 좌석을 지정하다 一銘柄(經) (증권 거래소가 지정한) 우량 지정 거래 종목
してい【師弟】사제, 스승과 제자
してい【視程】(氣) 시정, 육안으로 볼 수 있는 최대 수평 거리
じてい【自邸】(文) 자저, 자택
しでか·す【仕出かす·為出かす】他五 (口) 저지르다¶ どえらい事を～ 터무니없는 일을 저지르다

してからが 助 (口) (「…に～」의 꼴로) …부터가¶ 親に～このありさまだ 부모부터가 이 꼴이다
してき【史的】(ダ) 사적, 역사적¶ ～な事実 사적인 사실 一唯物論 (哲) 사적 유물론
してき【私的】(ダ) 사적, 개인적 ⇔ 公的
してき【指摘】名 他スル 지적
してき【詩的】(ダ) 시적¶ ～な響き 시적인 여운
じてき【自適】名 自スル 자적¶ 悠々～の生活 유유자적한 생활
してつ【私鉄】사철, 민영 철도
じてっこう【磁鉄鉱】(鑛) 자철광
しでのたび【死出の旅】저승길, 죽음
しでのやま【死出の山】저승에 있다는 험한 산
しては 助 (「…に(と)～」의 꼴로) …로서는, …치고는¶ 子供に～ませている 아이치고는 조숙하다
してみると 接(口) 그리고 보면, 그렇다면¶ わたしなどはまだ幸せなほうだ 그러고 보면 나는 그래도 행복한 편이다
してみれば 連語 (口) 그러고 보면, 그렇다면 = してみると ② …로서는
しても 助 (「…に(と)～」의 꼴로) ①(가령) …(이)라도, …일지라도¶ まけるに～最善を尽くせ 世 지더라도 최선을 다해라 ② …로서도¶ わたしに～困る 나로서도 곤란하다
してや·る 他五 (口) (생각한 대로) 잘 하다, 보기좋게 속이다
してん【支店】지점 ⇔ 本店
してん【支点】(物) 지점, 지렛목, 받침점
してん【視点】시점 ①대상을 보는 눈의 위치 ②관점, 견지 ③(美) (원근법에서) 시선과 직각을 이루는 화면상의 한 점 ④시선이 쏠리는 곳
しでん【史伝】사전 ①역사와 전기 ②사실(史實)을 바탕으로 쓴 전기
しでん【市電】①「市営電車」의 준말 ②「市街電車」의 준말
しでん【師伝】(文) 사전, 스승에게서 전수 받음
しでん【紫電】①자전, 보랏빛 전광 ②시퍼런 검광¶ 一閃 시퍼런 칼이 한번 번득임 ③날카로운 눈빛
じてん【字典】(文) 자전, 한자를 풀이한 사전
じてん【次点】차점
じてん【自転】名 自スル 자전¶ 地球は～する 지구는 자전한다 一車 자전거 一車操業 (經) 자전거 조업, 불안정한 경영 상태
じてん【事典】사전¶ 百科～ 백과 사전
じてん【時点】시점¶ この～では言明できない 이 시점에서는 밝힐 수 없다
じてん【辞典】사전 = 辞書
じでん【自伝】자전, 자서전 = 自叙伝
してんのう【四天王】사천왕
しと【使徒】사도 ①(基) 예수의 열두 제자 ②신성한 일에 헌신하는 사람
しと【使途】(돈·물자 등의) 용도¶ ～不明の金 용도가 확실치 않은 돈
しど【示度】시도, (계기의) 눈금의 수치
じど【磁土】자토, 도토(陶土)

**しとう [死闘]** 名 自スル 사투¶ ～を繰り広げる 사투를 벌이다

**しとう [至当]** ナ 지당

**しとう [私党]** 사도. 도당 ⇔ 公党¶ ～を組む 사당(도당)을 짜다

**しとう [私闘]** 名 自スル 文 사투. 사사로운 싸움¶ ～をくりかえす 사투를 되풀이하다

**しとう [指頭]** 文 손가락 끝 —**大** 名 손가락 끝 크기

**しどう [士道]** 文 무사도(武士道)

**しどう [私道]** 사도. 사설 도로 ⇔ 公道 —**負担** 토지를 구입할 때 사설 도로 부분의 비용을 별도로 부담하는 것

**しどう [始動]** 名 自他スル 시동. 기동¶ エンジンが～する 엔진이 시동하다

**しどう [指導]** 行政～ 행정 지도／～を受ける 지도를 받다 —**主事** 教 장학사 —**要領** 教 학습 지도 요령 —**要録** 教 생활 기록부

**しどう [師道]** 사도. 스승이 지켜야 할 도리

**しどう [祠堂]** 文 사당 (절의) 위패당

**しどう [斯道]** 文 사도. 사계(斯界)¶ ～の大家 사도의 대가

**じとう [地頭]** 史 ①(平安 시대에) 장원의 관리를 맡던 사람 ②치안 유지를 위해 전국의 장원・공령에 둔 鎌倉幕府의 관직

**じどう [自動]** 자동 ①[造語] 스스로의 힘으로 움직임¶ ～ドア 자동문 ②스스로 어떤 상태로 됨¶ ～約款 자동 약관¶ ～延長 조약의 자동 연장 ③『自動詞』의 준말 —**改札機** 자동 개찰기 —**火器** 자동 화기 —**車** 자동차 —**制御** 자동 제어 —**的** 자동적 —**二輪車** 모터사이클 —**販売機** 자동 판매기

**じどう [児童]** 아동. 초등학교 학생 —**憲章** 어린이 헌장 —**心理学** 心 아동 심리학 —**手当** 아동 (자녀) 수당 —**福祉法** 法 아동 복지법 —**文学** 아동 문학

**じどう [侍童]** 시동 = 小姓

**じどうし [自動詞]** 文法 자동사

**しとぎ [粢]** (신전에 바치는) 달걀 모양의 떡

**しどく [死毒・屍毒]** 医 시독. 시체에서 생기는 유독 물질

**じとく [自得]** 文 자득 Ⅰ 名 他スル 스스로 터득함. 체득¶ 真理を～する 진리를 체득하다 Ⅱ ①자기 만족¶ ～の色が見える 자기 만족의 빛이 보이다 ②자신이 저지른 짓에 대한 응보¶ 自業～ 자업 자득

**じとく [自瀆]** 名 自スル 文 자독. 수음(手淫)

**じどく [侍読]** 시강. 군주나・태자에게 학문을 가르치던 학자 = 侍講

**しどけな・い** 形 (옷매무새・태도 등이) 단정치 못하다. 흐트러지다¶ ～姿 흐트러진 모습

**し・とげる [為遂げる]** 他下一 완수하다. 끝내다¶ 難工事を～ 난공사를 완수하다

**しどころ [為所]** 해야 할 경우(곳)¶ ここががまんの～だ 이때가 참아야 할 때다

**しとしと** 副 부슬부슬¶ ～と降る 小ぬか雨 부슬부슬 내리는 가랑비

**しとしと** 副 自スル 축축하게, 눅눅하게¶ 畳たが～する 다다미가 눅눅하다

**しとつ・く** 自五 축축하다, 눅눅하다¶ 汗で シャツが～ 땀으로 셔츠가 축축하다

**しとね [茵・褥]** 文 요

**しとみ [蔀]** (옛날 일본식 건물에서) 비바람・햇볕을 막기 위한 널빈지

**しと・める [仕留める]** 他下一 (무기로) 숨을 끊다. 죽이다¶ 一発で熊を～ 한 방에 곰을 쏘아 죽이다

**しとやか [淑やか]** ナ 차분하고 우아함. 음전함. 얌전함¶ ～な物腰 음전한 태도

**じどり [地取り]** 名 自スル ①(건축할 때) 터잡기 ②(바둑에서) 집짓기 ③(소속 도장에서 하는) 씨름 연습

**しと・る [湿る]** 自五 축축해지다. 젖다¶ 衣類が～ 옷가지가 축축해지다

**しどろ** ナ 文 질서 없이 어지러움. 산만함¶ ～に乱された髪 어지럽게 헝클어진 머리

**しどろもどろ** ナ (언행이) 두서 없음, 횡설수설함¶ ～な説明 두서 없는 설명

**しな** 形式 …할 때, …하는 길에¶ 帰り～に よる 돌아오는 길에 들르다

**しな [品]** ①물건, 물품, 상품¶ 見舞いの～ 위문품 ②품질, 등급¶ ～が落ちる 품질이 떨어지다 ③(사람의) 품격, 인품¶ ～定め 품평 ④종류¶ ～を分ける 종류를 나누다

**しな [科]** 의도적인 동작・몸짓, 교태 慣用句 —**を作る** ①교태를 부리다, 아양을 떨다 ②…인 체하다, 티를 내다

**しな [支那]** 중국의 옛일컬음. 지나

**しない [竹刀]** 죽도

**しない [市内]** 시내¶ ～電話 시내 전화

**しない [地内]** 일정하게 구획된 토지의 안쪽

**じない [寺内]** 사내. 절의 경내

**しな・う [撓う]** 自五 (부드럽게) 휘다¶ 雪の重みに小枝が～ (쌓인) 눈의 무게로 작은 가지가 휘다

**しなうす [品薄]** 名 ナ 품귀¶ 石油は今～だ 석유는 현재 품귀 상태다

**しなお・す [為直す]** 他五 다시 (고쳐) 하다¶ 掃除を～ 청소를 다시 하다

**しながき [品書き]** 품목 목록¶ 料理屋の～ 요릿집의 메뉴

**しなかず [品数]** 물건의 수량・종류¶ ～をそろえる 물건의 종류를 갖추다

**しながら [品柄]** 품질¶ ～がよい 품질이 좋다

**しながれ [品枯れ]** 품귀(品貴)

**しなぎれ [品切れ]** 품절, 절품

**しなさだめ [品定め]** 名 他スル 품평¶ 人物の～ 인물평

**しなじな [品品]** 여러 가지 물건

**しな・す [死なす]** 他五 죽게 하다, 죽이다¶ 小鳥を～してしまった 새를 죽이고 말았다

**しなだま [品玉]** ①芸 공이나 창칼을 공중에 던져 받아내는 곡예 ②요술 = 手品

**しなだ・れる [撓垂れる]** 自下一 ①교태를 부

리며 바싹 기대다¶ 恋人ひとに〜・れて歩あるく 애인에게 바싹 기대어 걷다 ②(휘어져) 늘어지다¶ 雪ゆきで〜・れた枝えだ 눈이 무거워 늘어진 가지 ③힘없이 기대다

**しなの** [信濃] 일본의 옛 지명. 지금의 長野ながの현 지방= 信州しんしゅう

**しなのき** [^科の木·^級の木] [植] 참피나무

**しな・びる** [萎びる] 自上一 ①시들다¶ 野菜やさいが〜 채소가 시들다 ②쭈글쭈글해지다¶ 〜・びた顔かお 쭈글쭈글해진 얼굴

**しなもの** [品物] 물품, 물건, 상품= 品しな

**しなやか** ナ ①(잘 휘어지는) 낭창낭창함¶ 〜な枝えだ 낭창낭창한 가지 ②부드러움, 나긋나긋함¶ 〜な身みのこなし 나긋나긋한 몸놀림

**じならし** [地均し] 名他スル ①정지, 땅을 고름, 그때 쓰는 기구 ②준비 작업, 사전 공작¶ 意見調整いけんちょうせいの〜をする 의견 조정을 위한 사전 공작을 하다

**じならび** [字並び] 글자 배열

**じなり** [地鳴り] 名自スル (지진 등으로 인한) 땅울림, 그 소리¶ 不気味ぶきみな〜がする 기분 나쁜 땅울림 소리가 나다

**しなわけ** [品分け·品^別(け)] 名他スル 품별, 선별¶ 魚さかなを〜をして並ならべる 생선을 품별하여 진열하다

**しなん** [至難] ナ 지난, 지극히 어려움

**しなん** [指南] 名他スル 지남, 지도¶ 剣道けんどうの〜 검술 지도 一番いちばん 幕府ばくふ·大名だいみょう를 섬기며 무예를 가르치던 벼슬, 그런 사람

**じなん** [次男] 차남, 둘째 아들= 二男じなん

**しに** [死に] ①죽음 ⇔ 生いき¶ 〜様ざま 죽을 때(의 모습)/ 犬いぬ〜 개죽음/ 生しょ〜にかかわる 問題もんだい 생사가 걸린 문제 ②(語頭) 쓸모없는, 죽은¶ 〜金がね 사장된(보람없이 쓴) 돈/ 〜学問がくもん 쓸모없는 학문

**しにいそ・ぐ** [死に急ぐ] 自五 ①죽음을 재촉하다 ②죽을 나이가 아닌 데 일찍 죽다

**しにおく・れる** [死に後れる·死に遅れる] 自下一 ①(어떤 사람을) 먼저 여의다¶ 子こに〜 자식을 먼저 여의다 ②죽을 때를 놓치다, 살아 남다¶ 〜・れて生いき恥はじをさらす 죽을 때를 놓치고 살아서 수모를 당하다

**しにがお** [死に顔] 죽은 사람의 얼굴, 죽었을 때의 얼굴

**しにかかる** [死にかかる] 自五 죽어가다, 다 죽게 되다¶ おぼれて〜・った 물에 빠져 다 죽게 되었다

**しにがくもん** [死に学問] 죽은 학문

**しにか・ける** [死にかける] 自下一 죽어가다, 다 죽게 되다¶ 危あやうく〜・けた 하마터면 죽을 뻔했다

**しにがね** [死に金] ①사장된 돈, 보람없이 쓴 돈 ②자신의 장례 비용으로 준비해 둔 돈

**しにがみ** [死に神] 사신, 죽음의 신¶ 〜に取とりつかれる 죽음의 신이 들리다

**しにかわ・る** [死に変(わ)る] 自五 죽어서 다시 태어나다, 환생하다

**しにぎわ** [死に際] 막 죽어갈 때, 임종

**しにく** [歯肉] [齶] 잇몸, 치은(齒齦)= 歯茎はぐき

**しにげしょう** [死(に)化粧] 죽은 사람에게 하는 화장

**しにざま** [死に様] 죽을 때의 모습¶ 哀あわれな〜 가련한 최후〔죽음〕

**しにしょうぞく** [死(に)装束] ①죽음을 각오한 사람이 입는 흰 옷 ②수의(壽衣)

**しにせ** [老舗] 노포, 전통·신용이 있는 점포

**しにそこない** [死に損い] ㈜ ①(죽을 때 또는 죽으려다가) 죽지 못함, 그런 사람 ②너무 오래 산 사람 ▷ 노인을 욕하여 하는 말

**しにそこな・う** [死に損なう] 自五 ①(죽을 때·죽으려다) 죽지 못하다 ②죽을 뻔하다¶ 交通事故こうつうじこで〜 교통 사고로 죽을 뻔하다

**しにたい** [死に体] [相撲] 몸의 균형을 잃어 반격이 불가능한 상태 ⇔ 生いき体たい

**しにた・える** [死に絶える] 自下一 멸종하다, 멸족하다

**しにどき** [死に時] 죽을 때, 죽어야 할 때

**しにどころ** [死に所·死に^処] 죽을 곳

**しにはじ** [死に恥] 죽어서도 남는 치욕¶ 〜をさらす 죽어서도 남는 치욕을 당하다

**しにばしょ** [死に場所] 죽을 곳, 죽기에 적합한 곳, 죽기로 마음먹은 장소

**しには・てる** [死に果てる] 自下一 ①죽어 버리다, 죽고 말다 ②멸족하다, 멸종하다¶ 子孫しそんはみな〜・てた 자손은 모두 멸족하였다

**しにばな** [死に花] 죽음으로써 얻는 명예

〔慣用句〕
**─を咲さかせる** 훌륭한 죽음으로 사후에 명예를 남기다

**しにみ** [死に身] ①죽어야 할 몸 ②죽은 듯이 생기가 없는 몸 ③결사적임¶ 〜になって働はたらく 결사적으로 일하다

**しにみず** [死に水] 임종 때 입술을 축이는 물

〔慣用句〕
**─を取とる** ①(임종 때 입술을 축이도록) 물을 주다 ②임종 때까지 보살피다

**しにめ** [死に目] 임종= 死しにぎわ¶ 親おやの〜にあえない 부모의 임종을 못 보다

**しにものぐるい** [死に物狂い] 필사적인 몸부림, 필사적임¶ 〜で戦たたかう 필사적으로 싸우다

**しによう** [屎尿] (文) 시뇨, 대소변= 糞尿ふんにょう¶ 〜処理しょり 시뇨 처리

**しによく** [死に欲] 죽을 때가 가까워져서 더욱 부리게 되는 욕심

**しにわか・れる** [死に別れる] 自下一 사별하다¶ 親おやと〜 부모와 사별하다

**しにん** [死人] 사인, 죽은 사람, 사자

〔慣用句〕
**─に口くち無なし** 죽은 자는 말이 없다

**じにん** [自任] 名自他スル 자임 ①자신의 임무로 여김¶ 自みずから幹事役かんじやくを〜 스스로 간사역을 맡다 ②자부함, 자처함¶ 天才詩人てんさいしじんだと〜する 천재 시인이라고 자처하다

**じにん** [自認] 名他スル 자인, 스스로 인정함

**じにん** [辞任] 名他スル 사임¶ 委員長いいんちょうを〜する 위원장을 사임하다

し・ぬ [死ぬ] 自五 죽다 ①숨지다¶事故で~ 사고로 죽다 ②생기(활기)가 없다¶目が~んでいる 눈에 생기가 없다 ③(활동이) 멈추다, 자다¶風が~ 바람이 자다 ④사장되다, 놀다¶資金が~ 자금이 사장되다 ⑤(野) 아웃되다 ⑥(바둑에서) 잡히다¶中央の大石が~ 중앙의 대마가 죽다
慣用句
―者ほど貧乏する 죽은 자가 가장 손해를 본다
―んだ子の年を数える 죽은 자식의 나이를 세다
―んで花実が咲くものか 죽으면 다 소용없다
―んでも命があるように 생에 대한 집착을 나타내는 말

じぬし [地主] 지주
じねずみ [地鼠] 動 뒤쥐
じねつ [地熱] → ちねつ
しねん [思念] 名他スル (文) 사념, 생각함
じねん [自然] (文) 자연, 본래 그러함, 저절로 그리 됨=しぜん ―薯 (植) 참마
しねんごう [私年号] 민간에서 사용하던 연호
しの [×篠] ① → しのだけ ②「篠笛」의 준말
―突く雨 호우, 장대비

しのう [子嚢] (植) 자낭, 씨주머니 ―菌類 (植) 자낭균류
しのう [詩嚢] (文) 시낭 ①시고(詩稿)를 넣는 주머니 ②시상¶~を肥やす 시상을 살찌우다
しのうこうしょう [士農工商] 사농공상
しのぎ [×凌ぎ] 참고 견딤, 그런 방법이나 수단¶一時の~ 임시 방편/ 暑さ~ 피서
しのぎ [鎬] 칼날과 칼등 사이의 불룩한 부분
慣用句
―を削る 맹렬히 싸우다, 격전을 벌이다
しの・ぐ [×凌ぐ] 他五 ①능가하다¶兄を~ 형을 능가하다 ②참아(견디어) 내다¶暑さを~ 더위를 참아 내다/ 急場を~ 고비를 넘기다

しのごの [四の五の] 連語 (口) 이러니저러니, 이러쿵저러쿵¶~ぬかすな 이러쿵저러쿵 지껄이지 말아라
じのし [地伸し] 名スル (재단하기 전에) 다리미로 천의 주름을 폄
しのすすき [×篠薄] 이삭이 패지 않은 참억새
しのだけ [篠竹] (植) ①조릿대 ②시노대
しのだずし [信太鮨・信田鮨] 유부초밥
しのだまき [信太巻・信田巻] (料) 유부 주머니에 어패류・채소 등을 넣고 묶어 익힌 요리
しののめ [東雲] (文) 새벽녘, 동틀녘, 여명 = 明け方¶~の空 새벽녘의 하늘
しのはい [死の灰] 죽음의 재, 핵폭발 후의 방사능이 섞인 재
しのば・せる [忍ばせる] 他下一 ①(모습・소리를) 숨기다, 죽이다¶足音を~ 발소리를 죽이다/物陰に身を~ 으슥한 곳에 몸을 숨기다 ②몰래 지니다, 품다¶ふところに短刀を~ 품에 단도를 몰래 품다

しのはら [×篠原] 이대가 우거진 벌판
しのび [忍び] ①미행(微行) ②절도, 도둑질¶~を働く 도둑질을 하다 ③「忍びの術」의 준말 ④「忍びの者」의 준말
しのびあい [忍び会い・忍び逢い] (남녀의) 밀회
しのびあし [忍び足] 발소리를 죽이고 걸음¶抜き足, 差し足, ~ 살금살금 걸음
しのびあるき [忍び歩き] 名自スル ①미행(微行) ②살금살금 걸음 = 忍び足
しのびい・る [忍び入る] 自五 숨어 들다, 몰래 들어가다 = 忍び込む
しのびがえし [忍び返し] 담 위에 뾰족한 대나무・쇠꼬챙이 등으로 박은 철책
しのびがた・い [忍び難い] 形 견디기(참기) 어렵다, 참을 수 없다¶~屈辱 참기 어려운 굴욕
しのびこ・む [忍び込む] 自五 숨어 들다, 잠입하다¶敵陣に~ 적진에 잠입하다
しのびない [忍びない] 連語 (「…に~」의 꼴로) 차마 …할 수 없다¶見るに~ 차마 볼 수 없다
しのびなき [忍び泣き] 名自スル 남몰래 소리 죽여 욺¶~がもれる 남몰래 흐느끼는 소리가 새어나오다
しのびね [忍び音] (文) ①속삭이는 소리 = 小声 ②남몰래 흐느끼는 소리 ③음력 4월경의 두견새의 첫 울음 소리
しのびのじゅつ [忍びの術] 첩보술 = 忍びび
しのびのもの [忍びの者] 첩자, 스파이
しのびやか [忍びやか] ナ 은밀히(살며시) 함¶~な足音 살금살금 걷는 발소리/ ~に話す 은밀히 이야기하다
しのびよ・る [忍び寄る] 自五 살며시 다가오다(다가서다)¶背後に~ 등 뒤로 살며시 다가서다/ ~秋 살며시 다가오는 가을
しのびわらい [忍び笑い] 名スル (남몰래) 소리 죽여 웃음
しのぶ [忍] (植) 넉줄고사리 = しのぶぐさ
しの・ぶ [忍ぶ] 自他五 ①(남의 눈을) 피하다, 몰래 하다¶人目を~ 남의 눈을 피하다 ②참다, 견디다¶恥を~ 부끄러움을 참다
しの・ぶ [×偲ぶ・×慕ぶ] 他五 ①그리다, 그리워하다¶昔を~ 옛날을 그리워하다 ②(「~ばれる」의 꼴로) 엿보게 하다¶人柄を~・ばれる言葉 인품을 엿보게 하는 말
しのぶえ [×篠笛] 이대로 만든 피리 = しの
しのぶぐさ [忍(ぶ)草] ①「シノブ」의 딴이름 ②「ノキシノブ」의 딴이름
じのぶん [地の文] (表) (소설 등의) 지문
しのやき [志野焼] 美濃의에서 산출하는 도기
しば [芝] (植) 잔디¶~生 잔디밭
しば [柴] 잡목, 섶나무, 그 가지¶~を刈る 섶나무를 베다
しば [死馬] (文) 사마, 죽은 말
慣用句
―に鞭打つ 죽은 말에 채찍질하다
―の骨を買う 그다지 우수하지 않은 사람을 우대하면 자연히 우수한 사람이 모여듦

**じは** [自派] 자파¶ ～の勢力 자파의 세력

**じば** [地場] ①그 지방, 본고장= 地元¶ ～産業 그 지방 고유의 산업 ②[經] 증권 거래소의 소재지, 그 지방의 증권업자 및 상주 투자가 —証券 [經] 거래소 회원 자격을 가진 중소 증권업자

**じば** [磁場] [物] 자장, 자기장= じじょう

**しはい** [支配] [名][他スル] 지배¶ 異民族を～する 이민족을 지배하다／一時の感情に～される 한순간의 감정에 지배되다 —階級 지배 계급 —人 지배인, 매니저

**しはい** [紙背] [文] 지배. ①종이의 뒷면 ②(문장의) 숨은 뜻¶ 眼光～に徹する 통찰력이 뛰어나 문장의 숨은 뜻까지도 알아내다

**しはい** [賜杯] [文] 사배. (천황·황족에게) 하사받은 우승배¶ ～の返還 사배의 반환

**しばい** [芝居] ①연극¶ ～好きな 연극 애호가 ②연기¶ まだ若いが～は上手だ 아직 젊으나 연기는 뛰어나다 ③[比] 연극, 속임수¶ 下手な～はよせ 서툰 연극은 집어치워라 —掛かる [自五] 연극처럼 과장스럽다, 꾸민 듯하다 —気 (연극조로) 남을 놀라게 하거나 이목을 끌려는 마음 —小屋 극장 —茶屋 극장에 딸려 안내와 휴게실·식당 등의 역할을 했던 찻집 —話 [樂] 연극 도구를 사용하고 연극을 제재로 한 落語, 야담

[慣用句]
—を打つ ①연극을 상연하다 ②속임수를 쓰다, 일을 꾸며 남을 속이다

**じばい** [児輩] [文] 아이들

**じばいせき** [自賠責] 자동차 손해 배상 책임 보험

**しばいぬ** [*柴犬] [動] 몸집이 작고 귀가 쫑긋하며 꼬리가 말린 일본 특산의 개= しばけん

**しばえび** [芝<海老>·*蝦] [動] 보리새우

**しばがき** [柴垣] 잡목 울타리

**しばかり** [芝刈(り)] 잔디 깎기¶ ～機 잔디 깎는 기계

**しばかり** [柴刈(り)] (땔감 등으로 쓰려고) 잡목을 뱀, 나무꾼

**じはく** [自白] [名][他スル] 자백¶ ～に追い込む 자백을 강요하다

**じばく** [自縛] [名][自スル] [文] 자박¶ 自縄～ 자승 자박

**じばく** [自爆] [名][自スル] 자폭¶ 敵艦に突っ込んでする 적함에 돌진하여 자폭하다

**しばくさ** [芝草] → しば(芝)

**しばぐり** [*柴<栗>] [植] 산밤나무= ささぐり

**しばざくら** [芝桜] [植] 지면패랭이꽃

**しばし** [*暫し] [副] 잠시, 잠깐¶ ～の別れ 잠깐 동안의 이별

**しばしば** [*屢·*屢屢] [副] 누차, 자주, 종종, 여러 차례¶ ～同じ失敗を繰り返す 누차 같은 실패를 되풀이하다

**しわす** [師走] → しわす

**じはだ** [地肌·地膚] ①(화장하지 않은) 맨살갗 ②지면, 지표¶ 山崩れで～がむき出しになる 산사태로 지면이 드러나다 ③(철물 등의) 본바탕, 맨바탕

**しばたた·く** [*瞬く] [他五] (눈을) 깜박거리다¶ 目を～ 눈을 깜박거리다

**じばち** [地*蜂] [動] 땅벌

**しはつ** [始発] 시발. ①(그날의) 첫 발차, 첫차¶ ～に乗る 첫차를 타다 ②그 곳을 기점으로 출발함¶ ～駅 시발역 ▷①② ⇔ 終発

**じはつ** [自発] 자발. ①[名] 자진함¶ ～性 자발성 ②[文法] 저절로 그리 됨을 나타내는 어법 —的 자발적

**しばのと** [*柴の戸·*柴の*門] [文] ①사립문 ②초라한 집

**しばふ** [芝生] 잔디밭¶ ～に寝そべる 잔디밭에 엎드려 눕다

**しばぶえ** [*柴笛] 나뭇잎 피리

**しばぶね** [*柴舟] 잡목(땔감)을 실은 배

**しばやま** [芝山] ①잔디가 자라고 있는 산 ②잔디를 입힌 석가산(石假山)

**しばやま** [柴山] 잡목이 우거진 산

**じばら** [自腹] ①자기 배 ②자기 돈, 자비

[慣用句]
—を切る (지불하지 않아도 될 돈을) 자기 돈으로 지불하다= 身銭を切る

**しはらい** [支払(い)] 지불, 지급= 支弁¶ カードで～をする 카드로 지불하다 —手形 [經] 지급 어음 ⇔ 受取手形

**しはら·う** [支払う] [他五] 지불하다, (대금 등을) 치르다¶ 家賃を～ 집세를 지불하다

**しばらく** [*暫く] [副] ①잠시, 잠깐¶ ～お待ちください 잠시 기다려 주십시오 ②당분간, 얼마간¶ ～会わなかった 얼마간 만나지 못했다 ③오래간만¶ ～でした 오래간만입니다

**しばらくぶり** [*暫く振り] [名] 오래간만임¶ ～に会う 오래간만에 만나

**しばりあ·げる** [縛り上げる] [他下一] 꽁꽁 묶다, 결박하다¶ 後ろ手に～ 뒷짐 결박하다

**しばりくび** [縛り首] ①(끈 등으로) 목졸라 죽임, 그런 형벌, 교수형 ②(옛날에) 두 손을 뒤로 묶고 목을 자르던 형벌

**しばりつ·ける** [縛り付ける] [他下一] ①동여매다, 붙잡아 매다¶ 柱に～ 기둥에 붙잡아 매다 ②속박하다, 얽매다¶ 義理に～·けられる 의리에 얽매이다

**しば·る** [縛る] [他五] 묶다 ①잡아 매다¶ 古新聞を紐で～ 헌 신문을 끈으로 묶다 ②붙들어 매다, 결박하다¶ 手足を～ 손발을 붙들어 매다 ③속박하다, 얽매다¶ 規則に～·られる 규칙에 얽매이다

**じばれ** [地*腫れ] [名][自スル] 상처·종기 부분의 피부가 부어 오름

**しば·れる** [他下一] [方] 몹시 추워지다, 얼어붙다

**しはん** [支藩] (江戸 시대에) 한 藩에서 나뉘어 생긴 藩

**しはん** [四半] ①정사각형으로 자른 천 ②「四半敷·四半石」의 준말 ③[造] 4분의 1¶ ～世紀 4반세기 —期 4반기, 4분기(分期) —敷き [建] 정사각형의 돌을 비스듬히 깖, 그렇게 깐 방식 —石 四半敷로 깐 포석 —分 4분의 1

しはん [市販] 名 他スル 시판 ¶ 来月から~される商品 다음 달부터 시판되는 상품
しはん [死斑・屍斑] 医 시반
しはん [私版] 사판 ①민간 출판, 그런 출판물 ⇔官版 ②자비 출판, 그런 출판물
しはん [師範] 사범 ①모범, 본보기 ¶ 世の~となる 세상의 모범이 되다 ②선생 ¶ 剣術~ 검도 사범 ③「師範学校」의 준말 ─学校 教 사범 학교 ─代 상용 대리 사범
しはん [紫斑] 医 자반 ─病 医 자반병
じはん [事犯] 法 사범 ¶ 経済~ 경제 사범
じばん [地盤] 지반 ①지면 ¶ ~がゆるい 지반이 무르다 ②토대 ¶ 家의 ~을 固める 집을 짓기 위한 지반을 다지다 ③발판, 기반 ¶ 選挙의 ~を築く 선거 기반을 구축하다 ─沈下 地 지반 침하
しひ [私費] 사비. 사비 ─自費 ¶ ~留学 사비 유학 / ~を投じる 사비를 들이다
しひ [詩碑] 시비. 시를 새긴 비
しび [鮪] 動 「まぐろ」의 딴이름
しび [鴟尾・鵄尾] 医 치미. 망새
じひ [自費] 자비. 사비 ¶ ~出版 자비 출판
じひ [慈悲] 자비 ¶ ~をかける 자비를 베풀다 ─深い 形 자비심이 깊다, 자비롭다
じびいんこうか [耳鼻咽喉科] 医 이비인후과
じびき [地引き・地曳き] ①후리질 ②「地引き網」의 준말 ③「地引き祭り」의 준말 ─網 水 후릿그물 ─祭り (건물을 지을 때) 지진제 다음에 그 땅을 정화하는 의식
じびき [字引] 사전, 자전 ≒辞書
じひしんちょう [慈悲心鳥] 動 매사촌
しひつ [史筆] 文 사필. 역사를 기록하는 필법
しひつ [紙筆] 文 지필. 종이와 붓
慣用句
─に上せる 문장으로 나타내다, 문장화하다
しひつ [試筆・始筆] 名 自スル 文 시필, 시호 =かきぞめ ¶ 新年의~ 신년 휘호
じひつ [自筆] 자필 ¶ ~原稿 자필 원고
しびと [死人] 사인. 죽은 사람 =しにん
じひびき [地響き] 名 自スル 지축을 흔드는 소리, 땅울림 ¶ ~を立てて列車가 通る 지축을 흔드는 소리를 내며 열차가 지나가다
しひゃくしびょう [四百四病] 佛 사백사병. 인간의 온갖 병, 만병
慣用句
─の外 상사병 =恋わずらい
しひょう [死票] 사표. (선거에서) 낙선한 후보에게 던져진 표
しひょう [指標] 지표 ①기준이 되는 목표 ¶ 経済~ 경제 지표 ②数 상용 로그의 정수 부분
しひょう [師表] 사표. 모범
しびょう [死病] 사병. 죽을 병
じひょう [時評] 시평 ①시사에 대한 비평 ¶ 社会~ 사회 시평 ②그 당시의 평판
じひょう [辞表] 사표. 사직서
じびょう [持病] 지병 ①숙환, 고질 ¶ ~の神経痛 지병인 신경통 ②나쁜 버릇 ¶ ~の癇癪がある 불끈거리는 나쁜 버릇이 있다

しびょうし [四拍子] ①音 4박자 ②芸 (반주 음악에 쓰는) 피리·북·큰북·작은북의 네 악기, 그 연주자
しびれ [痺れ] 저림, 마비
慣用句
─を切らす ①(오래 앉아 있어) 발이 저리다 ②기다리다 지치다
しびれうなぎ [痺れ鰻] 動 전기뱀장어
しびれえい [痺れ魚覃] 動 시끈가오리
しびれぐすり [痺れ薬] 「麻酔薬」의 속칭
しび・れる [痺れる] 自下一 ①저리다, 마비되다 ¶ 正座して足가 ~ 정좌하여 발이 저리다 ②(감전되어) 찌르르하다 ③황홀해지다, 도취되다 ¶ 音楽に~ 음악에 도취되다
しびん [溲瓶・尿瓶] (환자용의) 변기, 요강
しふ [師父] 文 사부 ①스승과 아버지 ②(아버지처럼) 경애하는 스승
しふ [師傅] 文 사부. 귀인의 자제를 교육시키는 사람 =守り役
しふ [詩賦] 文 시부. 시와 부
しぶ [渋] ①떫은 맛 =渋み ¶ ~を抜く 떫은 맛을 빼다 ②물때 ¶ 茶碗についた~ 찻잔에 낀 찻물의 때 ③「柿渋」의 준말. 감물 ¶ 紙に~を引く 종이에 감물을 들이다
しぶ [支部] 지부 ⇔本部 ¶ ~長 지부장
しぶ [市部] 시부. 시에 속한 구역
じふ [自負] 名 自スル 자부 ¶ ~心 자부심
じふ [慈父] 文 자부 ①인자한 아버지 ②아버지를 경애하여 이르는 말 ①② ⇔慈母
しぶ・い [渋い] 形 ①떫다 ¶ ~茶 떫은 차 ②수수하다, 차분하다, 구성지다 ¶ ~声 구성진 목소리 / ~色のネクタイ 수수한 색깔의 넥타이 ③(표정 등이) 떨떠름하다, 지르퉁하다 ¶ ~顔をする 떨떠름한 얼굴을 하다 ④인색하다, 짜다 ¶ 金に~ 돈에 인색하다
しぶいた [四分板] 建 4푼 널빤지
しぶいろ [渋色] 감물색, 적갈색
しふう [士風] 사풍. 무사(武士)의 기풍
しふう [詩風] 文 시풍. 시의 작풍
じふう [地風] 피륙의 촉감·느낌
しぶうちわ [渋団扇] 감물을 들인 적갈색의 튼튼한 부채
しぶおんぷ [四分音符] 音 4분 음표
しぶがき [渋柿] 떫은 감, 땡감
しぶがっしょう [四部合唱] 音 4부 합창
しぶがみ [渋紙] 배접하여 감물을 들인 종이
しぶかわ [渋皮] (나무·과일 등의) 속껍질
慣用句
─が剝ける (여자가) 촌티를 벗어 세련되다
しぶき [飛沫] 비말, 물보라 ¶ ~を上げて泳ぐ 물보라를 치며 헤엄치다
しふく [仕服・仕覆] (다도에서) 찻잔·찻그릇 등을 넣는 비단 자루
しふく [至福] 지복. 더없는 [지고의] 행복 ¶ 至幸 ¶ ~ 지행 지복
しふく [私服] 사복 ①평복 ②「私服刑事」의 준말 ─刑事 사복 형사
しふく [私腹] 사복 ①자기 배 ②사리, 사욕

しふく

[慣用句]
**ーを肥やす** 사복을 채우다

**しふく** [紙幅] (文) ①지폭. 종이 폭 ②(정해진) 지면. 원고 매수 ¶ ~が尽きる 지면이 다 되다

**しふく** [雌伏] 名 自スル 자복. (활약할 기회를 잡기 위해) 참고 때를 기다림 ⇔ 雄飛 ¶ ~三年 때를 기다리기 3년

**しぶ・く** 自五 ①비바람 치다 ¶ ~・いてあたりがかすむ 비바람이 쳐서 주위가 희미하게 보이다 ②물보라 치다 ¶ 波が岩にあたって~ 파도가 바위에 부딪쳐 물보라 치다

**じふく** [時服] (文) ①시복. 철에 맞는 옷 ②(옛날에) 天皇가 신하에게 하사하던 옷

**しぶくろ** [地袋] [建] 床の間 옆의 선반 아래쪽에 있는 작은 벽장 ⇔ 天袋

**しぶごのみ** [渋好み] 은근한 멋을 좋아함. 그런 사람 ¶ ~の服装 은근한 멋이 있는 복장

**しぶしぶ** [渋渋] 副 마지못해, 할 수 없이 ¶ ~引き受ける 마지못해 떠맡다

**しぶぞめ** [渋染(め)] 감물을 들임. 그런 직물

**しぶちゃ** [渋茶] ①(너무 우러나서) 떫은 차 ②떫은 맛이 나는 질 낮은 차

**しぶつ** [死物] 사물 ①죽은 것 ②쓸모없는 것, 무용지물 ¶ ~と化する 무용지물이 되다

**しぶつ** [私物] 사물. 사유물 ¶ ~入れ 사물함

**じぶつ** [事物] 사물. (특히) 물건 ¶ ~の名称 사물의 명칭

**じぶつ** [持仏] [仏] 지불. 집 안에 안치하거나 지니고 다니는 수호 불상(佛像) = 念持仏
**一堂** 지불이나 조상의 위패를 모시는 사당

**しぶっつら** [渋っ面] (口) (불평 불만으로) 찌푸린 얼굴, 우거지 상 = しかめっ面

**しぶと・い** 形 ①끈질기다 ¶ ~敵 끈질긴 적/~・くねばる 끈질기게 버티다 ②고집이 세다 ¶ ~やつ 고집이 센 녀석

**しぶぬき** [渋抜き] 감의 떫은 맛을 우림. 우린 감, 침시

**じぶぶき** [地吹雪] 땅 위에 쌓인 눈이 강풍으로 흩날리는 현상

**しぶみ** [渋み] ①떫은 맛 ¶ お茶の~ 차의 떫은 맛 ②차분하고 깊은 멋 ¶ ~のある文章 차분하고 깊은 멋이 있는 문장

**しぶり** [仕振り] (일을) 하는 모양, 품 ¶ 仕事の~ 일하는 품

**しぶりばら** [渋り腹] 무지근한 배, 후중증

**しぶ・る** [渋る] Ⅰ 自五 ①원활하지 않다, 술술 나아가지 않다 ¶ 筆が~ 붓이 술술 나아가지 않다 ②(배가) 무지근해지다 ¶ 腹が~ 배가 무지근해지다 Ⅱ 他五 망설이다, 주저하다 ¶ 返答を~ 대답하기를 망설이다

**しぶろく** [四分六] ①4대 6(의 비율) ¶ 利益を~に分ける 이익을 4대 6으로 나누다

**しふん** [私憤] 사분. 개인적인 분노 ⇔ 公憤 ¶ ~を晴らす 사분을 풀다

**しふん** [脂粉] (文) 지분 ①연지와 분 ②화장
[慣用句]
**ーの巷** 환락가, 홍등가

**しぶん** [士分] 무사 신분 ¶ ~に取り立てる 무사 신분으로 발탁하다

**しぶん** [死文] 사문 ①효력이 없는 법령·규칙 ¶ ~化した法律 사문화된 법률 ②(내용이) 보잘것없는 문장

**しぶん** [斯文] (文) 사문 ①이 방면의 학문 ②유학(儒學)

**しぶん** [詩文] 시문 ①시와 문장 ¶ ~の才 시문의 재능 ②문학, 문예

**じふん** [自刎] 자문. 스스로 목을 베어 죽음, 자경 = 自剄 ¶ ~して果てる 스스로 목을 베어 죽다

**じふん** [自噴] 名 自スル (文) 자분. (온천·석유 등이) 저절로 뿜어나옴

**じぶん** [自分] Ⅰ 名 자기, 자기 자신 ¶ ~のことは~でやりなさい 자기 일은 자기가 해라 Ⅱ 代 나, 저 ¶ ~が悪かった 내가 나빴다
**一勝手** 名 제멋대로 함, 마음대로임
**一自身** 자기 자신

**じぶん** [時分] ①때, 쯤, 무렵 ¶ 小学生の~ 초등학생 무렵 ②(알맞은) 때, 시기 ¶ ~を見はからって着手する 때를 보아 착수하다
**一時** 식사 시간

**じぶん** [時文] 시문 ①그 당시의 글 ②(중국에서) 현대어로 쓴 문장

**しぶんごれつ** [四分五裂] 名 自スル 사분오열 ¶ ~の状態 사분오열의 상태

**しぶんしょ** [私文書] [法] 사문서 ⇔ 公文書 ¶ ~偽造罪 사문서 위조죄

**しべ** [*禾蕊] 蘂의 준말

**しべ** [*蕊·*蘂·*蕋] 꽃술 = ずい ¶ 雄~ 수술/ 雌~ 암술

**しへい** [私兵] 사병

**しへい** [紙幣] (文) 지폐 ¶ 高額~ 고액 지폐

**じへい** [時弊] 그 시대의 폐습

**じへいしょう** [自閉症] [醫] 자폐증

**じべた** [地べた] (俗) 땅바닥 ¶ ~に寝ころぶ 땅바닥에 뒹굴다

**しべつ** [死別] 名 自スル 사별 ⇔ 生別 ¶ 両親に~した 양친과 사별했다

**しへん** [四辺] 사변 ①주위, 일대 ¶ ~に気を配る 주위에 신경을 쓰다 ②사방, 사방의 변두리 ¶ ~の防備 사변의 방위 ③[数] 네 변
**一形** [数] 사변형. 사각형

**しへん** [紙片] (文) 지편. 종이 조각 = かみきれ ¶ よれよれの~ 구깃구깃한 종이 조각

**しへん** [詩編·詩篇] ①시집, 한 편의 시 ②[基] (구약 성서의) 시편

**しべん** [支弁] 名 他スル (文) 지변. (돈을) 지불함 ¶ 経費を~する 경비를 지불하다

**しべん** [至便] 名 形動 매우 편리함 = 交通~ ¶ ~の住宅地 교통이 매우 편리한 주택지

**しべん** [思弁] 名 他スル 사변. 논리적 사고만으로 진리를 인식하려 함

**じへん** [事変] ①사변 ②병력을 투입해야 하는 소요·변란 ③선전 포고 없이 행해지는 국가간의 전투 행위 ¶ 満州~ 만주 사변

**じべん** [自弁] 名 他スル 자기 부담, 각자 부담

**しほ** [試補] (관청의) 시보 ¶ 外交官~ 외

교관 시보

しぼ ①직물을 짤 때 표면에 나타내는 요철 ②종이・가죽에 가공한 잔주름

しぼ [思慕] 名他スル (文) 사모. 그리워함, 연모함 ¶~の情は 사모의 정

じぼ [字母] 자모 ①(표음 문자의) 하나하나의 글자 ②(秘) 활자 모형(母型)

じぼ [慈母] (文) 자모 ①인자한 어머니 ②어머니를 경애하여 이르는 말 ⇔慈父fu

しほう [仕法] 방법, 방식 ―書ki (상품의) 품명・종류 등을 적은 주문서

しほう [司法] [法] 사법 ¶~機関kan 사법 기관 ―官 사법관 ―権ken 사법권 ―試験ken 사법 시험 ―修習生shushusei 사법 연수생 ―省sho [日史] 사법성 ―書士shi 사법 서사

しほう [四方] 사방 ①(동서 남북의) 네 방향 ②주위, 둘레 ③여러 방면 ④天下wo を治meる 천하를 다스리다 ―八方 사방 팔방

しほう [至宝] (文) 지보 ①매우 귀중한 보물 ②매우 귀중한 사람 ¶文壇dan の~ 문단의 지보

しほう [私法] [法] 사법 ⇔公法ho

しぼう [子房] 자방. ((씨식물의) 씨방)

しぼう [死亡] 名自スル 사망, 죽음 ¶~者sha 사망자/~届ke 사망 신고 ―診断書shindansho 사망 진단서 ―率ritsu 사망률

しぼう [志望] 名他スル 지망 ¶~者sha 지망자

しぼう [脂肪] [生] 지방 ¶植物性shokubutsusei~ 식물성 지방 ―肝kan [醫] 지방간 ―酸san 지방산

じほう [寺宝] 사보. 절의 보물

じほう [時報] 시보 ①(라디오 등에서) 시각을 알림 ②그때그때의 사건의 보도, 그런 내용을 실은 잡지류 ¶経済keizai ~ 경제 시보

じぼうじき [自暴自棄] 자포 자기 = すてばち

しほうじん [私法人] 사법인

しぼつ [死没・死歿] 名自スル (文) 사몰. 사망

しぼ・む [凋む・萎む] 自五 ①시들다 ¶花gaが~ 꽃이 시들다 ②오그라들다, 사그라지다, 위축되다 ¶風船fusenが~ 풍선이 오그라들다

しぼり [絞り・絞り] ①(쥐어) 짬 ②홀치기 염색 ③(꽃잎 등의) 얼룩 무늬 ④(「お~」의 꼴로) 물수건 ⑤(카메라의) 조리개

しぼりあ・げる [絞り上げる・搾り上げる] 他下一 쥐어짜다 ①바짝 짜다 ¶洗濯物sentakubutsuwoを~ 빨래를 쥐어짜다 ②(금품을) 우려내다 ¶国民kokuminから税金zeikinを~ 국민에게 세금을 쥐어짜다 ③몰아세우다, 추궁하다 ¶犯人haninを~ 범인을 추궁하다 ④(소리를) 억지로 내다, 한껏 지르다 ¶声koeを~・げて応援ouenする 소리를 쥐어짜서 응원하다

しぼりかす [搾り滓] (액체를 짜낸) 찌꺼기

しぼりぞめ [絞(り)染(め)] 홀치기 염색

しぼりだし [絞り出し・搾り出し] (물감・치약 등을) 짜내서 쓸 수 있게 만든 제품 ¶~の歯磨haki 튜브 치약

しぼりだ・す [絞り出す・搾り出す] 他五 ①(내용물을) 짜내다 ¶チューブの絵の具guを~ 튜브 속의 그림 물감을 짜내다 ②(소리・생각 등을) 짜내다, 쥐어내다 ¶~ない知恵chieを

~없는 지혜를 짜내다

しぼりと・る [搾り取る] 他五 ①(우유・기름 등을) 짜다 ②(금품을) 짜내다, 착취하다 ¶なけなしの金kaneを~ 없는 돈을 짜내다

しぼ・る [絞る・搾る] 他五 ①(액체를) 짜다, 짜내다 ¶牛ushiの乳chichiを~ 소젖을 짜다 ②(물기를 빼려고) 쥐어짜다 ¶ぬれたタオルを~ 젖은 타월을 쥐어짜다 ③(무리하게) 짜내다, 쥐어짜다 ¶知恵chieを~ 지혜를 짜내다 ④호되게 추궁하다, 몰아치다 ¶先生senseiに~・られた 선생님께 야단을 맞았다 ⑤(음량 등을) 줄이다, 조이다 ¶音量onryoを~ 음량을 줄이다/レンズを~ 조리개를 조이다 ⑥(펼쳐진 것을) 작게 하다, 조이다 ¶袋fukuroの口kuchiを~ 자루의 아가리를 조르다 ⑦(범위를) 좁히다, 한정하다 ¶捜査sosaの網amiが~・られる 수사망이 좁혀지다 ⑧[相撲] 상대방의 팔을 끼고 조이다 ⑨홀치기 염색을 하다 ¶鹿shikaの子koに~ 사슴무늬로 홀치기 염색을 하다

しほん [紙本] 지본. 종이에 그린 그림・글씨

しほん [資本] 자본 ①밑천 ¶商売shobaiの~ 장사 밑천 ②활동의 바탕이 되는 것 ¶サラリーマンは体karadaが~だ 샐러리맨은 몸이 밑천이다 ③[経] 생산의 3요소의 하나 ¶~財zai 자본재/~蓄積chikuseki 자본 축적 ―金kin 자본금

[慣用句]

―と経営keieiの分離bun [経] 자본과 경영의 분리

しほんばしら [四本柱] [相撲] 씨름판 네 모퉁이에 세운 기둥, 그 기둥 밑에 앉은 네 심판

しま [島] ①섬 ¶南国nangokuの~ 남국의 섬 ②(깡패 집단 등의) 영역, 세력 범위 ¶~を荒arasu 영역을 침범하다 ③유곽, 화류계 ④의지할 곳 ¶取付toritsuき~もない 의지할 데도 없다

しま [縞] 줄무늬 ¶腹haraに~のある魚sakana 배에 줄무늬가 있는 물고기

しま [死魔] [佛] 사마 ①수행에 장애가 되는 죽음 ②죽음의 신

しま [志摩] 일본의 옛 지명. 지금의 三重mie현 일부와 志摩 반도 = 志州shushu

しま [*揣摩] 名他スル (文) 췌마. (사정・진상 등을) 헤아려 짐작함 ―臆測okusoku 췌마 억측. (사정・진상 등을) 어림 짐작함, 대충 헤아림

しまあい [*縞合(い)] 줄무늬의 색상

しまい [仕舞(い)・終(い)] ①(口) 끝, 마지막 ¶話hanaを~まで聞ku 이야기를 끝까지 듣다 ②(口) 끝남, 마침 ¶これで(お)~の(口) 早已 여느 때보다 빨리 마침 ③(口) 끝장, 절망 ¶ばれたら(お)~だ 발각되면 끝장이다 ④(口) 매진, 품질 ¶今日kyoはいちごは~だ 오늘은 딸기가 다 팔렸다 ⑤(形式) (「…ずじまい」의 꼴로) …하지 않고 말았음 ¶行ikazu 가지 않고 말았음 ―風呂furo (모두 목욕한 뒤) 그 날 마지막에 하는 목욕 ―湯yu → 仕舞い風呂furo

しまい [仕舞] [能楽] (能楽 중에서) 반주・의상 갖추지 않고 노래만으로 추는 약식 춤

しまい [姉妹] 자매 ①언니와 동생, 여자 형제 ②[造語] 밀접하게 연결된 둘 이상의 관계 ¶~校ko 자매교/~品hin 자매품

じまい [地米] 그 고장에서 나는 쌀= じごめ

しま・う [仕舞う·^了う·^終う] 他五 ①끝내다, 마치다, 파하다 ¶一日の仕事を~ 하루 일을 끝내다 ②(가게 등을) 닫다 ¶店を~ 가게를 닫다 ③치우다, 정리하다 ¶食器を棚に~ 식기를 선반에 치우다 ④(마음 속에) 간직하다 ¶胸のうちに~ 마음 속에 간직하다 ⑤[補助] ㉠…해 버리다[치우다], …하고 말다 ¶行って~ 가 버리다/ 食べて~먹어 치우다 ¶몹시[완전히] …하다 ¶困って~ 정말이지 곤란하다/ 忘れて~ 완전히 잊어버리다

しまうま [*縞馬] [動] 얼룩말= ゼブラ

じまえ [自前] 名 ①자기 부담, 각자 부담 ¶交通費は~だ 교통비는 각자 부담이다 ②기생이 독립하여 자영함, 그런 기생 ¶抱え~で稼ぐ 자기 장사를 해서 돈을 벌다

しまおりもの [*縞織物] 줄무늬 직물

しまか [*縞蚊] [動] 줄무늬모기

しまがくれ [島隠れ] 名 (배 등이) 섬그늘에 숨음, 가려서 보이지 않음

しまかげ [島陰] ①섬에 가려 보이지 않은 곳 ②섬에서 풍파를 피할 수 있는 으슥한 곳

しまかげ [島影] 섬의 모습 ¶~が浮かび出る 섬의 모습이 나타나다

しまがら [*縞柄] 줄무늬

じまく [字幕] (영화의) 자막

しまぐに [島国] 섬나라 —根性 섬나라 근성

しまじま [島島] ①각 섬, 이 섬 저 섬, 섬마다 ②많은 섬

しまだ [島田] 「島田髷」의 준말 —崩し 島田髷의 변형된 머리 모양 —髷 미혼 여성이나 신부가 틀어올리던 일본식 머리 모양

しまだい [島台] 州浜台 위에 송죽매(松竹梅)를 배치하고 늙은 부부 인형·학·거북 등의 모형으로 꾸민 혼례식 등에 쓰는 장식물

しまつ [始末] I 名 ①(일의) 시종, 자초지종, 전말 ¶事の~を話はす 일의 자초지종을 이야기하다 ②(나쁜) 결과, 결말, 꼴, 모양 ¶万事この~だ 만사가 이 모양이다 II 名 他スル ①(일의) 매듭, 처리, 後始末 뒷처리/ ~をつける 매듭짓다 ②아낌, 절약 ¶~がいい 알뜰하다 —書 시말서 —屋 검약가

[慣用句]

—が悪い 애먹다, 곤란하다, 언짢다

—に負えない 처치 곤란하다, 다루기 어렵다

しまった 感 (口) 아차, 아뿔싸, 큰일났다 ¶~、時間を間違えた 아차, 시간이 틀렸다

しまづたい [島伝い] (배 등으로) 섬에서 섬을 타고 감 ¶~に行く 섬을 따라 가다

しまながし [島流し] ①유배 ¶~になる 유배되다 ②좌천 = 左遷

しまぬけ [島抜け·島^脱け] 名 自スル 유배된 사람이 섬에서 몰래 도망쳐 나옴, 그런 죄인

しまね [島根] 中国의 지방 북서부의 동해에 면한 현(縣), 현청 소재지는 松江시(市)

しまへび [*縞蛇] [動] 산무애뱀

じまま [自儘] 名 [ナ] 제멋대로임= わがまま·気^まま ¶~な生活 제멋대로의 생활

しまめ [*縞目] (줄무늬의) 색과 색의 경계

しまめぐり [島巡り] 名 自スル ①섬 일대를 둘러봄 ②(배로) 섬들을 유람함

しまめのう [*縞瑪瑙] [鉱] 줄마노, 오닉스

しまもの [*縞物] 줄무늬 직물

しまもり [島守] 섬지기

しまやま [島山] 섬에 있는 산, 산 모양의 섬

しまらな・い [締(ま)らない] 連語 (口) 야무지지 못하다, 흐리멍덩하다 ¶~顔 흐리멍덩한 얼굴

しまり [締(ま)り] ①꼭 죄어 있음, 죈 상태 ¶ねじの~が悪い 나사가 꼭 죄어 있지 않다 ②야무짐 ¶~のない元気 야무지지 못한 입매 ③아껴 씀, 검약 ¶~がいい 알뜰하다 ④문단속 ¶台風に備えて~を完全にする 태풍에 대비하여 문단속을 철저히 하다 ⑤매듭, 결말, 처리 ¶~をつける 매듭짓다

[慣用句]

—が無い 야무지지 못하다, 흐리멍덩하다

しまりや [締(ま)り屋] (口) 검약가, 구두쇠

しま・る [閉まる] 自五 닫히다 ⇔ 開ける ¶戸が~ 문이 닫히다/ 図書館は五時に~ 도서관은 5시에 닫힌다

しま・る [締(ま)る·^緊(ま)る] 自五 ①꼭 죄이다 ¶ねじが~ 나사가 꼭 죄이다 ②(몸이) 단단해지다, 굳어지다 ¶筋肉が~っている 근육이 단단하다 ③[絞(ま)る] 죄이다, 졸리다 ¶首が~ 목이 죄이다 ④긴장되다 ¶最後まで~っていこう 마지막까지 긴장을 풀지 말자 ⑤절약하다, 아끼다 ¶こう物価高だかでは~らざるをえない 이러한 물가고에서는 절약하지 않을 수 없다 ⑥[經] (거래에서) 시세가 안정되다

じまわり [地回り·地廻り] ①도시 근교를 다니면서 장사함, 그런 행상인 ②도시 근교에서 산출됨, 그런 산출품 ③(번화가의) 불량배

じまん [自慢] 名 他スル 자랑 ¶お国〜 고향 자랑/ 息子の〜をする 자식 자랑 —たらしい 形 자랑하는[뽐내는] 듯하다

しみ [衣魚·紙魚] [動] 좀, 반대좀

しみ [染み] ①얼룩짐, 얼룩 ¶インキの~ 잉크의 얼룩/ ~を抜く 얼룩을 빼다 ②오점 ¶経歴に~を残のす 경력에 오점을 남기다 ③기미, 검버섯 ¶顔の~ 얼굴의 검버섯

しみ [^凍み] ①어는 일, 얼음 ¶~豆腐 얼린 두부 ②매서운 추위 ¶~が強い 추위가 극심하다

じみ [地味] 名 [ナ] 수수함, 검소함 ⇔ 派手 ¶~な服装 수수한 복장/ ~な性格 수더분한 성격/ ~に暮らす 검소하게 살다

じみ [滋味] (文) ①좋은 맛 ②영양 많은 음식 ③마음의 양식이 되는 것

しみ・いる [染み入る] 自五 스며들다, 배어들다 ¶心に~ことば 마음에 스며드는 말

しみこ・む [染み込む] 自五 스며들다, 배어들다 ¶味が~まで煮る 맛이 배어들 때까지 졸이다/ ~·んだ習慣 몸에 밴 습관

**しみじみ** [副] ①절실하게¶ 有難さが~とわかる 고마움을 절실하게 깨닫다 ②차근차근¶ 思い出を~と語る 추억을 차분하게 이야기하다 ③뚫어지게¶ ~と顔を眺める 뚫어지게 얼굴을 바라보다

**しみず** [清水] 맑은 샘물¶ ~が湧き出てる 맑은 샘물이 솟아나다

**じみち** [地道] [名ナ] 착실함, 건실함¶ ~な努力 착실한 노력/ ~に働く 착실히 일하다

**しみつ・く** [染み付く·染み着く] [自五] 스며들다, 배다¶ においが~ 냄새가 배다/ 悪癖が~ 나쁜 버릇이 몸에 배다

**しみつ・く** [^凍み付く] [自五] 얼어 붙다

**しみったれ** [名ナ] [俗] 인색함, 구두쇠

**しみった・れる** [自下一] [俗] 인색하게 [쩨쩨하게] 굴다¶ ~れたことを言う 쩨쩨한 소리를 하다

**しみとお・る** [染み透る] [自五] ①깊이 스며들다, 배어들다 寒さが体に~ 냉기가 몸에 깊이 스며들다 ②깊이 느끼다, 사무치다¶ 心に~ 마음에 사무치다

**しみぬき** [染み抜き] [名他スル] 얼룩을 뺌, 얼룩 빼는 약

**しみゃく** [支脈] (산맥·엽맥 등의) 지맥

**しみゃく** [死脈] 사맥 ①죽음이 가까워 약해진 맥박 ②광물을 다 캐낸 광맥

**しみよう** [至妙] [ナ] [文] 지묘, 절묘 = 絶妙¶ ~のわざ 절묘한 기술

**し・みる** [染みる·沁みる·浸みる·滲みる] [自上一] ①스며들다, 배다, 번지다¶ インクが紙に~ 잉크가 종이에 번지다 ②(냄새·맛이) 배어들다¶ おでんに味が~ 어묵에 맛이 배어들다 ③(자극을 받아) 따갑다, 아리다¶ 煙が目に~ 연기가 눈에 (들어가) 따갑다 ④깊이 느끼다, 사무치다¶ 骨身に~ 뼛속에 사무치다 ⑤(악습 등에) 물들다, 젖다¶ 悪風に~ 악습에 물들다 ⑥[補助]《「…じみる」의 꼴로》배다, 끼다¶ 汗が~ 땀이 배다/ あか~ 때가 끼다 ⑦[補助]《「…じみる」의 꼴로》같아 보이다, …처럼 되어가다¶ 子供~みた真似を 치기 어린 짓

**し・みる** [^凍みる] 얼다, 얼어붙을 듯이 차다¶ ~ような夜 얼어붙을 듯이 추운 밤

**しみわた・る** [染(み)渡る] [自五] (구석구석에) 스며들다, 번지다, 퍼지다

**しみん** [士民] [文] 사민. 무사와 서민, 사족(士族)과 평민

**しみん** [四民] 사민 ①사·농·공·상 네 계층의 사람들 ②모든 사람¶ ~平等 사민 평등

**しみん** [市民] 시민 ①시의 주민¶ ~税 주민세 ②공민(公民) **一階級** 시민 계급 **一革命** [史] 시민 혁명 **一権** 시민권 **一社会** 시민 사회

**しみん** [^嗜眠] [医] 기면. 중환이나 고열로 인한 수면 상태¶ ~性脳炎 기면성 뇌염

**じむ** [寺務] 사무. 절의 사무(를 보는 곳)

**じむ** [事務] 사무 **一員** 사무 사원 **一官** 사무관 **一次官** 사무 차관 **一的** [ナ] 사무적 **一所** 사무소 **一屋** ①「事務員」을 비하하는 말 ②일을 사무적으로 처리하는 사람

**じむ** [時務] 시무. 그때그때의 급무(急務)

**しむけ** [仕向け] ①대우, 대접 冷たい~ 냉대 ②(상품 등의) 발송¶ ~先 발송처

**しむ・ける** [仕向ける] [他下一] ①(…하도록) 하다, 하게 만들다¶ 自分から勉強するように~ 스스로 공부하도록 만들다 ②대하다, 굴다¶ 冷たく~ 냉정하게 대하다 ③(상품 등을) 발송하다¶ 注文先に~ 주문처에 발송하다

**じむし** [地虫] ①딱정벌레·풍뎅이 등의 유충 ②땅 속에 사는 벌레의 총칭

**しめ** [^旨鳥] [動] 콩새

**しめ** [締め] ①(회계에서) 합계¶ 今月の~を出す 이 달의 합계를 내다 ②(편지 봉투의) 봉함표 ▷「〆」로도 표기함 ③[助数] 반지(半紙)의 매수를 세는 단위 ④[助数] 다발, 묶음¶ まき一~ 장작 한 다발

**しめあ・げる** [締(め)上げる] [他下一] ①(세게) 죄다, 조르다, 묶다¶ 両手を綱で~ 양손을 밧줄로 꽁꽁 묶다 ②엄하게 추궁하다¶ 犯人を~ 범인을 추궁하다 ③다잡다¶ 部員を~ 부원을 다잡다

**しめい** [氏名] 씨명, 성명. 성과 이름

**しめい** [死命] 사명, 생사, 사활¶ ~を決する 闘争 생사를 결정짓는 투쟁
[慣用句]
**一を制する** 남의 생사를[운명을] 좌우하는 급소를 쥐다

**しめい** [使命] 사명 ①사자로서의 임무¶ ~を帯びて行く 사명을 띠고 가다 ②부과된 임무¶ 教師としての~ 교사의 사명 **一感** 사명감

**しめい** [指名] [名他スル] 지명¶ ~を受ける 지명을 받다 **一打者** [野] 지명 타자 **一手配** [名他スル] 지명 수배

**じめい** [自明] [ナ] 자명¶ ~の理 자명한 이치

**しめかざり** [〈注連〉飾り·〈標〉飾り·〈七五三〉飾り] 정초에 문에 금줄을 쳐서 장식함, 그런 장식

**しめかす** [^搾め滓] 깻묵

**しめがね** [締(め)金] 허리띠·끈 등을 죄는 쇠 장식, 버클 = 尾錠

**しめぎ** [^搾め木] (나무로 된) 기름틀

**しめきり** [閉(め)切り] (문·창 등을) 닫은 채로 둠¶ ~の部屋 문이 늘 닫혀 있는 방

**しめきり** [締(め)切り] 마감, 마감 날짜¶ 願書提出の~ 원서 제출 마감

**しめき・る** [閉(め)切る] [他五] (문·창 등을) 꼭 닫다, 오랫동안 닫은 채로 두다¶ 部屋を~ 방문을 꼭 닫다

**しめき・る** [締(め)切る] [他五] 마감하다¶ 二十名で~ 20명으로 마감하다

**しめくくり** [締(め)括り] 매듭, 결말¶ 話の~をつける 이야기의 결말을 짓다

**しめくく・る** [締(め)^括る] [他五] ①(단단히) 묶다, 꽉 동여매다 ②결말[매듭]을 짓다¶ 話を~ 이야기를 매듭짓다 ③단속하다, 감독하다¶ 部下を~ 부하를 단속하다

**しめこのうさぎ** 【占め子の兎】《俗》 일이 기대한 대로 잘 됐음

**しめこみ** 【締(め)込み】【相撲】 샅바 = まわし

**しめころ・す** 【締(め)殺す·絞(め)殺す】他五 목졸라 죽이다, 교살하다¶ 鶏を~ 닭을 목졸라 죽이다

**しめさば** 【締め鯖】【料】 뼈를 바르고 살을 둘로 갈라 소금과 식초로 간한 고등어

**しめし** 【示し】 ①가르침, 계시¶ 啓示¶ 神のお~ 신의 계시 ②본보기, 모범

[慣用句]
**一が付かない** 좋은 본보기가 되지 못하다, 나쁜 선례가 되다

**しめじ** 【湿地·占地】【植】 송이과의 식용 버섯

**しめしあわ・す** 【示し合(わ)す】他五 → しめしあわせる

**しめしあわ・せる** 【示し合(わ)せる】他下一 ①(신호로) 서로 알리다¶ 目で~ 눈짓으로 서로 알리다 ②미리 짜놓다¶ 決行の時刻を~ 결행 시각을 미리 짜놓다

**しめしめ** 感(口) 됐다 됐어¶ ~、思ったとおりだ 됐다 됐어 생각했던 대로다

**じめじめ** 副自スル ①눅눅히, 축축히¶ ~した畳 눅눅한 다다미 ②(口) 음울하게, 음침하게¶ ~した話 음울한 이야기

**しめ・す** 【示す】他五 ①내보이다, 제시하다¶ 旅券を~ 여권을 내보이다 ②가리키다¶ 行く先を~ 행선지를 가리키다 화살표 가리키다, 의미하다¶ 暖冬を~している気圧配置 따뜻한 겨울임을 나타내고 있는 기압 배치 ④(생각·기분 등을) 나타내다, 보이다, 표시하다¶ 興味を~ 흥미를 나타내다/ 誠意を~ 성의를 보이다

**しめ・す** 【湿す】他五 축이다, 적시다¶ 水で~ 물로 축이다/ 筆を~ 붓을 적시다

**しめすへん** 【示偏】 (한자 부수의) 보일시변 ▷「神·祠」 등의 부수 부분

**しめた** 感(口) (기대한 대로 됐을 때 내는) 됐다¶ ~、うまくいったぞ 됐다, 잘 됐어

**しめだか** 【締(め)高】 총계, 합계액¶ 売り上げの~を出す 매상 총계를 내다

**しめだ・す** 【締(め)出す】他五 ①【閉(め)出す】 (문을 닫고) 들이지 않다, 내쫓다¶ 帰りが遅くなって~される 귀가가 늦어서 내쫓기다 ②축출하다, 제외하다, 따돌리다¶ 委員会から~ 위원회에서 축출하다

**しめつ** 【死滅】名自スル 사멸

**じめつ** 【自滅】名自スル 자멸

**しめつけ** 【締(め)付け】(감독·지도 등으로) 다잡음, 압박함¶ ~が厳しい 압박이 심하다

**しめつ・ける** 【締(め)付ける】他下一 ①(세게) 죄다, 조르다¶ ボルトを~ 볼트를 단단히 죄다 ②다잡다, 압박하다¶ 猛訓練されて~ 맹훈련으로 다잡다

**しめっぽ・い** 【湿っぽい】形 ①축축하다, 눅눅하다¶ ~ふとん 눅눅한 이부자리 ②(口) 음울하다, 침울하다¶ ~話 음울한 이야기

**しめて** 【締めて】副(口) 모두 합쳐, 도합해서 전부¶ ~二十万円の売り上げ 도합 20만 엔의 매상 ▷「メて」라고도 씀

**しめなわ** 【注連縄·標縄·〈七五三〉縄】 금줄, 인줄¶ ~を張る 금줄을 치다

**しめのうち** 【注連の内·標の内·〈七五三〉の内】 ①금줄을 치고 출입을 금하는 곳, 神社의 경내 ②정초의 松飾り가 장식되는 기간

**しめやか** ナ(文) ①차분함, 조용함¶ ~な口調 차분한 말씨/ ~に降る雨 조용히 내리는 비 ②비통함, 침울함¶ ~に葬儀が執りおこなわれる 비통하게 장례식이 거행되다

**しめり** 【湿り】 ①축축함, 습기¶ ~を防ぐ 습기를 방지하다 ②「お~」の 꼴로) (가뭄 끝의) 단비 ③「湿り半」의 준말

**しめりけ** 【湿り気】 습기, 수분

**しめりごえ** 【湿り声】 울먹이는 소리, 슬픔에 잠긴 목소리

**しめりばん** 【湿り半】 진화(鎮火)를 알리는 반종

**しめる** 助動 …하게[하도록] 하다¶ 私をして言わしめれば 나로 하여금 말하게 한다면

**しめ・る** 【湿る】自五 ①눅눅해지다, 습기차다 夜露で~った地面 밤이슬로 축축한 땅 ②우울해지다, 가라앉다¶ ~った気分 우울한 기분/ 打線が~ 타선이 살아나지 못하다

**し・める** 【占める】他下一 ①(장소·지위 등을) 점유하다, 차지하다¶ 国土の大半を~森 국토의 대부분을 차지하는 숲 ②획득하다¶ 漁夫の利を~ 어부지리를 얻다 ③(일정 비율에) 달하다, 차지하다¶ 過半数を~ 과반수를 차지하다 ④《「味を~」の 꼴로》 체험하여 알다, 맛들이다¶ 一度味を~めたらやめられない 한번 맛들이면 그만두지 못하다

**し・める** 【閉める】他下一 ①(열린 것을) 닫다¶ 戸を~ 문을 닫다/ ふたを~ 뚜껑을 덮다 ②(영업·업무를) 종료하다, 폐업하다¶ 店を~ 그날의 영업을 마치다, 폐업하다

**し・める** 【締める】他下一 ①(끈 등을) 매다, 졸라매다, 동여매다¶ ネクタイを~ 넥타이를 매다 ②죄다, 잠그다¶ ねじを~ 나사를 죄다 ③【絞める】 조르다, 비틀어 죽이다¶ 首を~ 목을 조르다 ④긴장시키다, 다잡다¶ 気を~めてかかる 마음을 다잡고 덤비다 ⑤절약하다¶ 財布のひもを~ 돈을 절약하다 ⑥(회계 등을) 마감하다, 결산하다¶ 帳簿を~ 장부를 마감하다 ⑦(거래의 성립 등을 축하하여) 모두 손뼉을 치다¶ 手を~ (거래 성립을 축하하여) 모두 손뼉을 치다 ⑧【料】 (생선살을 소금·식초 등으로) 절이다

**しめん** 【四面】 사면 ①네 면 ②4페이지 ③사방, 주위¶ ~敵に囲まれる 사면이 적에 포위되다 **一楚歌** 사면 초가 **一体**【数】 사면체

**しめん** 【紙面】 ①종이의 표면 ②신문의 면, 지상¶ ~を飾る美談 지면을 장식하는 미담 ③편지, 서면

**しめん** 【誌面】 지면, (잡지의) 지상(誌上)

**じめん** 【地面】 ①지면, 땅바닥¶ ~に横たわ

しゃ

る 땅바닥에 드러눕다 ②토지, 땅= 地所¶ ~を実測じっそくする 토지를 실측하다 —師し 남의 땅을 이용하여 사기치는 사람

じめん [字面] → じづら

しも [助] ①…나,…라도,…조차도, 마침¶ だれ~そう思う 누구나 다 그렇게 생각한다 ②반드시 …(인 것)은 아니다¶ 後悔こうかいなきに~あらずは 후회가 없는 것도 아니다

しも [下] ①(강의) 하류¶ ~の方ほうへ下くだる 하류쪽으로 내려가다 ②(和歌 등의) 후반, 뒷부분¶ ~の句 후반의 구 ③(기간의) 뒤쪽¶ ~半期 하반기 ④아랫사람이 앉는 자리, 말석¶ ~座ざ 말석 ⑤(신분·지위가) 낮은 사람, 신하, 부하¶ ~の者のをいたわる 낮은 사람을 위로하다 ⑥(몸의) 아랫도리, (특히) 음부¶ ~半身はんしん 하반신/~の話はなし 음담 ⑦대소변, 변소¶ ~の世話せわ 대소변의 시중

しも [霜] ①[氣] 서리¶ ~ばしら 서릿발 (냉장고의) 성에¶ ~がつく 성에가 끼다 ③[比] 백발¶ ~を置おく頭あたま 백발이 된 머리

しもいちだんかつよう [下一段活用] [文法] 어미가 五十音図ごじゅうおんずの「え」단으로만 활용되는 구어(口語)의 동사 활용 형식

しもうさ [下総] 일본의 옛 지명. 지금의 千葉ちば현 북부 및 茨城いばらき현 남부 지방

しもおとこ [下男] 남자 하인, 노복= げなん

しもがか・る [下掛(か)る] [自五] ①(이야기가) 상스러워지다, 음란해지다¶ ~・った話はなし 상스러운 이야기

しもがこい [霜囲い] [名他スル] (초목 등이) 서리에 맞지 않도록 덮거나 싸 줌, 그런 덮개

しもがれ [霜枯れ] ①(초목이) 서리를 맞아 시듦¶ ~の野原のはら 서리 맞아 시들어 버린 들판 ②「霜枯しもがれ時どき」의 준말 一時じ ¶(겨울이나 늦가을의) 초목이 서리를 맞아 시드는 시기 ②(장사에서) 불경기

しもが・れる [霜枯れる] [自下一] (초목이) 서리를 맞아 시들다

しもき [下期] 하반기 ⇔ 上期かみ

しもく [耳目] 이목 ①귀와 눈, 견문¶ ~となって働はたらく 수족이 되어 일하다 ②주의, 관심¶ ~をひく 이목을 끌다

しもごえ [下肥] [農] 인분뇨 거름, 뒷거름

しもざ [下座] 말석, 아랫자리= 末座まっざ·げざ ⇔ 上座かみざ¶ ~につく 말석에 앉다

しもじも [下下] 아랫사람, 일반 서민¶ ~の暮くらし 서민의 생활

しもじょちゅう [下女中] 허드렛일을 하는 하녀, 부엌데기, 식모 ≒ 上女中じょちゅう

しもたや [仕舞屋] (상점가에서) 장사를 하지 않고 생활하고 있는 집

じもつ [持物] [佛] 불상이 손에 든 물건

しもつき [霜月] 상월, 음력 11월의 딴이름

しもつけ [下野] 일본의 옛 지명. 지금의 栃木とちぎ현 지방= 野州やしゅう

しもて [下手] ①아래쪽¶ ~に座ざをとる 말석에 자리를 잡다 ②(강의) 하류 ③(객석에서 봤을 때) 무대 왼쪽

じもと [地元] ①자기 고장, 본거지¶ ~の候補者こうほしゃ 자기 고장의 후보자 ②그 고장, 그 지방¶ ~の新聞しんぶん 그 지방의 신문

しもどけ [霜解け·霜融け] 서리·서릿발이 녹음¶ ~で道みちがぬかる 서릿발이 녹아 길이 질척거리다

しもとり [霜取り] (냉장고의) 성에 제거, 그런 장치

しもにだんかつよう [下二段活用] [文法] 어미가 五十音図ごじゅうおんずの「う·え」2단(段)에 걸쳐 활용되는 문어(文語)의 동사 활용 형식

じもの [地物] 그 고장의 산물, 토산물

しものく [下の句] (短歌에서) 넷째 구와 다섯째 구, 5·7·5 다음의 7·7의 두 구

しものせき [下関] 山口やまぐち현 서쪽 끝의 시(市)

しもばしら [霜柱] [氣] 서릿발¶ ~が立たつ 서릿발이 서다

しもはんき [下半期] 하반기 ⇔ 上半期かみ

しもぶくれ [下膨れ·下脹れ] [名] ①(얼굴의) 아랫볼이 불룩함 ②(물건의) 아래쪽이 불룩함

しもふり [霜降り] ①[料] 서리가 내림 ②[服] (서리가 내린 듯이) 희끗희끗한 무늬, 그런 천·料] 살짝 데친 생선이나 닭고기 ④지방이 그물눈처럼 박혀 있는 질 좋은 쇠고기

しもべ [僕·下部] [文] 하인, 남자 종

しもやけ [霜焼け] 가벼운 동상, 동창

しもやしき [下屋敷] (江戸えど 시대) 大名だいみょう·상급 무사들의 교외 별저(別邸)

しもよ [霜夜] [文] 서리 내리는 추운 밤

しもよけ [霜除け] [農] (농작물을) 서리 맞지 않도록 짚 등으로 덮거나 쌈, 그런 덮개

しもん [指紋] [醫] 지문¶ ~押捺おうなつ 지문 날인

しもん [試問] [名他スル] 시문, 시험삼아 물음, 그런 질문¶ 口頭こうとう~ 구두 시문

しもん [諮問] [名他スル] 자문¶ ~機関きかん 자문기관/~に答こたえる 자문에 답하다

じもん [地紋] ①(직물의) 바탕 무늬 ②(공예품·인쇄물의) 바탕 무늬

じもん [寺門] ①절, 절의 문 ②「園城寺おんじょうじ」의 딴이름 ③[佛] 園城寺를 본산으로 하는 천태종의 한 파= 寺門派じもんは

じもん [自門] ①(자기의) 문중, 일족, 일가 ②자기가 속해 있는 절·종파

じもん [自問] [名自スル] 자문 —自答じとう [名自スル] 자문 자답

しゃ [写] [寫] [音] シャ [訓] うつす·うつる|(음)사. (造語) ①베끼다, 필사하다¶ 写本ほん 사본·複写ふくしゃ 복사 ②영화·사진으로 찍다, 찍어내다¶ 映写えいしゃ 영사·試写しゃ 시사

しゃ [社] [音] シャ [訓] やしろ|(음)사. I (造語) ①그 고장의 신, 그 제사¶ 社稷しゃしょく 사직 ②사당¶ 神社じんしゃ 신사 ③단체, 결사¶ 社会しゃかい 사회·社交しゃこう 사교 ④「会社かいしゃ·新聞社しんぶんしゃ」등의 준말¶ 社員しゃいん 사원·支社ししゃ 지사 II 「会社·新聞社しんぶんしゃ」의 준말. 사¶ ~に戻もどる 사로 돌아가다

しゃ [車] [音] シャ [訓] くるま|(음)차. (造語) ①바퀴, 바퀴 모양의 것¶ 車輪しゃりん 차륜·風車

しゃ 풍차 ②차, 수레, 탈것¶車道 차도·汽車 기차·自動車 자동차 ▷熟字訓 山車 축제 때의 장식 수레·車前草 질경이

しゃ [舍] [舎] 音シャ (훈)(造語) ①숙사, 집¶客舍 객사·宿舍 숙사 ②특정한 목적의 건물¶官舍 관사·校舍 교사 ③저의, 나의¶舍弟 사제 ④「寄宿舍」의 준말¶舍監 사감 ▷熟字訓 田舍 시골

しゃ [者] 音シャ 訓もの (음)사, (造語) ①특정한 사람¶医者 의사·読者 독자 ②특정한 사물¶後者 후자·両者 양자 ③시간이나 의문을 나타내는 말에 붙는 어조사. 훈독으로는 「は」 또는 「も」라고 읽음 ④어세를 강조하는 말¶王者 왕자·覇者 패자

しゃ [卸] 音シャ 訓おろす·おろし (음)사. (造語) 주로 훈(訓) 「おろす·おろし」로 쓰임

しゃ [射] 音シャ セキ 訓いる (음)사. ①활을 쏘다, 궁술¶射術 사술·騎射 기사 ②총포를 쏘다¶射撃 사격·発射 발사 ③(빛·액체 등을) 내쏘다, 내뿜다¶注射 주사·反射 반사 ④노리다, 겨냥하여 맞히다¶射幸心 사행심

しゃ [紗] 音シャ·サ (음)사. I (造語) 성기고 얇은 견직물¶錦紗 금사·羅紗 나사 II 사. 성기고 얇은 견직물

しゃ [捨] [捨] 音シャ 訓すてる (음)사. (造語) ①버리다, 내버려두다¶取捨 취사·四捨五入 사사오입 ②기부하다, 베풀다¶喜捨 희사 ③(佛) 평정한 마음

しゃ [赦] 音シャ 訓ゆるす (음)사. (造語) 죄를 용서하다¶赦免 사면·恩赦 은사

しゃ [斜] 音シャ 訓ななめ (음)사. I (造語) 비스듬함, 기울어짐, 경사¶斜線 사선·斜面 사면 II 비스듬함, 기울어짐, 경사
慣用句
ーに構える ①(칼 등을) 비스듬히 겨누는 자세를 취하다 ②장난기 어린 태도로 임하다

しゃ [奢] 音シャ 訓おごる (음)사. ①사치하다¶奢侈 사치·豪奢 호사

しゃ [煮] [煮] 音シャ 訓にる·にえる·にやす (음)자. (造語) 끓이다, 삶다¶煮沸 자비

しゃ [遮] 音シャ 訓さえぎる (음)사. (造語) (진로를) 방해하다, 차단하다¶遮光 차광·遮断 차단·遮蔽 차폐

しゃ [謝] 音シャ 訓あやまる (음)사. ①사죄하다, 빌다¶謝罪 사죄·陳謝 진사 ②사의를 표하다¶謝礼 사례·感謝 감사 ③보수, 사례금¶月謝 월사 ④거절하다, 물리다¶謝絶 사절 ⑤쇠퇴하다, 시들다¶新陳代謝 신진대사

しゃ [視野] 시야 ①시력이 미치는 범위¶ ~に入る 시야에 들어오다 ②식견, 안목¶ ~の広い人 식견이 넓은 사람

じゃ [邪] 音ジャ 訓よこしま (음)사. I (造語) ①옳지 않음, 비뚤어짐, 부정함¶邪悪 사악·邪教 사교 ②해로운 것, 병¶邪魔 방해·風邪 감기 ③의문·반어·영탄의 어조사. 훈독으로 「や」라고 읽음 ▷

③은 「耶」와 같음 熟字訓 風邪 감기 II 사. 옳지 않은 것, 부정¶ ~は正邪に敵しがたい 옳지 않은 것은 옳은 것의 적수가 될 수 없다

じゃ [蛇] 音ジャ·ダ 訓へび (음)사. I (造語) 뱀, 뱀과 비슷한 것¶蛇行 사행·蛇足 사족·毒蛇 독사 II (動) 뱀
慣用句
ーの道は蛇 (比) 끼리끼리는 서로 통함
ーは一寸にして人を呑む 한 치 크기의 뱀일지라도 사람을 삼킬 만한 기백이 있다

じゃ I (助動) ①(단정) …(이)다¶あれはお祭の行列じゃ~ 저것은 축제의 행렬이다 ②동의를 구하는 뜻을 나타냄¶おれも来るよう? 너도 오겠지? II (助) ① 格助 (장소·수단·방법) …에서는, …(으)로는¶学校じゃ~ おとなしい 학교에서는 온순하다/ かねー買えない 돈으로는 살 수 없다 ② 接助 ①(순접 가정 조건) …해서는, …이어서는 ①이면 読んじゃ~困る 읽어서는 곤란하다 ②…이어서는, …이면, …으로는¶それじゃ~遅い 그러면 늦다/ そんな実力じゃ~入れない 그런 실력으로는 못 들어간다 ③《지정의 조동사 「だ」의 연용형 「で」에 係助詞 「は」가 붙은 것이 변한 말》…(이)다¶犬じゃ~ない, 猫だ 개가 아니다 고양이다/いい~ないのさ 좋지 않니? III 接 그러나, 그럼¶ ~, さよなら 그럼, 안녕

じゃあ (口) 그러면, 그럼=じゃ¶ ~, お先に 그럼 먼저

じゃあく [邪悪] 名 (文) 사악¶ ~な心の持ち主 사악한 마음의 소유자

しゃあしゃあ (口) I 副 自スル 넉살좋게, 유들유들, 언죽번죽¶しかられても~としている 꾸중 들어도 태연하기다 II 副 괄괄, 좔좔, 철철¶ ~と水をまく 좔좔 물을 뿌리다

シャープ (sharp) 샤프 I 形動 날카로움, 예민함¶ ~な感覚 날카로운 감각 II 名 ①(音) 반음 올림표 ②「シャープペンシル」의 준말=ペンシル (일 sharp) 샤프 펜

しゃい [謝意] 사의 ①(文) 감사의 뜻¶ ~を表わす 사의를 표하다 ②사과(사죄)의 뜻¶ ~を表明する 사의를 표명하다

しゃいん [社員] 사원 ①회사원¶新人しゃ~ 신입 사원 ②사단 법인의 구성원¶韓国赤十字しゃ~ 한국 적십자 사원

じゃいん [邪淫] 사음 ①(文) 부정하고 음탕함 ②(佛) 십악(十悪)의 하나

しゃうん [社運] 사운. 회사의 운명¶ ~をかけた事業 사운을 건 사업

しゃえい [射影] 名 他スル ①(文) 투영 ②(数) 사영¶ ~幾何学 사영 기하학

しゃえい [斜影] (文) 사영, 비스듬히 비친 그림자¶街路樹の~ 가로수의 사영

しゃおう [沙翁] 사옹. 셰익스피어=さおう

しゃおく [社屋] 사옥. 회사의 건물

しゃおん [謝恩] 名 他スル 사은¶ ~会 사은회

しゃか [釈迦] 석가 ①고대 인도의 한 부족 ②「釈迦牟尼」의 준말=三尊 석가 삼존
ー如来 석가 여래 ー牟尼 석가모니

慣用句
**ー に 説法** 부처님에게 설법
**しゃかい** [社会] 사회 ①공동 생활 집단¶ 原始~ 원시 사회 ②세상¶ ~に出る 사회에 나가다 ③동류 집단¶ 上流~ 상류 사회 ④「社会科」의 준말 **ー悪** 사회악 **ー化** 사회화 **ー科** [教] 사회과 **ー科学** 사회 과학 **ー学** 사회학 **ー事業** 사회 사업 **ー主義** 사회주의 **ーの一人** 사회의 일원 **ー性** 사회성 **ー的** [ア] 사회적 **ー鍋** 자선 냄비 **ー福祉** 사회 복지 **ー保障** 사회 보장 **ー面** 사회면 **ー問題** 사회 문제
**しゃがい** [社外] ①사외, 회사 밖¶ ~に出る 사외로 나가다 ②神社 밖
**じゃがいも** [じゃが芋] [植] 감자
**しゃかく** [社格] 사격 ①神社의 격 ②회사의 격
**じゃかご** [蛇籠] (제방 등에) 철사나 대로 엮은 원통형 망에 돌을 채워 넣은 것
**じゃかすか** [副] [俗] 흥청망청, 마구, 신나게¶ ~と金を使う 흥청망청 돈을 쓰다
**しゃかつこう** [斜滑降] (스키에서) 사활강
**しゃが・む** [自五] 웅크리다, 쭈그리다: うずくまる¶ 道端に~ 길가에 웅크리다
**しゃがれごえ** [嗄れ声] [口] → しわがれごえ
**しゃが・れる** [嗄れる] [自下一] → しわがれる
**しゃかん** [舎監] (기숙사의) 사감
**しゃがん** [斜眼] [文] 사안 ①사시, 사팔뜨기 ②곁눈질= 横目
**しゃがん** [赭顔] [文] 불그스름한 얼굴
**じゃかん** [蛇管] 사관 ①호스 ②(흡열·방열의 효율을 높이기 위한) 나선형의 관
**しゃかん きょり** [車間距離] 차간 거리¶ ~を十分にとる 차간 거리를 충분히 잡다
**しゃぎ** [謝儀] [文] 사의, 사례, 사례품
**じゃき** [邪気] 사기 ①악의¶ ~のない人 악의가 없는 사람 ②(병 등을 일으키는) 나쁜 기운¶ ~を払う 나쁜 기운을 물리치다
**しゃきしゃき** [副] [自スル] [口] ①썩둑썩둑, 아삭아삭¶ ~と切る 썩둑썩둑 자르다 / ~とした歯ざわり 아삭아삭 씹히는 맛 ②척척, 대격대격¶ ~と事を運ぶ 일을 척척 해나가다
**しゃきっと** [自スル] [口] ①산뜻, 기분이~ する 기분이 산뜻해지다 ②아삭아삭¶ ~したきゅうり 아삭아삭한 오이
**しゃきょう** [写経] [名] [他スル] 사경, 경문을 베낌, 베낀 경문
**しゃぎょう** [社業] 사업, 회사의 사업¶ ~の隆盛を祈る 사업의 융성을 빌다
**じゃきょう** [邪教] 사교¶ 淫祠~ 음사 사교
**じゃきょく** [邪曲] [文] 사곡, 사악함
**しゃきょり** [射距離] 사거리, 사정 거리
**しゃぎり** [煞] ①[狂言]에서 한 곡이 끝나는 부분을 알리는 반주 음악 ②[歌舞伎]에서 한 막이 끝나는 신호로 북·피리 등을 울리는 일 ③(민속 예능이나 제례에서) 행렬 도중에 북·징 등을 울리는 일
**しゃきん** [砂金] 사금 → さきん(砂金)
**しゃきん** [謝金] 사금, 사례금= 礼金¶ ~

が出る 사례금이 나오다
**しゃく** [勺] [音] シャク | [음] 작. [造語] ①척관법의 부피의 단위 ▷ 1작(勺)은 1홉의 10분의 1 ②척관법의 넓이의 단위 ▷ 1작은 1평의 100분의 1 ③(등산 노정에서) 1合남고의 10분의 1
**しゃく** [尺] [音] シャク·セキ | [음] 척. Ⅰ [造語] ①척관법의 길이의 단위. 척, 자¶ 尺八 퉁소 ②길이¶ 縮尺 축척 ③자¶ 尺度 척도·巻尺 권척 ④「セキ」로 읽어서) 짧은, 얼마 안 되는¶ 尺地 척지 ⑤「セキ」로 읽어서) 편지¶ 尺牘 척독, 편지 Ⅱ 물건의 길이를 잼, 자
慣用句
**ーを取る** 길이를 재다, 칫수를 재다
**しゃく** [杓] [音] シャク | [음] 작. [造語] 국자¶ 杓子 국자, 주걱·柄杓 국자
**しゃく** [灼] [音] シャク | [음] 작. [造語] 태우다, 굽다, 쪼이다, 밝다¶ 灼熱 작열
**しゃく** [借] [音] シャク [訓] かりる | [음] 차. [造語] ①빌리다, 빚¶ 借款 차관·借用 차용·賃借 임차 ②임시로, 시험삼아¶ 借問 차문
**しゃく** [酌] [酌] [音] シャク [訓] くむ | [음] 작. Ⅰ [造語] ①술을 따름¶ 酌婦 작부·対酌 대작 ②참작하다¶ 酌量 참작·参酌 참작 Ⅱ 술을 따름¶ ~をする 술을 따르다
**しゃく** [釈] [釋] [音] シャク | [음] 석. [造語] ①풀이하다, 해석¶ 解釈 해석·注釈 주석 ②(의혹이) 풀리다¶ 釈然 석연 ③설명하다, 변명하다¶ 釈明 석명 ④용서하다, 석방하다¶ 釈放 석방·保釈 보석 ⑤녹이다, (물을 타서) 묽게 하다¶ 希釈 희석 ⑥석가모니, 부처, 불교¶ 釈教 석교·釈尊 석존 ⑦[僧名 앞에 붙이는 말]
**しゃく** [錫] [音] シャク | [음] 석. Ⅰ [造語] ①주석¶ 錫杖 석장 ②「錫杖」의 준말¶ 巡錫 순석 Ⅱ 「錫杖」의 준말, 석장¶ ~を持つた僧 석장을 든 중
**しゃく** [爵] [爵] [音] シャク | [음] 작. [造語] ①위계, 작위¶ 爵位 작위·叙爵 서작 ②사람에게 갖추어진 덕¶ 天爵 천작
**しゃく** [癪] [音] シャク | Ⅰ [일본식 한자] ①산통(疝痛)¶ 疝癪 가슴이나 배가 찌르듯이 아픈 병 ②울화, 화가 남¶ 痾癪 뼛성, 짜증 Ⅱ [名] 산통(疝痛)¶ ~で苦しむ 산통에 시달리다 Ⅲ [ア] 화가 남, 괘씸함¶ ~なやつだ 괘씸한 녀석이다
慣用句
**ーに障る** (마음에 들지 않아) 화가 나다, 부아가 나다
**ーの種** 울화가 치미는 원인
**しゃく** [笏] 홀. 관리가 속대(束帶)를 착용할 때 손에 들던 얇고 가는 긴 판
**しゃく** [試薬] 시약 ①[化] 화학 분석용 약품 ②견본용 약¶ ~品 시약품
**じゃく** [若] [音] ジャク·ニャク [訓] わかい·もしくは·もし | [음] 약. [造語] ①젊다, 어리다¶ 若年 약년·老若 노약 ②범어

じゃく

「ニャ」의 차음자 ¶ 般若はん 반야 ③상태・성질을 나타내는 말에 붙이는 어조사 ¶ 自若じゃく 자약 ④얼마간, 조금 ¶ 若干かん 약간 ⑤ …와 같음 ¶ 傍若無人ぼうじゃく 방약무인 ⑥가정을 어조사. 만약 ▷ 훈독으로는 「もし」로 읽음 ⑦(「若しくは」로 써서) 또는, 혹은 ▷ ⑤는 「如に」와 같음 熟字訓 杜若かきつ 제비붓꽃

じゃく [弱] [弱] 音 ジャク・ニャク 訓 よわい・よわる・よわまる・よわめる | (음) 약. 造語 ①약하다, 힘[기력]이 없다, 약해지다 ¶ 弱点てん 약점・衰弱すい 쇠약 ②젊다, 어리다 ¶ 弱冠かん 약관・老弱ろう 노약 ③숫자의 끝자리를 올릴 때 붙이는 말 ¶ 二万弱にまんにん 2만 명이 약간 못됨

じゃく [寂] 音 ジャク・セキ 訓 さび・さびしい・さびれる | (음) 적. 造語 ①쓸쓸하다, 적막하다 ¶ 寂寞ばく 적막・閑寂かん 한적・静寂せい 정적 ②중의 죽음 ¶ 入寂にゅう 입적

じゃく [雀] 音 ジャク 訓 すずめ | (음) 작. 造語 참새, 참새처럼 뛰며 기뻐함 ¶ 雀躍じゃく 작약・燕雀えん 연작 ▷ 熟字訓 朱雀すざく 주작・雲雀ひば 종다리・山雀やま 곤줄박이

じゃく [*惹] 音 ジャク 訓 ひく | (음) 야. 造語 끌다, 끌어당기다 ¶ 惹起じゃっ 야기

じゃく [持薬] 지약. 늘 먹는[가지고 다니는] 약

しゃくい [爵位] 작위

しゃく・う [*杓う] 他五 俗 (물 등을) 뜨다, 퍼내다 = すくう ¶ 水を～ 물을 뜨다

しゃくおん [弱音] 약음. 피아노의~ペダル 피아노의 약음 페달 ━器 音 약음기

しゃくぎ [釈義] 名 自他スル 文 석의. 뜻을 해설함, 그런 내용

しゃくざい [借財] 名 自スル 차재. 빚, 부채 ¶ ～を抱かえる 빚을 지다

じゃくさん [弱酸] 化 약산 ⇔ 強酸きょう

しゃくし [*杓子] 국자, 주걱 ━定規じょう 획일적임, 융통성이 없다

しゃくし [釈氏] 佛 석씨 ①석가 ②중, 승려

じゃくし [弱志] 文 약지. 약한 의지 ¶ ～薄行はっ 약지 박행

じゃくし [弱視] 医 약시. 시력이 약함

しゃくじめ [尺〆] 建 목재의 부피 단위. 1자 평방에 12자 길이의 각목의 부피

じゃくしゃ [弱者] 약자 ⇔ 強者きょう ¶ ～の立場ば に立たつ 약자의 입장에 서다

しゃくしゃく [*綽綽] 元 文 작작. 침착하고 여유가 있음 ¶ 余裕ゆう～ 여유 작작

じゃくじゃく [寂寂] 元 文 적적 ①고요하고 쓸쓸함 ¶ ～とした深山しん 적적한 심산 ②무심함 ¶ 空々～ 공공 적적, 무념의 심경

じゃくしゅう [若州] → わかさ (若狭)

しゃくしょ [市役所] 시청 = 市庁し

しゃくじょう [*錫杖] 석장. 중이 짚고 다니는 지팡이

じゃくしょう [弱小] 名 形動 약소 ①약하고 작음 ¶ ～チーム 약소팀 ②연소 ¶ ～な身み 연소한 몸

じゃくじょう [寂静] 적정 I 名 ナリ 文 쓸쓸하고 고요함. 정적 II 仏 佛 (번뇌를 벗어난) 열반의 경지

じゃくしん [弱震] 地 약진. 진도 3의 지진

じゃく・する [寂する] 自 サ変 文 중이 죽다, 입적(入寂)하다

しゃくすん [尺寸] 文 척촌. 아주 작음 = せきすん ¶ ～の土地ち 촌토(寸土)

しゃくせん [借銭] 돈을 빌림, 부채, 빚

しゃくぜん [釈然] 元 석연 ¶ ～としない説明めい 석연치 않은 설명

しゃくぜん [*綽然] 元 文 작연. 여유가 있음 ¶ ～たる態度たい 여유 있는 태도

じゃくそつ [弱卒] 勇将ゅうしょうの下もとに～なし 용장 밑에 약졸 없다

じゃくそん [釈尊] 佛 석존

じゃくたい [弱体] 名 ナ ①약한 몸 ②조직・체제 등이 약함 ━化 약체화／組織しきの～をかこつ 조직의 약체를 한탄하다

しゃくち [尺地] 文 → せきち

しゃくち [借地] 名 自スル 차지. 남의 땅을 빌어 씀, 그 땅 ━権ん 法 차지권

じゃぐち [蛇口] (수도관 등의) 꼭지 ¶ ～をひねる 수도 꼭지를 틀다

じゃくてき [弱敵] 약적. 약한 적[상대]

じゃくてん [弱点] ①결점 ¶ ～をさらけ出だす 약점을 드러내다 ②떳떳하지 못한 점 ¶ ～をつかむ 약점을 잡다

じゃくでん [弱電] 약전. 약한 전류를 다루는 산업 분야 ⇔ 強電きょう ¶ ～業界ぎょう 약전 업계

しゃくど [尺度] 척도 ①자 ②(평가 등의) 기준 ¶ 文明ぶんの～ 문명의 척도 ③치수 = 寸法ぽう ¶ ～を測はかる 치수를 재다

しゃくどう [赤銅] 적동 ①㏊ 동과 금의 합금 ②名 「赤銅色しゃくどう」의 준말 ━色 名 적동색, 구릿빛

しゃくとりむし [尺取(り)虫] 動 자벌레

しゃくなげ [石南花・石楠花] 植 석남화

じゃくにくきょうしょく [弱肉強食] 약육강식 ¶ ～の世ょの中なか 약육 강식의 세상

しゃくねつ [灼熱] 名 自スル 작열 ①(금속 등이) 불에 달아 ～した鉄つを打うって鍛きえる (불에) 단 쇠를 버리다 ②타는 듯이 뜨거움 ¶ ～の太陽よう 작열하는 태양 ③(比) 열렬함 ¶ ～の恋こい 불타는 사랑

じゃくねん [弱年・若年] 약년. 나이가 젊음, 연소자 ¶ ～層そう 약년층

じゃくねん [寂然] 元 文 적연. 고요하고 쓸쓸함 = せきぜん ¶ ～として心こころが澄すむ 적연하여 마음이 맑아지다

じゃくはい [弱輩・若輩] ①젊은이, 연소자 ②풋내기, 미숙한 사람

しゃくはち [尺八] ①퉁소 ②폭이 1자 8치인 서화용 종이・비단

しゃくびょうし [*笏拍子] 神楽かぐら・催馬楽さいばら 등에서 박자를 맞출 때 치는 타악기

しゃくふ [酌婦] 작부. 접대부

しゃくぶく [*折伏] 名 他スル 佛 절복. 악법을 타파하고 악인을 교화시킴

しゃくほう [釈放] 名 他スル 석방¶ 仮リ~ 가석방/ 身柄を~ 신병을 석방하다

しゃくま [借間] 방을 빌려 씀, 셋방 = 間借リ¶ ~暮らし 셋방살이

しゃぐま [^赤^熊] ①(붉게 물들인) 야크소의 꼬리털 ②고수머리로 만든 다리

じゃくまく [寂寞] 形動 文 적막 = せきばく¶ ~たる山居 적막한 산거

しゃくめい [釈明] 名 他スル 석명. 해명¶ 事故原因を~する 사고 원인을 해명하다

じゃくめつ [寂滅] 적멸 Ⅰ 名 仏 번뇌를 떠난 깨달음의 경지, 열반 Ⅱ 名 自スル 죽음 —為楽 仏 적멸 위락

しゃく もち [^癪持ち] 지병으로 가슴·복부 등에 경련을 일으킴, 그런 사람

しゃくもん [釈門] 仏 석문. 중, 스님

しゃくや [借家] 名 차가. 집을 빌림, 셋집 = しゃっか¶ ~人 세든 사람

しゃくやく [^芍薬] 植 작약

じゃくやく [^雀躍] 名 自スル 작약. 기뻐 날뜀¶ 欣喜~ 흔희 작약, 너무 기뻐 날뜀

しゃくよう [借用] 名 他スル 차용¶ 金子を~する 금전을 차용하다 —証書 차용 증서

しゃくらん [借覧] 名 他スル 文 차람. (책 등을) 빌어봄

しゃくりあ・げる [^噦り上げる] 自下一 흐느껴 울다¶ 肩を振わせて~ 어깨를 들썩이며 흐느껴 울다

しゃくりなき [^噦り泣き] 흐느껴 옮

しゃくりょう [借料] 세. 차용료. 임차료 = 借リ賃¶ ~を払う 세를 물다

しゃくりょう [酌量] 名 他スル 작량. 참작 = 斟酌¶ 情状~ 정상 참작

しゃく・る [^抉る] 他五 ①(가운데가 움푹하게) 파내다. 도려내다¶ シャベルで砂を~ 삽으로 모래를 파내다 ②(물 등을) 뜨다. 떠내다¶ 船底の水を~ 배 밑바닥의 물을 퍼내다 ③치켜올리다¶ あごを~ 턱을 치켜 올리다

じゃくれい [弱齢] 文 약령. 나이가 어림, 약년

しゃく・れる 自下一 (가운데가) 움푹 들어가다(패다)¶ ~れた顔 움푹 들어간 얼굴

しゃくろく [爵禄] 文 작록. 작위와 봉록

しゃけ [^鮭] 口 = さけ(鮭)

しゃけ [社家] ①신직직을 세습하는 집안 ②신관

しゃけい [舎兄] 文 사형

しゃけい [斜^頸] 医 사경. 한쪽으로 기운 목

しゃげき [射撃] 名 他スル 사격¶ 一斉に~する 일제히 사격하다 —競技 体 사격 경기

しゃけつ [^瀉血] 名 自スル 사혈. (치료할 목적으로) 피를 뽑아냄 = 刺絡

しゃけん [車券] (경륜에서) 우승 예상자에게 돈을 걸기 위해 사는 표

しゃけん [車検] 交 차량 검사

じゃけん [邪見] 사견 ①仏 인과를 무시하는 옳지 못한 생각 ②文 그릇된 견해

じゃけん [邪険·邪^慳] 形動 매몰참, 무자비함¶ ~な態度 무자비한 태도

しゃこ [車庫] 차고¶ ~証明 차고 증명

しゃこ [^硨^磲] 動 「硨磲貝」의 준말 —貝 動 거거

しゃこ [^蝦^蛄] 動 갯가재

しゃこう [社交] 名 —場 사교장 —家 사교가 —界 사교계 —辞令 (사교적인) 겉치레 말, 발림말 —性 사교성 —ダンス 사교 댄스. 사교춤 —的 ダ 사교적

しゃこう [射幸·射^倖] 名 ダ 사행

しゃこう [射光] 사광. 비스듬히 비치는 빛

しゃこう [斜坑] 사갱. 경사진 갱도

しゃこう [遮光] 名 自スル 文 차광

しゃこう [^藉口] 사항. 빙자함, 핑계¶ 病気に~して休む 병을 빙자하여 쉬다

しゃこう [^麝香] 사향 —鹿 動 사향노루 —猫 動 사향고양이

しゃこく [社告] 사고¶ 新聞に~を載せる 신문에 사고를 싣다

しゃさい [社債] 経 사채¶ —券 사채권

しゃざい [謝罪] 名 他スル 사죄¶ 被害者に~する 피해자에게 사죄하다

しゃざい [瀉剤] 사제. 하제 = 下剤

しゃさつ [射殺] 名 他スル 사살¶ 猛獣を~する 맹수를 사살하다

しゃし [社司] ①신관 = 神主 ②(府社·県社·郷社)의 신관직

しゃし [斜視] 사시 ①医 사팔뜨기 ②곁눈질

しゃし [^奢^侈] 사치¶ ~な生活 사치스러운 생활/ ~にふける 사치에 빠지다

しゃじ [社寺] 神社佛と 절

しゃじ [謝辞] ①감사의 말 ②사죄(사과)의 말

しゃじく [車軸] ①工 차축. 차의 굴대 ②比 굵은 빗발
[慣用句]
—を流す 굵은 빗발이 세차게 내리다

しゃじつ [写実] 名 他スル 사실¶ —的 ダ 사실적 —主義 사실주의 = リアリズム

じゃじゃうま [じゃじゃ馬] 口 ①난폭한 말 = 暴れ馬 ②말괄량이

しゃしゃらくらく [^洒^洒落落] 名 ダ 「洒落」의 힘줌말. (성격·행동이) 시원시원함

しゃしゃり・でる [しゃしゃり出る] 自下一 俗 넉살좋게 나서다¶ 恥ずかしげもなく~ 부끄러움도 없이 넉살좋게 나서다

しゃしゅ [社主] 사주. 회사·단체의 소유주

しゃしゅ [射手] ①궁수 ②사격수

じゃしゅう [邪宗] ①사교 ②(江戸 시대에) 기독교를 일컬던 말 = 邪宗門

しゃしゅつ [射出] 名 自他スル 文 사출 ①(화살·탄환 등의) 쏨 ②(액체의) 분출 ③(빛·도로 등이) 방사상으로 벋어 나감¶ 光線が~する 광선이 사출되다

しゃじゅつ [射術] 궁술 = 弓術

しゃしょう [車掌] 차장

しゃしょう [捨象] 名 他スル 論 사상. (어떤 개념을 추상할 때) 공통성 이외의 요소를 버림

しゃじょう [写場] 文 사장. 사진관

しゃじょう [車上] 차상. 차에 타고 있음 —狙い 주차 중인 차에서 물건을 훔침, 그런 사람

しゃじょう

〔慣用句〕
**―の人となる** (떠나는 사람이) 차에 타다
**しゃじょう**【射場】(文) 사장 ①활터 = 矢場 ②사격장 = 射撃場
**しゃじょう**【謝状】①감사 편지 ②사죄 편지
**しゃしょく**【写植】〔版〕사식. 사진 식자
**しゃしょく**【社*稷】(文) 사직. 조정. 국가¶~を憂える 사직을 근심하다
〔慣用句〕
**―の臣** 사직지신. 국가의 중신
**しゃしん**【写真】①사진¶~を撮る 사진을 찍다 ②활동 사진. 영화 **―写し** 사진의 찍힘새¶~のいい顔 사진이 잘 받는 얼굴 **―機** 사진기 **―植字** 〔版〕사진 식자 **―帳** 사진첩. 앨범 **―版** 〔版〕사진판
**しゃしん**【捨身】〔佛〕사신 ①속세를 버리고 불문에 귀의함. 출가 ②불도(佛道)를 위해 목숨을 버림 **―成道** 〔佛〕사신 성도
**じゃしん**【邪心】사심. 사악한 마음¶~を抱く 사심을 품다
**じゃしん**【邪神】사신. 재앙을 불러오는 신
**ジャス**【JAS】자스. 일본 농림 규격 **―マーク**(JAS mark) 자스 마크. 일본 농림 규격 마크
**ジャズ**【jazz】〔音〕재즈 **―バンド** 재즈 밴드
**じゃすい**【邪推】그릇된 추측. 곡해¶妻の行動を~する 아내의 행동을 곡해하다
**しゃ・する**【謝する】Ⅰ 他 サ変 (文) ①감사하다. 사례하다¶厚意を~ 후의에 감사하다 ②사과하다. 사죄하다¶失礼を~ 실례를 사과하다 ③거절하다. 사절하다¶面会を~ 면회를 사절하다 Ⅱ 自 サ変 ①하직하고 떠나다. 물러나다¶恩師のもとを~ 스승에게 하직하고 떠나다 ②감사하다¶厚意に~ 후의에 감사하다
**しゃぜ**【社是】사시. 회사·결사의 경영상의 방침·주장. 그 내용
**しゃせい**【写生】名 他サ変 사생. 스케치¶~画 사생화 **―文** (文) 사생문
**しゃせい**【射精】名 自サ変 〔醫〕사정
**しゃせいご**【写声語】의성어 = 擬声語
**しゃせつ**【社説】사설¶新聞の~ 신문 사설
**しゃぜつ**【謝絶】名 他サ変 사절
**じゃせつ**【邪説】그릇된 설. 이단의 설
**しゃせん**【社線】사선. 민간 회사가 경영하는 철도·버스 등의 노선 ↔ 国線
**しゃせん**【車線】차선¶追い越し~を利用する 추월 차선을 이용하다
**しゃせん**【斜線】사선. 빗금¶~を引く 사선을 긋다
**しゃそう**【社葬】사장. 회사장(葬)
**しゃそう**【車窓】차창¶~の風景 차창의 풍경
**しゃそく**【社則】사칙. 회사의 규칙¶~に反する 사칙에 어긋나다
**しゃたい**【車体】차체¶~重量 차체 중량
**しゃたい**【斜体】〔版〕사체 ①(사진 식자에서) 기울인 변형 자체 ②이탤릭체
**しゃだい**【車台】〔機〕차대. 새시
**じゃたい**【蛇体】사체. 뱀의 몸. 뱀의 형상

**しゃたく**【社宅】사택¶~住まい 사택 생활
**しゃだつ**【*洒脱】名 ダ 쇄탈. 속됨이 없고 산뜻함¶~な人柄 쇄탈한 인품
**しゃだん**【社団】사단. 일정한 목적을 위해 조직된 단체 **―法人** 〔法〕사단 법인
**しゃだん**【遮断】名 他サ変 차단¶交通を~する 교통을 차단하다 **―機** ①(文) (철도 건널목의) 차단기 ②(文) 차단기. 안전기
**しゃち**【*鯱】①〔動〕범고래 = さかまた·オルカ ②「しゃちほこ」의 준말
**じゃち**【邪知·邪*智】(文) 사지. 간사한 지혜 = 悪知恵¶~にたける 사지에 능하다
**しゃちこば・る**【*鯱張る】自 五 → しゃちほこばる
**しゃちほこ**【*鯱】(용마루 끝에 장식하는) 호랑이 머리에 등에는 가시가 돋히고 꼬리를 치켜올린 물고기 모양의 상상의 동물 = しゃち
**しゃちほこだち**【*鯱立ち】名 自サ変 ①곤두서기 ②용솟. 전력을 다함¶~してもできない 아무리 용써 봐야 해낼 수 없다
**しゃちほこば・る**【*鯱張る】自 五 ①위엄을 갖추다 ②(긴장해서) 몸이 굳어지다¶~ってお辞儀をする 몸이 굳어져서 인사를 하다
**しゃちゅう**【社中】①사중. 사내 = 社内 ②(조합·결사 등의) 동료. 동문(同門)
**しゃちゅう**【車中】차중. 차내 **―談** 차중담
**しゃちょう**【社長】사장
**しゃっか**【借家】(文) = しゃくや
**じゃっか**【弱化】名 自他サ変 약화 ↔ 強化¶攻撃力が~する 공격력이 약화되다
**しゃっかん**【借款】〔經〕차관
**じゃっかん**【若干】名 副 약간. 조금. 얼마간¶~気にかかる 조금 마음에 걸리다
**じゃっかん**【弱冠】(文) 약관 ①(남자의) 20세 ②나이가 어림. 젊은 나이
**しゃっかんほう**【尺貫法】척관법
**じゃっき**【惹起】名 他サ変 야기¶重大な問題を~する 중대한 문제를 야기하다
**じゃっきゅう**【若朽】(文) 약후. 젊은데도 패기가 없고 쓸모가 없음. 그런 사람
**しゃっきょう**【釈教】〔佛〕석교. 석가의 가르침
**しゃっきり** 副 自サ変 (口) (정신·태도 등이) 꿋꿋하고 정정한 모양¶年はとっても~としている 나이는 들었지만 정정하다
**しゃっきん**【借金】名 自サ変 차금. 빚¶~を踏み倒す 빚을 떼어먹다 **―取り** 빚쟁이
〔慣用句〕
**―を質に置く** 빚 이외는 전당잡힐 것도 없을 정도로 궁핍하다
**しゃっく**【赤口】(음양도에서) 만사에 흉하다는 흉일(凶日) = 赤口日にち·しゃっこう
**じゃっく**【*惹句】관심을 끄는 짧은 문구
**しゃっくり**【口歳·*吃逆】名 自サ変 딸꾹질¶~が出ってる 딸꾹질이 나다
**しゃっけ**【釈家】〔佛〕①석가. 중. 불가. 불교 ②경론(經論)을 주석하는 학승(學僧)
**しゃっけい**【借景】(일본식 정원에서) 집 밖의 풍경을 끌어들여 정원의 원경(遠景)으로 이

용하는 일. 그런 조원법(造園法)
じゃっこう【寂光】【佛】적광 ①적정의 진리가 내는 지혜의 빛 ②『寂光浄土じょうど』의 준말 —浄土じょう【佛】적광 정토. 부처가 사는 세계
じゃっこく【弱国】약국 ⇔強国
しゃっこつ【尺骨】【醫】척골. 자뼈 =しゃくこつ
しゃっちょこだち【*鯱立ち】【俗】→しゃちほこだち
しゃっちょこば・る【*鯱張る】[自五]【俗】→しゃちほこばる
シャッポ (프 chapeau) 샤포. 모자
|慣用句|
—を脱ぬぐ 손들다. 항복하다
しゃてい【舎弟】사제 ①남에게 자기 아우를 일컫는 말 ⇔ 舎兄けい ②【俗】아우뻘의 사람
しゃてい【射程】①사정(거리)¶ 敵艦かんが〜内ないに入はいる 적함이 사정 내에 들어오다 ②(세력·효과 등이) 미치는 범위 ¶ 優勝ゆうしょうは〜外がいに消きえた 우승은 물건너 갔다
しゃてき【射的】①(표적을 향해) 활·총 등을 발사함 ②공기총 등으로 표적을 쏘는 놀이
しゃでん【社殿】(神社じゃで) 신체(神體)를 모신 건물. 신전(神殿)
しゃど【*赭土】【地】자토. 석간주 = あかつち
しゃとう【社頭】①神社じゃの 신전 앞. 그 부근
しゃとう【斜塔】사탑 ¶ ピサの〜 피사의 사탑
しゃどう【車道】【交】차도
じゃどう【邪道】사도 ①정당치 않은 방법 ¶ そんな練習法れんしゅうほうは〜だ 그런 연습법은 사도이다 ②그릇된 길 ¶ 〜に陥おちいった 사도에 빠지다
しゃない【社内】사내. 회사 내 ¶ 〜結婚けっこん 사내 결혼 ②神社じゃの 경내 —報ほう 사내보. 사보
しゃない【車内】차내 ¶ 〜禁煙きん 차내 금연
しゃなりしゃなり【口】(여자가 하느작거리며 걷는) 하느작하느작. 간들간들¶〜と出でてくる 하느작하느작 걸어 나오다
しゃにくさい【謝肉祭】사육제. 카니발
しゃにち【社日】사일. 춘분·추분에 가장 가까운 무일(戊日) = しゃじつ
しゃにむに【遮二無二】副 (앞뒤 생각없이) 덮어놓고. 무턱대고. 마구 = がむしゃらに ¶ 〜突進とつしんする 무턱대고 돌진하다
じゃねん【邪念】사념 ①사심 ¶ 〜を抱いだく 사념을 품다 ②잡념 ¶ 〜を払はらう 잡념을 떨치다
じゃのひげ【蛇の髭】【植】소엽맥문동
じゃのめ【蛇の目】①굵은 고리 모양 ②【料】재료를 굵은 고리 모양으로 한 것 ③『蛇の目傘かさ』의 준말 —傘がさ 감색 등의 바탕에 희고 굵은 고리 모양의 무늬가 든 지우산 —蝶ちょう【動】굴뚝나비
しゃば【車馬】차마. 거마. 탈것 ¶ 〜代だい 거마비. 교통비/〜通行止つうこうどめ 차마 통행 금지 —坑こう【考古】무덤을 순장한 갱
しゃば【*娑婆】사바 ①【佛】사바 세계. 속세 ②(감옥·군대에서 본) 일반 사회. 바깥 세상 —っ気ぎ 세속적인 욕심. 속세의 때¶〜が抜ぬけない 세속적인 욕심을 버리지 못하다 —塞ふさぎ 목숨만 부지할 뿐 남의 짐만 됨. 그런 사람

じゃばら【蛇腹】①(카메라 등의) 주름 상자 ②뱀의 배와 같은 모양·무늬의 끈이나 테이프 ③【建】돌림띠
しゃはん【*這般】名【文】이러한. 이와 같은 = これら ¶ 〜の事情じじょうにより 이러한 사정으로
しゃひ【社費】①사비. 회사 비용 ¶ 〜で接待せったいする 사비로 접대하다 ②神社じゃの 비용
しゃひ【舎費】사비. 기숙사비
じゃびせん【蛇皮線】【音】사피선. 뱀가죽을 몸통에 댄 삼현(三弦) 악기
しゃふ【車夫】차부. 인력거꾼
しゃふう【社風】사풍. 회사의 기풍
しゃぶしゃぶ Ⅰ名【料】얇게 저민 쇠고기와 채소를 끓는 물에 데쳐 양념장에 찍어 먹는 냄비 요리 Ⅱ副 물 등을 가볍게 휘저을 때 나는 소리
じゃぶじゃぶ 副【口】철벙철벙. 첨벙첨벙. 텀벙텀벙¶〜と浅瀬あさせを渡わたる 철벙철벙 얕은 내를 건너다
しゃふつ【煮沸】名他スル자비. 펄펄 끓임¶〜消毒どく 자비 소독
しゃぶりつ・く 自五【口】물고 늘어지다 ①(입에) 물고 놓지 않다 ②달라붙어 떨어지지 않다 ¶ 赤ちゃん坊ぼうが母親ははおやに〜 아기가 엄마에게 달라붙어 떨어지지 않다
しゃぶ・る 他五【口】(입에 넣고) 빨다. 핥다
しゃへい【遮蔽】名他スル차폐. 차단하여 가림¶〜物もの 차폐물
しゃべく・る 自他五【俗】지껄여대다 ¶ ぺちゃくちゃ〜 재잘재잘 지껄여대다
しゃべ・る【*喋る】自他五 지껄이다 ①말하다. 입밖에 내다¶一言ひとことも〜らない 한마디도 입밖에 내지 않다 ②수다를 떨다¶よく〜人ひとだ 잘 지껄이는 사람이다
しゃへん【斜辺】사변 ①경사진 변 ②【數】빗변
じゃほう【邪法】사법 ①사도 ②마법
シャボン(에 jabón) 샤봉. 비누 —玉だま ①비누방울. 비누 거품 ②【比】덧없음
じゃま【邪魔】Ⅰ名ナ他スル ①방해함. 방해물¶〜が入はいる 방해를 받다/勉強べんきょうを〜する 공부를 방해하다 ②(『お〜(を)する』의 꼴로) 남의 집을 방문하거나 돌아갈 때 하는 인사말. 방문하다. 실례하다 ¶ お〜しました 실례했습니다/そのうちに〜しましょう 조만간 방문하겠습니다 Ⅱ名【佛】사마. 수행을 방해하는 악마 —立だて 名他スル 일부러 방해함. 훼방놓음 —つ気け 귀찮게 느낌. 거치적거림
しゃみ【三味】『三味線』의 준말 —線せん 일본 고유의 삼현 악기. 三味線의 소리 —線せん 일본 고유의 삼현 악기
しゃみ【*沙弥】【佛】①사미 ②대처승
しゃむ【社務】사무 ①회사 일 ②神社じゃの 사무 —所しょ 神社じゃの 사무를 보는 곳
しゃめい【社名】사명. 회사·神社じゃの 이름
しゃめい【社命】사명. 회사의 명령
しゃめん【赦免】名他スル사면 —令れい 사면령
しゃめん【斜面】사면. 경사면

シャモ【動】댓닭, 투계용 닭
しゃもじ【*杓文字】국자, 주걱=しゃくし
しゃもん【*沙門】【佛】사문, 중=きもん
しゃもん【^借問】[名][他スル]【文】차문, 시험삼아 물음, 그저 한번 물어 봄=しゃくもん
じゃもん【蛇紋】사문, 뱀 몸통의 반점과 비슷한 무늬¶～岩ぃ 사문암
しゃもんおり【斜文織(り)】사문직, 능직
しゃゆう【社友】사우 ①같은 회사의 동료 ②사원이 아니면서 사원 대우를 받는 사람
しゃよう【社用】사용 ①회사의 용무 ②神社じんの 용무 —族ぞく 사용족
しゃよう【斜陽】사양 ①석양 ②[比] 쇠퇴, 몰락¶～産業さん 사양 산업 —族ぞく 사양족
じゃよく【邪欲】【文】사욕 ①부정한 욕망 ②음란한 욕정, 음욕
しゃらく【*洒落】[名][ナ]【文】쇄락, (기질이) 시원스러움¶～な人ひと 시원스러운 사람
しゃらくさ・い【洒落臭い】[形][口] 시건방지다¶～まねをするな 시건방 떨지 말아라
じゃらじゃら[口][副][自スル]①짤랑짤랑¶ポケットの小銭こを～させる 호주머니 돈을 짤랑거리다 ②집적집적, 치근덕치근덕¶人前まえで～する 사람들 앞에서 치근덕거리다
じゃら・す【他五】재롱떨게 하다, 장난치게 하다¶猫ねこを～ 고양이를 재롱떨게 하다
しゃり【舎利】①【佛】사리¶～塔とう 사리탑 ②화장하고 남은 유골 ③[俗] 쌀알, 쌀밥¶銀ぎん～ 흰 쌀밥
しゃり【射利】[名]【文】사리. (수단을 가리지 않고) 이익만을 노림¶～心しん 사리심
じゃり【砂利】①자갈=ざり¶～を敷しく 자갈을 깔다 ②[俗] 꼬마, 조무래기
しゃりき【車力】짐수레꾼, 짐수레
しゃりほつ【舎利弗】사리불
しゃりゅう【者流】[造語]《한자 명사에 붙어》…등속, …나부랭이¶儒学がく～ 유학자 나부랭이
しゃりょう【車両・車*輛】차량¶～検査けん 차량 검사／～を連結れんする 차량을 연결하다
しゃりん【車輪】차륜 ①차바퀴 ②배우가 흔신을 다해 연기함 ③(어떤 일을) 열심히 함
しゃれ【*洒落】①세련되고 재치있음¶～者もの 멋쟁이 ②(「お～」의 꼴로) 멋부림¶お～をして出でかける 멋을 부리고 외출하다 ③익살¶～を飛とばす 익살을 떨다 ④[法] 동음이의어를 활용한 수사법, 중의법
しゃれい【謝礼】[名][自スル] 사례, 사례금¶～金きん 사례금／～を述のべる 사례의 말을 하다
しゃれき【社歴】사력 ①회사의 역사 ②입사 연수¶～15年じゅう 입사 경력 15년
しゃれき【砂礫】【文】→ されき
しゃれこうべ【*髑髏・*曝*首】→ されこうべ
しゃれつけ【洒落つけ】[口]①맛을 부려 남의 관심을 끌려고 하는 마음¶～たっぷりの 멋을 부림¶②익살을 부려 남을 웃기려는 마음¶～のある人ひと 익살꾼
しゃれのめ・す【洒落のめす】①뭐든지 농담으로 돌리다, 줄곧 익살을 떨다 ②한껏 멋을 부리다
しゃれぼん【〈洒落〉本】【文】(근세에 江戸どを 중심으로 발달한) 화류계에서의 놀이와 익살을 묘사한 풍속 소설책
しゃ・れる【洒落る】[自下一]①화려하게 꾸미다, 멋을 부리다¶～れて出でかける 멋을 부리고 외출하다 ②세련되다, 멋지다¶～れたデザイン 세련된 디자인 ③(「～・れた」의 꼴로) 시건방지게 굴다¶～・れたまねをするな 시건방 떨지 말아라 ④익살을 떨다¶のべつに～ 쉴새없이 익살을 떨다
じゃ・れる【自下一】(아이나 작은 동물이) 장난치다, 재롱떨다¶ひもに～ 고양이가 끈을 가지고 장난치다
じゃれん【邪恋】【文】사련, 불륜의 사랑
じゃんけん【じゃん*拳】가위바위보¶～ぽん (가위바위보를 할 때 내는 소리) 가위바위보
じゃんこ[俗] 곰보, 얽은 얼굴=あばたづら
しゃんしゃん[口] I [副][自スル](일을 잘 처리해 가는) 척척¶～と片付つける 척척 처리하다 II [副]①(여러 사람이 박자를 맞춰 손뼉 치는) 짝짝짝¶～と手てをしめる 짝짝짝 박수를 치다 ②딸랑딸랑, 짤랑짤랑¶～と鈴すずを鳴ならす 딸랑딸랑 방울을 울리다
じゃんじゃん①땡땡¶早鐘はやを～と打うち鳴ならす 경종을 땡땡 울리다 ②마구, 신나게¶お金かねを～使つかう 돈을 마구 쓰다
しゃんと①꽃꽂이, 단정하게¶背筋すじを～伸のばす 등을 꼿꼿이 펴다 ②똑바로, 정정히¶気持もちを～させる 정신을 똑바로 차리다
しゅ【手】[音] シュ [訓] て・た|(음) (造語)①손¶手工こう 수공・握手あく 악수 ②몸소, 손수, 자기 손으로¶手記き 수기・手交こう 수교 ③일하는 사람, 기능인¶騎手きしゅ 기수・選手せん 선수 ④방법, 기술¶手術じゅつ 수술・手段だん 수단 ▷[黙字訓] 手巾きん 손수건
しゅ【主】[音] シュ・ス [訓] ぬし・おも・あるじ|(음) 주. (造語)①중심 인물, 주인¶主人じん 주인・主婦ふ 주부 ②군주, 우두머리¶主君くん 주군・主従じゅう 주종 ③중심되어 가 축이 되는, 주된¶主催さい 주최・主題だい 주제 ④동작・작용하는 것¶主語ご 주어・自主じ 자주 II 주 ①중심, 주된 것¶学問もん を～とする 학문을 주로 하다 ②[基] 신, 예수 그리스도¶～よ, 願ねがわくは 주여 바라건대 ③주군, 영주¶～に仕つかえる 주군을 섬기다
しゅ【守】[音] シュ・ス [訓] まもる・もり・まもり・かみ|(음) 수. (造語)①지키다, 방비¶守備び 수비・看守かん 간수・厳守げん 엄수 ②원, 수령, 지방 장관¶郡守ぐん 군수・太守たい 태수 ▷[黙字訓] 守宮もり 도마뱀붙이
しゅ【朱】[音] シュ [訓] あか・あかい|(음) 주. I (造語)①주홍색, 붉은 색, 붉음¶朱雀じゃく 주작・朱唇しん 주순 ②붉은 색 안료, 진사¶朱印いん 주인・朱墨ずみ 주묵 ③옛날 화폐 단위. 1주는 1냥의 16분의 1 ▷[黙字訓] 朱欒

ザンボ아. 朱鷺ᵗᵏ 따오기 Ⅱ ①주홍색 안료¶
～に染まる 주홍색으로 물들다 ②주묵

慣用句
――に交わればまっかくなる 근묵자흑
――を入れる 문장을 고치다, 첨삭하다
――を注ぐ 얼굴이 빨개지다, 붉히다

しゅ [取] 畣 シュ 訓 とる・とり (음)취. (造語) 손에 넣다, 쥐다¶ 取材ˢᵃⁱ 취재・取得ᵗᵒᵏᵘ 취득・摂取ˢᵉˢˢʰᵘ 섭취・聴取ᶜʰᵒᵘ 청취

しゅ [狩] 畣 シュ 訓 かる・かり (음)수. (造語) 사냥¶ 狩猟ʳʸᵒᵘ 수렵

しゅ [首] 畣 シュ 訓 くび (음)수. (造語) ①목, 머리¶ 首肯ᵏᵒᵘ 수긍・首足ˢᵒᵏᵘ 수족 ②최초, 선두¶ 機首ᵏⁱ 기수・船首ˢᵉⁿ 선수 ③첫째, 상위, 중심이 되는 것, 핵심¶ 首位ⁱ 수위・首都ᵗᵒ 수도 ④우두머리, 중심 인물¶ 首脳ⁿᵒᵘ 수뇌・党首ᵗᵒᵘ 당수 ⑤자수하다¶ 自首ᵍⁱˢʰᵘ 자수 ⑥(助數) 시가를 세는 말¶ 百首ʰʸᵃᵏᵘ 백수 ▷ 熟字訓 首途ᵏᵃᵈᵒᵈᵉ 집을 나섬

しゅ [株] 畣 シュ 訓 かぶ (음)주. (造語) ①그루터기¶ 守株ˢʰᵘ 수주 ②(助數) 수목을 세는 말. 주, 그루

しゅ [殊] 畣 シュ 訓 こと (음)수. (造語) 남다르다, 특별한, 특히, 각별히¶ 殊勲ᵏᵘⁿ 수훈・特殊ᵗᵒᵏᵘ 특수

しゅ [珠] 畣 シュ 訓 たま (음)주. (造語) ①진주¶ 珠玉ᵍʸᵒᵏᵘ 주옥・真珠ˢʰⁱⁿ 진주 ②구슬같이 둥그란 것¶ 珠算ᶻᵃⁿ・ㅈᵘᶻᵃⁿ 주산・念珠ⁿᵉⁿ 염주

しゅ [酒] 畣 シュ 訓 さけ・さか (음)주. (造語) 술¶ 酒宴ᵉⁿ 주연・酒気ᵏⁱ 주기・飲酒ⁱⁿ 음주 ▷ 熟字訓 濁酒ᵈᵒᵇᵘ 탁주・神酒ᵐⁱᵏⁱ 제주

しゅ [須] 畣 シュ 訓 すべからく (음)수. (造語) ①사용하다, 필요하다¶ 必須ʰⁱˢˢᵘ 필수 ②범어「シュ・ス」의 차음자¶ 須弥山ˢʰᵘᵐⁱˢᵉⁿ 수미산 ③짧은 시간¶ 須臾ˢʰᵘʸᵘ 수유 ④필수의 뜻을 나타내는 어조사. 훈독으로는「すべからく…べし」로 읽음

しゅ [腫] 畣 シュ 訓 はれる (음)종. (造語) ①피부가 붓다, 부스럼이 생기다¶ 水腫ˢᵘⁱ 수종・浮腫ᶠᵘ 부종 ②부스럼, 혹¶ 腫物ᵐᵒᵗˢᵘ 종기・腫瘍ʸᵒᵘ 종양・肉腫ⁿⁱᵏᵘ 육종

しゅ [種] 畣 シュ 訓 たね (음)종. Ⅰ (造語) ①씨, 종자¶ 種子ˢʰⁱ 종자・播種ʰᵃ 파종 ②심다, 씨를 뿌리다¶ 種痘ᵗᵒᵘ 종두・接種ˢᵉˢˢʰᵘ 접종 ③같은 부류, 혈통¶ 種族ᶻᵒᵏᵘ 종족・品種ʰⁱⁿ 품종 Ⅱ ①같은 부류, 종류¶ この――の小説ˢᵉᵗˢᵘ 이 부류의 소설 ②(生) 생물 분류학의 기본 단위의 하나. 종¶ ――の保存ᶻᵒⁿ 종의 보존

しゅ [趣] 畣 シュ 訓 おもむき (음)취. (造語) ①뜻하는 곳, 목표, 취지¶ 趣向ᵏᵒᵘ 취향・趣旨ˢʰⁱ 취지 ②맛, 느낌, 운치¶ 趣味ᵐⁱ 취미・雅趣ᵍᵃ 아취・興趣ᵏʸᵒᵘ 흥취 ③(佛) 중생이 사는 세계¶ 悪趣ᵃᵏᵘ 악취

じゅ [寿] [壽] 畣 ジュ 訓 ことぶき・ことほぐ (음)수. Ⅰ (造語) ①장수하다, 오래 살다¶ 福寿ᶠᵘᵏᵘ 수복・寿命ᵐʸᵒᵘ 수명・長寿ᶜʰᵒᵘ 장수 ②장수를 축하하다¶ 賀寿ᵍᵃ 하수 Ⅱ 나이, 연령

じゅ [受] 畣 ジュ 訓 うける・うかる (음)수. (造語) 받다¶ 受益ᵉᵏⁱ 수익・受験ᵏᵉⁿ 수험・受賞ˢʰᵒᵘ 수상・授受ᵍⁱᵘ 수수

じゅ [呪] 畣 ジュ 訓 のろう・のろい (음)주. Ⅰ (造語) ①저주, 저주하다¶ 呪詛ˢᵒ 주저, 저주・呪縛ᵇᵃᵏᵘ 주박 ②불교의 기도문, 악마나 재앙을 물리치는 주문¶ 呪術ᵍⁱᵘᵗˢᵘ 주술・呪文ᵐᵒⁿ 주문 ▷「呪ⁱ」는 속자 Ⅱ ①저주 ②불교의 기도문, 악마나 재앙을 물리칠 때의 주문

じゅ [授] 畣 ジュ 訓 さずける・さずかる (음)수. (造語) 주다, 수여하다¶ 授業ᵍʸᵒᵘ 수업・授与ʸᵒ 수여・教授ᵏʸᵒᵘ 교수

じゅ [綬] 畣 ジュ (음)수. Ⅰ (語造) ①관직의 표시로 몸에 지녔던 끈¶ 印綬ⁱⁿ 인끈・훈장을 매다는 끈, 훈장의 종류¶ 略綬ʳʸᵃᵏᵘ 약수 Ⅱ 관직¶ ～を解く 관직을 해임하다

じゅ [需] 畣 ジュ (음)수. (造語) 구하다, 필요로 하다¶ 需給ᵏʸᵘᵘ 수급・需要ʸᵒᵘ 수요・特需ᵗᵒᵏᵘ 특수・必需ʰⁱᵗˢᵘ 필수

じゅ [儒] 畣 ジュ (음)유. (造語) ①공자의 가르침, 그 학파¶ 儒家ᵏᵃ 유가・儒教ᵏʸᵒᵘ 유교 ②학자, 유학자¶ 儒者ˢʰᵃ 유자・大儒ᵈᵃⁱ 대유

じゅ [樹] 畣 ジュ 訓 き・たてる (음)수. (造語) ①나무¶ 樹木ᵇᵒᵏᵘ 수목・果樹ᵏᵃ 과수 ②세우다, 서다¶ 樹徳ᵗᵒᵏᵘ 수덕・樹立ʳⁱᵗˢᵘ 수립

じゅ [濡] 畣 ジュ 訓 ぬれる・ぬらす (음)유. (造語) 주로 속(訓)「ぬれる・ぬらす」로 씀

じゅ [従] (造語) (같은 위계에서) 정(正)의 다음¶ ――二位に 종2품

しゅい [主位] 주위, 중요한 지위 ⇔ 客位ᵏʸᵃᵏᵘ¶ ～の座 중요한 자리

しゅい [主意] (文) 주의 ①주된 뜻, 주안, 주지¶ ～をとらえる 주지를 파악하다 ②(名) 의지를 중시하는 일 ⇔ 主知ᶜʰⁱ ③주군의 뜻 ― 主義ᵍⁱ (哲) 주의주의

しゅい [首位] 수위 = 末位ᵐᵃᵗˢᵘⁱ¶ ～打者ᵈᵃˢʰᵃ 수위 타자/ ～を占める 수위를 차지하다

しゅい [趣意] (文) 취의. 취지 = 趣旨ˢʰⁱ¶ 会合ᵍᵒᵘ の～を説明する 모임의 취지를 설명함¶ ―書ˢʰᵒ 취지서

しゅい [思惟] (名) (自スル) (佛) 사유 = しい

しゅいろ [朱色] 주색. 주홍색
しゅいん [手淫] (名) (自スル) 수음. 자위
しゅいん [主因] 주인. 주원인
しゅいん [朱印] ①인주로 찍은 도장 ②(전국시대 이후) 将軍ᵍᵘⁿ・大名ᵐʸᵒᵘ 등이 공적인 문서에 찍는 도장 ― 船ˢᵉⁿ (日史) (江戸 시대 초기에 朱印状ᵍʸᵒᵘ를 가진) 공식 해외 무역선

じゅいん [樹陰] (文) 수음. 나무 그늘 = 木陰ᵏᵒᵏᵃᵍᵉ¶ ～に憩うⁱᵏᵒᵘ 나무 그늘에서 쉬다

しゅう [囚] 畣 シュウ(シウ) (음)수. (造語) ①잡다, 잡히다, 감금하다¶ 囚人ᵈⁱⁿ 수인・幽囚ʸᵘᵘ 유수・잡힌 사람, 포로¶ 女囚ᵍʸᵒ 여수・死刑囚ˢʰⁱᵏᵉⁱ 사형수

しゅう [収] [收] 畣 シュウ(シウ) 訓 おさめる・おさまる (음)수. (造語) ①거두어 들이다, 그러 모으다¶ 収集ˢʰᵘᵘ 수집・回収ᵏᵃⁱ 회수 ②수축되다, 줄어들다¶ 収縮ˢʰᵘᵏᵘ 수축・収

しゅう【州】音シュウ(シウ)・ス 訓す(의)주. I (造語) ①강 가운데의 모래톱¶ 砂州 사주・三角州 삼각주 ②대륙¶ 欧州 구주・豪州 호주 ③옛날 중국의 행정 구획의 하나 ④「国」의 딴이름¶ 信州 지금의 長野현의 옛이름 ⑤「는」의 대용자 II 연방제 국가의 행정 구획의 하나. 주

しゅう【舟】音シュウ(シウ) 訓ふね・ふな|(음)주. (造語) 작은 배, 배¶ 舟運 주운・舟艇 주정・呉越同舟 오월동주

しゅう【秀】音シュウ(シウ) 訓ひいでる|(음)수. I (造語) 빼어나다, 뛰어나다¶ 秀才 수재・優秀 우수 II (성적 평가의) 수¶ 成績 は〜だ 성적은 수이다

しゅう【周】音シュウ(シウ) 訓まわり・あまねく|(음)주. I (造語) ①널리 미치다, 빈틈이 없다¶ 周知 주지・周到 주도 ②둘레, 주위¶ 周囲 주위・周辺 주변 ③한 바퀴 돌다¶ 周期 주기・一周 일주 II 주 ①(助數) 돈 횟수를 세는 말 ②(數) 평면상의 한 부분을 에워싼 선, 그 길이 ③(史) (중국의) 주나라

しゅう【宗】音シュウ・ソウ 訓むね|(음)종. I (造語) ①(「ソウ」로 읽어서) 종가, 본가, 조상¶ 宗家 종가・宗廟 종묘 ②「ソウ」로 읽어서) 중심 인물¶ 宗匠 종장 ③중심이 되는 생각, 취지¶ 宗旨 종지 ④교리, 교파¶ 宗教 종교・宗派 종파 II 교리, 교파¶ わが〜の祖 우리 교파의 개조

しゅう【拾】音シュウ(シフ)・ジュウ(ジフ) 訓ひろう|(음)습. (造語) ①줍다, 주위 모으다¶ 拾得 습득・収拾 수습 ②(「ジュウ」로 읽어서) 「十」의 갖은자

しゅう【*柊】音シュウ 訓ひいらぎ|(음)종. (造語) 호랑가시나무

しゅう【*洲】音シュウ(シウ)・ス 訓す|(음)주. (造語) ①강 가운데의 모래톱 ②대륙, 섬¶ 豪洲 호주・五大洲 오대주 ▷「州」가 대용자

しゅう【秋】音シュウ(シウ) 訓あき・とき|(음)추. (造語) ①가을¶ 秋季 추계・秋分 추분・立秋 입추 ②세월¶ 春秋 춘추・千秋 천추 ▷[熟字訓] 秋刀魚 꽁치

しゅう【臭】【臭】音シュウ(シウ) 訓くさい・におい|(음)취. (造語) ①(나쁜) 냄새, 구리다¶ 悪臭 악취・口臭 구취 ②〜같은 느낌, 〜같음¶ 俗臭 속취 ③〜인 체하는 느낌, 티¶ 官僚臭 관료 냄새・貴族臭 귀족티 ▷[熟字訓] 腋臭 액취, 암내

しゅう【修】音シュウ(シウ)・シュ 訓おさめる・おさまる|(음)수. (造語) ①정돈하다, 고치다, 바로잡다¶ 修好 수호・修正 수정 ②닦다, 배우다, 수양하다¶ 修学 수학・研修 연수 ③책을 만들다, 편찬하다¶ 監修 감수・編修 편수 ④「범어 「シュ」의 차음자¶ 修羅 수라, 아수라

しゅう【*袖】音シュウ(シウ) 訓そで|(음)수. (造語) (옷의) 소매¶ 領袖 영수・袖手傍観 수수 방관

しゅう【終】音シュウ(シウ) 訓おわる・おえる|(음)종. (造語) ①끝, 끝나다, 끝마치다¶ 終戦 종전・終了 종료 ②죽다, 죽음¶ 終焉 종언・臨終 임종 ③끝까지, 끝날 때까지¶ 終日 종일・終身 종신 ▷[熟字訓] 終日 온종일・終夜 밤새도록

しゅう【習】【習】音シュウ(シフ) 訓ならう|(음)습. (造語) ①배우다, 연습하다, 익숙해지다¶ 習得 습득・学習 학습・練習 연습 ②습관, 관습¶ 習慣 습관・風習 풍습 ▷[熟字訓] 温習 온습, 연습 발표

しゅう【週】【週】音シュウ(シウ)|(음)주. (造語) ①한 바퀴 도는 일¶ 週期 주기 ②주말¶ 週末 주말・毎週 매주・来週 내주 II 주, 일주일¶ 〜に一度の練習 일주일에 한 번의 연습

しゅう【就】音シュウ・ジュ 訓つく・つける|(음)취. (造語) ①따라가다, 종사하다¶ 去就 거취 ②시작하다, 착수하다¶ 就業 취업・就任 취임 ③성취하다, 완성하다¶ 成就 성취 ▷[熟字訓] 就中 그중에서도

しゅう【萩】音シュウ(シウ) 訓はぎ|(음)추. (造語) 주로 훈(訓)「はぎ」로 씀

しゅう【衆】音シュウ・シュ|(음)중. I (造語) ①많은 사람¶ 観衆 관중・大衆 대중 ②수가 많은¶ 衆寡 중과・衆生 중생 ③「衆議院」의 준말. 중의원 II 인원수가 많음¶ 〜を頼む 많은 인원수를 믿다

しゅう【集】音シュウ 訓あつまる・あつめる・つどう|(음)집. I (造語) ①(한 곳에) 모이다, 모으다, 집합하다¶ 集団 집단・募集 모집 ②모은 것, 시가 등을 수집해서 편찬한 책¶ 詩集 시집・全集 전집 ▷「蒐・聚・輯」의 대용자 II (문장・시가 등을) 모은 책¶ 歌の〜 가집

しゅう【愁】音シュウ(シウ) 訓うれえる・うれい|(음)수. (造語) 근심, 걱정, 슬퍼하다, 적하다, 쓸쓸하다¶ 哀愁 애수・郷愁 향수・憂愁 우수・旅愁 여수

しゅう【*蒐】音シュウ(シウ) 訓あつめる|(음)수. (造語) 모으다, 찾아 구하다¶ 蒐集 수집 ▷「集」「収」가 대용자

しゅう【酬】音シュウ|(음)수. (造語) ①받은 술잔을 돌리다, 답례하다, 주고 받다, 답하다¶ 応酬 응수・報酬 보수 ②대답, 응답¶ 貴酬 답장

しゅう【*輯】音シュウ(シフ) 訓あつめる・あつまる|(음)집. (造語) 모으다, 모이다¶ 特輯 특집・編輯 편집 ▷「集」가 대용자

しゅう【醜】音シュウ(シウ) 訓みにくい|(음)추. I (造語) ①못생기다, 흉하다, 추하다¶ 醜悪 추악・美醜 미추 ②무리, 동아리¶ 醜類 〜 추류 ▷[熟字訓] 醜女 추녀 II (文) 〜 추함을 〜をさらす 추함을 드러내다

しゅう【繡】音シュウ(シウ)|(음)수. (造語) 수, 수를 놓다¶ 錦繡 금수・刺繡 자수

しゅう【蹴】⑧シュウ(シウ)⑪ける|(음)축.(造語)(발로) 차다, 거절하다¶一蹴 일축・蹴球 축구

しゅう【襲】⑧シュウ(シフ)⑪おそう|(음)습.(造語)①덮치다, 습격하다¶襲撃 습격・逆襲 역습・空襲 공습 ②물려받다, 계승하다¶因襲 인습・世襲 세습 ③겹쳐 입는 옷, 겹치다¶襲衣 습의

しゅう【讐】⑧シュウ(シウ)⑪あだ・かたき|(음)수.(造語)원수, 복수하다, 앙갚음하다¶復讐 복수 ▷「讎」는 다른 글자꼴

しゅう【主】주인, 주군=しゅ ~に仕ふる 주군을 섬기다

しゅう【市有】⑩ 시유 ~地 시유지

しゅう【私有】⑩[他サ] 사유 ⇔公有

しゅう【師友】(文) 사우 ①스승과 벗 ②스승으로 존경할 만한 벗

しゅう【詩友】(文) 시우. 시작을 통해 사귄 벗

しゅう【雌雄】(文) 자웅 ①암컷과 수컷 ②우열, 승부¶~を争う 자웅을 겨루다 —異株 [植] 자웅 이주 —異体 [動] 자웅 이체 —株 [植] 자웅 동주 —同体 [動] 자웅 동체
慣用句
—を決する 자웅을 가리다

じゅう【十】⑧ジュウ(ジフ)・ジッ⑪とお・と|(음)십. I(造語)①열, 십¶十回 십 회・十二支 십이지 ②전부, 완전¶十分 십분.「拾」가 갖은자 熟字訓二十 스무 살・十六夜 음력 16일밤・十八番 십팔번, 장기・二十日 이십일・六十路 예순 II (1)(수의) 십, 열¶~まで数える 열까지 세다 ②완전함, 전부¶一を聞いて~を知る 하나를 듣고 열을 알다
慣用句
—に八九 십중 팔구

じゅう【什】⑧ジュウ(ジフ)|(음)집.(造語)①수많은 물건, 자주 쓰는 도구¶什器 집기・什物 집물 ②시편¶佳什 가집

じゅう【廿】⑧ジュウ(ジフ)⑪にじゅう|(음)입.(造語)스물, 이십

じゅう【汁】⑧ジュウ(ジフ)⑪しる|(음)즙.(造語)액체, 국물¶果汁 과즙・肉汁 육즙 熟字訓 灰汁 잿물

じゅう【充】⑧ジュウ⑪あてる|(음)충.(造語)①가득하다, 차다, 채우다¶充血 충혈・充実 충실・拡充 확충하다, 메우다¶充当 충당・補充 보충

じゅう【住】⑧ジュウ(ヂュウ)⑪すむ・すまう|(음)주. I (造語)①살다, 거주하다, 주거¶住居 주거・住所 주소・住宅 주택・住民 주민¶「住職」의 준말, 주지¶先住 선주지・当住 현주지 II 주거, 거주¶~の問題 주거 문제

じゅう【柔】⑧ジュウ(ジウ)・ニュウ(ニウ)⑪やわらか・やわらかい|(음)유. I (造語)①부드럽다, 나긋나긋하다, 부드럽게 하다¶柔軟 유연・懐柔 회유 ②온화하다, 얌전하다¶柔和 유화・温柔 온유 ③태도가

분명치 않다, 약하다¶柔弱 유약・優柔不断 우유 부단 ④유도¶柔術 유술・柔道 유도 II 부드럽고 나긋나긋함
慣用句
—よく剛を制す 부드러운 것이 능히 굳센 것을 이긴다

じゅう【重】⑧ジュウ(ヂュウ)・チョウ⑪え・おもい・かさねる・かさなる・おもんずる|(음)중. I (造語)①무겁다¶重量 중량・体重 체중 ②(책임・병 등이) 무겁다, 심하다¶重罪 중죄・重傷 중상 ③중후하다, 침착하다¶厳重 엄중・慎重 신중 ④소중히 하다, 존중하다, 중요한¶重要 중요・尊重 존중 ⑤겹치다, 겹쳐지다, 되풀이하다¶重婚 중혼・重複 중복・중복 II ①무거움, 심함¶責任は~ かつ大 책임은 중하고 크다 ②「重箱」의 준말¶お~ 찬합 ③(助數)겹쳐진 것을 세는 말. 중, 층¶五~の塔 오층탑

じゅう【従】【從】⑧ジュウ・ショウ・ジュ⑪したがう・したがえる|(음)종. I (造語)①따르다, 따라가다, 거느리다¶従軍 종군・追従 추종 ②거스르지 않다, 말을 잘 듣다¶服従 복종・盲従 맹종 ③종사하다¶従業 종업・従事 종사 ④～부터¶従前 종전・従来 종래 ⑤삼촌 간의 혈족¶従兄 종형・従妹 종매 ⑥같은 위계 중에서 정(正)의 다음¶従三位 종삼품 ⑦세로, 남북¶合従連衡 합종 연형 ⑧누구의거나¶従容 종용 ▷熟字訓 従兄弟 종형・従妹 종매・従兄弟 종형제・従姉妹 종자매 II 종, 주된 것의 다음 것¶仕事を主とし、趣味を~とする 일을 주로 삼고 취미를 그 다음으로 생각한다

じゅう【渋】【澁】⑧ジュウ(ジフ)⑪しぶ・しぶい・しぶる|(음)삽.(造語)①떫은 맛, 떫다 ②苦渋 고삽 ②일이 더디다, 정체되다, 내키지 않다¶渋滞 삽체・難渋 난삽

じゅう【銃】⑧ジュウ|(음)총. I (造語)총¶銃撃 총격・銃殺 총살・拳銃 권총 II 총¶~を構える 총을 겨누다

じゅう【獣】【獸】⑧ジュウ(ジウ)⑪けもの・けだもの|(음)수.(造語)짐승¶獣医 수의・猛獣 맹수・野獣 야수

じゅう【縦】【縱】⑧ジュウ・ショウ⑪たて・ほしいまま|(음)종.(造語)①세로, 남북의 방향¶縦横 종횡・縦断 종단 ②제멋대로 하다¶操縦 조종・放縦 방종 ③가정의 어조사, 훈독으로는「たとい…(とも)」로 읽음. 설령, 설사 ▷熟字訓 縦令 가령, 설혹

じゅう【中】(造語)①온…, 전…¶町～ 온 마을 / 世界～ 전세계 ②～동안, 내내¶一日～ 하루 종일 / 一年～ 내내

じゅう【拾】(증서・공문서 등에서) 십, 열¶金～六元～万元 일금 육십 만

じゅう【自由】⑩[ㇱ] 자유¶宗教の～ 종교의 자유 —意志 자유 의지 —演技 (체조

じゆう에서) 자유 연기 **—化**か 名他スル 자유화 **—業**ぎょう 자유업 **—刑**けい 法 자유형 **—詩**し 자유시 **—自在**じざい 자유 자재 **—主義**しゅぎ 자유주의 **—貿易**ぼうえき 자유 무역 **—放任**ほうにん 자유 방임 **—律**りつ 文 자유율 **—労働者**ろうどうしゃ 일용 노동자

じゆう [事由] 사유 ①文 이유, 까닭¶ 欠席の〜 결석한 사유 ②직접 원인이 되는 사실

しゅうあく [醜悪] ナ 추악¶ 〜な争あらそい 추악한 싸움

しゅうあけ [週明け] 주초¶ 〜には返事へんじをする (돌아오는) 주초에는 답장을 하겠다

じゅうあつ [重圧] 중압. 강하게 압박함, 압박, 압력権力けんりょくの〜に屈くっする 권력의 중압/一点いってんに〜がかかる 한 점에 중압이 걸리다

しゅうい [囚衣] 文 수의. 죄수복

しゅうい [周囲] 주위¶ 〜の情勢じょうせい/〜に気きを配くばる 주위의 정세/〜에 기를 배려하다

しゅうい [拾遺] 文 습유. 빠진 글을 보충함¶ 〜集しゅう 습유집

しゅうい [衆意] 文 중의¶ 〜に従したがう 중의에 따르다

じゅうい [戎衣] 文 융의. 군복(軍服)

じゅうい [重囲] 文 중위. 엄중한 포위¶ 敵てきの〜を突破とっぱする 적의 중위를 돌파하다

じゅうい [獣医] 農 수의. 수의사

じゅういち [動] 매사촌

じゅういちがつ [十一月] 11월. 동짓달

しゅういつ [秀逸] 名ナ 수일. 빼어남, 우수¶ 〜の作品さくひん 수일한 작품/〜を極きわめる 지극히 우수하다

じゅういつ [充溢] 名自スル 文 충일. 차고 넘침¶ 気力きりょくが〜している 기력이 충일해 있다

しゅういん [衆院] 「衆議院しゅうぎいん」의 준말

じゅういん [充員] 名他スル 충원. 인원을 보충함, 보충 인원

しゅうう [秋雨] 文 추우. 가을비 = あきさめ

しゅうう [驟雨] 紀 취우. 소나기

しゅううん [舟運] 주운. 배에 의한 수송·교통¶ 〜の便びんがよい 배편이 좋다

じゅうえいそう [重営倉] 중영창. 구 일본 군대의 형벌의 하나

しゅうえき [囚役] 수역. 죄수에게 부과된 노역

しゅうえき [収益] 수익¶ 〜資産しさん 수익 자산/〜をあげる 수익을 올리다

しゅうえき [就役] 名自スル 취역 ①직무에 종사함 ②새로 건조된 함선이 임무에 들어감

じゅうえき [汁液] 즙액. 즙 = しる

じゅうえき [獣疫] 文 수역. 가축의 전염병

しゅうえん [周縁] 주연. 주변, 둘레¶ 都市としの〜 도시의 주변

しゅうえん [終焉] 文 종언 ①임종 ②은거하여 여생을 보냄¶ 〜の地ちを見みい出だす 여생을 보낼 곳을 발견하다

しゅうえん [終演] 名自スル 종연. = はね

じゅうえん [重縁] 중연. 친척·인적 사이의 혼인¶ 〜を結むすぶ 중연[겹사돈]을 맺다

しゅうお [羞悪] 名他スル 文 수오, 불선(不善)을 부끄러워하고 미워함¶ 〜の念ねん 수오의 마음

じゅうおう [縦横] 名 종횡 ①세로와 가로, 동서와 남북¶ 市街しがいを〜に走はしる道路どうろ 시가를 종횡으로 뻗은 길 ②사방팔방¶ 捜査網そうさもうを〜に張はり巡めぐらす 수사망을 사방으로 펼치다 ③자유자재¶ 相手あいてを〜に操あやつる 상대를 마음대로 조종하다 **—無尽**むじん 종횡 무진

じゅうおん [重恩] 文 중은. 두터운 은혜

しゅうか [秀歌] 뛰어난 和歌

しゅうか [衆寡] 文 중과. 다수와 소수

慣用句

**—敵**てき**せず** 중과 부적(衆寡不敵)

しゅうか [集荷·蒐荷] 名他スル 집하. 화물이 모임, 하물을 모음, 그 하물¶ 〜場じょう 집하장

しゅうか [集貨] 名自他スル 집화. 화물이 한 곳에 모임, 화물을 모음, 그런 화물

じゅうか [重科] 文 중과 ①중죄 ②중형, 중벌

じゅうか [銃火] ⑦ 총화¶ 〜を交まじえる 총격을 주고받다 **—砲**ほう ⑦ 총포

しゅうかい [周回] 名自スル 주회 ①주위를 돎¶ 〜道路どうろ 주회 도로 ②둘레

しゅうかい [集会] 名自スル 집회. 모임¶ 〜を開ひらく 집회를 열다

しゅうかい [醜怪] ナ文 추괴. (모습이) 괴이하고 추함¶ 〜な面容めんよう 추괴한 용모

しゅうかい [秋海棠] 植 추해당

じゅうかがくこうぎょう [重化学工業] 工 중화학 공업

しゅうかく [収穫] 名他スル 수확 ①農 농작물을 거두어들임, 그런 농작물¶ 〜期き 수확기 ②성과¶ たいした〜もなく帰かえる 이렇다 할 수확도 없이 돌아오다

しゅうかく [臭覚] 후각 = 嗅覚きゅうかく

しゅうがく [修学] 名他スル 수학

しゅうがく [就学] 名自スル 취학¶ 〜率りつ 취학률/〜義務ぎむ 취학 의무

じゅうかしつ [重過失] 法 중과실

じゅうかぜい [従価税] 経 종가세

じゅうがつ [十月] 10월 **—革命**かくめい 史 (러시아의) 10월 혁명

しゅうかん [収監] 名他スル 文 수감

しゅうかん [終刊] 종간¶ 〜号ごう 종간호

しゅうかん [終巻] 文 (전집물 등의) 마지막 권

しゅうかん [習慣] 습관. 관습¶ 早起はやおきの〜 일찍 일어나는 습관/ その土地とちの〜に従したがう 그 고장의 관습에 따르다

しゅうかん [週刊] 名 주간 **—誌**し 주간지

しゅうかん [週間] 주간, 주일¶ 読書どくしょ〜 독서 주간/一いっ〜の休暇きゅうか 1주일의 휴가

じゅうかん [重患] 중환, 중병, 중환자

じゅうかん [縦貫] 名自スル 종관. 남북으로[세로로] 꿰뚫음¶ 〜鉄道てつどう 종관 철도

じゅうがん [銃丸] 총알. 총탄 = 銃弾じゅうだん

じゅうがん [銃眼] 총안¶ 〜のある城壁じょうへき 총안이 있는 성벽

しゅうき [周忌] 주기. 회기¶ 五ご〜 5주기

しゅうき [周期] 주기¶ 自転じてん〜 자전 주기 **—的**てき ナ 주기적 **—表**ひょう 化 주기표. 주기율표 **—律**りつ 化 주기율

しゅうき [宗規] 종규. 종파의 내부 규약
しゅうき [秋気] (文) 추기 ①가을 기운, 가을다운 느낌 ②가을의 서늘한 공기
しゅうき [秋季] 추계. 가을철 ¶ 皇霊祭こうれいさい 추분 날에 皇霊殿こうれいでん에서 天皇てんのう가 역대 天皇·皇后·皇族을 제사지내는 궁중 의식
しゅうき [秋期] 추기 ¶ ～講座こうざ 추기 강좌
しゅうき [臭気] 취기. 악취 ¶ 鼻はなをつく～ 코를 찌르는 악취 ¶ ～拔ぬき (화장실 등의) 악취를 제거하는 배기 장치
しゅうき [終期] 종기 ①끝나는 시기, 말기 ②〖法〗법률 행위의 효력을 소멸시키는 기한
しゅうぎ [宗義] 〖佛〗종의. 종파의 교의
しゅうぎ [祝儀] 축의 ①축하 의식, 혼례식 ②축의금, 축의 선물 ¶ ～袋ぶくろ 축의금 봉투 ③행하, 팁 ¶ ～をはずむ 팁을 호기 있게 주다
しゅうぎ [衆議] 중의. 중론 ¶ ～に諮はかる 중의를 묻다 一決けつ 중의의 일결 一院いん 중의원
じゅうき [什器] (文) 집기. 일용 도구·가구
じゅうき [重器] (文) 중기 ①귀중한 보물 ②중요한 인물
じゅうき [銃器] (文) 총기 ¶ ～類るい 총기류
じゅうきかんじゅう [重機関銃] 〖軍〗중기관총
しゅうきく [*蹴鞠] (文) → けまり
しゅうきゅう [週休] 주휴 ¶ ～をもらう 주휴를 얻다 一二日制ふつかせい 주휴 2일제
しゅうきゅう [週給] 주급 ¶ 一制せい 주급제
しゅうきゅう [*蹴球] 축구 = フットボール
じゅうきょ [住居] 주거, 집 ¶ ～專用地域せんようちいき 주거 전용 지역/～を定さだめる 주거를 정하다 一址し 〖考古〗주거지. 선사 시대·고대의 주거 유적 一侵入罪しんにゅうざい 주거 침입죄
しゅうきょう [宗教] 종교 ¶ 新興しんこう～ 신흥 종교 一家か 종교가 一画か 종교화 一改革かいかく 종교 개혁 一裁判さいばん 〖史〗종교 재판
しゅうきょう [秋興] (文) 추흥. 가을의 정취
しゅうぎょう [修業] 名自スル(文) 수업 = しゅぎょう ¶ ～証書しょう 수업 증서
しゅうぎょう [終業] 종업 ①업무가 끝남 ¶ 五時じ～ 5시 종업 ②한 학기 수업이 끝남 ¶ ～式しき 종업식 ▷ ①② ⇔ 始業しぎょう
しゅうぎょう [就業] 취업 ①일·업무를 함 ¶ ～時刻じこく 취업 시각 ②직업을 가짐 ¶ ～人口じんこう 취업 인구 一規則きそく 취업 규칙
しゅうぎょう [醜業] 추업. 추하고 천한 직업, (특히) 매춘 ¶ 一婦ふ 매춘부
じゅうぎょう [従業] 종업. 업무에 종사함 一員いん 종업원
しゅうきょく [終曲] (文) 종곡 = フィナーレ
しゅうきょく [終局] 종국 ①(바둑·장기의) 대국이 끝남 ②(일·사건의) 낙착 ¶ 紛爭ふんそうが～を迎むかえる 분쟁이 종국을 맞다
しゅうきょく [終極] 종극. 마지막, 최후 ¶ ～の目標もく 종극의 목표
しゅうきょく [褶曲] 〖地〗습곡 一山脈さんみゃく 〖地〗습곡 산맥
しゅうぎょとう [集魚灯] 〖水〗집어등
しゅうきん [集金] 名自他スル 집금, 수금 ¶ ～日び 수금일 / ～に回まわる 수금하러 다니다

しゅうぎん [秀吟] (文) 수음. 빼어난 시가
じゅうきんぞく [重金属] 〖工〗중금속
しゅうく [秀句] ①빼어난 俳句はいく ②(시가에서) 빼어난 구(句) ③동음 이의어를 이용한 익살
しゅうぐ [衆愚] (文) 중우. 많은 어리석은 사람들 一政治せいじ 중우 정치
じゅうく [重苦] (文) 중고. 참기 힘든 고통, 심한 고통 ¶ ～にあえぐ 중고에 허덕이다
じゅうぐん [従軍] 名自スル 종군 一記者きしゃ 종군 기자
しゅうけい [集計] 名他スル 집계 ¶ 得点とくてんを～する 득점을 집계하다
じゅうけい [重刑] 중형
じゅうけい [從兄] (文) 종형 ⇔ 從弟じゅうてい
じゅうけい [銃刑] 총살형 = 銃殺刑じゅうさつけい
じゅうけいしょう [重軽傷] 중경상. 중상자와 경상자
じゅうけいてい [從兄弟] (文) 종형제. 사촌 형제
しゅうげき [襲撃] 名他スル 습격
じゅうげき [銃撃] 名他スル 총격
しゅうけつ [終決] 名自スル 종결. 결말이 남 ¶ 紛争ふんそうが～する 분쟁이 종결되다
しゅうけつ [終結] 名自スル 종결. 일이 끝남 ¶ 戦争せんそうが～する 전쟁이 종결되다
しゅうけつ [集結] 名自他スル 집결 ¶ 隊員たいいんが基地きちに～する 대원이 기지에 집결하다
しゅうげつ [秋月] (文) 추월. 가을달
じゅうけつ [充血] 名自スル 〖醫〗충혈 ¶ 目めが～する 눈이 충혈되다
しゅうけん [集権] 집권 ⇔ 分権ぶんけん ¶ 中央ちゅうおう～政治せいじ 중앙 집권 정치
しゅうげん [祝言] ①축사 ②혼례, 결혼식 ¶ ～を擧あげる 혼례를 올리다
じゅうけん [銃剣] 총검 ①총과 검 ②대검, 대검을 꽂은 소총 ¶ ～術じゅつ 총검술
じゅうげん [重言] 중언 ①같은 뜻의 말을 겹쳐 쓰는 표현 ②같은 글자를 거듭하여 만든 숙어, 첩어(畳語)
じゅうご [銃後] (전장의) 후방, 후방의 국민 ¶ ～の守まもり 후방의 방비
しゅうこう [舟行] 名自スル(文) Ⅰ 주행. 배를 타고 감 Ⅱ 名 뱃놀이
しゅうこう [舟航] 名自スル (文) 주항. 항해
しゅうこう [周航] 名自スル 주항 ¶ カリブ海かいを～する 카리브해를 주항하다
しゅうこう [秋郊] (文) 가을 들판, 가을의 교외
しゅうこう [修好·修交] 名他スル 수호, 수교 ¶ 一条約じょうやく 수호 조약
しゅうこう [就航] 名自スル 취항 ¶ 國際線こくさいせんに～する 국제선에 취항하다
しゅうごう [衆口] 중구 ¶ ～一致いっち 중구 일치
慣用句
一金きんを鑠とかす 많은 사람의 말은 큰 힘이 있다
しゅうこう [醜行] (文) 추행. 추잡한 행위
しゅうごう [秋毫] (文) (「～も」의 골로) 추호. 조금도 = わずか ¶ ～も謝しゃすることない 추호도 사과할 것 없다

しゅうごう [習合] 名 他スル 습합. 서로 다른 교리·학설을 절충시킴¶神仏~ 신불 습합
しゅうごう [集合] 집합 I 名 自他スル 모음, 모임¶~時刻ど 집합 시각/駅えに~する 역에 집합하다 II 名 数 범위가 확정된 수의 모임¶自然数ぜんの~ 자연수의 집합 —名詞 [文法] 집합 명사 —論ろん 数 집합론
じゅうこう [重厚] 名 중후 ⇔ 軽薄はく¶~な人柄がら 중후한 인품 —長大 중후 장대
じゅうこう [銃口] 총구 = 筒先つつさき¶~をむける 총구를 들이대다
じゅうこう [獣行] 文 수행. 짐승 같은 행위, 애정이 없는 성행위
じゅうごう [重合] 名 自スル 化 중합¶~体たい 중합체
じゅうこうぎょう [重工業] 工 중공업
じゅうこく [重刻] 名 他スル 版 중각. 중판
じゅうごや [十五夜] 십오야 ①음력 보름날 밤¶~の月 보름달 ②한가윗날 밤
しゅうごろし [主殺し] 주인[군주]를 죽이는 일, 그런 사람
じゅうこん [重婚] 名 自スル 중혼. 이중 결혼
しゅうき [収差] 物 수차¶色~ 색수차
じゅうざ [銃座] 총좌. 총을 받치는 대
しゅうさい [収載] 名 他スル 수재. (책 등에) 글을 실음¶作家かの全作品を~した全集 작가의 전작품을 수재한 전집
しゅうさい [秀才] ①수재 ②史 (옛날 중국의) 과거 과목, 그 과거에 급제한 사람 ③日史 (平安へいあん 시대의) 관리 등용 시험(합격자)
じゅうざい [重罪] 法 중죄¶~を犯おかす 중죄를 범하다
しゅうさく [秀作] 수작. 뛰어난 작품
しゅうさく [習作] 名 他スル 美 습작
しゅうさつ [集札] 집찰. 차표를 거둠, 집표
じゅうさつ [重刷] 名 他スル 版 중쇄. 중쇄
じゅうさつ [重殺] 野 병살, 더블 플레이
じゅうさつ [銃殺] 名 他スル 총살
しゅうさん [秋蚕] 農 추잠. 가을누에
しゅうさん [集散] 名 自他スル 집산¶離合ごう~ 이합 집산/米こめの~地ち 쌀의 집산지
じゅうさん [硫酸] 化 수소
じゅうさんかいだん [十三階段] 교수대
しゅうさんき [周産期] 医 (임신 28주 이후부터 출생 후 7일까지의) 출산 전후의 기간
じゅうさんや [十三夜] ①음력 13일 밤 ②(달맞이 하는) 음력 9월 13일 밤
じゅうさんり [十三里] 俗 고구마, 군고구마
しゅうし [収支] 수지¶~決算 수지 결산
しゅうし [宗旨] 종지 ①교리 ②종파¶~が違ちがう 종지가 다르다 ③개인의 주의·주장·취미
慣用句
—を変かえる 종지를 바꾸다 ①종파를 바꾸다 ②지금까지의 주의·주장·취미를 버리고 새로운 것으로 바꾸다
しゅうし [修士] 석사 —課程 教 석사 과정
しゅうし [修史] 文 수사. 역사 편찬¶~事業 역사 편찬 사업

しゅうし [終止] 名 自スル 종지. 끝, 끝남 —形 [文法] 종지형 —符ふ 종지부. 마침표
慣用句
—符を打うつ 종지부를 찍다, 결말을 짓다
しゅうし [終始] 名 自スル 처음과 끝, 결같음¶自己弁護べんごに~する答弁 자기 변호로 시종하는 답변 II 副 줄곧, 내내¶~沈黙もくを守まもる 내내 침묵을 지키다 —一貫かん 名 自スル 시종 일관
しゅうし [愁思] 文 생각에 잠김, 쓸쓸한 생각
しゅうじ [修辞] 表 수사 —学がく 表 수사학 —帰納のう 表 수사 귀납 —法ほう 表 수사법
しゅうじ [習字] 습자¶ペン~ 펜습자
じゅうし [重視] 名 他スル 중시, 중요시 ⇔ 軽視けい¶事態だを~する 사태를 중시하다
じゅうし [従姉] 文 종자. 손위 사촌 누이
じゅうし [獣脂] 수지. 짐승의 기름
じゅうじ [十字] 십자¶~形 「十字架」의 준말 —火 십자 포화¶~を浴あびせる 십자 포화를 퍼붓다 —架 십자가 —軍 史 십자군 —路 십자로, 네거리
慣用句
—架を背負せおう 십자가를 짊어지다
—を切きる 십자를 긋다, 성호를 긋다
じゅうじ [住持] 佛 주지 = 住職
じゅうじ [従事] 名 自スル 종사¶辞典てんの編集しゅうに~する 사전의 편집에 종사하다
じゅうしちもじ [十七文字] 「俳句はい」의 딴이름
しゅうじつ [秋日] 文 ①추일. 가을날 ②가을철
しゅうじつ [終日] 文 종일. 온종일
しゅうじつ [週日] 주일. (일요일 또는 토요일과 일요일을 제외한) 평일
じゅうじつ [充実] 名 自スル 충실¶内容ようの~した試合あい 내용이 충실한 시합
じゅうしまい [従姉妹] 文 종자매. 사촌 자매
じゅうしまつ [十姉妹] 動 십자매
しゅうしゃ [終車] 종차. 막차¶~に間まに合あう 막차 시간에 대다
じゅうしゃ [従者] 종자 = 供ともの者もの
しゅうしゃく [襲爵] 名 自スル 文 습작. 선대의 작위를 이어받음
しゅうしゃく [執着] 名 自スル → しゅうちゃく
しゅうしゅ [*袖手] 名 自スル 文 수수 ①팔짱을 낌 = ふところで ②노력[일]하기 싫어함 —傍観ぼうかん 名 他スル 수수 방관
しゅうじゅ [授受] 名 他スル 文 수수, 받음¶賄賂わいろを~する 뇌물을 수수하다
しゅうしゅう [収拾] 名 他スル 수습¶~策さく 수습책/事態たいを~する 사태를 수습하다
しゅうしゅう [収集] 수집 ①거두어 모음¶ごみの~日 쓰레기 수거일/情報じょうを~する 정보를 수집하다 ②「*蒐集」(취미·연구 등으로) 여러 종류를 모음¶切手での~ 우표 수집 —癖 수집벽
しゅうしゅう [修習] 名 他スル 文 수습¶司法ほう~生せい 사법 연수생
しゅうしゅう [*啾*啾] 副 文 추추 ①작은 소리로 끊어질 듯 우는 소리¶鬼哭こく~ 귀곡

추추 ②벌레나 새가 가늘게 우는 소리
じゅうじゅう [重重] 副 ①거듭거듭¶ ～の無礼, 거듭된 무례 ②잘, 충분히¶ ～承知の上のことだ 충분히 알고서 한 일이다
しゅうしゅく [収縮] 名 自他スル 수축¶ 血管の～ 혈관 수축
しゅうじゅく [習熟] 名 自スル 습숙. 숙달¶ 運転技術に～する 운전 기술에 숙달되다
じゅうしゅつ [重出] 名 自スル 중출. (같은 것이) 중복되어 나옴¶ 記事が～する 기사가 중복되어 나오다
じゅうじゅつ [柔術] 유술. (유도의 전신인) 일본 고래의 무술= やわら
じゅうじゅん [従順] 名 ダ 종순. 순종. 고분고분함¶ ～な市民 순종적인 시민
じゅうじゅん [柔順] 유순. 다소곳함¶ ～素朴ぼくで～な性格 소박하고 유순한 성격
しゅうじょ [醜女] 文 추녀= しこめ
じゅうしょ [住所] 주소¶ ～氏名 주소 성명／～変更 주소 변경 ―不定 주소 부정
しゅうしょう [周章] 名 自スル 당황함. 허둥댐 ―狼狽 몹시 당황하여 허둥댐
しゅうしょう [秋宵] 文 추소. 가을밤
しゅうしょう [終章] 종장. (논문·소설 등의) 마지막 장
しゅうしょう [就床] 名 自スル 文 취침
しゅうしょう [愁傷] 名 自スル 文 수상 ①몹시 슬퍼함 ②(죽음을) 애통해 함¶ 御～さま (문상하는 말로씀) 얼마나 애통하십니까
しゅうじょう [醜状] 文 추악상. 추태= 醜態¶ ～をあばく 추태를 폭로하다
じゅうしょう [重症] 중증¶ ～患者 중증 환자
じゅうしょう [重唱] 名 他スル 音 중창¶ 二～ 2중창
じゅうしょう [重傷] 중상= 深手 ⇔軽傷¶ ～を負う 중상을 입다
じゅうしょう [銃床] 총상. 총대
じゅうしょうしゅぎ [重商主義] 史 중상주의
しゅうしょく [秋色] 文 추색. 가을 경치. 가을빛¶ ～が深まる 추색이 깊어가다
しゅうしょく [修飾] 名 他スル 수식 ①아름답게 꾸밈¶ ～の多ぃ文章 수식이 많은 문장 ②말의 의미를 한정·설명함¶ 体言を～する 체언을 수식하다 ―語 [文法] 수식어
しゅうしょく [就職] 名 自スル 취직¶ ～難／～試験 취직 시험
しゅうしょく [愁色] 文 수색. 수심의 빛¶ ～が濃い 수심의 빛이 가득하다
しゅうしょく [襲職] 습직
じゅうしょく [就褥] 名 自スル 文 취욕 ①잠자리에 듦 ②(병으로) 자리에 누움
じゅうしょく [住職] 佛 주지= 住持¶ ～を担ぅ 중직을 맡다
しゅうじょし [終助詞] [文法] 종조사
しゅうしん [修身] 수신 ①教 구제 초등·중학교 교과목 ②행실을 바르게 가짐¶ ～斉家治国平天下 수신제가 치국평천하
しゅうしん [執心] 名 自スル 집심. 집착. 집념¶ 金に～する 돈에 집착하다
しゅうしん [終身] 名 副 종신. 평생¶ 独身を通つうす 평생 독신을 고집하다 ―官 종신관 ―刑 [法] 종신형= 無期刑 ―雇用制 [経] 종신 고용제
しゅうしん [終審] 종심 ①마지막 심리 ②최종 심리¶ ～まで争そう 종심까지 끌고 가다
しゅうしん [就寝] 名 自スル 취침= 就床¶ 九時に～ 9시 취침
しゅうじん [囚人] 수인. 죄수¶ ～服 죄수복
しゅうじん [衆人] 众人. 뭇사람¶ ～の注目を集める 뭇사람의 주목을 모으다 ―環視 중인 환시
しゅうじん [集塵] 집진¶ ～機 집진기
じゅうしん [重心] 物 중심¶ ～を取る 중심 [균형]을 잡다
じゅうしん [重臣] 중신¶ ～会議 중신 회의
じゅうしん [銃身] 총신. 총열
じゅうしん [獣心] 수심. 짐승 같은 마음. 잔인하고 비열한 마음¶ 人面～ 인면 수심
じゅうじん [縦陣] 종진. 함대의 각 군함이 세로로 일직선으로 늘어선 진형
しゅうすい [秋水] 文 추수 ①가을철의 맑은 물 ②시퍼렇게 간 긴 칼¶ 三尺の～ 3척 추수. 날이 시퍼렇고 긴 칼
じゅうすい [重水] 化 중수 ―素 化 중수소
しゅうすじ [主筋] 主君군주]의 혈연 ②군주[주군]과 가까운 관계. 그런 관계인 사람
しゅう·する [修する] 他 サ変 文 ①닦다. 수련하다¶ 学を～ 학문을 닦다 ②바로잡다. 단정히 하다¶ 身を～ 몸가짐을 바로잡다 ③꾸미다. 장식하다¶ 辺幅を～ 테두리를 장식하다 ④보수하다¶ 伽藍を～ 가람을 보수하다 ⑤거행하다. 열다¶ 法会を～ 법회를 열다
しゅう·する [執する] 自 サ変 文 집착하다
じゅう·する [住する] 自 サ変 文 ①살다¶ 辺土に～ 벽촌에 살다 ②머무르다¶ 野に～ 초야에 머무르다
しゅうせい [秋声] 文 추성. 가을 바람 소리
しゅうせい [修正] 名 他スル 수정¶ ～案 수정안／字句を～をする 자구를 수정하다 ―主義 수정주의 ―予算 수정 예산
しゅうせい [修整] 名 他スル 수정. (사진 원판 등을) 손질함
しゅうせい [終生·終世] 종생. 평생¶ 御恩は～忘れません 은혜는 평생 잊지 않겠습니다
しゅうせい [習性] ①습관이 된 성질¶ ～が身につく 습성이 몸에 배다 ②動 특유의 행동 양식¶ 冬眠する～ 동면하는 습성
しゅうせい [集成] 名 他スル 집성. 집대성¶ 民話の～ 민화를 집대성하다
しゅうぜい [収税] 名 自スル 수세. 징세= 徴税¶ ～官吏 수세 관리
じゅうせい [銃声] 총성. 총소리
じゅうせい [獣性] 文 수성 ①짐승의 성질 ②(인간의) 추한 성질[본성]¶ ～をむき出だし

にする 추한 본성이 그대로 드러나다
じゅうぜい [重税] 중세. 무거운 세금¶ 〜にあえぐ 중세에 허덕이다
しゅうせき [集積] 名 他スル 집적¶ 木材の〜地 목재의 집적지 —回路 電 집적 회로
じゅうせき [重責] 중책¶ 〜をはたす 중책을 다하다/ 〜を負う 중책을 짊어지다
しゅうせん [周旋] 名 他スル 주선. 중개. 알선¶ 〜人 중개인/ 下宿〜をする 하숙을 주선하다 —業 중개업 —屋 중개업(자)
しゅうせん [終戦] 종전 ⇔ 開戦
しゅうぜん [修繕] 名 他スル 수선. 수리 = 修理¶ 屋根〜をする 지붕을 수선하다
しゅうぜん [愁然] 夕 文 수연. 수심에 잠김
じゅうせん [縦線] 文 종선. 세로줄 ⇔ 横線
じゅうぜん [十全] 夕 십전. 만전. 만반 = 万全¶ 〜の準備 만반의 준비
じゅうぜん [十善] 십선 ①佛 십악(十惡)을 범하지 않음 ②천자의 지위
[慣用句]
—の君 십선지군. 천자(天子)
じゅうぜん [従前] 名 종전
しゅうそ [宗祖] 佛 종조. 종파의 개조
しゅうそ [臭素] 化 취소. 브롬
しゅうそ [愁訴] 名 自スル 文 수소. 애처롭게 호소함¶ 〜の声 애처롭게 호소하는 소리
じゅうそ [重祚] 名 自スル 文 중조. (퇴위한 천황이) 다시 즉위함 = ちょうそ
しゅうそう [秋霜] 추상 ①가을 서리 ②(比) (형벌·위엄 등이) 엄함¶ 〜の威 추상 같은 위엄 ③(比) 번득이는 칼¶ 〜の三尺 추상 삼척. 번득이는 긴 칼 ④(比) 백발 —烈日 (比) 추상 열일. (규율·형벌 등이) 엄정함
しゅうぞう [収蔵] 名 他スル 文 수장 ①(서화 등을) 수중에 간직함¶ 古書を〜する 고서를 수장하다 ②(농작물을) 수확하여 저장함¶ 倉庫に〜を 창고에 수장하다
しゅうぞう [修造] 名 他スル 文 (신사·절의) 중수. 수리함
じゅうそう [住僧] 주승. (절의) 주지
じゅうそう [重奏] 名 他スル 音 중주¶ 弦楽四〜 현악 4중주
じゅうそう [重曹] 化 중조. 중탄산소다
じゅうそう [重層] 名 ダ 文 중층¶ 〜構造 중층 구조
じゅうそう [銃創] 醫 총창. 총상 = 射創¶ 貫通〜を負う 관통 총상을 입다
じゅうそう [縦走] 名 自スル 종주 ①(등산에서) 산등성이를 타고 걸음¶ 北アルプスを〜する 북알프스를 종주하다 ②(산맥 등이) 남북이나 지형이 긴 쪽으로 뻗어 있음¶ —山脈 종주 산맥
しゅうそく [収束] 수속 Ⅰ 名 自スル 결말을 지음. 결말이 남. 수습¶ 事件が〜する 사건이 수속되다 Ⅱ 名 自スル 數 수렴 = 発散
しゅうそく [集束] 名 自スル 物 집속. 광선 다발이 한 점에 모임. 수렴(收斂) ⇔ 発散
しゅうそく [終息·終熄] 名 自スル 종식¶

内紛が〜する 내분이 종식되다
しゅうぞく [習俗] 습속. 풍습¶ 土地の〜 고장의 습속
じゅうそく [充足] 名 自他スル 충족¶ 欲望を〜する 욕망을 충족하다
じゅうそく [充塞] 名 自他スル 文 충색. 가득 차 막힘. 가득 채워 막음
じゅうぞく [従属] 名 自スル 종속¶ 〜的地位 종속적 지위 —栄養 生 종속 영양 ⇔ 独立栄養 —節 文法 종속절
じゅうそつ [従卒] 장교 당번병 = 従兵
しゅうそん [集村] 집촌. 인가가 밀집한 촌락
しゅうたい [醜態] 추태¶ 〜を演じる 추태를 부리다
じゅうたい [重態·重体] 중태¶ 〜に陥る 중태에 빠지다
じゅうたい [紐帯] 文 → ちゅうたい(紐帯)
じゅうたい [渋滞] 名 自スル 정체. 지체¶ 交通〜 교통 정체/ 仕事が〜する 일이 밀리다
じゅうたい [縦隊] 종대¶ 横隊¶ 一列〜¶ 〜に並ぶ 일렬 종대로 늘어서다
じゅうだい [十代] 십대 ①열 세대¶ 〜さかのぼった先祖 10대를 거슬러 올라간 조상 ②제10대. 10대째¶ 〜将軍 10대 장군 ③틴에이저¶ 〜の少女 10대 소녀
じゅうだい [重大] 夕 중대¶ 〜な任務 중대한 임무/ 事の〜さを感じる 일의 중대함을 느끼다 —視 名 他スル 중대시
じゅうだい [重代] 名 他スル 조상 대대. 누대 = 累代¶ 〜の家宝 조상 대대의 가보
しゅうたいせい [集大成] 名 他スル 집대성¶ 研究の〜 연구의 집대성
じゅうたく [住宅] 주택¶ 〜地 주택지/ 〜事情 주택 사정/ 高級〜 고급 주택
しゅうだつ [収奪] 名 他スル 文 수탈
しゅうたん [愁嘆·愁歎] 名 他スル 文 수탄. 한탄하며 슬퍼함. 비탄¶ わが身の悲運に〜する 자신의 비운을 한탄하다 —場 ①劇 비탄하는 장면¶ 〜を演ずる 비탄하는 장면을 연기하다 ②(실생활에서의) 비극적인 국면
しゅうだん [集団] 집단¶ 政治〜 정치 집단/ 〜で押しかける 집단으로 덤벼들다 —検診 醫 집단 검진
じゅうたん [絨毯·絨緞] 융단. 양탄자 —爆撃 軍 융단 폭격
じゅうだん [銃弾] 총탄¶ 〜を浴びせる 총탄을 퍼붓다
じゅうだん [縦断] 名 他スル 종단 ⇔ 横断¶ 大陸を〜する 대륙을 종단하다
しゅうち [周知] 名 他スル 주지¶ 〜の事実 주지의 사실/ 趣旨を〜させる 취지를 주지시키다
しゅうち [羞恥] 수치 —心 수치심¶ 〜を抱く 수치심을 품다
しゅうち [衆知·衆智] 중지¶ 〜を集める 중지를 모으다
しゅうちく [修築] 名 他スル 수축. 개수
しゅうちゃく [祝着] 文 경축. 경하¶ 〜至極

に存じます 경하해 마지 않는 바입니다

**しゅうちゃく** [執着] 名 自スル 집착= しゅうじゃく ¶ ~心 집착심

**しゅうちゃく** [終着] 종착 ¶ ~駅 종착역

**しゅうちゅう** [集中] 名 自他スル ~攻撃 집중 공격 / 精神を~する 정신을 집중하다 —豪雨 宗 집중 호우

**しゅうちゅう** [集注] (文) 집주 I 名 自他スル (주의・힘 등을) 집중함 ¶ 全神経を~する 전신경을 집중하다 II [集*註] 名 주석집= しっちゅう ¶ 論語~ 논어 집주

**じゅうちゅうはっく** [十中八九] → じっちゅうはっく

**しゅうちょう** [*酋長] 추장

**しゅうちん** [*袖珍] (文) ①(造語) 소매・호주머니에 들어갈 만큼 소형임 ②「袖珍本」의 준말 —本 수진본. 포켓판

**じゅうちん** [重鎮] 중진 ¶ 学界の~ 학계의 중진

**じゅうづめ** [重詰(め)] (요리 등을) 찬합에 담음. 그런 요리

**しゅうてい** [舟艇] 주정. 작은 배 ¶ 上陸用~ 상륙용 주정

**しゅうてい** [修訂] 名 他スル 수정 ¶ ~本 수정본

**じゅうてい** [重訂] 名 他スル 중정. 재정 ¶ ~本 중정본

**じゅうてい** [従弟] (文) 종제. 사촌 남동생

**しゅうてん** [秋天] (文) 추천. 가을 하늘

**しゅうてん** [終点] 종점 ⇔ 起点 ¶ ~で降りる 종점에서 내리1

**しゅうでん** [終電] 「終電車」의 준말

**じゅうてん** [充塡] 名 他スル 충전¶ セメントを~する 시멘트를 충전하다

**じゅうてん** [重点] 중점 ①중요한 점 ¶ 品質に~を置く 품질에 중점을 두다 ②(物) (지레) 작용점 ③반복 기호 ▷ヽ 々 등 —主義 중점주의 —的 ナ 중점적

**じゅうでん** [充電] 名 他スル 충전 ①[電] (축전기 등에) 에너지를 저장함 ⇔ 放電 ¶ ~器 충전기 ②지식・기능을 축적함

**しゅうでんしゃ** [終電車] (그날의) 마지막 전차. 막차. = 終電

**しゅうと** [*姑] 시어머니. 장모 = しゅうとめ

**しゅうと** [*舅] 시아버지. 장인

**しゅうと** [囚徒] (文) 죄수, 수인= 囚人

**しゅうと** [宗徒] 종도. 신도

**しゅうと** [衆徒] (文) → しゅうと (衆徒)

**じゅうど** [重度] 名 (文) 중증 ⇔ 軽度 ¶ ~の障害 중증의 장애

**しゅうとう** [周到] 주도. 빈틈이 없음¶ 用意~ 용의 주도 / ~な計画を立てる 빈틈 없는 계획을 세우다

**しゅうどう** [修道] 名 自スル 수도 ¶ ~院 수도원 —会 (기) 수도회

**じゅうとう** [充当] 名 他スル 충당. 채워서 메움 ¶ 借金返済に~する 빚을 갚는 데 충당하다

**じゅうとう** [重盗] [野] 더블 스틸

**じゅうどう** [柔道] 유도

**しゅうとく** [収得] 名 他スル 수득. 취하여 자기것으로 함 ¶ ~罪 점유 이탈물 횡령죄 / 株式を~する 주식을 수득하다

**しゅうとく** [拾得] 名 他スル 습득

**しゅうとく** [修得] 名 他スル 수득 ¶ 柔道의 技を~する 유도 기술을 수득하다

**しゅうとく** [習得] 名 他スル 배워서 터득함 ¶ 運転技術を~する 운전 기술을 습득하다

**しゅうとめ** [*姑] 시어머니, 장모 = しゅうと

**しゅうどり** [^主取り] 名 自スル 새로 주인 (주군)을 섬김

**じゅうなん** [柔軟] ナ 유연 ①부드럽고 나긋나긋함 ¶ ~な身のこなし 유연한 몸놀림 ②융통성이 있음 ¶ ~な態度 유연한 태도 —体操 유연 체조

**じゅうにおんおんかい** [十二音音階] [音] 12음음계. 반음 음계

**じゅうにがつ** [十二月] 12월. 섣달

**じゅうにきゅう** [十二宮] 십이궁

**じゅうにく** [獣肉] 수육. 짐승의 고기

**じゅうにし** [十二支] ①십이지 ②[佛] 십이 인연 —縁起 [佛] 십이 연기. 십이 인연

**じゅうにしちょう** [十二指腸] [醫] 십이지장¶ ~濃瘍 십이지장 궤양 —虫 십이지장충

**じゅうにしと** [十二使徒] [基] 십이 사도

**じゅうにしんしょう** [十二神将] [佛] 십이 신장

**じゅうにしんほう** [十二進法] [數] 십이진법

**じゅうにひとえ** [十二^単] 옛날 궁녀의 정장

**じゅうにぶん** [十二分] ナ 충분함 ¶ ~の成果を上げる 충분한 성과를 올리다

**しゅうにゅう** [収入] 수입 ⇔ 支出 ¶ 固定~ 고정 수입 —印紙 수입 인지 —役 市・町・村의 회계 사무 공무원

**しゅうにん** [就任] 名 自スル 취임 ¶ ~演説 취임 연설 / 社長に~する 사장에 취임하다

**じゅうにん** [十人] 십인. 열 사람 —十色 각인 각색 ¶ ~のくせ 각인 각색의 버릇 —並み (용모・재능 등이) 보통임. 평범함

**じゅうにん** [住人] 주민. 거주자

**じゅうにん** [重任] 중임 I 名 중요한 임무. 중책 ¶ ~を果たす 중임을 다하다 II 名 自スル 연임. 재임 ¶ ~を妨げない 연임도 무방하다

**しゅうねく** [執^念く] 圖 끈질기게 ¶ ~つきまとう 끈질기게 따라다니다

**しゅうねん** [周年] ①만 1년, 1주기 ②(助數)《수를 나타내는 말에 붙어》…주년 ¶ 開業十~記念 개업 10주년 기념

**しゅうねん** [執念] 집념 ¶ ~を燃やす 집념을 불태우다 / ~が実る 집념이 결실을 맺다 —深い 形 집념이 강하다. 집요하다

**しゅうねん** [十念] [佛] 십념. 나무아미타불을 열 번 욈. 정성 들여 외는 염불

**じゅうねんいちじつ** [十年一日] 10년이 하루 같음

**じゅうねんひとむかし** [十年一昔] 10년이면 제법 옛날

**しゅうのう** [収納] 名 他スル 수납 ①(금품 등을)

수령함¶ ~伝票でん 수납 전표 ②(농작물을) 거두어 들임; 수확 ③(물건을) 챙겨 넣음¶ ~庫 수납고
じゅうのう【十能】 부삽
じゅうのうしゅぎ【重農主義】[史] 중농주의
しゅうは【宗派】 종파¶ ~争あらそい 종파 싸움
しゅうは【秋波】 (文) 추파 ①미인의 맑은 눈매 ②(여성의) 요염한 눈길 = 流ながし目め・色目いろめ
[慣用句]
―を送おくる 추파를 보내다
じゅうは【銃把】 (文) 총목, 사격할 때 쥐는 개머리판의 일부분
しゅうはい【集配】 [名][他スル] 집배¶ 郵便ゆうびん~人にん 우편 집배원
しゅうばく【就縛】 [名][自スル] (文) 취박, 잡혀서 묶임, 포박됨
じゅうばくげきき【重爆撃機】[軍] 중폭격기
じゅうばこ【重箱】 찬합 ―読よみ 두 글자로 된 한자 숙어를 윗 글자는 음으로 아래 글자는 훈으로 읽는 법 ▷「粗品そしな・作柄さくがら」등
[慣用句]
―の隅すみを楊枝ようじでほじくる 찬합 구석을 이쑤시개로 후비다
しゅうバス【終バス】(그날의) 마지막 버스, 막차¶ ~に乗のり遅おくれる 막차를 놓치다
しゅうはすう【周波数】[電] 주파수¶ ~変調へんちょう 주파수 변조
じゅうはちきん【十八金】[工] 십팔금
じゅうはちばん【十八番】 십팔번, 장기(長技)
しゅうはつ【終発】 종발. (전차・버스 등의) 마지막 발차, 막차
しゅうばつ【秀抜】 [?] (文) 수발. 뛰어나게 우수함, 발군¶ ~な成績せいせき 썩 뛰어난 성적
しゅうばつ【修祓】 [名][自スル](文) → しゅうふつ
じゅうばつ【重罰】 중벌
じゅうはっぱん【十八般】 십팔반 ①(옛날 중국의) 십팔기(十八技) ②(造語) 무예 전반¶ 武芸ぶげい~に通つうずる 무예 전반에 통달하다
しゅうばん【終盤】 종반 ①(바둑 등에서) 승부가 끝날 무렵의 국면 ②최종 단계¶ 選挙戦せんきょせん が~を迎むかえる 선거전이 종반을 맞이하다
しゅうばん【週番】 주번¶ ―制せい 주번제
じゅうはん【重犯】 중범 ①중죄, 중죄인 ②재범, 재범자
じゅうはん【重版】 [名][他スル][版] 중판, 재판 ⇔ 初版しょはん ¶ ~を重かさねる 중판을 거듭하다
じゅうはん【従犯】 [法] 종범, 방조범 ⇔ 正犯しょうはん・主犯しゅはん ¶ 事後じご~ 사후 종범
しゅうび【愁*眉】 (文) 수미, 근심으로 찌푸린 눈썹, 근심스러운 얼굴
[慣用句]
―を開ひらく 수미를 펴다, 안심하다
じゅうひ【獣皮】 수피, 짐승 가죽
しゅうひょう【衆評】 (文) 중평, 많은 사람의 비평, 세평
じゅうびょう【重病】 중병¶ ~患者かんじゃ 중병 환자
しゅうふ【醜婦】 (文) 추부, 추녀 = 醜女しゅうじょ
しゅうふう【宗風】 종풍 ①각 종파의 풍습 ②각 유파의 전통적인 격식
しゅうふう【秋風】 (文) 추풍, 가을 바람 = あきかぜ = 索莫さくばく ふう (文) 추풍 삭막
しゅうふく【修復】 [名][他スル] 수복 ①본래의 좋은 관계를 회복함¶ 国交こっこう~ 국교 수복 ②복원¶ 山門さんもんを~する 산문을 복원하다
じゅうふく【重複】 [名][自スル] → ちょうふく
しゅうふつ【修祓】 [名][自スル](文) (神道しんとうに서) 목욕 재계
しゅうぶん【秋分】 추분 ―点てん [天] 추분점 ―の日ひ 추분날 ▷ 본디는「秋季皇霊祭しゅうきこうれいさい」
しゅうぶん【醜聞】 추문 = スキャンダル
じゅうぶん【十分・充分】 [?][副] 십분, 충분¶ ~な休養きゅうよう 충분한 휴양/ それで~間に合あう 그것이면 충분히 쓸 수 있다 ―条件じょうけん [論][数] 충분 조건
しゅうぶん【重文】 ①[文法] 중문 ②「重要文化財じゅうようぶんかざい」의 준말. 중요 문화재
しゅうへき【周壁】 주벽, 둘레의 벽
しゅうへき【習癖】 습벽, 버릇
しゅうへき【*褶襞】 (文) 습벽. (산맥・옷・혁 등의) 주름
しゅうへん【周辺】 주변¶ 都市としの~ 도시 주변/ ~の事情じじょうを考慮こうりょする 주변 사정을 고려하다 ―人じん 주변인
じゅうべんか【重弁花】[植] 중판화. 겹꽃
しゅうほ【修補】 [名][他スル](文) 수보, 보수¶ 寺てらを~する 절을 보수하다
しゅうほ【*襲歩】 습보. (마술에서) 말의 가장 빠른 구보(驅步) = ギャロップ
じゅうぼいん【重母音】[文法] 중모음, 이중 모음
しゅうほう【秀峰】 (文) 수봉, 아름다운 봉우리
しゅうほう【宗法】 종법, 종문의 법규, 종규
しゅうほう【週報】 ①주간 보고(서) ②주간 정기 간행물¶ 社内しゃない~ 사내 주보
しゅうぼう【衆望】 (文) 중망, 많은 사람의 기대 = 信望しんぼう ¶ ~にこたえる 중망에 보답하다
じゅうほう【什宝】 (文) 보물로서 소중히 간직하는 기물, 비장의 보물 = 什物じゅうもつ
じゅうほう【重宝】 (文) 중보, 귀중한 보물
じゅうほう【重砲】[軍] 중포, 구경이 큰 대포¶ ~隊たい 중포대
じゅうほう【銃砲】 총포 ①소총과 대포 ②총기¶ ~店てん 총포점
じゅうぼく【従僕】 종복, 남자 하인
シューマイ【焼売】 [料] 슈마이, 중국식 찐만두
じゅうまい【従妹】 종매, 사촌 누이 동생
じゅうまいめ【十枚目】[相]「十両じゅうりょう」의 딴이름
しゅうまく【終幕】 종막 ①(연극의) 마지막 막 ②연극이 끝남, 폐막 ③(사건 등의) 종말¶ ~を告つげる 종막을 고하다
しゅうまつ【終末】 종말, 끝¶ 事件じけんの~ 사건의 종말 ―観かん [宗] 종말관, 종말론
しゅうまつ【週末】 주말¶ ~旅行りょこう 주말 여행
じゅうまん【充満】 [名][自スル] 충만, 가득참¶ ガスが~する 가스가 가득 차다
じゅうまんおくど【十万億土】[佛] 십만억토, 극락정토

しゅうみ [臭味] (文) ①악취. 고약한 냄새 ② (몸에 밴) 좋지 않은 기질. 티 ¶ 成り金の～ 벼락 부자 티
しゅうみつ [周密] (7)(文) 주밀. 주도 면밀함 ¶ ～な計画 주밀한 계획
しゅうみん [就眠] 名自スル(文) 취면. 잠이 듦. 잠을 잠 ¶ ～時間 취면[수면] 시간
じゅうみん [住民] 주민. ━基本台帳 주민 등록 대장 ━税 주민세 ━投票 주민 투표 ━登録 주민 등록 ━票 주민표. 주민 등록표
しゅうむ [宗務] 종무. 종교상의 사무
しゅうめい [醜名] (文) 추명. 오명. 추문 ¶ ～を流す 추문을 뿌리다
しゅうめい [襲名] 名他スル 습명. 선대의 이름을 계승함 ¶ ～披露公演 습명 피로 공연
じゅうめん [渋面] 찌푸린 얼굴 = しかめっつら ¶ ～を作る 얼굴을 찌푸리다
しゅうもう [衆盲] (文) 중맹 ①많은 장님 ②많은 어리석은 사람. 우중(愚衆)
慣用句
━象を摸す 장님이 코끼리 만지듯 하다
じゅうもう [*絨毛] [醫] 융모 ━診断 [醫] 융모 진단
しゅうもく [衆目] 중목. 뭇사람의 눈[견해] = 十目 ¶ ～の一致するところ 중목이 일치하는 바
じゅうもく [十目] (文) 중목. 뭇사람의 눈
慣用句
━の見る所、十手の指す所 모두가 보고 지적하는 바
しゅうもち [*主持ち] 주인을 섬기는 신분. 그런 사람 = 主人持ち
じゅうもつ [*什物] (文) ①집물. 집기 = 什器 ②비장의 보물 = 什宝
しゅうもん [宗門] 종문. 종파. 종지(宗旨) ━改め [日史] 江戸 시대에 幕府가 기독교 금지를 위해 실시한 신앙 조사 제도
じゅうもんじ [十文字] 십자형. 열십자 모양 ¶ 道が～に交差する 길이 열십자 모양으로 교차하다
しゅうや [秋夜] (文) 추야. 가을밤
しゅうや [終夜] 종야. 철야. 밤새껏 ¶ ～運転 밤샘 운전 / ━営業 철야 영업
じゅうや [十夜] (정토종에서) 음력 10월 6일부터 열흘 밤낮으로 염불을 외는 법회 = お十夜 ━念仏 [佛] 「十夜」 때 밤낮으로 염불을 욈. 그런 염불
しゅうやく [集約] 名他スル 집약 ¶ 意見を～する 의견을 집약하다 ━農業 집약 농업
じゅうやく [十薬] ①「どくだみ」의 딴이름 ② 「どくだみ」로 만든 생약
じゅうやく [重役] 중역. 중임 ¶ ～を引き受ける 중책을 떠맡다 ②(회사의) 임원 ¶ ━会議 중역 회의
じゅうやく [重訳] 名他スル 중역. 이중 번역
じゅうゆ [重油] 중유
しゅうゆう [舟遊] 名自スル(文) 주유. 뱃놀이

しゅうゆう [周遊] 名自スル 주유. 유람 ¶ 世界～ 세계 주유 ━券 주유권
しゅうゆのひせき [終油の秘跡] [가] 종부 성사
しゅうよう [収用] 名他スル(文) 수용 ¶ 土地～法 토지 수용법
しゅうよう [収容] 名他スル 수용 ¶ ～人員 수용 인원 ━所 수용소
しゅうよう [修養] 名他スル 수양 ¶ 精神～ 정신 수양 / ～を積む 수양을 쌓다
しゅうよう [襲用] 名他スル 습용. 답습 ¶ 古来の方法の～ 고래의 방법의 답습
じゅうよう [充用] 名他スル 충용. 충당 ¶ 収益を借金の返済に～する 수익을 빚 갚는 데 충당하다
じゅうよう [重用] 名他スル(文) → ちょうよう
じゅうよう [重要] 名 중요 ¶ ～人物 중요 인물 / ～な事項 중요한 사항 ━参考人 [法] 중요 참고인 ━視 名他スル 중요시 ━性 중요성 ━文化財 중요 문화재 ━無形文化財 중요 무형 문화재
じゅうよく [獣欲] 수욕. 동물적 욕망. 성욕
しゅうらい [襲来] 名自スル 습래. 내습
じゅうらい [従来] 副 종래. 이제까지. 종전 ¶ ～どおり 종전대로 / ～の方針に従う 종래의 방침에 따르다
しゅうらく [集落・*聚落] ①취락 ¶ ～遺跡 취락 유적 ②[生] 배양기에서 번식된 세균 집단
しゅうらん [収攬] 名他スル 수람. (사람들의 마음을) 끌어 모음 ¶ 人心を～する 인심을 끌어 모으다
じゅうらん [縦覧] 名他スル(文) 종람. 자유로이 열람함[봄] ¶ 住民票の～ 주민 등록표의 종람
しゅうり [修理] 名他スル 수리
しゅうりょ [囚虜] (文) 수로. 포로 = 捕虜 ¶ ～の身となる 포로 신세가 되다
しゅうりょう [収量] 수량. 수확량 ¶ 単位面積当たりの～ 단위 면적당 수확량
しゅうりょう [秋涼] (文) 추량 ①가을의 서늘함. 서늘한 가을 바람 ¶ ～の候 추량지절 ②음력 8월
しゅうりょう [修了] 名他スル 수료 ¶ ～式. 수료식 / 修士課程の～ 석사 과정 수료
しゅうりょう [終了] 名自他スル 종료. 끝남. 끝냄 ¶ 試合を～する 경기가 종료되다
しゅうりょう [終漁] (文) 종어. 그 어기(魚期)의 고기잡이가 끝남
じゅうりょう [十両] [相撲] 関取의 최하위로 幕下보다 위 幕内보다 아래의 사이 = 十枚目
じゅうりょう [重量] 중량 ①무게 ¶ ～をはかる 중량을 달다 ②무거움 ¶ ━級のボクサー 중량급 복서 ③[物] 물체에 작용하는 중력의 크기 ━挙げ 역도 ━トン [文] 중량 톤수
じゅうりょう [銃猟] (文) 총렵. 엽총 사냥
じゅうりょうぜい [従量税] [経] 종량세
しゅうりょく [衆力] (文) 중력. 뭇사람의 힘
じゅうりょく [重力] [物] 중력 ━質量 [物] 중력 질량 ━ダム [工] 중력댐

**じゅうりん** [˚蹂˚躙] 名他スル 유린 ①짓밟음¶国土を～する 국토를 유린하다 ②폭력으로 권리를 침해함¶人権の～ 인권 유린

**しゅうるい** [醜類] 文 추류. 추한 무리

**じゅうるい** [獣類] 수류. 짐승

**しゅうれい** [秀麗] 名ノ文 수려. 眉目～ 미목 수려/～な山の姿が 수려한 산의 모습

**しゅうれい** [秋冷] 文 추랭. 가을의 서늘함¶～の候だ 추랭지절

**じゅうれつ** [縦列] 종렬¶～駐車 종렬 주차

**しゅうれっしゃ** [終列車] 마지막 열차, 막차

**しゅうれん** [收˚斂] 名自他スル 수렴 ①수축¶血管の～ 혈관의 수렴 ②(여러 사항이) 하나로 집약됨¶意見の～を見る 의견의 수렴을 보다 ③～ 수속 —剤 『薬』 수렴제

**しゅうれん** [修練·修鍊] 名他スル 수련¶心身の～ 심신의 수련/～を積む 수련을 쌓다

**しゅうれん** [習練] 名他スル 습련. 연습¶～の たまものだ 연습한 덕택이다

**しゅうろう** [就労] 名自スル 취로. 노동에 종사함¶～時間 취로 시간

**じゅうろうどう** [重労働] 중노동

**しゅうろく** [收録] 名他スル 수록 ①(책 등에) 게재함¶～集に～する 가집에 수록하다 ②녹음·녹화함¶特別番組の～をしたテープ 특별 프로그램을 수록한 테이프

**しゅうろく** [集録] 名他スル 집록. 모아서 기록함¶昔話の～ 옛날 이야기의 집록

**じゅうろくささげ** [十六〈大角豆〉] 『植』삼척광저기

**じゅうろくしんほう** [十六進法] 『数』 십육진법

**じゅうろくぶおんぷ** [十六分音符] 『音』 십육분 음표

**じゅうろくミリ** [十六ミリ] 16밀리 필름 [영화]

**じゅうろくむさし** [十六指·十六〈武蔵〉] 고누놀이＝十六目石

**じゅうろくらかん** [十六羅漢] 십육 나한

**しゅうろん** [宗論] 『佛』 종론. 종의(宗義)에 관한 논쟁

**しゅうろん** [衆論] 文 중론

**しゅうわい** [收賄] 名自他スル 수회. 뇌물을 받음¶～事件 수회 사건 —罪 『法』 수회죄

**じゅうわり** [十割] 10할. 100 퍼센트

**しゅえい** [守衛] 수위

**しゅえい** [˚輸˚贏] 文 수영. 이김과 짐, 승부

**しゅえき** [受益] 수익¶～証券 수익 증권 —者 ·負担 『經』 수익자 부담

**じゅえき** [樹液] 수액

**しゅえん** [主演] 名自スル 주연¶～俳優 주연 배우

**しゅえん** [酒宴] 文 주연. 술잔치＝さかもり¶～を張る 주연을 베풀다

**しゅおん** [主音] 『音』 주음. 으뜸음

**しゅおん** [主恩] 文 주은. 주인·주군의 은혜¶～に報いる 주은에 보답하다

**しゅか** [主家] 주가. 주인·주군의 집¶～の 没落す 주가의 몰락

**しゅか** [酒家] 文 ①술꾼, 주객＝さけのみ ②주가. 주점. 술집

**しゅが** [主我] 주아 ①이기(利己)¶～主義 주아주의, 이기주의 ②『哲』 자아＝エゴ

**しゅが** [珠芽] 『植』 주아＝むかご

**しゅか** [儒家] 文 유가, 유학자, 유학자 집안

**じゅか** [樹下] 文 수하. 나무 밑¶～石上 수하 석상, 고난을 무릅쓰고 불도를 닦음

**しゅかい** [首˚魁] 文 ①수괴, 주모자, 괴수¶反乱軍の～ 반란군의 수괴 ②선구＝さきがけ

**じゅかい** [受戒] 名自スル 『佛』 수계. 계율을 받음 ⇔ 授戒¶～会 수계 법회

**じゅかい** [授戒] 名自スル 『佛』 수계. 계율을 줌

**じゅかい** [樹海] 수해. (바다처럼) 넓고 넓은 숲¶～が広がる 수해가 펼쳐지다

**しゅがいねん** [種概念] 『論』 종개념

**しゅかく** [主客] 주객 ①주인과 손님 ②주된 것과 부수적인 것 ③주관과 객관, 주체와 객체 ④『文法』 주어와 목적어 ▷「しゅきゃく」라고도 함 —転倒 名自スル 주객 전도

**しゅかく** [主格] 『文法』 주격

**しゅかく** [酒客] 文 주객. 술꾼＝さけのみ

**じゅがく** [儒学] 유학¶～者 유학자

**しゅかん** [手簡·手翰] 文 수한. 서한, 편지

**しゅかん** [主幹] 주간¶編集～ 편집 주간

**しゅかん** [主管] 名他スル 주관. 주무¶～する官庁 주관하는 관청

**しゅかん** [主観] 주관 ⇔ 客観¶個人の～ 개인의 주관/～がまじる 주관이 섞이다 —性 주관성 —的 ·주관적

**しゅかん** [首巻] 文 수권. 제1권, 첫째 권

**しゅがん** [主眼] 주안¶～点 주안점/福祉に～を置いた予算 복지에 주안을 둔 예산

**じゅかん** [儒官] 文 유관. 유학을 가르치던 벼슬아치

**じゅかん** [樹幹] 文 수간. 나무 줄기

**しゅき** [手記] 수기¶獄中～ 옥중 수기

**しゅき** [酒気] 주기 ①술기운, 취기¶～を帯びる 주기를 띠다/～ます 취기를 깨다 ②술내¶～を放く 술내를 풍기다

**しゅき** [酒器] 주기. 술 마시는 데 쓰는 그릇

**しゅぎ** [手技] 文 손재주, 손기술

**しゅぎ** [主義] 주의¶社会～ 사회주의/～主張 주의 주장 —者 주의자

**じゅき** [授記] 『佛』 수기. 부처가 제자에게 미래의 성불(成佛)을 예언하는 일

**しゅきゃく** [主客] → しゅかく (主客)

**しゅきゅう** [守旧] 文 수구. 보수¶～的 수구적/～派 수구파

**しゅきゅう** [首級] 文 수급. 싸움터에서 벤 적군의 머리¶～を挙げる 수급을 얻다

**じゅきゅう** [受給] 名他スル 수급. 수령¶年金の～資格 연금의 수급 자격

**じゅきゅう** [需給] 수급. 수요와 공급¶～の均衡 수급의 균형

**しゅきょう** [主教] 『宗』 (그리스 정교회·성공회의) 주교¶大～ 대주교

**しゅきょう** [酒興] 주흥

**しゅぎょう** [修行] 名自スル 수행 ①『佛』 불도를 닦음¶～を積む 수행을 쌓다 ②학예·

**しゅぎょう**[修業] 名 自スル → しゅうぎょう
**じゅぎょう**[儒教] 유교
**じゅぎょう**[受業] 名 自スル (文) 수업. (학문·기예 등의) 가르침을 받음¶ ～生ᵏ 수업생
**じゅぎょう**[授業] 名 自スル 수업¶ 国語ᵏく～を受ける 국어 수업을 받다 —料ᵏ 수업료
**しゅぎょく**[珠玉] (文) 주옥 ①진주와 보석 ② 名 아름다운 것, 뛰어난 것, 고귀한 것¶ ～の短編ᵏ 주옥 같은 단편
**しゅきん**[手巾] (文) 수건, 손수건
**しゅく**[叔] 音 シュク | (음)숙. (造語) ①부모의 손아래 형제·자매¶ 叔父ᵏ 숙부·叔母ᵏ 숙모 ②형제 중의 셋째¶ 伯仲ᵏ叔季ᵏ 백중숙계 熟字訓 叔父ᵏ 숙부·叔母ᵏ 숙모
**しゅく**[祝] 音 シュク·シュウ(シウ) 訓 いわう | (음)축. (造語) ①축하하다, 축하, 축복¶ 祝賀ᵏ 축하·祝辞ᵏ 축사·祝杯ᵏ 축배 ②신에게 고하는 사람·말¶ 巫祝ᵏ 무축 熟字訓 祝詞ᵏ 축문
**しゅく**[宿] 音 シュク 訓 やど·やどる·やどす | (음)숙, 수. I (造語) ①머무르다, 숙박하다, 묵다¶ 宿直ᵏ 숙직·合宿ᵏ 합숙 ②묵는 곳, 숙소¶ 下宿ᵏ 하숙·旅館ᵏ 여관 ③원래부터의, 이전부터의¶ 宿願ᵏ 숙원·宿題ᵏ 숙제 ④전세부터의¶ 宿縁ᵏ 숙연 ⑤연공을 쌓은, 여러 해 묵은¶ 宿老ᵏ 숙로 ⑥별자리¶ 二十八宿ᵏ 이십팔수 熟字訓 宿直ᵏ 번(番)·宿酔ᵏ 숙취 II 숙소, 여관, 역참¶ 品川ᵏ の～ 品川의 역참
**しゅく**[淑] 音 シュク | (음)숙. (造語) ①좋음, 정숙함, 얌전함¶ 淑女ᵏ 숙녀·貞淑ᵏ 정숙 ②따르다, 우러르다¶ 私淑ᵏ 사숙
**しゅく**[粛][肅] 音 シュク | (음)숙. (造語) ①삼가다, 바로잡다, 정중하다¶ 粛清ᵏ 숙청·厳粛ᵏ 엄숙 ②상대에게 경의를 표하는 말¶ 粛啓ᵏ 숙계·粛拝ᵏ 숙배
**しゅく**[縮] 音 シュク 訓 ちぢむ·ちぢまる·ちぢめる·ちぢれる·ちぢらす | (음)축. (造語) ①줄임, 줌, 작아짐¶ 圧縮ᵏ 압축·伸縮ᵏ 신축 ②위축하다, 접먹다¶ 畏縮ᵏ 외축·萎縮ᵏ 위축 ▷ 熟字訓 縮緬ᵏ 크레이프
**じゅく**[塾] 音 ジュク | (음)숙. I (造語) 학생을 가르치는 사설 학원, 塾舎ᵏ 숙사·私塾ᵏ 사숙 II 학생을 가르치는 사설 학원¶ 英語ᵏ の～ 영어 학원 / ～に通ᵏ う 학원에 다니다
**じゅく**[熟] 音 ジュク 訓 うれる | (음)숙. (造語) ①삶다, 익히다¶ 半熟ᵏ 반숙 ②충분히 실하다, 발육하다¶ 熟柿ᵏ 숙시·成熟ᵏ 성숙 ③충분히, 곰곰이¶ 熟考ᵏ 숙고·熟読ᵏ 숙독 ④익숙하다¶ 熟達ᵏ 숙달·熟練ᵏ 숙련 熟字訓 熟寝ᵏ 숙면
**しゅくあ**[宿痾] (文) 숙아. 숙환, 지병
**しゅくあく**[宿悪] (文) 숙악. 전부터 저질러 온 나쁜 짓, 구악
**しゅくい**[祝意] (文) 축의¶ ～を表ᵏ す 축의를 표하다

**しゅくい**[宿意] (文) ①숙의, 숙원(宿願)¶ ～を遂ᵏ げる 숙원을 이루다 ②묵은 원한, 숙원(宿怨)¶ ～を晴ᵏ らす 숙원을 풀다
**しゅくう**[宿雨] (文) 숙우 ①장마= ながあめ ②간밤부터 내리는 비
**しゅくう**[殊遇] (文) 수우. 특별한 대우·대접
**しゅくうん**[宿運] (文) 숙운. 숙명
**しゅくえい**[宿営] 名 自スル 숙영 ①군대가 진영에서 숙박함, 그런 진영 ②군대가 병영 밖에서 숙박함¶ 野外ᵏ に～する 야외에서 숙영하다
**しゅくえき**[宿駅] 〔日史〕역참= 宿場ᵏ
**しゅくえん**[祝宴] (文) 축연. 축하연¶ ～を催ᵏ す 축연을 열다
**しゅくえん**[祝筵] (文) 축연(祝宴). 축연의 자리¶ ～に列ᵏ る 축연에 참석하다
**しゅくえん**[宿怨] (文) 숙원¶ ～を晴ᵏ らす 숙원을 풀다
**しゅくえん**[宿縁] 〔佛〕숙연. 전세의 인연
**しゅくが**[祝賀] 名 他スル 축하
**しゅくがく**[宿学] (文) 숙학. 석학
**しゅくがく**[粛学] 名 自スル (文) 대학 내부를 숙정(肅正)함
**しゅくかご**[宿駕籠] (江戸ᵏ 시대의) 역참 사이를 왕래하던 조잡한 가마= 雲助ᵏ かご
**しゅくがん**[宿願] (文) 숙원¶ ～を遂ᵏ げる 숙원을 이루다
**じゅくぎ**[熟議] 名 他スル (文) 숙의¶ ～を重ᵏ ねる 숙의를 거듭하다
**しゅくけい**[粛啓] (文) 편지 서두에 쓰는 인사말. 숙계. 근계
**しゅくげん**[縮減] 名 他スル 축감. 감축¶ 計画ᵏ の～を迫ᵏ られる 계획의 감축을 강요받다
**じゅくご**[熟語] (文法) 숙어 ①둘 이상의 말이 결합된 말 ②관용구, 성구 ③둘 이상의 한자로 된 한자어¶「法律ᵏ ·科学ᵏ」 등= 熟字ᵏ
**しゅくごう**[宿業] 〔佛〕숙업. 현세에서 받는 고락의 원인이 되는 전세의 업= すくごう
**しゅくごう**[縮合] 名 自スル 〔化〕축합
**しゅくこん**[宿根] 숙근 ①〔佛〕전세에서 이미 정해진 기근(機根) ②태생, 성장 과정¶ 一草ᵏ → しゅっこんそう
**しゅくさいじつ**[祝祭日] 축제일 ①축일과 제일 ②국경일 ▷「国民ᵏ の祝日ᵏ」에 해당
**しゅくさつ**[縮刷] 名 他スル 축쇄¶ 新聞ᵏ の～版ᵏ 신문의 축쇄판
**しゅくし**[祝詞] (文) 축사= 祝辞ᵏ
**しゅくし**[宿志] (文) 숙지. 숙망¶ ～を遂ᵏ げる 숙지를 이루다
**しゅくじ**[祝辞] 축사= 祝詞ᵏ ¶ 来賓ᵏ の～ 내빈의 축사
**じゅくし**[熟思] 名 他スル (文) 숙사. 숙고. 숙려
**じゅくし**[熟柿] 잘 익은 감 —臭ᵏ い 形 (술에 취해) 퀴퀴한 냄새가 나다
**じゅくし**[熟視] 名 他スル 응시, 눈여겨 봄
**じゅくじ**[熟字] → じゅくご(熟語) ③ —訓ᵏ 熟字를 낱낱의 한자로 읽지 않고 합쳐서 하나의 훈으로 읽는 일 ▷「七夕ᵏ·昨日ᵏ」 등

**しゅくじつ** [祝日] 축일. (특히) 경축일¶ 国民みんの~ 국경일

**しゅくしゃ** [宿舎] 숙사 ①숙소¶ 選手せんしゅの~ 선수의 숙소 ②특정인을 위해 건축된 주택¶ 公務員こうむいんの~ 공무원 숙사

**しゅくしゃ** [縮写] 名他スル 축사. 축소하여 찍음, 그런 것¶ 図面ずめんを二分にぶんの一いちに~する 도면을 2분의 1로 축사하다

**じゅくしゃ** [塾舎] 숙사. 기숙사

**しゅくしゃく** [縮尺] 名他スル 축척 ⇔ 現尺げんしゃく¶ ~五万分ごまんぶんの一いち 축척 5만분의 1

**しゅくしゅ** [宿主] (生) 숙주= やどぬし

**しゅくしゅく** [粛粛] (文) 숙 ①마음을 잡고 삼가는 모양 ②엄숙하고 조용함, 숙연함¶ ~と歩あゆむ 숙연하게 걷다

**しゅくしょ** [宿所] (文) 숙소= やど¶ ~をきめる 숙소를 정하다

**しゅくじょ** [淑女] 숙녀 ⇔ 紳士しんし

**しゅくしょう** [祝勝·祝*捷] 축승. 축첩. 승리를 축하함¶ ~会かいを催もよおす 축하회를 열다

**しゅくしょう** [宿将] (文) 숙장. 경험이 많고 실력 있는 대장, 노련한 사람, 노장(老將)

**しゅくしょう** [縮小] 名他スル 축소 ⇔ 拡大かくだい¶ 規模きぼ~ 규모 축소

**しゅく・す** [祝す] 他五(文) → しゅくする

**しゅく・す** [宿す] 自他五(文) 묵다, 유숙하다, 묵게 하다, 머물게 하다

**しゅくず** [縮図] 축도 ①축소하여 그린 그림: 지도¶ ~法ほう 축도법 ②(比) 단적으로 표현한 것¶ 人生じんせいの~ 인생의 축도

**じゅく・す** [熟す] 自五(文) → じゅくする

**しゅくすい** [宿酔] (文) 숙취= 二日酔ふつかよい

**じゅくすい** [熟睡] 名自スル 숙수, 숙면

**しゅく・する** [祝する] 他サ変 축하하다, 축복하다= いわう¶ 前途ぜんとを~·して乾杯かんぱいする 전도를 축복하며 건배하다

**じゅく・する** [熟する] 自サ変 ①(과실이) 익다¶ よく~·した柿かき 잘 익은 감 ②숙달되다, 익숙해지다¶ 業わざに~ 일에 숙달되다 ③(기회 등이) 무르익다¶ 機*きが~ 시기가 무르익다

**しゅくせ** [宿世] [佛] 숙세= すくせ

**じゅくせい** [夙成] (文) 숙성. 어릴 때부터 출중하여 어른스러움, 조숙

**しゅくせい** [粛正] 名他スル 숙정¶ 綱紀こうき~ 강기 숙정

**しゅくせい** [粛清] 名他スル 숙청¶ 反対派はんたいはを~する 반대파를 숙청하다

**じゅくせい** [塾生] 숙생. 사숙에서 배우는 학생

**じゅくせい** [熟成] 名自スル 숙성 ①무르익음¶ 機運きうんが~する 기운이 무르익다 ②(된장·술 등이) 잘 익음¶ ~した原酒げんしゅ 숙성된 원주

**しゅくせつ** [宿雪] (文) 숙설. 잔설

**しゅくぜん** [宿善] [佛] 숙선. 전세의 선행

**しゅくぜん** [粛然] (文) 숙연 ①삼가 두려워하는 모양¶ ~として襟えりを正ただす 숙연히 옷을 여미다 ②엄숙하고 조용한 모양¶ ~と行進こうしんする 숙연하게 행진하다

**しゅくだい** [宿題] 숙제. 과제¶ その件けんは今後こんごの~にする 그 건은 앞으로의 숙제로 한다

**じゅくたつ** [熟達] 名自スル 숙달. 技芸ぎげいに~する 기예에 숙달하다

**じゅくだん** [熟談] 名自スル(文) 숙담. 숙의(熟議)¶ ~して解決かいけつする 숙의하여 해결하다

**じゅくち** [熟知] 名他スル 숙지, 잘 앎¶ 事情じじょうは~している 사정은 잘 알고 있다

**しゅくちょく** [宿直] 名自スル 숙직¶ ~室しつ 숙직실/ ~当番とうばん 숙직 당번

**しゅくつぎ** [宿継ぎ] 名自スル (짐이나 사람을) 역참에서 역참으로 송달하던 일

**しゅくてき** [宿敵] 숙적¶ ~を倒たおす 숙적을 쓰러뜨리다

**しゅくてん** [祝典] 축전. 축하 의식¶ ~を挙あげる 축전을 거행하다

**しゅくでん** [祝電] 축전¶ ~を打うつ 축전을 치다

**じゅくでん** [熟田] (文) 숙전. 잘 경작된 논

**しゅくとう** [祝*禱] [改新] 축도. 축복 기도

**じゅくとう** [塾党] 名自スル(文) 숙당

**しゅくとう** [塾頭] 숙두 ①사숙(私塾)의 책임자 ②숙생의 우두머리

**しゅくとく** [淑徳] (文) 숙덕. (여성의) 정숙하고 단아한 미덕

**じゅくどく** [熟読] 名他スル 숙독¶ 名作めいさくを~する 명작을 숙독하다 **一玩味**がんみ 숙독 완미. 글을 잘 읽고 내용을 깊이 음미함

**しゅくとして** [粛として] 副(文) 숙연히¶ ~声こえなし 숙연히 말이 없다

**しゅくば** [宿場] (옛날에) 주요 가도 요소에 두었던 역참= 宿駅しゅくえき **一町**まち 역참을 중심으로 발달한 시가

**しゅくはい** [祝杯·祝*盃] 축배¶ ~をあげる 축배를 들다

**しゅくはく** [宿泊] 名自スル 숙박¶ ~施設しせつ 숙박 시설/ 一晩ひとばん~する 하룻밤 숙박하다

**じゅくばん** [熟*蕃] (文) 숙번. 교화되어 순응하는 원주민 ⇔ 生蕃せいばん

**しゅくふ** [叔父] (文) 숙부, 삼촌, 외삼촌= おじ

**しゅくふく** [祝福] 名他スル 축복 ①행복을 빎¶ 前途ぜんとを~する 전도를 축복하다 ②[基] 신의 은총을 받음, 그런 은총

**しゅくへい** [宿弊] 숙폐. 오랜 폐단¶ 積年せきねんの~を除のぞく 오랜 숙폐를 없애다

**しゅくべん** [宿便] [醫] 숙변

**しゅくぼ** [叔母] 숙모. 고모, 이모= おば

**しゅくほう** [祝砲] 축포¶ ~を放はなつ 축포를 쏘다

**しゅくぼう** [宿坊] 숙방. 참배자가 묵는 절의 숙사

**しゅくぼう** [宿望] (文) 숙망, 숙원¶ ~を遂とげる 숙망을 이루다

**じゅくみん** [熟眠] 名自スル(文) 숙면= 熟睡じゅくすい

**しゅくめい** [宿命] 숙명¶ ~の対決たいけつ 숙명의 대결 **一論**ろん 숙명론, 운명론

**しゅくや** [夙夜] 숙야. 아침 일찍부터 밤 늦도록, 밤낮, 조석¶ ~詩作しさくにふける 밤낮으로 시작에 골몰하다

**しゅくゆう** [祝融] 축융 ①(중국 신화에서) 화신(火神), 여름의 신 ②화재, 불

じゅくらん [熟覧] 名他スル(文) 숙람. 자세히 살펴봄
しゅくりつ [縮率] (도면 등의) 축소율
じゅくりょ [熟慮] 名他スル 숙려. 숙고¶ ~の すえ決定する 숙고 끝에 결정하다 —断行ぎょう 숙려 단행
しゅくりょう [宿料] (文) 숙박비= やどちん
じゅくれん [熟練] 名自スル 숙련¶ ~した腕前ま 숙련된 솜씨 —工こう 숙련공
しゅくろう [宿老] ①숙로. 경험 많고 노련한 사람, 원로¶ 政界の~ 정계의 원로 ②[史] 鎌倉かまくら 시대 이후의 고관 ③[史] 江戸 시대 町まち 주민의 우두머리
しゅくわり [宿割り] 숙소의 할당= やどわり
しゅくん [主君] 주군¶ ~に仕つかえる 주군을 섬기다
しゅくん [殊勲] 수훈
しゅけい [主計] 주계. 회계·예산 담당(자)¶ ~官かん 주계관
しゅげい [手芸] 수예¶ ~品ひん 수예품
じゅけい [受刑] 名自スル 수형. 형벌을 받음
しゅけん [主権] 名[政] 주권¶ ~国こく 주권국 —在民ざいみん [政] 주권 재민
しゅげん [修験] ①[佛] 산속에서 수행하여 영험을 얻는 일 ②修験者しゃ. 修験道しゅげんどう 의 준말 —者しゃ 산속에서 수행하는 사람 —道どう 奈良なら 시대의 밀교의 한 파
じゅけん [受検] 名自スル(文) 수검. 검사를 받음¶ ~料りょう 수검료
じゅけん [受験] 名他スル 수험¶ ~生せい/ ~勉強べん 수험 공부
じゅけん [授権] 名他スル[法] 수권. (특인인에게) 일정한 권한을 줌 —資本ほん 수권 자본
しゅご [主語] [文法] 주어 ⇔ 述語ごご
しゅご [守護] I 名他スル 수호. 지킴¶ ~神しん 수호신 II 名[史] 鎌倉かまくら·室町むろまち 시대에 각 영지에서 치안 유지를 담당했던 직명 —大名だいみょう [史] 守護として 영주가 된 사람
しゅこう [手工] 수공 수공예 ②[教] 일본 구제 초등학교 교과목 ▷ 지금은 「工作こうさく」
しゅこう [手交] 名他スル(文) 수교¶ 決議書けつぎしょ を~する 결의서를 수교하다
しゅこう [手稿] (文) 육필 원고
しゅこう [首肯] 名自スル 수긍¶ ~しかねる意見いけん 수긍하기 어려운 의견
しゅこう [酒肴] (文) 주효. 술과 안주
しゅこう [趣向] ①의도, 취지, 뜻 ②멋·재미를 내기 위한 궁리¶ 飾かざり付つけに~を凝こらす 장식에 모양을 내려고 애쓰다
しゅごう [酒豪] 주호. 대주가
じゅこう [受講] 名他スル 수강¶ ~生せい 수강생
しゅこうぎょう [手工業] [經] 수공업
しゅこうげい [手工芸] 수공예
じゅごん [儒艮] [動] 듀공
しゅさ [主査] 중심이 되어 심사·조사함, 그런 역, 조사[심사] 주관자¶ 博士論文はくしろんぶん 審査しんさの~ 박사 논문 심사 주관자
しゅさ [種差] [論] 종차

しゅざ [首座] 수좌 ①상좌, 상석 ②상좌에 앉을 자격이 있는 사람, 수석 ③[佛] (선종에서) 상좌승= しゅそ
しゅさい [主宰] 名他スル 주재¶ ~者しゃ 주재자/ 俳誌はいしを~する 俳句잡지를 주재하다
しゅさい [主祭] (文) 제사를 주관하는 사람
しゅさい [主催] 名他スル 주최¶ 新聞社しんぶんしゃ ~のコンクール 신문사 주최 콩쿠르
しゅざい [主剤] [藥] 주제. 주성분이 되는 약
しゅざい [取材] 名自他スル 취재¶ ~記者きしゃ 취재 기자/ 事件じけんを~する 사건을 취재하다
しゅざい [首罪] (文) 수죄 ①참형을 당할 죄, 참죄 ②(범죄 중에서) 가장 중한 죄 ③주범
しゅしゃ [朱*砂] 주홍색 안료
しゅざん [珠算] 주산. 주판= たまざん
じゅさん [授産] (文) 수산. 실업자·저소득자에게 일자리를 마련해 줌¶ ~所しょ 실업자·저소득자의 직업 알선소
しゅし [主旨] 주지. 주된 의미¶ 研究けんきゅう論文ろんぶんの~ 연구 논문의 주지
しゅしがく [朱子学] 주자학
しゅし [種子] 식물. 씨앗 —銀行ぎんこう [植] 종자 은행 —植物しょくぶつ [植] 종자 식물
しゅし [趣旨] 취지¶ 設立せつりつの~ 설립 취지/ ~に賛同さんどうする趣旨に 찬동하다
しゅじ [主事] (관청 등의) 주사¶ 指導しどう~ 지도 주사
しゅじ [主辞] [論] 주사. 주개념, 주어(主語) —内顕文ないけんぶん [表] 주어가 없는 글
じゅし [寿詞] (文) 축하하는 문장·시가
じゅし [*呪師] ①(법회 때) 주원문(呪願文)을 읽는 승려 ②[藝] (平安へいあん·室町むろまち 시대에) 법회가 끝난 뒤에 주원문의 내용을 연기로 보여주던 사람= のろんじ
じゅし [*豎子·*孺子] 수자 ①아이 ②풋내기, 애송이 = 青二才あおにさい
じゅし [樹脂] [植] 수지¶ 天然てんねん~ 천연 수지 —加工かこう 수지 가공
しゅじい [主治医] 주치의
しゅじく [主軸] 주축 ①중심 축 ②중심이 되어 활동함, 그런 사람·조직¶ チームの~ 팀의 주축/ ~を欠かくに주축이 없다
しゅしゃ [手写] 名他スル 수사. 손으로 베낌¶ 経文きょうもんを~する 경문을 수사하다
しゅしゃ [取捨] 名他スル 취사¶ ~選択せんたく 취사 선택
じゅしゃ [儒者] (文) 유자, 유학자
しゅしゅ [守株] (文) 수주. 헛되이 옛 습관을 고수하여 변통할 줄을 모름, 주수(株守)
じゅじゅ [*侏儒·朱儒] (文) 주유 ①난쟁이 ②식견이 없는 사람을 비웃는 말. 따라지
しゅじゅ [種種] [ナ]副 여러 가지, 가지가지, 갖가지¶ ~なやり方かた 갖가지 방식/ ~工夫くふうす 장식에 여러 가지로 궁리하다 —雑多ざった [ナ] 여러 가지 잡다함¶ ~な知識ちしき 한 지식 —相そう 갖가지 모습·양상
じゅじゅ [授受] 名他スル 수수. 주고받음¶ 金品きんぴんを~する 금품을 수수하다

しゅじゅう【主従】주종 ①주된 것과 그에 딸린 것 ②주군과 신하, 주인과 사용인= しゅうじゅう ～関係かんけい 주종 관계
(慣用句)
―は三世さんぜ 주종은 삼세, 주종 사이에는 과거・현재・미래에 걸쳐 깊은 인연이 있다
しゅじゅつ【手術】名他スル【醫】수술
じゅじゅつ【呪術】(人) 주술 ¶ ～師 주술사
しゅしょ【手書】I名他スル 손수 씀, 그런 것 II名 자필 편지, 친서
しゅしょ【朱書】名他スル(文)주서, 붉은 글씨로 씀, 그런 것= 朱書きき ¶ 注意事項ちゅういじこうを～する 주의 사항을 주서하다
しゅしょ【手抄】(文)수초, 손수 추려서 씀, 그런 기록
しゅしょう【主将】주장 ①【首将】수장, 전군의 총대장 ②팀을 통솔하는 선수= キャプテン ¶ 野球部やきゅうぶの～ 야구부의 주장
しゅしょう【主唱】名他スル 주창 ¶ 条約改正じょうやくかいせいを～する 조약 개정을 주창하다
しゅしょう【首相】수상 ¶ ～官邸かんてい 수상 관저
しゅしょう【主唱】名他スル(文)수창, 맨 먼저 주창함 ¶ ～者しゃ 수창자
しゅしょう【殊勝】Z ①기특함, 갸륵함 ¶ ～な心ごころがけ 기특한 마음씨 ②【佛】뛰어남 ―顔がお 자랑스러운 얼굴
しゅじょう【主上】天皇てんのうの 존칭, 주상
しゅじょう【主情】名 주정, 감정・정서를 중시함 ¶ ～派は 주정파 ―主義しゅぎ ①【哲】주정주의 ②【文】감상주의
しゅじょう【衆生】【佛】중생
じゅしょう【受賞】名自他スル 수상, 상을 받음
じゅしょう【授賞】名他スル 수상, 상을 줌
じゅじょう【樹上】수상, 나무 위 ¶ 樹下じゅげの～
しゅしょうえ【修正会】「修正月会しゅしょうがつえ」의 준말
しゅしょうがつえ【修正月会】절에서 국가의 번영 등을 기원하고자 정월에 여는 법회
じゅじょうとっき【樹状突起】【生】수상 돌기
しゅしょく【手燭】→ てしょく(手燭)
しゅしょく【主食】주식 ⇔ 副食ふくしょく ¶ 米こめを～とする 쌀을 주식으로 하다
しゅしょく【酒色】(文)주색, 술과 여색 ¶ ～におぼれる 주색에 빠지다
しゅしょく【酒食】(文)주식, 술과 음식 ¶ ～を供きょうする 주식을 제공하다
しゅしん【主神】주신, 神社じんじゃ에 모신 여러 신 중에서 주가 되는 신
しゅしん【主審】주심 ①주심판 ②【野】구심
しゅしん【朱唇】(文) 주순, 붉은 입술, (특히) 연지를 바른 여성의 입술= 紅唇こうしん
しゅじん【主人】주인 ①가장 ¶ 当家とうけの～ 이 집의 주인 ②업체의 소유자, 고용주 ¶ 店みせの～ 가게 주인 ③(자기 남편을 가리켜) 바깥양반 ¶ ～は出でかけております 바깥양반은 외출 중입니다 ④손님을 대접하는 역 ¶ ～役やくをする 주인 노릇을 하다 ―公こう ①(소설・영화 등의) 주인공 ②「主人しゅじん」의 존칭 ¶ 隣となりの～ 옆집 주인장
じゅしん【受信】名他スル 수신 ①통신문을 받음 ¶ 速達そくたつを～する 속달을 수신하다 ②【情】방송・전신・전화를 받음 ¶ 衛星放送えいせいほうそうを～する 위성 방송을 수신하다 ―機き【電】수신기 ―人にん 수신인
しゅじんもん【主尋問】【法】주신문(主訊問)
しゅす【繻子】수자, 공단, 새틴
じゅず【数珠】염주 ¶ ～をつまぐる 염주를 굴리다 ―掛かけ鳩ばと【動】염주비둘기 ―玉だま ①염주알 ②【植】염주 ―繋つなぎ (염주를 실에 꿰듯이) 많은 것을 한 줄로 엮음, 줄줄이 이음 ¶ 車くるまの～になる 차가 줄줄이 이어지다
しゅすい【取水】名他スル(文)취수 ¶ ～ダム 취수댐
じゅすい【入水】名自スル(文)물 속으로 투신 자살함= にゅうすい・投身自殺とうしんじさつ
しゅずみ【朱墨】주묵, 붉은 먹
しゅ・する【修する】他サ変(文)①(불사를) 행하다 ②(불도를) 닦다
じゅ・する【誦する】他サ変(文)(시가・경전 등을) 가락을 붙여 읽다, 읊조리다 ¶ 念仏ねんぶつを～ 염불을 외다/ 漢詩かんしを～ 한시를 읊다
しゅせい【守成】名他スル(文)수성, 창업을 이어받아 사업을 그대로 견고히 함
しゅせい【守勢】수세 ①상대의 공격을 막는 형세 ⇔ 攻勢こうせい ②수비 병력
しゅせい【酒精】(文)주정, 알코올= アルコール
じゅせい【受精】名他自スル(生) 수정 ¶ ～卵らん 수정란/ 人工じんこう～ 인공 수정
じゅせい【儒生】유생 ①유학자 ②유학을 배우는 학생
じゅせい【樹勢】수세, 나무가 자라는 기운 ¶ ～が衰おとろえる 수세가 쇠하다
しゅせいぶん【主成分】주성분
しゅせき【手跡・手蹟】(文)수적, 필적
しゅせき【主席】주석 ¶ 政府・단체의 최고 임자 ¶ 国家こっか～ 국가 주석 ②주인의 자리
しゅせき【首席】수석 ¶ ～代表だいひょう 수석 대표 ¶ ～で卒業そつぎょうする 수석으로 졸업하다
しゅせき【酒席】주석, 술자리
しゅせきさん【酒石酸】【化】주석산, 타르타르산
しゅせつ【主節】【文法】주절 ⇔ 従属節じゅうぞくせつ
しゅせん【主戦】名 주전 ①싸우기를 주장함 ¶ ～論ろん 주전론 ②중심 전력이 되어 싸움 ¶ ～投手とうしゅ 주전 투수
しゅせん【酒仙】(文) 주선 ①세속을 초월하여 술을 즐기는 사람 ②대주가, 주호
しゅぜん【主膳】(옛날) 궁중에서 요리를 담당하던 사람 ②궁내청의 요리 담당 직원
しゅぜん【鬚髯】수염, 턱수염과 구레나룻
じゅせん【受洗】名自スル【基】수세, 세례를 받음
じゅぜん【受禅】名自スル(文) 수선, 선제(先帝)의 양위로 새 황제가 즉위함
しゅせんど【守銭奴】수전노, 구두쇠= けちんぼ
じゅそ【呪詛】名他スル(文)저주= のろい
しゅぞう【酒造】주조 ¶ ～家か 주조업자

じゅぞう [寿像] (文) 생전에 만들어 두는 초상화
じゅぞう [受像] 名 他スル 수상¶ ～機 수상기
じゅぞう [受贈] 名 自スル (文) 수증. 기증 받음¶ 図書を～する 도서를 수증하다
しゅそく [手足] (文) 수족 ①손과 발 ②부하¶ ～となって働く 수족이 되어 일하다
しゅそく [首足] (文) 수족. 목과 다리

慣用句
—所を異にする 목이 잘려 죽다

しゅぞく [種族] 종족 ①(動) 같은 종에 속하는 동물¶ ～保存の本能 종족 보존의 본능 ②동일 인종으로 같은 언어·습관을 가진 집단
しゅそりょうたん [首鼠両端] (文) 수서 양단. 어떻게 해야 할지 망설이다. 진술하다¶ ～を持す 어떻게 해야 할지 망설이기만 하다
しゅたい [主体] 주체 ①(哲) 주관으로서의 자아 ②중심이 되는 것, 주된 부분¶ 市民を～とした委員会 시민을 주체로 한 위원회 —性 주체성 —的 ナ 주체적
しゅだい [主題] 주제¶ ～をとらえる 주제를 파악하다/ 幸福を～として講演する 행복을 주제로 강연하다 —歌 주제가
しゅだい [首題] (文) 수제 ①(문서 등의) 첫머리에 쓰는 제목 ②경문의 첫구
じゅたい [受胎] 名 自スル (文) 수태. 임신 —告知 (基) 수태 고지 —調節 수태 조절
しゅたく [手沢] 수택 ①오래 지니는 동안에 묻은 손때 ②고인이 애용하던 물건 —本 수택본. (고인의) 애독서, 애장서
じゅたく [受託] 名 他スル (文) 수탁. 위탁을 받음¶ ～販売 수탁 판매
じゅだく [受諾] 名 他スル (文) 수락. 要求を～する 요구를 수락하다
しゅたる [主たる] 連体 주된, 주요한
しゅだん [手段] 수단¶ 強硬～ 강경 수단/ ～を選ばない 수단을 가리지 않다
しゅち [主知] 名 주지. 이성·지성을 중시함¶ ～的 주지적 —主義 (哲) 주지주의
しゅち [趣致] 운치, 풍정, 풍취= おもむき¶ ～に富む 운치가 뛰어나다
しゅちく [種畜] (農) 종축. 씨짐승
しゅちにくりん [酒池肉林] (文) 주지 육림
しゅちゅう [手中] 수중¶ ～に入れる 수중에 넣다/ ほぼ～にする 거의 자기 것으로 삼다

慣用句
—に収める 수중에 넣다, 자기 것으로 하다

しゅちゅう [主柱] ①중심 기둥 ②기둥이 되는 인물, 지주¶ ～と頼る 지주처럼 의지하다
じゅちゅう [受注·受註] 名 他スル 수주¶ 水道工事を～する 수도 공사를 수주하다
しゅちょ [主著] 주저
しゅちょう [主張] 名 他スル 주장
しゅちょう [主潮] 주조, 중심적 사조¶ 現代美術の～ 현대 미술의 주조
しゅちょう [主調] 주조 ①(예술 작품 등에서) 중심이 되는 흐름 ②(音) (악곡의) 기조 —音 (音) 주조음 —低音 (音) 주조 저음
しゅちょう [首長] 名 他スル 수장. (집단·조직의) 우두머리¶ 部族の～ 부족의 수장 —制 (人) 1인 또는 몇 명의 수장이 생산과 분배를 통제하고 집단을 통합하는 통치 형태
しゅちょう [朱珍·繻珍] 금은사로 무늬를 도드라지게 짠 수자직= しちん
しゅつ [出] 音 シュツ·スイ 訓でる·だす|(음) 출. (造語) ①(밖으로) 나가다¶ 出生 출생·出入 출입 ②나타나다, 빼어나다¶ 出現 출현·傑出 걸출 ③나가서 활동하다¶ 出演 출연·出勤 출근 ④(밖으로) 내보내다¶ 出版 출판·出納 출납 ⑤출생, 출신¶ 出身 출신
じゅつ [戌] 音 ジュツ 訓いぬ|(음)술. (造語) 십이지의 11번째, 개¶ 甲戌 갑술
じゅつ [述] [述] 音 ジュツ 訓のべる|(음)술. (造語) 자기 생각을 말하다, 진술하다¶ 述懐 술회·記述 기술·陳述 진술
じゅつ [術] [術] 音 ジュツ|(음)술. I (造語) ①재주, 기술¶ 医術 의술·芸術 예술 ②흉계, 계략¶ 術策 술책·権謀術数 권모 수수 ③요술, 마법¶ 幻術 환술·魔術 마술을 말하다, 진술하다¶ 祖術 조술 ▷ ④는「述」와 같음 II ①기술, 재주, 기예¶ 世を渡る～ 세상을 살아가는 재주 ②수단, 방법¶ 施す～がない ③꾀, 계략, 계책¶ 相手の～にはまる 상대의 계략에 빠지다 ④마술, 요술¶ 不思議な～にかかる 이상한 마술에 걸리다
しゅつえん [出捐] 名 他スル (文) 출연¶ ～金 출연금
しゅつえん [出演] 名 自スル 출연¶ ～者 출연자/ 話題作に～する 화제작에 출연하다
しゅっか [出火] 名 自スル 출화. 불이 남¶ 二階から～する 2층에서 불이 나다
しゅっか [出荷] 名 他スル 출하 ①짐을 실어냄 ②상품을 시장에 냄¶ ～状況 출하 상황
しゅつが [出芽] 名 自スル ①싹이 틈, 발아 ②(生) 모체 표면에 생긴 돌기가 분열하여 새로운 개체가 되는 무성 생식
しゅっかい [出会] 名 自スル (文) 우연히 만남, 마주침, 해후
じゅっかい [述懐] 名 他スル (文) 술회¶ 往時を～する 지난 날을 술회하다
しゅっかく [出格] (文) 격식을 벗어남, 파격
しゅっかん [出棺] 名 自スル 출관. (장례식 때) 관을 집이나 식장 밖으로 내어 모심
しゅつがん [出願] 名 他スル 출원¶ 特許を～する 특허를 출원하다
しゅつぎょ [出御] 名 自スル 출어. 天皇·皇后 등의 행차 ⇔ 還御
しゅつぎょ [出漁] 名 自スル 출어
しゅっきょう [出京] 名 自スル (文) 출경 ①시골에서 도시[서울]로 감, 상경 = 上京 ②도시[서울]를 떠나 시골로 감 = 離京
しゅっきょう [出郷] 名 自スル (文) 출향. 고향을 떠남
しゅっきん [出金] 名 自スル 출금 ⇔ 入金

しゅつきん

¶ ~伝票(でん)をきる 출금 전표를 끊다

しゅっきん [出勤] 名 自スル 출근 ¶ 欠勤(けっきん)・退勤(たいきん)/ 休日(きゅうじつ)~ 휴일 출근

しゅっけ [出家] 名 自スル 佛 출가 ⇔ 在家(ざいけ) ¶ ~得度(とくど) 출가 득도. 승적에 오름

じゅっけい [術計] 名 술계. 계략. 술책 ¶ ~に陥(おちい)る 계략에 빠지다

しゅつげき [出撃] 名 自スル 출격 ¶ ~命令(めいれい) 출격 명령/ 一斉(いっせい)に~する 일제히 출격하다

しゅっけつ [出欠] 출결. 출석과 결석, 출근과 결근 ¶ ~をとる 출결을 조사하다

しゅっけつ [出血] 名 自スル 출혈 ①醫 피가 남 ¶ 内(ない)~ 내출혈/ 傷口(きずぐち)から~する 상처에서 피가 나다 ②造語 比 희생, 손해 ¶ ~受注(じゅちゅう) 출혈 수주

しゅつげん [出現] 名 自スル 출현. 나타남 ¶ 天才(てんさい)の~ 천재의 출현/ 怪物(かいぶつ)が~する 괴물이 나타나다

しゅっこ [出庫] 名 自他スル 출고 ¶ ~伝票(でんぴょう) 출고 전표/ 商品(しょうひん)を~する 상품을 출고하다

じゅつご [述語] 文法 술어. 서술어 ⇔ 主語(しゅご)

じゅつご [術語] 表 술어. 전문 용어. 학술어

しゅっこう [出向] 名 自スル 출향. (현재의 근무처에 적을 두고) 다른 곳에 가서 근무함 ¶ ~社員(しゃいん) 파견 사원

しゅっこう [出校] 名 自スル 출교 ①등교 ¶ ~日(び) 등교일 ②版 교정쇄가 나옴

しゅっこう [出航] 名 自スル 출항. 배・비행기가 출발함 ¶ 横浜(よこはま)へ向(む)けて~する 横浜를 향해 출항하다

しゅっこう [出港] 名 自スル 출항. 배가 항구를 나옴. 출범 ⇔ 入港(にゅうこう) ¶ 悪天候(あくてんこう)のため~できない 악천후로 출항할 수 없다

しゅっこう [出講] 名 自スル 출강 ¶ 講師(こうし)として~する 강사로 출강하다

じゅっこう [熟考] 名 他スル 숙고 = 熟慮(じゅくりょ)

しゅっこく [出国] 名 自スル 출국 ⇔ 入国(にゅうこく) ¶ ~手続(てつづき) 출국 수속

しゅつごく [出獄] 名 自スル 출옥

しゅっこんそう [宿根草] 植 숙근초. 숙근식물

じゅっさく [述作] 名 他スル 文 술작. 저술. 저작물 ¶ ~に没頭(ぼっとう)する 저술에 몰두하다

じゅっさく [術策] 술책. 계략= たくらみ ¶ ~にはまる 술책에 빠지다

しゅっさつ [出札] 名 自スル 출찰. 표를 팖. 매표 ¶ ~窓口(まどぐち)で~する 창구에서 표를 팔다

しゅっさん [出産] 名 自他スル ①출산. 분만 ¶ ~休暇(きゅうか) 출산 휴가 ②산출 ¶ ~地(ち) 산출지

しゅっし [出仕] 名 自スル 文 관직에 취임함 ¶ ②출근

しゅっし [出資] 名 自スル 출자 ¶ ~金(きん) 출자금

しゅつじ [出自] 文 출신, 태생 ¶ ~を尋(たず)ねる 출신을 묻다

しゅっしゃ [出社] 名 自スル 출사. 출근 ⇔ 退社(たいしゃ) ¶ ~時間(じかん)に遅(おく)れる 출근 시간에 늦다

しゅっしょ [出処] 출처 ①文 거취, 처신 ¶ ~を明(あき)らかにする 거취를 분명히 하다 ②나온 곳 ¶ 資金(しきん)の~を究明(きゅうめい)する 자금의 출처를 규명하다 —進退(しんたい) 출처 진퇴. 거취, 처신

しゅっしょ [出所] 名 ①출생지 ②출처 = 出処(しゅっしょ) ¶ ~不明(ふめい)の交際費(こうさいひ) 출처 불명의 교제비 II 名 自スル 출옥, 출감 ¶ 仮釈放(かりしゃくほう)で~する 가석방으로 출소하다

しゅっしょう [出生] 名 自スル 출생 ¶ ~率(りつ) 출생률 ②태생 ▷「しゅっせい」라고도 함

しゅつじょう [出定] 名 自スル 佛 출정. 선정(禪定)으로부터 나옴 ⇔ 入定(にゅうじょう)

しゅつじょう [出場] 名 自スル 출장 ①어떤 장소로 나감 ②(경기 등에) 참가함 ¶ 野球(やきゅう)大会(たいかい)に~する 야구 대회에 출장하다

しゅっしょく [出色] 名 유달리 뛰어남. 출중함 ¶ ~の出来栄(できば)えだ 출중한 솜씨다

しゅっしん [出身] 名 自スル 출신 ¶ ~校(こう) 출신교

しゅつじん [出陣] 名 自スル 출진. 싸움터로 나아감 ¶ 学徒(がくと)~ 학도 출진 —式(しき) 출진식

しゅっすい [出水] 名 自スル 홍수 ¶ でみず 豪雨(ごうう)による~ 호우에 의한 홍수

しゅっすい [出穂] 文 출수. 이삭이 팸 ¶ ~期(き) 출수기

じゅっすう [術数] 文 술수 ①술책 ¶ 権謀(けんぼう)~ 권모 술수 ②(음양도・점술 등에서) 술법

しゅっせ [出世] 名 自スル 출세 ①사회적으로 높은 지위・신분이 됨 ¶ 立身(りっしん)~ 입신 출세 ②세상에 태어남 ③佛 부처가 세상에 나타남 ④佛 속세를 떠나 불문에 들어감 —魚(うお) 자라면서 이름이 바뀌는 물고기 —街道(かいどう) 출세 가도 —頭(がしら) (동창・일족 중에서) 가장 출세한 사람 —作(さく) 출세작 —払(ばら)い (돈 등을) 출세해서 받기로 하고 빌려주는 일 —力士(りきし) 相撲 대전표에 처음으로 이름이 올라간 씨름꾼

しゅっせい [出生] 名 自スル → しゅっしょう

しゅっせい [出征] 名 自スル 출정 ¶ ~兵士(へいし)の見送(みおく)り 출정 병사의 전송

しゅっせい [出精] 名 自スル 文 열심히 함

しゅっせき [出席] 名 自スル 출석 ⇔ 欠席(けっせき) ¶ 会(かい)に~する 모임을 출석하다 —簿(ぼ) 출석부

しゅっせけん [出世間] 佛 출세간 ①속세의 번뇌를 떠나 깨달음을 얻음 ②속세를 떠나 중이 됨 = 出世(しゅっせ)

しゅっそう [出走] 名 自スル 출주 ①달아남, 출분(出奔) ②경주에 나감 ¶ ~馬(ば) 출주마

しゅったい [出来] 名 自スル 文 ①(사건이) 일어남, 발생함 ¶ 大事件(だいじけん)が~する 대사건이 발생함 ②완성 ¶ 近日中(きんじつちゅう)に~ 근일 중에 완성

しゅつだい [出題] 名 自スル 출제 ①(시험 등의) 문제를 냄 ¶ 難問(なんもん)を~する 어려운 문제를 출제하다 ②(시가 등의) 제목을 냄

しゅったつ [出立] 文 길을 떠남 ¶ 未明(みめい)に~する 미명에 길을 떠나다

しゅったん [出炭] 名 自スル 文 출탄. 석탄・목탄을 산출함 ¶ ~量(りょう) 출탄량

じゅっちゅう [術中] 술중. 술책[계략]의 올가미 속 ¶ 敵(てき)の~にはまる 적의 술책에 빠지다

慣用句
—に陥(おちい)る 술책[계략]에 빠지다

しゅっちょう [出張] 图 自スル 출장¶ 海外かいがい~ 해외 출장 —所じょ 출장소
しゅっちょう [出超] 【經】 출초. 수출 초과
しゅっちん [出陳] 图 自スル(文) 출진. (전람회 등에) 출품하여 진열함
しゅってい [出廷] 图 自スル 출정. 법정에 나감¶ 証人しょうにんとして~する 증인으로 출정하다
しゅってん [出典] 出전 = 典拠てんきょ¶ ~を調しらべる 출전을 조사하다
しゅってん [出展] 图 他スル 출전. (전람회・전시회 등에) 출품함
しゅっと [出土] 图 自スル 출토. 土器どきが~する 토기가 출토되다 —品ひん 출토품
しゅっとう [出頭] 图 自スル ①출두. (관청 등에) 나감¶ ~命令めいれい 출두 명령/任意にんいで~する 임의로 출두하다 ②남보다 뛰어남. 출중
しゅつどう [出動] 图 自スル 출동¶ 緊急きんきゅう命令めいれい 긴급 출동 명령
じゅつな・い [術無い] 形 ①어찌 할 도리가 없다¶ どうにも~・い 立場たちばも 어쩔 도리가 없는 입장 ②안타깝다¶ ~思おもい 안타까운 마음
しゅつにゅう [出入] 图 自スル(文) 출입. 드나듦. 내고 들임¶ 預金よきんの~ 예금의 출납/船舶せんぱくが港みなとに~する 선박이 항구에 출입하다
しゅつば [出馬] 图 自スル 출마 ①말을 타고 나감. (전장에) 말을 타고 출전함 ②(현장에) 몸소 나감¶ 会長かいちょうの御~を願ねがう 회장이 몸소 나오시기를 바라다 ③(선거에) 입후보 함¶ 選挙せんきょに~する 선거에 출마하다
しゅっぱつ [出発] 图 自スル 출발 ①길을 떠남¶ ~時刻じこく 출발 시각 ②일을 시작함¶ 社会人しゃかいじんとして~する 사회인으로 출발하다 —点てん 출발점
しゅっぱん [出帆] 图 他スル 출범. 출항¶ 大阪おおさかへ向むけて~する 大阪를 향해 출범하다
しゅっぱん [出版] 图 他スル 출판¶ 自費じひ~ 자비 출판 —権けん【法】 출판권. 판권
しゅっぴ [出費] 图 出비. 지출¶ ~がかさむ 지출이 늘어나다
しゅっぴん [出品] 图 自他スル 출품¶ 博覧会はくらんかいに~する 박람회에 출품하다
しゅっぷ [出府] 图 自スル ①(江戸えど 시대에) 무사가 江戸로 감 ②지방에서 도시로 감. 상경
じゅつぶ [述部] 【文法】 술부. 서술부 ⇔ 主部しゅぶ
しゅっぺい [出兵] 图 自スル 출병. 파병 ⇔ 撤兵てっぺい¶ 外国がいこくへ~する 외국으로 출병하다
じゅっぺい [恤兵] 图 自スル(文) 휼병. 전장의 병사에게 금품을 보내 위로함 —金きん 휼병금
しゅつぼつ [出没] 图 自スル 출몰¶ 空あき巣す ねらいが~する 빈집털이가 출몰하다
しゅっぽん [出奔] 图 自スル(文) 출분. 도망쳐 행방을 감춤
しゅつらい [出来] 图 自スル(文) → しゅったい
しゅつらん [出藍] 출람. 청출 어람(青出於藍)
慣用句
—の誉ほまれ 출람지예. 스승보다 나은 제자라는 평판・명예
しゅつり [出離] 图 自スル 【佛】 미망에서 벗어남

しゅつりょう [出猟] 图 自スル(文) 출렵. 사냥을 나감
しゅつりょう [出漁] 图 自スル 출어. 고기잡이를 나감 = しゅつぎょ
しゅつりょく [出力] 출력 ①【機】 기계・기구가 입력을 받아 외부로 내는 에너지 양 ②【컴】 입력된 기계에서 정보를 내보냄. 그런 정보¶ ~装置そうち 출력 장치 ▷ ①② ⇔ 入力にゅうりょく
しゅつるい [出塁] 图 自スル【野】 출루¶ ~率りつ 출루율
しゅつろ [出*廬] (文) 출려. 은퇴한 사람이 다시 세상에 나와 활동함
しゅてん [主点] (文) ①주점. 주요한 점. 중점 ②(렌즈의) 중심점
じゅでん [受電] 图 自スル 수전 ①전보・전선을 받음 ②전력을 받음 ⇔ 送電そうでん
しゅと [首途] (文) 출발. 길을 떠남 = かどで
しゅと [首都] 수도 = 首府しゅふ —圏けん 수도권
しゅと [酒徒] (文) 주도 ①술친구 ②술꾼. 주당
しゅと [衆徒] 【佛】 ①중도. 많은 중 ②승병 ▷ ①② ⇒ しゅうと
しゅとう [手*套] 장갑 = 手袋てぶくろ
慣用句
—を脱だつする (꾸밈이 없는) 진짜 수완을 발휘하다
しゅとう [酒盗] 가다랭이 창자젓
しゅとう [種痘] 【醫】 종두 = うえぼうそう
しゅどう [手動] 수동¶ ~式しき 수동식
しゅどう [主動] (文) 주동 —者しゃ 주동자
しゅどう [主導] 图 他スル 주도¶ 会議かいぎを~する 회의를 주도하다 —権けん 주도권
しゅどう [衆道] 「若衆道わかしゅどう」의 준말. 남색. 비역 = 男色だんしょく
じゅどう [受動] 수동. 피동¶ ~的てきな態度たいど 수동적인 태도 —態たい 【文法】 수동태
じゅどう [儒道] 유도 ①유학의 도. 공맹의 가르침 ②유교와 도교. 유가와 도가
しゅとく [取得] 图 他スル 취득¶ 運転免許うんてんめんきょを~する 운전 면허를 취득하다
しゅとして [主として] 副 주로 = おもに・もっぱら¶ ~主婦しゅふを対象たいしょうとする 주로 주부를 대상으로 하다
じゅなん [受難] 수난 I 图 自スル 고난・재난을 당함 II 图 【基】 예수가 십자가형을 받은 고난¶ —日び 수난일 —曲きょく 수난곡 —週しゅう 【基】 수난 주일 —節せつ【基】 수난절. 사순절
しゅにく [朱肉] 인주(印朱)
しゅにく [酒肉] (文) 주육. 술과 고기[안주]
じゅにゅう [授乳] 图 自スル 수유¶ —期き 수유기
しゅにん [主任] 주임¶ 捜査そうさ~ 수사 주임
じゅにん [受忍] 수인. 외부로부터 받는 피해・손해를 참아내는 일¶ —限度げんど 수인 한도
しゅぬり [朱塗(り)] 주칠. 주홍색 칠. 그런 칠을 한 것¶ ~の箸はし 주칠을 한 젓가락
しゅのう [主脳] 주요 부분. 주안(主眼)
しゅのう [首脳] 수뇌¶ ~部ぶ 수뇌부/~陣じん 수뇌진 —外交がいこう【政】 수뇌 외교 —会談かいだん

[政] 수뇌 회담¶ 日米にち~ 미일 수뇌 회담

**じゅのう**【受納】 [名] [他スル] [文] 수납. (금품 등을) 받음¶ 結納ゆいの品しなを~する 약혼 예물을 받다

**しゅのばんさん**【主の晩餐】[基] 최후의 만찬

**しゅはい**【酒杯・酒盃】[文] 술잔 = さかずき¶ ~を傾むける 술잔을 기울이다

**じゅはい**【受配】 [名] [他スル] [文] 수배. 배달・배당. 배급 등을 받음

**じゅばく**【呪縛】 [名] [他スル] 주박. 주술의 힘으로 꼼짝못하게 함¶ ~を解く 주박을 풀다

**しゅはん**【主犯】[法] 주범. 정범 ⇔ 従犯じゅう

**しゅはん**【首班】 [①첫째 지위 ②(내각의) 총리 대신¶ ~指名しめい 수반 지명

**じゅばん**【襦袢】 (일본옷의) 속옷. 내의 = じばん¶ 肌はだ~ 속속곳 / 長なが~ 긴 속옷

**しゅひ**【種皮】[植] 종피. 씨껍질

**しゅび**【守備】 [名] [他スル] 수비¶ ~陣じん 수비진 / 国境こっきょうを~する 국경을 수비하다

**しゅび**【首尾】 ①수미. 머리와 꼬리 ②처음과 끝. 시종 ③(일의) 경과와 결과. 전말¶ ~は上々じょうじょうだ 결과는 썩 좋음 / ~を語かる 전말을 이야기하다 **―一貫**いっかん [名] [自スル] 시종 일관 — **よく** [副] 순조롭게. 성공적으로

**じゅひ**【樹皮】[植] 수피. 나무 껍질

**しゅひぎむ**【守秘義務】(공무원・변호사 등의) 직무상의 비밀을 지켜야 할 의무

**しゅひつ**【主筆】 주필¶ 新聞しんぶんの~ 신문의 주필

**しゅひつ**【朱筆】 주필 ①(기입・정정에 쓰는) 주묵色 붓 = しゅふで ②주서(朱書) [慣用句] **―を入い**れる 주필을 가하다. 주묵로 기입・정정하다

**しゅびょう**【種苗】[文] 종묘. 씨앗과 모종

**じゅひょう**【樹氷】[氣] 수빙. 상고대

**しゅひん**【主賓】 주빈 ①(가장) 주된 손님¶ ~の席せき 주빈석 ②주인과 빈객. 주객

**しゅふ**【主夫】 주부¶ 専業せんぎょう~ 전업 주부

**しゅふ**【首府】 수도 = 首都しゅと

**しゅぶ**【主部】 주부 ①주요 부분 ②[文法] 술부(述部)가 나타내는 사항의 주체가 되는 부분

**しゅふ**【呪符】 주적(符籍)

**じゅふく**【寿福】[文] 수복. 장수하며 복을 누림

**じゅぶつ**【呪物】 주물 **―崇拝**すうはい [宗] 주물 숭배

**じゅぶつ**【儒仏】[文] 유불. 유교와 불교¶ ~の教おしえ 유불의 가르침

**しゅぶん**【主文】 주문 ①문장의 핵심 부분 ② [法] 판결 주문

**じゅふん**【受粉】 [名] [自スル] [植] 수분. 가루받이

**しゅへい**【手兵】[文] 수병. 직속의 병사

**しゅへい**【守兵】[文] 수병. 수비병

**しゅへき**【酒癖】[文] 주벽. 술버릇

**しゅべつ**【種別】 [名] [他スル] 종별¶ 衣類いるいを~する 의류를 종류별로 나누다

**しゅほ**【酒保】 주보. 군 매점. 피 엑스

**しゅほう**【手法】[美] 수법. (예술 작품 등의) 기법¶ 写実的しゃじつてきな~ 사실적인 수법

**しゅほう**【主峰】 주봉

**しゅほう**【主砲】 주포 ①(그 군함에서) 가장 위력이 센 대포 ②[野] 팀의 중심이 되는 강타자

**しゅほう**【修法】[佛] 수법. (밀교에서 행하는) 가지(加持) 기도법 = すほう・ずほう

**しゅぼう**【首謀・主謀】 주모. 주모자¶ 争乱そうらんの~者 쟁란의 주모자

**じゅほう**【呪法】[文] 주법 ①주문을 외우며 하는 법식(法式) ②주술(呪術)

**じゅぼくどう**【入木道】[文] 입목도. 서도

**しゅみ**【趣味】 ①멋. 정취¶ ~のある絵え 정취 있는 그림 ②취향¶ ~のいい服ふく 멋진 취향의 옷 ③취미¶ ~が広ひろい 취미가 다양하다 **―的**てき [ダ] (전문적이 아닌) 즐기는 요소가 강함

**しゅみせん**【須弥山】 수미산

**しゅみだん**【須弥壇】[佛] 수미단. (불전 안에) 부처를 모셔 두는 단

**しゅみゃく**【主脈】 주맥 ①(산맥・광맥 등의) 중심 줄기 ②[植] 잎 중앙의 굵은 엽맥(葉脈)

**じゅみょう**【寿命】 수명 ①[生] 생명 유지 기간 = 命数めいすう¶ 平均へいきん~ 평균 수명 / ~が延のびる 수명이 늘어나다 ②(물건이) 사용에 견디는 기간¶ この時計とけいももう~だ 이 시계도 이제 수명이 다 되다 [慣用句] **―が縮ちぢ**まる 수명이 줄어들다. (그럴 정도로) 놀라거나 고초를 겪다

**しゅむ**【主務】 주무¶ ~官庁かんちょう 주무 관청

**しゅめい**【主命】 주명. 주인・주군의 명령 = しゅうめい¶ ~に背そむく 주명을 거스르다

**じゅめい**【受命】 [名] 수명 ①명령을 받음 ②천명을 받아 천자가 됨

**しゅもく**【種目】 종목¶ ~別べつに分わける 종목별로 나누다

**しゅもく**【撞木】 당목. 절에서 종・경쇠 등을 치는 T자형의 방망이 **―杖**づえ 손잡이 부분이 T자형으로 된 지팡이 = かせづえ

**じゅもく**【樹木】 수목. 나무 = 立たち木き

**しゅもつ**【腫物】 종기. 부스럼

**じゅもん**【呪文】 주문¶ ~を唱となえる 주문을 외다

**しゅやく**【主役】 주역¶ 事件じけんの~ 사건의 주역 / ~を務つとめる 주역을 맡아 하다

**しゅやく**【主薬】 주약. 주제 = 主剤しゅざい

**しゅゆ**【須臾】 [名] [文] 수유. 잠시. 잠깐¶ ~の命いのち 짧은 목숨 / ~にして消きえる 잠깐 사이에 사라지다

**じゅよ**【授与】 [名] [他スル] 수여¶ 勲章くんしょうを~する 훈장을 수여하다

**しゅよう**【主用】[文] ①주인의 용무 = しゅうよう¶ ~で出張しゅっちょうする 주인의 용무로 출장가다 ②주된 용무. 중요한 용무

**しゅよう**【主要】[ダ] 주요¶ ~な人物じんぶつ 주요한 인물 **―動**どう [地] 주요동

**しゅよう**【須要】[ダ] [文] 수요. 꼭 필요함. 필수¶ ~な条件じょうけん 꼭 필요한 조건

**しゅよう**【腫瘍】[醫] 종양¶ 脳のう~ 뇌종양

**じゅよう**【受容】 [名] [他スル] 수용 ①받아 들임¶ 異文化いぶんかの~ 이문화의 수용 ②(예술 작품 등을) 감상함 **―体**たい [生] 수용체

**じゅよう**【需要】 수요 ⇔ 供給きょうきゅう¶ ~者しゃ 수

요자/ ~に応じる 수요에 응하다/ ~が増える 수요가 증가하다

しゅよく [主翼] [工] 주익. (비행기의) 주날개

しゅら [修羅] ①「阿修羅あしゅら」의 준말 ②「修羅場」의 준말 ③「修羅車」의 준말 ━車 목재・돌을 운반하는 수레 ━場 수라장 ━道 [佛]「阿修羅道あしゅらどう」의 준말. 아수라도 ━場 수라장 ①(연극 등에서) 격전 장면 ②피비린내 나는 전쟁터 ━物─の [能楽] 무장(武將)의 혼령을 주역으로 하는 能楽의 [慣用句]
━の巷ちまた 수라장, 전장(戰場)

じゅらい [入来] 名(自スル)(文)(「御~」의 꼴로) 남의 내방에 대한 높임말¶ これはこれは、ようこその御~ 이거 참 잘 오셨습니다

ジュラき [ジュラ紀] [地] 쥐라기

しゅらん [酒乱] 주란. 심한 주정. 주사¶ ~の気味きみがある 주사를 부리는 경향이 있다

じゅり [受理] 名(他スル) 수리. 받아서 처리함. 접수함¶ 辞表を~する 사표를 수리하다

しゅりけん [手裏剣] 수리검. 손에 쥐고 던지는 작은 칼¶ ~を飛ばす 수리검을 던지다

じゅりつ [樹立] 名(自他スル) 수립¶ 新政権せいけんの~ 신정권의 수립

しゅりゅう [主流] 주류 ①(강의) 본류 ②(사상・학술 등의) 중심 유파・경향 ③(조직・단체의) 다수파¶ ~派は 주류파

しゅりゅうだん [手榴弾] → しゅりゅうだん

しゅりょう [狩猟] 名 수렵. 사냥=狩り・猟り¶ ~解禁かいきん 수렵 해금¶ ~に出でかける 사냥하러 나가다 ━鳥獣ちょうじゅう 수렵 조수

しゅりょう [首領] 수령. 두목. 우두머리¶ 一味いちみの 일당의 두목

しゅりょう [酒量] 주량

じゅりょう [受領] 名(他スル) 수령. 영수¶ 会費かいひを~する 회비를 수령하다 ━証しょう 수령증

しゅりょく [主力] 주력 ①(어떤 세력의) 중심을 이루는 힘・전력¶ ~部隊ぶたい 주력 부대¶ 主だった[대부분의] 힘¶ 英語えいごに~を注そそぐ 영어에 주력을 기울이다 ━艦かん[軍] 주력함

じゅりん [樹林] 수림¶ ~帯たい 수림대

しゅるい [種類] 종류¶ ~が多おおい 종류가 많다/ 全ぜん~をそろえる 모든 종류를 갖추다

じゅれい [寿齢] (文) 수령. 긴 수명. 장수

じゅれい [樹齢] 수령. 나무 나이

しゅれん [手練] 수련. (기예・무술 등에서) 익숙한[숙련된] 솜씨¶ ~の早業はやわざ 익숙하고 날랜 솜씨 ▷「てれん」은 딴말

しゅろ [^棕^櫚] [植] 종려나무━竹ちく [植] 종려죽

しゅろう [酒楼] (文) 수루. 요릿집

しゅろう [^鐘楼] → しょうろう(鐘楼)

じゅろうじん [寿老人] 일곱 복신(福神) 중에서 장수(長壽)를 내려 준다는 신

しゅわ [手話] 수화¶ ~通訳つうやく 수화 통역/ ~で話はす 수화로 말하다 ━放送ほうそう 수화 방송

しゅわおん [主和音] [音] 주화음. 으뜸 화음

じゅわき [受話器] 수화기 ↔ 送話器そうわき

しゅわん [手腕] 수완¶ ~家か 수완가¶ ~を発揮きする 수완을 발휘하다

しゅん [俊] 晉シュン|(음)준. (造語) 뛰어나다. 뛰어난 사람¶ 俊才しゅんさい 준재・俊秀しゅうしゅう 준수

しゅん [春] 晉シュン|(음)준. (造語) ①봄¶ 春色しゅんしょく 춘색・立春りっしゅん 입춘 ②연초. 정월¶ 迎春げいしゅん 영춘・新春しんしゅん 신춘 ③혈기 왕성한 때¶ 回春かいしゅん 회춘・青春せいしゅん 청춘 ④이성을 그리워하는 마음¶ 春画しゅんが 춘화・思春期ししゅんき 사춘기 ⑤세월. 나이¶ 春秋しゅんじゅう 춘추 ▷ [熟字訓] 春宮とうぐう 동궁

しゅん [^峻] 晉シュン 訓けわしい|(음)준. (造語) ①험준하다¶ 峻嶺しゅんれい 준령・険峻けんしゅん 험준 ②엄격하다¶ 峻厳しゅんげん 준엄・峻烈しゅんれつ 준열 ③크고 훌륭함¶ 峻宇しゅんう 준우

しゅん [^竣] 晉シュン 訓おわる|(음)준. (造語) 완성하다. 끝내다. 끝나다¶ 竣工しゅんこう 준공・竣成しゅんせい 준성

しゅん [^舜] 晉シュン|(음)순. Ⅰ (造語) 무궁화, 근화 Ⅱ (고대 중국의) 순 임금

しゅん [^駿] 晉シュン・スン|(음)준. (造語) ①뛰어나다. 빼어나다¶ 駿才しゅんさい 준재・駿馬しゅんめ 준마 ③「スン」으로 읽어서)「駿河する」의 준말¶ 駿州しゅんしゅう 지금의 静岡しずおか현 중부 지방 ▷ ①은 「俊」과 같음

しゅん [^瞬] 晉シュン 訓またたく|(음)순. (造語) 눈깜짝할 사이, 순간, 눈을 깜박이다¶ 瞬間しゅんかん 순간・瞬時しゅんじ 순시・一瞬いっしゅん 일순

しゅん [^旬] (과일・어패류 등이) 제일 맛있을 때. 한창 나돌때, 제철¶ かには今いまが~だ 게는 지금이 제철이다 ②(일을 하는) 적기, 적당한 때¶ 戸外こがいスポーツの~ 옥외 스포츠의 적기

じゅん [旬] 晉ジュン・シュン|(음)순. (造語) ①열흘, 열흘간¶ 旬日じゅんじつ 순일・下旬げじゅん 하순 ②(助数) 10년, 10년 단위로 나이를 세는 말¶ 七旬しちじゅん 칠순

じゅん [巡] [巡] 晉ジュン 訓めぐる|(음)순. (造語) 돌아다니다, 순회하다¶ 巡回じゅんかい 순회・巡察じゅんさつ 순찰・一巡いちじゅん 일순

じゅん [盾] 晉ジュン 訓たて|(음)순. (造語) 방패¶ 矛盾むじゅん 모순

じゅん [准] 晉ジュン 訓なぞらえる|(음)준. (造語) ①준하다, 비기다¶ 准尉じゅんい 준위 ②허가하다¶ 批准ひじゅん 비준 ③「準じ」의 약자

じゅん [殉] 晉ジュン|(음)순. (造語) 주인을 따라 죽다¶ 殉死じゅんし 순사 ②대의를 위해 목숨을 버리다¶ 殉教じゅんきょう 순교・殉国じゅんこく 순국

じゅん [純] 晉ジュン|(음)순. (造語) ①순수하다. 꾸밈없이 아름답다¶ 純金じゅんきん 순금・純粋じゅんすい 순수・単純たんじゅん 단순 ②순수함을 나타내는 말¶ 純文学じゅんぶんがく 순수 문학・純日本式にほんしき 순일본식 Ⅱ (T) 순수, 순진¶ ~な青年せいねん 순진한 청년・~な心こころ 순수한 마음

じゅん [淳] 晉ジュン|(음)순. (造語) ①진심이 있다. 너그럽다¶ 淳良じゅんりょう 순량 ②순직하다. 꾸밈이 없다¶ 淳朴じゅんぼく 순박・至淳しじゅん 지순

じゅん [循] 晉ジュン|(음)순. (造語) ①따르다,

좇다¶ 因循姑息いんじゅんこそく 인순 고식 ②돌다, 순환하다¶ 循環かん 순환 ▷ ②는 「巡じゅん」과 같음

じゅん [閏] 阁 ジュン 訓 うるう (음) 윤. (造語) ①평년보다 일수·월수가 많다¶ 閏年ねん 윤년 ②정통이 아닌 임금의 자리¶ 正閏せい 정윤

じゅん [順] 阁 ジュン 訓 したがう (음) 순. I (造語) ①순하다, 순종하다, 따르다¶ 順応のう 순응·耳順じじゅん 이순 ②차례, 순서¶ 順位じゅんい 순위·順次じゅんじ 순차 ③지장이 없다, 순조롭다¶ 順調ちょう 순조·順風ぷう 순풍 II 阁 ①차례, 순서¶ いろは─ 가나다 순 ②당연함, 온당함¶ 自分じぶんの失敗しっぱいを自あらためるのが~だ 자신의 실패는 스스로 바로잡는 것이 온당하다 III ナ 온순함¶ ~な人間にんげん 온순한 사람

じゅん [準] 阁 ジュン (음) 준. (造語) ①수준기¶ 準縄じゅんじょう 준승·水準器じゅんすいき ②기준, 척도, 규정¶ 基準きじゅん 기준·水準すい 수준 ③준하다, 의거하다¶ 準拠きょ 준거 ④준비하다¶ 準備び 준비 ⑤버금가는, 가까운¶ 準会員かいいん 준회원·準決勝けっしょう 준결승

じゅん [馴] 阁 ジュン 訓 なれる (음) 순. (造語) 익숙해지다, 길들다, 길들이다, 온순하다¶ 馴化じゅんか 순화·馴致じゅんち 순치 ▷ (熟字訓) 馴染なじみ 친숙함, 단골

じゅん [潤] 阁 ジュン 訓 うるおう·うるおす·うるむ (음) 윤. (造語) ①수분을 머금다, 습기를 띠다¶ 湿潤しつじゅん 습윤·浸潤しんじゅん 침윤 ②윤기가 있다, 혜택, 이득¶ 潤滑かつ 윤활·潤沢たく 윤택·利潤じゅん 이윤

じゅん [遵·遵] 阁 ジュン (음) 준. (造語) 규칙이나 방법을 따르다, 법을 지키다¶ 遵守じゅん 준수·遵法ぽう 준법

じゅん [醇] 阁 ジュン (음) 준. I (造語) ①전국술¶ 芳醇ほう 방순 ②순수한¶ 醇粋じゅん 순수·醇朴ぼく 순박 ③인정이 두텁다, 진심어리다¶ 醇醇じゅん 순순 ▷ ②는 「純じゅん」이 대용자 II 阁 전국술, 전내기 III ナ ①순수함¶ ~な性格かく 인정미가 있음·~な性格かく 인정 있는 성격

じゅんあい [純愛] 순애
じゅんい [准尉] 軍 준위
じゅんい [順位] 순위, 순번¶ ~をつける 순위를 매기다/ ~を決定けってい する 순위를 결정하다
じゅんいつ [純一] ナ 순일, 순수함, 거짓이나 꾸밈이 없음¶ 無雑ざつな心境しんきょう 꾸밈없이 순수한 마음
しゅんえい [俊英] 준영, 준재¶ 画壇だんの~ 화단의 준영
じゅんえき [純益] 순익
じゅんえつ [巡閲] 名他スル(文) 순열, 순시, 순찰¶ 管内かんないを~する 관내를 순시하다
じゅんえん [巡演] 名自他スル(文) 순연, 순회 공연¶ ヨーロッパ各国かっこくを~する 유럽 각국을 순연하다
じゅんえん [順延] 名他スル 순연. (기일을) 차례로 연기함¶ 運動会うんどうかいは雨あめで~になった 운동회는 비로 순연하게 되었다
じゅんえん [順縁] 佛 순연 ①선행이 불도에 들어가는 인연이 되는 일 ②늙은 사람부터 차

례로 죽는 일
じゅんおう [順応] 名自スル → じゅんのう
じゅんおくり [順送り] 차례로 돌림, 차례차례 다음으로 보냄¶ ~に回覧かいらんする 차례로 회람하다
しゅんか [春化] 植 춘화 처리
しゅんが [春画] 춘화, 춘화도= 枕絵まくら
じゅんか [純化] 名他スル 순화¶ 意識いしきを~する 의식을 순화하다
じゅんか [順化·馴化] 名自スル (生) 순화, 순응
じゅんか [醇化] 名他スル(文) 순화 ①가르쳐서 감화시킴 ②大衆たいしゅうを~する 대중을 순화하다 ②(잠스런 것을 없애고) 순수한 것으로 만듦= 純化じゅんか¶ 風俗ふうぞくの~ 풍속의 순화
じゅんかい [巡回] 名自スル 순회 ①여기저기 돎¶ ~講演こうえん 순회 강연 ②둘러봄¶ 構内こうないを~する 구내를 순회하다 ─図書館としょかん 순회 도서관, 이동 도서관
しゅんかしゅうとう [春夏秋冬] 춘하 추동
じゅんかつ [潤滑] ナ 윤활 ①습윤하여 매끄러움¶ ~剤ざい 윤활제 ②원활함¶ 事ことは~に運はこんだ 일은 원활하게 진행되었다 ─油ゆ 윤활유
しゅんかん [春寒] (文) 춘한, 꽃샘 추위, 봄추위= はるさむ¶ ~の候こう 춘한 지절
しゅんかん [瞬間] 순간¶ ~の出来事できごと 순간적으로 일어난 일/ 打うった~ 때린 순간 ─接着剤せっちゃくざい 순간 접착제
じゅんかん [旬刊] 순간, 10일마다 간행함, 그런 간행물¶ ~雑誌ざっし 순간 잡지
じゅんかん [旬間] (造語) 순간, (특별 행사를 위해 정한) 10일간¶ 交通安全こうつうあんぜん~ 교통 안전 순간
じゅんかん [循環] 名自スル 순환¶ 血液けつえきの~ 혈액 순환/ 市内しないを~バス 시내 순환 버스 ─器き 醫 순환기 ─小数しょうすう 數 순환 소수 ─論法ろんぽう 論 순환 논법
じゅんかんごふ [准看護婦] 간호 조무사
しゅんき [春季] 춘계¶ ~運動会うんどうかい 춘계 운동회 ─皇霊祭こうれいさい 일본 황실에서 춘분에 지내는 제사
しゅんき [春期] 춘기, 봄철¶ ~大売出おおうりだし 춘기 대매출
しゅんぎく [春菊] 植 쑥갓= 菊菜きくな
しゅんき はつどうき [春機発動期] 춘기 발동기, 사춘기= 思春期ししゅんき
じゅんぎゃく [順逆] (文) 순역 ①정(正)과 사(邪), 순리와 역리¶ ~をわきまえる 순역을 가리다 ②佛 순연과 역연(逆縁)
じゅんきゅう [準急] 준급, 준급행 열차
しゅんきょ [峻拒] 名他スル 준거, 단호히 거절함¶ 退職勧告たいしょくかんこくを~する 퇴직 권고를 준거하다
じゅんきょ [準拠] 名自スル 준거¶ 法令ほうれいに~する 법령에 준거하다 ─集団しゅうだん 社 준거 집단
じゅんきょう [殉教] 名自スル 순교
じゅんきょう [順境] 순경, 순조로운 환경 ⇔ 逆境ぎゃっきょう¶ ~に育そだつ 순경에서 자라다
じゅんぎょう [巡業] 名自スル 순업, 각처를 돌

머 흥행함¶ 地方に~ 지방 순회 흥행
じゅんきん [純金] 순금
じゅんぎん [純銀] 순은
じゅんきんちさん [準禁治産] [法] 준금치산. 한정 치산¶ ~者 준금치산자
じゅんぐり [順繰り] 名 (口) 차례차례로 함= 順番¶ ~に顕微鏡をのぞく 차례차례로 현미경을 들여다보다
しゅんけい [春景] (文) 춘경. 봄 경치= 春色¶ ~を賞する 춘경을 감상하다
じゅんけい [巡警] 名他スル 순찰¶ 夜の町を~する 밤 거리를 순찰하다
じゅんけい [純系] [生] 순계. 순수한 계통
しゅんけつ [俊傑] (文) 준걸
しゅんげつ [春月] (文) ①춘월. 봄밤의 달. 으스름 달 ②봄철
じゅんけつ [純血] 순혈. 순수한 혈통¶ 一種/~を保つ 순수 혈통을 유지하다
じゅんけつ [純潔] 名 ソ 순결¶ ~を守る 순결을 지키다
じゅんげつ [旬月] (文) 순월 ①열흘, 한 달, 단 시일¶ 事を経ずして 일은 얼마 지나지 않아 ②열달
じゅんげつ [*閏月] (文) → うるうづき
じゅんけっしょう [準決勝] 준결승¶ ~に進出しようする 준결승에 진출하다
しゅんけん [*峻険・*峻嶮] 名 ソ (文) 준험 ①험준함¶ ~な山稜 험준한 산등성이 ②엄격함, 냉엄함
しゅんげん [*峻厳] ソ (文) 준엄¶ ~な態度 준엄한 태도
じゅんけん [巡見] 名他スル (文) 순견, 순시
じゅんけん [巡検] 名他スル (文) 순검. 순찰¶ 管内を~する 관내를 순찰하다
じゅんけん [純絹] → しょうけん (正絹)
じゅんこ [*醇*乎] ソ (文) 순호. 순수함¶ ~たる詩境 순수한 시경
しゅんこう [春光] (文) 춘광 ①봄별¶ ~うららか 봄볕이 화창함 ②봄 경치, 춘색
しゅんこう [春郊] (文) 춘교. 봄의 들판 [교외]
しゅんこう [春耕] (文) 춘경. 봄갈이
しゅんこう [竣工・*竣功] 名自スル 준공. 낙성. 완공 ⇔ 起工¶ 一式 준공식
しゅんごう [俊豪] (文) 준호. (재능·역량이) 출중한 사람, 준걸
じゅんこう [巡行] 名自スル (文) 순행. 여기저기 돌아다님¶ 全国の史跡を~する 전국의 사적을 순행하다
じゅんこう [巡幸] 名自スル (文) 순행. 천자(天子)의 순행 (巡行), 순수 (巡狩)
じゅんこう [巡航] 名自スル (文) 순항. 각지를 항해·비행함¶ ~船 순항선 一速度 [交] 순항 속도. (선박·항공기의) 경제 속도
じゅんこう [順行] 名自スル (文) 순행 ①(文) (순서에 따라) 거스르지 않고 감 [행함] ②[天] (천체의) 순행 운동
じゅんこく [殉国] (文) 순국¶ ~の志士 순국 지사

じゅんさ [巡査] 순사 ①순경 ②경관, 경찰관
しゅんさい [俊才・*駿才] 준재. 준영¶ 画壇の~ 화단의 준재
じゅんさい [*蓴菜] [植] 순채 = めなわ
じゅんさつ [巡察] 名他スル 순찰
しゅんさん [春蚕] [農] 춘잠. 봄누에 = はるご
しゅんじ [瞬時] (文) 순시. 순간¶ ~にして消えさる 순식간에 사라지다
じゅんし [巡視] 名他スル 순시¶ ~船 순시선
じゅんし [殉死] 名自スル 순사. 주군을 따라 죽 결함 = 追い腹
じゅんじ [順次] 副 순차적으로, 차례차례 = 順繰り¶ 列車ごとに~改札を始めた 열차마다 차례차례 개찰을 시작했다
じゅんしかん [准士官] 준사관
しゅんじつ [春日] (文) 춘일. 봄날, 봄볕 一遅遅 춘일 지지. 봄날이 길어서 해가 더디게 짐
じゅんじつ [旬日] (文) 순일. 열흘, 열흘간¶ ~にして完成した 열흘 동안에 완성했다
じゅんしゃく [巡錫] 名自スル [佛] 순석. 중이 수행·교화를 위해 각지를 돌아다님
じゅんしゅ [遵守・順守] 준수¶ 交通法規の~ 교통 법규의 준수
しゅんしゅう [俊秀] (文) 준수. 준재¶ ~の誉れ高い 준재로 이름 높다
しゅんしゅう [春愁] (文) 춘수. 봄날의 우수
しゅんじゅう [春秋] (文) 춘추 ①봄과 가을 ②1년, 1년 내내 ③세월, 성상¶ ~を経る 세월이 지나다 ④나이, 연세¶ 五十の~を重ねる 쉰 살이 되다
[慣用句]
一に富む (나이가 젊어) 앞길이 창창하다
しゅんじゅう [春秋] 춘추. 오경의 하나 一時代, [史] 춘추 시대
[慣用句]
一の筆法 춘추 필법. 엄중한 비판 태도. 객관적인 기술
しゅんじゅん [*逡巡] 名自スル 준순. 망설임, 주저함 遅疑~ 지의 준순, 의심하여 망설임
じゅんじゅん [*諄*諄] ソ (文) 순순. 잘 알아듣도록 타이르는 모양¶ ~と諭す 순순히 타이르다
じゅんじゅんけっしょう [準準決勝] 준준결승
じゅんじゅんに [順順に] 副 차례로, 차례차례¶ ~答える 차례로 대답하다
じゅんじょ [順序] 순서 ①차례 = 順番¶ ~正しく 순서 바르게 ②(일의) 수순, 절차¶ ~を踏む 순서를 밟다/仕事の~を決める 일의 순서를 정하다 一立てる 他下一 순서를 정하다 一不同 순서 부동. 무순(無順)¶ ~よく 순서 있게, 차례대로
しゅんしょう [春宵] (文) 춘소. 봄밤
[慣用句]
一一刻値千金 춘소일각 치천금. 봄밤의 한때는 정취가 깊어서 천금의 가치가 있음
しゅんじょう [春情] (文) 춘정 ①색정 = 色気¶ ~をそそる 춘정을 불러 일으키다 ②봄기운, 봄의 경치, 춘색

じゅんしょう [准将] 준장
じゅんじょう [殉情] 名(文) 순정. 감정에 충실함¶ 〜的行動ミシ 순정적 행동
じゅんじょう [純情] 名ナ 순정. 순진함¶ 〜な青年セシ 순진한 청년
じゅんじょう [準縄] (文) 준승. 규칙¶ 規矩キ〜 규구 준승
しゅんしょく [春色] (文) 춘색 ①봄빛, 봄기운, 봄 경치 ②요염한 모양
じゅんしょく [殉職] 名自スル 순직
じゅんしょく [潤色] 名他スル 윤색 ①(흥미를 끌려고) 과장하거나 꾸밈 ②채색하고 윤을 냄
しゅんしん [春信] (文) 춘신 ①봄소식 ②꽃소식
じゅんしん [純真] 名ナ 순진¶ 〜な心ミシを傷ジつける 순진한 마음에 상처를 주다
じゅんすい [純粹] 名ナ 순수 ①잡것이 섞이지 않음¶ 〜な水ミシ 순수한 물 ②사념・사욕이 없음¶ 〜な気持ミシ 순수한 마음 ―経験ケン 순수 경험 ―理性ゼシ 순수 이성
じゅん・ずる [殉ずる] 自サ変(文) ①주군・주인을 따라 자결하다, 순사하다¶ 主人ジュシに〜 주인을 따라 죽다 ②(일을 위해) 목숨을 바치다¶ 職務ミシに〜 순직하다 ▷ [殉じる]로도 씀
じゅん・ずる [準ずる] 自サ変 준하다 ①기준으로 삼다¶ 先例レシに〜 선례에 준하다 ②비기다, 견주다¶ 重役ヤクに〜 待遇グシ 중역에 준하는 대우 ▷ [準じる]라고도 함
しゅんせい [*竣成] 名自スル(文) 준성, 준공
じゅんせい [純正] 名ナ 순정 ①순수하고 바름¶ 〜な理想ミシ 순정한 이상 ②이론을 주로 함
しゅんせつ [春雪] (文) 춘설. 봄눈
しゅんせつ [*浚渫] 名他スル 준설¶ 〜船セシ 준설선 / 運河カシを〜する 운하를 준설하다
じゅんせつ [順接] [文法] 순접 ↔ 逆接ギシ
じゅんぜん [純然] 副 순연 ①다른 것이 전혀 섞이지 않음, 순수¶ 〜たる水ミシ 순수한 물 ②순전(純全)¶ 〜たる文化摩擦ミシミシの問題ミシだ 순전한 문화 마찰 문제이다
しゅんそう [春草] (文) 춘초. 봄풀
じゅんぞう [純増] 순증. 순수 증가분
しゅんそく [俊足] 준족. 뛰어난 사람, 준재
しゅんそく [駿足] (文) 준족 ①말의 걸음이 빠름, 준마¶ 〜を駆ける 준마를 몰다 ②걸음이 빠름, 그런 사람¶ 〜を飛ばして追い付く 준족을 달려 따라붙다
じゅんそく [準則] 준칙¶ 〜を定める 준칙을 정하다
じゅんたいじょし [準体助詞] [文法] 여러 가지 말에 붙어 그 말이 체언과 같은 작용을 하게 하는 조사 ▷ 「行くのはいやだ」의 「の」 등
じゅんたく [潤沢] 名ナ 윤택 ①풍부함¶ 〜な生活ミシ 윤택한 생활 ②윤기가 있음
しゅんだん [春暖] (文) 춘난. 봄의 따사로움
じゅんち [*馴致] 名他スル 순치 ①(어떤 상태에) 점차 이르게 함 ②길들임¶ 野生의 動物ミシを〜する 야생 동물을 길들이다
じゅんちょう [順調] ナ 순조¶ 〜な売れ行ゆき 순조로운 팔림새

じゅんて [順手] (철봉・평행봉에서) 바로잡기
しゅんでい [春泥] (文) 봄철의 진창¶ 〜に足をとられる 봄철의 진창에 발이 빠지다
しゅんと 副(口) 풀이 죽어, 침울하게¶ しかられて〜なる 야단을 맞고 풀이 죽다
じゅんど [純度] 순도¶ 金ネシの〜 금의 순도
しゅんとう [春闘] 춘투, 춘계 투쟁
しゅんどう [*蠢動] 名自スル(文) 준동 ①(벌레가) 꿈틀거림 ②(하찮은 자들이) 소란을 피움¶ 不平分子ミシミシの〜 불평 분자의 준동
じゅんとう [順当] ナ 당연함, 온당함, 타당함, 순조로움¶ 〜に進ます 순조롭게 나아가다
じゅんなん [殉難] (文) 순난
じゅんに [順に] 副 차례로, 차례차례, 순서대로¶ 〜送ックる 차례로 보내다
じゅんのう [順応] 名自スル 순응. 적응¶ 環境ミシに〜する 환경에 순응하다 ―性ゼシ 순응성
じゅんぱい [巡拝] 名他スル 각지의 神社ジシ・절을 참배하고 돌아다님, 순례
じゅんぱく [純白] 名ナ 순백 ①아주 흼 ②티 없이 맑고 깨끗함
しゅんぱつ [瞬発] 名 순발 ①순간적으로 힘을 냄 ②약간의 충격에도 폭발(발화)함¶ 〜信管カシ 순발 신관 ―力ヨク 순발력
じゅんばん [順番] 순번. 차례¶ 〜を決める 순번을 정하다 / 〜を待つ 순번을 기다리다
じゅんび [純美・*醇美] 名ナ(文) 순미. 순수하고 아름다움, 꾸밈없이 아름다움
じゅんび [準備] 名他スル 준비
じゅんぴつ [潤筆] 윤필. 그림을 그리거나 글씨를 씀¶ 〜料ヨシ 윤필료
しゅんびん [俊敏] 名ナ 준민. 머리가 좋고 행동이 날렵함¶ 〜な行動ドシ 준민한 행동
しゅんぷう [春風] (文) 춘풍, 봄바람 ―駘蕩タシ 춘풍 태탕 ①봄바람이 한가로이 부는 모양 ②인품이 온화함, 생활이 한가로움
じゅんぷう [順風] 순풍 ―満帆マシ 순풍 만범 ①순풍을 받아 배가 잘 달림 ②만사가 순조롭게 진행됨
慣用句
 ―に帆ほを揚あげる 순풍에 돛을 달다
じゅんぷうびぞく [*淳風美俗・*醇風美俗] 순풍 미속, 미풍 양속
じゅんふどう [順不同] 名 순서 부동, 무순
しゅんぶん [春分] 춘분 ―点テン 춘분점
じゅんぶん [純分] 순분, 금화・은화나 지금(地金)의 순금・순은의 함량
じゅんぶんがく [純文学] (文) 순수 문학
じゅんへいげん [準平原] [地] 준평원
しゅんべつ [*峻別] 名他スル 준별. 엄격히 구별함¶ 公私ミシを〜する 공사를 준별하다
しゅんぼう [俊髦] (文) 준모. 뛰어난 사람
しゅんぼう [春望] (文) 춘망. 봄의 경치
じゅんぽう [旬報] 순보 ①열흘마다 내는 보고(서) ②순간 간행물¶ 株式カシ〜 주식 순보
じゅんぽう [遵奉] 名他スル 준봉. (법률・명령 등을) 따르고 지킴¶ 家訓カシを〜する 가훈을 준봉하다

じゅんぽう【遵法・順法】준법¶ ～精神 준법 정신 —闘争 준법 투쟁

じゅんぼく【純朴・*淳朴・*醇朴】名ダ 순박¶ ～な青年 순박한 청년

しゅんぼん【春本】춘본. 외설 서적＝エロ本

じゅんまいしゅ【純米酒】순미주

しゅんみん【春眠】文 춘면. 봄밤의 잠
慣用句
—暁を覚えず 봄밤은 짧고 몸이 노곤하여 늦잠을 자기 쉽다

しゅんめ【*駿馬】준마＝しゅんば

じゅんめん【純綿】순면¶ ～のシャツ 순면 셔츠

しゅんもう【純毛】순모¶ ～のコート 순모 코트

じゅんゆう【巡遊】名自スル 순유. 유람함

じゅんよ【旬余】文 순여. 열흘 남짓

しゅんよう【春陽】춘양 ①봄 햇살 ②봄철

じゅんよう【準用】名他スル 준용. (규칙 등을) 준하여 적용함

じゅんようかん【巡洋艦】軍 순양함

じゅんようし【順養子】(江戸 시대) 동생이 형의 양자로 가거나 형의 아들을 양자로 삼던 일

じゅんら【巡邏】순라 I 名自スル 순찰함. 순찰자 II 名 歴史 (江戸 말기에) 순라꾼

しゅんらい【春雷】文 춘뢰. 봄날의 우레

しゅんらん【春蘭】植 춘란. 보춘화＝ほくろ

じゅんらん【巡覧】名他スル 순람

じゅんり【純利】순리. 순이익＝純益

じゅんり【純理】文 순리. 순수한 이론·학문

じゅんりょう【純量】순량. 정량＝正味

じゅんりょう【純良】ダ 순량. (물건이) 순수하고 질이 좋음

じゅんりょう【*淳良】ダ文 순량. 순박하고 선량함¶ ～な村人 순량한 마을 사람

じゅんりょう【順良】ダ 순량. 유순하고 선량함¶ ～な人柄 순량한 인품

しゅんれい【*峻嶺】文 준령. 험하고 높은 봉우리¶ ～を越える 준령을 넘다

じゅんれい【巡礼・順礼】名自スル 순례¶ ～歌 순례가／～者 순례자

じゅんれき【巡歴】名自スル 순력. 편력¶ 名所旧跡を～する 명소 고적을 순력하다

しゅんれつ【*峻烈】ダ 준열¶ ～な批評 준열한 비평

じゅんれつ【順列】①순서, 서열 ②数 순열
—組み合わせ 数 순열 조합

じゅんろ【順路】순로. 길의 순서, 코스

しょ【且】音 ショ 訓 かつ｜(음)차. (造語) 주로 훈(訓)「かつ」로 씀

しょ【処】【處】音 ショ 訓 ところ｜(음)처. (造語) ①머물러 있다 処世 처세 ②세상에 나가지 않고 집에 있다 処士 처사・処女 처녀 ③판가름하다, 처리하다 処分 처분・処理 처리 ④各処 각처 ▷黒字印 彼処 저기・此処 여기・何処 어느 곳

しょ【初】音 ショ 訓 はじめ・はじめて・はつ・うい・そめる｜(음)초. (造語) ①시초, 처음, 첫¶ 初頭 초두・最初 최초 ②하기 시작하다, 처음으로 初演 초연・初歩 초보

③최초의 뜻을 나타냄¶ 初対面 초대면

しょ【所】【所】音 ショ 訓 ところ｜(음)소. (造語) ①곳, 장소, 지위¶ 近所 근처・住所 주소 ②동작・작용의 내용¶ 所属 소속・所有 소유 ③시설, 기관¶ 所長 소장・役所 관청 ④피동을 나타냄¶ 所載 소재 ⑤피동의 어조사. 한문 훈독으로「る・らる」로 읽음 ▷黒字印 所謂 소위・所以 소이・当所 목적지・何所 어느 곳

しょ【書】音 ショ 訓 かく｜(음)서. I (造語) ①쓰다, 기록하다¶ 書記 서기・朱書 주서 ②써서 엮은 것, 책¶ 書籍 서적・読書 독서 ③서류, 편지¶ 書類 서류・遺書 유서 ④글씨, 서체¶ 書画 서화・草書 초서 ⑤서경¶ 詩書礼楽 시서 예악 II ①서적, 책¶ ～を読む 책을 읽다 ②편지, 서류¶ ～を送학 편지를 보내다 ③글씨를 씀, 서체, 필적¶ ～をよくする 글씨를 잘 쓰다 ④(오경五経의 하나인) 서경, 상서

しょ【渚】音 ショ 訓 なぎさ｜(음)저. (造語) 물가, 둔치¶ 汀渚 정저, 물가

しょ【庶】音 ショ 訓 もろもろ｜(음)서. (造語) ①수많은, 여러 가지¶ 庶政 서정・庶務 서무 ②대중¶ 庶民 서민 ③첩의 소생, 서자¶ 庶子 서자・庶出 서출 ④간절히 바라다¶ 庶幾 서기, 바람

しょ【暑】【暑】音 ショ 訓 あつい｜(음)서. I (造語) ①덥다, 더위¶ 暑気 서기・酷暑 혹서 ②여름철¶ 小暑 소서・残暑 처서 ②여름의 입추 전의 18일간¶ 暑中 서중 II 더위¶ ～を避ける 더위를 피하다

しょ【署】【署】音 ショ 訓｜(음)서. I (造語) ①할당하다, 배치하다¶ 部署 부서 ②관청, 공공 기관¶ 官署 관서・税務署 세무서 ③서명하다¶ 署名 서명・連署 연서 II 서. 공공 기관. (특히)「警察署」의 준말¶ ～まで出頭しなさい 서까지 출두하시오

しょ【緒】【緒】音 ショ・チョ 訓 お・いとぐち｜(음)서. I (造語) 실마리, 처음, 시초¶ 緒論 서론・情緒 정서・端緒 단서 II 처음, 실마리, 단서
慣用句
—に就く (일에) 착수하다

しょ【諸】【諸】音 ショ 訓 もろもろ｜(음)제. (造語) ①여러 가지, 많은¶ 諸君 제군・諸説 제설 ②어조를 가다듬는 어조사

しょ【*曙】音 ショ 訓 あけぼの｜(음)서. (造語) 새벽, 먼동, 여명¶ 曙光 서광

じょ【処】【處】音 ジョ（ヂョ）・ニョ・ニョウ 訓 おんな・め｜(음)여. (造語) ①여자, 여성¶ 女性 여성・女体 여체・女教師 여교사 ②여자 아이, 딸, 처녀¶ 女児 여아・長女 장녀 ③여자 이름이나 아호에 곁들이는 말¶ 千代女 치요 여인 ④助数 딸의 순서·수를 세는 말¶ 一男三女 1남 3녀 ⑥天 이십팔수(宿)의 하나 ▷黒字印 女将 여주인・女形 여자역의 남자 배우・石女 석녀・女郎花 마타리

じょ [如] 音ジョ・ニョ 訓ごとし |(음)여. (造語) ①같다, 필적하다, 그대로다¶如意ఁ 여의·如実ఁ 여실 ②상태를 나타내는 말에 붙어 어조를 고르는 말¶欠如ఁ 결여·突如ఁ 갑자기 |(「もし」로 읽어서) 가정의 어조사, 만일 ▷ ③은 「若ఁ」와 같음 黙字訓 如何ఁ 여하·如月ఁ 음력 2월·不如帰ఁ 불여귀

じょ [助] 音ジョ 訓たすける・たすかる・すけ |(음)조. (造語) ①도와주다, 도움¶助言ఁ 조언·援助ఁ 원조·救助ఁ 구조 ②보조 역할을 하다¶助詞ఁ 조사·助手ఁ 조수

じょ [序] 音ジョ 訓ついで |(음)서. I (造語) ①서문, 머리말, 처음, 시초¶跋序ఁ 序曲ఁ 서곡·序論ఁ 서론 ②차례, 순서¶順序ఁ 순서·秩序ఁ 질서 ▷ ①은 「緒ఁ」와 같음 II ①(책의) 서문, 머리말¶～に記ఁす 서문에 적다 ②차례, 순서¶長幼ఁの～ 장유 유서

じょ [叙] [敍] 音ジョ 訓のべる |(음)서. (造語) ①생각을 차례로 말하다¶叙述ఁ 서술·叙伝ఁ 서전 ②관등을 매겨서 내리다¶叙位ఁ 서위·叙勲ఁ 서훈

じょ [徐] 音ジョ 訓おもむろ |(음)서, (造語) 서서히, 완만하게¶徐行ఁ 서행·徐徐ఁ 서서

じょ [恕] 音ジョ 訓ゆるす |(음)서. 용서하다, 관대하게 다루다¶寛恕ఁ 관서·宥恕ఁ 유서

じょ [除] 音ジョ(ヂョ)・ジ(ヂ) 訓のぞく |(음)제. (造語) ①제거하다¶除外ఁ 제외·解除ఁ 해제 ②나눗셈¶除法ఁ 제법 ③구년을 밀어내다¶除夜ఁ 제야 ④관직에 임명하다¶除目ఁ 대신 이외의 제신(諸臣)의 임관식

じょ [*舒] 音ジョ |(음)서. 느리다, 느긋하다, 펴다¶閑舒ఁ 평온함

じょ [自余・*爾余] 名 ｢ ｣ 이밖, 그 밖, 이외

しょあく [諸悪] 제악. 온갖 악¶～の根源ఁ 제악의 근원

しょい [所為] 名 (文) 소위 ①소행, 행위 ②탓, 때문¶運命ఁの～とあきらめる 운명 탓이라 여기고 체념하다

じょい [女医] 여의, 여의사

じょい [叙位] 서위, 위계를 내림 I

しょいあげ 〈背負い〉あげ (口) → 帯揚ఁ

しょいこ 〈背負い〉子 짐을 질 때 쓰는 지게

しょいこ・む 〈背負い〉込む 他五 (口) ①(성가신 일을 어쩔 수 없이) 떠맡다¶他人ఁの借金ఁを～ 남의 빚을 떠맡다

しょいちねん [初一念] 초지＝初志ఁ¶～を貫ఁく 초지를 관철하다

しょいなげ 〈背負い〉投げ (口) (유도에서) 업어치기＝せおいなげ
慣用句
―を食ఁう 일이 성사되기 직전에 골탕을 먹다

しょいん [所員] 소원¶国立ఁの研究所ఁ～ 국립 연구소 소원

しょいん [書院] 서원 ①일본식 서재 ②(書院造ఁの) 응접실, 사랑방 ③출판사·서점 이름에 붙는 말＝造ఁ 建 室町ఁ 말기에서 桃山ఁ 시대의 무가(武家)의 주택 양식＝窓ఁ 建 「付ఁけ書院ఁ」의 채광창

しょいん [署員] 서원

しょう [小] 音ショウ(セウ) 訓ちいさい・こ・お |(음)소. I (造語) ①작다¶小額ఁ 소액·最小ఁ 최소 ②대단치 않다, 하찮다¶小人ఁ 소인·小説ఁ 소설 ③자기에 관한 것의 겸칭¶小生ఁ 소생 ④ 「小学校ఁ」의 말 ⑤작거나 조금임을 나타내는 말¶小休止ఁ 잠시 휴식¶小豆ఁ 팥·小父ఁ 아저씨·小波ఁ 잔물결·莫大小ఁ 메리야스 II 소 ①작음, 작은 것¶大ఁは～を兼ఁねる 대는 소를 겸한다 ②곁들여 차는 작은 칼, 단검¶大～を腰ఁにさす 큰 칼과 작은 칼을 허리에 차다 ③「小ఁの月ఁ」의 준말, 작은 달

しょう [升] 音ショウ 訓ます |(음)승. (造語) ①척관법의 용적의 단위, 되¶五升ఁ 5되 ②용량을 재는 그릇, 되 ③오르다, 열매 맺다, 여물다¶升進ఁ 승진 ③은 「昇ఁ」와 같음

しょう [少] 音ショウ(セウ) 訓すくない・すこし |(음)소. (造語) ①적다, 조금¶少量ఁ 소량·多少ఁ 다소 ②어리다, 젊은이¶少女ఁ 소녀·老少ఁ 노소 ③같은 관직에서 대·중의 다음, 보좌역¶少尉ఁ 소위

しょう [召] 音ショウ(セウ) 訓めす |(음)소. (造語) 윗사람이 부르다, 기습하는 초치¶召還ఁ 소환·召集ఁ 소집

しょう [匠] 音ショウ(シャウ) 訓たくみ |(음)장. (造語) ①목수, 장인, 기예·학술에 뛰어난 사람¶工匠ఁ·師匠ఁ 스승·巨匠ఁ 거장 ②궁리¶意匠ఁ 의장

しょう [*庄] 音ショウ(シャウ) |(음)장. (造語) 집, 시골집, 마을¶庄園ఁ 장원·庄屋ఁ (江戸ఁ시대) 마을의 촌장

しょう [床] 音ショウ(シャウ) 訓とこ・ゆか |(음)상. ①잠자리, 침대¶起床ఁ 기상·臨床ఁ 임상 ②마루¶床下ఁ 마루 밑 ③지층, 지반¶河床ఁ 하상·鉱床ఁ 광상 ④꽃·모종을 키우는 곳¶温床ఁ 온상 ⑤총신을 받치는 부분¶銃床ఁ 총상 ⑥(助数) (병원 등에서) 병상 ▷「牀ఁ」의 속자

しょう [抄] 音ショウ(セウ) |(음)초. (造語) ①노략질하다, 낚아채다, 기습하다¶抄襲ఁ 초습 ②뽑아 쓰다¶抄本ఁ 초본·抄録ఁ 초록 ③주석을 달다, 주해서¶抄物ఁ 초물 ④옮겨 쓰다¶手抄ఁ 수초 ⑤종이를 뜨다¶抄造ఁ 초조 ⑥척관법의 부피의 단위 I 초 ①뽑아 쓰기 ②주석을 달기, 주해서

しょう [肖] [肯] 音ショウ(セウ) 訓にる |(음)초. (造語) ①닮다¶不肖ఁ 불초 ②닮게 하다, 비슷하게 만들다¶肖像ఁ 초상

しょう [*妾] 音ショウ(セフ) 訓めかけ・わらわ |(음)첩. I (造語) 첩¶愛妾ఁ 애첩·妻妾ఁ 처첩 II 名 첩¶～を囲ఁう 첩을 두다 III 代 여자가 자기를 낮춰 이르는 말, 소첩

しょう [尚] [尙] 音ショウ(シャウ) 訓なお・たっとぶ |(음)상. (造語) ①높이다, 높다¶高尚ఁ 고상 ②숭상하다¶尚武ఁ 상무 ③더욱, 역시, 아직¶尚早ఁ 상조

しょう [承] 音ショウ 訓うけたまわる・うける

(음)승. (造語) ①이어받다, 계승하다¶継承けいしょう 계승・伝承でんしょう 전승 ②뜻을 받아들이다¶承諾しょうだく 승낙 ③(한시에서) 절구의 제2구¶起承転結きしょうてんけつ 기승 전결

しょう [招] 音ショウ(セウ) 訓まねく|(음)초. (造語) 초대하다¶招請しょうせい 초청・招待しょうたい 초대・招聘しょうへい 초빙

しょう [昇] 音ショウ 訓のぼる|(음)승. (造語) 위로 오르다¶昇格しょうかく 승격・昇進しょうしん 승진・上昇じょうしょう 상승 ▷「升しょう・陞しょう」와 같음

しょう [*昌] 音ショウ(シヤウ) 訓さかん|(음)창. (造語) 밝음, 분명함, 왕성하다, 번창하다¶昌運しょううん 창운・繁昌はんじょう 번창

しょう [松] 音ショウ 訓まつ|(음)송. (造語) 소나무¶老松ろうしょう 노송・松竹梅しょうちくばい 송죽매 ▷ 熟字訓 松明たい 횃불・海松みる 청각채

しょう [沼] 音ショウ(セウ) 訓ぬま|(음)소. (造語) 늪¶沼沢しょうたく 소택・湖沼こしょう 호소

しょう [咲] 音ショウ(セウ) 訓さく|(음)소. (造語) 주로 훈 「さく」로 씀 ▷「笑しょう」와 같음

しょう [昭] 音ショウ(セウ)|(음)소. (造語) ①밝게 빛나다, 명백히 하다¶昭昭しょうしょう ②세상이 잘 다스려지다¶昭代しょうだい 소대

しょう [*哨] 音ショウ(セウ)|(음)초. (造語) 파수, 망을 봄¶哨兵しょうへい 초병・歩哨ほしょう 보초

しょう [宵] 音ショウ(セウ) 訓よい|(음)소. (造語) 어둑어둑할 무렵, 저녁, 밤¶春宵しゅんしょう 춘소, 봄밤・徹宵てっしょう 철야

しょう [将] [將] 音ショウ(シヤウ)|(음)장. I (造語) ①이끌다, 통솔하다, 통솔자¶将官しょうかん 장관・将軍しょうぐん 장군 ②(미래・의지의 어조사) 한문 훈독으로 「まさに…す」로 읽음) 바야흐로 …하려고 하다 ③군대 계급의 하나 ▷ 熟字訓 女将おかみ 여주인 II (文) 장수¶一軍いちぐんの〜 일군의 장수

慣用句
―を射いんと欲ほっすれば先まず馬うまを射いよ 장수를 쏘려거든 우선 말부터 쏘아라

しょう [消] [消] 音ショウ(セウ) 訓きえる・けす|(음)소. (造語) ①사라지다, 지우다, 끄다, 없어지다, 쇠퇴하다¶消音しょうおん 소음・消化しょうか 소화・消防しょうぼう 소방 ②써 없애다¶消費しょうひ 소비・消極的しょうきょくてき 소극적 ▷ ①은「銷しょう」와 같음

しょう [症] 音ショウ(シヤウ)|(음)증. (造語) 병의 증상¶症状しょうじょう 증상・炎症えんしょう 염증・狭心症きょうしんしょう 협심증・軽症けいしょう 경증

しょう [祥] [祥] 音ショウ(シヤウ)|(음)상. (造語) ①상서로움¶吉祥きっしょう 길상 ②전조, 조짐¶祥瑞しょうずい 상서・発祥はっしょう 발상 ③(복상이 끝나는) 대상¶祥月しょうつき 대상

しょう [称] [稱] 音ショウ 訓たたえる・となえる|(음)칭. I (造語) ①일컫다, 명칭, 호칭¶称号しょうごう 칭호・敬称けいしょう 경칭 ②칭찬하다¶称賛しょうさん 칭찬 ③중량을 달다, 저울¶称量しょうりょう 칭량 ④대응하다, 균형을 이루다¶対称たいしょう 대칭 II (文) 이름, 명칭, 호칭¶世に牛若丸うしわかまるの〜で知られる 세상에 牛若丸라는

이름으로 알려지다

しょう [笑] 音ショウ(セウ) 訓わらう・えむ|(음)소. (造語) ①웃다, 미소짓다, 우습다¶一笑いっしょう 일소・爆笑ばくしょう 폭소・微笑びしょう 미소 ②남의 처분을 기대할 때 겸양의 뜻을 나타내는 말¶笑納しょうのう 소납

しょう [商] 音ショウ(シヤウ) 訓あきなう|(음)상. I (造語) ①장사하다¶商業しょうぎょう 상업・商品しょうひん 상품 ②상인¶貿易商ぼうえきしょう 무역상・露天商ろてんしょう 노점상 ③뜻을 묻다, 의논하다¶協商きょうしょう 협상 ④(동양 음악에서) 오음(五音)의 하나 II ①(数) 나눗셈의 값, 몫¶次つぎの式の〜を求もとめよ 다음 식의 몫을 구하라 ②(史) (중국의) 은나라

しょう [唱] 音ショウ(シヤウ) 訓となえる|(음)창. (造語) ①말하기 시작하다, 외치다¶三唱さんしょう 삼창・提唱ていしょう 제창 ②노래 부르다, 노래¶愛唱あいしょう 애창・合唱がっしょう 합창

しょう [*娼] 音ショウ(シヤウ)|(음)창. (造語) 가무로 손님을 모시는 여자, 창녀¶娼妓しょうぎ 창기・娼婦しょうふ 창부

しょう [捷] 音ショウ(セフ) 訓はやい|(음)첩. (造語) ①재빠르다, 빠르다¶敏捷びんしょう 민첩 ②전투에 이기다¶捷報しょうほう 첩보・戦捷せんしょう 전첩 ③가깝다¶捷径しょうけい 첩경

しょう [梢] [梢] 音ショウ(セウ) 訓こずえ|(음)초. (造語) 우듬지, 나뭇가지 끝, 사물의 끝¶末梢まっしょう 말초

しょう [渉] [涉] 音ショウ(セウ) 訓わたる|(음)섭. (造語) ①(강 등을) 걸어서 건너다¶徒渉としょう 도섭 ②여기저기 걸어다니다, 널리 견문하다¶渉猟しょうりょう 섭렵 ③관련되다, 관계하다¶干渉かんしょう 간섭・交渉こうしょう 교섭

しょう [章] 音ショウ(シヤウ)|(음)장. I (造語) ①시・문장의 큰 단락¶序章じょしょう 서장・文章ぶんしょう 문장 ②표지, 표, 무늬¶印章いんしょう 인장・紋章もんしょう 문장 ③명백히 하다¶表章ひょうしょう 표장 ④규칙, 모범¶憲章けんしょう 헌장 ▷ 熟字訓 章魚たこ 낙지, 문어 II (文) 시・문장의) 큰 단락¶五いつつの〜に区切くぎる 5장으로 나누다 ②기장, 배지¶議員ぎいんの〜 의원 배지

しょう [紹] 音ショウ(セウ) 訓つぐ|(음)소. (造語) ①만나게 하다, 소개하다¶紹介しょうかい 소개 ②계승하다¶継紹けいしょう 계소

しょう [訟] 音ショウ|(음)송. (造語) 소송하다, 송사¶訴訟そしょう 소송

しょう [勝] [勝] 音ショウ 訓かつ・まさる|(음)승. (造語) ①이기다, 승리¶勝負しょうぶ 승부・優勝ゆうしょう 우승 ②훌륭하다, 뛰어나다¶健勝けんしょう 건승・勝れた景致けいち 뛰어난 경치・名勝めいしょう 명승 ④(助数) 경기 등에서 이긴 횟수를 세는 말¶十勝じっしょう三敗さんぱい 10승 3패

しょう [掌] 音ショウ(シヤウ) 訓てのひら・たなごころ|(음)장. (造語) ①손바닥¶掌握しょうあく 장악 ②담당하다¶車掌しゃしょう 차장

しょう [晶] 音ショウ(シヤウ)|(음)정. (造語) ①맑고 빛나다, 명백함 ②순수한 광물이 갖는 일정한 모양¶結晶けっしょう 결정・水晶すいしょう 수정

しょう【焼】【燒】⊙ショウ(セウ)⊛やく・やける|(음)소. (造語) 태우다, 타다, 불, 화재¶焼却しょう 소각・全焼ぜん 전소・燃焼ねん 연소

しょう【焦】⊙ショウ(セウ)⊛こげる・こがす・こがれる・あせる|(음)초. (造語) ①그을다, 그을리다, 태우다¶焦土しょうど 초토・焦眉しょうび 초미 ②안달하다, 초조하다¶焦燥しょう 초조

しょう【硝】【硝】⊙ショウ(セウ)|(음)초. (造語) 화약・유리의 원료가 되는 결정체, 화약¶硝酸しょう 질산・硝石しょう 질산 칼륨 ▷ 熟字訓 硝子がら 유리

しょう【粧】⊙ショウ(シヤウ)⊛よそおう|(음)장. (造語) 화장하다, 꾸미다¶化粧しょう 화장・美粧しょう 미장

しょう【証】【證】⊙ショウ⊛あかし|(음)증. I (造語) ①사실대로 말하다, 입증하다¶証券しょう 증권・証明しょう 증명 ②증명¶学生証がくせい 학생증・免許証しょう 면허증 ③(文) 증거¶後日ごじつの～とする 훗날의 증거로 삼다

しょう【詔】⊙ショウ(セウ)⊛みことのり|(음)조. (造語) 임금・천자의 명령¶詔書しょう 조서・詔勅しょう 조칙

しょう【象】⊙ショウ(シヤウ)・ゾウ(ザウ)|(음)상. I (造語) ①코끼리¶象牙しょうが 상아・巨象きょ 거상 ②형상, 상징¶現象げん 현상・対象たい 대상 ③형상을 만들다, 본뜨다¶象形しょう 상형・象徴しょう 상징 II (文) 점괘에 나타난 모습

しょう【傷】⊙ショウ(シヤウ)⊛きず・いたむ・いためる|(음)상. (造語) ①상처, 부상¶傷痍しょう 상이・負傷ふしょう 부상 ②상처를 입히다, 부상하다¶傷害しょう 상해・死傷ししょう 사상・損傷そん 손상 ③마음 상하게 하다, 슬퍼하다¶傷心しょう 상심 ▷ 熟字訓 火傷やけど 화상

しょう【奨】【獎】⊙ショウ(シヤウ)⊛すすめる|(음)장. (造語) 장려하다, 격려하다, 칭찬하다¶奨学がく 장학・奨励しょう 장려

しょう【照】⊙ショウ(セウ)⊛てる・てらす・てれる|(음)조. (造語) ①두루 비추다, 쬐다¶照明しょう 조명 ②빛, 빛나다¶照度しょう 조도・日照にっ 일조 ③조회하다, 비교해 보다¶対照たい 대조・사진¶照影しょう 조영

しょう【詳】⊙ショウ(シヤウ)⊛くわしい|(음)상. (造語) ①상세하다¶詳細しょう 상세・詳報しょう 상보 ②소상하게 밝히다¶詳述しょう 상술

しょう【彰】⊙ショウ(シヤウ)⊛あきらか|(음)창. (造語) 분명히 하다, 눈에 띄게 하다¶顕彰けん 현창・表彰しょう 표창

しょう【×裳】⊙ショウ(シヤウ)⊛も|(음)상. (造語) 아래에 입는 옷, 치마¶衣裳しょう 의상

しょう【障】⊙ショウ(シヤウ)⊛さわる|(음)장. (造語) ①가로막다, 방어하다, 훼방 놓다¶障害しょう 장해・故障こ 고장 ②지장, 방해, 훼방¶障子しょう 장지・支障ししょう 지장

しょう【廠】⊙ショウ(シヤウ)|(음)창. (造語) 공장¶工廠こう 공창

しょう【×蕉】⊙ショウ(セウ)|(음)초. (造語) 파초¶蕉布しょう 초포, 파초 섬유로 짠 베

しょう【衝】⊙ショウ⊛つく|(음)충. I (造語) ①중요한 부분(곳), 요충¶折衝せっ 절충・要衝よう 요충 ②찌르다, 부딪다¶衝撃しょう 충격・衝動しょう 충동 II ①중요한 부분, 요소¶交通こうつうの～ 교통의 요충지 ②(大) 충 慣用句
—に当あたる 중요한 역할을 맡다

しょう【賞】⊙ショウ(シヤウ)⊛ほめる・めでる|(음)상. (造語) ①상을 주어 공로를 치하하다¶賞賛しょう 상찬・賞罰しょう 상벌 ②상품으로 수여된 금품¶賞品しょう 상품・受賞じゅしょう 수상 ③감상하다¶賞味しょう 상미・鑑賞かんしょう 감상 II 상, 상품¶～を受ける 상을 받다

しょう【償】⊙ショウ(シヤウ)⊛つぐなう|(음)상. (造語) 보상하다, 보상¶償還しょう 상환・賠償ばい 배상・弁償べん 변상

しょう【礁】⊙ショウ(セウ)|(음)초. (造語) 물속에 숨은 바위¶暗礁あんしょう 암초・環礁かん 초・座礁ざ 좌초

しょう【×醤】⊙ショウ(シヤウ)⊛ひしお|(음)장. (造語) 간장, 장¶醤油しょう 간장 ②고기를 소금・누룩에 절인 것¶肉醬にくしょう 육장

しょう【鐘】⊙ショウ⊛かね|(음)종. (造語) ①종¶梵鐘ぼん 범종・鐘楼しょう 종루 ②종소리¶警鐘けい 경종・晩鐘ばん 만종

しょ・う〈背負う〉⊙ (口) I (他五) ①(등에) 지다, 짊어지다¶リュックを～ 배낭을 지다 ②(부담 등을) 떠맡다¶借金しゃっきんを～ 빚을 떠맡다 ③등지다, 뒤로 하다¶山やまを～って立たつ 산을 등지고 서다 II (自五) 우쭐해하다, 자만하다¶女おんなにもてると～っている 여자에게 인기가 있다고 우쭐해한다

しょう【正】①(〈수에 붙어〉) 꼭, 바로, 정확하게, 알짜로¶一合ごうに～알짜로 1홉 ②(품계에서) 정¶～一位いち 정1품

しょう【生】(文) 생, 삶, 목숨, 생명¶～あるもの必ず滅めっす 생자 필멸

しょう【性】성¶성질, 천성, 기질¶～に合あう仕事しごと 천성에 맞는 일 ②(佛) 만물의 본체 ③(음양도에서) 생년월일에 오행(五行)을 배당한 것¶水すいの～ 수성

しょう【省】성¶①(政) (일본의) 중앙 행정 기관¶文部もん～ 문부성 ②중국의 행정 구획¶山東さんとう～ 산동성

しょう【^荘】장, 장원

しょう【子葉】(植) 자엽, 떡잎

しょう【止揚】(名) (스)ル(哲) 지양

しょう【仕様】(하는) 방법, 도리, 수단¶なんとか～がありそうなものだ 뭔가 방법이 있음 직하다 —書しょ 시방서≒しょうしょ 慣用句
—が無ない 어쩔 도리가 없다
—も無ない (口) 보잘것없다, 하찮다, 시시하다

しょう【史要】역사의 개요, 그 것을 쓴 책¶世界せかい～ 세계사요

しょう【至要】(名)(ダ)(文) 지요, 지극히 중요함

しょう【私用】사용 I (名) 개인적인 용무¶～で外出がいしゅつする 사용으로 외출하다 II (名)(他ス)

(공용물을) 사사로이 씀¶ ～を禁止する 사용을 금지하다 ▷ⅠⅡ ⇔ 公用

**しよう** [使用] 名 他スル 사용. (사람·물건을) 씀¶ 自由に～する 자유로이 사용하다 ―者 사용자 ①물건을 쓰는 사람 ②고용주 ―人 피고용인 ―料 사용료

**しよう** [枝葉] (文) 지엽 ①가지와 잎 ②중요하지 않은 일¶ ～にわたる 지엽에 관계되다 ―末節 하찮은 일

**しよう** [姿容] (文) 자용. 모습, 자태

**しよう** [試用] 名 他スル 시용. 시험삼아 씀

**しよう** [飼養] 名 他スル (文) 사양. 사육¶ 家畜を～する 가축을 사육하다

**じょう** [上] 音 ジョウ(ジヤウ)·ショウ(シヤウ) 訓 うえ·うわ·かみ·あげる·あがる·のぼる·のぼせる·のぼす | (음)상. Ⅰ (造語) ①위, 상, 위쪽 ¶ 上下¶ 屋上¶ ㉠앞섬, 처음, 먼저¶ 上巻¶ 상권·上述¶ 상술 ㉡뛰어남, 좋음¶ 上策¶ 상책·上機嫌¶ 좋은 기분·最上¶ 최상 ㉢(지위 등이) 위임, 윗사람¶ 上官¶ 상관·上司¶ 상사 ③근처, 주변¶ 席上¶ 석상·路上¶ 노상 ③문제의 범위, …에 관해서, …상¶ 理論上¶ 이론상 ④옛날, 예전¶ 上古¶ 상고 ⑤오르다, 올라가다, 상영하다¶ 上映¶ 상영·上京¶ 상경 ⑥바치다, 드리다¶ 上申¶ 상신·上奏¶ 상주 ⑦한자음 사성의 하나¶ 上声¶ 상성 Ⅱ 상. 뛰어남, 빼어남¶ ～の品¶ 상등품/～の部類¶ 뛰어난 부류

**じょう** [丈] 音 ジョウ(ヂヤウ) 訓 たけ | (造語) ①척관법의 길이의 단위¶ 丈余¶ 장여·万丈¶ 만장 ②튼튼하다, 강하다¶ 丈夫¶ 장부·頑丈¶ 튼튼하다 ③장로, 노인 등에게 붙이는 경칭¶ 丈人¶ 장인

**じょう** [冗] 音 ジョウ | (음) (造語) ①쓸데없음, 군더더기¶ 冗員¶ 쓸데없는 인원·冗談¶ 농담 ②번거롭다, 귀찮다¶ 冗長¶ 용장·冗漫¶ 용만

**じょう** [丞] 音 ジョウ 訓 たすける | (음) 승. (造語) 돕는 사람, 보좌역¶ 丞相¶ 승상

**じょう** [条] [條] 音 ジョウ(デウ) | (음) 조. Ⅰ (造語) ①나뭇가지¶ 柳条¶ 버들가지 ②가는 선¶ 軌条¶ 궤조 ③조리, 도리¶ 条理¶ 조리·信条¶ 신조 ④시가로¶ 三条¶ 3가 ⑤조목으로 쓴 글¶ 条件¶ 조건·条約¶ 조약 Ⅱ 조목¶ この～は参考로 된다¶ ㉡(접속 조사적으로) …에 따라, …이지만¶ …とは言い～ …라고는 하지만 ③ (助数) 가늘고 긴 것·조항을 세는 말. 조¶ 第九～ 제9조

**じょう** [杖] 音 ジョウ(ヂヤウ) 訓 つえ | (음) 장. (造語) 지팡이, 회초리, 매질¶ 錫杖¶ 석장·禅杖¶ 선장

**じょう** [状] 音 ジョウ(ジヤウ) | (음) 장, 상. (造語) ①상황, 상태¶ 状況¶ 상황·状態¶ 상태 ②편지, 문서¶ 書状¶ 서장·賞状¶ 상장 ③형태·성질의 뜻을 나타내는 말¶ 液状¶ 액상

**じょう** [帖] 音 ジョウ(デフ)·チョウ(テフ) | (음) 첩. Ⅰ (造語) 기록, 장부, 접책¶ 画帖¶ 화첩·手帖¶ 수첩 Ⅱ 첩 ①접책¶ ～に仕立てる 접책으로 만들다 ②(助数) ㉠병풍·방패 등을 세는 말 ㉡종이·김 등을 세는 말 ㉢접책을 세는 말 ㉣장막 두 장을 한 단위로 세는 말 ㉤畳を세는 말¶ 六～ 다다미 6장

**じょう** [乗] [乘] 音 ジョウ 訓 のる·のせる | (음). (造語) ①타다¶ 乗客¶ 승객·同乗¶ 동승 ②기회를 이용하다¶ 便乗¶ 편승 ③역사책, 기록 ④(佛) 불법¶ 小乗¶ 소승 ⑤(数) 곱하다¶ 乗除¶ 승제 ⑥(助数) 수레를 세는 말¶ 千乗¶ 천승, 천대

**じょう** [城] 音 ジョウ(ジヤウ) 訓 しろ | (음) 성. (造語) ①성, 성곽¶ 古城¶ 고성·築城¶ 축성 ②도성¶ 城下¶ 성하·都城¶ 도성

**じょう** [浄] [淨] 音 ジョウ 訓 きよい | (음) 정. (造語) 깨끗하다, 정하게 하다¶ 浄化¶ 정화·洗浄¶ 세정·不浄¶ 부정

**じょう** [剰] [剩] 音 ジョウ 訓 あまつさえ | (음). (造語) 너무 많다, 남다¶ 剰余¶ 잉여·過剰¶ 과잉

**じょう** [常] 音 ジョウ(ジヤウ) 訓 つね·とこ | (음). (造語) ①항상, 늘¶ 常温¶ 상온·常設¶ 상설 ②변함없는 도리¶ 常軌¶ 상궤·常道¶ 상도 ③(보통의, 예사로운)¶ 常識¶ 상식·正常¶ 정상

**じょう** [情] 音 ジョウ(ジヤウ)·セイ 訓 なさけ | (음)정. Ⅰ ①마음, 기분, 심정¶ 情意¶ 정의·熱情¶ 열정 ②진심, 배려¶ 人情¶ 인정·非情¶ 비정 ③남녀의 애정¶ 情死¶ 정사·恋情¶ 연정 ④개인적인 감정¶ 情実¶ 정실·私情¶ 사정 ⑤사실¶ 情況¶ 정황·実情¶ 실정 ⑥정취, 맛, 멋¶ 情緒¶ 정서·詩情¶ 시정 Ⅱ ①감정¶ 喜怒哀楽などの～ 희노애락의 감정 ②정성¶ ～を込める 정성을 들이다 ③정, 인정¶ ～が厚い 정이 두텁다 ④사랑 ⑤정취, 맛, 멋¶ ～がある 정취가 있다

[慣用句]
**―が移る** 정이 들다
**―に脆い** 정에 약하다
**―を通じる** 정을 통하다. (적과) 내통하다

**じょう** [場] 音 ジョウ(ヂヤウ) 訓 ば | (음) 장. (造語) ①장소, 행해지는 곳¶ 場内¶ 장내·工場¶ 공장·市場¶ 시장 ②신에게 제사지내기 위한 단 높은 곳¶ 祭場¶ 제장

**じょう** [畳] [疊] 音 ジョウ(デフ) 訓 たたむ·たたみ | (음) 첩. (造語) ①겹치다, 접다, 꺾어 접다¶ 畳用¶ 첩용·重畳¶ 중첩 ②(助数) 다다미를 세는 말. 장 ▷「帖」가 대용자

**じょう** [蒸] 音 ジョウ 訓 むす·むれる·むらす | (음) 증. (造語) ①김이 오르다, 무덥다¶ 蒸気¶ 증기·蒸発¶ 증발 ②김으로 찌다¶ 燻蒸¶ 훈증 ③많은 백성¶ 蒸民¶ 증민 「蒸」와 같음 [黙字則] 蒸籠¶ 나무 찜통

**じょう** [縄] [繩] 音 ジョウ 訓 なわ | (음) 승. (造語) ①꼰 줄, 새끼줄¶ 縄文¶ 승문·捕

縄じょう 포승 ②먹줄¶ 縄墨じょう 승묵, 먹줄

じょう [壌] 【壤】 音 ジョウ(ジャウ) 訓 つち | (음) 양. (造語) ①기름진 땅¶ 土壌どじょう 토양 ②대지¶ 天壌てんじょう 천양

じょう [嬢] 【孃】 音 ジョウ(ヂャウ) 訓 むすめ | (음) 양. (造語) ①처녀, 딸¶ 令嬢れいじょう 영양 ② 미혼 여성의 경칭¶ 幸子嬢さちこじょう 幸子 양 ③ 젊은 직장 여성¶ 案内嬢あんないじょう 안내양

じょう [錠] 音 ジョウ(ヂャウ) I (造語) ①자물쇠¶ 錠前じょうまえ 자물쇠・手錠てじょう 수갑 ②알약¶ 錠剤じょうざい 정제・糖衣錠とういじょう 당의정 II ①자물쇠¶ ～をかける 자물쇠를 채우다 ②(助數) 알약을 세는 말. 정

じょう [*擾] 音 ジョウ(ゼウ) 訓 みだれる・みだす | (음) 요. (造語) 이리저리 뒤섞이다, 어지럽히다¶ 擾乱じょうらん 요란・騷擾そうじょう 소요

じょう [*穰] 【穰】 音 ジョウ(ジャウ) | (음) 양. (造語) 곡식이 잘 여물다¶ 豊穰ほうじょう 풍양

じょう [譲] 【讓】 音 ジョウ(ジャウ) 訓 ゆずる | (음) 양. (造語) ①겸손하다, 사양하다¶ 謙譲けんじょう 겸양 ②양보하다, 넘겨주다¶ 譲歩じょうほ 양보・分譲ぶんじょう 분양

じょう [醸] 【釀】 音 ジョウ(ヂャウ) 訓 かもす | (음) 양. (造語) 발효시켜 술을 빚다, 숙성시키다¶ 醸成じょうせい 양성・醸造じょうぞう 양조

じょう [尉] 【尉】 (能楽のうがくで) 노인 역, 노인탈

じょう [*掾] 【掾】 浄瑠璃じょうるりの 太夫たゆうの 예명 (藝名)에 출신 고장의 이름과 함께 쓰는 칭호

じよう [定] ①그대로임, 정해진 일¶ 案あんの～ 생각한 대로 ②(佛) 선정(禪定)¶ ～に入いる 선정에 들다

じよう [滋養] 자양, 영양¶ ～分ぶん 자양분

しょうあい [性合い] ①성질, 기질 ②성격이 잘 맞음¶ ～の夫婦ふうふ 성격이 잘 맞는 부부

しょうあい [*鍾愛] 名 他スル (文) 종애, 총애, 몹시 사랑함¶ ～の子こ 몹시 사랑하는 자식

じょうあい [情合い] ①정분¶ 夫婦間ふうふかんの～ 부부간의 정분 ②서로 마음이 맞음

じょうあい [情愛] 정애, 애정¶ 肉親にくしんの～ 육친의 애정

しょうあく [掌握] 名 他スル 장악¶ 部下ぶかを～ する 부하를 장악하다

しょうい [小異] 소이, 약간의 차이¶ 大同だいどう～ 대동 소이

しょうい [少尉] (군인 계급의) 소위

しょうい [焼夷] (造語) 소이, 태워 버림 —剤ざい 소이제, 소이탄의 연소제 —弾だん (軍) 소이탄

しょうい [傷*痍] 상이¶ ～軍人ぐんじん 상이 군인

じょうい [上位] 상위 ⇔ 下位かい¶ ～を占しめる 상위를 차지하다 —概念がいねん 상위 개념

じょうい [上意] 상의 ①윗사람이나 정부의 뜻・명령 ②(江戸えど 시대) 将軍しょうぐんの 명령・의견 —討うち 주군의 명령을 받아 죄인을 죽임 —下達かたつ 상의 하달

じょうい [情意] (文) 정의, 감정과 의지, 기분

じょうい [*攘夷] 양이, 외적을 물리침, (특히) 江戸えど 말기의 외국인 배척 운동 —論ろん (日史) 양이론. 江戸 말기의 봉건적인 외국 배척론

じょうい [譲位] 名 自スル 양위

じょういき [浄域] (文) 정역 ①神社じんじゃ・절의 경내 ②극락 정토

しょういん [小引] (文) 짧은 서문(머릿말)

しょういん [小飲] 名 自スル (文) 소연, 간단한 연회＝小宴しょうえん

しょういん [承引] 名 他スル (文) 승낙, 들어줌＝承諾しょうだく¶ 要請ようせいを～する 요청을 들어주다

しょういん [松韻] (文) 송운, 솔바람 소리

しょういん [勝因] 승인, 승리의 원인 ⇔ 敗因はいいん

しょういん [証印] 名 自スル 증인, 증명으로 찍는 도장, 그것을 찍음

じょういん [上院] (政) (이원제 국회에서) 상원 ⇔ 下院かいん¶ ～議員ぎいん 상원 의원

じょういん [冗員・剰員] 용원, 쓸데없이 남는 인원¶ ～を減へらす 용원을 줄이다

じょういん [乗員] (文) 승무원¶ 列車れっしゃの～ 열차 승무원

じょういん [畳韻] 첩운. (한자 숙어에서) 같은 운(韻)이 겹치는 것

しょうう [小雨] 소우, 가랑비, 보슬비¶ ～決行けっこう 소우 결행, 가랑비가 올 때 결행함

しょううち [常打ち] 名 自スル 정해진 곳에서 일정한 것을 흥행하는 것

しょううちゅう [小宇宙] 소우주 ①우주의 일부분이면서 그 축도와 같은 것. (특히) 인간 ⇔ 大宇宙だいうちゅう ②(天) 은하(銀河)

しょううん [商運] 상운, 장사운¶ ～が開ひらける 장사운이 트이다

しょううん [勝運] 승운, 이길 운¶ ～に乗のる 승운을 타다／～が強つよい 승운이 강하다

じょうえ [浄衣] (文) (제례・법회 때 등에 입는) 흰옷＝じょうい

しょうえい [照影] (文) 조영, (그림・사진에 찍힌) 초상, 초상화, 초상 사진

じょうえい [上映] 名 他スル 상영¶ 名画めいがを～する 명화를 상영하다

しょうえき [小駅] 소역 ①작은 역 ②작은 역참

しょうえき [漿液] 장액, 끈기가 적은 투명한 액체 ⇔ 粘液ねんえき

じょうえつ [上越] 上野こうずけ[上州じょうしゅう]와 越後えちごの 지방 ⇨ 지금의 群馬ぐんま・新潟にいがたけん 지방

しょうエネルギー [省エネルギー] 에너지 절약・효율화＝省しょうエネ

しょうえん [小宴] 소연 ①소규모 연회¶ ～を張はる 소연을 베풀다 ②자기가 주최하는 연회의 겸사말

しょうえん [招宴] 名 他スル (文) 초연, 연회에 초대함, 초대연¶ ～に応おうずる 초연에 응하다

しょうえん [*莊園・*庄園] (史) 장원 ①(유럽 중세의) 국왕・귀족・교회 등의 영지 ②(奈良なら 시대부터 室町むろまち 시대의) 귀족・神社じんじゃ・절의 사유지

しょうえん [消炎] 名 소염, 염증을 가라앉힘¶ ～鎮痛剤ちんつうざい 소염 진통제

しょうえん [硝煙] 초연, 화약 연기¶ ～がたちこめる 초연이 자욱이 끼다 —弾雨だんう (文) 초연 탄우 —反応はんのう 초연 반응

**じょうえん** [上演] 名 他スル 상연 ¶ ~時間$_{かん}$ 상연 시간

**じょうえん** [情炎] (文) 정염 ¶ ~に身$^を$焦$^が$す 정염에 몸을 태우다

**しょうおう** [照応] 名 自スル 조응. 둘이 서로 관련하여 대응함 首尾$_{しゅうび}$~ 수미 조응

**しょうおく** [小屋] 名 ①소옥. 작은 집. 초라한 집 ②자기 집의 겸사말. 누옥 [陋屋]

**しょうおん** [消音] 名 [機] 소음 ¶ ~装置$_{そうち}$ 소음 장치 —器$^き$[機] 소음기

**じょうおん** [常温] 상온 ①일정한 온도 ¶ ~を保$^たつ$ 상온을 유지하다 ②자연 상태의 온도 ¶ ~で保存$^{ほぞん}$ 상온에서 보존

**しょうか** [上下] (文) 상하. 통치자와 국민

**しょうか** [小過] 소과. 작은 잘못 ⇔ 大過$^{たいか}$

**しょうか** [昇華] 名 自他スル ①[化] 승화 ¶ 액체 과정을 거치지 않고 기체가 됨. 또는 그 반대 현상 ②[心] 성적 충동을 사회적 활동으로 바꿈 ③사물이 한층 고상한 것으로 높아짐

**しょうか** [消化] 名 他スル 소화 ①음식을 위에서 삭임 ¶ ~に悪$^わる$い 소화가 잘 안 된다 ②충분히 이해하여 자기 것으로 함 ¶ 新$^あたら$しい理論$^{りろん}$を~する 새로운 이론을 소화하다 ③남김없이 처리함 予定$^よてい$をすべて~する 예정을 모두 소화하다 —液$^えき$[醫] 소화액 —器官$^{きかん}$[醫] 소화 기관 —不良$^{ふりょう}$[醫] 소화 불량

**しょうか** [消火] 名 自スル 소화 ¶ ~器$^き$ 소화기 —栓$^せん$ 소화전

**しょうか** [消夏・銷夏] 名 自スル (文) 소하. 더위를 이겨 냄 ¶ ~法$^ほう$ 소하법

**しょうか** [商科] 상과 ¶ ~大学$^{だいがく}$ 상과 대학

**しょうか** [商家] 상가 ①상인 집안 ②상점

**しょうか** [唱歌] 창가 ①노래를 부름 ②구제 초등 학교의 교과목. 그 교재로 만든 노래

**しょうか** [娼家] 창가. 유곽

**しょうか** [誦歌] (文) 어구・어법의 전거(典據)로 인용하는 和歌$^わか$

**しょうか** [頌歌] (文) 송가. 찬가

**しょうか** [漿果] [植] 장과. 육질이 두껍고 수분이 많은 과일

**しょうが** [小我] 소아 ①[佛] 아집에 사로잡힌 자아 ②[哲] 인간의 작은 자아 ▷ ①② ⇔ 大我$^{たいが}$

**しょうが** [生姜・生薑] [植] 생강. 새앙

**じょうか** [城下] 성하 ①성 밑. 성 주위 ②「城下町$^{じょうかまち}$」의 준말 —町$^まち$ 室町時代$^{むろまちじだい}$ 시대 이후 제후의 거성(居城)을 중심으로 발달한 도시
〔慣用句〕
—の盟$^ちかい$ 성하지맹

**じょうか** [浄化] 名 他スル 정화 ①깨끗이 함 ②악폐 등을 없앰 ¶ 政界$^{せいかい}$を~する 정계를 정화하다 ③ → カタルシス —槽$^そう$ 정화조

**じょうか** [浄火] (文) 정화. 신전에 바치는 불

**じょうか** [情火] (文) 정화. 정염 ¶ ~を燃$^も$や す 정염을 불태우다

**じょうか** [情歌] (文) ①정가. 연가 = 恋歌$^{れんか}$ ② → どどいつ [都々逸]

**しょうが** [*嫦娥] (文) 「月$^つき$」의 딴이름. 상아

**しょうかい** [*哨戒] 名 自他スル 초계. 적의 공격을 경계하며 망을 봄 ¶ ~機$^き$ 초계기

**しょうかい** [商会] 상회 ①상사 ②(造語)(명칭 뒤에 붙어) 상사, 상점 鈴木$^{すずき}$~ 스즈키 상회

**しょうかい** [紹介] 名 他スル 소개 ¶ 自己$^じこ$~ 자기 소개/ 俳句$^{はいく}$を世界$^せかい$に~する 俳句를 세계에 소개하다 —状$^じょう$ 소개장

**しょうかい** [照会] 名 他スル 조회 ¶ ~状$^じょう$ 조회장/ 身$^み$もとを~する 신원을 조회하다

**しょうかい** [詳解] 名 他スル 상해. 상세하게 풀이함. 상세한 해석 ⇔ 略解$^{りゃくかい}$

**しょうがい** [生害] 名 自スル (文) 자해(自害). 자결 ¶ ~に及$^およ$ぶ 자해에 이르다

**しょうがい** [生涯] 생애. 평생. 일생 ¶ ~をさ さげる 생애를 바치다/ 独身$^どくしん$で通$^とお$す 평생 독신으로 지내다 —学習$^{がくしゅう}$ 평생 교육

**しょうがい** [渉外] 섭외 ¶ ~係$^かかり$ 섭외 담당

**しょうがい** [傷害] 名 他スル 상해 ¶ ~罪$^ざい$ 상해 죄 —致死$^ちし$[法] 상해 치사 —保険$^ほけん$ 상해 보험

**しょうがい** [障害・障碍・障礙] 장해. 장애 ①방해. 방해물 ¶ ~を除$^のぞ$く 장애를 제거하다 ②(신체상의) 고장. 탈 ¶ 胃腸$^いちょう$~ 위장 장애 ③「障害$^{しょうがい}$競走$^{きょうそう}$」「障害物$^{しょうがいぶつ}$競走$^{きょうそう}$」의 준말 —競走$^{きょうそう}$ 장해 경주. 장애물 경주 —児$^じ$教育$^{きょういく}$ 장애아 교육 —物$^ぶつ$ 장애물 —物$^ぶつ$競走$^{きょうそう}$ 장애물 경주

**じょうかい** [浄界] (文) 정계 ①절, 정역 (淨域), 영지(靈地) ②[佛] 정토, 극락 정토

**じょうかい** [常会] 상회 ①정례 회합 ②[政] 정기 국회 = 通常国会$^{つうじょうこっかい}$

**じょうがい** [城外] 성외. 성밖 ⇔ 城内$^{じょうない}$

**じょうがい** [場外] 장외 ¶ ~ホームラン 장외 홈런/ ~に飛$^と$び出$^だ$す 장외로 뛰쳐나가다

**しょうかいは** [小会派] 소수당, 소수 단체

**しょうかき** [小火器] [軍] 소화기. (휴대 가능한) 소형・경량의 화기(火器)

**しょうかく** [昇格] 名 自スル 승격 ⇔ 降格$^{こうかく}$ ¶ 課長$^{かちょう}$か~する 과장으로 승격하다

**しょうがく** [小学] 소학 ①초등학교 ¶ ~一年 生$^{いちねんせい}$ 초등학교 1년생 ②(옛날 중국에서) 아동에게 보통 교육을 시키던 곳 ③(한학에서) 문자를 연구하는 학문 —生$^せい$ 초등학생

**しょうがく** [小額] 소액. 액면이 작은 돈 ⇔ 高額$^{こうがく}$ ¶ ~紙幣$^しへい$ 소액 지폐

**しょうがく** [少額] 소액. 적은 금액 ⇔ 多額$^{たがく}$

**しょうがく** [正覚] 정각 —坊$^ぼう$ ①[動] 바다거북 ②술고래, 모주꾼

**しょうがく** [商学] 상학 ¶ ~部$^ぶ$ 상학부

**しょうがく** [奨学] (造語) 장학 —金$^きん$ 장학금 —生$^せい$ 장학생 —制度$^せいど$ 장학 제도

**じょうかく** [城郭・城廓] 성곽 ①성의 둘레. 성벽 ¶ ~を設$^もう$ける 성곽을 쌓다 ②성 ¶ ~を構$^かま$える 성곽을 구축하다

**じょうかく** [城閣] 성각. 성루 ¶ ~に登$^のぼ$る 성루에 오르다

**じょうがく** [上*顎] (文) 상악. 위턱 = うわあご ⇔ 下顎$^{かがく}$ ¶ ~骨$^こつ$ 상악골

**しょうかち** [消渇] 소갈 ①소갈증 ②임질(淋疾)의 옛 일컬음

しょうがつ [正月] ①정월. 1월= むつき ②정초, 설 ③기쁘고 즐거움, 그런 때¶ 目の~ 눈의 즐거움, 눈요기 ー気分ぶん 설 기분
しょうがっこう [小学校] 教 소학교, 초등학교
しょうがない 連語 口 → しょうがない
しょうかぶ [正株] 経 → じつかぶ(実株)
しょうかん [小官] 소관 I 名 지위가 낮은 관리 II 代 文 관리가 자신을 낮추어 이르는 말
しょうかん [小寒] (24절기의 하나인) 소한
しょうかん [少閑・小閑] 文 소한. 짧은 틈¶ ~を得る 소한을 얻다
しょうかん [召喚] 名 他スル 소환¶ ~状じょう 소환장/ 証人にんを~する 증인을 소환하다
しょうかん [召還] 名 他スル 소환. (파견되어 있는 사람을) 불러들임¶ 大使たいしを本国ほんこくへ~する 대사를 본국으로 소환하다
しょうかん [招喚] 名 他スル 文 초환, 청해 불러옴
しょうかん [将官] 장관. 장성급의 총칭. 장군
しょうかん [消閑] 文 소한. 심심풀이, 파한
しょうかん [商館] 상관. 외국 상인의 영업소¶ 長崎ながさきの~ 長崎의 상관
しょうかん [傷寒] 漢 상한. 급성 열병
しょうかん [償還] 名 他スル 상환¶ ~期限きげん 상환 기한/ 負債ふさいを~する 부채를 상환하다
しょうがん [賞翫・賞玩] 名 他スル 文 상완 ① (아름다움을) 음미하며 즐김¶ 骨董品こっとうひんを ~する 골동품을 상완하다 ②좋은 맛을 즐김
じょうかん [上官] 상관
じょうかん [上浣・上澣] 文 상완. 상순
じょうかん [冗官] 文 쓸데없는 관직・관리
じょうかん [乗艦] 名 自スル 승함. 군함에 탐, 타고 있는 군함
じょうかん [情感] 정감 ①감흥, 느낌¶ ~をよぶ 정감을 불러일으키다 ②감정¶ ~に訴うったえる 감정에 호소하다
じょうかんぱん [上甲板] (함선의) 상갑판
しょうき [小器] 文 소기 ①작은 그릇 ②도량이 작은 사람, 소인 ▷ ①② ⇔ 大器たいき
しょうき [正気] 정기. 제정신, 정상적인 정신 상태(의식)¶ ~に返かえる 제정신을 차리다/ ~を失うしなう 기절하다
慣用句
ーの沙汰さたではない 제정신으로 한 짓이 아니다
しょうき [匠気] 文 (예술가 등이) 호평을 얻고자 하는 마음, 장인 기질
しょうき [沼気] 소기. 늪이나 습지의 썩은 유기물에서 발생하는 가연성 기체
しょうき [将器] 文 장기. 장수가 될 만큼 뛰어난 기량・사람
しょうき [笑気] 化 소기. 아산화질소의 속칭
しょうき [商機] 상기 ①상거래상의 기회¶ ~をつかむ 상기를 잡다 ②상업상의 기밀¶ ~にふれる 상기에 저촉되다
しょうき [勝機] 승기. 이길 기회¶ ~をのがす 승기를 놓치다
しょうき [詳記] 名 他スル 상기. 상세히 기록함, 자세한 기록 ⇔ 略記りゃっき

しょうき [*瘴気] 文 장기. 장독
しょうき [鍾馗] 종규. (중국에서) 역귀를 쫓아낸다는 신
しょうぎ [床机・床*几] ①접의자, 승창, 승상 ②걸상
しょうぎ [省議] 성의. 각 성(省)의 회의・의결¶ ~にかける 성의에 부치다
しょうぎ [将棋] 장기¶ ~を指さす 장기를 두다 ー指さし (장기의) 프로 기사 ー倒だおし (장기짝이 잇달아 넘어지듯) 우르르 겹쳐 쓰러짐 ー盤ばん 장기판
しょうぎ [商議] 名 他スル 文 상의. 상담, 협의
しょうぎ [娼*妓] 창기. 공창= 女郎じょろう
じょうき [上気] 名 自スル 상기. 피가 머리에 오름. 얼굴이 불그스레해짐¶ ~した顔かお 상기된 얼굴
じょうき [上記] 名 상기. 앞에 적음, 그런 문구¶ ~の通とおり定さだめる 상기와 같이 정한다
じょうき [条規] 조규. 조문・법령의 규정
じょうき [乗機] 비행기에 탐, 탑승하는 비행기
じょうき [浄机・浄*几] 文 정궤. 깨끗하게 정돈된 책상¶ 明窓めいそう~ 밝고 정결한 서재
じょうき [常軌] 상궤. 상도(常道)
慣用句
ーを逸いっする 상궤를 벗어나다
じょうき [蒸気・蒸汽] ①物 증기 ②수증기, 김¶ ~をたてる 김을 내다 ③『蒸気機関きかん・蒸気船せん』의 준말. ぽんぽん 통통배, 똑딱선 ー圧あつ 증기압 ー機関きかん 증기 기관 ー機関車きかんしゃ 증기 기관차 ー船せん 증기선, 기선
じょうぎ [定規・定木] 정규 ①자¶ 三角さんかく~ 삼각자/ ~をあてる 자를 대다 ②규준, 본보기, 모범¶ 杓子しゃくし~ 융통성 없는 방식
じょうぎ [情宜・情*誼] 文 정의. 정리¶ ~に厚あつい 정의가 두텁다
じょうぎ [情義] 文 정의. 인정과 의리¶ ~を欠かく 정의가 없다
しょうきぎょう [小企業] 소기업
じょうきげん [上機嫌] 名 ナ 매우 기분이 좋음 ⇔ 不機嫌ふきげん¶ 花見客はなみきゃく 기분이 매우 좋은 꽃놀이 손님
しょうきち [小吉] 소길 ①작은 행운 ②(점괘에서) 길한 징조가 조금 있음
しょうきゃく [正客] 정객. 주빈. (특히 다회(茶會)에서) 상석의 손님= せいきゃく
しょうきゃく [消却・*銷却] 名 他スル 소각 ①지워 없앰, 소거¶ 名前なまえをリストから~する 이름을 명단에서 지우다 ②써 없앰, 소비¶ 予算よさんを~する 예산을 다 써 버리다 ③빚을 갚음, 상환¶ 借金しゃっきんの~ 빚의 상환
しょうきゃく [焼却] 名 他スル 소각. 태워 버림¶ ~炉ろ 소각로/ 書類しょるいを~する 서류를 소각하다
しょうきゃく [償却] 名 他スル 상각 ①(빚 등을) 갚음, 상환¶ 負債ふさいを~する 부채를 상환하다 ②経 감가 상각
じょうきゃく [上客] 상객 ①주빈 ②(상업상의) 중요한 고객

じょうきゃく [乗客] 승객¶ ～名簿 승객 명부
じょうきゃく [常客·定客] 상객. 단골 손님＝おとくい·常連¶ ～となる 단골이 되다
しょうきゅう [昇級] 图 目スル 승급¶ ～試験 승급 시험
しょうきゅう [昇給] 图 目スル 승급. 급료가 오름¶ ～額 승급액/ 定期～ 정기 승급
じょうきゅう [上級] 图 ～職 상급직
しょうきゅうし [小休止] 图 目スル 소휴지. 잠깐 쉼. 소게＝小憩¶ 途中で～する 도중에 잠깐 쉬다
しょうきょ [消去] 图 自他スル 소거. 지워 없앰, 사라져 없어짐 —法 소거법
しょうきょう [商況] (文) 상황. 장사의 형편, 경기¶ ～が不振だ 상황이 부진하다
しょうぎょう [商業] 상업¶ ～資本 상업 자본 —手形 상업 어음 —デザイン 상업 디자인 —美術 상업 미술
じょうきょう [上京] 图 自スル 상경
じょうきょう [状況·情況] 상황. 정황¶ ～の報告 상황 보고/ ～判断を誤る 상황 판단을 잘못하다 —主義 기회주의 —証拠 [法] 상황 증거. 정황 증거
しょうきょく [小曲] 소곡. 짧은 악곡·시
しょうきょく [消極] 图 ↔積極¶ ～策 소극책 —的 ᄂ 소극적
しょうきょく [勝局] 승국. (바둑·장기에서) 이긴 승부
じょうきょく [浄曲] 「浄瑠璃」의 딴이름
しょうきん [正金] ①정금. 정화. 금화와 은화 ②현금¶ ～取引 현금 거래
しょうきん [渉禽] 動 섭금류
しょうきん [奨金] (文) 장려금＝奨励金
しょうきん [賞金] 상금¶ ～を掛ける 상금을 걸다
しょうきん [償金] (文) 상금. 배상금
じょうきん [常勤] 图 自スル ～顧問 상근 고문/ ～で働く 상근으로 일하다
しょうく [承句] [文] 승구. (한시에서) 절구(絶句)의 제2구
しょうく [章句] (文) 장구 ①(문장의) 장구 ②문장의 단락
じょうく [冗句] ①쓸데없는 구절¶ ～を避ける 군더더기를 피하다 ②익살, 농담
じょうくう [上空] 상공¶ 東京～ 동경 상공/ ～に舞い上がる 하늘 높이 날아 오르다
しょうくうとう [照空灯] 조공등. 탐조등
しょうぐん [将軍] ①장군 ②[日史] 「征夷大将軍」의 준말 一家 「征夷大将軍」의 가문/ ～さま 「征夷大将軍」의 높임말
しょうげ [障碍·障礙] ①장애. 장해 ②[佛] 득도를 방해하는 것
じょうげ [上下] 상하 I 图 ①(위치·정도·가치 등의) 위와 아래 身分の～ 신분의 상하 ②(옷의) 위아래 背広の～ 신사복 위아래 한 벌 II 图 自他スル ①(위아래로) 오르내림¶ 体温が38度のあたりを～する 체온이 38도 근처를 오르내리다 ②상행과 하행,

왕복¶ —線 상하행선 —動 상하동. (지진 등으로) 위아래로 진동함 ↔ 水平動
しょうけい [小径·小逕] (文) 소경. 소로, 작은(좁은) 길¶ ～をたどる 소로를 걷다
しょうけい [小計] 图 他スル 소계 ↔ 総計
しょうけい [小景] (文) 소경¶ 雨中の～ 우중 소경
しょうけい [小憩] 图 自スル (文) 소게. 잠깐 쉼¶ ～をとる 잠시 휴식을 취하다
しょうけい [承継] 图 他スル (文) 승계. 계승¶ 権利を～する 권리를 승계하다
しょうけい [捷径] (文) 첩경 ①지름길 ②손쉽고 빠른 방법¶ 学問に～ない 학문에 첩경은 없다
しょうけい [勝景] (文) 승경. 절경
しょうけい [象形] 상형 ①사물의 모양을 본뜸 ②한자 육서의 하나. 사물의 모양을 본뜬 한자 —文字 상형 문자
じょうけい [上掲] 图 他スル (文) 상게. 위(앞)에 내걺(듦)¶ ～の図表 위에 든 도표
じょうけい [情景·状景] 정경. 광경¶ ほほえましい～ 흐뭇한 정경
じょうけい [場景] (文) 장경. 그 장면의 광경
しょうげき [小隙] (文) 소극 ①작은 틈새 ②(出) 사소한 불화
しょうげき [笑劇] 소극. 통속적인 희극
しょうげき [衝撃] 충격＝ショック¶ ～療法 충격 요법/ ～から立ち直る 충격을 딛고 다시 일어서다 一波 [物] 충격파
しょうけつ [猖獗] 图 自スル (文) 창궐¶ コレラが～を極める 콜레라가 몹시 창궐하다
しょうけん [正見] [佛] 정견. 바른 견해[인식]
しょうけん [正絹] 정견. 순견 ↔ 人絹
しょうけん [商圏] [経] 상권¶ ～を広げる 상권을 넓히다
しょうけん [商権] 상권¶ ～を引き継ぐ 상권을 이어받다
しょうけん [証券] [経] 증권 —会社 증권 회사 —市場 증권 시장 —取引所 증권 거래소 —取引法 증권 거래법
しょうげん [証言] 图 他スル 증언¶ 目撃者の～ 목격자의 증언/ ～を拒む 증언을 거부하다
しょうげん [象限] 상한 ①[数] 사분면 ②사분원
しょうげん [詳言] 图 他スル (文) 상세히 말함, 그런 사항
じょうけん [条件] 조건¶ 立地～ 입지 조건/ ～を付ける 조건을 붙이다 一付き [心] 조건 반사 —法 [文法] 조건법
じょうげん [上元] 상원. 음력 정월 보름
じょうげん [上弦] [天] 상현. 상현달 ↔ 下弦
じょうげん [上限] 상한. 상한선¶ ～価格 ～を決める 상한 가격을 정하다
しょうこ [小鼓] 소고. 작은북＝こつづみ
しょうこ [尚古] (文) 상고. 옛 문물·제도를 숭상함¶ ～趣味 상고 취미
しょうこ [称呼] (文) 칭호. 호칭

しょうこ【商賈】【文】①상인, 장사치 ②장사
しょうこ【証拠】증거 ¶～隠滅[いんめつ] 증거 인멸/～をつかむ 증거를 잡다 —固[かた]め 증거를 굳힘, 증거 확보 —金[きん] 증거금 —立[た]てる 증명하다, 입증하다 —物[ぶつ] (형사 소송법에서) 증명물 —物件[ぶっけん] 증거 물건, 물적 증거
しょうこ【*鉦鼓】정고 ①진중에서 군호로 치던 징과 북 ②雅楽[ががく]에 쓰는 청동제 타악기 ③염불할 때 치는 징, 소라(小鑼), 바라
しょうこ【鐘鼓】【文】종고, 종과 북
しょうご【正午】정오 ¶～の時報[じほう] 정오의 시보
じょうこ【上古】상고 ①먼 옛날 ②【日史】(일본의) 문헌상의 가장 오래된 시기
じょうご【漏斗】누두, 깔때기＝ろうと
じょうご【上戸】①주호, 술꾼 ⇔下戸[げこ] ②(造語) 술버릇¶笑[わら]い～ 취하면 웃는 버릇
じょうご【冗語・剰語】쓸데없는 말, 군말, 군소리¶～を省[はぶ]く 군말을 빼다
じょうご【畳語】첩어, 같은 단어・어근이 겹친 복합어 —法[ほう] 첩어법
しょうこう【小康】소강 ①조금 안정됨, 잠시 가라앉음¶～状態[じょうたい] 소강 상태 ②(병세가) 조금 나아짐¶病気[びょうき]は～を得[え]た 병세가 조금 나아졌다
しょうこう【小稿】소고, 자기 원고에 대한 겸사말
しょうこう【少考】【名·自スル】【文】소고 ①조금 생각함, 그런 생각에 대한 겸사말
しょうこう【昇*汞】【化】승홍, 염화 제2수은의 통칭 —水[すい]【薬】승홍수
しょうこう【昇降】【名·自スル】승강, 오르내림 —機[き] 승강기 —口[ぐち] 승강구, (건물의) 출입구
しょうこう【将校】장교
しょうこう【消光】【名·自スル】【文】소광, 나날을 보냄, 소일 ¶無事[ぶじ]に～いたしております 무사히 지내고 있습니다
しょうこう【症候】증후, 증상, 증세 —群[ぐん]【医】증후군
しょうこう【商工】상공, 상업과 공업, 상인과 장인(匠人)¶—業[ぎょう] 상공업 —会議所[かいぎしょ]【経】상공 회의소
しょうこう【商港】【文】상항, 무역항
しょうこう【焼香】【名·自スル】소향, 분향¶霊前[れいぜん]に～する 영전에 분향하다
しょうこう【照校】【名·他スル】【文】조교, (자구 등을) 대조하여 바로잡음
しょうごう【称号】칭호 ¶博士[はかせ]の～ 박사 칭호
しょうごう【商号】【法】상호 ¶～を変更[へんこう]する 상호를 변경하다 —権[けん]【法】상호권
しょうごう【照合】【名·他スル】조합, 대조하여 확인함 ¶原簿[げんぼ]と～する 원장과 조합하다
じょうこう【上皇】상황, 양위한 天皇[てんのう]의 칭호
じょうこう【条項】조항¶法律[ほうりつ]の～ 법률 조항
じょうこう【昇降】【名·自スル】승강, 타고 내림 ¶～口[ぐち] 승강구/～客[きゃく] 승강객
じょうこう【情交】【文】정교 ①친밀한 교제 ②남녀간의 성교¶～を結[むす]ぶ 정교를 맺다
じょうごう【定業】【仏】정업, 전생에서부터 정해진 업보
じょうごう【乗号】【数】승호, 곱셈 기호, 「×」
しょうこうい【商行為】【法】상행위
しょうこうねつ【*猩紅熱】【医】성홍열
しょうこく【小国】소국 ①국토가 좁은 나라 ②약소국 ▷①② ⇔大国[たいこく]
しょうこく【生国】태어난 고장, 출생지
しょうこく【相国】상국, (옛날 중국의) 재상
じょうこく【上告】【名·他スル】상고 ①항소심에 불복하여 상소함 ②상신 —番[しん]【法】상고심
じょうこく【上刻】상각, (옛 시각에서) 1각(약 2시간)을 3등분한 첫 40분
しょうこくみん【少国民】소국민, 다음 세대를 이끌 소년・소녀
しょうことなしに【副】(口) 하는 수 없이, 부득이¶～承諾[しょうだく]した 하는 수 없이 승낙했다
しょうこや【小屋】①상설 흥행장 ②특정 연예인・극단이 정기적으로 출연하는 흥행장
しょうこりもなく【性懲りもなく】【連語】질리지도 않고 ¶また株[かぶ]に手[て]を出[だ]す 질리지도 않고 또 주식에 손을 대다
じょうごわ【情強】【丁】고집이 셈, 완고함
しょうこん【性根】【文】근기, 끈기, 근성 ¶～尽[つ]きる 기진맥진하다
しょうこん【招魂】초혼 —祭[さい] ①초혼제 ②招魂社[しょうこんしゃ]나 靖国神社[やすくにじんじゃ]・護国神社[ごこくじんじゃ]의 제사 의식 —社[しゃ] 明治維新[めいじいしん] 때 순국한 사람의 영혼을 모신 신사
しょうこん【商魂】상혼 ¶悪賢[わるがしこ]い～ 약삭빠른 상혼
しょうこん【傷*痕】【文】상흔, 상처 자국 ¶戦争[せんそう]の～ 전쟁의 상흔
しょうごん【*荘厳】【名·他スル】【仏】①부처의 공덕으로 중생과 환경을 이상적인 상태로 함 ②불상이나 불당・절을 장식함, 그런 장식 ▷「そうごん」이라고도 함
じょうこん【上根】【仏】상근, 불도를 깨닫는 뛰어난 자질 ⇔下根[げこん] ①끈기가 있음
しょうさ【小差】소차, 작은 차 ⇔大差[たいさ] ¶～で勝[か]つ 작은 차로 이기다
しょうさ【少佐】(군대 계급의) 소좌
しょうさ【証左】【文】증좌, 증거
しょうざ【正座】【文】정좌, 주빈이 앉는 정면의 좌석 ▷「せいざ」는 딴말
じょうざ【上座】①【文】상석, 윗자리 ②(俗) 상좌승 ▷①② ⇔下座[げざ] —仏教[ぶっきょう] 상좌 불교
じょうざ【常座】①정해진 사람이 항상 앉는 자리 ②(能[のう] 무대에서) 등장하는 연기자가 우선 멈춰 서서 가락을 맞추는 곳
しょうさい【小才】소재, 변변치 않은 재주 ¶～を鼻[はな]にかける 변변치 않은 재주를 자랑하다
しょうさい【商才】상재, 장사 솜씨 ¶～にたける 장사 솜씨가 뛰어나다
しょうさい【詳細】【名·ダ】상세 ¶～な報告[ほうこく] 상세한 보고/～を極[きわ]める 지극히 상세하다
じょうさい【定斎】여름철의 여러 병에 효험이 있다는 탕약 —屋[や] 定斎[じょうさい]를 파는 행상인
じょうさい【城塞・城*砦】【文】성채, 성

じょうざい【浄財】 정재. (종교 단체나 자선 사업에 내는) 기부금 ¶ ~を募る 정재를 모으다
じょうざい【浄罪】 정죄. 죄를 깨끗이 씻음
じょうざい【錠剤】【薬】 알약
しょうさく【小策】 소책. 잔꾀 ¶ ~を弄する 잔꾀를 부리다
じょうさく【上作】〈文〉상작 ①잘 만듦. 상품(上品) ⇔ 下作 ②풍작
じょうさく【上策】 상책 ⇔ 下策
しょうさし【状差(し)】 (기둥이나 벽에 거는) 편지꽂이
しょうさつ【小冊】〈文〉소책. 소책자 ⇔ 大冊
しょうさつ【笑殺】 名他スル 소살 ①일소에 부침. 웃어 넘김 ¶ 妥協案は~された 타협안은 일소에 부쳐졌다 ②몹시 웃음
しょうさつ【蕭殺】〈文〉(늦가을 경치 등이) 매우 쓸쓸한 모양. 소슬함 ¶ ~たる枯れ野 소슬한 마른 들판
しょうさっし【小冊子】 소책자. 작은 책 = 小冊 ¶ ~にまとめる 소책자로 묶다
じょうさま【上様】〈文〉(영수증 등에서) 상대방의 이름. 회사명 대신에 쓰는 높임말. 귀하
しょうさん【消散】 名自他スル〈文〉소산. 사라져 없어짐. 지워 없앰 ¶ 雲霧の如く~する 운무처럼 사라져버리다
しょうさん【勝算】 승산 ¶ ~がない 승산이 없다
しょうさん【硝酸】【化】 질산 —アンモニウム【化】 질산 암모늄 —塩【化】 질산염 —カリウム【化】 질산 칼륨 —銀【化】 질산은
しょうさん【賞賛·称賛·賞讚·称讚】 名他スル 상찬. 칭찬 ¶ ~を浴びる 상찬을 받다
じょうさん【乗算】 승산. 곱셈 = 掛け算
じょうさん【蒸散】 名自スル【植】 증산 ¶ ~作用 증산 작용
しょうし【小子】〈文〉I 名 ①어린아이 ②제자 II 代 (연장자에 대하여 자기를 낮춤) 소생
しょうし【小史】①〈文〉약사(略史) ②작가 등이 아호(雅號) 밑에 붙이는 말
しょうし【小祠】〈文〉소사. 작은 사당(祠堂)
しょうし【小誌】 소지 ①작은 잡지 ②〈文〉 자기가 관계하는 잡지의 겸사말
しょうし【生死】 → しょうじ(生死)
しょうし【尚歯】〈文〉상치. 고령자·연장자를 공경함. 경로 ¶ ~会 상치회. 경로회
しょうし【将士】 장사. 장군·장교와 사병. 장병
しょうし【笑止】 ①가소로움. 우스움 ¶ ~の沙汰 가소로운 짓 ②딱함. 가엾음 —千万 ⑦ ①가소롭기 짝이 없음 ②딱하기 이를 데 없음
しょうし【焼死】 名自スル 소사. 타 죽음
しょうし【硝子】 초자. 유리 —体 【医】 초자체. 유리체
しょうし【証紙】【経】 증지 ¶ 酒税~ 주세 증지
しょうし【頌詞】〈文〉송사. 공덕을 칭송하는 문장 = 頌辞
しょうし【頌詩】〈文〉송시. 공덕을 칭송
しょうし【賞詞】〈文〉상사. 찬사 = 賞辞 ¶ ~を受ける 찬사를 받다

しょうし【賞賜】 名他スル〈文〉상사. 상으로 금품을 줌. 그런 금품
しょうじ【小事】 소사. 작은 일. 사소한 일 ¶ 大事の前の~ 큰일 앞의 작은 일
しょうじ【少時】〈文〉소시 ①어렸을 때. 소시적 ②잠시. 잠깐 동안 ¶ ~の油断も許さない 잠시의 방심도 불허하다
しょうじ【生死】【佛】생사 ¶ ~輪廻 생사 윤회 —流転【佛】 생사 유전. 윤회
しょうじ【商事】 상사 ①상업에 관한 사항 ¶ ~契約 상사 계약 ②'商事会社'의 준말 —会社【法】 상사 회사. 상사(商社)
しょうじ【障子】 장지. 미닫이
慣用句
—に目あり 일이란 감추어도 드러나기 쉽다
しょうじ【賞辞】〈文〉상사. 찬사 = 賞詞
じょうし【上巳】 상사. 삼짇날 = じょうみ
じょうし【上司】 ①(직장의) 윗사람 = 上役 ¶ ~の命令 상사의 명령 ②상급 관청
じょうし【上使】【史】(江戸時代에) 幕府가 将軍의 의향을 大名들에게 전하기 위해 파견했던 사자(使者)
じょうし【上肢】 상지. 팔 ⇔ 下肢
じょうし【上梓】 名他スル〈文〉상재. 출판
じょうし【城市】〈文〉 성시. 성을 중심으로 발달한 시가
じょうし【城址】〈文〉성지. 성터 = 城跡
じょうし【娘子】〈文〉낭자 ①처녀. 소녀 ②여자 —軍〈文〉낭자군 ①여군 ②여자들의 단체
じょうし【情史】 정사. 남녀의 애정에 관한 소설
じょうし【情死】 정사 = 心中 ¶ ~事件 정사 사건
じょうじ【常時】 名副 상시. 항상. 평소
じょうじ【情事】 정사 = いろごと ¶ ~にふける 정사에 빠지다
じょうじ【畳字】 첩자 = 踊り字
しょうじいれる【招じ入れる·請じ入れる】他下一 맞아들이다. 청해 들이다 ¶ 客を応接間に~ 손님을 응접실로 맞아들이다
しょうじき【正直】I 名 정직 ¶ 三度目の~ (대부분의 일이) 세번째는 제대로 됨 / ~に言えば許してやろう 정직하게 말하면 용서해 주겠다 II 副 정직하게 말해서. 솔직히. 사실은 ¶ この事件で~困っている 이 사건으로 사실은 난처하다 III 名 연추(鉛錘)
慣用句
—なところ 정직하게[솔직히] 말해서
—の頭に神宿る 정직한 사람은 하늘이 돕는다
—は一生の宝 정직은 일생의 보배
—者が損をする 정직한 사람이 손해를 본다
じょうしき【常識】 상식 ¶ 非~ 몰상식 / ~に欠ける 상식이 부족하다 —家 상식가. 상식을 갖춘 사람 —的 ⑦ 상식적
しょうしつ【消失】 名自スル 소실. 소멸 ¶ 権利が~する 권리가 소실되다

しょうしつ【焼失】[名][自他スル] 소실. 불타서 없어짐¶ 家屋が～する 가옥이 소실되다
しょうしつ【詳悉】[名] 상실. 아주 상세함
じょうしつ【上質】[名] 상질. 질이 좋음 ━紙[版] 상질지
じょうじつ【情実】 정실¶ ～人事 정실 인사/～が絡む 정실이 얽히다
しょうしみん【小市民】 소시민. 중산 계급¶ ～的な考え方 소시민적인 사고 방식
しょうしゃ【小社】[文] ①작은 神社 ②작은 회사 ③자기 회사를 겸손하게 이르는 말. 폐사¶ ～の出版物 폐사의 출판물
しょうしゃ【哨舍】[文] 초사. 초소
しょうしゃ【商社】 상사. 상사 회사¶ 総合～ 종합 상사
しょうしゃ【勝者】 승자. 승리자 ⇔ 敗者¶ ～をたたえる 승자를 칭찬하다
しょうしゃ【傷者】[文] 상자. 부상자
しょうしゃ【照射】[名][自他スル] 조사 ①햇빛이 내리쬠 ②[物] 빛이나 방사선 등을 쬠[비춤]¶ X線～ 엑스선 조사
しょうしゃ【廠舍】[文] 창사. (군대 훈련지의) 임시 막사
しょうしゃ【瀟洒・瀟灑】[ナ][タル] 소쇄. 산뜻함, 말쑥함¶ ～な建物 산뜻한 건물
しょうじゃ【聖者】[佛] 성자. 번뇌를 끊고 도리를 깨달은 사람 = 聖人
しょうじゃ【精舎】[佛] 정사. 절 祇園～ 기원 정사
じょうしゃ【乗車】[名][自スル] 승차¶ ～拒否 승차 거부/ 不正～ 부정 승차 ━口 승차구 ━券 승차권
じょうしゃ【浄写】[名][他スル][文] 정사, 정서¶ 草稿を～する 초고를 정서하다
しょうしゃく【小酌】[文] 소작 ①작은 술자리, 소연¶ ～を催す 소연을 베풀다 ②술을 조금 마심
しょうしゃく【焼灼】[名][他スル][醫] 소작. 환부의 병든 조직을 태워 없애는 외과적 치료법
しょうしゃく【照尺】 조척. (총포의) 가늠자
しょうじゃひっすい【盛者必衰】 성자 필쇠
しょうじゃひつめつ【生者必滅】 생자 필멸¶ ～会者定離 생자필멸 회자정리
しょうしゅ【聖衆】[佛] 성중. 성자(聖者)들, (특히) 극락 정토의 보살들 ━来迎[佛] 성중 내영¶ ～図 성중 내영도
じょうしゅ【城主】 성주 ①성의 주인 ②[日史] (江戸 시대에) 거성(居城)을 가진 大名
じょうしゅ【情趣】 정취¶ ～に富む 정취가 풍부하다
じょうじゅ【上寿】 상수 ①수명이 긺 ②장수를 셋으로 나눈 가장 윗단계. 100세 또는 80세
じょうじゅ【成就】[名][自他スル] 성취¶ 大願～/目的～/～をする 목적을 성취하다
しょうしゅう【召集】[名][他スル] 소집¶ ～に応じる 소집에 응하다/ 国会を～する 국회를 소집하다 ━令状 소집 영장
しょうしゅう【招集】[名][他スル] 초집¶ ～をかける 소집하다
しょうじゅう【小銃】 소총
じょうしゅう【常習】 상습¶ 麻薬の～ 마약 상습 ━犯[法] 상습범 ━詐欺～ 사기 상습범
じょうじゅう【常住】 I [名] 상주 ①미래 영겁에 걸쳐 변함없이 존재함 ⇔ 無常 ②일정한 곳에 계속 머물러 삶¶ ～人口 상주 인구 II [副] 항상, 평상¶ ～思うこと 늘 생각하는 것 ━座臥 상주 좌와. 자나 깨나
しょうしゅつ【抄出】[名][他スル] 초출. 발췌
しょうじゅつ【詳述】[名][他スル] 상술 ⇔ 略述¶ 事の次第を～する 일의 전말을 상술하다
じょうじゅつ【上述】[名][他スル] 상술. 전술¶ ～のごとく 상술한 바와 같이
じょうしゅび【上首尾】 (일이) 잘 되어감, 결과가 만족스러움¶ またと無い～ 다시 없는 좋은 결과/ ～に終わる 생각대로 잘 끝나다
しょうじゅん【頌春】[文] 송춘
しょうじゅん【照準】 조준. 가늠, 겨냥¶ ～を合わせる 조준을 맞추다
じょうじゅん【上旬】 상순 = 初旬 ━来月～ 내달 상순
しょうしょ【小暑】 (24절기의 하나인) 소서
しょうしょ【尚書】 상서 ①《서경(書經)》의 딴 이름 ②弁官의 당나라식 명칭 ③(옛날 중국에서) 중앙 정부의 장관명의 하나
しょうしょ【消暑】[文] 소서. 더위를 가시게 함
しょうしょ【証書】 증서¶ 卒業～ 졸업 증서/ 借用～ 차용 증서 ━貸付[經] 증서 대부
しょうしょ【詔書】 조서. 조칙¶ 国会召集の～ 국회 소집 조서
しょうじょ【小序】 소서. 간단한 서문
しょうじょ【少女】 소녀¶ 文学～ 문학 소녀
しょうじょ【昇叙・陞叙】[名][他スル][文] 승서. 상급 벼슬로 올림[올려짐]. 승차(陞差)
しょうじょ【傷所】[名][自スル][文] 상서. 상신
じょうしょ【浄書】[名][他スル][文] 정서. 청서¶ 草案を～する 초안을 정서하다
じょうしょ【情緒】→ じょうちょ
じょうじょ【乗除】[名][他スル][文] 승제. 곱셈과 나눗셈¶ 加減～ 가감 승제
しょうしょう【小照】[文] 작은 초상화·사진
しょうしょう【少少】 I [名] ①소소함, 조금, 약간¶ ～の塩を入れる 약간의 소금을 넣다 ②사소함, 웬만한, 대단찮음, 예사¶ ～のことは大目に見る 사소한 일은 봐주다 II [副] ①조금, 약간, 다소, 좀¶ ～甘い 약간 달다 ②잠시, 잠깐¶ ～お待ちください 잠시 기다려 주세요
しょうしょう【少将】 ①(군인 계급의) 소장 ②[日史] (令制)에서) 近衛府의 차관
しょうしょう【悄悄】[文] 초초. 풀이 죽은 모양, 힘이 빠진 모양¶ ～と引き下がる 풀이 죽어 물러가다
しょうしょう【蕭蕭】[文] 소소, 소슬함, 쓸쓸함¶ ～たる秋雨 소슬한 가을비
しょうじょう【小乗】[佛] 소승 ⇔ 大乗 ━一

仏教ぶっきょう〔佛〕 소승 불교
しょうじょう〔症状〕 증상. 증세 ¶ 禁断だんの~ 금단 증상
しょうじょう〔清淨〕 图ダ 청정 ①맑고 깨끗함 ¶ ~潔白はく 청정 결백 ②번뇌나 악행이 없이 깨끗함 ¶ 六根こんの~ 육근 청정 ―無垢むく 청정 무구
しょうじょう〔掌上〕 (文) 장상. 손바닥 위 ¶ ~にめぐらす 마음먹은 대로 하다
しょうじょう〔×猩×猩〕 ①오랑우탄 ②(중국에서) 성성이 ③술고래, 모주꾼 ④能楽がくの 곡명 ―蠅ばえ〔動〕 초파리 ―緋 검은 빛을 띤 진홍색, 그런 빛깔의 외제 모직물
しょうじょう〔賞状〕 상장
しょうじょう〔×霄壤〕 소양. 하늘과 땅
慣用句
―の差さ (文) 소양지차. 천양지차
しょうじょう〔×蕭条〕 形ダ(文) 소조. 쓸쓸함, 적막함 ¶ 満目もくの~ 만목 소조. 눈에 띄는 모든 것이 쓸쓸함
じょうしょう〔上声〕 상성. (한자 사성의 하나인) 끝을 올려 발음하는 음 = じょうせい
じょうしょう〔上昇〕 图自スル 상승 ¶ 物価ぶっかの~ 물가의 상승 / 気温おんが~する 기온이 상승하다 ―気流りゅう〔気〕 상승 기류
慣用句
―線をを辿たどる 상승선을 그어가다. 증가세・오름세가 계속되다
じょうしょう〔×丞相〕 (文) ①승상. 정승 ②「大臣だいじん」의 당나라식 명칭
じょうしょう〔条章〕 조장. 조목별로 갈라 쓴 문장
じょうしょう〔常勝〕 상승. 항상 이김 ¶ ~軍ぐん 상승군 / ~街道かいどう 상승 가도
じょうじょう〔上上〕 더없이 좋음. 최상임 ¶ 首尾しゅびは~だ 결과는 더없이 좋다 ―吉きち ①대길(大吉) ②(기예 등의) 최상급
じょうじょう〔上乗〕 图ダ 상승. 가장 뛰어남, 최상임 ¶ ~の出来で 최상의 성과
じょうじょう〔上場〕 图他スル ①(연극 등의) 상연 ②〔経〕 상장 ¶ ~銘柄めいがら 상장 종목 / 一部いちぶ~企業ぎょう 일부 상장 기업
じょうじょう〔条条〕 각 조목. 조목조목 ¶ 疑問もんの~ 의문 나는 각 조목
じょうじょう〔常情〕 (文) 상정. 사람이면 누구나 갖는 인정 ¶ 人間げんの~ 인지 상정
じょうじょう〔情状〕 정상 ―酌量りょう 图自スル〔法〕 정상 작량. 정상 참작함 ¶ ~の余地よちがない 정상 참작의 여지가 없다
じょうじょう〔嬝嬝〕 (文) ①바람이 솔솔 부는 모양 ②나긋나긋함, 하늘하늘함 ¶ 柳枝りゅうし~ 버들가지가 하늘하늘함 ③소리가 가늘고 길게 울리는 모양 ¶ 余韻いん~ 여운이 가늘고 길게 이어짐
しょうじょうせぜ〔生生世世〕 생생 세세. 세세 생생 ①생사를 되풀이하며 겪는 숱한 세상 ②(부사적으로) 언제까지나, 영원토록
しょうしょく〔小職〕 代(文) (관직에 있는 사람이 자기를 겸손하게 이르는 말) 소직. 소관
しょうしょく〔小食・少食〕 图ダ 소식 ⇔ 大食だいしょく ¶ ~家か 소식가
じょうしょく〔常食〕 图他スル 상식 ¶ 米ぁを~とする 쌀을 상식으로 하다
しょう・じる〔生じる〕 自他上一 → しょうずる
しょう・じる〔招じる・×請じる〕 他上一 → しょうずる(招)
じょう・じる〔乗じる〕 自他上一 → じょうずる
しょうしん〔小心〕 图ダ 소심 ¶ ~者の 소심한 사람 ―翼翼よくよく 소심 익익. 소심하고 겁 많음
しょうしん〔小身〕 신분이 낮고 봉록이 적음, 그런 사람 ⇔ 大身だいしん ¶ ~者の 지체가 낮고 봉록이 적은 사람
しょうしん〔正真〕 图ダ 정진. 진실. 진짜 ¶ ~の品物もの 진품 ―正銘めい 진짜 ¶ ~のダイヤ 진짜 다이아몬드
しょうしん〔昇進・×陞進〕 图自スル 승진 ¶ 部長ちょうに~する 부장으로 승진하다
しょうしん〔焦心〕 图自スル(文) 초심. 초사. 초조함 = 焦燥しょうの体てい 초조한 모습
しょうしん〔傷心〕 图ダ(文) 상심. 마음이 상함. 아픈 마음 ¶ ~いやしがたく 아픈 마음 달랠 수 없어
しょうしん〔衝心〕 각기 충심 = 脚気衝心かっけしょうしん
しょうじん〔小人〕 (文) 소인 ①도량이 좁은 사람, 소인배 ⇔ 大人だいじん ②신분이 낮은 사람 ③키가 아주 작은 사람
慣用句
―閑居かんきょして不善ぜんをなす 소인은 한가하면 나쁜 짓을 하기 쉽다
しょうじん〔消尽〕 图他スル(文) 소진. 다 써 버림 ¶ 体力りょくを~する 체력을 소진하다
しょうじん〔焼尽〕 图自他スル(文) 소진. 죄다 탐
しょうじん〔傷人〕 图他スル(文) 상인. 남에게 상처를 입힘, 상해
しょうじん〔精進〕 图自スル ①〔佛〕 오직 불도를 수행함 ②일정 기간 몸을 정결히 하고 행실을 삼감 ③육식을 피하고 채식함 ④열심히 노력함 ¶ ~の成果かが現あらわれる 정진한 성과가 나타나다 ―明あけ = 精進落ぉち ―揚ぁげ 채소 튀김 ―落ぉち 정진 기간이 끝나고 평상시 식사로 돌아감 ―落ぉとし = 精進落ぉち ―潔斎けっさい 정진 결재 ―物の 고기・생선을 쓰지 않은 음식물 ―料理りょう〔料〕 정진 요리. 소찬 요리
じょうしん〔上申〕 图他スル(文) 상신 ¶ ~書しょを提出しゅっする 상신서를 제출하다
じょうじん〔常人〕 보통 사람, 여느 사람 ¶ ~の比ひではない 보통 사람에 비할 바 아니다
じょうじん〔情人〕 (文) → じょうにん(情人)
しょうしんこ〔上新粉・上×米参粉〕 질이 좋은 쌀가루
しょうじんじさつ〔焼身自殺〕 분신 자살
しょうじんぶつ〔小人物〕 소인배. 소인. 졸장부 ⇔ 大人物だいじんぶつ ¶ 絶たえず思惑おもわくを気きにする~ 끊임없이 평판에 신경쓰는 소인배
じょうず〔上手〕 Ⅰ 图ダ 잘함. 솜씨가 뛰어남.

그런 사람 ⇔ 下手な 聞き~ (남의 말에) 귀를 잘 기울임, 그런 사람/ 字を~に書く 글씨를 잘 쓰다 Ⅱ 名 (「お~」의 꼴로) 발린 말¶ お~を言う 발림말을 하다 **—者** (「お~」의 꼴로) 발림말을 잘 하는 사람

慣用句
**—の手から水が漏る** 잘 하는 사람도 때로는 실수를 한다

しょうすい [小水] 소변, 오줌
しょうすい [将帥] (文) 장수, 대장
しょうすい [*憔*悴] 名 自スル 초췌함 ¶ すっかり~した顔 아주 초췌한 얼굴
しょうずい [祥瑞] 상서, 길조(吉兆)
じょうすい [上水] 상수, 깨끗한 물 ⇔ 下水 **—道** 상수도
じょうすい [浄水] 정수 ①깨끗한 물 ②(神社 등의) 손 씻는 물 = 手水
しょうすう [小数] 소수 ①작은 수 ②數 절대값이 1보다 작은 실수(實數) ¶ ~第三位で四捨五入 소수 셋째 자리에서 사사오입 **—点** 數 소수점
しょうすう [少数] 소수, 적은 수효 ¶ ~派 소수파 **—意見** 소수 의견 **—民族** 소수 민족
じょうすう [乗数] 數 승수, 곱수
じょうすう [常数] 상수 ①일정한 수 ②數 物 정수, 항수

しょう·する [抄する/*鈔*する] 他 サ変 (文) 초하다 ①뽑아 쓰다, 발췌하다 ②베껴 쓰다
しょう·する [称する] 他 サ変 (文) 일컫다, 부르다 ¶ 幼名を太郎と~ 아명을 태랑라고 일컫다 ②사칭하다 ¶ 病気と~して休む 병이라 사칭하고 쉬다 ③(文) 칭송하다, 기리다 ¶ 勲功を~ 훈공을 칭송하다
しょう·する [証する] 他 サ変 ①증명하다 ②보증하다
しょう·する [*頌*する] 他 サ変 (文) (공덕 등을) 문장으로 엮어) 칭송하다, 기리다 ¶ 故人の徳を~ 고인의 덕을 기리다
しょう·する [*誦*する] 他 サ変 (文) 낭송하다, 읊다 ¶ 経文を~ 경문을 낭송하다
しょう·する [賞する] 他 サ変 ①칭찬하다 ②(정취 등을) 완상하다 ¶ 名月を~ 명월을 완상하다
しょう·ずる [生ずる] 自他 サ変 (文) ①(초목 등이) 나다, 돋아나다, 피우다 ¶ かびが~ 곰팡이가 피다/ 木の芽が~ 나무 순이 돋아나다 ②발생하다, 생기다, 일으키다 ¶ 問題が~ 문제가 생기다/ 事故を~ 사고를 일으키다 ▷「生じる」라고도 함
しょう·ずる [招ずる/*請*ずる] 他 サ変 (文) 초청하다, 맞아들이다, 초대하다 ¶ 自宅に~ 자택에 초대하다
じょう·ずる [乗ずる] Ⅰ 自 サ変 (文) ①(기회·사물을) 이용하다, 틈타다, 편승하다 ¶ 敵の弱みに~ 적의 약점을 이용하다 Ⅱ 他 サ変 數 곱하다 ▷「乗じる」라고도 함
しょうせい [小生] 代 (文) 소생 = 拙者
しょうせい [小成] 소성, 작은 성공

慣用句
**—に安んずる** 작은 성공에 만족하다

しょうせい [招請] 名 他スル (文) 초청 ¶ 講師を~する 강사를 초청하다
しょうせい [将星] (文) 장성, 장군의 딴이름
しょうせい [笑声] (文) 소성, 웃음소리 ¶ どっと~が起こる 왁자하니 웃음소리가 나다
しょうせい [勝勢] (文) 승세, 이길 듯한 형세 ¶ ~に乗じて総攻撃する 승세를 몰아 총공격하다
しょうせい [照星] 조성, (총의) 가늠쇠
しょうせい [鐘声] (文) 종성, 종소리
じょうせい [上世] (文) 상세, 먼 옛날, 상대(上代), 상고(上古)
じょうせい [上声] → じょうしょう(上声)
じょうせい [上製] 상제, 고급(상등) 제품 ⇔ 並製 **—品** 상제품, 고급 제품
じょうせい [情勢·状勢] 정세, 형세 ¶ 国際~ 국제 정세/ ~が変わる 정세가 바뀌다
じょうせい [醸成] 名 他スル 양성 ①(술 등을) 빚음 ¶ 酒を~する 술을 빚다 ②(상황을) 조성함 ¶ 革新の機運を~する 혁신의 기운을 조성하다

じょうせいほん [上製本] 版 상제본
しょうせき [*碩*] 초석
しょうせき [証跡] 증적, 증거로 남는 흔적
じょうせき [上席] 상석 ①윗자리, 상좌 ¶ ~につく 상석에 앉다 ②상급의 석차·등급
じょうせき [定石] 정석 ①(바둑에서) 정해진 수 ¶ ~通りに指す 정석대로 두다 ②일정한 방식
じょうせき [定席] ①정석, 지정석 ②재담·만담 등을 하는 상설 연예장
じょうせき [定跡] (장기에서) 정해진 수법
しょうせつ [小雪] (24절기의 하나인) 소설
しょうせつ [小節] 소절 ①(文) 사소한 의리 ¶ ~にこだわる 소절에 구애되다 ②(문장의) 작은 단락 ③音 마디 ¶ 第一~ 첫째 소절
しょうせつ [小説] 소설 ¶ 推理~ 추리소설 **—家** 소설가
しょうせつ [章節] 文 장과 절
しょうせつ [詳説] 名 他スル 상설, 상술 ¶ 具体例をあげて~する 구체적인 예를 들어 상술하다
じょうせつ [上接] 名 他スル 文法 상접, (복합어의 구성 요소가) 앞에 붙음 ⇔ 下接
じょうせつ [常設] 名 他スル 상설 ¶ ~の委員会 상설 위원회 **—館** 상설관
じょうぜつ [*饒*舌] 名 ナ 요설, 말이 많음, 수다 ¶ ~をふるう 수다를 떨다 **—家** 다변가
しょうせっかい [消石灰] 化 소석회
しょうせっこう [焼石*膏*] 소석고
しょうせん [省線] ①鉄道省가 관리하던 철도 노선, 국유 철도선 ②국유 철도 전차
しょうせん [商船] 상선
しょうせん [商戦] (文) 상전, 상업상의 경쟁
しょうぜん [小善] (文) 소선, 자그마한 선행
しょうぜん [承前] 名 (文) 승전, 앞 문장을 이

어 받음
しょうぜん [*悚然・*竦然] [ト] (文) 송연. 두려워서 몸을 웅송그리는 모양
しょうぜん [悄然] [ト] 초연. 풀이 죽어 기운이 없는 모양, 맥없음¶ ～と引き下がる 초연히 물러나다
しょうぜん [蕭然] [ト] (文) 소연. 쓸쓸하고 적적함¶ ～たる枯れ野 쓸쓸한 마른 들판
じょうせん [乗船] (名) 승선. 배에 탐, 타고 있는 배¶ ～者 名簿 승선자 명단
しょうせんきょくせい [小選挙区制] (政) 소선거구제
しょうぜんてい [小前提] (論) 소전제
しょうそ [勝訴] (名)(自スル) 승소¶ 原告側の～に終わる 원고측의 승소로 끝나다
じょうそ [上訴] (名)(自スル) 상소 ①상급자・상급기관에 호소함 ②판결에 불복하여 상급법원에 재심을 청구함¶ ～審 상소심
しょうそう [少壮] (名)(文) 소장. 젊고 원기 왕성함¶ ～教授 소장 교수
しょうそう [尚早] (名) 상조. 아직 이름¶ 時期～ 시기 상조
しょうそう [焦燥・焦躁] (名)(自スル) 초조¶ ～感 초조감¶ ～にかられる 몹시 초조해하다
しょうぞうけん [肖像] 초상 ―画 초상화 ―権 (法) 초상권
じょうそう [上奏] (名)(他スル) (文) 상주. 天皇에게 아룀＝奏上¶ ～文 상주문
じょうそう [上層] (名) 상층 ①윗층, 윗부분¶ ～気流 상층 기류 ②위의 계층¶ ～階級 상층 계급 ―雲 (気) 상층운
じょうそう [情操] 정조. 예술・도덕 등에 대한 고차원적 감정, 정서¶ 美的～を育む 미적 정서를 기르다 ―教育 정서 교육
じょうぞう [醸造] (名)(他スル) 양조¶ ～業 양조업 ―酒 양조주
しょうそく [消息] 소식 ①(文) 편지, 기별¶ ～が絶える 소식이 끊기다 ②동정, 안부, 사정¶ ～を伝える 소식을 전하다 ―往来 편지글의 본보기 ―子 (醫) 소식자 ―筋 소식통 ―通 소식통 ―文 서간문, 편지글
(慣用句)
―を絶つ 소식을 끊다, 소식이 없다
しょうぞく [装束] ①옷차림, 차려 입음¶ 旅～ 여행갈 차림¶ ～を着ける 옷을 차려 입다 ②(衣冠・束帯 등의) 예장(禮裝)
じょうぞく [上簇] (名)(自スル) (農) 상족. (발이나 섶에) 누에를 올리기
しょうそつ [将卒] (文) 장졸. 장교와 병졸, 장병
しょうそん [焼損] (名)(自他スル) (文) 소손. 불타서 부서짐, 불타위 부숨
しょうたい [小隊] 소대 ①(軍) 군대 편제 단위의 하나¶ ～長 소대장 ②작은 집단, 소집단
しょうたい [正体] ①정체¶ ～をつかむ 정체를 파악하다 ②제정신, 본정신¶ ～なく酔う 정신없이 취하다
しょうたい [招待] (名)(他スル) 초대＝しょうだい¶ ～券 초대권¶ ～を受ける 초대를 받다

しょうだい [昭代] (文) 소대. 태평 성대
じょうたい [上体] 상체. 상반신
じょうたい [上腿] (文) 상퇴. 대퇴 ⇔下腿
じょうたい [状態] 상태¶ 健康～ 건강 상태/ 危険な～ 위험한 상태 ―方程式 (物) 상태 방정식. 상태식
じょうたい [常体] (表) 문장 끝에「である・だ」를 쓰는 구어 문체, 평서문체 ⇔敬体
じょうたい [常態] 상태. 정상적인(보통) 상태¶ ～に復する 정상 상태로 되돌아가다
じょうたい [情態] (文) 정태. 마음・감정의 상태 ―副詞 (文法) 동작의 상태를 나타내는 부사
じょうだい [上代] ①먼 옛날, 상고 ②(日史) (일본사・일본 문화사의 시대 구분에서) 奈良 시대 무렵 ―特殊仮名遣 (文法) 상대 특수 가나(仮名) 표기법
じょうだい [城代] (日史) 성주를 대신하여 성을 지키는 직책[사람] ―家老 (日史) (江戸 시대에) 영주의 부재중 성을 지키며 정사를 도맡아 보던 중신
しょうたく [妾宅] 첩댁. 첩의 집 ⇔本宅
しょうたく [沼沢] (文) 소택. 늪과 못¶ ～地 소택지
しょうだく [承諾] (名)(他スル) 승낙¶ ～書 승낙서¶ ～を得る 승낙을 얻다
じょうたつ [上達] Ⅰ (名)(自スル) (기예・학문이) 향상됨, 숙달¶ ～が早い 숙달이 빠르다 Ⅱ (名)(他スル) 상달¶ 下意～ 하의 상달
じょうだま [上玉] ①(보석・물건의) 상등품 ②(俗) 미인 ▷화류계나 불량배들 사이에서 씀
しょうたん [小胆] (名)(ナ)(文) 소담. 도량이 좁음, 소심 ⇔大胆
しょうたん [賞嘆] (名)(自他スル) 상탄. 크게 칭찬함¶ 口を そろえて～する 입을 모아 상탄하다
しょうだん [昇段] (名)(自スル) 승단. 단위(段位)가 올라감¶ 三段に～する 3단으로 승단하다
しょうだん [商談] 상담 ―中¶ 상담 중/ ～がまとまる 상담이 이루어지다
じょうたん [上端] 상단 ⇔下端
じょうだん [上段] 상단 ①(선반 등의) 윗단 ②한 단 높게 한 방바닥¶ ～の間 방바닥을 한 단 높게 한 방 ③상석, 상좌¶ ～に案内する 상석으로 안내하다 ④(검도에서) 칼을 머리 위로 치켜 겨눔, 그런 자세¶ ～に構える 상단 자세를 취하다 ⑤단위(位位)가 높음, 고단
じょうだん [冗談] 농담¶ ～はさておき 농담은 그만두고/ ～が過ぎる 농담이 지나치다/ ～でしたことだ 농으로 한 것이다 ―口 농담으로 하는 말
(慣用句)
―から駒が出る 생각지도 않은 일이 생기다
しょうち [小知・小智] (文) 소지. 얕은 지혜, 보잘것없는 지혜 ⇔大知
しょうち [召致] (名) 소치. 불러들임
しょうち [承知] (名)(他スル) ①(사정 등을) 알고 있음¶ よく～している 잘 알고 있다 ②(부탁을) 들어줌, 동의, 승낙¶ 転勤を～する 전근을 승낙하다 ③용서¶ ～するはずがない 용

しょうち 서할 리가 없다 **一尽くし** 서로 양해하고 함 **一之助** (俗) 알았다는 것을 인명(人名)을 본떠서 한 말 ¶ おっと合点だ ~だ 응 알았어 그렇게 하지

しょうち [招致] 名他スル (文) 초치. 유치 ¶ 万博を~する 만국 박람회를 유치하다

しょうち [勝地] (文) 승지. 명승지

じょうち [上知・上智] (文) 상지. 지혜가 뛰어남, 그런 사람 ⇔ 下愚

じょうち [常置] 名他スル 상치. 상설 ¶ 相談室を~する 상담실을 상설하다

じょうち [情致] (文) 정취, 풍정

じょうち [情痴] 치정

しょうちくばい [松竹梅] 송죽매. 솔·대·매화

じょうちゃく [蒸着] 名自スル (工) 증착

しょうちゅう [掌中] 장중. 수중 ①손바닥 안 ②自分 자기 마음대로 할 수 있는 범위 ¶ ~に帰する 수중에 들어오다, 자기 것이 되다
慣用句
**—に収める** 수중에 넣다, 좌지우지하다
**—の珠** ①귀중한 물건 ②가장 아끼는 자식

しょうちゅう [焼酎] 소주

じょうちゅう [条虫・×條虫] (動) 촌충

じょうちゅう [常駐] 名自スル 상주. 항상 주재 ¶ [駐屯]~部隊 상주 부대

しょうちょ [小著] 소저 ①페이지 수가 적은 저서 ⇔ 大著 ②자기 저서의 겸사말

じょうちょ [情緒] 정서 ①정취 ¶ ~豊かな港祭り 정취가 풍부한 어항제 ②[회로 애락의] 감정 ¶ ~不安定 정서 불안정 **一主義** (倫) 정서주의 **一障害** 정서 장애

しょうちょう [小腸] (医) 소장

じょうちょう [省庁] (중앙 관청인) 성·청

しょうちょう [消長] 소장. 성쇠 ¶ 社運の~ 사운의 성쇠

しょうちょう [象徴] 名他スル 상징. 표상 ¶ 現代を象徴する事件 현대를 상징하는 사건 **一詩** (文) 상징시 **一主義** 상징주의

じょうちょう [上長] (文) 연장자, 윗사람

じょうちょう [冗長] 名ナ 용장. (말·글이) 쓸데없이 길, 장황함 ¶ ~な説明 장황한 설명

じょうちょう [情調] (文) 정조 ①기분, 정취 ¶ 異国~ 이국 정취 ②쾌·불쾌의 감정 ¶ 不愉快な~ 불쾌한 감정

じょうちょう [場長] [場] 자가 붙는 직장의 최고 책임자 ¶ 工場~ 공장장

しょうちょく [詔勅] 조칙 = みことのり

しょうちん [消沈・×銷沈] 名自スル 소침 ¶ 意気~ 의기 소침하다

しょうつき [祥月] 상월. 1주기 이후에 돌아오는 고인이 죽은 달 **一命日** 상월 명일, 기일

じょうっぱり [情っ張り] 名ナ(方) 고집이 셈, 고집쟁이 = 意地っ張り

じょうづめ [定詰(め)] ①일정한 장소에서 근무함, 그런 사람 ②[日史] (江戸 시대에) 大名 등이 일정 기간 江戸에서 근무하던 일

じょうづめ [常詰(め)] (근무 장소에) 상주하며 일함, 그런 사람

しょうてい [小弟・少弟] (文) I 名 ①나이 어린 동생 ②자기 동생의 겸칭 II 代 (남성의 편지글 등에서) 자기의 겸사말. 소제

じょうてい [上帝] (文) ①상제. 천제(天帝), 하느님 ②조물주

じょうてい [上程] 名他スル (文) 상정. 회의에 올림 ¶ 法案を~する 법안을 상정하다

しょうてき [小敵] 소적 ①약한 적 ¶ ~と見くびる 소적으로 깔보다 ②[少敵] 소수의 적

じょうでき [上出来] 名ナ (성과·품질 등이) 아주 좋음, 훌륭함 ¶ ~の品 특제품 / 彼にしては~だ 그로서는 잘한 셈이다

じょうてもの [上手物] 수공이 많이 든 값비싼 공예품 ⇔ 下手物

しょうてん [小店] (文) 소점 ①작은 가게 ②폐점 ¶ ~が責任をもって処理します 폐점이 책임을 지고 처리하겠습니다

しょうてん [小篆] 소전. 대전(大篆)을 간략화하여 필사하기 쉽게 한 한자 글씨체

しょうてん [声点] 성점. 한자의 사성(四聲)·탁음을 표시하는 점

しょうてん [昇天] 名自スル 승천 ①하늘 높이 오름 ¶ 旭日~の勢い 욱일 승천의 기세 ②죽음 ③[基] 부활한 예수가 지상에서 40일을 보내고 하늘로 올라간 일

しょうてん [商店] 상점. 가게 **一街** 상점가

しょうてん [焦点] 초점 ①(物)(거울·렌즈에) 빛이 모이는 점 ¶ ~を合わせる 초점을 맞추다 ②(관심·주의 등의) 집중점 ¶ 話題の~ 화제의 초점 ③(数) 타원·쌍곡선·포물선을 이루는 점 **一距離** (物) 초점 거리

しょうてん [聖天] 성천. 환희천 = しょうでん

しょうてん [衝天] 名 충천. (하늘을 찌를 듯이) 기세가 맹렬함 ¶ 意気~ 의기 충천

しょうでん [小伝] 소전. 간단한 전기

しょうでん [召電] (文) 소전. 소환 전보

しょうでん [招電] (文) 초전. 초청 전보

しょうでん [詳伝] (文) 상전. 자세한 전기

じょうてん [上天] I 名 (文) 상천 ①하늘 = 空 ②천제, 하느님, 상제 II 名自スル 죽음, 승천

じょうでん [上田] 상전. 상등답

じょうてんき [上天気] 아주 맑은(좋은) 날씨

しょうてんち [小天地] 소천지 ①작은 세계 ②인간 세상, 인간 사회

じょうてんほう [畳言法] (表) 동일 어구를 문장의 한 부분에 반복 사용하는 수사법

しょうど [焦土] 초토 ①(文) 검게 탄 흙 ②(집·나무 등이) 불타서 없어진 땅
慣用句
**—と化す** 초토화하다

しょうど [照度] (物) 조도. 밝기의 정도

じょうと [譲渡] 名他スル 양도 ¶ 株式を~する 주식을 양도하다 **一所得** 양도 소득

じょうど [浄土] (仏) 정토 ①극락 정토 ②「浄土宗」의 약칭 **一宗** (仏) 정토종

しょうとう [小刀] 소도 ①작은 칼 ②(2개의 요도 중에서) 작은 요도 = わきざし

しょうとう [小党] 소당. 소수당

しょうとう [松濤] (文) 송도. 솔바람 소리
しょうとう [消灯] 名 自スル 소등
しょうとう [檣頭] (文) 장두. 돛대 꼭대기
しょうどう [唱道] 名 他スル 창도. 앞장서서 주장함. 주창 ¶ 世界平和를~する 세계 평화를 창도하다
しょうどう [唱導] 名 他スル 창도 ①(文) 앞장서서 인도함 ¶ 反対運動을~する 반대 운동을 창도하다 ②[佛] 설법하여 불도로 인도함
しょうどう [衝動] 충동 ¶ 一時의~에 駆られる 일시적인 충동에 사로잡히다 —買い 충동 구매 —的 ⊤ 충동적
しょうどう [聳動] 名 自スル (文) 용동. 무서워 떪. 깜짝 놀라게 함 ¶ 世間의 耳目을~する 세상의 이목을 놀라게 하다
じょうとう [上棟] 상량 —式 상량식
じょうとう [上等] I 名 상등. 상등급 ¶ ~品 상등품 II 名 ⊤ (품질·만듦새 등이) 뛰어남. 훌륭함 ¶ ~の家具 고급 가구 III ⊤ 충분함. 썩 좋음 ¶ それだけあれば~だ 그 정도만큼 있으면 충분하다 —兵 상등병. 상병
じょうとう [城頭] (文) ①성 근방 ②성두. 성 위
じょうとう [常灯] 상등 ①신전·불전에 항상 켜 두는 등불 ②밤새 켜 두는 가로등
じょうとう [常套] 상투. 예사로 늘 하던 투 ¶ ~の文句 상투적인 문구 —語 상투어 = きまり文句 —手段 상투 수단
じょうどう [成道] 名 自スル [佛] 성도. 성불 득도
じょうどう [常道] 상도 ①원칙에 따른 방법 ¶ 憲政의~ 헌정의 상도 ②항상 지켜야 할 도리 ¶ ~をはずれる 상도를 벗어나다
じょうどう [情動] 정동. (희노애락의) 격한 감정. 정서
しょうどうもん [聖道門] [佛] 성도문
しょうとく [生得] 名 (文) 생득. 타고남. 천성 = せいとく ¶ ~の才 생득지재. 타고난 재주
しょうとく [頌徳] (文) 송덕. 덕을 기림 ¶ —碑 송덕비
しょうどく [消毒] 名 他スル [醫] 소독 ¶ ~薬 소독약/ 患部를~する 환부를 소독하다
じょうとくい [上得意] 우수 고객 = 上客
じょうとくい [常得意] (文) 단골 손님
しょうとつ [衝突] 名 自スル 충돌 ¶ 事故를 충돌 사고/ 上司と~する 상사와 충돌하다
しょうとりひき [商取引] 상거래
じょうない [城内] 성내. 성안. 성중
じょうない [場内] 장내 ↔ 場外 ¶ ~禁煙 장내 금연/ ~アナウンス 장내 안내 방송
しょうなん [小難·少難] (文) 소난. 사소한 재난 ↔ 大難
しょうなん [湘南] 神奈川현의 해안 지대
しょうに [小児] 소아. 어린이 —科 [醫] 소아과 —病 —麻痺 [醫] 소아마비
しょうにゅうせき [鍾乳石] [地] 종유석
しょうにゅうどう [鍾乳洞] [地] 종유동
しょうにん [上人] [佛] ①상인. 지덕을 갖춘 고승(高僧). 큰 스님 ②중의 존칭. 스님. 대사

しょうにん [小人] (文) 소인. 어린이. 소아 ↔ 大人 ¶ ~は半額 소인은 반액
しょうにん [承認] 名 他スル 승인 ¶ 国家의 独立을~する 국가의 독립을 승인하다
しょうにん [昇任·陞任] 名 自スル 승임. 관직·지위가 오름. 승진 ↔ 降任
しょうにん [商人] 상인. 장사꾼 ¶ ~かたぎ 장사꾼 기질/ 悪徳~ 악덕 상인
しょうにん [証人] 증인 ①[法] (법원·의회 등에서) 경험한 사실을 진술하는 사람 ¶ ~を呼ぶ 증인을 부르다 ②사실을 증명하는 사람 ¶ 生き~ 산 증인 ③보증인 ¶ ~を立てる 보증인을 세우다 —喚問 증인 환문
しょうにん [聖人] 성인 ①지덕이 높고 자비심이 많은 사람 ②[佛] 지덕을 갖춘 고승
じょうにん [常任] 상임 ¶ ~指揮者 상임 지휘자 —理事国 (유엔 안전 보장 이사회의) 상임 이사국
じょうにん [情人] 정인. 애인. (남녀) 정부
しょうにんずう [小人数] 소인수. 사람 수가 적음 ¶ ~のクラス 소인수 학급
しょうね [性根] 마음가짐. 마음씨. 근성. 심지 ¶ ~の腐ったやつ 근성이 썩어 빠진 놈/ ~を入れかえる 심지를 고쳐먹다/ ~がすわっている 마음가짐이 확고하다
しょうねつ [焦熱] 초열 ①名 (文) 타는 듯한 더위 ②「焦熱地獄」의 준말 —地獄 [佛] 초열 지옥
じょうねつ [情熱] 정열 ¶ 音楽에~を傾ける 음악에 정열을 기울이다 —的 ⊤ 정열적
しょうねん [少年] 소년 ¶ ~期 소년기 —院 소년원 —団 소년단 —非行 소년 비행
[慣用句]
—老い易く学成り難し 사람이 늙기는 쉬우나 학문을 이루기는 어렵다
—よ大志を抱け 소년이여 대망을 품어라
しょうねん [正念] 정념 ①제정신 ②[佛] 정도만을 생각함 ③(文) 열심히 염불함 —場 ①[藝] (歌舞伎등에서) 주인공이 근성을 발휘하는 중요한 장면 ②가장 중대한 국면. 고비
しょうねん [生年] (文) 나이. 연령
じょうねん [情念] 정념 ¶ ~がわく 정념이 솟다 —論 [倫] 정념론
しょうのう [小脳] [醫] 소뇌. 작은 골
しょうのう [小農] 소농
しょうのう [笑納] 名 自スル (文) 소납 ¶ 御~いただければ幸甚です 소납하여 주시면 감사하겠습니다
しょうのう [樟脳] [化] 장뇌
じょうのう [上納] 상납 I 名 他スル 정부 기관·상부 단체에 금품을 납입함 ¶ ~金 상납금 II 名 → ねんぐ(年貢)
しょうのつき [小の月] 소월. 작은달
しょうのふえ [笙の笛] [音] 생황 = 笙
しょうは [小派] 소파. 소당파
しょうは [小破] 名 自他スル (文) 소파. 조금 파손됨 [파손시킴] ↔ 大破 ¶ 船首가~する 뱃머리가 조금 파손되다

しょうは [˟翔破] 图自スル(文) 상파. 정해진 거리의 비행을 무사히 마침
じょうは [条˟播] [農] 조파. 골뿌림, 줄뿌림
じょうば [乗馬] I 图自スル 승마. 말에 탐 ¶—服 승마복 II 图 승용마, 승마용 말 特別仕込みの~ 특별히 훈련시킨 승용마
しょうはい [勝敗] 승패=勝ち負け ¶—を決する 승패를 가리다/ ~にはこだわらない 승패에는 구애되지 않다
しょうはい [賞杯・賞˟盃] (文) 상배. 상으로 주는 컵=カップ
しょうはい [賞˟牌] (文) 상패. 상으로 주는 기장, 메달
しょうばい [商売] I 图自スル 장사, 상업 ¶—繁盛 장사 번성/ 手広く~をする 규모가 크게 장사를 하다 II 图 (俗) 직업, 생업 ¶落語家~は笑わせるのが~だ 만담가는 웃기는 일이 직업이다 —往来 상용문·상업에 필요한 사항을 모아 엮은 것 —女 손님을 접대하는 여자 —気質 상인 기질 —敵 상업상의 경쟁자 —柄 직업상 「장사(직업)의 종류」장사(직업)에서 얻어진 독특한 기질·습성 —気 ①장삿속 ②직업 의식 —人 ①장사꾼, 상인 ②전문가 ③기생, 창녀
しょうはく [松˟柏] (文) ①송백, 소나무와 잣나무 ②상록수=常緑樹
じょうはく [上白] ①상등미 ②고급 백설탕
じょうはく [上˟膊] 상박, 상완 ⇔下膊 ¶—骨 상박골
じょうはこ [状箱] 편지함 ①편지를 넣어 두는 함 ②(심부름 보낼 때) 편지를 넣어 보내는 상자=文箱
じょうばさみ [状挾み] 편지·서류의 집게
しょうばつ [賞罰] 상벌, 상과 벌 ¶—無し 상벌 없음
じょうはつ [蒸発] 图自スル 증발 ①(物) 액체 표면의 기화 현상 ¶水分が~する 수분이 증발하다 ②(俗) (比) 행방이 묘연해짐, 실종됨 ¶夫が~した 남편이 증발했다 —皿 증발 접시
じょうはり [浄玻璃] ①(文) 정파리, 맑은 유리·수정 ②『浄玻璃の鏡』의 준말 —鏡 ①[佛] 정파리경 ②속임수를 꿰뚫어 보는 식견이나 안목
しょうばん [相伴] 图自スル ①주빈(主賓)의 상대로서 함께 대접을 받음, 그런 사람 御~にあずかる 주빈과 함께 대접 받다 ②다른 사람 덕분에 이익을 봄
じょうばん [上番] 图自スル 상번. 번을 들 차례임, 당직 ⇔下番
じょうはんしん [上半身] 상반신 ⇔下半身 ¶—が発達する 상반신이 발달하다
しょうひ [消費] 图他スル 소비 ¶電力の~ 전력 소비/ 無駄に時間を~する 쓸데없이 시간을 소비하다 —財 소비재 —支出 소비 지출 —者 소비자 ¶—物価 소비 물가 —税 소비세 —都市 소비 도시
しょうび [焦˟眉] 图 초미. 매우 위급함 ¶—

の問題 초미의 문제
[慣用句]
—の急 초미지급. 매우 긴박한 위험·용무
しょうび [賞美・称美] 图他スル (文) 상미. 칭찬함 ¶風景を~する 풍경을 상미하다
しょうび [˟薔薇] (文) 장미=バラ·そうび
じょうひ [上皮] [醫] 상피 ¶—細胞 상피 세포 —小体 [醫] 상피 소체. 부갑상선
じょうひ [˟冗費] 용비. 헛된(쓸데없는) 비용 ¶~を節減する 용비를 절감하다
じょうび [常備] 图他スル 상비, 늘 준비해 둠 ¶—薬 상비약
しょうびけし [定火消] [史] 江戸 시내의 소방·경비 등을 담당하던 江戸幕府의 직명
しょうびたき [˟尉˟鶲] [動] 딱새
しょうひょう [商標] [法] 상표 ¶—登録 상표 등록/ ~を盗用する 상표를 도용하다 —権 [法] 상표권 —法 [法] 상표법
しょうひょう [証票] 증표. 증명을 위한 전표나 표찰 検査済みの~ 검사필 증표
しょうひょう [証˟憑] (文) 증빙, 증거 ¶—書類 증빙 서류
しょうびょう [傷病] 상병, 부상과 질병 ¶—兵 상병병
じょうひょう [上表] (文) 상표 ①상소(上疏), 상소 문서 ②위의 표 ⇔下表
しょうひん [小品] 소품 ①자잘한 물건 ②(예술 등의) 작은 작품 ③『小品文』의 준말 —文 [文] 소품문. 신변 잡기의 짧은 글
しょうひん [商品] 상품 ¶高価な~ 고가의 상품/ ~を並べる 상품을 진열하다 —券 상품권 —手形 [經] 상업 어음
しょうひん [賞品] 상품. 상으로 받는 금품
じょうひん [上品] I ナ 고상함, 품위가 있음 ¶—な人 고상한 사람/ ~に振る舞う 품위 있게 행동하다 II 图 (文) 상등품
しょうふ [正˟麩] 밀기울 녹말
しょうふ [娼婦] 창부. 매춘부
しょうぶ [尚武] (文) 상무. 무예·군사를 숭상함 ¶—の気風 상무의 기풍
しょうぶ [勝負] I 图自スル ①승패 ¶—無し 무승부/ ~をつける 승부를 가리다 ②내기 ¶~に強い 승부에 강하다 II 图自スル 승부를 겨룸 ¶—一本 단판 승부/ 正々堂々と~する 정정 당당하게 승부를 겨루다 —事 ①(바둑·장기 등) 승부를 겨루는 놀이 ②내기, 도박 —師 ①승부사 ②도박사, 노름꾼 ③결과를 운에 맡기고 대담하게 일을 하는 사람
[慣用句]
—あった 승부가 났다
—は時の運 이기고 지는 것은 그때의 운
しょうぶ [˟菖˟蒲] [植] 창포 —湯 창포탕. 창포물
じょうふ [上布] 고급 마직물
じょうふ [丈夫] 장부. 대장부=ますらお
じょうふ [定府] [史] 江戸 시대 大名이나 그 가신이 江戸에 상주하던 일
じょうふ [城府] (文) 성부 ①도시의 외곽 ②도

시 ③칸막이, 격벽, 격의¶ ~을 設けず 격의를 두지 않다

じょうふ [情夫] (文) 정부. 샛서방= 色男

じょうふ [情婦] 정부. 색시

じょうぶ [上部] 상부. 윗부분¶ ~組織 상부 조직 —構造 (哲) 상부 구조

じょうぶ [丈夫] [ア] ①건강함¶ ~な体から 건강한 몸 ②튼튼함, 단단함¶ ~な作りの箱に 튼튼하게 만든 상자

しょうふう [正風] (文)「正風体」의 준말. (和歌・俳諧의) 올바른 작풍

しょうふう [松風] (文) 송풍. 솔바람= 松籟

しょうふく [*妾腹] 첩의 소생, 서얼

しょうふく [承服・承伏] 名他ス 승복. 응낙하여 좋음¶ ~しかねる 승복하기 어렵다

しょうふく [*慴伏・*懾伏] 名自ス (文) 습복. 두려워 엎드림, 위세에 눌려 굴복함

じょうふく [浄福] 정복 ①조촐한 행복 ②(佛) 불교를 믿음으로써 얻어지는 행복

じょうぶくろ [状袋] (편지 등을 넣는) 봉투

しょうふだ [正札] 정찰. 정가표¶ ~販売という 정찰 판매 —付き ①정찰이 붙어 있고, 그런 상품 ②세상에 정평이 나 있음, 그런 사람(물건)¶ ~の詐欺師だ 정평이 나있는 사기꾼

じょうふだん [常不断] 副 늘 언제나, 항상

じょうぶつ [成仏] 名自ス (佛) 성불 ①해탈하여 불과(佛果)를 이룸 ②죽어서 부처가 됨, 죽음¶ 安らかに~する 고이 잠들다

しょうぶん [性分] 성분. 천성, 성질, 성품, 성미¶ せっかちな~ 성급한 성질/やりかたが~に合わない 하는 짓이 성미에 맞지 않다

じょうぶん [上聞] (文) 상문. 군주 귀에 들어감, 상청¶ ~に達する 임금 귀에 들어가다

じょうぶん [冗文] 용문. 쓸데없는 문구

じょうぶん [条文] 조문

じょうふんべつ [上分別] 훌륭한 생각, 제일 좋은 판단, 상책

しょうへい [招聘] 名他ス 초빙¶ 専門家を~する 전문가를 초빙하다

しょうへい [*哨兵] 초병. 보초병

しょうへい [将兵] 장병. 장교와 사병

しょうへい [傷兵] 상병. 부상병

じょうへい [城兵] 성병. 성을 지키는 병사

しょうへいが [障屛画] (美) 병풍・미닫이・장지 등에 그린 그림

しょうへいこう [昌平黌] (日史) 유학을 가르쳤던 江戸幕府의 직할 학교

しょうへき [障壁] 장벽 ①칸막이 벽 ②장애물, 방해¶ ~を取り除く 장벽을 제거하다 —画 (美) 병풍・장지・벽 등에 그린 그림

じょうへき [*牆壁] (文) 장벽. 울타리와 벽

じょうへき [城壁] ①성벽 ②성

しょうべつ [小別] 名他ス 소별. 작게 나눔

しょうへん [小片] (文) 소편, 작은 조각

しょうへん [小変] 소변, 작은 변화, 사소한 사건[사변]

しょうへん [小編・小篇] 소편, 단편

しょうへん [掌編・掌篇] 장편, 콩트 —小説

しょうべん [小便] 名自ス ①소변, 오줌¶ ~に立たつ 오줌 누러 가다 ②(俗) (주문이나 매매 계약의) 중도 파기 —臭い 形 ①지린내 나다 ②유치하다, 젖비린내 나다

しょうほ [商舗] (文) 상점, 점포, 가게

しょうぼ [召募] 名他ス (文) 소모, 불러 모음, 모집¶ 義兵を~する 의병을 모집하다

じょうほ [譲歩] 名自ス 양보¶ 最大限の~ 최대한의 양보/互いに~する 서로 양보하다

しょうほう [商法] 상법 ①장사법, 상술¶ 悪徳~ 악덕 상술 ②(法) 상업에 관한 법규

しょうほう [勝報・捷報] (文) 승보, 첩보. 승리의 소식¶ ~に沸わく 승보에 열광하다

しょうほう [詳報] (文) 상보. 상세한 보고

しょうほう [正法] (佛) 정법 ①바른 교법(教法), 불법(佛法) ②정법시(正法時)

しょうぼう [消防] 소방¶ ~訓練 소방 훈련/~自動車 소방차 —士 소방사 —署 소방서 —団 소방단

しょうぼう [焼亡] 名自ス (文) 소망, 소실

じょうほう [上方] (文) ①상방. 위쪽 ⇔ 下方 ②산사(山寺) ③주지

じょうほう [定law・常法] 정법, 상법 ①늘 하던 정해진 방식, 정석 ②정해진 규칙[법칙]¶ ~どおり裁く 정법대로 심판하다

じょうほう [乗法] (数) 승법, 곱셈 ⇔ 除法

じょうほう [情報] 정보¶ 情報を流す 극비 정보를 흘리다/~が漏れる 정보가 새다 —化社会 정보화 사회 —源 정보원 —検索 (컴) 정보 검색 —公開制度 정보공개 제도 —網 정보망

じょうほうたい [小胞体] (生) 소포체

じょうほく [城北] 성북. 성[도성]의 북쪽

じょうぼく [上木] 名他ス (文) 상목, 상재, 출판= 上梓

じょうぼく [縄墨] 승묵 ①먹줄 ②법률, 규칙

しょうほん [正本] ①정본, 원본 ②(劇) 각본, 대본 ③(藝) (浄瑠璃 등에서) 생략이 없는 완전한 대본

しょうほん [抄本] 초본 ①[*鈔本] 발췌하여 쓴 책 ②원본의 일부를 발췌한 서류¶ 戸籍~ 호적 초본

しょうほん [証本] (文) 증본, 증거가 되는 책

じょうぼん [上品] (佛) 상품, 구품 정토(九品浄土) 중에서 상위의 세 정토, 정토의 최상위

しょうま [消磨] 名自他ス (文) 소마, 닳아 줄어듦, 닳게 하여 줄임¶ 気力を~する 기력을 소마하다

じょうまい [上米] 상미, 상등미

じょうまえ [錠前] 자물쇠= 錠¶ ~をかける 자물쇠를 채우다

しょうまきょう [照魔鏡] 조마경 ①악마의 본성을 비추어 낸다는 거울 ②사람・사회의 이면을 들추어 내는 것

しょうまん [小満] (24절기의 하나인) 소만

じょうまん [冗漫] [ナ] 용만. 장황함, 지루함

しょうみ

~な文章¶ 장황한 문장/ ~な説明¶ 지루한 설명

**しょうみ** [正味] 정미 ①(부속물을 제외한) 알맹이, 알속¶ 皮がが厚ってくて~はわずかだ 가죽이 두꺼워 알맹이는 얼마 안 된다 ②(포장을 뺀) 알맹이의 무게, 정량 = 正目¶ ~100グラム 정량 100그램¶ 正味値段¶ 의 준말, 실가, 원가¶ ~で売る 원가로 팔다 ④실질, 실제¶ 八時間ぐらい働くわけだ 실질적으로 8시간쯤 일하는 셈이다

**しょうみ** [賞味] 名他スル 상미. 칭찬하며 맛봄, 맛을 즐김¶ ~期間 (식음의) 상미 기간

**じょうみ** [情味] 정미 ①풍미, 정취 = 趣味② 인정미, 인간미¶ ~に欠ける人 인정미가 없는 사람

**しょうみつ** [詳密] ナ 상밀. 상세하고 세밀함¶ ~な解説 상밀한 해설

**じょうみゃく** [静脈] 医 정맥 ⇔ 動脈. ―注射 정맥 주사. ―瘤 医 정맥류

**しょうみょう** [小名] 日史 ①(平安중기 이후의) 영지가 작은 영주 ②(江戸시대의) 녹봉이 적은 大名

**しょうみょう** [声明] 仏 성명 ①고대 인도의 음운·어법 등의 학문 ②범패(梵唄)

**しょうみょう** [称名·唱名] 仏 창명. 부처의 명호를 욈, 염불

**じょうみょう** [定命] 仏 정명. 전세의 인연으로 정해진 수명

**じょうみん** [常民] 文 상민, 서민, 일반 국민

**じょうみん** [蒸民·烝民] 文 증민, 만민

**しょうむ** [省務] 각 성(省)의 사무

**しょうむ** [商務] 상무. 상업상의 사무

**じょうむ** [乗務] 名自スル 승무. ―員 승무원

**じょうむ** [常務] 상무 ①일상 업무 ②常務取締役의 준말. ―会 経 이사회. ―取締役 상무 이사

**しょうめ** [正目] (포장을 뺀) 알맹이의 무게, 정량. 정미 = 正味

**しょうめい** [正銘] 名 진짜¶ 正真¶ ~のダイヤモンド 틀림없는 진짜 다이아몬드

**しょうめい** [証明] 名他スル 증명 ①(근거를 들어) 진실임을 밝힘¶ 印鑑~ 인감 증명/ 身分を~する 신분을 증명하다 ②数論 가설에서 결론을 논리적으로 이끌어 냄¶ 定理の~ 정리의 증명

**しょうめい** [照明] 조명 Ⅰ 名他スル 빛을 비추어 밝게 함¶ ~器具 조명 기구 Ⅱ 名 촬영 효과를 높이기 위한 광선¶ 舞台~ 무대 조명¶ ~を当てる 조명을 비추다. ―弾 조명탄

**しょうめつ** [生滅] 생멸. 생겨남과 소멸함, 생과 사

**しょうめつ** [消滅] 名自他スル 소멸 ①自然~ 자연 소멸/ 権利が~する 권리가 소멸되다

**しょうめん** [正面] 정면 ①전면¶ ~出入口 정면 출입구 ②바로 마주보는 쪽¶ ~を向く 정면을 향하다 ③맞대면, 직접¶ ~からぶつかる 정면으로 부딪치다. ―切る 自ラ五 ①서슴없이 맞대 놓다 ②정색하다. ―衝突 名自スル 정면 충돌

**しょうもう** [消耗] 名自他スル 소모 ①써서 없앰¶ 電力の~ 전력의 소모 ②(체력·기력을) 소진시킴¶ 体力を~する 체력을 소모하다. ―品 소모품

**じょうもく** [条目] 조목¶ ~ごとに検討する 조목마다 검토하다

**しょうもつ** [抄物] ①발췌한 것 ②시작(詩作)을 위한 참고서

**しょうもの** [抄物] 文 (室町시대부터 江戸 초기까지) 유학자나 승려가 한시문·불전 등의 주석을 쓴 필기록

**じょうもの** [上物] 상물(上品), 상등품

**しょうもん** [声聞] 仏 성문. 부처의 가르침을 배워 아라한이 되려는 수행자. ―乗 仏 성문승. 아라한의 깨달음을 얻게 하는 교법

**しょうもん** [証文] 증문. 증서¶ 借金の~. 차용 증서/ ~の出し後れ 사후 약방문

**じょうもん** [定紋] 가문의 문장(紋章), 가문

**じょうもん** [城門] 성문¶ ~を開らく 성문을 열다

**じょうもん** [縄文] 승문. 새끼줄 무늬¶ ~土器 승문 토기. ―時代 승문 시대

**しょうもんし** [唱門師] (중세에) 문앞에서 염불하며 시주를 청하던 중

**しょうや** [庄屋] 日史 (江戸시대) 마을의 사무를 통할하던 사람

**しょうやく** [生薬] 薬 생약

**しょうやく** [抄訳] 名他スル 초역. 발췌하여 번역함, 그런 번역본 ⇔ 全訳·完訳

**しょうやく** [硝薬] 초약. 화약 = 火薬

**じょうやく** [条約] 조약¶ 通商~ 통상 조약/ ~を結ぶ 조약을 맺다. ―締結権 조약 체결권

**じょうやど** [定宿·常宿] 늘 묵는 숙소, 단골 숙소

**じょうやとい** [常雇い·常*傭い] 장기 고용(인)

**じょうやとう** [常夜灯] 상야등. 밤새도록 켜 놓는 등 = 常灯

**しょうゆ** [*醤油] 장유. 간장¶ 酢*~ 초간장

**しょうゆう** [小勇] 文 소용. 객기(客氣)로 부리는 용기 ⇔ 大勇

**じょうゆう** [城邑] 文 성읍 ①성벽으로 둘러싸인 시가 ②도시, 도회

**しょうよ** [賞与] 상여 ①상으로 금품 등을 줌, 그런 금품 ②賞与金¶ 年末~ 연말 상여금

**じょうよ** [丈余] 名 장여. 열 자 남짓, 한 길 남짓¶ ~の巨像 열 자 남짓한 거상

**じょうよ** [乗*輿] 文 승여 ①천자가 타는 수레, 어가(御駕) ②천자의 높임말

**じょうよ** [剰余] 数 잉여. 나머지, 여분 = 余り. ―価値 経 잉여 가치

**じょうよ** [譲与] 名他スル 文 양여. 양도¶ 権利を~する 권리를 양도하다

**しょうよう** [従容] タル 종용. 태연하고 침착한 모양¶ ~として死地に赴く 종용히 사지로 향하다

**しょうよう** [称揚·賞揚] 名他スル 文 칭양. 칭찬¶ ~を惜しまない 칭찬을 아끼지 않다

しょうよう [商用] 상용 ①상업상의 용무¶ ～で出かける 상용으로 외출하다 ②名 상업에서 씀¶ ～英語ご 비즈니스 영어 ―文ぶん 상용문
しょうよう [逍遥] 名 自スル 소요. 슬슬 거닐며 돌아다님. 산책¶ 郊外がいを～する 교외를 소요하다
しょうよう [慫×慂] 名 他スル (文) 종용¶ 出馬ばつを～する 출마를 종용하다
しょうよう [賞用] 名 他スル (文) 상용. 칭찬하며 씀¶ ～の品ひん 상용품
じょうよう [乗用] 名 他スル 승용¶ ～の馬ば 승용마 ―車しゃ 승용차
じょうよう [常用] 名 他スル 상용 ①일상적으로 사용함¶ ～語ご 상용어 ②계속하여 씀¶ 睡眠薬すいみんやくを～する 수면제를 상용하다 ―漢字かん 상용 한자. 일본에서 일반 사회 생활에서의 사용 기준으로 선정한 1945자의 한자 ―対数たいすう [数] 상용 대수. 로그
じょうよう [常備] 名 他スル 상용. 오랫동안 계속해서 고용해 둠 ≒ 常雇じょうやとい
しょうようじゅりん [照葉樹林] [植] 조엽수림. 상록 활엽수림
しょうよく [小欲·少欲·小×慾·少×慾] 名 [?] 소욕. 욕심이 적음 ⇔ 大欲たいよく
じょうよく [情欲·情×慾] 정욕 ①성욕¶ ～のとりことなる 정욕의 포로가 되다 ②물욕
しょうらい [招来] 名 他スル (文) 초래 ①불러옴. 초빙¶ 学者がくを～する 학자를 초빙하다 ②가져옴. 가함¶ 重大じゅうだいな結果けっかを～する 중대한 결과를 초래하다
しょうらい [松×籟] (文) ①송뢰. 솔바람(소리) ②찻물이 끓는 소리
しょうらい [将来] I 名 副 장래. 전도. 장차¶ 国こくの～ 나라의 장래/～有望ゆうぼうな人物じんぶつ 장래 유망한 인물 II 名 他スル 가져옴, 들여옴. 야기함¶ 価格かかくの値上ねあがりを～する 가격 상승을 야기하다 ―性せい 장래성
しょうらい [請来] 名 他スル (文) (불상·경문 등을) 외국에서 청하여 가져옴
じょうらく [上洛] 名 自スル (文) 상경. 지방에서 京都きょうと〔수도〕로 올라감
しょうらん [笑覧] 名 他スル 소람 御ご～下ください 소람하여 주십시오
しょうらん [照覧] 名 他スル (文) 조람. 신불(神佛)이 굽어 봄¶ 神々かみがみも～あれ 신들이여 굽어 살피소서
じょうらん [上覧] 名 他スル 상람. 임금·귀인(貴人)이 보심. 어람
じょうらん [×擾乱] 名 自他スル (文) 요란. 소란. 소요¶ ～を起おこす 소요를 일으키다
しょうり [小吏] 소리. 하급 관리. 아전
しょうり [小利] 소리. 작은(사소한) 이익¶ ～をむさぼる 소리를 탐하다
しょうり [勝利·×捷利] 名 自スル 승리 ⇔ 敗北はいぼく¶ ～をおさめる 승리를 거두다 ―投手とうしゅ [野] 승리 투수
しょうり [掌理] 名 他スル (文) 장리. 맡아서 처리함¶ 事務じむを～する 사무를 맡아 처리하다

じょうり [条里] 바둑판처럼 갈라 놓은 고대의 토지 구획 ―制せい [日史] 고대 토지 구획 제도
じょうり [条理] 조리 不～ 부조리/～にかなう 조리에 맞다
じょうり [情理] ①정리. 인정과 도리¶ ～を兼かねる 정리를 아울러 갖추다 ②사리(事理) 慣用句 ―を尽つくす 정리를 다하다
じょうり [場裏·場×裡] (造語) 어떤 일이 행해지는 범위 내¶ 国際こくさい～ 국제 무대
じょうりく [上陸] 名 自スル 상륙¶ ～許可きょか 상륙 허가/台風たいふうが～する 태풍이 상륙하다
しょうりつ [勝率] 승률. (경기 등에서) 이긴 비율¶ ～六割ろくわり 승률 6할
しょうりつ [×聳立] 名 自スル (文) 용립. 우뚝 솟음. 흘립¶ ～する絶頂ぜっちょう 우뚝 솟은 정상
しょうりゃく [省略] 名 他スル 생략 以下いか을～する 이하를 생략하다 ―法ほう [表] 생략법
しょうりゃく [商略] 상략. 상업상의 책략
じょうりゃく [上略] 名 自他スル (文) 상략. 전략
じょうりゅう [上流] ①강물 따위의 위쪽¶ ～にさかのぼる 상류로 거슬러 올라가다 ②지위가 높은 계층¶ ～社会しゃかい 상류 사회
じょうりゅう [蒸留·蒸×溜] 名 他スル [化] 증류 ⇔ 乾留かんりゅう ―酒しゅ 증류주 ―水すい 증류수
しょうりょ [焦慮] 名 自スル 초려. 애태움. 초조¶ ～に駆かられる 몹시 애태우다
しょうりょう [小量] I [少量] 名 소량. 적은 양¶ ～の塩しお 소량의 소금 II ナ 도량이 좁음¶ ～な人ひと 도량이 좁은 사람
しょうりょう [商量] 名 他スル (文) 상량. 헤아려 생각함¶ 比較ひかく～する 비교 상량하다
しょうりょう [×渉猟] 名 他スル 섭렵 ①여기저기 찾아 헤맴¶ 山野さんやを～する 산야를 찾아 헤매다 ②책을 널리 읽음¶ 文献ぶんけんを～する 문헌을 섭렵하다
しょうりょう [精霊] [佛] 정령. 영혼 ―会え 「盂蘭盆うらぼん」의 딴이름 ―送おくり 우란분재 마지막 날 영혼을 저승으로 돌려 보내는 행사 ―棚だな 우란분에 정령을 제사 지내는 선반 ―流ながし 7월 16일 새벽에 제물이나 등을 짚배에 실어 강이나 바다에 띄워 보내는 행사 ―飛蝗ばった [動] 방아깨비 ―迎むかえ 우란분재 첫날에 문 앞에 불을 피워 영혼을 맞이하는 일 ≒ 霊迎れいむかえ
しょうりょく [省力] 생력. (자동화·기계화 등으로) 노동력[일손]을 덞¶ ～化か 생력화
じょうりょく [常緑] 名 상록 ―樹じゅ [植] 상록수 ⇔ 落葉樹らくようじゅ
しょうりん [照臨] 名 自スル (文) 조림 ①해와 달이 비춤. 신불이 굽어 살핌 ②군주가 나라를 다스림 ③귀인의 내방에 대한 높임말
しょうるい [生類] 생류. 생물. 동물 ―憐あわれみの令れい [日史] 〔将軍しょうぐん 徳川綱吉とくがわつなよしが 1685년 발포한〕 살생 금지. 생물 보호령
じょうるい [城塁] 성루. 성보
じょうるり [浄×瑠璃] [藝] 三味線しゃみせん 반주에 맞추어 낭창(朗唱)하는 옛 이야기의 총칭
しょうれい [省令] [法] 성령. 성(省)의 대신이

しょうれい 행정 사무에 관하여 내리는 명령
しょうれい [症例] 증례. 병증(病症)의 실례
しょうれい [奨励] 名他スル 장려
しょうれい [*瘴*癘] (文) 장려. 풍토병¶ ~の地ち 풍토병이 만연하는 곳
じょうれい [条令] 조령. 조항별로 된 법규
じょうれい [条例] [法] 조례
じょうれい [常例] 상례. 관례
じょうれん [常連·定連] ①(항상 어울려 다니는) 패거리, 동아리¶ ~と出でかける 패거리와 함께 나가다 ②(흥행장·음식점 등의) 단골 손님¶ ~が集まる 단골 손님이 모이다
しょうろ [松露] 송로 ①[植] 송로버섯 ②솔잎에 맺힌 이슬
しょうろ [*捷路] (文) 첩로. 첩경. 지름길
じょうろ [如雨露] 조로. 물뿌리개=じょろ
じょうろう [*櫓楼] 장루. 돛대 위의 망루
しょうろう [鐘楼] [佛] 종루. 종각=しゅろう
じょうろう [上*﨟] ①연공을 쌓은 높은 사람¶ ~の僧 연공을 쌓은 고승 ②「上﨟じょうろう女房ぼう」의 준말. 지체 높은 여관(女官)
しょうろく [抄録] 名他スル 초록. 발췌. 발췌한 기록
しょうろく [詳録] 名他スル (文) 상록. 상세히 적음. 상세한 기록
じょうろく [丈六] ①장륙. 1장 6척. 16척 ②「丈六像じょうろく」의 준말. 장륙불 ③책상다리, 책상다리를 하고 앉음
しょうろん [詳論] 名他スル (文) 상론. 상세히 논함. 상세한 의논·논설
しょうわ [小話] (文) 소화. 짤막한 이야기=こばなし¶ 映画界かいの~ 영화계의 소화
しょうわ [昭和] 1926년 12월 25일부터 1989년 1월 7일까지의 일본의 연호 ―基地ち 일본의 남극 관측 기지
しょうわ [笑話] (文) 소화. 우스운 이야기
しょうわ [唱和] 名自スル ①한 사람이 선창하고 여러 사람이 따라 부름¶ 万歳ばんざいを~する 만세를 창화하다 ②상대방의 시가에 응답하여 시가를 지음
じょうわ [情話] 정화 ①남녀간의 사랑 이야기 ②인정이 담긴 이야기 ③(남녀의) 정담
しょうわくせい [小惑星] [天] 소혹성. 소행성
しょうわる [性悪] 名ノ(の) 근성이 나쁨, 그런 사람¶ ~な人 근성이 나쁜 사람
じょうわん [上腕] (文) 상완. 상박=上膊じょう
しょえん [初演] 名他スル 초연. 처음으로 상연·연주함¶ 本邦ほう~ 본국 초연
しょえん [所演] (文) (예능 등을) 연기함, 상연됨¶ 大家たいの~の能 대가가 연기하는 능
しょえん [所縁] ①인연, 연고=ゆかり ②[佛] 소연. 지각·인식의 대상
じょえん [助演] 名自スル 조연¶ ~賞しょう 조연상
ショー [show] 쇼 ―ビジネス [show business] 쇼 비즈니스. 흥행업 ―マン [showman] 쇼맨 ①연예인 ②즉석의 인기를 노리는 사람 ―マンシップ [showmanship] 쇼맨십. (관객을 즐겁게 하려는) 연예인 근성

しょおう [諸王] 제왕 ①여러 나라의 왕들 ②親王しん의 칭호를 받지 못한 왕족의 남자
じょおう [女王] 여왕 ①여제 ②황후 ③(옛날에) 内親王ないしんの 칭호를 받지 못한 왕족의 여자, (지금은) 天皇てんのう로부터 3세(世) 이하의 적출인 여자 ―蜂ばち [動] 여왕벌
しょおく [書屋] (文) ①서옥. 서재 ②서점 ③(造語) 문인 등의 집에 붙이는 아호
ショート [short] I 名 쇼트 ①[野] 유격수 ②(造語) 짧은¶ ~パス 짧은 패스 ③「ショートカット·ショートヘア」의 준말 II 名 自スル ①(골프에서) 공이 원하는 곳까지 가지 못함¶ パットが~する 퍼트가 짧다 ②[電] 단락 ―カット (일 short cut) 쇼트 커트 ―ストップ [shortstop] [野] 쇼트스톱. 유격수 ―パンツ [short pants] [服] 쇼트 팬츠. 반바지 ―ヘア [short hair] 쇼트 헤어 ―ホール [short hole] (골프에서) 쇼트 홀. 표준 타수가 3인 짧은 홀
しょか [初夏] ①초하. 초여름= はつなつ ②음력 4월의 딴이름
しょか [書架] 서가. 책꽂이
しょか [書家] 서가. 서예가, 서도가
しょか [諸家] (文) 제가 ①여러 전문가·연구가¶ ~の賛同さんを得る 제가의 찬동을 얻다 ②여러 집, 많은 집
しょが [書画] 서화. 글씨와 그림 ―骨董こっとう 서화 골동
じょか [序歌] 서가 ①서사(序詞)를 붙인 和歌 ②서문을 대신하는 和歌
しょかい [初会] ①첫 대면. 첫 모임, 발회(發會) ③창녀가 처음 온 손님을 상대함, 그 손님
しょかい [初回] 초회. 제1회. 첫 번
しょかい [所懷] (文) 소회. 감상. 소감¶ いささか~を述のべる 소회의 일단을 피력하다
じょがい [除外] 名他スル 제외¶ 病人びょうは~する 환자는 제외한다 ―例れい 제외례. 예외
しょがかり [諸掛(かり)] 제(諸)비용¶ その他~の~を負担たんする 기타 제비용을 부담하다
しょがく [初学] 초학¶ ~者しゃ 초학자
しょがく [諸学] 제학. 여러 분야의 학문
じょがくせい [女学生] 여학생
しょかつ [所轄] 名他スル 관할¶ ~の税務署ぜいむしょ 관할 세무서
じょがっこう [女学校] 여학교
しょかん [所感] 소감. 감상¶ 年頭ねんとうの~ 연두 소감/~を述のべる 소감을 말하다
しょかん [所管] 名他スル 소관¶ 文部省もんぶしょう~の研究所けんきゅうしょ 문부성 소관 연구소
しょかん [書巻] (文) 서적, 책
しょかん [書簡·書*翰] 서한. 편지 ―箋せん 편지지=便箋びんせん ―文ぶん 서간문. 서한문
しょがん [所願] (文) 소원¶ ~成就じょう 소원 성취
じょかん [女官] 궁녀. 나인=にょかん
しょかんせん [初感染] 최초 감염
しょき [初期] 초기¶ ~の作品さくひん 초기의 작품 ―微動びどう [地] 초기 미동 ⇔ 主要動しゅよう
しょき [所期] 名他スル 소기¶ ~の目的もくてきを達成たっせいする 소기의 목적을 달성하다

しょき [書紀]「日本書紀{にほん}{しょき}」의 준말

しょき [書記] 서기 ①기록・문서 작성 등을 하는 직무, 그런 사람 ②문자를 기록하다 ―官{かん} 서기관 ―局{きょく} 서기국 ―生{せい} 서기생. (재외 공관의) 서기 담당 관리 ―長{ちょう} 서기장

しょき [庶幾] 名他ス (文) 서기. 간절히 바람 ¶ 平和{へいわ}を~する 평화를 간절히 바라다

しょき [暑気] 서기. 더위 ―中{あた}り 더위 먹음 ¶ ~を起{お}こす 더위 먹다 ―払{ばら}い 더위를 떨쳐 버림, 피서(법) ¶ ~にビールを飲{の}む 더위가 가시게 맥주를 마시다

しょきゅう [初級] 초급 ¶ ~生{せい} 초급생

じょきゅう [女給] 여급

じょきょ [除去] 名他ス 제거

しょきょう [書経] (오경의 하나인) 서경

しょぎょう [所行・所業] 소행. 짓 = 仕業{しわざ} ¶ 悪人{あくにん}の~ 악인의 소행

しょぎょう [諸行] [佛] 제행. 만유. 만물 ―無常{じょう} [佛] 제행 무상

じょきょうじゅ [助教授] [教] 조교수

じょきょうゆ [助教諭] [教] 준교사

じょきょく [序曲] 서곡 ①[音] 서악(序樂) ②시초, 전조 ¶ 戦乱{せんらん}の~ 전란의 서곡

しょく [色] 音 ショク・シキ 訓 いろ │(음) 색. 造語 ①색, 빛깔 ②染色{せんしょく} 염색・天然色{てんねんしょく} 천연색 ③겉에 드러난 모양, 풍치, 운치 ¶ 顔色{がんしょく} 안색・春色{しゅんしょく} 춘색 ③얼굴 표정, 얼굴・모습이 아름답다 ¶ 喜色{きしょく} 희색・才色兼備{さいしょくけんび} 재색 겸비 ④성욕 ¶ 好色{こうしょく} 호색・色欲{しきよく} 색욕 ⑤[佛] 감각적으로 포착되는 물체 ¶ 色即是空{しきそくぜくう} 색즉시공 ⑥助数 색깔의 종류를 세는 말 ¶ 三色{さんしょく} 삼색

しょく [拭] 音 ショク 訓 ふく │(음) 식. 造語 닦다, 훔쳐서 더러움을 없애다 ¶ 払拭{ふっしょく} 불식

しょく [食] 音 ショク・ジキ 訓 くう・くらう・たべる │(음) 식. I 造語 ①먹다 ¶ 食事{しょくじ} 식사・偏食{へんしょく} 편식 ②음식, 식사 ¶ 会食{かいしょく} 회식・外食{がいしょく} 외식・食費{しょくひ} 생활비 ¶ 食禄{しょくろく} 식록 ④먹이다, 부양하다 ¶ 食客{しょっかく} 식객 ⑤이지러지다 ¶ 日食{にっしょく} 일식・侵食{しんしょく} 침식 ▷ ⑤는「蝕{しょく}」의 대용자 II 식 ¶ [天] 먹는 것, 음식물 ¶ を断{た}つ形{かたち}で 단식하다 ②[天] 어떤 천체가 다른 천체에 가려 보이지 않는 일 ¶ 金環{きんかん}~ 금환식 ▷「蝕{しょく}」로도 씀 ③助数 식사 횟수 ¶ 一日{いちにち}に二~ 1일 2식

慣用句
―が進{すす}む 식욕이 나다
―が細{ほそ}い 소식(少食)이다, 적게 먹다

しょく [植] 音 ショク 訓 うえる・うわる │(음) 식. 造語 ①심다 ¶ 植樹{しょくじゅ} 식수・移植{いしょく} 이식 ②땅에 심어져 있는 것 ¶ 植物{しょくぶつ} 식물・腐植{ふしょく} 부식 ③활자를 짜넣다 ¶ 植字{しょくじ} 식자 ④이주시키다 ¶ 植民地{しょくみんち} 식민지 ▷「殖{しょく}」와 같음

しょく [殖] 音 ショク 訓 ふえる・ふやす │(음) 식. 造語 ①늘리다, 늘다, 번식하다 ¶ 殖産{しょくさん} 식산・繁殖{はんしょく} 번식 ②쌓음, 축적된 것 ¶ 学殖{がくしょく} 학식 ③이주시키다 ¶ 殖民地{しょくみんち}

식민지 ▷ ③은「植」와 같음

しょく [飾] 音 ショク 訓 かざる │(음) 식. 造語 ①장식하다. 치장하다, 꾸미다. 장식 ¶ 装飾{そうしょく} 장식・服飾{ふくしょく} 복식 ②머리 장식, 두발 ¶ 落飾{らくしょく} 삭발

しょく [蜀] 音 ショク・ゾク │(음) 촉. I 造語 (중국의) 촉나라 ¶ 蜀錦{しょっきん} 촉금, 촉나라에서 짠 비단 II [史] (중국의) 촉나라

しょく [触] 音 ショク・ソク 訓 ふれる・さわる │(음) 촉. 造語 ①닿다, 건드리다, 부딪다 ¶ 触手{しょくしゅ} 촉수・接触{せっしょく} 접촉 ②닿아 느끼다 ¶ 触覚{しょっかく} 촉각・感触{かんしょく} 감촉 ③규칙에 어긋나다 ¶ 抵触{ていしょく} 저촉 ④触{しょく} (「ソク」로 읽어서) 닿는 물체 ¶ 触穢{しょくえ} 촉예

しょく [嘱] 音 ショク │(음) 촉. 造語 ①부탁하다. 위촉하다. 분부하다 ¶ 嘱託{しょくたく} 촉탁・嘱望{しょくぼう} 촉망 ②눈여겨 보다, 주목하다 ¶ 嘱目{しょくもく} 촉목

しょく [蝕] 音 ショク 訓 むしばむ │(음) 식. I 造語 벌레 먹다. 먹어 들어가다 ¶ 蚕蝕{さんしょく} 잠식・侵蝕{しんしょく} 침식・腐蝕{ふしょく} 부식 ▷「食{しょく}」가 대용자 II [天] 식. 어떤 천체의 빛이 다른 천체에 가려 지구에 도달하지 못하는 일

しょく [燭] 音 ショク・ソク 訓 ともしび │(음) 촉. 造語 ①촛불, 등잔불, 불빛 ¶ 燭台{しょくだい} 촉대・華燭{かしょく} 화촉 ②광도의 옛 단위 ¶ 燭光{しょっこう} 촉광・十燭{じっしょく} 십촉

しょく [織] 音 ショク・シキ 訓 おる │(음) 직. 造語 ①직물을 짜다 ¶ 織機{しょっき} 직기・紡織{ぼうしょく} 방직 ②짜다, 조직하다 ¶ 組織{そしき} 조직

しょく [職] 音 ショク・シキ │(음) 직. 造語 ①(직무를) 담당하다, 관장하다, 직무 ¶ 職業{しょくぎょう} 직업・公職{こうしょく} 공직, 공직, 직업 ¶ 失職{しっしょく} 실직・就職{しゅうしょく} 취직・僧職{そうしょく} 승직 II 직, 직위, 직무, 일자리 ¶ ~を解{と}く 해직하다 / ~を探{さが}す 일자리를 찾다

しょく [初句] 초구 ①[和歌]・俳諧{はいかい}의 첫 구 ②시・문장의 첫 구 ―切{ぎ}れ [文] 和歌에서 첫 구 끝에 의미상의 단락이 있음, 그런 和歌

しょく [私欲・私慾] 사욕. 사사로운 욕심 ¶ 私利{しり}~에 走{はし}る 사리 사욕을 추구하다

じょく [辱] 音 ジョク 訓 はずかしめる │(음) 욕. 造語 ①부끄럽다, 창피를 주다, 수치 ⇔栄{えい} ¶ 栄辱{えいじょく} 영욕・侮辱{ぶじょく} 모욕 ②상대의 호의를 고맙게 여기다 ¶ 恩辱{おんじょく} 욕지

しょくあたり [食中り・食当り] 식중독, 식체

しょくあん [職安] 공공 직업 안정소

しょくいき [職域] 직역 ①직업・직무의 범위 ¶ 他人{たにん}の~を侵{おか}す 남의 업무 영역을 침범하다 ②직장 ¶ ~別{べつ}に 직역별로

しょくいん [職印] 직인 ¶ 学校長{がっこうちょう}の~ 학교장의 직인

しょくいん [職員] 직원 ¶ ~組合{くみあい} 직원 조합 ―録{ろく} 직원록, 직원 명부

しょくう [職遇] 名他ス 처우. 대우 ¶ 冷{つめ}たい~を受{う}ける 냉대를 받다

しょくえん [食塩] 식염 ¶ ~水{すい} 식염수 ―注射{ちゅうしゃ} [医] 식염 주사

しょくがい

しょくがい【食害・※蝕害】 名 他スル 〖農〗식해. 충해(蟲害)¶稲が~される 벼가 식해를 입다
しょくぎょう【職業】 직업¶~意識 직업 의식/~家 직업가/~を継ぐ 가업을 잇다 ―安定所 직업 안정소 ―軍人 직업 군인 ―病 〖醫〗직업병 ―婦人 직업 여성 ―別労働組合 직업별 노동 조합
しょくけ【食気】 식욕= くいけ
しょくげん【食言】 名 自スル 文 식언. 전에 한 말과 딴소리를 함, 허언
しょくご【食後】 식후¶~服用 식후 복용
しょくざい【※贖罪】 名 自スル 文 속죄
しょくさん【殖産】 식산. 생산·재산을 늘림¶~興業 식산 흥업
しょくし【食思】 식욕= 食気¶~不振 식욕 부진
しょくし【食指】 식지. 인지. 집게손가락
慣用句
―が動く ①식욕이 동하다 ②탐나다, 마음이 동하다
しょくじ【食事】 名 自スル 식사. 三度の~ 3번의 식사/~を取る 식사를 하다
しょくじ【食※餌】 이이. 음식물 ―療法 〖醫〗식이 요법
しょくじ【植字】 名 自スル 版 식자. 조판= ちょくじ¶~工 식자공
しょくしゅ【触手】 動 촉수. 더듬이
慣用句
―を伸ばす 촉수를 뻗치다, 저의를 가지고 손대려 하다
しょくしゅ【職種】 직종¶人気の~ 인기 직종
しょくじゅ【植樹】 名 自スル 식수
しょくじゅう きんせつ【職住近接】 직주 근접. 직장과 집이 가까움
しょくじょ【織女】 직녀 ¶베 짜는 여자 ②「七夕」전설의 여주인공 ③「織女星」의 준말 ―星 직녀성
しょくしょう【食傷】 名 自スル 식상 ①(음식에) 물림 ②(반복되어) 싫증이 남¶少々~ぎみだ 좀 식상한 느낌이다 ③식중독. 식체
しょくしょう【職掌】 文 직장. 직무 ―柄 직무의 성질상, 직무상¶~身なりには気をつかう 직무상 옷차림에는 신경을 쓴다
しょくしん【触診】 名 他スル 〖醫〗촉진. 손으로 만져 진찰함
しょくじん【食尽·※蝕甚】 〖天〗(일식·월식에서) 해·달이 가장 많이 이지러진 때·상태
しょくじんしゅ【食人種】 식인종
しょくず【食酢】 식초= しょくす
しょく·する【食する】 文 I 他 サ変 먹다¶昼飯を~ 점심을 먹다 II 自 サ変 ―※蝕する 일식·월식이 되다
しょく·する【嘱する·※属する】 他 サ変 文 ①부탁하다, 맡기다¶後事を~ 뒷일을 부탁하다 ②기대하다, 희망을 걸다¶将来を~された青年 장래가 촉망된 청년
じょくせい【※濁世】 佛 탁세. 혼탁한 세상
しょくせい【食青】 푸른색 식용 색소

しょくせい【植生】 植 식생¶~図 식생도
しょくせい【職制】 ①직제¶~を改める 직제를 고치다 ②(관청·회사 등의) 계장 이상의 관리직, 그런 직위에 있는 사람
しょくせいかつ【食生活】 식생활¶~の改善 식생활의 개선
しょくせき【職責】 직책. 직무상의 책임¶~を果たす 직책을 다하다
しょくせつ【接接】 名 自スル 文 촉접 ①접촉 ②적의 동정을 가까이에서 살핌
しょくぜん【食前】 식전 ―酒 식전 술
しょくぜん【食※膳】 ①밥상, 식탁¶~に上せる 밥상에 올리다 ②차린 음식, 요리
じょくそう【※褥瘡·※蓐瘡】 〖醫〗욕창= 床ずれ
しょくたい【食滞】 名 自スル 文 식체, 체함
しょくだい【※燭台】 촉대, 촛대
しょくたく【食卓】 ―塩 식탁용 소금¶~を囲む 식탁에 둘러앉다
しょくたく【嘱託】 名 他スル 촉탁 ①청부, 위탁¶~殺人 청부 살인/人選を~する 인선을 위탁하다 ②특정 업무를 위촉함, 위촉받은 사람¶~医 촉탁 의사
しょくち【初口】 처음, 시작, 첫머리
しょくち【諸口】 ①여러 항목·구좌 ②(부기에서) 계정이 둘 이상의 항목에 걸쳐 있음, 제좌
じょくち【辱知】 文 욕지. 욕교¶~の間柄 아는 사이
しょくちゅうしょくぶつ【食虫植物】 植 식충식물= 食肉植物
しょくちゅうどく【食中毒】 〖醫〗식중독
しょくちょう【職長】 직장, 직공장
しょくつう【食通】 식통. 음식 맛에 정통함, 그런 사람¶~で知られる 음식 맛에 정통한 사람으로 알려진
しょくてん【触点】 촉점. (피부의) 압점
しょくど【※埴土】 〖農〗치토. 점토질의 흙
しょくどう【食堂】 ①식사를 하는 방¶~兼ね居間 식당 겸 거실 ②음식점 大衆~ 대중 식당 ―車 (열차의) 식당차
しょくどう【食道】 〖醫〗식도¶~癌 식도암
しょく どうらく【食道楽】 식도락
しょくにく【食肉】 ①육식을 함 ②식용육¶~加工 식육 가공 ―植物 식육 식물
しょくにん【職人】 직인, 장색, 장인¶~芸에 뛰어난 장인의 기술 ―気質 장인 기질
しょくのう【職能】 ①직무상의 능력 ②직업 고유의 기능¶~代表制 직능 대표제 ―給 직능급. 능력급
しょくば【職場】 직장. 근무처¶~環境 직장 환경 ―結婚 직장 결혼. 사내 결혼
しょくばい【触媒】 化 촉매
しょくはつ【触発】 촉발 I 名 自スル 접촉하여 폭발함¶~信管 촉발 신관 II 名 他スル 자극함, 유발함¶友人の成功に~される 친구의 성공에 자극을 받다
しょくパン【食パン】 식빵
しょくひ【食費】 식비
しょくひ【植皮】 名 自他スル 〖醫〗식피. 피부 이

식¶ ～術󠄀ｼﾞｭﾂ 식피술

しょくひん [食品] 식품¶ 自然ｾﾞﾝ～ 자연 식품 ―添加物ﾃﾝｶﾌﾞﾂ 식품 첨가물
しょくぶつ [植物] 식물¶ ～図鑑ｽﾞｶﾝ 식물 도감 ―園ｴﾝ 식물원 ―学ｶﾞｸ 식물학 ―性ｾｲ 식물성 ―人間ﾆﾝ 식물 인간 ―油ﾕ 식물성 기름
しょくぶん [食分・*蝕分] 〖天〗 식분. (일식・월식 때) 해나 달이 이지러지는 정도・비율
しょくぶん [職分] ①직분¶ ～を果たす 직분을 다하다 ②본분¶ ～を守ﾏﾓる 본분을 지키다
しょく べに [食紅] 빨간색 식용 색소
しょくへん [食偏] (한자 부수의) 밥식변 ▷「飯・飾」등의 부분
しょくぼう [嘱望・*属望] 名 自他ｽﾙ 촉망. 기대¶ 将来ｼｮｳﾗｲを～される 장래가 촉망되다
しょくほうじだい [織豊時代]〖日史〗安土桃山ｱﾂﾞﾁﾓﾓﾔﾏ시대
しょくみ [食味] 식미. 음식 맛
しょくみん [植民・殖民] 名 自ｽﾙ 식민¶ ～政策ｻｸ 식민 정책 ―地ﾁ 식민지 ―本土ﾎﾝ
しょくむ [職務] 직무¶ ～に励ﾊｹﾞむ 직무에 힘쓰다 ―給ｷｭｳ 직무급 ―質問ｼﾂﾓﾝ 불심 검문
しょくめい [職名] 직명. 직무・직업의 명칭
しょくもう [植毛] 名 自他ｽﾙ 식모 ①〖醫〗체모를 이식함 ②(솔・융단 등에) 털을 심음
しょく もく [嘱目・属目] 名 自ｽﾙ ①촉목. 주목함¶ 天下ﾃﾝｶが～する 천하가 주목하다 ②눈에 띔. (俳句ﾊｲｸ에서) 눈에 띄는 것을 제재로 읊음¶ ～吟ｷﾞﾝ 눈에 띄는 것을 보고 읊음
しょくもたれ [食もたれ] 名 自ｽﾙ 식체. 소화 불량¶ ～する食たべ物の 소화가 잘 안 되는 음식
しょくもつ [食物] 식물. 음식물. 식품 ―連鎖ﾚﾝｻ〖生〗먹이 사슬
しょくやすみ [食休み] 식후 휴식
しょくゆ [食油] 식유. 식용유
しょくゆうじょう [贖宥状]〖史〗면죄부
しょくよう [食用] 식용¶ ～作物ｻｸﾓﾂ 식용 작물/～とする 식용으로 하다 ―蛙ｶﾞｴﾙ 식용 개구리
しょく ようじょう [食養生] 식이(食餌) 요법
しょくよく [食欲・食*慾] 식욕¶ ～不振ﾌｼﾝ 식욕 부진/～をそそる 식욕을 돋우다
しょくりょう [食料] ①식료. 음식물 ②식대. 식비 ―品ﾋﾝ 식료품
しょくりょう [食糧] 식량¶ ～難ﾅﾝ 식량난/～をたくわえる 식량을 비축하다
しょくりん [植林] 名 自他ｽﾙ 식림. 식수 조림
じょくれい [*縟礼]〖文〗욕례. 번거롭고 까다로운 예의 범절¶ 繁文ﾊﾝﾌﾞﾝ～ 번문 욕례
しょくれき [職歴] 직력. 직업상의 경력
しょくろく [職*禄] 직록. 녹봉＝知行ｷﾞｮｳ
しょくん [諸君] 名 代 제군. 여러분¶ 満場ﾏﾝｼﾞｮｳの～ 만장하신 여러분/～の健闘ｹﾝﾄｳを祈ｲﾉる 제군의 건투를 빈다
じょくん [叙勲] 名 他ｽﾙ 서훈. 훈등・훈장을 줌¶ ～者ｼｬ 서훈자
しょけ [所化] ①〖佛〗부처・보살에 교화됨. 교화된 사람 ⇔ 能化ﾉｳｹ ②〖佛〗수행 중인 중
しょけい [処刑] 名 他ｽﾙ 처형¶ 犯人ﾊﾝﾆﾝを～する 범인을 처형하다/～台ﾀﾞｲ 처형대
しょけい [初経]〖醫〗초경. 첫 월경＝初潮ｼｮｳ
しょけい [書契]〖文〗서계 ①기록. 문자 ②글자를 적은 증문
しょけい [書*痙]〖醫〗서경. 글씨를 많이 쓰는 사람의 팔에 나타나는 기능성 신경 질환
しょけい [諸兄] 名 代〖文〗제형. 여러분
しょげい [諸芸] 제예. 여러 기예・예도(藝道)¶ ～に秀ﾋｲでる 제예에 뛰어나다
じょけい [女系] 여계. 모계 ⇔ 男系ﾀﾞﾝ ¶ ～家族ｶﾞｿﾞｸ 모계 가족
じょけい [叙景] 서경¶ ～詩ｼ 서경시
しょげかえ・る [*悄気返る] 自五 기가 푹 죽다. 몹시 풀죽다 ⇔ しょげ返ﾀﾞ¶ 失敗ｼｯﾊﾟｲして～ 실패하여 기가 푹 죽다
しょげこ・む [*悄気込む] 自五 → しょげかえる
しょけつ [処決] 名 他ｽﾙ〖文〗처결 ①결정하여 조치함¶ 案件ｱﾝｹﾝを～する 안건을 처결하다 ②결심함. 각오함
じょけつ [女傑] 여걸. 여장부＝女丈夫ｼﾞｮｳﾌﾞ
しょ・げる [*悄気る] 自下一 기가 죽다. 풀죽다¶ しかられて～ 꾸지람을 듣고 풀죽다
しょけん [初見] 名 ①초견 ①처음 봄. 즉석에서 악보를 보고 연주함¶ ～演奏ｴﾝｿｳ 즉석 연주 ②처음 만남. 초면¶ ～の人ﾋﾄ 초면인 사람
しょけん [所見] 소견 ①본 바. 본 결과¶ 医師ｲｼの～ 의사의 소견 ②생각. 의견¶ ～を述ﾉﾍﾞる 소견을 말하다
しょけん [書見] 名 自ｽﾙ〖文〗책을 읽음. 독서¶ ～台ﾀﾞｲ 독서대
しょけん [諸賢] 名 代〖文〗제현. 여러분¶ 読者ﾄﾞｸｼｬ～に訴ｳｯﾀえる 독자 제현에게 호소한다
しょげん [緒言] 서언. 서문. 머리말
しょげん [諸*彦] 名 代〖文〗제언. 여러분. 제현
じょけん [女権] 여권¶ ～拡張運動ｶｸﾁｮｳｳﾝﾄﾞｳ 여권 신장 운동
じょげん [助言] 名 自ｽﾙ 조언＝じょごん ¶ ～者ｼｬ 조언자/～を与ｱﾀえる 조언을 해주다
じょげん [序言]〖文〗서언. 머리말＝前書ﾏｴｶﾞき
しょこ [書庫] 서고
しょこう [*曙光]〖文〗서광 ①새벽빛 ②전도에 비치기 시작한 희망적인 징조¶ 改革ｶｲｶｸの～ 개혁의 서광
しょこう [初更] 초경. 오경(五更)의 첫째＝甲夜ｺｳﾔ ▷ 지금의 오후 7시에서 9시경까지
しょこう [初校] 초교. 첫번째 교정(지)
しょこう [諸公] Ⅰ 名 제공. 신분이 높은 사람들 Ⅱ 代 여러분. 제군¶ 代議士ﾀﾞｲｷﾞｼ～ 의원 여러분
しょこう [諸侯] 제후
しょごう [初号]〖版〗초호 ①(신문・잡지 등의) 창간호. 제1호 ②「初号活字ｶﾂｼﾞ」의 준말 ―活字ｶﾂ 초호 활자. 호수 활자 중 제일 큰 것
じょこう [女工] 여공. 여자 공원〔직공〕
じょこう [徐行] 名 自ｽﾙ 서행
じょごう [除号]〖数〗제호. 나눗셈표「÷」
しょこく [諸国] 제국. 여러 나라〔지방〕¶ 欧米ｵｳﾍﾞｲ～ 구미 여러 나라

じょことば [序詞] 表 和歌(わか)에서 중심적인 어구를 이끌어내는 수사적인 말= 序じょ・じょし

しょこん [初婚] 초혼 ⇔ 再婚(さいこん)

しょさ [所作] ①행동, 몸짓, 동작¶ 落(お)ち着(つ)いた～ 침착한 행동 ②춤, 연기¶ 役者(やくしゃ)の～ 배우의 연기 ③『所作事(ごと)』의 준말 ―事(ごと) 藝 歌舞伎(かぶき)에서) 長唄(ながうた)に 맞춰 추는 춤

しょさい [所載] 名 文 소재, (인쇄물에) 실려 있음¶ 前号(ぜんごう)に～の論文(ろんぶん) 지난 호에 실린 논문

しょさい [書斎] 서재

しょざい [所在] 名 ス 소재, 있는 곳, 거처¶ 責任(せきにん)の～ 책임의 소재/ ～をくらます 행방을 감추다 ―地(ち) 소재지 ―無(な)い 形 할 일이 없어 심심하다, 무료하다

じょさい [助祭] (가) 부제(副祭)

じょさいな・い [如才無い] 形 빈틈없다, 재치 있다, 싹싹하다¶ ～あいさつ 싹싹한 인사

しょさつ [書冊] 文 서책, 책

しょさつ [書札] 文 서찰, 편지

しょさん [初産] 초산, 첫 출산 = ういざん

しょさん [所産] 소산, 고생・노력의 결과¶ 文明(ぶんめい)の～ 문명의 소산

しょざん [諸山] 제산 ①여러 산 ②여러 절

じょさん [助産] 조산 ―婦(ふ) 图 조산원

じょさん [除算] 제산, 나눗셈 ⇔ 乗算(じょうざん)

しょし [処士] 文 처사, 거사

しょし [初志] 초지¶ ～を貫徹(かんてつ)する 초지를 관철하다

しょし [所思] 文 소사, 생각하는 바, 소신

しょし [書肆] 文 서사, 서점, 책방= 本屋(ほんや)

しょし [書誌] 서지 ①책의 외관・재료・성립 등에 관한 기술 ②(저자・제목 등에 관한) 문헌 목록 ―学(がく) 서지학

しょし [庶子] ①法 서자 ⇔ 嫡子(ちゃくし) ②史 (고대・중세에) 가독 상속권이 있는 적자(嫡子) 이외의 사람

しょし [諸子] 제자 Ⅰ 代 文 제군¶ 生徒(せいと)～ 학생 제군 Ⅱ 名 (중국에서) 공자・맹자 외에 일가를 이룬 여러 사상가 ―百家(ひゃっか) 제자 백가

しょし [諸氏] 名 代 文 제씨, 여러분

しょし [諸姉] 文 숙녀 여러분

しょじ [所持] 名 他ス 소지¶ ―品(ひん) 소지품

しょじ [書字] 文 글씨를 씀, 쓰고 있는 글자

しょじ [諸事] 文 제사, 모든 일, 제반사¶ ―万端(ばんたん) 제사 만단, 모든 일

じょし [女子] 여자 ①딸¶ 二人(ふたり)の～をもうける 딸 둘을 두다 ②여성¶ ～トイレ 여자 화장실 ―学生(がくせい) 여자 대학생 ―大(だい) 여대 ―大学(だいがく) 여자 대학 ―大生(だいせい) 여대생
慣用句
―と小人(しょうじん)は養(やしな)い難(がた)し 여자와 소인배는 다루기 힘들다

じょし [女史] 여사

じょし [助詞] 文法 조사, 토씨

じょし [序詞] → じょことば

じょし [序詩] 서시, 서문으로 쓴 시

じょじ [女児] 文 여아, 여자 아이 ⇔ 男児(だんじ)

じょじ [助字] 文法 어조사, (한문에서) 조사・조동사・접속사 등 형식적인 의미를 나타내는 말= 助辞(じょじ)

じょじ [助辞] 文法 조사 ①조자와 조동사의 총칭 ② → 助詞(じょし) ③ → 助字(じょじ)

じょじ [序次] 文 서차, 순서 ―法(ほう) 表 서차법, 순서에 따라 기술하는 표현 기법

じょじ [叙事] 서사 ―詩(し) 文 서사시 ―体(たい) 表 서사체 ―文(ぶん) 表 서사문 ⇔ 叙情文(じょじょうぶん)

しょしき [書式] 서식¶ ～に従(したが)って記載(きさい)する 서식에 따라 기재하다

しょしき [諸式・諸色] ①제색, 필요한 여러 가지 물품¶ ～を整(ととの)える 제반 물품을 갖추다 ②물가¶ ～が上(あ)がる 물가 오르다

しょじく [書軸] 서축, 글씨가 있는 족자

じょしつ [除湿] 名 他ス 제습, 습기 제거¶ ～機(き) 제습기/ ～効果(こうか) 제습 효과

しょしゃ [書写] 名 他ス 서사 ①베껴 씀¶ 経典(きょうてん)を～する 경전을 베껴 쓰다 ②(教) (초등 학교・중학교 교과목인) 서예

しょしゃ [諸車] 文 제차, 모든 차¶ ～通行(つうこう)止(ど)め 제차 통행 금지

じょしゃく [叙爵] 名 自ス ①서작, 작위를 수여받음 ②(옛날에) 종오품하(従五品下)에 서위(叙位)되다

しょしゅ [諸種] 名 제종, 여러 종류

じょしゅ [助手] 조수 ①일을 도와주는 사람¶ ～席(せき) 조수석 ②教 (대학의) 조교

しょしゅう [初秋] 文 ①초추, 초가을 = はつあき ②음력 7월의 딴이름

しょしゅう [所収] 文 (책・잡지에) 수록되어 있음¶ 論文集(ろんぶんしゅう)第一(だいいち)巻(かん)に～ 논문집 제1권에 수록

じょしゅう [女囚] 여수, 여자 죄수 ⇔ 男囚(だんしゅう)

しょしゅつ [初出] 名 自ス 초출, 처음으로 나옴¶ ルビは～の漢字(かんじ)のみつける 루비는 처음 나오는 한자만 붙인다

しょしゅつ [所出] 文 ①출생, 태생 ②출처¶ ～を明(あき)らかにする 출처를 명백히 하다

しょしゅつ [庶出] 文 서출, 서생 ⇔ 嫡出(ちゃくしゅつ)

じょじゅつ [叙述] 名 他ス 서술¶ ありのままに～する 있는 그대로 서술하다

しょしゅん [初春] ①초춘, 초봄 = はつはる ②음력 1월의 딴이름, 맹춘

しょじゅん [初旬] 초순, 상순 = 上旬(じょうじゅん)

しょしょ [処暑] (24절기의 하나인) 처서

しょしょ [所所・処処] 文 처처, 곳곳, 여기저기, 사방 ―方方(ほうぼう) 여기저기, 사방팔방¶ ～から集(あつ)まる 사방팔방에서 모여든다

しょしょ [諸処] 文 제처, 여러 곳, 여기저기, 도처 = 方々(ほうぼう) ¶ ～を巡(めぐ)り歩(ある)く 여기저기 돌아다니다

しょじょ [処女] 처녀 ①숫처녀 ¶ ～を奪(うば)う 처녀성을 빼앗다 ②(造語) 처음의, 미개척의, 최초의 ¶ ～出版(しゅっぱん) 처녀 출판 ―航海(こうかい) 文 처녀 항해 ―作(さく) 처녀작 ―地(ち) 처녀지 ―峰(ほう) 처녀봉 ―膜(まく) 처녀막 ―林(りん) 처녀림, 원시림

しょしょう [書証] 法 서증, (재판에서) 서면

しょじょう【書状】(文) 서장. 편지. 서한
じょしょう【女将】(文) (여관·요릿집 등의) 안주인＝おかみ 待合あいの～ 요릿집 안주인
じょしょう【序章】서장. (소설·논문등의) 첫 장
じょじょう【如上】名 여상. 위와 같음. 상술¶ ～の方法ほうほうで行なこう 위와 같은 방법으로 한다
じょじょう【叙情·抒情】서정 ―詩し 서정시 ―一体たい表 서정체 ―文ぶん表 서정문
じょじょうふ【女丈夫】여장부. 여걸
じょしょく【女色】(文) 여색 ①여자의 성적 매력¶ ～に迷まよう 여색에 미혹되다 ②정사¶ ～におぼれる 여색에 빠지다 ▷「にょしょく」라고도 함
じょじょに【徐徐に】副 서서히. 점차 体力たいりょくを～回復かいふくする 체력을 서서히 회복하다
しょしん【初心】초심 ①당초의 결심. 초지¶ ～を貫ぬく 초지를 관철하다 / ～に返かえる 초심으로 돌아가다 ②초학. 처음 배움 ―者しゃ 초심자. 초학자
慣用句
―忘わすれるべからず 초심을 잊지 말지어다
しょしん【初診】초진¶ ～料りょう 초진료
しょしん【初審】초심. 제1심
しょしん【初心】초심. 믿는 바¶ ～をあかす 소신을 밝히다 ―表明ひょうめい政 소신 표명
しょしん【書信】(文) 서신. 편지＝手紙てがみ
じょしん【女神】여신＝めがみ
じょじんき【除塵機】機 제진기. 섬유 등에 섞인 모래 먼지를 제거하는 기계
じょすう【除数】數 제수. 나눗수
じょすうし【助数詞】文法 조수사
じょすうし【序数詞】文法 서수사
しょずり【初刷り】版 초쇄. 초판¶ ～本ぼん 초쇄본. 초판본
しょ·する【処する】I 自 サ変 처신하다. 대처하다¶ 難局なんきょくに～ 난국에 대처하다 II 他サ変 ①처리하다 事ことを～ 일을 처리하다 ②처하다¶ 極刑きょっけいに～ 극형에 처하다
しょ·する【書する】他サ変(文) 쓰다. 적다
しょ·する【署する】他サ変(文) 서명하다
しょ·する【序する】他サ変(文) ①서문을 쓰다 ②순서를 정하다
じょ·する【叙する】他サ変(文) ①문장으로 표현하다. 서술하다 こまごまといきさつを～ 자세하게 경위를 서술하다 ②훈등·작위 등을 내리다. 서위(敍位)하다 勲一等くんいっとうに～ 훈위 일등에 서위하다
じょ·する【恕する】他サ変(文) 용서하다
じょ·する【除する】他サ変(文) ①제거하다. 없애다 ②나누다. 나눗셈을 하다 ⇔乗ずる¶ 四よを二で～ 4를 2로 나누다
しょせい【処世】처세 ―訓くん 처세훈 ―術じゅつ 처세술 ―にたけた 처세술에 능한
しょせい【初生】名(文) 초생 ①갓 생겨남 ②갓 태어남 ―児じ 초생아. 신생아
しょせい【所生】名(文) ①소생. 친자식 ②친부모 ③출생지
しょせい【書生】서생 ①학생의 예스러운 말¶ ～気質かたぎ 서생 기질 ②남의 집 일을 거들고 기식하며 공부하는 사람¶ ～部屋べや 서생의 거처방. 문간방 ―論ろん 탁상 공론
しょせい【書聖】(文) 서성. 서도의 명인
しょせい【庶政·諸政】(文) 서정. 여러 방면의 정무(政務)¶ ―一新いっしん 서정 일신
しょせい【諸生】(文) 제생. 여러 문하생
じょせい【女声】여성. 여자 목소리. (특히 성악에서) 여자가 맡는 성부(聲部) ⇔男声だんせい¶ ～合唱がっしょう 여성 합창
じょせい【女性】여성 ―美び 여성미 ―解放運動かいほううんどう 여성 해방 운동 ―学がく 여성학 ―語ご表 여성어 ―的てきダ 여성적 ―ホルモン醫 여성 호르몬
じょせい【女婿】(文) 여서. 사위＝むすめむこ
じょせい【助成】名他スル 조성. (연구나 사업의) 완성을 도움¶ ～金きんによる刊行かんこう 조성금에 의한 간행
じょせい【助勢】名自スル 조세. 조력. 도와줌¶ ～を買かって出でる 돕는 일을 맡고 나서다
しょせき【書籍】(文) 서적. 책
じょせき【除斥】法 제척. 법관이 사건에 직접 관련이 있는 경우 재판의 공정을 기하기 위해 그 사건의 담당에서 배제하는 일
じょせき【除籍】名他スル 제적¶ ～処分しょぶんにする 제적 처분하다
しょせつ【所説】(文) 소설. 주장하고 있는 바
しょせつ【諸説】제설. 여러 가지 설·의견¶ ～紛々ふんぷん 제설이 분분함
じょせつ【序説】서설. 서론 文学ぶんがく～ 문학 서설
じょせつ【叙説】名他スル(文) 서설. 서술
じょせつ【除雪】名自スル 제설¶ ～車しゃ 제설차
じょせつ【絮説】名他スル(文) 서설. 장황하게 설명함＝縷説るせつ¶ 今いまさら～するまでもない 새삼 장황하게 설명할 것까지도 없다
しょせん【所詮】副 결국. 어차피. 필경¶ ～かなわぬ夢ゆめ 어차피 이루지 못할 꿈 / ～は無理むりだろう 결국은 무리일 것이다
しょせん【緒戦】서전 ①전쟁 초기의 싸움. 초전 ②【初戦】최초의 시합¶ ～を飾かざる 서전을 장식하다
しょそう【所相】文法 수동. 피동＝受身うけみ
しょそう【諸相】제상. 여러 가지 모습. 제양상¶ 社会しゃかいの～を映うつす 사회의 여러 모습을 반영하다
しょぞう【所蔵】名他スル 소장¶ ～品ひん 소장품
じょそう【女装】名自スル 여장. 가장かそう¶ 行列ぎょうれつで～する 행렬에서 여장을 하다
じょそう【助走】名自スル 조주. (도약·투척 경기 등에서) 도움닫기¶ ～路ろ 조주로
じょそう【助奏】名自スル 音 조주. 반주 이외의 장식적인 보조 연주＝オブリガート
じょそう【序奏】서주. 악곡의 도입부. 그런 곡＝イントロダクション
じょそう【除草】名自スル 제초¶ ～器き 제초기

じょそう **―剤**ざい 〚農〛 제초제
じょそう [除霜] 图自スル〚文〛①(냉장고 등의) 성에 제거 ②상해(霜害)를 막음= しもよけ
しょそく [初速] 초속. 물체가 움직이기 시작했을 때의 속도¶ 弾丸だんの~ 탄환의 초속
しょぞく [所属] 图自スル 소속¶ 学会がっかいに~する 학회에 소속하다
しょぞん [所存]〚文〛생각, 의견¶ 努力どりょくする~であります 노력할 생각입니다
じょそんだんぴ [女尊男卑] 여존 남비
しょた [諸他] 图〚文〛그 밖의(기타) 여러 가지¶ ~の問題もんだいは別べつとして 기타 여러 문제는 별도로 하고
しょた [諸多] 图〚文〛여러 가지 많은 것
しょたい [所帯·世帯] ①세대. 가구. 가정¶ 男おと~ 남자만 사는 가정/~数すう 세대수 ②살림, 생계¶~が苦くるしい 생계가 어렵다 **―崩くずし** 가족이 뿔뿔이 흩어짐. 그런 가족 **―崩くずれ** 결혼한 여자가 살림에 찌들어 고운 티가 없어짐 **―染じみる** 自下一 살림꾼 티가 나다, 살림때가 묻다 **―道具どうぐ** 살림 도구, 세간 **―主ぬし** 세대주 **―持もち** 가정을 가진 사람 ○살림을 꾸려 나감 **―窶やつれ** 图自スル 살림에 찌들

しょたい [書体] 서체 ①한자의 글씨체 ②〚版〛활자체 ③개인의 서풍(書風)
しょたい [初代] 초대¶ ~校長こうちょう 초대 교장
じょたい [女体] 여체, 여자의 몸= にょたい
じょたい [除隊] 图自スル〚軍〛제대 ⇔入隊にゅうたい¶ ~兵へい 제대병/ 満期まんき~ 만기 제대
しょだいぶ [諸大夫] ①親王しんのう·섭정·대신 집안의 사무관을 지낸 사품·오품의 관인 ②오품(五品) 계급의 무사
しょたいめん [初対面] 초대면. 첫대면
しょだち [初太刀] 최초로 내리치는 칼, 첫칼¶ ~でしとめる 첫칼에 숨을 끊어 놓다
しょだな [書棚] 서가, 책장= 本棚ほんだな
しょだん [処断] 图他スル〚文〛처단. 처결¶ 責任者せきにんしゃを~する 책임자를 처단하다
しょだん [初段] 초단
じょたん [助炭] 틀에 종이를 발라서 화로에 씌워 불기가 오래 가게 하는 도구
しょち [処置] 图他スル ①조치. 처치¶ 適切てきせつに~する 적절히 조처하다 ②상처·병에 대한 치료¶ 応急おうきゅう~ 응급 처치
しょちゅう [書中]〚文〛서중. 문서·편지 등의 글 가운데, 편지¶ ~の趣おもむきは承知しょうちいたしました 서중의 취지는 잘 알았습니다
しょちゅう [暑中] 서중. 여름의 더운 때, 삼복 때 **―伺うかがい** ~ 暑中見舞みまい **―休暇きゅうか** 여름 휴가 **―見舞みまい** 서중(복중) 문안
じょちゅう [女中] ①하녀, 식모, 가정부¶~奉公ぼうこう 식모살이 ▷「お手伝てつだいさん」이라고 함 ②(음식점·여관 등의) 여종업원
じょちゅうぎく [除虫菊]〚植〛제충국
しょちょう [初潮]〚醫〛초조. 초경= 初経しょけい
しょちょう [所長] 소장
しょちょう [署長] 서장
じょちょう [助長] 图他スル 조장 ①성장·발전

을 도움¶ 経済けいざいの成長せいちょうを~する 경제 성장을 조장하다 ②어떤 경향을 심화시킴¶ 過保護かほごが子供こどもの無気力むきりょくを~する 과보호가 아이의 무기력을 조장하다
しょっかい [職階] 직계. 직무의 계급 **―制せい** 직계제
しょっかく [食客]〚文〛식객 ①문객(門客) ②더부살이= 居候いそうろう
しょっかく [触角]〚動〛촉각. 더듬이
しょっかく [触覚]〚醫〛촉각¶ ~器官きかん 촉각 기관
しょっかん [食間] 식간¶ 薬くすりを~に服用ふくようする 약을 식간에 복용하다
しょっかん [触感] 촉감¶ ざらざらとした~ 까칠까칠한 촉감
しょっかんほう [食管法]〚法〛식량 관리법
しょっき [食器] 식기¶ ~棚だな 찬장
しょっき [織機] 직기. 베틀= はたおり機き
しょっきゃく [食客] → しょっかく (食客)
しょっきり [初っ切り]〚相撲〛여흥으로 하는 막전(幕前) 경기
しょっけん [食券] 식권
しょっけん [職権]〚法〛직권¶ ~を行使こうしする 직권을 행사하다 **―濫用らんよう**〚法〛직권 남용
しょっこう [*燭光] 촉광〚文〛①등불의 빛 ②〚物〛광도(光度)의 옛 단위. 촉=燭しょく
しょっこう [職工] 직공. 공원= 工具こうぐ
しょっちゅう 副(口) 항상, 언제나, 노상¶ ~遅刻ちこくをする 노상 지각을 하다
しょっつる [*醢汁·塩汁]〚料〛정어리·도루묵 등의 젓국으로 만든 秋田あきた 특산 조미료
しょってたつ 〈背負〉って立つ〛連語 ①(책임 등을) 떠맡다 ②(조직·단체를) 떠받치다, 짊어지다¶ 彼かれは会社かいしゃを~人ひとだ 그는 회사를 짊어지고 있는 사람이다
しょってる 〈背負〉ってる〛連語(俗) 잘난 체하다, 우쭐거리다¶ ずいぶん~人ひとだね 꽤 잘난 체하는 사람이군
しょっぱ・い 形(俗) ①짜다¶ ~おかず 짭잘한 반찬 ②인색하다, 쩨쩨하다¶ ~奴やつだ 쩨쩨한 놈이다 ③목이 쉬어 있다 ④(얼굴을) 찌푸리다¶ ~顔かおをする 얼굴을 찌푸리다
しょっぱな [初っ端](俗) 애초, 첫머리, 초장¶ ~からついていない 애초부터 운이 없다
しょっぴ・く 他五(俗) ①강제로 데려가다[데려오다], 끌고 가다= しょっぴく¶ 犯人はんにんを~ 범인을 연행하다
ショップ (shop)(造語) 숍. 가게. 상점¶ コーヒー~ 커피숍 **―制せい** (노동 협약에서) 숍제
しょて [初手] ①(장기·바둑의) 첫수 ②최초, 초장¶ ~から相手あいてを圧倒あっとうする 초장부터 상대를 압도하다 **―許ゆるし** → 初許しょゆるし
しょてい [所定] 图 소정¶ ~の用紙ようしに書かく 소정의 용지에 쓰다
じょてい [女帝] 여제. 여자 황제
しょてん [書店] 서점. 책방
しょてん [諸点] 图〚文〛제점. 여러 가지 점·사항
しょでん [初伝] (학문·기예 등에서) 스승으

しょでん【初電】①시발 전차, 첫 전차 ②(어떤 일에 관한) 첫 전보
しょでん【所伝】소전. (말・글로) 전해 내려옴, 그런 것 ¶代々ᡞᡞ의～の製造法ᡞᡞᡞ 대대로 전해 내려온 제조법
じょてんいん【女店員】여점원. 여자 점원
しょとう【初冬】①초동. 초겨울=はつふゆ ②음력 10월의 딴이름
しょとう【初等】名 초등, 초급 ¶～数学ᡞᡞ 초급 수학 **―教育**ᡞᡞᡞ 敎 초등 교육
しょとう【初頭】초두, 첫머리, 벽두 ¶今世紀ᡞᡞの～ 금세기 초두
しょとう【蔗糖】자당 ①사탕수수로 만든 설탕 ②(生) 수크로오스
しょとう【諸島】제도, 여러 섬
しょどう【初動】①초동. 처음 행동 ¶～作戦ᡞᡞᡞ 초동 작전 **―捜査**ᡞᡞᡞ 초동 수사
しょどう【書道】서도 ¶～の大家ᡞᡞ 서도의 대가
しょどう【諸道】①여러 가지 예도(藝道) ¶～に通じる 여러 예도에 통달하다 ②여러 방면, 만사 ¶貧ᡞは～の妨げᡞᡞ 가난은 만사의 방해물 ③제도, 여러 도로(道路)
じょどうし【助動詞】文法 조동사
しょとく【所得】소득 ¶～が伸びる 소득이 늘다 **―税**ᡞᡞ 소득세
しょとく【書牘】文 서독. 서한, 편지
しょない【所内】소내 ¶～行事ᡞᡞᡞ 소내 행사
しょなのか【初七日】죽은 지 이레째 되는 날, 그날에 거행하는 불사, 7일째=しょなぬか
じょなん【女難】여난. 여자로 생기는 재난
じょにだん【序二段】相撲 씨름꾼의 밑에서 두 번째 등급
しょにち【初日】(흥행 등의) 첫날, 개막일 ¶返ᡞり～ 재공연 첫날
[慣用句]
**―を出**ᡞ**す** 연패하던 씨름꾼이 그날 처음으로 이기다
しょにゅう【初乳】醫 초유
しょにん【初任】초임. 첫 임관 ¶～者ᡞᡞ 초임자 **―給**ᡞᡞ 초임급
じょにん【叙任】名 他スル 서임 ¶～式ᡞ 서임식
しょねつ【暑熱】文 서열. 염서(炎暑)
しょねん【初年】초년 ①첫해 ②초기 ¶明治ᡞᡞ～ 明治 초기 **―兵**ᡞᡞ 초년병
じょのくち【序の口】①시초, 시작, 발단 ¶こんな苦労ᡞᡞᡞはまだ～だ 이런 고생은 아직 시작에 불과하다 ②相撲 씨름꾼의 최하위 등급
しょは【諸派】제파 ①여러 당파・분파 ②소수파 정당들 ¶～の連合ᡞᡞ 제파의 연합
しょば【所場】俗 (폭력배・노점상 사이의) 세력권, 자리 **―代**ᡞᡞ 俗 (노점상이 폭력배에게 내는) 자릿세
しょはつ【初発】文 ①초발. 처음으로 발생함, 처음 ¶～患者ᡞᡞ 처음 발생한 환자 ③(전차・기차 등의) 시발 ¶～の電車ᡞᡞ 시발 전차
しょばつ【処罰】名 他スル 처벌 ¶軽いᡞᡞ～を受ける 가벼운 처벌을 받다

しょはん【初犯】초범
しょはん【初版】版 초판. 제1판 ¶～本ᡞᡞ 초판본
しょはん【諸般】名 文 제반. 여러 가지 ¶～の事情ᡞᡞ 제반 사정
じょばん【序盤】초반 ①(바둑・장기에서) 승부의 초기 단계 ¶～の手ᡞ 초반의 수 ②초기의 정황 ¶選挙ᡞᡞの～戦 선거의 초반전
しょひ【諸費】文 제반 비용, 여러 가지 비용
しょび・く 他五 俗 → しょっぴく
しょひょう【書評】서평 ¶～欄ᡞ 서평란
じょびらき【序開き】名 自スル 시작, 발단, 서막
しょふう【書風】서풍
しょふう【豪風】文 호쾌한 서풍
しょふく【書幅】서폭. 붓글씨를 쓴 족자
じょふく【除服】名 自スル 文 제복, 탈상, 탈복
しょぶつ【諸仏】文 제불. 여러 부처
しょぶつ【諸物・庶物】文 여러 가지 사물
しょぶん【処分】名 他スル 처분 ①처치, 처리 ¶土地ᡞを～する 땅을 처분하다 ②처벌 ¶違反者ᡞᡞを～する 위반자를 처벌하다
じょぶん【序文】서문. 머리말 ⇔跋文ᡞᡞ
しょへき【書癖】①서벽. 독서를 즐기는 버릇 ②책을 수집하는 버릇 ③글씨 쓸 때의 버릇
しょへん【初編・初篇】초편. (책의) 제1편
しょほ【初歩】초보 ¶囲碁ᡞᡞの～を教えるᡞᡞ 바둑의 초보를 가르치다
しょほう【処方】名 他スル 처방 ①일을 처리하는 방법 ②醫 증세에 따른 약제의 배합 방법 ¶風邪薬ᡞᡞᡞを～する 감기약을 처방하다 **―箋**ᡞᡞ 醫 처방전. 약방문
しょほう【書法】文 서법. 글씨 쓰는 법, 필법
しょほう【諸方】文 여기저기, 사방 ¶～に散ᡞらばる 사방으로 흩어지다
しょほう【諸法】제법 ①佛 우주의 일체 현상=万法ᡞᡞ ②여러 가지 법률・법칙
しょぼう【書房】文 ①서재 ②서점, 책방
じょほう【叙法】文 서술법, 표현 방법
じょほう【除法】數 제법, 나눗셈 ⇔乗法ᡞᡞ
しょぼ・くれる 自下一 俗 맥빠지다, 풀죽다 ¶しかられて～ 꾸중을 듣고 풀죽다
しょぼしょぼ I 副 (口) (가랑비가 조금씩 오는) 보슬보슬, 부슬부슬 ¶小雨ᡞᡞが～降るᡞ 가랑비가 부슬부슬 내리다 II 副 自スル ①(눈이 가물가물 슴벅거리는) 가슴츠레 ¶眠ᡞくて目ᡞが～とする 졸려서 눈이 가슴츠레하다 ②기운 없고 초라한 모양 ¶～と帰るᡞᡞ 축 처져서 돌아오다
しょぼた・れる 自下一 俗 ①흠뻑 젖다 ¶雨ᡞに～れた猫ᡞᡞ 비에 흠뻑 젖은 고양이 ②힘없고 초라한 모습이 되다, 추레해지다 ¶～れた格好ᡞᡞ 추레해진 모습
しょぼつ・く 自五 ①비가 부슬부슬 내리다 ②눈이 슴벅거리다, 가슴츠레하다 ¶～い た目ᡞつき 가슴츠레한 눈매
しょぼぬ・れる 自下一 → しょぼたれる①
しょほん【諸本】(서지학에서) 같은 서적이면서 본문의 성질・내용이 다른 여러 사본・간행본 등

じょぼん [序゙品] [佛] ①서품. 경전의 머리말 부분 ②법화경의 28품 중에서 제1품
じょまく [序幕] 서막 ①(연극의) 제1막 ②처음, 발단¶大混乱の～ 대혼란의 서막
しょまく [除幕] 제막¶～式 제막식
しょみん [庶民] 서민. 일반 대중¶～の味方 서민의 편 ━銀行 ①서민을 위한 금융 기관 ②(俗) 전당포 ━的 [ナ] 서민적
しょむ [処務] 처무. 사무 처리·취급¶～規定 처무 규정
しょむ [庶務] 서무¶～課 서무과
しょめい [書名] 서명. 책 이름
しょめい [署名] [名] [自他スル] 서명¶～捺印 서명 날인/書類に～する 서류에 서명하다 ━運動 서명 운동
じょめい [助命] [名] [自他スル] 조명. 구명¶～を嘆願 구명을 탄원하다
じょめい [除名] [名] [他スル] 제명¶～処分 제명 처분/会員から～する 회원을 제명하다
しょめん [書面] 서면 ①문면(文面) ②문서, 편지¶～で知らせる 서면으로 알리다
しょもう [所望] [名] [他スル] (文) 소망. 바라는 바, 소원¶お茶を一服～する 차를 한 잔 마시길 원하다
しょもく [書目] 서목 ①서명, 책 이름 ②도서 목록
しょもつ [書物] 책, 서적, 도서
しょや [初夜] 초야 ①첫날 밤, (특히) 결혼 첫날 밤 ②초경(初更) ③초경에 하는 독경
じょや [除夜] 제야. 섣달 그믐날 밤¶～の鐘 제야의 종
しょやく [初訳] 초역. 첫 번역
じょやく [助役] 조역 ①(市·町·村의) 부시장, 부읍장, 부면장 ②역장을 보좌하는 역원, 부역장
しょゆう [所由] (文) 말미암은 것, 근거, 연유, 까닭＝ゆえん
しょゆう [所有] [名] [他スル] 소유¶広大な土地の～者 광대한 토지의 소유자 ━格 [文法] 소유격 ━権 [法] 소유권
じょゆう [女優] 여우. 여배우 ⇔ 男優
しょよ [所与] 소여 ①(文) 주어진 것, 부여된 바¶～の条件 주어진 조건 ②[哲] 여건
しょよう [所用] ①볼일, 용무¶～のため外出する 볼일로 외출하다 ②[名] 소용, 쓰임, 쓸 데¶日常～の品々 일상 소용되는 물품들
しょよう [所要] [名] 소요¶～時間 소요 시간/～経費 소요 경비
しょり [処理] [名] [他スル] 처리 ①처치¶事故の～ 사고의 처리 ②재료에 가공을 함¶防水～をした布 방수 처리한 천
しょりゅう [庶流] (文) ①서류. 서자의 계통 ②(차남·삼남 등) 분가한 집안 ③嫡流
しょりゅう [諸流] (文) 제류. 여러 유파(流派)
じょりゅう [女流] 여류¶～画家 여류 화가
しょりょう [所領] 소유 영지, 영유지
じょりょく [助力] [名] [自スル] 조력. 도움＝手助け

け¶～を惜しまない 조력을 아끼지 않다
しょりん [書林] (文) 서림. 서점
しょりんもく [如鱗木] 비늘처럼 생긴 나뭇결
しょるい [書類] 서류¶重要～ 중요 서류 ━送検 [名] [他スル] 서류 송검, 서류 송청(送廳)
じょれつ [序列] 서열¶年功～ 연공 서열/～をつける 서열을 매기다
じょれん [鋤簾] 모래·쓰레기 등을 긁어 모으는 긴 손잡이가 달린 도구
じょろ [女郎] → じょろう
じょろ [如露] (口) → じょうろ
しょろう [初老] ①(옛날에) 40세의 딴이름 ②초로. 초로기¶～の紳士 초로의 신사
しょろう [所労] 심로. 피로, 병¶～のため休養する 심로로 해서 휴양하다
じょろう [女郎] 창녀. 유녀 ━買い 창녀를 불러서 놂 ━蜘蛛 [動] 무당거미 ━屋 유곽
しょろん [所論] 소론. 논하는 바, 의견, 지론
しょろん [緒論] (文) 서론＝序論
じょろん [序論] 서론＝緒論
しょわけ [諸訳] (文) ①여러 가지 복잡한 사정 [사연] 離婚の～ 이혼의 복잡한 사연 ②여러 가지 비용
しょんぼり [副] [自スル] 맥없이, 풀이 죽어, 쓸쓸히, 초연히¶雨の中さに～と立っている 빗속에 맥없이 서 있다
しら [白] ①(造語) 백. 흰¶～雲 흰 구름/～玉 백옥 ②(造語) 가공하지 않은, 제물의, 맨¶～煮 백숙/～木 맨 바탕의 나무 ③(造語) 아주, 매우¶～きちょうめん 아주 꼼꼼함 ④꾸밈이 없음¶～で言う 꾸밈없이 말하다
[慣用句]
━を切る (口) 시치미를 떼다, 딱 잡아떼다
しらあえ [白和え] [料] 두부·깨·된장 등을 으깨서 섞어서 채소·곤약 등과 버무린 요리
じらい [地雷] [軍] 지뢰¶～に触れる 지뢰를 건드리다 ━原 [軍] 지뢰밭
じらい [爾来] [副] (文) 이래. 그 후¶～音沙汰なし 그 후 소식이 없음
しらいと [白糸] ①백사. 흰 실 ②생사＝生糸 ③(女) 실국수＝そうめん
しらうお [白魚] 뱅어, 뱅어
しらうめ [白梅] 백매. 흰 매화＝はくばい
しらが [白髪] ①백발. 흰머리＝はくはつ¶～頭 백발인 머리/～が増える 흰머리가 늘다 ②(造語) [料] 머리카락처럼 가늘게 썬 것에 붙이는 이름¶～大根 가늘게 채썬 무 ━昆布 가늘게 채썬 흰 다시마 ━染め 흰 머리를 검게 염색함. 흰머리 염색약
しらかし [白゙樫] [植] 가시나무
しらかば [白゙樺] [植] 자작나무
しらかべ [白壁] ①백벽. 흰 벽¶～造りの商家 흰 벽의 상가 ②(女) 두부
しらかみ [白紙] 흰 종이＝はくし
しらかゆ [白゙粥] 흰죽
しらかわよふね [白川夜船·白河夜船] ①깊이 잠들어 아무것도 모름 ②아는 척함
しらかんば [白゙樺] → しらかば

しらき【白木】(칠하지 않은) 맨 바탕의 나무, 백골(白骨)¶~柱ばしら 칠하지 않은 나무 기둥
しらぎ【新羅】【史】신라
しらぎく【白菊】백국, 흰 국화
しらく【刺絡】【名·他スル】【醫】사혈, 사혈은 = 瀉血しゃけつ
しらくも【白雲】백운, 흰 구름 = はくうん
しらくも【白癬】【醫】백선, 쇠버짐
しら·ける【白ける】【自下一】①희어지다, 바래다, 퇴색하다¶写真しゃしんが~ 사진이 바래다 ②(흥·분위기 등이) 가시다, 깨지다¶座ざが~ 좌흥이 깨지다
しら·げる【〝精げる】【他下一】①쓿다, 정미(精米)하다¶玄米げんまいを~ 현미를 정미하다 ②다듬어 마무리하다
しらこ【白子】①(물고기의) 이리 ② → しろこ —鳩ばと【動】염주비둘기
しらさぎ【白〝鷺】【動】백로
しらさや【白鞘】칠하지 않은 칼집
しらじ【白地】①(기와·도기 등의) 아직 굽지 않은 것 ② → しろじ
しらしめゆ【白絞(め)油】①정제한 유채 기름 ②정제한 콩기름; 면실유
しらしら【白白】【副】①(차차 날이 새는) 희읍스름하게, 훤히 = しらじら¶夜よが~と明ける 날이 훤히 밝아오다
しらじら【白白】희게 보이는 모양, 희끔히¶木蓮もくれんの花はなが夜目よめにも~と見みえる 목련꽃이 밤눈에도 희끔히 보이다
しらじらし·い【白白しい】【形】①속이 빤히 들여다보이다, 빤하다¶~お世辞せじ 속 보이는 발림말 ②시치미떼다, 천연덕스럽다¶~態度たいど 천연덕스러운 태도
しらす【白子】(정어리·뱅어·멸치 등의) 치어 —干ぼし「しらす」을 말려 말린 식품
しらす【白州·白洲】①(현관 앞·정원 등의) 흰 모래나 자갈을 깐 곳 ②江戸えど 시대에 죄인을 신문하거나 재판하던 곳, 법정
しらすな【白砂】【地】화산재나 속돌로 된 퇴적층
しら·す【知らす】→ しらせる
しら·ず【知らず】【連語】①…은 (어떨지) 모르지만, …은 차치하고¶結果けっかは~, とにかくやってみる 결과는 어떨지 몰라도 어쨌든 해 보겠다 ②(명사에 붙어) 아랑곳 없음, 경험한 적이 없음¶命いのち~ 목숨이 아까운 줄을 모름/ 汗あせ~ 땀내약/ 恥はじ~ 부끄러움을 모름
しらずしらず【知らず知らず】【副】저도 모르게, 어느새, 저절로¶~深ふかくかかりする 저도 모르게 깊이 들어가다[관계하다]
じら·す【〝焦らす】【他五】애태우다, 초조하게 하다 = じれさせる¶~して教おしえない 애태우고 가르쳐 주지 않다
しらすな【白砂】백사, 흰 모래 = はくさ
しらせ【知らせ·〝報せ】알림, 통지¶合格ごうかくの~ 합격 통지 ②전조, 조짐¶虫むしの~ 예감
しら·せる【知らせる·〝報せる】【他下一】알리다, 통지하다¶近況きんきょうを~ 근황을 알리다/ 虫むしが~ 예감이 들다
しらた【白太】백변, 나무 바깥쪽의 흰 부분

しらたき【白滝】①흰 천을 드리운 듯이 보이는 폭포 ②실처럼 가늘게 만든 곤약
しらたま【白玉】백옥 ①흰 구슬 ②진주 ③찹쌀 경단 —粉こ (물에 담갔다가 말린) 찹쌀 가루
しらちゃ【白茶】연한 갈색, 담갈색 —ける【自下一】바래서 희읍스름해지다¶背広せびろが~ 신사복이 바래서 희읍스름해지다
しらつち【白土】백토 ①흰 흙 ②도토(陶土) ③회반죽이 = しっくい
しらつ·ける【自下一】(口) → しらばくれる
しらつゆ【白露】희게 반짝이는 이슬
しらとり【白鳥】①깃털이 흰 새 ②백조 = はくちょう
しらなみ【白波·白〝浪】백파 ①흰 파도 ②도둑¶~稼業かぎょう 도둑질 —物もの【藝】(歌舞伎かぶき 등에서) 도둑을 주인공으로 한 작품
しらに【白煮】【料】흰 재료를 소금만으로 삶음 [익힘], 그런 요리
しらぬい【〈不知〉火】【氣】여름밤 九州きゅうしゅう 八代やつしろ의 앞바다에 무수히 보이는 불빛
しらぬかお【知らぬ顔】(알고도) 모르는 체함, 그런 표정·태도 = しらんかお¶~で通とおす 끝까지 모르는 체하다
慣用句
—の半兵衛はんべえ 시치미를 딱 떼는 모양·사람¶~をきめこむ 시치미를 딱 떼기로 작정하다
しらは【白刃】칼집에서 뺀 칼 = ぬきみ
しらは【白羽】화살에 달린 흰 깃털
慣用句
—の矢やが立たつ (후보자·희생자로) 여럿 중에서 특별히 뽑히다
しらは【白歯】①백치, 흰 이 ②미혼 여성, 처녀
しらはえ【白〈南風〉】【文】장마가 걷힐 무렵에 부는 남풍 = しろはえ
しらばく·れる【自下一】모르는 체하다, 시치미를 떼다 = しらばっくれる¶~れて返事へんじもしない 모르는 체하고 대답도 않다
しらはた【白旗】①(항복의 표시 등으로 쓰는) 흰 기¶~を上あげる 백기를 들다, 항복하다 ②源氏げんじ의 기
しらばっく·れる【自下一】(口) → しらばくれる
しらはり【白張(り)】①(옛날) 하인이 입던 풀먹인 흰옷 ②「白張ちょうちん提灯」의 준말 —提灯ちょうちん 백지를 바른 장례식용 제등
しらびょうし【白拍子】【藝】①平安へいあん 시대 말기에 생긴 가무(歌舞), 그것을 추는 유녀 ②아악(雅樂)의 박자의 하나
しらふ【〈素面〉·〈白面〉】취하지 않은 상태·태도¶~では話はなせない 취하지 않고서는 이야기하지 못하다
しらべ【調べ】①(文) (악곡의) 가락, 곡조¶妙たえなる~ 절묘한 가락 ②(文) (시가의) 음률, 정감 ③연구, 조사¶~がつく 충분한 조사가 끝나다 ④점검¶現場げんばの~ 현장 점검 ⑤신문(訊問), 수사¶~を受うける 신문을 받다
しらべおび【調べ帯】피대(皮帶), 벨트
しらべがわ【調べ革】가죽 피대
しらべぐるま【調べ車】피대 바퀴, 벨트 바퀴

しらべのお【調べの緒】북·장구의 양 옆 마구리를 잇는 매듭 줄, 축승(縮繩)
しらべもの【調べ物】(문서 등을) 조사·연구함
しら・べる【調べる】 他下一 ①조사하다, 연구하다¶ 事故の原因げんを~ 사고 원인을 조사하다 ②신문하다, 문초하다¶ 被告を~ 피고를 신문하다 ③점검〔검토〕하다, 수사하다¶ 現場げんを~ 현장을 점검하다 ④(악기를) 연주하다¶ 鼓つづみを~ 소고를 치다/ 琴ことを~ 거문고를 타다 ⑤조율하다, 음률을 고르다
しらほ【白帆】 백범, 흰 돛¶ ~が浮うかぶ 흰 돛단배가 뜨다
しらみ【*虱】 動 이¶ ~がわく 이가 들끓다
しらみつぶし【*虱潰し】 名 이 잡듯이 샅샅이 뒤짐¶ ~に調しらべる 이 잡듯이 샅샅이 조사하다
しら・む【白む】 自五 ①희어지다, (날이) 밝아지다¶ 東ひがしの空そらが~ 동녘 하늘이 밝아오다 ②흥이 가시다= しらける¶ 座ざが~ 좌흥이 깨지다
しらやき【白焼(き)】 料 (생선이나 고기를) 소금·간장 등을 치지 않고 구움, 그런 구이
しらゆき【白雪】 文 백설, 흰 눈: はくせつ
しらゆり【白〈百合〉】 흰 백합
しられる【知られる】 連體 유명하다¶ 茶ちゃの産地さんとして~ 차의 산지로 유명하다
しらん【紫蘭・〈白及〉】 植 자란, 대암풀
しらんかお【知らん顔】 (口) → しらぬかお
しらんぷり【知らん振り】 (口) 모르는 체함¶ ~で通とおす 끝까지 모르는 체하다
しり【*尻・*臀】①궁둥이, 엉덩이, 볼기¶ ~が抜ぬける (옷이 해져) 엉덩이에 구멍이 나다 ②(기물의) 밑, 밑바닥¶ 茶碗ちゃわんの~ 찻종의 밑바닥 ③[*後]뒤, 이후¶ 女おんなの~を追おいかけまわす 여자 꽁무니를 쫓아다니다 ④[*後] (이어지는 것의) 맨 뒤, 끝, 꼴찌¶ 言葉ことばの~ 말 꼬리/ ~から数かぞえた方ほうが早はやい 맨 뒤에서부터 세는 편이 빠르다 ⑤덧옷의 뒷자락¶ ~をからげる 옷자락을 걷어 올리다 ⑥(일의) 결말, 결과, 여파, 뒷수습¶ ~が合あわない (계산의) 결과가 맞지 않다 ⑦(긴 것의) 끝¶ なわの~ 포승의 끝 ⑧항문
慣用句
一が暖あたたまる 한곳에 오래 머무르다
一が来くる (남의 실패에 대한) 뒤치다꺼리를 떠맡게 되다, 누를 입다
一が長ながい 밑질기다, 남의 집에 오래 앉아 있다
一が割われる (나쁜 짓이) 들통나다
一に敷しく 아내가 남편을 우습게 여겨 마음대로 휘두르다, 아내가 내주장하다
一に火ひが付つく 발등에 불이 떨어지다
一に帆ほを掛かける 줄행랑치다
一を上あげる ①일어서다 ②행동을 시작하다
一を据すえる (무슨 일을 하기 위해) 한곳에 오래 머물다, 눌러 앉다
一を叩たたく ①격려하다 ②재촉하다
一を拭ぬぐう (남의) 뒤치다꺼리를 하다
一を端折はしょる ①옷자락을 허리띠에 지르다

②뒤끝을 간단히 하다, 간단하게 일단락짓다
一を持もち込こむ 불평을 하거나 뒤처리·책임을 질 것을 요구하다

しり【私利】 사리¶ ~私欲しよく 사리 사욕
じり【自利】 佛 자리, 자기 이익
じり【事理】 文 사리 ①일의 도리·이치¶ 明白めいはくな 사리 명백 佛 상대적인 여러 현상과 유일한 절대 진리
しりあい【知(り)合い】 서로 알고 있음, 아는 사이, 지인¶ ~になる 서로 알게 되다
しりあ・う【知(り)合う】 自五 서로 알다, 아는 사이가 되다¶ ふとしたことで~ 우연한 일로 서로 알게 되다
しりあがり【尻上がり】 ①名 (상태가) 뒤로 갈수록 좋아짐¶ ~に調子ちょうしが出でる 뒤로 갈수록 상태가 좋아지다 ②名 말끝의 어조가 높아짐〔올림〕¶ ~のイントネーション 말끝을 올리는 억양 ③(기계 체조에서) 거꾸로 오르기
しりあて【*尻当て】 服 바지 엉덩이에 대는 바대, 밑바대= いしきあて
しりうま【*尻馬】 남이 탄 말의 뒤에 탐
慣用句
一に乗のる (남하는 대로) 덮어놓고 따라하다
しりえ【*後方】 文 후방, 뒤쪽
しりおし【尻押し】 名 他サ ①뒤에서 밂, 그런 사람 ②후원, 뒷바라지, 후원자= あと押おし
しりおも【*尻重】 名 ダ 엉덩이가 무거움, 좀처럼 움직이려 하지 않음, 그런 사람¶ ずいぶん~の人ひと 무척 굼뜬 사람
しりがい【*鞦・*鞦】 껑거리끈, 밀치끈
しりかくし【*尻隠し】 (口) 자기 잘못을 숨김
しりからげ【*尻*絡げ】 옷자락을 허리띠에 걸어 지름= しりっぱしょり¶ ~で走はり出だす 옷자락을 허리띠에 지르고 달리기 시작하다
しりがる【*尻軽】 名 ダ ①(동작이) 가벼움, 활발함 ⇔ 尻重しりおも ②경박함, 경솔함 ③(여자가) 바람기가 있음, 몸가짐이 헤픔¶ ~な女おんな 바람기가 있는 여자
じりき【地力】 본디 가지고 있는 능력, 실력, 저력¶ ~がある 저력이 있다/ ~を発揮はっきする 실력을 발휘하다
じりき【自力】 자력 ①자기 혼자의 힘¶ ~で立たち直なおる 자력으로 재기하다 ②佛 불과(佛果)를 얻고자 혼자의 힘으로 수행함
しりきり【*尻切り】 → しりきれ 一半纏はんてん 길이 엉덩이 위까지 오는 짧은 겉옷
しりきれ【*尻切れ】 ①뒤쪽이 잘려 나감, 그런 것 ②名 도중에서 끝남, 중동무이¶ 発表はっぴょうは~に終おわった 발표는 도중에서 끝났다 一草履ぞうり ①뒤축이 해진 짚신 ②뒤축이 잘린듯이 짧은 짚신 一蜻蛉とんぼ 名 (口) 일이 중도에서 그침〔그만둠〕, 중동무이
しりぐせ【*尻癖】 ①대소변을 지리는 버릇 ②이성 관계가 문란함
慣用句
一が悪わるい 몸가짐이 나빠 성적으로 문란하다

**しりくらいかんのん** [˟尻暗い観音] (俗) ①암야. 캄캄한 밤 = 闇夜にん ② → 尻食らえ観音かん
**しりくらえかんのん** [˟尻食え観音] (俗) 어려울 때는 관음을 찾지만 좋아지면 은혜를 잊고 되돌아보지 않음 = 尻暗らい観音
**しりげ** [˟尻毛] 항문에 난 털
[慣用句]
**—を抜く** 남이 방심하고 있는 사이에 뜻밖의 일을 저질러서 놀라게 하다
**しりこそば・い** [˟尻こそばい] 形(口) → 尻こそばゆい
**しりこそばゆ・い** [˟尻˟擽い] 形(口) 낯간지럽다, 쑥스럽다, 겸연쩍다 = しりこそばい¶ 褒められすぎて〜 너무 칭찬을 받으니 쑥스럽다
**しりこだま** [˟尻子玉] (옛날에) 항문에 있다고 여겨졌던 구슬
**しりごみ** [˟尻込み˟後込み] 名 自スル ①뒷걸음질¶ 蛇を見て〜する 뱀을 보고 뒷걸음질 치다 ②꽁무니를 뺌, 머뭇거림, 주저함¶ いざとなるといつも〜する 정작 때가 되면 늘 꽁무니를 빼다
**しりご・む** [˟尻込む˟後込む] 自四 ①뒷걸음질 치다 ②주저하다, 머뭇거리다, 꽁무니 빼다
**しりさがり** [˟尻下がり] 名 ①뒤쪽이 내려감¶ 〜の発音 말끝이 내려가는 발음 ②뒤로 갈수록 나빠짐¶ 実績じっせきが〜に落ちる 실적이 갈수록 떨어지다 ▷ ①② 尻上がり
**じりじりⅠ** 副 ①한발한발¶ 〜と敵を追いつめる 한발한발 적을 바짝 추적하다¶ 쨍쨍, 이글이글¶ 太陽が〜と照りつける 태양이 이글이글 내리쬐다 ③지글지글¶ 肉が〜と焦げる 고기가 지글지글 타다 ④찌르릉
**Ⅱ** 副 自スル (마음이 차츰 초조해지는) 바작바작, 초조하게¶ 〜しながら待つ 바작바작 애태우며 기다리다
**しりすぼまり** [˟尻˟窄まり] 名 ア ①위가 넓고 아래가 좁음¶ 〜のコップ 밑쪽이 좁은 컵 ②기세가 좋다가 갈수록 쇠해짐, 용두 사미¶ 計画けいかくが〜になる 계획이 용두 사미가 되다
**しりぞ・く** [退く] 自五 물러나다, 물러서다 ①뒤쪽으로 가다 ⇔ 進む¶ 一歩いっぽ〜 한 발 물러서다 ②(직위·지위에서) 떠나다, 은퇴하다¶ 現役げんえきを〜 현역에서 물러나다 ③손은 사람 앞에서 물러나다¶ 御前ごぜんを〜 어전을 물러나다 ④(대상으로부터) 거리를 두다¶ 〜いて考える 물러서서 생각하다
**しりぞ・ける** [退ける・˟斥ける] 他下一 물리치다 ①물러서게 하다¶ 五歩ごほ〜 5보 물러서게 하다 ②격퇴하다¶ 敵を〜 적을 물리치다 ③밀리하다, 물리다¶ 人じんを〜て密談みつだんする 사람을 물리고 밀담하다 ④거절하다¶ 要求ようきゅうを〜 요구를 물리치다 ⑤(일·자리를) 그만두게 하다¶ 委員長いいんちょうを〜 위원장을 그만두게 하다
**じりだか** [じり高] 【經】 시세가 차츰 오름
**しりだこ** [˟尻˟胼胝] 원숭이 궁둥이의 가죽이 두껍고 털이 없는 부분
**しりたぶ** [˟尻˟臀] 궁둥이의 살이 많은 부분

**しりつ** [市立] 시립¶ 〜病院びょういん 시립 병원
**しりつ** [私立] 사립¶ 〜大学だい 사립 대학
**じりつ** [而立] (文) 이립. 30세의 딴이름
**じりつ** [自立] 名 自スル 자립¶ 〜の精神せいしん 자립 정신 —語 [文法] 자립어
**じりつ** [自律] 名 自スル 자율 ⇔ 他律たりつ —神経けい 【醫】 자율 신경
**じりつ** [侍立] 名 自スル (文) 시립. 귀인을 곁에 모시고 섬
**しりつき** [˟尻つき] 엉덩이의 모양
**しりっぱしょり** [˟尻っ端折] 옷자락을 걷어 올려 허리춤에 지름 = しりからげ
**しりっぺた** [˟尻っぺた] (俗) 볼기¶ 〜を叩く 볼기를 때리다
**しりっぽ** [˟尻˟尾] (俗) ①엉덩이, 꼬리 ②꽁무니쪽, 끝쪽
**しりつぼみ** [˟尻˟窄み] 名 ア → しりすぼまり
**しりとり** [˟尻取り] 끝말 잇기 놀이 —文【表】 앞 문장의 끝 단어를 다음 문장 초두에 반복 사용하는 수사법, 그런 글
**しりぬ・く** [知り抜く] 他五 속속들이 알다, 환하게 알다¶ 会社かいしゃの内情ないじょうを〜 회사의 내부 사정을 속속들이 알다
**しりぬぐい** [˟尻拭い] (남의 실패 등의) 뒷수습, 뒤치다꺼리¶ 前任者ぜんにんしゃの〜をする 전임자의 뒷수습을 하다
**しりぬけ** [˟尻抜け] ①(들은 것을) 잘 잊어버림, 그런 사람 ②(일의) 뒷끝을 못 맺음 ③실수, 미비, 불비¶ 〜の規則きそく 미비한 규칙
**しりびと** [知り人] 지인, 아는 사람
**じりひん** [じり貧] ①점점 가난해짐, 상태가 점차 나빠짐 = 先細さきぼそり¶ 成績せいせきが〜だ 성적이 점차 나빠지다 ②【經】 → じり安やす
**しりめ** [˟尻目] ①곁눈질 ②(「…を〜に」의 꼴로) …을 거들떠보지도 않고, …을 본체만체하고¶ 騒さわぐ人々ひとびとを〜に立ち去った 떠드는 사람들을 거들떠보지도 않고 가 버렸다
[慣用句]
**—に掛ける** 무시하다, 거들떠보지도 않다
**しりめつれつ** [支離滅裂] 名 ア 지리 멸렬. 종잡을 수 없음¶ 言うことが〜だ 말하는 것을 종잡을 수 없다
**しりもち** [˟尻˟餅] 엉덩방아¶ 足を滑すべらして〜をつく 발을 헛디며 엉덩방아를 찧다
**じりやす** [じり安] 【經】 시세가 차츰 떨어짐, 시세의 점진적인 내림세 = じり貧やす ⇔ じり高たか
**しりゅう** [支流] ①지류, 샛강 ②분파
**じりゅう** [自流] 자기류
**じりゅう** [時流] 시류. 시대의 풍조·유행¶ 〜に乗のる 시류를 타다
**しりょ** [思慮] 사려¶ 〜分別ふんべつ 사려 분별
**しりょう** [史料] 사료¶ 〜編纂へんさん 사료 편찬
**しりょう** [死霊] 사령. 죽은 자의 영혼, 원혼
**しりょう** [思量·思料] 名 他スル (文) 사료, 생각하고 헤아림¶ 〜を巡めぐらす 생각을 짜내다
**しりょう** [試料] 【化】 시료. 분석·검사·시험 등을 위한 물질
**しりょう** [資料] 자료¶ 〜を集あつめる 자료를 수

しりょう [飼料] 사료¶ ～作物 $_{もつ}$ 사료 작물

じりょう [寺領] 절의 소유지·영지

しりょく [死力] 사력. 죽을 힘, 필사적인 힘
[慣用句]
—を尽 $^{つ}$くす 사력을 다하다

しりょく [視力] 시력¶ ～が良 $_{よ}$い 시력이 좋다

しりょく [資力] 자력. 재력

じりょく [磁力] [物] 자력¶ ～計 $_{けい}$ 자력계

しりん [四隣] (文) 사린. 주위의 사람들·이웃들·나라들¶ ～と交 $_{まじ}$わる 사린과 교류하다

しりん [詞林] (文) 사림 ①시문을 모아 엮은 책 ②시인·문인의 사회

じりん [辞林] (文) 사림. 사전, 사서 = 辞림 $_{じ}$

し・る [汁] ①즙¶ レモンの～ 레몬 즙 ②국물¶ 煮 $^{に}$だし $_{し}$ (멸치·다시마 등을) 끓여 우려낸 국물 ③국¶ みそ～ 된장국 ④(『うまい[甘 $^{あま}$い]～を吸 $^{す}$う』등의 꼴로) 남의 노고나 희생으로 얻는 이득

し・る [知る·^識る] 他五 알다 ①인식하다, 알아채다¶ ニュースで大事故 $_{だいじこ}$を～ 뉴스로 큰 사고를 알다 ②이해하다, 깨닫다¶ ～子をもって～親 $_{おや}$の恩 $_{おん}$ 자식을 두고서야 아는 부모의 은혜 ③경험하다¶ 社会 $_{しゃかい}$を～ 사회를 알다 ④습득하다¶ こつを～·れば何 $_{なに}$でもない 요령을 알면 아무것도 아니다 ⑤기억하고 있다¶ 街 $_{まち}$の様子 $_{ようす}$を～っている 거리 모습을 기억하고 있다 ⑥안면이 있다, 교제하다¶ その人 $_{ひと}$ならよく～っている 그 사람이라면 잘 알고 있다 ⑦관계하다, 상관하다¶ おれの・・ったことか 내가 알게 뭐야
[慣用句]
—・ったことじゃない 알 바 아니다
—・っての通 $_{とお}$り 아는 바와 같이, 아시다시피
—・らぬが仏 $_{ほとけ}$ 모르는 게 약
—人 $_{ひと}$ぞ知 $^{し}$る ①(진가를) 알 만한 사람은 안다 ②(어느 분야에서) 유명하다
—や知 $^{し}$らずや 아는지 모르는지

シルク (silk) 실크. 비단, 명주, 명주실 —スクリーン印刷 $_{いんさつ}$ [織] 실크스크린 인쇄 —ロード (Silk Road) 실크 로드. 비단길

しるけんり [知る権利] (文) 국민이 정치·행정에 관한 정보를 알 권리

しるこ [汁粉] (새알심 등을 넣은) 단팥죽

しるし [印] 표시 ①[^標·章] 표, 기호, 안표, 신호, 가문, 기장¶ 青 $_{あお}$は進 $_{すす}$めの～ 청색의 진행의 표시 ②[^証] 증거, 증표¶ これは友情 $_{じょう}$の～だ 이것은 우정의 표시다 ③[^標] 정표¶ お礼 $_{れい}$の～ 감사의 표시 ④[^徴] 상징¶ 赤 $_{あか}$は情熱 $_{じょうねつ}$の～ 빨강은 정열의 상징 ⑤[^兆] 조짐, 징후, 기색¶ 雷鳴 $_{らいめい}$は梅雨 $_{つゆ}$の明 $_{あ}$ける～ 천둥 소리는 장마가 끝날 조짐 ⑥(造語) ⑦…표(가 있는 것)¶ ×～ 가위표¶ 矢 $^{や}$～ 화살표 ⓛ(사람·물건 이름에 붙여) 빗대어 말할 때 씀¶ 熊 $^{くま}$～ 돈 / わ～ 외설적, 춘화도 / た～ 太郎

しるし [首·首級] (文) 수급. 적의 벤 목¶ 敵 $_{てき}$の大将 $_{たいしょう}$の～をあげる 적의 대장의 수급을 올리다 [목을 베다]

しるし [験·徵] ①효험, 효능, 효과¶ 薬 $_{くすり}$の～があらわれる 약의 효험이 나타나다 ②(신불의) 영험¶ 御加護 $_{ごかご}$の～ 가호의 영검

しるしばかり [印ばかり] 名 아주 작음, 약소함, 성의 표시일 뿐임¶ ほんの～の品 $_{しな}$ですが ただ약소한 것입니다만

しるしばんてん [印半纏] 옷깃이나 등·허리에 가문(家紋)·상호 등을 날염한 짧은 겉옷

しる・す [印す·標す] 他五 (文) ①표시하다¶ 符号 $_{ふごう}$を～ 부호를 표시하다 ②자취를 남기다¶ 足跡 $_{あしあと}$を～ 발자취를 남기다

しる・す [記す] 他五 (文) ①[^誌す] 적다, 쓰다, 기록하다, 표기하다¶ 予定 $_{てい}$を手帳 $_{てちょう}$に～ 예정을 수첩에 적다 ②[^銘す] (마음에) 새기다, 명심하다¶ その場 $_{ば}$の情景 $_{じょうけい}$を心 $_{こころ}$に～ 그 때의 정경을 마음에 새기다

シルバー (silver) 실버 ①은색, 은빛 ②(造語) 고령, 노인 —産業 $_{さんぎょう}$ [経] 실버 산업 —シート (일 silver seat) 실버 시트. 경로석

しるべ [知る辺] (文) 아는 이, 친지, 연고자¶ ～を頼 $_{たよ}$って上京 $_{じょうきょう}$する 친지를 의지하고 상경하다

しるべ [導べ·標] (文) 길잡이, 안내¶ 道 $_{みち}$～ 도표, 이정표 / 学習 $_{じゅう}$の～ 학습의 길잡이

しるもの [汁物] [料] 국. 국물 요리

しれい [司令] 名 他スル [軍] 사령¶ ～官 $_{かん}$ 사령관 / ～部 $_{ぶ}$ 사령부 / ～塔 $_{とう}$ 사령탑

しれい [指令] 名 他スル 지령¶ 本庁 $_{ほんちょう}$の～を受 $_{う}$ける 본청의 지령을 받다

じれい [事例] 사례¶ ～研究 $_{けん}$ 사례 연구

じれい [辞令] 사령 ①응대하는 말¶ 外交 $_{がいこう}$～ 외교 사령 ②사령장¶ 任命 $_{にんめい}$～ 임명 사령장

しれごと [^痴れ言] ①바보 같은 소리, 허튼소리 ②바보 같은 짓, 어리석은 짓

じれこ・む [^焦れ込む] 自五 (俗) 애가 타다, 조바심하다¶ 要領 $_{ようりょう}$を得 $_{え}$ない話 $_{はなし}$に～ 요령 부득인 이야기에 애가 타다

しれつ [歯列] I 名 치열. 잇바디 = 歯並 $_{ならび}$¶ ～を矯正 $_{きょうせい}$する 치열을 교정하다 II 名 自スル (文) (치열처럼) 죽 늘어섬

しれつ [^熾烈] 치열¶ ～を極 $_{きわ}$めた戦 $_{たたか}$い 더할 수 없이 치열했던 싸움

じれった・い [^焦れったい] 形 (口) 안타깝다, 애가(속이) 타다¶ バスが遅 $_{おく}$れて～ 버스가 늦어서 애가 타다

しれもの [^痴れ者] 바보, 천치

し・れる [知れる] 自下一 ①알려지다¶ 名 $_{な}$の～れた人 $_{ひと}$ 이름이 알려진 사람 ②알 수 있다, 알다, 알게 되다¶ 気心 $_{きごころ}$の～れた仲 $_{なか}$ 속마음을 아는 사이 ③뻔한, 대단찮음, 알고도 남는¶ ～・れた事 $_{こと}$さ 뻔한 일이야

し・れる [^痴れる] 自下一 (文) 정신을 잃다, 얼이 빠지다, 멍청해지다¶ 酒 $_{さけ}$に酔 $^{よ}$い～ 술에 취해 정신을 잃다

じ・れる [^焦れる] 自下一 초조해지다, 조바심하다, 안달이 나다¶ 出発 $_{しゅっぱつ}$が遅 $_{おそ}$くて～ 출발이 늦어서 조바심하다

しれわた・る [知れ渡る] 自五 널리[두루] 알려지다¶ 悪事が世間に〜 악행이 세상에 널리 알려지다

しれん [試練・試煉] 시련¶ 幾多の〜を経る 수많은 시련을 겪다

しろ [代] 名 ①대용(물), 대신¶ 借金の〜 빚의 대용[저당] ②대금, 값¶ 飲み〜 술값/身の〜金 몸값 ③바탕이 되는 것, 재료¶ 壁の〜 못자리

しろ [白] 백 ①흰색, 흰빛, 흰 것¶ 〜のワイシャツ 흰색 와이셔츠 ②(俗) 무죄, 결백함, 그런 사람¶ 容疑者は〜だ 용의자는 무죄다 ③(바둑의) 흰 돌¶ 〜を握らせる 백을 쥐다 ④(홍백 시합 등에서) 백군¶ 〜がんばれ 백군 이겨라 ⑤아무 것도 적혀 있지 않음, 백지¶ 答案用紙はまだ〜だ 답안 용지는 아직 백지

しろ [城] ①성¶ 〜が落ちる 성이 함락되다 ②(比) 자기만의 영역, 아성¶ 自分の〜に閉じこもる 자기의 아성에 틀어박히다

しろあと [城跡] 성지, 성터= 城址

しろあり [白蟻] 動 흰개미

しろあん [白餡] (흰 강낭콩으로 만든) 흰 소

しろ・い [白い] 形 ①희다¶ 色が〜 색이 희다 ②아무것도 쓰여 있지 않다¶〜紙のまま提出する 백지로 제출하다 ③결백하다, 무죄이다

(慣用句)
—歯を見せない 조금도 웃지 않다

しろいし [白石] (바둑의) 흰 돌 ⇔ 黒石

しろいたいりく [白い大陸] 남극 대륙의 딴이름, 흰 대륙

しろいめ [白い目] 백안, 차가운[냉랭한] 눈초리¶ 〜を向ける 차가운 눈초리로 쳐다보다

(慣用句)
—で見る 차가운 눈초리로 보다, 백안시하다

しろいもの [白い物] 連語 ①눈¶ 〜が降る 눈이 내리다 ②백발, 흰머리¶ 髪に〜が交まじる 머리에 흰머리가 듬성듬성 나다 ③분

しろう [屍蠟] 醫 시랍, 납화한 시체

じろう [次郎] ①차남, 둘째 아들= 次男 ②같은 종류 중에서 두번째 것¶ 筑紫〜 (일본에서 둘째로 큰 강인) 筑後川

じろう [耳漏] 醫 이루, 귀에서 고름이 나오는 병= みみだれ

じろう [痔瘻] 醫 치루= あなじ

しろうお [素魚・白魚] 動 사백어, 방어

しろうと [素人] ①아마추어, 비전문가, 비직업인¶ 〜芸 취미로 하는 기예 ②생무지, 초심자, 풋내기¶ 〜の〜 완전 풋내기 ③여염집 여자 —臭い 形 풋내기 티가 나다, 미숙하다 —下宿 여염집 하숙 —筋 (거래 시장에서) 경험이 적고 정보에 어두운 일반 투자가 —離れ 아마추어답지 않게 능숙함 —目 비전문가의 눈, 문외한의 평가·견해

しろうま [白馬] ①백마, 흰말= はくば ②(俗) 탁주, 막걸리= どぶろく

しろうり [白瓜] 植 월과

しろかき [代掻き] 農 써레질

しろかげ [白鹿毛] 몸은 다갈색이고 네 발은 흰빛을 띤 말의 털빛= しらかげ

しろがすり [白絣・白飛白] 흰 바탕에 검정·감색·갈색 등의 비백 무늬가 있는 천

しろがね [銀・白銀] 文 ①은, 은니(銀泥)¶ 〜の杯 은잔 ②은색, 은빛¶ 冬山は一面〜の世界だ 겨울 산은 온통 은빛 세계이다 ③은화, 은전

しろく [四緑] 사록, 구성(九星)의 하나

しろくじちゅう [四六時中] 副 하루 종일, 늘, 항상¶ 〜仕事のことが頭を離れない 항상 일에 대한 생각이 머리를 떠나지 않는다

しろぐち [動] 석수어, 조기= いしもち

しろくばん [四六判] 版 사륙판

しろくび [白首] 매춘부, 창녀

しろくぶん [四六文] 表 사륙문, 사륙 변려체= 四六駢儷体

しろくべんれいたい [四六駢儷体] 表 사륙변려체, 4자와 6자의 대구(對句)로 된 한문체

しろくま [白熊] 백곰, 흰곰= ほっきょくぐま

しろくろ [白黒] 흑백 ①흰 빛과 검은 빛 ②옳고 그름, 시비 곡직, 유죄와 무죄¶ 〜をはっきりさせる 흑백을 분명하게 하다 ③(사진·영화 등이) 천연색이 아닌 검정·흰색¶ 〜テレビ 흑백 텔레비전 ④「目を〜させる」의 꼴로) 놀라거나 괴로워서) 눈을 희번덕거림

しろこ [白子] 醫 선천성 백피증

しろこしょう [白胡椒] 흰 후추

しろざけ [白酒] 희고 걸쭉한 단술

しろざとう [白砂糖] 백설탕

しろじ [白地] (천·종이의) 바탕이 흼, 그런 것¶ 〜の浴衣 흰 바탕의 유카타

しろした [白下] (백설탕의 원료로 쓰는) 조제(粗製) 설탕

しろしょうぞく [白装束] 흰옷[소복] 차림

しろじろ [白白] 副 새하얗게¶ 雪に覆われた丘が〜と見える 눈에 덮인 언덕이 새하얗게 보인다

じろじろ 副 (남의 얼굴을 빤히 쳐다보는) 빤히, 뚫어지게¶ そんなに〜と人の顔を見るな 그렇게 남의 얼굴을 빤히 보지 마라

しろずみ [白炭] ①백탄, 참숯= はくたん ②석회 등으로 하얗게 칠한 지탄(枝炭)

しろそこひ [白(内障)] → はくないしょう

しろタク [白タク] (俗) 불법 택시 영업을 하는 자가용차

じろっと 副 (口) → じろりと

シロップ [네 syrup] ①시럽 ②藥 약용의 진한 설탕액

しろっぽ・い [白っぽい] 形 ①흰 빛을 띠다, 희읍스름하다¶ 〜コート 흰 빛이 도는 코트 ②풋내기 티가 나다= 素人くさい

しろながすくじら [白長須鯨] 動 긴수염고래, 장수경(長鬚鯨)

しろなまず [白癜] 백납, 백전풍= 白肌

しろナンバー [白ナンバー] (口) 백색 넘버, 자가용차의 속칭

**しろぬき [白抜き]** 〖名〗 백발, (염색·인쇄 등에서) 착색한 바탕 속에 무늬·문자를 희게 뽑음¶ ~の見出し 백발의 표제

**しろねずみ [白鼠]** ①〖動〗 백서, 흰쥐 ②〖比〗 충실한 고용인, 충복 ⇔黒鼠

**しろバイ [白バイ]** (경찰의) 백색 오토바이

**しろびょうし [白表紙]** 〖俗〗 서명·발행자명을 적지 않은 교과서 원본

**しろぶさ [白房]** 〖相撲〗 씨름판 남서쪽 구석의 지붕에 늘어뜨린 흰 술

**しろぶどうしゅ [白葡萄酒]** 백포도주

**しろぼし [白星]** ①흰 동그라미표나 별표 ②〖相撲〗 승리의 표시¶ ~をあげる 승리하다 ③〖比〗 성공, 공훈, 공적

**しろみ [白身]** ①난백, 흰자위 ⇔ 黄身 ②(생선·고기 등의) 흰살, 흰살 생선 ⇔ 赤身 ③목재의 흰 부분: しらた

**しろみず [白水]** 쌀뜨물: とぎみず

**しろみそ [白味噌]** 황백색의 단맛이 나는 된장

**しろみつ [白蜜]** ①꿀, 벌꿀, 백청 ②백설탕을 녹여서 달인 물

**しろむく [白無垢]** ①겉옷·속옷이 모두 흰옷 차림, (특히) 신부 의상 ②염색하지 않은 옷감

**しろめ [白目]** ①백목, (눈의) 흰자위 ⇔ 黒目¶ ~が充血する 눈이 충혈되다 ②백안, 차가운 눈초리¶ ~で見る 백안시하다

**しろめ [白鑞]** 〖工〗 땜납, 주석과 납의 합금

**しろもの [代物]** ①(매매하는) 물건, 상품¶ 舶来の~ 외래품 ②(경멸·야유조로) 인물, 녀석, 것¶ この値段だんにしてはまあまあの~だ 이 가격치고는 그저 그런 정도의 물건이다/ あの男だって大したした~だ 저 남자도 대단한 치다

**しろやま [城山]** 성·성채가 있는 산

**じろりと** 〖副〗 (눈동자를 굴리면서 쏘아 보는) 힐끗 = じろっと¶ ~にらむ 힐끗 쏘아 보다

**しろん [史論]** 사론, 역사에 대한 이론·평론

**しろん [私論]** 〖文〗 사론, 개인적인 의견·견해

**しろん [詩論]** 시론, 시에 관한 이론·평론

**しろん [試論]** 시론 ①시험적인 논설 ②소론

**じろん [持論]** 지론, 지설(持説)¶ ~を曲げない 지론을 굽히지 않다

**じろん [時論]** 〖文〗 시론 ①시사 평론 ②당시의 여론, 세론¶ ~に屈くする 시론에 굴복하다

**しわ [皺]** 주름, 구김살¶ 額ひたに~を寄せる 이맛살을 찌푸리다/ ズボンの~をのばす 바지의 구김살을 펴다

**しわ [史話]** 사화, 역사에 관한 이야기

**しわ [詩話]** 시화, 시·시인에 대한 이야기

**しわ・い [吝い]** 〖形〗 인색하다, 쩨쩨하다¶ ~やつだ 인색한 놈이다

**しわがれごえ [嗄れ声]** 쉰 목소리

**しわが・れる [嗄れる]** 〖自下一〗 목이 쉬다 (잠기다): しゃがれる

**しわくちゃ [皺くちゃ]** 〖ダ〗〖ロ〗 쭈글쭈글함, 구깃구깃함 = しわしわ¶ ~になった紙 구깃구깃해진 종이

**しわけ [仕分け]** 〖名他スル〗 분류, 구분¶ 色別いろべつに~する 색깔별로 분류하다

**しわけ [仕訳]** 〖名他スル〗 (부기에서) 분개(分介)—帳 분개장

**しわ・ける [仕分ける]** 〖他下一〗 분류하다, 구분하다, 가르다¶ 荷物にもつを~ 짐을 구분하다

**しわざ [仕業]** 소행, 짓¶ 椅子を壊したのはだれの~か 의자를 망가뜨린 게 누구 짓이냐

**しわしわ [皺皺]** 〖ダ〗〖ロ〗 쭈글쭈글함, 오글오글함, 구깃구깃함 = しわくちゃ¶ ~のシャツ 구깃구깃한 셔츠

**じわじわ** 〖副〗 조금씩 ①서서히 진행되는 모양¶ 借金しゃっきんが~と増える 빚이 조금씩 늘어나다 ②액체가 서서히 배어 드는[나오는] 모양 = じわっと¶ 汗あせが~とにじみ出る 땀이 조금씩 배어 나오다

**しわす [師走]** 섣달, 음력[양력] 12월

**じわっと** 〖副〗①힘이 천천히 가해지는 모양, 지그시 ②感情かんじょうが~こみあげる 감정이 지그시 치밀어 오르다 ②액체가 서서히 배어 드는[나오는] 모양, 촉촉이¶ ~汗あせばむ 촉촉이 땀이 나다

**しわのばし [皺伸ばし]** ①주름[구김살]을 폄 ②(노인의) 기분 전환¶ ~に温泉おんせんに行く 기분 전환으로 온천에 가다

**しわばら [皺腹]** ①주름진 배, 노인의 배 ②(「皺する」의 꼴로) 노인이 할복함

**しわぶき [咳]** 〖文〗 기침, 헛기침

**しわぶ・く [咳く]** 〖自五〗〖文〗 기침을 하다, 헛기침을 하다

**しわほう [指話法]** 지화법, 수화법

**しわほう [視話法]** 시화법

**しわ・む [皺む]** 〖自五〗 주름지다, 구겨지다¶ 布地ぬのじが~ 천이 구겨지다

**しわ・める [皺める]** 〖他下一〗 주름지게 하다, 구기다, 찌푸리다¶ 顔かおを~ 얼굴을 찌푸리다

**しわよせ [皺寄せ]** 〖名他スル〗 순조롭지 못한 결과의 주름살[악영향]을 딴 곳에 미침, 여파¶ 不況ふきょうの~を受ける 불황의 여파를 입다

**じわり [地割り]** 땅의 구획, 토지[장소] 분할

**じわりじわり** 〖副〗 천천히 조금씩 확실히 진행되거나 힘이 가해지는 모양, 서서히, 차츰, 슬슬, 지그시¶ 下請したうけ業者ぎょうしゃを~としめつける 하도급 업자를 슬슬 죄다

**しわ・る [撓る]** 〖自五〗 휘다, 구부러지다

**じわれ [地割れ]** 〖名自スル〗 (지진·가뭄 등으로) 땅이 갈라짐, 갈라진 부분¶ 旱魃かんばつで田た が~する 한발로 논이 갈라지다

**しわんぼう [吝ん坊]** 〖名〗〖ダ〗 구두쇠, 노랑이

**しん [心]** 〖音〗シン 〖訓〗こころ (음)심. Ⅰ〖造語〗 ① 심장¶ 心臓しんぞう 심장·強心剤きょうしんざい 강심제 ② 정신, 마음¶ 心配しんぱい 걱정·決心けっしん 결심 ③ 중심, 한가운데¶ 核心かくしん 핵심·中心ちゅうしん 중심 ④이십팔수(二十八宿)의 하나 ▷ 〖黙字訓〗 心太ところ 우뭇 Ⅱ〖名〗①마음 속, 본심¶ ~は優しい子 본심은 착한 아이다 ②마음, 정신¶ ~の強つよい人 정신이 강한 사람 ③심, 중심, 가운데¶ 鉛筆えんぴつの~ 연필 심 ▷ 「芯」이라고도 씀

慣用句
**一が疲れる** 정신적으로 피로하다

**しん** [申] 音シン 訓もうす・さる | (음)신. (造語) ①말하다, 아뢰다¶ 申告と 신고・上申と 상신 ②십이지(十二支)의 아홉째¶ 庚申と 경신

**しん** [伸] 音シン 訓のびる・のばす | (음)신. (造語) ①펴다, 뻗다, 늘이다¶ 伸縮と 신축・屈伸と 굴신 ②말하다¶ 追伸と 추신 ▷ ②는 「申」과 같다 熟字訓 欠伸と 하품

**しん** [臣] 音シン・ジン 訓おみ | (음)신. Ⅰ (造語) 신하¶ 臣下か 신하・君臣と 군신・大臣と 대신 Ⅱ ① 신하¶ 不忠ちゅうの~ 불충한 신하 代 신하가 주군에 대해 자기를 가리키는 말. 신¶ ~安万侶 신 安万侶

**しん** [*芯] 音シン | (음)심. Ⅰ (造語) ①촛불 등의 심 ②꽃의 심¶ 摘芯と 적심 ②중심, 중앙¶ バットの~に当あてる 배트의 중심에 대다 ▷「心ん」으로도 씀

**しん** [身] 音シン 訓み | (음)심. (造語) ①몸, 육체¶ 身体と 신체・投身と 투신 ②사회 속의 개인, 자신¶ 身代と 가산・自身と 자신 ③물건의 부피나 모습, 본체¶ 銃身と 총신

**しん** [辛] 音シン 訓からい | (음)신. (造語) ①매운 맛, 맵다¶ 香辛料と 향신료 ②괴롭다, 쓰리다¶ 辛苦と 신고・辛辣と 신랄 ③십간(十干)의 여덟째¶ 辛亥と 신해 ▷ 熟字訓 辛夷と 목련

**しん** [*辰] 音シン 訓たつ | (음)신・진. (造語) ①십이지의 다섯째, 용¶ 戊辰と 무진 ②시절, 날, 때¶ 吉辰と 길신・誕辰と 탄신 ③(해・달을 포함한) 별¶ 辰宿と 진수・北辰と 북신

**しん** [信] 音シン | (음)신. Ⅰ (造語) ①거짓이 없다, 참되다, 진실¶ 信義と 신의・背信と 배신 ②믿다, 신용하다¶ 信用と 신용・信者と 신자 ④편지, 소식, 신호, 표¶ 受信と 수신・通信と 통신 ⑤「信濃の」의 준말¶ 信州と 지금의 長野と 신천웅 Ⅱ ①유교의 오상(五常)의 하나. 신실, 성실성¶ ~を示す 신실함을 보이다 ②신임, 신뢰, 신용¶ ~を問とう 신임을 묻다／~がおける人と 신뢰할 수 있는 사람 ③믿음, 신앙심

**しん** [侵] 音シン 訓おかす | (음)침. (造語) 침입하다, 침략하다, 침해하다¶ 侵害と 침해・侵食と 침식・侵入と 침입

**しん** [津] 音シン 訓つ | (음)진. ①나루터, 항구 ②솟아남¶ 興味津津と 흥미진진

**しん** [神] [神] 音シン・ジン 訓かみ・かん・こう | (음)신. Ⅰ (造語) ①신, 하느님¶ 神仏ぶつ 신불・天神と 천신 ②불가사의한 작용, 영묘한 힘¶ 神童と 신동・神妙と 신묘 ③신도¶ 神経と 신경・精神と 정신 熟字訓 神楽と 신에게 제사 지낼 때 연주하는 무악・神酒と 제주・海神と 해신 Ⅱ ①신, 하느님¶ 守護と~ 수호신

慣用句
**一に入る** (기예 등이) 입신의 경지에 들다

**しん** [唇] 音シン 訓くちびる | (음)순. (造語) 입술¶ 口唇と 구순・紅唇と 홍순 ▷ 정자는 「脣」

**しん** [娠] 音シン | (음)신. (造語) 임신하다, 잉태하다¶ 妊娠と 임신

**しん** [振] 音シン 訓ふる・ふるう | (음)진. (造語) ①흔들다, 흔들리다¶ 振動と 진동・振幅と 진폭 ②떨치다, 왕성해지다¶ 振興と 진흥・不振と 부진

**しん** [*晋] [晉] 音シン 訓すすむ | (음)진. Ⅰ (造語) 나아가다, 앞으로 나서다 Ⅱ [史] (중국의) 진나라

**しん** [浸] [浸] 音シン 訓ひたす・ひたる | (음)침. (造語) ①스며들다, 배다¶ 浸食と 침식・浸透と 침투 ②물에 잠기다, 담그다¶ 浸出と 침출・浸水と 침수

**しん** [*疹] 音シン | (음)진. (造語) 피부의 발진¶ 湿疹と 습진・発疹と 발진 熟字訓 麻疹と 마진, 홍역

**しん** [真] [眞] 音シン 訓ま・まこと | (음)진. Ⅰ (造語) ①거짓이 없다, 참되다¶ 真理と 진리・写真と 사진 ②자연 그대로다, 순수하다¶ 真紅と 진홍・真空と 진공 ③(해서(楷書)¶ 真書と 해서 Ⅱ ①진실, 참, 진짜¶ ~と偽ぎ 참과 거짓 ②[哲] (명제가) 옳음, 참, 진리 ③「真打ち」의 준말¶ ~を打つ 비장의 배우를 출연시키다

慣用句
**一に迫る** 진짜와 흡사하다, 생생하다

**しん** [*秦] 音シン 訓はた | (음)진. Ⅰ (造語) 중국의 진나라 Ⅱ [史] (중국의) 진나라

**しん** [針] 音シン 訓はり | (음)침. (造語) ①바늘, 바늘처럼 뾰족한 물건¶ 避雷針と 피뢰침・針小棒大ぼうだい 침소봉대 ②(계기 등의) 눈금을 가리키는 물건¶ 検針と 검침・磁針と 자침 ③나아갈 방향, 행동 방침¶ 指針と 지침・方針と 방침 ④[医] 침¶ 針灸と 침구 ▷ ④는「鍼」와 같음 熟字訓 針孔と 바늘귀

**しん** [深] 音シン 訓ふかい・ふかまる・ふかめる・~さ | (음)심. (造語) ①물이 깊다, 깊이¶ 深淵と 심연・水深と 수심 ②깊숙하다¶ 深遠と 심원・深山と 심산 ③색이 진하다¶ 深紅と 심홍 ④밤이 깊다¶ 深夜と 심야

**しん** [紳] 音シン | (음)신. (造語) 귀인의 예복용 띠, 지체・교양을 갖춘 훌륭한 사람¶ 紳士と 신사・縉紳と 진신, 지체 높은 관리

**しん** [進] [進] 音シン 訓すすむ・すすめる | (음)진. (造語) ①앞으로 나아가다¶ 進行と 진행・前進と 전진 ②승진하다, 지위・계급이 오르다¶ 進級と 진급・昇進と 승진 ③향상하다¶ 進化と 진화・進歩と 진보 ④바치다, 드리다¶ 進貢と 진공・進上と 진상 ⑤여쭙다¶ 進言と 진언 ⑥일을 추진하다¶ 推進と 추진・増進と 증진

**しん** [森] 音シン 訓もり | (음)삼. (造語) ①나무가 우거진 곳, 수풀 모양¶ 森羅と 삼라・森林と 삼림 ②조용하고 엄숙한 모양¶ 森閑と 삼한, 괴괴함・森厳と 삼엄

**しん** [診] 音シン 訓みる | (음)진. (造語) 진찰하다¶ 診察と 진찰・初診と 초진・聴診と 청진

しん

しん【寝】[寢] 音シン 訓ねる・ねかす|(음)침. Ⅰ(造語) ①자다, 잠들다, 잠¶寢具ん 침구・寢室ん 침실・寢台ん 침대 ②방, 거실¶寢殿ん 침전・正寢ん 정침 Ⅱ 잠, 잠자리
[慣用句]
—に就つく 잠자리에 들다, 취침하다

しん【慎】[愼] 音シン 訓つつしむ|(음)신. (造語) 삼가다, 조심해서 하다¶慎重ん 신중・謹慎ん 근신

しん【新】音シン 訓あたらしい・あらた・にい|(음)신. Ⅰ(造語) ①새롭다, 새것¶新刊ん 신간・最新ん 최신 ②새롭게 하다¶革新ん 혁신・刷新ん 쇄신 ③새롭다는 뜻을 나타내는 말¶新時代ん 신시대 Ⅱ ①새로운 것, 새것¶〜を好このむ 새것을 좋아하다 ②양력¶〜の正月がつ 신정 ③〖史〗 (중국의) 신나라

しん【*榛】音シン 訓はしばみ・はんのき|(음)진. (造語) 개암나무, 오리나무

しん【*槇】[槙] 音シン 訓まき|(음)전. (造語) 젓꼭지나무・柏槇ん 향나무

しん【賑】音シン 訓にぎわす・にぎやか|(음)진. (造語) ①번성하다, 붐비다¶殷賑ん 은진 ②베풀다, 구휼하다¶賑恤つ 진휼

しん【審】音シン 訓つまびらか|(음)심. (造語) ①자세히 살피다, (옳고 그름을) 분명히 하다¶審査さ 심사・審判ん 심판 ②「審理り」의 준말¶誤審ご 오심・再審さい 재심 ③〖野〗 심판원¶球審ゅう 구심・主審ゅ 주심

しん【震】音シン 訓ふるう・ふるえる|(음)진. (造語) ①흔들다, 흔들리다¶震動う 진동・地震ん 지진 ②떨다, 전율하다, 떨림¶震駭がい 진해・震恐ょう 진공 ③지진¶強震ょう 강진・余震ん 여진 ④(주역의 팔괘에서) 동쪽¶震旦ん 진단, 중국

しん【薪】音シン 訓たきぎ・まき|(음)신. (造語) 맬나무, 장작¶薪炭ん 신탄・臥薪ん 와신

しん【親】音シン 訓おや・したしい・したしむ|(음)친. (造語) ①친하다, 가깝다¶親善ん 친선・親密つ 친밀 ②스스로, 친히¶親書ょ 친서・親政い 친정 ③부모, 양친¶親權ん 친권・両親ん 양친 ④혈육, 일가, 친족¶親戚き 친척・肉親く 육친 Ⅱ 혈육, 친족, 일가¶大義い〜を滅めっす 대의를 위해 육친도 돌보지 않다
[慣用句]
—は泣なき寄より、他人たは食くい寄より (불행한 일이 있을 때) 혈육은 애도하는 마음에서 모이지만 남들은 먹을 것을 바라고 모인다

しん【清】〖史〗 (중국의) 청나라

じん【人】音ジン・ニン 訓ひと|(음)인. Ⅰ(造語) ①사람, 인간¶人格く 인격・成人い 성인・人間げん 인간・他人じん 타인 ②…출신이나 …분야의 사람¶京都人と 교토 사람・芸能人のう 예능인・保証人しょう 보증인 Ⅱ 평점을 3단계로 나눈 것 중의 세 번째

じん【刃】[刄] 音ジン・ニン 訓は・やいば|(음)인. (造語) ①칼날, 刃¶凶刃ょう 흉인・白刃く 백인 ②칼로 베다, 베어 죽이다¶刃傷

ょう 인상・自刃ん 자인

じん【仁】音ジン・ニ・ニン|(음)인. Ⅰ(造語) ①어진 마음, 인자함¶仁術ゅつ 인술・仁政い 인정 ②인간, 사람¶御仁ご (남을 높여서) 분・朴念仁ねん 벽창호 ③과일의 씨¶杏仁ょう 행인 Ⅱ ①유교의 오상(五常)의 하나, 인¶身を殺ころして〜を成なす 살신 성인하다 ②사람, 분¶礼儀ぎを わきまえた御〜だ 예의를 아는 분이다 ③〖生〗 핵소체

じん【*壬】音ジン(ジム) 訓みずのえ|(음)임. (造語) 십간(十干)의 아홉째¶壬申ん 임신

じん【尽】[盡] 音ジン 訓つくす・つきる・つかす・ことごとく|(음)진. (造語) ①모두 없어지다, 다하다, 다 써서 없애다¶尽力りょく 진력・無尽蔵ぞう 무진장 ②모조리, 모두¶一網打尽ちだ 일망 타진 ③그믐날, 월말¶尽日じつ 진일, (섣달) 그믐

じん【迅】[迅] 音ジン|(음)신. (造語) 속도가 빠르다¶迅速く 신속・疾風迅雷っぷう 질풍신뢰・獅子奮迅ふん 사자 분신

じん【甚】音ジン 訓はなはだ・はなはだしい|(음)심. (造語) 심하다, 심히, 대단히¶甚大い 심대・深甚ん 심심

じん【*訊】音ジン|(음)신. (造語) 묻다, 캐묻다, 추궁하다¶訊問ん 신문

じん【陣】音ジン(ヂン)|(음)진. Ⅰ(造語) ①군대의 배치, 방비, 군세¶陣営い 진영・敵陣き 적진 ②싸우기 위해 늘어선 사람들¶筆陣ひっ 필진・論陣ろん 논진 ③싸움, 전쟁¶出陣ゅつ 출진 ④몰려 왔다가 되돌아가는 모양, 한 차례, 한바탕¶陣痛う 진통・陣風ぷう 진풍 ⑤공통 목적으로 모인 사람의 집단¶教授陣ょう 교수진・報道陣どう 보도진 Ⅱ ①군대의 배치, 진지, 진영¶背水の〜 배수의 진/ 敵の〜に乗のり込こむ 적진에 진입하다 ②싸움, 전쟁, 전투¶大坂夏さかなつの〜 大坂성의 여름 전투 ③궁중 경호 무사의 대기소

じん【尋】[尋] 音ジン 訓たずねる・ひろ|(음)심. (造語) ①묻다, 심문하다¶尋問ん 심문 ②척관법의 길이의 단위 ▷ ①은「訊」와 같음

じん【腎】音ジン|(음)신. (造語) ①신장, 콩팥¶腎盂う 신우・腎臓ぞう 신장・副腎ふく 부신 ②중요한 곳¶肝腎かん 가장 중요함

じん【*靭】音ジン|(음)인. (造語) 유연하고 튼튼함, 질김¶靭帯い 인대・強靭ょう 강인

じん【塵】音ジン(ヂン) 訓ちり|(음)진. (造語) ①먼지, 티끌¶塵埃い 진애・粉塵ふん 분진 ②더러움, 속세¶塵界い 진계・俗塵ぞく 속진 ③〖佛〗 지각・인식의 대상, 수행에 방해가 되는 것, 번뇌¶塵労ろう 진로

しんあい【信愛】〖文〗 신애 Ⅰ 名 他スル 믿고 사랑함 Ⅱ 名 신앙과 애정

しんあい【親愛】名 ㋣ 친애¶〜の情ょう 친애의 정/〜なる諸君くん 친애하는 제군

じんあい【仁愛】〖文〗 인애, 자애¶〜の心こころ 인애심/〜に満みちたことば 자애로 가득 찬 말

じんあい【塵挨】〖文〗 진애 ①먼지와 티끌 ②속세, 세상¶〜にまみれる 속세에 더럽혀지다

しんあん【新案】 신안. 새로운 고안 ―特許[<sup>とっきょ</sup>] 신안 특허. 실용 신안 특허
しんい【心意】(文) 심의. 마음
しんい【神威】(文) 신위. 신의 위력·권위
しんい【神意】 신의. 신의 뜻
しんい【真意】 진의. 참뜻¶ ～を確かめる 진의를 확인하다／～を悟る 진의를 깨닫다
しんい【深意】(文) 심의. 깊은 뜻¶ ～を解す る 심의를 이해하다
しんい【瞋恚】(文) 진에 ①분노. 노여움¶ ～の火を燃やす 분노를 불태우다 ②[佛] 자기 뜻에 반하는 것을 미워하고 노함
じんい【人為】(文) 인위¶ ～を加える 인위를 가하다 ―的[<sup>てき</sup>] 인위적
しんいき【神域】 신역. 神社의 경내
しんいき【震域】 진역. 지진의 진동을 느낄 수 있는 지역
しんいり【新入り】 신입. 신참¶ ～の部員を 歓迎する 신입 부원을 환영하다
しんいん【心因】 심인. 심리적 원인¶ ―性疾患 심인성 질환 ―反応[<sup>はんのう</sup>] 심인성 반응
しんいん【神韻】(文) 신운. (작품 등의) 신비롭고 뛰어난 운치 ―縹渺 [<sup>ひょうびょう</sup>](文) 신운 표묘. 비할 바 없이 운치가 넘침¶ ～とした東洋画[<sup>とうようが</sup>] 신비스러운 운치가 넘치는 동양화
しんいん【真因】 진인. 진짜 원인¶ ～を突き とめる 진인을 밝혀내다
しんいん【新院】(上皇が 둘 이상일 경우에) 새로 上皇[<sup>じょうこう</sup>]가 된 사람
じんいん【人員】 인원¶ ―整理[<sup>せいり</sup>] 인원 정리／～を増やす 인원을 늘리다
しんいんしょうぎ【新印象主義】[美] 신인 상주의
じんう【腎盂】[醫] 신우 ―炎[<sup>えん</sup>][醫] 신우염
しんうち【真打(ち)】 (만담 등에서) 마지막에 나오는 인기 출연자. 최고위 만담가
しんうん【進運】(文) 진운. 진보의 기운. 발전하는 경향¶ 世の～に伴って 세상의 진운에 따라서
しんえい【真影】 진영. 사진. 초상화¶ 陛下[<sup>へいか</sup>]の御～ 폐하의 어영(御影)
しんえい【新鋭】[名] 신예. 신진 기예
しんえい【親衛】 친위 ―隊[<sup>たい</sup>] 친위대
じんえい【人影】(文) 인영. 사람 그림자. 인적 ¶ ～まれな山道[<sup>やまみち</sup>] 인적이 드문 산길
じんえい【陣営】 진영
しんえつ【信越】 옛날의 信濃[<sup>しなの</sup>]・越後[<sup>えちご</sup>] 지방 ▷지금의 長野[<sup>ながの</sup>]・新潟[<sup>にいがた</sup>]현 지방
しんえつ【親閲】[名][他スル] 친열. 국왕·국가 원수가 친히 검열·사열함 ―式[<sup>しき</sup>] 친열식
しんえん【心猿】 심원. 정욕·번뇌가 성하여 억제하지 못함¶ 意馬[<sup>いば</sup>]～ 의마 심원
しんえん【神苑】(文) 神社의 경내. 그 경내에 있는 정원
しんえん【深淵】(文) 심연 ①깊은 못 ②정신의 깊숙한 곳¶ 欲望[<sup>よくぼう</sup>]の～ 욕망의 심연
[慣用句]
―に臨む 매우 위험한 사태에 직면하다

しんえん【深遠】[名][ダ] 심원. 깊고 멂¶ ～な 思想[<sup>しそう</sup>] 심원한 사상
じんえん【人煙・人烟】(文) 인연 ①밥짓는 연기 ②인가¶ ～まれな奥深い山の中に 인가가 드문 깊은 산속
じんえん【腎炎】[醫] 신염. 신장염
しんおう【心奥】(文) 심중. 마음속¶ ～よりの 感激[<sup>かんげき</sup>] 마음속에서 우러나는 감격
しんおう【深奥】(文)[名][ダ] 심오. 깊고 오묘함. 깊은 속¶ ～な哲理[<sup>てつり</sup>] 심오한 철리
しんおう【震央】[地] 진앙
じんおく【人屋】(文) 인가(人家)
しんおん【心音】[醫] 심음. 고동 소리
しんおん【唇音】[文法] 순음. 입술 소리
しんか【心火】(文) 심화. 마음속의 울화¶ ～を 燃やす 심화를 태우다
しんか【臣下】 신하＝家来[<sup>けらい</sup>]
しんか【神化】Ⅰ[名] ①신의 덕화(德化) ②신기한 변화 Ⅱ[名][自他スル] 신화. 신이 됨. 신으로 받듦. 신격화함
しんか【神火】 ①神社 등에서 피우는 불 ②신화. 이상한 불. 도깨비불
しんか【真価】 진가¶ ～を発揮[<sup>はっき</sup>]する 진가를 발휘하다
しんか【深化】[名][自他スル] 심화¶ 対立[<sup>たいりつ</sup>]が～す る 대립이 심화되다
しんか【進化】[名][自スル] 진화⇔退化[<sup>たいか</sup>]¶ 社会[<sup>しゃかい</sup>]の～ 사회의 진화 ―論[<sup>ろん</sup>][生] 진화론
じんか【人家】 인가
しんかい【心界】(文) 심계. 마음의 세계
しんかい【深海】 심해⇔浅海[<sup>せんかい</sup>] ―魚[<sup>ぎょ</sup>] 심해어 ―底[<sup>てい</sup>][地] 심해저
しんかい【新開】[名] 신개 ①황무지를 개간함 ②지역을 새로 개발함 ―地[<sup>ち</sup>] 신개지 ①새로 개간한 땅 ②신시가지
しんがい【心外】[ダ] 심외 ①의외. 뜻밖¶ ～の 出来事[<sup>できごと</sup>] 뜻밖에 생긴 일 ②예상 밖의 일로 섭섭함. 유감스러움¶ 期待[<sup>きたい</sup>]が裏切[<sup>うらぎ</sup>]るとは～だ 그가 배신하다니 유감이다
しんがい【侵害】[名][他スル] 침해¶ 基本的[<sup>きほんてき</sup>]人権[<sup>じんけん</sup>]の～ 기본적 인권의 침해
しんがい【震駭】[名][自スル] 진해. 놀라서 떪 ¶ 世間[<sup>せけん</sup>]を～させた事件[<sup>じけん</sup>] 세상을 놀라 떨게 한 사건
じんかい【人界】(文) 인계. 인간 세계
じんかい【塵芥】(文) 진개. 쓰레기＝ちりあくた·ごみ¶ ―焼却場[<sup>しょうきゃくじょう</sup>] 쓰레기 소각장
じんかい【塵界】(文) 진계. 속세¶ ～を離れる 속세를 떠나다
じんかい【人外】 ①인간 세상 밖¶ ～の佳境[<sup>かきょう</sup>] 세상 밖의 아름다운 곳 ②인간의 도리에서 벗어남＝にんがい ―境[<sup>きょう</sup>](文) 사람이 살지 않는 곳. 속세를 떠난 곳
じんかい【塵外】 진외. 속세를 벗어난 곳 ¶ ～に余生[<sup>よせい</sup>]を送る 속세를 떠난 곳에서 여생을 보내다
じんかいせんじゅつ【人海戦術】 인해 전술
しんがお【新顔】 신인. 신참

しんかき【真書き】 초필(抄筆), 끝이 가는 붓
しんかく【神格】 신격 ━化カ 名他スル 신격화
しんがく【心学】 ①(江戸ごう 중기 이후의) 신(神)・유(儒)・불(佛)의 가르침을 융합한 실천 도덕 ②심학. 양명학
しんがく【神学】 신학 ¶ ━者シャ 신학자
しんがく【進学】 名自スル 진학
じんかく【人格】 인격 ¶ ～を疑がう 인격을 의심하다 ━化カ 名他スル 인격화. 의인화 ━者シャ 인격자 ━主義ギ 【倫】 인격주의
しんかくせいぶつ【真核生物】 【生】 진핵 생물
じんがさ【陣笠】 ①전립 ②전립 모양의 물건을 부르는 말 ③「陣笠連ジンれん」의 준말 ━連レン ①병졸, 하급 무사 ②하급자, 평의원, 간부가 아닌 정당원
しんがた【新型・新形】 신형 ¶ ～の自動車ジドウシャ 신형 자동차 ━転換炉テンカンロ 【原】 신형 전환로
しんがっこう【神学校】 신학교
しんかな【新仮名】「新仮名遣づかい」의 준말 ━遣づかい 現代ゲンダイ仮名遣かなづかいの 통칭
じんがね【陣鐘】 (옛날에 진중에서) 군대의 진퇴 신호로 울리던 종・징
しんかぶ【新株】 【經】 신주 ━引受権ひきうけけん 【經】 신주 인수권
しんかぶき【新歌舞伎】 【藝】 明治メイジ 이후의 문학자에 의해 쓰여진 신작 歌舞伎かぶき
しんかべ【真壁】 【建】 (일본식 일반 주택에서) 기둥이 겉으로 보이게 한 벽
しんから【心から】 진심으로, 마음속에서부터 ¶ ～感謝カンシャする 진심으로 감사하다
しんがら【新柄】 새 무늬
しんがり【殿】 ①(군대의) 후위, 후위대 ②(대열・순번의) 맨 뒤, 최후위
しんかん【心肝】 【文】 심간 ①심장과 간장 ②마음속, 심담 ¶ ～を寒さむからしめる 간담을 서늘하게 하다
しんかん【信管】 신관. 뇌관
しんかん【神官】 신관. 신직(神職) = かんぬし
しんかん【宸翰】 【文】 신한. 천자가 친히 쓴 문서
しんかん【森閑・深閑】 ケダル 삼한. 매우 고요함, 인기척도 없이 괴괴함 ¶ ～とした家ヤ 인기척도 없이 괴괴한 집
しんかん【新刊】 신간 ¶ ～図書 신간 도서
しんかん【新館】 신관 ↔旧館キュウカン
しんかん【震撼】 名自他スル 【文】 진감. 울려서 흔들림, 울리게 흔듦 ¶ 世界セカイを～させた事件ジケン 세계를 뒤흔든 사건
しんがん【心眼】 심안 = しんげん ¶ ～を開ひらく 심안을 열다 ¶ ～に映うつる 심안에 비치다
しんがん【心願】 ①신불에게 올리는 기원 ¶ ～を立たてる 발원하다 ②심원. 염원, 소망
しんがん【真贋】 【文】 진안. 진짜와 가짜, 진위 ¶ ～の別ベツ 진위의 구별
しんかんせん【新幹線】 【交】 신간선
しんき【心気】 【文】 심기. 기분, 마음 ¶ ～を砕くだく 여러 가지로 고심하다
しんき【心悸】 심계. 심장의 고동 ━亢進コウシン 【醫】 심계 항진

しんき【心機】 【文】 심기. 마음의 움직임 ━一転イッテン 名自スル 심기 일전
しんき【辛気】 名ダ 마음이 밝지 못함, 답답함 ¶ ～を病やむ 답답한 속을 태우다 ━臭くさい 形 답답하다, 짜증스럽다
しんき【神気】 【文】 신기 ①신령한 기운 ¶ ～が漂ただよう 신기가 감돌다 ②빼어난 취향 ③기력
しんき【振気】 名自他スル 【文】 진기. 진작 ¶ 精神セイシンを～する 정신을 진작시키다
しんき【新奇】 名ダ 신기. 새롭고 기묘함 ¶ ～をてらう 신기함을 자랑하다
しんき【新規】 신규 Ⅰ 名 새로운 규칙 Ⅱ 名ダ 새로움 ¶ ～採用ಆょう 신규 채용
慣用句
━蒔まき直なおし 처음부터 다시 시작함, 재출발
しんき【新禧】 【文】 신희. 신년 축하 ¶ 恭賀キョウガ～ 공하 신희
しんき【心木】 ①굴대, 축 ②중심, 지주
しんぎ【信義】 신의 ¶ ～にあつい 신의가 두텁다
しんぎ【神技】 신기. 신통하고 영묘한 기술 = かみわざ ¶ ～に近ちかい 신기에 가깝다
しんぎ【真偽】 진위. 참과 거짓, 옳고 그름 ¶ ～のほどを確たしかめる 진위 여부를 확인하다
しんぎ【真義】 【文】 진의. 참뜻
しんぎ【清規】 【佛】 청규. (선종에서) 생활의 규칙 = せいき
しんぎ【審議】 名他スル 심의 ¶ 原案ゲンアンを～する 원안을 심의하다 ━会カイ 【政】 심의회
じんき【人気】 ①그 지방의 기질・기풍 ¶ ～が荒あらい 기질이 거칠다 ②인기척
じんぎ【仁義】 인의 ①인과 의 ¶ ～にもとる 인의에 어긋나다 ②의리 ¶ ～を欠かく 의리가 없다 ③(폭력배들 사이의) 첫대면의 인사, 예의 ¶ ～を知しらない 예의를 모르다 / ～を切きる 첫대면의 인사를 나누다
じんぎ【神祇】 신기. 천신과 지신, 하늘과 땅의 신, 천신지기 ━官カン 【日史】 (律令制リツリョウセイ에서) 궁중 제례를 관장하고 지방의 神社ジンジャ를 통할한 관청 ②(明治メイジ 초기에) 제정 일치를 목적으로 설치한 관청 ━省ショウ 【日史】 神祇官②을 개칭하여 설치한 관청
じんぎ【神器】 신기. 신에게서 받은 보기(寶器) (특히) 일본 황위의 상징인 3가지 신기 (神器)
しんきげん【新紀元】 신기원. 새 시대의 시초 ¶ ～を開ひらく 신기원을 열다
しんきじく【新機軸】 신기축. 혁신안 ¶ ～を打うち出だす 신기축을 창출하다
ジンギスカン【成吉思汗】 → チンギスハン ━鍋なべ ①칭기스칸 요리에 쓰는 투구 모양의 냄비 ②【料】 칭기스칸 요리
しんぎたい【心技体】 정신력・기능・체력의 3가지 조건 ¶ ～ともに一点いってんのすきもない 정신력・기능・체력 모두 한치의 허점도 없다
しんきゅう【進級】 名自スル 진급
しんきゅう【新旧】 신구 ①새것과 헌것 ¶ ～交代だい 신구 교체 ②양력과 음력
しんきゅう【審級】 【法】 심급. 소송을 심리하는 차례 ¶ ～制度セイド 심급 제도

**しんきゅう** [鍼灸・針灸] (文) 침구. 침과 뜸
**しんきょ** [新居] ①새집, 새 주택 ②새살림, 신혼 가정 ¶ ～を構える 새살림을 차리다
**じんきょ** [腎虚] (名) 신허
**しんきょう** [心境] 심경 ¶ ～の変化 심경의 변화 **—小説** (文) 심경 소설
**しんきょう** [信教] 신교. 종교를 믿음 ¶ ～の自由 신교의 자유
**しんきょう** [神橋] 神社 경내에 있는 다리
**しんきょう** [神鏡] ①신령으로 모시는 거울 ②일본 황실의 3가지 신기 중 "やたの鏡"
**しんきょう** [進境] 진경. 진보된 경지 ¶ ～著しいものがある 진경이 두드러진 바가 있다
**しんきょう** [新教] [改新] 신교. 프로테스탄트
**じんきょう** [人境] (文) 인경. 사람 사는 곳, 마을
**しんぎょうそう** [真行草] 진행초 ①(한자 서체의) 진서(해서)·행서·초서 ②꽃꽂이·회화·정원 등의 표현 형식
**しんきょく** [新曲] 신곡
**しんきろう** [蜃気楼] [気] 신기루
**しんきろく** [新記録] 신기록
**しんきん** [心筋] [醫] 심근. 심장 근육 **—梗塞** [醫] 심근 경색 **—症** [醫] 심근증
**しんきん** [宸襟] (文) 신금. 임금의 마음
**しんきん** [親近] Ⅰ (名)(自スル)(文) 친밀함 Ⅱ (名) ①가까운 친척 ②측근, 근신 **—感** 친근감
**しんぎん** [呻吟] (名)(自スル)(文) 신음
**しんきんしょう** [真菌症] [醫] 진균증
**しんきんるい** [真菌類] [生] 진균류
**しんく** [辛苦] (名)(自スル) 신고. 고생함 ¶ 艱難～ 간난 신고 / ～を共にする 신고를 함께하다
**しんく** [真紅・深紅] 진홍 ¶ ～の優勝旗 진홍의 우승기
**しんぐ** [寝具] 침구 ＝夜具
**じんく** [甚句] [樂] 7·7·7·5의 4구(句)로 된 일본 민요 형식의 하나
**しんくい** [身口意] [佛] 신구의. 몸[행동]·입[말]·뜻[정신], 일상 생활의 모든 행위
**しんくいむし** [心食い虫] [動] 속먹이벌레
**しんくう** [真空] 진공 ①[物] 공기 등의 물질이 전혀 없는 공간 ②작용·활동이 정지된 상태 ¶ [佛] ～地帯 진공 지대 ③[佛] 참된 공(空) **—管** [電] 진공관 **—放電** [電] 진공 방전
**しんぐう** [新宮] 본디의 神社에서 신령을 나눠 모신 새 神社 ＝若宮
**じんぐう** [神宮] 신궁 ①신의 궁전 ②격이 높은 神社 ③"伊勢神宮"의 준말 **—寺** (옛날에) 神社에 부속되었던 절
**しんぐみ** [新組み] [版] 신조판, 새 조판
**しんくん** [神君] ①공적이 위대한 군주에 대한 높임말 ②(江戸) 시대에 죽은 뒤의 徳川家康에 대한 존칭
**しんぐん** [進軍] (名)(自スル) 진군
**じんくん** [人君] (文) 인군. 군주, 제왕
**じんくん** [仁君] (文) 인군. 어진 군주
**しんけ** [新家] 분가, 별가(別家) ＝しんや
**しんけい** [神経] 신경 ¶ ～が鈍い 신경이 둔하다 / ～にさわる 신경에 거슬리다 **—過敏** 

(名) ア 신경 과민 **—系** [生] 신경계 **—質** (名)(ア) 신경질 **—症** 신경증 **—衰弱** 신경 쇠약 **—戦** 신경전 **—痛** 신경통
**しんけい** [晨鶏] (文) 신계. 새벽을 알리는 닭
**じんけい** [仁恵] (文) 인혜. 은혜, 온정
**じんけい** [仁兄] [代] (文) 인형. (주로 편지문에서) 동년배의 남자를 친밀하게 부르는 말
**じんけい** [陣形] 진형 ①전투 대형 ¶ ～を整える 진형을 가다듬다 ②(경기에서) 선수 배치 ③(장기·바둑에서) 말이나 돌의 배치
**しんげき** [進撃] (名)(自スル) 진격 ¶ 本拠地に向かって～する 본거지를 향해 진격하다
**しんげき** [新劇] [劇] 신극. 근대극
**しんけつ** [心血] 심혈. 온 정성·힘 ¶ ～を傾ける 심혈을 기울이다
**しんげつ** [新月] 신월 ①[天] 음력 초하루, 초승달 ②동쪽 하늘에 솟아오르는 달
**じんけつ** [人傑] (文) 인걸. 뛰어난 인물
**じんけっせき** [腎結石] [醫] 신결석. 신장 결석
**しんけん** [神剣] 신검 ①신이 내린 칼, 신에게 바치는 칼 ②일본 황실의 세 가지 신기 중 草薙剣
**しんけん** [神権] 신권 ①신의 권위 ②신으로부터 받은 권력 ¶ ～政治 신권 정치
**しんけん** [真剣] Ⅰ (名) 진검, 진짜 칼 ¶ ～で立ち合う 진검으로 맞겨루다 Ⅱ ア 진지함, 진정임 ¶ ～な態度 진지한 태도 **—勝負** ①진검 승부 ②목숨을 건 진지한 승부
**しんけん** [親権] [法] 친권 ¶ ～者 친권자
**しんげん** [進言] (名)(他スル) 진언
**しんげん** [森厳] (名)(ア)(文) 삼엄. 매우 엄숙함 ¶ ～な祭式 삼엄한 제식
**しんげん** [箴言] 잠언 ¶ ～集 잠언집
**しんげん** [震源] 진원 ①[地] 지진의 발생 기점 ②(사건 등의) 근원 **—地** 진원지 ①진앙 부근의 지역 ②(소문 등의) 출처
**じんけん** [人絹] 인견. 인조 견사 ⇔ 本絹
**じんけん** [人権] 인권 ¶ ～を擁護する 인권을 옹호하다 **—蹂躙** 인권 유린 **—宣言** [史] 인권 선언
**しんけんざい** [新建材] [建] 신건재. (프린트 합판·석고 보드 등) 새로운 건축 재료
**じんけんひ** [人件費] 인건비
**しんげんぶくろ** [信玄袋] 타원형 바닥에 두꺼운 종이를 깔고 아가리는 끈으로 묶는 천 자루
**しんこ** [真個] (名)(文) 참됨, 진짜, 진정 ¶ ～の愛情 참된 애정
**しんこ** [新古] 신고. 새것과 낡은 것. 신구
**しんこ** [香] [動] → おしらこ
**しんこ** [新粉・米参粉] 쌀가루 **—細工** 쌀가루로 빚은 떡을 물들여 동식물·물건 모양으로 만든 과자 **—餅** 쌀가루를 반죽해 빚은 떡
**しんご** [身後] (文) 신후, 사후(死後)
**しんご** [神語] 신어 ①신탁 ②신성·영묘한 말
**しんご** [新語] 신어 ①신조어 ②새 낱말
**じんご** [人後] 남의 뒤·아래
(慣用句)
**—に落ちない** 남에게 뒤지지 않다

じんご　【人語】①사람의 말¶ 〜を解(かい)する馬(うま) 사람 말을 알아듣는 말 ②사람의 말소리
しんこう　【信仰】名他スル 신앙¶ 〜心(しん) 신앙심
しんこう　【侵攻】名自スル(文) 침공
しんこう　【侵寇】名他スル(文) 침구. 침범하여 노략질함
しんこう　【振興】名自他スル 진흥
しんこう　【深交】 심교. 깊은 교제
しんこう　【深更】(文) 심경. 심야. 한밤중
しんこう　【深厚】名ダ(文) 심후. 깊고 두터움. 심심¶ 〜の謝意(しゃい) 심심한 사의
しんこう　【深耕】名他スル 심경. 땅을 깊이 갊
しんこう　【進行】名自他スル 진행 ①앞으로 나아감¶ 列車(れっしゃ)が〜する 열차가 달리다 ②(일의) 진전, 진척¶ 議事(ぎじ)〜 의사 진행 / 事態(じたい)が〜する 사태가 진전되다 ―係(がかり) 진행 담당(자) ―形(けい)【文法】 진행형
しんこう　【進攻】名他スル(文) 진공, 진격¶ 敵陣(てきじん)深(ふか)く〜する 적진 깊숙이 진격하다
しんこう　【進航】名自スル(文) 진항. (배가) 앞으로 나아감
しんこう　【進貢】名自他スル(文) 진공. 조공¶ 〜船(せん) 조공선
しんこう　【進講】名他スル 진강. 임금이나 귀인 앞에 나아가 강론함
しんこう　【新興】名 신흥¶ 〜勢力(せいりょく) 신흥 세력 ―宗教(しゅうきょう) 신흥 종교
しんこう　【親交】 친교. 친밀한 교제¶ 〜を深(ふか)める 친교를 돈독히 하다
しんごう　【信号】 신호 ①일정한 부호로 의사를 전달함, 그런 표시¶ 手旗(てばた)〜 수기 신호 ②【交】 교통 신호, 신호기¶ 赤(あか)〜 빨간 신호
しんごう　【神号】 신의 칭호
じんこう　【人口】 인구 ①사람의 수¶ 〜が稠密(ちゅうみつ)である 인구가 조밀하다 ②뭇사람의 입, 소문¶ 〜に上(のぼ)る 사람들의 입에 오르다 ―密度(みつど) 인구 밀도
　慣用句
　―に膾炙(かいしゃ)する 인구에 회자되다. 뭇사람의 입에 오르내리다
じんこう　【人工】 인공¶ 〜頭脳(ずのう) 인공 두뇌/ 〜皮革(ひかく) 인조 피혁 ―衛星(えいせい)【字】 인공 위성 ―甘味料(かんみりょう) 인공 감미료 ―気胸(ききょう)【醫】 인공 기흉(氣胸) 요법 ―語(ご)【言】 인공어. 국제어 ―降雨(こうう)【気】 인공 강우 ―呼吸(こきゅう) 인공 호흡 ―芝(しば) 인조 잔디 ―授精(じゅせい)【農】 인공 수정 ―知能(ちのう)【컴】 인공 지능 ―的(てき)ダ 인공적
じんこう　【沈香】 침향 ①【植】 침향나무 ②침향 나무로 만든 향료
　慣用句
　―も焚(た)かず屁(へ)もひらず 도움이 되지도 않지만 해(害)가 되지도 않는다
しんこきゅう　【深呼吸】名自スル 심호흡
しんこく　【申告】名他スル 신고
しんこく　【神国】 신국. 신이 세우고 수호한다는 나라= 神州(しんしゅう)
しんこく　【深刻】ダ 심각¶ 〜な悩(なや)み 심각한 고민 / 問題(もんだい)が〜になる 문제가 심각해지다

しんこく　【新穀】 신곡. 햇곡식. (특히) 햅쌀
しんこく　【親告】名他スル 친고 ①본인이 친히 알림 ②피해자가 고소함 ―罪(ざい)【法】 친고죄
じんこく　【人国記】 ①지방별 풍토기 ②지방별 또는 都道府県(とどうふけん)별 출신 인물 평론기
じんこつ　【人骨】 인골. 사람 뼈
しんこっちょう　【真骨頂】 진면목, 진가¶ 〜を発揮(はっき)する 진면목을 발휘하다
しんこてんしゅぎ　【新古典主義】 신고전주의
しんこん　【心根】(文) 심근. 마음씨, 마음속
しんこん　【心魂】(文) 심혼. 온 정신¶ 〜を傾(かたむ)ける 심혼을 기울이다
しんこん　【身魂】(文) 신혼. 몸과 마음¶ 〜をなげうって働(はたら)く 몸과 마음을 바쳐 일하다
しんこん　【新婚】 신혼¶ 〜ほやほや 갓 결혼한 신혼 부부
しんごん　【真言】【佛】 진언 ①진실한 말, 부처의 말씀 ②기도할 때 외는 주문, 다라니 ③真言宗(しんごんしゅう)의 준말 ―宗(しゅう)【佛】 진언종 ―秘密(ひみつ)【佛】 진언 비밀. 진언종의 비밀 법문
しんさ　【審査】名他スル 심사¶ 〜員(いん) 심사원 ―請求(せいきゅう)【政】 (행정 행위에 대한) 심사 청구
しんさい　【神祭】 신제. 의식에 따른 제사
しんさい　【震災】 ①진재. 지진으로 인한 재해 ②関東(かんとう)〜 대지진
しんさい　【親祭】名自スル 天皇(てんのう)가 친히 제사를 지냄
しんさい　【親裁】名他スル(文) 친재. 天皇(てんのう)가 친히 재결(裁決)함
しんざい　【心材】 심재. 나무줄기의 중심 부분
しんざい　【浸剤】 침제. 잘게 썬 생약을 뜨거운 물에 담가 우려낸 약제
じんざい　【人才】 인재= 人材(じんざい)
じんさい　【人災】 인재 ⇔ 天災(てんさい)
じんざい　【人材】 인재= 人才(じんさい)¶ 〜を発掘(はっくつ)する 인재를 발굴하다 / 広(ひろ)く〜を求(もと)める 널리 인재를 구하다 ―派遣業(はけんぎょう) 인재 파견업
しんさく　【振作】名自他スル(文) 진작. 진기(振起)¶ 士気(しき)〜 사기 진작
しんさく　【新作】名他スル 신작 ⇔ 旧作(きゅうさく)
しんさつ　【診察】名他スル 진찰¶ 患者(かんじゃ)を〜する 환자를 진찰하다
しんさん　【心算】(文) 심산. 속셈= 心(こころ)づもり¶ 〜が狂(くる)う 속셈이 어긋나다
しんさん　【辛酸】 신산. 괴롭고 쓰라림¶ 〜を嘗(な)める 온갖 고초를 겪다
しんさん　【神算】(文) 신산. 뛰어난 계략¶ ―鬼謀(きぼう) 뛰어난 계략과 귀신 같은 꾀
しんざん　【深山】(文) 심산. 깊은 산
しんざん　【新参】 신참¶ 〜入(い)り ―者(もの) 신참자
しんし　【伸子】 퀘활¶ 〜張(は)り 퀘활을 침
しんし　【臣子】(文) ①신하와 자식 ②신하
しんし　【参差】ㅈル ①참치. 참치 부제(不齊). 고저·장단이 가지런하지 않음 ②뒤섞임¶ 〜錯落(さくらく) 뒤섞여 얼크러짐
しんし　【振子】 → ふりこ
しんし　【真摯】ダ(文) 진지¶ 〜な態度(たいど) 진지한 태도

**しんし** [紳士] 신사¶ ～服ぷく 신사복/ ～らしく ふるまう 신사답게 행동하다 ━協定ていきてい 신사 협정 ━協約やく 신사 협약 ━的てき 신사적 ━録ろく 신사록

**しんし** [進士] [史] 진사 ①옛날 중국이나 한국의 과거 과목의 하나, 그 합격자 ②(令制れいせい에서) 대학에서 추천한 학생에게 부과된 시험 ③(令制에서) 式部省しきぶしょう 시험에 합격한 사람

**しんし** [親子] [文] 친자. 어버이와 자식＝ おやこ

**しんじ** [心耳] 심이 ①[文] 마음의 귀, 마음으로 들음¶ ～を澄すます 마음의 귀를 기울이다 ② [醫] 심방(心房) 바깥쪽의 돌출부, 심방

**しんじ** [心事] [文] 심사 ①마음속으로 생각하고 있는 일¶ 悲痛ひつうな～ 비통한 심사 ②마음으로 생각하는 일과 현실¶ ～相違そういすること 多おおし 심사가 서로 다른 수가 많다

**しんじ** [臣事] [名] [自スル] 신사. 신하로서 섬김

**しんじ** [*芯地] 띠나 옷깃 속에 넣는 두껍고 빳빳한 천. 심＝ 心地じ

**しんじ** [信士] [佛] 신사 ①出家하지 않은 남자 신자, 우바새 ②남자의 계명(戒名) 밑에 붙는 칭호 ▷ ①② 信女にょ

**しんじ** [神事] 神社じんじゃ를 중심으로 신을 제사지내는 일. 제사

**しんじ** [神璽] [文] ①일본 황실의 세 가지 신기 중에서 八尺瓊勾玉やさかにのまがたま ②세 가지 신기의 총칭 ③天皇てんのう의 옥새

**しんじ** [新字] 신자 ①새로 만들어진 글자 ②(교과서 등의) 새출 문자

**じんし** [人士] [文] 인사. 지위나 교양이 있는 사람¶ 各界かっかいの～ 각계의 인사

**じんじ** [人事] 인사 ①사람이 할 수 있는 일 ②인간사, 세상사¶ ～にわずらわされる 세상사에 시달리다 ③개인의 신분·능력 등에 관한 사항¶ ～部長ぶちょう 인사 부장 ━異動いどう 인사 이동 ━院いん 국가 공무원 인사를 맡은 행정 기관 ━考課こうか 인사 고과 ━不省ふせい 인사 불성 [慣用句]
━を尽つくして天命てんめいを待まつ 진인사 대천명

**じんじ** [仁慈] [文] 인자

**しんじいけ** [心字池] 초서체 「心」자(字) 모양으로 만들어진 일본 정원의 연못

**しんしき** [神式] 神道しんとうに의한 의식

**しんしき** [新式] [名] [ア] 신식¶ ～機械きかいを試験しけんする 신식 기계를 시험하다

**しんじたい** [新字体] 신자체. 새로운 자체

**しんしつ** [心室] [醫] 심실¶ 左さ～ 좌심실

**しんしつ** [寝室] 침실＝ 寝間ねま

**しんじつ** [信実] [文] 신실. 정직¶ ～をつくす 신실을 다하다

**しんじつ** [真実] I [名] [ア] 진실 ①거짓이 없음, 참¶ ～を突つきとめる 진실을 밝혀내다/ ～を語かたるに難かたし 진실을 말하기 어렵다 II [副] 진실로, 정말로¶ ━無理むりだ 정말로 무리다

**しんじつ** [親昵] [名] [自スル] [文] 친숙함＝ 昵懇じっこん ¶ ～の間柄あいだがら 친숙한 사이

**じんじつ** [人日] 인일. 인날 ▷ 음력 정월 7일

**じんじつ** [尽日] [文] I [副] 진일. 진종일, 온종 일¶ ━在宅ざいたく 진종일 집에 있음 II [名] ①그 믐날＝ みそか ②섣달 그믐날＝ おおみそか

**しんし ほしゃ** [唇歯輔車] [文] 순치 보거. 순망 치한＝ もちつもたれつ

**しんしゃ** [*辰砂] [鑛] 진사. 주사(朱砂)¶ ～釉ゆう (도자기의) 진사유

**しんしゃ** [深謝] [名] [自他スル] 심사 ①깊은 감사¶ 御厚意ごこうい に～する 후의에 깊이 감사하다 ②깊은 사과¶ 妄言ぼうげん～ 망언 심사

**しんしゃ** [新社] ①신축한 神社じんじゃ ②새 회사, 도산했다가 재건된 회사 이름에 쓰이는 말

**しんしゃ** [新車] 신차. 새 차, 신형 차

**しんしゃ** [親炙] [名] [自スル] 친자. (존경하는 사람들과) 친분을 맺어서 감화를 받음

**しんじゃ** [信者] ①신자, 신도¶ 仏教ぶっきょうの～ 불교 신자 ②[俗] 신봉자, 팬

**じんしゃ** [仁者] ①인자. 어진 사람¶ ～は敵てき なし 인자는 적이 없다 ②인정이 많은 사람

**じんじゃ** [神社] 신사. 일본 황실의 조상이나 신 또는 국가 유공자 등을 모신 사당

**しんしゃく** [*斟酌] [名] [他スル] 참작 ①～を加くわ える 참작하다/ 双方そうほうの条件じょうけんを～する 쌍방의 조건을 참작하다 ②사양, 거리낌¶ ～することはない 사양할 것 있냐

**しんしゃく** [新釈] 신석. 새로운 해석

**じんしゃく** [人爵] [文] 인작. 사람이 정한 작위

**しんしゅ** [神酒] [文] 신주. 제주＝ みき·おみき

**しんしゅ** [進取] 진취¶ ～の気象きしょうに富とむ 진취의 기상이 넘치다

**しんしゅ** [新酒] ①신주. 햅쌀로 빚은 술 ②(양조할 때) 술을 짜고 나서 가열하기까지의 술

**しんしゅ** [新種] 신종. 새로운 종류. 신품종

**しんじゅ** [神授] 신수. 신이 내려줌¶ 王権おうけん～説せつ 왕권 신수설

**しんじゅ** [真珠] 진주¶ ～の指輪ゆびわ 진주 반지 ━貝がい 진주 조개

**しんじゅ** [親授] [名] [他スル] [文] 친수. 귀인(특히 왕)이 친히 내려 줌¶ ～式しき 친수식

**じんしゅ** [人種] ①인종¶ 白色はくしょく～ 백색 인종 ②[比] 족속¶ 役人やくにんと言いう～ 관리라는 족 속 ━差別さべつ 인종 차별 ━主義しゅぎ 인종주의

**じんじゅ** [人寿] [文] 인수. 인간의 수명¶ ～ を全まっとうする 인수를 다하다

**しんしゅう** [信州] → しなの(信濃)

**しんしゅう** [神州] ①신국＝ 神国しんこく ②신·신 선이 사는 세계

**しんしゅう** [真宗] [佛] ①진종. 참된 가르치의 마음 ②「浄土真宗じょうどしんしゅう」의 약칭

**しんしゅう** [新秋] [文] 신추 ①초가을 ②음력 7월의 딴이름

**しんじゅう** [心中] [名] [自スル] ①정사 ②동반〔집단〕자살¶ 一家いっか～ 일가 집단 자살/ 無理むり ～ 억지 동반 자살 ③[比] 운명을 같이함¶ 会社かいしゃと～する 회사와 운명을 같이하다 ▷ 「しんちゅう」는 딴말 ━立だて 남에 대한 의리를 끝까지 지킴 ━物もの [藝] 정사 사건을 제재로 한 浄瑠璃じょうるり나 歌舞伎かぶき 작품

**しんじゅう** [臣従] [名] [自スル] [文] 신종. 신하로서

**しんしゅく** [伸縮] 名 自他スル 신축 ¶ ～自在 신축 자재／～性に富む 신축성이 뛰어나다

**しんしゅつ** [侵出] 名 自スル 침출. 침입하여 나감 ¶ 大陸に～する 대륙으로 침출하다

**しんしゅつ** [浸出] 名 他スル 化 침출. 우려냄

**しんしゅつ** [進出] 名 自スル 진출

**しんしゅつ** [新出] 名 自スル 신출. 새로 나옴 ¶ ～の漢字 신출 한자

**しんしゅつ** [滲出] 名 自スル 文 삼출. 스며 나옴 ¶ ～液 삼출액 ━性体質 医 삼출성 체질

**しんじゅつ** [心術] 文 마음 가짐, 마음씨

**しんじゅつ** [針術・鍼術] 漢 침술 = はり

**しんじゅつ** [賑恤] 名 他スル 文 진휼. 빈민·이재민을 구제하기 위해 금품을 줌 ¶ ～金 진휼금

**じんじゅつ** [仁術] 인술 ¶ 医は～なり 의술은 인술이다

**しんしゅつきぼつ** [神出鬼没] 신출 귀몰

**しんしゅん** [新春] 신춘, 신년, 새해 = はつはる

**しんじゅん** [浸潤] 名 自スル 침윤 ①(액체가) 스며들어 젖음 ¶ ～剤 침윤제 ②(사상·세력 등의) 침투 ¶ 悪弊の～ 악습의 침윤 ③医 (염증 등이) 퍼짐 ¶ 肺～ 폐침윤

**しんしょ** [信書] 신서. (개인 사이의) 서신

**しんしょ** [真書] ①진서. 해서 ②진실을 적은 책

**しんしょ** [新書] 신서 ①신간 서적 ②「新書判」의 준말 ━判 版 신서판

**しんしょ** [親書] 친서 Ⅰ 名 他スル 文 손수 씀, 그런 것 Ⅱ 名 ①자필 편지 ②국가 원수·天皇의 편지

**しんしょ** [親署] 名 自他スル 文 친서. 天皇·귀인이 친히 서명함, 그런 서명

**しんじょ** [神助] 文 신조. 신의 도움 ¶ 天佑～ 천우 신조

**しんしょ** [寝所] 침소. 침실 = 寝室

**しんじょ** [*米参*署] 料 생선·고기를 갈아서 마·계란 등을 넣고 찌거나 튀겨 먹는 음식

**じんじょ** [陣所] 진영, 진지

**じんじょ** [仁恕] 文 인서 ①자비심이 많고 정이 후함 ¶ ～の道 인서의 길 ②불쌍히 여겨 용서함 ¶ ～を施す 인서를 베풀다

**しんしょう** [心証] 심증 ①마음에 받은 인상 ¶ ～を害する 좋지 않은 인상을 주다 ②法 법관이 소송 심리 중에 얻는 확신 ¶ ～を形成する 심증을 형성하다

**しんしょう** [心象] 심상. 이미지

**しんしょう** [身上] ①재산, 가산 ¶ ～をつぶす 재산을 탕진하다 ②살림 ¶ ～を持つ 살림을 차리다 ▷「しんじょう」는 딴말 ━持ち ①재산가, 부자 ②살림살이, 살림을 꾸려나가기

**しんしょう** [辛勝] 신승. 겨우 이김

**しんしょう** [真症] 진증. 진성

**しんしょう** [紳商] 文 신상. 대상인(大商人)

**しんじょう** [心情] 심정 ¶ ～を吐露する 심정을 토로하다 ━的 心 심정적, 감정적

**しんじょう** [身上] ①신상. 일신상 ¶ ～調査 신상 조사 ②몸 ③취할점, 장점 ¶ 正直なのが～だ 정직한 것이 장점이다

**しんじょう** [信条] 신조 ①신조. 신념 ¶ 努力がぼくの～だ 노력이 나의 신조다 ②교의(敎義)

**しんじょう** [真情] ①진정. 진심 = まごころ ¶ ～を吐露する 진정을 토로하다 ②실정(實情) ¶ ～を知る 실정을 알다

**しんじょう** [進上] 名 他スル 진상. (금품을) 바침, 드림, 진정, 헌정 ¶ ～物 진상물

**じんしょう** [人証] 法 인증. 인적 증거

**じんじょう** [*晨*朝] 佛 신조 ①육시(六時)의 하나. 묘시(오전 6～10시경) ②아침의 독경

**じんじょう** [尋常] 了 ①심상. 보통, 예사로움, 평범 ¶ ～な手段ではかなわない 보통 수단으로는 당할 수 없다 ②순순함, 얌전함 ¶ ～な娘 얌전한 아이 ③떳떳함 ¶ ～に勝負せよ 정정당당하게 승부를 겨뤄라 ━一様 보통과 다름없음, 평범함, 예사 ━小学校 심상 소학교. 일본 구제 초등학교

**しんしょうしゃ** [身障者] 신체 장애자

**しんしょうひつばつ** [信賞必罰] 신상 필벌

**しんしょうぼうだい** [針小棒大] 침소 봉대 ¶ ～に言いふらす 침소 봉대하여 퍼뜨리다

**しんしょく** [侵食・侵蝕] 名 他スル 침식 ¶ 領土を～する 영토를 침식하다

**しんしょく** [神色] 文 신색. 안색 ¶ ～自若として 신색(태연) 자약하게

**しんしょく** [神職] 신직. 신관 = かんぬし

**しんしょく** [浸食・浸蝕] 名 他スル 침식 ¶ 河川による～ 하천에 의한 침식 ━輪廻 地 침식 윤회. 지형 윤회

**しんしょく** [寝食] 침식 ¶ ～を共にする 침식을 같이하다

慣用句

━を忘れる 침식을 잊다, 어떤 일에 열중하다

**しんじょたい** [新所帯・新世帯] 신접 살림, 신혼 가정 = あらじょたい

**しんしん** [心身・身心] 심신. 몸과 마음 ¶ ～ともに健全 심신이 모두 건전 ━症 医 심신증 ━障害児 심신 장애아

**しんしん** [心神] 文 심신. 정신, 마음 ━耗弱 심신 모약. 심신 박약 ━喪失 심신 상실

**しんしん** [津津] 副 진진. 끊임없이 넘쳐[솟아] 나오는 모양 ¶ 興味～ 흥미 진진

**しんしん** [深深] 副 ①심심 ②(밤이 깊어가는) 이슥함 ¶ 夜が～とふける 밤이 이슥하게 깊어가다 ③(추위 등이) 매서움 ¶ 寒気が～と身にこたえる 한기가 매섭게 몸에 스미다 ④조용히 눈이 내리는 모양

**しんしん** [森森] 副 文 ①삼삼. 나무가 울창한 모양 ②위엄이 있는 모양, 당당함

**しんしん** [搢紳・縉紳] 文 진신. 지체 높은 사람[관리]

**しんしん** [新進] 신진 ¶ ～作家 신진 작가 ━気鋭 신진 기예. 신예

**しんしん** [*駸駸*] 副 文 침침 ①말이 빨리 달리는 모양 ②세월·일의 진척이 빠른 모양 ¶ ～たる進歩 빠른 진보

しんじん [信心] 名他スル 신심. 신앙심, 믿음 ¶ ~があつい 신심이 두텁다
慣用句
―は徳の余り 신앙심을 가지는 것도 생활의 여유가 있어야 가능한 것이다
しんじん [神人] 신인 ①신과 인간 ②(도교에서) 선인 ③신처럼 숭고한 사람 ④신직(神職), 신관(神官)＝かんぬし ⑤[基] 예수 그리스도
しんじん [真人] (文) 진인 ①진리를 터득한 사람 ②(도교에서) 선인(仙人)
しんじん [深甚] 名ダ(文) 심심. 마음이나 뜻이 매우 깊음 ¶ ~なる謝意を表する 심심한 사의를 표하다
しんじん [新人] ①신인, 신진, 신참, 새얼굴 ¶ ~の紹介 신인 소개/ ~を起用する 신인을 기용하다 ②[考古] 구석기 시대 최후기의 화석 인류 ―王 신인왕
じんしん [人心] 인심 ①(文) 사람의 마음 ¶ ~同じからず 인심은 한결같지 않다 ②민심 ¶ ~一新 인심 일신 ▷「ひとごころ」는 딴뜻
しんしん [人臣] (文) 인신. 신하 ¶ 位を極める 신하로서 최고의 자리에 오르다
じんしん [人身] 인신 ①인체 ②개인의 신상 ¶ ~権 인신권 ②保護法 인신 보호 ―攻撃 인신 공격 ―事故 (철도·자동차 등의) 대인 사고 ―売買 인신 매매
じんじんばしより 옷의 뒷자락을 허리띠에 걸어 지름
しんすい [心酔] 名自スル 심취 ¶ クラシックに~する 클래식에 심취하다
しんすい [神水] ①신에게 바치는 물 ②영검이 있는 물
しんすい [浸水] 名自スル 침수 ¶ ―家屋 침수 가옥/ 床下~ 마루 밑 침수
しんすい [深邃] ダ(文) 심수. 심오함
しんすい [進水] 名自スル 진수. 새로 만든 배를 처음으로 물에 띄움 ¶ ~式 진수식
しんすい [薪水] (文) 신수 ①땔나무와 물 ②부엌일, 취사
しんずい [心髄] 심수 ①가장 중요한 곳 ②중심, 중추 ¶ 発表の~ともいうべき部分 발표의 중심이라고 할만한 부분 ③마음속, 심중
しんずい [神髄・真髄] 진수. 오의(奥義) ¶ 芸道の~をきわめる 예도의 진수를 궁구하다
じんすい [尽粋] 名自スル 진췌, 진췌. 진력 ¶ 会社再建に~にする 회사 재건에 진력하다
しんすう [真数] [数] 진수. 역(逆) 로그
じんずう [神通] 신통 ①[佛] 뛰어난 지혜 ②「神通力」의 준말 ―力 신통력
じんすけ [甚助] (俗) 음란하고 질투심이 강한 성질, 그런 남자
慣用句
―を起こす 질투를 하다
しん・ずる [信ずる] 他サ変 믿다 ①신뢰하다, 신용하다, 확신하다 ¶ 相手の言葉を~ 상대의 말을 믿다/ 成功を~ 성공을 확신하다 ②신앙하다 ¶ 神を~ 신을 믿다 ▷「信じる」라고도 함

しん・ずる [進ずる] 他サ変 ①드리다, 진상하다 ②(補助) …해 드리다 ¶ 手相を見て~ぜよう 손금을 봐 드리지요 ▷「進じる」라고도 함
じん・する [陣する] 自サ変(文) 진을 치다
しんせい [心性] (文) 심성 ①정신, 마음 ¶ ~の陶冶 심성의 도야 ②천성
しんせい [申請] 名他スル 신청 ¶ 旅券の~ 여권의 신청
しんせい [神性] ①신성. 신의 성격·성질 ②마음, 정신
しんせい [神聖] 名ダ(文) 신성 ¶ ~な境内 신성한 경내 ―家族 [基] 신성 가족. 성가족
しんせい [真正] 名ダ(文) 진정. 참되고 바름 ¶ ~の勇気 진정한 용기
しんせい [真性] ①진성 ¶ 타고난 성질, 천성 ¶ 人間の~ 인간의 천성 ②名 진증(眞症) ¶ ~コレラ 진성 콜레라
しんせい [新生] ①名 신생. 새로 태어남 ②(신앙 등으로) 여태까지와는 다른 새 생활을 시작함 ―児 신생아 ―代 [地] 신생대
しんせい [新声] ①새로운 말·표현·의견 ②새로운 노래, 신곡
しんせい [新制] 신제. 새로운 제도·체제 ¶ ~大学 신제 대학
しんせい [新政] (文) 신정. 새로운 정치, 새 정치 체제 ¶ ~を布く 신정을 펴다
しんせい [新星] ①신성 ①새로 발견한 별 ②(사회·예능계의) 신진 스타 ¶ 歌謡界の~ 가요계의 신성 ③[天] 갑자기 환한 빛을 보이다가 차츰 어두워져 본래대로 되는 별
しんせい [親政] 친정. 왕이 친히 하는 정치
しんせい [人生] (文) 인세. 인간 세상, 속세
じんせい [人生] 인생 ¶ ―行路 인생 행로/ ~を楽しむ 人生を 즐기다 ―観 인생관 ―訓 처세훈 ―模様 옷감의 무늬처럼 복잡하게 얽힌 각양 각색의 인생 ―論 인생론
慣用句
―意気に感ず 인간은 자기를 알아주는 사람의 마음에 감동되어 일을 한다
―七十 古来 稀なり 인생 칠십 고래희
―僅か五十年 인생은 불과 50년
じんせい [人性] 인성. 인간 본연의 성질
じんせい [仁政] (文) 인정. 어진 정치
じんぜい [人税] (文) 인세 ⇔ 物税
しんせいがん [深成岩] [地] 심성암
しんせいしゅ [新清酒] 청주와 비슷한 합성주
しんせいせいじ [神政政治] 신정정치, 신권정치
しんせいめん [新生面] 신생면. 새로운 영역·분야·방면, 신기축 ¶ 医学の~を開く 의학의 새로운 영역을 개척하다
しんせかい [新世界] 신세계 ①신대륙 ②신천지
しんせき [臣籍] 신적(. 황족이 아닌) 일반 백성 신분 ―降下 신적 강하. (황족이 결혼 등으로) 일반 백성 신분으로 격하됨
しんせき [真跡・真蹟] (文) 진적. 진필, 친필
しんせき [親戚] (文) 친척＝親類
じんせき [人跡] (文) 인적 ―未踏 인적 미답

しんせつ

¶ ～の奥地ホジ 인적 미답의 오지
**しんせつ** [臣節] (文) 신절. 신하로서의 절개 ¶ ～を全ウする 신하로서의 절개를 다하다
**しんせつ** [深雪] (文) 심설. 깊이 쌓인 눈
**しんせつ** [新設] 名[他スル] 신설
**しんせつ** [新雪] 신설. 새로 내린 눈
**しんせつ** [新説] ①신설. 새로운 학설·의견 ¶ ～を立てる 신설을 세우다 ②처음 듣는 이야기, 초문
**しんせつ** [親切] 名[ダ] ①친절 ¶ ～な応対ホウ 친절한 응대 / ～に教える 친절하게 가르치다 ②[親切] 마음을 깊이 씀, 통절 —気 친절한 마음 —ごかし 친절한 체함
**しんせつきじだい** [新石器時代] [考古] 신석기 시대
**しんせん** [神仙] (文) 신선
**しんせん** [神饌] 신찬. 신께 올리는 술과 음식
**しんせん** [深浅] (文) 심천 ①깊음과 얕음, 깊이 ¶ 湖の～を調査する 호수의 깊이를 조사하다 ②짙음과 옅음, 농담
**しんせん** [新選] 名 ①신선. 새로 선출함[선출됨] ¶ ～議員 신선 의원 ②[新撰] 신찬. 새로 편집·편찬함
**しんせん** [新鮮] 신선 ¶ ～な空気 신선한 공기 / ～味がある 신선미가 있다
**しんぜん** [神前] 신전. 신령·신(체)의 앞 ¶ ～結婚 신전에서 올리는 결혼
**しんせん** [浸染] 名[他动スル] (文) 침염 ①액체가 스며들어 물듦[물들임] ②차차 감화됨 ③(염색에서) 염료에 담가 물들임
**しんぜん** [親善] 친선 ¶ ～試合 친선 경기 —使節 친선 사절
**じんせん** [人選] 名[自スル] 인선. 적임자를 고름 ¶ 候補者の～をする 후보자를 인선하다
**じんぜん** [荏苒] 副 (文) 임염 ①하는 일 없이 세월만 흘러가는 모양 ¶ ～日を送る 허송 세월하다 ②(일이) 지지부진함
**しんぜんび** [真善美] 진선미
**しんそ** [神祖] ①위대한 공적이 있는 조상의 높임말 ②天照大神ᵃᵐᵃᵗᵉʳᵃˢᵘ의 존칭 ③(江戸 시대) 徳川家康ᵗᵒᵏᵘᵍᵃʷᵃ의 존칭 =神君
**しんそ** [親疎] 친소. 친함과 소원함 ¶ ～の別なく対する 친소의 구별 없이 대하다
**しんそう** [神葬] 神道 의식으로 지내는 장례 —祭 신도식으로 지내는 장례·제사
**しんそう** [真相] 진상 ¶ ～を究明する 진상을 규명하다
**しんそう** [真草] 진초. 해서(楷書)와 초서
**しんそう** [真槍] (실전에 쓰는) 진짜 창
**しんそう** [深窓] 심창. 깊숙이 있는 방, 심규(深閨) ¶ ～の佳人 심창의 가인

[慣用句]
—に育てる 세상 풍파를 모르고 자라다

**しんそう** [深層] 심층 ¶ ～部 심층부 / ～構造 심층 구조 —心理学ガク 심층 심리학
**しんそう** [新装] 신장. 새 단장
**しんぞう** [心像] 심상. 이미지 = イメージ
**しんぞう** [心臓] I 名 심장 ¶[医] 염통 ¶ ～病 심장병 ②(사물의) 중심 ¶ 工場ジョウの～ 공장의 심장부 II 名[ダ][俗] 뻔뻔스러움, 뱃심이 좋음 ¶ 彼はまったく～だ 그는 정말 뻔뻔스럽다 —移植 심장 이식 —弁膜症 심장 판막증 —麻痺 심장 마비

[慣用句]
—が強い 강심장이다, 뻔뻔스럽다
—に毛が生えている 아주 뻔뻔스럽다, 치값고 철면피하다

**しんぞう** [新造] I 名[他スル] 신조. 새로 만듦 ¶ 船を～する 배를 신조하다 II 名《「御～」의 꼴로》옛날에 남의 젊은 아내를 높여 부르던 말. 새댁 = しんぞ —語 신조어. 신어
**じんぞう** [人造] 인조 —絹糸ᠯ 인조 견사. 인견 —湖 인공 호수 —石 인조석 ①인공 석재 ②모조 보석 —繊維 인조 섬유, 화학 섬유 —肥料 인조 비료, 화학 비료
**じんぞう** [腎臓] [医] 신장. 콩팥 —炎 신장염 = 腎炎 —結石 신장 결석
**しんそく** [神速] 名[ダ] 신속. 매우 빠름 ¶ ～果敢な攻撃 신속 과감한 공격
**しんぞく** [真俗] [仏] 진속 ①승려와 속인, 속세와 속세를 떠난 세계 ②불법과 속법
**しんぞく** [親族] 친족 ①친척 ¶ ～会議 친족회의 ②6촌 이내의 혈족 및 배우자와 3촌 이내인 인척
**じんそく** [迅速] 名[ダ] 신속. 매우 빠름
**しんそこ** [心底·真底] I 名 심저 ①마음속, 진심 ¶ ～からそう思う 진심으로 그렇게 생각하다 ②[真底] 맨 밑바닥 II 副 정말로, 진심으로 ¶ ～好きだ 정말로 좋아하다
**しんそつ** [真率] 名[ダ] 진솔 ¶ ～な態度 진솔한 태도
**しんそつ** [新卒] 그 해에 새로 졸업함, 그런 사람 ¶ ～を採用する 신규 졸업자를 채용하다
**じんた** (서커스 등에서) 손님을 모으거나 흥을 돋우는 일을 하는 소악대
**じんだ** [糂粏·糂太] ①쌀겨 된장 = ぬかみそ ②겨와 누룩에 소금을 넣어 담가 익힌 식품
**しんたい** [身体] 신체 —壮健 신체 장건 —検査 신체 검사 —障害者 신체 장애자 —髪膚 신체 발부, 몸 전체
**しんたい** [神体] 신체. 신으로 모시는 신성한 물체 = みたましろ
**しんたい** [真諦] 진체 ①[仏] 평등·무차별을 설법하는 최고의 진리 ②(예술·사상 등의) 근본 뜻, 오의(奧義)
**しんたい** [進退] 名[自スル] 진퇴 ①나아감과 물러섬 ②(文) 行動, 행동거지 ¶ ～挙措 거조. 진퇴 거취, 처신 ¶ ～を明らかにする 처신을 분명히 하다 —伺い (과실이 있을 때) 사직 여부를 상사에게 문의함, 그런 문서 —両難 진퇴 양난

[慣用句]
—谷まる 진퇴 유곡이다

**しんたい** [新体] 신체. 새로운 형식·체제 —詩 (文) 신체시
**しんだい** [身代] 재산, 가산 ¶ ～を築く 재산

しんだい [寝台] 침대 **ー車**<sup>しゃ</sup> 침대차
じんたい [人体] 인체¶ **～に害**<sup>がい</sup>**をする** 인체에 해롭다
じんたい [*靱帯] [醫] 인대
じんだい [人台] 옷의 진열・제작에 쓰는 인체 모형= ボディー
じんだい [神代] (神武天皇<sup>じんむてんのう</sup>의 즉위 이전의) 신의 시대 **ー杉**<sup>すぎ</sup> 오랫동안 물이나 땅속에 묻혀 있던 삼목(杉木) **ー文字**<sup>もじ</sup> 神代 문자. 한자 전래 이전에 일본에서 사용했다는 문자
じんだい [甚大] 심대. 막대함¶ **被害**<sup>ひがい</sup>**～** 피해가 막대함/ **～の損害**<sup>そんがい</sup> 심대한 손해
じんだいこ [陣太鼓] (진중(陣中)에서) 진퇴(進退)의 신호로 치던 북
しんだいそう [新体操] 신체조. 리듬 체조
じんだいめいし [人代名詞] [文法] 인칭 대명사
しんたいりく [新大陸] 신대륙
しんたく [信託] 名 他スル 신탁 ①신용하여 맡김 ②[經] 남에게 재산 관리와 처분을 맡기는 일¶ **ー証書**<sup>しょうしょ</sup> 신탁 증서 **ー銀行**<sup>ぎんこう</sup> 신탁 은행 **ー統治**<sup>とうち</sup> 신탁 통치
しんたく [神託] 신탁. 신의 계시¶ **～が下**<sup>くだ</sup>**る** 신탁이 내리다
しんたく [新宅] ①신택. 새로 지은 집. 새 집 = 新居<sup>しんきょ</sup> ↔旧宅<sup>きゅうたく</sup> ②분가. 별가
しんたつ [申達] 名 他スル [文] 상급 관청에서 하급 관청으로 문서로 명령을 내림. 하달(下達)
しんたつ [進達] 名 他スル 하급 관청에서 통지나 서류 등을 상급 관청에 올림. 상달¶ **ー書**<sup>しょ</sup> 진달서. 상신서
じんだて [陣立(て)] 군세의 배치・편제. 진용¶ **～を整**<sup>ととの</sup>**える** 진용을 갖추다
しんたん [心胆] 심담. 간담
[慣用句]
**ーを寒**<sup>さむ</sup>**からしめる** 간담을 서늘하게 하다
しんたん [浸炭・滲炭] 名 他スル [工] 삼탄
しんたん [深潭] [文] 심담. 심연. 깊은 못
しんたん [薪炭] 신탄. 장작과 숯. 연료
しんだん [診断] 名 他スル 진단 ①[醫] 진찰하여 병세를 판단함¶ **肺炎**<sup>はいえん</sup>**～する** 폐렴으로 진단하다 ②상황을 분석하고 판단을 내림¶ **経営**<sup>けいえい</sup>**～** 경영 진단 **ー書**<sup>しょ</sup> [醫] 진단서
じんたんい [*腎単位] [動] 신단위. 신장의 기능 단위=ネフロン
しんち [神知・神*智] [文] 신지. 영묘한 지혜
しんち [新地] ①신개척지. 신개지 ②새 영지¶ **～を拝領**<sup>はいりょう</sup>**する** 새 영지를 배령하다 ③신개지에 생긴 유곽
じんち [人知・人*智] 인지. 인간의 지혜¶ **～の及**<sup>およ</sup>**ばぬこと** 인지가 미치지 못하는 것
じんち [陣地] 진지¶ **敵**<sup>てき</sup>**の～に攻**<sup>せ</sup>**め入**<sup>い</sup>**る** 적의 진지에 쳐들어가다
しんちく [新築] 名 他スル 신축
じんちく [人畜] ①인축. 사람과 가축¶ **～無害**<sup>むがい</sup> 인축 무해 ②몰인정한 사람을 욕하는 말. 짐승¶ **～に等**<sup>ひと</sup>**しい** 짐승이나 다름 없다

しんちしき [新知識] 신지식. 신지식인
しんちゃ [新茶] 신차. 그 해의 새싹을 따서 만든 차
しんちゃく [新着] 신착. 갓 도착함. 그런 물건¶ **～の購入図書**<sup>こうにゅうとしょ</sup> 신착 구입 도서
しんちゅう [心中] 심중. 마음속¶ **～を明**<sup>あき</sup>**かす** 심중을 밝히다 ▷ **「しんじゅう」**는 딴말
しんちゅう [真*鍮] [工] 진유. 놋쇠
しんちゅう [進駐] 名 自スル 진주 **ー軍**<sup>ぐん</sup> 진주군. 2차 대전 후 일본에 주둔했던 연합군
しんちゅう [新注・新*註] 신주. 새 주석(註釋)
じんちゅう [尽忠] [文] 진충. 충성을 다함¶ **～報国**<sup>ほうこく</sup> 진충 보국
じんちゅう [陣中] 진중 ①진지 속 ②전장. 싸움터 **ー見舞**<sup>みま</sup>**い** ①진중 위문 ②바쁘게 일하는 사람을 위로하고 격려함
しんちょ [心緒] [文] 심서. 심회(心懷)
しんちょ [新著] 신저. 새로운 저작
しんちょう [伸長] 名 自他スル [文] 신장. (힘 등이) 늘어남. 늘임¶ **学力**<sup>がくりょく</sup>**の～** 학력의 신장
しんちょう [伸張] 名 自他スル 신장. (물체・세력 등이) 늘어나 펴짐. 늘려서 폄¶ **国威**<sup>こくい</sup>**の～を図**<sup>はか</sup>**る** 국위 신장을 꾀하다
しんちょう [身長] 신장. 키
しんちょう [深長] [ナ] 심장. 뜻이 깊고 함축적임¶ **意味**<sup>いみ</sup>**～** 의미 심장
しんちょう [慎重] 신중¶ **～な態度**<sup>たいど</sup> 신중한 태도/ **～を期**<sup>き</sup>**する** 신중을 기하다
しんちょう [新調] I 名 他スル 신조. (옷 등을) 새로 만듦. 새로 만든 것¶ **～の背広**<sup>せびろ</sup> 새로 맞춘 신사복 II 名 새로운 가락. 신곡
じんちょうげ [*沈丁花] [植] 서향(瑞香)
しんちょく [進捗] 名 自スル 진척¶ **～状況**<sup>じょうきょう</sup> 진척 상황
しんちん [深沈] [タル] [文] ①동요하지 않고 침착한 모양 ②밤이 고요히 깊어가는 모양
しんちんたいしゃ [新陳代謝] 名 自スル 신진대사 ①[生] 물질 대사 ②(조직 등에서) 묵은 것이 새것으로 교체됨
しんつう [心痛] 名 自スル 심통. 근심. 걱정¶ **～のあまり床**<sup>とこ</sup>**に伏**<sup>ふ</sup>**す** 근심한 나머지 병상에 눕다
じんつう [陣痛] 진통 ①[醫] 산통¶ **～が始**<sup>はじ</sup>**まる** 진통이 시작되다 ②(比) 일이 성취될 때 겪는 고생
しんて [新手] 새로운 방법・수단¶ **～を生**<sup>う</sup>**み出**<sup>だ</sup>**す** 새로운 방법을 만들어 내다
しんてい [心底・真底] [文] 본심. 마음속. 심중¶ **～を見届**<sup>みとど</sup>**ける** 마음속을 간파하다
しんてい [進呈] 名 他スル 진정. 드림
しんてい [新帝] [文] 신제. 새로 즉위한 임금
じんてい [人定] 인정 ①사람이 정함¶ **ー法**<sup>ほう</sup> 인정법 ②[法] 당사자임을 확인함 **ー質問**<sup>しつもん</sup> 인정 신문 **ー尋問**<sup>じんもん</sup> 인정 심문
しんてき [心的] [ナ] 심적¶ **～作用**<sup>さよう</sup> 심적 작용
じんてき [人的] 인적¶ **～交流**<sup>こうりゅう</sup> 인적 교류 **ー資源**<sup>しげん</sup> 인적 자원 **ー証拠**<sup>しょうこ</sup> [法] 인적 증거
しんでし [新弟子] ①새 제자 ②[相撲] 씨름 협회 검사에 합격한 선수 지원자 **ー検査**<sup>けんさ</sup> [相撲]

しんてん

일본 씨름 협회가 씨름 선수 지원자에 대하여 本場所(ばしょ) 전에 하는 검사

**しんてん** [伸展] 名 自他スル 신전, 신장¶貿易(ぼうえき)の〜を図(はか)る 무역의 신장을 도모하다

**しんてん** [神典] ①신의 사적(事跡)을 적은 책 ②神道의 성전(聖典)

**しんてん** [進展] 名 自スル ①진전¶事態(じたい)が〜する 사태가 진전되다 ②발전, 진보¶文化(ぶんか)の〜 문화의 발전

**しんてん** [親展] (文) 친전, 겉봉의 수신인 이름 옆에 써 넣는 말¶〜書 친전서

**しんでん** [神田] 神社(じんじゃ)에 소속된 논

**しんでん** [神殿] 신전 ①신을 모신 건물 ②神社(じんじゃ)의 본전 一址(し) [考古] 신전의 유적

**しんでん** [寝殿] ①침전, 天皇(てんのう)가 기침하던 궁전 ②(寝殿造(づくり)에서) 주인이 기거하는 건물 一造(づくり) [建] 平安(へいあん) 시대에 발달한 귀족 주택의 건축 양식

**しんでん** [新田] 신전, 새로 일군 논 ⇔ 本田(ほんでん)

**しんでん** [親電] 친전, 국가 원수가 자기 이름으로 치는 전보¶大統領(だいとうりょう)の〜 대통령의 친전

**しんでんず** [心電図] [醫] 심전도

**しんてんち** [新天地] 신천지

**しんてんどうち** [震天動地] 진천 동지, 경천 동지¶〜の大事件(だいじけん) 진천 동지의 대사건

**しんと** 副 잠잠히, 고요히¶場内(じょうない)が〜なる 장내가 잠잠해지다

**しんと** [信徒] 신도, 신자

**しんと** [新都] 신도, 새 도읍 ⇔ 旧都(きゅうと)

**しんと** [新渡] (새로 외국에서 도래함(한 것)

**しんど** [心土] [農] 심토

**しんど** [深度] 심도, 깊이의 정도

**しんど** [進度] 진도¶〜がおそい 진도가 더디다

**しんど** [震度] 진도, 지진의 강도¶〜3(さん)の弱震(じゃくしん) 진도 3의 약진 一階(かい) [地] 진도 계급

**じんど** [塵土] (文) ①진토, 먼지와 흙 ②하찮은 것 ③더러운 현세, 속세

**しんど・い** [形](方) ①지치다, 피곤하다, 고단하다¶体(からだ)が〜 몸이 지치다 ②힘들다, 지겹다¶〜作業(さぎょう) 힘든 작업

**しんとう** [心頭] (文) 심두, 마음, 염두에¶怒(いか)りに発(はっ)する 화가 머리끝까지 치밀다
[慣用句]
 一を滅却(めっきゃく)すれば火(ひ)もまた涼(すず)し 정신을 집중하면 불 속에서도 뜨거운 줄을 모른다

**しんとう** [神灯] (文) 신등, 신에게 바치는 등불

**しんとう** [神道] 자연신이나 조상신을 숭배하는 일본의 전통적 신앙

**しんとう** [浸透・滲透] 名 自スル ①침투¶思想(しそう)が〜する 사상이 침투하다 ②(化) 삼투 一圧(あつ) [化] 삼투압

**しんとう** [新刀] 신도, 새로 만든 칼, (특히) 慶長(けいちょう) 이후에 만들어진 일본도 ⇔ 古刀(ことう)

**しんとう** [震盪・振盪] 名 自他スル (文) 진탕, 흔들어(흔들려) 움직임¶脳(のう)〜 뇌진탕

**しんとう** [親等] [造語] [法] (친족 관계의) 촌수

**しんどう** [神童] 신동

**しんどう** [振動] 名 自他スル 진동¶振(ふ)り子(こ)の〜 진자의 진동 一数(すう) [物] 진동수

**しんどう** [新道] 신도, 새로 낸 길 ⇔ 旧道(きゅうどう)

**しんどう** [震動] 名 自スル 진동, 떨림¶大地(だいち)が〜する 대지가 진동하다

**じんとう** [人頭] 인두 ①사람의 머리¶〜大(だい)の石(いし) 사람 머리 크기만한 돌 ②인원수, 머릿수 一税(ぜい) [經] 인두세

**じんとう** [陣頭] 진두 ①진의 맨 앞, 최전선¶〜に立(た)つ 진두에 서다 ②(업무·활동 등의) 제일선 一指揮(しき) 名 自他スル 진두 지휘

**じんどう** [人道] 인도 ①인류¶〜上(じょう)の問題(もんだい) 인도상의 문제 ②(사람이 걷는) 보도 一主義(しゅぎ) [倫] 인도주의 一的(てき) ナ 인도적

**しんとく** [神徳] (文) 신덕, 신의 공덕

**しんどく** [真読] 名 他スル [佛] 경문을 생략하지 않고 모두 읽음 ⇔ 転読(てんどく)

**じんとく** [人徳] 인덕, 사람이 본디 지닌 덕

**じんとく** [仁徳] 인덕, 어진 덕 = にんとく

**じんとり** [陣取り] (아이들 놀이인) 땅뺏기 놀이

**じんど・る** [陣取る] 自五 진치다 ①포진하다 ②(어떤 장소를) 차지하다, 자리잡다¶会場(かいじょう)の中央(ちゅうおう)に〜 회장의 중앙에 자리잡다

**しんないぶし** [新内節] [藝] 남녀의 정사를 소재로 한 이야기에 애절한 가락을 붙여 노래하는 浄瑠璃(じょうるり)의 한 유파 = 新内(しんない)

**しんに** [真に] 진실로, 참으로, 정말로¶〜愛(あい)する者(もの) 진실로 사랑하는 사람

**じんにく** [人肉] 인육

**しんにち** [親日] 친일¶一派(は) 친일파

**しんにゅう** [之繞] (한자 부수의) 책받침 = 「近·造」등의 부수 부분 = しんにょう
[慣用句]
 一を掛(か)ける 일을 더 크게 만들다, 한술 더 뜨다

**しんにゅう** [侵入] 名 自スル 침입

**しんにゅう** [浸入] 名 自スル 침입, (건물·땅에) 물이 들어감, 침수함

**しんにゅう** [進入] 名 自スル 진입¶列車(れっしゃ)が構内(こうない)に〜する 열차가 구내에 진입하다

**しんにゅう** [新入] 신입, 새로 들어감 = 新入(にゅう)り¶一社員(しゃいん) 신입 사원 一生(せい) 신입생

**しんにょ** [信女] [佛] 신녀 ①속인인 여신도, 우바이 ②여자의 계명(戒名)에 붙이는 칭호

**しんにょ** [真如] [佛] 진여, 절대 불변의 진리
[慣用句]
 一の月(つき) 진여의 달, 번뇌에서 벗어난 마음

**しんにん** [信任] 名 他スル 신임¶不〜案(あん) 불신임안/〜が厚(あつ)い 신임이 두텁다 一状(じょう) 신임장 一投票(とうひょう) 신임 투표

**しんにん** [新任] 신임¶〜の教師(きょうし) 신임 교사/〜のあいさつ 신임 인사

**しんにん** [親任] 名 他スル 친임, 天皇(てんのう)가 친히 임명함 一官(かん) (明治(めいじ) 헌법 하에서의) 친임관

**しんねこ** (俗) 남녀가 마주보고 다정하게 속삭임

**しんねり むっつり** 副 (俗) 시무룩하고 말이 없음, 그런 성질·사람¶〜とした男(おとこ) 뚱한 남자

**しんねん** [信念] ①신앙심 ②신념¶〜を貫(つらぬ)く 신념을 관철하다

**しんねん** [新年] 신년¶謹賀(きんが)〜 근하 신년

しんの [真の] 連体 참다운, 진정한¶ ~意味 참된 의미/ ~幸福とは何ぞ 진정한 행복이란 무엇인가

しんのう [心×嚢] 医 심낭

しんのう [親王] 친왕. 天皇의 적출(嫡出)인 황자・황손의 칭호 ▷ 여자는 内親王

しんぱ [新派] 신파 ①새 유파 ②신파극¶ ~の俳優 신파극 배우 ▷ ①② ⇔ 旧派

じんば [人馬] 文 인마. 사람과 말¶ ~一体となる 인마 일체가 되다

しんぱい [心配] I 名 自他スル 돌보아 줌, 배려, 주선¶ 就職の件で御~いただく 취직 건으로 주선해 주시다 II 名 ア 他スル 걱정, 근심, 염려¶ ~な事態 근심스런 사태/ ~をかける 걱정을 끼치다

しんぱい [親拝] 名 自スル 天皇가 친히 참배함

じんぱい [×塵肺] 医 진폐¶ ~症 진폐증

じんばおり [陣羽織] (옛날에 진중에서) 갑옷 위에 걸쳐 입던 소매 없는 겉옷

しんぱく [心拍・心×搏] 심박. 심장의 박동 —数 医 심박수

しんばつ [神罰] 신벌. 천벌¶ ~が下る 신벌이 내리다

しんぱつ [進発] 名 自スル 文 진발. 군대 등이 출발함

しんぱつさい [新発債] 経 신규 발행 채권

しんぱつじしん [深発地震] 地 심발 지진

しんばりぼう [心張り棒] (들창문 등의) 빗장 = しんばり ¶ ~をかう 빗장을 지르다

しんばん [新盤] 새로 발매된 레코드, 새 음반

しんぱん [信販] 経 신용 판매

しんぱん [侵犯] 名 他スル 침범¶ 領海を~する 영해를 침범하다

しんぱん [新版] 版 신판 ①신간¶ ~図書 신간 도서 ②개정판 ▷ ①② ⇔ 旧版

しんぱん [審判] 名 他スル 심판 ①한 사건을 심리하여 판단・판결함 ②地 審判官 ③基 신이 이 세상을 재판함¶ 最後の~ 최후의 심판 ③승패・행위의 적부 등을 가림, 그런 사람¶ ~員 심판원

しんぱん [親藩] 日史 (江戸 시대에) 徳川家康 이후 그의 근친인 제후의 藩

しんび [審美] 名 심미 —学 심미학, 미학 —眼 심미안 —的 ア 심미적

しんぴ [神秘] 名 ア 신비¶ 生命の~ 생명의 신비/ ~に包まれている 신비에 싸여 있다 —主義 신비주의 —的 ア 신비적

しんぴ [真皮] 医 진피, 피부의 내층

しんぴ [真否] 文 진부, 사실 여부, 진위 = 実否¶ ~を確かめる 진부를 확인하다

じんぴ [×靭皮] 植 인피 = あまかわ

しんぴつ [×宸筆] 文 신필. 天皇自身의 필적

しんぴつ [真筆] 진필. 본인의 필적 ⇔ 偽筆

しんぴつ [親筆] 文 친필, 귀인이 친히 쓴 필적

しんぴょう [信憑] 名 自スル 文 신빙¶ この証言は~するに足りる 이 증언은 신빙할만 하다 —性 신빙성

しんぴん [神品] 文 신품. 신처럼 고귀한 품위, 그런 품위를 가진 작품

しんぴん [新品] 신품. 새 물건¶ ~同様の品 신품이나 다름없는 물건

じんぴん [人品] 인품. 인격¶ ~いやしからぬ人 인품이 천하지 않은 사람

しんぷ [深部] 심부. 깊은 곳

しんぷ [神父] 가 신부. 사제

しんぷ [神符] 神社에서 발행하는 부적

しんぷ [新付・新附] 名 文 새로 따름 [복속함]¶ ~の民 새로 따르게 된 백성

しんぷ [新婦] 신부 = 花嫁 ⇔ 新郎

しんぷ [新譜] 신보. 새 악보, 새 음반・테이프

しんぷ [親父] 文 부친, 아버지

しんぷう [新風] 신풍. 새로운 풍조¶ 学界に~を吹っこむ 학계에 신풍을 불어 넣다

じんぷう [陣風] 文 진풍. 갑자기 세게 부는 바람

しんぷく [心服] 名 自スル 심복. 진심으로 존경하여 따름¶ 師として慕いたい, ~する 스승으로서 경모하다

しんぷく [心腹] 文 심복 ①가슴과 배 ②마음속, 심중 ③진심으로 믿고 의지함, 그런 사람¶ ~となる 심복이 되다

慣用句

—に落つ 납득이 가다

—の疾 심복지병 ①매우 고치기 어려운 병 ②물리치기 어려운 적

しんぷく [臣服] 名 自スル 文 신복. 신하로서 복종함

しんぷく [信服] 名 自スル 文 신복. 믿고 따름

しんぷく [振幅] 진폭 ①物 진동의 중심에서 극점까지의 거리 ②동요¶ 感情の~が大きい 감정의 동요가 크다

しんふぜん [心不全] 医 심부전

じんふぜん [×腎不全] 医 신부전

しんぶつ [神仏] 신불 ①신과 부처 ②~の加護を願う 신불의 가호를 빌다 ②神道と仏教 —混交 신도와 불교를 절충한 신앙

じんぶつ [人物] 인물 ①사람¶ 登場~ 등장 인물 ②인품¶ ~を保証する 인품을 보증하다 ③유능한 사람, 인재¶ ~を集める 인재를 모으다 —意匠 인체(특히 얼굴)를 이용한 의장 —月旦 인물 월단, 인물평 —描写 인물 묘사

しんぶん [新聞] 신문 ①売り子 신문팔이¶ ~を取る 신문을 구독하다 —記者 신문 기자 —紙 신문지 —辞令 신문 사령, 고급 공무원 등의 인사에 관한 예측 기사 —種 신문의 기삿거리 —屋 신문점

じんぶん [人文] 인문. 인류의 문화 = じんもん¶ ~の発達 인문의 발달 —科学 인문 과학 —主義 인문주의 —地理 인문 지리

じんぷん [人×糞] 인분¶ ~尿 인분뇨

しんぶんすう [真分数] 数 진분수. 분자가 분모보다 작은 분수 ⇔ 仮分数

しんぺい [新兵] 신병 ⇔ 古兵

じんべい [甚平・甚兵衛] (일본 남자옷에서) 통소매에 끈으로 앞을 여미는 짧은 여름 실내복 = じんべえ・じんべ —鮫 動 고래상어

しんぺん [身辺] 신변 ¶ ～警護をする 신변 경호를 하다 —雑記¶ 신변 잡기

しんぺん [神変] (文) 신변. 사람으로서는 헤아릴 수 없는 불가사의한 변화

しんぺん [新編] 신편. 새로운 편집・편성¶ ～の教科書 신편 교과서

しんぽ [進歩] 名自スル 진보 ⇔ 退歩¶ ～がめざましい 진보가 눈부시다 —主義 진보주의 —的 ナ 진보적

しんぼう [心房] 医 심방 ¶ 左～ 좌심방

しんぼう [心棒] ①굴대, 축¶ 車の～が折れる 수레의 굴대가 부러지다 ②(전체를 지탱하는) 중심, 중심 인물

しんぼう [辛抱] 名自スル 참을성, 참고 견딤¶ ～の要る作業 참을성을 요하는 작업/ もう～しきれなくなった 이제 더 참을 수 없게 되었다 —強い 形 참을성이 많다 —人 인내심이 강한 사람

しんぼう [信望] 신망

しんぼう [神謀] (文) 신묘. 신통한 계략

しんぼう [深謀] 심모, 심원한 책모 —遠慮 심모 원려. 먼 장래를 내다보고 계획을 세움

しんぽう [信奉] 名他スル 신봉¶ ～者 신봉자

しんぽう [神宝] 신사의 보물

しんぽう [新法] 신법 ①새로 정한 법령¶ ～の下での改革 신법 하에서의 개혁 ②새 방법 ▷ ①② ⇔ 旧法

じんぼう [人望] 인망¶ ～を集める 인망을 모으다/ ～を得る 인망을 얻다

しんぼく [神木] 신사 경내의 유서 깊은 나무

しんぼく [親睦] 名自スル 친목¶ ～会に 친목회/ ～を深める 친목을 돈독히 하다

しんぼち [新発意] 佛 신발의. 새로 불문에 들어온 사람＝しぼち・しんぼっち

じんぼつ [陣没・陣歿] 名自スル (文) 진몰. 전사, 전몰

しんぼとげ [新仏] ①장사 지낸 지 얼마 안 된 망자 ②죽은 뒤 우란분재에 처음 모시는 영

しんぽん [新本] 신본 ①새 책 ②신간 서적

じんぽんしゅぎ [人本主義] 인본주의. 인도주의, 인문주의, 휴머니즘

しんまい [神米] 신에게 바치는 쌀

しんまい [新米] ①신미, 햅쌀 ②신참, 풋내기, 신출내기¶ ～の店員 신참 점원

しんまえ [新前] (口) 신참, 신출내기, 풋내기＝新米¶ ～の議員 초선 의원

じんまく [陣幕] 진막, 진영 둘레에 치는 막

じんましん [*蕁麻疹] 医 심마진, 두드러기

しんみ [新味] 신미, 새로운 맛¶ ～を出すが新しい 새 맛을 내다/ ～が感じられる作品 새로운 맛이 느껴지는 작품

しんみ [親身] I 名 육친, 근친 II 名 ナ (육친을 대하듯이) 친절함¶ ～に世話をする 친절히 돌보아 주다

しんみせ [新店] 새 점포, 새로 연 가게

しんみち [新道] ①새로 난 길, 신작로＝しんどう ②가게 등이 늘어선 좁은 길, 골목

しんみつ [親密] 名 ナ 친밀 ⇔ 疎遠 ¶ ～な間柄 친밀한 사이

じんみゃく [人脈] 인맥¶ ～をたどる 인맥을 더듬어 올라가다

しんみょう [神妙] I ナ ①기특함¶ ～な心がけ 기특한 마음씨 ②온순함, 얌전함¶ ～な態度 온순한 태도 II 名 신묘, 불가사의

じんみらい [尽未来] 佛 「尽未来際」의 준말 —際 佛 진미래제, 미래 영겁, 영원

しんみり 副 自スル ①조용히, 차분히＝しみじみ¶ ～と話す 차분하게 이야기하다 ②침울히, 숙연히¶ 物悲しく～した気分 왠지 서글프고 침울한 기분

しんみん [臣民] (文) 신민. 군주국의 국민

じんみん [人民] 인민, 국민¶ ～主権 인민 주권 —裁判 인민 재판 —戦線 史 인민 전선 —民主主義 인민 민주주의

しんめ [新芽] 새싹¶ 若芽¶ 柳の～ 버드나무의 새싹

しんめ [神馬] 신사에 봉납한 말＝じんめ

しんめい [身命] 신명, 목숨¶ ～をなげうって尽くす 신명을 바쳐 진력하다

慣用句
—を賭する 신명[목숨]을 걸다¶ 身命を賭して戦たう 목숨을 걸고 싸우다

しんめい [神明] (文) ①신명. 신¶ 天地に誓う 천지 신명께 맹세하다 ②天照大神 —造 建 신사 건축 양식의 하나

じんめい [人名] 인명. 사전¶ 辞典 인명 사전 —用漢字 인명용 한자

じんめい [人命] 인명¶ ～尊重 인명 존중

じんめん [人面] 인면, 사람의 얼굴 —獣心 인면 수심. 냉혹하고 비정한 사람

しんめんもく [真面目] ＝しんめんもく

しんめんもく [真面目] 진면목, 본래의 모습, 진가¶ ～を発揮する 진면목을 발휘하다

しんもつ [進物] 진상하는 물품, 선물＝贈り物¶ ご～用品 선물용품

しんもん [審問] 名他スル 심문¶ 係官の～を受ける 담당관의 심문을 받다

じんもん [陣門] 진문. 병영의 출입구, 군문

慣用句
—に降る 적에게 항복하다

じんもん [尋問・訊問] 名他スル 신문¶ 人定～ 인정 신문/ あやしい人を～する 수상한 사람을 신문하다

しんや [深夜] 심야, 한밤중＝夜更け・真夜中¶ ～の火事 심야의 화재

しんや [新家] (文) 신가 ①새로 지은 집, 새집 ②분가(分家)

じんや [陣屋] ①군영(軍營), 병영 ②史 江戸 시대에 성을 갖지 못한 大名의 처소 ③郡代・代官의 관아(官衙) ④史 궁중의 위병 대기소

しんやく [新約] 신약 ①새로운 약속・계약 ②基 「新約聖書」의 준말 ▷ ①② ⇔ 旧約 —聖書 基 신약 성서

しんやく [新訳] 신역, 새 번역 ⇔ 旧訳

しんやく [新薬] 신약¶ ～発売 신약 발매

**しんやま** [新山] 새로 개발된 산림·광산

**しんゆう** [心友] (文) 심우. 서로 마음을 터놓고 지내는 친구

**しんゆう** [神祐·神佑] (文) 신우. 신의 도움, 천우¶ ～天助 천우 신조

**しんゆう** [深憂] (文) 심우. 깊은 근심, 큰 걱정

**しんゆう** [親友] 친우. 친한 벗¶ ～同士 친구끼리/ 無二の～ 둘도 없는 친구

**しんよ** [神輿] (文) 신여. 신위를 모신 가마

**しんよう** [信用] 신용 I 名他スル 믿어 의심치 않음, 신뢰¶ ～を失う 신용을 잃다/ 彼のことばを～する 그의 말을 신용하다 II 名 [經] 신용 거래 ―貸し 신용 대출 ―金庫 신용 금고 ―組合 신용 조합 ―状 신용장 ―調査 신용 조사 ―取引 신용 거래 ―販売 신용 판매

**じんよう** [陣容] 名 ①군대의 배치¶ ～を立て直す 진용을 재정비하다 ②(회사·단체의) 인원 배치 형태, 그 구성 멤버¶ 役員の～ 임원의 진용

**しんようじゅ** [針葉樹] [植] 침엽수

**しんらい** [信賴] 名他スル 신뢰¶ ～感 신뢰감/ ～にこたえる 신뢰에 보답하다 ―すべき筋 [放] 신뢰할[믿을] 만한 소식통

**しんらい** [新來] [新] 신래. 새로 옴, 그런 물건·사람¶ ～の洋書 새로 온 외국 서적

**じんらい** [迅雷] (文) 신뢰. 갑자기 울리는 맹렬한 천둥 소리¶ 疾風～ 질풍 신뢰

**しんらつ** [辛辣] ナ 신랄¶ ～な批評 신랄한 비평/ ～を極める 신랄하기 그지없다

**しんらばんしょう** [森羅万象] 삼라 만상

**しんり** [心理] 심리¶ ～戦 심리전/ ～をつかむ 심리를 파악하다/ 群衆～が働いた 군중 심리가 작용하다 ―学 심리학 ―主義 [心] [哲] 심리주의 ―小説 (文) 심리 소설 ―的 ナ 심리적 ―描寫 심리 묘사

**しんり** [心裏·心裡] (文) 심리, 마음속

**しんり** [真理] 진리¶ 永遠不変の～ 영원 불변의 진리 ―値 [論] 진리치, 진리값

**しんり** [審理] 名他スル 심리¶ ～未了の 심리 미필/ 事件を～する 사건을 심리하다

**じんりき** [人力] 인력 ①인간의 힘·능력 ②「人力車」의 준말 ―車 인력거

**しんりゃく** [侵略·侵掠] 名他スル 침략¶ ～者 침략자/ ～戦争 침략 전쟁

**しんりゅう** [新柳] (文) 새싹이 움트는 봄 버들

**しんりょ** [心慮] 심려, 사려, 생각

**しんりょ** [神慮] (文) 신려 ①신의 마음, 신의 뜻 ②천자의 마음

**しんりょ** [深慮] (文) 심려, 깊은 생각 ⇔ 浅慮¶ ～遠謀 심려 원모

**しんりょう** [神領] 신사의 영지(領地)

**しんりょう** [診療] 名他スル 진료¶ 中學 진료 중/ ～を受ける 진료를 받다 ―所 [醫] 진료소 ―報酬 (의료 보험에 정해진) 의사의 진료 행위에 대한 보수, 의보 수가

**しんりょう** [新涼] (文) 신량. 초가을의 시원함¶ ～の候 신량지절

**しんりょく** [心力] (文) 심력. 정신력

**しんりょく** [深綠] (文) 심록. 짙은 녹색

**しんりょく** [新綠] 신록¶ ～の候 신록지절

**じんりょく** [人力] 인력, 인간의 힘·능력¶ ～の及ばぬところ 인력이 미치지 못하는 바

**しんりん** [森林] 名 삼림¶ ～を守る 삼림 보호 ―限界 [植] 삼림 한계 ―浴 삼림욕

**しんりん** [親臨] 名自スル (文) 친림, 天皇이나 왕족이 그 자리에 친히 나감[출석함]

**じんりん** [人倫] (文) ①인간, 인류 ②사람과 사람 사이의 질서 관계 ③人倫 ―道徳 인륜 도덕/ ～にもとる 인륜에 어긋나다

**しんるい** [進塁] 名自スル [野] 진루¶ バントで二塁に～する 번트로 2루에 진루하다

**しんるい** [親類] 친척, 친족 = 親戚¶ 遠くの～より近くの他人 먼 친척보다 가까운 이웃 ②동류, 사촌뻘¶ たにしとさざえは～だ 우렁이와 소라는 사촌이다 ―書 친척 관계, 이름 등을 적은 서류 ―付き合い ①친척간의 정의 ②친척같이 친한 교제

**じんるい** [人類] 인류¶ ～の発達 인류의 발달 ―愛 인류애 ―学 인류학

**しんれい** [心靈] 심령 ①혼, 영혼 ②「心霊現象」의 준말 ―現象 심령 현상

**しんれい** [神霊] (文) 신령 ①신의 혼령 ②영묘한 신의 덕

**しんれい** [振鈴] 진령. 방울을 흔듦, 그런 소리

**しんれい** [浸礼] [改新] 침례

**しんれき** [新暦] 신력, 양력 ⇔ 旧暦

**じんれつ** [陣列] 진열. 군대의 배치, 전열 = 陣立て¶ ～を立て直す 진열을 재정비하다

**しんろ** [針路] ①침로, 항로¶ ～を南にとる 침로를 남쪽으로 잡다 ②진로, 방침

**しんろ** [進路] 진로¶ 進行する 길¶ ～を妨げる 진로를 방해하다 ②나아갈 길·방향¶ 卒業後の～を決める 졸업 후의 진로를 정하다 ―指導 (敎) 진로 지도

**しんろう** [心労] 名自スル 심로, 정신적인 피로, 심려¶ ～が重なる 정신적인 피로가 겹치다

**しんろう** [辛労] 名自スル 신로. 심한 고생, ¶ ～辛苦 신로 신고

**しんろう** [新郎] 신랑 = 花婿 ⇔ 新婦

**じんろう** [塵労] 진로 ①(文) 속세의 고생 ②[佛] 번뇌

**じんろく** [甚六] (俗) 멍청이, 얼간이¶ 総領の～ 얼간이 같은 장남

**しんわ** [神話] 신화 ①신을 중심으로 한 설화¶ ギリシア～ 그리스 신화 ②(比) 근거 없이 신격화된 일·이야기¶ 不敗の～が崩れる 불패의 신화가 무너지다 ―学 신화학

**しんわ** [親和] 친화 ①친목¶ 同僚の～を図る 동료의 친화를 도모하다 ②물질의 화합¶ ～性 친화성 ―力 [化] 친화력

**じんわり** 副 (口) 서서히, 천천히 = じわり¶ ～と染み込む 천천히 배어들다

# す ス

**す** 五十音図(ごじゅうおんず)の「さ」行(ぎょう)의 셋째 かな. ひらがな의「す」는「寸」의 초서체, かたかな의「ス」는「須」의 방(旁)의 끝 부분을 취한 것

**す** [素] 接頭 ①꾸미지 않은, 있는 그대로의, 맨¶ 〜顔(がお) 맨얼굴/ 〜手(で) 맨손/ 〜焼(や)き 설구이 ②보잘것없는, 하찮은¶ 〜浪人(ろうにん) 떠들이 무사/ 〜寒貧(かんぴん) 빈털터리 ③몹시¶ 〜早(ばや)い 재빠르다/ 〜ばしっこい 날쌔다

**す** [州・*洲] 주. 토사가 퇴적되어 수면 위로 나타난 땅¶ 三角(さんかく)〜 삼각주/ 中(なか)〜 강 가운데의 모래톱

**す** [巣・*栖] ①(동물의) 집, 둥지¶ 〜をかける 둥지를 틀다 ②(比) 보금자리, 소굴¶ 愛(あい)の〜 사랑의 보금자리/ 悪(あく)の〜 악의 소굴

**す** [酢・*醋・*酸] 초, 식초

**す** [*簀] 대・갈대로 거칠게 엮은 바자 = すのこ

**す** [*鬆] ①무・우엉, 삶은 두부 등에 생기는 바람 구멍¶ 大根(だいこん)に〜が入(はい)る 무에 바람이 들다 ②[工] 주물에 생기는 공동(空洞)

**ず** [図] [圖] 音 ズ(ヅ)・ト 訓 はかる | (음)도. Ⅰ (造語) ①그림, 도면¶ 図面(ずめん) 도면・地図(ちず) 지도 ②일이나 사물의 관계를 점・선 등으로 나타낸 것¶ 図式(ずしき) 도식・図表(ずひょう) 도표 ③(「と」로 읽어서) 도모하다, 꾀하다, 계획¶ 意図(いと) 의도・企図(きと) 기도 ④서책¶ 図書(としょ) 도서 Ⅱ ①그림, 도면¶ 〜で表(あらわ)す 도면으로 나타내다 ②모양, 꼴, 모습¶ 見(み)られた〜ではない 꼴불견이다 ③기도, 계책, 음모

慣用句
**— に当(あ)たる** 예상이 들어맞다, 뜻대로 되다
**— に乗(の)る** 일이 생각대로 되어 우쭐거리다

**ず** [頭] 머리 = あたま

慣用句
**—が高(たか)い** 불손하다, 건방지다

**すあえ** [酢^和え・酢^韲え] [料] 초무침
**すあし** [素足] 맨발 = はだし¶ 〜になって駆(か)ける 맨발로 뛰다
**すあま** [素甘] 맵쌀 가루를 쪄서 설탕을 넣어 만든 떡 모양의 일본 과자
**すあわせ** [素^袷] 맨살에 겹옷을 입음
**ずあん** [図案] 도안, 디자인 = デザイン
**すい** [水] 音 スイ 訓 みず | (음)수. (造語) ①물¶ 水泳(すいえい) 수영・海水浴(かいすいよく) 해수욕 ②(강・호수 등) 물이 있는 곳¶ 水辺(すいへん) 수변・山水(さんすい) 산수 ③액체¶ 水銀(すいぎん) 수은・香水(こうすい) 향수 ④「水素(すいそ)」의 준말. 수소¶ 水爆(すいばく) 수소 폭탄 ⑤오행(五行)의 하나 ⑥「水曜日(すいようび)」의 준말 ▷ 熟字訓 水夫(かこ) 뱃사공・水鶏(くいな) 흰눈썹뜸부기・水母(くらげ) 해파리・水松(みる) 청각채

**すい** [吹] 音 スイ 訓 ふく | (음)취. (造語) 숨을 내쉬다, 바람이 불다, 악기를 불다¶ 吹奏(すいそう) 취주・鼓吹(こすい) 고취 ▷ 熟字訓 吹雪(ふぶき) 눈보라・息吹(いぶき) 숨결

**すい** [垂] 音 スイ 訓 たれる・たらす | (음)수. (造語) ①드리우다, 매달리다, 아랫사람에게 전하다¶ 垂訓(すいくん) 수훈・垂直(すいちょく) 수직 ②곧 [바야흐로] …하려고 하다¶ 垂死(すいし) 빈사 ③변경, 변방¶ 辺垂(へんすい) 변방

**すい** [炊] 音 スイ 訓 たく | (음)취. (造語) 밥을 짓다¶ 炊事(すいじ) 취사・自炊(じすい) 자취

**すい** [帥] 音 スイ・ソツ・ソチ | (음)수. (造語) 군대를 통솔하다, 대장, 장군¶ 元帥(げんすい) 원수・総帥(そうすい) 총수・統帥(とうすい) 통수

**すい** [粹] 音 スイ 訓 いき | (음)수. Ⅰ (造語) ①섞이지 않음, 질이 좋음¶ 純粹(じゅんすい) 순수・精粹(せいすい) 정수 ②세상 물정에 밝고 속이 트임¶ 粹人(すいじん) 세상 물정에 밝은 사람 Ⅱ 名 뛰어난 것, 정수¶ 日本画(にほんが)の〜を集(あつ)める 일본화의 정수를 모으다 Ⅲ 名ナ 매사에 정통하고 이해심이 있음, 풍류를 [멋을] 앎, 연예계・화류계 등에 통달함

慣用句
**— は身(み)を食(く)う** 풍류인은 거기에 푹 빠져 신세를 망치기 쉽다

**すい** [衰] [衰] 音 スイ 訓 おとろえる | (음)쇠. (造語) 쇠약해지다¶ 衰弱(すいじゃく) 쇠약・衰退(すいたい) 쇠퇴・盛衰(せいすい) 성쇠・老衰(ろうすい) 노쇠

**すい** [悴] 音 スイ 訓 やつれる | (음)췌. 쇠약해지다, 야위다¶ 憔悴(しょうすい) 초췌

**すい** [推] 音 スイ 訓 おす | (음)추・퇴. (造語) ①앞으로 떠밀다, 밀다¶ 推敲(すいこう) 퇴고・推進(すいしん) 추진 ②미루어 생각하다, 짐작하다¶ 推測(すいそく) 추측・推理(すいり) 추리 ③추천하다, 천거하다, 양보하다¶ 推薦(すいせん) 추천

**すい** [醉] [酔] 音 スイ 訓 よう | (음)취. (造語) ①취하다¶ 醉客(すいかく) 취객・麻醉(ますい) 마취 ②열중하다¶ 心醉(しんすい) 심취・陶醉(とうすい) 도취 ▷ 熟字訓 宿醉(ふつかよい) 숙취・馬醉木(あせび) 마취목

**すい** [遂] 音 スイ 訓 とげる・ついに | (음)수. (造語) 완수하다, 이루다¶ 遂行(すいこう) 수행・完遂(かんすい) 완수・未遂(みすい) 미수

**すい** [睡] 音 スイ 訓 ねむる・ねむい | (음)수. (造語) 자다, 졸다¶ 睡眠(すいみん) 수면・午睡(ごすい) 오수

**すい** [*翠] [翠] 音 スイ 訓 みどり | (음)취. (造語) ①물총새의 암컷¶ 翡翠(ひすい) 물총새 ②초록빛¶ 翠玉(すいぎょく) 취옥・翠色(すいしょく) 취색

**すい** [穗] 音 スイ 訓 ほ | (음)수. (造語) 이삭, 이삭 모양으로 된 것¶ 穂状(すいじょう) 수상・花穂(かすい) 화수・出穂(しゅっすい) 출수

**すい** [*誰] 音 スイ 訓 だれ | (음)수. (造語) 누구, 아무개¶ 誰何(すいか) 수하

**すい** [*錐] 音 スイ 訓 きり | (음)추. (造語) ①구멍을 뚫는 도구, 송곳¶ 錐体(すいたい)의 준말¶ 円錐(えんすい) 원추・三角錐(さんかくすい) 삼각추

**すい** [*錘] 音 スイ 訓 つむ・おもり | (음)추. (造語) ①저울의 추¶ 鉛錘(えんすい) 연추 ②물레가

라, 방추¶ 紡錘ぼう 방추 ③(助數) 방추를 세는 말¶ 三万錘さんまん 3만추

**すい** [酸い] 形 시다, 신맛이 나다＝すっぱい
慣用句
―も甘あまいも嚙かみ分わける 쓴맛 단맛 다 보다, 세상 물정을 잘 알다

**ずい** [*隋] 圖 ズイ (음)수. Ⅰ(造語) (중국의) 수나라¶ 隋唐とう 수당・遣隋使せんし 견수사 Ⅱ (史) (중국의) 수나라

**ずい** [随] [隨] 圖 ズイ 訓したがう (음)수. (造語) ①뒤따르다, 따라가다¶ 随行こう 수행・随伴はん 수반 ②형편에 맡기다¶ 随時じ 수시・随順じゅん 수순・随筆ひつ 수필

**ずい** [*瑞] 圖 ズイ 訓みず (음)서. (造語) ①경사스럽다¶ 瑞雲うん 서운・瑞光こう 서광・祥瑞しょう 상서 ②'瑞西スィ・瑞典スウェー'의 준말

**ずい** [髓] [髓] 圖 ズイ (音)수. Ⅰ(造語) ①골, 골수¶ 骨髓こつ 골수・歯髓し 치수 ②중추 신경 조직¶ 髓膜まく 수막・脊髓せき 척수 ③(식물의) 고갱이 ④사물의 중심, 요점¶ 髓脳のう 수뇌・精髓せい 정수 Ⅱ (造語) ①골, 골수¶ 骨髓こつ の一까지しみ通つうる 뼛속까지 스며들다 (植) 고갱이 ②줄기 가운데 있는 가는 구멍, 고갱이 구멍¶ 葦あしの—から天井てんじょうをのぞく 좁은 소견으로 넓은 세계를 판단하다

**すいあげる** [吸(い)上げる] 他下― ①빨아올리다¶ ポンプで水みずを— 펌프로 물을 빨아올리다 ②(의견・희망을) 수렴하다, 채택하다¶ 民意みんを— 민의를 수렴하다 ③(出) (남의 이익・금전을) 착취하다

**すいあつ** [水圧] 수압¶ ～機き 수압기

**すいい** [水位] 수위

**すいい** [推移] 名 自スル 추이¶ 時世せいの～ 시대의 추이／～を見守みまもる 추이를 지켜보다

**ずいい** [随意] 名 ナ 수의, 마음대로임, 임의¶ ～契約やく 수의 계약／御お～にお取とりください 마음대로 가지세요 ―一筋すじ (醫) 수의 근

**すいいき** [水域] 수역¶ 経済けいざい～ 경제 수역

**ずいいち** [随一] 제일, 첫째¶ 当代だいの～の名匠めいしょう 당대 최고의 명장

**ずいいん** [随員] 수행원

**すいうん** [水運] 수운, 수상 교통・운수

**すいうん** [衰運] 쇠운¶ ～の兆きざし 쇠운의 조짐／～の一途いっとをたどる 쇠운 일로를 걷다

**ずいうん** [*瑞雲] (文) 서운, 상서로운 구름

**すいえい** [水泳] 名 自スル 수영

**すいえき** [膵液] (醫) 췌액, 이자액

**すいえん** [水煙] (文) 수연 ①물보라＝みずけむり ②탑의 구륜(九輪) 위쪽에 있는 불꽃・당초 무늬 등의 금속제 장식

**すいえん** [垂*涎] 'すいぜん'의 오독

**すいえん** [炊煙] (文) 밥짓는 연기¶ ～が立たちのぼる 밥짓는 연기가 피어오르다

**すいおん** [水温] 수온¶ ～計けい 수온계

**すいか** [水火] 수화 ①물과 불 ②홍수와 화재¶ ～の難なん 수화의 난 ③(물에 빠지고 불에 타는 듯한) 심한 고통¶ ～をいとわぬ 고통을 마다 않다 ④상극¶ ～の仲なか 아주 나쁜 사이
慣用句
―も辭じせず 물불을 가리지 않다

**すいか** [水禍] (文) 수화, 수해, 수재¶ ～に見舞みまわれる 수화를 입다

**すいか** [*西*瓜・水*瓜] (植) 수박

**すいか** [垂下] 名 自他スル (文) 수하, 매닮, 매달림¶ ～式しき養殖ようしょく 수하식 양식

**すいか** [*誰何] 名 他スル (文) 수하, 누구냐고 불러서 물어 보는 일¶ 暗闇くらやみで步哨しょうに～される 캄캄한 데서 보초에게 수하를 받다

**すいかい** [水塊] (海) 수괴

**すいがい** [水害] 수해＝水禍か

**すいかく** [水郭] (文) 수곽, 물가에 있는 마을

**すいかく** [醉客] (文) 취객＝すいきゃく

**すいかずら** [〈忍冬〉] (植) 인동덩굴＝にんどう

**すいがら** [吸(い)殼] 담배 꽁초, 담뱃재

**すいかん** [水干] 수간, 물을 먹이지 않고 물에 적셨다가 펴서 말린 비단¶ ②짓에 긴 끈을 달아 앞에서 묶는 狩衣かりぎぬ

**すいかん** [醉漢] (文) 취한＝醉よっぱらい

**すいかん** [醉眼] 취안, 술에 취해 거슴츠레한 눈¶ ～朦朧もうろう 취안 몽롱

**すいがん** [醉顏] 취안, 술에 취한 얼굴

**ずいかん** [随感] 表 수감, 그때그때의 단편적인 감상을 적은 수필¶ ～錄ろく 수감록

**すいき** [水氣] (文) ①물기＝みずけ ②수증기 ③수종(水腫)＝むくみ

**ずいき** [〈芋茎〉] 토란 줄기

**ずいき** [随喜] 名 自スル 수희 ①(佛) 남의 선행을 기뻐함 ②(佛) 기꺼이 불도에 귀의함 ③진심으로 고맙게 여김¶ ～の涙なみだ 감사의 눈물

**ずいき** [*瑞气] (文) 서기, 상서로운 기운

**すいきゃく** [醉客] (文) ＝すいかく(醉客)

**すいきゅう** [水球] ①물방울 ②(體) 수구

**すいぎゅう** [水牛] (動) 수우, 물소

**すいきょ** [推擧] 名 他スル 추거, 천거, 추천

**すいぎょ** [水魚] 수어, 물과 물고기¶ ～の交まじわり 수어지교, 매우 친밀한 교제

**すいきょう** [水鄕] 수향 ①물가의 마을・동리 ②물가의 경치 좋은 곳 ▷「すいごう」라고도 함

**すいきょう** [醉狂] Ⅰ 名 취광, 술에 취해 미친 사람처럼 됨 Ⅱ [粋狂] 名 ナ 유별남, 호기심이 많음, 그런 사람¶ ～にも程ほどがある 유별난 데도 분수가 있다

**すいぎょく** [*翠玉] (文) 취옥＝에메랄드

**すいきん** [水禽] (動) 수금, 물새

**すいぎん** [水銀] (化) 수은¶ ～柱ちゅう 수은주 ―電池でん 수은 전지 ―灯とう 수은등

**すいくち** [吸(い)口] ①(담뱃대 등의) 입에 대는 부분, 물부리 ②(젖병 등의) 주둥이 ③(料) 마실 것에 띄워서 향미를 더해 주는 것

**すいくん** [垂訓] 수훈¶ 山上さんじょうの～ 산상 수훈

**すいぐん** [水軍] (文) 수군, 해군

**すいけい** [水系] (地) 수계, 강의 본류와 그에 딸린 모든 지류¶ 利根川とねがわ～ 이네강 수계

**すいけい** [推計] 名 他スル 추계, 추산¶ ～人口じんこう 추계 인구 ―学がく 추계학, 추측 통계학

**すいげつ** [水月] (文) 수월 ①물과 달 ②물에 비친 달 ③적군과 아군이 가까이에 포진한 군진
**すいけん** [水圏] [地] 수권. 수계
**すいげん** [水源] 수원¶ ～池 수원지
**すいこう** [推考] 名他スル 추고. 미루어 생각함
**すいこう** [推敲] 名他スル 퇴고¶ ～を重ねる 퇴고를 거듭하다
**すいこう** [遂行] 名他スル 수행
**すいごう** [水郷] → すいきょう(水郷)
**ずいこう** [随行] 名自スル 수행¶ ～員 수행원
**ずいこう** [*瑞光] (文) 서광. 상서로운 빛
**すいこうほう** [水耕法] [農] 수경법
**すいこみ** [吸(い)込(み)] 흡입 ①빨아들임 ②(하수나 오수 등을) 빨아들이는 구멍¶ ～口 흡입구/ ～管 흡입관
**すいこ・む** [吸(い)込む] 他五 빨아들이다 ①흡입하다, 들이마시다, 흡수하다¶ 花の香りを～ 꽃향기를 들이마시다 ②(比) (사람・사물을) 안으로 끌어들이다¶ ビルの中に～まれていく 빌딩 속으로 빨려 들어가다
**すいこん** [水根] [植] 수근. 수생식물의 뿌리
**すいさい** [水彩] [美] 수채. 수채화
**すいさつ** [推察] 名他スル 추찰. 미루어 헤아림. 짐작¶ ご～のとおり 짐작하신 대로
**すいさん** [水産] 수산 —業 수산업 —物 수산물
**すいさん** [炊*爨] 名自スル (文) 취반. 밥을 지음¶ 飯盒～ 반합에 밥을 함
**すいさん** [推参] 名自 I 名自スル (예고 없이) 찾아감. 방문을 겸손하게 이르는 말 II [了] 무례함. 주제넘음¶ ～者 무례한 놈
**すいさん** [推算] 名他スル 추산 ①미루어 생각함 ②어림으로 셈함¶ 収穫高を～する 수확고를 추산하다
**すいさん** [衰残] (文) 쇠잔. 쇠약
**すいさんかぶつ** [水酸化物] [化] 수산화물
**すいさんき** [水酸基] [化] 수산기
**すいし** [水死] 名自スル 익사¶ ～者 익사자
**すいし** [出師] (文) 출사. 출병¶ ～の表 출사표
**すいし** [垂死] 名(文) 빈사¶ ～の難民 빈사의 난민
**すいじ** [垂示] 名他スル [佛] 수시. 교시(教示)
**すいじ** [炊事] 名自スル 취사¶ ～場 취사장
**ずいじ** [随時] 副 수시 ①언제든지, 아무 때고¶ ～入学 수시 입학 ②그때그때¶ ～説明を求める その때その때 설명을 요구하다
**すいしつ** [水質] 수질¶ ～汚染 수질 오염 —検査 수질 검사
**ずいしつ** [髄質] [醫] 수질 ⇔ 皮質
**すいしゃ** [水車] 수차 ①물레방아 = みずぐるま¶ ～小屋 물방앗간 ②수력 터빈 ③무자위
**すいしゃ** [水*瀉] (文) 물이 쏟아지듯이 설사를 하는 일. 수설(水泄) = 便 물찌똥
**すいじゃく** [垂*迹・垂*跡] (文) 수적. 중생 구제를 위해 부처나 보살이 신의 모습으로 나타남
**すいじゃく** [衰弱] 名自スル 쇠약¶ 神経～ 신경 쇠약
**すいしゅ** [水*腫] [醫] 수종 = むくみ

**ずいじゅう** [随従] 名自スル (文) ①수종. 높은 사람을 따라다니며 시중듦, 그런 사람 ②(남의 의견에) 따름¶ 他人の言に～する 다른 사람의 말에 따르다
**すいじゅん** [水準] 수준 ①일정한 표준. 레벨¶ 生活～ 생활 수준 ②땅의 고저・수평을 측정하는 일 ③「水準器」의 준말 —器 [機] 수준기. 수평기 —儀 수준의
**ずいじゅん** [随順] 名自スル (文) 순종¶ 仏の教えに～する 부처의 가르침에 순종하다
**すいしょ** [水書] 名他スル 헤엄치면서 부채나 판자 등에 글씨나 그림을 그림
**ずいしょ** [随所・随処] 도처. 곳곳¶ 落書きが～に見られる 도처에 낙서가 보이다
**すいしょう** [水晶] [鉱] 수정 —体 [醫] 수정체 —時計 [電] 수정 시계
**すいしょう** [推奨] 名他スル 추장. 추천하여 권함¶ ～株 추장주. 추천주
**すいしょう** [推賞・推称] 名他スル (남에게) 칭찬하여 말함¶ ～に値する景観 칭찬할 만한 경관
**すいじょう** [水上] 수상 —機 수상 비행기 —競技 수상 경기 —警察 수상 경찰 —スキー 수상 스키
**ずいしょう** [*瑞祥・*瑞象] (文) 서상. 상서로운 조짐. 길조
**すいじょうかざん** [錐状火山] [地] 추상 화산
**すいじょうかじょ** [穂状花序] [植] 수상 화서. 수상 꽃차례. 이삭 꽃차례
**すいじょうき** [水蒸気] 수증기 —爆発 [地] (화산의) 수증기 폭발
**すいしょく** [水色] (文) 수색 ①물빛 ②물가의 경치
**すいしょく** [水食・水*蝕] 名他スル 수식. 물이 지표면을 점차 침식하는 현상
**すいしょく** [翠色] (文) 취색. 녹색
**すいしん** [水深] 수심¶ ～が浅い 수심이 얕다
**すいしん** [垂心] [數] 수심
**すいしん** [推進] 名他スル 추진¶ ～力 추진력 —器 추진기
**すいじん** [水神] 수신. 물의 신
**すいじん** [粋人] ①풍류인. 풍류객 ②세태에 밝고 탁 트인 사람 = 通人 ③화류계・연예계 사정에 밝은 사람
**ずいじん** [随身] I 名自スル 뒤따름. 뒤따르는 사람. 수종 = ずいしん II 名 [日史] (平安 시대 이후) 귀인이 외출할 때 호위하던 자
**すいすい** 副 ①쏙쏙, 획획 ¶ とんぼが～と飛ぶ 잠자리가 획획 날다 ②척척. 술술¶ 事が～と運ぶ 일이 척척 진행되다
**すい・する** [推する] (文) 짐작하다. 추측하다¶ その心持ちを～に 그 심정을 짐작하건대
**すいせい** [水生・水*棲] 名 수생. 수서. 물에서 삶(자람) —植物 수서 식물 —動物 수서 동물. 수생 동물
**すいせい** [水声] (文) 수성. 물 흐르는 소리
**すいせい** [水性] 名 수성¶ ～塗料 수성 도료 —ガス [化] 수성 가스

すいせい [水星] [天] 수성 = マーキューリー
すいせい [水勢] 수세. 물이 흐르는 기세. 물살 ¶ ~が弱まる 물살이 약해지다
すいせい [衰勢] 쇠세. 쇠퇴한 세력. 세력이 쇠한 상태 ¶ ~を挽回ばんかいする 쇠세를 만회하다
すいせい [彗星] [天] 혜성
すいせいがん [水成岩] [地] 수성암
すいせいむし [酔生夢死] 취생몽사
すいせん [水仙] [植] 수선화
すいせん [水洗] [名][他スル] 세척 ¶ ~便所べんじょ 수세식 변소/ 野菜やさいを~する 채소를 물로 씻다
すいせん [垂線] [数] 수선. 수직선
すいせん [推薦] [名][他スル] 추천 ¶ ~状じょう 추천장 ―入学にゅうがく [教] 추천 입학
すいぜん [垂涎] [名][自スル] [文] 수연 ①군침을 흘림 ②몹시 탐냄 ―の的まと 몹시 탐내는 대상
すいそ [水素] [化] 수소 ―爆弾ばくだん 수소 폭탄
すいそう [水草·水藻] 수초 ①물과 풀 ②물풀
すいそう [水葬] [名][他スル] 수장 ¶ ~礼れい 수장례
すいそう [水槽] 수조. 물통
すいそう [吹奏] [名][他スル] 취주 ¶ 校歌こうかを~する 교가를 취주하다 ―楽がく [音] 취주악
すいぞう [*膵臓] [医] 췌장 ¶ ~炎えん 췌장염 ―ホルモン 췌장 호르몬
ずいそう [随想] 수상 ①그때그때 떠오르는 생각 ②[表] 사색적인 문장의 수필 ¶ ~録ろく 수상록
ずいそう [*瑞相] [文] 서상 ①길조 ¶ ~が現れる 서상이 나타나다 ②복스러운 인상. 복상
すいそく [推測] [名][他スル] 추측 ¶ ~の域を出でない 추측에 지나지 않다
すいぞくかん [水族館] 수족관
すいたい [衰退·衰頽] [名][自スル] 쇠퇴 ¶ ~の一途いっとをたどる 쇠퇴 일로를 걷다
すいたい [推戴] [名][他スル] [文] 추대
すいたい [酔態] [文] 취태. 술에 취한 모습
すいたい [*翠黛] [文] 취대 ①눈썹 그리는 푸른 먹, 그것으로 그린 아름다운 눈썹 ②푸른 빛으로 아련히 보이는 산
すいたい [錐体] [数] 추체. 뿔꼴
すいたく [水沢] [文] 수택. 못, 늪
すいだし [吸(い)出し] ·빨아냄 =「吸すい出だし膏薬こうやく」의 준말. 고름을 빨아내는 고약
すいだ·す [吸(い)出す] [他五] ①빨아내다 ¶ 毒どくを~ 독을 빨아내다 ②빨기 시작하다 ¶ たばこを~ 담배를 피우기 시작하다
すいだま [吸(い)玉] [医] 흡각, 흡종. 고름을 빨아내는 기구 = 吸すい出だし膏こう
すいたらし・い [好いたらしい] [形][口] 호감이 가다, 마음이 끌리다 ¶ ~人 호감이 가는 사람
すいたい [推戴] [名][他スル] 추단. 추측해 단정함
すいち [推知] [名][他スル] [文] 추지. 미루어 앎
すいちゅう [水中] 수중. 물속 ―音波探知おんぱたんち 수중 음파 탐지 ―花か 물속에 넣으면 꽃처럼 피는 조화(造花) ―眼鏡めがね 수중 안경. 물안경 ―翼船よくせん 수중 익선
すいちょう [水鳥] ①수조. 물새 ②술의 딴이름
ずいちょう [*瑞兆] [文] 서조. 길조
すいちょうこうけい [*翠帳紅閨] [文] 취장 홍규. 귀부인의 침실
すいちょく [垂直] [名][ダ] 수직 ¶ ~に立てる 수직으로 세우다 ―分布ぶんぷ 수직 분포 ―離着陸りちゃくりく 수직 이착륙기
すいつ・く [吸(い)付く] [自五] 달라붙다, 흡착하다 ¶ たこの足が~ 문어 발이 달라붙다
すいつけたばこ [吸(い)付け〈煙草〉] 불을 붙여 권하는 담배
すいつ・ける [吸(い)付ける] [他下一] ①흡착시키다 ②빨듯이 끌어당기다 ¶ 客きゃくの目を~ 손님의 눈을 끌다 ③같은 담배를 피워 버릇하다 ④葉巻はまきを~ 담배를 불에 대고 빨아 불을 붙이다
すいっちょ 「うまおいむし」의 딴이름
すいづつ [吸(い)筒] 옛날에 술·물 등을 넣어 다니던 대나무 물통, 빨병
すいてい [水底] 수저. 물밑 ¶ ~に沈しずむ 물밑에 가라앉다
すいてい [推定] [名][他スル] 추정 ¶ 事故じこの原因いんを~する 사고 원인을 추정하다
すいてき [水滴] 수적 ①물방울 ¶ ガラスに~がつく 유리에 물방울이 맺히다 ②연적(硯滴)
すいてん [水天] 수천 ①물과 하늘, 바다와 하늘 ¶ ~一碧いっぺき 바다와 하늘이 온통 푸름 ②[佛] 수신(水神)을 모신 神社じんじゃ ―彷彿ほうふつ 수천 방불. 먼 바다의 수면과 하늘이 맞닿아 그 경계를 알 수 없음
すいでん [水田] [農] 수전. 무논 = みずた
ずい [副] (기세좋게 단번에 움직이거나 행동하는 모양) 쑥 ¶ ~通とおる 쑥 지나다
すいとう [水痘] [医] 수두. 작은마마
すいとう [水筒] 수통. 물통
すいとう [水稲] 수도. 무논에 심는 벼
すいとう [出納] [名][他スル] 출납 ―係がかり 출납계. 출납원 ―簿ぼ 출납부
すいどう [水道] 수도 ①상수도 ¶ ~の設備せつび 수도 설비/ ~を引ひく 수도를 끌다 [놓다] ②해협 ¶ 浦賀うらが~ 浦賀 해협 ③뱃길 = ふなじ
すいどう [*隧道] [文] 수도. 굴, 터널
ずいとくじ [随徳寺] [俗] (뒷일은 생각하지 않고) 종적을 감춤 ¶ 一目山いちもくさん~ 한달음에 줄행랑을 놓음
すいとりがみ [吸(い)取(り)紙] 압지(壓紙), 흡묵지(吸墨紙) = すいとりし
すいと·る [吸(い)取る] [他五] ①빨아내다, 빨아들이다, 흡수하다 ¶ 紙かみで~ 종이로 빨아내다 ②(남의 이익·돈을) 착취하다, 짜내다 ¶ もうけを~ 이익을 착취하다
すいとん [水団] [料] 수제비
すいなん [水難] 수난, 수재, 수해 ¶ ~事故じこ 수난 사고/ ~よけ 수난 액막이
すいねん [衰年] [文] 쇠년. 노년
すいのう [水*嚢] ①식품을 건져 물을 빼는 어레미 ②즈크천으로 만든 휴대용 양동이
ずいのう [髄脳] 수뇌 ①골수와 뇌 ②뇌, 뇌수 ③가장 중요한 부분, 요점, 중심점 ④和歌わかの 작법·오의를 적은 책 ¶ 新撰しんせん~ 신찬 수뇌
すいのみ [吸(い)飲み·吸(い)呑み] (환자가

すいば [酸葉・酸*模] 【植】 수영= すかんぽ
すいばいか [水媒花] 수매화
すいばく [水爆] 수폭. 수소 폭탄
すいはん [垂範] 名 自スル 수범¶率先ざん~ 솔선 수범
すいばん [水盤] (꽃꽂이용) 수반
すいばん [推*輓・推*挽] 名 他スル 〔文〕 추만. 사람을 추천함, 천거 = 推挙きょ¶恩師おんの~により入社じゃする 은사의 추천으로 입사하다
ずいはん [随伴] 名 自スル 수반 ①수행 ¶社長しゃに~する 사장을 수행하다 ②어떤 일에 따라 일어남 ¶事業遂行じぎょうに~する諸問題しょもんだい 사업 수행에 수반되는 제문제
すいはんき [炊飯器] 취반기. 밥솥¶電気でん~ 전기 밥솥
すいひ [水肥] 수비. 물거름= みずごえ
すいび [衰微] 名 自スル 쇠미. 쇠퇴¶国家こっかの~ 국가의 쇠미
すいひつ [水筆] 붓촉의 뿌리까지 먹물을 적셔 쓰는 붓, 무심필(無心筆)
ずいひつ [随筆] 表 수필= エッセー
すいふ [水夫] 〔文〕 ①뱃사람, 선원= 船乗ふなのり ②잡일을 하는 하급 선원
すいふ [炊夫] 〔文〕 취사 일을 하는 남자
すいふ [炊婦] 〔文〕 취사부. 취사 일을 하는 여자
すいふく [推服] 名 他スル 〔文〕 추복. 존경하여 따름¶師として~する 스승으로서 추복하다
すいふろ [水風呂] 보통 목욕탕
すいぶん [水分] 수분. 물기= 水気すい
ずいぶん [随分] I 表 꽤, 몹시, 아주, 대단히¶~と時間じかんがかかる 꽤나 시간이 걸린다/~大おおきくなった 몹시 커졌다 II ナ 너무 심함, 지나침¶~な話はなしだ 너무 심한 이야기다
すいへい [水平] 名 自スル 수평¶~にならす 수평으로 고르다/~をたもつ 수평을 유지하다 ―線せん 수평선 ―動どう 수평동. 수평 방향의 진동 ―分布ぶん 수평 분포 ―面めん 수평면
すいへい [水兵] 수병. 해군 병사 ―服ふく 수병복¶~服の制服 세일러복
すいへん [水辺] 〔文〕 수변, 물가= 水際すい
すいほ [酔歩] 〔文〕 취보. 술에 취해 비틀거리는 걸음걸이, 갈지자걸음= 千鳥足ちどりあし¶~蹣跚まんさん 취보 만산, 술취한 갈지자걸음
すいほう [水泡] 수포. 물거품
【慣用句】
―に帰きす 수포로 돌아가다, 허사가 되다
すいほう [水疱] 〔医〕 수포. 물집= 水みずぶくれ
すいほう [水防] 수방. 수해 방지¶~訓練くん 수방 훈련
すいぼう [衰亡] 名 自スル 〔文〕 쇠망. 쇠멸
すいぼくが [水墨画] 〔美〕 수묵화= 墨絵すみえ
すいぼつ [水没] 名 自スル 수몰. 물속에 잠김
すいま [水魔] 수마. 수해
すいま [睡魔] 수마. 졸음
すいまつ [水*沫] 〔文〕 수말 ①물거품, 수포 ②물보라= 水みずしぶき

すいみつ [水密] 수밀¶~隔壁かくへき 수밀 격벽
すいみつとう [水*蜜桃] 【植】 수밀도
すいみゃく [水脈] 수맥 ①땅속의 물줄기¶~がかれる 수맥이 마르다 ②뱃길, 수로
すいみん [睡眠] 名 自スル 수면 ①¶~をとる 잠을 자다 ②활동을 중지하고 있음. 휴면¶~状態じょうたい 수면 상태
ずいむし [*螟虫・*螟蛉] 【動】 명충. 마디충
すいめい [水明] 〔文〕 수명¶山紫さんし~ 산자 수명
すいめい [吹鳴] 名 他スル 〔文〕 취명. 불어서 울림¶~楽器がっ 취명 악기
すいめつ [衰滅] 名 自スル 쇠멸. 쇠망
すいめん [水面] 수면¶~に浮かぶ 수면에 뜨다 ―下か ①물속 ②물밑
すい もの [吸(い)物] 〔料〕 맑은 국= おすまし¶~椀わん 국그릇
すいもん [水門] 수문¶ダムの~ 댐의 수문
すいやく [水薬] 물약= みずぐすり
すいよ [酔余] 술취한 뒤, 취한 나머지¶~のたわごと 술취한 뒤의 허튼 소리
すいよ [睡余] 〔文〕 잠이 깬 뒤
すいよう [水曜] 수요일= 水曜日びょう
すいよう [衰容・*悴容] 〔文〕 쇠용. 쇠약한 모습, 초췌해진 모습
すいようえき [水溶液] 〔化〕 수용액
すいようえき [水様液] 물처럼 무색 투명한 액체
すいよく [水浴] 名 自スル 수욕. 미역을 감음
すいよ・せる [吸(い)寄せる] 他下一 ①빨아 [끌어] 당기다¶鉄くずを磁石じゃくで~ 쇠부스러기를 자석으로 끌어당기다 ②(주의・마음 등을) 끌다¶客きゃくを~ 손님을 끌다
すいらい [水雷] 【軍】 수뢰¶~艇てい 수뢰정
すいらん [*翠*巒] 〔文〕 취란, 푸른 연산(連山)
すいり [水利] 수리 ①수상 운송・교통 편 ②(관개 등에) 물을 이용함¶~権けん 수리권
すいり [推理] 名 他スル 추리¶犯人はんを~する 범인을 추리하다 ―小説しょう 추리 소설
ずいり [図入り] (책 등에) 삽화・도표가 들어 있음, 그런 책¶~の本ほん 삽화가 들어간 책
すいりく [水陸] 수륙 ―両用機りょうよう 수륙 양용기 ―両用車りょうよう 수륙 양용차
すいりゅう [水流] 수류. 물의 흐름
すいりゅう [垂柳] 〔文〕 수류. 수양버들
すいりゅう [*翠柳] 〔文〕 취류. 푸른 버들
すいりょう [水量] 수량¶~計けい 수량계
すいりょう [推量] 名 他スル 추량. 추측, 짐작¶当あて~ 억측
すいりょく [水力] 수력 ―発電はつでん 수력 발전
すいりょく [推力] 【物】 추력. 추진력
すいりょく [*翠緑] 〔文〕 취록, 녹색¶~玉ぎょく 취옥, 에메랄드
すいれい [水冷] 【機】 수랭. 물로 식힘¶~式エンジン 수랭식 엔진
すいれん [水練] ①수영, 헤엄치기¶畳たたみの上うえの~ 다다미 위에서 헤엄치기, 쓸데없는 짓을 함 ②수영을 잘 하는 사람
すいれん [睡*蓮] 【植】 수련= ひつじぐさ
すいろ [水路] 수로 ①물길, 송수로¶灌漑用かんがいよう

の～ 관개용 수로 ②뱃길, 항로 ③(수영 경기의) 코스¶ 長距離～ 장거리 수영 코스

**すいろん**【推論】图 他ス 추론¶ 景気の動向を～する 경기 동향을 추론하다

**すう**【枢】【樞】音 スウ 訓 くるる・とぼそ|(음) 추. (造語) ①중요한 부분, 요점¶ 枢軸 추축·枢密 추밀·中枢 중추 ②문지도리

**すう**【崇】音 スウ・ス 訓 あがめる|(음) 숭. (造語) ①산이 높이 솟다, 존귀하다¶ 崇高 숭고·숭배하다, 우러르다¶ 崇敬 숭경·崇拝 숭배·尊崇 존숭

**すう**【嵩】音 スウ 訓 かさ|(음) 숭. (造語) ①부피, 분량 ②산이 높다¶ 嵩高 숭고

**すう**【数】【數】音 スウ・ス 訓 かず・かぞえる|(음)수. Ⅰ(造語)①물건의 다소, 수효¶ 数量 수량·多数 다수 ②세다, 계산하다¶ 算数 산수·暦数 역수 ③자연수, 수¶ 指数 지수·分数 분수 ④운수, 운세¶ 数奇 수기·命数 명수 ⑤피, 계략, 술수¶ 術数 술수 ⑥열 미만의 적은 수¶ 数回 수회·数枚 수매 ▷ 黙字訓 数多 수다, 허다 Ⅱ名 ①수효¶ ～を数える 수를 세다 ②数 모든 수의 총칭, 자연수 ③운수, 운명¶ まぬがれざる 피할 수 없는 운명

**すう**【趨】音 スウ 訓 おもむく|(음) 추. (造語)(어느 방향으로) 나아가다, 향해 가다¶ 趨向 추향·趨勢 추세·帰趨 귀추

**すう**【雛】音 スウ 訓 ひな|(음) 추. (造語) ①새의 새끼, 병아리¶ 雛祭 봉추 ②아직 어림¶ 雛僧 어린 중

**す・う**【吸う】他五 ①(액체·기체 등을) 들이마시다¶ たばこを～ 담배를 피우다 ②흡수하다, 빨아들이다¶ スポンジが水分を～ 스폰지가 물을 빨아들이다 ③끌어당기다, 빨아들이다¶ 掃除器がごみを～ 청소기가 먼지를 빨아들이다 ④(남의 이익 등을) 빨아먹다, 착취하다¶ 甘い汁を～ 단물을 빨아먹다 ⑤(「…の空気を～」의 꼴로) 경험하다¶ 都会の空気を～ 도회지 물을 먹다

**すうがく**【数学】 수학¶ 高等～ 고등 수학

**すうき**【枢機】 추기 ①중요한 부분, 사북 ②중요한 정무¶ ～に参画する 중요한 정무에 참획하다 ─卿 7 추기경

**すうき**【数奇】图 ダ 수기, 기구, 불운¶ ～な運命 기구한 운명

**すうけい**【崇敬】图 他ス (文) 숭경, 숭배하고 존경함¶ ～の念を抱く 숭경하는 마음을 품다

**すうこう**【崇高】ダ 숭고

**すうこう**【趨向】(文) 추향, 추세, 동향¶ 政局の～を見守る 정국의 추세를 지켜보다

**すうこく**【数刻】 수각, 몇 시간

**すうし**【数詞】【文法】수사, 셈씨

**すうじ**【数字】 숫자¶ ～に強い 숫자에 강하다/～に明るい 숫자[수리]에 밝다

**すうじ**【数次】图 수차, 몇 번, 몇 차례¶ ～にわたる交渉 수차에 걸친 교섭 ─旅券 복수 여권

**すうしき**【数式】수식¶ ～を解く 수식을 풀다

**すうじく**【枢軸】(文) 추축, 활동의 중심 부분, 정치·권력 기관의 중심 ─国 (史)(2차 대전 중의) 추축국

**すうすう** Ⅰ副 ①(숨소리의) 색색, 식식¶ ～と寝息をたてて眠る 색색 숨소리를 내며 자다 ②(일이 풀려 가는) 술술¶ ～と仕事がはかどる 술술 일이 진척되다 Ⅱ副 自ス (바람이 새어드는) 솔솔, 으슬으슬¶ 襟もとのあたりが～する 목덜미가 으슬으슬하다

**ずうずうし・い**【図図しい】形 뻔뻔스럽다, 낯두껍다¶ ～態度で 뻔뻔스러운 태도

**ずうずうべん**【ずうずう弁】 東北·出雲 지방의 콧소리 나는 사투리

**すうせい**【趨勢】추세¶ 時代の～に従う 시대의 추세에 따르다

**すうた**【数多】图 (文) 수다, 다수＝ あまた

**ずうたい**【図体】(口) 덩치, 몸집, 체격

**すうだん**【数段】 몇 단 ①階段을 ～を登る 계단을 몇 단 오르다 Ⅱ副 훨씬, 월등히¶ 姉より～優秀だ 언니보다 훨씬 우수하다

**すうち**【数値】수치, 값¶ 汚染度の～が高たい 오염도의 수치가 높다

**すうど**【数度】图 수회, 몇 번¶ ～にわたる折衝 몇 번에 걸친 절충

**すうとう**【数等】副 훨씬, 월등히, 상당히¶ 彼女の方が～上よりこの 그녀 쪽이 훨씬 우다

**すうどん**【素饂飩】가락국수＝ かけうどん

**スーパー** (super) 슈퍼 ①(造語) 뛰어난, 초(超)¶ ～スター 슈퍼 스타 ②「スーパーインポーズ」의 준말 「スーパーマーケット」의 준말 ─インポーズ (superimpose) [映] 슈퍼임포즈, 자막 ─マーケット (supermarket) 슈퍼마켓 ─マン (superman) 슈퍼맨, 초인(超人)

**すうはい**【崇拝】图 他ス (文) 숭배¶ ～者 숭배자 ·偶像を～する 우상을 숭배하다

**スープ** (soup) [料] 수프

**すうみついん**【枢密院】【史】추밀원. (일본 구 헌법에서) 天皇의 최고 자문 기관

**すうよう**【枢要】 추요, 가장 중요하고 요긴함, 중추¶ ～な地位 중추적인 지위

**すうり**【数理】수리 ①수학의 이론¶ ～経済学 수리 경제학 ②수적인 기능, 계산, 셈¶ ～に明るい 수리에 밝다

**すうりょう**【数量】수량¶ ～が減る 수량이 줄다 ─景気 (経) 수량 경기

**すうれつ**【数列】①(数) 수열¶ 等差～ 등차 수열/ 等比～ 등비 수열 ②및 줄¶ ～後ろに座る 몇 줄 뒤에 앉다

**すえ**【末】①(사물의) 끝, 말단⇔ もと¶ 草の葉の～ 풀잎 끝/ ～の座 말석/ 流れの～ 하류 ②(어느 기간의) 말, 말년, 최후¶ 来年の～ 내년 말/ ～が惨めだった 최후가 비참했다 ③앞날, 장래¶ ～頼もしい若者 장래가 믿음직스런 젊은이 ④막내¶ ～の子 막내 아이 ⑤자손, 후예¶ 平家の～ 平家의 후예 ⑥…후, …끝에¶ 苦心の～に完

成(せい)した 고심 끝에 완성했다 ⑦(短歌(たんか)의) 아랫구 ⑧중요하지 않음, 하찮음, 시시함¶ ～の問題(もんだい) 하찮은 문제 ⑨말세(末世)¶ 世(よ)も～だ 세상도 말세다

ずえ [図会] 그림책, 화집¶ 名所(めいしょ)～ 명승지 그림책

ずえ [図絵] 도화, 그림¶ 地獄(じごく)～ 지옥도

すえおき [据(え)置き] 거치, 그대로 둠¶ 米価(べいか)の～ 쌀값의 거치／～期間(きかん) 거치 기간

すえお・く [据(え)置く] 他五 ①놓아 두다, 설치하다¶ 火口(かこう)付近(ふきん)に地震計(じしんけい)を～ 화구 부근에 지진계를 설치하다 ②그대로 두다, 보류하다¶ 現行料金(げんこうりょうきん)を当分間(とうぶんかん)～ 현행요금을 당분간 그대로 두다 ③(연금·채권 등을 일정 기간) 거치하다

すえおそろし・い [末恐しい] 形 앞날이 두렵다, 장래가 걱정되다¶ ～子供(こども) 장래가 걱정되는 아이

すえしじゅう [末始終] 副(文) 언제까지나, 장래까지 쭉, 내내¶ ～幸(しあわ)せであれかしと 내내 행복하라시라고

すえずえ [末末] ①내내, 장래¶ ～のことを考(かんが)える 장래의 일을 생각하다 ②자손, 후세¶ ～の繁栄(はんえい)を願(ねが)う 자손의 번영을 빌다 ③아랫것들, 서민¶ しもじも¶ 恩恵(おんけい)が～にまで及(およ)ぶ 은혜가 서민에게까지 미치다

すえぜん [据(え)膳] ①상을 차려 내놓음, 차려 놓은 밥상¶ 上(あ)げ膳(ぜん)～の生活(せいかつ) 앉아서 밥마다 받아먹는 생활 ②(곧 착수할 수 있도록) 준비를 갖추어 둠 ③여자가 유혹하며 남자에게 접근함

慣用句

一食(いっしょく)わぬは男(おとこ)の恥(はじ) 여자가 유혹하는데도 응하지 않음은 남자의 수치다

すえたのもし・い [末頼もしい] 形 장래가 기대되다¶ ～人物(じんぶつ) 장래가 촉망되는 인물

すえつかた [末つ方] (文) 끝 무렵, 말경(末頃)

すえつけ [据(え)付け] 설치, 고정시켜 놓음¶ ～の本(ほん)だな 붙박이 책장

すえつ・ける [据(え)付ける] 他下一 설치하다, 고정시켜 놓다¶ 機械(きかい)を～ 기계를 설치하다

すえっこ [末っ子] (口) 막내= 末子(ばっし)・まっし

すえつむはな [末摘花] 잇꽃

すえながく [末長く・末永く] 副 앞으로 오래도록, 언제까지나¶ ～お幸(しあわ)せに 언제까지나 행복하세요

すえのよ [末の世] ①후세¶ ～までの語(かた)り草(ぐさ) 후세까지의 이야깃거리 ②말세

すえひろ [末広] ①(끝으로 갈수록) 점차 넓어짐 ②점차 번창해 감¶ 貴社(きしゃ)の～をお祈(いの)りします 귀사의 끊임없는 번영을 기원합니다 ③쥘부채¶ 「中啓(ちゅうけい)」의 딴이름

すえひろがり [末広がり] → すえひろ

すえふろ [据(え)風呂] 목욕통 밑에 아궁이가 설치된 목욕탕

す・える [据える] 他下一 ①붙박아 놓다, 설치하다, 차려 놓다¶ 大砲(たいほう)を～ 대포를 설치하다／膳(ぜん)を～ 상을 차려 놓다 ②군데에 고정시키다¶ 目(め)を～ 응시하다 ③(마음을) 단단히 가지다¶ 腹(はら)を～ 각오하다 ④(어떤 장소·지위에) 앉히다, 모시다¶ 社長(しゃちょう)に～ 사장으로 모시다 ⑤「腹(はら)に～・えかねる」의 꼴로¶ 참을 수 없다¶ 彼(かれ)の横暴(おうぼう)きは腹(はら)に～・えかねる 그의 횡포는 참을 수 없다 ⑥뜸질하다¶ 灸(きゅう)を～ 뜸을 뜨다

す・える [饐える] 自下一 (음식물이) 쉬다¶ ～・えたにおい 쉰 냄새

すおう [周防] 일본의 옛 지명. 지금의 山口県(やまぐちけん) 동부= 防州(ぼうしゅう)

すおう [素襖・素袍] 위아래 같은 색의 삼베에 가문(家紋)을 날염한 옷

すおう [⌜蘇芳・蘇方・蘇枋] ①(植) 소방목, 다목 ②암적색, 검붉은 색

すおどり [素踊り] (능)의상이나 가발을 쓰지 않고 춤을 춤, 그런 춤

ずおも [頭重] ①머리가 무거움 ②남에게 좀처럼 머리를 숙이지 않는 태도 ③(経) 시세가 오를 듯하면서도 좀처럼 오르지 않는 상태

すか (俗) ①기대에 어긋남, 잘못 짚음¶ ～を食(く)う 바람맞다, 허방짚다 ②(제비뽑기 등에서) 당첨이 안됨, 꽝

ずが [図画] 도화 ①도면과 그림, 그림 ②(教) 일본 구제 소학교 학과목의 하나

すがい [酢貝・醋貝] ①조갯살이나 전복 초절임 ②(動) 눈알고둥

ずかい [図解] 名他スル 도해¶ 構造(こうぞう)を～する 구조를 도해하다

ずがい [頭蓋] (医) 두개 —骨(こつ) (医) 두개골

スカイ (sky) 스카이, 하늘 —サイン (sky sign) (経) 스카이 사인 ①옥탑 광고 ②(비행기 연막을 이용한) 공중 광고 —パーキング (일 sky parking) 입체식 주차장 —ブルー (sky blue) 스카이 블루, 하늘색 —メイト (일 sky mate) 국내선 항공 운임 할인 제도 —ライン (skyline) 스카이라인 —ラウンジ (일 sky lounge) 스카이 라운지

すがお [素顔] ①(화장하지 않은) 맨얼굴, 민낯= 地肌(じはだ) ②배우의 (분장하지 않은) 맨얼굴 ③실상, 참모습¶ 都会(とかい)の～ 도회지의 실상 ③술기가 없는 얼굴= しらふ

すがき [素描き] → そびょう

すかさず [透かさず] 副 즉시, 즉각, 곧장¶ ～問(と)い返(かえ)す 즉각 반문하다

すかし [透かし] ①성기게 만듦, 틈을 만듦, 그런 부분¶ ～編(あ)み 성기게 뜨는 뜨개질 ②종이에 빛을 쬐면 보이도록 한 무늬·문자, 은문, 은화¶ 紙幣(しへい)の～ 지폐의 은화

すかしおり [透かし織(り)] 무늬를 넣어 비치게 짠 얇은 깁= 透(す)き織(お)り

すかしぼり [透かし彫(り)] (美) 투조(透彫), 투각(透刻)

すか・す 自五 (俗) 젠체하다, 점잔빼다¶ ずいぶん～・したやつだ 되게 젠체하는 녀석이다

すか・す [⌜空かす] 他五 (배를) 주리다, 배를 곯다¶ 腹(はら)を～ 배를 주리다

**すか・す [透かす]** 他五 ①틈새를 내다, 사이를 벌리다¶間を~・して本を並べる 사이를 벌려 책을 꾸우다 ②성기게 하다, 솎다¶枝を~ 가지를 솎다 ③(물건・틈을) 통해서 보다¶木々を~・して見る 나무 사이로 보다 ④빛에 비추어 보이게 하다¶紙を~・して見る 종이를 비쳐 보다 ⑤(俗) 소리 안 나게 방귀를 뀌다

**すか・す [賺かす]** 他五 ①달래다, 어르다¶なだめたり~・したりする 달래고 어르다 ②속이다, 어루꾀다¶弟を~・しておやつを取り上げる 동생을 어루꾀어 간식을 빼앗다

**すかさず I** (口) ①척척, 쓱쓱 ②썩썩¶~と切る 썩썩 자르다 **II** (文) ①틈이 많은 모양¶昼間なので, 車内は~だった 한낮이라서 차 안은 한산했다 ②(채소 등에) 구멍이 숭숭남¶~の大根 바람든 무

**すかずか** 副 주저없이 나아가는 모양, 서슴없이, 거침없이¶土足で~と上がり込む 신발을 신은 채 서슴없이 들어오다

**すがすがし・い [清清しい]** 形 상쾌하다, 시원하다¶~朝 상쾌한 아침

**すがた [姿]** ①모습 ㉠몸매¶すんなりした~ 날씬한 몸매 ㉡형체¶山が雲間から~を現す 산이 구름 사이로 모습을 드러내다 ㉢차림, 풍채, 태도¶派手な~ 화려한 모습 ㉣실상, 형편, 모양¶移り行く世の~ 변해 가는 세상의 모습 ②풍취, 격조¶歌の~ 노래의 풍취 ③(造語) 원형을 유지한 상태로 요리함¶鯛の~作り (회를 친 후) 원형대로 담은 도미회
(慣用句)
―を消す 모습을 감추다

**すがたずし [姿鮨]** (料) 생선을 갈라 뼈를 바르고 조미한 다음 초밥을 채워 넣어 원형대로 만든 생선 초밥

**すがたづくり [姿作り・姿造り]** (料) 회를 친 다음 원형대로 담은 생선회 = 活け作り

**すがたみ [姿見]** 체경

**すがたり [素語り]** (芸) 三味線 반주 없이 浄瑠璃를 창(唱)함 = 素浄瑠璃

**すかたん** (俗) ①기대가 어그러짐, 허탕¶~をくらう 허탕을 치다 ②멍청이, 바보, 얼간이

**すかっと** 副 自スル ①(口) 싹둑¶~切る 싹둑 자르다 ②산뜻하게, 개운하게, 후련하게¶~した気分 개운한 기분

**すがめ [眇]** ①애꾸눈 ②사팔뜨기, 사시 ③곁눈, 곁눈질 = 横目

**すが・める [眇める]** 他下一 ①한쪽 눈을 가늘게 뜨다 ②한 쪽 눈을 감고 겨냥해 보다

**すがやか [清やか]** (文) ①시원시원함, 선선히 단념함 ②막힘없이 잘 진행됨, 순조로움

**すがら** 接尾 《명사에 붙어》①처음부터 끝까지, 내내, 줄곧¶夜~・밤새도록 ②~가는 길 [도중]¶~のはむ 김에 가는 길에/旅~ 여행하는 길에 ③그것뿐인 채로, 그대로¶身~で逃げる (가진 것 없이) 맨몸으로 달아나다

**ずから** 接尾 《사람・몸을 나타내는 명사에 붙어》자신의…으로, 스스로의 …에 의해¶口~ 제 입으로/身~ 몸소, 친히/手~ 손수

**ずがら [図柄]** (직물 등의) 도안, 무늬

**すがりつ・く [*縋り付く]** 自五 매달리다 ①달라붙다¶そでに~ 소매에 매달리다 ②의지하다, 기대다¶先生の一言に~ 선생님의 한 마디에 매달리다

**すがる [*蜾蠃]** (虫) ①"しがばち"의 옛이름, 나나니벌¶~おとめ 나나니벌처럼 허리가 가느다란 소녀 ②"しか"의 옛이름, 사슴

**すが・る [*縋る]** 自五 의지하다 ①매달리다, 달라붙다¶つえに~ 지팡이에 매달리다 ②기대다¶神仏に~ 신불에 의지하다/人の情けに~ 남의 동정에 기대다

**すが・れる [*末枯れる]** 自下一 (文) ①(잎・가지 끝이) 시들기[마르기] 시작하다 ②(사람이) 노쇠해지다

**ずかん [図鑑]** 도감¶植物~ 식물 도감

**ずかんそくねつ [頭寒足熱]** 두한 족열, 머리는 차게 하고 발은 따뜻하게 하라는 건강법

**すかんぴん** 名 (ダ) (口) 몹시 가난함, 그런 사람, 빈털터리 = すっかんぴん

**すかんぽ [*酸模]** (植) "すいば"의 딴이름, 수영

**すき [*犂]** 쟁기 = からすき

**すき [鋤]** 가래

**すき [好き]** 名 (ダ) ①좋아함¶~な色 좋아하는 색/酒~の夫 술을 좋아하는 남편 ②호색¶~者 호색자 ③마음대로[내키는 대로] 함¶~なことを言う 내키는 대로 말하다
(慣用句)
―こそ物の上手なれ 무슨 일이든 좋아해야 열심히 하게 되어 숙달하는 법이다

**すき [透き・隙]** 틈 ①빈틈, 틈새기 = すきま¶足をを踏みいれる~がない 발디딜 틈이 없다 ②짬, 겨를 = すきま¶仕事の~に会う 일의 짬을 보아 만나다 ③허점, 방심, 틈탈 기회¶~を見せる 허점을 보이다/~をうかがう (틈탈) 기회를 엿보다

**すき [数寄・数奇]** (文) 풍류, 풍류를 즐김, 풍류의 길, (특히) 다도나 和歌를 즐김
(慣用句)
―を凝らす 아취를 십분 살리다

**すぎ [杉・*椙]** (植) 삼나무

**すぎ [過ぎ]** (造語) ①(시간・나이를 나타내는 말에 붙어) ㉠지남, 넘음¶昼~ 정오가 지난 무렵/四十~ 마흔이 넘음 ②지나침, 과함¶食べ~ 과식/言い~ 말이 지나침

**すきあぶら [*梳(き)油]** (머리를 빗을 때 쓰는) 밀기름 = すき油¶~をつける 밀기름을 바르다

**すぎあや [杉綾]** 삼목잎 모양의 줄무늬를 짜 넣은 능직 = 杉綾織・ヘリンボーン

**すきいれ [*漉(き)入れ]** (종이를 뜰 때) 문자・무늬 또는 질이 다른 재료를 섞음, 그런 종이

**すきうつし [透(き)写し]** 名 他スル (서화 등의) 원본을 밑에 대고 베끼는 일 = 敷き写し

**すきおこ・す [*鋤(き)起(こ)す]** 他五 (흙을) 가래로 일구다

**すきおり** [透(き)織(り)] 비치는 천
**すぎおり** [杉折] 얇게 켠 삼목 판자를 접어 만든 작은 상자
**すきかえし** [*漉(き)返し] 헌 종이를 풀어서 다시 뜬 종이, 재생지= 宿紙
**すきかえ・す** [*漉(き)返す] 他五 (가래・팽이로 흙을) 갈아엎다
**すきかげ** [透き影] 文 틈새나 얇은 것을 통해 새어 들어오는 빛, 비쳐 보이는 모습・그림자
**すきかって** [好き勝手] 名ダ 文 자기 좋을 대로 함, 제멋대로 함 ¶ ~なことを言う 자기 좋을 대로 말하다
**すききらい** [好き嫌い] 좋아함과 싫어함, 선호 ¶ ~が激しい 가리는 것이 많다
**すきぐし** [*梳・*櫛] 참빗
**すきげ** [*梳(き)毛] 다리, 월자(月子)
**すぎごけ** [杉苔・杉蘚] 植 솔이끼
**すきごころ** [好き心] ①호기심 ②호색한 마음 ③ [数寄心・数奇心] 文 풍류스러운 마음
**すぎこしかた** [過(ぎ)来し方] 連体 文 지나간 옛날, 과거 ¶ ~を振り返る 지나간 옛날을 되돌아보다
**すぎこしのいわい** [過越しの祝い] 宗 유월절
**すぎこだち** [杉木立] 삼목나무 숲, 그 삼목
**すきごと** [好き事] ①별난 것을 좋아함 ②호색
**すきこ・む** [好き込む] ①특히 좋아하다 ②(「~んで」의 꼴로) 특별히 좋아서 ¶ ~んで苦労する者はいない 좋아서 고생하는 사람은 없다
**すきこ・む** [*漉(き)込む] 他五 (종이에) 무늬・글자가 나타나도록 뜨다, 나뭇잎 등을 넣어서 뜨다
**すぎさ・る** [過(ぎ)去る] 自五 지나가다 ①통과하다 ¶ 台風が ~った 태풍이 지나가다 ②(시간이) 흘러가다, 과거가 되다 ¶ ~った青春 지나간 청춘
**すぎし** [過ぎし] 連体 文 지나간 ¶ ~日の思い出 지나간 날의 추억
**すきしゃ** [数寄者] 文 다도를 즐기는 사람
**すきしゃ** [好き者] → すきもの
**すぎじゅう** [杉重] 얇게 켠 삼목 판자로 만든 찬합
**すきずき** [好き好き] 名 각자의 기호(가 다름) ¶ 蓼食う虫も~ 매운 여뀌 잎을 먹는 벌레도 제 멋
**ずきずき** 副 自スル 욱신욱신 ¶ 傷口が~と痛む 상처가 욱신욱신 아프다
**すきっと** 副 自スル ㈠ 상쾌함, 산뜻함, 개운함 ¶ ~した気分 상쾌한 기분
**すきっぱら** [*空きっ腹] ㈠ → すきはら
**スキップ** (skip) 名 他スル 스킵, 번갈아 한 발로 뛰기 **―フロア** (skip floor) 建 스킵 플로어
**すぎど** [杉戸] 삼목 판자로 만든 문
**すきとお・る** [透き通る・透き徹る] 自五 ①비쳐 보이다, 투명하다 ¶ 底まで~ 바닥까지 비쳐 보이다 ②(소리가) 맑다 ¶ ~声 맑은 목소리

**すぎな** [杉菜] 植 쇠뜨기
**すぎない** [過ぎない] 連語 (「…に~」의 꼴로) …에 지나지 않다, …에 불과하다 ¶ 言い訳に~ 변명에 불과하다
**すぎなべ** [*鋤鍋] 전골 냄비, 전골
**すぎなり** [杉形] (삼목처럼) 위는 뾰족하고 아래는 넓은 모양, 피라미드형 ②병졸을 쐐기 모양으로 앞에 배치하고 그 뒤에 무사를 배치한 진형
**すきはら** [*空き腹] 허기진 배, 공복= すきっぱら ¶ ~を抱える 허기진 배를 움켜 안다
**すぎはら** [杉原] ①삼목이 들어찬 들판 ② 「杉原紙」의 준말= すぎわら **―紙** 닥나무로 뜬 얇고 부드러운 일본 종이
**すきほうだい** [好き放題] 名ダ 제멋대로 함 ¶ ~にしゃべりまくる 제멋대로 지껄여 대다
**すきま** [透き間・*隙間] ①빈틈, 틈새기 ¶ ~を防ぐ 틈새기를 막다 ②짬, 겨를 ¶ 家事の~を見て勉強する 집안 일의 짬을 보아 공부하다 **―風** ①틈새기 바람, 외풍 ②比 감정적인 골 ¶ 夫婦の間に~が吹く 부부 사이에 찬바람이 불다
**すきみ** [透き見] 名 他スル 틈으로 들여다봄, 엿보기= のぞき見
**すきめ** [透き目] 틈, 빈틈= すきま
**すきもの** [好き者] ①호사가, 호기심이 많은 사람 ②호색한 ▷ すきしゃ 라고도 함
**すきや** [透綾] 매우 얇은 견직물
**すきや** [数寄屋・数奇屋] 建 ①다도를 위해 지은 별채, 다실 ②다실풍의 건물 **一造** 다실풍의 주택 건축 양식 **―坊主** 史 江戸幕府에서 다례(茶禮)・다기(茶器) 등을 관장하던 하급 관리
**すきやき** [*鋤焼き] 料 전골
**すぎゆ・く** [過(ぎ)行く] 自五 文 ①지나가다, 통과하다 ¶ 人々が足早に~ 사람들이 빠른 걸음으로 지나가다 ②(시간이) 흘러가다, 경과하다 ¶ ~った歳月 흘러가는 세월
**ずきょう** [*誦経] 名 自スル 佛 송경, 독경
**す・ぎる** [過ぎる] Ⅰ 自上一 ①지나다 ②지나가다, 통과하다 ¶ 夕立が~ 소나기가 지나가다 ③(시간이) 흐르다, 넘다 ¶ 約束の日が~ぎた 약속한 날이 지났다 ④(기간이) 끝나다 ¶ 冬休みが~ 겨울 방학이 끝나다 ②(정도를) 넘다, 지나치다 ¶ いたずらが~ 장난이 지나치다 ③(분)에 넘치다, 과분하다 ¶ 身に~喜び 분에 넘치는 기쁨 ④(「…に過ぎない」「過ぎぬ」의 꼴로) …에 불과하다, …에 지나지 않다 ¶ 見せかけに~ぎぬ 겉보기에 불과하다 ⑤(「…に~はない」의 꼴로) …보다 더한 …는 없다 ¶ 心の自由にも~幸せはない 마음의 자유보다 더한 행복은 없다 ⑥造語 너무[지나치게]…하다 ¶ 遊び~ 너무 놀다

慣用句
**――きたるは猶及ばざるが如し** 정도가 지나침은 미치지 못함과 같다
**すぎわら** [杉原] → すきはら

**スキン** (skin) 스킨 ①살갗, 피부 ②피혁, 가죽 **―シップ** (일 skin ship) 스킨십. 피부 접촉에 의한 애정의 교류 **―ダイビング** (skin diving) 스킨 다이빙

**ずきん** 【頭巾】 두건. (자루 모양의) 쓰개¶防寒ぼうかん~ 방한 두건/ ~をかぶる 두건을 쓰다

**ずきんずきん** 副 自スル (口) 욱신욱신 傷口きずぐちが~と痛いたむ 상처가 욱신욱신 아프다

**す・く** 【空く】 自五 ①(속이) 비다¶席せきが~ 자리가 비다 ②공복이 되다, 허기지다¶腹はらが~ 배가 고프다 ③(가슴이) 후련하다¶胸むねが~ 가슴이 후련하다 ④《「手て が~」의 꼴로》손이 비다, 짬[틈]이 나다¶手てが~・いたら手伝てつだってくれ 짬이 나면 도와줘

**す・く** 【透く】 自五 ①틈이 생기다, 벌어지다¶歯はが~ 이가 벌어지다 ②들여다보이다, 비쳐 보이다¶裏うらが~・いて見みえる 속이 들여다보이다

**す・く** 【好く】 他五 ①좋아하다, 마음에 들다, 호감이 가다¶だれにでも~・かれる好青年せいねん 누구에게도 좋아할 멋진 청년 ②사랑하다¶~・いた仲なか 서로 사랑하는 사이

**す・く** 【×剝く】 他五 얇게 깎아내다[벗기다]¶皮かわを~ 껍질을 벗기다[깎다]

**す・く** 【×梳く】 他五 (머리를) 빗다¶髪かみを~ 머리를 빗다

**す・く** 【結く】 他五 (그물을) 뜨다, 엮다¶網あみを~ 그물을 엮다

**す・く** 【×漉く・×抄く】 他五 (종이・김 등을) 뜨다¶海苔のりを~ 김을 뜨다

**す・く** 【×鋤く】 他五 (땅을) 가래로 일구다, 가래질하다¶土つちを~ 땅을 가래로 일구다

**す・ぐ** 【直(ぐ)】 Ⅰ ①곧, 즉시, 당장, 바로¶~に来こい 즉시 와라/ ~に返事へんじを頼たのむ 바로 답장을 주길 부탁해 ②쉬이, 간단하게¶~故障こしょうする 쉽게 고장나다 ③바로, 아주 가까이¶~そこ 바로 거기 Ⅱ 名 形動 ①똑바름 ②정직함, 순진함=まっすぐ 気立きだての~な人ひと 마음이 곧은 사람

**ずく** 【木菟】 「みみずく」의 옛이름

**ずく** 【×銃】 「銃鉄ずくてつ」의 준말. 선철=せんてつ

**ずく** 【×尽(く)】 (造語) 《(명사・형용사・形容動詞 어간에 붙어)》오로지 …란 방법[수단]으로, …의 힘으로, …만으로, …함으로써¶面白おもしろ~で 재미삼아/ 欲得よくとく~で付つき合あう 타산적으로 사귀다

**すくい** 【救い】 ①구조, 도움, 구원¶~を求もとめる 도움을 구하다 ②위안¶死者ししゃのなかった点てんがたったせめての~だ 죽은 사람이 없었던 점이 그나마 위안이 된다

**すくいあ・げる** 【×掬い上げる】 他下一 건져내다¶網あみで魚さかなを~ 그물로 물고기를 건져내다

**すくいあ・げる** 【救(い)上げる】 他下一 구해내다¶人質ひとじちを~ 인질을 구해내다

**すくいがた・い** 【救い難い】 形 구제 불능이다, 어쩔 도리 없다¶~愚策ぐさく 구제 불능의 우책

**すくいなげ** 【×掬い投げ】 相撲 상대방 겨드랑이에 손을 넣어 들어올리듯하면서 던지는 기술

**すくいぬし** 【救い主】 ①구원해 준 사람 ②基 구세주, 예수 그리스도

**すくいのて** 【救くの手】 구원의 손길¶~をさしのべる 구원의 손길을 뻗치다

**すく・う** 【巣くう】 自五 ①둥지를 틀고 살다, 깃들이다¶つばめが軒のきに~ 제비가 처마에 둥지를 틀다 ②소굴을 이루다¶不良ふりょうが~ 불량배가 소굴을 이루다 ③(나쁜 생각・병이) 자리잡다¶病魔びょうまが~ 병마가 자리잡다

**すく・う** 【×掬う・×抄う】 他五 ①뜨다, 떠내다, 퍼내다¶網あみでめだかを~ 그물로 송사리를 뜨다 ②(퍼 올리듯이) 급히 들어올리다, 들어올리듯이 하여 팽개치다¶足あしを~ 발을 걸다

**すく・う** 【救う・済う】 他五 ①구하다, 구조하다¶おぼれかけた子供こどもを~ 물에 빠져 죽게 된 아이를 구하다/ 難民なんみんを~ 난민을 구조하다 ②구제하다, 선도하다¶貧困ひんこんから~ 빈곤에서 구제하다

**スクエアネック** (square neck) 服 스퀘어 넥. 사각형 깃

**すぎき** 【酸茎】 순무를 시큼하게 절인 京都きょうと 특산의 채소 절임

**すぐさま** 【直ぐ様】 副 곧, 즉시, 즉각, 당장=ただちに¶~発はっして 곧 출발하다/ ~出動しゅつどうする 즉각 출동하다

**すくすく** 副 쑥쑥, 무럭무럭, 쭉쭉=ずんずん¶子供こどもが~と育そだつ 아이가 무럭무럭 자라다/ ~伸のびる竹たけ 쑥쑥 뻗는 대나무

**すくせ** 【宿世】 仏 숙세 ①전세 ②전세의 인연, 숙명 ▷「しゅくせ」로도 씀

**ずくてつ** 【銑鉄】 (口) 선철. 무쇠=ずく

**すくな・い** 【少ない・×尠い】 形 적다⇔多おおい¶観客かんきゃくが~ 관객이 적다/ 雪ゆきの~年とし 눈이 적은 해

**すくなからず** 【少なからず】 副 文 적잖이, 크게, 많이, 매우¶~驚おどろいた 매우 놀랐다/ 少年しょうねんも~参加さんかした 소년도 적잖이 참가했다

**すくなくとも** 【少なくとも】 副 적어도 ①적게 잡아도, 최소한¶一年いちねんはかかる 적어도 1년은 걸린다 ②하다못해¶~お礼れいぐらい言いいなさい 적어도 사례의 말 정도는 하세요

**すくなくな・い** 【少なくない】 連語 적지 않다, 제법 많다¶反対者はんたいしゃも~ 반대자도 적지 않다

**すくなくも** 【少なくも】 副 文 =すくなくとも

**すくなめ** 【少なめ】 名 좀 적은 듯한 정도⇔多おおめ¶水みずを~にして炊たく 밥을 좀 적게 붓고 밥을 짓다

**ずくにゅう** 【木菟入】 중대가리

**すくね** 【×宿×禰】 ①日史 天武天皇てんむてんのうが 제정한 팔성(八姓)의 제3위 ②(옛날에) 이름에 붙여 신하를 친근하게 부르던 말

**すく・る** 【竦る】 自五 =すくむ

**すくみあが・る** 【竦み上がる】 自五 움츠러들다, 자지러지다¶雷光らいこうに~ 번개에 몸이 움츠러들다

**すく・む** 【竦む】 自五 (두려움・긴장 등으로)

움츠러져 꼼짝못하다, 위축되다, 자지러지다 ¶ 足$_{が}$が~ 오금을 못 펴다/ 恥$_{は}$ずかしさの余$_{あま}$り身$_{み}$が~ 창피한 나머지 몸이 움츠러들다
ず‐くめ [*尽(く)め] [*造語] (명사에 붙어)…일색, …투성이, …뿐이라는 뜻을 나타냄 ¶ 規則$_{きそく}$~ 규칙 투성이/ 黄色$_{きいろ}$~の服装$_{ふくそう}$ 노랑 일색의 복장
すく‐める [*竦める] [他下一] 움츠리다, 위축되다 ¶ 肩$_{かた}$を~ 어깨를 움츠리다
すく‐よか [*健よか] [文] [ダ] 건강함, 무럭무럭 자람 = すこやか ¶ ~に育$_{そだ}$つ 무럭무럭 자라다
スクラップ (scrap) 스크랩 I 名 [他スル] (신문 등의) 기사를 오려냄, 그런 기사 II 名 고철, 파쇠 ━ブック (scrapbook) 스크랩북
すぐり [酸*塊] [植] 양까치밥나무, 구즈베리
すぐ‐る [精選る] [他五] [文] 가려 뽑다, 선발하다 ¶ 精鋭$_{せいえい}$を~ 정예를 선발하다
すぐれて [優れて・*勝れて] [副] [文] 특히, 유독, 두드러지게 ¶ ~よい品$_{しな}$ 특히 좋은 물건
すぐ‐れる [優れる・*勝れる] [自下一] ①뛰어나다, 우수하다, 출중하다 ¶ 人$_{ひと}$より~ 남보다 뛰어나다/ ~.れた才能$_{さいのう}$ 출중한 재능 ② (「~.れない」의 꼴로) (건강·기분·날씨 등이) 좋지 않다 ¶ 気分$_{きぶん}$が~.れない 기분이 좋지 않음
すけ [助] I 名 ①도움, 조력, 가세, 그런 사람 ¶ ~に行$_{い}$く 도와주러 가다 ②(寄席$_{よせ}$에서) 「真打$_{しんうち}$」의 보조 ③(俗) 여자, 아가씨, 정부 II [接尾] (명사 등에 붙어) 사람 이름처럼 쓰는 말 ¶ ちび~ 꼬마, 飲$_{の}$み~ 술꾼/ ねぼ~ 잠꾸러기 ②사물을 의인화하여 쓰는 말 ¶ おっと合点$_{がてん}$, 承知$_{しょうち}$の~ 그래 알아어 승낙이야
すげ [*菅] [植] 사초(莎草) = すが
ずけい [図形] 도형 ¶ 平面$_{へいめん}$~ 평면 도형
すげ‐か‐える [*挿げ替える] [他下一] ①바꾸어 [갈아] 달다, 갈아 끼우다 ¶ 鼻緒$_{はなお}$を~ 끈을 갈아 달다 ②경질하다, 교체하다 ¶ 役員$_{やくいん}$を~ 임원을 경질하다
すげがさ [*菅*笠] 사초 삿갓 = すががさ
すけごう [助郷] [日史] (江戸시대에) 역참에 인마(人馬)가 부족할 때 보충하도록 정해 놓은 역참 근처의 마을, 그런 부역·제도
ずけずけ [副ト] 툭툭, 함부로 ¶ 思$_{おも}$ったことを~と言$_{い}$う 생각한 것을 툭툭 내뱉다
すけそうだら [助宗*鱈] 명태
すけだち [助太刀] 名 [自スル] ①(결투·복수 등에) 가세(加勢)함, 가세자 ②도움, 조력, 조력자 ¶ ~を頼$_{たの}$む 조력을 부탁하다
すけっと [助っ人] 가세하여 도움, 조력자 ¶ ~を頼$_{たの}$む 도와주기를 부탁하다
すけとうだら [*介党*鱈・*魚底] [動] 명태
すげ‐な‐い [素気無い] [形] 매정하다, 쌀쌀하다, 냉담하다 ¶ ~返事$_{へんじ}$ 쌀쌀한 대답
すけばん [助番] ①당번이 결근일 때 대신 근무하는 일, 그런 사람 ②(俗) 불량 소녀 집단의 리더, 여두목 = 女番長$_{おんなばんちょう}$
すけべえ [助*兵^衛・助*平] [名] [ロ] 호색함, 음탕함, 색골, 호색꾼 = すけべ ¶ ~たらしい 색골같다 ━根性$_{こんじょう}$ ①호색 근성 ②이것저것 손대기를 좋아하는 성질
す‐ける [*助ける] [自他下一] 돕다, 거들다
す‐ける [*透ける] [自下一] 들여다보이다, 비치다 ¶ 肌$_{はだ}$が~.けて見$_{み}$える服 살갗이 비쳐 보이는 옷
す‐げる [*挿げる・*箝げる] [他下一] ①꿰어 달다 ¶ 鼻緒$_{はなお}$を~ 끈을 꿰어 달아 넣다, 박다 ¶ 傘$_{かさ}$の柄$_{え}$を~ 우산 자루를 끼우다/ げたの歯$_{は}$を~ げた 굽을 박다
すご‐い [*凄い] [形] ①무섭다, 무시무시하다 = おそろしい ¶ ~形相$_{ぎょうそう}$でにらむ 무서운 모습으로 노려보다 ②굉장하다, 대단하다, 지독하다 ¶ ~美人$_{びじん}$ 굉장한 미인/ ~人気$_{にんき}$ 대단한 인기 ③(「~.く」의 꼴로) 대단히, 무척 ¶ ~くうれしい 무척 기쁘다
ずこう [図工] ①화공(畫工) ②(초등학교 교과목에서) 「図画$_{ずが}$・工作$_{こうさく}$」의 준말
すごうで [*凄腕] 굉장한 솜씨, 그런 솜씨를 가진 사람 = らつわん
すこし [少し] [副] 조금, 약간, 좀 ¶ ~の間$_{あいだ}$ 잠시 동안/ ~ください 조금 주세요/ ~売れた 약간 팔렸다/ ~さみしい 좀 쓸쓸하다
すこしく [少しく] [副] [文] 조금, 좀, 약간
すこしも [少しも] [副] 조금도, 전혀 = ちっとも ¶ ~気$_{き}$にかけない 조금도 염려하지 않다
すご‐す [過(ご)す] [他五] ①(세월을) 보내다, 지내다, 살아가다, 생활하다 ¶ 無事$_{ぶじ}$に~ 무사히 지내다/ 夏休$_{なつやす}$みを田舎$_{いなか}$で~ 여름 휴가를 시골에서 보내다 ②(어떤 시기를) 경과하다, 넘기다 ¶ 少年期$_{しょうねんき}$を~ 소년기를 넘기다 ③(정도에) 지나치다, 넘치다 ¶ 度$_{ど}$を~と体$_{からだ}$によくない 도가 지나치면 몸에 좋지 않다 ④(補助) ㉠(깜빡하여) 지나치게 …다 ¶ 寝$_{ね}$~ 늦잠 자다/ 乗$_{の}$り~ 내릴 곳을 지나쳐 버리다 ㉡그대로 놓아 두다 ¶ 見$_{み}$~ 못본 체하다/ 相手$_{あいて}$にしないでやり~ 상대를 하지 않고 내버려 두다
すごすご [*悄*悄] [副ト] 맥없이, 풀이 죽어 ¶ しおしお ~と引$_{ひ}$き返$_{かえ}$す 맥없이 되돌아가다
すこ‐ぶる [*頗る] [副] 매우, 아주, 대단히 ¶ ~元気$_{げんき}$です 아주 건강합니다 ━付$_{つ}$き 名 굉장함, 대단함 ¶ ~の美人$_{びじん}$ 굉장한 미인
すごみ [*凄み] ①무서운 느낌, 무시무시함 ¶ ~のある顔$_{かお}$ 무서운 얼굴 ②위협적인 모양, 으름장, 공갈 ¶ ~を利$_{き}$かせる 으름장을 놓다
すご‐む [*凄む] [自五] 위협적인 태도를 보이다 ¶ ちんぴらが~ 똘마니가 위협적인 태도를 보이다
すごも‐る [巣*籠る] [自五] ①(새가 알을 까기 위해) 둥지에 틀어박히다 ②(겨울에 벌레가) 땅속으로 들어가다
すこやか [*健やか] [ダ] [文] ①건강함, 튼튼함 ¶ ~に育$_{そだ}$つ 건강하게 자라다 ②건전함 ¶ ~な精神$_{せいしん}$ 건전한 정신
スコラてつがく [スコラ哲学] 스콜라 철학
すごろく [*双六] 쌍륙. 주사위 놀이

**すき** [△寸莎] 벽토에 섞어 넣는 여물
**すざく** [朱雀] ①주작. 남방(南方)의 신= すじゃく ②「朱雀大路 또는 朱雀門」의 준말 ―大路 平城京와 平安京의 중앙을 남북으로 통하는 큰 길 ―門 平城京와 平安京의 대궐 구역의 정문
**すさぶ** [荒ぶ] 自五 文 → すさむ
**すさまじ・い** [凄まじい] 形 ①무시무시하다 ¶ ～様相 무시무시한 양상 ②굉장하다, 엄청나다 ¶ ～売れ行き 굉장한 판매세 ③어이가 없다, 기가 막히다, 당치않다 ¶ あれで優等生とは～ 저래도 우등생이라니 기가 막힌다
**すさみ** [△遊み] 文 심심풀이, 소일거리, 파적거리= すさび ¶ 老いの～に手習いをする 늘그막의 파적거리로 습자를 하다
**すさ・む** [荒む] 自五 ①(비・바람 등이) 거칠어지다 ¶ 寒風が吹き～ 찬바람이 사납게 불다 ②(마음 등이) 거칠어지다, 삭막해지다 ¶ 心が～ 마음이 거칠어지다 ¶ ～・んだ生活 삭막한 생활
**すさ・る** [△退る] 自五 文 물러나다 ¶ 座を～ 자리를 물러나다 / 一歩に～ 한 발짝 물러나다
**ずさん** [杜撰] 名 ①(저작 등에) 틀린 데가 많음, 조잡함 ¶ ～な論文 조잡한 논문 ②날림, 엉터리 ¶ ～な工事 날림 공사
**すし** [△鮨・鮓・寿司] 料 ①초밥 ¶ ～屋 초밥집 ②생선을 소금에 절여 발효시킨 식품
**すじ** [筋] ①선, 금, 줄(무늬) ¶ 手で～을 긋다 / ～を引く 선을 긋다 ②심, 줄기 ¶ さやえんどうの～を取る 푸르대콩의 심을 떼다 ③핏대, 혈관 ¶ 青い～を立てる 핏대를 세우다 ④힘줄, 근육 ¶ 足の～を違える 발목을 삐다 ⑤소질 ¶ ～がいい 소질이 있다 ⑥조리, 사리 ¶ ～を通す 조리를 세우다 ⑦(소설 등의) 줄거리 ¶ 単純な～ 단순한 줄거리 ⑧핏줄, 혈통, 가계 ¶ 貴族の～を引く 귀족의 혈통을 잇다 ⑨당국, 관계자, 측, 통 ¶ 消息～ 소식통 / その～からのお達し 당국으로부터의 시달 ⑩(造語) 연변 ¶ 街道～の宿場 가도 변(연도)의 역참 ⑪(助数) 가늘고 긴 것을 세는 말: 가닥, 오리, 줄기 ¶ 槍一～ 창 한 자루 / 二～の糸 두 가닥의 실
[慣用句]
―が違う ①이치[도리]에 맞지 않다 ②잘못 생각하다, 잘못 짚다
**ず し** [図示] 名 他スル 도시. 그림으로 그려 보임
**ず し** [△厨子] ①(佛) 불상・사리・경전 등을 안치하는 궤 모양의 함실, 감실(龕室) ②책・문구・음식 등을 얹어 두는 장
**すじあい** [筋合(い)] ①근거, 이유, 도리 ¶ あれこれ言われる～はない 이러니저러니 말을 들을 이유가 없다 ②(…할) 입장 ¶ 仲介を頼る～ではない 중개를 부탁할 처지가 아니다
**すじかい** [筋交い] ①名 비스듬함, 비스듬히 교차함, 엇비슷함= はすかい ¶ ～の店 (비스듬히 마주 선) 건너편 가게 ②建 기둥 사이에 비스듬히 가로지른 버팀목
**すじがき** [筋書(き)] ①(소설・연극 등의) 대강의 줄거리 ¶ 芝居の～ 연극의 줄거리 ②(미리 짜놓은) 계획 ¶ ～どおりに事が運ぶ 계획대로 일이 진행되다
**すじがね** [筋金] 보강용으로 속에 넣는 철근・철사 ―入り ①철근・철심이 들어 있음 ②(신체・신념이) 확고함 ¶ ～の闘士 확고한 신념의 투사
**すじかぶと** [筋兜] 머리판을 접합하는 못대가리를 찌그러뜨려 이음매에 선이 그어진 듯이 만든 투구
**ずしき** [図式] 도식 ¶ ～化する 도식화하다 / ～で示す 도식거리로 나타내다
**すじこ** [筋子] 연어・송어 알젓= すずこ
**すじだて** [筋立(て)] (극・이야기 등의) 줄거리를 세우기, 얼거리 짜기
**すじちがい** [筋違い] Ⅰ 名 ①名 엇비슷함, 어긋매낌= すじかい ¶ ～に結ぶ 엇비슷하게 동여매다 ②(근육이) 접질림, 뼘 ¶ ～を起こす 접질리다 Ⅱ 名 ナ ①사리[도리]에 어긋남 ¶ ～な要求 사리에 어긋난 요구 ②잘못 생각함[짚음], 엉뚱함 ¶ ～も甚だしい 잘못 짚어도 이만저만이 아니다
**すしづめ** [△鮨詰(め)] 빽빽히 들어참, 초만원 ¶ ～の電車 초만원 전차
**すじば・る** [筋張る] 自五 ①힘줄이 불거지다 ¶ ～・った手 힘줄이 불거진 손 ②(태도・말투 등이) 딱딱해지다
**すじぼね** [筋骨] 근골 ①근육과 골격= きんこつ ②연골(軟骨)
**すじまき** [筋播き・△条播き] 農 줄뿌림
**すじみち** [筋道] ①사리, 도리, 조리 ¶ ～の通らぬ話 사리에 맞지 않는 이야기 ②순서, 절차 ¶ ～を踏んで事を進める 순서를 밟아 일을 진행시키다
**すじむかい** [筋向(かい)] 엇비슷이 마주 봄, 어긋맞음= 筋向(こ)う ¶ ～の家 엇비슷이 마주 보는 건너편 집
**すじむこう** [筋向(こ)う] → すじむかい
**すじめ** [筋目] ①접힌 금[줄], (옷의) 주름 ¶ ズボンの～ 바지의 주름 ②사리, 도리, 조리 ¶ ～が立った話をする 조리가 닿는 이야기를 하다 ③핏줄, 혈통 ¶ ～が正しい家柄 혈통이 바른 집안
**すしめし** [△鮨飯] (식초・소금으로 간을 한) 초밥용 밥
**すじもみ** [筋△揉み] 근육을 따라 몸을 주무르는 일, 안마
**すしや** [△鮨屋・△寿司屋] 초밥집, 초밥 파는 사람
**すじょう** [素性・素姓・△種姓] ①가문, 혈통, 태생, 핏줄 ¶ 人の～は隠されぬ 사람의 혈통은 숨길 수 없다 ②내력, 유래, 신원 ¶ ～のはっきりした品 내력이 확실한 물건 / ～を明かす 신원을 밝히다 ③천성, 본성 ¶ 荒い～ 거친 천성
**ずじょう** [頭上] 두상, 머리 위 ¶ ～を越す 머리 위를 넘다

**ずしり** 副 물건이 무거운 모양. 묵직하게

**すじ・る** [*捩] 自五 (몸을) 비비꼬다, 비틀다

**ずしんと** 副 쿵 ①무거운 물건이 떨어질 때의 충격을 나타내는 말 ②마음에 강한 충격을 받은 모양¶ 胸に~くることば 가슴에 쿵하고 와 닿는 말

**すす** [煤] 그을음 ①연매(煙煤) ②검댕, 연재(煙滓)¶ ~を払う 그을음을 털다

**すず** [鈴] 방울¶ ~を鳴らす 방울을 울리다
慣用句
―を転がすよう 방울을 굴리는 듯, 맑고 아름다운 목소리¶ ~な声 낭랑한 목소리
―を張ったような目 동그랗고 시원스런 눈

**すず** [*錫] 化 주석¶ ~メッキ 주석 도금

**すすいろ** [煤色] 누르께한 엷은 검정색

**すずかけ** [鈴掛・*篠懸] ①수도승이 옷 위에 걸치는 삼베 법의, 가사 ②「鈴掛の木」의 준말 ―の木 植 플라타너스

**すずかぜ** [涼風] 선들바람, (특히 초가을 무렵의) 서늘한 바람¶ ~が立つ 선들바람이 불다

**すすき** [*薄・*芒] 植 참억새

**すすぎ** [*濯ぎ] ①헹굼(질)¶ ~がたりない 헹굼질이 덜 되다 ②발을 씻음, 그 (더운)물

**すずぎ** [*鱸] 動 농어

**すす・ぐ** [*雪ぐ] 他五 (수치·불명예 등을) 씻다¶ 汚名を~ 오명을 씻다

**すす・ぐ** [*漱ぐ] 他五 (입을) 가시다, 양치질하다¶ 口を~ 입을 가시다

**すす・ぐ** [*濯ぐ] 他五 헹구다¶ 洗濯物を~ 빨래를 헹구다

**すす・ける** [煤ける] 自下一 ①그을다 ②낡아 찌들다, 거무스름해지다¶ 障子が~ 미닫이가 검누릇해지다

**すずし** [〈生絹〉] 생견. 생명주

**すずし・い** [涼しい] I形 ①시원하다, 선선하다, 서늘하다¶ ~風 시원한 바람/ 秋は~ 가을은 선선하다 ②맑고 시원스럽다¶ ~声 맑고 시원스런 목소리/ 目元が~ 눈매가 시원스럽다 ―顔 ①무관한 체하는 얼굴¶ ~をする 모르는 체하다 ②기분좋은 얼굴

**すずしろ** [*清白・*藤蓿] 植 「だいこん」의 딴이름

**すすたけ** [*煤竹] ①그을러서 검어진 대, 그런 색 ~色 검붉은 빛 ②그을음을 터는 대 = すすだけ

**すすど・い** [*鋭い] 形 ①날카롭다 ②날쌔다, 민첩하고 빈틈없다

**すずな** [*菘] 植 「かぶ」의 딴이름

**すずなり** [鈴生り] 名 ①(열매가) 주렁주렁 달림¶ 柿が~になっている 감이 주렁주렁 달려 있다 ②(사람이 한 곳에) 몰려듦, 꽉 참, 만원¶ ~の見物人 몰려든 구경꾼

**すすはき** [*煤掃き] 대청소= 煤払い

**すすば・む** [*煤ばむ] 自五 그을다

**すすはらい** [*煤払い] (그을음·먼지까지 털어내는) 대청소= すすはき

**すすほこり** [*煤埃] 그을음과 먼지, 그을음낀 먼지¶ ~を払う 그을음과 먼지를 털어내다

**すすみ** [進み] ①나아감, 나아가는 정도, 진행¶ 車の~具合 차의 진행 상태 ②진보함, 진도¶ 学業の~が著しい 학업의 진보가 두드러지다

**すずみ** [涼み] 시원한 바람을 쐼, 납량(納涼)¶ 夕~ 저녁 바람을 쐼

**すずみだい** [涼み台] 바깥 바람을 쐴 때 쓰는 평상(平床) = 縁台

**すす・む** [進む] 自五 ①나아가다, 전진하다¶ 鼓笛隊が~ 고적대가 전진하다 ②(윗단계로) 올라가다, 진학하다, 승진하다¶ 初段から二段に~ 초단에서 2단으로 올라가다 ③진적되다, 진행되다¶ 予定どおり~ 예정대로 진행되다 ④진전하다, 진보하다, 증진하다¶ 相互理解が~ 상호 이해가 증진되다 ⑤(정도가) 더해지다. 현저해지다¶ 病気が~ 병이 악화되다 ⑥(시계가) 빨라지다¶ 時計が一日に三分~ 시계가 하루에 3분 빨라진다 ⑦(목표로) 나아가다, 진출하다¶ 法界方に~ 법조계로 진출하다 ⑧(마음이) 내키다 気が~・まない 마음이 내키지 않다

**すず・む** [涼む] 自五 시원한 바람을 쐬다¶ 木陰で~ 나무 그늘에서 시원한 바람을 쐬다

**すずむし** [鈴虫] 動 방울벌레

**すずめ** [*雀] ①動 참새 ②造語 소식통, 수다쟁이¶ 球界~ 야구계의 소식통
慣用句
―の涙 참새 눈물, 극히 적은 것¶ ~ほどの謝礼 쥐꼬리만한 사례
―百まで踊り忘れず 세 살적 버릇 여든까지 간다

**すずめいろ** [*雀色] (참새 털빛 같은) 다갈색¶ ~時 저녁 나절, 황혼

**すずめおどり** [*雀踊り] 俗 삿갓을 쓰고 참새를 흉내내어 추는 일본 민속 무용

**すずめずし** [*雀鮨] 붕어나 작은 도미의 배를 가르고 밥을 채워 만든 초밥

**すずめばち** [*雀蜂] 動 말벌

**すずめやき** [*雀焼き] 料 ①참새구이 ②등을 갈라 양념을 바른 붕어 꼬치구이

**すす・める** [進める] 他下一 ①나아가게 하다, 전진시키다¶ 兵を~ 진군시키다/ ひざを~ 다가앉다 ②(윗 단계로) 올리다, 승진시키다, 진학시키다¶ 部下を新しいポストに~ 부하를 새 지위로 승진시키다 ③진행하다, 진적시키다¶ 縁談を~ 혼담을 진행시키다 ④추진하다¶ 研究を~ 연구를 추진하다 ⑤(시계를) 빨리 가게 하다¶ 時計を五分~・めておく 시계를 5분 빨리 가게 해 두다

**すす・める** [勧める・*奨める] 他下一 권하다 ①권장하다, 장려하다¶ 見合いを~ 맞선을 권하다/ 貯蓄を~ 저축을 장려하다 ②권유하다¶ 酒を~ 술을 권하다

**すす・める** [薦める] 他下一 추천하다, 천거하다¶ 委員長として彼を~ 위원장으로 그를 추천하다

**すずやか**[涼やか] ナ(文) 시원스러움, 상쾌함¶ ~な目ぁ 시원스러운 눈
**すずらん**[鈴蘭][植] 은방울꽃 **─灯**ミ 은방울꽃 모양의 장식용 전등
**すずり**[*硯] 벼루
**すすりあ・げる**[*啜(り)上げる] 自他下─ ①흐느끼다, 훌쩍이며 울다¶ ~・げて泣なく 흐느껴 울다 ②(콧물을) 훌쩍이다
**すすりなき**[*啜(り)泣き] 흐느껴 욺, 그런 소리¶ ~が聞きこえる 흐느끼는 소리가 들리다
**すすりな・く**[*啜(り)泣く] 自五(文) 흐느끼다, 훌쩍이며 울다
**すずりばこ**[*硯箱] 연상, 벼룻집, 연갑
**すずりぶた**[*硯蓋] ①벼룻집 뚜껑 ②(잔치 때) 술안주 등을 담아내는 쟁반 모양의 그릇, 그런 술안주
**すす・る**[*啜る] 他五 ①(국수·차 등을) 훌짝훌짝 마시다, 후루룩거리다¶ 熱ぁつい茶を~ 뜨거운 차를 훌짝훌짝 마시다 ②(콧물을) 훌쩍거리다¶ 鼻はを~ 코를 훌쩍거리다
**すすんで**[進んで] 副 자진해서, 자발적으로¶ ~事ごとに当たって임하다
**ずせつ**[図説] 名他スル 도설, 도해
**すそ**[*裾] ①옷단, 옷자락¶ ズボンの~ 바짓단/~をからげる 옷자락을 걷어올리다 ②(산의) 기슭¶ 山やまにある村むらに산기슭에 있는 마을 ③머리털의 목덜미에 가까운 부분¶ ~を刈かり上ぁげる 목덜미쪽의 머리를 치켜 깎다 ④(강의) 하류¶ 川かの~ 강 하류 ⑤(사물의) 끝, 아래쪽¶ スカートの~が痛いたむ 스커트의 아래쪽이 손상되다
**すそうら**[*裾裏] 옷단 안쪽에 대는 천, 안단
**すそがり**[*裾刈(り)] ①목덜미쪽의 머리털을 깎는 일 ②비탈진 곳의 풀을 베는 일
**すそさばき**[*裾捌き] (일본옷을 입었을 때) 옷자락이 흐트러지지 않게 하는 걸음걸이, 그런 행동거지
**すそとり**[*裾取り] 옷단 안쪽에 대는 천, 안단
**すその**[*裾野] ①산기슭이 완만하게 경사진 들판¶ 富士ふじの~ 富士山ふじさん 기슭의 들판 ②활동의 폭, 저변¶ 愛好者あいこうしゃの~を広ひろげる 애호가의 저변을 넓히다
**すそまわし**[*裾回し·*裾廻し] 옷단 안쪽에 대는 천, 안단¶ ~をつける 안단을 대다
**すそもよう**[*裾模様] (여성용 예복·나들이옷 등의) 옷자락에 넣는 무늬, 그런 옷
**すそよけ**[*裾除け] (치맛자락을 들고 걸을 때) 속치마 위에 둘러 입는 속옷: けだし
**ずた**[頭*陀][佛] 두타, 의식주에 관한 탐욕을 없애기 위한 수행, (특히) 행각하며 수행함, 그런 **─袋**ミミ ①두타하는 중이 경문·시주 등을 넣어서 목에 거는 주머니 ②(무엇이든 넣을 수 있는) 헐렁헐렁한 주머니
**すだ・く**[*集く] 自五 (벌레 등이 떼지어) 울다¶ 草くさむらに~虫むしの声こえ 풀숲에서 떼지어 우는 벌레 소리
**すだこ**[酢*蛸] 삶은 문어를 잘게 썰어 초에 담근 요리

**すたこら** 副(口) 부리나케 나가거나 걷는 모양, 후다닥, 허둥지둥¶ ~さっさと逃にげる 후다닥 날쌔게 도망치다
**すたすた** 副(口) 총총걸음으로, 부리나케¶ ~と歩あるく 총총걸음으로 걷다
**ずたずた** ナ(口) 잘게 찢기거나 잘린 모양, 갈기갈기, 토막토막¶ 服ふくが~に裂さける 옷이 갈기갈기 찢기다
**すだち**[巣立ち] (새끼가 자라서) 보금자리를 떠남¶ ~をする 보금자리를 떠나다
**すだ・つ**[巣立つ] 自五(文) ①(새끼가 자라서) 보금자리를 떠나다 ②(부모 슬하를 떠나) 독립하다, (학업을 마치고) 사회로 나가다¶ 学窓がくそうを~ 학교를 졸업하다
**すだて**[*簀立(て)][水] 어살, 어전(魚箭)
**すたり**[廃り] 쇠퇴함, 폐물이 됨, 못쓰게 됨¶ ~物ものの 폐물/ はやり~が激はげしい (유행의) 기복이 심하다
**すた・る**[廃る] 自五 → すたれる
**すだれ**[*簾] ①발¶ ~をかける 발을 치다 ②가로줄무늬의 직물
**すた・れる**[廃れる] 自下─ ①쓰이지 않게 되다, 쓸모 없게 되다 ②쇠퇴하다, 스러지다¶ 風習ふうしゅうが~ 풍습이 쇠퇴하다 ③유행이 지나가다, 한물 가다¶ このスタイルはもう~・れた 이 스타일은 이미 한물 갔다
**すちょうにん**[素町人] (신분이 낮은) 시정배¶ ~の分際ぶんざいで 시정아치 주제에
**すっ**[素っ] 接頭(口) (명사·동사·形容動詞에 붙어) 그 의미·정도를 강조함¶ **─裸**はだか 벌거 벗은 몸/ **~とんきょうな** 매우 엉뚱한/ **~飛**とばす 냅다 달리다/ **~とぼける** 시치미를 뚝 떼다
**ずつ** 副助 (체언에 붙어) …씩 ①같은 분량이 할당됨을 나타냄¶ 仲なかよく 5匹ひきずつ 魚さかなを釣つった 사이좋게 5마리씩 고기를 낚았다/ 三人さんにん~手てを組くんでください 세 사람씩 손을 잡아 주세요 ②일정 분량이 되풀이됨을 나타냄¶ 三錠じょう~飲のむ 세 알씩 먹다
**ずつう**[頭痛] 두통 ①머리의 통증¶ ~がする 두통이 나다 ②걱정, 근심¶ ~の種たね 두통거리, 골칫거리 **─鉢巻**はちまき 머리를 싸맴, (곤경에 처하여) 대책에 고심함
**すっからかん** 名ナ(俗) 텅텅 빔, 빈털터리¶ 財布さいふが~だ 지갑이 텅텅 비었다
**すっかり** 副 죄다, 완전히, 모조리, 아주, 온통, 몽땅¶ ~忘わすれていた 까맣게 잊고 있었다/ ~雪ゆきが解とけた 눈이 죄다 녹다
**すっきり** 副 自スル 산뜻이, 상쾌히, 말쑥이¶ ~とした服装ふくそう 말쑥한 복장/ ~した文章ぶんしょう 산뜻한 문장/ 頭あたまが~する 머리가 상쾌하다
**すくっと** 副(文) ①(힘차게 일어서는) 벌떡¶ ~立たち上ぁがる 벌떡 일어서다 ②우뚝
**ずっこ・ける** 自下─(俗) ①(미끄러져) 떨어지다, 흘러내리다¶ いすから~ 의자에서 미끄러져 떨어지다 ②길을 지나치다 ③엉뚱한 짓을 하다¶ ~・けたことを言いって笑わらわせる 엉뚱한 소리를 해서 웃기다
**ずっしり** 副 自スル 묵직이, 묵직하게¶ ~と重

**すったもんだ** [擦った揉んだ]〔俗〕옥신각신함, 티격태격함, 분란¶ ～の挙句に決まる 옥신각신한 끝에 정해지다

**すってんころり** 副 (세게 넘어지는) 쾅, 털썩, 훌렁= すってんころりん

**すってんてん** [丁]〔俗〕빈털터리, 무일푼¶ 競馬で～になる 경마로 빈털터리가 되다

**すっと** I 副 쏙, 쑥, 훌쩍¶～通る쑥 지나가다／～席を立つ 훌쩍 자리를 뜨다 II 自スル ①(길쭉한 것이 뻗은) 쭉¶～伸びた枝 쭉 뻗은 가지 ②개운하게, 후련하게¶ 胸が～する 가슴이 후련하게

**ずっと** 副 ①(차이가) 훨씬¶ 今日の方が空が～青い 오늘은 (다른 날보다) 하늘이 훨씬 푸르다 ②(시간·공간적으로) 훨씬, 아주¶ ～昔 아주 옛날／～右の方 훨씬 오른쪽 ③(오래 계속되는) 쭉¶ ～待っていた 쭉 기다리고 있었다 ④(머뭇거리지 않고) 쏙¶ 奥へ～通る 안으로 쏙 들어가다

**すっとば・す** [素っ飛ばす] 他五 ①냅다 몰다, 마구 달리다¶ バイクを～ 오토바이를 세게 몰다 ②(중간을) 빼먹고 하다¶ 原稿を～して読む 원고를 빼먹어 가며 읽다

**すっとぼ・ける** [素っ惚ける] 自下一〔口〕①시치미를 딱 떼다¶ 最後まで～ 끝까지 시치미를 딱 떼다 ②짐짓 얼빠진 짓을 하다¶ ～けたことをいう 짐짓 얼빠진 소리를 하다

**すっとんきょう** [素っ頓狂] 丁〔口〕갑자기 영뚱한[얼빠진] 짓을 함¶ な声をあげる 느닷없이 엉뚱한 소리를 지르다

**すっぱ・い** [酸っぱい] 形 시다, 시큼하다¶ ～ぶどう 신 포도／口を～くして言う 입에 신물이 나게 말하다

**すっぱだか** [素っ裸]〔口〕①알몸, 알몸뚱이=すはだか ②맨몸, 빈털터리, 무일푼¶ ～で出直す 빈털터리에서 다시 시작하다

**すっぱぬ・く** [素っ破抜く] 他五 폭로하다, 들추어내다¶ 私生活を～ 사생활을 폭로하다

**すっぱり** 副〔口〕①(자르는) 싹, 싹둑¶ ～と切る 싹둑 자르다 ②(그만두는) 딱, 단호히, 깨끗이¶ 酒を～とやめる 술을 딱 끊다

**ずっぷり** 副〔口〕①(물 등에 담그는) 푹, 흠뻑, 함빡¶ 雨に～とぬれる 비에 흠뻑 젖다

**すっぽか・す** 他五〔口〕①(할 일을) 팽개쳐 두다, 제쳐 놓다¶ 仕事を～して出掛ける 일을 제쳐 두고 나가다 ②(약속을) 어기다¶ 約束を～ 약속을 어기다

**すっぽぬ・ける** [すっぽ抜ける] 自下一〔口〕①쑥[훌렁] 빠지다, 벗겨지다¶ 靴が～ 구두가 훌렁 벗겨지다 ②〔野〕(투구가) 빗나가다¶ カーブが～けて暴投になる 커브가 빗나가 폭투가 되다

**すっぽらか・す** 他五〔俗〕→ すっぽかす

**すっぽり** 副〔口〕①(전체를 덮은) 폭, 푹¶ シートで～と覆う 시트로 푹 덮다 ②(잘 끼워지거나 빠지는) 쑥, 쏙¶ ～おさまる 쏙 들어가다/

根こと～抜ける 뿌리째 쑥 뽑히다

**すっぽん** [鼈] ①動 자라 ②〔歌舞伎〕무대에서) 배우를 내보내기 위해 花道의 중간에 낸 구멍

**すで** [素手] 맨손, 맨주먹, 빈손¶ ～で立ち向かう 맨주먹으로 맞서다／～で引き揚げる 빈손으로 (성과 없이) 돌아오다

**すていし** [捨(て)石] ①정원석 ②〔建〕(토목 공사에서) 물속에 던져 넣는 돌 ③(바둑에서) 사석, 버림돌 ④〔比〕당장은 무익해 보이나 훗날을 위해 하는 투자·행위¶ ～のつもりで投資する 버리는 셈치고 투자하다

**すていん** [捨(て)印] (증서 등에서) 정정의 경우를 대비해서 난외에 찍어두는 도장

**すてうり** [捨(て)売(り)] 투매, 덤핑

**すてお・く** [捨(て)置く] 他五 내버려두다, 방치하다¶ 進言を～ 진언을 내버려두다

**すておぶね** [捨(て)小舟]〔文〕①버려진 쪽배 ②〔比〕의지할 곳 없는 신세

**すてがな** [捨(て)仮名] ①한문을 훈독할 때 한자 옆에 마지막 음절을 작게 다는 かな ②促音っ·拗音ゃ를 나타내는 작은 글자 ③ → 送り仮名

**すてがね** [捨(て)金] ①보람 없이 쓴 돈, 헛돈 ②버린 셈치고 꾸어 주는 돈

**すてがね** [捨(て)鐘] (주의를 끌려고) 시종(時鐘)을 치기 전에 세번 치는 예비종, 그 종소리

**すてき** [素敵] ナ〔口〕멋짐, 근사함, 뛰어남¶ ～な人 멋진 사람／～なデザイン 근사한 디자인

**すてご** [捨(て)子・棄(て)児] 아이를 버림, 버려진 아이, 기아(棄兒)

**すてぜりふ** [捨(て)台詞]〔口〕①(떠날 때 내뱉는) 막말¶ ～を吐く 막말을 내뱉다 ②〔藝〕(배우가) 즉흥적으로 하는 대사

**ステテコ** ①무릎까지 오는 남자용 아랫도리 속옷 ②〔藝〕코를 떼어버리는 시늉을 하며 추는 우스꽝스러운 춤

**すてどころ** [捨(て)所] 버릴 곳·때¶ 命の～ 목숨을 버릴 때／～に困る 버릴 곳이 마땅치 않다

**すでに** [既に·已に] 副 이미, 이전에, 벌써¶ ～聞いている話 이미 들은 이야기／～売り切れた 벌써 다 팔렸다 ②거의, 자칫하면, 하마터면¶ 日は～沈もうとしている 해가 거의 지려고 한다／～死ぬところだった 자칫하면 목숨을 뻗을 뻔 했다 ③벌써¶ ～手遅れだ 때는 벌써 늦었다

**すてね** [捨(て)値] 헐값¶ ～で売りとばす 헐값으로 팔아 치우다

**すてばち** [捨(て)鉢] 名ナ 자포자기¶ ～な態度をとる 자포자기한 태도를 취하다

**すてぶち** [捨(て)扶持] ①〔日史〕사람을 돕기 위해 주는 약간의 녹미 ②(쓸모 없는 사람에게) 버리는 셈 치고 주는 급료·생활비

**すてみ** [捨(て)身] 목숨을 걸고 함, 필사적으로 함¶ ～の攻撃 목숨을 건 공격／～でかかる 필사적으로 덤비다

**すてミシン** [捨てミシン] (양재에서) 올이 풀

す・てる【捨てる・棄てる】 他下一 버리다 ①내다 버리다 ゴミを~ 쓰레기를 버리다 ②내버려두다, 방치하다 いつまでも仕事を~・ておけない 언제까지나 일을 내버려둘 수 없다 ③인연을 끊다, 등지다 故郷を~ 고향을 등지다/ 恋人に~ 연인에게 버림받다 ④체념하다, 포기하다 夢を~ 꿈을 버리다 ⑤불필요한 것으로서 끊다¶ 命を~ 목숨을 버리다

慣用句
—神あれば拾う神あり 버리는 신이 있으면 줍는 신도 있다. 한 쪽에서 버림받더라도 다른 쪽에서는 인정받을 수도 있다

ずてんどう 副(ㆍ) 세게 넘어지거나 굴러 떨어지는 모양. 쿵¶ ~としりもちをつく 쿵하고 엉덩방아를 찧다

スト「ストライキ」의 준말. 동맹 파업 —権 동맹 파업권 —破り 동맹 파업에 동참하지 않는 사람, 배신자

ストアがくは【ストア学派】哲 스토아 학파

すどうふ【酢豆腐】아는 채하는 사람

すどおし【素通し】①(가리는 것이 없어) 훤히 보임¶ ~だから部屋から~だ 길에서 방이 훤히 들여다보인다 ②도수 없는 안경, 맞보기¶ ~をかける 도수 없는 안경을 쓰다

ストーブ (stove) 스토브, 난로 —リーグ (stove league) 스토브 리그. 프로 야구의 시즌 오프에 행해지는 선수 스카웃이나 트레이드

ストーム (storm) 스톰 ①気 폭풍우 ②(구제 고등학교 기숙사 등에서) 밤에 학생들이 떼지어 떠들며 돌아다니던 일

すどおり【素通り】名 自スル ①(들르지 않고) 그냥 지나감 [지나침]¶ 店の前を~する 가게 앞을 그냥 지나치다 ②언급하지 않고 그대로 지나침, 회피함¶ 核心部を~した説明 핵심부를 그냥 지나친 설명

ストール (stole) 스톨, 여성용 긴 숄

ストック (stock) 스토크 Ⅰ 名 他スル 비축, 저장 Ⅱ 名 ①在庫, 재고품 ②経 축적된 자본ㆍ재화의 총량 ③植 겨자과의 다년초

すどまり【素泊(ま)り】(식사는 하지 않고) 잠만 자는 숙박¶ ~料 숙박료

ストライキ (strike) 스트라이크 ①동맹 파업 ②동맹 휴교 —権 法 동맹 파업권

ずどり【図取り】도면을 뜸, 그린 도면

すな【砂】모래= いさご・すなご

慣用句
—を噛むよう (모래를 씹듯이) 맛이나 재미가 없음, 무미 건조함

すなあそび【砂遊び】모래 장난

すなあらし【砂嵐】気 모래 폭풍

すなえ【砂絵】①모래를 손에 쥐고 땅위에 조금씩 흘려 그리는 그림 ②접착제를 바른 도화지에 물들인 모래를 뿌려 그린 그림

すなお【素直】ㅋ ①순진함, 순순함, 고분고분함¶ ~な性質 고분고분한 성질/ ~に聞く 순순히 듣다 ②특별한 버릇이 없음¶ ~な字を書く 틀 안잡힌 글씨를 또박또박 쓰다

すなかぶり【砂被り】相撲 씨름판 바로 곁의 관람석

すなぎも【砂肝】(조류의) 사낭, 모래주머니

すなけむり【砂煙】모래 먼지¶ ~をあげて疾走する 모래 먼지를 일으키며 질주하다

すなこ【砂子】①모래= すな ②(まき絵ㆍ色紙 등에 뿌리는) 금박ㆍ은박 가루

すなゴム【砂ゴム】잉크ㆍ타자 글씨 등을 지우는 고무 지우개

すなち【砂地】사지, 모래땅= すなじ

すなどけい【砂時計】모래 시계

すなば【砂場】사장 ①(공원ㆍ운동장 등의) 모래밭 ②모래땅, 모래 벌판 ③모래 채취장

すなはま【砂浜】모래 사장, 모래톱

すなはら【砂原】모래 벌판

すなぶくろ【砂袋】①(소화ㆍ수방용) 모래 부대 ②(조류의) 모래주머니, 사낭= すなぎも

すなぶね【砂舟ㆍ砂船】모래 채취선[운반선]

すなぶろ【砂風呂】(온천의 증기 등으로 뜨겁게 한) 모래 찜질 설비= 砂湯

すなぼこり【砂埃】모래 먼지¶ ~が立つ 모래 먼지가 일다

すなやま【砂山】사구, 모래 언덕

すなわち【即ち・則ち・乃ち】接 文 ①즉, 바꿔 말하면, 이를테면¶ 金メダリスト~優勝者 금메달리스트 즉 우승자 ②(「…が~の꼴로」)…이곤, 다름 아닌, 바로¶ これが~けがの功名というやつで 이것이 다름 아닌 뜻밖에 얻은 공명이란 것으로 ③(「…すれば~」의 꼴로)…하면 곧, …하면 반드시¶ 戦はこえば~勝つ 싸우기만 하면 이긴다

ずに 連語 부정 상태가 지속되거나 그 위에 다른 동작ㆍ작용ㆍ상태가 성립함을 나타냄. …하지 않고¶ 嫁に行か~いるだろか 시집 안 가고 있을까/ 悲しくて泣か~はいられない 슬퍼서 울지 않고는 못 배기다

ずぬ・ける【図抜ける・頭抜ける】自下一(다른 것보다) 뛰어나다, 유다르다, 두드러지다= ずばぬける¶ ~けて成績がよい 두드러지게 성적이 좋다

すね【脛・臑】정강이= はぎ¶ ~を擦りむく 정강이가 까지다

慣用句
—に傷を持つ 켕기는 데가 있다
—を齧る 얹혀 살다, 신세를 지다

すねあて【脛当て】①(갑옷의) 정강이 싸개, 경갑(脛甲) ②(운동 선수의) 정강이 받이

すねかじり【脛齧り】(부모ㆍ형제에게) 얹혀 삶, 그런 사람¶ ~の身 얹혀 사는 신세

すねもの【拗ね者】세상을 등진 사람, 비뚤어진 사람, 잘 토라지는 사람¶ 世の~ 세상을 등진 사람

す・ねる【拗ねる】自下一 (마음이) 비꼬이다, 토라지다, 앵돌아지다, 등지다¶ 世を~ 세상을 등지다/ あの子はすぐ~・ねて困る 저 아이는 금새 토라져서 애를 먹인다

**ずのう** [図╴囊] (지도 등을 넣어) 허리에 차는 작은 가죽 가방

**ずのう** [頭腦] 두뇌 ①뇌, 머리, 지력¶ ～明晰な 두뇌 명석／～が足りない 머리가 모자라다 ②우수한 머리를 가진 사람¶ ～集團 두뇌 집단 ③중심 인물, 수뇌¶ 社會の～ 사회의 중심 인물

**すのこ** [簀(の)子] ①대나 판자를 조금씩 사이를 띄워서 각목에 박아 붙인 것 ②「簀の子縁」의 준말. 대나 판자를 조금씩 사이를 띄워서 깐 툇마루

**すのもの** [酢の物] [料] (생선·채소 등을) 식초로 조미한 요리

**スパイ** (spy) [名][他サ] 스파이, 간첩¶ 産業～ 산업 스파이 **━衛星** [軍] 첩보 위성

**スパイク** (spike) 스파이크 I [名] 끝이 뾰족한 구두 징 II [名][他サ] ①(배구에서) 토스한 공을 강하게 내리침 ②스파이크 슈즈로 상처를 입힘 **━シューズ** (spiked shoes) 스파이크 슈즈 **━タイヤ** (일 spike tire) 스파이크 타이어

**すばこ** [巣箱] ①(새가 집을 짓기 쉽도록 매다는) 둥우리 상자¶ ～を木にかける 둥우리 상자를 나무에 달다 ②[農] 벌통¶ 蜜蜂の～ 꿀벌통

**すばしこ・い** [形] 재빠르다, 민첩하다, 날래다 ＝すばしっこい¶ ～子供 민첩한 아이

**すぱすぱ** [副] ①(담배를 빠는) 뻐끔뻐끔, 뻑뻑 ②(자르거나 베리는) 싹둑싹둑, 뚝¶ 大根を～と切る 무를 싹둑싹둑 자르다／端數を～と切り捨てる 우수리를 뚝 떼어 버리다

**ずばずば** [副] 거리낌없이, 서슴지 않고, 기탄없이¶ 思ったことを～と言う 생각한 것을 서슴지 않고 말하다

**すはだ** [素肌·素╴膚] ①(화장하지 않은) 맨살갗 ②맨몸¶ ～にシャツを着る 맨몸에 셔츠를 입다

**すはだか** [素裸] 알몸, 맨몸 ＝すっぱだか

**すばなし** [素話] ①(술·다과 등이 없이) 그냥 이야기만 나눔 ②[藝] 반주 없이 하는 만담

**すばなれ** [巣離れ] (새끼가 자라) 둥지를 떠남

**ずばぬ・ける** [ずば抜ける] [自下一] (다른 것보다) 뛰어나다, 두드러지다, 유다르다¶ 頭が～けてよい 머리가 뛰어나게 좋다

**すはま** [州浜·洲浜] ①사주가 바다 쪽으로 돌출하여 들쭉날쭉한 해변 ②「州浜台」의 준말 ③콩가루를 물엿·설탕으로 반죽하여 막대 모양으로 굳힌 일본 과자 **━台** 가장자리를 들쭉날쭉하게 만든 상

**すばや・い** [素早い] [形] 재빠르다, 날쌔다, 민첩하다¶ ～対応 재빠른 대응／～く身をかわす 날쌔게 몸을 비키다

**すばらし・い** [素晴らしい] [形] ①훌륭하다, 멋지다, 근사하다¶ ～衣装 멋진 의상 ②(「～く」의 꼴로) 굉장히, 대단히¶ ～く速い 굉장히 빠르다

**ずばり** [副] ①(잘라내는) 썩둑, 썩¶ ～と切り落とす 썩둑 잘라 내다 ②정확히, 정통으로¶ そのもの～ 바로 정통으로／～と言い当てる 정확히 알아맞히다

**すばる** [昴] [天] 묘성(昴星) ＝六連星

**スパルタ** (Sparta) [史] 스파르타 **━教育** 스파르타(식) 교육 (체벌을 포함한) 엄격한 교육

**すはん** [図版] 도판. 책에 실린 그림

**すびき** [素引き] (활의 강도를 시험하기 위해) 화살을 매기지 않고 시위를 당겨 보는 일

**すびき** [巣引き] [名][自サ] (기르는 새가) 둥지를 짓고 새끼를 기름

**ずひょう** [図表] 도표 ①그림과 표 ②[數] 그래프¶ ～で示す 도표로 나타내다

**スフ** ス프. 스테이플 파이버, 인조 섬유

**ずふ** [図譜] [文] 도보, 도감, 화보¶ 鳥類の～ 조류 도감

**ずぶ** [造語] 아주, 몹시, 완전히¶ ～ぬれ 흠뻑 젖음

**スプール** (spool) 스풀 ①실패 ②(카메라·영사기의) 필름을 감는 축 ③(릴 낚싯대의) 낚싯줄 감는 부분

**すぶた** [酢豚] [料] 탕수육

**ずぶと・い** [図太い] [形] 배짱 좋다, 유들유들하다, 뻔뻔스럽다¶ ～男 유들유들한 사나이／～く構える 배짱 좋게 나오다

**ずぶぬれ** [ずぶ濡れ] 흠뻑 젖음 ＝びしょぬれ¶ ～になる 흠뻑 젖다

**ずぶの** [連体] [口] 전연, 아주, 완전히, 순¶ ～素人 순 풋내기

**すぶり** [素振り] (죽도·배트·라켓 등을) 실제로 치듯이 휘두르는 일

**ずぶりと** [副] (물건을 찌르는) 푹¶ 短刀で～刺す 단도로 푹 찌르다／ぬかるみに～はまり込む 진창에 푹 빠져 들다

**すべ** [╴術] 수단, 방법, 방도¶ なす～がない 어찌 할 방법이 없다

**スペース** (space) 스페이스 ①공간 ②(지면의) 여백 ③우주 공간 **━シャトル** (space shuttle) [宇] 스페이스 셔틀

**スペード** (spade) 스페이드. (카드 놀이에서) ♠ 모양이 있는 패, 그 마크

**すべからく** [須らく] [文] (흔히 「べし」가 딸리어) 마땅히, 모름지기, 당연히¶ ～努力すべし 모름지기 노력할지어다

**すべく・る** [統べ括る] [他五] [文] 통괄하다, 총괄하다 ＝しめくくる

**スペクトル** (프 spectre) [物] 스펙트르, 스펙트럼 **━分析** [化] 스펙트럼 분석, 분광 분석

**ずべこう** [ずべ公] [俗] 불량 소녀 ＝ずべ

**すべすべ** [滑滑] [副][自サ] 매끈매끈¶ ～とした肌 매끈매끈한 피부

**すべた** [俗] 추녀, 못생긴 여자

**すべっこ・い** [滑っこい] [形] [口] 매끄럽다¶ 手触りが～ 감촉이 매끄럽다

**すべて** [╴全て·╴凡て·╴總て] I [名] 전부, 일체, 모든 것¶ ～が終わる 모든 것이 끝나다／金が～ではない 돈이 전부는 아니다 II [副] ①모두, 전부, 모조리¶ ～新しい 모두 새롭다 ②대체로, 일반적으로¶ ～初めが肝心だ 대체로 처음이 중요하다

**すべな・い**[術無い] 形 도리 없다, 하는 수 없다, 어찌할 수 없다

**すべらかし** → **おすべらかし**

**すべら・す**[滑らす] 他五 ①미끄러지게 하다, 미끄러뜨리다¶足を〜 발을 헛디디다 ②(입을) 잘못 놀리다, 실언하다¶口を〜 입을 잘못 놀리다

**すべり**[滑り・゛辷り] 미끄러짐, 그 상태¶雨戸の〜が悪い 덧문이 빡빡하다

**すべりこみ**[滑り込み・゛辷り込み] ①[野] (주자의) 슬라이딩 ②시간에 간신히 댐¶〜で期日までに間に合う 간신히 기일에 맞추다

**すべりこ・む**[滑り込む] 他五 ①미끄러져 미끄러지듯이 들어가다¶ふとんの中に〜 이불 속으로 미끄러지듯 들어가다 ②[野] (베이스에) 슬라이딩하다 ③겨우 시간에 대가다¶開会寸前に〜 개회 직전에 겨우 대가다

**すべりだい**[滑り台] 미끄럼대, 미끄럼틀

**すべりだし**[滑り出し] ①미끄러지기 시작함 ②시작, 출발¶快調な〜 쾌조의 출발

**すべりだ・す**[滑り出す] 自五 ①미끄러지기 시작하다, 미끄러져 나오다¶列車がホームから〜 열차가 홈에서 미끄러져 나오다 ②(일이) 시작되다¶事業がうまく〜 사업이 순조롭게 시작되다

**すべりていこうき**[滑り抵抗器] [電] 코일처럼 감은 니크롬선을 따라 단자를 미끄러지게 하여 저항값을 바꿀 수 있는 저항기

**すべりどめ**[滑り止め] ①(자동차의) 미끄럼막이 굄목·굄돌 ②(신발이나 계단 등에 대는) 미끄럼막이 ③[俗] 떨어질 것에 대비하여 다른 학교에도 시험을 치러 두는 일¶〜に三校を受けておいた 떨어질 것에 대비하여 세 학교에 시험을 봐 두었다

**すべ・る**[滑る・゛辷る] 自五 ①미끄러지다, 활주하다¶ゲレンデで〜 스키장에서 활주하다/戸がよく〜 문이 잘 여닫히다 ②(손이) 미끄러지다, 잘못 잡히다¶手が〜って容器を壊しちゃった 손이 미끄러져 용기를 깨뜨리다 ③입을 잘못 놀리다, (써서는 안 될 말을) 무심코 쓰다¶口が〜 입을 잘못 놀리다 ④(시험에) 떨어지다¶入社試験に〜 입사 시험에 떨어지다

**す・べる**[統べる・゛総べる] 他下一 ①통합하다, 총괄하다 ②지배하다, 다스리다¶天下を〜 천하를 지배하다

**スポイト**(네 spuit) 스포이트, 액체를 빨아 올려서 옮길 때 쓰는 주입기

**ずぼし**[図星] (口) ①과녁 중심의 흑점 ②급소, 핵심¶〜を指す 핵심을 찌르다 ③적중함¶どうです, でしょう 어때요 딱 맞았지요

**すぽっと** 副 ①(쉽게 빠지거나 박히는) 쑥, 쏙¶栓が〜抜ける 마개가 쑥 빠지다 ②(전체를 덮는) 폭¶ずきんを〜かぶせる 두건을 폭 씌우다

**すぼま・る**[窄まる] 自五 (끝 쪽이) 좁아지다, 오므라들다¶先の〜ったズボン 끝이 좁아진 바지

**すぼ・む**[゛窄む] 自五 ①(부풀거나 펴진 것이) 오그라들다, 오므라들다¶風船が〜 풍선이 오그라들다 ②(끝 쪽이) 좁아지다 ③쇠하다¶勢いが〜 세력이 쇠퇴하다

**すぼ・める**[゛窄める] 他下一 오므라뜨리다, 오므리다, 움츠리다¶口を〜 입을 오므리다/傘を〜 우산을 접다/肩を〜 어깨를 움츠리다

**ずぼら** 名[ナ] 칠칠치 못함, 흐게 늦음¶〜な性格 칠칠치 못한 성격/〜な生活を改める 흐게 늦은 생활을 고치다

**ズボン** 즈봉, 바지¶半〜 반바지 **—下** 속바지 **—吊**り 바지 멜빵

**すまい**[住(ま)い] ①사는 곳, 집¶お〜はどちらですか 댁은 어디십니까? ②생활, 삶, 살림¶ひとり〜 독신 생활/借家〜 셋집살이

**すま・う**[住まう] 自五 [文] 살다, 거주하다=**住む**¶ひとり静かに〜 혼자 조용히 살다

**すまき**[゛簀巻(き)] ①대발로 맒 ②(江戸を 시대의) 사람을 대발에 말아서 물속에 던져 넣었던 사형(私刑)

**すまし**[澄まし・゛清し] ①(탁한 것을 가라앉혀) 맑게 함 ②「お」의 꼴로 쓰거나 「顔」 등을 수식하여) 새치름함, 새침데기 ¶〜顔 새치름한 얼굴 ③『澄ましし汁』의 준말 ④(술자리에서) 술잔을 씻는 물

**すまじき** 連體 해서는 안되는, 할 짓이 아닌¶〜ものは宮仕え 못할 짓은 월급쟁이

**すましじる**[澄まし汁・゛清(し)汁] [料] 소금·간장으로 간을 한 맑은 장국=**おすまし**

**すましや**[澄まし屋] 새침데기

**すま・す**[澄ます・゛清ます] I 自五 ①시치미 떼다¶〜した顔つきでうそをつく 시치미 뗀 얼굴로 거짓말을 하다 ②얌전한 체하다, 새침해 하다¶つんと〜 새침해 하다 II 他五 ①(가라앉혀) 맑게 하다¶水を〜 물을 맑게 하다 ②(정신·감각을) 집중시키다, 가라앉히다¶心を〜 마음을 가라앉히다 ③[補助] ㉠완전히 …하다, …인 체하다¶他人になり〜 다른 사람인 체하다 ㉡집중해서 …하다¶聞きに〜 귀 기울여 듣다

**すま・す**[済ます] 他五 ①끝내다, 마치다¶食事を〜 식사를 마치다/届け出を〜 신고를 끝내다 ②해결하다, 수습하다¶冗談では〜されない 농담으로는 수습할 수 없다 ③때우다¶有り合わせで〜 있는 것으로 때우다 ④(빚을) 다 갚다¶借金を〜 빚을 다 갚다

**すま・せる**[済ませる] 他下一 → **すます**(済)

**すまない**[済まない] 連語 미안하다¶〜ことをした 미안하게 됐다/当番を代わってもらって〜ね 당번을 바꾸게 해서 미안하다

**すみ**[炭] 숯, 목탄¶〜をおこす 숯불을 피우다

**すみ**[隅・゛角] ①구석¶〜に座る 구석에 앉다 ②귀퉁이, 모퉁이¶四〜 네 귀퉁이
慣用句
**—に置けない** 얕볼 수 없다, 여간아니다

**すみ** [墨] ①먹¶ ~をする 먹을 갈다 ②먹물¶ ~を塗る 먹물을 바르다 ③(오징어 등의) 먹물, 고락¶ イカが~を吐く 오징어가 먹물을 뿜다 ④그을음, 검댕¶ 鍋<sub>なべ</sub>の~ 냄비의 그을음 ⑤먹줄 ⑥먹빛, 검은 빛깔

**すみ** [済(み)] ①끝남, 끝났음¶ 代金<sub>だいきん</sub>は~ 대금은 지불이 끝남 ②《명사에 붙어》 필(畢)¶ 検定<sub>けんてい</sub>~ 검정필/ 売約<sub>ばいやく</sub>~ 매약필

**すみ** [酸味] 산미, 신맛= さんみ

**すみあら・す** [住み荒(ら)す] 他五 (집·방 등을) 오래 살아서 낡게 하다

**すみいと** [墨糸] 먹줄= 墨縄<sub>すみなわ</sub>

**すみいろ** [墨色] 먹빛, 검은 빛깔

**すみうち** [墨打ち] 名 自スル 먹줄을 침

**すみえ** [墨絵] 《美》 묵화, 수묵화

**すみか** [住(み)処·柄] (文) 거처, 살고 있는 곳(집) ①仮<sub>かり</sub>の~ 임시 거처/ ~を探<sub>さが</sub>す 거처를 찾다 ②소굴¶ 山賊<sub>さんぞく</sub>の~ 산적의 소굴

**すみか・える** [住み替える] 他下一 ①옮겨 살다, 이사하다 ②(고용인 등이) 근무처를 옮기다

**すみかき** [炭搔き] 숯을 긁어 모으는 쇠갈고랑이

**すみがき** [墨書き] 名 他スル ①먹으로 씀 ②[墨描き] 《美》(일본화에서) 먹으로 밑그림을 그림, 먹만으로 그림을 그림

**すみがね** [墨金·墨曲尺] 곱자= 曲尺<sub>かねじゃく</sub>

**すみがま** [炭窯·炭竈] 숯가마

**すみかわ・る** [住(み)替(わ)る] 自五 (집에) 사는 사람이 바뀌다¶ 社宅<sub>しゃたく</sub>だから二、三年<sub>ねん</sub>で~ 사택이라서 2,3년이면 사는 사람이 바뀐다

**すみきり** [隅切り] 「隅切<sub>すみき</sub>り角<sub>かど</sub>」의 준말. 사각형의 네 귀를 잘라 낸 모양

**すみき・る** [澄(み)切る] 自五 ①(물·하늘 등이) 아주 맑아지다, 맑게 개다¶ ~った秋空<sub>あきぞら</sub> 맑게 갠 가을 하늘 ②(정신이) 맑아지다¶ ~った心境<sub>しんきょう</sub> 티없이 맑은 심경

**すみこみ** [住(み)込み] (고용인이) 주인집에서 삶, 더부살이 ⇔ 通<sub>かよ</sub>い¶ ~で働<sub>はたら</sub>く 주인집에서 기거하며 일하다

**すみこ・む** [住(み)込む] 自五 (주인집 등에) 들어가 살다, 입주하다, 더부살이하다

**すみずみ** [隅隅] 구석구석, 모든 방면, 자세한 사항¶ 部屋<sub>へや</sub>の~ 방의 구석구석/ ~まで気<sub>き</sub>を配<sub>くば</sub>る 자세한 사항까지 신경을 쓰다

**すみそ** [酢味噌] 초된장¶ ~和<sub>あ</sub>え 초된장 무침

**すみぞめ** [墨染(め)] ①검정 물을 들임 ②쥐색, 잿빛 ③「墨染<sub>すみぞ</sub>め衣<sub>ごろも</sub>」의 준말 —衣<sub>ごろも</sub> ①검게 물들인 승복 ②쥐색 상복(喪服)

**すみだわら** [炭俵] 숯섬, 숯가마니

**すみつき** [墨付(き)] ①먹이 묻는 정도, 필적 ②《お~」의 꼴로》 권위자로부터 받은 보증

**すみつぎ** [墨継ぎ] ①(글씨를 쓰다가) 붓에 먹을 다시 묻혀 씀¶ 墨継<sub>すみつ</sub>ばさみ

**すみつ・く** [住(み)着く] 自五 자리잡고 살다, 정주하다, 정착하다¶ ここに~いてから三年<sub>ねん</sub>になる 여기에 정착한 지 3년이 된다

**すみっこ** [隅っこ] (口) 구석¶ 部屋<sub>へや</sub>の~ 방구석

**すみつぼ** [墨"壺] ①먹물 종지 ②(목수의) 먹통

**すみてまえ** [炭手前] (다도에서) 화로의 숯불을 알맞게 다루는 일, 그런 예법

**すみとり** [炭取(り)] 숯섬에서 숯을 조금씩 꺼내어 담아 두는 그릇= すみかご

**すみながし** [墨流し] 물 위에 떨어뜨린 먹물이나 안료(顔料)를 불어서 무늬를 만든 다음 종이·천을 대어 염색하는 방법, 그런 제품

**すみな・す** [住(み)成す] 自五 (文) …와 같은 상태로 살다, …하게 살다¶ 心<sub>こころ</sub>にくく~ 얄미울 정도로 재미있게 살다

**すみな・れる** [住み慣れる·住(み)馴れる] 自下一 오래 살아 정들다¶ ~れた町<sub>まち</sub>をあとにする 오래 살아 정든 동네를 뒤로 하다

**すみなわ** [墨縄] 먹줄= 墨糸<sub>すみいと</sub>

**すみび** [炭火] 숯불¶ ~やき 숯불구이

**すみません** [済みません] 連語 (口) 사과·감사·부탁할 때 쓰는 말. 미안[죄송]합니다, 고맙습니다, 부탁합니다¶ どうも~ 대단히 죄송합니다/ ~が、それを取<sub>と</sub>って下<sub>くだ</sub>さい 미안합니다만 그것 좀 집어 주십시오

**すみやか** [速やか] ナ 신속함, 재빠름¶ ~に行動<sub>こうどう</sub>する 신속하게 행동하다/ ~に答<sub>こた</sub>える 재빨리 대답하다

**すみやき** [炭焼(き)] ①숯을 굽는 일, 숯장이¶ ~小屋<sub>ごや</sub> 숯막 ②숯불구이¶ ~のステーキ 숯불구이 스테이크 **一窯**<sub>がま</sub> 숯가마

**すみやぐら** [角"櫓] 성곽 모서리의 망루

**すみれ** [*菫] 제비꽃

**すみれいろ** [*菫色] 제비꽃 빛깔, 짙은 보랏빛

**すみわけ** [*棲(み)分け] 動 비슷한 생활 양식을 가진 두 종류 이상의 동물이 시간적·공간적으로 생식 장소를 달리하는 일

**すみわた・る** [澄み渡る] 自五 (구름 한 점 없이) 맑게 개다¶ ~った大空<sub>おおぞら</sub> 맑게 갠 너른 하늘

**す・む** [住む] 自五 살다 ①거처하다, 거주하다¶ 田舎<sub>いなか</sub>に~ 시골에 살다 ②[*棲む] 서식하다, 깃들이다¶ 水中<sub>すいちゅう</sub>に~動物<sub>どうぶつ</sub> 물속에 사는 동물
[慣用句]
**一・めば都**<sub>みやこ</sub> 정들면 고향

**す・む** [済む] 自五 ①끝나다, 완료되다¶ 宿題<sub>しゅくだい</sub>が~ 숙제가 끝나다 ②(그럭저럭) 해결되다, 결말이 나다, 족하다¶ 謝罪<sub>しゃざい</sub>だけで~ 사죄만으로 끝나다/ わずかな罰金<sub>ばっきん</sub>で~ 얼마 안 되는 벌금으로 해결되다 ③(마음이) 풀리다, 만족하다¶ 気<sub>き</sub>が~ 속이 풀리다 ④(빚을) 다 갚다¶ 借金<sub>しゃっきん</sub>が~ 빚을 다 갚다

**す・む** [澄む·"清む] 自五 맑다, 맑아지다 ①깨끗해지다¶ 水<sub>みず</sub>が~んでいる 물이 맑다 ②(빛·소리 등이) 청명하다¶ ~んだ声<sub>こえ</sub> 맑은 소리 ③(잡념 등이) 없어지다¶ 心<sub>こころ</sub>が~ 마음이 맑아지다 ④청음으로 발음하다

**すめん** [素面] ①(검도에서) 면을 쓰지 않음 ②술기 없는 얼굴, 맨숭맨숭한 얼굴= しらふ

**ずめん** [図面] 도면, 설계도¶ 絵<sub>え</sub>~ 평면도/ ~を引<sub>ひ</sub>く 도면을 그리다

**すもう** [相撲・〈角力〉] (일본) 씨름¶ うで～ 팔씨름/ ～を取る 씨름을 하다 —**基句** 藝 지방 순회 때나 은퇴하는 씨름꾼의 마지막 흥행 때 부르는 민요 —**茶屋** 씨름판 관람석: 음료·토산물 판매 등을 하는 서비스 회사 —**取り** 씨름꾼, 씨름 선수 —**部屋** 일본 씨름 협회 임원이 경영하는 씨름꾼 양성소
慣用句
—**に勝って勝負に負ける** ①상대를 압도하고도 지고 말다 ②경과는 좋았지만 결과적으로는 실패하다
—**にならない** (실력차로) 상대가 안 되다

**すもじ** [す文字] (女) 초밥= すし
**すもどり** [素戻り] (볼일을 못 보고) 그냥 돌아옴, 헛걸음침
**すもも** [×李] 植 자두, 자두나무
**すやき** [素焼(き)] ①美 유약을 바르지 않고 저온에서 굽는 일, 설구이 ②料 생선·고기 등을 양념하지 않고 굽는 일 =白燒き
**すやすや** 副 (기분 좋게 자는) 새근새근¶ 赤ん坊が～眠る 아기가 새근새근 잔다
**ずよう** [図様] (文) 도안의 모양, 무늬
**すよみ** [素読み] ①版 (마지막 교정 단계에서) 원고와 대조하지 않고 교정쇄만 읽어가면서 교정하는 일 ②→そどく
**すら** 副助 …조차(도), …까지(도), …마저¶ 鬼でも～目をそむけるだろう 귀신조차도 눈을 돌릴 것이다/ 笑うこと～まれになり 웃는 일까지도 드물게 되어/ 話は～しない 말마저도 하지 않다
**スラー** (slur) 樂 슬러, 이음줄
**スライス** (slice) 名他サル 슬라이스 ①얇게 썸, 그 조각 ②(골프에서) 스윙하는 쪽의 팔 방향으로 공이 휘어나감 ③(테니스에서) 공을 깎아서 아래쪽으로 회전을 주는 타법
**スライダー** (slider) 野 슬라이더. 투수가 던지는 팔의 반대쪽으로 미끄러지듯 휘는 변화구
**スライド** (slide) 슬라이드 I 名他サル ①미끄러짐, 미끄러지게 함 ②연동¶ 物価に～して賃金を上げる 물가에 연동하여 임금을 올리다 II 名 ①환등기 ②「スライドガラス」의 준말 —**ガラス** (slide glass) 슬라이드 글라스 ①환등판 ②현미경의 검경판(檢鏡板) —**制** 經 임금을 물가 지수 등의 변동에 따라 자동 조정하는 방식
**ずらか・る** 他五 俗 빵소니치다, 내빼다, 뛰다¶ 国外に～ 국외로 빵소니치다
**スラグ** (slag) 工 슬래그, 광재 =鉱滓
**ずら・す** 他五 ①(위치를) 조금 옮기다, 비켜 놓다¶ 机を前まえに～ 책상을 앞으로 비켜놓다 ②(시간·장소를) 미루다, 물리다¶ 約束の時間を～ 약속 시간을 미루다/ 一人ひとずつ順に席を～ 한 사람씩 차례로 자리를 물리다
**すらすら** 副 줄줄, 척척, 술술¶ ～と読める 줄줄 읽을 수 있다/ 話が～と運ぶ 이야기가 술술 진행되다
**すらりと** 副 ①술술, 척척, 줄줄 =すらすら

～解決する 척척 해결하다 ②(칼 등을 단숨에 뽑는) 쑥¶ 刀を～抜く 칼을 쑥 뽑다 ③늘씬하게, 쭉¶ ～伸のびた足 쭉 뻗은 다리
**ずらりと** 副 (잇달아 늘어선) 죽¶ 新製品を～陳列する 신제품을 죽 진열하다
**すり** [刷(り)・摺り] 인쇄, 인쇄 상태, 쇄(刷)¶ 試し～ 시험 인쇄/ 校正～ 교정쇄
**すり** [×掏摸・×掏児] 소매치기 =きんちゃく切り¶ ～御用心 소매치기 조심
**ずり** [蹴] 폐석(廢石), 버력
**すりあが・る** [刷(り)上がる] 自五 인쇄가 끝나다
**ずりあが・る** [ずり上がる] 自五 ①밀려 올라가다, 딸려 오르다¶ 帶が～ 띠가 밀려 올라가다 ②(지위 등이) 조금씩 올라가다
**すりあ・げる** [刷(り)上げる] 他下一 인쇄를 마치다
**すりあし** [×摺(り)足] 발을 끄는 듯이 살살 걸음, 그런 걸음걸이¶ ～で進む 발을 끄는 듯한 걸음으로 나아가다
**すりあわせ** [擦り合(わ)せ・摺り合(わ)せ] ①(표면이 균일해지도록 줄 등으로) 쓸기 ②(의견 등을) 조정하여 하나로 종합함
**スリー** (three) 스리, 셋, 3¶ ベスト～ 베스트 스리 —**クオーター** (three-quarter) 野 스리쿼터. 오버스로와 언더스로의 중간에 해당하는 투구 방법 —**ピース** (three-piece) 服 스리피스 —**ラン** 野 스리런. 3점 홈런
**すりいも** [×擂り芋] 참마를 갈아서 간장·달걀 등으로 조미한 음식
**すりうす** [×擂(り)臼] 매통, 맷돌
**すりえ** [×播(り)餌] (생선·겨·현미·풀 등을) 으깬 새 모이
**ずりお・ちる** [ずり落ちる] 自上一 흘러내리다, 미끄러져 떨어지다¶ ズボンが～ 바지가 흘러내리다
**すりか・える** [×摩り替える] 他下一 슬쩍 바꿔치다(바꾸다)¶ 荷物を～ 짐을 슬쩍 바꿔치다/ 論点を～ 논점을 슬쩍 돌리다
**すりガラス** [×磨(り)〈硝子〉] 젖빛 유리
**すりきず** [擦り傷・擦り疵] 찰상, 찰과상, 생채기¶ 転んで～をつくる 넘어져서 찰과상을 입다
**すりきり** [×摺(り)切り・摩(り)切り] (곡식·가루 등의) 평미레질 ⇔山盛り¶ —**一杯** 평미레로 한 그릇
**すりき・る** [×摺(り)切る・摩(り)切る] 他五 ①비벼서 자르다, 문질러 끊다¶ 針金を石のかどで～ 철사를 돌 모서리에 문질러 끊다 ②(돈 등을) 다 써버리다¶ 身代を～ 재산을 바닥내다
**すりき・れる** [擦(り)切れる・摩(り)切れる] 自下一 닳아서 끊어지다(해지다)¶ 畳のへりが～ 다다미의 가선이 닳아서 해지다
**すりこぎ** [×擂(り)粉木] (절구의) 나무공이, 막자 =あたりぎ·れんぎ
慣用句
—**で腹を切る** 나무공이로 배를 가르다. 불

**すりこみ** [刷(り)込み] [動] 동물이 생후 초기의 일정 기간에 자극을 준 대상에게 평생 특정 행동을 보이는 현상 =インプリンティング

**すりこ・む** [刷(り)込む] [한 지면에 다른 것을] 인쇄해 넣다¶ 賀状に家族の写真を~ 연하장에 가족 사진을 인쇄해 넣다

**すりこ・む** [擦(り)込む・˚摩(り)込む] [他五] ①문질러 바르다[스며들게 하다]¶ 軟膏を~ 연고를 문질러 바르다 ②[˚掏(り)込む] 갈아서 섞어 넣다¶ みそにごまを~ 된장에 참깨를 갈아서 섞다

**すりだ・す** [˚磨(り)出す] [他五] 문질러 무늬를 내다, 갈아서 광택을 내다

**すりつ・ける** [擦(り)付ける・˚摩(り)付ける] [他下一] 문질러대다, 비벼대다, 긋다¶ 鼻を~ 코를 문질러대다

**すりつぶ・す** [˚磨(り)潰す・˚掏(り)潰す] [他五] ①갈아 으깨다[뭉개다]¶ りんごを~ 사과를 갈아 으깨다 ②(재산을) 탕진하다¶ 競馬で財産を~ 경마로 재산을 탕진하다

**すりぬ・ける** [擦(り)抜ける・˚摺(り)抜ける] [自下一] ①(혼잡한 틈새를) 빠져나가다¶ 雑踏を~ 혼잡을 빠져나가다 ②적당히 넘기다, 어물쩍 모면하다¶ ことば巧みに~ 교묘한 말로 적당히 넘기다

**すりばち** [˚掏(り)鉢] 양념절구, 유발, 철확

**すりばんしょう** [擦(り)半鐘・˚掏(り)半鐘] 근처에 불이 났음을 알리기 위해 연달아 치는 종, 그런 종소리

**すりひざ** [˚磨(り)˚膝] 무릎걸음, 앉은걸음 = 膝行¶ ~で前に出る 무릎걸음으로 앞으로 나가다

**すりへら・す** [˚磨(り)減らす] [他五] ①닳게 하다, 마멸시키다, 닳아 없애다¶ 靴の底を~ 구두 밑창이 닳도록 신다 ②소모시키다¶ 神経を~ 신경을 소모시키다

**すりへ・る** [˚磨(り)減る] [自五] ①닳아서 작아지다 [줄어들다]¶ 墨が~った 먹이 닳았다 ②조금씩 축나다¶ 身代が~ 재산이 조금씩 축나다 ③소모되다¶ 神経が~ 신경이 소모되다

**すりほん** [刷(り)本・˚摺(り)本] [版] ①판본¶ 인쇄만 끝나고 아직 제본이 안 된 책

**すりみ** [˚掏(り)身] 으깬 어육(魚肉)

**スリム** (slim) [ダ] 슬림, 가느다람, 호리호리함¶ ~な体型 호리호리한 체형

**すりむ・く** [擦(り)˚剥く] [他五] 스쳐서 껍질을 벗기다, 찰과상을 입다¶ ひざを~ 무릎을 까다

**すりむ・ける** [擦(り)˚剥ける] [自下一] 스쳐서 벗겨지다, 까지다¶ ひざ小僧が~ 무릎이 까지다

**すりもの** [刷(り)物・˚摺(り)物] 인쇄물

**すりよ・る** [擦(り)寄る] [自五] ①바짝[가까이] 다가오다 ②무릎걸음으로 다가오다

**す・る** [刷る・˚摺る] [他五] (활판 등으로) 인쇄하다, 찍다¶ 新聞を~ 신문을 인쇄하다/ 名刺を~ 명함을 찍다

**す・る** [˚掏る] [他五] 소매치기하다¶ 財布を~・られる 지갑을 소매치기 당하다

**す・る** [擦る・˚磨る・˚摩る・˚擂る・˚摺る] [他五] ①문지르다, 비비다, 긋다¶ マッチを~ 성냥을 긋다/ 手を~ 손을 비비다 ②갈다, 쓸다¶ 墨を~ 먹을 갈다/ やすりで~ 줄로 쓸다 ③빻다, 으깨다¶ 胡麻を~ 참깨를 빻다, 어떤 상태가 되다, 어떤 상태에 있다¶ はらはら物語の조마조마한 이야기 ⑤값이 나가다¶ その指輪はかなり~ 그 반지는 꽤 값이 나간다 ⑥(시간이) 경과하다, 지나다¶ しばらくしたら現れた조금 있으면 나타난다 ⑦(「…(よ)うと・…ことに」 등의 꼴로) …하려고 하다, …하기로 하다¶ 大学を去ることに~ 대학을 떠나기로 하다 ⑧(「…(よ)うと・…んと~」의 꼴로) (곧) …하려고 하다¶ 鳥が飛び立とうとしている 새가 날아오르려 하고 있다 ⑨(「…として(は)・…としたら」의 꼴로) …으로서(는), …에 비하면, …으로 한다면¶ 一人前のピアニストとして認められる 어엿한 피아니스트로 인정받다 Ⅱ [他サ変] 하다 ①(어떤 일・동작 등을) 실행하다¶ 実験を~ 실험을 하다 ②(몸에) 달다, 채우다¶ 腕章を~ 완장을 차다 ③(어떤 결과로) 나타나다¶ 成功を~した人 성공한 사람/ 下痢を~ 설사를 하다 ④(「…と~・…に~」의 꼴로) …으로 삼다[치다], 생각하다, 여기다¶ 問題と~に不足しない 문제 삼기에 부족하지 않다/ ばかに~な 바보 취급하지 마라 ⑤(어떤 결과를) 실현하다¶ 声を小さく~ 목소리를 작게 하다/ 映画はこれにしよう 영화는 이걸로 하겠다 ⑥(補助) 겸양의 뜻을 나타냄¶ お尋ね~ 여쭈다/ お呼び~ 부르다 ⑦(補助) 어떤 동작을 내세우는 뜻을 나타냄¶ 読みはしたが 읽기는 했지만/ 飛びさえすれば 날기만 한다면

[慣用句]
**一事をなす事を** 하는 일이 모두

**ずる** [˚狡] (口) 교활함, 꾀부림, 그런 사람¶ ~休み 꾀부려 쉼/ ~をする 교활한 짓을 하다

**ず・る** Ⅰ [自五] ①미끄러져 움직이다, (힐링하여) 흘러 내려가다¶ ズボンが~ってくる 바지가 흘러 내려가다 ②벗어나다 ③무릎걸음을 하다 Ⅱ [他五] 질질 끌다¶ 裾を~・って歩く 옷자락을 끌며 걷다

**ずる・い** [˚狡い] [形] 교활하다, 약삭빠르다 = こすい¶ ~やり方 교활한 짓/ ~く立ち回る 약삭빠르게 굴다

**するが** [駿河] 静岡県 중부의 옛 이름

**ずる・ける** [*狡ける*] 自下一 ①꾀부리다, 게으름피우다¶ 掃除当番を～ 청소 당번을 게으르게 하다 ②느슨해서 흘러 내리다¶ ひもが～ 끈이 느슨해져 흘러 내리다

**するする** 副 ①(신속하게 이동하는) 주르르, 스르르, 쭈르르¶ 木に～と登る 나무에 쭈르르 올라가다/ 旗が～と上がる 기가 스르륵 올라가다 ②(초목이 잘 자라는) 쑥쑥, 쭉쭉¶ つるが～と伸びる 덩굴이 쭉쭉 뻗다

**ずるずる** 副 ①홀짝홀짝, 훌쩍훌쩍¶ ～と鼻をすする 훌쩍훌쩍 코를 훌쩍이다 ②질질, 주룩¶ 帯を～と引きずる 띠를 질질 끌다/ 山の斜面を～と滑り落ちる 산비탈을 주룩 미끄러져 떨어지다 ③(오래 끄는) 질질¶ ～と約束の期限を延ばす 약속 기한을 질질 끌다 一べったり ㋑(ロ) 질질 끎, 어울러물

**すると** 接 ①그러자, 그랬더니¶ 久しぶりに訪ねてみた。～、あいにく留守だった 오랫만에 찾아가 보았다. 그랬더니 공교롭게 부재중이었다 ②그렇다면 ¶ 西の方から天気が崩れてきたらしい。～、明日は雨になりそうだ 서쪽에서부터 날이 궂어지기 시작한 듯하다. 그렇다면 내일은 비가 올 것 같다

**するど・い** [*鋭い*] 形 날카롭다, 예리하다, 예민하다¶ ～ナイフ 날카로운 칼/ ～攻撃 날카로운 공격/ ～目つき 예리한 눈매

**するめ** [*鯣*] ①마른 오징어 ②「するめいか」의 준말. 오징어

**するめいか** [*鯣*〈烏賊〉] 動 오징어

**ずるやすみ** [*狡休み*] 名 自スル (ロ) 꾀부려 (빈둥거리며) 쉼¶ 会社を～する 회사를 꾀부려 쉬다

**すりと** 副 (미끄러지듯) 스르르, 쑥, 슬쩍¶ うなぎが～逃げる 뱀장어가 스르르 도망치다

**ずれ** 엇갈림, 어긋남, 차이¶ 時間の～ 시간의 엇갈림/ 意見の～を調整する 의견 차이를 조정하다

**すれあ・う** [*擦れ合う*] 自五 ①서로 스치다, 맞스치다¶ 肩が～ 어깨가 맞스치다 ②서로 다투다

**ずれこ・む** [*ずれ込む*] 自五 (ロ) (예정이 늦어져) 다음으로 넘어가다, 느즈러지다¶ 完成が来月に～ 완성이 다음 달로 넘어가다

**すれすれ** [*擦れ擦れ*] ①닿을락말락함¶ 地面に～につばめが飛ぶ 땅에 닿을락말락하게 제비가 날다 ②겨우 한계에 이름, 빠듯함, 아슬아슬함¶ 発車時刻～に着く 발차 시간에 아슬아슬하게 도착하다

**すれちがい** [*擦れ違い*] ①스치듯 마주 지나감¶ ～ざまに気づく 맞스쳐 지나가다 알아채다 ②엇갈림¶ 発言に～がある 발언에 엇갈림이 있다

**すれちが・う** [*擦れ違う*] 自五 ①마주 스쳐 지나가다¶ 電車が～ 전차가 마주 스쳐 지나가다 ②(만나지 못하고) 엇갈리다 ③(생각 등이) 엇갈리다¶ 議論が～ 의론이 엇갈리다

**すれっからし** [*擦れっ枯らし*] (ロ) 약삭빠르고 교활함, 닳아 빠짐, 그런 사람¶ ～で手におえない 닳아 빠져서 감당할 수 없다

**す・れる** [*擦れる*・*磨れる*・*擂れる*] 自下一 ①마주 스치다, 맞닿다¶ 悪路で車体が～ 험한 길에서 차체가 마주 스치다 ②(스쳐서) 닳다, 무지러지다¶ 靴のかかとが～ 구두 뒤축이 닳다 ③(세상살이에) 닳고 닳다¶ 都会暮らしに～れてしまった 도회지 생활로 닳고닳아 버렸다

**ず・れる** 自下一 (위치・시기・생각 등이) 어긋나다, 벗어나다, 빗나가다¶ 話が～ 이야기가 빗나가다/ タイミングが～ 타이밍이 어긋나다/ 印刷が～ 인쇄의 폰트가 맞지 않다

**ずろう** [*杜漏*] ㋐(文) 조잡하고 허술함, 엉성함¶ ～な計画 엉성한 계획

**すろうにん** [*素浪人*] (하찮은) 떠돌이 무사¶ 一介の～ 일개 떠돌이 무사

**ずろく** [*図録*] 도록, 그림・사진을 넣어 설명한 책¶ 韓国文学の～ 한국 문학 도록

**すわ** 感 갑작스러운 일에 놀라서 내는 소리. 이크, 저런¶ ～、一大事だ 이크, 큰일났다

**ずわいがに** [*ずわい蟹*] 動 바다참게

**すわえ** [*楚*・*木若*] ①가늘고 곧게 뻗은 햇가지 ②(죄인을 매질할 때 쓰던) 회초리

**すわこそ** 連 (文) 「すわ」의 힘줌말. 이크, 저런

**すわや** 感 (文) 「すわ」의 힘줌말. 이크, 저런

**すわり** [*座り*・*坐り*] ①앉기, 앉음¶ 心地がよい 앉기에 편하다 ②안정감¶ ～が悪い 花瓶 안정감이 없는 꽃병

**すわりこみ** [*座り込み*・*坐り込み*] 앉은 채 움직이지 않음, 눌러앉음, (특히) 연좌 농성¶ ～戦術 연좌 농성 전술

**すわりこ・む** [*座り込む*・*坐り込む*] 自五 ①들어가 앉다¶ 部屋に～ 방에 들어가 앉다 ②주저앉아 움직이지 않다, 버티고 앉다, 연좌하다¶ へなへなと路上に～ 맥없이 길 위에 주저앉다/ 不当処分に抗議して～ 부당 처분에 항의하며 연좌하다

**すわりだこ** [*座り胼胝*] (앉는 습관에 따라) 발등이나 복사뼈에 생긴 못・굳은살

**すわ・る** [*座る*・*坐る*] 自五 ①앉다¶ いすに～ 의자에 앉다 ②(어떤 지위에) 앉다, 들어앉다¶ 会長の座に～ 회장 자리에 앉다/ あとがまに～ 후임으로 앉다, 후처로 들어앉다 ③[据る] 안정되다, 자리잡다¶ 赤ん坊の首が～ 갓난아기 목을 가누다 ④[据る] (태도・마음이) 침착해지다, 끄떡하지 않다¶ 度胸が～ 뱃심이 생기다 ⑤좌초하다¶ 船が～ 배가 좌초하다 ⑥[据る] 움직이지 않고 가만히 있다¶ 酔って目が～って 취해서 눈이 명해지다

**すん** [*寸*] 音 スン | (음) 촌. I (造語) ①척관법의 길이의 단위. 치¶ 寸尺と 寸法 치수・原寸 원촌・극히 적음, 짧음¶ 寸陰 촌음・寸尺 촌지 ▷ [熟字訓] 一寸 조금, 약간 II ①척관법의 길이의 단위. 치¶ 一尺二～ 한 자 두 치 ②치수, 길이¶ ～が足りない 치수가 모자라다

[慣用句]
**—が詰まる** 기장이 짧아지다

**すんいん**[寸陰][文] 촌음¶ **～を惜しむ** 촌음을 아끼다

**すんか**[寸暇] 촌가. 극히 짧은 짬[여가]¶ **～をさいて勉強する** 촌가를 내어 공부하다

**ずんぎり**[^寸切り][名] ①토막침, 통째 썰기= 輪切り·ずんどぎり ②머리 부분을 곧게 자른 원통 모양의 그릇·찻종·꽃병

**ずんぐり**[副][自スル] 땅딸막함¶ **～とした男** 땅딸막한 남자 **—むっくり**[副][自スル]「ずんぐり」의 힘줌말

**すんげき**[寸隙][文] ①좁은 틈[간격] ②짧은 겨를, 촌가, 촌극

**すんげき**[寸劇] 촌극. 토막극

**すんげん**[寸言] ①짧은 말, (특히) 뜻깊은 짤막한 말¶ 卷頭**～** 권두 촌언

**すんごう**[寸毫][名][文] 추호(秋毫). 극히 적음¶ **～も疑わない** 추호도 의심하지 않다

**すんこく**[寸刻][文] 촌각. 촌음¶ **～を爭う事態** 촌각을 다투는 사태

**すんし**[寸志][文] 촌지 ①하찮은 뜻, 정표 ②변변치 않은 선물¶ **～ですがお納めください** 변변찮은 것이지만 받아 주십시오

**すんじ**[寸時][文] 촌시. 극히 짧은 시간, 촌각¶ **～の猶予もない** 촌각의 유예도 없다

**すんしゃく**[寸尺][文] 촌척 ①촌과 척, 근소한 길이¶ **～を爭う** 촌척을 다투다 ②길이, 치수

**すんしゃく**[寸借][名][他スル] (금품을) 잠시 동안 꿈, 푼돈을 꿈 **—詐欺** 곧 갚겠다면서 금품을 사취하는 일, 그런 사람

**すんしゅう**[駿州]→するが(駿河)

**すんしょ**[寸書][文] 촌서, 짧막한 편지= 寸簡¶ **～を呈する** 촌서를 드리다

**すんず**[駿豆] 駿河와 伊豆. 지금의 静岡현 동부 지방

**ずんずん**[副][口] 척척, 쑥쑥, 부쩍부쩍. 성큼성큼¶ 仕事が**～**とはかどる 일이 척척 진척되다/ 点差が**～**開く 점수차가 부쩍 벌어지다

**すんずんに**[寸寸に][副][口] 갈기갈기, 토막토막¶ **～切る** 토막토막 자르다

**すんぜん**[寸前] 직전, 바로 전¶ **爆發～に脱出する** 폭발 직전에 탈출하다

**すんぜんしゃくま**[寸善尺魔][文] 촌선 척마. (세상에는) 좋은 일이 적고 나쁜 일이 많음

**すんたらず**[寸足らず][名] ①치수가 모자람, (보통보다) 짧음¶ **～の服** 치수가 모자란 옷 ②[口] 키가 작음 ③[口][比] 보통보다 약간 못함[뒤떨어짐]¶ **～の說明** 미흡한 설명

**すんだん**[寸斷][名][他スル] 촌단. 토막토막 끊음, 잘게 자름¶ 洪水で國道が**～される** 홍수로 국도가 토막토막 끊기다

**すんちょ**[寸楮][文] 촌서= 寸書

**すんづまり**[寸詰まり][名] (보통보다) 치수가 짧음, 길이가 모자람, 달름함¶ 洗ったらセーターが**～になった** 빨았더니 스웨터가 덜름해졌다

**すんてつ**[寸鐵][文] 촌철 ①작은 날붙이[무기]¶ **身にも～も帶びず** 몸에 아무 무기도 지니지 않다 ②짧지만 사람의 마음을 찌르는 말, 경구(警句)
[慣用句]
**—人を刺す** 촌철 살인. 짧은 말로 사람을 감동시키다

**すんでに**[^既に][副][口] 하마터면, 자칫하면¶ **～車にひかれるところだった** 하마터면 차에 치일 뻔했다

**すんでのこと**[^既の事][連語][口] 자칫하면, 하마터면= すんでのところ¶ **～に衝突するところだった** 하마터면 충돌할 뻔했다

**すんでのところ**[^既の所][連語][口] → すんでのこと

**すんど**[寸土][文] 촌토. 얼마 안 되는 땅. 촌지(寸地)¶ **～を守る** 촌토를 지키다

**ずんと**[副][口] 훨씬, 부쩍¶ **年上の人をずんと年上のようにあつかう**... (unclear) 작년보다도 부쩍 키가 자랐다

**ずんどう**[^寸胴][ナ][口] (체격·모양이) 절구통 같음, 모착함¶ **～な体つき** 절구통 같은 몸매

**ずんどぎり**[^寸胴切り][名] ①둥글게 자름, 토막침= ずんぎり ②(뜰에) 관상용으로 놓은 고목의 밑둥 ③대나무 마디 부분을 잘라 만든 꽃꽂이 용품·엽차 용기

**すんなり**I[副][自スル] 날씬하게, 매끈하게¶ **～とした手足** 매끈한 손발 II[副] 척척, 술술, 수월히¶ **豫算が～と認められる** 예산이 수월하게 승인되다

**ずんば**[連語][文] (만약)…하지 않으면¶ **平家にあら～人にあらず** 平家 사람이 아니면 사람이 아니다

**すんびょう**[寸秒][文] 촌초. 촌각¶ **～を爭う** 촌각을 다투다

**すんびょう**[寸描][文] 촌묘. 짧은 묘사, 스케치¶ **人物～** 인물 스케치

**すんぴょう**[寸評][名][他スル] 촌평. 짧막한 비평¶ **～を加える** 촌평을 가하다

**すんぷ**[駿府] (江戶 시대) 駿河의 国府 소재지. 지금의 静岡시(市)

**すんぶん**[寸分][副] 조금, 약간, 극소¶ **～の差** 근소한 차이/ **～のすきもない** 전혀 빈틈이 없다/ **～たがわず** 조금도 다르지 않다

**ずんべらぼう**[名][ナ][俗] ①흐리터분함. 야무지 못함 ②느린 사람, 헐렁이 ②(표면이) 밋밋함= のっぺらぼう¶ **～の顔** 밋밋한 얼굴

**すんぽう**[寸法] ①치수, 길이, 척도¶ **目～** 눈대중 치수/ **～を計る** 치수를 재다 ②작정, 순서, 계획¶ 万事**～通りに行った** 만사 계획대로 되었다

**すんれつ**[寸裂][名][自他スル][文] 촌열. 갈가리 찢김[찢음]

**すんわ**[寸話][文] 짤막한 이야기, 토막 이야기¶ 財界人の**～** 재계의 토막 이야기

# せ セ

**せ** 五十音図ごじゅうおんずの「さ」행(行)의 넷째 かな. ひらがな의 「せ」는 「世」의 초서체, かたかな 「セ」도 「世」의 초서체

**せ**[背] ①등¶ ~を伸のばす 등을 펴다 ②뒤, 배경¶ 山やまを~にする 산을 등지다 ③등에 해당하는 부분¶ 山やまの~ 산등성이 ④신장, 키¶ ~が高たかい 키가 크다 ⑤「奴」(책의) 등
**[慣用句]**
**—にする** ①등에 지다 ②뒤로 하다, 등지다
**—に腹はらは代かえられぬ** 당면한 큰일을 위해 딴 일에는 일체 마음을 쓸 수 없다
**—を向むける** 등을 돌리다 ①뒤를 보다[향하다] ②모르는 체하다, 배반하다, 돌아서다

**せ**[畝] 묘, 면적의 단위 ▷ 단(段)의 10분의 1

**せ**[瀬] ①(강에서 건널 수 있는) 얕은 내¶ ~を渡わたる 얕은 내를 건너다 ②여울 ③(「立たつ~」의 꼴로) 입장, 처지, 자리¶ 立たつ~がない 설 자리가 없다 ④(「浮うかぶ~」의 꼴로) 기회, 시기, 경우¶ 浮うかぶ~もある 셈평이 펴일 날도 있다. (곤경에서) 헤어날 길도 있다

**ぜ**[是] 音ゼ 訓これ |(음)시. Ⅰ (造語) ①옳다, 도리에 맞다¶ 是非ぜひ 시비 ②바르게 하다¶ 是正ぜせい 시정 ③이라고 생각하다, 방침, 좋다고 생각하는 것¶ 是認ぜにん 시인・国是こくぜ 국시 Ⅱ (文) 옳음, 도리에 맞음¶ ~を~とする 옳은 것을 옳다고 하다
**[慣用句]**
**—が非ひでも** 무슨 일이 있어도, 반드시, 꼭

**ぜ** 終助 (口) 어떤 사항을 확인하고 주의를 환기시키거나 다짐하는 말 ①친근감이 담김¶ よろしく頼たのむな/ 잘 부탁하네/ あくまでがんばろう~ 끝까지 힘내자꾸나 ②얕보는 마음이 담김¶ お前まえ、後悔こうかいする~ 너 후회할거다

**せい**[井] 音セイ・ショウ(シヤウ) 訓い |(음)정. (造語) ①우물¶ 油井ゆせい 유정 ②인가가 모인 곳, 마을¶ 市井しせい 시정 ③「井」자 모양의 우물 난간 꼴¶ 井然せいぜん 정연・天井てんじょう 천장 ④이십팔수(二十八宿)의 하나

**せい**[世] 音セイ 訓よ |(음)세. Ⅰ (造語) ①세상, 사회¶ 現世げんせ 현세・世界せかい 세계 ②(「セ」로 읽어서) 일생, 생애¶ 後世こうせい 후세・三世さんぜ 삼세 ③(계보상의) 대¶ 世子せいし 세자・世代せだい 세대 ④역사상의 시대 구분¶ 世紀せいき 세기・近世きんせい 근세 ⑤대대, 대대의¶ 世襲せしゅう 세습・歴世れきせい 역세 ⑥계승하는 세대나 또는 몇 대째임을 나타내는 말¶ ルイ十四世よんせい 루이 14세 Ⅱ [地] 세, 지질학의 시대 구분의 하나¶ 更新こうしん~ 갱신세

**せい**[正] 音セイ・ショウ(シヤウ) 訓ただしい・ただす・まさ |(음)정. Ⅰ (造語) ①거짓・틀림이 없다¶ 正直しょうじき 정직・不正ふせい 부정 ②잘못을 바로잡다¶ 改正かいせい 개정・矯正きょうせい 교정 ③정면, 앞을 향하다¶ 正座せいざ 정좌・正面しょうめん 정면 ④본디의 것¶ 正史せいし 정사・正統せいとう 정통 ⑤주된 것, 정식임¶ 正式せいしき 정식・正門せいもん 정문 ⑥정확히, 바로¶ 正当せいとう 정당・正午しょうご 정오 ⑦(흔히 「ショウ」로 읽어서) 달력에서 1년의 기준이 되는 것, 연초¶ 正月しょうがつ 정월・賀正がしょう 하정 ⑧활의 과녁¶ 正鵠せいこく 정곡 ⑨같은 위계 중에서 위의 것¶ 正三位しょうさんみ 정삼품・検事正けんじせい 검사장 Ⅱ ①옳음, 올바름, 정도¶ ~か、邪じゃかを見極みきわめる 옳은 것인지 그릇된 것인지를 끝까지 지켜보다 ②정식인 것, 주된 것¶ ~副ふくの会長かいちょう 정・부회장 ③「正編せいへん」의 준말 ④[数] 양(陽), 플러스¶ ~の整数せいすう 양의 정수 ⑤[物] 양극 ⑥[哲] 정립¶ ~反合はんごう 정반합

**せい**[生] 音セイ・ショウ(シヤウ) 訓いきる・いかす・いける・うまれる・うむ・おう・はえる・はやす・き・なま |(음)생. Ⅰ (造語) ①살다, 살리다¶ 生物せいぶつ 생물・人生じんせい 인생 ②목숨, 생명¶ 生命せいめい 생명・一生いっしょう 일생 ③태어나다, 낳다¶ 生産せいさん 생산・出生しゅっせい 출생 ④발생하다, 일어나다, 생기다¶ 派生はせい 파생・発生はっせい 발생 ⑤(싹이) 돋다, 나다¶ 生育せいいく 생육・野生やせい 야생 ⑥싱싱하다, 생기 있다¶ 生彩せいさい 생채・生色せいしょく 생색 ⑦익지 않다, 익숙치 않다¶ 生硬せいこう 생경・生薬しょうやく 생약 ⑧태생¶ 生来せいらい・しょうらい 천성 ⑨학문・수업중인 사람¶ 生徒せいと 생도・学生がくせい 학생 ⑩남자가 자기를 일컫는 겸사말¶ 小生しょうせい 소생 ⑪생장 기간을 나타내는 말¶ 二年生にねんせい 이년생 ▷ 黙読訓 生絹すずし 비단・芝生しばふ 잔디밭・弥生やよい 음력 3월・寄生木やどりぎ 기생목 Ⅱ (造語) ①삶, 인생¶ ~に執着しゅうちゃくする 삶에 집착하다 ②생계, 생활¶ ~を営いとなむ 생을 영위하다 ③생명, 목숨¶ ~あるもの 목숨이 있는 것, 생물 Ⅲ 代(文) 소생
**[慣用句]**
**—を享うける** 이 세상에 태어나다

**せい**[成] 音セイ・ジョウ(ジヤウ) 訓なる・なす |(음)성. (造語) ①만들어 내다, 완성되다¶ 成果せいか 성과・完成かんせい 완성 ②이루어내다, 하다¶ 成功せいこう 성공・形成けいせい 형성

**せい**[西] 音セイ・サイ 訓にし |(음)서. (造語) ①서, 서쪽¶ 西域せいいき・さいいき 서역・西部せいぶ 서부 ②「西洋せいよう」의 준말¶ 西暦せいれき 서력 ③(「サイ」로 읽어서) 부처가 있는 방향¶ 西方浄土さいほうじょうど 서방 정토 ④「西班牙スペイン」의 준말¶ 米西戦争べいせいせんそう 미국・스페인 전쟁

**せい**[声][聲] 音セイ・ショウ(シヤウ) 訓こえ・こわ |(음)성. (造語) ①목소리, 음성, 소리를 내다, 말로 하다¶ 声援せいえん 성원・肉声にくせい 육성 ②울림, 소리¶ 銃声じゅうせい 총성 ③소문, 평판¶ 声価せいか 성가・名声めいせい 명성 ④음악의 가락, 음계¶ 声曲せいきょく 성곡・五声ごせい 오

성 ⑤한자음의 4성의 구별¶ 去声ᅟᅵ·ᅟᅳᅟᅣᅟᅳ 거성·上声ᅟᅵ·ᅟᅳᅟᅣᅟᅳ 상성

**せい** 【制】 ㊥ セイ ㊗ 제. I ㊛ ①결정하다, 제도, 규정¶ 制度·税制ᅟᅵ 제도·세제 ②억누르다, 억제하다¶ 制限ᅟᅵ 제한·規制ᅟᅵ 규제 ③조종하다, 제어[지배]하다¶ 制御ᅟᅵ 제어·制動ᅟᅵ 제동 ④만들다¶ 制作ᅟᅵ 제작 II 규정, 제도¶ ～を定める 규정을 정하다

**せい** 【姓】 ㊥ セイ·ショウ(シヤウ) ㊗ かばね¦(음)성. I ㊛ ①일족, 집안, 족속¶ 百姓ᅟᅵ 백성, 농민·素姓ᅟᅵ 혈통 ②성씨¶ 姓名ᅟᅵ 성명·同姓ᅟᅵ 동성¶ 結婚して～が変わる 결혼하여 성이 바뀌다

**せい** 【征】 ㊥ セイ ㊗ ゆく¦(음)정. ㊛ ①멀리 가다, 밖으로 나가다¶ 遠征ᅟᅵ 원정·出征ᅟᅵ 출정 ②적을 쳐부수다, 정벌하다¶ 征伐ᅟᅵ 정벌·征服ᅟᅵ 정복

**せい** 【性】 ㊥ セイ·ショウ(シヤウ) ㊗ さが¦(음)성. I ㊛ ①천성, 성질¶ 性格ᅟᅵ 성격·性質ᅟᅵ 성질 ②남녀·자웅의 구별¶ 性別ᅟᅵ 성별·異性ᅟᅵ 이성 ③성적 욕망¶ 性欲ᅟᅵ 성욕·性教育ᅟᅵ 성교육 ④사물의 특성, 경향¶ 性能ᅟᅵ 성능·悪性ᅟᅵ 악성 ⑤(사물의)성질, 상태¶ 可能性ᅟᅵ 가능성 II ①천성, 성질¶ ～は穏和ᅟᅵだ 천성은 온화하다 ②남녀·자웅의 구별¶ ～の別らを示す 성의 구별을 나타내다 ③성욕¶ ～に目覚める 성에 눈뜨다 ④[文法] (인도 유럽어의) 명사·대명사의 문법상의 성

**せい** 【青】 ㊥ セイ·ショウ(シヤウ) ㊗ あお·あおい¦(음)청. ㊛ ①푸름, 푸른색¶ 青山ᅟᅵ 청산·紺青ᅟᅵ 감청 ②젊다¶ 青春ᅟᅵ 청춘·青年ᅟᅵ 청년 ③(오행설에서) 동쪽, 봄¶ 青竜ᅟᅵ 청룡 ④기록하는 푸른 대쪽¶ 青史ᅟᅵ 청사 ▷ [熟字訓] 刺青ᅟᅵ 문신·万年青ᅟᅵ 만년청

**せい** 【斉】 ㊥ セイ ㊗ ひとしい¦(음)제. I ㊛ 가지런하다, 균일하다, 균일하게 하다¶ 斉唱ᅟᅵ 제창·一斉ᅟᅵ 일제 II [史] (중국의) 제나라

**せい** 【政】 ㊥ セイ·ショウ(シヤウ) ㊗ まつりごと¦(음)정. ㊛ ①국가, 백성을 다스리다, 정치¶ 政治ᅟᅵ 정치·政党ᅟᅵ 정당 ②다스리다, 처리하다¶ 家政ᅟᅵ 가정·財政ᅟᅵ 재정

**せい** 【星】 ㊥ セイ·ショウ(シヤウ) ㊗ ほし¦(음)성. ㊛ ①별¶ 星座ᅟᅵ 성좌·衛星ᅟᅵ 위성 ②연월¶ 星霜ᅟᅵ 성상 ③기라성 같은 인물¶ 巨星ᅟᅵ 거성·新星ᅟᅵ 신성 ④이십팔수(宿)의 하나¶ 星宿ᅟᅵ 성수(星宿)

**せい** 【牲】 ㊥ セイ ㊗ いけにえ¦(음)생. ㊛ 제사 때 신에게 바치는 제물¶ 犠牲ᅟᅵ 희생

**せい** 【省】 ㊥ セイ·ショウ(シヤウ) ㊗ かえりみる·はぶく¦(음)성, 생. ㊛ ①살펴 보다, 보다¶ 省察ᅟᅵ 성찰 ②자신을 반성하다¶ 自省ᅟᅵ 자성·反省ᅟᅵ 반성 ③안부를 묻다¶ 帰省ᅟᅵ 귀성 ④없애다, 줄이다¶ 省略ᅟᅵ 생략 ⑤(「ショウ」로 읽어) 중앙 행정 관청의 하나¶ 大蔵省ᅟᅵ 대장성 ⑥(「ショウ」로 읽어) 중국의 행정 구획¶ 山東省ᅟᅵ 산둥성

**せい** 【×凄】 ㊥ セイ ㊗ すさまじい·すごい¦(음)처. ㊛ ①오싹해지다, 무시무시하다, 끔찍하다¶ 凄惨ᅟᅵ 처참·凄絶ᅟᅵ 처절 ②을씨년스럽다, 으스스하다¶ 凄然ᅟᅵ 처연

**せい** 【×栖】 ㊥ セイ ㊗ すむ·すみか¦(음)서. ㊛ (새 등의) 둥지, 보금자리, 살다¶ 栖息ᅟᅵ 서식 ▷「棲」와 같음

**せい** 【逝】 ㊥ セイ ㊗ ゆく¦(음)서. ㊛ 떠나가다, 죽다¶ 逝去ᅟᅵ 서거·急逝ᅟᅵ 급서

**せい** 【清】 ㊥ セイ·ショウ(シヤウ) ㊗ きよい·きよまる·きよめる¦(음)청. ㊛ ①깨끗하다, 맑다¶ 清潔ᅟᅵ 청결·清廉潔白ᅟᅵ 청렴 결백 ②(물이) 맑다¶ 清水ᅟᅵ 청수·清濁ᅟᅵ 청탁 ③산뜻하다, 분명하다¶ 清算ᅟᅵ 청산·清爽ᅟᅵ 맑고 시원함 ④정리하다, 깨끗이 하다¶ 清掃ᅟᅵ 청소·粛清ᅟᅵ 숙청 ⑤시원하다, 서늘하다¶ 清風ᅟᅵ 청풍·清涼ᅟᅵ 청량 ⑥(「シン」으로 읽어서) 중국의 청나라¶ 「清音ᅟᅵ」의 준말 ▷ [熟字訓] 清白ᅟᅵ 무·清けᅟᅵ 맑은 장국

**せい** 【盛】 ㊥ セイ·ジョウ(ジヤウ) ㊗ もる·さかる·さかん¦(음)성. ㊛ ①그릇에 높이 담다 ②기세 좋다, 번성하다, 번영하다¶ 況ᅟᅵ 성황·全盛ᅟᅵ 전성·繁盛ᅟᅵ 번성

**せい** 【婿】 ㊥ セイ ㊗ むこ¦(음)서. ㊛ 사위¶ 女婿ᅟᅵ 여서 ▷「聟」는 속자

**せい** 【晴】 ㊥ セイ ㊗ はれる·はらす¦(음)청. ㊛ (날이) 개다, 맑다, 맑음¶ 晴天ᅟᅵ 청천·快晴ᅟᅵ 쾌청

**せい** 【×棲】 ㊥ セイ ㊗ すむ¦(음)서. ㊛ (새·사람 등이) 살다, 둥지, 집¶ 棲息ᅟᅵ 서식·同棲ᅟᅵ 동서 ▷「栖」와 같음

**せい** 【貰】 ㊥ セイ ㊗ もらう¦(음)세. ㊛ 주로 훈「もらう」로 씀

**せい** 【勢】 ㊥ セイ·ゼ ㊗ いきおい¦(음)세. I ㊛ ①세력, 기세¶ 勢力ᅟᅵ 세력·攻勢ᅟᅵ 공세 ②형세, 모양¶ 形勢ᅟᅵ 형세·姿勢ᅟᅵ 자세 ③인원수¶ 加勢ᅟᅵ 가세·軍勢ᅟᅵ 군세 ④남성의 생식기¶ 去勢ᅟᅵ 거세 ⑤「伊勢ᅟᅵ」의 준말¶ 勢州ᅟᅵ 지금의 三重ᅟᅵ현 II 병력, 군세¶ 敵ᅟᅵの～を上回るᅟᅵ 적의 병력을 웃돌다

**せい** 【×靖】 【靖】 ㊥ セイ ㊗ やすい¦(음)정. ㊛ 편안함, 편안하게 하다¶ 靖国ᅟᅵ 정국

**せい** 【聖】 ㊥ セイ·ショウ(シヤウ) ㊗ ひじり¦(음)성. ㊛ ①성인, 성현¶ 聖賢ᅟᅵ 성현·聖人ᅟᅵ 성인 ②성스러움¶ 聖域ᅟᅵ 성역·神聖ᅟᅵ 신성 ③기예가 뛰어난 사람¶ 楽聖ᅟᅵ 악성·詩聖ᅟᅵ 시성 ④[基] 거룩한 사람·사물¶ 聖書ᅟᅵ 성서·聖母ᅟᅵ 성모 ⑤[가] 성인의 이름에 붙이는 말¶ 聖ᅟᅵ크ハネ 성 요한 ⑥임금에 관련된 말¶ 聖恩ᅟᅵ 성은·聖上ᅟᅵ 성상

**せい** 【誠】 ㊥ セイ ㊗ まこと¦(음)성. ㊛ 거짓이 없음, 성실, 성심, 진실한 마음¶ 誠意ᅟᅵ 성의·誠実ᅟᅵ 성실·至誠ᅟᅵ 지성

**せい** 【精】 ㊥ セイ·ショウ(シヤウ) ㊗ くわしい¦(음)정. I ㊛ ①세밀함, 자세함¶

精算ざん 정산·精密みつ 정밀 ②쌀을 찧어 희게 함¶ 精白はく 정백·精米まい 정미 ③순수한[뛰어난] 것¶ 精鋭えい 정예·精髄ずい 정수 ④마음, 정신, 혼¶ 精子しの 근원이 되는 것¶ 精子し 정자·受精じゅ 수정 ⑥기력, 원기¶ 精気き 정기·精力りょく 정력 ⑦이상한 힘을 가진 것, 영¶ 精霊れい 정령·妖精よう 요정 Ⅱ ①자세함, 정밀함 ~をきわめる 더없이 정밀하게 하다 ②순수한 것, 정수, 엑스트랙트¶ 果実じつの~ 과일 엑스트랙트 ③생명의 근원, 정력¶ ~が尽きる 정력이 다하다 ④정령, 요정¶ 水みの~ 물의 정령

慣用句
―が出る 열심히 일하다, 수고하다
―を出す 열심히 하다, 열심히 일하다

せい [製] 音セイ (음)제. (造語) ①(물건을) 만들다¶ 製作さく 제작·粗製ぞ (재료나 장소 이름에 붙어서) …로[에서] 만든 것임을 나타냄¶ 和製わ 일제·金属製ぞく 금속제
せい [誓] 音セイ ちかう (음)서. (語) 신불·사람에게 약속함, 맹세¶ 誓願がん 서원·誓約やく 서약·宣誓せん 선서
せい [静] [靜] 音セイ·ジョウ(ジヤウ) 訓しず·しずか·しずめる·しずまる (음)정. Ⅰ (造語) ①움직이지 않음, 정지하고 있음¶ 静止し 정지·冷静れい 냉정 ②고요함, 조용함¶ 静寂じゃく 정적·静粛しゅく 정숙 Ⅱ 정. 고요하고 움직이지 않음¶ 動と~の対立りつ 동과 정의 대립
せい [請] [請] 音セイ·シン·ショウ(シヤウ) 訓こう·うける (음)청. (造語) 부탁하다, 원하다, 청하다¶ 請願がん 청원·申請しん 신청·要請せい 요청¶ 黙示訓 強請ゆす 공갈, 강탈
せい [整] 音セイ 訓ととのえる·ととのう (음)정. (造語) 바로 정돈하다, 잘 갖추다¶ 整然ぜん 정연·整理り 정리·調整ちょう 조정
せい [×醒] 音セイ 訓さめる (음)성. (造語) (술·잠에서) 깨다, 눈을 뜨다¶ 覚醒かく 각성
せい [×錆] 音セイ 訓さび·さびる (음)청. (造語) 주로 훈 「さび」로 씀
せい [背] 키, 신장¶ キの順じゅに 키 순으로/ ~比くらべをする 키대보기를 하다
せい [°所為] 탓, 원인, 이유¶ 年としの~だ 나이 탓이다/ 人ひとの~にする 남의 탓으로 돌리다
せい [°脆] 音ゼイ 訓もろい (음)취. (造語) 무르다, 부서지기 쉽다¶ 脆弱じゃく 취약
ぜい [税] [稅] 音ゼイ (음)세. Ⅰ (造語) 세금, 조세¶ 税関かん 세관·税金きん 세금·租税そ 조세¶ Ⅱ 세금¶ ~をかける 세금을 부과하다
ぜい [×贅] 音ゼイ (음)췌. Ⅰ (造語) ①쓸데없는 것, 불필요한 것¶ 贅言げん 췌언 ②사치, 허영¶ 贅沢たく 사치 ③혹, 사마귀¶ 贅疣ゆう 혹, 군더더기 Ⅱ ①불필요한 것, 쓸데없는 것¶ ~を取とり除のく 쓸데없는 것을 없애다 ②사치, 호사¶ ~を競きそう 다투어 사치하다
せいあ [井×蛙] (文) 정와, 우물 안 개구리, 견문이 좁은 사람¶ ~の見けん (우물 안 개구리와 같은) 좁은 식견

せいあい [性愛] 성애. (남녀간의) 애욕
せいあく せつ [性悪説] 성악설 ⇔ 性善説せいぜん
せいあつ [制圧] 名他スル 제압¶ 反乱はんを~する 반란을 제압하다
せいあん [成案] 성안, 완성된 의안·문안 ⇔ 試案しあん·草案そう¶ ~を示しめす 성안을 보이다
せいい [征衣] (文) 정의 ①출정할 때 입는 군복 ②여행복, 여장
せいい [勢威] (文) 세위, 권세와 위력, 위세
せいい [誠意] 성의¶ 誠心しん~ 성심 성의/ ~を尽くす 성의를 다하다
せいいき [西域] 서역 = さいいき
せいいき [声域] 音 성역, 음역
せいいき [聖域] 성역¶ ~を汚けがす 성역을 더럽히다
せいいく [生育] 名自他スル 생육 ①나서 자람, 낳아서 기름 ②(식물이) 자람¶ 稲いねの~ 벼의 생육
せいいく [成育] 名自スル 성육 ①성장함 ②(동물이) 자람¶ 稚魚ぎょの~ 치어의 성육
せいい たいしょうぐん [征夷大将軍] 日史 ①아이누족 정벌을 위해 파견된 장군 ②幕府ばく의 정치·군사의 실권을 쥔 주권자의 직명
せいいつ [斉一] 名ナ 정일, 모두 한결같음¶ ~な能力りょく 모두 한결같은 능력
せいいっぱい [精一杯] ナ 副 힘껏, 한껏, 고작¶ ~努力どりょくする 힘껏 노력하다
せい いぶつ [聖遺物] カ 성유물 一匣 성유물을 일반인에게 전시할 때 넣는 상자
せいいん [正員] 정원, 정회원
せいいん [成因] 성인, 성립 원인
せいいん [成員] 성원, 구성원
せいう [晴雨] 청우, (날이) 갬과 비¶ ~にかかわらず試合しあいを 날씨에 관계없이 경기하다 一計けい 청우계
せいうん [青雲] (文) 청운 ①푸른 하늘, 높은 하늘 ②(比) 높은 지위, 고관
慣用句
―の志こころざし 청운의 뜻
せいうん [星雲] 天 성운 一団だん 성운단
せいうん [盛運] 성운, 융하는 운명·경향
せいえい [清栄] (文) (편지에서 건강·번영 등을 축원하는 말) 정영¶ 貴家きかますます御~の段だん大慶に存ぞんじます 댁내 날로 번영하심을 매우 경사스럽게 생각합니다
せいえい [精鋭] 정예¶ ~部隊ぶたい 정예 부대
せいえき [精液] 医 정액 = ザーメン
せいえん [声援] 名他スル 성원¶ ~を送おくる 성원을 보내다/ ~にこたえる 성원에 보답하다
せいえん [×凄艶] ナ 처염, 기막히게 아리따움[요염함]
せいえん [清宴] (文) 청연, 조촐하고 풍아한 연회
せいえん [清×婉·清×艶] ナ 청연, 맑고 아리따움¶ ~な女性じょせい 맑고 아리따운 여성
せいえん [盛宴] (文) 성연, 성대한 연회¶ ~を張はる 성연을 베풀다
せいえん [製塩] 名自スル 제염¶ 天日てんじつ~ 천일 제염

**せいおう** [西欧] 서구 ①유럽, 서양¶ ～化か 서구화 ②서유럽 ⇔ 東欧とう

**せいおう** [聖王] 성왕, 성군

**せいおん** [声音] 성음, 음성＝こわね

**せいおん** [清音] [文法] 청음, (일본어의) 탁음·반탁음 부호가 붙지 않은 かな로 나타내는 음

**せいおん** [聖恩] (文) 성은, 임금의 은혜

**せいおん** [静穏] Ⅰ ⃣ (文) 정온, 평온 Ⅱ [名] [気] 무풍(無風) 상태

**せいか** [世家] 제후 등의 세습 가문에 대한 기록

**せいか** [正価] 정가, 정찰¶ ～販売はん 정가 판매

**せいか** [正貨] [経] 정화, 본위 화폐

**せいか** [正課] 정과, 정규 과목

**せいか** [生花] ①생화 ②꽃꽂이＝いけばな

**せいか** [生家] 생가 ①태어난 집 ②(며느리·양자의) 친정, 본가＝実家じっ

**せいか** [成果] 성과¶ 所期의～ 소기의 성과/～を上ぁげる 성과를 올리다

**せいか** [声価] 성가, 평가, 명성¶ ～が高たかまる 성가가 높아지다

**せいか** [青果] 청과, 청과물¶ ～市場じょう 청과 시장 ―物ぶつ 청과물¶ ～商しょう 청과물상

**せいか** [盛夏] (文) 성하, 한여름＝真夏まっ

**せいか** [聖火] 성화 ①(신께 바치는) 신성한 불 ②올림픽 대회장에 켜놓은 쿤불¶ ～に点てんぜられる 성화가 점화되다 ―リレー 성화 릴레이

**せいか** [聖歌] 성가 ①신에게 바치는 노래 ②[가] 그리스도를 찬미하는 노래 ―隊たい 성가대

**せいか** [精華] 정화, 정수(精髄)¶ 近代文学ぶんだいの～ 근대 문학의 정화

**せいか** [製菓] (文) 제과¶ ～工場じょう 제과 공장

**せいか** [製靴] (文) 제화¶ ～業ぎょう 제화업

**せいか** [請暇] 청가, 휴가 신청, 정원 휴가

**せいが** [清雅] ⃣ (文) 청아¶ ～な音楽おんがくの音おと 청아한 음악 소리

**せいかい** [正解] ①정해, 바르게 해석[해답], 바른 해석¶ 憲法けんぽうの～ 헌법의 정해 ②(口) 옳은 일, 적절한 판단

**せいかい** [政界] 정계¶ ～に乗のり出だす 정계에 진출하다

**せいかい** [盛会] 성회, 성대한 모임¶ ～のうちに幕まくをとじる 성황리에 막을 내리다

**せいかい** [精解] [名] [他スル] (文) 정해, 상세히 해석함, 그 해석＝詳解しょう¶

**せいかいいん** [正会員] 정회원 ①정식 회원 ②[経] 일반 투자가로부터의 위탁 외에 스스로도 증권 매매를 하는 거래소 회원

**せいかいけん** [制海権] [軍] 제해권

**ぜいがいしゅうにゅう** [税外収入] [経] 세외 수입

**せいがいは** [青海波] ①물결 모양의 나전 무늬 ②[楽] 清元節きよもとぶしの 하나

**せいかがく** [生化学] [生] 생화학, 생물 화학

**せいかく** [正格] [文法] 정격, 규칙에 맞음 ―活用かつよう [文法] 정격 활용

**せいかく** [正確] [名] ⃣ 정확¶ ～な情報じょうほう 정확한 정보／～を期きする 정확을 기하다

**せいかく** [性格] 성격¶ ～が合ぁわない 성격 이상 ―俳優はい

성격 배우 ―描写びょう 성격 묘사

**せいかく** [政客] (文) 정객, 정치가

**せいかく** [精確] [名] ⃣ 정확, 정밀하고 확실함¶ ～な調査 정확한 조사

**せいかく** [製革] (文) 제혁¶ ～業ぎょう 제혁업

**せいがく** [声楽] [音] 성악 ―家か 성악가

**せいがく** [聖楽] [基] 성악, 교회 음악

**ぜいがく** [税額] 세액 ―控除こうじょ 세액 공제

**せいかげき** [正歌劇] [音] 정가극

**せいかぞく** [聖家族] [基] 성가족

**せいか たんでん** [*臍下丹田] 제하 단전, 배꼽 아래 부분

**せいかつ** [正割] [数] 정할, 시컨트＝セカント

**せいかつ** [生活] [名] [自スル] 생활¶ 社会しゃかい～ 사회 생활 ―科か 초등 학교 저학년 교과의 하나 ―給きゅう 생활급 ―協同組合きょうどう 생활 협동 조합 ―苦く 생활고 ―指導しどう 생활 지도 ―綴つづり方かた 생활을 있는 그대로 나타내는 작문, 그런 지도법 ―難なん 생활난 ―費ひ 생활비, 생계비 ―扶助ふじょ 생활 부조 ―必需品ひつじゅ 생활 필수품 ―保護法ほご [法] 생활 보호법

**せいかつこう** [背格好] 키와 몸집, 체격¶ ～がよく似にている 체격이 아주 비슷하다

**せいかん** [生還] [名] [自スル] 생환 ①살아서 돌아옴¶ 無事ぶじに～する 무사히 생환하다 ②[野] 주자가 홈에 들어와 득점함, 홈인

**せいかん** [性感] 성감, 성적 감각[쾌감]¶ ～帯たい 성감대

**せいかん** [清閑] (文) 청한 ①(속세를 떠나) 청아하고 한가함 ②(편지글에서) 남의 한가함에 대한 높임말

**せいかん** [清鑑] (文) 청감, 뛰어난 감식¶ ご～を請こう 청감을 청하다

**せいかん** [盛観] 성관, 장관¶ ～をきわめる 더할 나위 없는 장관을 이루다

**せいかん** [精悍] ⃣ 정한, 한결차고 예리함

**せいかん** [精管] [解] 정관＝輸精管ゆせいかん

**せいかん** [静観] [名] [他スル] 정관¶ 事態じたいを～する 사태를 정관하다

**せいがん** [正眼] (검도에서) 칼끝이 상대방의 눈을 향한 자세＝中段ちゅうだんの構かまえ

**せいがん** [青眼] (文) 청안, 환영[반색]하는 눈빛¶ ～を以もって視みる 반색하는 눈빛으로 보다

**せいがん** [晴眼] 잘 보이는 눈

**せいがん** [誓願] [名] [他スル] 서원 ①발원함¶ ～を立たてる 발원하다 ②[仏] 비원(悲願)

**せいがん** [請願] [名] [他スル] 청원¶ ～書しょ 청원서／～を却下きゃっかする 청원을 기각하다

**ぜいかん** [税関] 세관

**せいがんざい** [制癌剤] [薬] 제암제, 항암제

**せいき** [世紀] 세기 ①100년을 단위로 한 연대¶ 二十に～ 20세기 ②(「…の～」의 꼴로) ①…이 주체가 되는 시대, …이 번성한 연대¶ 科学かがくの～ 과학의 세기 ②세기적¶ ～の大発見だいはっけん 세기적인 대발견 ―末まつ 세기말

**せいき** [正気] (文) 정기 ①바른 의기·기풍 ②천지의 기운 ▷「しょうき」는 딴말

**せいき** [正規] [名] ⃣ 정규¶ ―軍ぐん 정규군 ―分

布ぶん 〚數〛 정규 분포
せいき [生気] 생기, 활기, 활력¶ ～に滿みちている 생기에 차 있다 ━論ろん 〚哲〛 생기론
せいき [生起] 〚名自スル〛 생김, 일어남, 발생함¶ 次々つぎと～する問題もんだい 잇달아 일어나는 문제
せいき [西紀] 서기, 서력 = 西歷せいれき
せいき [性器] 성기. 생식기, 생식 기관
せいき [*旌旗] 정기, 기 = はた・のぼり
せいき [盛期] 〚文〛 성기, 한창때, …철¶ いちごの～ 딸기철
せいき [精氣] 정기 ①만물 생성의 기운¶ 宇宙うちゅうの～ 우주의 정기 ②생명의 근원이 되는 힘, 정력 ③정신, 혼, 정령
せいぎ [正義] 정의¶ 社會しゃかい～ 사회 정의/ ～を貫つらぬく 정의를 관철하다 ━感かん 정의감 ━派は 정의파 ━論ろん 〚倫〛 정의론
せいぎ [盛儀] 성대한 의식
せいぎ [精義] 〚文〛 정의. 자세한 뜻・설명
せいきゅう [制球] 〚野〛 제구. (투수의) 투구 조절¶ ～を亂みだす 컨트롤이 흐트러지다
せいきゅう [性急] 성급¶ ～に事ことを運はこぶ 성급하게 일을 진행하다
せいきゅう [請求] 〚名他スル〛 청구¶ ～額がく 청구액/ 代金だいきんを～する 대금을 청구하다 ━權けん 〚法〛 청구권 ━書しょ 청구서
せいきょ [逝去] 〚名自スル〛 〚文〛 서거
せいきょ [盛擧] 〚文〛 성거, 성대한 사업・계획, 장거(壯擧)
せいぎょ [生魚] 생어 ①산 물고기, 활어 ②신선한 생선
せいぎょ [成魚] 성어 ⇔ 稚魚ちぎょ
せいぎょ [制御・制*禦・制取] 〚名他スル〛 제어¶ 遠隔えんかく～ 원격 제어/ 欲望よくぼうを～する 욕망을 제어하다 ━裝置そうち 〚機〛 제어 장치 ━棒ぼう 〚原〛 제어봉
せいきょう [正敎] 정교. 바른 종교 ⇔ 邪敎じゃきょう
せいきょう [生協] 생활 협동 조합
せいきょう [政敎] 〚文〛 정교 ①정치와 교육 ②정치와 종교, 제정(祭政)¶ ～一致いっち 정교 일치 ━分離ぶんり 정교 분리. 정치와 종교의 분리
せいきょう [淸興] 〚文〛 청흥. 고상하고 풍류스런 즐거움
せいきょう [盛況] 성황¶ 滿員まんいんの～ 만원을 이루는 성황/ ～を呈ていする 성황을 이루다
せいきょう [聖敎] 성교 ①성인의 가르침, 유교의 가르침 ②신성한 가르침, (특히) 기독교
せいきょう [精强] 〚名ナ〛 정강. 우수하고 강함, 그런 사람・병사, 정예
せいぎょう [正業] 정업. 떳떳한[올바른] 직업
せいぎょう [生業] 〚文〛 생업 = なりわい¶ ～に勵はげむ 생업에 힘쓰다
せいぎょう [成業] 〚名自スル〛 〚文〛 성업. 학업・사업 등을 성취함
せいぎょう [盛業] 〚文〛 성업¶ ～中ちゅうの事業じぎょう 성업 중인 사업
せいぎょう [聖業] 성업 ①신성한 사업 ②임금의 사업
せいきょういく [性敎育] 성교육

せいきょうかい [正敎會] 정교회. 동방 정교회
せいきょうと [淸敎徒] 〚敎新〛 청교도
せいぎょき [盛漁期] 성어기¶ さんまの～ 꽁치의 성어기
せいきょく [正極] 정극 ①(전지의) 양극 = 陽極ようきょく ②(자석의) 북극 ▷ ①② 負極ふきょく
せいきょく [政局] 정국¶ ～が安定あんていする 정국이 안정되다
せいぎょく [靑玉] 〚鑛〛 청옥. 사파이어
せいきん [精勤] 〚名自スル〛 정근¶ ～賞しょう 정근상/ 業務ぎょうむに～する 업무에 힘쓰다
ぜいきん [稅金] 세금¶ ～がかかる 세금이 부과되다/ ～を納おさめる 세금을 납부하다
せいく [成句] 성구 ①옛부터 알려진 명구・속담, 성어(成語)¶ 故事こじ～ 고사 성구 ②습관적으로 쓰는 두 낱말 이상으로 된 관용구
せいく [聲區] 〚音〛 사람의 음색(音色)의 계열
せいくうけん [制空權] 〚軍〛 제공권
せいくらべ [背比べ] 키 대보기, 키 재기 = たけくらべ¶ どんぐりの～ 도토리 키 재기
せいくん [正訓] 정훈. 한자의 본디 뜻에 기초하여 읽는 법
せいくん [請訓] 〚名自スル〛 청훈. 재외 외교 사절이 본국 정부에 훈령을 청함 ⇔ 回訓かいくん
せいけい [正系] 〚文〛 정계. 정통, 바른 혈통[계통] ⇔ 傍系ぼうけい¶ ～の出身しゅっしん 정계 출신
せいけい [生計] 생계¶ ～が苦くるしい 생계가 어렵다 ━費ひ 생계비
せいけい [成型] 〚名他スル〛 성형. 틀에 넣어서 일정한 형태로 만듦¶ ～品ひん 성형품
せいけい [西經] 서경 ⇔ 東經とうけい
せいけい [政經] 정경 ━分離ぶんり 정경 분리
せいけい [整形] 정형¶ ～外科げか 〚醫〛 정형 외과 ━手術しゅじゅつ 정형 수술
せいけい [成形] 성형¶ ～手術しゅじゅつ 성형 수술
せいけつ [淸潔] 〚名ナ〛 청결 ①위생적임, 깨끗함¶ ～な服ふく 청결한 옷 ②(인격・행동 등이) 순수하고 깨끗함¶ ～な政治せいじ 깨끗한 정치
せいけん [生檢] 〚醫〛 생검. 생체 검사
せいけん [生絹] 생견. 생명주 = きぎぬ
せいけん [生繭] 생견. 생고치 = なままゆ
せいけん [政見] 정견¶ ～放送ほうそう 정견 방송
せいけん [政權] 정권¶ ～をとる 정권을 잡다
せいけん [聖賢] 〚文〛 성현¶ ～の敎おしえ 성현의 가르침
せいげん [正弦] 〚數〛 정현. 사인 = サイン
せいげん [西*諺] 〚文〛 서양 속담
せいげん [制限] 〚名他スル〛 제한¶ 速度そくど～ 속도 제한 ━一時間いちじかん 제한 시간
せいげん [誓言] 정언 → せいごん
ぜいげん [稅源] 세원¶ ～を搜さがし出だす 세원을 찾아내다
ぜいげん [贅言] 〚名自スル〛 〚文〛 췌언. 군말 = 贅語ぜいご¶ ～を要ようしない 군말이 필요 없다
せいご [*鮬] 〚動〛 농어 새끼
せいご [正誤] 정오 ①옳음과 그름 ②잘못을 고쳐 바르게 함, 정정 ━表ひょう 〚版〛 정오표
せいご [生後] 생후¶ ～十日とおか 생후 10일

**せいご** [成語] ①성어. 성구 ②복합어, 합성어
**せいこう** [正孔] 【物】정공. 반도체의 결정에서 가전자(價電子)가 결핍되어 생긴 구멍, 홀
**せいこう** [正鵠] 〈文〉→ せいこく
**せいこう** [生硬] 〔ア〕생경. (태도·표현이) 서투르고 딱딱함 ¶〜な文章 생경한 문장
**せいこう** [成功] 图 自スル 성공 ¶実験の〜 실험의 성공/〜を収める 성공을 거두다
**せいこう** [性交] 성교
**せいこう** [性向] 〈文〉성향. 기질 ¶消費 〜 소비 성향 ―語彙 〈文法〉인물의 성향을 간명하고 솔직하게 나타내는 어휘
**せいこう** [性行] 성행. 성질과 품행 ¶〜不良 성행 불량
**せいこう** [政綱] 정강 ¶〜政策 정강 정책
**せいこう** [清光] 〈文〉청광. 청명한 빛, 달빛
**せいこう** [清香] 청향. 청아한 향기 [냄새]
**せいこう** [盛行] 图 自スル 성행 ¶歴史小説の〜を見る 역사 소설이 성행하게 되다
**せいこう** [精巧] 图 ナ 정교 ¶〜な機械 정교한 기계/〜を極める 지극히 정교하다
**せいこう** [精鋼] 정강. 정련한 강철
**せいこう** [製鋼] 图 自スル 제강 ¶〜業 제강업
**せいごう** [正号] 〔數〕정호. 양(陽)의 기호. 플러스, 「+」
**せいごう** [整合] 图 自他スル 〈文〉정합 ①꼭 들어맞음 [맞춤] ②(이론에) 모순이 없음
**せいこううどく** [晴耕雨読] 청경 우독
**せいこうかい** [聖公会] 〖宗〗성공회
**せいこうほう** [正攻法] 정공법
**せいこく** [正鵠] 〈文〉정곡. 핵심 ¶〜を得る 핵심을 파악하다/〜を射る 정곡을 찌르다
**せいこつ** [整骨] 정골. 접골 ¶〜院 접골원
**ぜいこみ** [税込(み)] 세금이 포함된 금액
**せいこん** [成婚] 〈文〉성혼 ¶〜式 성혼식
**せいこん** [精根] 정력과 끈기, 기력 ¶〜が尽きる 정력과 끈기가 다하다, 기진 맥진하다
**せいこん** [精魂] 정혼. 심혼, 심령
**せいごん** [誓言] 图 自スル 〈文〉서언. (신불에게) 맹세함. 맹세의 말= **せいげん**
**せいさ** [精査] 图 他スル 〈文〉정사. 자세히 조사함 ¶資料を〜する 자료를 정사하다
**せいざ** [正座·正坐] 图 自スル 정좌. 바로 앉음
**せいざ** [星座] 〖天〗성좌. 별자리
**せいざ** [静座·静坐] 图 自スル 정좌. 마음을 편히 하고 단정히 앉음 ¶〜法 정좌법
**せいさい** [正妻] 정처. 본처= 本妻
**せいさい** [制裁] 图 他スル 제재
**せいさい** [聖祭] 〖聖〗성제. 제례 의식
**せいさい** [精彩·生彩] 정채 ①아름다운 색채 ②생동감, 생기 ¶〜を欠く 생기가 없다
**せいさい** [精細] 〔ナ〕〈文〉정세. 세밀, 상세 ¶〜に観察する 세밀하게 관찰하다
**せいさいしょ** [製材所] 图 他スル 제재 ¶〜所 제재소
**せいざい** [製剤] 〖薬〗제제. 제약(製薬), 조제약 ¶〜会社 제약 회사
**せいさく** [制作] 图 他スル 제작 ¶卒業〜 졸업 작품/〜に時間をかける 제작에 시간을 들이다 ―総指揮 〖映〗제작 총지휘
**せいさく** [政策] 정책 ①정치상의 방침·수단 ¶外交〜 외교 정책/〜を立てる 정책을 세우다 ②대책, 방침 ¶営業〜 영업 방침 ―協定 〖政〗정책 협정
**せいさく** [製作] 图 他スル 제작 ¶〜所 제작소/家具を〜する 가구를 제작하다
**せいさつ** [生殺] 생살. 살리고 죽임 ―与奪 생살 여탈 ¶〜の権 생살 여탈권
**せいさつ** [制札] 제찰. (길가·사찰 경내 등의) 금지 사항을 쓴 팻말= 立て札·高札
**せいさつ** [省察] 〈文〉성찰
**せいさつ** [精察] 图 他スル 〈文〉정찰
**せいさん** [正餐] 〈文〉정찬= ディナー
**せいさん** [生産] 图 他スル 〖經〗생산 ―価格 생산 가격 ―管理 생산 관리 ―財 생산재 ―性 생산성 ―高 생산고 ―的 생산적 ―要素 생산 요소 ―力 생산력
**せいさん** [成算] 성산. 성공할 가망 ¶〜がある 성산이 있다
**せいさん** [青酸] 〖化〗청산. 시안화수소 ―カリ 〖化〗청산가리. 시안화칼륨
**せいさん** [凄惨] 처참 ¶〜な事故現場 처참한 사고 현장
**せいさん** [清算] 图 他スル 청산 ¶過去を〜する 과거를 청산하다 ―取引 〖經〗청산 거래 ―人 〖法〗청산인 ―法人 〖法〗청산 법인
**せいさん** [聖餐] 〖宗〗성찬 ―式 성찬식
**せいさん** [精算] 图 他スル 정산 ¶料金を〜する 요금을 정산하다
**せいざん** [青山] 〈文〉청산 ①푸른 산 ②뼈를 묻을 땅 ¶人間到る所に〜あり 인간 도처에 유청산
**せいさんかくけい** [正三角形] 〖數〗정삼각형
**せいさんざい** [制酸剤] 〖薬〗제산제
**せいし** [世子·世嗣] 〈文〉세자. 제후·大名 등의 후사(後嗣)
**せいし** [正史] 정사. 국가에서 편수한 역사책
**せいし** [正使] 정사. 수석 사신
**せいし** [正視] 정시 Ⅰ 图 他スル 바로 봄, 직시 ¶〜するに忍びない 차마 바로 볼 수 없다 Ⅱ 图 「正視眼」의 준말 ―眼 〖醫〗정시안
**せいし** [生死] 생사 ¶〜不明 생사 불명/〜を共にする 생사를 함께하다
**せいし** [西施] 서시. 중국 월나라의 미인 〔慣用句〕 ―の顰みに倣う 효빈(效顰)하다, 맥락도 모르고 덩달아 흉내내다
**せいし** [制止] 图 他スル 제지 ¶〜の声を振りきる 제지하는 소리를 뿌리치다
**せいし** [姓氏] ①姓과 氏 ②성씨= 名字
**せいし** [青史] 〈文〉청사. 역사, 기록 ¶〜に名を残す 청사에 이름을 남기다
**せいし** [聖旨] 〈文〉성지. 天皇님의 뜻
**せいし** [精子] 〖醫〗정자. 정충(精蟲)
**せいし** [製糸] 제사 ¶〜工場 제사 공장
**せいし** [製紙] 제지 ¶〜会社 제지 회사

**せいし** [誓紙] 서사(誓詞)를 쓴 종이. 서원서
**せいし** [誓詞] 서사. 맹세하는 말. 서언
**せいし** [静止] 图 自ス 정지. ~画像$_{ぞう}$ 정지 화상 -衛星$_{えい}$ 정지 위성
**せいし** [静思] 图 自ス 〔文〕 정사. 조용히 생각함
**せいじ** [正字] 정자. 생략하지 않은 바른 글자체의 글자 -法$_{ほう}$ 정자법. 정서법
**せいじ** [青磁] 청자. 청자기
**せいじ** [政事] 정사. 정치상의 일·사무
**せいじ** [政治] 정치. ~生命$_{めい}$ 정치 생명/ ~に携$_{たず}$わる 정치에 관여하다 -家$_{か}$ 정치가 -学$_{がく}$ 정치학 -結社$_{しゃ}$ 정치 결사 -資金$_{きん}$ 정치 자금¶ ~規正法$_{きせい}$ 정치 자금 규제법 -小說$_{しょう}$ 정치 소설 -的$_{てき}$ 〔ダ〕 정치적 -犯$_{はん}$ 정치범 -屋$_{や}$ 정치꾼 -力$_{りょく}$ 정치력
**せいじ** [盛事] 성사. 성대한 사업·행사
**せいじ** [盛時] 〔文〕 성시 ①젊고 혈기왕성한 때, 한창때 ②(세력 등이) 성한 때
**せいしき** [正式] 名 〔ダ〕 정식 = 本式$_{ほんしき}$ ⇔ 略式$_{りゃくしき}$ ¶ ~のあいさつ 정식 인사
**せいしき** [制式] 제식. 정해진 양식 = きまり
**せいしき** [清*拭] 名 他ス 닦아서 깨끗이 함. (특히 환자의 몸을) 깨끗이 닦음
**せいしき** [整式] 〔數〕 정식
**せいしつ** [正室] 〔文〕 정실 ①(귀인의) 본처 ⇔ 側室$_{そくしつ}$ ②사랑방. 객실
**せいしつ** [性質] 성질. 温厚$_{おんこう}$な~ 온후한 성질/ 燃$_{も}$えやすい~ 타기 쉬운 성질
**せいじつ** [聖日] 주일. 일요일
**せいじつ** [誠実] 名 〔ダ〕 성실
**せいしめんたい** [正四面体] 〔數〕 정사면체
**せいじゃ** [正邪] 정사. 옳고 그름. 선악¶ ~曲直$_{きょく}$ 정사 곡직
**せいじゃ** [生者] 〔文〕 생자. 살아 있는 자
**せいじゃ** [聖者] 성자. 성인
**せいしゃえい** [正射影] 〔數〕 정사영
**せいじゃく** [静寂] 名 〔ダ〕 정적. 고요함¶ ~に包$_{つつ}$まれる 정적에 싸이다
**ぜいじゃく** [*脆弱] 〔ダ〕 취약. 무르고 약함¶ ~な構造$_{こうぞう}$ 취약한 구조
**せいじゃひつすい** [盛者必衰] → じょうしゃひつすい
**せいしゅ** [清酒] 청주 ①일본 술 ②맑은 술
**せいしゅう** [勢州] → いせ(伊勢)
**せいじゅう** [成獣] 성수. 다 자란 짐승
**せいじゅう** [製絨] 〔文〕 제융. 모직물 제조
**せいしゅう** [税収] 세수. 세금 징수에 의한 수입
**せいしゅく** [星宿] 〔文〕 성수. 성좌
**せいしゅく** [静粛] 〔ダ〕 정숙¶ ~に願$_{ねが}$います 정숙하시기 바랍니다
**せいじゅく** [成熟] 名 自ス 성숙¶ ~した肉体$_{たい}$ 성숙한 육체/ 時機$_{き}$が~する 시기가 무르익다
**せいしゅん** [青春] 청춘¶ ~期$_{き}$ 청춘기/ ~を謳歌$_{おうか}$する 청춘을 구가하다
**せいじゅん** [正閏] 〔文〕 정윤 ①평년과 윤년 ②정통과 비정통
**せいじゅん** [清純] 〔ダ〕 청순¶ ~な乙女$_{おとめ}$ 청순한 처녀
**せいしょ** [正書] 정서. 해서 = 楷書$_{かいしょ}$ -法$_{ほう}$ 〔文法〕 정서법. 정자법(正字法)
**せいしょ** [青書] 청서. 영국의 의회나 추밀원이 제출하는 보고서
**せいしょ** [清書] 名 他ス 청서. 정서 = 浄書$_{じょう}$ ¶ 原稿$_{げんこう}$を~する 원고를 정서하다
**せいしょ** [盛暑] 성서. 한더위. 성하 = 盛夏$_{せいか}$ ¶ ~の候$_{こう}$ 성하지절
**せいしょ** [聖書] 〔基〕 성서. 성경¶ 旧約$_{きゅうやく}$~ 구약 성서 -考古学$_{こうこがく}$ 〔考古〕 성서 고고학
**せいしじょ** [誓紙] = 誓紙$_{せいし}$
**せいじょ** [聖女] ①신성한 여성 ②〔가〕 성녀
**せいじょ** [整除] 名 他ス 〔數〕 제제. 나누어 떨어짐¶ 十$_{じゅう}$は五$_{ご}$で~される 10은 5로 나누어 떨어진다
**せいしょう** [制勝] 名 自ス 〔文〕 제승. 눌러 이김
**せいしょう** [青松] 〔文〕 청송. 白砂$_{はくしゃ}$~ 백사청송
**せいしょう** [斉唱] 名 他ス 제창 ①일제히 외침. 万歲$_{ばんざい}$~ 만세 제창 ②〔音〕 여럿이 한 목소리로 노래함¶ 校歌$_{こうか}$を~する 교가를 제창하다
**せいしょう** [政商] 정상. ~輩$_{やから}$ 정상배
**せいしょう** [星章] 성장. 별 모양의 표지〔기장〕
**せいしょう** [清祥] 〔文〕 (편지에서) 상대방의 건강과 행운을 축하하는 인사말. 건승¶ 貴下$_{か}$ますます~の段$_{だん}$お慶$_{よろこ}$び申し上げます 귀하의 일익 건승하심을 경하드립니다
**せいしょう** [清勝] 〔文〕 (편지에서) 상대방의 건승을 축하하는 인사말. 건승(健勝)
**せいじょう** [正常] 名 〔ダ〕 정상 ⇔ 異常$_{いじょう}$ ¶ ~に戻$_{もど}$る 정상으로 돌아오다
**せいじょう** [性狀] 〔文〕 성상 ①(사람의) 성질과 행실 ②(사물의) 성질과 상태
**せいじょう** [性情] 〔文〕 성정. 성질과 심정. 성품¶ ~温厚$_{おんこう}$ 성정 온후
**せいじょう** [政情] 정정. 정치 정세¶ ~不安定$_{ふあんてい}$ 정정 불안정
**せいじょう** [清浄] 〔ダ〕 청정. 맑고 깨끗함¶ ~なわき水$_{みず}$ 맑고 깨끗한 용수 -野菜$_{やさい}$ 청정 채소
**せいじょう** [聖上] 〔文〕 성상. 주상(主上)¶ ~陛下$_{へいか}$ 성상 폐하
**せいじょううえ** [正条植(え)] 〔農〕 정조식
**せいじょうき** [星条旗] 성조기. 미국의 국기
**せいしょうねん** [青少年] 청소년
**せいしょく** [生色] 〔文〕 생기¶ ~を取$_{と}$り戻$_{もど}$す 생기를 되찾다
**せいしょく** [生食] 名 他ス 생식¶ 野菜$_{やさい}$を~する 채소를 생식하다
**せいしょく** [生殖] 名 他ス 〔生〕 생식¶ 無性$_{むせい}$ ~ 무성 생식/ ~細胞$_{さいぼう}$ 생식 세포 -器$_{き}$ 생식기. 생식 기관 -腺$_{せん}$ 생식선
**せいしょく** [声色] 〔文〕 성색 ①음성과 안색 ②태도, 모양 ③음악과 여색¶ ~にふける 노래와 여색에 빠지다
**せいしょく** [青色] 〔文〕 청색 = あおいろ

**せいしょく** [聖職] 성직 ①신성한 직업 ②[基] 성직자 ¶ ~者 성직자
**せいしん** [成心] (文) ①선입관 ¶ ~を捨てる 선입관을 버리다 ②속셈, 꿍꿍이속 ¶ ~あっての批評 속셈이 있는 비평
**せいしん** [西進] 名 自スル 서진, 서쪽으로 나아감
**せいしん** [星辰] (文) 성신, 별
**せいしん** [清新・生新] [ア] 청신 ¶ ~の気風 청신한 기풍
**せいしん** [誠心] 성심 —誠意 성심 성의 ¶ ~努力いたします 성심 성의껏 노력하겠습니다
**せいしん** [精神] 정신 ¶ ~労働 정신 노동/ 建学の~ 건학의 정신/ ~を鍛える 정신을 단련하다 —安定剤 [薬] 정신 안정제 —鑑定 정신 감정 —障害 정신 장애 —遅滞 정신 지체 —的 정신적 —年齢 정신 연령 —薄弱 정신 박약 —病 정신병 —分析 정신 분석 —分裂病 정신 분열병 —力 정신력
[慣用句]
——一到何事か成らざらん 정신일도 하사불성(精神一到何事不成)이라
**せいじん** [成人] 名 自スル 성인, 어른(이 됨) ¶ ~式 성인식/ 子供たちは目に見えて~する 아이는 하루가 다르게 어른이 된다 —教育 성인 교육 —の日 성인의 날 —病 성인병
**せいじん** [西人] (文) 서인, 서양인
**せいじん** [聖人] 성인 ¶ ~君子 성인 군자 ②[가] 시성(諡聖)된 순교자・신도 = 聖徒 ③청주의 별칭
**せいしんこうぞう** [制震構造] [建] 제진 구조
**せいず** [星図] [天] 성도, 항성도(恒星図)
**せいず** [製図] 名 他スル [機] 제도 ¶ ~板 제도판/ 設計図を~する 설계도를 제도하다
**せいすい** [清水] (文) 청수, 맑은 물 = しみず
**せいすい** [盛衰] 성쇠 ¶ 栄枯~ 영고 성쇠
**せいすい** [精粋] 정수 ¶ 伝統芸術の~ 전통 예술의 정수
**せいすい** [静水] (文) 정수, 흐르지 않는 물
**せいすい** [精髄] 정수, 진수 ¶ 現代科学の~ 현대 과학의 정수
**せいすう** [正数] [数] 정수, 양수 ⇔ 負数
**せいすう** [整数] [数] 정수 ⇔ 分数・小数
**せい・する** [制する] 他 サ変 ①제압하다, 지배하다 ¶ 先機を~ 기선을 제압하다 ②제지하다, 억제하다 ¶ さわぎを~ 소란을 억제하다/ いかりを~ 분노를 억제하다 ③(文) 제정하다, 정하다 ¶ 法律を~ 법률을 제정하다
**せい・する** [征する] 他 サ変 (文) 정벌하다, 치다 ¶ 外敵を~ 외적을 정벌하다
**せい・する** [製する] 他 サ変 (文) (물건을) 만들다, 제조하다
**せい・する** [贅する] 自他 サ変 (文) 군말을 하다 ¶ ここに~までもなく 여기에 군말할 것까지도 없이
**せいせい** [生生] [ア] (文) ①(만물이) 나서 자라는 모양 ②생기있게 끊임없이 활동하는 모양 ¶ ~発展 끊임없는 발전 —流転 만물이 끊임없이 변화 유전함 = しょうじょうるてん
**せいせい** [生成] 名 自他スル 생성 ¶ 火山の~ 화산의 생성
**せいせい** [清清] 副 自スル 시원하고 산뜻한 모양 ¶ 気持ちが~とする 기분이 상쾌하다
**せいせい** [済済] [ア] 제제, 많고 성함 = さいさい ¶ ~多士 다사 제제, 훌륭한 인재가 많음
**せいせい** [精製] 名 他スル 정제 ①정성 들여 만듦 ¶ ~品 정제품 ②(불순물을 제거하여) 순수한 것으로 만듦 ¶ ~塩 정제염
**せいぜい** [精精] 副 ①힘껏, 열심히, 가능한 한, 최대한 ¶ ~勉強しなさいよ 열심히 공부해야지 ②기껏해야, 고작, 겨우 = たかだか ¶ ~千円くらいだ 기껏해야 1000엔 정도다
**せいぜい** [税制] 세제 —改革 세제 개혁
**せいせい** [税政] 세정, 세무 행정
**せいせいどうどう** [正正堂堂] [ア] ①정정 당당 ¶ ~と勝負する 정정 당당하게 승부하다 ②위세가 대단함, 당당함
**せいせき** [成績] 성적, 성과 ¶ 営業~ 영업 성과/ 好~を残した 좋은 성적을 남겼다
**せいせき** [聖跡・聖蹟] (文) 성적 ①신성한 유적, 사적 ②천자가 행차했던 고장
**せいせつ** [正説] [ア] 정설, 탄젠트
**せいぜつ** [凄絶] [ア] 처절 ¶ 雨中の~な闘い 빗속의 처절한 싸움
**せいせっかい** [生石灰] [化] 생석회, 산화칼슘
**せいせん** [生鮮] ア (생선・채소 등이) 싱싱함, 신선 ¶ ~食料品 신선 식료품
**せいせん** [征戦] (文) 정전, 출정하여 싸우는 일
**せいせん** [性腺] [医] 성선 = 生殖腺
**せいせん** [政戦] (文) 정전, 정쟁(政争)
**せいせん** [聖戦] (文) 성전 ①신성한 싸움 ②[宗] 이슬람교도의 이교도에 대한 투쟁 = ジハード
**せいせん** [精選] 名 他スル 정선, 뛰어난 것을 골라 뽑음 ¶ 作品を~する 작품을 정선하다
**せいぜん** [生前] 생전 ¶ ~と死後 故人の~をしのぶ 고인의 생전을 그리다
**せいぜん** [西漸] 名 自スル (文) 서점, 점차 서쪽으로 옮겨감 ¶ 中国文化の~ 중국 문화의 서점
**せいぜん** [凄然] [ア] (文) 처연, 쓸쓸하고 구슬픈 모양
**せいぜん** [整然] [ア] 정연 ¶ 論理~ 논리 정연/ ~とした行進 정연한 행진
**せいせんしょくたい** [性染色体] [生] 성염색체
**せいぜんせつ** [性善説] 성선설 ⇔ 性悪説
**せいそ** [清楚] [ア] 청초 ¶ ~な装い 청초한 옷차림
**せいそ** [精粗] (文) 정밀함과 거칠음, 상세함과 조잡함
**せいそう** [正装] 名 自スル 정장 ⇔ 略装
**せいそう** [成層] 성층, 겹쳐서 층을 이룸 —火山 [地] 성층 화산 —圈 [気] 성층권
**せいそう** [斉奏] [音] 제주, 여러 악기가 동시에 같은 선율을 연주하는 일
**せいそう** [政争] 정쟁 ¶ ~に明け暮れる 정

쟁을 일삼다
**せいそう** [星霜] (文) 성상. 세월¶ 幾~ 몇개 성상/ ~をへる 세월을 보내다
**せいそう** [×悽×愴] [ク](文) 처창. 처참함¶ ~な 戰場 처참한 싸움터
**せいそう** [清爽] [ク](文) 청상. 맑고 상쾌함
**せいそう** [清掃] 名他スル 청소¶ ~当番 청소 당번 **—車** 청소차
**せいそう** [盛装] 名自スル 성장. 그런 차림¶ ~して出かける 성장하고 외출하다
**せいそう** [精巣] [解] 정소. 정집
**せいぞう** [聖像] 성상. 성인의 초상
**せいぞう** [製造] 名他スル 제조¶ ~中止 제조 중지 **—元** 제조원
**せいそく** [正則] 정칙 ①바른 규칙·법칙 ②규칙에 맞는 일
**せいそく** [生息] 名自スル ①생식. 생활함. 번식함¶ カブトガニの~地 투구게의 생식지 ② [×棲息・×栖息] 서식¶ 水中に~する 물속에 서식하다
**せいそく** [正続] 정속. 정편과 속편
**せいぞろい** [勢×揃い] 名自スル ①(어떤 목적 하에) 한 자리에 모임 ②(군대가) 집결함¶ 軍勢が~する 군대가 집결하다
**せいぞん** [生存] 名自スル ~を脅かす 생존을 위협하다 **—競争** 생존 경쟁 **—権** 생존권
**せいた** [背板] ①죽데기 널쪽. 피죽 ②(의자·지게 등의) 등받이, 등널 ③「腹巻き」의 등부분의 틈새에 대는 판자
**せいたい** [正体] (文) 정체 ①참된 모습, 본체 ②[版] (사진 식자에서) 기준이 되는 글자체
**せいたい** [生体] 생체 **—解剖** 생체 해부 **—実験** 생체 실험 **—反応** 생체 반응
**せいたい** [生態] 생태¶ 昆虫の~ 곤충의 생태 **—学** 생태학 **—系** 생태계
**せいたい** [成体] [動] 성체. 다 자라서 생식 능력이 있는 동물
**せいたい** [声帯] [解] 성대 **—模写** 성대 모사
**せいたい** [青×黛] (文) 청대 ①눈썹 그리는 푸른 먹, 청대로 그린 고운 눈썹 ②질은 청색 안료
**せいたい** [政体] [政] 정체¶ 君主~ 군주 정체/ 立憲~ 입헌 정체
**せいたい** [聖体] 성체 ①천자(天子)의 몸, 옥체 ②[가] 미사에 의해 그리스도의 몸으로 변한 빵 **—拝受** [가] 성체 배령, 영성체
**せいたい** [静態] 정태¶ **—統計** 정태 통계
**せいたい** [整体] 정체. 지압 등으로 근육의 피로를 풀거나 등뼈를 바르게 하는 일¶ ~療法 정체 요법
**せいだい** [正大] [ク](文) 정대. 바르고 떳떳함¶ 公明~ 공명 정대
**せいだい** [盛大] [ダ] 성대¶ ~な式 성대한 식
**せいだい** [盛世] (文) 성대. 국운이 융성한 시대
**せいだい** [聖代] 성대. 성세. 성군이 다스리는 시대 = 聖世¶ **太平**~ 태평 성대
**せいたか** [背高] 名(口) 키가 큼, 키가 큰 사람¶ ~のっぽ 키다리 **—泡立草** [植] 키다리난초

**せいたかくけい** [正多角形] [数] 정다각형
**せいたく** [請託] 名他スル(文) 청탁¶ 業者の~を受ける 업자의 청탁을 받다
**せいだく** [清濁] 청탁 ①맑음과 흐림 ②선악, 옳고 그름 ③청음과 탁음
[慣用句]
**—併せ呑む** 청탁 병탄. 도량이 넓어서 누구나 다 받아들이다
**ぜいたく** [×贅沢] 名[ダ]自スル 사치, 사치스러움, 분에 넘침¶ ~三昧 사치에 빠짐/ ~を言う 분에 넘치는 소리를 함
**せいだ・す** [精出す] [自五] 부지런히 일하다, 힘쓰다¶ 仕事に~ 부지런히 일하다
**せいためんたい** [正多面体] [数] 정다면체
**せいたん** [生誕] 名自スル 생탄. 탄생
**せいたん** [製炭] 제탄, 숯굽는 일
**せいだん** [政談] 정담 ①정치에 관한 담론 ②정치·재판을 소재로 한 설화
**せいだん** [星団] [天] 성단. 항성의 집단
**せいだん** [清談] (文) 청담. 고상한 이야기
**せいだん** [聖断] (文) 성단. 天皇의 단안¶ ~を仰ぐ 성단을 앙망하다
**せいだん** [聖壇] 성단, 신단(神壇)
**せいたんきょく** [聖×譚曲] [楽] 성탄곡
**せいたんさい** [聖誕祭] 성탄절, 크리스마스
**せいだんそう** [正断層] [地] 정단층
**せいち** [生地] 생지. 출생지 = 出生地
**せいち** [聖地] 성지¶ ~巡礼 성지 순례
**せいち** [精×緻] 名[ダ] 정치. 정교하고 치밀함, 정밀함¶ ~な地図 정밀한 지도
**せいち** [整地] 名自スル 정지, 땅을 고름
**せいちく** [×筮竹] 정대. 점을 치는 데 쓰는 대오리¶ ~を鳴らす 점대를 흔들다
**せいちゃ** [製茶] 제차¶ **—工場** 제차 공장
**せいちゃく** [正嫡] (文) 정적 ①본처, 정처 ②적자(嫡子) ③본가, 종가
**せいちゅう** [正中] 정중 ①(사물의) 한가운데, 중심 ②[天] (천체의) 자오선 통과 = 南中 ③치우침이 없음, 중정, 중도
**せいちゅう** [成虫] [動] 성충 ⇔ 幼虫
**せいちゅう** [×掣×肘] 名他スル(文) 철주. 곁에서 간섭하여 마음대로 못 하게 막음, 제약함¶ ~を加える 제약을 가하다
**せいちゅう** [誠忠] (文) 성충. 충성
**せいちゅう** [精虫] 정충. 정자 = 精子
**せいちょう** [正調] 정조. 바른 곡조 ⇔ 変調¶ ~の民謡 정조의 민요
**せいちょう** [生長] 名自スル 생장. (초목이) 자람¶ 稲の~ 벼의 생장
**せいちょう** [成長] 名自スル ①[生] (사람·동물이) 자라서 커짐¶ 子供が~する 아이가 성장함 ②규모가 커짐, 발전¶ 経済の~ 경제 성장 **—株** 성장주, 유망주 **—産業** 성장 산업 **—点** 성장점
**せいちょう** [成鳥] 성조. 다 자란 새
**せいちょう** [声調] ①성조. 목소리의 가락 ②시가의 가락 ③(중국어 등의) 악센트

せいちょう [性徴] [醫] 성징. 남녀·자웅의 신체상의 특징¶ 第二次~ 제2차 성징
せいちょう [政庁] 정청. 정무를 보는 관청
せいちょう [清朝] [版] 청조. 청조 활자
せいちょう [清澄] [ダ] (文) 청징. 맑고 깨끗함¶ ~な高原の空気 청징한 고원의 공기
せいちょう [清聴] 상대방이 자기 말을 들어줌에 대한 높임말. 청청. 혜청¶ 御~ありがとうございます 말씀을 들어주셔서 감사합니다
せいちょう [静聴] [名] [他] 정청. 조용히 들음¶ ご~願います 조용히 들어 주시기 바랍니다
せいちょう [整腸] 정장. 장의 기능을 바로잡는 일¶ ~剤 정장제
せいちょう [整調] Ⅰ [名] [他] 상태를 조절함[맞춤] Ⅱ [名] 정조. 정조수
せいつう [精通] [名] [他] 정통¶ 歴史に~している 역사에 정통하고 있다
せいてい [制定] [名] [他] 제정¶ 憲法を~する 헌법을 제정하다 —法 제정법. 성문법
せいてい [聖帝] (文) 성제. 성왕. 덕망이 높은 천자¶ ~聖天子
せいてき [性的] [ダ] 성적¶ ~衝動 성적 충동/ ~な魅力 성적인 매력
せいてき [政敵] 정적
せいてき [清安] 청안(清安). 평안¶ 御~の段 평안하시다는 바
せいてき [静的] [ダ] 정적 ⇔ 動的¶ きわめて~な映像 극히 정적인 영상
せいてつ [西哲] 서양의 훌륭한 철학자·사상가
せいてつ [聖哲] 성철. 지덕이 높고 도리에 밝은 사람¶ ~の教え 성철의 가르침
せいてつ [製鉄] [工] 제철¶ ~所 제철소
せいてん [青天] 청천. 푸른 하늘 一白日 청천백일 ①맑게 갠 날씨 ②뒤가 깨끗함, 결백함 ③무죄임이 밝혀짐¶ ~の身となる 청천백일의 몸이 되다. 무죄임이 밝혀지다
[慣用句] 一の霹靂 청천 벽력
せいてん [盛典] (文) 성전. 성대한 의식
せいてん [晴天] 청천. 맑게 갠 하늘; 맑은 날씨
せいてん [聖典] 성전¶ 回教の~コーラン 회교의 성전 코란
せいでん [正殿] ① (궁궐의) 정전 ② 神社의 본전(本殿)
せいでんかこう [制電加工] (직물의) 정전기 방지 가공
せいでんき [正電気] [電] 정전기. 양전기
せいでんき [静電気] [電] 정전기
せいてんし [聖天子] 성천자. 성제(聖帝)
せいと [生徒] (중·고교) 학생 —会 (중·고교의) 학생회
せいと [征途] (文) 정도 ①경기나 전쟁을 하러 가는 길. 장도. 원정길 ②여행길
せいと [聖徒] 성도 ①[基] 기독교도 ②[가] 성인
せいど [西土] (文) 서토. 서쪽 나라
せいど [制度] 제도¶ 選挙~ 선거 제도
せいど [精度] 정도. 정밀도¶ 機械の~ 기계의 정밀도

せいとう [正当] [ダ] 정당¶ ~化 정당화/ ~な理由 정당한 이유 —防衛 정당 방위
せいとう [正答] [名] [自] 정답
せいとう [正統] 정통 ①바른 혈통[계통]¶ ~の嫡出子 정통의 적출자 ②(교의·학설을) 충실히 이어받음¶ ~的な教義 정통적인 교의 —派 정통파
せいとう [征討] [名] [他] (文) 정토. 정벌. 토벌
せいとう [青鞜] 청탑 ①여류 문학가 ②여성 해방을 주장하는 여성 지식인 ③(일본에서) 1911년 창간된 여류 문예 잡지
せいとう [政党] [政] 정당 —政治 정당 정치 —内閣 정당 내각
せいとう [盛唐] 성당. 당대(唐代)를 문학사적으로 넷으로 나눈 제2기
せいとう [精到] [ダ] (文) 정도. 자세하고 치밀함¶ ~な調査 자세하고 치밀한 조사
せいとう [精糖] 정당. 정제당 ⇔ 粗糖
せいとう [製糖] 제당¶ ~業 제당업
せいどう [正道] 정도¶ ~を歩む 정도를 걷다
せいどう [生動] [名] [自] (文) 생동. 살아 움직임¶ ~感 생동감
せいどう [制動] [名] [他] [機] 제동¶ ~機 제동기/ 急に~をかける 급제동을 걸다
せいどう [青銅] [工] 청동 —器時代 [考古] 청동기 시대
せいどう [政道] 정도. 정치의 방법. 정치¶ ~を正す 정도를 바로잡다
せいどう [聖堂] 성당 ①공자를 모신 사당 ②[基] 교회당¶ ニコライ~ 니콜라이 성당
せいどう [精銅] 정동. 동을 정련함; 정련한 동
せいとく [生得] [名] 생득. 타고남; 천성¶ ~ようとく の口下手 천성적으로 말주변이 없음 [없는 사람]
せいとく [盛徳] (文) 성덕. 훌륭한 덕
せいとく [聖徳] (文) 성덕 ①천자의 덕¶ ~に浴す 성덕을 입다 ②특출한 지덕
せいどく [精読] [名] [他] 정독¶ 古典を~する 고전을 정독하다
せいとん [整頓] [名] [自他] 정돈¶ 整理~ 정리 정돈
せいなる [聖なる] [連体] (文) 성스러운. 거룩한¶ ~川 성스러운 강/ ~教え 거룩한 가르침
せいなん [西南] 서남. 남서
せいにく [精肉] [ダ] 정육¶ ~店 정육점
せいにく [贅肉] 췌육. 군살
せいねん [生年] ①생년. 태어난 해 ⇔ 没年 ②나이 —月日 생년 월일
せいねん [成年] 성년¶ ~に達する 성년에 이르다 —式 성인식
せいねん [青年] 청년¶ 文学~ 문학 청년 —学級 청년 학급 —学校 청년 학교 —期 청년기 —団 청년단
せいねん [盛年] (文) 성년. 한창때
せいのう [性能] 성능¶ 高~ 고성능
せいのう [精農] (文) 정농. 독농(篤農)
せいは [制覇] [名] [自他] 제패 ①패권을 잡음 ②(경기 등의) 우승¶ 全国~を目ざす 전

국 제재를 노리다
**せいは** [政派] 〈文〉 정파. 당파
**せいはい** [成敗] 〈文〉 성패. 성공과 실패¶ ～は考えない 성패는 생각지 않다
**せいばい** [成敗] 名他スル〈文〉①처벌함 = 喧嘩両～ 싸우면 쌍방 모두 처벌함 ②목을 벰. 참수 ③재결. 심판¶ 神の～ 신의 심판
**せいはく** [精白] 名他スル 정백. 깨끗이 쓿어서 희게 함¶ ～米 정백미
**せいはく** [精薄] 정박. 정신 박약
**せいばく** [精麦] 정맥. 깨끗이 쓿은 보리
**せいはつ** [整髪] 名スル 정발. 이발. 조발¶ 理髪～剤 정발제/～料 이발료
**せいばつ** [征伐] 정벌. 토벌
**せいはん** [正犯] 法 정범. 주범
**せいはん** [製版] 名自スル 版 제판
**せいはん** [製版] 名自スル ①한 장의 판에 새긴 목판. 그런 인쇄 방법 ②제판 = 製版
**せいはんごう** [正反合] 哲 정반합
**せいはんたい** [正反対] 名ナ 정반대
**せいひ** [正否] 정부. 옳고 그름
**せいひ** [成否] 성부. 성공 여부¶ ～がかかる 성공 여부가 걸리다
**せいび** [精美] 名ナ〈文〉 정미. 정교(순수)하고 아름다움
**せいび** [精微] 名ナ〈文〉 정미. 정밀하고 상세함¶ ～を尽くす 아주 정미하다
**せいび** [整備] 名自他スル 정비¶ 自動車～工場. 자동차 정비 공장
**せいひつ** [省筆] 表 문장 중의 어구를 생략함. (특히) 간략하게 서술하는 방식 = しょうひつ
**せいひつ** [静謐] 名ナ〈文〉 정밀 ①조용하고 차분함¶ ～な境内 정밀한 경내 ②평온함¶ ～な心を保つ 평온한 마음을 가지다
**せいひょう** [青票] 政 청표. (국회 투표에서) 반대 의사를 나타내는 푸른 표 ⇔ 白票
**せいひょう** [製氷] 名自スル 제빙
**せいびょう** [性病] 医 성병 = 花柳病
**せいびょう** [聖廟] 성묘. 공자를 모신 사당
**せいひれい** [正比例] 名自スル 数 정비례
**せいひん** [清貧] 〈文〉 청빈¶ ～に甘んずる 청빈에 만족하다
**せいひん** [製品] 제품¶ 輸出用～ 수출용 제품/ ～の検査 제품 검사
**せいふ** [正負] 정부 ①양수와 음수 ②양의 기호와 음의 기호. 플러스와 마이너스 ③(전기·자기의) 양극과 음극
**せいふ** [政府] 정부¶ ～筋 정부 소식통 ―委員 정부 위원 ―承認 정부 승인
**せいぶ** [西部] 서부 ①서쪽 지방 ②미국 서부 지방 ―劇 서부극
**せいぶ** [声部] 音 성부. (합창·합주에서) 음역의 각 부분¶ ～記号 성부 기호
**せいふう** [西風] 서풍 = にしかぜ
**せいふう** [清風] 〈文〉 청풍 ①맑은 바람¶ ～朗月 청풍 명월 ②(出) (부패·침체된 사회를 일신하는) 새바람¶ 議会に～を吹き込む 의회에 새바람을 불어넣다

**せいふく** [制服] 제복 ⇔ 私服
**せいふく** [征服] 名他スル 정복¶ ～者 정복자/ 最高峰を～する 최고봉을 정복하다
**せいふく** [清福] 청복. 깨끗한 (정신적인) 행복¶ 御～を祈ります 청복하심을 빕니다
**せいぶつ** [生物] 生 생물¶ 高等～ 고등 생물 ―化学 생화학 ―学 생물학 ―圏 생물권 ―兵器 생물 무기. 세균 무기
**せいぶつ** [静物] 정물¶ ～の写生 정물의 사생 ―画 美 정물화
**せいぶつ** [贅物] 〈文〉 췌물 ①쓸데없는 물건 ②사치스러운 물건
**せいふん** [製粉] 名他スル 제분
**せいぶん** [正文] 정문 ①문서의 본문 ②정식 문서. 원문¶ 条約の～ 조약의 정문
**せいぶん** [成分] 성분¶ 食品の～表 식품 성분표/ 文の～ 글의 성분 ―輸血 医 성분 수혈
**せいぶん** [成文] 성문 ―化 名他スル 성문화 ―法 法 성문법 ⇔ 不文法
**せいへい** [精兵] 〈文〉 정병. 정예(精鋭) = せいびょう¶ ～を率いる 정병을 거느리다
**せいへき** [性癖] 성벽. 버릇¶ ～くせ 物を盗む～ 물건을 훔치는 버릇
**せいべつ** [生別] 名自スル 생별. 생이별
**せいべつ** [性別] 성별
**せいへん** [正編·正篇] 정편. (책·영화 등의) 본편 = 本編 ⇔ 続編
**せいへん** [政変] 政 정변¶ ～が起こる 정변이 일어나다 ②내각의 교체[경질]
**せいぼ** [生母] 〈文〉 생모. 친어머니 = 実母
**せいぼ** [歳暮] ①〈文〉 세모. 세밑. 연말 = さいぼ ②(흔히 「お」의 꼴로) 연말 선물¶ お～を送る 연말 선물을 보내다
**せいぼ** [聖母] 성모 ①基 성모 마리아¶ ～像 성모상 ②성인의 어머니
**せいほう** [西方] 서방. 서쪽 = さいほう ⇔ 東方 ―教会 宗 서방 교회
**せいほう** [製法] 제법. 제조법
**せいほう** [声望] 성망. 명성과 인망. 명망
**せいぼう** [制帽] 제모 ⇔ 制服とも 制帽 제복 제모
**せいほう** [税法] 法 세법. 조세법
**せいほうけい** [正方形] 数 정방형. 정사각형
**せいほく** [西北] 서북. 북서
**せいぼく** [清穆] 청목. (편지에서) 상대방의 행복과 건강을 축원하는 말. 청목. 청안(淸安)¶ 御～の段お喜び申し上げます 청안하심을 경하드립니다
**せいほくせい** [西北西] 서북서
**せいほさい** [政保債] 経 정부 보증채
**せいほん** [正本] 정본 ①원본과 똑같은 효력을 지니는 등본 ②부본(副本)·사본의 원본
**せいほん** [製本] 名他スル 版 제본
**せいまい** [精米] 名他スル 정미¶ ～所 정미소 ―歩合 쌀의 도정(搗精) 비율
**せいみつ** [精密] ナ 정밀¶ ～機械 정밀 기계/ ～に検査する 정밀하게 검사하다
**せいみょう** [精妙] ナ 정묘¶ ～な技術 정

묘한 기술

**せいむ** [政務] 정무. 행정 사무¶ ~を執る 정무를 보다 **―次官** 정무 차관

**ぜいむ** [税務] 세무 **―署** 세무서

**せいめい** [生命] 생명 ①목숨은 いのち¶ ~の危険 생명의 위험/ ~をたもつ 목숨을 유지하다 ②[존재·활동의] 근원¶ 政治~ 정치 생명 ③가장 중요한 점. 핵심¶ 車の~はエンジンにある 차의 생명은 엔진에 있다 **―線** 생명선 **―保険** 생명 보험 **―力** 생명력
〔慣用句〕
**―を賭す** 목숨을 걸다

**せいめい** [声名] (文) 성명. 명성 = 名声

**せいめい** [声明] 名 自他スル 성명¶ ~文 성명문/ 共同~ 공동 성명 **―書** 성명서

**せいめい** [姓名] 성명 = 氏名¶ ~を名のる 성명을 대다 **―判断** 성명 판단

**せいめい** [性命] (文) 성명 ①성질과 운명 ②생명. 목숨. 가장 중요한 것¶ 美しさを~にする 아름다움을 생명으로 하다

**せいめい** [清明] 청명 I 名 24절기의 하나 II ア 맑고 밝음¶ ~な月影 청명한 달빛

**せいめい** [盛名] (文) 성명. 명성¶ ~を馳せる 명성을 날리다

**せいめん** [生面] (文) ①새로운 경지·방식¶ ~を開く 하나의 새로운 경지를 열다 ②생면. 초면(初面)¶ ~の人 초면인 사람

**せいめん** [製麵] 제면. 국수를 만드는 일

**せいもく** [井目·聖目·星目] ①(바둑판의) 화점(花點) ②아홉 점 접바둑

**ぜいもく** [税目] 세목. 조세의 종목

**せいもん** [正門] 정문 = 表門

**せいもん** [声門] 解 성문¶ ~音 성문음

**せいもん** [声紋] 物 성문. 음성의 주파수를 분석하여 줄무늬 그래프로 나타낸 것

**せいもん** [誓文] 서문. 서약문. 서약서¶ 空~ 거짓 서약서 **―払い** (関西 지방의 상점들이 하는) 연말 염가 대매출

**せいや** [征野] (文) 전장. 싸움터

**せいや** [星夜] (文) 성야. 별이 빛나는 밤

**せいや** [聖夜] (文) 성야. 성탄 전야

**せいや** [静夜] (文) 정야. 고요한 밤

**せいやく** [成約] 名 自スル 성약. 계약이 성립함

**せいやく** [制約] 名 他スル 제약¶ 時間に~される 시간에 제약받다

**せいやく** [製薬] 제약 = 製剤

**せいやく** [誓約] 名 他スル 서약¶ ~書 서약서/ ~を破る 서약을 어기다

**せいゆ** [声喩] 表 의성어·의태어를 활용하는 수사법

**せいゆ** [聖油] 가 성유. 의식에 쓰는 향유

**せいゆ** [精油] 정유 I 名 식물에서 채취하여 정제한 방향유(芳香油) II 名 自スル 원유를 정제함. 정제한 석유

**せいゆ** [製油] 名 自スル 제유 ①(동식물에서) 기름을 만듦 ②(원유에서) 석유 제품을 만듦

**せいゆう** [西遊] 名 自スル (文) 서유. 서쪽 나라

(특히 서양)를 여행함 = さいゆう

**せいゆう** [声優] 성우

**せいゆう** [政友] 정우. 정치상 의견·입장을 같이하는 친구

**せいゆう** [清遊] 名 自スル (文) 청유 ①노닒. 풍류놀이 ②상대방의 놀이·여행에 대한 높임말

**ぜいゆう** [贅疣] (文) ①혹과 사마귀 ②(比) 군더더기. 무용지물

**せいよ** [声誉] (文) 성예. 명예. 명성. 명망

**せいよう** [西洋] 서양 **―画** 서양화 **―紙** 양지 **―人** 서양인 **―料理** 서양 요리. 양식

**せいよう** [静養] 名 自スル 정양¶ 自宅で~する 자택에서 정양하다

**せいよう** [整容] (文) 정용. 용모를 단정히 함. 자세를 가다듬음

**せいよく** [制欲·制慾] 名 自スル 제욕. 금욕

**せいよく** [性欲·性慾] 성욕¶ ~を抑える 성욕을 억제하다

**せいらい** [生来] 副 생래 ①날 때부터. 선천적으로. 천성으로¶ ~の楽天家 타고난 낙천가 ②본디¶ ~正直者で通ってきた 본디 정직한 사람으로 알려져 왔다

**せいらん** [青嵐] (文) 청람 ①신선한 산 공기 ② → あおあらし

**せいらん** [清覧] (文) 상대방이 봄을 높여서 하는 말. 청람. 고람(高覽)¶ 御~を仰ぎたく存じます 청람하여 주시기를 앙망합니다

**せいらん** [晴嵐] (文) ①청람. 화창한 날에 산에 피어오르는 아지랑이 ②화창한 날에 부는 강한 산바람

**せいり** [生理] 생리 ①생물의 생존에 따르는 여러 현상·기능¶ ~作用 생리 작용 ②월경¶ ~休暇 생리 휴가¶ ~学 생리학 **―食塩水** 薬 생리 식염수 **―的** ダ 생리적 **―日** 생리일

**せいり** [整理] 名 他スル 정리¶ ~整頓 정리정돈 **―簞笥** (옷·잡동사니 등의) 정리장

**ぜいり** [税吏] 세리. 세무 관리

**ぜいりし** [税理士] 세무사(稅理士)

**せいりつ** [成立] 名 自スル 성립¶ 予算案が~する 예산안이 성립하다

**ぜいりつ** [税率] 세율. 과세율¶ ~を上げる 세율을 올리다

**せいりゃく** [政略] 정략 ①정치적 책략·흥정 ②목적을 위한 책략·흥정 **―結婚** 정략 결혼

**せいりゅう** [青竜] 청룡 ①푸른 용 ②사신(四神)의 하나. 동쪽 방위의 신 **―刀** 청룡도

**せいりゅう** [清流] 청류. 맑게 흐르는 물

**せいりゅう** [整流] 電 정류. 교류를 직류로 바꿈 **―機** 정류기

**せいりょう** [声量] 성량¶ ~が豊かだ 성량이 풍부하다

**せいりょう** [清涼] ダ 청량. 맑고 시원함¶ ~な高原の空気 청량한 고원의 공기 **―飲料水** 청량 음료수 **―剤** 청량제

**せいりょう** [精良] ア (文) 정량. 빼어나게 좋음¶ ~な製品 아주 좋은 제품

**せいりょく** [勢力] ①세력¶ ~家 세력가/ ~

を伸ばす 세력을 뻗치다 ②(일을 하는 데) 쓸 수 있는 인원 **現有**げん~ 현재 갖고 있는 인원 **―均衡**きんこう 세력 균형 **―圏**けん 세력권
**せいりょく** [精力] 정력¶~を注そぐ 정력을 쏟다 **―絶倫**ぜつりん 정력 절륜 **―的**てき 정력적
**せいるい** [声涙] (文) 성루. 목소리와 눈물
[慣用句]
**―共**とも**に下**くだ**る** (감격한 나머지) 눈물을 흘리며 말하다
**せいれい** [生霊] (文) 생령 ①인류, 백성 ②살아 있는 사람의 혼= いきりょう ⇔ 死霊しりょう
**せいれい** [制令] 제령. 제도와 법령. 법제
**せいれい** [性霊] (文) 성령. 혼. 영묘한 성정
**せいれい** [政令] 정령. 각령 **―指定**してい**都市**とし [政] 정령 지정 도시
**せいれい** [聖霊] [基] 성령. 성신 **―降臨祭**こうりんさい [基] 성령 강림절. 성신 강림절
**せいれい** [精励] 名自スル(文) 정려. 힘을 다하여 부지런히 애씀¶**刻苦**こっく~ 각고 정려/ 勉強べんきょうに~する 공부에 힘쓰다
**せいれい** [精霊] 정령 ①만물에 깃들어 있는 신령¶山やまの~ 산의 정령 ②죽은 사람의 영혼
**せいれき** [西暦] 서력. 서기
**せいれつ** [×凄烈] ダ(文) 처열. 처절하다¶~な死闘とう 처열한 사투
**せいれつ** [清冽] ダ(文) 청렬. 물이 맑고 참¶山奥やまおくの~な水みず 깊은 산속의 맑고 찬 물
**せいれつ** [整列] 名自スル 정렬¶一列いちれつに~する 일렬로 정렬하다
**せいれん** [清廉] 名 청렴¶~な政治家せいじか 청렴한 정치가 **―潔白**けっぱく 청렴 결백
**せいれん** [精練] 名スル 정련 ①잘 훈련함[단련함]¶~されたチーム 정련된 팀 ②(동식물의 섬유에서) 불순물을 제거함
**せいれん** [精錬・精煉] 名他スル 정련. 금속을 정제하여 순도를 높임¶~業ぎょう 정련업
**せいれん** [製錬] 名他スル [工] 제련
**せいろ** [×蒸×籠] (껑그래가 붙은) 나무 찜통
**せいろう** [青楼] 청루. 유곽
**せいろう** [晴朗] ダ 청랑. 밝고 명랑함
**せいろう** [晴朗] ダ(文) 청랑. 청명¶**天気**てんき~なれど波なみ高たかし 날씨는 청명하나 파도가 높다
**ぜいろく** [×贅六] 빈틈없는 깍쟁이= ぜえろく
**せいろん** [正論] 정론
**せいろん** [政論] 정론. 정치에 관한 논의. 의견
**セーブ** [save] 名スル 세이브 ①절약함 ②[컴] 주기억 장치의 정보를 보조 기억 장치에 옮김 ③[野] 구원 투수가 이기고 있던 시합을 그대로 승리로 이끔
**セーフティー** [safety] 세이프티, 안전 **―ゾーン** (safety zone) [交] 세이프티 존. 안전 지대 **―バント** (일 safety bunt) [野] 세이프티 번트
**セールス** [sales] 세일즈. 판매, 외판 **―プロモーション** (sales promotion) [経] 세일즈 프로모션. 판촉 **―ポイント** (일 sales point) 세일즈 포인트 **―マン** (salesman) 세일즈맨
**せおいなげ** [背負(い)投げ] ①(유도에서) 업어치기 ②[比] 막판에 배신함¶~を食くう 막판

에 골탕을 먹다 ▷ 「しょいなげ」라고도 함
**せお・う** [背負う] 他五 짊어지다 ①메다, 업다¶荷物にもつを~ 짐을 짊어지다 ②(책임 등을) 떠맡다¶借金しゃっきんを~ 빚을 떠맡다
**せおよぎ** [背泳ぎ] 배영 = 背泳はいえい
**せかい** [世界] 세계 ①온 세상¶~をまたにかけて歩あるく 세계를 두루 돌아다니다 ②세상¶~が狭せまい 세상이 좁다 ③특정 사회, 영역¶学者がくしゃの~ 학자의 세계/ 物語ものがたりの~ 이야기의 세계 **―観**かん 세계관 **―記録**きろく 세계 기록 **―銀行**ぎんこう 세계 은행 **―時**じ [天] 세계시. 그리니치 표준시 **―人権宣言**じんけんせんげん 세계 인권 선언 **―大戦**たいせん 세계 대전 **―的**てき 세계적
**せがき** [施餓鬼] [佛] 시아귀
**せか・す** [^急かす] 他五 (口) 재촉하다, 독촉하다= せかせる¶仕事しごとを~ 일을 재촉하다
**せかせか** 副自スル 성급하고 침착하지 못한 모양. 부산하게¶~と歩あるき回まわる 부산하게 걸어다니다
**せか・せる** [^急かせる] 他下― (口) = せかす
**せかつ・く** [自五] (俗) 성급해지다, 부산하게 서두르다¶~いた気分きぶん 성급해진 기분
**せが・む** 他五 조르다, 졸라대다= ねだる¶小遣こづかいを~ 용돈을 조르다
**せがれ** [×倅・×悴・×忰] ①자기 아들, 아들¶うちの~ 우리 아들놈 ②남의 아들이나 소년을 낮추어 하는 말¶小~ 애송이/ あの子供こどもが君きみの~か 저 아이가 자네 자식인가
**せがわ** [背革・背皮] [版] 양장본의 등에 붙이는 가죽, 그것으로 제본한 책
**セカント** [secant] [数] 시컨트. 정할(正割)
**セカンド** [second] 세컨드 ①두번째, 제2 ②[野] 2루, 2루수 ③[機] (자동차의) 2단 변속 기어 **―ハンド** (secondhand) 세컨드핸드. 중고, 중고품= セコハン **―ベース** (second base) [野] 세컨드 베이스 **―ラン** (second run) [映] 세컨드 런. 재개봉, 재개봉관
**せき** [夕] 會セキ 訓ゆう|(음)석. (造語) 저녁, 해질녘¶**夕陽**せきよう 석양・**今夕**こんせき 금석・朝夕ちょうせき 조석 ▷ **黙字訓** 七夕たなばた 칠석
**せき** [斥] 會セキ 訓しりぞける|(음)척. (造語) ①밀치다, 물리치다¶**排斥**はいせき 배척・損斥そんせき 빈척 ②엿보다, 살피다¶**斥候**せっこう 척후
**せき** [石] 會セキ・シャク・コク 訓いし|(음)석. (造語)①돌¶**石塔**せきとう 석탑・宝石ほうせき 보석 ②응용성이 없다, 쓸모 없다¶**瓦石**がせき 와석・木石ぼくせき 목석 ③(「コク」로 읽어서) ㉠척관법의 용적 단위 ㉡선박・목재의 용적 단위 ④[助数] 시계의 베어링으로 쓰는 보석을 세는 말 ⑤[助数] 트랜지스터・다이오드를 세는 말¶「石見いわみ」의 준말¶石州せきしゅう 지금의 島根しまね현 서부 ③은「碩せき」의 대용자 ▷ **黙字訓** 石女うまずめ 석녀・石路せきろ 털머위・流石さすが 과연
**せき** [×汐] 會セキ 訓しお|(음)석. (造語) 조수, 만조, 간조¶**潮汐**ちょうせき 조석
**せき** [赤] 會セキ・シャク 訓あか・あかい・あからむ・あからめる|(음)적. (造語)①붉은색, 붉음, 붉다¶**赤飯**せきはん 찰팥밥・**発赤**はっせき 발적

せき ②벌거벗음, 아무 것도 없음¶赤手セキ 적수・赤裸裸セキラ 적나라 ③진심, 진실¶赤心セキシン 적심 ④공산주의자, 공산주의¶赤化セッカ 적화

せき【昔】箇セキ・シャク 訓むかし|(음)석, (造語) 옛날, 예전, 이전¶昔年セキネン 석년・往昔オウジャク 왕석・今昔コンジャク 금석

せき【析】箇セキ 訓さく|(음)석, (造語) 가르다, 나누다, 나누어 명백히 하다¶解析カイセキ 해석・透析トウセキ 투석・分析ブンセキ 분석

せき【隻】箇セキ|(음)척, (造語) ①하나, 아주 조금¶隻影セキエイ 척영・片言隻句ヘンゲンセック 편언척구 ②외짝, 짝개¶隻眼セキガン 척안・隻手セキシュ 척수 ③(助數) 선박 등을 세는 말¶一隻イッセキ 일척

せき【席】箇セキ|(음)석, I (造語) ①돗자리, 멍석, 깔개¶席巻セッケン 석권・枕席チンセキ 침석 ②자리, 앉는 장소¶客席キャクセキ 객석・空席クウセキ 공석 ③모임・연회 등의 장소¶席上セキジョウ 석상・出席シュッセキ 출석 ④지위나 순위를 나타내는 말¶次席ジセキ 차석・首席シュセキ 수석 ⑤(만담 등의) 흥행장¶席亭セキテイ 흥행장(주인)・定席ジョウセキ 흥행장(만담 등의 흥행장 II 黙字[頭] 寄席ヨセ 자리 ①좌석¶〜を取る 자리를 잡다・〜を立つ 자리에서 일어나다 ②회장(會場)¶酒の〜 술자리 ③지위¶課長カチョウの〜 과장 자리

慣用句

—の暖アタタまる暇ヒマもない 매우 분주하다
—を蹴ケる 자리를 박차다

せき【脊】箇セキ 訓せ・せい|(음)척, (造語) 등, 등뼈¶脊椎セキツイ 척추・山脊サンセキ 산등성마루

せき【惜】箇セキ・シャク 訓おしい・おしむ|(음)석, (造語) 아쉬워하다, 안타까워하다, 애석해하다¶惜別セキベツ 석별・哀惜アイセキ 애석

せき【戚】箇セキ|(음)척, (造語) ①일가, 친척¶姻戚インセキ 인척・外戚ガイセキ 외척・親戚シンセキ 친척 ②두려워하다, 걱정하다¶休戚キュウセキ 휴척

せき【責】箇セキ・シャク 訓せめる|(음)책, I (造語) ①꾸짖다, 나무라다¶自責ジセキ 자책・問責モンセキ 문책 ②책임, 의무¶責任セキニン 책임・重責ジュウセキ 중책・免責メンセキ 면책 II (文) ①(나무라야 할) 죄¶〜を問う 죄를 묻다 ②책임, 의무¶〜を全うする 책임을 완수하다

せき【跡】箇セキ・シャク 訓あと|(음)적, (造語) ①발자취, 자국¶足跡ソクセキ 족적・追跡ツイセキ 추적 ②자취, 흔적¶奇跡キセキ 기적・形跡ケイセキ 형적 ▷「迹セキ・蹟セキ」의 대용자

せき【*碩】箇セキ 訓おおきい|(음)적, 크다, 훌륭하다¶碩学セキガク 석학

せき【潟】箇セキ 訓かた|(음)석, (造語) 주로 훈「かた」로 씀

せき【積】箇セキ 訓つむ・つもる|(음)적, I (造語) ①쌓다, 쌓이다, 쌓아 올리다¶積載セキサイ 적재・堆積タイセキ 퇴적 ②쌓이고 쌓인, 오랫동안의¶積怨セキエン 적원・積年セキネン 적년 ③크기, 넓이, 부피¶積分セキブン 적분・面積メンセキ 면적 II (數) 적, 곱⇔商ショウ¶〜を求もとめる 곱을 구하다

せき【績】箇セキ 訓つむぐ|(음)적, (造語) ①실을 뽑다(잣다)¶紡績ボウセキ 방적 ②훌륭한 성과, 공적¶業績ギョウセキ 업적・実績ジッセキ 실적

せき【*蹟】箇セキ|(음)적, (造語) 자취, 흔적¶遺蹟イセキ 유적・奇蹟キセキ 기적・史蹟シセキ 사적・筆蹟ヒッセキ 필적 ▷「跡セキ」가 대용자

せき【籍】箇セキ|(음)적, I (造語) ①문서, 책¶史籍シセキ 사적・書籍ショセキ 서적 ②호적¶戸籍コセキ 호적・入籍ニュウセキ 입적 ③학교・단체 등의 일원이 되는 자격¶学籍ガクセキ 학적・国籍コクセキ 국적 II 적 ①호적¶〜を入いれる 입적하다 ②(학교・단체 등의) 자격¶大学院ダイガクインに〜を置おく 대학원에 적을 두다

せき【*咳】箇ガイ 기침= しわぶき¶〜止どめ 기침약/〜が出でる 기침이 나다

せき【堰】箇エン 보, 둑, 제언(堤堰)¶〜を築キズく 둑을 쌓다

慣用句

—を切キる ①둑을 터뜨리다 ②(比) 일시에 터뜨리다

せき【関】①가로막는 것¶人目ヒトメの〜 (사랑을 방해하는) 남의 이목 ②관문¶箱根ハコネの〜 箱根 관문 ③(造語)(「〜ぜき」의 꼴로) 十両ジュウリョウ 이상의 씨름꾼 호칭 뒤에 붙이는 경칭

せきあく【積悪】(文) 적악, 쌓이고 쌓인 악행

せきあげる【*咳き上げる】自下一 ①콜록거리다, 몹시 기침하다 ②흐느껴 울다, 목메어 울다¶悲かなしみに〜 슬픔에 흐느껴 울다

せきあげる【*塞き上げる】他下一 (보를 막아) 물이 불게 하다, 역류시키다

せきいり【席入り】名 自スル 차 마시는 자리에 참석함, 그 때의 예법

せきいる【*咳き入る】自五 몹시 기침하다, 콜록거리다= せきこむ

せきいん【石印】석인 ①돌도장 ②석판 인쇄¶〜本ボン 석인본

せきいん【惜陰】(文) 석음 ①세월이 헛되이 나감을 아쉬워함 ②짧은 시간도 아껴 노력함

せきうん【積雲】(氣) 적운, 뭉게구름= 綿雲ワタグモ

せきえい【石英】(鑛) 석영¶〜ガラス 석영 유리

せきえい【隻影】(文) 척영, 단 하나의 그림자, 편영(片影)

せきえん【*積*怨】(文) 적원, 쌓이고 쌓인 원한

せきが【席画】석화, 모임의 자리에서 즉흥적으로 그림을 그리는 일, 그런 그림

せきがいせん【赤外線】(物) 적외선 —写真シャシン (物) 적외선 사진 —センサー (電) 적외선 센서

せきがき【席書き】모임의 자리에서 즉흥적으로 서화를 그리는 일, 그런 서화

せきがく【*碩学】(文) 석학= 碩儒セキジュ¶当代トウダイの〜 당대의 석학

せきがし【席貸し】名 自他スル 대석, 돈을 받고 연회장・회의장을 빌려줌, 그런 영업

せきかっしょく【赤褐色】적갈색

せきがはら【関ケ原】①岐阜ギフ현 서남부의 도시 ②(승부・운명을 결정하는) 갈림길, 고빗사위¶天下テンカ分わけ目めの〜だ 천하를 판가름하는 고빗사위다 —の戦たたかい (史) 1600년 関ケ原에서 豊臣トヨトミ군과 徳川トクガワ군이 패권을 놓고 겨룬 전투. 徳川家康トクガワイエヤス가 승리함

せきがん【隻眼】(文) 척안 ①외눈= 片目カタメ ②

뛰어난 식견, 일가견¶ 一‒を持つ 일가견을 지니다

**せきぐん** [赤軍] [軍] 적군. 구 소련의 정규군
**せきご** [隻語] [文] 척언. 한 마디 말, 짤막한 말
**せきこ・む** [咳き込む] 自五 몹시 기침하다. 계속 콜록거리다¶ せき入って~ 숨이 막혀 콜록거리다
**せきこ・む** [急き込む] 自五 조급히 굴다. 서두르다, 안달하다= あせる¶ ~んで事件を告げる 서둘러 사건을 알리다
**せきさい** [積載] 名 他スル 적재¶ 最大~量 최대 적재량
**せきざい** [石材] 석재¶ ~商 석재상
**せきさく** [×索×]素 [動] 척삭¶ ~動物 척삭 동물
**せきさん** [積算] 名 他スル 적산 ①누계¶ 毎月の支出額を~する 매월 지출액을 누계하다 ②(공사 비용 등) 견적함¶ ~の基礎 적산의 기초
**せきし** [赤子] [文] 적자 ①갓난아기 ②국민, 백성
**せきじ** [昔時] [文] 옛날, 지난날, 왕년
**せきじ** [席次] 석차 ①좌석 순서 ②(성적 등의) 순위¶ ~が上がる 석차가 오르다
**せきじ** [関路] [文] 관문(關門)으로 통하는 길
**せきしつ** [石室] [考古] (고분의) 석실
**せきじつ** [昔日] [文] 석일, 옛날= むかし
**せきしゅ** [赤手] 적수. 맨손= 素手¶ ~空拳 적수 공권
**せきしゅ** [隻手] [文] 척수. 한쪽 손
**せきじゅ** [×碩儒] 석유. 석학
**せきじゅうじ** [赤十字] 적십자 ①적십자사의 휘장 ②적십자의 준말 ─社 적십자사
**せきしゅつ** [析出] 名 自他スル [化] 석출
**せきしゅん** [惜春] [文] 석춘 ①가는 봄을 아쉬워함 ②청춘이 지나감을 아쉬워함
**せきじゅん** [石×筍] [地] 석순
**せきじゅん** [席順] 석순, 좌석의 순서, 석차
**せきしょ** [関所] ①관문(關門) ②난관¶ 大学入試の~ 대학 입시의 난관 ─手形 관문 통과 때 제시하던 통행증 ─破り 통행증없이 부정한 방법으로 관문을 빠져 나감, 그런 사람
**せきじょう** [席上] 석상, 모임의 자리¶ 記者会見の~ 기자 회견 석상
**せきしょく** [赤色] 적색 ①붉은 빛깔 ②(造語) 공산주의¶ ~革命 적색 혁명
**せきしん** [赤心] [文] 적심, 진심, 단심= まごころ¶ ~を披瀝する 진심을 피력하다
**せきずい** [×脊髄] [醫] 척수. 등골
**せきせい** [赤誠] [文] 적성, 진심, 단심
**せきせいいんこ** [背黄青×鸚×哥] [動] 사랑새
**せきせき** [寂寂] [文] 적적= じゃくじゃく¶ ~たる夜中に 적적한 한밤중
**せきせつ** [積雪] [文] 적설¶ ~量 적설량
**せきぜん** [寂然] [文] 적연, 쓸쓸하고 조용함¶ ~たる山寺 적막한 산사
**せきぜん** [積善] [文] 적선 ⇔ 積悪

慣用句
―の家には必ず余慶有り 적선하는 집에는 반드시 복이 깃든다
**せきそう** [石×槍] [考古] 석창. 돌창= いしやり
**せきそう** [積層] 名 적층. 여러 겹으로 겹쳐 쌓음¶ ~材 적층재
**せきぞう** [石造] 석조¶ ~の塔 석조탑
**せきぞう** [石像] 석상
**せきぞく** [石×鏃] [考古] 석촉. 돌화살촉
**せきだい** [席代] 자릿값= 席料¶ ~を取る 자릿값을 받다
**せきだい** [席題] [文] (和歌や・俳句의 모임의) 즉석에서 내는 제목= 即題 ⇔ 兼題
**せきた・てる** [急き立てる] 他下一 재촉(독촉)하다, 다그치다, 몰아대다¶ 返事を~ 대답을 재촉하다
**せきたん** [石炭] 석탄 ─紀 [地] 석탄기 ─酸 [化] 석탄산= フェノール
**せきち** [尺地] 척지. 촌토= しゃくち
**せきちく** [石竹] [植] 석죽. 패랭이꽃= からなでしこ ─色 연분홍색
**せきちゅう** [×脊柱] [醫] 척주. 등뼈= 背骨
**せきちん** [赤沈] [醫] 적침. 「赤血球沈降速度」의 준말. 적혈구 침강 속도. 적침
**せきつい** [×脊椎] [醫] 척추 ─カリエス [醫] 척추 카리에스 ─動物 [動] 척추 동물
**せきてい** [石庭] 석정. 바위・돌・모래 등으로 조성한 정원= いしにわ
**せきてい** [席亭] 흥행장, 흥행장 주인
**せきてん** [×釈×奠] 석전. 석전제= しゃくてん
**せきど** [尺土] 촌토, 매우 좁은 땅
**せきとう** [石塔] ①석탑 ②묘석(墓石)
**せきどう** [赤道] [地] 적도¶ ~を通過する 적도를 통과하다 ─祭 적도제 ─前線 [氣] 적도 전선
**せきとく** [×尺×牘] [文] 척독. 편지, 서한¶ ~文 서한문, 서간문
**せきとく** [×碩徳] [文] 석덕. 덕이 높은 사람, 고승
**せきとして** [寂として] 連語 [文] 괴괴하여, 적막하여, 쥐죽은 듯 조용하여¶ ─音もなし 괴괴하여 소리 하나 없다
**せきと・める** [塞き止める・×堰き止める] 他下一 (흐름 등을) 막다¶ 川を~ 냇물을 막다
**せきとり** [関取] [相撲] 十両 이상의 씨름꾼
**せきにん** [責任] 책임¶ 親としての~ 부모로서의 책임¶ ~をとる 책임을 지다/ 刑事~を問う 형사 책임을 묻다 ─感 책임감¶ ~が強い 책임감이 강하다 ─者 책임자
**せきねつ** [赤熱] 名 自他スル 적열. 빨갛게 달굼
**せきねん** [昔年] [文] 석년. 옛날
**せきねん** [積年] 名 [文] 적년. 여러 해, 다년간= 多年¶ ~の願い 오랜 소원
**せきのやま** [関の山] 連語 고작, 기껏해야 (그 정도임)¶ 予選を通るのが~だ 예선을 통과하는 것이 고작이다
**せきはい** [惜敗] 석패. 아깝게 짐¶ 僅差で~する 근소한 차로 석패하다
**せきばく** [寂×寞] [文] 적막= じゃくまく¶ ~たる秋の海辺 적막한 가을 해변
**せきばらい** [咳払い] 헛기침¶ ~をして知ら

せる 헛기침을 해서 알리다

**せきはん** [赤飯] 팥을 둔 찰밥= こわめし
**せきばん** [石版] 〖版〗 석판¶ ～印刷$_{さつ}$ 석판 인쇄 —画 〖美〗 석판화= リトグラフ
**せきばん** [石盤・石板] ①석반. 석판 ②슬레이트
**せきひ** [石碑] 석비 ①비석 ②묘석, 묘비
**せきひつ** [石筆] 석필
**せきひん** [赤貧] 〖文〗 적빈. 극빈
〖慣用句〗
—洗$_{あら}$うが如$_{ごと}$し 어찌나 가난한지 물로 씻은 듯이 아무 것도 없다
**せきふ** [石斧] 〖考古〗 석부. 돌도끼
**せきぶつ** [石仏] 석불. 돌부처= いしぼとけ
**せきぶん** [積分] 名 他スル 〖数〗 적분¶ ～方程式$_{ほうてい}$ 적분 방정식 —学$_{がく}$ 〖数〗 적분학
**せきへい** [積弊] 〖文〗 적폐. 오랫동안 쌓인 폐단
**せきべつ** [惜別] 〖文〗 석별¶ ～の情$_{じょう}$ 석별의 정
**せきぼく** [石墨] 석묵, 흑연= 黒鉛$_{えん}$
**せきまつ** [席末] 〖文〗 말석
**せきむ** [責務] 책무¶ ～を果$_{は}$たす 책무를 다하다
**せきめん** [赤面] 名 自スル 적면, 부끄러워 얼굴을 붉힘, 그런 얼굴¶ ～の至$_{いた}$り 부끄럽기 짝이 없음 —恐怖症$_{きょうふしょう}$ 〖医〗 적면 공포증
**せきゆ** [石油] ①석유 ②「灯油$_{とうゆ}$」의 딴이름 —化学$_{かがく}$ 〖工〗 석유 화학 —危機$_{きき}$ 석유 위기= オイルショック —輸出国$_{ゆしゅつこく}$ 〖機構〗 석유 수출국 기구. 오펙(OPEC)
**せきよう** [夕陽] 〖文〗 석양 ①저녁 해= 夕日$_{ゆう}$ ②저녁나절, 해질녘
**せぎょう** [施行] 名 他スル 〖佛〗 보시(布施)
**せきらら** [赤裸裸] 〖了〗 적나라 ①알몸, 전라 ②솔직함, 숨김없음¶ ～な告白$_{こくはく}$ 적나라한 고백
**せきらんうん** [積乱雲] 〖気〗 적란운. 소나기구름
**せきり** [赤痢] 〖医〗 적리¶ ～菌$_{きん}$ 적리균
**せきりょう** [席料] ①(연회장・회장등의) 임차료, 자릿세= 席代$_{だい}$ ②(흥행장의) 입장료
**せきりょう** [脊梁] 〖文〗 척량¶ ①등뼈, 등골 ～骨$_{こつ}$ 척량골 ②등성이¶ ～山脈$_{さんみゃく}$ 척량 산맥
**せきりょう** [寂寥] 名 ル 〖文〗 적료. 고요하고 쓸쓸함¶ ～感$_{かん}$ 적료감
**せきりょう** [責了] 〖版〗 책임 교료. 마지막 교정을 인쇄소에 책임지우고 교료하는 일
**せきりょく** [斥力] 〖物〗 척력 ⇔ 引力$_{いんりょく}$
**せきりん** [赤燐] 〖化〗 적린
**せ・ぎ・る** [瀬切る] 他五 (흐름을) 막다
**せきれい** [鶺鴒] 〖動〗 할미새
**せきろう** [石蝋] 석랍. 파라핀
**せきわけ** [関脇] 〖相撲〗 씨름군의 세 번째 계급
**せきわん** [隻腕] 〖文〗 한쪽 팔, 외팔= かたうで
**せぎん** [世銀] 세은. 세계 은행
**せ・く** [咳く] 自五 기침하다
**せ・く** [急く] 自五 ①조급해지다, 서두르다¶ 気$_{き}$が～ 마음이 조급해지다 ②가빠지다, 거칠어지다¶ 息$_{いき}$が～ 숨이 가빠지다
〖慣用句〗
—いては事$_{こと}$を仕$_{し}$損$_{そん}$ずる 서두르면 일을 그르친다
**せ・く** [塞く・堰く] 他五 (흐름 등을) 막다

¶ 谷川$_{たにがわ}$の水$_{みず}$を～ 골짜기 물을 막다
**せぐくま・る** [跼る] 自五 몸을 앞으로 옹크리다= せぐくまる
**セクト** (sect) 섹트, 파벌, 당파, 종파, 학파 —主義$_{しゅぎ}$ 파벌주의
**せぐりあ・げる** [せぐり上げる] 自下一 흐느끼다, 복받치다¶ ～涙$_{なみだ}$ 복받치는 눈물
**せけん** [世間] 세간 ①세상, 사회, 세인¶ ～に出$_{で}$る 사회에 진출하다 ②교제・활동 범위¶ ～が狭$_{せま}$い 교제 범위가 좁다 ③〖佛〗 속세¶ 出$_{しゅっ}$～ 출세간 —騒$_{さわ}$がせ 名 세상을 떠들썩하게 함, 그런 사람 —師$_{し}$ 처세에 능한[약삭빠른] 사람 —知$_{し}$らず 〖了〗 세상 물정을 모름, 그런 사람 —擦$_{ず}$れ 세파에 닳고닳음 —体$_{てい}$ 세상(세인)에 대한 체면 —並$_{な}$み 〖了〗 세상 사람들과 같음 —話$_{ばなし}$ 세상 이야기 —離$_{ばな}$れ 名 自スル 세속을 벗어남, 탈속 —見$_{み}$ず 名 〖了〗 세상 물정을 모름
〖慣用句〗
—が広$_{ひろ}$い 교제 범위가 넓다
—は広$_{ひろ}$いようで狭$_{せま}$い 세상은 넓은 듯하면서도 좁다
—を狭$_{せま}$くする 교제 범위를 좁게 하다
**ぜげん** [女衒] (江戸$_{えど}$ 시대에) 여자를 유곽 등에 파는 일을 업으로 삼던 사람
**せこ** [勢子] (사냥에서) 몰이꾼
**せこ** [世故] 세고, 세상 물정¶ ～に暗$_{くら}$い 세상 물정에 어둡다
〖慣用句〗
—に長$_{た}$ける 세상 물정에 밝고 처세에 능하다
**せごし** [背越し・瀬越し] 〖料〗 (지느러미・내장 등을 뗀 다음) 뼈째 얇게 저민 민물고기 회
**セコハン** 「セカンドハンド」의 준말, 중고품
**せい** [世才] 세재, 세지(世智), 처세술¶ ～にたけている 처세술에 능하다
**セし** [セ氏] 〖物〗 섭씨¶ —温度$_{おんど}$ 섭씨 온도
**せじ** [世事] 세사, 세상사, 세상 물정= 俗事$_{ぞくじ}$ ¶ ～にうとい 세상사에 어둡다
**せじ** [世辞] (「お～」의 꼴로) 발림말¶ 心$_{こころ}$にもないお～を言$_{い}$う 마음에도 없는 발림말을 하다
**せし・める** 他下一 〖俗〗 가로채다, 착복하다¶ 大金$_{たいきん}$を～ 큰돈을 가로채다
**せしゅ** [施主] ①건축주, 시공주 ②〖佛〗 시주¶ 〖佛〗 장례식・재(齋)를 올리는 당사자
**せしゅう** [世襲] 名 他スル 세습
**せじょう** [世上] 〖文〗 세상= 世$_{よ}$の中$_{なか}$, 世間$_{せけん}$ ¶ ～の評判$_{ひょうばん}$ 세상의 평판
**せじょう** [世情] 세정 ①세상 물정¶ ～に通$_{つう}$じた人 세상 물정에 밝은 사람 ②세상 인심
**せじょう** [施錠] 名 他スル 자물쇠를 채움
**せじん** [世人] 〖文〗 세인, 세상 사람¶ ～の注目$_{ちゅうもく}$をあびる 세인의 주목을 받다
**せじん** [世塵] 〖文〗, 번잡한 세상사
**せすじ** [背筋] ①등줄기, 등골¶ ～を伸$_{の}$ばす 허리를 펴다 ②(재봉에서) 등솔기
〖慣用句〗
—が寒$_{さむ}$くなる 등골이 오싹해지다

**せぜ** [世世] (文) 세세. 대대= よよ·代々¶生々~ 생생 세세, 영원히

**ぜせい** [是正] 名 他サ 시정. 不平等の~ 불평등의 시정

**せせこま し・い** 形 (口) ①비좁아 갑갑하다, 답답하다¶~家 비좁아 갑갑한 집 ②좀스럽다, 옹졸하다¶~人 좀스런 사람

**ぜぜひひ** [是是非非] 시시비비¶~主義 시시비비주의

**せせらぎ** 얕은 여울, 작은 시냇물, 그 물소리¶小川の~ 졸졸 흐르는 작은 시냇물

**せせらわら・う** [せせら笑う] 他五 비웃다, 조소하다, 코웃음치다= あざわらう 笑う¶人の失敗を~ 남의 실패를 비웃다

**せせりばし** [*拵り*箸] (반찬을 먹을 때) 젓가락으로 이것저것 쑤석거리는 일

**せせ・る** [拵る] 他五 ①쑤시다, 후벼내다¶つまようじで~ 이쑤시개로 쑤시다 ②만지작거리다, 가지고 놀다¶~りたおす 이리저리 가지고 놀다가 넘어뜨리다

**せそう** [世相] 세상, 세태, 暗い~を反映した作品 어두운 세태를 반영한 작품

**せぞく** [世俗] 세속 ①세상 관습[풍속]¶~に染まる 세속에 물들다 ②세상, 세상 사람 ―的 ⦅ナ⦆ 세속적

**せそん** [世尊] (佛) 세존, 석가의 높임말

**せたい** [世帯] 세대, 가구 ―主 세대주

**せたい** [世態] (文) 세태, 세상¶~風俗 세태 풍속/~人情 인정 세태

**せだい** [世代] 세대 ①(부모·자식으로 이어지는) 각각의 대¶三~同居 3세대 동거 ②같은 시대 사람들¶戦後派の~ 전후파 세대 ③⦅生⦆ 출생기가 같은 개체군 ―交代 세대 교체

**せたけ** [背丈] ①키, 신장 ②⦅服⦆ (옷의) 기장

**せち** [世知·世智] 세지, 처세¶~にたける 처세에 능하다 ―辛・い 形 ①세상 살기가 힘들다, 먹고 살기가 힘들다¶~世の中 살아가기 힘든 세상 ②(잇속에 밝아) 각박하다, 야박하다¶~やつ 야박한 녀석

**せちえ** [節会] (옛날 조정에서) 명절이나 의식이 있는 날에 베풀던 연회

**せちょう** [背丁] ⦅版⦆ (인쇄·제본에서) 접장에 매긴 접지 번호= シグネチャー

**せつ** [切] 音 セツ·サイ 訓 きる·きれる | (음) 절, 체. (造語) ①자르다, 끊다¶切開 절개·切断 절단 ②다그치다, 박두하다¶切実 절실·痛切 통절 ③자주, 몹시, 오로지¶懇切 간절·親切 친절 ④모두, 전부¶一切 일체 일체

**せつ** [折] 音 セツ 訓 おる·おり·おれる | (음) 절. (造語) ①꺾다, 구부리다, 구부러지다¶右折 우회전·骨折 골절 ②기세를 꺾다, 꺾이다¶挫折 좌절 ③나누다¶折衷 절충·折半 절반 ④죽다¶夭折 요절

**せつ** [拙] 音 セツ 訓 つたない·まずい | (음) 졸. I (造語) ①서투르다, 어설프다¶拙速 졸속·稚拙 치졸 ②자기에 관한 것의 겸사말¶拙著 졸저·拙論 졸론 II 名 ⦅?⦆ (文) 졸렬함, 서투름¶~の~なるもの 졸렬하기 이를 데 없는 것 III 代 자기를 일컫는 검사말, 저

**せつ** [窃] [竊] 音 セツ 訓 ひそか·ぬすむ | (음) 절. (造語) ①도둑질하다, 훔치다¶窃取 절취·窃盗 절도·剽窃 표절

**せつ** [屑] 音 セツ 訓 くず | (음) 설. (語法) 쓰레기, 파편, 자잘한¶屑雨 가는 비

**せつ** [接] 音 セツ 訓 つぐ | (음) 접. (造語) ①잇다, 사귀다, 이어지다, 대다¶接触 접촉·密接 밀접 ②만나다¶接待 접대·面接 면접 ③접근하다, 다가오다¶接近 접근·間接 간접 ▷ ⦅熟字訓⦆ 接骨木 접골목

**せつ** [設] 音 セツ 訓 もうける | (음) 설. (造語) 설치하다, 만들다, 마련하다¶設計 설계·設置 설치·建設 건설·施設 시설

**せつ** [雪] [雪] 音 セツ 訓 ゆき·すすぐ | (음) 설. (造語) ①눈이 오다, 눈¶雪害 설해·除雪 제설 ②씻다¶雪辱 설욕 ▷ ⦅熟字訓⦆ 雪崩 눈사태·雪洞 등롱·吹雪 눈보라

**せつ** [摂] [攝] 音 セツ 訓 とる | (음) 섭. (造語) ①받아들이다, 섭취하다¶摂理 섭리·包摂 포섭 ②겸하다, 대신하다¶摂政 섭정 ③소중히 하다, 기르다¶摂生 섭생

**せつ** [節] [節] 音 セツ·セチ 訓 ふし | (음) 절. (造語) ①마디, 이음매¶関節 관절·結節 결절 ②음악의 가락¶音節 음절·曲節 곡절 ③철, 환절기¶節分 입춘 전날·季節 계절·季節の名節 계절이 바뀔 때의 명절·節会 절회 ⑤때, 시기¶佳節 가절·時節 시절 ⑥시가·문장의 단락¶章節 장절·修飾節 수식절 ⑦절개, 정조¶節操 절조·礼節 예절 ⑧정도를 조절함¶節電 절전·節約 절약 ⑨표, 부절¶使節 사절·符節 부절 ⑩선박의 속도 단위, 노트 II ①이음매, 마디¶~をなす 마디지다 ②때, 시기¶その~はありがとう 그때는 고마웠어요 ③신념, 절개, 지조¶~を曲げる 신념을 굽히다 ④(시·문장 등의) 절. 단락

⦅慣用句⦆
―を折る 절개를 꺾다(굽히다)

**せつ** [説] [説] 音 セツ·ゼイ 訓 とく | (음) 설·세·열. I (造語) ①설득하다, 납득시키다¶説明 설명·演説 연설 ②이야기¶説話 설화·伝説 전설 ③주장, 의견, 생각¶学説 학설·定説 정설 II 名 설, 의견, 주장¶新しい~を出す 새로운 설을 내놓다

**せつ** [癤] ⦅医⦆ 절, 절양= 疔

**ぜつ** [舌] 音 ゼツ 訓 した | (음) 설. (造語) ①혀¶舌音 설음·舌端 설단 ②말¶舌禍 설화·口舌 구설 ③혀 모양의 것, (악기의) 리드¶湿舌 습설 ▷ ⦅熟字訓⦆ 百舌 때까치

**ぜつ** [絶] 音 ゼツ 訓 たえる·たやす·たつ | (음) 절. (造語) ①끊다, 잘라 버리다¶根絶 근절·断絶 단절 ②그만두다, 연결을 끊다¶絶交 절교·絶筆 절필 ③끊기다, 없어지다¶絶望 절망·絶命 절명 ④거부하다, 거절하다¶拒絶 거절·謝絶 사절 ⑤멀

**せつあく**

리 떨어지다¶ 絶海<sup>ぜっかい</sup> 절해・孤絶<sup>こぜつ</sup> 고절 ⑥훌륭하다, 뛰어나다¶ 絶景<sup>ぜっけい</sup> 절경・絶世<sup>ぜっせい</sup> 절세 ⑦매우, 몹시¶ 絶好<sup>ぜっこう</sup> 절호・絶大<sup>ぜつだい</sup> 절대 ⑧(한시의) 절구¶ 五言絶句<sup>ごごんぜっく</sup> 오언 절구

**せつあく** [拙悪] [名][ナ] 졸렬하고 질이 나쁨¶ ～な設計<sup>せっけい</sup> 졸악한 설계

**ぜついき** [絶域] (文) 절역, 변경, 먼 외국

**ぜつえい** [拙詠] (文) 졸영 ①서투른 시가(詩歌) ②자신이 지은 시가의 겸사말

**せつえい** [設営] [名][他スル] 설영 ①(어떤 일을 하기 위해) 시설・건물을 만듦[설치함]¶ 前進基地<sup>ぜんしんきち</sup>を～する 전진 기지를 설영하다 ②(회의장・연회장 등의) 준비

**せつえん** [雪冤] [名][自スル] (文) 설원. 원죄(冤罪)를 씻음

**せつえん** [節煙] [名][自スル] 절연. 흡연량을 줄임

**ぜつえん** [絶遠] 절원. 아주 멀리 떨어짐¶ ～の地<sup>ち</sup> 아주 멀리 떨어진 곳

**ぜつえん** [絶縁] [名][自スル] 절연 ①인연을 끊음¶ ～状<sup>じょう</sup> 절연장 ②[電] 전기의 전도를 끊음¶ ～器具<sup>きぐ</sup> 절연 기구 ―体<sup>たい</sup> 절연체

**せっか** [石火] 석화 ①돌이 부딪쳐서 나는 불 ②(比) 순간, 재빠른 동작¶ 電光<sup>でんこう</sup>～ 전광 석화

**せっか** [赤化] [名][自他スル] (文) 적화 ①빨갛게 됨 ②[合] 공산주의화

**せっか** [赤禍] 적화. 공산주의로 인한 화(禍)

**せっか** [舌禍] 설화 ①말을 잘못하여 입는 화¶ ～事件<sup>じけん</sup> 설화 사건 ②구설수

**ぜっか** [絶佳] 절가. (경치가) 썩 아름다움¶ 風光<sup>ふうこう</sup>～ 풍광 절가

**せっかい** [切開] [名][他スル] 절개¶ ～手術<sup>しゅじゅつ</sup> 절개 수술/ 患部<sup>かんぶ</sup>を～する 환부를 절개하다

**せっかい** [石灰] 석회¶ 生<sup>なま</sup>～ 생석회 ―岩<sup>がん</sup>[地] 석회암 ―水<sup>すい</sup>[化] 석회수 ―窒素<sup>ちっそ</sup>[農] 석회 질소 ―洞<sup>どう</sup>[地] 종유동

**せつがい** [雪害] [名][他スル] 설해. 눈으로 인한 피해

**ぜっかい** [絶海] [名](文) 절해¶ ～の孤島<sup>ことう</sup> 절해 고도

**せっかく** [石槨] [考古] 석곽. 관을 넣는 돌궤

**せっかく** [折角] [副] ①모처럼, 애써, 일부러¶ ～の好意<sup>こうい</sup> 모처럼의 호의 ②부디, 아무쪼록¶ ～ご自愛<sup>じあい</sup>ください 부디 몸조심하십시오

**せっかせっこう** [雪花石膏] [鉱] 설화 석고

**せっかち** [名][ナ] 성급함. 성마름, 그런 사람¶ ～な父<sup>ちち</sup> 성급한 아버지

**せっかん** [切諫] [名][他スル] (文) 절간. 간절히 간함

**せっかん** [石棺] [考古] 석관. 돌로 만든 관

**せっかん** [折檻] [名][他スル] 엄하게 꾸짖음, 체벌하여 징계함¶ いたずらっ子<sup>こ</sup>を～する 장난꾸러기를 엄하게 꾸짖다

**せつがん** [切願] [名][他スル] (文) 간절히 바람, 갈망¶ 平和<sup>へいわ</sup>を～する 평화를 갈망하다

**せつがん** [接岸] [名][自スル] 접안 (배가) 안벽(岸壁)에 닿음, 육지에 닿음¶ 埠頭<sup>ふとう</sup>に～する 부두에 접안하다

**ぜつがん** [舌癌] [医] 설암

**せつがんレンズ** [接眼レンズ] [物] 접안 렌즈

**せっき** [石基] [地] 석기

**せっき** [石器] 석기¶ 打製<sup>だせい</sup>～ 타제 석기 ―時代<sup>じだい</sup> [考古] 석기 시대

**せっき** [節気] 절기¶ 二十四<sup>にじゅうし</sup>～ 24절기

**せっき** [節季] ①(상점의) 결산기 ②연말, 세밑¶ ～大売<sup>おおう</sup>り出<sup>だ</sup>し 연말 대매출

**せつぎ** [節義] (文) 절의, 절개와 의리¶ ～を重<sup>おも</sup>んずる 절의를 중히 여기다

**ぜつぎ** [絶技] 절기. 절묘한 연기・기술

**せっきゃく** [隻脚] (文) 척각. 외다리 ―片足<sup>かたあし</sup>

**せっきゃく** [接客] [名][自スル] 접객 ―業<sup>ぎょう</sup> 접객업

**せっきょう** [説教] [名][自スル] 설교 ①교리를 설명함¶ 牧師<sup>ぼくし</sup>の～ 목사의 설교 ②(교훈적인) 잔소리¶ おやじに～される 아버지에게 잔소리를 듣다

**ぜっきょう** [絶叫] [名][自スル] 절규¶ 助<sup>たす</sup>けを求<sup>もと</sup>めて～する 살려 달라고 절규하다

**ぜっきょう** [絶境] (文) 절경. 인가와 멀리 떨어진 곳

**せっきょく** [積極] [名] 적극 ―性<sup>せい</sup> 적극성 ―的<sup>てき</sup>[ナ] 적극적¶ ～な態度<sup>たいど</sup> 적극적인 태도

**せっきん** [接近] [名][自スル] 異常<sup>いじょう</sup>～ 이상 접근/ 台風<sup>たいふう</sup>が～する 태풍이 접근하다

**せっく** [節句・節供] 다섯 명절, (특히) 3월 3일의 桃<sup>もも</sup>の節句<sup>せっく</sup>와 5월 5일의 端午<sup>たんご</sup>の節句<sup>せっく</sup> ―働<sup>ばたら</sup>き (모두 쉬는) 명절에 일부러 바쁜 듯이 일함¶ 怠<sup>なま</sup>け者<sup>もの</sup>の～ 게으름뱅이 명절에 일하기

**ぜっく** [絶句] Ⅰ [名](文) 절구. 기승 전결(起承轉結)의 4구로 이루어진 한시 형식 Ⅱ [名][自スル] (도중에) 말이 막힘¶ 感情<sup>かんじょう</sup>が高<sup>たか</sup>ぶって～する 감정이 고조되어 말이 막히다

**せっくつ** [石窟] 석굴. 바위굴

**せつげ** [絶家] (文) 절가. 대가 끊어짐

**せっけい** [設計] [名][他スル] 설계¶ ～図<sup>ず</sup> 설계도/ 新生活<sup>しんせいかつ</sup>を～する 새 생활을 설계하다

**せっけい** [雪渓] 설계. 눈이 녹지 않고 남아 있는 높은 산골짜기

**ぜっけい** [絶景] 절경¶ 天下<sup>てんか</sup>の～ 천하 절경

**せっけいもじ** [楔形文字] 설형 문자, 쐐기 문자 = くさびがたもじ・けっけいもじ

**せつげつか** [雪月花] 눈과 달과 꽃, (일본의) 철따라 즐길 수 있는 대표적인 자연미

**せっけっきゅう** [赤血球] [医] 적혈구 ―沈降<sup>ちんこう</sup>速度<sup>そくど</sup> [医] 적혈구 침강 속도

**せっけん** [石鹸] 비누= シャボン

**せっけん** [席巻・席捲] [名][他スル] (文) 석권¶ 国内市場<sup>こくないしじょう</sup>を～する 국내 시장을 석권하다

**せっけん** [接見] [名][自スル] 접견 大使<sup>たいし</sup>を～する 대사를 접견하다 ―交通<sup>こうつう</sup>[法] 접견 교통

**せっけん** [節倹] [名][他スル] 절검

**せつげん** [切言] [名][他スル] (文) 절언. 간절히 설득함, 그런 말

**せつげん** [雪原] 설원. 눈 덮인 벌판¶ 高山<sup>こうざん</sup>の～地帯<sup>ちたい</sup> 고산의 설원 지대

**せつげん** [節減] [名][他スル] 절감¶ 経費<sup>けいひ</sup>の～ 경비의 절감

**ぜつご** [絶後] [名] ①절후¶ 空前<sup>くうぜん</sup>～ 공전 절후, 전무 후무 ②(文) 숨이 끊어진 뒤

**せっこう** [斥候] 척후. 정찰¶ 〜兵 척후병
**せっこう** [石工] 석공. 석수 = いしく・石屋いしゃ
**せっこう** [石*膏] [鑛] 석고¶ 〜像 석고상
**せっこう** [拙稿] (文) 졸고 ①서투른 원고 ②자기 원고에 대한 겸사말
**せつごう** [接合] 접합 I (名)(自他スル) 한데 붙음[붙임]¶ 〜剤 접합제／両面りょうめんを〜する 양면을 접합하다 II (名)(自スル)(生) 원생 동물 등의 핵이 서로 달라 붙어 증식하는 현상
**ぜっこう** [舌耕] (名)(文) 설경. 강의・연설 등으로 생계로 삼음
**ぜっこう** [絶交] (名)(自スル) 절교¶ 〜状じょう 절교장／友ともと〜する 친구와 절교하다
**ぜっこう** [絶好] (名) 절호¶ 〜の機会きかいをつかむ 절호의 기회를 잡다
**せつごせん** [摂護*腺] [醫] 「前立腺ぜんりつせん」의 옛일컬음. 섭호선
**せっこつ** [接骨] (名)(自スル) 접골¶ 〜院いん 접골원
**せっこん** [舌根] 설근 ①[醫] 혀뿌리 ②[佛] (육근의 하나인) 혀
**せっさく** [切削] (名)(他スル)(工) 절삭. (공작물을) 자르고 깎음¶ 〜工具こうぐ 절삭 공구
**せっさく** [拙作] (文) 졸작 ①서투른 작품 ②자기 작품에 대한 겸사말
**せっさく** [拙策] (文) 졸책 ①서투른 계획[방책] ②자기 계책에 대한 겸사말
**せっさたくま** [切*磋*琢磨・切*磋*琢磨] 절차탁마 ①학문・인격을 닦음 ②서로 격려하고 노력함
**せつざん** [雪山] (文) 설산 ①눈이 쌓인 산 ②히말라야 산맥
**ぜっさん** [絶賛・絶*讚] (名)(他スル) 절찬¶ 〜を博はくする 절찬을 받다
**せっし** [摂氏] → せし
**せつじ** [接辞] [文法] 접사. 접두어・접미어의 총칭
**せつじ** [説示] (名)(他スル)(文) 설시. 알기 쉽게 설명하여 보여줌
**せつじつ** [切実] (ナ) 절실¶ 〜な問題もんだい 절실한 문제／〜に感かんじる 절실히 느끼다
**せっしゃ** [拙者] (代) (무사 등이 자신을 일컫는 겸사말) 소인
**せっしゃ** [接写] (名)(他スル) 접사. 근접 촬영
**せっしゃ** [摂社] 本社ほんしゃ의 제신(祭神)과 인연이 깊은 신을 모신 神社じんじゃ
**せっしやくわん** [切歯*扼腕] 절치액완
**せつしゅ** [拙守] (文) 졸수. 서투른 수비 ↔ 好守こうしゅ
**せっしゅ** [窃取] (名)(他スル) 절취. 몰래 훔침¶ 人ひとの物ものを〜する 남의 물건을 절취하다
**せっしゅ** [接種] (名)(他スル)(醫) 접종¶ 予防よぼう〜 예방 접종
**せっしゅ** [摂取] (名)(他スル) 섭취 ①받아들여 자기 것으로 함¶ 外国文化がいこくぶんかの〜 외국 문화의 섭취 ②[佛] 부처가 자비로 중생을 제도함 **—不捨ふしゃ** 섭취 불사
**せっしゅ** [節酒] (名)(自スル) 절주
**せつじゅ** [接受] (名)(他スル) 접수 ①(공문서 등을) 받음¶ 文書ぶんしょを〜する 문서를 접수하다 ②(외교 사절 등을) 받아들임¶ 〜国こく 접수국

**せっしゅう** [接収] (名)(他スル) 접수. 공권력이 사유물을 징발함¶ 空港用地くうこうようちの〜 공항 용지의 접수
**せっしょ** [切所] 절소. (산길 등의) 험한 곳
**せつじょ** [切除] (名)(他スル) 절제. (환부를) 잘라냄¶ 腫瘍しゅようを〜する 종양을 절제하다
**せっしょう** [折衝] (名)(自スル) 절충¶ 外交がいこう〜 외교 절충／意見いけんを〜する 의견을 절충하다
**せっしょう** [殺生] (名) 살생 I 〜戒かい 살생계 II (ナ) 잔인함. 무자비함¶ 〜なことをいう 잔인한 소리를 하다 **—禁断きんだん** 살생 금단
**ぜっしょう** [絶唱] 절창 I (名)(文) 아주 훌륭한 시가(詩歌) II (子) 감정을 담아 열창함. 그런 노래¶ 大歌手だいかしゅの〜 대가수의 절창
**ぜっしょう** [絶勝] (文) 절승. 절경(絶景)
**せつじょうしゃ** [雪上車] (文) 설상차
**せっしょく** [接触] (名)(自スル) 접촉 ①맞붙어서 닿음¶ 自動車じどうしゃの〜事故じこ 자동차 접촉 사고 ②교섭함¶ 〜を断たつ 접촉을 끊다
**せっしょく** [節食] (名)(自スル) 절식¶ 美容びようのため〜する 미용을 위해 절식하다
**せつじょく** [雪辱] (名)(自スル) 설욕¶ 〜戦せん 설욕전／〜を果はたす 설욕을 하다
**せっしょく** [節食] (名)(自スル) 절식. 단식
**せっすい** [節水] (名)(自スル) 절수
**せっ・する** [接する] I (自)(サ変)(文) 접하다 ①인접하다. 잇닿다¶ 畑はたに〜した駐車場ちゅうしゃじょう 밭에 인접한 주차장 ②(소식 등을) 받다¶ 訃報ふほうに〜 부모의 訃報에 접하다 ③(다루어) 경험해 보다¶ 芸術げいじゅつに〜 예술에 접하다 ④(한 점에서) 만나다¶ 二ふたつの円えんが点てんAで〜 두 원이 점 A에서 접하다 ⑤만나서 응대하다¶ 客きゃくと〜 손님과 만나다 II (他)(サ変) ①맞대다¶ 額ひたいを〜 이마를 맞대다 ②잇다. 잇따르다¶ くびすを〜 사람이 계속 잇따라 오다 ③잇다¶ 両端りょうたんを〜 양끝을 잇다
**せっ・する** [摂する] (他)(サ変)(文) ①대행하다¶ 国事こくじを〜 국사를 대행하다 ②겸무하다 ③섭취하다¶ 栄養えいようを〜 영양을 섭취하다
**せっ・する** [節する] (他)(サ変)(文) 제한하다. 절제하다. 아끼다¶ 経費けいひを〜 경비를 아끼다
**ぜっ・する** [絶する] I (自)(サ変)(文) ①초월하다. (…로) 다할 수 없다¶ 想像そうぞうを〜寒さむさ 상상을 초월하는 추위／言語げんごに〜苦労くろう 말로 다할 수 없는 고생 ②(비교할 수 없을 만큼) 뛰어나다¶ 古今ここんに〜名作めいさく 고금에 다시 없는 명작 II (他)(サ変) (관계를) 끊다¶ 交際こうさいを〜 교제를 끊다
**せっせい** [摂生] (名)(自スル) 섭생
**せっせい** [節制] (名)(自スル) 절제
**ぜっせい** [絶世] (名) 절세¶ 〜の美女びじょ 절세의 미녀
**せつせつ** [切切] (文) 절절. 간절함. 절실함¶ 〜と訴うったえる 간절히 호소하다
**せっせと** (副) 부지런히. 열심히¶ 〜働はたらく 부지런히 일하다
**せっせん** [折線] [數] 절선. 꺾은선 = おれせん
**せっせん** [拙戦] (文) 졸전. 서투른 싸움[경기]

**せっせん** [接戦] 名 自スル 접전 ①좀처럼 승패가 나지 않는 싸움·경기 ¶ ～の末に勝つ 접전 끝에 이기다 ②접근전

**せっせん** [接線·切線] 数 접선, 절선

**せっせん** [雪線] 氣 설선. 항설선(恒雪線)

**せつぜん** [截然] 文 절연 ①구별이 분명함 ¶ 公私を～と分ける 공사를 절연하게 나누다 ②깎아지른 듯함 ¶ ～たる断崖 깎아지른 듯한 절벽

**ぜつぜん** [舌尖] 文 ①설첨, 혀끝 ②말, 말투, 변설 ¶ ～鋭く追及する 변설로 날카롭게 추궁하다

**ぜつせん** [舌戦] 설전, 말다툼, 논쟁

**せつそう** [拙僧] 代 중이 자기를 일컫는 겸사말. 졸승, 소승 = 愚僧

**せつそう** [節奏] 音 절주. 리듬, 가락

**せっそう** [節操] 절조, 지조 ¶ ～がない 절조가 없다/ ～が固い 지조가 굳다

**せっそく** [拙速] 名 ダ 졸속 ↔ 巧遅 ¶ ～主義 졸속주의/ ～を避ける 졸속을 피하다

**せつぞく** [接続] 名 自他スル 접속 ¶ コードを～する 코드를 접속하다/ 列車の～がいい 열차의 접속이 좋다 ━語 文法 접속어 ━詞 文法 접속사 ━助詞 文法 접속 조사

**ぜっそく** [絶息] 名 自スル 절식, 절명, 죽음

**せっそくどうぶつ** [節足動物] 動 절지 동물

**せった** [雪駄·雪踏] 대껍질로 만든 짚신 바닥에 가죽을 대고 뒷굽에 쇠를 박은 신발

**せったい** [接待] 名 他スル 접대, 대접

**せつだい** [設題] 名 自スル 설제. 문제·제목을 설정함. 그런 문제·제목

**ぜったい** [舌苔] 醫 설태

**ぜったい** [絶対] Ⅰ 名 절대 ¶ 命令は～だった 명령은 절대적이었다 Ⅱ 副 절대로 ①(긍정) 반드시, 단연코, 무슨 일이 있어도, 꼭 ¶ ～やり遂げる 반드시 해내겠다/ ～行く 무슨 일이 있어도 간다 ②(부정) 결코, 도저히 ¶ ～に見るなよ 절대로 보지 말아요 ━安静 절대 안정 ━温度 物 절대 온도 ━者 절대자 ━多数 절대 다수 ━値 数 절대치, 절대값 ━的 ダ 절대적 ━評価 절대 평가 ━量 절대량

**ぜつだい** [舌代] 文 설대. 말을 대신하는 간단한 문서

**ぜつだい** [絶大] ダ 절대. 더없이 큼, 지대 ¶ ～な人気 지대한 인기

**ぜったいぜつめい** [絶体絶命] 절체 절명 ¶ ～のピンチに立つ 절체 절명의 위기에 서다

**せったく** [拙宅] 자기 집의 겸사말. 누옥(陋屋)

**せつだん** [切断·截断] 名 他スル 절단 ¶ 回線を～する 회선을 절단하다

**ぜつたん** [舌端] 文 ①설단, 혀끝 ¶ ～にのぼる 입에 오르다 ②말, 말투

慣用句

━火を吐く 열변을 토하다

**せっち** [接地] 電 접지. 어스 = アース

**せっち** [設置] 名 他スル 설치 ¶ 対策本部を～する 대책 본부를 설치하다

**せっちゃく** [接着] 名 自他スル 접착 ¶ テープで～する 테이프로 접착하다 ━剤 접착제

**せっちゅう** [折衷·折中] 名 他スル 절충 ¶ 両者の意見を～する 양자의 의견을 절충하다

**せっちゅう** [雪中] 설중. 눈 속

**せっちょ** [拙著] 文 졸저. 졸작

**ぜっちょう** [絶頂] 절정 ①산꼭대기, 정상 ②정점 ¶ 人気━ 인기 절정

**せっちん** [雪隠] 변소, 뒷간 ━大工 俗 서투른 목수 ━詰め ①(일본 장기에서) 궁을 외통수로 몰아넣기 ②(상대방을) 막다른 골목으로 몰아넣기

**せっつ** [摂津] 大阪府(부) 서북부와 兵庫현 동남부 지방의 옛이름 = 摂州

**せっつ·く** [責付く] 他五 (口) 채근하다, 재촉해대다

**せってい** [設定] 名 他スル 설정 ¶ 抵当権を～する 저당권을 설정하다

**せってん** [接点·切点] 접점 ①数 접선이 곡선이나 곡면과 만나는 점 ②(사물의) 접촉점, 합일점 ¶ 東西文明の～ 동서 문명의 접점 ③전류가 단속(斷續)하는 부분 ¶ ～の接続不良 접점의 접속 불량

**せつでん** [節電] 名 自スル 절전

**ぜってん** [絶巓] 文 절전, (산의) 꼭대기, 정상

**せつど** [節度] 절도 ¶ ～ある行動 절도 있는 행동/ ～を守る 절도를 지키다

**ゼット** [Z·z] 제트, 영어 알파벳의 26번째 자

**せっとう** [窃盗] 名 自スル 절도 ¶ ━犯 절도범

**せつどう** [雪洞] 설동. (등산에서) 눈을 파서 만든 야영용 굴

**ぜっとう** [舌頭] 文 설두 ①혀끝 ②말, 말투, 말씨, 변설

**ぜっとう** [絶倒] 名 自スル 절도. 몸을 가누지 못할 만큼 웃음 ¶ 抱腹～ 포복 절도

**せっとうご** [接頭語] 文法 접두어. 접두사

**ゼットき** [Z旗] Z기. (만국 선박 신호기에서) 로마자 Z에 해당하는 기(旗) ¶ ～をかかげる Z기를 올리다. 결전 체제에 돌입하다

**せっとく** [説得] 名 他スル 설득 ¶ 強硬派を～する 강경파를 설득하다 ━力 설득력

**せつな** [刹那] 찰나, 순간 ¶ 衝突した～気を失う 충돌한 순간 정신을 잃다 ━主義 찰나주의 ━的 ダ 찰나적, 순간적

**せつな·い** [切ない] 形 애달프다, 안타깝다, 애절하다 ¶ ～恋心 애달픈 연심

**せつなる** [切なる] 連体 간절한 ¶ ～願い 간절한 소원

**せつに** [切に] 副 文 간절히, 진심으로, 부디 ¶ ～望むが 간절히 바라다/ ～ご自愛を祈ります 부디 몸조심하시기를 빕니다

**せっぱ** [説破] 名 他スル 文 설파, 논파 ¶ 反対意見を～する 반대 의견을 설파하다

**せっぱく** [切迫] 名 自スル 절박 ①(시간·기한이) 임박함 ¶ 期日が～する 날짜가 임박하다 ②긴박함 ¶ 事態が～する 사태가 긴박하다 ③(호흡·맥이) 빨라짐 ¶ 呼吸が～する 호흡이 가빠지다

せっぱく [雪白] 名 ①(文) 설백. 순백¶ ~の肌가 눈처럼 흰 피부 ②결백

せっぱつま·る [切羽詰まる] 自五 다급해지다, 막다른 지경에 이르다, 궁지에 몰리다

せっぱん [折半] 名 절반. 반분함¶ 費用ょぅを~する 비용을 반분하다

せっぱん [接伴] 名 他スル (文) 접대 = 接待だい¶ ~係がを務っとめる 접대계를 맡다

ぜっぱん [版] 版 절판¶ ~本ぼん 절판본

せっぴ [雪*庇] [氣] 설비. 산 능선의 바람받이에 돌출한 처마 모양의 적설 = ゆきびさし

せつび [設備] 名 他スル 설비. 시설 一資金きん [經] 설비 자금 一投資とぅし 설비 투자

ぜつび [絶美] (文) 절미. 더없이 아름다움¶ 風光こぅ~ 풍광 절미

せつびご [接尾語] [文法] 접미어. 접미사

せっぴつ [拙筆] (文) 졸필 ①서투른 글씨 ②자기 필적을 일컫는 겸사말

ぜっぴつ [絶筆] 절필 ①생전의 마지막 필적·작품 ②쓰기를 그만둠, 붓을 놓음

せっぴょう [雪氷] (文) 설빙 ①눈과 얼음 ②눈에서 생긴 얼음

ぜっぴん [絶品] 절품. 아주 뛰어난 물건·작품

せっぷ [節婦] (文) 절부. 절개가 굳은 여자

せっぷく [切腹] 名 自スル 할복 자살

せっぷく [説伏] 名 他スル 설복, 설득

せっぷん [接*吻] 名 自スル 입맞춤, 키스

せつぶん [拙文] (文) 졸문 ①서투른 문장 ②자기가 쓴 문장을 일컫는 겸사말

せつぶん [節分] 절분. 입춘·입하·입추·입동의 전날 ②입춘 전날

ぜっぺき [絶壁] 절벽 一斷崖がぃ 단애 절벽

せっぺん [切片] 절편 ①조각, 파편 ②(生) (생체 조직 등의) 얇은 조각, 박편

せっぺん [雪片] (文) 설편, 눈송이

せっぽう [説法] 名 自スル [佛] 설법, 설교¶ 辻~ 가두 설교/ 釋迦しゃに~ 부처님한테 설법

ぜつぼう [絶望] 名 自スル 절망, 열망, 갈망¶ 世界かぃの平和ゎを~する 세계 평화를 절망하다

ぜっぽう [舌*鋒] (文) 설봉. 날카로운 언변¶ ~鋭するどく迫せまる 설봉도 날카롭게 다그치다

ぜつぼう [絶望] 名 自スル 절망¶ 前途ぜんに~する 앞날에 절망하다

せつまい [節米] 名 自スル (文) 절미. 쌀을 아낌

ぜつみょう [絶妙] 형動 절묘¶ ~の技ゎざ 절묘한 기술/ ~のタイミング 절묘한 타이밍

ぜつむ [絶無] (文) 절무. 전혀 없음¶ そんな例れぃも~ではない 그런 예도 전혀 없지는 않다

せつめい [説明] 名 他スル 설명¶ 事情じょぅを~する 사정을 설명하다 一文ぶん [表] 설명문

ぜつめい [絶命] 절명. 죽음 一絶体ぜったぃ~ 절체 절명

ぜつめつ [絶滅] 名 自他スル 절멸, 근절¶ ~寸前ぜん 멸종 직전 一種しゅ 멸종종

せつもう [説盲] [醫] 설맹, 설안염 = 雪目ゅき

せつもん [設問] 名 自スル 설문¶ 次つぎの~に答こたえよ 다음 설문에 답하라

せつやく [節約] 名 他スル 절약¶ 時間じかんの~/ 費用ょぅを~する 비용을 절약하다

せつゆ [説諭] 名 他スル 설유, 훈유, 훈계¶ 非行少年ひこぅしょぅねんを~する 비행 소년을 설유하다

せつよう [切要] (文) 절요. 극히 중요함, 긴요¶ ~な対策たぃさく 긴요한 대책

せつり [摂理] 섭리¶ 神かみの~ 신의 섭리

せつり [節理] ①(文) 조리, 사리 ②[地] 절리¶ 柱状ちゅぅじょぅ~ 주상 절리

せつりつ [設立] 名 他スル 설립¶ ~趣意書しょ 설립 취지서/ 財団だんを~する 재단을 설립하다

ぜつりん [絶倫] ナ (文) 절륜. 월등히 뛰어남¶ 精力りょく~ 정력 절륜

せつれつ [拙劣] 졸렬. 서투르고 보잘것없음¶ ~な方法ほぅ 졸렬한 방법

せつろく [節録] 名 他スル (文) 절록. 알맞게 줄여서 기록함, 초록¶ ~引用いん 초록 인용

せつろん [切論] 名 他スル (文) 열심히 논함, 그런 논(論)

せつろん [拙論] (文) 졸론 ①서투른 의론·논문 ②자기 의론·논문을 일컫는 겸사말¶ ~を參照さんしょうされたい 졸론을 참조하시기 바람

せつわ [説話] 설화¶ 民間みん~ 민간 설화 一文学がく (文) 설화 문학

せと [瀬戸] ①좁은 해협 ②「瀬戸物もの·瀬戸焼ゃき」의 준말 一內かぃ 瀬戸ど를 내해와 그 연안 지방 一際ぎわ (승패·생사의) 갈림길, 고빗사위¶ 運命めぃの~に立たつ 운명의 갈림길에 서다

せと [瀬戸] 愛知あぃち현 서북부의 도시 一引びき 철제 용기의 표면에 법랑을 입힌 제품 一物もの → 瀬戸焼ゃき ②도자기, 사기 그릇 一焼やき 瀬戸ど 지방에서 나는 도자기

せど [背戸] ①집의 뒷문 ②집의 뒤쪽

せどう [世道] (文) 세도, 세상의 도리

せな [背な] 등 = せなか ▷ 예스러운 말

せなか [背中] ①등¶ ~をたたく 등을 두드리다 ②뒤, 뒷면, 배후 ¶ 敵てきの~にまわる 적의 배후로 돌다 一合ぁわせ ①등을 맞댐 ②표리 관계에 있음, 이웃해 있음¶ 運不運うんふうんは~である 운불운은 표리 관계에 있다 ③사이가 나쁨, 등짐¶ ~の両人にんりょぅ 사이가 나쁜 두 사람

ぜに [錢] ①(동전 등의) 금속 화폐, 엽전 ②(俗) 돈¶ ~をためる 돈을 모으다 ③(造語) 작고 둥근 것¶ ~苔ごけ 우산이끼

ぜにあおい [錢*葵] [植] 전규. 당아욱

ぜにいれ [錢入れ] 돈지갑

ぜにがた [錢形] 엽전 모양, (특히 신전에 바치는) 엽전 모양으로 오린 종이

ぜにかね [錢金] (口) ①돈, 금전¶ ~に代かえられない 돈으로 대신할 수 없다 ②금전상의 이해, 이해 득실¶ ~の問題だぃではない 금전상의 문제가 아니다

ぜにがめ [錢*亀] 남생이 새끼

ぜにかんじょう [錢勘定] (口) 돈 계산

ぜにごけ [錢*苔] [植] 우산이끼

ぜにさし [錢差し] 엽전을 꿰는 끈, 돈 꿰미

ぜにたむし [錢田虫] 백선균 등으로 생기는 피부병

ぜに もうけ【銭*儲け】(口) 돈벌이＝かねもうけ
ぜにん【是認】名 他スル 시인¶自分ぶんの行為こうを〜する 자신의 행위를 시인하다
せ ぬい【背縫い】【服】등솔기를 꿰매는 일, 그런 솔기
せ ぬき【背抜き】【服】(여름 양복 상의에서) 뒷판의 안감을 어깨 부분만 대는 일, 그런 상의
ゼネスト「ゼネラルストライキ」의 준말
ゼネラル【general】제너럴 ①(造語) 일반적인, 전체적인 ②장군 ーースタッフ (geneal staff) 【経】제너럴 스태프, 참모 ーーストライキ (general strike) 제너럴 스트라이크, 총파업＝ゼネスト
せ のび【背伸び】名 自スル ①발돋움함¶〜して棚たなから物ものを取とる 발돋움해서 선반에서 물건을 집다 ②실력 이상의 일을 하려고 애씀¶〜して上級試験じょうきゅうしけんを受うける 기를 써서 상급 시험을 치르다
せば ま・る【狭まる】自五 좁아지다, 좁혀지다¶間あいだが〜 사이가 좁아지다
せば・める【狭める】他下一 좁히다 ⇔ 広ひろめる¶範囲はんいを〜 범위를 좁히다
せ ばんごう【背番号】(운동 선수의) 등번호
せ ひ【施肥】名 自スル【農】시비, 비료를 줌
ぜ ひ【是非】I 名 시비, 옳고 그름¶〜を論ろんずる 시비를 논하다 II 名 他スル 시비를 가림, 옳고 그름을 판별함 III 副 꼭, 반드시, 아무쪼록, 제발¶〜行いってみたい 꼭 가 보고 싶다／〜お願ねがいします 제발 부탁합니다 ーー曲直きょくちょく 시비 곡직 ーーとも 副 무슨 일이 있어도, 반드시
慣用句
ーーに及およばず 어쩔 수 없다, 부득이하다
ーーもない 어쩔 수 없다, 부득이하다
せ ひょう【世評】세평, 세간의 평판¶〜が高たかい 세평이 높다
せ びらき【背開き】【料】생선을 등쪽을 따라 둘로 가르기＝ひらき
せび・る 他五 조르다, 강요하다¶小遣こづかいを〜 용돈을 조르다
せ びれ【背鰭】【動】등지느러미
せ びろ【背広】신사복
せ ぶし【背節】등살로 만든 가다랭이포
せ ぶみ【瀬踏み】名 自スル ①(물을 건너기 전에) 발을 디뎌서 깊이를 잼 ②(일을 하기 전에) 시험해 봄, 미리 떠봄¶まだ〜の段階だんかいだ 아직 시험 단계이다
せ ぼね【背骨】등뼈, 척추＝せきちゅう
せま・い【狭い】形 좁다 ①(면적・폭이) 넓지 않다¶〜庭にわ 좁은 뜰 ②(범위가) 한정되어 있다¶見聞けんぶんが〜 견문이 좁다 ③(도량이) 작다¶度量どりょうが〜 도량이 좁다
せ まい【施米】名 自スル(仏) 쌀을 나눠 줌, 그런 쌀¶托鉢たくはつの僧そうに〜する 탁발승에게 쌀을 나눠 주다
せまきもん【狭き門】(比) 좁은 문 ①【基】천국에 이르는 길의 험난함 ②(진학・취직 등에서) 경쟁이 치열한 난관¶入試にゅうしの〜を突突破とっぱする 입시의 좁은 문을 돌파하다

せ まくるし・い【狭苦しい】形 비좁다, 옹색하다¶〜部屋へや 비좁은 방
せま・る【迫る・*逼る】I 自五 ①(거리・간격 등이) 좁혀지다, 좁혀지다¶距離きょりが〜 거리가 좁혀지다 ②(위험 등이) 다가오다, 닥쳐오다¶危険きけんが〜 위험이 닥치다 ③(어떤 시각이) 다가오다, 닥치다¶期日きじつが〜 기일이 다가오다 ④(본질에) 다가서다¶真しに〜・った演技えんぎ 박진감 있는 연기 ⑤육박하다, 다가서다¶山やまが目めの前まえに〜 산이 눈 앞에 다가오다 ⑥다급해지다, 곤란하다¶必要ひつように〜・られる 다급하게 필요해지다 ⑦(숨이) 막히다, 답답해지다¶息いきが〜 숨이 막히다 II 他五 강요하다, 다그치다, 재촉하다¶返答へんとうを〜 대답을 재촉하다
せみ【*蝉】①【動】매미 ②고패, 높은 곳에 물건을 끌어올릴 때 쓰는 작은 도르래
せみくじら【背*美鯨】【動】참고래
せみしぐれ【*蝉時雨】여기저기서 울어대는 요란한 매미 소리
セミナー【seminar】세미나 ①(대학에서) 교수의 지도 아래 하는 공동 연구・연습 ②적은 수의 그룹을 대상으로 한 강습회・연구회
ゼミナール【독 Seminar】제미나르, 세미나＝セミナー
せむし【〈傴僂〉】【医】구루, 곱사등이, 꼽추
せめ【責め】①징벌, 문책, 고통¶良心りょうしんの〜 양심의 가책／水火すいかの〜に遭あう 물과 불의 징벌을 받다 ②책임¶〜を果はたす 책임을 다하다
せめあ・う【攻め合う】自五 서로 공격하다
せめあ・う【責め合う】自五 서로 비난하다, 서로 책망하다
せめあぐ・む【攻め*倦む】自五 (아무리 해도 효과가 없어) 어떻게 공격해야 할지 모르다¶敵てきの抵抗ていこうが強つよくて〜 적의 저항이 강해 공격에 손을 못 쓰다
せめい・る【攻め入る】自五 쳐들어가다＝攻せめ込こむ¶敵陣てきじんに〜 적진에 쳐들어가다
せめうま【責め馬】말을 타서 길들임, 그런 말
せめおと・す【攻め落(と)す】他五 공격해서 함락시키다, 공략하다¶城しろを〜 성을 함락시키다
せめおと・す【責め落(と)す】他五 ①졸라서 승낙하게 하다, 설복하다¶母ははを〜てこづかいをもらう 어머니를 끈덕지게 졸라 용돈을 타내다 ②닦달하여 자백시키다
せめかか・る【攻め懸かる】自五 쳐들어가다, 공격해 가다¶一斉いっせいに〜 일제히 쳐들어가다
せめか・ける【攻め懸ける】他下一 쳐들어가다, 공격하기 시작하다¶夜陰やいんに乗じょうじて〜 야음을 타서 공격하기 시작하다
せめく【責め苦】고통, 시달림, 모진 괴로움¶地獄じごくの〜に遭あう 지옥의 고통을 받다
せめぐ【責め具】고문 도구＝責せめ道具どうぐ
せめ・ぐ【*鬩ぐ】(文) I 自五 서로 싸우다¶〜・ぎ合あう 서로 싸우다 II 他五 몹시 괴롭

**せめくち** [攻め口] ①공격 방법= 攻め方¶理詰めの~ 이치로 따지고 드는 공격 방법 ②공격할 곳, 공격하기 쉬운 곳= せめぐち

**せめこ·む** [攻め込む] 自五 쳐들어가다, 공격해 들어가다= 攻め入る¶敵陣に~ 적진에 쳐들어가다

**せめさいな·む** [責(め)苛む] 他五 가책하다, 몹시 괴롭히다¶良心に~·まれる 양심의 가책을 받다

**せめた·てる** [攻(め)立てる] 他下一 맹렬히 공격하다¶からめ手から~ 뒷문에서 공격해대다

**せめた·てる** [責(め)立てる] 他下一 ①몹시 책망하다, 몰아세우다¶怠慢を~ 태만을 몹시 책망하다 ②몹시 재촉하다, 채근하다¶まだかまだかでも聞きたい아직 멀었나 멀었나 하고 몹시 채근당하다

**せめつ·ける** [責(め)付ける] 他下一 호되게 책망하다¶違約を~ 위약을 호되게 책망하다

**せめて** [攻め手] ①공격자, 공격측 ②~に回る 공세로 돌다 ③공격 방법[수단]¶次の~にこまる 다음 공격법에 애먹다

**せめて** 副 하다못해, 최소한, 적어도, 적으나마¶~声だけでも聞きたい 목소리만이라도 듣고 싶다 ―も 副 그런대로, 그나마¶~の慰め 그런대로의 위안

**せめどうぐ** [攻め道具] 공격 도구= 攻め具

**せめどうぐ** [責め道具] ①고문 도구 ②(比) 상대를 책망하기 위한 재료

**せめぬ·く** [攻め抜く] 他五 ①공격하여 함락시키다 ②끝까지 공격하다

**せめぬ·く** [責(め)抜く] 他五 끝까지 괴롭히다

**せめのぼ·る** [攻(め)上る] 自五 (수도 쪽으로) 쳐올라가다

**せめよ·せる** [攻(め)寄せる] 自下一 (많은 병력이) 가까이까지 쳐들어오다¶敵軍が~·せてくる 적군이 바싹 쳐들어오다

**せめよ·る** [攻(め)寄る] 自五 가까이까지 쳐들어오다[가다], 공격하여 접근해 오다[가다]

**せ·める** [攻める] 他下一 공격하다, 치다¶城を~ 성을 공격하다

**せ·める** [責める] 他下一 ①(잘못 등을) 비난하다, 나무라다, 꾸짖다¶無責任を~ 무책임함을 나무라다 ②조르다, 채근하다, 재촉하다¶子供に~·められて遊園地に行く 아이가 졸라대서 유원지에 가다 ③괴롭히다, 고통을 주다¶借金取りに~·められる 빚쟁이에게 시달리다 ④(말을) 타서 길들이다

**セメンえん** [セメン円] [薬] 산토닌

**せもじ** [背文字] [版] 배문자¶金色の~ 금색의 배문자

**せもたれ** [背凭れ] (의자의) 등받이

**せもつ** [施物] (文) 시물, 중이나 가난한 사람에게 베푸는 물건

**せやく** [施薬] 名 自スル (文) 시약, 약을 나누어 줌, 그런 약¶~院 시약원

**せよ** [施与] 名 他スル (文) 시여, 베풀어 줌¶金品を~する 금품을 시여하다

**せり** [芹] [植] 미나리

**せり** [迫り] 「せり出し」의 준말

**せり** [競り·糶り] (造語) 경쟁 ②경매, 경매 시장¶~にかける 경매에 부치다

**せりあ·う** [競(り)合う] 自五 서로 다투다, 경쟁하다¶優勝を~ 우승을 서로 다투다

**せりあが·る** [迫り上がる] 自五 ①(밑에서부터) 차츰 위로 올라가다¶地表が~ 지표가 차츰 솟아오르다 ②(배우·무대 장치가) 무대 밑으로부터 올라오다

**せりあ·げる** [迫り上げる] 他下一 ①(밑에서부터) 차츰 밀어 올리다¶舞台に大道具を~ 무대에 대도구를 밀어 올리다 ②차츰 크게 하다¶声を~ 소리를 차츰 크게 지르다

**せりあ·げる** [競(り)上げる] 他下一 (경매 등에서) 다투어 값을 올리다

**せりいち** [競(り)市] 경매 시장= 競り¶~が立つ 경매 시장이 서다

**せりうり** [競(り)売り] 경매= 競り·競売

**せりおと·す** [競(り)落(と)す] 他五 (경매에서) 경락하다

**せりがい** [競(り)買(い)] 名 他スル 경매로 삼

**せりか·つ** [競(り)勝つ] 自五 싸워서 이기다

**せりだし** [迫(り)出し] ①밀어내기, 밀어 올리기 ②무대에 花道에 구멍을 내어 배우·무대 장치를 밑으로부터 밀어 올리는 일, 그런 장치= せり

**せりだ·す** [迫(り)出す] I 自五 앞으로 나오다, 돌출하다¶腹が~ 배가 나오다 II 他五 ①(앞쪽이나 위로) 밀어내다, 밀어 올리다 ②(배우나 무대 장치를 무대 위로) 밀어 올리다¶舞台に大道具を~ 무대에 대도구를 밀어 올리다

**せりふ** [台詞]·[科白] ①대사¶~を忘れる 대사를 잊어버리다 ②말, 언사¶そんな~は聞きたくもない 그런 말은 듣고 싶지도 않다 ③상투적인 말, 판에 박힌 말¶彼のお得意の~ 그가 즐겨 쓰는 상투적인 말 ―回し 대사 표현 방법·솜씨

**せりま·ける** [競(り)負ける] 自下一 겨루어 지고 말다, 백중한 승부에서 지다 ⇔ 競り勝つ

**せりもち** [迫持] [建] 홍예, 아치= アーチ

**せりょう** [施療] 名 시료, 병의 치료, (특히 빈민에 대한) 무료 치료¶~院 시료원

**せる** 助動 (五段 동사 未然形에 붙음) ①(사역) …하게 하다, …시키다¶人に行か~ 남더러 가게 하다 ②㉠(「…せてもらう[いただく]」의 꼴로) (허용·승인) …하도록 허용받다, …하겠습니다¶お先に失礼させていただきます 먼저 실례하겠습니다 ㉡(흔히 「…せてやる[あげる·～の]의 꼴로) …하게 해 주다, …하게 내버려두다¶早く行かせてやれ 빨리 가게 해 주어라 ㉢(「…せてくれ[ください]」의 꼴로) (허가) …하게 해 달라, …하게 해 주십시오¶手紙を読ま

せてください 편지를 읽게 해 주시오 ③((未然形에 존경의 조동사「られる」가 붙어서)) 최고의 존경을 나타냄¶ みずから出御ぎょあらせられし 몸소 행차하셨다
**せ·る**【競る】他五①다투다, 경쟁하다, 겨루다¶ 優勝しょうを目指して激はげしく~ 우승을 목표로 격렬하게 경쟁하다 ②(경매에서) 다투어 값을 올리다[내리다]¶ ~ って値ねがあがる 경매가 붙어 값이 오르다
**セル** (네 serge) 세루. 소모사로 짠 모직물, 서지
**セル モーター** (일 cell motor)[機] 셀 모터. (자동차·오토바이 등의) 이그니션[시동] 모터
**ゼろ**【世ろ】(文) 세로. 인생 행로=せいろ
**ゼロ** (프 zéro) 제로 ①[數] 영 ②전혀 없음 ━ クーポン債 [經] (해외에서 발행되는) 이표(利票)가 붙지 않은 외화 표시 장기 할인채 ━敗 영패
**ゼロせん**【ゼロ戦】(구 일본 해군의) 零式艦上かんじょう戦闘機せんとうきの 통칭=零戦せん
**せろん**【世論】세론. 여론¶ ~調査ちょうさ 여론 조사/~の動向どうこうをさぐる 세론의 동향을 살피다
**せわ**【世話】I 名他スル ①보살핌, 도와줌, 시중¶ 病人びょうにんの~をする 환자의 시중을 들다 ②성가심, 번거로움, 폐, 신세¶ ~をかける 폐를 끼치다 ③소개, 알선, 주선¶ 仕事ごとを~する 일을 알선하다 II 名 세상 소문 ━好ずき 남을 돌보기를 좋아함, 그런 사람 ━女房にょうぼう 살림을 잘 하고 남편을 잘 섬기는 아내 ━人にん ①(상거래·혼담 등의) 중개인 ②=世話焼き ━焼やき 남의 일을 즐겨 돌봐줌, 그런 사람 →世話役やく ━役やく (모임 등에서) 운영이 원활하도록 일을 맡아 보는 사람
[慣用句]
━が無ない ①손쉽다, 다루기 쉽다 ②어처구니없다, 어이가 없다
━が焼やける 손이 가서 성가시다, 돌보기가 힘들다
━になる 신세를 지다, 폐를 끼치다
━を焼やく (자진해서) 보살피다, 돌보다
**せわし·い**[忙しい]形①바쁘다, 틈이 없다, 다망하다¶ 毎日まいにち~ 바쁜 나날 ②조급하다, 성급하다¶ ~性格せいかく 성급한 사람
**せわしな·い**[忙しない]形「せわしい」의 힘줌말
**せわり**【背割り】①생선을 등쪽을 따라 가르는 일 ②背間ばき ①기둥이 갈라지는 것을 막기 위해 보이지 않는 쪽에 미리 톱자국을 내는 일 ③옷 등솔기의 아랫자락을 터 놓는 일
**せん**【千】音セン 訓ち ①(음)천. I (造語) ①수의 단위로 천. 千円札えん·千日回ひまわり 천일회 ②수가 많음 千秋しゅう, 천추, 一騎当千いっきとうせん 일기 당천「仟·阡」은 갖은자II ①(수의) 천¶ ~に一ひとつも違ちがわない 천에 하나도 틀리지 않다 ②(수가) 많음, 다수
**せん**【川】音セン 訓かわ|(음)천. (造語) 강, 내¶ 河川かせん 하천·山川さんせん 산천
**せん**【仙】音セン|(음)선. (造語) ①신선¶ 仙境きょう 선경·神仙しんせん 신선 ②세속을 초월한

사람¶ 酒仙しゅ 주선 ③에도에 뛰어난 사람¶ 歌仙かせん 和歌의 명인·詩仙しせん 시선 ④미국의 화폐 단위「セント」의 차음자 ▷[熟字訓] 仙人掌シャボテン 선인장
**せん**【占】音セン 訓しめる·うらなう|(음)점. (造語) ①점, 점치다¶ 占術せん 점술·占星せん 점성 ②차지하다, 점유하다¶ 占拠せん 점거·占有せん 점유·独占どく 독점
**せん**【先】音セン 訓さき|(음)선. I (造語) ①(공간적인) 앞, 앞쪽, 전방¶ 先駆せん 선구·率先せん 솔선 ②(시간적인) 앞, 앞서다, 보다 일찍¶ 先行せん 선행·優先せん 우선 ③현재보다 하나 앞 단계¶ 先代せん 선대·先任せん 선임 ④지나간, 흘러간¶ 先月せん 지난달·先例せん 선례 ⑤옛날의, 과거의, 돌아가신¶ 先覚せん 선각·先人せん 선인 II ①앞, 장래¶ ~を見届みとどける 앞을 내다보다 ②전, 이전¶ ~の女房にょうぼう 전처 ③(바둑·장기에서) 선, 선수
[慣用句]
━を越こす 앞지르다, 선수를 치다, 기선을 잡다
**せん**【尖】音セン 訓とがる|(음)첨. (造語) 끝이 날카롭다, 뾰족한 끝¶ 尖鋭せん 첨예·尖端たん 첨단·尖兵せん 첨병
**せん**【宣】音セン 訓のたまう|(음)선. (造語) ①널리 알리다, 퍼뜨리다¶ 宣教せん 선교·宣伝せん 선전 ②말하다, 선언하다¶ 宣言せん 선언·宣戦せん 선전·칙어, 신탁¶ 宣旨せん 선지
**せん**【専】【專】音セン 訓もっぱら|(음)전. (造語) ①한 가지를 집중해서 하다, 전적으로, 오로지¶ 専攻せん 전공·専念せん 전념 ②제멋대로 하다, 독점하다¶ 専横せん 전횡·専売せん 전매 ③「専門学校せんもんがっこう」의 준말¶ 工専こうせん·女専じょせん 여전
**せん**【泉】音セン 訓いずみ|(음)천. (造語) 샘, 샘물¶ 泉水せん 천수·温泉せん·鉱泉せん 광천 ②저승¶ 泉下せん 저승·黄泉せん 황천 ③「温泉おんせん」의 준말¶ 硫黄泉いおうせん 유황천 ▷[熟字訓] 黄泉よみ 황천
**せん**【浅】【淺】音セン 訓あさい|(음)천. (造語) ①얕다¶ 浅水せん 천수·深浅しんせん 심천 ②(지식이) 얕다, 천박하다¶ 浅学せん 천학·浅薄せん 천박 ③(빛깔이) 엷다¶ 浅紅せん 엷은 홍색
**せん**【洗】音セン 訓あらう|(음)세. (造語) 씻다, 빨다¶ 洗濯せん 세탁·洗面せん 세면·洗礼せん 세례·水洗すい 수세
**せん**【染】音セン 訓そめる·そまる·しみる·しみ|(음)염. (造語) ①물들이다, 염색하다¶ 染色しょく 염색·捺染なっせん 날염 ②영향을 받다, 물들다, 옮다¶ 汚染おせん 오염·伝染でんせん 전염
**せん**【穿】音セン 訓うがつ|(음)천. (造語) 구멍을 파다, 뚫다¶ 穿孔せん 천공
**せん**【茜】音セン 訓あかね|(음)천. (造語) 주로 훈(訓)「あかね」로 씀
**せん**【扇】音セン 訓おうぎ|(음)선. (造語) ①부채¶ 扇子せん 선자·扇面せん 선면 ②선풍기, 부채질하다, 바람을 일으키다¶ 扇風機せんぷうき 선풍기 ③부추기다¶ 扇動せん 선동·扇情せん 선정 ▷는「煽せん」의 대용자 [熟字訓]

団扇うち 부채

**せん**[栓] 冏セン (음)전. I (造語) ①마개ㆍ密栓みっ 밀전ㆍ脳血栓のうけっ 뇌혈전 ②(가스관ㆍ수도 등의) 꼭지¶ 消火栓しょうか 소화전 II ① 마개¶ ビールの〜を抜ぬく 맥주 병마개를 따다 ②(가스ㆍ수도 등의) 꼭지¶ ガスの〜を閉しめる 가스 꼭지를 잠그다

**せん**[閃] 冏セン 訓ひらめく|(음)섬. (造語) 번쩍하다, 번득이다¶ 閃光せんこう 섬광

**せん**[剪] 冏セン 訓きる|(음)전. (造語) 자르다, 잘라 가지런하게 하다¶ 剪定せんてい 전정

**せん**[旋] 冏セン 訓めぐる|(음)선. (造語) ① 빙글빙글 돌다, 한 바퀴 돌다¶ 旋回せんかい 선회ㆍ旋律せんりつ 선율 ②중개하다¶ 斡旋あっせん 알선ㆍ周旋しゅうせん 주선 ③되돌아오다, 돌아오다¶ 凱旋がいせん 개선 ▷ 熟字訓 旋毛つむじ 가마

**せん**[船] 冏セン 訓ふねㆍふな|(음)선. 큰 배, 배¶ 船員せんいん 선원ㆍ船舶せんぱく 선박ㆍ漁船ぎょせん 어선 ▷「舡」은 속자

**せん**[*揃] 冏セン 訓そろう|(음)전. (造語) 주로 숙(訓)「そろう」로 읽음

**せん**[戦] 〔戰〕 冏セン 訓いくさㆍたたかうㆍおののくㆍそよぐ|(음)전. (造語) ①싸우다, 싸움, 전투¶ 戦争せんそう 전쟁ㆍ休戦きゅうせん 휴전ㆍ挑戦ちょうせん 도전 ②두려워 떨다, 전율하다¶ 戦戦兢兢せんせんきょうきょう 전전 긍긍ㆍ戦慄せんりつ 전율 ③시합, 경기¶ 熱戦ねっせん 열전ㆍ延長戦えんちょうせん 연장전 ④경쟁¶ 商戦しょうせん 상전ㆍ舌戦ぜっせん 설전

**せん**[煎] 冏セン 訓いる|(음)전. (造語) ①굽다, 볶다¶ 煎餅せんべい 납작한 일본 과자ㆍ香煎こうせん 미숫가루 ②달여서 성분을 추출하다, 졸이다, 달이다¶ 煎茶せんちゃ 엽차ㆍ煎薬せんやく 탕약

**せん**[*羨] 冏セン 訓うらやむㆍうらやましい|(음)선. (造語) ①부러워하다¶ 羨望せんぼう 선망 ② 고분의 현실로 통하는 길¶ 羨道どうㆍ羨道 연도

**せん**[*腺] 冏セン | I (일본식 한자) 동물의 분비선¶ 汗腺かんせん 한선, 땀샘ㆍ甲状腺こうじょうせん 갑상선 II 冏 선, 샘, 동물의 분비 기관¶ リンパ腺 림프샘

**せん**[*詮] 冏セン|(음)전. I (造語) ①자세히 밝히다, 조사하다¶ 詮議せんぎ 전의ㆍ詮索せんさく 탐색 ②사리를 끝까지 밝히다¶ 所詮しょせん 결국 II (文) ①방도, 방법, 수단¶ 〜が尽つきる 어쩔 도리가 없다 ②효과, 보람¶ 〜もないことだ 소용도 없는 일이다

**せん**[践] 〔踐〕 冏セン 訓ふむ|(음)천. (造語) 밟고 걷다, 실천하다¶ 踏ふむ 밟다¶ 践祚せんそ 천조, 즉위ㆍ実践じっせん 실천

**せん**[*僭] 冏セン|(음)참. (造語) 분수를 넘다 ¶ 僭越せんえつ 참월ㆍ僭称せんしょう 참칭

**せん**[*煽] 冏セン 訓あおる|(음)선. (造語) 추켜세우다, 부추기다, 부채질하다¶ 煽情せんじょう 선정ㆍ煽動せんどう 선동 ▷「扇」이 대용자

**せん**[銭] 〔錢〕 冏セン 訓ぜに|(음)전. ①돈, 화폐, 엽전¶ 銭湯せんとう 대중탕ㆍ金銭きんせん 금전 ②화폐의 단위 ㉠엔, 一円いちえんの 백분의 1 ¶ 一銭銅貨いっせんどうか 1전짜리 동전 ㉡(옛날 단위로) 1관의 천분의 1=文もん

**せん**[銑] 冏セン 訓ずく|(음)선. (造語) 선철, 무쇠¶ 銑鋼せんこう 선강ㆍ銑鉄せんてつ 선철

**せん**[*撰] 冏セン, サン 訓えらぶ|(음)찬. I (造語) ①시ㆍ문장을 짓다¶ 撰述せんじゅつ 찬술ㆍ撰文せんぶん 찬문 ②(책을) 편집하다¶ 撰者せんじゃ 찬자ㆍ勅撰ちょくせん 칙찬 ▷ ②는「選」과 같음 II (많은 작품 중에서) 골라 편집함

**せん**[潜] 〔潛〕 冏セン 訓ひそむㆍもぐる|(음)잠. (造語) ①잠수하며 다니다¶ 潜水せんすい 잠수ㆍ潜望鏡せんぼうきょう 잠망경 ②몸을 숨기다, 숨다¶ 潜在せんざい 잠재ㆍ潜伏せんぷく 잠복 ③마음을 가라앉히다 ¶ 潜心せんしん 잠심 ④「潜水艦せんすいかん」의 준말¶ 原潜げんせん 원자력 잠수함

**せん**[線] 冏セン|(음)선. I (造語) ①실, 실처럼 가늘고 긴 것¶ 回線かいせん 회선ㆍ電線でんせん 전선 ②점을 이은 줄¶ 曲線きょくせん 곡선ㆍ直線ちょくせん 직선 ③경계를 이루는 선, 그 구획¶ 死線しせん 사선ㆍ境界線きょうかいせん 경계선 ④광선¶ 光線こうせん 광선ㆍ紫外線しがいせん 자외선 ⑤교통 기관의 경로¶ 線路せんろ 선로ㆍ国際線こくさいせん 국제선 ⑥물체의 윤곽¶ 稜線りょうせん 능선ㆍ脚線美きゃくせんび 각선미 ⑦역의 플랫폼의 번호에 붙이는 말¶ 一番線いちばんせん 1번선 ▷「綫」은 다른 글자꼴 II 선 ①줄¶ 針金はりがねの〜 철사 ② [数] 점과 점을 잇는 도형¶〜を引ひく 선을 긋다 ③(물체의) 윤곽¶ 脚あしの〜が美うつくしい 다리의 선이 아름답다 ④(정해진) 방침, 경계, 한계¶ その〜で話はなしを進すすめる 그 선에서 이야기를 진행하다 ⑤(상대방에게서 받는) 인상, 느낌¶ 〜の太ふとい政治家せいじか 선이 굵은 정치가

**せん**[*賤] 冏セン 訓いやしいㆍしず|(음)천. I (造語) ①천하다, 신분이 낮다¶ 賤民せんみん 천민ㆍ貴賤きせん 귀천ㆍ卑賤ひせん 비천 ②천하게 여기다, 깔보다, 경멸하다¶ 賤称せんしょう 천칭 II (신분ㆍ지위가) 낮음, 그런 사람

**せん**[選] 〔選〕 冏セン 訓えらぶ|(음)선. I (造語) ①고르다, 뽑다¶ 選挙せんきょ 선거ㆍ当選とうせん 당선 ②「選挙せんきょ」의 준말¶ 選管せんかん 선거관리 위원회ㆍ県議選けんぎせん 현의회 의원 선거 ③「選集せんしゅう」의 준말¶ 傑作選けっさくせん 걸작선ㆍ名作選めいさくせん 명작선 ▷ ②은「撰」과 같음 II 가려냄, 선발, 선택¶ 〜に当あたる 당선하다
[慣用句]
— に漏もれる 선발에서 빠지다, 낙선하다

**せん**[遷] 〔遷〕 冏セン 訓うつる|(음)천. (造語) ①변천하다, 바뀌다¶ 遷延せんえん 천연ㆍ変遷へんせん 변천 ②(장소를) 옮기다, 이전하다, (지위가) 바뀌다¶ 遷都せんと 천도ㆍ左遷させん 좌천

**せん**[薦] 冏セン 訓すすめる|(음)천. (造語) 천거하다, 추천하다¶ 自薦じせん 자천ㆍ推薦すいせん 추천

**せん**[繊] 〔纖〕 冏セン|(음)섬. (造語) ①가늘다, 작다, 잘다¶ 繊細せんさい 섬세ㆍ繊毛せんもう 섬모 ②연약하다, 가냘프다¶ 繊弱せんじゃく 섬약 ③「繊維せんい」의 준말¶ 化繊かせん 화섬ㆍ合繊ごうせん 합섬

**せん**[鮮] 冏セン 訓あざやか|(음)선. ①새롭다, 싱싱하다, 생생하다¶ 鮮魚せんぎょ 선어ㆍ鮮血せんけつ 선혈 ②선명하다, 산뜻하다¶ 鮮紅せんこう 선홍ㆍ鮮明せんめい 선명 ③적다¶ 鮮少せんしょう 선소

せん [*磚] 전. 흙을 구워서 네모지게 만든 납작한 벽돌

ぜん [全] [준] 音ゼン 訓まったく | (음) 전. (造語) ①모두, 전부 ¶ 全員ぜんいん 전원・全体ぜんたい 전체 ②모두 갖춰져 있다, 온전하다 ¶ 全人ぜんじん 전인・完全かん 완전 ③「모두」의 뜻을 덧붙이는 말 ¶ 全国民ぜんこくみん 전국민・全十巻ぜんじっかん 전 10권

ぜん [前] 音ゼン 訓まえ | (음) 전. Ⅰ (造語) ①정면, 앞 ¶ 前方ぜんぽう 전방・神前しんぜん 신전・目前もくぜん 목전 ②(위치・시간적으로) 더 앞 ¶ 前列ぜんれつ 전열・以前いぜん 이전 ③현재보다 하나 앞섬 ¶ 前回ぜんかい 전회・前身ぜんしん 전신 ④이전의, 지난 ¶ 前科ぜんか 전과・従前じゅうぜん 종전 Ⅱ 전, 앞, 이전 ¶ ～から 전부터 / ～に申し上げましたが 이전에 말씀드렸습니다만

ぜん [善] 音よい | (음)선. Ⅰ (造語) ①옳다, 좋다, 도덕에 걸맞은 행위 ¶ 善悪ぜんあく 선악・善行ぜんこう 선행・最善さいぜん 최선 ②잘하다, 능란하다 ¶ 善処ぜんしょ 선처・善戦ぜんせん 선전 ③사이 좋게 지내다 ¶ 善隣ぜんりん 선린・親善しんぜん 친선 Ⅱ 선. 좋음. 올바름 ¶ ～と悪あく 선과 악

慣用句
—は急いそげ 좋은 일은 서둘러라. 쇠뿔은 단김에 빼라

ぜん [然] 音ゼン・ネン 訓しかり | (음) 연. (造語) ①긍정・시인하는 말. 그렇다, 그대로 ¶ 自然しぜん 자연・当然とうぜん 당연 ②상태를 나타내는 말 ¶ 突然とつぜん 돌연・漠然ばくぜん 막연 ③그런 모양임을 나타내는 말 ¶ 貴公子然こうしぜん 귀공자연

ぜん [禅] [禪] 音ゼン | (음)선. Ⅰ (造語) ①「禅那ぜんな」의 준말 ¶ 禅定ぜんじょう 선정・座禅ざぜん 좌선 ②「禅宗しゅう」의 준말 ¶ 禅僧ぜんそう 선승・禅問答もんどう 선문답 ③「座禅ざぜん」의 준말 ¶ 参禅さんぜん 참선 ④양위하다 ¶ 禅譲ぜんじょう 선양・受禅じゅぜん 수선 Ⅱ (佛) 선 ①마음을 가라앉혀 진리를 깨닫는 수행을 함 ¶ 座禅ざぜん～を組くむ 좌선하다

ぜん [漸] 音ゼン 訓ようやく | (음) 점. Ⅰ (造語) ①점점, 차차 ¶ 漸次ぜんじ 점차・漸進ぜんしん 점진 ②조금씩 나아가다 ¶ 西漸せいぜん 서점 Ⅱ (文) 서서히[조금씩] 나아감 ¶ ～を追おって進歩しんぽする 점차 진보하다

ぜん [*膳] 音ゼン | (음)선. Ⅰ (造語) 밥상, 상 위의 요리 ¶ 膳部ぜんぶ 요리, 요리사・御膳ごぜん 진지・食膳しょくぜん 밥상 ¶ ～に向むかう 밥상을 향하다 / ～を囲かこむ 식탁에 둘러앉다 ②(助數) 공기에 담은 밥을 세는 말. 공기 ¶ 一いち～めし 한 공기의 밥 ③(助數) 젓가락을 한 쌍씩 세는 말. 벌 ¶ 箸はしを二ふた～置おく 젓가락을 두 벌 놓다

慣用句
—に上のぼる (음식이) 밥상에 오르다

ぜん [繕] 音ゼン つくろう | (음)선. (造語) 고치다, 수리하다 ¶ 修繕しゅうぜん 수선

ぜんあく [善悪] 선악 = ぜんなく ¶ ～をわきまえる 선악을 분별하다

せんい [船医] 선의. 배에서 근무하는 의사

せんい [戦意] 전의 ¶ ～を失しつう 전의를 잃다

せんい [遷移] 名 自スル 천이 ①옮기어 바뀜 ②(物) 어떤 양자 상태에서 다른 양자 상태로 옮아가는 일 ③(生) 생물 군집의 변천 —元素げんそ (化) 천이 원소. 전이 (転移) 원소

せんい [繊維] 섬유 ¶ ～製品ひん 섬유 제품 / 合成ごう～ 합성 섬유 —素そ 섬유소

ぜんい [善意] 선의 ①호의 ¶ ～でした行為こうい 선의로 한 행위 ②좋은 의미 ¶ ～に解釈しゃくする 선의로 해석하다 ③(法) 사정을 모르고 있음 ¶ ～の第三者だいさんしゃ 선의의 제삼자 ▷ ① ～ ③ ⇔ 悪意あくい

せんいき [戦域] 전역. 전투 지역

ぜんいき [全域] 전역. 전 지역・분야 ¶ 医学がくの～ 의학의 전역

せんいつ [専一] 名 (文) 전일 ①전념함 = せんいち ¶ 勉強べんきょうを～にする 공부에 전념하다 ②제일임, 으뜸임 ¶ 御自愛じあい～に 무엇보다 우선 몸조심하여 주십시오

ぜんいつ [全一] 名 (文) 전일. 완전히 통일되어 일체임

せんいん [船員] 선원 = 船乗ふなのり

ぜんいん [全員] 전원 ¶ 事故じこで～が死亡しぼうした 사고로 전원이 사망했다

せんうん [戦雲] (文) 전운 ¶ ～たれこめる 전운이 감돌다

慣用句
—急きゅうを告つげる 전쟁이 시작될 듯이 정세가 긴박해지다

せんえい [先鋭・*尖鋭] 名 ダ 첨예 ①끝이 뾰족함 ②(사상・행동 등이) 급진적임 ¶ ～分子ぶんし 첨예[급진적인] 분자 —化か 名 他スル 첨예화, 급진화

せんえい [船影] (文) 배의 모습

ぜんえい [前衛] 전위 ①(軍) 최전방 부대 ②(배구 등에서) 전방의 공격・수비수 ③(예술 활동 등에서) 제일 선구적인 집단 ¶ 一芸術げいじゅつ 전위 예술 —的てき 전위적 ¶ 一派は 전위파

せんえき [戦役] 전역. 전쟁 = 戦

せんえつ [*僭越] 名 ダ 참월. 주제넘음, 외람됨 ¶ ～な言いい方かた 주제넘은 말투 / ～ながら 외람되지만

せんえん [*遷延] 名 自他スル (文) 천연, 지연

せんおう [専横] 名 ダ 전횡 ¶ ～を極きわめる 온갖 횡포를 부리다

せんおく [千億] ①천억 ②아주 많은 수

せんおん [*顫音] (音) 전음. 떠는 음 = トリル

ぜんおん [全音] (音) 전음. 온음 ⇔ 半音はんおん

ぜんおんかい [全音階] (音) 전음계. 온음계

ぜんおんぷ [全音符] (音) 전음부. 온음표

せんか [専科] (教) 전과 ①전문 분야만 공부하는 과정 ②(일본 구제 중학교에서 본과 수료 후의) 전문 학과 과정

せんか [泉下] (文) 천하. 저승, 황천, 구천 ¶ ～の客きゃくとなる 황천객이 되다. 죽다

せんか [戦火] (文) 전화 ①전쟁으로 인한 화재 ②전쟁, 전투 ¶ ～を交まじえる 교전하다

せんか [戦果] 전과 ¶ 赫赫かっかくたる～を上あげる 혁혁한 전과를 올리다

**せんか** [戦渦] (文) 전와. 전쟁의 소용돌이¶ ～に巻き込まれる 전와에 휘말리다
**せんか** [戦禍] (文) 전화. 전쟁으로 인한 재난
**せんか** [選科] (教) 선과. 일부 학과만을 선택하여 배우는 과정
**せんか** [選歌] 名 自スル 선가. 시가를 가려 뽑음, 그렇게 뽑힌 시가
**せんか** [線画] 선화. 선묘화
**ぜんか** [全科] 전과. 전과목. 전학과
**ぜんか** [全課] 전과 ①모든 과 ②전과목
**ぜんか** [前科] 전과 ①형벌의 전력¶ ～者の 전과자/ ～一犯は 전과 1범 ②(比) (좋지 못한) 전력¶ 約束を不履行にの～がある 약속 불이행의 전력이 있다
**ぜんか** [善果] 〔佛〕선과¶ 善因ぜん～ 선인 선과
**せんかい** [浅海] 천해 ①얕은 바다 ②해안에서 대륙붕 바깥쪽까지의 바다 ⇨② ⇔深海しん
**せんかい** [旋回] 名 自他スル 선회 ①빙빙 돎[돌림]¶ ～飛行ひこう 선회 비행 ②(文) 항공기가 곡선을 그리며 진로를 바꿈¶ 急きゅう～ 급선회
**せんがい** [選外] 선외. 선에 들지 못함¶ ～佳作さく 선외 가작
**ぜんかい** [全会] 전회. 그 모임 전체. 회원 전부. 만장(滿場)¶ 一致いっちで可決かけつする 만장 일치로 가결하다
**ぜんかい** [全快] 名 自スル 전쾌. 완쾌¶ ～祝いわい 완쾌 축하/ 早はやく～する 빨리 완쾌하다
**ぜんかい** [全開] 名 自他スル 전개 ①(꼭지 등을) 전부 틀어 놓음¶ 水道すいどうの栓せんを～にする 수도 꼭지를 완전히 틀어 놓다 ②전력 가동함¶ エンジンを～にする 엔진을 전력 가동하다
**ぜんかい** [全壊·全潰] 名 自スル 전괴. 전파
**ぜんかい** [前回] 전회. 전번. 지난번
**せんがき** [線描き] 〔美〕선묘. (특히 일본화에서) 물건의 모양을 선으로 나타내는 기법
**せんかく** [仙客] (文) ①선객. 선인(仙人) ②「鶴つる」의 딴이름
**せんかく** [先覚] (文) 선각 ①남보다 먼저 깨달음, 그런 사람¶ ～者しゃ 선각자 ②학문상의 선배. 선학¶ ～に学まなぶ 선학에게서 배우다
**せんがく** [先学] (文) 선학. 학문상의 선배
**せんがく** [浅学] (文) 천학 ①학식이 얕은, 그런 사람 ②자기 학식에 대한 겸사말 一非才ひさい 천학 비재¶ ～の身み 천학 비재의 몸
**ぜんかく** [全角] 〔印〕 전각. 활자 1자분 크기¶ ～をあける 전각을 띄우다
**ぜんがく** [全学] 대학 전체
**ぜんがく** [全額] 전액¶ 預金よきんの～ 예금의 전액/ ～を負担ふたんする 전액을 부담하다
**ぜんがく** [前額] 이마, 앞이마=ひたい
**ぜんがく** [禅学] 〔佛〕 선학
**ぜんがくれん** [全学連] 전일본 학생 자치회 총연합
**せんかし** [仙花紙·泉貨紙] 선화지
**せんかた ない** [「詮方ない·為ん方ない」] 連語 어쩔 도리가 없다, 수 없다=しかたがない¶ 焦あせっても～ 안달해 봤자 별 수 없다
**せんかん** [専管] 名 他スル (文) 전관. 전속 관할¶ ～水域すいいき 전관 수역
**せんかん** [戦艦] 〔軍〕 전함
**せんかん** [潜函] 〔建〕 잠함. 잠상(潛箱) =ケーソン¶ ～工法こうほう 잠함 공법
**せんかん** [選管] 〔政〕 선거 관리 위원회
**せんかん** [潺湲] 〔諷〕 (文) 잔원 ①물이 졸졸 흐름, 그 물소리¶ ～たる渓流けいりゅう 졸졸 흐르는 계곡물 ②눈물이 줄줄 흐름
**せんがん** [洗眼] 세안. 눈을 씻음
**せんがん** [洗顔] 名 自スル 세안. 세수¶ ～クリーム 세안 크림/ ぬるま湯ゆで～する 미지근한 물로 세수하다 一料りょう 세안제
**ぜんかん** [全巻] 전권 ①전질(全帙)¶ ～購読こうどく予約よやく 전질 구독 예약 ②그 권의 전체, 전편
**ぜんかん** [全館] 전관 ①모든 건물 ②그 건물 전체¶ ～冷房ぼう完備かんび 전관 냉방 완비
**ぜんかん** [前官] 전관 ①퇴임시의 관직 ②(어떤 관직의) 전임자 一礼遇れいぐう 전관 예우
**ぜんかん** [善感] 名 自スル 선감. (우두 등이) 잘 접종되어 효과가 나타남
**ぜんがん じょうたい** [前癌状態] 〔醫〕 전암 상태. 방치하면 암이 될 가능성이 있는 상태
**せんき** [疝気] 산기. 산증¶ ～持もち 산증 환자 一筋すじ ①산증 때 아픈 근육 ②정통이 아닌 계통, 방계 ③짐작하기 어려움. 헛짐작
**せんき** [戦記] 전기. 전쟁 기록 ＝軍記ぐん～¶ ～物もの 전기물 一物語ものがたり → 軍記ぐん物語ものがたり
**せんき** [戦旗] 전기. (전쟁 때 쓰는) 군기
**せんき** [戦機] 전기 ①전쟁이 일어나는 기운 ②싸울 [싸우기에 좋은] 기회¶ ～が熟じゅくす 전기가 무르익다 ③군사상의 기밀, 군기(軍機)
**せんぎ** [先議] 名 他スル 선의 ①먼저 심의함, 그 의제 ②〔政〕(양원제 의회에서) 한 쪽 원에서 먼저 심의함 一権けん 선의권
**せんぎ** [詮議] 名 他スル (文) 전의 ①평의하여 사물을 밝힘 ②(죄인을) 문초함¶ 厳重げんじゅうに～する 엄중히 문초하다
**ぜんき** [全期] 전기 ①모든 기간 ②그 기간 전체
**ぜんき** [前記] 名 他スル (文) 전기. 전술 ⇔後記こう¶ ～のとおり 전기와 같이
**ぜんき** [前期] 전기 ①몇 개로 나눈 기간의 첫 시기 ⇔後期こう¶ 平安時代へいあんの～ 平安 시대의 전기 ②현재의 앞의 기간¶ ～繰越金くりこしきん 전기 이월금
**せんきゃく** [先客] 선객. 먼저 온 손님
**せんきゃく** [船客] 선객¶ ～名簿めいぼ 선객 명부
**せんきゃく ばんらい** [千客万来] 천객 만래
**せんきゅう** [船級] (文) 선급. 선박의 국제 등급
**せんきゅう** [選球] 名 自スル 〔野〕 선구¶ ～眼がん 선구안
**ぜんきゅう** [全休] 名 自スル 전휴 ①그날 하루·정해진 기간 내내 쉼¶ 春場所ばしょは～ 봄철 씨름 흥행의 전휴 ②전면 운휴¶ 大雪おおゆきのため～する 대설로 전면 운휴하다
**せんきょ** [占拠] 名 他スル ①점거¶ 不法ほう～ 불법 점거 ②점령¶ 要地ようちの～ 요지의 점거
**せんきょ** [船渠] (文) 선거 = ドック
**せんきょ** [選挙] 名 他スル 선거¶ 補欠ほけつ～ 보

**せんぎょ**

궐 선거/〜に出馬する 선거에 출마하다 ―運動 선거 운동 ―管理委員会 선거 관리 위원회 ―区 선거구 ―権 선거권 ―人 선거인 ―人名簿 선거인 명부

**せんぎょ** [遷御] 천황, 天皇등의 거처나 신체(神體) 등이 다른 곳으로 옮겨짐

**せんぎょ** [鮮魚] (文) 선어. (물 좋은) 생선

**せんきょう** [仙境・仙郷] 선경. 선향. 선계

**せんきょう** [宣教] 名 自スル 선교. ―師 선교사

**せんきょう** [船橋] (交) 선교=ブリッジ

**せんきょう** [戦況] 전황¶〜が好転する 전황이 호전되다

**せんぎょう** [専業] 전업 ①전문 직업・사업¶〜主婦 전업 주부 ②독점업

**せんぎょう** [賤業] 천업

**せんきょく** [戦局] 전국. 전황¶〜が不利に展開する 전국이 불리하게 전개되다

**せんきょく** [選曲] 名 自スル 선곡

**ぜんきょく** [全曲] 전곡 ①모든 악곡 ②그 악곡 전체¶〜に流れる美しき 전곡에 흐르는 아름다움

**ぜんきょく** [全局] 전국 ①모든 국면 ②어떤 국면 전체, 전체의 국면¶〜を見渡す 전국을 바라보다 ③(바둑・장기에서) 대국의 전부

**せんぎり** [千切り・纖切り] [料] (채소 등을) 채침, 채친 것, 채¶大根の〜 채친 무

**せんぎり** [先*限] [経] → さきぎり

**せんきん** [千金] 천금 ①천냥의 돈 ②많은 돈¶一攫〜 일확 천금 ③매우 큰 가치¶〜に値するもの 천금의 가치가 있다

**せんきん** [千*鈞] 名 천균. 아주 무거움

慣用句
―の重み 천균의 무게. 매우 큰 가치

**ぜんきんだい** [前近代] 전근대. 근대 이전, 봉건 시대 ―的 ナ 전근대적

**せんく** [先駆] 名 自スル ①선구. 선구자=さきがけ¶平和運動の〜をなす 평화 운동의 선구자가 됨 ②말을 타고 행렬의 앞에서 감, 그런 사람 ―者 선구자

**せんく** [選句] 名 自スル 좋은 俳句를 고름. 그렇게 고른 俳句¶〜集 俳句 선집

**せんぐ** [船具] 선구. 배의 용구=ふなぐ

**ぜんく** [前駆] 名 自スル 전구, 말을 타고 행렬을 선도함, 그런 사람¶騎馬で〜する 말을 타고 선도하다 ―症状 [医] (병의) 전구 증상

**せんくち** [先口] (口) 앞 순번, 선번, 선약=後口⇔〜の約束がある 선약이 있다

**せんくん** [先君] (文) 선군 ①선왕 ②선친, 선고(先考), 선조

**ぜんぐん** [全軍] 전군 ①모든 군대 ②군대 전체

**せんぐんばんば** [千軍万馬] 천군 만마 ①많은 병마 ②실전 경험이 풍부함, 산전 수전을 겪음¶〜の古強者 백전 노장

**せんげ** [宣下] 名 自他スル (文) 선지(宣旨)가 내림, 선지를 내림

**せんげ** [遷化] 名 自スル [佛] 천화. 고승이 죽음

**ぜんけ** [禅家] [佛] 선가. 선종(禪宗). 선사(禪寺), 선승(禪僧)=ぜんか

**せんけい** [扇形] 선형 ①부채 모양 ②[数] 부채꼴

**せんけい** [船型] 선형. 배의 모양

**せんけい** [線形] 선형. 선상=線状 ―動物 [動] 선형 동물

**ぜんけい** [全形] 전형, 전체의〔완전한〕모양

**ぜんけい** [全景] 전경¶湖の〜 호수의 전경

**ぜんけい** [前掲] 名 他スル (文) 전게. 앞서 듦, 전기¶〜の図を参照 のこと 앞서 든 그림을 참조할 것

**ぜんけい** [前景] 전경. 앞쪽의 경치 ⇔後景

**ぜんけい** [前傾] 名 自スル (몸이) 앞쪽으로 기욺¶〜姿勢 앞으로 기운 자세

**せんけつ** [先決] 선결 ―問題 선결 문제¶〜は資金だ 선결 문제는 자금이다

**せんけつ** [専決] 名 他スル (文) 전결¶〜事項 전결 사항

**せんけつ** [潜血] [医] 잠혈. 잠재 출혈

**せんけつ** [鮮血] 선혈¶〜がほとばしる 선혈이 세차게 뿜어나오다

**せんげつ** [先月] 선월. 지난달, 전달

**ぜんげつ** [前月] 전월 ①(어느 달의) 이전 달¶死の〜に 죽기 바로 전달에 ②전달, 지난달

**せんけん** [先見] 선견. 앞을 내다봄
慣用句
―の明 선견지명¶〜がある 선견지명이 있다

**せんけん** [先遣] 名 他スル 선견, 선발¶〜隊 선발대

**せんけん** [先賢] (文) 선현¶〜の教え 선현의 가르침

**せんけん** [専権] (文) 전권¶政府の〜 정부의 전권

**せんけん** [浅見] (文) 천견 ①얕은〔천박한〕소견¶〜短慮 천견 단려 ②우견(愚見)

**せんけん** [*嬋娟] ナ (文) 선연. 자태가 곱고 아리따움¶〜たる美人 선연한 미인

**せんげん** [宣言] 名 他スル 선언¶独立の〜 독립 선언/開会を〜する 개회를 선언하다

**せんげん** [選言] 선언 ―的 ナ [論] 선언적¶〜三段論法 선언적 삼단 논법

**ぜんけん** [全権] ①전권¶〜をゆだねる 전권을 위임하다/〜を与える 전권을 주다 ②「全権委員」의 준말 ―委員 전권 위원 ―委任状 전권 위임장 ―大使 전권 대사

**ぜんけん** [前件] 전건 ①전기(前記)한 조목, 전술한 사항 ②[論] 가언적(假言的) 판단에서 그 조건이 되는 부분 ▷ ②⇔ 後件

**ぜんげん** [前言] 전언 ①앞서 한 말¶〜を翻す 앞서 한 말을 번복하다 ②선인의 말¶〜往行 전언 왕행, 선인의 언행

**ぜんげん** [善言] 선언. (가르침이 되는) 좋은 말¶〜嘉行 선언 가행

**ぜんげん** [漸減] 名 自スル (文) 점감. 점점 줄어듦¶受益が〜する 수익이 점감하다

**せんけんてき** [先験的] [哲] 선험적

**せんげんばんご** [千言万語] (文) 천언 만어. 수많은 말¶〜を費やす 수많은 말을 하다

**せんけんろん** [先験論] [哲] 선험론

**せんこ** [千古] (文) 천고 ①태고¶〜のなぞ 태

고의 수수께끼 ②[名] 영원, 영구¶ ~不滅ᇮ 천고 불멸 **一不易**ᇰ [文] 천고 불변

**ぜんこ** [先後] [名][自スル] 선후, 전후= あとさき¶ ~を乱ᇰる 뒤바뀌게 하다

**せんご** [戦後] 전후. (특히) 2차 대전 후 **―派** 전후파¶ ~文学ᇰ 전후파 문학

**ぜんこ** [全戸] 전호 ①온 집안·일가 ②전가옥, 전가구

**ぜんこ** [前古] [文] 전고, 옛날 **―未曾有**ᇰ 전고 미증유, 옛부터 있어 본 적이 없음

**ぜんご** [前後] 전후Ⅰ[名] ①(공간상의) 앞과 뒤¶ ~左右ᇰ (시간상의) 앞과 뒤¶ 食事ᇰの~に祈ᇰる 식사 전후에 기도하다 ③전후 사정, 사리¶ ~をわきまえる 사리를 분별하다 ④[形式] 쯤, 경, 안팎, 내외¶ 七時ᇰに帰ᇰる 7시경에 돌아오다Ⅱ[自スル] ①순서가 뒤바뀜¶ ~する 이야기의 앞뒤가 뒤바뀌다 ②전후함, 앞서거니 뒤서거니 함, 거의 동시임 相ᇰ-して現ᇰれる 거의 동시에 나타나다 **―不覚**ᇰ (의식을 잃어) 전후 사정을 분간 못함, 정신 없음

**ぜんご** [漸悟] [佛] 점오 ⇔ 頓悟ᇰ

**せんこう** [先公] ①선왕(先王) ②(俗) 학생이 교사를 일컫는 말

**せんこう** [先考] [文] 선고, 선친, 망부

**せんこう** [先行] [名][自スル] 선행 ①앞서 감¶ 時代ᇰに~する識見ᇰ 시대를 앞서가는 식견 ②앞서 행해짐¶ ~投資ᇰ 선행 투자 ③앞에 있음¶ ~文献ᇰ 선행 문헌 **―指標**ᇰ [経] 선행 지표

**せんこう** [先攻] [名][自スル] 선공. (운동 경기에서) 먼저 공격함, 그 팀= さきぜめ ⇔ 後攻ᇰ

**せんこう** [専行] [名][他スル] 전행¶ 独断ᇰ~ 독단 전행

**せんこう** [専攻] [名][他スル] 전공¶ 哲学ᇰを~する 철학을 전공하다

**せんこう** [浅紅] [文] 분홍색, 핑크

**せんこう** [´穿孔] [名][自スル] [文] 천공¶ 胃ᇰ~ 위천공¶ ~機ᇰ 천공기

**せんこう** [´閃光] 섬광¶ ~を発ᇰする 섬광을 발하다 **―電球** ᇰ [電] 섬광 전구, 플래시

**せんこう** [戦功] 전공

**せんこう** [潜行] [名][自スル] 잠행 ①잠수하여 감 ②몰래 행함¶ 地下ᇰに~する 지하에 잠행하다

**せんこう** [潜幸] [名][他スル] 잠행. (天皇ᇰの) 몰래 행차함, 미행

**せんこう** [潜航] [名][自スル] 잠항 ①잠수하여 항행함¶ ~艇ᇰ 잠항정 ②몰래 항해함¶ 夜陰ᇰに乗ᇰじて~する 야음을 틈타 잠항하다

**せんこう** [線香] 선향, 향¶ ~をあげる 향을 피우다, 분향하다 **―代**ᇰ ①향전, 부의 ②(기생 등의) 화대 **―花火**ᇰ ①지노 끝에 화약을 넣어 터트리는 불꽃 ②[比] 반짝하고 끝, 덧없음

**せんこう** [選考・´銓衡] [名][他スル] 전형¶ 書類ᇰ~ 서류 전형

**せんこう** [選鉱] [名][自スル] 선광¶ ~場ᇰ 선광장

**せんこう** [遷幸] [名][自スル] [文] 천행 ①천도= 遷都ᇰ ②天皇·上皇ᇰの 거처를 옮김

**せんこう** [繊巧] [名][ダ][文] 섬교, 섬세하고 정교함

**せんこう** [鮮紅] [文] 선홍¶ ~色ᇰ 선홍색

**ぜんこう** [全校] 전교 ①모든 학교¶ 市内ᇰの~ 시내의 모든 학교 ②그 학교 전체¶ ~生ᇰ 전교생/ ~行事ᇰ 전교 행사

**ぜんこう** [前項] 전항 ①앞의 조항¶ ~参照ᇰ のこと 전항을 참조할 것 ②[数] 선항, 앞의 항

**ぜんこう** [善行] 선행¶ ~を表彰ᇰする 선행을 표창하다 **―表彰**ᇰ 선행 표창/ ~を積ᇰむ 선행을 쌓다

**ぜんごう** [番号] (신문·잡지 등의) 전호

**ぜんごう** [善業] [佛] 선업 ⇔ 悪業ᇰ

**せんこく** [先刻] ①조금 전, 아까= 後刻ᇰ¶ ~地震ᇰがあった 조금 전 지진이 있었다/ ~は失礼ᇰしました 아까는 실례했습니다Ⅱ[副] 이미, 벌써= 既ᇰに¶ ~御承知ᇰのとおり 이미 아시는 바와 같이

**せんこく** [宣告] [名][他スル] 선고¶ 死刑ᇰを~する 사형을 선고하다

**せんごく** [戦国] ①전국 「戦国時代ᇰ」의 준말 **―時代**ᇰ 전국 시대

**ぜんこく** [全国] 전국¶ ~大会ᇰ 전국 대회 **―区**ᇰ 전국구 **―紙**ᇰ 전국지

**せんごく どおし** [千石´筛] 경사진 긴 체에 현미를 흘려내려 겨와 쌀을 고르는 농기구

**せんごくぶね** [千石船] (江戸ᇰ 시대에) 쌀 천 섬을 싣던 큰 배= 千石積ᇰくみ

**ぜんごさく** [善後策] 선후책¶ ~を講ᇰじる 선후책을 강구하다 ▷「前後策」로 씀은 잘못

**せんこつ** [仙骨] ①仙骨. 비범한 풍채 (의 사람)¶ ~を帯ᇰびる 비범한 풍채를 지니다

**せんこつ** [仙骨·´薦骨] [医] 선골, 엉덩이뼈

**せんひょう** [選後評] 선후평, 선정 후의 비평

**ぜんこん** [善根] [佛] 선근, 공덕¶ ~を施ᇰす 선근을 베풀다

**せんざ** [遷座] [名][他スル] [文] 천좌, 天皇ᇰ·신불이 자리를 옮김 **―祭**ᇰ 천좌제

**ぜんざ** [前座] ①본 프로그램에 앞서 출연함, 그런 사람¶ ~を務ᇰめる 개막 출연을 하다 ②(落語家ᇰの 등급에서) 최하위 연예인

**せんさい** [先妻] 전처 ⇔ 後妻ᇰ

**せんさい** [浅才] [文] 천재 (は재주[才]) ②자기 재능에 대한 겸사말, 비재(菲才)

**せんさい** [戦災] 전재, 전화(戰禍)¶ ~孤児ᇰ 전재 고아/ ~をこうむる 전재를 입다

**せんさい** [繊細] [名][ダ] 섬세¶ ~な線ᇰ 섬세한 선/ ~な感受性ᇰ 섬세한 감수성

**せんざい** [千載·千歳] [文] 천재, 천세¶ 名ᇰを~に残ᇰす 이름을 천세에 남기다 **―一遇**ᇰ 천재일우¶ ~の好機ᇰ 천재 일우의 호기

**せんざい** [´前栽] ①초목을 심은 정원 ②마당 가에 심은 초목

**せんざい** [洗剤] 세제¶ 合成ᇰ~ 합성 세제

**せんざい** [´煎剤] [文] 탕제= 煎ᇰじ薬ᇰ

**せんざい** [潜在] 잠재¶ 顕在ᇰ~¶ 能力ᇰを引ᇰき出ᇰす 잠재 능력을 이끌어내다 **―意識**ᇰ 잠재 의식 **―的**ᇰ [ダ] 잠재적

**ぜんさい** [前菜] [料] 전채(前菜)= オードブル

**ぜんざい** [善´哉] [名] ①(関東ᇰ 지방에서) 단팥

고물에 무친 떡 ②(関西かん 지방에서) 단팥죽
**せんさく** [穿鑿] 名 他スル 천착 ①구멍을 뚫음 ②세세한 점까지 캐냄¶他人たんの秘密ひを〜する 남의 비밀을 캐다¶〜好すき 참견하기 좋아함
**せんさく** [詮索] 名 他スル (속속들이) 파고[캐고] 듦, 탐색함 語源げんを〜する 어원을 탐색하다
**ぜんさつ** [禅刹] (文) 선찰 ①선종의 절, 선사 ②사찰, 절
**せんさばんべつ** [千差万別] 천차 만별¶考かんがえかたは〜だ 사고 방식은 천차 만별이다
**ぜんざん** [全山] 전산 ①모든 산 ②그 산 전체, 온 산¶〜新緑りんにに覆ぉぉわれる 온 산이 신록으로 뒤덮이다 ③(규모가 큰) 절 전체
**せんざんこう** [穿山甲] 動 천산갑
**せんし** [先師] 선사 一時代だい [考古] 선사 시대
**せんし** [先師] (文) 선사 ①돌아가신 스승 ②선현
**せんし** [穿刺] 名 自スル [醫] 천자. (체액을 뽑아내기 위해) 몸에 주사 바늘을 꽂음
**せんし** [戦士] 전사 ①전투에 참가하는 병사 無名むの〜の墓ばか 무명 전사의 무덤 ②(比) 제일선에서 활약하는 사람¶企業ぎょう〜 기업 전사
**せんし** [戦史] 전사. 전쟁의 역사
**せんし** [戦死] 名 自スル 전사¶〜者しゃ 전사자
**せんじ** [煎じ] ①달임, 끓여서 우려냄¶〜茶ちゃ 달인 차/二番ばん〜 재탕¶鰹節かつぉぶしを 만들 때 가라앉은 국물을 달인 진액
**せんじ** [戦時] 전시 ⇔平時へい¶〜体制たい 전시 체제 一中ちゅう 전시 중
**ぜんし** [全姿] (文) 전체 모습 = 全容ぜん
**ぜんし** [全紙] 전지 ①[版] 규격대로 자른 용지 ②[版] 457mm×560mm 크기의 사진 인화지 ③(신문의) 한 면 전체, 지면 전체 ④모든 신문
**ぜんし** [前史] 전사 ①그 이전의 역사 維新しん〜 유신 전사 ②한 시대의 전반(前半)의 역사¶昭和しょうわ〜 昭和 전사 ③전사, 유사 이전
**ぜんし** [前肢] 動 전지. 앞발, 앞다리
**ぜんじ** [善事] 선사 ①착한 일, 좋은 일 ⇔悪事じ ②경사스러운 일 = 吉事じ
**ぜんじ** [禅師] [佛] 선사 ①선법(禪法)에 통달한 중, 병을 고치는 주술적인 힘을 가진 중 ②조정에서 고승에게 내린 칭호 ③법사의 호칭
**ぜんじ** [漸次] 副 (文) 점차, 차츰¶〜回復かいに向むかう 점차 회복해 가다
**せんじぐすり** [煎じ薬] 탕약, 탕제 = 煎剤ぜん
**せんじだ・す** [煎じ出す] 他五 (약 등을) 달여 우려내다
**せんしつ** [船室] 선실¶一等とう〜 1등 선실
**せんじつ** [先日] 요전, 일전, 전번¶〜の約束そくはお忘わすれなく 요전 약속은 잊지 마시고 一来らい 副 요전(일전)부터, 요 며칠째
**ぜんしつ** [禅室] [佛] 선실 ①선방 ②(선종에서) 주지의 방, 주지 ③출가한 귀인의 주거
**ぜんじつ** [前日] 전일 ①전날 ②요전날, 일전
**ぜんじつせい** [全日制] [教] 전일제 = ぜんにちせい¶〜授業じゅ 전일제 수업
**せんじつ・める** [煎じ詰める] 他下一 ①바짝

달이다 ②끝까지 따져 보다¶〜・めれば君きみの責任せきんだ 따지고 보면 너의 책임이다
**せんしばんこう** [千思万考] 名 自スル (文) 천사 만고¶〜のあげく 천사 만고 끝에
**せんしばんこう** [千紫万紅] (文) 천자 만홍¶〜の花園はなぞの 천자 만홍의 꽃동산
**せんしばんたい** [千姿万態] (文) 천자 만태
**せんじもん** [千字文] 천자문
**せんしゃ** [洗車] 名 自スル 세차
**せんしゃ** [船車] 배와 차[수레]
**せんしゃ** [戦車] 전차. 탱크 = タンク
**せんしゃ** [撰者] 찬자 ①(시가집 등의) 편찬자 ②작자, 저자
**せんじゃ** [選者] 선자. (심사하여) 뽑는 사람¶賞しょうの〜 상의 선자
**ぜんしゃ** [前車] 앞차 ⇔後車こう
**慣用句**
一の覆くつがえるは後車こうの戒いましめ 앞사람의 실패는 뒷사람에게 교훈이 된다
一の轍てつを踏ふむ 전철을 밟다
**ぜんしゃ** [前者] 전자 ⇔後者こう
**せんしゃく** [浅酌] 名 自スル 천작. 가볍게 술을 마심 一低唱ていしょう 名 自スル (文) 천작 저창. 가볍게 술을 마시고 나직하게 시가(詩歌)를 읊음
**せんじゃく** [繊弱] 名 ダ 섬약
**ぜんしゃく** [前借] 名 他スル 전차, 가불 = まえがり¶給料きゅうの〜 급료의 가불
**せんじゃふだ** [千社札] 千社参まいりを 하는 사람이 참배 기념으로 신사에 붙이는 쪽지
**せんじゃまいり** [千社参り] 지방의 많은 神社じゃ를 돌며 참배하고 기도하는 일 = 千社詣もうで
**せんしゅ** [先取] 名 他スル 선취¶〜点てんをあげる 선취점을 올리다
**せんしゅ** [船主] 선주. 배의 주인 = ふなぬし
**せんしゅ** [船首] 선수. 뱃머리, 이물
**せんしゅ** [僭主] 참주 ①군주의 이름을 참칭하는 자 ②[史] (고대 그리스의) 독재자
**せんしゅ** [選手] 선수¶〜団だん 선수단 一権けん 선수권¶〜保持者ほじ 선수권 보유자 一交代だい 선수 교대 一村そん 선수촌
**せんしゅ** [繊手] 섬수. (여성의) 가냘픈 손
**せんしゅう** [千秋] 천추, 천년, 아주 긴 세월¶一日いちじつ〜の思おもい 하루가 천추 같은 생각 一万歳ばんざい 천추 만세, 천년 만년, 영원 一楽らく ①[劇] 아악의 하나 = 千歳楽せんざい ②(연극・씨름 등의) 흥행 마지막날 = せんしゅうらく
**せんしゅう** [先週] 전주. 지난 주 ⇔来週らい
**せんしゅう** [専修] 名 他スル 전수¶〜科目かもく 전수 과목 一学校がっこう 전수 학교
**せんしゅう** [撰修] 名 他スル 찬수, 편수
**せんしゅう** [選集] 선집¶〜を編あむ 선집을 엮다
**せんじゅう** [先住] ①선주¶〜民族みんぞく 선주 민족 ②[佛] 전(前) 주지 ⇔後住こう
**せんじゅう** [専従] 名 自スル 전종. 전임, 전임자¶組合くみあい〜者しゃ 조합 전임자
**せんじゅう** [煎汁] (文) 달여낸 국물
**せんしゅう** [撰集] 名 他スル (文) 찬집. 시가, 문장을 골라서 편집함, 그런 책 = せんしゅう

ぜんしゅう [全集]【版】전집¶ 世界文学~ 세계 문학 전집
ぜんしゅう [禅宗]【佛】선종
せんしゅつ [選出] 名 他スル 선출¶ ~方法 선출 방법/ 役員を~する 임원을 선출하다
せんじゅつ [先述] 名 他スル 전술=前述 ⇔ 後述¶ ~の通り 전술한 대로
せんじゅつ [仙術] 선술. 신선이 행하는 술법
せんじゅつ [戦術] 전술¶ ~家 전술가/ ~を練る 전술을 짜다 —兵器【軍】전술 병기
せんじゅつ [*撰述] 名 他スル (文) 찬술. 저술
せんじゅつ [前述] 名 他スル (文) 전술=先述 ⇔ 後述¶ ~の通り 전술한 바와 같이
せんしゅぼうえい [専守防衛]【軍】전수 방위. 자국의 방위에 필요한 최소한의 범위에서만 군사력을 행사하는 일
せんしゅん [浅春] (文) 천춘. 초봄=早春
せんしょ [選書] 선서. 많은 책 중에서 일정 목적에 맞는 것만 모아 만든 총서
ぜんしょ [全書] 전서¶ 六法~ 육법 전서
ぜんしょ [前書] 전서 ①이전에 쓴 문장〔책〕 ②이전에 쓴 편지. 전신(前信)
ぜんしょ [善処] 名 自スル 선처¶ 前向きに~する 적극적으로 선처하다
ぜんしょ [善所・善処]【佛】극락¶ 後生~ 후생에 극락에서 태어남
せんしょう [先勝] I 名 自スル 선승. 먼저 이김 II 名 (음양도에서) 급한 일・송사 등에 오전 중이 길하다는 날=せんかち・さきがち
せんしょう [先蹤] (文) 선례. 전례
せんしょう [船檣] (文) 선장. 돛대=マスト
せんしょう [戦勝・戦捷] 名 自スル 전승¶ ~国 전승국/ ~祝い 전승 축하
せんしょう [戦傷] 전상¶ ~者 전상자
せんしょう [*僭称] 名 他スル (文) 참칭¶ 王を~する 왕을 참칭하다
せんしょう [選奨] 名 他スル (文) 선장. 좋은 것을 골라 권장함¶ 良書を~する 양서를 선장하다
せんしょう [鮮少・*尠少] ノ (文) 선소. 극히 적음¶ ~な事例 선소한 사례
せんじょう [洗浄] 名 他スル 세정. 세척¶ 깨끗이 씻음¶ ~器 세척기/ 食器の~ 식기의 세척 ②[洗*滌]【醫】(물이나 약품으로) 체내・환부를 깨끗이 씻어냄¶ 胃の~ 위 세척
せんじょう [船上] 선상. 배 위
せんじょう [戦場] 전장. 전쟁터¶ 古~ 옛 싸움터/ ~と化す 전쟁터로 변하다
せんじょう [*僭上] ノ (文) 참상. 분수에 넘치게 주제넘음. 참월=僭越
せんじょう [線上] 선상 ①선 위 ②어떤 경계면에 있음¶ 飢餓の~にある 기아 선상에 있다
ぜんじょう [線条] (文) 선조. 선. 줄
ぜんしょう [全勝] 名 自スル 전승 ⇔ 全敗¶ ~優勝 전승 우승
ぜんしょう [全焼] 名 自他スル 전소=まるやけ
ぜんしょう [前生]【佛】전생 ⇔ 後生
ぜんしょう [前哨]【軍】전초¶ 一戦 전초전

ぜんじょう [禅定]【佛】①선정 ②영산(靈山)에서 기거하며 수행하는 일. 그 영산의 꼭대기
ぜんじょう [禅譲] 名 他スル 선양 ①(고대 중국에서) 덕이 있는 사람에게 양위함 ②천자・지배자가 스스로 양위함
せんじょうち [扇状地]【地】선상지
せんじょうてき [煽情的・*扇情的] ヂ 선정적
せんじょうとう [前照灯] 전조등 ⇔ 尾灯
せんじょうばんたい [千状万態] (文) 천상 만태. 천태 만상=千姿万態
ぜんしょうめいだい [全称命題]【論】전칭 명제
せんしょく [染色] 名 自スル 염색 —体【生】염색체
せんしょく [染織] 名 他スル 염직. 염색과 직조¶ ~家 염직가
ぜんしょく [前職] 전직 ①이전의 직업・직무 ②전임자
せん・じる [*煎じる] 他上一 (차・약 등을) 달이다¶ 茶を~ 차를 달이다
せんしん [先進] 선진 ①선배 ②진보의 단계가 앞서 있는 일¶ ~技術をとり入れる 선진 기술을 받아들이다 —国 선진국
せんしん [専心] 副 自スル 전심. 전념¶ 勉強に~する 공부에 전념하다
せんしん [潜心] 名 自スル (文) 잠심. 마음을 가라앉히고 깊이 생각함. 몰두¶ ~熟慮 잠심 숙려. 골똘하게 깊이 생각함
せんしん [線審] (테니스・축구 등의) 선심
せんじん [千尋・千*仞] (文) 천심. 천 길¶ ~の谷 천 길 골짜기
せんじん [先人] (文) 선인 ①옛사람. 이전 사람=後人¶ ~の跡をたどる 선인의 자취를 더듬다 ②망부(亡父). 선친. 선조
せんじん [先陣] 선진 ①전진(前陣) ⇔ 後陣 ②맨 앞장. 선봉. 선두=さきがけ¶ ~を切る 맨 앞장을 서다 —争い 선봉 다툼
せんじん [戦陣] 전진 ①싸우기 위한 진영. 전열¶ ~をはる 전열을 펴다 ②싸움터. 전장
せんじん [戦塵] (文) 전진 ①싸움터에 이는 먼지 ②전란¶ ~を避ける 전진을 피하다
ぜんしん [全身] 전신. 온몸¶ ~の力をこめる 전신의 힘을 기울이다 —全靈 전신 전령. 몸과 마음 전부 —麻酔【醫】전신 마취
ぜんしん [前身] 전신 ①이전의 직업・신분. 경력¶ ~は先生 전신은 선생 ②(단체・조직 등의) 이전 형태¶ 大学の~ 대학의 전신 ③【佛】전세의 신상 ⇔ 後身
ぜんしん [前進] 名 自スル 전진 ⇔ 後退¶ ~基地 전진 기지/ 一歩~する 일보 전진하다
ぜんしん [前審]【法】전심. 이전 단계의 심리・심판¶ 最高裁で~を覆される 대법원에서 전심이 뒤집히다
ぜんしん [善心] 선심. 선량한〔착한〕마음
ぜんしん [漸進] 名 自スル 점진 ⇔ ~主義 점진주의/ ~的に進む 점진적으로 나아가다
ぜんじん [全人] 전인¶ ~教育 전인 교육
ぜんじん [前人] 전인. 이전 사람 —未到 전인 미답¶ ~の境地 전인 미답의 경지

せんしん ばんく【千辛万苦】(文) 천신 만고¶〜の末やり遂げる 천신 만고 끝에 해내다
せんす【扇子】접부채, 쥘부채＝おうぎ
せんすい【泉水】①뜰에 만든 연못 ②천수. 샘물
せんすい【潜水】(名)(自スル) 잠수¶ー夫 잠수부 ー艦(軍) 잠수함 ー病(醫) 잠수병 ー服 잠수복
ぜんすう【全数】전수. 전체 수량 ー調査(統) 전수 조사. 전체 대상을 조사하는 방법
せんすじ【千筋】가느다란 세로줄 무늬. 그런 무늬의 직물
せんすべ【詮術】(連語) 어찌할 방법[도리]¶〜なし 어찌할 도리가 없다/〜を知らず 어찌할 바를 모르다
せん・する【宣する】(他)(サ変)(文) 선언하다. 선포하다¶開会を〜 개회를 선언하다
せん・する【僭する】(他)(サ変)(文) 참람한 짓을 하다, 분수에 넘치는 짓을 하다
せん・する【撰する】(他)(サ変)(文) 찬하다, 저술하다. 편찬하다¶史書を〜 사서를 찬하다
せんずるところ【詮ずる所】(連語)(文) 요컨대, 생각건대, 결국
ぜんせ【前世】(佛) 전세＝前世・ぜんぜ・現生世・後世¶〜の因縁 전세의 인연
せんせい【先生】선생 ①교사, 스승, 사범¶音楽の〜 음악 선생/お花の〜 꽃꽂이 선생 ②의사・변호사・작가 등의 높임말¶医者の〜 의사 선생님 ③남을 조롱할 때 쓰는 말¶あの〜は何をやらせてもだめだ 저 양반은 무슨 일을 시켜도 제대로 못해 ④먼저 태어난 사람 ⇔ 後生
せんせい【先制】(名) 선제¶〜点 선제점 ー攻撃 선제 공격
せんせい【宣誓】(名)(他スル) 선서¶選手〜 선수 선서
せんせい【専制】(政) 전제 ー君主 전제 군주 ー政治(政) 전제 정치 ー立憲ー政治
せんせい【潜性】(生) 잠성. 열성 ＝顕性
せんぜい【占筮】(名)(他スル)(文) 점서. 복서(卜筮)
せんせい【蝉蛻】(名) Ⅰ (文) 선세, 선퇴, 매미의 허물 Ⅱ (名)(自スル) 세속을 초탈함, 오랜 인습・속박에서 벗어남, 선탈＝蝉脱
ぜんせい【全盛】전성¶〜期 전성기
ぜんせい【善政】선정¶〜を敷く 선정을 펴다
せんせいき【前世紀】①전세기¶〜の遺物 전세기의 유물 ②유사 이전의 시대
せんせいじゅつ【占星術】점성술
せんせいりょく【潜勢力】잠재력¶〜を有する 잠재력을 가지다
ぜんせかい【前世界】전세계, 유사 이전의 세계
せんせき【泉石】(文) 천석. 정원의 연못과 돌
せんせき【船籍】선적¶〜不明の船 선적 불명의 배
せんせき【戦跡】전적¶〜を尋ねる 전적을 찾다
せんせき【戦績】전적. 전쟁・시합 등의 성적¶見事な〜を残した 훌륭한 전적을 남기다
せんせん【先占】(名)(他スル)(文) 선점. 남보다 먼저 점유함¶〜取得 선점 취득

せんせん【先先】(造語) 전전, 지지난, 앞의 앞¶ー週 지지난주/ー代 전전대
せんせん【宣戦】(名)(自スル) 선전¶〜を布告する 선전을 포고하다
せんせん【戦線】전선¶労働〜 노동 전선
せんせん【潺潺】(ﾌ)(文) 잔잔. 얕은 물이 졸졸 흐르는 모양, 그런 소리
せんせん【先先】(×先前) 전전, 오래 전, 이전＝さきざき・前々¶〜より申し上げているとおり 오래 전부터 말씀드렸듯이
せんぜん【戦前】전전. (특히) 2차 대전 전 ー派 전전파
ぜんせん【全線】전선 ①모든 노선. 노선의 전부¶〜不通となる 전선 불통이 되다 ②모든 전선(戦線)¶〜にわたって交戦中 전선에 걸쳐 교전 중
ぜんせん【前線】전선 ①(軍) 일선¶最〜 최전선/ー部隊 일선 부대 ②(투쟁・운동의) 선두, 제일선 ③(気) 성질이 다른 두 기단의 경계가 땅과 접촉하는 선¶寒冷〜 한랭 전선 ー雷(気) 전선뢰, 계뢰＝界雷
ぜんせん【善戦】(名)(自スル) 선전¶〜むなしく敗れる 선전한 보람 없이 패하다
ぜんぜん【全然】①전연, 전혀¶〜知らない 전혀 알지 못한다 ②(俗) 아주, 굉장히, 썩¶〜おもしろい 아주 재미있다
ぜんぜん【前前】전전 ①이전, 오래 전 ②(造語) 전의 전¶ーのその前に/ー回 그저번
せんせんきょうきょう【戦戦恐恐・戦戦兢兢】(ﾌ) 전전 긍긍
せんそ【践×祚】(名)(自スル)(文) 천조. 세자가 왕위를 계승함, 천극(践極)
せんそ【先祖】선조, 조상¶〜伝来の家宝 선조 전래의 가보/代々〜より伝わる 조상 대대로 전해 내려오다 ー返り 격세 유전
せんそう【船倉・船艙】선창. 상갑판 아래의 짐 싣는 곳＝ふなぐら
せんそう【戦争】전쟁 Ⅰ (名)(自スル) 국가간의 무력 투쟁¶核〜 핵 전쟁/〜が勃発する 전쟁이 발발하다 Ⅱ (比) 심한 경쟁・대혼란 상태¶受験〜 수험 전쟁/交通〜 교통 전쟁 ー犯罪人(法) 전쟁 범죄인. 전범
ぜんそう【前奏】전주 ー曲(音) 전주곡 ①(音) 악곡의 첫머리에 연주되는 곡 ②(比) 예고, 전조¶動乱の〜 동란의 전주곡
ぜんそう【禅僧】(佛) 선승
ぜんぞう【漸増】(名)(他スル) 점증 ⇔ 漸減¶出生率〜が 출생률이 점증하다
ぜんそうほう【漸層法】(表) 점층법
せんそく【洗足】(名)(自スル)(文) 세족. 발을 씻음. 발 씻는 물＝すすぎ¶〜だらい 발 씻는 대야
せんそく【栓塞】(医) 전색, 색전, 혈관이 막힘＝塞栓 ー動脈〜 동맥 색전
せんそく【船側】(文) 선측 ①뱃전 ②배의 곁
せんぞく【専属】(名)(自スル) 전속¶〜歌手 전속 가수/〜契約 전속 계약
ぜんそく【喘息】(医) 천식
ぜんそくりょく【全速力】전속력

**せんたい**【船体】 선체
**せんたい**【船隊】 선대. 선단= 船団だん
**せんたい**【戦隊】【軍】전대. 함대의 편성 단위¶ ~を組ぐむ 전대를 편성하다
**せんたい**【*蘚苔】【植】선태. 이끼= こけ
**せんだい**【仙台】 宮城き현의 현청 소재지 **—平**ひら 仙台 지방 특산의 견직물, 그것으로 만든 袴はかま
**せんだい**【先代】 선대 ①전대 ②현재의 바로 전대의 주인. 그 대 ¶ ~の遺言ごん 선대의 유언 ③예명을 계승한 연예인의 한 대 전의 사람
**せんだい**【船台】 선대. (선박을 건조·수리할 때) 배를 얹는 대(臺)
**ぜんたい**【全体】Ⅰ 名 전체¶ 体から~が痛むむ 온몸이 아프다 Ⅱ 副 ①본디. 애당초. 원래¶ ~君きみが悪わるい 애당초 네가 나쁘다 ②〈의문의 말이 딸리어〉 대체. 도대체¶ ~あれは何者ものだ 저건 대체 누구냐? **—主義** 【政】 전체주의
**ぜんたい**【全隊】 전대 ①모든 부대 ②부대 전체
**ぜんだい**【前代】 전대 **—未聞**もん 전대 미문
**せんたいしょう**【線対称】【數】 선대칭
**せんたく**【洗濯】 名 他スル 세탁. 빨래¶ ~物ものを~ 세탁물/~に出だす 세탁하러 보내다 **—機**き 세탁기 **—挟**はさ**み** 빨래 집게
**せんたく**【選択】 名 他スル 선택¶ 取捨しゅ~ 취사 선택 **—科**か**目**もく 선택 과목 **—肢**し 선택지
**せんだく**【然諾】 名 他スル(文) 연낙. 승낙
〔慣用句〕
**—を重**おも**んずる** 승낙한 것을 중히 여기다. 일단 맡은 일은 반드시 완수한다
**せんだつ**【先達】 ①(그 방면의) 선배 ②안내자. 선도자¶ ~をつとめる 안내인 노릇을 하다
**せんだつ**【*蝉脱】 名 自スル 선탈. 속세를 초탈함. 낡은 인습・속박에서 벗어남= 蟬蛻せん
**せんだって**【先達て】 (口) 일전. 얼마 전에. 요전에 ¶ ~お願ねがいした件けん 일전에 부탁한 건
**ぜんだて**【*膳立て】 名 自スル ①상 차리기, 식사 준비 ②〈흔히 「お~」의 꼴로〉 (사전) 준비¶ お~が整ととのう 사전 준비가 다 되다
**ぜんだま**【善玉】 선인, 선한 역(役) ⇔ 悪玉あく
**せんたん**【仙丹】 선단. 장생 불사약
**せんたん**【先端】 ①선단. 앞쪽 끝 = *尖端せん 첨단 ㉠(물건의) 뾰족한 끝 塔とうの~ 탑의 첨단 ㉡(시대・유행 등의) 선두 ¶ ~技術じゅつ 첨단 기술 **—的**てき ナ 첨단적
**せんたん**【戦端】(文) 전단, 전쟁의 시작¶ ~を開ひらく 전단을 열다, 전쟁을 시작하다
**せん炭**【選炭】 名 自スル 선탄
**せんだん**【専断・*擅断】 名 ナ 他スル(文) 전단. 독단¶ ~の振ふる舞まい 전단적인 행동
**せんだん**【*栴檀】【植】 ①먹구슬나무 ②백단향
〔慣用句〕
**—は双葉**ふたば**より芳**かんば**し** 될성부른 나무는 떡잎부터 알아본다
**せんだん**【船団】 선단¶ 輸送そう~ 수송 선단
**ぜんだん**【前段】 전단. 앞의 단락 ⇔ 後段こう
**せんち**【戦地】 전지. 싸움터¶ ~へ赴おもむく 전지로 가다
**ぜんち**【全知・全智】 名 전지 **—全能**ぜん 전지

전능 ¶ ~の神かみ 전지 전능하신 신
**ぜんち**【全治】 名 自スル 전치, 전쾌, 완쾌
**ぜんちし**【前置詞】【文法】 전치사
**ぜんちしき**【善知識・善*智識】【佛】 ①선지식. 사람을 불도로 인도하는 사람, 고승 ②불교도로서의 친구
**せんちゃ**【煎茶】 ①찻잎을 뜨거운 물에 우린 녹차 ②〈玉露ぎょく・番茶ばんに대하여〉 중급 녹차
**せんちゃく**【先着】 名 自スル 선착 **—順**じゅんに受うけ付つける 선착순으로 접수하다
**せんちゅう**【船中】 선중. 배 안
**せんちゅう**【戦中】 전중 **—派**は 전중파
**せんちゅうるい**【線虫類】【動】 선충류
**せんちょ**【前著】 전저. 이전에 쓴 저서
**せんちょう**【船長】 ①선장 ②배의 길이
**ぜんちょう**【全長】 전장. 전체 길이
**ぜんちょう**【前兆】 전조. 조짐
**せんつう**【*疝痛】【醫】 산통
**ぜんつう**【全通】 名 自スル 전통. 전노선 개통¶ 鉄道どうが~する 철도의 전노선이 개통되다
**せんて**【先手】 선수 ①먼저 행함, 기선을 제압함¶ ~を打うつ 선수를 치다 ②(바둑・장기에서) 먼저 둠, 먼저 두는 사람 ▷ ①② ⇔ 後手ご
**せんてい**【先帝】 선제. 선대의 천자
**せんてい**【*剪定】 名 他スル【農】 전정. 가지치기, 전지(剪枝)¶ ~ばさみ 전정 가위
**せんてい**【*撰定】 名 他スル 찬정 ①골라서 정함 ②많은 시가・글 중에서 좋은 것을 골라냄
**せんてい**【選定】 名 他スル 선정
**ぜんてい**【全逓】 전체, 전 체신 노동 조합
**ぜんてい**【前庭】 전정 ①앞뜰 ②【醫】 내이(內耳)의 일부로 반규관(半規管)을 제외한 부분 ¶ ~器官かん 전정 기관
**ぜんてい**【前提】 전제 **—条件**じょう 전제 조건
**せんてき**【洗*滌】 名 他スル(文) 세척 = 洗浄じょう
**ぜんてき**【全的】 ナ(文) 전적. 전체적. 전폭적¶ ~な信頼らい 전적인 신뢰
**せんてつ**【先哲】(文) 선철. 선현 = 前哲ぜん
**せんてつ**【銑鉄】【工】 선철. 무쇠 = ずく鉄てつ
**せんてつ**【前哲】(文) 선현. 선철 = 先哲ぜん
**せんてつ**【前*轍】 전철 ¶ ~を踏ふむ 전철을 밟다
**ぜんでら**【禅寺】 선사 = 禅院いん・禅林ぜん
**せんてん**【先天】 名 선천 **—性**せい 선천성
**せんてん**【旋転】 名 自他スル(文) 선전. 뱅뱅 돌아감[돌림] **—自在**ざい 자유 자재로 돎[돌림]
**せんでん**【宣伝】 名 他スル 선전 ①내용・가치를 널리 알림¶ 新製品しんを~する 신제품을 선전하다 ②과장해서 퍼뜨림¶ ~屋や 허풍선이/隣近所きんじょに~する 이웃에 선전하다
**ぜんてんこう**【全天候】 ナ 전천후 ¶ ~戦闘機き 전천후 전투기
**せんと**【遷都】 名 自スル 천도
**せんど**【先度】 名 副(文) 요전. 지난번, 일전
**せんど**【先途】 ①전도, 귀착점 ¶ ~を見届みとどける 전도를 지켜보다 ②(승패 등의) 갈림길, 고빗사위 = せとぎわ ¶ ここを~と戦たたかう 여기가 고비라고 (결사적으로) 싸우다
**せんど**【繊度】 섬도. 섬유나 실의 굵기

せんど【鮮度】선도 ①신선도¶〜が落ちる 선도가 떨어지다 ②(빛깔 등의) 선명한 정도
ぜんと【全都】①전도. 도시 전체 ②東京都 (都) 전 지역
ぜんと【前途】전도. 앞날¶〜洋々 전도 양양/〜遼遠 전도 요원
ぜんど【全土】전토 ①국토 전체¶日本〜 일본 전토 ②지역 전체, 전역
せんとう【先登】(文) ①선봉으로 적성[적진]에 쳐들어가는 일 ②맨 먼저 도착하는 일
せんとう【先頭】선두, 맨 앞
[慣用句]
—に立つ 선두에 서다, 앞장서다, 선도하다
—を切る 선두에 서다, 맨 먼저 하다
せんとう【*尖塔】첨탑. 뾰족탑
せんとう【船灯】선등. 배에 켜는 등불
せんとう【戦闘】名自スル 전투¶〜部隊 전투 부대 —機 전투기 —的 ㊀ 전투적
せんとう【銭湯・洗湯】대중탕＝ふろや
せんどう【先導】名他スル ¶〜車 선도차/パトカーが〜する 순찰차가 선도하다
せんどう【扇動・*煽動】名他スル 선동¶民衆を〜する 민중을 선동하다
せんどう【船頭】①(일본식 목선의) 선장 ②뱃사공
[慣用句]
—多くして船山に登る 사공이 많으면 배가 산으로 올라간다
せんどう【*顫動】名自スル (文) 전동. 가늘게 떨리어 움직임¶〜音 전동음
ぜんとう【全島】전도 ①어떤 섬 전체 ②모든 섬
ぜんとう【前頭】전두. 앞머리¶〜骨 전두골
—葉 [醫] 전두엽
ぜんとう【漸騰】名自スル [経] 점등. (시세 등이) 서서히 올라감⇔漸落¶物価が〜する 물가가 점등하다
ぜんどう【善導】名他スル (文) 선도¶非行少年を〜する 비행 소년을 선도하다
ぜんどう【禅堂】[佛] 선당. 참선하는 곳
ぜんどう【*蠕動】名自スル 연동 ①(文) (벌레가) 꾸물거림¶みみずが〜する 지렁이가 꾸물거리다 ②[醫] 연동 운동
せんな・い【*詮無い】形(口) 부질없다, 별수없다, 소용없다¶〜ことと あきらめる 별수없는 일이라 생각하고 체념하다
せんない【船内】선내. 배 안
せんなり【千成り・千生り】주렁주렁 열매가 열림, 그런 것 —瓢箪 ①호리병박의 변종 ②(①을 도안화한) 豊臣秀吉 등의 마인(馬印)
ぜんなんぜんにょ【善男善女】[佛] 선남 선녀
ぜんに【禅尼】[佛] 선니. 불문에 들어간 여자
せんにく【鮮肉】(文) 선육. 신선한 고기
せんにちこう【千日紅】[植] 천일홍
せんにちて【千日手】(일본 장기에서) 비김수. 쌍방이 같은 수를 연속 3번 반복하기
せんにちまいり【千日参り】①천일 동안 절·神社에 참배하는 일 ②하루 참배한 공덕이 천일 참배와 맞먹는다는 날

せんにゅう【潜入】名自スル 잠입¶敵地に〜する 적지에 잠입하다
せんにゅうかん【先入観】선입관. 선입견¶〜にとらわれる 선입관에 사로잡히다
せんにょ【仙女】선녀＝せんじょ
せんにん【仙人】선인 ①신선(神仙) ②욕심이 없고 세속을 초탈한 사람
せんにん【先任】선임¶〜の先生 선임 선생
せんにん【専任】전임¶〜講師 전임 강사
せんにん【選任】名他スル 선임¶委員を〜する 위원을 선임하다
せんにん【前任】전임¶〜者 전임자
ぜんにん【善人】①선인. 착한 사람 ②호인＝お人よし¶底抜けの〜 무골 호인
せんにんばり【千人針】(출정 군인의 무운 장구를 빌며) 천 명의 여자가 한 땀씩 무명 천에 붉은 실로 매듭을 놓아 보낸 배띠
せんにんりき【千人力】①천 사람 몫의 힘이 있음. 굉장히 힘이 셈 ②(천 사람의 도움을 얻은 것만큼) 마음이 든든함¶君さえいれば〜だ 네가 있으면 더없이 마음이 든든하다
せんぬき【栓抜き】마개뽑이, 병따개, 오프너
せんねつ【潜熱】잠열 ①속에 숨어 있는 열 ②[物] 물질의 상태가 변화할 때 내는 열
せんねん【先年】(文) ①몇 해전, 연전(年前)¶〜の円高の余波 몇 해전의 엔고 여파
せんねん【専念】名自スル 전념. 전심＝専心¶勉強に〜する 공부에 전념하다
ぜんねん【前年】전년 ①작년, 지난해 ②어느 해의 전해, 그 전해
せんのう【先王】(文) ①선왕. 선대의 왕 ②옛날의 성왕(聖王)
せんのう【洗脳】名他スル 세뇌
せんのう【全納】名他スル 전납. 완납
ぜんのう【全能】名 전능¶全知〜 전지 전능/〜の神 전능한 신
ぜんのう【全農】[経] 전국 농업 협동 조합 연합회
ぜんのう【前納】名他スル 전납. 선납¶会費を〜する 회비를 선납하다
ぜんば【前場】[経] 전장. (증권 거래소에서) 오전 중의 매매 거래⇔後場
ぜんぱ【全波】(造語) 전파 ①모든 파장의 전파¶〜受信機 전파 수신기 ②[電] 교류의 플러스·마이너스 양 파¶〜整流 전파 정류
せんばい【専売】名他スル 전매 —公社 일본 전매 공사 —特許 전매 특허
せんぱい【先輩】선배¶〜の社員 선배 사원
せんぱい【戦敗】전패. 패전¶〜国 패전국
ぜんぱい【全敗】전패⇔全勝¶十五戦〜 15전 전패
ぜんぱい【全廃】名他スル 전폐. 전면적으로 폐지함¶核兵器を〜する 핵무기를 전폐하다
せんぱく【浅薄】㊀ 천박¶〜な考え 천박한 생각
せんぱく【船舶】선박¶〜検査 선박 검사
ぜんぱく【前膊】[生] 전박. 하박＝前腕¶〜骨 전박골
せんばつ【選抜】名他スル 선발¶〜試験 선

발 시험/ 選手せんしゅを~する 선수를 선발하다
**せんぱつ** [先発] 名自スル 선발 ①먼저 출발함 ⇔ 後発こうはつ¶ ~隊たい 선발대 ②野 경기 초부터 출장함¶ ~投手とうしゅ 선발 투수
**せんぱつ** [洗髪] 名自スル 세발. 머리를 감음
**せんぱつ** [染髪] 名自スル 염발. 머리 염색
**せんばづる** [千羽鶴] ①많은 종이학을 실에 꿰어 이은 것 ②많은 학이 그려진 무늬
**せんまん** [千万] ①여러 가지로, 여러모로¶ ~かたじけない 여러모로 고맙다 ②造語 천만. 더할 수 없음, 짝이 없음¶ 遺憾いかん~ 유감 천만/ 迷惑めいわく~ 더없이 귀찮음
**せんばん** [千番] 천 번, 천 회 ②많은 횟수
**せんばん** [先番] 선번 ①앞 차례 ②(바둑·장기에서) 선수, 선= 先手せんて
**せんばん** [旋盤] 機 선반¶ ~工こう 선반공
**せんばん** [線番] 선번. 선번호, 철사·전선의 굵기를 표시하는 번호
**せんばん** [先般] 文 전번, 지난번, 일전¶ 御注文ごちゅうもんの品しな 전번에 주문하신 물건
**せんぱん** [戦犯] 전범. 전쟁 범죄인
**ぜんはん** [前半] 전반 ⇔ 後半こうはん¶ 30代さんじゅうだいの~ 30대 전반 **一期** 전반기 **一戦** 전반전
**ぜんぱん** [全判] 版 전판, 전지(全紙)
**ぜんぱん** [全般] 전반. 업무ぎょうむをみる 업무 전반을 보다 **一的** 形動 전반적
**ぜんはんしゃ** [全反射] 名自スル 物 전반사
**ぜんはんせい** [前半生] 전반생 ⇔ 後半生こうはんせい
**せんび** [船尾] 선미. 고물 ⇔ ~灯とう 선미등
**せんび** [戦備] 전비. 전쟁 준비¶ ~を整ととのえる 전쟁 준비를 갖추다
**せんぴ** [先非] 文 선비. 전비= 前非ぜんぴ
**せんぴ** [戦費] 전비. 전쟁 비용¶ ~をまかなう 전비를 조달하다
**ぜんび** [全備] 名自スル 전비. 전부 갖춤, 완전한 장비¶ ~重量じゅうりょう 전비 중량
**ぜんび** [善美] 文 名形動 선미. 선과 미, 훌륭하고 아름다움¶ 真しん~ 진선미
**ぜんぴ** [前非] 文 전비. 과거의 잘못= 先非ぜんぴ¶ ~を悔くいる 전비를 뉘우치다
**せんびきこぎって** [線引小切手] 經 횡선 수표
**せんぴつ** [染筆] 名自スル 붓으로 글씨를 쓰거나 그림을 그림¶ ~料りょう 휘호료
**せんびょう** [線描] 美 선묘¶ ~画が 선묘화
**せんぴょう** [戦評] 전평. 경기·승부의 평
**せんぴょう** [選評] 名他スル 선평. 선후평
**ぜんぴょう** [全豹] 文 전표. (사물의) 전모¶ 一斑いっぱんを見みて~を卜ぼくす 일부를 보고 전모를 짐작하다
**ぜんぴょう** [前表] ①전표 ②전조, 조짐, 징후
**せんびょうし** [戦病死] 名自スル 전병사. 전쟁터에서 병으로 죽음
**せんびょうしつ** [*腺病質] 醫 선병질
**せんびん** [先便] 文 → ふなびん
**せんびん** [船便] 文 → ふなびん
**せんびん** [前便] (바로) 전번 편지= 先便せんびん
**ぜんぴん** [全品] 전품. 모든 물품
**せんぶ** [宣*撫] 名他スル 文 선무¶ ~工作こうさく 선무 공작

**せんぷ** [先夫] 文 선부. 전남편= 前夫ぜんぷ
**せんぶ** [先負] (음양도에서) 급한 일이나 송사(訟事) 등에 오전 중이 나쁘다고 피하는 날
**せんぷ** [宣布] 名他スル 선포¶ 国民こくみんに~する 국민에게 선포하다
**ぜんぶ** [全部] 전부, 모두¶ ~終おわる 전부 끝나다/ ~で五人ごにん 모두 다섯 사람
**ぜんぶ** [前部] 전부. 앞 부분 ⇔ 後部こうぶ¶ 機体きたいの~ 기체의 전부
**ぜんぶ** [*膳部] ①상에 차려내는 음식, 요리, 밥상= 食膳しょくぜん¶ ~が整ととのう 밥상이 차려지다 ②요리사
**ぜんぷ** [前夫] 전부. 전남편= 先夫せんぷ
**せんぷう** [旋風] 선풍 ①氣 회오리바람= つむじ風かぜ ②比 사회를 동요시키는 돌발 사건¶ 一大いちだい~を巻まき起おこす 일대 선풍을 일으키다
**せんぷうき** [扇風機] 선풍기
**せんぷく** [船腹] 선복 ①배의 동체 부분 ②배의 화물 적재 장소, 그 적재량 ③선박¶ 保有ほゆう~量りょう 보유 선복량
**せんぷく** [潜伏] 名自スル 잠복¶ 犯人はんにんは~中ちゅう 범인은 잠복 중 **一期** 醫 잠복기
**ぜんぷく** [全幅] ①한 폭의 전부, 전체 것 모두¶ ~の信頼しんらいをよせる 전폭적인 신뢰를 보내다
**せんぶり** [千振] 植 자주쓴풀
**せんぶん** [*撰文] 名自スル 찬문. (비문 등의) 문장을 지음, 그런 문장
**せんぶん** [線分] 數 선분
**ぜんぶん** [全文] 전문. 문장 전체
**ぜんぶん** [前文] 전문 ①앞에 쓴 글 ②(편지에서) 인사말 등의 첫머리 부분 ③(강령·규약 등의) 서문¶ 憲法けんぽうの~ 헌법 전문
**せんぶんひ** [千分比] 數 천분비. 천분율
**せんべい** [*煎*餅] 전병. 납작하게 구운 일본 과자 ②쌀가루를 쪄서 간장을 묻어 구운 과자 **一布団ぶとん** 솜이 적고 허술한 얇은 이불
**せんぺい** [先兵·*尖兵] 軍 첨병
**ぜんべい** [全米] 전미. 미국 전체
**せんべつ** [選別] 名他スル 선별 傷物きずものを~する 파치를 선별하다
**せんべつ** [*餞別] 전별. 전별 금품
**せんべん** [先*鞭] 선편. 앞지름, 선수¶ ~をつける 선수를 쓰다
**ぜんぺん** [全編·全*篇] 전편¶ ~にみなぎるヒューマニズム 전편에 넘치는 휴머니즘
**ぜんぺん** [前編·前*篇] 전편. (문예 작품·영화 등의) 전편¶ 物語ものがたりの~ 이야기의 전편
**せんぺんいちりつ** [千編一律·千篇一律] 천편일률¶ ~の番組ばんぐみ 천편 일률적인 프로그램
**せんぺんばんか** [千変万化] 名自スル 천변 만화. 변화 무쌍함¶ ~の様相ようそう 천변 만화의 양상
**せんぼう** [*羨望] 名他スル 선망¶ ~の的まと 선망의 대상
**せんぼう** [懺法] 佛 참법. 죄과를 참회하기 위하여 닦는 법회

せんぽう [先方] ①상대방, 상대편¶ ～に知らせる 상대방에게 알리다 ②저쪽, 앞쪽, 전방¶ ～から人が来る 저쪽에서 사람이 온다
せんぽう [先鋒] 선봉 ①(전두·주장·행동 등의) 선두¶ 反対運動の急～ 반대 운동의 급선봉 ②(단체전에서) 첫번째 선수
せんぽう [旋法] [音] 선법 = モード
せんぽう [戰法] 전법¶ 奇襲～ 기습 전법
ぜんぽう [全貌] 전모¶ 事件の～が明るみに出る 사건의 전모가 밝혀지다
ぜんぽう [前方] 전방, 앞쪽 ⇔ 後方
せんぼうきょう [潜望鏡] [軍] 잠망경
ぜんぽうこうえんふん [前方後円墳] [考古] 전방 후원분
せんぼつ [戦没·戦歿] [名][自スル] 전몰¶ ～者慰霊碑 전몰자 위령비
せんぼつ [潜没] [名][自スル][文] 잠몰. (잠수함 등이) 물속에 잠김
ぜんぽん [善本] ①내용·교정이 잘된 책 ②(서지학에서) 보존이 잘되고 계통이 바른 책
せんまい [千枚] ①천 매, 천 장 ②매수가 많음 ―漬け 순무를 얇게 썰어 소금에 절인 다음 미림·누룩 등에 담근 절임 ―通し (여러 겹의 종이를 뚫는 데 쓰는) 송곳 ―張り ①(종이·천 등을) 여러 겹으로 발라서 두껍게 한, 그렇게 바른 것 ②낯가죽이 두꺼움, 철면피
せんまい [*饌米] [文] 신전에 공양할 세미(洗米), 공미
ぜんまい [*発条·*撥条] 태엽, 용수철 = 渦巻ばね¶ ～仕掛け 용수철 장치 ―秤 용수철 저울 = ばねばかり
ぜんまい [*薇] [植] 고비
せんまん [千万] 천만 ①만의 천배 ②[名] 매우 많은 수¶ ―言を費やす 수많은 말을 하다 ―無量 천만 무량. 헤아릴 수 없이 많음
[慣用句]
―人と雖も吾往かん 천만 명이 반대한다 할지라도 나의 길을 가리라
ぜんみ [禅味] 선미. 선(禪) 특유의 멋·아취
せんみつ [千三つ] [俗] ①거짓말, 거짓말쟁이, 허풍쟁이 ②복덕방, 거간꾼 = 千三屋
せんみょう [宣命] (옛날에) 칙명을 전하는 宣命体로 쓴 문서
せんみん [*賤民] 천민
せんみん [選民] 선민¶ ～思想 선민 사상
せんむ [専務] 전무 ①전적으로 맡은 사무¶ ―車掌 여객 전무 「専務取締役」의 준말 = 取締役 전무 이사
せんめい [鮮明] [ナ] 선명
せんめい [闡明] [名][他スル][文] 천명. 밝힘¶ 教義を～する 교의를 천명하다
ぜんめい [*喘鳴] [醫] 천명. 가래가 끼어 숨쉴 때 가르랑거리는 소리
せんめつ [*殲滅] [名][他スル][文] 섬멸
ぜんめつ [全滅] [名][自他スル] 전멸
せんめん [洗面] [名][自スル] 세면, 세수 ―器 세면기 ―所 세면소¶ ①세면실 ②화장실
せんめん [扇面] ①선면. 부채의 면(종이) ②

질부채 = おうぎ
ぜんめん [全面] 전면¶ ～広告 전면 광고 ―講和 전면 강화 ―戦争 전면 전쟁
ぜんめん [前面] 전면. 앞면, 앞쪽¶ ～に浮かび上がる 전면에 떠오르다
せんもう [旋毛] 선모. (머리의) 가마 = つむじ
せんもう [繊毛] 섬모 ①가는 털 ②[動] 표피에 난 털 모양의 돌기¶ ～運動 섬모 운동
ぜんもう [全盲] 전맹. 시력이 전혀 없는 상태
せんもん [泉門] [醫] 천문. 숫구멍
せんもん [専門] ①전문¶ ―医 전문의 ②유일한 관심사¶ 食い気が～ 먹는 것이 유일한 관심사 ―家 전문가 ―学校 전문 학교 ―語 전문어. 전문 용어 ―店 전문점
ぜんもん [前門] 전문. 앞문 ⇔ 後門
[慣用句]
―の虎後門の狼 [比] 한 가지 재난을 피하자 또 다른 재난이 들이닥침
ぜんもん [禅門] [佛] 선문 ①선종, 그 종문 ②불문에 든 남자 ③거지
ぜんもんどう [禅問答] 선문답 ①[佛] 선승이 행하는 문답 ②무슨 뜻인지 알아들을 수 없는 문답, 동문 서답
せんや [先夜] [文] 선야. 요전날 밤, 며칠 전 밤
せんや [戦野] [文] 전야. 싸움터, 전장
ぜんや [前夜] 전야 ①전날 밤¶ 開戦～ 개전 전야 ②어젯밤 ―祭 전야제
せんやく [仙薬] [文] 선약 ①불로 불사의 약 ②영약(靈藥)
せんやく [先約] [名][自スル] 선약 = 前約¶ ―があるので断わる 선약이 있어서 사정하다
せんやく [煎薬] 탕약, 탕제 = 煎じ薬
ぜんやく [全訳] [名][他スル] 전역, 완역
ぜんやく [前約] 전약. 선약 = 先約
ぜんゆ [全癒] [名][自スル][文] 전유, 완쾌, 전치
せんゆう [占有] [名][他スル] 점유¶ ―権 점유권 / 土地を～する 토지를 점유하다
せんゆう [専有] [名][他スル] 전유. 독점¶ ～面積 전유 면적 / 使用権を～する 사용권을 독점하다
せんゆう [戦友] 전우
せんゆうこうらく [先憂後楽] 선우 후락
せんよう [占用] [名][他スル] 점용. 독점 사용함¶ 河川敷を～する 하천 부지를 점용하다
せんよう [宣揚] [名][他スル][文] 선양¶ 国威を～する 국위를 선양하다
せんよう [専用] [名][他スル] 전용 ①특정인만이 씀¶ 自分～の電話 자기 전용 전화 ②특정 목적으로만 씀¶ 左利き～のグローブ 왼손잡이 전용 글러브
せんよう [全容] [文] 전용. 전모¶ 富士山の～を現わす 후지산이 전모를 드러내다
ぜんよう [善用] [名][他スル] 선용 ⇔ 悪用¶ 余暇の～ 여가 선용
ぜんら [全裸] 전라. 알몸 = 丸裸
ぜんらく [漸落] [名][自スル][經] 점락. (시세 등이) 서서히 내림 ⇔ 漸騰¶ 株価が～する 주가가 점락하다

**せんらん** [戦乱] 전란¶ ～のちまた 전쟁터
**せんり** [千里] 천 리 ①「一里」의 천 배 ▷ 一里는 10리 ②아주 먼 길¶ ～の道を遠しとせず 천 리 길을 멀다 하지 않고 **一眼**千里안
[慣用句]
**―の馬** 천리마. 재능이 특출한 사람
**―の駒** 천리마=千里の馬
**―の野に虎を放つ**(比) 위험한 것을 방치하여 후일에 화를 남기다
**―の道も一歩より始まる** 천 리 길도 한 걸음부터
**せんりつ** [旋律] 선율= メロディー
**せんりつ** [戦慄] 名 自スル 전율¶ ～がよぎる 전율이 스치다
**ぜんりつせん** [前立腺] [腎] 전립선¶ ～肥大 전립선 비대
**せんりひん** [戦利品] 전리품
**せんりゃく** [戦略] 전략¶ ～を練る 전략을 짜다 **―爆撃** 전략 폭격 **―兵器** 전략 병기
**ぜんりゃく** [前略] (文) 전략 ①(편지에서) 인사말을 생략하는 뜻으로 첫머리에 쓰는 말 ②(인용문 등에서) 앞 부분을 생략함
**せんりゅう** [川柳] (文) 5・7・5 형식의 풍자와 익살을 주로 한 단시[短詩]= 狂句
**せんりょ** [千慮] 名 (文) 천려. 많은 생각
[慣用句]
**―の一失** 천려 일실. 아무리 지혜로운 사람도 때로는 실책이 있을 수 있음
**せんりょ** [浅慮] 천려. 얕은 생각 ⇔ 深慮
**せんりょう** [千両] 천 냥 ①한 냥의 천배 ②큰 돈, 많은 금액 ③매우 값짐¶ 目～ 천 냥 짜리 눈 ④[植] 죽절초 **―箱** (江戸시대에) 小判 천 냥을 넣는 노송나무 상자 **―役者** ①격이 높은 명배우 ②역량이 뛰어난 사람
**せんりょう** [占領] 名 他スル 점령¶ ～軍 점령군/ 座席を～する 좌석을 차지하다
**せんりょう** [染料] 염료. 물감
**せんりょう** [選良] 선량 ①선출된 뛰어난 사람¶ ～意識 선량 의식 ②「代議士」의 딴이름. 국회 의원
**ぜんりょう** [全量] 전량. 전부¶ ～を輸入に頼る 전량을 수입에 의존하다
**ぜんりょう** [善良] 〒 선량¶ ～な市民 선량한 시민
**ぜんりょうせい** [全寮制] 전원을 기숙사에서 생활하게 하며 교육하는 제도¶ ～の高校 전교생을 기숙사에 입사시키는 고교
**せんりょく** [戦力] 전력 ①전쟁 수행 능력¶ ～増強 전력 증강 ②일을 하는 데 필요한 인력¶ ～になる 전력이 되는 사람
**ぜんりょく** [全力] 전력¶ ～を尽くす 전력을 다하다 **―投球** 名 自スル 전력 투구 ①[野] 전력을 다해 투구함 ②(比) 온 힘을 다 기울임
**ぜんりん** [前輪] 전륜. 앞바퀴 ⇔ 後輪 **―駆動** 전륜 구동
**ぜんりん** [善隣] (文) 선린¶ ～関係 선린 관계
**ぜんりん** [禅林] 선림. 선사= 禅寺
**せんるい** [蘚類] [植] 선류

**せんれい** [先例] 선례 ①전례¶ ～にない 전례가 없다/ ～にならう 선례에 따르다 ②나중의 기준이 될 사례¶ ～になる 선례가 되다
**せんれい** [洗礼] 세례 ①[基] 신자가 되기 위한 의식¶ ～者 세례자 ②반드시 거쳐야 할 경험, 특이한 경험¶ 非難攻撃の～を受ける 비난 공격의 세례를 받다
**せんれい** [船齢] 선령. 배의 나이
**せんれい** [鮮麗] 〒 (文) 선려. 선명하고 아름다움
**ぜんれい** [全霊] 전령. 온 정신
**ぜんれい** [前例] 전례 ①앞에서 든 예 ②선례
**せんれき** [戦歴] 전력. 전투 경력¶ 輝かしい～ 빛나는 전력
**ぜんれき** [前歴] 전력. 지금까지의 경력¶ ～を隠す 전력을 숨기다
**せんれつ** [戦列] 전열
**せんれつ** [鮮烈] 〒 전열. 선명하고 강렬함¶ ～な印象 선명하고 강렬한 인상
**ぜんれつ** [前列] 전열. 앞줄 ⇔ 後列
**せんれん** [洗練・洗煉] 名 他スル 세련¶ ～された芸 세련된 기예
**せんろ** [線路] 선로¶ ～工事 선로 공사
**せんろっぽん** [千六本] [料] 무채(썰기)
**ぜんわ** [禅話] [佛] 선화. 선강(禅講)
**ぜんわん** [前腕] 전완. 전박¶ ～骨 전완골

# そ ソ

**そ** 五十音図「さ」행(行)의 다섯째 かな. ひらがな「そ」는「曾」의 초서체, かたかな「ソ」는「曾」의 윗부분을 취한 것
**そ** [狙] 音 ソ 訓 ねらう (음) 저. (造語) 노리다, 겨누다¶ 狙撃 저격
**そ** [阻] 音 ソ 訓 はばむ (음) 조. (造語) ①방해하다, 가로막다¶ 阻害 저해・阻止 저지 ②험하다, 험한 곳¶ 険阻 험조 ▷ ①은「沮」, ②는「岨」의 대용자 [熟字訓] 悪阻 입덧
**そ** [祖] 祖 音 ソ (음) 조. I (造語) ①집안・왕조 등을 일으킨 초대¶ 祖国 조국・祖先 선조 ②할아버지, 할머니¶ 祖父 조부・外祖父 외조부・③창시자¶ 開祖 개조・教祖 교조 ④이어받다, 따르다¶ 祖業 조업・祖述 조술 ⑤여행의 수호신¶ 道祖神 나그네의 수호신 II ①조상, 선조 ②창시자, 시조¶ 化学의～ 화학의 창시자
**そ** [租] 音 ソ (음) 조. I (造語) ①세금, 연공¶ 租税 조세・田租 전조 ②빌리다¶ 租界 조계・租借 조차 II [史] 조. 전답 등의 수확물의 일부를 납부하는 조세
**そ** [素] 音 ソ・ス 訓 もと (음) 소. I (造語) ①생

そ

사, 흰옷, 회사¶ 素衣ᅟᅵ 소의・素服ᅟᅵ 소복 ②가공하지[꾸미지] 않다¶ 素材ᅟᅵ 소재・素手ᅟᅵ 맨손 ③간단하다¶ 素描ᅟᅵ 소묘・素燒ᅟᅵ 설구이 ④근본이 되는 것, 본질적인 것¶ 元素ᅟᅵ 원소・要素ᅟᅵ 요소 ⑤평소, 늘¶ 素行ᅟᅵ 소행・平素ᅟᅵ 평소 ⑥원소 이름에 붙는 말¶ 酸素ᅟᅵ 산소・水素ᅟᅵ 수소 熟字訓 素面ᅟᅵ 맨송맨송한 얼굴・素人ᅟᅵ 아마추어・素見ᅟᅵ 눌림 Ⅱ 數 소, 소수¶ ～の整数ᅟᅵ 소의 정수

そ【措】音 ソ 訓 おく | (음)조. (造語) ①조치하다, 자리잡다, 앉히다¶ 措辞ᅟᅵ 조사・措置ᅟᅵ 조치 ②행동하다, 행동¶ 挙措ᅟᅵ 행동거지

そ【*疏】音 ソ | (음)소. (造語) ①통하게 하다, 통하다¶ 疏水ᅟᅵ 소수・疏通ᅟᅵ 소통 ②목조 목 쓰다¶ 疏状ᅟᅵ 소장 ③책의 상세한 주석¶ 注疏ᅟᅵ 주석・弁疏ᅟᅵ 변명

そ【粗】音 ソ 訓 あらい | (음)조. (造語) ①대략 적임, 거칠다, 조잡하다¶ 粗悪ᅟᅵ 조악・粗雑ᅟᅵ 조잡 ②남에게 내놓는 물건 앞에 붙여서 겸양의 뜻을 나타냄¶ 粗品ᅟᅵ 조품

そ【組】音 ソ 訓 くむ・くみ | (음)조. (造語) ①짜맞추다, 조립하다, 편성하다¶ 組閣ᅟᅵ 조각・組織ᅟᅵ 조직 ②『組合ᅟᅵ』의 준말. 조합¶ 職組ᅟᅵ 직조・労組ᅟᅵ 노조

そ【疎】音 ソ 訓 うとい・うとむ | (음)소. (造語) ①대략적임, 성김¶ 疎開ᅟᅵ 소개・疎密ᅟᅵ 소밀 ②친하지 않다, 멀리하다, 멀어지다¶ 疎遠ᅟᅵ 소원・疎外ᅟᅵ 소외 ③소홀하다, 실수가 있다¶ 疎略ᅟᅵ 소략 ④통하다¶ 疎通ᅟᅵ 소통 ▷『疏ᅟᅵ』의 속자. ④는 『疏ᅟᅵ』의 대용자

そ【訴】音 ソ 訓 うったえる | (음)소. (造語) ①소송하다¶ 訴訟ᅟᅵ 소송・起訴ᅟᅵ 기소 ②하소연하여 동정을 구하다¶ 哀訴ᅟᅵ 애소

そ【塑】音 ソ | (음)소. (造語) 진흙으로 물건의 형태를 만듦, 그런 물건¶ 塑像ᅟᅵ 소상・彫塑ᅟᅵ 조소・可塑性ᅟᅵ 가소성

そ【*楚】音 ソ | (음)초. Ⅰ (造語) 산뜻하고 아름답다¶ 清楚ᅟᅵ 청초 Ⅱ 史 (중국의) 초나라

そ【*鼠】音 ソ 訓 ねずみ | (음)서. (造語) ①쥐¶ 窮鼠ᅟᅵ 궁서 ②좀도둑¶ 鼠賊ᅟᅵ 서적・鼠輩ᅟᅵ 서배 熟字訓 栗鼠ᅟᅵ 다람쥐

そ【*遡】音 ソ 訓 さかのぼる | (음)소. (造語) 거슬러 올라가다¶ 遡及ᅟᅵ 소급・遡源ᅟᅵ 소원・遡行ᅟᅵ 소행 ▷『溯ᅟᅵ』는 다른 글자

そ【礎】音 ソ 訓 いしずえ | (음)초. (造語) 주춧돌, 초석, 만물의 근본¶ 礎石ᅟᅵ 초석・基礎ᅟᅵ 기초・定礎ᅟᅵ 정초

そ【*蘇】音 ソ・ス 訓 よみがえる | (음)소. (造語) ①소생하다¶ 蘇生ᅟᅵ 소생 ②향신료・양념으로 쓰는 약초, 염료용・관상용 나무¶ 蘇鉄ᅟᅵ 소철・蘇芳ᅟᅵ 다목나무・紫蘇ᅟᅵ 차조기 ③『ソビエト』의 차용자의 준말¶ 蘇聯ᅟᅵ 소련

ソ (이 sol) 音 솔¶ ①장음계의 제5음 ②G음의 이탈리아 음명

ぞ Ⅰ 終助 ①『終止形에 붙음』 ㉠(비동작성 술어에 붙어) 스스로 다짐하거나 납득했다는 기분을 나타냄¶ 何だかおかしい～ 어쩐지 이상한데 ㉡(동작성 술어에 붙어) 자신의 결의를 나타냄¶ さあ、起ᅟᅵきる～ 자 일어나련다 ㉢(동년배나 손아랫사람에게) 자신의 생각을 주장하거나 다짐함을 나타냄¶ もう遅いᅟᅵ～ ②『静ᅟᅵかにしろ 벌써 늦었단 말야 조용히 해 ②㉠(의문사를 받아 助動詞『う・よう』에 붙어) 반어의 뜻을 나타냄¶ どうしてそんなことが起ᅟᅵこり得よう～ 어떻게 그런 일이 있을 수 있단 말인가 ㉡(의문사나 間投助詞『や』와 함께 써서) 의문의 뜻을 나타냄¶ 民主主義ᅟᅵとは何ᅟᅵ～や 민주주의란 무엇인가 Ⅱ 副助 《의문사에 붙어》 부정(不定)・불확실한 뜻을 가짐¶ だれ～いるか 누구 있나

そあく【粗悪】ナ 조악¶ ～な品ᅟᅵ 조악한 물건

そあん【素案】 (원안보다 앞선 단계의) 검토하기 위한 안

そい【粗衣】文 조의, 허름한 의복

そい【疎意】文 소의, 격의(隔意)

ぞい【沿い・添い】 (造語) 《명사에 붙어》…를 따라서, …에 연하여¶ 川ᅟᅵ～ 강가/ 線路ᅟᅵ～ の家ᅟᅵ 철길을 따라 나 있는 집

そいつ【*其奴】代 口 ①(人称) 그놈, 그 녀석¶ ～を許ᅟᅵすな 그놈을 용서하지 마라 ②(指示) 그것¶ ～取ᅟᅵってくれ 그것 집어 줘

そいとげる【添い遂げる】自下一 ①(장애를 극복하고) 부부가 되다¶ 反対ᅟᅵを押し切って～ 반대를 무릅쓰고 끝내 부부가 되다 ②해로하다

そいね【添い寝】名 自ス 곁잠¶ 子供ᅟᅵをあやしながら～する 아이를 달래며 곁에서 자다

そいん【素因】 소인 ①근본 원인 ②그 병에 걸리기 쉬운 소질[체질]

そいん【疎音・疏音】文 소음, 격조¶ ～をわびる 격조했음을 사죄하다

そいん【訴因】法 소인, 기소의 요인이 되는 범죄 사실의 표시

そいんすう【素因数】數 소인수 ～分解ᅟᅵ 數 소인수 분해

そう【双】【雙】音 ソウ(サウ) 訓 ふた | (음)쌍. Ⅰ (造語) ①둘, 쌍¶ 双手ᅟᅵ 쌍수・双方ᅟᅵ 쌍방 ②비견하다, 필적하다¶ 双璧ᅟᅵ 쌍벽・無双ᅟᅵ 무쌍 Ⅱ ①쌍, 둘로 짝을 이룬 것¶ ～の手袋ᅟᅵ 한 쌍의 장갑 ②견줄 만한 것, 필적하는 것 ③助數 쌍으로 된 것을 세는 말. 쌍¶ 屏風ᅟᅵ一～ 병풍한 쌍

そう【*爪】音 ソウ(サウ) 訓 つめ | (음)조. (造語) 손톱, 발톱¶ 爪牙ᅟᅵ 조아・爪痕ᅟᅵ 조흔

そう Ⅰ【壮】【壯】音 ソウ(サウ) 訓 さかん | (음)장. Ⅰ (造語) ①혈기 왕성하다, 씩씩하다, 남자답고 멋있다¶ 壮観ᅟᅵ 장관・壮大ᅟᅵ 장대 ②심신이 충실한 때¶ 壮丁ᅟᅵ 장정・壮年ᅟᅵ 장년 ③젊고 건강하며 체력이 좋다¶ 壮健ᅟᅵ 장건・強壮ᅟᅵ 강장 Ⅱ ナ 文 장함, 혈기 왕성함, 훌륭함¶ ～たる人物ᅟᅵ 장한 인물 Ⅲ 名 文 장년¶ ～にして一家ᅟᅵを成す 장년에 일가를 이루다

慣用句

—とする 장하게 여기다

そう【扱】 圕ソウ(サフ) 訓あつかう|(音)급. (造語) 주로 훈 「あつかう」로 씀
そう【早】 圕ソウ(サウ)・サッ 訓はやい・はやまる・はやめる|(音)조. (造語) ①이르다¶ 早朝₂₂ 조조・早婚₂₂ 조혼・早熟₂₂ 조숙 ③속도가 빠르다¶ 早急₂₂ 조급・早速₂₂ 즉시 ▷ 熟字訓 早稲₂₂ 볏모・早稲田₂₂ 올벼・早乙女₂₂ 처녀
そう【争】【爭】 圕ソウ 訓あらそう|(音)쟁. (造語) 다투다, 싸우다¶ 競争₂₂ 경쟁・戦争₂₂ 전쟁・闘争₂₂ 투쟁
そう【宋】 圕ソウ|(音)송. I (造語) 중국의 송나라¶ 宋音₂₂ 송음・宋朝体₂₂ 송조체 II 〖史〗(중국의) 송나라
そう【走】 圕ソウ 訓はしる|(音)주. (造語) ①달리다¶ 競走₂₂ 경주・奔走₂₂ 분주 ②달아나다¶ 脱走₂₂ 탈주・逃走₂₂ 도주 ③하인, 심부름꾼¶ 走狗₂₂ 주구 ▷ 熟字訓 師走₂₂ 섣달
そう【奏】 圕ソウ 訓かなでる|(音)주. (造語) ①아뢰다¶ 奏上₂₂ 주상・上奏₂₂ 상주 ②연주하다¶ 演奏₂₂ 연주・独奏₂₂ 독주 ③이루다, 결말이 나다¶ 奏功₂₂ 주공・奏効₂₂ 주효
そう【相】 圕ソウ(サウ)・ショウ(シヤウ) 訓あい・たすける|(音)상. I (造語) ①모습, 형태, 모양¶ 位相₂₂ 위상・実相₂₂ 실상 ②길흉의 조짐¶ 観相₂₂ 관상・吉相₂₂ 길상 ③보다, 점치다¶ 相法₂₂ 상법 ④서로, 상호간에¶ 相違₂₂ 상이・相談₂₂ 상담 ⑤이어받다, 계승하다¶ 相続₂₂ 상속 ⑥「ショウ」로 읽어이 군주를 도와 정치하는 사람¶ 宰相₂₂ 재상・首相₂₂ 수상 II 상 ①모습, 형태, 모양 ②길흉의 조짐¶ 女難₂₂の～ 여난을 당할 상 ③〖文法〗피동・가능・사역 등의 문법 분류
そう【草】 圕ソウ 訓くさ|(音)초. I (造語) ①풀, 잡초¶ 草原₂₂ 초원・草木₂₂ 초목 ②초라하다¶ 草庵₂₂ 초암・草屋₂₂ 초옥 ③초벌 쓰기¶ 草案₂₂ 초안・草稿₂₂ 초고 ④한자 서체의 하나¶ 草体₂₂ 초서체 ▷ 熟字訓 草鞋₂₂ 짚신 II 상, 초안, 기초¶ ～を起こす 초안을 잡다 ②(한자의) 초서체
そう【荘】【莊】 圕ソウ(サウ)・ショウ(シヤウ)|(音)장. (造語) ①장엄하다, 엄숙하다¶ 荘厳₂₂ 장엄・별장, 산장¶ 山荘₂₂ 산장・別荘₂₂ 별장 ③귀족・절 등의 사유지¶ 荘園₂₂ 장원 ④(중국의 사상가인) 장자¶ 老荘₂₂ 노자와 장자 ⑤별장・여관・아파트 등의 이름에 붙는 말
そう【送】【送】 圕ソウ 訓おくる|(音)송. (造語) ①배웅하다, 내보내다¶ 送還₂₂ 송환・送別₂₂ 송별 ②나르다, 보내다¶ 送金₂₂ 송금・返送₂₂ 반송
そう【倉】 圕ソウ(サウ) 訓くら|(音)창. (造語) ①곳간, 창고¶ 倉庫₂₂ 창고・穀倉₂₂ 곡창 ②갑자기, 당황하다¶ 倉皇₂₂ 창황・倉卒₂₂ 창졸¶ ②는 「蒼」와 같음
そう【捜】【搜】 圕ソウ(サウ) 訓さがす|(音)수. (造語) 찾다, 찾아내다, 탐색하다¶ 捜査₂₂ 수사・捜索₂₂ 수색

そう【挿】【插】 圕ソウ(サウ) 訓さす|(音)삽. (造語) 꽂다, 끼우다¶ 挿画₂₂ 삽화・挿入₂₂ 삽입・挿話₂₂ 삽화
そう【桑】 圕ソウ(サウ) 訓くわ|(音)상. (造語) ①뽕나무¶ 桑田₂₂ 상전・扶桑₂₂ 부상 ②범어「サマーナ」의 차음자. 승려¶ 桑門₂₂ 상문
そう【爽】 圕ソウ(サウ) 訓さわやか|(音)상. (造語) ①상쾌하다, 개운하다¶ 爽快₂₂ 상쾌・颯爽₂₂ 삽상 ②명백하다, 밝다¶ 爽明₂₂ 매상
そう【掃】 圕ソウ(サウ) 訓はく|(音)소. (造語) ①비로 쓸다, 털다¶ 掃除₂₂ 소제・清掃₂₂ 청소 ②말끔히 없어지다¶ 掃蕩₂₂ 소탕・掃滅₂₂ 소멸・一掃₂₂ 일소
そう【曹】 圕ソウ(サウ)・ゾウ(ザウ)|(音)조. (造語) ①관청, 관리¶ 法曹₂₂ 법조 ②동배, 동아리¶ 吾曹₂₂ 우리들 ③(군대의) 하사관 계급¶ 曹長₂₂ 조장・軍曹₂₂ 중사 ④궁전・관청 등의 방¶ 曹司₂₂ 궁전이나 관청 안의 방 ⑤「ソーダ」의 차음자「曹達」의 준말
そう【巣】【巢】 圕ソウ(サウ) 訓す|(音)소. (造語) ①(새・짐승 등의) 집¶ 帰巣₂₂ 귀소・卵巣₂₂ 난소 ②악인의 소굴¶ 巣窟₂₂ 소굴
そう【窓】 圕ソウ(サウ) 訓まど|(音)창. (造語) ①창문¶ 窓外₂₂ 창밖・船窓₂₂ 선창 ②방, 교실, 학교¶ 学窓₂₂ 학창・同窓₂₂ 동창
そう【創】 圕ソウ(サウ) 訓きず・はじめる・つくる|(音)창. (造語) ①상처를 내다, 상처¶ 創痕₂₂ 창흔・創傷₂₂ 창상 ②처음 만들다, 시작하다¶ 創意₂₂ 창의・創業₂₂ 창업
そう【喪】 圕ソウ(サウ) 訓も|(音)상. (造語) ①상, 거상¶ 喪家₂₂ 상가 ②장례식¶ 喪礼₂₂ 상례・国喪₂₂ 국상 ③잃다, 없애다, 망하다¶ 喪失₂₂ 상실
そう【惣】 圕ソウ|(音)총. I (造語) 모두¶ 惣菜₂₂ 반찬・惣領₂₂ 총령 ▷「総」가 대용자 II 〖史〗(南北朝₂₂ 시대에서 室町₂₂ 시대에 걸쳐) 농촌의 자위나 관개 용수 등을 관리하던 자치 조직
そう【曾】 圕ソウ・ソ・ゾ 訓かつて|(音)증. (造語) ①세대가 겹침¶ 曾祖₂₂ 증조・曾孫₂₂ 증손 ②일찍이, 이전에¶ 未曾有₂₂ 미증유 ▷「曽」는 속자
そう【葬】 圕ソウ(サウ) 訓ほうむる|(音)장. (造語) 장사 지내다, 장례식¶ 葬儀₂₂ 장의・火葬₂₂ 화장・埋葬₂₂ 매장・国葬₂₂ 국장
そう【装】【裝】 圕ソウ(サウ)・ショウ(シヤウ) 訓よそおう|(音)장. I (造語) ①옷차림을 하다, 옷차림¶ 装束₂₂ 장속・服装₂₂ 복장 ②꾸미다, 장식, 치장¶ 装飾₂₂ 장식・包装₂₂ 포장 ③무장하다, 장정¶ 洋装₂₂ 양장 II 몸치장¶ ～を凝らす 몸치장에 공들이다
そう【僧】【僧】 圕ソウ|(音)승. I (造語) 범어「サンガ」의 차음자, 중, 승려¶ 僧籍₂₂ 승적・僧侶₂₂ 승려・高僧₂₂ 고승 II 승, 승려¶ ～に身を変える 중으로 변신하다
そう【想】 圕ソウ(サウ)・ソ 訓おもう・おもい|(音)상. I (造語) 생각하다, 회상하다, 생각¶ 想像₂₂ 상상・感想₂₂ 감상・構想₂₂ 구상・

そう

理想リサウ 이상 II (문학·음악 등의) 구상, 이미지¶ ～を練ネる 구상을 하다

そう [*蒼] 音ソウ(サウ) 訓あおい | (음)창. (造語) ①푸르다¶ 蒼海ソウカイ 창해·蒼白ソウハク 창백 ②초목이 무성하다¶ 蒼生ソウセイ 창생·鬱蒼ウッソウ 울창 ③당황하는 모양¶ 蒼惶ソウコウ 창황 ▷ ③은「倉ソウ」와 같음

そう [層] [層] 音ソウ | (음)층. I (造語) ①겹쳐짐, 겹쳐진 것¶ 層雲ソウウン 층운·下層カソウ 하층 ②사회·사람의 계급¶ 階層カイソウ 계층·知識層チシキソウ 지식층¶「地層チソウ」의 준말·鉱層コウソウ 광층·断層ダンソウ 단층 II 層 ①겹¶ ～を成ナす 층을 이루다 ②계층¶ 選手センシュの～が厚あつい 선수의 층이 두텁다 ③(助数) 층으로 된 것을 세는 말¶ 三ミ～の塔トウ 3층 탑

そう [*槍] 音ソウ(サウ) 訓やり | (음)창. (造語) 창¶ 槍術ソウジュツ 창술·刀槍トウソウ 도창 ▷「鎗ソウ」와 같음

そう [漕] 音ソウ(サウ) 訓こぐ | (음)조. 배를 젓다, 배로 나르다¶ 漕手ソウシュ 조수·漕艇ソウテイ 조정·競漕キョウソウ 경조

そう [*箏] 音ソウ(サウ) 訓こと | (음)쟁. (造語) (현악기의 하나인) 쟁¶ 箏曲ソウキョク 쟁곡 II 箏, 13줄의 명주실로 된 현악기

そう [総] [總] 音ソウ 訓すべる·すべて·ふさ | (음)총. (造語) ①합치다, 종합하다¶ 総計ソウケイ 총계·総合ソウゴウ 종합·総括ソウカツ 총괄, 통괄하다¶ 総長ソウチョウ 총장·総理ソウリ 총리 ③모든, 전체의¶ 総員ソウイン 총원 ▷ (熟字訓) 総角アゲマキ 쌍상투

そう [*綜] 音ソウ | (음)종. (造語) ①하나로 묶다, 종합하다¶ 綜合ソウゴウ 종합·綜覧ソウラン 종람, 총람 ②섞이다¶ 錯綜サクソウ 착종 ▷ ①은「総ソウ」가 대용자

そう [*聡] [聰] 音ソウ 訓さとい | (음)총. (造語) 총명하다, 영리하다¶ 聡明ソウメイ 총명

そう [遭] [遭] 音ソウ(サウ) 訓あう | (음)조. (造語) 우연히 만나다, 만나다¶ 遭遇ソウグウ 조우·遭難ソウナン 조난

そう [槽] 音ソウ(サウ) 訓おけ | (음)조. (造語) ①구유·槽櫪ソウレキ 구유·액체를 넣는 통¶ 水槽スイソウ 수조·浴槽ヨクソウ 욕조 ③가운데가 움푹 들어간 것¶ 歯槽シソウ 치조

そう [*痩] 音ソウ 訓やせる | (음)수. (造語) 여위다, 수척하다¶ 痩軀ソウク 수구·痩身ソウシン 수신

そう [箱] 音ソウ(サウ) 訓はこ | (음)상. (造語) 상자¶ 百葉箱ヒャクヨウソウ 백엽상 ▷ 주로 훈(訓)「はこ」로 씀

そう [操] 音ソウ(サウ) 訓みさお·あやつる | (음)조. (造語) ①심신을 굳게 지키다, 지조, 정조¶ 志操シソウ 지조·貞操テイソウ 정조 ②능숙하게 다루다, 조종하다¶ 操縦ソウジュウ 조종·体操タイソウ 체조 ③손에 잡다, 쥐다¶ 操刀ソウトウ 조도

そう [燥] 音ソウ(サウ) 訓かわく | (음)조. (造語) 말리다, 마르다¶ 乾燥カンソウ 건조·高燥コウソウ 고조·焦燥ショウソウ 초조

そう [糟] 音ソウ(サウ) 訓かす | (음)조. (造語) 술지게미, 재강¶ 糟糠ソウコウ 조강·糟粕ソウハク 조박

そう [霜] 音ソウ(サウ) 訓しも | (음)상. (造語) ①서리¶ 秋霜シュウソウ 추상·風霜フウソウ 풍상 ②세

월, 연월¶ 星霜セイソウ 성상

そう [*叢] 音ソウ(サウ) 訓くさむら | (음)총. (造語) ①풀이 우거지다, 수풀¶ 叢生ソウセイ 총생·叢林ソウリン 총림 ②군집하다¶ 叢書ソウショ 총서·論叢ロンソウ 논총

そう [騒] [騷] 音ソウ(サウ) 訓さわぐ | (음)소. (造語) ①떠들다, 시끄럽다¶ 騒音ソウオン 소음·騒動ソウドウ 소동·喧騒ケンソウ 훤소 ②시부(詩賦), 풍류¶ 騒客ソウキャク 소객·騒人ソウジン 소인

そう [繰] 音ソウ 訓くる | (음)조. (造語) 실을 잣다, 실을 감다¶ 繰糸ソウシ 실잣기

そう [藻] 音ソウ(サウ) 訓も | (음)조. (造語) ①수초¶ 藻類ソウルイ 조류·海藻カイソウ 해조 ②아름다운 무늬, 장식, 시가·문장 등의 언어¶ 詩藻シソウ 시조·文藻ブンソウ 문조

そ·う [沿う] 自五 따르다 ①연하다¶ 川カワに～って歩アルく 강을 따라 걷다 ②(기준·방침에) 좇다¶ 方針ホウシンに～ 방침에 따르다

そ·う [添う·*副う] 自五 ①(기대·목적 등에) 부합되다, 부응하다¶ 期待キタイに～ 기대에 부응하다 ②곁에서 떨어지지 않다, 부부가 되다¶ 二人フタリを～わせる 두 사람을 짝지어 주다 ③(이미 있는 데) 더해지다¶ 身ミに～威厳イゲン 몸에 더해지는 위엄

そう I 副 ①(상대방의 말·행위 등을 받아서) 그렇게¶ では～しよう 그럼 그렇게 하자 ②정도가 심하지 않음을 나타냄. 그리¶ ～大オオきくない 그리 크지 않다 II 感 그래 ①상대방의 말을 긍정하거나 스스로 확인하는 뜻을 나타냄¶ ～、それでいいのだ 그래 그러면 됐어¶ (말끝을 올려) 놀라거나 반신 반의하는 기분을 나타냄¶ ～、ほんと? 그래 정말?

慣用句

—は問屋トンヤが卸オロさない 그렇게 엿장수 마음대로는 안 된다

そう [宗] (文) ①근본, 근원 ②종가, 본가 ③조상, 선조

ぞう [造] [造] 音ゾウ(ザウ) 訓つくる·みやつこ | (음)조. (造語) ①만들다¶ 造船ゾウセン 조선·製造セイゾウ 제조 ②이르다, 다다르다, 도착하다¶ 造詣ゾウケイ 조예 ③갑작스러운 것¶ 造次ゾウジ 조차, 짧은 시간

ぞう [像] 音ゾウ(ザウ) 訓 | (음)상. I (造語) ①모양, 모습¶ 映像エイゾウ 영상·幻像ゲンゾウ 환상 ②인간·사물의 모양을 본떠 만든 것¶ 胸像キョウゾウ 흉상·仏像ブツゾウ 불상 II 像 ①인간 등의 모양을 본떠 만든 것¶ キリストの～ 그리스도상 ②(物) 물체가 내는 빛이 렌즈 등을 통해 비치는 것¶ ～が映ウツる 상이 비치다

ぞう [増] [增] 音ゾウ 訓ます·ふえる·ふやす | (음)증. (造語) ①보태다, 늘다, 늘리다¶ 増加ゾウカ 증가·増設ゾウセツ 증설·急増キュウゾウ 급증 ②버릇없이 굴다, 교만해지다¶ 増上慢ゾウジョウマン 증상만·増長ゾウチョウ 증장 II 늘어남, 증가¶ 収入シュウニュウは三割サンワリの～ 수입은 3할 증가

ぞう [憎] [憎] 音ゾウ 訓にくむ·にくい·にくらしい·にくしみ | (음)증. (造語) 미워함, 싫어함¶ 憎悪ゾウオ 증오·愛憎アイゾウ 애증

ぞう [蔵] [藏] 音ゾウ(ザウ) 訓くら | (음)장.

**ぞう** [(造語)] ①창고¶ 土蔵ぞう 토장・宝蔵ほう 보장 ②간수해 두다¶ 蔵書ぞう 장서・貯蔵ちょ 저장 ③숨기다, 감추다¶ 秘蔵ひ 비장・埋蔵まい 매장 ④[(佛)] 모든 것을 감싸다¶ 三蔵さん 삼장・地蔵ぢ 지장 II [(文)] 가지고 있음, 소장함

**ぞう** [贈] [贈] [箇] ゾウ・ソウ [訓] おくる¦(음) 증. [(造語)] ①(금품 등을) 보내주다, 주다¶ 贈与ぞ 증여・寄贈きぞ 기증 ②죽은 뒤 관위・칭 호를 수여하여 받음¶ 贈位ぞ 증위・追贈つい 추증

**ぞう** [臓] [臟] [箇] ゾウ(ザウ) ¦(음) 장. [(造語)] 장기의 총칭, 내장¶ 臓器ぞ 장기・心臓しん 심장・腎臓じん 신장・内臓ない 내장

**ぞう** [象] [動] 코끼리

**ぞう** [雑] (和歌集わかしゅうㄝ서) 잡가 = 雑歌ぞ

**そうあい** [相愛] 상애. 서로 사랑함

**ぞうあく** [増悪] [名] [自スル] [(文)] (병세가) 악화됨

**そうあげ** [総揚げ] [名] [他スル] (기생・유녀 등을) 모조리 불러 놂¶ 芸者げい를 ~にする 기생을 총동원시키다

**そうあたり** [総当(た)り] [名] [自スル] ①(경기 에서) 참가자 모두와 대전함¶ ~戦せん 풀리그 전 ②(제비 뽑기에서) 어느 것을 뽑아도 당첨임

**そうあん** [草案] 초안. 초고 ⇔ 成案せい

**そうあん** [草庵] 초암. 초가집 = 草くさのいおり

**そうあん** [創案] 창안¶ 当社とうしゃが~し た方式ほう 당사가 창안한 방식

**そうあん** [僧庵] 승암. 암자

**そうい** [相違] [名] [自スル] 상위. 서로 다름¶ 案あん に~して 기대하는 달리 ¬ない [形] (「…に~」 의 꼴로) …임에 틀림없다

**そうい** [創*痍] [(文)] ①창이. 칼 등으로 입은 상 처¶ 満身まん~ 만신창이 ②막심한 손해

**そうい** [創意] 창의. 독창적인 사고¶ ~工夫く 창의 연구/ ~に富とむ 창의성이 풍부하다

**そうい** [僧衣] 승의. 승복 = そうえ

**そうい** [僧位] [(佛)] (조정에서 내리는) 중의 품 계 = 法位ほう

**そうい** [総意] 총의. 모두의 의견・의향¶ ~ に基もとづく 총의에 입각하다

**ぞうい** [贈位] [名] [自スル] [(文)] 증위. 추증¶ 生 前ぜんの功こうをたたえて~する 생전의 공을 기 려 증위하다

**そういう** [連体] 그런, 그러한¶ ~意見けんもあ る 그런 의견도 있다

**そういっそう** [層一層] [副] [(文)] 더욱더, 더한층, 가일층¶ ~の御協力きょうをお願ねがい致いたしま す 가일층 협력을 부탁드립니다

**そういん** [僧院] ①승원. 절. 사원 ②수도원

**そういん** [総員] 총원. 전원

**ぞういん** [増員] [名] [他スル] 증원. 인원・정원을 늘림¶ ~要求きゅう 증원 요구

**そううつ** [*躁*鬱] 조울 一気質きしつ [(心)] 조울성 기질, 조울질 一病びょう [(醫)] 조울병

**そううん** [層雲] 충운. 안개구름 = 霧雲きり

**ぞうえい** [造営] [名] [他スル] 조영. 궁전・절 등을 지음¶ 大仏殿だいぶつでん~工事こうじが始はじまる 대불 전의 조영 공사가 시작되다

**ぞうえいざい** [造影剤] [(醫)] 조영제

**そうえん** [桑園] [(文)] 상원. 뽕나무밭 = 桑畑くわばたけ

**ぞうえん** [*亜鉛] [(化)] 창연 一剤ざい [(藥)] 창연제

**ぞうえん** [造園] [名] [自スル] 조원. 뜰・공원 등을 꾸밈, 조경¶ ~業ぎょう 조원업, 조경업

**ぞうえん** [増援] [名] [他スル] 증원. 인원수를 늘려 도 움¶ ~部隊たい 증원 부대

**ぞうお** [憎悪] [名] [他スル] 증오¶ ~がつのる 증 오가 쌓이대

**そうおう** [相応] [名] [自スル] 상응. 걸맞음¶ 身 分ぶんに~な生活せい 분수에 걸맞는 생활

**そうおく** [草屋] [(文)] 초옥 ①초가집 ②누옥

**そうおん** [*宋音] 송(宋)・원(元)대 초기에 일 본에 전해진 한자음 = 唐宋とうそう音おん

**そうおん** [相恩] [名] [(文)] 대대로 은혜를 입음¶ ~の主君くん 대대로 은혜를 입은 주군

**そうおん** [騒音] ①소음¶ ~公害がい 소음 공해 ②[噪音] [(物)] 조음. 진동 주기가 불규칙한 음

**そうか** [挿花] [(文)] 꽃꽂이 = 生いけ花ばな

**そうか** [喪家] [(文)] ①상가. 초상집 ②집을 잃음

[慣用句]

一の狗いぬ 상갓집 개, 실의에 빠진 사람

**そうか** [僧家] 승가 = そうけ ①사찰 ②승려

**そうが** [*爪*牙] [(文)] 조아 ①발톱과 어금니 ②[(比)] 마수 ③심복¶ ~の臣しん 심복 신하

[慣用句]

一に掛かる 마수에 걸리다, 희생이 되다

**そうが** [草画] [(美)] 대범한 필치로 그린 수묵화

**そうが** [挿画] 삽화 = 挿さし絵え

**そうか** [唱歌] ①창가. 곡조에 맞춰 노래 함 ②피리나 거문고 등의 선율을 입으로 부름

**そうが** [装画] 장화. 책의 장정(装幀) 그림

**ぞうか** [造化] 조화 ①조물주 ②대자연, 우주 ¶ ~の妙みょう 대자연의 오묘함

[慣用句]

一の神かみ 조화의 신, 조물주

**ぞうか** [造花] 조화 ⇔ 生花せい

**ぞうか** [増加] [名] [自スル] 증가¶ 人口こう~ 인 구 증가/ 収益えきが~する 수익이 증가하다

**ぞうか** [増価] [名] [他スル] 증가 ①값이 오름, 값 을 올림 ②재산의 시가가 오름

**ぞうか** [雑歌] [(文)] 잡가 = 雑ぞう

**そうかい** [壮快] [名] [ダナ] 장쾌¶ ~なパレード 장쾌 한 퍼레이드

**そうかい** [爽快] [ダ] 상쾌¶ 朝あさの~な気分ぶん 아침의 상쾌한 기분

**そうかい** [桑海] [(文)] 상해, 상전 벽해¶ ~の 変へん 세상이 덧없이 빨리 변함

**そうかい** [掃海] [名] [自スル] 소해. 바닷속의 기뢰 등을 제거함 一艇てい [(軍)] 소해정

**そうかい** [*滄海・*蒼海] [(文)] 창해. 푸른 바다 ¶ ~桑田でん 창해 상전, 상전 벽해

**そうかい** [総会] 총회 一屋や 총회꾼

**そうかい** [窓外] [(文)] 창 밖¶ ~の風景けい 창 밖 의 풍경

**そうがい** [霜害] [(農)] 상해, 서리에 의한 피해

**そうがかり** [総掛(か)り・総懸(か)り] ①총공 격¶ ~の態勢せい 총공격 태세 ②총동원¶ 一 家いっか~で大掃除そうじをする 온 집안 식구가 총

동원되어 대청소를 하다 ③필요 경비 총액
そうかく [総画] 총획. 한 한자의 총획수 **—索引**ぃん 총획 색인
そうかく [騒客] (文) 소객＝騒人そうじん
そうがく [*宋学] 송학. 송대의 유학. 주자학
そうがく [奏楽] 名自スル 주악. 음악을 연주함, 연주하는 음악¶ ～堂どう 주악당
そうがく [総額] 총액¶ ～千億円せんおくにのぼる事業じぎょう 총액 1000억 엔에 달하는 사업
ぞうがく [増額] 名他スル 증액 ⇔ 減額げんがく¶ 人件費じんけんひの～ 인건비의 증액
そうかつ [総括] 名他スル 총괄¶ 意見けんを～する 의견을 총괄하다 **—質問**しつもん 총괄 질문
そうかつ [総轄] 名他スル 총할¶ ～責任者せきにんしゃ 총할 책임자/ 事務じむを～する 사무를 총할하다
そうかといって 連語(口) 그렇다고 해서¶ ～ほっておくわけにもいかず 그렇다고 해서 내버려 둘 수도 없고
そうがな [草仮名] 초서체의 万葉仮名まんようがな
そうかへいきん [相加平均] [数] 상가 평균. 산술 평균
ぞうがめ [象*亀] [動] 코끼리거북
そうがわ [総革] 전체가 가죽으로 됨, 그런 제품
そうかん [壮観] 장관¶ 山頂さんちょうからの～ 산정에서의 장관
そうかん [相*姦] 名自スル 상간¶ 近親きんしん～ 근친 상간
そうかん [相関] 名自スル 상관. 서로 관련을 가짐¶ ～を調しらべる 상관을 조사하다 **—関係**かんけい 상관 관계 **—係数**けいすう [数] 상관 계수
そうかん [送還] 名他スル 송환¶ 強制きょうせい～ 강제 송환/ 捕虜ほりょを～する 포로를 송환하다
そうかん [創刊] 창간
そうかん [僧官] [佛] 승관. 승직
そうかん [総監] 총감¶ 警視けいし～ 경시 총감
そうがん [双眼] (文) 쌍안. 양눈 **—鏡**きょう 쌍안경
ぞうがん [造艦] 조함. 군함을 만듦
ぞうかん [増刊] 名他スル 증간¶ 特別号とくべつを～する 특별호를 증간하다
ぞうかん [贈官] 증관. (공훈에 대해) 사후에 벼슬을 내리는 일
ぞうがん [象眼・象*嵌] 名自他スル 상감¶ ～細工ざいく 상감 세공/ 〜訂正ていせい 상감 정정
そうき [早期] 조기 **—警戒機**けいかいき 조기 경계기
そうき [想起] 名他スル(文) 상기¶ 設立時せつりつじの趣意しゅいを～する 설립시의 취지를 상기하다
そうき [総記] 총기 ①전체에 걸친 기술 ②(도서 분류법에서) 특정 분야에 속하지 않는 분류목
そうぎ [争議] 쟁의. 노동 쟁의¶ ～が持もち上あがる 쟁의가 일어나다 **—権**けん [法] 쟁의권
そうぎ [葬儀] 장의. 장례식 **—屋**や 장의사
ぞうき [雑木] 잡목 **—林**りん 잡목림
ぞうき [機器] (文) 기계나 기관의 설계・제조
ぞうき [臓器] [醫] 장기. 내장 **—移植**いしょく [醫] 장기 이식 **—バンク** [醫] 장기 은행
そうきへい [*槍騎兵] 창기병
そうぎゃ [僧*伽] [佛] 승가. 불교(도) 집단
そうきゅう [送球] Ⅰ 名自スル (구기에서) 송구¶ ～がそれる 송구가 빗나가다 Ⅱ 名[體] 핸드볼
そうきゅう [*蒼*穹] (文) 창구. 창공. 푸른 하늘
ぞうきゅう [増給] 名自他スル 증급. 승급 ⇔ 減給げんきゅう¶ 一律いちりつに～する 일률적으로 증급하다
そうきゅうきん [双球菌] [生] 쌍구균
そうきょ [壮挙] 장거¶ 月世界げっせかい探検けんの～ 달세계 탐험의 장거
そうぎょ [草魚] [動] 초어
そうきょう [*躁狂] (文) 조광 ①미친 듯이 날뜀 ②(조울병에서) 발작적 흥분 상태
そうぎょう [早暁] (文) 조효. 이른 새벽
そうぎょう [創業] 名自スル 창업
そうぎょう [僧形] (文) 중의 모습[차림]
そうぎょう [操業] 名自スル 조업¶ 夜よるまで～する 밤까지 조업하다 **—短縮**たんしゅく 조업 단축
ぞうきょう [増強] 名他スル 증강
そうきょういく [早教育] 조기 교육
そうきょく [*箏曲] 쟁으로 연주하는 기악곡
そうきょくせん [双曲線] [数] 쌍곡선
そうぎり [総*桐] 순 오동나무로 만듦, 그런 제품¶ ～のたんす 순 오동나무 옷장
そうきん [走*禽] 주금¶ ～類るい 주금류
そうきん [送金] 名自スル 송금¶ 代金だいきんを～する 대금을 송금하다 **—為替**がわせ [經] 송금환
そうきん [雑巾] 걸레¶ ～ぬれ 물걸레 **—掛**がけ 걸레질¶ 廊下ろうかの～ 복도의 걸레질
そうく [走*狗] (文) 주구 ①사냥개¶ 狡兎こうと死しして～煮にらる 토사 구팽 ②앞잡이
そうく [*痩*軀] (文) 수구. 여윈 몸¶ 長身ちょうしん～ 장신 수구
そうぐ [葬具・喪具] 장구. 장례에 쓰는 기물
そうぐ [装具] (文) 장구 ①(전투 등의) 장비¶ ～一式いっしき 장구 일습 ②실내 장식 도구
そうくう [*蒼空] (文) 창공. 푸른 하늘
そうぐう [遭遇] 名自スル 조우. 우연히 만남
そうくずれ [総崩れ] ①완전히 무너짐 ②(전쟁・경기 등의) 완패¶ ～になる 완패하다
そうくつ [巣*窟] 소굴¶ 悪あくの～ 악의 소굴
そうけ [宗家] 종가 ①큰집. 본가 ②한 유파의 전통을 전하는 중심이 되는 집＝家元いえもと
そうげ [象*牙] 상아¶ ～色いろ 상아색 **—質**しつ [醫] 상아질 **—の塔**とう (이의) 상아탑
そうけい [*総計] 名他スル 총계¶ 売うり上あげを～する 매상을 총계하다
そうげい [送迎] 名他スル 송영. 보내고 맞이함
そうけい [造形・造型] 조형¶ 自然しぜんの～美び 자연의 조형미 **—芸術**げいじゅつ 조형 예술
ぞうけい [造詣] 조예¶ ～が深ふかい 조예가 깊다
そうけだ・つ [*寒気立つ] 自国 (무섭거나 추워서) 소름이 끼치다¶ 蛇へびと聞きいただけで～ 뱀이라는 말만 들어도 소름이 끼치다
ぞうけつ [造血] 名自スル [醫] 조혈¶ ～剤ざい 조혈제/ ～機能きのう 조혈 기능
ぞうけつ [増結] 名他スル 증결. 차량을 늘려 연결함¶ 二両りょう～する 2량 증결하다

そうけっさん [総決算] 名 他スル 총결산
そうけん [双肩] 쌍견 ①양 어깨 ②[比] 책임·임무를 짐¶～に担がう 양 어깨에 짊어지다
慣用句
—にかかる 양 어깨에 걸려 있다
そうけん [壮健] 名 ナ 장건. 장대하고 건강함
そうけん [送検] 名 他スル [法] 송청¶書類だけ～ 서류 송청/身柄がらを～する 신병을 송청하다
そうけん [創見] 창견. 독창적인 견해
そうけん [創建] 名 他スル (文) 창건¶寺を～する 절을 창건하다
そうけん [想見] 名 他スル (文) 상견. 상상해 봄¶情景じょうを～する 정경을 상상해 보다
そうけん [総見] 창견 (연극・씨름 등을 관계자 등이) 전원 관람함 ひいき筋きんの～ 후원자들의 전원 관람
そうげん [草原] 초원 ①풀밭¶大だい～ 대초원 ②[植] 초본 식물을 주로 하는 군락(群落)
ぞうげん [造言] (文) 조언. 꾸민 말. 거짓말
ぞうげん [増減] 名 自他スル 증감
そうこ [倉庫] 창고¶～番ばんで 창고지기
そうご [壮語] 名 スル 장어. 장담¶大言げん～ 호언 장담
そうご [相互] 상호 ①서로간¶～の関係かんけい 상호 관계/～に助すけ合う 서로 돕다 ②서로 번갈아¶～理解かい 상호 이해 —組合くみあい 상호 조합 —作用よう 상호 작용 —主義しゅぎ 〔経〕[法] 상호주의 —乗のり入いれ (다른 교통 기관이) 서로 상대방 노선에서 운행함 —扶助ふじょ 상호 부조 —保険けん 상호 보험
ぞうご [造語] 名 自スル 조어¶～力りょく 조어력 —成分ぶん (文法) 조어 성분
そうこう [副 自スル 〔口〕 이럭저럭, 이리저리¶～する間ま에 이럭저럭하는 사이에
そうこう [壮行] 名 장행. 멀리 떠나는 사람의 앞길을 축복하고 격려하는 일¶～会かい 장행회
そうこう [走行] 名 自スル 주행¶車しゃの～距離きょり 자동차의 주행 거리
そうこう [奏功] 名 自スル 주공. 뜻을 이룸. 성공함¶作戦せんが～する 작전이 성공하다
そうこう [奏効] 名 スル (文) 주효. 효력이 나타남. 효과를 거둠¶非買運動びばいうんどうが～する 불매 운동이 주효하다
そうこう [草稿] 초고
そうこう [倉皇・蒼惶] 副 (文) 창황. 허둥댐¶～として帰国きこくにつく 창황히 귀로에 오르다
そうこう [装甲] 名 自スル 장갑¶—車しゃ 장갑차
そうこう [操行] (文) 품행¶～がよくない 품행이 좋지 않다
そうこう [艙口] 선박의 해치 = ハッチ
そうこう [糟糠] (文) 조강 ①지게미와 겨 ②변변치 못한 음식. 가난한 생활
慣用句
—の妻つま 조강지처
そうこう [霜降] (文) (24절기의 하나인) 상강
そうごう [相好] ①용모. 표정 ②[佛] 상호. 부처의 훌륭한 모습
慣用句

—を崩くずす 싱글벙글하다
そうごう [僧綱] [佛] 승강. 전국의 승려・절을 통할하는 승직
そうごう [総合・綜合] 名 他スル 종합 —開発かいはつ 종합 개발 —課税かぜい 종합 과세 —商社しょうしゃ 종합 상사 —大学だいがく 종합 대학교
ぞうごう [贈号] 名 自スル (文) 증호. 시호(諡號)
そうこうげき [総攻撃] 名 他スル 총공격
そうこく [相克・相剋] 名 自スル (文) 상극 ①대립하는 것이 서로 다툼¶理性りせいと感情かんじょうの～に悩なやむ 이성과 감정의 상극으로 괴로워하다 ②(오행설에서) 상극하는 일 ⇔ 相生しょう
ぞうこく [造石] (술・간장의) 생산량
ぞうこく [増石] 名 自スル (술・간장의) 생산고를 늘림 ⇔ 減石げんこく
そうこん [*爪*痕] (文) 조흔. 손톱 자국. 할퀸 자국¶台風たいふうの～ 태풍이 할퀸 자국
そうこん [早婚] 조혼 ⇔ 晩婚ばんこん
そうごん [荘厳] I ナ 장엄함¶～な式典しきてん 장엄한 식전 II 名 他スル [佛] → しょうごん
ぞうごん [雑言] 名 スル 욕설을 함. 욕설 = ぞうげん¶悪口あっこう～の限かぎりを尽くす 갖은 욕지거리를 다하다
そうこんもくひ [草根木皮] (文) 초근 목피
そうさ [走査] 名 他スル [電] 주사¶～線せん [電] 주사선
そうさ [捜査] 名 他スル 수사¶～陣じん 수사진/公開こうかい～ 공개 수사 —本部ほんぶ 수사 본부
そうさ [操作] 名 他スル 조작 ①기계 등을 다룸¶遠隔えんかく～ 원격 조작 ②자기에게 유리하도록 꾸밈¶帳簿ちょうぼを～する 장부를 조작하다
ぞうさ [造作・雑作] ①수고. 번거로움. 귀찮음¶～をおかけしました 수고를 끼쳤습니다 ②대접. 음식 접대¶御～にあずかる 융숭한 대접을 받다 —無ない 形 어려움 없다. 손쉽다
そうさい [相殺] 名 他スル 상쇄 ①대차・손득・장단점 등을 에낌¶貸かし借かりを～する 대차를 상쇄하다 ②[法] 상계¶～額がく 상계액 —関税かんぜい 〔経〕 상계 관세
そうさい [葬祭] 장제. 장례와 제사¶冠婚かん～ 관혼 상제
そうさい [総裁] 총재¶銀行ぎんこう～ 은행 총재
そうざい [総菜・惣菜] 반찬. 부식
そうさく [捜索] 名 他スル 수색¶遭難者そうなんしゃの～ 조난자의 수색/家宅かたく～ 가택 수색
そうさく [創作] 名 他スル 창작 ①새롭게 만들어 냄¶예술 작품을 만들어 냄. 그 작품¶～意欲いよく 창작 의욕 ③꾸며낸 일. 거짓¶彼かれの～に違ちがいない 그가 지어낸 것임에 틀림없다
そうさく [造作] I 名 他スル 건물을 지음. 건축¶家いえを～する 집을 짓다 II (건물 내부의) 마무리. 뒷마감. 마감재¶家いえの～が悪わるい 집의 뒷마감이 나쁘다 ④용모. 얼굴 생김새¶～が整ととのっている 용모가 단정하다
そうさくいん [総索引] 총색인
そうさつ [相殺] 名 他スル 「そうさい」의 오독
ぞうさつ [増刷] 名 他スル (版) 증쇄. 추가 인쇄¶好評こうひょうにつき～中ちゅう 호평으로 증쇄 중
そうざらい [総浚い] 名 他スル ①총복습¶試

験(けん)直前(ちょくぜん)の~ 시험 직전의 총복습 ②(공연 전의) 총연습, 리허설 ¶ 開演前(かいえんぜん)の~ 개연 전의 총연습

そうさん [早産] 名他スル 조산 ¶ ~児(じ) 조산아
ぞうさん [増産] 名他スル 증산 ⇔ 減産(げんさん)
ぞうさん うんどう [造山運動] 地 조산 운동
そうし [壮士] ①文 장사, 장정 ②(明治(めいじ) 중기에) 자유 민권 운동을 하던 투사 ③남의 의뢰로 협박을 일삼는 무뢰하 ¶ ~風の男(おとこ) 무뢰한 같은 남자 ━芝居(しばい) 明治 시대에 자유 민권 사상을 고취하고자 한 연극
そうし [相思] 名 상사, 서로 사모함 ¶ ~の仲(なか) 서로 사모하는 사이 ━相愛(あい) 상사 상애, (남녀가) 서로 사모하고 사랑함
そうし [草紙・草子・双紙] 『冊子』 ①삽화가 많이 들어간 江戸(えど) 시대의 대중 소설 ②일본말로 된 설화・일기・수필 등의 통칭 ¶ 붓글씨 연습장 ¶ 手習(てならい)~ 습자 연습장
そうし [創始] 名他スル 文 창시
そうし [繰糸] 名自スル 農 조사, 누에고치에서 생사를 뽑는 일
そうじ [相似] 名自スル 文 상사 ①(모양・성질이) 서로 닮음 ②(数) 두 도형이 닮은꼴인 관계 ¶ ~形(けい) 닮은꼴 ③(生) (생물 기관에서) 모양・기능은 같은 관계 ¶ ~器官(きかん) 상사 기관
そうじ [送辞] 名 송사 ⇔ 答辞(とうじ)
そうじ [掃除] 名他スル 소제, 청소 ¶ 大(おお)~ 대청소/ 庭(にわ)を~する 마당을 청소하다
ぞうじ [曹司] ①宮内庁(くないちょう)의 집무실 ②궁중・관아에 마련된 벼슬아치나 궁녀의 방 ③아직 독립하지 않은 귀족・무가의 자제
ぞうし [増資] 名自スル 経 증자 ¶ 無償(むしょう)~ 무상 증자
ぞうし [雑仕] (궁중의) 무수리
ぞうじ [造次] 文 잠시, 잠깐 사이 ¶ ~もおろそかにしない 잠시도 소홀히 하지 않다 ━顛沛(てんぱい) 文 조차 전폐, 순식간, 잠깐 사이
そうしき [相識] 文 서로 안면이 있음, 그런 사람 ¶ ~の間柄(あいだがら) 서로 안면이 있는 사이
そうしき [葬式] 名 장례, 장례식 ¶ ~を出(だ)す 장례를 치르다 ━組(くみ) 장례식을 위한 상조 조직
そうじしょく [総辞職] 名自スル 총사직
そうした 連体 그러한, 그런 ¶ ~考(かんが)え 그러한 생각/ ~事件(じけん) 그런 사건
そうしつ [宗室] 名 종실, 종가, 본가
そうしつ [喪失] 名他スル 상실
そうして [然(そ)うして] I 接 그리고, 그리고 나서, 그리고 또한 ¶ やさしく、~きれいな人(ひと) 상냥하고 그리고 또한 고운 사람 II 連語 그렇게 해서, 그런 식으로 ¶ ~食(た)べればおいしい 그렇게 해서 먹으면 맛있다
そうじて [総じて・惣じて] 副 대체로, 일반적으로 ¶ ~言(い)えば 일반적으로 말하면
そうしほん [総資本] 経 총자본
そうじまい [総仕舞(い)] 名他スル ①모두 끝냄 ②전부 팔아 버림[사 버림] ¶ 在庫(ざいこ)を~する 재고를 모두 처분하다
そうじめ [総締め] ①총계산, 총계 ¶ 費用(ひよう)の~ 비용의 총계 ②총감독
そうしゃ [壮者] 文 장자, 장정 ¶ ~をしのぐ体力(たいりょく) 장정을 능가하는 체력
そうしゃ [走者] (육상 경기・야구 등의) 주자
そうしゃ [奏者] ①주자, 연주자 ¶ バイオリン~ 바이올린 연주자 ②신분이 높은 집안에서 안내역을 맡은 사람
そうしゃ [相者] 관상가= 人相見(にんそうみ)
そうしゃ [掃射] 名他スル 소사 ¶ 機銃(きじゅう)~ 기총 소사
そうしゃ [操車] 名自スル 조차 ¶ ~場(じょう) 조차장
ぞうしゃ [増車] 名自スル 증차 ⇔ 減車(げんしゃ) ¶ ラッシュアワーに~する 러시 아워에 증차하다
そうしゅ [双手] 文 쌍수, 양손, 두 손 ¶ ~をあげて賛成(さんせい)する 쌍수를 들어 찬성하다
そうしゅ [宗主] 文 종주 ━権(けん) 法 종주권 ━国(こく) 政 종주국
そうしゅ [漕手] 文 조수, 노 젓는 사람
そうしゅ [操守] 文 조수, 지조를 지킴, 절조
そうじゅ [送受] 名他スル 송수 ①보냄과 받음 ②송신과 수신 ¶ ~機(き) 송수신기
ぞうしゅ [造酒] 조주, 주조 ¶ ~業(ぎょう) 주조업
そうしゅう [早秋] 文 조추, 초가을= 初秋(しょしゅう)
そうしゅう [爽秋] 文 상추, 상쾌한 가을 ¶ ~の候(こう) 상추지절
そうじゅう [操縦] 名他スル 조종 ¶ 部下(ぶか)の~法(ほう) 부하를 다루는 법 ━桿(かん) 政 조종간
ぞうしゅう [増収] 名自スル 증수, 수입・수확이 늘어남 ¶ ~を図(はか)る 증수를 꾀하다
そうしゅうにゅう [総収入] 총수입
ぞうしゅうわい [贈収賄] 증수회
そうじゅく [早熟] 名 ダ 조숙 ①심신의 발달이 빠름 ¶ ~な娘(むすめ) 조숙한 처녀 ②과일 등이 일찍 익음 ¶ ~な品種(ひんしゅ) 조숙한 품종
そうじゅつ [槍術] 창술, 창을 다루는 무술
そうしゅん [早春] 조춘, 초봄, 이른 봄
そうしょ [草書] 초서, 한자 서체의 하나
そうしょ [叢書] 版 총서 ①각종 서적을 편집하여 한 질로 만든 것 ¶ 故実(こじつ)~ 전고(典故) 총서 ②시리즈 ¶ 哲学(てつがく)~ 철학 총서
そうしょ [蔵書] 장서, 소장본 ¶ ~家(か) 장서가
そうしょう [宗匠] (和歌(わか)・茶道(さどう)등의) 스승
そうしょう [相生・相性] (오행설에서) 상생 ⇔ 相克(そうこく)
そうしょう [相承] 名他スル 文 상승, 계승 ¶ 師資(しし)~ 사자 상승, 스승으로부터 이어받음
そうしょう [相称] 상칭 ①대칭 ¶ 左右(さゆう)~ 좌우 상칭 ②生 생물의 형태가 어떤 면을 경계로 하여 똑같이 보임
そうしょう [創傷] 医 창상, 날붙이로 인한 상처
そうしょう [総称] 名他スル 총칭
そうじょう [奏上] 名他スル 文 주상, 상주
そうじょう [相乗] 상승 ━効果(こうか) 상승 효과 ━平均(へいきん) 数 상승 평균, 기하 평균
そうじょう [葬場] 文 장례식장
そうじょう [僧正] 佛 승정, 최고위직 승관
そうじょう [層状] 名 ダ 층상 ¶ ~火山(かざん) 층상 화산, 성층 화산

そうじょう【総状】(文) 총상. 술 모양¶ ～花序ྲ 총상 화서
そうじょう【騒擾】 名 自スル (文) 소요¶ ～を引ﾋき起ｵこす 소요를 일으키다 ━罪ｻ 소요죄, 소란죄
ぞうじょう【蔵相】 장상. 대장 대신
ぞうじょうえん【増上縁】(佛) 증상연 ①판일을 조장·발전시키는 연 ②(정토교에서) 아미타불의 본원력(本願力)
そうじょうのじん【"宋"襄の仁】 송양지인
そうじょうひん【装粧品】(文) 화장품·화장 도구 등의 총칭
ぞうじょうまん【増上慢】①(佛) 증상만. 깨닫지도 못하고 깨달았다고 생각하고 자만함 ②(실력도 없이) 자만함¶ ～をたしなめる 자만을 나무라다
そうしようるい【双子葉類】(植) 쌍자엽류. 쌍떡잎류 ⇔ 単子葉類ᾀᾀ
そうしょく【草食】 名 自スル 초식 ⇔ 肉食ᾀᾀ¶ ～性ᾀ 초식성 ━動物ᾀᾀ (動) 초식 동물
そうしょく【装飾】 名 他スル 장식¶ ～品ᾀ 장식품/ 室内ᾀᾀを～する 실내를 장식하다 ━音ᾀ (音) 장식음 ━古墳ᾀᾀ (考古) 장식 고분
そうしょく【僧職】 승직
ぞうしょく【増殖】 名 自他スル 증식 ①늘어서 많아짐, 늘어서 많게 함¶ 資本ᾀᾀを～する 자본을 증식하다 ②(生) 개체수나 세포수가 늘어남¶ 細胞ᾀᾀの異常ᾀᾀを抑ᾀえる 세포수의 이상 증식을 억제하다 ━炉ᾀ (原) 증식로
そうしれいかん【総司令官】(군대의) 총사령관
そうしん【送信】 名 自他スル (情) 송신 ⇔ 受信ᾀᾀ¶ ～機ᾀ 송신기
そうしん【喪心·喪神】 名 自スル (文) ①상심. 실심(失心)¶ 落胆ᾀᾀ～する 낙담 상심하다 ②기절, 실신¶ ～状態ᾀᾀ 실신 상태
そうしん【総身】(文) 전신, 온몸 = そうみ¶ ～の力ᾀᾀを振ᾀり搾ᾀる 전신의 힘을 짜내다
そうしん【痩身】(文) 수신. 여윈 몸
そうじん【騒人】 소인. 시인이나 문인. 풍류객 = 騷客ᾀᾀ¶ ～墨客ᾀᾀ 소인 묵객
ぞうしん【増進】 名 他スル 증진 ⇔ 減退ᾀᾀ¶ 食欲ᾀᾀ～ 식욕 증진
そうしんぐ【装身具】 장신구
そうず【添水】 대통의 한 쪽에 물이 차서 쏟아지면 그 반동으로 반대쪽이 떨어지면서 밑에 깔린 돌을 때려 소리를 내게 하는 장치
そうず【挿頭】 삽화= さしえ
そうず【僧都】(佛) 승관(僧官)의 둘째 계급
そうすい【送水】 名 自スル 송수¶ ～管ᾀ 송수관
そうすい【総帥】 총수. 총지휘관¶ 三軍ᾀᾀの～ 삼군의 총수
ぞうすい【増水】 名 自スル 증수. 물이 불어남 ⇔ 減水ᾀᾀ¶ 河川ᾀᾀの～ 하천의 증수
ぞうすい【雑炊】(料) 채소·어패류 등을 넣고 간장으로 간을 한 죽
そうすう【総数】 총수. 전체를 합한 수
そうすかん【総好かん】(口) 전원이 따돌림¶ 仲間ᾀᾀから～を食ᾀう 동료들 모두에게 따돌림을 당하다
そう·する【奏する】 他 サ変 ①연주하다¶ 笛ᾀᾀを～ 피리를 연주하다 ②(「功ᾀを～」등의 꼴로) 성과를 가져오다¶ 非常手段ᾀᾀᾀが功ᾀを～ 비상 수단이 주효하다 ③(天皇ᾀᾀᾀに게) 아뢰다, 상주(上奏)하다¶ 政務ᾀᾀを～ 정무를 상주하다
そう·する【相する】 他 サ変 (文) 상(相)을 보다, 점치다¶ 夢ᾀᾀを～ 해몽을 하다/ 地ᾀを～ 지상(地相)을 보다
そう·する【草する】 他 サ変 (文) 초잡다, 초고를 쓰다¶ 条文ᾀᾀを～ 조문을 초잡다
ぞう·する【蔵する】 他 サ変 (文) ①소장하다¶ 万巻ᾀᾀの書物ᾀᾀを～ 만 권의 서적을 소장하다 ②내포하다¶ 問題ᾀᾀを～ 문제를 내포하다
そうせい【早世】 名 自スル (文) 조세. 요절¶ ～した天才ᾀᾀ 요절한 천재
そうせい【早生】 조생 ①(식물 등이) 빠르게 생장함¶ ～種ᾀ 조생종 ②조산 ━児ᾀ 조산아
そうせい【走性】(生) 주성
そうせい【奏請】 名 他スル (文) 주청. 天皇ᾀᾀᾀに게 아뢰어 재가를 청함
そうせい【創世】 창세¶ ～記ᾀ 창세기
そうせい【創製】 名 他スル (文) 창제. 처음으로 만들어 냄, 그런 것¶ 当店ᾀᾀの～の栗ᾀようかん 우리 가게에서 처음으로 만든 밤 양갱
そうせい【"蒼生】(文) 창생. 인민, 백성
そうせい【叢生·"簇生】 名 自スル (文) 총생. (초목이) 무리지어 남, 군생
そうせい【総勢】 총세. 총원, 전병력¶ ～で攻ᾀめかける 전병력으로 쳐들어가다
ぞうせい【造成】 名 他スル 조성
ぞうぜい【増税】 名 自他スル 증세 ⇔ 減税ᾀᾀ
そうせいじ【双生児】(醫) 쌍생아. 쌍둥이 = ふたご¶ 一卵性ᾀᾀᾀ～ 일란성 쌍생아
そうせき【送籍】 名 自スル (法) 송적. (구 민법에서 입양·혼인 등으로) 상대방 호적으로 옮김
そうせき【僧籍】 승적¶ ～に入ᾀる 승적에 들다, 중이 되다
そうせき【"踪跡】(文) 종적 ①발자국 ②행방¶ ～をくらます 종적을 감추다
そうせきうん【層積雲】 층적운
そうせきちんりゅう【"漱石"枕流】 수석 침류. 돌로 입을 씻고 흐르는 물을 베개 삼음
そうせつ【創設】 名 他スル 창설¶ 財団ᾀᾀの～メンバー 재단의 창설 멤버
そうせつ【総説】 名 他スル 총설. 총론 = 総論ᾀᾀ
そうせつ【霜雪】(文) 상설 ①서리와 눈 ②(比) 흰 것, 백발¶ 頭ᾀᾀに～を頂ᾀく 백발이 성성하다
そうぜつ【壮絶】 名 ナ 장절. 장렬¶ ～な死ᾀを遂ᾀげる 장렬한 죽음을 하다
ぞうせつ【増設】 名 他スル 증설
そうぜん【窓前】(文) 창문 앞, 창가
そうぜん【"蒼然】(文) 창연 ①푸르름¶ 顔色ᾀᾀ～ 안색 창연 ②어슴푸레함¶ 暮色ᾀᾀ～ 모색 창연 ③(「古色ᾀᾀ～」의 꼴로) 오래됨, 예스러움¶ 古色～たる鏡ᾀ 고색 창연한 거울

そうぜん [騒然] 소연 ①떠들썩함¶ 場内が~となる 장내가 떠들썩해지다 ②어수선함, 뒤숭숭함¶ 物情~ 세상 물정이 어수선함
ぞうせん [造船] 조선 ¶~所 조선소
そうせんきょ [総選挙] 총선거
そうそ [*曾祖] 증조, 증조부 = 曾祖父
そうそう [然う然う] I 副 (口) 그토록, 그토록 오래, 그렇게 자주〔많이〕¶ こういう機会は~はない 이런 기회는 그렇게 흔하지는 않다 II 感 ①(상대방의 언동에 동의할 때) 그래그래, 네네, 그렇지¶ ~、それでいいのだ 그래그래 그거면 됐어 ②(어떤 생각이 떠올랐을 때) 참¶ ~、こんなことがあったっけ 참 이런 일이 있었지
そうそう [부부] 副~ 하자마자, …하자 곧¶ 家に帰ってくる~ 집에 돌아오자마자 ─に 副 부랴부랴, 서둘러, 총총
そうそう [草草・*匆匆] (文) I 名 ⑦ ①간단함, 간략함¶ ~に申し上げます 간략하게 말씀드리겠습니다 ②(갑작스러워서) 변변치 못함¶ お~さまでした 변변치 못했습니다 ③총총, 바쁨¶ ~の間に 총망 중에 II 名 편지 끝의 인사말, 총총¶ 右、御礼まで、~ 이만 인사드립니다. 총총
そうそう [草創] 초창 ①(사업 등을) 새로 일으킴, 시초¶ ~期の苦労 초창기의 고생 ②(사원 등의) 창건
そうそう [*淙淙] (文) (물이 흐르는) 졸졸¶ ~とした流れ 졸졸 흐르는 시내
そうそう [葬送・送葬] (文) 장송 ¶~行列 장송 행렬 ─行進曲 (音) 장송 행진곡
そうそう [*蒼*蒼] (文) 창창 ①푸르름¶ ~たる空 푸르른 하늘 ②(초목이) 울창함¶ ~たる樹林 울창한 수림
そうそう [層層] (文) 층층, 여러 겹으로 겹침¶ ~たる連山 층층이 겹친 연산
そうそう [*錚*錚] 쟁쟁 ①금속이나 악기가 맑게 울리는 모양 ②인물이 뛰어나고 유명함¶ ~たる顔ぶれ 쟁쟁한 멤버
そうぞう [創造] 名 他 창조 ①새로운 것을 처음 만들어 냄¶ ~的な仕事 창조적인 일 ②신이 우주를 만듦¶ 天地~ 천지 창조
そうぞう [想像] 名 他 상상 ¶~をたくましくする 멋대로 상상하다 ─上 副 상상상, 상상 속 ─妊娠 상상 임신
そうぞう・しい [騒騒しい] ①시끄럽다, 떠들썩하다 ¶~教室 시끄러운 교실 ②어수선하다, 뒤숭숭하다¶ ~世の中 어수선한 세상
そうそく [相即] 名 自スル (文) 상즉, 하나로 합쳐져서 구별이 안 됨¶ ~不離 상즉 불리
そうそく [総則] 총칙 ¶民法~ 민법 총칙
そうぞく [宗族] (文) 종족, 일족, 일문
そうぞく [相続] 名 他 ¶~権 상속권/ 遺産~ 유산 상속 ─税 (経) 상속세 ─人 (法) 상속인
そうぞく [僧俗] (文) 승속, 승려와 속인
そうそつ [倉卒・草卒・*忽卒] 名 ⑦ (文) 창졸,

황망함¶ ~の間に記す 창졸지간에 적다
そうふ [*曾祖父] 증조부 = ひいじじ
そうぼ [*曾祖母] 증조모 = ひいばば
そうそん [*曾孫] (文) 증손 = ひまご
そうだ 助動 ①(동사・동사적 조동사의 連用形, 형용사・形容動詞・형용사형 조동사의 어간에 붙어) ㉠(양태) …같이 보이다, …한〔인〕 듯하다, …한〔인〕 모양이다¶ おいしそうな味がする 맛있을 것 같군요 ㉡(완곡한 단정) …할〔하려는〕 것 같다¶ どうやらうまくいき~ 어쩐지 잘 될 것 같다 ㉢(말끝을 올려서) 《동의를 구함》 …할 것 같지?¶ すぐ雪が降り~ろう? 곧 눈이 올 것 같지? ②(관용어의 終止形에 붙어) (전문(傳聞)) …라고 한다, …다더라, …다더군¶ 明日になれば帰ってくる~ 내일이면 돌아온다고 한다
そうだ [操舵] 名 自スル 조타 ¶~手 조타수
そうたい [早退] 名 自スル 조퇴 = 早引き ¶病気で~する 병으로 조퇴하다
そうたい [相対] 상대 ─主義 상대주의 ─性原理 (物) 상대성 원리 ─性理論 (物) 상대성 이론 ─評価 상대 평가
そうたい [草体] 초서체
そうたい [僧体] 승체, 중의 모습〔차림〕
そうたい [総体] I 名 총체, 전체¶ 事件の~を把握する 사건의 총체를 파악하다 II ①副 전반적으로, 대체로¶ ~に良質だ 전반적으로 양질이다 ②副 원래, 본디¶ ~無理なことなのだ 본디 무리한 일인 것이다
そうだい [壮大] 장대, 웅대함¶ ~な景色/ 장대한 경치/ ~な計画 웅대한 계획
そうだい [総代] 총대표¶ 卒業生~ 졸업생 총대표/ ~を立てる 총대표를 세우다
ぞうだい [増大] 名 自他スル 증대 ¶危険が~する 위험이 증대되다
そうだいしょう [総大将] 총대장 ①(군대의) 총지휘관 ②전체의 우두머리
そうだか [総高] (금액・수량의) 총액¶ 年間の売り上げ~ 연간의 매상 총액
そうだがつお [宗太*鰹・*惣太*鰹] 動 물치다랑어
そうだち [総立ち] 名 (흥분이나 공포로) 모두 일어섬, 총기립¶ 観客が~になる 관객이 모두 일어서다
そうたつ [送達] 名 他スル 송달 ¶~吏/ 書状を~する 서장을 송달하다
そうだつ [争奪] 名 他スル 쟁탈 ¶選手権~/ ~戦 선수권 쟁탈전
そうたん [操短] 名 自スル 조단, 조업 단축
そうだん [相談] 名 他スル 상담, 의논, 협의¶ 身の上~ 신상 상담/ ~を受ける 상의를 받다 ─尽く 무엇이든 의논해서 함 ─役 상담역
慣用句
─に乗る 상담에 응하다, 의논 상대가 되다
そうだん [装弾] 名 自スル 장탄, 탄알을 잼¶ 小銃に~する 소총에 장탄하다
そうだん [僧団] 승단, 승려들의 단체

そうたん [増反・増段] 名他スル 경작 면적을 늘림¶ 二割に~する 경작 면적을 2할 늘리다
そうち [送致] 名他スル 송치. 検察に身柄を~する 검찰에 신병을 송치하다
そうち [装置] 名他スル 장치. 安全あんぜん~ 안전장치 -産業さんぎょう [経] 장치 산업
ぞうち [増置] 名他スル 증치. 증설
ぞうちく [増築] 名他スル 증축
そうちゃく [早着] 名自スル 조착. (열차·항공기 등이) 예정보다 빨리 도착함 ⇔ 延着えんちゃく
そうちゃく [装着] 名他スル 장착 ①옷·보호구 등을 걸침¶ 救命具きゅうめいぐを~する 구명구를 입다 ②부속품 등을 부착함
そうちょう [早朝] 조조. 이른 아침¶ ~割引わりびき 조조 할인/ ~に出発しゅっぱつ 이른 아침에 출발
そうちょう [*宋朝] 송조 ①(중국의) 송나라 시대·조정 ②[印]「宋朝活字そうちょうかつじ」의 준말 ー活字かつ-版はん 송조체 활자
そうちょう [荘重] ナ 장중함¶ ~な音楽おんがく 장중한 음악
そうちょう [曹長] (일본 구 육군의) 상사
そうちょう [総長] 총장 ①전체를 관리하는 장¶ 参謀さんぼう~ 참모 총장 ②대학교의 장¶ 早稲田だいがくの~ 와세다 대학 총장
ぞうちょう [増長] 名自スル ①증장. (나쁜 경향·성질이) 더욱 심해짐¶ 不安あんが~する 불안이 더욱 심해지다 ②우쭐거림, 거들먹거림¶ ほめるとすぐ~する 칭찬하면 금방 우쭐댄다
ぞうちょう [増徴] 名他スル 증징. (세금 등의) 증액 징수
そうで [総出] 총출동
そうてい [壮丁] (文) 장정 ①성인 남자 ②징병 적령기의 남자
そうてい [送呈] 名他スル 송정. 물건을 보내드림¶ 恩師おんしに本ほんを~する 은사에게 책을 보내드리다
そうてい [装丁·装幀·装釘] 名他スル 장정¶ 凝こった意匠いしょうで~する 공들인 의장으로 장정하다
そうてい [想定] 名他スル 상정. 어떤 조건·상황을 가정하여 생각하여 봄¶ 火災発生かさいはっせいという~で避難訓練ひなんくんれんをする 화재 발생이라는 상정하에 피난 훈련을 하다
そうてい [*漕艇] (文) 조정¶ ~競技きょうぎ 조정 경기
ぞうてい [贈呈] 名他スル 증정 = 進呈しんてい¶ 花束はなたばを~する 꽃다발을 증정하다
そうてん [早天] (文) 조천. 이른 아침, 새벽 하늘
そうてん [争点] 쟁점¶ 議論ぎろんの~をしぼる 논의 쟁점을 좁히다〔압축하다〕
そうてん [装*塡] 名他スル (文) 장전¶ 弾丸だんがんを~する 탄환을 장전하다
そうてん [*蒼天] (文) 창천 ①푸른 하늘, 청천(青天) ②봄 하늘
そうてん [総点] 총점. 점수의 합계, 총득점
そうてん [霜天] (文) 상천. 서리 내린 겨울의 싸늘한 하늘

そうでん [相伝] 名他スル (文) 상전. 대대로 이어 전함¶ 一子いっし~の秘法ひほう 일자 상전의 비법
そうでん [送電] 名他スル [電] 송전. 전력을 보냄 ⇔ 受電じゅでん¶ ~線せん 송전선
そうでん [桑田] (文) 상전. 뽕밭
〔慣用句〕
ー変へんじて滄海そうかいとなる 상전 벽해. 세상 일의 변천이 심함= 滄桑そうそうの変へん
そうと [壮図] (文) 장도. 장대한 계획¶ 一大いちだい~を抱いだく 일대 장도를 품다
そうと [壮途] 장도¶ ~に就つく 장도에 오르다
そうと [僧徒] 승도. 중의 무리, 중
そうとう [双頭] 名 쌍두 ①몸 하나에 머리가 둘임 ②두 사람의 지배자¶ ~政治せいじ 쌍두 정치 ー鷲わし 쌍두의 독수리
そうとう [争闘] 名自スル (文) 쟁투. 투쟁, 싸움
そうとう [相当] I 名自スル 상당 ①대등함¶ 当時とうじの一円えんは今いまの一万円いちまんえんに~する 당시의 1엔은 지금의 만 엔에 상당한다 ②걸맞음, 상응함¶ 能力のうりょくに~した職業しょくぎょう 능력에 걸맞은 직업 II [ナ] ⑦ 상당히, 꽤, 제법¶ ~むつかしいようだ 꽤 어려운 것 같다
そうとう [掃討·掃蕩] 名他スル (文) 소탕¶ 残敵ざんてきの~ 잔적의 소탕
そうとう [想到] 名自スル 생각이 미침¶ そ の問題もんだいに~する 그 문제에 생각이 미치다
そうとう [総統] 총통 ①전체를 통합·관리함, 그 직무 ②[政] 중화 민국의 최고위 관직 ③[史] 나치 독일의 최고위 관직¶ ヒトラー~ 히틀러 총통
そうどう [相同] [生] 상동¶ ~器官きかん 상동 기관
そうどう [草堂] (文) 초당 ①초가, 초암 ②자기 집을 일컫는 겸사말
そうどう [僧堂] [佛] 승당. 중이 거처하는 집
そうどう [騒動] 소동 ①소요¶ 学園がくえん~ 학원 소요/ ~を起おこす 소동을 일으키다 ②싸움, 다툼¶ お家いえ~ (大名だいみょう 등의) 집안 싸움
ぞうどう [贈答] 名他スル 증답. 선사함, 주고받음¶ ~品ひん 증답품, 선사품
そうどういん [総動員] 名他スル 총동원¶ 社員しゃいんを~する 사원을 총동원하다
そうとうしゅう [曹洞宗] 조동종. 선종의 한 파
そうとく [総督] 총독 ①전체를 통솔함 ②식민지를 지배하는 장관¶ ~府ふ 총독부
そうどく [*瘡毒] (文) 매독 = 梅毒ばいどく·かさ
そうとも [連語] (口) 아무렴, 그렇고말고¶ ~君きみの言いうとおりだ 아무렴 네 말대로야
そうトンすう [総トン数] (文) 총톤수¶ 商船しょうせんの~ 상선의 총톤수
そうな 助動 「そうだ」보다 예스럽고 격이 없는 표현] (전문(傳聞))…라고 한다, …다더라, …이란다¶ こよいは月つきも出でぬ~ 오늘 밤은 달도 안 뜬다고 한다
そうなめ [総*嘗め] 名他スル (口) ①몽땅 휩쓺¶ 火ひが町まちを~にした 불이 시내를 몽땅 휩쓸었다 ②(상대를) 모조리 이김¶ 出場しゅつじょうチームを~にする 출장한 팀을 모조리 이기다
そうなん [遭難] 名自スル 조난

そうに [僧尼] (文) 승니. 비구승과 비구니
ぞうに [雑煮] [料] 채소·고기·어패류 등을 넣은 일본식 떡국
そうにかい [総二階] 1·2층을 같은 면적으로 지은 2층 가옥
そうにゅう [挿入] [名][他スル] 삽입¶ ～物ぶ 삽입물 一句く 삽입구
そうにょう [走繞] (한자 부수의) 달아날주변 ▷ [趣·起] 등의 부수 부분
そうにんかん [奏任官] [史] 주임관
そうねん [壮年] 장년¶ ～期き 장년기
そうねん [想念] (文) 상념. 떠오르는 생각
そうは [争覇] ①패권ぱ지배권을 다툼 ②우승을 겨룸¶ ～戦せ 쟁패전
そうは [走破] [名][自スル](文) 주파, 완주¶ マラソンコースを～する 마라톤 코스를 주파하다
そうは [*掻*爬] [名][他スル][醫] 소파. 체내 조직의 일부를 떼냄¶ ～手術じゅ 소파 수술
そうば [相場] ①[經] 시세, 시가¶ ～が上あがる 시세가 오르다 ②투기성 거래¶ ～に手で出だす 투기에 손을 대다 ③사회 일반의 평가, 통념¶ 親おやは甘あまいものと～がきまっている 부모는 (자식에게) 무르다는 것이 통념으로 되어 있다 一師し 투기꾼, 투기업자
ぞうは [増派] [名][他スル] 증파. 인원을 늘려 파견함
そうばい [層倍] [造語] 배, 곱절, 갑절¶ 薬くす九く～ 약은 아홉 곱쟁이(약 장사는 이윤이 많다는 말)/三さん～の価あた 세 배의 가격
ぞうはい [増配] [名][他スル] 증배 ①배급을 늘림 ②[經] 배당을 늘림¶ 配当はいとうを～する 배당금을 증배하다 ▷ ①② ⇔ 減配げん
そうはく [*蒼白] [文] 창백¶ 顔面がんめん～になる 얼굴이 창백해지다
そうはく [*糟*粕] (文) 조박 ①재강, 술찌끼 ②(골라낸 뒤에 남은) 찌끼, 무용지물
[慣用句]
一を嘗なめる 조박을 핥다, 남의 흉내를 낼 뿐 독창성이 없다
そうはつ [双発] 쌍발, 쌍발 항공기
そうはつ [総髪] (江戸ど 시대에) 머리카락을 뒤로 빗어 넘겨 묶거나 늘어뜨린 남자 머리 모양
そうはつ [増発] [名][他スル] 증발 ①운행 횟수를 늘림¶ 臨時列車りんじを～する 임시 열차를 증발하다 ②(화폐의) 발행고를 늘림
そうはつせいちほう [早発性痴*呆] [醫] 정신 분열증의 옛이름. 조발성 치매
そうばな [総花] ①(화류계·요정 등에서) 손님이 종업원 전원에게 주는 행하[팁] ②관계자 모두에게 이익이나 은혜를 베풂 一式しき 전원에게 혜택이 돌아가도록 하는 방식
そうばん [早晩] 副 조만간, 언젠가는
ぞうはん [造反] [名][自スル] 조반. 체제·조직 내부로부터의 비판·저항¶ ～有理ゆう 반역을 일으키는 편에도 나름대로의 도리가 있음
ぞうはん [蔵版] (文) 장판. 책의 판목(版木)·지형(紙型)을 소장함, 그 판목과 지형
そうび [壮美] [名] (文) 장미. 장대 미려¶ ～な王宮おうきゅう 장대하고 아름다운 왕궁
そうび [装備] [名][他スル] 장비¶ 重じゅう～ 중장비
ぞうひびょう [象皮病] [醫] 상피병
そうひょう [送票] (文) (우편물 등에 붙은) 수신인 이름·주소 등을 적은 발송 전표
そうひょう [総評] [名][他スル] 총평 秋あきの美術展びじゅつを～する 가을 미술전을 총평하다
そうひょう [総評] 일본 노동 조합 총평의회
そうびょう [宗*廟] ∞종묘
そうびょう [*躁病] [醫] 조병. (조울병의) 조(躁)상태 ⇔ *鬱病うつ
ぞうひょう [雑兵] ①병졸 ②조직 안에서 지위가 낮고 보잘것없는 사람, 졸개 = 下したっ端はし
ぞうひん [*臓品] (文) 장물 = 臓物ぞうも
そうふ [送付·送附] [名][他スル](文) 송부
そうふ [総譜] [音] 총보 = スコア
ぞうふ [*臓*腑] 장부, 내장의 총칭, 오장 육부
そうふう [送風] 송풍¶ ～機き 송풍기
そうふく [双幅] 쌍폭, 한 쌍으로 된 족자
そうふく [僧服] 승복 = 僧衣そうい
ぞうふく [増幅] [名][他スル] 증폭 ①[電] 전파의 진폭을 크게 함¶ ～器き ②[出] 일을 화대함¶ 話はなしが～されて伝つたわる 이야기가 과장되어 전해지다
ぞうぶつ [*臓物] (文) 장물¶ ～罪ざい 장물죄
ぞうぶつしゅ [造物主] 조물주
そうへい [僧兵] 승병
そうへい [造兵] 조병. 병기를 만드는 일 一廠しょう [軍] 조병창. 구 일본 육군의 병기창
ぞうへい [造幣] 조폐 一局きょく 조폐국
ぞうへい [増兵] [名][自スル] 증병¶ 戦局せんきょくに応おうじて～する 전국에 따라 증병하다
そうへき [双壁] 쌍벽¶ 画壇だんの～をなす 화단의 쌍벽을 이루다
そうべつ [送別] [名][他スル] 송별¶ ～会かい 송별회
そうべつ [層別] [名][他スル] 층별. 대상을 비슷한 계층의 집단으로 나눔
そうたい [総体] 副(文) 대체로, 대강, 무릇
そうほ [相補] [名][他スル] 상보. 서로 보충[보완]함¶ ～関係かんけい 상보 관계
ぞうほ [増補] [名][他スル] 증보
そうほう [双方] 쌍방, 양쪽, 양자
そうほう [走法] 주법. (육상에서) 달리는 방법
そうほう [奏法] 주법. 연주법
そうほう [相法] 상법. 관상법(観相法)
そうほう [双*眸] (文) 쌍모, 두 눈(동자)
そうぼう [*怱忙] (文) 총망. 매우 바쁨
そうぼう [*相貌] (文) ①상모, 얼굴 모습, 용모¶ 異様いような～ 색다른 용모 ②양상, 상황¶ 末期きの～を呈ていする 말기적 양상을 보이다
そうぼう [僧坊·僧房] 승방
そうぼう [想望] [名][他スル] 상망 ①사모함 ②일이 실현되기를 마음속에 그리며 기다림
そうぼう [*蒼*氓] (文) 창맹, 백성, 창생
そうぼう [*蒼*茫] 창망¶ ～たる大海原おおうなばら 창망한 대해 ②어슴푸레함
ぞうほう [増俸] [名][自スル] 증봉. 급료가 오름
ぞうほう [像法] [佛] 상법. 상법시(像法時)

そうぼうべん [僧帽弁] 【医】 승모판. 이첨판
そうほん [草本] 초본 ①[植] 풀¶一年生(いちねんせい)~ 일년생 초본 ②초고(草稿). 초안
そうほん [送本] 名自スル 책을 보냄. 그 책
そうほん [造本] 名他スル [版] (인쇄・제본 등을 하여) 책을 제작함. 그런 기술・작업
ぞうほん [蔵本] (文) 장본. 장서 = 蔵書(ぞうしょ)
そう ほんか [総本家] 대종가(大宗家)
そう ほんざん [総本山] 총본산 ①[佛] 한 종파의 각 본산을 통괄하는 절 ②전체를 통괄하는 중심¶東洋医学(とうようぃがく)の~ 동양 의학의 총본산
そうまい [草昧] (文) 초매. 미개¶~の世(よ) 미개한 세상
そうまくり [総捲り] 名他スル ①모조리 비평〔폭로〕함¶政界(せいかい)~ 정계 총평 ②전부 기재함. 전재(全載)¶財(ざい)テク~ 재테크 전재
そうまとう [走馬灯] 주마등¶~のように目(め)の前(まえ)に浮(う)かぶ 주마등처럼 눈앞에 떠오르다
そうみ [総身] 名 전신. 온몸 = そうしん¶大男(おおおとこ)~に知恵(ちえ)が回(まわ)りかね 덩치 큰 사람은 온몸에 꾀가 돌지 못한다
そうむ [総務] 총무¶~部(ぶ) 총무부 ―庁(ちょう) [政] 총무청
そうむけいやく [双務契約] [法] 쌍무 계약
ぞうむし [象虫] [動] 바구미
そうめい [滄溟] (文) 창명. 대해. 대양
そうめい [聡明] 名ナ 총명
そうめい きょく [奏鳴曲] [音] 주명곡. 소나타
そうめつ [掃滅・剿滅] 名他スル (文) 소멸. 소탕¶敵(てき)を~する 적을 소멸하다
そうめん [素麺・索麺] 소면¶冷(ひ)や~ 냉소면
そうもう [草莽] (文) 초망 ①초원 ②민간. 재야(在野)¶~の臣(しん) 초망지신
そうもく [草木] 초목¶山川(さんせん)~ 산천 초목
そうもくじ [総目次] 총목차
ぞうもつ [臓物] 내장. (짐승・물고기의) 내장육. 누가
そう もとじめ [総元締] 전체를 총괄하는 사람. 총괄자¶興行(こうぎょう)の~ 홍행의 총괄자
そう もよう [総模様] 옷 전체에 무늬가 있음. 그런 옷
そうもん [奏聞] 名他スル (文) 주문 = 奏上(そうじょう)
そうもん [桑門] (文) 상문. 중. 사문 = 沙門(しゃもん)
そうもん [僧門] (文) 승문. 승려의 신분・사회. 불문¶~に入(い)る 불문에 들다
そうもん [総門] ①바깥 대문 ②절의 정문
そうゆう [曾遊] 증유. 가 본 적이 있음¶~の地(ち) 가 본 적이 있는 곳
ぞうよ [贈与] 名他スル 증여¶~税(ぜい) 증여세
そうよう [搔痒] 소양. 가려움. 가려운 데 긁기¶隔靴(かっか)~の感(かん) (신을 신고 발바닥 긁는 격으로) 성에 차지 않은 느낌
ぞうよう [雑用] ①잡용 = ざつよう ②잡비¶~にあてる 잡비에 충당하다
そうよく [双翼] ①쌍익 ①양 날개. 좌우의 날개 ②[軍] 좌우의 부대
そうらん [争乱] (文) 쟁란. 전란으로 혼란스러움¶~の世(よ) 난리로 어지러운 세상

そうらん [奏覧] 名他スル (文) 주람
そうらん [総覧・綜覧] 총람 I 名他スル 전체를 모두 살펴봄. 통람 II 名 관련 사항을 종합한 책・표¶文化史(ぶんかし)~ 문화사 총람
そうらん [総攬] 총람. (권력 등을) 한 손에 휘어잡음. 통할함¶国政(こくせい)を~する 국정을 총람하다
そうらん [騒乱] 소란. 소동. 소요¶~が起(お)こる 소란이 일어나다 ―罪(ざい) [法] 소란죄. 소요죄
そうり [総理] 총리 I 名他スル 사무 전체를 관리함. 그런 직책・사람¶国務(こくむ)を~する 국무를 총리하다 II 名 총리 대신 ―大臣(だいじん) [政] 총리 대신. 수상 ―府(ふ) [政] 총리부
ぞうり [草履] (일본) 짚신¶わら~ 짚신/~をはく 짚신을 신다 ―取(と)り (옛날 武家(ぶけ)의) 짚신지기 ―虫(むし) [動] 짚신벌레
そうりつ [創立] 名他スル 창립
そうりょ [僧侶] 승려. 중
そうりょう [送料] 송료 = 送(おく)り賃(ちん)
そうりょう [爽涼] 名ナ (文) 상량. 상쾌하고 시원함¶~の気(き)がみなぎる 상량한 기운이 넘쳐 흐르다
そうりょう [総量] 총량. 전체 분량・중량¶~規制(きせい) 총량 규제
そうりょう [総領・惣領] ①가독(家督) 상속인 ②맏이¶~娘(むすめ) 맏딸 ③총령. 통할
[慣用句]
―の甚六(じんろく) 맏이는 동생들보다 굼뜨고 똑똑하지 못하다는 말
ぞうりょう [増量] 名自他スル 증량. 분량・중량이 늘어남[늘림] ⇔ 減量(げんりょう)¶薬(くすり)を~する 약의 양을 늘리다
そうりょうじ [総領事] [政] 총영사
そうりょく [走力] 주력. 달리는 능력¶~にかけては 주력에 있어서는
そうりょく [総力] 총력. 전력¶~を結集(けっしゅう)する 총력을 결집하다 ―戦(せん) 총력전
そうりん [相輪] [佛] 상륜. 불탑의 꼭대기에 있는 금속제 장식 부분
そうりん [倉廩] (文) 창름. 곳간. 곡식 창고¶~満(み)ちて礼節(れいせつ)を知(し)る 의식(衣食)이 족해야 예절을 안다
そうりん [僧林] [佛] 승림. 큰 절. 대찰(大刹)
そうりん [叢林] (文) ①숲 ②총림. 큰 절
ぞうりん [造林] 名自スル [農] 조림
そうるい [走塁] 名自スル [野] 주루
そうるい [藻類] [植] 조류¶緑(りょく)~ 녹조류
そうルビ [総ルビ] [版] 총루비
そうれい [壮齢] (文) 장령. 장년
そうれい [壮麗] 장려하고 웅장하고 아름다움¶~な寺院(じいん) 장려한 사원
そうれい [葬礼] 장례. 장의. 장례식
そうれつ [壮烈] 名ナ 장렬¶~を極(きわ)めた戦(たたか)い 장렬하기 그지없었던 싸움
そうれつ [葬列] 장렬. 장례 행렬
そうろ [走路] 주로¶~妨害(ぼうがい) 주로 방해
そうろ [草廬] (文) 초려 ①초가. 초암 ②자기 집을 일컫는 겸사말

そうろ【草露】(文) 초로 ①풀잎에 맺힌 이슬 ②(比) 덧없는 사물¶ 人との命のは〜のごとし 사람의 목숨은 초로와 같다

そうろう【早老】(名)(自他スル) 조로, 일찍 늙음, 겉늙음

そうろう【早漏】 조루¶ 〜症 조루증

そうろう【滄浪】(文) 창랑, 창파

そうろう【蹌踉】(ス)(文) 비틀거림¶ 〜たる足どり 비틀거리는 발걸음

そうろうぶん【候文】(表)「あり」대신「候そう」를 쓴 문어의 서간문체

そうろん【争論】(名)(自他スル) 쟁론, 논쟁

そうろん【総論】(名) 총론 ⇔ 各論かくろん

そうわ【送話】(名)(自他スル) 송화, (전화 등으로) 이야기를 상대방에게 보냄 —器 송화기

そうわ【挿話】(表) 삽화, 에피소드

そうわ【総和】(名) 총화, 총계, 합계¶ 得点とくの〜を出すか 득점의 총계를 내다

ぞうわい【贈賄】(名)(自他スル) 증회, 뇌물을 줌, 증뢰 ⇔ 収賄しゅう¶ 〜罪 증회죄

そえ【添え・副え】①곁들임, 첨부, 첨가(물) ②곁에 따르게 함, 따르는 사람, 보조

そえうま【副え馬】부마, (마차 등의) 중심이 되는 말 곁에 딸리는 말= そいうま

そえがき【添(え)書(き)】첨서 ①문장・서화 등에 그 유래나 증명을 적음, 그런 글 ②추신

そえぎ【添え木・副え木】①받침대, 버팀목 ②(골절 치료에 쓰는) 부목¶ 足あしに〜をあてる 다리에 부목을 대다

そえじょう【添え状】첨장, 설명・용건 등을 적어 사람이나 물건에 곁들여 보내는 편지

そえぢ【添え乳】(名) 젖먹이 곁에 누워서 젖을 먹임

そえもの【添え物】①덤, 곁들인 것 ②있으나마나 한 존재¶ 彼女は〜に過ぎない 그는 곁다리에 불과하다 ③경품(景品)

そ・える【添える・副える】(他)(下一) ①첨부하다, 덧붙이다, 곁들이다¶ 贈り物もに手紙〜を〜 선물에 편지를 곁들이다 ②거들다, 돕다¶ 手てを〜 えてやる 일을 거들어 주다 ③붙이다, 딸리게 하다 ④외출がいしゅつに供とを〜 외출에 동행을 붙이다 ⑤돋우다, 더하다¶ 会かいに興きょうを〜 모임에 흥을 돋우다

そえん【疎遠】(名)(ア) 소원 ⇔ 親密しんみつ¶ 級友きゅうゆうと〜になった 급우와 소원해졌다

そか【粗菓】(文) 변변찮은 과자

そが【疎画】(文) 소화, 대강 그린 그림 ⇔ 密画みつ

そかい【租界】(史) 조계

そかい【素懐】(文) 소회, 평소의 소원¶ 〜を遂とげる 소회를 이루다

そかい【疎開】(名)(自他スル) 소개¶ 集団しゅうだん〜 집단 소개 / 強制きょうせい〜 강제 소개

そがい【阻害・阻碍】(名)(他スル) 저해¶ 発展はっを〜する発展 발전을 저해하다

そがい【疎外】(名)(他スル)(文) 소외¶ 自己じこ〜 자기 소외 /〜感かんを味あじわう 소외감을 맛보다

そかく【阻却】(名)(他スル)(文) 조각, 방해로 소원(疏遠)해짐, 방해하여 사이를 떼놓음

そかく【組閣】(名)(自他スル) 조각, 내각을 조직함

そかく【疎隔】(名)(自他スル)(文) 소격, 소원¶ 夫婦ふうふに〜が生しょうじる 부부 사이가 소원해지다

そがん【訴願】(名)(他スル)(法) 소원¶ 取消とりの〜する 취소를 소원하다

そぎいた【＊殺ぎ板】얇게 켠 널판지= そぎ

そきゅう【訴求】(名)(他スル) 소구, (선전・광고 등에서) 구매 욕구를 충동함¶ 〜力りょく 소구력

そきゅう【＊遡及・＊溯及】(名)(自スル)(文) 소급¶ 四月しがつまで〜して実施じっする 4월까지 소급하여 실시한다

そぎょう【祖業】(文) 조업, 조상 대대로 이어온 가업¶ 〜を継つぐ 조업을 잇다

そく【仄】(音)ソク(訓)(音) I (造語) ①(한자 사성 중에서) 상성・거성・입성의 총칭, 측성¶ 平仄ひょうそく 평측과 측성 ②어렴풋함, 희미함¶ 仄聞ぶん 측문 II 「仄韻いん」의 준말, 측, 측성, 측운 III (文) 측, 곧, 다시 말해서 평측과 측성

そく【即】(即)(音)ソク(訓)すなわち(음)즉, I (造語) ①붙다, 접하다, 자리로 나아가다¶ 即位そくい 즉위 ②곧, 바로¶ 即死そくし 즉사・即答そくとう 즉답 ③접속의 어조사, 즉, 곧, 다시 말해서 ▷ 한문 훈독으로「すなわち」로 읽음¶ 色即是空しきそくぜくう 색즉시공 II (擁)(文) 즉, 곧, 다시 말해서¶ 沈黙ちんもくが〜肯定こうていを意味いみしない 침묵이 곧 긍정을 뜻하는지는 않는다 III (副) 즉각, 즉시, 곧바로¶ 全員ぜんいんそろったら〜開始かいしの予定よてい 전원이 다 모이면 즉각 개시할 예정

そく【束】(音)ソク(訓)たば|(음)속, (造語) ①다발로 되다, 잡아매다, 자유를 빼앗다¶ 束縛そくばく・拘束こうそく 구속 ②(助数) 다발 지은 것을 세는 말, 속, 묶음, 다발¶ 一束いっそく 한 속 ③화살의 길이의 단위, 줌

そく【足】(音)ソク(訓)あし・たりる・たる・たす|(음)족, (造語) ①발, 다리, 발자국¶ 足跡そくせき 족적・蛇足だそく 사족 ②걷다, 달리다, 발걸음¶ 遠足えんそく 소풍・禁足きんそく 금족 ③족하다, 충분하다¶ 不足ふそく 부족・満足まんぞく 만족 ④보태다, 채우다, 보충하다¶ 自足じそく 자족・補足ほそく 보충¶ 足たし算ざん 보탬, 덧셈 ⑤넉넉함, 풍족, 금전¶ 高足こうそく 고족・俊足しゅんそく 준족 ⑥돈, 금전¶ 料足りょうそく 돈 ⑦(助数) 신발을 세는 말, 켤레¶ 靴くつ一足いっそく 구두 한 켤레 ⑧(熟字訓) 足袋たび 일본 버선・裸足はだし 맨발・百足むかで 지네

そく【促】(音)ソク(訓)うながす|(음)촉, (造語) ①재촉하다, 서두르다¶ 促進そくしん 촉진・催促さいそく 재촉 ②줄이다, 좁아지다¶ 促音そくおん 촉음

そく【則】(音)ソク(訓)のり・のっとる|(음)칙, 즉, (造語) ①규칙, 본보기, 도리¶ 罰則ばっそく 벌칙・反則はんそく 반칙 ②따르다, 본받다¶ 則天去私そくてんきょし 칙천거사 ③접속의 어조사, 한자 훈독으로「すなわち」로 읽음¶ 第七則だいしちそく 제7칙 ④(助数) 항목・조목 등을 세는 말¶ 第七則だいしちそく 제7칙

そく【息】(音)ソク(訓)いき・やむ・やすむ|(음)식, (造語) ①호흡, 숨¶ 喘息ぜんそく 천식・窒息ちっそく 질식 ②살아 있다¶ 消息しょうそく 소식・棲息せいそく 서식 ③쉬다, 한숨 돌리다¶ 安息あんそく 안식・休息きゅうそく 휴식 ④그치다, 마치다¶ 息災そくさい 재난의 소멸・終息しゅうそく 종식 ⑤자식, 아이¶ 子息しそく 자식・令息れいそく 영식 ⑥이자¶ 利息りそく

そく [*捉] 曾 ソク 訓 とらえる | (음)착. (造語) 잡다, 붙잡다¶ 把捉ᡜ 파착·捕捉ᡜ 포착

そく [速] 曾 ソク 訓 はやい・はやめる・すみやか | (음)속. (造語) ①빠르다¶ 速断ᡜ 속단·高速ᡜ 고속 ②속도¶ 速力ᡜ 속력·音速ᡜ 음속

そく [側] 曾 ソク 訓 かわ・そば | (음)측. (造語) ①곁, 옆, 가, 근처¶ 側近ᡜ 측근 ②물체의 옆¶ 側面ᡜ 측면·右側ᡜ 우측

そく [測] 曾 ソク 訓 はかる | (음)측. (造語) ①(길이·높이·깊이 등을) 재다¶ 測定ᡜ 측정·測量ᡜ 측량·観測ᡜ 관측 ②예측하다, 추측하다¶ 推測ᡜ 추측·予測ᡜ 예측

そく [*触] [仏] 촉 ①촉각의 대상·육근·육경·육식 사이의 협포 작용

そ・ぐ [*殺ぐ·*削ぐ] ①뾰족하게 깎다¶ 竹ᡜ を~ 대를 뾰족하게 깎다 ②(끝을) 잘라내다, 자르다, 치다¶ 髪ᡜ を~ 머리를 자르다 ③(얇게) 깎아 내다¶ 鼻ᡜ を~ 코를 베어 내다 ④꺾다, 줄이다, 약화시키다¶ 気勢ᡜ を~ 기세를 꺾다/ 興ᡜ を~ 흥을 깨다

ぞく [俗] 曾 ゾク | (음)속. Ⅰ (造語) ①습관, 풍습¶ 俗字ᡜ 속자·風俗ᡜ 풍속 ②흔한, 일반적인, 하찮은¶ 俗説ᡜ 속설·通俗ᡜ 통속 ③[仏] 속인·속명·還俗ᡜ 환속 Ⅱ [ナ] 속됨, 통속적임, 저속함, 흔함¶ ~な考ᡜ え 속된 생각 Ⅲ [名] 속세, 세상, 세간¶ 身ᡜ を~に置ᡜ く 몸을 속세에 두다

ぞく [族] 曾 ゾク 訓 やから | (음)족. Ⅰ (造語) ①겨레, 집안, 일문, 일가¶ 家族ᡜ 가족·民族ᡜ 민족 ②혈통상의 신분, 같은 계층의 집단¶ 王族ᡜ 왕족·貴族ᡜ 귀족 ③같은 무리, 동아리¶ 魚族ᡜ 어족·語族ᡜ 어족 ④환경·행동을 같이하는 사람들¶ 社用族ᡜ 사용족·暴走族ᡜ 폭주족 Ⅱ [化] 족. 원소의 분류 단위¶ 酸素ᡜ ~元素ᡜ 산소족 원소

ぞく [属] [屬] 曾 ゾク·ショク | (음)속·촉. Ⅰ (造語) ①따르다, 딸리다, 속하다¶ 従属ᡜ 종속·専属ᡜ 전속 ②패거리, 동류¶ 金属ᡜ 금속·尊属ᡜ 존속 ③부탁하다, 맡기다¶ 属望ᡜ 촉망·属託ᡜ 촉탁 Ⅱ [生] 속. 생물 분류학상의 한 단위¶ イネ科ᡜ の~ 볏과 벼속

ぞく [*粟] 曾 ゾク 訓 あわ | (음)속. Ⅰ (造語) 조, 좁쌀, 곡물¶ 粟飯ᡜ 조밥·粟粒ᡜ 속립 Ⅱ 녹미, 녹¶ ~を食ᡜ む 녹을 받아먹다

ぞく [賊] 曾 ゾク | (음)적. (造語) ①훔치다, 도둑¶ 海賊ᡜ 해적·盗賊ᡜ 도적 ②역적¶ 賊軍ᡜ 적군·国賊ᡜ 국적 ③해치다, 상하게 하다¶ 鳥賊ᡜ 오징어·木賊ᡜ 속새 Ⅱ ①도둑¶ ~をとらえる 도둑을 잡다 ②역적¶ ~を討ᡜ つ 역적을 토벌하다

ぞく [続] [續] 曾 ゾク·ショク 訓 つづく・つづける | (음)속. Ⅰ (造語) 계속되다, 계속하다¶ 接続ᡜ 접속·継続ᡜ 계속·連続ᡜ 연속 Ⅱ [続編ᡜ ]의 준말. 속. 속편

ぞくあく [俗悪] 名 ナ 속악, 저속함¶ ~なテレビ番組ᡜ 저속한 텔레비전 프로그램

そくあつ [側圧] 측압. 물체 측면에 미치는 압력

そくい [*続飯] 밥알을 으깨 만든 풀, 밥풀

そくい [即位] 名 自スル 즉위¶ ~式ᡜ 즉위식

そくいん [*惻隠] 名 ナ ~の情ᡜ を催ᡜ す 측은한 마음을 불러일으키다

そぐ・う [^適う] 自五 어울리다, 적합하다¶ 期待ᡜ に~・わない結果ᡜ 기대에 맞지 않은 결과

ぞくうけ [俗受け] 名 自スル 대중의 인기를 얻음¶ ~をねらう 대중적 인기를 노리다

そくえい [即詠] 名 他スル [文] 즉영. 시가(詩歌)를 즉석에서 읊음, 그런 시가= 即吟ᡜ

ぞくえい [続映] 名 他スル [映] 속영 ①연장 상영함 ②(다른 영화를) 계속 상영함

そくえん [測鉛] 측연. 측심연

ぞくえん [俗縁] 속연 ①속인들의 연고 관계 ②[仏] 승려의 출가하기 이전의 친척

ぞくえん [続演] 名 他スル 속연 ①연장 상연 ②(다른 작품을) 계속 상연함

そくおう [即応] 名 自スル 즉응¶ 時勢ᡜ に~する 세태에 즉응하다

そくおん [促音] [文法] 「にっき·きっぷ」와 같이 「っ」로 표현되는 부분의 음= つまる音ᡜ

そくおんびん [促音便] [文法] 동사 連用形의 어미「ち·ひ·り」가 促音便ᡜ 으로 변하는 현상¶「勝ᡜ ちて·言ᡜ ひて·取ᡜ りて」가「勝ᡜ って·言ᡜ って·取ᡜ って」로 되는 등

そくが [側*臥] 名 自スル [文] 측와 ①모로 누움¶ 곁에 누움= 添ᡜ い寝ᡜ

ぞくがく [俗学] 속학, 저속한 학문

ぞくがく [俗楽] 속악 ①민간 음악 ②저속한 음악

ぞくがん [俗眼] [文] 속안. 보통 사람의 눈·식견¶ ~で見ᡜ る 속안으로 보다

そくぎん [即吟] 名 他スル [文] 즉음. 즉석에서 시가(詩歌)를 읊음, 그런 시가= 即詠ᡜ

ぞくぐん [賊軍] 적군, 반란군 ⇔ 官軍ᡜ

ぞくき [俗気] 속기. (명성·재물·색정 등에) 속된 마음, 속취¶ ~が強ᡜ い 속기가 강하다

ぞくげん [俗言] [文] 속언 ①일상 생활에서 보통 사용되는 말, 속어 ②세상의 소문, 세평

ぞくげん [俗*諺] [文] 속담= 俚諺ᡜ

ぞくご [俗語] 속어 ①일상 생활에서 보통 사용하는 말, 구어 ②비속어, 은어, 슬랭

そくざ [即座] [「~に」의 꼴로] 즉석, 그 자리, 당장¶ ~に応答ᡜ する 즉석에서 응답하다

そくさい [息災] 名 ナ ①건강하고 무사함¶ 無病ᡜ ~ 무병 식재, 탈없이 무사함 Ⅱ 名 신불의 힘으로 재난을 없앰 ━延命ᡜ 식재 연명, 탈없이 오래 삶= 延命息災ᡜ

ぞくさい [俗才] 속재. 처세하는 재능

ぞくさい [続載] 名 他スル 속재. (신문·잡지 등에) 계속 실음

そくさん [速算] 名 他スル 속산, 빨리 셈함

そくし [即死] 名 自スル 즉사¶ 衝突事故ᡜ で~する 충돌 사고로 즉사하다

そくじ [即自] [哲] 즉자. 다른 것과 관계없이 그 자체로서 존재하고 있는 일, 그런 존재

そくじ [即事] [文] 즉사. 당장의 [눈앞의] 일

そくじ【即時】 副 즉시. 즉각. 바로¶ ～通話$^{ゎ}$ 즉시 통화/ 夢$^{ゅぁ}$が～に実現$^{げん}$した 꿈이 바로 실현되었다

ぞくじ【賊子】 (文) 적자 ①불효자 ②역적. 반역자¶ 乱臣賊子 난신 적자

ぞくじ【俗字】 속자. (정자가 아닌) 보통 쓰여지는 한자체(體) ⇔ 正字$^{せい}$

ぞくじ【俗耳】 (文) 속이. 일반 세상 사람들의 귀 慣用句
—に入$^{い}$りやすい 일반 세상 사람들이 들어서 알기 쉽다

ぞくじ【俗事】 속사. 세속의 자질구레한 일¶ ～にうとい 속사에 어둡다

そくしつ【側室】 (文) 측실. 귀인의 첩

そくじつ【即日】 副 즉일. 바로 그 날. 당일

そくしゃ【速写】 名 他スル 속사. (사진 등을) 재빨리 찍음¶ 一瞬$^{しゅん}$の表情$^{じょう}$を～する 순간의 표정을 재빨리 찍다

そくしゃ【速射】 名 他スル 속사¶ ライフルを～する 소총을 속사하다 —砲$^{ほう}$ 〖軍〗 속사포

ぞくしゅ【俗手】 속수. (바둑・장기에서) 초보자가 두는 평범한 수 ＝ ぞくて

ぞくじゅ【俗儒】 (文) 속유. 속된 유생. 저속한 학자

そくしゅう【束脩】 (文) 속수. 입문할 때 스승에게 바치는 예물

ぞくしゅう【俗臭】 (文) 속취. 세속적인 냄새. 속된 느낌¶ ～芬々$^{ぷん}$たる坊主$^{ぼう}$ 속취가 물씬 풍기는 중

ぞくしゅう【俗習】 속습. 세상 일반의 습관

ぞくしゅつ【続出】 名 自スル 속출¶ けが人$^{にん}$が～する 부상자가 속출하다

そくじょ【息女】 (文) ①귀한 집 딸. 영양 ②남의 딸에 대한 높임말¶ 御～ 따님

そくしょ【俗書】 속서 ①통속적인〔저속한〕책 ②(서예에서) 기품 없는 글씨. 속필(俗筆)

ぞくしょう【俗称】 名 他スル ①속칭. 통칭 ②〖佛〗 속명 ＝ 俗名$^{ぞくみょう}$

ぞくしょう【族称】 족칭. (華族$^{かぞく}$・士族$^{しぞく}$・平民$^{みん}$으로 정한) 신분적 계급상의 명칭

ぞくしょう【賊将】 적장. 역적・반란군의 대장

ぞくじょう【俗情】 ①(文) 속정 (사상 일)〔물정〕. 속세간의 인정¶ ～にうとい 세상 물정에 어둡다 ②속되고 천한 생각〔마음〕

そくしん【促進】 名 他スル 촉진¶ 販売$^{ばい}$を～する 판매를 촉진하다

そくしん【測深】 측심¶ ～器$^{き}$ 측심기

ぞくしん【俗信】 속신. 민간 신앙

ぞくしん【賊臣】 적신. 반역하는 신하

ぞくしん【続伸】 名 自スル 〖經〗 (시세・물가가) 계속 오름. 속등 ＝ 続騰$^{とう}$

ぞくしん【続審】 名 他スル 〖法〗 속심. 상급 법원이 하급 법원의 심리에 기초하여 다시 사건을 심리하는 일 ＝ 覆審$^{ふく}$

ぞくじん【俗人】 속인 ①속물 ②풍류를 모르는 사람 ③(중에 대하여) 일반 사람

ぞくじん【俗塵】 (文) 속진. 세상의 번거로운 일¶ ～を避$^{さ}$ける 속진을 피하다

ぞくじんしゅぎ【属人主義】 〖法〗 속인주의

そくしんじょうぶつ【即身成仏】 〖佛〗 즉신 성불. 이승에서 산 채로 부처가 되는 일

そく・する【即する】 自 サ変 딱 들어맞다. 즉응(即應)하다¶ 実情$^{じょう}$に～・したやり方$^{かた}$ 실정에 딱 들어맞는 방법

ぞく・する【属する】 I 自 サ変 속하다 ①포함되다¶ 桜$^{さくら}$はバラ科$^{か}$に～ 벚꽃은 장미과에 속하다 ②소속되다¶ 山岳部$^{ぶ}$に～ 산악부에 속하다 ③따르다. 종속하다¶ 敵$^{てき}$に～ 적에 속하다 ④(부류에) 들다¶ 個人的$^{てき}$な見解$^{かい}$に～ 개인적인 견해에 속하다 II 他 サ変 (文) 걸다. 부탁하다¶ 望$^{のぞ}$みを～ 희망을 걸다

ぞく・する【賊する】 他 サ変 (文) ①해치다¶ 天下$^{か}$を～者$^{もの}$ 천하를 해치는 자 ②몸을 해치다. 죽이다

ぞくせ【俗世】 속세. 이 세상 ＝ ぞくせい

そくせい【即製】 名 他スル 즉제. 즉석에서 만듦

そくせい【促成】 名 他スル 촉성 —栽培$^{さいばい}$ 〖農〗 촉성 재배

そくせい【速成】 名 自スル 속성

ぞくせい【俗姓】 속성. 중이 되기 전의 성

ぞくせい【族制】 족제. 혈연에 의한 집단 제도

ぞくせい【属性】 속성 ①고유한 성질¶ ゴムの～である弾力性$^{せい}$ 고무의 속성인 탄력성 ②〖哲〗 실체가 지니는 본질적인 성질

そくせき【即席】 名 즉석¶ ～料理$^{り}$ 즉석 요리

そくせき【足跡】 (文) 족적 ①발자국 ②업적¶ 大$^{おお}$きな～を残$^{のこ}$す 큰 업적을 남기다

ぞくせけん【俗世間】 속세간. 속세

ぞくせつ【俗説】 속설¶ 巷談$^{だん}$～ 항담속설

そくせん【側線】 측선 ①(文) 화물의 적재・조차(操車) 때 쓰는 선로 ②〖動〗 (어류의) 옆줄

そくせんそっけつ【速戦即決】 속전 즉결〔속결〕

そくせんりょく【即戦力】 즉전력. 훈련을 받지 않고도 바로 싸울 수 있는 능력

ぞくそう【俗僧】 속승. 속된 중

ぞくぞく【側々・惻々・側側】 副 トル (슬픔・가련함 등을) 사무치게 느끼는 모양¶ ～と心$^{こころ}$に迫$^{せま}$る 사무치게 마음에 와 닿다

ぞくぞく 副 自スル ①으슬으슬¶ 風邪$^{かぜ}$で～とする 감기로 으슬으슬하다 ②오싹오싹. 섬뜩섬뜩¶ 蛇$^{へび}$と聞$^{き}$くだけで～とする 뱀이라고 듣기만 해도 오싹오싹하다 ③두근두근¶ 試験$^{けん}$を前$^{まえ}$に～とする 시험을 앞두고 두근거린다

ぞくぞく【続々】 副 自スル 속속. 잇달아. 연이어¶ ～と登場$^{じょう}$する 속속 등장하다

そくたい【束帯】 속대¶ 衣冠$^{かん}$～ 의관 속대

そくだい【即題】 즉제 ①제목을 주고 그 자리에서 시가・문장을 짓게 함. 그런 제목 ＝ 席題$^{せきだい}$ ②작곡하면서 즉석에서 연주함. 즉흥 연주¶ ～曲$^{きょく}$ 즉제곡. 즉흥 연주곡

ぞくたい【俗体】 (俗体) ①속인의 모습 ②풍류가 없는 모양 ③(시가 등의) 통속적인 양식

そくだく【即諾】 名 他スル (文) 즉낙. 즉석에서 승낙함¶ 快$^{こころ}$く～する 쾌히 즉낙하다

そくたつ【速達】 속달. 빠른우편

そくだん [即断] 名 他スル 즉단. 그 자리에서 결정함. 그런 결정¶ ～を下す 즉단을 내리다
そくだん [速断] 名 他スル 속단 ①신속하게 판단함¶ ～を要する 속단을 요하다 ②경솔하게 판단함¶ ～に過ぎた 지나친 속단이었다
ぞくだん [俗談] (文) 세상 이야기, 속된 이야기
そくち [測地] 名 他スル 측지. 토지 측량¶ ～学 측지학 ━衛星 (字) 측지 위성
ぞくちしゅぎ [属地主義] (法) 속지주의
ぞくちょう [族長] (文) 족장. 일족(一族)의 장
ぞくっぽ・い [俗っぽい] 形 속되다, 통속적이다, 저속하다¶ ～人間 저속한 인간
そくづみ [即詰(み)] (장기에서) 궁이 외통수로 몰리는 일
そくてい [測定] 名 他スル 측정¶ ～値 측정치
ぞくでん [俗伝] (文) 속전. 세상에 널리 전해져 있는 이야기
そくてんきょし [則天去私] 칙천 거사. 사심을 버리고 하늘의 뜻에 따라 삶
そくど [速度] 名 속도¶ 制限～ 제한 속도/～を落とす 속도를 늦추다 ━標語 (音) 속도 기호, 빠르기표
そくど [測度] 名 측도 ①도수·척도 등을 잼. 그 수치 ②(数) 길이·넓이·부피 등의 개념을 일반의 집합으로까지 확장한 개념
ぞくと [賊徒] (文) 적도 ①도둑떼 ②역적의 무리, 반역자들¶ ～を討つ 적도를 토벌하다
そくとう [即答] 名 自スル 즉답¶ ～を避ける 즉답을 피하다
そくとう [速答] 名 自スル 속답, 빨리 대답함
そくとう [続騰] 名 自スル (經) 속등 ⇔ 続落
そくどく [速読] 名 他スル 속독¶ ～術 속독술
ぞくに [俗に] 副 속되게, 일반적으로, 흔히¶ ～言う試験地獄 흔히 말하는 시험 지옥
ぞくねん [俗念] 속념. 세속적 욕망¶ ～を去る 속념을 버리다
そくのう [即納] 名 他スル 즉납¶ 注文品を～する 주문품을 즉납하다
そくばい [即売] 名 他スル 즉매. (전시품을) 그 자리에서 팖, 직매¶ 出品作を～する 출품작을 즉매하다
ぞくはい [俗輩] (文) 속배. 속된 무리들
そくばく [束縛] 名 他スル 속박¶ 自由を～する 자유를 속박하다
そくはつ [束髪] 속발. (明治 중기부터 昭和 초기에 유행했던) 여성의 서양식 트레머리
ぞくはつ [続発] 名 自スル 속발. 잇달아 발생함¶ 怪事件が～する 괴사건이 속발하다
ぞくばなれ [俗離れ] 名 自スル 탈속¶ ～した人 탈속한 사람
そくび [素首] (남의 목을 낮추어 하는 말) 모가지 ━落とし (相撲) 상대방의 목에 손을 걸어 앞으로 고꾸라뜨리는 수
そくひつ [速筆] 속필 ⇔ 遅筆
そくぶつ [俗物] 속물¶ ～根性 속물 근성
そくぶつてき [即物的] ダ 즉물적 ①구체적인 대상에 직접 관련시켜 생각·표현하는 모양¶ 極めて～な表現 극히 즉물적인 표현 ②물질적이고 눈앞의 일만 생각하는 모양¶ ～な生き方 즉물적인 생활 방식
そくぶん [側聞·仄聞] 名 他スル (文) 측문. 풍문으로[간접적으로] 들음¶ ～するところによると 측문한 바에 의하면
ぞくぶん [俗文] 속문 ①구어(口語)를 섞어 쓴 일상문 ②저속한 글
ぞくへい [賊兵] 반란군의 병사, 반군
そくへき [側壁] (文) 측벽. 측면의 벽·칸막이
ぞくへん [続編·続篇] (책·영화 등의) 속편
そくほ [速歩] (文) 속보. 빠른 걸음걸이
そくほう [速報] 名 他スル 속보. 빨리 알림¶ 地震発生を～する 지진 발생을 속보하다
ぞくほう [続報] 名 他スル 속보. 계속하여 알림¶ 状況を～する 상황을 계속 알리다
ぞくほん [俗本] 속서, 통속적인 책
そくみょう [即妙] 名 ダ 임기 응변의 기지, 순간적인 재치¶ 当意～ 임기 응변의 기지
ぞくみょう [俗名] (佛) 속명 ①출가하기 전의 이름 ⇔ 法名 ②생존시의 이름 ⇔ 戒名
そくむ [俗務] 속무. 세속의 번거로운 일¶ ～にわずらわされる 속무에 시달리다
ぞくめい [俗名] 속명 ①세속적인 명성 ② → ぞくみょう
ぞくめい [賊名] 역적·도적이라는 이름¶ ～を着せられる 역적[도적]의 누명을 쓰다
そくめん [側面] 측면 ①옆면¶ 箱の～ 상자의 측면 ②여러 성질 중의 하나¶ 社会的な～も考える 사회적인 측면도 고려하다 ③옆, 곁¶ ～から援助する 측면에서 원조하다 ━観 측면관 ━攻撃 측면 공격
そくや [即夜] 副 (文) 즉야. (바로) 그날 밤
ぞくよう [俗用] 세속의 번잡스러운 일, 속사
ぞくよう [俗謡] (藝) (小唄·민요 등) 속요
ぞくらく [続落] 名 自スル (經) 속락, 계속 내림
そくり [俗吏] 속리 ①하찮은 사무를 취급하는 관리 ②무능하고 속된 관리
そくり [属吏] (文) 속리. 하급 관리 [공무원]
ぞくりゅう [俗流] (文) 속류. 속된 무리, 속인배¶ ～に交わらず 속류와 사귀지 않다
ぞくりゅう [粟粒] ①좁쌀알 ②아주 작은 것 ━結核 (醫) 속립 결핵
そくりょう [測量] 名 他スル 측량¶ 土地を～する 토지를 측량하다 ━士 측량사
ぞくりょう [俗僚] (文) 속료. 하급 관리
ぞくりょう [属領] 속령. 본국에 딸린 영토
そくりょく [速力] 속력. 속도
そくろう [足労] (흔히「御～」의 꼴로) 남을 일부러 오게 함을 송구스러워하는 말¶ 御～を願います 왕림을 바랍니다
ぞくろん [俗論] 속론. 저급한 의견·논의
そぐわない 連語 어울리지[맞지] 않다¶ 現状に～規則 현상에 걸맞지 않은 규칙
そけい [粗景] 변변치 못한 경품¶ ～進呈 경품 증정
そけいぶ [*鼠径部·*鼠*蹊部] (醫) 서혜부
そげき [*狙撃] 名 他スル 저격¶ ～兵 저격병/

そげる
要人(ようじん)が~される 요인이 저격당하다
そ・げる [*殺げる・*削げる] 自下一 얇게 깎이다, 깎인 듯이 얇아지다¶ 岩肌(いわはだ)が~ 바위 표면이 깎이다
そけん [素絹] (文) ①생명주 ②「素絹(そけん)の衣(ころも)」의 준말. 생명주로 지은 약식 승복
そけん [訴権] [法] 소권. 소송 청구권
そげん [*遡源・*溯源] 名 自スル (文) 소원. 근원을 거슬러 올라감. 근원을 밝힘
そこ [底] ①바닥 ㉠(기물의) 밑. 밑바닥¶ コップの~ 컵의 밑바닥 ㉡(지면・수면 등의) 밑¶ 海(うみ)の~ 바다 밑바닥 ㉢[經] (거래에서) 가장 싼 시세 ②깊은 곳. 속. 속마음¶ ~を割(わ)って話(はな)す 속을 털어놓고 이야기하다
價用句
―が浅(あさ)い (내용에) 깊이가 없다
―知(し)れぬ 바닥(밑)을 알 수 없는, 끝없는
―を突(つ)く ①바닥나다 ②[經] 바닥 시세가 되다
そこ [〈其処〉・〈其所〉] 代 [指示] 거기 ①그곳, 그 장소¶ 喫茶店(きっさてん)があるから、~で待(ま)つ 찻집이 있으니 거기서 기다리겠다 ②방금 말한 부분¶ では、今日(きょう)は~まで 그럼 오늘은 거기까지 ③그 점, 그 일¶ ~がむずかしいところだ 그 점이 어려운 부분이다 ④그때, 그 국면¶ ~でベルが鳴(な)った 그때 벨이 울렸다 ⑤그 정도¶ ~まで言(い)うなら仕方(しかた)がない 그렇게까지 말하면 도리가 없다
價用句
―へ持(も)ってきて (口) 거기에다 또. 게다가
そご [語語] [言] 조어. 모어
そご [*齟齬] 名 自スル (文) 저어. 어긋남. 차질¶ ~をきたす 차질을 가져오다
そこあげ [底上げ] 名 自他スル 최저 수준을 끌어올림¶ 受験者(じゅけんしゃ)の合格(ごうかく)ラインが~される 수험자의 합격선이 끌어올려지다
そこい [底意] 저의. 속마음. 본심. 속셈= 下心(したごころ)¶ ~ありげな 저의가 있음직한
そこいじ [底意地] 심보. 마음보¶ ~が悪(わる)い 심보가 고약하다
そこいら [〈其処〉いら] 代 (口) 그 근처. 그 근방¶ どっか~にいるよ 그 근처 어딘가에 있어요
そこいれ [底入れ] [經] 시세가 바닥까지 떨어진 상태
そこう [素行] 소행. 품행¶ ~調査(ちょうさ) 소행 조사/~がよくない 품행이 좋지 않다
そこう [粗肴] 名 조효. 변변치 않은 안주
そこう [*遡江・*溯江] 名 自スル (文) 소강. 큰 강을 거슬러 올라감
そこう [遡行・溯行] 名 自スル (文) 소행. (물의 흐름을) 거슬러 올라감¶ 渓流(けいりゅう)を~する 계류를 거슬러 올라가다
そこう [*遡航・*溯航] 名 自スル (文) 소항. (배로) 강을 거슬러 올라감¶ 上流(じょうりゅう)まで船(ふね)を~させる 상류까지 배를 소항시키다
そこうお [底魚] [水] 해저나 해저의 뻘・모래 속에 사는 물고기= 底物(そこもの)
そこうしょう [*鼠咬症] [醫] 서교증

そこかしこ [〈其処彼処〉] 代 (文) 이곳 저곳. 여기저기, 사방¶ ~で春(はる)の訪(おとず)れを聞(き)く 여기저기서 봄 소식을 듣다
そこがた・い [底堅い] 形 [經] (거래에서 시세가) 떨어질 듯하면서도 좀처럼 떨어지지 않다
そこきみわる・い [底気味悪い] 形 어쩐지 기분이 나쁘다¶ ~声(こえ) 어쩐지 기분 나쁜 목소리
そこく [祖国] 조국¶ ~愛(あい) 조국애
そこここ [〈其処此処〉] 代 여기저기, 이곳 저곳¶ ~で梅(うめ)がほころぶ 여기저기서 매화가 피어나다
そこしれない [底知れない] 連體 깊이를 알 수 없는, 끝이 없는¶ ~力(ちから)を発揮(はっき)する 무한한 힘을 발휘하다
そこそこ Ⅰ 名 《수사에 붙어》 될까말까함, 안팎. 정도¶ 二十歳(はたち)~の娘(むすめ) 스물이 될까말까한 아가씨 Ⅱ 副 ① 적당히. 그럭저럭 ¶ ~にできればよい 적당히 되면 [어지간하면] 돼 ・ に 副 《「…も~」의 꼴로》…하는 둥 마는 둥¶ 挨拶(あいさつ)も~に帰(かえ)る 인사도 하는 둥 마는 둥 돌아가다
そこちから [底力] 저력
そこつ [粗忽] Ⅰ 名 (부주의로 인한) 과실, 실수¶ ~をわびる 실수를 사과하다 Ⅱ 名 ナ 경솔함, 덜렁댐¶ ~者(もの) 덜렁이
そこつち [底土] 저토 ①하층토 ②물 밑바닥의 흙¶ 池(いけ)の~をさらう 못 바닥의 흙을 치다
そこづみ [底積み] (口) ①맨 밑에 실음 ②바닥짐
そこで [〈其処〉で] 接 ①그래서, 그런 까닭으로¶ 暗(くら)くて見(み)えない。~懐中電灯(かいちゅうでんとう)を持(も)ちだして調(しら)べた 어두워서 안 보인다. 그래서 손전등을 꺼내어 조사했다 ②그런데, 그러면¶ ~、次(つぎ)に移(うつ)ろう 그러면 다음으로 넘어가자
そこな・う [損なう・*害なう] 他五 ①(기분・건강 등을) 상하게 하다, 손상하다, 해치다¶ 健康(けんこう)を~ 건강을 해치다 ②살상하게, 해치다¶ 人(ひと)を~ 사람을 해치다 ③(물건을) 부수다, 망가뜨리다¶ 器物(きぶつ)を~ 기물을 부수다 ④(造語) ㉠…할 기회를 놓치다¶ うっかり見(み)~ 깜빡하고 못 보다 ㉡…할 뻔하다¶ 死(し)に~ 죽을 뻔하다 ㉢…하는 데 실패하다, 잘못 …하다¶ 聞(き)き~ 잘못 듣다
そこなし [底無し] 名 (口) ①바닥이 없음. 매우 깊음¶ ~沼(ぬま) 끝없이 깊은 늪 ②한량없음¶ ~の大酒飲(おおざけの)み 한량없는 술고래
そこぬけ [底抜け] (口) Ⅰ 名 ①밑이 빠짐, 그런 것¶ ~のおけ 밑 빠진 통 ②얼빠짐, 얼간이¶ ~野郎(やろう) 얼빠진 녀석 Ⅱ 名 ヶ 술고래, 모주꾼 Ⅲ 名 ヶ 무한량, 한이 없음¶ ~のお人(ひと)よし 한없이 좋은 사람
そこね [底値] [經] (거래에서) 바닥 시세
そこ・ねる [損ねる] 他下一 상하게 하다, 손상하다. 해치다= 損(そこ)なう¶ 機嫌(きげん)を~ 기분을 상하게 하다
そこのけ [〈其処〉退け] 連體 (口) 《「…~の」의 꼴로》…도 능가함[무색할] 정도, …에 못지 않은¶ プロ~の腕前(うでまえ) 프로 못지 않은 솜씨

そこはかとなく 【副】〈文〉 이렇다할 이유 없이, 어딘지〔왠지〕모르게, 공연히

そこばく 【〈若干〉】 【副】〈文〉 약간, 얼마간= そくばく ¶ ~の金 얼마간의 돈

そこひ 【〈内障眼〉・底翳】 내장안, 내장 ¶ 白~ 백내장/ 黒~ 흑내장

そこびえ 【底冷え】 추위가 뼛속까지 스며듦, 그런 추위 ¶ ~のする日 추위가 뼛속까지 스며드는 날

そこびかり 【底光り】 (드러나지 않은) 그윽한 빛・재능 ¶ ~のする人柄 그윽한 인품

そこびきあみ 【底引(き)網・底曳(き)網】 【水】 저인망 ¶ ~漁船 저인망 어선

そこまめ 【底豆・底〈肉刺〉】 발바닥에 생기는 물집

そこら 【〈其処〉ら】 Ⅰ 【代】 (口) ①그 근처(근방), 그 언저리 ¶ ~を散歩してくる 그 근처를 산책하고 오다 ②그 정도, 그쯤 ¶ ~でしまいにしよう 그쯤에서 마치기로 하자 ③사물을 막연하게 가리키는 말 ¶ ~のことはよくわからない 그런 것에 대해서는 잘 모른다 Ⅱ 【名】 [수사+「か」에 붙어] 그 정도, 그쯤, …가량 ¶ 千円~の品 천 엔쯤 하는 물건 一辺たり 【代】 그 근처(근방)

そさい 【*蔬菜】 소채, 채소

そざい 【素材】 소재, ①물건을 만드는 바탕이 되는 재료 ¶ 丈夫な~を使う 튼튼한 소재를 쓰다 ②작품의 바탕이 되는 재료 ¶ 民話を~として小説を書く 민화를 소재로 하여 소설을 쓰다 一産業 【經】 소재 산업

そざい 【礎材】 초재, 토대가 되는 재료, 기초 재료 ¶ ~に自然石を使う 초재에 자연석을 사용하다

そざつ 【粗雑】 【ナ】 조잡, 거칠고 엉성함 ¶ ~な計画 조잡한 계획

そさん 【粗*餐】 〈文〉 조찬, 변변치 못한 식사 ¶ ~を差し上げたく存じます 조찬을 대접하고자 합니다

そし 【阻止・*沮止】 【名】 他スル 저지 ¶ 工事を実力で~する 공사를 실력으로 저지하다

そし 【祖師】 【佛】 조사, (종파의) 개조

そし 【素志】 〈文〉 소지, 평소의 생각(뜻・바람) ¶ ~を貫く 소지를 관철하다

そじ 【素地】 소지, 기초, 소양, 바탕 ¶ 生け花の~はできている 꽃꽂이의 바탕은 되어 있다

そじ 【措辞】 〈文〉 조사, (시가・문장 등에서) 말・글자의 용법과 배치 ¶ 洗練された~ 세련된 조사/ ~に優れる 조사에 뛰어나다

そしき 【組織】 조직 Ⅰ 【名】 他スル 집합체를 이룸, 그 집합체 ¶ ~力 조직력/ 組合を~する 조합을 가진 세포 집단 ¶ 神経~ 신경 조직 一的 【ナ】 조직적 一培養 조직 배양

そしつ 【素質】 소질 ¶ 芸術家の~に恵まれる 예술가의 소질을 타고나다

そして 【〈然して〉・〈而して〉】 【接】 그리고 ¶ 春、夏、秋、~冬 봄 여름 가을 그리고 겨울/ 朝４時に起きた。～五時前に家を出て 아침 4시에 일어났다. 그리고 5시 전에 집을 나왔다

そしな 【粗品】 조품, 변변치 않은 물건＝そひん ¶ ~進呈 조품 진정

そしゃく 【*咀*嚼】 【名】 ①저작, 음식을 씹음 ¶ ~筋 저작근 ②(사물・문장의 뜻을) 음미함 ¶ 外国の文化を~する 외국 문화를 음미하다

そしゃく 【租借】 【名】 他スル 조차 ¶ ~地 조차지

そしゅ 【粗酒】 〈文〉 변변치 않은 술, 박주(薄酒) ¶ ~粗肴 변변치 않은 술과 안주

そしゅう 【*楚囚】 〈文〉 초수, 포로

そじゅつ 【祖述】 【名】 他スル 〈文〉 조술, 선인의 학설을 이어받아 서술함 ¶ 師の説を~する 스승의 학설을 조술하다

そしょう 【訴訟】 【名】 自スル 【法】 소송 ¶ 民事~ 민사 소송/ ~を起こす 소송을 제기하다 一事件 【法】 소송 사건

そじょう 【俎上】 도마 위
慣用句
一に載せる 도마 위에 올리다
一の魚 도마에 오른 고기

そじょう 【訴状】 【法】 소장 ¶ ~を差し出す 소장을 제출하다

そしょく 【粗食】 【名】 自スル 조식 ¶ 粗衣~ 조의 조식/ ~に耐える 조식에 견디다

そしらぬ 【素知らぬ】 【連語】 모르는 체하는, 시치미를 떼는 ¶ ~顔で行きすぎる 모르는 체하고 지나가다

そしり 【*謗り・*誹り・*譏り】 비난, 비방, 비판 ¶ 軽率の~をまぬがれない 경솔하다는 비난을 면할 수 없다

そし・る 【*謗る・*誹る・*譏る】 他五 비난하다, 비방하다, 헐뜯다 ¶ 陰で人を~ 뒤에서 남을 비방하다

そしん 【祖神】 조신, 조상신

すい 【疎水・*疏水】 소수, 관개・운수・발전 등을 위해 땅을 파서 만든 수로, 작은 운하

そすう 【素数】 【數】 소수 ¶ 複~ 복소수

そせい 【粗製】 ①조제, 물건을 거칠게 만듦, 그런 제품 ⇔ 精製 ¶ ~品 조제품, 막치 ②원료에 1차 가공을 함 一*濫造 조제 남조

そせい 【組成】 【名】 他スル 조성 ¶ 薬の~ 약의 조성 一式 【化】 조성식

そせい 【塑性】 【化】 소성, 가소성 ＝可塑性

そせい 【*蘇生】 【名】 自スル 소생 ¶ ~術 소생술

そぜい 【租税】 【名】 他スル 조세 ¶ ~を課する 조세를 부과하다 一負担率 조세 부담률

そせき 【礎石】 초석, 주춧돌＝ いしずえ ¶ ~を据える 초석을 놓다

そせん 【祖先】 선조, 조상 ¶ 人類の~ 인류의 조상 一崇拝 조상 숭배

そそ 【*楚*楚】 夕ル 〈文〉 청초함 ¶ ~とした美女 청초한 미녀

そそう 【阻喪・*沮喪】 【名】 自スル 저상, 기운을 잃음 ¶ 意気~ ~する 의기 저상하다, 의기 소침하다

そそう 【祖宗】 〈文〉 조상 대대의 군주

そそう 【粗相】 【名】 自スル ①(조심성이 없어) 실수를 함, 그런 실수 ¶ ~をわびる 실수를 사

そぞう

과하다 ②대소변을 쌈[지림]¶子供どもが遊びに夢中むちゅうで~する 아이가 노는 데 정신이 팔려 오줌을 싸다

そぞう [塑像] 소상. 점토나 석고로 만든 상

そそ・ぐ [注ぐ・灌ぐ] Ⅰ 自五 ①(비・눈 등이) 내리다, 쏟아지다¶林はやしに雨あめが降ふり~ 숲에 비가 쏟아지다 ②흘러 들다¶川かわは海うみに~ 강은 바다로 흘러 든다 Ⅱ 他五 ①(액체를) 붓다, 따르다¶火ひに油あぶらを~ 불에 기름을 붓다 ②(물을) 주다, 뿌리다¶花はなに水みずを~ 꽃에 물을 주다 ③(물을) 대다¶田たに水みずを~ 논에 물을 대다 ④(눈물을) 흘리다¶熱あつい涙なみだを~ 뜨거운 눈물을 흘리다 ⑤(마음・시선 등을) 집중하다, 쏟다¶注意ちゅういを~ 주의를 집중하다

そそ・ぐ [雪ぐ・濯ぐ] 他五 ①가시다, 헹구다¶水みずで口くちを~ 물로 입을 가시다 (오명 등을) 씻다, 설욕하다¶恥はじを~ 치욕을 씻다, 설욕하다

そぞく [鼠賊] (文) 서적. 좀도둑= こそどろ

そそくさ 허둥지둥, 총총히 ¶~と帰かえる 허둥지둥 돌아가다

そそけだ・つ [そそけ立つ] 自五 ①(머리털이) 헝클어지다¶髪かみの毛けが~ 머리카락이 헝클어지다 ②오싹해지다, 소름이 끼치다¶陰いんかな映画えいがを見みて~ 어둡고 참혹한 영화를 보고 오싹해지다

そそ・ける 自下一 ①(머리털이) 헝클어지다¶風かぜで髪かみが~ 바람으로 머리가 헝클어지다 ②보풀이 일다, 가스러지다¶~けたセーター 보풀이 인 스웨터

そそっかし・い 形 경솔하다, 덜렁대다 ¶~性格せいかく 덜렁대는 성격

そそのか・す [唆す] 他五 꼬드기다, 부추기다, 교사하다¶子供こどもを~ 아이를 꼬드기다

そそりた・つ [聳り立つ] 自五 우뚝 솟다¶岩壁がんぺきが~ 우뚝 솟은 암벽

そそ・る 他五 돋우다, 자아내다¶食欲しょくよくを~ 식욕을 돋우다

そぞろ [漫ろ] Ⅰ 副 ①공연히, 어쩐지, 왠지¶~に悲かなしくなる 공연히 슬퍼지다 ②절로, 무의식 중에¶~に涙なみだがこぼれる 절로 눈물이 흘러내리다 Ⅱ ナ 어쩐지 들뜬 모양. 들썩들썩함, 싱숭생숭함¶うれしくて気きも~ 毎日ひ 기뻐서 마음도 들썩들썩한 매일

そぞろあるき [漫ろ歩き] 名 自スル 만보, 한가로이 거닒, 산책¶浜辺はまべを~する 해변을 한가로이 거닐다

そだ [粗朶] 섶나무 가지¶~をたく 섶나무 가지를 때다

そだい [粗大] ナ (文) 조대 ①거칠고 엉성함, 조잡함¶~なやりくち 조잡한 방법 ②거칠고 큼 → 芥 ~ごみ 대형 쓰레기

そだち [育ち] ①성장¶~が早はやい 성장이 빠르다 ②성장기의 환경・교육¶~がいい 성장 환경이 좋다 ③(접미어적으로) …에서 자람, …에서 자란 사람¶田舎いなか~ 시골에서 자람/お嬢じょうさん~ 고이 자란 아가씨

そだちざかり [育ち盛り] 한창 자랄 때, 성장기¶十歳前後じっさいぜんごは~の食たべ盛さかり 10살 전후는 성장기인 한창 먹을 나이

そだ・つ [育つ] 自五 자라다 ①성장하다, 생장하다, 성숙하다¶苗なえが~ 모가 자라다 ②발전하다¶男女平等だんじょびょうどうの思想しそうが~ 남녀 평등 사상이 자라나다 ③(자격・능력이) 몸에 붙어 가다¶偉大いだいな政治家せいじかに~ 위대한 정치가가 자라나다 (양성되다) ④차차 커 나가다¶自立心じりつしんが~ 자립심이 자라다

そだて [育て] 名 양육, 기름, 키움¶子こ~ 자식 키우기/この母ははは~の親おや 길러 준 엄마

そだてあ・げる [育て上げる] 他下一 길러 내다, 키워 내다¶科学者かがくしゃに~ 과학자로 길러 내다/子こを~ 자식을 길러 내다

そだてのおや [育ての親] ①길러 준 어버이¶生うみの親おやよりも~ 낳은 어버이보다 길러 준 어버이 ②(발전에 이바지한) 공로자¶両国友好りょうこくゆうこうの~ 양국 우호의 공로자

そだ・てる [育てる] 他下一 기르다 ①양육하다, 키우다¶実じつの子こ同様どうように~ 친 자식처럼 기르다 ②발전시키다¶伝統芸能でんとうげいのうを~ 전통 예능을 발전시키다 ③(능력・자격을) 키워주다, 양성하다¶後継者こうけいしゃを~ 후계자를 양성하다 ④(감정・재능을) 신장시키다¶観察力かんさつりょくを~ 관찰력을 기르다

そち [措置] 名スル 조치¶適切てきせつな~を講こうずる 적절한 조치를 강구하다

そちこち [其方此方] Ⅰ 代 (文) 여기저기, 사방¶~で木きの葉はが色いろづく 여기저기서 나뭇잎이 물들다 Ⅱ 副 대충, 그럭저럭, 이럭저럭

そちゃ [粗茶] 변변치 못한 차¶~ですが, どうぞ 변변치 못한 차입니다만 드시지요

そちら [其方] 代 그 쪽 ①(指示) ㉠그 방향¶私わたしが~へ行いく 내가 그 쪽으로 간다 ㉡그 장소, 거기¶~に居いてください 거기 있어 주세요 ㉢그 쪽의 것, 그것¶~をください 그 쪽의 것을 주십시오 ②(人称) ㉠당신, 당신쪽¶~の責任せきにん 그 쪽의 책임 ㉡상대방 가까이에 있거나 가까운 관계인 사람, 그분

そつ [卒] 音 ソツ Ⅰ (造語) ①병졸, 관리¶軍卒ぐんそつ 군졸・兵卒へいそつ 병졸 ②하인, 종복¶従卒じゅうそつ 종졸 ③갑자기, 돌연히¶卒倒そっとう 졸도 ④마치다, 끝나다¶卒業そつぎょう 졸업 ⑤죽다¶卒去そっきょ 죽음 ⑥「卒業そつぎょう」의 준말¶高卒こうそつ 고졸・中卒ちゅうそつ 중졸 ▷ = 「率」와 같음 Ⅱ 졸업¶平成へいせい三年度さんねんどの~です 平成 3년도 졸업입니다

そつ [率] 音 ソツ・リツ 訓 ひきいる|(음)솔・(造語) ①이끌다, 거느리다¶引率いんそつ 인솔・統率とうそつ 통솔 ②꾸밈이 없고 시원스러움¶率直そっちょく 솔직 ③갑자기, 돌연히¶軽率けいそつ 경솔 ④비율, 가능성¶確率かくりつ 확률・効率こうりつ 효율・比率ひりつ 비율 ▷ 「卒」와 같음

そつ 《흔히 부정의 말이 딸리어》①실수, 부주의¶万事ばんじにわたって~のない人ひと 만사에 실수가 없는 사람 ②낭비
[慣用句]

―が無ない 실수가 없다, 낭비가 없다

そつ【帥】【日史】大宰府ださいふ의 장관 = そち

そつい【訴追】名他スル【法】소추¶기소¶ ~条件じょうけん 소추 조건 ②(재판관 등에 대하여) 탄핵을 발의하여 파면을 요구함

そつう【疎通・疏通】名自スル 소통¶ 意思いしの~をはかる 의사 소통을 꾀하다

そつえん【卒園】名他スル 보육원・유치원을 수료함 ⇔ 入園にゅうえん

そっか【足下】(文) 족하 I 名 ①발 아래[밑]¶ ~にひれ伏ふす 발 밑에 부복하다 ②편지를 받는 사람 이름 밑에 쓰는 존칭 II 代 (남자의 편지글 등에서) 대등한 사람에게 경의를 나타내는 말. 당신, 귀하

ぞっか【俗化】名自スル 속화, 세속화 = ぞくか

ぞっか【俗歌】(文) 속가, 속요

ぞっかい【俗界】(文) 속계, 속세¶ ~に遊あそぶ 속계에서 노닐다

ぞっかい【俗解】속해, 비학문적・통속적인 해석¶ 語源ごげん~ 어원 속해

ぞっかい【続開】名他スル 속개, 재개¶ 会議かいぎを~する 회의를 속개하다

ぞっかく【属格】【文法】(영문법에서의) 소유격

ぞっかん【俗間】(文) 속간, 세간, 항간

ぞっかん【属官】속관 ¶하급 관리 ②(2차 대전 전에) 각 성에 소속되어 있는 判任官はんにんかん인 문관

ぞっかん【裁判】名他スル 속간

そっき【速記】名他スル 속기 ①빨리 기록함 ②속기술로 적음¶ 対談だいだんを~する 대담을 속기하다 ―術じゅつ 속기술 ―録ろく 속기록

ぞっきぼん【ぞっき本】(俗) 덤핑 책, 투매하는 책

そっきゅう【速球】【野】속구, 빠른 투구¶ ~投手とうしゅ 속구 투수

そっきゅう【速急】(ナ)(文) 매우 급함, 지급 = 至急しきゅう¶ ~な用件ようけん 아주 급한 용건

そっきょ【卒去】名自スル (文) 졸거, 죽음

そっきょう【即興】 즉흥¶ ~で歌うたをよむ 즉흥으로 和歌わかを읊다 ―曲きょく【音】즉흥곡 ―詩し 즉흥시

そつぎょう【卒業】名自スル 졸업 ①(학교 등에서) 소정의 과정을 마침¶ 大学だいがくを~する 대학을 졸업하다 ②(比) 어떤 과정・단계를 다 먹다 II ¶ 生意気盛なまいきざかりは 한창 건방질 시기는 지났다 ―論文ろんぶん 졸업 논문

ぞっきょく【俗曲】【楽】속곡

そっきん【即金】즉금, 맞돈, 현금¶ ~で払はらう 현금으로 지불하다

そっきん【側近】측근¶ ~政治せいじ 측근 정치

そっくり I 副 전부, 모조리, 몽땅¶ ~返かえす 전부 돌려주다¶ 皮かわごと~食たべる 껍질째 몽땅 먹다 II (ナ)(「…に〔と〕」의 꼴로) 꼭 닮음, 빼닮음¶ 兄あにと~だ 형과 꼭 닮았다 ―其そのまま 連語 꼭 그대로, 고스란히¶ 人ひとの論文ろんぶんを~引ひき写うつす 남의 논문을 그대로 베껴쓰다

そっくりかえ・る【反っくり返る】自五(口) ①휘다¶ 板いたが乾燥かんそうして~ 판자가 건조하여 휘다 ②몸을 뒤로 젖히다¶ 椅子いすに~ 의

자에 몸을 젖히고 앉다 ③으스대다, 뽐내다¶ 自信じしんありげに~ 자신 있는 듯이 으스대다

そっけつ【即決】名他スル 즉결

そっけつ【速決】名他スル 속결

そっけな・い【素っ気無い】形 무뚝뚝하다, 통명하다, 쌀쌀하다¶ ~態度たいど 무뚝뚝한 태도

そっこう【即行】名他スル 즉시 행함¶ 災害対策たいさくを~する 재해 대책을 즉각 실행하다

そっこう【即効】~を期待きたいする 즉효를 기대하다 ―薬やく 즉효약

そっこう【速効】속효¶ 速決そっけつ~ 속결 속효

そっこう【速攻】名他スル 속공¶ ~して機先きせんを制せいする 속공하여 기선을 제압하다

そっこう【側溝】측구, 도로나 철로를 따라 만들어진 배수로

ぞっこう【続行】名自他スル 속행¶ 交渉こうしょうを~する 교섭을 속행하다

ぞっこう【続稿】名他スル 속고, 앞에 쓴 원고에 이어서 씀, 그런 원고

そっこうじょ【測候所】【気】측후소

そっこく【即刻】副 즉각, 바로

ぞっこく【属国】속국 ⇔ 独立国どくりつこく

ぞっこん 副 (俗) (마음속으로부터 끌리는 모양) 홀딱¶ ~ほれ込こむ 홀딱 반하다

そつじ【卒爾・率爾】(ナ)(文) 갑작스러움, 돌연함¶ ~な質問しつもん 갑작스러운 질문 ②경솔함 ―乍ながら 갑작스레 실례지만, 불시에 미안합니다만

そつじゅ【卒寿】90세, 90세의 축하연

そっせん【率先】 솔선¶ よい事ことは~してやりなさい 좋은 일은 솔선해서 하시오 ―垂範すいはん 솔선 수범

そつぜん【卒然・率然】副(ナ)(文) 졸연, 돌연히, 갑자기¶ ~とみなさる死しぬ 갑자기 죽다

そっち【代】(口) ①거기, 그 쪽 ②너, 자네

そっちのけ【そっち退け】連語(口) ①제쳐놓음, 거들떠보지도 않음¶ 勉強べんきょうを~で遊あそぶ 공부를 제쳐놓고 놀다 ②(「(も)~」의 꼴로) …못지않음¶ 玄人くろうと~の腕前うでまえ 전문가 못지않은 솜씨

そっちゅう【卒中】【医】졸중, 뇌졸중

そっちょく【率直】(ナ) 솔직

そっと 副 ①가만히, 조용히¶ ~歩あるく 조용히 걷다 ②살짝, 몰래¶ ~知しらせる 살짝 알리다 ③(「~しておく」의 꼴로) 그대로[그냥] 놓아둠¶ 泣ないているから~しておこう 울고 있으니까 그냥 놔두자

そっと【率土】(文) 솔토, 국토의 끝 = 辺土へんど¶ ~の浜ひん 솔토지빈, 온 나라

ぞっと 副 ①추위・공포로 떨리는[소름이 끼치는] 모양, 오싹¶ 怪談かいだんめいた話はなしに~した 괴담 같은 이야기에 오싹했다

慣用句

―しない 탐탁치 않다, 신통치 않다

―する程ほど 오싹할 만큼〔정도〕

そっとう【卒倒】名自スル 졸도¶ 驚おどろきのあまり~する 놀란 나머지 졸도하다

そつどく【卒読】名他スル(文) 졸독 ①급히 대충

そつなく

읽음 ②읽기를 마침
**そつなく** 副 ①빈틈없이, 실수 없이 ②낭비 없이
**そっぱ** [反っ歯] 뻐드렁니 ＝出っ歯
**ソップ** (네 sop) ①수프 ②「ソップ型」의 준말
**—型** [相撲] 마른 체형, 마른 체형의 씨름꾼
**そっぽ** [〈外方〉] (口) 다른 쪽, 딴쪽, 딴 데 = そっぽう ¶〜を見る 딴쪽을 보다
慣用句
—を向く 외면하다, 거절하다
**そつろん** [卒論] 졸업 논문
**そで** [*袖] ①소매, 소맷자락 ¶ない〜は振れない 없는 소매는 흔들 수 없다 ②(갑옷에서) 어깨와 팔꿈치를 덮는 부분 ③사물의 소매 부분에 해당하는 것 ㉠(대문의) 양쪽 울타리 ㉡(책상의) 양쪽 서랍 ㉢(무대의) 좌우 끝 부분
慣用句
—に縋る 소맷자락에 매달리다, 애원하다
—にする (친하던 사람을) 소홀히 하다
—振り合うも多生の縁 소매가 스치는 것도 전생의 인연
—を絞る 눈물 젖은 소매를 짜다
—を連ねる ①함께 가다 ②행동을 같이하다
—を通す (새) 옷을 입다
—を引く ①사람을 꾀다 ②살짝 주의를 주다
**そてい** [措定] 名 他スル 조정 ＝定立
**そでうら** [*袖裏] 소매 안감
**そでがき** [*袖垣] [建] 문에 잇대어 낮고 짧게 친 울타리 ¶竹を編んだ〜 대나무로 엮어 짠 낮은 울타리
**そでがらみ** [*袖搦み] 江戸 시대에 범인을 잡는 데 쓴 갈고랑이 모양의 도구
**そでぐち** [*袖口] 소맷부리
**そでごい** [*袖乞い] 名 自スル 동냥, 구걸, 거지 ¶道端で〜する 길거리에서 구걸하다
**そでしょう** [*袖章] 수장. 소매에 다는 기장
**そでたけ** [*袖丈] 소매 길이
**そでだたみ** [*袖畳み] 和服를 등이 안으로 가도록 두 겹으로 개고 양 소매를 포개어 개는 법
**そてつ** [*蘇鉄] [植] 소철
**そでつけ** [*袖付(け)] ①소매달기 ②소매가 길에 붙는 부분, 진동
**そでなし** [*袖無(し)] ①소매 없는 옷 ②소매 없는 짧은 羽織(し) = ちゃんちゃんこ
**そでのした** [*袖の下] 뇌물 = わいろ ¶〜を使う 뇌물을 쓰다
**そと** [外] ①밖, 외부 ¶この線から〜に出るな 이 선에서 밖으로 나가지 마라 ②겉, 표면 ¶感情を〜に出す 감정을 겉으로 드러내다 ③(건물 등의) 바깥, 옥외 ¶〜で遊ぶ 바깥에서 놀다 ④자기 영역이 아닌 곳, 집이 아닌 딴쪽 ¶〜で食事する 밖에서 식사하다, 외식을 하다
**そとあるき** [外歩き] ①외출, 바깥 출입, 나들이 ②외근 ＝外回り
**そとう** [粗糖] 조당. 정제하지 않은 설탕
**そとうば** [*卒塔婆] → そとば
**そとうみ** [外海] 외해, 외양 (外洋) ⇔ 内海
**そとおもて** [外表] (천을 접거나 꿰맬 때) 겉

죽을 겉으로 드러나게 하기 ⇔ 中表
**そとがけ** [外掛(け)] [相撲] 발다리 걸기
**そとがこい** [外囲い] 바깥 울타리
**そとがま** [外*釜] 물을 데우는 가마솥이 욕실 밖에 설치된 목욕탕 ¶内釜
**そとがまえ** [外構え] (건물의) 외부 구조나 배치, 외관 ¶立派な〜 훌륭한 외관
**そとがわ** [外側] 외측, 바깥쪽, 겉면 ¶箱の〜の線(표면)/〜の線 바깥쪽 선
**そどく** [素読] 名 他スル 소독, 글뜻은 도외시하고 음독함 = すよみ ¶論語の〜 논어의 소독
**そとづら** [外面] ①남을 대하는 태도 ¶〜のいい人 남에게 상냥하게 대하는 사람 ②외면, 겉모양, 외양 ¶〜を飾る 겉모양을 꾸미다
**そとのり** [外法] (그릇 등의) 바깥 치수
**そとば** [*卒塔婆] 솔도파 (率堵婆) = そとうば
**そとぶろ** [外*呂] = そとゆ (外湯)
**そとべり** [外耗] (곡물을 찧었을 때) 줄어든 양의 남은 양에 대한 비율 ⇔ 内耗
**そとぼり** [外堀・外*濠] 외호. 성 바깥 둘레의 해자 (垓子) ⇔ 内濠
慣用句
—を埋める 바깥 해자를 메우다. (어떤 목적을 위해) 주변의 장애를 제거하다
**そとまご** [外孫] 외손. 딸의 소생, 양자로 간 아들의 소생 = がいそん ⇔ 内孫
**そとまた** [外股] 팔자걸음 ⇔ 内股
**そとまわり** [外回り・外*廻り] ①바깥쪽의 주위 ¶家なの〜を掃除する 집 주위를 청소하다 ②외근 ¶〜の多い職 외근이 많은 직업 ③(순환선에서) 바깥쪽으로 도는 노선 ¶山手線の〜 山手線의 바깥쪽 노선
**そとみ** [外見] 외견. 겉보기, 외관 ¶〜だけでは分からない 외견만으로는 알 수 없다
**そとめ** [外目] ①남의 눈에 비치는 느낌, 남의 눈 ¶〜を気にする 남의 눈에 신경쓰다 ②보통보다 약간 바깥으로 벗어남 ¶〜のボールを投げる 아웃코너의 공을 던지다
**そとゆ** [外湯] ①실외 목욕탕 ②공중 목욕탕, 대중탕 ¶内湯
**そとわ** [外輪] ①외륜. 바깥쪽 바퀴 ②팔자걸음
**そなう** [供う] 신불에게 바침, 공물, 제물
**そなえ** [備え] ①준비, 대비 ¶老後の〜 노후의 대비 ②방비, 방비 태세 ¶〜を固める 방비를 견고히 하다
慣用句
—あれば憂い無し 유비무환
**そなえつ・ける** [備え付ける] 他下一 ①비치하다, 갖추다 ¶ごみ箱を〜 쓰레기통을 비치하다 ②설치하다 ¶洗面台を〜 세면대를 설치하다
**そなえもの** [供え物] 제물, 공물 = お供え
**そな・える** [供える] 他下一 (신불에게) 올리다, 바치다 ¶霊前に花を〜 영전에 꽃을 올리다
**そな・える** [備える・*具える] 他下一 ①대비하다 ¶地震に〜 지진에 대비하다 ②갖추다, 비치하다 ¶冷暖房の設備を〜 냉난

そば

방 설비를 갖추다 ③(성질·자격 등을) 지니다. 갖추다¶ 条件{じょうけん}を～ 조건을 갖추다
**そなれまつ**[*磯馴れ松](文) 바닷바람으로 가지나 줄기가 땅을 기듯이 낮게 자란 해변의 소나무
**そなわ・る**[備わる·*具わる](自五)갖추어지다 ①구비되다, 비치되다¶ 実験器具{じっけんぐ}が～ 실험 기구가 갖추어지다 ②(성질·조건 등이) 부족함이 없이 지니다. 타고나다¶ 気品{きひん}が～ 기품이 갖추어지다
**そにん**[訴人](名)(自スル) 고소를 함, 고소인
**そね・む**[*嫉む](他五)(文) 시기하다, 질투하다¶ 彼{かれ}の受賞{じゅしょう}を～ 그의 수상을 시기하다
**その**[園·*苑](文)①정원, 뜰, 동산¶ 桜{さくら}の～ 벚꽃 동산 ②(딴 곳과 구별된) 특정 장소¶ 女{おんな}の～ 여원, 여성계, 여학교/ 学{まな}びの～ 배움의 터전, 학교
**その**[*其の]Ⅰ(連体) 그①상대와 멀지 않은 위치에 있는 사물을 가리키는 말¶ ～本{ほん}をとってくれ 그 책을 집어 줘 ②이미 말한 것이나 알고 있는 사항을 가리키는 말¶ ～話{はなし}はもうやめよう 그 이야기는 이제 그만두자 Ⅱ(感)말문이 막힐 때 잇는 말. 저…, 그…¶ 実{じつ}は～ 実は저…
**そのう**[園*生](文) 정원, 식물을 심는 뜰
**そのうえ**[*其の上](接) 게다가, 더구나¶ 守備{しゅび}もいいし, ～足{あし}も早{はや}い 수비도 좋고 게다가 발도 빠르다
**そのうち**[*其の内](副)①간간, 불원간, 머지않아¶ ～になんとかなるだろう 불원간 어떻게든 되겠지
**そのおり**[*其の折] 그 때¶ ～は失礼{しつれい}しました 그 때는 실례했습니다
**そのかわり**[*其の代(わ)り](接) 그 대신¶ 仕事{しごと}は丁寧{ていねい}だ。～時間{じかん}がかかる 일은 신중하게 한다. 그 대신 시간이 걸린다
**そのかん**[*其の間](連語) 그간, 그 동안, 그 사이¶ ～の事情{じじょう} 그간의 사정
**そのぎ**[*其の儀](連語)(文) (화제가 되어 있는) 그 일, 그 건, 그런 사정¶ ～ばかりはまかりならぬ 그 일만은 안 된다
**そのくせ**[*其の癖](接) 그러면서도, 그런데도, 그럼에도 불구하고¶ 他人{たにん}には厳{きび}しい。～自分{じぶん}には甘{あま}い 다른 사람에게는 엄격하다. 그러면서도 자신에게는 무르다
**そのご**[*其の後] 그 뒤, 그 후
**そのじつ**[*其の実](連語) 기실, 실은, 사실은¶ 生活{せいかつ}はでに見{み}えるが～ふところは苦{くる}しい 생활은 화려해 보이지만 실은 주머니사정은 괴롭다
**そのすじ**[*其の筋](連語) ①그 방면, 그 분야¶ ～の名人{めいじん} 그 방면의 명인 ②당국, (특히) 경찰¶ ～のお達{たっ}し 당국의 지시
**そのせつ**[*其の節] 그 때, 그 당시¶ ～はどうも 그 때는 고마웠습니다
**そのた**[*其の他](連語) 기타, 그 밖, 그 밖의 것¶ ～大勢{おおぜい} 그 밖에 여러 사람
**そのて**[*其の手](連語)①그런 수단·계략¶ ～には乗{の}らない 그런 수에는 넘어가지 않는다 ②그런 종류¶ ～のもの 그런 종류의 것
[慣用句]
**～に乗{の}る** 그 수에 넘어가다
**～は食{く}わない** 그 수에는 안 넘어간다
**～は桑名{くわな}の*焼{や}き*蛤{はまぐり}** 그 수에 넘어갈소냐
**そのでん**[*其の伝](連語) 그런 식[생각]
**そのば**[*其の場](連語) 그 자리¶①그 장소·장면·상황, 그 곳¶ ～の雰囲気{ふんいき} 그 곳의 분위기 ②즉석¶ ～で決{き}める 그 자리에서 정하다 ―限{かぎ}り 그 때뿐 ―凌{しの}ぎ (그 자리만을 모면하는) 임시 변통, 임시 방편 ―逃{のが}れ (나중 일은 생각하지 않고) 그 자리만 모면하려는 태도, 임시 변통
**そのはず**[*其の*筈](連語) 그럴 것임, 당연함, 지당함¶ それも～だ 그도 그럴 것이다
**そのはちぶし**[蘭八節](藝) 浄瑠璃{じょうるり} 유파의 하나= 宮蘭節{みやそのぶし}
**そのひ**[*其の日](連語)①그 날, 당일¶ ～になって気付{きづ}く 당일이 되어서 알아차리다 ②오늘 현재, 그날그날¶ ～の暮{くら}しにも事欠{ことか}く 그날그날의 생활에도 곤란하다 ―稼{かせ}ぎ 날품팔이 ―暮{くら}し ①하루 벌어 하루 먹는 생활 ②장래 희망이나 전망이 없이 그럭저럭 살아가는 생활 태도 ―其{そ}の日{ひ}(連語) 하루하루, 매일
**そのへん**[*其の辺](連語)①그 근처, 그 부근¶ どこか～を散歩{さんぽ}する 그 부근 어딘가를 산책하다 ②그 정도, 그쯤¶ ～で十分{じゅうぶん}だ 그 정도면 충분하다 ③그 방면, 그러한 일¶ ～の事情{じじょう} 그 방면의 사정
**そのほう**[*其の方](文)(連語) 그 쪽, 그 방향·방면¶ ～がおもしろい 그 쪽이 재미있다
**そのまま**[*其の*儘](副)①그대로 Ⅰ(名) 본래대로의 상태¶ ～待{ま}て 그대로 기다려/ ～にしておく 그대로 두다 Ⅱ(副)①바로, 곧, 즉시¶ 電話{でんわ}を受{う}けると～出{で}かけた 전화를 받자 그대로 밖으로 나갔다 ②《명사를 받아》꼭 닮음¶ お母{かあ}さん～だ 어머니 그대로이다
**そのみち**[*其の道](連語) 그 길①그 분야, 그 계통¶ ～の大家{たいか} 그 분야의 대가 ②도박·주색잡기 방면
**そのむかし**[*其の昔](連語)(文) 그 옛날, 아주 옛날¶ 昔々{むかしむかし}の～ 옛날 옛날 아주 옛날
**そのもの**[*其の物](連語)①(문제가 되고 있는) 바로 그것¶ ～ずばり 바로 정통으로 ②(造語) 그 자체¶ まじめ～ 성실 그 자체, 매우 성실함/ 素質{そしつ}～は悪{わる}くない 소질 자체는 나쁘지 않다
**そば**[粗葉] 맛없는 담배, 질이 낮은 담배
**そば**[*岨](文) 벼랑, 절벽, 낭떠러지= そわ¶ 山{やま}の～ 산의 절벽
**そば**[*側·*傍](①옆, 곁, 근처¶ ～の机{つくえ} 옆의 책상/ ～から口{くち}をきかれる 옆에서 말참견하다 ②…하자마자, …한 즉시¶ 作{つく}る～から食{た}べる 만들자마자 먹다
**そば**[*稜]①(물건의) 귀퉁이, 모서리= りょう¶ ～の欠{か}けた皿{さら} 이가 빠진 접시 ②袴{はかま}

そば

의 양 옆구리를 튼 곳의 아가미
そば【〈蕎麦〉】①[植] 메밀 ②메밀국수= そばきり
そはい【*鼠輩】(文) 서배. (쥐새끼 같은) 하찮은 인간들, 소인배
そばがき【〈蕎麦〉*搔き】메밀가루를 뜨거운 물로 되게 반죽한 음식, 메밀 범벅
そばかす【〈蕎麦〉滓】①메밀겨 ②【〈雀斑〉】[醫] 주근깨
そばがら【〈蕎麦〉殻】메밀껍질, 메밀겨= そばかす
そばきり【〈蕎麦〉切り】메밀국수
そばだ・つ【*峙つ】[自五] 우뚝 솟다, 치솟다¶連山の中に～霊峰 연산 속에 우뚝 솟은 영봉
そばだ・てる【*欹てる】[他下一]①한쪽 끝을 높게 하다, 치올리다¶肩を～ 한쪽 어깨를 치올리다 ②(주의력을) 집중하다, 기울이다¶耳を～ 귀를 기울이다
そばづえ【*傍杖・*側杖】남의 일에 말려들어 당하는 뜻밖의 재난, 언걸, 후림불= とばっちり
[慣用句]
―を食う 언걸을 먹다
そばづかえ【*側仕え】(귀인의) 곁에서 시중을 듦, 그런 사람, 근시(近侍)= そばづとめ
そばづたい【*岨伝い】험한 산길을 따라서 감
そばどころ【〈蕎麦〉処】①메밀의 명산지 ②메밀 음식을 파는 가게
そばみち【*岨道】벼룻길, 깎아지른 벼랑길, 가파른 산길
そばめ【*側目】곁에서 봄
そばめ【*側妻・*妾】첩, 소실= めかけ
そば・める【*側める】[他下一](文) ①옆으로 밀어붙이다¶身を～ 몸을 밀어붙이다 ②(「目を～・顔を～」의 꼴로) 옆으로 돌리다, 외면하다¶目を～ 외면하다
そばやく【*側役】곁에서 시중드는 사람[역할], 측근, 근시(近侍)= そばづかえ
そばゆ【〈蕎麦〉湯】①메밀국수를 삶아낸 국숫물 ②메밀가루를 더운 물에 푼 음식, 메밀 당수
そはん【粗飯】(文) 조반, 변변치 못한 식사¶～を差し上げたく存じます 조반을 대접해 드리고자 합니다
ソビエト (Soviet) 소비에트 ①소비에트 사회주의 공화국 연방, 구 소련 ②구 소련의 평의회
そび・える【聳える】[自下一] 우뚝 솟다, 치솟다¶大木が～ 큰 나무가 우뚝 솟다
そびやか・す【*聳やかす】[他五] 우뚝 솟게 하다, 치켜올리다¶肩を～・して歩くと 어깨를 으쓱거리며 걷다
そびょう【祖*廟】(文) 조묘. 조상의 영혼을 모신 사당
そびょう【素描】[名][他スル] [美] 소묘. 데생
そびょう【粗描】[名][他スル](文) 조묘. 줄거리만 대강 묘사함
そび・れる [自下一] (補助) …할 기회를 놓치다, …하려다가 못하다¶言い～ 말할 기회를 놓

치다/寝～ 잠을 설치다
そひん【粗品】→ そしな
そふ【祖父】조부. 할아버지
そふ【粗布】①조포. 거칠게 짠 천 ②질이 좋지 않은 천 ③질이 좋지 않고 값싼 옷
そふく【粗服】(文) 조복. 거칠고 값싼 옷
そふぼ【祖父母】조부모. 할아버지와 할머니
そぶり【素振り】거동, 기색, 기미¶怪しい～ 수상쩍은 거동/よそよそしい～を見せる 서먹서먹한 기색을 보이다
そぼ【祖母】조모, 할머니
そほう【粗放・疎放】[名][ダ] (文) 조방. 꼼꼼하지 못함, 면밀하지 않음¶～な性格 덜렁인 성격/～な計画 면밀하지 못한 계획 ―農業 [農] 조방 농업
そぼう【粗暴】[ダ] 조포. 난폭함¶～な性格 난폭한 성격
そほうか【素封家】관직·영지는 없으나 대대로 내려오는 재산가, 큰 부자¶その地方の～ 그 지방의 재산가
そぼく【素朴・素*樸】[?] 소박¶～な人柄 소박한 인품 ―実在論 [哲] 소박 실재론
そぼぬ・れる【そぼ濡れる】[自下一](文) (비에) 흠뻑 젖다¶雨に～・れて来る 비에 흠뻑 젖어서 오다
そぼふ・る【そぼ降る】[自五](文) 비가 촉촉이 [부슬부슬] 내리다¶春雨が～中を歩くと 촉촉히 내리는 봄비 속을 걷다
そぼろ Ⅰ [名] 살이 잘게 찢은 생선 살이나 저민 고기 등을 조미하여 볶은 식품 Ⅱ [?] (머리털 등이) 헝클어짐, 흐트러져 엉클어짐¶～髪 헝클어진 머리칼
そほん【粗*笨】[ダ] 조잡함, 데면데면하고 엉성함¶～な計画 조잡한 계획
そま【*杣】①멧갓= 杣山 ②멧갓의 나무, 멧갓에서 베어낸 재목= 杣木 ③나무꾼
そまぎ【*杣木】①멧갓의 나무 ②멧갓에서 베어낸 재목
そまごや【*杣小屋】(文) 나무꾼의 오두막
そまつ【粗末】[ダ] ①(품질·됨됨이가) 변변치 않음, 허술함¶～な食事 변변치 않은 식사/～な家 허술한 집 ②소홀히 함, 함부로 다룸¶食べ物を～に扱う 음식을 함부로 다루다 ③ → おそまつ
[慣用句]
―にする ①소홀히 하다 ②함부로 쓰다
そまびと【*杣人】(文) 나무꾼= きこり
そまやま【*杣山】(文) 멧갓
そま・る【染まる】[自五] 물들다 ①염색되다¶赤く～ 붉게 물들다 ②(영향을 받아) 배다, 감화되다¶悪に～ 악에 물들다
そまん【粗慢・疎慢】[名][?](文) 소만. 허술함, 소홀함, 엉성함¶～な政策 허술한 정책
そみつ【粗密・疎密】소밀. 성김과 빽빽함¶人口の～ 인구의 소밀
そ・む【染む】[自五] ①물들다= そまる ②마음에 끌리다[들다]¶心に～・まぬ結婚 마음 내키지 않는 결혼

そむ・く【背く・＊叛く】(自五) ①어기다, 위반하다¶約束\*에～ 약속을 어기다 ②거역하다, 거스르다, 반역하다¶師\*の教え\*に～ 스승의 가르침에 거스르다 ③(기대・예상에) 어긋나다, 저버리다¶期待\*に～ 기대를 저버리다 ④등을 돌리다, 등지다¶陽光\*に～・いて立\*つ 햇빛을 등지고 서다 ⑤(세상・어떤 사람 곁을) 떠나다, 버리다, 등지다¶世\*を～ 세상을 등지다, 출가(出家)하다

そむ・ける【背ける】(他下一) (눈・얼굴을) 돌리다, 외면하다¶目\*を～ 시선을 돌리다

そめ【染め】①염색하다¶しぼり～ 홀치기 염색 ②염색한 빛깔, 염색 상태¶～がよくない 염색이 잘 안 되었다

ぞめ【初め】(造語) 처음으로 …하기, (특히) 새해들어 처음으로 …하는 일¶書\*き～ 신년 휘호/ 着\*～ (새옷을) 처음 입음/ 橋\*の渡\*り～ 다리 개통식

そめあがり【染め上がり】①염색이 다 됨, 완성된 염색물 ②염색된 상태¶～がよい 염색이 잘 되었다

そめあ・げる【染め上げる】(他下一) 염색해 내다¶多彩\*に～ 다채롭게 염색해 내다

そめいよしの【染井＊吉野】(植) 왕벚나무

そめいろ【染め色】염색한 빛깔, 물빛¶～がきめる 물빛이 바래다

そめかえ【染め替え・染め＊更え】(한 번 염색했던 것을) 다른 빛깔로 바꾸어 염색하는 일, 다시 염색함＝染\*め直\*し

そめかえ・す【染め返す】(他五) 다시 염색하다 ①바랜 것을 한 번 더 염색하다¶母\*の着物\*を～ 어머니의 きもの를 다시 염색하다 ②다른 빛깔로 바꿔 염색하다

そめか・える【染め替える】(他下一) 다시 염색하다＝染\*め返\*す

そめがすり【染め＊絣・染め＊飛白】염색하여 무늬를 나타낸 천

そめがた【染め型】염색한 무늬, 그 무늬 본

ぞめ・く【＊騒く】(自五)(文) 들떠서 떠들다¶町\*を～・き歩\*く 거리를 들떠서 떠들며 다니다

そめこ【染め粉】분말 염료

そめだ・す【染め出す】(他五) 염색해 내다¶家紋\*を～ 가문을 염색해 내다

そめつけ【染め付け】①염색하여 빛깔이나 무늬를 냄, 그렇게 한 것 ②쪽빛 무늬를 염색한 천 ③(美) 쪽빛 무늬를 넣어 도자기를 굽는 기법, 그렇게 만든 도자기

そめなお・す【染め直す】(他五) →そめかえす

そめぬきもん【染め抜き紋】(服) 발염한 문장(紋章), 무늬만 바탕색으로 남기고 다른 부분은 염색한 문장

そめぬ・く【染め抜く】(他五) 발염(拔染)하다, 무늬만 바탕색으로 남기고 다른 부분을 염색하다¶家紋\*を～ 가문을 발염하다

そめもの【染め物】염색, 염색물¶～屋\* 염색집/ ～を干\*す 염색물을 말리다

そめもよう【染め模様】염색해 낸 무늬

そめもん【染め紋】(服) 발염 처리한 문장

そ・める【染める】(他下一) ①물들이다 ㉠염색하다¶布地\*を赤\*く～ 천을 붉게 물들이다 ㉡(文) (자연의 빛이) 주변의 색을 바꾸다¶夕日\*が山\*を～ 석양이 산을 물들이다 ㉢(부끄러워 얼굴을) 붉히다¶ほおを～ 뺨을 붉히다 ③(文)(「手\*を～」의 꼴로) 손을 대다, 착수하다¶新\*しい事業\*に手\*を～ 새로운 사업에 착수하다 ④(「筆\*を～」의 꼴로) 쓰기[그리기] 시작하다¶小説\*に筆\*を～ 소설을 쓰기 시작하다

そ・める【初める】(自下一)(補助) …하기 시작하다, 처음으로 …하다¶咲\*き～ 피기 시작하다/ 馴\*れ～ 친숙해지기 시작하다

そめわけ【染め分け】①(몇 가지 색으로) 나누어 물들임, 그런 것¶～手綱\*な 색색으로 물들인 고삐 ②꽃잎이 각각 다른 빛깔인 꽃

そめわ・ける【染め分ける】(他下一) (몇 가지 색으로) 나누어 염색하다

そも【抑】(接)(文) 도대체, 대관절＝そもそも¶～彼\*は何者\*か 도대체 그는 어떤 자인가

そもう【梳毛】(섬) 소모¶～機\* 소모기

そもさん【＊作＊麼生・＊什＊麼生】(副)(佛) (선문답에서 대답을 재촉하여) 어떠냐, 어떤가

そもそも【抑抑】Ⅰ(接) 대저, 무릇, 도대체¶～哲学\*というものは 대저 철학이라는 것은 Ⅱ(副) 원래, 본디, 애당초¶それが～いけない 그것이 애당초 잘못이다 Ⅲ(名) 처음, 시작, 애초¶この話\*には～から反対\*だったのだ 이 이야기에는 처음부터 반대였다

そや【粗野】(名)(ダ) 조야, 거칠고 천함[촌스러움]¶～な振\*る舞\*い 거칠고 천한 거동

そや・す(他五)(補助) 부추기는 뜻을 나타냄, 자꾸만[몹시] …하다¶ほめ～ 몹시 칭찬하다

そやつ【其\*奴】(代) 그 놈, 그 녀석＝そいつ

そよう【素養】소양¶絵\*の～がある 그림의 소양이 있다

そよが・す【＊戦がす】(他五) (바람이 초목 등을) 산들산들 흔들다, 살랑살랑 소리나게 하다¶葦\*を～風\* 갈대를 살랑이는 바람

そよかぜ【＊微風】미풍, 산들바람

そよ・ぐ【＊戦ぐ】(自五) ①(바람에) 살랑살랑 소리내다¶葉\*が風\*に～ 잎이 바람에 살랑거리다 ②(바람이) 산들산들 불다

そよそよ(副) (바람이) 산들산들, 살랑살랑, 솔솔¶春風\*が～と心地\*よい 봄바람이 산들산들하게 상쾌하다

そよふ・く【そよ吹く】(自五)(文) (바람이) 산들산들[솔솔] 불다¶春風\*が～ころ 봄바람이 솔솔 불 무렵

そら【空】Ⅰ(名) ①하늘 ㉠공중, 허공, 위쪽¶～に浮\*かぶ雲\* 하늘에 뜬 구름/ ～に投\*げ上\*げる 공중으로 던져 올리다 ㉡날씨¶いまにも泣\*きだしそうな～ 금방이라도 비가 올 것 같은 하늘 ②(몸을 두고 있는) 땅, 처지, 신세¶他国\*の～ 타국 땅/ ねぐらさだめぬ旅\*の～ 정처없는 나그네길 ③건성, 들뜸, 일이 빠짐¶うわの～で答\*える 건성으로 대답하다 ④기분, 심경¶生\*きた～もない 산 것

같지도 않은 기분이다, 정신이 없다 ⑤거짓¶ ~を言う 거짓말을 하다 ⑥(적은 것을 보지 않고) 욈¶ 経を~で唱える 불경을 줄줄 외다 Ⅱ [接頭] ①어쩐지, 왠지 모르게¶ ~恐ろしい 어쩐지 두렵다 ②헛된, 부질없는¶ ~頼み 부질없는 기대 ③거짓의, 꾸민¶ ~泣き 거짓 울음 ④근거가 없는, 헛¶ ~耳 헛들음, 못 들은 체함

[慣用句]
—飛ぶ鳥も落とす勢い 하늘을 나는 새도 떨어뜨릴 기세

そら [感] (口) 주의·긴장을 환기시키는 말. 자, 저런, 봐라, 아¶ ~가자/~車が来る 아, 차가 온다

そらあい [空合(い)] ①날씨, 雨의 降りそうな~ 비가 올 듯한 날씨 ②(比) 형세, 추세¶ けんかしそうな~ 싸울 것 같은 형세

そらいびき [空鼾] 잠든 척하며 거짓으로 코를 고는 일, 헛코

そらいろ [空色] ①하늘색, 옥색 ②날씨¶ ~が怪しい 날씨가 수상하다

そらうそぶ・く [空嘯く] [自五] ①하늘을 쳐다보고 코방귀를 뀌다, 업신여기는 태도를 취하다¶ ~いて聞きもしない 업신여기듯 듣지도 않다 ②시치미를 떼다, 딴전을 부리다¶ 知っていながら~ 알면서 시치미를 떼다

そらおそろし・い [空恐ろしい] [形] 어쩐지 두렵고 불안하다¶ ゆく末が~ 앞날이 어쩐지 두렵다

そらおぼえ [空覚え] ①암기, 욈 ②어렴풋한 [희미한] 기억¶ ~の漢字 어렴풋하게 기억하고 있는 한자

そらぎき [空聞き] ①건성으로 들음, 흘려 들음 ②안 듣는 척[들리지 않는 척]하며 들음

そらごと [空言] (文) 헛소리, 거짓말, 빈말

そら・す [反らす] [他五] (뒤로) 젖히다, 휘게 하다¶ 胸を~ 가슴을 젖히다

そら・す [逸らす] [他五] ①빗나가게 하다, 피하다, 놓치다¶ 的を~ 과녁을 빗맞히다 ②(딴 데로) 돌리다¶ 話を~ 이야기를 돌리다 ③상대의 비위를 거스르다¶ 人を~さぬ話術 남의 기분을 잘 맞추는 화술

そらぞらし・い [空空しい] [形] ①짐짓 시치미 떼다, 모르는 체하다¶ ~様子をする 시치미떼다 ②빤히 속이 들여다 보이다¶ ~お世辞 속이 들여다 보이는 발림말

そらだのみ [空頼み] 부질없는 기대¶ ~に終わる 부질없는 기대로 끝나다

そらで [空手] 팔의 은근한 통증

そらどけ [空解け] (띠·끈 등이 느슨해져서) 저절로 풀어짐¶ ~のひもを結び直す 저절로 풀어진 끈을 다시 매다

そらとぼ・ける [空惚ける] [自下一] 시치미를 떼다, 모르는 체하다¶ ~けた顔 시치미를 떼는 얼굴

そらなき [空泣き] [名] [自スル] 우는 체함, 우는 시늉, 거짓 울음¶ ~して同情をひく 우는 시늉을 하여 동정을 끌다

そらなみだ [空涙] 거짓 눈물¶ ~を流す 거짓 눈물을 흘리다

そらに [空似] 남남끼리 얼굴이 닮음¶ 他人の~ 남남끼리(우연히) 얼굴이 닮음

そらね [空音] (文) (새·짐승 등의) 울음소리 흉내[시늉]¶ 鶏の~ 닭 우는 시늉 ②(실제로는 소리가 안 나는데) 들리는 듯한 소리¶ 笛の~ 들리는 듯한 피리 소리 ③꾸민 말, 거짓말

そらね [空寝] 거짓 잠 = たぬき寝入り

そらねんぶつ [空念仏] 공염불 = からねんぶつ

そらはずかし・い [空恥ずかしい] [形] 어쩐지 부끄럽다¶ 一人で行くのは~ 혼자 가기는 어쩐지 부끄럽다

そらへんじ [空返事] 건성으로 하는 대꾸, 무성의한 대답 = から返事

そらまめ [空豆·蚕豆] [植] 잠두, 누에콩

そらみみ [空耳] ①헛들음¶ ~だったかな 헛들었나 ②(듣고도) 못 들은 체함¶ ~を使う (듣고도) 못 들은 체하다

そらめ [空目] ①헛봄¶ (보고도) 못 본 체함¶ ~を使う 못 본 체하다 ③눈을 치뜨고 봄¶ ~づかい 치뜨고 봄

そらもよう [空模様] ①날씨¶ 今にも降りそうな~ 금방이라도 내릴 듯한 날씨 ②(일이 되어가는) 형세, 판국¶ ~が怪しい 형세가 수상하다

そらゆめ [空夢] ①헛꿈¶ ~に終わる 헛꿈으로 끝나다 ②실제와는 관계가 없는 꿈

そらよろこび [空喜び] [名] [自スル] (기대가 어긋나) 좋다가 맒, 헛된 기쁨¶ とんだ誤報で~だった 엉뚱한 오보로 좋다가 말았다

そらわらい [空笑い] [名] [自スル] 우습지도 않은데 억지로 웃음, 거짓 웃음, 억지 웃음

そらん・じる [諳んじる] [他上一] (文) → そらんずる

そらん・ずる [×諳んずる] [他サ変] 외다, 암기하다 = そらんじる¶ 詩を~ 시를 외다

そり [×橇] 썰매

そり [反り] ①휘어짐, 휜 모양·정도¶ ~を直す 휘어진 것을 펴다 ②(칼의) 휜 부분, 휜 상태·정도¶ ~の大きい刀 등이 많이 휜 칼

[慣用句]
—が合わぬ 서로 뜻이 맞지 않다

そりあじ [×剃り味] (면도할 때) 살갗에 닿는 면도날의 감촉¶ ~のよいかみそり 살갗에 닿는 감촉이 좋은 면도날

そりかえ・る [反(り)返る] [自五] ①심하게 휘다, 뒤나 板が~ 널빤지가 심하게 휘다 ②몸을 뒤로 젖히다, 으스대다, 거드름피우다¶ 椅子に~って大笑いする 의자에 거드름 피우고 앉아 큰소리로 웃다

そりはし [反り橋] 홍예 다리 = 太鼓橋

そりみ [反り身] 몸을 뒤로 젖힘, 그런 자세¶ ~になる 몸을 뒤로 젖히다, 으스대다

そりゃⅠ [連語] (口) 그건, 그것은¶ いったい、~何だ 대체 그것은 뭐냐/~そうだ 그건 그럴

다 II 感 자, 저런, 봐라 = そら¶ ~, 行´くぞ 자, 간다/ ~, またはじまった 저런, 또 시작했군

**そりゃく [粗略·疎略]** 名 ヲ 조략. 소홀함, 허술함¶ ~に扱かう 소홀히 다루다

**そりゅうし [素粒子]** 【物】 소립자

**そりん [疎林]** 文 소림, 나무가 성기게 난 숲

**そ・る [反る]** 自五 ① (활처럼) 휘다, 뒤로¶ 板いたが~ 널빤지가 휘다/ 本ほんの表紙ひょうしが~ 책 표지가 뒤다 ②(몸이 뒤로) 젖혀지다¶ 背中なかを~・らせる 등을 젖히다

**そ・る [*剃る]** 他五 깎다, 밀다¶ ひげを~ 수염을 깎다/ 頭あたまを~ 머리를 밀다, 삭발하다

**それ [*其(れ)]** I 代 ① (指示) ㉠그것¶ ~は何なんですか 그것은 무엇입니까? ㉡현재 화제로 삼고 있는 사람이나 과거·미래의 어느 때를 가리킴. 그, 그때, 그 일¶ ~以来らい会あっていない 그 이후로 만나지 못했다 ㉢상대가 있는 장소를 가리킴. 그곳, 거기¶ ~へ行って話はなそう 거기로 가서 이야기하지 ②(人称) 그 사람, 그이¶ ~にやってくれる 그 사람에게 줘라 II 感 주의를 촉구할 때 쓰는 말. 자, 봐라, 저런¶ ~行いけ 자, 가거라/ ~見みたことか 그것 봐라 (내가 뭐라)

**それか あらぬか** 連語 그 때문인지 어떤지 (모르지만)¶ 縁談えんだんがまとまった。~ことば遣づかいが丁寧ていねいになった 혼담이 성사되었다. 그 때문인지 어떤지 말씨가 공손해졌다

**それから** 接 ①그 다음에, 그리고 나서¶ 下書したがきをして~清書せいしょする 초안을 쓰고 그리고 나서 정서하다 ②그리고, 게다가, 또¶ リュックサックと水筒すいとう, ~帽子ぼうし 배낭과 물통 그리고 모자 ③그 이후, 그로부터¶ ~ずっとここに住すんでいる 그 이후 죽 여기서 살고 있다

**それきり [*其(れ)切り]** 副 �口 그것으로 끝남 (그만), 그것뿐, 그것을 마지막으로¶ ~会あっていない 그 뒤로 통 못 만났다

**それこそ [*其(れ)こそ]** I 連語 그것이야말로¶ ~が私わたしの使命しめいだ 그것이야말로 나의 사명이다 II 副 (앞의 말을 받아) 그야말로¶ 実現じつげんしたら, ~夢ゆめのようだ 실현된다면 그야말로 꿈 같은 일이다

**それしき [*其(れ)式]** 名 �口 그 정도, 그쯤¶ ~のことに驚おどろくな 그 정도 일에 놀라지 마라

**それしゃ [*其(れ)者]** 俗 ①그 분야에 통달한 사람 ②기생, 유흥가 여자¶ ~あがり 기생 출신

**それじゃ** 感 �口 그럼, 그러면, 그렇다면 = それでは¶ ~, 君きみの意見いけんを聞きこう 그럼 네 의견을 들어보자

**それそうおう [*其(れ)相応]** ヲ 그에 상응함 [알맞음], 응분¶ ~のお礼れい 응분의 사례

**それそうとう [*其(れ)相当]** ヲ 그에 상당함 [알맞음], 그만함, 그 나름¶ ~の成果せいかを期待きたいする 그에 상당한 성과를 기대하다

**それぞれ [*其(れ)*其(れ)·夫夫]** 名 副 각자, (제)각기, 저마다¶ ~の個性こせい 각자의 개성/ 一ひとつずつ各々おのおの 하나씩

**それだから** 接 ㈠ 그래서, 그러니까¶ 苦労くろうを知しらない人ひとは~困こまる 고생을 모르는 사람은 그래서 곤란하다

**それだけ [*其(れ)*丈]** I 名 그뿐, 그것만임¶ おみやげは~だ 선물은 그것뿐이다 II 副 그 정도, 그만큼, 그쯤¶ 働はたらくだけ, ~収入しゅうにゅうが増ふえる 일하면 그만큼 수입이 는다 ~に 接 그런 만큼, 그런 까닭에¶ 天分てんぶんに恵めぐまれている。~期待きたいは大おおきい 천분을 타고 났다. 그런 만큼 기대는 크다

**それだま [*逸れ弾]** 빗나간 총알, 유탄 (流弾)

**それっきり [*其(れ)っ切り]** 副 ㈠ 그것으로 끝남 (그만), 그뿐, 그후¶ ~になる 그것으로 끝나다/ ~音さたがない 그후로는 통 소식이 없다

**それで** 接 그래서 ①그런 까닭으로, 그 때문에¶ 時間じかんがない。~討論とうろんを打うち切きる 시간이 없다. 그래서 토론을 중단한다 ②그런 다음에, 그리하여¶ ~どうなったの? 그래서 어떻게 되었어? **-いて** 連語 그럼에도 불구하고, 그런데도 **-こそ** 連語 그래야만

**それでは** 그럼 I 接 그러면, 그렇다면¶ ~始はじめます 그럼 시작하겠습니다 II 感 헤어질 때의 인사말¶ ~, また明日あした 그럼 내일 또

**それでも** 接 그래도, 그런데도¶ ~ぼくは行いく 그래도 나는 간다

**それどころ [*其(れ)処]** 連語 그 정도보다 심함¶ ~じゃない 그런 정도가 아냐 **-か** 接 그렇기는커녕 (오히려), 그건 고사하고¶ ~明日あすの準備じゅんびもできていない 그건 고사하고 내일 준비도 안 되어 있다

**それとなく [*其(れ)と無く]** 連語 넌지시, 슬며시, 에둘러¶ ~注意ちゅういする 넌지시 주의를 주다

**それとはなしに [*其(れ)とは無しに]** 連語 슬며시, 넌지시, 에둘러 = それとなく 連語

**それとも** 接 그렇지 않으면, 아니면¶ カレーにしますか, ~ラーメンか何なにか カ레로 하겠습니까 아니면 라면이나 뭔가 (로 하겠습니까)

**それなのに** 接 그런데도, 그럼에도 불구하고¶ 再三さいさん注意ちゅういした。~またやるとは 재삼 주의를 주었다. 그런데도 또 하다니

**それなら** 接 그렇다면, 그러면, 그럼¶ ~, これはどうか 그럼 이건 어떤가?

**それなり** 名 ㈠ ①그 나름, 그런대로¶ ~におもしろい 그런 대로 재미있다/ ~の効果こうかはある 그 나름의 효과는 있다 ②그렇게 한 채, 그뿐 (으로), 그대로¶ ~に済すんでしまった 그런 채로 끝나 버렸다

**それに** 接 ①게다가, 더욱이¶ ~, こういうこともある 게다가 이런 일도 있다 ②그런데도, 그럼에도 **-しても** 接 ~라고 하더라도 [치더라도]¶ ~, ちょっと怪あやしい 그렇다 해도 좀 수상하다

**それは [*其(れ)は]** 副 ㈠ (매우 감탄해서) 정말로, 그야말로, 매우¶ とにかく, ~見事みごとな作品さくひんだ 어쨌든, 그야말로 훌륭한 작품이

**それほど** 다 —**然**ぞ**うと** 連語(口) 그건 그렇고¶ ~、この間の話はどうなった? 그건 그렇고 일전의 이야기는 어떻게 되었냐

**それほど**[其(れ)程] 副 ①그 정도로, 그만큼, 그렇게, 그토록¶ 彼は眠れなかった。~うれしかった 그는 잠을 이루지 못했다. 그 정도로 기뻤다 ②그다지, 생각만큼¶ ~難しくない 그다지 어렵지 않다

**それみたことか**[其(れ)見たことか] 連語(口) 그것 봐, 그럴 줄 알았다니까¶ ~、だから気をつけろと言ったのに 그것 봐 그러게 조심하라고 했는데도

**それやこれや** 連語(口) 이래저래, 이것저것¶ ~で忙しい 이래저래 바쁘다/ ~欲が出る 이것저것 욕심이 난다

**それゆえ**[其(れ)故]接(文) 그러므로, 그런고로, 그런 까닭에¶ ~申請を却下する 그러므로 신청을 각하한다

**そ·れる**[逸れる] 自下一 빗나가다, 벗어나다, 일탈하다¶ 矢が~ 화살이 빗나가다/ 話しがわき道へ~ 이야기가 옆길로 새다

**ソれん**[ソ連] (구) 소련

**そろい**[*揃い] ①(모두) 모임, 갖추어짐, 갖추어진 것¶ 全巻の~の文学全集 전권이 다 갖추어진 문학 전집/ お~で出かける 모두 함께 외출하다 ②(재료·모양 등이) 같음, 세트임¶ ~の浴衣 (모양이) 같은 유카타 ③(造語) (명사에 붙어「ぞろい」의 꼴로)」모두…뿐임, …만 모임, 일색¶ 秀才~ 모두 수재뿐이다/ 美人~の姉妹 미인 일색인 자매 ④(助數) 한 세트로 된 것을 세는 말. 벌. 질¶ 夜具一~ 침구 한 벌

**そろ·う**[*揃う] 自五 ①일치하다, 맞다, 고르다¶ 大きさが~ 크기가 고르다/ 足並みが~ 보조가 맞다 ②갖추어지다, 구비되다¶ 条件が~ 조건이 갖추어지다 ③(필요한 사람이) 모두 모이다, 차다¶ 顔が~ 멤버가 모두 모이다 ④(「~って」의 꼴로)」모두, 전부, 한결같이¶ ~いも~って (모인 것이) 모두 다/ 兄弟~って頭が良い ~って 머리가 좋다

**そろう**[疎漏·粗漏] 名ダ 소루. 꼼꼼하지 못해 실수가 있음, 소홀함¶ ~のないように注意せよ 소홀함이 없도록 주의해라

**そろ·える**[*揃える] 他下一 ①맞추다, 일치시키다¶ 歩調を~ 보조를 맞추다 ②(필요한 것을) 갖추다¶ データを~ 데이터를 갖추다 ③가지런히 하다¶ カードを番号順に~ 카드를 번호순으로 가지런히 하다/ 前髪を~えて切る 앞 머리를 가지런하게 자르다 ④(필요한 사람을) 모두 모으다, 채우다¶ 定足数を~ 정족수를 채우다

**そろそろ**[*徐徐] 副 ①슬슬, 천천히¶ ~と歩く 슬슬 걷다 ②이제 슬슬, 이제 곧¶ ~始めよう 이제 슬슬 시작하자

**ぞろぞろ** 副 ①(잇달아서) 줄을, 줄지어 生徒が~と帰って行く 학생들이 줄지어 돌아가다 ②질질 帶を~と引きずる 허리띠를 질질 끌다

**ぞろっぺえ** 名ダ(俗) 흘게늦고 칠칠치 못함, 그런 사람= ぞろっぺい · ぞろっぺ

**そろばん**[〈算盤〉·十露盤] 주판¶ ~を置く 주판을 놓다 ②계산, 셈, 수지¶ 書き、読み、~ 쓰기 읽기 셈/ ~に明るい 계산에 밝다 —**尽**く 타산적임 —**高い** 形 타산적이다. 돈만 따지다
慣用句
—**が合う** 셈이 맞다. 수지·채산이 맞다
—**を弾く** ①주판을 놓다 ②이해 득실을 계산하다

**そろりと** 副 ①슬슬, 천천히¶ ~歩く 슬슬 걷다 ②슬쩍, 살짝¶ ~部屋を抜け出る 슬쩍 방을 빠져 나오다

**ぞろりと** 副 ①(많은 것이 하나로 잇달아 있는) 쭉, 줄줄이¶ ~居並ぶ 쭉 늘어앉다 ②일본옷을 끌리듯이 입은 모양. 질질, 치렁치렁¶ ~した着流しの男 치렁치렁한 동저고릿바람의 남자

**そわ·せる**[添わせる] 他下一 ①(곁에) 딸리다, 곁에 있게 하다¶ 人を~せて外出させる 사람을 딸려서 외출시키다 ②짝지어 주다, 결혼시키다¶ 良い人を見つけて~せてやろう 좋은 사람을 찾아서 짝지어 주마

**そわそわ** 副¶ 自スル 안절부절못하고¶ 発表を待ちに朝から~する 발표를 기다리느라 아침부터 안절부절못하다

**そわつ·く** 自五 안절부절못하다, (마음이) 들뜨다¶ 時計を見て~ 시계를 보며 안절부절못하다

**そわ·る**[添わる] 自五 더해지다, 늘어나다, 붙다¶ 年を重ねて落ち着きが身に~ 해를 거듭하여 침착성이 몸에 붙다

**そん**[存] 音 ソン·ゾン|(음) 존. (造語) ①있다, 존재하다, 간직하며 있다¶ 存在 존재·生存 생존·保存 보존 ②생각하다, 터득하고 있다¶ 存意 생각, 의견·異存 반대 의견 ③안부를 묻다, 위로하다¶ 存恤 위로하여 베풂

**そん**[村] 音 ソン 訓 むら|(음) 촌. Ⅰ (造語) ①부락, 마을¶ 村落 촌락·農村 농촌·漁村 어촌 ②지방 자치 단체의 최소 단위. 촌, 면¶ 村長 촌장·村民 촌민, 면민¶ 邨은 다른 글자꼴 Ⅱ (政) 촌. 지방 공공 단체의 최소 단위

**そん**[孫] 音 ソン 訓 まご|(음) 손. (造語) ①손자¶ 外孫 외손·曾孫 증손 ②자손, 후손¶ 王孫 왕손·子孫 자손

**そん**[*巽] [巽] 音 ソン 訓 たつみ|(음) 손. (造語) ①팔괘의 하나 ②방위의 하나. 동남

**そん**[尊] 音 ソン 訓 たっとい·たっとぶ·とうとい·とうとぶ·みこと|(음) 존. (造語) ①(신분·지위가) 높다, 존귀하다¶ 尊貴 존귀·尊厳 존엄 ②존경하다¶ 尊敬 존경·尊称 존칭·尊重 존중 ③윗분에게 존경을 나타내는 말¶ 尊顔 존안

そん**たい**존체 ④불상 등에 대해 존경을 나타내는 말¶ 釈尊 석존・世尊 세존
そん [損] 音 ソン 訓 そこなう・そこねる Ⅰ (음)손. Ⅰ (造語) ①해치다, 망가뜨리다¶ 損害 손해・損傷 손상・損益 손익・損耗 손모 ③손해를 보다¶ 損失 손실・欠損 결손 Ⅱ 名 손해¶ 株で～をする 주식으로 손해를 보다 Ⅲ ㈜ ①들인 돈과 노력에 비해 성과[효과]가 없음¶ 損な役目を引き受ける 노력해도 빛을 못 보는 역할을 떠맡다 ②손해를 봄¶ ～な性分 손해 보는 성격
そん [遜] 音 ソン 訓 へりくだる Ⅰ (음)손. Ⅰ (造語) ①겸손한 태도를 취하다¶ 謙遜 겸손・不遜 불손 ②약간 못 미치다, …만 못하다¶ 遜色 손색
そんい [尊意] (文) 존의¶ ～を伺う 존의를 여쭙다
ぞんい [存意] (文) 존의, 생각, 의견¶ ～を申し述べる 의견을 말씀드리다
そんえい [尊影] (文) 존영. 남의 사진・초상에 대한 높임말
そんえき [損益] 손익 ①손실과 이익, 손득 ②지출과 수입 ━計算書 손익 계산서 ━分岐点 손익 분기점
そんか [尊家] (文) 남의 집・가족에 대한 높임말, 존가, 귀댁¶ ～の御繁栄をお祈りします 귀댁의 번영을 기원합니다
そんかい [村会]「村議会」의 준말, 촌회
そんかい [損壊] 名 自他スル 손괴, 파괴
そんがい [損害] Ⅰ 名 손해¶ ～を与える 손해를 입히다 / 取引で～を被る 거래에서 손해를 보다 Ⅱ 名 손상, 파손 ━賠償 [法] 손해 배상 ━保険 손해 보험
ぞんがい [存外] 副 의외임, 예상 외임, 기대 이상임¶ 年の割りには～元気だ 나이에 비해 의외로 건강하다
そんかん [尊翰・尊簡] (文) 존한, 귀한
そんがん [尊顔] (文) 존안¶ ～を拝する 존안을 뵙다, 만나 뵙다
そんき [損気] 손해보는 기질¶ 短気は～ 성급하면 손해보기 마련
そんぎ [村議] [政]「村議会議員」의 준말
そんぎかい [村議会] [政] 촌 의회 ━議員 [政] 촌 의회 의원
そんきょ [蹲踞・蹲居] 名 自スル ①(文) 웅크림, 쭈그림 ②(검도・씨름 등에서) 맞붙기 전에 발뒤꿈치를 세우고 상체를 편 채 마주보고 앉은 자세
そんきん [損金] 손금, 손해본 돈 ⇔ 益金
そんけい [尊兄] (文) 존형 Ⅰ 名 남의 형에 대한 높임말, 영형 Ⅱ 代 귀형
そんけい [尊敬] 名 他スル 존경 ━語 [文法] 존경어, 높임말 ━表現 존경 표현
そんげん [尊厳] 名 ㋣ 존엄¶ 法以の～を傷つける 법의 존엄을 훼손하다 ━死 존엄사
そんこう [尊公] 代 (文) 존공, 귀공(貴公)
そんごう [尊号] 존호, 존칭

そんざい [存在] 名 自スル ①존재¶ 霊魂の～を信じる 영혼의 존재를 믿다 ②[哲] 있음, 실존 ━理由 존재 이유 ━論 [哲] 존재론
ぞんざい ㋣ 겉날림, 거침, 난폭함¶ ～なしゃべり方 난폭한 말투 /～に扱って、壊す 거칠게 다뤄서 부숴뜨리다
ぞんじあ・げる [存じ上げる] 他 下一 「知る・思う」의 겸사말. 알다, 생각하다¶ お名前は～げております 성함은 알고 있습니다 / お気の毒に～げます 미안하게 생각합니다
そんしつ [損失] 손실 ⇔ 利益¶ 莫大な～ 막대한 손실 /～を被う 손실을 입다
そんじゃ [尊者] (文) 존자 ①[佛] 고승 ②윗사람 ③신분이 높은 사람
そんしょ [尊書] (文) 존서, 존한 = 尊翰
そんしょう [尊称] 존칭, 높임말 ⇔ 卑称
そんしょう [損傷] 名 自他スル 손상¶ 家屋の～ 가옥의 손상 / ～を与える 손상을 입히다
そんじょう [尊攘] [日史]「尊王攘夷」의 준말, 天皇를 받들고 외국인을 배척함
ぞんじょう [存生] 名 自スル (文) 존명, 살아 있음, 생존함¶ ～中 생존중, 살아 있을 동안
そんしょく [遜色] 손색¶ 専門家の作品と比べても～がない 전문가의 작품과 비교해도 손색이 없다
そんじょそこら 代 ㊌ 그 근처, 부근¶ ～にあるものとはわけが違う 그 근처에 있는 것과는 질[사정]이 다르다
ぞんじより [存じ寄り] ①자기 의견・생각하고 있는 바의 겸사말¶ ～を申し上げます 제 의견을 말씀드리겠습니다 ②친지・지기의 겸사말¶ その会社に私共の～の者がおります 그 회사에 제가 아는 사람이 있습니다
そんしん [尊信] 名 他スル (文) 존신 ①우러러 믿음¶ 彼を救世主として～した 그를 구세주로 우러러 믿었다 ②존경하여 신뢰함
そんすう [尊崇] 名 他スル (文) 존숭, (신불(神佛)을) 우러러 숭배함¶ 神仏を～する 신불을 존숭하다
そん・する [存する] (文) Ⅰ 自 サ変 있다 ①존재하다¶ 主権は国民に～ 주권은 국민에게 있다 ②생존하다, 살아 남다¶ この世に人類の～限り 이 세상에 인류가 존재하는 한 ③남아 있다¶ 疑問が～ 의문이 남아 있다 Ⅱ 他 サ変 ①보존하다¶ 美風を～ 미풍을 보존하다 ②남기다¶ おもかげを～ 옛 모습을 남기다
そん・する [損する] 自 サ変 손해보다, 낭비하다 ⇔ 得する¶ 高く買って～した 비싸게 사서 손해를 보았다

慣用句
━して得を取る 당장은 손해를 보더라도 나중에 그 이상의 이익을 얻다
そん・ずる [損ずる] Ⅰ 自 サ変 상하다, 부서지다, 손상되다 Ⅱ 他 サ変 ①(물건 등을) 파손하다, 부수다¶ 器物を～ 기물을 파손하다 ②(기분・명성 등을) 상하게 하다, 손상하다,

해치다¶ 機嫌きげんを~ 기분을 상하게 하다 ③ 적게 하다, 줄이다¶ 価値ねを~ 가치를 떨어뜨리다 ④실수하다, 잘못 …하다¶ 書かき~ 잘못 …하다¶ 「損そんじる」로도 씀

ぞん・ずる【存ずる】 自サ変 ①생각하다, 여기다¶ 光栄こうえいに~・じます 영광으로 생각합니다 ②알다¶ 全まったく~・じませんでした 전혀 알지 못했습니다 ☆「存ぞんじる」로도 씀

そんせい【村勢】 ①(인구・산업 등을 중심으로 한) 村むら의 규모, 면세¶ ~一覧いちらん 면세 일람 ②村むら의 세력, 村의 힘

そんぜん【尊前】 존전, 신불・귀인의 앞

そんそう【村荘】 시골 별장

そんぞう【尊像】 (文) 존상 ①신불(神佛)・귀인의 상 ②남의 상의 높임말

そんぞく【存続】 名 自他サ変 존속¶ バス路線ろせんを~させる 버스 노선을 존속시키다/ 会かいの~が危あぶまれる 모임의 존속이 위태해지다

そんぞく【尊属】 존속 ⇔ 卑屬ひぞく 直系ちょっけい~ 직계 존속 一殺いっさつ【法】존속 살인

そんたい【尊体】 (文) 존체

そんだい【尊大】 ナ 거만함, 건방짐¶ ~な口調くちょう 거만한 말투/ ~に構かまえる 거만하게 나오다 一語いちご【表】자신을 높은 위치에 두어 거만한 태도를 나타내는 말

そんだい【尊台】 代 (文) 존대, 존경하는 당신, 귀하= 貴台きだい

そんたく【忖度】 (文) 촌탁, (남의 마음을) 미루어 헤아림

そんたく【尊宅】 (文) 존택, 귀대 = 尊堂そんどう¶ 先生せんせいの御ご~へ伺うかがいます 선생님 댁으로 찾아뵙겠습니다

そんち【存置】 名 他サ変 존치, (제도・시설 등을) 그대로 남겨 둠, 존속시킴¶ 対策本部たいさくほんぶを~する 대책 본부를 존치하다

ぞんち【存知】 名 他サ変 (文) 알고 있음¶ さようなことは~しない 그런 것은 알고 있지 않다

そんちょう【村長】 촌장

そんちょう【尊重】 名 他サ変 존중¶ 人権じんけんを~する 인권의 존중하다

そんてい【尊邸】 남의 집의 높임말, 존저

そんどう【村童】 (文) 촌동, 시골 아이

そんどう【村道】 ①村むら의 비용으로 만들고 관리하는 길 ②마을길

そんどう【尊堂】 Ⅰ 名 남의 집의 높임말, 귀댁 Ⅱ 代 상대방에 대한 높임말, 귀하

そんとく【損得】 손득, 손실과 이익, 손익¶ ~抜ぬきで仕事しごとをする 손익을 떠나서 일을 하다

そんな 連体 ①그런, 그와 같은¶ ~ことは言いうな 그런 말은 하지 마라 ②「~に」의 꼴로」그렇게¶ ~に速はやく歩あるくな 그렇게 빨리 걷지 마라 —こんな 이런저런, 이런저런 일[사정]¶ ~で忙いそがしい 이런저런 일로 바쁘다

ぞんねん【存念】 (文) 존념 ①늘 마음에 간직한 일, 머리에서 떠나지 않는 생각 ②(자기의) 의견・생각¶ ~を申もうし上あげます (제) 생각을 말씀드리겠습니다

そんのう【尊王・尊皇】 天皇てんのうを 받듦[숭경함] = 勤王きんのう 一攘夷じょうい【史】(江戶幕府えどばくふ 말기에) 天皇을 존중하고 외국인을 배척하는 일 一論ろん【史】天皇을 절대적인 존재로 숭경하는 사상

そんぱい【存廃】 (文) 존폐¶ ~にかかわる大問題だいもんだい 존폐에 관계되는 큰 문제

そんぴ【存否】 존부 ①존재 여부¶ そんな事実じつの~が疑問ぎもんだ 그러한 사실의 존재 여부가 의문이다 ②생존 여부¶ 遭難者そうなんしゃの~が気きづかわれる 조난자의 생존 여부가 염려되다 ③존폐 여부¶ 中選挙区制ちゅうせんきょくせいの~ 중선거구제의 존폐 여부

そんぴ【尊卑】 (文) 존비, (신분의) 귀천¶ 貴賤きせん~ 귀천 존비

そんぷ【尊父】 (文) 남의 아버지에 대한 높임말, 춘부장, 춘당

そんぷうし【村夫子】 (文) 촌부자 ①시골 선비 ②식견이 좁은 학자를 조롱하여 하는 말

ぞんぶん【存分】 ナ 副 마음껏, 실컷, 충분히, 뜻대로¶ 思おもう~に食たべる 실컷 먹다

そんぼう【存亡】 존망, 존속과 멸망¶ 国家こっか~の危機ききき 국가 존망의 위기/ ~をかけた戦たたかい 존망을 건 싸움

(慣用句)
—の秋とき 존망지추¶ 危急ききゅう~ 위급 존망지추

そんみん【村民】 촌민, 마을 사람

そんめい【尊名】 (文) 존명, 존함¶ 御ご~をお書かき下くださいい 존함을 written 써 주십시오

そんめい【尊命】 (文) 존명, 분부¶ 御ご~を拝はいし, かの地ちに赴おもむく 분부를 받자와 그 지방으로 가다

ぞんめい【存命】 名 自サ変 존명, 생존해 있음¶ 父ちちの~中ちゅうはお世話せわになりました 아버지의 생존 중에는 신세를 졌습니다

そんもう【損亡】 名 他サ変 (文) 손실, 손해¶ 多少たしょうの~をきたす 다소의 손실을 가져오다

そんもう【損耗】 名 自他サ変 손모, 써서 닳음, 써서 없앰, 소모¶ 機械きかいの~が甚はなはだしい 기계의 손모가 심하다

そんよう【尊容】 (文) 존용, 존안¶ おすこやかな~を拝はいする 건강하신 존안을 빕다

そんらく【村落】 촌락, 마을 一共同体きょうどうたい【社】촌락 공동체

そんらん【尊覧】 (文) 존람, 고람¶ 御ご~の上うえ, 御意見ごいけんを~ 보신 뒤 고견을…

そんりつ【存立】 名 自サ変 존립¶ 国家こっかの~ 국가의 존립

そんりつ【村立】 村むら이 설립하여 관리・운영함, 그런 시설

そんりょ【尊慮】 (文) 존견(尊見), 존의(尊意)

そんりょう【損料】 손료, (소모되는 기물의) 임차료, 사용료¶ ~を取とる 손료를 받다 一貸がし 손료를 받고 대여함 自動車じどうしゃの~ 사용료를 받고 자동차를 대여함

# た　タ

た 五十音図(ごじゅうおんず)「た」行(行)의 첫째 かな. ひらがな「た」는「太」의 초서체, かたかな「タ」는「多」의 윗부분을 취한 것

た [他] 音 タ 訓 ほか | (음)타. I (造語) ①다른 것, 자기 이외의 것¶ 他殺(たさつ)·他人(たにん) 타살·타인 ②다른 일, 다름¶ 他意(たい)·他国(たこく) 타국 ▷ (熟語) 他人(たにん) 타인·他所(たしょ) 딴 곳 II ①다름, 다른 것¶ ~に類例(るいれい)を見(み)ない 달리 유례가 없다 ②다른 사람, 남¶ ~を顧(かえり)みない 남을 아랑곳하지 않다 ③다른 곳¶ 居(きょ)を~に移(うつ)す 거처를 다른 곳으로 옮기다

た [多] 音 タ 訓 おおい | (음)타. I (造語) (수·양이) 많다¶ 多少(たしょう) 다소·多数(たすう) 다수·多量(たりょう) 다량 (熟語訓) 数多(あまた) 무수히 II (文) 많음¶ ~を頼(たの)む 수가 많음을 믿다
慣用句
—とする (공적·노고 등을) 높이 평가하다

た [×汰] 音 タ | (음)태. (造語) 선별하다¶ 沙汰(さた) 사태·淘汰(とうた) 도태

た 接頭 어조를 고르거나 뜻을 강조함¶ ~やすい 용이하다 / ~ばかる 궁리하다, 속이다

た 助動 《활용어의 連用形에 붙음. 撥音便·ガ行 五段 활용 イ音便에 붙을 때는「だ」로 탁음이 됨. 추측의 조동사「う·よう·まい」에는 붙지 않음》 ①동작·작용이 과거에 행해졌음을 나타냄¶ 悲(かな)しかっ~あの時(とき)はあの白(しろ)い花(はな)も淋(さび)しく見(み)えた 그 때 그 흰 꽃도 쓸쓸하게 보였다 ⑤동작·작용의 완료를 나타냄¶ 原稿(げんこう)をやっと書(か)い~よ 원고를 가까스로 다 썼다네 ⓒ동작·작용이 막 성립되었음을 확인·발견함을 나타냄¶ 出(で)~!~了(りょう)が 眠(ねむ)ってきた 나왔다 / 이제야 달이 떴다 ⓓ그 시점의 결의를 나타냄¶ もうやめ~이제 그만두겠어 ②《連体修飾로 써서》 지속되고 있는 상태나 현재 있는 모습 등을 나타냄¶ 遠(とお)く離(はな)れ~ふるさと 멀리 떨어진 고향 ③실현되지 않은 동작·상태가 실현되었다는 가정을 나타냄¶ 話(はなし)が出(で)~時点(じてん)で考(かんが)えよう 이야기가 나온 시점에서 생각하자 ④동작·존재의 확인을 나타냄¶ 君(きみ)は今年(ことし)いくつだっ~ 너는 올해 몇 살이더라? ⑤《終止法으로만 써서》 가벼운 명령을 나타냄¶ ちょっと待(ま)っ~ 잠깐 기다려

た [田] 논은 たんぼ¶ ~植(う)え 모내기 / ~を耕(たがや)す 논을 갈다

だ [打] 音 ダ·チョウ(チャウ) 訓 うつ | (음)타. (造語) ①때리다, 치다, 두드리다¶ 打撃(だげき) 타격·強打(きょうだ) 강타 ②[野] 공을 치다¶ 打者(だしゃ) 타자·安打(あんだ) 안타 ③어조를 고름¶ 打開(だかい) 타개·打算(ださん) 타산 ④「ダース」의 차용자

だ [×兌] 音 ダ | (음)태. (造語) ①바꾸다¶ 兌換(だかん) 태환·発兌(はつだ) 발태 ②(주역에서) 팔괘의 하나

だ [妥] 音 ダ | (음)타. (造語) 온당하다, 온당하게 마무리하다¶ 妥協(だきょう) 타협·妥結(だけつ) 타결·妥当(だとう) 타당

だ [×唾] 音 ダ 訓 つば·つばき | (음)타. (造語) 침¶ 唾液(だえき) 타액

だ [×舵] 音 ダ 訓 かじ | (음)타. (造語) 배의 키¶ 舵手(だしゅ) 타수·操舵(そうだ) 조타

だ [堕] [墮] 音 ダ 訓 おちる | (음)타. (造語) 무너져 내리다, 떨어뜨리다, 내리다¶ 堕胎(だたい) 타태·堕落(だらく) 타락

だ [惰] 音 ダ 訓 おこたる | (음)타. (造語) ①게으르다, 나태하다¶ 惰気(だき) 타기·懶惰(らんだ) 나태 ②종래의 습관을 계속하는¶ 惰性(だせい) 타성

だ [駄] 音 ダ·タ | (음)타. (造語) ①말 등에 짐을 실리다, 그 짐¶ 駄賃(だちん) 운임·駄馬(だば) 짐말 ②말 한 필에 실을 수 있는 짐의 무게 ③하찮음, 시시함¶ 駄菓子(だがし) 駄犬(だけん) 잡종개 ④신발¶ 足駄(あしだ) 굽 높은 나막신·下駄(げた) 나막신

だ I 助動 ①《체언·準体助詞에 붙어》어떤 일을 지정하여 그것을 긍정함¶ 今日(きょう)は子供(こども)の誕生日(たんじょうび)~ 오늘은 아이 생일이다 ②《助動詞「た」가 撥音便 및 イ音便에 이어질 때의 음변화》동작의 완료 과거를 나타냄¶ 読(よ)ん~ 읽었다 / 泳(およ)い~ 헤엄쳤다 II 間助 어조를 고름. ~은 말이다, …은 말씀이야¶ それ~お前(まえ)が悪(わる)いんだよ 그건 말이다 네가 나쁜 거란다

たあい [他愛] 名 타애. 애타, 이타 ⇔ 自愛(じあい)¶ ~主義(しゅぎ) 타애주의, 이타주의

たあいない 形 ~たわいない

たあそび [田遊(び)] [祭] 벼의 풍작을 미리 축하하는 神社(じんじゃ)의 행사

タートルネック (turtleneck) [服] 터틀넥. (스웨터 등의) 자라목 모양의 깃

たい [太] 音 タイ·タ 訓 ふとい·ふとる | (음)태. (造語) ①크다, 거대하다¶ 太鼓(たいこ) 큰북·太陽(たいよう) 태양 ②아주, 매우¶ 太古(たいこ) 태고·太平(たいへい) 태평 ③근본, 처음의¶ 太極(たいきょく) 태극·太初(たいしょ) 태초 ④가장 존귀한, 가장 윗자리의¶ 太子(たいし) 태자·太守(たいしゅ) 태수 (熟語訓) 太刀(たち) 허리에 차는 칼·心太(ところてん) 우무

たい [体] [體] 音 タイ·テイ 訓 からだ | (음)체. I (造語) ①신체, 몸¶ 体育(たいいく) 체육·体力(たいりょく) 체력 ②모습, 형체¶ 体制(たいせい) 체제·液体(えきたい) 액체 ③외관, 겉보기¶ 体面(たいめん) 체면·体裁(ていさい) 체재 ④사물의 본체¶ 体言(たいげん) 체언·主体(しゅたい) 주체 ⑤경험하다, 체득하다¶ 体験(たいけん) 체험 II ①신체, 몸¶ ~を沈(しず)める 몸을 낮추다 ②형태, 체제 ③실체, 본체¶ 名(な)は~を表(あらわ)す 이름은 그 실체를 말해 준다 (助数) 불상·시체 등을 세는 말. 구, 좌¶ 観音像(かんのんぞう) 一体(いったい)~ 관음상 한 좌 / 遺体(いたい) 二体(にたい)~ 시체 두 구
慣用句
—を交(か)わす 몸의 자세를 슬쩍 피하다
—を成(な)す 제대로 된 형태를 갖추다

たい

たい【対】【對】音タイ・ツイ 訓こたえる|（음）대．Ⅰ(造語)①마주 보다／対応たい 대응・対比たい 대비 ②맞서다，상대하여 겨루다¶ 対抗たい 대항・反対たい 반대 ③（ツイ로 읽어서）둘이 한 쌍이 되는 것, 짝, 對¶ 対句たい 대구・一対たい 한 쌍 ④「対馬つ」의 준말 Ⅱ 대 ①서로 상대 관계에 있음，마주 봄¶ 自然せん〜人間にん 자연대 인간 ②《숫자 사이에 쓰여》비율・득점 등을 비교하는 말¶ 二に〜三さんの割わり 2대 3의 비율 ③두 패로 나뉘었을 때 상대방을 가리키는 말¶ 赤組あかぐみ〜白組しろぐみ 홍군 대 백군

たい【苔】音タイ 訓こけ|（음）태．(造語) 이끼¶ 蘚苔せん 선태 ▷ 熟字訓 海苔のり 해태, 김

たい【耐】音タイ 訓たえる|（음）내．(造語) 참다, 견디다¶ 耐火たい 내화・耐久きゅう 내구

たい【待】音タイ 訓まつ|（음）대．(造語) ①기다리다¶ 待機たい 대기・期待たい 기대 ②취급하다, 대접하다¶ 待遇たい 대우・歓待たい 환대

たい【怠】音タイ 訓おこたる・なまける|（음）태．(造語) 게을러하다, 게을리피우다¶ 怠業ぎょう 태업・怠慢たい 태만・勤怠たい 근태

たい【殆】音タイ 訓ほとんど|（음）태．(造語) 위태롭다¶ 危殆たい 위태

たい【胎】音タイ 訓はらむ|（음）태．(造語) ①아이를 배다¶ 胎児たい 태아・受胎たい 수태 ②모체에서 수태하는 곳¶ 胎盤ばん 태반・母胎はは 모태 ③（일의) 시초, 조짐¶ 胚胎たい 배태

たい【退】音タイ 訓しりぞく・しりぞける・のく|（음）퇴．(造語) ①뒤로 물러나다¶ 退化か 퇴화・後退ご 후퇴 ②그만두다, 은퇴하다¶ 退学がく 퇴학・引退たい 은퇴 ③쇠퇴하다¶ 退嬰えい 퇴영・衰退すい 쇠퇴 ④물리치다, 멀리 보내다¶ 退治じ 퇴치・撃退げき 격퇴 ▷ ③은「頽たい」와 같음

たい【帯】【帶】音タイ 訓おび・おびる|（음）대．(造語) ①허리에 띠¶ 帯紺がん 대대・包帯ほう 붕대 ②몸에 지니다, 차다¶ 携帯けい 휴대 ③어떤 성질을 가지다, 소유하다¶ 帯電でん 대전・所帯しょ 세대 ④행동을 함께하다¶ 帯同どう 대동・連帯れん 연대 ⑤일정 규준에 따른 지역 구분¶ 温帯おん 온대・地帯ち 지대

たい【泰】音タイ 訓やすい|（음）태．(造語) ①느긋하다, 편안하다¶ 泰平へい 태평・安泰あん 안태 ②심하다, 아득하다¶ 泰西せい 태서・泰東とう 태동 ③「タイ」의 차음자¶ 泰国くに 태국

たい【堆】音タイ・ツイ 訓うずたかい|（음）퇴．(造語) ①높이 쌓여 있다¶ 堆積せき 퇴적・堆肥ひ 퇴비 ②바닷속의 언덕 모양의 지형

たい【袋】音タイ 訓ふくろ|（음）대．(造語) 자루, 주머니, 봉지¶ 風袋ふう 겉포장 ▷ 熟字訓 足袋たび 일본식 버선

たい【逮】【逮】音タイ 訓|（음）체．(造語) ①미치다, 이르다¶ 逮夜や 체야, 장례(기일)의 전날 밤 ②뒤쫓아가 붙잡다¶ 逮捕ほ 체포

たい【替】音タイ 訓かえる・かわる|（음）체．(造語) ①바꾸다, 교체하다¶ 交替こう 교체 ②쇠퇴하다¶ 衰替すい 쇠체 ▷ 熟字訓 為替かわせ 환

たい【貸】音タイ 訓かす|（음）대．(造語) 빌려주다, 꾸어줌¶ 貸借しゃく 대차・賃貸ちん 임대

たい【隊】【隊】音タイ|（음）대．Ⅰ(造語) ①조직된 집단¶ 隊列れつ 대열・楽隊がく 악대 ②군대 조직¶ 艦隊かん 함대・部隊ぶ 부대 Ⅱ 대 ①대열¶ 〜を組くむ 대열을 짜다 ②부대¶ 〜に戻もどる 부대로 되돌아가다

たい【滞】【滯】音タイ 訓とどこおる|（음）체．(造語) ①한 곳에 머물다¶ 滞空くう 체공・滞留りゅう 체류 ②순조롭지 않다¶ 滞納のう 체납・沈滞ちん 침체

たい【態】音タイ|（음）태．Ⅰ(語語) 모양, 모습, 상태¶ 態度たい 태도・形態けい 형태 Ⅱ [文法]

たい【腿】音タイ 訓もも|（음）퇴．(造語) 넓적다리와 정강이¶ 下腿か 하퇴・大腿だい 대퇴

たい【諦】音タイ・テイ 訓あきらめる|（음）체．제．(造語) ①명확히 [분명히] 하다¶ 諦観かん 체관・要諦よう 요체 ②진리¶ 真諦しん 진제 ③단념하다¶ 諦念ねん 체념

たい【黛】音タイ 訓まゆずみ|（음）대．(造語) ①눈썹 그리는 먹¶ 翠黛すい 취대・粉黛ふん 분대 ②짙은 청색¶ 青黛せい 청대

たい【薹】音タイ 訓とう|（음）대．(造語) 주로 훈(訓)「とう」로 씀

たい【戴】音タイ 訓いただく|（음）대．(造語) ①머리 위에 얹다¶ 戴冠かん 대관 ②받들다¶ 戴冠すい 추대・奉戴ほう 봉대 ③감사히 받다¶ 頂戴ちょう（윗사람에게) 받음

たい 助動《동사・동사형 조동사의 연용형에 붙어》 ①말하는 사람의 희망을 나타냄．…하고 싶다¶ 会あい〜 만나고 싶다／ちょっとお話ししし〜ことがあります 잠시 말씀드릴 일이 있습니다 ②다른 사람의 희망을 나타냄．…하고 싶다¶ 読よみ〜なら貸かすよ 읽고 싶으면 빌려줄게 ③《존경의 조동사「れる・られる」및「いただく・もらう・くださる」등의 보조동사 연용형에 붙어》다른 사람의 행동에 대해 말하는 이의 희망・완곡한 명령을 나타냄．…해 주기 바란다, …해 주었으면 한다¶ この件けんについては再検討けんとうされ〜 이 건에 대해서는 재검토를 해주었으면 한다

たい【鯛】音タイ 訓|（음）도미¶ 〜の尾お よりいわしの頭あた 도미 꼬리보다 정어리 대가리(가 낫다)

たい【他意】타의, 다른 생각[뜻], 딴마음¶ 別べつに〜はない 특별히 다른 뜻은 없다

だい【乃】音ダイ・ナイ 訓すなわち・なんじ|（음）내．(造語) ①내¶ 乃公こう 내공, 나¶ 乃父ふ 내부, 이 애비 ②그래서, 즉¶ 乃至し 내지

だい【大】音ダイ・タイ 訓おお・おおきい・おおいに|（음）대．Ⅰ(造語) ①크다¶ 大小しょう 대소・大会かい 대회・拡大かく 확대 ②많다¶ 大衆しゅう 대중・増大ぞう 증대 ③훌륭한, 뛰어난, 중요한¶ 大王おう 대왕・大成せい 대성・偉大い 위대 ④가장 높은 지위¶ 大将しょう 대장 ⑤존경의 뜻을 나타냄¶ 大兄けい 대형・大人じん 대인 ⑥대강, 대충¶ 大勢せい 대세・大略りゃく 대략 ⑦매우, 대단히¶ 大好物こうぶつ 아주 좋

아하는 것 ⑧물건의 크기를 나타내는 말 ¶実
物大[じつぶつだい] 실물 크기 ⑨「大学[だいがく]」의 준말¶工
大[こうだい] 공대·女子大[じょしだい] 여자 대학 ▷ 熟字訓
大人[おとな] 성년·大蛇[おろち] 대사·大蒜[にんにく] 마
늘·大和[やまと] 일본의 옛이름·大角豆[ささげ] 동부
Ⅱ①큼, 큰 것¶～の男[おとこ] 몸집이 큰 남자 ②
佛 대. 만물의 구성 원소¶四[し]～ 사대 ③정
도가 심함¶声[こえ]を～にする 목청을 높이다 ④
「大[だい]の月[つき]」의 준말. (양력의) 큰달
慣用句
―なり小[しょう]なり 크건 작건 간에, 정도의 차
이는 있지만, 하여간
―は小[しょう]を兼[か]ねる 큰 것은 작은 것을 겸한다
だい [代] 会 ダイ・タイ 訓 かわる・かえる・
よ・しろ (음) 대. I 造語 ①대신하다, 갈마
들다¶代用[だいよう] 대용·交代[こうたい] 교대 ②대금,
대가¶代価[だいか] 대가·代金[だいきん] 대금 ③(군주
등의) 지위에 있는 기간¶先代[せんだい] 선대·歴
代[れきだい] 역대 ④시대 구분¶近代[きんだい] 근대·世代
[せだい] 세대 ⑤나이나 연호의 범위를 나타내는 말
¶30代[さんじゅうだい] 30대 ▷ ⑤는「台[だい]와 같음 Ⅱ
①대금¶～を払[はら]う 대금을 지불하다 ②
어느 지위에 있는 기간¶～が替[かわる 대가
바뀌다 ③세대¶孫子[まごこ]の～まで 자손 대대
까지 ④地 지질 시대의 구분¶中生[ちゅうせい]～·
중생대 ⑤助數 군주·가장 등의 순서를 세는
말¶五[ご]～大統領[だいとうりょう] 5대 대통령
だい [台][臺] 会 ダイ・タイ 訓 うてな (음)
태. I 造語 ①높은 건물¶灯台[とうだい] 등
대·舞台[ぶたい] 무대 ②높고 평평한 땅¶台地[だいち]
대지 ③물건을 얹는 기구, 받침대¶台座[だいざ]
대좌·寝台[しんだい] 침대 ④사물의 기초, 토대, 근
본¶台本[だいほん] 대본·土台[どだい] 토대 ⑤수량의 대
략적인 범위¶二十台[にじゅうだい] 20대·百円台
[ひゃくえんだい] 백 엔대 ⑥상대방에 대한 경의를 나타
냄¶貴台[きだい] 귀하·尊台[そんだい] 귀하 ⑦귀인에 대
한 경의를 표시함¶台覧[たいらん] 태람 ⑧「台風[たいふう]」
의 준말. 태풍¶台頭[たいとう] 대두하다 ⑩
「台湾[タイワン]」의 준말¶訪台[ほうたい] 타이완 방문 ⑪「天
台宗[てんだいしゅう]」의 준말¶台密[たいみつ] 천태종의 밀교
▷ 원래「台」와「臺」는 다른 글자였으나「臺」
의 약자로 쓰였음. ⑧은「颱[たい]」을「擡[たい]」의
대용자 熟字訓 台詞[せりふ] 대사 Ⅱ 名 ①물건을
얹는 받침대¶置物[おきもの]の～ 장식물을 놓는 받
침대 ②助數 차·기계 등을 세는 말¶自動
車[じどうしゃ]ビュ～ 자동차 3대 ③助數 (인쇄·제
본에서) 16쪽을 단위로 하여 세는 말
だい [第] 会 ダイ・テイ (음)제. I 造語 ①순서
¶次第[しだい] 순서 ②숫자 앞에 붙어 순서임을 나
타내는 말¶～一[いち] 제일·第三者[だいさんしゃ] 제삼
자 ③시험¶及第[きゅうだい] 급제·落第[らくだい] 낙제 ④
저택 ▷ ④는「邸」와 같음
だい [題] 会 ダイ (음)제. I 造語 ①제목, 표
제¶表題[ひょうだい] 표제·標題[ひょうだい] 표제 ②해결되
어야 할 사항, 중심 사상¶課題[かだい] 과제·主
題[しゅだい] 주제 ③시·문장 등을 지음¶題画[だいが]
제화·題詩[だいし] 제시 Ⅱ 名 ①표제, 제목 ¶小
説[しょうせつ]の～ 소설의 제목/～をつける 제목을

붙이다 ②助數 시험 문제의 수를 세는 말
たい あたり [体当(た)り] ①몸을 상대방에 부
딪침¶～を食[くら]わせる 몸으로 부딪쳐 타격을
주다 ②힘을 내던져 일을 함, 전력을 다함¶
～の演技[えんぎ] 혼신의 연기
たいあつ [耐圧] 名 내압, 압력에 견딤
だいあみ [台網] 水 대형 정치망
たい あん [大安] (음양도에서) 혼례·여행·개
점 등 만사에 길하다는 날 = 大安日[たいあんにち]
たいあん [対案] 대안, 제안에 대한 별도의 안
だいあん [代案] 대안, 대신 내는 안¶～を示[しめ]
す 대안을 내보이다
たいい [大尉] (군인 계급의) 대위
たいい [大意] 文 대의, 대강의 내용·뜻¶～
をとらえる 대의를 파악하다
たいい [体位] 名 ①체위 ②체력의 정도¶～
の向上[こうじょう] 체위의 향상 ②몸의 위치·자세
たいい [退位] 名 自スル 퇴위 ⇔ 即位[そくい]
だいい [代位] 名 自スル 대위, 다른 사람을 대
신하여 그 지위에 오름
だいい [題意] 名 제의, 문제·제목의 뜻
たいいく [体育] 체육 ―の日[ひ] 체육의 날
だいいち [第一] I 名 제일 ①첫 번째¶～の
目的[もくてき] 첫 번째 목적 ②으뜸, 최고¶健康[けんこう]
が～だ 건강이 제일이다 Ⅱ 副 무엇보다도,
우선, 첫째, 먼저¶～その言[い]いぐさが気[き]に
食[く]わない 첫째 그 말투가 못마땅하다 ―印
象[いんしょう] 첫인상 ―義[ぎ] 제일의 ―次[じ]産業[さん
ぎょう] 經 제1차 산업 ―次[じ]世界大戦[せかいたいせん] 史 제
1차 세계대전 ―人者[にんしゃ] 제일인자 ―人称[にんしょう]
文法 제1인칭 ―流[りゅう] 제일류
だいいっせい [第一声] 제일성, (공식적인) 첫
발언¶選挙演説[せんきょえんぜつ]の～をあげる 선거 연
설의 첫발언을 하다
だいいっせん [第一線] 제일선¶～に出[で]る 제
일선으로 나가다/～を退[しりぞ]く 제일선에서 물
러나다
だいいっぽ [第一歩] 제일보, 첫걸음¶～を
踏[ふ]み出[だ]す 제일보를 내딛다
たいいほう [対位法] 音 대위법
たいいん [大隠] 文 대은, 깨달음을 얻은 은자
慣用句
―は市[いち]に隠[かく]る 대은은 산속에 은거하지 않
고 시중에서 보통 사람과 다름없이 사는 법이다
たいいん [太陰] 文 태음, 달 ―太陽暦[たいようれき]
天 태음 태양력 ―暦[れき] 天 태음력, 음력
たいいん [退院] 名 自スル 퇴원 ①환자가 병원
에서 나옴 ⇔ 入院[にゅういん] ②절의 주지가 은퇴함
③의원이 국회에서 퇴청함 ⇔ 登院[とういん]
たいいん [隊員] 대원¶救助隊員[きゅうじょたいいん] 구조 대원
だいいん [代印] 대인, 대신 날인함, 그런 도장
¶～を押[お]す 대인을 찍다
たいう [大雨] 文 대우, 큰비 = おおあめ
たいうちゅう [大宇宙] 대우주
たいえい [退嬰] 名 文 퇴영¶～的[てき] 퇴영적/
保守[ほしゅ]～ 보수 퇴영
だいえい [題詠] 제영¶～歌[か] 제영가
たいえき [体液] 醫 체액

**たいえき** [退役] 名 自スル 퇴역¶ ~軍人[ぐんじん] 퇴역 군인

**たいえつ** [大悦] (文) 대열. 매우 기뻐함¶ ~至極[しごく]に存[ぞん]じます 더없이 기쁘게 생각합니다

**だいえん** [大円] 대원 ① 큰 원 ② 数 구(球)의 중심을 지나는 평면과 구면이 만나 이루는 원

**たいおう** [対応] 名 自スル 대응 ① 서로 일정한 관계에 있음¶ ~関係[かんけい] 대응 관계 ② 균형을 이룸, 걸맞음¶ 人気[にんき]に~する実力[じつりょく], 인기에 걸맞은 실력 ③ (상황에 따라) 대처함¶ ~策[さく]を講[こう]じる 대응책을 강구하다

**たいおう** [滞欧] (文) 체구. 유럽에 체류함

**だいおう** [大王] 대왕¶ アレキサンダー~ 알렉산더 대왕

**だいおう** [大黄] 植 대황

**だいおうじょう** [大往生] 佛 대왕생. 편안히 죽음. 훌륭한 죽음¶ 眠[ねむ]るがごとき~を遂[と]げる 자는 듯이 편안히 죽다

**たいおとし** [体落(と)し] (유도에서) 한쪽 다리를 상대방 다리의 바깥쪽에 대고 양팔로 상대의 몸을 앞으로 기울여 쓰러뜨리는 기술

**たいおん** [体温] 医 체온 ー計[けい] 체온계

**だいおん** [大恩] 대은. 큰 은혜

**だいおんじょう** [大音声] 큰소리, 큰 음성

**たいか** [大火] 대화. 큰불. 대화재

**たいか** [大家] 대가 ① 큰 집 ②(그 분야의) 거장¶ 画壇[がだん]の~ 화단의 대가 ③ → たいけ

**たいか** [大過] 대과. 큰 실패. 큰 잘못 ⇔ 小過[しょうか]¶ ~なく過[す]ごす 대과 없이 지내다

**たいか** [大*廈] (文) 대하. 큰 건물¶ ~高楼[こうろう] 대하 고루
慣用句
ーの倒[たお]れんとするは一木[いちぼく]の支[ささ]うる所[ところ]に非[あら]ず 큰 건물이 넘어지는 것을 나무 하나로 버틸 수는 없다

**たいか** [対価] (文) 대가¶ 労働[ろうどう]の~ 노동의 대가

**たいか** [耐火] 名 내화 ー煉瓦[れんが] 내화 벽돌

**たいか** [退化] 名 自スル 퇴화 ① 퇴보¶ 文明[ぶんめい]の~ 문명의 퇴화 ② 生 생물체의 기관·조직이 작아지거나 단순화됨

**たいか** [滞貨] 체화¶ ー掃[いっそう] 체화 일소

**たいが** [大我] 대아 ① 佛 → だいが(大我) ② 哲 유일 절대의 우주의 본체 ⇔ 小我[しょうが]

**たいが** [大河] 대하. 큰 강¶ ~の流域[りゅういき] 큰 강 유역 ー小説[しょうせつ] 대하 소설

**だいか** [代価] 대가 ① 대금, 값 ② (比) 일의 성취를 위해 치러야 할 희생¶ 権利[けんり]のために支払[しはら]った~ 권리를 위해 치른 대가

**だいか** [台下] 대하 ① 대(臺)의 아래, 높은 건물 아래 ②(편지글에서) 상대방 이름 옆에 써서 상대방을 높여 이르는 말

**だいが** [大我] 佛 대아= たいが 小我[しょうが]

**だいが** [題画] 제화. 시·글을 써넣은 그림

**たいかい** [大会] 대회 全国[ぜんこく]~ 전국 대회

**たいかい** [大海] 대해. 큰 바다= おおうみ
慣用句
ーの一粟[いちぞく] 창해일속(滄海一粟)

ー芥[あくた]を選[えら]ばず 도량이 넓은 사람은 어떤 사람이라도 포용한다

**たいかい** [退会] 名 自スル 퇴회. 모임에서 탈퇴함 ⇔ 入会[にゅうかい]¶ ~届[とどけ] 탈퇴 신고

**たいがい** [大概] 대개 Ⅰ 대개. 대부분¶ ~の人[ひと]は知[し]らない 대부분의 사람이 모른다 ②대강, 개요¶ 話[はなし]の~はわかった 이야기의 대강은 알겠다 ③ 名 적당함. 어지간함. 웬만함= ほどほど¶ 冗談[じょうだん]も~にしろ 농담도 적당히 해라 Ⅱ 副 대개. 대체로, 아마. 십중팔구¶ ~留守[るす]だ 대개 집(자리)에 없다

**たいがい** [体外] 체외 ー受精[じゅせい] 医 체외 수정

**たいがい** [対外] 대외¶ ~政策[せいさく] 대외 정책 ー純資産[じゅんしさん] 経 대외 순자산

**だいかいてん** [大回転] (스키 경기의) 대회전

**だいがえ** [代替え] (口) → だいたい(代替)

**たいかく** [台閣] 대각 (文) ① 누각 ② 내각¶ ~に列[れっ]する 내각에 참여하다, 각료가 되다

**たいかく** [体格] 체격. 몸집 ー体[からだ]つき¶ 検査[けんさ] 체격 검사/ ~がいい 체격이 좋다

**たいかく** [退学] 名 自スル 대학¶ ー退校[たいこう] ー中途[ちゅうと] 퇴학/ ~処分[しょぶん] 퇴학 처분

**だいがく** [大学] 대학¶ ー生[せい] 대학생 ー院[いん] 대학원 ー入学[にゅうがく]資格検定[しかくけんてい] 대학 입학 자격 검정
ーの自治[じち] 教 대학의 자치

**たいかくせん** [対角線] 数 대각선

**だいかぞく** [大家族] 대가족

**たいがため** [体固め] (레슬링에서) 체중을 이용하여 상대방을 눌러 꼼짝 못하게 하는 기술

**だいかつ** [大喝] 名 自スル (文) 대갈. 큰 소리로 꾸짖음. 그런 소리¶ ~一声[いっせい] 대갈 일성

**だいがっこう** [大学校] 대학교

**だいがわり** [代替(わ)り] 名 自スル (将軍[しょうぐん]·경영자·호주 등의) 대가 바뀜

**たいかん** [大*旱] (文) 대한. 심한 가뭄
慣用句
ーの雲霓[うんげい] (심한 가뭄에 비의 조짐인 구름이나 무지개를 기다리듯) 매우 간절히 바람

**たいかん** [大官] 대관. 고관= 高官[こうかん]

**たいかん** [大患] 대환 ① 중병¶ ~に倒[たお]れる 중병으로 쓰러지다 ②(국가 존망이 걸릴 정도의) 큰 우환¶ 国家[こっか]の~ 국가의 대환

**たいかん** [大観] 대관 Ⅰ 名 他スル (文) 전체를 널리 관망함¶ ~長[ちょう]く~する 시국을 대관하다 Ⅱ 名 ①광대한 조망 ②대감. 大鑑[たいかん]

**たいかん** [大鑑] (文) 대감. 어떤 부문의 전반을 모아 엮은 책¶ 美術[びじゅつ]~ 미술 대감

**たいかん** [体感] 체감 Ⅰ 名 他スル ① 몸으로 느낌. 직접 체험함 Ⅱ 名 (공복·오한 등) 내장 기관에 느껴지는 감각 ー温度[おんど] 医 체감 온도

**たいかん** [耐寒] 名 내한¶ ~訓練[くんれん] 내한 훈련

**たいかん** [退官] 名 自スル 퇴관. 관직에서 물러남

**たいかん** [大願] → だいがん(大願)

**たいがん** [対岸] 대안. 건너편 기슭
慣用句
ーの火事[かじ] 강 건너 불

たいがん [対顔] 名 自スル (文) 대안. 얼굴을 마주함, 대면
だいかん [大寒] (24절기의 하나인) 대한
だいかん [代官] [史] 주군을 대신하여 직무를 보던 守護職・地頭직・江戸시대 幕府ぼく・藩はん의 직할지의 행정을 맡았던 지방관
だいがん [大願] 대원 ①[佛] 부처가 중생을 구제하려는 소망 ②큰 소원 ¶ ～成就じゅ 대원 성취 ▷「たいがん」이라고도 함
だいがん [代願] 名 自スル 대원. 다른 사람을 대신하여 신불에게 기원함, 그런 사람
たいかんしき [戴冠式] 대관식
だいかんみんこく [大韓民国] 대한 민국
たいき [大気] ①[気] 대기 ②(文) 도량이 넓음 ─汚染おせん 대기 오염 ─圏けん 대기권
たいき [大器] ①큰 그릇 ②큰 인물 ¶ 未完かんの～ 미완의 대기 ─晩成ばんせい 대기 만성
たいき [待機] 名 自スル 대기 ¶ 自宅じたく～ 자택 대기 / 救護班きゅうごはんが～する 구호반이 대기하다
たいぎ [大義] (文) 대의 ¶ 自由平等びょうどうの～ 자유 평등의 대의 / ～に殉じゅんじる 대의를 위해 죽다 ─名分めいぶん 대의 명분
〖慣用句〗
─親おやを滅めっす 대의 멸친. 나라를 위해서 부모 형제도 돌아보지 않음
たいぎ [大儀] I 名 대의. 중대한 의식 II ダ ①힘듦, 귀찮음, 고단함 ¶ 起おきるのさえ～だ 일어나는 것조차 힘들다 ②아랫사람의 수고를 위로하거나 치사하는 말 御苦労ごくろう ¶ ～であった 수고했다, 애썼다
たいぎ [体技] 체기. (씨름・유도・레슬링 등) 직접 몸으로 싸우는 경기
だい き [台木] 대목 ①[農] 접본(接本) = 接ぎ台だい ②물건 받침대로 쓰는 나무
だいぎ [代議] 名 他スル 대의 ¶ ～員いん 대의원 ─士し 국회 의원, 衆議院しゅうぎいん 의원 ─制度せいど 대의 제도, 의회 제도
だい きぎょう [大企業] [経] 대기업
たいぎご [対義語] [表] 대의어, 반대말
だいきち [大吉] ①대길 ¶ おみくじで～と出でる 제비에서 (점패가) 대길로 나오다 ②「大吉日きちじつ」의 준말.
だい きぼ [大規模] ダ 대규모 ¶ ～な工事こうじ 대규모의 공사
たいきゃく [退却] 名 自スル 퇴각, 후퇴
たいぎゃく [大逆] 대역 = だいぎゃく
たいきゅう [耐久] 名 대구 ¶ ～力りょく 내구력 ─年数ねんすう 내구 연수
だいきゅう [大弓] 대궁
だいきゅう [代休] 대거. 휴일 근무로 얻는 휴가
たいきょ [大挙] 대거 I 名 (文) 원대한 계획, 장거 II 名 自スル 여럿이 한꺼번에 감, 한몫에 많이 함 ¶ ～して押おしかける 떼지어 몰려가다
たいきょ [太虚] (文) 太허 ①하늘, 허공 ②(끝도 모양도 없는) 우주의 본체
たいきょ [退去] 名 自スル 퇴거
たいきょう [体協] 일본 체육 협회
たいきょう [胎教] 태교

たいきょう [退京] 名 自スル (文) 퇴경, 이경, 東京とうきょう・京都きょうと를 떠남
たいきょう [滞京] 名 自スル (文) 체경. 東京とうきょう・京都きょうと에 머무름
たいぎょう [大業] (文) 대업 ①큰 사업, 훌륭한 사업 ¶ 世界平和せかいへいわの～ 세계 평화의 대업 ②제왕의 사업 ¶ 経国けいこくの～ 경국의 대업
たいぎょう [息業] [経] 대업
だいきょう [大凶] 대흉 ①운세가 아주 나쁨 ⇔大吉だいきち ②[大兇] 큰 죄악, 큰 악인
だいきょう [大饗] (文) 대향. 성대한 향연
だいきょうじ [大経師] ①조정의 명으로 경문・불화를 표구하던 장인의 우두머리 ②표구사
たいきょく [大曲] 대곡 ①규모가 큰 악곡 ②[芸] 악곡의 구성의 하나
たいきょく [大局] 대국 ①전체적인 동향〔상황〕, 대세 ¶ ～を見通みとおす 대국을 내다보다 ②바둑 반면의 전체적인 형세
たいきょく [太極] 태극. (중국 철학에서) 만물의 근원 ─拳けん 태극권
たいきょく [対局] 名 自スル (바둑・장기 등의) 대국 ¶ ～時間じかん 대국 시간
たいきょく [対極] 대극. 정반대의 극
だい きらい [大嫌い] ダ 아주 싫음, 질색임
たい きん [大金] 대금. 큰돈 ¶ ～をはたく 대금을 다 써버리다
たいきん [退勤] 名 自スル (文) 퇴근
だいきん [代金] 대금 ¶ ～を請求せいきゅうする 대금을 청구하다 ─引換ひきかえ 대금 상환
だいきんぎょう [貸金業] [経] 대금업
たいく [体*躯] (文) 체구. 체격 ¶ 堂々どうどうたる～ 당당한 체구
たいぐ [大愚] (文) 대우 ①몹시 어리석음, 그런 사람 ②자신을 낮추어 이르는 말
だいく [大工] 목수, 대목 ¶ ～の棟梁とうりょう 대목, 도편수 / 日曜にちよう～ 일요 목수
たいくう [対空] 대공 ¶ ～砲火ほうか 대공 포화
たいくう [滞空] 名 自スル 체공 ¶ ～時間じかん 체공 시간
たいぐう [対偶] 대우 ①둘이 짝을 이룸 ②부부 ③「対偶法たいぐうほう」의 준말 ─法ほう 대우법
たいぐう [待遇] 名 他スル 대우 ①대접 ¶ 客きゃくとして～する 손님으로 대접하다 ②(종업원에 대한) 처우 ¶ ～改善かいぜん 처우 개선 ③接尾 어떤 지위와 같은 대접을 받는 신분 ¶ 課長かちょう～ 과장급 대우 ─表現ひょうげん [表] 대우 표현
たいくつ [退屈] I 名 自スル 지루함, 따분함, 무료함, 심심함 ¶ ～な授業じゅぎょう 지루한 수업 II 名 [佛] 수행을 소홀히 함 ─凌しのぎ 심심풀이
たいぐん [大軍] 대군. 큰 무리, 큰 떼
たいぐん [大群] 대군. 큰 무리, 큰 떼
たいけ [大家] 대가. 대갓집, 부잣집 ¶ 御お～ 대갓집 / ～の若旦那わかだんな 대갓집 큰아드님
たいけ [帯下] (文) 냉 = こしけ
たいけい [大兄] (文) 대형 I 名 형의 높임말 II 代 동년배나 약간의 연장자를 높여 부르는 말
たいけい [大系] 대계 ¶ 国学こくがく～ 국학 대계
たいけい [大計] (文) 대계. 원대한 계획 ¶ 百

年(ねん)の～ 백년 대계
たいけい【大慶】(文) 대경. 매우 경사스러움¶～至極(しごく)に存(ぞん)じます 더없는 경사로 아옵니다
たいけい【体刑】체형 ①직접 몸에 고통을 주는 형벌 ②【法】신체의 자유를 속박하는 형벌. 자유형=自由刑(じゆうけい)
たいけい【体形】체형 ①모양, 형체 ②몸의 모양, 몸매
たいけい【体系】체계¶口語文法(こうごぶんぽう)の～ 구어 문법의 체계/～づける 체계를 세우다
たいけい【体型】체형. 체격의 형=からだつき¶～に合(あ)わせる 체형에 맞추다
たいけい【隊形】대형¶戦闘(せんとう)～ 전투 대형
だいけい【台形】【数】사다리꼴=梯形(ていけい)
だいげいこ【代稽古】스승 대신 가르침
たいけつ【対決】名自スル 대결¶両雄(りょうゆう)の～ 양웅의 대결
だいけつ【代決】名他スル 대결. 대리 결재함
たいけん【大圈】【天】대권 —コース【文】대권 코스. 대권 항로=大圈(たいけん)航路(こうろ)
たいけん【大権】대권, 통치권
たいけん【大賢】(文) 대현. 아주 현명함, 그런 사람 ⇔ 大愚(たいぐ)
たいけん【体験】名他スル 체험¶～談(だん) 체험담
たいけん【帯剣】名自スル(文) 대검, 칼을 참, 그런 칼¶～を許(ゆる)す 대검을 허락하다
たいげん【大言】名自スル 대언 ①호언, 큰소리 ②당당한 말 —荘語(そうご)名自スル 호언 장담
たいげん【体言】【文法】체언 ⇔ 用言(ようげん)
たいげん【体現】名他スル 체현. 구현¶理想(りそう)を～する 이상을 체현하다
だいけん【大検】【教】대검. 대학 입학 자격 시험
だいげん【代言】대언 Ⅰ 名他スル 본인을 대신하여 진술함 Ⅱ 변호사의 옛일컬음
だいげん【題言】제언. 책의 권두나 비석・그림의 윗부분에 쓰는 말=題辞(だいじ)
だいけんしょう【大憲章】【史】대헌장
だいげんすい【大元帥】대원수 (일본의 구 헌법에서) 육해군을 통수하는 원수로서의 天皇(てんのう)
たいこ【太古】태고. 유사(有史) 이전
たいこ【太鼓】①【音】북 ～をうつ 북을 치다 ②「太鼓持(たいこも)ち」의 준말 ③ → おたいこ —医者(いしゃ)의술을 보잘 것 없으나 환자의 비위를 잘 맞추는 의사 —橋(はし) 홍예 다리 —腹(ばら) 올챙이배 —判(はん) ①큰 도장 ②확실한 보증 —結(むす)び・おたいこむすび —持(も)ち ①술자리에서 흥을 돋우는 광대=幇間(ほうかん) ②아첨꾼
慣用句
—判(ばん)を押(お)す 틀림없다고 보증하다
—を叩(たた)く 맞장구치며 비위를 맞추다
たいご【大悟】名自スル【佛】대오. 진리를 크게 깨달음 —徹底(てってい)名自スル【佛】대오 철저. 완전히 깨달아 의혹・번뇌가 없어짐
たいご【対語】대어 Ⅰ 名 ① → たいぎご ②한자 숙어에서 상대적인 말이 이어져 있는 것 Ⅱ 名自スル 마주보고 이야기함. 대화함
たいご【隊伍】대오. 대열
だいご【醍醐】제호. 우유・양젖으로 만든 단한 액즙 —味(み) ①제호의 맛 ②묘미. 참맛¶野球(やきゅう)の～を味(あじ)わう 야구의 참맛을 맛보다 ③【佛】석가의 최상의 가르침
たいこう【大公】대공. 공국의 군주, 군주 일족의 남자¶ルクセンブルク～ 룩셈부르크 대공
たいこう【大功】대공. 큰 공
たいこう【大行】(文) 큰 사업 —天皇(てんのう) 天皇이 죽은 후 시호를 정하기 전의 존칭
慣用句
—は細瑾(さいきん)を顧(かえり)みず 큰 사업을 이루려면 사소한 일에 구애되지 않는다
たいこう【大綱】(文) 대강 ①근본=大本(たいほん)¶条約(じょうやく)の～を定(さだ)める 조약의 근본을 정하다 ②개요¶経済学(けいざいがく)の～ 경제학 대강
たいこう【太閤】【日史】①摂政(せっしょう)・太政(だいじょう)大臣(だいじん)의 존칭 ②関白(かんぱく) 자리를 아들에게 물려 준 사람에 대한 존칭
たいこう【体*腔】【醫】체강=たいくう
たいこう【対抗】名自スル 대항¶～意識(いしき) 대항 의식 —馬(ば) ①대항마 ②제일인자와 경합할 수 있는 사람 —文化(ぶんか)【社】대항 문화
たいこう【対校】대교 Ⅰ 名 学교 대항¶～試合(しあい) 학교 대항 시합 Ⅱ 名他スル ①(사본 등을) 이본과 비교 대조함 ②원고와 대조하여 교정함
たいこう【退行】名自スル 퇴행 ①(文) 뒤로 물러남 ②【心】퇴화¶～現象(げんしょう) 퇴행 현상 ③【天】행성이 천구 위를 서쪽으로 운행함
たいこう【退校】名自スル ①퇴교. 퇴학 ②하교
たいこう【大剛】名自スル 아주 강함, 그런 사람¶無類(むるい)の～ 비길 데 없이 강한 사람
だいこう【乃公】代(文) 남성이 우쭐대며 자기를 이르는 말. 내공. 이 몸. 나
だいこう【代行】名他スル 대행¶学長(がくちょう)の～ 학장 대행/手続(てつづ)きを～する 수속을 대행하다
だいこう【代香】名自スル 대향. 대리 분향함
だいこう【代講】名自スル 대강. 대리 강의함, 그런 사람
だいごう【題号】제호. (책・신문 등의) 제목, 표제¶～を付(つ)ける 제호를 달다
たいこうしゃ【対向車】마주 오는 차¶～とすれ違(ちが)う 마주 오는 차와 스쳐 지나가다
たいこうしょく【退紅色・*褪紅色】(文) 담홍색, 연분홍색
たいこうたいごう【太皇太后】태황태후
たいこうぼう【太公望】태공망. 강태공 ①주나라 병법가인 여상(呂尙)의 딴이름 ②낚시꾼
たいこく【大国】대국. 강대국¶～主義(しゅぎ)【佛】대국주의/経済(けいざい)～ 경제 대국
たいごく【大獄】(文) 대옥. 큰 옥사
だいこく【大黒】①「大黒天(だいこくてん)」의 준말 ②(俗) 승려의 아내 —頭巾(ずきん) 둥글넓적하며 둘레가 봉긋한 두건 —天(てん)【佛】대흑천 ②(칠복신의 하나로) 복덕(福徳)의 신 —鼠(ねずみ)(실험용) 흰 쥐 —柱(ばしら) ①대들보 ②집안・나라의 기둥이 되는 인물

だいごれつ【第五列】 제오열. 간첩. 스파이
だいこん【大根】 ①[植] 무 ②「大根役者」의 준말 ③「大根足」의 준말 ー足 무처럼 굵고 못생긴 여자 다리 ー卸し ①(강판에 간) 무즙 ②(무즙을 가는) 강판 ー役者 연기가 서투른 배우
たいさ【大佐】 (구 일본 군대의) 대좌. 대령
たいさ【大差】 대차. 큰 차이. 큰 차 ⇔ 小差 ¶ ～がつく 큰 차가 나다
たいざ【対座・対坐】 [名][自スル][文] 대좌. 마주 앉음 ¶ 客と～する 손님과 대좌하다
たいざ【退座】 [名][自スル] 퇴좌. 자리를 떠남. 퇴석 = 退席 ¶ 会議の途中～する 회의 도중에 자리를 뜨다
だいざ【台座】 대좌 ①불상을 안치하는 대 = 蓮台 ②물건을 얹는 대
たいさい【大才】 대재. 큰 재능・기량. 그것을 갖춘 사람 ⇔ 小才
たいさい【大祭】 대제 ①큰 제전 ②天皇가 직접 지내는 황실의 제사
たいざい【滞在】 [名][自スル] 체재. 체류 = 逗留
だいざい【大罪】 대죄 ①큰 죄. 중죄 = たいざい ¶ ～を犯す 대죄를 범하다 ②[가] (중세에) 신의 은총을 구할 수 없을 정도의 큰 죄
だいざい【題材】 제재. (작품 등의) 소재 ¶ 作文の～を選ぶ 작문의 제재를 고르다
たいさく【大作】 대작 ①걸작 ②규모가 큰 작품 ¶ ～主義 대작주의
たいさく【対策】 대책
だいさく【代作】 [名][他スル] 대작. 작품을 대신 만듦. 그런 작품 ¶ 弟子に～させる 제자에게 대작시키다
ー たいさつ【大冊】 큰 책. 두꺼운 책 ⇔ 小冊
たいさん【耐酸】 내산 ¶ ～性 내산성
たいさん【退散】 [名][自スル] 퇴산 ①도망함. 달아남 ¶ ぼろが出ないうちに～する 들통나기 전에 뺑소니치다 ②흩어져 돌아감. 철수함 ¶ 戦にに敗れ～する 싸움에 패해 철수하다
たいざん【大山・太山】 태산. 대산. 큰 산
[慣用句]
ー鳴動して鼠一匹 태산 명동 서일필
たいざん【泰山】 태산 ①중국 산둥성(山東省)의 명산 ー北斗 태산 북두. 태두
[慣用句]
ーの安きに置く 태산 같은 반석 위에 올려놓다. 확고 부동한 상태로 안정시키다
だいさん【代参】 [名][他スル] 대참. 남을 대신하여 신불에 참배함. 그런 사람
だいさん【第三】 제삼 ①세 번째 ②[名] 관계 있는 둘 이외의 것 ー の立場 제삼의 입장 ー階級【史】 제삼 계급 ー国 제삼국 ー次産業 제3차 산업 ー者 제3자 ー種郵便物 제3종 우편물 ー勢力 제삼 세력 ー世界 제삼 세계 ー帝国【史】 제3 제국 ー人称【文法】 제3인칭
たいさんぼく【泰山木】[植] 태산목
たいし【大旨】〔文〕대지. 대강의 취지. 대의
たいし【大志】 대지. 큰 뜻 ¶ 少年よ～を抱け 소년이여 큰 뜻을 품어라
たいし【大使】 대사 ¶ ～館 대사관
たいし【太子】 태자 ①황태자 ②聖徳太子의 일컬음 ー堂 聖徳太子를 모신 사당
たいじ【対峙】 [名][自スル][文] ①(산 등이) 마주 보고 솟음 ¶ 谷を隔てて～する岩峰 계곡을 사이에 두고 솟아 있는 암봉 ②대치. 서로 맞서 있음 ¶ 両軍が川を挟んで相～する 양군이 강을 끼고 서로 대치하다
たいじ【胎児】【醫】 태아
たいじ【退治】 [名][他スル] 퇴치 ¶ 鬼を～ 귀신 퇴치 / ねずみを～する 쥐를 퇴치하다
だいし【大姉】【佛】①여자 불교 신도 ②여자의 계명 밑에 붙이는 칭호 ▷ ①② ⇔ 居士
だいし【大師】【佛】 대사 ①부처・보살・고승의 높임말 ②조정에서 고승에게 내리는 시호 ¶ 弘法大師 의 일컬음
だいし【台紙】 대지. 사진・그림 등을 붙이는 두꺼운 종이
だいし【台詞】〔文〕(연극의) 대사 = せりふ
だいし【題詞】 제사 = 題辞
だいし【題詩】 제시 ①정해진 제목에 따라 지은 시 ②권두시
だいじ【大字】 대자 ①큰 글자. 대문자 ②갖은자
だいじ【大事】 I [名] ①중요한 사항[사례] ¶ 国家の～ 국가의 대사 ②중대한 사건. 중대사 ¶ ～を企てる 대사를 꾸미다 II [ナ] ①소중함 ¶ ～な人 소중한 사람 / どうぞお～に 아무쪼록 몸조심하세요 ②중요함 ¶ そこが～な点だ 그 부분이 중요한 점이다 ー無い [形] 지장없다. 괜찮다. 걱정없다
[慣用句]
ーの前の小事 ①큰일을 이루기 위해서는 작은 희생은 어쩔 수 없다 ②큰일을 할 때는 사소한 일이라도 소홀히 해서는 안 된다
ーを取る 신중을 기하다. 신중히 대처하다
だいじ【大慈】【佛】 대자 ー大悲 대자 대비
だいじ【題字】 제자. (책・잡지의) 표제 글자. 비석・그림의 윗부분에 적는 글자
だいじ【題辞】 제사. 책의 권두나 비석・그림의 윗부분에 쓰는 말 = 題言・題詞
たいしいちばん【大死一番】 죽은 셈치고 일에 매진함
だいしきょう【大司教】【가】 대주교
だいしぜん【大自然】 대자연
たいした【大した】 [連体] ①대단한, 굉장한, 엄청난 ¶ ～腕前だ 대단한 솜씨다 ②별, 이렇다 할 ¶ ～ことはない 별 것 아니다
たいしつ【体質】 체질 ①몸의 성질 ¶ 太られない～ 살찌지 않는 체질 ②[比] 조직・집합체가 갖는 성질 ¶ 保守的な～ 보수적인 체질 ー改善 체질 개선 ー的 [ナ] 체질적
たいしつ【対質】 [名][自スル]【法】 대질 ¶ ～尋問 대질 신문
たいしつ【退室】 [名][自スル] 퇴실 ⇔ 入室 ¶ 答案を書き終えた者から～する 답안을 다 쓴 사람부터 퇴실하다
たいしつせい【耐湿性】 내습성

たいして【大して】副 그다지. 그리. 별로= さほど¶ ～暑くはない 그다지 덥지는 않다
たいしゃ【大社】①큰 神社じん, 가장 격이 높은 神社 ②出雲大社いずもの —造づくり【建】가장 오래된 神社 건축 양식
たいしゃ【大赦】【法】대사. 일반 사면
たいしゃ【代赭】대자 ①분말로 된 적철광 안료 ②적갈색 ¶ ～色いろの土つち 적갈색 흙
たいしゃ【代謝】名自スル 대사 ①낡은 것과 새로운 것의 교체¶ 新陳しんちん～ 신진 대사 ②(生)물질 대사 —拮抗剤きっこうざい【薬】대사 길항제
たいしゃ【退社】名自スル 퇴사 ①퇴직¶ 定年ていねん～ 정년 퇴직 ②퇴근
だいしゃ【台車】【交】대차 ①열차의 차체를 받치고 주행하는 장치 ②판에 바퀴를 단 손수레
だいじゃ【大蛇】대사. 큰 뱀. 구렁이
たいしゃく【貸借】名他スル ①채권과 채무¶ ～関係 대차 관계 ②(부기에서) 대변과 차변 —対照表たいしょうひょう 대차 대조표 —取引とりひき 대차 거래 —銘柄めいがら 대차 종목
たいしゃくてん【帝釈天】【佛】제석천
だいしゃりん【大車輪】①대차륜 ㉠큰 수레바퀴 ㉡철봉을 잡고 몸을 곧게 편 채로 크게 회전하는 동작 ②전력을 다함
たいしゅ【大酒】名自スル 대주. 술을 많이 마심= おおざけ¶ ～家 대주가
たいしゅ【太守】①【日史】(律令制りつりょう 시대에) 親王しんのうが 임명되던 上総かずさ・常陸ひたち・上野こうずけの 세 지방 장관 ②【日史】(江戸시대에) 한 지방 이상을 영유하던 大名だいみょう ③(옛날 중국에서) 군(郡)의 장관
たいじゅ【大儒】(文) 대유. 대유학자. 대학자
たいじゅ【大樹】대수. 큰 나무 ②믿음직스럽고 의지할 만한 사람 寄よらば～の陰かげ 이왕이면 든든한 사람에게 의지하다
たいしゅう【大衆】대중 ①많은 사람들 ②민중¶ 一般いっぱん 대중 /～の支持しじを得える 대중의 지지를 얻다 —化か 名自他スル 대중화 —小説しょうせつ 대중 소설 —性せい 대중성 —文化ぶんか 대중 문화 —薬やく 일반 의약품
たいしゅう【体臭】체취 ①몸에서 나는 냄새¶ 男おとこの～ 남자의 체취 ②(比) 특유의 분위기나 특징. 개성
たいしゅう【対州】→ つしま(対馬)
たいじゅう【体重】체중¶ ～計けい 체중계/片足かたあしに～をかける 한쪽 다리에 체중을 싣다
たいしゅつ【退出】名自スル 퇴출. 물러남¶ 法廷ほうていから～する 법정에서 퇴출하다
たいしゅつ【帯出】名他スル 대출. (비품・도서 등을) 가지고 나감¶ ～禁止きんし 대출 금지
たいしょ【大書】名他スル 대서. 글씨를 크게 씀. 그런 글씨¶ 特筆とくひつ～する 대서 특필하다
たいしょ【大暑】대서 ①(文) 혹서 ②24절기의 하나
たいしょ【太初】(文) 태초 = 太始たいし
たいしょ【対処】名自スル 대처¶ ～の方法ほうほうがない 대처할 방법이 없다
たいしょ【対蹠】대척. 정반대

だいしょ【代書】名他スル ①대서. 대필¶ ～屋や 대서소 ②「代書人だいしょにん」의 준말 —人にん 대서인. 대서사
だいしょ【代署】名自他スル 대서. 대신 서명함. 그런 서명 ⇔自署じしょ
たいしょう【大正】大正天皇たいしょうてんのう(1912～1926)의 연호 —琴ごと (大正 시대에 발명된) 2현과 건반이 있는 현악기
たいしょう【大将】대장 ①총지휘관 ②(군대의) 최고 계급¶ 陸軍りくぐん～ 육군 대장 ③(집단의) 두목 餓鬼がき～ 골목 대장 ④다른 사람을 놀리거나 친근하게 부르는 말¶ よう～, 元気げんきかい 어이 친구 잘 지내나 ⑤(무도 등의 단체전에서) 출장 순서가 가장 늦은 선수¶ 優勝ゆうしょうがかかった～戦せん 우승이 걸린 최종전
たいしょう【大笑】名自スル (文) 대소. 크게 웃음¶ 呵呵かか～する 가가 대소하다
たいしょう【大勝・大*捷】名自スル 대승
たいしょう【大詔】(文) 조칙. 조서 = みことのり¶ ～渙発かんぱつ 조칙 발포
たいしょう【大賞】대상. 최우수상. 그랑프리¶ 歌謡かよう～ 가요 대상
たいしょう【対称】대칭 ①대응하여 균형을 이룸¶ 左右さゆう～ 좌우 대칭 ②(数) 점・선・면이 마주보는 위치에 있음 ③(文法) 제2인칭
たいしょう【対象】대상¶ 認識にんしきの～ 인식의 대상/ 学生がくせいを～にアンケートをとる 학생을 대상으로 앙케이트를 하다
たいしょう【対照】名他スル 대조 ①둘 이상의 것을 서로 맞추어 봄¶ 比較ひかく～する 비교 대조하다 ②서로 대비됨¶ 好こう～ 좋은 대조 —的てき 대조적 —法ほう【表】대조법
たいしょう【隊商】대상 = キャラバン
たいじょう【退場】名自スル 퇴장¶ 選手団せんしゅだんが～する 선수단이 퇴장하다
だいしょう【大小】①대소. 크고 작음. 큰 것과 작은 것¶ 事ことの～にかかわらず報告ほうこくする 일의 대소에 관계 없이 보고하다 ②(허리에 차는) 큰 칼과 작은 칼¶ ～を腰こしに差さす 큰 칼과 작은 칼을 허리에 차다
だいしょう【代将】(군인 계급에서) 준장
だいしょう【代償】①변상 ②목적을 이루기 위해 치르는 희생・손실. 대가¶ 高たかい～を払はらう 비싼 대가를 치르다 ③(心) 보상
だいじょう【大乗】【佛】대승 ⇔小乗しょうじょう —的てき 대승적. 대국적 —仏教ぶっきょう 대승 불교
だいじょう【台状】대상. 전체가 약간 높고 위가 평평한 모양¶ ～の高地こうち 대상 고지
だいじょうかん【太政官】【日史】①(律令制りつりょう 官制かんせいで) 최고 행정 기관 ②明治めいじ 초기 신정부의 최고 관청 = だじょうかん
たいしょうぐん【大将軍】대장군 ①【日史】관군의 총대장 ②(무력 집단의) 수령. 두목 ③【日史】「征夷せいい大将軍だいしょうぐん」의 준말
だいじょうさい【大*嘗祭】天皇てんのうが 즉위 후에 처음으로 햇곡식을 신에게 바치는 의식
だいじょうだいじん【*太政大臣】【日史】①(律令制りつりょう制かんせいで) 太政官だじょうかんの 최고 장관

(明治 초기의) 太政官의 최고 관직

だいじょうだん【大上段】①(검도에서) 검을 머리 위로 높이 쳐든 자세 ②名《比》상대를 위압하는 태도¶法律ほうを~に振りかざす 법률을 내세워 겁을 주다

たいしょうてき【対症的】ダ 대증적①병의 증상에 따라 치료하는 모양¶~な治療りょう 대증적인 치료②《比》표면적인 상황에만 대응하는 모양¶~な方策さく 대증적인 방책

だいじょうてんのう【太上天皇】양위한 天皇てんのう에 대한 높임말= 上皇じょう

だいじょうぶ【大丈夫】Ⅰ名《文》대장부= ますらお¶豪放ごうほうな~ 호방한 대장부Ⅱ ダ 안전함, 끄떡없음, 걱정없음, 괜찮음¶体からはもう~だ 몸은 이제 괜찮다

だいじょうみゃく【大静脈】《医》대정맥

たいしょうり【大勝利】대승리 ⇔ 大敗だい

たいしょうりょうほう【対症療法】①《医》대증요법②상황에 따라 대처하는 방식, 미봉책¶~では問題だいは解決かいしない 미봉책으로는 문제가 해결되지 않는다

たいしょく【大食】名自スル 대식¶無芸むげいの~ 가진 재주 없이 많이 먹기만 함 一漢かん 대식가

たいしょく【体色】《動》체색, 몸 빛깔, 피부색

たいしょく【耐食・耐ﾞ蝕】名 내식, 부식에 견딤¶~性せい 내식성

たいしょく【退色・褪色】名自スル 퇴색¶~したカーテン 퇴색한 커튼

たいしょく【退職】名自スル 퇴직¶定年ていねん~ 정년 퇴직 一金きん 퇴직금 一年金ねん 퇴직 연금

たいしょこうしょ【大所高所】대국적인 견지〔입장〕¶~に立たつ 대국적인 입장에 서다

だいしらず【題知らず】和歌의 제목이나 읊게 된 내력을 모름, 그러한 和歌

だいじり【台尻】(총의) 개머리판

たい・じる【退治る】他上一 퇴치하다¶ごきぶりを~ 바퀴벌레를 퇴치하다

たいしん【大身】지체가 높고 부자인 사람

たいしん【大震】《文》대진, 대지진

たいしん【対審】名他スル《法》대심¶~判決はんけつ 대심 판결

たいしん【耐震】名 내진, 지진에 견딤¶~建築 내진 건축

たいじん【大人】대인①거인¶~国こく 거인국②덕망 높은 사람, 군자¶~の風格かく 대인의 풍격③지체 높은 사람④스승・학자・아버지를 높여 부르는 말⑤ → だいにん(大人)

たいじん【対人】名 대인¶~関係かんけい 대인 관계 一恐怖症きょうふしょう《医》대인 공포증

たいじん【対陣】名自スル 대진¶川かわを挟はさんで~する 강을 사이에 두고 대진하다

たいじん【退陣】名自スル 퇴진①진영을 뒤쪽으로 옮김, 퇴각②진영을 떠남③지위에서 물러남, 사직¶~を迫せまる 퇴진을 강요하다

たいじん【滞陣】名自スル《文》체진, 한 곳에 계속 진을 치고 머무름

だいしん【代診】名他スル 대진. 담당 의사를 대신하여 진찰함, 그런 사람

だいじん【大尽】①(흔히「お~」의 꼴로) 큰 부자, 갑부¶田舎いなか~ 시골 부자②홍등가에서 돈을 물 쓰듯하며 노는 사람 一遊あそび 홍등가에서 돈을 마구 뿌리고 흥청거리며 놂
〔慣用句〕
一風かぜを吹ふかす 큰 부자 티를 내며 거들먹거리다

だいじん【大臣】대신①국무 대신②《日史》(律令制りつりょうせいから) 太政官だじょうかんの 최상급 관리

だいしんいん【大審院】《日史》(일본 구 헌법 하에서) 대심원, 대법원

だいじんぐう【大神宮】伊勢いせ 신궁

だいしんさい【大震災】대진재①대지진으로 인한 재해②「関東かんとう大震災だいしんさい」의 준말

だいじんぶつ【大人物】대인물, 도량이 큰 인물, 위대한 인물 ⇔ 小人物しょうじんぶつ

だいす【台子】다정자(茶亭子), (다도에서) 차관・찻종 등의 다구를 얹는 탁자

だいず【大豆】대두, 콩¶~油ゆ 대두유, 콩기름

たいすい【大酔】名自スル《文》대취. 몹시 취함

たいすい【耐水】내수¶물이 배어들지 않음¶~紙し 내수지¶물에 의해 부식・변질되지 않음¶~性せい 내수성

たいすう【大数】Ⅰ名①대수, 큰 수, 다수②대강의 수, 개수(概数)Ⅱ副 대략, 대개, 개략 一の法則ほう 대수의 법칙

たいすう【対数】《数》대수, 로그

だいすう【代数】《数》「代数学だいすうがく」의 준말. 代수一学がく《数》대수학 一式しき《数》대수식

だいすう【台数】대수. 차량 등의 수¶生産せいさん~ 생산 대수

だいすき【大好き】ダ 매우 좋아함¶~な菓子かし 매우 좋아하는 과자

たい・する【対する】自サ変 대하다①상대하다¶学生がくせいに~態度たいど 학생에 대한 태도②대항하다, 맞서다¶強豪きょうごうに~して善戦ぜんせんする 강호와 맞서서 선전하다③향하다, 면하다¶この部屋へやは道路どうろに~している 이 방은 도로에 면해 있다④(「…に~…」의 꼴로) 대하여, 대한 ㉠대상을 향해 동작이 이루어짐¶人間にんげんに~警告けいこく 인간에 대한 경고이다 ㉡감정・사고의 주체¶科学かがくに~興味きょうみ 과학에 대한 흥미 ㉢어느 사항에 대한 회답・응답¶質問しつもんに~答こたえ 질문에 대한 대답 ㉣두 사물・사항이 대조적인 관계를 이룸¶形式けいしきが単純たんじゅんであるのに~して内容ないようは複雑ふくざつだ 형식이 단순한데 반하여 내용은 복잡하다

たい・する【体する】他サ変《文》(가르침・명령 등을) 명심하여 지키다¶家訓かくんを~ 가훈을 명심하여 지키다

たい・する【帯する】他サ変《文》(무기 등을) 허리에 차다, 몸에 지니다¶刀かたなを~ 칼을 차다

だい・する【題する】Ⅰ他サ変《文》(시가・문장 등의) 제목을 붙이다②제자・제사를 쓰다

たいせい【大成】대성Ⅰ名他スル①완전히 이루어 냄¶研究けんきゅうを~する 연구를 대성하다②집대성¶仏教説話ぶっきょうせつわの~ 불교 설화의

집대성 II 【名自スル】 훌륭한 성공을 거둠¶ 画家として~した 화가로서 대성했다
たいせい 【大声】(文) ①대성. 큰 목소리 ②고상한 음악¶ ~は里耳に入らず 고상한 음악은 속인이 이해하지 못한다 —疾呼 【名(文)】 대성 질호. 큰 소리로 황급히 부름
たいせい 【大政】 대정. 천하의 정치 —奉還 【日史】 대정 봉환. 정권을 조정에 반환한 일
たいせい 【大勢】 대세 ¶ 試合の~が決まる 시합의 대세가 정해지다
たいせい 【大聖】(文) 대성. 덕이 높고 훌륭한 사람¶ ~釈尊 대성 석존
たいせい 【体制】 체제 ¶ 自由主義~ 자유주의 체제/ 反~運動 반체제 운동
たいせい 【体勢】 (몸의) 자세 ¶ ~が崩れる 자세가 흐트러지다
たいせい 【対生】【名自スル】【植】 대생. 마주나기
たいせい 【耐性】【生】 내성¶ ~が弱い 내성이 약하다 —菌【医】 내성균
たいせい 【胎生】【動】 태생¶ ~魚 태생어
たいせい 【退勢·頹勢】(文) 퇴세. 쇠퇴하는 형세¶ ~を挽回する 퇴세를 만회하다
たいせい 【泰西】(文) 태서. 서양, 유럽 ⇔ 泰東¶ ~名画 태서 명화
たいせい 【態勢】 태세¶ 警戒~に入る 경계 태세에 들어가다
たいぜい 【大勢】 인원수가 많음= おおぜい
たいせいよう 【大西洋】 대서양
たいせき 【体積】【数】 체적, 부피
たいせき 【退席】【名自スル】 퇴석. 자리를 떠남
たいせき 【堆石】 퇴석 ①높이 쌓인 돌 ②【地】빙퇴석= モレーン
たいせき 【堆積】【名自他スル】 퇴적 ①많이 겹쳐 쌓임 [쌓음]¶ 貨物が~する 화물이 쌓이다 ②【地】 토사가 지표·해저에 쌓임¶ ~作用 퇴적 작용 —岩 【地】 퇴적암
たいせき 【滞積】【名自スル】(文) 적체 ①(화물이) 밀려서 쌓임 ②(일 등이) 밀리어 쌓임
たいせつ 【大切】【ナ】①매우 중요함, 귀중함, 요긴함¶ ~命 귀중한 목숨 ②소중하게 다룸, 아낌¶ 体を~にする 몸을 소중히 하다
たいせつ 【大雪】 대설 ①(文) 큰눈= おおゆき ②24절기의 하나
たいせつ 【大節】(文) ①대의, 사람이 지켜야 할 절조 ②(국가 존망이 걸린) 대사
たいせつ 【体節】【動】 체절. 몸마디
たいせん 【大戦】 대전 ①큰 전쟁 ②세계 제1·2차 대전¶ ~前夜 대전 전야
たいせん 【対戦】【名自スル】 敵との~ 적과의 대전¶ ~成績 대전 성적
たいぜん 【大全】(文) 대전. 어떤 분야에 관한 사항을 총망라한 책¶ 経済学~ 경제학 대전
たいぜん 【泰然】【タ】 태연¶ ~自若 태연 자약
たいせん 【題簽】 제첨. (고서본 등의) 표지에 제명을 써 붙이는 종이·천, 그런 제자·서명
だいせんきょくせい 【大選挙区制】【政】 대선거구제
だいぜんてい 【大前提】 대전제 ①【論】(삼단 논법에서) 대개념을 포함하는 전제 ②(比) 가장 중요한 전제 조건¶ 人命の尊重が~だ 인명 존중이 대전제이다
たいそ 【太祖】 태조. 왕조의 첫 임금
たいそう 【大宗】(文) 대종 ①사물의 근본 ②어느 방면의 대가¶ 画壇の~ 화단의 대종
たいそう 【大喪】 대상. 天皇が大行天皇·太皇太后·皇太后·皇后の喪(喪)に服을 입음 —の礼 천황의 장례
たいそう 【大葬】 天皇·太皇太后·皇太后·皇后의 장례
たいそう 【大層】 I 【ナ】 어마어마함, 거창함, 굉장함¶ ~な披露宴 거창한 피로연 II 【副】 매우, 몹시, 무척¶ ~長い手紙 매우 긴 편지 —らしい 【形】 과장되어 보이다, 홍감스럽다, 야단스럽다
たいそう 【太宗】 태종. (왕조에서) 태조(太祖)에 버금 가는 공적이 있는 제왕
たいそう 【体操】 ①체조 徒手~ 맨손 체조 ②(학교 교과목인) 체육 ③체조 경기 —競技【體】 체조 경기
たいぞう 【退蔵】【名他スル】(文) 퇴장. 쓰지 않고 갈무리해 둠¶ ~品 퇴장품
だいそう 【代走】【野】 대주. 대주자
たいそうかい 【胎蔵界】 태장계
だいぞうきょう 【大蔵経】【佛】 대장경
だいそうじょう 【大僧正】【佛】 대승사(大宗師)
たいそく 【大息】【名自スル】(文) 대식. 크게 한숨을 쉼, 탄식¶ ~を~ 장탄식
たいそく 【体側】(文) 체측. 몸의 측면
たいぞく 【大賊】(文) 대적. 큰 도둑, 대도(大盗)
だいそつ 【大卒】 대졸. 대학 졸업
だいそれた 【大それた】 당치 않은, 엉뚱한 ~ことをしでかす 엉뚱한 짓을 저지르다
たいだ 【怠惰】【名ナ】 태타, 나태, 게으름
だいだ 【代打】【野】 대타. 대타자
だいたい 【大体】 I 【名】 대체, 개요, 대강, 대부분, 대충¶ 話は~わかった 이야기는 대강 알겠다 II 【副】 도대체, 애당초, 본래, 본시¶ ~君が悪いのだ 애당초 네가 나쁘다
だいたい 【大隊】【軍】 대대
だいたい 【大腿】 대퇴. 넓적다리= ふともも·もも ¶ ~部 대퇴부 —骨 【医】 대퇴골
だいたい 【代替】【名他スル】 대체¶ ~地 대체지 —エネルギー【工】 대체 에너지
だいだい 【橙·臭橙】①【植】 등자나무, 등자 ②【橙色】의 준말 —色 주황색, 오렌지색
だいだい 【代代】【名】 대대. 역대= 歴代·よよ ¶ ~先祖가~ 조상 대대
だいだいてき 【大大的】【ナ】 대대적¶ ~宣伝 대대적인 선전
だいたすう 【大多数】 대다수
たいだん 【対談】【名自スル】 대담¶ 改革をテーマに~する 개혁을 테마로 대담하다
たいだん 【退団】【名自スル】 퇴단. 소속 단체에서 물러남 ⇔ 入団
だいたん 【大胆】【ナ】 대담¶ ~に振う舞う 대담하게 행동하다 —不敵 대담 무쌍

だいだんえん【大団円】대단원. 끝¶ ~を迎える 대단원을 맞이하다

たいち【対地】[名] 대지. 공중[해상]에서 지상을 목표로 함¶ ~攻撃 대지 공격

たいち【対置】[名][他スル] 대치. 대조적인 위치에 둠¶ 塔を~させる 탑을 대치시키다

だいち【大地】대지¶ ~に根を下ろす 대지에 뿌리를 내리다. 정착하다

だいち【大知・大智】[文] 대지. 뛰어난 지혜

だいち【代地】대토(代土)= かえち

だいち【代置】[名][他スル][文] 대치. 다른 것으로 대신 놓음

だいち【台地】[地] 대지. 주위보다 높은 평지

たいちょ【大著】대저 ⇔ 小著

たいちょう【体長】체장. (동물의) 몸길이

たいちょう【体調】몸의 상태¶ ~が悪い 몸의 상태가 좋지 않다

たいちょう【退庁】[名][自スル] 퇴청. 관청에서 퇴근함 ⇔ 登庁¶ 定時に~する 정시에 퇴청하다

たいちょう【退潮】[文] 퇴조 ①썰물 = 引き潮 ②[比] 쇠퇴¶ 景気の~ 경기의 퇴조

たいちょう【隊長】대장¶ 探検~ 탐험 대장

だいちょう【大腸】[醫] 대장 −炎 [醫] 대장염 −菌 대장균

だいちょう【台帳】대장 ㉠(상업상의) 원장¶ 仕入れ~ 매입 대장 ㉡(사무적인) 원부¶ 土地~ 토지 대장 ②歌舞伎의 각본, 대본

たいちょうかく【対頂角】[數] 대정각, 맞지각

だいつう【大通】세상 물정이나 화류계 방면에 아주 밝음, 그런 사람

たいてい【大抵】[副] ①대체로, 대부분, 대개¶ ~10時に寝る 대개 10시에 잔다 ②보통, 여간, 이만저만¶ 苦労が~ではない 고생이 이만저만이 아니다 ③아마, 거의 틀림없이, 십중팔구 = 多分¶ 八時を過ぎなら~会えるだろう 8시 지나서라면 아마 만날 수 있을 것이다 ④작작, 적당히 = ほどほど¶ 冗談も~にしろ 농담도 작작 해라

たいてい【大帝】대제. 위대한 제왕

たいてい【退廷】[名][自スル] 퇴정. 법정을 나옴¶ 証人に~を命じる 증인에게 퇴정을 명하다

たいてき【大敵】대적 ①강적¶ ~に挑む 대적에게 도전하다 ②많은 적

たいてき【対敵】[名][自スル][文] 대적. 적과 맞섬

たいてん【大典】[文] ①중대한 의식¶ 御~ 天皇의 즉위식 ②중요한 법전(法典)

たいてん【退転】[名] 퇴전 ①[佛] 수행을 게을리하여 다시 낮은 경지로 떨어짐 ②[文] 본마음이 나빠짐, 영락하여 딴 곳으로 옮김

たいでん【帯電】[名][自スル] 대전. (물체가) 전기를 띰¶ ~体 대전체

だいてん【大篆】대전. 한자 서체의 하나

たいでんあつ【耐電圧】[電] 내전압

たいと【泰斗】[文] 태두. 권위자¶ 物理学の~ 물리학의 태두

たいど【大度】[文] 도량이 큼 = 大量¶ 寛仁~ 관인 대도

たいど【態度】 태도¶ ~が悪い 태도가 나쁘다

たいとう【大盗】[文] 대도. 큰 도둑 = だいとう

たいとう【台頭・擡頭】[名][自スル] 대두. 고개를 쳐듦, 세력을 뻗음¶ 改革派が~する 개혁파가 대두하다

たいとう【対当】[名][自スル][文] 대당 ①상대함 ②걸맞음, 맞먹음, 상당함¶ ~の額 상당액

たいとう【対等】[7] 대등¶ ~の立場 대등한 입장/ ~にものをいう 대등하게 말하다

たいとう【帯刀】[名][自スル][文] 대도, 칼을 참, 그런 칼¶ 名字~を許される 성씨(姓氏)를 쓰고 칼을 차는 것을 허락받다 −御免 (江戸시대에) 무사 이외에 공로가 있는 평민에게 칼을 차는 것을 특별히 허용했던 일

たいとう【泰東】[文] 태동. 동양 ⇔ 泰西

たいどう【胎動】[名][自スル] 태동 ①[醫] 모체내의 태아의 움직임 ②[比] 어떤 일이 일어날 기운이 싹틈¶ 近代化の~ 근대화의 태동

たいどう【帯同】[名][他スル][文] 대동. 동행¶ 部下を~する 부하를 대동하다

だいとう【大刀】대도 ①큰 칼 ②차고 있는 두 개의 칼 중에서 큰 칼

だいどう【大同】대동 Ⅰ [名] 대체로 같음 Ⅱ [名][自スル] 많은 사람이 한 가지 목적을 위해 합동함 −小異 대동 소이 −団結 [名][自スル] 대동 단결

だいどう【大道】대도 ①큰길, 대로, 길가, 거리¶ 天下の~ 천하의 대도/ −易者 거리의 점쟁이 ②올바른 길, 정도¶ 政~ 정사의 대도 −芸 [藝] 거리에서 하는 연예

[慣用句]
−廃れて仁義あり 새삼스레 인의를 말하는 것은 대도가 무너졌기 때문이다

だいとうあせんそう【大東亜戦争】대동아 전쟁

だいどうみゃく【大動脈】대동맥 ①[醫] 동맥의 줄기 ②[比] 철도·도로의 큰 간선로

だいとうりょう【大統領】①[政] 대통령 ②[俗] 배우 등을 친근감 있게 부르는 말

だいとかい【大都会】대도회. 대도시

たいとく【体得】[名][他スル] 체득. 터득¶ 技を~する 기술을 체득하다

たいどく【胎毒】[醫] 태독

だいどく【代読】[名][他スル] 대독. 대신 읽음

だいどころ【台所】①부엌, 주방 = 勝手¶ ~用品 주방 용품 ②살림, 가계¶ ~が潤う 살림이 넉넉해지다

たいない【体内】체내 ⇔ 体外¶ ~の組織 체내 조직 −時計 [生] 생체 시계

たいない【対内】[名] 대내 ⇔ 対外¶ ~政策 대내 정책

たいない【胎内】태내 −潜り ①재계를 위해 큰 불상의 태내나 영지에 있는 동굴을 빠져 나감 ②작은 동굴을 빠져 나감, 작은 동굴

だいなごん【大納言】①[日史] (律令制下에서) 太政官의 차관 ②[植] 팥의 한 품종

だいなし【台無し】[名] 쓸모 없게 됨, 엉망이 됨¶ 計画が~になる 계획이 엉망이 되다

だいなる【大なる】[連体][文] 큰 = 大きい¶ ~

使命めい 큰 사명

だいなん【大難】대난, 큰 재난·곤란

だいに【大弐】【日史】(律令制りつりょうせい에서) 太宰府だざい의 차관(次官)

だいに【第二】제이, 둘째 —義ぎ 그리 중요치 않은 의의 —次じ産業さん 제2차 산업 —次じ性徴ちょう【生】제2차 성징 —次じ世界大戦せかいたいせん 제2차 세계 대전 —人称にんしょう【文法】제2인칭

たいにち【対日】【名】대일 —貿易ぼうえき 대일 무역 —講和条約こうわじょうやく 대일 강화 조약

たいにち【滞日】【名】【自スル】체일. (외국인이) 일본에 체재함¶ —期間かん 체일 기간

だいにち【大日】【佛】「大日如来にょらい」의 준말 —経きょう【佛】대일경 —如来にょらい【佛】대일여래

だいにっぽん【大日本】대일본. 제국주의 시대에 일본의 자칭 —帝国ていこく【法】대일본 제국 —帝国憲法ていこくけんぽう【法】대일본 제국 헌법

だいにゅう【代入】【名】【他スル】【數】대입¶ Xクラスに五ごを~する X에 5를 대입하다

たいにん【大任】대임. 중대한 임무 = 大役たいやく¶ ~を果たす 그 대임을 다하다

たいにん【体認】【名】【他スル】【文】체험하여 인식함

たいにん【退任】【名】【自スル】퇴임¶ 任期途中にんきとちゅうで~する 임기 도중에 퇴임하다

だいにん【大人】【文】대인. 어른, 성인 = おとな

だいにん【代人】대인. 대리인 = 代理人だいりにん¶ ~を立てる 대리인을 내세우다

だいにん【代任】【名】【他スル】대임. 대신 임무를 맡음. 그런 사람

たいねつ【耐熱】【名】내열¶ ~ガラス 내열 유리/ ~性せいに優すぐれる 내열성이 뛰어나다

だいねつ【大熱】대열 ①높은 체온, 고열 ②대단한 더위, 혹서 = 大暑たいしょ

だいねんぶつ【大念仏】【佛】대염불 ①여럿이 모여 큰 소리로 염불함, 그런 법회 ②「大念仏宗だいねんぶつしゅう」의 준말 —宗しゅう【佛】대염불종

だいの【大の】【連体】①큰, 어른인¶ —おとなが涙なみだを流ながす 다 큰 어른이 눈물을 흘리다 ②대단한, 매우¶ ~好物こうぶつ 매우 좋아하는 것 —男おとこ ①체구가 큰 남자 ②성인 남자, 다 큰 사내¶ ~がだらしない 다 큰 사내가 칠칠치 못하다

たいのう【滞納·怠納】【名】【他スル】체납

だいのう【大脳】【醫】대뇌¶ ~作用さよう 대뇌 작용 —皮質ひしつ【醫】대뇌 피질

だいのう【大農】대농 ①대규모 농업 ②넓은 경지를 가진 농민. 대농가 = 豪農ごうのう

だいのう【代納】【名】【他スル】대납 ①본인 대신 납부함 ②돈 대신 현물로 납부함¶ 地代じだいを農作物のうさくもつで~する 지대를 농작물로 대납하다

だいのうかい【大納会】【經】대납회. 증권 거래소에서 그 해의 마지막 입회 ⇔ 大発会だいはっかい

だいのじ【大の字】큰대자¶ ~に寝ねる 큰대자로 누워 자다

だいのつき【大の月】큰달 ⇔ 小の月

たいは【大破】【名】【自他スル】【文】대파 ①물체가 크게 부서짐¶ 事故じこで車体しゃたいが~する 사고로 차체가 크게 파손되다 ②상대를 크게 쳐부숨¶ 相手あいてチームを~する 상대 팀을 대파하다

だいば【台場】江戸を 말기에 해안 경비를 위해 만든 포대

たいはい【大×旆】【文】①(옛날 중국에서) 천자나 장군이 쓰던 큰 기 ②당당한 기치¶ 自由じゆう平等びょうどうの~を掲かかげる 자유 평등의 기치를 내걸다

たいはい【大敗】【名】【自スル】대패. 참패 ⇔ 大勝たいしょう¶ ~を喫きっする 대패를 맛보다

たいはい【退廃·頹廃】【名】【自スル】퇴폐¶ ~した社会しゃかい 퇴폐한 사회 —的てき 퇴폐적¶ ~なムード 퇴폐적인 무드

だいばかり【大×秤】앉은뱅이저울

たいはく【大白】【文】대백. 큰 술잔 = 大杯たいはい

たいはく【太白】①【天】금성의 딴이름. 태백성 ②「太白砂糖さとう」의 준말. 정제한 흰설탕(으로 만든 엿) ③「太白糸いと」의 준말. 굵은 흰 명주실 ④【植】고구마의 한 품종

だいはちぐるま【大八車·代八車】(사람이 끄는) 대형 이륜 짐수레

だいはちげいじゅつ【第八芸術】제8 예술. 영화. (특히) 무성 영화

たいばつ【体罰】체벌

だいばつ【題×跋】【文】제발. 제사와 발문

だいはっかい【大発会】【經】대발회. 증권 거래소에서 그 해의 첫 입회 ⇔ 大納会だいのうかい

たいはん【大半】태반, 과반, 대부분¶ りんごは~が腐くさっていた 사과는 태반이 썩어 있었다

たいはん【藩】영지가 넓은 藩はん

たいばん【胎盤】【醫】태반

だいばんじゃく【大盤石·大×磐石】대반석 ①큰 바위 ②기초가 튼튼하여 흔들리지 않음¶ ~の構かまえ 요지 부동의 자세

だいはんにゃきょう【大般若経】【佛】대반야경

たいひ【対比】【名】【他スル】대비, 비교, 대조¶ 西洋せいようと東洋とうようとの~ 서양과 동양과의 대비 —的てき 대비적, 대조적

たいひ【待避】【名】【自スル】대피 ①위험을 피함¶ 車くるまを脇わきに~させた 차를 옆으로 대피시키다 ②열차가 대피역에서 기다림¶ ~線せんに入いる 대피선으로 들어가다 —所しょ 대피소

たいひ【退避】【名】【自スル】퇴피, 위험을 피함¶ 津波つなみの前まえに高台たかだいまで~する 해일이 덮치기 전에 높은 지대로 피하다

たいひ【×堆肥】【農】퇴비 = つみごえ¶ ~を施ほどこす 퇴비를 주다

たいひ【貸費】대비. (학비 등을) 빌려줌

たいび【大尾】【文】대미. 끝, 결말

たいひ【大悲】【佛】대비¶ 大慈だいじ~ 대자 대비

だいひつ【代筆】【名】【他スル】대필. 대신 씀

たいひょう【体表】체표. 몸의 표면

たいびょう【大病】대병. 큰병, 중병¶ ~に薬くすりなし 큰병에 약 없다

たいびょう【大×廟】①대묘. 종묘 ②「伊勢神宮いせじんぐう」의 딴이름

だいひょう【大兵】【文】몸집이 큼, 그런 사람 ⇔ 小兵こひょう —肥満ひまん 몸집이 크고 뚱뚱함

だいひょう【代表】【名】【他スル】대표¶ ~電話でんわ

대표 전화/ アメリカを～する文学$_{がく}$ 미국을 대표하는 문학 **—作**$_{さく}$ 대표작 **—者**$_{しゃ}$ 대표자 **—値**$_{ち}$ [統] 대표치. 대표값 **—的**$_{てき}$ [ナ] 대표적 **—取締役**$_{とりしまりやく}$ 대표 이사

だいひん [代品] 대품. 대용품 = 代物$_{だいぶつ}$

たいふ [大夫] [日史] 대부 ①(律令制$_{りつりょう}$에서) 1품 이하 5품 이상인 관리의 칭호. 5품 관직의 통칭 ② → だいぶ(大夫) ③(大名$_{だいみょう}$의 중신인) 家老$_{かろう}$의 딴이름 ④중국 주나라 때의 직명

たいぶ [大部] I [名][ア] 책의 권수나 페이지 수가 많음¶ ～の全集$_{ぜんしゅう}$ 권수가 많은 전집 II [名] 대부분¶ 火災$_{かさい}$で古記録$_{きろく}$の～を失$_{うしな}$う 화재로 옛 기록의 대부분을 잃다

たいぶ [退部] [名][自スル]「부」자가 붙는 단체를 탈퇴함 ⇔ 入部$_{にゅうぶ}$

だいふ [乃父] [フ]①아비, 이 아비 ②남의 아버지. (일반적으로) 아버지

だいふ [代父] [カ] 대부

だいぶ [大分] [副] 매우, 상당히, 꽤 =かなり¶ ～大$_{おお}$きくなった 제법 커졌다/ 今日$_{きょう}$は～寒$_{さむ}$い 오늘은 상당히 춥다

だいぶ [大夫] [日史] (律令制$_{りつりょう}$에서) 職$_{しき}$ 및 坊$_{ぼう}$의 장관

たいふう [台風・<sup>×</sup>颱風] [氣] 태풍

慣用句

—の目$_{め}$ ①[氣] 태풍의 눈 ②[比] 파란을 일으키는 중심이 되는 것

だいふく [大福] ①[文] 대복. 큰 복. 돈이 많고 다복함¶ ～な人 매우 유복한 사람 ②「大福餅$_{だいふく}$」의 준말 **—帳**$_{ちょう}$ (상가에서) 매일의 매상고를 적는 원장 **—餅**$_{もち}$ 팥소를 넣은 둥글넓적한 찹쌀떡

たいぶつ [対物] [名] 대물 ⇔ 対人$_{たいじん}$¶ ～保険 대물 보험 **—レンズ** [物] 대물 렌즈

だいぶつ [大仏] [佛] 대불. 큰 불상 **—開眼**$_{かいげん}$ 대불이 완성되었을 때 눈을 그려 넣어 입혼하는 공양 의식

だいぶつ [代物] 대물. 대용품

だいぶぶん [大部分] 대부분 I [名] 태반¶ 出席者$_{しゃ}$の～ 출석자의 대부분 II [副] 거의¶ 仕事$_{しごと}$に～終$_{お}$わった 일은 거의 끝났다

たいぶんすう [帯分数] [數] 대분수

たいへい [大兵] [文] 대병. 대군 = 大軍$_{たいぐん}$

たいへい [太平・泰平] [名][ア] 태평¶ 天下$_{てんか}$～ 천하 태평 **—を謳歌**$_{おうか}$**する** 태평을 구가하다 **—楽**$_{らく}$ [藝] ①무악(舞楽)의 하나 ②태평스럽게 제멋대로 지껄이거나 행동함. 그런 언동¶ ～を並$_{なら}$べる 태평하게 제멋대로 지껄여대다

慣用句

—の逸民$_{いつみん}$ 세상이 태평할 때 세상을 등지고 멋대로 사는 사람

たいへいよう [太平洋] 태평양 **—戦争**$_{せんそう}$ [史] 태평양 전쟁

たいべつ [大別] [名][スル] 대별. 크게 나눔¶ 三部分$_{ぶん}$に～する 세 부문으로 크게 나누다

たいへん [大変] I [名] 큰일, 큰 변고, 대사¶ 国家$_{こっか}$の～ 국가의 대사 II [ナ] ①대단함, 평

장함, 중대함, 큰일임¶ ～な人出$_{ひとで}$だ 대단한 인파다/～だ, 子供$_{こども}$が車$_{くるま}$にひかれた 큰일났다 아이가 차에 치었다 ②힘듦, 고생스러움¶ ～な試合$_{あい}$ 매우 힘든 경기 III [副] 매우, 대단히¶ ～失礼$_{しつれい}$いたしました 대단히 실례했습니다

たいへん [対辺] [數] 대변. 맞변

たいべん [胎便] [醫] 태변. 배내똥 = かにばば

だいべん [代返] [名][自スル] [俗] (학교에서 출석을 부를 때) 결석한 사람을 대신하여 대답함

だいべん [大便] 대변 = 便$_{べん}$・くそ

だいべん [代弁・代<sup>×</sup>辨] [名][他スル] 대변 ①대신 변상함 修理費用$_{ひよう}$を～する 수리 비용을 대신 변상하다 ②대신 일을 처리함. 대행

だいべん [代弁・代<sup>×</sup>辯] [名][他スル] 대변. 본인을 대신하여 말함 **—者**$_{しゃ}$ 대변자

たいほ [退歩] [名][自スル] 퇴보 ⇔ 進歩$_{しんぽ}$¶ 技術$_{じゅつ}$が～する 기술이 퇴보하다

たいほ [逮捕] [名][他スル] [法] 체포¶ 犯人$_{にん}$を～する 범인을 체포하다 **—状**$_{じょう}$ [法] 체포 영장

たいほう [大方] [文] ①도량이 큼, 그런 사람 ②학문・견식이 높은 사람 ③일반 세상 사람 II [副] 거의, 대부분, 대개 = おおかた

たいほう [大法] [文] 대법. 중요한 법률¶ 天下$_{てんか}$の～ 천하의 대법

たいほう [大砲] [軍] 대포

たいほう [大望] → たいもう

たいぼう [体<sup>×</sup>貌] [文] 체모, 용모, 모습

たいぼう [耐乏] 내핍¶ ～生活$_{せいかつ}$ 내핍 생활

たいぼう [待望] [名][他スル] 대망¶ ～の新人$_{じん}$ 대망의 신인

だいぼうあみ [大謀網] [水] 대모망

たいぼく [大木] 큰 나무 = 大樹$_{たいじゅ}$¶ うどの～ 땅두릅의 큰 나무. 덩치만 크고 쓸모없는 사람

たいほん [大本] [文] 대본. 근본. 기틀 = おおもと¶ 国政$_{こくせい}$の～ 국정의 대본

だいほん [台本] 대본. 각본¶ ～作家$_{か}$ 대본 작가/～を書$_{か}$く 대본을 쓰다

だいほんえい [大本営] [日史] 전시에 天皇$_{てんのう}$에게 직속되었던 최고 통수 기관

だいほんざん [大本山] 대본산. 한 종파의 말사를 통괄하는 본산 ▷ 총본산 다음가는 절

たいま [大麻] ①「幣$_{ぬさ}$」의 높임말 ②(伊勢$_{いせ}$ 신궁 등에서) 신자에게 주는 부적 ③대마, 삼 ④[藥] 대마초

たいまい [大枚] 거금, 많은 돈

たいまい [<sup>×</sup>玳<sup>×</sup>瑁] [動] 대모

たいまつ [<sup>×</sup>松明] 횃불

たいまん [怠慢] [名][ア] 태만¶ 職務$_{しょくむ}$～ 직무 태만/～をそしる 태만함을 비방하다

たいみそ [<sup>×</sup>鯛味<sup>×</sup>噌] 익힌 도미살을 으깨어 된장에 섞은 기호 식품

だいみゃく [代脈] 대맥 = 代診$_{だいしん}$

だいみょう [大名] [日史] ①(平安$_{へいあん}$ 말기에) 넓은 사유지를 소유한 영주 ②(중세에) 넓은 영지와 많은 부하를 거느렸던 유력한 무사 ③(江戸$_{えど}$ 시대에) 만석 이상의 영지를 가지고 将軍$_{しょうぐん}$을 직접 섬길 의무를 졌던 무사 **—一行**

だいみょうじん

列ぎょう ①[史] (江戸시대) 大名의 공식 행렬 ②(比) 많은 사람을 거느리고 감 **一稿**ごう 자잘한 세로 무늬(의 천) **一旅行**ごう 호화판 여행

だいみょうじん [大明神] ①신의 높임말 ②《사람·사물 이름에 붙어》 그것을 떠받들거나 비꼬아 부르는 말¶ かかあ~ 안방 신령님

だいむ [代務] 名他スル 대무. 남을 대신하여 사무를 처리함

たいめい [大命] 대명. 군주나 天皇てんのう의 명령. 칙명¶ ~降下か 대명이 내림

たいめい [待命] 名自スル (文) 대명 ①명령을 기다림 ②(외교관·공무원 등이) 무보직으로 대기함¶ ~大使たいし 대기 대사

だいめい [題名] 제명. 제목= タイトル

だいめいし [代名詞] 대명사 ①[文法] 대이름씨 ¶ 人称にんしょう~ 인칭 대명사 ②대표적인 것¶ 楊貴妃ようきひ は美人びじん の~である 양귀비는 미인의 대명사다

たいめん [体面] 체면¶ ~を保たもつ 체면을 지키다/ ~を重んじる 체면을 중히 여기다

たいめん [対面] 名自スル (文) 대면 ①첫 대면/ 十年じゅうねん ぶりに~する 10년 만에 대면하다 **一交通**こうつう 대면 교통. (인도와 차도의 구별이 없는 곳에서) 사람은 오른쪽·차는 왼쪽으로 마주 보며 다니는 방식

たいもう [大望] 대망= たいぼう

だいもく [題目] ①제목. 표제 ②(연구·토의 등의) 주제 ③ → おだいもく

だいもん [代紋] (대금(代金) 의) 돈. 금전

だいもん [大門] 대문. (절 등의) 정문

だいもん [大紋] ①대문. 큰 무늬 ②대형 가문 (家紋)을 염색한 直垂ひたたれ

だいもんじ [大文字] ①큰 글자 ②큰대(大) 자 ③(8월 16일 밤 우란분재의 행사로서) 京都きょうと 시 如意ケ岳にょいがたけ 의 서쪽 사면에서 「大」자 모양으로 피우는 횃불

たいや [逮夜] [佛] 체야. 장례식이나 기일(忌日) 의 전날 밤

たいやき [鯛焼(き)] 붕어빵

たいやく [大厄] 대액 ①큰 재난 ②(음양도에서) 가장 큰 액년

たいやく [大役] 대역 ①중대한 임무. 대임¶ ~を果はたす 대역을 완수하다 ②중요한 배역

たいやく [大約] 名副 (文) 대략. 대강. 약¶ ~五万人ごまんにん の人出ひとで 대략 5만 명의 인파

たいやく [対訳] 名他スル 대역¶ ~聖書せいしょ 대역 성서

だいやく [代役] (영화·연극 등의) 대역¶ ~を立たてる 대역을 세우다 (쓰다)

たいゆう [大勇] (文) 대용. 참된 용기⇔ 小勇しょうゆう ¶ ~を振ふるう 참된 용기를 떨치다

たいよ [貸与] 名他スル (文) 대여¶ 住居じゅうきょ および 制服せいふく を~する 주거 및 제복을 대여하다

たいよう [大洋] (文) 대양. 큰 바다. 대해¶ ~ 洋·대서양·인도양 등의 약칭 **一州**しゅう 대양주

たいよう [大要] 대요. 개요. 요지. 대강¶ 計画けいかく の~ 계획의 개요

たいよう [太陽] 태양 ①해¶ ~系けい 태양계 ② (比) 위대한 사람. 희망·광명의 상징¶ 心こころ の~ 마음의 태양 **一電池**でんち [電] 태양 전지 **一灯**とう 태양등 **一熱発電**ねつはつでん [工] 태양열 발전 **一年**ねん [天] 태양년 **一暦**れき [天] 태양력. 양력

たいよう [体用] 名 (文) 체용 ①본체와 작용. 실체와 응용= たいゆう ②[文法] 체언과 용언

たいよう [態様·体様] (文) 태양. 양태. 양상. 모양¶ 都市生活としせいかつ の~ 도시 생활의 양태

だいよう [代用] 名他スル 대용¶ ~食しょく 대용식 **一教員**きょういん 임시 교사 **一品**ひん 대용품

たいよく [大欲·大慾] 대욕 ①원대한 욕망. 대망 ②욕심이 많음. 그런 사람 ▷ ①② ⇔ 小欲しょうよく

慣用句
—は無欲むよく に似にたり 대욕은 무욕과 비슷하다

だいよんき [第四紀] [地] (신생대의) 제4기

たいら [平ら] Ⅰ 名 (흔히 지명에 붙어「…だいら」의 꼴로) 산간의 평지. 분지¶ 松本まつもと ~ 松本 분지 Ⅱ ナ ①평평함. 평탄함¶ ~な地形ちけい 평평한 지형 ②(「お~」의 꼴로) 편히 앉음. どうぞお~に 편히 앉으십시오 ③편안함. 평온함¶ 世よ が~に治おさまる 세상이 평온해지다

たいらか [平らか] ナ (文) ①평평함. 평탄함¶ ~な道みち 평탄한 길 ②평온함. 편안함¶ ~な世よ 평온한 세상/ 心中しんちゅう ~でない 마음이 편치 않다

たいらがい [平貝] [貝] 키조개

たいら・ぐ [平らぐ] 自五 (文) (쟁란 등이 진압되어) 평온해지다

たいら・げる [平らげる] 他下一 ①평정하다. 진압하다¶ 賊ぞく を~ 역적을 진압하다 ②먹어 치우다¶ 二人前ににんまえ の料理りょうり を~ 요리 2인분을 다 먹어 치우다

たいらん [大乱] 대란. 큰 난리

たいらん [台覧] (文) 태람. 지체 높은 분이 보심¶ ~の栄えい に浴よくする 태람의 영광을 입다

だいり [内裏] ①天皇てんのう 의 거처. 대궐. 궁궐 ②「内裏雛びな」의 준말 **一雛**ひな 天皇·황후의 모습을 본떠 만든 한 쌍의 인형

だいり [代理] 名他スル 대리¶ 社長しゃちょう の~を 務つとめる 사장 대리를 맡다 **一公使**こうし 대리 공사 **一戦争**せんそう 대리 전쟁 **一店**てん 대리점

だいりき [大力] 名ナ 대력. 힘이 매우 셈. 장사¶ ~無双むそう 대력 무쌍

たいりく [大陸] 대륙 **一間**かん 弾道弾だんどうだん 대륙 간 탄도탄 **一気候**きこう 대륙성 기후 **一棚**だな 대륙 붕 **一的**てき ナ 대륙적

だいりせき [大理石] 대리석

たいりつ [対立] 名自スル 대립¶ ~候補こうほ 대립 후보/ ~が深ふかまる 대립이 심화되다

たいりゃく [大略] 名副 (文) 대략. 개요. 대충¶ 経緯けいい の~を述のべる 경위의 개요를 말하다

たいりゅう [対流] 名自スル [物] 대류¶ ~作用さよう 대류 작용 **一圏**けん 대류권

たいりゅう [滞留] 名自スル (文) ①정체. 적체¶ 郵便物ゆうびんぶつ の~ 우편물의 정체 ②체류. 체재

¶ロンドンに半年<small>はん</small>ほど〜する 런던에 반 년 정도 체류하다

たいりょう【大猟】대렵. (사냥에서) 짐승이 많이 잡힘 ⇔ 不猟<small>ふりょう</small>

たいりょう【大量】대량 ①다량¶〜の注文<small>ちゅうもん</small> 대량 주문 ②〖文〗도량이 넓음. 큰 도량¶〜の人物<small>じんぶつ</small> 도량이 큰 인물 ▷ ①② ⇔ 小量<small>しょうりょう</small> ━生産<small>せいさん</small> 대량 생산 = 量産<small>りょうさん</small>

たいりょう【大漁】대어. 풍어 ⇔ 不漁<small>ふりょう</small> ━貧乏<small>びんぼう</small> 풍어로 값이 떨어져 도리어 수입이 적어짐 ━旗<small>ばた</small> 만선기, 풍어기

たいりょう【退寮】⦗名⦘⦗自スル⦘⦗文⦘기숙사에서 나옴

たいりょく【体力】체력¶〜測定<small>そくてい</small> 체력 측정

たいりん【大輪】대륜. 꽃송이가 큼. 그런 꽃 = だいりん¶〜の菊<small>きく</small>の花<small>はな</small> 대륜의 국화꽃

たいるい【苔類】⦗植⦘태류 = 蘚類<small>せんるい</small>

たいれい【大礼】대례 ①왕실의 중대한 의식¶〜服<small>ふく</small> 대례복 ②중대한 예식

たいれい【頹齢】⦗文⦘퇴령. 노령

たいれつ【隊列】대열¶〜を乱<small>みだ</small>す 대열을 흐뜨리다

たいろ【退路】퇴로. 도망갈 길¶〜を絶<small>た</small>つ 퇴로를 끊다

たいろう【大老】⦗史⦘(江戸<small>えど</small> 시대) 将軍<small>しょうぐん</small>을 보좌하여 정무를 총괄하던 최고 행정관

たいろう【大牢】대뢰 ①(옛날 중국에서) 천자가 사직지신(社稷之神)에게 제사 지낼 때 바치던 소·양·돼지 등의 제물 ②훌륭한 요리¶〜の味<small>あじ</small>わい 대뢰의 풍미 ③(江戸<small>えど</small> 시대) 호적이 있는 서민 범죄자를 수용한 감옥

だいろっかん【第六感】제육감. 육감 = 勘<small>かん</small>

たいわ【対話】⦗名⦘⦗自スル⦘대화

たいわん【台湾】타이완. 대만 ━坊主<small>ぼうず</small> ⦗俗⦘①독두병(禿頭病) ②⦗気⦘겨울에 타이완 근해에서 발생하는 온대 저기압

たいん【多淫】⦗名⦘⦗ダ⦘⦗文⦘다음. 성욕이 강하여 성행위가 지나치게 잦음

たう【多雨】다우. 강우량이 많음

たうえ【田植(え)】⦗農⦘모내기 = 挿秧<small>そうおう</small> ━歌<small>うた</small> ⦗芸⦘모내기 때 부르는 노동요

たうた【田歌·田*唄】⦗芸⦘모내기 때 부르는 노동요가 의식(儀式) 가요로 변한 것

たうち【田打(ち)】봄갈이, 춘경(春耕)

だうん【*朶雲】⦗文⦘존한(尊翰)

たえ【栲】①꾸지나무 섬유로 짠 베 ②베의 총칭

たえ・いる【絶え入る】⦗自五⦘숨이 끊어지다 〔넘어가다〕, 숨이 끊어질 지경이다¶〜ような声<small>こえ</small> 숨이 끊어질 듯한 목소리

たえがた・い【堪(え)難い·耐(え)難い】⦗形⦘참기 어렵다, 견딜 수 없다¶屈辱<small>くつじょく</small> 참기 어려운 굴욕

たえか・ねる【堪(え)兼ねる·耐(え)兼ねる】⦗自下一⦘참지 못하다, 견딜 수 없다¶屈辱<small>くつじょく</small>に〜 굴욕을 참지 못하다

だえき【*唾液】타액. 침 ━腺<small>せん</small> ⦗医⦘타액선. 침샘

たえざる【絶えざる】⦗連語⦘끊임없는, 부단한¶〜努力<small>どりょく</small> 부단한 노력

たえしの・ぶ【堪(え)忍ぶ·耐(え)忍ぶ】⦗他五⦘참고 견디다¶悲<small>かな</small>しみを〜 슬픔을 참고 견디다

たえず【絶えず】⦗副⦘끊임없이, 항상, 언제나¶〜注意<small>ちゅうい</small>する 항상 주의하다

たえだえ【絶え絶え】⦗ダ⦘①곧 끊어질 듯한¶息<small>いき</small>も〜なようす 숨이 곧 끊어질 듯한 모양 ②가끔 중단되는 모양¶話<small>はな</small>し声<small>ごえ</small>が〜に聞<small>き</small>こえる 말소리가 간간이 들리다

たえて【絶えて】⦗副⦘①그 후 내내, 오랫동안¶〜久<small>ひさ</small>しい対面<small>たいめん</small> 오랜만의 대면 ②전혀, 그 후 한 번도, 조금도¶〜音信<small>おんしん</small>がない 전혀 소식이 없다

たえなる【*妙なる】⦗連体⦘⦗文⦘신묘한, 절묘한¶〜楽<small>がく</small>の音<small>ね</small> 신묘한 음악 소리

たえは・てる【絶(え)果てる】⦗自下一⦘①완전히 없어지다, 끊기다¶音信<small>いんしん</small>が〜 소식이 아주 끊기다 ②숨이 아주 끊어지다, 죽다¶遠<small>とお</small>い異国<small>いこく</small>で〜 먼 타국에서 죽다

たえま【絶え間】(멈춘) 틈, (끊어진) 사이 = 切<small>き</small>れ間<small>ま</small>¶雲<small>くも</small>の〜 구름 사이/雨<small>あめ</small>の〜 비가 그친 사이 〜ない⦗形⦘끊임없다, 부단하다

た・える【堪える·耐える】⦗自下一⦘①견디다 ㉠(고통을) 참다¶痛<small>いた</small>みに〜 아픔을 참다 ㉡(외부의 작용 등을) 감당하다, 감내하다¶激務<small>げきむ</small>に〜 격무를 감당하다 ②…할 가치가 있다, …할 만하다¶鑑賞<small>かんしょう</small>に〜作品<small>さくひん</small> 감상할 만한 작품 ③(「…にたえない」의 꼴로) ㉠…해 마지 않다¶感<small>かん</small>に〜·えない 감격해 마지 않다 ㉡차마 …할 수 없다¶聞<small>き</small>くに〜·えない 차마 들을 수 없다

た・える【絶える】⦗自下一⦘끊기다, 끊어지다 ①(계속되던 것이) 중단되다¶通信<small>つうしん</small>が〜 통신이 끊기다 ②다하다, 없어지다¶血筋<small>ちすじ</small>が〜 혈통이 끊기다/命<small>いのち</small>が〜 수명이 다하다

だえん【*楕円】⦗数⦘타원¶〜形<small>けい</small> 타원형

たお・す【倒す】⦗他五⦘①쓰러뜨리다 ㉠넘어뜨리다¶植木鉢<small>うえきばち</small>を〜 화분을 넘어뜨리다 ㉡(조직 등을) 무너뜨리다, 전복하다¶政権<small>せいけん</small>を〜 정권을 무너뜨리다 ㉢(승부에서) 이기다¶優勝候補<small>ゆうしょうこうほ</small>を〜 우승 후보를 쓰러뜨리다 ㉣『斃す』죽이다¶一刀<small>いっとう</small>のもとに〜 단칼에 쓰러뜨리다 ②(빌린 돈 등을) 떼어먹다¶借金<small>しゃっきん</small>を〜 빚을 떼어먹다

たおやか【*嫋やか】⦗ダ⦘⦗文⦘①단아하고 우아함¶〜な女性<small>じょせい</small> 우아한 여성 ②나긋나긋함¶〜になびく柳<small>やなぎ</small> 나긋나긋하게 너울거리는 버들

たおやめ【手弱女】⦗文⦘단아하고 우아한 여성 ━振<small>ぶ</small>り⦗文⦘여성적이고 우아한 가풍

たお・る【手折る】⦗他五⦘⦗文⦘①(꽃·가지를) 꺾다¶桜<small>さくら</small>の一枝<small>ひとえだ</small>を〜 벚나무 한 가지를 꺾다 ②(여성을) 자기 것으로 만들다

タオル(towel)타월. 수건

⦗慣用句⦘━を投<small>な</small>げる ①(권투에서) 시합을 포기하다 ②패배를 인정하고 단념하다

だおれ【倒れ】⦗조어 성분으로서⦘①《동사 連用形에 붙어》…에 전재산을 탕진함¶着<small>き</small>〜 옷치장에 재산을 탕진함 ②《명사에 붙어》 겉보기만 그럴 듯하고 실속이 없음¶看板<small>かんばん</small>〜

たおれる

간판만 그럴 듯함/ 計画が~ 계획은 그럴 듯하나 성과를 거두지 못함
**たお・れる** [倒れる] 自下一 쓰러지다 ①넘어지다¶ あおむけに~ 벌렁 자빠지다 ②(조직 등이) 전복되다, 무너지다¶ 内閣が~ 내각이 무너지다 ③『斃れる』 죽다¶ 凶弾に~ 흉탄에 쓰러지다 ④(병 등으로) 몸져 눕다¶ 過労で~ 과로로 쓰러지다 ⑤도산하다, 파산하다¶ 不景気で会社が~ 불경기로 회사가 쓰러지다
慣用句
ー・れて後已む (文) 죽은 뒤에야 그만두다, 죽을 때까지 계속하다
**たか** [高] ①수량, 액수, 금액¶ 売り上げ~ 매상 금액 ②(사물의) 정도 ③(造語) 수량, 액, …고¶ 生産~ 생산고/ 残~ 잔고 ④(造語) 오름, 비쌈¶ 二十円の~ 20엔 오름 [비쌈] ⑤(造語) 높음¶ 中~ 가운데가 높음
慣用句
ーが知れる (어느 정도인지) 뻔하다, 대수롭지 않다, 별것 아니다
ーを括る 얕보다, 깔보다, 하찮게 여기다
**たか** [°鷹] (動) 매
慣用句
ーは飢えても穂を摘まず 매는 굶주려도 이삭을 쪼아먹지 않는다
**たか** [多寡] (文) 다과, 다소¶ 人員の~は問わない 인원의 다과는 불문하다
**たが** [°箍] (나무통 둘레에 두르는) 테
慣用句
ーが緩む ①긴장이 풀리다, 기강이 해이해지다 ②나이가 들어 기력이 쇠해지다
ーを締める 해이해진 기강을 바로잡다, 마음을 다잡다
**だが** (接) 그렇지만, 하지만, 그러나 = しかし¶ 大分よくなった、~油断はできない 상당히 좋아졌다, 방심은 할 수 없다
**たかあがり** [高上がり] ①높은 곳에 [높이] 오름 ②윗자리에 앉음 ③(비용이) 비싸게 치임
**たかあし** [高足] ①발을 높이 들면서 걸음 ②「竹馬」의 딴이름 ③(밥상 등의) 다리가 긴 것 ー蟹に (動) 거미게
**たかあしだ** [高足駄] 굽 높은 下駄= たかげた
**たか・い** [高い] 形 높다 ①(위치가) 위쪽이다¶ ~山 높은 산/ 背が~ 키가 크다 ②(지위·능력 등이) 윗길이다, 상위이다¶ 格調が~ 격조가 높다/ 目が~ 눈이 높다 ③널리 알려져 있다¶ 評判が~ 평판이 높다 ④(정도·수치 등이) 크다¶ ~点数が~ 높은 점수/ 熱が~ 열이 높다 ⑤(소리가) 크다¶ ソプラノの~声 소프라노의 높은 목소리 ⑥비싸다¶ 税金が~ 세금이 비싸다 ⑦「お~」의 꼴로) 잘난 체하다, 거드름 피우다¶ お~・くとまっている 거드름을 피우고 있다
**たかい** [他界] 타계 I 名 自スル 죽음¶ 祖父は昨年暮れに~しました 조부는 작년 연말에 타계하셨습니다 II 名(佛) 인간계 이외의 세계, 사후의 세계

**たがい** [互い] 서로, 쌍방, 상호¶ ~の利益 상호 이익/ お~さまだ 피차 일반이다
**だかい** [打開] 名 他スル 타개¶ ~策 타개책
**たかいせん** [互い先] (장기·바둑에서) 호선, 맞수= 相先
**たがいちがい** [互い違い] 名(口) 다른 두 가지의 것을 어긋매낌, 엇갈림, 갈마듦 = 交互¶ 大小~に並べる 대소를 번갈아 가며 늘어놓다
**たがいに** [互いに] 副 서로, 함께, 양쪽 모두¶ ~助け合う 서로 돕다
**たかいびき** [高鼾] 코를 크게 곪, 코를 골며 깊이 잠듦¶ ~をかく 코를 크게 골다
**たが・う** [違う] 自五 (文) ①다르다, 틀리다¶ 寸分~・わぬ 조금도 틀리지 않다 ②어긋나다, 벗어나다¶ 理に~ 이치에 어긋나다
**たが・える** [違える] 他下一 ①다르게 하다, 틀리게 하다¶ 方法を~ 방법을 달리 하다 ②어기다, 지키지 않다¶ 約束を~ 약속을 어기다 ③(판단·행동 등을) 잘못하다, 틀리다¶ 計算を~ 계산을 잘못하다
**たかが** [高が] 副 기껏해야, 겨우, 고작¶ 千円の品物 기껏해야 천 엔짜리 물건
**たかがり** [鷹狩(り)] 매사냥
**たかく** [多角] 다각 ①각이 많음¶ ~形 다각형 ②다방면에 걸침¶ 貿易 다각 무역 ー形 (数) 다각형
**たかく** [多額] 名 다액, 고액¶ ~の寄付 다액의 기부
**たかぐもり** [高曇(り)] 구름이 하늘 높이 전면에 끼어 있음
**たかげた** [高下駄] 굽 높은 下駄
**たかさ** [高さ] 높이¶ 山の~ 산의 높이/ ~をはかる 높이를 재다
**たかさごぞく** [高砂族] 고사족, 타이완 원주민
**だがし** [駄菓子] 막과자
**たかしお** [高潮] (気) 고조, 해일 = 津波
**たかしまだ** [高島田] 높게 틀어올린 일본식 여자 머리 모양의 하나 = たかまげ
**たかじゅせい** [他家受精] (生) 타가 수정
**たかじゅふん** [他家受粉] (植) 타가 수분
**たかじょう** [鷹匠] (江戸 시대) 매를 사육·훈련하고 매사냥에 종사하던 사람, 그런 직책
**たかせぶね** [高瀬舟] (얕은 여울에서도 띄울 수 있는) 밑바닥이 넓고 평평한 작은 배
**たかだい** [高台] 고대, 돈대, 주위보다 조금 높은 평지¶ ~の家 고대의 집
**たかだか** [高高] 副 기껏해야, 겨우, 고작¶ せいぜい ~ ~相手は三人だ 상대는 고작 세 사람이다 ー と 副 ①드높이, 높다랗게 ②큰 소리로, 소리 높이
**たかたかゆび** [高高指] 장지, 가운뎃손가락
**たかっずき** [高襷] 끈으로 옷소매를 걷어올림
**たかちょうし** [高調子] 名 ①(목소리가) 고조되어 있음¶ ~に話す 고조된 목소리로 말하다 ②(経) (거래 시세의) 오름세
**だかつ** [蛇蝎] (文) 사갈 ①뱀과 전갈 ②(比) 매우 싫어하는 것¶ ~のごとく嫌う 사갈처럼

싫어하다

**たかつき** [高坏] (음식을 담는) 굽 달린 그릇

**だがっき** [打楽器] 타악기

**たかて こて** [高手小手] 뒷짐 결박

**たかどの** [高殿] 고루(高樓), 높은 전각

**たか とび** [高飛び] (俗) 멀리 달아남, 줄행랑침

**たか とび** [高跳び] (艦) 높이뛰기

**たかとびこみ** [高飛(び)込み] (수영에서) 하이다이빙

**たかどま** [高土間] (옛날 歌舞伎에서) 극장에서) 좌우의 桟敷가 앞쪽에 조금 높게 만든 객석

**たかな** [高菜] [植] 갓

**たかな・る** [高鳴る] [自五] (文) ①(크게) 울려 퍼지다 ¶ ~声援が 크게 울려퍼지는 응원 소리 ②(가슴이) 설레다, 두근거리다 ¶ 期待に胸が~ 기대로 가슴이 설레다

**たかね** [高音] ①고음, 높은 소리 ②높고 낮은 三味線 합주에서 높은 쪽의 소리

**たかね** [高値] ①값이 비쌈, 비싼 가격 ②(거래에서) 상종가 **一引け** (거래에서) 상종가로 거래가 마감됨

**たかね** [高根·高嶺] (文) 고령, 높은 산, 높은 산봉우리 ¶ 富士の~ 후지산의 높은 산봉우리 **一風** 산에서 내리부는 바람, 재넘이
慣用句
**―の花** 높은 산의 꽃, 그림의 떡

**たがね** [*鏨·*鑽] (금속 공예용의) 정, 강철 끌

**たが・ねる** [*綰ねる] [他下一] 모아서 하나로 하다, 다발을 짓다, 묶다

**たかのぞみ** [高望み] [名·自スル] 분수·능력에 넘치는 것을 바람, 지나친 욕심 ¶ ~をする 지나친 욕심을 부리다

**たかは** [*鷹派] [政] 매파, 강경파 ⇔ 鳩派

**たかばなし** [高話] [名·自スル] 거리낌없이 큰 소리로 말함, 그런 이야기, 고담(高談)

**たかはりちょうちん** [高張(り)提灯] 장대 끝에 높이 매다는 큰 초롱

**たかひく** [高低] ①고저, 높낮이 ②평평하지 않음, 울퉁불퉁함 = でこぼこ

**たかびしゃ** [高飛車] [ナ] 고압적임, 고자세임 ¶ ~に出る 고자세로 나오다

**たかふだ** [高札] ①

**たかぶ・る** [高ぶる·昂る] [自五] ①(기분 등이) 고조되다, 흥분하다 ¶ 神経が~ 신경이 흥분되다 ②교만하게 굴다, 우쭐거리다, 뻐기다 ¶ おごり~ 교만하게 뽐내다

**たかべ** [動] 황조어

**たかまがはら** [高天(が)原] (일본 신화에서) 하늘 위의 신들이 산다는 세계 = たかまのはら

**たかまき** [高巻(き)] [名·他スル] (등산에서) 통과하기 어려운 곳을 피해 산비탈로 높이 우회함

**たかまきえ** [高*蒔絵] [美] 옻칠 바탕에 금·은가루로 무늬를 볼록하게 나타낸 蒔絵

**たかまくら** [高*枕] 고침 ①(일본식) 높은 베개 ②안심하고 편히 잠

**たかまげ** [高*髷] → たかしまだ(高島田)

**たかまつ** [高松] 香川현의 현청 소재지

**たかま・る** [高まる] [自五] 높아지다, 오르다, 고조되다 ¶ 人気が~ 인기가 오르다 / 関心が~ 관심이 높아지다

**たかみ** [高み] 높은 곳 ¶ ~に登る 높은 곳에 오르다
慣用句
**―の見物** ①높은 곳에서 하는 구경 ②수수방관함

**たかみくら** [高*御座] (文) ①天皇의 지위 = 皇位 ②天皇의 좌석, 옥좌

**たかめ** [高め] [名ノ] (위치·가격·정도가) 조금 높은[비쌈], 높은[비쌈] 듯함 ¶ ~に値をつける 조금 비싸게 값을 매기다

**たか・める** [高める] [他下一] 높이다 ¶ 声を~ 소리를 높이다 / 地位を~ 지위를 높이다

**たかもも** [高*股] 허벅다리

**タガヤサン** [植] 철도목(鐵刀木)

**たがや・す** [耕す] [他五] 갈다, 일구다 ¶ 田畑を~ 논밭을 갈다 / 荒地を~ 황무지를 일구다

**たかようじ** [高*楊枝·高*楊子] (잘 먹었다는 듯이) 느긋하게 이를 쑤심 ¶ 武士は食わねど~ 무사는 굶고도 이를 쑤신다

**たから** [宝] ①보물, 보배 ¶ ~探し 보물찾기 ②(比) 가장 소중한 사람·물건 ¶ 子~ 소중한 자식 ③(「お~」의 꼴로) 돈, 금전
慣用句
**―の持ち腐れ** 훌륭한 재능이나 물건을 가지고 있으면서도 활용하지 못하고 썩힘

**だから** [接] 그러므로, 그러니까, 그래서 ¶ 親切な人だ, ~みんなに好かれる 친절한 사람이다, 그래서 모두가 좋아한다 **―といって** [接] (口) 그렇다고 해서, 그렇다 하더라도

**たからか** [高らか] (文) (목청·소리 등이) 드높음 ¶ 声~に歌う 소리 높이 노래하다

**たからがい** [宝貝] [動] 자패(紫貝)

**たからくじ** [宝*籤] 복권 ¶ ~に当たる 복권에 당첨되다

**たからづくし** [宝尽く(し)] ①갖가지 보물을 열거하는 것 ②갖가지 보물을 그린 그림·무늬

**たからぶね** [宝船] 보물을 싣고 七福神을 태운 돛단배, 그런 그림

**たからもの** [宝物] 보물 = ほうもつ

**たかり** [*集り] ①(造語) 많이 모임, 떼, 무리 ¶ 人~ 사람의 무리 ②공갈, 공갈꾼 ¶ ゆすり~ 공갈 협박

**たか・る** [*集る] [自五] ①모여들다, 꾀다 ¶ ハエが~ 파리가 꾀다 ②갈취하다, 등치다, 바가지씌우다, 한턱 내게 하다 ¶ 先輩に~ 선배에게 한턱 내게 하다 / やくざに~られる 깡패에게 갈취당하다

**たがる** [助動] (동사·동사형 조동사 連用形에 붙어) …하고 싶어하다 ¶ 人のことを知り~ 남의 일을 알고 싶어하다 / 見~ 보고 싶어하다

**たかわらい** [高笑い] [名ノ] 큰 소리로 웃음, 홍소 ¶ 哄笑ノ 無遠慮に~する 거리낌없이 큰 소리로 웃다

**たかん** [多感] [名ノ] 다감함 ¶ 多情~ 다정다감 / ~な青年 다감한 청년

**だかん** [*兌換] 名他スル 〔經〕태환, 지폐를 본위 화폐와 바꿈 ¶ **—券**〔經〕태환권 **—紙幣**〔經〕태환 지폐

**たかんしょう** [多汗症] 〔醫〕다한증

**たき** [滝] 폭포＝瀑布

**たき** [多岐] 名 ①(길이) 여러 갈래로 갈라짐 ②(일이) 다방면에 걸침 ¶ **複雑な—** 복잡 다기 / **話題が~にわたる** 화제가 여러 방면에 걸치다 **—亡羊** 〔文〕다기 망양

**たぎ** [多義] 다의, 여러 가지 뜻 ¶ **—語** 다의어

**だき** [*唾棄] 名他スル 〔文〕타기, (침 뱉고 싶을 정도로) 멸시함 ¶ **—すべき行為** 타기해야 할 행위

**だき** [舵機] 타기, 배의 키, 조타기

**だき** [惰気] 〔文〕타기, 게으른 마음

**だき・あう** [抱(き)合う] 自五 서로 껴안다, 서로 얼싸안다 ¶ **肩を~** 서로 어깨를 껴안다

**たきあが・る** [炊(き)上がる] 自五 (밥 등이) 다 지어지다 ¶ **御飯が~** 밥이 다 지어지다

**たきあわせ** [炊(き)合(わ)せ] 〔料〕따로 익힌 어패류·채소 등을 한 그릇에 담은 것

**だきあわせ** [抱(き)合(わ)せ] ①두 가지를 하나로 묶음 ②끼워 팔기 ¶ **—販売** 끼워 팔기

**たきおとし** [*焚(き)落(と)し] (타다 남은) 등걸불, 깜부기불＝おき

**だきかか・える** [抱(き)抱える] 他下一 그러안다, 부축하다 ¶ **けが人を~** 부상자를 부축하다

**だきかご** [抱(き)*籠] 죽부인＝竹夫人

**たきぎ** [薪] 땔나무, 장작＝まき ¶ **~をくべる** 나무를 지피다

**たきぎのう** [薪能] 〔藝〕①奈良의 興福寺에서 매년 2월 초순 밤에 장작을 피우고 공연하는 能 ②(그를 본떠서) 절이나 神社 경내에서 밤에 화톳불 등을 피우고 하는 能

**たきぐち** [*焚き口] 아궁이

**たきぐち** [滝口] ①폭포수가 떨어지기 시작하는 곳 ②〔日史〕(平安·鎌倉 시대에) 蔵人所에 소속되어 궁중을 경비하던 무사

**たきぐも** [滝雲] 산의 능선을 덮은 안개구름이 폭포수처럼 떨어지는 모양을 보인 구름

**たきこみごはん** [炊(き)込(み)御飯] 〔料〕고기·생선·채소 등을 넣고 간을 하여 지은 밥

**たきこ・む** [炊(き)込む] 他五 고기·생선·채소 등을 넣어 밥을 짓다

**だきこ・む** [抱(き)込む] 他五 ①그러안다, 끌어안다 ¶ **子を~** 아이를 끌어안다 ②(나쁜 일에) 끌어들이다, 포섭하다 ¶ **友人を~** 친구를 끌어들이다

**たきし・める** [*焚(き)*染める] 他下一 (향을 피워 향내가) 배게 하다 ¶ **着物に香を~** 着物에 향내가 배게 하다

**だきし・める** [抱(き)締める] 他下一 꽉 껴안다, 부둥켜안다 ¶ **再会した我が子を~** 재회한 자식을 부둥켜안다 ②(과거의 기억을) 마음속 깊이 간직하다 ¶ **思い出を心に~** 추억을 마음속에 간직하다

**だきすく・める** [抱(き)*竦める] 他下一 (꼼짝못하게) 꽉 껴안다, 부둥켜안다

**たきだし** [炊(き)出し] (재해시에) 이재민에게 밥을 지어 돌림, 그런 밥

**だきつ・く** [抱(き)着く] 自五 (끌어안듯이) 매달리다 ¶ **母親に~** 어머니에게 매달리다

**たきつけ** [*焚(き)付け] 불쏘시개

**たきつ・ける** [*焚(き)付ける] 他下一 ①불을 지피다 ②선동하다, 꼬드기다, 부추기다 ¶ **若者を~** 젊은이를 선동하다

**たきつぼ** [滝*壺] 용소(龍沼), 용추(龍湫)

**だきと・める** [抱(き)止める·抱(き)留める] 他下一 (꼼짝 못하게) 꽉 껴안다 ¶ **後ろから~** 뒤에서 꽉 껴안다

**だきと・る** [抱(き)取る] 他五 ①받아 안다 ¶ **赤子を~** 갓난아기를 받아 안다 ②꽉 껴안다

**だきね** [抱き寝] 名他スル 안고 잠, 끼고 잠 ¶ **乳飲み子を~する** 젖먹이를 안고 자다

**たきのみ** [滝飲み] (술을) 벌컥벌컥 마심, 단숨에 쭉 들이킴

**たきび** [*焚(き)火] 모닥불[화톳불]을 피움, 모닥불, 화톳불 ¶ **~にあたる** 모닥불을 쬐다

**たきもの** [*焚(き)物] 땔감

**たきもの** [*薫物] 여러 가지 향을 개어 만든 향, 그 향을 피우는 일

**だきゅう** [打球] (야구·골프 등에서) 타구

**たきょう** [他郷] 〔文〕타향, 객지

**たぎょう** [他行] 名自スル 〔文〕출타, 외출

**だきょう** [妥協] 名自スル 타협 ¶ **安易に~する** 쉽게 타협하다

**たきょくか** [多極化] 名自スル 다극화

**たぎ・る** [*滾る·*激る] 自五 ①(물보라를 일으키며) 세차게 흐르다, 소용돌이치다 ¶ **川瀬が~** 여울이 세차게 흐르다 ②(물이) 펄펄 끓어오르다 ¶ **湯が~** 물이 펄펄 끓어오르다 ③(마음이) 끓어오르다, 북받치다 ¶ **血が~** 피가 끓어오르다

**たく** [宅] 音 タク (음) 택. Ⅰ〔造語〕집, 주거 ¶ **宅配** 택배·**自宅** 자택·**住宅** 주택 Ⅱ①(「お~」의 꼴로) 댁 ¶ **先生のお~** 선생님 댁 ②자기 집, 자기 남편 ¶ **~の主人** 제 남편 / **~にもお寄りください** 저의 집에도 들러 주십시오

**たく** [托] 音 タク (음) 탁. 〔造語〕①얹음, 물건을 얹는 받침 ¶ **托鉢** 탁발·**茶托** 차탁 ②믿고 맡기다, 부탁하다 ¶ **委托** 위탁·**一蓮托生** 일련탁생 ¶ 「託」가 대용자

**たく** [択] [擇] 音 タク 訓 えらぶ (음) 택. 〔造語〕고르다, 가려내다 ¶ **択一** 택일·**採択** 채택·**選択** 선택

**たく** [沢] [澤] 音 タク 訓 さわ (음) 택. 〔造語〕①못, 습지 ¶ **沼沢** 소택·**水沢** 수택 ②윤택하다, 풍부하다 ¶ **潤沢** 윤택·**贅沢** 사치 ③은덕을 베풀다 ¶ **恩沢** 은택 ④광택, 윤기 ¶ **光沢** 광택 〔略字訓〕**沢瀉** 택사

**たく** [卓] 音 タク (음) 탁. Ⅰ〔造語〕①뛰어나다 ¶ **卓越** 탁월·**卓見** 탁견·**卓子** 책상 ¶ **卓上** 탁상·**卓球** 탁구·**食卓** 식탁 Ⅱ〔文〕탁자, 책상, 테이블 ¶ **~の**

囲ﾑむ 테이블에 둘러앉다

**たく**[拓] 音タク 訓ひらく|(음)척·탁. 造語 ①개척하다, 넓히다¶開拓ﾀｸ 개척·干拓ﾀｸ 간척 ②탁본하다¶拓本ﾎﾝ 탁본·魚拓ｷﾞｮ 어탁

**たく**[*啄][啄] 音タク 訓ついばむ|(음)탁. 造語 입으로 쪼다¶啄木ﾎﾞｸ 딱따구리 ▷ 熟字訓 啄木鳥ｷﾂ･ﾂｷ 딱따구리

**たく**[託] 音タク 訓かこつける|(음)탁. 造語 ①믿고 맡기다, 부탁하다¶託兒ｼﾞ 탁아·委託ﾀｸ 위탁 ②구실 삼다, 핑계삼다¶託宣ﾀｸ･ｾﾝ·神託ｼﾝ 신탁 ▷ 은 「托」의 대용자

**たく**[*琢][琢] 音タク 訓みがく|(음)탁. 造語 (옥을) 갈고 다듬다¶琢磨ﾏ 탁마·彫琢ﾁｮｳ 조탁

**たく**[濯][濯] 音タク|(음)탁. 造語 (물로) 씻다, 빨다¶洗濯ｾﾝ 세탁

**たく**[鐸] 音タク|(음)탁. 造語 종 모양의 방울¶銅鐸ﾄﾞｳ 동탁·風鐸ﾌｳ 풍경·木鐸ﾓﾀ 목탁

**た·く**[炊く] 他五 ①(밥을) 짓다¶赤飯ｾｷ･ﾊﾝを~ 찰밥을 짓다 ②삶다¶豆ﾏﾒを~ 콩을 삶다

**た·く**[*焚く] 他五 ①(불을) 때다, 지피다¶ストーブを~ 스토브에 불을 피우다 ②태우다¶落ｵち葉ﾊを~ 낙엽을 태우다 ③[*薫く] (향을) 피우다¶香ｺｳを~ 향을 피우다

**だく**[諾] 音ダク 訓うべなう|(음)낙. 造語 ①승낙하다, 응답하다¶許諾ｷｮ 허락·承諾ｼﾞｮｳ 승낙 ②「諾威ﾉﾙｳｪｰ」의 준말. 노르웨이

**だく**[濁] 音ダク·ジョク(ヂョク) 訓にごる·にごす|(음)탁. ①흐리다, 탁하다¶濁酒ﾀﾞｸ 탁주·濁流ﾀﾞｸ 탁류·混濁ｺﾝ 혼탁 ②어지럽다, 추하다, 더럽다¶濁世ｾﾞｲ･ｾﾞ 탁세·汚濁ｵ 오탁 ③「濁音ｵﾝ」의 준말. 탁음¶連濁ﾚﾝ 연탁 ▷ 熟字訓 濁酒ﾄﾞﾌﾞﾛｸ 탁주

**だ·く**[抱く] 他五 ①안다¶赤ｱｶん坊ﾎﾞｳを~ 갓난 아기를 안다 ②껴안다¶肩ｶﾀを~ 어깨를 껴안다 ③(알을) 품다¶親鳥ｵﾔ･ﾄﾞﾘが卵ﾀﾏｺﾞを~ 어미새가 알을 품다

**だく**[駄句] ①서투른 俳句ﾊｲｸ ②자기가 지은 俳句의 겸사말

**たくあつかい**[宅扱い] 발송인의 집에서 받는 사람 집까지 배달해 주는 철도 화물 운송 방식

**たくあん**[沢庵]「沢庵漬ﾂﾞｹ」의 준말 = たくわん —漬 왜무짠지, 단무지

**たぐい**[*類(い)·*比(い)] ①정도가 같은 것, 필적하는 것¶~のない名作ｻｸ 유례 없는 명작 ②같은 종류의 것, 유(類)¶この~のものはたくさんある 이런 유의 것은 많이 있다

**だくい**[諾意] (文) 낙의. 승낙할 의사¶~を示ｼﾒす 승낙할 뜻을 보이다

**たくいつ**[択一] 택일¶二者ｼﾞｬ~ 양자 택일

**たぐいな·い**[*類(い)無い·*比(い)無い] 形 (文) 아주 뛰어나다, 견줄만한 것이 없다¶~剣ｹﾝの達人ｼﾞﾝ 아주 뛰어난 검의 달인

**たぐいまれ**[*類(い)*稀] ア (文) 유례가 드묾¶~な才能ﾉｳ 유례가 드문 재능

**たぐ·う**[*類う·*比う] 自五 (文) 같은 정도의 것이 나란히 있다, 견줄 만하다, 필적하다¶

~ものがない 필적할 만한 것이 없다

**たくえつ**[卓越] 名 自スル 탁월¶~した技量ﾘｮｳ 탁월한 기량

**たぐ·える**[*類える·*比える] 他下一 (文) (나란히 하여) 견주다, 비교하다

**だくおん**[濁音] 文法 (일본어의) 탁음 —符ﾌ 탁음 부호 = 濁点ﾃﾝ

**たくさい**[卓才] 탁재. 탁월한 재능

**たくさん**[沢山] ア 副 (の) ①많음¶本ﾎﾝを持ｶﾓっている 책을 많이 가지고 있다 ②충분함, 더 필요없음¶説教ｾｯ･ｷｮｳはもう~だ 설교는 이제 질색이다 ③(명사에 붙어) 충분할 만큼 많음을 나타냄¶子ｺ~ 자식이 많음

**たくじ**[託兒] 名 탁아 —所ｼﾞｮ 탁아소

**たくしあ·げる**[たくし上げる] 他下一 (소매·옷자락 등을) 걷어올리다, 걷어붙이다¶ズボンを~ 바지를 걷어올리다

**たくしき**[卓識] (文) 탁식. 탁견 = 卓見ｹﾝ

**たくしこ·む**[たくし込む] 他五 ①그러들이다, 그러모으다¶綱ﾂﾅを~ 밧줄을 그러들이다 ②(옷자락 등을) 걷어넣다, 질러 넣다¶シャツをズボンに~ 셔츠를 바지 속에 질러 넣다

**だくしゅ**[濁酒] (文) 탁주. 막걸리

**たくしゅつ**[卓出] (文) 탁출. 뛰어남, 탁월, 걸출¶~した才能ﾉｳ 걸출한 재능

**たくしょ**[謫所] (文) 적소, 유배지 = 配所ﾊｲ

**たくじょう**[卓上] 탁상¶~電話ﾜ 탁상 전화

**たくしょく**[拓殖] 名 自スル 척식. (미개지를) 개척하여 정착함¶~事業ｷﾞｮｳ 척식 사업

**たくしん**[宅診] 名 自スル 택진 ⇔ 往診ｵｳ

**たく·す**[託す·*托す] 他五 → たくする

**だくすい**[濁水] (文) 탁수. 흐린 물 ⇔ 清水ｽｲ

**たく·する**[託する·*托する] 他サ変 ①맡기다, 부탁하다, 의뢰하다¶後事ｺﾞｼﾞを~ 뒷일을 부탁하다 ②빙자하다, 핑계삼다, 구실로 삼다¶病ﾔﾏｲに~して欠席ｹｯ･ｾｷする 병을 핑계삼아 결석하다 ③(다른 것을) 빌어 표현하다¶思ｵﾓいを歌ｳﾀに~ 생각을 노래로 빌어 표현하다

**だく·する**[諾する] 他サ変 (文) 승낙하다, 들어주다¶要請ﾖｳ･ｾｲを~ 요청을 승낙하다

**だくせい**[濁世] (文) 탁세. 혼탁한 세상

**だくせい**[濁声] (文) 탁성. 탁한 목소리

**たくせつ**[卓説] (文) 탁설. 뛰어난 의견

**たくぜつ**[卓絶] 名 自スル 탁절. 비길 데 없이 뛰어남, 탁월¶世ﾖに~した天才ﾃﾝ･ｻｲ 세상에 둘도 없는 천재

**たくせん**[託宣] 탁선. 신탁¶御ｺﾞ~が下ｸﾀﾞる 신탁이 내리다

**たくぜん**[卓然] ｦ (文) 탁연. 탁월함

**たくそう**[託送] 名 自スル 탁송

**だくだく**[副] 땀·피 등이 그치지 않고 흐르는 모양, 줄줄¶~と流ﾅｶれる汗ｱｾ 줄줄 흐르는 땀

**だくだく**[諾諾] (文) 낙낙. 남의 말에 순순히 따름, 고분고분함¶唯々ｲ･ｲ~と要求ﾖｳ･ｷｭｳを受ｳけ入ｲれる 예예 하며 고분고분 요구를 받아들이다

**たくち** [宅地] 택지. 부지¶ ~造成ぞう 택지 조성
**だくてん** [濁点] 仮名かなの 오른쪽 위에 찍어 탁음을 나타내는 부호; 濁音符だくおん
**たくはい** [宅配] 名他スル 택배. (화물 등의) 가정 배달 —便びん 택배편
**たくはつ** [*托鉢] 名スル (佛) 탁발
**たくばつ** [卓抜] ア自スル (文) 탁발. 탁월
**だくひ** [諾否] 낙부. 승낙 여부¶ ~を問とう 승낙 여부를 묻다
**たくぼく** [*啄木] 「キツツキ」의 딴이름. 탁목
**たくほん** [拓本] 탁본. 탑본(榻本) = 石じずり
**たくま** [琢磨] 名自スル(文) 탁마¶ 切磋せっさ~ 절차 탁마
**たくまし・い** [*逞しい] 形 ①억세다, 다부지다, 건장하다¶ ~腕うで 우람한 팔/筋骨きんこつ~ 男おとこ 체격이 건장한 남자 강건하다, 왕성하다 ②강인하다¶ ~商魂しょうこん 억척스런 상혼
**たくましゅう・する** [*逞しゅうする] 他 サ変 ①마음껏 하다¶ 想像そうぞうを~ 마음껏 상상하다 ②(기세를) 떨치다¶ 猛威もういを~ 맹위를 떨치다
**たくまずして** [巧まずして] 連語(文) 의도한 것은 아니나, 뜻밖에도, 공교롭게도; 하지 않아도¶ ~成功せいこうした 뜻밖에도 성공했다
**たくみ** [*匠・*工] 장색, 장인, 목수, 조각사
**たくみ** [巧み] I 名 ①기교, 공들임, 정교함¶ ~を凝こらした家具かぐ 몹시 공들인 가구 ②계략, 계책¶ ~を見抜みぬく 계략을 간파하다 II 形動 솜씨가 좋음, 능란함, 능숙함, 교묘함¶ ~に言いい回まわす 교묘하게 에둘러 말하다
**たく・む** [*巧む・*工む] 他五 ①꾸미다, 기교를 부리다, 궁리하다¶ ~・まざる美びしさ 꾸밈없는 아름다움 ②획책하다, 음모를 꾸미다
**たくら・む** [*企む] 他五 (나쁜 일을) 꾸미다, 획책하다; 陰謀いんぼうを~ 음모를 꾸미다
**たくらん** [*托卵] 動 탁란
**たぐりこ・む** [手繰り込む] 他五 끌어당기다, 당겨들이다¶ 綱つなを~ 밧줄을 당겨들이다
**たくりつ** [卓立] 名自スル (文) 탁립. 특별히 높이 솟음, 한층 더 뛰어남
**だくりゅう** [濁流] 탁류 ⇔ 清流せいりゅう
**たく・る** 他五 ①(옷자락·소매를) 걷어올리다¶ 肩かたまで~・り上あげる 어깨까지 걷어올리다 ②(補助) (連用形에 붙어) 거칠게 (마구) …하다¶ 荷物にもつをひっ~込こむ 짐을 낚아채다
**たぐ・る** [手繰る] 他五 ①(양손으로 번갈아) 당기다, 당겨들이다¶ 凧たこの糸いとを~ 연줄을 당겨들이다 ②(기억 등을) 더듬다¶ 記憶きおくを~ 기억을 더듬다
**だく・る** [駄句る] 自五 (俗) 시시한 시를 짓다
**たく・れる** 自下一 (옷자락 등이) 말려서 구겨지다¶ ワイシャツのすそが~ 와이셔츠 자락이 말려서 구겨지다
**だくろう** [濁浪] (文) 탁랑. 흐린 물결
**たくろん** [卓論] (文) 탁론. 탁설
**たくわえ** [蓄え・*貯え] 비축,(특히) 저축¶ 多少たしょうの~はある 얼마간의 저축은 있다
**たくわ・える** [蓄える・*貯える] 他下一 ①모아 두다, 비축하다, 저축하다¶ 食糧しょくりょうを~ 식량을 비축하다 ②(지식·능력 등을) 쌓다, 기르다¶ 知識ちしきを~ 지식을 쌓다/実力じつりょくを~ 실력을 기르다 ③(수염·머리를) 기르다
**たくわん** [沢庵] (俗) 「たくあん」의 사투리
**たけ** [丈・*長] ①키¶ 背せの~ 신장/草くさの~ 풀의 키 ②(옷 등의) 길이, 기장¶ 袖そで~ 소매 길이 ③모두, 전부¶ 思おもいの~を打うち明あける 생각하고 있는 것을 모조리 털어놓다
**たけ** [竹] (植) 대, 대나무 —の園生そのう 황족
(慣用句)
—を割わったよう (성미가) 대쪽 같은
**たけ** [岳・*嶽] ①높은 산 ②산꼭대기, 정상
**たけ** [*茸] 버섯 = きのこ¶ ~狩がり 버섯따기
**たけ** [他家] 타가. 남의 집
**たげ** 接尾 …하고 싶은 듯한 느낌·모양¶ 何なにか言いい~なそぶり 뭔가 말하고 싶은 기색
**だけ** 副助 (명사·활용어의 連体形, 일부 조사에 붙음) ①(분량·정도·한도) …만큼, …정도, …까지¶ できる~早はやくおいで 될 수 있는 한 빨리 와라 ②(범위·분량을 한정함) …뿐, …만¶ 君きみに~話はなそう 너에게만 이야기하겠다 ③(「…ば…~, …たら…~」의 꼴로) …하면 하는 만큼 …하다¶ 注意ちゅういすればする~反抗はんこうする 주의를 주면 주는 만큼 반항한다 ④(「…~あって, …~のことはある, …~に」의 꼴로) …인 만큼¶ 経験者けいけんしゃ~あって指摘してきが適切てきせつだ 경험자인 만큼 지적이 적절하다
**たげい** [多芸] 名ア 다예. 다재¶ ~な人ひと 재주가 많은 사람
(慣用句)
—は無芸むげい 재주 많은 사람은 특출난 재주가 없어 재주가 없는 것과 같다
**たけうま** [竹馬] ①죽마. 대말¶ ~にまたがる 대말에 걸터타다/~に乗のる 죽마를 타다 ②(江戸戸시대의) 메대나무로 조립한 틀 안에 소쿠리를 놓고 물건을 넣어 운반하던 멜대
**たけえん** [竹縁] 대나무로 만든 툇마루
**たけがき** [竹垣] 대나무 울타리
**たけがり** [*茸狩り] 버섯따기 = きのこがり
**たけかんむり** [竹冠] (한자 부수의) 대죽머리 ▷「第·笑」 등의 부수 부분
**だげき** [打撃] 타격 ①세게 침¶ 頭部とうぶに~を与あたえる 두부에 타격을 주다 ②충격, 손해, 피해¶ 父ちちの死しに大おおきな~を受うける 아버지의 죽음으로 큰 타격을 받다 ③(野) 투수가 던진 공을 타자가 침
**たけくらべ** [丈比べ] 키재기 = 背比せくらべ
**たけざいく** [竹細工] 죽세공(품)
**たけざお** [竹*竿·竹*棹] 대나무 장대
**たけしま** [竹島] (地) 독도(獨島)의 일본식 명칭
**たけす** [竹*簀] 대발
**たけだけし・い** [*猛猛しい] 形(文) ①사납고 용맹스럽다¶ ~若武者わかむしゃ 사납고 용맹스러운 젊은 무사 ②뻔뻔스럽다, 유들유들하다¶ ぬすっと~ 도둑놈 주제에 뻔뻔스럽다
**たけつ** [多血] 名 다혈 —質しつ(心) 다혈질

だけつ [妥結] 图 自スル 타결¶ 交渉こうしょうが~する 교섭이 타결되다

だけど 腰(ロ) 그렇지만, 그러나

たけとんぼ [竹〈蜻蛉〉] (장난감) 도래미

たけなわ [酣・闌] 图 ア 한창, 절정, 그런 시기¶ 宴えんは今いま~だ 주연은 지금 한창이다

たけのあき [竹の秋] (文) 음력 3월의 딴이름

たけのかわ [竹の皮] 죽피, 죽순 껍질

たけのこ [竹の子・*筍・*笋] 죽순¶ 雨後うごの~ 우후 죽순 **―医者**いしゃ 풋내기 의사, 애송이 의사 **―生活**かつ (죽순 껍질을 벗기듯이) 옷가지 등을 조금씩 팔아 이어가는 궁핍한 생활

たけべら [竹*篦] 대주걱

たけぼうき [竹*箒] 대비

たけみつ [竹*光] ①죽도(竹刀) ②잘 들지 않는 칼을 조롱조로 하는 말

たけやぶ [竹*藪] 대밭, 대나무 숲

たけやらい [竹矢来] 대울타리, 대울

たけやり [竹*槍] 죽창, 대창

たけりくる・う [*猛り狂う] 国国 (몹시 흥분하여) 사나워지다, 미친 듯이 날뛰다¶ ~群衆ぐん 사납게 날뛰는 군중

たけりた・つ [*哮り立つ] 国国 사납게 울부짖다, 포효하다¶ ~猛獣もうじゅう 포효하는 맹수

たけりた・つ [*猛り立つ] 国国 몹시 흥분하다, 사납게 날뛰다¶ ~酔漢すいかん 사납게 날뛰는 취한

たけ・る [*哮る] 国国 사납게 울부짖다, 포효하다¶ 猛獣もうじゅうが~ 맹수가 포효하다

たけ・る [*猛る] 国国 ①사나워지다¶ 海うみが~ 바다가 놀치다 ②흥분하다, 과격해지다¶ ~心こころを抑おさえる 흥분한 마음을 가라앉히다

た・ける [長ける] 国下一 뛰어나다¶ 才知さいちに~ 재치가 뛰어나다

た・ける [闌ける] 国下一 ①한창때가 되다, 무르익다¶ 秋あきが~ 가을이 한창이다 ②한창 때를 조금 지나다¶ 年としの~・けた女おんな 한창 때를 좀 넘긴 여자

だけれども 腰(ロ) 그러나, 그렇지만・けれども・だが・だけど¶ ~、現実げんじつには難むずかしい 그렇지만 현실적으로는 힘들다

たけん [他見] (文) 남이 봄, 남에게 보임¶ ~をはばかる書類しょるい 남이 봐서는 안 될 서류

たげん [多元] 图 ア 다원¶ ~的てき 다원적 **―放送**ほう (放) 다원 방송 **―論**ろん (哲) 다원론

たげん [多言] 图 自スル(文) 다언, 말을 많이 함, 여러 말¶ ~を要ようしない 여러 말이 필요 없다

だけん [駄犬] 잡종 개; 雑犬ざっ

たこ [*凧・*紙鳶] 연¶ ~揚あげ 연날리기

たこ [〈胼胝〉] 손이나 발바닥에 생기는 굳은살, 못¶ ペンを握にぎる手ての指ゆびに~ができる 펜 박이다/耳みみに~ができるほど聞きかされた 귀에 못이 박이도록 들었다

たこ [*蛸・*章魚] ①(動) 낙지, 문어 ②달구

たご [*担桶] 물이나 거름을 담아 메어 나르는 통¶ 肥こえ~ 거름통

たこあげ [*凧揚げ] 연날리기

たこあし [*蛸足] (문어발처럼) 여러 갈래로 갈라져 있음¶ ~配線はいせん 여러 갈래로 갈라진 배선

たこう [多幸] 图 ア (文) 복이 많음, 다복¶ 御ご~を祈いのる 다복하시기를 빌다

だこう [蛇行] 图 自スル 사행. 꾸불꾸불 나아감¶ ~する川かわ 꾸불꾸불한 강

たこうしき [多項式] (数) 다항식 ⇔ 単項式たんこうしき

たこく [他国] ①타국, 외국 ⇔ 自国じこく ②타향, 타관¶ ~で苦労くろうする 타향에서 고생하다

たこくせき [多国籍] 다국적¶ ~企業きぎょう 다국적 기업

たごさく [田吾作] (俗) 농사꾼, 시골뜨기

たこつぼ [*蛸*壺] ①(水) 문어・낙지를 잡는 항아리 ②(軍) 개인호, 1인용 참호

たこにゅうどう [*蛸入道] [*蛸]의 딴이름, 낙지, 문어 ②중대가리, 뭉구리= たこぼうず

たこのき [*蛸の木] (植) 판다누스

たこはいとう [*蛸配当] (経) 이익이 없는데도 신용 유지를 위해 무리한 배당금을 주는 일

たこべや [*蛸部屋] 저임금・악조건 하에 강제로 중노동을 시키던 노동자 합숙소

たこぼうず [*蛸坊主] (俗) 중대가리, 뭉구리

たこやき [*蛸焼(き)] 묽은 밀가루 반죽과 잘게 썬 낙지・새우 등을 반구형 틀에서 구운 것

たこん [多恨] ア (文) 다한. 원한・후회가 많음¶ 多情じょう~ 다정다한

たごん [他言] 图 他スル 타언. (비밀 등을) 남에게 말함¶ ~は無用むよう 남에게 말하지 말 것

たさい [多才] 图 ア 다재. 재주가 많음

たさい [多妻] 다처¶ 一夫いっぷ~ 일부 다처

たさい [多彩] 图 ア ①갖가지 색채로 아름다움¶ ~なネオンサイン 다채로운 네온사인 ②종류(変化)가 많고 북적임¶ ~な行事ぎょうじ 다채로운 행사

たざい [多罪] (文) 다죄 ①죄가 많음 ②(편지글에서) 무례나 실수를 사과하는 말. 다사(多謝)¶ 乱筆らんぴつ~ 난필 다죄

だざいふ [大宰府] (史) (律令制りつりょうせいで) 筑前国に設치했던 지방 관청

たさく [多作] 图 他スル 다작¶ ~家か 다작가

ださく [駄作] 졸작

たさつ [他殺] 图 他スル 타살 ⇔ 自殺じさつ

たさん [多産] 图 他スル 다산¶ ~系けい 다산계

ださん [打算] 图 他スル 타산¶ ~が働はたらく 이해 타산이 작용하다 **―的**てき ア 타산적

たざんのいし [他山の石] 타산지석

たし 助動《(문어의 희망의 조동사 [たし]의 終止形)》(말하는 사람의 희망) …하고 싶다¶ ふぐは食くいたい~命いのちは惜おしし 복어는 먹고 싶고 목숨은 아깝고 ②([れる・られる]의 運用形이나 보조동사 [いただき・もらい・くだされ]의 꼴에 딸리어》(상대방에게 바람) …해 주기 바란다, …해 주면 좋겠다¶ 急いそぎ帰かえられ~ 빨리 돌아오시기를 바람

たし [足し] 보탬, 보충, 소용¶ 腹はらの~ 요기/学費がくひの~にする 학비에 보태다

たし [他紙] 타지, 다른 신문

たし [多士] 다사. 많은 인재 **―済済**せいせい 다사 제제. 훌륭한 인물이 많음

たじ【他事】(文) 타사. 딴 일. 남의 일 = よそごと¶ ~ながら御安心下さい 남의 일이지만 안심하십시오

たじ【多事】 다사 ①사건이 많아 세상이 소란함¶ ~多難だ 다사 다난 ②일이 많아 바쁨 身辺~ 신변 다사 **一多端** 名ノ 다사 다단. 일이 많아 바쁨

だし【山車】 제사 의식 때 끌고 다니는 여러 가지 장식을 한 수레 = だんじり・やま

だし【出し・〈出汁〉】 ①가다랭이포・다시마・멸치 등을 삶아 우려낸 국물 ②자기 이익을 위해 이용하는 것. 방편. 구실¶ 人を~に使う 남을 구실로 삼다

[慣用句]
―にする 구실로 삼다¶ 父親の看病を出しにして休暇をとる 부친의 간병을 구실로 휴가를 얻다

だしあ・う【出し合う】他五 함께 내다. 추렴하다¶ 食事代を~ 식사비를 추렴하다

だしいれ【出し入れ】名他スル 넣고 꺼냄. (금전・물품의) 출납¶ 本の~ 책의 출납/ ~自由の口座 입출금이 자유로운 구좌

だしおき【出し置き】 그릇에서 꺼낸 채 오래 둠. 그런 물건¶ 漬物の~はまずい 꺼내어 둔 김치는 맛없다

だしおしみ【出し惜しみ】名他スル (금품 등을) 내는 것을 아까워함. 내기를 꺼림. 会費を~する 회비 내기를 아까워하다

たしか【確か・〈慥か〉】 ① ダナ ①확실함. 틀림없음. 믿을 수 있음¶ 腕は~だ 솜씨는 믿을 만하다 ②명확함. 정확함¶ ~に聞いた 똑똑히 들었다 ③튼튼함. 단단함¶ 基礎が~だ 기초가 튼튼하다 ④(정신・기능 등이) 정상임. 건전함¶ 記憶力は~だ 기억력은 또렷하다 Ⅱ 副 틀림없이. 아마. 분명히¶ ~明日だと思う 틀림없이 내일일 거야

たしか・める【確かめる・〈慥かめる〉】他下一 확인하다¶ 番地を~ 번지를 확인하다

だしがら【出し殻】 ①국물을 우려낸 찌꺼기 ②차를 달여낸 찌꺼기 = 茶殻

だしき・る【出し切る】他五 남김없이 다 내다¶ 力を~ 전력을 다하다

だしこぶ【出し昆布】 국물을 우려내는 데 쓰는 다시마 = だしこんぶ

たしざん【足(し)算】数 덧셈

だししぶ・る【出し渋る】他五 선뜻 내놓으려 하지 않다. 내기 싫어하다¶ 寄付金を~ 기부금을 선뜻 내놓으려 하지 않다

だしじる【出し汁】料 다시마・가다랭이포・멸치 등을 삶아 우려낸 국물 = 出し

たじたじと 副 상대방에게 압도되어 기가 죽은 모양. 쩔쩔매는 모양¶ 激しい剣幕に~なる 서슬이 퍼런 얼굴에 쩔쩔매다

たしつ【多湿】 高温~ 고온 다습

たじつ【他日】(文) 타일. 다른 날. 훗날¶ ~を期す 훗날을 기약하다

だしなげ【出し投げ】相撲 상대의 샅바를 잡고 한 쪽 다리를 뒤로 크게 당겨 몸을 빼면서 넘어뜨리는 기술

たしなみ【嗜み】 ①(예능 등에 관한) 소양. 기호. 취미¶ 茶道の~ 다도에 대한 소양/ ~が上品だ 취미가 고상하다 ②마음가짐¶ ~がよい 마음가짐이 좋다 ③조심함. 절도¶ ~のない人 조심하지 못한 사람

たしな・む【嗜む】他五 ①(예능 등을) 애호하여 익히다. 소양을 쌓다¶ 謡曲を~ 謡曲에 대한 소양을 쌓다 ②(기호품을) 즐기다. 애호하다¶ 酒を~ 술을 즐기다 ③조심하다. 삼가다¶ 身を~ 몸가짐을 조심하다

たしな・める【*窘める】他下一 나무라다. 타이르다. 주의시키다¶ わがままを~ 제멋대로인 것을 타이르다

だしぬ・く【出し抜く】他五 (방심을 틈타거나 속여서) 앞지르다. 따돌리다¶ 相手を~ 상대방을 앞지르다

だしぬけ【出し抜け】ナ 갑작스러움. 느닷없음. 돌연¶ ~の訪問 갑작스러운 방문

たじま【但馬】 일본의 옛 지명. 지금의 兵庫현 북부 지방 = 但州

たしまえ【足し前】 부족분을 메우는 분량・금액. 벌충액. 보충액

だしもの【出し物・〈演し〉物】 상연 작품. 상연물. 공연물¶ 今月の~ 이 달의 상연물

たしゃ【他社】 타사. 다른 회사¶ 神社

たしゃ【他者】(文) 타자. 다른 사람

たしゃ【多謝】(文) 다사 Ⅰ 名自スル 깊이 감사함¶ 多年のご厚誼に~する 다년간의 후의에 깊이 감사하다 Ⅱ 名 (편지글 등에서) 깊이 사과함 = 多罪¶ 乱筆~ 난필 다사

だしゃ【打者】野 타자 強~ 강타자

だじゃく【惰弱・*懦弱】ナ(文) 나약 ①의지가 약함¶ ~な精神 나약한 정신 ②체력・세력이 약함¶ ~なチームを特訓する 약체 팀을 특별 훈련하다

だじゃれ【駄洒落】 시시한 익살¶ ~をとばす 시시한 익살을 떨다

たしゅ【多種】名 다종. 종류가 많음 **一多様** ナ 다종다양. 각양각색

だしゅ【*舵手】 타수. 키잡이 = 舵取り

たしゅう【他宗】 타종. 다른 종파・종교

たじゅうほうそう【多重放送】放 다중 방송

たしゅつ【他出】名自スル(文) 출타. 외출 = 外出¶ ~中 출타 중

たしゅみ【多趣味】名 다취미. 취미가 많음¶ ~な人 취미가 많은 사람

だじゅん【打順】野 타순. 타격 순서

たしょ【他所】(文) 타처. 다른 곳. 타관¶ 居を~に移す 거처를 다른 곳으로 옮기다

たしょう【他生】佛 타생. 전생과 내생

[慣用句]
―の縁 전생의 인연 = 多生の縁

たしょう【他称】文法 3인칭 = 第三人称

たしょう【多少】 다소 Ⅰ 名 많음과 적음¶ ~にかかわらず 다소에 관계 없이 Ⅱ 副 약간. 좀¶ ~違う 다소 다르다

たしょう【多生】 다생 ①佛 몇번이고 다시 태

たずねる

어남 ②〔文〕여럿을 살림¶ 一殺(いっさつ)~ 한 사람을 희생시킴으로써 여럿을 살림
慣用句
—の縁(えん)〔佛〕전생의 인연

たしょう【多祥】〔文〕다상. 다복¶ 御~を祈ります 다복하시길 빕니다

たしょう【多照】〔文〕대조. 일조 시간이 긺

たしょう【多情】[名]〔ア〕다정 ①정이 깊음¶ ~多感(たかん) 다정 다감 ②(이성에 대한) 마음이 변하기 쉬움. 바람기가 있음¶ ~な男(おとこ) 바람둥이 사내 —多恨(たこん)〔文〕다정 다한 —一仏心(いちぶっしん) 다정 불심

だじょうてんのう【太上天皇】양위(讓位)한 天皇(てんのう)에 대한 존칭 = 太上皇(だじょうこう)・上皇(じょうこう)

たしょくずり【多色刷り】〔版〕다색 인쇄

たじろ・ぐ〔自五〕(압도되어)기가 질리다. 위축되다¶ 捨(す)て身(み)の攻勢(こうせい)に~ 필사적인 공세에 위축되다

たしん【他心】〔文〕타심. 딴마음 = 他意(たい)¶ ~をさし挟(はさ)む 딴마음을 품다

だしん【打診】[名]他スル ①〔醫〕몸을 두드려 진찰함 = 叩(こう)打(だ) 타진기 ②상대방의 의향을 떠봄¶ 各人(かくじん)の意向(いこう)を~する 각자의 의향을 타진하다

たしんきょう【多神教】〔宗〕다신교

た・す【足す】〔他五〕①더하다, 합하다¶ 三(さん)に二(に)を~ 3에 2를 더하다 ②(부족분을) 보충하다¶ 水(みず)を~ 물을 더 붓다 ③《「用(よう)を~」의 꼴로》볼일을 보다 ついでに私用(しよう)を~ 내친 김에 사사로운 볼일을 보다

たず【田鶴・鶴】「ツル 학」의 옛이름

だ・す【出す】〔他五〕내놓다, 내다 ①(밖으로) 꺼내다, 옮기다¶ かばんから本(ほん)を~ 가방에서 책을 꺼내다 ②(밖으로) 뻗치다, 내밀다¶ 芽(め)を~ 싹이 돋아나다 ③(딴 곳으로) 가게 하다. 출발시키다¶ 船(ふね)を~ 배를 띄우다 ④(어떤 곳에) 내보내다, 출석・출연시키다¶ 大会(たいかい)に~ 대회에 선수를 내보내다 ⑤(사람을) 보내다 使(つか)いに~ 심부름을 보내다 ⑥(우편물・서류 등을) 보내다, 부치다, 제출하다¶ 手紙(てがみ)を速達(そくたつ)で~ 편지를 빠른 우편으로 부치다 ⑦(돈 등을) 지불하다¶ 寄付金(きふきん)を~ 기부금을 내다 ⑧(소리・빛・열 등을) 발생시키다¶ 音(おと)を~ 소리를 내다 ⑨(분비물 등을) 배출시키다¶ 汗(あせ)を~ 땀을 내다 膿(うみ)を~ 고름을 짜내다 ⑩초과하다, 배출하다, 산출하다¶ 赤字(あかじ)を~ 적자를 내다 ⑪발행하다, 출판하다, 게재하다¶ 詩集(ししゅう)を~ 시집을 내다 ⑫(힘・기운 등을) 더하다, 발휘하다¶ 元気(げんき)を~ せよ 기운을 내라 ⑬제시하다, 내보이다¶ 証拠(しょうこ)を~ 증거를 대다 ⑭제공하다, 주다¶ 客(きゃく)にコーヒーを~ 손에게 커피를 내다 ⑮(표정・행동 등을) 나타내다, 드러내다¶ 口(くち)を~ 말참견을 하다 ⑯(가게를) 차리다, 개설하다, 개업하다¶ 店(みせ)を~ 가게를 내다 ⑰(맛・멋 등을) 나게 하다¶ 甘(あま)みを~ 단맛을 내다 ⑱〔補助〕《連用形에 붙어》㉠밖으로 나오게 하다¶ 友人(ゆうじん)を呼(よ)び~ 친구를 불러 내다 ㉡감추어진 것・없던 것을 있게 하다¶ 新製品(しんせいひん)を作(つく)り~ 신제품을 만들어 내다 ㉢…하기 시작하다¶ 笑(わら)い~ 웃기 시작하다
慣用句
—ことは舌(した)を出(だ)すのも嫌(きら)い 내는 것이라면 혀를 내미는 것조차도 싫다

たすう【多数】다수¶ ~を占(し)める 다수를 차지하다 —決(けつ)다수결

だすう【打数】〔野〕타수

たすか・る【助かる】〔自五〕①살아나다, 목숨을 건지다¶ 命(いのち)が~ 목숨을 건지다/奇跡的(きせきてき)に~ 기적적으로 살아나다 ②(부담・비용을 덜어) 수월해지다, 도움이 되다¶ 手伝(てつだ)ってくれると~ 도와주면 수월해진다

たすき【襷】①(일본옷에서) 소매를 걷어매려고 양 어깨와 겨드랑이를 지나 등에서 X자 모양으로 매는 끈 ②어깨띠¶ 次(つぎ)の走者(そうしゃ)に~を渡(わた)す 다음 주자에게 어깨띠를 건네주다

たすきがけ【襷掛け】襷(たすき)를 맴, 그런 모습¶ ~で働(はたら)く 소매를 걷어붙이고 일하다

たすけ【助け】구조, 도움, 구원¶ 天(てん)の~ 천우(天佑)/ ~を求(もと)める 구조를 청하다/ ~を借(か)りる 도움을 받다

たすけあ・う【助け合う】〔自五〕서로 돕다, 서로 협력하다¶ ~って危機(きき)を乗(の)り切(き)る 서로 도와 위기를 극복하다

たすけぶね【助け船】①구조선 ②도움, 조력, 가세¶ 友人(ゆうじん)に~をだす 친구를 도와 주다

たす・ける【助ける】〔他下一〕①구하다, 살리다, 구조하다 遭難者(そうなんしゃ)を~ 조난자를 구조하다 ②(경제적으로) 돕다, 원조하다¶ 家計(かけい)を~ 가계를 돕다 ③돕다, 거들다¶ 家事(かじ)を~ 가사를 돕다 ④(어떤 상태를 더욱 좋아지도록) 돕다, 촉진하다¶ 産業(さんぎょう)を~政策(せいさく) 산업을 돕는 정책

たずさ・える【携える】〔他下一〕①손에 들다, 휴대하다, 지니다¶ 手土産(てみやげ)を~えて訪問(ほうもん)する 간단한 선물을 들고 방문하다 ②《「手(て)を~」의 꼴로》행동을 같이하다, 협력하다¶ 互(たが)いに手(て)を~えて研究(けんきゅう)を進(すす)める 서로 협력하여 연구를 추진하다 ③데리고 가다, 대동하다¶ 家族(かぞく)を~えて渡米(とべい)する 가족을 데리고 도미하다

たずさわ・る【携わる】〔自五〕〔文〕(어떤 일에) 종사하다, 관계하다¶ 教育(きょういく)に~ 교육에 종사하다

たずねあ・てる【尋ね当てる】〔他下一〕(여기 저기 찾아) 알아내다, 찾아내다¶ 友人(ゆうじん)の転居先(てんきょさき)を~ 친구가 이사간 곳을 찾아내다

たずねあわ・せる【尋ね合(わ)せる】〔他下一〕물어서 확인하다, 조회하다¶ 身元(みもと)を~ 신원을 조회하다

たずねびと【尋ね人】(행방 불명이 되어) 찾는 사람¶ ~広告(こうこく) 사람 찾는 광고

たずねもの【尋ね物】찾는 물건 = 捜(さが)し物(もの)

たずねもの【尋ね者】→ おたずねもの

たず・ねる【尋ねる】〔他下一〕①찾다 ㉠(소재

**を)** 밝혀 내다¶ 母を~ねて三千里 엄마 찾아 삼만리 ㄴ)(도리・기원 등을) 더듬어 밝히다, 캐다¶ 韓国人の起源を~ 한국인의 기원을 캐다 ㄷ)(訪ねる)(사람을) 찾아가다¶ 恩師を母校に~ 모교로 은사를 찾아가다 ㄹ)(어떤 장소를) 방문하다¶ 史跡を~ 사적지를 찾다 ②(訊ねる) 묻다, 질문하다¶ 道を~ 길을 묻다

**だ・する** [堕する] 自サ変 (나쁜 상태・경향으로) 빠지다, 타락하다¶ 生活が放縦に~ 생활이 방종으로 빠지다

**たせい** [他姓] 타성. 남의 성¶ ~を冒す 남의 성을 사칭하다

**たぜい** [多勢] 많은 사람= おおぜい

慣用句
━**に無勢** 중과 부적(衆寡不敵)

**だせい** [惰性] 타성¶ 지금까지의 습관・버릇¶ ~的 타성적/~に流される生活 타성에 젖은 생활 ②관성(慣性)

**だせいせっき** [打製石器] 【考古】 타제 석기

**だせき** [打席] 【野】 타석¶ ~数 타석수/~につく 타석에 들어서다

**たせん** [他薦] 名 他スル 타천. 다른 사람이 추천함 ↔自薦 後任に~される 후임으로 다른 사람의 추천을 받다

**だせん** [打線] 【野】 타선. 타자의 진용¶ ~が爆発する 타선이 폭발하다/ 強力~を誇る 강력 타선을 자랑하다

**たそがれ** [黄昏] (文) 황혼 ①해질 무렵=~時 해질녘 ②(比) 쇠퇴기¶ 人生の~ 인생의 황혼

**だそく** [蛇足] 사족. 군더더기, 필요없는 것¶ ~を加える 사족을 붙이다

**たそくるい** [多足類] 【動】 다족류

**たた** [多多] 副 많이, 여럿¶ 思うことは~ある 생각하는 것은 많이 있다

慣用句
━**益益弁ず** ①일이 많으면 많을수록 잘 처리한다 ②다다익선(多多益善)

**ただ** [唯・只] I 名 ①②名 보통, 여느, 예사¶ ~の人 보통 사람 ㄴ)(부정어가 딸린 꼴로) 그 상태로, 그냥¶ ~ではすまさん 그냥 넘어가지는 않겠다 ②무료, 공짜, 거저¶ ~乗り 무임 승차/~でもらった本 공짜로 받은 책 II 副 ①(흔히 ~だけ・ばかり・のみ・しか) 만, 오로지, 오직¶ 祈るのみ 오로지 기구할 뿐/~泣くばかり 다만 울 뿐 ②그저, 괜히, 헛되이¶ ~考えていたばかりだ 그저 생각만 하고 있었을 뿐이다 ③단(單), 겨우¶ ~一度会った人 단 한 번 만난 사람 III 接 단(但), 단지, 그러나¶ 立派な家だ。~駅から少し遠い 훌륭한 집이다. 단 역에서 조금 멀다

慣用句
━**より高いものは無い** 공짜보다 비싼 것은 없다

**だだ** [駄駄] 응석, 떼¶ ~をこねる 떼를 쓰다

**ただい** [多大] 万 다대. (정도・수량이) 매우 큼¶ ~の影響 다대한 영향

**だたい** [だ体] 【表】 문장 끝에 조동사 「だ」를 쓰는 격의 없는 구어 문체= だ調

**だたい** [堕胎] 名 自スル 타태, 낙태¶ ~罪 낙태죄

**ただいま** [唯今・只今] I 名 副 지금, 현재¶ ~使用中 지금 사용 중 II 副 ①지금 곧, 바로¶ ~参ります 지금 곧 가겠습니다 ②조금 전에, 방금. 막¶ ~出かけたところです 방금 막 나갔습니다 III 感 「ただいま帰りました」의 준말. 다녀왔습니다

**たた・える** [称える・讃える] 他下一 (文) 칭찬하다, 칭송하다, 찬양하다, 치하하다, 기리다¶ 健闘を~ 건투를 치하하다

**たた・える** [湛える] 他下一 (文) ①(액체를) 가득 채우다¶ 目に涙を~ 눈에 눈물을 글썽이다 ②(감정을 얼굴 등에) 나타내다, 띠다¶ 満面に笑みを~ 만면에 웃음을 띠다

**たたかい** [戦い・闘い] 싸움 ①전쟁, 전투¶ 二国間の~ 두 나라간의 전쟁 ②경쟁, 시합¶ ライバルとの~ 라이벌과의 싸움 ③항쟁, 투쟁¶ 貧困との~ 빈곤과의 싸움

**たたか・う** [戦う・闘う] 自五 싸우다 ①전투하다, 전쟁하다¶ 反乱軍と~ 반란군과 싸우다 ②(이익・요구를 위해) 투쟁하다¶ 組合が会社と~ 조합이 회사와 싸우다 (승부・기량을) 겨루다, 시합하다¶ 優勝をかけて~ 우승을 걸고 싸우다 ④(文)(어려움 등과) 맞서다¶ 貧気と~ 졸음과 싸우다

**たたかわ・す** [戦わす・闘わす] 他五 (논쟁・승부 등을) 격렬하게 주고받다[벌이다]¶ 意見を~ 의견을 활발히 주고받다

**たたき** 〈三和土〉 【建】 (현관・부엌・욕실 등의) 시멘트 바닥

**たたき** [叩き・敲き] ①두들김, 때림, 그런 사람¶ 袋~ 뭇매질 ②【料】 고기・생선을 다져 만든 요리¶ あじの~ 전갱이 다짐 ③(江戸~ 시대의) 태형 ④百~ 곤장 백대

**たたきあ・げる** [叩(き)上げる] 他下一 잔다리밟아 오르다, 갖은 고초를 겪고 성공하다¶ 小僧から~げた社長 사동에서 잔다리 밟아 올라간 사장

**たたきうり** [叩(き)売(り)] ①(노점 상인이) 좌판을 두드리고 입담을 하며 물건을 점점 싸게 팖, 그 상인 ②투매(投賣)

**たたきおこ・す** [叩(き)起(こ)す] 他五 ①(자는 사람을) 문을 두드려 깨우다¶ 突然の来訪者に~される 갑자기 찾아온 사람이 문을 두드려 잠이 깨다 ②(자는 사람을) 억지로 깨우다¶ 子供を~して学校にやる 아이를 억지로 깨워 학교에 보내다

**たたきこ・む** [叩(き)込む] 他五 ①때려 박다¶ くさびを~ 쐐기를 때려 박다 ②(난폭하게) 처넣다¶ 穴に~ 구멍에 처넣다 ③(철저하게) 주입하다, 단단히 익히게 하다¶ 基本を~ 기본을 단단히 익히게 하다

**たたきだい** [叩き台] (검토를 거쳐 보다 나은 안을 끌어내기 위해 내놓은) 원안(原案)¶

れを～にして検討(けんとう)を進(すす)める 이것을 원안으로 하여 검토해 나간다

たたきだいく [*叩き大工] 서투른 목수, 고급 기술이 필요하지 않은 일을 하는 목수

たたきだ・す [叩(き)出す] 他五 ①때리기[치기] 시작하다¶太鼓(たいこ)を～ 북을 치기 시작하다 ②내쫓다, 추방하다, 몰아내다¶裏切者(うらぎりもの)を～ 배반자를 내쫓다 ③(판금 등에) 금속판을 두드려서 모양을 만들다 ④(俗)[野] 공을 쳐서 점수를 얻다¶決勝点(けっしょうてん)を～ 결승점을 때려 내다

たたきつ・ける [叩(き)付ける] 他下一 ①세게 내리치다¶窓(まど)に～雨(あめ) 창문을 세차게 내리치는 비 ②내던지다, 내동댕이치다¶辞表(じひょう)を～ 사표를 내던지다

たたきなお・す [叩き直す] 他五 ①(두드려서 형태를) 바로잡다 ②(잘못된 버릇 등을) 바로잡다¶根性(こんじょう)を～ 근성을 바로잡다

たたきのめ・す [*叩きのめす] 他五 ①때려 눕히다¶相手(あいて)を～ 상대를 때려눕히다 ②(정신적인) 타격을 주다¶辛辣(しんらつ)な論評(ろんぴょう)に～される 신랄한 논평에 타격을 입다

たたきふ・せる [叩(き)伏せる] 他下一 때려눕히다 ①마구 때려 쓰러뜨리다 ②굴복시키다¶強敵(きょうてき)を～ 강적을 굴복시키다

たた・く [*叩く・*敲く] 他五 ①치다 ㉠때리다¶はえを～ 파리를 때려 잡다 ㉡두드리다¶戸(と)をどんどん～ 문을 쾅쾅 두드리다 ㉢(세게) 부딪다, 때리다¶雨(あめ)が激(はげ)しく窓(まど)を～ 비가 세차게 창문을 때리다 ②비난하다, 공격하다¶政府(せいふ)の無策(むさく)を～ 정부의 무책을 공격하다 ③쳐부수다¶敵(てき)の精鋭(せいえい)を～ 적의 정예를 쳐부수다 ④값을 마구 깎다¶二束三文(にそくさんもん)に～・いて買(か)う 헐값으로 후려쳐서 사다 ⑤(「…口(くち)を～」의 꼴로) 마구 지껄이다¶むだ口(ぐち)を～ 쓸데없는 말을 지껄이다 ⑥(의견 등을) 묻다, 들어보다, 떠보다¶人(ひと)の意見(いけん)を～ 남의 의견을 들어보다

慣用句

－・けば埃(ほこり)が出(で)る 털면 먼지가 나오기 마련이다

－・けよさらば開(ひら)かれん 두드려라 그러면 열리리라

ただごと [*唯事・*只事・徒事] 예삿일, 보통일¶ これは～ではない 이건 예삿일이 아니다

ただ さえ [*唯さえ] 連語 → ただでさえ

ただし [但し] 接 단, 다만¶会員募集(かいいんぼしゅう)、～未就学児童(みしゅうがくじどう)は除(のぞ)く 회원 모집, 단 미취학 아동은 제외함

ただし・い [正しい] 形 바르다 ①옳다, 올바르다¶礼儀(れいぎ)に～態度(たいど) 예의 바른 태도 ②곧다, 똑바르다¶～姿勢(しせい) 바른 자세

ただしがき [但(し)書(き)] 단서¶～をつける 단서를 붙이다

ただ・す [正す] 他五 바로잡다, 고치다, 가다듬다¶誤(あやま)りを～ 잘못을 바로잡다/ 襟(えり)を～ 옷깃을 여미다

ただ・す [糺す] 他五 (조사하여) 밝히다, 규명하다¶疑惑(ぎわく)を～ 의혹을 밝히다

ただ・す [*質す] 他五 질문하다, 묻다¶疑問点(ぎもんてん)を専門家(せんもんか)に～ 의문점을 전문가에게 묻다

たたずまい [*佇い] 文 서 있는 모습, 모양새, (그 곳에 감도는) 분위기¶庭(にわ)の落(お)ちついた～ 정원의 한적한 분위기

たたず・む [*佇む] 自五 잠시 멈추어 서 있다, 우두커니 서 있다¶街角(まちかど)に～ 길모퉁이에 우두커니 서 있다

ただただ [*唯唯・*只只] 副 오로지, 오직¶～、無事(ぶじ)を祈(いの)る 오로지 무사하기를 빌다

ただちに [直ちに] 副 ①즉시, 곧, 당장에¶～帰(かえ)れ 즉시 돌아가라 ②직접, 바로, 곧¶一瞬(いっしゅん)の油断(ゆだん)が～死(し)につながる 한순간의 방심이 바로 죽음으로 이어진다

だだっこ [駄駄っ子] (口) 응석받이, 떼쟁이

だだっぴろ・い [だだっ広い] 形 (口) 휑뎅그렁하다, 덩그렇다¶～家(いえ) 휑뎅그렁한 집

ただでさえ [*唯でさえ] 連語 그렇지 않아도＝たださえ¶～安(やす)いのに、バーゲンともなると破格(はかく)の安(やす)さだ 그렇지 않아도 싼데 바겐세일이라도 되면 파격적인 가격이다

ただなか [直中・*只中] ①한가운데, 한복판¶町(まち)の～ 마을 한복판 ②한창 때¶暴風雨(ぼうふうう)の～に外出(がいしゅつ)する 폭풍우가 한창일 때 외출하다

ただならぬ [*徒ならぬ] 連語 ①예사롭지 않은, 심상치 않은¶～気配(けはい) 심상치 않은 기색 ②[*啻ならぬ] (「…も～」의 꼴로) …정도가 아닌, …이상으로 나쁜¶犬猿(けんえん)も～仲(なか) 개와 원숭이보다도 더 나쁜 사이

ただに [*啻に] 副(文) (「のみならず・ばかりでなく」 등이 딸리어) 단지, 비단, 다만¶～韓国(かんこく)のみならず全世界(ぜんせかい)にかかわる問題(もんだい) 비단 한국뿐만 아니라 전세계에 관계된 문제

ただのり [*只乗り] 무임 승차

ただばたらき [*只働き] ①무보수로 일함, 공일을 함¶厚意(こうい)で～をした 후의로 공일을 했다 ②헛수고를 함¶努力(どりょく)が～に終(お)わった 노력이 헛수고로 끝나다

ただぼうこう [*只奉公] 무료 봉사, 무보수로 일함

たたみ [畳] ①다다미 ②왜나막신・왜짚신 등의 밑에 붙이는 깔개

慣用句

－の上(うえ)で死(し)ぬ 집에서 편안히 죽다

たたみいわし [畳鰯] 정어리 새끼를 삶아서 통 제로 김처럼 붙여 말린 포

たたみおもて [畳表] (다다미의 거죽에 대는) 골풀 돗자리

たたみがえ [畳替え] 다다미의 겉자리를 갈아대는 일

たたみか・ける [畳み掛ける] 自下一 (틈을 주지 않고) 다그치다, 몰아붙이다¶～・けて質問(しつもん)する 다그쳐 질문하다

たたみこ・む [畳み込む] 他五 ①접어 넣다¶テーブルの脚(あし)を内側(うちがわ)に～ 테이블 다리를 안

たたみすいれん

쪽으로 접어 넣다 ②간직하다, 명심하다¶師のことばを胸に～ 스승의 말씀을 가슴 속에 새기다

たたみ すいれん【畳水練】(다다미 위에서 수영 연습을 한다는 뜻에서) 이론뿐으로 실제로는 도움이 되지 않음

たた・む【畳む】他五 ①개다, 개키다¶洗濯物を～ 빨래를 개다 ②접다¶傘を～ 우산을 접다 ③걷어치우다, 문을 닫다¶店を～ 가게를 걷어치우다 ④(마음 속에) 간직하다¶胸に～んでおく 가슴 속에 간직해 두다 ⑤(俗) 없애다, 죽이다¶～んでしまえ 없애버려

ただ もの【*只者·徒者】보통 사람, 보통내기¶あいつは～ではない 저녀석은 보통내기가 아니다

ただよ・う【漂う】自五 떠돌다¶떠다니다¶波間に～小舟 물결 사이로 떠다니는 작은 배 ②감돌다, 서리다¶気品が～ 기품이 서리다/ 和やかなムードが～ 따뜻한 분위기가 감돌다 ③유랑하다¶諸国を～ 여러 지방을 떠돌다

ただよわ・す【漂わす】他五 띠다, 떠돌게 하다¶口もとに微笑を～ 입가에 미소를 띠다/ よい香りを～ 좋은 향내를 풍기다

たたら〈踏·蹈鞴〉골풀무, 발풀무

[慣用句]
—を踏む ①골풀무질을 하다 ②힘이 넘쳐 헛발을 디디다

たたり【*祟り】①지벌¶山の神の～ 산신의 지벌 ②뒤탈¶後の～が恐ろしい 뒤탈이 무섭다

たたりめ【*祟り目】재앙을 입을 때¶弱り目に～ 엎친 데 덮치기, 설상 가상

たた・る【*祟る】自五 ①지벌입다¶怨霊に～られる 원령에게 지벌입다 ②탈이 되다¶無理がって病気になる 무리가 탈이 되어 병이 나다

ただれ【*爛れ】짓무름, 염증

ただれめ【*爛れ目】다래끼= 眼瞼炎

ただ・れる【*爛れる】自下一 ①짓무르다¶やけどの跡が～ 화상 입은 자리가 짓무르다 ②문란해지다¶酒に～れた生活 술로 문란해진 생활

たたん【多端】名〈文〉다단(일이 많아)¶바쁨, 분주함¶国事～ 국사 다단 ②사건·문제가 많음¶多事～ 다사 다난

たち【立ち】接頭〈文〉(동사에 붙어) 어세를 강하게 하는 말¶～至る (사태에) 이르다/ ～騷ぐ 떠들어대다/ ～かえる 되돌아오다

たち【*達】接尾 (복수를 나타냄)…들¶子供～ 아이들/ 友～ 친구들

たち〈大刀〉(고대의) 도검의 총칭

たち【太刀】(平安시대 이후의) 허리에 차는 의장(儀仗)·전쟁용 큰 칼

たち【*質】①체질, 기질¶疲れやすい～ 쉽게 피로해지는 체질 ②(사물의) 성질, 품질, 질¶～の悪い風邪 악성 감기/ いたずらにしては～が悪い 장난치고는 질이 나쁘다

たち【館】①귀빈·관리가 숙박하는 관사 ②저택 ③작은 성(城) =たて

たち あい【立(ち)会】입회¶①증인으로 立켜봄, 입회인¶第三者の～のもとで話し合う 제삼자의 입회하에 이야기를 나누다 ②〈經〉(거래소에서) 거래원이나 회원이 모여서 매매함¶午後の～ 오후의 입회—演説¶합동 연설—人¶입회인

たち あい【立(ち)合(い)】[相撲] 맞붙기 위해 일어섬, 그 순간

たち あ・う【立(ち)会う】自五 입회하다¶開票に～ 개표에 입회하다

たち あ・う【立(ち)合う】自五 (승부를) 겨루다¶正々堂々と～ 정정 당당히 겨루다

たち あおい【立葵】[植] 접시꽃

たち あがり【立(ち)上がり】①일어섬, 그런 모양의 것 ②(동작·행위의) 시작, 초반¶～の悪いピッチャー 초반이 좋지 않은 투수 ③[相撲] 맞붙은 자세에서 몸을 일으킴

たち あがり【裁(ち)上(が)り】마름질을 끝냄, 마름질한 것

たち あが・る【立(ち)上がる·起(ち)上がる】自五 일어서다 ①일어나다¶椅子から急に～ 의자에서 급히 일어서다 ②(흙먼지 등이) 일다¶土ぼこりが～ 흙먼지가 일다 ③(어려운 상태에 빠진 사람이) 활력을 되찾다¶失意の底から～ 실의를 딛고 일어서다 ④(결의하여) 나서다¶難民の救助に～ 난민 구조에 나서다

たち い【立(ち)居·起(ち)居】기거, 거동¶～が不自由だ 거동이 불편하다—振る舞い 기거 동작, 행동거지

たち いた【裁(ち)板】재단대

たち いた・る【立(ち)至る·立(ち)到る】自五〈文〉(중대한 사태 등에) 이르다¶倒産という事態に～ 도산이라는 사태에 이르다

たちいり きんし【立(ち)入(り)禁止】출입 금지

たち い・る【立(ち)入る】自五 ①(안에) 들어가다, 출입하다¶他人の家に無断で～ 남의 집에 무단으로 들어가다 ②(속속들이) 간섭하다, 관여하다, 개입하다¶私生活に～ 사생활에 간섭하다

たち うお【太刀魚】[動] 갈치

たち うち【太刀打ち】名 自スル ①칼싸움 ②대결함, 맞섬, 맞겨룸¶とても～できない 도저히 맞설 수 없다

たち うり【立(ち)売(り)】名 他スル 가두 판매, 가두 판매원¶新聞の～ 신문의 가두 판매

たち おうじょう【立(ち)往生】名 自スル ①선 채로 죽음 ②(선 채로) 오도 가도 못함, 꼼짝 못함¶車が道の真ん中で～する 차가 길 한복판에서 오도가도 못 하다

たち おく・れる【立(ち)後れる·立(ち)遅れる】自下一 ①뒤늦게 일어서다 ②(일의 시작이) 늦다¶選挙運動の始まりに～ 선거 운동의 시작이 늦다 ③뒤떨어지다¶技術面で～ 기술면에서 뒤떨어지다

**たちおよぎ**【立(ち)泳ぎ】(수영에서) 몸을 세우고 헤엄침, 입영(立泳)
**たちかえ・る**【立(ち)返る】自五 본디 장소・상태로 되돌아가다, 되돌아오다¶初心ことに~ 초심으로 되돌아가다
**たちかぜ**【太刀風】①칼을 휘두를 때 이는 바람 ②맹렬하게 베어 들어가는 칼의 기세
**たちかた**【立方】[歌] (歌舞伎가부키나 일본 무용에서) 춤추는 사람
**たちがれ**【立(ち)枯れ】名 自スル 선 채로 말라죽음, 그런 초목
**たちかわ・る**【立(ち)代(わ)る】他五 교대하다, 교체하다, 갈마들다
**たちき**【立(ち)木】입목, 서 있는 나무
**たちぎえ**【立(ち)消え】①(불이) 타다 말고 꺼짐 ②(일・계획 등이) 흐지부지됨¶計画けいかくが~になる 계획이 흐지부지되다
**たちぎき**【立(ち)聞き】名 他スル 엿들음¶廊下ろうかで~する 복도에서 엿듣다
**たちき・る**【断(ち)切る・断(ち)截る】他五 끊다 ①자르다¶綱なを~ 끈을 자르다 ②차단하다¶退路たいろを~ 퇴로를 차단하다 ③(이어온 관계 등을) 그만두다¶連絡れんらくを~ 연락을 끊다 ④(품고 있던 감정을) 버리다¶未練みれんを~ 미련을 끊다 ⑤【裁(ち)切る】마름질하다, 재단하다
**たちぎれ**【裁(ち)切れ・裁(ち)布】마름질한 옷감
**たちぐい**【立(ち)食い】名 他スル 서서 먹음
**たちぐされ**【立(ち)腐れ】名 自スル ①(초목 등이) 선 채로 썩음 ②(건물 등이) 황폐해짐
**たちくず**【裁ち屑】(천・종이 등의) 재단하고 남은 지스러기, 가윗밥
**たちくらみ**【立(ち)眩み】名 自スル 갑자기 일어섰을 때 현기증이 남
**たちげ**【立(ち)毛】(수확 전의) 논밭의 농작물
**たちげいこ**【立稽古】[劇] 대본 읽기가 끝난 뒤에 동작・표정을 넣어 연습하는 일
**たちこ・める**【立ち込める・立ち籠める】自下一 (연기・안개 등이) 자욱이 끼다¶朝あさもやが~ 아침 안개가 자욱이 끼다
**たちさき**【太刀先】①칼끝 ②(공격하는) 기세¶~が鋭するどい 기세가 날카롭다
**たちさばき**【太刀捌き】칼솜씨¶みごとな~ 훌륭한 칼솜씨
**たちさ・る**【立(ち)去る】自五 (그 자리를) 떠나다, 물러가다¶だまって~ 잠자코 떠나다
**たちさわ・ぐ**【立(ち)騷ぐ】自五 ①떠들어대다¶聴衆ちょうしゅうが~ 청중이 떠들어대다 ②(파도・바람이) 크게 일다, 출렁거리다
**たちしょうべん**【立(ち)小便】名 自スル (변소가 아닌 데서) 소변을 봄
**たちすがた**【立(ち)姿】①서 있는 모습 ②춤추는 모습
**たちすく・む**【立(ち)*竦む】自五 (놀라거나 무서워서) 선 채 꼼짝못하다, 그 자리에 못박히다¶呆然ぼうぜんと~ 망연히 선 채 꼼짝못하다
**たちすじ**【太刀筋】칼솜씨

**たちせき**【立ち席】(극장・탈것 등의) 입석
**たちつく・す**【立ち尽(く)す】自五 내내 서 있다¶雨の中なかに~ 빗속에 내내 서 있다
**たちづめ**【立ち詰め】(장시간을) 계속 서 있음¶~で作業さぎょうする 서서 작업하다
**たちどおし**【立(ち)通し】계속 서 있음= 立ち詰めで¶~で働はたらく 내내 서서 일하다
**たちどころに**【立ち所に】당장, 금방, 즉시¶どんな難題なんだいでも~解決かいけつした 아무리 어려운 문제라도 금방 해결했다
**たちどま・る**【立(ち)止(ま)る】自五 멈춰 서다¶店先みせさきに~ 가게 앞에 멈춰 서다
**たちとり**【太刀取り】①(할복할 때) 뒤에서 목을 치는 사람 ②망나니 ③→太刀持たちもち
**たちなお・る**【立(ち)直る】自五 다시 일어서다 ①똑바로 다시 서다¶よろめいたがすぐ~・った 비틀거렸으나 곧 다시 일어섰다 ②회복되다, 재기하다¶会社かいしゃが~ 회사가 재기하다
**たちながし**【立(ち)流し】입식 개수대, 싱크대
**たちなら・ぶ**【立(ち)並ぶ】自五 ①늘어서다¶屋台やたいが~ 노점이 늘어서다 ②어깨를 나란히 하다, 견주다, 필적하다¶~者ものもいない 견줄 만한 자도 없다
**たちぬい**【立(ち)縫い】재봉, 바느질
**たちの・く**【立(ち)退く】自五 ①떠나다, 물러나다¶デモ隊たいが~ 데모대가 물러가다 ②퇴거하다¶建たて替かえのためアパートを~ 재건축 때문에 아파트에서 퇴거하다
**たちのぼ・る**【立(ち)上る】自五(文) (연기 등이) 피어 오르다¶煙けむりが~ 연기가 피어 오르다
**たちのみ**【立(ち)飲み】서서[선 채로] 마심
**たちば**【立場】입장 ①서 있는 장소, 설 자리¶~を失うしなう 설 자리가 없어지다 ②처지, 형편¶苦くるしい~に立たされている 괴로운 처지에 놓여있다 ③견지, 관점¶賛成さんせいの~をとる 찬성의 입장을 취하다
**たちはだか・る**【立ちはだかる】自五 ①(앞을) 가로막아 서다, 가로막다¶暴あばれ馬うまの前まえに~ 날뛰는 말의 앞을 가로막다 ②(장애물이) 가로놓이다¶眼前がんぜんに~岩壁がんぺき 눈앞에 가로놓인 암벽
**たちはたら・く**【立(ち)働く】自五(文) 부지런히 일하다¶一日中いちにちじゅう~ 하루 종일 부지런히 일하다
**たちばな**【*橘】①감귤류의 옛이름 ②탱자나무
**たちばなし**【立(ち)話】名 自スル 선 채로 이야기함, 그런 이야기¶廊下ろうかで~をする 복도에서 선 채로 이야기하다
**たちはばとび**【立(ち)幅跳び】제자리넓이뛰기
**たちばん**【立(ち)番】名 自スル 서서 망을 봄, 입초¶~に行いく 입초를 서러 가다
**たちふさが・る**【立(ち)塞がる】自五 (앞에) 막아서다, 가로막다¶大手おおでを広ひろげて~ 두 팔을 크게 벌려 가로막다
**たちふるまい**【立(ち)振る舞(い)】①행동거지 ②여행을 떠날 때 베푸는 잔치

**たちまさ・る** 【立(ち)勝る】 自五 (文) (다른 사람보다) 뛰어나다, 더 낫다¶ 実力では彼の方が~ 실력으로는 그가 더 뛰어나다

**たちま・じる** 【立(ち)交じる】 自五 (文) 섞이다, 한패에 끼이다¶ 雑踏に~ 혼잡 속에 파묻히다

**たちまち** 【*忽ち】 副 ①금방, 이내, 순식간에, 삽시간에¶ うわさが~広がる 소문이 금방 퍼지다 ②갑자기¶ ~起こる拍手 갑자기 일어나는 박수

**たちまちのつき** 【立(ち)待(ち)の月】 음력 17일 밤의 달 = 立ち待ち月

**たちまわり** 【立(ち)回り・立(ち)*廻り】 ①돌아다님 ②[劇][映] 난투 장면·연기 ③싸움, 난투¶ 派手な~を演じる 요란한 싸움을 벌이다 →先 출타한 사람이 들르는 곳

**たちまわ・る** 【立(ち)回る・立(ち)廻る】 自五 ①(여기저기) 돌아다니다 ②(약삭빠르게) 처신하다¶ うまく~ 약삭빠르게 처신하다 ③(도망 중인 범인이) 들르다 ④[劇][映] 칼싸움·난투 장면을 벌이다

**たちみ** 【立(ち)見】 (극장 등에서) 서서 봄, 그런 사람, 그런 자리¶ ~席 입석

**たちむか・う** 【立(ち)向かう】 自五 ①마주 보다 ②맞서다, 맞서다¶ 素手で強敵に~ 맨손으로 강적과 맞서다 ③대처하다¶ 難局に~ 난국에 대처하다

**たちもち** 【太刀持ち】 ①[相撲] 横綱가 씨름판에 들어설 때 칼을 받들고 뒤를 따르는 씨름꾼 ②주군의 칼을 들고 곁에서 섬기던 직책, 그런 사람

**たちもど・る** 【立(ち)戻る】 自五 (文) 되돌아오다[가다]¶ 初心に~ 초심으로 되돌아가다

**たちもの** 【断(ち)物】 (신불에게 기원하는 동안) 특정한 음식을 금함, 그런 음식물

**たちもの** 【裁(ち)物】 마름질, 마름질할 천

**たちやく** 【立(ち)役】 [歌舞伎에서] 착한 역의 주연 남우

**たちゆ・く** 【立(ち)行く】 自五 ①(사업·생계가) 꾸려져 나가다¶ 商売が~·かない 장사를 꾸려 나갈 수가 없다 ②(세월이) 지나다¶ 月日が~ 세월이 지나가다

**だちょう** 【駝鳥】 [動] 타조

**たちよみ** 【立(ち)読み】 名 他サ (서점에서 책은 사지 않고) 서서 읽음¶ 雑誌を~する (서점에서) 잡지를 서서 읽다

**たちよ・る** 【立(ち)寄る】 自五 ①들르다¶ 帰りがけに本屋に~ 돌아가는 길에 서점에 들르다 ②다가서다¶ 窓辺に~ 창가로 다가서다

**たちわざ** 【立(ち)技・立(ち)業】 (유도 등에서) 서서 상대방을 공격하는 기술 ⇔ 寝技

**たちわた・る** 【立(ち)渡る】 自五 (文) (구름·안개 등이) 자욱이 끼다¶ 霧が~ 안개가 자욱이 끼다

**たちわ・る** 【断(ち)割る】 他五 쪼개다, 빠개다, 가르다¶ 薪を~ 장작을 빠개다 / 魚の腹を~ 생선의 배를 가르다

**だちん** 【駄賃】 (주로 어린이에게 주는) 심부름 삯

**たちんぼう** 【立ちん坊】 ①오래 선 채로 있음, 그런 사람¶ ~で待ち続ける 오랫동안 서서 기다리다 ②(옛날에) 언덕길에서 수레를 밀어주고 삯을 받던 사람

**たつ** 【達】 【達】 音 タツ・ダチ (음) 달, (造語) ①길이 통하다 闊達 활달·通達 통달 ②다다르다, 도착하다, 이루어지다¶ 達成 달성·発達 발달 ③숙달하다, 달통하다¶ 達人 달인·熟達 숙달 ④(의향·물건을) 전달하다¶ 下達 하달·速達 속달·配達 배달¶ 伊達 멋부림

**たつ** 【*辰】 진 ①십이지의 다섯째, 용 ②진시 ▷ 지금의 오전 8시 또는 그 전후 2시간 ③진방(辰方), 동남쪽

**たつ** 【竜】 용

**た・つ** 【立つ】 自五 ①서다, 서 있다¶ いても~·ってもいられない 안절부절못하다 ②(초목이) 나 있다¶ そばに杉の木が~·っている 옆에 삼나무가 서 있다 ③똑바로 서다¶ 茶柱が~ 찻줄기가 서다 ④[建つ] (건조물이) 세워지다¶ 銅像が~ 동상이 세워지다 ⑤박히다, 꽂히다¶ とげが~ 가시가 박히다 ⑥(어떤 입장에) 처하다¶ 岐路に~ 기로에 서다 ⑦[*起つ] (일이) 일어나다, 떨치고 일어나다¶ 答弁に~ 답변하러 일어서다 ⑧[*起つ] (자리를) 뜨다, 떠나다¶ 席を~ 자리를 뜨다 ⑨[*発つ] 떠나다, 출발하다¶ 十日にここを~ 10일에 여기를 떠나다 ⑩[*起つ] (행동에) 나서다¶ 反対運動に~ 반대 운동에 나서다 ⑪(어떤 현상이) 일어나다 ㉠곤추 서다, 솟다¶ 髪の毛が~ 머리카락이 곤두서다 ㉡(연기가) 피어오르다, 서다¶ 土ぼこりが~ 흙먼지가 일다 ㉢(기포가) 일다¶ 泡が~ 거품이 일다 ㉣(구름·달 등이) 끼다, 걸리다¶ 霧が~ 안개가 끼다¶ (바람·파도가) 일다¶ 涼風が~ 선들바람이 불다 ⑫(널리) 알려지다¶ うわさが~ 소문이 나다 ⑬(눈에) 띄다, 밝혀지다¶ 目に~ 눈에 뜨이다 ⑭(감정이) 고조되다¶ 腹が~ 화가 나다 ⑮(행사가) 개최되다, 개설되다¶ 市が~ 장이 서다 ⑯도움이 되다¶ 役に~ 도움이 되다 ⑰(능력이) 발휘되다¶ 弁が~ 능변이다 ⑱손상되지 않고 유지되다¶ 顔が~ 면목이 서다 ⑲성립되다, 이치에 닿다¶ 見通しが~ 전망이 서다 ⑳(일원으로서) 살아가다¶ 小説家として~ 소설가로 살아가다 ㉑[補助] (동사 連用形에 붙어) 마구 …하다¶ 湯が沸き~ 물이 끓어오르다

慣用句

━·っている者は親でも使え 서 있는 사람이면 부모라도 일을 시켜라

━鳥跡を濁さず 떠날 때는 뒷마무리를 잘 하고 떠나라

━てば芍薬座れば牡丹歩く姿は百合の花 서면 작약이요 앉으면 모란이요 걷는 모습은 백합꽃이로다

た・つ [゚経つ] 自五 ①(시간이) 지나다, 흐르다¶ 時間が~ 시간이 지나다 ②(불이) 다 타다¶ 炭火も~ってしまった 숯불도 다 타 버렸다

た・つ [絶つ・断つ・截つ] 他五 끊다 ①자르다, 절단하다¶ 鎖を~ 쇠사슬을 끊다 ②(관계 등을) 단절하다¶ 国交を~ 국교를 단절하다 ③(계속되던 것을) 그만두다¶ 親からの援助が~たれる 부모로부터의 송금이 끊기다 ④차단하다, 가로막다¶ 退路を~ 퇴로를 차단하다 ⑤(생명을) 멈추게 하다¶ 命を~ 목숨을 끊다

た・つ [裁つ・截つ] 他五 (옷감을) 마르다, 재단하다¶ 型どおりに~ 옷본대로 마르다

だつ [脱] [脱] 音 ダツ 訓 ぬぐ・ぬげる (음) 탈, (造語) ①벗다¶ 脱衣を~ 탈의, 脱皮를~ 탈피 ②제거하다, 빼다, 빠지다¶ 脱色を~ 탈색・脱水를~ 탈수 ③빠져나오다, 자유로워지다¶ 脱出을~ 탈출・脱税를~ 탈세 ④누락되다¶ 脱字를~ 탈자 脱落을~ 탈락 ⑤벗어나다¶ 脱線을~ 탈선・逸脱을~ 일탈

だつ [奪] 音 ダツ 訓 うばう (음) 탈, (造語) 빼앗다, 탈취하다¶ 奪還을~ 탈환・争奪를~ 쟁탈

だ・つ [立つ] 接尾 (명사에 붙어 五段動詞를 만듦)…을 띠다, …다워지다¶ 紫色~ 보랏빛을 띠다/ 殺気~ 살기를 띠다

たつい [達意] 名 文 달의. 자신의 뜻을 남이 알기 쉽도록 전달함¶ ~の文章 뜻이 잘 통하는 글

だつい [脱衣] 名 スル 탈의¶ ~場 탈의장

だつえい [脱営] 名 自スル 탈영¶ 暗闇にまぎれて~する 어둠을 틈타 탈영하다

だっか [脱化] 名 自スル 탈화 ①(곤충 등의) 탈피 ②새로운 형식으로 바뀜, 탈바꿈함

だっかい [脱会] 名 自スル 탈회

だっかい [奪回] 名 他スル 탈회, 탈환 = 奪還¶ 選手権を~する 선수권을 탈회하다

たっかん [達観] 名 他スル 달관 ①(정세를) 넓게 관망함 ②속세를 초월하여 깨달음의 경지에 이름¶ 人生を~する 인생을 달관하다

だっかん [奪還] 名 他スル 탈환 = 奪回¶ 陣地を~する 진지를 탈환하다

だっきゃく [脱却] 名 自他スル 탈각 ①벗어남, 빠져나옴¶ 不振から~する 부진에서 벗어나다 ②(결점 등을) 버림¶ 旧弊を~する 구폐를 버리다

たっきゅう [卓球] 탁구= ピンポン

だっきゅう [脱臼] 名 自スル 医 탈구¶ 右腕を~する 오른쪽 어깨(뼈)가 탈구가 되다

たっきゅうびん [宅急便] 택급편. 택배업

たっきょ [゚謫居] 名 文 적거, 귀양살이

だっきょ [脱去] 名 自スル 文 탈거, 벗어남, 빠져나옴

たづくり [田作り] ①논농사, 논농사를 짓는 사람 ②「ごまめ」의 딴이름, 말린 멸치

たっけい [゚磔刑] 名 文 책형= はりつけ

たっけん [卓見] 탁견¶ ~を示す 탁견을 보이다

たっけん [達見] 文 달견

だっこ [抱っこ] 名 他スル 幼 안음, 안김¶ おんぶに~ 업어주면 안아 달라고 함

だっこう [脱肛] 名 他スル 医 탈항

だっこう [脱稿] 名 他スル 탈고 ⇔ 起稿¶ 長編小説を~する 장편 소설을 탈고하다

だっこく [脱穀] 名 他スル 農 탈곡

だっこく [脱獄] 名 自スル 탈옥¶ ~囚 탈옥수

だつサラ [脱サラ] 俗 탈 샐러리맨. 월급쟁이 생활을 그만두고 자영업을 함

たっし [達し] (관청에서 보내는) 통지, 시달

だっし [脱脂] 名 自スル 탈지 —乳 탈지유 —粉乳 탈지 분유 —綿 탈지면

だつじ [脱字] 탈자¶ 誤字— 오자 탈자

たっしき [達識] 文 달식, 달견= 達見

たっしゃ [達者] 形動 ①능숙함, 능란함¶ 口が~な人 달변인 사람 ②(몸이) 튼튼함, 건강함¶ ~に暮らす 건강하게 지내다

だっしゅ [奪取] 名 他スル 탈취¶ 政権を~する 정권을 탈취하다

だっしゅう [脱臭] 名 他スル 탈취¶ ~剤 탈취제

だっしゅつ [脱出] 名 自スル 탈출¶ 国外に~する 국외로 탈출하다

だっしょく [脱色] 名 他スル 탈색

たつじん [達人] 달인 ①(학문・기예 등에) 뛰어난 사람¶ 剣の~ 검의 달인 ②달관한 사람¶ 人生の~ 인생을 달관한 사람

だっすい [脱水] 名 他スル 탈수¶ ~機 탈수기 —症状 医 탈수 증상

たっ・する [達する] I 自 サ変 이르다 ①(어떤 곳까지) 미치다¶ 傷が骨に~ 상처가 뼈까지 미치다 ②(목적지에) 다다르다, 도달하다¶ 山頂に~ 산꼭대기에 도달하다 ③(의견 등이) 하나로 되다¶ 合意に~ 합의에 이르다 ④(일정 수치에) 달하다¶ 被害は二億円に~した 피해는 2억 엔에 달했다 ⑤(어느 상태에) 다다르다¶ 名人の域に~ 명인의 경지에 이르다다 II 他 サ変 ①이루다, 달성하다¶ 目的を~ 목적을 달성하다 ②시달하다¶ 布告を~ 포고를 시달하다

だっ・する [脱する] 文 I 自 ①벗어나다¶ 窮地を~ 궁지를 벗어나다 ②(조직 등에서) 빠져나오다, 탈퇴하다¶ 組合を~ 조합을 탈퇴하다 ③누락되다, 빠지다¶ 名簿から名前が~ 명단에서 이름이 누락되다 ④(정도・범위를) 넘어서다 II 他 サ変 ①빠뜨리다¶ 字を~ 글자를 빠뜨리다 ②제거하다, 없애다¶ 色を~ 탈색하다 ③(「稿を~」의 꼴로) 원고를 다 쓰다, 탈고하다

たつせ [立つ瀬] 설 자리, 입장, 체면¶ ぼくの~がない 내 입장이 난처하다

たっせい [達成] 名 他スル 달성¶ 目標を~する 목표를 달성하다

だつぜい [脱税] 名 自スル 탈세¶ ~の摘発 탈세의 적발

だっせん [脱線] 名 自スル 탈선 ①文 (열차 등이) 선로를 벗어남¶ ~転覆事故 탈선 전복 사고 ②(이야기・행동 등이) 옆길로 빠짐

¶ 話はなが~する 이야기가 옆길로 빠지다
**だっそ** [脱疽] [醫] 탈저=壊疽さ
**だっそう** [脱走] [名][自スル] 탈주¶ ~兵へい 탈주병
**だつぞく** [脱俗] [名][自スル][文] 탈속¶ ~の境地きゃうち に至いたる 탈속의 경지에 이르다
**たった** [副][口] 단, 단지, 다만, 겨우¶ ~の一ひと つ 겨우 하나/ ~三日みっか 단 3일간
**だったい** [脱退] [名][自スル] 탈퇴¶ 組合くみあひを~す る 조합을 탈퇴하다
**たったいま** [たった今] [副][口] 방금, 지금 막 ¶ ~着ついたばかり 지금 막 당도했어
**たつたひめ** [竜田姫・立田姫] [口] 가을의 여신
**たっちゅう** [(*)塔*頭] [佛] 탑두 ①(선종에서) 조 사(祖師)의 묘소에 세운 탑. 그 탑을 지키는 암자 ②본사의 경내에 있는 작은 절
**だっちょう** [脱腸] [名][自スル][醫] 탈장
**たっつけ** [裁っ着け] 무릎 아래를 끈으로 졸라 매어 각반을 감은 것처럼 만든 はかま
**たて** [接助] ①《활용어의 連用形에 붙음. 撥音 便·五段動詞 イ音便 뒤에서는 「だって」 가 되어 역접·가정 조건을 나타냄》…해도, …하더라도¶ 笑わらはれ~かまわない 비웃어도 상관없다 ②《終止形에 붙어 역접의 관계를 나 타냄》㉠《용언 및 추측의 조동사「う」에 붙어》 …라고 해도, …해 보았자 逃にげようう~ むだな 도망치려 해 보았자 헛수고다 ㉡《용 언에 붙어》 하기는, …로 하자면¶ 速はやいっ ~馬うまに追おっつけないよ 빠르기로 하자면 말로도 따라잡을 수 없어¶ …라고 하지만, …라고 해도¶ 早はやく帰かれっ~無理むりだよ 일 찍 들어가라지만 무리야
**たて** [副] 무리하게, 꼭, 굳이¶ ~の願がひの間 請/ 言いふおうなら 굳이 말한다면
**だって I** [副助] ①《체언·체언 문절에 붙어》… 도 역시, …라도¶ 君きみ~できるよ 너 역시 할 수 있어 ②《체언·체언 문절·連用 문절에 붙어》㉠…도, …라도¶ 英語えいご~数學すうがく~得意とく だ 영어도 수학도 잘하다 ㉡《의문사·의문절 에 붙어》…든, …라도¶ だれ~知しっている 누구든지 알고 있다 ㉢《적은 양·낮은 정도 를 나타내는 말에 붙어》 단…도¶ 一滴いってき~ 飲のめない 단 한 방울도 못 마시다 II [終助] ① 《準体助詞「の」에 붙어》…라고 한다¶ 明日あした も晴はれるの~ 내일도 맑을 거래 ②《문장 끝 의 억양을 높여 반문함》…라고 (했지)¶ す みません? 미안하다고?/ もう終わり~? 이제 끝이라고? ③《의문사·의문절에 붙어 재 확인함》…라고?¶ だれ~? 누구라고 했지? III [接] ①그럴 것이¶ とても間に合あひません ¶ ~人手ひとでが足たりません 도저히 시간 내 에 맞출 수가 없습니다. 그럴 것이 일손이 부 족한 결요 ②하지만, 그런데, 그래도「行 くんじゃなかったの?」「~用事ようじがあったん だもの」「가기로 한 거 아니었어?」「그런데 일이 있었는걸요」
**だっと** [脱兎] 탈토. 매우 빠름, 날쌤¶ ~の ごとく 逃にげる 날쌔게 도망치다
**たっと・い** [尊い・貴い] [形] 고귀[소중]하다

**だっとう** [脱党] [名][自スル] 탈당 ⇔ 入党にゅうとう
**たっと・ぶ** [尊ぶ・貴ぶ] [他][五] 존경[존중]하다
**たづな** [手綱] 고삐 ①말고삐¶ ~をとる 고삐 를 잡다 ②(「~を締しめる[緩ゆるめる]」 등 의 꼴로) 통제¶ ~を緩ゆるめると、すぐ羽目はめ を外はずす 고삐를 늦추면 곧 제멋대로 군다 **捌さばき** ①말을 다루는 솜씨 ②사람·조직을 통제하는 솜씨
**たつのおとしご** [竜の落(と)し子] [動] 해마
**だっぱん** [脱藩] [名][自スル] (江戸えど時대) 藩はんを 떠나 떠돌이 무사가 됨
**だっぴ** [脱皮] [名][自スル] 탈피 ①[動] 허물을 벗 음 ②낡은 생각·습관 등을 버림¶ 因習いんしゅう から~する 인습에서 탈피하다
**たっぴつ** [達筆] [名][ナ] 달필¶ ~の手紙がみ 달 필인 편지/ ~をふるう 달필을 휘두르다
**たっぷり** [副][口] ①듬뿍, 잔뜩¶ ~と食たべる 잔뜩 먹다 ②넉넉하게, 낙낙하게¶ まだ時 間じかんは~ある 아직 시간은 충분히 있다 ③족 히, 좋이, 넉넉히¶ 駅えきまで~二時間じかんはか かる 역까지 2시간은 족히 걸린다
**たつぶん** [達文] [文] 달문 ①뜻이 잘 통하는 문 장 ②능숙한 문장
**だっぷん** [脱糞] [名][自スル] 탈분. 대변을 봄
**だつぶん** [脱文] 탈문. 빠진 문구·문장
**たつべん** [達弁] [文] 달변 = 能弁のうべん¶ ~の政 治家せいじか 달변인 정치가
**だっぽう** [脱帽] [名][自スル] ①탈모. 모자를 벗음 ②(比) 경의를 표함. 항복함¶ 君きみの熱意ねつい には~したよ 자네의 열의에는 항복했네
**だっぽう** [脱法] 탈법¶ ~行為かうい 탈법 행위
**たつまき** [竜巻] [氣] 회오리바람
**たつみ** [辰巳・巽] [名] 진(辰)과 사(巳) 사이의 방향. 동남방 **一上あがり** ①(목소리가) 새되 고 거침 ②(언동이) 상스럽고 거침 **一芸者げいしゃ** (호방한) 江戸えど도 深川ふかがわ의 기생
**だつもう** [脱毛] [名][自他スル] 탈모¶ ~剤ざい 탈모 제/ ~症しゃう 탈모증
**だつらく** [脱落] [名][自スル] 탈락 ①누락. 빠짐¶ 記号きがうが~している 기호가 빠져 있다 ②낙 오. 뒤떨어짐¶ 優勝争ゆうしょうあらそいから~する 우 승 경쟁에서 탈락하다
**だつりゃく** [奪略・奪掠] [名][自他スル] 탈략. 약 탈¶ 金品きんぴんを~する 금품을 약탈하다
**だつりょく** [脱力] 탈력. 몸의 힘이 빠짐¶ ~ 感かん 탈력감
**だつろう** [脱牢] [名][自スル][文] 탈옥
**だつろう** [脱漏] [名][自スル][文] 탈루. 누락¶ 文 章ぶんしょうに~した部分ぶぶんがある 문장에 누락된 부분이 있다
**たて** [立(て)] [接頭] 《역할·직무 등을 나타내 는 명사에 붙어》 제1위. 수석¶ ~役者やくしゃ 수 석 배우
**たて** [立て] ①[形式] 《동사 連用形에 붙어》 갓 …한, …한 지 얼마 안 되는¶ 焼やき~のパン 갓 구워낸 빵/ 入社にゅうしゃ~の新人しんじん 갓 입사 한 신참 ②[助動] 연거푸 진 횟수를 세는 말. 연패¶ 三み~を喫する 3연패를 당하다

たて【盾・*楯】 방패 ①칼・화살 등을 막는 무구 ②(比) 자신을 지키기 위한 수단. 구실¶ ～にする 방패로 삼다, 내세우다
慣用句
——に取る 구실로 삼다, 내세우다
——の半面 사물의 일면
——の両面を見よ 사물의 전체를 관찰하여 판단하라
——を突く 반항하다, 대들다

たて【*殺陣】【*剌】【*映】 칼싸움이나 난투 장면・연기= たちまわり

たて【縦・*竪】 세로 ①상하(수직) 방향, 그 길이¶ 首を～にふる 고개를 끄덕이다, 승낙하다 ②앞뒤 방향, 그 길이¶ ～に並ぶ 앞뒤로 늘어서다 ③(계급・나이 등의 관계가) 종적임, 상하 관계¶ ～のつながり 상하의 유대 ④남북 방향・거리 ⑤날실¶ ①～⑤ ⇔ 横
慣用句
——から見ても横から見ても 위아래로 보나 옆으로 보나, 어느 모로 보나
——のものを横にもしない (게을러서) 손끝 하나 까딱하지 않다

たで【*蓼】【植】 여뀌
慣用句
——食う虫も好き好き (쓴 여뀌를 먹는 벌레가 있듯이) 사람의 기호는 가지 각색이다

だて【〈伊達〉】 名 ⑦ ①(짐짓) 호기를 부림¶ ～の若い衆 호기를 부리는 젊은이들 ②세련됨¶ ～に着こなす 세련되게 차려 입다 ③뽐냄, 멋부림¶ ～や酔狂ではない 멋이나 호기심에서가 아니다
慣用句
——の薄着 (추운 데도) 멋을 내기 위해 옷을 얇게 입음

たて【立(て)】【造語】 ①(동사 連用形・명사 등에 붙어) 짐짓(특별히) …함¶ かばい～ 짐짓 싸고 돎/ 隠し～をする 일부러 숨기다 ②수레에 매는 마소의 수¶ 二頭～の馬車 쌍두 마차 ③배에 딸린 노의 수¶ 八挺～の船 노가 여덟 개 달린 배 ④【映】【劇】 1회 상연 편수¶ 二本～ 두 편 동시 상연 ⑤동시에 두 가지 방법・항목을 취하는 것을 나타내는 말¶ 二本～で方針をたてる 두 판으로 방침을 세우다

だて【建(て)】【造語】 ①건물 양식・층수를 나타냄¶ 一戸～ 독채/ 三階～ 3층집 ②《통화 이름에 붙어》 그 통화로 지불됨을 나타냄¶ ドル～ 달러화 표시

たてあな【縦穴・*竪穴】 수혈 ⇔ 横穴——住居【考古】 (선사 시대의) 수혈 주거

たてあみ【建(て)網・立(て)網】【水】 정치망

たていた【立(て)板】 ①(기대어) 세워 놓은 판자 ②나뭇결이 세로로 나 있는 판자
慣用句
——に水 청산 유수

たていと【縦糸・経糸】 경사, 날실

たてうり【建(て)売(り)】 (장삿속으로) 집을 지어서 팖, 그런 집¶ ～住宅 집장사 집

たて えぼし【立て烏帽子】 꼭대기를 접지 않은 에보시 ⇔ 折りえぼし

だて おとこ【〈伊達〉男】 ①멋쟁이 남자 ②협객, 의협심이 있는 남자= 男伊達

たて おやま【立〈女形〉】【藝】 한 극단에서 여자역을 맡은 수석 남자 배우

たて か・える【立(て)替える】他下一 입체하다, (대금을) 대신 치르다¶ 会費を～する 회비를 입체하다

たて か・える【建(て)替える】他下一 개축하다¶ 母屋を～ 본채를 개축하다

たてがき【縦書き】 종서, 세로쓰기 ⇔ 横書き¶ 日本語はふつう～にする 일본어는 보통 종서로 쓴다

たて か・ける【立(て)掛ける】他下一 기대어 세워 놓다¶ さおを壁に～ 장대를 벽에 기대어 세워 놓다

たてがたき【立敵】【藝】 《歌舞伎에서》 적(敵)의 배역 중 가장 중심이 되는 역

たてがみ【*鬣】【動】 (말・사자 등의) 갈기

たて かんばん【立て看板】 입간판

たて きょうげん【立狂言】【藝】 《人形浄瑠璃에서》 하루 흥행의 주된 상연 종목

たて ぎょうじ【立行司】【相撲】 수석 심판

たて ぎょく【建玉】 건옥, (거래에서) 매매 계약을 한 채 아직 결제되지 않은 물건・주식

たて き・る【立(て)切る・閉(て)切る】他五 ①(문 등을) 꽉 닫다¶ ～った部屋 꽉 닫힌 방 ②(주의・주장 등을) 끝까지 밀고 나가다, 관철하다¶ 操を～ 지조를 끝까지 지키다 ③칸을 막다, 칸막이를 하다¶ 書棚で～ 책장으로 칸막이를 하다

たてぐ【建具】 건구, 창호

たてぐみ【縦組(み)】【版】 세로 조판

たてこう【*竪坑・縦坑】 수갱, 수직 갱도

たてごと【*竪琴】 하프= ハープ

たて こ・む【立(て)込む】自五 ①들끓다, 북적대다= 込み合う¶ 売り場に客が～ 매장에 손님이 북적대다 ②(일이) 쌓이다, 겹치다¶ 仕事が～んで休日もとれない 일이 쌓여서 휴가도 낼 수가 없다

たて こ・む【建(て)込む】自五 (집이) 빽빽이 들어서다¶ 家屋の～町 집이 빽빽이 들어선 동네

たて こ・める【立(て)込める・*閉(て)込める】他下一 (문 등을) 꼭 닫다¶ 雨戸を～ 덧문을 꼭 닫다

たて こも・る【立(て)*籠る】自五 ①(집 안에) 틀어박히다¶ 研究室に～ 연구실에 틀어박히다 ②농성하다¶ 城に～ 농성하다

たてざん【*竪桟・縦桟】【建】 장살, 세로 문살

たてし【*殺陣師】【*剌】【*映】 칼싸움・난투 장면의 연출자

たてじく【縦軸】【數】 종축, 세로축 ⇔ 横軸

たてしげ【縦繁・*竪繁】 名 (장지・격자문 등의) 장살이 보통보다 빽빽하게 박혀 있음

たてじま【縦*縞・*竪*縞】 세로줄무늬 ⇔ 横*縞¶ ～模様 세로줄무늬

**だて しゃ**【〈伊達〉者】 멋쟁이. 화려한 것을 좋아하는 사람= だてもの

**たて しゃかい**【縦社会】 종적 사회

**たてじょう**【楯状】 순상. 방패 모양 **―火山**〖地〗 순상 화산 **―地**〖地〗 순상지

**だて すがた**【〈伊達〉姿】 멋지게 차려 입은 모습. 세련된 모습

**たて つ・く**【楯突く・楯突く】 〖自五〗 반항하다. 대들다¶ 親に~ 부모에게 반항하다

**たて つけ**【立(て)付け・建(て)付け】 (문・미닫이 등의) 여닫히는 상태¶ ドアの~が悪い 문이 잘 여닫히지 않는다

**たて つづけ**【立て続け】 〖名〗 연거푸 함. 잇달음. 계속됨¶ ~の失敗 잇달은 실패

**たて つぼ**【立坪】 (흙・자갈 등의) 여섯 자 입방(약 1.8m³)의 부피= りゅうつぼ

**たて つぼ**【建坪】〖建〗 건평. 건축 면적

**たて とお・す**【立(て)通す】 〖他五〗 관철하다. 견지하다¶ 意地を~ 끝까지 고집을 피우다

**たて なお・す**【立(て)直す】 〖他五〗 ①다시 세우다. 재수립하다¶ 計画を~ 계획을 다시 세우다 ②재정비하다¶ チームを~ 팀을 재정비하다 ③【建(て)直す】 개축하다¶ 離れを~ 별채를 개축하다 ④【建(て)直す】 재건하다¶ 会社を~ 회사를 재건하다

**たて なが**【縦長】 〖名〗 (가로보다) 세로가 긺

**たて ぬき**【経緯】 경위 ①날실과 씨실 ②가로와 세로

**たて ね**【建値】〖経〗 ①(신용 거래에서) 상환 인도 표준 가격 ②(환시세에서) 은행이 공표하는 표준 시세

**たて ば**【立(て)場・建(て)場】 ①〈江戸〉시대〉 교군꾼들의 휴게소 ②넝마주이로부터 폐품을 사들이는 도매상

**たて ひき**【立(て)引(き)・達引(き)】 서로 고집을 부려 다툼¶ 美女をめぐる恋の~ 미녀를 둘러싼 사랑 싸움

**たて ひざ**【立(て)膝】 〖名自スル〗 한쪽 무릎을 세우고 앉음. 그런 모습

**たて ぶえ**【縦笛・竪笛】 세로로 부는 목관 악기의 총칭

**たて ふだ**【立(て)札】 팻말= 高札

**たて まえ**【〈点前〉】 (다도에서) 抹茶를 달여내는 예법= てまえ

**たて まえ**【建前】 (일본 건축에서) 상량. 상량식

**たて まえ**【建(て)前・立(て)前】 (표면상의) 원칙. 방침 ⇔ 本音¶ ~を崩さない 원칙을 깨다

**だて まき**【〈伊達〉巻】 ①(일본 여자옷의) 폭 좁은 속띠 ②으깬 생선 살에 달걀을 섞어 말아 부친 음식

**たて まし**【建(て)増し】 〖名他スル〗 증축¶ 子供部屋を~する 아이 방을 증축하다

**たて まつ・る**【奉る】 〖他五〗 ①바치다. 헌상하다¶ 供物を~ 공물을 바치다 ②(명목상) 받들다. 모시다¶ 会長に~ ってておく (명목상) 회장으로 모셔 두다

**たて みつ**【たて褌】〖相撲〗 샅바의 세로 띠를 이룬 부분

**たて むすび**【縦結び】 매듭이 세로로 되게 맴

**たて め**【縦目】〖版〗 (인쇄 용지에서) 세로로 접은 줄. 세로 주름

**たて めがね**【〈伊達〉眼鏡】 멋으로 쓰는 안경

**たて もの**【建物】 건물. 건축물

**たて やくしゃ**【立役者】 주역 ①〖歌〗 (한 극단의) 주연 배우= 立役 ②중심 인물¶ 優勝への~ 우승의 주역

**だてら**【接尾】《〈신분 등을 나타내는 말에 붙어〉》 …답지 않음. 어울리지 않음¶ 女~に 여자답지 않게

**た・てる**【立てる】〖他下一〗 ①(수직으로) 세우다¶ 玄関前に看板を~ 현관 앞에 간판을 세우다 ②【建てる】 세우다 ㉠(건조물을) 짓다¶ 記念碑を~ 기념비를 세우다 ㉡(국가・도시를) 건립하다¶ 都を~ 수도를 세우다¶ 矢を~ 화살을 꽂다 ④【閉てる】 (문 등을) 닫다¶ 戸を~ 문을 닫다 ⑤(어느 지위・입장에) 서게 하다. 내세우다¶ 弟を証人に~ 동생을 증인으로 세우다 ⑥(누워 있는 것을) 일으켜 세우다¶ 片ひざを~ 한쪽 무릎을 세우다 ⑦(공중으로) 오르게(일게) 하다. 피우다. 일으키다¶ 煙を~ 연기를 피우다/ ほこりを~ 먼지를 일으키다 ⑧(어떤 현상을) 일으키다¶ 波を~ 물결이 일게 하다 ⑨(칼날 등을) 서게 하다. 세우다¶ のこぎりの目を~ 날을 세우다 ⑩(소리를) 내다¶ 足音を~ 발소리를 내다 ⑪(널리) 퍼뜨리다¶ うわさを~ 소문을 내다 ⑫(의지・태도 등을) 내보이다. 제시하다¶ 潔白のあかしを~ 결백에 대한 증거를 제시하다 ⑬(감정 등을) 고조시키다¶ 腹を~ 화를 내다 ⑭다짐하다. 빌다. 바라다¶ お伺いを~ 명확한 지시를 바라다 ⑮세우다. 수립하다¶ 新記録を~ 신기록을 세우다 ⑯【点てる】 (차를) 달이다. 끓이다¶ 茶を一服~ 차를 한 잔 끓이다 ⑰(거품을) 내다. (목욕물을) 데우다¶ 泡を~ 거품을 내다 ⑱(소용이) 되게 하다¶ 役に~ 도움이 되게 하다 ⑲(체면을) 세워주다. 대접하다¶ 顔を~ 체면을 세워주다 ⑳(생계를) 세우다. 유지하다¶ 生計を~ 생계를 유지하다 ⑳(계획 등을) 세우다. 정하다¶ 計画を~ 계획을 세우다 ㉑입신하다¶ 文学で身を~ 문학으로 입신하다 ㉒(도리・순서 등을) 바르게 하다¶ 筋道を~ て話す 조리가 닿게 이야기하다 ㉓〖補助〗《동사 連用形에 붙어》 마구(연해) …대다¶ 書き~ 써대다/ 騒ぎ~ 떠들어대다

**た・でる**【他下一】 ①(따뜻한 물로 종기 등을) 찜질하다 ②배 밑바닥을 그을려 습기를 없애다

**たて わり**【縦割り】 〖名〗 ①세로로 쪼갬 ②(집단이) 상하 관계로[종적으로] 조직화됨¶ ~行政 종적 행정¶ ⇔ 横割り

**だ てん**【打点】 타점 ①〖野〗 타자가 안타 등으로 득점한 점수 ②(배구・테니스 등에서) 공을 치는 높이¶ ~が高い 타점이 높다

**だ でん**【打電】 〖名自スル〗 타전¶ 記事を~する

たとい【〈仮令〉・〈縦令〉】副 (「とも・ても」等が 이 딸리어) 가령. 설사. 설령＝たとえ・かり に¶ ～むだになってもやってみよう 설사 헛 수고가 될지라도 해 보자
たとう【畳】「畳紙」의 준말
たどう【他動】①名 타동. 다른 데서 작용이 미 침. 다른 것에 작용함¶「他動詞」의 준말
だとう【打倒】名 他スル 타도¶ 宿敵を～す る 숙적을 타도하다
だとう【妥当】ナ 自スル 타당¶～な意見 타 당한 의견 一性 타당성
たとうがみ【畳紙】①(옛날에) 품에 지녔다가 시가(詩歌)를 적거나 휴지로 쓰던 종이＝懷 紙 ②(일본옷을 보관하는 데 쓰는) 옻・감 물을 먹인 두꺼운 포장지
たどうし【他動詞】【文法】타동사
たとうせい【多党制】【政】다당제. 복수 정당제
たとうるい【多糖類】【生】다당류
たとえ【例え・譬え・喩え】①비유¶ ～を引 く 비유를 들다 ②비슷한 예¶ ～を挙げる 비슷한 예를 들다
たとえ【〈仮令〉・〈縦令〉】副 → たとい
たとえば【例えば】副 예를 들면. 예컨대
たとえばなし【譬え話】우화＝寓話
たと・える【例える・譬える・喩える】他下一 비유하다. 비기다¶ 人生を旅に～ 인생을 여행에 비유하다/ ～・えようのない美しさ 비길 데 없는 아름다움
たどく【多読】名 他スル 다독. 책을 많이 읽음
たどたどし・い【*辿辿しい】形 (동작・말투 등이) 더듬거리다¶ ～足どり 더듬거리는 발 걸음/～英語で答えた 더듬거리는 영어로 대답했다
たどりつ・く【*辿り着く】自五 겨우 다다르 다¶ 山頂に～ 겨우 산꼭대기에 다다르다
たど・る【*辿る】他五 ①(어떤 행정에) 오르 다¶ 家路に～ 귀로에 오르다 ②(험하거나 모르는 길을) 더듬어 가다¶ 山道を～ 산 길을 더듬어 가다 ③(어떤 방향으로) 나아가 다¶ 破滅の道を～ 파멸의 길을 걷다 ④ 더듬다¶ (기록・지도 등에) 따르다¶ 地図 を広げてコースを～ 지도를 펼쳐 코스를 찾 아가다 ⓒ(사실 관계를) 추적하다¶ 犯人 の足取りを～ 범인의 발자취를 더듬다 ⓒ (기억을) 되살려 가다¶ 思い出を～ 추억 을 더듬다
たどん【*炭団】①숯가루로 만든 조개탄 ②(俗) 【相撲】졌음을 나타내는 검은 동그라미
たな【*店】가게. 상점¶ お～の主人 가게 주인¶ 商品 陳列대 ③셋집¶ ～賃 집세
たな【棚】①선반¶ 本～ 서가/ ～をつる 선 반을 매다 ②덩굴 시렁¶ ぶどう～ 포도 덩굴 시렁 ③(육지에 이어지는) 바다 밑의 경사가 완만한 곳¶ 大陸～ 대륙붕
慣用句
一から牡丹餅 굴러 들어온 호박
一に上げる ①짐짓 모르는 체하다. 접어두

다 ②방치하다
たなあげ【棚上げ】名 他スル ①(수급 조정을 위 해) 상품 출고를 일시 중지함 ②보류함¶ 議 案を～する 의안을 보류하다
たなうけ【*店請け】(가옥・건물의) 임차 보증. 임차 보증인¶ ～人 임차 보증인
たなおろし【棚卸(し)・*店卸(し)】名 他スル ① 재고 조사 ②(남을) 흠봄. 헐뜯음 一資産 재고 조사 자산
たなぎょう【棚経】우란분재(盂蘭盆齋)때 승려 가 집집마다 돌며 불단 앞에서 불경을 욈
たなぐも【棚雲】(文) 옆으로 길게 뻗친 구름
たなこ【*店子】세든 사람. 세입자 ⇔大家
たなご【*鱮】【動】납자루＝망성어
たなごころ【*掌】(文) 손바닥＝てのひら
慣用句
一の内 (손바닥 안의 것처럼) 자기 뜻대로 됨
一を返す 손바닥을 뒤집다 ①일이 손쉬움 ②(比) (태도 등이) 급변함
一を指す (比) (손바닥 들여다보듯) 명백함 ¶ ～ように知っている 손바닥 들여다보듯 환히 알고 있다
たなざらえ【棚浚え】名 自他スル (재고 정리를 위한) 염가 판매¶ 決算のために～する 결 산을 위한 염가 판매
たなざらし【*店晒し】①팔리지 않고 오랫동 안 진열되어 있음. 그런 상품 ②(미해결인 채 로) 방치되어 있음¶ 案件を～にする 안건 을 방치하다
たなだて【*店立て】名 他スル 세든 사람을 쫓 아냄¶ ～を食う 셋집에서 쫓겨나다
たなちん【*店賃】집세＝家賃
たなばた【七夕・棚機】①베를 짬. 그런 사람. 기계 ②「七夕女」의 준말. 직녀 ③「七夕 祭」의 준말 一祭り 칠석제
たなび・く【棚引く】自五 (구름・안개 등이) 옆으로 길게 끼다
たなぼた【*棚*牡*丹】(口) 뜻밖의 행운이 찾아 옴¶ ～式 횡재나 기다리는 사고 방식
たなん【多難】ナ 다난¶ 多事～ 다사 다난/ ～な人生 다난한 인생
たに【谷・*渓】①산골짜기 ②골짜기 모양의 것. 골¶ 気圧の～ 기압골
だに【*壁蝨・*虫虱】①【動】진드기 ②(比) 기생 층¶ 社会の～ 사회의 기생충
たにあい【谷間】골짜기＝たにま¶ ～の村 골짜기에 자리한 마을
たにかぜ【谷風】【気】골바람⇔ 山風
たにがわ【谷川】계류＝渓流
たにく【多肉】다육¶ ～質 다육질 一果 【植】다육과＝液果 一葉【植】다육엽
たにし【田螺】【動】우렁이
たにそこ【谷底】곡저. 골짜기 밑바닥
たにひょうが【谷氷河】【地】곡빙하
たにふところ【谷懐】산으로 둘러싸인 골짜기
たにま【谷間】①골짜기¶ ～を吹く風 골짜 기에 부는 바람 ②높은 건물 사이¶ ビルの～ 빌딩의 사이

**たに わたり** [谷渡り] ①골짜기를 건너감 ②(휘파람새 등이) 골짜기 사이를 울며 날아다님, 그렇게 우는 소리 ③(나뭇가지 등이) 골짜기 너머로 뻗어 있음

**たにん** [他人] 타인 ① (자기 이외의) 남¶ ~任せの態度で 나 몰라라 하는 태도 ②(혈연 관계가 없는) 남¶ 赤の~ 생판 남 ③제삼자¶ ~の出る幕ではない 제삼자가 나설 자리가 아니다 —**扱い** (가족·친지 등을) 남처럼 서먹서먹하게 대함 —**行儀** 名ゾ 남남처럼 서먹서먹하게 대함 —**資本** 綢 타인 자본 ⇔ 自己資本
慣用句
—**の疝気を頭痛に病む** 남의 산증(疝症)을 걱정하다, 자기와 관계가 없는 일을 공연히 걱정하다
—**の空似** 남남인데도 얼굴이 매우 닮음
—**の飯を食う** 남의 집 밥을 먹다

**たにんず** [多人数] 사람이 많음, 많은 사람

**たぬき** [×狸] ①動 너구리¶ とらぬ~の皮算用 너구리 굴 보고 피물돈 내어 쓴다 ②比 교활한 사람, 능구렁이¶ あいつは相当の~だ 그 녀석은 상당한 능구렁이다 ③「狸饂飩・狸蕎麦」의 준말 —**饂飩** 채친 파·튀김 부스러기를 얹은 우동 —**蕎麦** 채친 파·튀김 부스러기를 얹은 메밀국수

**たぬき おやじ** [×狸親父] 능구렁이 영감

**たぬきじる** [×狸汁] ①너구리 고기를 넣은 된장국 ②곤약·무·우엉 등을 넣고 끓인 된장국

**たぬき ねいり** [×狸寝入り] 名自スル 자는 체함, 꾀잠 = 空寝¶ ~して聞き耳を立てる 자는 체하면서 귀를 기울이다

**たぬき ばやし** [×狸囃子] (일본 전설에서) 달밤에 너구리가 배를 두드리면서 맞춘다는 장단

**たね** [種] ①「種子」 (식물의) 종자, 씨, 씨앗¶ スイカの~ 수박씨 ②(동물의) 씨, 정자¶ ~馬 종마 ③「×胤」 혈통, 적자 ④—**粒** 일점 혈육 ⑤원인, 발단¶ 騒動の~ 소동의 발단 ⑤(소설·기사 등의) 소재, 거리¶ 話の~ 이야깃거리/小説の~をさがす 소설의 소재를 찾다 ⑥(요리의) 재료¶ すしの~ 초밥의 재료 ⑦수단, 기반¶ めしの~ 생계 수단 ⑧술책, 수, 트릭¶ 手品の~を明かす 요술의 트릭을 밝히다 ⑨(사물의) 질¶ 客~ 손님의 질
慣用句
—**を宿す** 임신하다, 새끼를 배다

**たね あかし** [種明(か)し] 名自スル ①(요술의) 트릭(술책)을 밝힘 ②口 사정·내막을 밝힘¶ 事件のからくりを~する 사건의 내막을 밝히다

**たね あぶら** [種油] 종유, 유채[평지] 기름

**たね いた** [種板] 사진 원판, 건판(乾板)

**たね いも** [種芋] 農 씨감자, 씨고구마

**たね うし** [種牛] 종우, 씨소

**たね うま** [種馬] 종마, 씨말

**たね おろし** [種下ろし] 파종, 씨뿌리기

**たねがしま** [種子島] ①鹿児島현 남부 大隅 제도의 주도(主島) ②화승총(火縄銃)

**たねがみ** [種紙] 잠란지 = 蚕卵紙 ②(사진의) 인화지

**たね がわり** [種変(わ)り] ①(식물의) 변종을 만들어냄; 이종 ②아버지가 다른 형제 자매

**たね ぎれ** [種切れ] 물건·재료 등이 떨어짐¶ 話題が~になる 화젯거리가 떨어지다

**たね ちがい** [種違い] 아버지가 다른 형제 자매 = 種変わり

**たね つけ** [種付け] 農 (가축 등의) 씨받이, 교배¶ ~馬 씨받이 말, 종마

**たね とり** [種取り] ①채종, 씨받기 ②종축, 씨짐승 ③(신문·잡지의) 기사 취재

**たねび** [種火] 불씨 = 火種

**たね ほん** [種本] 저작·강의의 기초로 삼는 남의 저서, 대본

**たね まき** [種蒔き] 農 파종, 씨뿌리기, (특히 八十八夜 전후의) 볍씨 뿌리기

**たね もの** [種物] ①(식물의) 종자, 씨앗 = たね¶ ~商 종자상 ②달걀·고기·튀김 등을 얹은 국수 ③시럽·팥 등을 넣은 빙수

**たね もみ** [種×籾] 볍씨 = 籾種

**たねん** [他年] 文 후년, 장래의 어느 해 = 後年¶ ~に期す 훗날을 기약하다

**たねん** [他念] 文 타념, 여념, 딴생각 = 余念¶ ~なく働きつつ 딴생각 없이 일하며

**たねん** [多年] 다년, 여러 해, 오랜 세월 = 長年¶ ~にわたる研究 다년간에 걸친 연구 —**植物** 植 다년생 식물, 여러해살이 식물 —**草** 다년초, 다년생 식물

**だ** 並助 《체언·形容動詞의 어간·활용어의 終止形에 붙어 사항을 열거할 때 씀》…라든가, …라는 등, …다느니¶ 出張だ~会議だ~毎日忙しい 출장이니 회의이니 매일 바쁘다/生きる~死ぬ~やかましいこと 산다느니 죽는다느니 정말 시끄럽군

**たのう** [多能] 名ゾ ①다능, 多才 다재다능 ②다기능, 만능¶ ~工作機械 만능 공작 기계

**たのかみ** [田の神] 民 풍작·풍요를 가져다 주는 신 = 農神·作神

**たのし・い** [楽しい] 形 즐겁다, 유쾌하다¶ ~ひととき 즐거운 한때

**たのしま・せる** [楽しませる] 他下一 ①(남을) 즐겁게 하다¶ 目を~ 눈을 즐겁게 하다 ②(그 일이 빨리 실현되기를) 기대하게 하다

**たのしみ** [楽しみ] ①즐거움, 낙, 즐길 거리, 재미¶ 読書の~ 독서의 즐거움 ②기대됨, 고대¶ 旅行を~にする 여행을 고대하다

**たのし・む** [楽しむ] 他五 ①즐기다 ②즐겁게 지내다 ¶ 余生を~ 여생을 즐기다 ㉡좋아하여 마음을 쏟다¶ 音楽を~ 음악을 즐기다 ②낙으로 삼다¶ 子供の成長を~ 아이의 성장을 낙으로 삼다

**だのに** 接口 그런데도, 그럼에도 불구하고¶ 待っていた。~、とうとう来なかった 기다렸다. 그런데도 결국 오지 않았다

**たのみ** [頼み] ①의지, 믿음 = たより¶ 相棒

を~とする 동료를 의지하다 ②부탁, 청¶ 人$^{ひと}$の~を聞$^{き}$き入$^{い}$れる 남의 부탁을 들어주다 **—の綱**$^{つな}$ 믿고 의지하는 것·사람

**たのみ・いる**[頼み入る] 간청하다, 신신 부탁하다¶ 相手$^{あいて}$に何度$^{なんど}$も~ 상대방에게 몇 번이고 간청하다

**たのみこ・む**[頼み込む] 他五 간청하다, 신신 부탁하다¶ 資金融資$^{ゆうし}$を~ 자금 융자를 간청하다

**たのみすくな・い**[頼み少ない] 形 (文) 미덥지 않다¶ ~顔$^{かお}$ぶれで交渉$^{こうしょう}$に臨$^{のぞ}$む 미덥지 않은 멤버로 교섭에 임하다

**たの・む**[頼む] 他五 ①부탁하다, 의뢰하다, 당부하다, 맡기다¶ あとを~ 뒷일을 부탁하다/ 原稿$^{げんこう}$の執筆$^{しっぴつ}$を~ 원고 집필을 의뢰하다 ②(*恃む) 의지하다, 믿다, 기대다¶ 一家$^{いっか}$の柱$^{はしら}$と~ 한 집안의 기둥으로 의지하는 사람 ③(사람·차를) 부르다, 부탁하다¶ タクシーを~ 택시를 부르다 ④주문하다¶ 出前$^{でまえ}$を~ 요리 배달을 주문하다

**たのもし・い**[頼もしい] 形 ①믿음직하다, 미덥다¶ ~味方$^{みかた}$ 믿음직스러운 아군 ②촉망되다, 기대할 만하다¶ 行$^{ゆ}$く末$^{すえ}$が~ 장래가 촉망되다

**たのもしこう**[頼母子講] 계(契) = 頼母子$^{たのもし}$

**たは**[他派] 타파, 다른 유파·당파

**たば**[束] ①다발, 묶음¶ 一万円札$^{いちまんえんさつ}$の~ 만 엔권 지폐 다발 ②助數 묶음을 세는 단위, 단, 다발, 묶음¶ ねぎ一~ 파 한 단
慣用句
**—になって掛**$^{か}$**かる** 떼지어 덤벼들다

**だは**[打破] 名 他スル ①타파¶ 因習$^{いんしゅう}$を~する 인습을 타파하다 ②격파, 무찌름¶ 強敵$^{きょうてき}$を~する 강한 적을 격파하다

**だば**[駄馬] ①짐 싣는 말 ②하치의 말

**たばい**[多売] 名 他スル 다매, 많이 팖¶ 薄利$^{はくり}$~の商法$^{しょうほう}$ 박리 다매 상법

**たばか・る**[^謀る] 他五 (계략으로) 속이다 = たぶらかす¶ 敵$^{てき}$を~ 적을 속이다

**たばこ**[〈煙草·〈烟草·〈莨] 담배 ①[植] 가짓과의 1년초 ②①의 잎을 말려 가공한 기호품¶ 巻$^{ま}$き~ 궐련 ③담뱃값 ④푼돈, 얼마 안 되는 사례금 **—盆**$^{ぼん}$ 담배함

**たばさ・む**[手挟む] 他五 (文) ①손으로 집어 들다 ②겨드랑이에 끼다¶ 弓矢$^{ゆみや}$を~ 활과 화살을 겨드랑이에 끼다

**たはた**[田畑·田*畠] 전답, 논밭

**たはつ**[多発] 名 自スル 다발 ①빈발함¶ 交通事故$^{じこ}$の~地帯$^{ちたい}$ 교통 사고 다발 지대 ②발동기가 많음¶ ~機$^{き}$ 다발기

**たばね**[束ね] ①다발, 묶음¶ 一~ 한 다발 ②통솔함, 그런 소임¶ 村$^{むら}$の~ 동네를 다스림, 그런 소임

**たば・ねる**[束ねる] 他下一 ①묶다, 다발을 짓다¶ 髪$^{かみ}$を~ 머리를 묶다 ②통솔하다¶ 業界$^{ぎょうかい}$を~ 업계를 통솔하다

**たび**[足袋] 일본식 버선¶ ~はだし 버선발

**たび**[度] ①(文) 때, 적, 번 = 折$^{おり}$¶ この~は お世話$^{せわ}$までした 이번에는 신세를 졌습니다 ②《連体修飾語를 받아 「~に」의 꼴로》…할 때마다[적마다]¶ 見$^{み}$る~に思$^{おも}$い出$^{だ}$す 볼 때마다 생각나다 ③회, 횟수¶ ~重$^{かさ}$なる災害$^{さいがい}$ 회를 거듭하는 재해 ④助數《수를 나타내는 말에 붙어》…번, …차례, …회¶ 三$^{さん}$~当選$^{とうせん}$する 세 번 당선되다

**たび**[旅] 여행 = 旅行$^{りょこう}$¶ かわいい子$^{こ}$には~をさせよ 귀여운 자식일수록 여행을 시켜라
慣用句
**—の恥**$^{はじ}$**は搔**$^{か}$**き捨**$^{す}$**て** (文) 여행 길에는 아는 사람이 없으니 부끄러운 짓을 해도 상관없다 **—は道連**$^{みちづ}$**れ世**$^{よ}$**は情**$^{なさ}$**け** 여행에는 길동무가 소중하고 세상살이에는 인정이 소중하다

**だび**[*荼*毘] [佛] 다비, 화장(火葬)
慣用句
**—に付**$^{ふ}$**す** 화장하다

**たびあきない**[旅商い] 도붓장사, 행상

**たびあきんど**[旅商人] 도붓장수, 행상인

**たびかさな・る**[度重なる] 自五 거듭되다, 되풀이되다¶ ~放火事件$^{じけん}$ 거듭되는 방화 사건

**たびかせぎ**[旅稼ぎ] 名 自スル 타향[타관]에 가서 벌이를 함 = 出稼$^{でかせ}$ぎ

**たびがらす**[旅烏] ①정처 없는 나그네, 방랑자 ②뜨내기

**たびげいにん**[旅芸人] 지방 순회 연예인

**たびこうぎょう**[旅興行] (연극·씨름 등의) 지방 순회 공연

**たびごころ**[旅心] 여심 ①여정(旅情)¶ ~を慰$^{なぐさ}$める 여심을 달래다 ②여행하고 싶은 마음¶ ~がわく 여행하고 싶은 마음이 일다

**たびごろも**[旅衣] (文) 여행할 때 입는 옷, 여장

**たびさき**[旅先] 여행지¶ ~で病気$^{びょうき}$に倒$^{たお}$れる 여행지에서 병으로 쓰러지다

**たびじ**[旅路] (文) 여로, 여행길¶ ~につく 여로에 오르다

**たびじたく**[旅支度] ①여행 준비¶ ~を済$^{す}$ませる 여행 준비를 끝내다 ②여장(旅装)

**たびしょ**[旅所] 제례 때 신위를 모신 가마를 잠시 멈춰 두는 곳 = おたびどころ

**たびしょうぞく**[旅装束] 여장(旅裝)

**たびすがた**[旅姿] 여행 차림, 나그네 차림

**たびずまい**[旅住(ま)い] 여행지에서 얼마 동안 생활함, 그런 거처

**たびだち**[旅立ち] 名 自スル ①여행을 떠남¶ 門出$^{かどで}$¶ 朝$^{あさ}$早$^{はや}$く~する 아침 일찍 여행길에 오르다 ②(比) 새로운 인생·일 등을 시작함¶ 新生活$^{せいかつ}$への~ 새로운 생활에의 출발

**たびだ・つ**[旅立つ] 自五 ①여행길에 오르다, 여행을 떠나다¶ パリへ~ 파리로 여행을 떠나다 ②(比) 새로운 인생·일 등을 시작하다¶ 社会人$^{じん}$として~ 사회인으로서 출발하다 ③(比) 죽다, 저승길로 떠나다¶ 天国$^{てんごく}$へ~ 천국으로 떠나다

**たびたび**[度度] 副 자주, 누차, 여러 번, 번번이 = しばしば¶ ~注意$^{ちゅうい}$したが聞$^{き}$き入$^{い}$れない 누차 주의를 주었으나 듣지 않는다

**たびどり**[旅鳥] [動] 이동 중인 철새

たびな・れる【旅慣れる】 自下一 여행에 익숙해지다

たびにっき【旅日記】 여행 일기

たびにん【旅人】 뜨내기, 떠돌이= 旅がらす

たびね【旅寝】 名自スル 文 여행지에서 잠, 객지 잠= 旅枕

たびのそら【旅の空】 連語 ①객지에서 바라보는 하늘 ②객지, 여행지 ③여수(旅愁)

たびはだし【足袋跣】 버선발 ¶ 慌てて~で飛び出す 허겁지겁 버선발로 뛰쳐나가다

たびびと【旅人】 文 여행자, 나그네, 길손

たびまくら【旅枕】 文 객지 잠= 旅寝

たびまわり【旅回り】 (행상・연예인 등이) 각지를 떠돌아다님 ¶ ~の役者 유랑 극단의 배우

たびもの【旅物】 먼 곳에서 보내온 채소・어류

たびやくしゃ【旅役者】 유랑 극단의 배우

たびやつれ【旅窶れ】 名自スル 여독으로 야윔 ¶ ~した顔 여독으로 야윈 얼굴

たびょう【多病】 ア 다병, 병이 잦음 ¶ 才子~ 재자 다병

たびらこ【田平子】 植 광대나물

だぶ【懦夫】 文 나부, 겁쟁이, 무기력한 사나이

たぶさ【髻】 상투= もとどり

だぶだぶ I 副 自スル (口) ①(옷이 커서) 헐렁헐렁 ¶ 服が~する 옷이 헐렁헐렁하다 ②(살이 쪄서) 뒤룩뒤룩, 贅肉が~している 군살이 뒤룩뒤룩하다 ③(액체가 가득 차서) 출렁출렁, 꿀렁꿀렁 ¶ 液体が~と揺れている 액체가 출렁출렁 흔들리고 있다 II ア 口 ①(옷이) 헐렁헐렁함 ②(살이) 뒤룩뒤룩함 ③(액체가) 출렁출렁함, 꿀렁꿀렁함

だぶつ・く 自五 ①(옷이) 헐렁거리다¶服が~ 헐렁거리다 ②(口) (돈・물건이) 남아돌다 資金が~ 자금이 남아돌다 ③(액체가) 출렁거리다 ¶ 水で腹が~ 물을 많이 마셔서 뱃속이 출렁거린다

だぶや【だぶ屋】 암표상

たぶらか・す【誑かす】 他五 (감언 이설로) 속이다 人を~ 남을 속이다

ダブり(俗)①중복됨 ¶ 名簿に~がある 명부에 중복이 있다 ②병살 ③낙제생, 유급생

ダブリュー【W・w】 더블유, 영어 알파벳의 23번째 글자

たぶん【他聞】 文 타문, 남이 들음 ¶ ~を憚る 남이 듣는 것을 꺼리다

たぶん【多分】 I 名 ①많음, 심함, 큼, 상당함 ¶ 寄付を~に頂く 기부를 많이 받다/ その危険性は~にある 그 위험성은 다분이 있다 ②대부분, 대다수 II 副 (추측의 말이 딸리어) 다분히, 아마, 대개, 거의= おそらく ¶ ~大丈夫だろう 아마 괜찮을 거다

だぶん【駄文】 졸문 ①신통치 않은 문장 ②자기 문장의 겸사말

たべかけ【食べ掛け】 먹다 맒, 그런 음식 ¶ ~のまま立ち上がる 먹다 말고 일어서다

たべかす【食べ滓】 ①먹다 남긴 음식 ②(이 사이에 낀) 음식 찌꺼기

たべごろ【食べ頃】 먹기에 가장 적당함, 제철 ¶ 桃が~になる 복숭아가 제철이 되다

たべざかり【食べ盛り】 한창 먹을 때, 그런 때인 아이

たべすぎ【食べ過ぎ】 과식= 食い過ぎ

たべずぎらい【食べず嫌い】 먹어 보지도 않고 싫어함= 食わず嫌い

たべだち【食べ立ち】 名スル 먹자마자 일어서서 나감= いただきだち

たべもの【食べ物】 먹을 것, 음식= 食物

たべよごし【食べ汚し】 지저분하게 먹다 남김, 그런 요리・식기

た・べる【食べる】 他下一 ①먹다 ¶ 魚を焼いて~ 생선을 구워서 먹다/一口~・べて見る 한 입 먹어 보다 ②「~・べていく」의 꼴로) 먹고 살다, 살아가다, 생계를 꾸려나가다 ¶ 筆一本で~・べていく 붓 하나로 먹고 살다, 글을 써서 살아가다

だべ・る【駄弁る】 自五 (俗) 쓸데없는 잡담을 하다, 수다떨다 ¶ ~って時間をつぶす 쓸데없는 잡담으로 시간을 허비하다

たべん【多弁】 名 ア 다변 ①말이 많음 ¶ 酒を飲むと~になる 술을 마시면 말이 많아진다 ②자세히 설명함, 그런 설명・이야기

だべん【駄弁】 수다, 잡담 ¶ ~を弄する 수다를 늘어놓다

たへんけい【多辺形】 다변형, 다각형

たぼ【髱】 (일본식 여자 머리 모양에서) 뒤쪽으로 나온 부분= たぼがみ・たぶ

だほ【拿捕】 名スル 文 나포 漁船を~する 어선을 나포하다

たほう【他方】 I 名 다른 한쪽, 다른 방향・방면 ¶ ~の言い分を聞く 다른 한쪽의 주장도 듣다 II 副 한편 ¶ がんこだが、~情に もろい面もある 완고하지만 한편 정에 약한 면도 있다

たぼう【多忙】 名 ア 다망, 매우 바쁨 ¶ ~を極める 다망하기 짝이 없다

たぼう【多望】 文 다망, 유망, 장래성이 있음 ¶ 前途~な青年 전도 유망한 청년

だぼう【打棒】 文 野 타봉, 배트, 타격 ¶ ~が振るう 타봉을 휘두르다, 타격이 좋다

たほうとう【多宝塔】 佛 다보탑

たほうにょらい【多宝如来】 佛 다보여래

たほうめん【多方面】 名 다방면 ¶ ~にわたる活躍 다방면에 걸친 활약

だぼく【打撲】 名スル 타박, 세게 침〔때림〕 ¶ 頭部を強く~する 머리 부분을 세게 치다 —傷 医 타박상

だぼはぜ【だぼ鯊】 動 검정망둑이

だぼら【駄法螺】 俗 허풍 ¶ ~を吹く 허풍을 떨다

だほん【駄本】 시시한 책

たま【玉】【珠】 옥, 주옥 ㋐보석・진주류의 총칭 ¶ 掌中の~ 장중지옥 ㋑귀중한 것・사람 ¶ ~のかんばせ 옥안 ②둥근 모양의 것 ㋐【球】 공 ¶ ~をつく 당구를 치다 ㋑【球】 전구 ¶ 切れた~を取り替える 끊어진

구를 갈아끼우다 ㉢(안경 등의) 렌즈 ㉣〔弾〕탄환. 총알¶ ～をこめる 총알을 재다 ㉤고환 ㉥주관알 ㉦방울, 물방울¶ 露の～ 이슬 방울 ㉧공 모양의 것¶ 毛糸の～ 털실 뭉치 ③㊟(俗) 미인. 창녀·기생¶ なかなかいい～だ 제법 미인이다 ㉡뛰어난 사람, 인물 ㉢(俗) 사람을 상당한 인물로 단정하는 말. 물건¶ それで引き下がるような～じゃない 그 정도로 물러날 위인이 아니다 ㉣(俗) 범인, 용의자 ㉤(俗) 돈벌이·책략 등의 수단으로 삼는 것·사람¶ ゴルフ会員権がいいんを賄賂まいろの～に使う 골프 회원권을 뇌물로 쓰다 ④(造語) ㉠아름다운 것, 훌륭한 것¶ ～手箱ばこ 아름다운 손궤 ㉡둥근 것¶ ～ねぎ 양파/ 飴あめ 눈깔사탕 ㉢《평가를 나타내는 말에 붙어》…한 사람 善ぜん～ 선한 사람
慣用句
—散ちる氷ひの刃やいば 옥처럼 번쩍이는 시퍼런 칼날
—に瑕きず 옥에 티
—磨みがざれば光ひかなし 옥도 갈고 닦지 않으면 광채가 나지 않는다
—を転ころがすよう 옥[구슬]을 굴리듯, (흔히 여성의) 목소리가 맑고 아름다움
たま〔霊·魂〕(文) 영혼 = たましい
たまいし〔玉石〕(돌담·정원 등에 쓰는) 알돌
たまいと〔玉糸〕쌍고치실 = 節糸ふしいと
たま・う〔賜う·給う〕他五 ①주시다, 내리시다¶ おほめの言葉ことばを～ 칭찬하는 말씀을 내리시다 ②〔補助〕《동사 連用形에 붙어》남성이 동년배 이하의 사람에게 완곡하게 명령할 때 쓰는 말. …하게¶ 早はく行いき・え・えからす 가게
たまおくり〔霊送り·魂送り〕〔佛〕우란분 마지막 날 밤에 혼령을 되돌려 보내는 불사
たまがき〔玉垣〕神社 등의 울타리 = 瑞垣みずがき
だまか・す〔×騙す〕他五 (俗) 속이다 = だます¶ 甘あまい言葉ことばで～ 달콤한 말로 속이다
たまぐし〔玉×串〕비쭈기나무 가지에 닥나무로 만든 베·종이 오리를 달아서 신전에 바치는 것
たまくら〔手×枕〕팔베개 = てまくら
だまくらか・す〔×騙くらかす〕他五 (俗) 속이다 = だます¶ 女おんなを～ 여자를 속이다
たま・げる〔魂消る〕自下一(口) 깜짝 놀라다¶ 値段だんを聞きいて～ 값을 듣고 깜짝 놀라다
たまご〔卵〕①(새·물고기 등의) 알¶ ～を産うむ 알을 낳다 ②〔玉子〕계란, 달걀 ③아직 제구실을 못하는 사람, 햇병아리¶ 医者しゃの～ 햇병아리 의사 —に目鼻はな (比) 희고 귀여운 얼굴
たまごいろ〔卵色·玉子色〕①달걀 노른자위의 색, 연한 노랑색 ②달걀색
たまござけ〔卵酒·玉子酒〕달걀과 설탕을 넣고 섞어 데운 술
たまごどうふ〔卵豆腐·玉子豆腐〕〔料〕조미한 국물에 달걀을 풀어 사각형 틀에 넣고 찐 요리
たまごとじ〔卵×綴じ·玉子×綴じ〕〔料〕끓인 국건더기에 달걀을 풀어 반숙 상태로 만든 요리

たまごやき〔卵焼(き)·玉子焼(き)〕〔料〕달걀 부침
たまさか〔×偶さか〕副 ①우연히, 뜻밖에¶ ～めぐりあった好機ぎ 뜻밖에 찾아온 행운 ②어쩌다, 모처럼, 드물게¶ ～の休やすみ 모처럼의 휴일
たましい〔魂〕①혼. 영혼, 넋¶ ～が抜ぬけたようになる 넋이 빠진 것처럼 되다 ②마음, 정신, 기백¶ ～のすわった男おとこ 기백이 있는 남자/ 仕事ごとに～を打うち込こむ 일에 정신을 쏟다
慣用句
—を入いれ替かえる 마음을 고쳐먹다
だましうち〔騙し討(ち)〕名他スル ①방심하게 해 놓고 갑자기 침 ②속여서 골탕먹임¶ ～にあう 속아서 골탕먹다
だましこ・む〔×騙し込む〕他五 감쪽같이 속이다¶ ～んで寸分ぶんも疑うたがわれない 감쪽 같이 속여서 조금도 의심받지 않다
たましずめのまつり〔鎮魂の祭り〕①진혼제 ②음력 11월 인일에 天皇てんのう·皇后こうごう 등의 혼을 달래서 치세의 장구를 빌던 궁중 제사
たまじゃり〔玉砂利〕굵은 자갈¶ ～を踏ふむ 굵은 자갈을 밟다
だま・す〔×騙す〕他五 ①속이다¶ 人ひとを～ 남을 속이다 ②달래다, 어르다¶ 泣なく子こを～ 우는 아이를 달래다 ③《「～し・～し・～し…する」의 꼴로》조심조심 …하다, 살살 달래가며 …하다¶ 腰痛ようつうを～し・～しして働はたらく 요통을 살살 달래가며 일하다
たまたま〔×偶·×適〕副 ①가끔, 간혹¶ ～見みかける人ひと 가끔 만나는 사람 ②우연히, 마침¶ ～居合あわせる 마침 그 자리에 있다
たまつき〔玉突き〕①당구 ②(자동차의) 연쇄 추돌¶ ～事故じこ 연쇄 추돌 사고
たまつくり〔玉造〕옥을 갈아 세공함, 옥장이
たまつばき〔玉椿〕①「ツバキ 동백나무」의 미칭 ②「ネズミモチ 광나무」의 딴이름
たまてばこ〔玉手箱〕①아름다운 손궤, 浦島太郎うらしまたろうが 용궁에서 가지고 왔다는 자그마한 상자 ②귀중한 물건을 넣어 두는 손궤
たまとり〔玉取り〕연속해서 몇 개의 공을 공중에 던지고 받고 하는 곡예
たまどん〔玉×丼〕〔料〕계란덮밥
たまな〔玉菜〕양배추 = キャベツ
たまなし〔玉無し〕名 망침, 소용없게 됨, 못쓰게 됨 = 台無だいなし¶ 一人息子むすこを～にする 외아들을 망치다
たまに〔×偶に·×適に〕副 가끔, 간혹, 모처럼¶ ～会あう 가끔 만나다/ たまの休やすみ 모처럼의 휴일
たまねぎ〔玉×葱〕〔植〕양파
たまのこし〔玉の×輿〕아름답고 훌륭한 가마
慣用句
—に乗のる 신분이 낮은 여자가 부귀한 집안으로 시집가다
たまのり〔玉乗り·球乗り〕커다란 공 위에 올라가 공을 발로 굴리는 곡예, 그런 곡예사

**たまははき** [玉ˣ箒] ①정월 첫 자일(子日)에 잠실(蠶室)을 쓸어 내는 비 ②「酒」의 딴이름

**たまぶさ** [玉房·玉ˣ総] 끝을 구슬처럼 둥글게 한 술

**たまぶち** [玉緣] [服] 옷 가장자리를 바이어스 테이프로 싸서 마무리하는 방법

**たまへん** [玉偏] (한자 부수의) 구슬옥변 ▷「珍·珠」등의 부수 부분

**たままつり** [霊祭(り)·ˣ魂祭(り)] [佛] 우란분재(盂蘭盆齋), 조상의 영혼을 집에 맞이하여 제사 지내는 행사= 精靈祭しょうりょう

**たままゆ** [玉繭] [農] 쌍고치

**たまむかえ** [霊迎え·ˣ魂迎え] [佛] 우란분재의 첫날 밤에 불을 피워 놓고 조상의 영혼을 집에 맞아들임, 그런 의식= 精靈迎しょうりょうむかえ

**たまむし** [玉虫] [動] 비단벌레 **-色** ①(비단벌레의 날개처럼) 빛의 반사에 따라 녹색·자색 등으로 보이는 천의 빛깔 ②[名] (어느 쪽으로도 해석할 수 있는) 애매 모호한 표현¶ ～の協定きょうてい 애매 모호한 협정

**たまもく** [玉目] [建] 소용돌이 모양의 고운 나뭇결

**たまもの** [ˣ賜·賜物] ①(신불이) 내린 선물¶ 子供こどもは神かみの～だ 아이는 신의 선물이다 ②(결과로 얻은) 産物, 성과¶ 努力どりょくの～ 노력의 결실¶ 苦心くしんの～ 고생한 보람

**たまや** [霊屋] 사당, 영묘¶ お～ 사당

**たまよけ** [弾ˣ除け·玉ˣ除け] 탄환을 막음, 방탄, 그런 물건

**たまらない** [ˣ堪らない] [連語](口) ①견딜 수 없다, 참을 수 없다¶ 寒さむくて～ 추워서 견딜 수 없다 ②더할 나위 없이 좋다¶ 仕事しごとのあとの一杯いっぱいは～ 아아 일 끝난 후의 한 잔이야 더할 나위 없지 ③배겨내지[부지하지] 못하다¶ 乱暴らんぼうに着きたら服ふくが～ 함부로 입으면 옷이 배겨나지 못한다

**たまり** [溜(ま)り] ①괴, 핀 것[곳]¶ 水みず～ 웅덩이 ②사람이 모여 있거나 대기하는 곳¶ 行司ぎょうじ～ 씨름 심판원 대기실 ③된장에서 우린 진국 ④「溜たまり醤油しょうゆ」의 준말

**たまりかねる** [ˣ堪り兼ねる] [自下一] 참을 수 없게 되다, 견딜 수 없게 되다¶ ～ねて口くちを出だす 참다 못해 말참견을 하다

**だまりこくる** [黙りこくる] [自五] 끝내 입을 다물고 있다, 잠자코 있다¶ 何なにを聞きいても～っている 무엇을 물어도 잠자코 있다

**だまりこむ** [黙り込む] [自五] 입을 다물어 버리다¶ 都合つごうが悪わるくなると～ 불리해지면 입을 다물어 버린다

**たまりじょうゆ** [ˣ溜(ま)ˣ醤油] 콩으로만 만든 간장= たまり

**たまりば** [ˣ溜(ま)り場] 패거리가 늘 모이는 곳, 집합소¶ 学生がくせいたちの～ 학생들의 아지트

**たま·る** [ˣ溜まる] [自五] ①괴다, 쌓이다¶ 雨水あまみずが～ 빗물이 괴다 ②[ˣ貯まる] (돈이) 늘다, 붇다¶ 貯金ちょきんが～ 저금이 늘다 ③밀리다, 쌓이다¶ 家賃やちんが～ 집세가 밀리다

**だま·る** [黙る] [自五] ①잠자코 있다, 입을 다물다, 침묵하다¶ 急きゅうに～ってしまった 갑자기 입을 다물어 버렸다 ②가만히[그냥] 있다¶ こう侮辱ぶじょくされて～ってはいられない 이렇게 모욕을 당하고 가만히 있을 수 없다 ③무단으로 하다¶ ～って欠席けっせきする 무단으로 결석하다

**たまわりもの** [賜り物·賜わり物] 하사품

**たまわ·る** [賜る·賜わる·ˣ給る] [他五] [文] ①받잡다¶ ご祝辞しゅくじを～ 축사를 받잡다 ②하사하다¶ 金一封きんいっぷうを～ 금일봉을 하사하다

**たみ** [民] [文] ①백성 ②국민

**だみえ** [ˣ濃絵·ˣ彩絵·ˣ彩画] [美] 짙은 채색화 ②극채색화 ③금박·은박을 써서 강렬한 채채 효과를 낸 회화 양식

**たみぐさ** [民草] [文] 민초, 백성= たみくさ

**だみごえ** [ˣ濁声] ①탁한 목소리 ②사투리가 섞인 목소리

**だみん** [惰眠] [文] 타면 ①게으르게 잠만 잠 ②무위 도식¶ ～を貪むさぼる 무위 도식하다

**たむけ** [手向け] ①(신불·영전에) 공물을 바침, 그런 공물 ②[特別 卒業生そつぎょうせいに対たいする～の言葉ことば] 졸업생에 대한 전별사¶ ～の神かみ 나그네가 공물을 바치고 여행의 안전을 빌던 신

**たむ·ける** [手向ける] [他下一] ①(신불·영전에) 공물을 바치다 ②전별하다

**たむし** [田虫] 백선(白癬)

**たむろ** [ˣ屯] [文] ①(사람이) 떼지어 모임, 그런 장소 ②[軍] 진영, 주둔지

**たむろ·する** [ˣ屯する] [自サ変] ①(사람들이) 떼지어 모이다 ②(군대가) 주둔하다

**ため** [ˣ為] ①유익함, 위함¶ 家族かぞくの～に働はたらく 가족을 위해 일하다 ②[形式] ㉠(목적·기대) …을 위하여¶ 会あう～に来きた 만나기 위해 왔다 ㉡(원인·이유) …때문에¶ ぬれた～に風邪かぜをひいた 젖었기 때문에 감기에 걸렸다 ㉢(관계) …에게는¶ 私わたしの～には叔父おじにあたる 나에게는 숙부뻘이 된다

〔慣用句〕

**—にする** 속셈이 있어서 일부러 하다, 의도적으로 하다

**—になる** 이익이 되다, 유익하다

**ため** [ˣ溜(め)] ①모아둠, 그런 장소, (특히) 분뇨를 모아둔 곳¶ ～池いけ 저수지¶ 肥こえ～ 거름 구덩이 ②(江戸えど 시대에) 병들거나 15세 미만의 죄인을 수용하던 감옥

**だめ** [駄目] Ⅰ [名] ①[劇] 연출·연기 등에 대한 주의·주문 ②(바둑에서) 공배(空排)¶ ～を詰つめる 공배를 메우다 Ⅱ [名] [形] ①효과가 없음, 소용없음= むだ¶ いくら頼たのんでも～だ 아무리 부탁해도 소용없다 ②(해서는) 안 됨, 불가함¶ ここで泳およいでは～だ 여기서 헤엄쳐서는 안 된다 ③못함, 불가능함¶ スポーツは全然ぜんぜん～だ 스포츠는 전혀 못한다 ④못쓰게 됨, 못쓰게 되게 함¶ フィルムを全部ぜんぶ～にした 필름이 전부 못쓰게 되었다 **—押お し** [名] [自他サ変] ①(바둑에서) 공배를 메움 ②재차 확인함, 재다짐함 ③(시합 등에서) 대세가 결정된 뒤에 추가 득점하여 승리를 굳힘

**慣用句**
**一を押す** ①(바둑에서) 공배를 메우다 ②재차 확인하다, 재다짐을 하다
**一を出す** 잘못을 지적하고 수정을 요구하다, (연극 등에서) 연기에 각별한 주의를 주다
**ためいき** [*溜(め)息] 한숨, 탄식
**ためいけ** [*溜(め)池] 저수지
**ためおけ** [*溜(め)桶] ①거름통 ②빗물통
**ためこ‧む** [*溜(め)込む] 他五 (금전 등을) 모으다, 부지런히 벌다¶ たんまり金を~ 돈을 많이 모으다
**ためし** [*例] 예, 전례, 선례¶ けんかして勝ったーがない 싸워서 이긴 예가 없다
**ためし** [試し‧*験し] 시도는 こころみ¶ ものは~だ 무슨 일이든 시도하고 볼 일이다
**ためしぎり** [試し切り‧試し*斬り] 칼이 잘 드는지 시험삼아 베어 봄
**ためしざん** [試し算] 【數】 시산, 검산
**ためしに** [試しに] 副 시험삼아¶ ~やってみる 시험삼아 해보다
**ため‧す** [試す‧験す] 他五 시험하다, 시험해 보다¶ 人物を~ 인물을 시험해 보다
**ためつすがめつ** [*矯めつ*眇めつ] 連體 이리저리 뜯어봄¶ ~眺めまわす 돌면서 이리저리 뜯어보다
**ために** [*為に] 接 (文) 때문에, 그래서, 그러므로¶ 暴飲暴食, ~健康を害した 폭음 폭식 그래서 건강을 해쳤다
**ためぬり** [*溜(め)塗り] 【美】 (금전 등) 로 애벌칠을 하고 숯으로 윤을 낸 다음 투명한 옻칠을 하여 마무리하는 칠
**ためら‧う** [*躊躇う] 自五 망설이다, 주저하다¶ 返事を~ 회답(대답)을 망설이다
**た‧める** [*溜める‧*貯める] 他下一 ①(돈을) 모으다¶ お金を~ 돈을 모으다 ②(물 등을) 가득 담다, 채우다¶ 雨水を~ 빗물을 모아 두다 ③미루다¶ 家賃を~ 집세를 체불하다 ④가장 좋은 때를 충분히 기다리다¶ 腰を~めて打つ 충분히 기다려서 치다
**た‧める** [*矯める] 他下一 ①(모양을) 바로잡다, 교정하다 ㉠(굽은 것을) 곧게 펴다¶ 角を~めて牛を殺す 교각 살우 ㉡구부러서 모양 좋게 만들다¶ 小枝を~めていける 잔가지를 구부려 꽂꽂이 하다 ②고치다, 바로잡다¶ 不正を~ 부정을 바로잡다 ③겨누다, 겨냥하다¶ よく~めて鉄砲を撃つ 잘 겨냥하여 총을 쏘다
**ためん** [他面] I 名 타면, 다른 면¶ ~から見れば 다른 면에서 보면 II 副 한편¶ 気の強い人だが, ~にもろい 엄한 사람이지만 한편 정에 무르다
**ためん** [多面] 다면 ①名 많은 평면 ②名 다방면¶ ~にわたって活躍する 다방면에 걸쳐 활약하다¶ ~的 다면적
**たもあみ** [*攩網] 【水】 사내기, 뜰채, 산대
**たもう** [多毛] 名 다모, 털이 많음¶ ~症 다모증 **-作** 【農】 다모작
**たもくてき** [多目的] 名 다목적¶ ~ダム 다

목적댐/~に使える 다목적으로 사용되다
**たも‧つ** [保つ] I 自五 유지되다, 부지되다, 보전되다¶ 命が~ 목숨이 부지되다 II 他五 (상태를) 유지하다¶ 温度を一定に~ 온도를 일정하게 유지하다 ②지키다, 보전하다¶ 健康を~ 건강을 지키다
**たもと** [*袂] ①(일본옷의) 소맷자락 ②기슭¶ 山の~ 산기슭 ③곁, 옆¶ 橋の~ 다리 옆
**慣用句**
**一を絞る** 소맷자락을 짜다, 슬피 울다
**一を分かつ** ①헤어지다 ②절교하다
**たもとくそ** [*袂*糞] (일본옷의) 소맷자락 밑바닥에 끼인 먼지
**だもの** [駄物] 俗 보잘것없는 것, 싸구려 물건
**たもん** [他門] ①타문, 다른 집안[일문] ②다른 종파
**たや‧す** [絶やす] 他五 ①없애다, 끊이지게 하다¶ 害虫を~ 해충을 없애다 ②없어진 채로 두다 = きらす¶ たばこを~ 담배가 떨어지다/ 火種を~ 불씨를 꺼뜨리다
**たやす‧い** [*容易い] 形 (口) 손쉽다, 용이하다¶ 言うのは~が 말하는 것은 쉽지만
**たゆう** [〈太夫〉‧〈大夫〉] ① → たいふ(大夫) ②극단의 상급 연예인 ③(歌舞伎에서) 여자 역을 맡는 남자 배우 ④(江戶시대) 최고급 창녀 **-元** (연예‧歌舞伎 등의) 흥행주
**たゆた‧う** 自五 ①(文) (떠있는 것이) 흔들리다¶ 波間に~釣り舟 물결에 흔들리는 낚싯배 ②(마음이) 흔들리다, 갈팡질팡하다¶ ~心 흔들리는 마음
**たゆ‧む** [*弛む] 自五 (文) 해이해지다, 느즈러지다, 방심하다¶ うまず~, まず 한결같이/ ~ことなく励むる 방심하는 일 없이 힘쓰다
**たよう** [他用] (文) ①다른 볼일¶ ~で外出する 다른 볼일로 외출하다 ②다른 용도, 타 용도¶ ~に供する 다른 용도에 쓰다
**たよう** [多用] I 名 용무가 많음, 다망¶ ご多中の恐縮ですが 다망하신 중에 죄송합니다 다만 II 名他スル 다용, 많이 씀
**たよう** [多様] 名ダ 다양함¶ 多種~ 다종 다양¶ ~な使い道 다양한 용도
**たよく** [多欲] (文) 다욕, 욕심이 많음
**たより** [便り] ①소식, 편지¶ ~がない 소식이 없다/ 風の~に聞く 풍문에 듣다 ②편리, 편의¶ 交通~がよい 교통편이 좋다
**たより** [頼り] ①의지함, 의지하는 것, 사람¶ 辞書を~に訳す 사전에 의지하여 번역하다 ②연고, 연줄¶ ~を求める 연줄을 찾다
**たよりな‧い** [頼りない] 形 ①의지할 데가 없다¶ 一身の上が~ 의지할 곳 없는 신세 ②미덥지 못하다, 불안하다¶ 彼の英語では~ 그의 영어 실력으로는 미덥지 못하다 ③신통치 않다¶ ~味 신통치 않은 맛
**たよ‧る** [頼る] 他五 의지하다 ①의존하다¶ 学資を親に~ 학자금을 부모에게 의존하다 ②(연줄로) 믿다, 기대다¶ 友人を~って上京する 친구를 믿고 상경하다
**たら** I 係助 ①(체언에 붙어) 가벼운 비난이나

예상 밖의 일로 화제에 올릴 때 씀. …말야¶ 아 人ひと~ 또 늦었어 ②《형용사·形容動詞의 終止形에 붙어》정도나 상태임을 넘어선 상태임을 나타냄¶ うるさいっ~お話はなしにならないの 시끄럽기가 이루 말할 수 없어 Ⅱ 終助 ①《체언 및 활용의 終止形·명령형에 붙어》정나미가 떨어지고 어처구니없음을 나타냄¶ いいかげんにしろっ~ 정말이지 작작 하라니까 ②《체언에 붙어》재촉하는 뜻을 나타냄¶ お母かあさん~, 早はやく 엄마 빨리요 ㉡《용언의 終止法 형식에 붙어》책망·재촉·확인의 기분을 나타냄¶ 早はやくおいでっ~ 빨리 오라니까 ③《동사·동사형 조동사·존경의 조동사「ます」의 連用形에 붙어 말끝의 억양을 높임》완곡한 권유의 뜻을 나타냄¶ ちょっと散歩さんぽでもし~ 잠깐 산책이라도 하면 어때 Ⅲ 接助 《동사·조동사형 조동사·존경의 조동사「ます」의 連用形에 붙음》①앞의 일이 원인·계기가 되어 일어남을 나타냄¶ ドアを開あけてみ~, 누구도 없었다 ②어떤 사태를 가정하여 추측·희망하는 관계를 나타냄¶ 無事ぶじで着ついたら便たよりをください 무사히 도착하면 편지를 주십시오

**たら**〔*鱈〕〔動〕대구

**たらい**〔*盥〕대야¶ 洗濯せんたく~ 빨래 대야

**たらいまわし**〔*盥回し〕〔口〕①발로 대야를 돌리는 곡예 ②《지위·권리·사람 등을》차례로 돌림¶ 政権せいけんの~ 정권을 돌려가며 잡음

**だらかん**〔だら幹〕〔俗〕《노동 조합 등에서》지위를 이용하여 사리(私利)를 채우는 간부

**だらく**〔堕落〕〔名〕〔自スル〕타락 ①품행이 바르지 못함, 몸가짐이 나쁨 ②지조를 잃음¶ 政治せいじの~ 정치의 타락 ③〔佛〕불심을 잃고 속인과 같은 생활을 함¶ ~僧そう 타락승, 파계승

**だらけ**〔造語〕《명사에 붙어》…투성이¶ 血ち~ 피투성이¶ 借金しゃっきん~ 빚투성이

**だら·ける**〔自下一〕①나른해지다¶ 暑あつくて 体からだが~ 더위서 몸이 나른해지다 ②해이해지다, 게으름피우다, 게을러지다¶ ~けて勉強べんきょうしない 게으름피우고 공부하지 않다

**たらこ**〔*鱈子〕명란젓¶ ~大口おおぐち 대구알

**たら·い**接尾〔口〕《명사·형용사·形容動詞의 어간에 붙어 형용사를 만듦》…스럽다, …한 느낌이 들다¶ むご~ 끔찍스럽다¶ 長なが~話ばなし 장황한 이야기

**たらしこ·む**〔*誑し込む〕〔他五〕〔俗〕감쪽같이 속이다¶ 甘あまい言葉ことばで~ 달콤한 말로 감쪽같이 속이다

**だらしな·い**〔形〕①단정하지〔칠칠치·깔끔하지〕못하다¶ ~服装ふくそう 단정하지 못한 복장¶ 彼かれの仕事振しごとぶりは~ 그의 일처리는 깔끔하지 못하다 ②야무지지 못하다, 패기가 없다¶ すぐあきらめるなんて~ 금방 포기하다니 패기가 없다

**たら·す**〔垂らす〕〔他五〕①늘어뜨리다, 드리우다¶ ひもを~ 끈을 늘어뜨리다¶ 釣つり糸いとを~ 낚싯줄을 드리우다 ②《액체를》흘리다, 뚝뚝 떨어뜨리다¶ 汗あせを~ 땀을 흘리다

**たら·す**〔*誑す〕〔他五〕①《달콤한 말로》꾀다, 속이다¶ 女おんなを~ 여자를 꾀다 ②달래다¶ 泣なく子こを~ 우는 아이를 달래다

**たらず**〔造語〕어떤 수치나 충분한 수량·정도에 이르지 못함을 나타냄¶ 五分ごふん~で到着とうちゃくする 5분이 채 못 되어 도착하다

**たらたら**〔副〕㉠①《액체가 방울져 떨어지는》줄줄, 뚝뚝¶ ~と血ちが流ながれ落おちる 뚝뚝 피가 흘러 떨어지다 ②불평·아첨하는 말을 장황하게 늘어놓는 모양¶ 不平ふへい~ 불평을 장황하게 늘어놓

**だらだら**Ⅰ〔副〕①완만한 경사가 길게 이어지는 모양¶ 坂さかが~と続つづく 고개가 완만하게 이어지다 ②《액체가 계속 흘러내리는》줄줄, 뻘뻘¶ 汗あせを~と流ながす 땀을 뻘뻘 흘리다 Ⅱ 副ト 《말이 길게 이어지는 모양》会議かいぎが~と長引ながびく 회의가 질질 끌다 ②동작이 민활하지 않은 모양, 나태한 모양¶ ~とした生活せいかつ 나태한 생활

**だらに**〔*陀羅尼〕다라니 **一助じょ**, 황벽(黄蘗) 껍질과 당약(當藥)으로 만든 약

**たらのき**〔*木怱の木〕〔植〕두릅나무

**たらばがに**〔*鱈場蟹〕〔動〕왕게

**たらふく**〔俗〕배불리, 배터지게, 실컷¶ ~食くう 실컷 먹다

**だらりと**〔副〕①축 旗はたが~たれている 깃발이 축 늘어져 있다 ②빈둥빈둥¶ のんべん~暮くらす 빈둥빈둥 지내다

**だらりのおび**〔だらりの帯〕《일본 여자옷에서》허리띠를 축 늘어뜨려서 매는 방법

**たり**接尾《둘 이상의 일본 고유 수사에 붙어》사람의 수를 나타냄. …사람¶ ふ~ 두 사람/ み~ 세 사람/ いく~ 몇 사람

**たり**Ⅰ〔並助〕《활용어의 連用形에 붙음. 撥音便·ガ행 五段動詞 イ音便에는「だり」의 꼴이 됨》①같은 종류의 동작·상태를 병렬함¶ 泣なく~笑わらう~ 울다가 웃다가¶ 見み~聞きく~したこと 보거나 듣거나 한 일 ②반대되는 뜻의 말을 나열하여 상호 반복됨을 나타냄¶ 行いっ~来く~ 왔다갔다 하다 Ⅱ 副助 어느 동작·상태를 예로 들어 다른 경우를 암시함¶ よそ見み~するな 한눈 팔거나 하지 말아라 Ⅲ 終助 같은 말을 반복하여 명령을 나타냄¶ どい~, ビキオ 비켜라 비켜

**たりかつよう**〔タリ活用〕〔文法〕문어 形容動詞의 어미가「たら·たり(と)·たり·たる·たれ·たれ」로 활용되는 형식

**たりき**〔他力〕타력 ①남의 힘·도움 ②〔佛〕부처·보살의 힘, 아미타불의 힘 **一本願ほんがん**①〔佛〕중생을 제도하려는 아미타불의 본원 ②남에게 의지하여 일을 하려 함

**たりつ**〔他律〕타율 ⇔自律じりつ¶ ~的てき 타율적

**だりつ**〔打率〕타율, 타격률

**たりとも**〔連語〕예외가 아님을 나타냄. …이라도, …일지라도¶ 一円いちえん~粗末そまつにするな 1엔이라도 소홀히 하지 마라

**たりほ**〔垂(り)穂〕〔文〕익어서 고개 숙인 이삭

**たりゅう** [他流] 타류. (무술・예능 등의) 다른 유파 **—試合**[ǎi] 다른 유파 사람과 하는 시합
**たりょう** [多量] 名[ｦ] 다량¶ 出血[けっ]の~ 출혈 다량/ ~の雨[あめ] 다량의 비
**だりょく** [打力] 野] 타력. 타격 능력, 공격력
**だりょく** [惰力] 타력. 타성에 의한 힘¶ ~で走[はし]る 타력으로 달리다
**た・りる** [足りる] 自上一 ①족하다, 필요한 만큼 있다, 충분하다¶ お金[かね]が~ 돈이 충분하다 ②댈 수 있다, 소용에 닿다, 충분하다¶ これぐらいの用事[ようじ]は電話[でんわ]で~ 이 정도의 일은 전화로도 충분하다 ③(「…するに」의 꼴로)…할 만하다, 가치가 있다¶ 信頼[しんらい]するに~ 신뢰할 만하다 ④(「~りない」의 꼴로) (머리가) 모자라다, 어리석다¶ 少[すこ]し・・りない人[ひと] 좀 모자라는 사람
**たる** 助動 《고어인 지정(指定)의 조동사 「たり」의 連体形. 체언에 붙어 쓰임》…의 자격을 갖는, …라 불릴 정도의, …인(된)¶ およそ人間[にんげん]~ものには許[ゆる]されまじき行為[こうい] 무릇 인간이라면 용서받기 어려운 행위
**たる** [樽] (술 등을 담는) 나무통¶ ~酒[ざけ] 통술
**た・る** [足る] 自五 (文) ①족하다, 충분하다¶ 衣食[いしょく]~りて礼節[れいせつ]を知[し]る 의식이 족해야 예절을 안다 ②(…する)할 만하다, 가치가 있다¶ 協力[きょうりょく]するに~仕事[しごと] 협력할 만한 일 ③만족하다¶ ~ことを知[し]る 지족하다
**だる・い** [*怠い・*懈い] 形 (피로 등으로) 나른하다, 노곤하다¶ 足[あし]が~ 다리가 나른하다
**たるがき** [*樽柿] 빈 술통에 넣어 우린 감
**たるき** [垂木・*木垂・*榱] [建] 서까래
**たるぬき** [*樽抜き] ①통의 뚜껑을 뜯음 ②감을 빈 술통에 넣어 우림, 그런 감
**たるひろい** [*樽拾い] 술도가의 일꾼이 거래처의 빈 술통을 거두어들이던 일, 그런 사람
**だるま** [達磨] ①달마 대사 ②오뚝이 ③오뚝이 모양의 것 ④[ゆき]~ 눈사람 ④한 덩어리의 빨간 것¶ 火[ひ]の~ 불덩어리/ 血[ち]の~ 피투성이
**たる・む** [弛む] 自五 느슨해지다 ①느즈러지다¶ ロープが~ 로프가 느슨해지다 ②해이해지다¶ ~んだ気分[きぶん]をひきしめる 해이해진 마음을 다잡다
**たれ** 助動 《고어인 지정(指定)의 조동사 「たり」의 명령형》…되어라, …이어라
**たれ** [垂れ] I 名 ①늘어뜨림, 드림, 드리운 것 ②간장・미림 등을 섞어 만든 양념장¶ ごま~ 깨소금을 넣은 양념장 ③(옷이나 띠의) 늘어뜨린 부분 ④한자 구성상의 명칭. 밑▷「雁[がん]」「魔[ま]」등의 「厂(がんだれ)」민엄호밑/「广(まだれ)」엄호밑 II 接尾 남의 됨됨이를 욕할 때 쓰는 말¶ しみっ~ 구두쇠/ ばか~ 바보 자식/ はな~ 코흘리개
**たれ** [*誰] 代 (文)「だれ」의 예스러운 말투
**だれ** [*誰] 代 사람 이름을 모르는 사람¶ あの人[ひと]は~だろう 저 사람은 누구일까 ②(의문의 조사「か」가 딸리어) ⓐ불특정한 사람¶ ~か来[く]るようだ 누가 오는 모양이다 ⓑ(희망을 나타내는 글에 써서) (누구라도 좋은) 그 사람¶ ~か来[き]てくれ 누군가 와 줘 ③(「~も」의 꼴로) 모든 사람¶ ~もいない 아무도 없다 ④누구인지 알면서 명시하지 않는 표현¶ どこの~と名乗[なの]るほどの者[もの]でもない 어디의 누구라고 밝힐 만한 사람도 못된다
**だれいうとなく** [*誰言うとなく] 連語 누구랄 것 없이, 어느 특정인이 말한 것이 아니고
**だれかさん** [*誰かさん] (口 아무개)¶ ~がまたふられている 아무개에게는 또 뿔로통해 있다
**たれがし** [*誰某] 代 (文) (부정칭으로) 아무개, 모(某) = なにがし¶ 鈴木[すずき]~の通報[つうほう] 스즈키 아무개의 통보
**たれがみ** [垂れ髪] 길게 늘어뜨린 머리
**だれかれ** [*誰彼] 代 이 사람 저 사람, 누구누구 慣用句
—**無**[な]**しに** 누구누구 할 것 없이, 이 사람 저 사람 가리지 않고
—**の区別**[くべつ]**なく** 이 사람 저 사람 가리지 않고
**たれぎぬ** [垂れ絹] (실내에) 칸막이를 위해 치는 천 = とばり
**だれぎみ** [だれ気味] 名[ｦ] ①긴장이 풀린 듯함¶ ~な後半戦[こうはんせん] 맥빠진 듯한 후반전 ②[經] (거래에서) 시세의 하락세
**たれこ・む** [垂れ込む] 他五 (俗) 밀고하다¶ 警察[けいさつ]に~ 경찰에 밀고하다
**たれこ・める** [垂れ込める・垂れ籠める] 自下一 (구름 등이) 낮게 깔리다[끼다]¶ 雨雲[あまぐも]が~ 비구름이 낮게 깔리다
**たれさ・がる** [垂れ下がる] 自五 (아래로) 드리워지다, 매달리다, 늘어지다¶ 幕[まく]が~ 막이 드리워지다
**だれしも** [*誰しも] 連語 누구든지, 누구라도¶ ~自分[じぶん]が可愛[かわい]い 누구든지 자신이 소중하다
**だれそれ** [*誰某] 代 아무개, 모(某)¶ ~に聞[き]いた話[はなし] 아무개에게 들은 이야기
**だれだれ** [*誰誰] 代 ①누구누구, 누구와 누구¶ 参加者[さんかしゃ]は~ですか 참가자는 누구누구입니까? ②아무개 = だれそれ
**たれながし** [垂れ流し] 名 他スル ①대소변을 가리지 않음 ②폐수・오수 등을 하천에 방류함
**だれひとり** [*誰一人] 連語 누구 한 사람, 아무도, 한 사람도¶ ~として反対[はんたい]しない 아무도 반대하지 않다
**たれまく** [垂(れ)幕] 현수막
**たれみみ** [垂れ耳] (개 등의) 축 처진 귀
**たれめ** [垂れ目] 눈꼬리가 처져 있음, 그런 눈
**だれもかも** [*誰も彼も] 連語 누구나 다, 모두가 다¶ ~信用[しんよう]ができない 누구나 다 신용할 수 없다
**たれり** [足れり] 連語 족하다, 충분하다, 만족하다¶ ~とみなす 족하다고 보다
**た・れる** [垂れる] I 自下一 ①드리워지다, 늘어지다¶ 木[き]の枝[えだ]が~ 나뭇가지가 늘어지다 ②(낮게) 끼다, 깔리다¶ 雲[くも]が低[ひく]く~ 구름이 낮게 깔리다 ③(액체가) 떨어지다, 듣다¶ 水[みず]が~ 물방울이 듣다 II 他下一 ①드리우다, 늘어뜨리다¶ つり糸[いと]を~ 낚싯줄을 드

리우다 ②(액체를) 떨어뜨리다, 흘리다¶よ
だれを～・れた子供よ군침을 흘린 아이 ③
(윗사람이) 보이다, 내리다¶範はんを～ 모범
을 보이다 ④(俗) 대소변을 보다, 방귀를 뀌다
だ・れる [弛れる] 自下一 ①긴장이 풀리다,
해이해지다=だらける¶生活態度せいかつたいどが～
생활 태도가 해이해지다 ②(經)(거래소에서)
시세가 떨어지다, 하락세이다
タロいも [タロ芋] 植 타로토란
たろう 助動《활용어의 운용형(五段動詞는 音
便形, 형용사는 「かっ」, 形容動詞는 「だっ」
에 붙음. 撥音便・ガ行 五段動詞 イ音便에 붙을 때는 「だろう」가 됨)①(과거에 대한 추측・
회상적 추측) …겠지, …을 테지¶昨日きのうの雨あめ
が降ふっ～ 어제 비가 내렸겠지 ②(문장 끝의
억양을 올려서) (동의를 구함)…했지 ¶た
しか昨日きのうの会あっ～? 분명히 어제 만났지?
たろう [太郎] ①장남에게 붙이는 이름 ②사내
아이¶一姫いちひめ二に～ 첫번째 딸 다음에 아들
③으뜸가는・가장 큰 것에 붙이는 말¶坂
東ばんどう～ 利根川とねがわ의 딴이름 一冠者じゃ ①최고
참 하인 ②(戲)(狂言きょうげん에서) 大名だいみょう의 하
인 역할
だろう 助動《체언 및 체언에 준하는것, 동사・
형용사의 終止形, 동사형・形容動詞形의 終
止形에 붙음》①(추측・상상) …일까, …것
이다¶あしたは晴はれる～ 내일은 갤 것이다
②(문장 끝의 억양을 높여서) (확인)…겠지
¶まるで夏なつみたいな～? 마치 여름같지?
たわいな・い 形 ①철없다, 분별없다¶子供こども
みたいに～人ひと 어린애같이 철없는 사람이
다 ②맥없다, 호락호락하다¶～相手あいて 호락
호락한 상대/～・く負まける 맥없이 지다 ③
제정신이 아니다, 정신없다¶～・く眠ねむって
しまった 정신없이 곯아떨어지고 말았다
たわけ [戯け・白痴] ①희롱거림¶～を尽つく
す 마냥 희롱거리다 ②「戯はけ者もの」의 준말
たわけもの [戯け者] 바보, 천치
たわ・ける [戯ける] 自下一 희롱거리다, 까
불다¶～・けたことを言いうな 허튼소리하지
마라
たわごと [戯言] 실없는 소리, 허튼 소리¶～
もいい加減かげんにしろ 허튼소리 좀 작작하라
たわざ [戯事] 장난으로 하는 짓, 장난
たわし [束子] 수세미
たわ・む [撓む] 自五 휘다=しなう¶雪ゆき
を被かぶって竹たけが～ 눈에 덮여 대나무가 휘다
たわむれ [戯れ] ①장난, 농담 ②酔余すいよの～ 술
기운으로 인한 장난/～に文章ぶんしょうを綴つづる 장
난삼아 글을 짓다 ②(남녀의) 희롱, 농탕, 새
롱거림
たわむ・れる [戯れる] 自下一 ①가지고 놀다,
장난치다¶犬いぬと～ 강아지와 장난치다 ②
희롱거리다, 시시덕거리다¶人ひとをからかっ
て～ 남을 놀리며 희롱거리다 ③(남녀가) 새
롱거리다, 농탕치다¶女おんなと～ 여자와 새롱
거리다
たわ・める [撓める] 他下一 휘다, 휘어지게

하다¶枝えだを～ 나뭇가지를 휘다
たわら [俵] ①(쌀・숯 등을 담는) 섬 米こめ～
쌀섬 ②씨름판¶～を割わる 씨름판 밖으로 밀
려나다, 씨름에 지다
たわわ [撓] ズ(文) (열매가 많이 달려) 가지
가 휘어짐¶りんごが枝えだも～に実みのる 사과가
가지가 휘어지게 열리다
たん [丹] 音タン 訓に(음)단. 造語 ①붉은
색¶丹青たんせい 단청・丹朱たんしゅ 단주 ②정성스러
움, 순수한, 진심¶丹心たんしん 단심・丹誠たんせい 단
성 ③정제한 불로불사약¶仙丹せんたん 선단 ④「丹
後ご・丹波たんば」의 준말 熟字訓 雲丹うに 섬게
たん [旦] 音タン 訓あした (음)단. 造語 ①아
침, 여명¶旦夕たんせき 단석・元旦がんたん 원단
たん [但] 音タン 訓ただし (음)단. 造語 ①
훈(訓)「ただし」로 씀 ②「但馬たじま」의 준말 ③「但州たんしゅう」 지금의 兵庫ひょうご현 북부 지방
たん [坦] 音タン (음)단. 造語 ①평탄함¶坦
坦たんたん 탄탄・平坦へいたん 평탄 ②감정의 기복이 없
다, 평온함¶虚心坦懐きょしんたんかい 허심탄회
たん [担・擔] 音タン 訓かつぐ・になう (음)
담. 造語 ①메다, 짊어지다¶荷担かたん 하담・
担架たんか 담가, 들것 ②맡다, 맡아보다¶担任
たんにん 담임・負担ふたん 부담 ③편들다, 가담하다¶
加担かたん 가담 ▷ 熟字訓 担桶になって 장군
たん [単] [單] 音タン (음)단・선. I 造語
①홀, 단 하나¶単独たんどく 단독・単一たんいつ 단일
②변화가 없다, 단순하다¶単純たんじゅん 단순・
簡単かんたん 간단 ③(기준・기초가 되는 것)単位
たんい 단위・単語たんご 단어 熟字訓 単衣ひとえ 홑옷
II ①(테니스・탁구 등의) 단식¶競馬・경
륜 등에서)「単勝たんしょう・単勝式たんしょうしき」의 준말
たん [炭] 音タン 訓すみ(음)단. 造語 ①숯
¶木炭もくたん 목탄 ②석탄¶炭鉱たんこう 탄광・採炭
さいたん 채탄「炭素たんそ」의 준말¶炭酸たんさん 탄산
たん [胆・膽] 音タン 訓きも (음)담. I 造語
①쓸개¶胆囊たんのう 담낭・臥薪嘗胆がしんしょうたん 와신
상담 ②담력, 배짱¶胆力たんりょく 담력・大胆だいたん
대담 ③본마음, 기분¶肝胆かんたん 간담・落胆らくたん
낙담 ▷ 熟字訓 海胆うに 섬게 II (文) ①간, 쓸개
②담력, 배짱
慣用句
一が据すわる 담차다, 담대하다, 대담하다
一斗との如ごとし 대담하다, 담차다
たん [耽] 音タン 訓ふける (음)담. 造語 열
중하다, 빠지다¶耽溺たんでき 탐닉・耽
読たんどく 탐독・耽美びたんび 탐미
たん [探] 音タン 訓さぐる・さがす (음)담.
造語 찾다, 찾아 구하다¶探究たんきゅう 탐구・
探険たんけん 탐험・探索たんさく 탐색 ▷ 熟字訓 探湯くかたち
상고 시대에 시비를 가리던 방편
たん [淡] 音タン 訓あわい (음)담. 造語 ①
(빛깔・맛 등이) 엷다, 산뜻하다¶淡紅たんこう 담
홍・濃淡のうたん 농담 ②욕심이 없다, 시원스럽다
¶淡泊たんぱく 담박・冷淡れいたん 냉담 ③민물, 맹물
¶淡水魚たんすいぎょ 담수어「淡路あわ」의 준말¶
淡州たんしゅう 淡路 지방의 딴이름
たん [蛋] 音タン (음)단. 造語 새의 알¶蛋

白たん 단백

**たん** [短] 音タン 訓みじかい|(음)단. Ⅰ(造語) ①짧다¶ 短剣けん 단검・長短ちょう 장단 ②(생각 등이) 모자라다, 얕다¶ 短所しょ 단점・短見けん 단견 Ⅱ(文) 열등함, 결점, 단점

**たん** [嘆] [嘆] 音タン 訓なげく・なげかわしい|(음)탄. Ⅰ(造語) ①감탄하다, 찬탄하다¶ 嘆声せい 탄성・詠嘆えい 영탄・感嘆かん 감탄 ②탄식하다, 한탄하다¶ 嘆息そく 탄식・痛嘆つう 통탄 ▷「歎」의 대용자 Ⅱ(文) 탄, 탄식함, 한탄¶ 亡羊ぼうの〜 망양지탄

**たん** [×痰] 音タン|(음)담. Ⅰ(造語) 담, 가래¶ 喀痰かく 객담・血痰けつ 혈담 Ⅱ[醫] 담, 가래¶ 〜がからむ 가래가 목에 엉기다

**たん** [端] 音タン 訓はし・は・はた・はした|(음)단. Ⅰ(造語) ①바르다, 단정하다¶ 端正せい 단정・端麗れい 단려 ②끝・極端きょく 극단・尖端せん 첨단・末端まつ 말단¶ 端緖しょ 단서・発端ほつ 발단 ④일, 사건, 사항¶ 多端たん 다단 Ⅱ(文) 실마리, 시초, 발단

[慣用句]
**—を発はっする** (어떤 사건의) 발단이 되다

**たん** [×綻] 音タン 訓ほころびる|(음)탄. (造語) 천이 터지다, 형겊이 풀리다, 일이 잘 풀리지 않다¶ 破綻たん 파탄

**たん** [歎] 音タン 訓なげく|(음)탄. (造語) 한탄하다, 감탄하다¶ 歎願がん 탄원・感歎かん 감탄・悲歎ひ 비탄 ▷「嘆」이 대용자 Ⅱ(文) 탄식함, 한탄¶ 風樹ふうじゅの〜 풍수지탄

**たん** [誕] 音タン 訓|(음)탄. (造語) ①태어나다¶ 誕生じょう 탄생・降誕こう 강탄 ②터무니없음, 거짓, 허위¶ 荒誕こう 황탄・妄誕もう 망탄

**たん** [鍛] 音タン 訓きたえる|(음)단. (造語) ①(쇠붙이를) 불리다¶ 鍛工こう 단공・鍛鉄てつ 단철 ②(심신을) 단련하다¶ 鍛練れん 단련 ▷[熟字訓] 鍛冶かじ 대장장이, 대장일

**たん** [反] ①일본 옷감의 길이의 단위 ②「段」 논밭・산림의 넓이의 단위, 단

**だん** [団] [團] 音ダン・トン|(음)단. (造語) ①둥글다, 둥근 것¶ 団子だん 경단・布団とん 이불 ②원만하다, 화목하다¶ 団欒らん 단란 ③하나로 뭉치다¶ 団体たい 단체・財団ざい 재단 ▷[熟字訓] 団扇うちわ 부채

**だん** [男] 音ダン・ナン 訓おとこ|(음)남. Ⅰ(造語) ①사내, 남성¶ 男子だん 남자¶ 男げ 하인 ②「ナン」으로 읽어서) 사내아이, 아들¶ 長男ちょう 장남・次男じ 차남¶ 작위의 하나¶ 男爵だん 남작 Ⅱ(文) 아들¶ 木村氏きむらの〜 木村씨의 아들 ②(작위에서) 남작

**だん** [段] 音ダン・タン|(음)단. Ⅰ(造語) ①층계, 계단¶ 段丘きゅう 단구・階段かい 계단 ②구분, 구획, 단락¶ 段落らく 단락・前段ぜん 전단 ③방법, 절차¶ 手段しゅ 수단・算段さん 변통함 ④(무예・바둑 등의) 등급¶ 初段しょ 초단・有段者ゆうだんしゃ 유단자 ⑤(「タン」으로 읽어서) 논밭 등의 면적의 단위 ⑤「反」과 같음 Ⅱ ①계단, 층계¶ はしごの〜 사다리의 계단 ②(문장 등의) 단락, 문단 ③(무예・바둑 등의) 등급, 단, 단수¶ 〜をとる 단을 따다 ④(어떤) 일, 점, 사정¶ 御無礼ごぶれいの〜お許しください 무례한 점 용서하여 주십시오 ⑤(文) (진행되는) 단계, 국면, 사태, 경우¶ 実行じっこうの〜になってしりごみする 실행할 단계에 이르러 뒤로 빠지다 ⑥(歌舞伎 등에서) 악곡・춤 등의 단위

**だん** [断] [斷] 音ダン 訓たつ・ことわる|(음)단. Ⅰ(造語) ①끊다, 자르다, 끊기다¶ 断食じき 단식・分断ぶん 분단 ②분명히 정하다, 결단을 내리다¶ 断定てい 단정・決断けつ 결단 ③단호한¶ 断行こう 단행・果断性かだんせい 과단성 ④양해・승낙을 미리 얻다¶ 無断むだん 무단 Ⅱ(文) 결단함, 〜を下くだす 결단을 내리다

**だん** [弾] [彈] 音ダン 訓ひく・はずむ・たま・はじく|(음)탄. (造語) ①현을 타다¶ 弾琴きん 탄금・連弾れん 연탄 ②튀다, 튕기다¶ 弾性せい 탄성・弾力りょく 탄력 ③몰아붙이다, 죄를 묻다¶ 弾圧あつ 탄압・糾弾きゅう 규탄 ④탄알, 탄환¶ 弾丸がん 탄환・爆弾ばく 폭탄

**だん** [暖] [煖] 音ダン 訓あたたかい・あたたかい・あたたまる・あたためる|(음)난. Ⅰ(造語) 따뜻하다, 데우다¶ 暖房ぼう 난방・暖冬とう 난동・温暖おん 온난 ▷「煖」의 대용자 [熟字訓] 暖簾のれん 포렴 Ⅱ(文) 따뜻함¶ 〜を取る (불을 피워) 몸을 녹이다

**だん** [談] 音ダン|(음)담. Ⅰ(造語) 이야기를 하다, 이야기¶ 談話だん 담화・会談かい 회담・相談そう 상담 Ⅱ(文) 이야기¶ 関係者かんけいしゃの〜によると 관계자의 말에 의하면

**だん** [壇] 音ダン・タン|(음)단. Ⅰ(造語) ①높게 만든 자리¶ 壇上だん 단상・教壇きょう 교단 ②전문가들의 사회¶ 画壇が 화단・文壇ぶん 문단 Ⅱ(文) (식을 거행하기 위해) 높이 만든 자리¶ 〜の上うえから降おりる 단상에서 내려오다

**だん** [×檀] 音ダン・タン 訓まゆみ|(음)단. (造語) ①참빗살나무¶ 檀弓きゅう 단궁 ②박달나무, 白檀びゃく 백단향・黒檀こく 흑단 ③범어「ダン」의 차음자. 시주¶ 檀家か 단가・檀那だん 단나, 시주

**たんあたり** [反当(た)り・×段当(た)り] 단보당¶ 〜の収穫しゅうかく 단보당 수확(량)

**だんあつ** [弾圧] 名他スル 탄압

**だんあん** [断案] 단안 ①최종적인 결론¶ 〜を下くだす 단안을 내리다 ②[論] 결론

**たんい** [単位] 단위 ①(길이・수・수량 등의) 기준이 되는 수치・양¶ 貨幣かへい〜 화폐 단위 ②조직 구성의 기본 요소¶ クラス〜で行動こうどうする 학급 단위로 행동하다 ③[敎] 학점¶ 所定しょていの〜を取得しゅとくする 소정의 학점을 취득하다 ④[佛] 승려가 좌선하는 자리 **—系** [物] 단위계

**だんい** [段位] (무술・바둑 등의) 단위, 기량의 정도를 나타내는 등급

**だんい** [暖衣・煖衣] **—飽食ほうしょく** 난의 포식, 무엇 하나 부족함 없이 지냄¶ 〜の身み 부족함 없이 지내는 몸

**たんいせいしょく** [単為生殖] [生] 단위 생식

**たんいつ** [単一] 名 단일 ①단 하나, 단독¶

だんいん [団員] 단원¶ 少年ねん~ 소년 단원
だんう [弾雨] 탄우. 빗발치는 총알¶ 砲煙えん~の中なかを進すすむ 포연 탄우 속을 나아가다
だんうん [断雲] (文) 단운. 조각 구름
だんおつ [*檀^越] [佛] 단월. 시주
たんおん [単音] 단음 ①(文法) 음성의 최소 단위 ②(하모니카에서) 소리 내는 구멍이 1줄로 나 있는 것 —文字じ 단음 문자
たんおん [短音] 단음 ⇔ 長音ちょうおん
たん おんかい [短音階] [音] 단음계
たんか [丹花] (文) 붉은 꽃¶ ~の唇くちびる 붉고 아름다운 입술
たんか [担架] 담가. 들것
たんか [単価] 단가. 단위당 가격¶ 生産さん~ 생산 단가/ ~が安やすい 단가가 싸다
たんか [炭化] 名 自スル 化 탄화 —カルシウム 化 탄화칼슘 —水素そ 化 탄화수소
たんか [*啖^呵] 날카로운 기세로 거침없이 퍼붓는 말¶ ~を切きる 거침없이 몰아세우다
たんか [短歌] (文) 단가. 5·7·5·7·7의 5구 31음으로 이루어지는 和歌わか의 한 형식
たんか [*譚歌] 담가 ①(音) 담시곡 ②이야기식으로 작사한 가곡 = バラード
だんか [*檀家] [佛] 단가. 특정한 절에 소속하여 시주하는 집. 그런 사람 = だんけ
たんかい [坦懐] 名 ア (文) 탄회. 맺힌 감정이 없음. 평온한 마음¶ 虚心きょしん~ 허심 탄회
だんかい [団塊] 단괴 ①(덩어리) ②(地) 퇴적암 속에 있는 단단한 광물 덩어리 —の世代だい (일본에서) 1947년부터 5년간의 베이비붐 시대에 태어난 세대
だんかい [段階] 단계 ①등급이 成績せいせき に~をつける 성적에 등급을 매기다 ②순서¶ ~を踏ふむ 단계를 밟다 ③(구분된) 과정. 국면¶ 仕上しあげの~ 마무리 단계
だんがい [断崖] 단애. 깎아지른 듯한 낭떠러지¶ ~絶壁ぜっぺき 단애 절벽
だんがい [弾劾] 名 他スル [法] 탄핵¶ 政府ふ の失政しっせい を~する 정부의 실정을 탄핵하다 —裁判所さいばんしょ [法] 탄핵 재판소
たんかいとう [探海灯] 탐해등 = サーチライト
たんかだいがく [単科大学] [教] 단과 대학
たんがら [炭殻] (타다 남은) 석탄 찌꺼기
たんがん [単眼] (動) 단안. 홑눈 ⇔ 複眼ふくがん
たんがん [嘆願・*歎願] 名 他スル 탄원¶ 釈放しゃくほう を~する 석방을 탄원하다 —書しょ 탄원서
だんかん [断簡] 단간. 단편잔간(断編殘簡). 해져서 조각난 문서나 편지¶ ~零墨れいぼく 해져서 조각난 문서·편지·글씨
だんがん [弾丸] (文) 탄환 ①총알. 탄알 ②(比) 총알처럼 빠름 ③(옛날 중국에서) 새 등을 잡기 위해 활로 튕기던 알 —道路ろ 탄환 도로
たんき [単記] 名 他スル 단기. (투표 등에서) 한 가지[사람]만 기입함 —投票ひょう (政) 단기 투표
たんき [単機] (文) 단기. 한 대의 비행기
たんき [単騎] (文) 단기. 혼자 말을 타고 감
たんき [短気] 名 ア 성급함. 성마름¶ ~な性格かく 성급한 성격/ ~を起おこす 성마르게 굴다
慣用句
—は損気そんき 성급하게 굴면 결국 손해를 본다
たんき [短期] 名 ア ⇔ 決戦けっせん 단기 결전 —金利きんり 단기 금리 —資金きん 단기 자금 —大学だいがく 단기 대학. 초급 대학
だんき [暖気] (文) 난기 ①따뜻한 기후 ②따뜻한 공기. 훈기¶ 暖たたかみ
だんぎ [談義·談議] 名 自スル 담의 ①사물의 이치·도리를 들려줌. 그런 이야기¶ へたの長な が~ 서투른 장광설 ②이야기를 주고받음. 의견을 나눔¶ 野球きゅう ~ 야구 이야기로 꽃을 피우다 ③[佛] 설법
たんきゅう [単級] [教] 학년이 다른 전교생을 한 학급으로 편성한 것
たんきゅう [探求] 名 他スル 탐구. 탐색¶ 海底かいてい 資源しげんの~ 해저 자원의 탐구
たんきゅう [探究] 名 他スル 탐구¶ 真理しんり の~ 진리의 탐구
だんきゅう [段丘] [地] 단구¶ 海岸かいがん~ 해안 단구
だんきょう [断橋] (文) 단교. 끊어진 다리
たんきょり [短距離] 단거리 ①짧은 거리 ②(육상 경기의) 단거리 경주
だんきん [断金] 단금. (쇠라도 자를 만큼) 우정이 매우 굳음[두터움]
慣用句
—の契ちぎり 단금지계. 매우 두터운 우정
だんきん [弾琴] (文) 탄금. 거문고를 탐
たんく [短*軀] (文) 단구. 키가 작음. 그런 체격¶ 五尺しゃく の~ながら 오척 단구이지만
たんぐつ [短靴] 단화 = たんか ⇔ 長靴ながぐつ
たんけい [短径] 단경. (타원형의) 짧은지름
たんけい [端渓] 중국 단계 지방에서 나는 벼룻돌. 단계석
たんげい [端*倪] 名 他スル (文) 단예. (사물의) 추이를 예측함. 측측함¶ ~すべからざる情勢じょうせい 예측할 수 없는 정세
だんけい [男系] 남계. 남자 쪽의 혈통. 부계
だんけつ [団結] 名 自スル 단결¶ 一致いっち ~して 일치 단결하여 —権けん [法] 단결권
たんけん [探検·探険] 名 他スル 탐험¶ ~隊たい 탐험대/ 極地きょくち を~する 극지를 탐험하다
たんけん [短見] (文) 단견. 얕은 소견 = 浅見あさみ
たんけん [短剣] (文) 단검 ②(시계의) 단침
たんげん [単元] [教] 단원
たんげん [端厳] 名 ア (文) 단엄. 단정하고 위엄이 있음 = たんごん
だんげん [断言] 名 他スル 단언¶ 失敗ぱい はないと~する 실패는 없다고 단언하다
たんこ [淡湖] [地] 담수호 ⇔ 塩湖えんこ·鹹湖かんこ
たんご [丹後] 일본의 옛지명. 지금의 京都きょうと 부(府) 북부 = 丹州しゅう
たんご [単語] (文法) 단어. 낱말
たんご [端午] 단오 —の節句せっく 단오절
だんこ [断固·断*乎] ア 단호. 단연함¶ ~として戦たたかう 단호하게 싸우다/ ~たる処置ち

단호한 조치/ ~反対はする 단호히 반대하다

だんご [団子] ①경단¶黍きび~ 수수 경단/ 花はなより~ 금강산도 식후경 ②경단처럼 둥근 것¶肉にく~ 고기 완자 一つ鼻はな 주먹코

たんこう [単行] ②단행 ①혼자 감, 단독 여행 ②단독으로 함, 단 한 번만 함¶~犯ぱん 단행범 一法ほう 〖法〗단행법 一本ぽん 단행본

たんこう [炭坑] ①탄갱 ②탄광

たんこう [炭鉱·炭*礦] 탄광

たんこう [探鉱] 〖文〗탐광. 광상(鑛床)을 찾음

だんこう [団交] 〖名自スル〗단체 교섭

だんこう [男工] 남공. 남자 직공

だんこう [断交] 단교¶両国りょうこくが~する 양국이 단교하다

だんこう [断行] 〖名他スル〗단행¶改革かいかくを~する 개혁을 단행하다

だんごう [談合] 〖名自スル〗①의논. 상의¶~したうえで決定けっていする 의논한 뒤에 결정하다 ②담합. 입찰 가격을 미리 협정함¶業者ぎょうしゃの~が発覚はっかくする 업자의 담합이 발각되다 一尽ずく 의논해서 (결정)함 =相談だんずく

たんこうしき [単項式] 〖數〗단항식

だんごく [断獄] 〖文〗①죄를 심판함. 단죄 ②참수형에 처함

だんごく [暖国] 난국. 따뜻한 나라 [지방]

たんこぶ [たん*瘤] 〖俗〗①혹= こぶ ②(比) 방해가 되는 것¶目めの上うえの~ 눈엣가시

だんこん [男根] 〖文〗남근. 음경

だんこん [弾*痕] 탄흔. 탄환 자국

たんさ [探査] 〖名他スル〗탐사¶衛星えいせい~ 탐사 위성/ 月つきを~する 달을 탐사하다

たんざ [単座] 단좌. (비행기의) 좌석이 하나 뿐임, 1인승 ⇔ 複座ふくざ 一機き 단좌기

たんざ [端座·端*坐] 〖名自スル〗단좌. 정좌= 正座せいざ¶壁かべに向むかって~する 벽을 마주 보고 단좌하다

だんさ [段差] ①(무술 등에서) 등급[단]의 차¶技ぎには ~がある 기량에 차이가 있다 ②(도로 등에서) 높이가 차이나는 곳¶~あり、注意ちゅうい 지면이 고르지 못함, 주의

たんさい [淡彩] 담채. 산뜻한 엷은 색색¶~画が 담채화

たんさい [短才] ①〖文〗단재. 재주가 변변치 못함 ②자기 재능의 겸사말

だんさい [断裁] 〖名他スル〗단재. 재단¶~機き 재단기

だんざい [断罪] 〖名他スル〗〖文〗①단죄. 유죄 판결을 내림¶責任者せきにんしゃを~する 책임자를 단죄하다 ②참수형

たんさいぼう [単細胞] 단세포 I 〖名〗단일 세포 II 〖名〗〖俗〗사고방식이 단순함. 그런 사람¶あいつは全まったく~だ 저 녀석은 정말로 단순한 놈이야 一植物しょくぶつ 〖植〗단세포 식물 一動物どうぶつ 〖動〗단세포 동물

たんさく [単作] 단작. 단일 경작¶米こめの~地帯ちたい 벼의 단작 지대

たんさく [探索] 〖名他スル〗탐색¶行方ゆくえ不明者ふめいしゃの~ 행방 불명자의 탐색

たんざく [短冊·短*尺] ①글씨를 쓰거나 물건에 붙이는 좁고 긴 종이 ②和歌わか·俳句はいく 등을 쓰는 좁고 긴 두꺼운 종이

たんさつ [探察] 〖名他スル〗〖文〗탐찰. 정찰= 偵察ていさつ¶敵情てきじょうを~する 적정을 탐찰하다

たんさん [単産] 산업별 단일 노동 조합

たんさん [炭酸] 탄산 一飲料いんりょう 탄산 음료 一ガス 탄산 가스 一カルシウム 〖化〗탄산 칼슘 一水すい 탄산수 一泉せん 탄산천 一ナトリウム 〖化〗탄산 나트륨

たんし [単子] 〖哲〗단자 一論ろん 〖哲〗단자론

たんし [短詩] 단시. 짧은 시 ⇔ 長詩ちょうし 一形がた文学ぶんがく 〖文〗短歌たんか·俳句はいく 등의 총칭

たんし [短資] 단자. 단기 자금

たんし [端子] 〖電〗단자= ターミナル

たんし [×譚詩] 〖文〗담시= バラード

だんし [男子] ①사내아이, 남아¶~出生しゅっせい 남아 출생 ②남자. 남성. 대장부¶~一生いっしょうの仕事しごと 대장부 일생의 과업

だんし [×檀紙] 닥나무로 만든 두꺼운 일본 종이

だんじ [男児] 남아 ①사내아이¶~服ふく 남아 복/ 就学しゅうがく~ 취학 남아 ②남자. 대장부

たんしあい [単試合] 〖文〗(테니스·탁구 등의) 단식 경기 ⇔ 複試合ふくしあい

タンジェント [tangent] 탄젠트

たんじかん [短時間] 〖名〗단시간¶~で仕事しごとが片付かたづく 단시간에 일이 처리되다

たんしき [単式] 단식 ①〖名〗단순한 형식, 단일 방식 ②「単式簿記たんしきぼき」의 준말 一簿記ぼき 단식 부기 ⇔ 複式簿記ふくしきぼき

だんじき [断食] 〖名自スル〗단식¶~療法りょうほう 단식 요법

たんじく [短軸] 〖數〗단축. (타원형의) 짧은지름

だんじこ·む [談じ込む] 〖自五〗따지다, 요구하고 나서다, 담판하여 補償ほしょうを当局とうきょくに~ 당국에 보상을 요구하고 나서다

たんじじつ [短時日] 〖名〗〖文〗단시일. 단기간

たんしつ [炭質] 탄질. 석탄(목탄)의 품질·성질

たんじつ [短日] 〖文〗단일. 낮의 짧은 해. (겨울에) 해가 짧음 一植物しょくぶつ 〖植〗단일 식물

たんじつげつ [短日月] 〖文〗단일월. 단기간

だんじて [断じて] 〖副〗①반드시, 꼭¶~やり遂とげてみせる 꼭 해내고 말겠다 ②절대로, 결코¶~許ゆるさない 절대로 용서하지 않겠다

〖慣用句〗
一行いっこうえば鬼神きじんもこれを避さく 단호히 행하면 귀신조차도 이를 피해 간다

たんしゃ [単車] 엔진이 달린 2륜차, 오토바이

たんしゃ [炭車] 탄차. 석탄 운반차

だんしゃく [男*爵] 남작

だんしゅ [断種] 〖名他スル〗〖農〗단종, 거세

たんしゅう [丹州] ① → たんば(丹波) ② → たんご(丹後)

たんしゅう [反収·段収] 1단보당 수확량

たんじゅう [胆汁] 〖醫〗담즙= 胆液たんえき 一酸さん 〖藥〗담즙산 一質しつ 〖心〗담즙질

たんじゅう [短銃] 단총. 권총= ピストル

だんしゅう [男囚] 남수. 남자 죄수 ⇔ 女囚じょしゅう

たんしゅく [短縮] 名他スル 단축 ⇔ 延長¶ 労働時間を～する 노동 시간을 단축하다
たんじゅん [単純] 名ナ 단순 ①순수함¶～な色合い 단순한 색조 ②간단함¶～な構造 단순한 구조/～に考える 단순하게 생각하다 ━語[文法] 단순어
たんしょ [短所] 단소, 단점, 결점 ⇔ 長所
たんしょ [端緒] (文) 단서, 실마리 = 手がかり¶～を開く 실마리를 풀다
だんじょ [男女] 남녀 = なんにょ¶～を問わない 남녀를 불문하다 ━共学 남녀 공학 ━同権 남녀 동권
慣用句
━七歳にして席を同じうせず 남녀 칠세 부동석
たんしょう [探勝] 名自スル (文) 탐승, 경승지를 찾아 다님¶秋の日光を～する 가을의 일광을 탐승하다
たんしょう [短小] 名ナ 단소, 짧고 작음 ⇔ 長大¶軽薄～ 경박 단소
たんしょう [短章] (文) 단장, 짧은 시가·문장
たんしょう [嘆賞·嘆称·歎称] 名他スル (文) 탄상, 탄복하여 칭찬함, 찬탄
たんじょう [誕生] 名自スル 탄생 ①출생¶長男が～する 장남이 출생하다 ②[比] 새롭게 생김¶新しい文化の～ 새로운 문화의 탄생 ━石 탄생석 ━日 생일
だんしょう [男妾] (文) → おとこめかけ
だんしょう [男娼] 남창 = 陰間
だんしょう [断章] (文) 단장 ①시문의 단편(断片) ②「断章取義」의 준말, 표절
だんしょう [談笑] 名自スル (文) 담소¶お茶を飲みながら～する 차를 마시면서 담소하다
だんじょう [壇上] [檀上] (文)¶～に立たせる 단상에 서다/～から降りる 단상에서 내려오다
たんしょうしき [単勝式] (경마 등의) 단승식
たんしょうとう [探照灯] 탐조등 = サーチライト
たんしようるい [単子葉類] [植] 단자엽류
たんしょく [単色] 단색 ①名 한 가지 색¶～の絵 단색화 ②(원의) 하나하나의 색
だんしょく [男色] 남색, 비역 = ホモ
だんしょく [暖色] 온색 = 温色 ⇔ 寒色
だんじり [檀尻·〈楽車〉·〈山車〉] 축제 때 끌고 다니는 장식한 수레 = 山車·ひきやま
たんしん [丹心] (文) 단심, 마고소
たんしん [単身] 단신¶～上京する 단신 상경하다 ━赴任 단신 부임
たんしん [短針] 단침, 시침(時針) ⇔ 長針
たんしん [誕辰] (文) 탄신, 생일 = 誕生日
だんじん [弾塵] (軍) 탄진
たんしんどう [単振動] [物] 단진동
たんす [*簞笥] 장롱, 장¶茶～ 찻장
たんすい [淡水] 담수, 민물 = まみず¶～湖 담수호 ━魚 담수어, 민물고기
だんすい [断水] 名自他スル 단수
たんすいかぶつ [炭水化物] [生] 탄수화물
たんすいしゃ [炭水車] (文) 탄수차, 증기 기관차 뒤에 연결된 석탄과 물을 싣는 부속차

たんすいろ [短水路] 단수로, (수영에서) 25m 이상 50m 미만의 풀 ⇔ 長水路
たんすう [単数] 단수 ①하나인 수, 홀수 ②(영문법에서) 수가 하나임을 나타내는 어형 ▷ ①② 複数
たん·ずる [嘆ずる·歎ずる] 他サ変 (文) ①탄하다 = なげく¶身の不幸を～ 불행한 신세를 한탄하다 ②개탄하다¶風紀の乱れを～ 풍기 문란을 개탄하다 ③감탄하다
だん·ずる [断ずる] 他サ変 (文) ①단정하다¶偽物だと～ 외조품으로 단정하다 ②판정하다, 판결하다¶是非を～ 시비를 판정하다
だん·ずる [弾ずる] 他サ変 (文) (현악기를) 타다¶琴を～ 거문고를 타다
だん·ずる [談ずる] 自サ変 (文) ①말하다, 이야기하다¶人生論を～ 인생론을 나누다 ②의논하다, 상의하다¶結論に達するまで～ 결론에 도달할 때까지 의논하다 ③따지다, 담판하다
たんせい [丹青] (文) 단청 ①물감, 채색 ②채색화, 회화
たんせい [丹誠] (文) 단성, 진심, 정성 = まごころ·赤心¶～をこめる 정성을 들이다
たんせい [丹精] 名自スル 단정, 정성을 들임¶～して育てた鉢植え 정성 들여 기른 분재
たんせい [単性] 단성¶～花 단성화 ━生殖 [生] 단성 생식
たんせい [嘆声·歎声] (文) 탄성 ①탄식 ②감탄하는 소리¶思わず～をもらす 저도 모르게 탄성을 내다
たんせい [端正·端整] 名ナ 단정¶～な字 단정한 글씨/～な顔だち 단정한 얼굴 생김새
たんぜい [担税] 名 (文) 담세¶～能力 담세 능력
だんせい [男声] 남성, (성악에서) 남자 파트의 성부¶～二部合唱 남성 이부 합창
だんせい [男性] 남성, 남자 ━的 ナ 남성적 ━ホルモン 남성 호르몬
だんせい [弾性] [物] 탄성¶ゴムが～を失う 고무가 탄성을 잃다 ━体 [物] 탄성체
たんせき [*旦夕] (文) 단석 ①조석, 아침과 저녁 = 朝夕¶～に 언제나, 평소¶～息こらず 늘 게을리하지 않다 ②(시기가) 임박함¶命～に迫る 목숨이 오늘 내일로 임박하다
たんせき [胆石] [醫] 담석¶～症 담석증
だんぜつ [断絶] 名自他スル 단절¶国交～ 국교 단절/家～が～する 대가 끊어지다
たんせん [単線] 단선 ①외줄 ②[文] 단선 궤도 = 単線軌道 ⇔ 複線¶～区間 단선 구간
たんぜん [*丹前] (일본 옷에서) 소맷부리가 넓고 솜을 둔 방한용 실내복 = どてら
たんぜん [端然] ナト (文) 단연, 단정함¶～と座して人を待つ 단정히 앉아 사람을 기다리다
だんせん [断線] 名自スル [電] 단선, 선이 끊어짐¶台風で～する 태풍으로 단선되다
だんぜん [断然] 단연 I ナト 단호히, 결연히¶～たる態度 단호한 태도 II 副 훨씬

~トップを走る 단연 톱을 달리다

たんそ [炭素]【化】탄소 ―繊維【工】탄소 섬유 ―同化作用【植】탄소 동화 작용

たんそう [炭層]【地】탄층. 석탄층= 炭床

たんぞう [炭造] 名他スル 단조

だんそう [男装] 名自スル 남장 ⇔ 女装¶~の麗人 남장 미인

だんそう [断想]【文】단상. 旅行中の~を書き留める 여행의 단상을 적어두다

だんそう [断層] ①【地】단층¶~山脈 단층 산맥 ②【比】(생각·의견 등의) 차이¶考え方に~がある 사고 방식에 차이가 있다 ―撮影【医】단층 촬영

だんそう [弾奏] 名他スル【文】탄주. 현악기를 연주함

たんそく [探測] 名他スル 탐측¶~気球 탐측 기구

たんそく [短足] 단족. 다리가 짧음, 그런 사람

たんそく [嘆息・歎息] 名自スル【文】탄식¶~をもらす 탄식하다

だんぞく [断続] 名自スル 단속. 끊겼다 이어졌다 함¶~的に聞こえる 단속적으로 들리다

たんそびょう [炭疽病]【医】【農】탄저병

だんそんじょひ [男尊女卑] 남존 여비

たんだ [単打]【野】단타. 1루타

たんだ [短打]【野】단타¶배트를 짧게 잡는 타법¶~戦法 단타 전법 ②1루타= 単打

たんたい [単体] 단체 ①단일 물체 ②【化】단일 원소로 된 물질

たんだい [探題] ①【文】(시가 모임에서) 제목을 제비로 뽑아서 시가를 읊음 ②【日史】(鎌倉·室町幕府에서) 지방 요지의 정무·재판 등을 맡은 직명

たんだい [短大]【教】단기 대학, 전문 대학

だんたい [団体] 단체¶宗教~ 종교 단체/ ~割引 단체 할인 ―交渉権【法】(노동자의) 단체 교섭권

だんたい [暖帯] 난대¶~林 난대림

たんだいしんしょう [胆大心小] 담대 심소

だんだら [段だら] 名 얼룩덜룩한 가로무늬가 겹쳐져 있음¶~縞 얼룩덜룩한 가로무늬 직물/~染 얼룩덜룩한 가로무늬의 염색함

たんたん [*坦*坦] スル【文】탄탄 ①(땅·도로 등이) 평탄함¶一本道が~と続く 외길이 탄탄하게 이어지다 ②【比】순탄함¶~たる余生を送 순탄한 여생을 보내다

たんたん [*眈*眈] 탐탐 ①날카로운 눈초리로 먹이를 노리는 모양 ②야심을 가지고 틈을 엿보는 모양¶虎視~ 호시탐탐

たんたん [淡淡] スル 담담 ①(맛·느낌 등이) 산뜻함, 담백함¶~とした味 담백한 맛 ②(태도·동작이) 미련이 없는 모양¶心境を~と語る 심경을 담담하게 이야기하다

だんだん [段段] I 名 ①계단, 층계¶石の~をのぼる 돌층계를 오르다 ②「…の~」의 꼴로) 하나하나, 여러 가지 II 副 점점, 차츰. 점차¶空が~と明るくなる 하늘이 차츰 밝아지다 ―畑 계단식 밭

だんだんこ [断断固・断断乎] スル【文】단호함¶~として拒否する 단호히 거부하다

たんち [探知] 名スル 탐지¶魚群の位置等を~する 어군의 위치를 탐지하다

だんち [段地] 名【俗】「段違い」의 준말. (정도의) 차가 매우 심함, 현격한 차이¶こっちのほうが~においしい 이쪽이 훨씬 맛있다

だんち [団地] 단지¶工業~ 공업 단지

だんち [暖地] 난지. 따뜻한 지방 ⇔ 寒地

だんちがい [段違い] I 名ダ 차이가 매우 큼, 현격한 차이¶~の実力 현격한 차이가 나는 실력 II 名 높이가 다름¶~の床が高이가 다른 마루 ―平行捧【体】이단 평행봉

だんちゃ [*磚*茶] 전차. 홍차·녹차의 분말을 쪄서 판대기 모양으로 눌러 굳힌 차: たんちゃ

だんちゃく [弾着] 名スル 탄착¶~点 탄착 지점/~距離 탄착 거리

たんちょ [端緒] 단서

たんちょう [丹頂]【動】단정. 단정학, 백두루미

たんちょう [単調] ダ 단조. 단순함¶~な生活 단조로운 생활

たんちょう [短調]【音】단조 ⇔ 長調

だんちょう [団長] 단장¶応援~ 응원 단장

だんちょう [断腸] 단장. 애끓는 슬픔[쓰라림]¶~の思い 단장의 심정

だんつう [段通・緞通] 바닥실에 마·무명·양모 등으로 무늬를 짜넣은 두꺼운 깔개

だんつく [*旦*つく]【俗】「旦那」를 얕잡아 이르는 말. 서방

たんつぼ [*痰*壷] 타구(唾具)

たんてい [探偵] 名他スル 탐정¶私立~ 사립 탐정 ―小説【文】탐정 소설

たんてい [短艇・端艇]【海】단정, 보트

だんてい [断定] 名他スル 단정¶犯人だと~する 범인이라고 단정하다

たんてき [端的] ダ 단적 ①분명함, 명백함¶~な表現 단적인 표현 ②알기 쉽고 간결함¶~に言う 단적으로 말하다

たんでき [*耽*溺] 名自スル【文】탐닉¶酒色に~する 주색에 탐닉하다

たんてつ [鍛鉄] 단철 ①쇠를 불림, 불린 쇠 ②연철(錬鉄)

たんでん [丹田] 단전¶臍下~に力をこめる 제하 단전에 힘을 주다

たんでん [炭田] 탄전

たんと 副【俗】많이, 듬뿍, 잔뜩¶~召し上がれ 많이 드시게

だんと [*檀*徒]【佛】단도. 시주하는 신도들

たんとう [担当] 名他スル 담당¶英語を~する 영어를 담당하다

たんとう [短刀] 단도 ⇔ 長刀

だんとう [弾頭]【軍】탄두¶核~ 핵탄두

だんとう [暖冬]【気】난동 ―異変 난동 이변. 이상 난동

だんどう [弾道] 탄도 ―弾 탄도탄. 미사일

だんとうだい [断頭台] 단두대

たんとうちょくにゅう [単刀直入] 名ダ 단도직입¶~に質問する 단도 직입적으로 질

문하다
**たんとうるい** [単糖類] 〖生〗 단당류
**たんどく** [丹毒] 〖醫〗 단독
**たんどく** [単独] 图 단독¶ ~行動ᵈᵒᵘ 단독 행동/ ~で出ᵈᵉかける 단독으로 외출하다
**たんどく** [耽読] 图 他スル 탐독¶ 推理小説ˢʰᵒᵘˢᵉᵗˢᵘ を~する 추리 소설을 탐독하다
**だんトツ** ⊤ 《俗》 단연 톱임
**だんどり** [段取り] (일의) 진행 순서·절차, 그것을 정하는 일¶ ~をつける 일의 순서를 정하다/ 式ˢʰⁱᵏⁱの~を決ᵏⁱめる 식의 절차를 정하다
**だんな** [*檀那·*旦那] ①〖佛〗 단나, 시주(施主) ②(상점 등의) 주인 ③아내가 남편을 이르는 말. 주인, 바깥 양반 ④상인 등이 남자 고객을 부르는 말, 손님 ⑤배우 등이 후원자를 부르는 말 ―芸ᵍᵉⁱ 부자나 대갓집 주인 등이 심심풀이로 배운 예능 ―寺ᵈᵉʳᵃ 자기 집의 선조 대대의 묘·위패를 모신 절 = 菩提寺ᵇᵒᵈᵃⁱʲⁱ
**たんなる** [単なる] 連體 단순한= ただの
**たんに** [単に] 副 단지 ①다만, 그저¶ ~意見ⁱᵏᵉⁿを述ⁿᵒべる 단지 의견을 말하다 ②비단¶ ~個人ᵏᵒʲⁱⁿのみの問題ᵐᵒⁿᵈᵃⁱにとどまらない 비단 개인만의 문제에 그치지 않는다
**たんにん** [担任] 图 他スル 담임¶ ~の先生ˢᵉⁿˢᵉⁱ 담임 선생님
**だんねつ** [断熱] 图 自スル 단열¶ ~効果ᵏᵒᵘᵏᵃ 단열 효과 ―変化ʰᵉⁿᵏᵃ 〖物〗 단열 변화
**たんねん** [丹念] ⊤ 단념, 공을 들임, 정성껏 함¶ ~な細工ˢᵃⁱᵏᵘ 공들인 세공
**だんねん** [断念] 图 他スル 단념
**たんのう** [胆嚢] 〖醫〗 담낭, 쓸개
**たんのう** [*堪能] Ⅰ 图 自スル 충분히 만족함, 깊이 감동함¶ 名演技ᵐᵉⁱᵉⁿᵍⁱに~した 명연기에 깊이 감동함 Ⅱ ⊤ (기능·학예에) 뛰어남¶ 語学ᵍᵒᵍᵃᵏᵘに~な人ʰⁱᵗᵒ 어학에 뛰어난 사람
**たんば** [丹波] 일본의 옛지명, 지금의 京都ᵏʸᵒᵘᵗᵒ부 중부와 兵庫ʰʸᵒᵘᵍᵒ현의 일부 지명 = 丹州ᵗᵃⁿˢʰᵘᵘ
**たんぱ** [短波] 〖電〗 단파¶ ~放送ʰᵒᵘˢᵒᵘ 단파 방송
**たんはい** [炭肺] 〖醫〗 탄폐, 탄분 침착증
**たんばい** [探梅] 图 自スル 〔文〕 탐매. 매화꽃을 찾아 가서 감상함
**たん はき** [*痰吐き] 타구(唾具) = たんつぼ
**たんぱく** [*蛋白] 「蛋白質ᵗᵃⁿᵖᵃᵏᵘˢʰⁱᵗˢᵘ」의 준말, 단백 ―質ˢʰⁱᵗˢᵘ 〖生〗 단백질 ―石ˢᵉᵏⁱ 〖鑛〗 단백석, 오팔
**たんぱく** [淡泊·淡泊] ⊤ 담백 ①(맛·빛깔 등이) 담박함, 산뜻함¶ ~な味ᵃʲⁱ 담백한 맛 ②(태도·성질 등이) 깔끔함, 산뜻함, 소탈함¶ ~な性格ˢᵉⁱᵏᵃᵏᵘ 소탈한 성격
**だんばしご** [段梯子] (폭이 넓은 판자를 대어) 계단처럼 된 사다리= しごだん
**たんぱつ** [単発] 단발 ①발동기가 하나임, 그런 것¶ ~機ᵏⁱ 단발기 ②한 발씩 발사함 ⇔ 連発ʳᵉⁿᵖᵃᵗˢᵘ ―銃ʲᵘᵘ 단발총 ③연속되지 않음, 1회만으로 끝남¶ ~の放送劇ʰᵒᵘˢᵒᵘᵍᵉᵏⁱ 단막극
**だんぱつ** [断髪] 단발 Ⅰ 图 自スル 머리카락을 짧게 자름¶ ~令ʳᵉⁱ 단발령 Ⅱ 图 단발 머리¶ ~の少女ˢʰᵒᵘʲᵒ 단발 머리 소녀
**だんばな** [段鼻] 콧마루가 층이 진 코

**たんパン** [短パン] (운동용) 짧은 팬츠
**だんぱん** [談判] 图 自スル 담판¶ 直ʲⁱᵏⁱ~ 직접 담판/ ひざ詰ᵗˢᵘめ~ 직접 담판
**たんぴ** [*度] 《俗》 …때, …적¶ 見ᵐⁱる~に感心ᵏᵃⁿˢʰⁱⁿする 볼 때마다 탄복하다
**たんび** [耽美] 〔文〕 탐미 ―主義ˢʰᵘᵍⁱ 탐미주의
**たんび** [嘆美·*歎美] 图 他スル 〔文〕 탄미, 찬탄, 감탄하여 칭찬함
**たんぴ** [単比] 단비 ↔ 複比ᶠᵘᵏᵘʰⁱ
**たんぴょう** [短評] 단평. 촌평= 寸評ˢᵘⁿᵖʸᵒᵘ
**だんびら** [段平] 《俗》 날이 넓은 칼¶ ~を振ᶠᵘʳⁱり回ᵐᵃʷᵃˢうす 날이 넓은 칼을 휘두르다
**たんぴん** [単品] 단품 ①하나의 물건, 한 종류의 물품¶ ~料理ʳʸᵒᵘʳⁱ 일품 요리 ②(세트로 된 물건 가운데) 하나
**たんぶ** [反歩·*段歩] (助數) 단보¶ 水田ˢᵘⁱᵈᵉⁿ五ᵍᵒ~ 논 다섯 단보
**たんぷく** [単複] 단복 ①단수와 복수 ②(테니스·탁구 등에서) 단식과 복식 ③(경마 등에서) 단승식과 복승식
**だんぶくろ** [段袋] ①(끈으로 조일 수 있게 만든) 큰 자루 ②(江戸ᵉᵈᵒ 말기에서 明治ᵐᵉⁱʲⁱ 초기에) 일본 군인이 입었던 통 넓은 양복 바지
**たんぶん** [単文] 〖文法〗 단문
**たんぶん** [探聞] 图 他スル 〔文〕 탐문¶ 身上ˢʰⁱⁿʲᵒᵘを~する 신상을 탐문하다
**たんぶん** [短文] 단문, 짧은 문장 ↔ 長文ᶜʰᵒᵘᵇᵘⁿ
**たんぺい きゅう** [短兵急] ⊤ 느닷없음, 갑작스러움¶ ~に攻ˢᵉめる 느닷없이 공격하다
**たんべつ** [反別·*段別] ①논·밭을 1단보씩 나눔 ②논·밭의 면적 ―割ʷᵃʳⁱ 농지 면적을 기준으로 부과하는 조세
**たんべん** [単弁] 〖植〗 단판, 홑꽃잎¶ ~花ᵏᵃ 단판화
**たんぺん** [短編·短*篇] 단편¶ ~小説ˢʰᵒᵘˢᵉᵗˢᵘ 단편 소설
**だんぺん** [断片] 단편, 조각, 토막, 일부분¶ 記憶ᵏⁱᵒᵏᵘの~ 기억의 단편 ―的ᵗᵉᵏⁱ 단편적으로
**だんぺん** [断編·断*篇] 단편, 문장의 한 토막
**たんぼ** [田圃] (口) 논= 田ᵗᵃ¶ ~道ᵐⁱᶜʰⁱ 논길
**たんぽ** ①(천이나 가죽으로 싼) 솜방망이¶ ~槍ʸᵃʳⁱ 솜방망이를 끝에 댄 연습용 창 ②당파= ゆたんぽ
**たんぽ** [担保] 〖法〗 담보. 저당= 抵当ᵗᵉⁱᵗᵒᵘ¶ ~をとる 담보를 잡다/ 土地ᵗᵒᶜʰⁱを~に金ᵏᵃⁿᵉを借ᵏᵃりる 토지를 담보로 돈을 빌리다
**たんぼう** [探訪] 图 他スル 〔文〕 탐방¶ 古都ᵏᵒᵗᵒを~する 고도를 탐방하다
**だんぼう** [暖房·*煖房] 图 他スル 난방
**だんボール** [段ボール] 골판지¶ ~箱ᵇᵃᵏᵒ 골판지 상자
**たんぽぽ** [〈蒲公英〉] 〖植〗 민들레
**たん ほんい** [単本位] 〖經〗 단본위 ↔ 複本位ᶠᵘᵏᵘʰᵒⁿⁱ
**たんま** 《俗》 (아이들 놀이 등에서) 일시 중지를 요구하는 말¶ ちょっと~ 잠깐 기다려줘
**だんまく** [段幕] 흑색·흑백의 천을 가로로 이어 붙인 장막¶ ~を張ʰᵃりめぐらす 가로 장막을 둘러치다

だんまく【弾幕】 탄막. (막을 친 것처럼) 많은 탄환을 연속 발사함¶ ~を張る 탄막을 치다
たんまつ【端末】 단말 ①말단, 끝 ②(전기 회로에서) 전류가 출입하는 말단부 —装置 단말 장치
だんまつま【断末魔・断末摩】 단말마. 임종, 그 때의 고통¶ ~の叫び 단말마의 비명
たんまり 副(俗) 많이, 듬뿍, 잔뜩¶ ~と祝儀をもらう 축의금을 듬뿍 받다
だんまり [黙り] (口) ①말이 없음, 그런 사람¶ ~屋 과묵한 사람 ②(劇) (歌舞伎에서) 등장 인물이 대사없이 어둠 속에서 서로 더듬어 찾는 동작 연출법
たんみ【淡味】 (文) 담미. 산뜻한 맛·취미
たんめい【短命】 名ㄱ 단명 ①수명이 짧음¶ ~な家系 단명한 가계 ②(인기·조직 등이) 오래가지 못함 ¶ ~內閣 단명 내각
たんめいてがた【単名手形】 (経) 단명 어음
だんめん【断面】 단면¶ 水平~ 수평 단면/ 社会の~ 사회의 단면 —図 단면도
たんもう【短毛】 단모. 짧은 털
たんもの【反物】 ①한 필씩으로 되어 있는 피륙 ②(일본 옷의) 옷감, 포목= 呉服
たんや【鍛冶】 名他ス(文) 단야. (쇠를) 불림, 대장일¶ 鉄を~する 쇠를 불리다
だんやく【弾薬】 탄약¶ —庫 탄약고
たんゆう【胆勇】 (文) 담용. 대담하고 용기가 있음¶ ~無双 담용 무쌍
たんよう【単葉】 단엽 ①(植) 홀잎 ②(비행기의) 주익이 하나임, 그런 비행기 ▷ ①② 複葉
たんらく【短絡】 名自他ス 단락 ①(電) 합선¶ ~事故 합선 사고 ②사리를 무시하고 두 사항을 성급하게 연관지음¶ ~的な思考 단락적인 사고 —反応 (心) 단락 반응
だんらく【段落】 단락 ①(文) 긴 글에서 내용상 일단 끊어지는 곳 ②(사물의) 구분, 매듭¶ 仕事に~ついた 일이 일단락 지어졌다
たんらん [*貪婪] 名ナ → どんらん
だんらん【団欒】 名自ス 단란 ¶ 一家 ~ 일가 단란
たんり【単利】 (経) 단리 ⇔ 複利¶ —法 (経) 단리법 —利回り 단리 최종 이율
たんりゃく【胆略】 (文) 담략. 대담하고 지략이 있음
だんりゅう【暖流】 (海) 난류 ⇔ 寒流
たんりょ【短慮】 名ㄱ(文) 단려 ①생각이 얕음, 얕은 생각 ②성급함, 성마름= 短気¶ ~を起こす 성마른 짓을 하다
たんりょうたい【単量体】 (化) 단량체= モノマー ⇔ 重合体
たんりょく【胆力】 담력¶ ~を鍛える 담력을 기르다/ ~が欠ける 담력이 모자라다
だんりょく【弾力】 탄력 ①(物) 외력을 받아 변형된 물체가 원형으로 돌아가려는 힘 ②(比) 유연성, 융통성¶ 考え方に~をもたせる 사고 방식에 융통성을 지니게 하다 —性 탄력성
だんりん【談林・檀林】 ①(佛) 강원(講院), 절 ②(文) 「談林派」의 준말 —派 (文) 근세 俳諧에서 유파의 하나
たんれい【端麗】 名ㄱ 단려. 자태가 단정하고 고움¶ 容姿~ 용자 단려
たんれん【鍛練・鍛錬】 名他ス 단련 ①쇠붙이를 불에 달궈 두드림 ②심신·기량을 닦음¶ 精神を~する 정신을 단련하다
だんろ【暖炉・煖炉】 난로
だんろん【談論】 名自ス 담론. 담화와 논의¶ ~を交わす 담론을 나누다 —風発 (文) 담론 풍발. 이야기·논의가 활발히 행해짐
だんわ【談話】 名自ス 담화 ①대화, 회화¶ ~室 담화실 ②비공식적인 형태로 표명되는 의견¶ 首相の~ 수상의 담화

# ち チ

ち 五十音図 「た」행(行)의 둘째 かな. ひらがな 「ち」는 「知」의 초서체, かたかな 「チ」는 「千」의 변체(變體)
ち【地】 音チ・ジ(ヂ) 訓つち|(음)지. I (造語) ①땅, 육지¶ 地球 지구·地震 지진·陸地 육지 ②특정한 곳¶ 地域 지역·産地 산지 ③신분, 처지, 입장¶ 地位 지위·窮地 궁지 ④그 고장¶ 地酒 토산주·地元 본고장 ⑤천성, 본성, 바탕¶ 地声 본래 목소리·素地 본바탕 ⑥바탕 부분¶ 地質 옷감의 질·地紋 바탕 무늬 ▷ 熟字訓 墓地 쏜살같이, 곧장 II ①땅 ㉠지면, 지상, 땅에 伏せる 땅에 엎드리다 ㉡장소, 토지¶ 安住の~ 안주할 곳 ㉢영토¶ ~を接する 영토를 접하다 ②(책·짐 등의) 아랫부분¶ 天~無用 천지 무용
慣用句
—に落ちる 땅에 떨어지다
—に塗れる 패배하여 일어설 수 없게 되다
—を掃う 아주 없어지다
ち【池】 音チ 訓いけ|(음)지. (造語) 못, 연못과 같은 곳¶ 貯水池 저수지·電池 전지
ち【知】 音チ 訓しる|(음)지. I (造語) ①알다, 느끼다¶ 知識 지식·探知 탐지 ②알리다¶ 告知 고지·通知 통지 ③상대를 알고 있음¶ 知人 지인·旧知 구지 ④다스리다¶ 知事 지사 ⑤사물을 생각하는 능력¶ 知恵 지혜·知能 지능 ⑤는 「智」의 대용자 熟字訓 善知鳥 흰수염바다오리 II (文) 지. 사물을 생각하는 능력, 앎 ¶ ~は力なり 아는 것이 힘이다
ち【値】 音チ 訓ね・あたい|(음)치. (造語) ①값, 값어치¶ 価値 가치 ②수의 크기¶ 極値

ち【恥】音チ 訓はじる・はじ・はじらう・はずかしい|(음)치. (造語) ①부끄러움¶ 恥辱・恥ずかしい|(음)치. (造語) ①부끄러움¶ 恥辱・치욕・羞恥心 수치 ②입부 恥骨・치골

ち【致】音チ 訓いたす|(음)치. (造語) ①오게 하다, 초대하다¶ 招致 초치・拉致 납치 ②이르게 하다¶ 致死 치사・一致 일치 ③관직을 물러남¶ 致仕・致仕 ④정취, 운치¶ 風致 풍치・筆致 필치

ち【智】音チ 訓さとい・さとり|(음)지. I (造語) ①영리하다, 현명하다¶ 智謀 지모・智将 지장 ②사물을 이해하는 능력¶ 智慧 지혜・叡智 예지 ▷「知」가 대용자 II 지 ①(유교의) 오상의 하나. 지혜 ②(佛) 진리를 깨닫고 번민을 끊는 마음의 작용

ち【遅】音チ 訓おくれる・おくらす・おそい|(음)치. (造語) ①늦다, 느리다, 지체되다¶ 遅滞 지체・遅鈍 지둔 ②늦어지다¶ 遅刻 지각・遅延 지연

ち【痴】音チ 訓しれる|(음)치. (造語) ①어리석음, 모자람¶ 痴人 치인・白痴 백치・音痴 음치 ②지나치게 열중함, 색정에 빠지다¶ 痴漢 치한・痴情 치정 ▷「癡」는 다른 글자꼴

ち【稚】音チ 訓おさない|(음)치. (造語) 어리다, 유치하다¶ 稚気 치기・幼稚 유치・稚拙 치졸・稚魚 치어

ち【置】音チ 訓おく|(음)치. (造語) ①두다, (어떤 곳에) 놓다¶ 配置 배치・設置 설치 ②처리하다¶ 処置 처치・措置 조치

ち【馳】音チ 訓はせる|(음)치. (造語) 빨리 달리다, 빨리 달리게 하다¶ 馳駆 치구

ち【血】피 ①~が出る 피가 나다 ②핏줄, 혈통, 혈연¶ ~のつながり 혈연 관계/ ~は争えない 핏줄은 속일 수 없다 ③혈기¶ 若い~がたぎる 젊은 혈기가 끓어오르다

〖慣用句〗
—が通う 피가 통하다 ①살아 있다 ②인정미가 있다, 정이 담기다
—が騒ぐ 피가 끓다, 몹시 흥분되다
—が繋がる 혈연 관계에 있다
—が上る 피가 거꾸로 솟다, 울컥하다
—が沸く 피가 끓다, 감격하여 흥분하다
—で血を洗う 피로 피를 씻다 ①악에 대해 같은 악으로 대하다 ②골육 상쟁하다
—と汗の結晶 피와 땀의 결정, 대단한 고생・노력의 성과
—に飢える 피에 굶주리다
—の出るよう 이만저만이 아닌 노력・고생
—は水より濃い 피는 물보다 진하다
—もあり涙もある 피도 있고 눈물도 있다
—も涙もない 피도 눈물도 없다, 냉혹하다
—湧き肉躍る 피가 솟구친다
—を受ける 핏줄[혈통]을 이어받다
—を吐く思い 피를 토하는 심정
—を引く 핏줄[혈통]을 이어받다
—を見る 피를 보다, 유혈 사태를 내다
—を分ける 피를 나누다, 혈연 관계에 있다

ち【乳】 ①(造語) 젖 = ちち¶ ~飲み子 젖먹이 ②(造語) 유방, 유두, 젖꼭지 ③(羽織 깃발 등에 달린) 끈을 꿰는 작은 고리 ④범종(梵鐘) 표면의 오돌토돌한 돌기

ち【治】(文) 치세, 잘 다스려짐 ②정치
〖慣用句〗
—に居て乱を忘れず 치세에 있을지라도 전란에 대비하다, 유비 무환

ちあい【血合(い)】 생선의 등뼈 부분의 살이 검붉은 부위

ちあん【治安】 치안¶ ~を保つ 치안을 유지하다/ ~が乱れる 치안이 문란해지다 —維持法【法】 (일본 구 법령에서) 치안 유지법

ちい【地衣】〖植〗지의. 지의류 = 地衣類

ちい【地位】 지위¶ ~が上がる 지위가 올라가다/ 責任のある~ 책임 있는 지위

ちい【地異】 천변 지이¶ 天変~ 천변 지이

ちいき【地域】 지역¶ 未開の~ 미개 지역 —開発 지역 개발 —社会 지역 사회

ちいく【知育】〖教〗지육

ちいさ・い【小さい】 形 작다 ①(부피・넓이・키 등이) 크지 않다¶ ~家 작은 집/ ~・く切る 작게 자르다 ②(정도・수치 등이) 적다¶ 損害が~は~ 손해는 적다/ ~声で話す 작은 목소리로 말하다 ③(나이가) 어리다, 아래다¶ ~子 어린 아이 (도량의) 좁다¶ 気が~ 소심하다/ 人物が~ 인물이 작다 ⑤사소하다, 하찮다¶ ~ことにくよくよするな 사소한 일에 끙끙 앓지 마라 ⑥(「~・くなる」의 꼴로) 위축되다, 움츠러들다¶ 社長の前では~・くなる 사장 앞에서는 위축되다

ちいさな【小さな】 連体 작은¶ ~箱 작은 상자/ ~時からの友人 어렸을 때부터의 친구

ちいん【知音】(文) 지음 ①친구, 친우 ②지인

ちうみ【血膿】 혈농, 피고름

ちえ【知恵・智慧】 지혜 ①슬기, 꾀¶ 浅はかな~ 얕은 꾀/ ~比べ 지혜 겨루기/ ~を絞る 지혜를 짜내다 ②【佛】 미혹을 끊고 깨달음을 얻는 힘 —者 지자, 슬기로운 사람 —熱 지혜열 —の輪 지혜의 고리(장난감의 일종) —蘭 사랑니 —袋 지혜 주머니 —負け 꾀가 지나쳐 오히려 실패함, 제 꾀에 넘어감

ちえきけん【地役権】〖法〗지역권

ちぇっ 感(口) (기대에 어긋나서 못마땅할 때) 체!, 치!= ちぇ¶ ~、また失敗した 체! 또 실패했다

ちえん【地縁】 지연 —社会 지연 사회

ちえん【遅延】 名 自スル 지연¶ 雪のために列車が~する 눈 때문에 열차가 지연되다 —利息【法】 연체 이자

ちおん【地温】〖地〗지온

ちか【地下】 지하 ①땅속, 지면 아래¶ ~室 지하실/ 一階 지하 일층 ②저승¶ ~に眠る 지하에서 잠들다 ③표면에 드러나지 않는 곳, 비합법적인 활동・세계¶ ~組織 지하 조직 —運動 지하 운동 —街 지하 상가 —経済 지하 경제 —資源 지하 자원 —水 지하수 —鉄 지하철 —道 지하도

[慣用句]
**―に潜**{もぐ}**る** 지하에 숨다
**ちか** [地価] 지가 ①토지의 매매 가격¶ ~の高騰{こうとう} 지가의 등귀 ②(과세 표준인) 토지 가격
**ちか** [治下] (文) 치하. 통치하
**ちかい** [誓(い)] ①서원¶ 神{かみ}への~ 신에 대한 서원 ②굳게 결심함, 다짐함¶ 禁煙{きんえん}の~を立てる 금연을 맹세하다
**ちか・い** [近い] 形 ①가깝다¶(거리가) 짧다¶ 駅{えき}に~ 역에 가깝다 ②(시간이) 짧다¶ 将来{しょうらい} 가까운 장래/ ~うちに完成{かんせい}する 머잖아 완성되다 ③(어떤 수량에) 이르려 하다¶ 一万人{にん}に~人出{ひとで} 만 명에 가까운 인파 ④(관계가) 깊다, 친밀하다¶ ごく~間柄{あいだがら} 아주 가까운 사이 ⑤(성질・내용이) 비슷하다¶ 天才{てんさい}に~ 천재에 가깝다 ⑥《「目{め}が~」의 꼴로》근시이다 ⑦《「耳{みみ}が~」의 꼴로》밝다
**ちかい** [地階] 〔建〕지계. (건물의) 지하층
**ちかい** [地塊] 〔地〕지괴
**ちがい** [違い] 틀림, 차이, 상이¶ 実力{じつりょく}の~ 실력차/ ~が出る 차이가 나다
**ちがいだな** [違い棚] 〔建〕두 개의 판자를 좌우로 높이가 다르게 단 장식용 선반
**ちがいな・い** [違いない] 連語 《「…に~」의 꼴로》…이 거의 확실하다, ~임에 틀림없다¶ 彼{かれ}が犯人{はんにん}に~ 그가 범인임에 틀림없다
**ちがい ほうけん** [治外法権] 〔法〕치외 법권
**ちか・う** [誓う] 他五 ①맹세하다, 서약하다¶ 神{かみ}に~ 신에게 맹세하다/ 将来{しょうらい}を~・い合った仲{なか} 장래를 맹세한 사이 ②다짐하다, 굳게 결심하다¶ 必勝{ひっしょう}を心{こころ}に~ 필승을 다짐하다
**ちが・う** [違う] 自五 다르다, 틀리다 ①(성질・내용 등이) 일치하지 않다, 같지 않다¶ 見方{みかた}が~ 견해가 다르다/ 言{い}うことやることが~ 말하는 것과 하는 것이 다르다 ②(어떤 기준과) 상이하다, 딴판이다¶ 見本{みほん}と~実物{じつぶつ} 견본과 다른 실물 ③옳지 않다, 잘못되다¶ 順番{じゅんばん}が~ 순번이 잘못되다 ④㉠본래의 합의・계약과 어긋나다¶ 約束{やくそく}が~ 약속이 틀리다 ㉡본디의 위치・상태가 아니다¶ 首筋{くびすじ}の筋{すじ}が~ 발목의 힘줄이 접질리다 ⑤《補助》《동사 連用形에 붙어》교차하다, 엇갈리다¶ すれ~ 스쳐 지나가다/ 出迎{でむか}え と行{い}き~ 마중나온 사람과 엇갈리다
**ちが・える** [違える] 他下一 ①달리하다, 바꾸다¶ 方法{ほうほう}を~ 방법을 달리하다 ②잘못하다, 틀리다¶ 集合時間{じかん}を~ 집합 시간을 잘못 알다 ③㉠어기다¶ 約束{やくそく}を~ 약속을 어기다 Ⅱ (정상적인 위치・상태 등에서) 벗어나게[어긋나게] 하다¶ 首{くび}の筋{すじ}を~ 목의 힘줄이 접질리다 ④《補助》《동사 連用形에 붙어》교차시키다, 엇갈리게 하다¶ 組{く}み~ 엇갈리게 짜다
**ちかく** [近く] Ⅰ 名 ①근처, 부근¶ 駅{えき}の~に住{す}んでいる 역 부근에 살고 있다 ②(文) 최근, 근간¶ ~はその例{れい}を見{み}ない 근간에는 그런

예를 보지 못하다 ③(造語)《수사에 붙어》…에 가까움¶ 四十人{じゅうにん}~の男{おとこ}は 40 가까운 남자 Ⅱ 副 머지않아, 곧, 일간¶ ~会議{かいぎ}を開{ひら}いて決{き}める 일간 회의를 열어 결정한다
**ちかく** [地核] 지핵. 지심
**ちかく** [地殻] 〔地〕지각¶ ~変動{へんどう} 지각 변동
**ちかく** [知覚] 名 他スル 지각 ①〔佛〕깨달아 앎 ②〔心〕감각 기관을 통해 외부의 사물을 인식하는 작용 ―**神経**{しんけい} 지각 신경
**ちがく** [地学] 지학, 지구 과학
**ちかごろ** [近頃] Ⅰ 名 요즘, 최근, 근래¶ ~の経済界{けいざいかい} 최근의 경제계 Ⅱ 副 대단히, 실로¶ ~迷惑{めいわく}なことだ 대단히 성가신 일이다
**ちかし・い** [近しい・^親しい] 形 가깝다, 친하다, 친밀하다¶ ~間柄{あいだがら} 친밀한 사이
**ちがたな** [血刀] 피 묻은 칼
**ちかちか** [近近] 副 自スル ①(빛이) 반짝반짝¶ ~と星{ほし}がまたたく 반짝반짝 별이 깜박이다 ②(눈이 강한 자극을 받아) 따끔따끔¶ 目{め}が~する 눈이 따끔따끔하다
**ちかぢか** [近近] 副 ①머지않아, 근일중에, 일간¶ ~引{ひ}っ越{こ}しするつもりです 머지않아 이사할 생각입니다 ②副ト 아주 가깝게¶ ~と寄{よ}って見{み}る 아주 가까이 다가가서 보다
**ちかづき** [近付き] 친하게 사귐, 친지¶ お~になる 친숙한 사이가 되다/ ~ができる 친지가 생기다
**ちかづ・く** [近付く] 自五 ①가까이 가다, 접근하다, 다가오다¶ 台風{たいふう}が~ 태풍이 다가오다 ②(어느 단계・상황에) 가까워지다, 근접하다¶ 事件{じけん}の核心{かくしん}に~ 사건의 핵심에 근접하다 ③(시일 등이) 다가오다, 가까워지다¶ 結婚式{けっこんしき}が~ 결혼식이 가까워지다 ④친해지려 하다, 접근하다¶ 悪{わる}い友達{ともだち}には~な 나쁜 친구는 가까이하지 마라 ⑤닮아가다, 비슷해지다¶ 欧米人{おうべいじん}の体格{たいかく}に~ 구미인의 체격과 비슷해지다
**ちかづ・ける** [近付ける] 他下一 가까이하다 ①가까이 대다, 접근시키다¶ 船{ふね}を岸壁{がんぺき}に~ 배를 안벽에 대다 ②가까이 사귀다¶ 悪友{あくゆう}を~ 악우와 가까이 사귀다
**ちかって** [誓って] 副 맹세코 ①반드시, 꼭, 기필코¶ 来年{らいねん}こそ~優勝{ゆうしょう}します 내년에야말로 꼭 우승하겠습니다 ②결코, 절대로¶ ~うそは言{い}わない 결코 거짓말은 안 한다
**ちかま** [近間] (口) 근방, 근처 ≒ 近所{きんじょ}
**ちかまわり** [近回り・近廻り] Ⅰ 名 自スル 지름길로 감 ⇔ 遠回り{とおまわり}¶ ~して駅{えき}に行{い}く 지름길로 해서 역에 가다 Ⅱ 名 근처, 부근¶ ~を散歩{さんぽ}する 근처를 산책하다
**ちかみち** [近道] 지름길 Ⅰ 名 自スル 가까운 길, 샛길¶ ~して学校{がっこう}へ行{い}く 지름길로 해서 학교에 가다 Ⅱ 名 빠른 길, 첩경¶ 出世{しゅっせ}の~ 출세의 지름길
**ちかめ** [近め] 名 ⑦ (위치가) 좀 가까움 ⇔ 遠め{とおめ}¶ 打者{だしゃ}の~を攻{せ}める 타자의 몸 쪽을 공격하다

**ちかめ【近目・近眼】**(口) ①근안, 근시＝きんがん ⇔ 遠目とおめ ②얕은 소견

**ちがや**[*茅・*芽*萱]【植】 띠

**ちか-よ・せる【近寄せる】**他下一 접근시키다 ①가까이 가져가다[대다]¶ 耳を～・せて聞く 귀를 가까이 대고 듣다 ②가까이하다, 친해지게 하다¶ 人を～・せない性格がら 사람을 가까이하지 않는 성격

**ちか-よ・る【近寄る】**自五 접근하다 ①가까이 가다, 다가가다¶ ～・ってよく見る 다가가서 잘 보다 ②가까이하다, 친해지다¶ あの人には～な 저 사람과는 가까이하지 마라

**ちから【力】**①근육의 작용, 체력¶ あらん限りの～を出して戦さかう 있는 힘을 다해 싸우다 ②기력, 정신력¶ ～のこもった口調ちょう 힘찬 어조 ③도움, 조력¶ ～になりましょう 힘이 되어 드리다 ④효력, 효능¶ 薬すの～できせきが止とまる 약의 효험으로 기침이 멎다 ⑤능력, 기량, 실력¶ 語学がくの～をつける 어학 실력을 기르다 ⑥권력, 세력, 영향력¶ 親おやの～で就職しゅうしょくする 부모의 힘으로 취직하다 ⑦완력, 폭력¶ ～に訴うったえる 완력에 호소하다 ⑧재력¶ 娘むすめを大学だいがくにやる～がない 딸을 대학에 보낼 힘이 없다 ⑨【物】물체의 속도 변화와 변형을 일으키는 작용
[慣用句]
―の釣つり合あい 힘의 균형
―のモーメント 힘의 모멘트
―を入いれる ①힘을 주다 ②주력하다
―を落おとす 낙담하다
―を貸かす 도와주다, 협력하다

**ちから-あし【力足】**①힘을 준 다리 ②【相撲】다리에 힘을 줌＝四股しこ¶ ～を踏ふむ 씨름꾼이 양다리를 번갈아 올렸다가 힘있게 밟으며 준비 운동을 하다

**ちから-いっぱい【力一杯】**副 힘껏¶ ～戦たたかう 힘껏 싸우다

**ちから-おとし【力落(と)し】**名 自スル 낙담, 낙심¶ さぞお～のことでしょう 얼마나 낙심이 되시겠습니까

**ちから-がみ【力紙】**①【相撲】씨름꾼이 몸을 닦는 데 쓰는 종이＝化粧紙けしょうがみ ②세키기를 기원하면서 절의 인왕상(仁王像)을 향해 섭어 던지는 종이 ③【版】(제본의) 철한 곳을 보강하기 위해 바르는 종이

**ちから-こぶ【力瘤】**①알통 ②진력함
[慣用句]
―を入いれる 열심히 진력하다, 주력하다

**ちから-しごと【力仕事】**육체 노동

**ちから-しょうぎ【力将棋】**(정석에 따르지 않고) 자기 생각대로 힘으로 밀어붙이는 장기

**ちから-ずく【力ずく・力*尽く】**名 ①전력을 다함¶ ～で成なし遂とげる 전력을 다해 완수하다 ②우격다짐¶ ～でうばう 우격다짐으로 빼앗다

**ちから-ずもう【力相撲】**【相撲】뚝심만으로 하는 씨름¶ ～を展開てんかいする 힘의 씨름을 펼치다

**ちから-ぞえ【力添え】**名 自スル 도움, 원조¶ よろこんでお～します 기꺼이 돕겠습니다

**ちから-だのみ【力頼み】**믿고 의지함¶ 親類しんるいを～にする 친척을 믿고 의지하다

**ちから-だめし【力試し】**(체력・능력을) 시험해 봄¶ 模擬試験しけんで～をする 모의 시험으로 실력을 시험해 보다

**ちから-つ・きる【力尽きる】**自上一 힘이 다하다, 힘이 다 떨어지다¶ ゴール寸前すんぜんに～ 골 바로 앞에서 힘이 다하다

**ちから-づ・く【力付く】**自五 힘이[용기가] 나다¶ 励はげまされて～ 격려를 받아 힘이 나다

**ちから-づ・ける【力付ける】**他下一 격려하다, 힘을[용기를] 북돋워 주다¶ 不運ふうんな友を～ 불운한 친구를 ～

**ちから-づよ・い【力強い】**形 ①힘차다, 씩씩하다¶ ～声こえ 힘찬 목소리 ②마음 든든하다¶ 彼かれに来てもらえば～ 그가 와 준다면 마음이 든든하다

**ちから-なげ【力無げ】**ナ 힘[기력]이 없는 모양¶ ～にうなずく 힘없이 끄덕이다

**ちから-ぬけ【力抜け・力*脱け】**名 自スル 맥이 빠짐, 낙담함¶ 試合しあいが延期えんきになって～する 시합이 연기되어 맥이 빠지다

**ちから-ぬの【力布】**【服】힘을 받는 부분에 보강하기 위해 덧대는 천＝当あて布ぬの

**ちから-まかせ【力任せ】**ナ 힘껏 함, 전력을 다함¶ ～に振ふり回まわす 힘껏 휘두르다

**ちから-まけ【力負け】**名 自スル ①힘을 너무 들여 도리어 실패함 ②힘에 부침¶ チャンピオンに～する 챔피언에게 힘이 달려 패하다

**ちから-みず【力水】**【相撲】씨름꾼이 입에 머금어 힘을 내는 물＝化粧水けしょうみず¶ ～をつける 물을 머금어 기운을 차리다

**ちから-もち【力持(ち)】**힘이 셈, 힘센 사람¶ 世界せかい一の～ 세계 제일의 장사

**ちから-もち【力*餅】**①(산길을 갈 때) 힘을 내기 위해 휴대하는 떡 ②젖이 잘 나오라고 임산부에게 친정에서 보내는 떡 ③건강하게 자라라고 아기에게 짊어지거나 밟게 하는 돌떡

**ちから-わざ【力業】**①【力技】힘으로 하는 기술¶ ～で投なげ飛とばす 힘으로 내던지다 ②육체 노동＝力仕事ちからしごと

**ちかん【弛緩】**名 自スル → しかん(弛緩)

**ちかん【痴漢】**치한¶ ～行為こうい 치한 행위

**ちかん【置換】**名 他スル 치환 ①(위치 등을) 바꾸어 놓음 ②【数】순열을 바꾸어 놓음 ③【化】화합물의 원자단을 바꿈¶ ～反応はんのう 치환 반응

**ちき【知己】**(文) 지기, 지인¶ 二人ふたりとない～を得える 둘도 없는 지기를 얻다

**ちき【稚気】**(文) 치기, 어린애 같은 기분・성질¶ ～に富とむ 치기가 넘치다

**ちぎ【千木】**【建】(神社じんじゃ 등의) 지붕 양끝에 X자형으로 교차시킨 길다란 목재

**ちぎ【地*祇】**(文) 지기, 지신(地神) ⇔ 天神てんしん

**ちぎ【遅疑】**名 自スル 지의, 의심하여 주저함, 우물쭈물함¶ ～逡巡しゅんじゅん 지의 준순, 주저하여 결행하지 못함

**ちきゅう【地球】**지구¶ ～の引力いんりょく 지구의 인력 ―科学がく 지구 과학 ―儀ぎ 지구의

**ちきゅうせつ**【地久節】 일본 왕후 탄생일의 옛 일컬음 ⇔ 天長節ﾃﾝﾁｮｳ

**ちぎょ**【稚魚】 치어

**ちきょう**【地峡】【地】지협¶ スエズ~ 수에즈지협

**ちぎょう**【知行】Ⅰ名 ①(고대에) 토지・주민을 지배함 ②(중세 때) 토지를 영유하고 지배함 Ⅱ名【史】(江戸 시대에) 幕府ﾊﾞｸﾌ・藩ﾊﾝ에서 가신들에게 주었던 토지, 토지 대신 준 녹봉・녹미(祿米) **—取り**【史】봉록을 봉토・녹봉으로 받음, 그런 사람

**ちきょうだい**【乳兄弟】 (혈연 관계는 아니나) 같은 사람의 젖을 먹고 자란 사이

**ちきり**【杠秤】 1관(3.75kg) 이상의 중량을 다는 큰 대저울 = ちぎばかり

**ちぎり**【乳切(り)・千切(り)】 ①목도, 양끝은 굵고 가운데는 약간 가늘게 깎은 막대기 = ちぎり木 ②나무 토막 = 棒ﾎﾞｳきれ

**ちぎり**【契り】㊛ ①약속 ②부부의 약속을 함, 남녀의 정¶ ~を交ｶﾜす 남녀의 정을 나누다 ③(전세의) 인연

(慣用句)
**—を結ぶ** ①서로 굳게 약속하다 ②부부의 인연을 맺다, 남녀가 정을 나누다

**ちぎ・る**【千切る】他五 ①잘게 뜯다[찢다]¶ 紙ｶﾐを~ 종이를 잘게 찢다/ パンを~って食ﾀべる 빵을 잘게 뜯어서 먹다 ②비틀어 뜯다[따다]¶ りんごを枝ｴﾀﾞから~ 사과를 가지에서 비틀어 따다 ③(補助) 《(동사 連用形에 붙어)》 뜻을 강조하는 말¶ ほめ~ 격찬하다

**ちぎ・る**【契る】他五 ①장래를 굳게 약속하다 ②부부 언약을 하다, 정을 나누다

**ちぎれぐも**【千切れ雲】 조각 구름

**ちぎれちぎれ** 𝟕 조각조각, 갈기갈기¶ 雲ｸﾓが~に飛ﾄぶ 구름이 조각조각으로 흘러가다

**ちぎ・れる**【千切れる】自下一 조각조각[너덜너덜] 찢어지다¶ 布地ﾇﾉｼﾞが~ 옷감이 갈기갈기 찢어지다

**ちぎん**【地銀】【經】지방 은행

**ちく**【竹】 音 チク 訓 たけ | (音) 죽 (造語) ①대나무¶ 竹馬ﾁｸﾊﾞ 죽마・竹林ﾁｸﾘﾝ 죽림・爆竹ﾊﾞｸﾁｸ 폭죽 ②피리, 관악기・糸竹ｼﾁｸ 사죽, 관현 ▷ 熟字訓 竹刀ｼﾅｲ 죽도・竹柏ﾁｸﾊｸ 죽백나무

**ちく**【畜】 音 チク | (音) 축 (造語) ①가축¶ 家畜ｶﾁｸ 가축・畜生ﾁｸｼｮｳ 축생 ②가축을 기르다¶ 畜産ﾁｸｻﾝ 축산・牧畜ﾎﾞｸﾁｸ 목축

**ちく**【逐】【逐】 音 チク 訓 おう | (音) 축 (造語) ①쫓다, 쫓아내다¶ 角逐ｶｸﾁｸ 각축・駆逐ｸﾁｸ 구축 ②순서를 따르다, 차례로 하다¶ 逐一ﾁｸｲﾁ 축일・逐語訳ﾁｸｺﾞﾔｸ 축어역

**ちく**【蓄】 音 チク 訓 たくわえる | (音) 축 (造語) ①모으다, 저축하다¶ 蓄積ﾁｸｾｷ 축적・貯蓄ﾁｮﾁｸ 저축 ②기르다, 부양하다¶ 蓄妾ﾁｸｼｮｳ 축첩

**ちく**【築】 音 チク 訓 きずく | (音) 축 (造語) 건축하다, 축조하다¶ 築造ﾁｸｿﾞｳ 축조・建築ｹﾝﾁｸ 건축

**ちく**【地区】 지구 ①지구 ②지역 ②특정 목적으로 구분된 지역¶ 風致ﾌｳﾁ~ 풍치 지구

**ちく**【馳駆】 名 自スル ㊛ ①말을 타고 이리저리 다님¶ 山野ｻﾝﾔを~する 산야를 말을 달려

돌아다니다 ②바삐 뛰어다님, 분주함¶ 東西ﾄｳｻﾞｲに~する 동분 서주하다

**ちぐ**【痴愚】 ㊛ 치우. 어리석음, 천치

**ちくいち**【逐一】副 축일 ①하나씩 차례로¶ ~解説ｶｲｾﾂする 하나씩 차례로 해설하다 ②하나하나 기록하지 않고 상세하게, 낱낱이¶ ~報告ﾎｳｺｸする 낱낱이 보고하다

**ちぐう**【知遇】 ㊛ 지우. 인격・학식을 인정받아 후대받음¶ ~を得ｴる 지우를 입다

**ちぐう**【値遇】Ⅰ名 自㊛ 우연히 만남, 해후 Ⅱ名 지우(知遇)¶ ~を得ｴる 지우를 입다

**ちくおんき**【蓄音機・蓄音器】 축음기

**ちくかん**【竹簡】 죽간. (옛 중국에서) 문자 등을 기록하는 데 쓰던 대나무 조각 = ちっかん

**ちくけん**【畜犬】 ㊛ 축견. 기르는 개

**ちくご**【逐語】 名 축어. (번역 등에서) 원문의 단어 하나하나를 충실하게 맞춰감 = 逐字ﾁｸｼﾞ¶ ~的ﾃｷに解釈ｶｲｼｬｸする 축어적으로 해석하다 **—訳**ﾔｸ 축어역 = 直訳ﾁｮｸﾔｸ

**ちくご**【筑後】 일본의 옛지명. 지금의 福岡ﾌｸｵｶ현 남부 지방

**ちぐさ**【千草】 ①㊛ 갖가지 풀・화초 ②「千草色ｲﾛ」의 준말 **—色**ｲﾛ 연두빛, 담녹색

**ちくさい**【竹斎】 ①【文】江戸 초기의 仮名草子ｶﾅｿﾞｳｼ ②돌팔이 의사

**ちくざい**【蓄財】 名 他スル 축재¶ せっせと働ﾊﾀﾗいて~する 열심히 일해서 축재하다

**ちくさつ**【畜殺】 名 他スル 축살. 도살 = 屠殺ﾄｻﾂ

**ちくさん**【畜産】【農】축산¶ ~業ｷﾞｮｳ 축산업

**ちくし**【竹紙】 ①죽지 ①대의 속껍질 ②당지(唐紙) ③닥나무로 뜬 얇은 일본 종이 ④안피지

**ちくじ**【逐次】 副 축차. 차례차례, 순차적으로¶ ~連絡ﾚﾝﾗｸする 차례차례 연락하다 **—刊行物**ｶﾝｺｳﾌﾞﾂ 축차 간행물. (신문・잡지・연보와 같이) 호수를 거듭하여 발행되는 간행물

**ちくじつ**【逐日】 副 ㊛ 축일. 날이 갈수록, 하루하루

**ちくしゃ**【畜舎】【農】축사

**ちくしょう**【畜生】Ⅰ名 축생. 짐승¶ ~にも劣ｵﾄるふるまい 짐승만도 못한 짓 ②인륜・도덕이 결여된 사람 Ⅱ感 (화가 나거나 분할 때) 젠장, 빌어먹다 = ちきしょう¶ ~め, おぼえてろ 빌어먹을 놈 두고 보자 **—道**ﾄﾞｳ ①【佛】축생도 ②근친 상간

**ちくしょう**【蓄妾】 名 自スル ㊛ 축첩. 첩을 둠

**ちくじょう**【逐条】 名 축조. 한 조목씩 차례대로 좇아 함 **—審議**ｼﾝｷﾞ 축조 심의

**ちくじょう**【築城】 名 自スル 축성. 성을 쌓음, 진지(陣地)를 구축함¶ ~術ｼﾞｭﾂ 축성술

**ちくせき**【蓄積】 名 他自スル 축적¶ 資本ｼﾎﾝを~する 자본을 축적하다

**ちくぜん**【筑前】 일본의 옛지명. 지금의 福岡ﾌｸｵｶ현의 북서부 지방 = 筑州ﾁｸｼｭｳ

**ちくぞう**【蓄蔵】 名 他スル ㊛ 축장. 모아서 간수해 둠¶ ~貨幣ｶﾍｲ 축장 화폐

**ちくぞう**【築造】 名 他スル 축조¶ 堤防ﾃｲﾎﾞｳを~する 제방을 축조하다

**ちくちく** 副 自スル (口) ①콕콕, 따끔따끔¶ と

ちくてい

げがささって~する 가시에 찔려서 따끔따끔하다 ②(마음이) 뜨끔¶ 言いすぎたかと、心ごころが~する 말이 지나쳤나 하고 마음이 뜨끔하다 ③상대방 심사를 긁어대는 모양¶ ~といやみを言う 살살 듣기싫은 소리를 하다
**ちくてい**[築庭][名][自スル][文] 축정. 정원을 꾸밈
**ちくてい**[築堤][名][自スル][文] 축제. 제방을 쌓음, 그런 제방¶ ~工事こうじ 축제 공사
**ちくでん**[逐電] 도망쳐서 행방을 감춤¶ 公金こうきんを横領おうりょうして~する 공금을 횡령하여 행방을 감추다
**ちくでん**[蓄電][名][自スル] 축전 ー器き[電] 축전기 ー池ち[電] 축전지
**ちくねん**[逐年][副][文] 축년. 해마다¶ 会員かいいんが~減少げんしょうする 회원이 해마다 감소하다
**ちくのうしょう**[蓄膿症][醫] 축농증
**ちくば**[竹馬] 죽마. 대말 ーの友とも 죽마지우
**ちくはく**[竹帛] 죽백 ①책 ②역사서¶ ~に名なを垂たれる 역사에 이름을 남기다
**ちぐはぐ**[F] 뒤죽박죽임, 짝이 맞지 않음¶ 意見いけんが~だ 의견이 뒤죽박죽이다
**ちくはつ**[蓄髪][名][自スル] 축발. 깎았던 머리를 다시 기름
**ちくび**[乳首] ①젖꼭지, 유두 =乳頭にゅうとう ②(유아용) 고무 젖꼭지¶ ~「ちちくび」ともいう 함
**ちくふじん**[竹夫人] 죽부인 =抱だきかご
**ちくほう**[筑豊] 筑前ちくぜん과 豊前ぶぜん의 두 지방. 지금의 福岡ふくおか현과 大分おおいた현 북부 지방
**ちくりと**[副] ①(뾰죽한 것으로 찌르는) 콕, 쿡, 따끔하게 ②蚊かに~刺さされる 모기에 따끔하게 물리다 ②(언행이 남을 자극하는) 뜨끔하게, 찔끔¶ ~皮肉ひにくを言いう 뜨끔하게 비꼬는 소리를 하다
**ちくりょく**[畜力][農] 축력. 가축의 노동력
**ちくりん**[竹林][文] 죽림. 대숲 ーの七賢しちけん[史] 죽림 칠현
**ちくるい**[畜類] 축류 ①가축 ②짐승
**ちくろく**[逐鹿][名][自スル][文] 축록 ①정권・지위 등을 획득하려는 다툼 ②(국회의원 선거 의) 당선 싸움¶ ~戦せん 선거전
**ちくわ**[竹輪] 으깬 생선살을 가는 대나무 꼬챙이에 둥글고 두텁게 감아 굽거나 찐 어묵
**ちけい**[地形][地] 지형¶ ~図ず 지형도 ー輪廻りんね[地] 지형 윤회
**ちけむり**[血煙] 내뿜는 피를 연기에 비유한 말¶ ~を上あげる 피를 뿜어내다
**ちけん**[地検] 지검. 지방 검찰청
**ちけん**[知見] ①[文] 지견. 식견¶ ~を広ひろめる 지견을 넓히다 ②[佛] 깨달음은 悟さとり
**ちけんやく**[治験薬][藥] 임상 시험 단계의 약물・약제. 시약
**ちご**[稚児] ①[文] 유아. 젖먹이 ②神社じんじゃ・절의 축제 행렬에 화장하고 나오는 어린이 ー輪わ (옛날에) 머리 위에 높게 두 개의 고리 모양을 지은 소년・소녀의 머리 모양 =ちごまげ
**ちこう**[地溝][地] 지구 ⇔ 地塁ちるい
**ちこう**[知行][文] 지행. 지식과 행동 ▷「ちぎょう」는 딴말 ー合一ごういつ 지행 합일

**ちこう**[治効][文] 치료 효과¶ ~が現あらわれる 치료 효과가 나타나다
**ちこうしひょう**[遅行指標][經] 경기 변동보다 뒤처지는 경향이 있는 경기 지표
**ちこうひりょう**[遅効肥料][農] 지효성 비료
**ちこく**[治国] 치국. 나라를 다스림 ー平天下へいてんか[文] 치국 평천하
**ちこく**[遅刻][名][自スル][文] 지각. 待まち合あわせに~する 약속한 장소에 늦게 가다
**ちこつ**[恥骨][醫] 치골
**ちさ**[〈萵苣〉] → ちしゃ(萵苣)
**ちさい**[地裁] 지방 법원
**ちさがり**[乳下がり][服] ①(일본 옷에서) 羽織はおりの 어깨에서 앞을 여미는 끈을 꿰는 구멍까지의 치수 ②(양재에서) 목의 끝 부분에서 유두까지의 치수
**ちさん**[治山] 치산¶ ー治水ちすい 치산 치수
**ちさん**[治産] 치산 ①[文] 생계를 잘 꾸려나감 ②[法] 재산을 관리・처분함 禁きん~者しゃ 금치산자
**ちさん**[遅参][名][自スル][文] 지참. 지각
**ちし**[地史][地] 지사. 지구의 변천・발달사¶ ~学がく 지사학
**ちし**[地誌][地] 지지. 일정 지역의 지리적 특질에 관한 연구, 그런 연구서
**ちし**[知歯・智歯][文] 지치. 사랑니
**ちし**[致仕][文] I [名][自スル] 치사. 관직을 내놓고 물러남 II [名] 70세의 딴이름
**ちし**[致死] 치사¶ 過失かしつ~ 과실 치사 ー量りょう 치사량
**ちじ**[知事] 지사¶ ~選挙せんきょ 지사 선거
**ちしお**[血潮・血汐] ①(흘러나오는) 피¶ ~に染そまる 피에 물들다 ②[比] 열정, 정열, 활력 熱あつい青春せいしゅんの~ 뜨거운 청춘의 열정
**ちしき**[知識] 지식¶ 予備よび~ 예비 지식 ー階級かいきゅう 지식 계급 ー人じん 지식인 ー欲よく 지식욕
**ちじき**[地磁気][地] 지자기. 지구 자기
**ちじく**[地軸] 지축¶ ~を揺ゆるがす砲声ほうせい 지축을 뒤흔드는 포성
**ちしつ**[地質][地] 지질¶ ~調査ちょうさ 지질 조사 ー学がく 지질학 ー時代じだい 지질 시대
**ちしつ**[知悉][名][他スル] 속속들이 앎¶ 事情じょうを~している 사정을 속속들이 알고 있다
**ちじつ**[遅日][文] 지일. 낮이 긴 봄날
**ちしま**[千島]「千島列島ちしまれっとう」의 준말 ー海流かいりゅう 쿠릴 해류 =親潮おやしお ー列島れっとう 쿠릴 열도
**ちしゃ**[〈萵苣〉][植] 상추 =ちさ
**ちしゃ**[知者・智者][文] ①지자¶ ~は惑まどわず、勇者ゆうしゃは懼おそれず 지자는 미혹되지 않고 용자는 두려워하지 않는다 ②지혜로운 고승
**ちしゃ**[治者][文] 치자 ①통치자 ⇔ 被治者ひちしゃ ②권력자, 주권자
**ちしょう**[地象] 지상. 대지에서 일어나는 이변 현상 ⇔ 天象てんしょう
**ちしょう**[池沼] 지소. 연못과 늪
**ちしょう**[知将・智将] 지장
**ちじょう**[地上] 지상 ①땅 위 ⇔ 地下ちか¶ ~十階じっかい建たて 지상 10층 건물 ②이 세상¶ ~

**ちぢめる**

の楽園ৢ 지상의 낙원 一権ৢ[法] 지상권
**ちじょう**[*笞杖] [文] 태장 ①매와 곤장 ②태형과 장형
**ちじょう**[痴情] 치정¶～がらみの事件ৢ 치정에 얽힌 사건
**ちじょうい**[知情意] 지성·감정·의지의 세 가지 심적 요소
**ちしょく**[恥辱] 치욕= はずかしめ¶～を受ける 치욕을 받다
**ちしん**[地心] 지심. 지핵= 地核ৢ
**ちしん**[池心] [文] 연못의 중심, 연못 한가운데
**ちじん**[地神] [文] 지신. 토지신 ⇔ 天神ৢ
**ちじん**[知人] 지인. 친지
**ちじん**[痴人] [文] 치인. 바보. 천치
[慣用句]
**―夢ৢを説ৢく** (바보가 꿈이야기를 하듯) 이야기의 앞뒤가 맞지 않게 횡설수설하다
**ちしんじ**[遅進児] [教] 지진아. 학습 지진아
**ちず**[地図] 지도¶世界ৢ～ 세계 지도
**ちすい**[治水] [名][自スル] 치수¶治山ৢ～ 치산치수/～事業ৢ 치수 사업
**ちすじ**[血筋] 핏줄 ①혈관 ②혈통, 혈연¶芸術家ৢの～ 예술가 집안의 혈통/ 遠ৢい～にあたる人ৢ 먼 친척뻘 되는 사람
**ち・する**[治する] [文] Ⅰ[自][サ変] ①(병이) 낫다 ②다스려지다 Ⅱ[他] ①(병을) 고치다, 치료하다¶病ৢを～ 병을 고치다 ②다스리다, 통치하다¶国ৢを～ 나라를 다스리다
**ちせい**[地勢] 지세¶～が険ৢしい 지세가 험하다
**ちせい**[知性] 지성¶～的ৢ 지성적/～豊ৢかな人物ৢ 지성이 풍부한 인물
**ちせい**[治世] [文] 치세 ①(잘 다스려져) 태평한 세상¶～ 乱世ৢৢ 치세 안락 ②나라를 통치함, 그 기간¶徳川ৢ十五代ৢৢの～ 徳川 15대의 치세
**ちせき**[地積] [法] 지적. 토지의 면적
**ちせき**[地籍] [法] 지적¶～台帳ৢৢ 지적 대장
**ちせき**[治績] 치적. 정치상의 공적¶～をたたえる 치적을 기리다
**ちせつ**[稚拙] [文] 치졸. 미숙하고 서투름¶～な文章ৢৢ 치졸한 문장
**ちそ**[地租] [法] 지조. 토지에 과하는 조세
**ちそう**[地相] 지상 ①토지의 형세로 판단되는 운세¶～がいい 지상이 좋다 ②지형
**ちそう**[地層] [地] 지층
**ちそう**[*馳走] Ⅰ[名][他スル] 음식을 대접함, 향응¶～にあずかる 음식 대접을 받다 Ⅱ[名] 맛있는 음식, (대접을 위한) 훌륭한 요리¶今夜ৢは大変ৢৢなご～だ 오늘 밤은 대단한 요리구나
**ちそく**[知足] [佛] 지족
**ちそく**[遅速] [文] 지속. 더딤과 빠름¶～を競ৢう 더딤과 빠름[지속]을 다투다
**ちぞめ**[血染め] [名] 피로 물듦¶～の鉢巻ৢৢ 피로 물든 머리띠
**ちたい**[地帯] 지대¶安全ৢ～ 안전 지대
**ちたい**[遅滞] [名][自スル] 지체. 기일에 늦음, 기한을 넘김¶～なく届ৢける 지체없이 신고하다
**ちたい**[痴態] [文] 치태. 어리석은 짓¶～をさらす 치태를 드러내다
**ちだい**[地代] → じだい(地代)
**ちだつ**[*褫奪] [名][他スル] 치탈. 박탈= 剝奪ৢ¶官位ৢを～する 관위를 박탈하다
**ちだるま**[血*達磨] [名] 피투성이, 피범벅
**ちち**[父] 아버지 ①부친¶～の遺志ৢを継ৢぐ 아버지의 유지를 받들다¶先駆者, 창시자¶科学ৢの～ 과학의 아버지¶[基] 성부
**ちち**[乳] 젖 ①유즙¶母親ৢৢの～ 어머니의 젖 ②유방= 乳房ৢ¶～が張ৢる 젖이 부풀다
**ちち**[遅遅] ~と¶[文] 느리고 더딤¶作業ৢৢが～として進ৢまない 작업이 지지 부진하다
**ちちうえ**[父上] 아버님 ⇔ 母上ৢৢ
**ちちおや**[父親] 부친 ⇔ 母親ৢৢ
**ちちかた**[父方] 부계¶～の祖父母ৢৢ 친조부모
**ちぢか・む**[縮かむ] [自][五] (추위·공포 등으로) 움츠리다, 오그라들다, 곱다¶寒ৢさで指先ৢৢが～ 추위로 손가락 끝이 곱다
**ちちぎみ**[父君] [文] 아버님, 춘부장 ⇔ 母君ৢৢ ▷ 오늘날에는 남의 아버지에 대해 쓰임
**ちちくさ・い**[乳臭い] [形] ①젖비린내 나다¶～赤ৢん坊ৢ 젖비린내 나는 아기 ②젖내 나다, 유치하다¶～考ৢえ 유치한 생각
**ちちくび**[乳首] → ちくび
**ちちく・る**[乳繰る] [自][五] [俗] (남녀가 몰래) 새롱거리다, 농탕치다= いちゃつく
**ちちご**[父御] 춘부장 ⇔ 母御ৢৢ
**ちぢこま・る**[縮こまる] [自][五] (몸·기분이) 움츠러들다, 위축되다¶布団ৢৢの中ৢで～って眠ৢる 이불 속에서 움츠리고 자다
**ちちに**[千千に] [副] [文] 갖가지로¶心ৢが～乱ৢれる 마음이 천 갈래 만 갈래로 흐트러지다
**ちちのひ**[父の日] 아버지의 날
**ちちはは**[父母] 부모. 양친= ふぼ
**ちちぶ**[秩父] ①埼玉ৢৢ현 서부의 시 ②「秩父絹ৢ·秩父銘仙ৢৢৢ」의 준말. 秩父 지방에서 생산된 무지 견직물
**ちぢま・る**[縮まる] [自][五] 줄어들다, 오그라들다, 움츠러들다¶寿命ৢৢが～ 수명이 줄어들다/ 寒ৢさで身ৢが～ 추위로 몸이 움츠러들다
**ちぢみ**[縮(み)] ①오그라듦, 줄어듦, 수축¶伸ৢび～ 신축 ②「縮ৢみ織ৢり」의 준말
**ちぢみあが・る**[縮み上がる] [自][五] (공포·추위로) 몸이 움츠러들다, 위축되다¶恐ৢろしさで～ 무서워서 움츠러들다
**ちぢみおり**[縮(み)織(り)] 바탕에 오글오글한 잔주름이 지게 짜는 방법, 그런 직물= 縮ৢৢ
**ちぢ・む**[縮む] [自][五] ①줄어들다, 오그라들다, 짧아지다¶布ৢが～ 천이 줄어들다 ②(시간이) 짧아지다, 줄어들다, 단축되다¶寿命ৢৢが～ 수명이 줄어들다 ③(범위가) 축소되다, 좁아지다¶販売網ৢৢৢが～ 판매망이 축소되다 ④(두려움으로) 움츠러들다, 위축되다¶身ৢの思ৢい 몸이 움츠러드는 느낌
**ちぢ・める**[縮める] [他][下一] 줄이다 ①(길이·

넓이·폭을) 작게 하다 **背広**의 **丈**을 ~ 신사복의 기장을 줄이다 ②(시간을) 짧게 하다¶ **寿命**을 ~ 수명을 단축시키다 ③(범위를) 축소하다 **給与**의 **格差**를 ~ 급여의 격차를 줄이다 ④움츠리다, 오그리다¶ **首**를 ~ 목을 움츠리다

**ちちゅう** [地中] 지중, 땅속¶ **宝**를 ~ に **埋**める 보물을 땅속에 파묻다

**ちちゅうかい** [地中海] [地] 지중해

**ちぢら・す** [縮らす] 他五 오글오글하게 하다, 곱슬곱슬하게 하다¶ **髪**を ~ 머리를 곱슬곱슬하게 하다

**ちぢれげ** [縮れ毛] 곱슬털, 고수머리 = ちぢれっけ

**ちぢ・れる** [縮れる] 自下一 ①주름이 지다, 오글오글해지다¶ ~ れた**紙** 꾸깃꾸깃해진 종이 ②곱슬곱슬해지다

**ちつ** [秩] 音 チツ [音] 질, [語造] ①정돈된 순서·차례¶ **秩序** 질서 ②관원의 급료, 녹봉 **秩米** 질미·**秩禄** 질록

**ちつ** [室] 音 チツ [音] 질, [語造] ①막히다, 닫히다¶ **窒息** 질식 ②「**窒素** 질소」의 준말¶ **室化** 질화

**ちつ** [帙] 版 (일본식 장정에서) 책가위

**ちつ** [膣] [醫] 질. 여성 생식 기관의 일부

**チッキ** 철도·기선의 여객이 탁송하는 수하물, 그 보관증

**ちっきょ** [蟄居] Ⅰ 名 自スル 文 칩거¶ **田舎**에 ~ **している 시골에 칩거하고 있다 Ⅱ 名 史 (**江戸**시대에 무사에게 내리던) 폐문하고 한 방에서 근신하게 하는 형벌

**ちっこ・い** [形] 俗 작다

**ちっこう** [竹工] 죽공, 죽세공, 그 직공

**ちっこう** [築港] 名 自スル 文 축항, 항구를 축조함¶ ~ **工事** 축항 공사

**ちっし** [窒死] 名 自スル 文 질사, 질식사

**ちつじょ** [秩序] 질서¶ **社会** ~ 사회 질서

**ちっそ** [窒素] 化 질소¶ ~ **同化作用** 질소 동화 작용 **―肥料** [農] 질소 비료

**ちっそく** [窒息] 名 自スル [醫] 질식¶ ~ **死** 질식사/ **酸欠**で ~ **する** 산소 결핍으로 질식하다

**ちっちゃ・い** 形 俗 작다, 조그마하다¶ **赤**ちゃんの **― 手** 아기의 작은 손

**ちつづき** [血続き] 名 혈연, 혈족¶ **父方**의 ~ 아버지 쪽의 혈족

**ちっと** 副 俗 약간, 조금¶ **もう ― 上** 조금 더 위/ **― 言い過ぎたようだ** 말이 좀 지나쳤나 보다 **―も** 副 俗 조금도, 전연, 전혀¶ **~知らなかった** 전혀 몰랐다

慣用句
**―やそっと** 俗 어지간한 정도

**チップ** (chip) 칩 ①(룰렛·포커 등에서) 점수패 ②나무를 잘게 썬 조각 ③채소를 얇고 둥글게 썬 것¶ **ポテト** ~ 포테이토 칩 ④[電] 집적 회로를 짜넣은 작은 실리콘 조각

**ちっぽけ** 丁 俗 자그마함, 작고 하찮음¶ ~ **な家**에 ~ **な庭** 자그마한 집에 자그마한 뜰

**ちてい** [地底] 지저. 땅속 깊은 곳¶ ~ **のマグマ** 땅속 깊은 곳의 마그마 **―湖** [地] 지저호

**ちてい** [池亭] 文 지정. 못 가의 정자

**ちてき** [知的] 丁 지적 ①지성이 풍부함¶ ~ **な顔** 지적인 얼굴 ②지식·지능에 관계됨¶ ~ **労働** 지적 노동 **―所有権** [法] 지적 소유권

**ちてん** [地点] 지점¶ **通過** ~ 통과 지점

**ちと** [些と] 副 (口) 좀, 약간, 잠깐 = ちょっと¶ ~ **失礼** 잠깐 실례/ **~お寄りください** 좀 들러 주십시오

**ちとう** [池塘] 文 지당. 못둑 = **土手**

**ちどうせつ** [地動説] [天] 지동설

**ちとく** [知徳·智徳] 지덕. 지식과 도덕

**ちとせあめ** [千歳飴] (3세·5세·7세 아이의 축하용으로 파는) 홍백으로 물들인 가래엿

**ちどめ** [血止(め)] 지혈. 지혈제

**ちどり** [千鳥] 물떼새 **―足** (술 취한 사람의) 갈지자걸음 **―掛け** 丁 ①지그재그형으로 교차시킴 ②(재봉에서) 사뜨기, 새발뜨기 **―格子** 물떼새가 떼지어 날아가는 모습을 본떠 짠 옷감의 격자 무늬

**ちどん** [遅鈍] 丁 文 지둔. 굼뜨고 우둔함

**ちなまぐさ・い** [血腥い] 形 ①피비린내 나다¶ **生焼**け**で、まだ** ~ 설구워져서 아직 피비린내가 난다 ②참혹하다¶ ~ **事件** 참혹한 사건

**ちなみ** [因] 인연, 연고¶ ~ **がある** 연고가 있다

**ちなみに** [因に] 接 덧붙여서 말하면, 참고로 말하자면

**ちな・む** [因む] 自五 연관되다, 연유하다¶ **干支**에 ~ **んだデザイン** 간지(干支)에 연유한 디자인

**ちにち** [知日] [語造] 지일. (외국인으로서) 일본·일본인을 잘 앎¶ **―派** 지일파

**ちぬ** [茅渟] 魚 감성돔

**ちぬ・る** [血塗る] 自五 (칼에) 피를 묻히다, 살상하다¶ ~ **られた歴史** 피로 얼룩진 역사

**ちねつ** [地熱] 地 지열¶ **―発電** [工] 지열 발전

**ちのあめ** [血の雨] 혈우, 대규모 유혈 사태¶ ~ **を降らす** 대규모 유혈 사태를 일으키다

**ちのいけ** [血の池] 혈지. (지옥에 있다는) 피가 가득한 연못¶ **―地獄** 혈지 지옥

**ちのう** [知能·智能] 지능¶ ~ **が高い** 지능이 높다 **―検査** 지능 검사 **―指数** 지능 지수 **―犯** 지능범

**ちのう** [知嚢·智嚢] 文 ①가지고 있는 모든 지혜 = **知恵袋**¶ **~を絞る** 있는 지혜를 짜내다 ②지낭. 지혜가 많은 사람, 꾀보

**ちのうみ** [血の海] 피바다¶ **~と化す** 피바다로 변하다

**ちのけ** [血の気] ①핏기¶ **~が引く** 핏기가 가시다 ②혈기¶ **~が多い青年** 혈기가 왕성한 청년

**ちのしお** [地の塩] [基] 세상의 소금

**ちのなみだ** [血の涙] 혈루, 피눈물 = **血涙**¶ **~を流す** 피눈물을 흘리다

**ちのみご** [乳飲み子·乳呑み子] 젖먹이, 유아

**ちのみち** [血の道] ①혈관, 혈맥 ②부인병

ちのめぐり [血の巡り] ①혈액 순환¶ ～をよくする運動 혈액 순환이 잘 되게 하는 운동 ②머리 회전¶ ～が悪い 머리 회전이 잘 안 되다

ちのり [血糊] 끈적끈적한 피¶ ～がべったりとつく 끈적끈적한 피가 엉겨붙다

ちのり [地の利] 지리. 지세에 따른 이점¶ ～を生かす 지세에 따른 이점을 살리다

ちのわ [茅の輪] (음력 6월 30일 神社에서 하는 夏越祓 때 쓰는) 띠로 만든 큰 고리

ちば [千葉] 関東지방 남동부의 현. 그 현청 소재지인 시(市)

ちはい [遅配] 名自他スル 지배. 배달·지급이 늦어짐¶ 郵便物の～ 우편물의 지배

ちばし・る [血走る] 自五 눈에 핏발이 서다. 눈이 충혈되다¶ ～った目 충혈된 눈

ちはつ [薙髪] 삭발= 剃髪

ちばなれ [乳離れ] 名自スル ①이유. 젖떼기= 離乳¶ ～が遅い 젖떼기가 더디다 ②자립함¶ いつまでも～しない若者 언제까지나 자립하지 않는 젊은이

ちはらい [遅払い] 지불이 늦어짐. 체불= ちばらい 給料の～ 급료의 체불

ちはん [池畔] 文 지반. 못 가

ちばん [地番] 法 지번. 한 구획마다 붙여진 토지 번호¶ ～の整理 지번 정리

ちび 名 ア 俗 ①키가 작음. 그런 사람¶ クラスで一番の～ 반에서 제일 키가 작은 아이 ②아이. 꼬마¶ ちびっちゃん 꼬맹이

ちびちび 副 俗 찔끔찔끔. 홀짝홀짝= ちびりちびり¶ 酒を～と飲む 술을 홀짝홀짝 마시다 / 借金を～払う 빚을 찔끔찔끔 갚다

ちひつ [遅筆] (글을) 느리게 씀 ↔ 速筆¶ ～で有名な作家 글 쓰는 속도가 느리기로 소문난 작가

ちびっこ [ちびっ子] 俗 꼬마, 어린아이= ちび¶ ～相撲大会 어린이 씨름 대회

ちびふで [禿筆] 독필. 몽당붓= とくひつ

ちひょう [地表] 지표. 지구의 표면. 지상

ちびりちびり 副 俗 홀짝홀짝. 찔끔찔끔

ちび・る 他五 俗 ①(대소변을) 지리다¶ 怖くて～のようになった 무서워서 오줌을 지릴 뻔했다 ②인색하게 굴다¶ 予算を～ 예산을 빡빡하게 잡다

ち・びる [禿びる] 自上一 (口) (끝이) 닳다. 무지러지다. 뭉뚝해지다¶ ～びた下駄 끝이 닳은 下駄/ ～びた鉛筆 뭉뚝해진 연필

ちぶ [恥部] 치부 ①음부 ②수치스러운 부분¶ 社会の～を暴露する 사회의 치부를 폭로하다

ちぶさ [乳房] 유방= にゅうぼう

ちぶつ [地物] 文 지물 ①지상에 있는 물체 ②적의 공격에서 몸을 숨길 수 있는 엄폐물

ちへい [地平] 文 지평 ①대지의 평면¶ はるかなる～のかなた 아득한 지평 너머 ②「地平線」의 준말 —線 지평선

ちへい [治平] 文 치평. 태평

ちへど [血反吐] 위에서 토해내는 핏덩어리. 토혈¶ ～を吐く 핏덩어리를 토해내다

ちへん [地変] 文 지변. 天災～ 천재 지변

ちほ [地歩] 文 지보. 입장, 위치, 지반¶ ～を固める 지반을 굳히다

ちほう [地方] 지방 ①일정한 지역¶ 熱帯～ 열대 지방 ②수도 이외의 지역¶ ～都市 지방 도시 —議会 지방 의회 —検察庁 지방 검찰청 —公共団体 지방 공공 단체 —裁判所 지방 법원 —自治 지방 자치 —自治体 지방 자치 단체 —色 지방색 —庁 都道府県의 관청 —長官 「知事」의 옛명칭 —版 지방판

ちほう [痴呆] ①医 치매 老人性～症 노인성 치매증 ②文 어리석음

ちぼう [知謀·智謀] 지모. 지략¶ ～をめぐらす 지략을 짜내다

ちま・う 自五 俗 補助 《동사 連用形. 促音便·イ音便 꼴에 붙어》「…てしまう」의 축약된 표현. …해 버리다 忘れ～ 잊어버리다

ちまき [粽] 띠·조릿대 잎에 싸서 찐 찹쌀떡

ちまた [巷·岐] 文 ①갈림길¶ 生死の～をさまよう 생사의 갈림길을 헤매다 ②번화한 거리¶ 紅灯の～ 홍등가 ③항간. 세간¶ ～のうわさ 항간의 소문 ④어떤 일이 활발하게 벌어지고 있는 곳¶ 戦乱の～ 전쟁터

ちまちま 副 俗 오목조목. 아기자기. 오밀조밀¶ ～した顔 오목조목한 얼굴

ちまつり [血祭(り)] 출전할 때 사기를 북돋우기 위하여 적의 포로·간첩을 죽이는 일
慣用句
—に上げる (출전에 즈음하여) 적의 포로를 죽여 사기를 북돋우다. 첫 상대를 위세 좋게 처치하다

ちまなこ [血眼] 혈안 ①핏발이 선 눈 ②열중하여 바쁘게 몰아침¶ ～になって探す 혈안이 되어 찾다

ちまみれ [血塗れ] ア 피투성이= 血だらけ¶ ～になって戦う 피투성이가 되어 싸우다

ちまめ [血豆] 피가 섞인 물집

ちまよ・う [血迷う] 自五 흥분하여 이성을 잃다¶ ～った行動 이성을 잃은 행동

ちみ [地味] 文 지미. 토질¶ ～の肥えた土地 토질이 비옥한 토지

ちみ [魑魅] 文 이매. 산도깨비= すだま —魍魎 文 이매 망량. 온갖 잡귀

ちみち [血道] 혈관. 혈맥
慣用句
—をあげる (이성·도락에) 열중하다

ちみつ [緻密] ダ 치밀 ①촘촘함¶ ～な織り目 촘촘한 발 ②상세하고 빈틈이 없음¶ ～に組み上げた計画 치밀하게 세운 계획

ちみどろ [血みどろ] ア ①피투성이. 피범벅¶ ～の顔 피투성이의 얼굴 ②比 괴롭고 긴박한 상태¶ ～の争い 결사적인 다툼

ちめ [血目·血眼] 핏발선(충혈된) 눈

ちめい [地名] 지명¶ ～の由来 지명의 유래

ちめい [知名] ア 지명. 널리 이름이 알려져 있음¶ ～度が高い 지명도가 높다

ちめい [知命] 文 지명. 50세의 딴이름

ちめいしょう【致命傷】 치명상¶ ～を負う 치명상을 입다
ちめいてき【致命的】 🆕 치명적¶ ～な打撃を受ける 치명적인 타격을 받다
ちもう【恥毛】 ⓥ 치모. 음모(陰毛)
ちもく【地目】【法】 지목. 토지의 명칭
ちもん【地文】 지문 ①대지의 상태(모양)＝ちぶん ②「地文学」의 준말 ━学¶ 지문학. 자연 지리학의 옛일컬음
ちゃ【茶】 ⓐ チャ・サ｜(음)다・차. Ⅰ【造語】①차나무¶ 茶園¶ 다원 ②차¶ 茶器¶ 다기・茶菓¶ 다과・緑茶¶ 녹차 ③다도¶ 茶室¶ 다실・茶道¶ 다도 ④다색. 갈색¶ 茶褐色¶ 다갈색 ⑤우스개. 희롱¶ 茶気¶ 풍류 기질・茶茶¶ 헤살 Ⅱ①【植】차나무 ②차¶ ～を入れる 차를 달이다 ③다도¶ ～を習う 다도를 배우다 ④다색. 갈색¶ ～の布地の 갈색 천
ちゃいれ【茶入れ】 차를 넣어 두는 그릇
ちゃいろ【茶色】 다색. 갈색
ちゃいろ・い【茶色い】 갈색이다¶ 泥で～・くなる 진흙으로 갈색이 되다
ちゃ・う 自五〖俗〗〖補助〗《동사 連用形, 促音便・イ音便에 붙어》「…てしまう」가 축약된 표현. …해 버리다¶ 言っ～ 말해 버리다／終わっ～・った 끝나 버렸다
ちゃうけ【茶請け】(「お」의 꼴로) 차에 곁들이는 과자・절임＝茶菓子
ちゃうす【茶臼】 다구. 찻잎을 가는 맷돌
ちゃえん【茶園】 다원. 차나무 밭＝茶畑
チャオズ〖餃子〗→ギョーザ
ちゃか【茶菓】→さか(茶菓)
ちゃかい【茶会】 다회. 차 마시는 모임＝さかい
ちゃかけ【茶掛(け)】 다실에 장식하는 족자
ちゃがし【茶菓子】 다과. 차에 곁들이는 과자
ちゃか・す【茶化す】 他五〖口〗 조롱하다. 농으로 돌리다¶ ひとの話を～ 남의 말을 농으로 돌리다
ちゃかちゃか 副〖自スル〗〖口〗 덜렁덜렁¶ ～とした人¶ 덜렁대는 사람
ちゃかっしょく【茶褐色】 다갈색＝とび色¶ ～の肌 다갈색 피부
ちゃがま【茶釜】 다관. 차관. 찻물 달이는 그릇
ちゃがゆ【茶粥】 달인 차로 끓인 죽
ちゃがら【茶殻】 차 찌꺼기＝茶かす
ちゃき【茶気】①다도의 마음가짐 ②풍아한 기질・장난기～ちゃめっけ
ちゃき【茶器】 다기 ①다구. 차도구 ②가루차를 담아 두는 용기
ちゃきちゃき〖俗〗①(혈통 등이) 순수함＝生粋¶ ～の江戸っ子¶ 東京 토박이 ②(그 무리 중에서) 실력자. 수완가
ちゃきん【茶巾】 ①(다도에서) 다구를 닦는 삼베 행주 ②「茶巾絞り」의 준말・「茶巾鮨」의 준말 ━絞り【料】 전 고구마 등을 삼베 행주에 싸서 짠 자국을 낸 음식 ━鮨【料】 생선・채소 등을 잘게 썰어 섞은 비빔 초밥을 얇은 달걀 부침으로 싼 요리

ちゃく【着】 ⓐ チャク・ジャク(ヂャク) ⓘきる・きせる・つく・つける｜(음)착. Ⅰ【造語】①걸치다. 입다¶ 着衣¶ 착의・着用¶ 착용 ②달라붙다. 밀착¶ 密着¶ 밀착・接着¶ 접착 ③다다르다. 도착하다¶ 着陸¶ 착륙・先着¶ 선착 ④안정되다. 매듭지어지다¶ 着実¶ 착실・落着¶ 낙착 ⑤시작하다. 착수하다¶ 着眼¶ 착안・着工¶ 착공 ⑥(바둑・장기에서) 바둑돌. 말을 놓음¶ 失着¶ 실착・敗着¶ 패착 Ⅱ①【文】도착¶ 一時に～の予定¶ 1시에 도착할 예정 ②(경기 등에서) 입상함¶ ～に入る 입상하다 ③【助数】옷을 세는 말. 벌¶ 背広一～ 신사복 한 벌 ⓘ도착순을 세는 말. 착¶ 第一～ 제1착
ちゃく【嫡】 ⓐ チャク｜(음)적. 【造語】①본처. 본처 소생¶ 嫡出¶ 적출・嫡子¶ 적자 ②정통파¶ 嫡流¶ 적류
ちゃくい【着衣】 名 착의. 옷의 ①주의를 입음. 그 옷 ⇔脱衣¶ ～したままで体重を量る 옷을 입은 채 체중을 달다
ちゃくい【着意】 名〖自スル〗【文】 착의 ①주의할 점 ②착상. 착안
ちゃくえき【着駅】【文】(철도에서) 도착역¶ 運賃は～で精算する 운임은 도착역에서 정산한다
ちゃくがん【着岸】 名〖自スル〗【文】 착안. 배가 부두가[해안]에 닿음
ちゃくがん【着眼】 名〖自スル〗 착안¶ ～点 착안점／操作の易しやすさに～した製品 조작하기 쉬운 점에 착안한 제품
ちゃくざ【着座】 名〖自スル〗【文】 착좌. 착석
ちゃくし【嫡子・嫡嗣】 적자 ①후사 ②적출자
ちゃくしつ【嫡室】【文】 적실. 본처＝正室
ちゃくじつ【着実】 ナ 착실¶ ～な投資／～に得点する 착실히 득점하다
ちゃくしゅ【着手】 名〖自スル〗 착수¶ 工事に～する 공사에 착수하다
ちゃくしゅつ【嫡出】【文】 적출. 본처 소생 ⇔庶出 ━子【法】 적출자
ちゃくじゅん【着順】 착순. 도착한 순서
ちゃくしょう【着床】 名〖自スル〗〖医〗 착상
ちゃくしょく【着色】 名〖自スル〗 착색. 물들임. 그런 빛깔¶ ～ガラス 착색 유리
ちゃくしん【着信】 名〖自スル〗【文】 착신. 통신이 도착함. 그런 통신 ⇔発信
ちゃくじん【着陣】 名〖自スル〗【文】 착진. 진영・진지에 도착함
ちゃくすい【着水】 名〖自スル〗 착수. 물 위에 내림 ⇔離水¶ 水上飛行機が～する 수상 비행기가 착수하다
ちゃく・する【着する】【文】Ⅰ【自】サ変 ①닿다. 도착하다 ②달라붙다. 부착하다＝くっつく ③집착하다 Ⅱ【他】サ変 (옷을) 입다. 착용하다
ちゃくせい【着生】 名〖自スル〗 착생. 다른 것에 부착하여 생육함 ━植物【植】 착생 식물
ちゃくせき【着席】 착석＝着座
ちゃくせん【着船】 名〖自スル〗【文】 착선. 배가 항구에 들어옴(기슭에 닿음). 그런 배

ちゃばしら

ちゃくそう【着装】 名 他スル 文 착장. 장착 ① (옷 등을) 입음 ② (장비·부품 등을) 부착함
ちゃくそう【着想】 名 自スル 착상¶ 奇抜な~ 기발한 착상
ちゃくそん【嫡孫】 文 적손. 적자에게서 태어난 적자
ちゃくたい【着帯】 名 自スル 文 임신 5개월째에 복대를 두름. 그런 의식
ちゃくだつ【着脱】 名 他スル 착탈. 붙였다 떼었다 함. 입었다 벗었다 함¶ ~しやすいタイヤチェーン 쉽게 붙였다 떼었다 할 수 있는 타이어 체인
ちゃくだん【着弾】 名 自スル 착탄. 포탄·폭탄이 어떤 지점에 닿음¶ ~距離 착탄 거리
ちゃくち【着地】 名 自スル 착지 ① 착륙 ② (체조·스키 점프 등에서) 마루·지면 등에 내려섬¶ ~に成功する 착지에 성공하다
ちゃくちゃく【着着】 副 착착¶ 工事が~と進む 공사가 착착 진행되다
ちゃくちゃく【嫡嫡】 文 적적. 정통의 혈통
ちゃくでん【着電】 名 自スル 착전. 전신·전보가 도착함. 그런 전신·전보
ちゃくなん【嫡男】 文 적남. 적자
ちゃくにん【着任】 名 自スル 착임. 새 임지에 도착함. 새 임무를 맡음 ⇔ 離任
ちゃくはつ【着発】 名 自スル 文 착발 ① 도착과 출발¶ ~時刻 착발 시각 ② (탄환 등이) 물체에 닿는 순간 폭발함¶ ~信管 착발 신관
ちゃくばらい【着払い】 착불
ちゃくひつ【着筆】 文 착필 I 名 自スル (서예 등에서) 붓을 댐. 글을 쓰기 시작함 II 名 글을 쓰는 법. 붓을 대는 법
ちゃくふく【着服】 착복 I 名 自スル 옷을 입음 II 名 他スル 몰래 빼돌려 자기 것으로 함¶ 売上金を~する 매상금을 착복하다
ちゃくみ【茶汲み】 차를 끓임. 그런 사람
ちゃくもく【着目】 名 自スル 착목. 주목. 착안¶ ~に値する提案 주목할 만한 제안
ちゃくよう【着用】 名 他スル 착용 ① 옷을 입음¶ 礼服の~のこと 예복을 착용할 것 ② (장비로써) 몸에 걸침¶ シートベルト~ 안전 벨트 착용
ちゃくりく【着陸】 名 自スル 착륙 ⇔ 離陸¶ 離~ 이착륙/月面に~ 월면 착륙
ちゃくりゅう【嫡流】 文 적류 ① 종가 집의 혈통¶ 源氏の~ 源氏의 적류 ② 정통 유파
チャコ 초크. (양재 도구에서) 옷감을 마를 때 쓰는 색 분필
ちゃこし【茶漉し】 차를 거르는 쇠조리
ちゃさじ【茶匙】 찻숟가락 = ティースプーン
ちゃしつ【茶室】 다실. 다회를 여는 건물·방
ちゃしぶ【茶渋】 (찻잔 등에 낀) 찻물 때
ちゃしゃく【茶杓】 ① 가루차를 떠내는 작은 대나무 숟가락 ② 차관에서 차를 떠내는 국자
ちゃじん【茶人】 ① 다도를 즐기는 사람. 다도에 통달한 사람 ② 풍류인
ちゃせき【茶席】 다회석(를 하는 자리). 다실
ちゃせん【茶筅】 (가루차를 끓일 때) 차를 저

어 거품을 일게 하는 도구
ちゃだい【茶代】 ① 찻값 ② 행하. 팁
ちゃたく【茶托】 찻잔을 받치는 접시
ちゃだち【茶断ち】 (신불에게 기원할 때) 일정 기간 차를 마시지 않음¶ 全快を祈って~する 완쾌를 빌며 차를 끊다
ちゃだな【茶棚】 다기·식기를 얹어 놓는 선반
ちゃだんす【茶簞笥】 찻장. 찬장
ちゃち ナ 俗 값쌈. 하찮음. 빈약함¶ ~な考え 하찮은 생각/~なおもちゃ 싸구려 장난감
ちゃちゃ【茶茶】 《俗》 훼살. 훼방¶ ~を入れる 훼방을 놓다
ちゃつう【茶通】 밀가루에 가루차를 섞어 반죽한 피로 팥소를 싸서 납작하게 만들어 겉에 참깨·찻가루를 뿌려 구운 일본 과자
ちゃつか【着火】 名 自スル 착화 ① 불이 붙음. 불을 붙임 ② 불타기 시작함¶ ~点 발화점
ちゃつか【着荷】 名 自スル 文 착하¶ 注文した品が~する 주문한 물품이 착하하다
ちゃっかり 副 自スル 口 빈틈없고 뻔뻔스러운 모양¶ ~した人 약아빠진 사람/~居すわる 뻔뻔스럽게 눌러앉다
ちゃっきょう【着京】 名 自スル 文 착경. 수도에 도착함. (특히) 東京나 京都에 도착함
ちゃっきん【着金】 名 自スル 文 송금이 도착함. 그 돈¶ ~してから品を発送する 송금이 도착하고 난 뒤 물품을 발송하다
ちゃづけ【茶漬(け)】 ① 밥에 뜨거운 차를 부어 먹음. 그런 밥 ② 변변치 않은 식사를 이르는 겸사말
ちゃっけん【着剣】 名 自スル 文 착검
ちゃっこう【着工】 名 自スル 文 착공¶ 前倒しに~する (공공 사업 등을) 조기 착공하다
ちゃづつ【茶筒】 차통. 찻잎을 담아 두는 통
ちゃつぼ【茶壺】 다호. 찻잎을 담아 두는 단지
ちゃつみ【茶摘み】 차나무의 싹·잎을 땀. 그런 사람¶ ~歌 찻잎을 따며 부르는 노래
ちゃてい【茶亭】 다정. 다점. 찻집
ちゃてい【茶庭】 다실에 딸린 정원
ちゃどう【茶道】 다도
ちゃどうぐ【茶道具】 차 도구. 다구
ちゃどころ【茶所】 차의 명산지¶ ~宇治 차의 명산지 宇治
ちゃのこ【茶の子】 ① 차에 곁들이는 과자 = 茶請け ② (농가 등에서) 아침 식사 전에 일할 때 먹는 간단한 식사. 새벽참
ちゃのま【茶の間】 ① 거실 ② 다실 = 茶室
ちゃのみ【茶飲み】 ① 차를 마심. 차를 즐겨 마시는 사람 「茶飲み茶碗」의 준말 = 茶碗. 찻잔 —友達 차를 마시며 이야기를 나누는 친구 —話 차를 마시며 나누는 한담
ちゃのゆ【茶の湯】 ① 손님에게 차를 대접하는 예의 범절. 다과회 ② 다도
ちゃばおり【茶羽織】 길이가 허리까지 오는 짧은 여성용 羽織
ちゃばこ【茶箱】 찻잎을 보존하는 큰 나무 상자
ちゃばしら【茶柱】 차를 찻잔에 따랐을 때 곧추 뜨는 차줄기¶ ~が立つ 찻줄기가 서다

ちゃばなし [茶話] 다화. 한담 = 茶飲ちゃみ話ばなし
ちゃばら [茶腹] 차를 많이 마셔서 불룩한 물배
[慣用句]
―も一時ときる 차만으로도 잠시 요기가 됨, 적은 것일지라도 잠시 변통은 됨
ちゃばん [茶番] ①(손님에게) 차 시중 드는 사람 ②「茶番劇ちゃばんげき」의 준말 ―劇 속이 빤히 들여다 보이는 서투른 짓
ちゃびしゃく [茶柄杓] (다도에서) 차관에서 차를 떠내는 자루가 긴 국자 = 茶杓ちゃしゃく
ちゃびん [茶瓶] 차를 달이는 질주전자
ちゃぶくろ [茶袋] ①차를 넣어두는 봉지 ②차를 다려마실 때 쓰는 헝겊 주머니
ちゃぶだい [卓袱台] 소반, 낮은 식탁
ちゃぶや [卓袱屋] (明治) 개화기의 항구도시에서) 외국인・하급 선원 등을 상대로 하는 술 음식집
ちゃほ [茶舗] (文) 찻잎을 파는 가게
チャボ [動] 당닭
ちゃほうじ [茶焙じ] 차를 볶는 도구
ちゃぼうず [茶坊主] ①(무가(武家)에서) 다도를 맡아 보던 직책, 그런 사람 ②권력자의 비위를 맞추는 아첨꾼
ちやほや [副] [他スル] 응석을 받아 주거나 추켜세우는 모양¶ ～されていい気きになる 추켜세워 주자 우쭐해지다
ちゃぼん [茶盆] 차반, 다반
ちゃみ [茶味] (文) ①다도의 멋・운치 ②풍아한 정취
ちゃみせ [茶店] 다점, 다과점, 찻집
ちゃめ [茶目] (名) (ダ) 장난을 침, 그런 사람¶ ～っ子 장난꾸러기 ―っ気き 장난기
ちゃめし [茶飯] ①찻물에 지어 소금으로 간을 한 밥 ②술・간장을 섞어 지은 밥 = 桜飯さくらめし
ちゃや [茶屋] ①차 제품을 파는 가게・찻집 ③요정, 요릿집 ④(씨름판・극장 등에 딸려) 관객의 안내・식사・휴게를 맡은 찻집 ―遊あそび 요정에서 유흥함 ―女おんな 요정의 접대부, 작부 ―酒ざけ 요정에서 마시는 술
ちゃらちゃら [副] [自スル] (口) ①짤랑짤랑, 딸그랑딸그랑¶ 鍵束かぎたばを～といわせる 열쇠 꾸러미를 딸그랑거리다 ②여자가 교태를 부리는 모양
ちゃらっぽこ (俗) 허튼 소리, 엉터리, 그런 말을 하는 사람¶ ～を言いう 허튼 소리를 하다
ちゃらんぽらん [名] [ダ] (俗) 무책임하게 되는 대로 함¶ ～な性格せいかく 무책임한 성격/ ～を言いう 아무렇게나 되는 대로 지껄이다
ちゃり [茶利] ①익살스러운 언동¶ ～を入いれる 익살을 떨다 ②[藝] (歌舞伎かぶき・浄瑠璃じょうるり에서) 익살스러운 장면 ―敵がた [藝] 어릿광대를 겸한 악인역
ちゃりょう [茶寮] (文) → さりょう
ちゃわ [茶話] 다화. 차를 마시면서 나누는 한담 = 茶飲ちゃのみ話ばなし ―会かい 다화회
ちゃわん [茶碗] 밥공기, 찻종 夫婦ふうふ～ 부부용 밥공기, 부부잔 ―蒸むし [料] 어패류・닭고기・버섯 등의 고명과 달걀을 푼 국물을 공기에 담아 찐 요리

ちゃん [接尾] (口) 《(사람을 나타내는 명사・인명에 붙어)》친밀감을 나타내는 호칭¶ 赤あか～ 아가/ 花子はなこ～ 花子야/ 姉ねえ～ 언니
ちゃん (俗) 아빠 = 父ちゃん
チャン 역청 = ピッチ
ちゃんこなべ [ちゃんこ鍋] [料] 냄비에 큼직하게 토막친 어패류・고기・채소 등을 넣어 익혀 초간장에 찍어 먹는 씨름꾼들의 독특한 냄비 요리 = ちゃんこ料理りょうり・ちゃんこ
ちゃんちゃらおかし・い [形] (俗) 우습기 짝이 없다, 가소롭다¶ そんな話はなは～くって聞きけやしない 그런 이야기는 말 같잖아서 들어 줄 수가 없다
ちゃんちゃんこ (어린아이나 노인이 입는) 소매가 없고 속에 솜을 넣은 羽織はおり
ちゃんと [副] [自スル] ①단정하게, 반듯하게¶ ～した服装ふくそう 단정한 복장 ②확실히, 틀림없이, 분명히¶ ～あるじゃないか 분명히 있잖아 ③충분히, 제대로¶ ～教おしえてよ 제대로 가르쳐 줘
チャンネル (channel) 채널 ①[放] 각 방송국에 할당된 주파수 ②(텔레비전 수상기의) 화면 교체용 손잡이 ③[電] 전하가 흐르는 통로 ④(보도 등의) 경로, 계통
ちゃんばら (俗) ①칼싸움 = ちゃんちゃんばらばら¶ ～ごっこ 칼싸움 놀이 ②싸움
ちゃんぽん 짬뽕 ①[名] (俗) 다른 종류의 것을 한데 섞음¶ ビールとウイスキーを～に飲のむ 맥주와 위스키를 섞어 마시다 ②[料] 고기・어패류・채소 등을 넣고 끓인 중국식 국수
ちゆ [治癒] [名] [自スル] [醫] 치유¶ 完全かんぜんに～する 완전히 치유되다
ちゅう [丑] [曾] チュウ(チウ) [訓] うし・(음) 축. [造語] 십이지(十二支)의 둘째, 소¶ 丑寅うしとら ―刻うしのこく 축인, 乙丑いっちゅう 을축
ちゅう [中] [曾] チュウ(中) [訓] なか・あたる・(음) 중. I [造語] ①한가운데¶ 中央ちゅうおう 중앙・中心ちゅうしん 중심 ②(시간・공간의) 사이¶ 中継ちゅうけい 중계・途中とちゅう 도중 ③어느 쪽에도 치우치지 않음¶ 中庸ちゅうよう 중용・中立ちゅうりつ 중립 ④(어떤 범위・시기 등의) 안쪽, 그 전체¶ 水中すいちゅう 수중・一年中いちねんじゅう 일년 내내 ⑤무리의 내부¶ 連中れんちゅう 무리들・家中かちゅう 집안 ⑥적중하다, 맞히다, 중독되다¶ 中毒ちゅうどく 중독・的中てきちゅう 적중 ⑦집중하다¶ 集中しゅうちゅう 집중・熱中ねっちゅう 열중 ⑧「中学校ちゅうがっこう」의 준말¶ 付属中ふぞくちゅう 부속 중학교 ⑨「中国ちゅうごく」의 준말¶ 中華ちゅうか 중화・訪中ほうちゅう 방중 II ①중앙, 중간¶ ～の下したの成績せいせき 중하의 성적 ②치우치지 않음, 중용¶ ～を失うしなわない 중용을 잃지 않다 III [接尾] 《명사에 붙어》 중 ①어느 것의 안에 있음¶ 空気くうきの酸素さんそ 공기 중의 산소 ②어떤 범위・한계를 구분 지음¶ 今週こんしゅう～ 금주 중 ③어떤 일이 진행 중임¶ 授業じゅぎょう～ 수업 중 ④어떤 범주 안에 속함¶ 不幸ふこう～のさいわい 불행 중 다행/ 秀才しゅうさい～の秀才 수재 중의 수재

ちゅう【仲】 音チュウ(チウ) 訓なか｜(음)중. 造語 ①형제 중에서 둘째¶仲兄$_{けい}$ 중형 ②계절의 한가운데¶仲秋$_{しゅう}$ 중추 ③사람과 사람 사이¶仲介 중개・仲裁$_{さい}$ 중재 ▷「中$_{ちゅう}$」와 같음 熟字訓 仲人$_{なこうど}$ 중매인

ちゅう【虫】【蟲】音チュウ(チウ) 訓むし｜(음)충. 造語 벌레, 곤충¶虫害$_{がい}$ 충해・昆虫$_{こん}$ 곤충・幼虫$_{ちゅう}$ 유충

ちゅう【沖】音チュウ(チウ) 訓おき｜(음)충. 造語 ①기슭에서 멀리 떨어진 바다・호수 ②높이 오르다¶沖天$_{てん}$ 충천 ③물이 떠내려 보내다¶沖積$_{せき}$ 충적

ちゅう【*肘】音チュウ(チウ) 訓ひじ｜(음)주. 造語 팔꿈치¶掣肘$_{せい}$ 철주

ちゅう【宙】音チュウ(チウ)｜(음)주. Ⅰ造語 하늘, 허공, 공중¶宇宙$_{う}$ 우주 Ⅱ①공중, 허공, 하늘¶~を飛$_{と}$ばす 하늘을 날다 ②욈, 암기¶~で言$_{い}$う 외워서 말하다 慣用句
━に浮$_{う}$く ①공중・허공에 뜨다 ②엉거주춤한 상태이다
━に舞$_{ま}$う 공중에서 춤추듯 내두르다
━に迷$_{まよ}$う 결말이 나지 않고 애매한 상태가 되다

ちゅう【忠】音チュウ(チウ) 訓－｜(음)충. Ⅰ ①충심, 진실, 충실¶忠告$_{こく}$ 충고・忠実$_{じつ}$ 충실・忠誠$_{せい}$ 충성하다・忠臣$_{しん}$ 충신・忠誠$_{せい}$ 충성 ▷ 熟字訓 忠実$_{まめ}$에 성실 Ⅱ (文) 충의, 충성¶~を尽$_{つ}$くしていきめる 충성으로 간주하다

ちゅう【抽】音チュウ(チウ) 訓ぬく・ぬきだす｜(음)추. 造語 뽑아내다, 빼내다¶抽出$_{しゅつ}$ 추출・抽籤$_{せん}$ 추첨 熟字訓 抽斗$_{ひきだし}$ 서랍

ちゅう【注】音チュウ(チウ) 訓そそぐ・さす・つぐ｜(음)주. Ⅰ造語 ①액체를 붓다, 따르다¶注射$_{しゃ}$ 주사・注入$_{にゅう}$ 주입・집중하다¶注意$_{い}$ 주의・注目$_{もく}$ 주목 ③쓰다, 자세히 기록하다¶注解$_{かい}$ 주해・注釈$_{しゃく}$ 주석 ④注文$_{ちゅう}$の 준말¶外注$_{がい}$ 외주・発注$_{はっ}$ 발주 ③은「註$_{ちゅう}$」의 대용어 熟字訓 注連$_{しめ}$ 금줄, 뙤말 Ⅱ 주. 주석, 주해¶~を付$_{ふ}$す 주석을 달다

ちゅう【昼】【晝】音チュウ(チウ) 訓ひる｜(음)주. 造語 ①낮¶昼夜$_{や}$ 주야・白昼$_{はく}$ 백주 ②정오때¶昼食$_{しょく}$ 점심

ちゅう【柱】音チュウ(チウ) 訓はしら｜(음)주. 造語 기둥, 받침이 되는 것¶柱石$_{せき}$ 주석・支柱$_{し}$ 지주・電柱$_{でん}$ 전주 ▷ 熟字訓 身柱$_{ちり}$・天柱$_{てん}$ 천주, 감병

ちゅう【*紐】音チュウ(チウ) 訓ひも｜(음)뉴. 造語 끈¶紐帯$_{たい}$ 유대

ちゅう【衷】音チュウ(チウ) 訓－｜(음)충. 造語 ①심중, 진심¶衷情$_{じょう}$ 충정・苦衷$_{く}$ 고충 ②딱 알맞은 정도, 한가운데¶折衷$_{せっ}$ 절충

ちゅう【酎】音チュウ(チウ)｜(음)주. 造語 진한 술¶焼酎$_{しょう}$ 소주

ちゅう【*紬】音チュウ(チウ) 訓つむぎ｜(음)주. 造語 ①비단¶絹紬$_{けん}$ 견주 ②끌다, 끌어내다¶紬繹$_{えき}$ 주역

ちゅう【*廚】【廚】音チュウ(チウ) 訓ズ(ヅ)・くりや｜(음)주. 造語 ①부엌¶厨房$_{ぼう}$ 주방 ②궤, 상자, 함지¶厨子$_{ず}$ 감실

ちゅう【*註】音チュウ(チウ)｜(음)주. Ⅰ造語 뜻을 풀이하다, 기록하다¶註釈$_{しゃく}$ 주석・脚註$_{きゃく}$ 각주 ▷「注$_{ちゅう}$」가 대용어 Ⅱ주. 주석

ちゅう【*誅】音チュウ(チウ)｜(음)주. Ⅰ造語 (죄를) 책망하다, 처벌하다¶誅殺$_{さつ}$ 주살 Ⅱ죄인을 죽임¶~に伏$_{ふく}$する 복주하다

ちゅう【鋳】【鑄】音チュウ(チウ) 訓いる｜(음)주. 造語 주조하다¶鋳金$_{きん}$ 주금・鋳造$_{ぞう}$ 주조・鋳鉄$_{てつ}$ 주철

ちゅう【駐】音チュウ(チウ) 訓とどまる・とどめる｜(음)주. 造語 머무르다¶駐在$_{ざい}$ 주재・駐車$_{しゃ}$ 주차・常駐$_{じょう}$ 상주

ちゅう 連語 (俗) 「…という」의 축약된 표현. …라 하는¶なん~ざまだ (이게) 무슨 꼴이냐

ちゅう【知友】 (文) 지우, 마음이 통하는 벗

ちゅう【知勇・智勇】 (文) 지용, 지혜와 용기

ちゅうい【中位】 중위. 중간 정도의 지위・순위

ちゅうい【中尉】 (군인 계급의) 중위

ちゅうい【注意】 名 自スル 주의 ①정신을 집중함¶~力$_{りょく}$ 주의력／~して観察$_{かんさつ}$する 주의하여 관찰하다 ②마음을 씀, 배려함¶取$_{と}$り扱$_{あつか}$いに~する 취급에 주의하다 ③조심함, 경계함¶足$_{あし}$もとに~しなさい 발밑을 조심하세요 ④충고함¶先生$_{せんせい}$に~を受$_{う}$ける 선생님께 주의를 받다 ━書$_{がき}$ 주의서, 주의문 ━人物$_{じんぶつ}$ 요주의 인물 ━報$_{ほう}$ (気) 주의보

ちゅういん【中院】 上皇$_{こう}$・法皇$_{こう}$가 세 사람 이상 있을 때) 제2위의 上皇・法皇

ちゅういん【中陰】 (佛) 중음 = 中有$_{いん}$¶~に迷$_{まよ}$う 중음을 헤매다

ちゅうえい【中衛】 (9인제 배구 등에서) 중위

ちゅうおう【中央】 중앙 ①한가운데, 중심, 복판¶部屋$_{へや}$の~ 방 한가운데 ②중심이 되는 위치・역할¶~官庁$_{かんちょう}$ 중앙 관청 ③수도, 정부¶~と地方$_{ちほう}$の格差$_{かくさ}$ 수도와 지방의 격차 ━アジア 〔地〕 중앙 아시아 ━アメリカ 〔地〕 중앙 아메리카 ━銀行$_{ぎんこう}$ 중앙 은행 ━集権$_{しゅうけん}$ 중앙 집권 ━値$_{ち}$ (数) 중앙치 ━分離帯$_{ぶんりたい}$ 중앙분리대

ちゅうおう【中欧】 중구. 유럽 중부¶~諸国$_{しょこく}$ 중구 제국

ちゅうおし【中押(し)】 (바둑에서) 불계(不計) = なかおし ━勝$_{が}$ち 불계승

ちゅうおん【中音】 중음 ①중간 정도 세기・높이의 소리 ②(音) 중고음, 알토

ちゅうか【中華】 ①중화. 한(漢)민족이 자기 나라를 불렀던 호칭¶~思想$_{しそう}$ 중화 사상 ②「中華料理$_{りょうり}$・中華蕎麦$_{そば}$」의 준말 ━蕎麦$_{そば}$ 〔料〕①중국식 면류의 총칭 ②라면 ━鍋$_{なべ}$ (중국 요리를 할 때 쓰는) 바닥이 둥글고 얕은 대형 철제 냄비 ━料理$_{りょうり}$ 중화 요리

ちゅうか【中夏】 (文) 중하 ①한여름 ②음력 5월의 딴이름

ちゅうかい【仲介】 名 他スル 중개¶~者$_{しゃ}$ 중개자 ━貿易$_{ぼうえき}$ 〔経〕 중개 무역

ちゅうかい【注解・*註解】 名 他スル 주해

**ちゅうかい** [厨芥] (文) 주개. 주방의 음식 쓰레기

**ちゅうがい** [中外] (文) 중외 ①안과 밖 ②국내외¶ ～に宣言する 국내외에 선언하다

**ちゅうがい** [虫害] [農] 충해¶ 病～ 병충해

**ちゅうがえり** [宙返り] 名 自スル ①공중제비= とんぼがえり ②(비행기의) 공중 회전¶ ～飛行 공중 회전 비행

**ちゅうかく** [中核] 중핵. 중요한 중심부. 핵심¶ ～をなす 핵심을 이루다

**ちゅうがく** [中学] 중학. 중학교 **-生** 중학생

**ちゅうがくねん** [中学年] 중학년. 초등학교의 3·4학년생¶ ～向きの題材 중학년 대상의 제재

**ちゅうがた** [中形] 중형. 중간 정도의 크기

**ちゅうがた** [中型] 중형. 중간 정도의 형

**ちゅうがっこう** [中学校] [敎] 중학교

**ちゅうかん** [中*浣·中*澣] (文) 중완. 중순

**ちゅうかん** [中間] 중간 ①두 물체·지점의 한가운데¶ ～地点 양당단의 사이 **-派** 중간파 ③진행 중인 시점. 도중¶ ～発表 중간 발표 **-子** [物] 중간자 **-色** 중간색 **-報告** 중간 보고

**ちゅうかん** [忠*諫] 名 他スル (文) 충간. 충심으로 간함. 충의의 간언(諫言)

**ちゅうかん** [昼間] 주간. 낮 **-人口** 주간 인구

**ちゅうき** [中気] (口) 중풍= 中風

**ちゅうき** [中期] 중기 ①중간 정도의 시기. 중엽¶ 平安～ 평안 중기 ②중간 정도의 기간¶ ～経済計画 중기 경제 계획

**ちゅうき** [注記·*註記] 名 他スル 주기. 주를 닮. 그 주¶ 欄外に～する 난외에 주를 달다

**ちゅうぎ** [忠義] 名 ダ 충의. 충성¶ ～を尽くす 충성을 다하다 **-顔** 자못 충성스러운 태도를 보임. 그런 표정 **-立て** ①충성을 다함 ②충성스러운 행동

**ちゅうきゅう** [中級] 중급

**ちゅうきゅう** [*誅求] 名 他スル (文) 주구. 세금 등을 가혹하게 징수함¶ 苛斂～ 가렴 주구

**ちゅうきょう** [中京] 名古屋시의 딴이름

**ちゅうきょうしん** [中教審] 중앙 교육 심의회

**ちゅうきょり** [中距離] 중거리 ①중간 정도의 거리 ②「中距離競走」의 준말. 중거리 경주 **-弾道弾** 중거리 탄도탄

**ちゅうぎり** [中限] 중한. 매매 계약 다음달 월말에 현품을 인수·인도하는 거래= なかぎり

**ちゅうきん** [忠勤] (文) 충근. 충실히 근무함¶ ～を励むむ 충실히 근무를 힘쓰다

**ちゅうきん** [鋳金] 주금. 주조= 鋳造

**ちゅうきんとう** [中近東] 중근동. 중동과 근동

**ちゅうくう** [中空] (文) 중공 ①하늘. 중천= なかぞら¶ ～に舞う鳶 하늘을 나는 소리개 ② 名 속이 텅 비어 있음= からっぽ¶ ～になる 속이 텅 비다

**ちゅうぐう** [中宮] [史] ①궁중. 대궐 ②중궁. 황후의 거처 ③황후·황태후·태황태후의 호칭 ④(平安 중기 이후) 황후와 동격인 天皇의 비(妃) **-職** [史] (律令制)에서 中務省に 소속되어 中宮의 일을 관장한 관청. 관직

**ちゅうぐらい** [中位] 名 ダ 중위. 중간 정도= ちゅうくらい¶ ～の成績 중간 정도의 성적

**ちゅうくん** [忠君] 名 ダ 충군. 임금에게 충성을 다함¶ ～愛国 충군 애국

**ちゅうくん** 바깥쪽 살을 밖으로 휘게 해서 접어도 반쯤 펴져 있는 것처럼 보이게 만든 부채

**ちゅうけい** [中継] 名 他スル 중계 ①중간에서 이어줌¶ 送球を～する 송구를 중계하다 ②「中継放送」의 준말 **-貿易** 중계 무역 **-放送** 名 他スル (放) 중계 방송

**ちゅうけい** [仲兄] (文) 중형. 둘째 형= 次兄

**ちゅうけん** [中堅] 중견 ①中軍 ②(조직에서) 중심이 되어 활약하는 사람¶ ～幹部 중견 간부 ③[野] 외야의 중앙. 중견수= センター ④(무도·바둑 등의 단체전에서) 출장하는 순서가 중간인 선수

**ちゅうげん** [中元] ①중원. 백중날 ②백중에 친지에게 하는 선물¶ お～セール 백중맞이 세일

**ちゅうげん** [中原] 중원 ①(文) 평원의 중앙 ②(중국의) 황하 중류 지역 ③(文) 중요한 지역

〔慣用句〕
**―に鹿を逐う** 중원 축록. 어떤 지위를 차지하려고 많은 사람이 경쟁함= 逐鹿

**ちゅうげん** [中間·仲間] 무사(武士)를 모시고 잡일을 하는 하인

**ちゅうげん** [忠言] 名 自スル (文) 충언. 충고= 忠告¶ 友の～に耳を傾ける 벗의 충언에 귀를 기울이다

〔慣用句〕
**―耳に逆らう** 충언은 귀에 거슬린다

**ちゅうこ** [中古] 중고 ①사용해서 좀 낡음. 그런 물품¶ ～品 중고품/ ～車 중고차 ②[日史] 중고 시대

**ちゅうこう** [中耕] 名 他スル [農] 중경. 사이갈이

**ちゅうこう** [中興] 名 他スル 중흥. 쇠퇴한 것을 다시 융성하게 함¶ ～の祖 중시조(中始祖)

**ちゅうこう** [忠孝] 충효. 충의와 효도¶ ～の道 충효의 길/ ～両全 충효 양전

**ちゅうこう** [鋳鋼] [工] 주강. 주조한 강철

**ちゅうこうしょく** [昼光色] 주광색. 태양 광선과 비슷하게 만든 인공색

**ちゅうこうねん** [中高年] 중고년. 중년과 노년

**ちゅうこく** [中刻] 一刻(약 2시간)를 3등분한 중간 시각¶ 丑の～ 축시의 중간 시각

**ちゅうこく** [忠告] 名 自他スル 충고¶ ～に従う 충고에 따르다

**ちゅうごく** [中国] ①일본 中国 지방▷岡山·広島·山口·鳥取·島根의 5개 현 ②한(漢)민족의 거주지 ③중국. 중화 인민 공화국 **-語** 중국어 **-料理** [料] 중국 요리

**ちゅうごし** [中腰] 名 엉거주춤한 자세¶ ～で草を刈る 엉거주춤한 자세로 풀을 베다

**ちゅうこん** [忠魂] (文) 충혼 ①충의(忠義)를 다하는 마음. 충의의 정신 ②충의를 다하고 죽

은 사람의 영혼¶ ～碑 충혼비
**ちゅうさ**【中佐】(군인 계급의) 중좌. 중령
**ちゅうざ**【中座】图[自スル](집회 등의) 도중에 자리를 뜸¶ 電話のため～する 전화를 받기 위해 자리를 뜨다
**ちゅうさい**【仲裁】图他スル 중재¶ ～裁定 중재 재정/ ～役を買って出る 중재역을 맡고 나서다
**ちゅうざい**【駐在】图[自スル] ①주재¶ アメリカ～大使 미국 주재 대사 ②「駐在所」의 준말. 그곳의 순경 **一所** 파출소. 지서
**ちゅうさつ**【誅殺】图他スル 주살¶ 逆臣を～する 역신을 주살하다
**ちゅうさつ**【駐箚】图[自スル](文)주차. 파견된 임지에 장기간 체재함
**ちゅうさん**【昼餐】(文)중찬. 오찬
**ちゅうさんかいきゅう**【中産階級】[社]중산 계급
**ちゅうし**【中止】图他スル 중지¶ 雨天～ 우천 중지/ 取引を～する 거래를 중지하다
**ちゅうし**【忠士】(文)충사. 충성스러운 사람. 무사
**ちゅうし**【注視】图他スル 주시. 주목¶ 事の成り行きを～する 일의 추이를 주시하다
**ちゅうじ**【中耳】중이 **一炎**[医]중이염
**ちゅうじき**【中食·昼食】중식. 점심 = ひるめし¶ ～をとる 점심을 먹다
**ちゅうじく**【中軸】중축 ①사물의 중앙을 꿰뚫는 축 ②중심이 되는 사람·사람 **一打者** 중심 타자¶ ～をなす 중축을 이루다
**ちゅうじつ**【忠実】[ア]충실 ①(직무·과업에) 성실함¶ ～な部下 충실한 부하 ②(허위·틀림이 없이) 있는 그대로임¶ 原文に～な翻訳 원문에 충실한 번역
**ちゅうしゃ**【注射】图他スル[医]주사¶ ～器 주사기/ 予防～ 예방 주사
**ちゅうしゃ**【駐車】图[自スル]주차¶ ～場 주차장/ ～禁止 주차 금지
**ちゅうしゃく**【注釈·註釈】图他スル ①주석. 주해¶ ～書 주석서/ ～を加える 주석을 가하다 ②보충 설명¶ ～付きの謝辞 보충 설명을 덧붙인 사례
**ちゅうじゅ**【中寿】중수. 80세 또는 100세
**ちゅうしゅう**【中秋】(文)중추 ①음력 8월 15일¶ ～の名月 중추 명월 ② 【仲秋】한가을 ③【仲秋】음력 8월
**ちゅうしゅつ**【抽出】图他スル 추출 ①(일부를) 빼냄. 뽑아냄¶ 無作為～ 무작위 추출 ②[化]고체·액체에서 특정 물질을 뽑아냄
**ちゅうしゅん**【仲春】중춘 ①봄의 한창때 ②음력 2월의 딴이름
**ちゅうじゅん**【中旬】중순¶ 今月～ 이달 중순
**ちゅうじょ**【忠恕】(文)충서. 충실하고 동정심이 많음
**ちゅうしょう**【中称】[文法]중칭. 지시 대명사의 하나 ▷「それ·そちら·その·そう」 등
**ちゅうしょう**【中傷】图他スル 중상. 誹謗¶ ～ 비방 중상/ 人を～をする 남을 비방하다
**ちゅうしょう**【抽象】图他スル 추상¶ ～論 추상론 **一画** 추상화 **一的** [ナ]추상적 **一名詞**[文法]추상 명사

**ちゅうじょう**【中将】(군인 계급의) 중장
**ちゅうじょう**【衷情】(文)충정 = 衷心¶ ～を訴える 충정을 호소하다
**ちゅうしょうきぎょう**【中小企業】중소 기업
**ちゅうしょく**【昼食】중식. 점심 = 昼飯¶ ～会 오찬회/ ～をとる 점심을 먹다
**ちゅうしん**【中心】중심 ①중앙. 한가운데¶ ～地 중심지 ②매우 중요한 점·사람¶ 問題の～ 문제의 중심 ③[数]원주·구면상의 모든 점에서 같은 거리에 있는 위치¶ 円の～ 원의 중심 ④(文)마음속. 심중 **一角**[数]중심각 **一人物** 중심 인물
**ちゅうしん**【中震】[地]중진. 진도 4의 지진
**ちゅうしん**【忠心】충심. 충성심
**ちゅうしん**【忠臣】충신¶ ～は二君に仕えず 충신은 두 임금을 섬기지 않는다
**ちゅうしん**【忠信】(文)충신. 충성과 신의
**ちゅうしん**【注進】(변고를) 급히 보고함. 급보¶ ご～に及ぶ 급보를 아리다
**ちゅうしん**【衷心】(文)충심. 진심¶ ～よりおくやみ申し上げます 진심으로 애도의 뜻을 표합니다
**ちゅうすい**【中水】중수. 오수를 처리하여 냉각수 등으로 재이용하는 물 **一道** 중수도
**ちゅうすい**【虫垂】[医]충수. 충양돌기 **一炎**[医]충수염. 맹장염
**ちゅうすい**【注水】图[自スル]물을 주입함[부음]¶ 水槽に～する 수조에 물을 주입하다
**ちゅうすう**【中枢】중추. 중심이 되는 부분¶ ～部 중추부/ 組織の～ 조직의 중추 **一神経系**[医]중추 신경계
**ちゅう·する**【沖する·冲する】[自サ変](文)높이 오르다¶ 天に～噴煙 하늘 높이 오르는 분연
**ちゅう·する**【注する·註する】[他サ変](文) ①주석을 달다. 주해하다¶ 漢文を～ 한문을 주해하다 ②(설명 등을) 쓰다. 기록하다
**ちゅう·する**【誅する】[他サ変](文)주살하다¶ 逆賊を～の역적을 주살하다
**ちゅうせい**【中世】[史]중세¶ ～史 중세사
**ちゅうせい**【中正】图[ア](文)중정. 공정. 중용¶ ～な意見 중정한 의견
**ちゅうせい**【中声】중간 정도 높이의 목소리
**ちゅうせい**【中性】중성 ①중간의 성질 ②[化]산성도 알칼리성도 아닌 성질¶ ～土壌 중성 토양 ③[文法]남성도 여성도 아닌 문법상의 성 ④남자답지도 여자답지도 않은 성적 상태. 그런 사람¶ ～的な魅力の女性 중성적인 매력을 지닌 여성 **一子**[物]중성자 **一洗剤** 중성 세제
**ちゅうせい**【忠誠】(文)충성¶ ～を誓う 충성을 맹세하다
**ちゅうぜい**【中背】중키. 보통 키¶ 中肉～ 보통 몸집에 보통 키
**ちゅうせいだい**【中生代】[地]중생대
**ちゅうせき**【沖積】图[自スル][地]충적¶ ～平

ちゅうせき

野ゃ 충적 평야 **—世**쌍 [地] 충적세 **—層**な [地] 충적층

ちゅうせき [柱石] (文) 주석. 의지하는 중심 인물¶ 国家ゕの~ 국가의 주석

ちゅうせつ [忠節] (文) 충절. 충성¶ ~を尽つくす 충절을 다하다

ちゅうぜつ [中絶] [名][自他スル] 중절 ①중도에 끊어짐, 중단 ②임신 중절

ちゅうせっきじだい [中石器時代] [考古] 중석기 시대

ちゅうせん [抽選・抽籤] [名][自スル] 추첨 = くじびき¶ ~して決める 추첨하여 정하다

ちゅうせんきょくせい [中選挙区制] [政] 중선거구제

ちゅうそ [注疏・註疏] (文) 주소. 자세한 설명. 주석

ちゅうぞう [鋳造] [名][他スル] [工] 주조¶ 貨幣ゕを~する 화폐를 주조하다

ちゅうそつ [中卒] 중졸. 중학교 졸업. 중졸자

ちゅうたい [中退] [名][他スル] 중퇴, 중도 퇴학¶ 大学ゕを~する 대학을 중퇴하다

ちゅうたい [中隊] [軍] 중대¶ **~長**ゕ 중대장

ちゅうたい [紐帯] (文) 유대 ①두 가지 것을 이어 주는 것 = じゅうたい ②사회 구성원을 이어 주는 지연·혈연 등의 조건

ちゅうだん [中段] [名][自他スル] 중단 ①중간 정도의 단¶ 観覧席ゕの~ 관람석의 중단 ②(검술·창술 등에서) 칼·창 끝이 상대방의 눈을 향한 자세 = 正眼ゕ

ちゅうだん [中断] [名][自他スル] 중단¶ 雨ゕのため試合ゕが~する 우천으로 시합이 중단되다

ちゅうちゅうたこかいな [連語] (口) (어린이들이 구슬치기 등에서) 둘·넷·여섯·여덟·열을 셀 때 대신 쓰는 말

ちゅうちょ [躊躇] [名][自スル] 주저. 망설임 = ためらい¶ ~なく認める 주저 없이 인정하다

ちゅうっぱら [中っ腹] [名] 마음속에서 화가 치밂. 울화통¶ ~になる 울화통이 치밀다

ちゅうづり [宙吊り・宙釣り] ①공중에 매달림¶ ~になる 공중에 매달리다 ②(곡예·연극에서) 몸을 매달아 공중에 뜨게 하는 장치. 그런 연기 = 宙乗ゕり

ちゅうてつ [鋳鉄] [工] 주철. 주물용 선철

ちゅうてん [中天] (文) 중천¶ ~にかかる月ゕ 중천에 뜬 달

ちゅうてん [中点] [数] 중점¶ 線分ゕの~ 선분의 중점

ちゅうてん [沖天・冲天] [名](文) 충천. (기세 등이) 하늘을 찌를 듯이 거셈¶ ~の勢ゕい 충천지세

ちゅうでん [中田] (논의 등급에서) 토지의 상태가 중간 정도인 논

ちゅうでん [中伝] 수업의 중간 단계에서 스승으로부터 받는 전수(傳授) = 中許ゕし

ちゅうと [中途] 중도 ①오가는 길의 중간, 도중¶ ~で帰ゕる 중도에서 돌아가다 ②하던 일의 중간¶ **—退学**ゕ 중도 퇴학 **—半端**ゕ [ノ] ①중동무이 ②(태도 등이) 어중간함

ちゅうとう [中東] 중동

ちゅうとう [中唐] 중당. 중국의 당대(唐代)를 문학사적으로 4분했을 때의 제3기

ちゅうとう [中等] [名] 중등¶ **—学校**ゕ 중등학교 **—教育**ゕ 중등 교육

ちゅうとう [仲冬] (文) 중동 ①한겨울 ②음력 11월의 딴이름

ちゅうとう [柱頭] [建] 주두 ①[建] 기둥 머리¶ ~の彫刻ゕ 기둥 머리의 조각 ②[植] 암술 머리

ちゅうとう [偸盗] (文) 투도. 도둑질. 도둑

ちゅうどう [中道] [名] 중도 ①도중 = 中途ゕ¶ ~にして敗ゕれる 중도에서 패하다 ②중정(中正). 중용¶ **—政治**ゕ 중도 정치 ③[佛] 한쪽으로 치우치지 않는 이상적인 실천

ちゅうどく [中毒] [名][自スル] [医] 중독¶ ~死ゕ 중독사 / 麻薬ゕ~ 마약 중독

ちゅうどしま [中年増] 30대의 여성

ちゅうとろ [中とろ] (횟감 등으로 알맞은) 지방분이 적당히 있는 참치살

ちゅうとん [駐屯] [名][自スル] 주둔

ちゅうなごん [中納言] [史] 太政官だいじょうかんの 차관

ちゅうにかい [中二階] ①보통의 2층보다 약간 낮게 만들어진 2층 ②중 2층, 1층과 2층의 중간에 만들어진 층

ちゅうにく [中肉] ①알맞게 살이 찜¶ ~中背ゕ 알맞은 몸집에 중키 = 중간 정도의 품질·가격의 고기¶ 豚ゕの~ 돼지고기 중품

ちゅうにち [中日] ①춘분·추분 날¶ 彼岸ゕの~ 춘분, 추분 ②일정한 기간의 중간일 = なかび ③중국과 일본¶ **—友好**ゕ 중·일 우호 ④일본 중부 지방

ちゅうにち [駐日] 주일¶ ~アメリカ大使ゕ 주일 미국 대사

ちゅうにゅう [注入] [名][他スル] 주입 ①부어 넣음¶ セメントを~する 시멘트를 주입하다 ②(지식 등을) 밀어 넣음¶ **~教育**ゕ 주입식 교육

ちゅうにん [仲人] 중재자, 중매인 = なこうど

ちゅうねん [中年] 중년¶ **—層**ゕ 중년층 / ~の魅力ゕ 중년의 매력

ちゅうのう [中脳] [医] 중뇌

ちゅうのう [中農] 중농

ちゅうのり [宙乗り] [劇] (歌舞伎ゕぶき에서) 배우가 공중에 매달려 연기함. 그런 연출·장치

ちゅうは [中波] [電] 중파

ちゅうばいか [虫媒花] [植] 충매화

ちゅうばつ [誅伐] [名][他スル] 주벌. 죄를 물어 처형함

ちゅうはば [中幅] 중폭 ①[名] 중간 정도의 폭¶ ~の値動ゕき 중폭의 가격 변동 ②중간 폭의 피륙 ③중간 폭의 피륙으로 만든 띠

ちゅうはん [昼飯] (文) 점심 = ひるめし

ちゅうばん [中盤] 중반¶ ~戦ゕ 중반전 / 試合ゕが~を迎ゕえる 시합이 중반을 맞이하다

ちゅうび [中火] [料] 중불. 중간 정도의 화력¶ ~で二十分間ゕ煮ゕる 중불로 20분간 끓이다

ちゅうぶ [中部] ①중부, 중앙 부분 ②「中部地

**ちゅうぶう** [中風] [医] 중풍 = ちゅうふう
**ちゅうふく** [中腹] 중복. (산의) 중턱 ¶ 山の~ 산 중턱
**ちゅうぶらりん** [宙ぶらりん・中ぶらりん] 名ダ (口) ①공중에 매달림 ¶ ~になる 공중에 매달리다 ②엉거주춤함, 어중간함 ¶ ~な立場 어중간한 입장
**ちゅうぶる** [中古] (口) 중고. 중고품 = セコハン・ちゅうこ ¶ ~の車 중고차
**ちゅうへい** [駐兵] 名自スル 주병. (어느 지점・지방에) 군대를 주둔시킴, 그런 군대
**ちゅうべい** [中米] 중미. 중앙 아메리카
**ちゅうへん** [中編・中篇] 중편 ①중간 정도 분량의 작품 ②3편으로 나누어진 작품 등의 중간 편 ―小説 중편 소설
**ちゅうぼう** [*厨房] [文] 주방. 부엌 = 台所 ¶ ~用品 주방 용품
**ちゅうぼく** [忠僕] (文) 충복. 충실한 하인
**ちゅうぼそ** [中細] (털실 등의) 중간 정도의 굵기, 그런 것 ―罫 [版] (문자 조판에서) 굵기 0.2mm의 괘선
**ちゅうみつ** [*稠密] [文] 조밀 ¶ 人口の~な都市 인구가 조밀한 도시
**ちゅうめつ** [*誅滅] 名他スル (文) 주멸. 残党を~する 잔당을 주멸하다
**ちゅうもく** [注目] 名 주목 ¶ ~の的 주목의 대상/ ~を集める 주목을 모으다
**ちゅうもん** [中門] 중문
**ちゅうもん** [注文・*註文] 名他スル 주문 ①맞춤 ¶ ~先 주문처 / 新刊書 ~を~する 신간 서적을 주문하다 ②조건, 희망, 요구 ¶ ~をつける 조건을 달다 ―取り 주문을 받으러 다님, 그런 사람 = 御用聞き ―流れ 주문받은 물품이 찾아가지 않아 그대로 남아 있음, 그런 물품
**ちゅうや** [中夜] ①중야. 한밤중 ②[佛] 육시(六時)의 하나, 오후 10시경에서 오전 2시경, 그 때 하는 독경
**ちゅうや** [昼夜] ①주야. 낮과 밤 ②밤낮으로, 늘, 하루 종일 ¶ ~勉強する 밤낮으로 공부하다 ―帯 안쪽을 다른 천으로 만든 여성용 띠 ―兼行 주야 겸행
[慣用句]
―を舎かず 밤낮을 가리지 않고, 밤낮없이
―を分かたず 밤낮을 구별 않고, 밤낮없이
**ちゅうゆ** [注油] 名自スル 주유 ¶ 自転車のギアに~する 자전거의 기어에 기름을 치다
**ちゅうゆう** [忠勇] 名ダ 충용. 충의와 용기 ¶ ~無双 충용 무쌍
**ちゅうよう** [中庸] 중용 ¶ ~を得た意見 중용을 지킨 의견
**ちゅうよう** [中葉] (文) 중엽 = 中期 ¶ 20世紀~ 20세기 중엽
**ちゅうようとっき** [虫様突起] 충양 돌기. 충수
**ちゅうりきこ** [中力粉] 중력분
**ちゅうりく** [*誅*戮] 名他スル (文) 주륙. 죄인을 죽임, 주살 = 誅殺
**ちゅうりつ** [中立] 名自スル 중립 ①대립하는 어느 편도 들지 않음 ¶ ~の立場をとる 중립의 입장을 취하다 ②[政] 국외 중립 ―国 중립국 ―地帯 [政] 중립 지대
**ちゅうりゃく** [中略] 名他スル 중략
**ちゅうりゅう** [中流] 중류 ①(강의) 상류와 하류 사이 ②(양쪽 강기슭에서 보아) 강의 정도의 강의 흐름 ¶ ~に舟をうかべる 강의 한복판에 배를 띄우다 ③생활 정도・지위가 중간 정도인 계층 ¶ ~意識 중류 의식
**ちゅうりゅう** [駐留] 名自スル 주류. 군대가 외국에 잠시 주둔함 ¶ ~軍 주류군
**ちゅうりん** [駐輪] 名自スル 자전거를 세워둠
**ちゅうる** [中流] [律令制]에서) 수도에서 중간 정도 먼 지방으로 추방하는 유형(流刑)
**ちゅうれい** [忠霊] (文) 충령 ¶ ~塔 충령탑
**ちゅうれん** [柱聯] 주련 = 柱隠し
**ちゅうろう** [中老] ①(文) 중로. 50세 정도의 연령, 그런 사람 ②[史] 무가(武家)의 중신 ③(무가에서) 老女의 다음가는 시녀
**ちゅうろう** [中臈] ①[史] (平安 시대에) 후궁 등을 모시는 内侍이외의 중급 궁녀 ②江戸幕府高級・大名家의 귀부인 등을 모시는 시녀 ③[佛] 출가하여 계율을 받은 후 안거(安居) 연수에 따라 나눈 중급의 중
**ちゅうろう** [柱廊] [建] 주랑 = コロネード
**ちゅうろうい** [中労委] 중앙 노동 위원회
**ちゅうわ** [中和] 중화 I ①(성격・감정이) 원만함 II 名自スル ①다른 성질의 것이 섞여 그 특성을 잃음 ②[化] 산과 염기가 반응하여 중성이 됨 ―剤 중화제 ③[電] 양전하와 음전하가 만나 중성이 됨
**ちょ** [*猪] [猪] 音チョ 訓い・いのしし (음) 저. (造語) 멧돼지 ¶ 猪突 저돌
**ちょ** [著] 音チョ・チャク 訓あらわす・いちじるしい (음) 저. I (造語) ①명백해지다, 두드러지다 ¶ 顕著 현저・著名 저명 ②저술하다 ¶ 著述 저술・共著 공저 ▷ 着의 본글자 II (造語) 저술, 저서 ¶ 新進作家の~になる書物 신진 작가가 저술한 ~
**ちょ** [貯] 音チョ 訓たくわえる (음) 저. (造語) 저축하다, 저장하다 ¶ 貯金 저금・貯蔵 저장・貯水池 저수지 ▷ 「儲」의 대용자
**ちょ** [*箸] 音チョ 訓はし (음) 저. (造語) 주로 훈(訓) 「はし」로 쓰임
**ちょ** [*儲] 音チョ 訓もうける (음) 저. (造語) ①남겨 두다, 비축하다, 저축하다 ¶ 儲蔵 저장・儲蓄 저축 ②대를 이을 사람, 후사 ¶ 皇儲 황저 ▷ ①은 「貯」가 대용자
**ちょ** [緒] 시작, 실마리, 단서
[慣用句]
―に就く (文) 일이 시작되다
**ちょいちょい** 副(俗) 때때로, 가끔, 이따금 = たびたび ¶ ~立ち寄る 가끔 들르다
**ちょいと** I 副(俗) 조금, 좀, 약간 ¶ ~待ちな 좀 기다려 II 感(口) 여성이 사람을 부르는 말. 이봐요, 저 좀 봐요 ¶ ねえ, ~ 저 이봐요

**ちょう**【丁】 音チョウ(チャウ)・テイ|(음)정. I (造語) ①십간의 넷째¶ 丁卯ᅲ 정묘 ②순위의 넷째¶ 丁種 정종·甲乙丙丁ᅩ 갑을병정 ③성인 남자¶ 丁年 정년·壯丁 장정 ④남자 하인¶ 園丁 원정·馬丁 마부 ⑤시가지의 구획¶ 二丁目 2가 ⑥친절하고 공손함¶ 丁重·丁寧 공손함 ⑦외국어「チン·デン」의 차음자¶ 丁抹 덴마크 ⑧는「叮·酊」의 대용자, ⑨는「町」와 같음 [熟字訓] 丁稚 견습 점원 II ①(도박 등에서) 주사위 눈의 짝수¶ 〜か半か 짝수냐 홀수냐 ②(助數) 일본식 장정으로 된 책의 장수를 세는 말. 장¶ 落丁 낙장 ③(助數) 음식물·요리 등을 세는 말¶ 豆腐一〜 두부 한 모 ④「挺·梃」(助數) 총·날붙이 등을 세는 말. 정¶ はさみ一〜 가위 한 정

**ちょう**【弔】 音チョウ(テウ) 訓とむらう|(음)조. (造語) 조상하다, 조위하다¶ 弔辞 조사·弔問 조문·慶弔 경조

**ちょう**【庁】【廳】 音チョウ(チャウ)|(음)청. I (造語) 관청¶ 庁舎 청사·官庁 관청 II 청 ①[政] (국가 행정 기구로) 省·府에 속하는 외국¶ 警視〜 경시청 ②관청= 役所¶ 閻魔の〜 염라청

**ちょう**【兆】 音チョウ(テウ) 訓きざす·きざし|(음)조. I (造語) ①조짐, 전조¶ 兆候 징후·前兆 전조 ②수의 이름¶ 많음¶ 兆民 조민·億兆ᅳ 억조 ③「徴ᅳ」와 같음 II ①조짐, 전조¶ 没落の〜 몰락의 조짐 ②(수의) 조, 억(億)의 1만 배¶ 予算は〜を超えた 예산은 조를 넘었다

**ちょう**【吊】 音チョウ(テウ) 訓つる·つるす|(음)조. (造語) 매달다, 드리우다 ▷ 본디는「弔」의 속자

**ちょう**【町】 音チョウ(チャウ) 訓まち|(음)정. I (造語) ①시가지¶ 町家 시내의 상가·町人 상공인 ②행정 구획의 하나¶ 町長 동장·市町村長 시읍면 ③(척관법에서) 길이·면적의 단위 II [政] 지방공공 단체의 하나¶ 市와 村의 중간

**ちょう**【疔】 音チョウ(チャウ)|(음)정. I (造語) 종기¶ 面疔 면정 II [醫] 절양(癤瘍)

**ちょう**【長】 音チョウ(チャウ) 訓ながい·おさ|(음)장. I (造語) ①길다¶ 長寿 장수·長編 장편 ②늘어나다, 늘리다¶ 延長 연장·成長 성장 ③뛰어나다¶ 長所 장점·一長一短 일장 일단 ④장¶ 校長 교장·社長 사장 ⑤손윗사람, 연장자¶ 長幼·長老 연장자 ⑥(형제 중에서) 첫째, 맏이¶ 長兄 장형·長女 장녀 ⑦「長門」의 준말¶ 長州 長門의 딴이름 ▷ [熟字訓] 長刀 언월도·長押 장쥐인방·長閑 화창함 II 장 ①뛰어남, 장점¶ 一日の〜 일일지장 ②(조직·집단의) 우두머리¶ 一家の〜 가장, 집안의 어른

**ちょう**【挑】 音チョウ(テウ) 訓いどむ|(음)도. (造語) 싸움을 걸다, 도전하다¶ 挑戦 도전·挑発 도발

**ちょう**【凋】 音チョウ(テウ) 訓しぼむ|(음)조. (造語) 쇠퇴하다¶ 凋落 조락

**ちょう**【帳】 音チョウ(チャウ) 訓とばり|(음)장. (造語) ①휘장, 장막¶ 開帳 개장·帳幕 장막 ②장부¶ 帳簿 장부·通帳·通帳 통장·手帳 수첩 ③(助數) 휘장·막 등을 세는 말 [熟字訓] 蚊帳 모기장

**ちょう**【張】 音チョウ(チャウ) 訓はる|(음)장. (造語) ①팽팽히 하다, 늘이다, 당기다, 펴다¶ 張力 장력·拡張 확장 ②과장하다¶ 誇張 과장 ③의견을 말하다¶ 主張 주장 ④(助數) 옷·거문고·활·장막 등을 세는 말¶ 一張羅 단벌 옷

**ちょう**【彫】 音チョウ(テウ) 訓ほる|(음)조. (造語) (무늬를) 새기다, 조각하다¶ 彫刻 조각·彫像 조상·彫塑 조소

**ちょう**【眺】 音チョウ(テウ) 訓ながめる|(음)조. (造語) 내다보다, 바라보다¶ 眺望 조망

**ちょう**【釣】 音チョウ(テウ) 訓つる|(음)조. (造語) (물고기 등을) 낚다¶ 釣魚 조어·釣人 낚시꾼·釣竿 낚싯대

**ちょう**【頂】 音チョウ(チャウ) 訓いただく·いただき|(음)정. (造語) ①정수리¶ 頂門 정문·丹頂 두루미 ②가장 높은 곳, 맨 꼭대기¶ 頂上 정상·絶頂 절정 ③윗사람에게서 받다¶ 頂戴 윗사람으로부터 받음

**ちょう**【鳥】 音チョウ(テウ) 訓とり|(음)조. (造語) 새¶ 鳥類 조류·益鳥 익조·一石二鳥 일석이조 [熟字訓] 飛鳥 아스카·時鳥 두견

**ちょう**【塚】【塚】 音チョウ 訓つか|(음)총. (造語) 흙을 쌓아올린 무덤¶ 塚墓 총묘

**ちょう**【朝】 音チョウ(テウ) 訓あさ·あした|(음)조. I (造語) ①아침¶ 朝刊 조간·早朝 조조 ②군주가 다스리는 나라¶ 王朝 왕조 ③신하로써 천자를 배알하다¶ 朝貢 조공 ④한 사람(혈통)의 천자가 다스리는 기간¶ 南朝 남조·明朝 명조 ⑤조정¶ 入朝 입조·米朝 내조 ⑥朝鮮의 준말¶ 朝日関係 한일 관계 ▷ [熟字訓] 今朝 오늘 아침 II (文) 조정¶ 〜に仕える 조정에 출사하다

**ちょう**【脹】 音チョウ(チャウ) 訓ふくれる|(음)창. (造語) ①배가 부풀어 오르다, 부어 오르다¶ 脹満 창만·腫脹 종창 ②팽창하다¶ 膨脹 팽창

**ちょう**【貼】 音チョウ(テフ)·テン 訓はる|(음)첩. (造語) 붙이다, 바르다¶ 貼付 첩부·貼用 첩용

**ちょう**【超】 音チョウ(テウ) 訓こえる·こす|(음)초. (造語) ①(한도·정도를) 넘다¶ 超越 초월·超過 초과 ②동떨어져 있다, 탁월하다¶ 超人 초인·超然 초연

**ちょう**【牒】 音チョウ(テウ)|(음)첩. (造語) 서류, 공문서¶ 移牒 이첩·通牒 통첩

**ちょう**【腸】 音チョウ(チャウ) 訓はらわた|(음)장. I (造語) 창자¶ 胃腸 위장·大腸 대

대장Ⅱ〖醫〗장. 창자¶ ～が弱い 장이 약하다
**ちょう**【跳】㪅チョウ(テウ) 訓はねる・とぶ(음)도. (造語) 땅을 박차고 뛰어오르다¶ 跳躍き 도약・跳梁ょう 도량
**ちょう**【徴】〖徵〗㪅チョウ 訓しるし(음)징. Ⅰ(造語) ①거두다. 모으다¶ 徴集ゅう 징집・徴税ぜい 징세 ②표시. 象徴ちょう 상징・特徴とく 특징 ③조짐, 징조¶ 徴候こう 징후 ▷ ②은 「兆ちょう」와 같음 Ⅱ 조짐, 전조¶ 大異変へん の～ 대이변의 조짐
**ちょう**【暢】㪅チョウ(チャウ) 訓のべる・のびる(음)창. 쭉쭉 뻗다. 막힘이 없다¶ 暢達たつ 창달・流暢りゅう 유창
**ちょう**【肇】㪅チョウ(テウ) 訓はじめる(음)조. (造語) 새로 일으키다. 시작하다¶ 肇国こく 조국
**ちょう**【銚】㪅チョウ(テウ) (음)요. (造語) 술 등을 데우는 그릇¶ 銚子ちょうし 작은 술병
**ちょう**【嘲】㪅チョウ 訓あざける (음)조. (造語) 비웃다. 조롱하다¶ 嘲笑ちょう 조소・嘲弄ろう 조롱・自嘲ちょう 자조
**ちょう**【澄】㪅チョウ 訓すむ・すます |(음)징. (造語) 맑다. 투명하다¶ 澄明めい 징명・清澄せいちょう 청징・明澄ちょう 명징
**ちょう**【潮】㪅チョウ(テウ) 訓しお・うしお (음)조. (造語) ①조수의 간만¶ 干潮かん 간조・満潮まん 만조 ②바닷물¶ 潮水すい 조수・潮流りゅう 조류 ③세상의 추세¶ 思潮ちょう 사조・風潮ふう 풍조
**ちょう**【蝶】㪅チョウ(テフ) (음)접. Ⅰ(造語) 나비¶ 胡蝶こ 호접 Ⅱ(動) 나비= ちょうちょう ¶ ～のように舞う 나비처럼 춤추다
〖慣用句〗
━よ花よ 금이야 옥이야
**ちょう**【調】㪅チョウ(テウ) 訓しらべる・ととのう・ととのえる | (음)조. Ⅰ(造語) ①갖추다. 정비하다¶ 調整ちょう 조정・調達たつ 조달 ②균형을 이루다. 그런 상태¶ 調節ちょう 조절・調和ちょう 조화 ③사물의 진행 상태¶ 好調こう 호조・低調ちょう 저조 ④조사하다¶ 調査ちょう 조사・調書しょ 조서 ⑤(음성・문장 등의) 저에 있는 경향¶ 哀調ちょう 애조・格調ちょう 격조 Ⅱ 〖音〗음계의 종류¶ 短～ 단조 〖史〗律令制せい 시대의 조세의 하나
**ちょう**【諜】㪅チョウ(テフ) | (음)접. (造語) 적정을 살피다. 간첩¶ 諜者じゃ 첩자・諜報ほう 첩보・防諜ぼう 방첩
**ちょう**【聽】〖聽〗㪅チョウ(チャウ) 訓きく・ゆるす (음)청. (造語) ①주의깊게 듣다¶ 聽衆しゅう 청중・傾聽けい 경청・盗聽とう 도청 ②들어주다. 받아들이다¶ 聽許きょ 청허
**ちょう**【懲】〖懲〗㪅チョウ 訓こらす・こりる・こらしめる (음)징. (造語) 징계하다¶ 懲戒かい 징계・膺懲ちょう 응징
**ちょう**【寵】㪅チョウ 訓총. Ⅰ(造語) 총애하다¶ 寵愛ちょう 총애・恩寵おん 은총 Ⅱ 총애¶ 王おう の～を得る 왕의 총애를 얻다
**ちょう**【鯛】㪅チョウ(テウ) 訓たい | (음)조. (造語) 도미 ▷ 주로 훈(訓) 「たい」로 쓰임¶ 黒鯛くろ 감성돔・真鯛たい 참돔
**ちょう**【趙】〖史〗(중국의) 조나라
**ちょうあい**【丁合(い)】〖版〗(제본할 때) 인쇄된 종이・접책을 페이지 순으로 정리하는 작업¶ ～をとる 낙장의 유무를 조사하다
**ちょうあい**【帳合(い)】①(현금・상품과) 장부를 대조 확인함 ②장부에 기입함. 기장¶ ～をとる 장부에 기입하여 손익을 계산하다
**ちょうあい**【寵愛】名他スル 총애¶ ～を一身いっしん に集ぁっめる 총애를 한몸에 받다
**ちょうい**【弔意】(文) 조의¶ ～を表ひょうする 조의를 표하다
**ちょうい**【弔慰】名他スル 조위¶ ～金きん 조위금
**ちょうい**【潮位】〖海〗조위
**ちょういん**【調印】名自スル (조약 등의)조인
**ちょうえき**【懲役】〖法〗징역¶ ～五年ねん の実刑けい が下る 징역 5년의 실형이 선고되다
**ちょうえつ**【超越】名自スル 초월 ①탁월함¶ 人間にんげん の能力りょく を～した技術じゅつ 인간의 능력을 초월한 기술 ②(어떤 한계・범위를) 벗어남¶ 世俗ぞく を～する 세속을 초월하다 ③〖哲〗경험・인식의 범위 밖에 존재하다
**ちょうえん**【長円】장원. 타원= 楕円だん ¶ ～形けい 장원형. 타원형
**ちょうおん**【長音】장음. 긴소리 ━符ぷ 장음부
**ちょうおん**【朝恩】(文) 조은. 성은(聖恩)
**ちょうおん**【調音】조음 Ⅰ名自スル (어떤 소리를 낼 때) 발음 기관이 필요한 위치에서 일정한 운동을 함 Ⅱ名自スル 조율(調律)
**ちょうおん**【聽音】名自スル(文) 청음. 소리를 듣고 분간함¶ ～機き 청음기
**ちょうおんかい**【長音階】〖音〗장음계
**ちょうおんそく**【超音速】〖物〗초음속 ━旅客機りょかっき 초음속 여객기
**ちょうおんぱ**【超音波】〖物〗초음파 ━診断しん 〖醫〗초음파 진단
**ちょうか**【弔歌】(文) 조가
**ちょうか**【町家】①시가지에 있는 집 ②상인의 집안= 商家しょうか ¶ ～の娘むすめ 상인 집안의 딸
**ちょうか**【長歌】(文) 5・7음의 두 구를 3회 이상 반복하고 7음으로 끝맺는 和歌ゎかの 한 형식 = ながうた
**ちょうか**【釣果】(文) 조황. 낚시질의 성과
**ちょうか**【朝家】(文) 왕실. 황실
**ちょうか**【超過】名自スル 초과¶ 予算ざん を～する 예산을 초과하다 ━勤務きん 초과 근무
**ちょうが**【頂芽】〖植〗정아. 꼭지눈 ⇔ 腋芽えき
**ちょうが**【朝賀】조하. 설날에 신하가 天皇てんのう 에게 신년 하례를 올리던 의식
**ちょうかい**【町会】①「町議会ちょうぎかい 」의 옛일컬음・약칭 ②町ちょう 주민의 자치 조직
**ちょうかい**【朝会】조회. 조례= 朝礼ちょう
**ちょうかい**【潮解】名自スル〖化〗조해
**ちょうかい**【懲戒】名他スル 징계¶ ～免職めんしょく 징계 면직 ━解雇かい 〖法〗징계 해고
**ちょうかく**【弔客】(文) 조객. 문상객
**ちょうかく**【頂角】〖數〗정각. 꼭지각
**ちょうかく**【聽覺】〖醫〗청각¶ ━器官きかん 청각

**ちょうカタル** [腸カタル] [医] 장카타르. 장염
**ちょうかん** [長官] 장관¶ 文化庁～ 문화청 장관
**ちょうかん** [鳥瞰] 名他スル[文] 조감＝俯瞰¶ 日本経済を～する 일본 경제를 조감하다 ―図 조감도＝俯瞰図
**ちょうかん** [朝刊] 조간 ⇔ 夕刊
**ちょうき** [弔旗] 조기¶ ～を掲げる 조기를 게양하다
**ちょうき** [長期] 장기. 장기간¶ ～にわたる交流 장기간에 걸친 교류 ―金利 장기 금리 ―欠席 장기 결석 ―資金 장기 자금
**ちょうきょ** [寵姫] 총희＝愛妾
**ちょうぎ** [町議] [略] 町의회 의원
**ちょうぎ** [朝議] [文] 조의. 조정의 평의(評議)
**ちょうぎかい** [町議会] 町의회. 町의 의결 기관 ―議員 町의회 의원
**ちょうきゅう** [長久] 장구＝永久¶ 武運～を祈る 무운 장구를 빌다
**ちょうきょ** [聴許] 名他スル[文] 청허. (소망 등을) 들어줌, 허락함
**ちょうきょう** [調教] 名他スル 조교. 동물을 조련시킴¶ ―師 조교사, 조련사
**ちょうきょり** [長距離] 장거리 ①먼 거리¶ ～電話 장거리 전화 ②장거리 경주
**ちょうきん** [彫金] 名他スル 조금. 끌로 금속에 조각함, 그런 기법¶ ―家 조금가
**ちょうきん** [朝覲] 天皇가 太上天皇의 황태후 궁에 행차함
**ちょうきん** [超勤] 초과 근무
**ちょうく** [長駆] 名自スル[文] 장구 ①멀리까지 말을 달림 ②멀리까지 적을 쫓음 ③단숨에 장거리를 달림
**ちょうく** [長軀] [文] 장구. 장신＝長身 ⇔ 短軀¶ 痩身～の男子 여위고 키가 큰 남자
**ちょうけい** [長兄] 장형. 맏형＝伯兄
**ちょうけい** [長径] [数] 장경. (타원형의) 긴지름
**ちょうけし** [帳消し] ①(대차 관계가 소멸해서) 장부의 기록을 지움＝棒引き ②상쇄함
**ちょうけつ** [長欠] 장기 결석, 장기 결근
**ちょうけん** [長剣] ①장검, 긴 칼 ②(시계의) 장침 ▷ ① ⇔ 短剣
**ちょうけん** [朝見] 名自スル[文] 조현. 임금을 배알함¶ ～の儀 조현 의식
**ちょうけん** [朝憲] [文] ①조정의 규칙 ②나라를 다스리는 근본 법규
**ちょうげんじつしゅぎ** [超現実主義] 초현실주의＝シュルレアリスム
**ちょうげんじつてき** [超現実的] [ダ] 초현실적
**ちょうこう** [兆候・徴候] [文] 조후. 징후. 조짐＝兆し¶ 回復の～が現れる 회복의 징후가 나타나다
**ちょうこう** [長江] 장강 ①긴 강＝長河 ②(중국의) 양쯔강＝楊子江
**ちょうこう** [長考] 名自スル 장고. 오래 생각함¶ ～した末の一手 장고 끝의 한 수
**ちょうこう** [長講] 장시간의 강연・강의・이야기¶ ～一席 한바탕 길게 이야기함

**ちょうこう** [彫工] [文] 조공. 조각사
**ちょうこう** [朝貢] 名自スル[文] 조공＝来貢
**ちょうこう** [聴講] 名他スル 청강 ―生 [教] 청강생
**ちょうこう** [調合] 名他スル 조합. 조제¶ 薬を～する 약을 조제하다
**ちょうごうきん** [超合金] [工] 초합금
**ちょうこうぜつ** [長広舌] 장광설¶ ～を振るう 장광설을 늘어놓다
**ちょうこうそうビル** [超高層ビル] 초고층 빌딩
**ちょうこく** [彫刻] 名自他スル 조각¶ ～家 조각가 / 仏像～ 불상 조각
**ちょうこく** [超克] 名他スル[文] 초극. 극복¶ 欲望を～する 욕망을 초극하다
**ちょうこん** [長恨] [文] 장한. 평생의 원한
**ちょうさ** [調査] 名他スル 조사¶ 市場～ 시장 조사 / 信用～をする 신용을 조사하다
**ちょうざ** [長座] 名自スル 남의 집을 방문하여 오래 시간 머무름＝長居
**ちょうざい** [調剤] 名自他スル 조제＝調薬¶ ～師 조제사, 약사
**ちょうざい** [聴罪] [カ] 신부가 신자의 죄의 고백을 듣는 일 ―師 고해 신부
**ちょうざめ** [蝶鮫] [動] 철갑상어
**ちょうさん** [朝餐] [文] 조찬. 조반
**ちょうさんぼし** [朝三暮四] 조삼 모사
**ちょうさんりし** [張三李四] 장삼 이사. 평범한 사람, 일반 서민
**ちょうじ** [弔詞] [文] 조사＝弔辞
**ちょうじ** [弔詩] [文] 조시
**ちょうし** [長子] [文] 장자. 장남 ⇔ 末子
**ちょうし** [長詩] 장시 ①장편시 ②신체시
**ちょうし** [銚子] ①목이 갸름하고 아가리가 잘쑥한 술병＝徳利¶ ～をつける (술병을 더운 물에 넣어) 술을 데우다 ②긴 자루가 달린 술 따르는 그릇
**ちょうし** [調子] ①음률의 고저・장단＝足で～をとる 발로 장단을 맞추다 ②어조, 말투¶ 激しい～で非難する 격렬한 어조로 비난하다 ③(사물이 진행되는) 기세, 본궤도¶ ～が出る 본궤도에 오르다 ④(몸・기분 등의) 상태, 컨디션¶ 胃の～が悪い 위의 상태가 나쁘다 ⑤(물건의) 작동 상태¶ エンジンの～ 엔진의 상태 ―付く 自五 기세가 오르다 ―外れ [ナ] ①가락이 맞지 않음 ②언동이 보통 비정상적임 ―者 ①우쭐해서 곧잘 경솔한 언동을 하는 사람 ②적당히 비위・분위기를 맞추는 사람¶ お～ 살살이

[慣用句]

―がいい ①진행이 순조롭다 ②(몸・기계 등의) 상태가 좋다 ③비위를 잘 맞추다
―に乗る ①우쭐해서 경솔한 언동을 하다 ②순조롭게 진행되다, 본궤도에 오르다
―の波に乗る (일의 상황 등이) 순조롭게 진행되다
―を合わせる ①장단을 맞추다, 맞장구를 치다 ②(기계의 움직임 등을) 조절하다 ③음조

를 맞추다
**ちょうし** [聽視] 名 他スル (文) 청시. 시청 ¶ ～者しゃ 시청자 一覽 시청각＝視聽覺かく
**ちょうじ** [丁子·丁字] (植) 정향나무
**ちょうじ** [弔辭] 조사＝弔詞ちょう
**ちょうじ** [*寵兒] (文) 총아 ①특별히 귀여움을 받는 아이 ②세간에서 인기를 끌고 있는 사람 ¶ 時代じだいの～ 시대의 총아
**ちょうじかん** [長時間] 장시간
**ちょうじく** [長軸] (數) 장축. (타원형의) 긴지름
**ちょうしぜん** [超自然] 초자연
**ちょうじつ** [長日] 장일. 해가 긴 날, 여름날 ⇔ 短日たんじつ 一植物しょくぶつ (植) 장일 식물
**ちょう じつげつ** [長日月] (文) 오랜 시일, 오랜 기간 ⇔ 短日月たんじつげつ
**ちょうじめ** [帳締め] (장부의) 결산
**ちょうしゃ** [廳舍] 청사
**ちょうじゃ** [長者] 장자 ①부자 ¶ 億万おくまん～ 억만 장자 ②연장자, 손윗사람

(慣用句)
**―の万灯まんとうより貧者ひんじゃの一灯いっとう** 부자의 만등보다 빈자의 한 등

**ちょうじゃく** [長尺] (영화의) 필름이 긺, 그런 필름 ¶ ～物ものの映画えいが 장편 영화
**ちょうしゅ** [聽取] 청취 ¶ 事情じじょうを～する 사정을 듣다／～率りつ 청취율
**ちょうじゅ** [長壽] 장수. 명이 긺＝長生ながいき ¶ 不老ふろう～ 불로 장수／～を保たもつ 장수를 누리다
**ちょうしゅう** [長州] → ながと(長門) 一藩はん (日史) (江戶えど時代) 長門ながと・周防すおうを 지배한 번(藩)
**ちょうしゅう** [長*袖] (文) ①소매가 긴 옷 ②긴 소매옷을 입은 사람. 公卿くぎょう와 승려
**ちょうしゅう** [徵收] 名 他スル 징수 ¶ 稅金ぜいきんを～する 세금을 징수하다
**ちょうしゅう** [徵集] 名 他スル 징집 ¶ 全員ぜんいんに～をかける 전원을 징집하다
**ちょうしゅう** [聽衆] 청중 ¶ ～に深ふかい感銘かんめいを與あたえる 청중에게 깊은 감명을 주다
**ちょうじゅう** [弔銃] (文) 조총. 조의를 표하여 소총으로 공포를 쏨
**ちょうじゅう** [鳥銃] (文) 조총
**ちょうじゅう** [鳥獸] (文) 조수. 새와 짐승
**ちょうじゅつ** [聽從] 名 他スル 청종. 남의 말을 받아들여 그대로 좇음
**ちょうしょ** [長所] 장점 ¶ ～を生いかす 장점을 살리다

(慣用句)
**―は短所たんしょ** 장점이 곧 단점이 될 수도 있음

**ちょうしょ** [調書] 조서 ¶ 尋問じんもんして～を取とる 심문하여 조서를 받다
**ちょうじょ** [長女] 장녀. 맏딸
**ちょうしょう** [弔鐘] 조종
**ちょうしょう** [弔*嘯] 名 自スル 장소. 시가(詩歌) 등을 길게 읊조림
**ちょうしょう** [徵證] (文) 징증. 증거＝あかし
**ちょうしょう** [*嘲笑] 名 他スル 조소. 비웃음

～を買かう 비웃음을 사다
**ちょうしょう** [*寵*妾] (文) 총첩. 총애하는 첩
**ちょうじょう** [長上] (文) 장상. 연장자, 윗사람
**ちょうじょう** [長城] 장성 ①길게 이어진 성 ②(중국의) 만리 장성
**ちょうじょう** [重疊] Ⅰ 名 自スル (文) 중첩, 여러 겹으로 겹침 ¶ 山岳さんがく～ 산악 중첩 Ⅱ 了 더할 나위 없이 만족스러움, 기쁘기 그지없음 無事ぶじで～だ 무사해서 기쁘기 그지없다
**ちょうじょう** [頂上] 정상 ①꼭대기 ¶ 山やまの～ 산 꼭대기 ②절정, 최상 ¶ 人氣にんきが～をきわめる 인기가 절정에 달하다 ③최고 지위의 사람 ¶ 兩國りょうこくの～会談かいだん 양국의 정상 회담
**ちょうしょく** [朝食] 조식. 조반, 아침 식사
**ちょうじり** [帳尻] 장부 기재의 끝 부분, 결산 부분

(慣用句)
**―を合あわせる** ①수지 결산을 맞추다 ②이야기의 앞뒤를 맞추다 ③과부족 없이 사물의 결말을 짓다

**ちょう・じる** [長じる] 自上一 → ちょうずる
**ちょうしん** [長身] 장신 ¶ ～瘦軀そうく 장신 수구
**ちょうしん** [長針] 장침. (시계의) 분침
**ちょうしん** [朝臣] (文) 조신. 조정의 신하
**ちょうしん** [調進] 名 他スル (文) 조진. 주문품을 갖추어서 납품함, 조달
**ちょうしん** [聽診] 名 他スル (醫) 청진 一器き 청진기
**ちょうしん** [*寵臣] (文) 총신. 총애하는 신하
**ちょうじん** [釣人] (文) 낚시꾼＝つりびと
**ちょうじん** [鳥人] ¶ 飛行士ひこうしの～ 비행사의 딴이름, 조인
**ちょうじん** [超人] 초인 一的てき 丁 초인적
**ちょう しんけい** [聽神經] (醫) 청신경
**ちょう しんせい** [超新星] (天) 초신성
**ちょうしんるこつ** [*彫心*鏤骨] 조심 누골, 매우 고심하여 시문(詩文) 등을 지음
**ちょうず** [*手水] (文) ①손·얼굴을 씻음, 그런 물 ¶ ～を使つかう 손을 씻다 ②용변, 변소 ¶ ～に行いく 변소에 가다 一場ば ¶ ①손 씻는 곳 ②변소 一鉢ばち 손 씻는 물을 떠 놓는 그릇
**ちょう すいろ** [長水路] (수영에서) 코스의 길이가 50m 이상인 풀 ⇔ 短水路たんすいろ
**ちょうすう** [丁數] (주로 일본식 장정을 한 책의) 매수, 장수
**ちょう・する** [弔する] 他サ変 (文) 조상하다, 조문하다＝とむらう
**ちょう・する** [朝する] 自サ変 (文) ①입궐하다, 예궐하다 ②조공하다
**ちょう・する** [徵する] 他サ変 (文) ①소집하다, 징집하다 兵へいを～ 병사를 소집하다 ②징수하다 ¶ 稅ぜいを～ 세금을 징수하다 ③구하다, 요구하다 ¶ 意見いけんを～ 의견을 구하다 ④(「…に～」의 꼴로) 증거·근거를 구하다, 비추어 보다 ¶ 實例じつれいに～ 실례에 비추어 보다
**ちょう・する** [*寵する] 他サ変 (文) 총애하다
**ちょう・ずる** [長ずる] 自サ変 (文) ①성장하다, 어른이 되다 ②뛰어나다 ¶ 日本畵にほんがに～ 일

본화에 뛰어나다 ③연상이다, 나이가 위다¶彼(かれ)に～こと三歳(さんさい) 그보다 나이가 3살 위이다 ▷「長じる」라고도 함

**ちょうせい** [町制] 町(ちょう)의 구성·권한에 관한 제도
**ちょうせい** [長生] 图自スル 文 장생. 장수
**ちょうせい** [長逝] 图自スル 文 장서. 서거
**ちょうせい** [朝政] 조정. 조정의 정치
**ちょうせい** [調製] 图他スル 조제. 주문대로 만듦¶洋服(ようふく)を～する 양복을 조제하다
**ちょうせい** [調整] 图他スル 조정
**ちょうぜい** [徴税] 图他スル 징세. 세금을 징수함
**ちょうせき** [長石] 鑛 장석
**ちょうせき** [朝夕] 文 I 图 조석. 아침 저녁 = あさばん II 副 조석으로, 늘, 언제나
**ちょうせき** [潮汐] 海 조석. 조수의 간만
**ちょうせつ** [調節] 图他スル 조절. 温度(おんど)～ 온도 조절/音量(おんりょう)を～する 음량을 조절하다
**ちょうぜつ** [超絶] 图自他スル 文 초절. 출중하게 뛰어남¶～した技巧(ぎこう) 초절한 기교
**ちょうせん** [挑戦] 图自スル 도전 ¶싸움·시합을 청함¶～状(じょう) 도전장¶곤란한 일에 맞섬¶新記録(しんきろく)に～する 신기록에 도전하다
**ちょうせん** [朝鮮] 固 일본에서 한국을 가리키는 말 ―顔(あさがお) 植 흰독말풀 ―語(ご) 한국어 ―戰爭(せんそう) 한국 전쟁, 6·25 동란 ―人參(にんじん) 植 고려 인삼 ―半島(はんとう) 한반도 ―文字(もじ) 한글 = ハングル
**ちょうせん** [腸線] 장선. (양·돼지 등의) 창자로 만든 실 = ガット
**ちょうぜん** [悵然] 形動 文 창연. 한탄함
**ちょうぜん** [超然] 形動 초연¶世俗(せぞく)に～としている 세속에 초연해 있다
**ちょうそ** [彫塑] 조소 ①조각 ②소상(塑像). 소상을 만듦
**ちょうそう** [鳥葬] 조장
**ちょうぞう** [彫像] 조상. 조각상
**ちょうそく** [長足] 图 ～の進步(しんぽ) 장족의 진보
**ちょうぞく** [超俗] 文 초속. 세속을 초월함
**ちょうそん** [町村] (지방 자치 단체로서의) 町(ちょう)와 村(むら)¶～合併(がっぺい) 町村 합병
**ちょうだ** [長打] 图自スル 野 장타 ⇔ 短打(たんだ) ¶～が飛(と)び出(だ)す 장타가 터지다
**ちょうだ** [長蛇] 图 장사 ①길고 큰 뱀 ②길고 큰 것¶～の陣(じん) 장사진
  **慣用句**
  ―の列(れつ) 뱀처럼 길게 이어진 행렬. 장사진
  ―を逸(いっ)す 아까운 인물·물건·기회를 놓치다
**ちょうたい** [長体] 版 장체. 좁고 긴 변형 자체
**ちょうだい** [長大] 图 장대. 길고 큼. 키·몸집이 큼 ⇔ 短小(たんしょう) ¶～な計畵(けいかく) 장대한 계획
**ちょうだい** [頂戴] 图他スル ①받음, 의 겸사말¶ありがたく～します 감사히 받겠습니다 ②「먹다·마시다」의 겸사말¶十分(じゅうぶん)に～いたしました 충분히 먹었습니다 ③(口)《동사의 명령형처럼 쓰여》…(해) 줘, …(해) 주세요¶その新聞(しんぶん)をとって～ 그 신문 좀 집어

주세요 ―物(もの) (남한테) 받은 것, 선물 받은 것
**ちょうたいそく** [長大息] 图自スル 文 장탄식¶天(てん)を仰(あお)いで～する 앙천 장탄식하다
**ちょうたく** [彫琢] 图他スル 文 조탁 ①(보석 등을) 쪼아서 다듬음 ②(글·문장을 다듬음
**ちょうたつ** [暢達] 图 文 창달. (글·글씨 등이) 거침없이 활달한 모양¶～な文体(ぶんたい) 창달한 문체
**ちょうたつ** [調達] 图他スル 조달¶資材(しざい)を～する 자재를 조달하다
**ちょうだつ** [超脫] 图自スル 文 초탈¶凡俗(ぼんぞく)から～する 범속을 초탈하다
**ちょうたん** [長短] 图 장단 ①긴 것과 짧은 것. 길이¶～を測(はか)る 길이를 재다 ②장점과 단점¶～相補(あいおぎな)う 장단점을 서로 보완하다
**ちょうたん** [長嘆·長歎] 图自スル 文 장탄. 장탄식¶絶望(ぜつぼう)して～する 절망하여 장탄식하다
**ちょうたんそく** [長嘆息·長歎息] 图スル 장탄식 = 長嘆(ちょうたん)·長大息(ちょうたいそく)
**ちょうたんぱ** [超短波] 電 초단파¶～受信機(じゅしんき) 초단파 수신기
**ちょうチフス** [腸チフス] 醫 장티푸스
**ちょうちゃく** [打擲] 图他スル 文 구타¶杖(つえ)ではげしく～する 지팡이로 심하게 구타하다
**ちょうちょう** [町長] 町(ちょう)의 장. 동장, 읍장
**ちょうちょう** [長調] 音 장조 ⇔ 短調(たんちょう)
**ちょうちょう** [蝶蝶] (口) → ちょう(蝶) ―魚(うお) 動 나비고기
**ちょうちょうなんなん** [喋喋喃喃] 图自スル 첩첩 남남. 남녀가 어울러 다정하게 소곤거림
**ちょうちょうはっし** [丁丁発止] 副 ①칼 등이 세차게 맞부딪치는 소리. 쨍강쨍강 ②서로 격렬하게 논쟁하는 모양¶～と渡(わた)り合(あ)う 격렬하게 논쟁하다
**ちょうちん** [提灯] 제등, 등롱, 초롱¶～をつける 초롱에 불을 켜다 ―行列(ぎょうれつ) 제등 행렬 ―持(も)ち ①초롱을 들고 앞장 섬[서는 사람] ②(남의 앞잡이가 되어) 그를 추천[선전]함. 앞잡이 ―屋(や) ①제등을 만들어 파는 가게·사람 ②글씨에 개칠(改漆)함. 그런 사람
  **慣用句**
  ―に釣(つ)り鐘(がね) 전혀 어울리지[걸맞지] 않음
  ―を持(も)つ 남의 앞잡이가 되어 그 사람을 칭찬[선전]하다
**ちょうつがい** [蝶番] ①경첩 ②(몸의) 관절
**ちょうつけ** [帳付(け)] ①장부에 기입함, 그 담당자 ②외상 거래 = ちょうづけ·つけ
**ちょうづけ** [丁付(け)] 版 책의 매수·페이지수를 기입함. 기입한 것
**ちょうづめ** [腸詰(め)] 소시지
**ちょうづら** [帳面] (口) 장부에 기재되어 있는 숫자¶～を合(あ)わせる 장부의 숫자를 맞추다
**ちょうてい** [長堤] 文 장제. 긴 둑
**ちょうてい** [朝廷] 조정
**ちょうてい** [調停] 图他スル 조정. 중재¶～委員(いいん) 조정 위원
**ちょうていきょくほ** [長汀曲浦] 文 장정 곡포
**ちょうてき** [朝敵] 조적. 역적. 국적

**ちょうてん** [頂点] 정점 ①정상, 꼭대기 ¶山の~ 산꼭대기 / 政界の~に立つ 정계의 정상에 서다 ②절정, 최고조 ¶人気の~に達する 인기의 절정에 달하다 ⑩꼭지점
**ちょうでん** [弔電] 조전 ¶~を打つ 조전을 치다
**ちょうでんどう** [超伝導] [物] 초전도 **―体** [物] 초전도체
**ちょうど** [丁と・*打] 副 (文) 물건이 세게 서로 부딪치는 소리. 딱 ¶~打つ 딱 하고 치다
**ちょうと** [長途] (文) 장도. 먼길 ¶~に就く 장도에 오르다
**ちょうど** [丁度・*恰度] 副 ①꼭, 정확히 ¶~約束の時間につく 정확히 약속 시간에 도착하다 ②때마침, 알맞게 ¶~よいところへ来てくれた 때마침 잘 와 주었다 ③방금, 바로, 막 ¶~うわさをしていたところです 막 네 얘기를 하고 있던 참이다 ④(「…のようだ」が伴って) 마치, 흡사, 꼭 ¶昨日の事は~夢のようだ 어제 일은 마치 꿈 같다 ⑤ (造語) 꼭, 정확히 ¶千円~の本 천엔 정가의 책
**ちょうど** [調度] 세간 ¶~を揃える 세간을 갖추다
**ちょうとう** [長刀] ①장도, 긴 칼 ⇔短刀 ②언월도, 왜장도=なぎなた
**ちょうとうは** [超党派] 초당파
**ちょうどきゅう** [超弩級] 名 초대형 ¶~の台風 초대형 태풍
**ちょうとっきゅう** [超特急] 초특급 ①초특급 열차 ②名 사물을 매우 빠르게 처리함 ¶~で仕上げる 초특급으로 마무리하다
**ちょうな** [手*斧] 큰 자귀 = ておの
**ちょうない** [町内] ①(지방 자치 단체로서의) 町의 안 ②(시가지의 소구획인) 동네 안
**ちょうなん** [長男] 장남, 맏아들
**ちょうにん** [町人] (江戸 시대에) 도시에 살았던 상인·장인 계층의 사람
**ちょうネクタイ** [*蝶ネクタイ] 나비 넥타이
**ちょうねんてん** [腸*捻転] [医] 장염전
**ちょうのうりょく** [超能力] 초능력
**ちょうは** [長波] [電] 장파
**ちょうば** [町場・丁場] ①(운송·도로 공사 등의) 담당 구역 ②역참과 역참 사이의 구간 거리
**ちょうば** [帳場] (상점·여관 등의) 계산대, 카운터 = 勘定場
**ちょうば** [跳馬] 도마. (체조의) 뜀틀
**ちょうば** [嘲罵] 名 他スル (文) 조매, 비웃고 욕함
**ちょうばいか** [鳥媒花] [植] 조매화
**ちょうはつ** [長髪] 장발, 긴 머리
**ちょうはつ** [挑発・挑*撥] 名 他スル 도발 ¶~的な行動 도발적인 행동
**ちょうはつ** [徴発] 名 他スル (文) 징발 ¶食糧を~する 식량을 징발하다
**ちょうはつ** [調髪] 名 自スル 조발, 이발
**ちょうばつ** [懲罰] 名 他スル 징벌 ¶違反者を~する 위반자를 징벌하다
**ちょうはん** [丁半] 주사위 눈의 짝수와 홀수. 그것으로 승부를 다투는 도박, 홀짝노름

**ちょうび** [*掉尾] (文) → とうび
**ちょうひょう** [徵*憑] 징빙, 증거 ¶~書類 징빙 서류
**ちょうびりゅうし** [超微粒子] [工] 초미립자
**ちょうふ** [貼付・*貼附] 名スル (文) → てんぷ (貼付)
**ちょうぶ** [町歩] (助數) 정보. 논밭·산림의 면적을 町을 단위로 계산하는 데 쓰는 말
**ちょうふく** [重複] 名 自スル 중복 = じゅうふく ¶話が~する 이야기가 중복되다
**ちょうぶく** [調伏] 名 他スル ①[佛] 조복 = じょうぶく ②(文) 남을 저주하여 죽임
**ちょうぶつ** [長物] 장물. 길기만 할 뿐 아무 쓸모가 없는 것 ¶無用の~ 무용지장물
**ちょうぶん** [弔文] 조문, 조사 = 弔辞
**ちょうぶん** [長文] 장문, 긴 문장 ⇔ 短文
**ちょうふんせき** [鳥*糞石] [地] 조분석
**ちょうへい** [徴兵] 名 自スル 징병 ¶~されて入隊する 징병되어 입대하다 **―忌避** 징병 기피 **―検査** 징병 검사 **―制** 징병제
**ちょうへいそく** [腸閉塞] [医] 장폐색
**ちょうへき** [腸壁] 장벽, 장의 안쪽 벽
**ちょうへん** [長編・長*篇] 장편 **―小説** 장편 소설
**ちょうべん** [調弁] 名 他スル (文) 조변 ①마련하여 조처함 ②(군대가) 물자를 현지에서 조달함
**ちょうぼ** [帳簿] 장부 ¶~をつける 기장하다
**ちょうぼ** [朝暮] (文) I 名 조석, 아침과 저녁 II 副 조석으로, 항상 ¶~努力を怠らない 늘 노력을 게을리 하지 않다
**ちょうぼ** [徴募] 名 他スル (文) 징모, 징집
**ちょうほう** [弔砲] 조포 ¶~を打つ 조포를 쏘다
**ちょうほう** [重宝] I 名 중보, 귀중한 보물 [보배] ¶先祖伝来の~ 선조 전래의 보배 II 名 ナ 他スル 편리하고 유용함, 편리하여 애용함 ¶~している辞書 편리하여 애용하고 있는 사전 **―がる** 他五 편리하게 여겨 애용하다, 진귀한 것으로 소중히 여기다
**ちょうほう** [調法] I 名 ナ 他スル → ちょうほう (重宝) II 名 [佛] 불력으로 악마·적을 퇴치하는 방법 = じょうほう
**ちょうほう** [*諜報] (文) 첩보 ¶~機関 첩보 기관 / ~員 첩보원
**ちょうぼう** [眺望] 名 他スル 조망, 전망 ¶山から市街を~する 산에서 시가를 조망하다
**ちょうほうけい** [長方形] [数] 장방형, 직사각형
**ちょうほん** [張本] 장본. 사건의 원인·발단 **―人** 장본인 ¶騒動の~ 소동의 장본인
**ちょうぼん** [超凡] ナ 비범 = 非凡
**ちょうまい** [超*邁] ナ (文) 초매, 탁월함
**ちょうまつ** [長松] 상가(商家) 점원의 통칭
**ちょうまん** [腸満・脹満] [医] 장만, 창만
**ちょうみ** [調味] 조미 **―料** 조미료
**ちょうみん** [町民] 町의 주민
**ちょうむすび** [*蝶結び] 나비 매듭
**ちょうめ** [丁目] (造語) 가(街) ¶銀座四~ 銀座 4가
**ちょうめい** [町名] 동명 ¶~変更 동명 변경

**ちょうめい**【長命】 ⓝ ⓙ 장명. 장수=長寿
**ちょうめい**【朝命】 ⓧ 조명. 조정의 명령
**ちょうめい**【澄明】 ⓝ ⓙ ⓧ 징명. 명징¶～な谷川の水 명징한 계곡의 물
**ちょうめん**【帳面】 장부, 공책=ノート¶～をつける 장부에 기입하다. 기장하다 **━面** 장부상의 계산·결산＝ちょうづら¶～を合わせる 장부상의 계산을 맞추다
**ちょうもく**【鳥目】 ⓧ 구멍 뚫린 엽전
**ちょうもと**【帳元】 (흥행 등에서) 계산·장부 관리를 맡던 직책, 그런 사람
**ちょうもん**【弔問】 ⓝ ⓣ 조문. 문상
**ちょうもん**【頂門】 정문. 정수리
**慣用句**
━の一針 정문의 일침, 따끔한 교훈
**ちょうもん**【聴聞】 ⓝ ⓣ 청문 ① ⓧ 설법·연설 등을 들음 ②신도의 참회를 들음 ③행정 기관이 이해 관계자의 의견을 들음¶～会 청문회
**ちょうや**【長夜】 ⓧ 장야 ①긴 밤 ②밤샘, 철야¶～の宴 밤새도록 계속되의 연회 ③축어 매장됨, 저승¶～に迷う 저승에서 헤매다
**慣用句**
━の眠り ①일생을 꿈처럼 보냄 ②【佛】깨달음을 얻지 못하고 미망(迷妄)에 헤맴
**ちょうや**【朝野】 ⓧ 조야 ①조정과 민간, 관민 ②세상, 천하, 온 국민¶信を～に問う 신임을 천하에 묻다
**ちょうやく**【跳躍】 도약 Ⅰ ⓝ ⓙ 뛰어오름¶～運動 도약 운동 Ⅱ ⓝ 体 도약 경기
**ちょうやく**【調薬】 ⓝ ⓙ 조약. 약을 조제함
**ちょうよう**【長幼】 장유. 연장자와 연소자¶～の序 장유 유서
**ちょうよう**【重用】 ⓝ ⓣ ⓧ 중용, 중요한 자리에 발탁함＝じゅうよう¶若手を～する 젊은 사람을 중용하다
**ちょうよう**【重陽】 중양. 중양절. 음력 9월 9일
**ちょうよう**【徴用】 ⓝ ⓣ 징용¶兵器工場に～される 병기 공장에 징용되다
**ちょうらい**【頂礼】【佛】 정례. (부처에게) 이마를 땅에 대고 하는 절
**ちょうらい**【朝来】 ⓐ ⓧ 조래. 아침부터 줄곧¶～の雨 아침부터 줄곧 내리는 비
**ちょうらく**【凋落】 ⓝ ⓙ ⓧ 조락 ①(꽃·잎이) 시들어 떨어짐¶～の季節 조락의 계절 ②쇠락함, 영락함¶一家が～する 일가가 영락하다
**ちょうり**【調理】 ⓝ ⓣ 조리. 요리함¶～師 조리사／～場 주방
**ちょうりつ**【調律】 ⓝ ⓣ 音 조율¶～師 조율사／ピアノを～する 피아노를 조율하다
**ちょうりゅう**【潮流】 조류 ①【海】해수의 흐름 ②시류, 시대의 경향¶時代の～に乗る 시류를 타다
**ちょうりょう**【跳梁】 ⓝ ⓙ ⓧ 도량 ①여기저기 뛰어 돌아다님 ②(바람직하지 않은 것이) 함부로 날뜀¶悪鬼が～する 악귀가 함부로 날뛰다

**ちょうりょく**【張力】【物】 장력¶表面～ 표면 장력
**ちょうりょく**【聴力】 청력¶～検査 청력 검사
**ちょうるい**【鳥類】 動 조류
**ちょうれい**【朝礼】 조례. 조회＝朝会
**ちょうれい ぼかい**【朝令暮改】 조령 모개
**ちょうれん**【調練】 ⓝ ⓣ ⓙ 조련, 연병＝練兵¶新兵を～する 신병을 조련하다
**ちょうろ**【朝露】 ⓧ 조로 ①아침 이슬 ②(比) 덧없는 것¶人生～のごとし 인생은 조로와 같다
**ちょうろう**【長老】 장로 ①학식·경험이 풍부한 지도적인 연장자¶政界の～ 정계의 장로 ②【佛】고승 ③【改新】목사를 보좌하는 신도 대표 **━派の教会**【改新】 장로파 교회
**ちょうろう**【*嘲弄】 ⓝ ⓣ 조롱¶～を受ける 조롱을 받다
**ちょうわ**【調和】 ⓝ ⓙ 조화¶周囲と～のとれた建物 주위와 조화를 이룬 건물
**ちよがみ**【千代紙】 여러 가지 무늬를 인쇄한 공작용 색종이
**ちょき** (가위바위보의) 가위＝はさみ
**ちょき**【*猪牙】 (江戸 시대에 만들어진) 길쭉하고 지붕이 없는 배
**ちょきん**【貯金】 ⓝ ⓙ ⓣ 저금¶～箱 저금통／郵便～ 우편 저금／～通帳 저금 통장
**ちょく**【直】 ⓗ チョク·ジキ(ヂキ) ⓚ ただちに·なおす·なおる│(음)직. Ⅰ【造語】①곧음, 곧다¶直線 직선, 直球 직구 ②곧고 바르다¶率直 솔직, 正直 정직 ③곧, 바로, 직접¶直後 직후, 直訴 직소 ④값¶高直 고가 ⑤당번¶宿直 숙직·当番直 당직 ▷【熟字訓】直衣 옛 귀족의 평상복 Ⅱ ⓙ 올곧음¶～を尊ぶ 올곧음을 존중하다 Ⅲ ⓙ ①(성격 등이) 솔직함, 소탈함¶こまめで～な人 근실하고 소탈한 사람 ②직접적임¶～で話す 직접 이야기하다
**ちょく**【勅】 ⓗ チョク ⓚ みことのり│(음)칙. Ⅰ【造語】천자의 명령¶勅使 칙사·勅命 칙명·勅令 칙령·詔勅 조칙 Ⅱ ⓝ 천자의 명령, 조칙¶～を奉ずる 조칙을 받들다
**ちょく**【捗】 ⓗ チョク ⓚ はかどる│(음)척. 【造語】 일이 순조롭게 진행되다¶進捗 진척
**ちょく**【*猪口】 ①작은 사기 술잔 ②(회·초친 음식을 담는) 작고 우묵한 사기 종지 ▷「ちょこ」라고도 함
**ちょくえい**【直営】 ⓝ ⓣ 직영¶製造元～の販売店 제조원이 직영하는 판매점
**ちょくおう**【直往】 ⓝ ⓙ ⓧ 직왕. 직행¶邁進 직왕 매진, 서슴없이 곧장 나아감
**ちょくおん**【直音】【文法】 (일본어의 음절 중) 仮名 한 글자로 쓰이는 음
**ちょくがく**【勅額】 ⓧ 칙액. 임금이 친히 쓴 액자, 임금이 하사한 액자
**ちょくがん**【勅願】 군주의 기원(祈願) **━寺** 군주의 기원으로 건립된 절
**ちょくげき**【直撃】 직격 Ⅰ ⓝ ⓣ 폭탄 등을 목표에 명중시킴¶～弾 직격탄 Ⅱ ⓝ ⓙ

바람직하지 않은 사태가 바로 덮침¶台風が本土を~する 태풍이 본토를 직격하다
**ちょくげん** [直言] 名他スル 직언¶遠慮なく~する 거리낌없이 직언하다
**ちょくご** [直後] 직후¶終戦~ 종전 직후
**ちょくご** [勅語] 칙어. 칙유 = みことのり
**ちょくさい** [直裁] 名他スル (文) 직재 ①즉각 재결함¶会議に諸らず~する 회의에 붙이지 않고 직재하다 ②본인이 직접 재결함
**ちょくさい** [直截] → ちょくせつ(直截)
**ちょくし** [直視] 名他スル 직시¶現実を~する 현실을 직시하다
**ちょくし** [勅旨] (文) 칙지 ①칙명을 내린 문서, 칙서 = 勅書 ②군주의 의사
**ちょくし** [勅使] 칙사. 칙명을 받은 사자
**ちょくしゃ** [直写] 名他スル 직사. 있는 그대로 묘사함, 그대로 베낌
**ちょくしゃ** [直射] 名他スル 직사 ①(광선이) 곧게 바로 비침¶~光線 직사 광선 ②직선에 가까운 탄도로 낮게 사격함¶~砲 직사포
**ちょくしょ** [勅書] 칙서
**ちょくじょ** [直叙] 名他スル (文) 직서. 있는 그대로 서술함¶目に映じたままを~する 눈에 비친 대로를 직서하다
**ちょくじょう** [直上] (文) 직상 Ⅰ 名 바로 위 = 真上¶~の士官 바로 위의 사관 Ⅱ 名自スル 똑바로 올라감¶~する曲芸飛行 똑바로 올라가는 곡예 비행
**ちょくじょう** [直情] (文) 직정. 거짓·허식이 없이 있는 그대로의 감정 **一徑行** 名自スル 직정 경행. 마음먹은 대로 거리낌없이 행동함
**ちょくじょう** [勅諚·勅定] (文) 칙명
**ちょくしん** [直進] 名自スル 직진¶交差点を~する 교차점을 직진하다
**ちょくせつ** [直接] 名副自スル 직접¶会って~話す 만나서 직접 이야기하다/電源に~したコード 전원에 바로 접속된 코드 **一行動** 직접 행동 **一税** 직접세 **一選挙** 직접 선거 **一話法** (文法) 직접 화법
**ちょくせつ** [直截] 名 (文) 직절 ①즉각 결재함¶~処置 즉각적으로 결재된 조치 ②직설적임¶簡明な~な表現 간명 직절한 표현
**ちょくせつほう** [直説法] [文法] 직설법
**ちょくせん** [直線] 직선 **一距離** 직선 거리 **一的** ナ 직선적
**ちょくせん** [勅撰] 名他スル 칙찬. 칙명에 의해 시가·문장을 편찬함¶~集 직찬집 **一和歌集** (文) 칙찬 和歌집
**ちょくぜん** [直前] 직전¶出発~ 출발 직전
**ちょくそう** [直送] 名他スル 직송¶産地~の野菜 산지에서 직송된 채소
**ちょくぞく** [直属] 名自スル 직속
**ちょくだい** [勅題] ①天皇가 내는 시가 제목, 특히 歌会始의 제목 ②天皇의 친필 액자
**ちょくちょう** [直腸] [醫] 직장¶~癌 직장암
**ちょくちょく** 副 (俗) 이따금, 가끔¶妹が遊びに来る 여동생이 가끔 놀러 온다

**ちょくつう** [直通] 名自スル 직통¶~電話 직통 전화/~列車 직통 열차
**ちょくとう** [直答] 名自スル (文) 직답 ①즉답 = 即答¶~を避ける 직답을 피하다 ②직접 대답함 = じきとう¶責任者の~を求める 책임자의 직답을 요구하다
**ちょくとう** [勅答] 名他スル (文) ①군주가 답함, 그런 대답 ②군주의 질문에 답함, 그런 대답
**ちょくどく** [直読] (한문 등을) 토를 달지 않고 어구 순서대로 음독함
**ちょくな** [直な] 連体 (俗) ①정직한¶~人 정직한 사람 ②간단한, 간편한¶~店 (값싸고) 편리한 가게
**ちょくにんかん** [勅任官] [日史] 칙임관. (구 헌법하에서) 칙명에 의해 임명된 관리
**ちょくはい** [直配] 名他スル 직배. 생산자가 소비자에게 직접 배달함¶産地から果実を~する 산지에서 과일을 직배하다
**ちょくばい** [直売] 名他スル 직매¶産地~の品 산지 직매품
**ちょくはん** [直販] 名他スル 직판. 직접 판매함¶~店 직판점/~ルート 직판 루트
**ちょくひ** [直披] (文) 편지 겉봉의 수신인 이름 옆에 써넣는 글. 친전 = 親展 · じきひ
**ちょくひつ** [直筆] 직필 Ⅰ 名他スル 사실 그대로 씀¶目撃したままを~する 목격한 그대로를 직필하다 Ⅱ 名 (서도에서) 붓을 똑바로 세워서 씀¶懸腕~ 현완 직필 ▷「じきひつ」는 딴말
**ちょくほうたい** [直方体] [數] 직방체. 직육면체
**ちょくめい** [勅命] (文) 칙명 = みことのり
**ちょくめん** [直面] 名自スル 직면¶困難に~する 곤란에 직면하다
**ちょくやく** [直訳] 名他スル 직역¶英文を~する 영문을 직역하다 **一体** 직역체
**ちょくゆ** [直喩] (表) 직유. 직유법 = 明喩
**ちょくゆしゅつ** [直輸出] 名他スル 직수출
**ちょくゆにゅう** [直輸入] 名他スル 직수입
**ちょくり** [直利] [經] 「直接利回り」의 준말. 채권의 투자액에 대한 이율의 비율
**ちょくりつ** [直立] 名自スル 직립 ①똑바로 섬¶~して見送る 똑바로 서서 배웅하다 ②우뚝 솟음¶~する山々 우뚝 솟은 산들 **一猿人** [考古] 직립 원인 **一不動** 직립 부동
**ちょくりゅう** [直流] 직류 Ⅰ 名自スル 곧게 흐름¶平野を~する川 평야를 직류하는 강 Ⅱ 名 [電] 직류 전류 ⇔ 交流 **一文** (表) 주어와 술어가 논리적으로 대응하는 문장
**ちょくれい** [勅令] 칙령. (구 헌법에서) 의회를 거치지 않고 天皇가 직접 제정한 법
**ちょくれつ** [直列] 직렬 ①일직선이 되도록 늘어섬 ②[電] 직렬 접속¶~回路 직렬 회로
**ちょくろ** [直路] (文) 직로 ①곧은 길 ②지름길
**ちょびん** [緒言] → しょげん (緒言)
**ちょこ** [*猪口] (口) → ちょく (猪口) **一才** 名ナ (口) 시건방짐¶~なやつ 시건방진 녀석
**ちょこちょこ** (口) Ⅰ 副自スル 아장아장, 종종걸음으로¶子供が~と歩く 아이가 아장

ちょこなんと

아장 걷다 Ⅱ 副 이따금, 가끔 ¶ ~店に来る 이따금 가게에 온다
ちょこなんと 副 (口) 움츠리고 가만히 앉아 있는 모양. 오도카니 = ちょこんと ¶ ～座っている 오도카니 앉아 있다
ちょこまか 副 自スル (口) 부산하게, 촐랑촐랑 ¶ ～しないですこしじっとしていろ 부산떨지 말고 잠시라도 좀 가만히 있어라
ちょこんと 副 (口) ①살짝 ¶ ～お辞儀をする 까딱 절을 하다 ②오도카니 = ちょこなんと ¶ ～座っている 오도카니 앉아 있다
ちょさく [著作] 名 自他スル 저작, 저술 ¶ 心血を注いで～する 심혈을 기울여 저작하다 ―家 저작가, 저술가 ―権 [法] 저작권 ―者 저작자 ―物 저작물
ちょしゃ [著者] 名 저자 ¶ ～不明の寓話集 저자 불명의 우화집
ちょじゅつ [著述] 名 自他スル 저술, 저작
ちょしょ [著書] 名 저서
ちょすい [貯水] 名 自スル 저수 ―池 저수지
ちょせん [緒戦] (文) → しょせん (緒戦)
ちょぞう [貯蔵] 名 他スル 저장 ¶ ～庫 저장고
ちょだい [著大] 形 (文) 저대. 뚜렷하게 큼
ちょたん [貯炭] 名 自スル 저탄 ¶ ～庫 저탄고
ちょちく [貯蓄] 名 他スル 저축 ¶ ～率/将来に備えて～する 장래에 대비하여 저축하다 ―性向 [經] 저축 성향
ちょっか [直下] 名 Ⅰ 바로 아래 ¶ 赤道～ 적도 직하 Ⅱ 副 똑바로 내려감 [떨어짐] ¶ 急転～ 급전 직하
ちょっかい [俗] ①(고양이 등이) 앞발로 그러당김 ②쓸데없는 참견·간섭
慣用句
―を掛ける 옆에서 쓸데없는 참견을 하다
―を出す 참견하다, 간섭하다
ちょっかく [直角] 名 ヺ [數] 직각 ―三角形 [數] 직각 삼각형
ちょっかく [直覚] 名 他スル 직각, 직관 ¶ ～的 직각적, 직관적
ちょっかつ [直轄] 名 他スル 직할 ¶ ～領 직할령
ちょっかっこう [直滑降] 名 自スル 직활강 ¶ スキーで～する 스키로 직활강하다
ちょっかん [直感] 名 他スル 직감 ¶ ～的/危険を～する 위험을 직감하다
ちょっかん [直諫] 名 他スル (文) 직간. 윗사람에게 기탄없이 간함
ちょっかん [直観] 名 他スル [哲] 직관 ¶ ～力 직관력 ―的 ヺ 직관적
ちょっかん [勅勘] 名 (文) 군주로부터 문책당함
チョッキ 조끼. 동의 (胴衣) = ベスト
ちょっきゅう [直球] 名 [野] 직구 ¶ ～で押す 직구로 제압하다
ちょっきょ [勅許] 名 (文) 칙허 ¶ ～を仰ぐ 칙허를 앙청하다
ちょっきり 副 (俗) (과부족이 없이) 꼭, 딱 ¶ 千円～の物 꼭 천엔짜리 물건
ちょっくら 副 (俗) 잠깐 = ちょっと ¶ ～待っ

てくれ 잠깐 기다려 줘
ちょっけい [直系] 名 ¶ ～家族 직계 가족 ―尊属 직계 존속 ―卑属 직계 비속
ちょっけい [直径] 名 [數] 직경, 지름
ちょっけつ [直結] 名 自他スル 직결 ¶ 事件に～する 사건에 직결되다
ちょっこう [直交] 名 自スル [數] 직교 ―座標軸 [數] 직교 좌표축
ちょっこう [直行] 名 自スル (목적지로) 곧장 감 ¶ 出先から会場へ～する 행선지에서 회장으로 직행하다 Ⅱ 名 ①생각한 대로 행함 直言 직언 직행 ②올바른 행동
ちょっこう [直航] 名 自スル 직항 ¶ ～便を利用する 직항편을 이용하다
ちょっと 〈一寸〉·〈鳥渡〉 (口) Ⅰ 副 ①잠깐, 잠시, 조금, 약간 ¶ 今度の試験は～むずかしかった 이번 시험은 조금 어려웠다 ②부담없이 가벼운 마음으로 하는 모양 ¶ ～読んでみよう 좀 읽어 보자 ③꽤, 어지간히 ¶ ～名の知れた作家 꽤 이름이 알려진 작가 ④좀처럼, 쉽사리 ¶ ～詳しいことは～わかりかねます 상세한 것은 잘 모르겠습니다 Ⅱ 感 (사람을 가볍게 부르는) 저, 잠깐만요 ¶ ～, お客さん 저 손님!/ ～, 忘れ物ですよ 잠깐만요 잊은 물건이 있네요 ―見 언뜻 봄
慣用句
―した ①대수롭지 않은, 사소한 ②괜찮은, 상당한 ¶ ～名士 상당한 명사
―やそっと 여간해서, 좀처럼
ちょっぴり 副 (俗) 좀, 약간 ¶ ～甘い 좀 달다
ちょとつ [猪突] 名 自スル (文) 저돌 ―猛進 저돌 맹진 ¶ ～型の男 저돌 맹진형의 남자
ちょびひげ [ちょび髭] 조금 기른 콧수염
ちょぶん [著聞] 名 저문, 세상에 잘 알려져 있음 = ちょもん
ちょぼ ①표시로 찍는 점 = ぽち ②[藝] (歌舞伎에서) 지문을 浄瑠璃 가락으로 이야기함 [하는 사람]
ちょぼいち [樗蒲一] ①한 개의 주사위로 하는 도박 ②속임수 = いんちき
ちょぼくれ [江戸 시대] 두 개의 작은 목탁을 두드리며 속요를 부르던 탁발승. 그 속요인 「ちょぼくれちょんがれ」
ちょぼちょぼ (口) Ⅰ 副 드문드문, 듬성듬성 ¶ ～と生えたひげ 드문드문 난 수염 Ⅱ (俗) 어금버금함 ¶ ぼくと彼女の成績が～だ 나와 그녀와는 성적이 어금버금하다
ちょめい [著名] 名 ヺ 저명, 유명 ¶ ～の士 저명 인사/ ～な学者 저명한 학자
ちょりつ [佇立] 名 自スル 저립. 잠시 멈춰 섬 ¶ 呆然と～したまま 멍하니 멈춰 선 채
ちょろい 形 (俗) ①손쉽다, 간단하다 ¶ 車の運転なんて～もんだ 자동차 운전 같은 건 수월지 ②안이하다, 미온적이다 ¶ ～やり方 미온적인 방법
ちょろちょろ 副 自スル (口) ①졸졸, 졸졸 ¶ 小川が～と流れる 냇물이 졸졸 흐르다 ②작은 것이 재빠르게 돌아다니는 모양. 조르르

ねずみが～する 쥐가 조르르 돌아다니다 ③불이 약하게 타고 있는 모양. 훌훌¶ 残り火が～と燃える 스러져 가는 불길이 훌훌 타고 있다

ちょろまか・す [他五] (俗) 후무리다, 속이다¶店の金を～ 가게의 돈을 후무리다

ちょろん [緒論] → しょろん(緒論)

ちょん (俗) ①끝, 끝장¶ その問題はこれで～だ 그 문제는 이것으로 끝이다 ②해고, 면직 ③팔푼이¶ ばかだの、～だのと ばからされ 팔푼이라고 ④표시로 찍는 점(點)

(慣用句)
一の間 (口) 잠깐 동안

チョンガー (俗) 총각, 미혼 남성 ▷ 한국어

ちょんぎ・る [ちょん切る] [他五] (口) 싹둑 자르다¶ 枝を～ 가지를 싹둑 자르다

ちょんと [副] [自スル] ①(딱따기 소리의 형용) 딱딱 ②싹둑¶ ねぎの先を～切る 파 끝을 싹둑 자르다 ③가볍게 물건을 놓는 모양¶ 頭に帽子を～載せる 머리에 모자를 달랑 얹다

ちょんまげ [丁髷] [江戸가 시대의] 일본식 상투¶ ～を結う 상투를 틀다

ちらか・す [散らかす] [他五] 흩뜨리다, 어지르다¶ 部屋を～ 방을 어지르다

ちらか・る [散らかる] [自五] 흩어지다, 어지러지다¶ ごみが～ 쓰레기가 어지러지다

ちらし [散らし] ①전단, 삐라, 광고지¶ 大売り出しの～ 대매출을 알리는 전단 ②「ちらし鮨·ちらし書き·ちらし模様」의 준말

ちらしがき [散らし書き] (色紙·短冊 등에 和歌·글귀 등을) 띄엄띄엄 흩뜨려 씀

ちらしがた [散らし形] → ちらしもよう

ちらしずし [散らし鮨·散らし寿司] [料] 밥을 그릇에 담고 생선회 등을 얹은 초밥

ちらしもよう [散らし模様] 불규칙하게 흩뿌려 놓은 듯한 무늬=散らし形

ちら・す [散らす] [他五] ①흩뜨리다, 흩날리다¶ 火花を～ 불꽃을 튀기다 ②집중력을 잃다¶ 騒音で気を～ 소음으로 주의를 산만하게 하다 ③(통증 등을) 없애다, 가라앉히다¶ 注射で痛みを～ 주사로 통증을 가라앉히다 ④[補助] 마구(함부로)…하다¶ 言い～ 말을 함부로 하다/ まき～ 흩뿌리다

ちらちら [副] [自スル] ①팔랑팔랑¶ 花びらが～と散っている 꽃잎이 팔랑팔랑 지고 있다 ②깜박깜박¶ 灯火が～する 灯火가 깜박이다 ③어른어른, 아물아물¶ 人影が～する 사람 모습이 어른거리다 ④간간이, 가끔¶ ～とうわさが耳に入る 간간이 소문이 들려오다

ちらつ・かせる [他下一] ①(깜박거리다, 懐中電灯を～ 회중 전등을 깜박이다 ②(위협·주의를 끌기 위해) 언뜻 보이게 하다¶ 札束を～ 돈뭉치를 얼핏 보이게 하다 ③넌지시 말하다, 슬쩍 비추다¶ 自慢話を～ 은근히 자기 자랑을 하다

ちらつ・く [自五] ①흩날리다¶ 雪が～ 눈이 흩날리다 ②깜박거리다¶ 遠く町の明かりが～いている 멀리 거리의 불빛이 깜박이고 있다 ③어른거리다¶ まぶたに～面影 눈에 어른거리는 모습

ちらっと [副] 힐끗, 언뜻, 슬쩍, 얼핏¶ 通りすがりに～見る 지나는 길에 언뜻 보다

ちらば・る [散らばる] [自五] ①어지러지다, 흐트러지다¶ 書類が～ 서류가 흐트러지다 ②흩어지다, 산재하다¶ チェーン店が全国に～ 체인점이 전국에 산재하다

ちらほら [副] 드문드문, 간간이¶ うわさが～と聞こえる 소문이 간간이 들리다/ 桜が～咲きはじめた 벚꽃이 드문드문 피기 시작했다

ちらりと [副] 힐끗, 언뜻, 슬쩍, 잠깐¶ ～流し目をする 슬쩍 곁눈질을 하다/ ～耳にした話 언뜻 들은 이야기

ちらりほらり [副] → ちらほら

ちらん [治乱] 치란, 치세와 난세¶ ～興亡 치란 흥망

ちり [料] 생선·채소 등을 끓여 초간장에 찍어 먹는 냄비 요리=ちり鍋

ちり [塵] ①먼지¶ ～一つない部屋 먼지 하나 없는 방 ②속세의 번잡함, 속진¶ 浮世の～を払う 속진을 털어 버리다 ③(比) 아주 미미한 것, 티끌¶ ～ほども良心がない 티끌 만큼도 양심이 없다 ④(比) 무가치한 것, 하찮은 것¶ ～の身 하찮은 몸

(慣用句)
一も積もれば山となる 티끌 모아 태산

ちり [地理] 지리¶ この辺の～に明るい 이 근처 지리에 밝다 一学 지리학

ちりあくた [塵芥] ①진개, 먼지와 쓰레기 ②(比) 하찮은 것, 무가치한 것¶ ～のような存在 쓰레기 같은 존재

ちりがみ [塵紙] 휴지, 화장지

ちりけ [身柱·天柱] ①(뜸자리의) 천주 ②어린아이의 감기(疳氣), 감병

ちりし [塵紙] → ちりがみ

ちりし・く [散(り)敷く] [自五] (文) (꽃·잎이 떨어져서) 일대에 깔리다, 뒤덮이다¶ 枯れ葉の～道 낙엽이 깔린 길

ちりちり [副] [自スル] ①오글오글, 곱슬곱슬¶ ～した髪 곱슬곱슬한 머리 ②(털 등이 타면서 오그라드는) 지지직¶ ～と毛糸が焼ける 지지직거리며 털실이 타다

ちりぢり [散り散り] 뿔뿔이 흩어지는 모양¶ 家族が～になる 가족이 뿔뿔이 흩어지다 一ばらばら 「ちりぢり」의 힘줌말

ちりづか [塵塚] 쓰레기장

ちりとり [塵取] 쓰레받기

ちりのこ・る [散(り)残る] [自五] 채 지지 않고 남다¶ ～った花 채 지지 않고 남은 꽃

ちりのよ [塵の世] [連語] 진세, 속세

ちりば・める [鏤める] [他下一] ①아로새기다, 여기저기 박다¶ 宝石を～めた王冠 여기저기 보석을 박은 왕관 ②(문장 등에) 미사 여구를 많이 쓰다¶ 甘言を～めた手紙 달콤한 말로 점철한 편지

ちりはらい [塵払い] ①먼지를 떪 ②총채

**ちりめん** [^縮^緬] 오글오글한 비단 ━雑魚ᶜᵃ 잔 멸치・뱅어 등을 쪄서 말린 것 ━皺 잔주름

**ちりゃく** [知略・^智略] (文) 지략. 지모¶ ~にたける 지략이 뛰어나다

**ちりょ** [知慮・^智慮] (文) 지려. 슬기로운 생각. 통찰력¶ ~が深ふかい 지려가 깊다

**ちりょう** [治療] 名他スル 치료¶ ~費ʰⁱ 치료비/ 歯ʰᵃ を~する 이를 치료하다

**ちりょく** [地力] (農) 지력. 토지의 생산력¶ ~が衰ᵒᵗᵒʳᵒえる 지력이 떨어지다

**ちりょく** [知力・^智力] 지력. 지적 능력¶ 体力ⁿᵃⁱき, ともに 優ˢᵘᵍᵘれる 지력과 체력이 모두 뛰어나다

**ちり れんげ** [散(り)^蓮華] 손잡이가 짧은 사기 숟가락 = れんげ

**ち・る** [散る] 自五 ①(꽃・잎이) 지다, 떨어지다¶ 花ʰᵃⁿᵃ が~ 꽃이 지다 ②(사방으로) 흩어지다, 뿔뿔이 흩어지다¶ ガラスの破片ʰᵃʰᵉⁿ が~ 유리 조각이 흩어지다/ 群衆ᵍᵘⁿˢʰᵘう が~ 군중이 뿔뿔이 흩어지다 ③(통증・열 등이) 가라앉다, 가시다¶ 薬ᵏᵘˢᵘʳⁱ で痛ⁱᵗᵃ みが~ 약으로 통증이 가시다 ④번지다¶ インクが~ 잉크가 번지다 ⑤(마음이) 산란해지다¶ 気ᵏⁱ が~ 마음이 산란해지다 ⑥(널리) 퍼지다¶ うわさが~ 소문이 퍼지다 ⑦(比) 산화하다¶ 戦場ˢᵉⁿʲᵒう に~ 전쟁에서 산화하다

**ちるい** [地塁] [地] 지루 ⇔ 地溝ᶜᵒう

**ちろり** [銚釐] (술을 데우는 데 쓰는) 구리・놋쇠로 만든 통 모양의 그릇

**ちわ** [痴話] 치화 (남녀간의) 정담 ②정사(情事) ━喧嘩ᵏᵉⁿᵏᵃ (남녀간의) 사랑 싸움

**ちん** [沈] 音 チン・ジン(ヂン) 訓 しずむ・しずめる¶ (음)침. (造語) ①(물 속으로) 가라앉다, 잠기다¶ 沈没ᵇᵒᵗˢᵘ 침몰・撃沈ᵍᵉᵏⁱᶜʰⁱⁿ 격침 ②영락하다¶ 沈淪ʳⁱⁿ 침륜 ③기운이 없다, 침울하다¶ 沈痛ᵗˢᵘう 침통 ④깊이 빠지다, 탐닉하다¶ 沈溺ᵈᵉᵏⁱ 침닉 ⑤침착하다, 조용함¶ 沈着ᶜʰᵃᵏᵘ 침착・沈黙ᵐᵒᵏᵘ 침묵

**ちん** [^枕] 音 チン 訓 まくら¶ (음)침. (造語) 베개¶ 枕頭ᵗᵒう 침두・氷枕ʰʸᵒᵘᶜʰⁱⁿ 빙침

**ちん** [珍] 音 チン 訓 めずらしい¶ (음)진. Ⅰ (造語) ①드물다, 귀중하다¶ 珍品ʰⁱⁿ 진품・珍味ᵐⁱ 진미・珍기하다. 재미있다¶ 珍奇ᵏⁱ 진기・珍談ᵈᵃⁿ 진담 Ⅱ 名 形 진귀함, 진귀한 것¶ ~とするに足たる 진귀하다고 할 만하다

**ちん** [朕] 音 チン¶ (음)진. Ⅰ (造語) 천자의 자칭(自稱) Ⅱ 代 군주의 자칭. 짐¶ ~は国家ᵏᵏᵃ なり 짐은 국가이다

**ちん** [陳] 音 チン 訓 のべる¶ (음)진. Ⅰ (造語) ①진열하다¶ 陳列ʳᵉᵗˢᵘ 진열 ②진술하다¶ 陳情ʲᵒう 진정・陳述ʲᵘᵗˢᵘ 진술 ③낡다, 진부하다¶ 陳腐ᵖᵘ 진부 Ⅱ (史) (중국의) 진나라

**ちん** [^椿] 音 チン 訓 つばき¶ (음)진. (造語) ① 동백나무 ②뜻밖의 일¶ 椿事ʲⁱ 춘사

**ちん** [賃] 音 チン¶ (음)임. 보수・대가로 주는 금전¶ 賃金ᵏⁱⁿ・ᵍⁱⁿ 임금・運賃ᵘⁿᶜʰⁱⁿ 운임

**ちん** [鎮] 音 チン 訓 しずめる・しずまる¶ (음)진. (造語) ①억누르다, 가라앉히다¶ 鎮圧ᵃᵗˢᵘ 진압・鎮魂ᵏᵒⁿ 진혼 ②눌러 두는 물건¶ 文鎮ᵇᵘⁿᶜʰⁱⁿ 문진 ③어떤 사회・단체의 중심 인물¶ 重鎮ᶜʰᵒう 중진 ④진정하다¶ 鎮座ᶻᵃ 진좌

**ちん** [^狆] [動] 털이 길고 작은 애완용 일본 개

**ちん** [^亭] 정자 = 東屋ᵃᶻᵘᵐᵃʸᵃ

**ちん** [^鴆] ①짐새 ②'鴆毒ᵈᵒᵏᵘ'의 준말. 짐독

**ちんあげ** [賃上げ] 名 自スル 임금 인상¶ 平均ᵏⁱⁿ 五%ᵖᵃᵃˢᵉⁿᵗᵒ ~する 평균 5% 임금을 인상하다

**ちんあつ** [鎮圧] 名 他スル 진압¶ 内乱ʳᵃⁿ を~する 내란을 진압하다

**ちんうつ** [沈鬱] 形 (文) 침울¶ ~な面持ᵒᵐᵒᵐᵒᶜʰⁱ 침울한 표정

**ちんか** [沈下] 名 自スル 침하¶ 地盤ᵇᵃⁿ ~ 지반 침하

**ちんか** [鎮火] 名 自スル 진화¶ 一時間ʲⁱᵏᵃⁿ 後ᵍᵒ にようやく~した 1시간 뒤에 겨우 진화되었다

**ちんがいざい** [鎮^咳剤] [薬] 진해제

**ちんがし** [賃貸し] 名 他スル 임대함, 세를 줌 ⇔ 賃借ᵍᵃ り¶ 倉庫ᵒᵘᵏᵒ を~する 창고를 임대하다

**ちんがり** [賃借り] 名 他スル 임차함, 세냄 ⇔ 賃貸ᵍᵃ し¶ ~の部屋ʰᵉʸᵃ 셋방

**ちんき** [沈毅] 名 形 (文) 침의. 침착하고 의연함¶ ~な態度ᵈᵒ 침착하고 의연한 태도

**ちんき** [珍奇] 名 形 (文) 진기¶ ~な風習ʰᵘˢʰᵘう 진기한 풍습

**ちんきゃく** [珍客] 진객, 귀한 손님 = ちんかく¶ ~が訪ᵒᵗᵒᶻᵘれる 진객이 찾아오다

**ちんきん** [沈金] 칠기에 조각하여 무늬를 새기고 거기에 금가루나 금박을 박는 칠공예 기법

**ちんきん** [賃金] ①임차료 ②임금

**ちんぎん** [沈吟] (文) 침음 Ⅰ 名 他スル 조용히 읊조림 Ⅱ 名 自スル 깊이 생각함

**ちんぎん** [賃金・賃銀] 임금, 보수, 품삯¶ ~格差ᵏᵃᵏᵘˢᵃ 임금 격차 ━水準ˢᵘⁱʲᵘⁿ 임금 수준

**ちんくしゃ** [狆くしゃ] (俗) 못생긴 얼굴

**チンクゆ** [チンク油] 징크유

**ちんけいざい** [鎮^痙剤] [薬] 진경제

**チンゲンツァイ** [^青梗菜] [植] 청경채

**ちんご** [鎮護] 名 他スル (文) 진호. 난이나 재난을 진압하여 나라를 지킴¶ 祖国ᵏᵒᵏᵘ を~する 조국을 진호하다 ━国家ᵏᵏᵃ 진호 국가

**ちんこう** [沈降] 名 自スル (文) 침강 ①침하¶ 海岸ᵃⁿ 침강 해안 ②침전¶ 赤血球ᵏᵉᵗˢᵘᵏʸᵘう の~速度ˢᵒᵏᵘᵈᵒ 적혈구의 침강 속도

**ちんころ** [^狆ころ] ①狆ᶜʰⁱⁿ의 애칭 ②강아지

**ちんこん** [鎮魂] (文) 진혼¶ ~歌ᵏᵃ 진혼가/ ~祭ˢᵃⁱ 진혼제 ━曲ᵏʸᵒᵏᵘ [音] 진혼곡

**ちんざ** [鎮座] 名 自スル 진좌 ①신령이 그 자리에 임함 ②(比) 자리잡고 있음¶ テレビが床ᵗᵒᵏᵒ の間ᵐᵃ に~している 텔레비전이 床の間에 자리잡고 있다

**ちんさげ** [賃下げ] 名 自スル 임금 인하¶ 不景気ᵏⁱ で~になる 불경기로 임금이 인하되다

**ちんし** [沈子] (水) (그물・낚시에 다는) 추

**ちんし** [沈思] 名 自スル (文) 침사. 생각에 잠김¶ ~黙考ᵐᵒᵏᵘᵏᵒう 침사 묵고

**ちんじ** [珍事・^椿事] ①진기한 사건¶ 前代未

聞ぜんだいの～ 전대 미문의 진기한 사건 ②뜻밖의 큰 사건

ちんしごと [賃仕事] 삯일¶ 編物あみものの～ 편물의 삯일

ちんしゃ [陳謝] 图他サ〈文〉진사¶ 不祥事ふしょうを深ふかく～する 불상사를 깊이 진사하다

ちんしゃく [賃借] 图他サ 임차¶ ～権 임차권/ 土地とちを～する 토지를 임차하다

ちんじゅ [鎮守] 그 고장을 지키는 신, 그 사당 —府ふ〖日史〗(구 일본 해군에서) 소속 해군 관구를 감독한 기관
慣用句
—の森もり 수호신을 모신 神社じんじゃ가 있는 숲

ちんじゅつ [陳述] 图他サ ①진술¶ ～書しょ 진술서 ②〖文法〗문장으로 통일·완성하는 작용 —副詞ふくし〖文法〗표현자의 진술 방법에 호응하는 부사

ちんしょ [珍書] 〈文〉진서, 진귀한 서적
ちんじょう [陳状] 〈文〉진상, 진술서
ちんじょう [陳情] 图他サ 진정¶ ～書しょ 진정서/ 大臣だいじんに～する 장관에게 진정하다

ちんすい [沈酔] 图自サ〈文〉진취, 술에 몹시 취함

ちん・ずる [陳ずる] 他サ変〈文〉①진술하다 ② 주장하다

ちんせい [沈静] 图ダ自サ 침정 ①(가라앉아)고요함, 잔잔해짐 ②(기세가) 수그러짐, 진정됨¶ インフレが～する 인플레가 진정되다

ちんせい [鎮静] 图自他サ 진정¶ 心こころを～する 마음을 진정시키다 —剤ざい〖薬〗진정제

ちんせき [*枕席] 〈文〉침석, 잠자리¶ ～に侍はべる (남자와) 잠자리를 같이 하다

ちんせつ [珍説] 진설 ①진담 ②진기한 의견¶ ～を吐はく 진기한 의견을 내놓다

ちんせん [沈潜] 图自サ 침잠 ①(물 속에) 깊이 잠김 ②(생각에) 잠김, 몰두함¶ 詩作しさくに～する 시작에 몰두하다

ちんせん [賃銭] 임금, 품삯

ちんぞう [珍蔵] 图他サ 진장, 진귀하게 여겨 깊이 간직함¶ 美術館びじゅつかんに～されている作品さくひん 미술관에 진장되어 있는 작품

ちんたい [沈滞] 图自サ 침체¶ 景気けいきが～している 경기가 침체되어 있다

ちんたい [賃貸] 图他サ 임대¶ ～住宅じゅうたく 임대 주택

ちんだい [鎮台] ①옛날에 지방을 다스리기 위해 주둔시킨 군대, 그 병영, 그곳의 장 ②〖日史〗(明治めいじ 초기에) 각지에 두었던 군대, 그 병사

ちんたいしゃく [賃貸借] 〖法〗임대차
ちんだん [珍談] 진담, 진기한 이야기
ちんちくりん 图ダ〈俗〉①땅딸보¶ ～な男おとこ 땅딸보 ②옷이 깡동함¶ ～の寝巻ねまき 깡동한 잠옷
ちんちゃく [沈着] 图ダ 침착
ちんちゅ [珍酒] 图他サ 진중, 진귀하게 여겨 소중히 함 [다룸]¶ ～される古酒こしゅ 소중히 여겨지는 묵은 술
ちんちょう [珍鳥] 진귀한 새
ちんちょうげ [沈丁花]〖植〗서향(瑞香)

ちんちろりん I 副 청귀뚜라미가 우는 소리, 귀뚤귀뚤 II 名 청귀뚜라미 = 松虫まつむし

ちんちん I 名自サ ①(개가) 앞발을 들어 올리고 뒷다리로 섬 ②질투 II 名(幼) 잠지, 고추 —かもかも 連語〈俗〉남녀가 사이좋게 노닥거리는 모양, 그것을 놀리는 말

ちんちん 副(口) ①(물이 끓는 소리) 보글보글, 팔팔¶ ～とお湯ゆが煮立にたつ 뜨거운 물이 팔팔 끓다 ②(방울·징이 울리는 소리) 딸랑딸랑, 징징 —電車でんしゃ〈俗〉전차

ちんちん [沈沈] トタル〈文〉고요함, 밤이 깊어 조용함¶ 夜よは～と更ふける 밤은 고요히 깊어 간다

ちんつう [沈痛] ダ 침통¶ ～な面持おももち 침통한 표정

ちんつう [鎮痛] 名 진통 —剤ざい〖醫〗진통제

ちんつき [賃*搗き] 삯방아= ちんつき

ちんてい [鎮定] 图自他サ〈文〉진정, 진압, 평정¶ 暴動ぼうどうを～する 폭동을 진정하다

ちんでん [沈殿·沈*澱] 图自サ 침전, 액체 속의 앙금이 가라앉음¶ ～物ぶつ 침전물

ちんと 副(口) ①코를 푸는 소리¶ ～鼻はなをかむ 핑 하고 코를 풀다 ②방울이나 징이 울리는 소리, 땡땡, 징징

ちんとう [*枕頭] 〈文〉침두, 머리맡¶ ～の書しょ (머리맡에 두는) 애독서

ちんとう [珍答] 진답¶ 珍問ちんもん～ 진문 진답

ちんどく [*鴆毒] 짐독, 짐새의 깃에 함유되어 있다고 하는 맹독

ちんどんや [ちんどん屋] 이상한 옷차림으로 징·북을 치고 다니며 선전·광고하는 사람

ちんにゅう [*闖入] 图自サ〈文〉틈입, 함부로 들어감¶ 一団いちだんの～者しゃ 일단의 틈입자

ちんば [*跛] (口) I 图 절름거림, 절름발이 = びっこ¶ ～をひく 절름거리다 II 图ダ 짝짝이¶ ～の靴くつ 짝짝이 구두

ちんぴ [陳皮] 진피, 말린 귤 껍질

ちんぴら 〈俗〉①꼬마니, 풀때기¶ ～やくざ 똘마니 건달 ②불량 소년·소녀

ちんぴん [珍品] 진품

ちんぶ [陳*撫] 图他サ〈文〉진무, 진압하고 선무함¶ 暴徒ぼうとを～する 폭도를 진무하다

ちんぷ [陳腐] 图ダ 진부

ちんぶつ [珍物] 진물, 진품

ちんぶん [珍聞] 〈文〉진문, 진기한 이야기

ちんぷんかんぷん 图ダ(口) 종잡을 수 없음, 횡설 수설함¶ ～を言いう 횡설 수설하다

ちんべん [陳弁] 图他サ〈文〉진변, 변명¶ もっぱら～に努つとめる 오로지 변명에만 급급하다

ちんぼつ [沈没] 图自サ ①침몰¶ 暴風ぼうふうで船ふねが～する 폭풍으로 배가 침몰하다 ②〈俗〉만취하여 정신을 잃음, 고주 망태가 됨

ちんぽん [珍本] 진본, 희귀본

ちんまり 副自サ 작고 아담한 모양¶ ～とした顔かお 앙증맞은 얼굴/ ～した部屋へや 아담한 방

ちんみ [珍味] 진미¶ 山海さんかいの～ 산해 진미

ちんみょう [珍妙] ダ 진묘, 기묘¶ ～な顔かおをする 기묘한 얼굴을 하다

ちんむるい 【珍無類】 [ア] 더할 나위 없이 진기함¶ ～な事件ﾋﾞﾝ 더할 나위 없이 진기한 사건
ちんもく 【沈黙】 名 自スル 침묵
慣用句
―は金ｷﾝ 雄弁ﾕｳﾍﾞﾝは銀ｷﾞﾝ 침묵은 금 웅변은 은
―を破ﾔﾌﾞる 침묵을 깨다
ちんもち 【賃*餅】 품삯을 받고 떡방아를 찧음. 그런 떡
ちんもん 【珍問】 진문. 색다른 질문¶ ～珍答ﾄｳ 진문 진답
ちんゆう 【沈勇】 名 [ア] (文) 침착하고 용감함
ちんゆう 【珍優】 익살스러운 연기를 잘하는 배우
ちんようざい 【鎮*痒剤】 [薬] 진양제
ちんりん 【沈*淪】 名 自スル (文) 침륜¶ ①깊이 가라앉음[잠김] ②몰락함, 영락함¶ ～の身ﾐと なる 몰락한 신세가 되다
ちんれつ 【陳列】 名 他スル 진열¶ ～棚ﾀﾞﾅ 진열장
―窓ｿｳ 진열창. 쇼 윈도

# つ ツ

つ 五十音図ｺﾞｼﾞｭｳｵﾝｽﾞ 「た」행(行)의 셋째 かな. ひらがな 「つ」는 「川」의 초서체, かたかな 「ツ」는 「州」의 약체(略體) 또는 「川」의 변형
つ [^個・^箇] 接尾 (1～9까지의 일본 고유어 수사에 붙어) 개수. 나이를 나타냄¶ ふた～ 둘/ ひと～だけください 한 개만 주십시오/ 今年ｺﾄｼでここの～になる 올해로 아홉 살이 된다
つ 【津】 三重ﾐｴ현의 현청 소재지인 시(市)
つい 【追】 音ツイ 訓おう (음)추. (造語) ①쫓다. 뒤쫓다. 내쫓다¶ 追放ﾂｲﾎｳ 추방・追跡ｾｷ 추적 ②과거로 거슬러 올라가다¶ 追憶ｵｸ 추억・追慕ﾎﾞ 추모 ③뒤를 잇다. 추가하다¶ 追加ｶ 추가・追記ｷ 추기
つい [^椎] 音ツイ 訓―(음)추. (造語) 척추¶ 椎骨ｺﾂ 추골・脊椎ｾｷﾂｲ 척추・腰椎ﾖｳﾂｲ 요추
つい [^槌] 音ツイ 訓つち (음)추, 퇴. (造語) 물건을 두드릴 때 쓰는 도구. 망치¶ 鉄槌ﾃｯﾂｲ 철퇴 ▷ 「鎚」와 같음
つい 【墜】 [堕] 音ツイ 訓おちる・おとす (음)추. (造語) ①떨어지다. 떨어뜨리다¶ 墜落ﾂｲﾗｸ 추락・撃墜ｹﾞｷﾂｲ 격추 ②잃다¶ 失墜ｼｯﾂｲ 실추
つい 【鎚】 音ツイ 訓つち (음)추. (造語) 물건을 두드릴 때 쓰는 도구. 망치¶ 鉄鎚ﾃｯﾂｲ 철추 ▷ 「槌」와 같음
つい 副 (시간・거리적으로) 조금. 바로¶ ～せんだって 바로 요전에/ ～目ﾒと 鼻ﾊﾅの先ｻｷに住ｽﾝでいる 지척에 살고 있다 ②무심코. 그만¶ ～口ｸﾁがすべる 무심코 지껄이다
つい 【対】 ①한 쌍. 한 벌. 짝¶ ～の茶碗ﾁｬﾜﾝ 한 쌍의 공기 ②대구(對句)
ついえ 【費え】 (文) ①비용¶ ～がかさむ 비용이 늘어나다 ②낭비. 허비¶ 時間ｶﾞﾝの～ 시간 낭비
つい・える 【費える】 自下― (文) ①축나다. 줄다¶ 家産ｶｻﾝが～ 가산이 축나다 ②(시간 등이) 헛되이 흘러가다. 허비되다¶ いたずらに歳月ｻｲｹﾞﾂが～ 헛되이 시간이 흐르다
つい・える 【^潰える・^弊える】 自下― (文) 무너지다 ①(계획・희망 등이) 깨지다¶ 夢ﾕﾒが～ 꿈이 깨지다 ②(전쟁에서) 궤멸하다. 패주하다¶ 敵軍ﾃｷｸﾞﾝは完全ｾﾞﾝに～・えた 적군은 완전히 궤멸했다 ③(조직・건물 등이) 허물어지다. 붕괴하다¶ 土手ﾄﾞﾃが～ 둑이 무너지다
ついおく 【追憶】 名 他スル (文) 추억¶ ～にふける 추억에 잠기다
ついか 【追加】 名 他スル 추가¶ ～分ﾌﾞﾝ 추가분/ ～予算ﾖｻﾝが必要ﾋﾂﾖｳだ 추가 예산이 필요하다
ついかい 【追懐】 名 他スル (文) 추회. 옛일을 생각하며 그리워함¶ ～の情ｼﾞｮｳ 추회의 정/ 往時ｵｳｼﾞを～する 지난 날을 추회하다
ついかんばん 【椎間板】 [醫] 추간판 ―ヘルニア [醫] 추간판 헤르니아
ついき 【追記】 名 他スル (文) 추기. 추가하여 씀. 그런 글¶ 注ﾁｭｳを～する 주를 추기하다
ついきゅう 【追及】 名 他スル 추급. 뒤쫓음. 추적¶ 敵ﾃｷの～をかわす 적의 추적을 피하다 ②추궁¶ 責任ﾆﾝを～する 책임을 추궁하다
ついきゅう 【追求】 名 他スル 추구¶ 利潤ﾘｼﾞｭﾝを～する 이윤을 추구하다
ついきゅう 【追究・追窮】 名 他スル 추구¶ 真理ｼﾝﾘを～する 진리를 추구하다
ついきゅう 【追給】 名 他スル 추급. (급여의) 추가 지급. 그런 급여
ついく 【対句】 [文] 대구. 뜻이 상대되는 두 글귀를 병렬시켜 표현하는 수사법
ついげき 【追撃】 名 他スル 추격 = おいうち¶ ～戦ｾﾝ 추격전/ 敵機ﾃｷｷを～する 적기를 추격하다
ついご 【対語】 → たいご(対語) ②
ついこう 【追考】 名 他スル (文) 추고. 나중에 다시 한번 생각함
ついごう 【追号】 추호. 시호 = おくりな
ついこつ 【^椎骨】 [醫] 추골. 척추골 = 脊椎骨ｾｷﾂｲｺﾂ
ついし 【追試】 名 他スル 추시 ①남이 실험한 것을 다시 확인함 ②추가 시험
ついし 【墜死】 名 自スル 추사. 추락사
ついじ 【^築地】 기와를 인 토담¶ ～をめぐらした屋敷ﾔｼｷ 토담을 두른 저택
ついしけん 【追試験】 추가 시험 = 追試ｼ
ついしゅ 【^堆朱】 [美] 퇴주. 주칠(朱漆)을 덧칠한 위에 무늬를 조각하는 칠공예 기법
ついじゅう 【追従】 名 自スル 추종. (남의) 뒤를 좇음¶ 世論ﾖﾛﾝに～する 여론에 추종하다
ついしょう 【追従】 빌붙음. 아첨. 아부¶ ～口ｸﾞﾁ 발림말/ お～を言ｲﾕ 아첨을 하다 ―笑ｳﾗｲ 아첨하는 웃음
ついしん 【追伸】 (文) (편지에서) 추신
ついずい 【追随】 名 自スル 추수. 추종¶ 大国ﾀｲｺｸ

に〜した政策 대국을 추종한 정책/ 〜を許さぬ 추종을 불허하다
ついせき [追跡] 名 他スル 추적 ①뒤쫓음¶ 〜者 추적자 ②사물의 경과·줄거리를 더듬음¶ 失敗 の原因を〜する 실패의 원인을 추적하다 —調査 名 他スル 추적 조사
ついぜん [追善] 名 他スル 佛 추선. 죽은 사람의 명복을 빌기 위해 불사(佛事)를 지냄= 追福¶〜供養 추선 공양
ついそ [追訴] 名 他スル 추소. 추가 기소
ついぞ [終ぞ] 副 (文) 일찍이, 여태까지 한 번도¶ 〜聞いたことがない 일찍이 들어본 적이 없다
ついそう [追送] 名 他スル (文) 추송 ①뒤이어 보냄¶ 必要書類を〜する 필요한 서류를 추송하다 ②전송, 배웅
ついそう [追想] 名 他スル (文) 추상. 회상¶ 故人を〜する 고인을 회상하다
ついぞう [追贈] 名 他スル (文) 추증. 추서¶ 故人に勲一等が〜される 고인에게 훈 1등이 추증되다
ついたいけん [追体験] 名 他スル 남의 체험을 자기의 체험으로 받아들임, 간접 체험함¶ 作者の幼時を〜する 작가의 어린 시절을 간접 체험하다
ついたけ [対丈] 服 (일본옷에서 접어 넣지 않고 입을 수 있도록) 키에 맞추어 지음
ついたち [一日·〈朔日〉·ˆ朔] 초하루 ↔ 晦日¶ 来月の〜 내달 초하루
ついたて [衝立] 칸막이
ついちょう [追弔] 名 他スル (文) 추도¶ 〜会 추도회
ついちょう [追徴] 名 他スル (文) 추징¶ 税の〜 세금의 추징/ 〜金 추징금
ついて [就いて] 連語 (…に〜の 꼴로) ①…에 관하여, …에 대해서¶ 文学に〜語る 문학에 관하여 이야기하다 ②…당, …마다¶ 一人に〜一個 한 사람마다 한 개씩 —は 接 따라서, 그러므로, 그래서
ついで [ˆ序(で)] ①차례, 순서¶ 物にには〜というものがある 일에는 순서라는 것이 있다 ②계통, 기회 事の〜に 일하는 계제/ 〜があれば伝える 기회가 있으면 전하겠다
ついで [次いで·ˆ尋いで] I 接 (文) 이어서, 뒤이어¶ 〜その説明に入る 이어서 그 설명에 들어가겠다 II 連語 (「…に〜」의 꼴로) …에 이어서, 그 뒤이어¶ 兄に〜弟も合格した 형에 이어서 동생도 합격했다
ついでに [ˆ序(で)に] 副 하는 김에, 하는 계제에¶ 〜言わせてもらいますが 계제에 말씀드립니다만
ついでまわ・る [付いて回る] 自五 항상 따르다, 따라다니다, 붙어다니다¶ 運が〜 항상 운이 따르다/ 苦労が〜 고생이 따라다니다
ついてる 連語 (俗) 재수가 있다, 운이 따르다¶ 〜男は 재수가 좋은 남자
ついと 副 갑자기, 불쑥, 획, 쓱¶ 〜通り過ぎる 획 지나가다/ 〜席を立つ 불쑥 자리를 뜨다
ついとう [追討] 名 他スル 추토. 적을 쫓아 토벌함¶ 〜の命が下る 추토 명령이 떨어지다
ついとう [追悼] 名 他スル 추도¶ 〜式 추도식/ 故人を〜する 고인을 추도하다
ついとつ [追突] 名 自スル 추돌¶ 〜事故が頻発する 추돌 사고가 빈발하다
ついな [追儺] 民 섣달 그믐날 밤에 행해진 악귀를 쫓는 의식 = おにやらい
ついに [終に·遂に·ˆ竟に] 副 ①마침내, 드디어, 결국¶ 〜成功した 드디어 성공했다 ②끝내, 끝까지, 종내¶ 〜会えなかった 끝내 만나지 못했다
ついにん [追認] 名 他スル 추인¶ 〜事項 추인 사항
ついのう [追納] 名 他スル 추납. 추가 납부¶ 寄付金を〜する 기부금을 추납하다
ついば・む [*啄ばむ] 他五 쪼아먹다¶ 鶏が餌を〜 닭이 모이를 쪼아먹다
ついひ [追肥] 農 추비. 웃거름 = 追い肥
ついび [追尾] 名 他スル 뒤를 쫓음, 추적
ついふく [対幅] 대폭. 한 쌍으로 된 서화 족자
ついふく [追福] 名 他スル (文) 추복. 죽은 사람의 명복을 빌기 위해 불사를 지냄 = 追善
ついぼ [追慕] 名 他スル 추모 亡き夫を〜する 망부를 추모하다
ついほう [追放] 名 他スル 추방¶ 国外〜 국외 추방/ 公職〜 공직 추방
つい・やす [費やす] 他五 쓰다, 소비하다¶ お金を〜 돈을 쓰다/ 낭비하다, 허비하다¶ つまらぬことで精力を〜 쓸데없는 일로 정력을 낭비하다
ついらく [墜落] 名 自スル 추락¶ 飛行機の〜事故 비행기 추락 사고
ついれん [対聯] 대련 ①쌍을 이룬 것, (특히) 한시의 대구 ②좌우로 쌍을 이룬 족자
ついろく [追録] 名 他スル (文) 추록, 뒤에 추가하여 기록함, 그런 기록¶ 補助注記を〜する 보조 주기를 추록하다

つう [通] [通] 音 ツウ·ツ 訓 とおる·とおす·かよう·(음) 통. I (造語) ①지나가다, 통하다¶ 通過 통과·通路 통로 ②널리 미치다, 여러 경우에 걸치다¶ 通貨 통화·普通 보통 ③알리다¶ 通知 통지·通報 통보 ④자세히 알다¶ 精通 정통 ⑤처음부터 끝까지 해내다¶ 通読 통독 ⑥오가다, 다니다¶ 通学 통학·通信 통신 ⑦남녀가 몰래 정을 통하다¶ 姦通 간통·密通 밀통 ⑧ 熟字訓 通草 으름덩굴 II 名 ①〜の 그 방면에 정통함, 그런 사람¶ 芝居の〜 연극통 ②세상 물정에 밝고 멋을 앎, 그런 사람¶ 〜な人 세상 물정에 밝고 멋을 아는 사람 ③ (助數) 편지·서류 등을 세는 말. 통¶ 証書 2〜 증서 2통
つう [痛] 音 ツウ 訓 いたい·いたむ·いためる (음) 통. (造語) ①몸이 아프다¶ 苦痛 고통·頭痛 두통 ②마음이 아프다¶ 痛恨 통한·悲痛 비통 ③정도가 심하다, 세차다

¶ 痛烈<sup>つう</sup> 통렬・痛快<sup>つう</sup> 통쾌
**つういん** [通院] 图 国スル 통원 ¶ 歯科<sup>か</sup>に~する 치과에 통원하다
**つういん** [痛飲] 图 他スル 통음 ¶ 夜<sup>よ</sup>を徹<sup>てっ</sup>して~する 밤새워 통음하다
**つううん** [通運] 통운, 화물 운송 = 運送<sup>うん</sup> ¶ ~会社<sup>がい</sup> 통운 회사
**つうえん** [通園] 图 自スル 통원. 유치원 등에 다님 ¶ ~バス 통원 버스
**つうか** [通貨] 통화 **—供給量<sup>きょうきゅうりょう</sup>** 통화 공급량 **—膨張<sup>ぼう</sup>** 통화 팽창
**つうか** [通過] 图 自スル 통과 ¶ 急行<sup>きゅうこう</sup>の~駅<sup>えき</sup> 급행 통과역 / 法案<sup>ほうあん</sup>が衆議院<sup>しゅうぎいん</sup>を~する 법안이 衆議院을 통과하다 **—儀礼<sup>ぎれい</sup>** 〖人〗 통과 의례
**つうかあ** [俗] 척하면 잘 통함. 그런 사이 ¶ ~の仲<sup>なか</sup> 척하면 통하는 사이
**つうかい** [痛快] 图 ナ 통쾌 ¶ ~な逆転<sup>ぎゃくてん</sup>ホームラン 통쾌한 역전 홈런
**つうかく** [痛覚] 〖醫〗 통각
**つうがく** [通学] 图 自スル 통학 ¶ ~路<sup>ろ</sup> 통학로 / 汽車<sup>きしゃ</sup>で~する 기차로 통학하다
**つうが・る** [通がる] 自五 (그 방면에) 정통한 체하다 ¶ 何<sup>なに</sup>にでも、~癖<sup>くせ</sup>がある 무엇에든지 정통한 체하는 버릇이 있다
**つうかん** [通関] 图 他スル 통관 ¶ ~手続<sup>てつづ</sup>き 통관 수속
**つうかん** [通観] 图 他スル 〖文〗 통관 ¶ 世界情勢<sup>じょうせい</sup>を~する 세계 정세를 통관하다
**つうかん** [痛感] 图 他スル 통감 ¶ 力量<sup>りきりょう</sup>の差<sup>さ</sup>を~する 역량의 차를 통감하다
**つうき** [通気] 통기, 통풍 ¶ ~性<sup>せい</sup> 통기성
**つうぎょう** [通暁] 〖文〗Ⅰ 图 밤샘, 철야 ¶ ~の勤行<sup>ぎょう</sup> 철야 근행 Ⅱ 图 自スル 환하게 밝음. 통달 ¶ 世事<sup>せじ</sup>に~する 세상사에 밝다
**つうきん** [通勤] 图 自スル 통근 ¶ ~バス 통근 버스 / マイカーで~する 마이 카로 통근하다
**つうく** [痛苦] 〖文〗 통고, 고통 = 苦痛<sup>くつう</sup>
**つうけい** [通計] 图 他スル 〖文〗 총계 = 総計<sup>そうけい</sup> ¶ 年間<sup>ねんかん</sup>の売<sup>う</sup>り上<sup>あ</sup>げを~する 연간 매상을 통계하다
**つうげき** [痛撃] 图 他スル 통격. 매섭게 공격함, 그 타격 ¶ ~を受<sup>う</sup>ける 매서운 공격을 받다
**つうげん** [通言] ①통어, 일반적으로 통용되는 말 ②특정 지역・사회에서 통용되는 말
**つうげん** [痛言] 图 호되게 말함, 그런 말 ¶ ~を浴<sup>あ</sup>びる 호된 말을 듣다
**つうご** [通語] 통어, 통언
**つうこう** [通交・通好] 图 自スル 통교. (특히) 국가간의 수교 ¶ ~条約<sup>じょうやく</sup> 통교 조약
**つうこう** [通行] 图 自スル ①(도로 등을) 통과함, 다님 ¶ ~人<sup>にん</sup> 통행인 / 一方<sup>いっぽう</sup>~ 일방 통행 ②일반적으로 행해짐, 통용 ¶ 世間<sup>せけん</sup>に~する漢字<sup>かんじ</sup> 세간에서 통용하는 한자
**つうこう** [通航] 图 自スル 통항. 항행 하는 海峡<sup>かいきょう</sup>を~する汽船<sup>きせん</sup> 해협을 통항하는 기선
**つうこく** [通告] 图 他スル 통고. 통지
**つうこく** [痛哭] 图 自スル 〖文〗 통곡 ¶ ~の声<sup>こえ</sup> 통곡하는 소리
**つうこん** [痛恨] 图 他スル 통한 ¶ ~の極<sup>きわ</sup>み 통한스럽기 짝이 없음 **—事** 통한사
**つうさん** [通算] 图 他スル 통산 ¶ ~成績<sup>せいせき</sup> 통산 성적 / ~して三回<sup>さんかいめ</sup>め 통산해서 세 번
**つうさんしょう** [通産省] 〖政〗 통산성. 통상 산업성
**つうし** [通史] 통사 ¶ 日本<sup>にほん</sup>~ 일본 통사
**つうじ** [通じ] ①이해, 납득 ¶ ~の早<sup>はや</sup>い人<sup>ひと</sup> 이해가 빠른 사람 ②대소변의 배설, 배변, 변통 (便通) ¶ 二日間<sup>ふつかかん</sup>~がない 이틀 동안 변을 보지 못하다
**つうじ** [通事・通詞・通辞] 통사 ①통역 ②〖史〗 (江戸<sup>えど</sup>시대의) 세습제 통역 겸 세관원 ③〖法〗 (민사 소송에서) 통역을 맡아보는 사람
**つうじつ** [通日] 〖文〗 1월 1일부터 통산한 일수
**つうじて** [通じて] 副 전반적으로, 대체로 = 総<sup>そう</sup>じて ¶ ~平穏<sup>へいおん</sup>な一年<sup>いちねん</sup>だった 대체로 평온한 1년이었다
**つうしゃく** [通釈] 图 他スル 통석. 문장 전체를 해석함, 통해 = 通解<sup>つうかい</sup>
**つうしょう** [通称] 통칭 = 通<sup>とお</sup>り名<sup>な</sup>
**つうしょう** [通商] 图 他スル 통상 ¶ 外国<sup>がいこく</sup>と~する 외국과 통상하다 **—産業省<sup>さんぎょうしょう</sup>** 통상 산업성 **—条約<sup>じょうやく</sup>** 통상 조약
**つうじょう** [通常] 통상, 보통, 보통 ¶ ~の業務<sup>ぎょう</sup> 통상 업무 / ~土曜日<sup>どようび</sup>は休<sup>やす</sup>みです 보통 토요일은 휴일입니다 **—国会<sup>こっかい</sup>** 정기 국회
**つう・じる** [通じる] 自他上一 → つうずる
**つうしん** [通信] 图 自スル 통신 ¶ ~がとだえる 통신이 끊기다 **—衛星<sup>えいせい</sup>** 〖情〗 통신 위성 **—教育<sup>きょういく</sup>** 통신 교육 **—社<sup>しゃ</sup>** 통신사 **—販売<sup>はんばい</sup>** 통신 판매 **—簿<sup>ぼ</sup>** 생활 통지표 **—網<sup>もう</sup>** 통신망
**つうしん** [痛心] 图 自スル 〖文〗 통심, 상심
**つうじん** [通人] ①통인. 어느 방면에 정통한 사람 ②인정・세상 물정 등에 밝은 사람 ③화류계 사정에 밝은 사람 = 粋人<sup>すいじん</sup>
**つう・ずる** [通ずる] Ⅰ 自 サ変 통하다 ¶ 다니다, 트이다 ¶ 電話<sup>でんわ</sup>が~ 전화가 통하다 / バスが~ 버스가 다니다 ②(상대방에게) 전해지다, 이해되다 ¶ 心<sup>こころ</sup>が~ 마음이 통하다 ③정통하다 ¶ 国際情勢<sup>こくさいじょうせい</sup>に~じている 국제 정세에 정통하다 ④통용되다 ¶ 世間<sup>せけん</sup>に~常識<sup>じょうしき</sup> 세간에 통용되는 상식 ⑤공통되다, 관계가 있다 ¶ 彼我<sup>ひが</sup>に~悩<sup>なや</sup>み 그와 나의 공통된 고민 ⑥간통하다, 밀통하다 ¶ 人妻<sup>ひとづま</sup>と~ 유부녀와 간통하다 ⑦내통하다 ¶ 敵<sup>てき</sup>と~ 적과 내통하다 ⑧변(便)이 통하다 Ⅱ 他 サ変 ①통하게 하다, 연결하다, 내다 ¶ 道<sup>みち</sup>を~ 길을 통하다 / 電流<sup>でんりゅう</sup>を~ 전류를 통하게 하다 ②(상대방에게) 알리다, 전하다 ¶ 意志<sup>いし</sup>を~ 의사를 알리다 ③관계를 갖게 하다 ¶ 情<sup>じょう</sup>を~ 정을 통하다 ④《「…を~・じて」의 꼴로》 ㉠…에 걸치다 ¶ 全国<sup>ぜんこく</sup>を~・して 전국에 걸쳐 보이는 특징 ㉡ …을 통하여 ¶ 仕事<sup>しごと</sup>を~・じて友達<sup>ともだち</sup>となった 일을 통해 친구가 되었다 ▷ⅠⅡ「通じる」라고도 함

つうせい【通性】(文) 통성. 통유성¶動物の～ 동물의 통성

つうせき【痛惜】图他スル(文) 통석. 몹시 애석해함

つうせつ【通説】통설¶～に従う 통설에 따르다

つうせつ【痛切】⑦ 통절. 뼈저리게 느낌¶その必要性を～に感じる 그 필요성을 뼈저리게 느끼다

つうそく【通則】통칙 ①일반에 적용되는 규칙 ②(동일 법규에서) 전반에 걸친 규칙

つうぞく【通俗】图⑦ 통속 ①누구나 알기 쉬움 ②흥미 본위이고 저속함¶～に流れる 통속으로 흐르다 ③세상 일반의 풍습 ―小説 (文) 통속 소설 ―的 ⑦ 통속적

つうだ【痛打】图他スル 통타 ①심한 타격을 가함¶相手の弱点に～をする 상대의 약점을 ¶救援投手が～を浴びる 구원 투수가 강타를 맞다

つうたつ【通達】 통달 I 图他スル (관청 등이) 통지함, 통고¶本省から～があった 본성에서 통달이 있었다 II 图自スル 숙달함¶書道に～している 서도에 통달해 있다

つうたん【痛嘆・痛歎】图自スル(文) 통탄¶～にたえない 통탄을 금할 수 없다

つうち【通知】통지, 알림, 통고¶合格の～ 합격 통지 ―表 ⑦(法) 통지표 ―薄 ⑦生活通知表 ―預金 ⑦ 통지 예금

つうちょう【通帳】통장¶預金～ 예금 통장

つうちょう【通牒】图他スル 통첩 ①문서로 통지함, 그런 문서 ②통지함, 통고 ③(法) (국제법에서) 상대국에 대해 국가가 일방적으로 알리는 통고¶最後の～ 최후 통첩

つうつう I 图⑦(俗) ①(뜻·마음이 서로) 잘 통함¶なんでも～の仲な 뭐든지 잘 통하는 사이 ②(정보 등이) 모두 누설됨¶情報が他社に～になる 정보가 타사에 모두 누설되다 II 副 (순조롭게 진행되는) 술술¶車が～抜けていく 차가 술술 빠져 나가다

つうてん【痛点】图(醫) (피부의) 통점

つうでん【通電】图自スル 통전, 전류를 통함

つうといえばかあ【つうと言えばかあ】連語 → つうかあ

つうどく【通読】图他スル 통독¶会議の前に資料を～する 회의 전에 자료를 통독하다

つうねん【通年】图 연간, 연중¶～営業 연중 무휴 영업/～の入場者数 연간 입장자 수

つうねん【通念】 통념¶社会の～ 사회 통념

つうば【痛罵】图他スル(文) 통매. 심하게 욕을 함, 통렬히 비난함¶～を浴びせる 통렬한 욕을 퍼붓다

つうはん【通販】 통판. 통신 판매

つうふう【通風】 통풍, 통기¶～をよくする 통풍이 잘 되게 하다 ―機 ⑦ 통풍기

つうふう【痛風】图(醫) 통풍

つうぶ・る【通ぶる】图国 → つうがる(通)

つうふん【痛憤】图他スル(文) 통분¶軽薄な世相に～する 경박한 세태를 통분하다

つうぶん【通分】图他スル(数) 통분

つうへい【通弊】통폐. 공통된 폐해¶社会の～を打破する 사회의 통폐를 타파하다

つうべん【通弁】图自他スル 통변, 통역

つうほう【通宝】 ①(옛날에) 엽전에 새긴 글¶寛永～ 寛永 통보 ②통화

つうほう【通報】图他スル 통보¶気象～ 기상 통보/警察に～する 경찰에 통보하다

つうぼう【通謀】图自スル(文) 통모, 공모¶～して嘘をつく 공모해서 거짓말을 하다

つうぼう【痛棒】 통봉 ①(佛) 좌선할 때 잡념이 떠나지 않는 사람을 때리는 막대기 ②호된 꾸짖음, 통렬한 타격¶～をくらう 통렬한 타격을 얻어맞다

つうやく【通約】图他スル(文)(数) 통약. 약분

つうやく【通訳】图自他スル 통역¶同時～ 동시 통역/英語を～する 영어를 통역하다

つうゆう【通有】⑦ 통유¶～性 통유성

つうよう【通用】통용 I 图自スル ①널리 사용됨¶ドルが～する 달러가 통용되다 ②널리 받아들여짐¶そういう考えは世間で～しないそ 그런 사고 방식은 세상에서 통용되지 않는다 ③두루 쓰임, 공용¶電車とバスに～する切符 전차와 버스에 통용되는 차표 II 图 항시 출입하여 이용함¶～門 통용문

つうよう【痛痒】⑦ ①아픔과 가려움 ②이해(利害), 영향, 지장

慣用句

―を感じない 아무런 느낌도 없다, 아무런 이해(利害)도 영향도 없다

つうらん【通覧】图他スル 통람. 전부 죽 훑어봄

つうりき【通力】 통력. 신통력 = 神通力¶～がうせる 신통력이 사라지다

つうれい【通例】 I 图 ①일반적인 규칙 ②관례, 상례¶社会の～ 사회의 통례 ③보통, 통상 II 副 일반적으로, 대개, 보통¶～六時に起床する 대개 6시에 기상한다

つうれつ【痛烈】图⑦ 통렬¶～に非難する 통렬하게 비난하다

つうろ【通路】①통로, 보도, 길 ②통신, 교신, 연락¶～を絶つ 연락을 끊다

つうろん【通論】통론 ①일반적인 의론, 공론¶社会の～ 사회의 통론 ②전반에 걸친 의론, 총론¶経済学～ 경제학 통론

つうろん【痛論】图他スル(文) 통론. 신랄하게 논함, 그런 의론¶軽薄な世相を～する 경박한 세태를 통론하다

つうわ【通話】图自スル 통화¶～料 통화료/～内容を記録する 통화 내용을 기록하다

つえ【杖】①지팡이¶～をつく 지팡이를 짚다 ②의지하는 것¶長兄を～と頼む 만형을 의지하다 ③곤장(棍杖)

慣用句

―とも柱とも頼む (지팡이나 기둥처럼) 크게 의지하다

―を曳く 지팡이를 짚다, 산책하다

ツエツエばえ【ツエツエ蠅】图(動) 체체파리

つえはしら【杖柱】①지팡이와 기둥 ②크게 의

つか 【‾束】 ①손을 쥐었을 때 네 손가락분의 폭 정도의 길이. 줌 ②순간, 잠깐¶ 〜の間ᵃᶦᵈᵃ 잠깐 사이 ③(社) 동자 기둥= 束柱ʰᶦᵘᵉ ④(제본했을 때의) 책의 부피. 술¶ 〜見本ᵐᶦʰᵒⁿ 부피 견본/ 〜を出ᵈᵃˢᵘ 술을 내다

つか 【‾柄】 ①(칼・활 등의) 손잡이, 칼자루. 줌 통 ②붓대

つか 【塚】 ①흙더미, 둔덕¶ 一里ⁱᶜʰⁱʳⁱ 〜 이정표로 십 리마다 쌓아 놓은 흙더미 ②총, 무덤

つが 【‾栂】 【植】 솔송나무= とが

つかあな 【‾塚穴】 시체를 묻는 구덩이. 묘혈

つかい 【使い・遣い】 ①심부름, 심부름꾼, 사자¶ 〜に行ⁱく 심부름을 가다/ 〜を立ᵗᵃてる 사자를 보내다 ②(造語) …을 사용함[조종함], 그것을 하는 사람・쓰는 법[品]¶ むだ〜 낭비/ 人ʰⁱとが荒ᵃʳᵃい 사람을 거칠게 부리다

つがい 【‾番】 ①한 쌍, (특히 동물의) 암수 ②「番目ᵇᵃⁿᵐᵉ」의 준말

つかいあるき 【使い歩き】 여기저기 심부름 다님, 그런 사람

つかいがって 【使い勝手】 사용하기 편리한 정도¶ 〜がよい 사용하기 편리하다

つかいこな・す 【使いこなす】 他下一 잘 다루다, 능숙하게 사용하다, 자유 자재로 구사하다¶ 機械ᵏⁱᵏᵃⁱを〜 기계를 잘 다루다

つかいこ・む 【使い込む・遣い込む】 他五 ①(공금 등을) 사사롭게 써버리다, 후무려 쓰다¶ 公金ᵏᵒᵘᵏⁱⁿを〜 공금을 후무려 쓰다 ②(예정보다) 돈을 더 쓰다¶ 予算ʸᵒˢᵃⁿを〜 예산보다 돈을 더 쓰다 ③(기구・사람 등을) 오래 써서 길들이다¶ 〜んだ包丁ʰᵒᵘᶜʰᵒᵘ 오래 써서 길들인 칼

つかいさき 【使い先】 ①심부름 간 곳 ②돈의 사용처¶ 〜の不明ᶠᵘᵐᵉⁱな金 사용처가 불분명한 돈

つかいすて 【使い捨て】 ①헛되이 씀, 낭비함¶ 〜のお金ᵏᵃⁿᵉ 낭비하는 돈 ②한 번 쓰고 버림. 일회용¶ 〜のかみそり 일회용 면도칼

つかいつ・ける 【使い付ける】 他下一 (늘 써서) 손에 익다, 늘 사용하다¶ 〜・けた道具ᵈᵒᵘᵍᵘ 손에 익은 도구

つかいて 【使い手・遣い手】 ①사용하는 사람, (특히) 잘 다루는 사람, 명수¶ 剣ᵏᵉⁿの〜 검술의 명수 ②돈 씀씀이가 헤픈 사람

つかいで 【使い出】 충분히 쓸 만큼의 양, 쓸 만큼 썼다고 느낄 정도의 양¶ 〜がある 충분히 쓸 만큼의 양이 있다

つかいはしり 【使い走り】 名 自スル 여기저기 뛰어다니며 심부름함, 그런 사람¶ 〜をする 여기저기 뛰어다니며 심부름을 하다

つかいはた・す 【使い果(た)す】 他五 다 써버리다, 탕진하다¶ 財産ᶻᵃⁱˢᵃⁿを〜 재산을 탕진하다

つかいふる・す 【使い古す】 他五 오래 써서 낡아지다¶ 〜・した鞄ᵏᵃᵇᵃⁿ 오래 써서 낡은 가방

つかい みず 【使い水】 허드렛물

つかいみち 【使い道・使い途】 사용법, 용도, 쓸모¶ 金ᵏᵃⁿᵉの〜を知ᵗˢʰⁱらない 돈 쓰는 법을 모르다

つがいめ 【‾番目】 ①이음매 부분, 마디 ②관절

つかいもの 【使い物・遣い物】 ①쓸모 있는 것, 쓸 만한 물건¶ 〜にならない 쓸 만한 것이 못 된다 ②(흔히 「お〜」의 꼴로) 선물, 선사품¶ お〜にする 선물로 하다

つかいりょう 【使い料】 ①쓸 것¶ 自分ᵈⁱᵇᵘⁿの〜にする 자기가 쓸 것으로 하다 ②사용료

つかいわ・ける 【使い分ける】 他下一 (때・장소 등에 따라) 구별하여 쓰다, 가려 쓰다¶ 道具ᵈᵒᵘᵍᵘを〜 도구를 가려 쓰다

つか・う 【使う・遣う】 他五 ①쓰다, 사용하다¶ マイクを〜 마이크를 사용하다 ②(사람을) 쓰다, 부리다, 고용하다¶ 助手ᶻʸᵒˢʰᵘを〜 조수를 쓰다 ③(돈・시간을) 쓰다, 소비하다¶ お金ᵏᵃⁿᵉをむだに〜 돈을 헛되이 쓰다 ④(재료・수단으로써) 쓰다, 이용하다¶ その中下ᶜʰᵘᵏᵃを〜 뇌물을 쓰다 ⑤(그것을) 써서 어떤 동작을 하다¶ 弁当ᵇᵉⁿᵗᵒᵘを〜 도시락을 먹다 ⑥(마음・머리를) 쓰다¶ 気ᵏⁱを〜 마음을 쓰다

つが・う 【‾番う】 自五 ①짝[쌍]이 되다 ②교미하다, 흘레하다= つるむ

つか・える 【支える・閊える】 I 自下一 ①막히다, 걸리다, 받히다, 밀리다¶ どぶが〜 수채가 메다/ 仕事ˢʰⁱᵍᵒᵗᵒが〜 일이 밀리다 ②(사용 중이어서) 밀리다¶ トイレが〜・えている 화장실이 밀려 있다 ③【痞える】 (흥분・고민 등으로 가슴이) 답답하다, 메다¶ 興奮ᵏᵒᵘᶠᵘⁿしてことばが〜 흥분해서 말이 막히다 II 他下一 (「手ᵗᵉを〜」의 꼴로) 양손을 짚다¶ 手を〜・えてお辞儀ᶻʲⁱᵍⁱする 양손을 짚고 절하다

つか・える 【仕える】 自下一 ①섬기다, 모시다, 봉사하다, 시중들다¶ 父母ᶠᵘᵇᵒに〜 부모를 모시다 ②출사하다, 벼슬을 살다¶ 朝廷ᶜʰᵒᵘᵗᵉⁱに〜 조정에 출사하다

つか・える 【使える】 自下一 ①쓸 만하다, 쓸 수 있다¶ あいつは〜 그놈은 쓸 만하다 ②(검술 등의) 솜씨가 뛰어나다¶ 相当ˢᵒᵘᵗᵒᵘ〜相手ᵃⁱᵗᵉ 상당한 기량을 지닌 상대

つが・える 【‾番える】 他下一 ①(둘을) 짜맞추다¶ 外ʰᵃᶻᵘれた関節ᵏᵃⁿˢᵉᵗˢᵘを〜 어긋난 관절을 맞추다 ②(화살을 시위에) 메기다¶ 弓ʸᵘᵐⁱに矢ʸᵃを〜 활에 화살을 메기다

つかがしら 【‾柄頭】 칼자루 머리, 칼자루에 씌우는 금속 장식

つかさど・る 【司る】 他五 (文) ①(직무로) 맡아 하다, 담당하다 ②지배하다, 관리하다, 통솔하다¶ 国政ᵏᵒᵏᵘˢᵉⁱを〜 국정을 관장하다

つか・す 【尽かす】 他五 다하다, 소진하다¶ 愛想ᵃⁱˢᵒを〜 정나미가 떨어지다

つかずはなれず 【付かず離れず・‾即かず離れず】 連語 너무 붙지도 떨어지지도 않음, 부즉 불리= 不即不離ᶠᵘˢᵒᵏᵘᶠᵘʳⁱ¶ 〜の関係ᵏᵃⁿᵏᵉⁱ 사이가 좋지도 나쁘지도 않은 관계

つかつか 【‾】 副 성큼성큼, 서슴지 않고, 거침없이¶ 〜と入ʰᵃⁱり込ᵏᵒᵐᵘ 성큼성큼 들어오다

つかぬこと 【付かぬ事】 連語 갑작스럽고 엉뚱한 일¶ ところで, 〜を伺ᵘᵏᵃᵍᵃいますが 그건 그렇고 갑작스럽게 여쭙니다만

**つか・ねる** [▲束ねる] 他下━ ①단으로 묶다, 다발짓다¶ わらを～ 짚을 다발짓다/ 髪を～ 머리를 묶다 ②모아서 한곳에 두다 ③(팔짱을) 끼다¶ 手を～ 팔짱을 끼다, 수수 방관하다

**つかのま** [▲束の間] 잠깐 사이, 한순간¶ ～の出来事 잠깐 사이에 일어난 일

**つかまえどころ** [▲捕まえ所] (口)→つかみどころ

**つかま・える** [捕まえる・▲捕まえる・▲捉まえる] 他下━ ①(달아나지 못하게) 붙잡다, 붙들다¶ どろぼうを～ 도둑을 붙잡다 ②(손으로) 붙잡다, 붙들다¶ ロープを～ 로프를 붙잡다 ③(그 자리에) 불러 세우다¶ タクシーを～ 택시를 잡다 ④(「…を…えて」의 꼴로) …에 대해서¶ 兄を～・えて「おい」とは何だ 형에 대해 「여봐」가 뭐냐

**つかま・せる** [▲掴ませる] 他下━ ①쥐게 하다¶ 赤ん坊にがらがらを～ 아기에게 딸랑이를 쥐게 하다 ②(뇌물을) 쥐어 주다¶ 金を～・せて口止めする 돈을 쥐어 주고 입막음하다 ③(속여서 나쁜 물건을) 사게 하다¶ にせものを～ 가짜를 사게 하다

**つかまりだち** [▲掴まり立ち] (아기가 물건을) 붙잡고 겨우 일어서는 일¶ 赤ん坊が～をする 아기가 붙잡고 겨우 일어서다

**つかま・る** [捕まる・▲掴まる・▲捉まる] 自五 ①(손으로 잡아) 매달리다¶ 肩に～ 어깨에 매달리다 ②잡히다, 체포되다¶ 犯人が～ 범인이 잡히다 ③(가지 못하게) 붙잡히다¶ 記者団に～ 기자단에서 붙잡히다

**つかみあい** [▲掴み合い] 맞잡음, 맞잡고 싸움

**つかみあ・う** [▲掴み合う] 自五 맞잡다, 맞잡고 싸우다¶ 道の真ん中で～ 길 한가운데서 맞잡고 싸우다

**つかみかか・る** [▲掴み掛(か)る] 自五 붙잡으려 들다, 움켜쥐며 덤벼들다¶ 相手のむなぐらに～ 상대의 멱살을 잡으며 덤벼들다

**つかみどころ** [▲掴み所] 이해하기 위한 기준점, 요점¶ ～のない質問 요령 부득의 질문/ 話の～をさがす 이야기의 요점을 찾다

**つかみどり** [▲掴み取り] 名他スル ①(한 움큼) 움켜쥠¶ 濡れた手で栗をの～ 힘들이지 않고 큰 돈을 벎¶ (손에 닿는 대로) 마구 잡음

**つかみほん** [▲束見本] [版] 가제본, 부피 견본

**つか・む** [▲掴む・▲攫む] 他五 잡다¶붙잡다, 움켜쥐다¶ おぼれる者はわらをも～ 물에 빠진 사람은 지푸라기라도 잡는다 ②손에 넣다¶ 幸運を～ 행운을 잡다 ③사로잡다, 장악하다¶ 人の心を～ 사람의 마음을 사로잡다 ④터득하다, 파악하다¶ こつを～ 비결을 터득하다/ 大意を～ 대의를 파악하다

**つか・る** [漬かる] 自五 ①(김치 등이) 맛들다, 익다¶ ～・った白菜 잘 익은 배추 김치 ②[▲浸かる] (물 등에) 잠기다¶ 温泉に～ 온천 물에 몸을 담그다 ③[▲浸かる] (어떤 상태에) 빠지다¶ 怠惰な生活に～ 나태한 생활에 빠지다

**つかれ** [疲れ] 피로¶ ～をいやす 피로를 풀다

**つか・れる** [疲れる] 自下━ ①지치다, 피로해지다¶ 目が～ 눈이 피로해지다 ②(오래 써서) 질・성능이 저하되다¶ てんぷら油が～ (오래 써서) 튀김 기름이 진이 빠지다

**つか・れる** [▲憑かれる] 自下━ ①(귀신 등에) 홀리다, 들리다, 씌다¶ 何かに～・れたような振舞い 무엇엔가에 홀린 듯한 행동

**つかわしめ** [使わしめ] 신불(神佛)의 사자라고 하는 동물

**つかわ・す** [遣わす] 他五 ①(윗사람이) 내리다, 주다, 하사하다¶ ほうびを～ 상을 내리다 ②(윗사람이) 보내다, 파견하다¶ 使いを～ 사자를 보내다 ③(補助) …해 주다¶ 許して～ 용서해 주다

**つき** [月] 달 ①[天] 달, 달빛¶ ～見 달구경/ ～がさし込む 달빛이 들어오다 ②(달력상의) 월, 한 달¶ ～に一度の会議 한 달에 한 번의 회의/ ～が変わる 달이 바뀌다 ③(약 10개월의) 임신 기간¶ ～満ちて生まれる 달이 차서 태어나다
[慣用句]
━と鼈 달과 자라, 천양지차
━に叢雲花に風 달에 떼구름 꽃에 바람, 좋은 일에는 장애가 많음

**つき** [×槻] [植] 「ケヤキ」의 옛이름, 느티나무

**つき** [付(き)] ①붙음, 부착성¶ ～のいい糊 잘 붙는 풀 ②불이 붙음, 인화성¶ ～のよい薪 불이 잘 붙는 장작 ③시중듦, 수행함, 그런 사람¶ お～の人 수행원 ④행운, 운, 재수¶ ～がない 운이 없다 ⑤[造語] ⑤몸의 모양, 생김새¶ 目～ 눈매/ 体～ 몸매/ 顔～ 얼굴 생김새 ⓛ…이 딸림, …부¶ おまけ～ 덤이 붙음 ⓒ…에 소속됨 [소속된 사람]¶ 大使館～ ～の武官 대사관 소속의 무관

**つき** [尽き] 다함, 끝남¶ 運の～ 운이 다함

**つき** [突き] I 名 ①지름, 찌르기 ②(검도에서) 상대의 목을 찌르는 기술 ③[相撲] 손바닥으로 상대의 가슴・어깨를 연달아 떠미는 기술 II [接頭] (동사에 붙어) 그 동작의 기세를 강조하는 말¶ ～進む 돌진하다/ ～返す 되찌르다

**つぎ** [次] ①(지위・차례의) 다음, 버금¶ ～の日 다음날/ ～の位 버금가는 지위 ②곁방, 대기실¶ ～の部屋 곁방, 대기실

**つぎ** [継ぎ] ①이음, 이어진 상태¶ パイプの～が不完全だ 파이프의 연결이 불완전하다 ②천 조각을 대어 기움, 그 천 조각¶ ～を当てたズボン 천 조각을 대고 기운 바지 ③대를 이음, 후사¶ ～がない 후사가 없다 ④(바둑에서) 끊긴 곳을 메우는 수

**つきあい** [付(き)合い] 교제, 사귐¶ 御近所さん～ 이웃과의 교제¶ ～が悪い 비사교적이다

**つきあ・う** [付(き)合う] 自五 ①교제하다, 사귀다¶ 隣近所と親しく～ 이웃과 친하게 지내다 ②행동을 같이 하다¶ 買物に～ 쇼핑을 같이 하다

**つきあかり** [月明(かり)] 달빛, 달빛으로 밝음 =月明¶ ～を頼りに夜道を歩く 달빛에 의지하여 밤길을 걷다

つき あ・げる【突(き)上げる】他下一 ①쳐 올리다¶ こぶしを~ 주먹을 쳐 올리다 ②(하급자가 의견·요구를 관철시키려) 압력을 가하다¶ 執行部を~ 집행부에 압력을 가하다
つき あたり【突(き)当り】①(길 등의) 막다른 곳¶ 路地の~にある家 골목의 막다른 곳에 있는 집 ②충돌, 맞닥뜨림, 마주침
つき あた・る【突(き)当(た)る】自五 ①충돌하다, 부딪치다¶ 車が電信柱に~ 자동차가 전신주에 부딪치다 ②막다르다, 막다른 곳에 이르다¶ ~って右へ曲がる 막다른 곳에 이르러 오른쪽으로 돌아가다 ③(장애·난관에) 부딪치다, 직면하다¶ 難題に~ 난제에 직면하다
つき あわ・す【突(き)合(わ)す】他五 → つきあわせる
つき あわ・せる【突(き)合(わ)せる】他下一 ①(가까이) 맞대다¶ ひざを~·せて相談する 무릎을 맞대고 상담하다 ②맞추어 보다, 대조하다¶ 写しを原文と~ 사본을 원문과 대조하다
つぎ あわ・せる【継(ぎ)合(わ)せる】他下一 ①이어 붙이다, 잇다¶ 割れた花瓶を~ 깨진 꽃병을 이어 붙이다¶ 잇대어 꿰매다¶ 端切れを~ 자투리 천을 잇대어 꿰매다
つき おくれ【月遅れ·月後れ】①음력으로 하던 행사를 양력 그날에 하지 않고 한 달 늦추어 행함¶ ~の七夕 양력으로 한 달 늦게 지내는 칠석 ②(월간지 등의) 묵은 호
つき おとし【突(き)落(と)し】相撲 겨드랑이 밑으로 내민 상대방의 팔을 껴안는 듯한 자세로 비스듬히 밀어 넘어뜨리는 기술
つき おと・す【突(き)落(と)す】他五 ①(높은 데서) 밀어 떨어뜨리다¶ 谷底に~ 골짜기 아래로 밀어 떨어뜨리다 ②(나쁜 상태로) 떨어뜨리다, 빠뜨리다¶ 不幸のどん底に~ 불행의 구렁텅이로 떨어뜨리다 ③相撲 「突き落とし」의 기술을 걸다
つき かえ・す【突(き)返す】他五 ①되밀치다, 되찌르다 ②(받지 않고) 물리치다, 되돌리다¶ 賄賂を~ 뇌물을 물리치다
つき かげ【月影】①달빛¶ ~さやかに 달빛이 청명하게 ②달빛에 비친 그림자 ③달의 모양¶ 水面にうつる~ 수면에 비치는 달
つき がけ【月掛(け)】월부, 월부금¶ ~貯金 적금
つき がわり【月代(わ)り】①달이 바뀜¶名ス 한 달마다 교대함¶ ~の出し物 달마다 바뀌는 상연물
つぎ き【接(ぎ)木】農 접목, 접붙이기
つき きず【突(き)傷】찔린 상처, 자상(刺傷)
つき ぎめ【月極め】월정(月定), 한 달을 단위로 한 계약, 약속¶ ~の料金 월정 요금
つき ょうじ【月行事】①월행사, 월중 행사 ②달마다 교대로 사무를 봄, 그런 사람 = 月番
つき きり【付(き)切り】名ス → つききっり
つき き・る【突(き)切る】他五 → つっきる
つぎ きれ【継(ぎ)切れ】옷을 깁는 데 대는 천

조각 = つぎぎれ
つき くず・す【突(き)崩す】他五 ①떠밀어 무너뜨리다¶ 石垣を~ 돌담을 허물다 ②(맹렬하게 공격하여) 무너뜨리다, 무찌르다¶ 敵陣を~ 적진을 무찌르다
つき げ【月毛·×鴾毛】(말의 털빛 중에서) 약간 불그스름한 털빛, 적부루마
つき ごし【月越し】名ス 달을 넘김, 두 달에 걸침¶ ~の勘定 달을 넘긴 계산
つぎ こ・む【注(ぎ)込む】他五 ①(액체를) 부어넣다, 따라넣다 ②(비용·인원을) 들이다, 투입하다¶ 兵力を~ 병력을 투입하다
つき ごろ【月頃】요 몇 달 동안
つぎ ざお【継(ぎ)×竿】이음 낚싯대
つぎ ざお【継(ぎ)×棹】대를 끼워서 맞추어 쓰게 되어 있는 三味線
つき さ・す【突(き)刺す】他五 ①꿰찌르다, 푹 찌르다¶ 団子を串に~ 경단을 꽂이에 꿰찌르다 ②강하게 자극하다¶ ~ような視線 찌르는 듯한 시선
つき じ【築地】매립지
つき したが・う【付(き)従う】自五 文 ①뒤따르다, 수행하다¶ いつも社員が~ 언제나 사원이 수행하다 ②추종하다, 복종하다¶ 大国に~ 대국에 복종하다
つき ずえ【月末】월말, 하순 = げつまつ
つき すす・む【突(き)進む】自五 힘차게 나아가다, 돌진하다¶ 目標に向かって~ 목표를 향하여 힘차게 나아가다
つき せぬ【尽きせぬ】連語 文 끝없는, 한없는, 그칠 줄 모르는¶ ~欲望 끝없는 욕망
つき そい【付(き)添い】(곁에서) 시중을 듦, 그런 사람¶ 患者の~を頼む 환자의 시중을 부탁하다
つき そ・う【付(き)添う】自五 (보호·시중을 들기 위해) 곁에 따르다, 옆에서 시중들다¶ 病人に~ 환자의 곁에서 시중을 들다
つぎ だい【接(ぎ)台·継(ぎ)台】①대목(臺木) ②발판 = 踏み台
つき たお・す【突(き)倒す】他五 밀쳐서 쓰러뜨리다, 떠밀어 넘어뜨리다¶ 人を~ 사람을 밀쳐서 넘어뜨리다
つき だし【突(き)出し】①쑥 내밂, 그런 것 ②相撲 상대방을 씨름판 밖으로 떠밀어내는 기술 ③料 (요릿집 등에서 술과 함께 먼저 내놓는) 전채 = お通しょ
つき だ・す【突(き)出す】他五 ①떠밀어 내다¶ 土俵の外へ~ 씨름판 밖으로 떠밀어 내다 ②(일부를) 돌출시키다¶ 海へ~·した堤防 바다로 돌출시킨 제방 ③(기세 좋게) 쑥 내밀다¶ 請求書を~ 청구서를 쑥 내밀다 ④(경찰 등에) 넘기다¶ すりを派出所に~ 소매치기를 파출소에 넘기다
つぎ た・す【継(ぎ)足す】他五 ①(나중에) 보태다, 보충하다, 덧붙이다¶ 話しを~ 이야기를 덧붙이다 ②이어 늘이다¶ はしごを~ 사다리를 이어 늘이다
つき た・てる【突(き)立てる】他下一 ①(찔러

서) 꽂다. 박다¶くいを~ 말뚝을 박다 ②세게 밀어붙이다. 마구 떠밀어대다¶土俵際(どひょうぎわ)まで~ 씨름판 가장자리까지 밀어붙이다

つきたらず【月足らず】조산, 조산아

つきづき【月月】副매월, 매달, 다달이, 다달이¶~積(つ)み立(た)てる 다달이 적립하다

つぎつぎ【次次】副잇달아. 계속하여¶~と事件(じけん)が起(お)こる 잇달아 사건이 일어나다

つきっきり【付きっ切り】늘 곁에 붙어 있음¶~で看病(かんびょう)する 늘 곁에 붙어 간병하다

つき・つける【突(き)付ける】他下一들이대다, 쑥 내밀다¶証拠(しょうこ)を~・けて白状(はくじょう)させる 증거를 들이대어 자백시키다

つき・つめる【突(き)詰める】他下一①끝까지 파고들다¶事故(じこ)の原因(げんいん)を~사고의 원인을 끝까지 추궁하다 ②골똘히 생각하다, 외곬으로 생각하다¶~・めて考(かん)がえる 골똘히 생각하다

つぎて【継(ぎ)手】①(가업의) 계승자, 상속자¶~がいない 계승자가 없다 ②[接(つぎ)手] (물건의) 접합 부분, 이음매¶~がこわれる 이음매가 부서지다 ③[機] 연결 장치

つき・でる【突(き)出る】自下一①뚫고 나오다¶釘(くぎ)が板(いた)から~ 못이 판자를 뚫고 나오다 ②튀어나오다, 내밀다, 돌출하다¶海(うみ)に~・でた岬(みさき) 바다로 돌출한 곳

つきとお・す【突(き)通す】他五①꿰뚫다, 관통하다 ②[吐き通す] 끝까지 밀고 나가다, 관철하다¶あくまで信念(しんねん)を~ 끝까지 신념을 관철하다

つきとお・る【突(き)通る】自五꿰뚫고 나가다¶針(はり)が~ 바늘이 뚫고 나오다

つきとば・す【突(き)飛ばす】他五냅다 밀치다, 들이받다¶相手(あいて)を~・して逃(に)げる 상대를 냅다 밀치고 달아나다

つきと・める【突(き)止める】他下一(끝까지) 밝혀내다, 알아내다¶原因(げんいん)を~ 원인을 밝혀내다

つきなか【月中】중순 = 月半(つきなか)ば

つきなかば【月半ば】중순 = 月中(つきなか)

つきなみ【月並(み)・月*次】Ⅰ名①매월, 월례¶~の会(かい) 월례회 Ⅱ名形動평범함, 진부함, 흔해 빠짐¶~な表現(ひょうげん) 진부한 표현

つぎに【次に】接다음에, 뒤이어, 그리고 나서¶~、この番組(ばんぐみ)を見(み)よう 다음에 이 프로를 보자

つきぬ・く【突(き)抜く】他五꿰뚫다, 관통하다¶やりで~ 창으로 꿰뚫다

つきぬ・ける【突(き)抜ける】自下一①꿰뚫고 나가다, 관통하다¶矢(や)が板(いた)から~ 화살이 판자를 관통하다 ②빠져 나가다, 통과하다¶湿地帯(しっちたい)を~ 습지대를 빠져 나가다

つきの・ける【突(き)除ける】他下一밀어제치다¶人(ひと)を~・けて進(すす)む 사람을 밀어제치고 나아가다

つきのさわり【月の障り】월경, 달거리

つぎのま【次の間】①곁방, 협실¶~付(つ)きの客室(きゃくしつ) 곁방 딸린 객실 ②주군의 거실 옆방

つきのもの【月の物】월경, 달거리

つきのわ【月の輪】①(달, 만월 ②둥근 달 모양 ―熊(ぐま)【動】반달곰, 흑곰

つぎは【継(ぎ)歯】①이의 상한 부분을 깎아 내고 의치를 이어댐, 그런 이 ②왜나막신의 닳은 굽에 나무를 덧댐, 그런 굽

つぎは【継(ぎ)端】(이야기 등을) 계속할 계제・기회 = 継(つ)ぎ穂(ほ)¶話(はなし)の~にとまどう 말을 이어갈 계제가 없어 난감해하다

つぎはぎ【継(ぎ)接ぎ】名他スル①(옷 등을) 이어[붙여] 기움¶~だらけの上着(うわぎ) 누덕누덕 기운 웃옷 名②(남의 문장을) 그러모아 엮음¶~の論文(ろんぶん) 남의 것을 모아 엮은 논문

つきはじめ【月初め】월초, 초순

つきは・てる【尽(き)果てる】自下一다하다, 바닥나다¶精(せい)も根(こん)も~ 기진맥진하다

つきはな・す【突(き)放す】他五①밀쳐 내다, 뿌리치다 ②관계를 끊다, 내치다, 버리다¶親友(しんゆう)からも~・された 친구에게도 버림받았다

つきばらい【月払(い)】①월불, 달마다 지급함¶~の給料(きゅうりょう) 달마다 지급하는 급료 ②월부, 할부¶~で買(か)う 월부로 사다

つきばん【月番】월번, 한 달씩 교대하는 당번

つきひ【月日】①달과 태양 ②(달력에서) 월과 일, 날짜 ③시일¶~がたつ 시일이 지나다

つきひざ【突き*膝】발끝과 양 무릎을 가지런히 땅에 붙이고 허리를 들어 올린 자세

つきびと【付(き)人】따라다니며 시중드는 사람, 곁꾼 = つけびと

つきべつ【月別】名월별¶~の精算(せいさん) 월별 정산

つきべり【*搗(き)減り】(쌀 등이) 도정(搗精)함으로써 분량이 줄어듦, 도정 감량

つきへん【月偏】(한자 부수의) 달월변 ▷「服・臓」등의「月」부분

つぎほ【接(ぎ)穂・継(ぎ)穂】①【農】접수(接穂), 접지 ②이야기를 계속할 계제・기회 = つぎは¶話(はなし)の~を失(うしな)う 이야기를 이을 계제를 잃다

つきまいり【月参り】달마다 정기적으로 절이나 신사(じんじゃ)에 참배하는 일 = 月(つき)もうで

つきましては【就きましては】接그런고로

つきまと・う【付き*纏う】自五①늘 따라다니다¶子供(こども)が~ 아이가 늘 따라다니다 ②(사정・기분 등이) 떠나지 않다¶不信感(ふしんかん)が~ 불신감이 떠나지 않다

つきみ【月見】①달구경 ②장국에 만 메밀 국수나 우동 속에 날계란을 깨어 넣은 것 ③【料】마를 간 것에 계란 노른자를 떨어뜨린 요리 ―草(そう)【植】달맞이꽃

つぎめ【継(ぎ)目】①이음매¶レールの~ 레일의 이음매 ②상속인, 후계자

つきもうで【月*詣(で)】= つきまいり

つきもど・す【突(き)戻す】他五①되밀치다¶土俵際(どひょうぎわ)から~ 씨름판 가장자리에서 되밀치다 ②(냉정하게) 되돌리다, 물리치다¶書類(しょるい)を~ 서류를 되돌리다

つきもの【付(き)物】 ①부속물로서 함께 있는 것 ②으레 따르기 마련인 것¶スポーツにけがは～だ 스포츠에 부상은 으레 따르기 마련이다 ③印刷 책·잡지의 부속 인쇄물

つきもの【憑(き)物】 사람에 들린 악령·마귀¶～が落ちる 씌었던 마귀가 나가다

つぎもの【継(ぎ)物】 ①이어붙임, 땜질함, 그런 것 ②(옷에 천 조각을 대서) 깁는 일, 기움질, 기워야 할 것

つきやく【月役】 월경, 경도

つきやぶ・る【突(き)破る】他五 ①밀어 무너뜨리다, 미어뜨리다, 눌러서 찢다¶ふすまを～ 맹장지를 미어뜨리다 ②격파하다, 돌파하다¶敵陣を～ 적진을 돌파하다

つきやま【築山】 석가산(石假山)

つきゆび【突(き)指】 名自スル 손가락을 세게 부딪쳐 뼘

つきよ【月夜】 월야, 달밤¶一烏 달밤에 들떠서 우는 까마귀, 밤에 놀러 다니는 사람
慣用句
──に釜を抜かれる 달밤에 솥을 도둑맞는다, 지나치게 방심하다
──に提灯 달밤에 초롱불, 불필요한 것

つ・きる【尽きる】自上一 ①다하다, 떨어지다, 바닥나다¶興味が～ 흥미가 다하다 ②끝나다¶話が～ 이야기가 끝나다 ③《「…に～」의 꼴로》…밖에 없다, …이 제일이다¶ばかばかしいの一言に～ 어리석다는 한 마디밖에 할 말이 없다

つきわり【月割(り)】 ①名 월당(月當), 월평균¶～計算 월당 계산 ②월부

つ・く【付く·附く】自五 ①붙다, 달라붙다, 묻다¶手に墨が～ 손에 먹물이 묻다 ②(표시·흔적이) 나타나다¶足跡が～ 발자국이 나다 ③딸리다, 부가되다, 늘다¶おまけが～ 덤이 붙다 ④(내용·조건이) 더해지다, 붙다¶条件が～ 조건이 붙다 ⑤(힘·기세가) 붙다, 나다¶力が～ 힘이 붙다 ⑥(습득되어) 자기 것이 되다, 갖춰지다¶身に～·いたしぐさ 몸에 익은 동작/ 物心が～ 철이 들다 ⑦(이름·값 등이) 붙여지다, 매겨지다¶値段が～ 값이 매겨지다 ⑧(감각 기관에) 느껴지다¶目に～ 눈에 띄다 ⑨자리잡다, 뿌리 내리다¶根が～ 뿌리를 박다 ⑩잘(알맞게)…되다¶味が～ 맛이 들다 ⑪(관계·관련이) 생기다¶コネが～ 연고가 생기다 ⑫(곁에) 붙다, 딸리다¶スポンサーが～ 스폰서가 붙다 ⑬행동을 같이하다, 따르다, 좇다¶彼女のやり方には～·いていけない 그의 방식에는 따를 수 없다 ⑭끝나다, 결말나다, 처리되다¶勝負が～ 승부가 나다 ⑮(예측 등이) 가능해지다, 서다¶決心が～ 결심이 서다 ⑯(값이) 치이다, 셈이 되다¶高くに～ 비싸게 치이다 ⑰가입되다, 기록되다, 치부되다¶帳簿に～·いている 장부에 기입되어 있다 ⑱운이 따르다, 재수가 있다¶きょうは～·いていない 오늘은 운이 없다 ⑲(정신이) 나다, 들다¶気が～ 알아차리다, 제정신이 들다 ⑳《「…に～·き」의 꼴로》…이므로, …이기 때문에¶本日は定休日につき～·き, 休ませていただきます 오늘은 정기 휴일이므로 쉽니다 ㉑(補助)…매지다, …거리다¶ふら～ 휘청거리다/ がた～ 덜컥거리다/ べと～ 끈적거리다

つ・く【即く】自五 즉위하다¶王位に～ 왕위에 즉위하다

つ・く【点く】自五 ①(불이) 켜지다¶電灯が～ 전등이 켜지다 ②(불이) 붙다, 점화되다¶枯れ草に火が～ 마른 풀에 불이 붙다

つ・く【就く】自五 ①지위에 오르다, 취임하다¶社長の任に～ 사장에 취임하다 ②(어떤 상태·입장에) 서다¶眠りに～ 자다/警備に～ 경비를 서다 ③(길에) 오르다¶世界一周の途に～ 세계 일주 길에 오르다 ④사사(師事)하다, 따르다¶先生に～ 선생님께 사사하다 ⑤따르다, 좇다, …편이 되다¶敵側に～ 적의 편이 되다 ⑥《「…に～·いて」의 꼴로》…을 따라서, …을 끼고¶塀に～·いて曲がる 담을 끼고 돌다

つ・く【着く】自五 ①닿다, 이르다, 도착하다¶船が港に～ 배가 항구에 닿다 ②접속하다, 닿다¶頭が天井に～ 머리가 천장에 닿다 ③자리를 잡다, 앉다¶席に～ 자리에 앉다

つ・く【漬く·浸く】自五 (물이) 차다, 잠기다¶床まで水が～ 마루까지 물이 차다

つ・く【憑く】自五 (악령이) 들리다, 씌다, 홀리다¶魔物が～ 악마가 씌다

つ・く【吐く】他五 ①(숨을) 쉬다¶一息～ 한숨 돌리다 ②(욕 등을) 하다¶うそを～ 거짓말을 하다

つ・く【突く】他五 ①찌르다, 내지르다¶槍で～ 창으로 찌르다/ こぶしでわき腹を～ 주먹으로 옆구리를 내지르다 ②짚다, 괴다¶杖を～ 지팡이를 짚다 ③꽉 치다, 찍다¶判を～ 도장을 찍다 ④『撞く』치다¶鐘を～ 종을 치다 ⑤『衝く』(약점 등을) 공격하다, 찌르다¶矛盾を～ 모순을 공격하다 ⑥(부딪쳐) 튀기다¶まりを～ 공을 튀기다 ⑦(감각·감정을) 자극하다, 찌르다¶鼻を～悪臭 코를 찌르는 악취 ⑧기세좋게 부딪치다, 한계에 달하다¶意気天を～ 의기충천하다/ 援助が底を～ 원조도 바닥이 나다 ⑨『衝く』《「…を～·いて」의 꼴로》무릅쓰다¶暴風雨を～·いて前進する 폭풍우를 무릅쓰고 전진하다

つ・く【搗く·舂く】他五 ①(떡을) 치다¶もちを～ 떡을 치다 ②(곡물을) 찧다, 쓿다, 빻다¶もみを～ 벼를 찧다

つ・く【築く】他五 (흙·돌을) 쌓다, 축조하다＝石垣を～ 돌담을 쌓다

つ・ぐ【次ぐ】自五 ①(뒤를) 잇따르다¶成功に～成功 잇따른 성공/ 昨年に～寒波 작년에 이은 한파 ②(지위·순위 등이) 다음가다, 버금가다¶社長に～地位 사장에 버금가는 지위

**つ・ぐ** [注ぐ] 他五 따르다, 붓다, 쏟다¶ 酒を~ 술을 따르다

**つ・ぐ** [継ぐ·嗣ぐ] 他五 ①(뒤를) 잇다, 계승[상속]하다¶ 家業を~ 가업을 잇다 ②잇대다. 연잇다. 夜を日に~ 밤낮을 쉬지 않고 하다 ③[接ぐ] 이어 붙이다, 잇다¶ 骨を~ 뼈를 잇다, 접골하다 ④(해진 곳을) 깁다¶ 靴下の破れを~ 양말의 해진 곳을 깁다 ⑤[接ぐ] 접붙이다, 접목하다¶ バラをノバラに~ 장미를 들장미에 접목하다 ⑥이어 대다, 보충하다¶ 炭を~ 숯을 더 넣다

**づ・く** [付く] …의 경향이 생기다, …을 띠다, 調子が~ 신바람이 나다/ 勢いが~ 기세가 오르다 ②빈번해지다¶ 近ごろ来客が~・いている 요즘 손님이 빈번하게 찾아오고 있다

**つくえ** [机] 책상¶ ~に向かう 책상 앞에 앉다
  慣用句
  **ー を並べる** 책상을 나란히 하다, (동급생·동료로서) 함께 공부하다[일하다]

**つくし** 〈土筆〉 토필. 뱀밥 = つくしんぼ

**つくし** [筑紫] ①九州 북부의 筑前·筑後 지방 ②「九州」의 옛이름 二郎 「筑後川」의 딴이름

**づくし** [尽(く)し] 造語 같은 종류의 것을 다 열거함¶ 国~ 일본 옛 지방 이름을 외기 쉽게 나열한 것

**つく・す** [尽(く)す] I 他五 다하다 ①있는 힘을 다하다¶ 全力を~·て 전력을 다하다 ②충분히 자세하게 제시하다¶ 条理を~・して説く 조리를 다해 설득하다 ③생각하고 있는 것을 다 말하다¶ 筆舌に~・しがたい 필설로 다할 수 없다 ④(補助) 다…해 버리다, 충분히 …하다¶ 焼き~ 몽땅 태워 버리다/ 書き~ 죄다 쓰다 II 自五 진력하다, 애쓰다¶ 国に~ 나라를 위해 진력하다

**つくだ** [佃] 史 (荘園 제도하에서) 영주가 직접 경영하는 논

**つくだに** [佃煮] 잔 생선·조개·다시마 등을 간장·미림 등으로 진하게 조린 음식

**つくづく** 副 ①곰곰이, 골똘히, 찬찬히¶ ~と考える 곰곰이 생각하다 ②질실히, 정말, 아주¶ ~いやになる 정말 싫어지다

**つくづくし** 〈土筆〉 「ツクシ」의 옛일컬음

**つくつくぼうし** [つくつく法師] 動 쓰르라미

**つぐな・う** [償う] 他五 ①배상하다, 변상하다¶ 損失を~ 손실을 배상하다 ②속죄하다, 죄값음을 하다¶ 罪を~ 속죄하다

**つくね** [捏ね] 料 다진 생선살·닭고기 등에 달걀·얼레짓가루 등을 섞어 둥글넓적하게 빚은 것 ②料 「捏ね揚げ·捏ね焼き」의 준말. ①을 기름에 튀기거나 구운 요리 ③「捏ね芋」의 준말

**つくねいも** [*捏ね芋·〈仏掌薯〉] 植 불장서

**つく・ねる** [*捏ねる] 他下一 ①(손으로) 둥글게 빚다¶ 米の粉を~・ねて団子を作る 쌀가루를 빚어서 경단을 만들다 ②아무렇게나 겹쳐 쌓아 올리다

**つくねんと** 副 ㊀ 멍하니, 쓸쓸히, 우두커니¶ ~座っている 우두커니 앉아 있다

**つくば** [筑波] 茨城현 筑波군의 지명

**つくばい** [*蹲] ①웅크림 ②다실 입구 등에 나지막하게 만들어 놓은 손 씻을 물그릇

**つくば・う** [*蹲う] 自五 (文) ①웅크리다, 쭈그리다 = しゃがむ ②넙죽 엎드리다, 부복하다

**つくばね** [*衝羽根] 「羽根つき」에서 쓰는 깃털 공 ②植 무환자나무

**つくぼう** [突棒] (江戸 시대에 죄인을 체포할 때 썼던) T자형의 철제 머리 부분에 톱니가 많이 나있고 긴 자루가 달린 도구

**つぐみ** [*鶫] 動 개똥지빠귀

**つぐ・む** [*噤む] 他五 (입을) 다물다, 함구하다 = だまる¶ 口を~ 입을 다물다

**つくり** [*旁] 방. 한자의 오른쪽 부분 ⇔ 偏

**つくり** [作り·造り] ①만듦, 만드는 사람, 만든 것 ②만듦새, 꾸밈새, 구조¶ みごとな~の家具 만듦새가 훌륭한 가구 ③몸집, 몸매¶ すんなりとした体の~ 날씬한 몸매 ④화장, 몸단장¶ はでな~の女性 화려하게 치장한 여성 ⑤생선회¶ 鯛の~ 도미회 ⑥(造語) ①일부러 꾸밈¶ ~笑い 거짓 웃음/ ~声 가성 ㉡인조(人造) ~花 조화 ⑦(造語) ㉠만들어 가꿈¶ 美しい町~ 아름다운 마을 만들기 ㉡(그렇게) 가꾸어 꾸밈, 단장함¶ 若~の人 젊게 단장한 사람 ⑧(造語) 그것으로 만듦¶ 木~の家 목조의 집/ 手~ 손수 만듦

**つくりあ・げる** [作り上げる·造り上げる] 他下一 ①완성하다, 만들어 내다¶ 短期間で家を~ 단기간에 집을 만들어 내다 ②꾸며내다, 날조하다, 조작하다¶ いい加減な話に~ 엉터리 이야기를 꾸며내다

**つくりか・える** [作り替える] 他下一 ①(헌것 대신) 새로 만들다 ②(이미 있던 것을) 고쳐 만들다, 개작하다¶ 小説をドラマに~ 소설을 드라마로 개작하다

**つくりごえ** [作り声] 가성(假聲), 꾸며낸 목소리 ⇔ 地声¶ ~を出す 가성을 내다

**つくりごと** [作り事] 꾸며낸 일, 거짓말¶ この手記は大部分が~だ 이 수기는 대부분이 꾸며낸 것이다

**つくりざかや** [造り酒屋] 술을 빚어 파는 가게, 술도가

**つくりじ** [作り字] ①일본에서 만든 한자, 일본식 한자 ▷「峠·辻」등 ②제멋대로 만든 글자

**つくりだ・す** [作り出す·造り出す] 他五 ①만들기 시작하다¶ ツバメが軒下に巣を~ 제비가 처마 밑에 집을 짓기 시작하다 ②만들어 내다, 생산하다, 제작하다, 창조하다, 창작하다¶ 流行を~ 유행을 창조하다

**つくりた・てる** [作りたてる·造りたてる] 他下一 (겉모양을) 꾸미다, 화려하게 치장하다 = めかす¶ けばけばしく~・てた家 요란하게 꾸민 집

**つくりつけ** [作り付け] 名 붙박이, 그렇게 만든 물건¶ ~の本棚 붙박이 책장

## つくりなす

**つくりな・す** [作り成す・造り成す] 他五 [文] (비슷하게) 만들어 내다 ¶ 本物みたいに~ 진짜처럼 만들어 내다

**つくりにわ** [造り庭] (손질하여) 운치 있게 꾸민 정원 ¶ ~のある家 운치 있게 꾸민 정원이 있는 집

**つくりばなし** [作り話] 꾸며낸[가공의] 이야기 ¶ ~にまんまとのせられる 꾸며낸 이야기에 감쪽같이 넘어가다

**つくりみ** [作り身] ①생선 토막 ②생선회

**つくりもの** [作り物] ①인조품 ¶ ~の花 조화 ②모조품, 가짜 ¶ ~のダイヤ指輪 모조 다이아 반지 ③농작물 ④[藝] 能의 무대 장치

**つくりわらい** [作り笑い] 名 自スル 억지 웃음, 거짓 웃음 ¶ ~してその場をつくろう 억지 웃음을 웃어 그 자리를 얼버무리다

**つく・る** [作る・造る] 他五 만들다 ①제조하다, 제작하다 ¶ 料理を~ 요리를 만들다/ 米から酒を~ 쌀로 술을 빚다 ②(조직·제도 등을) 신설하다, 창립하다 ¶ 学校を~ 학교를 창립하다 ③(작품 등을) 창작하다 ¶ 映画を~ 영화를 제작하다 ④(건물 등을) 짓다, 건조하다 ¶ 橋を~ 다리를 놓다 ⑤(작물을) 가꾸다, 재배하다 ¶ 野菜を~ 채소를 재배하다 ⑥경작하다 ¶ 畑を~ 밭을 경작하다 ⑦키우다, 양성하다, 육성하다 ¶ 技術者を~ 기술자를 양성하다 ⑧(아이를) 낳다, 갖게 하다 ¶ 子供を~ 아이를 갖게 하다 ⑨마련하다, 장만하다 ¶ お金を~ 돈을 마련하다 ⑩(모양을) 이루다, 짓다 ¶ 渋っ面を~ 우거지상을 하다 ⑪(결과로써) …하게 되다 ¶ 事業に失敗して借金を~ 사업에 실패하여 빚을 지다 ⑫부러 짓다, 거짓으로 꾸미다 ¶ 笑顔を~ 웃는 얼굴을 짓다 ⑬화장하다, 단장하다 ¶ 年より若く~ 나이보다 젊어 보이게 꾸미다 ⑭(친구·적 등을) 만들다 ¶ 敵を~ 적을 만들다 ⑮이루다, 차리다 ¶ 家庭を~ 가정을 이루다 ⑯《「時を~」의 꼴로》(닭이) 아침에 울다 ¶ 鶏が時を~ 닭이 홰를 쳐 시각을 알리다

**つくろいもの** [繕い物] 수선해야 할 물건, (옷 등을) 수선함

**つくろ・う** [繕う] 他五 ①깁다, 꿰매다, 수선하다 ¶ かぎ裂きを~ 찢어진 곳을 깁다 ②꾸미다, 치장하다, 가다듬다 ¶ 体裁を~ 외관을 꾸미다 ③체면을 세우다 ¶ 人前を~ 체면을 세우다 ④(실수 등을) 어물어물 넘기다, 얼버무리다 ¶ その場をなんとか~って ごまかす 그 자리를 적당히 얼버무려 넘기다

**つけ** [付け] ①계산서, 청구서 ¶ ~を回わす 청구서를 돌리다 ②외상 장부에 기입함, 그 청구서 ¶ ~で買う 외상으로 사다 ③[歌舞伎] 배우의 동작에 맞춰 효과음을 내기 위해 딱다기로 마루를 치는 일 ④(形式) 늘 …해 버릇함 ¶ 行き~の本屋 늘 다니는 [단골] 서점 ⑤(造語) ㉠ …으로 붙임 ¶ 糊り 풀로 붙임, 풀을 먹임/ はんだ~ 납땜 ㉡ …을 붙임 ¶ さん~で呼ぶ 씨(氏)를 붙여 부르다 ㉢ …의 일부, …의 날짜 ¶ 四月一日付 の発令は 4월 1일부의 발령 **一回し** 제3자에게 지불시키기 위해 청구서를 돌림

【慣用句】

**—が回って来る** 청구서가 돌아오다, 좋지 않은 일을 했던 응보가 뒤에 나타나다

**つげ** [黄楊・柘植] 植 회양목

**づけ** [漬け] (造語) ①담금, 담근 것 ¶ 茶~ 찻물에 만 밥/ 氷~ 얼음에 채운 것 ②절임 ¶ 大根~ 무 절임

**つけあが・る** [付け上がる] 自五 버릇없이 굴다, 기어오르다 ¶ おだてると~ 치켜세우면 기어오르다

**つけあわせ** [付け合(わ)せ] 곁들이는 것, (특히) 고기·생선 요리에 곁들이는 채소

**つけい・る** [付け入る] 自五 기회를 잘 이용하다, 틈타다 ¶ ~すきもない 기회를 탈 틈이 없다/ 弱点に~ 약점을 틈타다

**つけうま** [付け馬] 술값·유흥비를 받으러 손님의 집까지 따라가는 사람

**つけがみ** [付け紙] 부전(付箋), 찌지

**つけぎ** [付け木] (불쏘시개로 쓰는) 끝에 유황을 바른 얇은 나무 조각

**つけく** [付句] [文] (連歌·俳諧의 付合에서) 앞의 구(句)에 이어 짓는 뒷구

**つけぐすり** [付け薬] 외용약 (外用藥)

**つげぐち** [告げ口] 名 自スル 고자질, 일러바침 ¶ 先生に~する 선생님께 고자질하다

**つけくわ・える** [付け加える] 他下一 덧붙이다, 부가하다, 첨가하다 ¶ 説明を~ 설명을 덧붙이다

**つけくわわ・る** [付け加わる] 自五 덧붙여지다, 부가되다, 첨가되다 ¶ 定価に消費税が~ 정가에 소비세가 부가되다

**つけげいき** [付け景気] 겉보기에 경기가 좋은 것처럼 꾸밈 =から景気

**つけげんき** [付け元気] 허세 =から元気

**つけこ・む** [付け込む] 自五 ①(기회·헛점을) 이용하다, 틈타다 ¶ 人の弱みに~ 남의 약점을 이용하다 ②차례로 기입[기장]하다, 치부하다 ¶ 帳簿に~ 장부에 기입하다

**つけこ・む** [漬け込む] 他五 (김치·절임을) 담그다, 절이다 ¶ 大根を~ 무를 절이다

**つけざし** [付け差し] 자기가 입을 댔던 잔·담뱃대 등을 남에게 주어 마시거나 피우게 함

**つけしょいん** [付書院] [建] 床の間 옆에 놓인 탁자 높이 정도에 판자를 대고 툇마루에 내달아 채광용 장지창을 만들어 단 것

**つけたし** [付け足し] 덧붙임, 추가함, 보충함, 그런 것 ¶ ~の説明 덧붙인 설명

**つけだし** [付け出し] ①(장부 등에) 기입하기 시작함 ②청구서, 계산서 ③[相撲] 실력을 인정받아 단번에 어떤 지위에 오르는 일, 그런 씨름꾼 ¶ 幕下~ 곧바로 幕下에 오른 씨름꾼

**つけた・す** [付け足す] 他五 덧붙이다, 추가하다 ¶ もう一品~ 한 가지 물건을 더 추가하다

**つけだ・す** [付け出す] 他五 ①기입[기장]하기 시작하다 ¶ 家計簿を~ 가계부를 쓰기

시작하다 ②청구서를 써내다

**つけたり**【付けたり】《口》 ①부차적인 것, 덧붙인 것, 부록 ②구실, 핑계¶ 出張とは～で、実は遊びに行くのさ 출장이라는 건 구실이고 실은 놀러가는 거라네

**つけつけ** [副サ]《口》 (서슴지 않고 함부로 하는) 툭툭, 거침없이¶ 面と向かって～と言う 얼굴을 마주 대하고 거침없이 말하다

**つけどころ**【付け所】 주의를 기울여야 할 점, 착안점¶ 目の～がよい 착안점이 좋다

**つけとどけ**【付け届け】 (의리·사례 등으로) 선물함, 그런 선물

**つけな**【漬け菜】 절임거리, 절임에 쓰는 채소

**つけね**【付け値】 사는 쪽에서 매기는 값 ⇔ 言い値¶ ～で売る 손님이 매기는 값에 팔다

**つけね**【付け根】 물건이 붙어 있는 밑동 부분¶ 羽の～ 날갯죽지/ 股の～ 사타구니

**つけねら·う**【付け×狙う】 [他][五] (뒤를 밟으며) 노리다¶ 要人の命を～ 요인의 목숨을 노리다

**つけび**【付け火】 방화(放火)

**つけひげ**【付け×髭】 가짜 수염(을 붙임)

**つけひも**【付け×紐】 (일본옷에서) 아이들 옷의 중동에 꿰매 단 띠, 돌띠

**つけぶみ**【付け文】 연애 편지(를 몰래 보냄)

**つけまげ**【付け×髷】 (따로 만들어) 머리에 덧붙이는 상투

**つけまつげ**【付け×睫毛】 인조 속눈썹

**つけまわ·す**【付け回す·付け×廻す】 [他][五] 끈덕지게 뒤따라다니다, 귀찮게 좇아다니다

**つけめ**【付け目】 ①노리는 점, 착안점¶ 財産が～の結婚 재산을 노린 결혼 ②(약점으로써) 이용할 점¶ 相手の短気が～だ 상대의 성마른 점이 표적이다

**つけもの**【漬物】 채소 절임, 일본식 김치

**つけやき**【付け焼(き)】《料》 생선·고기·떡 등을 간장·미림 등을 발라서 구움, 그런 음식

**つけやきば**【付け焼(き)刃】 ①좋지 못한 칼의 날에만 강철을 덧붙인 것 ②지식·태도 등을 벼락치기로 익혀 적당히 넘기려고 함, 고식책¶ ～の勉強 벼락치기 공부/ ～はなまりやすい 고식책은 오래가지 않는다

**つ·ける**【付ける·^附ける】 [他][下一] ①묻히다, 바르다, 칠하다¶ パンにジャムを～ 빵에 잼을 바르다 ②(표·자국을) 남기다, 내다¶ ズボンに折り目を～ 바지에 주름을 잡다 ③쓰다, 기입하다¶ 日記を～ 일기를 쓰다 ④곁들이다, 덧붙이다, 늘리다¶ 景品を～ 경품을 덧붙이다 ⑤(내용·조건을) 더하다, 붙이다¶ 解説を～ 해설을 붙이다 ⑥(기세를) 올리다, 북돋우다¶ 精力を～ 정력을 북돋우다 ⑦(습득하여) 자기 것으로 하다, 익히다¶ 技術を身に～ 기술을 몸에 익히다 ⑧(기능을) 가르치다¶ 弟子にけいこを～ 제자에게 수련을 시키다 ⑨(이름·가치를) 붙이다, 매기다¶ あだ名を～ 별명을 붙이다/ 高い値を～ 비싼 값을 매기다 ⑩대다, 붙이다¶ 頭を地に～ 머리를 땅에 대다 ⑪달다, 붙이다, 부착시키다¶ 服にリボンを～ 옷에 리본을 달다 ⑫(어떤 상태로) 만들다, 내다, 들이다¶ 味を～ 맛을 들이다 ⑬관련짓다, 관계를 맺다¶ コネを～ 연줄을 맺다 ⑭뒤쫓다, 미행하다¶ 犯人を～ 범인을 뒤쫓다 ⑮딸리다¶ 病人に看護婦を～ 환자에게 간호사를 딸리다 ⑯(결과를) 내다, 마무르다, 결말짓다¶ けりを～ 결말을 짓다 ⑰가늠하다, 짐작하다, 판단하다¶ ねらいを～ 겨냥하다 ⑱주의하다, 주목하다¶ 目を～ 주목하다 ⑲(連歌·連句에서) 앞의 구에 연결되는 글귀를 짓다 ⑳(「…につけ〔つけて〕」의 꼴로) …에 관련되어¶ 何かに～·けて酒を飲む 무슨 일이 있을 때마다 술을 마신다 ㉑《補助》 ㉠늘 …하다, …해 버릇하다¶ 履き～·けている靴 늘 신고 다니는 구두 ㉡동작이 격렬함을 나타냄¶ どなり～ 호통치다 ㉢어떤 대상을 향한 것임을 나타냄¶ 先生に言い～ 선생님께 일러바치다 ㉣도착하다, 오게 하다¶ 駆け～ 급히 달려 당도하다 ㉤알아내다¶ 見～ 찾아내다

**つ·ける**【^点ける】 [他][下一] ①(불을) 붙이다, 점화하다¶ 火を～ 불을 붙이다 ②스위치를 넣다, 켜다¶ テレビを～ 텔레비전을 켜다

**つ·ける**【就ける】 [他][下一] ①(자리·지위에) 앉히다, 종사시키다¶ 会長に～ 회장에 앉히다 ②【^即ける】(왕위에) 앉히다, 즉위시키다¶ 王位に～ 왕위에 앉히다 ③지도를 받게 하다, 사사하게 하다¶ コーチに～ 코치에게 지도를 받게 하다

**つ·ける**【着ける】 [他][下一] ①(몸에) 걸치다, 입다, 신다, 착용하다¶ ネックレスを～ 목걸이를 하다 ②(어떤 장소에) 있게 하다, 앉히다¶ 長老を上座に～ 장로를 상석에 앉히다 ③(차·배 등을) 대다¶ 船を桟橋に～ 배를 잔교〔선창〕에 대다

**つ·ける**【漬ける】 [他][下一] 담그다 ①(절임을) 절이다¶ きゅうりをぬかみそに～ 오이를 겨된장에 절이다 ②【^浸ける】(물에) 잠그다, 적시다¶ 洗濯物をぬるま湯に～ 세탁물을 미지근한 물에 담그다

**つ·げる**【告げる】 [他][下一]《文》 고하다 ①(말로) 알리다, 전하다¶ 名前を～ 이름을 고하다 ②(어떤 사실을) 알리다¶ 別れを～ 이별을 고하다 ③(상태를) 알리다¶ 春を～鳥の声 봄을 알리는 새소리

**っこ** [接尾]《口》 …겨루기, 서로 …하기¶ かけ～ 뜀박질/ にらめ～ 눈싸움

**っこ·い**《造語》 …의 성질이 강하다, …기가 많다¶ 油～ 기름기가 많다/ ねば～ 차지다

**つごう**【都合】 **I** [名] 형편, 사정¶ 一身上の～ 일신상의 사정/ ～が悪い 형편이 나쁘다 **II** [名][他スル] 마련함, 변통함, 융통함¶ 資金を～する 자금을 마련하다 **III** [副] 도합, 합계, 모두, 전부¶ ～五人が参加する 모두 다섯 사람이 참가한다

**っこない**《造語》《口》 …할 리가 없다¶ 見せ～ 보일 리가 없다/ わかり～ 알 리가 없다

**つごもり** [*晦*] (文) 월말, 음력 그믐 = みそか

**つじ** [*辻*] ⓗつじ│Ⅰ (일본식 한자) 네거리, 십자로 Ⅱ①네거리, 십자로 ②길가, 가두, 노상¶ ~演説ᴇᴛᴄ 가두 연설/ ~商人ʟ노점 상인

**つじうら** [*辻占*] ①길흉의 점괘를 적은 종이, 그것을 파는 사람 ②길흉의 전조[조짐]¶ いい~が 좋은 조짐이다

**つじかご** [*辻駕籠*] (옛날에) 길거리에서 기다리다가 손님을 태우던 가마 = 町駕籠ᴇᴛᴄ

**つじぎり** [*辻斬り*] (옛날에) 무사가 칼이 잘 드는 정도나 칼솜씨를 시험하기 위해 밤길에 숨었다가 행인을 베던 일, 그런 무사

**つじぐるま** [*辻車*] 길가에서 손님을 기다리는 인력거

**つじごうとう** [*辻強盗*] 노상 강도

**つじせっぽう** [*辻説法*] 가두 설법

**つじつま** [*辻褄*] 사리, 이치, 조리
〔慣用句〕
― が合う 이치에 맞다, 조리가 서다

**つじどう** [*辻堂*] 길가에 있는 작은 불당

**つじばしゃ** [*辻馬車*] 길가에서 손님을 기다리는 합승 마차

**つじばん** [*辻番*] 《日史》 (江戸ᴇᴛᴄ 시대에) 무가(武家)의 주택가를 경비하던 파수막, 그 파수꾼

**つじふだ** [*辻札*] (옛날에) 금지 사항을 적어 네거리에 세웠던 팻말

**つしま** [対馬] 대마도, 九州ᴇᴛᴄ와 우리 나라 사이에 있는 섬 ─海流 [*海*] 쓰시마 해류

**つじまち** [*辻待ち*] (인력거 등이) 길거리에서 손님을 기다림

**つた** [*蔦*] 〚植〛 담쟁이덩굴

**づたい** [伝い] (造語) …을 따라서[타고], …에 연하여¶ 尾根ᴇᴛᴄに行く 능선을 타고 가다/ 線路ᴇᴛᴄに走る 선로를 따라서 달리다

**つた・う** [伝う] 〘自五〙 (어떤 것을) 따라[타고] 가다¶ 屋根ᴇᴛᴄを~ 지붕을 따라 가다/ 涙ᴇᴛᴄがほおを~ 눈물이 볼을 타고 흐르다

**つたえ** [伝え] (文) ①전함, 전언, 전갈¶ ~を聞いてかけつける 전언을 듣고 급히 달려오다 ②전설, 구전(口傳)

**つたえき・く** [伝え聞く] 〘他五〙 ①전해 듣다, 소문으로 듣다¶ ~ところによると 전해 들은 바에 의하면 ②전해 내려온 이야기로 듣다

**つた・える** [伝える] 〘他下一〙 ①전하다 ①전도하다, 전달하다¶ 鉄ᴇᴛᴄは熱ᴇᴛᴄをよく~ 철은 열을 잘 전도한다 ②(말로) 알리다, 전언하다¶ みなさんにもよろしくお・え下ᴇᴛᴄさい 다른 분들에게도 안부 전해 주십시오 ③전수하다¶ 秘伝ᴇᴛᴄを~ 비전을 전수하다 ④뒤에 남기다, 물려주다¶ 名ᴇᴛᴄを後世ᴇᴛᴄに~ 이름을 후세에 남기다 ⑤전파하다, 전해주다¶ 文字ᴇᴛᴄを日本ᴇᴛᴄに~ 문자를 일본에 전하다

**つたかずら** [*蔦葛*・*蔦蔓*] 덩굴식물의 총칭

**つたな・い** [*拙い*] 〘形〙(文) ①서투르다¶ ~絵ᴇᴛᴄ 서투른 그림 ②어리석다, 변변치 못하다¶ ~者ᴇᴛᴄですが, どうぞよろしく 변변치 못한 사람입니다만 잘 부탁합니다 ③불운하다, 운이 나쁘다¶ 武運ᴇᴛᴄ~・く敗ᴇᴛᴄれる 무운이 나빠서 패하다

**つたもみじ** [*蔦紅葉*] ①단풍 든 담쟁이 잎 ②〚植〛 고로쇠나무

**つたわ・る** [伝わる] 〘自五〙 전해지다 ①전도하다¶ 振動ᴇᴛᴄが~ 진동이 전해지다 ②퍼지다, 알려지다, 전달되다¶ 名声ᴇᴛᴄが~ 명성이 알려지다 ③전승되다, 전수되다¶ 若者ᴇᴛᴄに祭りが~ 젊은이에게 축제가 전승되다 ④전파되다, 전래되다¶ 文字ᴇᴛᴄは韓国ᴇᴛᴄから~・った 문자는 한국에서 전래되었다 ⑤(기분・분위기 등이) 느껴지다¶ 緊張ᴇᴛᴄした空気ᴇᴛᴄが~ 긴장된 공기가 느껴지다

**つち** [土・*地*] 땅 ①흙, 토양¶ 肥ᴇᴛᴄえた~ 기름진 땅 ②지면, 지상¶ 蔦ᴇᴛᴄが~をはう 담쟁이덩굴이 땅을 뻗어가다 ③뭍, 육지¶ 故国ᴇᴛᴄの~を踏む 고국 땅을 밟다
〔慣用句〕
─ 一升ᴇᴛᴄに金ᴇᴛᴄ一升ᴇᴛᴄ 흙 한 되에 금 한 되, 땅값이 매우 비쌈
─ が付く 〚相撲〛 지다, 승부에 패하다
─ と成る 죽다, 죽어 그 고장에 뼈를 묻다

**つち** [*槌*・*鎚*] 망치¶ 金ᴇᴛᴄ 쇠망치

**つちいじり** [土*弄り*] ①(어린이의) 흙장난 = 土遊ᴇᴛᴄび ②취미삼아 하는 원예・밭일

**つちいろ** [土色] 흙빛 ①(얼굴의 빛깔) 검푸른 빛 = 土気色ᴇᴛᴄ

**つちか・う** [培う] 〘他五〙(文) ①(초목을) 가꾸다, 재배하다¶ 苗木ᴇᴛᴄを~ 묘목을 가꾸다 ②(힘・성질 등을) 기르다, 배양하다¶ 体力ᴇᴛᴄを~ 체력을 기르다/ 愛国心ᴇᴛᴄを~ 애국심을 배양하다

**つちくさ・い** [土臭い] 〘形〙 ①흙내 나다¶ 掘り出したばかりの~芋ᴇᴛᴄ 막 캐낸 흙내 나는 감자 ②촌스럽다, 시골티가 나다¶ ~身なり 촌스러운 옷차림

**つちぐも** [土*蜘蛛*] ①〘動〙 땅거미 ②옛날에 일본에 혈거(穴居) 했다고 하는 선주 민족

**つちくれ** [土塊] 토괴, 흙덩이

**つちけいろ** [土気色] 흙빛, 핏기 없는 검푸른 빛

**つちけむり** [土煙] 흙먼지¶ ~を上げて走る 흙먼지를 일으키며 달리다

**つちつかず** [土付かず] 〚相撲〛 전승(全勝)¶ ~のまま千秋楽ᴇᴛᴄを迎える 전승으로 대회 마지막 날을 맞이함

**つちのえ** [*戊*] 무, 십간의 다섯 번째 = 戊

**つちのと** [*己*] 기, 십간의 여섯 번째 = 己

**つちふまず** [土踏まず] 발바닥의 장심(掌心)

**つちへん** [土*偏*] (한자 부수의) 흙토변 ▷「坂・城」등의「土」부분

**つちぼこり** [土*埃*] 흙먼지¶ ~が立つ 흙먼지가 일다

**つちやき** [土焼(き)] 질그릇

**つちよせ** [土寄せ] 名 自ᴇᴛᴄ (작물에) 흙을 북줌, 북주기, 배토(培土)

**つちろう** [土*牢*] 땅을 파서 만든 감옥

**つつ** [突っ] 〚接頭〙(俗) (동사에 붙어) 마구, 냅다, 폭¶ ~走る 냅다 달리다/ ~込む 쳐넣다

つつ [接助] ①(두 가지 동작·상태가 동시에 행해지거나 지속됨) …하면서¶ 酒を飮みつつ語り合う 술을 마시면서 이야기하다 ②(같은 동작이 반복됨) …하면서¶ ふりかえりつつ 몇 번이고 뒤돌아보면서/ 日々に嘆きつつ暮らす 날마다 한탄을 하며 살아가다 ③(어떤 동작·상태가 진행 중임) …하고 있다, …중이다¶ 仕事ははかどりつつある 일은 잘 진척되어 가고 있다 ④(상반된 사항이 병행됨) …하면서도, …함에도 불구하고¶ 用心しつつだまされた 조심하면서도 속아넘어갔다

つつ [筒] ①둥근 대나무 통 ②총신, 포신, 소총, 대포¶ ささげっ─! 받들어 총! ③우물벽, 관정(管井)의 토관 = 井筒づつ

つづ [个] 십, 열

つつい [筒井] 관정, 둥글게 판 우물 ─筒 ①관정의 안벽 ②소꿉친구

つつうらうら [津津浦浦] 방방 곡곡, 전국 도처 = つづうらうら¶ ～まで知れわたる 방방 곡곡까지 널리 알려지다

つつおと [筒音] 총성, 포성

つっかいぼう [突っ支い棒] 버팀목, 지주¶ ～をかう 버팀목을 대다

つっかか・る [突っ掛かる] [自五] ①달려들다, 덤벼들다¶ 竹棒を手に～っていく 장대를 손에 들고 덤벼들다 ②부딪치다, 걸리다¶ 切り株に～って轉ぶ 그루터기에 걸려 넘어지다 ③대들다, 반항하다¶ 何かというとすぐ～ 툭하면 대든다

つっかけ [突っ掛け] 발끝에 걸쳐 신는 신, 샌들

つっか・ける [突っ掛ける] [他下一] ①갑자기 세게 부딪치다 ②[相撲] 상대방이 일어서기 전에 부딪혀 가다[덤벼들다] ③(신을) 발끝에 걸쳐 신다, 아무렇게나 신다

つつが な・い [羔無い] [形][文] 탈없다, 무사하다¶ ～く歸國した 무사히 귀국했다

つつがむし [羔虫] [動] 털진드기 ─病 [醫] 병원체 리케차를 가진 털진드기 유충에게 물려 생기는 급성 전염병

つづき [續き] ①연결¶ 文章の～がよくない 문장의 연결이 좋지 않다 ②계속되114 부분¶ このドラマの～は來週ほう放送します 이 드라마의 다음 편은 내주에 방송합니다 ③[造語] 잇따름, 잇닿음, 연속¶ 幸運つづき 행운의 연속/ お天氣つづき 계속되는 좋은 날씨

つづきあい [續き合い·續き間] 친족·혈연 관계 = 統つづき柄がら

つづきがら [續き柄] 친족·혈연 관계¶ 筆頭者ひっとうしゃとの～ 호주와의 혈연 관계

つづきもの [續き物] (소설·드라마 등의) 연재물, 연속물

つつぎり [筒切り] [料] 생선의 머리와 창자를 제거한 후 가로로 토막쳐 토막내는 = 輪切わぎり

つっき・る [突っ切る] [他五] 단숨에 뚫고 나가다, 곧장 가로지르다, 돌파하다¶ 大通おおどおりを～ 큰길을 곧장 가로지르다

つつ・く [他五] ①쿡쿡 찌르다¶ 棒きれで草むらを～ 막대기로 풀숲을 쿡쿡 찌르다 ②(젓가락으로) 들쑤시며 먹다, (부리로) 쪼아먹다¶ モズがカキを～ 때까치가 감을 쪼아먹다 ③꼬드기다, 부추기다, 선동하다¶ 友人を～いて金を出させる 친구를 부추겨서 돈을 내게 하다 ④(결점 등을) 들추어 책망[비난]하다¶ 欠点を～ 흠을 들추어 비난하다

つづ・く [續く] [自五] ①(어떤 상태·작용이) 계속되다, 지속되다¶ 雨の日が～ 비오는 날이 계속되다 ②(같은 것이) 잇달다, 잇따르다¶ 事故が～ 사고가 잇따르다 ③(길게) 이어지다, 연속되다¶ 行列ぎょうれつが～ 행렬이 이어지다 ④이어지다, 접하다, 계속되다¶ 次のページに～ 다음 페이지에 계속되다 ⑤뒤따르다¶ 前の人に～ 앞사람에 뒤따르다 ⑥버금가다, 다음가다¶ エースに～一番手ばんて의 投手です 에이스 다음가는 유력한 투수

つつぐち [筒口] (총포·호스 등의) 통의 끝

つづけざま [續け樣] [名] 잇따라[계속해서] 일어남, 연달음¶ ～に地震が起こる 잇따라 지진이 일어남

つづけじ [續け字] (초서 등에서) 잇달아 붙여 씀, 그런 글자

つづ・ける [續ける] [他下一] ①(어떤 상태·작용) 계속하다¶ 議論を～ 의논을 계속하다 ②연달아[잇따라] 하다¶ 字を～けて書く 글자를 연달아 붙여 쓰다 ③[補助] 계속 …하다¶ 待ち～ 계속 기다리다

つっけんどん [突っ慳貪] [ナ] 퉁명스러움, 무뚝뚝함¶ ～に答える 퉁명스럽게 대답하다

つっこみ [突っ込み] ①돌입함, 돌진함 ②철저하게 추구함[파고듦]¶ この記事は～が足りない 이 기사는 파고드는 열의가 부족하다 ③모개로 다룸, 도거리 = 込こみ ∨ ～値段ねだん 도거리 값 ④(漫才まんざい에서) 중심이 되어 이야기를 진행시키는 역, 그런 사람

つっこ・む [突っ込む] I [他五] ①(깊이) 질러 넣다¶ ポケットに手を～ 호주머니에 손을 질러 넣다 ②처넣다, 쑤셔 넣다, 처박다¶ かばんに本を～ 가방에 책을 쑤셔 넣다 ③지적하다, 추궁하다¶ 誤あやまりを～ 잘못을 추궁하다 ④(《首こうべ頭～足を～》의 꼴로) 깊이 관여하다¶ 社內人事に首を～ 사내 인사에 깊이 관여하다 II [自五] ①돌진하다, 돌입하다¶ 敵陣てきじんに～ 적진에 돌진하다 ②깊이 파고들다, 철저하게 추구하다¶ ～んだ質問 깊이 파고드는 질문

つっころば・す [突っ転ばす] [他五] (口) 냅다 밀어 넘어뜨리다, 들이받아 쓰러뜨리다

つつさき [筒先] ①통의 끝 = 筒口つつぐち ②총구, 총부리, 포구¶ ～を向かける 총부리를 겨누다 ③소화 호스의 끝을 잡고 조작하는 소방사

つつざき [筒咲き] [植] 꽃잎이 대롱 모양으로 핌, 그런 꽃, 통상화(筒狀花)

つつじ [躑躅] [植] 철쭉, 진달래

つつしみ [愼み·謹み] 삼감, 신중함, 조심성¶ ～のない人 조심성이 없는 사람

つつしみぶか・い [愼み深い] [形] 조심성이 많다, 신중하다, 조신하다¶ ～く振舞る舞う

つつしむ

조신하게 행동하다
**つつし・む** [慎む] [他五] 삼가다 ①조심하다¶ 行動<sub>こうどう</sub>を〜 행동을 조심하다 ②절제하다¶ 酒<sub>さけ</sub>を〜 술을 삼가다 ③ [謹む] 황공해하다, 경의를 표하다
**つつしんで** [謹んで] [副] 삼가, 정중하게¶ 〜お祝<sub>いわ</sub>い申<sub>もう</sub>し上<sub>あ</sub>げます 삼가 축하드립니다
**つつそで** [筒袖] (일본옷에서) 홀태 소매 (옷)
**つった・つ** [突っ立つ] [自五] ①우뚝 서다¶ 工場<sub>こうじょう</sub>の煙突<sub>えんとつ</sub>が〜・っている 공장의 굴뚝이 우뚝 서 있다 ②우두커니 서 있다
**つった・てる** [突っ立てる] [他下一] (口) ①푹 찌르다, 꽂아 세우다¶ 立<sub>た</sub>て札<sub>ふだ</sub>を〜 팻말을 꽂아 세우다 ②우뚝 세우다¶ 北極点<sub>ほっきょくてん</sub>に旗<sub>はた</sub>を〜 북극점에 깃발을 우뚝 세우다
**つっつ・く** [突っ突く] [他五] (口) → つつく
**つつっぽ** [筒っぽ] (俗) (일본옷) 홀태 소매, 그런 옷 = 筒袖<sub>つつそで</sub>
**つっと** [副] 쏙, 훌쩍, 불쑥¶ 〜席<sub>せき</sub>を立<sub>た</sub>つ 훌쩍 자리를 뜨다 / 〜部屋<sub>へや</sub>の中<sub>なか</sub>に入<sub>はい</sub>る 불쑥 방안으로 들어가다
**つつどり** [筒鳥] [動] 벙어리뻐꾸기
**つつぬけ** [筒抜け] ①흘려 들음, 마이 동풍¶ せっかくの忠告<sub>ちゅうこく</sub>も右<sub>みぎ</sub>から左<sub>ひだり</sub>へ〜だ 모처럼의 충고도 한 귀로 듣고 한 귀로 흘린다 ②(비밀이) 모두 새어 나감¶ 計画<sub>けいかく</sub>が相手方<sub>あいてがた</sub>に〜になる 계획이 상대편에 모두 새어 나가다 ③(말소리 등이) 환히 들림¶ 隣室<sub>りんしつ</sub>の声<sub>こえ</sub>が〜だ 옆방의 말소리가 환히 들린다
**つっぱし・る** [突っ走る] [自五] ①질주하다¶ ハイウエーを〜 하이웨이를 질주하다 ②매진하다, 돌진하다¶ 優勝<sub>ゆうしょう</sub>目指<sub>めざ</sub>して〜 우승을 목표로 매진하다
**つっぱな・す** [突っ放す] [他五] (口) → つきはなす
**つっぱ・ねる** [突っ撥ねる] [他下一] ①세차게 떠밀치다¶ 相手<sub>あいて</sub>を手荒<sub>てあら</sub>く〜 상대를 거칠게 떠밀치다, 일축하다¶ 要求<sub>ようきゅう</sub>を〜 요구를 일축하다
**つっぱり** [突っ張り] ①버팀목, 지주 ②[相撲] 양손으로 번갈아 상대방을 세게 치며 씨름판 밖으로 밀어내는 기술 ③고집부림, 뻗장뎀 ④(俗) 불량스런 태도로 허세를 부림, 그런 사람
**つっぱ・る** [突っ張る] I [自五] ①(근육 등이) 땅기다, 경직되다¶ 足<sub>あし</sub>が〜 다리가 땅기다 ②[相撲] 양손으로 번갈아 상대방을 세게 치며 씨름판 밖으로 밀쳐내다 ③(俗) 불량스런 태도로 허세를 부리다 II [他五] 고집을 부리다, 뻗장대다¶ あくまで〜 끝까지 고집을 부리다
**つっぷ・す** [突っ伏す] [自五] (갑자기) 푹 엎드리다¶ テーブルに〜・して泣<sub>な</sub>きだす 테이블에 와락 엎드려 울기 시작하다
**つつまし・い** [*慎ましい] [形] ①조신하다, 얌전하다¶ 〜女性<sub>じょせい</sub> 조신한 여성 ②검소하다¶ 〜くらす 검소한 생활
**つつましやか** [*慎ましやか] [ナ](文) 얌전함, 다소곳함¶ 〜な娘<sub>むすめ</sub> 얌전한 아가씨
**つつまやか** [*約(ま)やか] [ナ](文) ①간략함, 간결함¶ 〜表現<sub>ひょうげん</sub> 간략한 표현 ②검소함¶

〜な暮<sub>く</sub>らし 검소한 생활
**つづま・る** [約まる] [自五] ①짧아지다, 줄어들다 ②간단해지다, 간략해지다¶ 〜・った手続<sub>てつづ</sub>き 간단해진 절차
**つつみ** [包み] I [名] (종이 등으로) 쌈, 싼 것, 보따리, 꾸러미¶ 〜をほどく 보따리를 풀다 II (助數) 싼 물건을 세는 말. 봉, 봉지, 꾸러미¶ 薬<sub>くすり</sub>を毎食後<sub>まいしょくご</sub>ひと〜ずつ飲<sub>の</sub>む 약을 매식후 한 봉씩 복용하다
**つつみ** [堤] ①둑, 제방 = 土手<sub>どて</sub>・堤防<sub>ていぼう</sub>¶ 〜が切<sub>き</sub>れる 둑이 터지다 ②저수지
**つづみ** [鼓] ①가죽을 메워 만든 타악기의 총칭 ②장구, 북
**つつみかく・す** [包み隠す] [他五] ①(물건을) 싸서 숨기다, 싸 감추다¶ 袖<sub>そで</sub>で〜 소매로 싸 감추다 ②숨기다, 은폐하다¶ 〜・さず打<sub>う</sub>ち明<sub>あ</sub>ける 숨기지 않고 털어놓다
**つつみがね** [包み金] (정표로) 종이에 싸서 주는 돈, 금일봉 = つつみきん
**つつみがまえ** [包み構え] (한자 부수의) 쌀포 몸 ▷[句・旬]의 [勹] 부분
**つつみやき** [包み焼(き)] [料] 고기·생선을 잎사귀 등으로 싸서 구움, 그렇게 구운 것
**つつ・む** [包む] [他五] ①싸다, 두르다¶ 本<sub>ほん</sub>をふろしきに〜 책을 보자기에 싸다 ②둘러싸다, 에워싸다¶ 家<sub>いえ</sub>が炎<sub>ほのお</sub>に〜・まれる 집이 불길에 휩싸이다 ③숨기다, 가리다¶ なぞに〜・まれている 수수께끼에 가려져 있다
**つづ・める** [約める] [他下一] ①짧게 하다¶ 上着<sub>うわぎ</sub>の丈<sub>たけ</sub>を〜 윗도리의 기장을 줄이다 ②간략하게 하다¶ 〜・めていえば 간략하게 말하면 ③절약하다¶ 経費<sub>けいひ</sub>を〜 경비를 절약하다
**つつもたせ** 〈美人局〉 미인계
**つづら** [*葛] (댕댕이덩굴 등의) 덩굴 식물
**つづら** [*葛籠] 댕댕이덩굴이나 대나무를 엮어 만든 옷고리짝
**つづらおり** [*葛折·〈九十九〉折] 꼬불꼬불한 비탈길·산길, 구절 양장(九折羊腸)
**つづらふじ** [*葛藤] [植] 댕댕이덩굴
**つづり** [*綴り] ①철함, 철한 것¶ 書類<sub>しょるい</sub>の〜 서류철 ②(문장을) 엮음, 그런 글¶ 一<sub>いち</sub>〜の文章<sub>ぶんしょう</sub> 일련의 문장 ③철자, 스펠링¶ 英単語<sub>えいたんご</sub>の〜 영어 단어의 철자 ④누더기옷
**つづりあわ・せる** [*綴(り)合(わ)せる] [他下一] (낱낱의 것을) 철하여 하나로 만들다
**つづりかた** [*綴り方] ①철자법¶ ローマ字<sub>じ</sub>の〜 로마자의 철자법 ②(教) (일본 구제 초등학교 교과목인) 글짓기, 작문
**つづりじ** [*綴り字] 철자, 스펠링
**つづ・る** [*綴る] [他五] ①철하다¶ 書類<sub>しょるい</sub>を〜 서류를 철하다 ②깁다, 꿰매다¶ 服<sub>ふく</sub>の破<sub>やぶ</sub>れを〜 옷의 찢어진 곳을 깁다 ③(글을) 짓다¶ 文章<sub>ぶんしょう</sub>を〜 문장을 짓다 ④철자하다¶ ローマ字<sub>じ</sub>で〜 로마자로 철자하다
**つづれ** [*綴れ] ①누더기옷, 잇대서 기운 옷 = 綴<sub>つづ</sub>り ②헌 천을 가늘게 찢어서 씨실로 해서 짠 것 = 裂織<sub>さきおり</sub> ③「綴<sub>つづ</sub>れ織<sub>お</sub>り」의 준말

つづれおり [*綴れ織(り)] 각종 비단 색색으로 무늬를 엮어 짠 피륙= 綴つづれ
つづれにしき [*綴(れ)錦] 비단 염색실로 새·꽃·사람 등의 무늬를 넣어 짠 비단
って I 係助 ①(화제) …라는 것은, …(이)란¶ 山本やまとは~方かたでご存ぞんじですか 야마모토라는 분 알고 계십니까? ②(질문 등을 되받아 설명·반문함) …냐. …라니¶ どうするか、きまっているだろ 어떻게 할 거냐구? 뻔한 거잖아 II 格助 ①(인용) …이라고¶ 明日あす来くる~言いってたよ 내일 오겠다고 말했어 ②(인용 내용) …라고 하면서, 已調しらべてくれ、持もって来こいよ 이거 조사해 달라면서 가져왔어 ③(동격·내용 관계) …라고 하는¶ よろしく頼たのむ~話はなしだ 잘 부탁한다는 얘기다 III 終助 ①㉠(얻은 지식·정보) …라고 하다¶ もういやだ~さ 이제 싫다더군 (판단·주장) …(한)다니까¶ それは君きみの責任せきにんだ~ 그것은 네 책임이라구 ㉢(반문·의심하는 기분) …라고?¶ もう帰かえるって? 벌써 간다고요?/ 君きみがしたんだって? 네가 했다고? ㉣(다시 물음) …이라구?¶ いつのことだ~? 언제 일이라구? ㉤(상대의 말·권유를 거부함) …라고 했어?, …한대?¶ だれが信用しんようするか~ 누가 신용한대? ㉥(억양을 높여) (질문) …이라구?¶ 帰かえっちゃいけなく~? 돌아가면 안된다구? ㉦(주장·의지) …(한)다니까¶ 待まっていたってよく~よ 기다리고 있어도 좋다니까 IV 接助 …고 해도¶ 話はなした~無駄むだだ 이야기해봤자 소용없다
つて [*伝] ①줄, 연고¶ ~を求もとめる 연줄을 찾다 ②인편, 전갈¶ ~に聞きく 인편에 듣다
つと [*苞·〈苞苴〉] ①짚으로 식품을 싼 꾸러미= わらづと ②(文) 선물, 토산품= 家苞いえづと
つど [都度] 매회, 매번, 그때마다= たびごと¶ その~言いい聞きかせる 그때마다 타이르다
つどい [集い] 모임, 집회, 회합¶ 名画めいが鑑賞かんしょうの~ 명화 감상 모임
つど・う [集う] 自五 (文) 모이다, 모여들다, 회합하다¶ 若人わこうどが~ 젊은이들이 모여들다
つとに [*夙に] 副(文) ①일찍이, 벌써부터, 이전부터¶ うわさは~広ひろまっている 소문은 벌써부터 퍼졌다 ②어릴 때부터¶ ~志こころざしを立たてる 어릴 때부터 뜻을 세우다 ③아침 일찍¶ ~起おきる 아침 일찍 일어나다
つとま・る [勤まる] 自五 근무할 수 있다, (직무를) 감당해 내다¶ 大役たいやくが~ 중대한 역할을 감당해 내다
つとめ [務め] 의무, 임무, 책무¶ 学生がくせいとしての~ 학생으로서의 의무/ ~を果はたす 의무를 다하다
つとめ [勤め] ①근무, 업무¶ 毎日まいにち~にでる 매일 출근하다 ②(佛) 수행, 근행¶ 朝夕ちょうせきの~を欠かさない 아침저녁의 근행을 거르지 않다 ③창녀·기생의 직업
つとめあ・げる [勤め上げる] 他下一 (무사히) 임기를 마치다¶ 大過たいかなく~ 대과 없이 임기를 마치다

つとめぐち [勤め口] 일자리, 근무처, 직장
つとめさき [勤め先] 근무처
つとめて [努めて·*勉めて] 副 애써, 힘써, 되도록¶ ~平静へいせいを装よそおう 애써 평정을 가장하다
つとめにん [勤め人] 직장인, 월급쟁이
つとめむき [勤め向き] ①근무처 ②근무 내용
つと・める [努める·*勉める] 自下一 힘쓰다, 애쓰다, 노력하다¶ 事件じけんの解決かいけつに~ 사건 해결에 노력하다
つと・める [務める] 他下一 (역할·직무를) 맡다, 맡아보다, 수행하다¶ 議長ぎちょうを~ 의장을 맡다/ 主役しゅやくを~ 주역을 맡다
つと・める [勤める] 自下一 ①근무하다, 종사하다¶ 会社かいしゃに~ 회사에 근무하다 ②(佛) 수행하다
つな [綱] ①밧줄, 로프¶ ~を巻まく 밧줄을 감다 ②의지할 것〔모〕¶ 命いのちの~ 생명줄 ③[相撲] 横綱よこづな
[慣用句]
一を張はる [相撲] 横綱よこづなが 되다
つながり [*繋がり] ①연결, 연결된 것¶ 文ぶんの~ 문맥 ②관계, 유대¶ 仲間なかまとの~を大事だいじにする 동료와의 관계를 중시하다 ③혈연 관계; 親子おやこの~ 부모와 자식의 관계
つなが・る [*繋がる] 自五 ①통하다, 이어지다, 연결되다¶ 意味いみが~ 의미가 통하다/ 橋はしで本州ほんしゅうと四国しこくが~ 다리로 본주와 사국이 연결되다 ②연잇다, 연달다, 연속되다¶ 事故じこで車くるまが~っている 사고로 차가 줄지어 서 있다 ③유지되다¶ 危あやうく首くびが~ 아슬아슬하게 목이 부지되다 ④관계가 있다, 관련되다¶ 血ちが~ 혈연 관계가 있다/ 事件じけんに~遺留品いりゅうひん 사건에 관련된 유류품
つなぎ [*繋ぎ] ①이음, 연결, 연결하는 것¶ ~目め 이음매 ②(일의) 틈·사이를 메움, 그런 것·사람¶ 芝居しばいの~に踊おどりをおどる 연극의 막간에 춤을 추다 ③(料) 재료를 차지게 하기 위해 섞는 것¶ そばの~に卵たまごを使つかう 메밀 국수를 차지게 하기 위해 계란을 쓰다 ④(服) 위아래가 하나로 붙은 옷
つなぎと・める [*繋(ぎ)止める] 他下一 ①매어 두다, 매어 고정시키다¶ 船ふねを岸壁がんぺきに~ 배를 안벽에 매어 두다 ②(사람·마음을) 붙잡아 두다¶ 子供こどもたちの興味きょうみを~ 아이들의 흥미를 붙잡아 두다
つなぐ [綱具] 삭구(索具), (배에서 쓰는) 밧줄로 만들어진 기구의 총칭
つな・ぐ [*繋ぐ] 他五 ①매다, 묶어 두다¶ 犬いぬを電柱でんちゅうに~ 개를 전봇대에 묶어 두다 ②잇다, 맞매다, 연결하다¶ 手てを~ 손을 맞잡다 ③가두다, 구금하다¶ 獄ごくに~ 옥에 가두다 ④이어나가다, 지속〔유지·보존〕하다¶ 一縷いちるの望のぞみを~ 한 가닥 희망을 걸다
つな・げる [*繋げる] 他下一 잇다, 묶다, 연결하다¶ ひもを~げて長ながくする 끈을 이어서 길게 하다
つなそ [綱麻] [植] 황마= 黄麻おうま

つなで【綱手】 뱃줄= 引(ひ)きづな
つなひき【綱引(き)・綱(×)曳(き)】①줄을 매어 끎 ②줄다리기
つなみ【津波】[地] 해일
つなわたり【綱渡り】[名][自スル] ①줄타기 ②[比] 위험한 짓, 모험 ¶ ～の経営(けいえい) 줄타기식 경영
つね【常・恒】①불변, 일정함 ¶ ～ならぬ人(ひと)の命(いのち)の 사람의 목숨 ②평소, 평상 ¶ ～と変(か)わらぬ笑顔(えがお) 평소와 다름없는 미소 띤 얼굴 ③평법, 보통 ¶ ～の人(ひと) 평범한 사람 ④경향, 상사(常事), 상례, 관례 ¶ 栄枯盛衰(えいこせいすい)は世(よ)の～ 영고성쇠는 세상의 상례
つねづね【常常】Ⅰ[名] 평상시, 평소 ¶ ～の心(こころ)がけが大切(たいせつ)だ 평소의 마음가짐이 중요하다 Ⅱ[副] 늘, 항상, 언제나 ¶ ～感(かん)じている 항상 느끼고 있다
つねなみ【常並(み)】[名][文] 보통임, 일반적임
つねならず【常ならず】[連語][文] ①평소와 다르다, 여느 때와 다르다 ¶ 心(こころ)～ 마음이 여느 때와 같지 않다 ②덧없다, 무상하다 ¶ 人(ひと)の世(よ)は～ 이 세상은 무상하다
つねに【常に】[副] 늘, 항상, 언제나 ¶ ～健康(けんこう)に注意(ちゅうい)する 늘 건강에 주의하다
つねひごろ【常日頃】[名][副] 평소, 평상 = ふだん ¶ ～の心構(こころがま)え 평소의 마음가짐
つね・る【×抓る】[他五] 꼬집다 = つめる ¶ ももを～ 허벅지를 꼬집다
つの【角】①뿔 ¶ 牡鹿(おじか)の～ 수사슴의 뿔 ②(곤충의) 뿔 모양의 돌기물 ③뿔 모양의 것 ¶ かたつむりの～ 달팽이의 더듬이 ¶ ～のように 뿔처럼 나온 것, 뿔다구니 ④(여자의) 질투
[慣用句]
—突(つ)き合(あ)わせる 사이가 나빠 자주 싸우다
—を出(だ)す (여자가) 투기하다, 질투하다
—を矯(た)めて牛(うし)を殺(ころ)す 교각 살우
つのがき【角書(き)】 浄瑠璃(じょうるり)・歌舞伎(かぶき)의 제명(題名)등의 위에 두 줄로 적은 것
つのかくし【角隠し】 (일본식 혼례 때) 신부가 머리에 쓰는 흰 천
つのぐ・む【角ぐむ】[自五] (갈대・참억새 등의) 새싹이 뾰족 돋아나다, 싹트기 시작하다
つのごけるい【角×苔類】[植] 뿔이끼류
つのざいく【角細工】 각세공, 뿔세공품
つのだる【角(×)樽】 두 개의 긴 손잡이가 달린 옻칠한 술통
つのつきあい【角突き合い】 (사이가 나빠) 자주 싸움, 서로 으르렁거림 = つのづきあい
つのぶえ【角笛】 각적, 뿔피리
つのふで【角ふで】= かくひつ【角筆】
つのめだ・つ【角目立つ】[自五] ①모가 나다 ②(서로 감정이 상해) 충돌하다, 서로 으르렁거리다 ¶ 何(なに)かにつけて～ 기회가 있을 때마다 서로 으르렁거려
つの・る【募る】Ⅰ[自五] (점점) 더해지다, 심해지다 ¶ 不信感(ふしんかん)が～ 불신감이 더해지다 Ⅱ[他五] 모으다, 모집하다 ¶ 寄付金(きふきん)を～ 기부금을 모으다
つば【×唾】침 ¶ ～を飲(の)み込(こ)む 침을 삼키다,

탐내다 / ～を付(つ)ける 침을 바르다, 남에게 빼앗기지 않도록 미리 손을 쓰다
つば【×鍔・×鐔】①(칼의) 날밑 ②(모자의) 차양 ③솥전
つば【×唾】침, 타액 = つば
つばき【×椿】[植] 동백나무 —油(あぶら) 동백 기름
つばきもち【×椿餅】 찐 찹쌀이나 맵쌀 가루에 소를 넣고 동백잎 두 장으로 싼 떡
つばぎわ【×鍔際】①[刀身] 칼날과 날밑이 닿는 부분 ②[比] 긴요한 고비, 고빗사위 = 瀬戸際(せとぎわ) ¶ ～で失敗(しっぱい)する 고비에서 실패하다
つばくら【×燕】[文]「つばくらめ」의 준말
つばくらめ【×燕】[文]「つばめ」의 옛말컬음
つばくろ【×燕】[文]「つばくら」의 변한말. 제비
つばさ【翼】①[動](조류의) 날개 = はね ¶ ～をひろげる 날개를 펴다 ②(항공기의) 날개
つばぜりあい【×鍔迫り合い】①서로 내리친 칼을 날밑으로 받아서 밀어댐 ②(서로) 치열하게 겨룸 ¶ 選挙戦(せんきょせん)で激(はげ)しい～を演(えん)じる 선거전에서 격렬한 승부를 벌이다
つばな【×茅花】 띠, 띠꽃
つばめ【×燕】①[動] 제비 ②[俗] 연하의 정부, 제비족 ¶ 若(わか)い～ 젊은 정부
つばめがえし【×燕返し】①(제비처럼) 재빨리 몸을 반전(反転)시킴 ②(검술에서) 내리치던 칼끝을 재빨리 번드쳐서 베는 기술
つばもと【×鍔元】→ つばぎわ
つぶ【粒】 알 ①둥글고 작은 것 ¶ 雨(あめ)～ 빗방울 / 小(ちい)～のりんご 알이 작은 사과 ②남알 ¶ 米(こめ)～ 쌀알 ③집합체를 이루는 개개의 것 ④[助数] 둥글고 작은 것을 세는 말 ¶ 一(ひと)～の麦(むぎ) 한 알의 보리
[慣用句]
—が揃(そろ)う 모인 사람・물건이 모두 뛰어나다
つぶがい【つぶ貝】[動] 고둥
つぶぎん【粒銀】「豆板銀(まめいたぎん)」의 속칭
つぶさに【×具に・×備に】[副][文] 자세히, 상세히, 빠짐없이 ¶ ～検討(けんとう)する 자세하게 검토하다
つぶし【×潰し】①으깸, 찌부러뜨림, 그렇게 한 것 ②(기능을) 못쓰게 만듦, 그런 것 ¶ 目(め)～ (재・모래 등을 던져) 눈을 못 뜨게 하는 일 ③(부수거나 녹여) 본래 원료로 만듦, 그렇게 한 것 ④[造語] (시간 등을) 보냄, 때움 ¶ 時間(じかん)～ 시간 때우기
[慣用句]
—が効(き)く (본직 말고) 다른 일도 잘 수 있다
つぶしあん【×潰し×餡】 으깬 팥소
つぶしねだん【×潰し値段】①(금속 제품 등의) 바탕쇠로서의 값 ②(제품의) 원료로서의 값
つぶ・す【×潰す】[他五] ①으깨다, 부수다, 찌그러뜨리다 ¶ ゆでたじゃがいもを～ 삶은 감자를 으깨다 ②못쓰게 만들다, 손상하다, 망치다 ¶ 声(こえ)を～ 성대를 손상하다 ③망하게 하다, 파산시키다 ¶ 会社(かいしゃ)を～ 회사를 파산시키다 ④(다른 용도에 쓰기 위해) 변형시키다 ¶ 金貨(きんか)を～ 금화를 녹이다 ⑤(가축을) 잡다, 도살하다 ¶ 鶏(にわとり)を～ 닭을 잡다 ⑥(빈 곳을) 메우다 ¶ 穴(あな)を～ 구멍을 메우다 ⑦(시

간을) 때우다¶暇を～ 시간을 때우다 ⑧(체면·평정을) 잃다¶面目を～ 면목을 잃다
**つぶぞろい** [粒揃い] 名 ①알이 고움 ②한결같이 우수함¶～の候補者 한결같이 우수한 후보자
**つぶだ·つ** [粒立つ] 自五 (표면에) 도톨도톨 돋아나다, 알알이 솟아나다
**つぶつぶ** [粒粒] I 副 ①알알이 솟아나는 모양, 도톨도톨¶～と粟立か つ 도톨도톨 소름이 돋다 II 名 ①알갱이 모양의 것¶顔に～がで きる 얼굴에 도톨도톨한 것이 나다 ②名 자잘한 무늬¶～の模様 자잘한 무늬
**つぶて** [〈飛礫〉·礫] 文 돌팔매질, 그런 돌멩이¶紙～ 종이를 뭉쳐서 던짐/ ～を打つ 돌팔매질을 하다
**つぶや·く** [呟く] 自五 중얼거리다, 투덜거리다¶ぶつぶつと～ 불만스럽게 투덜거리다
**つぶより** [粒選り] 좋은 것만 골라냄, 알짜¶ ～の選手 엄선한 선수
**つぶら** [〈円(ら)〉] 文 둥글고 귀여움¶～な瞳 둥글고 귀여운 눈동자
**つぶり** [頭] 머리= つむり
**つぶ·る** [瞑る] 他五 ①(눈을) 감다= つむる¶目をって考える 눈을 감고 생각하다 ②눈감아 주다¶失敗に目を～ 실수를 눈감아 주다
**つぶ·れる** [潰れる] 自下一 ①찌부러지다, 깨지다, 부서지다¶箱が～ 상자가 찌부러지다 ②못쓰게 되다¶目が～ 눈이 멀다 ③망하다, 파산하다¶銀行が～ 은행이 파산하다 ④(시간을) 허비하다¶来客で一日が～ 손님이 와서 하루를 허비하다 ⑤(체면·평정을) 잃다¶顔が～ 체면이 깎이다
**つぺ** [接尾] (俗) ①경멸의 뜻을 나타냄¶田舎～ 촌뜨기 ②(사람 이름 등에 붙어) 친근함을 나타냄¶太郎～ 太郎 그 친구
**つぺこぺ** 이러쿵저러쿵, 이러니저러니¶～とぬかす 이러쿵저러쿵 지껄이다
**ツベルクリン** (독 Tuberkulin) 医 투베르쿨린¶ 一反応 투베르쿨린 반응
**つぼ** [坪] (助数) 평 ①토지·건물의 면적의 단위 ②흙·모래 등의 부피의 단위 ③비단의 면적의 단위 ④타일·피혁 등의 면적의 단위
**つぼ** [壺] ①단지, 항아리¶砂糖～ 설탕 단지 ②우묵하면서 팬 곳¶滝～ 용소/ 墨～ 먹통 ③漢 경혈, 뜸자리 ④요점, 급소¶～を心得る 요점을 파악하다/ ～を押さえる 급소를 누르다 ⑤예상[짐작]했던 바¶～にあたる 예상이 들어맞다
慣用句
**一に嵌まる** ①정곡을 찌르다 ②예상대로 되다
**つぼあたり** [坪当(た)り] 평당¶単価 平 当 단가¶ 土地の値段 평당 토지 가격
**つぼい** [接尾] …의 경향이 강하다, …같다, …스럽다¶水～ 물기가 많다/ 色～ 요염하다
**つぼがり** [坪刈(り)] 평예법(平刈法), 1평의 벼나 보리를 거두어서 전체의 수확을 측정함
**つぼざら** [壺皿] ①(음식을 담는) 종지 ②(노름에서) 주사위를 덮는 종지
**つぼすう** [坪数] 평수¶～にして百坪の敷地 평수로 쳐서 100평 되는 대지
**つぼすみれ** [壺菫] 植 콩제비꽃
**つぼにわ** [坪庭] 안뜰= 内庭
**つぼふり** [壺振り] (俗) (주사위 도박에서) 주사위가 든 종지를 흔들어 엎어 놓음, 그런 사람
**つぼま·る** [窄まる] 自五 오므라들다, 옴츠러들다= すぼまる·つぼむ
**つぼみ** [蕾·苕] ①꽃봉오리¶～がほころぶ 꽃봉오리가 벌어지다 ②(比) 아직 제구실을 못하나 전도 유망한 젊은이¶～のまま逝く 유망한 젊은이가 꽃을 채 피우지도 못하고 죽다
慣用句
**一の花を散らす** 전도 유망한 사람을 죽게 하다, 재능을 썩게 하다
**つぼ·む** [窄む] 自五 오므라들다¶朝顔が～ 나팔꽃이 오므라들다
**つぼ·む** [蕾む·苕む] 自五 (文) 꽃망울지다
**つぼ·める** [窄める] 他下一 접다, 오므리다, 옴츠리다¶かさを～ 우산을 접다/ 口を～ 입을 오므리다
**つぼやき** [壺焼(き)] 料 ①항아리에 넣고 구움, 그렇게 구운 것 ②소라를 썰어서 양념한 다음 껍질에 넣고 다시 구운 요리
**つま** [妻] ①처, 아내⇔夫¶～の実家 아내의 친정/ 糟糠の～ 조강지처 ②料 (회 등에) 곁들이는 채소·해초류¶刺身の～ 생선회에 곁들이는 채소 ③(주된 것에) 곁들이는 것¶話の～ 이야기의 곁들이
**つま** [褄] 服 着物の의 앞섶 도련의 좌우 끝
慣用句
**一を取る** ①앞섶 끝을 추켜들고 걷다 ②기생이 되다
**つま** [端] ①(물건의) 끝 부분, 가장자리¶軒の～ 처마끝 ②계기, 단서, 실마리 ③[妻] 建 박공(벽)= 切妻
**つまいた** [妻板] 建 건물 측면의 판자
**つまおと** [爪音] ①가조각(假爪角)으로 거문고를 타는 소리 ②말발굽 소리
**つまかけ** [爪掛(け)] ① → つまかわ ②(짚으로 만든) 눈신
**つまかわ** [爪革·爪皮] (빗물이나 흙탕이 튀는 것을 막기 위해) 왜나막신 앞쪽에 씌우는 덮개= つまがけ
**つまぐし** [爪櫛] 참빗
**つまぐ·る** [爪繰る] 他五 文 손끝으로 굴리다¶じゅずを～ 염주를 손끝으로 굴리다
**つまこ** [妻子] 처자= さいし
**つまごい** [妻恋·夫恋] 文 부부[암수]가 서로 그리워함
**つまごと** [妻琴·爪琴] 「箏」 쟁의 딴이름
**つまさき** [爪先] 발끝, 발가락 끝 **一上がり** 차츰 오르막이 됨 **一立つ** 自五 발돋움하다
**つまさ·れる** 自下一 ①(정에) 끌리다, 마음이 움직이다¶人の情けに～ 인정에 이끌리다 ②(남의 일이 아니라고 여겨져) 측은해지다¶身に～ 자기 일처럼 여겨져 측은해지다

つまし・い [^倹しい] 形 검소하다, 알뜰하다 ¶ ～暮らし 검소한 생활

つまず・く [^躓く] 自五 ①발이 걸려 넘어질 뻔하다, 비틀거리다 ¶ 石に～ 돌에 걸려 넘어질 뻔하다 ②(장애에 부딪혀) 실패하다, 좌절하다 ¶ 事業に～ 사업에 실패하다

つまだ・つ [^爪立つ] 自五 발돋움하다 = つま先立つ ¶ ～って塀の向こうを見る 발돋움하여 담 너머를 보다

つまだ・てる [^爪立てる] 自下一 발돋움하다

つまど [妻戸] [建] ①(寝殿造에서) 건물의 네 귀퉁이에 있는 쌍바라지 문 ②집 끝쪽에 붙은 쌍바라지 문

つまどいこん [妻問(い)婚] [民] 부부가 따로 살면서 밤에 남편이 아내를 찾아가는 혼인 형태

つまど・る [^褄取る] 他五 옷자락을 걷어 올리다

つまはじき [^爪弾き] 名 他スル ①손끝으로 튀김 ②따돌림, 배척함 同僚から～される 동료들로부터 따돌림을 당하다

つまびき [^爪弾き] 文 (현악기를) 손끝으로 탐

つまび・く [^爪弾く] 他五 文 (현악기를) 손끝으로 타다 ¶ ギターを～ 기타를 타다

つまびらか [^詳か・^審か] 刑動 자세함, 소상함 ¶ ～な事情 자세한 사정 / 内容を～にする 내용을 소상히 밝히다

つまみ [^摘み・^撮み・^抓み] ①손끝으로 집음, 그런 분량 ¶ ひと～の 자밤 ②(기구 등의) 손잡이 ③'摘み物'의 준말. 술안주

つまみあらい [^摘み洗い] 名 自他スル 지르잡음 ¶ 襟を～する 깃을 지르잡다

つまみぐい [^摘み食い] 名 他スル ①손가락으로 집어먹음 味見のため～する 맛을 보려고 손가락으로 집어먹다 ②몰래 훔쳐먹음 ¶ 来客用の菓子を～する 손님 접대용 과자를 몰래 훔쳐먹다 ③〔俗〕 공금을 조금씩 착복함 ¶ 会社の金を～する 회사 돈을 야금야금 착복하다

つまみだ・す [^摘み出す] 他五 ①집어 내다, 골라 내다 ¶ ポケットから小銭を～ 주머니에서 잔돈을 집어 내다 ②(口) 끌어내다, 쫓아내다 ¶ 教室から～ 교실에서 쫓아내다

つまみな [^摘み菜] 솎아낸 채소

つまみもの [^摘み物] (간단한) 술안주 = おつまみ ¶ ビールの～ 맥주 안주

つま・む [^摘む・^撮む・^抓む] 他五 ①(손가락 등으로) 집다, 잡다 ¶ ピンセットでガーゼを～ 핀셋으로 가제를 집다 ②집어먹다 ¶ すしを～ 초밥을 집어먹다 ③요약하다, 간추리다 ¶ 要点を～んで報告する 요점을 간추려서 보고하다 ④(「～まれる」의 꼴로》 홀리다 ¶ きつねに～まれたような気持ち 여우에게 홀린 듯한 기분

つまようじ [^爪楊枝・^爪楊子] 이쑤시개

つまらな・い 形 시시하다 ①하찮다, 쓸데없다 ¶ ～人間 시시한 인간 / ～意地を張る 쓸데없는 고집을 부리다 ②재미없다, 흥미없다 ¶ ～映画 시시한 영화

つまり [詰(ま)り] I 名 ①끝장, 막판 ¶ とどの～ 결국 ②막다름 ¶ 身の～ 막다른 신세 ③〔造語〕 막힘 ¶ 鼻～ 코 막힘 / 金～ 자금경색 / 手～ 손쓸 도리가 없음 II 副 결국, 요컨대, 즉 ¶ それが～うぬぼれということだ 그것이 즉 자만이라는 것이다

つまりは [詰(ま)りは] 副 결국은, 요는

つま・る [詰(ま)る] 自五 ①가득 차다 ¶ 球場に観客が～ 야구장에 관중이 꽉 차다 ②(구멍・통로 등이) 막히다, 메다 ¶ 下水が～ 하수도가 막히다 ③궁해지다 ¶ 返答に～ 답변이 궁해지다 / 切羽～ 궁지에 몰리다 ④짧아지다, 줄어들다 ¶ 差が～ 차가 줄어들다 ⑤(「息が気が～」의 꼴로) 거북해지다, 답답해지다 ⑥(예정 등이) 꽉 차다 ¶ スケジュールが～ 스케줄이 꽉 차다

つまるところ [詰(ま)る所] 副 요컨대, 결국 ¶ 失敗の原因は～資金の不足だ 실패의 원인은 결국 자금 부족이다

つみ [罪] I 名 ①죄악, 범죄 ¶ ～をおかす 죄를 범하다 / ～に問われる 처벌되다 ②(잘못에 대한) 책임 ¶ ～をかぶせられる 죄를 뒤집어쓰다 II ナ 무자비함, 심함 ¶ ～なことをする 못할 짓을 하다

〔慣用句〕
—が無い 순진하다, 천진 난만하다
—を被る (남의) 죄를 뒤집어쓰다
—を着せる (남에게) 죄를 뒤집어씌우다
—を作る (남에게) 못할 짓을 하다
—を悪んで人を悪まず 죄는 미워해도 사람은 미워하지 않는다

つみ [詰(み)] (장기에서) 외통수

つみあ・げる [積み上げる] 他下一 쌓아 올리다 ①높이 겹쳐 쌓다 ¶ 荷物を～ 짐을 쌓아 올리다 ②축적하다 実績を～ 실적을 쌓아 올리다

つみいれ [摘(み)入れ] [料] 생선을 다져 밀가루 등을 넣고 경단처럼 만든 음식 = つみれ

つみおろし [積(み)降(ろ)し・積(み)卸し] 名 (짐을) 싣고 내림, 하역 ¶ 引っ越しの荷物の～ 이삿짐의 하역

つみかえ [積(み)替え・積(み)換え] 名 他スル ①옮겨 쌓음 ②다시 쌓음

つみか・える [積(み)替える・積(み)換える] 他下一 ①옮겨 쌓다 ¶ トラックに～ 트럭으로 옮겨 싣다 ②다시 쌓다 ¶ 荷物がぐらつくので～ 짐이 흔들거려서 다시 쌓다

つみかさな・る [積(み)重なる] 自五 겹겹이 쌓이다, 겹쳐지다, 누적되다 ¶ 本が～ 책이 겹겹이 쌓이다 / 疲労が～ 피로가 누적되다

つみかさ・ねる [積(み)重ねる] 他下一 포개어〔겹쳐〕 쌓다, 거듭하여 쌓다 ¶ 煉瓦を～ 벽돌을 겹쳐 쌓다 / キャリアを～ 경력을 쌓다

つみき [積(み)木] ①재목을 쌓아 올림, 그런 재목 ②쌓기 놀이, 그 장난감

つみきん [積(み)金] 적립금 = 積立金

つみくさ [摘(み)草] 名 自スル (들에서) 나물・꽃 등을 뜯음 [밤] ¶ 土手で～する 둑에서 나

물을 뜯다
**つみごえ** [積(み)肥] 두엄, 퇴비= 堆肥
**つみこ・む** [積(み)込む] 他五 (화물을 배·차 등에) 싣다¶ 多くの荷を~·んだ船 많은 짐을 실은 배
**つみ・する** [罪する] 他サ変 (文) 죄를 벌하다, 벌주다, 처벌하다
**つみた** [積田] 논벼의 직파(直播) 재배
**つみだ・す** [積(み)出す] 他五 (화물을 배·차 등에) 실어 내다, 출하하다¶ 石炭を~ 석탄을 실어 내다
**つみたて** [積(み)立て] 積立金 의 준말 ―**金** ①적립금 ②준비금
**つみた・てる** [積(み)立てる] 他下一 적립하다, 적금하다¶ 住宅資金を~ 주택 자금을 적립하다
**つみつくり** [罪作り] 名ダ ①죄를 지음, 그런 사람 ②못할[무자비한] 짓을 함, 그런 사람¶ ~なことをする 못할 짓을 하다
**つみとが** [罪科] 죄과. 죄와 허물
**つみに** [積(み)荷] 적하. 태짐
**つみのこし** [積(み)残し] 다 싣지 못하고 일부를 남김, 그런 것¶ 数個の~が出る 다 싣지 못하고 몇 개가 남다
**つみびと** [罪人] (文) 죄인= ざいにん
**つみぶか・い** [罪深い] 形 죄가 많다[무겁다]¶ ~人間 죄 많은 인간
**つみほろぼし** [罪滅ぼし] 죄 갚음, 속죄¶ せめてもの~に 조금이나마 속죄하는 뜻으로
**つむ** [錘·〈紡錘〉] 방추. 물레의 가락
**つ・む** [詰む] 自五 ①촘촘하다¶ 目の~·んだ生地 올이 촘촘한 천 ②(장기에서) 외통수에 몰리다
**つ・む** [摘む] 他五 ①(손으로) 따다, 뜯다¶ 茶を~ 찻잎을 따다 ②(가위 등으로) 끝을 자르다, 치다, 깎다¶ 髪を~ 머리를 깎다
**つ・む** [積む] 他五 ①싣다¶ 本を山と~ 책을 산처럼 쌓다 ②(경험 등을) 쌓다¶ 経験を~ 경험을 쌓다 ③(차·배에 짐을) 싣다¶ トラックに新米を~ 트럭에 햅쌀을 싣다 ④(재산을) 모으다¶ 巨万の富を~ 막대한 부를 쌓다
**つむぎ** [*紬] 주사로 짠 명주
**つむぎいと** [*紬糸] 주사. 지스러기 고치·풀솜 등으로 자은 명주실
**つむ・ぐ** [紡ぐ] 他五 실을 뽑다, 잣다
**つむじ** [旋毛] ①(머리의) 가마 ②つむじ風 의 준말 ―**曲がり** 名ダ 성질이 비뚤어짐, 그런 사람
**慣用句**
―**が曲がる** 성질이 비뚤어져 있다
―**を曲げる** 심술을 부리다
**つむじかぜ** [旋風] [気] 회오리 바람
**つむり** [*頭] 머리¶ ~をなでる 머리를 쓰다듬다
**つむ・る** [瞑る] 他五 → つぶる
**つめ** [*爪] ①손톱, 발톱¶ ~を切る 손톱[발톱]을 자르다 ②(거문고의) 가조각(假爪角)

③(물건을 걸거나 매다는) 갈고랑이
**慣用句**
―**に爪なく瓜に爪あり** 손톱에 손톱 없고 오이에 손톱 있다(爪 과 瓜 의 차이를 가르치는 말)
―**に火を灯す** (손톱에 불을 켤 만큼) 아주 인색하다
―**の垢ほど** (손톱의 때만큼) 아주 적음
―**の垢を煎じて飲む** 손톱의 때를 다려 마시다. 뛰어난 사람을 닮으려 노력하다
―**を隠す** 발톱을 감추다, 재능을 과시하지 않다
―**を研ぐ** 손톱을 갈다, 기회를 노리다
**つめ** [詰(め)] ①채움, 채우는 것 ②(장기에서) 마지막 판국¶ ~に入る 마지막 판국에 들어가다 ③(일의) 마무리¶ ~が甘い 마무리가 허술하다 ④끝, 가장자리¶ 橋 の~ 다리 끝 ⑤[料] 뱀장어를 푹 곤 걸쭉한 국물
**づめ** [詰(め)] (造語) ①채움, 채운 것¶ 箱~ 상자들이 ②가까이 붙임¶ ひざ~談判 무릎을 맞댄 담판 ③[形] 계속¶ [중]詰…함 立ち~ 줄곧 서 있음 ④(그것만을) 내세움, 고집함¶ 理~ 이론만 내세움 ⑤(일정한 장소에서) 근무함¶ 警視庁~の記者 경찰청 출입 기자 ⑥끝, 가장자리¶ 橋~ 다리 끝
**つめあと** [*爪痕] ①손톱 자국¶ 顔に~をつける 얼굴에 손톱 자국을 내다 ②[比] 할퀸 자국, 피해의 흔적¶ 台風の~ 태풍이 할퀸 자국
**つめあわせ** [詰(め)合(わ)せ] (여러 가지를 한 데) 섞어 담음[넣음], 그런 물건¶ かんづめ の~ 여러 가지 통조림을 섞어 넣은 것
**つめいん** [爪印] 지장, 손도장, 무인= 爪判 ¶ ~を押す 지장을 찍다
**つめえり** [詰(め)襟] (양복 등의) 스탠드 칼라, 스탠드 칼라 양복¶ ~の学生服 스탠드 칼라의 학생복
**つめか・える** [詰(め)替える·詰(め)換える] 他下一 갈아 채우다, 새로[다시] 채우다
**つめか・ける** [詰(め)掛ける] 自下一 ①바싹 다가서다 ②몰려들다¶ 報道陣が~ 보도진이 몰려들다
**つめがた** [*爪形] ①손톱 자국 ②손도장 ③손톱 모양
**つめきり** [*爪切り] 손톱깎이
**つめ・きる** [詰(め)切る] I 自五 줄곧 붙어 있다, 대기하다¶ 病人のそばに~ 환자 옆에 줄곧 붙어 있다 II 他五 가득 채워 넣다, 다 채우다¶ 荷物を~ 하물을 가득 채우다
**つめくさ** [詰草] [植] 클로버
**つめご** [詰(め)碁] (바둑에서) 묘수풀이, 묘수풀이 바둑
**つめこみしゅぎ** [詰(め)込(み)主義] 주입식 교육 방법
**つめこ・む** [詰(め)込む] 他五 가득 채우다, 집어 넣다, 주입하다¶ 乗客を~ 승객을 가득 채우다/ 知識を~ 지식을 주입하다
**つめしょ** [詰(め)所] (근무하기 위해) 모여 있는 장소, 대기소¶ 警官~ 경찰관 대기소
**つめしょうぎ** [詰(め)将棋] 박보(博譜) 장기

つめた・い [冷たい] 形 ①차다, 차갑다¶ ~風 찬 바람 ②냉정하다, 냉담하다, 쌀쌀하다¶ ~態度で 냉정한 태도/ ~目で見る 차가운 눈으로 보다

つめたいせんそう [冷たい戦争] 냉전

つめたくなる [冷たくなる] 連語 차가워지다 ①식다 ②죽다 ③애정이 식다 ④냉담해지다

つめばら [詰(め)腹] ①강요되어 할복함 ②강제로 사직당함¶ 部下の不始末で~を切らされる 부하의 실책으로 강제 사직당하다

つめばん [゛爪判] 지장, 손도장 = つめいん

つめもの [詰(め)物] 名 ①(닭・생선 등의 내장을 빼고) 소를 채워 넣은 요리, 그렇게 채워 넣은 것 ②(포장할 때) 빈 틈에 채워 넣는 것 ③구멍을 메우는 것

つめよ・せる [詰(め)寄せる] 自五 몰려오다, 몰려들다, 밀어닥치다¶ 観衆が~ 관중이 몰려오다

つめよ・る [詰(め)寄る] 自五 ①바싹 다가서다¶ 敵陣に~ 적진에 다가서다 ②따지고 들다, 다그치다¶ 議長に~ 의장에게 따지고 들다

つ・める [詰める] I 他下一 ①채우다, 채워 넣다, 담다¶ りんごを箱に~ 사과를 상자에 채우다 ②(사이를) 좁히다¶ 席をお~めください 자리를 좁혀 주십시오 ③(꾸준히) 계속하다¶ 根を~ 끈기 있게 하다 ④(구멍・틈을) 메우다¶ 穴に土を~ 구멍을 흙으로 메우다 ⑤(「息を~」의 꼴로) 숨을 죽이다¶ 息を~めて見守る 숨을 죽이고 지켜보다 ⑥매듭짓다, 결말을 내다¶ 議論を~ 논의를 매듭짓다 ⑦줄이다, 짧게 하다¶ ズボンを~ 바지를 줄이다 ⑧절약하다¶ 経費を~ 경비를 절약하다 ⑨(장기에서) 외통수로 몰다¶ 王将を~ 궁을 외통수로 몰다 ⑩(補助) ㉠끝까지 [계속]…하다¶ 追い~ 뒤쫓아다니다/ 思い~ 한결같이 생각하다/ 通い~ 계속 다니다 ㉡빈틈없이 …하다¶ 敷き~ 빈틈없이 깔다 II 自下一 대기하다¶ 病人のそばに~ 환자 옆에 줄곧 붙어 있다

つもり [積(も)り・心算] 名 ①의도, 작정¶ そんな~はない 그럴 의도는 없다 ②…한 셈침¶ 死んだ~で働く 죽은 셈치고 일하다 ③심산, 속셈, 기대¶ ~が外れる 기대가 어긋나다

つもりつも・る [積(も)り積(も)る] 自五 쌓이고 쌓이다¶ 怒りが~って爆発する 노여움이 쌓이고 쌓여서 폭발하다

つも・る [積(も)る] I 他五 ①쌓이다¶ 雪が~ 눈이 쌓이다 ②누적되다¶ 不満が~ 불만이 누적되다 II 他五 ①어림잡다, 셈치다 = みつもる ¶ 工事費を~ 공사비를 어림잡다 ②헤아리다, 추측하다¶ 人の心を~ 남의 마음을 헤아리다

つや [゛艶] ①윤기, 광택¶ 革靴の~を出す 가죽에 광을 내다 ②생기, 싱싱함¶ 声に~がある 목소리에 생기가 있다 ③재미, 멋¶ ~のない話 재미없는 이야기 ④(造語) 남녀의 정사에 관한 일¶ ~事 (남녀 간의) 정사

つや [通夜] ①(불당에서) 밤새워 기원함 ②(초상집에서의) 밤샘 = お通夜

つやけし [゛艶消し] ①名 광택을 없앰¶ ~のガラス 무광택 유리 II 名ダ 재미[흥취]를 깸, 그런 언동¶ ~なことを言う 흥을 깨는 말을 하다

つやごと [゛艶事] ①(남녀 간의) 정사(情事) = ぬれごと ②(劇) 정사 연기

つやだし [゛艶出し] 광을 냄, 광내는 데 쓰는 것

つやだね [゛艶種] (남녀 간의) 정사에 관한 화제

つやっぽ・い [゛艶っぽい] 形 요염하다, 색정적이다¶ ~話 색정적인 이야기

つやつや [゛艶゛艶] 副 自スル (윤이 나는) 반들반들, 반지르르¶ 肌が~として若々しい 피부가 반들반들 싱싱하다 ─しい 形 윤이 나다, 반질반질하다, 반지르르하다

つやぶきん [゛艶゛巾] 광내는 데 쓰는 걸레

つやぶみ [゛艶文] (文) 염문, 염서(艶書)

つやめ・く [゛艶めく] 自五 ①반들거리다, 윤이 나다¶ ~若葉 윤이 나는 어린 잎 ②요염하게 보이다¶ ~いた声 요염한 목소리

つやもの [゛艶物] (芸) (浄瑠璃 등에서) 남녀 간의 정사를 소재로 한 것

つややか [゛艶やか] ダ(文) 윤이 남, 반질반질함, 반지르르함¶ ~な肌 반질반질한 살결

つゆ [゛汁・゛液] ①즙¶ みかんの~ 귤즙 ②양념 장국¶ そば~ 메밀국수 장국 ③국¶ お~ 국

つゆ [露] I 名 ①(和) 이슬¶ 草に~がおく 풀잎에 이슬이 내리다 ②(比) 눈물¶ 袖の~ 소매를 적시는 눈물 ③(比) 덧없는 것¶ ~の命 덧없는 목숨 II 副 (文) 조금도, 전혀¶ ~知らず 전혀 모르고

つゆ [梅雨] 장마, 장마철¶ ~が明ける 장마가 개다/ ~の入り 장마철로 접어듦

つゆあけ [梅雨明け・〈出梅〉] 장마철이 끝남

つゆいり [梅雨入り・〈入梅〉] 장마철로 접어듦

つゆくさ [露草] (植) 닭의장풀, 달개비

つゆざむ [梅雨寒] (気) 장마철에 차고 습한 바람이 불어 저온이 계속되는 현상

つゆじも [露霜] ①이슬과 서리 ②이슬이 얼어 서리처럼 된 것

つゆのいのち [露の命] (文) 덧없는 목숨

つゆのま [露の間] (文) 아주 짧은 순간

つゆのよ [露の世] 덧없는 이 세상

つゆばかり [露゛許り] 副(文) 조금, 추호

つゆはらい [露払(い)] 名自他スル ①행렬・귀인 앞에서 길을 선도함, 그런 사람 ②(연예 등에서) 맨 처음 출연함, 그런 사람 ③(相撲) 横綱が 씨름판에 들어갈 때 선도하는 씨름꾼

つゆばれ [梅雨晴(れ)] ①장마가 끝나고 갬 ②장마철에 이따금 날이 맑음, 그런 하늘

つゆほど [露程] 副 조금¶ ~も信じない 조금도 믿지 않다

つよ・い [強い] 形 세다, 강하다 ①㉠(힘・기량) 뛰어나다¶ ~チーム 강한 팀 ㉡굳세다¶ 意志が~ 의지가 강하다 ②(「…に~」의 꼴로) ㉠…에 뛰어나다¶ 数学に~ 수학

을 잘 한다 ⓒ …을 잘 견디어 내다¶ 暑さに～ 더위에 강하다 ③(효력・작용이) 심하다¶ ～薬 독한 약/～日差し 강렬한 햇살 ④단단하다, 튼튼하다¶ ～体をつくる 튼튼한 몸을 만들다 ⑤뚜렷하다, 분명하다¶ コントラストが～ 대조가 뚜렷하다

つよがり【強がり】 강한 체함, 허세를 부림, 그런 말¶ ～を言う 큰소리치다

つよが・る【強がる】 自五 강한 체하다, 허세를 부리다

つよき【強気】 Ⅰ 名 ⑦ 강경함, 기승참¶ ～な態度 강경한 태도 Ⅱ 経 (거래에서) 강세, 오름세¶ 市況が～に転ずる 시황이 오름세로 돌아서다

つよごし【強腰】 (태도가) 강경함 ⇔ 弱腰¶ ～に出る 강경하게 나오다

つよび【強火】 (요리에서) 화력이 센 불＝弱火・とろ火¶ ～で焼く 센 불로 굽다

つよふくみ【強含み】 経 (거래에서) 시세가 오름세의 경향을 보임 弱含み

つよま・る【強まる】 自五 강해지다, 드세어지다¶ 風が～ 바람이 강해지다

つよみ【強み】 ①강점, 유리한 점¶ 経済力のあるのが～だ 경제력이 있다는 것이 강점이다 ②강도, 세기¶ 一段と～を増す 한층 더 강해지다

つよ・める【強める】 他下一 강화하다, 세게 하다¶ 語気を～ 어조를 높이다

つら【面】 ①俗 낯, 낯짝, 상판, ひげ～ 털보/しかめっ～ 찌푸린 상판/どの～下げて来たた 무슨 낯짝으로 왔니? ②표면¶ うわっ～ 표면, 겉

つらあて【面当て】 일부러 빗대어서 빈정댐, 그런 언동＝当てつけ¶ ～に皮肉を言う 일부러 빗대서 빈정대는 말을 하다

つら・い【辛い】 形 ①모질다, 가혹하다¶ ～く当たる 모질게 대하다 ②고되다, 고통스럽다, 괴롭다¶ 子と別れるのは～ 자식과 헤어지는 것은 고통스럽다 ③《「～つらい」의 꼴로》…하기 어렵다, …하기 거북하다¶ 読み～ 읽기 어렵다/聞き～ 듣기 거북하다

つらがまえ【面構え】 얼굴, 낯짝, 면상¶ 大胆不敵な～ 대담무쌍한 얼굴/ ふてぶてしい～ 넉살좋은 낯짝

つらだましい【面魂】 드세어 보이는 얼굴, 만만치 않게 보이는 얼굴¶ 不敵な～ 겁없이 다부진 얼굴

つらつき【面付き】 낯짝, 상판¶ 貧相な～ 궁상스러워 보이는 상판

つらつら【熟・倩】 副 文 곰곰이, 잘¶ ～思うに 곰곰이 생각해 보건대

つらな・る【連なる・列なる】 自五 文 ①(한 줄로) 늘어서다, 즐비하다¶ 自動車が道路に～ 자동차가 도로에 줄지어 있다 ②이어지다, 연속되다¶ 山が幾重にも～ 산이 굽이굽이 이어지다 ③관계되다, 관련되다¶ 信用に～事件 신용에 관계되는 사건 ④같이 가다, 동행하다 ⑤(일원으로) 참석하다, 열석하다¶ 末席に～ 말석에 열석하다

つらにく・い【面憎い】 形 얄밉다, 밉살스럽다¶ ～ほど落ち着いている 얄미울 정도로 침착하다

つらぬ・く【貫く】 他五 ①관통하다, 꿰뚫다¶ 矢が的を～ 화살이 과녁을 관통하다 ②관철하다, 일관하다¶ 初志を～ 초지를 일관하다

つら・ねる【連ねる・列ねる】 他下一 ①늘어놓다, 늘어세우다¶ 美辞麗句を～ 미사 여구를 늘어놓다 ②잇다, 연결하다¶ 書き～れた文字 이어 쓴 글자 ③(일원으로서) 열석하다, 참가하다¶ 名簿に名を～ 명부에 이름을 올리다 ④거느리다, 데리고 가다¶ 供を～ 시종을 거느리다

つらのかわ【面の皮】 (口) 낯가죽, 낯짝＝面皮¶ いい～だ 꼴 좋다

慣用句
―が厚い 낯가죽이 두껍다, 뻔뻔스럽다
―を剥ぐ 낯가죽을 벗기다, (정체를 폭로시켜) 망신을 주다

つらよごし【面汚し】 수치, 망신¶ 家の～ 집안의 망신

つらら【氷柱】 고드름

つら・れる【釣られる】 自下一 끌리다, 현혹되다, 영향을 받다¶ 広告に～れて買う 광고에 끌려 사다

つり【釣(り)】 ①낚시, 낚시질¶ ～に行く 낚시하러 가다 ②거스름돈¶ ～をもらう 거스름돈을 받다

つり【吊(り)】 ①造語 매닮, 매다는 것¶ ズボン～ 바지 멜빵 ②相撲 들어 올리는 수

つりあい【釣(り)合(い)】 ①균형, 평형¶ ～が取れる 균형이 잡히다 ② 吊(り)合(い) 相撲 서로 상대를 들어 올리려고 하는 기술

つりあ・う【釣り合う】 自五 ①평형(균형)을 이루다¶ 収入と支出が～ 수입과 지출이 균형을 이루다 ②조화를 이루다, 어울리다¶ 帽子と服がよく～っている 모자와 옷이 잘 어울린다

慣用句
―・わぬは不縁の基 (신분・집안 등이) 어울리지 않는 결혼은 이혼의 원인이 된다

つりあが・る【吊(り)上がる・釣り上がる】 自五 ①매달려 올라가다 ②치켜 올라가다¶ 目が～ 눈이 치켜 올라가다

つりあ・げる【吊(り)上げる・釣り上げる】 他下一 ①매달아 올리다¶ クレーンで資材を～ 크레인으로 자재를 매달아 올리다 ②치켜 올리다¶ 目を～ 눈을 치켜 올리다 ③(시세를) 끌어 올리다¶ 地価を～ 지가를 끌어 올리다 ④(물고기를) 낚아 올리다¶ かつおを～ 가다랭이를 낚아 올리다

つりいと【釣(り)糸】 낚싯줄¶ ～をたれる 낚싯줄을 드리우다

つりおとし【吊(り)落(と)し】 相撲 상대방을 들어 올렸다가 아래로 쓰러뜨리는 기술

つりおと・す【釣(り)落とす】 他五 (물고기

등을) 낚아 올리다 놓치다
[慣用句]
ー・した魚(さかな)は大(おお)きい 놓친 물고기는 커 보인다
つりかご [釣り×籠] ①낚시 바구니=びく ②매달도록 된 바구니 ③[吊り]×籠](기구 등의) 밑에 매단 바구니=ゴンドラ
つりがね [釣り鐘] 조종. 범종 ー草(そう)[植] 잔대
つりかわ [×吊(り)革] (전철・버스 등의) 손잡이
つりき [×吊(り)木] (선반 등을) 매다는 나무
つりこ・む [釣り込む] (흥미를 일으켜) 끌어들이다 ¶ 本(ほん)の題(だい)に~・まれて買(か)う 책 제목에 끌려 사다
つりざお [釣り]×竿] 낚싯대
つりさ・げる [釣り下げる・×吊り下げる] [他下一] 매달다, 늘어뜨리다 ¶軒(のき)に風鈴(ふうりん)を~ 처마에 풍경을 매달다
つりしのぶ [釣り忍] (여름에 시원해 보이도록) 넉줄고사리를 엮어서 처마 끝에 매단 것
つりせん [釣り銭] 거스름돈=おつり
つりだい [釣り台] 물건을 얹고 채를 질러서 두 사람이 메고 나르는 도구
つりだし [×吊り出し] [相撲] 상대방의 샅바를 잡고 씨름판 밖으로 들어내는 기술
つりだ・す [釣り出す・×吊り出す] [他五] ①꾀어내다 ¶ 甘言(かんげん)で~ 달콤한 말로 꾀어내다 ②[相撲] 상대방의 샅바를 잡고 씨름판 밖으로 들어내다
つりだな [釣(り)棚・×吊り棚] ①달아맨 선반 ②床(とこ)の間(ま) 옆에 맨 선반
つりて [釣(り)手] ①낚시꾼 ②[吊(り)手] (모기장 등을) 매다는 끈
つりてんぐ [釣り天狗] 낚시에 능숙한, 낚시 솜씨를 자랑하는 사람
つりてんじょう [釣り天井・×吊(り)天井] (떨어뜨려서 사람을 압사시킬 수 있도록 만든) 매달아 놓은 천장
つりどうぐ [釣(り)道具] 낚시 도구
つりどうろう [釣(り)灯×籠・×吊(り)灯×籠] ①(처마 끝 등에) 매다는 등롱 ②[俗] 첩(妾)
つりどこ [釣(り)床・×吊(り)床] ①해먹 ②[建] 다다미 위에 만든 약식 床(とこ)の間(ま)
つりとだな [釣(り)戸棚・×吊(り)戸棚] 매단 찬장
つりどの [釣(り)殿] [建] (寝殿造(しんでんづくり)에서) 연못가에 지어진 건물
つりばし [釣(り)橋・×吊(り)橋] 적교, 조교, 현수교 ¶ ~をかける 적교를 놓다
つりばしご [釣(り)×梯子・×吊(り)×梯子] 줄사다리
つりばり [釣(り)針・釣(り)×鉤] 낚싯바늘
つりぶね [釣(り)船] ①낚싯배 ②매달아서 쓰는 배 모양의 수반(水盤)
つりぼり [釣(り)堀] 유료 낚시터
つりめ [×吊(り)目・×吊(り)×眼] (눈초리가) 치켜 올라간 눈
つりわ [×吊(り)×輪] (체조에서) 링, 링 체조
つる [弦] ①활줄, 활시위=弓弦(ゆみづる) ¶ 弓(ゆみ)に~を張(は)る 활에 시위를 메우다 ②(현악기의) 현

つる [×鉉] (냄비 등의) 손잡이
つる [×蔓] ①덩굴 ¶いも~ 고구마 덩굴 ~がはう 덩굴이 뻗다 ②광맥, 돈줄, 연줄 ¶金(きん)の~ 돈줄 ③단서, 실마리 ¶ ~をたどって捜(さが)す 단서를 더듬어 찾다 ④안경다리
つる [鶴] [動] 학. 두루미
[慣用句]
ーの一声(ひとこえ) 권위자의 한 마디
ーは千年(せんねん)亀(かめ)は万年(まんねん) 학은 천년 거북은 만년, 장수를 경하하는 말
つ・る [釣る] [他五] ①(물고기를) 낚다 ¶川(かわ)で魚(さかな)を~ 강에서 물고기를 낚다 ②(곤충을) 잡다 ¶とんぼを~ 잠자리를 잡다 ③꾀다. 유혹하다 ¶ お金(かね)で人(ひと)を~ 돈으로 사람을 꾀다
つ・る [×吊る] [他五] ①매달다, 달아매다 ¶棚(たな)を~ 선반을 달아매다/ 首(くび)を~ 목을 매다 ②가로질러 걸치다 ¶ 橋(はし)を~ 다리를 놓다 ③[相撲] 샅바를 잡고 상대를 들어 올리다 II [自五] [×攣る] (근육이) 경련하다, 쥐가 나다 ¶足(あし)が~ 다리에 쥐가 나다 ②치켜 올라가다 ¶目(め)の~・った人(ひと) 눈초리가 치켜 올라간 사람
つるおと [弦音] 활시위 소리
つるかめ [×鶴×亀] I [名] 학과 거북 II [感] 행운[재수]을 빌 때 외는 말 ¶ ああ、~ 아아 제발 ー算(ざん) 학거북산. 산술 응용 문제의 하나
つるぎ [剣] 검. 도검, 양날검
つるぎのやま [剣の山] [佛] (지옥에 있다고 하는) 온통 칼날을 위로 한 검으로 뒤덮인 산
つるくさ [×蔓草] [植] 만초. 덩굴풀
つるくび [×鶴首・×鶴×頸] ①목이 긴 술병・꽃병 ②목이 긴 사람
つるし [×吊(る)し] ①[俗] 기성복. 헌옷 ②「つるし柿(がき)」의 준말. 곶감
つるしあげ [×吊(る)し上げ] ①(묶어서) 매달음 ②(여럿이서) 규탄함, 공박함 ¶ ~を食(く)う 규탄을 받다
つるしがき [×吊(る)し×柿] 곶감=ほしがき
つるしぐも [×吊(る)し×雲] (강풍이 불 때) 바람 아래쪽에 생기는 원・콩깍지 모양의 구름
つる・す [×吊(る)す] [他五] 매달다, 달아매다 ¶ 天井(てんじょう)から~ 천장에 달아매다
つるだち [×蔓立ち] 풀줄기가 덩굴지는 성질이 있는 것, 만생(蔓生)
つるっぱげ [つるっ×禿] [俗] 머리털이 반들반들하게 벗겨짐, 그런 대머리・사람
つるつる I [副] 반들반들함, 매끈매끈함 ¶ ~な廊下(ろうか) 반들반들한 복도 II [副・ズル] ①미끌미끌, 주르르 ¶ ~滑(すべ)る 주르르 미끌어지다 ②국수 등을 먹을 때 나는 소리. 후루룩 ¶そばを~食(た)べる 메밀 국수를 후루룩 먹다
つるはし [×鶴×嘴] 곡괭이=つるのはし
つるばみ [×橡] ①도토리의 옛이름 ②짙은 회색
つるべ [釣×瓶] 두레박 ¶ ~で水(みず)をくむ 두레박으로 물을 긷다 ー打(う)ち ①사격수가 늘어서서 연달아 사격함 ②연속 안타 ー落(お)とし (떨어지는 두레박처럼) 빨리 떨어짐, (특히) 해가 빨리 짐

つる・む【〈交尾〉む】 自五 교미하다= つがう
つる・む【^連む】 自五 (口) 같이 가다, 함께 하다, 어울리다¶ いつも~・んで出かける 늘 같이 외출하다
つるりと 副 (口) 주르르, 반들반들¶ ~滑って転ぶ 주르르 미끄러져 넘어지다
つるれいし【^蔓茘枝】 植 여주, 여지
つれ【連れ】 ①동반, 동반자, 동행¶ ~があるので失礼します 동행이 있어서 실례합니다 ②[藝](能の・狂言の)에서 シテ・ワキ의 조연자 ③[造語]함께 함¶ ~しょん 함께 소변을 봄 ④[造語] ㉠동반함, 동행함, 딸림¶ 子供を~ 아이를 동반함 ㉡ …따위, 나부랭이¶ 町人~に何がわかるものか 상인 따위가 뭘 알겠어
つれあい【連れ合い】 ①일행, 동행자 ②배우자¶ ~に先立たれる 배우자를 여의다
つれあ・う【連れ合う】 自五 ①(행동을) 함께 하다, 동행하다¶ 友と~・って出かける 친구와 어울려 외출하다 ②부부가 되다
つれこ【連れ子】 딸린 자식, 덤받이
つれこみ【連れ込み】 ①데리고 들어감, (특히) 여자를 여관 등으로 데리고 들어감 ②「連れ込み旅館」의 준말, 러브 호텔
つれこ・む【連れ込む】 他五 데리고 들어가다, 끌고 들어가다¶ 路地に~・まれて恐喝される 골목으로 끌려가서 공갈당하다 ②(동반해서) 데리고 들어가다
つれしょうべん【連れ小便】 덩달아 함께 소변을 봄 = つれしょん
つれそ・う【連れ添う】 自五 ①(두 사람이) 함께 나란히 서다¶ ~・って歩ぐ 나란히 서서 걷다 ②부부가 되다, 부부로서 함께 살다
つれだ・す【連れ出す】 他五 데리고 나가다¶ 飲みに~ 술마시러 데리고 나가다
つれだ・つ【連れ立つ】 自五 함께 가다, 동행하다¶ ~・って出かける 함께 외출하다
つれづれ【〈徒然〉】 名 무료함, 심심함¶ ~を慰める 무료함을 달래다
つれな・い 形 매정하다, 무정하다, 냉담하다¶ ~態度 냉담한 태도/ ~・く斷わる 매정하게 거절하다
つれびき【連れ弾き】 [藝] (三味線 · 거문고 등의) 합주(合奏)
つ・れる【連れる】 I 他下一 데리고 가다, 동반하다¶ 子供を~・れて行く 아이를 데리고 가다 II 自下一 (「…に~・れ(て)」의 꼴로) …함에 따라, 登함을에¶ ~・れ(て)見晴らしがよくなる 올라감에 따라 전망이 좋아지다
つ・れる【釣れる】 自下一 ①(물고기가) 낚이다, 잡히다¶ この辺はよく~ 이 근처는 잘 잡힌다 ②[^吊れる] 치켜 올라가다¶ 目が~ 눈이 치켜 올라가다 ③[吊れる] 한쪽으로 쏠리다¶ 縫い代が~ 시접이 한쪽으로 쏠리다 ④[^瘦れる・攣れる] 경련이 일다, 쥐가 나다¶ 足が~ 다리에 쥐가 나다
つわぶき【石蕗】 植 털머위
つわもの【^兵】 (文) ①군인, 무사, 병사 ②(比) 실력자, 수완가= 猛者¶ その道の~ 그 분야의 실력자
つわり【悪阻】 [醫] 입덧= おそ
つん【^突】 接頭 (동사에 붙어) 뜻·어조를 강조함¶ ~出す 쑥 내밀다/ ~のめる 푹 고꾸라지다
つんけん 副 自スル 무뚝뚝하게, 퉁명스럽게¶ ~した応対 무뚝뚝한 응대
つんざ・く【劈く】 他五 세게 뚫다, 세게 찢다¶ 耳をも~雷鳴 귓청을 찢는 천둥소리
つんつるてん 名 (俗) ①깡동함, 덜름함¶ ~の浴衣 깡동한 유카타 ②(머리가) 홀랑 벗어짐, 반들반들함¶ ~にはげ上がる 머리가 반들반들하게 벗어지다
つんつん (口) I 副 自スル → つんけん II 副 ①새싹 등이 여기저기서 돋아나는 모양, 뾰족뾰족¶ つくしが~と伸びている 뱀밥이 뾰족뾰족 뻗어 나와 있다 ②냄새가 코를 찌르는 모양, 쿡쿡¶ 消毒液の~のにおい= 鼻一杯に来る 소독약 냄새가 코를 쿡쿡 찌르다
つんと 副 自スル ①뚱하여 귀염성이 없는 모양¶ ~澄ます 뚱해 있다 ②뾰족하게 솟은 모양, 우뚝¶ 鼻が~高い 코가 오뚝하니 높다 ③냄새가 코를 찌르는 모양, 쿡¶ ~く(냄새가) 코를 쿡 찌르다
つんどく【積ん読】 (俗) 책을 읽지 않고 쌓아놓기만 함
ツンドラ (러 tundra) [地] 툰드라, 동토 지대
つんのめ・る 自五 (俗) 푹 고꾸라지다¶ 石につまずいて~ 돌에 걸려 푹 고꾸라지다
つんぼ【^聾】 귀가 들리지 않음, 귀머거리
つんぼさじき【^聾桟敷】 관계자이면서 사정에 어두움, 소외된 상태·입장¶ ~に置かれる 소외당하다

# て テ

て 五十音図 「た」행(行)의 넷째 かな. ひらがな의 「て」는 「天」의 초서체. かたかな의 「テ」는 「天」을 변형시킨 것
て I 接助 ①(동작·작용의 이행) …고, …서¶ 学校に行っ~勉強する 학교에 가서 공부하다 ②(원인·이유) …(어)서¶ 寒く~眠られない 추워서 잠을 잘 수 없다 ③(배반·모순) …고도, …면서도¶ 知ってい~知らぬふりをする 알고 있으면서도 모르는 체하다 ④(수단·방법) …(어)서¶ 歩い~帰る 걸어서 돌아가다 ⑤(시간의 경과) …(한) 지¶ 卒業し~十年になる 졸업한 지 10년이 된다 ⑥(병립·첨가) …(하)고¶ 広く

~淸潔な部屋 넓고 청결한 방 ⑦(《…て…て》의 꼴로》(강조) 너무 …(해)서¶ 悔しくて~悔しくてたまらない 너무 분해서 참을 수가 없다 ⑧(《…について[關して・とって]》 등의 꼴로) 관련된 사태·상황을 나타냄¶ その問題に關して・觸れるならば 그 문제에 관해 언급한다면 Ⅱ 終助 ①(의뢰·가벼운 명령) …해요, …주시오¶ 早く來~ 빨리 와요/ かさは忘れないようにし~ね 우산을 잊지 않도록 해요 ②(질문) …세요?, …어요?¶ おわかりになっ~? 아시겠어요? Ⅲ 格助 ①(《…て言う[聞く]》 등의 꼴로》(인용) …고, …(이)라고¶ 鈴木さん~聞いた氣がする 鈴木 씨라고 한 것 같은데 ②(인용의 내용) …라고¶ 冷たかろう~編んでくれた 춥겠지 하고 장갑을 짜 주었다 ③(동격·내용 관계의 수식) …이라는¶ なん~男だろう 무슨 남자가 저래

て【手】①(팔= 腕》¶ ~を伸ばす 팔을 뻗다 ②손¶ ~でつかむ 손으로 잡다 ③(동물의) 앞발¶ ハエが~を擦る 파리가 앞발을 비비다 ④손잡이¶ 鍋の~ 냄비의 손잡이/ 引き~ 문고리 ⑤(덩굴·줄기를 받쳐주는) 손, 섶¶ 朝顔の~にする 나팔꽃의 섶을 세우다 ⑥일손, 노동력¶ ~が足りない 일손이 부족하다 ⑦지배하, 감독하¶ ライバルの會社の~のものだ 라이벌 회사 소속의 사람이다 ⑧수중¶ わたしの~の内が내 손에 달렸다 ⑨(카드 놀이 등에서) 수중에 있는 패¶ いい~がつく 좋은 패가 들다 ⑩솜씨, 수완, 기량¶ ~が上がる 솜씨가 늘다/ ~に余る 힘에 벅차다 ⑪수단, 방법¶ ほかに~はない 달리 방법이 없다 ⑫(승부 등에서의) 작전, 기술, 수¶ その~は食わない 그 수는 먹히지 않는다 ⑬잔손, 품, 공력, 수고¶ ~のこんだ料理 공들인 요리¶ 筆치¶ 女人の手紙 여자 필적의 편지 ⑮(일본 음악의) 연주법, 가락¶ 三味線の~ 三味線의 연주법 ⑯(일본 무용의) 춤사위¶ 差す~引く~ 내미는 손과 오그리는 손 ⑰인간관계, 교제¶ ~を結ぶ 손을 잡다, 상호 협력하다/ ~を切る 관계를 끊다 ⑱상처, 부상¶ 深~を負う 중상을 입다 ⑲방향, 방면¶ 上の~ 위쪽/ 山の~ 지대가 높은 곳 ⑳종류, 품질¶ その~の品は扱わない 그런 종류의 물건은 취급하지 않는다 ㉑기세, 기운¶ 火の~があがる 불길이 오르다 ㉒《造語》㉠손으로 만든 것¶ ~編み 손뜨개 ㉡손으로 만든 것¶ ~料理 손수 만든 요리¶ ~に触れる 손에 쥘 정도의, 신변에 두는¶ ~鏡 손거울 ㉓《造語》㉠ 어조를 고름¶ ~ごわい 버겁다/ ~短い 간략함¶ 그 동작·행위를 하는 사람¶ 受け~ 받는 사람/ 買い~がつかない 작자가 나서지 않다 ㉢품질·종류 등을 나타냄¶ 奧~ 만생종/ 厚~ (종이·천 등이) 두꺼운 것 ㉣방향을 나타냄¶ 右~ 오른쪽/ 上の~ 위쪽 ㉔《助數》 장기·바둑에서 ¶ つぎの~はどう指すか 다음 한 수는 어떻게 두나?

[慣用句]
—が上がる ①솜씨가 늘다 ②주량이 늘다
—が空く 손이 비다, 한가해지다
—が後ろに回る 쇠고랑을 차다
—が掛かる 손이 많이 가다
—が切れる ①관계가 끊어지다 ②(신권이 빳빳하여) 손이 베어질 듯하다
—が込む (복잡해서) 시간·노력이 많이 들다
—が付く 손타다 ①새 것·간직해 둔 것이 쓰여지다 ②주인이 하녀와 성관계를 맺다
—が付けられない 손을 쓸 수가 없다, 어찌할 도리가 없다
—が出ない (능력·자금이 부족하여) 어떤 일을 할 엄두를 못 내다
—が届く ①힘이 미치다, 할 수 있다 ②세심한 데까지 손이[배려가] 미치다 ③(어떤 나이·시기를) 바라보다
—が無い ①일손이 없다 ②방법[수단]이 없다
—が長い 손버릇이 나쁘다, 도벽이 있다
—が入る ①(수사 등을 위해) 개입하다 ②(다른 사람이) 손질하다, 감수하다
—が離せない 손을 뗄 수 없다, 중단하기 곤란한 일을 하고 있다
—が離れる 손을 떼게 되다 ①(완성되어) 일손을 놓게 되다 ②(아이가 성장하여) 일손이 덜어지다
—が早い ①재빠르다 ②새로 사귄 여성과 곧 관계를 갖다 ③걸핏하면 폭력을 휘두르다
—が塞がる (어떤 일을 하고 있어) 딴 일에 손댈 수 없다
—が回る ①세밀한 데까지 손이 미치다 ②(경찰의) 손길이 뻗치다
—取り足取り ①꼼꼼하게 가르침 ②세심한 데까지 손길이 미침
—に汗を握る 손에 땀을 쥐다
—に余る 힘에 부치다, 버겁다
—に合わない 힘에 부치다, 버겁다
—に入る ①입수하다, 자기 것이 되다 ②손에 익다, 숙달되다
—に入れる 입수하다, 수중에 넣다
—に負えない 힘에 부치다, 감당할 수 없다
—に落ちる 그 사람의 소유가 되다
—に掛かる ①다루어지다, 취급되다 ②사람을 죽이다, 남의 손·손에 죽다 ③신세를 지다
—に掛ける ①손수 다루다[하다] ②제 손으로 사람을 죽이다 ③(《…の~》의 꼴로) …에게 보살피도록 맡기다
—にする ①손에 넣다, 차지하다 ②손에 들다[쥐다]
—に付かない (일이) 손에 잡히지 않다
—に手を取る 손에 손을 맞잡다, 두 사람이 행동을 같이하다
—に取るよう 손바닥을 들여다보듯이
—に乗る (상대방의 계략에) 넘어가다
—に渡る 그 사람의 소유가 되다
—切れるよう ①(손이 베일 듯이) 빳빳한 모양 ②물이 매우 차가운 모양의 형용
—の舞い足の踏む所を知らず (文) 너

무 기뻐서 어쩔 줄 모르다
**—も足も出ない** 꼼짝달싹 못하다, 어쩔 도리가 없다
**—を上げる** ①굴복하고 있던 손을 무릎 위로 올리고 바로 잡다 ②(때리려고) 손을 쳐들다 ③손들다, 항복하다 ④향상되다, 숙달되다
**—を合わす** ①합장하다, 기원하다 ②승부를 겨루다, 승부하다= 手を合わせる
**—を入れる** 손질하다, 손보다
**—を打つ** ①(적당한 선에서) 매듭짓다, 타결짓다 ②대처하다, 손을 쓰다
**—を替え品を替え** 모든 수단을 다 써서
**—を掛ける** ①손수 하다 ②노력·시간을 들이다, 공을 들이다 ③나쁜 짓을 하다, 손을 대다
**—を貸す** 거들다, 도와주다
**—を借りる** 손을 빌리다, 도움을 받다
**—を切る** 관계를 끊다
**—を下す** 손수 하다 ③실행에 옮기다
**—を加える** 손질하다
**—を拱く** ①팔짱을 끼다 ②수수방관하다
**—を締める** (상담의 성립이나 개회 등을 축하하여) 참가자가 일제히 손뼉을 치다
**—を染める** 하기 시작하다, 손을 대다
**—を出す** ①손을 대다 ②여자와 성관계를 맺다 ③(남을) 때리다, 손찌검을 하다
**—を尽くす** 온갖 수단을 다 쓰다
**—を付ける** 손을 대다 ①착수하다 ②쓰기 시작하다, 써서는 안 될 돈에 손을 대다 ③녀 등과 성관계를 맺다
**—を通す** (그 옷을) 처음으로 입다
**—を取る** ①손을 잡다〔쥐다〕 ②자상하게 가르치다
**—を握る** ①화해하다 ②손을 맞잡다, 동맹하다
**—を抜く** (일을) 겉날리다, 건성으로 하다
**—を濡らさず** 손 하나 안 대고, 수고도 안 하고
**—を延ばす** 손을 뻗치다, 범위를 넓히다
**—を離れる** 손을 떠나다 ①자기와 관계가 없어지다 ②보살핌이 필요 없어지다
**—を省く** 노력·시간을 들이지 않다
**—を引く** ①(손을 잡고) 이끌다, 인도하다 ②손을 떼다, 관계를 끊다
**—を広げる** (사업 등에서) 관계하는 범위를 넓히다
**—を回す** ①(충분히) 손을 쓰다, 조치를 취하다 ②온갖 수단을 다하여 탐색하다
**—を結ぶ** 손을 잡다, 동맹하다, 협력하다
**—を焼く** 애를 먹다
**—を緩める** 손을 늦추다, 태도를 완화하다
**—を汚す** ①남이 하기 싫어하는 작업·일을 스스로 하다 ②(하지 않던) 나쁜 짓을 하다
**—を分かつ** 관계를 끊다, 절교하다
**—を煩わす** (남에게) 폐를 끼치다
**で** Ⅰ **[格助]** ①(장소 ㉠(행해지는 장소·장면) …에서¶ 家で~勉強する 집에서 공부하다/ 学会で~発表する 학회에서 발표하다 ㉡(행하는 주체) …에서, …이¶ 劇団で~募集する 극단에서 모집하다 ②시간 ㉠(행

해지는 시점) …에 있어서¶ 今日では~は, 月旅行はもはや夢ではなくなった 오늘날에 와서는 달여행은 이미 꿈이 아니게 되었다 ㉡(기한·단위 시간) …으로, …이면¶ 二週間で~完成 2주 만에 완성 ③(수단·방법·재료) …으로¶ 手で~口を覆う 손으로 입을 가리다 ④(상황·상태) …으로¶ いい気持ちで~寝ている 기분 좋게 자고 있다 ⑤(기준) …에, …에¶ 千円で~買う 1000엔에 사다 ⑥(화제·논제) …에 대해서¶ 憲法問題で~議論する 헌법 문제를 토론하다 ⑦(원인·이유·동기) …으로, …에 의해, …때문에¶ 頭痛で~休む 두통 때문에 쉬다 Ⅱ **[接]** ①(앞의 내용을 받아) 그래서¶ 探したが見つからない。~, 新しいのを買った 찾아보았지만 나오지 않았어. 그래서 새 걸 샀어 ②(다음 말을 재촉할 때) 그래서, 그리고 나서¶ ~, どうしました 그래서 어떻게 했어요?

**で** [出] ①나옴, 나감¶ 人の~が続く 사람이 계속해서 나오다 ②(해·달이) 뜸¶ 月の~ 월출 ③등장함, 출연함, 나섬¶ ~を待つ 출연 순서를 기다리다 ④맨 처음, 첫 시작¶ 三味線の~を間違える 三味線의 첫 시작을 틀리다 ⑤출신¶ 九州の~ 九州 출신 ⑥출처, 산지¶ アメリカの果物の~ 미국산 과일 ⑦(造語) ㉠그 세계·분야의 출신¶ 大学~ 대학 출신 ㉡할 만한 가치, 보람 등을 나타냄¶ 食べ~がある 먹을 만하다

**てあい** [手合(い)] **[口]** ①패거리, 일당= 連中¶ ああいう~は信用できない 저런 패거리는 신용할 수가 없다 ②(바둑·장기 등의) 대국(對局) = 手合わせ

**であい** [出会(い)·出合(い)] ①우연한 만남, 해후¶ 師との運命的な~ 스승과의 운명적인 만남 ②첫 만남¶ ~は浜辺だった 첫 만남은 바닷가였다 一頭 나선 순간, 만나는 [마주치는] 순간

**であ·う** [出会う·出合う] **[自五]** ①(우연히) 만나다, 마주치다¶ 町角で旧友と~ 길모퉁이에서 옛 친구와 마주치다 ②알게 되다¶ 二人が~ったのは三年前だ 두 사람이 알게 된 것은 3년 전이다 ③[出遭う] (재난 등을) 당하다¶ 災難に~ 재난을 당하다 ④(물줄기가) 합류하다, 합류하여¶ 本流と支流が~支点 본류와 지류가 합류하는 지점 ⑤맞상대하다¶ ~·え, ~·え 덤벼라 덤벼 ▷ 에스러운 말투

**てあか** [手垢] 손때 ①손에 낀 때 ②(자주 만져) 손에 낀 때¶ ~がつく 손때가 묻다
**慣用句**
**—の付いた** ①손때 묻은¶ ~本 손때 묻은 책 ②진부한¶ ~ことば 진부한 말

**てあき** [手明き·手空き] 손이 빔, 일이 없어 한가함, 그런 사람= 手すき¶ ~なら手伝って くれ 손이 비어 있으면 도와주게

**てあし** [手足] 수족 ①손발 ②어떤 사람의 뜻대로 움직이는 사람¶ 社長の~となって

働はたく 사장의 수족이 되어 일하다 —口くち病びょう [醫] 수족구병
[慣用句]
—を伸のばす 편히 쉬다

**であし** [出足] ①(어떤 장소에) 드나드는 사람의 수, 발길¶ 行楽ごうらくの〜が鈍にぶい 행락객들의 발길이 뜸하다 ②행동 개시의 태세, 시작, 출발¶ 〜は順調じゅんちょうだ 시작은 순조롭다 ③(자동차의) 출발, 스타트¶ この車くるまは〜がよい 이 차는 스타트가 좋다 ④[相撲] 발을 내딛는 기세¶ 相手あいての〜をとめる 상대방의 기선을 제압하다

**てあそび** [手遊び]¶ ①손장난, 심심풀이 ②장난감 ③도박, 노름

**てあたり** [手当(た)り] ①손에 닿음, 그런 감촉¶ 〜のよい布ぬの 감촉이 좋은 천 ②실마리, 단서¶ なんの〜もない 아무런 단서도 없다
—次第しだい 副 닥치는 대로

**てあつ・い** [手厚い] 形 극진하다, 융숭하다, 정중하다¶ 〜看護かんご 극진한 간호

**てあて** [手当(て)] 名 ①미리 대비함, 준비¶ 金銭面きんせんめんの〜 금전면에서의 대비 ②치료, 처치¶ 応急おうきゅう〜 응급 처치 ③수당¶ 家族かぞく〜 가족 수당/〜がつく 수당이 붙다

**てあぶり** [手焙り] 손을 쬐는 작은 화로

**てあみ** [手編み] 손으로 뜸, 손뜨개¶ 〜のセーター 손으로 뜬 스웨터

**てあら** [手荒] ﾀﾞ 난폭함, 거칠게 다룸¶ 〜に扱あつかう 거칠게 다루다

**てあらい** [手洗(い)] ①손을 씻음, 손숫물, 그릇 ②손빨래 ③화장실¶ お〜 화장실/〜に立たつ 용변 보러 가다 —所じょ ①손 씻는 곳 ②화장실¶ —鉢ばち 손숫물을 담는 그릇

**てあら・い** [手荒い] 形 (취급이) 난폭하다, 거칠다¶ 〜まねをする 난폭하게 굴다

**である** [連語](文) 단정・지정의 뜻을 나타냄¶ 吾輩わがはいは猫ねこである 나는 고양이로소이다 —体たい [表] 문장 끝이 「である」로 끝나는 문체

**である・く** [出歩く] 自国 나다니다, 나돌아다니다¶ 夜よる〜のは危険きけんだ 밤에 나다니는 것은 위험하다

**であれ** [連語] ① …이라 할지라도, …이든¶ 理由ゆうは何なに〜 許ゆるせない 이유가 무엇이든 용서할 수 없다 ② …하기 바라다¶ 健康けんこう〜 건강하기 바래

**てあわせ** [手合(わ)せ] 名 自スル 승부를 겨룸, 그런 승부¶ 碁ごの〜 바둑 대국

**てい** [汀] 音 テイ 訓 みぎわ・なぎさ|(음). (造語) 물가, 둔치¶ 汀線ていせん 정선, 해안선・長汀ちょうてい 장정, 긴 해안선

**てい** [低] 音 テイ 訓 ひくい・ひくめる・ひくまる|(음). (造語) ①정도가 낮다¶ 低俗ていぞく 저속・最低さいてい 최저 ②낮게 하다, 내리다, 수그러지다¶ 低下ていか 저하・低回ていかい 저회

**てい** [呈] [묻] 音 テイ|(음). (造語) ①드리다, 증정하다¶ 謹呈きんてい 근정・贈呈ぞうてい 증정 ②나타내다, 드러나다¶ 呈示ていじ 정시・露呈ろてい 노정

**てい** [廷] 音 テイ|(음). (造語) ①정치를 하는 곳¶ 朝廷ちょうてい 조정・宮廷きゅうてい 궁정 ②법정¶ 開廷かいてい 개정・出廷しゅってい 출정

**てい** [弟] 音 テイ・ダイ・デ 訓 おとうと|(음). 제. I (造語) ①동생, 아우¶ 兄弟きょうだい 형제・実弟じっての 친동생 ②제자¶ 弟子でし 제자・師事しじ 사제 ③자기의 겸사말¶ 小弟しょうてい 소제 ▷ [黙字訓] 従兄弟いとこ 종형제 II (文) 동생, 아우¶ 兄にいたり難がたく〜たり難がたし 난형 난제

**てい** [定] 音 テイ・ジョウ(ヂャウ) 訓 さだめる・さだまる・さだか|(음).정. (造語) ①정하다, 정해져 있다, 규정¶ 定員ていいん 정원・決定けってい 결정 ②[佛] 잡념을 끊고 마음을 안정시키는 정신 통일¶ 禅定ぜんじょう 선정・入定にゅうじょう 입정

**てい** [底] 音 テイ 訓 そこ|(음).저. (造語) ①밑바닥¶ 底辺ていへん 저변・海底かいてい 해저 ②바탕이 되는 것¶ 底本ていほん 대본・根底こんてい 근저

**てい** [抵] 音 テイ|(음). (造語) ①거역하다¶ 抵抗ていこう 저항 ②접촉되다¶ 抵触ていしょく 저촉 ③어울리다, 상당하다, 해당하다¶ 抵当ていとう 저당 ④대개, 대략¶ 大抵たいてい 대저

**てい** [邸] 音 テイ 訓 やしき|(음).저. (造語) 큰 집, 저택¶ 邸宅ていたく 저택・官邸かんてい 관저

**てい** [亭] 音 テイ・チン|(음).정. (造語) ①정자¶ 池亭ちてい 못가의 정자 ②여관, 요릿집¶ 茶亭ちゃてい 다방・料亭りょうてい 요정 ③여관・요릿집 등의 옥호에 붙임 ④문인・연예인 등의 아호에 붙임

**てい** [剃] 音 テイ 訓 そる|(음).체. (造語) 머리・수염 등을 깎음¶ 剃髪ていはつ 체발 ▷ [黙字訓] 剃刀かみそり 면도칼, 면도기

**てい** [貞] 音 テイ・ジョウ(ヂャウ)|(음).정. (造語) 마음・행실이 바름, 지조・정조를 지킴¶ 貞操ていそう 정조・不貞ふてい 부정 ▷ 연호에서는「ジョウ」로 읽음¶ 貞永じょうえい・貞観じょうがん

**てい** [帝] 音 テイ 訓 みかど|(음).제. (造語) ①최고 신, 조물주¶ 上帝じょうてい 상제・天帝てんてい 천제 ②황제¶ 帝政ていせい 제정・皇帝こうてい 황제 ③「帝国主義ていこくしゅぎ」의 준말¶ 反帝はんてい 반제국주의

**てい** [訂] 音 テイ|(음).정. (造語) 글자・글의 오류를 고치다¶ 訂正ていせい 정정・修訂しゅうてい 수정

**てい** [庭] 音 テイ 訓 にわ|(음).정. (造語) ①마당, 정원¶ 庭園ていえん 정원・校庭こうてい 교정 ②가정, 집안¶ 庭訓ていきん 정훈, 가훈・家庭かてい 가정

**てい** [悌] 音 テイ 訓 すなお|(음).제. (造語) 윗사람에게 순종함, 형제간에 우애가 있음¶ 孝悌こうてい 효제

**てい** [挺] 音 テイ・チョウ(チャウ)|(음).정. (造語) ①앞장서서 나아가다¶ 挺身ていしん 정신・挺進ていしん 정진 ②[助數]「チョウ」로 읽어서) 총・칼붙이 등을 세는 말 ▷ ②는「丁ちょう」가 대용자,「梃ちょう」과 같음

**てい** [逓] [遞] 音 テイ|(음).체. (造語) ①차례로 전하다, 체송하다¶ 逓信ていしん 체신・逓送ていそう 체송 ②점차 변화하다¶ 逓減ていげん 체감

**てい** [釘] 音 テイ 訓 くぎ|(음).정. (造語) ①못 ②못을 박다¶ 装釘そうてい 장정 ▷ ②는「丁ちょう」가 대용자

**てい** [停] 音 テイ 訓 とまる・とめる|(음).정. (造語) ①멎다, 머물다¶ 停止ていし 정지・停電

てい 정전 ②(도중에) 그만두게 하다 ¶ 停学ﾃｲｶﾞｸ 정학. 停戦ﾃｲｾﾝ 정전. 調停ﾁｮｳﾃｲ 조정 ③『停留所ﾃｲﾘｭｳｼﾞｮ』의 준말 ¶ バス停, 버스 정류장

てい [*偵] 音 テイ 訓 うかがう|(음).(造語) 엿보다, 살피다 ¶ 偵察ﾃｲｻﾂ 정찰 · 探偵ﾀﾝﾃｲ 탐정

てい [*梯] 音 テイ 訓 はしご|(음).(造語) 사닥다리, 계단 ¶ 梯形ﾃｲｹｲ 제형

てい [堤] 音 テイ 訓 つつみ|(음)제.(造語) 둑, 제방 ¶ 堤防ﾃｲﾎﾞｳ 제방 · 防波堤ﾎﾞｳﾊﾃｲ 방파제

てい [提] 音 テイ·ダイ·チョウ(チャウ) 訓 さげる|(음)제.(造語) ①손에 들다 ¶ 提灯ﾁｮｳﾁﾝ 제등 ②내세우다, 제기하다 ¶ 提案ﾃｲｱﾝ 제안 · 提供ﾃｲｷｮｳ 제공 ③손을 잡다, 서로 돕다 ¶ 提携ﾃｲｹｲ 제휴 ④통솔하다, 통솔하는 사람 ¶ 提督ﾃｲﾄｸ 제독 ⑤범의 차큰자 ¶ 菩提ﾎﾞﾀﾞｲ 보리

てい [程] 音 テイ 訓 ほど|(음)정.(造語) ①정도 ¶ 程度ﾃｲﾄﾞ 정도 · 音程ｵﾝﾃｲ 음정 ②진척시키는 기준이 되는 것, 예정 ¶ 工程ｺｳﾃｲ 공정 · 日程ﾆｯﾃｲ 일정 ③규칙 ¶ 課程ｶﾃｲ 과정 ④도정, 행정, 거리 ¶ 過程ｶﾃｲ 과정 · 射程ｼｬﾃｲ 사정

てい [*禎] [禎] 音 テイ 訓 さいわい|(음)정.(造語) 다행, 경사로운 징조 ¶ 禎祥ﾃｲｼﾞｮｳ 정상, 길조 · 禎瑞ﾃｲｽﾞｲ 정서, 길조

てい [艇] 音 テイ|(음)정. I (造語) 좁고 긴 작은 배 ¶ 艦艇ｶﾝﾃｲ 함정 · 漕艇ｿｳﾃｲ 조정 II (文) 작은 배, 보트 ¶ 〜に乗る 보트에 타다

てい [*鼎] 音 テイ 訓 かなえ|(음)정.(造語) ①(고대의) 세발 솥 ¶ 九鼎ｷｭｳﾃｲ 구정 ②세 사람이 마주봄 ¶ 鼎座ﾃｲｻﾞ 정좌 · 鼎立ﾃｲﾘﾂ 정립

てい [*綴] 音 テイ·テツ 訓 つづる|(음)철.(造語) 얽어매어 하나로 만들다, 철하다 ¶ 綴字ﾃｲｼﾞ 철자 · 点綴ﾃﾝﾃｲ 점철

てい [締] 音 テイ 訓 しまる·しめる|(음)체.(造語) 협약을 맺다 ¶ 締結ﾃｲｹﾂ 체결 · 締約ﾃｲﾔｸ 체약

てい [*蹄] 音 テイ 訓 ひづめ|(음)제.(造語) 소·말 등의 발굽 ¶ 蹄鉄ﾃｲﾃﾂ 제철 · 馬蹄ﾊﾞﾃｲ 마제

てい [丁] ①십간의 넷째= ひのと ②(순위의) 네 번째 ¶ 甲乙丙丁 갑을병정

てい [体·態] 외관, 모습, 태도 ¶ 〜よく断る 완곡하게 거절하다 / ほうほうの〜で逃げ出す 허둥지둥 달아나기 시작하다

でい [泥] 音 デイ 訓 どろ·なずむ|(음)니.(造語) ①진흙, 진흙 같은 것 ¶ 泥炭ﾃﾞｲﾀﾝ 이탄 · 雲泥ｳﾝﾃﾞｲ 운니 ②구애되다 ¶ 拘泥ｺｳﾃﾞｲ 구애 ③뼈가 없는 벌레 ¶ 泥酔ﾃﾞｲｽｲ 이취, 만취 ▷ 熟字訓 泥障ｱｵﾘ 말다래 · 泥鰌ﾄﾞｼﾞｮｳ 미꾸라지

ていあつ [低圧] 저압은 낮은 압력 ②[電] 낮은 전압 ▷ ①② ⇔ 高圧ｺｳｱﾂ

ていあん [提案] 名 他ｽﾙ 제안 ¶ 具体策ｸﾞﾀｲｻｸ を〜する 구체적인 방법을 제안하다

ティー [T·t] 티. 영어 알파벳의 스무번째 자

てい い [低位] 저위, 낮은 지위·수준 ⇔ 高位ｺｳｲ

ていい [定位] 名 自ｽﾙ(文) 정위, 일정한 위치·자세로 함, 일정한 위치·자세

てい い [帝位] 제위 ¶ 〜につく 제위에 오르다

ディー [D·d] 디. 영어 알파벳의 넷째 자

ていいん [定員] 정원 ¶ 入学ﾆｭｳｶﾞｸ〜 입학 정원

ていえん [庭園] 정원 ¶ 屋上ｵｸｼﾞｮｳ〜 옥상 정원

ていおう [帝王] 제왕 ①군주국의 원수, 황제 ②(比) (어떤 분야의) 절대자 ¶ 暗黒街ｱﾝｺｸｶﾞｲの〜 암흑가의 제왕 —切開ｾｯｶｲ [医] 제왕 절개

ていおん [低音] 저음 ①낮은 소리 ②[楽] (성악에서) 가장 낮은 음역, (악곡의) 최저음부

ていおん [低温] 저온 ¶ 〜貯蔵ﾁｮｿﾞｳ 저온 저장

ていおん [定温] 정온, 항온= 恒温ｺｳｵﾝ ¶ 〜器ｷ 정온기 —動物ﾄﾞｳﾌﾞﾂ 정온 동물

ていか [低下] 名 自ｽﾙ 저하 ①낮아짐, 내려감 ¶ 水位ｽｲｲが〜する 수위가 내려가다 ②(질·정도가) 나빠짐 ¶ 学力ｶﾞｸﾘｮｸの〜 학력의 저하

ていか [定価] 정가 ¶ 〜販売ﾊﾝﾊﾞｲ 정가 판매

ていかい [低回] 名 自ｽﾙ(文) 저회, 생각에 잠겨 천천히 거님 —趣味ｼｭﾐ [文] 저회 취미

ていかい [停会] 名 自他ｽﾙ 정회 ¶ 〜を宣言ｾﾝｹﾞﾝする 정회를 선언하다

ていかいはつこく [低開発国] 저개발국, 개발도상국

ていかく [底角] [数] 저각, 밑각

ていがく [低額] 名 저액 ¶ 〜の融資ﾕｳｼ 저액 융자

ていがく [定額] 정액, 일정 금액 ¶ 毎月ﾏｲｹﾞﾂ〜を返済ﾍﾝｻｲする 매월 정액을 변제하다

ていがく [停学] 정학 ¶ 〜処分ｼｮﾌﾞﾝ 정학 처분

ていがくねん [低学年] 저학년. 초등학교 1·2학년 ¶ 〜のクラス 저학년 반

でいかざん [泥火山] [地] 이화산

ていかっしゃ [定滑車] 정활차, 고정 도르래

ていかん [定款] [法] 정관

ていかん [*諦観] 名 他ｽﾙ(文) 체관 ①본질을 꿰뚫어봄 ¶ 人生ｼﾞﾝｾｲを〜する 인생을 체관하다 ②체념하여 관망함 ¶ 〜の境地ｷｮｳﾁ 체관의 경지

ていき [定期] ①정기 ¶ 〜点検ﾃﾝｹﾝ 정기 점검 ②「定期ﾃｲｷ乗車券ｼﾞｮｳｼｬｹﾝ · 定期ﾃｲｷ預金ﾖｷﾝ」등의 준말 —刊行物ｶﾝｺｳﾌﾞﾂ 정기 간행물 —券ｹﾝ 정기권 —乗車券ｼﾞｮｳｼｬｹﾝ 정기 승차권 —船ｾﾝ 정기선 —便ﾋﾞﾝ 정기편 —預金ﾖｷﾝ 정기 예금

ていき [提起] 名 他ｽﾙ 제기 ¶ 違憲訴訟ｲｹﾝｿｼｮｳを〜する 위헌 소송을 제기하다

ていぎ [定義] 名 他ｽﾙ 정의 ¶ 〜を下ｸﾀﾞす 정의를 내리다 —域ｲｷ [数] 정의역

ていぎ [提議] 名 他ｽﾙ 제의 ¶ 休戦ｷｭｳｾﾝを〜する 휴전을 제의하다

ていきあつ [低気圧] 저기압 ①[気] 기압이 낮은 곳 ¶ 熱帯性ﾈｯﾀｲｾｲ〜 열대성 저기압 ②(比) 기분이 좋지 않음, 변동이 일어나기 전의 험악한 상태 ¶ このところ彼ｶﾚは〜らしい 요즈음 그는 저기압인 것 같다

ていきゅう [低級] [7] 저급 ①등급이 낮음 ¶ 〜ホテル 저급 호텔 ②저속함 ¶ 〜な趣味ｼｭﾐ 저속한 취미

ていきゅう [定休] 정휴, 정기 휴일[휴무] ¶ 〜日ﾋﾞ 정기 휴일

ていきゅう [庭球] 정구, 테니스= テニス

ていきゅう [*涕泣] 名 自ｽﾙ(文) 체읍, 눈물을 흘리며 욺 ¶ 訃報ﾌﾎｳに接ｾｯして〜する 부보를 접하고 체읍하다

ていきょう [提供] 名 他ｽﾙ 제공 ¶ 情報ｼﾞｮｳﾎｳを

**ていきん**【庭訓】(文) 정훈, 가훈, 가정 교육
**ていきん**【提琴】(文) 바이올린
**ていぎん**【低吟】 名他スル (文) 저음, 낮은 소리로 읊조림
**てい きんり**【低金利】 저금리
**ていくう**【低空】 저공 **—飛行** 名自スル ①저공 비행 ②**—飛**(比) 가까스로 낙제를 면한 성적
**ていけ**【手生け·手活け】①손수 꽃꽂이를 함 ②기생을 기적에서 빼어내어 처첩(妻妾)으로 삼음¶ ～の花 낙적시켜 처첩으로 삼은 기생
**ていけい**【定形】 정형, 일정한 모양¶ **—封筒** 규격 봉투 **—郵便物** 규격 우편물
**ていけい**【定型】 정형, 일정한 형식 **—詩** (文) 정형시 ⇔自由詩
**ていけい**【*梯形】(数)「台形」의 옛이름. 제형
**ていけい**【提携】 名他スル 제휴¶ 業務との～をこころみる 업무 제휴를 시도하다
**ていけつ**【貞潔】 名ダ (文) 정결¶ ～な女性 정결한 여성
**ていけつ**【締結】 名他スル 체결¶ 協定を～する 협정을 체결하다
**ていけつあつ**【低血圧】 (医) 저혈압
**ていけん**【定見】 정견, 일정한 견식¶ 無～ 무정견/～を持つ 정견을 가지다
**ていげん**【低減】 名自他スル 저감¶ 줆, 줄임¶ 予算を～する 예산을 줄이다 ②값이 내림, 값을 내림¶ 地価が～する 땅값이 떨어지다
**ていげん**【逓減】 名自他スル 체감, 점점 줆¶ 収穫量が～する 수확량이 체감하다
**ていげん**【提言】 名他スル 제언¶ 政府への～ 정부에 대한 제언
**ていげんてき**【定言的】 ダ (論) 정언적¶ **—三段論法** 정언적 삼단 논법
**ていこ**【艇庫】 정고, 보트 창고
**ていこう**【抵抗】 名自スル 저항¶ 空気～ 공기 저항/ 水の流れに～する 물의 흐름에 저항하다/ 相手の態度に～を感じる 상대의 태도에 저항을 느끼다 **—器** (電) 저항기 **—線** 저항선 **—力** 저항력
**ていこく**【定刻】 정각, 정시 = 定時¶ バスは～に発車する 버스는 정각에 발차한다
**ていこく**【帝国】 제국 ①황제가 통치하는 국가 ¶ ローマ～ 로마 제국 ②「大日本帝国」의 준말¶ ～憲法 제국 헌법 **—主義** 제국주의
**ていざ**【*鼎*坐】 名自スル (文) 정좌, 세 사람이 마주 앉음¶ ～して話し合う 정좌하여 이야기를 나누다
**でいさ**【泥砂·泥沙】 이사, 진흙과 모래
**ていさい**【体裁】 ①외관, 외양, 겉모양¶ ～のよい身なり 보기 좋은 옷차림/ ～を繕う 겉모양을 꾸미다 ②체면, 남의 이목¶ 僕一人で行くのは～が悪いい 나 혼자 가는 것은 볼썽사납다 ③체제, 형식, 틀¶ 学会としての～が整う 학회로서의 체재가 갖추어지다 ④빈말¶ お～を言う 빈말을 하다 **—振る** 自五 뽐내다, 우쭐대다, 거들먹거리다

**でいざい**【泥剤】 이제, 걸쭉한 도포약
**ていさつ**【偵察】 名他スル 정찰¶ ～機 정찰기/ 敵情を～する 적정을 정찰하다
**ていし**【弟子】(文) 제자, 문하생= でし
**ていし**【底止】(文) 저지, 막다른 데까지 가서 멈춤¶ ～するところを知らず 멈출 바를 모르다
**ていし**【停止】 정지 I 名自他スル 멈춤, 멈추게 함¶ 車～の～線 차의 정지선 II 중지, 금지¶ 営業～処分 영업 정지 처분
**ていじ**【丁字】①정(丁)자 = 丁字形의 준말 **—形** 정자형 **—定規** (제도용) 티자 **—带** 정자형 붕대 **—路** 丁자로, 삼거리
**ていじ**【呈示】 名他スル 정시, 제시 =「提示」 내보임¶ 証明書の～ 증명서의 제시/ 証拠を～する 증거를 제시하다 ②어음 등의 소지자가 지불 청구를 위해 그 어음을 보임
**ていじ**【定時】 정시 ①정각 **—放送** 정시 방송 ②정기¶ ～総会 정기 총회 **—制** 정시제, 농한기나 야간에 수업하는 교육 과정
**ていじ**【逓次】(文) 체차 ①순차적으로 함¶ 繰り返しで使用する 순차적으로 되풀이하여 사용하다 ②순서
**ていしき**【定式】 정식, 일정한 방식·의식¶ ～にのっとる 정식에 따르다
**ていしせい**【低姿勢】 저자세 ⇔高姿勢¶ ～に謝る 저자세로 사과하다
**ていしつ**【低湿】 名ダ 저습 ⇔高燥¶ ～な土地 저습한 토지
**ていしつ**【低質】 名ダ 저질, 질이 나쁨¶ ～な商品 질이 나쁜 상품
**ていしつ**【帝室】 제실, 황실 = 皇室
**ていじつ**【定日】(文) 정일, 미리 정한 날짜
**ていしゃ**【停車】 名自スル 정차, 정거¶ 急～ 급정거/ 各駅ごとに～する 각 역에 정차하다 **—場** 정거장, 역 = ていしゃば

慣用句
**—の好きな赤鳥帽子** (比) 아무리 별난 취미라도 가장이 좋아하면 가족은 따라야 한다
**—を尻に敷く** 내주장하다
**ていしゅ**【庭樹】(文) 정수, 정원수 = にわき
**ていしゅう**【定収】 고정 수입¶ ～がない 고정 수입이 없다
**ていじゅう**【定住】 名自スル 정주¶ 郷里に～する 고향에 정주하다
**ていしゅうは**【低周波】 (物) 저주파
**ていしゅく**【貞淑】 名ダ 정숙¶ ～な妻 정숙한 아내
**ていしゅつ**【呈出】 名他スル (文) ①드러냄, 나타냄¶ 予期もせぬ結果を～した 예기치 않은 결과를 나타냈다 ②제출
**ていしゅつ**【提出】 名他スル (文) 제출¶ 辞表を～する 사표를 제출하다
**ていじょ**【貞女】 정녀, 정부¶ ～は両夫に

見(み)えず 정부는 두 님편을 섬기지 않는다
ていしょう [低唱] 名他ス(文) 저창. 낮은 소리로 노래함 ↔ 高唱(こうしょう)¶ 浅酌(せんしゃく)~ 가볍게 술을 마시고 낮은 소리로 노래함
ていしょう [提唱] 名他ス(文) 제창 ①(의견・주의 등을) 주장함¶ 全員(ぜんいん)参加(さんか)を~する 전원 참가를 제창하다 ②(佛) (선종에서) 종지(宗旨)의 대강을 설법함
ていじょう [呈上] 名他ス(文) 정상. 증정¶ 記念品(きねんひん)を~する 기념품을 증정하다
ていじょう [定常] 名(了) 정상. 일정하여 변하지 않음¶ ~に保(たも)つ 정상을 유지하다 一波(は) [物] 정상파. 일정한 곳에서 진동하는 파동
でいじょう [泥状] (文) 이상. 진흙 같은 상태
ていじょうぎ [丁定規] 정(丁)자형의 자, 티자
ていしょく [定食] 정식. 和風(わふう)~ 일식 정식
ていしょく [定植] 名他ス [農] 정식. 모종을 밭의 제자리에 옮겨 심음 ↔ 仮植(かしょく)
ていしょく [定職] 정직. 일정한 직업¶ ~を持(も)つ 정직을 가지다
ていしょく [抵触・牴触・觝触] 名自ス 저촉¶ 従来(じゅうらい)の主張(しゅちょう)と~する 종래의 주장과 모순되다/ 道路交通法(どうろこうつうほう)に~する 도로 교통법에 저촉되다
ていしょく [停職] [法] 정직. 공무원의 징계 처분의 하나
ていしん [廷臣] (文) 정신. 조정의 신하
ていしん [挺身] 名自ス(文) 정신. 솔선하여 행함¶ 一隊(いったい) 정신대/ 反戦運動(はんせんうんどう)に~する 반전 운동에 정신하다
ていしん [挺進] 名自ス(文) 정진. 앞장 서서 나아감¶ 敵陣(てきじん)深(ふか)く~する 적진 깊숙이 정진하다
ていしん [艇身] (助数) 정신. 보트의 길이¶ 一(いち)~差(さ)で勝(か)つ 1정신 차로 이기다
ていしんしょう [逓信省] [日史] 체신성
でいすい [泥水] 이수. 흙탕물
ていすい [泥酔] 名自ス 만취. 곤드레만드레 취함¶ ~するまで飲(の)む 만취할 때까지 마시다
ていすう [定数] 정수 ①정해진 수・인원수¶ 議員(ぎいん)を~ 의원 정수/ ~を割(わ)る 정수를 밑돌다 ②[数][物] 상수 ③[佛] 정해진 운명. 명수
てい・する [呈する] 他サ変(文) ①증정하다. 드리다¶ 賛辞(さんじ)を~ 찬사를 드리다 ②나타내다. 띠다. 보이다¶ 活況(かっきょう)を~ 활황을 보이다
てい・する [訂する] 他サ変(文) (글자・문장 등을) 고치다. 정정하다
てい・する [挺する] 他サ変 앞장 서다¶ 身(み)を~・して戦(たたか)う 몸을 바쳐 싸우다
ていせい [低声] 저성. 낮은 목소리
ていせい [帝政] 제정¶ ~ロシア 제정 러시아
ていせい [訂正] 名他ス 정정¶ 一箇所(いっかしょ) 정정한 곳/ 発言(はつげん)を~する 발언을 정정하다
ていせい [定説] 정설¶ ~に基(もと)づく 정설에 기초하다/ ~をくつがえす 정설을 뒤엎다
ていせつ [貞節] 名(了) 정절¶ ~を守(まも)る 정절을 지키다
ていせん [汀線] [海] 정선. 해안선

ていせん [停船] 名自ス 정선. 배를 멈춤¶ 港外(こうがい)に~する 항구 밖에서 정선하다
ていせん [停戦] 名自ス 정전¶ 協定(きょうてい) 정전 협정
ていぜん [庭前] (文) 뜰 앞¶ ~にわさき¶ ~の月光(げっこう) 뜰 앞의 달빛
ていそ [定礎] (文) 정초¶ ~式 정초식
ていそ [提訴] 제소¶ 地裁(ちさい)に~する 지방 법원에 제소하다
ていそう [貞操] 정조¶ ~観念(かんねん) 정조 관념/ ~帯(たい) 정조대/ ~を守(まも)る 정조를 지키다
ていそう [逓送] 체송. 차례차례 넘겨 보냄¶ 弾薬(だんやく)を~する 탄약을 체송하다
ていぞう [逓増] 名自他ス(文) 체증¶ 売(う)り上(あ)げが年々(ねんねん)~する 매상이 해마다 체증하다
ていそく [低速] 저속 ↔ 高速(こうそく)¶ ~で進(すす)む 저속으로 나아가다
ていそく [定則] 정칙¶ 経済(けいざい)の~ 경제의 정칙
ていぞく [低俗] (了) 저속¶ ~化(か) 저속화/ ~な番組(ばんぐみ) 저속한 프로그램
ていそくすう [定足数] 정족수¶ 議事(ぎじ)~ 의사 정족수/ ~に達(たっ)する 정족수에 달하다
ていた・い [手痛い] 形 심하다. 호되다. 뼈아프다¶ ~損害(そんがい) 심한 손해/ ~一敗(いっぱい)を喫(きっ)する 뼈아픈 일패를 당하다
ていたい [停滞] 名自ス 정체¶ 業務(ぎょうむ)が~する 업무가 정체하다 一前線(ぜんせん) [気] 정체 전선
ていだい [帝大] [軍] 제단. (행군・수송할 때) 편의상 몇 개로 나눈 각 부대
ていたく [邸宅] 저택¶ 大(だい)~ 대저택
ていたらく [体たらく] (口) 모양. 꼴. 몰골. 꼬락서니¶ なんという~だ 이게 무슨 꼴이냐?
ていだん [梯団] [軍] 제단. (행군・수송할 때) 편의상 몇 개로 나눈 각 부대
ていだん [鼎談] 名自ス 정담. 세 사람이 마주 앉아 이야기함. 그런 이야기¶ 三国(さんごく)の首脳(しゅのう)が~する 삼국 수뇌가 정담하다
でいたん [泥炭] [地] 이탄. 토탄(土炭)
ていち [低地] 저지 ↔ 高地(こうち)¶ ~帯(たい) 저지대
ていち [定置] 名他ス 정치. 일정한 곳에 둠 一網(あみ) [水] 정치망 一漁業(ぎょぎょう) [水] 정치 어업
ていちゃく [定着] 名自ス 정착 ①자리잡고 삶 ②인정되어 받아들여짐¶ 社会(しゃかい)に~した習慣(しゅうかん) 사회에 정착된 습관 ③(사진에서) 현상한 뒤 남은 감광제를 없앰¶ 一液(えき) 정착액
でいちゅう [泥中] (文) 진흙 속¶ ~の蓮(はす) 진흙 속의 연꽃
ていちょう [丁重・鄭重] (了) ①정중¶ ~な挨拶(あいさつ) 정중한 인사 ②아주 조심함. 소중하게 다룸¶ ~に扱(あつか)う 소중하게 다루다
ていちょう [低潮] [海] 저조. 간조 ↔ 高潮(こうちょう)
ていちょう [低調] 名(了) 저조 ①수준이 낮음¶ ~な応募作品(おうぼさくひん) 저조한 응모 작품 ②활기가 없음¶ ~な議論(ぎろん)を交(か)わす 활기 없는 토론/ 売(う)れ行(ゆ)きが~だ 팔림새가 저조하다
ていっぱい [手一杯] (了) ①힘에 벅참 [부침]. 여력이 없음¶ ~の生活(せいかつ) 빠듯한 생활/ この仕事(しごと)だけで~だ 이 일만으로 힘에 벅차다 ②온 힘을 다함. 힘껏 함¶ ~に商売(しょうばい)を

**ていてい** [廷丁] [法] 「廷吏」의 옛이름. 정리

**ていてい** [亭亭] (文) 정정. (나무 등이) 우뚝 솟음¶ 老木が～とそびえている 노목이 우뚝 솟아 있다

**ていてつ** [*蹄鉄] 제철. 편자

**ていてん** [定点] 정점 ①(文) 위치가 정해져 있는 점 ②(관측을 위해) 정해진 해양상의 지점 **―観測** [気] [海] 정점 관측

**ていでん** [逓伝] [名] [他スル] 체전 ①차례로 전하여 보냄 ②역참에서 역참으로 전달함. 그런 인부·마차

**ていでん** [停電] [名] [自スル] 정전¶ 落雷で～する 낙뢰로 정전되다

**ていと** [帝都] 제도. 황궁(皇宮)이 있는 수도

**ていど** [程度] 정도 ①상태. 수준¶ 心身の発達の～ 심신 발달의 정도 ②(알맞은) 한도¶ ～を超える要求 정도를 넘어서는 요구 ③(造語) 《수량을 나타내는 말에 붙어》…가량, …쯤¶ 高校～の学歴が 고등학교 정도의 학력 **―問題** 정도 문제

**でいど** [泥土] (文) ①이토. 진흙= どろ ②가치〔쓸모〕없는 것

**ていとう** [低頭] [名] [自スル] (文) 저두. 머리를 조아림¶ 平身～する 머리를 조아리며 황송해하다 〔사과하다〕

**ていとう** [抵当] [法] 저당= 担保¶ 家を～に入れる 집을 저당잡히다 **―権** [法] 저당권 **―証券** [経] 저당 증권 **―流れ** [法] 유질. 저당물이 채권자에게 넘어감

**ていとく** [提督] 제독. 함대의 사령관

**ていとん** [停頓] [名] [自スル] 정돈. 벽에 부딪침¶ 事業が～する 사업이 정돈하다

**ていない** [邸内] 저택 안

**ていねい** [丁寧] [*叮嚀] [ダ] ①예의 바름. 정중함. 공손함¶ ～なことば 공손한 말씨 ②정성스러움¶ ～な細工 정성스러운 세공¶ ～に書く 정성껏 쓰다 **―語** [文法] 공손한 말

**でいねい** [泥濘] (文) 이녕. 진창= ぬかるみ

**ていねん** [丁年] (文) 정년¶ 만 20세. 성년= 成年¶ ～の男子. 장정(壯丁)

**ていねん** [定年·停年] 정년¶ ～退職 정년퇴직/ ～を迎える 정년을 맞다

**ていねん** [*諦念] (文) 체념 ①도리를 깨닫는 마음 ②단념¶ ～を抱いく 체념을 품다

**ていのう** [低能] [名] [ダ] 저능¶ ～児 저능아

**ていはく** [停泊·*碇泊] [名] [自スル] 정박¶ 港中の船 항구에 정박중인 배

**ていはつ** [*剃髪] (文) 체발. 삭발. (특히) 불문에 들어가 삭발함= 薙髪¶ ～して尼僧になる 삭발하고 여승이 되다

**ていばん** [定番] (유행에 상관 없이) 일정하게 팔리는 상품

**でいばんがん** [泥板岩] [地] 이판암= 頁岩

**ていひょう** [定評] 정평¶ ～のある作品 정평 있는 작품

**ていふ** [貞婦] (文) 정부. 정녀= 貞女

**ていへん** [底辺] 저변 ①[数] 밑변 ②[比] (사회 조직의) 하층 부분¶ 社会の～ 사회의 저변

**ていぼう** [堤防] 제방. 둑= つつみ¶ ～が切れる 둑이 터지다

**ていぼく** [低木] [植] 관목. 떨기나무= 灌木

**ていほん** [定本] ①정본. 이본(異本)을 비교 검토하여 원본에 가장 가깝게 복원한 책 ②결정판, (특히) 저자가 정정 가필한 결정판

**ていほん** [底本] ①이본(異本)을 비교 검토할 때 기준으로 삼는 책 ②번역할 때의 대본

**ていまい** [弟妹] (文) 제매. 남동생과 여동생

**ていめい** [低迷] [名] [自スル] 저미 ①(나쁜 상태에서) 헤어나지 못하고 헤맴¶ 下位に～する 하위에서 맴돌다 ②(구름이) 낮게 떠돎¶ 暗雲が～する 암운이 낮게 떠돌다

**ていめい** [締盟] (文) 체맹. 동맹·조약을 맺음

**ていめん** [底面] 저면 ①바닥 면 ②(각뿔·원기둥·원뿔 등의) 밑면

**ていやく** [定訳] 정역. 가장 권위 있고 표준이 되는 번역= 決定訳

**ていやく** [締約] [名] [自スル] 체약. 조약·계약 등을 맺음= 締結¶ ～する **―強制** [法] 체약 강제

**ていゆ** [提喩] [表] 제유법

**ていよう** [提要] (文) 제요. 요점·요령을 간추림¶ 幾何学～ 기하학 제요

**ていよく** [体よく] ①보기 좋게, 그럴 듯하게, 무리 없이¶ ～口実をつくって断る 그럴 듯하게 핑계를 대어 거절하다

**ていらく** [低落] [名] [自スル] 저락. 하락. (물가가) 떨어짐¶ 株価が～する 주가가 하락하다

**ていらず** [手入らず] [名] ①품이 들지 않음, 손이 가지 않음¶ ～の子 손이 가지 않는 아이 ②한번도 사람 손을 타지 않음¶ ～の林 처녀림 ③(俗) 처녀

**ていり** [低利] 저리 ⇔ 高利¶ ～の融資を受ける 저리 융자를 받다

**ていり** [廷吏] [法] 정리. 법원 직원

**ていり** [定理] ①자명한 [정한] 이치 ②[数] 정리¶ ピタゴラスの～ 피타고라스의 정리

**でいり** [出入り] I [名] [自スル] ①출입¶ 人の～が激しい 사람의 출입이 빈번하다 ②늘 드나듦, 단골¶ ～の米屋 단골 쌀가게 Ⅱ [名] ①(돈의) 출납¶ 今月は～の多い月 출납이 많은 달 ②(사람·수량의) 과부족, 증감¶ 出席者数は毎回多少の～がある 출석자수는 매회 다소의 증감이 있다 ③싸움, 시비¶ やくざ同士の～ 깡패끼리의 싸움 **―口** 출입구 **―場** ①늘 드나드는 거래처 ②(연극 등에서) 싸움 장면

**でいりつ** [定率] 정률. 일정한 비율¶ ～法 정률법

**ていりゅう** [底流] 저류 ①강·바다의 밑바닥

**でいりつ** [*鼎立] [名] [自スル] (文) 정립. 삼자 대립¶ 三大勢力の～ 3대 세력의 정립

**でいりつ** [定立] [名] [他スル] (文) ①확정하여 정함 ②[論] 정립= テーゼ

**でいりつ** [定律] (文) 정률. 규칙. 법칙

**でいりゅう** 저율의 승급

**でいりつ** [*鼎立] [名] [自スル] (文) 정립. 삼자 대립¶ 三大勢力の～ 3대 세력의 정립

의 흐름 ②겉으로 드러나지 않은 세력·사상·감정¶人々の〜にある根深い不信感 사람들의 저변에 흐르는 뿌리깊은 불신감
ていりゅう [停留] 정류¶〜時間 정류 시간 ―所 정류장
ていりょう [定量] 정량, 일정한 분량
ているい [*涕涙] (文) 눈물을 흘림, 그런 눈물
ていれ [手入れ] [名] [他スル] ①손질, 손봄¶文章の〜 문장의 손질/よく〜された車 손질이 잘 된 차 ②(수사·검거를 위해) 경찰이 현장을 덮침, 단속¶密売の現場を〜する 밀매 현장을 덮치다
ていれい [定例] 정례¶〜会議 정례 회의/〜に従う 정례에 따르다
ていれつ [低劣] [名] [ナ] 저열, 저속¶〜な趣味 저속한 취미
ていれん [低廉] [ナ] (文) 저렴¶〜な価格 저렴한 가격
ていろん [定論] 정론, 정설
てうえ [手植え] (초목을) 손수 심음, 그런 초목¶お〜の松 손수 심으신 소나무
てうす [手薄] [名] [ナ] ①(일손이) 모자람, 허술함¶警備が〜だ 경비가 허술하다 ②(수중에 가진 것이) 적음¶品が〜になる 물건이 떨어져 있다
てうち [手打ち] ①(계약·화해 등이 성립된 표시로) 손뼉을 침¶〜式 (계약·화해 등의) 성립 축하식 ②(국수 등을) 손으로 쳐서 만듦¶〜そば 수타 메밀 국수
てうち [手討ち] (옛날에 무사가 부하 등을) 손수 베어 죽임
てえ [連語] (俗) 「という」의 변한말. …라고 하는, …라는¶なん〜奴だ 뭐라는 녀석이야?/す る〜と 그렇다면
データ (data) 데이터 ①자료 ②(컴) 프로그램을 운용할 수 있도록 기호화·수치화한 자료¶―処理 데이터 처리 ―通信 (컴) 데이터 통신 ―ベース (data base) (컴) 데이터 베이스
デート (date) 데이트 Ⅰ [名] 날짜, 기일 Ⅱ [自スル] 연인이 만나 함께 시간을 보냄¶恋人と〜する 애인과 데이트하다
テーラー (tailor) 테일러, 맞춤 양복점, 재봉사
テール (tail) 테일 ①꼬리¶ポニー〜 포니테일, 뒤로 묶은 머리 ②(스키 등의) 뒷부분 ―ランプ (tail lamp) 테일 램프, (자동차 등의) 미등
ておい [手負い] 상처를 입음, 그런 사람·짐승¶〜の兵士 부상병/〜のいのしし 상처 입은 멧돼지
ておくれ [手遅れ·手後れ] 때늦음, 시기를 놓침¶早く医者にかからないと〜になる 조속히 의사에게 보이지 않으면 때를 놓친다
でおく・れる [出遅れる] [自下一] 출발이 늦다, 늦게 나가다¶スタートで〜 출발에서 늦다
ておけ [手桶] 손잡이가 달린 통
ておし [手押し] 손으로 밂¶〜車 손수레
ておち [手落ち] 실수, 소홀, 부주의, 과실 = おちど¶捜査に〜があった 수사에 실수가 있었다

ておどり [手踊(り)] ①(앉아서) 손동작으로만 추는 춤 ②(盆踊 등에서) 여럿이 같은 손동작으로 추는 춤 ③(舞) (歌舞伎의 무용에서) 맨손으로 추는 춤
ておの [手*斧] 큰 자귀 = ちょうな
ておも・い [手重い] [形] ①(취급이) 조심스럽다, 정중하다¶〜もてなし 정중한 접대 ②쉽지 않다, 중대하다
ており [手織(り)] 수직, 손으로 짬, 그런 직물
でおんな [出女] ①(江戸 시대에) 역참에 있던 창녀 = おじゃれ ②(江戸 시대에) 관문을 지나 江戸로부터 지방으로 가던 여자
でか (俗) (隠) 형사, 경찰
てがい [手飼(い)] 손수 기름, 그런 동물¶〜の者 부하/〜の猫 집고양이
でか・い [形] (俗) 크다=でっかい ばかに〜靴 엄청나게 큰 구두/態度が〜 거들먹거리다
でがいちょう [出開帳] (佛) 본존 불상을 다른 곳으로 옮겨 공개하여 참배시키는 일
てかがみ [手鏡] 손거울
てかがみ [手*鑑] ①명필의 필적을 모은 첩첩 (摺帖) ②모범, 본보기
てがかり [手掛(か)り·手懸(か)り] ①손으로 잡을 곳¶〜もない絶壁 붙잡을 데도 없는 절벽 ②단서, 실마리¶捜査の〜をつかむ 수사의 실마리를 잡다
てかき [手書(き)] 명필, 달필가
てかぎ [手鉤] (짐 등을 찍어 올리는 쇠갈고리
てがき [手書き] 글씨를 손으로 씀, 그런 필적¶〜の賀状 손으로 쓴 연하장
てかけ [手掛(け)] ①(기구·맹장 등의) 손잡이 ②[*妾] 첩 = めかけ
でがけ [出掛け] 나가려는 참, 나가려고 할 때 = 出しな¶〜に用事をたのまれる 나가려는 참에 일을 부탁받다
てが・ける [手掛ける·手懸ける] [他下一] ①직접(손수) 다루다¶〜けたことのない仕事 직접 다루어본 적이 없는 일 ②돌보다¶長年〜けた弟子 오랫동안 돌봐 온 제자
でか・ける [出掛ける] [自下一] ①나가다, 나서다, 떠나다¶買物に〜 쇼핑하러 나가다 ②나가려고 하다¶ちょうど〜ところです 이제 막 나가려는 참입니다
てかげん [手加減] [名] [自他スル] ①손대중, 손어림, 손어림¶手が〜がわからない 손짐작을 못 하겠다 ②적당히 조절함, 참작함 = 手ごころ¶採点に〜を加える 채점을 적당히 하다
てかご [手*籠] 손바구니
てすう [手数] ①수고, 애씀, 폐 = てすう¶〜をかけた料理 공들인 요리/お〜をかけまして恐縮です 폐를 끼쳐서 죄송합니다 ②(바둑·장기 등에서 다 둘 때까지의) 수(手)의 수(数) ③(권투에서) 펀치를 날린 횟수
でか・す [出来す] [他五] (口) ①(실수로) 저지르다, 터무니없는 짓을 〜 엉뚱한 짓을 저지르다 ②훌륭히 해내다¶〜したぞ 잘 했다
てかせ [手*桎·手*械·手*枷] ①수갑¶〜と足かせ 수갑과 족쇄 ②(比) 속박¶師弟に関

係(かんけい)が~になる 사제 관계가 속박이 되다

**でかせぎ**【出稼(ぎ)】[名][自スル] (타향에서) 돈벌이를 함. 그런 사람¶ 農閑期(のうかんき)に~する 농한기에 타처에서 돈벌이하다

**てがた**【手形】①(손바닥에 먹을 칠해 찍은) 손 모양 ②날인한 증서 ③〔經〕 어음 **—貸付**(かしつけ) 어음 대부 **—割引**(わりびき) 어음 할인

**でかた**【出方】①나오는 방법·모양¶ 芽(め)の~ 싹이 트는 모양 ②처리 방법, 나오는 태도¶ 相手(あいて)の~を見(み)る 상대방이 나오는 태도를 보다 ③(씨름장·극장 등의) 안내인

**てがた·い**【手堅い】[形] ①견실하다, 착실하다¶ ~商売(しょうばい) 견실한 장사 ②(시세가 안정되어) 하락할 기미가 없다

**てがたな**【手刀】수도. 손을 펴서 베듯이 내리치는 동작

[慣用句]

**—を切(き)る** 〔相撲〕 이긴 씨름꾼이 상금을 받을 때 수도로 자르는 듯한 동작을 하다

**でがたり**【出語り】〔藝〕 (歌舞伎(かぶき)에서) 浄瑠璃(じょうるり)를 하는 사람이 무대에 나와서 연기함

**てかてか** I [副(ト)][自スル] 반들반들, 번들번들¶ ~とした顔(かお) 번들번들한 얼굴 II [ナ] 반들반들함, 번들번들함¶ ~にみがく 반들반들하게 닦다

**でかでか** [副(ト)]《俗》 큼직큼직, 커다랗게¶ ~と新聞(しんぶん)に載(の)る 대문짝만하게 신문에 실리다

**てがみ**【手紙】편지¶ 置(お)き~ 용건을 남기는 글/ ~をしたためる 편지를 쓰다

**てがら**【手柄】공, 공적¶ 大(おお)~ 큰 공/ ~を立(た)てる 공을 세우다 **—顔**(がお) 자랑스러운 얼굴

**てがら**【手絡】일본식 여자 머리를 틀어올릴 때 머리 밑부분에 감는 장식용 천

**でがらし**【出×涸(ら)し】(차 등을) 여러 번 우려서 싱거움. 그런 차¶ ~の茶(ちゃ) 여러 번 우려내어 싱거운 차

**てがる**【手軽】[ナ] 손쉬움, 간단함¶ ~な食事(しょくじ) 간단한 식사

**てがる·い**【手軽い】[形] 손쉽다, 간단하다¶ ~·くやれる仕事(しごと) 간단히 할 수 있는 일

**てき**【的】[音]テキ [訓]まと|(음)적. 《造語》 ①목표, 과녁¶ 標的(ひょうてき) 표적·目的(もくてき) 목적 ②맞다, 요점을 찌르다¶ 的確(てきかく) 적확·的中(てきちゅう) 적중 ③그런 경향·상태·성질이 있음¶ 劇的(げきてき) 극적·公的(こうてき) 공적 ④멸시나 친근감을 나타냄¶ 泥的(どろてき) 도둑놈·貧的(ひんてき) 가난뱅이

**てき**【笛】[音]テキ [訓]ふえ|(음)적. 《造語》 피리¶ 横笛(よこぶえ) 횡적·汽笛(きてき) 기적·警笛(けいてき) 경적

**てき**【摘】[音]テキ [訓]つむ|(음)적. 《造語》 ①뜯다, 따다, 골라내다¶ 摘出(てきしゅつ) 적출·指摘(してき) 지적 ②들추어내다, 폭로하다¶ 摘発(てきはつ) 적발

**てき**【滴】[音]テキ [訓]したたる·しずく|(음)적. 《造語》 ①물방울이 떨어지다, 듣다, 물방울¶ 滴下(てきか) 적하·点滴(てんてき) 점적 ②《助數》 액체가 방울지어 떨어지는 것을 세는 말. 방울

**てき**【適】[音]テキ [訓]かなう|(음)적. 《造語》 ①꼭 들어맞다, 적합하다, 걸맞다¶ 適応(てきおう) 적응·適合(てきごう) 적합·適当(てきとう) 적당 ②기분이 좋다. 상쾌하다¶ 快適(かいてき) 쾌적·自適(じてき) 자적

**てき**【敵】[音]テキ [訓]かたき|(음)적. I 《造語》 ①적, 원수, 적수¶ 敵軍(てきぐん) 적군·強敵(きょうてき) 강적 ②역량이 비슷하다, 상대가 되다¶ 匹敵(ひってき) 필적·無敵(むてき) 무적 II 적 ①(전쟁·경쟁에서) 적수¶ ~が多(おお)い 적이 많다 ②해가 되는 것¶ 社会(しゃかい)の~ 사회의 적

[慣用句]

**—に塩(しお)を送(おく)る** 적에게 소금을 보내다

**—は本能寺(ほんのうじ)にあり** 진짜 목적은 다른 데 있다는 말

**てき**【×擢】[音]テキ|(음)탁. 《造語》 많은 것 중에서 골라내다¶ 抜擢(ばってき) 발탁

**でき**【×溺】[音]デキ [訓]おぼれる|(음)닉, 뇨. 《造語》 ①물에 빠지다¶ 溺死(できし) 익사 ②지나치게 열중하다¶ 溺愛(できあい) 익애·耽溺(たんでき) 탐닉

**でき**【出来】①만듦, 완성, 완성품 ②완성된 상태, 만듦새¶ ~の悪(わる)い服(ふく) 만듦새가 조잡한 옷 ③(사람의) 됨됨이¶ ~の悪(わる)い息子(むすこ) 됨됨이가 좋지 않은 자식 ④성적¶ 試験(しけん)の~がよい 시험 성적이 좋다 ⑤수확, 결실, 작황¶ 今年(ことし)は~がよい 올해는 작황이 좋다 ⑥〔經〕 거래의 성립¶ ~高(だか) (증권) 거래액

**できあい**【出来合(い)】①기성, 기성품¶ ~の服(ふく) 기성복 ②임시 변통, 마침 있는 물건 ③(남녀의) 밀통

**できあい**【×溺愛】[名][他スル] 익애. 몹시〔맹목적으로〕 사랑함¶ 孫(まご)を~する 손자를 익애하다

**できあ·う**【出来合う】[自][五]《口》 (남녀가) 서로 사랑하는 사이가 되다. (특히) 밀통하다

**できあがり**【出来上がり】①다 됨, 완성¶ ~が遅(おそ)い 완성이 더디다 ②완성된 상태, 만듦새¶ 見事(みごと)な~ 멋진 만듦새

**できあが·る**【出来上がる】[自][五] ①완성되다, 다 만들어지다¶ ビルが~ 빌딩이 완성되다 ②《俗》 흠뻑 취해 기분이 좋아지다¶ すっかり~ 흠뻑 취해 기분이 좋아지다

**できあき**【出来秋】결실의 가을, 벼 수확기

**てきい**【敵意】적의¶ ~を抱(いだ)く 적의를 품다

**てきえい**【敵影】《文》 적영. 적의 그림자〔모습〕¶ ~発見(はっけん) 적의 모습 발견

**てきおう**【適応】[名][自スル] 적응¶ 環境(かんきょう)に~する 환경에 적응하다 **—性**(せい) 적응성

**てきおん**【適温】적온. 알맞은 온도¶ ~で保存(ほぞん)する 적온으로 보존하다

**てきか**【摘花】[名][自スル]〔農〕 적화. (좋은 열매를 얻기 위해) 여분의 꽃을 솎아냄

**てきか**【摘果】[名][自スル]〔農〕 적과. (좋은 열매를 얻기 위해) 여분의 덜 익은 과실을 솎아냄

**てきか**【滴下】[名][自他スル]《文》 적하. 방울져 떨어짐〔떨어뜨림〕

**てきが**【摘芽】[名][自スル]〔農〕 적아. 작물의 필요 없는 순을 따줌

**てきがいしん**【敵×愾心】적개심

**てきかく**【的確】[ナ] 적확. 정확= てっかく¶ ~な判断(はんだん) 정확한 판단

**てきかく**【適格】[名][ナ] 적격¶ 会長(かいちょう)として~な人物(じんぶつ) 회장으로서 적격인 인물

てきがた【敵方】 적측. 적의 편¶~に寝返る 적과 내통하다
てきかん【敵艦】 적함. 적의 군함¶~を撃沈する 적함을 격침하다
てきき【手利き】 수완이[솜씨가] 좋음. 그런 사람¶~の弁護士 수완이 좋은 변호사
てきぎ【適宜】 ⑦ 副 적의 ①적당. 적절¶~な処置 적절한 조치 ②각자 좋다고 생각하는 대로 함. 재량껏¶~判断して処理する 각자가 판단하여 처리하다
てきぎょう【適業】 적업. 적성에 맞는 직업 = 適職¶~を選ぶ 적업을 선택하다
できぐあい【出来具合】 만들새. 완성된 상태¶作品の~が気になる 작품의 완성도가 염려되다
てきぐん【敵軍】 적군¶~を殲滅する 적군을 섬멸하다
てきげん【適言·的言】 (文) (그 자리·상황에) 꼭 들어맞는 말. 적절한 말
てきごう【適合】 名 自スル 적합¶時代に~した教育 시대에 적합한 교육
できごころ【出来心】 우발적인 충동¶ほんの~で単純한 충동으로
できごと【出来事】 사건. 사고. 일어난 일¶一瞬の~ 순간적으로 일어난 일
てきさい【適才】 (文) 적재. 적합한 재능
てきざい【適材】 적재 ①(어느 일에) 적합한 재능을 가진 사람¶彼は議長として~だ 그는 의장으로서 적재이다 ②사용 목적에 알맞은 목재·재료 ―適所 적재 적소
てきさく【適作】 적작. 그 땅에 알맞은 농작물¶適地~ 적지 적작
てきし【敵視】 名 他スル 적시. 적대시¶他宗派を~する 타종파를 적시하다
てきじ【適時】 名 副 적시. 적당한 때¶~打 적시타/~に席を立つ 적시에 자리를 뜨다
できし【溺死】 名 自スル 익사 = 水死
てきしつ【敵失】 [野] 적실. 상대팀의 실책¶~で先取点をとる 적실로 선취점을 얻다
てきしゃせいぞん【適者生存】 [生] 적자 생존
てきしゅ【敵手】 (文) 적수 ①적의 손. 적의 지배하¶~に倒される 적의 손에 쓰러지다[죽다] ②경쟁 상대¶好~ 호적수
てきしゅう【敵襲】 (文) 적습. 적의 습격¶~に備える 적습에 대비하다
てきじゅう【敵従】 名 自スル (文) 적종. 의지하여 따라감¶先輩の教えに~する 선철의 가르침을 따르다
てきしゅつ【摘出】 名 他スル 적출 ①뽑아냄. 가려냄. 골라냄¶要点を~する 요점을 뽑아내다 ②[剔出] 기관이나 신체 일부를 절제함¶臟器を~する 장기를 적출하다 ③들추어냄. 폭로함. 적발함¶不正を~する 부정을 들추어내다
てきしょ【適所】 적소¶適材~ 적재 적소
てきしょう【敵将】 적장. 적의 장수
てきじょう【敵情】 적정. 적의 동정
てきしょく【適職】 적직. 적합한 직업 = 適業¶~を選ぶ 적합한 직업을 고르다
てきしん【摘心·摘芯】 名 自スル [農] 적심. 새순을 따줌
てきじん【敵陣】 적진¶~に攻めこむ 적진으로 쳐들어가다
てきず【手傷·手創·手疵】 전투에서 입은 부상¶~を負う 싸움에서 부상을 입다
てき·する【適する】 自 サ変 알맞다 ①적당하다. 바람직하다. 적합하다¶~した環境 살기 좋은 환경 ②적격이다¶事務職に~している 사무직에 적격이다
てき·する【敵する】 自 サ変 ①적대하다. 대항하다. 맞서다¶衆寡~せず 중과 부적 ②필적하다¶語学では彼に~者はいない 어학에서는 그와 겨룰 자가 없다
てきせい【適正】 名 ナ 적정¶~価格をつける 적정 가격을 매기다
てきせい【適性】 적성 ―検査 적성 검사
てきせい【敵性】 적성¶~国家 적성 국가
てきせい【敵勢】 적세. 적의 세력[군사력]
てきせつ【適切】 적절¶~な例をあげる 적절한 예를 들다
てきぜん【敵前】 적전 ―上陸 [軍] 적전 상륙
できそこない【出来損ない】 ①됨됨이가 좋지 못함. 잘 안됨. 그런 것¶~の作品 실패작 ②병신. 골품이. 반편이¶~の役立たず 아무짝에도 못 쓸 병신
できそこな·う【出来損なう】 自 五 ①잘못 만들어지다¶ご飯が~ 밥이 잘못 지어지다 ②미완성으로 끝나다
てきたい【敵対】 名 自スル 적대¶~行為 적대 행위/ 二派に分かれて~する 두 파로 나뉘어 적대하다
できだか【出来高】 ①생산고 ②수확량¶米の~ 쌀 수확량 ③[経] 매매가 성립된 주식 수[총액] ―払い 성과급¶~制 성과급제
できたて【出来立て】 갓[막] 만들어냄. 그런 것¶~のほやほや 갓 만들어서 따끈따끈함
てきだん【敵弾】 적탄. 적이 쏜 탄환
てきだんとう【擲弾筒】 [軍] 척탄통. 수류탄·조명탄 등을 발사하는 휴대용 소형 화기
てきち【適地】 적지¶~適作 적지 적작
てきち【敵地】 적지¶~に深く入り込む 적지에 깊숙이 잠입하다
てきちゅう【的中】 名 自スル 적중 ①명중¶~率 적중률 ②적중¶~ 바로 들어맞음¶予想が~する 예상이 적중하다
てきちゅう【敵中】 적중. 적진 속¶~突破 적중 돌파
てきてい【滴定】 [化] 적정
てきてき【滴滴】 (文)(乂)물방울이 떨어지는 모양. 똑똑. 방울방울 = ぽたぽた
てきど【適度】 ⑦ 적당한 정도¶~な睡眠 と~な運動 적당한 수면과 적당한 운동
てきとう【適当】 ⑦ 적당 ①(성질·요구 등에) 적절함. 적합함. 알맞음¶~な例 적당한 예 ②(정도가) 알맞음¶調味料を~に加える 조미료를 알맞게 넣다 ③요령 있게 얼버

てきにん【適任】 名 적임¶ まとめ役の~者 수습하는 역할의 적임자
できね【出来値】 経 실제 매매 성립 가격
てきはい【敵背】 文 적배. 적의 배후¶ ~に回る 적의 배후로 돌다
できばえ【出来栄え・出来映え】 모양새, 만듦새, 됨됨이, 성과, 솜씨¶ 見事な~ 훌륭한 솜씨/ 予想外の~ 예상 밖의 성과
てきぱき 副 自スル ①능숙하고 기민한 모양. 척척¶ ~と片づける 척척 해치우다 ②(말이나 태도가 분명한) 시원시원, 또박또박, 또깡또깡¶ ~と答える 또박또박 대답하다
てきはつ【摘発】 名 他スル 적발¶ 脱税を~する 탈세를 적발하다
てきひ【適否】 적부¶ 事の~を検討する 일의 적부를 검토하다
てきびし・い【手厳しい】 形 호되다, 가차없다 ⇔手緩い¶ ~批判 호된 비판
てきひょう【適評】 적평. 적절한 비평
てきぶつ【敵物】 난사람, 걸물¶ なかなかの~だ 대단한 걸물이다
てきふてき【適不適】 적부적. 적부는 適否だ¶ ~を考慮する 적부적을 고려하다
できふでき【出来不出来】 ①만듦새의 좋고 나쁨 ②(만듦새・성과가) 고르지 못함¶ 成績に~がある 성적이 들쭉날쭉하다
てきへい【敵兵】 적병. 적의 병사
てきほう【適法】 적법¶ ~行為 적법 행위
できぼつ【溺没】 名 自スル 文 익몰. 익사
てきほんしゅぎ【敵本主義】 목적이 다른 데 있는 것처럼 하다가 본디 목적을 이루는 방식
てきめん【覿面】 名 ①(効과나 응보가) 바로 나타남¶ 天罰~ 천벌이 즉각 내림/ 効果~ 효과가 즉각 나타남
できもの【出来物】 종기, 부스럼. 뾰루지
てきや【的屋】 (번잡한 거리에서) 싸구려 물건을 파는 장사꾼
てきやく【適役】 적역. 알맞은 역¶ 司会には彼が~だ 사회에는 그가 적역이다
てきやく【適訳】 적역. 적절한 번역・역어
てきやく【適薬】 적약. 그 병에 잘 듣는 약
てきよう【摘要】 名 他スル 文 적요. 요점을 뽑아 기록함¶ 条約の~ 조약의 적요
てきよう【適用】 名 他スル 적용¶ 殺人罪を~する 살인죄를 적용하다
できょうじゅ【出教授】 출장 지도, 출장 교습
てきりょう【適量】 적량. 적당량, 적정량¶ ~の酒をたしなむ 적당량의 술을 즐기다
で・きる【出切る】 自五 다 나가다(나오다)= 出尽くす¶ 意見が~ったので採決する 의견이 다 나왔으므로 채결하다
で・きる【出来る】 自上一 ①생기다, 발생하다¶ 急用が~ 급한 용무가 생기다 ②태어나다, 생산되다, 만들어지다¶ 牛乳から チーズが~ 우유에서 치즈가 만들어지다 ③수중에 들어오다, 얻다¶ お金が~ きた 돈이 생겼다 ④다 되다, 완성되다, 성립되다¶ 食事の用意が~ 식사 준비가 다 되다 ⑤俗 남녀가 친밀한 관계가 되다¶ あの二人はもう~ きている 저 두 사람은 이미 그렇고 그런 사이이다 ⑥가능성・능력이 있다, 가능하다¶ それは~・きない 相談だ 그것은 가능성이 없는 이야기다 ⑦(그것을 할) 능력・가능성이 있다, …할 수 있다¶ 眠ることが~・きない 잠이 오지 않다 ⑧(인격・재능이) 뛰어나다¶ 数学が~ 수학을 잘 하다
てきるい【敵塁】 文 적루. 적의 보루¶ ~を陥れる 적의 보루를 함락시키다
てぎれ【手切れ】 ①관계・교섭이 끊어짐, (특히) 남녀의 애정 관계가 끝남¶ 借金を~して~をする 빚을 갚고 절교하다 ②「手切れ金」의 준말 一金 (주로 남녀간에) 헤어질 때 주는 돈, 위자료
できれ【出切れ】 재단하고 남은 자투리, 가윗밥= たちくず
てきれい【適例】 적례. 적절한 예¶ ~を挙げる 적절한 예를 들다
てきれい【適齢】 적령. 알맞은 나이¶ 娘の結婚~期 딸의 결혼 적령기
てぎれい【手奇麗・手綺麗】 ナ 만듦새가 훌륭함(고움)¶ 塗りが~に仕上がる 칠이 곱게 칠해지다
てきろく【摘録】 名 他スル 文 적록. 요점을 적음¶ 講演を~する 강연을 적록하다
てぎわ【手際】 (일을 처리하는) 솜씨, 수완¶ 仕事を~のよい 일 처리가 능란하다
てきん【手金】 계약금= 手付け金¶ ~を打つ 계약금을 걸다
でく【木偶】 ①목각 인형 ②(인형극에서) 망석중이, 꼭두각시 ③아무 쓸모 없는 사람
テクシー 俗 (차를 타지 않고) 터벅터벅 걸음
てぐす【天蚕糸】 천잠사. 야잠사
てぐすねひ・く【手薬練引く】 自五 만반의 준비를 하고 기다리다¶ ~いて待ち伏す 만반의 준비를 하고 매복하다
てくせ【手癖】 손버릇 ①(습관적인) 손 동작¶ ~足癖 습관적인 손 동작 발 동작 ②도벽
慣用句
一が悪い 손버릇이 나쁘다, 도벽이 있다
でぐせ【出癖】 나다니는 버릇¶ ~がつく 나다니는 버릇이 생기다
てくだ【手管】 남을 속이는 수단(수법), 농간¶ 手練~ 온갖 농간
てぐち【手口】 ①(범죄 등의) 수법¶ 侵入する~が同じだ 침입하는 수법이 동일하다 ②経 (거래소에서) 매매 내용에 대한 정보
でぐち【出口】 출구¶ ~をふさぐ 출구를 막다
てくてく 副 口 터벅터벅¶ 学校まで~と歩いた 학교까지 터벅터벅 걸었다
でくのぼう【木偶】の坊 ①목각 인형= でく ②아무 쓸모 없는 사람
てくばり【手配り】 名 自スル 수배, 준비= 手配¶ 出迎えの~をする 마중 준비를 하다
てくび【手首】 손목¶ ~をひねる 손목을 비틀다

**てくらがり** [手暗がり] 손 그늘이 져서 어두움, 그런 곳¶ ～になる 손 그늘이 지다

**てぐり** [手繰り] ①(실 등을) 손으로 자음[결]= たぐり ②차례로 넘겨줌[건넴]¶ 荷物を～で収納する 짐을 차례로 건네어 수납하다 ③(일의) 변동, 융통

**て・る** 自国(俗) (터벅터벅) 걷다

**てぐるま** [手車] ①짐을 등을 나르는 손수레 ②(기마전 등에서) 손가마 ③(江戸 시대의) 요요와 비슷한 장난감

|慣用句|
**─に乗せる** ①극진히 대우하다, 받들어 모시다 ②(사람을) 마음대로 주무르다, 농락하다

**でくわ・す** [出会す] 自国 ①우연히 만나다, 맞닥뜨리다¶ 町角で友人に～ 길 모퉁이에서 친구와 우연히 만나다

**でげいこ** [出稽古] 名自スル ①출장 지도, 출장 교습= 出教授 ②[相撲] 씨름꾼이 다른 도장에 가서 지도를 받음

**てこ** [*梃子・*梃] [物] 지레= 레버¶ ～の原理 지레의 원리

|慣用句|
**─でも動かない** 요지부동이다

**でこ** [凸] (口) 볼록함, 뛰어나옴, 그런 것¶ ～凹 요철, 올록볼록함 ② → おでこ

**こいれ** [*梃子入れ] 名[經] (거래에서) 시세의 변동을 인위적으로 막음¶ 大量に買い入れて～をする 대량으로 사들여 시세의 변동을 막다 ②(난국을 타개하기 위해) 지원 조치를 함 景気の～ 경기의 부양책

**でごうし** [出格子] [建] 돌출 격자창

**てごころ** [手心] 배려, 참작, 편의를 봐줌

|慣用句|
**─を加える** (참작하여) 관대하게 처리하다

**でこさく** [出小作] 名自スル 다른 마을에 가서 소작함, 그런 농부

**てこず・る** [手古摺る・*梃子摺る] 自国 애먹다, 쩔쩔매다¶ いたずらっ子に～ 장난꾸러기 때문에 쩔쩔매다

**てごたえ** [手答え・手*応え] ①손에 전해지는 감촉[느낌]¶ 打った瞬間にホームランの～があった 친 순간에 홈런이라는 것이 느껴졌다 ②반응, 보람¶ ～のある仕事 보람있는 일

**でこでこ** ①[口] 볼록하게 솟아 있는 모양¶ 飯を～と盛る 밥을 수북이 담다 ②지나치게 꾸민 모양¶ ～な身なりで現われる 요란스런 옷차림을 하고 나타나다

**てごと** [手事] ①[藝] (地歌・箏曲 등에서) 악기만으로 연주되는 간주(間奏) 부분 ②계략, 계책

**でこぼう** [*凸坊] ①장구머리, 대갈 장군 ②개구쟁이, 장난꾸러기= 腕白小僧

**でこぼこ** [凸凹] 名自スル ①요철, 울퉁불퉁함¶ ～道 울퉁불퉁한 길 ②(일) 일정하지 않음, 들쭉날쭉함, 불평등¶ 給与の～を調整する 급여의 불평등을 조정하다

**てごま** [手*駒] ①(장기에서) 따내어 자기 말로 쓸 수 있는 말= 持ち駒 ②(마음대로 부리는) 수하, 부하

**てこまい** [手古舞] [藝] 江戸 시대의 제례(祭禮)에서 여흥으로 추던 춤, 그때의 차림으로 山車나 神輿의 앞장을 서는 남장한 여성

**てごめ** [手込め・手*籠(め)] ①폭행¶ 不良に～にされる 불량배에게 폭행당하다 ②욕보임, 강간¶ ～にする 욕보이다

**でもの** [出物] 재고 처분용 싸구려 상품¶ ～市 재고품의 싸구려 시장

**てごろ** [手*頃] [ナ] 알맞음¶ 손에 들기에 딱 좋음¶ ～なつえ 가지고 다니기 좋은 지팡이 ②(능력・요구 등에) 걸맞음, 적당함¶ ～な仕事 自分を探하는 적합한 일을 찾다

**てごわ・い** [手強い] 形 (상대하기) 힘겹다, 벅차다¶ ～相手 벅찬 상대, 敵では見かけによらず 적은 보기보다 만만치 않다

**てざいく** [手細工] ①수세공, 손으로 하는 세공= 手工芸 ②～の品 수세공품 ②아마추어가 취미로 하는 세공

**でさかり** [出盛り] ①(농산물 등의) 제철, 한창 때¶ 松茸の～ 송이버섯의 제철 ②(사람들이) 북적거림, 그런 때¶ 行楽客の～ 행락객이 한창 북적거릴 때

**でさか・る** [出盛る] 自国 ①(농산물이) 한창 쏟아져 나오다¶ 白菜が～ 배추가 한창 쏟아져 나오다 ②(사람들이) 북적거리다, 들끓다¶ 花見客が～ 꽃구경꾼이 북적거리다

**てさき** [手先] ①손끝= 指先¶ ～が器用だ 손재주가 있다 ②앞잡이, 부하¶ 盗賊の～ 도적의 앞잡이 ③(江戸 시대의) 포리(捕吏)의 끄나풀= おかっ引

**でさき** [出先] ①행선지, 목적지¶ ～から連絡する 행선지에서 연락하다 ②출처, 발단¶ うわさの～を調べる 소문의 발단을 조사하다 ─機関 (중앙 관청・회사 등의) 지방이나 외국에 설치한 지국・출장소

**てさぐり** [手探り] ①손으로 더듬어 찾음¶ ～でスイッチを探る 손으로 더듬어 스위치를 찾다 ②암중 모색함¶ ～の状態 암중 모색의 상태

**てさげ** [手提げ] 손에 들고 다니게 만든 것¶ ～鞄 손가방

**てさばき** [手*捌き] 손으로 다룸, 손놀림, 솜씨¶ 鮮やかな～でカードをあやつる 멋진 솜씨로 카드를 다루다

**てざわり** [手触り] 손에 닿는 감촉¶ ～がいい 감촉이 좋다

**でし** [弟子] 제자¶ 内～ 내제자/ 兄～ 동문의 선배 ─入り 名自スル 제자가 됨, 입문함

**てしお** [手塩] ①(옛날에) 식탁에 놓았던 소금 ②手塩皿의 준말 ─皿 (소금・간장 등을 담는) 작고 납작한 종지

|慣用句|
**─にかける** 공들여 기르다

**でしお** [出潮] ①(달이 뜰 때의) 밀물= 差し潮⇔ 入り潮 ②나올 무렵, 나올 시기

**てしごと** [手仕事] 손끝으로 하는 일, 수공

てした【手下】 수하. 부하＝部下ぶか・配下はいか¶～を従したがえる 수하를 거느리다
デジタル (digital) 디지털 ―化か 他スル【電】 디지털화 ―信号しんごう【電】 디지털 신호
てじな【手品】 요술, 마술¶～遣つかい 요술쟁이/～を使つかう 요술을 부리다 ―師し ①요술쟁이＝手品遣つかない ②(比) 남을 잘 속이는 사람
てじまい【手仕舞(い)】【經】(신용・선물 거래에서) 전매・환매를 마치고 거래 관계를 완료함
てじめ【手締め】(거래 등의 성립을 축하하며) 박자에 맞춰 손뼉을 침
てじゃく【手酌】자작(自酌)¶～で一杯いっぱいやる 자작으로 한잔하다
でしゃばり【出しゃばり】名ス(口) 주제넘게 나섬, 그런 사람¶あいつは～で困こまる 저 녀석은 나서기 좋아해서 곤란하다
でしゃば・る【出しゃばる】自五(口) 주제넘게 나서다, 중뿔나게 참견하다¶～って引ひき受うける 주제넘게 나서서 떠맡다
てじゅん【手順】수순. 순서. 절차¶～を踏ふむ 절차를 밟다/～が狂くるう 순서가 뒤바뀌다
てしょう【手性】손재주, 솜씨¶～がいい 손재주가 좋다
てじょう【手錠・手鎖】①수갑, 쇠고랑¶～をかける 수갑을 채우다 ②【史】(江戸えど시대) 일정 기간 수갑을 채우던 형벌
でしょう 助動 (「だろう」의 공손한 표현) ①(추측・상상) …겠지요, …일 것입니다¶明日あすもいい天気てんきに～ 내일도 날씨가 좋을 것입니다 ②(의문・확인・동의) …겠지요?¶昨日きのう休やすんだの～？ 어제 쉬었지요?
てしょく【手*燭】수촉. (들고 다닐 수 있도록) 손잡이가 달린 촛대＝しゅしょく
てしょく【手職】손으로 하는 일＝てしょく
でしょく【出職】밖에서 일하는 직업⇔居職いじょく
でしろ【出城】외성(外城)⇔根城ねじろ
です 助動 《단정의 조동사「だ」의 공손한 말》①(지정・판단・단정)…입니다¶彼女かのじょはなかなかの美人びじん～ 그녀는 상당한 미인입니다 ②(감탄 조사적으로 어조를 고름)…말입니다¶それが～ね, うまくいかなかったのですよ 그게 말씀입니다, 잘 안 되었던 말입니다
でずいらず【出ず入らず】連語 증감・과부족이 없음¶～の状態じょうたい 과부족이 없는 상태
でずいり【出*数入り】【相撲】横綱よこづなが 씨름판에 등장하는 의식
てすう【手数】①쓸 수 있는 수단・방법의 수 ②공력, 수고, 폐¶～がかかる 공력이 들다/～を省はぶく 수고를 덜다/お～をかけてすみません 폐를 끼쳐서 죄송합니다 ―料りょう 수수료
てずから【手ずから】副 손수, 몸소, 직접¶陛下へいかの～植うえられた松まつ 폐하께서 손수 심으신 소나무
てすき【手透き・手*隙】손이 빔, 짬이 남, 한가함¶お～の折おりに 짬이 나실 때
てすき【手*漉き】손으로 종이를 뜸, 그런 종이¶～の和紙わし 손으로 뜬 일본 종이
でずき【出好き】名ス 외출을 좋아함, 그런 사람¶～な性分しょうぶん 외출을 좋아하는 성격
です・ぎる【出過ぎる】自上一 ①너무 나오다¶色いろが～ 색이 너무 진하다 ②주제넘게 굴다¶～・ぎたまねをする 주제넘은 짓을 하다
てすさび【手*遊び】(文) 심심풀이, 소일거리¶～に絵えをかく 심심풀이로 그림을 그리다
てすじ【手筋】①손금 ②서화・예능의 소질¶バイオリンの～がいい 바이올린에 소질이 있다 ③(장기・바둑에서) 유효한 수
ですっぱり【出突っ張り】名 ①한 배우가 어느 상연물〔막〕에나 출연함¶昼夜ちゅうや～の熱演ねつえん 밤낮으로 이어지는 열연 ②(어느 기간 중) 계속해서 출석・외출함
ですますたい【ですます体】表 문장 끝에「です・ます」를 쓰는 구어 문체＝ですます調ちょう
てすり【手*摺】난간¶階段かいだんの～につかまる 계단의 난간을 잡다
てずり【手刷り】名 他スル ①목판(木版) 등을 하나하나 손으로 찍어냄, 그런 인쇄물 ②수동식 인쇄, 그런 인쇄물
てずれ【手擦れ・手*摩れ】손끝에 닳음¶～した辞書じしょ 손끝에 닳은 사전
てせい【手製】수제, 손으로[손수] 만듦¶～の靴くつ 수제화/～の料理りょうり 손수 만든 요리
てぜい【手勢】수하의 군사, 수병, 친병¶～を率ひきいる 수병을 거느리다
てぜま【手狭】名ダ 비좁음, 협소함¶家いえが～になる 집이 비좁아지다
でせん【出銭】출비, 지출되는 돈
てそう【手相】수상, 손금¶～見み 수상가/～を見みる 손금을 보다
でぞめ【出初(め)】①(주로 새해의) 첫 나들이 ②「出初式しき」의 준말 ―式しき 소방수들의 신년 소화 시범 행사
でそろ・う【出*揃う】自五 (나와야 할 것이) 다 나오다¶報告ほうこくが～ 보고가 다 나오다
てだい【手代】(옛날 상점에서) 番頭ばんとう 아래이고 丁稚でっち의 윗 등급인 종업원
てだし【手出し】名 自スル ①시비를 걺¶先さきに～したほうが悪わるい 먼저 시비를 건 쪽이 나쁘다 ②참견¶余計よけいな～をするな 쓸데없는 참견 말아라
でだし【出出し】(口) 처음, 시작, 시초¶～は好調こうちょうだった 시작은 순조로웠다/歌うたの～がわからない 노래의 처음이 생각나지 않는다
てだすけ【手助け】名 他スル 도움, 거듦, 돕는 사람¶～を頼たのむ 거들어 달라고 부탁하다
てだて【手立て】수단, 방법¶～を講こうじる 수단을 강구하다
でたとこしょうぶ【出たとこ勝負】그 자리의 형편에 따라 일을 처리함¶～で交渉こうしょうする 그 자리의 형편에 따라 교섭하다
てだま【手玉】①손목에 차는 장식용 구슬 ②공기(놀이)＝お手玉たま
慣用句
―に取とる (공깃돌 다루듯이) 남을 마음대로 조종하다, 농락하다
でたらめ 名ダ 아무렇게나(되는 대로) 함, 무

책임함¶ ~に言う 되는 대로 말하다
**てぢか** [手近] 名ダ ①바로 곁, 가까움¶ 辞書じを~に置おく 사전을 가까이에 두다 ②비근함¶ ~な例れい 비근한 예
**てちがい** [手違い] 착오, 차질¶ 事務上じょうの~ 사무상의 착오/ ~が生しょうじる 차질이 생기다
**てちょう** [手帳·手帖] 수첩
**てつ** [迭] 〖迭〗音テツ(음)질.〖造語〗바꾸다, 갈다¶ 更迭こうてつ 경질
**てつ** [哲] 〖哲〗音テツ(음)철.〖造語〗①사리에 밝음, 그런 사람¶ 哲学てつがく 철학·哲人てつじん 철인·明哲めいてつ 명철¶ 「哲学てつがく」의 준말
**てつ** [鉄] 〖鐵〗音テツ訓くろがね(음)철. I〖造語〗①철¶ 鉄鉱てっこう 철광·製鉄せいてつ 제철 ②단단하고 강하다¶ 鉄人てつじん 철인·鉄則てっそく 철칙¶ 「鉄道てつどう」의 준말¶ 私鉄してつ 사철·地下鉄ちかてつ 지하철 ▷〖熟字訓〗鉄漿かね 이를 검게 물들임 II〖化〗철¶ ~の格子こうし 쇠창살 ②〖比〗단단하고 강한 것¶ ~の規律きりつ 철석같은 규율〖慣用句〗
—は熱あついちに打うて 쇠는 달았을 때 두들겨라, 시기를 잃지 말고 조처해라
**てつ** [徹] 〖徹〗音テツ訓とおる|(음)철.〖造語〗통하다, 꿰뚫다¶ 徹底てってい 철저·徹夜てつや 철야·貫徹かんてつ 관철·透徹とうてつ 투철
**てつ** [撤] 〖撤〗音テツ訓すてる(음)철.〖造語〗버리다, 철거하다, 제거하다¶ 撤回てっかい 철회·撤去てっきょ 철거·撤廃てっぱい 철폐
**てつ** [轍] 〖轍〗音テツ訓わだち(음)철. I〖造語〗수레바퀴 자국¶ 前轍ぜんてつ 전철 II ①수레바퀴 자국 ②선례, 전철¶ ~を踏ふむ 전철을 밟다
**てつあれい** [鉄亜鈴] 철제 아령
**てつあん** [鉄案] (文) 철안, 단안= 断案だんあん
**てついで** [手序(で)] (다른 일을) 하는 김에¶ ~に隣となりの部屋へやも掃除そうじする 하는 김에 옆 방도 청소하다
**ていろ** [鉄色] 철색, 검푸르죽죽한 빛깔
**てつおなんど** [鉄御納戸] 거무스레한 감색
**てっか** [鉄火] I 名 ①철화, 빨갛게 단 쇠 ②(文) 철화, 칼과 총¶ ~をくぐる 총칼을 헤치며 싸우다 ③다랑어회, 그 요리¶ ~どんぶり 다랑어회 덮밥¶ 「鉄火巻てっかまき」의 준말 ⑤도박꾼, 노름꾼 II ダ (성격이) 괄괄함¶ ~なあねご 성미가 괄괄한 여두목 —場ば 노름판, 도박장 —巻まき 다랑어회 김초밥 —味噌みそ 우엉·연근 등을 넣고 참기름에 볶은 된장
**てっかい** [撤回] 名他スル 철회¶ 前言ぜんげんを~する 앞서 한 말을 철회하다
**でっか·い** 形(俗)「でかい」의 힘줌말. 큼직하다, 거창하다¶ ~話ばなし 거창한 이야기
**てつがく** [哲学] 철학¶ 実存じつぞん~ 실존 철학
**てつかず** [手付かず] 名 아직 손대지(사용하지) 않음¶ 料理りょうりが~のまま残のこっている 요리가 손대지 않은 채 남아 있다
**てつかぶと** [鉄兜] 철모¶ ~をかぶる 철모를 쓰다
**てづかみ** [手摑み] 손으로 잡음[집음]¶ ~で食くう 손으로 집어서 먹다

**てっかん** [鉄管] 철관, 철제 관
**てっき** [鉄器] 철기, 철제 기구 —時代じだい〖考古〗철기 시대
**てっき** [鉄騎] (文) 철기 ①철기병 ②용맹한 기병
**てっき** [摘記] 名他スル(文) 적기, 개요·요점만을 발췌하여 기록함
**てっき** [適帰] 名自スル(文) 적귀, 찾아가 몸을 의탁함
**てっき** [適期] (文) 적기, 적당한 시기¶ 結婚けっこんの~ 결혼의 적기
**てっき** [敵機] 적기, 적의 비행기
**てつき** [手付き] 손놀림, 손재주¶ 慣なれた~ 익숙한 손놀림/ ~がよい 손재주가 좋다
**てっきゃく** [鉄脚] 철각 ①다리·탑 등을 지탱하는 철제 받침 ②튼튼한 다리
**てっきょ** [撤去] 名他スル 철거¶ 古ふるい校舎こうしゃを~する 오래된 교사를 철거하다
**てっきょう** [鉄橋] 철교
**てっきり** 副(口) 틀림없이, 꼭¶ ~来くるものと思おもっていたのに틀림없이 오는 줄 알았는데
**てっきん** [鉄琴] 철금, 타악기의 하나
**てっきん** [鉄筋] 〖建〗철근 —コンクリート〖建〗철근 콘크리트
**てくず** [鉄屑] 쇠부스러기, 고철= くず鉄てつ
**てづくり** [手作り] 수제, 손수 만듦¶ ~の品しな 수제품/ ~の料理りょうり 손수 만든 요리
**てつけ** [手付(け)] 계약금, 착수금¶ ~を打うつ 계약금을 걸다 —金きん 계약금, 착수금
**てっけつ** [剔抉] 名他スル(文) 척결 ①도려냄¶ 患部かんぶを~する 환부를 도려내다 ②파헤침, 폭로함¶ 不正ふせいの~ 부정의 척결
**てっけつ** [鉄血] 철혈, 병기와 군대, 군비¶ ~政策せいさく 철혈 정책
**てっけん** [鉄拳] 철권, (쇠뭉치같이) 단단한 주먹¶ ~を見舞みまう 철권을 날리다 —制裁せいさい 철권 제재¶ ~を加くわえる 철권 제재를 가하다
**てっこう** [手(っ)甲] (천·가죽으로 된) 손등과 팔목을 싸는 토시
**てっこう** [鉄工] 철공 ①철재 공작¶ ~所しょ 철공소 ②철의 정련·철기 제조에 종사하는 직공
**てっこう** [鉄鉱] 〖鑛〗철광, 철광석¶ ~の採掘さいくつ 철광석의 채굴
**てっこう** [鉄鋼] 철강, 강철= 鋼鉄こうてつ
**てっこうし** [鉄格子] ①철제 격자, 쇠창살¶ ~の門もん 쇠창살 문 ②형무소, 교도소
**てっこうだん** [徹甲弾] 〖軍〗철갑탄
**てっこつ** [鉄骨] 철골¶ ~構造こうぞう 철골 구조
**てっさ** [鉄鎖] (文) 철쇄 ①쇠사슬¶ ~につながれる 쇠사슬에 묶이다 ②(比) 엄중한 속박
**てつざい** [鉄材] 철재
**てつざい** [鉄剤] 〖薬〗철제, 철분을 주성분으로 한 약제
**てっさく** [鉄柵] 철책, 쇠울짱¶ ~をめぐらす 철책을 둘러치다
**てっさく** [鉄索] ①철삭, 굵은 철사를 꼬아 만든 줄 ②가공 삭도
**てっさん** [鉄傘] (文) 철산, 철골 구조의 돔
**てつざん** [鉄山] 철산, 철광석 광산

てつじ【*綴字】(文) 철자

てっしゅう【撤収】名 他スル 철수 ①걷어치움¶テントの～ 텐트를 걷어치움 ②(군대가) 물러남 基地を～する 기지를 철수하다

てっしょう【徹宵】名 自スル (文) 철소. 철야. 밤을 새움¶～, 友と酒を酌み交わす 밤을 새워 벗과 술잔을 기울이다

てつじょう【鉄条】 철조. 굵은 철사 —網 철조망¶～を張りめぐらす 철조망을 둘러치다

てっしん【鉄心】 철심 ①(文) (쇠처럼) 굳은 마음¶～石腸 철심 석장. 굳고 단단한 기개 ②쇠로 박은 심. (특히) 코일 속에 박은 철심

てつじん【哲人】 철인 ①학식이 높고 사리에 밝은 사람 ②철학자. 대사상가

てつじん【鉄人】(文) 철인. 무쇠 같은 사람

てっ・する【徹する】自サ変 ①사무치다, 스미다, 꿰뚫다¶恨みが骨髄に～ 원한이 골수에 사무치다 ②철저하다, 일관하다¶頑固者に～ 완고함으로 일관한 사람이다 ③《《「夜」를 뜻하는 말로》》불철주야 ¶夜を～して工事をする 불철주야 공사를 하다

てっ・する【撤する】他サ変 거두다, 철거하다¶陣を～ 진영을 거두다

てっせき【鉄石】 철석 ①쇠와 돌 ②(比) (의지 등이) 매우 굳음¶～心 철석 같은 마음

てっせん【鉄泉】 철천. 철분 함유량이 많은 광천

てっせん【鉄扇】 쇠살 부채

てっせん【鉄線】 ①철선. 철사 有刺～ 가시 철사 ②(植) 위령선

てっせん【撤饌】名 自他スル 철찬. 젯상을 물림

てっそう【鉄窓】(文) 철창 ①쇠창살 문 ②감옥

てっそく【鉄則】 철칙¶民主主義の～ 민주주의의 철칙

てったい【撤退】名 自スル 철퇴. 철수¶前線から～する 전선에서 철퇴하다

てつだい【手伝い】 거듦, 도와 줌, 그런 사람¶お～さん 가정부¶引っ越しの～ 이사를 도와 줌

てつだ・う【手伝う】I 他五 돕다, 거들다¶店の仕事を～ 가게 일을 돕다 II 自五 겹치다, 한몫 거들어 영향을 주다¶強風も～・って被害が大きくなった 강풍까지 겹쳐서 피해가 커졌다

でっち【*丁稚】 견습 점원＝小僧¶一奉公 견습 점원으로 고용살이함

でっちあ・げる【でっち上げる】他下一(俗) ①날조하다, 조작하다, 꾸며내다¶事件を～ 사건을 조작하다 ②모양새만 갖추어[얼렁뚱땅] 만들어내다¶一晩で～ 하룻밤에 얼렁뚱땅 만들어내다

てっちゅう【鉄柱】 철주. 쇠기둥

てっちょう【鉄腸】(文) 철장. (쇠처럼) 굳은 마음

てっちり【関西の地方の】 복어 냄비 요리

でっちり【出っ尻】(俗) 궁둥이가 튀어나옴, 그런 사람 鳩胸～ 새가슴에 오리궁둥이

てっつい【鉄*槌】 철퇴. 쇠망치
慣用句
―を下す 철퇴를 내리다. 엄한 제재를 가하다

てつづき【手続(き)】 절차, 수속¶正式の～を踏む 정식 절차를 밟다

てってい【鉄蹄】(文) 철제 ①편자, 제철 ②준마의 발굽

てってい【徹底】名 自スル ①철저. 투철¶～して考えを変えない 투철해서 생각을 바꾸지 않다 ②주지. 두루 미침¶方針が～する 방침이 철저하다 —的 ナ 철저함¶～に調べる 철저히 조사하다

デッド【dead】名 ナ 데드. 죽음¶～な資金 사장된 자금 ―ストック【dead stock】 데드 스톡. 팔다 남은 상품 ―ボール【일 deadball】 데드 볼. 사구(死球)

てっとう【鉄桶】(文) 철통 ①쇠로 된 통 ②(比) 틈이 없이 견고함¶～の守備 철통 같은 수비
慣用句
―水を漏らさず 물샐틈도 없음. (방비·단결이 견고해서) 조금도 빈틈이 없음

てっとう【鉄塔】(文) 철탑 ①철제 탑 ②고압 송전선의 철기둥

てつどう【鉄道】 철도 ―公安官 철도 공안관 ―網 철도망

てっとうてつび【徹頭徹尾】 副 철두철미. 처음부터 끝까지¶～反対する 철두철미 반대하다

てっとりばや・い【手っ取り早い】形 ①민첩하다, 재빠르다¶～・くかたづける 재빨리 처리하다 ②손쉽다, 빠른 길이다¶連絡するのは電話のほうが～ 연락은 전화편이 빠르다

てつのカーテン【鉄のカーテン】 철의 장막

てつのはい【鉄の肺】(醫) 철폐. 철제 인공 호흡 장치

でっぱ【出っ歯】 뻐드렁니＝そっぱ

てっぱい【撤廃】名 他スル 철폐 不平等条約の～ 불평등 조약의 철폐

てっぱつ【鉄鉢】 철발. (탁발승의) 쇠바리때

でっぱり【出っ張り】 튀어나옴, 내밈, 그런 부분¶～をけずる 튀어나온 부분을 깎다

でっぱ・る【出っ張る】 自五(口) 튀어나오다, 쑥 내밀다¶腹が～ 배가 나오다

てっぱん【鉄板】 철판 ―焼き 철판구이

てっぴ【鉄扉】 철문¶～を閉ざす 철문을 닫다

てっぴつ【鉄筆】 철필 ①(등사지를 긁는) 끝이 뾰쪽한 필기구 ②도장 파는 작은 칼

てつびん【鉄瓶】 철제 주전자, 쇠주전자

てつぶ【*轍鮒】(文) 철부. 학철 부어. 수레바퀴 자국의 괸 물에 있는 붕어
慣用句
―の急 (比) 절박한 위험이나 곤궁

でっぷり 副 自スル 살이 찐 모양. 뚱뚱함¶～太る 뚱뚱하게 살이 찌다

てつぶん【鉄分】 철분＝かなけ¶～の多い野菜 철분이 많은 채소

てっぺい【撤兵】名 自スル 철병. 철군¶駐屯地から～する 주둔지에서 철병하다

てっぺき【鉄壁】 철벽 ①철로 된 벽 ②名 ナ 수비가 매우 견고함¶金城～ 금성 철벽

てっぺん【*天辺】(口) 꼭대기, 정점, 정상¶頭の

てっぺん [の~] 머리 꼭대기

てっぺん [鉄片] 철편. 쇳조각

てっぽう [鉄棒] 철봉 ①쇠막대기 ②남자 체조 경기 종목의 하나. 그 용구

てっぽう [鉄砲·鉄*炮] ①총포, 소총 ②(목욕탕에 장치된) 뜨거운 물을 때는 철제 목욕통 ③(動) 복어 ④좋인 박고지를 넣어 가늘게 만 김밥 ⑤[相撲] 팔로 상대의 가슴을 밀어내는 기술 ―玉(だま) ①총알, 탄환 ②심부름 간 사람이 돌아오지 않음 ¶ ~の使(つか)い 심부름꾼 ―風呂(ぶろ) 불을 땔 수 있게 장치된 철제 목욕통 ―水(みず) (폭우 뒤에 계곡 물이 갑자기 불어) 세차게 흐르는 물살 ―虫(むし) [動] 하늘소의 유충 ―百合(ゆり) [植] 나팔나리, 백향나리

てづま [手妻] (口) ①손끝으로 하는 일 ②마술 = 手品(じな) ¶ ~遣(つか)い 마술사

てづまり [手詰(ま)り] ①속수 무책 ¶ 交渉(こうしょう)が~になる 교섭이 난관에 봉착하다 ②돈줄이 막힘 ¶ 資金繰(しきんぐ)りが~になる 자금 회전이 막히다 ③(바둑·장기 등에서) 수가 막힘

てつむじ [鉄無地] 무늬 없는 철색의 직물

てづめ [手詰(め)] [名] 사정없이 몰아붙임 ¶ ~の談判(だんぱん)に相(あ)い가 몰아붙이는 담판

てつめんぴ [鉄面皮] [名][ダ] 철면피, 후안 무치

てつや [徹夜] [名][自スル] 철야, 밤새움 ¶ ~で看病(かんびょう)する 밤새워 간병하다

てづよ・い [手強い] [形] 강경하다, 거세다, 만만치 않다 ¶ ~反論(はんろん) 거센 반론

でづら [出面] ①얼굴을 내밂, 출석 ②(일용 노무자 등의) 날품팔이 임금 = でめん

てつり [哲理] 철리, 심오한 도리 ¶ 自然(しぜん)の~ 자연의 철리

てづり [手釣(り)] 줄낚시(질)

てづる [手*蔓] ①연줄, 연고 = つて ¶ よい~を探(さが)す 좋은 연줄을 찾다 ②실마리, 단서 ¶ 解決(かいけつ)の~をつかむ 해결의 실마리를 잡다

てつろ [鉄路] (文) 철로, 철길, 철도

てつわん [鉄腕] 철완, 강한 팔 ¶ ~投手(とうしゅ) 철완 투수

てて [*父] (口) 아버지 ¶ ~ご 춘부장

ててうや [*父親] (口) 부친, 아버지 = ちちおや

ててなしご [*父無し子] (口) 아비 없는 자식 ①사생아 ②아버지를 여읜 아이

てどうぐ [手道具] 자질구레한 연장, 세간살이

でどこ [出どこ] (口) 「でどころ」의 변한말

でどころ [出所·出*処] ①출처 ¶ 資金(しきん)の~ 자금의 출처 ②나설(등장할) 때·곳 ¶ ここらが主役(しゅやく)の~の이쯤이 주역이 등장할 때다 ③출구, 나가는 곳

てとり [手取り] ①[相撲] 기술이 뛰어남, 그런 씨름꾼 ②사람을 잘 다룸, 그런 사람 ―足(あし)取(ど)り 자상하게 보살핌(가르침)

てどり [手取り] ①실수령액 ¶ 月収(げっしゅう)は~三十万円(さんじゅうまんえん) 월급은 실수령액 30만 엔 ②손으로 실을 자음 = 手繰(てぐ)り ③[手捕り] (동물을) 맨손으로 잡음 ¶ 魚(さかな)を~にする 물고기를 맨손으로 잡다

てないしょく [手内職] 손으로 하는 부업

てなおし [手直し] [名][他スル] 손질, 수정 ¶ 若干(じゃっかん)の~が必要(ひつよう)だ 약간의 손질이 필요하다

でなお・す [出直す] [自五] ①(돌아갔다가) 다시 나오다(나서다) ¶ 留守(るす)でしたら明日(あす)ま た~します 안 계시면 내일 다시 찾아오겠습니다 ②(처음부터) 다시 시작하다, 재출발하다 ¶ 一(いち)から~ 처음부터 다시 시작하다

てなが [手長] ①손이 긺 ②손이 매우 길다는 상상의 인물 ③도벽이 있음, 그런 사람 ―猿(ざる) [動] 긴팔원숭이

てなぐさみ [手慰み] ①손장난, 소일거리 ¶ ~に書(か)を習(なら)う 소일거리로 글씨를 배우다 ②노름, 도박

てなこと [連語] (口) …라고 하는 것(말) ¶ 好(す)きだ~言(い)われてみたい 좋아한다는 말을 들어보고 싶다

てなし [手無し] ①팔·손이 없음, 그런 사람 ②소매 없는 옷 ③수단·방법이 없음 ¶ ~がない 방법이 없다 ④덩굴이 없는 식물 ¶ ~いんげん 덩굴 없는 강낭콩

てなず・ける [手*懐ける] [他下一] ①(동물을) 길들이다 ¶ 犬(いぬ)を~ 개를 길들이다 ②회유하다, 포섭하다 ¶ 部下(ぶか)を~ 부하를 회유하다

てなべ [手*鍋] 손잡이가 달린 냄비

[慣用句]

―提(さ)げても 좋아하는 남자와 산다면 아무리 가난하더라도 상관없다는 뜻

てなみ [手並(み)] 솜씨, 기량 = 腕前(うでまえ) ¶ お~拝見(はいけん) 어디 솜씨 좀 봅시다

てならい [手習(い)] [名][自スル] ①습자(習字) ②(학문·예능의) 공부, 연습, 수업 ¶ 六十(ろくじゅう)の~ 나이 60에 시작하는 공부, 만학

てならし [手慣(ら)し·手*馴(ら)し] 손에 익힘, 연습해 봄 ¶ ~に書(か)いてみる 연습삼아 써보다

てな・れる [手慣れる·手*馴れる] [自下一] 익숙해지다 ①손에 익다 ¶ ~.れた道具(どうぐ) 손에 익은 연장 ②숙달되다 ¶ ~.れた仕事(しごと) 숙달된 일

てにてに [手に手に] [連語] 손에 손에, 저마다 ¶ ~小旗(こはた)を持(も)つ 손에 손에 작은 기를 들다

てにもつ [手荷物] 수하물

てにをは [*天*爾*遠波·*弖*爾*遠波] [文法] ①일본어의 조사·조동사·용언의 어미·접미어 등의 총칭 ②(이야기의) 조리 ¶ ~の合(あ)わない話(はなし) 조리가 안 맞는 이야기

てぬい [手縫い] 손바느질, 손바느질 한 것 ¶ ~のゆかた 손바느질한 유카타

てぬかり [手抜かり] 미비한 점, 헛점, 실수 = 手落(てお)ち ¶ 何(なに)一(ひと)つ~のないようにする 무엇 하나 실수가 없도록 하다

てぬき [手抜き] [名][自スル] 손이 덜 감, 날림 ¶ ~工事(こうじ) 날림 공사

てぬぐい [手*拭(い)] 수건 ¶ ~でふく 수건으로 닦다 ―地(じ) 타월지

てぬる・い [手*緩い] [形] ①미적지근하다, 미온적이다 ¶ ~規制(きせい) 미온적인 규제 ②느리다, 굼뜨다 ¶ 仕事(しごと)が~ 일이 느리다

てのうち [手の内] ①손바닥 ¶ ~に汗(あせ)を握(にぎ)

**て の う ら**

る 손바닥에 땀을 쥐다 ②솜씨¶ ~を拝見(はいけん)する 솜씨를 보다 ③속셈¶ ~を見(み)すかされる 속셈을 간파하다 ④세력 범위, 손아귀¶ 敵(てき)の~に入(い)る 적의 손아귀에 들어가다

**て の う ら** [手の裏] 손바닥, 手のひら¶ ~を返(かえ)す 손바닥을 뒤집다, (말 등을) 싹 바꾸다

**て の こ う** [手の甲] 손등 ⇔ 手(て)の平(ひら)¶ ~で涙(なみだ)をぬぐう 손등으로 눈물을 닦다

**て の ひ ら** [手の平·掌] 손바닥¶ ~を返(かえ)す 손바닥을 뒤집다, (말·태도를) 싹 바꾸다

**て の も の** [手の物] ①손에 들어온[들고 있는] 물건¶ 名器(めいき)が~となる 명기가 손에 들어오다 ②장기, 특기¶ 彼(かれ)のお~ 그의 장기

**て の も の** [手の者] 수하, 부하 = 手下(てした)

**て は** 接助 ①㉠(바람직하지 않은 사태로서 가정함) …하면, …해서는¶ そんなこと言(い)っ~困(こま)る 그런 말 하면 곤란하다 ㉡(그 조건하에서는 바람직하지 않은 결과를 피할 수 없음을 나타냄) …한다면, …해서는¶ これほど頼(たの)まれ~断(ことわ)れないな 그렇게 부탁을 하니 거절하기도 그렇군 ㉢(「~てはいる[ある·みる]が」의 꼴로) 일단 긍정하면서도 부정·반대하는 의미가 있음을 나타냄¶ …해도¶ 行(い)っ~みたが、会(あ)えなかった 가보기는 했지만 만나지 못했다 ②(동작의 반복) …하고서는, …했다가는¶ 寄(よ)せ~返(かえ)す夜(よる)の波(なみ) 밀려왔다가는 밀려가는 밤의 파도 ③(「…としては·…に関(かん)しては[については·際(さい)しては·対(たい)しては]」등의 꼴로) 특정한 사태·경우를 조건으로 제시함¶ それについ~考(かんが)えたことがない 그것에 관해서는 생각해 본 적이 없다 ④((「…にしては」의 꼴로)) 예상과 다른 결과임을 나타냄¶ 十歳(じっさい)にし~大人(おとな)びている 10살 치고는 어른 티가 난다

**て ば** 係助 ①(사람을 나타내는 말에 붙어) 가벼운 비난의 뜻을 담아 언급함¶ …도 참¶ 兄(にい)さん~また忘(わす)れてるよ 오빠도 참 또 잊어버렸네 ②상대의 말이 계기가 되거나 생각이 났을 때 새삼 주제로 삼음¶ …의 말인데¶ あの人(ひと)~、存外(ぞんがい)いい人(ひと)なんだよ 그 사람 말이지, 의외로 좋은 사람이야 Ⅱ 終助 ①((체언에 붙어)) 부르거나 재촉함¶ お前(まえ)っ~、ちょっとお待(ま)ち야 좀 기다려, ねえ、ねえ、母(かあ)さんっ~ 응 응 엄마 응 ②(용언의 終止 꼴에 붙어) …라니까¶ 必(かなら)ずうまくいくっ~ 반드시 잘 될 거라니까

**て ば** [手羽] 닭의 가늘게 살─先(さき) 닭 날개 끝의 연골이 많고 살이 적은 부분

**で は** [出端] ①나가려는 참 = 出(で)しな ②나갈 기회·계기 = 出場(でば)¶ ~を失(うしな)う 나갈 기회를 놓치다 Ⅱ[誂] (歌舞伎(かぶき)등에서) 배우가 등장함, 그 때의 반주나 노래

**で は** [口] 그럼 Ⅰ 接 ①그렇다면, 그러면¶ ~、お供(とも)しましょう 그렇다면 동행하지요 ②일을 시작하거나 끝맺 때 하는 말¶ ~、最初(さいしょ)の方(ほう)ぞ 그럼, 맨 처음 분 Ⅱ 國 헤어질 때의 인사말¶ ~(また) 그럼 (또 보자)

**で ば** [出刃] 「出刃包丁(でばぼうちょう)」의 준말 ─包丁(ぼうちょう) 칼등이 두껍고 넓으며 끝이 뾰족한 칼

**で ば** [出場] 「出場所(でばしょ)」의 준말

**で ば** [出齒] → でっぱ

**て は い** [手配] 名 他スル 수배¶ 준비 = 手(て)くばり¶ ハイヤーを~する 전세 자동차를 준비하다 ②(범인 체포를 위해) 지령·인원 배치 등을 함¶ 指名(しめい)~ 지명 수배 ─師(し) 일용 노동자의 취업 알선업자

**で は い り** [出入り·出這入り] 名 自スル ①출입, 드나듦¶ 自由(じゆう)に~する 자유롭게 드나들다 ②(수량의) 과부족¶ 二(に)、三名(さんめい)の~がある 두서너명의 과부족이 있다

**で ば か め** [出齒亀] (여탕 등을) 훔쳐 보기 좋아하는 변태 성욕자, 호색한 = でばがめ

**て ば こ** [手箱] (일용품 등을 넣어두는) 손궤

**て ば し こ・い** [手ばしこい] 形(口) 날쌔다, 재빠르다, 민첩하다¶ ~く片付(かたづ)ける 재빠르게 처리하다

**て は じ め** [手始め] (일을 시작하는) 첫 단계, 시초, 시작¶ ~に簡単(かんたん)な問題(もんだい)から解(と)く 첫 단계로 간단한 문제부터 풀겠다

**で は じ め** [出始め] 처음[갓] 나옴, 맏물¶ ~の松茸(まつたけ) 맏물 송이버섯

**で ば し ょ** [出場所] ①나설 곳·장면 = 出場(でば)¶ 舞台(ぶたい)で自分(じぶん)の~をまちがえる 무대에서 자기가 나갈 차례를 잘못 알다 ②나오는 곳, 출처, 산지¶ うわさの~ 소문의 출처

**て は ず** [手筈] (사전) 준비, 순서¶ 出発(しゅっぱつ)の~を整(ととの)える 출발 준비를 갖추다

**で は ず・れ る** [出外れる] 自下─ (도심을) 벗어나다, 변두리로 나가다¶ 商店街(しょうてんがい)を~・れたところにある病院(びょういん) 상점가를 벗어난 곳에 있는 병원

**て ば た** [手旗] 수기¶ 손에 든 작은 깃발 ②수기 신호에 쓰는 빨간·흰 깃발 ─信号(しんごう) 수기 신호

**て は っ ち ょ う** [手八丁] 손끝으로 하는 일에 능함, 그런 사람¶ 口八丁(くちはっちょう)~ 말주변도 좋고 솜씨도 좋음

**て ば な** [手鼻] 손가락으로 코를 푸는 일¶ ~をかむ 손가락으로 코를 풀다

**で は な** [出端·出鼻] ①나가려는 순간¶ ~にばったり合(あ)った 나가려는 순간에 딱 마주쳤다 ②(일을) 시작하자마자 곧¶ ~からつまずく 초장부터 실패하다

慣用句
─を挫(くじ)く 초장에 꺾어 버리다, 기선을 제압하다

**で ば な** [出花] 갓 달여서 향기가 좋은 차¶ 番茶(ばんちゃ)も~ 엽차도 갓 달인 것은 향이 좋음

**で ば な** [出鼻] ①산부리, 곶의 돌출부 ② → ではな

**て ば な し** [手放し] 名 ①손을 놓음[뗌]¶ ~で自転車(じてんしゃ)に乗(の)る 손을 놓고 자전거를 타다 ②내버려둠, 방임¶ 教育(きょういく)は~ではできない 교육은 방임만으로는 이루어지지 않는다 ③무조건, 노골적임, 거리낌이 없음¶ ~でほめる 덮어놓고 칭찬하다

**て ば な・す** [手放す·手離す] 他五 ①(손에

서) 놓다, 놓아주다¶ たづなを~ 고삐를 놓다 ②남에게 넘기다, 처분하다, 팔다¶ 株<sup>かぶ</sup>を~ 주식을 처분하다 ③(자식 등을) 떠나 보내다¶ 娘<sup>むすめ</sup>を~ 딸을 시집보내다 ④중단하다¶ ~.しにくい仕事 중단하기 어려운 일

**てばなれ [手離れ]** 名自スル ①(아이가 자라서) 부모 품에서 벗어남[떨어짐]¶ 子供<sup>こども</sup>が~して仕事<sup>しごと</sup>に復帰する 아이가 품에서 떨어질 만큼 자라서 일에 복귀하다 ②(완성하여) 손을 뗌, 완성됨¶ その仕事<sup>しごと</sup>はやっと~した その일은 겨우 완성되었다

**てばや [手早]** 副 재빠름, 민첩함¶ ~に着替<sup>きが</sup>える 재빨리 갈아입다

**てばや・い [手早い]** 形 재빠르다, 민첩하다¶ ~く料理<sup>りょうり</sup>をする 재빨리 요리를 하다

**ではら・う [出払う]** 自五 모조리 나가다, 다 나가 버리다¶ 家人<sup>かじん</sup>が~ 집안 사람이 모두 나가다/ 品物<sup>しなもの</sup>が~ 물품이 다 팔려 버리다

**では・る [出張る]** 自五 (ロ) ①돌출하다, 튀어나오다, 불거지다¶ 岩<sup>いわ</sup>の~た山道<sup>やまみち</sup> 바위가 튀어나온 산길 ②다른 곳에 가서 일을 하다, 출장가다¶ 隣<sup>となり</sup>の町<sup>まち</sup>まで~ 옆 동네까지 가서 일을 하다

**でばん [出番]** ①(무대·근무 등에) 나갈 차례¶ 楽屋<sup>がくや</sup>で~を待<sup>ま</sup>つ 무대 뒤에서 나갈 차례를 기다리다 ②나설[활약할] 차례¶ 今<sup>いま</sup>こそ君<sup>きみ</sup>の~だ 지금이야말로 자네가 나설 차례다

**てびかえ [手控え]** 名他スル ①기록함, 메모, 비망록 ②예비로 남김, 예비품¶ ~を作<sup>つく</sup>っておく 예비품을 마련해 두다 ③삼감, 유보함¶ 仕入<sup>しい</sup>れを~する 매입(買入)을 삼가다

**てびか・える [手控える]** 他下一 ①삼가다, 유보하다¶ 不況<sup>ふきょう</sup>のため採用<sup>さいよう</sup>を~ 불황 때문에 채용을 삼가다 ②(잊지 않도록) 적어두다, 메모하다¶ 住所<sup>じゅうしょ</sup>を~ 주소를 적어두다 ③예비로 남겨 두다¶ 一<sup>ひと</sup>セット~.えておく 예비로 한 세트 남겨두다

**てびき [手引(き)]** 名他スル ①이끌어 줌, 안내함, 안내인¶ 友達<sup>ともだち</sup>の~で名所<sup>めいしょ</sup>を巡<sup>めぐ</sup>る 친구의 안내로 명소를 둘러보다 ②(초심자를) 가르쳐 이끔, 입문서¶ 英会話<sup>えいかいわ</sup>の~ 영어회화 입문서 ③주선, 연줄¶ 先輩<sup>せんぱい</sup>の~で就職<sup>しゅうしょく</sup>できた 선배의 연줄로 취직이 되었다

**てひど・い [手酷い]** 形 혹독하다, 호되다, 심하다¶ ~被害<sup>ひがい</sup>, 심한 피해/ ~く批判<sup>ひはん</sup>する 호되게 비판하다

**てびょうし [手拍子]** ①손장단¶ ~をとる 손장단을 맞추다 ②(바둑·장기에서) 깊이 생각하지 않고 상대의 수에 따라 둠

**てびろ・い [手広い]** 形 넓다 ①(범위가) 광범하다¶ ~交流<sup>こうりゅう</sup> 폭넓은 교류/ ~く商<sup>あきな</sup>う 규모가 크게 장사하다 ②(집·마당 등이) 널찍하다¶ ~庭 넓은 뜰

**でぶ** 俗 뚱뚱함, 뚱뚱보

**てふうきん [手風琴]** 손풍금= アコーデオン

**てふき [手拭き]** (흔히 「お~」의 꼴로) 손을 닦는 천이나 종이

**てぶくろ [手袋]** 장갑¶ ~をとる 장갑을 벗다

**でぶしょう [出無精·出不精]** 名ダ 외출을 싫어함, 그런 사람·성미¶ ~の人 외출을 싫어하는 사람

**てぶそく [手不足]** 名ダ 일손이 모자람, 인력 부족¶ 受注<sup>じゅちゅう</sup>が増<sup>ふ</sup>えて~になる 수주가 늘어서 일손이 달리다

**てふだ [手札]** ①(文) 명함, 명찰 ②(카드 놀이·화투 등에서) 손에 든 패 ③「手札型<sup>がた</sup>」의 준말 **一型** (사진의) 명함판의 2배판

**でふね [出船]** 출항, 출범, 출항하는 배¶ ~の合図<sup>あいず</sup>の汽笛<sup>きてき</sup> 출항을 알리는 기적

**てぶら [手ぶら]** 手ぶら= 맨손= から手¶ ~で訪問<sup>ほうもん</sup>する 빈손으로 방문하다

**てぶり [手振り]** ①손짓, 손놀림= 身<sup>み</sup>ぶり¶ ~で説明<sup>せつめい</sup>する 몸짓 손짓으로 설명하다 ②(經) (경매 시장 등에서) 손짓으로 의사를 표시함, 그런 일을 하는 사람

**てぶれ [手ぶれ]** (카메라 셔터를 누를 때) 손이 움직임, 그로 인한 화상의 떨림

**てぶんこ [手文庫]** 문갑, 손궤¶ 証文<sup>しょうもん</sup>を~にしまう 증서를 문갑에 넣어두다

**でべそ [出臍]** 튀어나온 배꼽

**てへん [手偏]** (한자 수부의) 손수변

**でべんとう [弁当]** (ロ) ①도시락을 지참함, 그런 도시락 ②무보수로 봉사함¶ ~で選挙運動<sup>せんきょうんどう</sup>を手伝<sup>てつだ</sup>う 무보수로 선거 운동을 돕다

**では [出穂]** (文) 출수, 이삭이 팸, 팬 이삭

**てぼうき [手*箒*]** 자루가 짧은 비

**でほうだい [出放題]** 名ダ ①나오는 대로 내버려둠, 계속 내보냄¶ 湯<sup>ゆ</sup>を~にする 더운 물을 마냥 흘려보내다 ②함부로 지껄임= でまかせ¶ ~のほら 함부로 지껄이는 허풍

**てほどき [手*解き]** 名他スル (학예 등의) 초보를 가르침¶ ドイツ語<sup>ご</sup>を~する 독일어의 초보를 가르치다

**てほん [手本]** ①글씨본, 그림본¶ ~どおりに書<sup>か</sup>く 글씨본대로 쓰다 ②모범, 본보기, 그런 사람¶ 人<sup>ひと</sup>の~となる生<sup>い</sup>き方<sup>かた</sup> 남의 모범이 되는 삶의 방식

**てま [手間]** ①(일하는 데 드는) 노력·시간, 품, 수고¶ ~がかかる仕事<sup>しごと</sup> 품이 드는 일/ お~は取<sup>と</sup>らせません 수고를 끼치지는 않겠습니다 ②「手間仕事<sup>しごと</sup>」의 준말 ③「手間賃<sup>ちん</sup>」의 준말 **一入<sup>い</sup>らず** 손이 들지 않음 **一代<sup>だい</sup>** ①품이 드는 일 ②삯일= **一代** 품삯, 노임= **一賃<sup>ちん</sup>** 품삯, 노임 **一取<sup>と</sup>り** 품팔이, 품팔이꾼 **一取<sup>ど</sup>る** 自五 (의외로) 많은 시간이 걸리다, 품이 들다= ~시간

**てまえ [手前]** I 名 ①(자기) 바로 앞¶ ~にある本<sup>ほん</sup>をとる 바로 앞에 있는 책을 집다 ②(자기 쪽에) 가까운 쪽¶ 東京駅<sup>とうきょうえき</sup>の一<sup>ひと</sup>つ~で降<sup>お</sup>りる 동경역 한 정거장 앞에서 내리다 ③체면, 면목¶ 断<sup>ことわ</sup>った~今<sup>いま</sup>さら行<sup>い</sup>けない 거절한 마당에 이제와서 갈 수 없다 ④お点前 (다도에서) 격식·예법 ⑤솜씨, 기량¶ お~拝見<sup>はいけん</sup> 솜씨 좀 봅시다 II 代 ①저¶ ~にお申<sup>もう</sup>し付<sup>つ</sup>け下<sup>くだ</sup>さい 저에게 분부해

주십시오 ②너¶ ～なんか知らんでもいい 너 따위는 몰라도 돼 **一勝手**(か)[名ダ] 제멋대로 함 **一味噌**(みそ) 자기 자랑, 자화 자찬

**でまえ**【出前】(주문에 의한) 음식 배달, 배달 요리¶ ～箱(ばこ) 요리 배달 상자/ すしの～を頼(たの)む 초밥 배달을 부탁하다 **一持**(も)**ち** 음식 배달원¶ そば屋(や)の～ 메밀 국수집의 배달원

**でまかせ**【出任せ】 나오는 대로 아무렇게나 말함, 그런 말¶ 苦(くる)しまぎれに～を言(い)う 피로운 나머지 나오는 대로 마구 말하다

**てまき**【手巻(き)】①손으로 맒¶ ～ずし 손으로만 김초밥 ②(태엽을) 손으로 감음¶ ～の時計(どけい)(태엽을) 손으로 감는 시계

**てまくら**【手*枕】팔베개＝ひじ枕(まくら)¶ ～で横(よこ)になる 팔베개를 하고 눕다

**てまさぐり**【手*弄り】[名]他(文)①손으로 더듬어 찾음＝手(て)さぐり ②손으로 만지작거림

**でまど**【出窓】【建】퇴창, 바람벽 밖으로 내민 창

**てまね**【手*真似】손짓¶ ～で知(し)らせる 손짓으로 알리다

**てまねき**【手招き】[名]他スル 손짓하여 부름¶ ～して呼(よ)ぶ 손짓하여 부르다

**てまめ**【手*忠実】[ダ](口)①부지런함¶ ～に手入(てい)れをする 부지런히 손질하다 ②손재주가 있음¶ ～な人(ひと) 손재주가 있는 사람

**てまり**【手*鞠・手*毬】손으로 치며 노는 공, 그런 놀이¶ ～歌(うた) 공치기 노래

**でまる**【出丸】(外城)＝出城(でじろ)

**てまわし**【手回し・手*廻し】[名]自スル ①손으로 돌림¶ ～の轆轤(ろくろ) 손물레 ②(사전) 준비＝手配(てはい)¶ ～がいい 준비가 잘 되다

**てまわり**【手回り・手*廻り】신변, 신변에 두고 쓰는 물건 **一品**(ひん) 신변 잡화, 소지품

**でまわ・る**【出回る・出*廻る】[自五] (시장에) 대량으로 나오다, 나돌다, 출회하다¶ 旬(しゅん)の果物(くだもの)が～ 제철의 과일이 나돌다

**てみじか**【手短】간단함, 간략함¶ これまでのいきさつを～に話(はな)す 지금까지의 경과를 간략히 말하다

**てみず**【手水】①손숫물＝ちょうず ②떡을 칠 때 손에 물을 묻혀 축임, 그런 물

**でみず**【出水】홍수, 큰물＝大水(おおみず)・洪水(こうずい)

**でみせ**【出店】①지점, 분점＝デパートに～を出(だ)す 백화점에 분점을 내다 ②노점＝縁日(えんにち)に～が並(なら)ぶ 잿날에 노점이 늘어서다

**てみやげ**【手土産】(방문할 때 들고 가는) 간단한 선물¶ ～の菓子(かし) 간단한 선물용 과자

**てむか・う**【手向かう】[自五] 반항하다, 저항하다, 대들다¶ 上級生(じょうきゅうせい)に～ 상급생에게 대들다

**でむかえ**【出迎え】출영, 마중함, 나가서 맞음¶ ～の車(くるま) 마중나온 차

**でむか・える**【出迎える】[他下一] 출영하다, 마중나가다, 나가서 맞다¶ 空港(くうこう)に客(きゃく)を～ 공항으로 손님을 마중나가다

**でむ・く**【出向く】[自五] (목적지로) 나가다¶ 取引先(とりひきさき)へ～ 거래처에 나가다

**でめ**【出目】(俗) 퉁방울눈, 퉁방울이¶ ～人(にん) 퉁방울이 **一金**(きん)【動】눈이 크고 튀어나온 관상용 금붕어

**てめえ**【手*前】[代](俗) ①나＝てまえ¶ ～にはかかわりのないことです 나한테는 상관없는 일입니다 ②너＝おまえ・おめえ

**ても**【接助】①(역접의 가정 조건) …하더라도, …해도¶ 失敗(しっぱい)し～あきらめはしない 실패하더라도 포기하지 않겠다 ②(역접의 기정(既定) 조건) …했지만, …했는데도 불구하고¶ 押(お)し～引(ひ)い～扉(とびら)は開(ひら)かない 밀어도 당겨도 문은 열리지 않는다

**ても**【感】(俗) 과연, 참으로, 실로＝さてもまあ

**でも**【接頭】(俗)①미숙하여 믿을 수 없는 사람, 엉터리¶ ～医者(いしゃ) 돌팔이 의사/ ～学者(がくしゃ) 얼치기 학자 ②마지 못해 그 일을 하는 사람¶ ～しか先生(せんせい) 소신 없는 선생

**でも** Ⅰ [副助] ①(특정한 예) 특정한 예를 들어 다른 것도 일반적으로 같음을 나타냄. …(이)라도¶ 子供(こども)に～できる 어린아이라도 할 수 있다 ⓑ극단적인 예를 들어 그것도 예외일 수 없음을 나타냄. …일지라도¶ 強(つよ)いといわれている人(ひと)～病気(びょうき)には勝(か)てない 장사라고 하는 사람이라도 병에는 어쩔 도리가 없다 ②총칼 ②대표적인 것을 열거함으로써 그 밖에도 같은 것이 있거나 모든 것에 해당함을 나타냄. …이든, …든지 矢(や)～鉄砲(てっぽう)～もってこい 활이든 총이든 가져와 ⓑ모든 사물・사람에 해당함을 나타냄. …라도, …든지 だれ～知(し)っている 누구라도 알고 있다 ③(전면적인 부정) …(이)라도¶ 一日(いちにち)～辛抱(しんぼう)できない 단 하루라도 참을 수 없다 ③(예시) …라도¶ 花(はな)～見(み)てくるか 꽃구경이라도 하고 올까?/ 一目(ひとめ)～だけ～会(あ)いたい 한 번만이라도 만나고 싶다/ 病気(びょうき)～なったら大変(たいへん)だ 병이라도 나면 큰일이다 Ⅱ [接] 그렇지라도, 그래도, 그러나, 하지만¶ がんばった。～負(ま)けて 열심히 싸웠다. 그러나 패했다/ 知(し)らなかった？ ～だれも言(い)ってくれなかったのだもの 몰랐어? 하지만 아무도 말해주지 않았는 걸 뭐

**てもち**【手持(ち)】(지금) 수중에 가지고 있음, 그런 것¶ ～の金(かね) 수중에 있는 돈 **一無沙汰**(ぶさた)[ダ] 무료함, 심심함, 따분함

**てもと**【手元・手*許】①바로 옆, 곁, 신변¶ 辞書(じしょ)を～に置(お)く 사전을 곁에 두다 ②손놀림¶ ～が狂(くる)う 손이 빗나가다 ③(물건의) 손잡이 ④「手元金(てもときん)」의 준말 ⑤젓가락＝おてもと **一金**(きん) 용돈, 소지금

**でもどり**【出戻り】(이혼 등으로) 친정으로 돌아옴, 소박맞음, 소박데기¶ ～娘(むすめ) 소박데기 딸

**てもなく**【手も無く】[連語] 간단히, 손쉽게, 어이없게 ～やられる 어이없게 당하다

**でもの**【出物】①(중고품・부동산 등의) 매물¶ いい～を探(さが)す 쓸만한 매물을 찾다 ②종기, 부스럼 ③(俗) 방귀¶ ～はれもの所(ところ)きらわず 방귀나 부스럼은 장소를 가리지 않는다

**てもり**【手盛り】①손수 음식을 담음¶ ～の飯(めし) 손수 담은 밥 ②→ おてもり

**デモ・る** [自五]《俗》데모하다, 시위하다
**てやり** [手槍] 단창(短槍)
**でよう** [出様] 나오는 태도, 대응 방식¶先方 $_{ぽう}$ の〜によって、態度 $_{たいど}$ を決 $_{き}$ める 상대가 어떻게 나오느냐에 따라서 태도를 결정하다
**でようじょう** [出養生] [名][自スル] 전지 요양
**てら** [寺] ①절 ②(「お〜さん」의 꼴로) (절의) 주지 ③「寺銭 $_{ぜに}$」의 준말
**てら・う** [×衒う] [他五] (지식·재능 등을) 자랑하다, 뽐내다¶才 $_{さい}$ を〜 재주를 뽐내다
**てらおとこ** [寺男] 불목하니
**てらこしょう** [寺小姓] 동자승(僧)
**てらざむらい** [寺侍] (江戸 $_{えど}$ 시대에) 큰 절의 사무(寺務)에 종사하던 무사
**てらしあわ・せる** [照らし合(わ)せる] [他下一] 대조하다, 비교해 보다¶原簿 $_{げんぼ}$ と〜 원부와 대조하다
**てら・す** [照らす] [他五] ①비추다, 비추어 밝히다¶月 $_{つき}$ が海 $_{うみ}$ を〜 달이 바다를 비추다 ②비추어 보다¶法律 $_{ほうりつ}$ に〜 법률에 비추어 보다
**てらせん** [寺銭] (도박의) 자릿세=てら
**てらてら** I [副][自スル] 번들번들, 반질반질¶脂 $_{あぶら}$ ぎって〜と光 $_{ひか}$ る顔 $_{かお}$ 기름기가 돌아 번들번들 빛나는 얼굴 II [?] 번들번들함, 반질반질함¶〜な紙 $_{かみ}$ 반질반질한 종이
**てらまいり** [寺参り] [名][自スル] 절에 참배함
**てり** [照り] ①(볕이) 내리쬠, 일조, 맑은 날씨¶〜が強 $_{つよ}$ い 햇볕이 따갑다/〜が続 $_{つづ}$ く 맑은 날이 계속되다 ②광택, 윤¶〜を出 $_{だ}$ す 윤을 내다
**てりかえし** [照(り)返し] (빛이나 열을) 반사함¶屋根 $_{やね}$ の〜で二階 $_{にかい}$ の部屋 $_{へや}$ は暑 $_{あつ}$ い 지붕의 반사열로 2층 방은 덥다
**てりかえ・す** [照(り)返す] [自他五] (빛이나 열을) 반사하다¶夏日 $_{なつひ}$ を〜アスファルトの道 $_{みち}$ 여름 햇볕을 반사하는 아스팔트 길
**てりかがや・く** [照(り)輝く] 눈부시게 빛나다¶朝日 $_{あさひ}$ に〜水面 $_{すいめん}$ 아침 햇살에 눈부시게 빛나는 수면
**てりこ・む** [照(り)込む] [自五] ①(햇빛이) 세게 쬐다 ②〜西日 $_{にしび}$ が〜 석양이 따갑게 쬐다 ②가뭄이 오래 계속되다
**てりつ・ける** [照(り)付ける] [自下一] (햇볕이) 내리쬐다¶夏 $_{なつ}$ の日 $_{ひ}$ がじりじりと〜 여름 해가 쨍쨍 내리쬐다
**てりは・える** [照(り)映える] [自下一] [文] (빛을 받아) 아름답게 빛나다, 찬란하게 보이다¶夕日 $_{ゆうひ}$ に紅葉 $_{こうよう}$ が〜 석양을 받아 단풍이 아름답게 빛나다
**てりふり** [照り降り] ①맑은 날씨와 비오는 날씨 ②「照り降り傘 $_{がさ}$」의 준말 一雨 $_{あめ}$ 오다 말다 하는 비, 그런 날씨 一傘 $_{がさ}$ 양산 겸용 우산
**てりやき** [照(り)焼(き)] [?] 생선 양념구이
**てりゅうだん** [手*榴弾] [軍] 수류탄
**てりょうり** [手料理] 손수 만든 요리, 가정 요리¶〜でもてなす 손수 만든 요리로 대접하다
**て・る** [照る] [自五] ①(햇빛·달빛이) 비치다 ②日 $_{ひ}$ が〜 햇볕이 비치다 ②아름답게 빛나다

다¶月 $_{つき}$ に〜湖面 $_{こめん}$ 달빛에 아름답게 빛나는 호수면 ③개다¶〜日 $_{ひ}$ もあれば曇 $_{くも}$ る日 $_{ひ}$ もある 갠 날이 있으면 흐린 날도 있다
**てる** [連語][口] 「ている」의 축약형, …하고 있다¶わかって〜 알고 있다/飛 $_{と}$ ん〜 날고 있다
**でる** [出る] [自下一] 나가다, 나오다 ①(밖으로) 나서다 ⇔入 $_{はい}$ る¶家 $_{いえ}$ を〜 집을 나서다/教室 $_{きょうしつ}$ から〜 교실에서 나오다 ②다다르다, 이르다¶東京 $_{とうきょう}$ へ〜 東京에 이르다 ③(바깥쪽으로) 나아가다, 솟아나오다 一步前 $_{いっぽまえ}$ に〜 한 발 앞으로 나오다 ④참가하다, 출석[출장·출연]하다¶会社 $_{かいしゃ}$ に〜 회사에 나가다/映画 $_{えいが}$ に〜 영화에 나오다/電話 $_{でんわ}$ に〜 전화를 받다 ⑤(과정·소속을) 마치다, 그만두다¶大学 $_{だいがく}$ を〜 대학을 나오다 ⑥출발하다, 떠나다¶船 $_{ふね}$ が〜 배가 출항하다/電車 $_{でんしゃ}$ が〜 전차가 출발하다 ⑦(보이지 않던 것이) 나타나다¶月 $_{つき}$ が〜 달이 뜨다/ぼろが〜 탄로나다 ⑧공지되다, 출판되다, 게재되다¶新年号 $_{しんねんごう}$ が〜 신년호가 나오다/事件 $_{じけん}$ が新聞 $_{しんぶん}$ に〜 사건이 신문에 나오다 ⑨(현상이) 일어나다, 발생하다¶風 $_{かぜ}$ が〜 바람이 일다/芽 $_{め}$ が〜 싹이 트다 ⑩(액체가) 흘러나오다¶血 $_{ち}$ が〜 피가 나다/涙 $_{なみだ}$ が〜 눈물이 나오다 ⑪(감정 등이) 나타나다¶怒 $_{いか}$ りが顔 $_{かお}$ に〜 노여움이 얼굴에 나타나다 ⑫(기세가) 오르다¶スピードが〜 속도가 나다 ⑬산출되다¶石油 $_{せきゆ}$ が〜 석유가 나오다 ⑭팔리다¶高級品 $_{こうきゅうひん}$ がよく〜 고급품이 잘 나가다 ⑮(결과가) 얻어지다¶結論 $_{けつろん}$ が〜 결론이 나다 ⑯주어지다, 얻다, 받다¶許可 $_{きょか}$ が〜 허가가 나다 ⑰한계를 넘다, 초과하다¶この予算 $_{よさん}$ では足 $_{た}$ りが〜 이 예산으로는 적자가 난다 ⑱혈통·계통을 가지다¶英語 $_{えいご}$ からでた言葉 $_{ことば}$ 영어에서 나온 말 ⑲어떤 태도를 보이다¶下手 $_{したて}$ に〜 저자세로 나오다
[慣用句]
**一杭 $_{くい}$ は打 $_{う}$ たれる** 모난 돌이 정맞는다
**一所 $_{ところ}$ へ出 $_{で}$ る** 법정 등에 나가 판가름을 짓다
**一幕 $_{まく}$ ではない** 나설 자리가 아니다
**デルタ** (그 delta;δ·Δ) 델타 ①그리스 자모(字母)의 네 번째 글자 ②삼각형인 것, 삼각주¶〜地帯 $_{ちたい}$ 델타 지대
**てるてるぼうず** [照る照る坊主] 날씨가 개기를 빌며 추녀 밑에 매다는 종이·헝겊 인형
**てれかくし** [照れ隠し] 멋쩍음[쑥스러움]을 감춤¶〜に笑 $_{わら}$ う 멋쩍음을 감추려고 웃다
**てれくさ・い** [照れ臭い] [形] 멋쩍다, 겸연쩍다, 쑥스럽다¶人前 $_{ひとまえ}$ でほめられると〜 사람들 앞에서 칭찬을 받으면 쑥스럽다
**てれしょう** [照れ性] [名][?] 수줍음을 잘 타는 성질¶〜の人 $_{ひと}$ 수줍음을 잘 타는 사람
**でれすけ** [?] ①칠칠치[단정치] 못한 사람 ②여자에게 사족을 못 쓰는 남자
**でれっと** [副][自スル]《俗》구접스럽게, 단정치 못하게, 칠칠치 못하게¶足 $_{あし}$ を投 $_{な}$ げ出 $_{だ}$ して〜すわる 다리를 내뻗고 단정치 못하게 앉다/美人 $_{びじん}$ とみるとすぐ〜する 미인을 보기만 하면

でれでれ
금방 구접스럽게 군다
**でれでれ** [副][自スル][俗] 칠칠치 못한 모양, (특히) 이성에 대해 치근거리는 모양¶ 町を~と歩く 거리를 흐트러진 모습으로 걷다/ 女性に~する 여성에게 치근거리다
**てれや** [照れ屋] [口] 수줍음을 잘 타는 사람
**て・れる** [照れる] [自下一] 쑥스러워하다, 수줍어하다 = はにかむ¶ 人前でほめられて~ 사람들 앞에서 칭찬을 받아 쑥스러워하다
**てれわらい** [照れ笑い] 쑥스러워서 웃음
**てれんてくだ** [手練手管] 속임수, 농간¶ ~を弄ろう 농간을 부리다
**でわ** [出羽] 일본의 옛지명. 지금의 秋田현·山形현의 두 지방 = 羽州
**てわけ** [手分け] [名][自スル] 분담함¶ ~をして探す 분담해서 찾다
**てわざ** [手業] 손일, 손으로 하는 일
**てわた・す** [手渡す] [他五] 직접 건네다, 손수 건네다¶ 書類を~ 서류를 직접 건네다
**てん** [天] [音]テン [訓]あめ・あま [音]천. I [造語] ①하늘¶ 天下 천하·天体 천체·最高神, 조물주, 신의 의지¶ 天運 천운·天罰 천벌 ③자연¶ 天災 천재·天然 천연 ④날씨, 일기, 기후¶ 雨天 우천·晴天 청천 ⑤타고남, 천성¶ 天才 천재·先天的 선천적 ⑥[佛] 천상계, 그곳의 여러 신¶ 梵天 범천 ⑦[基] 하늘 나라, 천국¶ 天国 천국·昇天 승천 ⑧천자에 관한 사항을 나타냄¶ 天恩 천은 ⑨물건의 꼭대기¶ 脳天 뇌천, 정수리 ▷ 熟字訓 天蚕糸 천잠사·信天翁 신천옹 II ①하늘, 공중¶ ~を仰ぐ 하늘을 우러러보다 ②신, 조물주, 하느님¶ ~の助けは 하늘의 도움 ③[佛] 천상계 ④[基] 하늘 나라, 천국¶ ~にましいます我らの父よ 하늘에 계신 우리 아버지시여 ⑤(책·짐 등의) 윗부분, 꼭대기¶ ~を金 천금/~地~ 天地 천지 무용, 위아래를 거꾸로 하지 말것 ⑥(사물의) 시작, 처음
[慣用句]
—から降ったか地から湧いたか 하늘에서 내려왔느냐 땅에서 솟아났느냐
—知る地知る我知る人知る 하늘이 알고 땅이 알고 내가 알고 남이 안다
—高く馬肥ゆる 천고마비
—に向かって唾する 하늘을 향해 침을 뱉다
—にも地にも 하늘에도 땅에도, 더없이 소중하다
—にも昇る心地 하늘에라도 오를 듯한 심정
—は二物を与えず 하늘은 두 가지를 주지 않는다
—は人の上に人を造らず人の下に人を造らず 하늘은 사람 위에 사람을 만들지 않고 사람 밑에 사람을 만들지 않는다
—は自ら助くる者を助く 하늘은 스스로 돕는 자를 돕는다
—を衝く 하늘을 찌르다 ①높이 솟아 있다 ②기세가 대단하다¶ 意気~ 의기 충천하다
**てん** [典] [音]テン [訓]のり·ふみ [음]전. I [造語] ①책, 규범서¶ 経典 경전·辞典 사전 ②규범이 되는 것, 규칙¶ 典型 전형·特典 특전 ③근거가 있어 바르다¶ 典拠 전거·出典 출전 ④[의식]¶ 祭典 제전·式典 식전 ⑤담당하다, 맡아보다, 관장하다¶ 典獄 전옥 ⑥외국어「テン·デン」의 차음자¶ 瑞典 스웨덴 II [文] 전, 의식¶ 華燭の~ 화촉전, 결혼식
**てん** [店] [音]テン [訓]みせ·たな [음]점. [造語] 가게, 상점¶ 店員 점원·開店 개점
**てん** [点] [點] [音]テン [訓]つく·つける [음]점. I [造語] ①작은 표시, 점¶ 点在 점재·斑点 반점 ②직선·평면·공간상의 특정한 곳¶ 点線 점선·接点 접점 ③(문자·기호의 구성 요소인) 점¶ 点字 점자·傍点 방점 ④특정 장소·위치·입장¶ 観点 관점·終点 종점·起点 기점 ⑤(문장의) 보조 부호¶ 句点 구점, 마침표 ⑥불을 켜다[붙이다]¶ 点火 점화·点滅 점멸 ⑦흘리다, 떨어뜨리다¶ 点眼 점안·点滴 점적 ⑧조사하다¶ 点検 점검·点呼 점호 ⑨평가 결과를 나타내는 수치¶ 点数 점수·得点 득점 II 점 ①작은 표시 = ぽち¶ ~と線 점과 선 ②특정한 장소·군데¶ 問題になる~ 문제가 되는 점 ③(문장 등의) 보조 부호¶ ~を字数に含める 점도 글자수에 포함시키다 ④평점, 점수¶ ~をつける 평점을 매기다/~がからい 점수가 짜다 ⑤[助数] 평점·물품 등을 세는 말¶ 衣類五, ~ 의류 5점
**てん** [展] [音]テン [訓]のべる [음]전. [造語] ①펼치다, 전개하다¶ 展開 전개·発展 발전 ②뜯어 보다¶ 親展 친전 ③멀리 바라보다¶ 展望 전망·展望台 전망대 ④「展覧会」의 준말¶ 個展 개인전
**てん** [添] [音]テン [訓]そえる·そう [음]첨. [造語] 첨부하다, 더하다, 덧붙이다¶ 添加 첨가·添削 첨삭·添付 첨부
**てん** [甜] [音]テン [음]첨. [造語] 달다¶ 甜菜 첨채, 사탕무 ▷ 甘과 같음
**てん** [転] [轉] [音]テン [訓]ころがる·ころげる·ころがす·ころぶ [음]전. I [造語] ①돌다, 돌리다, 구르다, 굴리다¶ 運転 운전·回転 회전 ②바꾸다, 변전하다¶ 転換 전환·移転 이전 ③뒤집히다, 전도되다¶ 転倒 전도·逆転 역전 ④(한시에서) 절구의 제3구, 전구 = 転句¶ 起承転結 기승전결 II [文法] 「転音」의 준말
**てん** [填] [音]テン [訓]うめる [음]전. [造語] 막다, 메우다¶ 塡補 전보·充塡 충전
**てん** [篆] [音]テン [음]전. I [造語] (한자 서체의) 전서¶ 篆書 전서·大篆 대전 II (한자의) 전서(篆書)
**てん** [顚] [音]テン [訓]いただき [음]전. [造語] ①물건의 끝, 정수리¶ 顚末 전말 ②쓰러지다, 넘어지다¶ 顚倒 전도·顚覆 전복
**てん** [纏] [音]テン [訓]まとう [음]전. [造語] ①얽히다, 휘감기다¶ 纏綿 전요·纏綿 전면 ②휘감아 조이다, 결치다¶ 纏足 전

てん [*貂*] 【動】 담비, 산달
でん [田] 【音】 デン 【訓】 た | (音)전. (造語) ①논, 경작지¶ 田園%% 전원・水田%% 논 ②특정 산물의 생산지¶ 塩田%% 염전・油田%% 유전
[黙字旧] 田舎%% 시골・田作%% 말린 멸치 새끼
でん [伝] [傳] 【音】 デン・テン 【訓】 つたわる・つたえる・つたう | (音)전. I (造語) ①전해지다, 전하다¶ 伝達%% 전달・遺伝%% 유전 ②널리 알리다, 보급시키다¶ 伝道%% 전도・宣伝%% 선전 ③말로 전함, 일대기¶ 伝記%% 전기・立志伝%% 입지전 ④고전의 주석¶ 春秋左氏伝%% 춘추좌씨전 ⑤역참에서 중계하여 전달하다¶ 駅伝%% 역전 II [전기] 퀴리 夫人%% ~ 퀴리 부인 전기 ②말로 전함, 구전¶ 家々%% の~ 집집마다의 구전 ③방식, 방법¶ いつもの~ 늘 하는 방식으로 하다
でん [殿] 【音】 デン・テン 【訓】 との・どの | (音)전. (造語) ①크고 훌륭한 건물¶ 殿堂%% 전당・宮殿%% 궁전 ②행군의 맨 뒤, 후미¶ 殿軍%% 전군, 후군 ③상대방에 대한 높임말¶ 貴殿%% 귀전 ④법명에 붙이는 높임말
でん [電] 【音】 デン | (音)전. (造語) ①번개, 번갯불¶ 電撃%% 전격・電光%% 전광 ②「電気%%」의 준말¶ 電線%% 전선・送電%% 송전 ③「電信%%・電報%%・電話%%」의 준말¶ 電文%% 전문・祝電%% 축전 ④「電車%%」의 준말¶ 市電%% 시영 전차・終電%% 막차
でん [澱] 【音】 デン 【訓】 よどむ・おり | (音)전. (造語) (물이) 괴다, 앙금¶ 沈澱%% 침전
でん [*鮎*] 【音】 デン・ネン 【訓】 あゆ | (音)점. (造語) 은어
でんあつ [電圧] 【電】 전압, 전위차
てんい [天意] 하늘의 뜻, 자연의 섭리¶ ~に従う 천의에 따르다
てんい [転位] 【名】【自他スル】 전위 ①위치가 바뀜, 위치를 변경시킴 ②【物】【化】 원자 배열・결합 위치가 바뀜 ―行動 전위 행동
てんい [転移] 【名】【自他スル】 전이 ①장소를 옮김, 장소가 바뀜 ②【医】 (암세포 등이) 다른 장기로 옮겨 증식함¶ 癌が肺に~する 암이 폐로 전이하다 ③【心】 감정 이입 (移入)
てんい [電位] 【電】 전위 ―差 전위차; 전압
てんいた [天板] (책상 등의) 윗면의 큰 널빤지
てんいむほう [天衣無縫] 【名】【ダ】 천의 무봉 ①(시문 등이) 기교의 흔적이 보이지 않고 자연스러우며 완전함 ②천진 난만함
てんいん [店員] 【ダ】 점원・女~ 여점원
てんう [殿宇] 【文】 전우, 전당= 御殿%%
てんうん [天運] 【文】 천운 ①천운¶ ~に任せる 천운에 맡기다 ②천체의 운행
てんえん [展延] 【名】【自他スル】 전연, 퍼서 늘임, 펴서 늘어남¶ 金属の~性 금속의 전연성
でんえん [田園] 【文】 전원 ①논과 밭 ②시골, 교외¶ ~風景 전원 풍경 ―都市 전원 도시
てんおん [天恩] 【文】 천은 ①천혜, 자연의 은혜・혜택 ②천자의 은덕, 성은¶ ~枯骨に及ぶ 성은이 망극하다

てんおん [転音] 【文法】 전음. 낱말이 복합될 때 음이 변화함, 그런 음 ▷「あめ(雨)」와「おと(音)」가 복합하여「あまおと」가 되는 경우 등
てんか [天下] 천하 ①세계, 온 세상¶ ~広うしといえども 세상 넓다고는 하지만 ②전국, 온 나라¶ ~を治める 천하를 다스리다 ③이 세상¶ かねは~の回り物 돈은 세상을 돌고 도는 것 ④한 나라를 다스리는 권력¶ 三日~ 삼일 천하 ⑤마음대로 함¶ かかあ~ 내주장, 엄처 시하 ⑥(「…の」의 꼴로) 견줄 데 없음, 널리 알려진 권위를 가짐¶ ~の大そうつき 천하의 거짓말쟁이 ― 一品%% 천하 일품 ―太平%% 【名】【ダ】 천하 태평 ―取り 한 나라의 정권을 잡음, 그런 사람
[慣用句]
―晴れて 거리낌없이, 떳떳이, 공공연히
―分かれ目 천하를 겨루는 판국, 승패의 갈림길¶ ~の戦 천하를 판가름하는 싸움
―を取る ①정권을 잡다 ②절대적인 권력을 가지다
てんか [点火] 【名】【自スル】 점화 ①불을 붙임¶ 導火線に~する 도화선에 점화하다 ②(比) 자극을 주어 피어남
てんか [添加] 【名】【他スル】 첨가¶ 食品~物 식품 첨가물
てんか [転化] 【名】【自スル】 전화. 다른 상태로 변함¶ 戦況が~する 전황이 변하다
てんか [転科] 【名】【自スル】 전과¶ 英文科へ~する 영문과로 전과하다
てんか [転訛] 【名】【言】 전와. 말의 본디 음이 발음의 편의상 다른 음으로 변화함
てんか [転嫁] 【名】【他スル】 전가¶ 責任~ 책임 전가
てんが [典雅] 【名】【ダ】【文】 전아. 우아하고 고상함¶ 雅楽の~な調べ 아악의 전아한 가락
でんか [伝家] 【名】 전가. 집안 대대로 전해 내려옴
[慣用句]
―の宝刀 전가의 보도 ①집안 대대로 전해 내려오는 명검 ②비장의 수단
でんか [殿下] 전하. 황족・왕족의 이름 밑에 붙이는 경칭¶ 皇太子~ 황태자 전하
でんか [電化] 【名】【自スル】【電】 전화¶ ~製品 전(기) 제품
でんか [電荷] 【電】 전하, 하전 = 荷電%%
てんかい [天界] 【佛】 천상계
てんかい [展開] 【名】【自他スル】 전개 ①펼쳐짐, 펼침¶ ~図 전개도・興味深い試合の~ 흥미진진한 시합의 전개・眼下に~する平野 눈 아래에 전개되는 평야 ②【数】 (함수나 식을) 급수 형태로 고침
てんかい [転回] 【名】【自他スル】 전회 ①회전¶ 車輪の~ 차 바퀴의 회전 ②전환¶ 方針を~する 방침을 전환하다
てんがい [天外] 【文】 천외, 하늘 밖, 아주 먼 [높은] 곳¶ 奇想~ 기상 천외
てんがい [天涯] 【文】 천애, 하늘 끝, 매우 먼 곳¶ ~の孤児 천애 고아 ―孤独%% 천애 고독

**てんがい**【天蓋】 ①천개. 불상·옥좌 등의 위에 가리는 덮개 ②떠돌이 승려가 쓰는 삿갓

**でんかい**【電界】【物】전계. 전장= 電場

**でんかい**【電解】[名][他スル]「電気分解」의 준말. 전해. 전기 분해 **―質** 전해질

**てんかく**【点画】점획. (한자의) 점과 획

**てんがく**【転学】[名][自スル][文] 전학¶ 私立に~する 사립으로 전학하다

**でんがく**【田楽】①【図】平安 시대부터 중세에 걸쳐서 행해졌던 예능 ②「田楽豆腐」의 준말 ③「田楽焼き」의 준말 **―刺し** (꼬챙이·칼 등으로) 한가운데를 뀀 **―豆腐**【料】두부를 꼬챙이에 꿰어 된장을 발라 구운 요리 **―焼き**【料】생선과 채소를 꼬챙이에 꿰어 된장을 발라 구운 요리

**てんかす**【天滓】튀김을 할 때 생기는 찌꺼기

**てんかふん**【天花粉·天瓜粉】천화분. 쥐참외의 뿌리로 만든 흰 가루

**てんから**【天から】[副](口) ①처음부터. 애초부터¶ ~思い違いをしていた 처음부터 오해를 하고 있었다 ②전혀. 아예¶ ~相手にしない 전혀 상대하지 않는다

**てんかん**【天漢】[文] 천한. 은하= 天の川

**てんかん**【展観】[名][他スル][文] 펼쳐 보임. 전람¶ 国宝を~する 국보를 전람하다

**てんかん**【転換】전환¶ 気分を~ 기분 전환 **―社債**【経】전환 사채

**てんかん**【癲癇】【医】전간. 간질¶ ~を起こす 간질을 일으키다

**てんがん**【天眼】천안. 신통력이 있는 눈. 천리안= てんげん **―鏡** 관상가가 쓰는 큰 돋보기 **―通** 천안통. 신통력이 있는 눈·사람

**てんがん**【天顔】[文] 천안. 용안= 竜顔¶ ~を拝する 용안을 뵙다

**てんがん**【点眼】[名][自スル] 점안. 안약을 눈에 넣음 **―水** 점안수. 안약= 目薬

**てんき**【天気】①천기. 일기. 날씨¶ ~が変わりやすい 날씨가 변덕스럽다 ②좋은 [쾌청한] 날씨¶ ~が続く 좋은 날씨가 계속되다 ③(比) 그때그때의 기분¶ 彼女はお~屋だ 그녀는 기분파이다 ④천자의 기분 **―図**【気】천기도. 일기도 **―予報**【気】일기 예보

**てんき**【天機】①천기 ①천지 조화의 비밀. 중대한 비밀 ②천부적인 재능 ③천자의 기분
[慣用句]
**―を洩らす** 천기를 누설하다

**てんき**【転帰】[文] 병이 진행되어 이른 상태¶ 死の~をとる 병이 진행되어 죽음에 이르다

**てんき**【転記】[名][他スル] 전기. (장부 등에) 옮겨 씀¶ 伝票から元帳に~する 전표를 원장에 옮겨 쓰다

**てんき**【転機】전기. 전환기. 계기¶ 人生の~を迎える 인생의 전기를 맞이하다

**てんぎ**【転義】전의. 본디의 뜻에서 변한 뜻

**でんき**【伝奇】전기. 기이한 이야기¶ ~的な生涯 전기적인 생애 **―小説** 전기 소설

**でんき**【伝記】전기. 위인 전기¶ 偉人~ 위인 전기

**でんき**【電気】①【電】전기. 静~ 정전기/ ~が通じる 전기가 통하다 ②전등¶ ~をつける 전등을 켜다 **―椅子** (사형 집행을 위한) 전기 의자 **―鰻**【動】전기뱀장어 **―回路**【電】전기 회로 **―釜** 전기 밥통 **―剃刀** 전기 면도기 **―水母**【動】고깔해파리 **―抵抗**【電】전기 저항 **―分解** 전기 분해

**でんき**【電機】전기. 전기 기계

**てんきぼ**【点鬼簿】[文] 점귀부. 과거장

**てんきゅう**【天球】【天】천구 **―儀**【天】천구의

**でんきゅう**【電球】전구¶ ~を取り換える 전구를 갈아 끼우다

**てんきょ**【典拠】전거. 근거. 출전

**てんきょ**【転居】[名][自スル] 전거. 이사. 이전¶ ~通知 전거 통지/ ~先不明 전거지 불명

**てんぎょう**【転業】[名][自スル] 전업¶ コンビニに~する 편의점으로 전업하다

**てんきょういん**【癲狂院】[文] 전광원. 정신 병원의 예스러운 말투

**でんきょく**【電極】【電】전극

**てんきん**【天金】[製] 천금. 길트 톱

**てんきん**【転勤】[名][自スル] 전근¶ 大阪支店に~する 大阪 지점으로 전근되다

**てんく**【転句】[文] 전구. 한시 절구의 셋째 구

**てんぐ**【天狗】①(신통력을 가졌다는) 얼굴이 붉고 코가 높으며 날개 달린 상상의 괴물 ②우쭐댐. 그런 사람¶ つり~ 낚시 기술을 자랑함/ ~の鼻をへし折る 높은 콧대를 꺾다
[慣用句]
**―になる** 자만하다. 우쭐대다

**てんくう**【天空】[文] 천공. 창공. 하늘¶ ~に虹がかかる 하늘에 무지개가 서다 **―海闊**[名][ナ] 천공 해활. 하늘과 바다처럼 도량이 넓음¶ ~の気性 천공 해활한 성품

**てんぐさ**【天草】【植】우뭇가사리

**でんぐりがえし**【でんぐり返し】공중제비¶ ~をして見せる 공중제비를 해보이다

**でんぐりがえ・る**【でんぐり返る】[自五] ①공중제비를 하다¶ マットの上で~ 매트 위에서 공중제비를 하다 ②(위치·상태·순서가) 거꾸로 되다. 뒤집히다¶ どたん場で事態が~ 막판에 사태가 뒤집히다

**でんぐん**【殿軍】[文] 전군. 후군

**てんけい**【天刑】[文] 천형. 천벌

**てんけい**【天恵】[文] 천혜. 천은¶ ~に浴する 천혜를 입다

**てんけい**【典型】전형 ①모범. 본보기= てほん ②대표적인 예¶ 長男の~ 장남의 전형 **―的**[ナ] 전형적인

**てんけい**【点景·添景】 점경. (풍경화 등에서) 정취를 더하기 위해 넣는 인물이나 동식물¶ ~人物 점경 인물

**でんげき**【電撃】전격 ①전기 충격 ②갑작스럽고 재빠름¶ ~作戦 전격 작전

**てんけつ**【転結】전결. 한시 절구의 제3구와 제4구. 전구와 결구¶ 起承~ 기승전결

**てんけん**【天険·天嶮】[文] 천험. 천연의 요새¶ ~の地 천험지지

てんけん [天*譴] (文) 천견. 천벌
てんけん [点検] 名 他スル 점검¶ ガス器具を~する 가스 기구를 점검하다
てんげん [天元] 名 천원 ①만물 생육의 근원 ②바둑판의 한가운데 있는 점. 배꼽점
てんげん [天眼] [佛] 천안. 모든 것을 꿰뚫어 보는 초능력¶ ~通 천안통
でんけん [電*鍵] 전건. 전기 회로를 개폐하는 용수철 장치의 키
でんげん [電源] [電] 전원¶ ~を切る 전원을 끊다 ━回路 [電] 전원 회로
てんこ [典故] (文) 전고. 전거가 되는 고사
てんこ [点呼] 名 他スル 점호¶ ~をとる 점호를 하다
てんこう [天工・天功] 천공. 자연의 조화
てんこう [天候] 천후. 일기, 날씨¶ 悪い~ 악천후/ ~不順 일기 불순
てんこう [転向] 名 自スル 전향 ①방향·태도·직업 등을 바꿈¶ 歌手から俳優に~する 가수에서 배우로 전향하다 ②정치적·사상적 입장을 바꿈 ━文学 전향 문학
てんこう [転校] 名 自スル 전교. 전학
てんごう (口)(方) 장난침. 까붊. 농지거리¶ ~を言う 농지거리를 하다
でんこう [電工] 전공. 전기공
でんこう [電光] 전광 ①번갯불, 번개 = いなずま¶ 夜空に~が走る 밤하늘에 번갯불이 번쩍이다 ②전등 빛¶ ━掲示板 전광 게시판¶ ━石火 전광 석화¶ ~の早業 전광 석화처럼 재빠른 솜씨 ━ニュース 전광 뉴스
てんこく [*篆刻] 名 他スル 전각. 나무·돌 등에 문자를 새김
てんごく [天国] ①[基] 천당 = 地獄¶ ~に召される 천국에 불려가다 ②이상향, 낙원¶ 歩行者~ 보행자 천국
てんごく [典獄] (文) 전옥
てんこつ [天骨] (文) 천골 ①타고난 성격, 천성 ②타고난 재능
てんこもり [てんこ盛り] (俗) 밥을 그릇에 수북이 담음 = 山盛り¶ 飯を~にする 밥을 고봉으로 담다
でんごん [伝言] 名 他スル 전언 = ことづけ¶ ~を頼む 전언을 부탁하다 ━板 전언판
てんさ [点差] 점차. 점수 차, 득점 차¶ ~が開く 점수 차가 벌어지다
てんさい [天才] 천재¶ ━画家 천재 화가/ 数学の~ 수학의 천재 ━児 천재아
てんさい [天災] 천재 ⇔ 人災¶ ━地変 천재 지변/ ~に見舞われる 천재를 당하다
てんさい [天際] 천제. 하늘 가[끝]
てんさい [*甜菜] [植] 첨채¶ ━糖 첨채당
てんさい [転載] 名 他スル 전재¶ 無断~禁止 무단 전재 금지
てんざい [点在] 名 自スル 점재. 산재 = 散在¶ 農家が~する 농가가 점재하다
てんさく [添削] 名 他スル 첨삭¶ 生徒の作文を~する 학생의 작문을 첨삭하다
てんさん [天蚕] 「ヤママユ」의 딴이름. 천잠

てんさん [天産] (文) 천산. 천연적으로 산출됨. 천연 산물¶ ~物 천산물
でんさんき [電算機] 전산기. 전자 계산기
てんし [天子] 천자. 임금, 군주
てんし [天使] 천사 ①[宗] 신의 사자 ②[比] 자애심이 많은 사람¶ 白衣の~ 백의의 천사
てんし [天資] (文) 천자. 타고난 자질 = 天性¶ ~英明 천자 영명
てんし [展*翅] 名 他スル 전시. (표본으로 쓸) 곤충의 날개를 펴서 고정시킴¶ ~板 전시판
てんじ [点字] 점자¶ ━図書館 점자 도서관 ━ブロック 점자 블록
てんじ [展示] 名 他スル 전시¶ ~会 전시회/ ~即売 전시하면서 동시에 판매도 함
てんじ [*篆字] 전자. 전서체의 글자
でんし [電子] ①[物] 음전자 ━オルガン 전자 오르간 ━計算機 전자 계산기 ━顕微鏡 [物] 전자 현미경 ━工学 [電] 전자 공학 ━レンジ 전자 레인지
でんじ [電磁] 전자. 전기와 자기 ━気 전자기 ①전기와 자기 ②전류로 발생하는 자기 ━波 [物] 전자파 ━力 [物] 전자력
てんじく [天*竺] 천축 ①인도의 옛이름 ②「天竺木綿」의 준말 ━葵 [植] 양아욱 ━鼠 [動] 기니피그, 모르모트 ━木綿 두툼한 평직 무명 ━浪人 부랑인, 떠돌이
でんじしゃく [電磁石] [電] 전자석
てんしつ [天質] (文) 천질. 타고난 성질, 천품
てんじつ [天日] (文) 천일. 태양¶ ━塩 천일염
てんじて [転じて] 連語 ①그런데, 한편¶ ~外国に目をむければ 한편 외국으로 눈을 돌리면 ②바꾸어 말해¶ 光り、~希望の光, 바꾸어 말해 희망
てんしゃ [転写] 名 他スル 전사¶ 設計図を~する 설계도를 전사하다
てんじゃ [点者] (和歌·俳諧 등에서) 작품의 우열에 대한 평점을 매기는 사람
でんしゃ [伝写] 전사. 서적을 베껴 차례로 전함
でんしゃ [殿舎] (文) 전사 = 御殿, やかた
でんしゃ [電車] [交] 전차¶ 終~ 마지막 전차/ ~で通学する 전차로 통학하다
てんしゃく [天爵] (文) 천작. 타고난 인격·덕망·기품 ⇔ 人爵
てんしゃく [転借] 名 他スル 전차. 남이 빌린 것을 다시 빌림¶ 土地を~する 토지를 전차하다
てんしゅ [天主] [가] 천주 ━教会 [가] 천주교회 ━公教会 [가] 가톨릭교회에 대한 明治·大正 때의 호칭 ━堂 [가] 성당
てんしゅ [天守·天王] 「天守閣」의 준말 ━閣 성(城)의 중앙부에 쌓은 가장 높은 망루
てんしゅ [店主] 점주. 가게 주인
てんじゅ [天寿] 천수. 천명
[慣用句]
━を全うする 천수를 다하다[누리다]
てんじゅ [天授] 名 (文) 천수. 천부¶ ~の才 천부의 재능
でんじゅ [伝授] 名 他スル 전수. 전하여 줌¶ 極

てんじゅう

意を~する 비법을 전수하다
**てんじゅう**【転住】图 自スル 전주, 이주, 이사 ¶ 郊外へ~する 교외로 이사하다
**でんしゅう**【伝習】图 他スル (文) 전습, (학문·기술 등을) 전수받아 익힘
**てんしゅく**【転宿】图 自スル 전숙, 숙소를 옮김
**てんしゅつ**【転出】图 自スル 전출 ①거주지를 옮김 ¶ ~届け 전출 신고 ②근무지·직장을 옮김 ¶ 工場に~する 공장으로 전직하다
**てんしょ**【添書】图 自スル 첨서 ①(심부름꾼·선물 등에) 첨부해 보내는 편지 ¶ ~を持たせる 첨서를 들려보내다 ②소개장 ③(서류 등에) 덧붙이는 메모, 부전 ¶ 予算案に~する 예산안에 부전을 붙이다
**てんしょ**【篆書】전서, 한자 서체의 하나
**てんじょ**【天助】(文) 천조, 하늘의 도움, 천우 = 天佑 ¶ ~神佑 천우 신조
**でんしょ**【伝書】(文) 전서 ①대대로 전해 내려오는 책 ②비전을 기록한 문서 ③(遺書) 서류·편지를 전함 ―鳩 편지를 나르는 비둘기
**てんしょう**【天象】图 천상 ①천체의 현상 ¶ ~儀 천상의 ②날씨, 일기
**てんしょう**【典章】(文) 전장, 규칙, 제도
**てんじょう**【天上】Ⅰ图 천상 ①하늘, 하늘 위 ¶ ~の星 천상의 별 ②천상계 Ⅱ图 自スル 하늘에 오름, 죽음, 승천 ―界 [佛] 천상계 ―天下唯我独尊 천상천하 유아독존
**てんじょう**【天井】(文) 천정 ①천장 ¶ ~が低い 천장이 낮다 ②(물건 내부의) 가장 높은 곳 ③(주가의) 최고 값 ¶ ~値 최고 값 ―川 [地] 천정천 ―桟敷 (극장의) 뒤쪽 가장 높은 층의 싼 관람석 ―知らず 천정 부지
**てんじょう**【天壌】(文) 천양, 하늘과 땅 ¶ ~の隔たり 천양지차 ―無窮 천양 무궁, 영원 무궁함
**てんじょう**【添乗】图 自スル (단체 여행에) 함께 타고 따라다님 ¶ 団体旅行の~員 단체 여행을 수행하는 여행사 직원
**てんじょう**【転乗】图 自スル 전승, 갈아[옮겨] 탐 ¶ はしけに~する 거룻배로 옮겨 타다
**てんじょう**【殿上】图 전상 ①궁전 ②「殿上の間」의 준말 ¶ 「殿上の間」에 오르는 것이 허락됨 ―の間 (清涼殿에 있던) 殿上人가 머무는 방 ―人 [日史] 殿上の間에 오를 수 있었던 사람의 통칭
**てんじょう**【纏繞】图 自スル (文) 전요. (덩굴 등이) 감겨 붙음 ¶ ~茎 전요경
**でんしょう**【伝承】图 他スル 전승 ¶ 民間~ 민간 전승
**てんしょく**【天職】(文) 천직 ①하늘이 내린 직무 ¶ ~を全うする 천직을 완수하다 ②천성에 맞는 직업 ¶ 医を~と心得て励む 의사를 천직으로 알고 정진하다
**てんしょく**【転職】图 自スル 전직, 직업을 바꿈
**でんしょく**【電飾】전식, 조명 장식, 전기 장식
**てん・じる**【点じる】他上一 (文) → てんずる(点)
**てん・じる**【転じる】自他 → てんずる(転)
**てんしん**【天心】(文) 천심, 하늘 한가운데, 중천 ¶ 月~にかかる 달이 중천에 뜨다
**てんしん**【天真】图 ナ 천진 ―爛漫 ナ 천진 난만 ¶ 子供のように~な人 아이처럼 천진 난만한 사람
**てんしん**【点心】①[佛] 간식 = てんじん ②(중국 요리에서) 가벼운 식사, 식후의 과자 ③차에 곁들이는 과자
**てんしん**【転身】图 自スル 전신 ①몸을 돌려 돌림(비킴) ②신분·직업·주의 등을 바꿈, 전향 ¶ 教員から実業家に~する 교사에서 실업가로 전신하다
**てんしん**【転進】图 自スル 전진 ①진로를 바꿈 ¶ 航路を北西に~する 항로의 진로를 북서로 바꾸다 ②(군대의) 이동 ▷ 구 일본군에서는 퇴각의 뜻으로도 썼음
**てんじん**【天人】(文) 천인, 하늘과 사람, 천의(天意)와 인사(人事) ¶ ~共に許すまざる悪業 천인 공노할 악업 ▷「てんにん」은 딴말
**てんじん**【天神】(文) ①천신 ②菅原道真를 모신 神社 = 天満宮 ―髭 (菅原道真의 초상화의) 양끝이 아래로 처진 콧수염
**てんしん**【田紳】시골 신사
**でんしん**【電信】图 전신 ¶ ~為替 전신환 ―柱 전신주 ①전주 ②俗 키다리, 껑다리
**てんすい**【天水】천수, 빗물 ―鉢 ~田 천수답 ―桶 빗물을 받아놓은 통
**てんすう**【点数】접수 ①평점·득점의 수 ②国語の~が悪い 국어 점수가 나쁘다 ②(물품의) 수량, 가짓수 ¶ 商品の~をそろえる 상품의 가짓수를 갖추다
**でんすけ**【伝助】(俗) ①「伝助賭博」의 준말 ②휴대용 소형 녹음기 ―賭博 길거리에서 행인을 상대로 하는 뻥뻥이 노름
**てん・ずる**【点ずる】他 サ変 ①불을 켜다[붙이다] ¶ 灯火を~ 등불을 켜다 ②차를 끓이다[달이다] ¶ 茶を~ 차를 끓이다 ③(한 방울씩) 떨어뜨리다, 점적하다 ¶ 目薬を~ 안약을 넣다 ④점을 찍다, 점을 찍다 ¶ 紅を~ 연지를 찍다 ⑤(한문에) 훈점을 찍다 ▷「てんじる」라고도 함
**てん・ずる**【転ずる】自他 サ変 변하다, 바뀌다, 바꾸다, 옮기다, 돌리다 ¶ 攻勢に~ 공세로 바꾸다 / 災いを~じて福となす 전화 위복 ▷「てんじる」라고도 함
**てんせい**【天成】图 천성 ①자연히 이루어짐, 천연 ¶ ~の要塞 천연의 요새 ②천성, 타고남 ¶ ~の美声 타고난 미성
**てんせい**【天声】천성 ①하늘의 소리[말] ②하늘까지 울리는 뇌성, 큰소리
**てんせい**【天性】천성, 타고난 성질 ¶ ~明朗な人 천성적으로 명랑한 사람
**てんせい**【点睛】점정, 중요한 부분을 마지막으로 마무리함 ⇒ 画竜点睛
**てんせい**【展性】[物] 전성, 얇게 펴지는 성질
**てんせい**【転生】图 自スル [佛] 전생, 환생 ¶ 輪廻~ 윤회 전생
**てんせい**【転成】图 自スル 전성 ①성질이 다른 것으로 변함 ②[文法] 다른 품사로 변함 ¶ 動

詞どうからの~名詞めいし 동사에서 전성된 명사
でんせい [電請] (文) 전청. (외교관·사절 등이 본국에) 전보로 훈령을 청함
でんせいかん [伝声管] 전성관
てんせき [典籍] (文) 전적, 서적¶古今ここんの~ 고금의 전적
てんせき [転石] 전석 ①큰 바위에서 떨어져 나와 흐르는 물에 씻긴 돌 ②(文) 굴러다니는 돌 [慣用句]
— 苔こけを生しょうぜず 구르는 돌에는 이끼가 끼지 않는다
てんせき [転籍] 名自スル 전적. 본적·학적 등을 다른 데로 옮김¶現住所げんじゅうしょに~する 현주소로 전적하다
でんせつ [伝説] 전설¶英雄えいゆう~ 영웅 전설
てんせん [点線] 점선
てんせん [転戦] 名自スル 전전. 장소를 옮겨가며 싸움¶各地かくちを~する 각지를 전전하다
てんぜん [恬然] 形動(文) 염연, 태연함= 平然へいぜん¶~とした態度たいど 염연한 태도
でんせん [伝染] 名自スル 전염 ①병원균이 옮음¶はしかが~する 홍역이 전염되다 ②(습관·버릇 등이) 옮아 물듦¶悪習あくしゅうが~する 악습이 전염되다 —病びょう 전염병
でんせん [伝線] 名自スル (俗) (스타킹의) 올이 풀림, 줄이 나감¶~したストッキング 올이 풀린 스타킹
でんせん [電閃] (文) 전섬 ①번개가 번쩍임 ②(比) 칼날이 번뜩임, 그런 빛
でんせん [電線] 電 전선
てんぞ [典座] 佛 전좌. (선종에서) 침식 등의 잡일을 맡아 하는 중
でんそ [田租] (文) 전조. 논에 부과했던 세금
てんそう [伝奏] 名他スル 전주. 天皇てんのうや上皇じょうこうに게 상주를 전하여 아룀, 그런 직책
てんそう [転送] 名他スル 전송¶手紙てがみを転居先てんきょさきに~する 편지를 이사간 곳으로 전송하다
でんそう [伝送] 名他スル 전송. 차례로 전해 보냄¶命令めいれいを~する 명령을 전송하다
でんそう [電送] 名他スル 전송¶端末装置たんまつそうちにデータを~する 단말 장치에서 데이터를 전송하다 —写真しゃしん 전송 사진
てんそく [天測] 名他スル 천측¶~航法こうほう 천측 항법/~位置いち 천측 위치
てんそく [纏足] 전족
てんぞく [転属] 名自スル 전속. 소속이 바뀜¶広報部こうほうぶに~する 홍보부로 전속되다
てんそん [天孫] ①천신의 자손 ②(일본 신화에서) 天照大神あまてらすおおみかみ의 손자인 瓊瓊杵尊ににぎのみこと. (넓은 뜻으로) 역대 天皇てんのう
てんだ 連語 (口) ①(동사·동사형 조동사의 연용형에 붙음. 앞의 말에 따라「てんだ·ってんだ」로 됨)「ているのだ」의 준말. …된 거야, …있는 거야¶一体いったいどうなってんだ 도대체 어떻게 된 거야/ 三十分さんじゅっぷん前まえから並ならんでんだ 30분 전부터 줄서 있는 거야 ②(「ってんだ」로 되는 경우가 많음)「というのだ」의 준말.

857 てんちょうせつ

…다는[라는] 거야¶いやだっ~ 싫다잖아
てんたい [天体] 천체¶~観測かんそく 천체 관측 —望遠鏡ぼうえんきょう 천체 망원경
てんたい [転貸] 名他スル 전대. 빌린 것을 다시 남에게 빌려줌= またがし¶借地しゃくちを~する 차지를 전대하다
てんだい [天台]「天台宗てんだいしゅう」의 준말 —宗しゅう 佛 천태종
てんたいしゃく [転貸借] 名他スル (文) 전대차¶家屋かおくの~ 가옥의 전대차
てんたいしょう [点対称] 数 점대칭
てんだいのふで [橡大の筆] 연대지필. 훌륭한 대문장
てんたく [転宅] 名自スル (文) 전거, 이사, 이전= ひっこし¶このたび下記かきに~しました 금번 좌기 장소로 전거했습니다
でんたく [電卓] 탁상용 전자 계산기
でんたつ [伝達] 名他スル 전달¶決定事項けっていじこうを~する 결정 사항을 전달하다
てんたん [恬淡·恬澹] 名ナ 염담. 사물에 집착하지 않고 욕심이 없음¶利欲りよくに~な人 이욕에 담담한 사람
でんたん [伝単] 전단. 선전 삐라= ちらし¶~を撒布さんぷする 전단을 살포하다
てんち [天地] 천지 ①하늘과 땅¶~ほどの差さ 천양지차 ②세계, 세상, 우주¶~の創造そうぞう 천지 창조 ③(책·짐 등의) 위아래¶本ほんの~ 책의 위아래 —開闢かいびゃく 천지 개벽 —玄黄げんこう 천지 현황 —神明しんめい 천지 신명 —無用むよう (화물의) 위아래를 거꾸로 하지 말 것
てんち [転地] 名自スル 전지¶~して療養りょうようする 전지하여 요양하다 —療法りょうほう 전지 요법
でんち [田地] 전지. 논으로 쓰는 땅= でんじ¶~田畑たはた 전지 전답
でんち [電池] 電 전지¶乾かん~ 건전지
でんちく [電蓄] 전축. 전기 축음기
てんちじん [天地人] 천지인 ①하늘과 땅과 사람, 우주 만물= 三才さんさい ②세 가지 것의 순서·순위를 나타내는 말
てんちゃ [点茶] 가루차에 끓는 물을 부어 우려냄
てんちゅう [天誅] 천주 ①천벌 ②하늘을 대신하여 주는 벌¶~を下くだす 천주를 내리다
てんちゅう [転注] 전주. 한자의 육서(六書)의 하나. 어떤 한자를 다른 뜻으로 바꾸어 씀
でんちゅう [殿中] 전중 ①궁전·저택의 안 ②将軍しょうぐん의 거처
でんちゅう [電柱] 전주. 전신주, 전봇대
てんちょう [天頂] 천정 ①(물건의) 꼭대기, 정상 ②天 천정점
てんちょう [天朝] (文) 천조, 조정·천자의 높임말
てんちょう [天聴] (文) 천청. 천자가 들음= 叡聞えいぶん¶~に達たっする 천자가 듣다
てんちょう [店長] 점장, 가게의 관리 책임자
てんちょう [転調] 名自他スル 音 전조, 조바꿈¶イ短調たんちょうに~する 가단조로 조바꿈하다
てんちょうせつ [天長節]「天皇誕生日てんのうたんじょうび

**てんちょうちきゅう** [天長地久] (文) 천장 지구. 사물이 영원히 계속됨 ¶ 天地長久そのように

**てんつゆ** [天つゆ] 튀김을 찍어 먹는 양념 국물

**てんで** 副 (口) ①전혀, 아예, 도무지 = 마루 きり ¶ 〜だめだ 아예 틀렸다 / 〜釣れない 도무지 낚이지 않다 ②대단히, 아주 ¶ 〜おかしい 아주 우스꽝스럽다

**てんてい** [天帝] (文) ①천제, 하느님, 조물주 ②[改新] 여호와 ③[佛] 제석천

**てんてい** [点綴] 名他スル(文) 점철 = てんてつ ¶ 山腹を〜する農家 산 중턱에 점점이 늘어서 있는 농가

**でんてい** [電停] (노면) 전차 정류소

**てんてき** [天敵] [動] 천적

**てんてき** [点滴] ①점적, 물방울, 낙숫물 = しずく ②[醫] 「点滴注射」의 준말. 점적 주사

慣用句
**一石を穿つ** 낙숫물이 댓돌을 뚫는다

**てんてこまい** [てんてこ舞い] 名自スル(口) 몹시 바빠서 법석을 떪, 눈코 뜰 새 없이 바쁨 ¶ 〜の忙しさ 눈코 뜰 새 없이 분주함

**てんてつ** [点綴] 名他スル(文) →てんてい(点綴)

**でんてつ** [電鉄] 전철

**てんてつき** [転轍機] (文) 전철기 = 転路機

**てんでに** 副 (口) 제각기, 각자, 저마다 ¶ 〜好き勝手なことを言う 각자 저 좋을 대로 말하다

**てんてん** [点点] Ⅰ副 ①점점이 ¶ 〜と血の跡がある 점점이 핏자국이 있다 ②방울방울, 뚝뚝 ¶ 〜としたたる血 방울방울 떨어지는 피 Ⅱ名 ①(일본어의) 濁点 ②점선

**てんてん** [展転・輾転] 名自スル(文) 전전 ①딩굴, 회전함 ②누위서 뒤척임 ¶ 〜して煩悶する 뒤척이며 번민하다 一反側 名(文) 전전 반측 ¶ 〜して一睡もしない 전전 반측하며 한숨도 못 자다

**てんてん** [転転] Ⅰ副 自スル 전전, 차례로 옮겨 다님 ¶ 〜と各地を巡業する 각지를 전전하며 순회 흥업을 하다 Ⅱ副 데굴데굴 ¶ 〜と転がる 데굴데굴 구르다

**でんでんだいこ** [でんでん太鼓] 좌우에 방울이 달려 흔들면 소리가 나는 장난감 북. 땡땡이

**てんでんばらばら** 2(口) 각자 제멋대로 행동하는 모양, 통일되지 않은 모양 ¶ 〜な意見 중구 난방인 의견 / 〜に帰る 저마다 뿔뿔이 돌아가다

**でんでんむし** 〈蝸牛〉 [動] 달팽이

**てんと** [奠都] 名自スル(文) 전도, 도읍을 정함 ¶ 東京〜百年祭 東京 전도 100년제

**でんと** 副 의젓하게, 듬직하게, 떡하니 ¶ 〜構える 의젓한 자세를 취하다

**でんと** [電鍍] 名他スル(文) 전도, 전기 도금

**てんとう** [天道] ①천지를 지배하는 신 ②(口) 《「お〜様」의 꼴로》 태양, 해 ¶ お〜様はお見通しだ 해님은 다 알고 계신다

**てんとう** [店頭] 점두, 가게 앞 = 店先 ¶ 〜に並ぶ 가게 앞에 늘어서다 一株 [經] 장외주 一管理銘柄 [經] 장외 관리 종목 一市場 [經] (주식 등의) 장외 시장

**てんとう** [点灯] 名自スル 점등, 등을 켬 ⇔ 消灯 ¶ 夜間照明を〜する 야간 조명을 점등하다

**てんとう** [点頭] 名自スル(文) 점두, 고개를 끄덕임, 수긍함

**てんとう** [転倒・顚倒] 名自他スル(文) 전도 ①넘어짐, 쓰러짐 ¶ 石につまずいて〜した 돌에 채여서 넘어졌다 ②거꾸로 됨, 뒤바뀜, 뒤집힘 ¶ 本末が〜 본말 전도 ③어찌할 바를 모름, 당황함 = 動転 ¶ ショックで気が〜する 쇼크로 정신을 못 차리다

**てんどう** [天堂] 천당 ①천상에 있는 전당(殿堂) ②[佛] 극락정토 ③[基] 천국

**てんどう** [天道] 천도 ①천지 자연의 법칙, 천리 ¶ 〜に背く 천도에 어긋나다 ②천체가 운행하는 길 ③하늘의 신 = てんとう ④[佛] 육도(六道)의 하나, 천상계

**でんとう** [伝灯] [佛] 전등. 스승이 제자에게 불법을 전수함, 그런 불법

**でんとう** [伝統] 전통 ¶ 〜芸能 전통 예능 / 〜を守る 전통을 지키다

**でんとう** [電灯] 전등 ¶ 懐中〜 회중 전등 / 〜がつく 전등이 켜지다

**でんどう** [伝動] [機] 전동 ¶ 〜装置 전동 장치

**でんどう** [伝道] 名自スル[基] 전도 ¶ 〜師 전도사 一者 [基] 전도자

**でんどう** [伝導] [物] 전도 ¶ 〜率 전도율 / 銅は熱の〜がよい 동은 열전도가 좋다

**でんどう** [殿堂] 전당 ①크고 훌륭한 건물 = 白亜の〜 백악의 전당 ②신불을 모신 건물 ③그 분야의 권위가 있는 곳 ¶ 学問の〜 학문의 전당

**でんどう** [電動] 전동 ¶ 〜工具 전동 공구 一機 전동기, 모터

**てんどうせつ** [天動説] [天] 천동설

**てんとうむし** [天道虫・瓢虫] [動] 무당벌레

**てんどく** [転読] 名他スル[佛] 전독, 경문의 중요한 곳만 띄엄띄엄 읽음 ⇔ 真読

**てんとして** [恬として] 副(文) 거리낌없이 태연한 모양, 태연히 ¶ 〜恥じない 태연하여 (조금도) 부끄러워하지 않다

**てんとり** [点取り] 점수를 땀, 점수 따기 一虫 (점수를 따기에 급급한) 점수 벌레

**てんどん** [天丼] [料] 튀김덮밥

**てんなんしょう** [天南星] [植] 천남성

**てんにゅう** [転入] 名自スル 전입 ①(다른 지방에서) 전거해 옴 ¶ 〜届 전입 신고 ②전학해 옴 ¶ 〜生 전입생

**てんにょ** [天女] 천녀 ①선녀 ¶ 〜の舞 선녀의 춤 ②(比) 아름답고 상냥한 여성

**てんにん** [天人] 천인 ①천상계에 사는 사람 ②천녀, 선녀

**てんにん** [転任] 名自スル 전임 ¶ 新設学校に〜する 신설 학교로 전임하다

**でんねつ** [電熱] 전열 ¶ 一器 전열기

てんねん【天然】 名 천연. 자연 그대로임¶～の要塞ようさい 천연의 요새 ―ガス 천연 가스 ―記念物きねんぶつ 천연 기념물 ―資源しげん 천연 자원 ―色しょく 천연색 ―痘とう 천연두. 마마

てんのう【天王】 图 ①〖佛〗사천왕. (특히) 우두천왕 ②(중국에서) 천자 ―山ざん 승패·운명을 판가름하는 갈림길 ―星せい 〖天〗천왕성

てんのう【天皇】 천황. 일본의 왕 ―制せい 〖政〗天皇てんのうが 국가를 통치하는 체제 ―誕生日たんじょうび 天皇 탄생일. 일본 국가 경축일의 하나

てんば【天馬】 (文) 천마 ①천상계에 있다는 말 ②뛰어난 명마 ③(그리스 신화의) 페가수스 慣用句 ―空くうを行く (천마가 하늘을 날듯이) 착상 등이 자유 분방함

でんぱ【電場】 〖物〗전장. 전기장 = 電界でんかい

でんぱ【伝播】 名 自スル 전파 ①전하여 널리 퍼짐¶文化ぶんかが～する 문화가 전파되다 ②파동이 널리 퍼져 감¶熱ねつの～ 열의 전파

でんぱ【電波】 〖電〗전파¶～妨害ぼうがい 전파 방해/～に乗のる 전파를 타다 ―探知機たんちき 전파 탐지기 ―望遠鏡ぼうえんきょう 〖天〗전파 망원경

てんばい【転売】 名 他スル 전매

てんぱい【顛沛】 图 ①전패. 걸려 넘어짐 ②잠깐 사이¶造次ぞうじ～ 조차 전패, 잠시 동안

テンパイ【聽牌】 图 自スル (마작에서) 필요한 패가 한 패만 더 들어오면 나게 되는 상태

でんぱた【田畑】 전답. 논밭 =田地でんち ―田 전답

てんばつ【天罰】 图 천벌¶～が下くだる 천벌이 내리다 ―覿面てきめん 나쁜 일을 하면 반드시 당장 천벌이 내림

てんぱん【典範】 (文) 전범¶皇室こうしつ～ 황실 전범

てんび【天日】 천일. 햇볕. 햇빛¶～製塩せいえん 천일 제염/～で干ほす 햇볕에 말리다

てんぴ【天火】 오븐 = オーブン

てんびき【天引き】 名 他スル 공제. 미리 뗌(제함)¶税金ぜいきんを～する 세금을 공제하다

てんびょう【点描】 名 他スル 점묘 ①점만으로 사물을 그림¶～画 점묘화 ②특징만을 잡아 간결하게 묘사함. 스케치¶人物じんぶつ～ 인물 점묘 ―法ほう〖美〗〖美〗점묘법

てんぴょう【天平】 奈良なら 시대의 연호(729～749) ―時代じだい (일본 문화사·미술사의 시대 구분의 하나로) 奈良なら 시대

でんぴょう【伝票】 图 入金にゅうきん～ 입금 전표

てんびん【天秤】 ①천평칭. 천칭 =「てんびん棒ぼう」의 준말 ―座ざ 〖天〗천칭자리 ―棒ぼう 멜대 慣用句 ―に掛かける 저울질하다 ①(우열·손득을) 비교하다 ②양다리를 걸치다

てんぴん【天稟】 (文) 천품. 천성. 천자¶～の画才がさい 천품의 화재

てんぶ【転部】 图 他スル 소속 학부·서클 등을 바꿈¶文学部ぶんがくぶへ～する 문학부로 옮기다

てんぷ【天賦】 名 (文) 천부¶～の才さいに恵めぐまれる 천부적인 재능을 타고나다

てんぷ【添付·添附】 名 他スル 첨부. (서류 등에) 보태거나 덧붙임¶領収書りょうしゅうしょを～する 영수증을 첨부하다

てんぷ【貼付·*貼附】 名 他スル 첨부. 붙임¶写真しゃしんを～する 사진을 붙이다

でんぶ【田麩】 생선살을 쪄서 잘게 찢어 설탕·간장으로 양념한 식품

でんぶ【*臀部】 둔부. 궁둥이 =しり

でんぷ【田夫】 (文) ①농부 ②시골 사람 ―野人やじん 교양이 없고 조야한 시골 사람

てんぷく【転覆·*顚覆】 名 自他スル 전복¶機関車きかんしゃが～する 기관차가 전복하다/政府せいふの～をたくらむ 정부의 전복을 꾀하다

てんぶくろ【天袋】 〖建〗違ちがい棚だな·반침 등의 위에 만든 작은 벽장 ⇔ 地袋じぶくろ

てんぶつ【天物】 천연물. 자연 산물

てんぷら【天*麩羅】 ①〖料〗튀김¶えびの～ 새우 튀김 ②〖俗〗겉만 그럴듯하게 보이는 것 ㉠도금한 것 ―金時計きんどけい 도금한 금시계 ㉡가짜¶～学生がくせい 가짜 학생

てんぶん【天分】 천분. 타고난 성질·재능¶～を発揮はっきする 천분을 발휘하다

でんぶん【伝聞】 名 他スル 전문 ①전해 들음¶～するところでは 전문한 바로는 ②〖文法〗전해 들은 것을 나타내는 조동사

でんぶん【電文】 전문. 전보문

でんぷん【*澱粉】 图 전분. 녹말 ―質しつ 전분질

てんぺん【天変】 천변 ―地異ちい 천재 지변

てんぺん【転変】 名 自スル 전변. 변천¶有為ういう～ 위유 전변/世相せそうがめまぐるしく～する 세태가 어지럽게 변천하다

てんぼ【展墓】 名 自スル (文) 성묘 =墓参ぼさんり

てんぽ【店舗】 점포¶駅前えきまえに～を構かまえる 역 앞에 점포를 차리다

てんぽ【転補】 名 自スル 전보. 다른 자리로 임명함

てんぽ【*塡補】 名 自スル (文) 전보. 부족·결손을 메움 = 穴埋あなうめ·補塡ほてん

てんぼう【展望】 名 他スル 전망¶～台だい 전망대/経済けいざい～ 경제 전망/～が開ひらける 전망이 트이다 ―車しゃ (열차의) 전망차

てんぽう【天保】 江戸えど 시대의 연호(1830～1844) ―銭せん ①「天保通宝てんぽうつうほう」의 속칭 ②〖俗〗덜 떨어진 사람. 시대에 뒤떨어진 사람 ―通宝つうほう 1835～1891년간 통용된 타원형 동전

てんぽう【転封】 名 他スル 〖史〗(大名だいみょう 등의) 영지를 딴 곳으로 옮김 = 国替くにがえ·移封いふう

でんぽう【伝法】 名 ①언행이 거침. 그런 사람¶～な男おとこ 난폭한 사내 ②(여자가) 호협함¶～な口くちをきく 호협한 말을 하다 ―肌はだ (여자의) 호협한 성질. 협기가 있고 활달함

でんぽう【電報】 전보¶慶弔けいちょう～ 경조 전보/～を打うつ 전보를 치다

てんぽん【点本】 訓点くんてんを 표시한 한서·불전

てんま【伝馬】 ①〖史〗 전마. 역마(驛馬) ②「伝馬船てんません」의 준말 ―船せん 전마선

てんまく【天幕】 ①천막. 텐트¶～を張はる 천막을 치다 ②천장에서 드리우는 장식막

てんまつ【*顚末】 전말. 자초지종. 경위¶事ことの～を話はなす 일의 자초지종을 이야기하다

てんまど【天窓】 천창. 지붕·천장에 낸 창문
てんめい【天命】 천명 ①천수¶～が尽きる 천명이 다하다 ②천운, 운명¶人事を尽くして～を待つ 진인사 대천명
てんめい【天明】 천명. 새벽, 여명 ②江戸 시대의 연호(1781~1789)
でんめい【電命】(文) 전명. 전보 명령
てんめつ【点滅】(名)(自他スル) 점멸¶信号機の～ 신호등의 점멸
てんめん【纏綿】(ト)(文) 전면 ①달라붙어 떨어지지 않음 ②애정이 깊어 떨어지지 못함¶情緒～ 정서 전면
てんもう【天網】(文) 천망. 하늘의 법망, 시비곡직을 가리는 천도(天道)
[慣用句]
一恢恢にして漏らさず 하늘의 법망은 성긴 듯하나 악인은 반드시 걸린다
てんもく【天目】 ①다도에서 쓰는 사발 모양의 찻잔 ②찻잔의 속칭
てんもくざん【天目山】 최후의 결전장, 승패의 갈림길
てんもん【天文】 천문 ―学 천문학 ―学的数字 천문학적 숫자 ―台 천문대
でんや【田野】(文) 전야. 논밭과 들
てんやく【典薬】 (옛날에) 조정이나 幕府에서 의약을 다루던 직책·사람
てんやく【点訳】(名)(他スル) 점역, 문자·문장을 점자(点字)로 옮김
てんやく【点薬】(名)(自スル)(文) 점약. 눈에 약을 넣음, 점안, 점안약
てんやもの【店屋物】(口) 음식점에서 시켜 온 음식¶～で済ます 시켜 온 음식으로 때우다
てんやわんや【〈俗〉】 야단 법석임, 왁자지껄함¶～の大騒ぎ 왁자지껄한 대소동
てんゆ【転喩】(文) 전이(轉移) 수식어
てんゆう【天祐·天佑】(文) 천우. 하늘의 도움 ＝天助¶～神助 천우 신조
てんよ【天与】(名)(文) 천여. 천부¶～の資源に富む 천부의 자원이 풍부하다
てんよう【転用】(名)(他スル) 전용. 본디 목적과 다른 용도로 사용함¶農地を宅地に～する 농지를 택지로 전용하다
てんらい【天来】(名)(文) 천래. 하늘에서 옴¶～の妙音 천래의 묘음
てんらい【天籟】(文) 천뢰 ①바람 소리 ②아주 뛰어난 시문(詩文)
でんらい【伝来】(名)(自スル) 전래 ①대대로 전해 옴¶先祖～ 조상 전래 ②도래¶仏教～ 불교 전래
てんらく【転落·顛落】(名)(自スル) 전락 ①굴러 떨어짐¶列車から～する 열차에서 굴러 떨어지다 ②몰락, 영락¶三流～チームに～する 3류 팀으로 전락하다 ③타락¶悪の道に～する 악의 길로 전락하다
てんらん【天覧】 천람, 天皇가 봄, 어람(御覧)¶～試合 천람 경기
てんらん【展覧】(名)(他スル) 전람¶～会 전람회
でんらん【電纜】 전람. 케이블 ＝ケーブル

てんり【天理】(文) 천리. 자연의 도리¶～に背く 천리에 어긋나다 ―教(宗) 천리교
でんり【電離】(名)(自スル)(化) 전리. 전기 해리 ＝電気解離 ―層 (気) 전리층
でんりゃく【電略】 전략. 전신 약호
でんりゅう【電流】(電) 전류¶高圧～ 고압전류 ―計(電) 전류계
てんりょう【天領】(史) ①天皇의 영지 ②(江戸 시대) 将軍家의 직할 영지
でんりょく【電力】(電) 전력¶～計 전력계
てんれい【典礼】(文) ①전례. 일정한 의식, 의례¶即位式の～ 즉위의 전례 ②의식을 관장하는 직책
てんれい【典例】(文) 전례. 전거가 되는 선례
てんれい【典麗】(ナ)(文) 전려. 단정하고 아름다움¶～な山容 전려한 산용
でんれい【伝令】 전령¶～を出す 전령을 내다
でんれい【電鈴】(電) 전령, 벨
てんろ【転炉】(工) 전로, 회전로
でんろ【電路】 전로, 전기 회로
てんろき【転轍機】(文) 전철기 ＝転轍機
でんわ【電話】(名)(自スル) 전화 ①전화기로 통화함¶国際～ 국제 전화¶～をかける 전화를 걸다¶『電話機』의 준말 ―機 전화기 ―局 전화국 ―口 전화기가 있는 곳¶～に呼び出す 전화를 걸어 (사람을) 전화기로 오게 하다 ―交換手 전화 교환원

# と ト

と 五十音図「タ」행(行)의 다섯째 かな, ひらがな「と」는「止」의 초서체, かたかな「ト」는「止」의 오른쪽 두 획을 취한 것
と【斗】(音) ト (訓)ます(음)두.(造語) ①척관법의 용량 단위, 말¶斗酒 두주 ②양을 재는 그릇¶斗升 두량 ③별자리¶泰斗 태두·北斗七星 북두칠성 ▷(熟字訓) 漏斗 깔때기·熨斗 숯다리미·抽斗 서랍
と【吐】(音)ト(訓)はく(음)토.(造語) ①토하다¶吐瀉 토사·嘔吐 구토 ②소리를 내다, 말하다¶音吐 발성 ③누설하다¶吐露 토로
と【兎】【兔】(音)ト(訓)うさぎ(음)토.(造語) ①토끼¶脱兎 탈토·野兎 야토 ②「月」의 딴이름¶烏兎 오토, 해와 달
と【杜】(音)ト·ズ(ツ)(訓)ふさぐ·もり(음)두.(造語) ①神社의 숲 ②닫다, 막다¶杜絶 두절 ③근거가 없다, 철저하지 못함¶杜撰 두찬 ④「杜甫」 두보」의 준말¶李杜 이백과 두보 ▷(熟字訓) 杜若 제비붓꽃

と [妬] 音 ト 訓 ねたむ | (음) 투. (造語) 질투하다¶ 妬心ﾄしん 투심·嫉妬ｼっﾄ 질투
と [徒] 音 ト・ズ(ヅ) 訓 かち・ともがら・いたずら | (음) 도. Ⅰ (造語) ①걷다¶ 徒步ﾄほ 도보 ②문하생, 제자¶ 信徒ｼんﾄ 신도·生徒ｾいﾄ 학생·門徒ﾓんﾄ 문도·徒弟ﾄてい 도제·学徒がくﾄ 학도 ④맨손¶ 徒手ﾄしゅ 도수 ⑤헛되게, 쓸데없이¶ 徒食ﾄしょく 도식·徒劳ﾄろう 도로 ⑥노역형, 죄수¶ 徒刑ﾄけい 도형·囚徒しゅうﾄ 죄수 ▷ 熟字訓 徒然つれづれ 도연 Ⅱ①문하생, 제자¶ 先師せんしの～ 선사의 제자 ②동료, 친구¶ 学問がくもんの～ 학문하는 친구 ③무리¶ 無頼ぶらいの～ 무뢰배
と [途] [塗] 音 ト・ズ(ヅ) 訓 みち | (음) 도. (造語) 길, 가는 길, 지나는 길¶ 途中ﾄちゅう 도중·一途いちず 일로·前途ぜんﾄ 전도 ▷ 熟字訓 首途かどで 떠남 Ⅱ (文) 길, 지나가는 길¶ 帰宅きたくの～ 집으로 돌아가는 길
慣用句
——に就つく 길에 오르다, 출발하다
と [都] [都] 音 ト・ツ 訓 みやこ | (음) 도. Ⅰ (造語) ①도시¶ 都会ﾄかい 도회·都市ﾄし 도시 ②서울, 수도¶ 古都こﾄ 고도·首都しゅﾄ 수도 ③「東京都とうきょうﾄ」의 준말¶ 都内ﾄない 도내 ④우아하고, 아름답다¶ 都雅ﾄが 우아함 ⑤모두, 빠짐없이¶ 都合ﾂごう 도합 ⑥거느리다, 통할하다¶ 都督ﾄとく 도독 Ⅱ (政) 지방 공공 단체의 하나, 東京とうきょう都みやこ ～の職員しょくいん 東京都의 직원
と [堵] 音 ト 訓 かき | (음) 도. (造語) 울타리, 담¶ 堵列ﾄれつ 도열·安堵あんﾄ 안도
慣用句
——に安ﾔすんずる 안심하고 살다
と [屠] 音 ト 訓 ほふる | (음) 도. (造語) ①베다, 가르다¶ 屠腹ﾄふく 할복 ②도살하다¶ 屠殺ﾄさつ 도살·屠所ﾄしょ 도살장
と [渡] 音 ト 訓 わたす | (음) 도. (造語) ①(강·바다)를 건너다¶ 渡航ﾄこう 도항·渡米ﾄべい 도미 ②세상을 살아가다, 지내다¶ 渡世ﾄせい 도세 ③지나가다, 통과하다¶ 過渡期かﾄき 과도기 ④건네다, 건네다¶ 譲渡じょうﾄ 양도
と [塗] 音 ト 訓 ぬる・まみれる | (음) 도. (造語) ①칠하다, 바르다¶ 塗装ﾄそう 도장·塗料ﾄりょう 도료 ②진흙, 진흙투성이¶ 塗炭ﾄたん 도탄
と [賭] 音 ト 訓 かける | (음) 도. (노름에) 걸다, 도박¶ 賭場ﾄば 도박장·賭博ﾄばく 도박
と [鍍] 音 ト 訓 めっき | (음) 도. (造語) 도금하다¶ 鍍金きん 도금·電鍍でんﾄ 전기 도금
と 接尾 (「부사를 구성하는 어미」)…히, …하게, …처럼¶ 広々ひろびろ～した庭にわ 널찍한 마당 / 刻々こくこく～変化へんかする 시시 각각 변화하다
と Ⅰ 格助 ①(동작·작용·상태의 성립에 관계된 사물이나 상대)⑦(동작·작용을 함께 하는 대상)…와[과]¶ きみ～会あうのはいつの日ひぞ 자네와 만나는 것은 언제일꼬 / あなた～二人ふたりで来きた丘おか 당신과 둘이서 온 언덕 ⓒ(동작·작용의 결과나 목표가 되는 사물·상태)…(으)로¶ 昼ひるから雨あめ～なるでしょう 점심 때부터 비가 오겠습니다 / 妻つま～決きめた人ひﾄ 아내로 정한 사람 ⓒ(내용을 지정)…(으)로, …(라)고, …하고¶ 明日あすかえる～の知しらせ 내일 돌아온다는 통지 / さあ帰かえろう～腰こしを上あげた 자아 돌아갈까 하고 일어섰다 ⓔ(동작·작용이 성립된 상황·상태를 지정함)…처럼[같이], …(까지)도¶ 寄よせる思おもいが火ひ～燃もえて 밀려오는 생각이 불같이 피어 오르고 / 二度三度にどさんど～やり直なおす 두 번 세 번 다시 하다 / 一時間いちじかん～もつまい 한 시간도 가지 않을 것이다 ②(비교·나열하는 것의 관계)…와[과] ⑦(비교 기준의 대상)¶ みんな去年きょねん～同おなじだよ 모두 작년과 같아요 / 君きみたち～は違ちがうよ 너희들과는 달라 ⓒ한정적으로 나열하는 대상¶ 現実げんじつ～理想りそう 현실과 이상 Ⅱ 接助 (活用語의 終止形에 딸리어) ①(우연적인 공존)…하니까¶ 出でようとする～, 人ひとが来きた 나가려는데 사람이 왔다 ②(잇달아 일어남)…(어)서¶ 角砂糖かくざとうを取とる～, コーヒー茶碗ちゃわんにゆっくり沈しずめた 각설탕을 집어서 커피잔에 천천히 넣었다 ③(계기)…하자¶ 手てを握にぎる～, 強つよく握にぎり返かえしてきた 손을 잡자 세게 되잡아 왔다 ④(당연)…하면¶ 夏なつがくる～思おもい出だす 여름이 오면 생각난다 ⑤(순접 가정)…(하)면¶ 話はなし出だす～きっと長ながくなるよ 이야기하기 시작하면 반드시 길어져요 ⑥(역접 가정)…든¶ けしが散ちる～散ちるまい～なんでわたしが知しるものを 양귀비가 지든 말든 어찌 내가 알 바냐 ⑦(하나의 서술에 대해 서론을 구성함)…(하)면¶ わたしから見みる～いき過すぎのようだ 내 입장에서 보면 지나친 것 같다 Ⅲ 終助 (말끝을 올려서) 상대방의 말을 즉시 반문하는 뜻을 나타냄¶ 何なんだ～? 뭐라고?

と [ト] (音) 사, 솔, G음¶ ～短調たんちょう 사 단조
と [十] 音 と = とお·じゅう 十じゅっにん 色いろ 십인 십색 / ～月つき 열 달
と [戸] 문¶ ～を開あける 문을 열다
と [砥] 숫돌 = といし
慣用句
——の如ごとし (도로 등이 숫돌처럼) 판판하다
ど [土] 音 ド・ト 訓 つち | (음) 토. (造語) ①땅, 흙, 지면¶ 土足どそく 흙발·土地とち 토지·粘土ねんど 점토 ②영토, 나라¶ 国土こくど 국토·領土りょうど 영토 ③고장, 지방¶ 土着どちゃく 토착·風土ふうど 풍토 ④(佛) 세계¶ 穢土えど 예토·浄土じょうど 정토 ⑤「土曜日どようび」의 준말. 토요일 ⑥(「ト」의 첫음자)『土耳古とるこ』터키 ▷ 熟字訓 土器かわらけ 질그릇·土筆つくし 뱀밥·土産みやげ 토산품, 선물·土竜もぐら 두더지

ど [奴] 音 ド・ヌ 訓 やっこ・やつ | (음) 노. (造語) ①종, 노예¶ 奴隷どれい 노예·農奴のうど 농노 ②사람을 비하하여 일컫는 놈, 놈¶ 奴輩はい 놈들·売国奴ばいこくど 매국노
ど [努] 音 ド 訓 つとめる | (음) 노. (造語) 힘을 다하다, 애쓰다¶ 努力どりょく 노력
ど [度] 音 ド・ト・タク 訓 たび・はかる | (음) 도·탁 Ⅰ (造語) ①자¶ 尺度しゃくど 척도·度量衡どりょうこう 도량형 ②규칙, 법칙¶ 制度せいど 제도·

ど

法度ᵃᵗᵒ・ほっ 법도 ③정도¶ 限度ᵍᵉⁿ 한도・程度ᵗᵉⁱ 정도 ④눈금, 단위¶ 湿度ᵗᵒ 습도・速度ˢᵒᵏᵘ 속도 ⑤횟수, 번¶ 度数ˢᵘ 도수・年度ᵉⁿᵈᵒ 연도 ⑥인물의 크기, 기량¶ 度量ʳʸᵒ 도량・態度ᵈᵒ 태도 ⑦도구, 비용¶ 調度ᵗʸᵒ 세간・用度ʸᵒ 용도 ⑧(깨닫게 하다, 구제하다¶ 済度ˢᵃⁱ 제도 ⑨중이 되다¶ 得度ᵗᵒᵏᵘ 득도 ⑨헤아리다, 짐작하다¶ 支度ᵗᵃᵏᵘ 준비・忖度ᵗᵃᵏᵘ 촌탁 II ①도, 정도¶ ～が過ˢᵘぎる 도가 지나치다 ②눈금¶ ～を読ʸᵒむ 눈금을 읽다 ③횟수¶ ～を重ᵏᵃˢᵃねる 횟수를 거듭하다・침착함 ⑤(안경의) 도수¶ ～が強ᵗˢᵘʸᵒⁱ 도수가 높다 ⑥(助數) 각도・온도 등의 수치를 세는 말.¶ 北緯ⁱ 38ᵈᵒ～ 북위 38도 ⑦(助數) 횟수를 세는 말. 번¶ 三ˢᵃⁿ～ 세 번

[慣用句]

━を失ᵘˢʰⁱⁿᵃなう 매우 놀라서 당황하다

ど [怒] 〔音〕ド・ヌ 〔訓〕いかる・おこる I (造語) ①성내다, 화내다, 분개하다¶ 怒気ᵈᵒᵏⁱ 노기・憤怒ᶠᵘⁿ 분노・喜怒哀楽ᵏⁱᵈᵒᵃⁱʳᵃᵏᵘ 희로애락 ②기세가 당당하다¶ 怒濤ᵗᵒ 노도

ど 〔接頭〕 ①뒤에 오는 말을 강조함. 퍽, 아주, 한…¶ ～真ᵐᵃ中ⁿᵃᵏᵃ 한복판/ ～えらい 굉장하다/ ～根性ᵏᵒⁿᵈᵘˢʰᵒ 끈질긴 근성 ②경멸하여 욕함을 나타냄¶ ～けち 구두쇠, 치사한 놈

ど [銰] 통발 = 筌ᵘ

ド (이 do) 〔音〕 ド ①장음계의 으뜸음 ②(음명으로) 다(C)음

どあい [度合(い)] 도, 정도 = ほどあい¶ 緊張ᵏⁱⁿᵗʸᵒの～を増ᵐᵃˢᵘ 긴장도를 더하다

とあみ [投網] 〔水〕 투망, 쾽이¶ ～を打ᵘつ 투망을 던지다

とある 〔連体〕〔文〕 어떤, 어느 = ある¶ ～店ᵐⁱˢᵉ 어떤 가게/ ～横町ʸᵒᵏᵒᵗʸᵒ 어느 골목

とい [樋] ①물받이・빗물받이 ②홈통¶ 水ᵐⁱᵈᵘを～で引ʰⁱᵏく 물을 홈통으로 끌어오다

とい [問(い)] 〔文〕 물음 ①질문¶ ～を発ʰᵃˢˢᵘる 질문하다 ②문제, 설문¶ 次ᵗˢᵘᵍⁱの～に答ᵏᵒᵗᵃえよ 다음 물음에 답하라

といあわ・せる [問い合(わ)せる] 〔他下1〕 문의하다, 조회하다¶ 学校ᵍᵃᵏᵏᵒᵘに～ 학교에 문의하다

といい [と言い] 〔連語〕(《…의 꼴로》) …이며, …이든¶ 性格ˢᵉⁱᵏᵃᵏᵘ～・経歴ᵏᵉⁱʳᵉᵏⁱ～, 申ᵐᵒᵘし分ᵇᵘⁿのない人物ᵈⁱⁿᵇᵘᵗˢᵘ 성격이며 경력이며 나무랄 데 없는 인물

という [と言う] 〔連語〕 ①…라는, …라 하는¶ お前ᵐᵃᵉ～やつは너란 놈은/ いざ～ときのために 일단 유사시를 위해 ②(('こと・もの' 등에 붙어)) …라는, …라 하는¶ 愛ᵃⁱ～ものはむなしい 사랑이라는 것은 허무하다 ③(《수량을 나타내는 말에 붙어》) …에 상당하는 (달하는)¶ 一億ⁱᵗⁱᵒᵏᵘ～大金ᵗᵃⁱᵏⁱⁿ 1억이라는 큰 돈¶ ～と比ʰⁱ…라는 상태이다¶ 素人ˢʰⁱʳᵒᵘᵗᵒばなれ～腕前ᵘᵈᵉᵐᵃᵉ 초심자답지 않은 솜씨 ⑤《반복되는 명사 사이에서》 (것은 모두) 道ᵐⁱᵗⁱ～道ᵐⁱᵗⁱ 混雑ᵏᵒⁿᶻᵃᵗˢᵘしている 길이란 길은 모두 혼잡하다¶ …만큼은 今度ᵏᵒⁿᵈᵒ～今度は許ʸᵘʳᵘˢᵘない 이번만큼은 용서하지 않겠다

というと [と言うと] 〔連語〕①《접속사적으로》 그렇다면, 그러면, 요컨대¶ 「警部ᵏᵉⁱᵇᵘ～, 一大事ᵈᵃⁱᵈⁱです」~殺人事件ˢᵃᵗᵘᵈⁱⁿᵈⁱᵏᵉⁿですか 「경감님 큰일입니다」 「그렇다면 살인 사건인가」 ②《말・구를 받아서》 …이라면, …라고 하면¶ 四年ʸᵒⁿⁿᵉⁿ～長ⁿᵃᵍᵃいようだが, すぐ過ˢᵘぎてしまうものだ 4년이라면 긴 것 같지만 금방 지나가 버리는 법이다¶ 雨ᵃᵐᵉ～ゆううつになる 비라고 하면 우울해진다

といえども [と雖も] 〔助〕 → いえども

といかえ・す [問(い)返す] 〔他五〕 되묻다 ①반문하다 ②다시 묻다¶ 確認ᵏᵃᵏᵘⁿⁱⁿのため～ 확인하기 위해 되묻다

といか・ける [問(い)掛ける] 〔他下1〕〔文〕 ①묻다, 질문하다¶ 向ᵐᵘかいの人ʰⁱᵗᵒに～ 맞은편 사람에게 묻다 ②질문을 꺼내다, 묻기 시작하다¶ ～けてやめた 물으려다가 그만두었다

といき [吐息] 한숨¶ ～をもらす 한숨을 내쉬다

といし [砥石] 숫돌¶ ～で研ᵗᵒᵍぐ 숫돌로 갈다

といた [戸板] 덧문짝¶ けが人ⁿⁱⁿを～に乗ⁿᵒせて運ʰᵃᵏᵒぶ 부상자를 덧문짝에 실어 나르다

といただ・す [問(い)質す] 〔他五〕 물어 밝히다, 캐묻다, 추궁하다¶ 金銭ᵏⁱⁿˢᵉⁿの授受ᵈⁱʸᵘについて～ 금전 수수에 대하여 추궁하다

どいつ [*何奴] 〔代〕〔俗〕 ①(人称) 어느 놈¶ ～がこんなことをしたんだ 어느 놈이 이런 짓을 했느냐 ②(指示) 어느 것¶ ～がうまいかな 어느 것이 맛있을까

[慣用句]

━もこいつも 이놈 저놈 모두 다, 어느 누구 할 것 없이

ドイツ 〔地〕 독일 ━民主共和国ᵐⁱⁿˢʸᵘᵏʸᵒᵘʷᵃᵏᵒᵏᵘ 구 동독 ━連邦共和国ʳᵉⁿᵖᵒᵘᵏʸᵒᵘʷᵃᵏᵒᵏᵘ 독일 연방 공화국 ①독일의 정식 명칭 ②구 서독

といって [と言って] 〔連語〕 그렇다고 해서¶ 君ᵏⁱᵐⁱの気持ᵏⁱᵐᵒᵗⁱちはわかるが, ～黙ᵈᵃᵐᵃって見過ᵐⁱˢᵘᵍᵒすわけにはいかない 자네 기분은 알지만 그렇다고 해서 잠자코 지나칠 수는 없다

といつ・める [問(い)詰める] 〔他下1〕 캐묻다, 힐문(추궁)하다¶ 厳ⁿⁱᵍᵉⁿしく～ 준엄하게 캐묻다

といや [問屋] ① → とんや ②〔法〕 도매업자 ③〔史〕 (근세에) 항구에서 숙박업을 하며 물자의 운송・중개 매매를 하던 업자

といわず [と言わず] 〔連語〕 ①…라고 할 것 없이, …라고 하지 말고¶ 明日ᵃˢᵘ～, 今ⁱᵐᵃすぐ実行ᵈⁱᵗᵗᵏᵒᵘする 내일이랄 것 없이 지금 곧 실행한다 ②《'…~…~' 의 꼴로》 …랄 것 없이, 전부¶ …이며, …이건¶ 顔ᵏᵃᵒ～手ᵗᵉ～, 泥ᵈᵒʳᵒだらけだ 얼굴이며 손이며 전부 흙투성이다

とう [刀] 〔音〕 トウ（タウ） 〔訓〕 かたな I (音)도, (造語) ①칼¶ 刀剣ᵗᵒᵘᵏᵉⁿ 도검・短刀ᵗᵃⁿᵗᵒᵘ 단도 ②칼 모양의 옛날 중국 돈¶ 刀銭ᵗᵒᵘˢᵉⁿ 도전 ▷ 〔熟字訓〕 剃刀ᵏᵃᵐⁱˢᵒʳⁱ 면도칼・太刀ᵗᵃᵗⁱ 허리에 차는 칼・長刀ⁿᵃᵍⁱⁿᵃᵗᵃ 언월도・秋刀魚ˢᵃⁿᵐᵃ 꽁치

とう [*冬] 〔訓〕 ふゆ〔音〕 (造語) 겨울¶ 冬季ᵗᵒᵘᵏⁱ～ 동계・冬眠ᵗᵒᵘᵐⁱⁿ 동면・立冬ʳⁱᵗᵘᵗᵒᵘ 입동 ▷ 〔熟字訓〕 冬葱ⁿᵉᵍⁱ 실파・忍冬ˢᵘⁱᵏᵃᶻᵘʳᵃ 인동덩굴

とう [灯] 〔燈〕 〔音〕 トウ（トウ）〔訓〕 ひ・ともしび I (音)

등. (造語) ①등, 등불¶ 灯台$_{だい}$ 등대·消灯$_{しょう}$ 소등·電灯$_{でん}$ 전등 ②어둠을 비추는 부처의 가르침¶ 灯火$_{とうか}$ 전등·法灯$_{ほう}$ 법등 ③(助数) 전등을 세는 말 ▷「灯」와「燈」는 본디는 다른 글자 (熟字訓) 鬼灯$_{ほおずき}$ 꽈리

とう [当] [當] (音) トウ(タウ) (訓) あたる·あてる|. I (造語) ①맞다, 맞히다, 담당하다¶ 当選$_{せん}$ 당선·担当$_{たん}$ 담당 ②당연, 마땅함¶ 当然$_{ぜん}$ 당연·妥当$_{だ}$ 타당 ③이, 그¶ 当家$_{け}$ 당가·当店$_{てん}$ 당점 ④현재, 지금의¶ 当代$_{だい}$ 당대·当分$_{ぶん}$ 당분 ⑤명령의 어조사, 한문 훈독으로「마さに…べし」로 읽음 II ①당연히 그래야 마땅함, 정당, 합당¶ ~を失$_{しっ}$する 합당하지 않다 ②「当選$_{せん}$ 당선」의 준말¶ ~か落$_{らく}$か 당선이냐 낙선이냐 ③문제의, 바로 그¶ ~の相手$_{あいて}$ 문제의 상대
(慣用句)
—を得る 도리에 맞다, 합당하다

とう [投] (音) トウ (訓) なげる|(음) 투. (造語) ①던지다, 던져넣다¶ 投下$_{か}$ 투하·投票$_{とう}$ 투표 ②보내다, 들게 하다¶ 投稿$_{こう}$ 투고·投資$_{し}$ 투자 ③그만두다, 체념하다¶ 投降$_{こう}$ 투항 ④꼭 들어맞다, 적합하다¶ 投機$_{き}$ 투기·投合$_{ごう}$ 투합 ⑤머물다¶ 投宿$_{しゅく}$ 투숙 ⑥投球$_{きゅう}$ 투구」의 준말¶ 好投$_{こう}$ 호투·暴投$_{ぼう}$ 폭투 ⑦(助数) 공·창 등을 던진 횟수를 나타내는 말 ▷⑤는「逗」와 같음

とう [豆] (音) トウ·ズ (訓) まめ|(음) 두. (造語) ①콩¶ 豆腐$_{ふ}$ 두부·蚕豆$_{そら}$ 완두·大豆$_{だい}$ 대두 ②(「ズ」로 읽어서)「伊豆$_{いず}$」의 준말¶ 豆州$_{しゅう}$ 伊豆의 딴이름 ▷ (熟字訓) 小豆$_{あずき}$ 팥·大角豆$_{ささげ}$ 광저기

とう [東] (音) トウ (訓) ひがし·あずま|(음) 동. (造語) ①동, 동쪽¶ 東西$_{ざい}$ 동서·東洋$_{よう}$ 동양 ②(오행설에서) 봄¶ 東宮$_{ぐう}$ 동궁·東風$_{ふう}$ 동풍 ▷ (熟字訓) 東風$_{こち}$ 동풍·東雲$_{しののめ}$ 새벽

とう [到] (音) トウ(タウ) (訓) いたる|(음) 도. (造語) ①도착하다, 이르다¶ 到着$_{ちゃく}$ 도착·殺到$_{さっ}$ 쇄도 ②닿다, 극한에 달하다¶ 到底$_{てい}$ 도저·到頭$_{とう}$ 드디어 ③빈틈없다¶ 周到$_{しゅう}$ 주도

とう [逃] (音) トウ(タウ) (訓) にげる·にがす·のがす·のがれる|(음) 도. (造語) 도망가다, 달아나다¶ 逃避$_{ひ}$ 도피·逃亡$_{ぼう}$ 도망

とう [倒] (音) トウ(タウ) (訓) たおれる·たおす|(음) 도. (造語) ①넘어지다, 넘어뜨리다¶ 倒壊$_{かい}$ 도괴·打倒$_{だ}$ 타도 ②거꾸로 되다[하다]¶ 倒置$_{ち}$ 도치·転倒$_{てん}$ 전도 ③동작·상태가 심하다¶ 圧倒$_{あっ}$ 압도·罵倒$_{ば}$ 매도

とう [党] [黨] (音) トウ(タウ) |(음) 당. I (造語) ①무리, 동료, 도당¶ 党派$_{は}$ 당파·悪党$_{あく}$ 악당 ②정치 단체, 정당¶ 党員$_{いん}$ 당원·政党$_{せい}$ 정당 ③고향의 동료¶ 郷党$_{きょう}$ 향당 II 당 ①무리, 동료, 도당¶ ~を組む 도당을 짓다, 작당하다 ②정당¶ ~の規約$_{きゃく}$ 정당의 규약

とう [凍] (音) トウ (訓) こおる·こごえる·いてる|(음) 동. (造語) ①얼다, 얼어붙다¶ 凍結$_{けつ}$ 동결·冷凍$_{れい}$ 냉동 ②(손·발 등이) 얼다, 추위로 몸이 마비되다¶ 凍死$_{し}$ 동사·凍傷$_{しょう}$ 동상 ③춥다, 차다¶ 凍害$_{がい}$ 동해

とう [唐] (音) トウ (訓) から|(음) 당. I (造語) ①(일본에서) 중국이나 외국을 가리켰던 말¶ 唐人$_{じん}$ 당인·毛唐$_{けとう}$ 외국인 ②큰소리치다, 허풍¶ 唐突$_{とつ}$ 당돌·荒唐$_{こう}$ 황당 ▷ (熟字訓) 唐黍$_{もろこし}$ 수수 II (史) (중국의) 당나라

とう [×套] (音) トウ(タウ) |(음) 투. (造語) ①덮다, 덮개¶ 外套$_{がい}$ 외투·手套$_{しゅ}$ 장갑 ②낡아빠지다, 흔하다¶ 旧套$_{きゅう}$ 구투·常套手段$_{じょうとうしゅだん}$ 상투 수단 ③(助数) 의복을 세는 말¶ 衣一套$_{いちそう}$ 옷 한 벌

とう [島] (音) トウ(タウ) (訓) しま|(음) 도. (造語) 섬¶ 島民$_{みん}$ 도민·孤島$_{こ}$ 고도·半島$_{はん}$ 반도 ▷「嶋$_{しま}$·嶌$_{しま}$」는 다른 글자꼴

とう [桃] (音) トウ(タウ) (訓) もも|(음) 도. (造語) 복숭아¶ 桃源$_{げん}$ 도원·桃李$_{り}$ 도리·桜桃$_{おう}$ 앵도 ▷ (熟字訓) 胡桃$_{くるみ}$ 호도·桜桃$_{さくらんぼ}$ 버찌·梅桃$_{ゆすらうめ}$ 앵도나무

とう [×桐] (音) トウ (訓) きり|(음) 동. (造語) 오동나무¶ 桐油$_{ゆ}$ 동유·梧桐$_{ご}$ 오동 ▷ 주로 훈「きり」로 씀

とう [討] (音) トウ (訓) うつ|(음) 토. (造語) ①공격하다, 치다, 정벌하다¶ 討伐$_{ばつ}$ 토벌·征討$_{せい}$ 정토 ②따져 묻다, 규명하다, 조사하다¶ 討議$_{ぎ}$ 토의·検討$_{けん}$ 검토

とう [透] [透] (音) トウ (訓) すく·すかす·すける|(음) 투. (造語) ①속까지 비쳐 보이다, 투명하다¶ 透視$_{し}$ 투시·透明$_{めい}$ 투명 ②통과하다, 꿰뚫다¶ 透徹$_{てつ}$ 투철·浸透$_{しん}$ 침투

とう [悼] (音) トウ (訓) いたむ|(음) 도. (造語) 죽음을 슬퍼하다, 애도하다¶ 悼辞$_{じ}$ 도사, 조사·哀悼$_{あい}$ 애도·追悼$_{つい}$ 추도

とう [×桶] (音) トウ (訓) おけ|(음) 통. (造語) 나무통¶ 鉄桶$_{てっ}$ 철통·湯桶$_{ゆ}$ 더운 물을 담는 통

とう [盗] [盜] (音) トウ(タウ) (訓) ぬすむ|(음) 도. (造語) ①훔치다, 도둑¶ 盗掘$_{くつ}$ 도굴·盗難$_{なん}$ 도난·強盗$_{ごう}$ 강도 ②「盗塁$_{るい}$ 도루」의 준말¶ 重盗$_{じゅう}$ 더블 스틸

とう [×淘] (音) トウ(タウ) (訓) とぐ|(음) 도. 골라내다, 물에 담가 가려내다¶ 淘汰$_{た}$ 도태

とう [×逗] (音) トウ·ズ(ヅ) (訓) とどまる|(음) 두. (造語) 잠시 머물다, 머물러 있다¶ 逗留$_{りゅう}$ 두류

とう [陶] (音) トウ(タウ) (訓) すえ|(음) 도. (造語) ①오지그릇을 만들다, 도기¶ 陶器$_{き}$ 도기·陶芸$_{げい}$ 도예 ②가르쳐 이끌다, 가르쳐 양성하다¶ 陶冶$_{や}$ 도야·薫陶$_{くん}$ 훈도 ③기뻐하다, 즐기다¶ 陶酔$_{すい}$ 도취·陶然$_{ぜん}$ 도연 ④근심하다, 우울하다¶ 鬱陶$_{うっ}$ 울도

とう [塔] (音) トウ(タフ) |(음) 탑. I (造語) ①범어의 차음자,「卒塔婆$_{そとば·そとうば}$」의 준말¶ 塔婆$_{ば}$ 탑파·仏塔$_{ぶっ}$ 불탑 ②높이 솟은 건조물¶ 尖塔$_{せん}$ 첨탑·管制塔$_{かんせい}$ 관제탑 II 탑 ①(佛) 부처의 사리를 모시는 층상의 건물¶ 五重$_{じゅう}$の~ 오층탑 ②높이 솟은 건조물¶ エッフェル~ 에펠 탑

とう [搭] (音) トウ(タフ) |(음) 탑. (造語) 탈것에 타다, 태우다, 싣다¶ 搭載$_{さい}$ 탑재·搭乗$_{じょう}$

탑승

とう [棟] 畜トウ 訓むね・むな|(음)동. (造語)
①용마루, 마룻대¶ 棟梁<sup>とう</sup> 동량・上棟式<sup>じょう</sup> 상량식 ②건물¶ 病棟<sup>びょう</sup> 병동 ③(助數) 건물을 세는 말¶ 第二棟<sup>だいに</sup> 제2동

とう [湯] 畜トウ(タウ) 訓ゆ|(음)탕. (造語) ①더운물¶ 茶湯<sup>ちゃ</sup> 찻물・熱湯<sup>ねっ</sup> 열탕 ②온천, 목욕탕¶ 湯泉<sup>とう</sup> 탕천・銭湯<sup>せん</sup> 대중탕 ③탕약 등에 붙이는 말¶ 葛根湯<sup>かっこん</sup> 갈근탕

とう [痘] 畜トウ 訓もがき|(음)두. (造語) 마마¶ 痘瘡<sup>とう</sup> 두창・牛痘<sup>ぎゅう</sup> 우두・天然痘<sup>てんねん</sup> 천연두 ▷ 黙字訓 痘痕<sup>あばた</sup> 마마 자국

とう [登] 畜トウ・ト 訓のぼる|(음)등. (造語) ①오르다, 올라가다¶ 登場<sup>とうじょう</sup> 등장・登山<sup>さん</sup> 등산 ②높은 지위에 앉다, 등용하다¶ 登用<sup>よう</sup> 등용・登竜門<sup>とうりゅうもん</sup> 등용문 ③공적 장소에 나가다¶ 登校<sup>とう</sup> 등교・登庁<sup>ちょう</sup> 등청 ④기장하다, 기재하다¶ 登記<sup>とう</sup> 등기・登録<sup>とう</sup> 등록

とう [等] 畜トウ 訓ひとしい・など|(음)등. I (造語) ①같다, 같아지다¶ 等身<sup>とう</sup> 등신・平等<sup>びょう</sup> 평등 ②동료, 동아리, 동배¶ 等類<sup>とう</sup> 등류・郎等<sup>ろう</sup> 가신 ③계급, 순위, 순서¶ 等級<sup>とう</sup> 등급・親等<sup>しん</sup> 촌수 ▷ 黙字訓 等閑<sup>なお</sup> 등한 II (父) 계급, 등급『 ~をわかつ 등급에 따라 나누다 (造語) …들, …들, …따위¶ 鳥獣虫魚<sup>ちょうじゅうちゅうぎょ</sup>~ 조수충어 등 ③(助數) 등급을 세는 말¶ 一<sup>いっ</sup>~賞<sup>しょう</sup> 일등상

とう [答] 畜トウ(タフ) 訓こたえる・こたえ| (음)답. (造語) ①대답하다, 회답하다, 대답¶ 答案<sup>あん</sup> 답안・回答<sup>かい</sup> 회답・正答<sup>せい</sup> 정답 ②응하다, 갚다¶ 答拝<sup>はい</sup> 답배・答礼<sup>れい</sup> 답례

とう [筒] 畜トウ 訓つつ|(음)통. (造語) 통, 대통¶ 円筒<sup>えん</sup> 원통・気筒<sup>き</sup> 기통・水筒<sup>すい</sup> 수통

とう [統] 畜トウ 訓すべる|(음)통. (造語) ①줄기, 줄거리, 계통¶ 系統<sup>けい</sup> 계통・正統<sup>せい</sup> 정통 ②통합하다, 하나로 합치다, 다스리다¶ 統一<sup>いつ</sup> 통일・統計<sup>けい</sup> 통계・統治<sup>ち</sup> 통치

とう [榻] 畜トウ(タフ) 訓こしかけ・しじ| (음)탑. I (造語) 긴 결상¶ 榻牀<sup>とう</sup> 탑상 II (父) 결상¶ ~に座する 결상에 앉다

とう [稲] 畜トウ(タウ) 訓いね・いな|(음) 도. (造語) 벼¶ 稲苗<sup>とう</sup> 볏모・水稲<sup>すい</sup> 수도・晩稲<sup>ばん</sup> 만도 ▷ 黙字訓 稲荷<sup>いなり</sup> 오곡의 신・稲架<sup>はさ</sup> 볏단걸이・陸稲<sup>おか</sup> 밭벼・晩稲<sup>おく</sup> 늦벼・早稲<sup>わせ</sup> 올벼

とう [*蕩] 畜トウ(タウ) 訓うごく・とろける| (음)탕. (造語) ①요동하다, 동요하다¶ 震蕩<sup>しん</sup> 진탕・漂蕩<sup>ひょう</sup> 표탕 ②주색에 빠지다¶ 蕩児<sup>とう</sup> 탕아・放蕩<sup>ほう</sup> 방탕 ③넓다, 느긋하다¶ 春風駘蕩<sup>しゅんぷうたいとう</sup> 춘풍태탕 ④모두 없애다, 쓸어 없애다¶ 蕩尽<sup>とう</sup> 탕진・掃蕩<sup>とう</sup> 소탕

とう [踏] 畜トウ 訓ふむ・ふまえる|(음) 답. (造語) 제자리걸음하다, 밟다, 걷다¶ 踏査<sup>さ</sup> 답사・踏襲<sup>しゅう</sup> 답습・舞踏<sup>ぶ</sup> 무용・未踏<sup>み</sup> 미답 ▷ 「蹈」의 대용자

とう [糖] 畜トウ(タウ) 訓(음)당. I (造語) ①설탕, 엿, 그것으로 만든 과자¶ 糖衣<sup>い</sup> 당의・砂糖<sup>さ</sup> 설탕 ②당분, 당질¶ 糖分<sup>ぶん</sup> 당분・果糖<sup>か</sup> 과당 II 당, 당분¶ 尿<sup>にょう</sup>に~が出る 오줌에 당이 나오다

とう [頭] 畜トウ・ズ(ツ)・ト 訓あたま・かしら|(음)두. (造語) ①머리¶ 頭髪<sup>はつ</sup> 두발・頭痛<sup>つう</sup> 두통・没頭<sup>ぼっ</sup> 몰두 ②꼭대기, 상단, 위쪽¶ 頭書<sup>しょ</sup> 두서・弾頭<sup>だん</sup> 탄두 ③선두, 끝¶ 口頭<sup>こう</sup> 구두・筆頭<sup>ひっ</sup> 필두 ④첫머리, 처음¶ 巻頭<sup>かん</sup> 권두・先頭<sup>せん</sup> 선두 ⑤우두머리, 수령, 두목¶ 教頭<sup>きょう</sup> 교감・番頭<sup>ばん</sup> 지배인 ⑥가, 근처, 부근¶ 駅頭<sup>えき</sup> 역두・街頭<sup>がい</sup> 가두 ⑦(助數) 동물을 세는 말. 마리, 필¶ 牛<sup>うし</sup>一頭 한 마리 ▷ 黙字訓 挿頭<sup>かざし</sup> 머리 장식품

とう [謄] 畜トウ 訓うつす|(음)등. (造語) 원본을 베껴 쓰다, 베껴 쓴 것¶ 謄写<sup>しゃ</sup> 등사・謄本<sup>ほん</sup> 등본

とう [藤] 畜トウ 訓ふじ|(음)등. (造語) ①등나무¶ 藤架<sup>とう</sup> 등가 ②덩굴 식물¶ 葛藤<sup>かっ</sup> 갈등 ③「藤原<sup>ふじわら</sup>」의 준말¶ 藤家<sup>とう</sup> 藤原 가문

とう [闘] 畜トウ 訓たたかう|(음)투. (造語) ①싸우다, 다투다, 겨루다¶ 闘志<sup>し</sup> 투지・戦闘<sup>せん</sup> 전투 ②싸움을 붙이다, 우열을 겨루다¶ 闘技<sup>ぎ</sup> 투기・闘牛<sup>ぎゅう</sup> 투우

とう [*禱] 畜トウ(タウ) 訓いのる|(음)도. 기도하다¶ 祈禱<sup>き</sup> 기도・黙禱<sup>もく</sup> 묵도

とう [騰] 畜トウ 訓あがる|(음)등. (造語) 높아지다, 오르다¶ 騰貴<sup>き</sup> 등귀・落<sup>らく</sup> 등락・沸騰<sup>ふっ</sup> 비등・暴騰<sup>ぼう</sup> 폭등

とう [藤] 畜トウ 訓|(음)등. I (造語) 등나무¶ 藤製<sup>せい</sup> 등제・藤椅子<sup>とういす</sup> 등의자 II [植] 등, 등나무¶ ~のステッキ 등나무 지팡이

とう [疾う] (口) 훨씬 이전, 벌써= とっく¶ ~の昔<sup>むかし</sup>の話<sup>はなし</sup>は 아주 옛날의 이야기/~から 知<sup>し</sup>っていた 벌써부터 알고 있었다

と・う [問う] 他五(文) 묻다 ①질문하다¶ 安否<sup>あんぴ</sup>を~ 안부를 묻다 ②(능력・가치 등을) 문제삼다¶ 指導力<sup>しどうりょく</sup>が~われる 지도력이 문제시되다 ③취조하다, 추궁하다, 따지다¶ 責任<sup>せきにん</sup>を~ 책임을 따지다 ④여럿의 판정을 구하다¶ 世論<sup>せろん</sup>に~ 여론에 묻다 ⑤(부정으로 써서) 문제삼지 않다, 고려하지 않다¶ 年齢<sup>ねんれい</sup>を~わない 연령을 불문하다

と・う [訪う] 他五(文) 찾다, 방문하다¶ 恩師<sup>おんし</sup>を~ 은사를 방문하다

とう [*薹] (무・시금치 등의) 대, 꽃대¶ 蕗<sup>ふき</sup>の~ 머윗대

慣用句
― が立<sup>た</sup>つ ①(채소 등이 먹을 때가 지나) 대가 생기다 ②한창때[최적기]가 지나다

どう [同] 畜ドウ 訓おなじ|(음)동. I (造語) ①동일하다, 같다¶ 同一<sup>いつ</sup> 동일・同窓<sup>そう</sup> 동창 ②같게 하다, 같이하다¶ 同感<sup>かん</sup> 동감・協同<sup>きょう</sup> 협동 ③모이다¶ 合同<sup>ごう</sup> 합동 ④동지・동료가 되다¶ 同志<sup>し</sup> 동지・同盟<sup>めい</sup> 동맹 ⑤같음을 나타내는 말¶ 同世代<sup>せだい</sup> 동세대 ⑥그와 같은, 그, 해당하는¶ 同校<sup>こう</sup> 동교・同社<sup>しゃ</sup> 동사 ▷「仝」는 다른 글자꼴 黙字訓 同胞<sup>はらから</sup> 동포 II (父) 동. 같음¶ ~、不同<sup>ふどう</sup>を論<sup>ろん</sup>ず 동 부동을 논하다

どう【洞】菩ドウ訓ほら|(음)동. 통. (造語) ① 동굴, 구멍¶洞窟どう 동굴・空洞くう 공동 ② 꿰뚫다, 앞을 내다보다¶洞察どう 통찰 ▷ 熟字訓 雪洞ぼん 작은 등롱, 수축(手燭)

どう【胴】菩ドウ|(음)동. 통. (造語) 胴体 동체・寸胴 원통형 II ①【醫】몸통¶ 〜の長ない人 몸통이 긴 사람 ②㉠갑옷 등의 몸통을 가리키는 부분 ㉡(거문고・북 등의) 통¶太鼓だいの〜 북통 (비행기・배 등의) 동체¶船ふねの〜 배의 동체 ③(검도에서) 허리치기¶〜が決まる 허리치기가 성공하다 ④주사위를 흔드는 통, 그것을 흔드는 사람 ⑤「胴親どうおや・胴元もと」의 준말. 노름방 주인, 물주

どう【動】菩ドウ訓うごく|(음)동. I (造語) ①움직이다¶動物どう 동물・運動どう 운동 ②작용하다, 움직이게 하다¶動員どう 동원・動力どう 동력 ③마음을 움직이다, 느끼다¶感動どう 감동・衝動どう 충동 ④행동, 언동¶動作どう 동작・言動どう 언동 ⑤어지러워지다, 시끄러워지다¶動乱どう 동란・騒動どう 소동 II (文) 동. 움직임¶静中ちゅうの〜 정중동

どう【堂】菩ドウ(ダウ). I (造語) ①큰 건물¶堂宇どう 당우・殿堂どう 전당 ②신불을 모신 건물¶堂塔どう 당탑・聖堂どう 성당 ③많은 사람이 모이는 건물¶講堂どう 강당・食堂しょく 식당 ④방, 주거, 집¶堂舎どうしゃ 당사・草堂どう 초당 ⑤남의 모친에 대한 경칭¶母堂どう 자당 ⑥훌륭하고 왕성함¶堂堂どう 당당 ⑦옥호, 아호에 붙이는 말¶文化堂どう 문화당 II ①신불을 모신 건물, 당집¶〜を建たてる 당집을 짓다 ②많은 사람이 모이는 건물
慣用句
一に入いる 원숙해지다, 아주 제법이다

どう【童】菩ドウ訓わらべ|(음)동. (造語) 아이, 어린이, 아동¶童心どう 동심・童謡どう 동요・童話どう 동화・悪童どう 악동

どう【道】[道]菩ドウ(ダウ)・トウ(タウ) 訓みち|(음)도. I (造語) ①길¶道路どう 도로・街道がい 가도 ②통로¶水道どう 수도・尿道どう 요도 ③도리, 도덕, 가르침¶道徳どう 도덕・道理どう 도리 ④학예, 기술, 방법¶剣道どう 검도・茶道どう 다도 ⑤노자, 장자의 가르침. 도교¶道家どう 도가・道術どう 도술 ⑥신불의 가르침¶道心どう 도심・得道どう 득도 ⑦【佛】생물의 상태, 윤회의 세계¶悪道どう 악도 ⑧말하다, 이야기하다¶報道どう 보도・言語どう 언어 도단 ⑨옛날의 행정 구획¶山陰道さんいん 일본 中国ちゅうごく 지방의 동해 연안 지방 II 地 (지방 공공 단체인) 北海道ほっかいどう

どう【働】菩ドウ訓はたらく|(음)동. 일하다, 작용하다¶稼働どう 가동・労働どう 노동

どう【銅】菩ドウ訓あかがね|(음)동. I (造語) 구리¶銅線どう 동선・銅像どう 동상・青銅どう 청동 II 化 동. 구리

どう【導】[導]菩ドウ(ダウ)訓みちびく|(음)도. (造語) ①이끌다, 안내하다, 가르치다¶導入どう 도입・誘導どう 유도 ②(열・전기 등을) 전하다¶導体どう 도체・伝導どう 전도

どう【憧】菩ドウ・ショウ訓あこがれる|(음)동. (造語) 동경하다¶憧憬どう しょう 동경

どう【撞】菩ドウ(ダウ)・トウ(タウ)訓つく|(음)당. (造語) 부딪히다, 두들기다, 치다¶撞球どう 당구・撞着どう ちゃく 당착

どう【瞳】菩ドウ訓ひとみ|(음)동. (造語) 눈동자¶瞳孔どう 동공

どう【如何】副(口) ①어떻게¶〜思おもうか 어떻게 생각하나 ②어때¶〜もう一杯ぱい 〜ですか 한잔 더 어떻습니까

とうあ【東亜】동아. 동아시아

どうあく【獰悪】名ナ (文) 영악. 거칠고 흉악함¶〜な犯人はん 영악한 범인

どうあげ【胴上げ】名他スル 헹가래¶監督かんを〜する 감독을 헹가래치다

とうあつせん【等圧線】【氣】등압선

とうあん【偸安】명 투안. 눈앞의 안락을 탐함¶〜の夢ゆめ 투안지몽

とうあん【答案】답안¶〜用紙 답안 용지

とうい【当為】【哲】당위 ⇔ 存在

とうい【東夷】동이. (중국에서) 동방의 이민족을 멸시하여 이르던 말. 동쪽의 오랑캐

とうい【等位】(文) 등위 ①등급 ②같은 위치

とうい【同位】동위. 같은 지위・위치 一角 【數】동위각 一体 一様, 동위체, 동위상

どうい【同意】동의 I 名自スル (의견 등에) 찬성함¶原案げんに〜する 원안에 동의하다 II 名 같은 뜻 一語 동의어

どうい【胴衣】조끼¶救命きゅう〜 구명 동의

どういう 連体 어떤, 어떠한¶〜ふうに 어떤 식으로/〜こと 어떤 일
慣用句
一風の吹ふき回まわしか 무슨 바람이 불었는가

とういじょう【糖衣錠】당의정

とういす【藤椅子】등의자

とういそくみょう【当意即妙】ナ 임기 응변의 묘¶〜の答こたえ 임기 응변의 재치있는 대답

どういたしまして 連体(口) 천만의 말씀(입니다), 별말씀을 다 하십니다¶〜, こちらこそ失礼しつれいいたしました 천만의 말씀입니다, 저야말로 실례했습니다

とういつ【統一】名他スル 통일¶意見けんを〜する 의견을 통일하다 一的 ナ 통일적

どういつ【同一】名ナ 동일 ①같음¶〜人物じんぶつ 동일 인물 ②(文) 동등¶男女だんを〜に扱あつかう 남녀를 동등하게 다루다 一視 동일시

とういん【医院】의원. (병원・의원 등) 원(院)으로 부르는 기관의 자칭¶〜のベッド数 당원의 침상 수

とういん【党員】(정당의) 당원

とういん【登院】名自スル 등원¶〜停止ていし 등원 정지/議員ぎが〜する 의원이 등원하다

とういん【頭韻】【表】두운 ⇔ 脚韻きゃく

どういん【動因】(文) 동인. 직접 원인, 동기

どういん【動員】名他スル 동원¶学徒がくと〜 학도 동원/党員だんを〜する 당원을 동원하다

どういん【導引】名他スル (文) 도인 ①인도, 안내 ②도인법, 도가에서 행하는 건강법 ③안마

どうう【堂宇】(文) 당우. 전당(殿堂)
とううす【唐臼】 매통. 매=すりうす
どううら【胴裏】(겹옷이나 솜옷의) 몸통 부분에 대는 안감
とうえい【冬営】(文) 동영 ①진영에서 겨울을 남 ②월동 준비
とうえい【灯影・*燈影】(文) 등영. 등불 빛, 등불의 그림자
とうえい【投影】名 自他スル 투영 ①모습・그림자를 비춤, 그린 그림자 ②반영¶ 風土ふうどが作品さくひんに～する 풍토가 작품에 반영되다 ③【數】입체에 평행 광선을 조사하여 그 그림자를 평면에 비춤 ━図ず 투영도
とうえい【倒影】 도영 ①거꾸로 비친 그림자¶ 湖面こめんに映うつる山やまの～ 호면에 비치는 산의 도영 ②석양의 그림자, 지는 해
とうおう【東欧】 동구. 동유럽
どうおう【堂奥】(文) ①당내(堂内)의 깊숙한 곳 ②(학예 등의) 심오한 경지, 오의¶ ～に入いる 심오한 경지에 이르다
どうおや【胴親・*筒親】 노름방 주인= 胴元どうもと
とうおん【唐音】(鎌倉かまくら 시대부터) 전해진 송・원・명・청나라 때의 한자음
とうおん【等温】 등온. 같은 온도 ━線せん 등온선
どうおん【同音】 동음 ①같은 발음 ②같은 높이의 음・음성 ③입을 모아 말함, 동성(同聲)¶ 異口いく～ 이구 동성 ━異義語いぎご 동음 이의어 ━語ご 동음어. 동음 이의어
とうか【灯下・*燈下】(文) 등하. 등불 밑. 등잔 밑
とうか【灯火・*燈火】(文) 등화. 등불 ━管制かんせい 등화 관제
慣用句
━親したしむべき候こう 등화 가친의 계절
とうか【投下】名 他スル ①투하¶ 爆弾ばくだん～ 폭탄 투하 ②자본을 투입함, 투자¶ 資本しほんを～する 자본을 투자하다
とうか【桃花】(文) 도화. 복숭아꽃 ━の節せっ 삼월 삼짇날의 桃もものの節句く
とうか【透過】名 自スル (文) 투과¶ ～性せい 투과성
とうか【登*遐】(文) 등하. 승하
とうか【等価】 등가. 가격・가치가 같음¶ ～交換こうかん 등가 교환
とうか【踏歌】【歴】①답가. 발을 구르며 노래하는 고대의 무용 ②(平安へいあん 시대에) 가무에 뛰어난 남녀에게 연초의 祝詞のりとを 가무하도록 했던 정월의 궁중 행사
とうか【糖化】名 自他スル【化】 당화
とうが【冬芽】【植】 동아. 겨울눈
とうが【灯*蛾・*燈*蛾】(文)【動】 등아. 불나방
とうが【唐画】 당화 ①당나라 때의 그림 ②중국(풍)의 그림
とうが【唐*鋤】「とうぐわ」의 전와(轉訛)
とうが【陶画】 도기에 그린 그림
どうか 副 ①부디, 제발, 아무쪼록= どうぞ¶ ～教おしえてください 부디 가르쳐 주십시오 ②어떻게(든)¶ ～なるだろう 어떻게 될 테지 ③어떤지, 어떨지¶ さあ、～の 글쎄 어떨지 ④보통이 아닌 상태¶ 暑あつくて～なってしまいそうだ 더워서 어떻게 되어 버릴 것 같다 ━こうか 副(口) 이럭저럭, 그런대로 ━して 副(口) ①어떻게 해서든, 어떻게든 ②어쩌다가, 우연히 ③((「～いる」의 꼴로)) 보통이 아니다, 이상하다 ━すると 副(口) ①어쩌면, 경우(때)에 따라서는 ②자칫하면, 걸핏하면
慣用句
━と思おもう 어떨까 싶다
どうか【同化】名 自他スル I 감화되어 같게 됨, 감화시켜 같게 함¶ 外来がいらい文化ぶんかに～する 외래 문화에 동화되다 II 名 自スル (지식 등을) 자기 것으로 함¶ 知識ちしきを完全かんぜんに～する 지식을 완전히 동화하다 [소화]하다 ━作用さよう【生】 동화 작용¶ 炭素たんそ～ 탄소 동화 작용
どうか【同価】名 동가= 等価とうか
どうか【道家】 도가 ①노장(老莊)사상을 신봉하는 학파 ②도교를 신봉하는 사람= 道士どうし
どうか【道歌】 불교・심학(心學)의 가르침을 알기 쉽게 노래한 교훈적인 和歌わか
どうか【銅貨】 동화. 동전
どうが【動画】 애니메이션
どうが【童画】 동화 ①어린이를 위한 그림 ②어린이가 그린 그림. 아동화
とうかい【東海】①동해. 동쪽 바다 ②「日本にほん」의 딴이름 ③本州ほんしゅう 중부 지방 중 태평양쪽의 지방, 東海道とうかいどう 지방 ④「東海道」의 준말 ⑤(중국에서) 동지나해 ━道どう【日史】①옛날 7도(道)의 하나. 지금의 中部ちゅうぶ・関東かんとう 지방의 태평양 연안 지역, 그 지역으로 통하는 가도 ②江戸えど 시대의 다섯 가도의 하나, 京都きょうと와 江戸를 잇는 해안을 따라 난 가도 ━一道どう 五十三次ごじゅうさんつぎ【日史】(江戸 시대에) 東海道とうかいどう에 설치되었던 53개의 역참
とうかい【倒壞・倒*潰】名 自他スル 도괴. 무너짐¶ ━家屋かおく 도괴 가옥
とうかい【*韜*晦】名 自他スル (文) 도회 ①자기 재능・본심 등을 숨김 ②모습・행방을 감춤
とうがい【当該】 당해, 해당¶ ～事項じこう 당해 사항/ ～警察所けいさつしょ 당해 경찰서
とうがい【凍害】【農】 동해¶ ～を蒙こうむる 동해를 입다
とうがい【等外】名 등외¶ ～品ひん 등외품
とうかく【当確】 당선 확실
とうかく【倒閣】名 自スル 도각. 내각을 쓰러뜨림
とうかく【統覚】名 他スル【哲】【心】 통각
とうかく【頭角】 두각. 머리 끝¶ ～を現あらわす 두각을 나타내다
とうがく【唐楽】 당악 ①당나라 때의 음악 ②당나라에서 전래한 음악 ③【樂】 당나라 계통 양식에 속하는 아악= 左方さほう
とうがく【等覚】【佛】 등각. 부처정각= 等正覚とうしょうがく
どうかく【同格】 동격 ①名【文法】 같은 격¶ 大使たいしと～に扱あつかう 대사와 동격으로 대우하다
どうがく【同学】 동학 ①동창, 동문¶ ～のよしみ 동학의 정의 ②공부한 전문 분야가 같음
どうがく【同額】 동액. 같은 액수(값)
どうがく【道学】 도학 ①도덕에 관한 학문 ②

도교 ③주자학 ④(江戸 시대의) 심학(心學) **─者** 도학자 **─先生** 도학 선생. 도학자

**どうかせん** [導火線] 도화선¶ 革命の〜となった事件 혁명의 도화선이 된 사건

**とうかつ** [統括] 名他スル 통괄. 하나로 묶음¶ 諸說を〜する 제설을 통괄하다

**とうかつ** [統轄] 名他スル 통할. 하나로 묶어 다스림¶ 政務を〜する 정무를 통할하다

**どうかつ** [恫喝] 名他スル(文) 공갈. 을러댐¶ 〜して金を巻き上げる 을러대어 돈을 빼앗다

**とうかつしき** [頭括式] 表 두괄식

**どうかっしゃ** [動滑車] 동활차. 움직도르래

**とうから** [疾うから] 副(口) 진작부터, 훨씬 전부터, 벌써¶ 母は〜起きていた 어머니는 진작부터 일어나 계셨다

**とうがらし** [唐辛子・唐芥子・〈蕃椒〉] 植 고추

**とうかん** [投函] 名他スル 투함. 우편물을 우체통에 넣음

**とうかん** [盗汗] 醫 도한. 식은땀 ≡寢汗

**とうかん** [等閑] 文 등한¶ 〜視する 등한시하다/〜に付する 등한히 하다

**とうかん** [統監] 통감 Ⅰ 名他スル (정치・군사를) 통할 감독함. 그런 관직 Ⅱ 名 피보호국에 주재하여 정무를 통할하는 관리

**とうがん** [冬瓜] 植 동과, 동아

**どうかん** [同感] 名自スル 동감¶ 全く〜です 전적으로 동감입니다

**どうかん** [導管] 도관 ①물 등을 통하게 하는 파이프 ② [道管] 植 물관

**どうがん** [童顔] 동안 ①어린아이의 얼굴 ②어린아이 같은 얼굴

**どうかんすう** [導関数・導函数] 數 도함수

**とうき** [冬季] 동계¶ 〜夏季 ¶ 〜大会 동계 대회 **─オリンピック** 동계 올림픽

**とうき** [冬期] 동기¶ 〜休暇 동기 휴가

**とうき** [当季] 文 당계. 이 계절

**とうき** [当期] 文 당기. 이 기간¶ 〜の利益 당기의 이익

**とうき** [投棄] 名他スル 투기. 던져 버림¶ 不法な〜 불법 투기

**とうき** [投機] 투기¶ 〜心 투기심/〜市場 투기 시장 **─的** 투기적

**とうき** [党紀] 당기. 당의 풍기・규율¶ 〜を乱す 당기를 어지럽히다

**とうき** [党規] 당규. 당의 규칙¶ 〜に触れる 당규에 저촉되다

**とうき** [陶器] 도기. ①오지그릇 ②도자기

**とうき** [登記] 名他スル 法 등기 **─所** 法 등기소 **─簿** 法 등기부

**とうき** [騰貴] 名自スル 등귀¶ 円の〜 엔화의 등귀

**とうぎ** [党議] 당의. 당내의 토의・결의¶ 〜に服する 당의에 복종하다

**とうぎ** [討議] 名他スル 토의¶ 〜対策を〜する 대책을 토의하다 **─資料** 토의 자료

**とうぎ** [闘技] 文 투기 ①힘이나 기술을 겨룸¶ 〜場 투기장 ②격투기

**どうき** [同気] 文 ①같은 기질 ②뜻이 맞는 동아리

慣用句
**─相求む** 끼리끼리 서로 모이다. 유유상종

**どうき** [同期] 동기 ①같은 시기¶ 〜の作品 동기의 작품 ②(입학・입사 등의) 시기가 같음¶ 〜生 동기생

慣用句
**─の桜** 동기생 ▷ 일본 군가(軍歌)에서

**どうき** [動悸] 동계. 심장이 두근거림¶ 走ると〜がする 달리면 심장이 두근거린다

**どうき** [動機] 동기 ①(의지・행동의) 계기¶ 犯行の〜 범행의 동기 ②(창작・연구 등의) 모티프 ③[音] (악곡의) 모티프 **─付け** 心 동기 부여 **─論** 동기론

**どうき** [銅器] 동기. 구리나 청동으로 만든 기구

**どうぎ** [同義] 동의. 같은 뜻 ≡同語 **一語** 동의어

**どうぎ** [胴着・胴衣] ①(속옷 위에 입는) 소매 없는 보온용 내복¶ 綿入れの〜 솜을 둔 보온용 내복 ②(검도에서) 호신용 조끼

**どうぎ** [動議] 동의¶ 緊急〜 긴급 동의

**どうぎ** [道義] 도의¶ 〜を重んじる 도의를 중히 여기다 **─心** 도의심 **─的責任** 政 도의적 책임

**とうきび** [唐黍] 植 ①옥수수 ②수수

**とうきゃくだいけい** [等脚台形] 數 등각 사다리꼴, 등변 사다리꼴

**とうきゅう** [投球] 名自スル 野 투구¶ 〜の構え 투구 자세/全力〜 전력 투구

**とうきゅう** [討究] 名他スル 토구. 깊이 연구함. 토의하고 연구함¶ 社会の動きを〜する 사회의 움직임을 깊이 연구하다

**とうきゅう** [等級] 등급¶ 〜をつける 등급을 매기다

**とうぎゅう** [闘牛] 투우¶ 〜場 투우장 **一士** 투우사 ≡闘牛者

**とうきゅう** [同級] 名 동급 ①같은 등급・계급 ②같은 학급[학년]¶ 〜生 동급생

**どうきゅう** [撞球] 文 당구 = ビリヤード

**とうぎょ** [統御] 名他スル 통어. 거느리고 제어함¶ 大軍を〜する 대군을 통어하다

**とうぎょ** [闘魚] 動 투어. 버들붕어

**どうきょ** [同居] 名自スル 동거. 함께 삶 ⇔別居¶ 三世代が〜する 3세대가 동거하다

**とうきょう** [東京] 도쿄. 일본의 수도

**どうきょう** [同郷] 동향¶ 〜のよしみ 동향의 정분

**どうきょう** [道教] 도교

**どうぎょう** [同行] 동행 ①같은 종파의 신자・수도자 ②신불 참배나 순례의 길동무 ③(五十音図・文章 등의) 같은 행

**どうぎょう** [同業] 동업¶ **─者** 동업자

**どうぎょう** [童形] 文 ①(아직 결발(結髪)하지 않은) 아이의 모습 ②(옛날에) 관례를 치르기 전의 소년의 모습

**とうきょく** [当局] 당국¶ 政府〜 정부 당국

**とうきょく** [登極] 名自スル 文 등극. 즉위

**とうぎり** [当限] 經 당한. (장기 청산 거래

**どうぎり** [胴切り] 名 他スル 통제 썰기
에서) 그 달 말에 결제하기로 약정한 매매

**どうきん** [同*衾] 名 自スル (文) 동금, 동침

**とうく** [投句] 名 自スル (신문·잡지 등에) 俳句(はいく)를 투고함, 그런 俳句

**とうく** [倒句] 表 도구. 뜻을 강조하기 위해 단어의 순서를 거꾸로 함, 그런 글귀, 도치

**どうぐ** [道具] 도구 ①일할 때 쓰는 기구¶大工(だいく)의 목공 거처/ 所带(しょたい)~ 살림 도구 ②무대 도구¶大~ 대도구 ③수단, 방편¶結婚(けっこん)을 出世(しゅっせ)の~に使(つか)う 결혼을 출세의 도구로 이용하다 ④몸에 갖추어진 여러 가지 부분 —方(いっぽう) 劇 무대 장치 담당자 —立(だ)て ①필요한 도구를 갖추어 둠, 그런 도구 ②준비 —箱(ばこ) 연장통 —屋(や) 중고 도구를 파는 가게

**とうぐう** [東宮·春宮] 동궁 ①태자궁¶ ~御所(ごしょ) 동궁 거처 ②황태자

**とうくつ** [盗掘] 名 他スル 도굴¶古墳(こふん)の~の跡(あと) 고분의 도굴 흔적

**どうくつ** [洞*窟] 동굴¶~遺跡(いせき) 동굴 유적

**とうぐわ** [唐*鍬] 곡괭이

**どうくん** [同君] 동군, (앞서 말한) 그 사람

**どうくん** [同訓] 동훈, 글자는 다르나 훈(訓)이 같음

**とうけ** [当家] ①당가, 이 집, 우리집¶ ~の主(あるじ) 이 집 주인 ②(「ご~」의 꼴로) (상대방의 집을 가리켜) 귀댁, 이 댁

**とうげ** [峠] 훈 とうげ Ⅰ (일본식 한자) 고개, 고갯마루 Ⅱ ①고개, 고갯마루, 고갯턱¶ ~の茶屋(ちゃや) 고갯턱의 찻집 ②절정기, 고비¶病状(びょうじょう)が~を越(こ)した 병세가 고비를 넘겼다

**どうけ** [同家] 文 동가 ①한집안¶ (앞서 말한) 그 집

**どうけ** [道化] ①익살스러운 말·동작, 익살꾼¶ ~者(しゃ) 익살꾼 ②(略) 「道化方(どうけかた)」의 준말. (歌舞伎(かぶき)에서) 익살꾼 역, 광대 —師(し) ①익살꾼 ②광대, 피에로

**とうけい** [刀*圭] 文 도규 ①약 숟가락 ②의술, 의사 —界(かい) 의학계 —家(か) 文 의사

**とうけい** [東京] 「東京(とうきょう)」의 옛일컬음

**とうけい** [東経] 동경¶~経(けい)

**とうけい** [統計] 名 他スル 통계¶人口(じんこう)の~を取(と)る 인구의 통계를 잡다 —学(がく) 통계학 —的(てき) 통계적

**とうけい** [闘鶏] 투계, 닭싸움, 싸움닭¶ 蹴合(けあ)い·鶏合(とりあ)わせ¶ ~場(じょう) 투계장

**とうげい** [陶芸] 도예, 도자기 공예¶ ~家(か) 도예가/ ~品(ひん) 도예품

**どうけい** [同形] 동형, 같은 모양¶ ~の三角形(さんかっけい) 동형의 삼각형

**どうけい** [同系] 동계, 같은 계열[계통]¶ ~会社(がいしゃ) 동계 회사

**どうけい** [同型] 동형, 같은 형[타입]¶ ~のタンカー 동형의 유조선

**どうけい** [同慶] 名 文 동경, (자기 일처럼) 함께 기뻐함¶御(ご)~の至(いた)りです 경하하여 마지 않습니다

**どうけい** [*憧*憬] 名 自他スル 동경¶ ~の的(まと) 동

경의 대상

**とうけつ** [凍結] 동결 Ⅰ 名 自スル 얼어붙음¶ ~した湖面(こめん) 얼어붙은 호면 Ⅱ 名 他スル (자산 등의) 이동·사용을 금지함, 그런 상태¶資金(しきん)を~する 자금을 동결하다

**とうげつ** [当月] 당월, 이달 —限(ぎり) 終 당월한, 당한= 当限(とうぎり)

**どうけつ** [洞穴] 동혈, 동굴= ほらあな

**どうげつ** [同月] 동월 ①같은 달 ②(앞서 말한) 그 달¶ ~10日(とおか) 동월 10일

**どう・ける** [道化る] 自 T一(口) 익살부리다, 익살떨다¶ ~·けた恰好(かっこう) 익살스러운 꼴

**とうけん** [刀剣] 도검, 창·칼 등의 총칭

**とうけん** [倒懸] 도현 ①거꾸로 매달림 ②묶어서 거꾸로 매달음 ③(比) 극심한 고통¶ ~の苦(くる) 극심한 고통

**とうけん** [闘犬] 투견 ~用(よう)の犬(いぬ) 투견용 개

**とうげん** [桃源] 文 도원, 속세를 떠난 별천지

**どうけん** [同権] 동권, 동등권

**どうけん** [洞見] 名 他スル 文 통견, 통찰

**どうけん** [銅剣] 考 동검, 청동제 양날 칼

**とうげんしつ** [糖原質] 당원질, 글리코겐

**とうこ** [島弧] 地 호상(弧狀) 열도

**とうご** [倒語] 도어, 순서를 거꾸로 한 말

**とうご** [頭語] 편지 첫머리에 쓰는 인사말

**どうこ** [銅*壺] (화로 속에 장치하는) 구리나 쇠로 만든 물 끓이는 단지

**どうご** [同語] 동어, 같은 말, 같은 단어 —反復(はんぷく) 表 동어 반복

**とうこう** [刀工] 도공= かたなかじ

**とうこう** [灯光·燈光] 文 등불, 불빛

**とうこう** [降伏] 名 自スル 文 투항¶敵軍(てきぐん)に~する 적군에 투항하다

**とうこう** [投稿] 名 他スル 투고¶ ~欄(らん) 투고란/ 新聞(しんぶん)に~する 신문에 투고하다

**とうこう** [陶工] 도공= 焼物師(やきものし)

**とうこう** [登校] 名 自スル 등교 ⇔ 下校(げこう)¶ 集団(しゅうだん)~ 집단 등교 —拒否(きょひ) 등교 거부

**とうこう** [登高] 文 등고, 높은 곳에 오름

**とうごう** [投合] 名 自スル 투합, 서로 딱 맞음, 일치함¶意気(いき)~する 의기 투합하다

**とうごう** [等号] 数 등호, 같음표= イコール

**とうごう** [統合] 名 他スル 통합¶組織(そしき)を~する 조직을 통합하다 —幕僚会議(ばくりょうかいぎ) 軍 통합 막료 회의

**どうこう** 副 自 이러느저러느¶ 私(わたし)が~言(い)える問題(もんだい)ではない 내가 이러쿵저러쿵 말할 수 있는 문제가 아니다

**どうこう** [同工] 名 文 동공, 솜씨나 수법이 같음 —異曲(いきょく) 文 동공이곡 ①수법은 같지만 풍취가 다름 ②다른 듯하나 대체로 같음

**どうこう** [同好] 名 文 동호¶ ~会(かい) 동호회

**どうこう** [同行] 名 自スル 동행¶ ~の記者団(きしゃだん) 동행 기자단 —者(しゃ) 동행자, 동반자

**どうこう** [動向] 동향¶政界(せいかい)の~を探(さぐ)る 정계의 동향을 살피다

**どうこう** [銅鉱] 鉱 동광, 구리가 든 광석

**どうこう** [*瞳孔] 医 동공, 눈동자¶ ~反射(はんしゃ)

동공 반사/ ~が開く 동공이 커지다
とうこうき [投光器] [電] 투광기
とうこうせん [等高線] [地] 등고선
とうごく [投獄] [名][他スル] 투옥 ¶ 盗みのかどで~する 절도죄로 투옥하다
とうごく [東国] ①동국. 동쪽 나라 ②畿内보다 동쪽 지방. 関東지방 = あずま
どうこく [慟哭] [名][自スル] (文) 통곡 ¶ 訃報に接し~する 부보에 접하고 통곡하다
とうこつ [頭骨] [醫] 두골. 두개골 = 頭蓋骨
とうこつ [橈骨] [醫] 요골
とうごま [唐゛胡麻] [植] 아주까리
とうこん [刀゛痕] (文) 도흔. 칼자국 ¶ ~のある顔 칼자국이 있는 얼굴
とうこん [当今] 당금. 요즈음 ¶ ~の世相 요즈음의 세태
とうこん [痘゛痕] (文) 두흔. 마마 자국 = あばた
とうこん [闘魂] 투혼. 투지 ¶ 不屈の~ 불굴의 투혼/ ~を燃やす 투지를 불태우다
どうこん [同根] [名][自スル] 동근. 뿌리·근원이 같음 ¶ ~の語 동근어
どうこんしき [銅婚式] 동혼식
とうさ [等差] 등차 ①등급의 차. 차등 ¶ ~をつける 등차를 매기다 ②같은 차(差) ― 級数 등차 급수 ―数列 등차 수열
とうさ [踏査] [名][他スル] 답사 ¶ 実地に~ 실지 답사
とうざ [当座] ①그 자리, 바로 그때, 즉석 ¶ ~の間に合わせ 임시 변통 ②그 당장. 당분간 ¶ ~の小遣い 당분간의 용돈 ③즉석에서 내는 和歌·俳句의 제목 ⇔ 兼日 ④「当座預金」의 준말. 당좌 예금 ―凌ぎ 임시 변통. (아쉬운 대로) 한때를 때움 ― 逃れ 임시 모면 ―預金 당좌 예금
どうさ [動作] 동작 ¶ すばやい~ 재빠른 동작
どうさ [陶砂·礬水] 도사. 반수 ¶ ~紙 반수지/ ~を引く 반수를 먹이다
どうざ [同座] 동좌 Ⅰ [名][自スル] ①동석 ¶ 名士と~する 명사와 동석하다 ②(사건 등에) 연루됨. 연좌 ¶ 事件に~する 사건에 연좌되다 Ⅱ [名] ①같은 극단·극장 ②(앞서 말한) 그 자리·극장
どうざ [動座] [名][自スル] 귀인·신여(神輿) 등이 자리를 옮김
とうさい [当歳] 당세 Ⅰ [名] 태어난 그 해. 그 해에 태어남 ¶ ~児 그 해(에 태어난) 아이. 한 살된 아이 ②당년. 금년
とうさい [搭載] [名][他スル] 탑재 ¶ 爆弾を~する 폭탄을 탑재하다
とうさい [登載] [名][他スル] 등재 ①(신문·잡지에) 게재함 = 掲載¶ 投書を~する 투서를 싣다 ②(대장·장부에) 기재함 ¶ 名簿に~する 명부에 등재하다
どうさい [統裁] [名][他スル] (文) 통재. 통솔하여 재결함
とうざい [東西] 동서 ①동서 방향 ②동쪽과 서쪽. 동양과 서양. 사회주의 제국과 자본주의 제국 ¶ 洋の~を問わず 동서양을 불문하고 ―東西 [感] (연극·씨름 등에서) 관객에게 인사말을 할 때의 서두의 말 ―南北 동서남북 ―屋 거리·가게 앞에서 광고·선전을 하는 사람 [慣用句] ―を失う 방향을 잃다, 어찌할 바를 모르다 ―を弁ぜず 동서를 분간 못하다, 사리를 모르다, 철이 없다
どうざい [同罪] 동죄, 같은 죄·책임
とうざいく [×籐細工] 등세공. 등세공품
とうさく [倒錯] [名][自スル] 도착 ①거꾸로 됨. 반대로 함 ¶ 事åが~している 일이 도착되어 있다 ②사회·도덕에 위배되는 행위나 취향을 보임 ¶ ~症 도착증
とうさく [盗作] [名][他スル] 도작. 표절
どうさつ [洞察] [名][他スル] 통찰 ¶ ~力/ 未来を~する 미래를 통찰하다
とうさん (方) 딸의 높임말 = お嬢さん
とうさん [父さん] [口] 아버지 ⇔ 母さん
とうさん [倒産] 도산 Ⅰ [名][自スル] 파산 ¶ 不景気で~する 불경기로 도산하다 Ⅱ [名] 역산
とうざん [当山] ①이 산 ②이 절, 당사(當寺)
とうざん [唐桟] 감색 바탕에 빨강·노랑·갈색 등의 세로줄 무늬를 넣은 면직물
どうさん [動産] [法] 동산 ⇔ 不動産
どうさん [道産] 北海道산, 北海道 태생
どうざん [銅山] 동산, 동광(銅鑛)
とうさんどう [東山道] [日] 옛날 칠도(七道)의 하나. 지금의 中部·関東·東北의 산지를 중심으로 하는 지역, 그 지역으로 통하는 가도(街道)
とうし [投資] 투자 ¶ 設備~ 설비 투자/ 新事業に~する 새 사업에 투자하다 ―信託 [經] 투자 신탁
とうし [凍死] [名][自スル] 동사. 얼어 죽음
とうし [唐紙] 당지. 서화용 중국제 종이의 총칭
とうし [唐詩] ①당나라 때의 시 ②한시
とうし [透視] [名][他スル] 투시 ¶ 胸部を~する 흉부를 투시하다 ―画法 [美] 투시 화법
とうし [闘士] ①전사 ②주의·주장을 위해 활동하는 사람 ¶ 平和運動の~ 평화 운동의 투사 ―型 [心] 투사형
とうし [闘志] 투지 ¶ ~がわく 투지가 솟다
とうじ [冬至] [天] 동지
とうじ [当時] 당시 ①그때, 그 무렵 ¶ ~を思い出す 당시를 상기하다 ②현금(現今), 현재, 요즈음 ¶ ~売りだしの男は 요즈음 이름이 나기 시작한 사나이
とうじ [杜氏] 술을 빚는 기술자, 그 우두머리
とうじ [悼辞] (文) 도사. 조사(弔辞)
とうじ [湯治] [名][自スル] 탕치. 온천에서 요양함 ¶ ~客 탕치객 ―場 탕치장
とうじ [答辞] 답사 ⇔ 送辞 ¶ 卒業生総代の~ 졸업생 대표의 답사
とうじ [×蕩児] (文) 탕아. 방탕자 ―一代 ~ 일대의 탕아
どうし [同士] (文) ①한패, 동아리 ¶ 気の合った~ 마음이 맞는 한패 ②(造語) …끼리 ¶ 友

**人**ひと**~** 친구끼리 **―討**うち **名 自スル** 한패끼리의 싸움

**どうし** [同志] 동지¶ ~を募る 동지를 모으다

**どうし** [同氏] 〔文〕 동씨, (앞서 말한) 그 사람¶ ~の発言 동씨의 발언

**どうし** [同旨] **名** 동지, 같은 취지

**どうし** [同視] **名 他スル** 동시, 동일시

**どうし** [動詞] 〔文法〕 동사

**どうし** [童詩] 동시 ①어린이를 위한 시 ②어린이가 지은 시, 아동시

**どうし** [道士] 도사 ①〔文〕 도의(道義)를 갖춘 사람 ②불도를 닦은 사람, 승려 ③도교를 닦은 사람, 도인 ④신선, 선인

**どうし** [導師] 〔佛〕 도사 ①법회·장례를 주재하는 승려 ②중생을 인도하는 보살·부처

**どうじ** [同時] 동시 ①같은 때¶ 到着ちゃくはほとんど~だ 도착은 거의 동시이었다 ②같은 시대·시기 **―通訳** 동시 통역 **―に 副** 《흔히 「…と~」의 꼴로》 동시에 ①때를 같이 하여¶ 地震じんと~火災さいが起こる 지진과 동시에 화재가 일어나다 ②아울러, ~이면서¶ 学者がくであると~詩人しんでもある 학자임과 동시에 시인이기도 하다 ③그와 함께 [더불어]¶ 扉とが開いた。(と)~乗客じょうが降りてきた 문이 열렸다. 그와 동시에 승객이 내려왔다 **―録音** おん (영화 등의) 동시 녹음

**どうじ** [童子] 〔文〕 동자, 어린이¶ 三尺さんの~なおこれを知る 삼척 동자라도 이것을 안다

**とうしき** [等式] 〔數〕 등식 ⇔ 不等式ふとうしき

**とうじき** [陶磁器] 도자기

**とうじしゃ** [当事者] 당사자¶ ~どうしの話は合い 당사자 끼리의 의논

**とうじせい** [等時性] 〔物〕 등시성¶ 振り子の~ 진자의 등시성

**どうじだい** [同時代] 동시대 **―人** じん 동시대인

**とうしつ** [等質] 〔文〕 등질, 균질¶ ~の製品せい 등질의 제품

**とうしつ** [糖質] 〔生〕 당질, 탄수화물

**とうじつ** [当日] 당일, 그날¶ ~売り切符きっぷ 당일 판매표/ 大会たい~ 대회 당일

**どうしつ** [同室] 동실 I **名** 같은 방, (앞서 말한) 그 방 II **名 自スル** 같은 방을 씀[기거함]¶ ~の友とも 같은 방 친구

**どうしつ** [同質] 〔文〕 동질 ⇔ 異質いしつ ¶ ~の問題もん 동질의 문제

**どうじつ** [同日] **名** 〔文〕 동일 ①같은 날, 한날 ②(앞서 말한) 그 날¶ ~は雨あめだった 그 날은 비가 왔었다 **―選挙** きょ 〔政〕 동시 선거

**[慣用句]**

**―の論**ろん**でない** 차이가 너무 커서 도저히 비교할 바가 못 된다

**どうして** [如何して] I **副** ①어떻게, 어떻게 해서¶ ~良いいか分からない 어떻게 해야 좋을지 모르겠다 ②어째서, 왜¶ ~ないのだろう 어째서 모르는 걸까 ③오히려¶ おとなしそうに見えるが、~気の強い人だ 온순한 듯 보이지만 오히려 마음이 강한 사람이다 II **感** ①웬걸, 천만의 말씀¶ ~、

そんなことはありません 웬걸요, 그렇지 않습니다 ②허 참, 아이쿠¶ ~たいした人気にんでしたよ 허 참, 대단한 인기던걸요 **―も 副** ①어떻게 해서든, 무슨 일이 있어도, 꼭 ②아무리 해도

**どうじめ** [胴締め] ①몸통을 죔, (특히 유도·레슬링에서) 허리죄기 ②(여자의) 허리끈

**とうしゃ** [当社] 당사 ①이 회사, 우리 회사¶ ~の規定 당사의 규정 ②이 神社じん

**とうしゃ** [投射] **名 他スル** 투사, 투영¶ ~図法ず 투사 도법/ 探照灯とうしょうを~する 탐조등을 투사하다

**とうしゃ** [透写] **名 他スル** 투사＝トレース¶ 図面ずんを~する 도면을 투사하다 **―紙** し 투사지

**とうしゃ** [謄写] **名 他スル** 등사 ①베껴 씀 ②등사판으로 인쇄함¶ ~刷り 등사 인쇄 **―版** はん 등사판＝ガリ版ばん

**どうしゃ** [同車] **名 自スル** 동승＝相乗あいのり¶ 途中とちゅうまで~する 도중까지 동승하다

**どうしゃ** [堂舎] 〔文〕 당사, 건물

**どうしゃ** [道者] ①도교를 닦은 사람, 도사＝道士どうし ②불도를 닦은 사람, 승려 ③순례자

**どうじゃく** [瞠若] 〔文〕 당약, 놀라서 눈이 휘둥그래짐, 당연¶ 天下てんかを~たらしめる 천하를 당연하게 하다

**とうしゅ** [当主] 당주, 현재 주인, 당대의 호주

**とうしゅ** [投手] 〔野〕 투수 **―戦** せん 〔野〕 투수전 **―板** ばん 〔野〕 투수판, 마운드

**とうしゅ** [党首] 당수¶ ~会談かい 당수 회담

**とうしゅ** [頭首] 수령, 우두머리, 두목

**どうしゅ** [同種] **名** 동종 ①같은 종류 ⇔ 異種いしゅ ②같은 인종 **―同文** どうぶん 동종 동문

**とうしゅう** [踏襲·蹈襲] **名 他スル** 답습¶ 先例せんを~する 선례를 답습하다

**とうじゅう** [当住] 〔文〕 ①현재의 주지(住持) ②현재의 주거(住居)

**どうしゅう** [同舟] **名** 〔文〕 동주, 같은 배에 탐¶ 呉越ごえつ~ 오월 동주

**どうしゅう** [同臭] **名** 〔文〕 ①동취, 같은 냄새 ②같은 취미·주의를 가진 동아리

**どうしゅう** [銅臭] 〔文〕 동취, 돈을 탐하거나 돈으로 지위를 얻은 자를 경멸하여 이르는 말

**とうしゅく** [投宿] **名 自スル** 〔文〕 투숙¶ 旅館かんに~する 여관에 투숙하다

**どうしゅく** [同宿] **名 自スル** 동숙 ①같은 숙소에 묵음, 그런 사람¶ ~の客きゃく 동숙객 ②같은 집에 하숙함, 그런 사람

**どうしゅつ** [導出] **名 他スル** 〔文〕 도출, (결론을) 이끌어냄¶ 結論けつを~する 결론을 도출하다

**どうじゅつ** [道術] 도술, 도교에서 행하는 방술

**とうしょ** [当初] 당초, 처음¶ ~の計画けいかくどおり 당초의 계획대로 **―予算** よさん 〔經〕 당초 예산, 본예산

**とうしょ** [投書] **名 自スル** 투서 ①의견·희망을 써서 관계 기관 등에 보냄¶ 役所やくしょに~する 관청에 투서하다 ②투고¶ ~者しゃ 투고자 **―欄** らん (신문·잡지의) 투고란

**とうしょ** [島嶼] 〔文〕 도서, 크고 작은 섬들

**とうしょ** [頭書] (文) 두서 I 名 他スル 본문 상 난에 써 넣음, 그런 글 II 名 첫머리의 글, 서 두¶ ～の通り 두서와 같이

**どうしょ** [同所] (文) 동소 ①같은 곳¶ 翌日～で行なわれる 내일 같은 장소에서 행해진다 ②(앞서 말한) 그곳, 거기

**どうじょ** [童女] 동녀, 계집아이

**とうしょう** [刀匠] (文) 도장, 도공

**とうしょう** [凍傷] [醫] 동상¶～にかかる 동상에 걸리다

**とうしょう** [闘将] 투장 ①투혼이 넘치는 장군·선수 ②정치·학생 운동의 지도자¶ 反核運動の～ 반핵 운동의 투장

**とうじょう** [東上] 名 自スル 동쪽으로 감, (특히 서쪽 지방에서) 東京へ로 감 ⇔ 西下

**とうじょう** [凍上] 名 自スル [氣] 동상, 땅속의 물이 얼어 지표면이 부풀어 오르는 현상

**とうじょう** [搭乗] 名 自スル 탑승¶ ～券 탑승권/ 飛行機に～する 비행기에 탑승하다

**とうじょう** [登場] 名 自スル 등장¶ 相次いで～する 잇따라 등장하다¶ 一人物 등장 인물

**どうじょう** [道床] (文) 도상, 선로의 침목 밑에 깐 자갈 등의 층

**どうじょう** [同上] 名 (文) 동상, 위와 같음

**どうじょう** [同乗] 名 自スル 동승, 함께 탐

**どうじょう** [同情] 名 동정 = 思いやり

**どうじょう** [堂上] 당상 ①당상의 위 ②[史] 당상관 ⇔ 地下

**どうじょう** [道場] 도장 ①무예를 닦는 곳¶ 柔道の～ 유도 도장 ②심신을 수양하는 곳 ③[佛] 도량, 절¶ 一破り 다른 도장으로 가서 무예를 겨뤄 모두 이기고 오는 일, 그런 사람

**どうしょういむ** [同床異夢] (文) 동상 이몽

**とうじょうか** [頭状花][植] 두상화

**とうじょうがく** [等正覚][佛] 등정각, 올바른 깨달음¶ 無上～ 무상 등정각

**どうしょく** [同色] 名 동색, 같은 색·색채

**どうしょく** [同職] 名 동직, 같은 직무·직업, 동업¶ ～組合 동업 조합

**どうしょくぶつ** [動植物] 동식물

**とうしろう** [*藤四郎] (俗) 초심자, 풋내기 ▷「しろうと」를 거꾸로 하여 인명처럼 부르는 말

**とうしん** [刀身] 도신, 칼의 몸체

**とうしん** [灯心·燈心] 등심, (남포의) 심지¶ ～をかきたてる 심지를 돋우다

**とうしん** [投身] 名 自スル 투신 = 身投げ¶ 一自殺 투신 자살

**とうしん** [投信] [經] 투신, 투자 신탁

**とうしん** [東進] 名 自スル 동진, 동쪽으로 나아감¶ 台風が～する 태풍이 동진하다

**とうしん** [盗心] 도심, 훔칠 생각¶ ～を起こす 도심을 일으키다

**とうしん** [等身] 名 등신, 키와 같은 높이¶ 一大 등신대¶ ～のマネキン 등신대의 마네킹

**とうしん** [等親] (가족 제도에서) 가족의 계급적 서열을 정한 것

**とうしん** [答申] 名 他スル 답신¶ 審議会の～ 심의회의 답신

**とうしん** [頭身] (造語) 머리 길이와 키의 비율, 등신(等身)¶ 八～ 8등신

**とうじん** [党人] 당인 ①당원 ②정당 출신의 정치가

**とうじん** [唐人] 당인 ①당나라 사람 ②외국인, 이국인 一笛 ①「チャルメラ」의 딴이름 ②「らっぱ」의 딴이름 一船 ①당나라배 ②외국배 一髷 근세 말기부터 소녀들 사이에서 유행한 틀어올리는 일본식 머리 모양
[慣用句]
一の寝言 뜻 모를 말, 두서없는 말

**とうじん** [*蕩尽] 名 他スル (文) 탕진¶ 遺産を～する 유산을 탕진하다

**どうしん** [同心] I 名 自スル 동심, 마음·행동 등을 같이함, 그런 사람¶ 一味～ 일미 동심 II 名 [史] ①(鎌倉·室町 시대에) 무가(武家)의 하급 병졸 ②(江戸 시대에) 与力 밑에 딸려서 서무·경찰 일을 보던 하급 관리 一円 [數] 동심원

**どうしん** [童心] 동심¶ ～を傷つける 동심에 상처를 입히다/ ～に帰る 동심으로 돌아가다

**どうしん** [道心] 도심 ①[文] 도덕심 ②[佛] 보리심¶ ～堅固な人 도심이 굳은 사람 ③[佛] 13세나 15세가 넘어서 불문에 든 사람¶ 青～ 풋나기 중, 사미

**どうじん** [同人] 동인 ①(앞서 말한) 같은 사람, 그 사람 ②동인, 동호인 一雑誌 동인 잡지

**どうじん** [道人] (文) 도인 ①불문에 들어가 득도한 사람 ②도교를 닦은 사람, 도사 ③신선의 술법을 닦은 사람 ④속세를 버린 사람

**とうしんせん** [等深線] [地] 등심선

**とうすい** [陶酔] 名 自スル 도취 ①술이 얼근히 취함 ②마음이 끌려 취하다시피 함¶ 音楽に～する 음악에 도취되다 一境 도취경

**とうすい** [統帥] 名 他スル 통수, 군대를 통솔·지휘함¶ ～権 통수권

**どうすい** [導水] 名 自スル 도수, 물을 끌어들임¶ ～管 도수관

**どうすう** [同数] 동수, 같은 수¶ 可否～ 가부 동수

**とうすみとんぼ** [灯心〈蜻蛉〉][動] 실잠자리

**とう・ずる** [投ずる] I 他サ変 ①던지다¶ 石を～ 돌을 던지다 ②쏟아 넣다, 투입하다¶ 資本を～ 자본을 투입하다 ③제기하다, 던지다¶ 問題に一石を～ 문제에 일석을 던지다 ④내던지다, 그만두다¶ 筆を～ 붓을 내던지다 ⑤투여하다, 주다¶ 薬を～ 약을 투여하다 II 自サ変 ①투합하다, 영합하다¶ 時流に～ 시류에 영합하다 ②편승하다, 틈타다¶ 機に～ 기회를 틈타다 ③묵다, 투숙하다¶ 旅館に～ 여인숙에 투숙하다 ④투항하다, 항복하다¶ 敵軍に～ 적군에 투항하다 ⑤투신하다¶ 改革派に～ 개혁파에 투신하다 ▷「投じる」로도 씀

**どう・ずる** [同ずる] 自サ変 (文) 동의하다, 찬성하다 = 同じる¶ 彼の意見に～ 그의 의견에 동의하다

**どう・ずる** [動ずる] 自サ変 동요하다, 마음이

とうぜ

흔들리다＝動ずる¶物のに～・じない 일을 당하여 동요하지 않다
とうぜ【党是】당시. 당의 기본 방침
どうぜ 副 ①어차피¶～勝ち目はない 어차피 승산은 없다 ②이왕에, 결국은¶～やるからには 이왕 할 바에는
とうせい【当世】당세, 지금 세상, 현대¶～流の 당세의 방식/～向き 현대 취향(에 맞음) ―具足（戦国시대의）胴丸를 개량한 갑주 ―風 名 ワ 당세풍. 현대풍
とうせい【東征】名 自スル (文) 동정. 동쪽으로 정벌하러 감¶―軍 동정군
とうせい【党勢】당세¶～を拡大する 당세를 확대하다
とうせい【陶製】도제. 도자기로 만듦. 그런 제품¶～の人形 도제 인형
とうせい【統制】名 他スル 통제¶～がとれていない 통제가 되어 있지 않다 ―経済〖経〗통제 경제
とうせい【頭声】〖音〗두성. 가장 높은 목소리¶～発声 두성 발성
とうせい【濤声】(文) 도성. 파도 소리
とうせい【騰勢】(文) 등세. 오름세¶物価は～をたどる 물가는 오름세를 유지하고 있다
どうせい【同姓】동성 ―同名 名 ワ 동성 동명
どうせい【同性】동성 ①성(性)이 같음 ②성질이 같음 ▷ ①② ⇔ 異性. ―愛 동성애
どうせい【同棲】名 自スル 동서 ①함께 삶 ②결혼하지 않은 남녀가 함께 삶, 동거¶～生活 동서 생활
どうせい【動静】동정¶～を探る 동정을 살피다
どうせい【同勢】(함께 행동하는) 일행¶～七人 일행 7명
とうせき【投石】名 自スル 투석. 돌을 던짐, 그 돌¶～事件 투석 사건
とうせき【党籍】당적¶～を離脱する 당적을 이탈하다
とうせき【透析】名 他スル 〖化〗투석¶人工～ 인공 투석
どうせき【同席】동석 I 名 같은 석차·지위 II 名 自スル 자리를 같이 함, 같은 모임에 참석함¶先輩と～する 선배와 동석하다
とうせつ【当節】요즈음, 근래¶～の若者 요즘 젊은이
とうせん【刀銭・刀泉】도전. 중국 고대의 칼 모양의 청동 화폐
とうせん【灯船・×燈船】〖交〗등선. 등대선
とうせん【当選】당선¶～者 당선자／議員に～する 의원에 당선되다
とうせん【当×籤】名 自スル 당첨¶宝くじに～する 복권에 당첨되다
とうせん【東遷】名 自スル (文) 동천. 동쪽으로 옮김 [이동함]
とうせん【登仙】名 自スル (文) 등선 ①선인이 되어 하늘에 오름¶羽化～ 우화 등선 ②귀인의 죽음에 대한 높임말
とうぜん【当然】ワ 副 당연＝あたりまえ¶～の結果 당연한 결과／～行くべきだ 당연히 가야 한다
とうぜん【東漸】名 自スル (文) 동점. (문화·세력 등이) 동쪽으로 이동함¶文明の～ 문명의 동점
とうぜん【陶然】タル (文) 도연 ①술이 거나하게 취함¶美酒に～となる 미주에 거나해지다 ②마음을 빼앗겨 황홀해짐, 도취¶音楽を～として聴く 음악을 도취되어 듣다
どうせん【同船】동선 I 名 自スル 같은 배에 탐 II 名 ①같은 배 ②(앞서 말한) 그 배
どうせん【銅銭】동전. 구리돈
どうせん【銅線】동선. 구리 철사
どうせん【導線】도선. 전류가 통하는 선
どうぜん【同前】名 (文) 동전, 앞과 같음¶以下 이하 앞과 같음
どうぜん【同然】같음, 다름없음¶兄弟～ ～の付き合い 형제나 다름없는 교제
どうぞ 副 ①아무쪼록¶～よろしく 아무쪼록 잘 부탁합니다 ②(공손하게 권유·허락을 나타내어) 어서, 좋습니다, 그렇게 하십시오¶はい、～ 예, 좋습니다[그렇게 하십시오]／お先に～ 먼저 가십시오[하십시오] ③(실현되기를 바라며) 부디¶～お元気で 부디 건강하시기를 ④뭐게는＝なんとか
とうそう【逃走】名 自スル 도주¶犯人の～経路 범인의 도주 경로
とうそう【党争】(文) 당쟁. 당파 싸움
とうそう【凍×瘡】〖医〗동창＝しもやけ
とうそう【痘×瘡】두창. 천연두. 마마
とうそう【闘争】名 自スル 투쟁¶～本能 투쟁 본능／賃上げ～ 임금 인상 투쟁
どうそう【同窓】동창¶～会 동창회
どうぞう【銅像】동상¶～をたてる 동상을 세우다
とうそく【党則】당칙. 당규
とうぞく【盗賊】도적. 도둑¶～の一味 도적의 한패
どうぞく【同族】동족 ①겨레붙이¶～意識 동족 의식 ②같은 혈족
どうぞく【同属】동속. 같은 종류에 속함
どうぞく【道俗】(文) 도속. 중과 속인＝僧俗
どうそじん【道祖神】〖民〗도로의 악령을 막고 행인을 지켜 준다는 신. 행신
どうそたい【同素体】〖化〗동소체
とうそつ【統率】名 他スル 통솔¶～力 통솔력／部下を～する 부하를 통솔하다
とうた【×淘×汰】名 他スル 도태¶不良企業は～される 불량 기업은 도태된다
どうだ 感 (권유나 동의를 구할 때 쓰는 말) 어때¶～、参ったか 어때 항복했지?
とうだい【灯台・×燈台】①(文) 등대 ②등잔 침대 ―守 등대수. 등대지기
慣用句
―下暗し 등잔 밑이 어둡다
とうだい【当代】당대 ①현대, 이 시대¶～一の名優 당대 제일의 명우 ②지금의 주인, 호주¶～で五代目 당대로 5대째 ③

지금의 天皇(てんのう), 금상(今上) ④그 시대
どうたい [同体] ①[名] 동체. 같은 몸, 한몸¶ 一心(いっしん)~ 일심 동체 ②[相撲] 두 선수가 동시에 넘어져서 앞뒤·우열이 없음¶ ~ではないかと物議(ぶつぎ)のいがつく 동시에 쓰러진 게 아닌가 하고 이의가 제기되다
どうたい [胴体] 동체. 몸통 ―着陸(ちゃくりく) [名][自スル] (비행기의) 동체 착륙
どうたい [動体] 동체 ①움직이고 있는 것¶ ~写真(しゃしん) 동체 사진 ②[物] 유동체, 유동체
どうたい [動態] 동태 ⇔ 静態(せいたい)¶ ~調査(ちょうさ) 동태 조사 ―統計(とうけい) [統] 동태 통계
どうたい [童体] [文] 어린이의 모습
どうたい [導体] [電] 도체, 양도체
どうだい [同大] [文] 크기가 같음
どうたく [銅鐸] [考古] 동탁. 종 모양의 청동기
とうたつ [到達] [名][自スル] 도달¶ 同(おな)じ結論(けつろん)に~する 같은 결론에 도달하다
とうだん [登壇] [名][自スル] 등단. 연단에 오름 ⇔ 降壇(こうだん)¶ 弁士(べんし)が~する 변사가 등단하다
どうだん [同断] [名][文] 같음, 전과 같음¶ 以下(いか)~ 이하 같음
どうだんつつじ [〈満天星〉] [植] 등대꽃
とうち [当地] 당지. 이곳, 이 지방
とうち [倒置] [名][自他スル] 도치¶ 主語(しゅご)と述語(じゅつご)とを~する 주어와 술어를 도치하다 ―反復(はんぷく) [表] 도치 반복 ―法(ほう) [表] 도치법
とうち [等値] [名] 등치 ①두 수의 값이 같음 ②[論] 동치: どうち
とうち [統治] [名][他スル] 통치는 とうじ¶ 信託(しんたく)~ 신탁 통치 ―権(けん) [法] 통치권. 주권 ―行為(こうい) [法] 통치 행위
どうち [同値] [名][論] 동치, 등치
とうちさ [唐〈萵苣〉] [植] 근대 = ふだんそう
とうちゃく [到着] [名][自スル] 도착¶ 目的地(もくてきち)に~する 목적지에 도착하다
どうちゃく [同着] [名] 동시착. 동시에 도착함¶ ~の二位(にい)に 동시착한 2위
どうちゃく [〈撞着〉] [名][自スル] [文] 당착 ①모순¶ 自家(じか)~ 자가 당착 ②맞부딪침
とうちゅう [頭注·頭註] 두주. 본문 위쪽에 단 주석 ⇔ 脚注(きゃくちゅう)¶ ~をつける 두주를 달다
どうちゅう [道中] 도중 ①여행 도중, 여행¶ ~ご無事(ぶじ)で 여행 길에 무사하시기를 ②(옛날에) 유녀(遊女)가 성장하고 유곽 안을 거닐던 일 ―記(き) ①여행기 ②여행 안내서 ―差(さし) (江戸(えど) 시대에) 서민이 여행 중에 찼던 호신용 칼 ―姿(すがた) ①여행복 차림, 역장 ②유녀가 성장하고 유곽 안을 거니는 모습 ―双六(すごろく) 東海道(とうかいどう) 53개소의 역참을 그린 말판을 쓰는 주사위 놀이
とうちょう [盗聴] [名][他スル] 도청¶ ~装置(そうち) 도청 장치 / 電話(でんわ)の~ 전화의 도청
とうちょう [登庁] [名][自スル] 등청. 관청에 출근함
とうちょう [登頂] [名][自スル] 등정. 산꼭대기에 오름= とうてい¶ 初(はつ)~に成功(せいこう)する 첫 등정에 성공하다
どうちょう [同調] 동조 I [名][自スル] ①가락을 맞춤 ②(남의 의견·태도에) 동의함¶ 仲間(なかま)が~する 동료가 동조하다 II [名][他スル] [電] 수신 장치가 특정 주파수의 전파를 이끌어냄 ―者(しゃ) 동조자
とうちょうこつ [頭頂骨] [醫] 두정골
どうちょうとせつ [道聽塗說] [文] 도청 도설 ①유익한 이야기를 귀넘어 들음 ②뜬소문을 주고 받음
とうちょく [当直] [名][自スル] 당직¶ ~の医師(いし) 당직 의사
とうちりめん [唐〈縮〉緬] 메린스, 모슬린
とうちん [陶枕] 도침, 도자기 베개
とうつう [疼痛] [文] 동통¶ 下腹(したばら)に~を感(かん)じる 아랫배에 동통을 느끼다
どうづき [胴突き] [建] ①터다지기, 달구질= 地固(じがた)め ②달굿대 ▷ 「どづき」라고도 함
とうてい [到底] [副] 도저히, 아무리 해도¶ ~彼(かれ)には及(およ)ばない 도저히 그에게는 못당한다
どうてい [同定] [名][他スル] ①[文] 동일하다고 판정함= 比定(ひてい) ②[生] 동정
どうてい [童貞] 동정 ①아직 여성과의 성경험이 없음, 그런 남자 ⇔ 処女(しょじょ)¶ ~を守(まも)る 동정을 지키다 ②[가] 수녀
どうてい [道程] 도정 ①노정= 道(みち)のり ②과정¶ 研究(けんきゅう)が完成(かんせい)するまでの~ 연구가 완성되기까지의 도정
とうてき [投擲] I [名][自スル] [文] 투척¶ 手榴弾(しゅりゅうだん)を~する 수류탄을 투척하다 II [名] 「投擲競技(とうてききょうぎ)」의 준말 ―競技(きょうぎ) [體] 투척 경기
どうてき [動的] [ダ] 동적¶ ~な絵(え) 동적인 그림
とうてつ [透徹] [名][自スル] 투철 ①투명¶ ~した秋(あき)の気(き) 투명한 가을의 기운 ②조리가 서 있고 일관됨¶ ~した理論(りろん) 투철한 이론
どうでも [連語] [口] ①아무렇든, 아무래도, 어떻든¶ ~構(かま)わない 아무래도 상관없다 ②어떻게 해서든지, 기어코, 꼭¶ ~見(み)たいとなれば 어떻게든 보고 싶다고 한다면 ―こうでも [副] 어떻게 해서든지, 반드시, 꼭
とうてん [当店] 당점. 이 가게, 우리 가게
とうてん [東天] [文] 동천. 동쪽 하늘, 새벽 하늘 ―紅(こう) ①새벽을 알리는 닭 울음 소리 ②일본 高知(こうち)현 특산의 애완용 닭
とうてん [読点] 쉼표, 모점= てん¶ ~を打(う)つ 모점을 찍다
とうでん [盗電] [名][自スル] 도전. 전기를 몰래 씀
とうでん [答電] [名][自スル] 답전. 회답 전보= 返電(へんでん)¶ ~を打(う)つ 답전을 치다
どうてん [同点] 동점¶ ~決勝(けっしょう) 동점 결승
どうてん [動転·動顛] [名][自スル] ①놀래서 평정을 잃음¶ 気(き)が~する 깜짝 놀라 어찌할 바를 잃음
どうでんき [動電気] [電] 동전기. 전류
どうでんりょく [動電力] 동전력. 기전력
とうと [東都] [文] 동도 ①동쪽의 수도 ②江戸(えど) 또는 東京(とうきょう)
とうど [凍土] [文] 동토. 언 땅¶ ―帯(たい) 동토대
とうど [唐土] [文] 당나라= もろこし·唐(とう)
とうど [陶土] 도토

**とうと・い** [尊い・貴い] [形] ①존귀하다, 고귀하다¶ ~身分<sub>ぶん</sub> 고귀한 신분 ②귀중하다, 소중하다¶ ~犧牲<sub>ぎせい</sub> 귀중한 희생／生命<sub>めい</sub>は~ 생명은 귀중하다 ▷「たっとい」라고도 함

**とうとう** [等等] [造語] 등등= などなど

**とうとう** [到頭] [副] 드디어, 결국, 끝내, 마침내¶ ~完成<sub>かんせい</sub>した 드디어 완성했다／~会<sub>あ</sub>えなかった 결국 만나지 못했다

**とうとう** [洞洞] [副] 깊숙하고 검음= どうどう¶ 黑<sub>こく</sub>~たる夜<sub>よ</sub> 칠흑같이 어두운 밤

**とうとう** [滔滔] [形動] ①도도 ①물이 기운차게 흐르는 모양¶ ~と流<sub>なが</sub>れる大河<sub>たいが</sub> 도도히 흐르는 대하 ②변설이 거침없는 모양¶ ~とまくしたてる 거침없이 기염을 토하다 ③세상 풍조가 어떤 방향으로 세차게 흐르는 모양¶ ~たる世論<sub>よろん</sub> 도도한 여론

**とうとう** [蕩蕩] [形動] 탕탕 ①넓고 큰 모양¶ ~たる大河 탕탕한 대하 ②평온한 모양

**とうどう** [東道] ①동쪽의 길 ②[文] 「東道<sub>とうどう</sub>の主<sub>しゅ</sub>」의 준말. 주인이 되어 손님을 돌보거나 안내를 함

**どうとう** [同等] [名] 동등¶ 大学卒<sub>だいがくそつ</sub>と~の実力<sub>じつりょく</sub> 대학 졸업과 동등한 실력／~に扱<sub>あつか</sub>う 동등하게 취급하다

**とうとう** [堂塔] 당탑. (절의) 당과 탑

**どうとう** [道統] [文] 도통. (유교의) 학문 계통

**どうどう** [同道] [名・自スル] 동도, 동행, 동반¶秘書<sub>ひしょ</sub>を~する 비서를 동반하다

**どうどう** [堂堂] [ト・副] 당당 ①웅대하고 훌륭함¶ 威風<sub>いふう</sub>~ 위풍 당당 ②공공연함¶ 正々<sub>せいせい</sub>~とたたかう 정정 당당히 싸우다 ③뛰어남, 손색이 없음¶ ~たる成果<sub>せいか</sub> 당당한 성과

**どうどうばつい** [党同伐異] [文] 당동 벌이. 자기 편을 감싸고 다른 편을 공격함

**どうどうめぐり** [堂堂巡り] [名・自スル] ①(논의 등의) 공전¶ 議論<sub>ぎろん</sub>は~している 논의는 공전되고 있다 ②기원을 위해 神社<sub>じんじゃ</sub>나 절의 건물 주위를 돎 ③(의회에서) 의원이 차례로 나와 투표함

**とうどく** [東独] 구 동독

**どうとく** [道徳] 도덕¶ 公衆<sub>こうしゅう</sub>~を守<sub>まも</sub>る 공중 도덕을 지키다 **—教育**<sub>きょういく</sub> [敎] 도덕 교육 **—律**<sub>りつ</sub> [倫] 도덕률

**とうとつ** [唐突] 당돌. 뜻밖임, 돌연함¶ ~な質問<sub>しつもん</sub> 당돌한 질문

**とうと・ぶ** [尊ぶ・貴ぶ] [他五] ①공경하다, 존경하다¶ 老人<sub>ろうじん</sub>を~ 노인을 공경하다 ②중시하다, 중요시하다¶ 人命<sub>じんめい</sub>を~ 인명을 존중하다 ▷「たっとぶ」라고도 함

**とうどり** [頭取] ①우두머리 ②(은행 등의) 장, 대표자, 총재¶ 銀行<sub>ぎんこう</sub>~ 은행장 ③(극장의 분장실이나 씨름판의) 감독

**どうとり** [胴取り・筒取り] 노름판을 빌려주고 자릿세를 받음, 그런 사람= 胴元<sub>どうもと</sub>

**とうな** [唐菜] [植] 배추의 일종

**どうなか** [胴中] ①몸통의 중간 ②한복판, 한가운데, 중앙¶ ~から二<sub>ふた</sub>つに切<sub>き</sub>る 한복판에서 둘로 자르다

**どうなが** [胴長] Ⅰ [名] ⑦ 몸통이 긺 Ⅱ [名] 가슴에서부터 바지・신발까지 하나로 붙은 고무옷

**とうなす** [唐茄子] [植] 호박

**どうなと** [副] [口] 「どうなりと」의 준말. 아무렇게든, 어떻게든¶ ~してくれ 어떻게든 해 주게

**とうなん** [東南] 동남= 南東<sub>なんとう</sub>・巽<sub>たつみ</sub> **—アジア** 동남 아시아

**とうなん** [盜難] 도난¶ ~届<sub>とど</sub>け 도난 신고

**とうなんとう** [東南東] 동남동

**とうに** [疾うに] [副] [口] 벌써, 훨씬 전에= とっくに¶ 準備<sub>じゅんび</sub>は~できています 준비는 벌써 되어 있습니다

**どうにか** [副] ①어떻게(든)= なんとか¶ ~ならないか 어떻게 안 될까 ②간신히, 겨우, 그럭저럭, 그런대로¶ ~やり終<sub>お</sub>えた 간신히 마쳤다 **—こうにか** [副] 「どうにか」의 힘줌말. 겨우겨우, 간신히, 가까스로 **—して** [副] 어떻게 해서든

**どうにも** [副] [口] ①아무리 해도, 도무지¶ ~書<sub>か</sub>き切<sub>き</sub>れない 아무리 해도 다 쓸 수 없다 ②정말로, 참으로¶ ~困<sub>こま</sub>ったものだ 정말로 곤란한 걸 **—こうにも** [副] 아무리 해도, 도무지 [慣用句]
**—仕様**<sub>しよう</sub>**がない** 어쩔 도리가 없다
**—ならない** 어찌할 도리가 없다

**とうにゅう** [投入] [名・他スル] 투입 ①던져 넣음 ②(돈・인원 등을) 쏟아 부음¶ 資本<sub>ほん</sub>を~する 자본을 투입하다

**とうにゅう** [豆乳] 두유

**どうにゅう** [導入] [名・他スル] 도입 ①끌어 들임¶ 外資<sub>がい</sub>~ 외자 도입 ②(이론・조건 등을) 받아들임 ⇔ 導出<sub>どうしゅつ</sub>¶ 新<sub>あたら</sub>しい理論<sub>りろん</sub>を~する 새로운 이론을 도입하다 **—部**<sub>ぶ</sub> 도입부

**とうにょうびょう** [糖尿病] [醫] 당뇨병

**とうにん** [当人] 당사자, 본인

**どうにん** [同人] → どうじん(同人)

**どうぬき** [胴抜き] (일본옷의 속옷에서) 몸통 부분만을 다른 천으로 지음, 그런 속옷

**とうねつびょう** [稻熱病] 도열병= いもち病<sub>びょう</sub>

**とうねん** [当年] 당년 ①금년, 올해¶ ~で18歳<sub>さい</sub> 금년 들어 18세 ②그 해, 그 당시

**どうねん** [同年] 동년 ①동갑, 같은 나이[학년]¶ 彼<sub>かれ</sub>とは~だ 그와는 동갑[한 학년]이다 ②[文] 같은 해 ③(앞서 말한) 그 해¶ ~四月<sub>しがつ</sub>入学<sub>にゅうがく</sub> 동년 4월 입학

**どうねん** [道念] [文] ①도념. 도덕심, 도의심 ②구도심(求道心) ③[文] 중의 아내= 梵妻<sub>ぼんさい</sub>

**どうねんぱい** [同年輩・同年配] 동년배¶ ~の知人<sub>ちじん</sub> 동년배의 지인

**との** [当の] [連体] 바로 그, 문제의 그¶ ~本人<sub>ほんにん</sub>に聞<sub>き</sub>く 장본인에게 묻다

**どうのこうの** [連語] ①이러쿵저러쿵, 이러저러니¶ ~文句<sub>もんく</sub>を言<sub>い</sub>う 이러쿵저러쿵 불평을 하다

**どうのま** [胴の間] (일본 배의) 중앙 선실

**とうのむかし** [疾うの昔] [口] 오래 전¶ ~に使<sub>つか</sub>い果<sub>は</sub>たした 오래 전에 다 써 버렸다

**とうは** [党派] 당파¶ ~心<sub>しん</sub> 당파심／~を組<sub>く</sub>

とうは【踏破】 名 他スル (文) 답파¶ 南アルプスを～する 남알프스를 답파하다
とうば【塔婆】「卒塔婆とば」의 준말. 탑파
どうば【道破】 名 他スル (文) 도파. 딱 잘라 말함¶ 真実じつを～する 진실을 도파하다
どうはい【同輩】 동배. 동년배. 동류
どうはい【銅牌】 (文) 동패. 동메달
とうはいごう【統廃合】 名 他スル 통폐합¶ 部局きょくの～ 부국의 통폐합
どうはかん【導波管】【電】 도파관
とうばく【倒幕】 名 他スル 幕府ばくを 타도함
とうばく【討幕】 名 他スル (文) 幕府를 토벌함¶ 尊皇そん～ 天皇てんを 받들고 幕府를 침
どうばち【銅鉢】 동발 ①놋쇠 주발 ②[佛] (근행할 때 치는) 구리로 만든 주발 모양의 바라
とうはちけん【藤八拳】「狐拳きつ」의 딴이름
とうはつ【頭髪】 두발. 머리털
とうばつ【党閥】 당벌. 당의 파벌
とうばつ【討伐】 名 他スル 토벌¶ ゲリラを～する 게릴라를 토벌하다
とうばつ【盗伐】 名 他スル 도벌 国有林こくゆうの～ 국유림의 도벌
とうはん【盗犯】 (文) 도범. 절도·강도 등의 범죄
とうはん【登坂】 名 自スル 등판. (차량이) 경사지를 올라감＝とはん¶ ～車線せん 등판 차선
とうはん【登攀】 名 自スル (文) 등반¶ マナスルへ～に成功こうする 마나슬루 등반에 성공하다
とうばん【当番】 당번¶ 掃除そうじ～をする 청소 당번을 하다
とうばん【登板】 名 自スル [野] 등판¶ エースが～する 에이스가 등판하다
どうはん【同伴】 名 自他スル 동반¶ 保護者ほごを～ 보호자 동반 ―者しゃ ①동반자 ②동조자
どうばん【銅板】 동판. 구리판
どうばん【銅版】【版】 동판¶ ～印刷さつ 동판 인쇄 ―画が [美] 동판화
どうばん【銅盤】 구리 대야
とうひ【当否】 당부 ①적부. 맞음과 맞지 않음 ②옳음과 그름¶ 事ごとの～は別べつとして 일의 당부는 차치하고
とうひ【逃避】 名 自スル 도피¶ 現実げんじつから～する 현실로부터 도피하다 ―行こう 도피행
とうひ【討匪】 (文) 토비. 비적을 토벌함
とうひ【等比】 名 등비 ―級数きゅう [数] 등비 급수. 기하 급수 ―数列すう [数] 등비 수열
とうび【掉尾】 (文) 도미. 마지막¶ ～を飾かざる 마지막을 장식하다
慣用句
―の勇ゆうを奮ふるう 마지막 용기를 떨치다
どうひつ【同筆】 (文) 동필. 동일인의 필적
とうひょう【灯標·*燈標】(文) 등표. 등화를 사용한 항로 표지
とうひょう【投票】 名 自スル 투표¶ 無記名めいい～ 무기명 투표 ―挙いっせい 투표율
とうびょう【投錨】 名 自スル 투묘. 닻을 내림. 정박함 ⇔抜錨びょう¶ 港外がいに～する 항구 밖에 닻을 내리다
とうびょう【痘苗】[医] 두묘. 종두용 백신
とうびょう【闘病】 名 自スル 투병¶ ～生活せいかつ 투병 생활
どうひょう【道標】 도표. 도로 표지＝みちしるべ¶ ～を立たてる 도표를 세우다
どうびょう【同病】 동병. 같은 병(을 앓는 사람)
慣用句
―相あい哀あわれむ 동병 상련하다
とうひん【盗品】 훔친 물건. 장물¶ ～故買ばい 장물 고매[취득]
とうふ【豆腐】 두부 ―殻がら 비지＝おから
慣用句
―に鎹かすがい 두부에 꺾쇠박기＝ぬかにくぎ
とうぶ【東部】 동부. (어떤 지역의) 동쪽 부분
とうぶ【頭部】 두부. 머리 부분¶ 仏像ぞうの～ 불상의 두부
とうふう【東風】 (文) ①동풍. 샛바람＝ひがしかぜ ②춘풍. 봄바람
とうふう【党風】 당풍. 당의 기풍¶ ～を刷新さっしんする 당풍을 쇄신하다
とうふう【唐風】 당풍. 중국풍＝からふう
どうふう【同封】 名 他スル 동봉¶ 写真しんを～する 사진을 동봉하다
どうふう【同風】 (文) 동풍. 같은 풍습·습관¶ ～一俗ぞく 동풍 일속
とうふく【当腹】 (文) 현재의 아내에게서 태어남. 그 소생
とうふく【倒伏】 名 自スル (文) 도복. (벼·보리 등이) 쓰러짐
どうふく【同腹】 (文) 동복 ①같은 어머니에게서 태어남. 그 동기 ⇔異腹いふく¶ ～の兄弟きょうだい 동복 형제 ②한통속
どうふく【道服】 ①도복. 도사(道士)의 옷 ②(옛날에 귀인이 외출할 때 입던) 羽織おりふう의 평상복 ③약식 법의(法衣)＝けさ
とうぶつ【唐物】 당물. 외래품¶ ～屋や 양품점
どうぶつ【動物】 동물¶ 草食しょく～ 초식 동물/～じみた行為こうい 동물 같은 행위 ―園えん 동물원 ―質しつ 동물질 ―性せい 동물성 ―的てき [ナ] 동물적¶ ～な本能ほん 동물적인 본능
どうぶるい【胴震い】 名 自スル (추위나 두려움으로) 온몸이 떨림¶ あまり寒さむくて～する 너무 추워서 온몸이 떨리다
とうぶん【当分】 名 副 당분간. 얼마 동안¶ ～欠場けつじょうします 당분간 결장합니다
とうぶん【等分】 名 他スル 등분¶ 五～にする 5등분하다
とうぶん【糖分】 당분¶ ～をひかえる 당분을 삼가다
どうぶん【同文】 名 (文) 동문 ①같은 문장¶ 以下か～ 이하 동문 ②쓰는 문자가 같음¶ ～同種どうしゅ 동문 동종. 문자와 인종이 같음
とうへき【盗癖】 도벽¶ ～のある子こ 도벽이 있는 아이
とうへん【等辺】 名 [数] 등변¶ 二に～三角形さんかくけい 이등변 삼각형
とうべん【答弁】 名 自スル 답변¶ 国会かい～ 국회 답변/～に立たつ 답변에 나서다

**とうへんついほう** [陶片追放] [史] 도편 추방
**とうへんぼく** [唐変木] 벽창호
**どうぼ** [同母] [名] [文] 동모. 같은 어머니, 동복
**とうほう** [当方] [文] 당방. 이쪽, 우리 쪽 ⇔ 先方きき¶~の手落ちち 이쪽의 실수
**とうほう** [東方] [文] 동방¶~諸国ここ 동방 제국 **―正教会**せいきょうかい [宗] 동방 정교회
**とうぼう** [逃亡] [名] [自スル] 도망¶~者しゃ 도망자/犯人はんにんが~する 범인이 도망치다
**どうほう** [同胞] 동포 ①같은 겨레[민족]¶海外かいがい~ 해외 동포 ②형제 자매
**どうぼう** [同房] [名] [文] 같은 방·감방
**どう*ぼう** [同*朋] [文] 동붕. 친구, 동료
**とうほく** [東北] ①동북. 동북쪽= 北東ほくとう. 艮うしとら ②本州ほんしゅうの 동북부 지방, 東北 지방
**とうぼく** [倒木] 쓰러진 나무
**とうぼく** [唐墨] 당묵. 중국제 먹= からすみ
**どうぼく** [童僕・*僮僕] [文] 동복. 사내아이 종
**とうほくとう** [東北東] 동북동
**どうほこ** [銅矛・銅*鉾] [考古] 동모. 양날이 달린 청동제 무기
**とうほん** [唐本] 당본. 중국에서 들어온 책
**とうほん** [謄本] 등본 ①원본의 내용을 전부 베껴 쓴 문서¶登記簿とうきぼ~ 등기부 등본 ②「戸籍こせき謄本とうほん」의 준말. 호적 등본
**とうほん** [*藤本・*籐本] [植] 등본. 목본(木本)의 덩굴성 식물
**とうほん せいそう** [東奔西走] [名] [自スル] 동분서주¶資金しきん集あつめに~する 자금을 모으러 동분 서주하다
**どうまき** [胴巻(き)] (허리에 감는) 전대
**どうまごえ** [胴間声] 굵고 탁한 목소리¶~を張はり上あげる 굵고 탁한 소리를 내지르다
**どうまる** [胴丸] 통처럼 만든 간편한 갑옷
**とうまるかご** [唐丸*籠] (江戸えど 시대의) 대오리로 엮은 죄인 호송용 가마
**どうまわり** [胴回り・胴*廻り] 몸통[허리] 둘레
**とうみ** [唐*箕] [農] 풍구
**とうみつ** [糖*蜜] 당밀
**どうみゃく** [動脈] 동맥 ①[醫] 심장에서 온몸으로 피를 나르는 혈관 ⇔ 静脈じょうみゃく¶大だい~ 대동맥 ②[比] 주요 교통로¶新幹線しんかんせんは日本にほんの~だ 新幹線은 일본의 동맥이다 **―硬化**こうか [醫] 동맥 경화 **―瘤**りゅう [醫] 동맥류
**とうみょう** [灯明・*燈明] 등명. 신불에게 올리는 등불¶お~をあげる 등명을 올리다
**どうみょう** [同*苗] [文] ①동성(同姓) ②동족
**どうみょうじ** [道明寺] ①「道明寺どうみょうじ糂粏はたし」의 준말. 찹쌀을 쪄서 말린 휴대용 식품 ②쪄서 말린 찹쌀 가루를 재료로 하여 속에 소를 넣은 일본식 과자
**とうみん** [冬眠] [名] [自スル] [動] 동면. 겨울잠¶~から覚さめる 동면에서 깨어나다
**とうみん** [島民] 도민. 섬의 주민
**とうむ** [党務] 당무¶~を処理しょりする 당무를 처리하다
**とうめい** [東名] 東京とうきょう와 名古屋なごや
**とうめい** [透明] [ア] 투명¶~度ど 투명도/~なガラス 투명한 유리
**どうめい** [同名] [名] 동명. 같은 이름¶同姓どうせい~ 동성 동명 **―異人**いじん 동명 이인
**どうめい** [同盟] [名] [スル] 동맹¶~を結むすぶ 동맹을 맺다 **―休校**きゅうこう 동맹 휴교 **―罷業**ひぎょう 동맹 파업=ストライキ
**どうメダル** [銅メダル] 동메달
**とうめん** [当面] Ⅰ [名] [自スル] 당면¶~の問題もんだい 당면한 문제/難局なんきょくに~する 난국에 당면하다 Ⅱ [副] 당분간, 당장은¶~、心配しんぱいはいらない 당분간 걱정할 것 없다
**どうも** [副] (口) ①아무리 해도, 도무지¶~分わからない 도무지 모르겠다 ②어쩐지¶~おかしい 어쩐지 이상하다 ③아무래도, 아무리 생각해도¶~寂さびしくていけない 아무리 생각해도 쓸쓸해서 안 좋다 ④정말, 매우¶~困こまったことになりました 정말 난처하게 되었습니다 ⑤상대방에 대한 감사·사과·후회 등의 인사말¶昨日きのうの~は 어제는 정말 (고마웠습니다, 실례했습니다)
**どうもう** [童*蒙] [文] 동몽. 어린이
**どうもう** [*獰猛] [名] [ナ] 영맹. 사나움¶~な犬いぬ 사나운 개
**とうもく** [頭目] 두목. 우두머리¶山賊さんぞくの~ 산적의 두목
**どうもく** [*瞠目] [名] [自スル] [文] 당목. 눈을 크게 뜸. 당시(瞠視)¶世間せけんを~させる 세상을 당목하게 하다
**どうもと** [胴元・*筒元] ①노름방 주인= 胴親どうおや ②일을 총괄하여 마무르는 사람= 元締もとしめ
**どうもり** [堂守] 당지기
**とうもろこし** [(玉蜀黍)] [植] 옥수수
**どうもん** [同門] 동문 ①같은 선생에게서 배우는 일¶~の出で 동문 출신 ②같은 유파
**どうもん** [洞門] 동문 ①동굴 입구 ②동굴
**とうや** [当夜] [文] ①당야. 당일 밤, 그날 밤¶事件じけんの~の行動こうどう 사건 당일 밤의 행동 ②늘 밤
**とうや** [陶*冶] [名] [他スル] 도야¶人格じんかくを~する 인격을 도야하다
**とうや** [頭屋・当屋] [民] 神社じんじゃの 제례나 행사 등을 주재하는 사람, 그런 집
**どうや** [同夜] [文] 동야 ①같은 날 밤 ②(앞서 말한) 그날 밤
**とうやく** [投薬] [名] [自他スル] [薬] 투약¶患者かんじゃに~する 환자에게 투약하다
**どうやく** [同役] 같은 직무(의 사람), 동료¶御ご~さん 동료되시는 분
**どうやら** [副] (口) ①그럭저럭, 간신히¶~完成かんせいまでこぎつけた 그럭저럭 완성하기까지 이르렀다 ②아무래도, 어쩐지¶~雨あめになりそうだ 아무래도 비가 올 것 같다 **―こうやら** [副] 그럭저럭, 간신히
**とうゆ** [灯油・*燈油] 등유
**とうゆ** [*桐油] ①동유. 유동(油桐)의 씨에서 짠 건성유 ②「*桐油紙がみ」의 준말 **―紙がみ** 동유지
**どうゆう** [同友] [文] 동우. 뜻을 같이하는 친구 **―会**かい [經] 경제 동우회

どうゆう [同憂] (文) 동우. 근심을 함께함, 그런 사람¶ ～の士 동우지사

とうよ [投与] 名他スル(文) 투여¶ 大量～ 대량 투여/ ワクチンを～する 백신을 투여하다

とうよう [灯用・燈用] 등용, 등화용

とうよう [当用] 名 당용. 당장 씀, 당면한 용무・필요¶ ～に買い 당장 쓸 것만 조금씩 삼 —漢字 당용 한자. 1946년 고시된 1850자의 한자 —日記 당면한 일을 적는 일기

とうよう [東洋] 동양 ⇔ 西洋¶ ～医学 동양 의학 —画 (美) 동양화

とうよう [盗用] 名他スル 도용¶ デザインを～する 디자인을 도용하다

とうよう [登用・登庸] 名他スル 등용¶ 新人を～する 신인을 등용하다

どうよう [同様] 같음. 다름없음. 마찬가지임¶ ただ～で売る 거저나 다름없이 팔다

どうよう [動揺] 名自スル 동요 ①(물체가) 흔들려 움직임¶ 機体の～が激しい 기체의 동요가 심하다 ②(마음이) 흔들려 움직임, 불안해짐¶ 政界が～する 정계가 동요하다

どうよう [童謡] 동요

どうよく [胴欲・胴慾] 名ナ(文) 탐욕. 탐욕 무도¶ ～な人 탐욕 무도한 사람

とうらい [当来] 名(佛) 당래. 내세, 미래

とうらい [到来] 名自スル 도래 ①때가 옴¶ 好機が～する 호기가 도래하다 ②선물이 도착함 —物 선사받은 물건, 선사품

とうらく [当落] 당락. 당선과 낙선¶ ～が判明する 당락이 판명되다

とうらく [騰落] (文) 등락¶ 物価の～ 물가의 등락

どうらく [道楽] 名自スル 도락 ①취미¶ 食い～ 식도락 / 釣りが～だ 낚시가 취미다 ②주색잡기에 빠짐. 방탕함¶ ～で身をもちくずす 주색에 빠져서 신세를 망치다 —息子 방탕한 자식, 탕자 —者 ①난봉꾼 ②게으름뱅이

どうらん [胴乱] ①(어깨에 메는) 식물 채집통 ②약・도장 등을 넣어 허리에 차는 네모난 가죽 주머니

どうらん [動乱] 동란¶ ～が鎮まる 동란이 진압되다

とうらんけい [倒卵形] (植) 도란형. 거꿀달걀꼴¶ ～の葉 도란형의 잎

とうり [党利] 당리 —党略 당리 당략¶ ～を事とする 당리 당략을 일삼다

とうり [桃李] 도리. 복숭아와 오얏

慣用句

—もの言わざれども下自ずから蹊を成す 덕이 있는 사람은 자연히 사람이 따르게 마련이다

どうり [道理] 도리. 이치¶ ～にかなう 도리에 맞다 / ものの～がわかる 사물의 이치를 알다 —で 副 어쩐지, 과연

とうりつ [倒立] 名自スル 도립. 거꾸로 섬, 물구나무서기＝逆立ち

どうりつ [同率] 동률. 같은 비율¶ ～首位

に立つ 동률 수위에 서다

どうりつ [道立] 도립. 北海道가 설립 운영함. 그런 시설¶ ～高校 도립 고교

とうりゃく [党略] 당략¶ 党利～ 당리 당략

とうりゅう [当流] (文) 당류 ①이 유파, 우리 유파 ②현대풍

とうりゅう [*逗留] 名自スル 두류, 체류¶ 長～ 장기 체류¶ ～滞在に勝るよそ예스러운 말

どうりゅう [同流] 동류 I 名自スル 같은 흐름(이 됨) II 名 같은 유파

とうりゅうもん [登竜門] 등용문¶ 文壇への～ 문단에의 등용문

とうりょう [投了] 名自スル 투료. (바둑・장기에서) 한쪽이 진 것을 인정하고 대국을 끝냄

とうりょう [棟梁] 동량 ①도편수 ②(文) 우두머리, 통솔자¶ 一国の～ 일국의 동량

とうりょう [等量] 등량. 같은 분량

とうりょう [統領] 名他スル 통령. 통할하여 다스림, 그런 사람

とうりょう [頭領] 두령, 두목, 수령

どうりょう [同僚] 동료¶ 職場の～ 직장의 동료

どうりょく [動力] 동력. 원동력¶ ～伝達装置 동력 전달 장치 —源 동력원

どうりん [動輪] (交) 동륜

とうるい [党類] (文) 당류. 도당, 한패

とうるい [盗塁] 名自スル (野) 도루＝スチール

とうるい [糖類] (生) 당류¶ 単～ 단당류

どうるい [同類] 동류 ①같은 종류¶ ～を集める 한패를 모으다 —項 (数) 동류항 ②동류, 한패

とうれい [答礼] 名自スル (文) 답례

どうれつ [同列] 名自スル 동렬 ①같은 줄 ②동등한 정도・지위・자격¶ ～には論じられない 동렬로는 논할 수 없다

とうろ [当路] (文) 당로. 중요한 자리에 있음, 그런 사람¶ ～の要人 당로의 요인

どうろ [道路] 도로¶ 高速～ 고속 도로 —交通法 (法) 도로 교통법 —標識 (交) 도로 표지

とうろう [灯籠・燈籠] 등롱 吊～ 매다는 등롱 / 石～ 석등롱 —流し 우란분재의 마지막 날에 작은 등롱에 불을 켜서 바다나 강에 띄우는 행사

とうろう [登楼] 名自スル 등루 ①누각에 오름 ②청루(青楼)에서 놂

とうろう [*蟷螂] (文) 당랑. 사마귀＝かまきり

慣用句

—の斧 당랑지부. 제 분수도 모르고 강적에게 대항함

とうろく [登録] 名他スル 등록¶ 住民～ 주민 등록 / 版権～を～する 판권을 등록하다 —商標 (法) 등록 상표

とうろん [討論] 名自他スル 토론¶ ～会 토론회

どうわ [童話] 동화 —劇 동화극

どうわ [道話] 도화. 사람의 도리를 가르치는 이야기. (특히) 심학(心學)의 강화(講話)

どうわきょういく [同和教育] (教) 차별을 없

애고 자유와 평등의 실현을 목표로 하는 교육

**とうわく** [当惑] 名 自スル 당혹¶ 突然なんの質問もんに~する 돌연한 질문에 당혹하다

**どう わすれ** [胴忘れ] 名 他スル 깜박 잊음= 度忘われれ¶ 相手あいての名前なまえを~する 상대방의 이름을 깜박 잊어버리다

**とえい** [都営] 名 東京都とうきょうとが 경영함¶ ~バス 東京都가 경영하는 버스

**と え はたえ** [十重二十重] 名 열 겹 스무 겹, 겹겹¶ ~に取とり囲かこむ 겹겹이 에워싸다

**ど えら・い** [ど偉い] 形(俗) 어마어마하다, 엄청나다¶ ~人物じんぶつ 어마어마한 인물

**と お** [十] 열, 10, 열 개, 열 살

**とおあさ** [遠浅] (바다나 호수의) 물가에서 멀리까지 물이 얕음, 그런 곳¶ ~の海うみ 천해

**とおあるき** [遠歩き] 名 自スル 멀리 나다님

**と お・い** [遠い] 形 ①거리가 길다¶ 駅えきから~ 역에서 멀다 ②시간적인 간격이 크다¶ 完成かんせいにはほど~ 완성하려면 아직 멀었다 ③(관계·교제가) 얕다, 소원하다¶ ~親戚しんせき 먼 친척/ 二人ふたりの間あいだは~くなった 두 사람 사이는 멀어졌다 ④성질·내용이 닮지 않다¶ 天才てんさいというには~ 천재라고 하기에는 거리가 멀다 ⑤잘 들리지 않다¶ 耳みみが~ 귀가 멀다 ⑥(「気きが~くなる」의 꼴로) 정신을 잃다, 멍해지다
〔慣用句〕
―くて近ちかいは男女だんじょの仲なか 멀고도 가까운 것은 남녀 사이

**とおう** [渡欧] 名 自スル 도구, 유럽에 감

**とおえん** [遠縁] 名 먼 친척[일가]¶ ~にあたる人ひと 먼 친척뻘 되는 사람

**とおか** [十日] 名 ①10일간 ②(그 달의) 10일, 초열흘¶ 来月らいげつの~ 내달 10일
〔慣用句〕
―の菊きく〔比〕 때가 늦어 쓸모가 없음

**とおからず** [遠からず] 副 머지 않아, 불원간¶ ~完成かんせいするだろう 불원간 완성될 것이다

**とおく** [遠く] Ⅰ名 먼 곳¶ ~を見みる 먼데를 보다 Ⅱ副 ①(시간·공간적으로) 멀리¶ ~離はなれる 멀리 떨어지다 ②(차이가) 크게, 훨씬, 매우¶ ~及およばない 크게 못 미치다
〔慣用句〕
―の親類しんるいより近ちかくの他人たにん 멀리 있는 친척보다 가까운 이웃, 이웃 사촌

**とおざか・る** [遠ざかる] 自五 멀어지다 ①(거리가) 멀어져 가다¶ 港みなとが~ 항구가 멀어지다 ②(어떤 단계에서) 멀리 떨어지다, 물러가다¶ 危機ききが~ 위기가 물러가다 ③소원해지다¶ 文壇ぶんだんから~ 문단에서 멀어지다 ④동떨어진 상태가 되다, 달라져 가다¶ 事実じじつから~ 사실에서 멀어지다

**とおざ・ける** [遠ざける] 他下一 멀리하다 ①멀리 떨어지게 하다, 물리치다¶ 火ひから~ 불에서 멀리 떨어지게 하다 ②가까이하지 않다¶ 酒さけを~ 술을 멀리하다/ 悪友あくゆうを~ 나쁜 친구를 멀리하다

**とおし** [簁] 어레미, 발이 굵은 체

**とおし** [通し] ①처음부터 끝까지 이어짐¶ 番号ばんごう 일련 번호 ②(劇) 「通とおし狂言きょうげん」의 준말¶ 芝居しばいを~で見みる 연극을 처음부터 끝까지 (쉬지 않고) 구경하다 ③(料) (「お~の 꼴」로) 주문한 요리 전에 나오는 간단한 음식= 突つき出だし ④(形式) (명사·동사 연용형에 붙여 「…どおし」의 꼴로) 줄곧, 내내¶ 夜よ~ 밤새도록/ 立たち~ 줄곧 서 있음

**とおしうま** [通し馬] 도중에 갈아타지 않고 한 말로 목적지까지 감, 그런 말

**とおし きっぷ** [通し切符] ①출발지에서 목적지까지 한 장으로 통용되는 표 ②(연극·스포츠 등에서) 주·야간 또는 며칠을 내리 사용할 수 있는 표

**とおし きょうげん** [通し狂言] (劇) 하나의 狂言きょうげんを 처음부터 끝까지 쉬지 않고 상연하는 일, 그런 狂言きょうげん= 通とおし ⇔ 見取みどり

**とおしや** [通し矢] 멀리 있는 과녁을 쏘아 맞추기, 그 화살

**とお・す** [通す] 他五 ①통하게 하다, 꿰다, 끼우다¶ 針はりに糸いとを~ 바늘에 실을 꿰다 ②꿰뚫다, 관통하다¶ 壁かべに穴あなを~ 벽을 꿰뚫은 구멍 ③「透す」(액체·빛 등을) 투과시키다¶ 光ひかりを~ 빛을 투과시키다 ④속까지 이르게 하다¶ 食たべ物ものに火ひを~ 음식에 가열하다 ⑤(액체에) 담갔다 꺼내다¶ 熱湯ねっとうを~して消毒しょうどくする 열탕에 담갔다가 꺼내어 소독하다 ⑥길을 내다, 개통시키다¶ A市しからB市しに道みちを~ A시에서 B시로 길을 내다 ⑦통과[통행]시키다, 지나가게 하다¶ 裏門うらもんから人ひとを~ 뒷문으로 사람을 통행시키다 ⑧안으로 들이다, 안내하다¶ 応接間おうせつまに~ 응접실로 안내하다 ⑨(음식점 등에서 주문을) 카운터에 알리다¶ お酒さけ五本ごほん~して あります 술 다섯 병 카운터에 주문해 두었습니다 ⑩(기관에) 회부하다, 상정하다, (이야기를) 진행시키다¶ 案件あんけんを議会ぎかいに~ 안건을 의회에 상정하다/ 話はなしは~してある 이야기는 전했다 ⑪(심의 등에서) 받아들이다, 통과시키다¶ 衆議院しゅうぎいんは予算案よさんあんを~した 중의원은 예산안을 통과시켰다 ⑫조리를 세우다¶ 筋すじを~して説明せつめいする 조리가 닿도록 설명하다 ⑬(처음부터 끝까지) 계속하다¶ 第一だいいち楽章がくしょうから~して演奏えんそうする 제 1악장부터 잇달아 연주하다 ⑭끝까지 밀고 나가다, 관철하다¶ 主張しゅちょうを~ 주장을 관철하다 ⑮(「徹す」) 도중에 끊기지 않고 계속하다¶ 独身どくしんで~ 계속 독신으로 지내다 ⑯(「目めを~」의 꼴로) 훑어보다¶ 書類しょるいにざっと目めを~ 서류를 대강 훑어보다 ⑰(「…を~して」의 꼴로) …를 통하여¶ 人ひとを~して申もうし込こむ 남을 통하여 신청하다 ⑱(補助) (동사 연용형에 붙어) 계속해서[끝까지] …하다¶ やり~ 끝까지 해내다

**とおぜめ** [遠攻め] 멀리서 쳐들어가는 일

**とおせんぼう** [通せん坊] ①양팔을 벌려 길을 막고 지나가지 못하게 하는 아이들 놀이 ②길을 막음, 통행 금지¶ 道路工事どうろこうじで~になっ

ている 도로 공사로 통행 금지가 되어 있다 ▷「とおせんぼ」라고도 함
**とおっぱしり**[遠っ走り] 名 自スル (口) 멀리 나감¶休日には車で～する 휴일에는 차로 멀리 나간다
**とおで**[遠出] 名 自スル 원출. 멀리 나감¶郊外まで～する 교외까지 멀리 나가다
**とおとうみ**[遠江] 일본의 옛지방 이름. 지금의 静岡현 서부＝遠州
**ドーナツ**(doughnut) 돗넛 **一盤** 〘音〙 도넛반. 1분에 45회전하는 소형 음반
**とおなり**[遠鳴り] 멀리서(멀리까지) 울림, 그런 소리¶潮の～ 멀리서 울려 오는 해조음
**とおね**[遠音] 멀리서 들리는 소리¶鐘の～ 멀리서 들리는 종소리
**とおの・く**[遠退く] 自五 멀어지다 ①멀리 떨어지다¶足音が次第に～ 발소리가 점점 멀어지다 ②(어느 단계가) 지나다, 물러가다¶可能性が～が 가능성이 멀어지다 ③소원해지다¶足が～ 발길이 뜸해지다
**とおの・ける**[遠退ける] 他下一 멀리하다¶人を～ 사람을 멀리하다
**とおのり**[遠乗り] 名 自スル 말이나 차를 타고 멀리까지 놀러감¶～を楽しむ 차를[말을] 타고 놀러가는 것을 즐기다
**とおび**[遠火] ①원화. 멀리서 피우는 불 ②(요리 등에서) 불길에 멀리 떨어지게 대는 일, 먼불¶～で焼く 먼불에 굽다
**とおぼえ**[遠吠え] 名 自スル ①(개・늑대 등이) 멀리서 짖음, 그런 소리 ②〘比〙 뒤에서 비난함¶負け犬の～ 뒤에서 하는 패배자의 비난 같은 건 무시하라
**とおまき**[遠巻き] 멀찍이 둘러쌈¶やじ馬が～にする 구경꾼들이 멀찍이 둘러싸다
**とおまわし**[遠回し・遠廻し] 名 에두름, 완곡함¶～に注意する 에둘러 주의를 주다
**とおまわり**[遠回り・遠廻り] Ⅰ 名 自スル 멀리 돌아서 감, 우회 ⇔ 近回り¶～して帰る 우회해서 돌아가다 Ⅱ 名 ア 잔손이 많이 감, 번거로움¶～なやり方 번거로운 방법
**とおみ**[遠見] ①먼 곳을 바라봄¶～がきく 먼 곳이 잘 보이다 ②먼눈, 먼빛＝遠目¶～には美しい 먼빛에는 아름답다 ③(높은 곳에서) 멀리 있는 적을 정찰함, 그런 사람 ④〘劇〙 원경을 그린 배경
**とおみち**[遠道・遠路] ①원로, 먼길, 먼길을 걸음¶～を歩くで 먼길을 걷다 ②멀리 돌아가는 길, 우회로 ⇔ 近道¶帰りに～をする 귀로에 돌아서 오다
**ドーム**(dome) 〘建〙 돔, 둥근 지붕[천장] **一球場** 돔 구장. 지붕이 달린 야구장
**とおめ**[遠め] 멀찍함, (보통보다) 조금 멂 ⇔ 近め¶～の直球 멀찍한 직구
**とおめ**[遠目・遠眼] ①먼눈, 먼빛¶～には見分けがつかない 먼빛으로는 분간할 수 없다 ②먼데까지 잘 보이는 눈¶～が利く 먼데까지 잘 볼 수 있다 ③원시 ⇔ 近目¶～用の眼鏡 원시용 안경

**とおめがね**[遠眼鏡] 망원경
**とおや**[遠矢] 활을 멀리 쏨, 그런 화살
**とおやま**[遠山] 〘文〙 먼산, 멀리 보이는 산
**とおやまざと**[遠山里] 〘文〙 두메, 산촌
**とおり**[通り] ①거리, 길, 도로, 한길¶にぎやかな～ 번화한 거리 ②통행, 내왕, 왕래¶人～ 사람 왕래 ③(차량・물 등의) 흐름, 유통, 소통¶車の～がよい 차의 흐름이 좋다 ④[〘透り〙](소리가) 전달되는 정도¶～のいい声 잘 트이는 목소리 ⑤평판, 평, 신용¶一般に～の悪いな政策 일반에게 평이 좋지 않은 정책 ⑥〘形式〙《連体修飾語를 받아》…와 같음, …대로임¶結果は以下の～ 결과는 이하와 같음／もと[元]の～に直さす 원래대로 고치다 ⑦〘造語〙《수를 나타내는 말에 붙어》종류, 가지¶やり方は何～もある 방법은 몇 가지나 있다 ⑧〘造語〙《거리 이름에 붙어「…どおり」의 꼴로》 …거리, …로¶銀座～ 銀座 거리 ⑨〘造語〙《명사에 붙어「…どおり」의 꼴로》…정도, …가량¶九分～の仕上がり 9할 정도의 마무리 ㋺ …대로¶指示～に動く 지시대로 움직이다
**とおりあめ**[通り雨] 지나가는 비
**とおりいっぺん**[通り一遍] ア 면치레뿐임, 형식적임¶～のあいさつ 면치레뿐인 인사
**とおりがかり**[通り掛かり] ①지나는 길[도중]¶～に寄る 지나는 길에 들르다
**とおりかか・る**[通り掛かる] 自五 마침 그곳을 지나가다¶～った船に救助される 마침 그곳을 지나가던 배에 구조되다
**とおりがけ**[通り掛け] 名 지나는 길¶～に立ち寄る 지나는 길에 들르다
**とおりこ・す**[通り越す] 他五 ①(장소를) 지나쳐 가다¶駅を～ 역을 지나쳐 가다 ②(어떤 정도를) 넘다¶冷たさを～して痛くなる 차가움을 넘어 아프기까지 하다
**とおりことば**[通り言葉] ①통용어 ②은어
**とおりすがり**[通りすがり] 名 지나는 길[도중]¶～に本屋に立ち寄る 지나는 길에 책방에 들르다
**とおりす・ぎる**[通り過ぎる] 自上一 (어느 장소를) 지나쳐 가다＝通りこす
**とおりそうば**[通り相場] ①일반에 통용되는 시세, 보통 시세 ②일반이 내리는 평가・기준
**とおりな**[通り名] 통칭＝通称¶～で呼ぶ 통칭으로 부르다
**とおりぬけ**[通り抜け] (골목 등을) 빠져 나감, 빠져 나가는 통로¶～禁止 통과 금지
**とおりま**[通り魔] ①지나가면서 순식간에 사람을 해친다는 요물 ②지나가면서 사람에게 위해를 가하는 괴한¶～に刺されて死んだ 갑자기 나타난 괴한에게 찔려 죽었다
**とおりみち**[通り道] ①통로, 다니는 길¶台風の～ 태풍의 통로 ②지나는 길¶学校への～にポストがある 학교 가는 길에 우체통이 있다
**とお・る**[通る] 自五 ①통과하다, 뚫고 나가다, 뚫리다¶列車がトンネルを～ 기차가

터널을 통과하다 ②곧게 이어지다¶鼻筋(はなすじ)の〜·った顔(かお) 콧날이 선 얼굴 ③(액체·빛 등이) 통과하다, 투과하다¶この幕(まく)では光(ひかり)が〜 이 막으로는 빛이 통과한다 ④속까지 스며들다¶寒(さむ)さが骨身(ほねみ)まで〜 추위가 뼛속까지 스며들다 ⑤통하다, 개통하다, 개설되다¶電話(でんわ)が〜 전화가 통하다/岬(みさき)までバスが〜·っている 곶까지 버스가 다니고 있다 ⑥지나가다, 통행하다¶人(ひと)っ子(こ)一人(ひとり)〜·らない道(みち) 사람 하나 다니지 않는 길 ⑦(안내되어) 안으로 들어가다¶案内(あんない)されて書斎(しょさい)に〜 안내를 받아 서재에 들어가다 ⑧(음식점 등에서) 주문이 카운터에 전달되다¶追加(ついか)のお酒(さけ)、〜·っています 추가하신 술 (카운터에) 알렸습니다 ⑨(의향·이야기가) 전해지다, 전달되다¶話(はなし)は先方(せんぽう)に〜·っている 이야기는 상대방에게 전해졌다 ⑩알다, 이해할 수 있다¶意味(いみ)の〜·った文章(ぶんしょう) 의미가 통하는 문장 ⑪〖透る〗(소리·평판이) 멀리까지〔충분히〕미치다¶よく〜声(こえ) 잘 들리는 목소리 ⑫(심의 등에서) 받아들여지다, 통과하다¶試験(しけん)に〜 시험에 통과하다 ⑬일관되다, 조리가 서다¶話(はなし)の筋(すじ)が〜·らない 이야기의 조리가 서지 않다 ⑭통용되다, 인정되다¶無理(むり)が〜 무리가 통하다

と おん きごう〖卜音記号〗〖音〗높은 음자리표

と か I〘接助〙《체언·연용 문절·활용어의 終止形에 붙음》①(사물을 불확정적인 예로서 나열함) …라든가, …든지¶ノート〜鉛筆(えんぴつ)〜、すべて用意(ようい)して 노트라든가 연필이라든가 모두 준비해 줘 ②(부정과 긍정 또는 대립적인 두 가지를 나열함) …(거)니〔生(い)きる〜死(し)ぬ〜、騒(さわ)いでいる 죽네 사네 (하며) 떠들고 있다¶『言(い)う〜聞(き)く〜』의 말(ま)리어) …라든가¶山木(やまき)〜いう人(ひと) 山木라든가 하는 사람②《수량을 나타내는 말에 붙어》 …라든가¶80歳(はっさい)の高齢(こうれい) 여든이라든가 하는 고령 III〘終助〙(불확실한 전문(傳聞)·판단) …라든가¶明日(あす)は雪(ゆき)になる〜 내일은 눈이 온다든가

と か〖都下〗도하 ①東京都(とうきょうと) 안 ②東京都 안에서 23구(区)를 제외한 외곽의 市·町·村 지역 ③도시의 안

と か〖渡河〗〘名〙〘自スル〙〘文〙 도하, 도강¶敵前(てきぜん)〜 적전 도하

と が〖科·咎〗 허물 ①잘못, 과오¶だれの〜でもない 누구의 잘못도 아니다 ②죄¶盗(ぬす)みの〜で罰(ばっ)せられる 훔친 죄로 벌받다 ③결점, 흠¶〜のない人(ひと)はない 허물이 없는 사람은 없다

と かい〖都会〗도회, 도시¶大(だい)〜 대도시

と かい〖渡海〗〘名〙〘自スル〙〘文〙 도해, 도항(渡航)

ど かい〖土塊〗〘文〙 토괴, 흙덩이 = つちくれ

ど かい し〖度外視〗〘名〙〘他スル〙도외시, 문제삼지 않음, 무시함¶もうけを〜した大事業(だいじぎょう) 이익을 도외시한 대사업

と がき〖斗搔(き)·概〗 평미레, 평목 =ますかき

と がき〖卜書〗(각본에서) 배우의 동작 등을 지시한 부분, 지문

と かく I〘副〙〘自スル〙이러쿵저러쿵, 이럭저럭¶〜するうちに日(ひ)が暮(く)れた 이럭저럭하는 사이에 해가 저물었다 II〘副〙①자칫(하면)¶〜いい加減(かげん)にしがちだ 자칫 적당히 하기 쉽다 ②아무튼, 하여튼¶〜この世(よ)はままならぬ 아무튼 이 세상은 뜻대로 되지 않는다

と かげ〖蜥蜴〗〘動〙도마뱀

と か·す〖解かす〗〘他五〗①〖融かす〗녹이다¶氷(こおり)を〜 얼음을 녹이다 ②〖梳かす〗(머리를) 빗다¶髪(かみ)を〜 머리를 빗다

と か·す〖溶かす·融かす〗〘他五〗①(액체에) 녹이다, 풀다¶砂糖(さとう)を水(みず)に〜 설탕을 물에 녹이다 ②(가열하여) 녹이다¶鉄(てつ)を〜 쇠를 녹이다 ▷금속은「熔かす·鎔かす」로도 씀

ど か·す〖退かす〗〘他五〗치우다, 비키다 = どける¶石(いし)を〜 돌을 치우다

と がた〖斗形〗→ますがた

ど かた〖土方〗(토목 공사장의) 막노동꾼

ど かっと〘副〙①털썩¶荷物(にもつ)を投(な)げ降(お)ろす 짐을 털썩 팽개쳐 내려 놓다 ②잔뜩, 와짝, 왕창¶一晩(ひとばん)で〜雪(ゆき)が積(つ)もった 하룻밤에 잔뜩 눈이 쌓였다 ③부쩍¶株価(かぶか)が〜下(さ)がる 주가가 부쩍 내려가다 ④턱, 떡¶高気圧(こうきあつ)が〜居座(いすわ)っている 고기압이 턱 버티고 있다

ど かどか〘副〙①많은 사람이 한꺼번에 닥치는 모양, 우르르¶〜と上(あ)がり込(こ)む 우르르 몰려 들어오다 ②사물이 한꺼번에 몰리는 모양¶投書(とうしょ)が〜と来(く)る 투서가 한꺼번에 들어오다

と がにん〖科人·咎人〗죄인

ど かひん〖どか貧〗〘口〙갑자기 가난해짐

と がま〖利鎌〗잘 드는 낫

ど がま〖土釜〗오지 밥솥

ど がま〖土窯·土竈〗흙가마

と がめだて〖咎め立て〗〘名〙〘他スル〙심하게 책망함, 책망해 댐¶〜するほどのことではない 심하게 책망할 만한 일은 아니다

と が·める〖咎める〗 I〘他下一〙①책망하다, 비난하다, 꾸짖다¶怠慢(たいまん)を〜 태만을 책망하다 ②수상쩍어 캐묻다, 검문하다¶警官(けいかん)に〜·められた 경관에게 검문을 받다 II〘自下一〙①가책을 받다, 켕기다¶気(き)が〜 속이 켕기다/良心(りょうしん)が〜 양심에 가책을 받다 ②덧나다¶傷(きず)が〜 상처가 덧나다

ど かゆき〖どか雪〗〘俗〙한꺼번에 펑펑 쏟아지는 눈

と がら·す〖尖らす〗〘他五〗①뾰족하게 하다¶鉛筆(えんぴつ)のしんを〜 연필심을 뾰족하게 하다/口(くち)を〜 입을 뾰루퉁하게 내밀다 ②과민하게 하다, 곤두세우다¶神経(しんけい)を〜 신경을 곤두세우다 ③날카롭게 하다, 거칠게 하다¶声(こえ)を〜 목소리를 날카롭게 하다

と がり がお〖尖り顔〗(화나거나 불만스러워) 뾰로통한 얼굴 = とんがりがお

と がり ごえ〖尖り声〗(성났을 때 내는) 가시 돋친 목소리 = とんがり声¶〜で言(い)い返(かえ)す 가시 돋친 목소리로 말대꾸하다

とが・る [尖る] 自五 ①뾰족해지다¶ ~った鉛筆 뾰족한 연필 ②예민해지다¶ 神経が~っている 신경이 예민해져 있다 ③(俗) 토라지다, 화내다¶ あの人はこのごろすぐ~ 저 사람은 요즘 툭하면 토라진다
どかん [土管] 토관¶ ~を埋設する 토관을 매설하다
とき [時] 때 ①(文) 시간¶ ~がたつ 시간이 지나다 ②(文) 시절, 계절¶ ~はまさに春 때는 바야흐로 봄 ③(文) (하루 중의 일정한) 시각, 시¶ ~を告げる鐘の音 시각을 알리는 종소리 ④한 시점, 시기, 시절¶ 退すき時 시각/ 出発の~が近づく 출발 시각이 가까이 가다 ⑤어느 연대, 시대¶ ~は元禄 때는 元禄 ⑥기한¶ ~を限る 때를 한정하다, 기한을 두다 ⑦(形式) 경우¶ 困った~はお互おさま 곤란한 때는 피차일반 ⑧그때그때의 상황¶ ~と場合に応じて 때와 경우에 따라서 ⑨알맞은 시기ㆍ기회, 호기¶ 今は食べた 지금이 먹을 때다 ⑩ [(\*秋)] (한) 시기¶ 危急存亡の~ 위급 존망지추 ⑪시대의 추이¶ ~を見る目がある 시대의 추이를 보는 눈이 있다 ⑫(「~の」의 꼴로) ㉠ 그 당시의¶ ~の首相 당시의 수상 ㉡당대의¶ ~の人 당대의 인물 ㉢한때의, 짧은¶ ~の命 짧은 목숨/ ~の間 잠깐 동안
[慣用句]
—が解決する 시간이 해결한다
—は金なり 시간은 돈이다
—を移さず 틈을 두지 않고, 곧바로, 즉시
—を得顔 때를 만나 아주 득의 만만한 모습
—を稼ぐ 시간을 벌다
—を作る 닭이 울어 새벽을 알리다
—を分かたず 때없이, 언제나
とき [*斎] (佛) ①승려의 식사 ②(불공을 드릴 때) 절에서 내는 음식 ③채식(소찬) 요리
とき [*鴇ㆍ朱鷺] (鳥) 따오기
とき [*鬨ㆍ鯨波] 함성 ①(옛날 전쟁터에서) 전투 개시 신호나 사기 진작을 위해 지르던 소리 ②많은 사람이 일제히 지르는 소리=ときの声¶ ~を上げる 함성을 지르다
[慣用句]
—を作る 함성을 지르다
とぎ [*伽] ①말벗(이 되어 줌)¶ 老人の~をする 노인의 말벗이 되어 주다 ②간병함, 간병인 ③잠자리 시중을 듦, 잠자리를 같이하는 여자
とぎ [都議] 東京都 도(都) 의회 의원
どき [土器] 토기, 질그릇= かわらけ¶ 縄文式土器 승문식 토기
どき [怒気] (文) 노기¶ ~を含める 노기를 띠다
ときあか・す [説(き)明かす] 他五 (잘 알수 있도록) 설명하다, (뜻을) 밝히다¶ なぞを~ 수수께끼를 밝히다
ときあらい [解(き)洗い] 옷 솔기를 뜯어서 빪
ときいろ [*鴇色ㆍ<朱鷺>色] 연분홍색
ときおこ・す [説(き)起(こ)す] 自五 설명하기 시작하다¶ 事件の発端から~ 사건의 발단부터 설명하기 시작하다
ときおよ・ぶ [説(き)及ぶ] 自五 언급하다, …에 대해서 말하다¶ 事の原因に~ 일의 원인에 대해 언급하다
ときおり [時折] 副 가끔, 이따금, 때때로¶ ~やって来る 가끔 찾아온다
とぎかい [都議会] (政) 都의회=東京都議会¶ ~議員 (政) 都議会의 의원
ときがし [時貸し] 名ス (돈을) 잠깐 [일시적으로] 빌려줌 ⇔ 時借り
ときがね [時鐘] 시각을 알리기 위해 치는 종, 그 종소리=時の鐘
ときがり [時借り] 名ス (돈을) 잠깐 [일시적으로] 빌림 ⇔ 時貸し
とき きか・せる [説(き)聞(か)せる] 他下一 타이르다, 잘 알아듣도록 설명하다¶ 諄々と~ 순순히 타이르다
とぎぐし [解き*櫛] 얼레빗
とぎし [研師] 칼 등을 가는 사람
ときしも [時しも] 副 때마침, 마침 그 때
とぎしる [研(ぎ)汁ㆍ*磨(ぎ)汁] 쌀뜨물
とぎすま・す [研(ぎ)澄ますㆍ*磨(ぎ)澄ます] 他五 ①(칼을) 잘 갈다¶ ~された刀 잘 갈아진 칼 ②(거울을) 반들거리게 닦다¶ ~した鏡 반들거리게 닦은 거울 ③(신경ㆍ감각을) 예민하게 하다, 곤두세우다¶ 神経を~ 신경을 곤두세우다
とぎだし [研(ぎ)出し] (돌ㆍ금속 등의) 표면을 연마하여 광택ㆍ모양을 내는 일
ときたひには [連語] (口) → ときたら
ときたま [時偶] 副 (口) 가끔, 때때로, 이따금¶ ~顔を見かす 가끔 얼굴을 보인다
ときたら [連語] (口) …로 말하자면, …라 하면¶ あの人~、まったく問題にならない 저 사람으로 말할 것 같으면 전연 문제가 안 된다
どぎつ・い 形 (불쾌감을 줄 정도로) 지나치게 강렬하다¶ ~化粧 지나치게 짙은 화장
ときつ・ける [説(き)付ける] 他下一 설득하다, 설복하다¶ 母を~けて三万円もらう 어머니를 설복시켜 3만 엔을 받다
ときどき [時時] I 副 때때로, 가끔¶ 映画には~行く 영화 보러는 가끔 간다 II 名 그때그때¶ ~の風次第で 그때그때의 형편에 따라
どきどき 副 自ス (가슴이 뛰어) 두근두근¶ 胸が~する 가슴이 두근거리다
ときとして [時として] 連語 (文) 때로는, 경우에 따라서는=時には¶ ~失敗もあろう 때로는 실패도 있겠지
ときなし [時無し] 名 일정한 때가 없음, 무시¶ ~に売っている 때없이 [무시로] 팔고 있다 一大根 (植) 사철무
ときならぬ [時ならぬ] 連体 때아닌, 철 아닌, 뜻밖의¶ ~大雪 때아닌 큰눈/ ~訪問 뜻밖의 방문
ときに [時に] I 連語 그때가 바로, 때마침, 때는¶ ~元禄15年 때는 바야흐로 元禄 15년 II 副 때로, 이따금, 경우에 따라서¶

~失敗(しっぱい)もある 때로 수도 있다 Ⅲ 感 그런데¶ ~あの人(ひと)は? 그런데 저 사람은?
ときには【時には】副 때로는, 가끔은, 경우에 따라서는¶ ~連絡(れんらく)するように 가끔은 연락하도록
ときのうじがみ【時の氏神】마침 적당한 때에 나타나 중재해 주는 사람
ときのうん【時の運】그때그때의 운, 시운¶ 勝敗(しょうはい)は~だ 승패는 시운에 달려 있다
ときのかね【時の鐘】시각을 알리기 위해 치는 종, 그런 소리 = 時鐘(じしょう)
ときのきねんび【時の記念日】(일본에서) 시간의 기념일 ▷ 6월 10일
ときのこえ【鬨の声・(鯨波)の声】함성, 고함 소리¶ ~を上(あ)げる 함성을 지르다
ときのひと【時の人】①그 때의 화제 인물¶ 一躍(いちやく)~となる 일약 화제의 인물이 되다 ② 그 당시의 사람 ③당대의 인물
ときのま【時の間】名(文) 잠깐 동안, 잠시
とき・はな・す【解き放す・解き離す】他五 ①풀어서 따로 떨어지게 하다 ②(끈 등을) 풀어서 놓아주다 牛(うし)を~ 소를 풀어 놓다 ③자유로운 몸이 되게 하다, 해방하다¶ 人質(ひとじち)を~ 인질을 풀어주다
ときはな・つ【解き放つ】他五 → ときはなす
ときふ・せる【説き伏せる】他下一 설복하다, 설득하다¶ 親(おや)を~ 부모를 설복하다
ときほぐ・す【解きほぐす】他五 ①(얽힌 것을) 풀다 糸(いと)のもつれを~ 실이 엉클어진 것을 풀다 ②(응어리진 것을) 풀다, 누그러뜨리다¶ かたくなな心(こころ)を~ 완고한 마음을 누그러뜨리다/ 肩(かた)の凝(こ)りを~ 어깨의 결림을 풀다
ときまい【斎米】재미, 시주 쌀
どぎまぎ 副自スル(口) 허둥지둥, 갈팡질팡¶ ~して答(こた)えられない 허둥지둥하여 대답을 못하다
ときみず【研ぎ水・磨ぎ水】①(물건을) 가는데 쓰는 물 ②쌀뜨물 = とぎじる
ときめか・す 他五(文) (기쁨・기대 등으로) 설레게 하다¶ 心(こころ)を~ 마음을 설레게 하다
とき・めく (기쁨・기대 등으로) 설레다, 두근거리다¶ 胸(むね)が~ 가슴이 설레다
とき・めく【時めく】自五 (때를 만나) 한창 들날리다¶ 今(いま)を~大(だい)スター 지금 한창 들날리는 스타
どぎも【度肝・度胆】「肝(きも)」의 힘줌말, 간덩이
慣用句
一を抜(ぬ)く 깜짝 놀라게 하다
ときもの【解き物】옷 솔기를 뜯음, 그런 옷
とぎもの【研ぎ物】(칼・거울 등을) 가는[닦는] 일, 갈아야[닦아야] 할 날붙이・거울
ときゃく【吐逆】(文) 토역, 구토
とぎゅう【屠牛】(文) 도우, 소를 도살함
どきゅうかん【弩級艦】노급함, 영국 전함 드레드노트호에 필적하는 규모의 전함
ときよ【時世】(文) 시대, 시세(時勢), 그 시대의 풍조¶ ~時節(じせつ) (그때그때의) 시대의 추세
とぎょ【渡御】名自スル(文) ①天皇(てんのう)・三后(さんごう)의 행차 ②神輿(みこし)의 행차
ときょ【鰷魚】(文) 「紙魚(しみ)」의 딴이름, 좀
ときょう【斗栱・枓栱】(建) 두공(枓栱)
どきょう【度胸】담력, 배짱¶ ~試(だめ)し 담력 시험/ ~のある人(ひと) 대담한 사람
どきょう【読経】名自スル(佛) 독경
ときょうそう【徒競走】달리기 시합
どきりと 副 뜻밖의 일에 놀라 가슴이 철렁하는 모양 = どきんと¶ 一瞬(いっしゅん)~する 순간 가슴이 철렁하다
とぎれとぎれ 名形動 끊어졌다 이어졌다 함, 띄엄띄엄, 간간이¶ 話(はな)し声(ごえ)が~に聞(き)こえてくる 말소리가 간간이 들려오다
とぎ・れる【途切れる】自下一 끊어지다, 끊기다, 중단되다¶ 通信(つうしん)が~ 통신이 끊기다
ときわ【常磐】名(文) ①영구 불변 ②나뭇잎이 사철 푸름, 상록¶ ~の松(まつ) 늘푸른 소나무 ―木 상록수
ときわ・ける【解(と)き分ける・説(と)き分ける】他下一 ①풀어서 따로 갈라놓다 ②잘 알아듣게 타이르다, 차근차근 설명하다
と きん【と金】(일본 장기에서) 「歩(ふ)」 졸가 승격하여 「金将(きんしょう)」의 구실을 하는 것
ときん【頭巾・兜巾】(밀교의 수도자가 쓰는) 검은색의 작은 두건
ときん【鍍金】名他スル(文) → めっき
とぎん【都銀】시중 은행
どきんと 副 → どきりと
とく【禿】曾トク 訓はげ・かむろ¶ (音)독. (造語) ①머리카락이 없다, 대머리다¶ 禿頭(とくとう) 독두・愚禿(ぐとく) 빈도(貧道) ②(끝이) 닳아 없어지다¶ 禿筆(とくひつ) 독필, 몽당붓
とく【匿】曾トク 訓かくす・かくれる¶ (音)닉. (造語) 숨다, 숨기다¶ 匿名(とくめい) 익명・隠匿(いんとく) 은닉・秘匿(ひとく) 비닉
とく【特】曾トク¶ (音)특. (造語) 특히, 뛰어나다¶ 特色(とくしょく) 특색・特効(とっこう) 특효
とく【得】曾トク 訓える・うる¶ (音)득. Ⅰ(造語) ①손에 넣다, 얻다¶ 得点(とくてん) 득점・獲得(かくとく) 획득・所得(しょとく) 소득 ②깨닫다, 알게 되다, 만족하게 하다¶ 習得(しゅうとく) 습득・納得(なっとく) 납득 ③이익을 얻음, 이익¶ 得失(とくしつ) 득실・損得(そんとく) 손득 ▷ ③은 「徳(とく)」와 같음 Ⅱ 名形動 득, 이득, 이익, 유리함¶ ~な性分(しょうぶん) 덕보는 성품/ 覚(おぼ)えただけ~だ 배운 만큼 득이다
とく【督】曾トク¶ (音)독. (造語) ①감시[감독]하다, 그런 사람¶ 督励(とくれい) 독려・監督(かんとく) 감독 ②재촉하다, 질책하다¶ 督過(とっか) 독과 ③재촉하다, 닦아붙이다¶ 督戦(とくせん) 독전・督促(とくそく) 독촉 ④가계를 잇는 사람, 후사¶ 家督(かとく) 가독
とく【徳】【德】曾トク¶ (音)덕. Ⅰ(造語) ①몸에 갖춘 품성, 인격의 힘¶ 道徳(どうとく) 도덕・美徳(びとく) 미덕, 은혜¶ 恩徳(おんとく) 은덕・聖徳(せいとく) 성덕 ③덕을 갖춘 사람¶ 碩徳(せきとく)・大徳(だいとく) 대덕 ④이득, 이익¶ 徳用(とくよう) 덕용・福徳(ふくとく) 복덕 ▷ ④는 「得(とく)」와 같음 Ⅱ 名 ①덕망¶ 先人(せんじん)の~を慕(した)う 옛사람의 덕을 흠모하다 ②은혜, 선행¶ ~を施(ほどこ)す 은혜를 베

풀다 ③이득, 이익¶ 早起はやぉきは三文さんの~ 아침 일찍 일어나면 서푼의 덕을 본다
とく [篤] 훈ドク 훈あつい(음)독. (造語) ①두텁다, 자상하다¶ 篤行とっこう 독행·篤実とくじつ 독실 ②병이 중하다¶ 危篤きとく 위독
とく [瀆] 훈トク 훈けがす (음)독. (造語) 더럽히다, 더러워지다¶ 瀆職とくしょく 독직·冒瀆ぼうとく 모독
と‐く [解く] 타五 ①풀다 ㉠(매듭·봉한 것 등을) 끄르다¶ ひもを~ 끈을 풀다/ 包つつみを~ 꾸러미를 풀다 ㉡해약하다, 해제하다¶ 戒厳令かいげんれいを~ 계엄령을 해제하다 ㉢해임하다, 해직하다¶ 委員長いいんちょうの職しょくを~ 위원장직을 해임하다 ㉣응어리를 없애다¶ 疑うたがいを~ 의혹을 풀다 ㉤답을 내다, 이해하다¶ 問題もんだいを~ 문제를 풀다/ なぞを~ 수수께끼를 풀다 ㉥빗다¶ 髮かみを~ 머리를 빗다¶ 梳くしけずる (흐트러진 머리를) 빗다
と‐く [溶く] 타五 (액체에) 풀다, 개다¶ 絵えの具ぐを~ 그림 물감을 풀다/ 小麦粉こむぎこを水みずで~ 밀가루를 물로 개다
と‐く [說く] 타五 ①말하다, 설득하다¶ ものの道理どうりを~ 사물의 이치를 말하다 ②설명하다, 해설하다¶ 世界せかい情勢じょうせいを~ 세계 정세를 해설하다 ③주창하다¶ 地動説ちどうせつを~ 지동설을 주창하다
と‐ぐ [研ぐ·磨ぐ] 타五 ①갈다¶ 包丁ほうちょうを~ 식칼을 갈다 ②닦아서 윤을 내다¶ 鏡かがみを~ 거울을 닦다 ③(물 속에서 비벼) 씻다¶ 米こめを~ 쌀을 씻다
どく [毒] 음ドク (음)독. I (造語) ①생명·건강을 해치는 것, 독¶ 毒薬どくやく 독약·中毒ちゅうどく 중독 ②해악¶ 害毒がいどく 해독·悪毒あくどく 악독하다, 상처를 입히다¶ 毒手どくしゅ 독수·毒舌どくぜつ 독설 II ①독, 독약¶ ~をあおる 독약을 마시다/ ~がまわる 독이 퍼지다 ②건강에 해로운 것¶ 深酒ふかざけは体からだに~だ 과음은 몸에 해롭다 ③해로운 것, 도움이 안 되는 것¶ 目めの~ 보면 해로운 것 ④마음을 상하게 하는 것, 독기¶ ~を含ふくんだことば 독기를 품은 말
慣用句
— にも薬くすりにもならない 독도 없지만 약도 되지 않는다, 무해무득하다
— を食くらわば皿さらまでも 이왕 나쁜 일에 손댄 이상 끝까지 밀고 나가자
— を以もって毒どくを制せいす (比) 악을 물리치기 위해 다른 악을 이용함
どく [独] [獨] 음ドク 훈ひとり (음)독. (造語) ①혼자¶ 独身どくしん 독신·独立どくりつ 고독 ②독선, 자기멋대로¶ 独裁どくさい 독재·独善どくぜん ③하나, 단 하나¶ 独眼竜どくがんりゅう 애꾸눈의 영웅 ④그것뿐인¶ 独特どくとく 독특 ⑤独逸どくいつ 독일」의 준말¶ 独語どくご 독어 ▷魁字訓 独活うど 땅두릅

どく [読] [讀] 음ドク·トク·トウ 훈よむ (음)독. (造語) ①읽다¶ 読書どくしょ 독서·朗読ろうどく 낭독 ②(「トウ」로 읽어서) 문절의 단락¶ 句読点くとうてん 구두점·読点とうてん 쉼표
ど‐く [退く] 자五 (口) 비키다, 물러나다¶ そこを~·いてください 거기를 비켜 주세요

どく あたり [毒中り] 名 自スル 중독= 中毒
とくい [特異] 名 특이¶ ~な才能さいのうがある 특이한 재능이 있다 —性せい 특이성 —体質たいしつ 특이 체질
とくい [得意] I 名 ダ ①득의, 바라는 대로 되어 만족함¶ ~の絶頂ぜっちょうにある 만족의 절정에 있다 ②득의 양양함¶ ~になって話はなす 득의 양양하게 말하다 ③자신 있음, 숙달되어 있음¶ ~な芸げい 가장 자신있는 재주/ 水泳すいえいが~だ 수영을 잘 한다 II 名 단골, 고객¶ 長年ながねんのお~さん 오랜 단골 손님 —顔がお 자랑스러운 듯한 [득의 양양한] 얼굴 —気げ ダ 자랑스러운 듯한 모양 —先さき 단골 거래처, 단골집 —滿面まん 득의 만면
といく [徳育] (敎) 덕육, 도덕 교육
といんがい [特飲街] 접대부를 둔 특수 음식점이 늘어선 번화가, 색주가
どぐう [土偶] (考古) 토우= 土人形にんぎょう
どくえい [独泳] 名 自スル ①혼자서 헤엄침 ②(경영에서) 남을 훨씬 앞질러 헤엄침
どくえき [毒液] 독액
どくえん [独演] 名 自他スル 독연, 혼자 연기(연주)함¶ ~会かい 독연회
どくおう [独往] 名 自スル (文) 혼자서 감, 독자적으로 나아감¶ 自主じしゅ~ 자주 독왕
どくが [毒牙] 독아 ①독사의 이빨 ②(比) 악랄한 수단, 남을 해치는 독수에 걸려들다
どくが [毒蛾] (動) 독나방
どくがい [毒害] 名 他スル 독해, 독살
とくがく [篤学] (文) 독학, 학문에 열심임, 그런 사람¶ ~の士し 독학지사
どくがく [独学] 名 自他スル 독학¶ ~で学まなぶ 독학으로 배우다
どくガス [毒ガス] (軍) 독가스
とくがわ [德川] 성씨(姓氏)의 하나, 江戸幕府えどばくふの将軍しょうぐん 집안 —家康いえやす 江戸幕府의 초대 将軍(1542~1616)
どくがん [独眼] 애꾸눈 —竜りゅう 애꾸눈의 영웅, (戦国せんごく시대의 무장인) 伊達政宗だてまさむねの 별명
とくぎ [特技] 특기¶ ~を生いかす 특기를 살리다
とくぎ [德義] (文) 덕의¶ ~心しん 덕의심
どくきのこ [毒茸] 독버섯= どくたけ
どくぎょ [毒魚] 독어, 독이 있는 물고기
とくぎょう [得業] 名 自スル (文) 득업, (학업·기예 등에서) 소정의 과정을 마침
どくぎん [独吟] 名 自他スル 독음 ①(시가를) 혼자 읊음, 謠曲うたいきょく 등을 부름 ⇔連吟れんぎん ②(連歌れんが·俳諧はいかい 등을) 혼자 지음, 그런 작품
どくけ [毒気] 독기 ①독이 되는 성분 ②악의¶ ~を含ふくんだ言いい方かた 독기를 품은 말투
慣用句
— を拔ぬかれる 상대방을 윽박지르려던 사람이 뜻밖의 반격에 놀라 얼이 빠지다
どくけし [毒消し] 해독, 해독제= どっけし
どくご [独語] (文) 독어 I 名 自スル 혼잣말= ひとりごと¶ ぶつぶつ~する 중얼중얼 혼잣말

どくご [読後] 독후 **―感** 독후감
とくごう [得業] [佛] 소정의 수행 과정을 수료함. 그 수료자
とくさ <木賊>・*砥草 [植] 속새
どくざ [独座・*独坐] [名][自スル][文] 독좌. 홀로 앉음¶ ―して瞑想する 홀로 앉아 명상하다
どくさい [独裁] [名][自スル][文] 독재 ―者 독재자 **―政治** 독재 정치
とくさく [得策] 득책. 상책¶ 強行するのは―でない 강행하는 것은 득책이 아니다
とくさつ [特撮] [映] 특수 촬영
どくさつ [毒殺] [名][他スル] 독살 = 毒害¶ 政敵を―する 정적을 독살하다
とくさん [特産] 특산¶ ―物 특산물
とくし [特旨] [文] 특지. (天皇의) 특별한 뜻
とくし [特使] 특사¶ ―を立てる 특사를 보내다
とくし [篤志] [文] 독지 **―家** 독지가
どくし [毒死] [名][自スル] 독사. 독약에 의해 죽음
どくし [読史] 독사. 역사책을 읽음
どくじ [独自] [ダ] 독자 ①자기 혼자임. 단독임¶ ―に行こう 독자적으로 행하다 ②그것에만 특유함¶ ―の見解 독자적인 견해
とくしつ [特質] 특질. 특성¶ 日本文化の― 일본 문화의 특질
とくしつ [得失] 득실¶ 利害―. 이해 득실/相半ばする 득실이 반반이다
とくじつ [篤実] [名][ダ][文] 독실. 정이 두텁고 성실함¶ 温厚― 온후 독실
とくしま [徳島] ①四国 지방 동부의 현(縣) ②徳島현의 현청 소재지
とくしゃ [特車] (일본 자위대의) 전차(戰車)
とくしゃ [特赦] [名][他スル][法] 특사. 특별 사면
どくしゃ [読者] 독자¶ ―からの投書 독자로부터의 투서 ―層 독자층 ―欄 독자란
どくじゃ [毒蛇] 독사 = 도쿠헤비
どくしゃく [独酌] [名][自スル] 독작. 자작¶ ―でやる 자작으로 마시다
とくしゅ [特殊] [名][ダ] 특수¶ ―な用途 특수한 용도 **―飲食店** 특수 유흥 음식점 **―学校** 특수 학교 **―鋼** 특수강 **―撮影** [映][放] 특수 촬영 **―性** 특수성
とくしゅ [特種] [名][ダ] 특종. 특별한 종류
とくじゅ [特需] 특수. 특별한 수요¶ ―景気 특수 경기
どくしゅ [毒手] [文] 독수 ①남을 살해하려는 흉계 ②악랄한 수단. 마수¶ ―にかかる 독수에 걸리다
どくしゅ [毒酒] 독주. 독을 넣은 술
どくじゅ [読*誦] [名][他スル][佛] 독송. 독경 = 読経¶ 経文を―する 경문을 독송하다
とくしゅう [特集・特輯] 특집¶ ―記事 특집 기사 /―を組む 특집을 꾸미다
どくしゅう [独修] [名][他スル][文] 독수. (학문・기술 등을) 혼자서 익힘
どくしゅう [独習] [名][他スル][文] 독습. 혼자서 공부함¶ 日本語の―書 일본어 독습서

とくしゅつ [特出] [名][自スル][文] 특출 = 傑出¶ ―した人物 특출한 인물
どくしょ [読書] [名][自スル] 독서 = とくしょ **―家** 독서가 **―三昧** 독서 삼매 **―週間** 독서 주간
[慣用句] 一百遍義自ずから見る 아무리 어려운 책도 여러 번 읽으면 절로 뜻이 분명해진다
とくしょう [特称] 특칭 **―命題** [論] 특칭 명제
とくしょう [特賞] 특상
とくじょう [特上] 특상. 특별 상등(품)
どくしょう [独唱] [名][他スル][音] 독창
どくしょう [読*誦] [名][他スル][文] 독송. 소리내어 읽음 ▷「どくじゅ」는 딴말
とくしょく [特色] 특색¶ ―を生かす 특색을 살리다 ―付ける [下一] 특색[특징]지우다
とくしょく [*瀆職] [名][自スル] 「汚職」의 예스러운 말씨. 독직 **―罪** 독직죄
とくしん [特進] [名][自スル] 특진 **二階級** ―する 2계급 특진하다
とくしん [得心] [名][自スル] 납득, 충분히 이해함¶ ―するまで説明する 납득할 때까지 설명하다 **―尽く** 서로 납득한 뒤에 행함
[慣用句] ―がいく 납득이 되다, 충분히 납득하다
とくしん [篤信] [名][文] 독신. 신앙이 두터움¶ ―家 독신가
とくしん [*瀆神] [名][文] 독신. 신을 모독함¶ ―行為 독신 행위
どくしん [独身] 독신¶ ―寮 독신자 기숙사
どくじん [毒刃] [文] 독인. 흉인 = 凶刃¶ 刺客の―に倒れる 자객의 독인에 쓰러지다
どくしんじゅつ [読心術] 독심술
どくしんじゅつ [読唇術] 독순술
どくじんとう [独*参湯] ①[薬] 독삼탕. 각성제로 쓰이는 탕약 ②(歌舞伎에서) 언제 상연해도 성황을 이루는 狂言
どくず [読図] [名][自スル][文] 독도. 지도・도면을 보고 그 내용을 앎¶ ―力 독도력
とくすき [特漉き・特抄き] 종이를 특별히 잘 뜸, 그런 종이
とく・する [得する] [自][サ変] 득보다, 이득을 얻다¶ 買い手が― 사는 손이 득을 보다
とく・する [督する] [他][文] ①단속하다, 감독하다 ②재촉하다, 독촉하다 支払いを―지불을 독촉하다 ③통솔하다
どく・する [毒する] [他][サ変] 해치다, 해독을 끼치다¶ 青少年を―映画 청소년을 해치는 영화
とくせい [特性] 특성. 특질¶ 素材の―を活かす 소재의 특성을 살리다
とくせい [特製] 특제¶ ―の靴 특제 구두
とくせい [徳性] 덕성. 도덕심¶ ―を涵養する 덕성을 함양하다
とくせい [徳政] ①덕정. 인정(仁政)¶ ―を敷く 덕정을 펴다 ②[日史] (鎌倉・室町 시대에) 幕府가 무사나 농민을 구제하기 위해 채무를 탕감한 일, 그런 법령

どくせい【毒性】독성¶ ~が強い 독성이 강하다
とくせつ【特設】名他スル 특설¶ ~売場 특설 매장
どくぜつ【毒舌】독설¶ ~家 독설가/ ~をあびせる 독설을 퍼붓다
とくせん【特選】名自スル 특선 ①특별히 골라 뽑음, 그런 것 ②(콩쿠르 등에서) 특히 우수하다고 인정되어 뽑힘, 그런 것¶ ~で入賞する 특선으로 입상하다 ③【特撰】특별히 공들여 만들어 추천함, 그런 물건
とくせん【特薦】名他スル 文 특천. 특별 추천
どくせん【督戦】名自スル 독전. 부하를 독려하여 싸우게 함¶ ~隊 독전대
どくせん【毒腺】動 독선. 독액 분비샘
どくせん【独占】名他スル 독점 ①독차지함¶ 人気を~する 인기를 독차지하다 ②(經) 특정 자본이 시장을 지배함¶ ~資本 독점 자본 ―禁止法 독점 금지법
どくぜん【独善】독선¶ ~的な考え 독선적인 생각/ ~に陥る 독선에 빠지다
どくせんじょう【独擅場】文 독천장. 독무대
とくそ【×砥糞】숫돌에 갈 때 생기는 진득거리는 맷국
どくそ【毒素】독소¶ ~を出す 독소를 내다
とくそう【得喪】득상. 득실= 得失¶ 利害 ~ 이해 득실
とくそう【徳操】文 덕조. 굳은 도덕심
どくそう【毒草】독초
どくそう【独走】名自スル 독주 ①혼자서 달림 ②남을 훨씬 앞질러서 달림¶ ~態勢に入る 독주 태세로 들어가다 ③혼자서 멋대로 행동함¶ 君だけ~しては困る 너만 독주해서는 곤란하다
どくそう【独奏】名他スル 音 독주. 솔로= ソロ ⇔ 合奏¶ ピアノ ~ 피아노 독주
どくそう【独創】名他スル 독창¶ ~性に富む 독창성이 풍부하다 ―的 ナ 독창적
とくそく【督促】名他スル 독촉¶ 税金の~状 세금 독촉장
とくだい【特大】특대¶ ~号 특대호/ ~の洋服 특대 사이즈의 양복
とくたいせい【特待生】특대생
どくたけ【毒×茸】독버섯= 毒きのこ
とくだね【特種】특종¶ ~記事 특종 기사
どくだみ〈戰草〉植 즙채. 삼백초
とくだわら【德俵】씨름판의 동서남북에 가마니 너비만큼 바깥쪽으로 내어 묻은 가마니
とくだん【特段】名 특단. 특별, 각별¶ ~の措置 특단의 조치
どくだん【独断】名他スル 독단¶ ~と偏見 독단과 편견 ―専行 名自スル 독단 전행 ―論 독단론
どくだんじょう【独壇場】독무대
とこう【戸口】(건물의) 출입구, 문간
とくちゅう【特注】名他スル 특주. 특별 주문¶ ~品 특별 주문품/ 工場に~する 공장에 특별 주문하다
とくちょう【特長】특장. 특별한 장점¶ ~を生かす 특장을 살리다
とくちょう【特徴】특징¶ ~のある歩き方 특징이 있는 걸음걸이 ―付ける 他 T一 특징짓다
どくづ・く【毒づく】自五 마구 욕설을 퍼붓다, 악담을 하다
とくてい【特定】名他スル 특정 ①특별히 지정함¶ 犯人を~する 범인을 특정하다 ②특별히 정해져 있음¶ ~の人 특정한 사람 ―金銭信託 經 특정 금전 신탁
とくてん【特典】특전¶ 会員の~ 회원의 특전
とくてん【得点】名自スル 득점 ⇔ 失点¶ 大量~ 대량 득점/ ~をあげる 득점을 올리다
とくでん【特電】특전. (특파원·통신사로부터의) 특별 전보 통신
とくと【篤と】副 신중히, 잘, 꼼꼼히¶ ~考えてみる 신중히 생각해 보다
とくど【得度】名自スル 佛 득도 ①깨달음을 얻음= 得道 ②출가하여 불문에 듦
とくとう【×禿頭】文 독두. 대머리 ―病 醫 독두병. 탈모증
とくとう【特等】특등¶ ~席 특등석
とくどう【得道】名自スル 佛 득도. 도를 깨달음
とくとく 副 좁은 아가리에서 액체가 흘러 나오는 소리. 콸콸¶ ~と酒を注ぐ 콸콸 술을 따르다
とくとく【得得】ト 득의 양양함¶ ~と弁じたてる 득의 양양하게 연신 지껄여대다
どくとく【独特·独得】ナ 독특¶ ~の魅力 독특한 매력
どくどく 副 콸콸, 철철¶ 血が~と流れ出でた 피가 콸콸 흘러나왔다
どくどくし・い【毒毒しい】形 ①독이 있어 보이다¶ ~きのこ 독이 있어 보이는 버섯 ②독살스럽다¶ ~ことば 독살스러운 말 ③(색이) 지나치게 진하다, 칙칙하다¶ ~色彩 칙칙한 색채
とくに【特に】副 특히, 특별히, 각별히¶ ~用事はない 특별히 용무는 없다
とくにん【特認】名他スル 특별 승인
とくのう【篤農】독농¶ ~家 독농가
とくは【特派】名他スル 특파¶ 記者を~する 기자를 특파하다 ―員 특파원
どくは【読破】名他スル 독파¶ 一晩で~する 하룻밤에 독파하다
とくはい【特配】名他スル 특배. 특별 배급[배당]¶ 米を~する 쌀을 특별 배급하다
とくばい【特売】名他スル 특매 ①특별히 싸게 팖¶ ~日 특매일 ②특정인에게 매도함
どくはく【独白】名自スル ①(연극) 상대 없이 혼자서 대사를 말함, 그런 대사 ②혼잣말= 独り言 ―体 表 독백체
とくはつ【特発】名他スル ①(전차 등을) 임시로 특별히 운행함¶ ~列車 임시 특별 열차 ②醫 특발¶ ~性疾患 특발성 질환
とくひつ【×禿筆】文 독필 ①몽당붓 ②자신의 필적이나 문장을 일컫는 겸사말. 졸필
慣用句

とくひつ

―を呵かす 서투른 문장을 쓰다
**とくひつ**【特筆】 名他スル 특필 ¶~に値あたいする 특필할 만하다 **―大書たい** 名他スル 대서 특필
**どくひつ**【毒筆】 독필. 남을 중상하려고 쓴 문장
**とくひょう**【得票】 名自スル 득표 ¶~率りつ 득표율/ 法定ほう~数すう 법정 득표수
**どくふ**【毒婦】 독부. 악독한 여자
**どくぶつ**【毒物】 독물 ¶~検出けんしゅつ 독물 검출
**とくぶん**【得分・徳分】 文 ①몫, 배당 ¶自分じぶんの~を減へらす 자기 몫을 줄이다 ②벌이, 이익
**どくぶん**【独文】 독문 ①독일어 문장 ¶~の翻訳ほんやく 독문 번역 ②「独文学どくぶん科か」의 준말. 독문학 **―学科** 독문학과
**とくべつ**【特別】 名副 특별 ¶~に親したしい人ひと 특별히 친한 사람/ 今日きょうは~寒さむい 오늘은 특히 춥다 **―委員会いいんかい** 특별 위원회 **―会計** 특별 회계 **―急行列車きゅうこうれっしゃ** 특별 급행 열차. 특급 = 特急とっきゅう **―職しょく** 【政】 별정직
**どくへび**【毒蛇】 독사 = どくじゃ
**とくほう**【特報】 名他スル 특보 ¶選挙せんきょ~ 선거 특보
**とくぼう**【徳望】 文 덕망 ¶~家か 덕망가/ ~が高たかい 덕망이 높다
**どくぼう**【独房】 독방. 독거 감방 = 独居房どっきょぼう
**とくほん**【読本】 ①읽는 책 ¶(구제 초등학교의) 읽기 교과서 ②(造語) 입문서, 해설서, 교과서 = どくほん ¶文章ぶんしょう~ 문장 독본
**どくみ**【毒味・毒見】 名自他スル ①(음식을 권하기 전에) 독이 있는지 먹어 봄 ¶~役やく 독의 유무를 확인하는 직책 ②(음식의) 맛을 봄 ¶ちょっとお~してみる 조금 맛을 보다
**とくむ**【特務】 특무. 특별 임무 **―機関きかん** 【軍】 특무 기관
**どくむし**【毒虫】 독충. 독벌레
**とくめい**【匿名】 익명 ¶~の投書とうしょ 익명의 투서
**とくめい**【特命】 특명. 특별 명령 ¶~を帯おびる特命 특명을 띠다 **―全権公使ぜんけんこうし** 특명 전권 공사 **―全権大使ぜんけんたいし** 특명 전권 대사
**とくもく**【徳目】 文 덕목
**どくや**【毒矢】 독시. 독화살
**とくやく**【特約】 名他スル 특약 ¶~店てん 특약점
**どくやく**【毒薬】【薬】 독약
**とくゆう**【特有】 ナ 특유 ¶京都きょうと~の風情ふぜい 京都 특유의 운치
**とくよう**【徳用・得用】 ナ 덕용. 값에 비해 써서 이익이 됨 ¶~品ひん 덕용품
**どくよけ**【毒除け】 제독 ①중독을 예방하는 일 ②해독(약) = 毒どくけし
**とくり**【徳利】 ①목이 길고 아가리가 좁은 술병 = 銚子ちょうし ②(俗) 수영을 못하는 사람, 맥주병 ▷「とっくり」라고도 함
**とくりつ**【特立】 名自スル 文 ①특별히 뛰어남, 특출 ¶~した才能さいのう 특출한 재능 ②자립
**どくりつ**【独立】 名自スル 他スル ¶~を宣言せんげんする 독립을 선언하다/ 親おやから~する 부모로부터 독립하다 **―家屋かおく** 독립 가옥 **―権けん** 독립권 **―語ご** 【文法】 독립어 **―国こく** 독립국 **―自尊そん** 독립 자존 **―独歩どっぽ** 독립 독보

**どくりょう**【読了】 名他スル 독료. 다 읽음, 독파 ¶息いきもつかずに~した 단숨에 독파했다
**どくりょく**【独力】 독력. 자력, 자기 혼자 힘 ¶~で切きり抜ぬける 혼자 힘으로 헤어나다
**とぐるま**【戸車】 호차. 창호바퀴
**とくれい**【特例】 특례 ¶~法ほう 특례법
**とくれい**【督励】 名他スル 독려. 감독하고 격려함 ¶部下ぶかを~する 부하를 독려하다
**とぐろ**【*蜷・*蜷局】 (뱀 등이) 몸을 서림, 그런 상태
(慣用句)
**―を巻まく** ①(뱀이) 몸을 서리다 ②(하는 일없이) 죽치고 있다, 눌러붙다
**どくろ**【*髑髏】 촉루. 해골 = されこうべ
**どくわ**【独和】 ①독일과 일본 ②독일어와 일본어 **―辞典じてん** 독일(獨日) 사전
**どくわ**【独話】 名自スル ①혼잣말= 独ひとり言ごと ②(여럿을 향해) 혼자 말함
**とげ**【*刺・*棘】 가시 ¶~を抜ぬく 가시를 빼다/ ~のあることば 가시 돋친 말
**とけあ・う**【解け合う】 自五 ①화합하다, 화해하다 ¶~った雰囲気ふんいき 화합된 분위기 ②합의하에 계약을 해소하다
**とけい**【徒刑】【法】 도형 ①징역형 ②(일본 구형법에서) 유형(流刑) = 囚にゅう 도형수
**とけい**【時計】 시계 ¶腕うで~ 손목 시계/ ~が五分ごふん進すすんでいる 시계가 5분 빨리 간다 **―台だい** 시계탑 **―回まわり** 시계 바늘 방향으로 돌기
**とげうお**【*棘魚】 動 큰가시고기
**とけこ・む**【溶け込む】 自五 ①용해하다, 녹다 ②융화하다 ¶新あたらしい職場しょくばに~ 새 직장에 융화되다
**どげざ**【土下座】 名自スル 땅에 끓어앉아 머리를 조아림 ¶~して謝あやまる 땅에 끓어앉아 머리를 조아려 사죄하다
**とげだ・つ**【棘立つ】 自五 ①가시가 돋다 ¶가시 돋치다 **―ように かどばつ** ¶~った物言ものい い 가시 돋친 말투
**とけつ**【吐血】 名自スル 【医】 토혈. 피를 토함
**とげっぽう**【吐月峰】 「灰吹はいふき」의 딴이름. 담배합에 붙어 있는 재떨이
**とげとげし・い**【*刺刺しい】 形 가시 돋치다, 심술궂고 모나다, 험악하다 ¶~声こえ 가시 돋친 목소리/ ~雰囲気ふんいき 험악한 분위기
**とげぬき**【*刺抜き】 (살에 박힌) 가시를 뽑음, 그런 도구
**と・ける**【解ける】 自下一 풀리다 ①끌러지다 ¶靴くつのひもが~ 구두 끈이 풀리다 ②자유로와지다, 해제되다 ¶禁足令きんそくれいが~ 금족령이 풀리다 ③해직되다, 해임되다 ¶役目やくめが~ 직무에서 해임되다 ④답을 찾다, 해결되다 ¶なぞが~ 수수께끼가 풀리다 ⑤(응어리가) 없어지다, 해소되다 ¶疑うたがいが~ 의심이 풀리다 ⑥(눈·얼음 등이) 녹다 ¶つららが~ 고드름이 녹다
**と・ける**【溶ける・*融ける】 自下一 녹다 ①해해되다 ¶砂糖さとうは水みずに~ 설탕은 물에 녹는다 ②액상(液狀)이 되다 ¶溶鉱炉ようこうろの中なかの

と・げる [遂げる] 他下一 ①이루다, 성취하다, 달성하다¶志ざしを~ 뜻을 이루다 ②마치다¶非業ひごうの死しを~ 비명에 죽다

ど・ける [退ける] 他下一 (口) 치우다= のける¶本ほんを~ 책을 치우다

とけん [杜鵑] (文)(動) 두견

どけん [土建] 토건, 토목과 건축

とこ [床] ①잠자리, 이부자리¶~をとる 잠자리를 펴다 ②다다미의 심 古ふるい~ 낡은 다다미 심 ③모판, 못자리 ④「床屋」의 준말 ⑤강바닥, 하상 ⑥「床の間ま」의 준말
慣用句
ーに就つく ①잠자리에 들다, 취침하다 ②병석에 눕다

とこ [所] (俗) ①곳, 데¶ぼくの~にある 내가 있는 곳에(나한테) 있다 ②점, 개소¶そこ~が難むずかしい 그 점이 어렵다 ③정도, 쯤¶千円せんえん~もうけた 천 엔 정도 벌었다

どこ [何処]・[何所] 代 어디, 어느 곳, 어느 점¶~に行くのか 어디 가느냐?/~も痛いたくない 어느 곳도 아프지 않다
慣用句
ーの馬うまの骨ほね (신원을 알 수 없는 사람을 욕하는 말) 어디서 굴러온 놈
ー吹ふく風かぜ (남의 언동·충고에도) 아랑곳하지 않음

とこあげ [床上げ] 名 自スル 병이나 산후에 회복되어 이부자리를 걷어치움, 그런 축하연 全快ぜんかいして~する 완쾌되어 자리를 걷어치우다

とこいた [床板] 「床の間ま」에 까는 판자

どこいら [何処いら] (口) 어디쯤¶~に置おこうか 어디쯤에 둘까

とこいり [床入り] 名 自スル ①잠자리에 듦 ②(신혼 부부의) 첫 동침

とこう [渡航] 名 自スル 도항¶~手続てつづき 도항 수속 / 米国べいこくへ~する 미국으로 도항하다

どこう [土工] ①토공 공사 ②토목 공사판의 막노동꾼= 土方かた

どごう [土豪] (文) 토호, 그 지방의 호족

どごう [怒号] 名 自スル (文) 노호 ①성내어 소리침, 그런 소리¶やじと~が渦巻うずまく 야유와 노호가 소용돌이치다 ②바람이나 파도의 세찬 소리

どこか [何処か] 連語 ①어딘가¶~で見みた絵え 어딘가에서 본 그림 ②어딘지 (모르게)¶~さみしげな人ひと 어딘지 쓸쓸한 듯한 사람

とこかざり [床飾り] 「床の間ま」의 장식물

どこかしら [何処かしら] 連語 어딘지 (모르게)¶~似にている 어딘지 모르게 닮았다

とこがまち [床框] (建) 「床の間ま」 앞에 붙인 장식 가로재= 床縁ぶち

とこさかずき [床杯] (첫날밤에) 신랑·신부가 신방에 들어 합환주를 나누는 의식

とこしえ [常しえ・長しえ・永久] 名(文) 영구, 영원함¶~の命いのち 영원한 생명/~に変わらぬ愛あい 영원히 변치 않는 사랑

とこしなえ [常しなえ・長しなえ・永久] 名 (文) → とこしえ

とこずれ [床擦れ] 名 自スル 욕창= 褥瘡じょくそう

どこそこ [何処そこ] 連語 어디어디, 모처¶次つぎに~で行おこなうと場所ばしょを示しめす 다음에 어디어디서 한다고 장소를 표시하다

とこだたみ [床畳] 「床の間ま」에 까는 다다미

とことこ 副 (口) 종종걸음치는 모양, 종종¶子供こどもが~と歩あるいてゆく 어린아이가 종종거리며 걸어가다

どことなく [何処となく] 副 어딘지 모르게, 어쩐지¶~似にている 어딘지 모르게 닮았다/~品ひんがある 어쩐지 품위가 있다¶어디론지¶~立たち去さった 어딘지 모른지 가버렸다

とことわ [常] 名 (文) 영구 불변, 영원= とこしえ¶~に栄さかえる 영원히 번영하다

とことん 名 副 (口) 끝, 마지막, 철저히, 끝내¶やる 끝내 하다/~まで追求ついきゅうする 끝까지 추구하다

とこなつ [常夏] ①名 상하¶~の国くにハワイ 상하의 나라 하와이 ②(植) 패랭이꽃의 한 품종

とこなめ [常滑] ①강바닥의 돌 등에 물이끼가 끼어 미끄러운 곳 ②강바닥의 반반한 바위 위에 물이 얕게 흐르고 있는 곳 ー焼やき 愛知あいち 현 常滑じょうなめ 시를 중심으로 생산되는 도자기

とこのま [床の間] 일본식 객실 상좌(上座)에 바닥을 한 단 높게 만든 곳= 床ゆか

とこばしら [床柱] (建)「床の間ま」한쪽에 있는 장식 기둥

とこばなれ [床離れ] 名 自スル ①잠자리에서 일어나 나옴¶~がいい 눈을 뜨자마자 벌떡 일어나다 ②(병이 나아) 병상을 떠남¶半年はんとしぶりに~する 반년 만에 병상을 떠나다

とこばらい [床払い] 名 → とこあげ

とこはる [常春] 名 (文) 상춘¶~の国くに 상춘의 나라

とこぶし [床節] (動) 떡조개

どこまでも [何処迄も] 連語 ①끝없이, 한없이¶~草原そうげんが続つづく 끝없이 초원이 이어지다 ②어디까지나, 끝까지, 철저하게¶~意地いじを張はる 끝까지 고집을 부리다

とこみせ [床店] 살림방이 없는 조그마한 가게, 지붕이 있는 이동식 가게, 포장 마차

どこもかしこも [何処も彼処も] 連語 여기도 저기도, 어디나 (모두)¶~満員まんいんだ 어디나 만원이다

とこや [床屋] 이발소, 이발사

とこやま [床山] 歌舞伎かぶき 배우나 씨름꾼의 머리를 들어 주는 사람

とこやみ [常闇] 名 (文) 영원한 어둠

どこやら [何処やら] 副 ①어디인지, 어딘가¶~わからない 어딘지 모르겠다/~へ行いくそうだ 어딘가로 간다고 한다 ②어딘지 (모르게)¶~似にたところがある 어딘지 닮은 데가 있다

とこよ [常世] ①(文) 영원 불변함 ②「常世とこよの国くに」의 준말
慣用句
ーの神かみ「常世とこよの国くに」에서 와서 인간에게

とこよ

장수와 부를 준다는 신
**—の国** ①바다 저쪽 멀리 있다던 상상의 나라 ②불로 불사의 나라 ③황천, 저승

**とこよ** 【常夜】 图(文) 늘 밤임, 영원한 밤

**ところ** 接助 《과거의 助動詞「た」에 붙어》…었더니, …었던 바¶ 久しぶりに顔を出した～、大歓迎だった 오랫만에 얼굴을 내밀었더니 대환영이었다

**ところ** 【所·処】 I 图 ①곳, 장소, 지역¶ 至る～ 도처에, 가는 곳마다/ ～によっては一時に、雨も 곳에 따라서는 한때 비 ②(화제가 된) 그 곳, 그 지방¶ ～の酒 그 고장의 술 ③거주지, 주소¶ ～は何番地 지명과 번지/ 友達の～に泊まる 친구 집에 묵다 ④부분, 데, 점¶ いい～と悪い～ 좋은 점과 나쁜 점 ⑤입장, 위치, 알맞은 지위·일¶ 攻守の～を変える 공수의 입장을 바꾸다 ⑥ (造語) 《동사 連用形에 붙어「…どころ」의 꼴로》…할 만한[해야 할] 곳¶ 捨て～ 버릴 곳/ 見～がある 볼 만한 곳이 있다 ⑦ 《명사에 붙어「…どころ」의 꼴로》 생산지¶ 米～ 쌀의 고장 ⑧ (造語) 《명사에 붙어「…ところ」의 꼴로》…에 상당하는[가까운] 사람들임을 묵하게 나타냄¶ 幹部かん 간부인 사람들/ 奇麗きれな 고운 여자들, 기생들 ⑨ (形式) ㉠《정도·수량을 나타내는 말을 받아》…도, …쯤¶ こんな～で止めるか 이 정도에서 그만두는가¶ 千円まんが～の品物しなの 천 엔쯤 하는 물건 ㉡《시간을 나타내는 말을 받아》지금과 얼마 떨어지지 않은 시간이나 그때의 경우·형편을 나타냄¶ 今日きょうの～は許してやろう 오늘은 용서해 주겠다 ⑩(形式) ㉠《連体修飾語를 받아 흔히「…ど」의 꼴로》막~하(려)는 판[참], 마침 그 때¶ 危ないな～を助けられた 위험한 상황에서 구조되었다 ㉡《連体修飾語를 받아 그 상태에 있음을 나타냄》…하는 것¶ 恥ずかしげにこっそりした～がかわいい 부끄러운 듯 방긋 웃은 것이 귀엽다 ⑪(形式)《連体修飾語로「思う·知る·言う·聞く」등을 써서》…바¶ 思う～を述のべよ 생각하는 바를 말해 봐라 ⑫(形式)《「…の…となる」의 꼴로》 수동의 뜻을 나타냄¶ 人のうわさする～となる 남의 이야깃거리가 되다 ⑬(形式)《「…の」의 꼴로》連体修飾句를 만듦¶ これが、君が見たいと言った～の有名な辞書だ 이것이 자네가 보고 싶다던 유명한 사전이야 ⑭(形式)《특정 어구를 받아》連用修飾句를 만듦¶ 早いい～빨리/ 本当ほんとうの～정말이지 II 接尾《장소·개소를 세는 말》곳, 군데¶ 知人といって一～もない 친지라고 해야 한 곳도 없다

[慣用句]

**—変われば品も変わる** 고장이 다르면 관습·풍속 등도 다르게 마련이다

**—を得る** ①자기에게 걸맞은 직위·직업을 얻다 ②좋은 기회를 만나다

**ところ** 【野老】 图(植) 도꼬로마

**ところえがお** 【所得顔】 (지위·장소 등에 만족하여) 득의 양양한 얼굴[모양] = 得意顔 とくい¶ ～に振る舞まう 득의 양양하게 행동하다

**ところが** I 接助《과거의 助動詞「た」에 붙어》①…했더니, 했던 바¶ 行った～、もう済んでいた 갔더니 이미 끝나 있었다 ②…했으나 依頼した～、体裁ていよく断られた 의뢰했으나 좋은 말로 거절당했다 ③《부정의 말 딸리어》…한다고 해도¶ 話した～、信用されまい 이야기해 보자 신용하지 않을 걸 II 接《그랬더니, 그런데, 그러나》もう会えないものと思っていた。～、先方ほうが訪ねてきてくれた 이제 만날 수 없을 것으로 생각하고 있었다. 그런데 상대편에서 찾아와 주었다

**どころか** 接助《체언·連用文節·활용어의 終止形에 붙어》①…은 말할 나위도 없고¶ 忘れられない一日間じゅうしに생각을 잊을 수 없는 것은 말할 나위도 없고 나날이 생각은 더해간다 ②…은 커녕¶ 知恵ちえ～才覚さいかくほどのものもないあほう 지혜는 커녕 재치 같은 것도 없는 바보

**ところがき** 【所書(き)】 주소를 적은 것, 적어 놓은 주소

**ところがら** 【所柄】 장소의 성질(상), 장소가 장소임¶ ～をわきまえしの言～ 장소를 가려서 말해라/ ～それは困る 장소가 장소이니만큼 그것은 곤란하다

**ところきらわず** 【所嫌わず】 連語 장소를 가리지 않고, 아무데나 = 所構ところかまわず¶ ～つばをはく 아무데나 침을 뱉다

**ところで** I 接助《과거의 助動詞「た」에 붙어 부정·부정적 표현·반어가 딸리어》(비록)…한다 해도, …해 보았자¶ 会った～、はない 만나 보았자 할 이야기는 없다 II 接《화제를 바꿀 때》그런데, 그것은 그렇고¶ ～、ちょっとお伺うかがいしますが… 그런데 좀 여쭐쯤겠습니다만

**ところてん** 【心太】 우무 —式 图(俗) 뒤에서 밀려 절로 앞으로 나아감, 그런 방식¶ ～に進級しんきゅうする (햇수가 차서) 자연히 진급하다

**ところどころ** 【所所】 군데군데, 군데군데¶ ～はっきりしない 군데군데 분명치 않다/ ～に人が立っている 여기저기에 사람이 서 있다

**ところばらい** 【所払い】 (日史)(江戸시대에) 거주지에서 추방하던 형벌

**ところばんち** 【所番地】 지명과 번지, 주소

**とこわき** 【床脇】 (建)「床との間ま」의 한쪽 —棚 「床との間ま」의 한쪽 옆에 붙은 선반

**どこんじょう** 【ど根性】 (口) 끈질긴 근성, 억척 같은 성질¶ ～のある奴やつ 끈질긴 근성이 있는 놈

**とさ** 【土佐】 일본의 옛지명, 지금의 高知こうち현 —犬 图(動) 土佐 원산의 맹견 —節 ① 土佐에서 나는 고급 가다랭이포 ②(芸) 江戸浄瑠璃じょうるりの 한 파

**とざい** 【吐剤】 토제, 토하게 하는 약

**どざえもん** 【土左衛門】 익사체

**とさか** 【鶏冠】 图(動) 계관, 볏

どさくさ 〈俗〉 혼잡함, 북새통 **―紛**れ 혼잡을 틈타 ¶~に脱出する 혼잡을 틈타 탈출하다
と‐ざ・す [閉(ざ)す・鎖す] 他五〈文〉 ①(문을) 닫다, 잠그다 **―された門** 굳게 닫힌 문 (통로·열린 것을) 막다, 폐쇄하다 **道を~** 길을 막다/ **口を~** 입을 다물다 ③가두다, 갇히게 하다 ¶**雪に~・される** 눈에 갇히다 ④(슬픔·고독 등에) 잠기다, 싸이다 ¶**悲しみに~・される** 슬픔에 잠기다
とさつ [*屠殺] 名他スル〈虐〉도살 ¶**―場** 도살장/ **牛を~する** 소를 도살하다
とさつ [塗擦] 名他スル〈文〉도찰, (약 등을) 문질러 바름 **―剤** 도찰제
とざま [外様] ①〈日〉(鎌倉 시대 이후) 将軍의 일족이나 대대로 내려오는 家臣 이외의 무사 ②(조직에서) 방계, 그런 사람 **―大名** 江戸 시대 関ヶ原싸움 이후 徳川家를 따른 대명
どさ‐まわり [どさ回り] 〈俗〉 ①(극단·연예인 등의) 지방 순회, 지방 순회 공연만 하는 극단 ②번화가 이외의 변두리나 시골에 있는 건달패 = **地回り**
とざん [登山] 名自スル 등산 ¶**―家** 등산가/ **冬山~** 겨울산 등산 **―口** 등산로의 입구 **―鉄道** 등산 철도
どさん [土産] ①토산, 그 고장의 산물 ②선물
どさんこ [*道産子] ①北海道 태생의 사람 ②北海道産 말
とし [年·*歳] ①해, 년 ¶**半ば~** 반년/ **~の瀬** 세모/ **~が暮れる** 해가 저물다 ②(특정한) 해 ¶**うるう~** 윤년 ③세월 = **月日** ¶**~を隔てる** 세월을 사이에 두다 ④나이, 연령 ¶**~はいくつ** 나이는 몇 살? ⑤적령기, 노령 ¶**もう~だ** 이제 적령기다 [늙었다]

慣用句
**―が明ける** 새해가 되다
**―が改まる** ①해가 바뀌다, 새해가 되다 ②연호가 바뀌다
**―立ち返る** 해가 바뀌다, 새해가 되다
**―に似合わぬ** 나이에 걸맞지 않은
**―には勝てぬ** 나이에는 못 당한다
**―に不足はない** 나이가 부족함이 없다 ¶어떤 일을 하는 데 충분한 나이다 ②충분히 오래 살아서 불만이 없다
**―は争えない** 나이는 못 속인다
**―を追う** 한해 한해 세월이 지나가다
**―を越す** 해를 넘기다 ①새해를 맞이하다 ②일을 못 끝내고 다음 해까지 미루다
**―を取る** 나이를 먹다 ①나이가 한 살 많아지다 ②늙는다

とし [徒死] 名自スル〈文〉헛된 죽음, 개죽음 = **犬死に** ¶**無益な戦いに~する** 무익한 싸움으로 개죽음하다
とし [都市] 도시 **―化** 名他スル 도시화 **―ガス** 도시 가스 **―銀行** 시중 은행 **―計画** 도시 계획 **―国家**〈史〉도시 국가
とじ [*綴じ] 철함, 철한 것, 철하는 방법 ¶**和~** (책의) 일본식 철/ **横~** 가로 철
とじ [*刀自]〈文〉①주부 ②중년 이상의 부인에

대한 높임말. 여사
とじ [徒事]〈文〉헛일, 허사
とじ [徒*爾] ナ〈文〉헛됨, 무의미함 ¶**~に終わる** 헛되이 끝나다
とじ [途次]〈文〉(가는) 도중 = **道すがら** ¶**上京の~** 상경 도중
どじ 名ナ〈口〉얼빠진 짓, 실수, 얼간이 ¶**~なことをする** 얼빠진 짓을 하다
慣用句
**―を踏む** 얼빠진 짓을 하다, 실수하다
としうえ [年上] 연상, 연장, 손위 ⇔ **年下** ¶**自分より三つ~** 나보다 3살 연상
としうら [年占] 〈民〉연초에 농작물의 풍흉(豊凶) 등 그 해의 길흉을 점치는 일
としおとこ [年男·歳男] ①입춘 전야에 神社 등에서 액막이 콩을 뿌리는 그 해의 간지(干支)에 태어난 남자 ②설날 이 장식을 하고 정화수를 긷는 일을 맡은 남자
としおんな [年女] 입춘 전야에 神社 등에서 액막이 콩을 뿌리는 그 해의 간지(干支)에 태어난 여자 = **年男**
としがい [年甲*斐] 나이에 걸맞는 사려·분별, 나잇값 ¶**~もない言動** 나잇값도 못하는 언동
としかさ [年*嵩] I 名 (남보다) 나이가 많음, 연상, 연장(자) ¶**~の女房** 연상의 마누라 II ナ 고령임, 노령 ¶**かなり~の人だ** 상당히 고령인 사람이다
としがしら [年頭] (동료 중에서) 가장 나이가 많음, 최고 연장자 ▷ 「ねんとう」는 딴말
どしがた・い [度し難い] 形 타이를 이해시킬 도리가 없다, 구제할 길이 없다 ¶**―連中** 구제 불능인 패거리
としかっこう [年格好·年恰好] 名 보아서 짐작되는 나이, 어림 나이 ¶**四十くらいの~の男** 40세쯤 되어 보이는 남자
とじがね [綴金] 철하는 데 쓰는 쇠붙이
としがみ [年神]〈民〉① → **歳徳神** ②오곡을 지키는 신, 풍작을 기원하는 신
としご [年子] 한 살 터울의 형제 자매, 연년생 ¶**~を育てる** 연년생을 키우다
としこし [年越し] 名自スル ①묵는 해를 보내고 새해를 맞으며, 송구 영신 ②섣달 그믐날 밤, 입춘 전날밤 **―蕎麦** 섣달 그믐날 밤이나 입춘 전날밤에 먹는 메밀 국수
としごと [年*毎] 名〈文〉매년, 해마다
とじこみ [*綴(じ)込み] 철해 넣는 일, 철한 것 ¶**雑誌~の付録** 잡지의 철해 넣은 부록
とじこ・む [*綴(じ)込む] 他五 ①(하나로) 철하다 ¶**パンフレットを~** 팜플렛을 철하다 ②(나중에 덧붙여서) 철해 넣다 **―仕様書に図面を~** 시방서에 도면을 철해 넣다
とじこ・める [閉(じ)込める] 他下一 가두다, 감금하다 ¶**一室に~** 한방에 가두다
としごもり [年*籠り] 연말 연시에 神社나 절에 묵으며 기도 드리는 일
とじこも・る [閉(じ)籠(も)る] 自五 들어박히다, 두문 불출하다 ¶**部屋に~** 방에 들어

박히다
**としごろ**【年˟頃】Ⅰ名 ①(대체로 본) 나이¶二人ふたりとも同おなじ~だ 두 사람이 다 같은 연배다 ②(무엇을 하기에) 알맞은 나이, 그럴 나이¶何なにかと感かんじやすい~ 여러 가지로 다감한 나이 ③(여자의) 결혼 적령기, 혼기¶~の娘むすめ 결혼 적령기의 처녀[말] Ⅱ副 여러 해 전부터, 오래 전부터¶~親したしくしている 오래 전부터 친하게 지내고 있다
**としした**【年下】 연하, 손아래¶一年いちねん~の友人ゆうじん 한 살 연하의 친구
**としじろ**【˟綴(じ)代】 철하기 위해 남겨둔 가장자리 부분, 꿰맬 몫¶~をとる 꿰맬 몫을 두다
**としたことが**連語(口) (다른 사람도 아닌) …가[에] …軽率けいそつだった (다른 사람도 아닌) 내가 경솔했다
**どしつ**【土質】 토질¶~調査ちょうさ 토질 조사
**としつき**【年月】 ①세월¶長ながい~がたった 긴 세월이 지났다 ②오랜[긴] 세월, 연래¶~の望のぞみがかなう 연래의 소망이 이루어지다
**としづよ**【年強】名⑦ (세는 나이로 말할 때) 한 해의 전반기에 태어남, 그런 사람
**として**連語 ①(자격·입장) …(으)로서¶親おやとして~許ゆるせない 부모로서 용서할 수 없다 ②(…라는 사실) …으로¶過あやまちは過あやまち~認みとめる 잘못은 잘못으로 인정하다 ③(부정의 말이 딸리어) …도¶一時いっとき~目めを離はなせない 잠시도 눈을 뗄 수 없다 ④(…은) …라 치고¶それはそれ~ 그것은 그렇다 치고 ⑤ …라 여기고[생각하고]¶この眺ながめを一幅いっぷくの絵え~見みる 이 조망을 한폭의 그림으로 보다
**としとく**【歳徳】 ①길한 방향= 恵方えほう ②「歳徳神としとくじん」의 준말= 神じん (음양도에서) 그 해의 복덕을 맡은 신= 年神としがみ
**としどし**【年年】 연년, 해마다, 매년= ねんねん、年ねんごとに 祭まつりが~に盛大せいだいになる 축제가 매년 성대해지다
**どしどし**副 ①척척, 연달아¶仕事しごとを~とかたづける 일을 척척 해치우다¶~質問しつもんして下ください 연달아 질문해 주십시오 ②(힘차게 발소리를 내며 걷는) 쿵쿵, 쿵쾅¶~と歩あるく 쿵쿵거리며 걷다
**としとり**【年取り】 ①나이를 먹음, 나이가 많아짐 ②섣달 그믐날 밤이나 입춘 전야에 거행하는 의식
**としと・る**【年取る】 自五 나이를 먹다, 늙다¶~・った両親りょうしん 늙은 양친
**としなみ**【年波】 나이, 연륜¶寄よるには勝かてない 드는 나이는 어쩔 수 없다
**としのいち**【年の市·˟歳の市】 섣달 대목장¶~が立たつ 섣달 대목장이 서다
**としのうち**【年の内】 해 안, (특히) 연말의 짧은 기간¶~に仕事しごとを片付かたづける 연내에 일을 끝내다
**としのくれ**【年の暮れ】 세모, 연말¶~は落おち着つかない 연말은 어수선하다
**としのこう**【年の功】 나이를 먹어 경험이 풍

부해짐, 연공(年功)¶亀かめの甲こうより~ 귀갑보다는 연공, 뭐니뭐니 해도 경험이 중요하다
**としのころ**【年の˟頃】 대강의 나이¶~30ざん 서른 살 가량
**としのせ**【年の瀬】 세모, 연말¶~が迫せまる 연말이 다가오다
**としのは**【年の端】 → としは
**としは**【年端】 연령의 정도, 나이= 年としの端は¶~も行ゆかぬ幼児ようじ 나이도 차지 않은[아직 어린] 유아
**としばり**【˟綴˟針】 길고 굵은 시침질용 바늘
**としひも**【˟綴˟紐】 (종이 등을 철하는) 철끈
**としぶた**【˟綴˟蓋】 수선한 뚜껑¶われ鍋なべに~ 깨진 냄비에 수선한 뚜껑, 짚신도 제짝이 있다
**としほん**【˟綴˟本】 철해 놓은 책, 꿰맨 책
**としま**【年増】 한창때가 지난 여자, 중년 여인¶大おお~ 40대 여자/~の色気いろけ 중년 여인의 성적 매력 ▷ 江戸えど시대에는 20세 전후를, 지금은 30~40세 가량의 여자를 가리킴
**とじまり**【戸締(ま)り】 문단속¶厳重げんじゅうな~ 엄중한 문단속/~を忘わすれる 문단속을 잊다
**としまわり**【年回り·年廻り】 나이에 따른 길흉의 운수, 연운(年運)¶~のいい年としに結婚けっこんする 연운이 좋은 해에 결혼하다
**とじめ**【˟綴˟目】 철한 곳¶本ほんの~ 책한 곳/~がゆるむ 철한 부분이 느슨해지다
**としゃ**【吐˟瀉】 名他(文) 토사, 구토와 설사¶~物 토사물= はきくだし
**どしゃ**【土砂】 토사 ①흙과 모래¶~崩くずれ 사태 ② → おどしゃ —降ふり 비가 억수같이 쏟아짐, 그런 비
**どしゃ**【度者】【佛】 출가한 사람= 得度者とくどしゃ
**としゅ**【斗酒】 ①두주, 말술¶~なお辞じせず 두주 불사(不辞)하다 ②많은 양의 술
**としゅ**【徒手】(文) 도수, 맨손 ①손에 아무것도 지니지 않음¶~で敵てきに立たち向むかう 맨손으로 적에게 맞서다 ②의지할 것이 전혀 없음 —空拳くうけん(文) 도수 공권, 적수 공권, 맨주먹 —体操たいそう 도수 체조, 맨손 체조
**としゅう**【上州】 → じょうしゅう(土佐)
**としょ**【図書】 도서 ①그림과 서적 ②서적, 책¶~目録もくろく 도서 목록 —館かん 도서관 —室しつ 도서실
**としょ**【屠所】 도살장= 屠場じょう
慣用句
—の羊ひつじ ①도살장에 끌려가는 양 ②(比) 죽음이 목전에 닥친 사람, 기가 푹 죽은 모양
**としょう**【徒渉·渡渉】 名自サ(文) 도섭, (냇물 등을) 걸어서 건넘= 浅瀬あさせを~する 여울을 걸어서 건너다
**とじょう**【途上】 도상 ①(가는) 도중, 길¶訪米ほうべい~に立たち寄よる 미국 방문 길에 들르다 ②名 한창 발전·진전되는 도중¶発展はってん~国こく 발전 도상국
**とじょう**【都城】(文) 도성, 성곽에 둘러싸인 도시, 성곽 도시
**とじょう**【˟屠場】【農】 도살장= 屠所じょ

**とじょう**【登城】图 自スル (무사 등이) 성으로 들어감, 幕府に 출사(出仕)함 ⇔ 下城

**どじょう**【〈泥鰌〉】動 미꾸라지 ―汁 추어탕 ―掬い (소쿠리 등으로) 미꾸라지를 떠서 잡는 일 ―鍋 料 미꾸라지와 우엉·파를 넣고 끓이면서 먹는 냄비 요리 ―髭 (미꾸라지 수염처럼) 듬성듬성 난 긴 콧수염

**どじょう**【土壌】토양 ①흙, 땅¶ ―改良 토양 개량/肥沃な~ 비옥한 토양 ②(比) 어떤 결과를 낳거나 조장하는 환경·요인¶ 悪を生み出す~ 악을 낳는 환경 ―生物 [生] 토양 생물

**としょうじ**【戸障子】문과 미닫이= 建具

**どしょうね**【土性根】俗 → どしょうぼね

**どしょうぼね**【土性骨】俗 타고난 성질, 근성= 土性根¶ ~が据わる 근성이 있다

**としょく**【徒食】图 自スル 文 도식. 놀고 먹음¶ 無為に~ 무위 도식

**としより**【年寄(り)】①노인, 늙은이 ②「日本相撲協会」의 평의원= 親方 ③[史] 武家 사회의 정무에 참여한 중신 ④[史] 江戸 시대의 町·村의 장(長)

(慣用句)
―の冷や水 노인이 나이에 걸맞지 않은 무리한 행동을 함

**としよ・る**【年寄る】自五 늙다, 노인이 되다

**としよわ**【年弱】①(세는 나이로 말할 때) 한 해의 후반기에 태어남, 그런 사람 ⇔ 年強 ②약년(弱年), 젊음, 젊은이= としわか

**と・じる**【閉じる】自他上一 ①닫히다, 닫다, 덮다, 감다¶ 戸を~ 문을 닫다/目を~ 눈을 감다/口を~ 입을 다물다 ②끝나다, 끝내다, 마치다¶ 店を~ 가게를 닫다 [그만 두다]/これで本日の会を~ことにします이것으로 오늘 모임을 끝내기로 하겠습니다

**と・じる**【*綴じる】他上一 ①철하다¶ 本を~ 책을 철하다 ②(달걀 등으로) 소를 넣다 ③(천 등의 아귀를) 꿰매다, 시치다¶ 布団を~ 이불을 시치다

**としわか**【年若】图 젊음, 젊은이¶ 三年~だ 3살 젊다/~の者から順に並ぶ 젊은 사람 순으로 늘어서다

**としわすれ**【年忘れ】망년, 망년회

**としん**【*兎唇】醫 토순. 언청이

**としん**【*妬心】图 투심. 질투심

**としん**【都心】도심. 대도시의 중심부, (특히) 東京都の 중심부¶ ~に向かう 도심으로 향하다

**としん**【都塵】文 ①도시의 먼지 ②도시의 번잡함¶ ~を避ける 도진을 피하다

**どじん**【土人】토인 ①토착민 ②미개인

**としんし**【都人士】文 도시인, 도시 사람

**どしんと**副 (무거운 것이 세게 부딪치거나 떨어지는) 쿵, 꽝= どすんと¶ ~しりもちをつく 쿵 하고 엉덩방아를 찧다

**トス**(toss) 图 自他スル 토스 ①(야구·농구에서) 가까이 있는 자기 편에게 공을 가볍게 던져줌 ②(테니스·배구에서) 서브나 스파이크를 할 수 있도록 공을 처올림 ③(경기의 공격권 등을 정하기 위해) 동전을 던짐 ―バッティング (일 toss batting) 野 토스 배팅. 가볍게 공을 던지게 해서 하는 타격 연습

**どす**①단도, 비수 ②위협적인 기세, 으름장

(慣用句)
―を利かす 으름장을 놓다
―を呑む 단도(비수)를 품다

**どすう**【度数】도수 ①횟수¶ 使用した~ 사용한 횟수 ②온도·각도 등의 수치¶ アルコールの~ 알코올 도수 ―分布 統 도수 분포

**どすぐろ・い**【どす黒い】거무칙칙하다, 거무튀튀하다¶ ~血 거무칙칙한 피

**とする**連語 ①막 …하려고 하다¶ 行こう~ところった 막 가려던 참이었다 ②…라고 생각하다[판단하다]¶ それを是~者のわずか五人 그것이 옳다고 생각하는 사람 겨우 5명 ③…라고 가정하다¶ 一時間以上かかる~ 한 시간 이상 걸린다고 가정하다

**と・する**【*賭する】他サ変 걸다, 내던지다, 희생하다¶ 国運を~ 국운을 걸다/身を~して守る 몸을 던져 지키다

**ど・する**【度する】他サ変 佛 제도하다, 구제하다¶ 衆生を~ 중생을 제도하다

**とすれば**接 とすると= ¶ ~, しかたないな 그렇다면 어쩔 수 없군

**とせ**【*年·*歳】助數 햇수를 세는 말. 해= ね¶ 幾~ 몇 해/ひと~ 한 해

**とせい**【都政】도정. 東京都의 행정

**とせい**【渡世】생활, 세상살이, 생업¶ やくざ~ 깡패 생활/もの書きを~とする 글쓰는 것을 생업으로 삼다 ―人 노름꾼

**どせい**【土星】[天] 토성

**どせい**【土製】토제¶ ~の人形 토제 인형

**どせい**【怒声】文 노성. 성낸 목소리

**どせきりゅう**【土石流】[地] 토석류

**とぜつ**【途絶·杜絶】图 自スル 두절¶ 連絡が~する 연락이 두절되다

**とせん**【渡船】도선, 나룻배= 渡たし船 ―場 도선장, 나룻터= 渡たし場

**とぜん**【徒然】图 ナリ 무료함, 심심함= つれづれ¶ ~を慰なめる 무료함을 달래다

**とせんきょう**【渡線橋】철로를 건너 지른 구름다리, 과선교

**とそ**【*屠*蘇】도소, 도소산 ②(설날에 마시는) 도소주= 屠蘇酒¶ ~気分 도소주를 마신 거나한 기분 ―散 (약제 이름인) 도소산

**とそう**【塗装】图 他スル 도장¶ ~工事 도장 공사/板塀へいを~する 판자울을 도장하다

**とそう**【土葬】图 他スル 토장, 매장

**どぞう**【土蔵】[建] 벽을 흙이나 회반죽으로 두껍게 바른 광 ―造 [建] 바깥벽을 흙이나 회반죽으로 두껍게 칠한 구조, 그런 집 ―破り 광을 부수고 재물을 훔침, 그런 도둑

**どそく**【土足】①흙 묻은 발, 흙발= どろあし ②신발을 신은 채로의 발¶ ~厳禁 신을 신은 채 들어가지 마시오/~で上がり込む 신발을 신은 채로 들어오다

どぞく【土俗】(文) 토속¶〜信仰$_{しん}$ 토속 신앙
とそつ【兜率·都卒】[佛]「兜率天$_{どそつてん}$」의 준말. 도솔 一天$_{いってん}$[佛] 도솔천
どだい【土台】I 名 ① 토대 ·(건물·다리 등의 전체를 지탱하는 맨 아랫부분¶〜を築$_{きず}$く 토대를 쌓다 ② (사물의) 바탕·기반, 기초¶〜のしっかりした考$_{かんが}$え 기초가 튼튼한 생각 II 副 원래, 애당초, 본시부터¶〜無理$_{むり}$な相談$_{そうだん}$だ 애당초 무리한 상담이다
とだ・える【途絶える·跡絶える】自下一 끊어지다, 두절되다¶音信$_{いんしん}$が〜 소식이 두절되다/山道$_{やまみち}$が〜 산길이 끊어지다
どたぐつ【どた靴】(俗) (커서) 털럭거리는 구두
どたどた 副(口) (요란한 소리로) 쿵쾅쿵쾅, 우당탕¶〜と走$_{はし}$る 쿵쾅쿵쾅거리며 달리다
とだな【戸棚】안에 선반을 단 장(欌)¶食器$_{しょっき}$〜 식기장
どたばた 副 自スル(口) (요란한 발소리를 내며 돌아다니는) 우당탕, 쿵쾅¶〜騷$_{さわ}$ぎ立$_{た}$てる 우당탕거리며 소란을 피우다 一喜劇$_{きげき}$ 수선을 떨면서 웃기려고 하는 희극
とたん【途端】副 (…한) 바로 그 순간, 찰나¶立$_{た}$った〜にめまいがした 일어선 순간에 현기증이 났다
とたん【塗炭】名(文) 도탄¶〜に陷$_{おちい}$る 도탄에 빠지다
|慣用句|
—の苦$_{くる}$しみ (도탄에 빠진) 극심한 괴로움
トタン 함석¶—板$_{いた}$ 함석판¶—屋根$_{やね}$ 함석 지붕 一葺$_{ぶ}$き 함석판으로 지붕을 임, 그런 지붕
どたんば【土壇場】① 목을 베는 형장 ② 막판, 막다른 판¶〜の大逆轉$_{だいぎゃくてん}$ 막판의 대역전¶〜に追$_{お}$い込$_{こ}$まれる 막다른 곳에 몰리다
とち[*栃·*橡] → とちのき
とち【土地】① 토지, 땅, 대지¶人跡未踏$_{じんせきみとう}$の〜 인적 미답의 땅 ② 경작지, 택지¶〜の値上$_{ねあ}$がり 지가 상승 ③ 그 지방(고장)¶〜の人$_{ひと}$ 그 지방 사람 ④ 영토, 영지 一柄$_{がら}$ 그 지방의 독특한 풍습·기질 一鑑$_{かん}$ 그 고장 사정에 밝음 一轉$_{ころ}$がし 토지 전매를 거듭하여 그 차익을 얻는 일¶〜台帳$_{だいちょう}$ 토지 대장 一つ子$_{こ}$ 토박이¶—登記簿$_{とうきぼ}$ 토지 등기부
とちぎ【栃木】關東$_{かんとう}$지방 북부의 현(縣). 현청 소재지는 宇都宮$_{うつのみや}$시
とちじ【都知事】東京都$_{とうきょうと}$의 지사
とちのき[*栃の木·*橡の木]{植} 칠엽수
とちめん[*栃麵]칠엽수 열매 가루에 쌀가루·밀가루를 섞어 메밀국수처럼 만든 음식
とちめんぼう[*栃麵棒] ① 칠엽수 가루 반죽을 미는 밀방망이 ② 허둥거림, 당황함, 그런 사람
|慣用句|
—を振$_{ふ}$る 당황하다, 허둥대다, 덤벙거리다
どちゃく【土着】名 토착¶〜民$_{みん}$ 토착민
とちゅう【途中】도중 ① 가고 있는 동안¶〜下車$_{げしゃ}$ 도중 하차 ② 일이 되어 가는 동안, 중도¶〜經過$_{けいか}$ 중도 경과 /食事$_{しょくじ}$の〜で席$_{せき}$を立$_{た}$つ 식사 도중에 자리를 뜨다
どちゅう【土中】(文) 흙속, 땅속

とちょう【徒長】名 自スル {農} 도장. (농작물이) 웃자람 一枝$_{えだ}${農} 도장지. 웃자란 가지
とちょう【都庁】「東京都廳$_{とうきょうとちょう}$」의 약칭. 도청
とちょう【登頂】名 自スル → とうちょう(登頂)
どちょう【怒張】名 自スル(文) ① (혈관 등이) 부풀어 오름¶怒$_{いか}$りで額$_{ひたい}$の血管$_{けっかん}$が〜する 노여움으로 이마의 혈관이 불거지다 ② (어깨 등을) 치켜 올림
どちら【〈何方〉】代 ① {指示} 어느 쪽 ㉠ 어느 방향, 어디¶お國$_{くに}$は〜ですか 고향은 어디십니까? ㉡ 어느 것¶〜も好$_{す}$き 어느 것이든 좋아 ② {人稱} (흔히 「〜樣$_{さま}$」의 꼴로) 어느 분, 누구¶失禮$_{しつれい}$ですが〜樣$_{さま}$でしょうか 실례지만 누구시지요?
|慣用句|
—かと言$_{い}$えば 어느 쪽인가 하면
—とも言$_{い}$えない 어느 쪽이라고도 말할 수 없다
とち・る 自五(俗) ① (배우가) 대사를 틀리다¶長$_{なが}$ぜりふを〜 긴 대사를 틀리다 ② 잘못하다, 실수하다¶試驗$_{しけん}$を〜 시험을 잘못 치다
とつ【凸】音 トツ 訓 でこ (음) 철. {造語} 가운데가 볼록함¶凸版$_{とっぱん}$ 철판·凸面$_{とつめん}$ 철면·凹凸$_{おうとつ}$ 요철·{默字訓} 凸凹$_{でこぼこ}$ 요철
とつ【突】音 トツ 訓 つく (음) 돌. {造語} ① 튀어나오다, 쑥 내밀다, 그런 것¶突起$_{とっき}$ 돌기·煙突$_{えんとつ}$ 연돌, 굴뚝 ② 부딪치다, 찌르다¶突擊$_{とつげき}$ 돌격·衝突$_{しょうとつ}$ 충돌 ③ 갑자기, 별안간¶突然$_{とつぜん}$ 돌연·突風$_{とっぷう}$ 돌풍
とつ【咄】感 ① 혀를 차는 소리. 쯧쯧 ② (뜻밖의 일에 놀라서) 어허, 어¶〜、なんたる怪事$_{かいじ}$ぞ 어허 이 무슨 변괴인고 ▷ 예스러운 말
とつおいつ 副 이리저리, 갈팡질팡¶〜思$_{おも}$い惑$_{まど}$う 이리저리 갈피를 못 잡다
とうおう【凸凹】요철 = おうとつ
とっか【特價】특가. 특별 할인한 가격¶〜品$_{ひん}$ 특가품
とっか【特科】특과 ① 특수한 교과목 ② 일본 육상 자위대의 직종¶〜兵$_{へい}$ 특과병
とっか【德化】名 他スル(文) 덕화. 덕으로 감화시킴¶民眾$_{みんしゅう}$を〜する 민중을 덕화하다
どっか 代(俗) 어딘가, 어딘지 = どこか
どっか【讀過】名 他スル(文) ① 다 읽어냄, 독파¶一日$_{いちにち}$で〜した 하루에 독파했다 ② (중요한 부분을) 빠뜨리고 읽음, 읽어 넘김
どっかい【讀會】(법안·규약 등을 신중히 심의하기 위해 만든) 독회¶第一$_{だいいち}$〜 제1 독회
どっかい【讀解】名 他スル 독해¶〜力$_{りょく}$ 독해력/古典$_{こてん}$を〜する 고전을 독해하다
とっかかり【取っ掛(か)り】(口) ① 실마리, 단서¶仲直$_{なかなお}$りの〜がない 화해의 실마리다 ② (일 등의) 시작, 착수¶仕事$_{しごと}$の〜 일의 시작·착수
とっかく【突角】(文) 돌각. 튀어나온 모서리
どっかと 副 → どっかり ①②
どっかり 副 ① (무거운 것을 내려놓는) 털썩 = どっかと¶〜とリュックを床$_{ゆか}$に置$_{お}$く 털썩 배낭을 마루에 놓다 ② (의젓하게〔당당하

とっかん [突貫] 돌관 I 名 自他スル ①꿰뚫음 ②단숨에 해냄, 강행함 ¶ ~工事 돌관 공사 II [*吶]喊] 名 自スル 文 함성을 지르며 돌격함 ¶ 敵陣にむけがて~する 적진을 향해 함성을 지르며 돌격하다

とっき [突起・凸起] 名 自スル 돌기, 뛰어나옴, 돌출함, 그런 것 ¶ ~物 돌기물

とっき [特記] 名 他スル 특기, 특별 ¶ ~事項 특기 사항/~に値する 특기할 만하다

どっき [毒気] → どくけ

どづき [土突き] [建] → どうづき

とつぎさき [嫁ぎ先] 시집간 집, 시댁

とっきゅう [特急] ①文 특급, 특별 급행 열차 ¶ ~料金 특급 요금 ②名 매우 급함, 화급 ¶ ~で頼むむ 화급히 부탁하다

とっきゅう [特級] 특급 ¶ ~品 특급품

とっきょ [特許] ①특허 專売~ 전매 특허/~を申請する 특허를 신청하다 ②특허권 ━権 [法] 특허권 ━庁 특허청

どっきょ [独居] 名 自スル 文 독거, 혼자 삶 ¶ ~生活 독거 생활

どっきょう [読経] 名 自スル 독경(読経)

どっきんほう [独禁法] [法] 독점 금지법

とつ・ぐ [嫁ぐ] 自五 시집가다, 출가하다 ¶ 長女が~ 맏딸이 시집가다

どつ・く [ど突く] 他五 俗 方 세차게 찌르다, 때리다 → つづく

とっくに [*疾っくに] 副 口 훨씬 전에, 벌써 ¶ ~できあがっている 벌써 다 되었다

とっくのむかし [*疾っくの昔] 口 훨씬 이전, 오래 전, 오랜 옛날 ¶ ~に卒業しました 오래 전에 졸업했습니다

とっくみあい [取っ組(み)合い] 口 맞붙어 싸움, 격투 ¶ ~のけんか 맞붙어서 싸움

とっくみあ・う [取っ組(み)合う] 自五 口 맞붙어 싸우다, 격투를 벌이다 ¶ 兄弟で~ 형제가 맞붙어 싸우다

とっく・む [取っ組む] 自五 口 → とりくむ

とっくり [副] 곰곰이, 신중히, 차분히 ¶ ~と考える 곰곰이 생각하다

とっくり [徳利] ① → とくり ②服 터틀넥

とっくん [特訓] 名 他スル 특훈, 특별 훈련

どけ [毒気] → どくけ

とっけい [特恵] 文 특혜, 특별한 은혜・대우 ¶ ~国 특혜국 ━関税 [経] 특혜 관세

とつげき [突撃] 名 自スル 돌격 ¶ 一丸となって~する 한 덩어리가 돼 돌격하다

とっけん [特権] 특권 ━階級 특권 계급

とっこ [*独鈷] ①독고, (밀교에서 쓰는) 쇠나 구리로 된 양끝이 뾰족한 막대 ②독고 무늬로 짠 피륙, 그런 무늬

どっこい 感 口 ①(힘을 들이거나 탄력을 붙이기 위해 내는) 끙, 이영차 ②(상대방의 행동을 가로막거나 할 때의) 어딜, 천만에 ¶ ~、そうはさせぬ 어딜 그렇게는 안 되지 ━しょ 感 口 ①(힘을 들이거나 탄력을 붙이기 위해 내는) 끙, 이영차 ②(민요에서) 메기는 말

━どっこい 名 俗 서로 비슷하여 우열이 없음, 어슷비슷

とっこう [特効] 특효 ¶ やけどに~がある 화상에 특효가 있다 ━薬 특효약

とっこう [特高] (일본 구제도에서) 특별 고등 경찰

とっこう [徳行] 文 덕행 ¶ ~家 덕행가

とっこう [篤行] 文 독행, 인정이 두텁고 성실한 행위 ¶ ~の人 독행자

とっこう [篤厚] 名 文 독후, 인정이 두텁고 성실함 ≒ 篤実

とっこう [独行] 名 自スル 文 독행 ①혼자서 여행함 [感] 千里~ 천리 독행 ②혼자 힘으로 함 独立~ 독립 독행

とっこうせん [独航船] [水] 독항선, 고기를 잡아 모선(母船)으로 나르는 소형 어선

とっこうたい [特攻隊] 「特別攻撃隊こうげきたい」의 준말, 특공대

とっさ [*咄嗟] 名 순간, 눈 깜짝할 사이 ¶ ~の機転 순간적인 기지 ━に 副 순간적으로, 즉시

とっさき [突先] 口 뛰어 나온 [뾰족한] 끝

どっさり 副 口 ①잔뜩, 듬뿍 ¶ ~買う 잔뜩 사다 ②(무거운 것이 떨어지는) 털썩 ¶ 荷物が棚から~と落ちた 짐이 선반에서 털썩 떨어졌다

とっしゅつ [突出] 名 自スル ①돌출 海に~した地点 바다로 돌출한 지점 ②두드러짐 ¶ 防衛費が~する 방위비가 두드러지다 ③분출, 갑자기 뚫고 나옴 ¶ 火口から溶岩が~する 화구에서 용암이 분출하다

とつじょ [突如] 副 돌연, 갑자기, 별안간 ¶ ~姿を現す 돌연히 모습을 나타내다

どっしり 副 ①묵직히 ¶ ~とした机 묵직한 책상 ②침착하고 듬직한 모양 ¶ ~とした態度 듬직한 태도

とっしん [突進] 名 自スル 돌진 ¶ ゴールめがけて~する 골을 향해 돌진하다

とつぜん [突然] 副 돌연, 갑자기 ¶ ~の引退声明 돌연한 은퇴 성명/~に怒り出す 갑자기 성내기 시작하다 ━死 돌연사, 급사 ━変異 돌연 변이

とったり [相撲] 두손으로 상대방의 한 팔을 잡아채어 넘기는 수

とったん [突端] 쑥 내민 [돌출한] 끝 ¶ 岬の~を回る 곶의 돌출한 끝을 돌다

どっち [代] ①어디, 어느 쪽, 어느 것 ¶ ~もだね 피장파장이군/交番は~ですか 파출소는 어느 쪽입니까? ━付かず 了 口 이도 저도 아님, 애매함, 모호함, 엉거주춤함 ━道 副 口 어차피, 어느 쪽이든, 결국 ━もどっち 連語 口 양쪽이 똑같이 나쁨

とっち・める [取っちめる] 他下一 俗 혼내다, 호되게 꾸짖다 ¶ 悪いやつを~ 나쁜 놈을 혼

とっつかま・える [取っ捕まえる] 他下一 俗 붙잡다, 붙들다¶ 万引きを～사는 체하며 도둑질 하는 사람을 붙잡다

とっつかま・る [取っ捕まる・取っ摑まる] 自五 俗 ①꽉 잡다, 붙들다¶ 手すりに～난간을 붙들다 ②붙잡히다, 붙들리다¶ 犯人が～ 범인이 붙잡히다

とっつき [取っ付き] 名 (口) ①(일의) 시초, 처음, 시작¶ 何事も～が肝心だ 무슨 일이든 처음이 중요하다 ②첫인상¶ ～の悪い人 첫인상이 나쁜 사람 ③자기에게 가장 가까운 쪽, 첫째¶ 角を曲がった～の家 모퉁이를 돌아서 첫째 집

とっつ・く [取っ付く] 自五 (口) → とりつく

とって [取っ手・把っ手] (가구・기구 등의) 손잡이, 족자리¶ ～を握る 손잡이를 잡다

とって [取って] 連語 ①(나이를 셀 때 하는 말) 금년 들어¶ 当年～二十五になります 올해로 스물 다섯이 됩니다 ②(《…に～의 꼴로》)…에 있어서, …로서¶ 人類に～貴重な財産となる 인류에 있어서 귀중한 재산이 된다

とってい [突堤] 돌제, 물에서 물속으로 쑥 내민 둑

とっておき [取って置き] (口) (만일의 경우에 대비해서) 소중히 간직해 둠, 그런 물건=とっとき¶ ～の品 소중히 간직해 둔 물건/～の手を使う 비장의 방법을 쓰다

とってかえ・す [取って返す] 自五 (口) (도중에) 되돌아오다[가다]¶ 旅先から急ぎ～ 여행지에서 서둘러 되돌아오다

とってかわ・る [取って代(わ)る] 自五 (口) 대신하다

とってつけたよう [取って付けた様] 連語 (口) (억지로 갖다 붙인듯이) 어색함, 부자연스러움¶ ～なお世辞 어색한 겉치레말

とっても 副 (口) [とても] 의 힘줌말

どっと 副 ①(여럿이 한꺼번에 소리 내어) 와¶ 客が～笑う 손님이 와 하고 웃다 ②(사람・사물이 한꺼번에 밀어닥치는) 우르르, 왈칵¶ 波が～押し寄せる 파도가 우르르 밀려오다 ③갑자기, 덜컥¶ 疲れが～出る 갑자기 피로가 몰려오다

とっとき [取っ置き] 名 (口) → とっておき

とつとして [突として] 副 文 돌연, 느닷없이, 갑자기

とつとつ [*咄咄] 副 文 ①쯧쯧, 쩟 ②놀라며 수상쩍어 하는 모양¶ 一怪事 매우 괴이한 일, 몹시 마땅찮은 일

とつとつ [*訥訥・*吶吶] 副 文 더듬더듬¶ ～として語る 더듬더듬 이야기하다

とっとと 副 俗 냉큼, 어서, 빨리¶ ～出て行け 냉큼 나가거라

とっとり [鳥取] ①일본 中国 지방 북동부의 현 ②鳥取県의 현청 소재지

とつにゅう [突入] 名 自スル 돌입¶ 敵陣に～する 적진에 돌입하다

とっぱ [突破] 名 他スル 돌파 ①(장애 등을) 헤치고 극복함 難関を～する 난관을 돌파하다 ②어느 수량을 넘음¶ 人口が1億を～した 인구가 1억을 돌파했다

とっぱずれ [突外れ] (俗) 맨 끝쪽, 맨 끝¶ 村の～の一軒家 마을 끝의 외딴집

とっぱつ [突発] 名 自スル 돌발¶ ～的な事故 돌발적인 사고

とっぱな [突端] 俗 ①쑥 내민 [돌출한] 끝 = とったん¶ 岬の～곶의 돌출한 끝 ②(일의) 시초, 첫머리¶ 話の～ 이야기의 시초

とっぱら・う [取っ払う] 他五 (口) 걷어치우다, 헐다, 철거하다¶ ふすまを～ 맹장지를 걷어치우다

とっぱん [凸版] 印 철판, 볼록판 ⇔ 印刷 철판 인쇄

とっぴ [突飛] ナ 엉뚱함, 별남, 기발함¶ ～な発言 엉뚱한 발언

とっぴょうしもない [突拍子もない] 連語 엉뚱하다, 당치않다, 빗나가다¶ ～振る舞い 엉뚱한 행동

トップ (top) 名 ①染 (소모 방적 공정에서) 실을 꼬기 전에 하는 염색 一屋 ②(주간지 등에) 특종이 될 만한 기사를 쓰는[파는] 사람 ーライト (top light) 톱 라이트 ①建 천창 ②(연극・사진 등에서) 머리 위에서 비치는 조명

慣用句
一を切る 톱을 끊다 ①(경주 등에서) 선두를 달리다 ②(어떤 일의) 선구가 되다

とっぷう [突風] 돌풍¶ ～で看板がとばされた 돌풍으로 간판이 날아갔다

とっぷり 副 (날이) 완전히 저무는 모양¶ 日が～と暮れる 날이 완전히 저물다

どっぷり 副 ①(액체에 충분히 담그는) 듬뿍¶ 筆に墨を～とつけて書く 붓에 먹을 듬뿍 먹여서 쓰다 ②(어떤 상태에 완전히 빠지는) 푹¶ 悪に～つかる 악에 푹 빠지다

とつべん [訥弁] 눌변, 서투른 말씨

どっぽ [独歩] 名 自スル 독보 ①혼자서 걸음 = 혼자 힘으로 함 = 独行¶ 独立～ 독립 독보 ③ 名 自スル 탁월함¶ 古今～の才 고금 독보의 재주

とつめん [凸面] 철면, 볼록한 면 一鏡 物 철면경, 볼록 거울 ⇔ 凹面鏡

とつレンズ [凸レンズ] 物 볼록 렌즈

とて I 副助 (체언・체언 문절에 붙음) ①에서 ㉠…도 역시 ¶ ～不安がないわけではない ～ 역시 불안하지 않은 것은 아니다 ㉡(비록) …일지라도¶ 兄弟～許せぬ 형제일지라도 용서할 수 없다 ㉢(《부정의 말이 딸리어》)…이랄 것도, …라 할 만한 것은¶ 問題～ない 문제랄 것은 없다 ②총괄 ㉠(의사・의문사를 포함한 문절에 붙어) (전면적인 긍정) …라도¶ だれ～困るだろう 누구라도 곤란할 것이다 ㉡(《적은 수량・낮은 정도를 나타내는 말에 붙으며 부정의 표현이 딸리어》)(전면적인 부정) …라도 一日～忘れたことはない 하루라도 잊은 적은 없다 ③

내용의 지정 ㉠ …하려고 생각하고, …하려다가¶ 水ミづを汲ㇰむ~井戸ㇳから落ㇰちた 물을 푸려다가 우물에 빠ㄴ다 …라고 하고¶ 月見ㄱに~ 家ㇸを出ㄷた 달구경하러 하고 집을 나왔다 ㉢《의존명사에 붙어 특히「こととて」의 꼴로》…이기 때문에, …이므로, …이라서¶ なれないこと~失敗ㇷᆐばかりする 익숙치 않은 일이라서 실수만 한다 Ⅱ [接助] 《과거의 조동사「た」나 접속조사「から」에 붙어, 반어나 부정적인 내용이 딸리어》 …더라도, …다고 해서, …다손 치더라도¶ 親ㅇ゙ᅡがない~泣ㄱくものか 부모가 없다고 우는가 봐라

と て [土手] ① 둑, 제방 =つつみ¶ ~を築ㅈく 제방을 쌓다 ②큰 생선의 등살 ③이가 빠진 잇몸 —一つ腹ㅎᆞれ [俗] 배때기

と てい [徒弟] 도제 ①(기예 등의) 제자, 문하생¶ ~制度ㄷ゙ᅩ 도제 제도 ②상인의 집에서 기거하면서 일을 배우는 소년, 계시

と てつもない [途轍もない] [連語] [口] 터무니없다, 당치않다¶ ~話ㅎᆞ나し 터무니없는 이야기다

と て も [迚も] [副] [口] ①아무리 해도, 도저히¶ 一日ㇰㇸではできない 도저히 하루로는 안된다 ②대단히, 몹시, 매우¶ ~美ㅇ゙ㅜしい 대단히 아름답다 —かくても [副] [文] 아무리 해보았자, 어차피, 결국

[慣用句]
—じゃないが [俗] 도저히, 도무지
—のことに 차라리, 오히려

ど てら [褞袍] 보통 옷보다 크고 소맷부리가 넓으며 솜을 둔 방한용 일본옷 =丹前ㅌᆞᆫ

と でん [都電] 東京都에서 경영하는 노면 전차
と と [魚] [幼] 물고기¶ お~ 물고기
と ど [椴] → トドマツ
と ど [鯔] Ⅰ [名] [動] 성장한 숭어 Ⅱ [副] 결국, 필경 =とどのつまり
と ど [海馬] 바다사자 =カイバ
と ど [吶吶] [名] [自スル] [文] 여러 말을 길게 늘어 놓음, 구구하게 말함¶ ~を要ㅇ゙ㅛしない 여러 말할 필요 없다

ど どいつ [都都逸] [楽] 속요의 하나, 7·7·7·5조의 4구로 된 三味線ㅅᅢᆷ 가곡

と とう [徒党] 도당, 무리
[慣用句]
—を組ㄱ゙ㅜむ 작당하다¶ 徒党を組んで謀反ㅎᆞㄴを起ㅇ゙ᅩこす 작당하여 모반을 일으키다

と とう [渡島] [名] [自スル] 섬으로 건너감
ど とう [怒濤] 노도, 거센 파도¶ ~の如ㄱ゙ㅗㅌく押ㅇ゙ᅩし寄ㅇ゙ᅩせる 노도와 같이 밀어닥치다

と どうふけん [都道府県] ①都와 道와 府와 県 ②市町村 위에 설치된 지방 공공 단체 —議会ㄱᅢ 都道府県ㅎᅮ의 의회 —議会議員ㅇᅵᆫ 都道府県ㅎᅮ의 의원

と とく [都督] Ⅰ 전군의 통솔자, 총지휘관, 총대장 Ⅱ [名] [名スル] [文] 통솔하고 감독함

と ど・く [届く] [自五] ①닿다, 미치다, 이르다¶ 声ㅎᅩが遠ㇳくまでよく~ 목소리가 멀리까지 잘 미치다 ②(보낸 것이) 도착하다, 닿다¶ 小包ㅈ゙ᅮㅅㅁから~ 소포가 도착하다 ③(주의 등이) 두루 미치다¶ 親ㅎᆞ゙의目ㅁゝが~ 부모의 눈길이 미치다 ④(소원 등이) 이루어지다, (마음이) 통하다¶ 祈ㅇ゙ᅵのが~ 기도가 이루어지다/ 思ㅎᆞㄱいが~ 마음이 통하다

と どく [蠹毒] [名] [他スル] [文] 두독 ①(책·옷 등을) 좀먹음 ②(조직을) 무너뜨림

と とどけ [届] 신고, 신고서¶ 出生ㅅᅮ゙ᅡ゙~ 출생 신고/ ~を済ㅅᆞますせ 신고를 마치다

と とどけいで [届(け)^出] 신고 =とどけで¶ ~伝染病ㄷ゙ᅥᆫ゙ᅧᆷ 신고 전염병

と どけさき [届(け)先] 보낼 곳, 송달처

と どけで [届(け)出] 신고 =とどけいで¶ 被害ㅎᅢ゙ᅦ의の~が遅ㅇᅩㄱれる 피해 신고가 늦다

と どけ・でる [届(け)出る] [他下一] 신고하다¶ 警察ㅇᅢᆯ゙ᅡに~ 경찰에 신고하다

と どけ・る [届ける] [他下一] ①보내다, 가져다 주다¶ 手紙ㄷᅦ゙ᅡᆷを~ 편지를 보내다 ②신고하다¶ 市役所ㅇᆞ゙ᆨㅅᅩに転居ㅌᅦᆫ゙ᅧを~ 시청에 이전을 신고하다

と どこお・る [滞る] [自五] ①정체하다, 막히다¶ 車ㅇ゙ᅮㄹの流ㄴ゙ᅡㄱれが~ 차의 흐름이 막히다 ②밀리다¶ 家賃ㅇ゙ᅡㅊᅵᆫが~ 집세가 밀리다

と との・う [整う·調う·ㅇ゙ᅩ育う] [自五] ①가지런하다, 정돈되다, 조화를 이루다¶ 体裁ㅌᅦ゙ᅡᆼが~ 체재가 정돈되다 ②갖추어지다, 구비되다¶ 支度ㄷ゙ᅢ゙ᅡㄱが~ 준비가 갖추어지다 ③(상담 등이) 성립되다¶ 縁談ㅇᅴㄷ゙ᅡᆷが~ 혼담이 이루어지다

と との・える [整える·調える·ㅇ゙ᅩ育える] [他下一] ①가지런하게[단정히] 하다, 정돈하다, 가다듬다¶ 服装ㅂᅩㄱ゙ᅩを~ 복장을 가다듬다/ 隊列ㄷ゙ᅢㄹ゙ᅧᆯを~ 대열을 정돈하다 ②갖추다, 준비하다, 마련하다¶ 支度ㄷ゙ᅢ゙ᅡㄱを~ 준비를 갖추다 ③(상담 등을) 성립시키다, 이루어지게 하다¶ 縁談ㅇᅴㄷ゙ᅡᆷを~ 혼담을 성사시키다 ④조절하다, 조정하다¶ 体調ㅌᅦ゙ᅦ゙ᅩを~ 컨디션을 조절하다

と どのつまり [名] [副] 필경, 결국¶ は中止ㅈᅲ゙ᅵになった 결국 계획은 중지되었다

と どまつ [椴松] [植] 분비나무 =とど

と どま・る [止まる·留まる·停まる] [自五] 머물다 ①(같은 장소·지위에) 머무르다¶ パリに~ 파리에 머물다 ②(뒤에) 남다¶ 現地ㅎᅧᆫ゙ᅵに~ってㄷ指導ㄷ゙ᅩに当ㅇ゙ᅡたる 현지에 머물러 지도를 맡다 ③멈추다, 그치다¶ 欲望ㅇᅩㄱ゙ᅩを知ㅈらない 욕망은 그칠 줄을 모른다 ④《「…に~」의 꼴로》…데에 그치다¶ 問題点ㅁᅩㄴ゙ᅡ゙ᅦᆷを指摘ㅅᅵ゙ᅥㄱするに~ 문제점을 지적하는 데 그치다

と どめ [^止め·^留め] ①숨통을 끊는 일¶ ~の一撃ㅇᅵᆯ゙ᅧㄱ 숨통을 끊는 마지막 일격 ②(일을 완결시키는) 최후의 일격, 결정타

[慣用句]
—を刺ㅅᆞす ①(되살아나지 못하게) 숨통을 끊다 ②(재기하지 못하게) 최후의 일격을 가하다 ③다짐하다, 못박다 ④《「…は…に~」의 꼴로》…은 …이 제일[최고]이다¶ 刺身ㅅᅡㅅᅵはふぐに~ 생선회는 복어로 제일이다 ど ど め [土止(め)·土留(め)] 흙막이, 방토

と ど・める [^止める·^留める·^停める] [他下一

**とどろかす**

①멈추다, 머물게 하다, 만류하다¶ 足を~ 발을 멈추다／押し~ (못하게) 말리다 ②(뒤에) 남기다¶ 昔の面影を~ 옛 모습을 남기다 ③(어떤 범위 내로) 그치다, 억제하다, 한정시키다¶ 被害を最小限に~ 피해를 최소한으로 억제하다

**とどろか・す** [*轟かす*] 他五 ①(큰 소리를) 울리다¶ 爆音を~ 폭음을 울리다 ②(이름을) 떨치다, 퍼뜨리다¶ 天下に勇名を~ 천하에 용명을 떨치다 ③(「胸を~」의 꼴로) (기대·흥분으로) 가슴이 뛰다, 두근거리다¶ 初舞台に胸を~ 첫무대에서 가슴이 두근거리다

**とどろ・く** [*轟く*] 自五 ①(큰 소리가) 울려 퍼지다¶ 雷鳴が~ 천둥 소리가 울려퍼지다 ②(이름이) 널리 알려지다, 유명해지다¶ 天下に英名が~ 천하에 뛰어난 명성이 알려지다 ③(「胸が~」 등의 꼴로) (기대·흥분으로) 가슴이 두근거리다, 뛰다¶ ~胸を押さえる 두근거리는 가슴을 누르다

**とない** [都内] 東京都의 행정 구역내, (특히) 23개 구(區)

**どない** ナ 副 方 어떠함, 어떻게¶ ~なもんですか 어떤 것입니까?

**とな・える** [称える] 他下一 (…라) 부르다, 칭하다, 일컫다¶ みずから救世主と~ 스스로 구세주라 일컫다

**とな・える** [唱える] 他下一 ①반복해서 읽다, 외다¶ 念仏を~ 염불을 외다 ②(크게) 외치다, 부르다¶ 万歳を~ 만세를 부르다 ③주창하다, 주장하다¶ 新説を~ 새로운 학설을 주창하다

**トナカイ** [旬] 토나카이. 순록 ▷ 馴鹿로도 씀

**どなた** 〈何方〉代〈人称〉어느 분, 누구¶ ~か御存じありませんか 아시는 분 안 계십니까?／あの方は~ですか 저분은 누구십니까

**どなべ** [土鍋] 오지 냄비 → つちなべ

**となり** [隣] 이웃 ①옆, 곁¶ ~の部屋 옆방¶ ~に座る 곁에 앉다 ②이웃집¶ ~に留守を頼む 이웃에게 집을 봐 달라고 부탁하다
慣用句
—の病気を頭痛に病む 남의 일에 쓸데없는 걱정을 하다
—の花は赤い 남의 것은 다 좋아 보이다

**となりあ・う** [隣(り)合う] 自五 서로 이웃하다, 이웃이 되다¶ ~って座る 서로 이웃하여 앉다

**となりあわせ** [隣(り)合(わ)せ] 名 서로 이웃하여 있음¶ ~に住む 서로 이웃하여 살다

**となりきんじょ** [隣近所] 이웃이나 부근의 집, 이웃¶ ~と親しくする 이웃과 친하게 지내다

**となりぐみ** [隣組] ①〔日史〕1940년에 국민 통제를 위해 만든 지역(반) 조직 ②이웃 주민의 친목·상호 부조를 위한 조직

**どなりこ・む** [怒鳴り込む] 自五 (상대편에게 가서) 큰소리로 따지다¶ 騒音にたまりかねて~ 소음을 참을 수 없어 큰소리로 따지다

**となりづきあい** [隣(り)付(き)合い] 이웃과의 교제

**どなりつ・ける** [怒鳴り付ける] 他下一 호통치다, 큰소리로 꾸짖다¶ 部下を~ 부하를 큰소리로 꾸짖다

**どな・る** [怒鳴る] 自五 ①큰소리로 부르다, 고함치다¶ いくら~っても出でない 아무리 고함쳐도 나오지 않는다 ②호통치다, 야단치다¶ 興奮して~ 흥분하여 호통치다

**となん** [斗南] 두남 ①북두칠성 이남 ②천하
慣用句
—の一人 천하 제일의 인물

**となん** [図南] 도남. 큰 사업을 계획함
慣用句
—の翼 도남의 날개. 어느 지역에 큰 사업을 하려는 계획

**とにかく** 副 ①어쨌든, 하여튼, 아무튼¶ ~これで終わった 어쨌든 이것으로 끝났다／~やってみよう 아무튼 해 보자 ②(「…は~」의 꼴로) …은 몰라도¶ 結果が~、努力が大切だ 결과는 여간 노력이 중요하다

**どにち** [土日] 토요일과 일요일¶ ~の混雑 토요일과 일요일의 혼잡

**とにもかくにも** 連語 (부사적으로) 하여간, 어쨌든, 아무튼¶ ~健康が第一だ 하여간 건강이 제일이다

**とにゅう** [吐乳] 名 自スル 〔醫〕토유. (갓난아기가) 먹은 젖을 토함

**とねりこ** 〈秦皮〉·〈木犀〉[植] 물푸레나무

**との** [殿] ①주군·귀인의 경칭¶ お~様 영주님 ②남자분¶ ~方に 남자분에게

**どの** [殿] 接尾 이름 등에 붙이는 경칭. 님, 씨, 귀하¶ 隊長~ 대장님／井出~ 井出씨

**どの** [何の] 連体 어느, 어떤¶ (불분명한 것을 가리키는 말) ~人 어느 사람¶ ~くらい 느 정도, 얼마 ②(「~～も」의 꼴로) 어느 것이나 다¶ ~品も よい 어느 물건이나 좋다

**どのう** [土嚢] 흙부대¶ ~を積む 흙부대를 쌓다

**とのがた** [殿方] 여자가 남자를 가리키는 높임말. 남자분

**とのこ** 〈砥の粉〉숫돌 가루, 황토를 구워서 만든 가루

**とのご** [殿御] 남자 양반, 그분이 好いた~と좋아하는 그분과 ▷ 남편이나 연인에 대해 씀

**とのさま** [殿様] ①귀인·주군의 경칭 ②大名·旗本의 경칭 ③(比) 유복하여 세상 물정에 어두운 사람¶ ~商売 양반 장사 —蛙 旬 참개구리 —芸 귀인이나 부자들이 심심풀이로 배우는 기예

**どのつらさげて** [何の面下げて] 連語 (口) 무슨 낯짝으로, 뻔뻔스럽게¶ ~帰れようか 무슨 낯짝으로 돌아갈 수 있겠나

**どのみち** [何の道] 어차피, 결국, 어쨌든¶ ~っちみち~~勝つさ 어차피 이긴다

**とば** 〈賭場〉노름판, 도박장 → 鉄火場

**どば** 〈駑馬〉〔文〕노마 ①느린 말 ②(比) 재능이 부족한 사람
慣用句

―に鞭打つ 노마에 채찍질하다
とはい【徒輩】(文) 도배. 패거리, 무리
どはい【奴輩】(文) 놈들= やつら
とはいうものの[とは言うものの]【連語】(口) 그렇다고는 해도, 그렇지만, …라고는 하나= とはいえ¶〜やはり勝ちたい 그렇다고는 해도 역시 이기고 싶다
とはいえ[とは言え]【連語】(文) → とはいうものの
とばく【賭博】도박. 노름= ばくち¶〜師 도박사/ 花札 〜 내기 화투
とばくち[とば口]①입구= 入口¶〜に立つ 입구에 서다 ②시작, 첫머리¶工事はまだほんの〜だ 공사는 아직 시작에 불과하다
どばし【土橋】토교. 흙다리= つちばし
とばし・る[迸る]【自国】(文) (액체가) 뿜어 나오다, 솟구치다¶〜鮮血 솟구치는 선혈
とば・す[飛ばす]【他国】①날리다 模型飛行機を〜 모형 비행기를 날리다 ②튀기다¶自動車が泥水を〜して通る 자동차가 흙탕물을 튀기고 지나가다 ③(탈것을) 빨리 몰다, 나는 듯이 몰아가다¶車を〜 차를 빨리 몰다 ④(중간을) 빼놓다, 건너뛰다¶順番を〜 차례를 건너뛰다 ⑤좌천하다¶地方の出張所へ〜・された 지방 출장소로 좌천되다 ⑥(명령 등을) 급히 띄우다, 파견하다¶檄を〜 격문을 띄우다 ⑦(마구) 지껄이다, 내뱉다¶だじゃれを〜 시시한 익살을 부리다 ⑧(손·발을) 날려 공격하다¶足を〜してけり飛ばす 발을 날려 걷어차다 ⑨(補助) 힘껏 [마구] …하다¶投げ〜·냅다 던지다/ しかり〜 호되게 꾸짖다
どはずれ【度外れ】[名] 엄청남. 지나침¶〜のいたずら 지나친 장난
どはつ【怒髮】(文) 노발. 노해서 곤두선 머리털
[慣用句]
―天を突く 노기 충천하다, 노발 대발하다
とばっちり[*迸り](俗) ①튀기는 물보라, 물벼락 ②까닭없이 물벼락을 맞다 ②곁의 있다가 뜻밖에 당하는 재난, 언걸, 연루¶〜を受ける 언걸을 입다/ とんだ〜を食う 엉뚱한 날벼락을 맞다
どばと【土鳩·*鴿】[動] 참비둘기
とばり【帳·*帷】(文) 장막 ①방장(房帳)= 垂れ絹 ②(比) 가려서 보이지 않게 하는 것¶夜の〜が下りる 밤의 장막이 내리다
とばん【塗板】(文) 칠판. 흑판= 黒板
とひ【徒費】[名][他スル](文) 도비. 허비. 낭비¶時間の〜がおおい 시간 낭비가 많다
とひ【都鄙】(文) 도비. 도시와 시골
とび【*鳶】(文) ①소리개= トンビ ②【鳶職び】의 준말 ③【鳶口び】의 준말 ④【鳶色び】의 준말
[慣用句]
―が鷹を生む 개천에서 용나다
―に油揚げを攫われる 애써 얻은 것을 어이없이 빼앗기다
とび【飛び】①뛰어오름, 도약 ②(助數) 뛰어오른 횟수를 세는 말¶溝をひと〜で越える 도랑을 한 번에 뛰어넘다 ③【造語】금액 등을 말할 때 0을 대신하여 부르는 말¶六〜五円えん 605엔
どひ【土*匪】(文) 토비. 토착의 도둑떼, 토구
どひ【奴*婢】(文) 노비. 사내종과 계집종= ぬひ
とびあがり【飛び上がり】①뛰어오름, 높이 날아오름 ②경박하고 엉뚱한 언행을 함, 그런 사람 ③벼락 출세를 함, 그런 사람
とびあが・る[飛び上がる]【自国】①(높이) 날아오르다 飛行機が空高く〜 비행기가 하늘 높이 날아오르다 ②(놀라움·기쁨 등으로) 펄쩍 뛰다 合格の知らせに〜って喜ぶ 합격의 소식에 펄쩍 뛰며 기뻐하다 ③(단계 등을) 뛰어넘다¶二階級にって師範になる 2계급 뛰어넘어 사범이 되다
とびある・く[飛び歩く]【自国】(이리저리) 뛰어다니다¶金策に〜 돈을 마련하러 뛰어다니다
とびいし【飛び石】징검돌¶〜伝いに歩く 징검돌을 디디며 걷다 ―連休 징검다리 연휴
とびいた【飛び板】(수영 경기 등에서) 도약판 ―飛び込み (수영 경기에서) 스프링보드 다이빙
とびいり【飛び入り】①외부에서 끼어들기 ②(예정·약속에 없던 사람이) 불쑥 참가함, 그런 사람¶〜で演説する 예정에 없이 불쑥 끼어들어 연설하다
とびぐち[*鳶色] 다갈색
とびうお【飛魚】【動】비어, 날치
とびお・きる[飛び起きる]【自上一】(놀라거나 당황하여) 벌떡 일어나다¶非常ベルの音で〜 비상벨 소리에 벌떡 일어나다
とびお・りる[飛び降りる]【自上一】(높은 데서) 뛰어내림 ―自殺 [名][自スル] 투신 자살
とびお・りる[飛び降りる]【自上一】①(높은 데서) 뛰어내리다¶二階から〜 2층에서 뛰어내리다¶(탈것 등에서) 뛰어내리다¶汽車から〜 기차에서 뛰어내리다
とびか・う[飛び交う]【自国】(文) 어지럽게 날다, 난무하다¶蛍が〜 개똥벌레가 어지럽게 날다/ やじが〜 야유가 난무하다
とびかか・る[飛び掛かる]【自国】덤벼들다, 대들다¶獲物に〜 사냥감에 덤벼들다
とびきり[飛び切り]I [名] 높이 뛰어오르면서 적을 베는 법¶天狗の〜の術 공중으로 뛰어오르면서 적을 베는 검술 II [副] 뛰어나게, 월등히, 특출하게¶〜上等の肉 최상급의 고기
とびぐち[*鳶口](소방용) 쇠갈고리= 鳶
とびくら【飛び競】(口) 도약 경기
とびこ・える[飛び越える]【下一】뛰어넘다 ①날아서[뛰어서] 건너다¶柵を〜 울짱을 뛰어넘다 ②(순서를) 건너뛰다, 제치다¶先輩を〜えて出世する 선배를 제치고 출세하다
とびこ・す[飛び越す]【自国】→ とびこえる
とびこみ【飛び込み】①뛰어듦 ②(수영에서)

とびこむ

다이빙¶ ~の選手 다이빙 선수 —競技 다이빙 경기 —自殺 (달리는 차에 뛰어드는) 투신 자살 —台 다이빙대

**とびこ・む** [飛(び)込む] 自五 ①뛰어들다, 몸을 내던지다¶ プールに~ 풀에 뛰어들다 ②(어떤 일에) 뛰어들다¶ 事件の渦中に~ 사건의 와중에 뛰어들다 ③(「目に~」의 꼴로) 눈에 들어오다¶ 新緑が 目に~ 신록이 눈에 들어오다

**とびしょく** [鳶職] 토목·건축 공사의 노무자, (특히) 비계공 = 鳶の者 · 鳶

**とびだい** [飛(び)台] ①(수영에서) 다이빙대 ②[經] (시세에서) 100엔 대(台) 大台

**とびだしナイフ** [飛(び)出しナイフ] 손잡이를 누르면 날이 튀어나오는 나이프

**とびだ・す** [飛(び)出す] 自五 ①(갑자기) 뛰어나오다(나가다)¶ 子供が道路に~ 아이가 도로로 뛰어나오다 ②(관계를 끊고) 뛰쳐나오다, 떠나다¶ 家を~ 집을 뛰쳐나오다 ③(밖으로) 뛰어나오다, 돌출하다¶ 目の~した魚 눈이 튀어나온 물고기 ④(예기치 못한 일이) 튀어나오다¶ 難問が~ 난문이 튀어나오다

**とびた・つ** [飛(び)立つ] 自五 ①날아가다, 날아오르다¶ 飛行機が~ 비행기가 날아 오르다 ②(기쁨·기대 등으로) 뛰어오르다¶ ~思い 날아갈 듯한 기분

**とびち** [飛(び)地] ①행정 구역의 일부가 다른 구역 안에 떨어져 있는 지역 ②[日史] (江戸 시대에) 멀리 떨어진 곳에 분산되어 있는 영지

**とびちが・う** [飛(び)違う] 自五 ①어지럽게 날다, 뒤섞여 날다 = 飛び交う¶ とんぼが~ 잠자리가 어지럽게 날다 ②날쌔게 몸을 비키다¶ ~·いざま斬りつける 날쌔게 몸을 비키며 칼로 치다 ③(「~·って…」의 꼴로) 동떨어지게, 큰 차이로¶ 値段が~·っている 가격이 크게 차이 난다

**とびち・る** [飛(び)散る] 自五 사방으로 흩날리다, 흩어지다, 튀다¶ 火花が~ 불똥이 튀다

**とびつ・く** [飛(び)付く] 自五 ①달라붙다¶ 子供が母親に~ 아이가 어머니에게 달라붙다 ②(마음이 끌려) 얼른 덤비다, 냉큼 달려들다¶ うまい話に~ 잇속 있는 이야기에 냉큼 달려들다

**とび・でる** [飛(び)出る] 自下一 튀어나오다, 뛰어나오다, 돌출하다¶ 目玉が~ほどの驚き 눈알이 튀어나올 만큼의 놀라움

**とびどうぐ** [飛(び)道具] (활·총 등) 멀리서 쏘아 맞추는 무기

**とびとび** [飛び飛び] 名 ①띄엄띄엄함, 드문드문함, 듬성듬성함¶ ~に石を置く 띄엄띄엄 돌을 놓다 ②건너뜀, 사이를 둠¶ 文字を~に読む 글자를 건너뛰어 읽다

**とびにんそく** [鳶人足] → とびのもの

**とびぬけて** [飛(び)抜けて] 連語 크게 차이지게, 뛰어나게 = ずぬけて¶ 成績が~いい 성적이 뛰어나게 좋다

**とびの・く** [飛(び)退く] 自五 홱 비켜서다, 얼른 물러서다¶ 慌てて~ 당황하여 홱 물러서다

**とびのもの** [鳶の者] ①(江戸 시대의) 소방수 = 鳶 ② → とびしょく

**とびの・る** [飛(び)乗る] 自五 ①(몸을 날려) 올라타다¶ 馬に~ 말에 훌쩍 올라타다 ②(달리는 탈것에) 뛰어오르다, 뛰어 올라타다¶ 列車に~ 열차에 뛰어오르다

**とびばこ** [飛(び)箱·跳(び)箱] (체조용) 뜀틀

**とびはな・れる** [飛(び)離れる] 自下一 ①(몸을 날려) 얼른 물러서다, 홱 비켜나다¶ 驚いて~ 놀라서 홱 비켜나다 ②(「~·れて」의 꼴로) 동떨어지게, 크게 차이지게¶ 実力が~·れている 실력이 크게 차이 난다

**とびは・ねる** [飛(び)跳ねる] 自下一 ①펄쩍펄쩍 뛰다¶ ~·ねて喜ぶ 펄쩍펄쩍 뛰며 기뻐하다 ②(다른 데로) 튀다¶ 馬が驚いて~ 말이 놀라서 경충 뛰다

**とびひ** [飛(び)火] 名 自スル ①불똥이 튐, 그런 불똥 ②(다른 곳으로) 불이 번짐¶ 隣家に~する 이웃집으로 불이 번지다 ③(일이 엉뚱한 곳으로) 번짐, 비화함¶ 国会にまで~した事件 국회로까지 번진 사건 ④[醫] 농가진 = 膿疱疹

**とびまわ・る** [飛(び)回る·飛(び)廻る] 自五 ①날아다니다¶ ハチが~ 벌이 날아다니다 ②(이리저리) 뛰어다니다¶ 子供が~ 아이가 뛰어다니다 ③(바쁘게 여기저기) 뛰어다니다¶ 金策に~ 돈을 마련하러 뛰어다니다

**どびゃくしょう** [土百姓] 俗 농사꾼

**どひょう** [土俵] ①흙을 담은 가마니 (멱서리) ②씨름판 —入り [相撲] 씨름꾼이 성장하고 씨름판에 등장한 다음 양손을 마주 치는 의식 —際 ①씨름판의 경계 ②마지막 순간, 막판 慣用句 —を割る ①[相撲] 씨름판 밖으로 발이 나가서 지다 ②상대방의 힘·기세에 눌려 지다

**とびら** [扉] ①문짝 = 門戸의 문의 문짝 ②[版] (책의) 속표지 ③[版] (잡지에서) 본문 앞의 첫 페이지

**とびらえ** [扉絵] ①(감실(龕室) 등의) 쌍바라지 문짝에 그린 그림 ②[版] (책의) 속표지 그림

**どびん** [土瓶] 질주전자, 오지 주전자

**とふ** [塗布] 名 他スル 도포, (약 등을) 칠함, 바름¶ ~薬 도포약

**と・ぶ** [飛ぶ] ①날다, 날아가다 [오다]¶ 鳥が空を~ 새가 하늘을 날다 ②흩날리다, 날리다¶ 枯れ葉が~ 마른 잎이 흩날리다 ③(날듯이) 급히 달려가다¶ 家へ~·んで帰る 집으로 급히 달려가다 ④(먼 곳에) 생각이 미치다, 달려가다¶ 心は故国に~·んでいる 마음은 고국으로 달려가고 있다 ⑤(명령·소문 등이) 전해지다, 퍼지다¶ デマが~ 유언비어가 퍼지다 ⑥[跳ぶ] 뛰어오르다, 뛰어넘다¶ 小川を~ 개울을 뛰어넘다 ⑦(중간이) 빠지다, 건너뛰다, (부분적으로) 없어지다¶ 話が~ 이야기가 건너뛰다/ 色が~ 색이 바래다 ⑧달아나다, 튀다¶ 犯人が

は外国ごくに〜んだらしい 범인은 외국으로 달아난 듯하다 ⑨함부로 말하다¶ 野次やじが〜 야유가 날아오다 ⑩(손·발로) 재빨리 공격하다¶ げんこつが〜 주먹이 날아가다 ⑪잘리다, 끊어지다¶ 首くびが〜 목이 날아가다 ⑫튀다, 비산하다¶ 火花はなが〜 불꽃이 튀다
慣用句
━鳥とりを落おとす 나는 새를 떨어뜨리다
━ように売うれる 날개돋친 듯이 팔리다
━んで火ひに入いる夏なつの虫むし 불빛을 보고 불에 날아드는 여름 밤의 벌레
どぶ [°溝] 수채, 하수구¶ 〜川 개골창/ 〜さらい 하수구 치기
どぶいた [°溝板] 하수구를 덮는 널빤지
どぶがわ [°溝川] 개골창
とふく [×屠腹] 名 自スル (文) 할복= 切腹せっぷく
とぶくろ [戸袋] (덧문 등의) 두껍닫이
どぶづけ [どぶ漬(け)] 소금을 섞어서 반죽한 격에 담근 채소 절임= ぬかみそ漬づけ
どぶねずみ [°溝鼠] ①[動] 시궁쥐 ②주인의 눈을 속여 못된 짓을 하는 고용인, 인귀
とぶらう [°弔う] 他五 = とむらう
どぶろく [濁酒] 탁주, 막걸리= にごり酒ざけ
とべい [渡米] 名 自スル 도미(渡美)
どべい [×堵塀] 토담, 흙담¶ 〜の家いえ 토담집
とほ [徒歩] 도보¶ 〜通学つうがく/ 도보 통학/ 〜で10分じっぷんの距離きょり¶ 도보로 10분 거리
とほう [途方] ①수단, 방법 ②조리, 도리, 이치
慣用句
━に暮くれる 어쩔 바를 모르다
━もない 터무니없다, 얼토당토않다
どぼく [土木] 토목¶ 〜工事こうじ 토목 공사
どぼく [奴僕] (文) 노복, 사내 종= ぬぼく
とぼけがお [×恍け顔·×惚け顔] 얼빠진 얼굴·표정
とぼ・ける [×恍ける·×惚ける] 自下一 ①(짐짓) 시치미를 떼다, 딴청부리다¶ 具合ぐあいが悪わるくなって〜 불리해지면 시치미를 떼다 ②얼빠진 듯 우스운 짓을 하다¶ 〜·けたコメディアン 얼빠진 듯 우스운 짓을 하는 코미디언
とぼし・い [乏しい] 形 ①부족하다, 모자라다¶ 才能さいのうが〜 재능이 부족하다 ②가난하다¶ 〜生活せいかつ 가난한 생활
とぼそ [×枢] [建] 문둔테의 구멍, 문둔개
とぼとぼ 副 터벅터벅, 타달타달¶ ひとりで〜と歩あるく 혼자서 터벅터벅 걷다
とま [°苫] 뜸¶ 〜屋や 뜸집
どま [土間] ①봉당, 토방 ②(옛날 歌舞伎かぶき 극장에서) 무대 정면 아래층의 일반 객석
とまえ [戸前] ①땅광의 입구, 그 문 ②[助数] 땅광을 세는 말¶ 土蔵どぞう三み〜 땅광 세 채
とます [斗升·斗枡] 한 말들이 말
とまつ [塗抹] 名 他スル (文) 도말·칠함, 바름= 塗布とふ¶ 薬くすりを〜をする 약을 바르다 ②칠해 지워[뭉개] 버림¶ 汚職おしょくの跡あとを〜する 독직의 흔적을 지우다
とまど・う [戸惑う] 自五 (어떻게 해야 할지 몰라) 망설이다, 당황하다, 갈피를 못 잡다¶ 一瞬いっしゅん〜 순간 망설이다/ 突然とつぜんの要求ようきゅうに〜 느닷없는 요구에 당황하다
とまぶき [°苫葺(き)] 뜸으로 지붕을 임, 그런 지붕
とまぶね [×苫舟] 뜸으로 지붕을 씌운 배
とまや [×苫屋] 뜸집
とまり [止(ま)り·留(ま)り] ①멈춤, 그침, 막힘, 막다름¶ この路地ろじは先さきが〜になっている 이 골목은 끝이 막혀 있다 ②끝, 마지막¶ これで〜だ 이것으로 끝이다 ③(「…どまり」의 꼴로) 고작 …임, 한도, 종점¶ よくいって課長かちょうだ 잘 되어야 과장이 고작이다/ このバスは駅前えきまえ〜だ 이 버스는 역전이 종점이다
とまり [泊(ま)り] ①정박, 정박지, 항구, 부두 ②묵음, 숙박, 숙소¶ 今夜こんやの〜 오늘밤의 숙소/ 一晩ひとばん〜 하룻밤 유숙 ③숙직¶ 〜明あけ 숙직한 다음날, 숙직 근무를 마침
とまりがけ [泊(ま)り掛け] 묵을[숙박할] 예정으로 떠남¶ 〜で箱根はこねに行いく 묵을 작정으로 하코네에
とまりぎ [止(ま)り木·留(ま)り木] ①(새장·닭장 속의) 홰¶ 鶏にわとりが〜にとまって鳴なく 닭이 홰에 앉아서 울다 ②(술집 등의 카운터 앞에 있는) 높은 걸상
とまりきゃく [泊(ま)り客] 숙박객, 유숙객
とまりこ・む [泊(ま)り込む] 自五 (귀가하지 않고 그대로) 묵다, 머무르다¶ 仕事しごとで会社かいしゃに〜 일 관계로 회사에서 자다
とまりばん [泊(ま)り番] 숙직¶ 月つき一回いっかい〜がある 월 1회 숙직이 있다
とま・る [止(ま)る] 自五 ①[停(ま)る] 멎다, 멈추다, 서다, 그치다¶ 時計とけいが〜 시계가 멎추다/ 特急とっきゅうの〜駅えき 특급이 서는 역 ②[停(ま)る] (통하던 것이) 끊어지다, 두절되다¶ 水道すいどうも電気でんきも〜 수도도 전기도 끊어지다 ③[停(ま)る] (새·벌레 등이) 앉다¶ とんぼが帽子ぼうしに〜 잠자리가 모자에 앉다 ④[留(ま)る] 고정되다, 붙박이다¶ ボタンが〜 단추가 채워지다 ⑤[留(ま)る] 주의를 끌다, 인상에 남다¶ 社長しゃちょうの目めに〜 사장의 눈에 띄다 ⑥(「お高たかく〜」의 꼴로) 도도하게 굴다¶ 美人びじんでお高たかく〜·っている 미인이라 도도하게 굴고 있다
とま・る [泊(ま)る] 自五 ①묵다, 숙박하다¶ ホテルに〜 호텔에 묵다 ②정박하다¶ 船ふねが港みなとに〜 배가 항구에 정박하다 ③숙직하다¶ 隔週かくしゅうの土曜日どようびは会社かいしゃに〜 토요일에 격주로 회사에서 숙직하다
とまれ 副 어찌되었든, 어쨌든¶ 〜この仕事しごとを先さきにかたづける 어쨌든 이 일을 먼저 처리한다 ━かくまれ 副 어찌되었든 간에
どまんじゅう [土饅頭] 봉분을 한 무덤, 뫼
どまんなか [ど真ん中] (俗) 한복판, 한가운데, 중앙¶ 東京とうきょうの〜 東京의 중심지/ 道みちの〜 길의 한복판
とみ [富] ①(文) 부, 재산, 재화¶ 巨万きょまんの〜を築きずく 대단히 많은 부를 쌓다 ②(文) 자원¶

とみくじ

海の〜 바다의 자원 ③「富籤」의 준말
**とみくじ**【富籤】에도 시대에 유행한 복권
**とみこうみ**【左見右見】이쪽 저쪽을 봄, 두리번거림¶〜して行く 이쪽 저쪽 두리번거리면서 가다
**とみに**【頓に】副 갑자기, 별안간¶名声が〜高まる 명성이 갑자기 높아지다
**とみふだ**【富札】복권, 추첨권
**とみん**【都民】東京都의 주민
**どみん**【土民】토민, 토착 주민
**と・む**【富む】自五[文] ①부유하다, 재산이 많다¶〜んだ家 부자집 ②풍부하다¶資源に〜んだ 자원이 풍부하다 ③많다¶波乱に〜んだ人生 파란 만장한 인생
**とむね**【吐胸】(文) 놀란 가슴
[慣用句]
**―を突かれる** 가슴이 철렁하다, 깜짝 놀라다
**とむらい**【弔い】①조상, 문상, 애도¶〜の言葉を述べる 조의를 표하다 ②추선 공양 ③장례(식)¶〜を出す 장례를 지내다
**とむらいがっせん**【弔い合戦】①(죽은 이를 달래기 위한) 복수전 ②(경기 등에서) 설욕전
**とむら・う**【弔う】他五 ①문상하다, 조상하다, 애도하다¶遺族を〜 유족을 조문하다 ②명복을 빌다, 추선 공양하다¶死者を〜 죽은 이의 명복을 빌다
**とめ**【止め・留め】①멈추게(멎게) 함, 멈추어 둠, 금지¶通行〜 통행 금지 ②끝, 끝냄, 종말¶これで〜にしよう 이것으로 끝내자 ③(바느질에서) 실 끝에 지은 매듭
**とめおき**【留(め)置き】유치 ①(그 상태로) 그대로 둠, 그곳에 남아 있게 함¶原級〜 원급 유치, 유급¶一晩〜をくう 하룻밤 유치되다 ②우편물을 기일까지 우체국에 보관해 둠¶〜郵便 유치 우편물
**とめお・く**【留(め)置く】他五 ①유치하다 ㉠그대로 보관해 두다¶郵便物を局に〜 우편물을 우체국에 유치하다 ㉡(사람을) 붙잡아두다¶泥酔者を留置場に〜 만취한 사람을 유치장에 붙잡아두다 ②적어두다¶手帳に〜 수첩에 적어 두다
**とめおけ**【留(め)桶】(대중탕에서) 물을 퍼서 쓰는 작은 통
**とめおとこ**【留(め)男】①(옛날 여관의) 손님을 끌는 남자, 호객꾼 ②싸움을 말리는 남자
**とめがね**【留(め)金・止(め)金】이음매나 맞추는 곳이 떨어지지 않게 하는 맞물림쇠
**とめそで**【留(め)袖】(기혼 여성의 예복으로) 소매 길이는 보통이며 옷자락에 무늬와 문장(紋章)이 있는 일본 옷
**とめだて**【止(め)立て・留(め)立て】名他スル 말림, 제지¶〜無用 말릴 필요가 없음
**とめど**【止(め)処】(「〜(も)ない」의 꼴로) 한, 끝¶〜もない話 끝도 없는 이야기¶涙が〜もなく流れる 눈물이 한없이 흐르다
**とめばり**【留(め)針】①(재봉에서) 시침 바늘 ＝待ち針¶〜を打つ 시침 바늘을 꽂다 ②물건을 고정시켜 두는 바늘, 핀

**とめへん**【止偏】(한자 부수의) 그칠지변
**とめやま**【止(め)山・留(め)山】(江戸시대에) 사냥・벌채를 금한 산
**とめゆ**【留(め)湯】①전날 쓴 목욕물을 다시 사용함, 그런 목욕물 ②대중탕에서 월정액을 내고 수시로 입욕하는 일 ③독탕
**と・める**【止める】他下─ ①「停める」멈추다, 세우다, 정지시키다¶車を〜 차를 세우다 ②「停める」멎게 하다, 끊다, 중단하다¶せきを〜 기침을 멎게 하다 ③「停める」말리다, 막다, 못하게 하다¶けんかを〜 싸움을 말리다 ④「留める」고정시키다, 채우다¶紙を ピンで〜 종이를 핀으로 고정하다 ⑤「留める」기억하다, 주의하다¶気にも〜・めない 개의치 않다 ⑥「留める」붙잡아 두다, 유치하다¶容疑者を〜 용의자를 유치하다
**と・める**【泊める】他下─ ①묵게 하다, 숙박시키다¶客を〜 손님을 묵게 하다 ②정박시키다¶埠頭に〜 부두에 정박시키다
**とも**【共】I 接頭 ①같은 종류・질(質)임을 나타냄¶〜裏 겉과 같은 안감/〜蓋 제뚜껑 ②함께, 서로¶〜稼ぎ 맞벌이/〜倒れ 함께 망함/〜寝 동침/〜食い 서로 잡아먹음 II 接尾 ①「…을 포함하여」의 뜻을 나타냄¶送料〜2000円 송료를 포함하여 2천 엔
**とも** I 接助《動詞・動詞型 助動詞의 終止形・形容詞・形容詞型 助動詞의 連用形에 붙음》①(역접의 가정 조건) …하더라도, 할지라도¶楽しくとも〜浮かれてはなるまい 즐겁다라도 들떠서는 안된다 ②(「…よい」의 꼴로) …하지 않아도¶嫌なら行かず〜よい 싫으면 가지 않아도 좋다 ③《양을 나타냄는 형용사나 부사「多少」에 붙어》정도나 한도를 나타냄¶少なく〜一週間の余裕はほしい 적어도 일주일의 여유는 필요하다 II 終助《活用語의 終止形에 붙어》(아무렴) …고말고, 그렇지¶そうだ〜 그렇고말고/ええ, 結構です〜 예 좋고말고요. III 副助《수사에 붙어》전부, 모두 함께¶二人〜元気だ 두 사람 다 건강하다/男女〜若かった 남녀 모두 젊었다
**とも**【友・朋】(文) 벗 ①친구¶竹馬の〜 죽마지우 ②동지, 동료, 한패¶学問の〜 학문의 동무/類は〜を呼ぶ 유유 상종 ③[比] 평소 가까이 하여 즐기는 것, 유용한 것¶詩を心の〜とする 시를 마음의 벗으로 삼다
**とも**【供・伴】수행함, 수행원, 종자¶社長のお〜をする 사장을 수행하다/〜を連れて行く 수행원을 데리고 가다
**とも**【鞆】활을 쏠 때 활 시위가 손목을 치지 않게 왼팔에 대는 팔찌
**とも**【艫】선미(船尾), 고물 ⇔ 舳先・舳
**ども**【共】接尾 (복수) ①「…들」할때¶者〜 너희들, 이놈들/虫けら〜 벌레 같은 놈들 ②《1인칭 대명사나 자기 가족・집안을 나타낸 명사 등에 붙어》 겸양의 뜻을 나타냄¶身〜 나, 우리/ わたくし〜 저희

**ともあれ** [副] 어찌되었든 ①(《…は~》의 꼴로) 어떻든¶ 私のことは~あの人をよろしく 저야 어떻든 저 사람을 잘 부탁합니다 ②(《何は~》 등의 꼴로) 어쨌든, 하여간¶ 何は~ 無事で 뭐가 어찌되었든 무사해서 다행이다 **─かくもあれ** [副] 어찌되었든 간에

**ともあろうものが** [連語] (명색이) …라는 사람이¶ 首相~ (명색이) 수상이라는 사람이

**ともうら** [共裏] (옷의) 안감을 겉감과 같은 천을 씀, 그런 안감

**ともえ** [巴] ①소용돌이 무늬, 그것을 도안화한 것 ②(두 사람 이상이) 뒤얽혀 있는 모양¶ 三者~となって戦たう 세 사람이 뒤얽혀서 싸우다

**ともえなげ** [巴投げ] (유도에서) 상대를 끌어당기면서 자빠져서 발을 상대의 배에 대고 머리 너머로 던지는 수

**ともえり** [共襟] 겉감과 같은 천으로 단 깃

**ともかく** [副] ①하여간, 어쨌든¶ ~やってみよう 하여간 해 보자 ②(《…は~》의 꼴로) …은 어떻든 간에, …은 그만두고¶ 交通の便は~閑静でいい 교통편은 어떻든 간에 조용해서 좋다 **─も** [副] 어찌되었든 간에, 좌우간

**ともがしら** [供頭] (무가(武家) 시대에) 주인의 행차 때 수행원들을 단속하던 직책·사람

**ともかせぎ** [共稼ぎ] [名][自スル] 맞벌이 = 共働き¶ ~の夫婦 맞벌이 부부

**ともがら** [輩] [文] 동아리, 패거리, 동료¶ 学問に志す~ 학문에 뜻을 둔 동료

**ともぎれ** [共切れ·共布] (옷과) 같은 천조각¶ ~をあてる 같은 천조각을 대다

**ともぐい** [共食い] [名][自スル] ①(같은 동물끼리) 서로 잡아먹음¶ かまきりが~する 사마귀가 서로 잡아먹다 ②(동료끼리) 다투다가 같이 망함¶ 同業者どうしの~ 동업자끼리 다투다가 망함

**ともざむらい** [供侍] 귀인을 호위하며 수행하는 무사

**ともし** [灯] 등, 등불 = ともしび

**ともしび** [灯火] [文] 등불¶ 風前の~ 풍전등화/ 一軒家の~ 외딴집의 등불

**ともしらが** [共白髪] 부부가 함께 백발이 될 때까지 장수함, 해로(偕老)

**とも·す** [灯す·点す·燈す] [他五] (불을) 켜다 = とぼす¶ ろうそくを~ 촛불을 켜다

**ともすると** [副] 자칫하면, 걸핏하면, 툭하면¶ ~怠けがちになる 자칫하면 게을러지기 쉽다

**ともすれば** [副] = ともすると

**ともぞろえ** [供揃え] 종자·수행원을 다 모음, 그 사람들 = 供ぞろい¶ 仰々しい~ 어마어마한 수행원들

**ともだおれ** [共倒れ] [名][自スル] 쌍방이 함께 쓰러짐, 양쪽이 모두 망함¶ 保守乱立のために~になった 보수 난립으로 함께 쓰러졌다

**ともだち** [友達] 친구, 벗, 동무¶ 遊び~ 놀이 친구/ ~になる 친구가 되다

**ともちどり** [友千鳥] [文] 떼지어 다니는 물떼새

**ともつかない** [連体] 어느 쪽인지 잘 모르다, 확실치 않다¶ どちら~意見 어느 쪽인지 애매한 의견/ 降るとも降らぬ~天気 (비가) 올지 안 올지 확실치 않은 날씨

**ともづな** [纜·艫綱] (배의 고물에 있는) 뱃줄
[慣用句]
**─を解く** 뱃줄을 풀다, 출범하다

**ともづり** [友釣(り)] 산 은어를 실에 매어 놓고 다른 은어들을 꾀어들여 낚는 낚시질

**ともども** [共共] [副] [文] 함께, 다 같이, 서로¶ 親子~出席する 부모 자식이 함께 출석하다

**とも・う** [伴う] I [自五] 따르다 ①(남을) 따라가다¶ リーダーに~って一行は山を下りた 리더를 따라서 일행은 산을 내려왔다 ②수반하다¶ 仕事に~危険 일에 따르는 위험 ③어울리다, 걸맞다¶ 収入に~った生活 수입에 걸맞는 생활 II [他五] ①데리고 가다¶ 妹を~って出かけた 여동생을 데리고 외출했다 ②동반하다¶ 危険を~仕事 는 위험을 동반하는 일

**ともなり** [共鳴り] 공명 = 共鳴

**ともに** [共に] [副] [文] ①함께, 같이¶ ~歩いた帰り道 함께 걸은 귀로 ②다 같이, 모두¶ ~立派な 다 같이 훌륭한 인품 ③(《…と~》의 꼴로) …와 함께(같이), 와 동시에¶ 母と~歩く 어머니와 같이 걷다/ 結婚は喜びであると~苦労も伴う 결혼은 기쁨인 동시에 고생도 따른다
[慣用句]
**─する** 함께하다, 같이하다
**─天を戴かず** 불구 대천

**ともね** [共寝] 동침, 동금(同衾)

**ともばたらき** [共働き] 맞벌이

**ともびき** [友引] (음양도에서) 일의 승부가 나지 않는다고 하는 날 = 友引日

**ともびと** [供人] [文] 종자(従者), 수행원

**ともまち** [供待] 종자가 주인의 방문한 집 앞에서 기다림, 그런 대기소

**ともまわり** [供回り·供廻り] 종자들, 수행원들

**どもり** [吃り] 말을 더듬음, 말더듬이

**どもり** [土盛り] [名][自スル] 흙을 가져다 돋움, 성토 = つちもり¶ ~して浸水を防ぐ 흙을 돋우어 침수를 막다

**どもり** [度盛り] (도수를 표시하는) 눈금¶ 計器上の~を数かぞえる 계기상의 눈금을 세다

**とも·る** [灯る·点る] [自五] (불이) 켜지다, 점화되다¶ 明かりの~ころ 불이 켜질 무렵

**ども·る** [吃る] [自五] 말을 더듬다¶ 緊張して~ 긴장하여 말을 더듬다

**とや** [鳥屋·塒] ①새장, 닭장 ②(매의) 털갈이 ③매사냥꾼이 매독에 걸림
[慣用句]
**─に就く** ①새·닭이 알을 낳기 위해 둥지에 틀어박히다 ②매가 털갈이하러 장 속에 틀어박히다 ③매사냥꾼이 매독에 걸려 자리에 눕다

**どや** [俗] 여인숙¶ ~住まい 여인숙 생활

**どやがい** [どや街] [俗] (날품팔이 등이 묵는)

- 간이 여인숙이 모여 있는 지역
- **とやかく** 副 이러니저러니, 이러쿵저러쿵¶ ～言われる筋合いはない 이러니저러니 말을 들을 이유는 없다
- **どやき** [土焼(き)] 질구이, 질그릇, 토기
- **どやしつ・ける** 他下一 俗 ①호통치다, 호되게 꾸짖다¶ 息子を～ 자식을 호되게 꾸짖다 ②후려갈기다, 세게 치다¶ げんこつで～ 주먹으로 후려갈기다
- **どや・す** 他五 俗 ①때리다, 치다¶ 背中を～ 등을 때리다 ②꾸짖다, 호통치다¶ 息子を～ 자식을 야단치다
- **どやどや** 副 우르르, 와, 우¶ 会場から～と人が出てくる 회장에서 우르르 사람이 나오다
- **とやま** [外山] 文 마을에 가까운 산, 동산
- **とやま** [富山] 일본 中部 지방 북부 연안의 현(縣), 그 현청 소재지
- **とゆう** [都邑] 文 도읍, 도회지 = 都会¶ 北国第一の～ 북쪽 지방 제일의 도회지
- **とよあしはら** [豊葦原] 일본의 미칭(美稱)
  [慣用句]
  ―の瑞穂国 일본의 미칭
- **とよう** [渡洋] 名 自スル 文 도양, 바다를 건넘¶ ～作戦 도양 작전
- **どよう** [土用] 토왕(土旺), 입춘·입하·입추·입동 전의 18일간, (특히) 입추 전 여름 토왕
  ―三郎 여름 토왕의 사흘째 날 ―波 여름 토왕 무렵에 태평양 연안에서 이는 큰 파도
  ―干し 토왕 때 습기·좀의 피해를 막기 위해 옷·책 등에 햇볕을 쬐고 바람을 쐬는 일
- **どよう** [土曜] 토요일 = 土曜日
- **どよ・む** [響む] 自五 文 (소리가) 울려 퍼지다, 울리다¶ 砲声が～ 포성이 울리다
- **どよめ・く** [響めく] 自五 ①울려 퍼지다, 울리다¶ 雷鳴が～ 천둥이 울려 퍼지다 ②와글와글 떠들어대다, 술렁거리다¶ 新記録に場内が～ 신기록에 장내가 술렁거리다
- **どよも・す** [響もす] 他五 文 울려 퍼지게 하다, 울리다¶ 空を～砲声 하늘을 뒤흔드는 포성
- **とら** [虎] ①動 호랑이, 범 ②俗 주정뱅이
  [慣用句]
  ―になる 엉망으로 취하다
  ―の威を借る狐 호가호위(狐假虎威)
  ―の尾を踏む 범의 꼬리를 밟다
  ―は死して皮を残す 호랑이는 죽어서 가죽을 남긴다
  ―を野に放つ 比 ①세력이 강한 자를 내버려 두어 더욱 위세를 떨치게 하다 ②나중에 큰 해가 될 것을 방치해 두다
- **とら** [寅] 인 ①십이지(十二支)의 셋째, 범 ②인시(寅時) 지금의 오전 4시, 또는 3시부터 5시까지 ③인방, 동북동
- **どら** 俗 방탕, 난봉, 난봉꾼¶ ～息子 방탕한 자식
- **どら** 感 (ロ) (무엇을 하려거나 남에게 재촉할 때 하는) 자, 어디, 그럼¶ ～行くとするか 그럼 가기로 할까/ ～見せてごらん 어디 보자
- **どら** [銅鑼] 동라, 징 ―焼き 밀가루 반죽을 징 모양으로 구워 속에 팥소를 넣은 일본 과자
- **とらい** [渡来] 도래, 외국에서 들어옴 [건너옴]¶ ～種 도래종/ 南蛮～の品은 외래품 ―人 도래인
- **とらえどころ** [捕(ら)え所] (「～がない」의 꼴로) 잡을 데, 종잡을 곳, 요령 = つかみどころ¶ ～がない話は 종잡을 수 없는 이야기
- **とら・える** [捕(ら)える・捉える] 他下一 文 잡다 ①붙들다, 사로잡다¶ 手を～ 손을 붙들다/ 心を～ 마음을 사로잡다 ②(도망가려는 것을) 붙잡다¶ 犯人を～ 범인을 잡다 ③포착하다¶ 機会を～ 기회를 잡다 ④파악하다, 해석하다, 받아들이다¶ 事態をどう～か 사태를 어떻게 받아들일까
- **とらがり** [虎刈り] (이발 솜씨가 서툴러서) 호랑이 털처럼 어룽지게 깎음
- **とらかんむり** [虎冠] (한자 부수의) 범호엄 ▷「虚·號」등의 부수 부분
- **とらげ** [虎毛] (호랑이 털처럼) 황갈색 바탕에 굵고 검은 줄무늬가 있는 털 = とらふ
- **どらごえ** [どら声] 굵고 탁한 목소리¶ ～を張り上げる 뚝배기 깨지는 소리를 내지르다
- **とら・せる** [取らせる] 他下一 ①받게 하다, 내리다¶ ほうびを～ 상을 내리다 ②(補動) …해 주다¶ 見せて～ 보여 주다
- **トラック** (track) 트랙 ①(육상 경기장의) 경주로 ②「トラック競技」의 준말 ―競技 트랙 경기
- **とらつぐみ** [虎鶫] 動 호랑이빠귀, 호랑티티
- **トラッド** (trad) ⇒ トラディ ①전통적 ②(服) (복장 등이) 유행에 좌우되지 않음
- **どらねこ** [どら猫] 俗 도둑고양이 = のら猫
- **とらのお** [虎の尾] 植 큰까치수염
- **とらのこ** [虎の子] 俗 끔찍이 아끼는 것, (특히) 비장의 금품¶ ～の10万円 고이 간직해 둔 10만 엔
- **とらのまき** [虎の巻] ①병법의 비전서 ②俗 (교과서의) 자습서, 강의 등의 기초가 되는 책
- **とらばさみ** [虎挟み] 강한 용수철이 장치된 짐승 잡는 덫
- **とらひげ** [虎鬚] 뻣뻣한 수염
- **とらふぐ** [虎河豚] 動 자지복
- **ドラフト** (draft) 드래프트 ①선발 ②설계 도안, (양재에서) 밑그림 ―制 野 드래프트제
- **とらま・える** [捕(ら)まえる] 他下一 俗 붙잡다, 붙들다¶ 弱点を～ 약점을 붙잡다
- **どらむすこ** [どら息子] 俗 방탕아 = 道楽息子¶ 金持ちの～ 부잣집의 탕아
- **とらわれ** [囚われ] 名 文 붙잡힘, 사로잡힘¶ ～人 포로/ ～の身 사로잡힌 몸 [신세]
- **とらわ・れる** [捕(ら)われる] 自下一 사로잡히다 ①文 붙잡히다¶ 敵に～ 적에게 붙잡히다 ②(감정 등에) 얽매이다, 구애되다¶ 先入観に～ 선입관에 사로잡히다
- **とり** [酉] 유 ①십이지(十二支)의 열 번째, 닭

②유시(酉時) ▷ 지금의 오후 6시, 또는 오후 5시에서 7시 ③유방(酉方), 서쪽

**とり** [鳥] ①새¶ ～の声 새 소리/ ～が鳴く 새가 울다 ②「鶏」 닭, 닭고기
[慣用句]
―無き里の蝙蝠 새 없는 고을의 박쥐

**とり** [取り] Ⅰ 名 ①잡음, 얻음, 쥠 ②(흥행장에서) 마지막 상영 출연자= 真打ち ③마지막으로 상연·상영하는 인기 프로그램·영화 Ⅱ 接頭 어조를 고르거나 뜻을 강조함¶ ～はからう 조처하다/ ～乱す 어지럽히다/ ～混ぜる 뒤섞다 Ⅲ 接尾 《수량을 나타내는 말에 붙어「～どり」의 꼴로》 그만큼의 쌀을 봉록으로 받는 무사¶ 千石～ 천 석 봉록의 무사

**どり** (谷) 조류의 허파¶ 鳥は食うとも～は食うな 새를 먹더라도 그 허파는 먹지 마라

**とりあ・う** [取り合う] Ⅰ 他 ①서로 차지하려고 다투다, 서로 다투어 잡다, 쟁탈하다¶ 席を～ 자리를 서로 다투어 잡다 ②《「手で～」의 꼴로》 서로 손을 잡다, 손을 맞잡다¶ 手て～って歩く 그의 안을 채택하다 Ⅱ 自 상대하다, 마음대로 ~つもりはない 정면으로 상대할 생각은 없다

**とりあえず** [取り敢えず] 副 ①우선, 일단¶ 取るものを取り敢えず 만사를 제쳐놓고/ ～우선 인사드립니다 ②즉각, 부랴부랴, 급히¶ ～連絡をする 부랴부랴 연락을 하다

**とりあげばば** [取り上げ婆] (谷) 산파, 조산원= 産婆

**とりあ・げる** [取り上げる] 他下一 ①집어 들다, 들어올리다¶ 受話器を～ 수화기를 집어들다 ②(의견 등을) 채택하다, 받아들이다¶ 彼の案を～ 그의 안을 채택하다 ③문제삼다¶ 強いて～ほどのものでもない 굳이 문제삼을 만한 일도 아니다 ④빼앗다, 몰수하다, 징수하다¶ 財産を～ 재산을 몰수하다 ⑤(산모를 도와) 아기를 받다¶ 赤ん坊を～ 갓난아기를 받다

**とりあつかい** [取り扱い] ①취급, 다룸, 다루는 법, 처리¶ ～注意 취급 주의 ②대우, 대접¶ 冷たい～ 차가운 대우, 냉대

**とりあつか・う** [取り扱う] 他五 취급하다 ①(도구를) 다루다¶ ～いやすい機械 다루기 쉬운 기계 ②대우하다, 응대하다¶ お客さまを丁寧に～ 손님을 정중하게 대우하다 ③(일을) 취급하다¶ 民事事件として～ 민사 사건으로 취급하다

**とりあつ・める** [取り集める] 他下一 (文) (여러 가지를) 한데[그러] 모으다, 수집하다¶ 資料を～ 자료를 수집하다

**とりあみ** [鳥網] 조망, 새그물, 덮치기

**とりあわせ** [取り合わせ] 배합(配合), 구색¶ ～の妙な～ 배합의 묘

**とりあわせ** [鶏合わせ] 투계, 닭싸움

**とりあわ・せる** [取り合わせる] 他下一 ①(적절히) 배합하다, (구색이 맞게) 섞다 ②(여러 가지를) 한데 모으다, 뒤섞다¶ ～た作品 이것저것 그러모은 작품

**とりい** [鳥居] 神社 입구에 세운 기둥문

**とりいそぎ** [取り急ぎ] 副(文) 급히¶ ～御礼まで 급히 이만 인사드립니다

**とりい・る** [取り入る] 自五 아첨하다, 빌붙다¶ 社長に～ 사장에게 아첨하다

**とりいれ** [取り入れ] ①들여옴, 받아들임, 걷어들임, 도입¶ 水がの～口 취수구 ②(농작물을) 걷어들임, 수확¶ 稲の～ 벼 수확

**とりい・れる** [取り入れる] 他下一 ①(안으로) 집어 넣다, 걷어들이다¶ 洗濯物を～ 빨래를 걷어들이다 ②받아들이다, 도입하다¶ 外国文化を～ 외국 문화를 받아들이다 ③(농작물을) 걷어들이다, 수확하다

**とりうち** [鳥打(ち)·鳥撃(ち)] ①총으로 새를 잡음, 그런 사람 ②「鳥打ち帽」의 준말 ─帽ぼう 헌팅캡

**とりえ** [取り柄] 취할 점, 쓸모, 장점¶ 安さが～ 싼 것이 장점/ 何の～もない 취할 아무것도 없다

**とりおい** [鳥追い] ①(농작물을 해치는) 새 쫓기, (특히) 음력 정월 대보름 무렵에 농가에서 하는 행사 ②(劇) (江戸 시대) 정월에 남의 집 문전에서 三味線에 맞춰 새 쫓는 노래를 부르면서 동냥하던 여자

**とりお・く** [取り置く] 他五 남겨 두다, 떼어 두다, 보관하다¶ 万一に備えて食料を～ 만일에 대비하여 음식물을 남겨 두다

**とりおこな・う** [執り行う] 他五(文) (의식·행사 등을) 거행하다, 집행하다¶ 結婚式を～ 결혼식을 거행하다

**とりおさ・える** [取り押(さ)える] 他下一 ①눌러서 꼼짝못하게 하다, 움쭉 못하게 하다¶ 猛犬を～ 맹견을 움쭉 못하게 하다 ②붙잡다, 붙들다¶ 犯人を～ 범인을 붙잡다

**とりおどし** [鳥威し] (농작물을 해치는) 새를 쫓는 장치 ▷ 허수아비·딸랑이 등

**とりおと・す** [取り落(と)す] 他五 ①(쥐고 있던 것을) 떨어뜨리다, 놓치다¶ はしを～ 젓가락을 떨어뜨리다 ②(깜빡 잊고) 빠뜨리다¶ 要点を～ 요점을 빠뜨리다

**とりかい** [鳥飼い] 動 새조개

**とりかえ** [取り替え·取り換え] 교체, 교환¶ ～の部品 교체 부품/ ～がきく 교환할 수 있다

**とりかえし** [取り返し] 돌이킴, 되찾음, 만회¶ ～がつかない 돌이킬 수 없다

**とりかえ・す** [取り返す] 他五 되찾다 ①다시 찾다¶ かねを～ 돈을 되찾다 ②회복하다, 만회하다¶ 人気を～ 인기를 만회하다

**とりか・える** [取り替える·取り換える] 他下一 ①(새것으로) 바꾸다, 갈다¶ カバーを～ 커버를 갈다 ②(서로) 바꾸다, 교환하다¶ 友達と席を～ 친구와 자리를 바꾸다

**とりかか・る** [取り掛(か)る] 自五 시작하다, 착수하다¶ 作業に～ 작업에 착수하다

**とりかげ** [鳥影] 날아가는 새 그림자, 새의 모습

**とりかご** [鳥籠] 조롱, 새장

**とりかこ・む** [取り囲む] 他五 둘러싸다,

에워싸다, 포위하다¶島を~ 섬을 에워싸다
**とりかじ**〖取り舵〗①〖文〗뱃머리를 왼쪽으로 틀 때의 키 잡는 법 ②좌현
**とりかた**〖捕り方〗①포리 ②잡는 방법
**とりかたづ・ける**〖取(り)片付ける〗他下─〖文〗정리하다, 치우다, 정돈하다¶食卓の上を~ 식탁 위를 치우다
**とりかぶと**〖鳥^兜〗①(무악(舞樂)에서) 춤꾼이나 악사가 쓰는 봉황 머리 모양의 고깔 ②〖植〗바곳, 투구꽃＝カブトギク
**とりかわ・す**〖取(り)交(わ)す〗他五 주고받다, 교환하다¶契約書を~ 계약서를 주고받다
**とりき**〖取(り)木〗〖農〗취목, 휘문이
**とりきめ**〖取(り)決め・取(り)^極め〗①결정, 약속, 계약¶~を守る 약속[계약]을 지키다②〖法〗조약
**とりき・める**〖取(り)決める・取(り)^極める〗他下─①정하다, 결정하다¶日時を~ 일시를 정하다 ②약정하다, 계약하다¶売買の条件を~ 매매 조건을 약정하다
**とりくず・す**〖取(り)崩す〗他五①헐다, 무너뜨리다, 철거하다¶ビルを~ 빌딩을 헐다 ②야금야금 없애다¶貯金を~ 저금을 야금야금 허물다
**とりくち**〖取(り)口〗씨름하는 수법[솜씨]¶うまい~ 능숙한 씨름 솜씨
**とりくみ**〖取(り)組(み)〗①〖相撲〗대전, 승부¶好き~の一番¶볼 만한 한 판 승부 ②〖比〗맞붙음, 대처¶問題への~ 문제에 대한 대처 ③(거래소에서) 매매의 약정
**とりく・む**〖取(り)組む〗他五①〖相撲〗맞붙다, 대전하다, 대결하다¶横綱と大전하다 ②〖比〗…와 씨름하다, …에 몰두하다¶仕事に~ 일에 몰두하다／積極的に難題と~ 적극적으로 난제와 씨름하다
**とりけし**〖取(り)消し〗취소¶免許の~ 면허 취소／~にする 취소하기로 하다
**とりけ・す**〖取(り)消す〗他五 취소하다¶発言を~ 발언을 취소하다／免許を~ 되는 취소된다
**とりこ**〖取(り)粉〗찰떡을 만들 때 달라붙지 않게 거죽에 묻히는 쌀가루
**とりこ**〖^虜・^擒〗포로 ①(적에게) 사로잡힌 사람¶敵の~になる 적의 포로가 되다 ②〖比〗마음을 빼앗긴 사람¶恋の~ 사랑의 포로
**とりこしぐろう**〖取(り)越(し)苦労〗기우, 쓸데없는 걱정
**とりこ・す**〖取(り)越す〗他五①(기일을 앞)당기다¶式を~ して挙げる 식을 앞당겨서 올리다 ②(앞일을) 예측하다, 내다보다
**とりこぼ・す**〖取(り)こぼす〗他五 (씨름・경기 등에서) 의외로 패하다, 어이없이 지다¶下位に~ 하위에 의외로 지다
**とりこみ**〖取(り)込み〗①걸어들임¶洗濯物の~を忘れた 빨래 걷는 것을 잊었다 ②거두어들임, 수확 ③(관혼 상제 등으로) 다망함, 어수선함, 번잡함¶お~中 失礼します 바쁘신 중에 실례하겠습니다 ④「取り込み詐欺」의 준말 —**詐欺** 대금을 치를 의사가 없이 상품을 주문하여 사취하는 범죄
**とりこ・む**〖取(り)込む〗I 他五①걷어들이다, 거둬들이다¶洗濯物を~ 빨래를 걷어들이다 ②(부정하게) 차지하다, 착복하다¶店の金を~ 가게 돈을 착복하다 ③구워삶다, 구슬리다¶味方に~ 자기 편으로 구슬리다 II 自五 (관혼 상제 등으로) 어수선해지다, 경황이 없어지다¶火災騒ぎで~んでいる 화재 소동으로 어수선하다
**とりこ・める**〖取(り)^籠める〗他下─〖文〗①가두다, 감금하다¶人質に~ 인질을 감금하다 ②포위하다, 둘러싸다, 에워싸다¶敵の艦隊を~ 적의 함대를 포위하다
**とりごや**〖鳥小屋〗새장, (특히) 닭장
**とりころ・す**〖取(り)殺す〗他五 원령이 붙어 목숨을 빼앗다, 앙얼을 입어 죽게 하다¶怨霊に~される 원귀의 앙얼을 입어 죽다
**とりこわ・す**〖取(り)壊す・取(り)^毀す〗他五 (건물 등을) 헐다, 철거하다, 해체하다¶古いビルを~ 헌 빌딩을 헐다
**とりざかな**〖取(り)^肴〗〖料〗①큰 접시에서 각자 덜어 먹는 술안주 ②(정식 일본 요리에서) 식사 다음에 술과 함께 나오는 요리
**とりさ・げる**〖取(り)下げる〗他下─ (소송 등을) 취하하다, 철회하다¶訴訟を~ 소송을 취하하다／願書を~ 원서를 되찾다
**とりさし**〖鳥刺し〗①끈끈이를 바른 장대로 새를 잡기, 그것을 하는 사람 ②새고기 회
**とりざた**〖取(り)^沙汰〗名他サ 평판, 소문, 풍문, 화제로 삼음¶世間で~する 세간에서 수군거리다
**とりさば・く**〖取(り)^捌く〗他五 (적절히) 처리하다, 판가름하다¶雑事を一手に~ 잡다한 일을 도맡아 처리하다
**とりざら**〖取(り)皿〗요리를 덜어 먹는 작은 접시
**とりさ・る**〖取(り)去る〗他五 없애다, 제거하다¶痛みを~ 통증을 없애다
**とりしき・る**〖取(り)仕切る〗他五 도맡아 관리하다¶店を~ 가게를 도맡아 관리하다
**とりしず・める**〖取(り)鎮める〗他下─〖文〗(소동 등을) 가라앉히다, 진정시키다, 진압하다¶暴動を~ 폭동을 진압하다
**とりしまり**〖取(り)締(ま)り〗①단속, 감독, 다잡음, 그런 사람¶麻薬の~ 마약 단속 ②「取締役」의 준말 —**役** 임원, 이사, 중역 —**役会**〖経〗이사회
**とりしま・る**〖取(り)締(ま)る〗他五 단속하다, 관리하다, 감독하다¶スピード違反を~ 속도 위반을 단속하다
**とりしらべ**〖取(り)調べ〗조사, 취조, 문초¶警官の~を受ける 경관의 취조를 받다
**とりしら・べる**〖取(り)調べる〗他下─①(자세히) 조사하다¶原因を~ 원인을 조사하다 ②취조하다, 문초하다, 심문하다¶容疑者を~ 용의자를 취조하다
**とりすが・る**〖取(り)縋る〗自五 매달리다¶

泣ないて〜 울며 매달리다

とりす・てる【取(り)捨てる】他下- 내버리다, 치우다, 없애다¶ごみを〜 쓰레기를 치우다

とりすま・す【取(り)澄(ま)す】自五 얌전빼다, 새치름부리다, 시치미떼다¶つんと〜 새치름해 있다

とりそろ・える【取(り)揃える】他下-(빠짐없이) 두루 갖추다, 구비하다¶関連の品を〜 관련 물품을 두루 갖추다

とりだか【取(り)高】①수확량, 수확고 ②수입액, 봉급 액수 ③몫, 배당액 = 分け前¶一人当たりの〜 1인당 배당액

とりだ・す【取(り)出す】他五①꺼내다, 끄집어내다¶かばんからノートを〜 가방에서 노트를 꺼내다 ②추려내다, 골라내다¶例を〜 예를 골라내다

とりたて【取(り)立て】①(강제로) 거둠, 징수, 회수¶〜金 징수금/借金の〜 빚의 회수 ②발탁, 등용¶上司の〜で昇進する 상사의 발탁으로 승진하다 ③갓 잡음, 갓 땀, 그런 것¶〜の魚 갓 잡은 물고기

とりた・てる【取(り)立てる】他下-①(강제로) 받아내다, 징수하다¶家賃を〜 집세를 받아내다 ②(특별히) 내세우다, 초들다¶〜てて言う 초들어 말하다 ③발탁하다, 등용하다¶課長に〜 과장으로 발탁하다

とりちが・える【取(り)違える】他下-①잘못하여 딴 것을 가지다, 잘못 잡다¶傘を〜 잘못하여 다른 우산을 가지다/列車を〜 열차를 잘못 타다 ②잘못 이해하다¶話を〜 이야기를 잘못 알아듣다

とりちら・す【取(り)散らす】他五 어지르다¶部屋を〜 방을 어지르다

とりつ【都立】東京都が 설립함, 그런 시설¶〜高校 東京都 설립 고교

とりつき【取り付き】→ とっつき

とりつぎ【取(り)次(ぎ)】①중개(인)¶〜を頼む 중개를 부탁하다 ②(말 등을 중간에서) 전하는 일, (손님) 맞는 일¶来客の〜をする 손님을 맞다 一店 중개점, 대리점

とりつ・く【取(り)付く】自五①착수하다¶事業に〜 사업에 착수하다 ②(의지하여) 매달리다, 달라붙다¶救命ブイに〜 구명대에 매달리다 ③【取り憑く】(귀신이) 씌다, 들리다¶怨霊が〜 원귀가 씌다 ④《〜かれる의 꼴로》 사로잡히다¶妄想に〜かれる 망상에 사로잡히다

慣用句
一島もない ①의지할[발붙일] 데도 없다 ②(쌀쌀맞수) 말을 붙일 수도 없다

とりつ・ぐ【取(り)次ぐ】他五①(둘 사이에서) 중개하다 ②(손님의 내방·용건 등을) 전하다¶用件を〜 용건을 전하다/金さんに〜いでください (전화에서) 김선생을 바꿔 주세요 ③(상품을) 인도하다, 중개하다¶注文の品を〜 주문한 물품을 받아서 되넘기다

とりつくろ・う【取(り)繕う】他五①고치다,

수선하다, 손보다¶ふすまの破れを〜 맹장지가 찢어진 데를 고치다 ②겉꾸미다, 겉바르다¶体裁を〜 겉모양을 꾸미다 ③(과실 등을) 얼버무려 넘기다¶その場をうまく〜 그 자리를 그럴싸하게 얼버무려 넘기다

とりつけ【取(り)付け】①(기계 등의) 설치, 장치¶〜工事 설치 공사 ②단골 (가게)¶〜の酒屋 단골 술집 ③(신용을 잃은 금융 기관에) 예금 액주가 몰려드는 일¶〜騒ぎ 예금 인출 소동

とりつ・ける【取(り)付ける】他下-①(기계 등을) 설치하다, 장치하다¶電話を〜 전화를 달다 ②(같은 가게에서) 대놓고 사다, 단골로 사다¶〜・けている米屋 대놓고 사는 쌀가게 ③(약속·양해를) 성립시키다, 얻어내다¶契約を〜 계약을 성립시키다

とりて【取(り)手】①받는 사람¶歌ガルタで) 딱지를 집는 쪽의 사람 ②読み手 ③(씨름·유도 등의) 기술이 뛰어난 사람

とりて【捕(り)手】①포리 ②포박술

とりで【砦·塞】①본거지에서 떨어진 요소에 쌓은 성채 ②요새

とりてき【取的】相撲 최하위의 씨름꾼

とりどく【取り得】얻을 수록 이득이 됨¶〜になる 얻을 수록 이득이 되다

とりどころ【取(り)所】장점, 취할 점, 쓸모

とりとめ【取(り)留め·取(り)止め】간추림, 요점, 두서, 끝

慣用句
一がない 두서가 없다, 종잡을 수 없다, 요령부득이다¶〜話 종잡을 수 없는 이야기

とりと・める【取(り)留める·取(り)止める】他下-①말리다, 만류하다 ②(잃을 뻔한 목숨을) 건지다¶一命を〜 목숨을 건지다

とりどり 기 갖가지, 가지각색, 저마다, 제각각¶色〜 갖가지 색/〜な服装 각양 각색인 복장/好みが〜だ 기호가 제각각이다

とりなおし【取(り)直し】相撲 (판정이 엇갈려서) 다시 겨룸¶〜の一番 다시 겨루는 한 판

とりなお・す【取(り)直す】他五①고쳐[바꿔] 쥐다¶筆を〜・して書く 붓을 고쳐 쥐고 쓰다 ②(기분 등을) 새로이 하다, 고치다¶気を〜・して再度挑戦する 마음을 고쳐 먹고 재차 도전하다 ③相撲 (승부가 나지 않아) 다시 겨루다¶物言いがついて〜 이의가 제기되어 다시 겨루다 ④【撮り直す】재촬영하다, 재복사하다¶集合写真を〜 단체 사진을 다시 찍다

とりなし【取(り)成し·執(り)成し】중재, 조정, 주선¶〜を頼む 중재를 부탁하다 一顔 그 자리를 수습하려고 하는 태도·표정

とりな・す【取(り)成す·執(り)成す】他五①(분위기 등을) 잘 꾸리다, 수습하다¶その場をうまく〜 그 자리를 잘 수습하다 ②중재하다, 중개하다, 주선하다¶二人の仲を〜 두 사람 사이를 중재하다 ③달래다, 무마하다¶むずかる子をうまく〜 보채는 아

이를 잘 달래다
**とりなわ** [捕(り)縄] 오랏줄, 포승¶ ～をかける 오랏줄로 묶다
**とりにが・す** [取(り)逃(が)す] 他五 놓치다¶ 泥棒を～ 도둑을 놓치다
**とりのいち** [*西の市] 鷲神社おおとりじんじゃ에서 매년 11월 酉日(酉日)에 행하는 제례 때 서는 장
**とりの・ける** [取(り)除ける] 他下一 ①없애다, 치우다, 제거하다¶ 障害物しょうがいぶつを～ 장애물을 제거하다 ②따로 떼어 두다¶ 予約よやくの分ぶんを～ 예약분을 따로 떼어 두다
**とりのこ** [鳥の子] ①알, 계란 ②병아리, 새새끼 ③연노랑, 계란색 ④「鳥の子紙がみ」의 준말 ⑤「鳥の子餅もち」의 준말 **—紙** 안피나무 껍질과 닥나무 껍질을 섞어서 만든 질 좋은 일본 종이 **—餠** 달걀 모양의 홍백색 떡
**とりのこし** [取(り)残し] 남겨 둠, 남긴 것
**とりのこ・す** [取(り)残す] 他五 ①(일부를) 남겨 두다¶ ～・した分ぶんを回収かいしゅうする 남겨 둔 부분을 회수하다 ②(흔히 피동형으로 써서) (그것만) 남겨지다, 뒤떨어지다, 뒤처지다¶ 時代じだいに～・される 시대에 뒤처지다
**とりのぞ・く** [取(り)除く] 他五 제거하다, 없애다¶ 不純物ふじゅんぶつを～ 불순물을 제거하다
**とりのぼ・せる** [取(り)上せる] 自下一 文 (이성을 잃을 정도로) 흥분하다, 상기하다, 흥 컬하다¶ ～・せてわけがわからなくなる 몹시 흥분하여 뭐가 뭔지 모르게 되다
**とりばい** [取(り)灰] 아궁이에서 긁어 낸 재
**とりはからい** [取(り)計らい] 조처, 처리, 배려¶ 適切てきせつな～をする 적절한 조처를 하다
**とりはから・う** [取(り)計らう] 他五 조처하다, 처리하다, 배려하다¶ 希望きぼうどおりに～ 희망대로 처리하다
**とりはこ・ぶ** [取(り)運ぶ] 他五 文 (일을) 진행시키다¶ 会議かいぎを無事ぶじに～ 회의를 무사히 진행시키다
**とりばし** [取(り)*箸] 요리 등을 각자의 접시에 덜 때 쓰는 젓가락
**とりはずし** [取(り)外し] (부착한 것을) 떼어 냄¶ ～がきく 맞췄다 떼었다[끼웠다 뺐다] 할 수 있다
**とりはず・す** [取(り)外す] 他五 ①(부착한 것을) 떼어내다, 빼다, 벗기다¶ アンテナを～ 안테나를 떼어내다 ②집다 떨어뜨리다, 놓치다¶ 茶碗ちゃわんを～ 밥공기를 떨어뜨리다
**とりはだ** [鳥肌・鳥*膚] ①소름 ②깔깔한 살갖, 닭살= 鮫肌さめはだ
慣用句
**—が立つ** 소름이 돋다[끼치다]
**とりはな・す** [取(り)離す] 他五 ①떼다, 떼어내다, 분리하다 ②(쥐고 있던 것을) 놓치다, 떨어뜨리다¶ 綱つなを～ 밧줄을 놓치다
**とりはら・う** [取(り)払う] 他五 걷어치우다, 철거하다, 헐다¶ 不用ふようの施設しせつを～ 필요 없는 시설을 철거하다
**とりひき** [取(り)引(き)] 名 自スル 거래 ①상품의 매매, 장사, 상행위¶ ～先さき 거래처/ 銀行ぎん～ 은행 거래 ②홍정¶ 裏うらの～ 뒷거래/ 政治上せいじじょうの～ 정치상의 홍정 **—所** 經 거래소¶ 証券しょうけん～ 증권 거래소 **—高税** 經 유통 각 단계의 매상고에 부과하는 간접세
**とりひし・ぐ** [取(り)*拉ぐ] 他五文 쥐어 으스러뜨리다, 눌러 찌부러뜨리다¶ 鬼おにをも～勢いきおい 귀신도 때려눕힐 기세
**とりひろ・げる** [取(り)広げる] 他下一 文 ①넓히다, 확장하다¶ 道幅みちはばを～ 도로폭을 넓히다 ②늘어놓다, 벌여 놓다¶ 部屋中へやじゅうに衣服いふくを～ 온 방안에 옷을 늘어놓다
**とりふだ** [取(り)札] (歌가ルタ에서) 집는 쪽의 딱지 ⇔ 読よみ札
**トリプル** (triple) 造語 트리플, 삼중의, 3배의 **—クラウン** (triple crown) 體 삼관왕 **—安** 經 엔(円)·채권·주가의 동시 하락
**ドリブル** (dribble) 名 他スル 드리블 ①(축구·농구 등에서) 공을 몰고 나감 ②(배구에서) 같은 사람이 두 번 이상 공에 손을 댐
**とりぶん** [取(り)分] (자기) 몫= 分わけ前まえ·取とり前まえ¶ ～が増ふえる 몫이 늘다
**とりへん** [*酉偏] (한자 부수의) 닭유변 ▷ 酔·酢 등의 부수 부분
**とりへん** [鳥偏] (한자 부수의) 새조부 ▷ 鶏·鴇 등의 「鳥」 부분
**とりほうだい** [取(り)放題] 名 ㋾ (갖고 싶은 만큼) 마음대로 가짐(갖게 함)¶ 果物くだものは～にする 과일은 마음대로 가지도록 하다
**とりまえ** [取(り)前] 몫= 取とり分ぶん·分わけ前まえ
**とりまか・う** [取(り)賄う] 他五 文 준비하다, 처리하다, 처분하다
**とりまき** [取(り)巻き] (권세가를) 둘러쌈, 추종자, 측근¶ ～に囲かこまれる 측근에게 둘러싸이다 **—連中** 추종자들
**とりまぎ・れる** [取(り)紛れる] 自下一 ①뒤섞이다, 섞여 들다, 혼입하다¶ 雑踏ざっとうに～・れて 혼잡을 틈타서 ②(바쁜 일 등에) 정신이 팔리다, 쫓기다¶ 忙いそがしさに～・れて返事へんじを忘わすれる 바쁜 일에 쫓겨 답장을 잊다
**とりま・く** [取(り)巻く] 他五 둘러싸다 ①(주위를) 에워싸다¶ やじ馬うまが～ 떠들썩한 구경꾼이 둘러싸다 ②(권세가에게) 비위를 맞추다, 빌붙다¶ 政治家せいじかを～連中れんちゅう 정치가를 둘러싼 사람들
**とりま・ぜる** [取(り)混ぜる] 他下一 한데 섞다, 혼합하다¶ 材料ざいりょうを～・ぜて煮にこむ 재료를 한데 섞어 푹 끓이다
**とりまと・める** [取(り)纏める] 他下一 ①한데 모으다, 뭉뚱그리다, 종합하다¶ 意見いけんを～ 의견을 한데 모으다/ 荷物にもつを～・めて上京じょうきょうする 짐을 챙겨 상경하다 ②(잘) 매듭짓다, 해결하다, 결말을 내다¶ 紛争ふんそうを～ 분쟁을 해결하다
**とりまわ・す** [取(り)回す·取(り)*廻す] 他五 ①(요리 등을) 자기 몫을 덜고 다음 사람에게 돌리다¶ 料理りょうりを皿さらに～ 요리를 접시에 덜고 돌리다 ②잘 처리하다, 잘 다루다¶ 家事かじを～ 가사를 잘 처리하다 ③둘러싸다¶ 家

を~·した垣根$^{かき}$¶ 집을 둘러싼 울타리
とりみだ·す [取(り)乱す] Ⅰ 他五 어지르다, 흩드리다¶ 部屋$^{や}$の中$^{なか}$を~ 방안을 어지르다 Ⅱ 自五 흐트러진 태도를 보이다, 허둥거리다¶ 訃報$^{ふほう}$に~ 부보에 허둥거리다
とりむす·ぶ [取(り)結ぶ] 他五 (文) ①(약속 등을) 맺다, 체결하다¶ 契約$^{けいやく}$を~ 계약을 맺다 ②주선하다, 중매하다, 중재하다¶ 二人$^{ふたり}$の仲$^{なか}$を~ 두 사람 사이를 맺어 주다 ③(남의) 기분을 맞추다¶ 妻$^{つま}$の機嫌$^{きげん}$を~ 아내의 기분을 맞추다
とりめ [鳥目] 밤소경, 야맹증
とりもち [鳥黐] (장대 등에 발라서) 새나 곤충을 잡는 끈끈이 = もち
とりもち [取(り)持ち] ①중개, 중재, 주선, 그것을 하는 사람¶ ~役$^{やく}$ 중개역 / ~を頼$^{たの}$む 주선을 부탁하다, 응대, 그것을 하는 사람¶ 客$^{きゃく}$の~がうまい 손님 접대를 잘 한다
とりも·つ [取(り)持つ] 他五 ①맺어 주다, 주선하다, 알선하다¶ 二人$^{ふたり}$の仲$^{なか}$を~ 두 사람 사이를 맺어 주다 ②접대하다, 응대하다¶ 客$^{きゃく}$を~ 손님을 접대하다 ③떠맡다¶ 政務$^{せいむ}$を~ 정무를 떠맡다
とりもど·す [取(り)戻す] 他五 되찾다 ①다시 찾다¶ 領土$^{りょうど}$を~ 영토를 되찾다 ②회복하다, 되살리다, 회복하다¶ 意識$^{いしき}$を~ 의식을 회복하다
とりもなおさず [取りも直さず] 副 곧, 즉, 바꿔 말하면¶ 知識$^{ちしき}$は~力$^{ちから}$である 지식은 곧 힘이다
とりもの [捕り物] 죄인을 잡는 일(행동), 잡아야 할 범인¶ 大$^{だい}$~ 대대적인 범인 체포 ─帳$^{ちょう}$ ①(江戸$^{えど}$ 시대에) 포리 등이 적어둔 사건 기록부 ②(江戸 시대에) 범죄 수사 등을 주제로 한 추리 소설
とりもの [採り物] (神楽$^{かぐら}$ 등에서) 춤을 출 때 손에 드는 것 ▷ 비쭈기나무·조릿대 등
とりやめ [取(り)止め] (예정된 일을) 그만둠, 중지¶ 試合$^{しあい}$が~になる 시합이 중지되다
とりや·める [取(り)止める] 他下一 (예정된 일을) 그만두다, 중지하다¶ 雨$^{あめ}$で旅行$^{りょこう}$を~ 비로 여행을 그만두다
とりょう [塗料] 도료¶ ~を塗$^{ぬ}$る 도료를 칠하다
どりょう [度量] 도량 ①길이와 부피 ②자와 말 ③아량¶ ~が大$^{おお}$きい 도량이 크다 ─衡$^{こう}$ 도량형¶ ─器$^{き}$ 도량형기
どりょく [努力] 노력 自スル 노력하다¶ ~が実$^{みの}$る 노력이 결실을 맺다/ たゆまず~する 꾸준히 노력하다
とりよせ [鳥寄せ] (모이·휘파람 등으로) 새를 가까이 꾀어 들임
とりよ·せる [取(り)寄せる] 他下一 ①가까이 끌어당기다 ②(주문해서) 보내오게[가져오게] 하다¶ 本$^{ほん}$を~ 책을 가져오게 하다
とりわけ [取(り)分け] 副 특히, 유난히¶ ~目立$^{めだ}$つ服装$^{ふくそう}$ 유난히 눈에 띄는 복장
とりわ·ける [取(り)分ける] 他下一 ①골라내다, 가려내다¶ 高級品$^{こうきゅうひん}$を~ 고급품을 골라내다 ②각각으로 나눠 담다¶ 料理$^{りょうり}$

を~ 요리를 나눠 담다
と·る [取る] 他五 ①잡다, 집다, 쥐다, 들다¶ 手$^{て}$を~ 손을 잡다/ 机$^{つくえ}$の上$^{うえ}$の本$^{ほん}$を~ 책상 위의 책을 집다 ②[捕る] (동물을) 잡다, 포획하다¶ 銛$^{もり}$で魚$^{うお}$を~ 작살로 고기를 잡다 ③[採る] 채취하다, 따다, 캐다¶ 野$^{の}$のいちごを~ 산딸기를 따다 ④없애다, 제거하다, 뽑다¶ 草$^{くさ}$を~ 풀을 뽑다/ しみを~ 얼룩을 없애다 ⑤(착용한 것을) 벗다, 풀다¶ エプロンを~ 앞치마를 벗다 ⑥[盗る] 빼앗다, 훔치다¶ 人$^{ひと}$の財布$^{さいふ}$を~ 남의 지갑을 훔치다 ⑦(목숨을) 빼앗다, 죽이다¶ 命$^{いのち}$を~ 목숨을 빼앗다/ 陣地$^{じんち}$を~ 진지를 탈취하다/ 天下$^{てんか}$を~ 천하를 차지하다 ⑨(자격 등을) 얻다, 따다, 받다¶ 学位$^{がくい}$を~ 학위를 취득하다/ 免許$^{めんきょ}$を~ 면허를 따다 ⑩[採る] 채용하다, 쓰다¶ 新入社員$^{しんにゅうしゃいん}$を~ 신입 사원을 채용하다 ⑪(집을) 얻다, 두다¶ 嫁$^{よめ}$を~ 색시[며느리]를 맞다/ 養子$^{ようし}$を~ 양자를 얻다 ⑫(주문해서) 가져오게 하다, 시키다¶ すしを~ 초밥을 시키다 ⑬(떼놓고 사다, 구독하다¶ 新聞$^{しんぶん}$を~ 신문을 구독하다 ⑭[摂る] (음식·영양을) 먹다, 섭취하다¶ 朝食$^{ちょうしょく}$を~ 아침을 먹다/ ビタミンを~ 비타민을 섭취하다 ⑮때맡다, 지다¶ 責任$^{せきにん}$を~ 책임을 지다 (나이를) 먹다¶ 年$^{とし}$を~ 나이를 먹다 ⑰맞추다¶ バランスを~ 밸런스를 맞추다 ⑱[執る] 다루다, 조작하다¶ かじを~ 키를 잡다/ 筆$^{ふで}$を~ 붓을 잡다 ⑲[執る] (일을) 보다, 처리하다¶ 事務$^{じむ}$を~ 사무를 보다 ⑳택하다, 취하다, 강구하다¶ あいまいな態度$^{たいど}$を~ 애매한 태도를 취하다 ㉑[採る] 골라내다, 뽑다¶ AからBを~ A에서 B를 골라내다 ㉒(수량 등을) 재다, 세다, 헤아리다¶ 寸法$^{すんぽう}$を~ 치수를 재다/ 統計$^{とうけい}$を~ 통계를 내다 ㉓(이부자리 등을) 펴다¶ 床$^{とこ}$を~ 잠자리를 펴다 ㉔해석하다, 받아들이다, 이해하다¶ 意味$^{いみ}$を~ 뜻을 해석하다/ 悪$^{わる}$く~ 나쁘게 받아들이다 ㉕(기분 등을) 맞추다¶ 機嫌$^{きげん}$を~ 기분을 맞추다 ㉖기록하다, 적어 두다¶ メモを~ 메모를 하다 ㉗[撮る] 촬영하다, 찍다¶ 記念写真$^{きねんしゃしん}$を~ 기념 사진을 찍다 ㉘[録る] 녹음하다, 녹화하다¶ FM放送$^{ほうそう}$をテープに~ FM 방송을 테이프에 녹음하다 ㉙(장소·시간 등이) 필요하다, 들다¶ 時間$^{じかん}$を~ 시간이 걸리다 ㉚(본·틀을) 뜨다¶ いれ歯$^{ば}$の型$^{かた}$を~ 틀니의 본을 뜨다 ㉛몰수하다¶ 官職$^{かんしょく}$を~ 관직을 몰수하다 ㉜(기생 등이 손님을) 받다¶ 芸者$^{げいしゃ}$が客$^{きゃく}$を~ 기생이 손님을 받다 ㉝[採る] (빛 등을) 끌어들이다¶ 明$^{あか}$りを~窓$^{まど}$ 채광이 되는 창 ㉞(『…にとって』의 꼴로》…에 있어서는, …로서는¶ 私$^{わたし}$に~·っては迷惑$^{めいわく}$だ 나로서는 성가신 일이다
慣用句
─·って付$^{つ}$けたよう (말이나 태도 등이) 갖다 붙인 듯이 부자연스럽다
─·らぬ狸$^{たぬき}$の皮算用$^{かわざんよう}$ 너구리 굴 보고

피물(皮物)돈 내어 쓴다
**―に足りない** 하잘것 없다, 하찮다
**―物も取り敢えず** 매우 서둘러, 황급히
**トルコ** (포 Turco) 터키 ▷ **土耳古**로도 썼음
**―石**[鑛] 터키석 **―風呂**[⁺] ①증기탕 ②「ソープランド」의 옛일컬음
**どれ** [何れ] **Ⅰ**[代] 어느 것[쪽], 무엇¶ **～も皆**よい 어느 것이나 다 좋다 **Ⅱ**[感] ①(동작을 시작할 때) 자, 이제, 어디¶ **～、出**かけるか 자 나가 볼까 ②(상대방의 동작을 촉구할 때) 어디¶ **～、見**せてごらん 어디 좀 보여 주게
**どれい** [土鈴] 흙을 구워 만든 방울
**どれい** [奴隷] 노예 **―制度**[⁺][史] 노예 제도
**とれだか** [取れ高] (농수산물의) 수확량, 어획고
**とれたて** [取れ立て] (채소·물고기 등을) 갓 수확함, 갓 딴[잡음], 그런 것 = **取り立て**¶ **～の魚** 갓 잡은 물고기
**とつ** [堵列][名][自スル][文] 도열¶ **沿道**に～して迎**える** 길가에 도열하여 맞이하다
**どれほど** [何れ程] [副] ①어느 정도, 얼마나, 얼마만큼¶ **高**さは～ですか 높이는 어느 정도입니까? ②아무리¶ **～注意**しても誤**差**が出**る** 아무리 주의해도 오차가 난다 ③(「～も」의 꼴로) 얼마, 그리, 별로¶ **まだ～も歩**いていない 아직 얼마 걷지 않았다
**と·れる** [取れる][自下一] ①떨어지다, 빠지다¶ **ボタンが～** 단추가 떨어지다/ **しみが～·れない** 얼룩이 빠지지 않다 ②[捕れる] (사냥감 등이) 잡히다¶ **さんまがよく～** 꽁치가 잘 잡힌다 ③생산되다, 산출되다¶ **米が～地方** 쌀이 생산되는 지방 ④없어지다, 가시다, 사라지다¶ **疲**れが～ 피로가 가시다/ **痛**みが～ 아픔이 사라지다 ⑤해석되다, 받아들여지다¶ **二通**りの意味に～語句 두 가지 뜻으로 해석되는 어구 ⑥(균형·조화가) 잡히다¶ **均整**の～·れた体**つき** 균형 잡힌 몸매 ⑦[撮れる] (사진이) 찍히다¶ **写真**がよく～ 사진이 잘 찍히다 ⑧녹음되다, 녹화되다¶ **鳥**の**声**がよく～ 새 소리가 잘 녹음되다 ⑨견디다, 회수되다¶ **掛金**がなかなか～·れない 외상이 좀처럼 걷히지 않는다 ⑩(시간이) 걸리다¶ **手間**の～**仕事** 시간이 걸리는 일
**とろ** ①(다랑어 등의) 기름기가 많은 살 ②「薯蕷」의 준말
**とろ** [⁺瀞] 강물이 깊고 흐름이 느린 곳
**とろ** [吐露][名][他スル] 토로¶ **真情**を～する 진정을 토로하다
**どろ** [泥] ①진흙(탕)¶ **～にまみれる** 진흙투성이가 되다 ②[造語](俗)「**泥棒**」의 준말, 도둑¶ **こそ～** 좀도둑

[慣用句]
**―をかぶる** (남의 잘못에 대한) 책임을 뒤집어쓰다
**―を塗る** 흠칠[먹칠]을 하다
**―を吐く** 실토하다, 자백하다

**どろあし** [泥足] 진흙투성이의 발

**とろ·い**[形] ①(화력 등이) 약하다, 뭉근하다¶ **火**びを～·くして置**く** 불을 뭉근하게 해 두다 ②(俗) (머리·행동이) 둔하다
**とろう** [徒労] 도로, 헛수고¶ **～に終**わる 헛수고로 끝나다
**どろうみ** [泥海] ①(물이 빠지고 난 뒤) 흙탕물이 된 바다 ②[比] 진창¶ **洪水**で**道路**が～と**化**す 홍수로 도로가 진창으로 변하다
**どろえのぐ** [泥絵の具] 호분(胡粉)을 섞어 만든 가루 모양의 그림 물감
**トロール** (trawl) [水] 트롤, 저인망 **―漁業**[⁺][水] 저인망 어업 **―船**[⁺][水] 저인망 어선
**とろか·す** [⁺蕩かす][他五] ①녹이다¶ **ゼラチンを温**めて～ 젤라틴을 데워서 녹이다 ②넋을 잃게 하다, 황홀하게 하다¶ **心**を～**甘**いことば 마음을 황홀하게 하는 달콤한 말
**どろがめ** [泥亀] 자라
**どろくさ·い** [泥臭い][形] ①흙내가 나다¶ **～水** 흙내 나는 물 ②촌스럽다, 세련되지 않다¶ **～服装** 촌스러운 옷차림
**とろ·ける** [⁺蕩ける][自下一] ①녹다¶ **チョコレートが～** 초콜릿이 녹다 ②황홀해지다, 넋을 잃다¶ **～ような甘**いささやき 넋을 잃을 듯한 달콤한 속삭임
**どろじあい** [泥仕合] (비밀·약점 등을 들춰 내며) 추잡하게 싸움, 이전투구¶ **～を演**ずる 추잡한 싸움을 벌이다
**どろた** [泥田] 수렁논¶ **腰**までつかる～ 허리까지 잠기는 수렁논
**どろだらけ** [泥だらけ] [ダ] 흙투성이임¶ **～の長靴** 흙투성이인 장화
**ドロップ** (drop) 드롭 **Ⅰ**[名] 드롭스, 알사탕 **Ⅱ**[名][自スル][野] 드롭 커브, 낙하 큰 커브 **―ハンドル** (일 drop handle) (오토바이나 자전거 핸들에서) 쥐는 부분이 낮고 아래쪽으로 구부러져 있는 핸들 **―ハンマー** (drop hammer) [工] 드롭 해머 ①말뚝을 박는 토목 기계 ②단조기
**とろとろ** [副][自スル] ①걸쭉하게, 눅진눅진¶ **～に溶ける** 걸쭉하게 녹다/ **～の飴** 눅진눅진한 엿 ②[副] 뭉근히¶ **～と煮込む** 뭉근하게 푹 끓이다 ③[副] 꾸벅꾸벅¶ **～とまどろむ** 꾸벅꾸벅 졸다
**どろどろ Ⅰ** [副] ①우르르, 쿵쿵¶ **～と雷鳴**がとどろく 우르르 하며 천둥 소리가 울려 퍼지다 ②(많은 사람이 한꺼번에 이동하는) 우르르 ③[劇] (歌舞伎에서) 유령이 등장·퇴장할 때 울리는 북소리
**どろどろ** [泥泥] [副][自スル] ①걸쭉걸쭉, 질척질척, 곤죽같이 ②**腐**って～になる 썩어서 곤죽이 되다 ③감정이 복잡하게 얽혀 끈끈한 모양¶ **～した人間関係** 끈끈한 인간 관계 ③진흙투성이인 모양¶ **～になって遊ぶ** 흙투성이가 되어 놀다
**どろなわ** [泥縄] 일을 당해서야 허둥지둥 대책을 세움 **一式**[⁺] (대처가) 때늦음, 벼락치기임¶ **～の勉強** 벼락치기 공부
**どろにんぎょう** [泥人形] 흙으로 만든 인형, 토우(土偶)

**どろぬま**【泥沼】①수렁 ②(比) 헤어나기 어려운 처지¶ ～の様相 헤어날 수 없는 양상

**どろのき**【白楊・泥の木】(植) 백양

**どろはね**【泥跳ね】(옷이나 신발 등에) 흙이 튐, 그런 흙

**とろび**【とろ火】뭉근한[약한] 불= 弱火 ⇔ 強火¶ ～で煮る 뭉근한 불로 익히다

**どろぶかい**【泥深い】(形) (늪·논 등의) 진흙층이 깊다¶ この辺りの田は～ 이 부근의 논은 진흙층이 깊다

**どろぼう**【泥棒】(名)(他スル) 도둑, 도둑질¶ 火事場～ 화재의 혼잡을 틈탄 도둑/ ～が入る 도둑이 들다 **一根性** 도둑(놈) 근성
【慣用句】
**一を捕らえて縄を綯う** 도둑을 잡고서야 새끼줄을 꼰다, 소 잃고 외양간 고친다

**どろまみれ**【泥塗れ】(ㄱ)(진) 흙투성이¶ ころんで～になる 넘어져서 흙투성이가 되다

**どろみず**【泥水】①흙탕물 ②화류계¶ ～に身を沈める 화류계에 몸을 던지다 **一稼業** 화류계 생활

**どろみち**【泥道】진창길, 흙탕길

**どろやなぎ**【白楊】(植)「ドロノキ」의 딴이름

**どろよけ**【泥除け】(자동차 등의) 흙받이

**とろり** (と) ①녹아서 걸쭉한 모양¶ 汁が～なるまで煮しめる 국물이 걸쭉해질 때까지 졸이다 ②감촉이 부드럽고 기분 좋은 모양¶ 舌の上で～溶ける 혀 위에서 사르르 녹다 ③선잠을 자거나 졸음이 오는 모양¶ ほんの少し～する 잠깐 졸다

**どろり** (と) 걸쭉한 모양¶ ペンキが～流れ出る 페인트가 걸쭉하게 흘러 나오다

**とろろ**【薯蕷】①마·참마를 갈아낸 것¶「薯蕷芋」의 준말¶「薯蕷汁」의 준말 **一芋** 마·참마 **一汁** 마를 갈아서 맑은 장국 등으로 묽게 한 요리

**とろろこんぶ**【とろろ昆布】①다시마를 실처럼 가늘게 썰어서 만든 식품 ②(植) 다시마과의 바닷말

**どろん**(名)(自スル)(俗) 갑자기 사라짐, 자취를[행방을] 감춤¶ 借金を残して～する 빚을 남겨 두고 자취를 감추다
【慣用句】
**一を決める** 행방을 감추다

**どろんこ**【泥んこ】(口) 진흙, 흙투성이¶ 雨で道が～になる 비로 길이 진창이 되다

**どろんと** (副) 거슴츠레한 모양¶ 眠くて目が～なる 졸려서 눈이 거슴츠레해지다

**どろんと** (副) ①무겁고 탁하게 고여 있는 모양¶ ～した沼 탁하게 고여 있는 늪 ②눈빛이 흐리멍텅한 모양= とろんと¶ ～した焦点の定まらない目 흐리멍텅한 촛점이 없는 눈

**とわ**【永久】(文) 영구, 영원
【慣用句】
**一の別れ** 영원한 이별, 사별

**とわずがたり**【問わず語り】묻지도 않은 말을 함¶ ～に話してくれた身の上 묻지도 않는데 말해 준 신상 이야기

**どわすれ**【度忘れ】(名)(自スル) (아는 것을) 깜빡 잊어버림= 胴忘れ¶ このところ～がひどい 요즘 건망증이 심하다

**とん**(ton) 톤 ▷「屯·噸」으로도 씀

**とん**【屯】(音) トン (訓) たむろ|(음) 둔. (造語) ①(사람이) 많이 모이다, 머무르다¶ 屯営 둔영·駐屯 주둔·屯田兵 둔전병 ②무게·용적의 단위 「トン」의 차음자. 톤¶ 屯数 톤수 ▷「瓲·噸」은 일본식 한자

**とん**【沌】(音) トン|(음) 돈. (造語) 물이 통하지 않다. 사물의 구별이 안 됨¶ 渾沌 혼돈

**とん**【惇】(音) トン·ジュン (訓) あつい·まこと|(음) 돈. (造語) ①인정이 두텁다, 후하다¶ 惇厚 돈후 ②진실. 진정¶ 惇朴 돈박, 순박 ▷은「敦」과 같음

**とん**【豚】(音) トン (訓) ぶた|(음) 돈. (造語) ①돼지¶ 豚肉 돈육·養豚 양돈 ②자기 자식을 가리키는 겸사말¶ 豚児 돈아 ▷【默字訓】海豚 돌고래·河豚 복어

**とん**【敦】(音) トン (訓) あつい|(음) 돈. (造語) 인정이 두텁다, 후하다¶ 敦厚 돈후 ▷「惇」과 같음

**とん**【遁】(音) トン (訓) のがれる|(음) 둔. (造語) 몰래 도망치다, 피하다¶ 遁辞 둔사·遁走 둔주·隠遁 은둔

**とん**【頓】(音) トン (訓) にわかに·とみに|(음) 돈. (造語) ①이마를 땅에 대고 절하다, 조아리다¶ 頓首 돈수 ②머무르다, 멈추다, 정체되다¶ 頓挫 돈좌·頓着 개의, 패 ③정리하다¶ 整頓 정돈 ④갑자기, 별안간, 그 자리에서¶ 頓狂 갑자기 괴상한 짓을 함·頓智 기지 ⑤(佛) 홀연히 깨달음을 얻는 상태¶ 頓悟 돈오

**トン**(ton) 톤 ①미터법의 질량의 단위 ②용적의 단위 ▷「屯·瓲·噸」으로도 씀

**どん**【呑】(音) ドン (訓) のむ|(음) 탄. (造語) ①삼키다¶ 呑吐 탄토 ②남의 것을 차지하다, 멸망시키다¶ 併呑 병탄

**どん**【貪】(音) ドン·タン·トン (訓) むさぼる|(음) 탐. (造語) 탐하다, 욕심부리다¶ 貪食 탐식·貪欲 탐욕·慳貪 간탐

**どん**【鈍】(音) ドン (訓) にぶい·にぶる|(음) 둔. Ⅰ(造語) ①무디다¶ 鈍器 둔기·鈍磨 닳아서 무디어짐 ②90도 이상의 각도로, 뾰족하지 않다¶ 鈍角 둔각 ③느리다, 둔하다¶ 鈍感 둔감·鈍重 둔중·愚鈍 우둔 Ⅱ(名)(ㄱ) (날이) 무딤¶ 刃物が～になる 날붙이가 무디어지다 ②(머리·동작이) 둔함, 굼뜸¶ ～な人 둔한 사람

**どん**【曇】(音) ドン (訓) くもる|(음) 담. (造語) 구름이 끼다, 흐리다¶ 曇天 담천

**どん**【接尾】(상점 등에서) 아랫사람이나 고용인을 부를 때 이름 밑에 덧붙이는 말¶ お竹～竹야/ 一番頭～ 이바 지배인

**どん**【午砲】오포(午砲), 정오를 알리는 공포(空砲)

**どん**【丼】덮밥¶ 天～ 튀김덮밥/ たまご～ 계란덮밥

**とんえい**【屯営】(名)(自スル)(文) 둔영. 부대가 주둔함, 병영¶ 機動部隊が～する 기동부

どんか

대가 둔영하다

どんか [鈍化] 图 自他スル 둔화¶ 経済の伸のびが〜する 경제 신장이 둔화되다

どんかく [鈍角] 图 둔각 ⇔ 鋭角¶ 〜三角形 둔각 삼각형

とんかち [俗] 쇠망치= かなづち

とんカツ [豚カツ] [料] 포크 커틀릿, 돼지고기 커틀릿= ポークカツ

とんがら・かす [×尖らかす] 他五 [俗] 뾰족하게 하다, 날카롭게 하다= とがらす¶ 口を〜 입을 삐죽 내밀다

とんがら・かる [×尖らかる] 自五 [俗] 뾰족해지다, 날카로워지다, 토라지다¶ 〜らないで、機嫌を直せ 토라지지 말고 기분 풀어라

とんがりぼうし [×尖り帽子] 원뿔 모양의 모자

とんが・る [×尖る] 自五 [俗] 뾰족해지다= とがる

どんかん [鈍感] 图 둔감¶ 〜な人 둔감한 사람/ においに〜になる 냄새에 둔감해지다

どんき [鈍器] 둔기 ①무딘 날붙이 ②날붙이 외의 흉기¶ 〜による傷害 둔기에 의한 상해

とんきょう [×頓狂] 图 느닷없이 괴상한 언동을 함¶ 〜な声を上げる 느닷없이 괴상한 소리를 지르다

とんぎょう [×頓教] [佛] 돈교= 漸教

どんぐり [×団栗] [植] 도토리, 상수리 一眼 부리부리한 눈, 퉁방울눈, 왕눈 一目 → どんぐりまなこ

[慣用句]

—の背比べ 도토리 키재기

とんご [×頓悟] [佛] 돈오. 홀연히 깨달음

どんこ [動] 동사리

どんこう [鈍行] [口] 완행 (열차·전차)

とんコレラ [豚コレラ] [農] 돼지 콜레라

どんこん [鈍根] 名 [文] 재주와 지혜가 모자람, 둔함 ⇔ 利根

とんざ [×頓挫] 图 自スル 돈좌. 좌절¶ 計画が〜する 계획이 좌절되다

とんさい [×頓才] 돈재. 재치. 임기 응변의 재능¶ 頓知〜 기지와 재치

どんさい [鈍才] 둔재. 재능이 둔함. 그런 사람

とんし [×頓死] 图 自スル 돈사. 급사¶ 旅先で〜する 여행지에서 급사하다

とんじ [豚児] [文] 돈아. 자기 아들에 대한 겸사말= 愚息

とんじ [×遁辞] [文] 둔사. 발뺌하는 [둘러대는] 말¶ 〜を弄する 둔사를 늘어놓다

とんしゃ [豚舎] 돈사. 돼지우리= 豚小屋

とんじゃく [×頓着] 图 개의함, 괘념함, 신경을 씀= とんちゃく¶ 無〜 무신경함/ 他人に〜しない 남에게 신경쓰지 않다

とんしゅ [×頓首] 돈수 I 图 自スル [文] (옛날 중국의 예법으로) 머리가 땅에 닿도록 정중하게 절함 II 图 (편지 끝에 써서) 상대방에게 경의를 나타내는 말. 계수 (稽首)

とんしゅう [×呑舟] [文] 탄주. 배를 통째로 삼킴 —の魚 단주지어 ①큰 물고기 ②큰 인물, 거물

どんじゅう [鈍重] 图 둔중. 둔하고 굼뜸¶ 〜な動き 둔중한 움직임

とんしょ [×屯所] ①(무사·병사 등이) 주둔하는 곳 ②「警察署」경찰서」의 옛일컬음

とんしょうぼだい [×頓証×菩×提] [佛] 돈증 보리. 문득 도를 깨달음= 頓悟

どんしょく [×貪食] 图 他スル [文] 탐식. 게걸스럽게 먹음

どんじり [どん尻] [口] 맨 끝, 맨 뒤, 마지막, 꼴찌¶ 〜の成績 꼴찌의 성적/ 〜に控える 맨 끝에 대기하다

とんじる [豚汁] [料] 돼지고기와 채소를 넣은 된장국= ぶたじる

どんす [×緞子] 단자. 연사로 두껍게 짠 비단¶ 金欄〜 금란 단자

トンすう [トン数] 톤수 積載〜 적재 톤수

とんずら [俗] 달아남, 도망함

どん・する [鈍する] 自サ変 (머리가) 둔해지다, 무디어지다, 멍청해지다¶ 貧すれば〜 가난하면 사리 판단이 흐려진다

とんせい [×遁世] 图 自スル [文] 은둔, 은거함¶ 山中に〜する 산 속에 은거하다 ② [佛] 불문에 듦, 출가¶ 出家〜 출가 둔세

どんぜい [×呑×噬] 图 他スル [文] 탄서. 다른 나라를 침공하여 영토를 빼앗음

とんそう [×遁走] 图 自スル 둔주. 도주¶ 〜る敵 도주하는 적 一曲 [音] 둔주곡. 푸가

どんそく [鈍足] 걸음이 느림. 그런 사람

どんぞこ [どん底] ①맨 밑바닥 ②최악의 상태, 구렁텅이¶ 不振の〜にあえぐ 부진의 구렁텅이에서 허덕이다

とんだ 連体 ①뜻밖의, 엉뚱한, 얼토당토않은¶ 〜目に遭う 뜻하지 않은 변을 당하다 ②돌이킬 수 없는, 엄청난¶ 〜ことになった (일이) 돌이킬 수 없게 되었다/ 〜失礼をいたしました 큰 실례를 했습니다

ドンタク ①일요일, 휴일 ②축제(일)¶ 博多〜 博多의 개항 축제

とんち [×頓智·×頓知] 돈지. 기지. 재치¶ 〜を働かす 기지를 발휘하다/ 〜の利く人 재치 있는 사람

とんちき [口] 얼간이¶ この〜め 이 얼간이야

とんちゃく [×頓着] 图 自スル → とんじゃく

どんちゃんさわぎ [どんちゃん騒ぎ] 图 自スル 술을 마시고 노래하며 북·징을 울리면서 떠듦, 그런 소란, 야단법석 優勝を祝って〜する 우승을 축하하며 야단법석을 떨다

どんちょう [×緞帳] ①무늬가 있는 두꺼운 막 (幕) ②(극장 등의) 말아서 올리고 내리는 막 一芝居 [劇] (江戸 시대에 가로막으로 幕의 사용이 허용되지 않은) 허름한 소극장, (거기서 공연된) 수준 낮은 연극 一役者 [劇] 緞帳芝居에 출연하는 하급 배우

とんちんかん [×頓×珍×漢] 图 ①종잡을 수 없음, 대중없음, 엉뚱함¶ 〜な返事 뚱딴지 같은 대답 ②멍청한 짓을 함, 얼간이임¶ 〜な奴 얼간이 같은 녀석

トンツー ①「モールス符号」의 속칭. 모스 부호 ②「無線電信」의 속칭. 무선 전신

どんつう [鈍痛] 둔통. 무지근한 아픔¶ ～を覚える 둔통을 느끼다

どんつく [鈍つく] ①(口) 우둔함, 얼간이, 바보 ②「鈍どつく布子ぬの」의 준말. 질 낮은 무명 솜옷

どんづまり [どん詰(ま)り] (口) ①막판, 종반, 최종 단계¶ ペナントレースの～に至いたる 페넌트 레이스의 막판에 이르다 ②막다른 곳¶ 横町よこちょうの～の家 골목의 막다른 곳에 있는 집

とんでもな・い 形 ①당치도 않다, 어처구니 없다, 터무니없다¶ ～値段だん 터무니없는 가격/ ～ことをしでかす 어처구니없는 짓을 저지르다 ②뜻하지 않다, 뜻밖이다¶ ～人にばったり出会おうう 뜻밖의 사람과 딱 마주치다 ③돌이킬 수 없다¶ ～結果けっが 돌이킬 수 없는 결과 ④상대방의 말을 강하게 부정하는 말. 당치도 않다, 천만에(요)¶ お礼れいだなんて～ 사례라니 당치도 않다

とんでる [×翔んでる] 連体 (俗) ①날아오르는 듯한, 날아다니는 듯한 ②사회 통념에 구애받지 않고 자유롭게 행동하는 모양. 앞서가는, 개방된¶ ～女じょ 앞서가는(개방된) 여성

とんでん [屯田] (史) ①둔전 ②고대 황실 소유의 경작지 ━兵ぺい (日史) 둔전병

どんてん [曇天] 담천. 흐린 하늘·날씨

どんでんがえし [どんでん返し] ①(연개·형세 등이) 뒤집힘, 역전됨¶ 土壇場どたんばで～に遭あう 막판에 역전되다 ②(劇) 무대 장치를 단번에 뒤집어 다음 장면으로 바꾸는 일

とんと [×頓と] 副 (口) ①조금도, 도무지, 전혀¶ ～覚えない 전혀 기억이 없다 ②완전히, 아주, 까맣게¶ 宿題しゅくだいを～忘わすれた 숙제를 까맣게 잊었다

どんと 副 ①폭발하는 모양. 펑¶ 花火はなびが～揚あがる 불꽃이 펑 하고 오르다 ②세게 부딪치는 모양. 쿵¶ ～突つき当あたる 쿵 하고 부딪치다

どんと [×吞吐] 名 他スル (文) 탄토. 삼키고 토해냄, 내고 들임, 드나듦

どんど 정월 대보름에 門松かどまつ나 しめ縄なわ 등을 태우는 행사 =どんど焼やき ━焼やき=どんど

どんとう [鈍刀] 무딘 칼, 잘 안드는 칼

とんとん Ⅰ 名 ①엇비슷함, 비슷비슷함¶ 実力じつりょくは～だ 실력은 비슷비슷하다 Ⅱ 副 ①(가볍게 두드리는) 똑똑, 툭툭¶ ～と戸とをたたく 똑똑 하고 문을 두드리다 ②(일이 순조롭게 진행되는) 착착¶ 仕事しごとが～と運はこぶ 일이 착착 되어가다 ③가볍게 걷는 소리¶ 階段かいだんを～と上あがる 계단을 톡톡 오르다 ━拍子びょうし 빠르고 순조롭게 진행됨

どんどん 副 ①(세게 두드리거나 울리는) 탕탕, 쾅쾅, 쿵쿵¶ 戸とを乱らんに～とたたく 문을 난폭하게 탕탕 두드리다/ 花火はなびが～とあがる 불꽃이 평평 오르다 ②(일이 막힘없이 잘 진척되거나 계속되는) 술술, 술술¶ 仕事しごとが～はかどる 일이 술술 진척되다
━橋ばし 밟으면 쿵쿵 소리가 나는 목제 홍예 다리 ━節ぶし (藝) 18세기 초기의 江戸えど의 유행가

どんな 連体 ①어떤, 어떠한¶ ～色いろが好すき 어떤 색이 좋아? ②(「～に」의 꼴로) ㉠아무리¶ ～に頼たのんでもむだだ 아무리 부탁해도 소용없다 ㉡얼마나, 얼마만큼¶ ～に恐おそろしかったことか 얼마나 무서웠던지

とんにく [豚肉] 돈육. 돼지고기 = ぶたにく

トンネル (tunnel) 터널. 굴

とんび [×鳶] ① → トビ ②일본옷의 남자용 외투 ③들치기
[慣用句]
━に油揚あぶらげを攫さらわれる 애써 얻은 것을 어이없게 빼앗기다

どんぴしゃり 副 (俗) 딱 들어맞음, 적중함¶ ～の答こたえ 딱 들어맞는 대답/ 予想よそうが～的中てきちゅうした 예상이 딱 적중했다

とんぷく [頓服] 名 他スル 돈복. (약을 필요로 할 때에) 한번 복용함, 그런 약¶ ～薬やく 돈복약

どんぶつ [鈍物] 둔한 사람, 굼벵이, 바보

どんぶり [丼] ①사발 = 丼鉢どんぶりばち¶ ～めし 사발에 담은 밥 ②[料] 덮밥¶ 卵たまご～ 계란덮밥 ③장색 등의 앞두르개에 달린 큰 주머니

どんぶりかんじょう [丼勘定] (장부에 기입하지 않고) 무계획적으로 돈을 씀, 주먹 구구식

どんぶりばち [×丼鉢] 사발, 밥그릇

どんぶりめし [×丼飯] 사발에 담은 밥

とんぼ [×蜻蛉] 名 ①(動) 잠자리 ②공중제비, 재주넘기 ③(경기장의) 흙을 고르는 T자형 도구 ━返がえり 名 自スル ①공중제비, 재주넘기 ②(목적지에서 일을 마치자마자) 바로 되돌아옴 ━釣つり 장대 끝에 맨 실에 미끼로 삼은 잠자리를 묶어 날려서 다른 잠자리를 꾀어 잡는 일
[慣用句]
━を切きる 공중제비를 하다

とんま [×頓馬] 名 (俗) 멍청함, 얼빠짐, 멍청이, 얼간이¶ ～な野郎やろう 멍청한 놈/ ～をしでかす 어리석은 짓을 저지르다

どんま [鈍麻] 名 自スル (감각이) 둔해짐¶ 神経しんけいが～する 신경이 둔해지다

どんま [鈍磨] 名 自スル (文) 닳아서 무디어짐¶ 刃先はさきが～する 칼끝이 닳아서 무디어지다

ドンマイ 感 운동 경기에서 응원하는 말. 걱정 마라, 염려 없다

とんや [問屋] ①도매상¶ 食料品しょくりょうひん～ 식료품 도매상/ そう～がおろさない 는 안된다, 엿장수 마음대로는 안된다 ②(比) 어떤 일을 전문으로 하는 사람¶ 病気びょうきの～のような人 병주머니 같은 사람

どんよう [×嫩葉] (文) 눈엽. 새잎, 어린 잎

どんよく [×貪欲·×貪慾] 名 ナ 탐욕 = どんらん¶ ～な男おとこ 탐욕스러운 남자

どんより 副 自スル ①날씨가 잔뜩 흐린 모양¶ ～と曇くもった空そら 잔뜩 흐린 하늘 ②눈·빛깔 등이 탁한 모양¶ ～とした目め 흐리멍덩한 눈

どんらん [×貪×婪] 名 ナ 탐람. 몹시 탐함, 탐욕스러움 = たんらん¶ ～な商人しょうにん 탐욕스러운 상인

どんり [×貪吏] (文) 탐리. 탐관 오리

# な ナ

**な** 五十音図(ごじゅうおんず)의「な」행(行)의 첫째 かな。ひらがな「な」는「奈」의 초서체, かたかな「ナ」는「奈」의 윗부분을 딴 것

**な**【那】圕ナ 訓いかん・なんぞ(音)나. (造語) ①의문・반어의 어조사. 한문 훈독으로「いかん・なんぞ」로 읽음. 어찌하여, 어째서 ¶下(くだ)して来(き)たれ〜 여기까지 내려 와라 ③범어・외국어「ナ」의 차음자 ¶刹那(せつな) 찰나 ¶旦那(だんな) 주인, 남편 ▷ ①은「奈(な)」와 같음

**な**【奈】圕ナ 訓いかん(音)나. (造語) ①의문・반어의 어조사. 한문 훈독으로「いかん・いかんせん」으로 읽음. 어찌하여, 어째서 ¶奈辺(なへん) 나변 ②범어・외국어「ナ」의 차음자 ¶奈落(ならく) 나락・加奈陀(カナダ) 캐나다 ▷ ①은「那(な)」와 같음

**な** I 終助 ①《동사・동사형 助動詞의 終止形에 붙어》(금지)…(하지) 마라 ¶油断(ゆだん)する〜 방심하지 마라 ②《동사・동사형 助動詞의 連用形에 붙어》(가벼운 명령)…해라 ¶ここまで下(お)りて来(こ)〜 여기까지 내려 와라 ③㉠《감정・상태・희망・의문 등을 나타내는 終止形에 붙어》(영탄・감동)…구나 ¶一目(ひとめ)会(あ)いたい〜あ 한번 만나고 싶구나 ㉡(가벼운 단정이나 주장)…지、…어、…네 ¶これが私(わたし)の意見(いけん)だ〜 이것이 내 의견이네 ㉢(동의를 구하거나 대답을 유도함)…야、…지 ¶いい〜、これが最後(さいご)だぞ 알겠지 이것이 마지막이야 ㉣《존경의 명령어에 붙어》(명령을 부드럽게 함)…요 ¶そうなさい〜 그렇게 하세요 Ⅱ 間助 (확인)…말이야、말이지 ¶あの〜、これが君(きみ)にやるものだ 저 말이야 이것이 너에게 줄 것이다

**な**【名】이름, 명칭, 호칭 ¶学校(がっこう)の〜 학교의 이름 ②성명 ¶〜を名乗(なの)る 이름을 대다 ③명의 ¶会社(かいしゃ)の〜で家(いえ)を買(か)う 회사 명의로 집을 사다 ④명목 ¶〜ばかりの委員長(いいんちょう) 이름뿐인 위원장 ⑤명분, 구실, 빙자 ¶慈善(じぜん)の〜のもとに 자선의 이름 아래/〜を正(ただ)す 명분을 세우다 ⑥평판, 명성, 세평 ¶賢人(けんじん)の〜が高(たか)い 현인이라는 이름이 높다 ⑦명예、체면 ¶〜を重(おも)んじる 명예를 중시하다

*慣用句*
**―有(あ)りて実(じつ)無(な)し** 유명 무실하다
**―が売(う)れる** 이름이 팔리다, 유명해지다
**―に恥(は)じぬ** 이름[명성]에 부끄럽지 않다
**―の有(あ)る** 이름 있다, 유명하다
**―の通(とお)った** 널리 알려진, 유명한, 정평이 난
**―は体(たい)を表(あらわ)す** 이름은 그 실체를 말한다
**―も無(な)い** 이름도 없다, 평범하다, 무명이다
**―を揚(あ)げる** 이름을 드날리다, 유명해지다
**―を売(う)る** 이름을 팔다, 유명해지다, 이름이 널리 알려지게 하다
**―を惜(お)しむ** 이름을 아끼다, 명성이 더럽혀지지 않도록 행동을 삼가다
**―を借(か)りる** ①《「…の〜」의 꼴로》이름을[명의를] 빌리다 ②《「…に〜」의 꼴로》구실로 삼다, 빙자하다
**―を汚(けが)す** 이름[명예・명성]을 더럽히다
**―を雪(すす)ぐ** 오명을 씻다, 명예를 회복하다
**―を捨(す)て実(じつ)を取(と)る** 이름[명예・명성]보다 실리를 택하다
**―を竹帛(ちくはく)に垂(た)る** 이름을 후세에 남기다
**―を連(つら)ねる** (명부에) 이름을 나란히 하다, (단체・조직 등의 일원으로서) 참석하다
**―を成(な)す** 유명해지다
**―を残(のこ)す** 이름을 남기다
**―を辱(はずかし)める** 이름[명예・명성]을 더럽히다

**な**【菜】①푸성귀, 채소 = 菜(な)っ葉(ぱ) ②평지, 유채 ¶〜の花(はな) 유채꽃

**な** 感 (口) (말을 걸거나 다짐을 할 때 쓰는) 여보게, 응 ¶〜、いいだろう 응 괜찮지 (않아)/そうだろう、〜 그렇지 응

**なあ** I 終助《終止法 형식에 붙어》영탄・주장・완곡한 표현 등을 나타냄 Ⅱ 間助《連用文節에 붙어》다짐하며 납득시키려는 기분을 나타냄

**なあ** 感 (口)「な」의 변한말

**ナース**(nurse) 너스 ①간호사 ②보모, 유모

**なあて**【名宛】(편지・선물 등의) 수신인의 이름과 주소 = あて名(な) ¶〜人(にん) 수신인

**なあなあ**【名】(俗) 적당히 일을 끝냄 = なれあい ¶〜主義(しゅぎ) 적당주의/〜で話(はな)をつける 적당히 이야기를 매듭짓다

**なあに** I 代「なに」의 부드러운 말씨. 무엇, 뭐 ¶それ〜 그거 뭐야? Ⅱ 感 상대방의 말을 부정하며 대수롭지 않다는 느낌을 나타냄. 아니, 뭐 ¶〜、大(たい)したことないよ 뭐, 별 거 아니야

**ない**【内】【内】圕ナイ・ダイ 訓うち(音)내. (造語) ①안, 속 ¶内部(ないぶ) 내부・案内(あんない) 안내 ②집안, 아내 ¶内助(ないじょ) 내조・家内(かない) 아내 ③조정, 궁정 ¶内閣(ないかく) 내각・参内(さんだい) 참내 ④동아리 사이, 한패거리 ¶内紛(ないふん) 내분・内乱(ないらん) 내란 ⑤비밀의, 비공식 ¶内縁(ないえん) 내연・内密(ないみつ) 내밀 ⑥넣다, 포함하다 ¶内服(ないふく) 내복

**な・い** 接尾《형용사를 만듦》뜻을 강조함 ¶きたな〜 더럽다/せつ〜 안타깝다 ▷「めっそうもない 당치도 않다」처럼「も」를 넣은 꼴로도 쓰임. 否定의 형용사「無(な)い」와는 다름

**ない** 助動《形容詞形 活用》①《동작・상태의 부정》…지 않다 ¶行(い)かなくて残念(ざんねん)だ 가지 못해서 유감이다 ②《동사・동사형 조동사 連用形+접속 조사「て」에 붙어》(실현・완료되어 있지 않음)…지 않다 ¶まだ食(た)べて〜 아직 먹지 않았다 ③《의문 조동사「か」에 붙거나 말끝을 올려서》㉠(권유・명령・바램・의뢰)…지 않겠니?, …않겠는가? ¶歌(うた)ってくれ〜か 노래 불러주지 않겠니 ㉡(의문)…

니?¶ 疲(つか)れていへ 피곤하지 않니? ④《「なかろう」의 꼴로 말끝을 올려서》(확인) …지?¶ 面白(おもしろ)くもなかろう 재미도 없겠지?
な・い [無い] 形 ①없다¶ 子供(こども)はへ 자식이 없다 ②[亡じ]い 죽고 없다¶ 父(ちち)も母(はは)もすでにへ 아버지도 어머니도 이미 돌아가셨다 ③(시간·공간·수량 등이) 넉넉하지 않다¶ 開演(かいえん)まで五分(ごふん)もへ 개연까지 5분도 안 남았다 ④(形式) 《인용의 格助詞「と」에 붙어》부정¶《동사·동사 활용 조동사를 받아「…ともなく〔ともなしに〕」의 꼴로》무심코~함¶ 聞(き)くともへく聞く 무심코 듣다 ㉡《「何(なに)・どこ・どれ・それ」등을 받아「…となく」의 꼴로》한정을 나타냄¶ どことへく おかしい 어딘지 모르게 이상하다/ それとへく注意(ちゅうい)する 넌지시 주의를 주다 ⑤《造語》《명사에 붙어》부정을 나타냄은 형용사를 만듦¶ 違(ちが)いへ 틀림없다/ 面目(めんぼく)へ 면목 없다
慣用句
—袖(そで)は振(ふ)れぬ 없으니 어쩔 도리가 없다
—物(もの)は無(な)いに 없는 것은 없다
—・かったことにする 없었던 것으로 하다
—・くて七癖(ななくせ) 누구나 많든 적든 버릇이 있는 법이다
ないい [内意] (文) 내의 ①속마음, 내심, 의중¶ ~を漏(も)らす 속마음을 말하다 ②내밀한 의향¶ 首相(しゅしょう)のへ 수상의 내밀한 의향
ないいん [内因] 내인, 내부 원인 ⇔ 外因(がいいん)
ないえい [内営] 名 他スル (文) 내알¶ 은밀히 알현함 ②(권력자 등에게) 은밀히 청탁함
ないえつ [内閲] 名 自スル 내열, 은밀히〔비공식적으로〕 열람·검열함¶ 文書(ぶんしょ)をへする 문서를 은밀히 열람하다
ないえん [内苑] 내원, 神社(じんじゃ)나 궁궐의 안쪽
ないえん [内縁] 名 내연¶ ~の妻(つま) 내연의 처
ないおう [内応] 名 自スル (文) 내응, 내통¶ 敵(てき)にへする 적과 내응하다
ないおう [内奥] 내부의 깊은 곳¶ 心(こころ)のへ 마음속 깊은 곳
ないか [内科] [医] 내과¶ ~医(い) 내과 의사
ないかい [内海] [地] 내해 ⇔ 外海(がいかい)
ないかい [内界] 내의, 의식의 세계, 정신계
ないがい [内外] 내외 ①안팎, 내부와 외부¶ 建物(たてもの)のへ 건물의 안팎 ②国内外(こくないがい)¶ ~の情勢(じょうせい) 국내외의 정세 ③《造語》…정도, 전후¶ 二千円(にせんえん)へ 2000엔 정도/ 二十人(にじゅうにん)へ 스무 명 내외
ないかく [内角] 내각 ①[数] 다각형의 안쪽 각 ②[野] 인코너 ▷ ①② 外角(がいかく)
ないかく [内·内廓] 내곽, 안쪽 테두리 ②성의 안쪽에 있는 울타리= うちくるわ
ないかく [内閣] 내각¶ ～総辞職(そうじしょく) 내각 총사직 —官房(かんぼう) 내각 관방 —官房長官(かんぼうちょうかん) 내각 관방 장관 —総理大臣(そうりだいじん) 내각 총리대신, 수상 —不信任案(ふしんにんあん) 내각 불신임안
ないがしろ [*蔑ろ] 〔ダ〕 소홀히 함, 업신여김, 무시함¶ 人(ひと)を～にする 사람을 업신여기다/ 仕事(しごと)を～にする 일을 소홀히 하다

ないかてい [内火艇] 내화정, 내연 기관으로 움직이는 작은 배
ないかん [内患] (文) 내환, 내우= 内憂(ないゆう) ⇔ 外患(がいかん)¶ ～外憂(がいゆう) 내우 외환
ないかん [内観] 名 他スル 내관, 내성
ないき [内記] ①[史] (令制(りょうせい)에서) 조칙(詔勅) 등의 초안을 만들고 궁중의 기록을 맡아 보던 관직 ⇔ 外記(げき) ②[仏] (선종에서) 편지 쓰는 일 등을 하던 승직(僧職)
ないき [内規] 내규¶ 会社(かいしゃ)の～で定(さだ)められている 회사의 내규로 정해져 있다
ないぎ [内儀] ①남의 아내, (특히) 상인의 아내에 대한 높임말 お～ 부인 ②은밀한 사항
ないぎ [内議] (文) 내의, 은밀한 의논
ないきょく [内局] 내국, 대신·차관의 감독을 받는 중앙 관청의 국 ⇔ 外局(がいきょく)
ないきん [内勤] 名 自スル 내근, 내근자 ⇔ 外勤(がいきん)¶ ～を希望(きぼう)する 내근을 희망하다
ないぐ [内供] 「内供奉(ないぐぶ)」의 준말
ないくう [内宮] (伊勢神宮(いせじんぐう)의 하나인) 皇大神宮(こうだいじんぐう) ⇔ 外宮(げくう)
ないぐぶ [内供奉] (옛날에) 궁중에 출사한 승려= 内供(ないぐ)
ないくん [内訓] (文) 내훈 ①은밀한 훈시 ②은밀한 훈령 ③부녀자에 대한 교훈
ないげんご [内言語] 내어, (묵독할 때의) 밖으로 내지 않는 말= 内語(ないご) ⇔ 外言語(がいげんご)
ないご [内語] 내어 ①자국어 ②→ないげんご
ないこう [内向] 名 自スル ¶ ～しがちな性格(せいかく) 내향적이기 쉬운 성격 一的(てき) 〔ダ〕 내향적
ないこう [内攻] 名 自スル 내공 ①[医] 병이 표면에 나타나지 않고 몸 안으로 퍼짐 ②정신적인 타격·불만이 마음속에 쌓임
ないこう [内訌] 내홍, 내분¶ ～が収(おさ)まる 내홍이 수습되다
ないこう [内港] 내항 ⇔ 外港(がいこう)
ないごう がいじゅう [内剛外柔] 내강 외유
ないこうしょう [内交渉] 내교섭, 사전 교섭= 下交渉(したこうしょう)¶ ～で相手(あいて)の意(い)を確(たし)かめる 사전 교섭으로 상대방의 뜻을 확인하다
ないこきゅう [内呼吸] [医] 내호흡
ないこく [内国] 내국, 국내¶ ～債(さい) 내국채 —為替(かわせ) 내국환 —民(みん)待遇(たいぐう) 내국민 대우
ないさい [内妻] 내연의 처
ないさい [内済] 名 他スル (文) 내밀하게 처리함¶ 事件(じけん)を～する 사건을 내밀히 처리하다
ないさい [内債] 내채, 내국채 ⇔ 外債(がいさい)
ないざい [内在] 名 自スル 내재 ⇔ 外在(がいざい)¶ 科学(かがく)の進歩(しんぽ)に～する恐(おそ)ろしさ 과학의 진보에 내재하는 두려움 —律(りつ) (文) 내재율
ないし [*乃至] 〔接〕 내지 ①…에서 …까지, …에서 …에 걸쳐¶ 一時間(いちじかん)～二時間(にじかん)はかかる 1시간 내지 2시간은 걸린다 ②또는, 혹은¶ フランス語(ご)～ドイツ語(ご)を履修(りしゅう)のこと 프랑스어 또는 독일어를 이수할 것
ないし [内侍] [史] ①内侍司(ないしのつかさ)의 여관(女官), (특히) 3등관인 掌侍(しょうじ) ②斎宮寮(さいぐうりょう)의 여관 ③厳島(いつくしま)神社(じんじゃ)에 출사하던 무녀

**ないじ**「一所どこ」「八咫の鏡かがみ」를 안치한 전각, 그 八咫の鏡 **一司つかさ**[日史] (옛날) 天皇てんのう를 가까이에서 모시며 예식 등을 관장하던 관청

**ないじ** [内示] 名 내시. 공표·결정하기 전에 비밀리에 알려줌¶ 昇進しんの〜を受ける 승진 내시를 받다

**ないじ** [内耳] [醫] 내이. 속귀¶ 〜炎えん 내이염

**ないしきょう** [内視鏡] [醫] 내시경

**ないしつ** [内室] (文) 남의 아내에 대한 높임말

**ないじつ** [内実] Ⅰ 名 내실. 내부 실정, 내막¶ 〜を明あかす 내막을 밝히다 Ⅱ 副 사실, 기실¶ 〜迷惑めいわくしている 기실 성가셔 하고 있다

**ないしゃく** [内借] 名 他スル ①돈을 얻음, 그런 빚¶ 実家じっかから〜する 본가에서 몰래 빚을 얻다 ②가불¶ 給料きゅうりょうの〜 급료의 가불

**ないじゅ** [内需] 내수. 국내 수요 ⇔ 外需じゅ **―拡大かくだい** 내수 확대

**ないじゅうがいごう** [内柔外剛] 내유 외강

**ないしゅうげん** [内祝言] 집안끼리만 모여서 치르는 혼례식

**ないしゅっけつ** [内出血] 名 自スル [醫] 내출혈

**ないしょ** [内緒·内所·内証] ①名 드러내지 않고 몰래 함, 비밀, 은밀¶ 〜の話はなし 비밀 이야기/ 〜にする 비밀로 하다 ②살림살이, 가계¶ 〜が苦くるしい 살림살이가 어렵다 **―事ごと** 비밀[내밀한] 사항 **―話ばなし** 비밀 이야기

**ないじょ** [内助] 名 他スル 내조
[慣用句]
**―の功こう** 내조의 공

**ないしょう** [内証] ①[佛] 내증. 마음속에서 불교의 진리를 깨달음 ② → ないしょ

**ないじょう** [内情] 내정. 내부 사정, 내막¶ 〜を探さぐる 내막을 살피다/ 業界ぎょうかいの〜に詳くわしい 업계의 내부 사정에 밝다

**ないしょく** [内職] 名 自スル 내직 ①부업 ②(주부 등의) 가계를 돕기 위한 삯일 ③(俗) 회의·수업 중에 몰래 딴 일을 함

**ないしん** [内心] 내심 ①마음속¶ 〜はわからない 마음속은 모른다/ 〜びくびくした 내심 흠칫했다 ②[數] 삼각형에 내접하는 원의 중심 ⇔ 外心しん

**ないしん** [内申] 名 他スル (文) 내신. 남모르게 상신함, 그런 문서 **―書しょ** [敎] 내신서

**ないしん** [内診] 名 他スル 내진 ①[醫] 질내(膣内)·장내의 진찰 ②의사가 자기 집에서 진찰함, 택진 = 宅診たくしん

**ないじん** [内陣] 신체(神體)를 모신 神社じんじゃの本殿, 본존을 안치한 절의 본당 ⇔ 外陣じん

**ないしんのう** [内親王] 내친왕. 적출인 황녀 및 적손(嫡男)계 적출인 황손인 여자 ⇔ 親王おう

**ないせい** [内政] 내정 **―外交がいこう**¶ 〜の改革かいかく 내정의 개혁 **―干渉かんしょう** (文) 내정 간섭

**ないせい** [内省] 名 他スル 내성 ①반성¶ 過去こを〜する 과거를 반성하다 ②자기 관찰

**ないせき** [内×戚] 내척. 아버지 쪽의 친척 ⇔ 外戚がいせき

**ないせつ** [内接] 名 自スル [數] 내접 ⇔ 外接せつ

**ないせん** [内戦] 내전. 내란

**ないせん** [内線] 내선 ①안쪽(내부)의 선 ②구내 전화선¶ 〜番号ばんごう 내선 번호 ▷①② ⇔ 外線せん

**ないそう** [内争] (文) 내쟁. 내분

**ないそう** [内奏] 名 他スル (文) 내주. 왕에게 은밀히 상주(上奏)함

**ないそう** [内装] 내장. (건물이나 탈것 등의) 내부 설비·장식 ⇔ 外装そう

**ないそう** [内層] 내층. 안쪽 층 ⇔ 外層がい

**ないぞう** [内蔵] 名 他スル 내장. 내부에 가지고 있음, 내포¶ ストロボ〜のカメラ 스트로보가 내장된 카메라/ 危険きけんを〜する 위험을 내포하다

**ないぞう** [内臓] [醫] 내장¶ 〜疾患しっかん 내장 질환

**ないぞく** [内属] 名 自スル 내속 ①외국이 속국으로써 복종함 ②[哲] 사물의 성질이 그가 속하는 실체에 대해 가지는 관계

**ないそん** [内孫] (文) 친손자 ⇔ 外孫がい

**ないだい** [内題] 내제. 책의 속표지나 본문 첫머리에 있는 제목

**ないだいじん** [内大臣] [日史] ①옛날에 좌·우 대신과 거의 동등한 직무·지위를 가졌던 대신 ②(1885년 이후) 옥새·국새를 보관하고 조칙 등에 관한 사무를 맡아 보던 대신

**ないだく** [内諾] 내락. 비공식적인 승낙¶ 〜を得える 내락을 얻다

**ないたつ** [内達] 名 他スル (文) 내달. 비공식적으로 미리 통고함, 내시¶ 部課ぶかの統廃合とうはいごうを〜する 부과의 통폐합을 내달하다

**ないだん** [内談] 名 他スル 내담. 은밀히 상의함¶ 運動方針うんどうほうしんについて〜する 운동 방침에 대해 내담하다

**ないち** [内地] 내지 ①국내 ⇔ 外地がい¶ 〜留学りゅうがく 국내 유학 ②(식민지나 속령에서 보았을 때) 본토, 본국 ③내륙 **―米まい** 국내산 쌀

**ないつう** [内通] 名 自スル 내통 ①몰래 적과 통함 = 内応ないおう¶ 敵方てきがたと〜する 적측과 내통하다 ②남녀가 밀통함, 사통

**ないてい** [内定] 名 自他スル 내정¶ 就職しゅうしょくが〜する 취직이 내정되다

**ないてい** [内偵] 名 他スル 내정. 내탐¶ 敵てきの動静どうせいを〜する 적의 동정을 내탐하다

**ないてき** [内的] 形動 내적 ①내부적¶ 〜な要因いん 내적인 요인 ②정신적·내면적¶ 〜経験けいけん 내적 경험 **―必然ひつぜん** 내적 필연

**ないてん** [内典] [佛] 내전. 불교의 경전

**ないど** [内×帑] 내탕 ①왕실의 재물 창고, 내탕고 ②군주의 사사로운 재산, 내탕금 **―金きん** 내탕금. 군주의 용돈, 탕전

**ないない** [内内] 내밀. 은밀히, 내밀히¶ 〜の話はなし 은밀한 이야기/ 〜に通知つうちする 내밀히 통지하다

**ないねんきかん** [内燃機関] [機] 내연 기관

**ないひ** [内皮] 내피. 속껍질 ⇔ 外皮ひ

**ないぶ** [内部] 내부 ⇔ 外部がい¶ 〜の事情じょう 내부 사정/ 〜で対立たいりつがある 내부에서 대립이 있다 **―留保りゅうほ** [經] 내부 유보

**ないふく** [内服] 名 他スル 내복. 약을 먹음 = 内

**ないふく**【内服】 🗵 🕲 내복. 겉보기와 달리 내실이 유복함¶ ～な人 알부자인 사람

**ないふん**【内紛】🕲 내분= 社内ふんの～に巻き込まれる 사내 내분에 말려들다

**ないぶん**【内分】Ⅰ 🕲 표면화하지 않음, 비밀, 내밀= 内聞¶ ～に済ます 내밀히 끝내다 Ⅱ 🕲他スル 🕲 표면화하지 않음 ⇨ 外分

**ないぶん**【内聞】🕲他スル ①은밀히 들음, 비공식적으로 높은 사람의 귀에 들어감¶ ～に達する 높은 사람에게 알려지다 ②표면화하지 않음, 내밀, 비밀= 内分¶ ご～に願います 비밀로 해주시기 바랍니다

**ないぶんぴつ**【内分泌】🕲 내분비= ないぶんぴ ⇔ 外分泌¶ ～腺 내분비선

**ないへき**【内壁】🕲 내벽, 안쪽 벽 ⇔ 外壁¶ 建物の～ 건물의 내벽/ 胃の～ 위의 내벽

**ないへん**【内編·内篇】🕲 내편. (한문 서적에서) 요지를 기술한 중요 부분 ⇔ 外編

**ないほう**【内包】🕲 내포 Ⅰ 🕲他スル 내부에 지님¶ 矛盾を～する 모순을 내포하다 Ⅱ 🕲【論】어떤 개념 안에 포함되는 속성 ⇔ 外延

**ないほう**【内報】🕲他スル 내보. 비공식적으로 [은밀히] 알림, 그런 통지¶ 採用の～を受ける 채용의 내보를 받다

**ないまく**【内幕】🕲 → うちまく

**ないまぜる**【綯い交ぜる】他下一 ①여러 색 실을 섞어 끈을 꼬다¶ 五色の糸を～ 오색실을 섞어 끈의 가지를 합쳐 하나로 만들다 ②여러 가지를 합하여 하나로 만들다¶ 事実と空想を～ぜて作った小説 사실과 공상을 뒤섞어 만든 소설

**ないみつ**【内密】🕲 내밀. 비밀, 은밀¶ ～に調べる 내밀히 조사하다

**ないむ**【内務】🕲 내무 ①국내의 정무 ②(구 일본 육군에서) 실내의 일상 생활에 관한 일¶ ～班 내무반 ―省【日史】내무성

**ないめい**【内命】🕲 내명, 은밀히 명함, 밀령¶ ～を帯びる 내명을 띠다

**ないめん**【内面】🕲 내면 ①안쪽 면, 내부¶ 箱の～に漆を塗る 상자 안쪽에 옻칠을 하다 ②마음속, 심리¶ ～を探る 내면을 탐색하다 ⇔ ①② 外面 ―的 🕲 내면적

**ないものねだり**【無い物ねだり】🕲 없는 것·불가능한 것을 무리하게 조름, 생떼(거리)

**ないや**【内野】🕲 내야 ⇔ 外野¶ ～席 내야석 ②「内野手」의 준말 ―安打【野】내야 안타 ―手【野】내야수

**ないやく**【内約】🕲自他スル 내약. 비공식적으로 [은밀히] 약속함, 그런 약속¶ ～を取り付ける 내약을 체결하다

**ないゆう**【内憂】🕲 내우 ―外患 내우 외환¶ ～こもごも至る 내우 외환이 번갈아 닥치다

**ないよう**【内用】🕲他スル 내용. 내복= 内服¶ ～薬 내복약 ⇔ 外用薬

**ないよう**【内容】🕲 내용¶ 手紙の～ 편지의 내용/ ～のある話 내용이 있는 이야기 ―証明 내용 증명

**ないらん**【内乱】🕲 내란¶ ～を鎮圧する 내란을 진압하다 ―罪【法】내란죄

**ないらん**【内覧】🕲他スル 🕲 내람. 비공식적으로 [은밀히] 봄¶ 重要書類の～をする 중요 서류를 내람하다

**ないり**【泥梨·泥犁】【佛】지옥

**ないりく**【内陸】🕲 내륙 ―気候 내륙 기후

**ないりょく**【内力】🕲 내력. 물체 내부에서 서로 작용하는 힘 ⇔ 外力

**な·う**【綯う】他五 (줄·새끼 등을) 꼬다¶ 縄を～ 새끼를 꼬다

**なうて**【名うて】🕲 (어떤 방면에서) 유명함, 소문남¶ ～の弁護士 유명한 변호사

**なえ**【苗】【農】①모종 ②볏모= さなえ

**なえぎ**【苗木】【農】묘목

**なえどこ**【苗床】【農】묘상. 모판, 못자리

**な·える**【萎える】自下一 ①쇠약해지다, 기력이 빠지다¶ 足が～ 다리가 약해지다/ 心が～ 심약해지다 ②(옷 등이) 후줄근해지다 ③시들다, 이울다¶ 花が～ 꽃이 시들다

**なお**【猶·尚】Ⅰ 副 ①여전히, 역시나¶ しかっても～やめない 꾸짖어도 여전히 그만두지 않는다 ②더욱, 한층¶ 冷やせば～おいしい 차게 하면 더욱 맛있다 ③아직¶ ～六日はかかる 아직 6일은 걸린다 Ⅱ 接 덧붙여 (말하면), 또한¶ 毎日～開演する。～入場は無料 매일 개연. 또한 입장은 무료

慣用句

―の事 더더욱, 더한층, 더구나

**なおかつ**【尚且つ】副 ①게다가, 또한¶ 安くて～物がいい 싸고 게다가 물건이 좋다 ②그래도 역시[아직] ―疑いが晴れない 그래도 아직 혐의가 풀리지 않는다

**なおさら**【尚更】副 더욱더, 더한층¶ 先輩に勝ったので～うれしい 선배에게 이겼기 때문에 더더욱 기쁘다

**なおざり**【等閑】🕲 등한. 소홀¶ ～な返事 소홀한 대답/ 仕事を～にする 일을 등한히 하다

**なおし**【直し】①고침, 수리, 수선 (공)¶ 靴の～ 구두 수선 (공)/ ～がきく 고칠 수 있다 ②바로잡음. 정정 ③(혼례 때) 신부가 옷을 갈아입음= 色直し ④「直なし酒」의 준말. 질이 낮은 술에 향 등을 가해 만든 술 ⑤「直なし味醂」의 준말. 소주에 미림을 섞은 술

**なお·す**【直す】他五 ①고치다, 바로잡다, 수선 [수리]하다, 돌이키다¶ 時計を～ 시계를 고치다/ 化粧を～ 화장을 고치다/ 機嫌を～ 기분을 돌이키다 ②[治す] 고치다, 치료하다¶ 心の病を～ 마음의 병을 고치다 ③(바르게) 고치다, 정정하다¶ 誤まりを～ 잘못을 고치다 ④(달리) 바꾸다, 고치다, 번역하다, 환산하다¶ 英語を日本語に～ 영어를 일본어로 번역하다 ⑤(정식 지위에) 앉히다¶ 本妻に～ 본처 자리에 앉히다 ⑥(補助) 다시 [고쳐] …하다¶ 書き～ 고쳐 쓰다/ 考え～ 다시 생각하다

**なおなお**【猶猶·尚尚】🕲 Ⅰ 副 ①더욱더, 더한층¶ ～努力が求められる 더한층 노

**なおまた** 력이 요구된다 ②아직도, 여전히¶ 解決(かいけつ)에는 ~時間(じかん)がかかる 해결에는 아직도 시간이 걸릴다 Ⅱ[接] 덧붙여서¶ ~、品物(しなもの)は明日(あす)お送(おく)りします 덧붙여서 물건은 내일 보내겠습니다 一書(いっしょ)き 추신

**なおまた** [^尚又] [接] 그리고 또, 그 밖에, 또한¶ ~必要(ひつよう)な物(もの)がありましたら、お知(し)らせください 그 밖에 필요한 물건이 있으면 알려주십시오

**なおも** [^猶も・^尚も] [副] 계속해서, 아직도, 여전히, 더욱더¶ ~強情(ごうじょう)を張(は)る 여전히 고집을 부리다

**なおもって** [^尚^以て] [副] [文] 더욱더, 그런데도 역시, 아직도¶ 聞(き)けば~分(わ)からなくなる 들으면 더욱더 모르게 된다

**なおらい** [直^会] 제사 지낸 음식이나 술로 하는 잔치, 음복(飮福) 잔치

**なお・る** [直る] [自五] ①고쳐지다, 바로잡히다, 수선(수리)되다, 회복되다¶ パンクが~ 펑크가 때워지다/ 機嫌(きげん)が~ 기분이 좋아지다 ②[治る] 낫다, 치유되다¶ 風邪(かぜ)が~ 감기가 낫다 ③(바르게) 고쳐지다¶ 悪(わる)い癖(くせ)が~ 나쁜 버릇이 고쳐지다 ④(정식 지위로) 바뀌다, 들어앉다¶ 本妻(ほんさい)に~ 본처로 들어앉다 ⑤(상급 좌석으로) 옮겨 앉다¶ 上座(じょうざ)に~ 상석에 옮겨 앉다 ⑥지정된 자리에 앉다

**なおれ** [名折れ] 불명예, 명예 손상¶ 協会(きょうかい)の~だ 협회의 불명예다

**なか** [中] ①가운데, 안, 중앙 ⇔ 外(そと)¶ 家(いえ)の~に入(はい)る 집 안으로 들어가다 ②속, 내부¶ 心(こころ)の~ 마음속/ 山(やま)の~で迷(まよ)う 산 속에서 헤매다 ③(한정된 범위) 안, 중¶ 男(おとこ)たちの~の男(おとこ)たち 남자 중의 남자이다 ④(한창 하고 되는) 사이, 가운데¶ お忙(いそが)しい~をすみません 바쁘신 중에 미안합니다 ⑤(어느 기간의) 중간, (한 달의) 중순¶ ~一年(いちねん)おく 중간에 한 해 두다 ⑥(셋 가운데) 두 번째, 가운데, 중간¶ ~の息子(むすこ) 둘째 아들/ ~の品(しな) 중등품 ⑦사이, 틈¶ 人込(ひとご)みの~を割(わ)って入(はい)る 사람들 틈바구니를 헤치고 들어가다 [慣用句]
**一の口** 현관과 부엌 사이에 있는 출입구
**一の間** 가운뎃방
**一を取(と)る** ①절충하다 ②중재하다

**なか** [仲] (사람과 사람과의) 사이, 관계¶ 犬猿(けんえん)の~ 견원지간/ ~がよい 사이가 좋다

**ながあめ** [長雨] 장마

**なかい** [仲居] (요릿집 등에서) 손님을 접대하는 여자

**ながい** [長居] [名][自スル] (남의 집을 방문하여) 오래 머무름, 밑질김¶ あまり~すれば迷惑(めいわく)だ 너무 오래 있으면 폐다

**なが・い** [長い] [形] ①(길이가) 길다¶ ~髮(かみ) 긴 머리/ 手足(てあし)が~ 손발이 길다 ②[永い] (시간이) 길다, 오래다¶ ~年月(としつき) 오랜 세월/ 日(ひ)が~ 해가 길다 ③((気(き)が~」의 꼴로) (성격이) 태평스럽다, 늘쩡하다 [慣用句]

一目(ひとめ)で見(み)る 긴 안목으로 보다
一物(いちもつ)には巻(ま)かれろ 권세 있는 자에게는 잠자코 따르는 것이 좋다
一草鞋(わらじ)を履(は)く 도박꾼 등이 그 지방에서 도망쳐 오래 여행길에 나서다

**ながいき** [長生き] [名][自スル] 장수 ⇔ 早死(はやじに)¶ 丈夫(じょうぶ)で~する 건강하여 장수하다

**ながいす** [長^椅子] 의자

**ながいも** [長芋・長^薯] [植] 참마

**なかいり** [中入(り)] [名] ①(씨름・연극 등에서) 흥행 도중의 중간 휴식¶ ~後(ご)の取組(とりくみ) 중간 휴식 후의 대전 ②[劇] (能(のう)에서) 전장이 끝난 후 배우가 일단 퇴장하는 일

**ながうた** [長^唄] [楽] ①江戸(えど)歌舞伎(かぶき)의 반주곡으로 발달한 三味線(しゃみせん) 음악 ②[長歌] 地唄(じうた)의 하나, 組唄(くみうた) 다음에 창시된 고전적인 三味線 음악

**なかうり** [中売り] (극장 등에서) 객석을 돌며 먹을 것을 팔고 다님, 그런 판매원

**ながえ** [長柄] ①긴 자루, 긴 자루로 된 도구・무기¶ ~のやり/ ~の傘(かさ) 자루가 긴 일산(日傘) ②자루가 긴 술 국자

**ながえ** [^轅] (수레・인력거 등의) 채, 나룻

**ながおい** [長追い] [名][他スル] (도망자를) 멀리까지 뒤쫓음¶ 逃(に)げる敵(てき)を~する 도망치는 적을 멀리 추격하다

**なかおち** [中落ち] 생선의 양쪽 살을 떠낸 후의 가운데 등뼈 부분

**ながおどり** [長尾^鶏] [動] 장미계, 긴꼬리닭

**なかおもて** [中表] (천・종이 등을) 거죽이 안쪽으로 들어가게 개킴[접음] ⇔ 外表(そとおもて)¶ ~にして縫(ぬ)う 거죽을 안으로 접어 꿰매다

**なかおれぼうし** [中折(れ)帽子] 중절 모자

**なかがい** [仲買] 중매, 거간, 거간꾼, 중개인¶ 一人(にん) 중개인, 거간꾼 「商品仲買人(しょうひんなかがいにん)의 준말, 거래소에 소속된 중개인

**なかがみ** [〈天一〉神] (음양도에서) 8방(八方)을 지키는 신 = てんいちじん

**なかぎり** [中^限] [経] → ちゅうぎり

**ながぐつ** [長靴] 장화¶ ゴムの~ 고무 장화

**なかぐろ** [中黒] ①중점, 가운뎃점, 「・」 = なかてん ②위아래가 희고 가운데가 검은 화살죽

**なかご** [中子] ①내부, 중심, 심 ②(참외・오이 등의) 속, 과육 ③(칼・호미 등의) 슴베 ④(포개어 넣는 용기에서) 안에 들어가는 용기

**なかごろ** [中頃] ①중간쯤 되는 때・장소・부분¶ 去年(きょねん)の~ 지난해 중반/ 川(かわ)の~ 강의 중류/ 坂(さか)の~にある家(いえ) 고개 중턱에 있는 집

**ながさ** [長さ] 길이¶ 昼(ひる)の~ 낮의 길이

**ながざ** [長座] 오래 있음(머무름) = 長居(ながい)¶ 座(ざ)に~ 話(はなし)に熱中(ねっちゅう)して~してしまった 이야기에 열중하여 오래 머물고 말았다

**ながさき** [長崎] 九州(きゅうしゅう) 지방 북서부의 현(縣), 그 현청 소재지

**なかされる** [泣かされる] [連語] ①괴로움을 당하다, 시달리다, 애먹다¶ 大雪(おおゆき)に~ 큰눈으로 애먹다 ②몹시 감동스럽다, 눈물겹다¶ ~話(はなし) 눈물겨운 이야기

**なかし** [仲仕] 하역 노무자¶ 沖(おき)~ 본선과 거

룻배 사이에서 하역하는 노무자

**ながし**【流し】①흐르게 함, 흘림 ②개수대¶～で洗う 개수대에서 씻다 ③(목욕탕에서) 몸을 씻는 곳 ④(대중 목욕탕에서) 남의 때를 밀, 때밀이 =三助さん¶～をとる 때밀이를 시켜 때를 밀다 ⑤(악사·택시 등이) 손님을 찾아 거리를 돌아다님, 그런 사람¶～のタクシー 손님을 찾아 다니는 택시 ⑥名 뜨내기¶～の犯行はんこう 뜨내기의 범행

**ながしあみ**【流し網】(水) 유자망

**ながしいた**【流し板】(목욕탕에서) 앉아서 몸을 씻을 수 있도록 깔아 놓은 널빤지

**ながしうち**【流し打ち】(野) 밀어치기

**なかしお**【中潮】 간만(干滿)의 차가 중간 정도인 때의 조수

**ながしかく**【長四角】(口) 장방형, 직사각형

**なかじきり**【中仕切り】(방·상자·서랍 등의) 칸막이¶引き出しの～ 서랍의 칸막이

**ながしこ・む**【流し込む】他五 부어[흘려] 넣다¶溶とけた鉄てつを型かたに～ 녹은 쇠를 거푸집에 부어 넣다

**ながしだい**【流し台】개수대 =流ながし

**ながしどり**【流し撮り】이동 촬영 기법

**ながしば**【流し場】(욕조 옆의) 몸을 씻는 곳

**ながしびな**【流し雛】(삼짇날 저녁에) 강이나 바다로 띄워 보내는 종이 인형, 그런 행사

**なかじま**【中島】 호수·강 가운데에 있는 섬

**ながじばん** → ながじゅばん

**ながしめ**【流し目】곁눈으로 봄, 곁눈, 곁눈질, (특히) 추파¶～で見みる 곁눈질로 보다/ ～を使つかう 추파를 던지다, 곁눈주다

**ながしもと**【流し元】(부엌의) 개수대가 있는 곳

**ながじゅばん**【長襦袢】(일본옷) 겉옷과 기장이 같은 속옷= ながじばん

**ながじり**【長尻】(남의 집에) 오래 눌러 앉아 있음, 밑이 질김, 그런 사람=長居ながい

**なかす**【中州·中洲】 강 가운데의 모래톱

**なか・す**【泣かす】他五→なかせる(泣)

**なか・す**【鳴かす·啼かす】他五→なかせる(鳴)

**なが・す**【流す】他五①흘리다, 흐르게 하다, 흘려 보내다¶涙なみだを～ 눈물을 흘리다/ 電流でんりゅうを～ 전류를 흐르게 하다 ②떠내려[떠내려] 보내다¶川かわにいかだを～ 강에 뗏목을 띄워 보내다 ③씻어내다¶ふろで汗あせを～ 목욕으로 땀을 씻어내다 ④(소문 등을) 퍼뜨리다, 유포하다¶情報じょうほうを～ 정보를 흘리다 ⑤(악사·택시 등이) 손님을 찾아 거리를 돌아다니다¶タクシーを～ 택시가 손님을 찾아 돌아다니다 ⑥유배시키다, 귀양보내다¶島しまに～ 섬에 유배시키다 ⑦유질(流質)시키다¶質草しちぐさのカメラを～ 전당물인 카메라를 유질시키다 ⑧유산시키다¶胎児たいじを～ 태아를 유산시키다 ⑨(회의 등을) 취소하다, 중지하다¶株主総会かぶぬしそうかいを～ 주주 총회를 유회시키다 ⑩몰래 빼돌리다, 건네다¶物資ぶっしを闇やみに～ 물자를 암거래로 빼돌리다 ⑪(補助) 건성으로 …하다¶軽かるく聞きき～ 가볍게 흘려 듣다/ ざっと読よみ～ 대충 건성으로 읽다

**ながすくじら**【長須鯨】(動) 장수경. 큰고래

**なかずとばず**【鳴かず飛ばず】連語 울지도 않고 날지도 않고, 두드러진 활약을 하지 아니하여 사람들의 기억에서 잊혀짐

**ながズボン**【長ズボン】긴 바지 ⇔ 半はんズボン

**なかせ**【泣かせ】몹시 괴롭힘[애먹임], 그런 사람¶医者いしゃ～の病気びょうき 의사를 애먹이는 병/ 親おや～の子供こども 부모 속을 썩이는 아이

**なか・せる**【泣かせる】他下一①울리다, 울게 하다¶弟おとうとを～ 동생을 울리다 ②속을 썩이다, 애먹이다¶親おやを～ 부모 속을 썩이다 ③눈물겹게 하다, 감동시키다¶人ひとを～話はなし 사람을 감동시키는 이야기

**なか・せる**【鳴かせる·啼かせる】他下一 (동물 등에게) 울음 소리를 내게 하다, 울리다

**なかせんどう**【中山道·中仙道】(日史) 江戸えど 시대 five街道ごかいどう의 하나, 江戸の 日本橋にほんばし에서 京都きょうと에 이르는 간선 도로

**ながそで**【長袖】①긴 소매(옷)¶～のシャツ 긴 소매 셔츠 ②(일본옷에서) 보통의 긴 소매(옷) ③(옛날에) 귀족·의사·학자의 총칭

**なかぞら**【中空】(文) 중천¶～にかかる月つき 중천에 걸린 달

**なかだか**【中高】⑦①가운데가 높음¶料理りょうりを～に盛もった 요리를 중앙이 높게 담다 ②콧날이 섬¶～な面立おもだち 콧날이 오똑한 얼굴 모습

**なかたがい**【仲違い】名 自スル 사이가 나빠짐[틀어짐]¶兄あにと～する 형과 틀어지다

**なかだち**【仲立ち·媒】名 他スル 중매, 거간, 중매, 주선, 그런 일을 하는 사람¶～人にん 중개인/ 結婚けっこんの～ 결혼 중매/ 和解わかいのために～する 화해를 위해 중간 역할을 하다

**ながたらし・い**【長たらしい】形 (지겹도록) 아주 길다, 장황하다¶～スピーチ 장황한 연설

**なかだるみ**【中弛み】名 自スル ①중간이 처짐[느즈러짐], 도중에 긴장이 풀림, 해이해짐, 시들해짐¶～する映画えいが 중간이 처지는 영화 ②(経) (오름세에 있던 시세가) 주춤함¶景気けいきが～になる 경기가 주춤해지다

**ながだんぎ**【長談義】(지루할 정도로) 장황한 이야기¶下手へたの～ 서투른 사람의 장광설

**ながちょうば**【長丁場】①거리가 긺, (특히 옛날에) 역참과 역참 사이가 먼 구간(일 등이) 일단락되기까지 오랜 시간이 걸림, 그런 일¶基礎調査きそちょうさの～を乗のり切きる 기초 조사의 긴 고비를 이겨 내다

**なかつぎ**【中次ぎ·中継ぎ】名 他スル ①중간에서 이어받음, 중계, 그런 사람¶～の投手とうしゅ 중간 계투 투수/ 電波でんぱを～する 전파를 중계하다 ②중간에서 이어 맞춤¶～の駅えき 중계역 ③(낚싯대·尺八しゃくはち 등) 중간에 맞추게 되어 있는 물건, 그런 이음매 ④뚜껑을 닫으면 경계선이 몸체의 중앙에 오는 말차(抹茶) 통 ⑤【仲次ぎ】둘 사이를 중개함, 그런 사람¶～貿易ぼうえき 중개 무역

**ながつき**【長月】음력 9월의 딴이름

**ながったらし・い**【長ったらしい】形(口) 「長ながたらしい」의 힘줌말¶～あいさつ 장황한 인사

**ながっちり**【長っ×尻】⦅口⦆ → ながじり

**ながつづき**【長続き·永続き】[名][自スル] 오랫동안 계속됨, 오래 감¶ ～せず、すぐ飽(あ)きる 오래 가지 않고 금방 싫증난다

**ながっぽそ·い**【長っ細い】[形]⦅口⦆「長細(ながぼそ)い」의 힘줌말. 기름하다¶ ～紙(かみ) 기름한 종이

**なかて**【中手】①〘農〙㉠중도(中稻), 중올벼 ▷「中稲」로도 씀 ㉡만물 다음에 나오는 채소, 중물 ②중간쯤, 중간 부근¶ 舞台(ぶたい)の～ 무대의 가운데쯤

**ながて**【長手】[名ノ] 기름함, 긴 쪽¶ ～の竿(さお) 기름한 장대

**なかでも**【中でも】[連語] 그 중에서도, 특히¶ どれもいいが、～これが好(す)きだ 어느 것이나 좋지만 그 중에서도 이것을 좋아한다

**ながと**【長門】일본의 옛 지명. 지금의 山口(やまぐち)현의 서북부= 長州(ちょうしゅう)

**ながどうちゅう**【長道中】긴 노정, 긴 여행

**ながとうりゅう**【長×逗留】[名][自スル] 오랫동안 체류함〔머묾〕¶ 温泉場(おんせんば)で～する 온천장에서 오래 머무르다

**なかとじ**【中×綴(じ)】〘版〙 등쪽에서 표지와 함께 철사로 철하는 제본 방식

**なかとびら**【中扉】〘版〙 (책의 각 표제부에 넣는) 속표지

**なかなおり**【仲直り】[名][自スル] ①화해¶ 弟(おとうと)と～する 동생과 화해하다 ②【中直り】오래 앓던 사람이 죽음이 임박하여 잠시 회복 기미를 보이는 상태

**なかなか**【中中】[副] ①상당히, 꽤, 제법¶ ～いい 꽤 좋다/ ～の人物(じんぶつ) 상당한 인물 ②좀처럼, 쉽사리, 그렇게 간단히는¶ ～できない 쉽사리 잘 안 된다/ 電車(でんしゃ)が～来(こ)ない 전차가 좀처럼 오지 않는다

**ながなが**【長長】[副(ト)] ①길게, 기다랗게¶ ～と寝(ね)そべる 길게 드러눕다 ②오래도록, 장황하게¶ ～と話(はなし)をする 장황하게 이야기를 하다

**ながながし·い**【長長しい】[形] → ながたらしい

**なかには**【中には】[連語] 개중에는, 더러는¶ ～いいのも混(ま)じっている 개중에는 좋은 것도 섞여 있다

**なかにわ**【中庭】중정, 안뜰= うちにわ

**なかぬり**【中塗(り)】(벽·칠기 등에서) 바닥칠 다음에 하는 중간칠

**なかね**【中値·中△直】중간 값, 중간 시세

**ながねぎ**【長×葱】파= ねぎ

**ながねん**【長年·永年】오랜 세월, 여러 해¶ ～の望(のぞ)み 오랜 소망/ ～住(す)みなれた家(いえ) 여러 해 살아서 정든 집

**ながの**【長の】[連体] ①오랜, 긴¶ ～ご無沙汰(ぶさた)をわびる 오랜 격조를 사과하다 ②【永の】영원한, 영구적인

[慣用句]

**—暇(いとま)を告(つ)げる** 영원한 이별을 고하다

**—別(わか)れ** ①오랫동안의 이별 ②사별

**ながの**【長野】일본 중부 지방 중앙부의 현(縣), 그 현청 소재지

**なかば**【半ば】①절반, 반 정도¶ ～は仕上(しあ)がった 반 정도는 완성되었다 ②중간, 한가운데, 복판¶ 七月(しちがつ)～ 7월 중순 ③한창일 때, 도중, 중도¶ 宴(えん)～に退席(たいせき)する 연회가 한창일 때 자리를 뜨다 ④반쯤, 거의, 거지반¶ ～あきらめる 반쯤 체념하다

**ながばかま**【長×袴】(江戸(えど) 시대 무사의 예복으로) 옷자락이 길어 뒤로 질질 끌리는 袴(はかま)

**なかばたらき**【仲働き·中働き】안채와 부엌 사이에서 잡일을 보는 하녀

**ながばなし**【長話】긴〔장황한〕 이야기

**なかび**【中日】(일정한 기간의) 중간 날, (특히 연극·씨름 등) 흥행 기간의 중간 날

**ながび·く**【長引く】[自][五] 오래 끌다, 지연되다¶ 会議(かいぎ)が～ 회의가 오래 끌다

**ながびつ**【長×櫃】장궤. (옷·일용품을 넣어두는) 긴 궤

**ながひばち**【長火鉢】직사각형 목제 화로

**ながほそ·い**【長細い】[形] 길고 가늘다, 갸름하다= 細長(ほそなが)い

**なかほど**【中程】①가운데쯤, 절반, 복판, 도중¶ 道(みち)の～ 길 가운데쯤/ 来月(らいげつ)の～ 다음달 중순쯤 ②[名ノ] 중간 정도¶ ～の品質(ひんしつ) 중간 정도의 품질

**なかま**【仲間】①동료¶ 教師(きょうし)～ 교사 동료 ②한패, 동아리, 친구¶ 飲(の)み～ 술친구/ 趣味(しゅみ)を同(おな)じにする～ 취미를 같이하는 동아리 ③동류, 한 무리¶ トラはネコの～だ 호랑이는 고양이의 동류이다 **—意識(いしき)** 동료 의식 **—入(い)り** 한패에 낌, 동아리에 가입함 **—受(う)け** 동료 사이의 평판 **—内(うち)** ①한패거리들 ②패거리들의 관계 **—外(はず)れ** 한패에 끼지 못함, 그런 사람 **—割(わ)れ** 한패끼리 싸워서 분열함

**なかまく**【中幕】〘藝〙 (歌舞伎(かぶき)에서) 첫 번째와 두 번째 狂言(きょうげん) 사이에 관객의 기분 전환을 위해 삽입하는 단막 狂言

**なかみ**【中身·中味】①속(에 든 것), 알맹이, 내용물¶ 箱(はこ)の～ 상자의 내용물 ②내용, 실질, 실속¶ ～のない話(はなし)合(あ)い 내용이 없는 의논 ③칼의 몸, 도신= 刀身(とうしん)

**なかみせ**【仲店·仲見世】神社(じんじゃ)·절의 경내에 있는 상점가

**ながみち**【長道】①길게 이어진 길 ②먼 길, 긴 여정

**ながむし**【長虫】「蛇(へび) 뱀」의 속칭

**ながめ**【眺め】멀리 바라봄, 그런 경치, 조망, 전망¶ ～のきく場所(ばしょ) 경치가 잘 보이는 장소

**ながめ**【長め】[名ノ] 좀 긺, 기름함, 긴 듯함 ⇔ 短(みじか)め¶ ～の上着(うわぎ) 기름한 윗도리/ バットを～に持(も)つ 배트를 약간 길게 잡다

**なが·める**【眺める】[他][下一] 바라보다 ①멀리〔널리〕 보다, 조망하다¶ 海(うみ)を～ 바다를 바라보다/ 窓(まど)から外(そと)を～ 창에서 밖을 바라보다 ②눈여겨보다, 응시하다, 주시하다¶ 世(よ)の中(なか)を～ 세상을 바라보다/ しげしげと人(ひと)の顔(かお)を～ 찬찬히 사람 얼굴을 주시하다

**ながもち**【長持】옷·일용품을 넣어두는 직사각형의 궤

**ながもち**[長持ち] [名][自スル] 오래 감[쏨]¶いい品は～する 좋은 물건은 오래 간다

**ながものがたり**[長物語] 오랫동안 이야기함, 그런 이야기

**ながや**[長屋] ①연립 주택 ②용마루가 긴 집 ━━門[建] 長屋が 좌우에 붙은 대문

**なかやすみ**[中休(み)] [名][自スル] ①일 도중에 쉼, 중간 휴식 ②(比)(발전의) 일시적인 정체

**ながやみ**[長病み] [名][自スル] 오래 병을 앓음, 긴병, 숙환＝長患い¶～してやせ細る 오래 앓아서 바싹 마르다

**ながゆ**[長湯] 목욕을 오래 함＝長風呂¶～してのぼせる 목욕을 오래 해서 현기증이 나다

**なかゆび**[中指] 중지, 가운뎃손가락

**なかゆるし**[中許(し)] (꽃꽂이 등의 예도 수업에서) 스승으로부터 받는 중급의 면허, 중간 면허 ▷「初許し」와「奥許し」의 중간

**なかよし**[仲良し・仲好し] 사이가 좋음, 그런 사람¶～の夫婦 의좋은 부부 ━━こよし 아주 친한 사이, 단짝

**なからはんじゃく**[半々半尺] [？] 어중간함

**ながらⅠ**[接助] ①(두 가지 동작・작용이 병행하는 관계) …면서¶歩きながら考えた 걸으면서 생각했다 ②(두 가지 사실이 모순되고 있는 관계) …면서도, …지만, …데도¶狭いながらも楽しいわが家 좁지만 즐거운 우리집／知っていて答えない 알고 있으면서도 대답하지 않다**Ⅱ**[副] ①…채로, …째, …그대로¶いつもの格好ながらだ 평소대로의 모습이다 ②모두 다, 전부¶三人ながら合格 셋 모두 합격

**なからい**[仲合] 사람과 사람 사이의 관계, 교분¶男女の～ 남녀의 관계

**ながら・える**[長らえる・永らえる・存える] [自下一] 오래 살다¶この世に～ 이 세상에서 오래도록 살다

**ながらく**[長らく・永らく] [副] 오랫동안, 오래도록, 오래¶～お待たせしました 오랫동안 기다리셨습니다

**ながらぞく**[ながら族] [俗] 한 가지 일을 하면서 동시에 다른 일을 하는 사람

**ながれ**[流れ] ①흐름, 물살, 흐르는 물¶～が速い 물살이 빠르다／川の～をせき止める 강의 흐름을 막다 ②(사물・시간의) 흐름, 추세¶車の～が遅い 차의 흐름이 느리다／時代の～に乗る 시대의 흐름을 타다 ③혈통, 계통, 유파¶文人画の～ 문인화의 유파／德川家の～を引く 德川 집안의 혈통을 이어받다 ④(모임 등이 끝난 뒤) 이동하는 사람들의 움직임, 그 무리¶卒業式の～ 졸업식이 끝나고 돌아가는 무리 ⑤떠돌, 유랑, 방랑¶～の者 떠돌이 ⑥(지붕의) 경사, 물매¶屋根の～ 한쪽이 물매진 지붕 ⑦유질(流質)¶質～になる 유질되다 → おながれ ⑨[助数] 기(旗) 등의 갯수를 세는 말, 폭¶三～の旗 3폭의 기
[慣用句]
━━を棹さす 시류에 편승하다, 대세를 따르다 ━━を汲む 혈통・집안을 잇다, 계통・유파를 이어받다

**ながれある・く**[流(れ)歩く] [自五] 떠돌아다니다, 방랑하다¶諸国を～ 여러 지방을 떠돌아다니다

**ながれかいさん**[流れ解散] (시위 행진 등의) 종착점에서 도착하는 대로 해산하는 일

**ながれこ・む**[流(れ)込む] [自五] 흘러 들어가다, 흐르듯이 들어가다¶川が海へ～ 강이 바다로 흘러 들어가다／都市に～人々 도시로 흘러 들어가는 사람들

**ながれさぎょう**[流れ作業] 일관 작업

**ながれだま**[流れ弾] 유탄＝それ弾

**ながれづくり**[流れ造] [建] 지붕의 앞면을 뒷면보다 길게 나오게 한 神社 건축 양식

**ながれぼし**[流れ星] → りゅうせい

**ながれも**[流れ藻] [水] 뿌리가 끊어져 바다 위에 떠 있는 해조(海藻)

**ながれもの**[流れ者] ①떠돌이, 유랑자, 뜨내기 ②(다른 지방에서 와서 사는) 타관 사람

**ながれや**[流れ矢] 빗나간 화살

**なが・れる**[流れる] [自下一] ①흐르다, 흘러 내리다¶川が～ 강이 흐르다／涙が～ 눈물이 흘러 내리다 ②떠내려가다¶洪水で橋が～ 홍수로 다리가 떠내려가다 ③(공중을) 흘러가다, 이동하다¶雲が～ 구름이 흘러가다 ④순조롭게 진행되다¶車が～ 차가 달리다／仕事がスムーズに～ 하고 있는 작업은 원활하게 진행되고 있다 ⑤떠돌다, 방랑하다, 유랑하다¶土地から土地へ～ 이 고장 저 고장을 떠돌다 ⑥(시간이) 흐르다, 경과하다¶三年の歳月が～ 3년의 세월이 흘렀다 ⑦통하여 흐르다¶電気が～ 전기가 흐르다 ⑧(소리가) 흘러 나오다, 들리다¶校内放送が～ 교내 방송이 흘러 나오다 ⑨널리 알려지다, 퍼지다¶世間にうわさが～ 세간에 소문이 퍼지다 ⑩(나쁜 방향으로) 기울다, 치우치다, 쏠리다¶怠惰な生活に～ 나태한 생활로 흐르다 ⑪(모양・자세가) 흐트러지다¶画面が上下に～ 화면이 아래 위로 떨리다 ⑫유질(流質)되다¶時計が～ 시계가 유질되다 ⑬(예정 등이) 중지되다, 취소되다¶雨で遠足が～ 비로 소풍이 중지되었다 ⑭(목표에서) 빗나가다, 벗어나다¶矢が左に～ 화살이 왼쪽으로 빗나가다 ⑮(사람들이) 죽 늘어서다¶左右に部下が～れている 좌우에 부하들이 죽 늘어서 있다

**ながわきざし**[長脇差] ①긴 요도(腰刀) ②노름뀬, 도박꾼

**ながわずらい**[長患い・長煩い] [名][自スル] 오랜 병을 앓음, 오랜 병, 숙환, 장병＝長病み

**なかわた**[中綿] (옷・이불 등에 넣는) 안솜

**なかんずく**[就中] [副][文] 그 중에서도, 특히¶産業の～工業を育成した 산업 그 중에서도 공업을 육성했다

**なき**[泣き] 울음¶うそ～ 거짓 울음, 우는 시늉／～の涙で別れる 눈물의 이별을 하다

## なき

**慣用句**
- **—を入れる** 눈물로 사죄하다[애원하다]
- **—を見る** 고생을 맛보다, 괴로운 일을 당하다

**なき**【亡き】 連体 (文) 죽은, 돌아가신¶ 今は~両親 지금은 돌아가신 양친

**なぎ**【凪】 **なぎ・なぐ** I (일본식 한자) 바다가 잔잔해짐 II 名 (바람이 멎고) 바다가 잔잔해짐¶ 朝~ 아침 한때 바다가 잔잔함

**なぎ**【椥・竹柏】【植】 죽백나무

**なきあか・す**【泣(き)明かす】 他五 울며 지새우다, 밤새도록 울다¶ 遺体にすがって~ 유해를 부여잡고 울며 지새우다

**なきい・る**【泣(き)入る】 自五 마냥 울다, 울어 대다¶ 何も言わず、~ばかり 아무 말도 하지 않고 마냥 울 뿐

**なきおとし**【泣(き)落とし】 눈물로 호소하여 승낙을 받음, 읍소¶ ~にかかる 눈물 작전에 걸려 들다 **—戰術** 눈물 전술, 읍소 작전

**なきおんな**【泣き女】 (옛날에 장례식에 고용되어 곡을 하던) 대곡녀

**なきがお**【泣き顔】 우는 얼굴, 울상¶ ~をする 울상을 짓다

**なきかず**【亡き数】 (文) 죽은 사람 축¶ ~に入る 죽은 사람 축에 끼다, 죽다

**なきがら**【亡骸】 (文) 유해, 시체 =しかばね¶ ~にとりすがる 유해에 매달리다/ ~を葬る 시체를 매장하다

**なきかわ・す**【泣(き)交(わ)す】 自五 서로 울다, 같이 울다¶ 手を取り合って~ 손을 맞잡고 같이 울다

**なきかわ・す**【鳴(き)交(わ)す】 自五 (새·벌레 등이) 서로 울어대다, 여기저기서 울다

**なきくず・れる**【泣(き)崩れる】 自下一 쓰러져 울다, 정신없이 울다¶ その場に~ 그 자리에서 쓰러져 울다

**なきくら・す**【泣(き)暮らす】 他五 (하루종일·매일) 울며 지내다¶ 亡き子を思い~ 죽은 자식을 생각하며 울며 지내다

**なきく・れる**【泣(き)暮れる】 自下一 (文) 줄곧 울어대다, 계속 울기만 하다

**なきごえ**【泣き声】 ①울음 소리, 우는 소리¶ 赤ん坊の~ 갓난아기의 울음 소리 ②울음 섞인 소리, 울먹이는 소리 =涙声¶ ~で話しす 울먹이는 소리로 말하다

**なきごえ**【鳴き声・啼声】 (새·벌레 등의) 울음 소리¶ 鳥の~ 새 우는 소리

**なきごと**【泣き言】 푸념, 넋두리, 우는 소리¶ ~を並べる 푸념을 늘어놓다

**なきこ・む**【泣(き)込む】 自五 울며 매달리다, 애원하다¶ 役所に~ 관청에 애원하다

**なぎさ**【渚・汀】 (강·바다의) 물결이 밀려오는 물가, 둔치 =みぎわ

**なきさけ・ぶ**【泣き叫ぶ】 自五 울부짖다

**なきしき・る**【泣(き)頻る】 自五 계속 울어대다¶ ~幼子 계속 울어대는 어린애

**なきしき・る**【鳴(き)頻る】 自五 (文) (새·벌레 등이) 요란하게 울어대다¶ せみが~ 매미가 요란하게 울어대다

**なきしず・む**【泣(き)沈む】 自五 슬픔에 잠겨 마냥 울다¶ 夫に先立たれて~日々 남편과 사별하여 슬픔에 잠겨 우는 나날

**なきじゃく・る**【泣きじゃくる】 自五 흐느껴 울다¶ ~・りながら言い訳する 흐느껴 울며 변명하다

**なきじょうご**【泣き上戸】 술 취하면 우는 버릇, 그런 버릇이 있는 사람

**なきすが・る**【泣(き)縋る】 自五 울며 매달리다, 울며 애원하다¶ 子供が~ 아이가 울며 매달리다

**なぎたお・す**【薙(ぎ)倒す】 他五 ①옆으로 후려쳐 베어 넘기다[쓰러뜨리다]¶ 丈高い草を~ 키 큰 풀을 베어 넘기다 ②차례차례 쓰러뜨리다¶ 強敵をすべて~ 강적을 모두 차례차례 쓰러뜨리다

**なきだ・す**【泣(き)出す】 自五 울기 시작하다, 울음을 터뜨리다¶ こらえきれずに~ 끝내 참지 못하고 울음을 터뜨리다

**慣用句**
- **—しそうな空模様** 곧 비가 올 것 같은 날씨, 잔뜩 찌푸린 날씨

**なきだ・す**【鳴(き)出す】 自五 (새·벌레 등이) 울기 시작하다

**なきた・てる**【泣(き)立てる】 自下一 큰소리로 울어대다¶ 火のついたように~ 자지러질 듯이 울어대다

**なきつ・く**【泣(き)付く】 自五 ①울며 매달리다¶ わっと~ 와악 하고 울며 매달리다 ②울듯이 부탁하다, 애원하다¶ ~・かれて金を貸す 애원하여 돈을 빌려주다

**なきつ・くす**【泣(き)尽くす】 自五 (울고 싶은 만큼) 실컷 울다¶ 涙もかれんばかりに~ 눈물도 마를 만큼 실컷 울다

**なきつく・す**【鳴(き)尽くす】 自五 (새·벌레 등이) 소리를 다하여 울다

**なきつら**【泣き面】 울상, 우는 얼굴

**慣用句**
- **—に蜂** 우는 얼굴에 벌침, 엎친데 덮치기

**なきどころ**【泣き所】 ①(맞으면 상당히 아픈) 급소¶ 弁慶の~ 정강이 ②약점¶ 相手の~をつく 상대의 약점을 찌르다

**なきなき**【泣き泣き】 副 울면서, 울며불며¶ ~帰る 울면서 돌아가다/ ~訴える 울며불며 호소하다

**なぎなた**【長刀】·【薙刀】 긴 자루 끝에 안으로 휘어진 반달 모양의 칼이 달린 무기 **—草履** 오래 신어서 구부러진 짚신 **—酸漿** 참고둥의 알주머니

**なきにしもあらず**【無きにしも非ず】 連語 (전혀) 없는 것도 아니다, 없지도 않다¶ 勝算は~ 승산은 없는 것도 아니다

**なきぬ・れる**【泣(き)濡れる】 自下一 (文) 눈물에 젖다¶ ~・れた顔 눈물 젖은 얼굴

**なきねいり**【泣(き)寝入り】 名 自スル ①울다가 잠듦¶ いつのまにか~した子供 어느 사이가 울다 잠든 아이 ②(불만스럽지만) 할 수 없이 단념함, 마지못해 참음

**なきのなみだ** [泣きの涙] 【連語】 눈물을 흘리며 욺, 쓰라림, 애절함¶ ~で別れる 눈물의〔쓰라린〕이별을 하다

**なぎ はら・う** [*薙(ぎ)払う] 【他五】 (칼·막대기 등으로) 후려쳐서 쓰러뜨리다, 옆으로 베어 넘기다¶ 丈高い草を~ 키 큰 풀을 쳐 넘기다/ 敵を~ 적을 후려쳐 쓰러뜨리다

**なき はら・す** [泣(き)腫(ら)す] 【他五】 울어서 눈이 붓다¶ 目を~・していた 울어서 눈이 부어 있었다

**なきひと** [亡き人·無き人] 【文】 망인, 죽은 사람, 고인

**なき ふ・す** [泣(き)伏す] 【自五】 엎드려 울다

**なぎ ふ・せる** [*薙(ぎ)伏せる] 【他下一】 (옆으로) 쳐서 쓰러뜨리다, 베어 넘어뜨리다

**なき べそ** [泣きべそ] ①울상¶ ~をかく 울상을 짓다 ②울보¶ ~の弟 울보 동생

**なき ぼくろ** [泣(き)黒子] 눈 밑이나 눈가의 검은 점〔사마귀〕

**なき まね** [泣(き)真似] 우는 시늉, 거짓 울음

**なき まね** [鳴き(真似)] (새·벌레 등의) 울음 소리의 흉내¶ 鳥の~ 새 우는 흉내

**なきみそ** [泣(き)味噌] 《口》 울보= 泣きむし

**なきむし** [泣き虫] 툭하면 욺, 울보= なきみそ

**なき もの** [亡き者·無き者] 【文】 망자, 죽은 사람, 사자(死者)

【慣用句】
―にする 죽이다, 없애 버리다

**なぎょう へんかくかつよう** [ナ行変格活用] 【文法】 ナ행 변격 활용. (문어 동사에서)「死ぬ·往ぬ」의 어미가「な·に·ぬ·ぬる·ぬれ·ね」로 불규칙하게 활용하는 것= ナ変る

**なき より** [泣(き)寄り] 상(喪)을 당했을 때 친지들이 모여 돌봐줌¶ 親しいる人は食い寄り 궂은 일에 친척이 돌봐주러 모이고 남은 먹으러 모인다

**なきり ぼうちょう** [菜切り包丁] (채소를 써는) 얇고 폭이 넓은 식칼

**なき わかれ** [泣(き)別れ] 【名·自ス】 울며 헤어짐¶ 親子の~ 부모와 자식의 눈물의 이별

**なき わめ・く** [泣(き)喚く] 【自五】 울부짖다¶ だだをこねて~ 떼를 쓰며 울부짖다

**なき わらい** [泣(き)笑い] 【名·自ス】 ①울음과 웃음¶ ~の人生 울고 웃는 인생 ②울면서 웃음, 울다가 웃음¶ ~の再会 울다 웃다 하는 재회

**な・く** [泣く] 【自五】 ①울다¶ 赤ん坊が~ 갓난아기가 울다 ②괴로운 꼴을 당하다, 고생하다¶ 重なる不運に~ 거듭되는 불운에 울다 ③(승부·기회 등을 놓쳐) 애석해 울다¶ 次点に~ 차점에 울다 ④(무리·손해를 각오하고) 참다¶ ここは一つ君に~・いても らおう 이번은 한번 자네가 (손해본 셈치고) 참아 주게

【慣用句】
―・いて馬謖を斬る 읍참 마속(泣斬馬謖), 명령이나 규율을 지키지 않는 자는 사사로운 정에 얽매이지 않고 처벌한다

―・いても笑っても 울어도 웃어도, 무슨 수를 써도, 아무리 발버둥쳐도

**―子と地頭には勝てぬ** 우는 아이와 마름에게는 당해내지 못 당하다

**―子も黙る** 울던 아이도 울음을 그치다, 압도적인 힘을 가지다

**な・く** [鳴く·啼く] 【自五】 (새·벌레 등이) 울다¶ すずめが~ 참새가 울다

【慣用句】
―まで待とう時鳥 기회가 무르익을 때까지 참고 기다리자

**な・ぐ** [*和ぐ] 【自五】 ①《文》 평온해지다, 가라앉다, 진정되다¶ 気持ちが~ 마음이 가라앉다 ②[*凪ぐ] 바람이 멎어 파도가 잔잔해지다 ⇔ 時化る¶ ~・いだ海 잔잔해진 바다

**な・ぐ** [*薙ぐ] 【他五】 (칼 등으로) 옆으로 후려쳐 베다¶ かまで草を~ 낫으로 풀을 후려쳐 베다

**なぐさみ** [慰み] ①마음을 즐겁게 함, 즐거움, 기분 전환, 심심풀이¶ ~に盆栽をいじる 심심풀이로 분재를 만지다/ 何のを~もない 日々 아무 즐거움도 없는 나날 ②장난, 농락, 그런 상대 ③도박, 노름 **—半分** 위안삼아, 장난삼아, 심심풀이삼아 **—物** 위안거리, 심심풀이 **—者** 일시적인 노리개, 위안거리

**なぐさ・む** [慰む] I 【自五】 (마음이) 풀리다, 온화해지다¶ 音楽を聞くと心が~ 음악을 들으면 마음이 온화해진다 II 【他五】 ①(정조를) 농락하다, 노리개로 삼다¶ さんざん~んで捨てる 실컷 농락하고 버리다 ②놀리다, 희롱하다

**なぐさめ** [慰め] 위안, 위로¶ 子供の成長が~になる 아이의 성장이 위로가 된다

**なぐさめ がお** [慰め顔] 위로하려는 듯한 표정¶ ~で励ます 위로하는 표정으로 격려하다

**なぐさ・める** [慰める] 【他下一】 ①위로하다, 위안하다¶ 遺された家族を~ 남겨진 가족을 위로하다 ②즐겁게 하다, 후련하게 하다¶ 花を見て目を~ 꽃을 보고 눈을 즐겁게 하다 ③달래다¶ 霊を~ 혼을 달래다

**な・く** [無くす] 【他五】 ①잃다, 잃어버리다¶ 記憶を~ 기억을 잃어버리다/ 財産を ~ 재산을 잃다 ②[亡くす] 여의다, 사별하다¶ 母を~ 어머니를 여의다 ③없애다¶ 事故を~ 사고를 없애다

**なくては かなわない** 【連語】《文》 없어서는 안 되다 ¶ 会社にとって~人 회사로서는 없어서는 안될 사람

**なくては ならない** 【連語】 → なければならない

**なくなく** [泣く泣く] 【副】 울면서, 울며불며, 울고 싶은 기분으로= 泣き泣き ¶ ~別れる 울면서 헤어지다/ 仕事を引き受ける 울며 겨자 먹기로 일을 맡다

**なくな・す** [無くなす] 【他五】《口》 잃다, 잃어버리다, 없애다= なくす

**なくな・る** [無くなる] 【自五】 ①없어지다, 분실되다¶ 本が~ 책이 없어지다 ②다하다, 다 떨어지다¶ 時間が~ 시간이 다하다/ 資

金ﾈが~ 자금이 떨어지다 ③사라지다¶ 痛ｲﾀみが~ 증통이 사라지다 ④「亡くなる」돌아가시다, 작고하다¶ 祖父ｿﾌが~ 조부가 돌아가시다

**なくもがな** [無くもがな] 連語 (차라리) 없는 편이 나음. 없느니만 못함¶ ~の飾ｶｻﾞり 없느니만 못한 장식

**なぐりがき** [殴り書き] 名 自スル 갈겨 씀, 그렇게 쓴 것¶ ~のメモ 갈겨 쓴 메모

**なぐりこみ** [殴り込み] 작당하여 상대방 쪽에 난입하여 행패를 부림¶ ~をかける 작당하여 난입하다

**なぐりつ・ける** [殴り付ける] 他下一 후려 갈기다¶ 思ｵﾓい切ｷりに~ 마음껏 후려 갈기다

**なぐりとば・す** [殴り飛ばす] 他五 세게 후려치다= 張ﾊりる飛ﾄばす

**なぐ・る** [殴る・撲る・擲る] 他五 (세게) 때리다, 치다¶ げんこつで~ 주먹으로 때리다

**なげ** [投げ] ①造語 던지기¶ ボール~ 공던지기/ 身ﾐ~ 투신 자살 ②「投ﾅげ技ﾜｻﾞ」의 준말. 메치기¶ ~を打ｳつ 메치기를 하다 ③(바둑·장기 등에서) 패배를 인정하고 돌을 던짐 ④經 덤핑, 투매(물)

**なげ** [無げ] 없는 듯함¶ 人ﾋﾄも~な振ﾌる舞ﾏい 안하무인의 행동/ 事ｺﾄも~な表情ﾋｮｳｼﾞｮｳ 아무 일도 없는 듯한 표정

**なげいれ** [投げ入れ] 아무렇게나 던져 놓은 듯 꽂아 자연미를 살린 꽃꽂이 기법

**なげ・つ** [擲つ・抛つ] 他下二 ①내던지다, 팽개치다¶ 手紙ﾃｶﾞﾐを床ﾕｶに~ 편지를 마룻바닥에 내던지다 ②아낌없이 내놓다¶ 命ｲﾉﾁを~ 목숨을 내던지다/ 全財産ｻﾞﾝを~ 전재산을 아낌없이 내놓다

**なげうり** [投げ売り] 名 自他スル 투매, 덤핑¶ 在庫品ｻﾞｲｺﾋﾝを~する 재고품을 투매하다

**なげか・ける** [投げ掛ける] 他下一 ①아무렇게나 걸치다, 걸쳐 입다¶ 肩ｶﾀに羽織ﾊｵりを~ 어깨에 하오리를 아무렇게나 걸치다 ②기대다¶ 身ﾐを~ 몸을 기대다 ③던지다, 보내다¶ 熱ｱﾂい視線ｾﾝを~ 뜨거운 시선을 던지다 ④제기하다¶ 疑問ｷﾞﾓﾝを~ 의문을 제기하다

**なげかわし・い** [嘆かわしい・歎かわしい] 形 한심스럽다, 한탄스럽다¶ ~世ﾖの中ﾅｶ 한심스러운 세상

**なげき** [嘆き・ 歎き] ①비탄, 한탄, 탄식¶ ~に沈ｼｽﾞむ 비탄에 잠기다 ②슬픔

**なげきあか・す** [嘆き明かす] 自五 비탄으로 밤을 지새우다¶ 死ｼを悼ｲﾀみ~ 죽음을 애도하며 비탄으로 밤을 지새우다

**なげきくら・す** [嘆き暮(ら)す] 自五 탄식[한탄]으로 지내다

**なげきじに** [嘆き死に] 비탄한 나머지 죽음

**なげキッス** [投げキッス] 입술에 손을 댔다가 밀려 있는 상대방을 향해 던지듯이 하는 키스

**なげ・く** [嘆く・ 歎く] 自他五 ①슬퍼하다, 한탄하다¶ 不運ｳﾝを~ 불운을 한탄하다 ②개탄하다, 분개하다¶ 世相ｾｿｳを~ 세태를 개탄하다

**なげくび** [投げ首] 고개를 숙임¶ 思案ｱﾝ~ 고개를 숙이고 생각에 잠김

**なげこ・む** [投げ込む] 他五 ①아무렇게나 던져 넣다, 처넣다¶ 洗濯物ｾﾝﾀｸﾓﾉをかごに~ 빨래를 바구니에 던져 넣다 ②野 투구 연습을 충분히 하다

**なげし** 〈長押〉建 (일본식 건축에서) 상인방

**なげしまだ** [投げ島田] 틀어올린 머리채를 약간 처지게 쪽진 일본식 여자 머리 모양

**なげす・てる** [投(げ)捨てる・投(げ)棄てる] 他下一 ①내버리다, 내던지다¶ 外ｿﾄへ物ﾓﾉを~ 밖으로 물건을 내버리다 ②내팽개치다, 방치하다¶ 仕事ｺﾞﾄを~ 일을 내팽개치다

**なげせん** [投(げ)銭] (거지 등에게) 던져주는 돈= なげぜに

**なげたお・す** [投(げ)倒す] 他五 던져 넘어뜨리다

**なげだ・す** [投(げ)出す] 他五 ①내던지다¶ がらくたを外ｿﾄへ~ 잡동사니를 밖으로 내던지다 ②아무렇게나 내뻗다¶ 床ﾕｶに足ｱｼを~ 마룻바닥에 다리를 내뻗다 ③(생명·재산 등을) 아낌없이 내놓다, 바치다¶ 社会福祉ﾌｸｼのために財産ｻﾞﾝを~ 사회 복지를 위해 재산을 아낌없이 내놓다 ④중도에 그만두다, 포기하다¶ 学業ｷﾞｮｳを中途ﾁｭｳﾄで~ 학업을 중도에 포기하다

**なげつ・ける** [投(げ)付ける] 他下一 ①(겨냥하여) 내던지다¶ 犬ｲﾇに石ｲｼを~ 개에게 돌을 내던지다 ②(욕·욕言 등을) 내뱉다, 쏘아붙이다¶ 乱暴ﾎﾞｳなことばを~ 난폭한 말을 내뱉다

**なげづり** [投(げ)釣り] 던질낚시

**なげとば・す** [投(げ)飛ばす] 他五 내던지다, 냅다 던지다

**なけなし** 名 거의 없음, 있을까 말까 함¶ ~の金ｶﾈをはたく 그나마 없는 돈을 몽땅 털다

**なげぶみ** [投(げ)文] 밖에서 집 안으로 편지를 던져 넣음, 그런 편지

**なげもの** [投(げ)物] 투매품, 떨이

**なげやり** [投(げ)槍] 투창

**なげやり** [投(げ)遣り] ナ ①(중도에) 팽개쳐둠¶ 商売ﾊﾞｲを~にする 장사를 팽개쳐두다 ②아무렇게나[되는 대로] 함, 무책임함¶ ~な態度ﾄﾞ 될 대로 되라는 태도

**な・ける** [泣ける] 自下一 (口) 저절로 눈물이 나오다, 눈물나다, 눈물겹다¶ 思ｵﾓわず~・けてくる 저도 모르게 눈물이 나온다

**な・げる** [投げる] 他下一 ①던지다¶ ボールを~ 공을 던지다 ②(유도 등에서) 내던지다, 메치다¶ 首ｸﾋﾞをつかんで地面ﾒﾝに~ 머리를 잡고 땅바닥에 메치다 ③(시선·빛 등을) 던지다, 비추다¶ 窓ﾏﾄﾞの外ｿﾄに視線ｾﾝを~ 창밖으로 시선을 던지다 ④(화제 등을) 제공하다, 제기하다¶ 話題ﾀﾞｲを~ 화제로 던지다 ⑤(몸을) 던지다, 투신하다¶ 川ｶﾜに身ﾐを~ 강에 몸을 던지다 ⑥포기하다, 단념하다¶ 試合ｱｲを~ 시합을 포기하다

**なければならない** 連語 ①…하지 않으면 안 되다, …이어야 하다¶ 報告ｺｸし~ 보고하지

않으면 안 된다 ② …(이) 없으면 안 되다, … 이 있어야 하다¶ 国家$_{こっか}$には法律$_{ほうりつ}$が〜 국가에는 법률이 있어야 한다
なげ わざ [投げ技] (씨름·유도 등에서) 메치기
な ご [名子]【日史】(중세 이후의) 농노¶ 一制度$_{ど}$ 농노 제도
なこうど [仲人] 중매, 중매인, 중매쟁이¶ 〜を立てる 중매를 세우다 ―口$_{ぐち}$ ①중매쟁이의 말 ②(比) 믿을성이 없는 말
なごしの はらえ [$^{^}$夏越の$^{^}$祓·名越の$^{^}$祓] 매년 음력 6월 그믐에 神社$_{じんじゃ}$에서 행해지는 액막이 행사의 하나= 夏$_{な}$ばらえ
な ご・む [和む]〔自五〕온화해지다, 부드러워지다, 누그러지다¶ 雰囲気$_{ふんいき}$が〜 분위기가 부드러워지다/ 寒$_{さむ}$さが〜 추위가 누그러지다
なごや [名古屋] 愛知$_{あいち}$현의 현청 소재지 ―帯$_{おび}$ 등 뒤에 볼록하게 매는 부분만 보통 폭으로 하고 나머지는 반폭으로 만든 여자용 띠
なご やか [和やか]〔ダ〕(기분·분위기 등이) 온화함, 부드러움¶ 〜な雰囲気$_{ふんいき}$ 온화한 분위기/ 〜に話$_{はな}$し合$_{あ}$って 이야기를 나누다
なごり [名残] ①(지난 뒤에도) 그 영향·기분이 아직 남아 있음, 자취, 흔적, 여운¶ 春$_{はる}$の〜 봄의 자취/ 昔$_{むかし}$の〜をとどめる 옛 자취를 남기다 ②(헤어질 때의), 미련, 아쉬움¶ 〜の宴$_{うたげ}$ 석별의 잔치/ 〜が尽$_{つ}$きない 아쉬움이 그지없다 ③「名残$_{なごり}$の折$_{おり}$」의 준말 ―の折$_{おり}$ 連歌$_{れんが}$·俳諧$_{はいかい}$를 懐紙$_{かいし}$에 쓸 때 네 번 접은 마지막 장 ―の月$_{つき}$ ①잔월(殘月), 지새는 달 ②음력 9월 13일밤의 달
なごり [余波] ①파도가 밀려간 자리에 남아 있는 바닷물 ②여파, 바람이 그쳐도 자지 않는 파도
なごりおし・い [名残惜しい]〔形〕헤어지기 섭섭하다, 이별이 아쉽다¶ もうお別$_{わか}$れとは〜 벌써 작별이라니 섭섭하다
なごり きょうげん [名残狂言]【鑑】배우가 그 고장을 떠나기 전 은퇴할 때 하는 마지막 狂言$_{きょうげん}$
な さ [無さ] 없음¶ 時間$_{じかん}$の〜を嘆$_{なげ}$く 시간이 없음을 한탄하다
なさい [為さい]〔連語〕…하세요, …해요¶ 読$_{よ}$み〜 읽으세요/ お休$_{やす}$み〜 편히 주무세요
なさけ [情け] ①자비, 동정¶ 〜ある処置$_{しょち}$ 관대한 조치 ②인정¶ 〜の深$_{ふか}$い人$_{ひと}$ 인정이 많은 사람 ③(남녀의) 애정, 연정, 정 深$_{ふか}$い愛情$_{あいじょう}$/ 〜を交$_{か}$わす 정을 통하다
慣用句
―が仇$_{あだ}$ 호의가 도리어 상대를 불리하게 만듦
―は人$_{ひと}$の為$_{ため}$ならず 남에게 인정을 베풀면 결과적으로 자신에게도 좋은 상과 같다
―を掛$_{か}$ける 친절하게 대하다, 인정을 베풀다
―を知$_{し}$る ①인정을 알다 ②(남녀간의) 애정을 알다
なさけしらず [情け知らず] 몰인정함, 그런 사람¶ 〜の悪党$_{あくとう}$ 몰인정한 악당
なさけな・い [情け無い]〔形〕①한심하다, 딱하다, 비참하다, 정떨어지다¶ 零敗$_{れいはい}$とは〜 영패라니 한심하구나/ 〜姿$_{すがた}$をさらす 비참

한 꼴을 드러내다 ②무정하다, 몰인정하다, 매정하다¶ 〜おことば 무정한 말
なさけぶか・い [情け深い]〔形〕인정이 많다, 동정심이 많다¶ 〜人$_{ひと}$ 인정 많은 사람
なさけむよう [情け無用]〔名〕동정할 필요 없음
なさけようしゃもなく [情け容赦もなく]〔連語〕인정 사정 볼것 없이¶ 〜罰$_{ばっ}$する 인정 사정 없이 벌하다
なざし [名指し]〔名〕〔他スル〕이름을 듦[댐], 지명¶ 犯人$_{はんにん}$を〜する 범인의 이름을 대다/ 〜で非難$_{ひなん}$する 이름을 들어 비난하다
なざ・す [名指す]〔他五〕지명하다, 이름을 대다
なさぬなか [$^{^}$生さぬ中]〔連語〕친부모 자식이 아닌 사이¶ あの息子$_{むすこ}$とは〜です 저 아들은 의붓자식입니다
なさ・る [$^{^}$為さる]〔自五〕①하시다¶ どう〜つもりですか 어떻게 하실 작정입니까? ②(「お〔ご〕…〜」의 꼴로) …하시다¶ お食事$_{しょくじ}$〜 식사하시다/ 御$_{ご}$心配$_{しんぱい}$〜 염려하시다
なし [$^{^}$梨]【植】배, 배나무
慣用句
―の礫$_{つぶて}$ 감감 무소식, 편지를 보내도 아무런 회답이 없음
な・し [無し] ①없음¶ 約束$_{やくそく}$は〜にしよう 약속은 없었던 것으로 하자 ②없음, 「無い」의 文語¶ 一文$_{いちもん}$〜 무일푼 ③(造語)(흔히 「…〜[の]」의 꼴로) …이 없이¶ 休$_{やす}$みに働$_{はたら}$く 휴식 없이 일하다
なしくずし [$^{^}$済し崩し]〔名〕①(빚을 조금씩) 갚아 나감¶ 借金$_{しゃっきん}$を〜に返$_{かえ}$す 빚을 조금씩 갚아 가다 ②(일을) 조금씩 해 나감¶ 山$_{やま}$のような仕事$_{しごと}$を〜に片付$_{かたづ}$けた 산더미 같은 일을 조금씩 처리했다
なしじ [$^{^}$梨子地·$^{^}$梨地]【美】蒔絵$_{まきえ}$의 하나. 금은 가루를 뿌린 뒤 투명한 칠을 하여 도톨도톨한 무늬가 나오도록 한 공예 ②표면을 도톨도톨하게 마무리한 천이나 금속 제품
なしと・げる [成し遂げる·$^{^}$為し遂げる]〔他下一〕완수하다, 달성하다, 이룩하다¶ 偉業$_{いぎょう}$を〜 위업을 이룩하다
なじみ [馴染(み)] ①친숙함, 잘 앎, 그런 사람·물건¶ 〜の客$_{きゃく}$ 단골 손님/ 昔$_{むかし}$〜に会$_{あ}$う 옛 친구를 만나다 ②(남녀의) 정교(情交)¶ 〜を重$_{かさ}$ねる 정교를 거듭하다
な じ・む [$^{^}$馴染む]〔自五〕①친숙[익숙]해지다, 따르다, 정들다¶ 環境$_{かんきょう}$に〜 환경에 친숙해지다 ②어울리다, 융합하다¶ 庭$_{にわ}$によく〜石$_{いし}$ 정원에 잘 어울리는 돌
なじ・る [$^{^}$詰る]〔他五〕따지다, 힐책하다, 힐문하다¶ 〜ような調子$_{ちょうし}$ 따지는 듯한 기세/ 怠慢$_{たいまん}$を〜 태만을 힐책하다
なす [接尾]〔文〕…와 같은¶ 山$_{やま}$〜波$_{なみ}$ 산더미 같은 파도
なす [$^{^}$茄子]【植】가지 = ナスビ
な・す [$^{^}$生す]〔他五〕(자식을) 낳다¶ 子$_{こ}$まで〜した仲$_{なか}$ 자식까지 낳은 사이
な・す [成す]〔他五〕〔文〕이루다 ①(뜻한 바를) 달성하다¶ 大$_{たい}$を〜 대성하다/ 名$_{な}$を〜 이름

を 얻다 ②(어떤 모양·형태를) 형성하다¶ 門前市ちゃんせんを～ 문전 성시를 이루다/ 体たいを～·さない 체재가 잡히지 않다
**な·す**【˚為す】[他五][文] 하다, 행하다¶ 善ぜんを～ 선을 행하다/ ～すべもない 어찌할 도리가 없다/ 災わざわいを転てんじて福ふくと～ 전화 위복
**な·す**【˚済す】[他五] ①(빌린 것을) 갚다¶ 借金しゃっきんを～ 빚을 갚다 ②(의무를) 다하다
**なすこん**【茄子紺】가지 색, 남빛
**なずな**【˚薺】[植] 냉이 = ぺんぺんぐさ
**なすび**〈茄子〉[植] 가지 —歯ば 충치로 검게 된 이 = みそっ歯ば
**なず·む**【˚泥む】[自五][文] ①집착하다, 구애되다¶ 旧習きゅうしゅうに～ 구습에 집착하다 ②[補助] 더디다, 지체되다¶ 暮くれ～ 해가 저물 듯하면서도 저물지 않다/ 船ふねが行ゆき～ 배가 더디게 나아가다
**なずら·える**【˚準える】[他下一] → なぞらえる
**なすりあい**【˚擦り合い】 (책임·죄 등을) 서로 전가함¶ 責任せきにんの～ 책임의 상호 전가
**なすりつ·ける**【˚擦り付ける】[他下一] ①문질러 바르다, 칠하다¶ 傷口きずぐちに薬くすりを～ 상처에 약을 문질러 바르다 ②(책임·죄 등을) 전가시키다, 덮어씌우다¶ 人ひとに罪つみを～ 남에게 죄를 덮어씌우다
**なす·る**【˚擦る】[他五] ①문지르다, 바르다, 칠하다¶ 壁かべに泥どろを～ 벽에 흙을 바르다 ②(책임·죄 등을) 덮어씌우다, 전가하다¶ 責任せきにんを部下ぶかに～ 책임을 부하에게 전가하다
**なぜ**【˚何故】[副] 왜, 어째서¶ ～止やめるのだ 왜 그만두는 거지
**なぜか**【˚何故か】[副] 왜 그런지, 어쩐지¶ ～うまくいかない 왜 그런지 잘 안 된다/ ～寂さびしくてならない 어쩐지 쓸쓸해서 못 견디겠다
**なぜなら**【˚何故なら】[接] 왜냐하면¶ 彼かれは適任てきにんではない。～意欲いよくに欠かけるからだ 그는 적임이 아니다. 왜냐하면 의욕이 없기 때문이다
**なぜならば**【˚何故ならば】[接][文] 왜냐하면¶ ～ほかに人ひとがいないからだ 왜냐하면 달리 사람이 없기 때문이다
**なぞ**【˚謎】 ①수수께끼 놀이 = なぞなぞ ②불가사의, 의문, 수수께끼, 신비¶ 宇宙うちゅうの～ 우주의 신비/ ～に包つつまれた生活せいかつ 의문에 싸인 생활 ③에둘러〔넌지시〕 말함, 그런 말
[慣用句]
**—を掛かける** ①수수께끼를 내다 ②에둘러〔넌지시〕 말하다
**—を解とく** ①수수께끼를 풀다 ②의문 등을 해결하다¶ ～鍵かぎ 의문을 푸는 열쇠
**なぞえ** ①비스듬함¶ ～に切きる 비스듬히 베다 ②사면, 경사면
**なぞとき**【˚謎解き】수수께끼 풀이
**なぞなぞ**【˚謎˚謎】 수수께끼 (놀이) = なぞ¶ ～合あわせ 수수께끼 알아맞히기
**なぞめ·く**【˚謎めく】[自五] 수수께끼 같이 보이다¶ ～いた微笑びしょう 수수께끼같은 미소
**なぞら·える**【˚準える·˚擬える】[他下一] ①비

교하다, 비기다, 견주다¶ 人生じんせいを夢ゆめに～ 인생을 꿈에 비기다 ②본뜨다, 모방하다¶ 大海たいかいに～·えて作つくった庭にわ 큰 바다를 본떠 만든 정원
**なぞ·る**【他五】 ①(글씨·그림 위에 대고) 덧쓰다, 덧그리다¶ 手本てほんを～ 본을 대고 덧그리다 ②(글·말 등을) 모방하다¶ 前作ぜんさくを～ 전작을 모방하다
**なた**【˚鉈】 날이 넓고 짧은 손도끼
[慣用句]
**—を振ふるう** 손도끼를 휘두르다. (예산·인원 등을) 대폭 삭감하다
**なだ**【˚灘】(해안에서 멀리 떨어진) 거친 바다¶ 玄海げんかい～ 현해탄 ¶「灘酒なだざけ」의 준말. 兵庫ひょうご현의 灘なだ 지방에서 나는 고급 청주
**なだい**【名代】①[名] 유명함, 소문남¶ ～の料理りょうり 유명한 요리 ②→ みょうだい
**なだい**【名題】①성명·품명을 표제에 게시함, 그런 표제 ②[演] 연극의 표제나 제명 ③「名題看板なだいかんばん」의 준말 ④「名題役者なだいやくしゃ」의 준말 —看板かんばん[演]〈歌舞伎かぶきの〉극장 간판 —役者やくしゃ[演] ①간판에 이름이 실리는 배우 ②극단에서 가장 뛰어난 배우
**なだか·い**【名高い】[形] 유명하다, 고명하다¶ 画家がかとして～ 화가로서 유명하다
**なだたる**【名だたる】[連体] 유명한, 이름난¶ ～強豪きょうごう 유명한 강호/ 社内しゃないでも～酒豪しゅごう 사내에서도 이름난 주호
**なたね**【菜種】평지 씨, 유채 씨 —油あぶら 유채 기름 —梅雨づゆ (유채꽃이 필 무렵의) 봄 장마
**なたまめ**【˚鉈豆·˚刀豆】[植] 작두콩 —煙管ぎせる 작두콩 깍지 모양의 담뱃대
**なため**【˚鉈目】(등산에서) 산에서 길을 잃지 않도록 나뭇가지 등으로 나무에 찍은 표시
**なだめすか·す**【˚宥め˚賺す】[他五] 달래고 어르다¶ 泣なく子こを～ 우는 아이를 달래고 어르다
**なだ·める**【˚宥める】[他下一] 달래다, 진정시키다¶ 子供こどもを～ 아이를 달래다
**なだらか**[ダ] ①완만함, 가파르지 않음¶ ～斜面しゃめん 완만한 사면 ②온화함¶ ～な口調くちょう 부드러운 어조 ③모나지 않음, 원만함¶ 交渉こうしょうが～に進すすむ 교섭이 원만하게 진행되다
**なだれ**【˚傾れ·˚頽れ】 비스듬히 기욺, 경사¶ 山やまの～ 산비탈
**なだれ**【雪崩】[気] 사태, 눈사태¶ ～に巻まきこまれる 눈사태에 휩싸이다
[慣用句]
**—を打うつ** (사태가 나듯) 한꺼번에 많은 사람이 쏟아지다
**なだれこ·む**【˚傾れ込む·˚頽れ込む】[自五] 많은 사람이 한꺼번에 몰려들다, 들이닥치다¶ 会場かいじょうに～ 회장에 우르르 들이닥치다
**なだ·れる**【˚傾れる·˚頽れる】[自下一] ①비스듬히 기울다 ②(많은 것이) 한꺼번에 밀려치다¶ 前後左右ぜんごさゆうに～·れ出でる人々ひとびと 사방으로 우르르 몰려 나오는 사람들
**なだ·れる**【雪崩れる】[自下一] (눈·토사가)

なつ【捺】ナツ 訓おす(음)날.(造語) 찍다, 내리누르다¶ 捺印なついん 날인·捺染なっせん 날염
なつ【夏】여름¶ 真夏ま─ 한여름
なつあかね【夏茜】[動] 여름좀잠자리
なついん【*捺印】名自スル 날인= 押印おういん¶ 契約書けいやくしょに〜する 계약서에 날인한다
なつかし・い【懐かしい】形 그립다, 정답다, 정겹다¶ 〜友とも 정다운 친구/ 故郷こきょうが〜 고향이 그립다
なつかし・む【懐かしむ】他五 그리워하다¶ ふるさとを〜 고향을 그리워하다
なつがれ【夏枯れ】여름철 불경기 ⇔ 冬枯ふゆがれ
なつぎ【夏着】여름옷, 하복 ⇔ 冬着ふゆぎ
なつ・く【懐く】自五 (사람을) 따르다¶ 人ひとによく〜鳥 사람을 잘 따르는 새
なつくさ【夏草】여름철에 무성한 풀, 여름풀
なづけ【名付け】이름을 지음, 명명 ―親おや 부모 대신 아이에게 이름을 지어준 사람, 대부
なつけ【菜漬(け)】채소 절임= おはづけ
なつ・ける【懐ける】他下一 따르게 하다, 길들이다¶ 犬いぬを〜 개를 길들이다
なづ・ける【名付ける·名附ける】他下一 ① 이름짓다, 명명하다¶ 正まさしく〜 正표正하고 이름짓다 ②칭하다, 부르다, 일컫다¶ ピタゴラスの定理ていりと〜 피타고라스의 정리라고 일컫다
なつご【夏仔】여름철에 낳은 짐승의 새끼
なつご【夏蚕】여름 누에
なつこだち【夏木立】(文) 여름철의 무성한 나무 숲
なつごろも【夏衣】(文) 여름 옷, 하복
なつさく【夏作】여름 작물
なつざしき【夏座敷】여름철에 문을 열어 젖혀 시원하게 한 방
なつじかん【夏時間】① 서머 타임 ② 수업 시간·업무 시간 등을 여름 동안 앞당기는
なっしょ【納所】① (古) 도조(賭租)를 수납하는 곳, 그런 관리 ② (佛) (절에서) 출납 사무를 보는 곳 ③ 「納所坊主なっしょぼうず」의 준말 ―坊主ぼうず (佛) 사무·잡무를 보는 하급 중
なつすがた【夏姿】① 여름다운 품질, 여름을 느끼게 하는 풍취 ② 여름 옷을 입은 모습
なっせん【*捺染】날염= プリント
なつっこ・い【懐っこい】形(口) 붙임성 있다, 낯가림을 안 하다, 잘 따르다¶ 〜子供こども 붙임성 있는 아이
なつつばき【夏椿】[植] 노각나무
なっていない【連語】(口) 돼먹지 않았다¶ 態度たいどが〜 태도가 돼먹지 않았다
なっとう【納豆】① 푹 삶은 메주콩을 볏짚 꾸러미 등에 넣고 띄운 식품= 糸引いとひき納豆なっとう ②「浜納豆はまなっとう」의 준말 ③「甘納豆あまなっとう」의 준말
なっとく【納得】 이해¶ 〜のいかない話はなし 납득이 안 가는 이야기/ 説明せつめいを聞きいて〜する 설명을 듣고 납득하다¶ 一尽ずく (서로) 납득한 결과임¶ 〜で解約かいやく 서로 납득하고 해약하다

なつどなり【夏隣】여름에 가까움, 만춘(晩春)
なつどり【夏鳥】여름새
なつば【夏場】여름철, 여름 동안¶ 〜の商売しょうばい 여름철 장사
なっぱ【菜っ葉】푸성귀의 잎, 엽채 ―服ふく 푸른 색 작업복
なつばおり【夏羽織】여름에 입는 홑겹 羽織はおり
なつばしょ【夏場所】매년 5월 東京とうきょうで서 열리는 정규 프로 씨름판= 五月場所ごがつばしょ
なつばて【夏ばて】名自スル(俗) 여름을 탐¶
なつび【夏日】①여름날 ②[気] 최고 기온이 섭씨 25℃ 이상인 날
なつまけ【夏負け】名自スル 여름을 탐= 夏なつばて¶ 〜して痩やせる 여름을 타서 야위다
なつみかん【夏*蜜柑】[植] 하밀감, 여름밀감
なつむき【夏向き】名 여름용¶ 〜の衣服いふく 여름용 의복
なつめ【*棗】①[植] 대추나무, 대추 ② (다도에서) 차 담는 그릇
なつ・めく【夏めく】自五 여름다워지다¶ 日差ひざしが〜 햇살이 여름다워지다
なつめだま【*棗玉】(고분 시대에) 옥·호박 등으로 만든 대추 모양의 장식용 구슬
なつめやし【*棗椰子】[植] 대추야자
なつメロ【俗】흘러간 노래, 그리운 옛 노래
なつもの【夏物】여름 옷, 여름 옷감 ⇔ 冬物ふゆもの
なつやすみ【夏休み】여름 방학, 여름 휴가¶ 〜の宿題しゅくだい 여름 방학 숙제
なつやせ【夏*痩せ】여름타서 여윔
なつやま【夏山】하산 ① 초목이 무성한 여름 산 ② (등산에서) 여름 산, 여름 등산 ▷ ①② ⇔ 冬山ふゆやま
なであ・げる【撫(で)上げる】他下一 매만져 올리다, 쓸어 올리다¶ 髪かみを〜 머리를 쓸어 올리다
なでおろ・す【撫(で)下ろす】他五 ①쓰다듬어 내리다, 쓸어 내리다¶ ひげを〜 수염을 쓸어 내리다 ②(「胸むねを〜」의 꼴로) 안도하다, 한숨 돌리다, 한시름 놓다¶ 事件じけんがかたづいてほっと胸むねを〜 사건이 해결되어 휴우 하고 한숨 돌리다
なでがた【撫で肩】민틋한 어깨 ⇔ 怒いかり肩がた
なでぎり【撫(で)切り·撫(で)斬り】①칼날을 대고 쓰다듬듯이 뱀 ②닥치는 대로 뱀
なです・る【撫(で)摩る】他五 쓰다듬다, 어루만지다
なでしこ【*撫子·*瞿麦】[植] 패랭이꽃
なでつ・ける【撫(で)付ける】他下一 쓰다듬어 붙이다, (특히 머리를) 매만지다¶ 髪かみを〜 머리를 (빗질하여) 매만지다
な・でる【撫でる·*摩でる】他下一 ①쓰다듬다, 어루만지다¶ 子供こどもの頭あたまを〜 아이의 머리를 쓰다듬다 ②(머리를) 매만지다, 빗질하다¶ 髪かみを〜 머리를 빗질하다
なと 副助 (口)「なりと」의 준말 ① …이든¶ 生いきる〜死しぬ〜好すきにしろ 살든 죽든 좋을대로 해라/ どう〜なる 어떻게든 된다 ② …라도¶ お茶ちゃ〜いかが 차라도 어떠세요

**など** [^等·^杯] 副助 (口)(「なんど·なぞ·なんぞ·なんか」의 꼴로도 씀) ①…등, …등속¶ 犬ぬや猫ねこ~を飼っている 개나 고양이 등을 기르고 있다 ②(인용문을 받아서 보통 「などと」의 꼴로) 내용이 대충 그러함을 나타냄. …등, …따위¶ 来週らいしゅう戻もどる~と言いっていました 내주에 되돌아가겠다는 등의 말을 하고 있었습니다 ③부드럽게 예시함. …라도 ¶ お茶ちゃ~一ついっぱいかが 차라도 한잔 어떻습니까 ④어떤 사항을 예시적으로 듦. …같은¶ 君きみに先生せんせい~やれるか 자네가 선생 노릇 같은 것 할 수 있겠는가 ⑤부정적 판단을 강조함. …따위¶ 逃にげた人ひと~追おうものか 도망간 사람 따위 따라갈 줄 아냐 ⑥예를 들어 겸손·경멸을 나타냄. …같은, …따위¶ 私わたし~何なにも知しりません 저 같은 것은 아무것도 모릅니다

**ナトー** [NATO] (政) 나토. 북대서양 조약 기구

**などころ** [名所] ①명소 = めいしょ¶ 桜さくらの~ 벚꽃의 명소 ②성명과 주소 ③(기물의) 각 부분의 명칭¶ 琴ことの~ 거문고 각 부분의 명칭

**なとり** [名取] 기예가 숙달되어 스승으로부터 예명을 쓰는 것을 허락받음. 그런 사람

**なな** [七] ①일곱. 7＝ななつ·しち¶ む、~、や 여섯 일곱 여덟/ ~色いろ 7색 ②(造語) 수가 많음을 나타냄¶ ~重え 여러 겹

**ないろ** [七色] ①칠색. 일곱 가지 빛깔¶ ~の虹にじ 일곱 빛깔 무지개 ②일곱 가지¶ ~の声こえ優ゆう 일곱 가지 목소리를 내는 성우 **-唐辛子とうがらし** 고추·깨·산초·앵속·평지씨·삼씨·진피를 빻아서 섞은 향신료

**ななえ** [七重] [名] 일곱 겹, 여러 겹
[慣用句]
ー**の膝ひざを八重やえに折おる** 매우 공손하게 빌다 (부탁하다)

**ななかまど** [七^竈] (植) 마가목

**ななくさ** [七草·七種] ①일곱 가지 ②봄의 대표적인 일곱 가지 풀 ③가을의 대표적인 일곱 가지 화초 **-粥かゆ** 정월 7일에 봄의 일곱 가지 풀을 넣어 쑨 죽

**なこ** [^魚子·斜子] ①표면에 좁쌀알 같은 무늬를 새긴 금속 세공 ②「魚子織ななこおり」의 준말 **-織おり** 올이 돋아나 보이도록 가늘게 짠 견직물

**ななころびやおき** [七転び八起き] ①칠전 팔기¶ ~の努力どりょく 칠전 팔기의 노력 ②인생에 기복이 많음¶ ~の生涯しょうがい 파란 만장한 생애

**ななし** [名無し] 이름이 없음, 무명
[慣用句]
ー**の権兵衛ごんべえ** (俗) 이름을 모르는 사람을 조롱투로 일컫는 말. 아무개

**ななしゅきょうぎ** [七種競技] 칠종 경기

**ななそ** [七十] 칠십, 일흔 = しちじゅう **-路じ** (文) ①칠십, 일흔 ②70세, 70

**ななたび** [七度] (文) ①일곱 번 ②여러 번
[慣用句]
ー**尋たずねて人ひとを疑うたがえ** (물건을 잃어 버렸을 때는) 여러 번 찾아본 후에 남을 의심하라

**ななつ** [七つ] ①일곱, 일곱 개, 일곱 살¶ ~のお祝いわい 일곱 살의 생일 축하 ②「七なつ時どき」의 준말 **-下さがり** ①오후 4시가 지난 무렵, 해질녘 ②한창때가 지남 **-立たち** (여행 등을 떠날 때) 오전 七なつ時どき(4시)에 출발함 **-道具どうぐ** ①한 벌로 된 휴대용 도구 ②(俗) 전당물 **-時とき** ①옛시각의 이름. 지금의 오전·오후 4시경 **-屋や** 「質屋しちや 전당포」의 딴이름
[慣用句]
ー**の海うみ** 7대양, 온 세계의 바다

**ななとこがり** [七^所借り] (돈을) 여기저기서 꾸어 들임

**なな なのか** [七七日] 칠칠일. 49일재(齋)

**なな ひかり** [七光] 부모나 군주의 위광(威光), 여덕(餘徳)¶ 親おやの~ 부모의 여덕

**なな ふしぎ** [七不思議] 일곱 가지 불가사의¶ 世界せかいの~ 세계의 7대 불가사의

**なな まがり** [七曲(が)り] (도로·강 등이) 꼬불꼬불함, 그런 곳, 구절 양장(九折羊腸)

**ななめ** [斜め] [名] [ダ] ①비스듬함, 기욺, 경사짐¶ ~に横切よこぎる 비스듬히 가로지르다 ②보통(정상)이 아님, 좋지 않음¶ 御ご機嫌きげん~ 기분이 좋지 않으심, 저기압임

**ななめならず** [斜めならず] [連語] 보통이 아니다, 대단하다, 각별하다¶ 御ご機嫌きげん~ 기분이 대단히 좋으시다

**なに** [何] I [代] ①무엇¶ ~を差さし上あげましょうか 무엇을 드릴까요 ②갑자기 이름이 생각나지 않거나 얼버무려 말할 때 쓰는 말. 그것, 거시기¶ いつもの~を持もって来こい 여느 때의 그것을 가져와/ 例れいの~を頼たのむよ 예의 그것을 부탁하네 ③무엇이고, 뭐고¶ 教科書きょうかしょ ~も皆みな焼やけてしまった 교과서고 뭐고 다 타버렸다 II [感] ①놀라거나 확인할 때 쓰는 말. 뭣이, 뭐라고¶ ~、それは本当ほんとうか 뭣이 그게 정말인가 ②상대방 말을 부정하거나 스스로를 납득시킬 때 쓰는 말. 아니, 뭘¶ ~、大丈夫だいじょうぶです 아니 괜찮습니다 III [副] ①아, 어째서¶ ~笑わらっているんだ 왜 웃는 거지 ②무엇 하나, 조금도, 전혀¶ ~一つつまらくことがない 무엇 하나 변변한 일이 없다

**なにおう** [名に負う] [連語] (文) 이름 그대로, 이름에 어울리는 ②(文) 이름 높은, 유명한

**なにか** [何か] [連語] ①무엇인가, 뭔가¶ ~がある 뭔가 있다/ ~いいことないかな 뭔가 좋은 일 없을까 ②왜 그런지, 왠지¶ ~おかしい 어쩐지 이상하지/ ~やけに静しずかだ 왜 그런지 매우 조용하다 ③말 도중에 상대방에게 묻거나 확인할 때 쓰는 말. 뭐야¶ 君きみ~、気きが変かわったというのか 자네 뭐야 마음이 변했다는 거야~ **彼かにか** [連語] 뭔가, 무엇인지 모르지만 **-しら** 副 ①어쩐지, 왠지 ②뭔가, 무엇인지 **-と** 副 여러 모로, 이러 가지로, 이것저것 **-と言いえば** [連語] 기회 만 있으면, 무슨 일이 있을 때마다 **-につけ** [連語] 기회 있을 때마다, 무슨 일이 있을 때마다, 걸핏하면

**なにがさて** [何がさて] [副] 하여간, 어쨌든, 좌우간¶ ~こんな世よの中なかですから어쨌든 이런 세상이니까

**なにがし** [某] 代 ①모, 아무개 ¶何(なに)の~と はっきり名乗(なの)れ 어느 아무개라고 분명하게 이름을 대라 ②얼마간, 남짓 ¶千円(えん)~の小 遣(こづか)いをもらう 천 엔 남짓한 용돈을 받다

**なにがな** [何がな] 連語 무엇인가 ¶~食(た)べた いが 뭔가 먹고 싶은데

**なにがなし** [何がなし] 副 어쩐지, 왠지 모 르게 ¶~不安(ふあん)だ 어쩐지 불안하다

**なにがなんでも** [何が何でも] 連語 ①어떤 일 이 있어도 ¶~やり通(とお)す 어떤 일이 있어도 해내겠다 ②아무래도, 아무리 그렇다 해도 ¶ ~それはひどい 아무래도 그것은 심하다

**なにからなにまで** [何から何まで] 連語 죄다, 모두, 하나에서 열까지 ¶事情(じじょう)を~知(し)っ ている 사정을 죄다 알고 있다

**なにくそ** [何*糞] 感 ((俗)) (분발할 때의) 요까짓 것 ¶~負(ま)けるもんか 까짓 것 질 것 같으냐

**なにくれとなく** [何くれとなく] 副 이것저것, 여러 모로

**なにくわぬかお** [何食わぬ顔] 連語 모르는 체 하는 얼굴, 시치미를 떼는 표정 ¶~で仕事(しごと) を続(つづ)ける 시치미를 떼고 일을 계속하다

**なにげな・い** [何気ない] 形 ①무심하다, 별 생각이 없다 ¶~しぐさがかわいい 무심코 하 는 몸짓이 귀엽다 ②아무렇지도 않다, 태연하 다 ¶~顔(かお)つき 태연한 얼굴 / ~ふうを装(よそ)お う 아무렇지도 않은 체하다

**なにごころな・い** [何心ない] 形(文) 별다른 생각도 없다, 아무 생각도 없다 ¶~様子(ようす)한 태 도 / ~く見(み)る 별다른 생각 없이 보다

**なにごと** [何事] ①어떤[무슨] 일 ¶~かと思(おも) う 무슨 일인가 하고 생각하다 ②((~も)의 꼴로)) 모든 일, 만사 ¶~も努力(どりょく)が肝心(かんじん) だ 모든 일은 노력이 가장 중요하다 ③(비난 의 뜻을 담아) 어찌된 일 ¶逃(に)げるとは~だ 도망치다니 어찌된 일이냐

**なにさま** [何様] I 名 ①(빈정대는 투로) 대 단한 사람 ¶自分(じぶん)を~だと思(おも)っているのだ 자기를 무슨 대단한 사람으로 여기고 있는 거 냐 ②(신분이 높은) 어떤 분 ¶どこの~か知(し) らないが 어디의 어떤 분인지 모르지만 II 副 정말로, 아무래도, 하여튼 ¶~かなわぬ 정말 못 당하겠다

**なにしおう** [名にし負う] 連語 유명한

**なにしろ** [何しろ] 副 아무튼, 어쨌든, 여하 튼 ¶~彼(かれ)は本(ほん)が好(す)きだ 아무튼 그는 책을 좋아한다

**なに・する** [何*為る] 自(サ変) ①어떤 동작을 막 연하게 나타내는 말 ¶早(はや)く~してくれ 빨 리 어떻게 좀 해 줘 ②비난하거나 미심쩍어하 는 뜻을 나타내는 말 ¶いきなり~んだ 느닷 없이 뭐하는 거야

**なにするものぞ** [何*為るものぞ] 連語 무엇을 할 수 있겠는가, 대수롭지 않다 ¶強豪(きょうごう)~ 강호가 어떻다는 말인가

**なにせ** [何せ] 副 → なんせ

**なにとぞ** [何*卒] 副(文) ①아무쪼록 ¶~お立(た) ち寄(よ)りください 아무쪼록 들러주시기 바랍 니다 ②제발, 부디 ¶~お許(ゆる)しください 부 디 용서해 주십시오

**なにとて** [何とて] 副(文) 어찌하여, 왜 ¶~ 言(い)えようか 어찌 말할 수 있겠는가

**なになに** [何何] ①무엇무엇, 어떠어떠한 것 ¶必要(ひつよう)なものは~ですか 필요한 것은 무 엇무엇입니까

**なになに** [(口)] 뭐라고, 무엇이라고 ¶~、そ れは本当(ほんとう)か 뭐라고 그게 참말이냐

**なににしても** [何にしても] 連語 어쨌든, 여하 튼 ¶~大(たい)したものだ 어쨌든 대단하다

**なににもならない** [何にもならない] 連語 (口) 소용없다, 아무 것도 아니다 ¶失敗(しっぱい)しては ~ 실패하면 아무 것도 아니다

**なにはさておき** [何はさておき] 連語 무엇보 다 우선, 만사 제쳐놓고 ¶~健康(けんこう)に注意(ちゅうい) してくれ 무엇보다 우선 건강에 주의해 다오

**なにはともあれ** [何はともあれ] 連語 딴 일은 어떻든간에, 하여튼, 좌우지간 ¶~元気(げんき)で 結構(けっこう)だ 어떻든 간에 건강해서 다행이다

**なにはなくとも** [何は無くとも] 連語 다른 것 은 제쳐놓고라도, 다른 건 없어도 ¶~家族(かぞく) が健康(けんこう)であれば幸(しあわ)せだ 다른 것은 제쳐 놓고라도 가족이 건강하면 행복이다

**なにびと** [何人] (文) 어떤 사람, 누구 = なん ぴと ¶~であろうと 누구든지

**なにひとつ** [何一つ] 副 무엇 하나, 아무것도, 하나도, 조금도 ¶~不自由(ふじゆう)のない暮(く)らし 무엇 하나 군색하지 않은 살림

**なにぶん** [何分] I 名 ①얼마간, 다소간 ¶~ の御(ご)援助(えんじょ)を 얼마간의 원조를 ②어떤, 무 엇인가= なんらか ¶~の御(ご)配慮(はいりょ)を 무엇 인가 배려를 II 副 ①부디, 아무쪼록 ¶~よ ろしくお願(ねが)いします 아무쪼록 잘 부탁합니 다 ②아무래도, 여하튼 ¶~、まだ若(わか)いので 아무래도 아직 젊어서

**なにぼう** [何某] 代 어떤 사람, 모씨, 아무개 ¶有名(ゆうめい)な詩人(しじん)~ 유명한 시인 아무개

**なにほど** [何程] I 名 ①(금액・정도 등이) 얼 마만큼, 어느 정도 ¶~御(ご)入用(にゅうよう)ですか 얼 마나 소용됩니까 ②(반어・부정문에 쓰 여) 대단치 않음, 하찮은 정도임 ¶損害(そんがい)は ~でもない 손해는 얼마 되지 않는다 II 副 ((역접의 가정문에 쓰여서)) 아무리 ¶~頼(たの)ま れてもいやだ 아무리 부탁해도 싫다

**なにも** [何も] I 副 ①(「…も」의 끝이나 부정 의 말이 딸리어) 무엇이나, 아무것도, 조금도 ¶~考(かんが)えたくない 아무것도 생각하고 싶 지 않다 / 体(からだ)も~びしょぬれだ 몸이고 뭐고 흠뻑 젖다 ②유독, 특히, 별로 ¶~怒(おこ)ること はないのに 별로 화낼 것은 없는데 **ーかも** 連語 무엇이든, 모두, 모조리

**なにもの** [何物] 무엇, 어떤 물건 ¶~にも代(か) えられない 무엇과도 대신할 수 없다

**なにもの** [何者] 어떤 사람, 누구 ¶~だ、名 乗(なの)れ 누구냐 이름을 대라 / 一体(いったい)~だろう 도대체 어떤 사람일까

**なにやかや** [何や彼や] 連語 이것저것, 이일

저일, 여러 가지로¶ ～と忙しい 이일 저일로 바쁘다/ ～でお金をだいぶ使った 이래저래 돈을 많이 썼다
- **なにやつ**[何奴] 图(文) 어떤 놈, 어떤 녀석¶ ～がこんな事をしたのか 어떤 놈이 이런 짓을 했느냐
- **なにやら**[何やら] 副 ①무엇인가, 무엇인지¶ ～音楽が聞こえる 무엇인가 음악이 들린다 ②어쩐지¶ ～怪しい雲行きになった 어쩐지 이상한 상황이 되었다
- **なにゆえ**[何故] 副(文) 왜, 어째서, 무엇 때문에¶ ～反対するのか 무엇 때문에 반대하는 건가
- **なにより**[何より] 連語 무엇보다도 좋음, 가장 좋음, 최상, 최고¶ ～の証拠 가장 좋은 증거/ ～の品 가장 훌륭한 물건/ お元気で～です 건강하여 무엇보다 다행입니다
- **なにわ**[難波·浪速] 지금의 大阪시 및 그 부근의 옛이름
  [慣用句]
  **―の葦は伊勢の浜荻**(難波에서 갈대는 「あし」인데 伊勢에서는 「はまおぎ」라 하듯이) 고장에 따라 말·풍습이 다르다
- **なにわぶし**[浪花節] 楽 三味線 반주로 의리나 인정을 노래한 창 = 浪曲
- **なにを**[何を] 感(口) (화를 내거나 결의를 나타내어) 뭐, 뭐야¶ ～, もう一度言ってみろ 뭐야 다시 한 번 말해 봐
- **なにをかいわんや**[何をか言わんや] 連語 무엇을 말하리오, 더 할말이 없다¶ この事件には～だ 이 사건에 대해서는 더 말하고 싶지 않다
- **なぬか**[七日] → なのか
- **なぬし**[名主] 日史 (江戸 시대) 町·村의 장(長) ▷ 関西 지방에서는 庄屋, 東北·北陸 지방에서는 肝煎이라고 했음
- **なのか**[七日] ①초이레, (특히) 정월 초이레, 7月7日 2 7일째, 일주일 간 ③사람이 죽은 지 이레째 되는 날 **一正月** 정월 초이레
- **なのだ** 連語 …인 것이다¶ これが問題なのだ～ 이것이 문제인 것이다
- **なのです** 連語 …인 것입니다
- **なのはな**[菜の花] 유채(꽃), 평지(꽃)
- **なのり**[名乗(り)·名告(り)] ①자기 이름을 대는 일, 무사가 전쟁터에서 싸우기 전에 적에게 자기 이름과 가계·신분 등을 큰소리로 알리던 일 ②(옛날에) 公家나 무사 집안의 남자가 관례 후에 붙이던 실명 ③楽 (能·狂言에서) 등장 인물이 자기 이름을 말하고 앞으로의 전개를 말하는 부분
  [慣用句]
  **―を上げる** ①자기 이름을 대다 ㉠(무사가 전쟁터에서) 이름을 대다 ㉡자기 존재를 밝히다 ②경쟁·활동에 참가하려는 뜻을 표명하다
- **なのり·でる**[名乗(り)出る] 自下1 자기가 본인임을 말하다, 자기 이름·신분을 밝히고 나서다¶ 母だと～ 어머니라고 밝히고 나서다
- **なの·る**[名乗る·名告る] 自他五 ①자기 이

름·신분 등을 대다¶ 名を～ 이름을 대다 ②자기 이름으로 삼다¶ 妻の姓を～ 아내의 성을 쓰다 ③당사자임을 밝히다
- **なは**[那覇] 沖縄현의 현청 소재지
- **なばかり**[名ばかり] ⑦ 이름뿐, 명목뿐¶ ～の社長 이름뿐인 사장
- **なびか·す**[*靡かす] 他五 ①나부끼게 하다, 휘날리다¶ 髪を風に～ 머리카락을 바람에 휘날리다 ②따르게 하다, 복종하게 하다¶ 部下を～ 부하를 복종하게 하다
- **なび·く**[*靡く] 自五 ①(바람·물의 힘으로) 옆으로 쏠리다, 나부끼다¶ 稲穂が～ 벼 이삭이 나부끼다 ②(남의 의견·힘 등에) 복종하다, 따르다¶ 敵に～ 적에게 복종하다 ③(이성에게 마음이) 쏠리다
- **なびろめ**[名広め·名披露目] 图·弘め] (상인·연예인이) 개정한 상호·예명을 널리 알리는 일
- **なふだ**[名札] 명찰, 명패, 문패¶ ～をつける 명찰을 달다
- **なぶりごろし**[*嬲り殺し] (당장에 죽이지 않고) 갖은 고통을 주다가 죽임¶ 猫がねずみを～にする 고양이가 쥐를 골리다가 죽이다
- **なぶりもの**[*嬲り者] 놀림감, 조롱거리, 희롱감¶ クラスの～になる 학급의 놀림감이 되다
- **なぶ·る**[*嬲る] 他五 ①남을 괴롭히고 즐거워하다, 못살게 굴다¶ 新入りを～ 신참을 못살게 굴다 ②우롱하다, 놀리다¶ 教師が生徒に～・られる 교사가 학생에게 우롱당하다 ③손으로 가지고 놀다, 만지작거리다¶ おもちゃを～ 장난감을 만지작거리다
- **なべ**[*鍋] ①냄비 ②냄비 요리 ③(造語) 냄비 요리의 이름에 붙는 말¶ 寄せ～ 모듬 냄비 ④ → おなべ
- **なべかま**[*鍋*釜] ①냄비와 솥 ②(比) 생활하는 도로 필요한 생활용품, 부엌 세간
- **なべしき**[*鍋敷き] 냄비 받침
- **なべじり**[*鍋尻] (불에 닿는 부분인) 냄비 밑
- **なべずみ**[*鍋墨] 냄비나 솥 밑에 붙은 그을음
- **なべぞこ**[*鍋底] ①냄비 바닥 ②图 최악의 상태, 최저 상태 **一景気** 바닥 경기
- **なべづる**[*鍋鉉] 냄비 손잡이, 냄비에 달린 활모양의 손잡이
- **なべづる**[*鍋鶴] 動 흑두루미
- **なべて**[*並べて] 副(文) 대체로, 일반적으로, 통틀어, 대개¶ このクラスは～成績がよい 이 반은 대체로 성적이 좋다
- **なべぶた**[*鍋蓋] ①냄비 뚜껑 ②(한자 부수의) 돼지머리 ▷「交·京」 등의 「亠」 부분
- **なべもの**[*鍋物] 냄비 요리 = 鍋料理
- **なべやき**[*鍋焼(き)] ①고기·채소 등을 냄비에 넣고 볶는 요리, 냄비 볶음 ②「なべやきうどん」의 준말 **一饂飩** 질냄비에 끓인 우동
- **なべりょうり**[*鍋料理] 냄비 요리
- **なへん**[ナ変] 文法 「ナ行下変格活用」의 준말
- **なへん**[那辺·奈辺] 代(文) 나변, 어디¶ 彼の意図は～にあるのか 그의 의도는 어디에 있는 것인가

**なま** [生] I 名 ⑦ ①날것¶ ～の魚¦ ¦ 날 생선 ②가공하지(손대지) 않음, 있는 그대로임¶ ～の資料¦ ¦ 생생한 자료 ③불충분함, 미숙함¶ 表現¦ ¦ が～だ 표현이 미숙하다 II 名 ①건방짐¶ ～を言¦ ¦う 건방진 소리를 하다 ②현금, 현찰¶ ～で用意¦ ¦する 현찰로 준비하다 ③생맥주¶ ～をもう一杯¦ ¦ 생맥주 한 잔 더 ④직접 연주・방송함, 실황¶ ～演奏¦ ¦ 라이브 연주/ ～放送¦ ¦ 생방송 ⑤(造語) ㉠생. 가열・가공되지 않은, 가열・가공하는 중인¶ ～水¦ ¦ 생수/ ～クリーム 생크림 ㉡생. 자연 그대로의, 생생한¶ ～木¦ ¦ 생나무/ ～傷¦ ¦ 새 상처 ㉢선, 서투른, 어설픈¶ ～かじりの 学問¦ ¦ 어설픈 학문 ㉣약간, 조금, 어딘지 모르게¶ ～ぬるい 미지근하다
**なまあくび** [生欠伸] 선하품¶ ～をかみ殺¦ ¦す 선하품을 억지로 죽이다
**なまあげ** [生揚げ] ①설튀김, 설튀긴 것 ②두툼하게 썬 두부를 살짝 튀긴 것 = 厚揚¦ ¦げ
**なまあたたか・い** [生暖かい] 形 약간 따뜻하다, 미지근하다¶ ～風¦ ¦が吹¦ ¦く 미지근한 바람이 불다
**なまあたらし・い** [生新しい] 形 (얼마 지나지 않아) 아직 신선하다, 생생하다¶ ～事故現場¦ ¦ 생생한 사고 현장
**なまいき** [生意気] 名 ⑦ 건방짐, 주제넘음, 그런 사람¶ ～盛¦ ¦り 한창 건방질 때/ ～な口¦ ¦をきく 주제넘은 소리를 하다
**なまうお** [生魚] 날생선
**なまえ** [名前] 이름 ①성명. (성에 대하여) 이름¶ 子¦ ¦に～を付¦ ¦ける 아이에게 이름을 지어주다 ②(사물의) 명칭¶ 草木¦ ¦の～ 초목의 이름 = 負¦ ¦け 이름이 너무 훌륭하여 실질이 오히려 뒤떨어져 보임
**なまえんそう** [生演奏] 라이브 연주
**なまがし** [生菓子] 생과자
**なまかじり** [生嚙り・生齧り] 名 他スル (지식・기능 등이) 어설픔, 수박 겉핥기¶ ～の 知識¦ ¦ 어설픈 지식
**なまかべ** [生壁] ①갓 칠한 벽 ②「生壁色¦ ¦」의 준말 一色¦ ¦ 짙은 남색을 띤 쥐색
**なまかわ** [生皮] ①(살아 있는 동물의) 날가죽¶ ～をはぐ 날가죽을 벗기다 ②가공하지 않은 가죽
**なまがわき** [生乾き] 名 덜 마름¶ ～の洗濯物¦ ¦ 덜 마른 빨래
**なまき** [生木] 생나무 ①살아 있는 나무 ②갓 베어서 마르지 않은 나무
慣用句
一を裂¦ ¦く 생나무를 빠개다, 의좋은 부부・연인을 억지로 갈라놓다
**なまきず** [生傷] (생긴 지 얼마 안 된) 새 상처¶ ～が絶¦ ¦えない 새 상처가 아물 때가 없다
**なまぐさ** [生臭] 비린내가 남, 비린 것 一坊主¦ ¦ 파계승 一物¦ ¦ 비린내 나는 음식
**なまぐさ・い** [生臭い・*腥い] 形 ①비린내가 나다, 비릿하다¶ ～魚¦ ¦ 비린내 나는 생선 ②피비린내가 나다¶ 血¦ ¦～ 피비린내가 나다 ③(금전・지위 등에 있어) 세속적이다, 타산적이다¶ ～話¦ ¦ 타산적인 이야기
**なまくび** [生首] 방금 벤 (사람의) 목
**なまくら** [生倉] 名 ⑦ ①(칼 등이) 무딤, 무딘 칼¶ ～な包丁¦ ¦ 무딘 식칼 ②기개・의지가 없음, 게으름을 피움, 어정뱅이¶ ～で始末¦ ¦に負¦ ¦えない 어정뱅이라서 처치 곤란하다
**なまくらよつ** [鈍四つ] 相撲 오른씨름이건 왼씨름이건 다 해내는, 그런 씨름꾼
**なまクリーム** [生クリーム] 생크림
**なまけもの** [怠け者・*懶け者] 게으름뱅이
慣用句
一の節句¦ ¦働¦ ¦き 게으른 사람은 남들이 노는 명절에 일을 하게 마련이다
**なまけもの** [〈樹懶〉] 動 나무늘보
**なま・ける** [怠ける・*懶ける] 他下一 게을리하다, 게으름피우다¶ 勉強¦ ¦を～ 공부를 게을리하다
**なまげんこう** [生原稿] 육필 원고
**なまこ** [〈海鼠〉・生子] ⑦ 動 ①해삼 ②거푸집에 부어 만든 무쇠나 銅¦ ¦의 덩어리 一板¦ ¦ 골함석, 골진 플라스틱 판자 一壁¦ ¦ 建 네모진 기와를 붙이고 그 틈새에 회반죽을 불룩하게 바른 벽 一餅¦ ¦ 해삼 모양의 찹쌀떡
**なまごみ** [生*芥・生*塵] (부엌에서 나오는) 음식 등의 젖은 쓰레기
**なまゴム** [生ゴム] 생고무
**なまごろし** [生殺し] ①반죽임¶ 蛇¦ ¦の～ 뱀을 반 죽여 놓음 ②(상대방이 이러지도 저러지도 못하게) 결말을 짓지 않고 내버려둠
**なまコン** [生コン] 「生コンクリート」의 준말. 금방 쓸 수 있도록 개어 놓은 콘크리트
**なまざかな** [生魚] 날생선 =
**なまざけ** [生*鮭] (절이지 않은) 날연어
**なまじ** [*憖じ] 副 ①공연히, 섣불리¶ ～口¦ ¦を出して後悔¦ ¦する 섣불리 참견하고 후회하다 ②어설피, 어중간히¶ ～知識¦ ¦があるから困¦ ¦る 어설픈 지식이 있어서 곤란하다
**なまじっか** [*憖じっか] 形動 (口) → なまじ
**なまじろ・い** [生白い] 形 좀 희다, 이상할 정도로 희다, 창백하다¶ ～顔¦ ¦ 창백한 얼굴
**なます** [*膾・*鱠] 料 ①어패류를 잘게 썰어 초에 담근 요리 ②당근・무 등을 잘게 썰어 초에 무친 요리 ③생선회, 육회
**なまず** [*癜] 어루러기, 전풍(癜風)
**なまず** [*鯰] 動 메기
**なまずひげ** [*鯰*髭] ①(메기 수염같이) 가늘고 긴 수염, 그런 수염을 기른 사람 ②(俗) (明治¦ ¦시대에) 관리를 주로 일컫던 말
**なまたまご** [生卵] 날달걀, 생계란
**なまち** [生血] 생혈. 생피 = 生¦ ¦き血¦ ¦
**なまちゅうけい** [生中継] 名 他スル 생중계
**なまっちょろ・い** [生っちょろい] 形 (俗) 어수룩하다, 숫되고 무르다¶ ～やりかた 어수룩한 방법
**なまっちろ・い** [生っ*白い] 形 → なまじろい
**なまつば** [生*唾] 군침
慣用句

なまづめ

―を飮の込む 군침을 삼키다
**なまづめ** [生爪] 생손톱¶ ~をはがす 생손톱을 벗기다
**なまテープ** [生テープ] 공테이프
**なまなか** [半半] ナ副(口) ①어중간함, 엉거주춤함＝なまはんか ~のコックが作るものよりうまい 어중간한 요리사가 만드는 것보다 맛있다 ②차라리, 오히려 ¶~言わない方がいい 차라리 말하지 않는 편이 낫다
**なまなまし・い** [生生しい] 形 생생하다¶ 記憶に~事件 기억에 생생한 사건
**なまにえ** [生煮え] ①설익음, 설익은 음식¶ ~の魚 설익은 생선 ②(태도 등이) 분명하지 않음, 흐리멍덩함¶ ~な態度 흐리멍덩한 태도/ 対応が~だ 대응이 분명치 않다
**なまぬる・い** [生温い] 形 ①미지근하다¶ ~水 미지근한 물 ②엄하지 않다, 미온적이다 ¶~処置 미온적 조치
**なまハム** [生ハム] 소금에 절여 훈제 처리만 하고 가열하지 않은 햄
**なまはんか** [生半可] 名ナ 어중간함, 어설픔¶ ~な知識 어설픈 지식
**なまばんぐみ** [生番組] 생방송 프로그램
**なまはんじゃく** [生半尺] 名ナ 어중간함, 어설픔＝生半可
**なまはんじゅく** [生半熟] 名ナ 「半熟」의 힘줌말. 미숙, 어중간함, 어설픔
**なまビール** [生ビール] 생맥주＝なま
**なまびょうほう** [生兵法] ①섣부른 병법 ②어설픈 지식·기술
〔慣用句〕
―は大怪我のもと 선무당이 사람 잡는다
**なまふ** [生麩] 아직 마르지 않은 밀기울
**なまフィルム** [生フィルム] 생필름
**なまへんじ** [生返事] 건성으로 하는 대답, 선대답 ¶うるさそうに~をする 귀찮은 듯이 건성으로 대답하다
**なまほうそう** [生放送] 생방송
**なまぼし** [生干し·生乾し] 설말림, 그런 것¶ ~の魚 설말린 생선
**なままゆ** [生繭] 생견, 생고치
**なまみ** [生身] 산 몸, 살아 있는 몸뚱이¶ ~の人間 살아 있는 인간
**なまみず** [生水] 생수
**なまめかし・い** [艶めかしい] 形 요염하다¶ ~目つき 요염한 눈매
**なまめ・く** [艶めく] 自五 요염하다¶ ~いた姿 요염한 모습
**なまもの** [生物] 생것, 생과자, 생선
**なまやけ** [生焼け] 설구워짐, 설구이¶ ~の肉 설구워진 고기
**なまやさし・い** [生易しい] 形 손쉽다, 간단하다¶ ~とは·事というではない 생각했던 만큼 손쉬운 일이 아니다
**なまゆで** [生茹で] 데삶음, 설데침, 그런 것¶ ~の芋 데삶은 감자
**なまよい** [生酔い] ①술에 약간[얼근히] 취함, 그런 사람 ②거나하게 취한 사람, 취객

〔慣用句〕
―**本性違わず** 술에 취해도 본성은 달라지지 않는다
**なまり** [鉛] 납¶ ~中毒 납중독
**なまり** [生り] 「なまり節」의 준말
**なまり** [訛り] 사투리, 방언, 표준에서 벗어난 억양·발음¶ 田舎~ 시골 사투리
**なまりガラス** [~ガラス] 납유리
**なまりぶし** [生り節] 찐 가다랭이 살을 설말린 식품＝なまぶし·生なり
**なま・る** [訛る] 自五 사투리를 쓰다¶ ことばが~ 사투리로 말하다
**なま・る** [鈍る] 自五 ①(날이) 무디어지다¶ 刀が~ 칼이 무디어지다 ②(기량·체력 등이) 무디어지다, 둔해지다¶ 練習の不足で腕が~ 연습 부족으로 솜씨가 무뎌지다
**なまワクチン** [生ワクチン] 医 생왁친, 생백신
**なみ** [波] ①[浪·濤] 파도, 물결¶ ~が寄せてくる 파도가 밀려오다 ②[物] 파, 파동¶ 音の~ 음파 ③연속적으로 굴곡이 있는 모양¶ いらかの~ 즐비한 기와집 ④기복¶ 好不調の~が激しい 호·부조의 기복이 심하다 ⑤물결처럼 밀어닥치는 것¶ 人の~ 인파/ 時代の~ 시대의 조류
〔慣用句〕
―に乗る ①시류에 편승하다 ②호조가 계속되다¶ 好況の~ 호황의 물결을 타다
**なみ** [並(み)] ①일반적임, 보통, 평범, 평균¶ ~の人間 보통 인간/ ~よりは大きい 보통보다는 크다 ②(품질 등의) 중간¶ 牛肉の~ 쇠고기 중간치/ ~製 보통제 ③[形式] 같은 수준, 동등, 동류¶ 世間の相場の~待遇 일반적인 시세/ 部長の~待遇 부장 수준의 대우 ④[造語] 늘어섬, 줄지음¶ 家~ 늘어선 집(모양)/ ~木 가로수
**なみあし** [並足] ①보통 걸음 ②(마술(馬術)에서) 말의 가장 느린 걸음
**なみ・いる** [並み居る] 自上― 줄지어 앉아 있다, 열석하다¶ ~人々 열석한 사람들
**なみうちぎわ** [波打ち際] 물결이 밀려오는 곳, 물가＝なぎさ¶ ~に立つ 물가에 서다
**なみう・つ** [波打つ] 自五 ①물결치다, 파도치다 ②(물결처럼) 울렁거리다, 굽이치다¶ 胸が~ 가슴이 울렁거리다
**なみがしら** [波頭] 물마루
**なみかぜ** [波風] 풍파 ①바람과 파도, 강한 바람으로 파도가 놀침 ②분쟁, 싸움, 불화¶ ~を立てるな 풍파를 일으키지 말아라 ③(살아가기 위한) 고생¶ 世の~を乗り越える 세상 풍파를 헤쳐나가다
**なみがわせ** [並為替] 経 송금환 ⇔逆為替
**なみき** [並木] 가로수¶ ~道 가로수길
**なみじ** [波路] 文 뱃길, 항로
**なみしぶき** [波しぶき] (파도의) 물보라
**なみ・する** [蔑する] 他サ変 文 업신여기다, 무시하다, 깔보다
**なみせい** [並製] 보통제, 보통 제품 ―**本** 版 보통 제본의 책 ⇔上製本

なみだ【涙・*泪】눈물 ①누액(涙液)¶ ～がこぼれる 눈물이 흘러내리다/～を浮かべる 눈물을 글썽이다 ②동정심, 인정¶ 血ゥも～もない 피도 눈물도 없다 ③울음¶ 聞きくも～, 語ゕるも～ 듣는 이도 울음 말하는 이도 울음
[慣用句]
—に暮ｸれる ①눈물로 세월을 보내다 ②눈물이 앞을 가리다, 몹시 슬퍼하다
—に沈しずむ 슬픔에 겨워 마냥 울다
—に咽ｻせぶ 목메어 울다, 몹시 울다
—を誘さそう 눈물을 자아내다
—を呑のむ 눈물을 삼키다, 슬픔·분함을 참다
—を振ふるう 흐르는 눈물을 참다, 사사로운 마음을 억누르다

なみだ あめ【涙雨】①슬픈 일이 있을 때 내리는 비 ②아주 조금 오는 비

なみ たいてい【並大抵】⑦ 보통 정도, 예사, 이만저만¶～の暑ゥさではない 이만저만한 더위가 아니다

なみだ きん【涙金】동정하여 주는 돈, 인연을 끊을 때 주는 약간의 돈, 위로금¶ ～で縁ぇを切ｷる 약간의 돈을 주고 인연을 끊다

なみだぐまし・い【涙ぐましい】形 눈물겹다¶～努力どりょく 눈물겨운 노력

なみだぐ・む【涙ぐむ】눈물짓다, 눈물이 어리다, 눈물이 글썽해지다¶ 昔むかしを思ぉい出だして～ 옛날을 생각하고 눈물짓다

なみだごえ【涙声】울먹이는 소리, 울음 섞인 소리¶ ～で訴うったえる 울먹이는 소리로 호소하다

なみだ・する【涙する】自ｻ変(文) 눈물 흘리다, 울다¶ 人知ひとしれず～ 남몰래 눈물 흘리다

なみだ・つ【波立つ】自五 ①파도가 일다, 물결치다¶ 湖面こめんが～ 호수가 물결치다 ②(물결처럼) 굽이치다¶ 稲いねの穂ほが～ 벼이삭이 굽이치다 ③(가슴이) 두근거리다, (분란 등으로) 술렁이다¶ 社内しゃないが～ 사내가 술렁이다

なみだながら【涙ながら】副¶～に語ゕりながら 울면서 이야기하다

なみだもろ・い【涙脆い】形 눈물을 잘 흘리다, 눈물이 많다, 정에 여리다¶～性質せいしつ 눈물이 많은 성질

なみ とう【並等】중급, 중등, 보통 등급¶～の米こめ 중등미

なみなみ【並並】名 보통 정도, 예사, 이만저만¶～の決心けっしんではない 보통 결심이 아니다 —ならぬ 連体 보통 정도가 아님, 예사롭지 않은¶～努力どりょく 예사롭지 않은 노력

なみなみ 副 (액체가 넘칠 듯이) 찰랑찰랑, 자란자란¶ 酒さけを～とつぐ 술을 찰랑찰랑하게[넘치도록] 따르다

なみのはな【波の花】(文) ①파도가 부서져서 하얗게 물거품이 이는 곳, 물보라 치는 곳 ②소금¶～をまく 소금을 뿌리다

なみのほ【波の穂】물마루

なみのり【波乗り】①물결을 탐 ②파도 타기, 서핑＝サーフィン

なみはず・れる【並外れる】自下一 유별나다,

남다르다¶ ～.れた実力じつりょく 월등한 실력

なみ はば【並幅・並*巾】(피륙의) 보통 폭

なみ ひととおり【並一通り】⑦ 보통, 여간, 웬만큼¶ 並大抵なみたいてい¶ ～の努力どりょくではない 보통 노력이 아니다

なみ ま【波間】①파도와 파도 사이, 물결 이랑¶～に見みえ隠かくれする 물결 사이로 보였다 안 보였다 하다 ②파도가 밀려오지 않는 사이¶～をみて舟ふねを出だす 파도가 밀려오지 않을 때를 봐서 배를 내다

なみまくら【波*枕】(文) ①배에서 자며 여행함, 뱃길 여행 ②파도 소리가 베갯머리에 들려옴

なみよけ【波*除け】①파도를 막음, 그런 것 ②방파제

なむ【南無】【佛】나무 —阿弥陀仏ぁみだぶつ【佛】나무아미타불 —三さん「南無三宝さんぼう」의 준말 —三宝さんぼうⅠ名【佛】나무 삼보. 불·법·승의 삼보에 귀의하는 일 Ⅱ感 아차, 아뿔사 —妙法蓮華経みょうほうれんげきょう【佛】(日蓮宗にちれんしゅうで) 법화경에 귀의하는 뜻으로 외는 말

なめ【滑】물이 조용히 흐르는 반반한 바위 위의 미끄러지기 쉬운 곳

なめくじ【*蛞蝓】【動】활유, 괄태충

なめこ【滑子】【植】담자균류의 식용 버섯

なめし がわ【*鞣革】유피, 무두질한 가죽

なめ・す【*鞣す】他五 (가죽을) 무두질하다¶ 鹿皮しかがわを～ 사슴 가죽을 무두질하다

なめず・る【*舐めずる・*嘗めずる】他五 (혀로) 입술을 핥다

なめ みそ【*嘗め*味*噌】반찬으로 먹을 수 있게 조리한 된장

なめもの【*嘗め物】(なめみそ·젓갈 등) 조금씩 먹는 짠 반찬

なめらか【滑らか】⑦ 매끄럽다 ①(표면이) 매끈매끈함, 미끄러움¶～な肌はだ 매끄러운 피부 ②(진행이) 거침없음, 순조로움¶ 議事ぎじが～に運はこぶ 의사 진행이 순조롭게 되어가다

な・める【*嘗める・*舐める】他下一 ①핥다¶ 皿さらを～ 접시를 핥다/ 猫ねこが前足まえあしを～ 고양이가 앞발을 핥다 ②(혀끝으로 핥듯이) 맛보다¶ ウイスキーを～ 위스키를 조금식 마시다 ③(의 괴로움) 겪다, 경험하다¶ 辛酸しんさんを～ 고초를 겪다 ④(口) 얕보다, 깔보다¶ 相手あいてを～めてかかる 상대방을 얕보고 덤비다 ⑤(불길이 핥듯이) 태우다¶ 火ひが町まちを～めつくす 불이 동네를 깡그리 태우다

なや【納屋】헛간, 곳간

なやまし・い【悩ましい】形 ①(관능이 자극받아) 마음이 흐트러지다, 뇌쇄적이다¶～姿態したい 뇌쇄적인 자태 ②괴롭다, 고통스럽다¶～日々ひびを送おくる 괴로운 나날을 보내다

なやま・す【悩ます】他五 괴롭히다, 고통을 주다¶ 心こころを～ 마음을 괴롭히다/ 臭気しゅうきに～される 악취에 시달리다

なやみ【悩み】고민, 번민, 근심, 걱정¶～の種たね 고민거리/ ～が尽つきない 걱정이 끝나 없다

なや・む【悩む】自五 ①괴로워하다, 고민하다, 번민하다¶ 成績せいせきが不振ふしんに～ 성적 부진

**なよせ**

으로 고민하다 ②고생하다, 시달리다¶神経痛(しんけい)に~ 신경통으로 고생하다
**なよせ**【名寄せ】인명·지명 등을 모아놓은 책
**なよたけ**【*弱竹】가녀린 대, 어린 대
**なよなよ**［副］［自スル］나긋나긋한 모양, 연약한 모양¶~とした姿態(したい)に 나긋나긋한 자태
**なよやか** 나긋나긋함, 유연함¶~なからだ 유연한 몸매
**なら** I ［接助］(가정의 순접 조건) …(이)라면, …다면¶ほんとにそう~うれしいね 정말로 그렇다면 기쁘지요 II ［係助］(특정적으로 제시함) …(을 말하す) 같으면, …(이)라면¶私(わたし)のこと~御(ご)心配(しんぱい)なく 제 일이라면 걱정 마시고 III ［接］［口］「それなら」의 준말. 그렇다면, 그러면¶~、こうしよう 그렇다면 이렇게 하자
**なら**【*楢】［植］졸참나무
**なら**【奈良】近畿(きんき)지방 중남부의 현(縣), 그 현청 소재지 ―時代(じだい)［日史］奈良에 도읍한 710년~784년간의 시대 ―朝(ちょう)［日史］①奈良시대의 조정 ②奈良시대 ―漬(づけ)재강에 월과(越瓜)나 가지·무 등을 절인 식품
**ならい**【習い】①배움, 학습, 연습 ②습관, 풍습, 관례¶この家(いえ)の~ 이 집안의 관례 ③세상사¶盛者必衰(じょうしゃひっすい)は世(よ)の~ 성자필쇠는 세상사 ④［能］(能(のう)·狂言(きょうげん)에서) 특별 전수를 받아야 상연 허가가 내리는 것
（慣用句）―性(しょう)となる 습관도 몸에 배면 본성이 된다
**ならいごと**【習い事】①배우는 일 ②(예능 등에서) 스승의 특별 허락을 얻어 배우는 사항
**ならう**【習う】［他五］①(지식·기술 등을) 익히다, 연습하다¶車(くるま)の運転(うんてん)を~ 자동차 운전을 익히다 ②배우다, 가르침을 받다¶有名(ゆうめい)な先生(せんせい)に~ 유명한 선생님께 배우다
（慣用句）―より慣(な)れよ 배우기보다 스스로 익혀라
**ならう**【倣う】［他五］본뜨다, 모방하다, 따르다¶前例(ぜんれい)に~ 전례에 따르다
**ならく**【*奈落】①［佛］나락, 지옥 ②밑바다, 수렁 ③(극장에서) 무대 밑의 지하실
（慣用句）―の底(そこ)①지옥의 밑바닥 ②두 번 다시 헤어나지 못할 최악의 처지, 구렁텅이
**ならし**【*均し】①고르기, 평평하게 함 地(じ)~ 땅고르기, 사전 준비 (작업) ②평균¶~で百円(ひゃくえん) 평균잡아 100엔
**ならす**【生らす】［他五］(열매를) 맺게 하다, 열리게 하다¶秋(あき)にはたくさんの実(み)を~ 가을에는 많은 열매를 맺게 한다
**ならす**【*均す】［他五］①고르다, 평평하게 하다¶土地(とち)を~ 땅을 고르다 ②평균하다¶~と月(つき)二十万円(にじゅうまんえん)の出費(しゅっぴ)になる 평균하면 월 20만 엔의 지출이 된다
**ならす**【慣(な)ら*す/*馴(な)らす】［他五］길들이다 ①익숙하게 하다, 순응시키다¶毎日(まいにち)の練習(れんしゅう)で体(からだ)を~ 매일의 연습으로 몸을 길들이다 ②따르게 훈련시키다¶馬(うま)を~ 말을 길들이다/ 飼(か)い~ 사육하여 길들이다

**ならす**【鳴らす】［他五］①울리다, 소리를 내다¶鐘(かね)を~ 종을 울리다/猫(ねこ)がのどを~ 고양이가 목을 가르랑거리다 ②책망하다, 투덜대다¶不平(ふへい)を~ 투덜거리다 ③(이름을) 떨치다, 날리다¶速球(そっきゅう)で~ した選手(せんしゅ) 속구로 이름을 날린 선수 ④［俗］방귀를 뀌다
**ならずして**［連語］［文］…도 안 되어서¶一年(いちねん)~完成(かんせい)した 1년도 안 되어 완성했다
**ならずもの**【ならず者·〈破落戸〉】파락호, 불량배, 무뢰한
**ならたけ**【*楢*茸】［植］뽕나무버섯
**ならでは**［連語］①이 아니고는, …이외에는¶京都(きょうと)~の情緒(じょうちょ) 京都가 아니면 맛볼 수 없는 정서
**ならない**［連語］①…해야 한다, …이어야 한다¶試験(しけん)を受(う)けなければ~ 시험을 보아야 한다 ②…(해서)는 안 된다¶ここで泳(およ)いでは~ 여기서 헤엄쳐서는 안 된다 ③어쩔 수 없다, 못 견디겠다, 참을 수 없다¶思(おも)い出(だ)されて~ 자꾸 생각나서 못 견디겠다/ くやしくて~ 분해서 못 참겠다 ④…할 수 없다¶油断(ゆだん)~ 방심할 수 없다 ⑤부정의 뜻을 가진 결의를 나타냄¶これでは~ 이래서는 안된다
**ならぬ**［連語］①ならない
**ならび**【並び】①늘어섬, 늘어선 것, 열, 줄¶歯(は)の~ 치열 ②견줄 수 있는 것, 유례(類例)¶天下(てんか)に~もない弓(ゆみ)の名人(めいじん) 천하에 견줄 데 없는 활의 명인
**ならびしょうする**【並び称する】［他サ変］병칭하다, 아울러 일컫다, 동등하게 평가하다¶その道(みち)では東西(とうざい)の横綱(よこづな)と~·される 그쪽 분야에서는 동서의 일인자로 쌍벽을 이룬다
**ならびだいみょう**【並び大名】①［歌］(歌舞伎(かぶき)에서) 大名(だいみょう)으로 분장하고 서 있기만 하는 배우 ②(모임 등에서) 사람 수만 채울 뿐 아무 역할도 못 하는 사람
**ならびたつ**【並び立つ】［自五］［文］①늘어서다, 줄지어 서다¶街道(かいどう)に~ 銀杏(いちょう) 가도에 늘어선 은행나무 ②(대등한 위치에) 함께 오르다, 양립하다¶両雄(りょうゆう) 양립한 양웅
**ならびない**【並び無い】［形］견줄 것이 없다, 둘도 없다, 다시 없다¶音楽界(おんがくかい)に~巨匠(きょしょう) 음악계에 둘도 없는 거장
**ならびに**【並びに】［接］및, 또¶経済(けいざい)~環境(かんきょう)問題(もんだい) 경제 및 환경 문제
**ならぶ**【並ぶ】［自五］①줄을 서다, 늘어서다, 나란히 서다¶一列(いちれつ)に~ 1열로 줄을 서다/ ~·んで座(すわ)る 나란히 앉다 ②견주다, 필적하다, 비견하다¶数学(すうがく)では~者(もの)がいない 수학에서는 견줄 자가 없다 ③(두 가지가) 동시에 존재하다¶才色(さいしょく)を~·び備(そな)える 재색을 겸비하다
**ならべたてる**【並べ立てる】［他下一］하나하나 늘어놓다, 열거하다¶次々(つぎつぎ)に疑問点(ぎもんてん)を~ 차례로 의문점을 열거하다
**ならべる**【並べる】［他下一］①나란히 하다[세우다], 줄 세우다¶本棚(ほんだな)に本(ほん)を~ 서가에 책을 나란히 꽂다¶肩(かた)を~·べて歩(ある)く 어깨

を 나란히 하고 걷다 ②죽 늘어놓다, 벌여놓다¶ ウインドーに品物を~ 윈도우에 물건을 진열하다 ③(말을) 늘어놓다, 열거하다, 차례차례 말하다¶ 不平を~ 불평을 늘어놓다/ 証拠を~ 증거를 열거하다 ④견주다, 비교하다, 필적하다¶ 兄と~・べれば劣る 형에 비하면 뒤떨어진다

**ならわし**【習わし・ˆ慣わし】 관습, 습관, 풍습, 관례¶ 昔からの~ 예로부터의 관습

**ならわ・す**【習わす・ˆ慣わす】 他五 ①배우게 하다, 익히게 하다, 학습시키다¶ 英会話を~ 영어 회화를 배우게 하다 ②(補助) 늘 …하다, …하는 습관이 있다¶ 書き~・してきた文体 늘 써 온 문체

**ならわ・せる**【習わせる】 他下一 배우게 하다, 익히게 하다¶ 子供にピアノを~ 아이에게 피아노를 배우게 하다

**なり** I 副助 ①(열거한 것 중에서 선택함) …든, …든지¶ ぼく~君~行けばいい 나든 자네든 가면 된다 ②(부정적인 방임) …든지 …だれに~相談すればよろしかろう 누구에게든 상담하시면 좋을 것이다 ③(다른 선택의 가능성이 있음을 암시하며 하나를 예시함) …(에게)라도¶ 私に~言ってくれればよかったのに 나에게라도 말해주면 좋았을텐데 II 接助 ① …하자마자, 顔を見る~泣き出した 얼굴을 보자마자 울기 시작했다 ② …한 채(로)¶ 帽子をかぶった~で入ってきた 모자를 쓴 채로 들어왔다/ 家を出た~音信不通である 집을 나간 후 소식 불통이다

**なり**【ˆ形】 ①몸집, 체격¶ ~は大きいが役に立たない 몸집은 크지만 쓸모가 없다 ②옷차림, 복장, 모양, 모양새¶ はでな~で出かける 화려한 차림으로 나가다

**なり**【ˆ生り】 (열매 등이) 열림, 결실¶ 梅の~がよい 매실의 결실이 좋다

**なり**【鳴り】 울림, 울리는 소리¶ ~のよいスピーカー 울리는 소리가 좋은 스피커
慣用句
—**を静める** ①소리를 죽이다 ②뚜렷한 움직임을 보이지 않다, 잠잠해지다
—**を潜める** → 鳴りを静める

**なり**〖造語〗 ① …모양, …꼴¶ 弓~に反る 활모양으로 휘다 ② …나름¶ 子供~の考えで 아이 나름의 생각으로 ③ …대로¶ 相手の言い~になる 상대방이 말한 대로 되다

**なりあがり**【成り上がり】 벼락 출세함, 벼락 부자가 됨, 그런 사람¶ ~者 벼락 출세한 사람, 벼락 부자

**なりあが・る**【成り上がる】 自五 벼락 출세하다, 벼락 부자가 되다¶ 社長に~ 사장으로 벼락 출세하다

**なりかたち**【なり形】 외양, 옷차림, 차림새¶ ~を整える 차림새를 가다듬다

**なりかっこう**【ˆ形恰好】 외양, 옷차림, 차림새

**なりかつよう**【ナリ活用】〖文法〗 문어 形容動詞 활용 형식의 하나.「なら・なり(に)・なり・

なる・なれ・なれ」로 활용하는 것

**なりかわ・る**【成(り)代(わ)る】 自五 ①대리하다, 대신하다¶ 主人に~ってあいさつする 주인(남편)을 대신하여 인사하다 ②변하다, 변화하다¶ 毛虫が蝶に~ 모충이 나비로 변하다

**なりき**【ˆ生り木】 과일 나무, 과수

**なりきん**【成金】 ①벼락 부자, 졸부¶ 戦争で~ 전쟁으로 돈을 번 벼락 부자/ ~趣味 졸부 취미 ②(일본 장기에서) 적진에 들어가서 金将の 자격을 얻은 말= 成り駒

**なりこま**【成(り)駒】 → なりきん【成金】 ②

**なりこ・む**【成(り)込む】 自五 호통치며 들어가다= どなりこむ

**なりさが・る**【成(り)下がる】 自五 영락하다, 전락하다¶ 泥棒に~ 도둑으로 전락하다

**なりすま・す**【成(り)済ます】 自五 …인 양 행세하다¶ 学生に~ 학생인 양 행세하다

**なりせば**〖連語〗(文)(만약) …였다면¶ もし鳥~ 만약 새였다면

**なりたち**【成(り)立ち】 ①성립, 성립까지의 과정(경과), 내력¶ 鎌倉幕府の~ 鎌倉幕府의 성립/ ~を説明する経過を説明하다 ②구조, 구성¶ 学会の~ 학회의 구성

**なりた・つ**【成(り)立つ】 自五 ①구성되다, 이루어지다¶ 国会は衆議院と参議院から~っている 국회는 중의원과 참의원으로 구성되어 있다 ②(채산이 맞아) 유지되다, 되다¶ 経営が~ 경영이 되다/ 生活が~・たない 생활이 안된다 ③성립하다, 이루어지다¶ 仮説が~ 가설이 성립되다/ 縁談が~ 혼담이 이루어지다

**なりて**【成り手】 될 사람, 되고자 하는 사람¶ 委員の~がない 위원이 되려는 사람이 없다

**なりと** 副助 ①(한정되지 않은 임의의 사항을 나타냄) …라도, …든지, …건¶ 何を~言ってください 무엇이든 말해주세요/ だれ~かまわない 누구든지 상관없다 ②(예시한 중에서 선택함) …든지¶ 行く~帰る~好きなようにする 가든 돌아오든 좋을 대로 하다

**なりどし**【ˆ生り年】 과일이 잘 여는 해 ⇔ 裏年¶ 柿の~ 감이 많이 열리는 해

**なりは・てる**【成(り)果てる】 自下一 전락하다, 영락하다¶ 無一文に~ 무일푼으로 전락하다

**なりひび・く**【鳴り響く】 自五 ①(사방에) 울리다, 울려 퍼지다¶ 礼砲が~ 예포가 울려 퍼지다 ②(이름을) 떨치다, 널리 퍼지다¶ 勇名が天下に~ 용명이 천하에 떨치다

**なりふり**【ˆ形振り】 옷차림과 태도, 외양¶ ~構わず働く 외양에 개의치 않고 일하다

**なりもの**【ˆ生り物】 ①과일(나무), 과수 ②논밭의 수확물

**なりもの**【鳴(り)物】 ①악기(歌舞伎에서) 三味線 이외의 반주 악기, 그런 합주 —入り ①【芸】(歌舞伎 등에서) 鳴り物로 반주를 하거나 흥을 돋움 ②名 요란하게 선전함

대대적인 선전

**なりゆき**【成(り)行き】 ①되어가는 형편[과정], 경과, 추세¶～に任(まか)せる 되어가는 형편에 맡기다 ②[經] 그때그때의 시세로 매매하는 주문

**なりわい**【〈生業〉】 생업, 가업, 직업¶物書(ものか)きを～とする 글쓰기를 생업으로 삼다

**なりわた・る**【鳴(り)渡る】 [自五] ①(소리가) 울려 퍼지다¶サイレンが～ 사이렌이 울려 퍼지다 ②(명성 등이) 퍼지다, 떨치다¶名声(めいせい)が～ 명성이 퍼지다

**なる**[助動] 《고어의 지정의 조동사「なり」의 연체형》…한, …인 偉大(いだい)な～人物(じんぶつ) 위대한 인물

**な・る**[^生る] [自五] (열매가) 열리다, 맺히다¶実(み)が～ 열매가 열리다

**な・る**【成る】[自五] ①이룩되다, 완성되다, 이루어지다, 성취되다¶大工事(だいこうじ)が～ 대공사가 완공되다/為(な)せば～ 하면 된다/功(こう)～り, 名(な)を遂(と)げる 공을 이루고 명성을 얻다 ②(「…から[より]～」의 꼴로) …로 되다(구성되다), …로 이루어지다¶六(む)っつの章(しょう)から～論文(ろんぶん) 여섯 개의 장으로 된 논문 ③(부정·반어의 문장에 쓰여) 용납되다, 가능하다¶負(ま)けて～ものか 져서야 되겠는가/それは～りません 그것은 안 됩니다

〔慣用句〕

━らぬ堪忍(かんにん)するが堪忍(かんにん) 참을 수 없는 것을 참는 것이 참다운 인내

**な・る**【^為る】[自五] 되다 ①(어떤 상태로) 변하다¶雨(あめ)が雪(ゆき)に～ 비가 눈이 되다 ②(어느 수량에) 달하다¶合格者(ごうかくしゃ)は十人(じゅうにん)に～った 합격자는 10명이 되었다 ③(어느 때가) 도래하다¶春(はる)に～ 봄이 되다 ④(어떤 역할을 하다, 작용하다¶酒(さけ)は毒(どく)にも薬(くすり)にも～ 술은 독도 되고 약도 된다 ⑤(「…なければ[なくては]～, …ないと～의 꼴로) …해야 한다, …이어야 한다 法律(ほうりつ)は守(まも)らなくては～らない 법률은 지켜야 한다 ⑥(「お[ご]…に～」의 꼴로 동사 連用形이나 한자 명사에 붙어) …하시다¶お試(ため)しに～ 시험하시다/ご覧(らん)に～ 보시다

**な・る**【鳴る】[自五] ①울리다, 소리가 나다¶鐘(かね)が～ 종이 울리다 ②널리 알려지다, 떨치다¶駿足(しゅんそく)をもって～ 준족으로 이름이 나다 ③(「腕(うで)が～」의 꼴로) (완력·솜씨를 보이고 싶어) 손이 근질근질하다, 완력이 쑤시다

**なるこ**【鳴子】 (논밭에서) 새를 쫓는 장치

**なるたけ**【成る丈】[副](口) 되도록, 될 수 있는 한, 가능한 한, 가급적¶～早(はや)く来(き)てください 가능한 한 와주세요

**なると**【鳴戸·鳴門】 ①(썰물·밀물 때) 조류가 소용돌이치며 울리는 좁은 해협 ②「鳴戸巻(なるとまき)」의 준말 ━巻(まき) 자른 면에 색색의 소용돌이 무늬가 나오게 만든 어묵

**なるべく**【成る^可く】[副] 되도록, 될 수 있는 한, 가능한 한, 가급적¶～早(はや)くお越(こ)しください 될 수 있는 한 빨리 행차해 주세요

**なるほど**【成程】Ⅰ[感](口) 아무렴, 그렇군, 그렇고말고¶ああ～, よく分(わ)かりました 아 그렇군요 잘 알았습니다/～, 君(きみ)の言(い)う通(とお)りだ 그렇고말고 자네 말이 맞아 Ⅱ[副] 과연, 정말, 참으로¶～彼(かれ)は足(あし)が早(はや)い 과연 그는 걸음이 빠르다

**なれ**【慣れ·^馴れ】 익숙해짐, 숙달, 습관¶場(ば)～ 그 자리에 익숙해짐

**なれあい**[^馴れ合い] ①야합, 공모 労使(ろうし)の～ 노사의 야합 ②(남녀간의) 밀통¶～の夫婦(ふうふ) 정식으로 식을 올리지 않고 사는 부부

**なれあ・う**[^馴れ合う] [自五] ①서로 친해지다 ②공모하다, 야합하다, 한통속이 되다¶業者(ぎょうしゃ)どうしが～ 업자끼리 공모하다 ③밀통하다, 간통하다

**なれずし**【^熟鮨】 소금에 절인 어패류를 밥과 함께 약간 발효시킨 초밥

**なれそめ**[^馴(れ)初め] 친해진 계기, 연애 관계가 시작된 계기¶そもそもの～は 처음 친해진 계기는

**なれっこ**[慣れっこ·^馴れっこ] (俗) 아주 익숙해져서 아무렇지도 않음, 이골이 남¶自炊(じすい)にも～になる 자취에도 이골이 나다

**なれなれし・い**[^馴れ^馴れしい] [形] 매우 친하다, 허물없다, 버릇없다¶～口(くち)を利(き)く 매우 친한 것처럼 말하다

**なれのはて**【成れの果て】 영락한 말로, 그런 모습¶武士(ぶし)の～ 영락한 무사의 말로

**な・れる**【慣れる·^馴れる】[自下一] ①(자주 겪어) 익숙해지다, 예사로워지다, 습관이 되다¶新(あたら)しい土地(とち)に～ 새로운 고장에 익숙해지다 ②(숙달되어) 익숙해지다, 숙련되다, 길이 들다¶車(くるま)の運転(うんてん)に～ 자동차 운전에 익숙해지다/使(つか)い～れた万年筆(まんねんひつ) 써서 길이 든 만년필 ③친해지다, 따르다, 길이 들다¶友達(ともだち)に～ ～れない子供(こども) 친구와 친해지지 않는 아이/よく～れた犬(いぬ) 길이 잘 든 개¶^狎れる] 버릇없이 굴다, 기어오르다¶子供(こども)が家庭教師(かていきょうし)に～ 아이가 가정 교사에게 버릇없이 굴다 ⑤[^熟れる] 익다, 맛이 들다¶漬物(つけもの)が～ 채소 절임이 익다/味(あじ)がよく～れたすし 맛이 잘 든 초밥 ⑥[^熟れる] 낡다, 썩다, 변하다¶～れた背広(せびろ) 후줄근해진 신사복/～れて臭(くさ)い魚(さかな) 상해서 냄새 나는 생선

**なろうことなら**【成ろうことなら】[連語] 가능하다면, 될 수 있는 것이면¶～避(さ)けたい 가능하다면 피하고 싶다

**なわ**【縄】 ①새끼줄, 줄¶荒(あら)～ 밧줄/～をなう 새끼줄을 꼬다 ②오랏줄, 포승¶お～をちょうだいする 오라를 받다

〔慣用句〕

━に掛(か)かる 포승에 묶이다, 체포되다

━を打(う)つ ①포박하다 ②(논밭을) 측량하다

━を掛(か)ける ①새끼줄로 묶다 ②포박하다

**なわしろ**【苗代】[農] 못자리 ━水(みず) 못자리 물

**なわつき**【縄付(き)】 범인으로 경찰에 잡힘, 그런 죄인, 범죄자¶身内(みうち)から～を出(だ)す 집

**なわて** [*畷・縄手*] ①논길, 논두렁길 ②곧고 길게 뻗은 길

**なわとび** [縄跳び] 줄넘기

**なわぬけ** [縄脱け・縄抜け] 名 自スル (붙잡힌 사람이) 포승을 풀고 도망침, 그런 사람

**なわのび** [縄延び] 장부상의 논·밭 면적보다 실제 면적이 넓음

**なわのれん** [縄*暖*簾] ①여러 가닥의 새끼줄을 늘어뜨려서 만든 발 ②선술집, 밥집¶ ～をくぐる 선술집[밥집]에 들어가다

**なわばしご** [縄*梯子] 줄사닥다리

**なわばり** [縄張(り)] ①줄을 쳐서 경계선을 정하는 일 ②[建] 부지에 줄을 쳐서 건물의 위치를 정하는 일 ③[建] 성곽의 규모·형태의 배치 ④세력권, 영역¶ ～争い 세력권 다툼/ ～を荒らす 영역을 침범하다

**なわめ** [縄目] ①새끼줄[끈]의 매듭¶ ～をほどく 끈의 매듭을 풀다 ②(죄인으로서) 포박당함¶ ～の恥 포박당하는 치욕

**なん** 會ナン・ナ 訓みなみ|(음) 남, (造語) ①남, 남쪽 ¶ 南下☆ 남하・南極☆ 남극・東南☆ 동남 ②범어 「ナ」의 차음자 ¶ 南無☆ 나무 ▷ 熟字訓 南瓜☆☆ 호박・南風☆ 마파람

**なん** [軟] 會ナン 訓やわらか・やわらかい|(음) 연, (造語) 연하다, 부드럽다 ¶ 軟膏☆ 연고・軟弱☆ 연약・柔軟☆ 유연 ▷ 「柔☆」와 같음

**なん** [*楠] 會ナン 訓くす・くすのき|(음) 남, (造語) 녹나무, 장목

**なん** [難] 會ナン 訓かたい・むずかしい|(음) 난, Ⅰ(造語) ①재난, 화, 괴로움 ¶ 難民☆ 난민・苦難☆ 고난・避難☆ 피난 ②어렵다, 힘들다 ¶ 難解☆ 난해・困難☆ 곤란・論難☆ 논란・非難☆ 비난・論議☆ 논의 ③결점 ¶ 難点☆ 난점・無難☆ 무난 Ⅱ ①난, 재난, 화 ¶ 危☆うく～を避けた 가까스로 재난을 피했다 ②어려움, 곤란, 고난 ¶ ～に当たる 난국에 당하다 ③비난할 만한 점, 결점, 흠 ¶ どこをとりあげても～のない人物☆☆ 어디를 보더라도 나무랄 데 없는 인물이다

**なん** [何] Ⅰ 代 (口) 「なに」의 변한말, 무엇, 어떤 것¶ ～の話☆ しですか 무슨 이야기입니까/ ～とかなる 어떻게든 된다 Ⅱ(造語) 불확정한 수량을 나타냄, 몇, 얼마 ¶ ～回☆ 몇 회/ ～日☆ 며칠

**なんい** [南緯] 남위 ⇔ 北緯☆ ¶ ～二十度☆☆ 남위 20도

**なんい** [難易] 난이, 어려움과 쉬움 ¶ 仕事☆ によって～の差☆ がある 일에 따라 어렵고 쉬운 차이가 있다 ―度☆ 난이도

**なんおう** [南欧] 남구, 남유럽 ⇔ 北欧☆

**なんか** 副助 …따위, …등, …같은 것 ¶ 未練☆ ～あるものか 미련 같은 것 있을까 보냐/ 君☆ に～分からぬもんか 너 따위 알게 뭐냐

**なんか** [何か] (口) Ⅰ 代 무언가, 무엇인가 ¶ ～食☆ べたい 무언가 먹고 싶다/ ～あったのか 무슨 일 있었느냐 Ⅱ 副 어쩐지, 어딘지 모르게¶ ～薄気味悪☆☆ い所☆ だ 어쩐지 기분 나쁜 곳이다 ―しら 副 (口) なにかしら

**なんか** [南下] 名 自スル 남하 ¶ 寒冷前線☆☆☆ が～している 한랭 전선이 남하하고 있다

**なんか** [軟化] 名 自スル 연화 ①(물질이) 부드러워짐 ②(태도·사고 등이) 누그러짐, 완화됨 ¶ 態度☆ がようやく～した 태도가 겨우 누그러졌다 ▷ ①② ⇔ 硬化☆

**なんが** [南画] [美] 남화 ①「南宗画☆☆☆」의 준말, 남종화 ⇔ 北画☆ ②江戸☆ 후기의 남종화적 회화 양식

**なんかい** [南海] 남해 ①남쪽 바다 ¶ ～の孤島☆ 남해의 고도 ②「南海道☆☆☆」의 준말 ―道 [日史] (律令制☆☆ 때의 지방 행정 구획인) 七道☆☆ 의 하나, 지금의 四国☆ 과 淡路☆ 섬 지역, 그 지역으로 통하는 가도 (街道)

**なんかい** [難解] 형 난해 ¶ ～な文章☆☆ 난해한 문장

**なんがく** [南学] 江戸☆ 초기에 土佐☆ 에서 일어난 유학의 한 파

**なんかのゆめ** [南*柯の夢] 남가 일몽, 덧없는 꿈[일]

**なんかん** [難関] 난관 ①쉽게 통과할 수 없는 관문 ②헤쳐나가기 어려운 사태¶ ～を突破☆ する 난관을 돌파하다

**なんぎ** [難儀] ① 형 ①힘듦, 고통, 고생, 어려움¶ ～な仕事☆ 힘든 일/ 坂道☆☆ では～した 언덕길에서는 고생했다 ②번거로움, 귀찮음, 폐¶ ～をかける 폐를 끼치다/ ～な話☆ をもちこむ 귀찮은 이야기를 들고 나오다

**なんきつ** [難詰] 名 他スル 힐난 ¶ 不注意☆☆ を～する 부주의를 힐난하다

**なんきゅう** [軟球] 연구 ⇔ 硬球☆

**なんきゅう** [難球] 난구, (구기에서) 치기[받기] 어려운 공¶ ～を楽☆ に処理☆ する 난구를 쉽게 처리하다

**なんきょう** [難境] [文] 난경, 곤경

**なんぎょう** [難行] 난행, 고된 수행 ―苦行☆ 名 自スル 난행 고행 ①몹시 고생함 ②[佛] 매우 고된 수행 ―道☆ [佛] 난행도, 고된 수행을 쌓아 자력으로 해탈하려는 방법

**なんきょく** [南極] 남극 ―海☆ 남극해 ―圏☆ [地] 남극권 ―大陸☆ 남극 대륙

**なんきょく** [難曲] 난곡, 연주하기 어려운 곡¶ ～をこなす 난곡을 잘 연주하다

**なんきょく** [難局] 난국, 어려운 국면¶ ～を打開☆ する 난국을 타개하다

**なんきん** [南*京] ①호박 ②(造語) (《물건 이름 앞에 붙어》) ㉠중국이나 동남 아시아 방면에서 도래한 것 ㉡작고 귀여운 것 ―錠☆ 맹꽁이 자물쇠 ―玉☆ 실에 꿰는 작은 장식 구슬 ―米☆ 중국·동남 아시아산 쌀 ―豆☆ 땅콩 ―虫☆ ①[動] 빈대 ②(俗) 아주 작은 여성용 금딱지 손목시계

**なんきん** [軟禁] 名 他スル 연금 ¶ ～状態☆☆ 연금 상태/ 一室☆ に～する 한 방에 연금하다

**なんく** [難句] ①난구, 어려운 글귀 ②난해한 시구

**なんくせ** [難癖] 비난할 점, 결점, 흠
慣用句

**—を付ける** 트집을 잡다
**なんくん**【難訓】훈독(訓讀)하기 어려운 한자
**なんけん**【難件】난건. 해결・처리가 어려운 사건・사항¶ ～を処理する 난건을 처리하다
**なんげん**【南限】남한 한계 ⇔ 北限
**なんご**【喃語】名自スル ①남녀가 정답게 속삭임 ②(젖먹이의) 옹알이
**なんご**【難語】난어. (이해하기) 어려운 말
**なんこう**【軟膏】연고 ⇔ 硬膏
**なんこう**【軟鋼】【工】연강
**なんこう**【難航】名自スル 난항 ①항해가 어려움¶ 時化で船が～する 바다가 거칠어서 배가 난항을 하다 ②(比)(일의) 진행이 순조롭지 못함¶ 交渉が～する 교섭이 난항을 겪다
**なんこうふらく**【難攻不落】난공 불락 ①(성・요새 등이) 좀처럼 함락되지 않음¶ ～を誇る 난공 불락을 자랑하다 ②(比) 좀처럼 생각대로 되지 않음¶ ～の堅物 난공 불락의 고지식한 사람
**なんごく**【南国】남국. 남쪽 나라・지방 ⇔ 北国¶ ～の生うまれ 남쪽 지방 출신
**なんこつ**【軟骨】【醫】연골 **—魚**【動】연골어
**なんざん**【南山】남산 ①(文)남쪽에 있는 산 ②「高野山」의 딴이름 ⇔ 北嶺
**なんざん**【難産】名自スル 난산 ①어렵게 출산함⇔ 安産 ②(일을) 이루기 어려움¶ 月の末に法案が成立した 난산 끝에 법안이 성립되었다
**なんじ**【難字】난자. 어려운 한자
**なんじ**【難事】난사. 어려운 일¶ ～に当たる 어려운 일에 부닥치다
**なんじ**【難治】(文) 난치 ①다스리기 어려움 ②(병이) 낫기 어려움¶ ～の病 난치병
**なんしき**【軟式】연식 ⇔ 硬式¶ ～テニス 연식 테니스 **—野球** 연식 야구
**なんしつ**【軟質】名 연질 ⇔ 硬質¶ ～ガラス 연질 유리
**なんじゃく**【軟弱】ダ 연약 ①무르고 약함¶ ～な地盤 연약한 지반 ②나약함, 허약함 ⇔ 強硬¶ ～な学生 연약한 학생
**なんしゅう**【南宗】남종. 중국 선종의 한 파 ⇔ 北宗¶ **—画**【美】남종화. 남화
**なんじゅう**【難渋】名自スル 난삽. 일이 술술 진척되지 않음, 어려움[고생]을 겪음¶ 事件の解決に～する 사건 해결에 어려움을 겪다¶ 雪道で～する 눈길로 고생하다
**なんしょ**【難所】난소. 험난한 곳, 통행이 어려운 곳＝なんじょ¶ ～に差しかかる 험난한 길로 접어들다
**なんしょう**【難症】(文) 난증. 낫기 어려운 증상・병¶ ～と診断する 난증으로 진단하다
**なんしょく**【男色】→ だんしょく(男色)
**なんしょく**【難色】난색¶ ～を示す 난색을 보이다
**なん・じる**【難じる】他上一 → なんずる
**なんしん**【南進】名自スル 남진. 남하 ⇔ 北進¶ 部隊が～する 부대가 남진하다
**なんすい**【軟水】연수. 단물 ⇔ 硬水

**なん・ずる**【難ずる】他サ変(文) 꾸짖다, 나무라다, 힐난하다, 비난하다＝難なじる¶ 相手の非を～ 상대방의 잘못을 꾸짖다
**なんせ**【何せ】副(口) 어쨌든, 아무튼, 워낙¶ ～資金が足たりない 어쨌든 자금이 모자란다/～忙しいのだ 워낙 바쁜 것이다
**なんせい**【南西】남서¶ ～の風 남서풍
**なんせん**【難船】名自スル 난선. 난파, 난파선¶ 暗礁に乗り上あげて～する 암초에 좌초되어 난파하다
**なんせん**【難戦】난전. 고전(苦戦)
**なんせん ほくば**【南船北馬】남선 북마. 늘 사방으로 여행함
**なんぞ** 助 → など 助
**なんぞ**【何ぞ】I 連語 무언인가 ①어떤¶ 家で～あったのか 집에서 무슨 일 있었느냐/～面白いものはないか 뭔가 재미있는 일은 없을까 ②(文)(단독 또는 「～や」의 꼴로) 하기 어렵다는 뜻을 나타내거나 설문 형식으로 표현함. 무엇인지¶ 人生とは～や 인생이란 무엇인가 II 副《반어적으로 쓰여》어찌, 왜¶ ～知らん 어찌 알겠는가
**なんだ** 助動 ①(과거의 부정적인 상태) …하지 않았다¶ 待たなかった～ 기다리지 않았다/ それは知しらら～ 그건 몰랐다 ②(강한 단정) …인 것이다, ～いう 말이다¶ 悲しい唄だ～ 슬픈 노래인 것이다
**なんだ**【何だ】連語(口) ①(놀라거나 허탈해 할 때) 원, 저런¶ ～, そういうことか 원 참 그런 일인가/～, つまらない 저런! 시시하군 ②(말이 막히거나 주저하면서 말할 때) 말이야, 말하자면, 이를테면, 뭐랄까¶ すると～な, もう僕とは別れたいということだね 그럼 말하자면 이제 나하고는 헤어지고 싶다는 거로군 **—かんだ** 連語(口) 여러 가지로, 이것저것, 이러쿵저러쿵, 이러니저러니
**なんだい**【難題】난제 ①시문을 짓기 어려운 제목 ②난문 ③까다로운 일¶ ～をかかえる 난제를 안다 ④무리한 요구, 생트집¶ 無理を吹っかける 무리한 생트집을 부리다
**なんたい どうぶつ**【軟体動物】【動】연체 동물
**なんだか**【何だか】連語(口) 무엇인지¶ ～妙な ものがある 무언지 묘한 것이 있다¶ ～なぜ 그런지, 어쩐지¶ ～病人の様子が変だ 어쩐지 병자의 용태가 이상하다
**なんだかって**【何だって】連語(口) 뭐니뭐니해도, 무어라고 해도¶ ～若いんだもの 뭐니뭐니 해도 젊은 걸요
**なんだって**【何だって】連語(口) ①(따지거나 반문할 때) 뭐라고, 뭣¶ ～, もう一度言いってみろ 뭐라고 다시 한번 말해 봐 ②왜, 어째서¶ ～今まで黙だまっていたのだ 어째서 지금까지 잠자고 있었지 ③무엇이든, 뭐든지¶ 欲しけりゃ～やる 탐나면 무엇이건 줄게
**なんだな**【何だな】連語(口) → なんだ(何だ)
**なんたる**【何たる】連語(口) ①(흔히 의문의 終助詞「か」가 딸리어) 무엇인가, 어떤 것인가¶ 人生の～かを語たる 인생이 무엇인가를 이

야기하다 ②(몹시 놀라거나 개탄하며) 어찌된, 무슨¶ ~ざまだ 무슨 꼴이냐
なんたん [南端] 남단 ⇔ 北端ほく
なんちゃくりく [軟着陸] 名 自スル 연착륙¶ 月面げんに~する 달 표면에 연착륙하다
なんちゅう [南中] 名 自スル 남중¶ 太陽たいようが~する 태양이 남중하다
なんちょう [南朝] [史] 남조 ①(중국 남북조 시대의) 송·제·양·진나라 ②[日史] 일본 남북조 시대의 吉野朝よしのちょう ▷ ①② ⇔ 北朝ほく
なんちょう [軟調] 名 연조 ①(사진 인화에서) 명암의 차이가 두드러지지 않음 ⇔ 硬調こう ②[經] (거래에서) 하락세 ⇔ 堅調けん¶ 株かぶが~を示しめす 주식이 하락세를 보이다
なんちょう [難聽] [醫] 난청, 잘 알아듣지 못함
なんて I 副 ①(경시하거나 완곡하게 예시함) …라고는, …라는 거, …라느니 하는¶ さよなら~どうしても言いえないだろうな 안녕이라고는 아무래도 말할 수 없겠지/ わかった~軽々かるがるしく言うな 알았다라고 경솔하게 말하지 마라 ②(동격으로 예시함) …같은, …라는¶ 山本やまもと~男おとこに何なにがわかる 山本 같은 자가 무얼 알겠어 ③(의외라거나 의심스러워하며 예시함) …이라니, …하다니¶ 彼かれが言った~ほんとか 그가 말했다고 정말인가¶ …따위, 같은 것¶ 冷ひえたみそ汁じる~飲のめるか 식은 된장국 따위를 먹을 수 있나 II 終助 …이라니, …하다니¶ あれで代議士だいぎしだ~ 저런 데 국회 의원이라니
なんて [何て] 副 (口) 어쩌면 그렇게, 이 얼마나¶ ~すてきな服ふく 어쩌면 이렇게 멋있는 옷일까 ②이렇다 할, 무어라고 할¶ ~ことはない 이렇다 할 일은 없다 ③뭐라고¶ ~言いったらいいだろう 뭐라고 사죄해야 좋을까
なんで [何で] 副 (口) ①왜, 어째서¶ ~こうなるの 왜 이렇게 되지 ②(반어적으로) 어찌, 어떻게¶ ~この世よが楽たのしかろう 어찌 이 세상이 즐겁겠는가
なんでも [何でも] 副 ①무엇이든지, 어떤 것이든지, 모두¶ ~話はなしてください 무엇이든지 이야기해 주십시오 ②(「何なにが~」의 꼴로) 어쨌든, 기어코¶ 何なにが~行いく 기어코 가겠다 ③확실히는 모르나, 아마, 어쩌면¶ ~入院にゅういんしたということです 확실히는 모르나 입원했다고 합니다 ー彼かでも 連語 ①무엇이든지, 모조리 ②무슨 일이 있어도, 기어이, 꼭 ーない 連語 아무것도 아니다, 대수로운 일이 아니다 ー屋や ①무엇이나 하기를 좋아하는 사람 ②무엇이나 어느 정도 할 수 있는 사람
なんてき [難敵] 난적, 힘에 겨운 적·상대¶ ~をほふる 난적을 물리치다
なんてつ [軟鐵] 연철, 탄소 함유량이 적은 쇠
なんてん [南天] 남천 ①[植] 남천촉 ②남쪽 하늘
なんてん [難点] 난점 ①어려운 점, 곤란한 점¶ ~を克服こくふくする 난점을 극복하다 ②비난할 점, 결점¶ しいて~をあげれば 구태여 결점을 들자면
なんと [何と] I 副 ①어떻게, 뭐, 뭐라고¶

~申もうし上あげてよろしいやら 무어라 말씀드려야 좋을지 ②어쩌면 그렇게, 이 얼마나, 참¶ ~愚おろかな事ことか 이 얼마나 어리석은 노릇인가 II 感 ①(뜻밖의 일에 놀랐을 때) 어쩌면 ②~まあ、お久ひさしぶり 어쩜 오랜만이에요 ②어때요, 어때¶ ~、うれしいじゃありませんか 어때요, 기쁘지 않습니까 ーいう 連語 ①무엇이라고 하는, 그토록, 이 얼마나, 참이나 ー言いっても 連語 (口) 뭐니뭐니 해도 역시, 누가 뭐라고 해도 ーしても 連語 (口) 어떻게 해서든지, 무슨 일이 있어도 ーなく 副 왠지, 뭔지 모르게 ーはなしに 接 (文) 왜냐하면 ーはなしに 連語 (口) 왠지 모르게, 어쩐지 ーやら (口) I 連語 뭐라든가, 뭐라곤가, 뭐라고 II 副 왠지, 어쩐지 ¶ ~気き まずい 왠지 거북하다 기분이 거북하다
なんと [南都] ①(京都きょうとに 대하여) 奈良なら의 딴이름 ②奈良에 있는 興福寺こうふくじ
なんど [何度] ①몇 번, 몇 차례¶ ~言いってもわからない 몇 번 말해도 알아듣지 못하다 ②(「~も」의 꼴로) 몇 번이나, 여러 번¶ 彼かれとは~も会あっている 그와는 몇 번이나 만났다 ③온도·각도 등의 도수를 묻는 말. 몇 도¶ 体温たいおん~ですか 체온은 몇 도입니까
なんど [納戶] ①세간·옷 등을 보관해 두는 방, 헛방 ②「納戶色なんどいろ」의 준말 ー色いろ 쥐색을 띤 남빛 ー方かた [日史] 江戶えど 시대에 幕府ばくふ의 금은·의복 등의 출납을 맡았던 직명 = 御納戶役おなんどやく ー役やく [日史] = おなんど方
なんど [難度] 난도 ①어려운 정도 ②(체조 경기에서) 기술의 어려움의 정도
なんとう [南東] 남동. 동남
なんとう [軟投] 名 自スル [野] 연투. (투수가) 느린 변화구를 주로 던짐
なんとか [何とか] (口) I 連語 뭐라고, 뭐라든가¶ ~言いいなさい 뭐라고 한 마디 해요 II 副 ①어떻게, (좀) ーしよう 어떻게든 해보겠다 ②그럭저럭, 그런 대로, 가까스로¶ ~わかる 그럭저럭 알다/ ~暮くらしていける 그런 대로 살아갈 수 있다 ーして 連語 ①어떻게 해서든, 반드시 ②가까스로, 겨우, 간신히
なんどき [何時] (口) ①어느 때, 언제¶ いつ~でも会あってやる 언제 어느 때라도 만나겠다 ②몇 시¶ 今いま~ですか 지금 몇 시입니까
なんどく [難讀] 난독, 읽기어려움
なんとも [何とも] 副 ①(불확실한 기분을 나타내어) 뭐라고도, 어떻게도, 무엇인지¶ ~言いいたくない 뭐라고도 말하고 싶지 않다 ②(대수롭지않음을 나타내어) 아무렇지도¶ 徹夜てつやしても~ない 철야해도 아무렇지도 않다 ③정말로, 참으로, 몹시¶ ~不思議ふしぎな話はなだ 정말로 이상한 이야기다 ー彼かとも 連語 이렇게도 저렇게도, 어떻게도
なんなく [難無く] 副 무난히, 수월하게, 어렵지 않게¶ それは~許可きょかされた 그것은 수월하게 허가받았다
なんなら [何なら] 連語 (口) 뭣하면, 괜찮다면, 원한다면¶ 明日あすが~、明後日あさってでも結

なんなりと【何なりと】[連語](口) 무엇이든지, 어떤 것이든¶～お申し付けください 무엇이든지 분부만 하십시오

なんなん【*喃*喃】[副] 남남하게, 재잘재잘¶喋々～ 첩첩 남남, 남녀가 다정하게 소곤댐

なんなんせい【南南西】남남서

なんなんとう【南南東】남남동

なんなんと・する【垂んとする】[自][サ变](文) 거의 …에 이르다(가깝다)¶二時間に～試合 거의 두 시간에 이르는 경기

なんにち【何日】며칠, 며칠날¶～かかっても行く 며칠 걸려도 간다/今日は～ですか 오늘은 며칠입니까

なんにも【何にも】[連語](口) 아무것도 ①조금도, 전혀¶～いらない 아무것도 필요 없다 ②(「～ならない」의 꼴로) 어떤 것도, 아무 일도¶いくら努力したって～ならない 아무리 노력한다 해도 아무것도 안 된다

なんにょ【男女】남녀 = だんじょ

なんの【何の】I[感](태연하고 대수롭지 않게 여겨) 뭘¶～これしきの事に 뭘 이까짓 일(을 가지고) II[連語] ①무슨, 어떤¶これは～木ですか 이것은 무슨 나무입니까 ②(부정어 딸리어) 아무런¶～役にも立たない 아무런 도움도 되지 않다 (반발·부정을 반어적으로 나타내어) 무슨, 무엇을 위한¶～ための改革か 무엇을 위한 개혁인가 ④(흔히「…の～と」의 꼴로) …니니 어떠니, 뭐뭐¶帰るの～とわめく 돌아가겠다느니 어쩌니 하고 아우성치다 ⑤(흔히『…の～って』의 꼴로 앞의 말을 강조하여) 너무나 …하여¶悲しいの～って涙が出てたよ 너무나 슬퍼서 눈물이 나왔어요 ―彼の[連語] 이래저래, 이것저것, 이러니저러니 = 何のかんの ―気なしに[連語](口) 아무 생각없이, 별 생각없이 ―事ではない[連語](口) 별것 아니다, 대수롭지 않다, 아무것도 아니다 ―その[連語] 대수롭지 않다, 문제없다, 아무것도 아니다

なんば【難場】어려운 고비(상황), 난관¶～を乗り切る 어려운 고비를 극복하다

なんぱ【軟派】연파 ①연애·패션 등에만 관심을 가짐, 그런 사람들 ②(신문·잡지 등에서) 문화·사회면의 기사, 그런 기자 ③온건파¶～の議員 온건파 의원 ▷①～③ ⇔ 硬派

なんぱ【難破】난파, 파선 ―船 난파선 = 難船

なんばん【南蛮】①남만, (옛 중국에서) 남쪽의 이민족 ②(室町 시대부터 江戸 시대까지) 무역의 대상이었던 동남 아시아, 그곳에 식민지를 가진 포르투갈·에스파냐 ⓒ남 아시아로부터 도래한 포르투갈·에스파냐의 문물 ③「南蛮人」의 준말 ④「料」「南蛮煮」의 준말 ⑤고추¶一人, ⓒ(室町 말기에서 江戸 초기에 걸쳐서) 포르투갈·에스파냐 사람의 일컬음, 서양의 총칭 ―煮[料] 닭고기나 생선 등에 파를 넣어 끓인 요리

なんぴと【何人】(文)(「も・といえども・でも 등이 딸리어」) 어떤 사람, 누구¶～も許さない 어떤 사람도 용서치 않는다

なんびょう【難病】난병, 난치병¶～が治る 난치병이 치유되다

なんぴょうよう【南氷洋】남빙양, 남극해

なんぴん【難平】[經] 주식 값이 변동할 경우 계속 더 사거나 팔아서 손실을 줄이는 매매 기법

なんぶ【南部】①남부, 남쪽 지방 ②岩手의 옛 전역과 青森 등의 일부를 포함한 지방의 옛 이름 ―鉄瓶 南部 ② 지방 특산의 쇠주전자

なんぷう【南風】남풍 = みなみかぜ, はえ

なんぷう【軟風】연풍 ①미풍 ②산들바람

なんじつ【難物】난물, 처치 곤란한 사람·사물, 골칫거리¶なかなかの～ 대단한 골칫거리

なんぶん【難文】난문, 어려운 문장

なんぶんがく【軟文学】연문학, 연애·정사를 주제로 한 문학

なんべい【南米】남미, 남아메리카

なんべん【何遍】(口) ①몇 번¶～か行ったことがある 몇 번인가 간 적이 있다 ②(「～も」의 꼴로) 여러 번¶～も試みる 여러 번 시도하다

なんべん【軟便】연변, 무른 대변

なんぼ[副](口) ①얼마, 얼마나¶この時計は～ですか 이 시계는 얼마입니까 ②(「～の」의 꼴로) 얼마든지¶そばなら～でも食える 메밀 국수라면 얼마든지 먹을 수 있다 ③(흔히「～…ても(でも)」의 꼴로) 아무리¶～言ってもわからない 아무리 말해도 알아듣지 못하다 ―なんでも 아무리 그렇더라도

なんぽう【南方】남방, 남쪽 ⇔ 北方

なんぼく【南北】남북 ⇔ 東西 ―戦争[史](미국의) 남북 전쟁 ―朝時代[史] ①[日史] 吉野의 남조와 京都의 북조로 나뉘어 대립하던 시대(1336~1392) ②[史] (중국의) 남북조 시대

なんまいだ「南無阿弥陀仏」의 변한말, 나무아미타불

なんみん【難民】난민¶～問題 난민 문제

なんめん【南面】[名][自スル] 남면 ①남쪽으로 향해 있음, 그런 곳 ⇔ 北面 ②제위에 오름

なんもん【難問】난문, 어려운 문제·사항¶～が山積する 난문이 산적하다

なんやかや【何や彼や】[連語](口) 이것저것, 이래저래, 이러니저러니¶～とやかましい 이래저래 성가시다

なんやく【難役】난역, 어려운 역할·소임¶～を引き受ける 어려운 역할을 맡다

なんよう【南洋】남양, 태평양의 적도 부근 해역·지역¶～群島 남양 군도

なんら【何等】[副](「～(の)…ない」의 꼴로) 하등, 아무런, 조금도¶～の進歩も見られない 아무런 진보도 볼 수 없다/～不便を感じない 하등 불편을 느끼지 않다 ―か[副] 무엇인가, 얼마간, 어느 정도, 조금은

なんろ【難路】험한 길, 험로¶～に差しかかる 험한 길에 접어들다

なんろん【軟論】(文) 연론, 적자세의 의견·논의

# に

**に** 五十音図「な」行(行)의 둘째 かな. ひらがな「に」는「仁」의 초서체, かたかな「ニ」는 한자의「二」

**に** [二] 音ニ·ジ 訓ふた·ふたつ (음)이. Ⅰ 造語 ①둘, 이¶二人に 두 사람·無二 무이 ②두 번, 재차¶二回に 두 번·二毛作に 이모작 ③두 번째, 다음의¶二号·二流 이류 ④따로 나누다, 둘[배]로 하다¶二心 이심·二乗 2승 ⑤野「二塁·二塁手」의 준말¶二遊間 2루수와 유격수 사이 ▷ 熟字訓 二人 스물·二人 두 사람·二合半 두 홉 반·二十重 스무 겹·二十歳 스무 살 Ⅱ ①이, 둘¶一に足りない 하나 더하기 둘 ②두 번째¶~の句 다음 말 ③三味線의 두 번째 줄

**に** [尼] 音ニ·ジ(ヂ) 訓あま (음)니. 造語 ①여승, 비구니¶尼僧に 이승·「比丘尼」의 준말 ③범어·외국어「ニ·ネ」의 차음자¶尼達蘭 네덜란드·陀羅尼 다라니 ④여승의 이름에 붙이는 말

**に** [弐] [貳] 音ニ·ジ (음)이. 造語 「二」의 갖은자 ▷ 금액의 기재 등에 씀

**に** 格助 ①㉠(동작·작용의 대상)…에게, 을[를]¶母に話う 어머니에게 이야기하다/ 人に会う 사람을 만나다 ㉡(「~は」의 꼴로)(상대방에 대한 경의)…께서는¶皆様に お変わりございませんか 여러분께서는 별고 없으십니까 ㉢(사역의 상대)…에게, …한테¶部下に行かせる 부하에게 가게 하다 ㉣(수동의 상대나 동작·작용을 일으키는 상대)…에게, …한테¶親に しかられる 부모에게 야단 맞다 ㉤(영향을 받는 동작·작용의 주체)…에게, …한테¶母に聞いた話は 어머니에게 들은 이야기 ②(동작·작용·상태가 성립하는 장소)…에, …으로¶部屋に入る 방에 들어오다/ 後ろに さがる 뒤로 물러서다 ③(동작·작용·상태가 성립하는 때)…에¶三日前に あいましたね 3일 전에 만났지요 ④(동작·작용·상태의 원인·계기)…에¶雨に濡れる 비에 젖다/ うれしさに 泣き出す 기뻐서 울음을 터뜨리다 ⑤(동작·작용이 이루어지는 상태)…으로, 한께로, 하고¶~を~揺れる 좌우로 흔들리다/ 会わず に帰る 만나지 않고 돌아오다/ 罰に 掃除当番を 命ずる 벌로 청소 당번을 명하다 ⑥(동작·작용의 목적)…하러, …하기 위하여¶に 忘れ物を取りに帰る 잊은 물건을 가지러 돌아오다/ 花を切るの~使うはさみ 꽃을 자르는 데에 쓰는 가위 ⑦(동작·작용의 결과) …이[가], …으로¶風は西に~変わる 바람은 서쪽으로 바뀐다/ 体験を本に書く 체험을 책으로 쓰다 ⑧(비교의 기준이 되는 대상)…에, 을[를]…와[과]¶無能に~近い 무능에 가깝다 ⑨(평가의 기준·조건이 되는 대상)…에, …으로(는)¶健康に~有害 건강에 유해/ わたしに~は 小さすぎる 내게는 너무 작다 ⑩(비율의 기준이 되는 대상)…에¶ 一日に~10本に吸う 하루에 10개비 피운다 ⑪(구성하는 내용의 관계)…이¶魅力に~乏しい 매력이 없다 ⑫(감각이 전해지는 신체 부위)…에¶煙が目に~痛い 연기가 눈에 따갑다 ⑬(첨가·병렬)…에¶二に~三を加える 2에 3을 더하다 ⑭(같은 동사를 반복하여)…한 데다가 또¶降りに~降る을 내리고 또 내리는 눈 Ⅱ 接助 ①(같은 동사를 반복하여) ㉠…할래야¶越すに~越されぬ川 건널래야 건널 수 없는 강 ㉡(「~は」의 꼴로) (역접의 확정 조건)…는(하)기는 い ~いはいいが値段が高いが 좋기는 좋지만 값이 비싸다 ②(「…ず(ぬ)~」의 꼴로)(역접)…인데¶何にも知らず~知った顔をする 아무것도 모르면서 알고 있는 듯한 얼굴을 하다 ③(새로운 사태를 이끌어냄)…컨대¶要する~ 요컨대/ 申し添えます 덧붙여 말하건대 ④(「…もあろう~」의 꼴로) 예상밖의 특별한 예임을 나타내어¶人にもあろう~, あれが市長に~ 다른 사람도 있을텐데 저 사람이 시장인가 Ⅲ 終助 (「…たろう(だろう·たでしょう)~」의 꼴로) (역접·연민·유감)…きてんて¶こんなことには ならないだろう~ね 이렇게는 되지 않았을텐데/ さぞや あの人を待つだろう~ 필경 그 사람은 기다릴텐데

**に** [二] 音 (양악의 일본 음명에서) 라, D음

**に** [荷] 짐 ①화물, 하물¶~を運ぶ 짐을 나르다 ②책임, 임무¶~が重すぎる 책임이 과중하다 ③부담¶~厄介 짐이 되어 귀찮음 慣用句
**—が重い** 짐이 무겁다, 책임·부담이 크다
**—が下りる** 짐을 벗다, 책임·부담이 없어지다
**—が勝つ** 짐[책임·부담]이 힘에 겹다

**にあい** [似合(い)] 名 어울림, 걸맞음¶~の夫婦 잘 어울리는 부부

**にあ·う** [似合う] 自国 어울리다, 잘 맞다, 걸맞다¶この色は私に~ 이 색은 나에게 어울린다

**にあがり** [二上(が)り] 樂 三味線의 두 번째 줄의 가락을 본가락보다 한 음 높임, 그런 곡 ⇔ 本調子

**にあげ** [荷揚げ] 名 自他スル 뱃짐을 부림, 양륙, 하역, 하역 노동자¶~作業 하역 작업

**にあし** [荷足] (배의 안정을 유지하기 위해 쌓는) 바닥짐 = 底荷

**にあつかい** [荷扱い] 화물의 취급[다루기]¶

にい  
~が荒い 화물 다루는 것이 거칠다  
にい [新] (造語) 신, 새, 새로운, 처음의¶ ~妻ざ 새색시/ ~盆ぼん 죽은 뒤 처음 맞는 우란분  
にいがた [新潟] 中部ちゅうぶ 지방 북동부의 동해에 면한 현(縣), 그 현청 소재지  
にい さん [兄さん] (口) ①형님, 오빠 ②젊은 남성을 부르는 말, 젊은이¶ そこの~手伝って くれ 거기 젊은이 거들어주게  
にいちてんさく の ご [二一天作の五] 運語 ①이일착작오(二一添作五), (주산에서) 하나를 둘로 나눌 때 몫을 다섯으로 놓는다는 뜻 ②반반씩 나눔, 반분 ③계산, 주판셈  
にいづま [新妻] 새색시, 새댁  
にいなめ さい [新嘗祭] 11월 23일 天皇てんのうが 햇곡식을 신에게 바치고 친히 먹기도 하는 궁중의 제사  
にいにい ぜみ [にいにい蟬] 動 쓰름매미  
にいぼん [新盆] 죽은 뒤 처음 맞는 우란분  
にいろ [丹色] 단색, 붉은색  
にいん [二院] [政] 이원, 양원 ①衆議院しゅうぎいんと 参議院さんぎいんと 하원 一制せい,(政) 양원제  
にうけ [荷受(け)] 수하(受荷), 보내온 짐을 받음¶ ~人にん 수하인  
にうごき [荷動き] (거래 상품 등) 화물의 이동  
にうま [荷馬] 짐말, 짐을 나르는 말  
にうり [煮売(り)] 식료품을 익혀서 팖  
にえ [沸・鉋] (일본도의 칼날에 나타나는) 입자가 거친 구름 모양의 무늬  
にえ [贄] ①신에게 햇곡식을 올리는 제사, 그런 햇곡식 ②제물, 공물 ③선물, 진상품  
にえかえ・る [煮え返る] 自五 ①펄펄 끓어오르다, 비등하다 ②몹시 화가 나다¶ はらわたが~ 속이 끓어오르다, 부아가 치밀다  
にえきらない [煮え切らない] 連語 (태도・생각이) 분명하지 않다, 우유부단하다, 미적지근하다¶ ~男おとこ 우유부단한 사나이  
にえくりかえ・る [煮え繰り返る] 自五 ①부글부글(팔팔) 끓어오르다¶ 鍋なべの汁しるが~ 냄비의 국물이 팔팔 끓어오르다 ②부아가 치밀다¶ 胸むねの中なかが~ 부아가 치밀다  
にえたぎ・る [煮え滾る] 自五 펄펄 끓어오르다, 뒤끓다¶ 湯ゆが~ 더운 물이 펄펄 끓어오르다  
にえた・つ [煮え立つ] 自五 ①끓어오르다, 펄펄 끓다¶ やかんの湯ゆが~ってこぼれる 주전자의 물이 끓어올라 넘치다 ②몹시 화가 나다, 속이 부글부글 끓다  
にえゆ [煮え湯] 끓는 물, 열탕  
慣用句  
一を飲のまされる 믿는 도끼에 발등 찍힌다  
に・える [煮える] 自下一 ①삶아지다, 익다¶ まめが~ 콩이 삶아지다 ②(물이) 끓다¶ ~・えた湯ゆで殺菌さっきんする 끓는 물로 살균하다 ③몹시 화가 나다¶ 業ごうが~ 울화가 치밀다  
にお [×鳰] 농병아리  
におい [×匂(い)・×臭(い)] ①냄새, 향기¶ バラの~ 장미 향기/ サンマを焼やく~ 꽁치를 굽는 냄새 ▷ 좋은 냄새는 「匂」, 좋지 않은 냄새는 「臭」로 씀 ②정취, 기미, 기색¶ 田舎いなかの~ 시골의 정취 ③(일본도의 칼날에 나타나는) 입자가 고운 구름 모양의 무늬  
においぶくろ [×匂い袋] 향낭, 향주머니  
にお・う [×匂う・×臭う] 自五 ①냄새가 나다, 향기가 풍기다¶ ガスが~ 가스 냄새가 나다/ 梅うめの花はなが~ 매화 향기가 풍기다 ②수상한 낌새가 풍기다¶ この件けんはどうも~ 이 건은 아무래도 수상하다 ③빛나다, 아름답게 비치다¶ 朝日あさひに~山桜やまざくら 아침 해에 아름답게 빛나는 산벚꽃  
におう [仁王・二王] 인왕, 금강신(神) 一立だち 인왕처럼 우뚝 섬 一門もん 인왕문  
におくり [荷送り] 화물 발송  
におも [荷重] 名 f ①짐이 무거움 ②책임・부담이 과중함¶ 新人しんじんには~な仕事しごと 신인에게는 과중한 일이다  
におやか [×匂やか] f (文) ①향기로움 ②화사함, 고움¶ ~な麗人れいじん 화사한 미인  
におわ・す [×匂わす・×臭わす] 他五 ①냄새(향기)를 풍기다¶ 悪臭あくしゅうを~ 악취를 풍기다 ②넌지시 비추다, 암시하다¶ 賄賂わいろの必要ひつようを~ 뇌물이 필요함을 넌지시 비추다 ▷ 「におわせる」라고도 함  
におわ・せる [×匂わせる・×臭わせる] 他下一 → におわす  
にかい [二階] ①이층 구조¶ ~建たて 2층 구조 건물 ②(건물의) 2층¶ ~に上あがる 2층으로 올라가다 一家か 2층집  
慣用句  
一から目薬めぐすり (比) 뜻대로 되지 않음, 그다지 효과가 없음  
にが・い [苦い] 形 ①쓰다¶ ほろ~ビール 쌉쌀한 맥주 ②언짢다, 불쾌하다¶ ~顔かおをする 언짢은 얼굴을 하다 ③괴롭다, 쓰라리다¶ ~経験けいけんをなめる 쓰라린 경험을 맛보다  
にがり [苦*汁] [化] 여주  
にかえ・す [煮返す] 他五 (식은 것을) 데우다¶ 冷ひえた汁しるを~ 식은 국을 데우다  
にがお [似顔] 「似顔絵にがおえ」의 준말 一絵え ①초상화 ②[美] (浮世絵うきよえ에서) 배우・미인 등의 그림  
にがき [荷×嵩] 짐의 부피가 커짐  
にがしお [苦塩] → にがり  
にがしお [苦潮] [水] 고조  
にが・す [逃(が)す] 他五 ①놓아 주다¶ かごから鳥とりを~ 새장에서 새를 놓아 주다 ②놓치다¶ チャンスを~ 기회를 놓치다/ 犯人はんにんを~した犯人はんにんを놓쳤다  
慣用句  
一・した魚さかなは大おおきい 놓친 물고기는 크다  
にがたけ [苦竹] 참대  
にがつ [二月] 一革命かくめい [史] 2월 혁명  
にがて [苦手] 名 f ①다루기 벅찬(거북한) 상대¶ あいつは~だ 저놈은 질색이다/ ~どうしの対戦たいせん 서로 벅찬 상대끼리의 대전 ②잘 하지 못함, 서투름, 그런 것¶ ~な教科きょうか 잘 하지 못하는 교과

**にがにがし・い** [苦苦しい] [形] 몹시 불쾌하다, 매우 싫다¶ 世の風潮を~く思う 세상 풍조를 몹시 불쾌하게 여기다

**にがみ** [苦み] ①씀, 쓴맛, 쓴 느낌¶ コーヒーの~ 커피의 쓴맛 ②(용모가) 다부지고 남자다움¶ ~のある顔 다부지고 남자다운 얼굴
[慣用句]
**―走った** (용모가) 다부지고 사나이답다¶ ~いい男 다부지고 사나이다운 호남

**にがむし** [苦虫] 씹으면 씁쓸할 것 같은 벌레
[慣用句]
**―を嚙み潰したよう** 벌레라도 씹은 것 같은, (몹시 불쾌하여) 오만상을 찌푸린 표정

**にかめいちゅう** [二化螟虫] [動] 이화명충

**にかよ・う** [似通う] [自五] 서로 많이 닮다, 서로 비슷하다¶ ~った発言内容 서로 비슷한 발언 내용

**にがり** [苦汁] 간수, 고염 = にがしお

**にがりき・る** [苦り切る] [自五] 몹시 언짢게 여기다, 아주 못마땅한 표정을 짓다¶ ~った顔 잔뜩 찌푸린[못마땅한] 얼굴

**にかわ** [膠] 아교, 갖풀

**にがわせ** [荷為替] [経] 화물 환어음, 화환 어음

**にがわらい** [苦笑い] [名][自スル] 고소, 쓴웃음¶ 弱点をつかれて~する 약점을 찔려서 쓴웃음을 짓다

**にがんレフ** [二眼レフ] 이안 리프, 이안 리플렉스 카메라

**にき** [二季] ①두 계절, 두 철 ②백중과 세밑¶ ~払い 백중과 세밑에 모아서 지불함

**にき** [二期] 이기, (특정한) 두 기간¶ ~連続優勝 2기 연속 우승 **―作** 이모작

**にぎてき** [二義的] [ダ] 이차적, 부차적

**にぎにぎ** [握握] ①[幼] 오막이가 손을 쥐었다 폈다 하는 일, 쥐엄쥐엄 ②[幼] 주먹밥 ③[俗] 뇌물

**にぎにぎし・い** [賑賑しい] [形] 매우 번화하다, 떠들썩하다, 북적북적하다¶ ~く開幕する 떠들썩하게 개막하다

**にきび** [面皰] 여드름¶ ~をつぶす 여드름을 짜다

**にぎみたま** [和御魂] 유화(柔和)한 덕을 갖춘 신령·영혼 ⇔ 荒御魂

**にぎやか** [賑やか] [形動] ①번화함, 흥청거림¶ ~な街 번화한 거리 ②(명랑하게) 왁자지껄함, 떠들썩함¶ ~な若者たち 왁자지껄한 젊은이들¶ ~な会合 떠들썩한 회합

**にぎらせる** [握らせる] [連語] 쥐어 주다 ①(손에) 쥐게 하다 ②(뇌물을) 넌지시 건네다¶ 口止め料を~ 입셋이를 쥐어 주다

**にぎり** [握り] ①쥠, 쥐는 법 ②한 줌, 한 줌의 분량¶ ひと~の米 한 줌의 쌀/ バットをひと~余して短かく持つ 배트를 주먹 하나 정도 남기고 짧게 쥐다 ③「握り鮨」의 준말 ⑤(「お~」의 꼴로) 주먹밥 ⑥(바둑에서) 움켜쥔 바둑알이 홀수냐 짝수냐에 따라 선(先)을 정하는 일

**にぎりこぶし** [握り拳] 주먹 = げんこつ

**にぎりし・める** [握(り)締める] [他下一] ①꽉 쥐다¶ 思わず手を~ 저도 모르게 손을 꽉 쥐다 ②꽉 쥐고 놓지 않다¶ 小遣いを~めておもちゃを買いに行く 용돈을 꼭 쥐고 장난감을 사러 가다

**にぎりずし** [握り*鮨] [料] 생선 초밥 = 握り

**にぎりつぶ・す** [握(り)潰す] [他五] ①꽉 쥐어 으스러뜨리다 ②(의견 등을) 묵살하다, 깔아뭉개다¶ 要求を~ 요구를 묵살하다

**にぎりばし** [握り*箸] (어린아이 등의) 젓가락 두 짝을 한데 뭉쳐 쥐는 젓가락질

**にぎりめし** [握り飯] 주먹밥 = 結び・お握り

**にぎりや** [握り屋] [口] 구두쇠, 인색한 사람

**にぎ・る** [握る] [他五] ①(주먹) 쥐다¶ こぶしを~ 주먹을 쥐다 ②(손으로) 쥐다, 잡다, 잡고 조작하다¶ ハンドルを~ 핸들을 잡다 ③(주먹밥을) 만들다¶ すしを~ 초밥을 만들다 ④수중에 넣다, 장악하다, 잡다¶ 政権を~ 정권을 잡다 ⑤(「手に汗を~」의 꼴로) 손에 땀을 쥐다

**にぎわ・う** [賑わう] [自五] ①북적거리다, 흥청거리다¶ 若者たちで~街 젊은이들로 북적거리는 거리 ②번창하다, 번성하다¶ ~っている店 번창하고 있는 가게

**にぎわし・い** [賑わしい] [形] 떠들썩하다, 붐비다¶ 表通りは夜更けまで~ 큰길은 밤이 이슥해지도록 떠들썩하다

**にぎわ・す** [賑わす] [他五][文] ①떠들썩하게 [흥청거리게] 하다, 활기차게 하다¶ 町をを~ 거리를 흥청거리게 하다/ 紙面を~ 지면을 떠들썩하게 하다 ②풍부하게[풍족하게] 하다¶ 食卓を~ 식탁을 푸짐하게 하다

**にく** [肉] [音]ニク(요)육. I [造語] ①살¶ 肉食 육식 ②근육¶ 筋肉 근육 ③육체¶ 肉感 육감¶ 肉欲 육욕 ④肉声 육성 ③과일 등의 표피에 싸인 부분¶ 果肉 과육 ④「印肉」의 준말¶ 朱肉 인주 ⑤물건의 두께·굵기¶ 肉太 글씨 획이 굵음 ⑥혈연¶ 肉親 육친 ⇨ [熟字訓] 肉刺 물집 II ①살, 근육, 고기¶ 牛~ 쇠고기/ ~が付く 살이 찌다 ②육체, 몸¶ 霊と~との戦い 영과 육의 싸움 ③과육¶ メロンの~ 멜론 과육 ④「印肉」의 준말, 인주 ⑤물건의 두께나 굵기¶ ~の厚い鉄板 두께가 두터운 철판 ⑥[比] 내용에 덧붙이는 세부 사항, 살¶ 原案に~を付ける 원안에 살을 붙이다

**にく・い** [憎い・悪い] [形] ①밉다, 얄밉다¶ ~やつ 얄미운 놈/ 犯人が~ 범인이 밉다 ②(얄밉도록) 기특하다, 깜찍하다, 훌륭하다¶ ~ことを言う 깜찍한 소리를 하다

**にく・い** [*難い・悪い] [形式] …하기 어렵다[거북하다]¶ 走り~ 靴 달리기 불편한 구두/ 話し~人 말하기 거북한 사람

**にくいれ** [肉入れ] 인주갑(印朱匣) = 肉池

**にくいろ** [肉色] 살색, 살빛, 고기 빛깔

**にくエキス** [肉エキス] 고기 엑스, 육즙

**にくが** [肉芽] 육아 ①[医] 육아 조직 = にくげ ②[植] 주아 = むかご

にくがん [肉眼] 육안, 맨눈¶ ～で見える 육안으로 보이다
にくぎゅう [肉牛] 육우, 식용으로 쓰려고 기르는 소¶ ～を飼う 육우를 기르다
にくげ [憎げ] 밉살스러움, 얄미움
にくこう [肉交] (文) 육교, 성교
にくさ [憎さ] 미움¶ かわいさ余って～百倍 사랑하는 마음이 강할 수록 미워지면 몇 배나 더 미워짐 ―も憎し [連語] 몹시 밉다, 미워 죽겠다
にくじき [肉食] 名 自スル 육식 ①[佛] 조수(鳥獣)·어패류의 고기를 먹음 ② → にくしょく ―妻帯 중이 고기를 먹고 아내를 둠
にくしつ [肉質] 육질 ①고기의 질¶ ～がいい 육질이 좋다 ②살이 많은 체질 ③(식물의 잎이) 두꺼운 살 같은 성질¶ ～の葉 육질의 잎
にくしみ [憎しみ] 미움, 증오¶ ～を覚える 미움을 느끼다/ ～に満ちた目 증오에 찬 눈
にくしゅ [肉腫] [醫] 육종, 악성 종양
にくじゅう [肉汁] 육즙 ①고기 국물, 육수 ②날고기 즙 ③고기를 구울 때 나오는 즙
にくじゅばん [肉襦袢] (연극·서커스 등에서 입는) 살색 타이즈
にくじょう [肉情] 육정, 육욕
にくしょく [肉食] 名 自スル 육식¶ ～動物 육식 동물/ ～を好む人 육식을 즐기는 사람
にくしん [肉親] 육친¶ ～の情 육친의 정
にくずく [植] 육두구
にくせい [肉声] 육성¶ 初めて～に接する 처음으로 육성에 접하다
にくたい [肉体] 육체 ―的 ⫼ 육체적 ―美 육체미 ―労働 육체 노동
にくたらし・い [憎たらしい] 形(口) 밉살스럽다 ―顔つき 밉살스러운 표정
にくだん [肉弾] 육탄¶ ～戦 육탄전
にくだんご [肉団子] 고기 완자, 미트볼
にくち [肉池] 인주갑(印朱匣) ― 肉入れ
にくちゅう [肉柱] [動] 조개관자 ― 貝柱
にくづき [肉月] (한자 부수의) 육달월변 ▷ 「胸·腹」등의「月」부분
にくづき [肉付き] 살집, 살이 찐 정도¶ ししつき¶ ～がよい体格 살집이 좋다
にくづけ [肉付け] 名 自スル 살을 붙임, 잔손질을 하여 내용을 충실히 함¶ 大まかなプランに～する 대략적인 계획에 살을 붙이다
にくてい [憎体] 밉살스러움¶ ～な顔つき 밉살스러운 표정
にくてき [肉的] ⫼ 육적, 육체적, 육욕적 ⇔霊的¶ ～な欲望 육적인 욕망
にくなんばん [肉南蛮] 고기와 파를 넣고 끓인 국수·메밀 국수 ― 肉南蛮
にくにくし・い [憎憎しい] 形 밉디밉다, 몹시 밉살스럽다¶ ～口を利く 몹시 밉살스러운 말을 하다
にくはく [肉薄·肉迫] 名 自スル 육박 ①몸으로 돌진함¶ 敵の本拠に～する 적의 본거지에 육박하다 ②바싹 다가섬¶ 首位に～する 수위에 육박하다 ③힐문(詰問)함, 날카롭

게 캐물음¶ 議会が政府に～する 의회가 정부에 날카롭게 캐묻다
にくばなれ [肉離れ] (갑작스러운 운동이나 강한 외력으로) 근섬유가 끊어지는 일
にくひつ [肉筆] 육필¶ ～の原稿 육필 원고
にくぶと [肉太] ⫼ (글씨의) 획이 굵음 ⇔肉細¶ ～の書体 획이 굵은 서체
にくふん [肉粉] 육분, (비료·사료용) 고깃가루
にくへん [肉片] 육편, 고깃점
にくぼそ [肉細] (글씨의) 획이 가늚 ⇔肉太¶ ～の活字 획이 가는 활자
にくまれぐち [憎まれ口] 미움을 살 말·말투¶ ～をたたく 미움받을 말을 늘어놓다
にくまれっこ [憎まれっ子] 미움받는 아이·사람
[慣用句]
―世にはばかる 모두에게 미움받는 사람이 도리어 세상에서는 판을 친다
にくまれもの [憎まれ者] 미움받는 사람
にくまれやく [憎まれ役] 미움받는 역할·소임¶ ～を買って出る 미움받는 일을 맡고 나서다
にくまんじゅう [肉饅頭] 고기 만두
にく・む [憎む] 他五 미워하다, 증오하다¶ 罪を～んで人を～ まず 죄를 미워하되 사람은 미워하지 않는다
[慣用句]
―んでも余りある 미워하고도 남음이 있다, 몹시 미워하다
にくめない [憎めない] [連語] (예쁜 데가 있어서) 미워할 수 없다¶ おしゃまだけど～子 되바라졌지만 미워할 수 없는 아이
にくや [肉屋] 고깃간, 푸주, 정육점
にくようしゅ [肉用種] [農] 육용종
にくよく [肉欲·肉慾] (文) 육욕, 정욕¶ ～に溺れる 육욕에 빠지다
にぐら [荷鞍] 길마, 짐을 싣기 위한 말의 안장
にくらし・い [憎らしい] 形 밉다, 밉살스럽다¶ ～子供 얄미운 아이/ ～ほどの美人 얄미울 정도의 미인
にぐるま [荷車] 짐수레
にぐん [二軍] 이군, (프로 야구에서) 예비팀¶ ～落ち 이군으로 떨어짐
にげ [逃げ] 도망침¶ ～の一手しかない 도망치는 수밖에 없다
[慣用句]
―を打つ 도망칠 궁리를 하다, 책임 회피를 하다, 발뺌하다
にげあし [逃げ足] 도망치는 발걸음(속도)¶ ～が速い 도망치는 발걸음이 빠르다
にげう・せる [逃げ失せる] 自下一 도망쳐 자취를 감추다
にげおお・せる [逃げ果せる] 自下一 (文) 끝까지 도망치다, 완전히 도망치다
にげかくれ [逃げ隠れ] 名 自スル 도망쳐 숨음¶ もう～できない 이제 도망쳐 숨을 수 없다
にげき・る [逃げ切る] 自五 ①뒤따르지 못하게 달아나다, 끝까지 도망치다 ②(경기 등

에서) 추격을 따돌리고 이기다¶ 一点差<sub>いってん</sub>で~ 1점차로 따돌리고 이기다
**にげ ぐち** [逃(げ)口] 도망갈 출구[길]¶ ~を失<sub>うしな</sub>う 도망갈 출구를 잃다
**にげ こうじょう** [逃げ口上] 핑계, 구실 = 逃<sub>に</sub>げことば¶ ~を並<sub>なら</sub>べる 구실을 늘어놓다
**にげ ごし** [逃(げ)腰] (승부·책임 등을 피하여) 도망치려는 자세·태도¶ ~になる 도망치려고 하다, 발뺌하려고 하다
**にげ ことば** [逃(げ)言葉] → にげこうじょう
**にげ こ・む** [逃(げ)込む] [自五] 도망쳐 들어가다¶ 家<sub>いえ</sub>の中<sub>なか</sub>に~ 집안으로 도망쳐 들어가다
**にげ じたく** [逃(げ)支度·逃(げ)仕度] [달아날] 채비¶ ~にとりかかる 도망칠 채비를 시작하다
**にげ だ・す** [逃(げ)出す] [自五] ①도망치다, 달아나다¶ 檻<sub>おり</sub>から~ 우리에서 도망치다 ②도망치기 시작하다
**にげ な・い** [似気無い] [形] 어울리지 않다, 걸맞지 않다¶ 子供<sub>こども</sub>には~大胆<sub>だいたん</sub> 어린이에게는 걸맞지 않은 대담함
**にげ の・びる** [逃(げ)延びる] [自上一] (잡히지 않고 멀리) 달아나다, 도망쳐 피하다¶ 戦火<sub>せんか</sub>から~ 전화로부터 도망치다
**にげ ば** [逃(げ)場] 도망갈 곳, 도피처¶ ~を失<sub>うしな</sub>う 도망칠 곳을 잃다
**にげ まど・う** [逃(げ)惑う] [自五] 도망치려고 우왕좌왕하다¶ 砲火<sub>ほうか</sub>の下<sub>した</sub>を~ 포화 속에서 빠져나갈 구멍을 찾아 우왕좌왕하다
**にげ まわ・る** [逃(げ)回る·逃(げ)廻る] [自五] 여기저기 도망쳐 다니다¶ 悪事<sub>あくじ</sub>を働<sub>はたら</sub>いて方々<sub>ほうぼう</sub>を~ 나쁜 짓을 저지르고 여기저기 도망쳐 다니다
**にげ みず** [逃(げ)水] [気] (초원 등에서) 멀리서 보면 물이 있는 듯이 보이고 가까이 가면 다시 멀어져 보이는 신기루 현상
**にげ みち** [逃(げ)道] ①도망갈 길¶ ~をふさぐ 도망갈 길을 막다 ②(책임 등을) 피할 수 있는 수단·방법¶ 前<sub>まえ</sub>もって~を用意<sub>ようい</sub>する 미리 빠져나갈 구멍을 준비하다
**に・げる** [逃げる] [自下一] ①달아나다, 도망치다, 도주하다¶ 国外<sub>こくがい</sub>に~ 국외로 도주하다 ②(책임 등을) 회피하다, 포기하다¶ 問題<sub>もんだい</sub>とまともに取<sub>と</sub>り組<sub>く</sub>まずに~ 문제와 제대로 싸워 보지도 않고 포기하다
[慣用句]
―が勝<sub>か</sub>ち 피하는 것이 이기는 것이다
**にげん** [二元] [造語] ①이원 ①두 가지 근본 원리¶ ~的<sub>てき</sub>な考<sub>かんが</sub>え 이원적인 생각 ②두 장소에 걸쳐 둠¶ ~放送<sub>ほうそう</sub> 이원 방송 ②[数] 두 개의 미지수를 가지고 있음 **―方程式**<sub>ほうていしき</sub> [数] 이원 방정식 **―論**<sub>ろん</sub> [哲] 이원론
**にげん きん** [二弦琴·二絃琴] 이현금. 두 줄로 된 현악기
**にこう** [二更] 이경. 해시(亥時) = 乙夜<sub>いつや</sub>
**にこう** [尼公] [文] 여승이 된 귀부인 = 尼君<sub>あまぎみ</sub>
**にごう** [二号] 이호 ①두 번째 것¶ ~車<sub>しゃ</sub> 2호차 ②[俗] 첩 = めかけ

**にこげ** [和毛] 부드러운 털, 솜털 = うぶ毛<sub>げ</sub>
**に こごり** [煮凝り] ①생선·고기를 졸인 국물이 식어서 엉겨 굳어진 것 ②[料] 상어·넙치 등 아교질이 풍부한 물고기를 조려 굳힌 음식
**に ごしらえ** [荷拵え] [名] [自五] 짐 꾸리기¶ 短期間<sub>たんきかん</sub>で~する 단기간에 짐을 꾸리다
**にご・す** [濁す] [他五] ①흐리게 하다, 탁하게 하다 = 濁<sub>にご</sub>らす¶ 水<sub>みず</sub>を~ 물을 흐리게 하다 ②(말·태도 등을) 애매하게 하다, 얼버무리다¶ ことばを~ 말을 흐리다[얼버무리다]
**にこにこ** [副] [自スル] 생글생글, 싱글벙글, 생긋 생긋¶ ~顔<sub>がお</sub> 생글생글 웃는 얼굴/ ~して話<sub>はな</sub>しかける 싱글벙글하면서 말을 걸다
**にこぼれ** [煮零れ] 끓어 넘친 국물
**にこぼ・れる** [煮零れる] [自下一] (국물 등이) 끓어 넘치다
**にこぽん** [俗] (싱글거리면서 상대의 어깨를 툭 치며) 짐짓 친근감을 나타내어 상대편을 회유하는 태도¶ ~主義<sub>しゅぎ</sub> 회유주의
**に こみ** [煮込み] 푹 삶음[끓임], 그런 요리¶ ~うどん 푹 삶은 국수/ ~が足<sub>た</sub>りない 덜 끓여지다
**に こ・む** [煮込む] [他五] ①(여러 재료를 넣고) 한데 끓이다 ②푹 끓이다[삶다]¶ とろ火<sub>び</sub>で~ 뭉근불로 푹 끓이다
**にこやか** [ダ] 생글생글하는 모양, 상냥한 모양¶ ~な顔<sub>がお</sub> 생글거리는 얼굴
**にこよん** [俗] 날품팔이꾼, 일용 노무자
**にご・らす** [濁らす] [他五] → にごす
**にごり** [濁り] ①흐림, 탁함 ②~水<sub>みず</sub> 구정물/ ~声<sub>ごえ</sub> 탁한 목소리 ②더러움, 혼탁함, 부정¶ 世<sub>よ</sub>の~に染<sub>そ</sub>まる 세상의 더러움에 물들다 ③탁음 부호 = 濁点<sub>だくてん</sub>¶ ~を打<sub>う</sub>つ 탁음 부호를 적다 ④탁주, 막걸리
**にごり え** [濁り江] [文] 물이 흐린 강·후미
**にごり ざけ** [濁り酒] 탁주, 막걸리 = どぶろく
**にこり と** [副] 벙긋¶ ~もしない 벙긋도 하지 않다, 조금도 웃지 않다
**にご・る** [濁る] [自五] ①(액체·기체 등이) 흐려지다, 탁해지다¶ 川<sub>かわ</sub>の水<sub>みず</sub>が~ 강물이 흐려지다/ 空気<sub>くうき</sub>が~ 공기가 탁해지다 ②(빛깔·소리 등이) 흐려지다, 탁해지다¶ ~った色<sub>いろ</sub> 흐려진 빛깔/ ~った声<sub>こえ</sub> 탁해진 목소리 ③(정신 등이) 흐려지다, 혼탁해지다¶ ~・った世<sub>よ</sub>の中<sub>なか</sub> 혼탁한 세상 ④탁음이 되다, 탁음 부호를 적다¶ ダは夕が~・ったもの ダ는 夕가 탁음이 된 것
**に ころがし** [煮転がし] [料] (감자 등을) 굴려 가면서 바짝 조린 음식 = 煮転<sub>にころ</sub>ばし
**にごん** [二言] 이언, 두말¶ 武士<sub>ぶし</sub>に~はない 무사에게 이언은 없다
**に ざかな** [煮魚] 조린 생선
**に さばき** [荷捌き] ①짐의 처리 ②입하한 물건의 매각
**に ざまし** [煮冷まし] 끓여서 식힘, 그런 음식
**に さん** [二三] 이삼. 두셋, 약간¶ ~の問題<sub>もんだい</sub>がある 두세 가지 문제가 있다
**にさんかけいそ** [二酸化珪素] [化] 이산화규소

**にさんかたんそ**【二酸化炭素】[化] 이산화탄소
**にし**【西】①서. 서쪽 ②「西風」의 준말. 서풍¶〜が吹く 서풍이 불다 ③[相撲] 씨름판에 섰을 때 정면から 향해 오른쪽 지방 ⑤「西本願寺」의 준말 ⑥[佛] 서방정토, 극락 ▷①〜⑤⇔東
[慣用句]
ー**も東も分からない** ①그 곳의 지리를 전혀 모르다 ②[比] 사물을 전혀 이해하지 못하다, 사리를 판단하지 못하다
**にし**【*螺】(고둥·소라 등) 권패류의 총칭
**にじ**【虹】[気] 무지개 ¶〜の橋 무지개 다리/〜がかかる 무지개가 걸리다
**にじ**【二次】이차 ①[名] 두 번째 ¶〜試験 이차 시험 ②[名] 부차(副次) ¶〜利用 이차 이용 ③[数] (식·함수 등의) 차수가 2임 ¶〜関数 이차 함수 —**会** 이차 모임. 장소를 바꿔서 갖는 두 번째 술자리 —**感染** [医] 이차 감염 —**産業** 이차 산업 —**的** 이차적 —**方程式** [数] 이차 방정식
**にしあかり**【西明(か)り】잔조(殘照), 일몰 후 잠시 서쪽 하늘이 환한 빛
**にしアジア**【西アジア】서아시아
**にしかぜ**【西風】서풍. 갈바람 ⇔東風
**にしがた**【西方】①서쪽, 서편 ②(전쟁·승부 등에서 양쪽을 동서로 나누었을 때) 서쪽편, 서군 ③[相撲] 서쪽에서 씨름판으로 들어온 씨름꾼, 씨름 순위표의 서쪽편의 씨름꾼
**にしき**【錦】①비단 ②[比] 색채·무늬가 아름다운 것 ¶もみじの〜 (수놓은 듯한) 아름다운 단풍
[慣用句]
ー**の御旗** ①관군의 깃발 ②대의 명분
ー**を飾る** 금의 환향하다
**にじき**【二食】이식. 하루 두 끼만 먹음 = にしょく
**にしきえ**【錦絵】[美] 목판(木版)으로 다색 인쇄한 풍속화
**にしきぎ**【*錦木】[植] 화살나무
**にしきごい**【*錦鯉】[動] 비단잉어
**にしきへび**【*錦蛇】[動] 금사, 비단뱀
**にじぐち**【二字口】[相撲] 씨름판으로 올라가는 출입구
**にじげん**【二次元】이차원
**にしじんおり**【西陣織】京都의 西陣에서 나는 고급 비단의 총칭 = 西陣
**にじっせいき**【二十世紀】이십 세기 ①서기 1901〜2000년까지의 100년간 ②배의 한 품종
**にして**[連語] ①…에 와서, …이 되어서, …에 (서) ¶ 今〜思えば 지금에 와서 생각하니 ②…이면서, …이자 ¶ 繊細〜大胆 섬세하면서 대담함 —**は**[連語] …치고는, …로는 —**も**[連語] …의 경우에도, …라 해도, …에게도
**にしドイツ**【西ドイツ】구 서독 = 西独
**にしにほん**【西日本】서일본
**にしのうちがみ**【西の内紙】茨城현의 西野内에서 나는 닥나무로 만든 질긴 종이
**にしはんきゅう**【西半球】[地] 서반구

**にしび**【西日】석양, 저녁해 ¶〜が差し込む 저녁 햇빛이 들어오다
**にじます**【*虹鱒】[動] 송어의 일종
**にじ・み でる**【*滲(み)出る】[自下一] ①스며 나오다, 배어 나오다 ¶ 汗が〜 땀이 배어 나오다 ②자연히 드러나다 ¶ 愛情が〜 애정이 엿보이다/人柄が〜 인품이 절로 드러나다
**にじ・む**【*滲む】[自五] ①번지다 ¶ インクが紙に〜 잉크가 종이에 번지다 ②(윤곽이) 부예지다 ¶ 雨で封筒の字が〜 비로 봉투의 글씨가 부예지다 ③배다, 스미다 ¶ 包帯に血が〜 붕대에 피가 배다 ④드러나다, 나타나다, 엿보이다 ¶ 苦悩の色が〜 고뇌의 빛이 드러나다
**にしめ**【煮染め】[料] 채소·생선·고기 등을 조린 요리, 조림
**にしめる**【煮染める】[他下一] 바짝 졸이다 ¶ こんにゃくを〜 곤약을 바짝 졸이다
**にしゃ**【二者】[文] 이자, 양자 ¶〜生還 두 사람 생환 —**択一** 양자 택일
**にじゅ**【二豎】[文] 이수, 병마
**にじゅう**【二重】[名] 이중 ①두 겹 ¶〜の窓 이중창/〜に包む 이중으로 싸다 ②(같은 일이) 거듭됨, 중복 ¶〜払い 이중 지불 —**写し** (사진에서) 이중 노출 ②[映] 이중 촬영, 오버랩 —**国籍** 이중 국적 —**唱** 이중창 —**人格** 이중 인격 —**生活** 이중 생활 —**奏**【音】이중주 —**取り** (대금 등을) 이중으로 받음 —**衣** 이중 모음 —**回し** 일본옷 위에 입는 소매 없는 남자 외투
**にじゅうしき**【二十四気】이십사기. 이십사절기 = 二十四節気
**にじゅうしせっき**【二十四節気】이십사절기
**にじゅうはっしゅく**【二十八宿】이십팔수
**にじゅうよじかん**【二十四時間】24시간, 하루 종일 ¶〜勤務 24시간 근무 —**制** 24시간제
**にじょう**【二乗】Ⅰ 이승 [名スル] 자승, 제곱 ¶ 三のーは九 3의 제곱은 9 Ⅱ[佛] 소승(小乗)과 대승, 성문승(聲聞乗)과 연각승(緣覺乗) —**根** [数] 이승근, 평방근, 제곱근 = 平方根
**にじょうき**【二畳紀】[地] 이첩기
**にじりぐち**【*躙り口】다실(茶室)의 작은 출입구
**にじりよ・る**【*躙(り)寄る】[自五] 무릎걸음으로 다가가다, 조금씩 다가붙다 ¶ 相手に〜 상대방에게 무릎걸음으로 다가가다
**にじる**【煮汁】(고기·생선·채소 등을) 끓인 국물, 삶은 국물
**にじ・る**【*躙る】Ⅰ[自五] 무릎걸음으로 조금씩 다가가다 ¶〜って近よる 무릎걸음으로 가까이 다가가다 Ⅱ[他五] 짓이기다, 뭉그대다 ¶ 踏み〜 짓밟아 뭉개다
**にしろ**〜【〜(한다) 하더라도, 〜하든】¶ 行く〜行かない〜 가든 안 가든/失敗にも〜 やるだけのことはやる 실패 한다 해도 하는 데까지는 한다
**にしん**【*鰊·*鯡】[動] 청어, 비웃
**にしん**【二心】[文] 이심 ①딴마음, 배반하려는

마음= ふたごころ¶ ～を抱いだく 딴마음을 품다 ②의심
にしん [二伸] (文) 추신 = 追伸しん
にしんとう [二親等] 2촌(간) = 二等親とうしん
にしんぽう [二進法] (数) 이진법
にすい [二水] (한자 부수의) 이수변 ▷ 「凍・冷」 등의 「冫」 부분
にせ [偽・×贋] 가짜, 모조, 위조¶ ～ダイヤ 모조 다이아몬드/ ～の手紙がみ 가짜 편지
にせ [二世] 이세, 현세와 내세

慣用句
一の縁えん (이세에 걸치는) 부부의 인연
一の契ちぎり 결혼 약속

にせい [二世] 이세 ①2대째의 사람, 자식¶ ～誕生だん 2세 탄생 ②선대와 같은 이름으로 자리에 오른 국왕・교황 등의 일컬음¶ パウロ～ 바오로 2세 ③이민자의 자식¶ 日系けい～ 일본계 (이민) 2세
にせえ [似絵] (美) 平安へいあん 말기에서 鎌倉かまくら 시대에 유행한 大和絵やまとえ 양식의 초상화
にせがね [偽金・×贋金] 가짜 돈, 위폐, (특히) 가짜 경화¶ ～造づくり 가짜 돈을 만듦, 위폐범, 사전(私錢)꾼
にせくび [×贋首] 당사자의 목으로 가장한 남의 목
にせさつ [偽札・×贋札] 위조 지폐 = がんさつ
にせもの [偽物・×贋物] 가짜 (물건), 위조품¶ 本物ほん～ ～ご注意ちゅう 위조품에 주의¶ ～を つかまされる 가짜를 속아서 사다
にせもの [偽者・×贋者] 가짜 (인물), 엉터리¶ ～の医者いしゃ 가짜 의사
にせよ [連語] (가령) …다 해도, …하든, …이든¶ 行いく～戻もどる 가든 돌아오든
に・せる [似せる] (他下一) 비슷하게 하다, 진짜처럼 보이게 하다, 모방하다, 모조하다¶ ダイヤモンドに～・せたガラス玉だま 다이아몬드와 비슷하게 만든 유리알
にそう [尼僧] 여승, 비구니 = 尼あま・比丘尼びくに¶ ～院いん 여승방 ②(仏) 수녀
にそくさんもん [二束三文] (名) 헐값, 싸구려¶ 古書ふるほんを～で売うる 고서를 헐값으로 팔다
にそくのわらじ [二足の〈草鞋〉] 한 사람이 겸할 수 없는 두 가지 직업(입장)¶ ～をはく 겸할 수 없는 일을 겸하다
にだ [荷駄] 말로 나르는 짐, 마바리
にだい [荷台] (트럭 등의) 짐 싣는 곳, 짐받이, 적재함¶ ～に積つむ 짐받이에 싣다
にたき [煮炊き] (名) (自他スル) 취사¶ 朝晩あさばん自分じぶんで～する 아침 저녁으로 스스로 취사하다
にだし [煮出し] ①끓여서 맛을 우려냄 ②가다랭이포・다시마 등을 오래 끓여서 맛을 우려낸 국물
にだ・す [煮出す] (他五) 끓여서 맛을 우려내다¶ 昆布こんぶを～ 다시마를 끓여서 우려내다
にた・つ [煮立つ] (自五) 끓어오르다, 펄펄 끓다¶ ～・ったら差さし水みずを する 끓어오르면 물을 더 붓는다
にた・てる [煮立てる] (他下一) 부글부글 끓게 하다, 펄펄 끓이다¶ 湯ゆを ぐらぐらと～ 물을 부글부글 끓이다
にたにた (副) (自スル) (口) 기분 나쁘게 웃는 모양, 히죽히죽¶ ～と笑わらう 히죽히죽하고 웃다
にたもの [似た者] (성격 등이) 서로 닮은 사람 一夫婦ふうふ 부부는 성격・취미 등이 닮게 됨, 성격・취미 등이 닮은 부부
にたり [荷足り] 「荷足船にたりぶね」의 준말, 거룻배
にたり (副) 기분 나쁘게 웃는 모양, 히죽¶ ～笑わらう 히죽 웃다
にたりよったり [似たり寄ったり] (連語) (口) 비슷비슷함, 어슷비슷함, 대동소이함¶ ～の意見けんだ 대동소이한 의견이다
にだんかつよう [二段活用] (文法) 文語 동사 활용 어미로 イ・ウ段으로 활용하는 上二段活用과 エ・ウ段으로 활용하는 下二段活用의 총칭 ▷ 구어(口語)에서는 上一段・下一段으로 됨
にだんがまえ [二段構え] (名) (형편에 따라 대응할 수 있도록) 두 가지 수단・방법을 준비해 두는 일¶ ～の備そなえ 두 가지 방안의 준비
にだんぬき [二段抜き] (名) (신문・잡지 등에서) 표제・광고 두 단에 걸친 것¶ ～で報ほうずる 이단 기사로 보도하다
にだんめ [二段目] ①두 번째 단계 ②(문장・연극 등의) 두 번째 장(章) ③(相撲) 대전표의 제 2단에 이름이 오르는 사람, 십량꾼
にち [日] (音) ニチ・ジツ (訓) ひ・か (음) 일, (造語) ①태양, 해¶ 日没ぼつ 일몰・落日 낙양 ②낮¶ 日中ちゅう 낮・日直ちょく 일직 ③일주야¶ 日刊かん・日間かん・一日いち 하루 ④「日本ほん」의 준말, 일본・対日にち 대일 ⑤「日曜にち・日曜日ようび」의 준말 ⑥(助数) 날짜를 세는 말¶ 何日なんにち 며칠 ⑦「日向ひゅう」의 준말・日州しゅう 지금의 宮崎みやざき 지방 (熟字訓) 日向ひな 양지・日和ひより 날씨・明日あす・明日みょうにち 내일・昨日きのう 어제・今日きょう 오늘・一日ついたち 초하룻날・終日ひねもす 종일・二日ふつか 초이튿날・百日紅さるすべり 백일홍・明後日あさって 모레・一昨日おととい 그저께
にちぎん [日銀] 일본 은행 一券けん 일본 은행권
にちげん [日限] 기한, 기일¶ ～が迫せまる 기한이 다가오다/～を切きる 기일을 정하다
にちじ [日時] 일시 ①날짜와 시각¶ 出発はつの～ 출발 일시 ②시일¶ ～がかかる 시일이 걸리다
にちじょう [日常] 일상, 평소¶ ～生活せいかつ 일상 생활 一茶飯ぱん 일상 다반, 항용 있는 일
にちにち [日日] (名) (文) 매일, 나날¶ ～の努力どりょく 매일의 노력/科学がくは～発展はつする 과학은 나날이 발전한다

慣用句
一是好日ぜこうじつ 일일 시호일, 매일 평온 무사한 좋은 날임

にちぶ [日舞] 「日本舞踊にほんぶよう」의 준말, 일본 무용
にちべい [日米] 일미, 일본과 미국, 미일¶ 一安全保障あんぜんほしょう条約じょうやく 미일 안전 보장 조약
にちぼつ [日没] 일몰 = 日ひの入いり ⇔ 日出ひので
にちもつ [日没] (佛) 「六時ろくじ」의 하나, 저녁, 저녁 때 하는 독경

にちや [日夜] Ⅰ 名 밤낮, 주야¶ ～をわかたぬ研究 밤낮을 가리지 않는 연구 Ⅱ 副 밤낮으로, 늘, 언제나¶ ～努力を重ねる 밤낮으로 노력을 거듭하다

にちよう [日用] 名 일용 一品 일용품

にちよう [日曜] 일요일 一画家 일요 화가 一学校 주일 학교 一大工 일요 목수

にちりん [日輪] (文) 일륜, 태양

にちれんしゅう [日蓮宗] [佛] 日蓮을 개조로 하는 일본 불교 종파의 하나 = 法華宗

にちろく [日録] (文) 일록, 일기, 일지 [日誌]

にちろせんそう [日露戦争] [史] 러일 전쟁

について [に就いて] 連語 ① …에 대하여, …관하여¶ 提案～の質問 제안에 대한 질문 ② …마다, …당¶ 一個～二百円 1개당 200엔

にっか [日貨] (文) 일화. 수출된 일본 상품¶ ～排斥 일본 상품 배척 ＝日본돈

にっか [日課] 일과¶ 一表 일과표 / 朝の散歩を～とする 아침 산책을 일과로 삼다

にっかい [肉界] (文) 육계, 육체의 세계

にっかい [肉塊] 육괴 ①살덩어리, 고깃덩이 ②몸둥이, 육체 ▷「にくかい」라고도 함

にっかじへん [日華事変] [史] 중일 전쟁

にっかへいわじょうやく [日華平和条約] [史] 중일 평화 조약

にっかわしい [似つかわしい] 形 썩 잘 어울리다, 딱 알맞다, 적합하다¶ 子供に～遊び 어린이에게 적합한 놀이

にっかん [日刊] 一紙 일간지, 일간 신문 ▷ 잡지는「日刊誌」라고 씀

にっかん [日韓] 일한. 한일 一基本条約 한일 기본 조약 = 日韓条約

にっかん [肉感] 육감 = にくかん 一的 ナ 육감적¶ ～な姿態 육감적인 자태

にっき [日記] 일기¶ 一文学 일기 문학/ かかさずに～をつける 거르지 않고 일기를 적다 一帳 일기장

につき [に就き] 連語 ① (文) …에 대하여[관하여]¶ その件～一言申し添える 그 건에 대해 한 마디 덧붙여 말하다 ② (文) …이므로¶ 定休日～休業 정기 휴일이므로 휴업합니다 ③ …마다, …당 (當)¶ 一回～百円 1회당 100엔

にっきゅう [日給] 일급, 일당¶ ～制 일급제

にっきょうそ [日教組] 일본 교직원 조합

にっきん [日勤] 名 自スル 일근 ①매일 출근함 ②주간 [낮] 근무 ⇔ 夜勤

にづくり [荷造り・荷作り] 名 自他スル 짐꾸리기, 포장¶ 荷にごしらえ ガラス食器を～する 유리 그릇을 포장하다

につけ [煮付(け)] 조림, 조린 요리 芋の～ 감자 조림

にっけい [日系] 일계. 일본계¶ ～三世 일본계 3세/ ～アメリカ人 일본계 미국인

にっけい [日計] 일계. 일일 계산·집계¶ 一表 일계표

にっけい [肉桂] [植] 육계. 계수나무 = にっき

にっけいれん [日経連] 일본 경영자 단체 연맹

につ・ける [煮付ける] 他下一 ①조리다¶ 鯖を～ 고등어를 조리다 ②푹 끓이다[삶다]

にっこう [日光] 일광 ①햇빛, 햇볕¶ ～にさらす 햇볕에 쬐이다 ②「日光菩薩」의 준말 一消毒 일광 소독 一菩薩 [佛] 일광보살 一浴 名 自スル 일광욕

にっこう [日光] 栃木현 북서부의 도시 一街道 [史] 江戸 を에서 日光 う에 이르는 가도

にっこり 副 自スル 생긋, 방긋¶ 愛想よく～と笑う 붙임성 있게 생긋 웃다

にっさん [日参] 名 自スル ① (神社나 절에) 매일 참배함 = ひまいり ② (어떤 목적을 위해) 매일 찾아감¶ 陳情のため～する 진정하기 위해 매일 찾아가다

にっさん [日産] 일산. 일일 생산고¶ ～1000台 일산 1000대

にっし [日子] (文) 일수, 날짜¶ 多くの～を費やした 많은 날짜를 소비했다

にっし [日誌] 일지¶ 業務～ 업무 일지

にっしゃ [日射] 일사, 내리쬐는 햇빛 = 日ざし 一病 [醫] 일사병

にっしゅう [日収] 일수. 하루 수입

にっしゅつ [日出] (文) 일출¶ ～時 일출 때

にっしょう [入声] [文法] 입성. 한자 사성 (四聲) 의 하나

にっしょう [日商] 일본 상공 회의소

にっしょう [日照] 일조¶ ～時間 일조 시간 一権 일조권

にっしょうき [日章旗] (文) 일장기. 일본 국기

にっしょく [日食·日蝕] [天] 일식

にっしんげっぽ [日進月歩] 일진 월보¶ ～の世の中 일진 월보하는 세상

にっしんせんそう [日清戦争] [史] 청일 전쟁

にっすう [日数] 일수. 날수 = ひかず¶ 出席～ 출석 일수

にっせき [日赤] 일본 적십자사

にっソ [日ソ] 일소. 일본과 구 소련 一共同宣言 일소 공동 선언

にっちもさっちも [二進も三進も] 連語 (口) 이러지도 저러지도, 이렇게도 저렇게도¶ ～行けない 이러지도 저러지도 못하다

にっちゅう [日中] ①낮, 주간¶ ～はまだ暖かい 낮은 아직 따뜻하다 ② [佛] 「六時」의 하나. 정오, 한낮, 그 때 하는 독경

にっちゅう [日中] 일중. 중일¶ ～友好 중일 우호 一共同声明 중일 공동 성명 一戦争 중일 전쟁

にっちょうしゅうこうじょうき [日朝修好条規] [史] 병자 수호 조약. 1876년 한일 간에 맺은 불평등 조약 = 江華条約

にっちょく [日直] 일직. 그날·주간 당직

にってい [日程] 일정¶ ～表 일정표

にってん [日展] 일본 미술 전람회

にっと 副 이를 보이며 살짝 웃는 모양. 씩, 히죽¶ 白い歯を見せて～笑う 하얀 이를 보이며 씩 웃다

にっとう [入唐] 名 自スル (文) 당나라에 들어감

にっとう [日当] 일당 ¶ 八千円の~をもらう 8천 엔의 일당을 받다
にっとう [日東] 일본의 미칭
にっぱち [二八] 〔俗〕 2월과 8월
にっぽう [日報] 일보 ①매일의 보고(서) ¶ 業務の~ 업무 일보 ②매일 나오는 간행물, (특히) 신문
にっぽん [日本] → にほん(日本)
に つま・る [煮詰(ま)る] 〔自五〕 ①바짝 졸아들다 ¶ 汁が~ 국물이 바짝 졸아들다 ②(충분히 검토되어) 결론에 접근하다 ¶ 細部はまだ~っていない 세부는 아직 결론에 접근하지 않았다
に づみ [荷積み] (배・차 등에) 짐싣기, 적하
に つ・める [煮詰める] 〔他下一〕 바짝 졸이다 ¶ ~めてとろりとさせる 바짝 졸여 걸쭉하게 만들다 ②(충분히 검토하여) 결론에 이르게 하다 ¶ 議論を~ 논의를 마무리다
にて 〔格助〕 ①(장소) …에서 ¶ 東京~開催 東京에서 개최 ②(시간) …에 ¶ 七時~開店させていただきます 7시에 개점하겠습니다 ③(수단・방법・재료) …로 ¶ 船~行ゆく 배로 가다/ 竹~作られる笛 대나무로 만들어지는 피리 ④(원인・이유) …(이므)로 ¶ 風邪にて欠席いたします 감기로 부득이 결석하겠습니다 ⑤(상태) …서, …로 ¶ 一人~行く 혼자서 가다
にて ひなる [似て非なる] 〔連語〕 사이비 ¶ 民主主義の~一体制 사이비 민주주의 체제
にても につかない [似ても似つかない] 〔連語〕 조금도 닮지 않은, 전혀 다른 ¶ 本物とは~にせもの 진짜와는 전혀 다른 가짜
にと [二兎] 두 마리의 토끼
〔慣用句〕
━を追う者は一兎をも得ず 두 마리의 토끼를 쫓는 자는 한 마리도 얻지 못한다
にと [二途] 〔文〕 두 갈래 길, 두 가지 방법〔방향〕 ¶ 論議が~に分かれる 논의가 두 갈래로 나뉘다
にど [二度] 두 번, 재차 ¶ ~目の挑戦 두 번째 도전 ━咲き 1년에 두 번 꽃이 핌=返り咲き ━手間 두 번(에 되는 일을) 두 번 손보게 함 ━と 圖 두 번 다시, 다시는
〔慣用句〕
━有ることは三度有る 두 번 있던 일은 세 번 있게 마련이다
━と再び 두 번 다시는
━の勤め ①일단 그만둔 직업에 다시 종사함, 복직 ②써서 낡은 것을 다시 사용하는 일
に とうしん [二等親] → しんとう
に とうだて [二頭立て] 두 필의 말로 수레를 끄는 일, 쌍두 마차 ¶ ~の馬車 쌍두 마차
に とうぶん [二等分] 图 自スル 이등분
に とうへい [二等兵] 이등병
に とうへん さんかくけい [二等辺三角形] 〔數〕 이등변 삼각형
に とうりゅう [二刀流] ①쌍칼로 싸우는 검술의 유파 ②술과 단것을 모두 즐김, 그런 사람

と うるい [二糖類] 〔生〕 이당류
に な [螺] 〔動〕 다슬기
に ないだいこ [担い太鼓] (아악에서) 두 사람이 메고 다니며 치는 북
に ないて [担い手] ①(짐을) 메는 사람 ②(일・책임 등을) 떠맡은 사람, 담당자 ¶ 生計の~ 생계를 떠맡은 사람/ 新しい文化の~ 새로운 문화의 담당자
に な・う [担う・荷う] 〔他五〕〔文〕짊어지다 ①메다 ¶ 米俵を~ 쌀 가마를 짊어지다 ②(책임・역할 등을) 떠맡다, 지다 ¶ 次代を~若者 다음 세대를 짊어질 젊은이
に なわ [荷縄] 짐을 꾸리는 새끼줄
に にろくじけん [二・二六事件] 〔史〕 2・26 사건. 1936년 2월 26일 일본 육군 청년 장교들이 정치 개혁을 위해 일으켰던 반란 사건
にん さんきゃく [二人三脚] ①이인 삼각 ②두 사람이 협력하여 일을 함 ¶ 官民の~で研究を進める 관민이 협력하여 연구를 추진하다
に にんしょう [二人称] 〔文法〕 이인칭
に ぬき [煮抜き] ①(끓은 밥에서 떤낸) 진한 밥물 ②「煮抜き卵」의 준말 ━卵 삶은 달걀
に ぬし [荷主] 하주, 짐 주인, 발송인
に ぬり [丹塗(り)] 붉은 칠을 함, 그렇게 칠한 것 ¶ ~の鳥居 붉은 칠을 한 鳥居
に ねん せい [二年生] 2년생 ①2학년생 ¶ 高校の~ 고교 2학년생 ②(植) 이년초=にねんそう ━植物 〔植〕 2년생 식물 ━草本 〔植〕 2년생 초본
に ねん そう [二年草] 〔植〕 이년초, 이년생 식물, 두해살이풀
に のあし [二の足] (걷기 시작하여) 두 번째 내놓는 발
〔慣用句〕
━を踏む 주저하다, 망설이다
に のうで [二の腕] 위팔, 상박 = 上膊
に のかわり [二の替(わ)り] 「二の替わり狂言」의 준말 ━狂言 ①〔歌舞伎〕 (歌舞伎에서) 11월의 신인 배우 소개 공연에 이어 이듬해 정월에 하는 狂言 ②(흥행 기간 중의) 두 번째 흥행
に のく [二の句] 다음 말
〔慣用句〕
━が継げない (기가 막혀서) 다음 말이 안 나오다
に のぜん [二の膳] 〔料〕 (일본의 정식 요리에서) 本膳 다음에 내는 요리상, 두 번째 상
に のつぎ [二の次] 그 다음, 뒤로 미룸 ¶ あいさつは~にして本題に入る 인사는 뒤로 미루고 본제로 들어가다
に のとり [二の酉] 11월의 둘째 酉日(酉日), 그 날에 서는 장
に のまい [二の舞] 남이 한 실패를 되풀이 함 ¶ 前任者の~を演ずる 전임자의 전철을 밟다
に のまる [二の丸] 본성(本城)을 에워싸고 있

にのや [二の矢] ①두 번째로 쏘는 화살¶ ~を継つぐ 두 번째 화살을 잇달아 쏘다 ②(잇달아) 다시 시도함¶ ~がつげない 다시 시도해 볼 엄두가 나지 않다

には 助 → 助

にはいず [二杯酢] 초간장

にばしゃ [荷馬車] 짐마차

にはちそば [二八(蕎麦)] ①밀가루와 메밀을 2대 8의 비율로 섞은 국수 ②(江戸) 시대에) 한 그릇에 16푼 하던 싸구려 국수

にばな [煮花] 갓 끓여낸 향긋한 차

にばん [二番] ①두 번째, 둘째, 이등¶ クラスで~の成績せいき 반에서 이등의 성적 ―館かん 재개봉 영화관, 재개봉관 ―煎せんじ ①(차・약 등의) 재탕 ②이전 것을 되풀이하여 신선미가 없음, 그런 것 ―抵当とう 이번 저당 ―目め物もの [芸] (能楽에서) 두 번째로 상연되는 能の

にびいろ [鈍色] 짙은 쥐색= にぶいろ

にびき [荷引き] 생산물의 짐을 그 생산지에서 들여옴

にびたし [煮浸し][料] 살짝 구운 생선이나 채소 등을 초간장 등으로 무르게 조린 요리

にひゃくとおか [二百十日] 입춘으로부터 210일째 되는 날

にひゃくはつか [二百二十日] 입춘으로부터 220일째 되는 날

にびょうし [二拍子][音] 2박자

にぶ [二部] 이부 ①두 부분, 둘째 부분¶ ~からなる伝記でんき 2부로 된 전기 / 大河たいが ドラマの~ 대하 드라마의 2부 ②(고교・대학의) 야간부 ③(책・서류 등의) 두 통, 두 권¶ コピーを~取とる 복사를 2부 뜨다 ―合唱がっしょう [音] 이부합창 ―作さく 이부작

にぶい [鈍い] 形 ①무디다¶ ~包丁ぼうちょう 무딘 식칼 ②(머리 회전이) 둔하다¶ 頭あたまが~ 머리가 둔하다 ③(동작이) 굼뜨다, 느리다¶ 動うごきが~ 움직임이 굼뜨다 ④(빛・소리 등이) 희미하다, 둔탁하다¶ 痛いたみに鈍い通증/どすんとする~音 쿵 하는 둔탁한 소리

にぶいろ [鈍色] → にびいろ

にぶおんぷ [二分音符][音] 이분 음표

にふくめる [煮含める] 他下一 (양념이 배어들도록) 뭉근히 끓이다

にふだ [荷札] [짐의] 꼬리표

にぶね [荷船] 짐배, 화물선

にぶる [鈍る] 自五 ①(날붙이 등이) 무디어지다¶ 切きれ味あじが~ 베는 맛이 무디어지다 ②(기능・사고력 등이) 둔해지다, 무디어지다¶ 頭あたまが~ 머리가 둔해지다/ 腕前まえが~ 솜씨가 무디어지다 ③(정도・기세 등이) 약해지다¶ スピードが~ 속도가 떨어지다/ 決心けっしんが~ 결심이 약해지다

にぶん [二分] 名 他スル 이분 ①양분¶ 天下てんかを~する 천하를 양분하는 것 ②반각= 半角はんかく ―音符 [音] 이분 음표= にぶおんぷ

にべ [鮸] [動] 동갈민어

にべ [鮸膠・鰾膠] ①민어 부레로 만든 아교, 부레풀= にべにかわ ②[比] 붙임성 慣用句 ―も無ない 쌀쌀맞다, 정떨어지다

にぼし [煮干(し)] 잔물고기(특히 멸치)를 쪄서 말린 식품

にほん [二本] 두 자루 ―差さし [俗] ①크고 작은 두 자루의 칼을 찬 사람, 무사 ②[相撲] 양손을 겨드랑이에 지르고 맞잡는 수= もろ差さし ―立だて [映] 두 작품을 동시에 상영・상연함 ②두 가지 일을 동시에 함 ―棒ぼう [俗] ①무사 ②코흘리개 ③공처가

にほん [日本] 일본 ―アルプス 일본 알프스 ―一いち 일본 제일 ―狼おおかみ 승냥이 ―画が [美] 일본화 ―海かい 「동해(東海)」의 일본에서의 일컬음 ―髪がみ 일본식 여자 머리 모양 ―銀行ぎんこう 일본 은행 ―犬けん 일본 개 ―語ご 일본어 ―工業規格きかく 일본 공업 규격 ―国有鉄道こくゆうてつどう 일본 국유 철도= 国鉄こくてつ ―猿ざる [動] 일본원숭이 ―三景さんけい 일본 삼경, 일본의 대표적인 3대 경승지 ―紙し 일본 종이 ―式しき 일본식 ①일본 특유의 방식 ②일본어의 로마자 표기법의 하나 ―酒しゅ 청주 ―シリーズ (프로 야구의) 일본 시리즈 ―人じん 일본인 ―茶ちゃ 녹차 ―手拭ぬぐい 일본 무명 수건 ―刀とう 일본도 ―脳炎のうえん [医] 일본 뇌염 ―晴ばれ ①쾌청한 날씨 ②[比] 근심・의심 등이 깨끗이 가심 ―舞踊ぶよう 일본 무용 ―文学ぶんがく 일본 문학 ―間ま 일본식 방 ―料理りょうり 일본 요리 ―列島れっとう 일본 열도

にほんしょき [日本書紀] 奈良나라 전기의 역사서

にまい [二枚] 2매, 두 개, 두 쪽, 두 장¶ ~屛風びょうぶ 두 폭 병풍/ ~戸と 쌍바라지 문 ―落おち (일본 장기에서) 상수가 飛車ひしゃ와 角行かくぎょう를 떼고 두기 ―貝がい 이매(二枚)패류, 쌍각류 ―腰ごし (씨름・유도에서) 좀처럼 꺾이지 않는 끈질긴 허리, 그처럼 승부에 강함 ―舌じた 앞뒤가 맞지 않는 말을 함 ―目め ①[芸] (歌舞伎에서) 미남 역(役)의 배우 ②[比] 미남 배우 ③[俗] 미남자 ④[相撲] 위에서 두 번째 위, 그 씨름꾼▷ 前頭まえがしら ―十両じゅうりょう ―幕下したまく 등 ―目め半はん 익살스러운 데가 있어서 친밀감을 갖게 하는 미남 배우

にまめ [煮豆] 콩자반

にもあれ [連語] [文] 대상을 선택・한정하지 않음을 나타냄, …이든, …이고¶ どんなこと~積極的せっきょくてきに参加さんかする 어떤 일이든 적극적으로 참가하다

にもうさく [二毛作] [農] 이모작

にもかかわらず [にも拘らず] [連語] [文] …인데도 불구하고¶ 悪天候あくてんこう~出でかけた 악천후 후에도 불구하고 나갔다

にもつ [荷物] 짐 ①하물¶ 手て~ 수하물/ ~の運搬うんぱん 짐의 운반 ②부담, 성가신 것¶ お~になる 짐이 되다

にもの [煮物] 음식물을 끓임(익힘), 그런 음식

にやき [煮焼き] 음식을 끓이고 굽고 하는 일

にやく [荷役] 하역, 뱃짐을 싣고 부림, 그런 일을 하는 사람¶ ~人夫にんぷ 하역 인부

にや・ける 自下一 (남자가) 여자처럼 모양을 내거나 간들거리다
にや・す [煮やす] 他五 ①(「業を~」의 꼴로) 속을 태우さ ②끓이다, 익히다
にやっかい [荷厄介] 名 形動 ①(짐이 무겁거나 커서) 버거움 ②부담스러움, 짐스러움¶仲間から~になる 동료들에게 짐스러운 존재가 되다
にやにや 副 自スル 히죽히죽, 싱글싱글¶~して見ているだけ 히죽거리며 보고 있을 뿐
にやりと 副 히죽, 빙그레, 싱긋¶思わず~笑うてき 저도 모르게 빙그레 웃다
にゅう [入] 音ニュウ(ニフ)・ジュ 訓いる・いれる・はいる (음)入. (造語) ①들어가다¶入院 입원・加入 가입 ②(어느 범위에) 넣다, 거두어 들이다¶記入 기입・収入 수입 ③「入学」의 준말¶入試 입시 ④「輸入」의 준말¶入超 입초 ⑤한자 4성의 하나¶入声 입성
にゅう [乳] 音ニュウ(ニウ) 訓ちち・ち (음)乳. (造語) ①젖 牛乳 우유・母乳 모유・離乳 이유 ②우유 같은 액체¶乳液 유액・豆乳 두유 ③유방, 유방처럼 생긴 것¶乳首 유수・鐘乳石 종유석 ④젖을 먹고 자라는 시기¶乳歯 유치・乳児 유아 ▷ 熟字訓 乳母 유모
にゅういん [入院] 名 自スル 입원 ⇔ 退院 — 患者 입원 환자
にゅういんりょう [乳飲料] 우유에 과즙 등을 섞은 음료
にゅうえい [入営] 名 自スル 입영, 입대
にゅうえき [乳液] 유액 ①점성(粘性)이 있는 젖빛 액체 ②유상(乳狀)의 화장 크림
にゅうえん [入園] 名 입원 ①동물원・공원 등에 들어감¶~料 입장료 ②(유치원・보육원 등의) 원아가 됨¶~式 입원식
にゅうか [入荷] 名 自他スル 입하 ⇔ 出荷¶新製品が~する 신제품이 입하하다
にゅうか [乳化] 名 自他スル 化 유화, 유상(乳狀)의 액체로 됨「만듦」¶~剤 유화제
にゅうかい [入会] 名 自スル 입회 ⇔ 脱会¶~金 입회금 / ~の手続き 입회 절차
にゅうかく [入閣] 名 입각¶外相として~する 외상으로 입각하다
にゅうがく [入学] 名 自スル 입학 ⇔ 卒業¶~案内 입학 안내 — 金 입학금 — 試験 敎 입학 시험 — 難 입학난
にゅうかん [入棺] 名 他スル 입관 = 納棺
にゅうかん [入館] 名 自スル 입관, 도서관・미술관 등에 들어감¶~者 입관자
にゅうがん [乳癌] 醫 유암, 유방암
にゅうぎゅう [乳牛] 유우, 젖소
にゅうきょ [入居] 名 自スル 입거, 입주¶~者募集 입주자 모집
にゅうきょ [入渠] 名 自スル (文) 입거. (수리 등을 위해) 배가 도크에 들어감
にゅうきょう [入京] 名 自スル 입경 ①서울(수도)로 들어감¶各地の代表が~する 각 지의 대표가 입경하다 ②東京・京都에 들어감
にゅうぎょう [乳業] 유업. 우유・유제품을 만드는 사업
にゅうぎょく [入玉] 名 自スル (일본 장기에서) 玉将(王将)가 적진에 들어감
にゅうぎょけん [入漁権] 法 입어권
にゅうきん [入金] 名 自他スル 입금 ①돈이 들어옴, 그런 돈 ⇔ 出金 — 伝票 입금 전표 ②(예금 등으로) 돈을 불입함¶前金を~する 선금을 입금하다
にゅうこ [入庫] 名 自他スル 입고, 창고・차고로 들어감[들임] ⇔ 出庫¶発注していた品が~する 발주한 품이 입고하다
にゅうこう [入坑] 名 自スル 입갱. 갱도에 들어감¶採掘のために~する 채굴하기 위해 입갱하다
にゅうこう [入貢] 名 自スル (文) 입공. (외국 사신이) 조공을 가지고 옴¶~船 입공선
にゅうこう [入寇] 名 自スル (文) 입구. 외적이 쳐들어옴 = 来寇
にゅうこう [入港] 名 自スル 입항 ⇔ 出港
にゅうこう [乳香] 유향, 유향수의 수지(樹脂)
にゅうこく [入国] 名 自スル ①입국 ⇔ 出国¶~の手続きを済ませる 입국 수속을 마치다 ②영주가 자기 영지로 들어감 — 査証 法 입국 사증, 비자 = ビザ
にゅうごく [入獄] 名 自スル 입옥. 복역하러 교도소에 들어감 ⇔ 出獄
にゅうこん [入魂] 名 (文) ①(작품 등에) 심혼을 기울임¶~の作品 심혼을 기울인 작품 ②입혼, 종교적인 작품 등이 완성되었을 때 그것에 혼을 불어넣는 일¶~式 입혼식
にゅうざい [乳剤] 化 유제 石油~ 석유 유제
にゅうさつ [入札] 名 自スル 法 입찰 = 入れ札¶~に付する 입찰에 부치다
にゅうさん [乳酸] 生 유산 — 菌 生 유산균 — 菌製剤 藥 유산균 제제
にゅうざん [入山] 名 自スル 입산 ①산에 들어감¶~禁止 입산 금지 ②佛 (주지가 되어) 절에 들어감
にゅうし [入試] 입시, 입학 시험
にゅうし [乳歯] 醫 유치. 젖니¶~が抜け替わる 유치를 갈다
にゅうじ [乳児] 유아. 젖먹이 = 乳飲み子
にゅうしち [入質] 名 他スル (文) 입질, 전당 잡힘¶指輪を~する 반지를 전당 잡히다
にゅうしつ [入室] 名 自スル 입실. 방에 들어감 ⇔ 退室¶~禁止 입실 금지
にゅうしつ [乳質] 유질 ①젖의 품질¶~が良い 유질이 좋다 ②젖과 같은 성질
にゅうしぼう [乳脂肪] 유지방, 유지
にゅうしゃ [入社] 名 自スル 입사 ⇔ 退社¶~試験 입사 시험
にゅうしゃ [入射] 名 自スル 物 입사, 투사¶~角 입사각 / ~光線 입사 광선
にゅうじゃく [入寂] 名 自スル 佛 입적, 승려가

にゅうじゃく【柔弱】 ナ 유약. 연약함¶ ～な 精神 유약한 정신
にゅうしゅ【入手】 名他スル 입수. 손에 넣음¶ 情報を～する 정보를 입수하다
にゅうしゅう【乳臭】 유취 ①젖내. 젖내가 남 ②유치하고 미숙함 ━児 (文) 풋내기를 얕잡아 이르는 말. 젖비린내 나는 아이
にゅうじゅう【乳汁】 (文) 유즙. 젖
にゅうじゅく【入塾】 名自スル 입숙. 사숙(私塾)에 들어감¶ ～手続き 입숙 절차
にゅうしょ【入所】 名自スル 입소 ①연구소·사무소 등의 일원이 됨 ②형무소에 들어가 복역함¶ ～者 입소자
にゅうしょう【入賞】 名自スル 입상¶ ～作 입상작/三位に～する 3위로 입상하다
にゅうじょう【入定】 名自スル【佛】 입정 ①선정(禪定)에 들어감⇔出定 ②입적, 입멸
にゅうじょう【入城】 名自スル 입성. 성에 들어감. (특히 싸움에 이겨) 적의 성에 들어감¶ ～式 입성식
にゅうじょう【入場】 名自スル 입장⇔退場¶ ～券 입장권/選手団が～する 선수단이 입장하다
にゅうじょう【乳状】 유상
にゅうしょく【入植】 名自スル 입식. 식민지·개척지에 이주함¶ ～者 입식자
にゅうしん【入信】 名自スル 입교. 신앙의 길에 들어감. 신자가 됨¶ キリスト教に～する 기독교에 입교하다
にゅうしん【入神】 名(文) 입신. 기예가 뛰어나 신묘한 경지에 이름¶ ～の技 입신의 기예
にゅうせいひん【乳製品】 유제품
にゅうせき【入籍】 名他スル【法】 입적¶ ～の手続き 입적 절차
にゅうせん【入船】 名自スル 입선. 배가 항구에 들어옴. 그런 배 = 入り船
にゅうせん【入線】 名自スル 입선. 열차가 발차 선로에 들어감¶ ～時刻 입선 시각
にゅうせん【入選】 名自スル 입선⇔落選
にゅうせん【乳腺】【醫】유선. 젖샘¶ ～炎 유선염
にゅうたい【入隊】 名自スル 입대⇔除隊¶ 自衛隊に～する 자위대에 입대하다
にゅうだく【乳濁】 유탁. 젖처럼 뿌옇게 됨 ━液【化】 유탁액 = エマルジョン
にゅうだん【入団】 名自スル 입단⇔退団¶ 青年団に～する 청년단에 입단하다
にゅうちょう【入朝】 名自スル 입조. (옛날에 외국 사신 등이) 조정에 참내(參內)함
にゅうちょう【入超】【經】「輸入超過」의 준말. 입초. 수입 초과⇔出超
にゅうてい【入廷】 名自スル 입정. (피고·관계자가) 법정에 들어감⇔退廷
にゅうでん【入電】 名自スル 입전. 전신·전보 등이 들어옴
にゅうとう【入党】 名自スル 입당⇔離党¶ 脱党¶ 与党に～する 여당에 입당하다

にゅうとう【入湯】 名自スル(文) 입탕. 입욕. 온천에 들어감¶ ～税 입탕세/～料 입욕료
にゅうとう【乳糖】【生】 유당. 젖당
にゅうとう【乳頭】 유두. 젖꼭지 = ちくび
にゅうどう【入道】 I 名自スル【佛】 불문에 들어감. 그런 사람 II 名 ①불문에 든 삼품(三品) 이상인 사람에 대한 높임말 ②뭉구리, 중대가리 ③중대가리의 도깨비·괴물¶ 大～ 중대가리의 큰 도깨비 ━雲 「積乱雲」의 속칭. 소나기구름
にゅうないすずめ【入内雀】【動】 섬참새
にゅうねん【入念】 ナ 공[정성]을 들임. 꼼꼼히 함 = 念入り¶ ～の細工 공들인 세공/～に調べる 꼼꼼히 조사하다
にゅうばい【入梅】 ①장마철에 접어듦 = 梅雨入り ②(俗) 장마철
にゅうはくしょく【乳白色】 유백색. 젖빛
にゅうばち【乳鉢】 유발. 막자사발
にゅうひ【入費】 드는 비용¶ ～を節約する 비용을 절약하다
にゅうふ【入夫】【法】 (일본 구 민법에서) 처가에 입적함. 데릴사위 = 入り婿
にゅうふ【入府】 名自スル ①입경(入京) ②영주가 되어 처음으로 자기 영지에 들어감
にゅうぶ【入部】 名自スル ①(「부」자가 붙은 단체의) 부원이 됨⇔退部 ②영주가 되어 처음으로 자기 영지에 들어감
にゅうぼう【乳房】【醫】 유방 = ちぶさ
にゅうぼう【乳棒】 유봉. 막자
にゅうまく【入幕】【相撲】 十両의 씨름꾼이 승진하여 幕内에 오름
ニューム アルミニウム¶ ～管 알루미늄관
にゅうめつ【入滅】 名自スル【佛】 입멸. 입적
にゅうもん【入門】 入門 I 名自スル ①문 안으로 들어감 ②스승을 찾아 제자가 됨 II 名 초보. 배우기 시작하는 단계¶ ～書 입문서
にゅうよう【入用】 ナ ①소용됨. 필요함 = 入り用¶ ～の品 필요한 물건/今～なものは金だ 지금 필요한 것은 돈이다 ②(소요) 비용¶ ～がかさむ (소요) 비용이 늘다
にゅうようじ【乳幼児】 젖먹이와 어린이
にゅうよく【入浴】 名自スル 입욕. 입탕¶ 病人を～させる 환자를 입욕시키다
にゅうらい【入来】 名自スル(文) 내방 = じゅらい
にゅうらく【入洛】 名自スル 京都에 들어감. 입경(入京) = じゅらく
にゅうらく【乳酪】(文) 유락. 낙농품. 버터
にゅうりょう【入寮】 名自スル(文) 기숙사에 들어감⇔退寮
にゅうりょく【入力】 名他スル 입력 ①(기계 등에) 주어지는 에너지·신호 ②(컴) 정보를 컴퓨터에 넣음 = インプット ▷①② 出力 ━装置 입력 장치
にゅうろう【入牢】 名自スル 입뢰. 옥에 갇힘. 입옥 = じゅろう
ニューロン(neuron)【生】 뉴런. 신경 단위
にゅうわ【柔和】 ナ 유화. 온유함, 온화함¶ ～な表情 온유한 표정

にゅっと 副(口) 불쑥, 쑥¶ 窓から~頭が出た 창에서 불쑥 머리가 나왔다

によい [如意] 여의 ①(文) 뜻대로 됨¶ 手元不~ 생계가 여의치 않음 ②독경·설법할 때 중이 쥐는 고사리 모양의 막대기 —棒 여의봉. —宝珠 (佛) 여의보주, 여의주

にょう [尿] 畜ニョウ(ネウ) 訓いばり・ゆばり (음)뇨. I [語源] 오줌, 소변, 소변¶ ~意 오의. —道 요도. —放尿 방뇨 II 소변, 오줌¶ ~の検査 소변 검사

によう [二様] 名 두 가지, 두 종류¶ ~の解釈 두 가지 해석

にょうい [尿意] 요의, 오줌이 마려운 느낌¶ ~を催す 오줌이 마렵다

にょういん [女院] [院]의 칭호를 받은 天皇의 생모나 공주·황후 등의 높임말= にょいん

にょうかん [女官] ①궁중에서 일하던 상급 궁녀= にょかん ②궁중에서 일하던 하급 궁녀

にょうかん [尿管] [醫] 요관, 수뇨관

にょうご [女御] 중궁 다음가는 후궁= にょご

にょうしっきん [尿失禁] 요실금

にょうそ [尿素] [化] 요소 —樹脂 [化] 요소 수지= ユリア樹脂

にょうどう [尿道] [醫] 요도¶ —炎 요도염

にょうどくしょう [尿毒症] [醫] 요독증

にょうはち [佛] 요발, 법회(法會) 때 쓰는 바라= にょうばつ

にょうぼう [女房] ①처, 아내, 마누라¶ 世話~ 내조를 잘 하는 아내/ ~の尻にしかれる 마누라에게 쥐여 살다 ②(궁중에서) 자기 방을 가진 신분이 높은 궁녀 ③귀족의 시녀 —車 女房가 외출할 때 타던 우차(牛車) —詞 옛날에 궁녀들이 썼던 은어적인 말 —持ち 아내가 있음, 그런 사람 —役 에서 보좌하는 역할[사람], 보좌역
[慣用句]
—と畳は新しい方がよい 마누라와 다다미는 새것이 좋다
—の如く程亭主の持てもせず 아내가 투기할 만큼 남편이 인기가 없다

にょかん [女官] 여관, 궁중에서 일하던 상급 궁녀= にょうかん

にょきにょき 副(口) (가늘고 긴 것이 연이어 나타나 뻗은) 쑥쑥, 쭉쭉, 비죽비죽¶ 竹の子が~と顔を出す 죽순이 비죽비죽 얼굴을 내밀다 [돋아나다]

にょごのしま [女護(の)島] ①여자들만 산다는 상상의 섬, 여인국 ②(比) 여자들만 있는 곳

にょじつに [如実に] 副 여실히¶ 真相を~物語る 가지고 있는 진상을 여실히 말해주고 있다

にょせい [女性] (文) 여성, 여자

にょしょく [女色] → じょしょく

にょたい [女体] ①여체, 여자의 몸= じょたい ②(能樂)에서 여성의 모습

にょっきり 副(口) 쑥, 비죽, 우뚝¶ ~と芽を出す 비죽 싹이 트다/ 高層ビルが~と建つ 고층 빌딩이 우뚝 서다

にょにん [女人] (文) 여인, 여자 —禁制 여인 금제 —結界 여인 결계, 여인 금제 구역 —成仏 [佛] 여인 성불 —像 여인상

にょほう [如法] 여법 ①[佛] 교법(敎法)·법식대로 함 ②격식[형식]대로임

にょぼさつ [如菩薩] 보살처럼 자비로움

にょぼん [女犯] [佛] 여범, 중이 파계하고 여자와 교접함

にょやしゃ [如夜叉] 야차처럼 사납고 무서움

にょらい [如來] [佛] 여래, 부처의 존칭¶ 釈迦~ 석가여래 —藏 [佛] 여래장, 중생 속에 존재하는 불성(佛性)

により [似寄り] 아주 닮음, 비슷함¶ ~の品を探す 아주 비슷한 물건을 찾다

にょろにょろ 副(口) 꿈틀꿈틀¶ みみずが~と這う 지렁이가 꿈틀꿈틀 기다

にら [韮] [植] 부추

にらみ [*睨み] ①노려봄¶ ひと~ 한번 노려봄 ②남을 위압하는 힘, 위엄¶ ~が利く 위엄이 서다

にらみあ・う [*睨み合う] 自五 ①서로 노려보다 ②서로 적의를 품고 대립하다¶ ~両党 서로 적대시하는 양당

にらみあわ・せる [*睨み合(わ)せる] 他下一 (이것저것) 비교하여 생각하다, 견주어보다¶ 得失を~・せて判断を下す 득실을 따져보고 판단을 내리다

にらみす・える [*睨み据える] 他下一 매섭게 노려보다¶ 相手の目を~ 상대의 눈을 매섭게 노려보다

にらみつ・ける [*睨み付ける] 他下一 쏘아보다, 눈을 부라리고 노려보다¶ こわい顔で~ 무서운 얼굴로 매섭게 노려보다

にら・む [*睨む] 他五 ①노려보다, 쏘아보다¶ じっと~ 꼼짝 않고 노려보다 ②주시하다, 주목하다¶ 敵の動きを~ 적의 움직임을 주시하다 ③짐작하다, 어림하다, 점찍다¶ 犯人はあいつだと~・んでいる 범인은 저 녀석이라고 점찍고 있다 ④요주의 인물로 보고 감시하다¶ 先生に~・まれている生徒 선생님에게 찍힌 학생

にらめっこ [*睨めっこ] ①둘이 서로 노려보다 먼저 웃는 쪽이 지는 아이들 놀이 ②서로 노려보며 대치하고 있는 상태

にらんせいそうせいじ [二卵性双生児] [醫] 이란성 쌍생아

にりつはいはん [二律背反] [哲] 이율 배반

にりゅう [二流] ①名 이류¶ ~品 이류품/ ~大学 이류 대학 ②두 유파(流派)

にりゅうかたんそ [二硫化炭素] [化] 이황화탄소

にりんしゃ [二輪車] 이륜차

に・る [似る] 自上一 닮다, 비슷하다¶ 母に似た子 엄마를 닮은 아이/ 似た者の夫婦 서로 닮은 부부

に・る [煮る] 삶다, 끓이다, 조리다¶ 豆を~ 콩을 삶다/ 甘辛く~ 달고도 짭짤하게 조리다
[慣用句]
煮ても焼いても食えない 이러지도 저러지도 못하다, 어찌할 수 없다

にるい[二塁][野] ①2루 ②「二塁手」의 준말 —手[野] 2루수 —打[野] 2루타

にれ[×楡][植] 느릅나무= エルム

にれ・む[×齝む][自五] (소・양 등이) 되새김질을 하다, 반추하다= にれがむ

にろくじちゅう[二六時中][名副] 하루 종일, 밤낮

にわ[庭] ①마당・뜰, 정원¶ 和風の~ 일본식 정원/ ~をいじる 정원을 손질하다 ③[文] (특정한 일을 하는) 장소, 터¶ 教えの~ 가르침의 터, 학교/ いくさの~ 싸움터

にわいし[庭石] ①정원석 ②뜰의 징검돌

にわいじり[庭弄り] (취미로 하는) 정원 손질

にわうめ[庭梅][植] 산앵두나무

にわか[×俄] I [ダ] ①돌연, 별안간= だしぬけ¶ ~の事で느닷없는 일/ ~に空가 曇る 갑자기 하늘이 흐려지다 ②곧, 즉각, 당장¶ ~には返答できない 당장에는 대답할 수 없다 II [名]「俄狂言」의 준말

にわかあめ[×俄雨] 소나기

慣用句
—と女の腕まくり (금방 그치는 것이므로) 조금도 겁낼 것이 없다

にわかきょうげん[×俄狂言・仁輪加狂言][藝] 좌흥을 돋우기 위해 하는 즉흥 희극= 俄

にわかじこみ[×俄仕込み] 벼락치기로 배우기, 벼락 공부¶ ~の英会話 벼락치기로 익힌 영어 회화

にわかめくら[×俄盲] (병 등으로) 갑자기 눈이 멂, 그런 사람

にわかゆき[×俄雪] 갑자기 내리다가 곧 그치는 눈

にわき[庭木] 정원수

にわきど[庭木戸] 뜰로 드나드는 문

にわくさ[庭草] 뜰에 난 풀

にわげた[庭下駄] 뜰에서 신는 왜나막신

にわさき[庭先] ①뜰에서 보아 툇마루 쪽¶ ~で立ち話する 앞마당에 선 채로 이야기하다 —相場[經] (농산물의) 생산지 시세

にわし[庭師] 정원사= にわつくり

にわつくり[庭作り・庭造り] 정원을 꾸밈, 그런 사람, 정원사

にわつたい[庭伝い] 뜰을 통해서 감, 뜰에서 뜰로 건너 감¶ ~に隣の家へ行く 뜰을 통해 이웃집으로 가다

にわつづき[庭続き] 뜰과 이어져 있음, 그런 땅¶ ~の隣家 뜰과 이어진 이웃집

にわとこ[接骨木][植] 접골목, 딱총나무

にわとり[鶏][動] 닭¶ ~合わせ 닭싸움/ ~を飼う 닭을 치다

慣用句
—を割くにいずくんぞ牛刀を用いん 닭을 잡는 데 어찌 소 잡는 칼을 쓰랴

にん[任] 會ニン 劃まかせる・まかす|(음)임. I [造語] ①맡겨진 일, 역할¶ 任務 임무・責任 책임 ②역할을 맡다, 취임하다¶ 任命 임명・兼任 겸임 ③맡기다, 위탁하다, 마음대로 하게 하다 —任 일임・委任 위임 II ①[文] 임무, 역할, 책임¶ ~を

果たす 임무를 완수하다 ②일을 완수할 수 있는 사람, 수완・기량¶ 彼はその~ではない 그는 그 적임자가 아니다

にん[妊] 會ニン 劃はらむ|(음)임. 임신하다, 잉태하다¶ 妊娠 임신・避妊 피임・不妊症 불임증 ▷「姙」은 다른 글자꼴

にん[忍] [忍] 會ニン 劃しのぶ・しのばせる|(음)인, 견디다 ②참다, 견디다¶ 忍苦 인고・忍耐 인내 ③무자비하다¶ 残忍 잔인 ④몰래 행동하다, 숨기다¶ 忍術 둔갑술 ▷[熟字訓] 忍冬 인동 덩굴

にん[認] 會ニン 劃みとめる|(음)인. [造語] 분별하다, 납득하다, 인정하다¶ 認可 인가・確認 확인・公認 공인

にん[人] ①[文] 사람, 인품¶ ~を見て法を説く 사람을[상대를] 보고 설법을 하다 ②[造語] 어떠한 사람¶ 間借り人 세든 사람 ③[助數] 사람 수를 세는 말, 인, 사람¶ 五~ 5인/ 幾~ 몇 사람

にんい[任意] 임의¶ ~の方法 임의의 방법/ ~に選ぶ 임의로 선택하다 —出頭[法] 임의 출두 —抽出法[統] 임의 추출법, 무작위 추출법 —保険 임의 보험 ⇔ 強制保険

にんか[認可][名他スル] 인가¶ ~状 인가장/ ~が下りる 인가가 나오다

にんがい[人外] [文] ①인도(人道)에 벗어난 일 ②사람 대접을 못 받는 천한 사람

にんかい[人界] 인계, 인간계

にんかん[任官][名自スル] 임관¶ 大尉に~する 대위에 임관하다

にんき[人気] ①인기¶ ~者 인기 있는 사람/ ~があがる 인기가 올라가다 ②그 지방의 기풍・기질, 인심¶ ~が荒い 인심이 사납다 —商売 인기에 좌우되는 직업 —投票 인기 투표 —取り 인기를 얻으려 함

にんき[任期] 임기¶ 満了 임기 만료/ ~が切れる 임기가 끝나다

にんきょ[認許][名他スル][文] 인허, 인가= 可¶ ~を受ける 인허를 얻다

にんきょ[人魚] 인어

にんきょう[任×侠・仁×侠] 임협, 남자답고 용감함, 협기가 있음¶ ~の徒 협객의 무리

にんぎょう[人形] ①인형¶ 指~ 손가락 인형 ②[比] 주체성이 없는 사람, 꼭두각시 —劇 인형극 —芝居 인형극 —浄瑠璃 三味線 반주에 맞추어 놀리는 인형극 —遣い (인형극에서) 인형을 조작하는 사람 —振り[歌舞伎에서] 배우가 인형의 동작을 흉내내는 연기, 그런 연출

にんく[忍苦][名自スル][文] 인고¶ ~の末に成功する 인고 끝에 성공하다

にんげん[人間] ①인간 ②사람, 인류¶ ~は考える葦である 인간은 생각하는 갈대이다 ②[佛] 인간계, 세상 ③인품, 인물 —愛 인간애, 인류애 —衛星 사람이 탄 인공 위성 —関係 인간 관계 —嫌い 사람들과 어울리기 싫어함, 그런 사람 —国宝 인간 국보,

인간 문화재 **-性**{セイ} 인간성 **-像**{ゾウ} 인간상·**的**{テキ} 인간적 **-ドック**{ドッグ} 인간 독. 단기종합 정밀 건강 진단 **-並**{な}**み** 보통 사람과 같은 정도·상태=ひとなみ **-味**{み} 인간미 **-らしい** 인간답다 **-業**{ワザ} 사람이 할 수 있는 일·재주, 사람의 짓

慣用句

**-到**{イタ}**る所**{ところ}**青山**{セイザン}**あり** 사람은 어디서 죽어도 뼈를 묻을 곳은 있다, 인간은 고향을 떠나 넓은 사회에 나가 크게 활약해야 한다

**-離**{ばな}**れしている** (기능·체력·용모 등의 면에서) 특출한 사람이다, 도저히 사람의 일·재주라고는 생각할 수 없다

**-万事**{バンジ}**塞翁**{サイオウ}**が馬**{うま} 인간 만사 새옹지마

にんごく【任国】 (대사·영사 등으로서) 부임하는 나라, 부임국

にんさんばけしち【人三化七】 용모가 몹시 추한 사람

にんさんぷ【妊産婦】 임산부

にんしき【認識】 图 他スル 인식 **対象**{タイショウ}**を~する** 대상을 인식하다 **/~を新**{あら}**たにする** 인식을 새로이 하다 **-不足**{ブソク} 인식 부족 **-論**{ロン}〘哲〙인식론

にんじゃ【忍者】 둔갑술을 쓰는 첩자

にんじゅう【忍従】 图 他スル 인종, 괴로움을 참고 따름 **¶~の生活**{セイカツ} 인종의 생활

にんじゅつ【忍術】 둔갑술=忍{しの}びの術{じゅつ} **¶~を使**{つか}**う** 둔갑술을 쓰다

にんしょう【人称】〘文法〙인칭 **¶第**{ダイ}**一**{イチ}**人称** 제1인칭 **-代名詞**{ダイメイシ}〘文法〙인칭 대명사

にんしょう【認証】 图 他スル〘法〙인증, 문서나 행위의 성립·내용이 적정함을 공적 기관이 증명하는 일 **-官**{カン}〘法〙天皇{テンノウ}의 인증에 의해 임면(任免)되는 관직

にんじょう【人情】 인정 **¶暖**{あたた}**かい~** 따뜻한 인정 **/~を施**{ほどこ}**す** 인정을 베풀다 **-噺**{ばなし}〘劇〙서민들의 인정을 제재로 한 만담 **-本**{ボン}〘文〙(江戸{エド}시대의) 서민의 애정 생활을 묘사한 풍속 소설 **-味**{ミ} 인정미

にんじょう【刃傷】 图 他スル〘文〙인상, 칼로 남을 다치게 함 **-沙汰**{ザタ} 칼부림 사태

にんしん【妊娠】 图 自スル 임신 **¶~五**{ゴ}**か月**{ゲツ} 임신 5개월 **-中絶**{チュウゼツ}〘醫〙임신 중절

にんじん【人参】〘植〙①당근 ② 〔人*蔘〕인삼

にんずう【人数】 ①인수, 인원수 **¶~が足**{た}**りない** 인원수가 모자라다 ②많은 사람 **¶~を繰**{く}**り出**{だ}**す** 많은 사람을 차례로 내보내다

にん・ずる【任ずる】〘文〙 Ⅰ 自〘サ変〙 ①임하다, 책임지다, 떠맡다 **¶敗戦処理**{ハイセンショリ}**に~** 패전 처리의 임무를 맡다 ②자임하다, 자처하다 **¶自**{みずか}**ら芸術家**{ゲイジュツカ}**をもって~じている** 스스로 예술가로 자처하고 있다 Ⅱ 他〘サ変〙 임명하다, 담당시키다, 맡기다 **¶隊長**{タイチョウ}**に~** 대장에 임명하다

にんそう【人相】 인상 ①사람의 상(용모) **¶~が悪**{わる}**い** 인상이 나쁘다 ②관상 **¶~を見**{み}**る** 관상을 보다 **-書**{ガ} 인상서 **-見**{ミ} 관상가

にんそく【人足】 인부, 막일하는 노동자

にんたい【忍耐】 图 他スル 인내 **¶~力**{リョク} 인내력 **/食糧**{ショクリョウ}**の不足**{フソク}**を~する** 식량 부족을 참아내다

にんち【任地】 임지 **¶~に赴**{おもむ}**く** 임지로 가다

にんち【認知】 图 他スル 인지 ①어떤 사항을 분별하여 앎 ②〘法〙사생아를 그 부모가 자기 자식으로 인정함

にんちくしょう【人畜生】 짐승 같은 인간 **¶恩**{オン}**を知**{し}**らぬ~** 은혜를 모르는 짐승 같은 인간

にんちゅう【人中】〘文〙①인간 세계 속, 많은 사람 속 ②인중, 코 밑의 우묵한 부분

にんてい【人体】〘文〙①(사람의) 풍채, 외양, 모습 **¶怪**{あや}**しい~の男**{おとこ} 수상한 모습의 사나이 ②(사람의) 품격, 인품 **¶いやしからぬ~** 천하지 않은 인품 ▷「じんたい」는 딴말

にんてい【認定】 图 他スル 인정 **¶~書**{ショ} 인정서 **/労働災害**{ロウドウサイガイ}**と~する** 노동 재해로 인정하다

にんでん【人天】〘佛〙인천, 인간과 하늘

にんどう【忍冬】〘植〙인동 **-唐草文**{カラクサモン} 인동당초문

にんとうぜい【人頭稅】 인두세

にんにく【〈大蒜〉·〈葫〉】〘植〙마늘

にんにく【忍辱】〘佛〙인욕, 박해·모욕을 참고 견디어 마음이 흔들리지 않음

にんによう【人*繞】 (한자 부수의) 어진사람발 ▷「元·兆·先」 등의「儿」부분

にんにん【人人】〘文〙각자, 각인 **¶~の進退**{シンタイ} 각자의 진퇴

にんのう【人皇】神武天皇{ジンムテンノウ} 이후의 역대 天皇{テンノウ} ▷「神代{カミヨ}」와 구별하여 일컫는 말

にんぴ【認否】〘文〙인정과 부정, 인정 여부 **¶~を問**{と}**う** 인정 여부를 묻다

にんぴにん【人非人】 인비인, 인도에 벗어난 사람 **¶この~め** 이 인간 같지도 않은 놈

にんぷ【人夫】 인부, 일꾼, 노무자

にんぷ【妊婦】 임부, 임신부 **¶~服**{フク} 임부복

にんべつ【人別】 ①개인별 **¶~の割当**{わりあて} 개인별 할당 ②「人別帳{ニンベツチョウ}」의 준말 **-改**{あらた}**め**〘史〙(江戸{エド}시대의) 인구 조사 **-帳**{チョウ}〘史〙(江戸{エド}시대의) 호적부, 호적

にんべん【人偏】 (한자 부수의) 사람인변 ▷「休·仲」 등의 부수 부분

にんぽう【忍法】 둔갑술=忍術{ニンジュツ}

にんまり 副 自スル (뜻대로 되어 만족한 듯 소리 없이 웃는) 빙긋이, 빙그레 **¶かげで一人**{ひとり}**~とする** 뒤에서 혼자 빙그레 웃다

にんむ【任務】 임무 **¶~を果**{は}**たす** 임무를 다하다 **/~を負**{お}**う** 임무를 맡다

にんめい【任命】 图 他スル 임명 **¶~式**{シキ} 임명식 **/大臣**{ダイジン}**に~する** 대신에 임명하다

にんめん【任免】 图 他スル 임면, 임명과 면직 **¶~權**{ケン} 임면권

にんめんじゅうしん【人面獸心】 인면 수심

にんよう【任用】 图 他スル 임용 **¶大使**{タイシ}**に~する** 대사에 임용하다

にんよう【認容】 图 他スル〘文〙인용, 용인 **¶申請**{シンセイ}**を~する** 신청을 용인하다

# ぬ ヌ

**ぬ** 五十音図「な」行(行)の 셋째 かな. ひらがな「ぬ」는「奴」의 초서체, かたかな「ヌ」는「奴」의 오른쪽을 취한 것

**ぬ** 助動 《동사・동사형 조동사의 未然形에 붙어》 않다, …아니다, …없다=ない¶ 三年もたっても戻らりやせ~ 3년이 지나도 돌아오지 않다/ 知ら~が仏 모르는 게 약/ 八時までいかねばならん~ 여덟 시까지 가지 않으면 안 된다

**ぬい** [縫い] ① 꿰맴, 꿰매는 방법¶ 下た~ 시침질, 가봉¶ しっかりした~ 단단한 바느질 ② 솔기, 꿰맨 자리 ③ 자수=縫ぬい取とり

**ぬいあげ** [縫(い)上げ・縫(い)揚げ] (아이의 성장을 고려해 옷을 크게 만들어) 어깨나 허리 부분을 주름잡아 징금, 그런 부분=上あげ

**ぬいいと** [縫(い)糸] 바느질실, 재봉실

**ぬいかえ・す** [縫(い)返す] 他五 ① (꿰맨 것을 풀어) 다시 꿰매다, 고쳐 꿰매다=縫ぬい直なす ② 곱걸어서 꿰매다¶ 二に、三針さんで ~ して留とめる 두세 땀 곱걸어서 매듭짓다

**ぬいぐるみ** [縫(い)ぐるみ] ① (속에 든 것을) 싸듯이 꿰맴, (특히) 안에 솜을 넣고 꿰맨 인형¶ 熊くまの~ 봉제 곰인형 ② (연극에서) 동물로 분장할 때 입는 의상

**ぬいしろ** [縫(い)代] 시접

**ぬいとり** [縫(い)取り] 名 他スル 수를 놓음, 자수¶ ~のあるハンカチ 수를 놓은 손수건

**ぬいはく** [縫(い)箔] 금실・은실로 수를 놓음, 그런 자수

**ぬいばり** [縫(い)針] 바느질 바늘

**ぬいめ** [縫(い)目] ① 솔기¶ ~がほころびる 솔기가 터지다 ② 바늘땀¶ 粗あい~ 성긴 바늘땀

**ぬいもの** [縫(い)物] ① 바느질, 재봉, 바느질거리, 바느질감¶ ~をする 바느질을 하다/ ~がたまる 바느질감이 쌓이다 ② 자수

**ぬいもよう** [縫(い)模様] 수놓은 무늬

**ぬいもん** [縫(い)紋] 服 (着物ものや羽織おりの) 수놓은 가문(家紋)

**ぬ・う** [縫う] 他五 ① 깁다, 꿰매다, 바느질하다¶ ほころびを~ 터진 곳을 깁다/ 傷口ぐちを~ 상처를 꿰매다 ② 수놓다¶ 花模様はなようを~ 꽃무늬를 수놓다 ③ (창・화살이) 꿰뚫다¶ 矢やがそでを~ 화살이 소매를 꿰뚫다 ④ (틈새를) 누비고 나아가다, 헤집다¶ 人込みを~って歩あるく 인파를 누비고 걷다

**ぬうっと** 副 (口) ① (기분 나쁘게 갑자기 나타나) 쑥, 불쑥¶ 暗くらやみの中なかから手でが~出でる 어둠 속에서 손이 불쑥 나오다 ② (우두커니 서 있는) 멀거니, 멍청하게¶ ~立たっている 멀거니 서 있다

**ぬえ** [鵺・*] 名 ① (比) 정체 불명의 인물・사물¶ ~的てき存在ざい 정체 불명의 존재 ② 「とらつぐみ」의 옛이름. 호랑지빠귀

**ぬか** [糠] ① 겨, 쌀겨=こめぬか ② (造語) 매우 가늚¶ ~雨あめ 이슬비 ③ (造語) 덧없음, 부질없음¶ ~喜よろこび 덧없는 기쁨

慣用句

**―に釘くぎ** 겨에 못박기, 아무 반응이 없음

**ぬかあぶら** [*糠油] 미강유, 겨기름=米油こめあぶら

**ぬかあめ** [*糠雨] 이슬비, 가랑비=霧雨きりさめ

**ぬか・す** [抜かす] 他五 ① 빠뜨리다, 빼다, 거르다¶ 一字じを~して読よむ 한 자 빠뜨리고 읽다/ 昼飯ひるめしを~ 점심을 거르다 ② (힘・본마음을) 잃다¶ 腰こしを~ 기겁을 하다, 힘이 빠져 일어설 기력도 없다/ うつつを~ (어떤 일에 열중하여) 얼이 빠지다 ③ [*吐かす] 《俗》 입을 놀리다, 지껄이다¶ 何なにを~ 무슨 소리를 하는 거야

**ぬかず・く** [額ずく] 自五 (文) 이마를 땅에 대고 배례하다, 공손히 절하다¶ 神前しんぜんに~ 신전에 공손히 절하다

**ぬかづけ** [*糠漬(け)] (채소의) 소금겨 절임

**ぬかぶくろ** [*糠袋] 겨 주머니

**ぬかぼし** [*糠星] (밤하늘의) 무수한 잔별

**ぬかみそ** [*糠味*噌] 겨에 소금을 섞고 반죽하여 발효시킨 것, 소금겨¶ ~臭くさい 形 ① 소금겨 냄새가 나다 ② (여자가) 살림에 찌들다¶ ―女房にょうぼう 살림에 찌든 마누라

慣用句

**―が腐くさる** 서투른 노래를 헐뜯거나 놀리는 말

**ぬかよろこび** [*糠喜び] 名 自スル 헛된 기쁨¶ ~に終おわる 좋다가 말다

**ぬからぬかお** [抜からぬ顔] 連語 (口) ① 빈틈없는 얼굴 ② 시치미떼는 얼굴

**ぬかり** [抜かり] (口) 실수, 빠뜨림, 빈틈, 허술함¶ 万事ばんじ~なく手でを打うつ 만사에 실수 없이 손을 쓰다

**ぬか・る** [抜かる] 自五 (口) (방심하다가) 실수하다¶ ~なよ、相手あいては手でごわいぞ 실수하지 말아라 상대는 만만찮다

**ぬか・る** [泥濘る] 自五 (땅이) 질퍽거리다=ぬかるむ¶ 道みちが~ 길이 질퍽거리다

**ぬかるみ** [泥濘] 진창¶ ~に足あしを取とられる 진창에 발이 빠지다

**ぬき** [*貫] 建 ① 인방(引枋)¶ ~を渡わたす 인방을 들이다 ② 오리목

**ぬき** [緯] 씨실=ぬき糸いと

**ぬき** [抜き] ① 뺌, 거름, 생략함¶ 冗談じょうだんは~にして 농담은 생략하기로 하고/ 朝飯あさめしで出勤しゅっきんする 아침을 거르고 출근한다 ② (造語) [料] 들어가야 할 재료를 넣지 않음, 그런 것¶ わさび~の握にぎり鮨ずし 고추냉이를 뺀 생선 초밥 ③ 미꾸라지 등의 뼈를 발라냄, 뼈를 발라낸 미꾸라지 (요리) ④ (造語) 《인원수를 나타내는 수사에 붙어》 그만큼 계속 이김

**ぬきあし** [抜(き)足] (발소리가 나지 않게) 살금살금 걸음¶ ～で後ろから近寄る 살금살금 뒤에서 다가오다
慣用句
**一差し足** 발소리가 나지 않게 살금살금 걸음
**ぬきいと** [抜(き)糸] (뜯어낸) 실밥
**ぬきいと** [緯糸] 씨실 = ぬき = 経糸
**ぬきうち** [抜(き)打ち] 名 ①칼을 뽑는 동시에 내리침 ②예고 없이 갑자기 실시함¶ ～検査 불시 검사/～に訪問する 느닷없이 방문하다
**ぬきえもん** [抜(き)衣紋] 服 일본옷의 앞깃을 올리고 뒤로 젖혀 목덜미가 드러나게 입는 방식 = 抜き襟
**ぬきえり** [抜(き)襟・抜(き)衿] 服 → ぬきえもん
**ぬきがき** [抜(き)書(き)] ①발초(抜抄), 발췌해서 씀, 발췌하여 쓴 것, 초록 = 書き抜き¶ 要点を～する 요점을 발췌하다 ②어떤 배우가 맡은 부분만을 발췌한 약식 대본
**ぬきがた・い** [抜(き)難い] 形(文) 제거하기 어렵다, 뿌리깊다¶ ～不信感 뿌리깊은 불신감
**ぬきさし** [抜(き)差し] ①빼냄과 꽂아 넣음, 뺌과 보탬¶ ファイルの～ 파일을 빼고 집어넣음 ②이리저리 변통함, 처리함, 운신함
慣用句
**一ならない** 빼도 박도 못하다¶ ～事態 꼼짝달싹 못하는 사태
**ぬきす・てる** [脱(ぎ)捨てる] 他下一 (옷・신발 등을) 벗어서 그대로 두다, 벗어 던지다¶ コートを～ 코트를 벗어 던지다
**ぬきずり** [抜(き)刷(り)] 版 (필요한 부분만을) 발췌해서 따로 인쇄함, 그런 인쇄물 = 別刷り¶ ～を配る 발췌 인쇄물을 돌리다
**ぬきだ・す** [抜(き)出す] 他五 ①빼내다¶ カードを一枚～ 카드를 한 장 빼내다 ②뽑다, 골라내다¶ 佳作を～ 가작을 뽑다
**ぬきつ・れる** [抜(き)連れる] 他下一 많은 사람이 일제히 칼을 뽑다 = 抜き連ねる
**ぬきて** [抜(き)手] 물을 저은 손을 빼듯 올리고 평영처럼 다리를 차는 일본 전래의 수영법
慣用句
**一を切る** 抜き手로 헤엄쳐 나아가다
**ぬきとり** [抜(き)取(り)] ①뽑음, 뽑아냄 ②(짐・지갑의 내용물을) 훔쳐냄¶ 一検査 統 임의 추출법 = サンプリング調査
**ぬきと・る** [抜(き)取る] 他五 빼내다 ①뽑아내다, 뽑다, 골라내다¶ 白髪を～ 흰머리를 뽑다/書棚から本を～ 책장에서 책을 빼내다 ②(짐・지갑의 내용물을) 훔쳐내다¶ 拾った財布からお金を～ 주운 지갑에서 돈을 빼내다
**ぬきに** [抜(き)荷] 운송・보관 중인 물품의 일부를 빼돌림, 그런 물품
**ぬきはな・す** [抜(き)放す] 他五 → ぬきはなつ
**ぬきはな・つ** [抜(き)放つ] 他五 칼을 쑥 빼어들다, 단숨에 칼을 빼다 = 抜き放す

**ぬきみ** [抜(き)身] (칼집에서) 빼낸 칼이나 창의 날 = 白刃¶ ～を振りかざす 빼어 든 칼을 번쩍 쳐들다
**ぬきよみ** [抜(き)読み] 名 他スル (필요한 부분을) 골라내어(발췌해서) 읽음
**ぬきん・でる** [抜きんでる・抽んでる・擢んでる] 自下一 빼어나다, 뛰어나다, 출중하다¶ ～・でた人物 빼어난 인물
**ぬ・く** [抜く] 他五 ①꿰다, 뚫다, 꿰뚫다¶ 壁を～ 벽을 뚫다/糸に～ 실에 꿰다 ②뛰어나다, 빼어나다¶ 群を～能力 발군의 능력 ③앞지르다, 따라 젖히다¶ トップのランナーを～ 선두 주자를 앞지르다 ④공략하다, 함락시키다¶ 敵の城を～ 적의 성을 함락시키다 ⑤(몸에 붙어 있는 것을) 뽑다¶ 虫歯を～ 충치를 뽑다 ⑥(끼이거나 박힌 것을) 뽑아내다, 빼내다¶ 栓を～ 마개를 뽑다/刀を～ 칼을 뽑다 ⑦떼다, 없애다, 제거하다¶ 力を～ 힘을 빼다/染みを～ 얼룩을 빼다 ⑧빼다, 제외하다¶ 子供を～・いて人数を数える 어린이를 빼고 인원수를 세다 ⑨거르다, 덜다, 줄이다, 생략하다¶ 朝飯を～ 조반을 거르다/仕事の手を～ 일손을 덜다 ⑩(몰래) 훔쳐 내다¶ 人の財布を～ 남의 지갑을 훔쳐 내다 ⑪골라내다, 뽑다¶ トランプの札を～ 카드의 패를 골라 뽑다 ⑫잘라내다, 도려내다¶ ハートの形に～ 하트 모양으로 잘라내다 ⑬(바둑에서) 상대방의 죽은 돌을 바둑판에서 집어내다¶ 黒の五子を～ 흑 다섯 점을 집어내다 ⑭(補助) ㉠끝까지 …하다, …해내다¶ やり～ (끝까지) 해내다/戦たい～ 끝까지 싸우다 ㉡아주 …하다¶ 困り～ 아주 난처하다
**ぬ・ぐ** [脱ぐ] 他五 ①벗다¶ 帽子を～ 모자를 벗다/靴を～ 구두를 벗다 ②(동물이) 탈피하다¶ せみが殻を～ 매미가 허물을 벗다 ③(「一肌ぬぐ～」의 꼴로) 발벗고 나서다, 힘이 되어 주다
**ぬく・い** [温い] 形(方) 따뜻하다, 따스하다 = あたたかい¶ ～ふとん 따뜻한 이불
**ぬぐ・う** [拭う] 他五 ①닦다, 훔치다¶ 涙を～ 눈물을 닦다/ほこりを～ 먼지를 훔치다 ②(文) 지우다, 씻다¶ 汚名を～ 오명을 씻다/不安を～・いきれない 불안을 지울 수 없다
**ぬくぬく** 副 自スル ①따뜻하게, 훈훈하게¶ ～とした室内 훈훈한 실내 ②흡족하게, 편하게¶ ～と育つ 호강스럽게 자라다 ③뻔뻔스럽게¶ ～と居すわる 뻔뻔스럽게 버티고 앉다
**ぬくばい** [温灰] 따뜻한 재
**ぬくま・る** [温まる] 自五 따뜻해지다, 훈훈해지다¶ 風呂で～ 목욕을 해서 따뜻해지다
**ぬくみ** [温み] 온기, 따뜻함 = あたたかみ¶ 手の～ 손의 온기
**ぬく・める** [温める] 他下一 따뜻하게 하다, 데우다 = あたためる¶ 湯たんぽで足を～ 탕파로 발을 녹이다

**ぬくもり** [温もり] 따스함, 온기 = あたたかみ・ぬくみ ¶ 家庭の~ 가정의 따스함/ 布団に~が残る 이불에 온기가 남다

**ぬくもる** [温もる] 自五 → ぬくまる

**ぬけ・あがる** [抜(け)上がる] 自五 머리털이 벗어지다, 대머리가 되다 = はげあがる ¶ 額が~ 이마가 벗어지다

**ぬけあな** [抜(け)穴] ①빠져 나갈 구멍, 洞窟같은 것 ¶ 동굴에서 빠져 나갈 구멍 ②몰래 도망쳐 나갈 통로 ¶ 城の~ 성의 비밀 통로 ③빠져 나갈 수단 = 逃げ道 ¶ 法my~ 법의 맹점, 법망을 빠져 나갈 구멍

**ぬけうら** [抜(け)裏] (빠져 나갈 수 있는) 뒷길, 샛길 = 抜け道

**ぬけ・おちる** [抜(け)落ちる] 自上一 ①(나거나 심겨진 것이) 빠지다 ¶ 毛が~ 털이 빠지다 ②내려앉다 ¶ 屋根が~ 지붕이 내려앉다 ③(일부가) 빠지다, 누락되다

**ぬけがけ** [抜(け)駆け] 名 自スル ①몰래 진지를 빠져 나와 남보다 먼저 적진에 쳐들어감 ②남보다 앞질러서 일을 함 ¶ ~は許さぬ 남보다 앞질러 하는 것은 용서하지 않는다

[慣用句]

—**の功名** 남보다 앞질러 세운 공

**ぬけがら** [抜(け)殻・脱(け)殻] ①(매미・뱀 등의) 탈피한 껍질, 허물 ¶ 蛇の~ 뱀의 허물 ②얼이 빠진 사람 ¶ 魂の~ 혼이 나간 빈 껍데기 같은 인간

**ぬけかわ・る** [抜(け)替(わ)る・抜(け)代(わ)る] 自五 (이・머리카락 등이) 빠지고 새로 나다 ¶ 子供の歯が~ 아이의 이가 새로 나다

**ぬけげ** [抜け毛・脱け毛] 탈모, 빠진 머리털

**ぬけさく** [抜け作] (俗) 얼간이, 둔신

**ぬけだ・す** [抜(け)出す] 自五 ①(몰래) 빠져나가다, 살짝 도망치다 ¶ 会議の途中で~ 회의 도중에 살짝 빠져나가다 ②(어떤 상황에서) 빠져나가다 ¶ 苦境から~ 곤경에서 빠져나가다

**ぬけ・でる** [抜(け)出る] 自下一 ①(살짝) 빠져나오다 ¶ 会場から~ 회장에서 살짝 빠져나오다 ②출현하다 ¶ 絵から~でたような 그림에서 빠져나온 듯한 ③(어떤 상황에서) 빠져나오다 ¶ 古い考えから~ 낡은 생각에서 탈피하다 ④발군이다, 뛰어나다, 빼어나다 ¶ ~・でた存在 뛰어난 존재

**ぬけに** [抜け荷] (江戸 시대의) 밀무역

**ぬけぬけ** 副 뻔뻔스레, 천연덕스럽게, 태연히 ¶ ~とうそをつく 천연덕스럽게 거짓말하다

**ぬけまいり** [抜(け)参り] (江戸 시대에) 부모・주인의 허락 없이 집을 빠져나와 伊勢神宮에 참배하던 일

**ぬけみち** [抜(け)道] ①샛길 ¶ ~を通じる 샛길로 가다 ②빠져나갈 방법 ¶ 法の~ 법의 맹점

**ぬけめ** [抜(け)目] ①빈틈 ②헛점, 허술한 점

[慣用句]

—**がない** 빈틈[헛점]이 없다

**ぬ・ける** [抜ける] 自下一 빠지다 ①(몸에 붙어 있던 것이) 빠져 없어지다 ¶ 歯が~ 이가 빠지다 ②(끼이거나 박힌 것이) 빠져나가다 ¶ 栓が~ 마개가 빠지다 ③없어지다, 사라지다 ¶ 力が~ 힘이 빠지다/ 味が~ 맛이 없어지다 ④누락되다, 탈락되다 ¶ 名簿から名前が~ 명단에서 이름이 빠지다 ⑤도망치다, 빠져나오다 ¶ 宴席から~・けられなかった 술자리에서 빠져나올 수 없었다 ⑥(집단에서) 떨어져나가다, 이탈하다 ¶ 組合から~ 조합에서 탈퇴하다 ⑦통하다, 지나가다 ¶ 裏門へ~道 뒷문으로 통하는 길 ⑧지나다, 통과하다 ¶ トンネルを~ 터널을 통과하다/ 台風が東へ~ 태풍이 동쪽으로 빠져나가다 ⑨(「~ような」의 꼴로) 끝없이 맑고 푸른 ¶ ~ような青い空 한없이 맑고 푸른 하늘 ⑩(「目から鼻へ~」의 꼴로) 약삭빠르고 빈틈없다 ¶ 目から鼻へ~ような少年 약삭빠른 소년 ⑪(「~・けた[ている…]」의 꼴로) 지혜가 모자라다, 얼빠지다 ¶ あいつはどこか~・けている 저 녀석은 어딘가 모자란다 ⑫뛰어나다, 빼어나다 ¶ とび~・けた器量だ 월등히 뛰어난 기량 ⑬(어떤 상황에서) 벗어나다, 빠져나가다 ¶ 危機的状況を~ 위기적 상황을 빠져나가다

**ぬ・げる** [脱げる] 自下一 (옷・모자 등이) 벗겨지다 ¶ 靴が~ 구두가 벗겨지다

**ぬさ** [幣] 기원할 때 신전에 바치거나 액풀이할 때 쓰는 삼・종이 오리 = 幣帛・御幣

**ぬし** [主] I 名 ①주인, 소유자, 임자 ¶ カバンの~ 가방 주인 ②당사자, 장본인 ¶ 手紙の~ 편지 쓴 이/ うわさの~ 소문의 장본인 ③업, 터주 ¶ 森の~ 숲의 업/ 職場の~ 직장의 터줏대감 Ⅱ 接尾 동작의 주체를 나타냄, …주, …자 ¶ 拾い~ 습득자/ 持ち~ 소유주

**ぬし** [塗師] 칠공(漆工), 칠장이 = 塗り師

**ぬすっと** [盗人] (口) 도둑 **—根性** 도둑놈 근성 **—猫** ①도둑고양이 ②남의 배우자와 밀통한 사람을 욕하여 이르는 말

[慣用句]

—**猛猛しい** 나쁜 짓을 하면서도 뻔뻔하장, 적반하장

**ぬすびと** [盗人] 도둑(놈) = どろぼう

[慣用句]

—**に追い銭** (도둑에게 금품을 빼앗기고도 돈을 또 준다는 뜻으로) 거듭 손해를 보다

—**にも三分の理** 도둑에게도 할 말이 있다, 처녀가 애를 낳아도 할 말은 있다

—**の昼寝** (도둑이 낮잠을 자는 것은 밤일을 위한 준비라는 뜻에서) 무슨 일이든 그 나름의 이유・생각이 있다

—**を捕らえてみれば我が子なり** 도둑을 잡고 보니 내 자식이구나 ①(比) 사태가 뜻밖이라 대처하기가 곤란하다 ②(比) 가까운 사람이라도 마음을 놓을 수 없다

**ぬすみ** [盗み] 도둑질 ¶ ~を働く 도둑질을 하다

**ぬすみぎき** [盗(み)聞き] 名 他スル 몰래 엿들음, 도청 ¶ 計画を~する 계획을 몰래 엿

듣다
**ぬすみぐい** [盗(み)食い] 名他スル ①훔쳐 먹음 ②몰래 숨어서 먹음
**ぬすみみ** [盗見] 名他スル 엿봄, 훔쳐 봄
**ぬすみよみ** [盗(み)読み] 名他スル ①(남의 편지 등을) 몰래 읽음¶人の日記を～する 남의 일기를 몰래 읽다 ②(남이 읽고 있는 것을) 옆에서 슬쩍 훔쳐 읽음
**ぬす・む** [盗む] 他五 ①도둑질하다, 훔치다¶財布を～ 지갑을 훔치다 ②골라 하다, 속이다, 피하다¶人目を～ 남의 눈을 속이다/ 親の目を～·んで現金を持ち出す 부모의 눈을 속이고 현금을 꺼내다가 ③틈을 타다, 짬을 내다¶暇を～·んで小説を読む 짬을 내어 소설을 읽다
**ぬた** [×饅][料] 어패류·파·땅두릅 등을 초된장에 무친 음식＝ぬたあえ·ぬたなます
**ぬたく・る** 他五 ①서툰 글씨를 휘갈겨 쓰다＝のたくる ②마구 칠하다＝ぬりたくる
**ぬっと** 副 ①(갑자기 나타나는) 불쑥, 쑥¶～顔を出す 불쑥 얼굴을 내밀다 ②우두커니 ③(갑자기 일어서거나 솟는) 벌떡¶～立ち上がる 벌떡 일어서다
**ぬに** 助 → に 助
**ぬの** [布] ①천, 옷감, 피륙¶～を裁つ 옷감을 마르다 ②(造語) (건축에서) 수평·가로·평행을 나타내는 말¶～羽目 가로 널판을 댄 벽/ ～竹 대 울타리에 가로댄 대나무
**ぬのぎれ** [布切れ] 헝겊, 천조각＝ぬのきれ
**ぬのこ** [布子] 무명 솜옷＝小袖で
**ぬのじ** [布地] 천, 옷감, 피륙
**ぬのびき** [布引(き)] ①(천을 바래기 위해) 팽팽하게 당기는 일 ②(고무 제품 등에) 천을 입힌 것
**ぬのめ** [布目] ①피륙의 결(발)¶～が粗い 올(발)이 굵다 ②천의 올 무늬¶～がわら 천의 올 무늬를 넣은 기와
**ぬひ** [×奴×婢][文] ①노비 ②[史] (律令の) 제도에서) 천민
**ぬぼく** [奴僕][文] 노복, 남자 종＝やっこ
**ぬま** [沼] 늪¶～にはまる 늪에 빠지다
**ぬまち** [沼地] 늪 지대, 수렁 땅
**ぬめ** [×綟] 얇고 매끄러운 광택이 있는 명주
**ぬめぬめ** 副 自スル 미끈미끈, 번들번들＝ぬるぬる¶～とした液体 미끈거리는 액체
**ぬめり** [×滑り] 미끈미끈함, 그런 것, 점액¶塩で里芋の～をとる 소금으로 토란의 진액을 빼다
**ぬめ・る** [×滑る] 自五 미끈거리다¶この岩はこけで～ 이 바위는 이끼 때문에 미끈거린다
**ぬらくら** 副 自スル ①미끈미끈¶うなぎは～してつかまえにくい 뱀장어는 미끈미끈해서 잡기 어렵다 ②뺀들뺀들, 뺀들뺀들¶～と言い逃れる 이리저리 발뺌하다 ③빈둥빈둥¶毎日～と暮らす 매일 빈둥빈둥 지내다
**ぬら・す** [濡らす] 他五 ①적시다¶ほおを～ 눈물로 뺨을 적시다 ②(「口を～」의 꼴로) 입에 풀칠을 하다

**ぬらぬら** 副 自スル 미끈미끈¶皿が油で～している 접시가 기름으로 미끈미끈하다
**ぬらりくらり** 副 自スル (口) 어물어물, 뺀들뺀들＝ぬらくら·のらりくらり¶～とした返事 어물쩍한 대답/ ～と言い逃れる 어물어물 어물 발뺌하다
**ぬり** [塗り] ①칠, 칠한 방식(것)¶～がいい 칠이 잘 되었다 ②옻칠¶～の下駄 옻칠한 왜나막신
**ぬりいた** [塗り板] ①옻칠한 판자 ②칠판
**ぬりえ** [塗り絵] 윤곽만 그려진 그림의 색칠하기, 색칠 그림
**ぬりか・える** [塗り替える] 他下一 ①새로 다시 칠하다¶壁を～ 벽을 다시 칠하다 ②일신하다¶記録を～ 기록을 갱신하다/ イメージを～ 이미지를 일신하다
**ぬりかく・す** [塗り隠す] 他五 ①칠하여 가리다 ②(잘못 등을) 숨기다, 은폐하다
**ぬりぐすり** [塗り薬] 바르는 약, 도포약(藥)
**ぬりげた** [塗り下駄] 옻칠을 한 왜나막신
**ぬりごめ** [塗り×籠] (화재에 대비해) 벽을 흙으로 두껍게 발라 만든 방
**ぬりこ・める** [塗り込める] 他下一 안에 넣고 보이지 않게 칠하다(바르다)¶壁に宝を～ 벽 속에 보물을 넣고 발라 버리다
**ぬりし** [塗り師] 칠공(漆工), 칠장이＝塗師か
**ぬりた・くる** [塗り×狂る] (색을 덩) 지덕이 칠하다, 뒤바르다＝ぬたくる¶絵の具を～ 그림 물감을 마구 처바르다
**ぬりたて** [塗り立て] 갓 칠함¶ペンキ～ [페인트] 주의
**ぬりた・てる** [塗り立てる] 他下一 ①곱게 칠해 단장하다 ②(화장품을) 진하게 바르다, 처바르다¶真っ白に～·てた女 새하얗게 화장한 여자
**ぬりつ・ける** [塗り付ける] 他下一 ①(문질러) 칠하다, 처바르다¶キャンバスに絵の具を～ 캔버스에 그림 물감을 칠하다 ②(죄 등을) 뒤집어씌우다¶責任を人に～ 책임을 남에게 덮어씌우다
**ぬりつぶ・す** [塗り×潰す] 他五 ①빈틈없이 모두 칠하다¶壁を一色に～ 벽을 한 가지 색으로 전부 칠하다 ②전가하다, 감추다¶事件の真相を～ 사건의 진상을 은폐하다
**ぬりなお・す** [塗り直す] 他五 ①다시 고쳐 칠하다, (미처 칠하지 못한 부분을) 다시 칠하다 ②완전히 다른 것으로 만들다, 일신하다
**ぬりばし** [塗り×箸] 옻칠한 젓가락
**ぬりむら** [塗り×斑] 칠에 얼룩이 짐, 그런 얼룩
**ぬりもの** [塗り物] 칠기, 옻칠한 기물＝漆器
**ぬりものし** [塗り物師] 칠기 만드는 사람
**ぬりわん** [塗り×椀] 옻칠한 나무 공기
**ぬ・る** [塗る] 他五 ①(도료·액체를) 바르다, 칠하다¶ペンキを～ 페인트를 칠하다/ おしろいを～ 분을 바르다 ②흙·회반죽 등으로 벽·담을 바르다¶壁を～ 벽을 바르다 ③(죄·책임을) 덮어씌우다¶人に罪を～ 남에게 죄를 덮어씌우다

ぬるい

**ぬる・い** [˚温い] 形 ①미지근하다¶ ～お茶ちゃ/ 미지근한 차/ ふろが～ 목욕물이 미지근하다 ②[˚緩い] 엄하지 않다, 미온적이다¶ 手て ぬるい¶ 取締とりまりが～ 단속이 미온적이다
**ぬるで** [〈白膠木〉・樗] 植 붉나무= ふしのき
**ぬるま I** 副 自スル 미끈미끈¶ ウナギ～してつかみにくい 뱀장어는 미끈거려서 잡기 어렵다 II 7 미끈미끈함
**ぬるび** [˚緩火] 뭉근한 불, 약한 불= とろ火び
**ぬるまゆ** [〈微温〉湯] 미지근한 물 [목욕물]
[慣用句]
―に浸ひたかる 미지근한 물에 몸을 담그다, 현상에 만족하며 안일하게 지내다
**ぬる・む** [˚温む] 自五 미지근해지다, 뜨뜻해지다¶ 水みず～季節きせつ 물이 뜨뜻해지는 계절
**ぬるりと** 副 自スル 미끈미끈¶ 手てにさわると～する 손으로 만지면 미끈거린다
**ぬれ** [˚濡れ] ①젖음¶ ～ぞうきん 젖은 걸레 ②정사(情事)¶ ～場ば 정사 장면
**ぬれいろ** [˚濡(れ)色] 물에 젖은 듯이 신선한 색, 그렇게 윤이 나는 빛깔¶ ～青あお草原そうげん 젖은 듯 푸르디 푸른 초원
**ぬれえん** [˚濡(れ)縁] 덧문 밖에 있는 툇마루
**ぬれがみ** [˚濡(れ)紙] 물에 젖은 종이
[慣用句]
―を剝はがすよう (젖은 종이를 조심해서 벗겨내듯이) ①(比) 소중하게 다룸 ②(比) (병 등이) 조금씩 나아짐
**ぬれがみ** [˚濡(れ)髪] (금방 감아) 젖은 머리
**ぬれぎぬ** [˚濡(れ)衣] ①젖은 옷 ②누명, 무고한 죄
[慣用句]
―を着きせられる 누명을 쓰다
**ぬれごと** [˚濡(れ)事] ①[歌舞伎에서] 정사(情事) 연기를 함, 그런 연기 ②정사 ─師 ①정사 연기를 잘하는 배우 ②호색가
**ぬれそぼ・つ** [˚濡れそぼつ] 自五 文 흠뻑 젖다¶ ズボンが露つゆに～ 바지가 이슬에 흠뻑 젖다
**ぬれて** [˚濡(れ)手] 물에 젖은 손
[慣用句]
―で粟あわのつかみ取どり 젖은 손으로 좁쌀 쥐기, 쉽게 이익을 얻음
**ぬれねずみ** [˚濡(れ)鼠] (口) ①물에 빠진 생쥐 ②名 옷을 입은 채 함빡 젖음¶ にわか雨あめで～になる 소낙비로 함빡 젖다
**ぬれば** [˚濡(れ)場] (연극에서) 정사 장면
**ぬればいろ** [˚濡(れ)羽色] (물에 젖은 까마귀 깃털처럼) 윤기 있는 검은 빛깔¶ 髪かみはからすの～ 머리카락은 윤기 있는 칠흑빛
**ぬれぼとけ** [˚濡(れ)仏] 노천에 안치한 불상, 노불(露佛)
**ぬ・れる** [˚濡れる] 自下一 ①젖다¶ ハンカチが～ 손수건이 젖다/ 雨あめに～れた歩道ほどう 비에 젖은 보도 ②(남녀가) 정을 통하다, 정사를 나누다¶ しっぽりと～ 정답게 정을 나누다

## ね ネ

**ね** 五十音図ごじゅうおんず 「な」행(行)의 넷째 かな, ひらがな 「ね」는 「禰」의 초서체, かたかな 「ネ」는 「祢」의 왼쪽을 취한 것
**ね I** 終助 ①(영탄의 기분을 담은 판단) …구나, …군요¶ おもしろい～ 재미있군요/ きれいな花はな～ 예쁜 꽃이군 ②(다짐하거나 상대방의 납득을 구함) …겠지(요), …이지(요)¶ わかった～ 알겠지/ 答こたえる気きはないんです～ 대답할 마음은 없는 거죠 ③(의문문에 쓰여) (질문・힐문) …나, …는가¶ あの絵え、見みたか～ 저 그림, 봤어?/ それでいいとでも思おもっているのか～ 그것으로 됐다고라도 생각하고 있는건가 ④(가벼운 주장) …데요¶ そう思おもいます～ 그렇게 생각하는데요 II 間助 (말을 거는 기분) …말이야¶ 実じつは～ 실은 말이야 III 感 ～、ちょっと来きて 저 좀 와줘/ ～、そうでしょう 네 그렇지요
**ね** [˚子] 자 ①십이지(十二支)의 첫째, 쥐¶ ～の年どし 쥐 해 ②자시(子時) ③북쪽
**ね** [˚音] ①음, 소리¶ 笛ふえの～ 피리 소리/ 虫むしの～ 벌레 소리 ②울음 소리¶ 忍しのび～ 소리 죽여 우는 소리
[慣用句]
―を上あげる (감당하기 힘들어) 죽는 소리를 하다, 손들다
**ね** [値] (팔고 사는) 값, 가격¶ ～があがる 값이 오르다
[慣用句]
―が張はる 값이 비싸다
**ね** [根] ①植 뿌리¶ ～が着つく 뿌리가 내리다 ②(물체를 고착시키고 있는) 근, 뿌리, 밑동¶ 歯はの～ 이뿌리/ おできの～ 종기의 근 ③(사물의) 근원, 뿌리¶ 息いきの～を止とめる 숨통을 끊다/ 悪あくの～を絶たつ 악의 뿌리를 뽑다 ④본성, 천성¶ ～はおとなしい 천성은 얌전하다 ⑤마음속
[慣用句]
―が生はえる (比) (그 자리에서) 조금도 움직이지 않다
―に持もつ (원한을 잊지 않고) 마음속에 간직하다, 앙심을 품다
―も葉はもない 아무런 근거도 없다
―を下おろす ①(식물이) 뿌리를 내리다 ②(사회에) 정착하다, 자리를 잡다
**ね** [寝] 잠, 수면¶ ～が足たりない 잠이 모자라다
**ねあがり** [値上がり] 名 自スル 값이 오름 ⇔ 下さがり¶ 土地とちの～ 땅값의 상승

ね あがり【根上がり】뿌리가 땅 위로 드러남¶ ～の古木ぼく 뿌리가 땅 위로 드러난 고목

ね あげ【値上げ】图他スル 값을 올림, 가격 인상 ⇔ 値下さげ¶ 公共料金こうきょうきんを～する 공공 요금을 올리다

ね あせ【寝汗】[醫] 자면서 흘리는 식은땀＝盗汗とうを～をかく 자면서 식은땀을 흘리다

ねい【寧】[音]ネイ [訓]むしろ|(음)녕. (語調) ① 평온하다, 침착하다, 공손하다¶ 寧日ねいじつ 영일・安寧あんねい 안녕・丁寧ていねい 공손함 ②의문・반어의 조사. 한문 훈독으로「なんぞ・いずくんぞ」로 읽음. 寧

ねいかん【佞奸・佞姦】图[文] 간녕, 간사함, 그런 사람

ねいき【寝息】자는 숨소리¶ ～を立たてる 자면서 숨소리를 내다
慣用句
―を窺うかがう ①잠이 들었나 살피다 ②(나쁜 일을 하기 위해) 남이 잠든 때를 노리다

ねいじつ【寧日】[文] 영일, 평온한 날¶ ～なし 영일이 없다

ねいしん【佞臣】[文] 간신¶ ～の輩やから 간신배

ねいじん【佞人】[文] 아첨꾼, 간사한 사람

ねいす【寝椅子】누울 수 있는 의자, 소파¶ ～に身みを横よこたえる 소파에 몸을 누이다

ねいも【根芋】토란의 주아(珠芽)

ねいもう【獰猛】[ナ]→ どうもう(獰猛)

ねいり ばな【寝入り端】잠이 막 들었을 무렵＝寝ねばな¶ ～を起おこされる 막 잠들자마자 깨워서 일어나다

ねい・る【寝入る】[自五]①잠들다, 잠자리에 들다¶ いつのまにか～ 어느 사이에 잠들다 ②깊이 잠들다, 숙면하다¶ 正体しょうたいなく～ 정신없이 잠들다

ねいろ【音色】음색¶ さえた～ 맑은 음색

ねうち【値打(ち)】가치, 값어치¶ 一読いちどくの～のある本ほん 일독할 가치가 있는 책

ねえ 助感 → ね 助感

ねえさん【姉さん】(口)①누님, 언니 ②젊은 여자를 부르는 말. 아가씨¶ ちょいと～ 아가씨 ③(여관・요릿집 등에서) 여종업원을 부르는 말. 아가씨, 아줌마 ④기녀・여급 등이 선배를 부르는 말. 언니 ▷ ③④는 흔히「姐さん」으로도 씀 —被かぶり → おねえさんかぶり

ネーム(name) 네임 ①이름¶ 上着うわぎに～を入いれる 상의에 이름을 수놓다 ②(版) (서적・잡지 등의) 표제＝キャプション —プレート (nameplate) 네임플레이트, 표찰, 명찰

ねえや【姉や】젊은 가정부를 부르던 말. 언니, 누나¶ 十五じゅうごで～は嫁よめに行いき 열다섯에 언니는 시집을 가고

ね おき【寝起き】①잠에서 깨어남, 그 때의 기분[상태]¶ ～のいい子 잠에서 깰 때 잠투정을 하지 않는 아이 ②기거, 일상 생활¶ ～を共ともにする 함께 생활하다

ね おし【寝押し】(바지 등을) 요 밑에 깔고 자서 주름을 잡음＝寝敷ねじき

ネオン(neon) 네온 ①(化) 희(希)가스류 원소의 하나 ②「ネオンサイン」의 준말 —管くだ《電》네온관 —サイン(neon sign) 네온 사인

ねがい【願い】소원, 바람¶ 一生いっしょうのお～ 일생의 소원 ②신불에게 기원함 ③원서＝願書がんしょ¶ 退職たいしょく～を出だす 퇴직원을 내다

ねがい あ・げる【願(い)上げる】[他下一](文) 삼가 바라다¶ お許ゆるしのほど～・げます 용서하시기 바랍니다

ねがい ごと【願い事】원하는[바라는] 일, (특히 신불에게) 비는 일¶ ～がかなう 소원이 이루어지다

ねがい さげ【願(い)下げ】①소원・출원의 취하⇔ 願がい出で¶ 告訴こくその～ 고소 취하 ②부탁을 받아들이지 않음, 사절¶ そんな注文ちゅうもんは～だ 그런 주문(부탁)은 사절이다

ねがい さ・げる【願(い)下げる】[他下一] 소원・출원을 취하하다＝願がい出でる¶ 事情じじょうが変かわって～ 사정이 변하여 취하하다

ねがい で【願い出】출원⇔ 願がい下さげ

ねがい でる【願(い)出る】[他下一] 출원하다, 신청하다¶ 休暇きゅうかを～ 휴가를 신청하다

ねがい ぬし【願い主】출원인, 발원한 당사자

ねが・う【願う】[他五]①바라다, 원하는¶ 成功せいこうを～ 성공을 바라다 ②빌다, 기원하다¶ 家内安全かないあんぜんを～ 집안의 안녕을 빌다 ③청원하다, 신청하다¶ 適正てきせいな措置そちを～ 적정한 조치를 청원하다 ④청하다, 부탁하다¶ 手伝てつだいを～ 거들어 주기를 청하다¶ よろしくお～・いします 잘 부탁합니다 ⑤(補助)《「お＋동사 連用形에 붙어」》「…을 해받다」의 겸사말¶ お越こし～ 와 주시다/ お出でまし～ 행차해 주시다
慣用句
―ったり叶かなったり 더할 나위 없는
―ってもない (뜻밖에 희망이 이루어져) 더 바랄 나위 없다
―って已やまない 바라 마지 않다

ね がえり【寝返り】①자다가 몸을 뒤척거림 ②배반함＝同志どうしの～ 동지의 배반
慣用句
―を打うつ ①자면서 몸을 뒤척거리다 ②자기 편을 배반하다

ね がえ・る【寝返る】[自五]①자다가 몸을 뒤척거리다 ②배반하고 적에게 붙다¶ 敵方てきがたに～ 적편에 붙다

ね がお【寝顔】자는 얼굴¶ ～がかわいい 자는 얼굴이 귀엽다

ね がけ【寝掛け】여자의 일본식 트레머리에 다는 장식품, 뒤꽂이

ねがさ かぶ【値嵩株】[經] 값이 비싼 주, 고가주

ねかしつ・ける【寝かし付ける】[他下一] (어린 아이 등을) 잠들게 하다, 재우다

ねかし もの【寝かし物】활용하지 않고 간수해 둔 물건, 팔리지 않아 묵힌 상품, 재고품

ねか・す【寝かす】[他五]①재우다¶ 赤あん坊ぼうを～ 갓난아기를 재우다 ②뉘다, 쓰러뜨리다¶ 材木ざいもくを～ 재목을 쓰러뜨리다 ③묵히다, 사장시키다¶ 資本しほんを～ 자본을 사장시

**ねかせる**

キだ ④(누룩 등을) 띄우다, 발효시키다¶ みそを~ 된장을 띄우다

**ねか・せる**【寝かせる】 他下一 (口) → ねかす

**ねかた**【根方】 아래쪽, (나무의) 밑동¶ 松の~にたたずむ 소나무 밑에 잠시 멈춰 서다

**ねかぶ**【根株】 ①(나무의) 그루터기 ②말뚝

**ねから**【根から】 副 ①애초부터, 나면서부터, 선천적으로¶ ~の芸人 타고난 예인 ②조금도, 전혀, 도무지¶ ~問題にならない 전혀 문제가 안 된다

**ねがわくは**【願わくは】 副 바라건대, 원컨대, 아무쪼록¶ ~幸いあらんことを 바라건대 행운이 있기를

**ねがわし・い**【願わしい】 形 바라는 바다, 바람직하다=望ましい¶ 全員参加が~ 전원 참가가 바람직하다

**ねかん**【寝棺】 시체를 누인 채로 넣게 만든 관

**ねぎ**【*葱】 植 파

**ねぎ**【禰宜】 ①神主의 아래이며 祝の 위인 신관 ②신직(神職)

**ねぎぼうず**【*葱坊主】 파꽃

**ねぎま**【*葱*鮪】 料【ねぎまぐろ】의 준말, 파와 다랑어를 함께 끓이면서 먹는 냄비 요리

**ねぎらい**【*労い・*犒い】 노고를 치하하고 위로함¶ ~のことばをかける 위로의 말을 하다

**ねぎら・う**【*労う・*犒う】 他五 노고를 치하하고 위로하다¶ 労を~ 노고를 위로하다

**ねきり**【根切り】 ①(農) 뿌리돋이 ②(建) 벽이나 기둥을 세울 때 땅에 구덩이를 파는 일, 그런 구덩이 **—薬** 병의 근원을 없애는 약 **—葉切り** 副 몽땅, 모조리, 송두리째 **—虫** 농작물·묘목의 뿌리를 갉아먹는 벌레

**ねぎ・る**【値切る】 他五 값을 깎다¶ ~って買う 값을 깎아서 사다

**ねぎわ**【寝際】 막 자려고 할 때¶ ~に電話が鳴る 잠들려고 전화가 울리다

**ねくずれ**【値崩れ】 (공급 과잉으로) 판매가가 떨어짐, 시세 하락¶ ~を起こす (공급 과잉으로) 시세 하락을 불러오다

**ねぐせ**【寝癖】 ①잠자는 동안 눌려서 머리 모양이 망가짐, 그런 머리 모양¶ ~がつく 자느라고 머리가 흐트러지다 ②잠버릇¶ ~が悪い 잠버릇이 나쁘다 ③(어린이의) 잠투정하는 버릇 ④잠자는 못된 버릇

**ねくたれがみ**【寝*腐れ髪】 잠을 험하게 자서 흐트러진 머리

**ねくび**【寝首】 자고 있는 사람의 목

慣用句
**—を搔く** ①자고 있는 사람의 목을 베다 ②비겁한 책략으로 궁지에 빠뜨리다

**ねぐら**【*塒】 ①(새의) 보금자리, 둥지¶ ~に帰る 둥지로 돌아가다 ②俗 잠자리, 자기 집¶ 今夜の~を定める 오늘 밤의 잠자리를 정하다

**ネグ・る** 他五 俗 무시하다, 게을리하다

**ねぐるし・い**【寝苦しい】 形 (더위 등으로) 잠들기 어렵다¶ 暑くて~ 더워서 잠을 이룰 수가 없다

**ねこ**【猫】 ①動 고양이¶ 野良~ 들고양이 ②「芸者」의 딴이름 ③이불 속에 넣어 발을 덥히는 작은 질화로 ④「猫車」의 준말

慣用句
**—に鰹節** 고양이에게 가다랭이포, 고양이한테 생선
**—に小判** 고양이에게 금화, 돼지에 진주
**—に木天蓼** 고양이에게 개다래 ①(比) 매우 좋아하는 것 ②(比) 남의 비위를 맞추는데 효과적인 것
**—の子一匹いない** 고양이 새끼 한 마리도 없다
**—の子を貰うよう** (고양이 새끼를 받아 오듯) 쉽게 남의 아이를 맡는 모양
**—の手も借りたい** 고양이 손이라도 빌리고 싶다, 매우 바빠서 일손이 부족하여 애먹다
**—の額** (땅 등이) 고양이 이마빼기만 하다
**—の目** (比) 상황에 따라 끊임없이 변화함
**—も杓子も** 어중이떠중이 모두
**—を被る** 본성을 숨기고 얌전한 체하다

**ねこ**【寝粉】 묵어서 먹을 수 없게 된 가루

**ねこあし**【猫足・猫脚】 (상·책상 등의) 고양이 다리처럼 안으로 굽은 다리

**ねこいた**【猫板】 직사각형 화로 끝에 얹은 긴 판자

**ねこいらず**【猫いらず】 쥐약

**ねこかぶり**【猫被り】 ①본성을 숨기고 얌전한 채함 ②알고도 모르는 체함, 시치미를 뗌

**ねこかわいがり**【猫可愛がり】 名他スル 맹목적으로 귀여워함¶ 孫を~にかわいがる 손자를 맹목적으로 귀여워하다

**ねこぎ**【根*扱ぎ】 (초목 등을) 뿌리째 뽑음¶ 木を~にする 나무를 뿌리째 뽑다

**ねこぐるま**【猫車】 (채를 뒤에서 밀어 흙이나 모래 등을 나르는) 외바퀴 손수레=猫

**ねごこち**【寝心地】 잘 때의 기분, 자는 기분¶ ~のよい布団 잠자기 편한 이불

**ねござ**【寝*茣*蓙】 깔고 자는 돗자리

**ねこじた**【猫舌】 뜨거운 음식을 못 먹음, 그런 사람

**ねこじゃらし**【猫じゃらし】 植 강아지풀

**ねこぜ**【猫背】 고양이처럼 굽은 등, 새우등, 그런 사람¶ ~になる 등이 구부정해지다

**ねこそぎ**【根*刮ぎ】 I 名 뿌리째 뽑음¶ ~にする 뿌리째 뽑다 II 副 모조리, 몽땅, 송두리째¶ ~奪う 몽땅 빼앗다

**ねごと**【寝言】 ①잠꼬대¶ ~を言う 잠꼬대를 하다 ②이치에 맞지 않는 말, 헛소리¶ 唐人の~ 도대체 알 수 없는 말, 도통 알 수 없는 말

**ねこなでごえ**【猫*撫で声】 (남의 비위를 맞추려는) 간살스러운 목소리¶ ~で語りかける 간살스러운 목소리로 말을 걸다

**ねこばば**【猫*糞】 나쁜 짓을 하고도 시치미를 뗌, (주운 물건 등을) 슬쩍 가로챔¶ ~を決め込む 슬쩍 가로채기로 작정하다

**ねこまたぎ**【猫跨ぎ】 맛없는 생선

**ねこみ**【寝込み】 한창 자고 있을 때¶ ~を襲う 깊이 잠든 때를 노려 습격하다

**ねこ・む**【寝込む】🄰🄵 ①숙면하다, 깊이 잠들다¶ぐっすりと～ 푹 잠들다 ②앓아 눕다, 몸져 눕다¶風邪で～ 감기로 앓아 눕다

**ねこめいし**【猫目石】묘안석(猫眼石)

**ねこやなぎ**【猫柳】갯버들

**ねごろ**【値頃】🄽🄰 적당한 가격, 사기 알맞은 값¶～の品物 적당한 가격의 물건

**ねころが・る**【寝転がる】🄰🄵 → ねころぶ

**ねころ・ぶ**【寝転ぶ】🄰🄵 (아무렇게나) 드러눕다, 누워 뒹굴다 =寝転がる¶～んで雑誌を読む 누워 뒹굴면서 잡지를 읽다

**ねさがり**【値下がり】🄽🄰🅂🄻 값[요금]이 내림¶輸入品の～ 수입품의 가격 하락

**ねさげ**【値下げ】🄽🄰🅃🅇🅂🄻 가격[요금] 인하¶電気料金を～する 전기 요금을 내리다

**ねざけ**【寝酒】(잠을 청하려고) 자기 전에 마시는 술¶～を飲む 자기 전에 술을 마시다

**ねざ・す**【根差す】🄰🄵 ①뿌리가 내리다, 뿌리박다 ②정착하다¶生活に～ 생활에 뿌리가 내리다 ③기인하다¶宗教に～した紛争 종교에 기인한 분쟁

**ねざめ**【寝覚め】잠에서 깸¶この子は～がいい 이 아이는 기분좋게 잠에서 깬다

[慣用句]
—が悪い ①잠에서 깨었을 때 기분이 개운하지 않다 ②(양심의 가책을 받아) 마음이 개운하지 않다

**ねざや**【値鞘】【經】시세 차액, 매입가와 판매가의 차액¶～が大きい 시세 차액이 크다

**ねじ**【螺子・捻子・捩子】①나사¶雄～ 수나사/雌～ 암나사 ②태엽을 감는 장치

[慣用句]
—が緩む 나사가 풀리다, 긴장이 풀리거나 정신이 해이해지다
—を巻く ①태엽을 감다 ②(기합을 주어) 정신을 차리게 하다

**ねじあ・う**【捩じ合う】🄰🄵 ①맞비틀다, 맞죄다 ②맞붙다, 격투하다¶土俵で～ 씨름판에서 맞붙다

**ねじあ・げる**【捩じ上げる】🅃🅇🄳🄵 비틀어 올리다 = ねじりあげる¶相手の腕を～ 상대방의 팔을 비틀어 올리다

**ねじき**【寝敷き】→ ねおし

**ねじきり**【螺子切り】나사골을 내는 작업, 그런 공구

**ねじき・る**【捩じ切る】🅃🅇🄳🄵 비틀어 끊다[자르다]¶針金を～ 철사를 비틀어 끊다

**ねじくぎ**【螺子釘】나사못

**ねじく・れる**【拗くれる】🄳🄵 ①비틀어지다¶～れた松の幹 비비꼬인 소나무 줄기 ②(심성이) 비뚤어지다¶心が～ 마음이 비뚤어지다

**ねじ・ける**【拗ける】🄳🄵 ①(모양이) 비틀어지다, 꼬부라지다¶～けた木の幹 비틀어진 나무 줄기 ②(심성이) 비뚤어지다

**ねじこ・む**【捩じ込む】🄸🅃🅇🄳🄵 비틀어 박다[넣다], 억지로 쑤셔 넣다¶ボルトを～ 볼트를 비틀어 박다/札束をポケットに～ 지폐 다발을 주머니에 쑤셔넣다 🄸🄸🄰🄵 따지고 덤비다, 공박하다, 항의하러 몰려가다¶責任者に～ 책임자에게 따지고 들다

**ねしずま・る**【寝静まる】🄰🄵 모두 잠들어 조용해지다¶家人が皆～ 가족이 모두 잠들어 조용해지다

**ねしな**【寝しな】막 자려고 할 때 = 寝ぎわ

**ねじはちまき**【捩鉢巻】→ ねじりはちまき

**ねじばな**【捩花】【植】타래난초

**ねじふ・せる**【捩じ伏せる】🅃🅇🄳🄵 ①상대의 팔을 비틀어 꽉 누르다 ②억지로 굴복시키다¶議論で相手を～ 토론에서 상대를 억지로 굴복시키다

**ねじま・げる**【捩じ曲げる】🅃🅇🄳🄵 ①비틀어 구부리다¶金具を～ 쇠장식을 비틀어 구부리다 ②왜곡하다¶事実を～ 사실을 왜곡하다

**ねじまわし**【螺子回し】나사돌리개, 드라이버

**ねじむ・ける**【捩じ向ける】🅃🅇🄳🄵 (그 방향으로) 비틀어 돌리다¶体を窓側に～ 몸을 창쪽으로 틀다

**ねじめ**【音締(め)】(현악기의) 현을 죄어 음을 고름, 그렇게 고른 음색

**ねじめ**【根締(め)】①이식한 나무 밑동에 흙을 돋우어 다짐 ②정원수 등의 뿌리 둘레에 심는 풀이나 꽃 ③(꽃꽂이에서) 꽂은 화초의 밑동에 덧꽂는 화초

**ねしょうがつ**【寝正月】①집에 틀어박혀 자거나 하며 설을 지냄 ②설에 병으로 앓아 누움

**ねしょうべん**【寝小便】야노 = おねしょ

**ねじりはちまき**【捩り鉢巻】수건을 비틀어 이마에 동여 맨 머리띠 = 捩じ鉢巻¶～で受験勉強をする 수건으로 머리띠를 동여매고 수험 공부를 한다

**ねじ・る**【捩じる・捻じる・拗じる】🅃🅇🄳🄵 ①비틀다, 뒤틀다, 꼬다¶針金を～ 철사를 비틀다/手拭いを～って頭に巻く 수건을 비틀어 머리에 동여 매다 ②비틀어 돌리다, 틀다¶水道の栓を～ 수도꼭지를 틀다 ③(몸을) 틀다, 꼬다, (그 결과) 접질리다, 삐다¶無理に上体を～ 무리하게 상체를 틀다/足首を～ 발목을 삐다

**ねじ・れる**【捩じれる・捻じれる・拗じれる】🄳🄵 ①비틀어지다, 꼬이다¶ネクタイが～ 넥타이가 비틀어지다 ②(심성이) 비뚤어지다¶言い方ないやに～れていた 말투가 몹시 비비꼬여 있었다

**ねじろ**【根城】①본거로 삼는 성, 아성 ⇔ 出城 ②(행동의) 근거지¶～を襲う 근거지를 습격하다

**ねず**【杜松】【植】두송, 노간주나무

**ねず**【鼠】①「鼠」의 준말. 쥐¶～公 서생원 ②「鼠色」의 준말. 쥐색

**ねすがた**【寝姿】잠자는 모습

**ねす・ぎる**【寝過ぎる】🅄🄻 ①너무 오래 자다¶～ぎて疲れる 너무 오래 자서 나른해지다 ②늦잠 자다¶～ぎて列車に遅れる 늦잠 자서 열차를 놓치다

**ねすご・す**【寝過(ご)す】 直五 늦잠 자다¶ 疲れて〜 피곤해서 늦잠 자다
**ねずみ**【˚鼠】 ①動 쥐¶ 猫の前の〜 고양이 앞의 쥐 ②比 하찮은 사람 ③쥐색
**ねずみいらず**【˚鼠入らず】 쥐가 못 들어가게 만든 찬장
**ねずみいろ**【˚鼠色】 쥐색. 회색¶ 〜の洋服 쥐색 양복
**ねずみおとし**【˚鼠落(と)し】 쥐덫
**ねずみがえし**【˚鼠返し】 쥐의 침입을 막기 위한 장치
**ねずみざん**【˚鼠算】 (쥐가 번식하는 것처럼) 기하 급수적으로 급격히 늘어남¶ 〜式に増える 기하 급수적으로 늘어나다
**ねずみとり**【˚鼠取り・˚鼠捕り】 ①쥐잡기, 쥐잡는 도구・약품 ②俗 (경찰의) 과속 운행 단속¶ 〜に引っかかる 과속 운행 단속에 걸리다 ③動 구렁이
**ねずみなき**【˚鼠鳴き】 입을 모아 쥐소리같은 소리 내기¶ 옛날 창녀가 손님을 부르던 소리
**ねずみはなび**【˚鼠花火】 땅 위를 뱅글뱅글 돌아다니는 불꽃놀이
**ねずみもち**【˚鼠糯】 植 광나무 = たまつばき
**ねぜり**【根˚芹】 植 미나리
**ね・せる**【寝せる】 他下一 (口) → ねかす
**ねぞう**【寝相】 자는 모습¶ 〜が悪い 자는 모습이 흉하다, 험하게 잔다
**ねそび・れる**【寝そびれる】 自下一 잠을 설치다. 잠을 이루지 못하다¶ 客が来て・れてしまった 손님이 와서 잠을 설치 버렸다
**ねそべ・る**【寝そべる】 自五 드러눕다, 엎드려 눕다¶ 〜って話す 드러누워 이야기하다
**ねた** (신문・잡지의) 기삿거리¶ 〜を探す 기삿거리를 찾다 ②증거¶ 〜が上がる 증거가 드러나다 ③(요리의) 재료, 거리¶ すしの〜 초밥 거리 ④(요술 등의) 속임수, 트릭¶ 〜を割る 속임수를 밝히다
**ねだ**【根太】 建 마루청을 받치는 가로대, 장선, 동귀틀=板 마루청, 청널 =床板
**ねたきり**【寝たきり】 (늙거나 병으로) 자리에 누운 채 일어나지 못하는 상태, 자리 보전¶ 〜の老人 자리 보전하고 있는 노인
**ねたば**【˚寝刃】 무디어진 칼날
〔慣用句〕
―を合わす ①칼을 갈다 ②몰래 나쁜 일을 꾸미다
**ねたばこ**【寝˚煙草】 잠자리에서 담배를 피움, 그런 담배¶ 〜は火事のもと 잠자리에서의 담배는 화재의 원인
**ねたまし・い**【˚妬ましい】 形 (文) 샘이 나다, 질투가 나다¶ 彼の出世が〜 그의 출세가 샘난다
**ねた・む**【˚妬む・˚嫉む】 他五 샘하다, 질투하다¶ そねむ¶ 他人の幸福を〜 타인의 행복을 질투하다
**ねだめ**【寝˚溜め】 (수면 부족이 될 것을 예상하여) 미리 잠을 많이 자둠¶ 休日には〜をする 휴일에는 미리 많이 자 둔다

**ねだやし**【根絶やし】 名 ①뿌리째 뽑아 없앰¶ 雑草を〜にする 잡초를 뿌리째 뽑아 없애다 ②근절¶ 社会悪を〜にする 사회악을 근절하다
**ねだ・る** 他五 조르다, 보채다¶ 小遣いを〜 용돈을 (달라고) 조르다
**ねだん**【値段】 값, 가격¶ 卸〜 도매 가격/ 〜が安い 값이 싸다
**ねちが・える**【寝違える】 自下一 잠을 잘못 자서 목・어깨가 결리다
**ねちっこ・い** 形 (口) 끈덕지다, 추근추근하다 = ねちこい¶ 〜く小言を言う 끈덕지게 잔소리를 하다
**ねちねち** 副 自スル ①끈끈, 끈적끈적¶ 〜した鳥もち 끈적거리는 끈끈이 ②(口) 치근치근, 추근추근¶ 〜と話す 치근치근 말하다
**ねつ**【熱】 齒ネツ 訓あつい (음)열, I (造) ①열기, 열¶ 熱帯 열대・加熱 가열 ②체온¶ 熱病 열병・高熱 고열 ③열중하다, 몰두하다¶ 熱中・情熱 정열 ④북적대고 홍청거리는 모양¶ 熱鬧 열뇨 ▷熟字訓 稲熱病 도열 II 열 ①열기, 더위 ②체온, 신열¶ 〜が出る 열이 나다 ③열중, 열의, 열성¶ 話に〜がはいる 이야기에 열을 띠다 ④物 물체의 온도를 변화시키는 에너지¶ 〜を加える 열을 가하다
〔慣用句〕
―が冷める 열이 식다, 흥미가 없어지다
―に浮かされる ①고열로 헛소리를 하다 ②(이성을 잃을 만큼) 몰두하다, 열중하다
―を上げる 열을 올리다, 열중하다, 열광하다
―を吹く 기염을 토하다, 호언장담하다, 큰소리를 치다
**ねつあい**【熱愛】 名 他スル 열애. 열렬히 사랑함
**ねつ・い** 形 (俗) ①끈질기다. 끈덕지다. 집요하다¶ 〜人 끈덕진 사람 ②열심이다
**ねつい**【熱意】 열의¶ 〜を示す 열의를 보이다/ 学問に対する〜 학문에 대한 열의
**ねつうん**【熱雲】 地 열운
**ねつエネルギー**【熱エネルギー】 物 열에너지
**ねつえん**【熱演】 名 他スル 열연¶ 主役で〜する 주역으로 열연하다
**ねつかくはんのう**【熱核反応】 物 열핵 반응
**ねつかそせいじゅし**【熱可塑性樹脂】 化 열가소성 수지 ⇔ 熱硬化性樹脂
**ねつから**【根っから】 副 (口) → ねから
**ねつがん**【熱願】 名 他スル (文) 열원. 열망¶ 目標の達成を〜する 목표 달성을 열원하다
**ねっき**【熱気】 열기 ①고온의 공기・기체¶ 砂漠の〜に当たっている 사막의 열기에 몸을 먹다 ②열띤 기분, 홍분된 감정¶ 会場は〜を帯びてきた 회장은 열기를 띠어 왔다 ③신열, 높은 체온¶ 〜がさす 열이 오르다
**ねつき**【寝付き】 잠듦¶ 〜がいい 잠이 쉽게 들다
**ねつぎ**【根接ぎ】 農 뿌리접
**ねつぎ**【根継ぎ】 기둥・받침대의 썩은 부분을 갈아 댐, 밑이음

ねつ ききゅう【熱気球】열기구
ねつ きでんりょく【熱起電力】【物】열기전력
ねっきょう【熱狂】图目スル 열광¶ ~的なファン 열광적인 팬/ 観客が~する 관객이 열광하다
ねつ・く【寝付く】自五 ①잠들다¶赤ちゃんが~ 아기가 잠들다 ②앓아 눕다, 몸져 눕다 = 寝込む 風邪で~ 감기로 앓아 눕다
ねづ・く【根付く】自五 뿌리내리다¶民主主義が~ 민주주의가 뿌리내리다
ねつけ【根付(け)】①인롱·담배 쌈지 등의 끈에 매달아 허리띠에 지르는 세공물 ②대림추
ねつけ【熱気】열기. 신열, 높은 체온¶~がある 신열이 있다
ねつけい【熱型】【医】열형 = ねつかた
ねっけつ【熱血】열혈. 더운 피, 뜨거운 정열 ⇔冷血¶~男児 열혈 남아 —漢 열혈한
ねつげん【熱源】열원¶~の確保 열원의 확보
ねっこ【根っこ】(口)①뿌리 ②그루터기¶木の~ 나무의 그루터기 ③근본¶首を つかむ 목덜미를 잡다
ねつこうかせいじゅし【熱硬化性樹脂】【化】열경화성 수지 ⇔熱可塑性樹脂
ねっさ【熱砂·熱沙】(文)열사. 뜨거운 모래·사막 = ねっしゃ
ねつざまし【熱冷まし】해열제
ねっさん【熱賛·熱讚】图他スル(文) 열렬히 칭찬함, 격찬, 절찬
ねっしゃびょう【熱射病】【医】열사병
ねっしょう【熱傷】열상. 화상 = やけど
ねつじょう【熱情】열정¶~的な手紙 열정적인 편지/ ~を注ぐ 열정을 쏟다
ねつしょり【熱処理】图他スル【工】열처리
ねっしん【熱心】图形動 열심¶教育に~な人 교육에 열심인 사람/ ~に勉強する 열심히 공부하다
ねっ・する【熱する】I自サ変①뜨거워지다¶赤く~した鉄 벌겋게 단 쇠 ②열중하다¶~・しやすい性格 쉽게 흥분하는 성격/ 討論が~ 토론이 열을 띠다 II他サ変 가열하다, 뜨겁게 하다¶ごてを~ 인두를 달구다
ねっせい【熱性】열성¶~しい熱性の性質 ② 고열을 동반하는 성질¶~痙攣 열성 경련
ねっせい【熱誠】(文) 열성. 뜨거운 정성¶~にこたえる 열성에 보답하다
ねっせん【熱泉】열천. 뜨거운 온천
ねっせん【熱戦】열전. 격전¶~を繰り広げる 열전을 벌이다
ねっせん【熱線】열선 ①적외선 ②뜨거운 광선 ③열선 방지용 전열선¶~入りのガラス 열선 유리
ねつぞう【捏造】图他スル 날조 = でっちあげ¶証拠を~する 증거를 날조하다
ねったい【熱帯】열대 —魚 열대어 —低気圧【気】열대성 저기압 —夜【気】열대야
ねっちゅう【熱中】图自スル 열중. 趣味に~する 취미에 열중하다
ねっちり 副¹⁺图自スル(口) 치근치근, 간작간작¶~と皮肉を言う 간작간작 비아냥거리다
ねっつぽ・い【熱っぽい】形 ①신열(身熱)이 있는 듯하다¶体が~ 몸에 열이 있는 듯하다 ②정열적이다, 열렬하다, 뜨겁다¶ ~・に語る 정열적으로 말하다
ねつど【熱度】열도 ①열의 정도¶~を測る 열도를 재다 ②열심의 정도¶研究に~を加える 연구에 열도를 더하다
ねっとう【熱湯】열탕¶~消毒 열탕 소독
ねっとう【熱闘】(文) 열투, 열전
ねっとり 副¹⁺目自スル 끈적끈적, 찐득찐득¶~と汗ばむ 끈끈하게 땀이 배다
ねっぱ【熱波】【気】열파
ねっぱつ【熱発】图自スル(文) 발열 = 発熱
ねつびょう【熱病】열병¶~にあえぐ 열병으로 신음하다
ねっぷう【熱風】열풍¶砂漠の~ 사막의 열풍
ねつべん【熱弁】열변¶~を振るう 열변을 토하다
ねつぼう【熱望】图他スル 열망. 갈망¶平和~を~する 평화를 열망하다
ねづよ・い【根強い】形 뿌리 깊다, 꿋꿋하다, 탄탄하다¶~人気 탄탄한 인기/ ~不信感 뿌리 깊은 불신감
ねつようりょう【熱容量】【物】열용량
ねつらい【熱雷】【気】열뢰
ねつりきがく【熱力学】【物】열역학
ねつりょう【熱量】【物】열량
ねつるい【熱涙】(文) 열루. 뜨거운(감격의) 눈물¶~にむせぶ 뜨거운 눈물에 목이 메이다
ねつれつ【熱烈】ナ 열렬¶~な歓迎 열렬한 환영
ねつろん【熱論】图自スル 열띤 토론¶~をたたかわす 열띤 토론을 벌이다
ねどい【根問い】图他スル 꼬치꼬치 캐어 물음 —葉問い 시시콜콜[미주알고주알] 캐어 물음 = 根掘り葉掘り
ねどうぐ【寝道具】침구 = 寝具
ねどこ【寝床·寝所】①침상, 잠자리¶~を敷く 잠자리를 펴다 ②침소, 침실
ねとねと 副¹⁺目自スル 끈적끈적 = ねっとり¶汗ばんでシャツが~と肌につく 땀에 배어 셔츠가 살갗에 끈적끈적 달라붙다
ねとぼ・ける【寝惚ける】自下一 잠이 덜 깨어 멍하다, 잠결에 어리둥절해 하다 = ねぼける¶何を~・していることを言っているんだ 무슨 잠꼬대 같은 소리를 하는 거냐
ねとまり【寝泊(ま)り】图自スル 숙박¶仕事場に~する 일터에서 숙박하다
ねとり【音取】【楽】①아악 연주의 서주 ②(能楽에서) 음조를 맞추기 위해 피리를 연주하는 일
ねとり【寝鳥】【楽】(歌舞伎에서) 유령·요괴 등이 나타날 때 북을 울리면서 부는 피리 반주
ね・とる【寝取る】他五 남의 배우자·연인과 정을 통해 가로채다¶女房を~・られる 아내를 정부에게 빼앗기다, 오쟁이를 지다
ねなし【根無し】图①뿌리가 없음 ②근거가

ねのくに【根の国】 저승, 황천(黄泉)
ねのひ【子の日】 자일(子日)
ねば・い【粘い】形 → ねばっこい
ねば・つく【粘つく】自五 끈적거리다, 진득거리다¶糊が~ 풀이 끈적거리다
ねばっこ・い【粘っこい】形 ①끈끈하다, 진득진득하다, 차지다¶~納豆 진득진득한 納豆 ②끈덕지다, 끈질기다¶~・く追及する 끈질기게 추궁하다
ねばつち【粘土】 점토, 찰흙＝ねんど
ねばねば Ⅰ副 自スル 끈적끈적¶汗で手が~とする 땀으로 손이 끈적끈적하다 Ⅱ名 ⑦ 찰기, 끈기¶ご飯の~ 밥의 찰기
ねはば【値幅】[経] (파는 쪽과 사는 쪽의) 가격 차, 높은 시세와 낮은 시세의 차액, 시세폭
ねばり【粘り】 ①찰기¶かき混ぜて~を出すす 휘저어서 차지게 하다 ②끈기¶仕事に~がなくなった 일에 끈기가 없어졌다
ねばりけ【粘り気】 찰기, 끈기¶~のある新米の飯 찰기 있는 햅쌀밥
ねばりごし【粘り腰】 ①[相撲] 허릿심이 강해 잘 넘어지지 않음＝二枚腰 ②(교섭·승부에서) 끈덕진(끈질긴) 태도
ねばりづよ・い【粘り強い】形 ①매우 차지다, 끈적거리다¶~もち 쫀득쫀득한 떡 ②끈질기다, 끈덕지다¶~説得 끈질긴 설득
ねば・る【粘る】自五 ①(차져서) 잘 달라붙다, 끈적거리다¶よく~納豆 잘 끈적거리는 納豆 ②끈기 있게 버티다¶最後まで~ 끝까지 끈덕지게 버티다
ねばれ【寝腫れ】 자고 나서 얼굴이 부석부석함
ねはん【涅槃】[佛] 열반 ①모든 번뇌를 벗어난 이상적인 경지 ②입멸, 입적
ねびえ【寝冷え】名 自スル 차게 자는 일¶~で下痢を起こす 차게 자서 설사가 나다
ねびき【値引き】名 他スル 값을 깎음, 깎아줌¶在庫品を~をして売る 재고품을 싸게 해서 팔다
ねびき【根引き】名 他スル ①뿌리째 뽑음 ②몸값을 내고 기녀를 빼냄, 낙적
ねびらき【値開き】 파는 값과 사는 값의 차액
ねぶ【合歓】→ ねむのき
ねぶか【根深】「長ねぎ」의 딴이름
ねぶか・い【根深い】形 뿌리 깊다¶~対立 뿌리 깊은 대립
ねぶくろ【寝袋】 침낭, 슬리핑백
ねぶそく【寝不足】 잠이 모자람, 수면 부족¶~で頭が重い 수면 부족으로 머리가 무겁다
ねぶた 青森県·弘前市 두 시를 중심으로 하는 津軽 지방의 칠석날 행사의 하나
ねぶと【根太】 대종(大腫), 허벅지·엉덩이 등에 생기는 종기
ねぶみ【値踏み】名 他スル 어림쳐서 값을 매김¶骨董品を~する 골동품의 값을 매기다

ねぶ・る【舐る】他五 핥다, 빨다
ねぼう【寝坊】名 自スル 늦잠, 잠꾸러기¶朝~ 늦잠꾸러기／~して遅刻する 늦잠을 자서 지각하다
ねぼ・ける【寝惚ける】 잠이 덜 깨서 멍하다¶~声で電話口に出る 잠이 덜 깬 목소리로 전화를 받다 一顔 잠에서 덜 깬 멍한 얼굴
ねぼ・ける【寝惚ける】自下一 ①잠이 덜 깨서 멍하다¶~・けた顔 잠이 덜 깬 멍한 얼굴 ②영문 모를 언동을 하다¶今ごろ何を~・けたことを言うんだ 지금 무슨 잠꼬대 같은 소리를 하는 건가
ねぼすけ【寝坊助】(俗) 잠꾸러기, 잠보
ねほり【根掘り】 (초목의) 뿌리를 캠, 그때 쓰는 연장 一葉掘り ①꼬치꼬치, 미주알고주알 ②철저히, 샅샅이¶~聞き出す 샅샅이 탐문하다
ねま【寝間】 침실＝寝室
ねまき【寝巻·寝間着】 잠옷¶~に着替える 잠옷으로 갈아입다
ねまちのつき【寝待ちの月】 음력 19일 밤의 달
ねまわし【根回し】名 自スル ①[農] 뿌리 돌리기 ②사전 공작＝下工作¶交渉を~する 교섭의 사전 준비를 하다
ねまわり【根回り】 나무 뿌리의 둘레, 거기에 심은 초목
ねみだれがみ【寝乱れ髪】 자서 흐트러진 머리
ねみみ【寝耳】 잠귀¶~に聞く 잠결에 듣다
[慣用句]
一に水 아닌 밤중에 홍두깨
ねむ【合歓】→ ねむのき
ねむ・い【眠い】形 졸리다, 졸음이 오다＝眠たい¶~・くてたまらない 졸려서 죽겠다
ねむけ【眠気】 졸음¶~が差す 졸음이 오다 一覚まし 졸음을 쫓는 수단
ねむた・い【眠たい】形(口) 졸리다＝眠い¶~・くてあくびが出る 졸려서 하품이 나다
ねむのき【合歓】木 [植] 합환목, 자귀나무
ねむら・す【眠らす】他五 ①재우다, 잠들게 하다 ②(俗) 죽이다, 없애다
ねむら・せる【眠らせる】他下一 → ねむらす
ねむり【眠り】 ①잠, 수면¶~が浅い 잠이 얕다／~から覚める 잠에서 깨어나다 ②(文) 죽음¶永遠の~に就く 영면하다, 죽다
ねむりぐさ【眠り草】「おじぎそう」의 딴이름
ねむりぐすり【眠り薬】 수면제¶~を飲む 수면제를 먹다
ねむりこ・ける【眠りこける】自下一(口) 정신없이 자다, 곤히 잠들다¶酒に酔って~ 술에 취해 정신없이 자다
ねむ・る【眠る】自五 자다 ①잠들다＝寝る¶~・れない夜 잠 못 이루는 밤 ②죽다, 영면하다¶~墓地 은사가 잠들어 계신 묘지 ③(比) 활용되지 않다, 사장되다¶地下に~資源 지하에 사장된 자원 ④(比) 활동을 멈춰 조용하다¶街が~・っている 거리가 잠들어 있다
ねむれるしし【眠れる獅子】連語 잠자는 사

자, 큰 힘을 지니고 있으나 아직 그것을 충분히 발휘하지 않은 사람

ねめつ・ける【*睨めつける】他下一 노려보다, 쏘아보다 = にらみつける

ねめまわ・す【*睨め回す】他五 노려보며 주위를 둘러보다

ね・める【*睨める】他下一 쏘아보다, 노려보다

ねもと【根元・根本】①뿌리 부분, 밑, 밑동¶木ⁿの〜 나무 밑동/ 耳もとの〜まで真っ赤になる 귀밑까지 새빨개지다 ②근본, 근원¶悪を〜から断つ 악을 근원적으로 없애다

ねものがたり【寝物語】(남녀가) 잠자리에서 하는 이야기

ねや【*閨】침실, (특히) 부부 침실¶〜の睦言ことば 침실에서의 정담

ねゆき【根雪】쌓인 채 해빙기까지 남는 눈

ねらい【*狙】①겨냥, 겨냥¶〜をつける 겨냥하다 ②노리는 바, 목표, 목적¶〜どおりに 바라는 바대로/ この本ほんの〜 이 책의 목적

ねらいうち【*狙(い)撃ち】名他サ ①겨누어 쏨, 저격¶敵てきの大将たいしょうを〜にする 적의 대장을 저격하다 ②(比) 특정 목표를 향해 공격·비난·행동함¶質問しつもんで彼かれを〜にする 질문으로 그를 집중 공략하다

ねらいすま・す【*狙い澄ます】他五 어김없이 록 겨누다¶標的ひょうてきを〜・して撃うつ 표적을 충분히 겨냥해 쏘다

ねら・う【*狙う】他五 ①노리다, 엿보다¶獲物えものを〜 사냥감을 노리다/ 大臣だいじんのポストを〜 대신의 자리를 노리다 ②겨누다, 겨냥하다¶犯人はんにんを〜・って撃うつ 범인을 겨냥해 쏘다 ③목표로 하다, 노리다¶優勝ゆうしょうを〜 우승을 노리다

ねり【*練り・*煉り】①반죽, 이김¶〜が足たりない 반죽이 덜 되다 ②깁을 삶아 누임, 그런 명주 ③【*錬り】(금속의) 단련, 불림

ねりあ・げる【練(り)上げる】他下一 ①충분히 반죽하다, 이기다¶餡あんを〜 팥소를 이기다 ②(문장·계획 등을) 잘 다듬다¶演説原稿えんぜつげんこうを〜 연설 원고를 잘 다듬다

ねりある・く【練(り)歩く】自五 대열을 지어 천천히 행진하다¶みこしを担かついで通とおりを〜 신여를 메고 도로를 천천히 행진하다

ねりあわ・せる【練(り)合(わ)せる・*煉(り)合(わ)せる】他下一 (둘 이상의 것을) 섞어 이기다(반죽하다)¶砂さとセメントを〜 모래와 시멘트를 섞어 이기다

ねりあん【*煉(り)餡】삶은 팥을 으깨어 설탕을 넣고 불에 졸인 팥소

ねりいと【練(り)糸】연사, 누인 명주실

ねりうに【練(り)〈雲丹〉・*煉(り)〈雲丹〉】섬게알젓

ねりえ【練(り)*餌・*煉(り)*餌】①쌀겨·어분·채소 등을 이겨 만든 새 모이 ②(釣) 어분 등에 밀가루를 섞어 이겨 만든 사료나 떡밥

ねりおしろい【練(り)〈白粉〉・*煉(り)〈白粉〉】개어서 크림처럼 만든 분, 물분

ねりかた・める【練(り)固める・*煉(り)固める】他下一 이겨 굳히다

ねりぎぬ【練(り)絹】누이어 보드랍게 한 명주

ねりぐすり【練(り)薬・*煉(り)薬】연약, (물엿·꿀 등으로) 개어 만든 약

ねりこう【練(り)香・*煉(り)香】향료 가루를 꿀에 개어 굳힌 것

ねりせいひん【練(り)製品・*煉(り)製品】생선 살을 으깨어 가공한 식품

ねりなお・す【練(り)直す】他五 ①다시 반죽하다 ②(원안을) 다시 검토하다, 재음미하다

ねりぬき【練(り)*貫・練(り)*緯】생사를 날실로 하고 연사를 씨실로 해서 짠 명주

ねりはみがき【練(り)歯磨き】튜브 치약

ねりべい【練(り)塀・*煉(り)塀】建 기와와 이긴 흙을 켜켜로 쌓고 위를 기와로 인 담

ねりまだいこん【練馬大根】①東京とうきょう도(都) 練馬ねりま구(區) 원산의 굵고 긴 무 ②俗 (여자의) 무다리

ねりもの【練(り)物・*煉(り)物】①이기거나 개어 만든 물건 ②제례(祭禮) 때 대열을 지어 거리를 돌아다니는 행렬

ねりようかん【練(り)羊*羹・*煉(り)羊*羹】양갱

ね・る【練る】Ⅰ他五 ①(명주를) 누이다¶絹きぬを〜 명주를 누이다 ②이기다, 반죽하다¶小麦粉こむぎこを〜 밀가루를 반죽하다 ③【*煉る】물을 넣고 가열하여 치대다, 개다¶あんを〜 팥소를 개다 ④【*錬る】(금속을) 단련하다, 벼리다, 불리다¶刀かたなを〜 칼을 벼리다 ⑤(계획·표현을) 다듬다¶対策たいさくを〜 대책을 짜다/ 文章ぶんしょうを〜 문장을 다듬다 ⑥(학예 등을) 닦다, 기르다, 연마하다¶技ぎを〜 기술을 연마하다/ 胆力たんりょくを〜 담력을 기르다
Ⅱ自五 (행렬 등이) 천천히 행진하다¶祭まつりの行列ぎょうれつが大通おおどおりを〜・っていく 축제 행렬이 큰길을 천천히 행진해 가다

ねる【寝る】自下一 ①자다, 잠자다¶〜子こは育そだつ 잘 자는 아이는 잘 자란다 ②눕다, 드러눕다¶ねながらテレビを見みる 누워서 텔레비전을 보다 ③앓아 눕다, 몸져 눕다¶風邪かぜで三日間みっかかんねていた 감기로 3일간 누워 있었다 ④俗 (남녀가) 동침하다¶女おんなと〜 여자와 자다 ⑤활용되지 않다, 사장되다¶資金しきんが〜 자금이 사장되다 ⑥(된장 등이) 발효되다, 뜨다¶こうじが〜 누룩이 뜨다
慣用句
寝た子ねたこを起おこす 긁어 부스럼
寝ても覚さめても 자나 깨나, 언제나, 항상

ね・れる【練れる】自下一 ①잘 이겨지다¶粘土ねんどが〜 찰흙이 잘 이겨지다 ②(수양 등을 쌓아) 인품이 원만해지다, 원숙해지다¶〜・れた人ひと 원숙한 사람

ねわけ【根分け】農 분근, 뿌리나누기

ねわざ【寝技】①(유도·레슬링에서) 누운 자세로 겨는 기술 ⇔立たち技わざ ②【寝業】이면 공작, 막후 흥정¶政界せいかいの〜師し 정계의 모사/ 〜にたける 이면 공작에 능하다

ねわす・れる【寝忘れる】自下一 잠들어 시간 가는 것을 잊다, 늦잠자다

ねわら【寝*藁】축사(畜舍)에 깔아주는 짚, 깃

**ねん** [年] 箇ネン 訓とし | (음)년. Ⅰ (造語) ①해, 연¶ 年月ねんげつ 연월·学年がくねん 학년 ②1년, 한 해¶ 年賀ねんが 연하·今年こんねん 금년 ③1년마다, 그 해의¶ 年鑑ねんかん 연감·年俸ねんぽう 연봉 ④연령¶ 年長ねんちょう 연장·成年せいねん 성년 ⑤그 해의 작황, 결실¶ 凶年きょうねん 흉년·豊年ほうねん 풍년 ▷ 熟字訓 年魚あゆ 은어·去年きょねん 작년·万年青おもと 만년청·一昨年おととし 재작년 Ⅱ ①1년, 한 해¶ 〜に一度どの祭まつり 1년에 한 번의 축제 ②고용살이의 약속 기한¶ 〜が明あける 고용 계약 기한이 끝나다 ③(助数) 학년·연수를 세는 말¶ 高校こうこう一〜 고교 1학년

**ねん** [念] 箇ネン 訓おもう | (음)념. Ⅰ (造語) ①생각¶ 念頭ねんとう 염두·理念りねん 이념 ②깊이 생각하다¶ 念願ねんがん 염원·専念せんねん 전념·〜外다¶ 念仏ねんぶつ 염불·十念じゅうねん 십념 ④주의하다, 조심하다¶ 入念にゅうねんな 특히 주의깊은¶ 〜의 대용자 이십¶ 念八日 28일 Ⅱ ①생각¶ 慚愧ざんきの〜 부끄러운 생각 ②주의함, 조심함¶ 〜には及およばない 조심할 필요는 없다
慣用句
—には念ねんを入いれよ 주의하고 또 주의하라
—のため 보다 확실히 하기 위해, 만약을 위해
—を入いれる 세심한 주의를 기울이다
—を押おす 다짐하다, 확인하다

**ねん** [捻] 箇ネン 訓ひねる·ねじる | (음)념. (造語) 비틀다, 꼬다¶ 捻挫ねんざ 염좌·捻出ねんしゅつ 염출·腸捻転ちょうねんてん 장염전

**ねん** [粘] 箇ネン 訓ねばる | (음)점. (造語) 끈적끈적하다, 잘 달라붙다¶ 粘液ねんえき 점액·粘性ねんせい 점성·粘土ねんど 점토·粘膜ねんまく 점막

**ねん** [稔] 箇ネン 訓みのる | (음)임. (造語) ①(곡식이) 여물다, 결실하다¶ 稔性ねんせい 임성·豊稔ほうねん 풍년 ②벼가 익을 때까지의 기간¶ 三稔さんねん 삼년 ▷ ②는 「年ねん」과 같음

**ねん** [燃] 箇ネン 訓もえる·もやす·もす | (음)연. (造語) 타다, 태우다¶ 燃焼ねんしょう 연소·燃料ねんりょう 연료·可燃性かねんせい 가연성

**ねんあけ** [年明け] 「年季明ねんきあけ」의 준말

**ねんいちねん** [年一年] (連語) 해가 갈수록¶ 〜と繁盛はんじょうする 해가 갈수록 번성하다

**ねんいり** [念入り] ② 정성 들임, 공들임, 매우 조심함¶ 〜な仕事ごと 공들인 일 / 〜に調しらべる 꼼꼼하게 조사하다

**ねんえき** [粘液] 점액 ¶ 漿液しょうえき一質しつ (心) 점액질

**ねんが** [年賀] 연하. 신년 축하¶ 〜の客きゃく 신년 하객 —状じょう 연하장

**ねんがく** [年額] 연액. 1년간의 총액¶ 〜一万円えんの会費かいひ 연액 1만 엔의 회비

**ねんがっぴ** [年月日] 연월일¶ 生せい一 생년월일

**ねんがら ねんじゅう** [年がら年中] 副 (口) 1년 내내, 언제나, 늘¶ 〜遊あそんでいる 일년 내내 놀고 있다

**ねんかん** [年刊] 연간 ¶ 〜の報告書ほうこくしょ 연간 보고서

**ねんかん** [年間] 연간 ①1년간 ¶ 〜所得しょとく 연간 소득 ②《연대를 나타내는 말에 붙어》그 연대 동안¶ 昭和しょうわ〜 昭和 연간

**ねんかん** [年鑑] 연감¶ 経済けいざい〜 경제 연감

**ねんがん** [念願] ② 他スル 염원, 소원¶ 〜がかなう 염원이 이루어지다 / 〜のタイトルを手てに入いれる 염원하던 타이틀을 손에 넣다

**ねんき** [年忌] 회기(回忌), 기일¶ 〜を営いとなむ 기제사를 지내다

**ねんき** [年季] 고용 계약 기간¶ 〜が明あける 고용살이 기한이 끝나다 —明あけ 고용살이 기간이 끝남 —奉公ぼうこう (연한을 정하고 하는) 고용살이¶ 〜に出でる 고용살이하러 나서다
慣用句
—を入いれる 오랜 기간 수련을 쌓아 일에 숙련되다= 年季ねんきが入はいる

**ねんき** [年期] ①연기. 1년을 한 단위로 하는 기간 ② → ねんき(年季)

**ねんきゅう** [年休] 연차 유급 휴가. 연차 휴가

**ねんきん** [年金] (経) 연금¶ 終身しゅうしん〜 종신 연금 / 〜をもらう 연금을 타다

**ねんぐ** [年貢] 연공 ①옛날에 전답·가옥 등에 해마다 부과된 조세¶ 〜を取とり立たてる 연공을 징수하다 ②소작료, 도조(賭租) —米まい 소작료로 바치는 쌀, 소작미
慣用句
—の納おさめ時どき ①나쁜 짓을 한 사람이 잡혀 죗값을 치러야 할 때 ②(比) 모든 일이 끝장날 때

**ねんげつ** [年月] 연월. 세월¶ 長ながい〜がたつ 긴 세월이 지나다

**ねんげ みしょう** [拈華微笑] (佛) 염화 미소. 이심전심

**ねんげん** [年限] 연한¶ 修業しゅうぎょう〜 수업 연한 / 五年ごねんの〜が切きれる 5년의 연한이 끝나다

**ねんこう** [年功] 연공 ①여러 해 동안 근무해 온 공적 ¶ 〜のある 연공이 있는 사람 ②여러 해 동안 쌓은 숙련된 기술¶ 〜を積つむ 연공을 쌓다 —序列じょれつ 연공 서열

**ねんごう** [年号] 「元号げんごう」의 통칭. 연호

**ねんごろ** [懇ろ] 団 ①정성스러움, 공손함, 극진함¶ 〜にもてなす 정성스레 대접하다 / 〜に弔とむらう 공손히 조문하다 ②친함, 친밀함¶ 〜な間柄あいだがら 친한 사이 ③(남녀가) 몰래 정을 통하는 모양¶ 〜になる 정을 통하는 사이가 되다

**ねんざ** [捻挫] ② 他スル (医) 염좌, 관절을 뼘¶ 足首あしくびを〜する 발목을 삐다

**ねんさん** [年産] 연산. 연간 생산고¶ 〜百万台ひゃくまんだい 연산 100만 대

**ねんし** [年始] ①연시. 연초, 연두 ⇔ 年末ねんまつ ②연하(年賀), 새해 인사¶ 〜状じょう 연하장 / お〜に行いく 세배하러 가다 —回まわり 새해 인사를 하러 다님, 세배를 다님

**ねんし** [年歯] (文) 연치. 연령, 나이= よわい

**ねんし** [撚糸] ② 自スル 연사. 실을 꼼, 꼰 실

**ねんじ** [年次] ①연차, 1년마다¶ 計画けいかく〜 연차 계획 ②연도¶ 卒業そつぎょう〜 졸업 연도 —有給ゆうきゅう休暇きゅうか 연차 유급 휴가. 연차 휴가= 年休ねんきゅう

**ねんしき** [年式] 연식. (자동차 등의) 제조 연

도에 따른 형¶ ~が古い 연식이 낡았다
**ねんじゅ** [念珠] 염주= 数珠ず·ねんず
**ねんじゅ** [念誦] 名他スル《佛》염송. 염불 송경
**ねんしゅう** [年収] 연수. 연간 수입¶ ~十万じゅうドル 연수 10만 달러
**ねんじゅう** [年中] I 名 연중. 일년 동안= ねんちゅう¶ ―無休きゅう 연중 무휴 II 副 언제나, 항상¶ ―本ほんを読んでいる 언제나 책을 읽고 있다 ―行事ぎょうじ 연중 행사 = ねんちゅうぎょうじ
**ねんしゅつ** [捻出·拈出] 名他スル 염출. 짜냄, 변통해 냄¶ 妙案みょうあんを～する 묘안을 짜내다/ 旅費りょひを～する 여비를 염출하다
**ねんしょ** [年初] 文 연초. 연시, 연두¶ ～の計画けいかく 연초의 계획
**ねんしょ** [念書] 후일의 증거로서 받아두는 각서, 다짐장¶ ～をとる 다짐장을 받다
**ねんしょう** [年少] 名 연소¶ ～者しゃ 연소자
**ねんしょう** [燃焼] 名自スル 연소 ①(물질이) 탐¶ 完全ぜん～ 완전 연소 ②(역량을) 최대의 발휘함¶ 青春せいしゅんを～させる 청춘을 불사르다
**ねん·じる** [念じる] 他上一 → ねんずる
**ねんず** [念珠] → ねんじゅ(念珠)
**ねんすう** [年数] 연수. 햇수¶ ～物もの 해묵은 물건/ 多おくの～がたつ 많은 햇수가 지나다
**ねん·ずる** [念ずる] 他サ変 ①빌다, 염원하다¶ 幸しあわせを～ 행복을 빌다 ②마음속으로 외다, 염불하다¶ 観音かんのんを～ 관음 보살을 염불하다『「ねんじる」라고도 함
**ねんせい** [粘性] 점성
**ねんたい** [粘体] 점체. (풀·물엿 등과 같이) 점성을 띤 물질
**ねんだい** [年代] 연대 ①지나온 세월 ②시대¶ 八十はちじゅう～ 80년대 ③기원부터 차례로 센 연수¶ ～順じゅんに整理せいりする 연대순으로 정리하다 ④세대¶ 同どう～ 동연대 ―記き 연대기 ―物もの 오래되어 가치가 있는 물건
**ねんちゃく** [粘着] 名自スル 점착. 끈끈하게 착 달라붙음¶ ～性せい 점착성 ―テープ 점착 테이프 ―力りょく 점착력
**ねんちゅう** [粘稠] 文 점조. 차지고 진함
**ねんちゅうぎょうじ** [年中行事] 연중 행사
**ねんちょう** [年長] 연장, 연상 ⇔ 年少ねんしょう¶ ～組くみ 나이 많은 패/ ～者しゃの意見いけんを聞く 연장자의 의견을 듣다
**ねんてん** [捻転] 名他スル 염전, 비틀려 방향이 바뀜, 뒤틀림¶ 腸ちょう～ 장염전
**ねんど** [年度] 연도¶ ～初はじめ 연도초/ 会計かいけい～ 회계 연도 ―替がわり 연도가 바뀜, 그런 시기
**ねんど** [粘土] 점토, 찰흙¶ 紙かみ～ 지점토 ―細工ざいく 점토 세공(물) ―質しつ 점토질
**ねんとう** [年頭] 연두, 연시, 연초¶ ～教書きょうしょ 연두 교서/ ～のあいさつ 새해 인사
**ねんとう** [念頭] 염두. 마음속¶ ～にある 염두에 있다/ ～を去さらない 염두에서 떠나지 않다
〔慣用句〕
―に置おく 염두에 두다
**ねんない** [年内] 연내¶ ～には完成かんせいする 연내에는 완성한다
**ねんね** ①[幼] 자는 일¶ 早はやく～しなさい 어서 코 자거라 ②[애기] ③[俗] 철부지¶ いくつになっても、まだ～で困こまる 나이를 먹어도 아직 철부지라 큰일이다
**ねんねこ**「ねんねこ半纏ばんてん」의 준말 ―半纏ばんてん 두루마기 같이 생긴 솜 둔 포대기, 처네
**ねんねん** [年年] 副 연년, 매년, 해마다¶ ～開発かいはつが進すすむ 매년 개발이 진척되다 ―歳歳さいさい 文 연년 세세. 해마다
**ねんねん** [念念] 염념 ①[佛] 하나하나의 찰나, 순간순간, 시시각각¶ ～に忘わするべからず 시시각각으로 잊지 말지어다 ②[文] 마음에 떠오르는 여러 가지 생각 ③[文] 오로지 한 가지 일에만 마음을 집중함
**ねんぱい** [年輩·年配] 연배 ①[造語] 나이 또래, 나이의 정도¶ 同どう～ 동년배/ 四十しじゅう～の婦人ふじん 40세쯤 되어 보이는 부인 ②지긋한 나이, 중년¶ ～の紳士しんし 중년의 신사
**ねんばらし** [念晴(ら)し] 의혹. 마음 속에 맺힌 감정을 품¶ ～のために 의혹을 풀기 위해
**ねんばんがん** [粘板岩] [地] 점판암
**ねんぴ** [燃費] [機] 연비¶ ～のよい車くるま 연비가 좋은 차
**ねんびゃくねんじゅう** [年百年中] 副(口) 일년 내내, 언제나, 항상= 年ねんがら年ねんじゅう
**ねんぴょう** [年表] 연표, 연대표
**ねんぷ** [年賦] 연부. 연불¶ ～金きん 연부금
**ねんぷ** [年譜] 연보¶ 作家さっかの～を調しらべる 작가의 연보를 조사하다
**ねんぶつ** [念仏] 名自スル [佛] 염불¶ 空くう～/ ～を唱となえる 염불을 외다 ―往生おうじょう[佛] 염불 왕생 ―踊おどり[藝] 염불을 외면서 북·징 등에 맞추어 추는 춤 ―三昧ざんまい[佛] 염불 삼매 ―宗しゅう[佛] 염불종 ―聖ひじり[佛] 염불하며 각지를 돌아다니는 승려
**ねんぽう** [年俸] 연봉¶ ～制せいで契約けいやくする 연봉제로 계약하다
**ねんぽう** [年報] 연보 ①연간 보고(서) ②매년 나오는 간행물
**ねんぽう** [念法] [佛] 염법
**ねんまく** [粘膜] [醫] 점막¶ 鼻はなの～ 코의 점막
**ねんまつ** [年末] 연말 ⇔ 年始ねんし¶ ～大売おおうり出だし 연말 대매출 ―調整ちょうせい[經] 연말 정산 ―低気圧ていきあつ 12월 26일 무렵에 일본 부근을 지나는 저기압
**ねんよ** [年余] 일년 남짓¶ ～に渡わたる工事じ 일년 남짓 걸리는 공사
**ねんらい** [年来] 副 文 연래, 수년 이래= 長ながねん¶ ～の宿願しゅくがん 연래의 숙원
**ねんり** [年利] 연리. 연이율¶ ～10パーセント 연리 10퍼센트
**ねんりき** [念力] 염력, 정신력
〔慣用句〕
―岩いわをも徹とおす 강한 일념은 바위도 뚫는다
**ねんりょ** [念慮] 文 염려, 사려, 생각

ねんりょう【燃料】연료¶核~ 핵연료/ ~が切れる 연료가 떨어지다 **―棒**[原] 연료봉
ねんりん【年輪】연륜 ①[植] 나이테 ②[比] 해마다 더해지는 경험·역사¶人生の~ 인생의 연륜/ ~を重ねる 연륜을 거듭하다
ねんれい【年齢】연령, 나이¶精神~ 정신연령/ ~制限 연령 제한 **―集団**[民] 연령 집단 **―層** 연령층

# の ノ

**の** 五十音図「な」행(行)의 다섯째 かな. ひらがな의「の」는「乃」의 초서체, かたかな의「ノ」는「乃」의 첫 획을 취한 것

**の** I [格助] **❶**《소속성의 連体修飾를 구성함》①(소유·소속의 주체) …의 ㉠소속 관계의 주체¶私の一本 나의 책 ㉡행위의 주체¶セザンヌ~絵画 세잔느의 회화 ㉢소속하는 조직·회합¶病院~医師 병원의 의사 ②(장소) …의, …에 있는 ㉠존재하는 장소¶北~酒場 북쪽의 술집 ㉡관계로서의 장소¶国際間~問題 국제간의 문제 ③(시간·시기·기회) …의¶水曜日~会合 수요일의 회합 ④(소유 관계) …의 ㉠인간·혈통 관계¶私~母 나의 어머니 ㉡공간·위치의 관계¶セーヌ~左岸 센 강의 왼쪽 기슭 ㉢시간·순서의 관계¶食事~前 식사 전/ 学期~始まり 학기의 시작 ㉣수량·범위의 관계¶若者~~大半 젊은이의 대부분 ⑤(格助詞가 의미하는 모든 관계) …の¶人と~思い出 사람과의 추억 **❷**《속성의 連体修飾를 구성함》①(성질·상태·외관) …の, …으로 된¶野性~~心 야성적인 마음/ 和服~~女 일본옷을 입은 여자 ②(재료·구성) …으로 된¶木~箱 나무 상자 ③(수량·순서·범위) …의¶百人~~会衆 백 명 이상의 회중/ 次~~おかた 다음 분 ④(관계) ㉠(목적성의 관계) …의, 을(를) 위한¶展示~場所 전시 장소/ 近眼~~眼鏡 근시 안경 ㉡(결과성의 관계) …로 인한, …에 대한 벌¶罰~意~~罰 게으름에 대한 벌 ㉢(주제성의 관계) …에 관한(대한)¶安全保障~~討議 안전 보장에 관한 토의 **❸**《형식성의 連体修飾를 구성함》①(동격)¶主演~~ジョンウェイン 주연인 존 웨인 ②(인용의 내용) …라고 하는¶すぐ帰ると~~返事 곧 돌아온다는 답장 ③(규정적 내용) …의¶全員参加~~原則 전원 참가의 원칙 ④(の존명사에 대한 실질적 내용의 규정)¶秋~~ような涼しき 가을 같은 서늘함 ⑤(지시적 내용)¶右~文章 오른쪽의 문장 **❹**《동작 관련의 連体修飾를 구성함》①주체나 대상의 관계¶夫~~帰り 남편의 귀가/ 水~~飲みたさ 물이 마시고 싶음 ②동작의 대상¶登山~~失敗 등산에 실패 ③(格助詞가 의미하는 모든 관계) …의¶友人と~交歓 친구와의 교환 **❺**《주격·대상격을 구성함》…이, 가 ①連体修飾句 내의 주격·대상격¶魚~~出てきた日 생선이 나온 날 ②체언구 내의 주격·대상격¶絵~~美?しいのを買った 그림이 아름다운 것을 샀다 **❻**《체언을 구성함》①(명사에 붙어 그 소유물·속성을 나타냄) …의 것¶ぼく~~はこれだよ 내 것은 이 것이다 ②(활용어의 連体形에 붙어 그것을 체언화함) …것, …일¶君と会う~~はいつの日ぞ 자네와 만나게 되는 것은 언제일까 ③《指定의 助動詞「だ(である)」를 붙여》설명·단정·주장 등의 어법 형식을 구성함. 또한 의문의 조동사「か」를 붙여 의문형을 구성함

II [並助]《「…~…と(と)…~…ない~(と)」의 꼴로 동사·동사형 조동사의 連体形에 붙어》(예시하여 열거함) …느니 …느니¶生きる~死ぬ~と大騒ぎである 사느니 죽느니 하고 큰 소란이다 **❺**《「…~…ない~(と)」의 꼴로 형용사 連体形에 붙어》(대단한 정도) 극히 …하다¶美?しい~美?しくない~, まるで天女だね 여간 아름다운 게 아니라 마치 선녀로군

III [終助]《활용어의 連体形에 붙어》①(女) (단정) …요, …해요¶お話しがしたいことがあります~ 이야기하고 싶은 것이 있어요 ②(女) 질문하는 뜻을 나타냄¶あなた、いつ来る~? 당신, 언제 오시죠? ③《(강한 하강조의 억양으로)》(명령) …해요, 하여라¶黙ってついて来る~! 잠자코 따라 와라!

**の**【野】들¶~, 들판: 野原의 ~¶~に咲く花 들에 핀 꽃¶《넓은》논밭: の~ら》朝早くから~に出て働く 아침 일찍부터 들(논밭)에 나가 일하다 ③[造語]《명사에 붙어》㉠야생임¶~うさぎ 산토끼/ ~菊 들국화 ㉡남을 낮추어 보는 뜻을 곁들임¶~太鼓 천한 조방꾸니, 남의 비위를 잘 맞추는 남자

慣用句
**―に置く** 자연 그대로의 것으로 두다

**の**【幅】[助数] 천의 너비를 세는 말. 폭¶三~布団 세 폭 이불

**のあそび**【野遊び】들놀이

**のあらし**【野荒らし】밭의 농작물을 망침, 그렇게 하는 사람·동물

**ノイズ**(noise) 노이즈, 잡음, 소음

**のいばら**【野茨】[植] 찔레나무

**のう**【悩】【悩】音ノウ(ナウ) 訓なやむ·なやます¶(음)뇌. [造語] ①괴로워하다, 괴롭히다 悩殺 뇌쇄·苦悩 고뇌

**のう**【納】【納】音ノウ(ナフ·ノフ)·ナッ·ナン·トウ(タフ) 訓おさめる·おさまる¶(음)납. [造語] ①받아들이다¶納涼 납

량・納得$_{とく}$ 납득・受納$_{のう}$ 수납・出納$_{すい}$ 출납 ②챙겨넣다, 넣어 두다¶ 納骨$_{のう}$ 납골・収納$_{のう}$ 수납 ③(관청 등에) 내다, 바치다¶ 納税$_{のう}$ 납세・返納$_{へん}$ 반납

のう【能】 🔊 ノウ 🔊 あたう・よく|(음)능. I 〖造語〗①능력, 작용¶ 能率$_{のう}$ 능률・機能$_{き}$ 기능 ②능력이 있다, 솜씨가 있다¶ 能力$_{のう}$ 능력・万能$_{ばん}$ 만능 ③작용을 미치는¶ 能動$_{のう}$ 능동・効果$_{こう}$, 효능¶ 能効$_{のう}$ 효능 ⑤(고전 예능인) 能face$_{のう}$ 能面に 쓰는 가면, 新能能$_{しん}$ 가면극의 일종 ⑥「能登」의 준말¶ 能州$_{のう}$ 지금의 石川$_{いし}$현 북부의 옛이름 II ①해내는 힘, 할 줄 실력이 있는¶ 無能力$_{むのうりょく}$ 무능력 ③취할 점, 쓸모, 능사¶ ～がない 쓸모가 없다/ 金$_{かね}$をためるだけが～ではない 돈을 모으는 것만이 능사가 아니다 ④〖藝〗(고전 예능의 하나인) 能楽$_{のう}$¶ ～を鑑賞$_{かんしょう}$する 能楽을 감상하다

〖慣用句〗
━ある鷹$_{たか}$は爪$_{つめ}$を隠$_{かく}$す 능력이 있는 매는 발톱을 숨긴다, 정말로 실력이 있는 사람은 함부로 그것을 드러내지 않는다

のう【脳】 [腦] 🔊 ノウ(ナウ)|(음)뇌. I 〖造語〗①뇌, 뇌수¶ 脳髄$_{のう}$ 뇌수・大脳$_{だい}$ 대뇌 ②두뇌, 정신의 작용¶ 脳裏$_{のう}$ 뇌리・頭脳$_{ず}$ 두뇌・洗脳$_{せん}$ 세뇌 ③중심이 되는 것, 그런 사람¶ 首脳$_{しゅ}$ 수뇌 II ①〖醫〗뇌¶ ～を冒$_{おか}$される 뇌가 상하다 ②두뇌 작용, 머리¶ ～が悪$_{わる}$い 머리가 나쁘다

のう【農】 🔊 ノウ|(음)농. I 〖造語〗①경작하다, 농사를 짓다¶ 農業$_{のう}$ 농업・農村$_{のう}$ 농촌・農産物$_{のうさん}$ 농산물 ②「農民」의 준말¶ 豪農$_{ごう}$ 호농・貧農$_{ひん}$ 빈농 II 농업¶ ～に従事$_{じゅうじ}$する 농업에 종사하다

のう【濃】 🔊 ノウ 🔊 こい|(음)농. 〖造語〗①짙다, 진하다¶ 濃淡$_{のう}$ 농담・濃度$_{のう}$ 농도・濃密$_{のう}$ 농밀 ②「美濃$_{みの}$」의 준말¶ 濃州$_{のう}$ 지금의 岐阜$_{ぎふ}$ 남부 지방

のう【*膿】 🔊 ノウ 🔊 うみ|(음)농. 〖造語〗고름¶ 膿汁$_{のう}$ 농즙, 고름・化膿$_{か}$ 화농

のう【嚢】 🔊 ノウ(ナウ) 🔊 ふくろ|(음)낭. 〖造語〗①〖動〗체내에 있는 자루 모양의 기관¶ 陰嚢$_{いん}$ 음낭・胆嚢$_{たん}$ 담낭 ②자루, 주머니¶ 嚢中$_{のう}$ 낭중・土嚢$_{ど}$ 흙부대・背嚢$_{はい}$ 배낭

のう I 〖終助〗(상대의 동의를 촉구함)～군, …구먼¶ 寒$_{さむ}$い～ 춥구먼, 매일 ♡「なあ」에 가까운 노인어・방언 II 〖間助〗〖連用 문절에 붙어〗(상대의 동의를 구함) …말이야¶ 山$_{やま}$じゃ～, もう雪$_{ゆき}$じゃろ 산은 말이야 벌써 눈이 왔지 III 〖感〗남을 부를 때 쓰는 말, 여보, 이보시오¶ ～, 旅$_{たび}$のお方$_{かた}$ 이보시오 나그네 양반 ▷ 「ねえ」에 비해 노인어

のういっけつ【脳*溢血】 〖醫〗뇌일혈
のうえ【*衲衣・納衣】 ①낡은 천으로 기워 만든 승려의 옷 ②승려, 선승(禪僧)
のうえん【脳炎】 〖醫〗뇌염¶ 日本$_{にほん}$～ 일본 뇌염
のうえん【農園】 농원, 원예 작물을 재배하는 농장¶ ～を経営$_{けいえい}$する 농원을 경영하다

のうえん【濃艶】 🔊 농염, 요염하고 아름다움¶ ～な美人$_{びじん}$ 농염한 미인
のうか【農家】 농가¶ 専業$_{せんぎょう}$～ 전업 농가
のうか【濃化】 🔊 自他スル 농후해짐, 짙게 함
のうかい【納会】 납회 ①그 해・연도의 마지막 회합 = おさめ会$_{かい}$¶ 野球部$_{やきゅうぶ}$の～ 야구부의 납회 ②〖經〗(증권 거래소에서) 월말의 마지막 입회 ⇔ 発会$_{はっかい}$
のうがき【能書(き)】 ①(약 등의) 효능을 적은 문서, 효능서 ②자기 선전 문구, 자기 자랑¶ ～を並$_{なら}$べる 자기 자랑을 늘어놓다
のうがく【能楽】 〖藝〗일본의 전통 가면 음악극 = 能$_{のう}$
のうがく【農学】 농학
のうかすいたい【脳下垂体】 〖醫〗뇌하수체 ━ホルモン 〖醫〗뇌하수체 호르몬
のうかん【納棺】 名他スル 납관, 입관¶ ～を済$_{す}$ませる 납관을 마치다
のうかん【能管】 (能楽$_{のう}$에서) 피리
のうかん【脳間】 〖醫〗뇌간
のうかんき【農閑期】 농한기 ⇔ 農繁期$_{のうはんき}$
のうき【納期】 납기, 납입 기한¶ ～が迫$_{せま}$る 납기가 다가오다
のうき【農期】 농기, 농사철
のうきぐ【農機具】 농기구¶ ～商$_{しょう}$ 농기구상
のうきょう【納経】 〖佛〗납경, 추선 공양 등을 위해 경문을 베껴 절에 바침, 그런 경문
のうきょう【農協】 농협
のうきょう【*膿胸】 〖醫〗농흉, 화농성 흉막염
のうぎょう【農業】 농업¶ ～用水$_{ようすい}$ 농업 용수/ ～に従事$_{じゅうじ}$する 농업에 종사하다 ━協同組合$_{きょうどうくみあい}$ 농업 협동 조합 = 農協$_{のうきょう}$
のうきょうげん【能狂言】 〖藝〗①能楽$_{のう}$와 狂言$_{きょう}$ ②能楽의 막간에 상연하는 희극 = 狂言$_{きょう}$
のうきん【納金】 名自スル 납금, 금전을 납부함, 그런 금전¶ 組合$_{くみあい}$に～する 조합에 납금하다
のうぐ【農具】 농구, 농기구
のうけ【能化】 능화 ①중생을 교화시키는 자, (특히) 부처・보살 ②(한 종파의) 장로, 사승 ▷「のうげ」라고도 한
のうげい【農芸】 농예 ①농업 기술¶ ～化学$_{かがく}$ 농예 화학 ②농업과 원예
のうげか【脳外科】 〖醫〗뇌외과, 뇌신경 외과
のうけっせん【脳血栓】 〖醫〗뇌혈전
のうこう【農耕】 농경¶ ～民族$_{みんぞく}$ 농경 민족 ━文化$_{ぶんか}$ 농경 문화
のうこう【濃厚】 🔊 농후 ①(색・맛 등이) 진함, 짙음 ⇔ 淡泊$_{たんぱく}$¶ ～な味$_{あじ}$ 짙은 맛/ ～な牛乳$_{ぎゅうにゅう}$ 진한 우유 ②(경향・가능성이) 비교적 강해짐, 짙음 ⇔ 希薄$_{きはく}$¶ 敗色$_{はいしょく}$が～だ 패색이 짙다
のうこうそく【脳*梗塞】 〖醫〗뇌경색, 뇌연화증
のうこつ【納骨】 名自スル 납골 ━堂$_{どう}$ 납골당
のうこん【濃紺】 짙은 감색
のうさい【納采】 납채, 약혼 예물을 교환하는 일¶ ～の儀$_{ぎ}$ 납채 의식
のうさい【能才】 (文)일을 하기에 충분한 재능,

그런 재능이 있는 사람
のうさいぼう [脳細胞] 뇌세포
のうさぎ [野兎] [動] 야토, 산토끼
のうさぎょう [農作業] 농사일
のうさく [農作] 농작, 경작 **一物**ぶつ 농작물
のうさつ [悩殺] [名] [他ス] 뇌쇄¶～するような ポーズ 뇌쇄하는 듯한 포즈
のうさつ [納札] [名] [自ス] 神社じゃ·절에 참배하고 기원·기념을 위해 패를 붙임, 그런 패
のうさんぶつ [農産物] 농산물
のうし [直衣] 옛날 귀족의 평상복
のうし [脳死] [醫] 뇌사
のうじ [能事] [文] 해야 할 일, 할 일
[慣用句]
**一終**おわれりとする 할 일을 다 했다고 생각하다[만족하 하다·단념하다]
のうじ [農事] 농사 ¶ーー暦こよみ 농사력/～にいそしむ 농사일에 힘쓰다 ②농업에 관한 사항¶～試験場じょう 농사 시험장
のうしゃ [農舎] [文] 농사, 수확한 농작물의 처리 등을 하는 헛간
のうじゅ [納受] [名] [他ス] [文] ①수납, 받아들임 ②(신불이) 소원을 들어줌
のうしゅう [能州] → のと (能登)
のうしゅう [濃州] → みの (美濃)
のうじゅう [膿汁] 농즙, 고름 = うみじる
のうじゅうけつ [脳充血] [醫] 뇌충혈
のうしゅく [濃縮] [名] [他ス] 농축¶～ジュース 농축 주스 **ーウラン** 농축 우라늄
のうしゅっけつ [脳出血] [醫] 뇌출혈
のうしゅよう [脳腫瘍] [醫] 뇌종양
のうしょ [能所] [佛] 주체와 객체, 주관과 객관
のうしょ [能書] 능필 = 能書のう¶～家か 능필가/～筆ふでを択えらばず 글씨를 잘 쓰는 사람은 붓을 가리지 않는다
のうしょう [脳症] [醫] 뇌증, 고열·고혈압 등으로 의식 장애가 일어나는 증상
のうしょう [脳漿] 뇌장¶뇌척수액 ②두뇌, 두뇌의 작용
[慣用句]
**一を絞**しぼる 머리를 짜내다, 모든 지혜를 다하다
のうしょう [農相] 농상, 농림 수산 대신
のうじょう [農場] 농장¶集団だん～ 집단 농장
のうしょうむしょう [農商務省] [史] 농상무성. 1881년에 설치되어 농업·상업·광공업의 행정을 담당하던 관청
のうしんけい [脳神経] [醫] 뇌신경
のうしんとう [脳震盪] [醫] 뇌진탕
のうす [衲子] [佛] 중, 선승(禪僧) = のっす
のうずい [脳髄] 뇌수 = 脳のう
のうせい [農政] 농정, 농업 행정·정책
のうぜい [納税] [名] [自ス] 납세¶～済ずみ 납세필/～の義務むぎ 납세의 의무
のうせいしょうにまひ [脳性小兒麻痺] [醫] 뇌성 소아마비
のうせきずい [脳脊髄] 뇌척수, 뇌와 척수 **一液**えき [醫] 뇌척수액 **一膜炎**まくえん [醫] 뇌척수막염, 수막염, 뇌막염

のうぜん かずら [凌霄花] [植] 능소화
のうそ [囊祖] [文] 선조, 조상
のうそう [能相] [文法] 능동태
のうそっちゅう [脳卒中] [醫] 뇌졸중
のうそん [農村] 농촌¶のんびりとした～の風景けい 한가한 농촌 풍경
のうたりん [脳足りん] [俗] 바보, 팔푼이
のうたん [濃淡] 농담, 짙음과 옅음¶墨ずみの～ 먹의 농담/～をつける 농담을 나타내다
のうち [農地] 농지, 농토¶肥沃よくな～ 비옥한 농지 **一改革**かく 농지 개혁
のうちゅう [囊中] [文] 낭중 ①주머니 속, 지갑 속 ーー無一物いちもつ 낭중 무일푼, 지갑 속이 텅 빔
[慣用句]
**一の錐**きり [比] 낭중지추, 재능 있는 사람은 자연히 그 존재가 드러나게 된다
のうてい [囊底] [文] 주머니 밑바닥, 지갑의 바닥¶～をはたく 지갑을 털다, 돈을 다 쓰다
のうてん [脳天] 뇌천, 정수리¶～から声こえを出だす 새된 목소리를 지르다
のうど [脳奴] [史] 농노¶～解放かい 농노 해방
のうど [濃度] [化] 농도¶～計けい 농도계/～が高たかい 농도가 높다
のうどう [能動] 능동 ⇔ 受動じゅ **ー態**たい [文法] 능동태 **一的**てき [ナ] 능동적¶～な態度たい 능동적인 태도
のうどう [農道] [農] 농로(農路)
のうなし [能無し] [口] 무능함, 쓸모없음, 그런 사람
のうなんかしょう [脳軟化症] [醫] 뇌연화증
のうにゅう [納入] [名] [他ス] 납입¶会費かいを～する 회비를 납입하다
のうのう [副] 태평스럽게¶～と暮くらす 태평스럽게 지내다
のうは [脳波] [醫] 뇌파¶～検査けん 뇌파 검사
のうはんき [農繁期] 농번기 ⇔ 農閑期のうかん¶～休暇きゅう 농번기 휴가
のうひ [能否] [文] 할 수 있음과 없음, 능력의 유무¶～をためす 능력의 유무를 시험하다
のうび [濃尾] 美濃のと尾張おわ. 지금의 岐阜ぎふ현과 愛知あいち현의 일부
のうひつ [能筆] [文] 능필, 달필 = 能書のう¶～家か 능필가
のうびょう [脳病] 뇌병¶～をわずらう 뇌병을 앓다
のうひん [納品] [名] [自他ス] 납품¶期日きじつまでに～する 기일까지 납품하다 **一書**しょ 납품서
のうひんけつ [脳貧血] [醫] 뇌빈혈
のうふ [納付] [名] [他ス] 납부¶税金ぜいを～する 세금을 납부하다
のうふ [農夫] 농부 ①농업에 종사하는 남성, 농민 ②농사일에 고용된 남자
のうふ [農婦] 농부, 농사일에 종사하는 여성
のうぶたい [能舞台] [藝] 能のう·狂言きょうげんを상연하는 무대
のうぶん [能文] [名] [文] 능문, 문장에 능함¶～家か 능문가

のうへい [農兵] 농병 ①평시에는 농사일을 하고 전쟁시에는 무장하여 싸우는 병사 ②농민으로 조직된 군대. 그런 병사
のうべん [能弁] 〖名〗〖ナ〗 능변. 달변 ⇔ 訥弁$_{とつ}$¶ ～家$_{か}$ 능변가
のうほう [農法] 농법. 농사 방법·기술
のうほう [*膿*疱] 〖医〗 농포 ―疹$_{しん}$ 〖医〗 농포진
のうほん [納本] 〖名〗〖自他スル〗 납본 ①(주문처 등에) 완성된 책을 납품함 ②발행한 출판물을 보존용으로 국립 국회 도서관에 납입함
のうほんしゅぎ [農本主義] 농본주의
のうまく [脳膜] 뇌막. 뇌척수막. 수막 ―炎$_{えん}$ 〖医〗 뇌막염. 뇌척수막염
のうみそ [脳味*噌] (口) 〖俗〗 뇌. 뇌수 ❷두뇌의 작용. 사고 능력. 지혜
慣用句
―が足$_{た}$りない 머리가 모자라다. 지능이 부족하다
―を絞$_{しぼ}$る 머리(지혜)를 짜내다
のうみつ [濃密] 〖名〗〖ナ〗 농밀. 밀도가 진함 ¶ ～な描写$_{びょう}$ 농밀한 묘사
のうみん [農民] 농민 ¶ ～運動$_{うんどう}$ 농민 운동 ―一揆$_{いっき}$ 농민 반란 ―文学$_{ぶん}$ 농민 문학
のうむ [濃霧] 〖気〗 농무. 짙은 안개 ¶ ～注意報$_{ちゅうい}$ 농무 주의보
のうめん [能面] 〖芸〗 能楽$_{のうがく}$에 쓰는 가면(탈) ¶ ～打$_{う}$ち 能楽용 가면을 만드는 사람
慣用句
―のよう (比) ①무표정한 얼굴 ②단아한 얼굴
のうやく [農薬] 〖農〗 농약
のうやくしゃ [能役者] 能楽$_{のうがく}$의 배우
のうよう [*膿*瘍] 〖医〗 농양 ¶ 肺$_{はい}$～ 폐농양
のうらん [悩乱] 〖名〗〖自スル〗(文) 고뇌로 마음이 혼란해짐 ¶ 辛苦$_{しんく}$～する 고생과 괴로움으로 마음이 혼란해지다
のうり [能吏] 능리. 유능한 관리
のうり [脳裏·脳*裡] (文) 뇌리 ¶ ～に浮$_{う}$かぶ 뇌리에 떠오르다 / ～をかすめる 뇌리를 스치다
のうりつ [能率] 능률 ¶ ～が上$_{あ}$がる 능률이 오르다 ―給$_{きゅう}$ 능률급
のうりょう [納涼] 〖名〗〖自スル〗 납량. 더위를 피해 시원한 바람을 쐼 ―涼$_{すず}$み ¶ ～花火大会$_{はなびたいかい}$ 납량 불꽃놀이 대회
のうりょく [能力] 능력 ¶ 支払$_{はらい}$～ 지불 능력 / ～を発揮$_{はっき}$する 능력을 발휘하다 ―給$_{きゅう}$ 능력급 ―説$_{せつ}$ 능력설
のうりょく [濃緑] 농록. 짙은 초록
のうりん [農林] 농림. 농업과 임업 ¶ ～行政$_{ぎょう}$ 농림 행정 ―水産省$_{すいさんしょう}$ 농림 수산성 ―水産大臣$_{すいさんだいじん}$ 농림 수산 대신
のうろうがん [*膿漏眼] 농루안 = 風眼$_{ふうがん}$
のおくり [野送り] 장송(葬送). 장례의 전송 = 野辺$_{のべ}$の送$_{おく}$り
ノート (note) 노트 I 〖名〗〖他スル〗 적음. 필기 II 〖名〗 ①「ノートブック」의 준말 ②주석 ¶ フット―각주(脚註) ③음조. 음표 ¶ ハイ～ 고음부 ―ブック (notebook) 노트북. 공책
ノーハウ (know-how) 노하우 ¶ 仕事$_{しごと}$の～を身$_{み}$につける 일의 노하우를 익히다
ノーベルしょう [ノーベル賞] 노벨상
のか 終助 《準体助詞「の」에 終助詞「か」가 붙은 것》①자문하거나 상대방에게 강하게 확인하는 뜻을 나타냄 ¶ 私$_{わたし}$、あいつにほれた～ 나 그치한테 반한 걸가 / ほんとうに大丈夫$_{じょうぶ}$な～ 정말로 괜찮은 거야? ②《조건구가 딸리어》이유를 묻는 뜻을 나타냄 ¶ 春$_{はる}$が逝$_{ゆ}$くから寂$_{さび}$しい～ 봄이 가니까 쓸쓸한가? ③《의문사가 딸리어》설명을 묻는 뜻을 나타냄 ¶ いつまた会$_{あ}$える君$_{きみ}$な～ 언제 또 만날 수 있는 그대인가 / なんで今$_{いま}$さら逃$_{に}$げるのよ 왜 새삼스레 피하는 거죠
のがい [野飼(い)] (가축을) 놓아 기름. 방목. 방사(放飼)
のがけ [野掛け·野駆け] ①들놀이 = 野遊$_{のあそ}$び ②야외에서 차를 달임 = 野点$_{のだて}$
のが・す [逃す] 他国 ①놓아주다. 도망시키다 ¶ 獲物$_{えもの}$を～ 사냥감을 놓아주다 ②놓치다 ¶ いい機会$_{きかい}$を～ 좋은 기회를 놓치다 ③《동사 連用形에 붙어 접미어적으로》(결과적으로)…못하게. …하지 않다 ¶ 見$_{み}$～ 보고 말다. 보고도 못 본 체하다
のかぜ [野風] 들바람
のが・れる [逃れる] 自下一 ①도망치다. 달아나다 ¶ 敵$_{てき}$の手$_{て}$を～ 적의 손에서 도망치다 ②벗어나다. 면하다. 피하다 ¶ 難$_{なん}$を～ 난을 피하다 / 責任$_{にん}$を～ 책임을 면하다
のき [軒] 처마 ¶ ～を並$_{なら}$べる 처마를 잇대고 있다. 집이 많이 늘어서 있다
慣用句
―を争$_{あらそ}$う 많은 집들이 꽉 들어 차 있다
のぎ [*芒] (벼·보리 등의) 까끄라기. 까라기 = のげ
のぎく [野菊] 〖植〗 들국화
のきさき [軒先] ①처마끝 ¶ ～に下$_{さ}$がったつらら 처마끝에 매달린 고드름 ②처마 근처. 집 앞
のきした [軒下] 처마 밑 ¶ ～を借$_{か}$りて雨宿$_{あまやど}$りする 처마 밑을 빌어 비를 긋다
のきしのぶ [軒忍] 〖植〗 일엽초
のきたけ [軒丈] 처마 높이
のきどい [軒樋] 처마끝의 물받이. 낙수받이
のきなみ [軒並(み)] I 〖名〗 ①집들의 처마가 죽 늘어서 있음 = 軒並$_{のきな}$び·門並$_{かどな}$み ②집집마다. 가가호호 ¶ 刑事$_{けいじ}$が～に聞$_{き}$いて回る 형사가 집집마다 묻고 다니다 II 〖副〗 모두. 다 같이 ¶ 列車$_{れっしゃ}$は～遅延$_{ちえん}$した 열차는 모두 지연되었다
のきならび [軒並び] → のきなみ I ①
のきば [軒端] ①처마끝 ②처마 근처. 집 앞 ¶ ～の梅$_{うめ}$ 집 앞의 매화
のぎへん [*禾偏] (한자 부수의) 벼화변 ▷「私·種」등의 「禾」부분
の・く [退く] 自五 물러나다 ①비키다. 떨어지다 ¶ うしろに～·いてください 뒤로 물러나 주십시오 ②(관직 등에서) 은퇴하다 ¶ 会長職$_{かいちょうしょく}$から～ 회장직에서 물러나다

のぐそ [野*糞] 名(自スル) 야외에서 대변을 봄, 그런 대변
のけぞ·る [^仰け反る] 自五 몸이 뒤로 젖혀지다 ⇔ のめる ¶~·ってよける 몸을 뒤로 젖혀서 피하다
のけもの [除け者] 따돌림을 받는 사람, 외톨이 = 仲間外れ ¶ 皆から~にされる 모두에게서 따돌림을 받다
の·ける [^退ける·^除ける] 他下一 ①치우다, 옮기다 = どける ¶ 障害物を~ 장애물을 치우다 / 道路につもった雪を~ 길에 쌓인 눈을 치우다 ②제외하다, 빼놓다 ¶ 不良品を~ 불량품을 빼놓다 / 彼らを~いて五人だん 그를 제외하고 다섯 사람 ③(補助) (동사 連用形+「て」에 붙어) ㉠(보기좋게) …해내다, 해치우다 ¶ やって~ 해치우다 ㉡감히 (거리낌없이) …하다 ¶ 相手を構わず言って~ 상대를 가리지 않고 말해 버리다
のこ [*鋸] (俗) 톱 = のこぎり ¶ 糸~ 실톱
のこぎり [*鋸] 톱 ¶ ~で引く 톱으로 켜다
のこくず [*鋸*屑] 톱밥 = おがくず
のこ·す [残す] 他五 ①남기다 ㉠(그 장소에) 남겨 두다 ¶ 家族を~して赴任する 가족을 남겨 두고 부임하다 ㉡그대로 두다 ¶ 証拠を~ 증거를 남기다 ㉢【遺す】 전하다 ¶ 遺産を~ 유산을 남기다 / 偉大な足跡を~ 위대한 발자취를 남기다 ㉣(일부를) 남겨 두다 ¶ 食べ切れずに~ 다 먹지 않고 남기다 ㉤(재산 등을) 모으다, 여유분을 남겨 두다 ¶ 財産を~ 재산을 모으다 / 出発まであと三日を~のみだ 출발까지 앞으로 3일을 남겨 두었을 뿐이다 ③(相撲) 상대의 공세를 겨우 버티어내다 ¶ 土俵際で~·した 씨름판 가에서 겨우 버티어냈다
のこった [残った] 感(口)(相撲) 심판이 양 선수에게 승부가 나지 않았음을 알리는 소리 ¶ はっけよい, ~ 자 싸워라, 아직 승부가 나지 않았다
のこのこ 副(口) 어슬렁어슬렁, 뻔뻔스레, 태연스레 ¶ よくも~またこの家に来たな 뻔뻔스럽게 또 이 집에 왔구나
のこらず [残らず] 副 남김없이, 전부, 모두 ¶ 知っていることを~話す 알고 있는 것을 전부 말하다
のこり [残り] 남음, 남은 것, 나머지 ¶ 売れ~ 팔다 남은 것 / ~の仕事をかたづける 남은 일을 해치우다
のこりおお·い [残り多い] 形 ①(뜻대로 되지 않아) 마음에 걸리다, 유감스럽다 ¶ 実に~気がする 참으로 유감이다 ②아쉽다, 섭섭하다 = 名残惜しい ¶ ~別れ 아쉬운 이별
のこりおし·い [残り惜しい] 形 유감스럽다, 아쉽다, 섭섭하다 = 名残惜しい ¶ このまま別れるのは~ 이대로 헤어지기는 섭섭하다
のこりが [残り香] (文) 사람이 떠난 뒤나 물건이 없어진 후까지 남아 있는 체취·향기, 잔향
のこりかす [残り*滓] 찌꺼기, 가치 없는 것

のこりすくな [残り少な] ノ 얼마 남지 않음 ¶ ~になる 얼마 남지 않게 되다
のこりすくな·い [残り少ない] 形 얼마 남지 않다 ¶ ~夏休み 얼마 남지 않은 여름 방학
のこりなく [残り無く] 副(文) 남김없이, 모두, 죄다 = 残らず ¶ 実力を~発揮する 실력을 남김없이 발휘하다
のこりのつき [残りの月] 잔월, 지새는 달
のこりび [残り火] 잔화, 타다 남은 불
のこりもの [残り物] 남은 물건, 남은 음식
[慣用句]
—には福がある 남들이 골라가고 난 나머지나 마지막 남은 물건에 뜻밖에 좋은 것이 있다
のこ·る [残る] 自五 ①남다 ㉠머무르다, 머물러 있다 ¶ 事務所に~·って仕事をする 회사에 남아 일을 하다 ㉡(사라지지 않고) 남아 있다 ¶ 疑問が~ 의문이 남다 / 昔の面影が~·っていない 옛 모습은 남아 있지 않다 ㉢【遺る】 후세에 전해지다 ¶ 名声が~ 명성이 남다 ②(돈·시간 등이) 남다, 여분이 생기다 ¶ 時間が~ 시간이 남다 ②(相撲) 상대의 수에 걸렸지만 아직 넘어지지 않고 버티다 ¶ 土俵際で~ 씨름판 가에서 넘어지지 않고 겨우 버티다
のさば·る 自五 ①제멋대로 날뛰다, 함부로 설치다 ¶ 暴力団が~ 폭력단이 날뛰다 ②제멋대로 뻗다 (자라다) ¶ 雑草が~ 잡초가 제멋대로 자라서 퍼지다
のざらし [野*晒し] ①한데 (들판)에 내버려 둠, 그런 물건 ②해골 = されこうべ
のざる [野猿] 들원숭이, 야생 원숭이 = やえん
のし [^伸し·^延し] ①펴서 넓힘 ②모제비헤엄
のし [*熨斗·*熨] ①「火熨斗の」의 준말 ②「熨斗鮑の」의 준말 ③정사각형의 색종이를 기다란 육각형으로 접어 그 안에 熨斗鮑를 넣고 선물에 덧붙이는 장식물, 그것을 본뜬 것
[慣用句]
—を付ける 기꺼이 증정하다
のじ [野路] (文) 들길 = 野道
のしあが·る [^伸し上がる] 自五 ①(지위 등이) 두드러지게 높아지다 ¶一躍スターダムに~ 일약 스타덤에 뛰어오르다 ②(버릇없이) 기어오르다, 건방진 태도로 으쓱거리다
のしある·く [^伸し歩く] 自五 으스대며 걷다, 뽐내며 걷다 ¶ 子分を引き連れて~ 부하를 거느리고 으스대며 걷다
のしあわび [*熨斗*鮑] 얇게 저며서 펴서 말린 전복 = 鮑熨斗·熨斗
のしいか [^伸し*烏賊] 구워서 가마에 눌러서 얇게 눌러 편 오징어
のしかか·る [^伸し掛(か)る] 自五 ①(위에서) 덮치다, (몸으로) 덮쳐 누르다 ¶ 相手を~ 상대를 덮쳐 누르다 ②(불쾌한 것이) 덮쳐 누르다 ¶ 重圧が双肩に~ 중압(감)이 양어깨를 짓누르다
のしがみ [*熨斗*紙] 熨斗와 水引가 인쇄된 종이
のしぶくろ [*熨斗*袋] 熨斗와 水引를 붙

인[인쇄한] 종이 봉투

**のしめ**[^熨斗^目] (江戸ㅅ 시대) 통소매 옷으로 지어 소매와 허리 부분에만 줄무늬를 넣은 무가(武家)의 남성 예복용 직물

**のしもち**[^伸し^餅] 긴 네모꼴로 납작하게 만든 떡

**のじゅく**[野宿] 名 自スル 노숙¶山中ᡭʏɪȝで~する 산중에서 노숙하다

**の・す**[^伸す^] Ⅰ 自五 (俗) ①뻗어나가다¶枝葉ɛだが四方ʔʏɪで~ 가지와 잎이 사방으로 뻗어나가다 ②(지위·세력 등이) 뻗어나가다¶業界ᡭʏɪのトップまで~ 업계의 톱까지 올라서다 ③(활동 범위를) 넓히다¶都心までに~ 도심까지 진출하다 Ⅱ 他五 ①눌러 펴다¶~・したいか 눌러 편 오징어/めん棒ʔで~ 밀방망이로 밀다 ②[^熨す^] (구김·주름을) 펴다¶ズボンのしわを~ 바지의 주름을 펴다 ③(俗) 때려 눕히다¶生意気ɛᡭだから~・してしまえ 건방지니 때려 눕혀 버려

**のずえ**[野末] 交 들판 끝, 들가

**の・せる**[乗せる] 他下一 ①태우다, 타게 하다¶客ᡭʏɛをタクシーに~ 손님을 택시에 태우다 ②싣다, 실리다, 위에 두다¶事業ᡭʏɪを軌道ᡭʏɪに~ 사업을 궤도에 올리다 ③계략을 쓰다, 속에 넣기다¶口車に~ 그럴 듯한 말로 속이다 ④(한패에) 참가시키다, 가입시키다¶一口~・せてもらおう 한몫 끼워 다오 ⑤(가락에) 맞추다¶三味線ᡭʏɪに~・せてうたう 三味線에 맞추어 노래하다

**の・せる**[載せる] 他下一 ①위에 놓다, 얹다¶荷物ʔを棚の上ᡭʏに~ 짐을 선반 위에 얹다/息子ʔをひざに~ 아들을 무릎에 앉히다 ②(짐을) 싣다¶石炭ɛを~・せた貨車に 석탄을 실은 화차 ③게재하다, 싣다, 기재하다¶新聞ɛに広告ᡭʏɪを~ 신문에 광고를 싣다

**のぞか・せる**[覗かせる] 他下一 ①슬쩍 내비치다, 엿보이게 하다¶内ʔポケットから財布ʔを~ 안주머니에서 지갑을 슬쩍 내비치다 ②(相撲) 상대방의 옆구리에 손목이 닿을 정도로 손을 얕게 잡다¶右ʔを~ 오른손이 상대방 옆구리에 닿을 정도로 얕게 잡다

**のぞき**[覗き・^覘き^] ①들여다봄, 엿봄, 그런 사람 ②「覗き眼鏡ᡭʏɪɛ」의 준말

**のぞきこ・む**[覗(き)込む] 他五 안을 들여다보다, 얼굴을 가까이 대고 보다¶家ʔの中ᡭʏɪを~ 집안을 들여다보다

**のぞきしゅみ**[覗き趣味] 남의 사생활·비밀 등을 엿보거나 알아내는 것을 좋아하는 성향

**のぞきまど**[^覗き窓^] 밖을 내다보기 위해 문 등에 낸 작은 창문

**のぞきみ**[^覗き見^] 名スル ①엿봄, 훔쳐봄, 들여다 봄 ②남의 사생활을 알려고 함

**のぞきめがね**[^覗き眼鏡^] ①상자 바닥에 댄 유리를 통해 물 속을 들여다보며 고기를 잡는 도구 ②요지경 = 覗ʔきからくり

**のぞ・く**[^覗く・覘く^] Ⅰ 自五 일부분이 보이다, 살짝 보이다¶雲間ɛから月ʔが~ 구름 사이로 살짝 달이 보이다 Ⅱ 他五 ①(틈·

---

구멍으로) 들여다보다¶顯微鏡ᡭʏɪɛを~ 현미경을 들여다보다 ②들러보다¶ちょっと展覧会ᡭɛɲɲɛɴを~ 잠간 전람회에 들러보다 ③잠간 들여다보다, 조금만 배우다¶大人ɛの世界ᡭʏɪを~ 어른들의 세계를 조금 알아보다 ④엿보다, 훔쳐보다¶弟ɛの日記ɛᡭʏɪを~ 동생의 일기를 훔쳐보다 ⑤(높은 곳에서) 내려다보다¶滝ɛつぼを~ 용소(龍沼)를 내려다보다

**のぞ・く**[除く] 他五 ①없애다, 제거하다¶不安ᡭʏɛを~ 불안을 없애다/雑草ᡭʏɛɛを~ 잡초를 제거하다 ②빼다, 제외하다¶管理職ᡭʏɪɛを~・いた職員ɛᡭʏɛɴ 관리직을 제외한 직원

**のそだち**[野育ち] 제멋대로(버릇없이) 자람, 그런 사람¶~の子 제멋대로 자란 아이

**のそのそ** 副 自スル (口) 어슬렁어슬렁, 꾸물꾸물, 느릿느릿¶~と歩ɛɛく 어슬렁어슬렁 걷다/~としてないで早ʔɛく仕事ɛᡭɛɛにかかれ 꾸물거리지 말고 어서 일을 시작해라

**のぞまし・い**[望ましい] 形 바람직하다, 소망스럽다 = 願ʔわしい¶早期実現ᡭʏɪᡭɛɲが~ 조기 실현이 바람직하다

**のぞまれる**[望まれる] 連語 요망되다, 바람직스럽다¶今後ɛɛの努力ᡭʏɛɛが~ 앞으로의 노력이 요망된다

**のぞみ**[望み] ①희망, 소망, 소원¶~がかなう 소망이 이루어지다/~をかける 희망을 걸다 ②전망, 가망, 가능성¶まだ~はある 아직 가망은 있다/~が薄ɛɛɛい 가능성이 희박하다 ③(人望) 天下ʔɛɲの~を一身ᡭʏɪᡭɛに集ʔめる 세상의 인망을 일신에 모으다

**のぞみうす**[望み薄] 形動 가망이 거의 없음, 가능성이 희박함¶入賞ɛᡭʏɪᡭɛは~だ 입상할 가망은 거의 없다

**のぞ・む**[臨む] 自五 ①(文) 면하다, 향하다¶海ɛに~別荘ɛʔᡭʏ 바다에 면한 별장 ②(사건·국면) 만나다, 직면하다¶危機ᡭɛに~ 위기를 맞다/死ᡭに~ 죽음에 직면하다 ③(자리에) 임하다, 출석하다¶試合ᡭᡭɛに~ 시합에 임하다 ④(감독자·보도자·통치자로서) 대하다, 군림하다, 지배하다¶相手国ɛᡭʏɛɛに~態度ɛɛ 상대국을 대하는 태도

**のぞ・む**[望む] 他五 ①(文) 바라보다, 전망하다¶遠ɛɛくに大島ᡭʏɛɛを~ 멀리 大島를 바라보다 ②바라다, 원하다¶平和ᡭɛを~ 평화를 바라다/適切ɛɛᡭɛな処置ᡭɛᡭɛを~ 적절한 조치를 바라다 ③우러르다, 흠모하다¶師ᡭの德ɛɛを~ 스승의 덕을 흠모하다

**のぞむらくは**[望むらくは] 連語 (文) 바라건대, 원컨대, 제발 …하기를¶~合格ᡭʏɛを바라건대 합격을

**のだ** 助動 (활용어의 連体形에 붙어) ①㉠(원인·이유를 들어 설명함) …인 것이다, …것이다¶赤信号ᡭᡭɛɛɛを無視して走ɛɛるから事故ɛを起ʔこす 빨간 신호를 무시하고 달리니까 사고를 일으키는 것이다 ㉡(확실함을 강조하거나 상대에게 확언함) …인 것이다¶なんとしてもその夢ɛを実現ᡭʏɛɲさせる~ 어떻게 해서라도 그 꿈을 실현시키는 거다 ㉢(결의나

のだいこ

명령을 나타냄) …해야 한다, …하겠다, …하련다 ¶ きっと帰ってくるのよ 꼭 돌아와야 해요/ ぼくは飛行士になるんだ 나는 비행사가 될 테야 ②〈未然形에 추측의 조동사「う」가 붙은「のだろう・のでしょう」의 꼴로 말끝을 올려〉(상대에게 확인을 구함) …(이겠)지? ¶ 来るだろう? 오는 것이겠지?

のだいこ [野太鼓・野(幇間)] (직업적이 아닌) 연회 석상에서 좌흥을 돋구는 남자 ②주책 없는「たいこもち」을 업신여겨 일컫는 말

のたうちまわ・る [のた打(ち)回る] 自五 괴로워 몸부림치며 뒹굴다 ¶ 激しい腹痛に〜 심한 복통으로 몸부림치며 뒹굴다

のたう・つ [のた打つ] 自五 괴로워 몸부림치며 뒹굴다 ¶ 毒を飲んで〜 음독하고 몸부림치며 뒹굴다

のた・く・る I 自五 꿈틀꿈틀 기어가다, 꿈틀거리다 ¶ みみずが〜 지렁이가 꿈틀거리다 II 他五 서툰 글씨를 마구 갈겨쓰다 ¶ 〜・った字 괴발개발 갈겨쓴 글씨

のだち [野太刀] ①衛府(奈良・平安 시대에 궁중을 경비하던 관청)의 무사가 찼던 의식용 칼 ②무사가 야외에 나갈 때 차던 호신용 칼 ③큰칼

のだった 助 ①(과거의 회상적 서술) …(이)었다 ¶ 忘れるために旅立つ〜 잊기 위해 여행하는 것이었다 ②(과거의 일을 상기시키는 확인) …(이)었다 ¶ そうだ, 雨が降っている〜 그렇다 비가 오고 있는 것이었다 / あの人はもういない〜っけ 그 사람은 이제 없는 것이었지 ③(과거에 하지 않았던 일을 후회하며 상기함) …해야 했다 ¶ 言えばよかった, 言う〜 말했으면 좋았다 말해야 했다

のだって 助 → だって 助

のだて [野立て] 신분이 높은 사람이 야외에서 쉬는 일 = 野立ち ¶ お〜所 야외 휴식처

のだて [野点] 야외에서 차를 달임, 그런 찻물

のだよ 助 → よ 助

のたり のたり 副 너울너울 ¶ 春の海ひねもすのたりのたりかな 봄 바다가 종일토록 너울거리는구나

のたれじに [野垂(れ)死(に)] 名 길가에 쓰러져 죽음, 그와 같은 비참한 죽음

のち [後] ①(어떤 시점의) 후, 뒤, 다음 ¶ 雨〜晴れ 비온 뒤 맑음/ 協議の〜結論を出す 협의한 후에 결론을 내다 ②장래, 미래, 뒷날, 후일 ¶ 〜の世 후세 ③사후(死後)

のちざん [後産] → あとざん

のちじて [後仕手] 藝 (能에서) 곡의 중간 휴식 뒤에 나오는 주역 = あとジテ

のちぞい [後添い] 후처, 후취 = 後妻 ¶ 〜を迎える 후처를 맞다

のちのち [後後] 名副 장래, 후일, 훗날 ¶ 〜の事を考える 장래의 일을 생각하다

のちのつき [後の月] 음력 9월 13일의 달

のちのよ [後の世] ①훗날, 장래, 미래 ¶ 偉業を〜まで伝える 위업을 훗날까지 전하다 ②내세

のちほど [後程] 副 뒤에, 나중에 ¶ 〜お知らせいたします 나중에 알려드리겠습니다

のっか・る [乗っかる・載っかる] 自五 俗 올라타다, 얹히다

のつけ [のっけ] 처음, 최초, 초장 ¶ 〜からひどい目に遭う 초장부터 혼이 나다

のっ・ける [乗っける] 他下一 俗 태우다

のっし のっし 副 (무거운 것이 천천히 땅을 디디며 걷는 모양) 뚜벅뚜벅 ¶ 象が〜と歩く 코끼리가 육중하게 걷다

のっす [納子] 佛 → のうす

のっそり 副 ①느릿느릿, 어슬렁어슬렁, 꾸물꾸물 ¶ 〜と立ち上がる 느릿느릿 일어서다 ②우두커니, 멍하니 ¶ 〜立っている 우두커니 서 있다

のっと 副 갑자기 나타나는 모양, 불쑥

のっとり [乗っ取り] ①(타기업의) 경영권 탈취 ②항공기・선박 등의 납치[탈취]

のっと・る [則る・法る] 自五 기준으로 삼고 따르다, 본받다, 준하다 ¶ 古式に〜 옛 방식에 따르다/ 憲法に〜 헌법에 준하다

のっと・る [乗っ取る] 他五 ①뺏다, 탈취하다, 점령하다 ¶ 会社を〜 회사를 탈취하다/ 敵の本拠を〜 적의 본거를 빼앗다 ②(항공기 등을) 탈취하다, 납치하다 ¶ 旅客機を〜 탈취하여 납치당하는 여객기가 납치당하는

のつびき [退っ引き] 피하거나 물러섬, 벗어남
慣用句
一ならない 피할 수도 물러설 수도 없다, 어찌 할 도리가 없다

のっぺい [能平・濃餅] 料 유부와 채소류를 맑은 장국에 끓여서 갈분을 풀어 걸쭉하게 만든 요리 = のっぺいじる

のっぺら ぼう [(の) I 名 ⑦ ①편편하고 밋밋한 모양 ¶ 〜の顔 밋밋한 얼굴 ②변화가 없고 단조로움 II 名 눈・코・입이 없는 귀신

のっぺり 副 自スル ①기복이 적고 편편한 모양 ¶ 起伏の〜しない〜とした丘 기복이 적은 편편한 언덕 ②(남성의 얼굴이) 넓적하고 두루뭉실한 모양 ¶ 生白い〜とした顔 멀겋고 넙데데한 얼굴

のっぽ 名 ㅁ 키가 큼, 키다리

のづら [野面] 文 들의 표면, 들판 ¶ 〜の吹く風 들판에 부는 바람

ので 接助 (원인・이유・근거) …므로, …때문에, …(이)라서 ¶ 辛い物を食べたので のどが渇いた 짠 것을 먹었기 때문에 목이 말랐다/ 子供という〜あなどるのか 어린애라고 해서 깔보는 거냐

のです 連語「のだ」의 공손한 말씨

のてん [野天] 노천 ━風呂 노천 목욕탕

のと [能登] 일본의 옛지방 이름. 지금의 石川현 북부 지방 = 能州

のど [喉・咽] ①목구멍, 목, 인후 ¶ 〜が渇く 목이 마르다 / 〜をうるおす 목을 축이다/ 〜につかえる 목이 메다 ②목청, 노랫소리 ¶ 〜がいい 목청이 좋다 ③주요한 곳, 급소 ¶ 〜を押える 급소를 장악하다 ④版 책을 철하는 부분, 맬목

慣用句
**—が鳴る** (음식을 보고) 목구멍에서 소리가 나다, 식욕이 생기다
**—から手が出る** (목구멍에서 손이 나올 지경으로) 몹시 가지고 싶은 욕망이 생기다

のどか [長閑] [ダ] ①편안하고 한가로움¶~な生活 조용하고 한가로운 생활 ②화창함¶~な春の昼下がり 화창한 봄날 오후

のどくび [×喉頸] ①멱, 목의 인후 부분¶~を締め上げる 멱을 조르다 ②중요한 부분, 급소, 요소¶~を押さえる 급소를 누르다, 요소를 장악하다

のどじまん [×喉自慢] ①목청[노래 실력]이 좋음을 자랑함, 그런 사람 ②노래 자랑¶~大会 노래 자랑 대회

のどちんこ [×喉ちんこ] 《俗》 목젖 ≒ 口蓋垂こうがいすい

のどびこ [×喉彦] 《俗》 목젖 ≒ 口蓋垂こうがいすい

のどぶえ [×喉笛] 숨통¶~をかき切る 숨통을 끊어 놓다

のどぼとけ [×喉仏] 결후(結喉), 목의 중간에 튀어나온 갑상(甲狀) 연골

のどもと [×喉元] 목구멍, 목 언저리
慣用句
**—過ぎれば熱さを忘れる** 목구멍만 지나가면 뜨거움을 잊는다 ①(比) 괴로운 일도 그때가 지나가면 쉽사리 잊어버린다 ②(比) 어려울 때 남에게 받은 은혜도 편해지면 잊어버린다

のどわ [×喉輪] ①목 언저리에 대는 갑옷의 부속품 ②「喉輪攻のどわぜめ」의 준말 **—攻め** [相撲] 손바닥을 상대 선수의 턱 밑에 대고 미는 수

のなか [野中] 들 가운데¶~の一軒家いっけんや 들 가운데 있는 외딴집

のに I [接助] (활용어의 連体形에 붙어¶) ①(두 사항을 대조·대비함)…는데도¶ 心こころは泣ないている~笑顔えがおで歌うたう 속으로는 울고 있는데도 웃는 얼굴로 노래한다 ②(결과가 어긋나 의외·걱정·불만임)…는데도,…함에도 불구하고¶ 会あいに来きた~, なぜ出でて会あわなかったの? 만나러 왔는데 왜 나와서 만나지 않느냐/ あんなに言いった~, もう忘わすれたの? 그렇게 말했는데도 벌써 잊었어? II [終助] ①(유감·불만·회한을 나타냄)…는데¶ あんなに愛あいした仲なかを~ 그렇게 사랑한 사이였는데 ②(불만·원망·힐문을 나타냄)…인데,…텐데,…련만¶ いらないって? あげる~必要ひつようないだに? 주는데도/ どうしてなの? 友達ともだちなのに~行いかずに? 친구인데

のね [助] → [の]

のねこ [野猫] 도둑고양이 ≒ 野良猫のらねこ

のねずみ [野鼠] [動] 들쥐

ののさま [幼] 해님, 달님, 신령님, 부처님

のの・しる [罵る] [自他五] 욕하다, 입정 사납게 비난하다¶ 人前ひとまえで彼かれを~ 남 앞에서 그를 욕하다/ 口くちぎたなく~ 입정 사납게 욕을 퍼붓다

のばかま [野袴] (江戸시대에) 옷자락에 넓은 비로드 단을 댄 무사들의 여행용 袴はかま

のば・す [伸ばす] [他五] ①늘이다¶ ゴムを~

고무를 늘이다 ②기르다, 늘리다, 발전시키다¶ 髪かみの毛けを~ 머리카락을 기르다/ 創造力そうぞうりょくを~ 창조력을 기르다 ③(곧게) 펴다, 뻗다¶ しわを~ 주름을 펴다/ 手足てあしを~ 팔다리를 뻗다 ④(범위를) 넓히다, 늘이다¶ 勢力せいりょくを~ 세력을 넓히다 ⑤(기세·정도를) 늘리다, 신장시키다¶ 売うり上あげを~ 매상을 늘리다 ⑥ [延ばす] 때려 눕히다¶ 敵てきを一発いっぱつで~ 적을 한 방에 때려 눕히다

のば・す [延ばす] [他五] ①(시일 등을) 늘이다, 연장하다, 끌다¶ 寿命じゅみょうを~ 수명을 늘이다/ 滞在たいざいを~ 체재를 연장하다 ②(기한·시각을) 연기하다¶ 締しめ切きり日ひを~ 마감일을 연기하다 ③녹여서 펴거나 고르게 하다, 바르다¶ 絵えの具ぐを~ 그림 물감을 바르다 ④(액체를) 묽게 하다¶ 糊のりを水みずで~ 풀을 물로 묽게 하다

のばなし [野放し] ①(가축 등을) 놓아 기름, 방목¶~の牛うし 방목하는 소 ②방임, 제멋대로 하게 둠¶~送電そうでん 무제한 송전/ 悪徳業者あくとくぎょうしゃを~にする 악덕업자를 방임하다

のはら [野原] 들, 들판¶ 林はやしをぬけて~に出でる 숲을 빠져나가 들판으로 나가다

のばら [野×薔薇] ①들장미 ② → [のいばら]

のび [伸び·延び] ①뻗음, 뻗어남, 발전함, 퍼짐, 그런 정도¶ 成績せいせきの~ 성적의 향상 ②(길이·키가) 자람¶ 髪かみの毛けの~が早はやい 머리카락이 빨리 자란다 ③기지개¶ 大おおきく~をする 크게 기지개를 켜다

のび [野火] 야화 ①들에 난 불 ②(이른 봄에) 들의 마른 풀을 태우는 불

のびあが・る [伸び上がる] [自五] (몸을 펴서) 발돋움하다¶~ってのぞく 발돋움해서 들여다보다

のびざかり [伸び盛り] (키·능력 등이) 한창 자랄 때¶~の若手わかて選手せんしゅ 한창 자라는 젊은 선수

のびちぢみ [伸び縮み] [名·自スル] 신축, 늘어남과 줄어듦¶~がきく 신축이 잘 되다

のびなや・む [伸び悩む] [自五] ①상승·향상 등이 여의치 않다¶ 売うり上あげが~ 매상이 부진하다/ 記録きろくが~ 기록 향상이 여의치 않다 ②[経] 시세가 오를 것 같으면서 오르지 않다¶ 株価かぶかが~ 주가가 담보 상태이다

のびのび [延び延び] [名] (예정이) 자꾸만 미루어짐, 몇번이고 연기됨¶ 約束やくそくが~になる 약속이 자꾸만 미루어지다

のびのび [伸び伸び] [副·自スル] ①평온하고 누긋한 모양, 気持きもちが~とする 기분이 평온하고 누긋해지다 ②쭉쭉, 무럭무럭¶~と育そだつ 무럭무럭 자라다

のびやか [伸びやか] [ダ](文) 구애됨 없이 누긋하고 자유로움¶~な性質せいしつ 구김살 없이 누긋한 성질

のびる [野×蒜] [植] 산달래

の・びる [伸びる] [自上一] ①늘어나다, 넓어지다¶ ゴムが~ 고무가 늘어나다 ②자라다, 성장하다, 향상되다¶ 苗なえが~ 모가 자라다/

**のびる** 背が～ 키가 자라다 ③(곧게) 펴지다, 뻗다¶スカートのひだが～ 치마의 주름이 펴지다/ すんなりと～.びた脚 날씬하게 뻗은 다리 ④(어떤 범위까지) 미치다, 뻗치다, 이르다¶捜査の手が～ 수사의 손길이 뻗치다 ⑤(세력·정도가) 늘다, 신장되다¶技術が～ 기술이 신장되다/ 実力が～ 실력이 늘다 ⑥늘어지다, 붇다¶そばが～ 국수가 붇다 ⑦〖延びる〗녹초가 되다, 뻗다¶殴られて～ 두들겨 맞아 뻗다/ 過労で～ 과로로 녹초가 되다

**の·びる** 〖延びる〗自上一 ①(기한·시간이) 길어지다, 연장되다, 연기되다 ⇔ 縮る ¶会期が～ 회기가 연장되다/ 出発が～ 출발이 연기되다 ②퍼지다, 먹다¶クリームがよく～ 크림이 잘 먹는다

**のぶし** 〖野伏·野臥〗①산야에 노숙하면서 수행하는 중 ②〖史〗산야에 숨어 패주하는 무사의 무구 등을 약탈하던 농민 무장 집단 ＝のぶせり ▷ 『野武士』라고도 씀

**のぶせり·のぶせい·のぶしり** 〖野伏せり·野臥せり〗①〖史〗→ のぶし ② ②산적 ②산야에 노숙하는 거지

**のぶと·い** 〖野太い〗形(俗) ①뻔뻔스럽다, 대담하고 유들유들하다¶～奴 뻔뻔스러운 놈 ②(목소리가) 굵다¶～声 굵은 목소리

**のぶどう** 〖野葡萄〗〖植〗개머루

**のぶれば** 〖^陳^者〗連語(文)(候文などの서한 등에서 본문 첫머리에 쓰는 말) 말씀드리자면, 아뢰올 것은

**のべ** 〖延(べ)〗①연, 합계, 총계¶～日数 연일수/ ～建坪 연건평 ②〖造語〗기간을 늘림, 연장함¶日～ 연기, 연장/ ～払い 연불

**の·べ** 〖野辺〗(文) ①들, 들판 ②화장터, 묘지
〔慣用句〕
—の送り 장송, 장례 행렬, 장례식
—の煙 화장하는 연기

**のべいた** 〖延(べ)板〗판금(板金)¶金の～ 금붙이의 판금

**のべがね** 〖延(べ)金〗①두들겨서 편 금속(특히 금·은) ②칼, 도검

**のべぎせる** 〖延(べ)煙管〗전체를 금속으로 만든 담뱃대

**のべざお** 〖延(べ)竿〗(잇지 않은) 통대 낚싯대

**のべざお** 〖延(べ)棒〗잇지 않은 三味線의 자루

**のべじんいん** 〖延(べ)人員〗연인원¶～千人を要する 연인원 1000명을 요한다

**のべたらに** 副(俗) 계속 장황하게, 줄곧¶説教が～続く 설교가 장황하게 계속되다

**のべつ** 줄곧, 끊임없이¶～に働いている 쉴새없이 일하고 있다

**のべつぼ** 〖延(べ)坪〗〖建〗연건평, 건물의 총 평수¶～二百坪 연건평 200평

**のべつまくなし** 〖のべつ幕無し〗副(口) 쉴새없이¶～にしゃべっているね 쉴새없이 지껄이고 있군

**のべにっすう** 〖延(べ)日数〗연일수¶三人で三日ずつかかれば～は九日 세 사람이 사흘 걸린다면 연일수는 9일

**のべばらい** 〖延(べ)払(い)〗연불, 대금 지불을 일정 기간 연기함 ━輸出 〖経〗연불 수출

**のべぼう** 〖延(べ)棒〗①두드려 늘여 만든 금속 막대기 ②밀대, 밀방망이

**の·べる** 〖述べる·宣べる·陳べる〗他下一 ①말하다, 진술하다¶反対意見を～ 반대 의견을 말하다/ 礼を～ 사의를 표하다 ②기술하다¶前章に～べたごとく 전장에 기술한 바와 같이

**の·べる** 〖延べる〗他下一 ①〖伸べる〗늘이다, 넓히다¶飴を～ 엿을 늘이다 ②(『手を～』의 골로) 뻗치다¶援助の手を～ 원조의 손길을 뻗치다 ③(말거나 개킨 것을) 펴다, 펼치다¶床を～ 이부자리를 펴다/ 巻物を～ 두루마리를 펼치다 ④(기일·시각을) 늦추다, 연장하다, 연기하다¶日を～ 날짜를 늦추다

**のほうず** 〖野放図·野方図〗ナ ①뻔뻔스럽고 제멋대로임, 방약 무인¶～な態度 방약 무인한 태도 ②한없음, 끝이 없음¶～に広がる한없이 퍼지다 ③흥청 늦음¶～な暮らし 흥청 늦은 생활

**のぼ·す** 〖上す〗他五 → のぼせる(上)

**のぼせあが·る** 〖〈逆上〉せ上がる〗自五 ①몹시 흥분하다, 상기하다 ②우쭐하다 ③몹시 열중하다, 홀딱 빠지다¶彼女に～ 그에게 홀딱 빠지다

**のぼ·せる** 〖〈逆上〉せる〗自下一 ①머리에 피가 오르다, 현기증이 나다¶暑さで～ 더위로 상기하다/ 長湯で～ 장시간의 목욕으로 현기증이 나다 ②몹시 흥분하다, 흥컥하다¶～せて前後の見境がなくなる 몹시 흥분해서 앞뒤 분별을 못 하게 되다 ③우쭐하다, 으스대다¶成功したからといって～な 성공했다고 해서 우쭐대지 마라 ④빠지다, 열중하다¶アイドル歌手に～ 아이돌 가수에 빠지다

**のぼ·せる** 〖上せる〗他下一 ①올리다 ㉠(높은 곳에) 오르게 하다¶舞台に～ 무대에 올리다 ㉡준비하여 내놓다¶話題に～ 화제에 올리다 ㉢써서 싣다, 적다¶目録に～ 목록에 올리다 ②(머리에) 떠올리다¶意識に～ 의식에 떠올리다

**のほほんと** 副自スル(口) 빈둥빈둥¶～暮らす 빈둥빈둥 지내다

**のぼり** 〖幟〗①조붓하고 긴 천의 한쪽을 장대 끝에 매달아 세우는 기(旗) ②단오에 세우는 鯉のぼり

**のぼり** 〖上り·昇り·登り〗①오름, 올라감¶階段の～下り 계단의 오르내림 ②상경¶～さん 시골에서 상경한 사람, 촌놈 ③『上り坂』의 준말 ④『上り列車』의 준말

**のぼりあゆ** 〖上り鮎〗봄에 상류로 올라가는 새끼 은어

**のぼりおり** 〖上り下り〗名自スル 오르내림¶階段の～ 계단의 오르내림

**のぼりがま** 〖登(り)窯〗산비탈에 계단 모양으

のみならず

로 만든 도자기 가마, 오름가마
のぼりざか [上り坂·登り坂] ①오르막, 고갯길, 치받이 ②오르막길로 접어듦, 상승세¶ 人気の~にある俳優 인기가 상승세에 있는 배우
のぼりちょうし [上り調子] 상승세, (값의) 오름세¶ 今~の選手 지금 기량이 상승세인 선수/ ~の相場 오르막 시세
のぼりつ·める [上り詰める·登り詰める] 自下一 꼭대기까지 오르다, 정점에 도달하다¶ 階段を~ 계단 꼭대기까지 오르다
のぼりれっしゃ [上り列車] 상행 열차
のぼ·る [上る·昇る] 自五 ①오르다, 올라가다¶ 階段を~ 계단을 오르다 ②(해·달이) 뜨다¶ 朝日が~ 아침해가 뜨다 ③(연기가) 피어오르다¶ 煙が一筋に~ 연기가 한 줄기 피어오르다 ④(상류로) 올라가다¶ 鮭が川を~ 연어가 강을 거슬러 올라가다 ⑤서울로 가다, 상경하다¶ 京に~ 상경하다 ⑥(지위가) 오르다¶ 皇帝の位に~ 황제의 자리에 오르다 ⑦《「血が~」의 꼴로》몹시 흥분하다¶ 頭に血が~ 머리에 피가 오르다 ⑧(상당한 수량에) 이르다, 달하다¶ 死傷者はかなりの数に~ 사상자는 상당한 수에 이르다 ⑨나타나다, 등장하다, 떠오르다¶ 意識に~ 의식에 떠오르다 ⑩다루어지다, 취급되다¶ 話題に~ 화제에 오르다/ 食膳に~ 밥상에 오르다
のぼ·る [登る] 自五 (높은 곳에) 오르다, 올라가다¶ 山に~ 산에 오르다/ 木に~ 나무에 올라가다
のま·す [飲ます] 他五 → のませる
のま·せる [飲ませる] 他下一 ①먹이다, 마시게 하다¶ ミルクを~ 우유를 먹이다 ②(俗)술대접하다¶ 先輩が~·せてくれた 선배가 한 잔 냈다 ③맛이 좋아 더 마시고 싶은 마음을 일으키게 하다¶ ここはなかなか~店だ 여기는 꽤 마실 만한 술집이다
のまれる [飲まれる·呑まれる] 連語 ①압도되다¶ 会場の雰囲気に~ 회장의 분위기에 압도되다 ②휩쓸리다, 삼켜지다¶ 波に~ 파도에 휩쓸리다
のみ 副助 《체언·연용 문절에 붙어》 (한정) …뿐, …만, 오직 …할 뿐이다[따름이다]¶ 彼の~の罪ではない 그만의 죄는 아니다/ あとは返事を待つ~だ 남은 일은 대답을 기다리는 것 뿐이다
のみ [蚤] [動] 벼룩
のみ [鑿] 끌, 정¶ ~で彫る 끌로 파다
のみあか·す [飲(み)明かす·呑(み)明かす] 他五 밤새도록 술을 마시다¶ 旧友と~ 옛 친구와 밤새도록 술을 마시다
のみかけ [飲(み)掛け] 마시다 맒, 마시다 남은 것¶ ~のコーヒー 마시다 남은 커피
のみくい [飲み食い] 名 他スル (口) 먹고 마심¶ ~の費用 먹고 마시는 데 쓰는 비용
のみぐすり [飲み薬] 먹는 약, 내복약
のみくだ·す [飲(み)下す] 他五 삼키다¶ 薬を~ 약을 삼키다
のみくち [飲み口] ①(술 등을) 입에 댔을 때 느껴지는 맛·감각¶ ~のよい酒 다 마시기 좋은 술이다 ②(술잔 등의) 입을 대는 부분 ③술을 즐겨 마심, 그런 사람¶ 彼は~の方だ 그는 술을 즐겨 마시는 편이다 ④술 마시는 품= 飲みっぷり
のみぐち [*呑み口] 통 속의 액체를 따르기 위해 아래쪽에 구멍을 내어 꽂은 주둥이, 거기에 꽂는 마개= のみくち
のみこうい [*呑み行為] ①(경륜·경마 등에서) 사설 마권·차권을 매매하는 위법 행위 ②[經] 증권 업자가 거래소를 통하지 않고 고객과 직접 매매하는 위법 행위
のみこみ [飲(み)込み·*呑(み)込み] 이해, 납득¶ 早~ 지레 짐작/ が早い 이해가 빠르다 一顔 이해한 듯한[알았다는] 표정
のみこ·む [飲(み)込む·*呑(み)込む] 他五 ①삼키다 苦い薬をいっきに~ 쓴 약을 한번에 삼키다 ②이해하다, 납득하다, 터득하다¶ 手順を~ 순서를 이해하다/ こつを~ 요령을 터득하다 ③꾹 참다, 억누르다¶ のどまで出かかった言葉を~ 목까지 나오려던 말을 참다 ④(흐름·파도가 사람·집 등을) 삼키다, 휩쓸다¶ 大波に~·まれる 큰 파도에 휩쓸리다
のみさし [飲み止し] 마시다[피우다] 맒, 마시다[피우다] 남은 것¶ ~のビール 마시다 만 맥주
のみしろ [飲み代] 술값= 酒代
のみすけ [飲み助·*呑み助] (口) 술꾼, 모주꾼, 주객= のんべえ
のみたお·す [飲(み)倒す] 他五 ①술값을 떼어먹다¶ ~·して逃げる 술값을 떼어먹고 도망치다 ②술로 가산을 탕진하다
のみち [野道] 들길= 野路
のみつぶ·す [飲(み)潰す·*呑(み)潰す] 他五 ①술로 가산을 탕진하다 身代を~ 재산을 술로 탕진하다 ②술에 취해 제정신을 잃다
のみつぶ·れる [飲(み)*潰れる·*呑(み)*潰れる] 自下一 고주망태가 되다, 몹시 취해 정신을 잃고 쓰러지다¶ まっさきに~ 맨 먼저 술에 곯아떨어지다
のみて [飲み手] 술꾼¶ 彼はこの村で一番の~だ 그는 이 마을 제일가는 술꾼이다
のみで [飲みで] (술·음료가) 마시기에 넉넉한 분량, 마실 만함¶ ~がある 마시기에 족한 분량이다
のみとりまなこ [*蚤取り眼] (벼룩을 잡을 때처럼) 두리번거리며 샅샅이 뒤지는 눈매¶ ~で探しまわる 예리한 눈초리로 샅샅이 뒤지다
のみならず (文) I 連語 …뿐만 아니라¶ それ~ 그뿐만 아니라/ きみ~、ぼくもそうだ 자네뿐만 아니라 나도 그렇다 II 接 뿐만 아니라¶ 私はその会社に全財産を投資した。~、友達のお金までも注ぎ込んだ 나는 그 회사에 전 재산을 투자했다. 뿐만

아니라 친구의 돈까지 끌어들였다
- **のみにげ** [飲(み)逃げ] 图[自スル] ①술값 등을 치르지 않고 도망침 ②술자리에서 도중에 몰래 빠져나감
- **のみのいち** [×蚤の市] 벼룩 시장
- **のみのふうふ** [×蚤の夫婦] 아내가 남편보다 몸집이 큰 부부
- **のみほ・す** [飲(み)干す・飲(み)乾す] 他五 (물·음료를) 다 마시다¶ ビールを一息いきに～ 맥주를 단숨에 다 마시다
- **のみまわし** [飲(み)回し] 한 그릇의 술 등을 몇 사람이 돌려가며 마시는 일=回まわし飲のみ
- **のみみず** [飲み水] 식수, 음료수
- **のみもの** [飲み物] 마실 것, 음료 ¶ 冷つめたい～ 찬 음료
- **のみや** [×呑み屋] 사설 마권·경륜권 등을 불법 매매해서 부당 이득을 얻는 사람
- **のみや** [飲み屋] 술집, 선술집
- **のみりょう** [飲み料] ①술값 ②자기가 마실(피울) 몫 ③음료
- **の・む** [飲む・×呑む] 他五 ①마시다, 삼키다, 먹다 ¶ ミルクを～ 우유를 마시다/ 蛇へびがかえるを～ 뱀이 개구리를 삼키다 ②피우다 ¶ たばこを～ 담배를 피우다 ③(술)마시다 ¶ 一杯いっぱい～ 한 잔 하다 ④[他] 휩쓸다, 집어삼키다 ¶ 波なみが船ふねを～ 파도가 배를 집어삼키다 ⑤수용하다, 받아들이다 ¶ 条件じょうけんを～ 조건을 수용하다/ 出だされた要求ようきゅうを～ 내놓은 요구를 받아들이다 ⑥압도하다, 알보다 ¶ 相手あいてを～ 상대를 압도하다 ⑦참다, 억누르다 ¶ 涙なみだを～ 눈물을 삼키다/ 声こえを～ 목소리를 죽이다 ⑧(칼 등을) 품다, 지니다 ¶ 短刀たんとうを～ 단도를 품다

[慣用句]

一打うつ 술·노름·오입을 하다, 남자가 도락에 빠지다
- **の・める** [他下一](補助) ①철저히(한껏) …하다 ¶ しゃれ～ 한껏 멋내다/ たたき～ 때려눕히다 ②앞으로 넘어뜨리다, 꼬꾸라뜨리다=のめらせる ¶ 突つき～ 떠밀어 넘어뜨리다
- **のめのめ** 副[自スル] ①뻔뻔스럽게, 염치없이, 낯두껍게 ¶ ～引ひき下さがる 염치없이 물러가다
- **のめりこ・む** [のめり込む] 自五 빠져 들다 ¶ 仕事しごとに～ 일에 빠져 들다/ 悪わるの道みちに～ 악의 길에 빠져 들다
- **の・める** 自下一 앞으로 기울어지다, 고꾸라질 뻔하다 ¶ ～って転ころぶ 앞으로 고꾸라지다
- **の・める** [飲める] 自下一 마실 만하다 ¶ かなりの～ワINは 꽤 마실 만한 와인이다
- **のやき** [野焼き] (이른 봄에) 들판의 마른 풀을 태우는 일, 들불 놓기
- **のやま** [野山] 산야, 들과 산
- **のら** ①게을러서 놀고 지냄, 그런 사람 ②주색에 빠져 신세를 망침, 그런 사람
- **のら** [野良] ①들, 들판 ②논밭
- **のらいぬ** [野良犬] 들개, 주인 없는 개
- **のらぎ** [野良着] 들일할 때 입는 옷
- **のらくら** 副[自スル] 빈둥빈둥 ¶ ～暮くらす 빈둥거리며 지내다
- **のらしごと** [野良仕事] 들일, 농사일
- **のらねこ** [野良猫] 도둑고양이
- **のらむすこ** [のら息子] 빈둥빈둥 놀기만 하는 자식, 탕아(蕩兒)= どら息子むすこ
- **のらりくらり** 副[自スル] ①빈둥빈둥 ¶ ～と日を過ごす 빈둥빈둥 날을 보내다 ②태도·이야기가 종잡을 수 없는 모양. 뺀들뺀들 ¶ ～と言いい逃のがれる 뺀들뺀들 발뺌하다
- **のり** [^法・^則] ①법, 규칙, 본, 모범 ¶ ～を守まもる 법규를 지키다 ②가르침, (특히) 불법(佛法) ¶ ～の道みち 불도 ③직경, 지름 ¶ 内うち～ 안지름 ④경사진 지면 ¶ 土手どての面めん 둑의 경사면/ ～地ち 경사지
- **のり** 〈海苔〉①[植] 해태, 김 ②말린 김, 건태 ¶ ～巻まき 김초밥
- **のり** [^糊] ～のよくきいた服ふく 풀기가 빳빳한 옷/ ～ではる 풀로 붙이다
- **のり** [乗り] ①탐, 타는 사람 ¶ 船ふな～ 선원/玉たま～ 공굴리기 곡예, 그 곡예사 ②(분·페인트 등이) 먹는(묻는) 정도 ¶ おしろいの～が悪わるい 분이 잘 먹지 않는다 ③[楽] (일본의 전통 음악에서) 한 곡 안에서의 완급의 변화 ④[楽] (謠曲ようきょくにおいて) 창과 박자를 맞추는 방식 ⑤[楽] (歌舞伎かぶきにおいて) 三味線しゃみせん·囃子はやしの리듬에 맞추어 하는 대사·동작 ⑥[造語] 탈것의 정원수를 나타내는 말. ～乗のり ¶ 五人にんの乗用車じょうようしゃ 5인승의 승용차
- **のりあい** [乗り合い] 합승, 같이 탐, 그런 탈것 ¶ ～バス 합승 버스 —自動車じどうしゃ 합승 자동차 —馬車ばしゃ 합승 마차 —船せん 합승선
- **のりあ・げる** [乗(り)上げる] 自下一 (배·차 등이 장애물에 부딪쳐) 올라앉다, 얹히다, 좌초하다 ¶ 船ふねが暗礁あんしょうに～ 배가 암초에 좌초하다
- **のりあわ・せる** [乗(り)合(わ)せる] 自下一 (같은 탈것에) 우연히 함께 타다 ¶ 旧友きゅうゆうとおなじ電車でんしゃに～ 옛 친구와 우연히 같은 전차에 타다
- **のりいれ** [乗(り)入れ] ①탄 채로 들어가는 일 ¶ 自動車じどうしゃ～禁止きんし 승차 진입 금지 ②철도나 버스가 다른 노선에까지 연장 운행하는 일 ¶ 相互そうご～ 상호 노선 연장
- **のりい・れる** [乗(り)入れる] Ⅰ 他下一 탄 채로 들어가다 ¶ 正面玄関しょうめんげんかんまで車くるまを～ 정면 현관까지 차를 들이다 Ⅱ (버스나 전차가) 어느 구역·다른 노선까지 연장 운행하다 ¶ 空港くうこうまで直行列車ちょっこうれっしゃが～ 공항까지 직행 열차가 연장 운행하다
- **のりうち** [乗(り)打ち] 옛날에 말 등에 탄 채로 귀인·절 앞을 지나가는 일
- **のりうつ・る** [乗(り)移る] 自五 ①갈아타다, 옮겨 타다, 바꿔 타다 ¶ 本船ほんせんからはしけに～ 본선에서 거룻배로 옮겨 타다 ②(신) 들리다, 씌다 ¶ 悪霊あくりょうが～ 악령이 씌다
- **のりおく・れる** [乗(り)遅れる] 自下一 ①늦어서 못 타다, 놓치다 ¶ バスに～ 버스를 놓치다 ②(시류에) 뒤떨어지다, 시기를 놓치다

¶ 時流(りゅう)に~ 시류에 뒤떨어지다
**のりおり**【乗(り)降り】图 国지 타고 내림 ¶ 乗客(じょうきゃく)が~する 승객이 타고 내리다
**のりかえ**【乗(り)換え】图 ①갈아탐, 바꿔 탐 ¶ ~駅 갈아타는 역 ②예비로 마련된 탈것〔말〕
**のりか・える**【乗(り)換える】他下一 ①갈아타다, 바꿔 타다 ¶ 次(つぎ)の駅(えき)で~ 다음 역에서 갈아타다 ②새로운 것·사람으로 바꾸다 ¶ 条件(じょうけん)のいい仕事(しごと)に~ 조건이 좋은 일로 바꾸다
**のりかか・る**【乗(り)掛(か)る】自国 ①(탈것에) 타려고 하다 ¶ タクシーに~ったところをつかまえる 택시에 막 타려는 것을 붙잡다 ②착수하다, 하기 시작하다 ¶ ~・った仕事(しごと) 착수한 일 ③위에 올라타고 누르듯 몸을 기대다, 덮치다 ¶ ~・って相手(あいて)を押(お)さえつける 올라타고 상대를 눌러대다
〔慣用句〕
**─・った船(ふね)** 내친걸음, 일단 착수한 이상 도중에 그만둘 수 없음
**のりか・ける**【乗(り)掛ける】自下一 ①(탈것에) 타려고 하다 ¶ あわてて別(べつ)の電車(でんしゃ)に~ 당황하여 다른 전차에 타려고 하다 ②부딪혀 얹히다 ¶ 船(ふね)を~ 배가 좌초하다
**のりき**【乗り気】 마음이 내킴 ¶ ~になる 마음이 내키다/ ~がしない 내키지 않다
**のりき・る**【乗(り)切る】自国 ①탄 채로 끝까지 가다 ¶ ヨットで大西洋(たいせいよう)を~ 요트로 대서양을 횡단하다 ②(곤란한 상황을) 뚫고 헤쳐 나가다, 극복하다 ¶ 難局(なんきょく)を~ 난국을 헤쳐 나가다 ③전부 타다 ¶ 全員(ぜんいん)バスに~のを待(ま)つ 전원 버스에 타기를 기다리다
**のりくみいん**【乗組員】 승조원, 승무원
**のりく・む**【乗(り)組む】自国 (배·항공기 등에) 승무원으로서 타다, 승무하다
**のりこ・える**【乗(り)越える】自下一 ①탄 채로 넘다, 타고 넘다 ¶ 塀(へい)を~ 담을 타고 넘다 ②(곤란 등을) 헤쳐 나가다, 극복하다 ¶ 不幸(ふこう)を~ 불행을 극복하다 ③앞지르다, 능가하다
**のりごこち**【乗り心地】 승차감 ¶ ~がよい 승차감이 좋다
**のりこし**【乗(り)越し】图 国지 (전차·버스 등에서) 목적지를 지나침, 승차권에 지정된 하차역보다 더 멀리 타고 감, 과승 ¶ ~料金(りょうきん) 과승 요금/ 会話(かいわ)に夢中(むちゅう)になって~する 대화에 정신이 팔려 내릴 곳을 지나쳐 가다
**のりこ・す**【乗(り)越す】自国 ① → のりこえる ②(전차·버스 등에서) 타고 가다 내릴 곳을 지나치다 ¶ 一駅(ひとえき)~ 한 정거장 지나쳐 타고 가다
**のりこ・む**【乗(り)込む】自国 ①(탈것에) 올라타다 ¶ 列車(れっしゃ)に~ 열차에 올라타다 ②여럿이 함께 타다 ¶ どやどやと遊覽船(ゆうらんせん)に~ 우르르 유람선에 함께 올라타다 ③탄 채로 들어가다 ¶ 車(くるま)で庭(にわ)に~・んだ 차를 탄 채 마당으로 들어갔다 ④기세 좋게 몰려들다 ¶ 敵(てき)の陣地(じんち)に~ 적의 진지에 쳐들어가다
**のりしろ**【*糊代】 (종이 등을 이어 붙일 때) 풀칠하기 위해 남겨 두는 부분
**のりす・ごす**【乗(り)過(ご)す】他国 타고 가다가 목적지를 지나치다 ¶ 居眠(いねむ)りして~ 졸다가 내릴 곳을 지나치다
**のりす・てる**【乗(り)捨てる】他下一 ①(탈것에서) 내리다 ¶ タクシーを~ 택시에서 내리다 ②(내린 차를 그대로 내버려 두고 가다 ¶ 自動車(じどうしゃ)を道(みち)に~ 자동차를 길에 세워 두고 가버리다
**のり・する**【*糊する】自サ変(文)(「口(くち)を~の꼴로)입에 풀칠하다, 겨우 생계를 잇다 ¶ ようやく口(くち)を~だけで満足(まんぞく)する 겨우 입에 풀칠하는 것으로 만족하다
**のりだ・す**【乗(り)出す】自他国 ①타기 시작하다 ¶ うちの子(こ)も三輪車(さんりんしゃ)に~・した 우리 애도 세발 자전거를 타기 시작했다 ②(배 등을) 타고 출발하다(나아가다) ¶ 大海(たいかい)に~ (배를 타고) 큰 바다로 나아가다 ③적극적으로 나서다, 착수하다, 개입하다 ¶ 改革(かいかく)に~ 개혁에 착수하다/ 警察(けいさつ)が~ 경찰이 개입하다 ④몸을 앞으로 쑥 내밀다 ¶ ひざを~ 무릎을 앞으로 내밀며 다가앉다
**のりつ・ぐ**【乗(り)継ぐ】自他国 (탈것을) 갈아타고 목적지로 가다 ¶ バスを~ 버스로 갈아타고 가다
**のりづけ**【*糊付け】图 国지 ①풀로 붙임, 풀칠한 물건 ¶ ポスターを壁(かべ)に~する 포스터를 벽에 풀로 붙이다 ②(세탁물을 풀을 먹임, 푸새 ¶ シーツに~する 시트에 풀을 먹이다 ▷「のりつけ」라고도 함
**のりつ・ける**【乗(り)付ける】自下一 ①(목적지까지) 탄 채로 가다 ¶ 玄関先(げんかんさき)まで~ 현관 앞까지 차를 갖다 대다 ②탈것으로 급히 도착하다 ¶ 急(きゅう)を聞(き)いてタクシーで~ 급하다는 소식을 듣고 택시를 타고 달려가다 ③탈것에 익숙해지다, 타 버릇하다 ¶ 飛行機(ひこうき)に~・けているから何(なん)ともない 비행기를 타 버릇해서 아무렇지도 않다
**のりて**【乗り手】 ①타는 사람, 승객 ¶ タクシーが~を待(ま)つ 택시가 승객을 기다리다 ②말을 잘 타는 사람 ¶ 村(むら)いちばんの~ 마을 최고의 기수
**のりと**【祝詞】 (신관이 신 앞에 고하는) 축문(祝文) ¶ ~をあげる 축문을 올리다
**のりにげ**【乗(り)逃げ】图 国지 ①차비를 내지 않고 달아남 ¶ タクシーを~する 택시비를 내지 않고 달아나다 ②탈것을 훔쳐 타고 달아남 ¶ 車(くるま)を~する 차를 훔쳐 타고 달아나다
**のりば**【乗り場】 승차장, 승선장 ¶ バスの~ 버스 승차장
**のりまき**【〈海苔〉巻】 [料] 김초밥
**のりまわ・す**【乗(り)回す】自国 (탈것을) 타고 돌아다니다 ¶ 外車(がいしゃ)を~ 외제차를 타고 돌아다니다
**のりもの**【乗(り)物】 ①탈것, 교통 기관 ②江

戸_と 시대 武家_ぶけ・公卿_くぎょう가 타던 미닫이가 달린 고급 가마= 乗_の り物_もの駕籠_かご

の・る [乗る] 自五 ①타다, 올라타다¶ 馬_うま에~ 말을 타다/ ぶらんこに~ 그네를 타다 ②(위에) 오르다, 올라가다¶ いすの上_うえ に~ 의자 위에 올라앉다/ 体重計_たいじゅうけい に~ 체중계에 올라가다 ③(전파·물결 등을) 타다, 실리다¶ 海流_かいりゅう に~ 해류를 타다/ 電波_でんぱ に~ 전파에 실리다 ④(가락에) 맞다, 어울리다¶ リズムに~·って踊_おど る 리듬에 맞추어 춤을 추다 ⑤가락이 붙다, 궤도에 오르다 興_きょう に~ 흥이 오르다/ 事業_じぎょう が軌道_きどう に~ 사업이 궤도에 오르다 ⑥기회를 타다, 여세를 몰다¶ 好調_こうちょう の波_なみ に~ 호조의 기회를 타다 ⑦속다, 말려들다, 넘어가다¶ 口車_くちぐるま に~ 감언 이설에 속다/ おだてに~ 부추김에 넘어가다 ⑧응하다, 참여하다 相談_そうだん に~ 상담에 응하다/ その話_はなし に一口_ひとくち~ 그 이야기에 한몫 끼다 ⑨친화력이 있다, 잘 먹다¶ おしろいが~ 분이 잘 먹다/ インクがうまく~·らない紙_かみ 잉크가 잘 묻지 않는 종이 ⑩마음이 내키다, 의욕이 생기다 気_き が~·らない 마음이 내키지 않다

の・る [載る] 自五 ①(위에) 놓이다, 얹히다¶ 机_つくえ の上_うえ に~·っている本_ほん 책상 위에 놓인 책 ②실리다, 게재되다¶ 新聞_しんぶん の一面_いちめん に大_おお きく~ 신문 일면에 크게 실리다

のるかそるか [^伸るか反るか] 連語 성공하느냐 실패하느냐 안 되느냐 = いちかばちか/ ~の大勝負_おおしょうぶ 성공하느냐 실패하느냐의 대승부

ノルマ (러 norma) 노르마, 할당된 노동, 이르러 기준량¶ ~を果_は たす ノルマを다하다

のれん [^暖^簾] ①포렴(布簾), 가게 이름 등을 써서 상점의 처마끝·출입구에 드리운 천·발¶ ~を出_だ す 포렴을 내걸다 ②상점의 격식·신용¶ ~にかかわる 상점의 신용에 관계되다 ③(일반 가정에서) 차양·칸막이 등으로 쓰는 천, 발

[慣用句]

—に腕押_うでお し (比) 아무리 힘을 주어도 반응이 없음, 호박에 침주기= ぬかにくぎ

—に傷_きず を付_つ ける 상점의 신용이나 집안의 명예를 손상하다

—を下_お ろす (口)그날의 장사를 마치고 문을 닫다¶장사를 그만두다, 폐업하다

—を分_わ ける (오랫동안 근무해 온 점원에게) 분점을 차리게 하다

のろ [祝女] [民] 沖縄_おきなわ 에서 마을의 제사를 맡아 하던 무녀

のろ [^獐] [動] 노루

のろい [^呪い·^詛い] 저주(詛呪)¶ ~をかける 저주를 하다

のろ・い [^鈍い] 形 ①(口)(속도가) 느리다, 더디다¶ 電車_でんしゃ が~ 전차가 느리다 ②(口)(동작·머리 회전이) 느리다, 둔하다¶ 頭_あたま の働_はたら きが~ 머리 회전이 둔하다/ 反応_はんのう が~ 반응이 느리다 ③(俗) (여자에게) 무르다¶ 女房_にょうぼう に~ 마누라에게 무르다

のろ・う [^呪う·^詛う] 他五 저주하다, 몹시 원망하다¶ 世_よ を~ 세상을 원망하다/ 人_ひと を~·わば穴二_あなふた つ 남을 저주하면 자기에게도 재앙이 돌아온다

のろくさ [^鈍臭] 副 自スル (口) 동작이 굼뜬 모양, 느릿느릿, 느려 터지게= のろのろ¶ ~して仕事_しごと がはかどらない 느려 터져서 일이 조금도 진척되지 않다

のろくさ・い [^鈍臭い] 形 (口) 느려 터지다, 몹시 느리다¶ ~·くて、いらいらする 느려 터져서 짜증스럽다

のろけ [^惚気] 연인·부부 간의 일을 자랑삼아 이야기함, 그런 이야기

のろ・ける [^惚気る] 自下一 연인·부부 간의 일에 관한 이야기를 자랑삼아 늘어놓다¶ 手放_てばな しで~ 드러내 놓고 부부 간의 일을 자랑삼아 늘어놓다

のろし [〈狼煙〉·〈烽火〉] 봉화¶ ~を上_あ げる 봉화를 올리다, 큰일의 시작을 세상에 알리다

のろのろ 副 自スル 느릿느릿, 꾸물꾸물¶ ~運転_うんてん 느릿느릿한 운전/ ~と歩_ある く 느릿느릿 걷다

のろま [^鈍間] 名 ダ (동작·머리 회전이) 둔함, 아둔함, 그런 사람·な奴_やつ 아둔한 놈 —人形_にんぎょう [演] 浄瑠璃_じょうるり 의 막간극에 쓰이던 꼭두각시 인형

のろわし・い [^呪わしい] 形 (文) 저주스럽다, 몹시 저주스럽다¶ ~事件_じけん 저주스러운 사건/ わが身_み が~ 내 신세가 원망스럽다

のろわれた [^呪われた] 連体 저주받은, 불길한, 불행한¶ ~運命_うんめい 저주받은 운명

のわき [野^分き] (文) 가을의 거센 바람, (略) 태풍= 野分_のわ け

ノン (non) 造語 논, 아님, 무(無), 비(非) —キャリア (일 non career) (俗) 논 캐리어, 일본 국가 공무원 채용 1종 시험에 합격하지 못한 국가 공무원 —ポリ 논폴리, 정치 문제·학생 운동에 관심을 보이지 않음, 그런 사람 —トップ (nonstop) 논스톱, 직행, 무정차¶ ~で飛_と ぶ 논스톱으로 비행하다 —タイトルマッチ (non-titled match) 논타이틀 매치, (권투에서) 챔피언 타이틀을 걸지 않은 시합

のんき [^暢気·^呑気] 名 ダ (성격이) 낙천적이고 느긋함, 무사 태평함¶ ~な性分_しょうぶん 낙천적인 성품/ ~に構_かま える 태평스레 굴다

のんこのしゃあ (口) 유들유들하고 뻔뻔함, 그런 사람

のんだくれ [飲んだくれ] (口) 몹시 취함, 주정뱅이, 모주꾼

のんど [^咽·^喉] 목= のど

のんびり 副 自スル 유유히, 한가로이, 태평하게¶ ~した性格_せいかく 태평한 성격/ ~と暮_く らす 한가로이 살아가다

のんべえ [飲^兵^衛·^呑^兵^衛] (口) 모주꾼, 술고래= のみすけ·のんべ

のんべんだらり 副 (口) 빈둥빈둥¶ ~と日_ひ を暮_く らす 빈둥빈둥 날을 보내다

# は ハ

は 五十音図「は」행(行)의 첫째 かな. ひらがな「は」는「波」의 초서체. かたかな「ハ」는「八」의 변형

は [巴] 󰀀ハ 󰀁ともえ |(음) 파. (造語) ①소용돌이 무늬 ②외국어「パ・バ」의 차음자¶巴里ᵖⁱ 파리・巴比倫ᵇᵢᵣᵒⁿ 바빌론 ③중국 사천성 중경지방 부근, 호북・호남 지방

は [把] 󰀀ハ 󰀁とる・たば |(음) 파. (造語) ①잡다, 쥐다¶把握ᵃᵏᵘ 파악・掌把ˢʰᵒ 장악 ②손잡이¶把手ˢʰᵘ 손잡이・刀把ᵗᵒ 칼자루 ③(助數) 다발, 묶음을 세는 말 一把ᵢᶜʰⁱ・三把ˢᵃⁿ 세 다발

は [波] 󰀀ハ 󰀁なみ |(음) 파. (造語) ①물결, 파도¶波状ˢᵃ 파상・波紋ᵐᵒⁿ 파문 ②물결 모양으로 움직이는 것¶波及ʸᵘ 파급・音波ᵒⁿ 음파 ③범어・외국어「バ・ポー」등의 차음자¶波斯ᵉᵣᵘˢʰⁱᵃ 페르시아・波蘭ᵖᵒ¯ʳᵃⁿᵈᵒ 폴란드・波羅門ᵇᵃʳᵃᵐᵒⁿ 바라문

は [派] 󰀀ハ 󰀁わかれ |(음) 파. Ⅰ (造語) ①갈라져 나가다¶派生ˢᵉⁱ 파생・分派ᵇᵘⁿ 분파 ②벌¶派閥ᵇᵃᵗˢᵘ 파벌・浪漫派ʳᵒ¯ᵐᵃⁿ 낭만파 ③파견하다¶派兵ʰᵉⁱ 파병・特派ᵗᵒᵏᵘ 특파 Ⅱ. 파벌¶二つ二つに分かれる 두 파로 갈라지다

は [破] 󰀀ハ 󰀁やぶる・やぶれる |(음) 파. (造語) ①㉠깨지다, 부서지다, 깨뜨리다, 부수다¶破損ˢᵒⁿ 파손・爆破ᵇᵃᵏᵘ 폭파 ㉡상태・형태를 무너뜨리다¶破顔ᵍᵃⁿ 파안・破産ˢᵃⁿ 파산 ㉢막히다. 못 쓰게 되다¶破局ᵏʸᵒᵏᵘ 파국 ②무찌르다, 쳐서 이기다¶擊破ᵍᵉᵏⁱ 격파・打破ᵈᵃ 타파 ③끝까지 해내다¶看破ᵏᵃⁿ 간파・走破ˢᵒ 주파 ④틀에서 벗어나다, 규칙을 무시하다¶破戒ᵏᵃⁱ 파계・破格ᵏᵃᵏᵘ 파격 Ⅱ [娑] 아악・能楽ⁿᵒ¯ᵍᵃᵏᵘ 등의 곡의 중간 부분

は [跛] 󰀀ハ |(음) 파. (造語) 절름발이, 절름거림¶跛行ᵏᵒ¯ 파행

は [頗] 󰀀ハ 󰀁すこぶる |(음) 파. (造語) 치우치다, 공평치 않다¶偏頗ʰᵉⁿ 편파

は [播] 󰀀ハ・バン 󰀁まく |(음) 파. (造語) ①씨를 뿌리다, 흩다¶播種ˢʰᵘ 파종 ②널리 미치게 하다¶伝播ᵈᵉⁿ 전파・「播磨ʰᵃʳⁱᵐᵃ」의 준말¶播州ˢʰᵘ¯ 兵庫ʰʸᵒ¯ᵍᵒ현 남서부 지방

は [覇] [霸] 󰀀ハ |(음) 파. Ⅰ (造語) 제후의 우두머리, 패자, (경기 등의) 우승자¶覇王ᵒ¯ 패왕・制覇ˢᵉⁱ 제패 Ⅱ (次) ①무력으로 천하를 다스림¶~を唱える 패권을 장악하다 ②(경기 등에서) 우승함¶~を争う 패권을 다투다

は [助] ①(주제) …은, …는¶きりん~首ᵏᵘᵇⁱが長ⁿᵃᵍᵃい 기린은 목이 길다/ 人間ⁿⁱⁿᵍᵉⁿ~微力ᵇⁱʳʸᵒᵏᵘ

なものだ 인간은 미력한 것이다 ②(대비적인 제시) …은, …는¶今ⁱᵐᵃのぼくに~これが限界ᵏᵃⁱᵍᵃⁱだ 지금의 나로서는 이것이 한계이다/ 海ᵘᵐⁱ~もちろん、湖ᵐⁱᶻᵘᵘᵐⁱにも荒ᵃʳⁱれる日ʰⁱ~ある 바다는 물론 호수에도 사나워지는 날은 있다 ③《활용어 連用形에「ては」의 꼴로 붙어》조건의 제시 ④(강조해서 명시함) …은, …는 ㉠《連用 문절에 붙어》그 뜻을 강조함¶おまえのほかに~だれもいない 너밖에는 아무도 없다 ㉡《수량을 나타내는 말에 붙어》긍정 표현에서는 최소한을・부정 표현에서는 최대한을 나타냄¶明日ᵃˢᵘまだ十日ᵗᵒ¯ᵏᵃ~ある 내일은 아직 10일은 있다 ⑤부분적인 긍정 구문을 만듦 ㉠《「…~するが(あるが)」「…ている(みたが)」「…で~ある」등의 꼴로》(일단 긍정하지만 사실은 그에 반하는 성질이 있음)…는 하지만¶生ⁱきてゆくが、つらかろう 살아가는 가치만 괴롭겠지 ㉡(그렇게 한다 하더라도)…은 아니다¶あなたに~見ᵐⁱせられない 당신에게는 보여 줄 수 없다 ㉢《「~しない」꼴로》그 범위 내에서의 부정을 의미함¶頼ᵗᵃⁿᵒまれたからには、退ʰⁱきしない 부탁 받은 이상은 물러서지는 않는다

は [ハ] 【音】 (장음계의 첫째 음인) 다, C음

は [刃] 󰀁(칼 등의) 날¶両ʳʸᵒ¯~ 양날/~がこぼれる 날이 망가지다

は [羽] ①깃털 = 羽毛ᵐᵒ¯・はね ②(새・곤충의) 날개¶~音ᵒᵗᵒ 날개 소리 ③(화살의) 살깃 = 矢ʸᵃばね¶白ˢʰⁱʳᵒ~の矢ʸᵃ 흰 살깃의 화살

は [葉] 【植】 잎, 잎사귀 = 葉ʰᵃっぱ¶枯ᵏᵃʳれ~ 가랑잎/~がおちる 잎이 지다

は [歯] ①【醫】이¶~が生ʰᵃえる 이가 나다/~をむきだす 이를 드러내다 ②(기계・기구 등의) 톱니, 살, 굽¶のこぎりの~ 톱니/櫛ᵏᵘˢʰⁱの~ 빗살/げたの~ 왜나막신의 굽

【慣用句】

—が浮ᵘく ①이가 드뜨다 ②역겹다, 아니꼽다

—が立ᵗᵃたない ①단단해서 씹을 수 없다 ②당해낼 수 없다, 감당할 수 없다

—に衣ᵏⁱⁿᵘ着ᵏⁱせぬ 가식없이 말하다, 솔직하게 그대로 말하다

—の抜ⁿᵘけたよう 이가 빠진 듯하다, (있어야 할 것이 빠져서) 허전하다

—の根ⁿᵉが合ᵃわない 이가 떨리다, 벌벌 떨다

—を食ᵏᵘいしばる 이를 악물다

は [端] ①가, 끝, 가장자리¶山ʸᵃᵐᵃの~ 산등성이/ 口ᵏᵘᶜʰⁱの~にのぼる 구설수에 오르다 ②끝수, 우수리 = はした¶~数ˢᵘ¯ 끝수, 단수

ば [馬] 󰀀バ・メ 󰀁うま・ま |(음) 마. (造語) ①말¶馬車ˢʰᵃ 마차・乗馬ᵈʲᵒ¯ 승마 ②외국어「バ・マ」의 차음자¶馬来ʳᵃⁱ¯ 말레이・玖馬ᵏʸᵘ¯ᵇᵃ 쿠바 ▷ 熟字訓 馬酔木ᵃˢʰⁱᵇⁱ・ᵃˢᵉᵇᵒ 마취목

ば [婆] 󰀀バ 󰀁ばば (造語) ①늙은 여자¶婆心ˢʰⁱⁿ 노파심・老婆ʳᵒ¯ 노파 ②범어「バ」의 차음자¶娑婆ˢʰᵃᵇᵃ 사바・婆羅門ᵇᵃʳᵃᵐᵒⁿ 바라문

ば [罵] 󰀀バ 󰀁ののしる |(음) 매. (造語) 큰 소리로 욕하다¶罵倒ᵗᵒ¯ 매도・面罵ᵐᵉⁿ 면매

ば [助] 《활용어의 仮定形에 붙어》①(순접 가

ば　982

정 조건) ㉠(어떤 사항을 가정하고 그로 인한 결과를 추측·희망함) …면¶ 待<small>ま</small>て~思<small>おも</small>いもみな届<small>とど</small>く 기다리면 소원이 모두 이루어진다 ㉡(「…ほど[だけ]의 꼴로」) …하면 할수록 愛<small>あい</small>すれ~愛するほど苦<small>くる</small>しくなる 사랑하면 할수록 괴로워진다 ㉢(「…言<small>い</small>え~」 등의 특정한 꼴로) 내세우는 의견의 조건·근거를 서술함) …면¶ (하)면 世論<small>よろん</small>によれ~ 여론에 의하면 ㉣(순접 확정 조건) ㉠(앞의 일이 계기가 되어 뒤의 일이 일어나는 관계) …면¶ 脅闇迫<small>きょうあんせま</small>れ~悩<small>なや</small>みは果<small>は</small>てなし 땅거미가 지기 시작하면 번민은 한이 없다 ㉡(어떤 동작·작용이 항상 일정한 결과를 초래하는 관계) …면¶ 呼<small>よ</small>べ~答<small>こた</small>える山<small>やま</small>びこの谷<small>たに</small> 부르면 대답하는 메아리 계곡 ③(공존하는 사실의 열거) …고, …거니와 嵐<small>あらし</small>も吹<small>ふ</small>か~雨<small>あめ</small>も降<small>ふ</small>る 폭풍도 불고 비도 내린다

ば【場】 ①(두는) 곳, 자리, 공간¶ 足<small>あし</small>の踏<small>ふ</small>み~もない 발 디딜 곳이 없다 ②(할) 자리, 장소, 기회¶ 活動<small>かつどう</small>の~を与<small>あた</small>える 활동할 자리를 마련해주다 ③(일어나고 있는) 자리, 상황, 때, 경우¶ その~で即答<small>そくとう</small>する 그 자리에서 즉시 답하다 ④(연극 등에서) 장, 장면¶ 二幕<small>にまく</small>三<small>さん</small>~ 2막 3장/ あだ討<small>う</small>ちの~ 복수하는 장면 ⑤【網】 (거래소의) 입회장¶ ~が立<small>た</small>つ 입회장이 서다 ⑥【物】힘이 작용하는 영역, 장¶ 磁<small>じ</small>~ 자장 ⑦【心】행동·반응의 방식을 규정하는 조건·환경, 장¶ 話<small>はな</small>し合<small>あ</small>いの~ 대화의 장

はあ 感 ㉠(상대의 말에 반응하여) 예, 네, 허어¶ ~, そうですか 예, 그렇습니까?/ ~, 大<small>たい</small>したものですね 허어, 대단하군요

バー (bar) 바 ①(높이뛰기 등의) 가로대¶ ~を上<small>あ</small>げる 가로대를 높이다 ②(축구 등에서) 크로스바¶ ~を越<small>こ</small>す クロスバー를 넘다 ③양주를 파는 카운터식 술집 ーコード (bar code) 바 코드, 상품의 광학 판독용 기호

ぱあ ①(가위바위보의) 보 ②(?) 몽땅 없어짐, 허사가 됨¶ せっかくの元手<small>もとで</small>を~にした 애써 모은 밑천을 몽땅 없애다/ 計画<small>けいかく</small>が~になる 계획이 수포로 돌아가다 ③【俗】바보¶ ~あいつ~じゃないか 저 자식 바보 아냐?

パー (par) 파 ①동가(同價) 【網】 (유가 증권 등의) 액면과 같은 가격 ③(골프에서) 표준 타수

ばあい【場合】경우 ①사정, 상태, 형편¶ 時<small>とき</small>と~によっては 때와 경우에 따라서는 ②때¶ 雨<small>あめ</small>の~は中止<small>ちゅうし</small> 비가 올 경우에는 중지

パーキンソンびょう【パーキンソン病】 【醫】파킨슨병

はあく【把握】名 他スル 파악 ①손으로 꽉 쥠 ②완전히 이해함¶ 状況<small>じょうきょう</small>を~する 상황을 파악하다

ばあさん【〈祖母〉さん】할머니 ⇔ 祖父<small>じい</small>さん

ばあさん【〈婆〉さん】나이 든 여자를 친근하게 부르는 말, 할머니 ⇔ 爺<small>じい</small>さん

パーソナリティー (personality) 퍼스널리티 ①인격, 개성 ②【放】음악 프로그램 등의 진행자

パーソナル (personal) 고 퍼스널 ①개인적, 사적 ②작고 가벼움 ーコンピューター (personal computer) 【컴】퍼스널 컴퓨터, 개인용 소형 컴퓨터 = パソコン ー無線<small>むせん</small>【情】퍼스널 무선, 사설 무선국

バーターせい【バーター制】【經】바터제, 교환무역

ばあたり【場当(た)り】 I 名 (연극 등에서) 즉흥적인 재치로 인기를 얻음¶ ~をねらう 즉흥적인 인기를 노리다 II 그때그때 상황·생각에 따라 대처함, 임기 응변¶ ~主義<small>しゅぎ</small> 적당주의/ ~的<small>てき</small>な対策<small>たいさく</small> 즉흥적인 대책

ハート (heart) 하트 ①마음, 애정 ②(카드에서) 붉은「♥」마크가 그려진 패, 그 표시

ハード (hard) 하드 I ㉠ ①딱딱함¶ ~カバー 하드 커버 ②어려움, 엄격함¶ ~な仕事<small>しごと</small> 고된 일 II 名「ハードウェア」의 준말 ーウエア (hardware) 【컴】하드 웨어, 컴퓨터의 기기·장치 ーディスク (hard disk) 【컴】하드 디스크

バード (bird) 【造語】버드, 새 ーウイーク (bird week) 버드 위크, 애조 주간

パート (part) 파트 ①부분, 역할 ②【映】【劇】배역 ③【音】성부(聲部), 음부(音部) ④「パートタイマー·パートタイム」의 준말 ータイマー (part-timer) 파트 타이머, 시간제 근무자 ータイム (part-time) 파트 타임, 시간제 근무

パーミル (per mill) 【數】퍼밀, 천분율, 천분비

ばあや【婆や】(口) 나이 든 가정부, 그 사람을 친숙하게 부르는 말, 할멈 ⇔ 爺<small>じい</small>や

パーラー (parlor) 팔러 ①(호텔·클럽 등의) 특별 담화실 ②음료수·양과자 등을 파는 경양식점¶ フルーツ~ 프루츠 팔러

はあり【羽蟻】우의 ①(교미기에) 날개가 돋친 개미 ②「シロアリ」의 딴이름 ▷「はねあり」라고도 함

バール (bar) 바, 압력의 단위

はい【吠】會 イ 訓 ほえる|(음) 폐, 【造語】 주로 훈(訓)「ほえる」로 씀

はい【拜】會 ハイ 訓 おがむ|(음) 배, 【造語】 ①절하다¶ 拝礼<small>はいれい</small> 배례·三拝<small>さんぱい</small> 삼배 ②신불 등을 참배하다¶ 参拝<small>さんぱい</small> 참배·礼拝<small>らいはい</small> 예배 ③숭앙하다¶ 拝金<small>はいきん</small> 배금·崇拝<small>すうはい</small> 숭배 ④(관직 등을) 받다¶ 拝命<small>はいめい</small> 배명, 관직·拝命<small>はいめい</small> 배명 ⑤자기 동작을 낮추어 이르는 말¶ 拝謁<small>はいえつ</small> 배알·拝見<small>はいけん</small> 배견 ⑥(편지에서) 상대방에게 경의를 나타내는 말¶ 拝啓<small>はいけい</small> 배계 ⑦(편지에서) 자기 이름 밑에 경의를 나타내는 말¶ 山田拝<small>やまだはい</small> 山田 올림

はい【杯】會 ハイ 訓 さかずき|(음) 배 I 【造語】①술잔¶ 乾杯<small>かんぱい</small> 건배·祝杯<small>しゅくはい</small> 축배 ②우승컵¶ 賞杯<small>しょうはい</small> 상배·「盃<small>はい</small>」는 속자(俗字) II (文) 잔, 술잔¶ ~を重<small>かさ</small>ねる 잔을 거듭하다 ②(助數) ㉠그릇에 든 것을 세는 말, 잔, 그릇¶ お酒一杯<small>さけいっぱい</small> 술 한 잔 ㉡배를 세는 말, 척 ㉢오징어·문어를 세는 말, 마리

はい【盃】會 ハイ 訓 さかずき|(음) 배 I 【造語】술잔¶ 金盃<small>きんぱい</small> 금배·優勝盃<small>ゆうしょうはい</small> 우승배 ▷「杯」의 속자(俗字) II (文) 술잔

はい【背】會 ハイ 訓 せ·せい·そむく·そむける|(음) 배, 【造語】①등, 뒤, 뒤쪽¶ 背泳<small>はいえい</small>

はいえき

배영・背後ﾊɪɢｏ 배후 ②()지다, 뒤쪽을 향하다¶ 背走ｿｳ 배주 ③배반하다, 배신하다¶ 背任ﾆﾝ 배임・背反ﾊﾝ 배반 ▷ ⓢ은 「悖」와 같음
はい [肺] 會ハイ 訓(음)폐. I (造語) ①허파¶ 肺炎ｴﾝ 폐렴・珪肺ｹｲ 규폐 ②마음속, 진심¶ 肺肝ｶﾝ 진심・肺腑ﾌ 폐부 II [略] 폐, 허파
はい [ˆ胚] 會ハイ (음)배. I (造語) ①잉태하다 ②발생하기 시작하다¶ 胚胎ﾀｲ 배태 II (動) ①[動] 배자(胚子) ②[植] 배아, 씨눈
はい [俳] 會ハイ (음)배. (造語) ①배우, 예능인¶ 俳優ﾕｳ 배우 ②익살, 해학¶ 俳句ｸ 일본 고유의 단시¶ 俳諧ｶﾞｲ・俳句ｸ」의 준말¶ 俳人ｼﾞﾝ 俳句 시인・俳味ﾐ 俳句의 멋 ④어슬렁거리다¶ 俳徊ｶｲ 배회
はい [配] 會ハイ 訓くばる|(음)배. (造語) ①나누어 주다, 할당하다¶ 配給ｷｭｳ 배급・配線ｾﾝ 배선 ②늘어놓다, 배합하다¶ 配合ｺﾞｳ 배합・配列ﾚﾂ 배열 ③부부가 되다, 배우자¶ 配偶ｸﾞｳ 배우(자)・好配ｺｳ 호배 ④거느리다, 단속하다¶ 配下ｶ 부하・管理 ⑤유배하다¶ 配所ｼｮ 배소・配流ﾙ 유배
はい [排] 會ハイ (음)배. (造語) ①밀어 열다, 밀어 내다, 물리치다¶ 排氣ｷ 배기・排斥ｾｷ 배척 ②늘어놓다¶ 排置ﾁ 배치・按排ｱﾝ 안배
はい [敗] 會ハイ 訓やぶれる|(음)패. (造語) ①망가지다, 부서지다, 썩다¶ 腐敗ﾌ 부패・敗血症ｹﾂｼｮｳ 패혈증 ②잘못하다, 실수하다¶ 失敗ｼﾂ 실패・成敗ｾｲ 성패 ③지다, 패배하다¶ 敗戦ｾﾝ 패전・敗訴ｿ 패소 ④(助數) 전 횟수를 세는 말, 패¶ 一勝二敗ｲｯｼｮｳﾆﾊｲ 1승 2패
はい [廃] [廢] 會ハイ 訓すたれる・すたる|(음)폐. (造語) ①쓸모 없게 되다, 못쓰게 되다¶ 廃墟ｷｮ 폐허・廃車ｼｬ 폐차 ②그만두다, 버리다¶ 廃刊ｶﾝ 폐간・撤廃ﾃﾂ 철폐 ③몸이 못쓰게 되다¶ 廃疾ｼﾂ 폐질・廃人ｼﾞﾝ 폐인 ▷ⓢ은 「癈」의 대용자
はい [牌] 會ハイ (음)패. I (造語) ①팻말, 패¶ 骨牌ｺﾂ 골패・메달牌 賞牌ｼｮｳ 상패・優勝牌ﾕｳｼｮｳ 우승패 ②위패¶ 位牌ｲ 위패 II 패. (놀이용) 카드¶ ～を配ｸﾊﾞる 패를 도르다
はい [輩] 會ハイ 訓ともがら・やから|(음)배. (造語) ①늘어서다, 줄지어 서다¶ 輩出ｼｭﾂ 배출 ②동료, 동아리, 패거리¶ 後輩ｺｳ 후배・若輩ｼﾞｬｸ 젊은 패・年輩ﾈﾝ 연배
はい [灰] 재 ¶ タバコの～ 담뱃재
 慣用句
—になる 재가 되다 ①타서 없어지다, 소실되다 ②죽어서 화장되다
はい 圝(口) ①(대답) 예, 네¶ ～, 私ﾜﾀｸｼですが 예 접니다만 ②(승낙・긍정) 예, 네¶ ～, 分ﾜかりました 예 알았습니다 ③(주의를 촉구함) 이봐요, 자¶ ～, こちらを向ﾑいて 자 이쪽을 봐요 ④(자기 말에 덧붙여 겸양을 나타냄) 예¶ ～, さようでございます 예 그렇습니다
ばい [貝] 會バイ・ハイ 訓かい|(음)패. I (造語) 조개, 조가비¶ 貝貨ｶ 패화・貝甲ｺｳ 패갑 II (動) 소라고둥
ばい [売] [賣] 會バイ・マイ 訓うる・うれる|(음)매. (造語) 팔다, 장사하다 ⇔ 買ﾊﾞｲ¶ 売店ﾃﾝ 매점・専売ｾﾝ 전매・販売ﾊﾝ 판매
ばい [倍] 會バイ 訓ます|(음)배. I (造語) 늘리다, 더하다, 2배 또는 몇배로 하다¶ 倍加ｶ 배가・倍数ｽｳ 배수・数倍ｽｳ 수배 II 배 ①갑절, 2배¶ 料金ﾘｮｳｷﾝが～になる 요금이 배가 되다 ②(助數) 곱절¶ 十ｼﾞｭｳ～ 열 곱절, 10배
ばい [ˆ唄] 會バイ 訓うた|(음)패. (造語) [佛] 부처의 공덕을 칭송하는 노래¶ 梵唄ﾎﾞﾝ 범패
ばい [梅] [梅] 會バイ 訓うめ|(음)매. (造語) ①매화¶ 梅園ｴﾝ 매원・梅花ｶ 매화 ②장마철¶ 梅雨ｳ 장마・入梅ﾆｭｳ 장마철로 접어듦 ¶[熟字訓] 梅雨ﾂﾕ 장마
ばい [ˆ狽] 會バイ |(음)패. (造語) 허둥대다¶ 狼狽ﾛｳ 낭패
ばい [培] 會バイ 訓つちかう|(음)배. (造語) 가꾸다, 북돋우다¶ 培養ﾖｳ 배양・栽培ｻｲ 재배
ばい [陪] 會バイ (음)배. (造語) ①수행하다, 따르다¶ 陪從ｼﾞｭｳ 배종・陪審ｼﾝ 배심・陪席ｾｷ 배석 ②부하의 부하¶ 陪臣ｼﾝ 배신
ばい [媒] 會バイ 訓なかだち|(음)매. (造語) ①중매하다, 중매인¶ 媒酌ｼｬｸ 매작 ②중개하다¶ 媒介ｶｲ 매개・触媒ｼｮｸ 촉매・霊媒ﾚｲ 영매
ばい [買] 會バイ 訓かう|(음)매. (造語) 사다¶ 買価ｶ 매가・購買ｺｳ 구매・売買ﾊﾞｲ 매매
ばい [ˆ煤] 會バイ 訓すす|(음)매. (造語) 매연¶ 煤煙ｴﾝ 매연
ばい [賠] 會バイ |(음)배. (造語) 결손을 충당하다, 배상하다¶ 賠償ｼｮｳ 배상
ばい [ˆ枚] 하무, (옛날 야습할 때) 소리를 내지 않게 군인이나 말의 입에 물린 막대기
 慣用句
—をふくむ 하무를 물다. 소리를 내지 않고 숨을 죽이다
パイ [ˆ牌] (마작의) 패
パイ (그 pi; Π・π) 파이 ①그리스어의 열여섯째 자모 ②[數] 원주율 п
はい あが・る [ˆ這(い)上がる] 自五 ①기어오르다¶ 土手ﾄﾞﾃを～ 둑을 기어 오르다 ②(역경에서) 벗어나다¶ どん底ｿﾞｺの生活ｾｲｶﾂから～ 밑바닥 생활에서 벗어나다
バイアステープ (bias tape) 바이어스 테이프. 45도 각도로 재단한 천 테이프
バイアスロン (biathlon) [體] 바이애슬론
はいあん [廃案] 폐안, 폐기된 의안・고안
はいい [廃位] 名他スル 폐위
はいいろ [灰色] 회색 ①잿빛¶ 顔ｶｵが～になる 얼굴이 잿빛이 되다 ②(比) 암울함, 우울함¶ ～の人生ｼﾞﾝｾｲ 암울한 인생・유죄인지 무죄인지 모호함¶ ～高官ｺｳｶﾝ 회색 고관・—資金ｼｷﾝ 검은 돈, 범죄성 자금
はいいん [敗因] 패인 ⇔ 勝因ｼｮｳｲﾝ
ばいいん [ˆ売ˆ淫] 名 自スル (文) 매음＝淫売ｲﾝﾊﾞｲ
はいう [ˆ沛雨] (文) 장대비
ばいう [梅雨・黴雨] (文) 장마 ＝五月雨ｻﾐﾀﾞﾚ・つゆ ¶—期ｷ 장마철・—前線ｾﾞﾝｾﾝ [氣] 장마 전선
はいえい [背泳] 배영＝背泳ｵﾖぎ
はいえき [廃液] 폐액, 폐수

はいえき【廃駅】폐역. 폐지된 역
はいえつ【拝謁】图自スル(文) 배알¶国王に～する 국왕을 배알하다
ハイエナ (hyena)图 하이에나
はいえん【肺炎】[医] 폐렴
はいえん【廃園】폐원. 황폐한 정원
ばいえん【梅園】매원. 매화나무를 많이 심은 뜰
ばいえん【煤煙】매연¶～公害 매연 공해
バイオ (bio) 바이오 ①【造語】생명. 생물 ②「バイオテクノロジー」의 준말 ーテクノロジー (biotechnology)【生】바이오테크놀러지. 생명공학 ーリズム (biorhythm)【生】바이오리듬. 생체 리듬
はいおく【廃屋】(文) 폐옥. 폐가＝あばらや
はい おとし【灰落(と)し】재떨이＝灰皿
ばいおん【倍音】【物】배음 ⇔ 基音
はいか【配下】배하. 부하¶～の子会社 산하의 자회사/～に従える 부하로 거느리다
はいか【廃家】폐가 ①폐옥＝あばらや ②(일본 구 민법에서) 상속인이 없어 집안의 대가 끊기는 일. 그런 집안
はいが【拝賀】图自スル(文) 배하. 삼가 축하의 뜻을 올림¶新年の～式 신년 하례식
はいが【胚芽】배아. 씨눈 ―米 배아미
はいかい【俳諧】俳諧風의 간소한 묵화·담채화
ばいか【売価】(文) 매가. 파는 값＝売り値
ばいか【倍加】图自他スル 배가. 2배로 늚[늘림]¶負担が～する 부담이 배가하다
ばいか【梅花】(文) 매화. 매화나무의 꽃
ばいか【買価】매가. 사는 값＝買い値
はいかい【俳諧·誹諧】图(文) ①連句·発句(俳句)의 총칭 ②「俳諧歌」의 준말 ③「俳諧連歌」의 준말 ―歌 俳諧 형식의 하나 ―師 俳諧를 전문적으로 짓는 사람 ―連歌 (文) 連歌 형식의 하나
はいかい【徘徊】图自スル(文) 배회¶近辺を～する 부근을 배회하다
はいがい【拝外】图 배외. 외국의 문물·사상 등을 숭배함¶～思想 배외 사상
はいがい【排外】图 배외. 외국인·외국의 사상·문물 등을 배척함¶～運動 배외 운동
ばいかい【媒介】图他スル 매개¶伝染病の～ 전염병의 매개
ばいがえし【倍返し】배액 배상. (매매 계약 불이행시) 받은 계약금의 배액을 돌려주는 일
はいかき【灰掻き】①화로의 재를 고르는 도구 ②화재 뒤의 재를 치움. 그런 사람
はいかきょう【拝火教】【宗】배화교. (특히) 조로아스터교의 딴이름
ばいかく【倍角】배각. 전각 두 배의 활자 크기
ばいがく【倍額】배액. 2배의 금액·가격¶～要求 배액 요구
はいかぐら【灰神楽】(불기 있는 화로에 물을 끼얹을 때 이는) 재먼지¶～が立つ 재먼지가 일다
はいガス【排ガス】배기 가스
はいガス【廃ガス】폐가스. 석유 정제·금속 제련 과정에서 여분으로 발생하는 가스

はいかつりょう【肺活量】[医] 폐활량
はいかん【拝観】图他スル 배관. 神社·불각이나 그 안의 보물 등을 배견함¶～料を取る 배관료를 받다
はいかん【肺肝】(文) 폐간 ①폐와 간 ②마음속¶～を披く 마음속을 털어놓다
〔慣用句〕
　―を砕く 몹시 고심하다
はいかん【肺患】(文) 폐환. 폐병. (특히) 폐결핵
はいかん【配管】图自スル 배관¶～工事 배관 공사
はいかん【廃刊】图他スル 폐간¶新聞を～する 신문을 폐간하다
はいかん【廃艦】图他スル 폐함. 함적(艦籍)에서 없앰. 그런 군함
はいがん【拝顔】图他スル(文) 배안. 삼가 얼굴을 뵘¶～の栄に浴する 배안의 영광을 입다
はいがん【肺癌】[医] 폐암
ばいかん【陪観】图他スル(文) 배관. 귀인이나 어른을 모시고 관람함¶～者 배관자
はいき【拝跪】图自スル(文) 배궤. 무릎 꿇고 배례함¶神前に～する 신전에 배례하다
はいき【排気】图自スル 배기 ～口 배기구/～量 배기량 ―ガス 배기 가스 ―管 배기관
はいき【廃棄】图他スル 폐기¶～処分 폐기 처분/条約を～する 조약을 폐기하다
はいきしゅ【肺気腫】[医] 폐기종
ばいきゃく【売却】图他スル 매각¶土地を～する 토지를 매각하다
はいきゅう【配球】【野】배구. 투구의 종류·코스 등의 안배
はいきゅう【配給】图他スル 배급¶米の～ 쌀 배급/～品 배급품
はいきゅう【排球】【体】배구＝バレーボール
ばいきゅう【倍旧】图自スル(文) 배구. 배전(倍前)¶～のお引き立てをお願い致します 배전의 성원을 부탁드립니다
はいきょ【廃墟】폐허¶～と化す 폐허가 되다
はいぎょ【肺魚】【動】폐어
はいきょう【背教】배교¶～者 배교자
はいぎょう【廃業】图他スル 폐업. 직업·장사를 그만둠
はいきょく【敗局】패국. (바둑 등에서) 진 대국
はいきん【排金】图 배금¶～主義 배금주의
ばいきん【黴菌】미균. 유해한 균의 속칭
はいきんりょく【背筋力】[医] 배근력
はいく【俳句】(文) 5·7·5의 17음으로 된 일본 고유의 단시¶～をひねる 俳句를 짓다
はいぐ【拝具】('편지 끝에 삼가 아뢴다는 뜻으로 쓰는 말. 배구. 배상(拝上)
はいぐう【配偶】배우 ①짝. 짝을 맞춤 ②부부 ―者 (文) 배우자¶～控除 배우자 공제
はいぐん【敗軍】패군. 싸움에 짐. 그런 군대
〔慣用句〕
　―の将は兵を語らず 패전한 장군은 병법을 논하지 않는다
はいけい【拝啓】(文) 편지 첫머리에 삼가 아뢴다는 뜻으로 쓰는 말. 배계. 근계(謹啓)

はいけい [背景] 배경¶ 事件の~ 사건의 배경/ 山を~に写真を取る 산을 배경으로 사진을 찍다

はいげき [排擊] 名他ㅈ 배격¶ 暴論を~する 폭론을 배격하다

はい けっかく [肺結核] 醫 폐결핵, 폐병

はいけつしょう [敗血症] 醫 패혈증

はいけん [佩劍] 패검, 칼을 참, 그런 칼

はいけん [拜見] 名他ㅈ 배견, 삼가 봄¶ お手並み~ 솜씨 좀 봅시다/ お手紙~いたしました 주신 편지 잘 받아 보았습니다

はいご [背後] 배후 ①뒤, 등쪽¶ ~から攻める 배후에서 공격하다 ②이면의 상황¶ ~関係 배후 관계

はいご [廃語] 폐어, 사어(死語)

はいこう [廃坑] 폐갱, 채굴을 그만둔 탄광

はいこう [廃校] 名他ㅈ 폐교¶ 経営難で~になった 경영난으로 폐교되었다

はいこう [廃鉱] 名他ㅈ 폐광, (광산에서) 채굴을 그만둠, 폐지된 광산

はいごう [俳号] 俳句 작가로서의 아호

はいごう [配合] 名他ㅈ 배합¶ 色の~ 색의 배합/ ~肥料 배합 비료

はいごう [廃合] 배후 ①뒤, 폐지하거나 합병함¶ 省庁の統~ 성청의 통폐합

はいこうせい [背光性] 배광성, 배일성

ばいこく [売国] 매국 —奴 매국노

はいざい [配剤] 名他ㅈ 배제 ①약제를 배합함 ②알맞게 배합함

ばいざい [媒材] 文 매재, 매개가 되는 재료

はいさつ [拜察] 名他ㅈ 文 배찰, 삼가 미루어 헤아림¶ 御健勝のことと一致します 건승하시리라 배찰하옵니다

はいざら [灰皿] 재떨이

はいざん [敗残] 名 패잔¶ ~兵 패잔병

はいざん [廃残] 名自ㅈ 폐잔, 영락하여 심신이 못쓰게 됨¶ ~の身 폐잔한 몸

はいし [胚子] 배자, 씨눈은 胚仔

はいし [廃止] 名他ㅈ 폐지¶ 虚礼れい~ 허례 폐지/ 制度を~する 제도를 폐지하다

はいし [廃市] 文 ①쇠퇴하여 쓸쓸한 도시 ② (사람이 살지 않는) 황폐한 도시는 廃都

はいし [稗史] 文 패사 ①소설처럼 쓴 역사 ⇔ 正史 ②소설의 옛일컬음

はいじ [拝辞] 名他ㅈ 文 배사, 사퇴·사절 또는 작별을 고함의 겸사말¶ 任を~する 임무를 사퇴하다

はいじ [廃寺] 폐사, (주지가 없는) 황폐한 절

はいジストマ [肺ジストマ] 폐디스토마

はいしつ [肺疾] 폐질, 폐병, 폐결핵

はいしつ [廃疾·癈疾] 文 폐질 ①불치병 ② 병·부상으로 인한 심한 신체 장애

ばいしつ [媒質] 物 매질, 매개가 되는 물질

はいじつせい [背日性] 植 배일성, 배광성

はいしゃ [歯医者] 치과 의사

はいしゃ [拜謝] 名他ㅈ 文 배사, 삼가 감사·사과함

はいしゃ [拜斜] 地 배사, 습곡 지층의 봉우리 부분 ⇔ 向斜

はいしゃ [配車] 名自ㅈ 배차¶ ~の手はずを整える 배차 준비를 갖추다

はいしゃ [敗者] 패자¶ ~復活戦 패자 부활전/ ~の弁 패자의 변

はいしゃ [廃車] 폐차¶ ~手続き 폐차 수속

はいしゃく [拝借] 名他ㅈ 빌어 씀의 겸사말¶ 本を~する 책을 빌리라

ばいしゃく [媒酌·媒妁] 名他ㅈ 중매, 중매인¶ ~人 중매인/ ~の労をとる 중매의 수고를 맡다

はいしゅ [胚珠] 植 배주, 밑씨

はいじゅ [拝受] 名他ㅈ 文 배수, 삼가 받음¶ お手紙を~する 편지를 배수하다

ばいしゅう [買収] 名他ㅈ 매수 ①사들임¶ 用地~ 용지 매수 ②몰래 이익을 주어 자기 편으로 끌어들임¶ 有権者を~する 유권자를 매수하다

ばいじゅう [陪従] 名自ㅈ 文 배종, 귀인을 모시고 따라다님, 그런 사람, 수행

はいしゅつ [排出] 名他ㅈ ①배출¶ ガスを~する 가스를 배출하다 ②動 배설

はいしゅつ [輩出] 名自ㅈ 文 배출, 인재가 계속해서 나옴¶ 大学者が~した学校 대학자가 배출된 학교

ばいしゅん [売春] 名他ㅈ 매춘 —婦 매춘부

はいしょ [俳書] 俳書·俳句에 관한 서적

はいしょ [配所] 文 배소, 유배지

はいじょ [排除] 名他ㅈ 배제¶ 暴力を~する 폭력을 배제하다

はいしょう [拝承] 名他ㅈ 文 배승, 삼가 듣거나 인정함¶ お申し越しの件~しました 말씀하신 일 잘 알았습니다

はいしょう [拝誦] 名他ㅈ 文 배송, 배독¶ お手紙~しました 주신 편지 배독하였습니다

はいしょう [廃娼] 文 폐창, 공창(公娼) 폐지

ばいしょう [賠償] 名他ㅈ 배상¶ 事故の~責任 자동차 사고의 배상 책임 —責任保険 배상 책임 보험

ばいじょう [陪乗] 名自ㅈ 文 배승, 귀인을 모시고 수레에 탐

ばいしょうふ [売笑婦] 매춘부

はいしょく [配色] 名他ㅈ 배색, 색의 배합¶ ~が素晴らしい 배색이 훌륭하다

はいしょく [敗色] 패색, 패할 듯한 기색

ばいしょく [陪食] 名自ㅈ 배식, 귀인과 함께 식사를 함¶ ご~の栄 배식의 영광

はいしん [背信] 文 배신¶ ~行為 배신 행위

はいじん [俳人] 俳句 시인

はいじん [廃人·癈人] 폐인¶ 全く~になる 완전히 폐인이 되다

ばいしん [陪臣] 배신 ①부하의 부하, 신하의 신하 ② 史 (江戸 시대) 大名의 가신 (家臣) 也 直参

ばいしん [陪審] 法 배심¶ ~員 배심원

はい しんじゅん [肺浸潤] 醫 폐침윤

はいすい [背水] 「背水の陣」의 준말 —の陣 배수진 ①강을 등지고 치는 진 ②결사적

**はいすい**

인 각오로 사태에 임하는 일¶ 〜を敷(し)く 배수진을 치다

**はいすい** [排水] 图 自スル 배수¶ 〜管(かん) 배수관

**はいすい** [排水] 图 自スル 배수¶ 〜口(ぐち) 배수구 **―トン数**(すう) [工] 배수 톤수 **―量**(りょう) [工] 배수량

**はいすい** [廃水] 폐수¶ 工場(こうじょう)〜 공장 폐수

**はいすい** [拝趨] 图 自スル (文) 상대방을 찾아 뵙겠다는 뜻의 겸사말. 배추=參上(さんじょう)

**ばいすう** [倍数] [数] ①배수 ⇔ 約数(やくすう) ②두 배의 수 **―体**(たい) [生] 배수체

**はいずみ** [゜掃墨] 참기름・평지 기름을 태웠을 때 나는 그을음을 모은 것

**はいずりまわ・る** [゜這いずり回る] 自五 기어 돌아다니다

**はい・する** [拝する] 他 サ変 (文) ①절하다, 배례하다 ②삼가 받다, 배수하다¶ 大命(たいめい)を〜 대명을 받다 ③뵙다, 배견하다¶ お姿(すがた)を〜 모습을 뵙다

**はい・する** [配する] 他 サ変 (文) ①배치하다¶ 要所(ようしょ)に人材(じんざい)を〜 요소에 인재를 배치하다 ②배합하다, (부부로) 짝지우다 ③배속시키다¶ 営業課(えいぎょうか)に〜 영업과에 배속시키다 ④유배하다¶ 遠島(えんとう)に〜・せられる 먼 섬으로 유배되다

**はい・する** [排する] 他 サ変 ①물리치다, 배제하다, 배척하다¶ 万難(ばんなん)を〜 만난을 물리치다 ②(文) (문 등을) 밀어서 열다¶ 戸(と)を〜・して入(はい)る 문을 밀치고 들어가다 ③배열하다, 줄을 짓다¶ 単語(たんご)を〜 단어를 배열하다

**はい・する** [廃する] 他 サ変 폐하다 ①그만두다, 폐지하다¶ 制度(せいど)を〜 제도를 폐지하다 ②(文) 폐위하다¶ 王(おう)を〜 왕을 폐하다

**はいず・る** [゜這いずる] 自五 (口) 기다, 기어다니다¶ 床(ゆか)を〜 마루를 기어다니다

**ばい・する** [倍する] 自他 サ変 (文) ①배가 되다, 배로 하다 ②늘다, 늘리다¶ 旧(きゅう)に〜御愛顧(ごあいこ)を 배전의 보살핌

**はいせい** [俳聖] (文) 俳諧(はいかい)의 명인 ▷ 특히 松尾芭蕉(まつおばしょう)를 일컬음

**はいせい** [敗勢] 패세, 질 듯한 형세, 패색¶ 〜を持(も)ち直(なお)す 패세를 만회하다

**はいせき** [排斥] 图 他スル 배척¶ 外国製品(がいこくせいひん)を〜する 외국제품을 배척하다

**ばいせき** [陪席] 图 自スル 배석 **―裁判官**(さいばんかん) [法] 배석 재판관, 배석 판사

**はいせつ** [排泄] 图 他スル 배설¶ **―物**(ぶつ) 배설물

**はいぜつ** [廃絶] 图 自他スル (文) ①폐절, 대가 끊김¶ 旧家(きゅうか)が〜する 오랜 집안이 대가 끊기다 ②폐기¶ 核兵器(かくへいき)の〜 핵무기의 폐기

**はいせん** [杯洗・゜盃洗] (술자리에서) 잔을 씻는 그릇

**はいせん** [肺゜尖] [医] 폐첨, 폐 위쪽의 뾰족한 부분 **―カタル** [医] 폐첨 카타르

**はいせん** [配船] 图 自スル 배선, 선박의 할당 배치

**はいせん** [配線] 图 自スル 배선¶ **―工事**(こうじ) 배선 공사

**はいせん** [敗戦] 图 自スル 패전¶ 〜国(こく) 패전국 **―投手**(とうしゅ) [野] 패전 투수 ⇔ 勝利投手(しょうりとうしゅ)

**はいせん** [廃線] 폐선, (철도・버스 등의) 노선 폐지, 폐지된 노선

**はいぜん** [沛然] [ル] (文) 패연, 비가 억수로 쏟아지는 모양

**はいぜん** [配゜膳] 图 自スル 배선, 상차림¶ 〜係(がかり) 배선 담당

**ばいせん** [媒染] 매염, 물감이 잘 들도록 함, 그런 약제¶ **―剤**(ざい) 매염제

**ばいせん** [゜焙煎] 图 他スル (찻잎・커피 원두 등을) 불에 쬐어 볶음

**はいそ** [敗訴] 图 自スル 패소 ⇔ 勝訴(しょうそ)

**はいそう** [背走] 图 自スル 배주 ①뒷걸음쳐 달림 ②[野] 야수가 공을 잡기 위해 뒷걸음쳐 달림

**はいそう** [配送] 图 他スル 배송, 배달, 발송¶ 無料(むりょう)で〜する 무료로 배달한다

**はいそう** [敗走] 图 自スル 패주, 싸움에 져서 도망침¶ 敵(てき)が算(さん)を乱(みだ)して〜する 적이 뿔뿔이 흩어져 패주하다

**はいぞう** [肺臓] 폐장, 폐

**ばいぞう** [倍増] 图 自他スル 배증¶ 所得(しょとく)を〜する 소득을 배증하다

**はいぞく** [配属] 图 他スル 배속¶ 新入社員(しんにゅうしゃいん)の〜を決(き)める 신입 사원의 배속을 정하다

**はいた** [歯痛] (口) 치통, 이앓이=しつう

**はいた** [排他] 图 배타¶ **―主義**(しゅぎ) 배타주의 **―的**(てき) [ナ] 배타적

**ばいた** [〈売女〉] (俗) ①매춘부, 창녀 ②여자를 욕하는 말¶ この〜め 이 화냥년아

**はいたい** [胚胎] 图 自スル (文) 배태, (원인이) 싹틈¶ 悲劇(ひげき)が既(すで)に〜していた 비극이 이미 싹트고 있었다

**はいたい** [敗退] 图 自スル 패퇴, 져서 물러남¶ 一回戦(いっかいせん)で〜する 1회전에서 패퇴하다

**はいたい** [廃退・廃頽] 图 自スル 폐퇴, 퇴폐

**ばいたい** [媒体] 매체, 매개체¶ 印刷(いんさつ)〜による広告(こうこく) 인쇄 매체에 의한 광고

**ばいたい** [倍大] 图 갑절의 크기¶ 〜のコピー 2배 복사

**はいたか** [゜鷂] [動] 새매

**はいだ・す** [゜這(い)出す] 自五 ①기어 나오다¶ 穴(あな)から〜 구멍에서 기어 나오다 ②기기 시작하다¶ 赤(あか)ん坊(ぼう)が〜 갓난아기가 기기 시작하다

**はいたつ** [配達] 图 他スル 배달

**はいだん** [俳壇] 俳句(はいく) 작가들의 사회

**はいち** [背馳] 图 自スル (文) 배치, 어긋남, 반대가 됨¶ 方針(ほうしん)に〜する 방침에 배치되다

**はいち** [配置] 图 他スル 배치¶ 適材適所(てきざいてきしょ)に〜する 적재적소에 배치하다 **―換**(がえ) 배치 변경 **―転換**(てんかん) 배치 전환, 담당 부서의 변경 = 配転(はいてん)

**ばいち** [培地] [生] 배지, 배양기(培養基)

**はいちせい** [背地性] [植] 배지성

**はいちゃく** [敗着] 패착, (바둑・장기에서) 패인이 된 수

**はいちゃく** [廃嫡] 图 他スル [法] 폐적, (구 민법에서) 적자(嫡子)의 신분을 폐함

**はいちゅうりつ** [排中律] [論] 배중률

はいちょう [×蠅帳] 방충망을 친 찬장·식탁 덮개= はえちょう

はいちょう [拝聴] 名他スル 배청. 삼가 들음¶御高説ごうせつを～する 고설을 배청하다

ばいちょう [陪聴] 名他スル(文) 배청. 신분이 높은 사람과 동석해서 들음¶御進講しんこうを～する 진강을 배청하다

はいつくば・う [×這(い)×蹲う] 自五 → はいつくばる

はいつくば・る [×這(い)×蹲る] 自五 납작 엎드리다= はいつくばう

はいてい [拝呈] (文) 배정 I 名他スル 삼가 드림, 근정(謹呈)¶著書しょを～저서 근정 II 名 삼가 올린다는 뜻으로 편지 서두에 쓰는 말

はいてい [廃帝] 폐제. 폐위된 황제

はい・でる [×這(い)出る] 自下一 기어 나오다 [나가다]¶アリの～すきまもない 개미가 기어 나올 틈도 없다

はいてん [配転] 배치 전환

はいでん [拝殿] 배례하기 위해 神社じんじゃ의 본전(本殿) 앞에 세운 건물

はいでん [配電] 名自スル 배전. 전력 공급¶～所じょ 배전소 一盤ばん [電] 배전반

ばいてん [売店] 매점 構内こうない～ 구내 매점

バイト (ロ) [アルバイト] 의 준말. 아르바이트

バイト (byte) [컴] 바이트. 정보량의 기본 단위

はいとう [×佩刀] 名自スル(文) 패도. 칼을 허리에 참, 그런 칼¶～を抜ぬく 패도를 뽑다

はいとう [配当] 名他スル 배당¶株式かぶしき～ 주식 배당/ 役割やくわりを～する 역할을 배당하다 一落ち [経] 배당락 一所得しょとく [経] 배당 소득 一率りつ [経] 배당률

はいどう [廃道] 폐도 ①이용되지 않게 된 길 ②황폐한 길

はいとく [背徳·×悖徳] 배덕. 도덕에 어긋남

はいどく [拝読] 名他スル(文) 배독. 삼가 읽음¶お手紙てがみ～いたしました 혜서(惠書)를 배독하였습니다

ばいどく [梅毒·×黴毒] [医] 매독

はいならし [灰×均し] 부젓가락= 灰はいかき

はいにち [排日] 名 배일¶～感情かんじょう 배일 감정

はいにゅう [×胚乳] [植] 배유. 배젖

はいにょう [排尿] 名自スル 배뇨¶～障害しょうがい 배뇨 장애

はいにん [背任] 名自スル 배임¶～行為こうい 배임 행위 一罪ざい [法] 배임죄

ばいにん [売人] ①물건을 파는 사람. 장사꾼 ②판매원¶麻薬まやくの～ 마약 판매원

はいのう [背嚢] 배낭¶～を背負せおう 배낭을 지다

はいのぼ・る [×這い上る] 自五 기어오르다¶岩壁がんぺきを～ 암벽을 기어오르다

はいはい [×這い×這い] 名自スル(幼) 아기가 기는 일, 기엄기엄

はいはい [感](口) 네네, 예예

ばいばい [売買] 名他スル 매매¶～契約けいやく 매매 계약/ 不動産ふどうさんの～ 부동산 매매 一単位たんい 매매 단위 一単価たんか 매매 단가

はいはん [背反·背×叛] 名自スル(文) 배반 ①거역, 위반¶命令めいれいに～する 명령에 거역하다 ②[×悖反] 도리에 어긋남 ③서로 받아들일 수 없음, 모순¶二律にりつ～ 이율 배반

はいはんちけん [廃藩置県] [史] 1871년 明治めいじ 신정부가 藩はんを 폐지하고 府ふ·県けんを 설치한 일

はいばんろうぜき [杯盤×狼×藉] (文) 배반 낭자. 연회 뒤에 술잔·접시 등이 어질러져 있음

はいび [拝眉] 名自スル(文) 배미. 삼가 만나뵘¶いずれ～の上うえ 일간 만나뵙고

はいび [配備] 名他スル 배비. 배치하여 대비함¶ミサイルを～する 미사일을 배비하다

はいびょう [肺病] 폐병. (특히) 폐결핵

はいひん [廃品] 폐품¶～回収かいしゅう 폐품 회수

ばいひん [売品] 매품, 매물= 売うり物もの

ばいひん [陪賓] (文) 배빈, 배객

はいふ [肺×腑] 폐부 ①폐장, 폐 ②마음 속¶～をえぐる 폐부를 에다 ③(사물의) 급소¶～を突つく 폐부를 찌르다

はいふ [配付] 名他スル 배부¶投票用紙とうひょうようしを～する 투표 용지를 배부하다

はいふ [配布] 名他スル 배포 散ちらしを～する 전단을 배포하다

はいふ [配賦] 名他スル(文) 배부. 할당함

はいぶ [背部] (文) ①등, 등부분 ②배후, 뒤쪽

はいふう [俳風·×誹風] 俳諧はいかい·俳句はいく의 작품

はいふき [灰吹き] 담배합에 달린 재떨이용 대나무통= 吐月峰とげっぽう

はいふく [拝復] (文) 배복. 삼가 답장을 올린다는 뜻으로 편지 첫머리에 쓰는 말

はいぶつ [廃物] 폐물. 폐품= 廃品はいひん

はいぶつきしゃく [廃仏毀釈·排仏棄釈] [史] 明治めいじ 초기의 불교 배척 운동

はいふるい [灰×篩] (화로 속의) 재를 치는 체

はいぶん [俳文] (文) 俳諧はいかい에서 이루어 나는 산문

はいぶん [配分] 名他スル 배분. 분배¶比例ひれい～ 비례 배분/ 利益りえきを～する 이익을 배분하다

ばいぶん [売文] (文) 매문. 글을 써서 생활함¶～業ぎょう

はいへい [廃兵·×癈兵] 폐병. 전쟁터에서 다쳐 불구가 된 병사

はいべん [排便] 名自スル 배변. 대변을 배설함

ばいべん [買弁·買×辦] 名他スル 매판 ①(중국에서) 외국 무역의 중개업자 ②사욕을 위해 외국 자본과 결탁함, 그런 사람¶～資本しほん 매판 자본

はいほう [肺胞] [医] 폐포. 허파꽈리

はいほう [敗報] (文) 패보. 패한 소식¶～が舞まい込こむ 패보가 날아들다

はいぼう [敗亡] 名自スル(文) ①패망 ②패주

はいぼく [敗北] 名自スル 패배 ⇔ 勝利しょうり¶～を喫きっする 패배를 당하다

ばいぼく [×売ト] 名(文) 매복. 돈을 받고 점을 쳐 줌¶～者しゃ 매복자, 점쟁이

はいほん [配本] 名他スル 배본. 간행물을 배포함, 그런 책¶定期ていき～ 정기 배본

はいまくら [俳枕] 俳句はいく에서 읊어진 명소·

사적(史蹟)
はいまつ [`這松] [植] 눈잣나무
はいまつわ・る [`這(い)`纏わる] 自五 휘감기다, 달라붙다¶ つたが壁に～ 담쟁이덩굴이 벽에 달라붙다
はいまわ・る [`這(い)回る] 自五 기어 돌아다니다
はいみ [俳味] 俳諧的인 소탈하고 서민적인 멋
はいめい [拝命] 名他スル 배명, 명령・임명을 삼가 받음¶ 研究所長を～する 연구 소장을 배명하다
ばいめい [売名] 매명. (이익・영화를 위해) 이름을 팖¶ ―行為 매명 행위
はいめつ [廃滅] 名自スル 文 폐멸. 쇠퇴하여 멸망함
はいめん [背面] ①배면, 등쪽, 뒤쪽¶ ～攻撃 배면 공격 ②뒤로 향함, 등을 돌림 ―跳び[體] (도움닫기 높이뛰기에서) 배면뛰기
はいもん [肺門] 醫 폐문. 허파문
はいやく [背約] 名自スル 文 배약. 약속 위반, 위약 = 違約
はいやく [配役] 배역 = キャスト¶ ～を決める 배역을 정하다
ばいやく [売約] 名スル 매약. 팔기로 약속함 ―済 매약필. 이미 매약이 끝남, 그런 물건¶ ～の絵 매약이 된 그림
ばいやく [売薬] 매약. 미리 조제・제조되어 시판되는 약
はいゆ [廃油] 폐유. 못 쓰게 된 기름
はいゆう [俳優] 배우 = 役者¶ ～志願 배우 지망／性格― 성격 배우
はいよう [`佩用] 名他スル 文 패용. (칼・훈장 등을) 착용함 勲章を～する 훈장을 패용하다
はいよう [肺葉] 醫 폐엽
はいよう [`胚葉] 動 배엽
ばいよう [培養] 名他スル 배양¶ 細菌を～ 세균 배양／―土 배양토／実力を～する 실력을 배양하다 ―基 [上] 배양기 = 培地
はいらん [排卵] 名自スル 動 배란¶ ～期 배란기
はいり [背理・`悖理] 文 배리. 도리에 어긋남¶ ～に陥る 배리에 빠지다
はいり [背離] 名自スル 文 배리. 서로 등지고 멀어짐 二人の感情が～する 두 사람의 감정이 멀어지다
はいり・む [入り込む・`這入り込む] 自五 안으로 들어가다(들어오다), 깊숙이 들어가다¶ ～すき間がない 안으로 들어갈 틈이 없다
はいりゅう [廃立] 폐립. 신하가 군주를 폐하고 새 군주를 세움 = はいりゅう
ばいりつ [倍率] 배율¶ ～が高い 배율이 높다
はいりょ [配慮] 名他スル 배려¶ 家庭の事情に～する 가정 사정을 배려하다
はいりょう [拝領] 名他スル 文 배령. 주인이나 윗사람으로부터 물건을 받음. 배수(拝受)¶ 刀を～する 검을 배수하다
ばいりん [梅林] 매화나무 숲

はい・る [入る・`入入る] 自五 ①들다, 들어가다, 들어오다¶ 部屋の中に～ 방 안으로 들어가다 ②이르다, 도착하다¶ 電車がホームに～ 전차가 홈에 들어오다 ③숨다, 가려지다, 지다¶ 月が雲間に～ 달이 구름 사이로 숨다 ④(눈・귀에) 들어오다¶ 人影が視界に～ 사람의 모습이 시야에 들어오다 ⑤(조직・단체 등에) 들어가다, 일원이 되다¶ 会社に～ 회사에 들어가다 ⑥담겨지다, 수용되다¶ かばんに～っている書類 가방에 들어 있는 서류 ⑦장치되다, 설치되다¶ 透かしの～った紙幣 은화(隠画)가 들어간 지폐 ⑧자기 소유가 되다, 얻다¶ 臨時収入が～ 임시 수입이 들어오다 ⑨(어떤 것이) 오다, 닿다¶ 連絡が～ 연락이 오다 ⑩(어떤 시기에) 접어들다¶ 新学期に～ 신학기에 들어가다 ⑪(어떤 상태에) 들어가다¶ 眠りに～ 잠이 들다 ⑫(어떤 상태가) 생기다¶ ひびが～ 금이 가다 ⑬(기분・힘 등이) 들어가다¶ 力が～ 힘이 들어가다 ⑭마실 수 있는 상태가 되다¶ コーヒーが～ 커피가 끓어지다 ⑮포함되다, 속하다¶ じゃがいもはナス科に～ 감자는 가지과에 속한다 ⑯(어떤 작용이) 가해지다¶ 人の手に～ 사람의 손이 가해지다
はいる [配流] 名他スル 文 유배, 귀양¶ ～の身 유배된 신세
パイル (pile) 파일 ①첨모(添毛) 직물 ②建 말뚝 ③[元] 원자로
はいれ [歯入れ] 왜나막신의 굽을 갈아 댐
はいれい [拝礼] 名自他スル 배례¶ 仏殿に～する 불전에 배례하다
はいれつ [配列・排列] 名他スル 배열¶ 時代順に～する 시대순으로 배열하다
はいろん [俳論] 俳句에 관한 이론・평론
はいわ [俳話] 俳句・俳諧에 관한 이야기
は・う [`這う] 自五 ①기다. 기어가다¶ 赤ん坊が～ 갓난아기가 기다 ②(손발을 짚고) 엎어지다¶ 土俵に～ 씨름판에 엎어지다 ③(덩굴이 기어가듯이) 뻗어 나가다¶ つたが～ 담쟁이덩굴이 뻗어 나가다
慣用句
― ・えば立て立てば歩めの親心 기면 서기를 바라고 서면 걷기를 바라는 부모의 마음
はうた [端`唄] 藝 ①三味線에 맞추어 부르는 짧은 속요(俗謡) ②[端歌] 京阪神 지방에서 유행된 다양한 속요
ハウツー (how-to) 造語 하우 투. 실용적인 기술・방법 ―物 실용 기술서
ぼうて [場打て] (분위기에 눌려) 주눅 듦, 기가 죽음¶ ～がする 분위기에 기가 죽다
はえ [南風] 남풍. 마파람¶ 黒～ 장마철 무렵의 마파람
はえ [`鮠] → はや [`鮠]
はえ [`蠅] 動 파리. 하이
はえ [映え] 文 ①빛남, 돋보임¶ 出来～ 만듦새가 좋음／夕～ 저녁놀 ②[栄え] 영광, 영예¶ ～ある賞 영광스러운 상

はえかわ・る【生え変(わ)る】 自五 (빠진 자리에) 새로 생겨 나다¶子供の歯が~ 아이의 이가 새로 나다
はえぎわ【生え際】 (이마・목 등의) 털이 나 있는 부분과 없는 부분과의 경계
はえたたき【*蠅叩き】 파리채 = はいたたき
はえちょう【*蠅帳】 → はいちょう
はえとり【*蠅取り】 파리 잡는 도구 = はいとり
はえなわ【*延縄】 연승, 주낙¶~漁業 연승 어업/ 浮き~ 뜬 주낙
はえぬき【生え抜き】 名 ①토박이, 내기 = 生粋¶~の江戸っ子 江戸내기, 東京 토박이 ②처음부터 계속 그 곳에 근무함¶~の社員 창립 이래의 근속 사원
は・える【生える】 自下一 ①(초목 등이) 나다, 자라다¶雑草が~ 잡초가 나다/ かびが~ 곰팡이 피다 ②(몸에서) 나다, 자라다¶髪の毛が~ 머리카락이 자라다/ 歯が~ 이가 나다
は・える【映える】 自下一 ①(빛을 받아) 빛나다¶夕日に~山々 석양에 빛나는 산들 ②살 어울리다, 조화되다¶洋服によく~ブローチ 양복에 잘 어울리는 브로치 ③【栄える】돋보이다¶~・えない人物 돋보이지 않는 인물
パオ【*包】 파오, 몽골 유목민의 이동식 천막집
はおう【覇王】 (文) 패왕 ①무력으로 왕이 된 사람 ②패자(覇者)와 왕자 **一樹** 【植】 선인장
はおく【破屋】 (文) 파옥, 허물어진 집
はおくり【歯送り】 【版】 사진 식자의 자간・행간의 지정 방식
パオズ【*包子】 【料】 파오즈, 중국식 고기 만두
はおと【羽音】 ①(새・벌레 등의) 나는〔날개〕 소리 ②바람을 가르는 화살 소리
は【葉音】 잎이 바람에 흔들려 나는 소리
はおり【羽織】 일본옷 위에 입는 짧은 겉옷 **一袴** 羽織와 袴, 羽織와 袴를 입은 정장
は・おる【羽織る】 他五 (羽織를 입듯이) 걸쳐 입다, 걸치다¶ガウンを~ 가운을 걸치다
はか【計・果・捗】 (일의) 진도, 진척도
(慣用句)
**一が行く** 일이 잘 진척되다
はか【墓】 묘, 무덤¶~に詣でる 성묘하다
はか【破*瓜】 (文) 파과 ①여자의 16세 ②남자의 64세 ③처녀막이 파열됨 **一期** 파과기, 여성의 사춘기
ばか【馬*鹿・*莫*迦】 名 ア ①어리석음, 바보, 멍청이¶薄~ 얼간이 ②당치도 않음¶~も休み休み言え 바보같은 소리 작작해라 ③쓸모 없음, 어처구니 없음¶~な遊び 쓸모 없는 놀이/~な目にあう 어처구니 없는 꼴을 당하다 ④(造語) 한 가지에 정신이 팔려 객관적인 판단력을 잃음¶親~ 자식 귀여운 줄밖에 모르는 부모의 어리석음 ⑤(造語) 정도가 지나침, 유별남¶~陽気 지나치게 쾌활함 ⑥기능을 잃음, 망가짐¶鋏が~に なる 가위가 못쓰게 되다 **一当たり** (흥행・장사의) 예상 외의 성공, 대히트 **一貝** 【動】

명주조개, 개량조개 **一臭い** 形 어리석다, 어처구니없다 **一げる** 自下一 시시하게〔어리석게〕느껴지다 **一騒ぎ** 공연한 소동, 야단법석 **一正直** 고지식함, 그런 사람 **一たれ** 멍청이, 바보 **一力** (상식 밖의) 엄청난 힘 **一面** 얼빠진 얼굴, 멍청한 표정 **一丁寧** 지나치게 공손함 **一でかい** 形 (俗) 엄청나게 크다 **一に** 副 (예상 외로) 몹시, 대단히, 무척 **一馬鹿しい** 形 ①시시하다, 어처구니없다 ②엄청나다, 터무니없다, 매우 어리석다 **一話** 시시한 이야기, 터무니없는 소리 **一囃子** 【楽】 神社의 제례 때 山車 등의 위에서 연주하는 음악 **一者** 어리석은 자, 바보, 멍청이 **一野郎** 바보 자식, 멍청한 놈 **一らしい** 形 시시하다, 어리석다, 바보스럽다 **一笑い** 名 スル 허황하게 웃는 큰 웃음
(慣用句)
**一でもちょんでも** 어떤 사람이라도, 누구든지
**一と鋏は使いよう** 바보와 가위는 쓰기 나름이다
**一にする** 깔보다, 업신여기다
**一に付ける薬** 바보를 고칠 약은 없다, 바보는 구제 불능이다
**一にならない** 무시할〔가볍게 볼〕수 없다
**一になる** 망가지다, 기능을 못하다
**一の一つ覚え** 바보가 하나 가지를 배우면 그것만을 마구 내세움을 비웃는 말
**一を見る** (뜻하지 않은) 손해를 보다, 어처구니없는 꼴을 당하다
はかあな【墓穴】 묘혈¶~を掘る 묘혈을 파다
はかい【破戒】 【佛】 파계¶~僧 파계승 **一無慚** 【佛】 계율을 어기고도 부끄러워하지 않음
はかい【破壊】 名 自他スル 파괴¶環境の~ 환경의 파괴 **一活動防止法** (1952년 제정된) 파괴 활동 방지법 = 破防法
はがい【羽交い】 ①새의 양 날개가 교차하는 곳 ②날개 **一絞め** 상대의 등 뒤에서 겨드랑이 밑으로 양팔을 넣어 목덜미를 꾀는 일
はかいし【墓石】 묘석, 묘비 = ぼせき
はがき【葉書・端書】 엽서¶絵~ 그림 엽서
はかく【破格】 名 ア 파격¶~の安値 파격적인 싼값/ ~の文章 파격적인 문장 **一表現** 表 파격 표현
はがくれ【葉隠れ】 나뭇잎 사이에 숨음
はかげ【葉陰】 초목의 잎의 그늘
はかしょ【墓所】 묘소
はかじるし【墓標】 묘표, 묘비 = ぼひょう
はか・す【*捌かす】 他五 ①막힘없이 흐르게 하다¶水を~ 물을 잘 흐르게 하다 ②모조리 팔아 치우다¶商品を値引きして~ 상품을 할인해서 모조리 팔아 치우다
はが・す【*剥がす】 他五 ①벗기다, 떼다¶壁からポスターを~ 벽에서 포스터를 떼다 ②(比) (본성・실체를) 드러나게 하다¶ベールを~ 베일을 벗기다
ばか・す【化かす】 他五 호리다, (남을) 속여 정신이 흐려지게 하다¶きつねに~・される 여우에게 흘리다

ばかず [場数] ①장소·장면의 수 ②경험의 횟수
[慣用句]
―を踏む 많은 경험을 쌓다
はかせ [博士] 박사 ①어느 학문·분야에 능통한 사람 ② → はくし(博士)
はかぜ [羽風] (새·벌레 등의) 날개 바람
はかぜ [葉風] 초목의 잎을 흔드는 바람
はかた [博多] 福岡시의 한 지구 ―帯 博多織 博多로 만든 띠 ―織 博多 지방 특산의 견직물 ―人形 博多 특산의 채색 점토 인형
はがた [歯型] ①잇자국 ¶ ～がつく 잇자국이 나다 ②이의 틀 ¶ ～をとる 이의 틀을 뜨다
はがため [歯固め] ①(옛날에) 정초 사흘 동안 장수를 기원하여 떡·사슴고기·무 등을 먹던 행사, 그런 음식물 ②이가 나기 시작한 유아의 잇몸을 단단하게 하기 위해 물리는 것
はかど・る [*捗る] 国五 (일이) 순조롭게 진척되다 ¶ 交渉が～ 교섭이 진척되다
はかな・い [*儚い・(果敢)ない] 形 덧없다, 무상하다, 허무하다, 부질없다 ¶ ～命の 덧없는 목숨／～望み 부질없는 희망
はかなくなる [*儚くなる・(果敢)なくなる] 連語 목숨이 끊어지다, 죽다
はかな・む [*儚む・(果敢)なむ] 他五 덧없이 여기다, 비관하다 ¶ 世を～ 세상을 비관하다
はがね [鋼] 강철
はかば [墓場] 묘지, 묘소
はかばかし・い [*捗*捗しい] 形 ①순조롭게 진행되다, 잘 진척되다 ¶ 回復が～くない 회복이 순조롭지 못하다 ②만족스럽다, 신통하다 ¶ ～答えが得られない 신통한 답을 얻을 수 없다
はかぶ [端株] [經] 단주, 수량이 거래 단위에 미치지 못하는 주
はかま [袴] ①일본옷의 겉에 입는 낙낙하고 주름이 잡힌 하의 ②줄기의 마디를 감싼 비늘 모양의 껍질 ¶ つくしの～ 뱀밥의 껍질 ③德利 밑에 끼우는 원통 모양의 그릇
はかまいり [墓参り] 성묘＝墓参
はかまぎ [*袴着] 옛날에 남자 아이가 처음으로 はかま를 입는 의식
はかまのう [*袴能] [樂] 가면·무대 의상을 생략한 紋服과 袴 차림만으로 하는 能
はがみ [歯噛み] 名 自スル (분해거나 화가 나서) 이를 갊(악물] ¶ ～して悔しがる 이를 갈며 분해하다
はかもり [墓守] 묘지기
はがゆ・い [歯*痒い] 形 (뜻대로 되지 않아) 속이 타다, 답답하다, 안타깝다 ¶ 見ていて～ 보고 있자니 답답하다
はからい [計らい] 처리, 처분, 조치 ¶ 適切な～ 적절한 조치／주선, 알선 ¶ 彼の～で 그의 주선으로
はから・う [計らう] 自五 ①(적절히) 조처하다 ¶ よきに～·え 좋도록 조처하시오 ②의논하다, 상의하다 ¶ 友と～って決める 친구와 의논해서 결정하다
はからずも [図らずも] 副 뜻밖에도, 우연히도 ¶ ～指名を受ける 뜻밖에도 지명을 받다
はかり [*秤・*秤] 저울 ¶ 台～ 앉은뱅이 저울／竿～ 대저울／～に掛ける 저울질하다
はかり [計り・量り] 저울질, 계량, 계측, 그 분량·치수 ¶ ～売り 계량 판매／～をよくする 저울질을 후하게 하다
ばかり I 副 ①정도 ㉠(대략적인 수량) 정도, 쯤, 가량 ¶ 五年～たった 5년쯤 지났다 ㉡(작은[적은] 정도) …만한 ¶ 石に投げたら届きそうな～の遠さ 돌을 던지면 닿을 만한 거리 ㉢(가장 심한 정도) …만큼 ¶ 別れ～やるせないものはない 이별 만큼 안타까운 것은 없다 ②(한정) …만, …뿐 ㉠다만 그럴 뿐 ¶ 泣いて～のお人好です 울고만 있는 호인 ㉡이 이상은 아님 ¶ 形～の礼 형식 뿐인 사례 ㉢상태가 오직 한 방향으로 흐름 ¶ 心～は悲しくなる～ 마음은 슬퍼질 뿐 ㉣(「…~で(は)ない」의 꼴로) …뿐만 아니라 ¶ 不便~でなく立地条件もよくない 불편할 뿐만 아니라 입지 조건도 좋지 않다 ③(상태) ㉠곧…할 듯이 ¶ 殴らん～の勢い 당장 때릴 듯한 기세 ㉡(격조사 「と」에 붙어) …라(고)는 듯이 ¶ 今だと～に攻める 지금이 기회라는 듯이 공격하다 ④(과거의 조동사「た」에 붙어) 동작이 끝난 지 얼마되지 않았음을 나타냄 ¶ 書き下ろった～の辞書 갓나 얼마 안 된 사전 II 接助 (과거의 조동사「た」에 붙어 「~に」의 꼴로) 오직 그 원인·이유만으로 어떤 상태가 생겼음을 나타냄 ¶ 遅れた～に見損じた 늦은 탓으로 못 보았다
はかりうり [量り売り・計り売り] 名 他スル (원하는 분량만큼) 달아서 팖, 계량 판매
ばかりか 副 …뿐만 아니라 ¶ あなた～僕まで悲しい 당신뿐만 아니라 나까지 슬프다
はかりきり [量り切り・計り切り] 저울로 단 정량 뿐으로 덤을 주지 않음
はかりごと [*謀] 일을 꾀함, 계략, 모사
はかり・む [量・計] [量り込む・計り込む] 他五 (저울질·되질을 할 때) 정량보다 더 넣다[담다]
はかりしれない [計り知れない] 連語 헤아릴 수 없다 ¶ ～ほどの影響力 헤아릴 수 없을 정도의 영향력
ばかりに 助 → ばかり 助
はかりべり [量り減り・計り減り] 名 自スル 저울질·되질로 양이 축이 남
はかりめ [*秤目] ①저울눈 ②근량, 근수＝量目 ¶ ～をごまかす 근량을 속이다
はか・る [計る] 他五 ①[量る·測る] (길이·부피·무게·시간 등을) 재다, 달다, 되다 ¶ 寸法を～ 치수를 재다／目方を～ 무게를 달다 ②[量る·測る] 헤아리다, 짐작하다, 가늠하다 ¶ 先方の意図を～ 상대편의 의도를 헤아리다 ③[図る] 꾀하다, 도모하다 ¶ 局面の打開を～ 국면의 타개를 꾀하다 ④[図る·謀る] 속이다 ¶ まんまと～られた 감쪽같이 속았다 ⑤[諮る] 상담하다, 자문하다 ¶ 専門家に～ 전문가에게 상담하다

はが・れる [*剝がれる] 自下一 ①벗겨지다, 벗겨져 떨어지다¶ペンキが~ 페인트가 벗겨지다/ 爪が~ 손톱이 빠지다 ②(본성・실체가) 드러나다¶めっきが~ 정체가 드러나다
はがん [破顔] 名自スル (文) 파안 ——笑 (文) 파안 일소. 얼굴을 펴고 활짝 웃음
はき [破棄・破毀] 名他スル 파기¶契約約の~ 계약의 파기/ 書類を~する 서류를 파기하다
はき [覇気] 패기¶~に富む 패기가 넘치다
はぎ [*脛] 정강이= すね
はぎ [*萩] 싸리
はぎ [萩] 山口현 북부의 시 —燒 山口현의 萩・長門에서 생산되는 도자기
はぎ あわ・せる [*接ぎ合(わ)せる] 他下一 (판자・천 등을) 잇대다, 잇다¶残ぎ切れを~せてつくる 남은 조각을 잇대어 만들다
はききよ・める [掃き清める] 他下一 ①쓸어서 깨끗이 하다¶境内を~ 경내를 깨끗이 쓸어내다 ②(적을) 소탕하다, 싹 쓸어내다
はきけ [吐き気・嘔気] ①구역질, 욕지기¶~を催す 구역질이 나다 ②(「~がする」의 꼴로) 역겨움, 몹시 싫은 기분¶話を聞いただけで~がする 얘기만 들어도 역겹다
はぎしり [歯*軋り] 名自スル 이를 갊¶~して悔しがる 이를 갈며 분해하다
はきす・てる [吐(き)捨てる] 他下一 뱉어 버리다, 내뱉다¶ガムを~ 껌을 뱉어 버리다
はきそうじ [掃き掃除] 名自スル 비로 쓸어내는 청소, 쓰레질
はきだしまど [掃(き)出し窓] 방안의 쓰레기를 쓸어내기 위해 바닥과 같은 높이로 낸 창
はきだ・す [吐(き)出す] 他五 ①토해 내다¶食べた物を~ 먹은 것을 토해 내다 ②(마음속을) 털어놓다, 토로하다¶不満を~ 불만을 털어놓다 ③(모아둔 것을) 내놓다¶貯金を~ 저금을 내놓다
はきだ・す [掃(き)出す] 他五 쓸어 내다¶ごみを外に~ 쓰레기를 밖으로 쓸어 내다
はきたて [掃(き)立て] ~の教室 막 청소한 교실 ②갓 깬 누에를 잠란지에서 다른 종이로 쓸어 옮김
はきだめ [掃(き)溜め] 쓰레기터
慣用句
—に鶴 (比) 시시한 곳・더러운 곳에 뛰어나거나 아름다운 것이 있음
はきちが・える [履(き)違える] 他下一 ①잘못하여 바꿔 신다¶靴を~ 구두를 바꿔 신다 ②잘못 알다[인식하다]¶自由を~ 자유를 방종으로 잘못 알다 手前勝手に~ 자유를 방종으로 잘못 알다
はぎと・る [*剝(ぎ)取る] 他五 ①벗겨내다, 떼어내다¶張り紙を~ 벽보를 떼어내다 ②(지닌 것을) 빼앗다, 강탈하다¶身ぐるみ~ 몸에 지닌 것을 몽땅 빼앗다
はきはき 副自スル 시원시원, 또렷또렷¶~と答える 또렷또렷하게 대답하다
はきもの [履物] 신, 신발
ばきゃく [馬脚] 마각. (연극에서) 말의 다리

慣用句
—を露す 마각을 드러내다, 본색을 드러내다
はきゅう [波及] 名自スル 파급¶~効果 파급 효과/ 業界に~する 업계에 파급되다
はきょう [破鏡] (文) 파경 ①깨진 거울 ②이혼¶~の嘆 파경지탄, 이혼의 슬픔
はきょう [覇業] (文) 패업 ①무력으로 천하를 정복하는 일 ②훌륭한 업적, 대사업¶~を成し遂げる 패업을 이룩하다
はきょく [破局] 파국¶~を迎える 파국을 맞이하다
はぎれ [歯切れ] ①이로 씹을 때의 느낌, 씹히는 맛¶~のいい食べ物の 씹히는 맛이 좋은 음식 ②(말씨・이야기 내용의) 정확성¶~がいい 시원시원하고 또렷하다
はぎれ [端切れ] 천 조각, 자투리, 헝겊¶~屋 자투리 가게
はく [白] 音ハク・ビャク 訓しろ・しろい・しら|(음)백. (造語) ①흰색, 희다¶白衣び・白砂はくしゃ ②백의, 純白はくすく 순백 ③희어지다, 희게 하다¶精白せいはく 정백・漂白ひょうはく 표백 ③밝다¶白晝ひるちゅう 백주・白夜はくや 백야 ④명백하다¶明白めいはく 명백 ⑤맑다, 깨끗하다¶潔白けっぱく 결백 ⑥아무것도 없다¶白紙はくし 백지・空白くうはく 공백 ⑦말하다, 고하다¶告白こくはく 고백・自白じはく 자백 ⑧「白耳義ベルギー」의 준말 ▷ 熟字訓 粉おしろい 분・飛白かすり 비백무늬(천)・科白せりふ 대사
はく [伯] 音ハク I (造語) ①형제 중의 맏이¶伯仲叔季はくちゅうしゅくき 백중숙계 ②부모의 형・누이¶伯父はくふ・じ 백부・伯母はくぼ・ば 백모 ③어떤 예능에 빼어난 사람¶畫伯がはく 화백 ④다스리는 사람¶河伯かはく 하백・風伯ふうはく 풍백 ⑤(작위의) 백작¶伯爵はくしゃく 백작 ⑥神祇官じんぎかん의 장관¶神祇伯じんぎはく 신기관의 장관 ⑦「伯耆ほうき」의 준말¶伯州ほうしゅう 백주・鳥取とっとり현 서부 지방 ⑧「伯剌西爾ブラジル」의 준말. 브라질 ▷ 伯父おじ 백부・伯母おば 백모 II (작위의) 백작
はく [拍] 音ハク・ヒョウ(ヒヤウ) |(음)박. I (造語) ①손뼉치다, 손으로 치다¶拍車はくしゃ 박차・拍手はくしゅ 박수 ②박자¶拍子ひょうし 박자・三拍さんぱく 3박자 II ①(文語) 일본어 음운의 길이의 기본 단위. 음운론적 음절 ②(音) 박자의 단위. 박¶第一~ 제 1박
はく [泊] 音ハク 訓とめる|(음)박. (造語) ①정박하다, 정박지¶泊地はくち 정박지・停泊ていはく 정박 ②(집 밖에서) 묵다, 머물다¶外泊がいはく 외박・宿泊しゅくはく 숙박 ③(助數) 숙박 회수를 세는 말¶一泊二日いっぱくふつか 1박 2일 ④산뜻하다, 담백하다¶淡泊たんぱく 담백
はく [迫] [廹] 音ハク 訓せまる|(음)박. (造語) ①닥쳐오다, 다가오다¶迫眞はくしん 박진・迫力はくりょく 박력・緊迫きんぱく 긴박 ②핍박하다, 괴롭히다¶圧迫あっぱく 압박・脅迫きょうはく 협박
はく [*剝] 音ハク 訓はぐ・むく|(음)박. (造語) ①벗겨지다, 벗기다¶剝製はくせい 박제・剝脱はくだつ 박탈 ②억지로 빼앗다¶剝奪はくだつ 박탈
はく [舶] 音ハク |(음)박. (造語) 바다를 건너는 큰 배¶舶来はくらい 박래・船舶せんぱく 선박

はく 【博】 【博】 音ハク・バク 訓ひろい | (음)박. (造語) ①널리 퍼져 있다¶ 博愛ᵃⁱ 박애·博識ˢⁱᵏⁱ 박식 ②도박¶ 博打ᵘᶜʰⁱ 도박·博徒ᵗᵒ 도박꾼¶「博ㆍの준말」¶ 文博ᵇᵘⁿᵇᵃᵏᵘ 문학박사 ④「博覧会ʳᵃⁿᵏᵃⁱ·博物館ᵇᵘᵗˢᵘᵏᵃⁿ」의 준말¶ 海洋博ᵏᵃⁱʸᵒᵘ 해양 박람회·万国博ᵇᵃⁿᵏᵒᵏᵘ 만국 박람회 ▷ [熟字訓] 博士ʰᵃᵏᵃˢᵉ 박사

はく 【箔】 音ハク | (음)박. I (造語) ①금속을 얇게 두들겨 편 것¶ 金箔ᵏⁱⁿ 금박·銀箔ᵍⁱⁿ 은박 ②얇은 대나무발 ③누에의 섶 II ①박, 금속을 얇게 두들겨 편 것 ②관록
[慣用句]
—が付ᵗˢᵘく 관록이 붙다

はく 【×駁】 音ハク・バク | (음)박. (造語) ①섞이다¶ 雑駁ᶻᵃᵖᵖᵃᵏᵘ 잡박 ②(「バク」로 읽어서) 남의 의견에 반대하다, 비난하다¶ 駁論ᵇᵃᵏᵘʳᵒⁿ 박론·反駁ʰᵃⁿᵖᵃᵏᵘ 반박·論駁ʳᵒⁿᵖᵃᵏᵘ 논박

はく 【薄】 【薄】 音ハク 訓うすい・うすめる・うすまる・うすらぐ・うすれる・せまる・すすき | (음)박. (造語) ①얇다¶ 薄氷ʰᵃᵏᵘʰʸᵒᵘ 박빙·希薄ᵏⁱʰᵃᵏᵘ 희박 ②적다, 변변치 못하다¶ 薄給ʰᵃᵏᵘᵏʸᵘᵘ 박봉·薄利ʰᵃᵏᵘʳⁱ 박리 ③이익이 없다¶ 薄命ʰᵃᵏᵘᵐᵉⁱ 박명·薄幸ʰᵃᵏᵘᵏᵒᵘ 박행 ④정이 없다, 경시하다¶ 薄情ʰᵃᵏᵘᵈʲᵒᵘ 박정·軽薄ᵏᵉⁱʰᵃᵏᵘ 경박 ⑤다가오다¶ 薄明ʰᵃᵏᵘᵐᵉⁱ 박명·肉薄ⁿⁱᵏᵘʰᵃᵏᵘ 육박 ⑥[植] 참억새

は・く 【吐く】 他五 ①뱉다, 토하다, 내뿜다¶ 息ⁱᵏⁱを~ 숨을 내쉬다/ つばを~ 침을 뱉다 ②말하다, 토로하다¶ 弱音ʸᵒʷⁿᵉを~ 우는 소리를 하다/ 犯人ʰᵃⁿⁿⁱⁿが泥ᵈᵒʳᵒを~ 범인이 죄를 실토하다

は・く 【佩く】 他五 (허리에) 차다¶ 太刀ᵗᵃᶜʰⁱを~ 큰칼을 차다

は・く 【×穿く】 他五 ①(하의를) 입다¶ スカートを~ 스커트를 입다 ②「履く」(신발 등을) 신다¶ げたを~ 왜나막신을 신다

は・く 【掃く】 他五 ①쓸다, 비질하다¶ 玄関ᵍᵉⁿᵏᵃⁿを~ 현관을 쓸다/ 落葉ᵒᶜʰⁱᵇᵃを~ 낙엽을 쓸다 ②「刷く」(솔·붓 등으로) 칠하다¶ ほおにおしろいを~ 볼에 분을 바르다
[慣用句]
—・いて捨ᵗに捨てるほど 쓸어 버릴 정도로

は・ぐ 【×矧ぐ】 他五 (대에 깃을 달아) 화살을 만들다¶ 矢ʸᵃを~ 화살을 만들다

は・ぐ 【×剝ぐ】 他五 ①벗기다¶ 皮ᵏᵃʷᵃを~ 가죽을 벗기다 ②(걸친 것을) 빼앗다¶ 身ᵐⁱぐるみを~ 몸에 지닌 것을 몽땅 빼앗다 ③(지위 등을) 박탈하다¶ 官位ᵏᵃⁿⁱを~ 관위를 박탈하다

は・ぐ 【×接ぐ】 他五 (판자·천 등을) 잇대다, 깁다¶ 二枚ⁿⁱᵐᵃⁱ~・ぎあわせる 두 장을 잇대어 붙이다

ばく 【麦】 【麥】 音バク 訓むぎ | (음)맥. (造語) 보리¶ 麦芽ᵇᵃᵏᵘᵍᵃ 맥아·精麦ˢᵉⁱᵇᵃᵏᵘ 정맥 ▷ [熟字訓] 蕎麦ˢᵒᵇᵃ 메밀국수·麦酒ᵇⁱⁱʳᵘ 맥주

ばく 【莫】 音バク 訓なし | (음)막. (造語) ①헛되다, 쓸쓸하다¶ 索漠ˢᵃᵏᵘᵇᵃᵏᵘ 삭막 ②넓다, 크다¶ 莫大ᵇᵃᵏᵘᵈᵃⁱ 막대 ③부정·금지를 나타냄, 한문 훈독으로「…なし ……なかれ」로 읽음¶ 莫逆ᵇᵃᵏᵘᵍʸᵃᵏᵘ 막역 ▷ [熟字訓] 莫大小ᵐᵉʳⁱʸᵃˢᵘ 메리야스

ばく 【漠】 音バク | (음)막. I (造語) ①황야, 모래 벌판¶ 砂漠ˢᵃᵇᵃᵏᵘ 사막 ②끝없이 넓다¶ 漠然ᵇᵃᵏᵘᶻᵉⁿ 막연·広漠ᵏᵒᵘᵇᵃᵏᵘ 광막 ③속이 텅비다, 쓸쓸하다¶ 索漠ˢᵃᵏᵘᵇᵃᵏᵘ 삭막 II (文) 애매한¶ ~たる計画ᵏᵉⁱᵏᵃᵏᵘ 애매한 계획

ばく 【縛】 【縛】 音バク 訓しばる | (음)박. I (造語) ①죄인을 묶다, 포박, 포승¶ 就縛ˢʰᵘᵘᵇᵃᵏᵘ 취박·捕縛ʰᵒᵇᵃᵏᵘ 포박 ②묶다, 동여매다¶ 緊縛ᵏⁱⁿᵇᵃᵏᵘ 긴박·束縛ˢᵒᵏᵘᵇᵃᵏᵘ 속박 II (文) 죄인을 포박함
[慣用句]
—に就ᵗˢᵘく (文) 포박되다, 체포되다

ばく 【×曝】 音バク 訓さらす | (음)폭. 햇볕에 쬐어 말리다, 드러내다¶ 曝書ᵇᵃᵏᵘˢʰᵒ 폭서·被曝ʰⁱᵇᵃᵏᵘ 피폭

ばく 【爆】 【爆】 音バク | (음)폭. (造語) ①터지다, 파열하다¶ 爆笑ᵇᵃᵏᵘˢʰᵒᵘ 폭소·爆発ᵇᵃᵏᵘʰᵃᵗˢᵘ 폭발 ②「爆弾」의 준말¶ 原爆ᵍᵉⁿᵇᵃᵏᵘ 원폭·被爆ʰⁱᵇᵃᵏᵘ 피폭 ③「爆撃」의 준말 ④「爆撃機」의 준말¶ 重爆ᵈʲᵘᵘᵇᵃᵏᵘ 중폭격기

ばく 【×貘】 I [動] 맥 ②중국에서 상상속의 동물 ▷ [貘] 라고도 씀

ばぐ 【馬具】 마구

はくあ 【白亜·白堊】 백악 ①(文) 흰 벽¶ ~の殿堂ᵈᵉⁿᵈᵒᵘ 백악의 전당 ②[地] 백악기의 탄산석회질 암석 —紀ᵏⁱ [地] 백악기

はくあい 【博愛】 박애 —主義ˢʰᵘᵍⁱ 박애주의

はくい 【白衣】 백의, 흰옷 = びゃくい ¶ ~の天使ᵗᵉⁿˢʰⁱ 백의의 천사(간호사의 미칭)

はくいんぼうしょう 【博引旁証】 名 他スル 박인 방증. 널리 사례·증거를 들어 설명함

はくう 【白雨】 (文) 소나기 = にわか雨ᵃᵐᵉ

ばくえい 【幕営】 막영 I 名 (文) 장막을 친 진영 II 名 自スル (文) 천막을 치고 야영함, 그런 진영¶ ~地ᶜʰⁱ 막영지

ばくえき 【博奕】 (文) → ばくち

はくおし 【×箔押し】 ①금·은박을 입힘 ②[版] (표지에) 금박 등의 문자를 열압함

ばくおん 【爆音】 폭음 ①폭발음 ②(비행기·자동차 등의) 엔진 소리¶ ~たてて走ʰᵃˢʰⁱり去ˢᵃった폭음을 내면서 달려 가버렸다

ばくが 【麦芽】 一糖ᵗᵒᵘ 맥아당

はくがい 【迫害】 名 他スル 박해

はくがく 【博学】 名 ク 박학¶ —多識ᵗᵃˢʰⁱᵏⁱ 박학다식/ ~の士ˢʰⁱ 박학지사

はくがん 【白眼】 ①(눈의) 흰자위 ②차가운 눈초리, 흘기는 눈 —視ˢʰⁱ 名 他スル 백안시¶ 世人ˢᵉʲⁱⁿに~される 세인에게 백안시당하다

はぎ 【歯茎】 치경, 잇몸 = 歯齦ˢʰⁱᵍⁱⁿ

ばくぎゃく 【×莫逆】 名 (文) 막역, 마음이 서로 통하는 매우 친한 사이¶ ~の友ᵗᵒᵐᵒ 막역한 친구

はくぎょくろう 【白玉楼】 백옥루, 문인·묵객(墨客)이 죽어서 간다는 천상(天上)의 누각
—中ᶜʰᵘᵘの人ʰⁱᵗᵒとなる 문인·묵객이 죽다

はくぎん 【白銀】 ①은 = しろがね ②(比) 쌓인 눈¶ ~の世界ˢᵉᵏᵃⁱ 은세계 ③江戸ᵉᵈᵒ 시대 은화의 하나

はくぐう 【薄遇】 名 他スル (文) 박우, 박대, 냉대

はぐく・む [´育む] 他五 (文) ①(어미새가 새끼를) 품어 기르다 ②(자식을) 키우다, 양육하다¶子°を～ 자식을 키우다 ③보호 육성하다¶後進を～ 후진을 육성하다
はくげき [´迫撃] 名 박격, 가까이 다가가서 공격함 —砲 [軍] 박격포
ばくげき [´駁撃] 名他スル (文) 박격, (남의 의견을) 비난·공격함
ばくげき [爆撃] 名他スル 폭격¶～機 폭격기/首都を～する 수도를 폭격하다
はくげんがく [博言学] 박언학, 언어학
はくさい [白菜] [植] 배추
はくさい [舶載] 名他スル (文) 박재 ①배에 실어 운반함 ②외국에서 배로 실어옴 = 舶来
ばくさい [爆砕] 名他スル 폭쇄, 폭발물로 산산이 부숨¶爆薬で岩を～する 폭약으로 바위를 산산이 부수다
はくし [白紙] 백지 ①흰 종이 ②아무 것도 쓰여 있지 않은 종이¶～答案 백지 답안 ③ 名 (선입관 등이) 아무것도 없는 상태¶～に戻す 백지로 돌리다/～で臨む 선입관이 없는 태도로 임하다 —委任状 백지 위임장
はくし [博士] 박사¶～号 박사 학위 —課程 [教] 박사 과정
はくし [薄志] (文) ①의지가 약함 ②약간의 사례, 촌지 —弱行 (文) 박지 약행, 의지가 약하고 실행력이 부족함
はくじ [白磁] 백자¶～の香炉 백자 향로
ばくし [爆死] 名自スル 폭사, 폭격·폭발로 죽음¶空襲で～する 공습으로 폭사하다
はくしき [博識] 名ノ 박식
はくしつ [白質] [医] (신경 중추부의) 백질
はくじつ [白日] (文) ①빛나는 태양 ②대낮, 백주 ③[比] 결백함¶晴天～の身になる 떳떳한 몸이 되다 —夢 백일몽
はくしゃ [白砂] 백사, 흰 모래 = はくさ —青松 (文) 백사 청송, (흰 모래와 푸른 소나무가 있는) 해변의 아름다운 경치
はくしゃ [拍車] 박차¶～を掛ける 박차를 가하다
はくしゃ [薄謝] (文) ①약간의 사례, 박지, 촌지 ②謝礼 의 겸사말
はくしゃく [伯爵] 박작, 5등작의 세번째
はくじゃく [薄弱] ノ 박약 ①(의지·체력이) 약함¶意志～ 의지 박약 ②(근거가) 확실치 않음¶～な論拠 박약한 논거
はくしゅ [拍手] 名自スル 박수¶～で迎える 박수로 맞이하다 —喝采 名自スル 박수 갈채¶～を浴びる 박수 갈채를 받다
はくじゅ [白寿] 백수, 99세, 그 축하 잔치
はくしゅう [伯州] = ほうき (伯耆)
はくしゅう [麦秋] (文) 맥추, 초여름
はくしょ [白書] [政] 백서¶経済～ 경제 백서
ばくしょ [´曝書] 名他スル (文) 폭서, 책을 볕에 쬐고 바람을 쐼
はくじょう [白状] 名他スル 자백¶残らず～する 남김없이 자백하다
はくじょう [薄情] 名ノ 박정¶～者 박정한 사람/～な仕打ち 박정한 처사

ばくしょう [爆笑] 名自スル 폭소¶～の渦 폭소의 소용돌이/～を誘う 폭소를 자아내다
ばくしょう [爆傷] 名自スル 폭상, 폭발에 의한 부상, 그런 상처
はくしょく [白色] 백색 —人種 백색 인종, 백인종 —レグホン [動] 백색레그혼
ばくじら [幕鯨] [動] 치경류
はくしん [迫真] (文) 박진¶～力 박진력/～の名演技 박진한 명연기
はくじん [白人] 백인, 백색 인종
はくじん [白刃] (文) 백인, (칼집에서 뽑은) 시퍼런 칼 = しらは¶～がひらめく 시퍼런 칼날이 번득이다
ばくしん [幕臣] 幕府의 신하
ばくしん [爆心] 폭심, 폭격·폭발의 중심지¶～地 폭심지
ばくしん [´驀進] 名自スル 맥진, 앞만 보고 나아감, 돌진¶優勝街道を～する 우승 가도를 돌진하다
はく・す [博す] 他五 → はくする
はく・する [博する] 他サ変 ①(명성 등을) 떨치다¶名声を～ 명성을 떨치다 ②얻다, 차지하다¶好評を～ 호평을 얻다
ばく・する [駁する] 他サ変 (文) 논박하다, 반박하다¶～余地のない正論 반박할 여지가 없는 정론
ばく・する [縛する] 他サ変 (文) ①묶다, 포박하다 = しばる ②속박하다, 구속하다¶囚習に～せられる 인습에 얽매이다
はくせい [´剥製] 박제¶～標本 박제 표본
ばくせい [幕政] 幕府의 정치
はくせき [白´晢] (文) 백석, 살결이 휨¶～の美青年 살결이 흰 미청년
ばくせつ [駁説] (文) 박설, 박론
はくせん [白扇] (文) 백선, 무늬 없는 흰 부채
はくせん [白線] 백선, 흰 줄
はくせん [白´癬] 백선, 쇠버짐
はくぜん [白´鬚] (文) 백수, 흰 구레나룻
ばくぜん [漠然] タル 막연¶～とした不安 막연한 불안
はくそ [歯屎·歯糞] [口] 이똥
はくだい [博大] ノ (文) (지식·학문 등이) 넓고 큼¶～な知識 넓고 큰 지식
ばくだい [´莫大] ノ 막대¶～な財産 막대한 재산
はく たいげ [白帯下] [医] 백대하 = こしけ
はくだく [白濁] 名自スル (文) 백탁, 부옇게 흐려짐¶角膜の～ 각막의 백탁
はくだつ [´剥脱] 박탈, 벗겨져 떨어짐¶金箔が～する 금박이 벗겨지다
はくだつ [´剥奪] 名他スル 박탈¶地位を～する 지위를 박탈하다
ばくだん [爆弾] ①폭탄¶時限～ 시한 폭탄 ②[比] 갑자기 사람을 놀래키는 것, 그런 위험 인자¶～発言 폭탄 발언
はくち [白痴] 백치, 천치¶～美 백치미
ばくち [博打·〈博奕〉] ①도박, 노름¶～に

**ばくちく**

手でを出す 도박에 손을 대다 ②〔比〕 모험¶ 社運をかけて大~を打つ 사운을 걸고 큰 모험을 하다 **一打ち** 노름꾼, 도박꾼

**ばくちく**【爆竹】 폭죽¶ ~を鳴らす 폭죽을 터뜨리다

**はくちず**【白地図】 백지도. 육지의 윤곽만 그린 지도＝白図

**はくちゅう**【白昼】 백주. 대낮¶ ~堂々と強盗が押し入る 백주에 버젓이 강도가 침입하다 **一夢** 백일몽

**はくちゅう**【伯仲】 图 自スル 백중¶ ~の間 백중지간/実力が~する 실력이 백중하다

**はくちょう**【白丁・白張】 ①풀 먹인 흰 狩衣 ②①을 입은 하인 ③神社의 행사・神葬 때에 물건을 나르는 사람

**はくちょう**【白鳥】 图 動 백조 **一座** 〔天〕 백조자리 **一の歌** 백조의 노래, 그 사람이 마지막으로 지은 시가・가곡

**ばくちん**【爆沈】 图 自他スル 폭침. (함선이) 폭파되어 가라앉음. 폭파하여 가라앉힘¶ 敵艦を~する 적함을 폭침하다

**ばく・つ・く** 他五 俗 (입을 크게 벌려) 마구 먹어대다, 덥석덥석 먹다¶ 弁当を~ 도시락을 덥석덥석 먹다

**はくど**【白土】 백토 ①흰 흙 ②도토(陶土)

**ばくと**【博徒】 도박꾼, 노름꾼＝ばくち打ち

**はくとう**【白桃】 백도

**はくとう**【白頭】 文 백두. 하얗게 센 머리 **一翁** 文 백두옹 ①머리가 흰 노인 ②「むくどり」의 딴이름 ③할미꽃 뿌리를 말린 한약재

**はくどう**【白銅】 ①〔工〕 백통 ②백통화

**はくどう**【拍動・搏動】 图 自スル 박동. 맥이 뜀¶ 心臓の~ 심장의 박동

**ばくとした**【漠とした】 連語 막연한¶ ~不安 막연한 불안

**はくないしょう**【白内障】 医 백내장

**はくねつ**【白熱】 图 自スル 백열 ①(물체가 흰 빛을 낼 정도로) 몹시 뜨거워짐¶ ~灯 백열등 ②(시합・토론 등이) 격렬해짐¶ ~戦 백열전/~した論争 격렬한 논쟁

**はくば**【白馬】 백마. 휜말, 부루말＝あおうま¶ ~の騎士 백마의 기사

**ばくは**【爆破】 图 他スル 폭파¶ 岩盤を~する 암반을 폭파하다

**はくばい**【白梅】 백매. 흰 매화＝しらうめ

**ばくばく**【漠漠】 文 ①막막 ①막연함 ②광막함¶ ~たる荒野 광막한 황야

**ばくばく** 副 自スル (口) ①꿀꺽꿀꺽, 덥석덥석¶ 金魚が口を~させる 금붕어가 입을 뻐끔거리다 ②이음매가 너덜거리는 모양¶ 靴の底が~する 구두 밑창이 너덜거리다

**はくはつ**【白髪】 文 백발. 흰 머리¶ ~の老人 백발의 노인 **一三千丈** 백발이 삼천장

**ばくはつ**【爆発】 图 自スル 폭발¶ 怒りが~する 분노가 폭발하다 **一的** 〔F〕 폭발적

**はくはん**【白斑】 백반 ①흰 반점 ② → しろなまず ③〔天〕 태양 표면의 빛이 강한 부분

**ばくはんたいせい**【幕藩体制】 〔日史〕 江戸 시대의 幕府의 정치 지배 체제

**はくび**【白眉】 文 백미 ①흰 눈썹 ②가장 뛰어난 사람・것¶ 出品作中の~ 출품작 중의 백미

**はくびしん**【白鼻心】 動 백비심

**はくひょう**【白票】 백표 ①백지 투표 ②〔政〕 (국회 투표에서) 찬성을 나타내는 백색 표

**はくひょう**【薄氷】 박빙. 살얼음¶ ~を踏む 살얼음을 밟다

**はくびょう**【白描】 〔美〕 백묘. 백묘화

**はくふ**【伯父】 文 백부. 큰아버지, 큰외삼촌, 큰고모부, 큰이모부＝おじ

**ばくふ**【幕府】 武家 시대에 将軍이 정무를 맡아보던 곳. 그 기구(機構)

**ばくふ**【瀑布】 文 폭포¶ ナイアガラ~ 나이아가라 폭포

**ばくふう**【爆風】 폭풍. 폭발에 의한 강한 바람

**はくぶつ**【博物】 ①박물. 박식 ②「博物学」의 준말 **一学** 박물학 **一館** 박물관

**はくぶん**【白文】 백문. 구두점・토・주석을 달지 않은 한문¶ ~で読む 백문으로 읽다

**はくぶん**【博聞】 박문. 사물을 널리 들어 잘 앎 **一強記** 文 박문 강기

**はくへい**【白兵】 文 백병 ①짧은 칼＝白刃 ②칼・창 등의 총칭 **一戦** 백병전. 육탄전

**はくへき**【白壁】 ①백벽. 흰 벽＝しらかべ

**はくへん**【剥片】 박편. 벗겨져 떨어진 조각 **一石器** 〔考古〕 박편 석기

**はくへん**【薄片】 박편. 얇은 조각

**はくぼ**【伯母】 文 백모. 큰고모, 큰이모, 큰어머니, 큰외숙모＝おば

**はくぼ**【薄暮】 땅거미, 황혼, 일몰＝たそがれ・夕暮れ¶ ~の迫まる街 땅거미진 거리

**はくほうじだい**【白鳳時代】 일본 문화사・미술사의 시대 구분의 하나(645〜710년)

**はくぼく**【白墨】 백묵. 분필＝チョーク

**はくま**【白魔】 무서운 재해를 가져오는 폭설을 흰 악마에 비유한 말

**はぐま**【白熊】 야크 꼬리의 흰털

**はくまい**【白米】 백미. 정백미

**ばくまつ**【幕末】 江戸幕府의 말기

**はくめい**【薄命】 박명 ①단명¶ 美人~ 미인 박명 ②불운, 불우¶ ~を嘆く 불운을 한탄하다

**はくめい**【薄明】 文 박명. (일출 전・일몰 후의) 어스름. 그 무렵

**はくめん**【白面】 백면 ①맨얼굴 ②흰 얼굴¶ ~の貴公子 백면의 귀공자 ③젊고 미숙함¶ ~の書生 백면 서생

**はくや**【白夜】 (극지의) 백야＝びゃくや

**ばくやく**【爆薬】 폭약¶ ~庫 폭약고

**はくよう**【白楊】 文 백양 ①「ドロノキ」의 딴이름 ②「ハコヤナギ」의 딴이름

**はくらい**【舶来】 图 他スル 박래. 외래. 외국 제품¶ ~品 박래품, 외래품

**ばくらい**【爆雷】 軍 폭뢰. 잠수함 공격용 폭탄

**はぐらか・す** 他五 ①(말머리를 돌려) 얼버무리다¶ 質問を~ 질문을 얼버무리다 ②따

돌리다¶ つきまとう弟を~ 성가시게 따라다니는 동생을 따돌리다

はくらく [伯樂] (文) 백낙 ①말을 잘 감별하는 사람 ②사람의 재능을 알아보는 지도자

はくらく [剝落] 名 自スル(文) 박락. 벗겨져 떨어짐¶ 金めっきが~する 금도금이 벗겨져 떨어지다

はくらん [博覽] 名 他スル 박람 ①폭넓은 독서와 견문으로 많은 지식을 얻음 ②널리 일반 사람들이 봄¶ ~に供する 널리 일반에게 보이다 ━会 박람회 ━強記 박람 강기

はくり [剝離] 名 自他スル(文) 박리. 벗겨져 떨어짐, 벗겨 뗌¶ 網膜~ 망막 박리

はくり [薄利] 박리 ━多売 박리 다매

ばくり [幕吏] 幕府의 관리

はくりきこ [薄力粉] 박력분. 끈기가 적은 밀가루

ぱくりと 副(口) ①덥석, 꿀꺽, 꿀떡¶ 一口に~食べる 한 입에 꿀꺽 먹다 ②(틈 등이) 크게 벌어진) 빼끔히¶ ~開いた傷口も 빼끔히 벌어진 상처

ばくりゅうしゅ [麥粒腫] 医 맥립종. 다래끼

ばくりょう [幕僚] (軍) 막료. 참모

はくりょく [迫力] 박력¶ ~がある 박력이 있다

はぐ・る [他五] (책장 등을) 넘기다. 젖히다¶ こよみを~ 달력을 넘기다

ぱく・る [他五] (俗) ①훔치다, 날치기하다, 사취하다¶ かばんを~・られる 가방을 날치기당하다 ②체포하다, 검거하다¶ 現行犯で~・られる 현행범으로 체포되다

はぐるま [羽車] 신여(神輿), 신체(神體)를 옮길 때 쓰는 가마

はぐるま [齒車] ①(機) 톱니바퀴 ②(比) (조직의) 미미한 일부분, 일원¶ 会社の~にすぎない 회사의 일원에 불과하다

|慣用句|
━が噛み合わない 톱니가 맞물리지 않다. 의견 · 감정이 어긋나다
━が狂う 톱니가 어긋 물리다. (순조롭던 조직의 짜임새 등이) 어긋나다, 깨지다

ばくれつ [爆裂] 名 自スル 폭렬. 폭발하여 파열함¶ ~音 폭발음/ ~弾 폭렬탄, 폭탄

はぐ・れる 自下一 ①일행을 놓치다. 일행에서 떨어지다¶ 親に~ 부모를 놓치다/ 群れに~・れた鳥 무리에서 처진 새 ②기회를 놓치다¶ 仕事に~ 일할 기회를 놓치다 ③(補助)… を놓치다¶ 食い~ 끼니 때를 놓치다

はくれん [白蓮] (植) 백련 = びゃくれん

ばくれん [莫連] 닳고 닳은 여자¶ ~女 닳아빠진 여자

はくろ [白露] 백로 ①(文) 흰 이슬 = しらつゆ ②24절기의 하나 ▷ 9월 7일경

ばくろ [暴露 · 曝露] 名 自他スル 폭로¶ ~記事 폭로 기사/ 不正を~する 부정을 폭로하다

ばくろう [博勞 · 馬喰] 마소의 거간꾼, 마도위

はぐろとんぼ [羽黒(蜻蛉)] 動 검물잠자리

はぐろめ [齒黒め] → おはぐろ

ばくろん [駁論] 名 他スル 박론, 논박¶ 彼の主張を~する 그의 주장을 논박하다

はくわ [白話] 백화. 중국어의 구어체(口語體)¶ ~小說 백화 소설

はけ [刷毛] 솔¶ ~目 귀얄 자국

はけ [捌け] ①(물이) 막힘없이 흐름¶ 水~がよい 물이 잘 빠지다 ②(상품 등이) 잘 팔림¶ ~のいい品 잘 팔리는 물건

はげ [禿] ①머리카락이 빠짐, 대머리¶ 若~ 젊어서 대머리가 됨, 그런 사람 ②(比) (산 등이) 초목이 없는 상태¶ ~山 민둥산

はげあが・る [禿(げ)上がる] 自五 대머리가 되다, 머리가 훌떡 벗어지다¶ 額が~・った人 이마가 벗어진 사람

はげあたま [禿頭] 독두. 대머리 = とくとう

はけい [波形] 파형. 물결 모양 = なみがた

はげいとう [葉鶏頭 · 〈雁來紅〉] (植) 색비름

はけぐち [捌け口] ①배수구¶ ~が詰まる 배수구가 막히다 ②(감정 등의) 배출구¶ 不満の~ 불만의 배출구 ③(상품의) 판로¶ ~がない商品 판로가 없는 상품

はげし・い [激しい · 烈しい · 劇しい] 形 심하다, 격심하다, 격렬하다, 잦다¶ 怒り 격한 분노/ ~雨 세찬 비/ 為替の変動が~ 환율 변동이 심하다

はげたか [禿鷹] 콘도르, 대머리독수리

はげちゃびん [禿茶瓶] (俗) 대머리

はげちょろ [剝げちょろ] ナ (俗) (칠 등이) 군데군데 바래거나 벗겨진 모양¶ ~なお盆 여기저기 칠이 벗겨진 쟁반

はげちょろけ [禿げちょろけ] ナ (俗) 머리가 군데군데 벗겨진 모양 = はげちょろけ

はけついで [刷毛序(で)] 連語(口) 어떤 일을 하는 김에 다른 일도 함¶ ~にする 하는 김에 하다, 겸사겸사 하다

ばけのかわ [化けの皮] 가면, 탈¶ ~を剝ぐ 가면을 벗기다

|慣用句|
━が剝がれる 가면이 벗겨지다, 정체가 드러나다

はげま・す [励ます] 他五 ①격려하다¶ 選手を~ 선수를 격려하다 ②(목소리를) 높이다¶ 声を~ 목소리를 높이다

はげみ [励み] ①분발, 열성, 노력¶ 仕事に~が出る 일에 열성이 나다 ②자극, 격려¶ ほめられて練習の~になった 칭찬을 받고 연습에 자극이 되었다

はげ・む [励む] 自五 힘쓰다, 전념[노력]하다¶ 学業に~ 학업에 힘쓰다

はけめ [刷毛目] 귀얄 자국, 그런 무늬¶ ~をつける 귀얄 자국을 남기다

ばけもの [化(け)物] ①도깨비, 괴물, 귀신¶ ~屋敷 도깨비집 ②보통이 아닌 모습 · 능력을 가진 사람¶ 人の心を読むことにかけては~だ 사람 마음을 읽는 데는 귀신이다

はげやま [禿山] 독산. 민둥산

は・ける [捌ける] 自下一 ①(물이) 잘 빠지다¶ 下水がよく~ 하수가 잘 빠지다 ②(상품이) 잘 팔리다¶ 品物がよく~ 물건

**はげる** [禿げる] 自下一 ①머리가 벗어지다 ②민둥산이 되다¶~げた山 헐벗은 산

**はげる** [剝げる] 自下一 ①(칠 등이) 벗겨지다¶漆 の~. げたお椀 옻칠이 벗겨진 공기 ②(본성·정체가) 드러나다¶化けの皮が~ 정체가 드러나다 ③바래다, 퇴색하다¶色 の~. げた服 색이 바랜 옷

**ばける** [化ける] 自下一 ①둔갑하다, 변신하다¶狸が茶釜に~ 너구리가 차솥으로 둔갑하다 ②가장하다, 변장하다¶刑事が運転手に~ 형사가 운전수로 변장하다 ③전혀 다른 것이 되다¶本代が飲み代に~ 책값이 술값으로 둔갑하다

**はげわし** [禿鷲] 動 대머리독수리

**はけん** [派遣] 名他スル 파견¶特使を~する 특사를 파견하다

**はけん** [覇権] 패권 ①패자의 권력 ②(경기 등에서) 우승해서 얻는 영예¶~を握る 패권을 쥐다

**ばけん** [馬券] 마권¶~売り場 마권 매장

**はこ** [箱·函] ①함, 상자, 궤짝¶救急 ~ 구급함/~に詰める 상자에 담다 ②三味線 케이스 ③열차의 차량¶後ろの~に乗る 뒷차에 타다

**はご** [羽子] 모감주 열매에 새의 깃털을 꽂은 놀이 기구 **—板** 羽子의 채, 羽子를 치고 받는 자루 달린 네모난 판자

**はこいり** [箱入り] ①상자에 들어 있음, 그런 물건 ②名 소중히 함, 그런 것 **—娘** 규중(閨中) 처녀

**はこう** [跛行] 名自スル 文 파행¶~状態 파행 상태

**ばこう** [馬耕] 名他スル 마경, 말로 논밭을 갊

**はこがき** [箱書き] (서화·공예품 등을 넣은) 상자 뚜껑에 작가·감정가 등이 진품임을 증명하기 위해 서명 날인한 것

**はこがまえ** [匸構え] (한자 부수의) 튐입구몸 ▷「匠·匹」등의「匸」부분

**はごく** [破獄] 名自スル 文 파옥, 탈옥

**はこし** [箱師] 俗 (열차·전차 등의) 차내 전문 소매치기

**はごし** [葉越し] 잎 사이로 보이거나 바람이 붐¶~に見える青空 잎 사이로 보이는 푸른 하늘

**はこじょう** [箱錠] 서양식 문에 다는 자물쇠

**はこせこ** [筥迫·函迫] 일본옷 차림의 여성이 품에 지니는 상자 모양의 지갑

**ばこそ** Ⅰ 係助 《순접 확정구를 구성하여》…이기에, …때문에¶親子ゆえなれ~情愛 もい深いのだ 부모 자식이기에 애정도 깊은 것이다 Ⅱ 終助 《동사 未然形에 붙어》…는 커녕, …할까보냐¶押しても引いても動か~. 微動 もしない 밀어도 당겨도 움직이기는 커녕, 꼼짝도 하지 않는다

**はごたえ** [歯応え] ①씹을 때의 감촉, 씹는 맛¶柔らかすぎて~がない 너무 연해서 씹는 맛이 없다 ②반응, 보람¶~のある仕事 보

람 있는 일

**はこちょうちん** [箱提灯] 눌러 접으면 위아래의 뚜껑 안으로 들어가는 원통형의 큰 제등

**はこづめ** [箱詰(め)] ①상자에 담음, 상자들이 물건¶~のりんご 상자들이 사과 ②~にする 상자로 포장하다 名 꽉 채움 = すしづめ

**はこにわ** [箱庭] 얕은 상자 속에 만든 정원·산수(山水)의 모형

**はこのり** [箱乗り] 俗 취재 상대가 탄 차에 기자가 동승함

**はこばしゃ** [箱馬車] 상자형 유개 마차

**はこび** [運び] ①운반, 수송 荷物 を~ 하물 운반 ②움직이는(놀리는) 방식¶筆 の~. 足の~が悪い 걸음걸이가 나쁘다 ③일의 진행 정도¶話 の~が早すぎる 이야기의 진행이 너무 빠르다 ④진행 단계¶晴れて挙式 をとなる 공공연하게 식을 거행할 단계에 이르다 ⑤(「お~」의 꼴로) 걸음, 왕림함¶遠方 からお~いただき恐縮 に存 じます 멀리서 왕림해 주셔서 황송합니다

**はこびだす** [運び出す] 他五 ①운반하기 시작하다 ②날라 내다, 반출하다¶火事 で荷物 を~ 화재로 짐을 밖으로 끌어 내다

**はこぶ** [運ぶ] Ⅰ 他五 ①나르다, 옮기다, 운반하다¶トラックで砂利 を~ 트럭으로 자갈을 나르다 ②㉠(「足を~」의 꼴로) 발길을 옮기다, 걸어가다¶彼女 の店 に足を~ 그녀의 가게로 발길을 옮기다 ㉡(그것으로 하는 행위를) 진행시키다¶筆 を~ 글을 쓰다/箸 を~ 젓가락질을 하다 ③(사물을 진행시키다¶話 をうまく~ 이야기를 능숙하게 진행시키다 Ⅱ 自五 순조롭게 진행되다, 진척되다¶事 が思惑 どおりに~ 일이 생각대로 진척되다

**はこぶね** [箱船·方舟] 방주, 네모난 배¶ノアの~ 노아의 방주

**はこべ** [繁縷] 植 별꽃 = ハコベラ

**はこぼれ** [刃毀れ] 칼날의 이가 빠짐, 그런 부분¶~を起こす 칼날의 이가 빠지다

**はこまくら** [箱枕] 나무 상자 위에 작은 베개를 얹은 베개

**はこや** [箱屋] ①상자를 만들거나 파는 가게·업자 ②기생의 三味線을 날라다 주는 남자

**はこやなぎ** [箱柳·白楊] 植 사시나무

**はごろも** [羽衣] 우의, 날개옷

**はこん** [破婚] 名自スル 文 ①파혼 ②이혼

**はき** [稲架] 볏덕 = 稲掛 け·はざ

**はさい** [破砕·破摧] 名他スル 文 파쇄, 깨뜨려 부숨, 깨어져 부서짐¶~機 파쇄기/岩石 を~する 암석을 파쇄하다

**はざかいき** [端境期] 단경기, 묵은 곡식의 비축이 적어지고 신곡은 아직 나오지 않은 시기

**はさき** [刃先] 칼끝¶~が鋭 い 칼끝이 날카롭다

**はざくら** [葉桜] 꽃이 지고 새 잎이 날 무렵의 벚나무

**はさつおん** [破擦音] 文法 파찰음

**ばさばさ I** [副] [自スル] ①(머리카락 등이) 부스스¶ 髪が~する 머리카락이 부스스하다 ②(마른 것이 서로 스치는) 버석버석, 버스럭버스럭 II ¶ 부스스함

**ばさばさ I** [副] [自スル] ①(마른 것이 서로 스치는) 바삭바삭, 바스락바스락¶ ~と羽音がする 바삭바삭 날개소리가 나다 ②(음식물 등이 수분이 없다) 퍼석퍼석, 팍팍함¶ ~したパン 퍼석퍼석한 빵 II ¶ 퍼석퍼석함, 팍팍해짐¶ 御飯が~になる 밥이 팍팍해지다

**はざま** [狭間・迫間・間] [文] ①틈새기, 사이¶ 雲の~から光が射す 구름 사이로 빛이 비치다 ②계곡, 골짜기 ③(성벽의) 총안 ④갈림길¶ 生死の~ 생사의 갈림길

**はさま・る** [挟まる] [自五] ①(물건 틈에) 끼이다¶ 指がドアに~ 손가락이 문에 끼이다 ②(대립하는 양자 사이에) 끼다¶ 上役と部下の間に~って悩む 상사와 부하의 사이에 끼어 고민하다

**はさみ** [鋏・剪刀] ①가위¶ 剪定ばさみ~ 전정가위¶ 糊と~ 풀과 가위 ②(가위바위보의) 가위 = ちょき ③(차표 등에 구멍을 내는) 펀치 ④[螯] (게·새우의) 집게발
[慣用句]
**—を入れる** ①가위로 자르다 ②[映] 필름을 가위질하다 ③(차표 등을) 펀치로 찍다

**はさみうち** [挟み打ち·挟み撃ち] [名] [他スル] 협공¶ 敵を~する 적을 협공하다

**はさみこ・む** [挟み込む] [他五] (물건 사이에) 끼워 넣다¶ しおりを本に~ 서표를 책에 끼워 넣다

**はさみしょうぎ** [挟み将棋] 일본 장기판에 각각 9개의 말을 나란히 늘어놓고 교대로 움직여 상대의 말을 사이에 끼워 잡는 놀이

**はさみばこ** [挟み箱] 옛날에 외출할 때 옷이나 용구(用具)를 넣고 막대기로 꿰어 하인에게 지우던 함

**はさ・む** [挟む·挿む] [他五] ①(물건 틈에) 끼우다, 끼다¶ 本の間にしおりを~ 책 사이에 서표를 끼우다 ②(끼워서) 집다¶ ピンセットで切手を~ 핀셋으로 우표를 집다 ③사이에 두다¶ テーブルを~んで向かい合う 테이블을 사이에 두고 마주하다 ④참견하다, 끼다, 듣다¶ 口を~ 말참견을 하다 / 耳に~ 언어듣다 / 疑いを~ 의심을 품다

**はさ・む** [鋏む·剪む] [他五] 가위로 자르다¶ 髪を~ 머리카락을 가위로 자르다

**ばさらがみ** [婆娑羅髪] 산발, 헝클어진 머리

**はさん** [破産] [名] [自スル] 파산¶ ~宣告 파산선고 **—管財人** [法] 파산 관재인

**はし** [端] ①끝, 끄트머리¶ 棒の~ 막대기의 끝/ 手紙の~に書き添える 편지 끄트머리에 덧붙여 쓰다 ②가, 가장자리¶ 道の~に寄る 길가로 비키다 ③일부분, 단편¶ ことばの~ 말꼬리 ④잘라낸 조각¶ 切れ~ 토막, 자투리 ⑤처음, 시초, 발단¶ 争いの~ 싸움의 발단

**はし** [嘴] 부리 = くちばし¶ いすかの~ 잣새의 부리(일이 뜻대로 되지 않음의 비유)

**はし** [箸] 젓가락, 저¶ 割り~ 소독저 / ~を使う 젓가락질하다
[慣用句]
**—が転んでも笑う** 하찮은 일에도 잘 웃다
**—が進む** 식욕이 왕성하여 잘 먹는다
**—にも棒にも掛からぬ** 처치 곤란하다, 어떻게 할 도리가 없다
**—の上げ下ろしにも小言を言う** 젓가락질에도 잔소리하다, 사소한 일에도 일일이 잔소리하다
**—を付ける** 젓가락을 대다, 먹으려고 하다

**はし** [橋] 다리, 교량¶ ~を架ける 다리를 놓다
[慣用句]
**—を渡す** 다리를 놓다, 중개 역할을 하다

**はじ** [恥·辱] 부끄러움, 수치, 치욕, 창피¶ ~を忍ぶ 수치를 참다 / ~を捨てる 부끄러움을 버리다
[慣用句]
**—の上塗り** 창피를 거듭함, 거듭 수치를 당함
**—も外聞もない** 창피도 체면도 생각하지 않다, 남이 어떻게 볼까 신경쓰지 않다
**—をかく** 창피를 당하다
**—を曝す** 사람들 앞에서 창피를 당하다
**—を知る** 부끄러움을 알다
**—を雪ぐ** 치욕을 씻다, 설욕하다

**はし** [端] (口) → はし[端]

**はじ** [櫨·黄櫨] [植] 황로, 거먕옻나무

**はじ** [把持] [名] [他スル] [文] ①꽉 쥠¶ 銃を~する 총을 꽉 쥐다 ②기억에 남김

**はしい** [端居] [文] (툇마루 등) 집의 가장자리에 나와 있음

**はしいた** [橋板] 다리 위에 까는 널빤지

**はじい・る** [恥じ入る] [自五] [文] 매우 부끄러워하다¶ 失態を~ 실수를 매우 부끄러워하다

**はしおき** [箸置き] (식탁의) 젓가락 받침

**はしか** [麻疹] [醫] 홍역

**はしがかり** [橋懸(かり)] [藝] (能楽에서) 분장실과 무대 사이에 걸친 통로

**はしがき** [端書(き)] ①서문, 머리말 = 前書き ⇔ 後書き ②(편지의) 추신

**はじかみ** [榔] [植] 산초

**はじかみ** [薑] [植] 생강 ②잎 달린 생강, 그것의 초절임

**はじき** [弾き] ①(손가락 등으로) 튀김, 탄력¶ 爪~ 손톱으로 튀김, 배척함 ②(구슬 놀이의) 유리 구슬 = おはじき ③(俗) 권총

**はじきだ・す** [弾(き)出す] [他五] ①(손가락 등으로) 튀겨 내다¶ 爪で~ 손톱으로 튀겨내다 ②따돌리다¶ 仲間から~ 무리에서 따돌리다 ③(주판으로) 계산(산출)하다¶ 総額を~ 총액을 산출하다

**はじ・く** [弾く] [他五] ①튀기다¶ 指先で小石を~ 손가락 끝으로 돌멩이를 튀기다 ②튀겨 내다, 겉돌게 하다¶ 水を~布의 물

はしぐい

이 배지 않는 천 ③(현악기를) 타다¶三味線<sub>じゃみせん</sub>を～ 三味線을 타다 ④(주판을) 튀기다, 계산하다¶ そろばんを～ 주판을 놓다, 잇속을 계산하다
はしぐい [*代・橋*杭] 교각, 다리 기둥
はしくよう [橋供養] 다리 준공식 때 지내는 고사
はしくれ [端くれ] ①(제목 등의) 토막, 지저깨비¶ 木<sub>き</sub>の～ 나무 토막 ②나부랭이, 말단¶ 教師<sub>きょうし</sub>の～ 교사 나부랭이
はしけ [*艀] [交] 거룻배 = はしけぶね
はしげた [*橋桁] 교가(橋架), 교각 위에 가로질러 맞춘 재목
はじ・ける [*弾ける] [自下─] ①(여물어) 터지다¶ 栗<sub>くり</sub>のいがが～ 밤송이가 벌어지다 ②(사방으로) 터지다, 터지다¶ 爆竹<sub>ばくちく</sub>が～ 폭죽이 터지다/ 笑<sub>わら</sub>い声<sub>ごえ</sub>が～ 웃음소리가 터지다
はしご [*梯子] ①사다리, 나와 = 줄사다리/ ～をかける 사다리를 놓다 ② 「梯子酒<sub>はしござけ</sub>」의 준말 ━酒 이차 삼차로 이어지는 술 ━車 고가 사다리 차 ━段 사다리 모양의 계단 ━乗り 사다리타기 곡예, 그런 곡예사
[慣用句]
━をする 이차 삼차로 이어가며 술을 마시다
はしこ・い [形] (동작・머리 회전이) 재빠르다, 민첩하다, 약삭빠르다: すばしこい・はしっこい¶ 動作<sub>どうさ</sub>が～ 동작이 민첩하다
はじさらし [恥曝し] [名] 망신, 수치, 창피¶ ～をする 창피스러운 짓을 하다
はじしらず [恥知らず] [名] 수치를 모름, 파렴치함, 철면피¶ ～なふるまい 파렴치한 행동
はしせん [橋銭] 다리 통행료 = 橋賃<sub>はしちん</sub>
はしぜん [*箸初め] 초반례, 생후 100일 또는 120일이 되는 아기에게 처음 밥을 먹이는 축하 행사
はした [*端] [名][ダ] 우수리, 나머지, 끝수¶ ～がね 푼돈, 나머지¶ ～を切<sub>き</sub>り捨<sub>す</sub>てる 끝수를 버리다
はしたがね [*端金] 푼돈, 적은 돈¶ こんな～はもらっても仕方<sub>しかた</sub>がない 이런 푼돈은 받아 봐야 소용이 없다
はしたな・い [*端ない] [形] 천하다, 상스럽다, 조심성 없다¶ ～ことば遣<sub>づか</sub>い 상스러운 말씨
はしため [*端女] 하녀 = 下女<sub>げじょ</sub>
はしちか [端近] [名][ダ] 집의 툇마루・입구 쪽에 가까운 곳 そこは～ですから奥<sub>おく</sub>へどうぞ 바깥쪽이니 안으로 들어오세요
はしっこ [端っこ] (口) 가, 끝, 구석 = はじっこ
はしづめ [橋詰(め)] 다릿목, 다릿가¶ ～に立<sub>た</sub>って待<sub>ま</sub>つ 다릿목에 서서 기다리다
ばじとうふう [馬耳東風] 마이 동풍
はしなくも [端無くも] [副](文) 뜻하지 않게, 우연히도¶ ～秘密<sub>ひみつ</sub>が漏<sub>も</sub>れた 뜻밖에도 비밀이 새나갔다
はしぬい [端縫い] 천의 끝단을 좁게 접어서 꿰매는 일
はしばこ [*箸箱] 젓가락 통, 수저 통
はしばし [端端] ①이쪽저쪽의 끝, 구석구석 ②사소한 부분, 이모저모¶ ことばの～に表<sub>あらわ</sub>

れる 말 한 마디 한 마디에 나타나다
はしばみ [*榛] [植] 개암나무
はじまり [始まり] 시작, 시초, 발단, 기원 ⇔ 終<sub>お</sub>わり¶ 宇宙<sub>うちゅう</sub>の～ 우주의 기원/ ～のベル 시작 벨/ ～けんかの～ 싸움의 발단
はじま・る [始まる] [自五] ①시작되다¶ 仕事<sub>しごと</sub>が～ 일이 시작되다 ②(때가) 되다, 시작되다¶ 春<sub>はる</sub>が～ 봄이 시작되다/ 平和<sub>へいわ</sub>な時代<sub>じだい</sub>が～ 평화로운 시대가 되다 ③비롯되다, 생기다¶ 争<sub>あらそ</sub>いは誤解<sub>ごかい</sub>から～ 싸움은 오해에서 비롯된다 ④(「…しても～・らない」의 꼴로)…해도 소용없다, 어쩔 수 없다¶ いまさらやっても～・らない 이제 와서 해본들 소용없다
はじめ [始め・初め] ①시초, 기원, 발단¶ 国<sub>くに</sub>の～ 나라의 기원/ 事件<sub>じけん</sub>の～ 사건의 발단 ②처음, 첫머리, 시작¶ 年<sub>とし</sub>の～ 새해 벽두/ ～からやり直<sub>なお</sub>す 처음부터 다시 하다 ③(「…を～として」의 꼴로) 비롯하여, 위시하여¶ 課長<sub>かちょう</sub>を～として皆<sub>みな</sub>よく働<sub>はたら</sub>く 과장을 비롯하여 모두 열심히 한다 ④(「접미어적으로」) 초, 시초¶ 月<sub>つき</sub>～ 월초/ たばこの吸<sub>す</sub>い～ 담배를 피운 시초 ▷ 사물에는「始」, 시간・순서에는「初」를 씀
[慣用句]
～は処女<sub>しょじょ</sub>の如<sub>ごと</sub>く終<sub>お</sub>わりは脱兎<sub>だっと</sub>の如<sub>ごと</sub>し 처음에는 처녀처럼 얌전하고 나중에는 달아나는 토끼처럼 재빠르다
はじめて [初めて・始めて] [副] ①최초로, 처음으로¶ ～の経験<sub>けいけん</sub> 첫 경험/ ～お目<sub>め</sub>にかかります 처음 뵙겠습니다 ②비로소¶ 失<sub>うしな</sub>って～大切<sub>たいせつ</sub>さに気付<sub>きづ</sub>く 잃어버리고 나서야 비로소 그 소중함을 안다
はじめね [初値] [経] (증권 거래소에서) 개장 초의 값 ⇔ 終値<sub>おわりね</sub>
はじめまして [初めまして・始めまして] [感] (口) 초대면의 인사말. 처음 뵙겠습니다
はじ・める [始める] [他下─] ①(일을) 시작하다¶ 店<sub>みせ</sub>を～ 가게를 시작하다 (동작을) 시작하다, 개시하다¶ 練習<sub>れんしゅう</sub>を～ 연습을 시작하다/ 会議<sub>かいぎ</sub>を～ 회의를 개시하다 ③(補助)…하기 시작하다¶ 步<sub>ある</sub>き～ 걷기 시작하다
はしゃ [覇者] 패자 ①무력으로 천하를 제압한 사람 ②(경기의) 우승자¶ マラソン大会<sub>たいかい</sub>の～ 마라톤 대회의 패자
はじゃ [破邪] [佛] 파사, 사도의 타파¶ ～の剣<sub>けん</sub> 파사의 검 ━顕正<sub>けんしょう</sub> [佛] 파사 현정
ばしゃ [馬車] 마차¶ 荷<sub>に</sub>～ 짐마차 ━馬<sub>うま</sub> ①마차말 ②(比) 한눈 팔지 않고 일함¶ ～のように働<sub>はたら</sub>く 한눈 팔지 않고 열심히 일하다
はしゃ・ぐ [*燥ぐ] [自五] ①들떠서[신이 나서] 떠들다¶ 子供<sub>こども</sub>が～・ぎ回<sub>まわ</sub>る 아이가 떠들며 돌아다니다 ②마르다, 건조하다¶ 桶<sub>おけ</sub>が～
はじゃく [端尺・羽尺] 어른 羽織<sub>はおり</sub> 한 벌을 마를 만한 옷감
はしやすめ [*箸休め] 식사 중간의 입가심
はしゅ [*播種] [名][自スル][農] 파종, 씨뿌리기

ばしゅ [馬主] 마주. (특히) 경주마의 주인
ばしゅ [馬首] (文) 말머리, 말이 가는 방향¶ ~をめぐらす 말머리를 돌리다
はしゅ [派出] 名他スル 파출, 출장시킴 ―所ﾞ 파출소 ―婦ﾟ 파출부
ばじゅつ [馬術] 마술¶ ~競技ﾞ 마술 경기
ばしょ [場所] ①장소, 곳, 지점¶ 時と~ 때와 장소/ 待ち合わせの~ 만나기로 한 장소 ②좌석, 자리¶ 씨름 흥행장, 그 기간¶ 夏~ 여름 흥행 ―入り [相撲] 씨름꾼이 씨름판에 입장함 ―柄ﾞ 그 장소의 성질·상황 ―塞ﾞぎ 장소[자리]를 막아 방해가 됨 ―割り 장소 할당
[慣用句]
―を踏む 경험을 쌓다= 場数ﾞを踏む
はじょう [波状] 파상①물결 모양 ②名 물결처럼 일정한 간격을 두고 반복되는 모양¶ ―雲ﾞ 파상운 ―攻撃 파상 공격
ばしょう [*芭*蕉] [植] 파초 ―布ﾞ 파초 섬유로 짠 직물
ばじょう [馬上] (文) 마상 ①말 위¶ ~の人となる 말에 오르다 ②名 말을 타고 있음¶ ~豐かに 말을 타고 유유히
はしょうふう [破傷風] [醫] 파상풍
ばしょく [馬食] 名他スル 마식, 말처럼 많이 먹음¶ 牛飲ﾞ~ 우음 마식
はしょ・る [端折る] 他五 ①옷자락을 걷어 올려 허리띠에 지르다¶ すそを~ 옷자락을 걷어 지르다 ②줄여서 짧게 하다, 생략하다¶ 説明ﾞを~ 설명을 생략하다
はしら [柱] ①기둥¶ 門ﾞの~ 문기둥/ 帆ﾞ~ 돛대 ②서있는 물건을 버티는 긴 나무¶ 電信ﾞ~ 전신주 ③중심이 되는 인물·물건¶ 一家ﾞの~ 집안의 대들보 ④조관객수= 貝柱ﾞ ⑤[版] 책의 난외에 표시한 표제 ⑥[助数] 신체·유골 등을 세는 말. 위(位)¶ 五~の英靈ﾞ 5위의 영령
はじらい [恥じらい·*羞じらい] 수줍음, 부끄러움¶ ~の色ﾞを見ﾞせる 수줍은 빛을 보이다/ ~を忘ﾞれる 부끄러움을 잊다
はじら・う [恥じらう·*羞じらう] 自五 수줍어하다, 부끄러워하다= はにかむ¶ 花ﾞも~ 乙女ﾞが 꽃도 무색할 만큼 아름다운 처녀
はしらかけ [柱掛け] 기둥에 거는 장식, 주련
はしらごよみ [柱暦] 기둥·벽에 거는 달력
はしら・す [走らす] 他五 ⇒はしらせる
はしら・せる [走らせる] 他下一 ①달리게 하다, 급히 보내다¶ 馬ﾞを~ 말을 달리다/ 子供ﾞを使ﾞいに~ 아이를 급히 심부름 보내다 ②막힘없이 움직이다, 놀리다¶ ペンを~ 펜을 놀리다 ▷「走らす」라고도 함
はしらどけい [柱時計] 벽시계
はしらま [柱間] 기둥과 기둥 사이
はしらみ [柱*蝨] 새나 짐승에 기생하는 이
はしり [走り] ①달리기, 매끄러운 움직임¶ 一ﾞ~して来ﾞる 한바탕 달리고 오다/ 軽快ﾞな~を見ﾞせる 경쾌한 움직임을 보이다 ②맏물, 햇것= 初物ﾞ¶ かつおの~ 맏물 가다랭이

③시작, 시초, 선구= 先ﾞがけ¶ 梅雨ﾞの~ 장마의 시작/ 流行ﾞの~ 유행의 선구
はしりい [走り井] 분천, 용솟음치듯 물이 솟는 샘= 噴泉ﾞ
はしりがき [走り書き] 名他スル 휘갈겨 씀, 그렇게 쓴 것¶ ~の手紙ﾞ 휘갈겨 쓴 편지
はしりこ・む [走り込む] 自五 ①충분히 달리다 ②달려 들어가다, 뛰어들다¶ 発車時間ﾞに~ 발차 시간에 뛰어들다
はしりたかとび [走り高跳び] [體] 도움닫기 높이뛰기= ハイジャンプ
はしりづかい [走り使い] 잔심부름으로 뛰어다님, 그런 사람¶ 主人ﾞの~をする 주인의 잔심부름으로 뛰어다니다
はしりづゆ [走り梅雨] 본격적인 장마철에 앞서 내리는 궂은비
はしりぬ・く [走り抜く] 自五 ①끝까지 달리다, 주파[완주]하다¶ マラソンコースを~ 마라톤 코스를 완주하다 ②달려서 앞지르다
はしりぬ・ける [走り抜ける] 他下一 달려서 빠져 나가다¶ 路地ﾞを~ 골목을 달려서 빠져 나가다
はしりはばとび [走り幅跳び] [體] 도움닫기 넓이뛰기
はしりまわ・る [走り回る] 自五 ①뛰어 돌아다니다¶ 子供ﾞが家ﾞの中ﾞを~ 아이가 집 안을 뛰어다니다 ②분주히 돌아다니다¶ 金策ﾞに~ 돈마련에 동분서주하다
はしりよみ [走り読み] 名他スル 대충 읽기, 급히 대충 훑어봄
はしりよ・る [走り寄る] 自五 뛰어 다가가다[다가오다]
はし・る [走る] 自五 ①달리다, 뛰다¶ 馬ﾞが~ 말이 달리다/ マラソンでトップを~ 마라톤에서 선두를 달리다 ②(탈것이) 달리다, 운행하다¶ 電車ﾞが~ 전차가 달리다 ③(물·빛 등이) 빨리 움직이다¶ いなずまが~ 번개가 번쩍이다/ 水ﾞが~ 물이 쏜살같이 흐르다 ④(감각·감정 등이) 스쳐 지나가다¶ 背中ﾞに痛ﾞみが~ 등에 통증이 스쳐가다/ むしずが~ 신물이 나다 ⑤미끄러지듯 움직이다¶ 筆ﾞが~ 붓이 매끄럽게 움직이다 ⑥『奔る』 달아나다, 도망치다¶ 敵陣ﾞに~ 적진으로 달아나다 ⑦여기저기 뛰어다니다¶ 金策ﾞに~ 돈마련에 동분 서주하다 ⑧『趨る』 (나쁜 방향으로) 기울다, 치닫다¶ 悪ﾞに~ 악의 길로 치닫다 (어떤 방향으로) 뻗다, 통하다¶ ひびが~ 금이 쫙 가다/ 道ﾞが東西ﾞに~っている 길이 동서로 뻗어 있다
は・じる [恥じる·*羞じる] 自上一 ①부끄러워하다¶ 自分ﾞの愚ﾞかさを~ 자신의 어리석음을 부끄러워하다 ②《흔히 부정의 꼴로》 부끄럽다¶ 名ﾞに~じない行為ﾞ 이름에 부끄럽지 않은 행위
はしわたし [橋渡し] ①다리를 놓음 ②중개 역할을 함, 중매, 그런 사람¶ 両国ﾞ間ﾞの~の役ﾞ 양국간의 가교 역할/ 恋ﾞの~をする 사랑의 중개 역할을 하다

ばしん [馬身] 〘助数〙 마신. (경마에서) 말의 코끝에서 엉덩이까지의 길이 ¶ 三～差で勝つ 3마신 차로 이기다

はす [´斜] 〘口〙 비스듬함, 경사=はすかい ¶ ～に横切る 비스듬히 가로지르다

はす [´蓮] 〘植〙 연, 연꽃=はちす

はず [´筈] ①(화살의) 오늬=矢筈 ②활고자, 활 양끝에 시위를 거는 부분=弓筈 ③〘相撲〙 상대방의 겨드랑이나 가슴을 밀어붙이는 V자형 손아귀 모양 ④〘形式〙 (당연히)…할 것임, …할 터 ¶ これでいい～だ 이것으로 될 것이다 ¶ 彼女が怒る～だ 이래서는 그녀도 화낼 것이다 ⑤〘形式〙 예정을 나타냄. …일〔할〕 것 ¶ たしか今日～の～だ 아마 오늘일 것이다 ⑥〘形式〙 이유·도리를 나타냄. …할 리 ¶ 子供にできる～はない 아이들이 할 수 있을 리가 없다

ハズ 〘俗〙「ハズバンド」의 준말. 허즈번드

バス (bass) 〘音〙 베이스 ①남성의 최저 음역 ②최저 음부의 가수·악기 ¶ クラリネット バス 클라리넷 ▷「ベース」라고도 함

バス (bus) 버스 ①〘交〙 대형 승합 자동차 ②〘컴〙 내부 장치를 연결하는 신호 ━停 버스 정류장 ━レーン (bus lane) 〘交〙 버스 전용 차선
〔慣用句〕
━に乗り遅れる 버스를 놓치다, 시류(時流)에 뒤지다, 기회를 놓치다

パスワード (password) 〘컴〙 패스워드, 기밀 유지·식별 암호

はすい [破水] 〘名〙〘自スル〙〘醫〙 파수

はすう [端数] 〘数〙 단수, 끝수, 우수리 ¶ ～を切り捨てる 우수리를 잘라 버리다

はすう [波数] 〘物〙 파동의 수

バズーカほう [バズーカ砲] 〘軍〙 바주카포, 대전차 로켓포

はずえ [葉末] 잎사귀 끝 ¶ ～に宿る露 잎사귀 끝에 맺힌 이슬=葉자손

ばすえ [場末] 변두리= 町外れ ¶ ～の酒場 변두리의 술집

はずおし [´筈押し] 〘相撲〙 V형 손아귀로 상대의 겨드랑이를 밀어붙이기

はすかい [´斜交い] 비스듬함, 어긋매김 ¶ たすきを～にかける 어깨띠를 비스듬히 두르다

はずかし・い [恥ずかしい] 〘形〙 ①부끄럽다, 창피하다 ¶ ～身なり 창피스러운 옷차림 ¶ 落第して、～ 낙제해서 창피하다 ②멋적다, 겸연적다 ¶ ほめられて～ 칭찬 받아 멋적다

はずかしがり [恥ずかしがり] 〘口〙 부끄럼을 잘 탐, 그런 사람 ¶ 大変な～な 몹시 부끄럼을 잘 타는 사람 ━屋 부끄럼을 잘 타는 사람

はずかしめ [辱め] 〘文〙 모욕, 치욕 ¶ ～を受ける 모욕을 당하다

はずかし・める [辱める] 〘他下一〙①창피를 주다, 모욕하다, 욕보이다 ¶ 人の面前で～ 남의 면전에서 창피를 주다 ②(지위·명예 등을) 더럽히다, 욕되게 하다 ¶ 社の名を～ 회사의 이름을 더럽히다 ③(여성을) 범하다, 능욕당하다 ¶ 敵将に～·められる 적장에게 능욕당하다

はず・す [外す] 〘他五〙 ①떼다, 떼어 내다, 벗기다 ¶ 雨戸を～ 빈지문을 떼다 / 錠を～ 자물쇠를 벗기다 ②(걸친 것을) 풀다, 끄르다, 벗다, 벗다 ¶ ネクタイを～ 넥타이를 풀다 / 眼鏡を～ 안경을 벗다 ③빼다, 제외하다 ¶ メンバーから～ 멤버에서 빼다 ④(제한을) 풀다, 없애다 ¶ 枠を～ 제한을 풀다 ⑤피하다, 빗나가게 하다 ¶ 的を～ 표적에서 빗나가게 하다 / 攻撃を～ 공격을 피하다 ⑥놓치다, 잃다 ¶ 機会を～ 기회를 놓치다 ⑦(자리를) 뜨다, 비우다 ¶ 席を～

はすっぱ [´蓮っ葉] 〘名〙〘口〙 (언동이) 상스럽고 경박함, 그런 여자 ¶ ～な口をきく 천박한 말을 하다

パステル (pastel) 파스텔 ━画 파스텔화 ━カラー (pastel color) 파스텔 컬러

はすのうてな [´蓮の台] 〘佛〙 연화대=蓮台

はずべき [恥ずべき] 〘連語〙 부끄럽게 여겨야 할, 수치스러운 ¶ ～行為 수치스러운 행위

はずみ [弾み] ①튐, 탄력 ¶ ボールの～が悪い 공이 잘 튀지 않는다 ②여세, 가락, 힘 ¶ ～がつく 힘(탄력)이 붙다 ③(그때의) 추세, 상황, 형세 ¶ ものの～で思わぬけがをする 우연한 경위로 뜻밖의 상처를 입다 ④그 순간, 바람에 ¶ 消えった～に足をいためる 넘어지는 바람에 다리를 다치다
〔慣用句〕
━を食う 어떤 여세가 다른 것에 미치다

はずみぐるま [弾み車] 〘機〙 기계의 회전축에 달린 무거운 바퀴=フライホイール

はず・む [弾む] 〘自五〙 ①뛰다 ¶ よく～ゴム 잘 튀는 고무공 ②활기를 띠다, 기세가 오르다 ¶ 話が～ 이야기가 활기를 띠다 ③거칠어지다 ¶ 息を～·ませてかける 숨을 헐떡거리며 달리다 ④(돈을) 호기 있게 주다 ¶ チップを～ 팁을 호기 있게 주다

はすむかい [´斜向かい] 비스듬히 건너편

は・する [派する] 〘他サ変〙〘文〙 보내다, 파견하다

はずれ [外れ] ①빗나감, 어긋남, 맞지 않음 ¶ 期待の～ 기대에 어긋남 / 当たり～ 빗나감 / くじの～ 맞지 않은 제비 ②변두리 ¶ 町の～ 교외, 변두리 ③〘造語〙 벗어남, 속하지 않음 ¶ 仲間～ 동아리에 끼지 못함

はぜ [葉擦れ] (바람에) 나뭇잎이 스침, 그런 소리

はず・れる [外れる] 〘自下一〙 ①빠지다, 벗겨지다, 끌러지다 ¶ たががが～ 테가 벗겨지다 ②(집단에서) 제외되다 ¶ メンバーから～ 멤버에서 제외되다 ③빗맞다, 빗나가다 ¶ 予報が～ 예보가 빗나가다 ④벗어나다, 어긋나다, 맞지 않다 ¶ 趣旨から～ 취지에서 벗어나다 ⑤떨어지다, 누락되다 ¶ くじに～ 추첨에서 빠져 떨어지다

はぜ [〈沙魚〉·´鯊] 〘動〙 ①망둥이 ②문절망둑

はぜ [´櫨·黄櫨] 〘植〙 황로, 거먕옻나무

はせい [派生] 〘名〙〘自スル〙 파생 ¶ 問題が～する 문제가 파생하다 ━語 〘文法〙 파생어

ばせい [*罵声] (og) (큰소리로) 욕하는 소리¶ ～を浴びせる 큰소리로 욕을 퍼붓다
ばせき [場席] 좌석, 관객석¶ 腰をおろす～もない 앉을 자리도 없다
はせ さん[じる] [*馳(せ)参じる] 国上一 (주군·윗사람에게) 급히 달려가다¶ 恩師のもとへ～ 은사에게 급히 달려가다
バセドーびょう [バセドー病] [醫] 바제도우병, 갑상선 기능 항진증
はぜ の き [櫨・〈黄櫨〉] [植] 황로. 거먕옻나무
はせ まわ・る [*馳(せ)回る] 国团(文) 동분서주하다, 바삐 뛰어다니다 = はせめぐる ¶人を～ 사람을 모으러 동분서주하다
はせ むか・う [*馳(せ)向かう] 国団(文) 말을 달려 가다, 급히 달려가다 ¶敵陣へ～ 적진으로 급히 달려가다
はせ もど・る [*馳(せ)戻る] 国团(文) 급히 돌아오다[가다], 달려 돌아오다[가다]¶ 連絡で～ 연락을 받고 급히 돌아오다
は・せる [*馳せる] I 他下─(文) ①(말·차 등을) 달리다, 몰다¶ 馬を～ 말을 달리다 ②마음이 향하다, 생각하다¶ 故郷に思いを～ 고향 생각을 하다 ③(이름을) 떨치다¶ 名声を～ 명성을 떨치다 II 国下一 달리다, 뛰어가다¶ 一息に～ 단숨에 달리다
は・ぜる [*爆ぜる] 国下一(文) (열매 등이) 터져서 벌어지다, 튀다¶ 栗の実が～ 밤송이가 벌어지다
はせん [端銭] 잔돈, 푼돈
はせん [波線] 파선, 물결 선 = なみせん
はせん [破船] (文) 파선, 난파선
はせん [破線] 일정한 간격으로 띄워 놓은 선
ばせん [場銭] ①(극장 등의) 좌석료 ②(노점 등의) 자릿세¶ ～を払って店を出す 자릿세를 치르고 노점을 내다
ばぜん [馬前] 마전, 말·말에 타고 있는 사람의 앞, 주군[귀인]의 앞
はそく [*把捉] 图他スル(文) 파착, 파악¶ 真意を～する 진의를 파악하다
ばぞく [馬賊] 마적
パソコン [パーソナルコンピューター]의 준말. PC ━つうしん [━通] [情] PC 통신
はぞり [端反り] (전립·그릇 등의) 가장자리가 밖으로 휨¶ ～笠 가장자리가 휜 갓
ばそり [馬橇] 말이 끄는 썰매
はそん [破損] 图自他スル 파손¶ 器物を～する 기물을 파손하다
はた [畑] 熟はた·はたけ I (일본식 한자) 밭 ▷「火」와 「田」의 합자로 「화전」의 뜻. 畠와 같음 II → はたけ(畑)
はた [*畠] 熟はたけ·はた I (일본식 한자) 밭 ▷「白」와「田」의 합자로 뽀얗게 마른 경지.「畑」와 같음 II → はたけ(畑) ①
はた [羽太] [動] 능성어
はた [旗] 기, 깃발¶ ～を掲げる 기를 게양하다
慣用句
━を振る ①기를 흔들다 ②일을 앞장 서서 추진하다
━を巻く 기를 말다 ①일을 중지하다, 손을 떼다 ②항복하다
はた [端·側·傍] ①가, 가장자리¶ 池の～ 연못가/ 道～に車をとめる 길가에 차를 세우다 ②(어떤 사람의) 옆, 곁¶ ～の者 측근자/ ～で見て覚える 곁에서 보고 익히다
はた [機] 베틀¶ ～を織る 베를 짜다
はた [〈二十〉] (造語) 이십, 스물 = にじゅう ¶ ～ち 스무살/ 十重二十重 중첩
はた [将] (文) I圖 게다가 또, 또한 II 接 그렇지 않으면, 아니면, 혹은¶ 雲か山か～島か 구름이냐 산이냐 아니면 섬이냐
はだ [肌·膚] ①살결, 피부, 살갗¶ ～が荒れる 살결이 거칠어지다/ ～が白い 피부가 희다 ②표면, 껍질, 거죽¶ 木の～ 나무 껍질/ 山の～ 산의 표면 ③기질, 성질, 성미¶ 職人の～ 장인 기질
慣用句
━が合わない 성미가 맞지 않다
━で感じる 피부로 느끼다
━を汚す 몸을 허락하다, 정조를 잃다
━を許す 몸을 허락하다
はだ あい [肌合(い)·膚合(い)] 图 ①성미, 기질¶ ～が合わない 성미가 맞지 않다 ②(피부·거죽의) 감촉¶ 滑らかな～ 매끄러운 감촉
はた あげ [旗揚げ] 图自スル ①군사를 일으킴 ②새로 일을 시작함¶ ～興行 창단 흥행
ばた あし [ばた足] (수영에서) 물장구질
はだ あれ [肌荒れ·膚荒れ] 피부가 거칠어짐
ばだい [場代] 자릿세¶ 高い～を取られる 비싼 자릿세를 뜯기다
はたいろ [旗色] (전쟁·경기의) 형세, 판세¶ ～がよくない 형세가 좋지 않다/ ～をうかがう 판세를 살피다
はだいろ [肌色·膚色] ①피부색 ②살색
はだえ [*肌·膚] (文) ①피부, 살갗¶ 雪のような～ 눈 같은 피부 ②도검(刀劍)의 표면
はた おり [機織(り)] ①베틀로 베를 짬, 그런 사람 ②「機織り虫」의 준말 ━むし [━虫] [動] 북방여치
はだか [裸] ①알몸, 나체, 벌거숭이 ②가린 것 없이 드러난 물체¶ ～木立ち 벌거숭이가 된 겨울나무 ③무일푼, 빈털터리¶ 倒産して～になる 도산하여 빈털터리가 되다 ④있는 그대로임, 솔직함¶ ～の付き合い 솔직한 교제
はだかいっかん [裸一貫] 알몸, 맨손, 적수 공권¶ ～から出直す 맨손으로 다시 시작하다
はだかうま [裸馬] 안장을 얹지 않은 말
はた がしら [旗頭] ①깃발의 꼭대기 ②(옛날에) 일족(一族)이나 지방 무사단(團)의 우두머리 ③한 파의 우두머리, 두목, 수령
はだかでんきゅう [裸電球] 알전구, 갓을 씌우지 않은 전구
はだか まいり [裸参り] 추운 때에 알몸으로 神社に 절에 참배하는 일
はだか むぎ [裸麦] 나맥, 쌀보리
はだか むし [裸虫] ①나충. 날개나 털이 없는

벌레 ②인간 ③(가난하여) 옷을 못입은 사람
**はだか・る** [開かる] 自五 ①팔다리를 벌리고 서다, 앞을 막아서다¶ 立ち~ 버티고 막아서다 ②(옷이 흐트러져 몸이) 드러나다, 벌어지다¶ 胸元が~ 가슴이 드러나다
**はたき** [叩き] ①먼지떨이, 총채¶ ~をかける 먼지떨이로 떨다 ②「はたき込み」의 준말
**はだぎ** [肌着・膚着] 속옷, 내의= 下着
**はたぎょうれつ** [旗行列] 깃발 행렬
**はた・く** [叩く] 他五 ①털다, 털어내다¶ ちりを~ 먼지를 털다 ②치다, 때리다¶ 平手でほおを~ 손바닥으로 뺨을 때리다 ③돈을 다 써버리다¶ 財布を~ 지갑을 몽땅 털다
**バタくさ・い** [バタ臭い] 形 버터 냄새가 나다, 서양 티가 나다¶ ~顔 서구적인 얼굴
**はたぐも** [旗雲] (文)(깃털처럼) 길게 뻗친 구름
**はたけ** [畑・*畠] ①밭= はたち 수확밭/ ~を耕す 밭을 갈다 ②전문 분야・영역¶ 法律~の人 법률 분야의 사람
**はたけ** [*疥・乾癬] 마른버짐, 건선(乾癬)
**はたけすいれん** [畑水練] (밭에서 수영 연습하듯) 실제로는 쓸모 없는 훈련= 畳水練
**はたけちがい** [畑違い] 전문 분야가 다름¶ ~の仕事 전문 분야가 다른(아닌) 일
**はだ・ける** [開ける] 自他下一 (옷의 앞가슴・옷자락 등이) 벌어지다, 벌리다¶ すそが~ 옷자락이 벌어지다/ 胸を~ 가슴을 드러내다
**はたご** [旅籠] 여관, 여인숙¶ ~銭 숙박료
**―屋** (옛날의) 여관, 여인숙
**はたざお** [旗*竿] 깃대¶ ~を立てる 깃대를 세우다
**はたさく** [畑作] 밭농사, 밭 작물
**はたさしもの** [旗差物・旗指物] (옛날 전쟁터에서) 갑옷에 꽂아 소속을 표시한 작은 기
**はださむ・い** [肌寒い・膚寒い] 形 으스스 춥다, 쌀쌀하다= はだざむい¶ 朝夕は~くなった 아침 저녁으로 쌀쌀해졌다
**はだざわり** [肌触り・膚触り] ①감촉, 촉감¶ ~がいい 감촉이 좋다 ②사람에 대한 인상¶ 柔らかな~の人 부드러운 인상의 사람
**はだし** [裸足・*跣] ①맨발¶ ~で駆け回る 맨발로 뛰어다니다 ②(造語) 도저히 따라가지 못함[당하지] 못함¶ 玄人~ 전문가도 무색함
**はたしあい** [果(た)し合(い)] 결투¶ ~を申し込む 결투를 신청하다
**はたしじょう** [果(た)し状] 결투장¶ ~を突きつける 결투장을 내밀다
**はたして** [果(た)して] 副 과연 ①역시, 예상대로¶ ~彼は合格した 역시 그는 합격했다 ②(의문・가정의 표현이 딸리어) 정말로, 말한 대로¶ 真実なのだろうか 과연 진실일까
**はだじゅばん** [肌*襦袢] (일본옷의) 맨살에 입는 속옷= はだじばん
**はたじるし** [旗印・旗*標] 기치 ①옛날에 싸움터에서 사용한 기의 표지 ②행동의 목표¶ 平和~のもとに 평화의 기치 아래로
**はた・す** [果(た)す] 他五 ①다하다, 완수하다, 달성하다¶ 約束を~ 약속을 이행하다

②(補助)《동사 連用形에 붙어》죄다 …해 버리다¶ 使い~ 다 써 버리다
**はたせるかな** [果(た)せるかな] 連語 생각했던 대로, 역시, 아니나다를까¶ ~, 彼はしくじった 아니나다를까 그는 실패했다
**はたち** [二十・二十歳] 20세, 스무살¶ 今年~になる 올해 스무살이 된다
**はたち** [畑地] 밭으로 되어 있는 땅
**ばだち** [場立ち] 経 (증권 거래소에서) 매매 거래를 담당하는 증권회사 직원
**ばたつ・かせる** [他下一] 버둥거리다, 파닥거리다¶ 足を~ 발을 버둥거리다
**ばたつ・く** 自五 버둥거리다, 펄럭이다, 허둥대다¶ 旗が風で~ 깃발이 바람에 펄럭이다
**ばたっと** 副 ①(갑자기 떨어지거나 쓰러지거나 닫히는) 탁, 픽, 쾅¶ ~倒れる 픽 쓰러지다/ 扉が~閉じる 문이 쾅 닫히다 ②(갑자기 끊기는) 뚝¶ ~手紙が来なくなる 편지가 뚝 끊어지다
**はたと** 副 ①(세게 때리거나 부딪는) 탁¶ ~ひざをたたく 무릎을 탁 치다 ②매섭게 노려보는 모양= はったと¶ ~にらみつける 매섭게 노려보다 ③(움직임・생각이 갑자기 바뀌거나 생기는) 퍼뜩, 갑자기¶ ~風がやむ 갑자기 바람이 그치다/ ~いい考えが浮かぶ 퍼뜩 좋은 생각이 떠오르다
**はだぬぎ** [肌脱ぎ・*膚脱ぎ] (일본옷의) 웃통을 벗음, 그런 모습¶ ~になる 웃통을 벗다
**はたばこ** [葉(煙草)] 엽연초, 잎담배
**はたはた** [*魚雷・*鰰] 图 도루묵
**はたはた** 副 ①(깃발 등이) 펄럭펄럭¶ 旗が~とひるがえる 기가 펄럭펄럭 나부끼다 ②새가 날개를 퍼덕거리는 소리, 푸드득
**ばたばた** 副 自スル ①(물건이 연달아 세게 부딪는) 탁탁, 쿵쿵, 딱딱¶ ~と足音をたてる 쿵쿵 발소리를 내다 ②(계속 넘어지거나 죽어가는) 픽픽¶ ~と倒れる 픽픽 쓰러지다 ③(일이) 척척, 착착¶ 仕事を~と付ける 일을 척척 처리하다 ④허둥지둥¶ 引っ越しで~する 이사가 허둥지둥하다 ⑤(날개・발 등을) 푸드득, 둥둥¶ 鳥が羽を~させる 새가 날개를 푸드득거리다
**ばたばた** 副 自スル ①(물체가 계속 부딪는) 탁탁, 톡톡, 똑똑¶ ほこりを~払う 먼지를 탁탁 털다 ②(신발이 가볍게 끌리는) 짤짤¶ スリッパを~させて歩く 슬리퍼를 짤짤 끌며 걷다 ③부채로 부치는 모양 ④(깃발이) 팔락팔락¶ 小旗が~鳴る 작은 깃발이 팔락거리다 ⑤(새가 푸드득거리는) 푸드득푸드득
**はたび** [旗日] 국기 게양일, 국경일
**バタフライ** (butterfly) 버터플라이 ①動 나비 ②(수영에서) 접영 ③스트리퍼의 앞가리개
**はたまた** [*将又] 接 (文) 또는, 혹은, 아니면¶ 夢~幻~ 꿈일까 아니면 환상일까
**はだまもり** [肌守(り)・*膚守(り)] 몸에 지니는 부적
**はだみ** [肌身・*膚身] 몸, 피부¶ ~離さず 몸에 지니고/ ~に感じる 피부로 느끼다/ ~

はため [^傍目] 옆에서 남이 보는 느낌・눈¶ ～にはよく見える 남의 눈에는 잘 보인다
はためいわく [^傍目迷惑] 名ス 주위 사람에게 미치는 폐¶ ～な騒音 이웃에 폐가 되는 소음
はた・めく 自五 (깃발 등이) 펄럭이다, 나부끼다¶ 万国旗が～ 만국기가 펄럭이다
はたもち [旗持ち] 기수＝旗手
はたもと [旗本] [日史] ①(진중하게) 대장이 있는 본영의 무사 ②[江戸時代] 将軍 직속의 가신 중에서 녹봉이 만 석 이하이면서 将軍을 직접 만날 자격이 있는 자 —奴 [日史] 江戸 시대 将軍 직속의 무사로, 협객인 양하며 다니던 무리한
はたや [機屋] 베 짜는 집, 그런 업자
ばたや [ばた屋] [俗] 넝마주이＝くず拾い
はたら・かす 他五 ①일을 시키다 ②(능력・기능을) 발휘시키다 頭を～ 머리를 쓰다/ 想像力を～ 상상력을 발휘하다 ③[文法] 어미를 변화시키다, 활용하다
はたらき [働き] ①일, 작업, 근무, 노동¶ ～に出る 일하러 나가다 ②실적, 공적, 성과¶ 抜群の～ 발군의 성과/～が認められて昇進する 공적을 인정받아 승진하다 ③활동, 작용, 작동, 효능 薬の～ 약의 효능/頭の～が鈍る 머리 회전이 둔해지다 ④수입, 벌이, 생활력¶ ～のある人 생활력이 있는 사람 ⑤[文法] 어미 변화, 활용
はたらきあり [働き蟻] [動] 일개미
はたらきか・ける [働(き)掛ける] 自下一 적극적으로 활동[작용]하다, (상대방에게) 손을 쓰다¶ 関係者に～けて協力を要請する 관계자에게 손을 써 협력을 요청하다
はたらきぐち [働き口] 일자리¶ ～を探す 일자리를 찾다
はたらきざかり [働(き)盛り] 한창 일할 나이¶ ～の人 한창 일할 나이의 사람
はたらきて [働き手] ①(유능한) 일꾼 ②한 집안의 생계를 맡은 사람¶ ～を失う 집안의 기둥을 잃다
はたらきばち [働き蜂] ①[動] 일벌 ②[比] 열심히 일하는 사람
はたらきもの [働き者] 근면한[부지런한] 사람
はたら・く [働く] I 自五 ①일하다, 노동하다¶ 朝から晩までよく～ 아침부터 밤까지 열심히 일하다 ②작용하다, 기능・효과를 발휘하다 頭が～ 머리가 돌아가다/ 安全装置が～ 안전 장치가 작동하다 ③[文法] 어미 변화하다, 활용하다¶ 五段に～ 5단으로 활용하다 II 他五 나쁜 짓을 하다¶ 強盗を～ 강도짓을 하다/ 乱暴を～ 난폭하게 굴다
ばたりと 副 ①(물건이 부딪치거나 넘어지는) 툭, 탁, 털썩¶ 床に～倒れ込む 자리에 털썩 쓰러지다 ②(세게 닫히는) 탕, 쾅¶ 本を～閉じる 책을 탁 덮다 ③(움직임・소리가 갑자기 멎는) 뚝¶ 便りが～途切れる 소식이 뚝 끊어지다
ばたりと 副 ①(물건이 떨어지거나 넘어지는) 툭,

탁, 탈싹¶ ～倒れる 툭 쓰러지다 ②(갑자기 끊기는) 뚝¶ 風が～やむ 바람이 뚝 멎다
はだれゆき [^斑雪] 드문드문 내려 쌓인 눈, 여기저기 남은 눈＝はだらゆき
はたん [破綻] 名自ス 파탄¶ 計画に～を来す 계획에 파탄을 가져오다
はだん [破談] 파담, 약속・상담・혼담 등의 취소¶ 縁談を～にする 혼담을 깨다
パタン (pattern) 패턴, 형, 유형, 도안, 형지 — 認識 [컴] 패턴 인식, 문자・음성・도형 등을 패턴화하여 컴퓨터에 인식시켜 처리하기
はたんきょう [^巴旦杏] [植] ①자두의 한 품종＝とがりすもも ②편도
ばたんと 副 ①쾅, 쿵¶ ～ドアを閉める 쾅 하고 문을 닫다 ②툭, 털썩¶ 板が～倒れる 판자가 털썩 넘어지다
ばたんと 副 물건이 넘어지거나 닫히는 소리¶ 本を～閉じる 책을 탁 덮다
はち [八] 名 ハチ 훈 や・やつ・やっつ・よう｜(음)팔 I [造語] ①여덟, 팔¶ 八月 팔월・八景 팔경・八数가 갖은자 [熟字訓] 十八番 장기 II 팔, 여덟¶ ～の字 여덟팔자
はち [鉢] 名 ハチ・ハツ｜(음)발 I [造語] ①범어의 차음자, 바리때 鉄鉢 승의 밥・탁발 ②바닥이 깊은 용기 鉢物 분재, 乳鉢 유발 II ①바리때 ②주발, 사발, 대접¶ 煮物の～ 찌개용 대접 ③[植木鉢]의 준말¶ ～に植える 화분에 심다 ④두개골, 머리통 ⑤투구의 머리통 덮개
[慣用句]
—の開いた頭 정수리가 넓적한 머리
はち [^蜂] [動] 벌
ばち [罰] 벌, 천벌¶ ～があたる 천벌을 받다
ばち [^撥] ①비파・三味線의 현을 타는 도구, 발목(撥木) ②[^枹・^桴] 채, 북채, 징채
ばちあたり [罰当(た)り] 名ス 천벌을 받음, 천벌을 받아 마땅한 사람¶ この～めが 이 천벌을 받을 놈아/ ～なことをする 천벌을 받을 짓을 하다
はちあわせ [鉢合(わ)せ] 名自ス ①머리를 맞부딪침, 박치기¶ 柱と～する 기둥에 머리를 부딪히다 ②(뜻하지 않게) 딱 마주침, 맞닥뜨림¶ 旅先で旧友と～した 여행지에서 옛 친구와 마주쳤다
はちうえ [鉢植(え)] 화분에 심음, 그런 초목¶ ～の菊 화분에 심은 국화
ばちおと [^撥音] (三味線 등의 악기를) 발목(撥木)으로 타는 소리
ばちがい [場違い] 名ス ①그 자리에 어울리지 않음¶ ～な服装 그 자리에 어울리지 않는 복장 ②주산지에서 난 것이 아님¶ ～な海産物 본고장산이 아닌 해산물
はちがつ [八月] 8월＝葉月
はちき・れる [はち切れる] 自下一 속이 가득 차서 터지다¶ 紙袋が～ 종이 봉지가 터지다/ ～んばかりの若さ 터질듯한 젊음
はちく [^淡竹] [植] 담죽, 솜대

はちく [破竹] 파죽. 대를 쪼갬
[慣用句]
—の勢い 파죽지세
ぱちくり 副自スル (口) (놀라서 눈을 크게 뜨고 끔벅거리다) 끔뻑끔뻑¶目を~させる 눈을 끔뻑거리다
はちじゅうはちや [八十八夜] 입춘으로부터 88일째의 날
[慣用句]
—の別れ霜 파종 적기를 나타내는 말
はちじゅうはっかしょ [八十八箇所] 四国에 있는 弘法 대사의 영지(靈地) 88개소
はちじょうぎぬ [八丈絹] 東京도(都) 八丈섬 특산의 견직물
はちじょうたからがい [八丈宝貝] 자패(紫貝)의 한 종류
はす [蓮] 「ハス」의 옛이름. 연. 연꽃
ばちだこ [撥胼胝] (비파·三味線 등을 탈 때) 발목(撥木)이 닿는 곳에 생기는 못
はちたたき [鉢叩き] 표주박을 치고 염불하면서 춤을 춤. 그런 중: 空也念仏(くうやねんぶつ)
はちどう [八道] [日史] (明治 이후의) 東海道・東山道・北陸道・山陰道・南海道・西海道・北海道의 8개 행정 구역의 총칭
はちどり [蜂鳥] [動] 벌새
はちねつじごく [八熱地獄] [佛] 팔열 지옥
はちのあたま [蜂の頭] [連語] [俗] 무용지물. 아무 쓸모 없는 것
はちのこ [鉢の子] 탁발승의 쇠바리때
はちのじ [八の字] 팔자(八字) 모양¶~のまゆ 팔자 눈썹. 찌푸린 눈썹
はちのす [蜂の巣] 벌집
[慣用句]
—を突ついたよう 벌집을 쑤신 듯
ぱちぱち 副自スル ①(박수를 치는) 짝짝¶~と手をたたく 짝짝 박수를 치다 ②(눈을 깜박이는) 깜박깜박¶目を~させる 눈을 깜박거리다 ③(불꽃이 튀는) 톡톡, 탁탁¶電線から~と火花が散った 전선에서 불꽃이 탁탁 튀었다 ④불에 타는 [튀는] 소리. 탁탁, 톡톡¶枝が~と燃える 가지가 탁탁하며 타다 ⑤주판 등을 놓는 소리. 톡톡¶そろばんを~はじく 주판을 톡톡 놓다
ばちびん [江戸] (江戸시대 중기에 유행한) 양쪽 살쩍을 발목(撥木) 모양으로 민 일본식 남자 머리 모양
はちぶ [八分] ①10분의 8, 8할 ②한패에서 따돌림, 그런 사람¶村~ 동네에서 따돌림 —音符 [音] 8분 음표 —通り 8할 정도
はちぶしゅう [八部衆] [佛] 팔부중
はちぶんめ [八分目] ①10분의 8, 8할= 八分 ②약간 부족한 데서 그침¶腹~ 배가 좀 덜차도록 먹음
はちまき [鉢巻] ①머리띠¶ねじり~ 비틀어 맨 머리띠/向こう~ 앞에서 매듭 지은 머리띠/~を締める 머리띠를 매다 ②(방화 위해) 흙광의 처마 밑에 띠처럼 두껍게 흙을 바른 부분 ③모자의 차양 가를 천으로 감은 것
はちまん [八幡] [名] 「八幡宮」・「八幡神社」의 준말 —宮 八幡神을 모신 神社 —神 八幡宮의 제신(祭神) —造 두 채의 맞배집을 앞뒤로 나란히 잇댄 神社 건축 양식
はちまんしせん [八万四千] [佛] 많은 수를 나타내는 말. 팔만 사천
[慣用句]
—の法門 [佛] 팔만 사천 법문
はちみつ [蜂蜜] 봉밀. 벌꿀. 꿀¶~のように甘い 꿀처럼 달다
はちミリ [八ミリ] 필름 폭이 8mm인 소형 영화. 8mm 카메라·영사기 —ビデオ 8mm폭의 자기 테이프를 쓰는 비디오 카메라
はちめん [八面] 8면 ①여덟 평면¶~体 8면체 ②모든 방면 —玲瓏 [文] 팔면 영롱 ①어느 쪽에서 보아도 아름다움 ②마음이 맑고 깨끗함 —六臂 팔면 육비 ①여덟 개의 얼굴과 여섯 개의 팔 ②[名] 비상한 능력으로 몇 사람 몫의 활약을 함
はちもの [鉢物] ①분재(盆栽) ②사발에 담아내는 요리
はちもんじ [八文字] ①여덟팔자. 「八」자 모양 ②유녀들이 유곽 거리를 누비고 다닐 때의 팔자걸음¶外~ 밭장걸음/内~ 안짱걸음/~を踏む 유녀가 팔자걸음을 걷다
はちゃ [葉茶] 엽차= はちゃ
はちゅうるい [爬虫類] [動] 파충류 —時代 [地] 파충류 시대
はちょう [波長] ①[物] 파장¶~が短い 파장이 짧다 ②서로 뜻이 통하는 정도¶彼とは~が合わない 그와는 뜻이 통하지 않는다
はちょう [破調] ①가락의 정상이 아님 ②[文] (短歌·俳句 등) 정형시의 리듬을 깨뜨림¶~の句 리듬을 깬 시구
はちりはん [八里半] [俗] 군고구마= 焼き芋
ばちん (허리띠나 머리끈 등의) 물림쇠
ぱちんこ ①(고무총) 새총 ②핀볼, (일본식) 슬롯머신 ③[俗] 권총
ぱちんと 副 ①(물림쇠를 잠글 때 나는) 짤깍¶~、大口金を締めた 짤깍, 돈지갑의 물림쇠를 잠그다 ②(단단한 것을 튀기거나 부딪칠 때 나는) 딱¶指を~鳴らす 손가락을 딱 하고 울리다 ③(뺨 등을 손바닥으로 때릴 때 나는) 찰싹
はつ [感] (口) ①(갑자기 생각나거나 놀랐을 때) 어, 이크¶~、大変だ 이크 큰일났다 ②(상대방의 말을 잘 알아듣지 못하여 반문하는) 네¶~、なんとおっしゃいましたか 네 뭐라고 말씀하셨죠? ③(윗사람에게 공손하게 대답하는) 예, 네¶~、さようでございます 에 그렇습니다
はつ [発] [發] [音] ハツ·ホツ [訓] はなつ·たつ (음)발. (造語) ①활·총을 쏘다¶発射·発砲·発 ②외출하다, 출발하다¶発車·発車·出発 출발 ③나타나다, 내놓다, 생기다, 일어나다¶発音 발음·発生

はつ 発生 ④밝히다. 터놓다¶ 発揮¦‍‍ 발휘・発明¦‍ 발명 ⑤발전하다. 왕성해지다¶ 発育¦‍‍ 발육・発展¦‍ 발전 ⑥시작하다. 처음으로 알리다¶ 発行¦‍ 발행・発表¦‍ 발표 ⑦助数 탄환・타격・발동기 등을 세는 말¶ 一発¦‍‍ 일발・双発¦‍‍ 쌍발 ⑧「撥」의 대응자¶ 挑発¦‍‍ 도발・反撥¦‍‍ 반발 ⑨「潑」의 대응자¶ 活発¦‍‍ 활발 ⑩「醗」의 대응자¶ 発酵¦‍‍ 발효 熟字訓 発条¦‍‍ 용수철, 태엽

はつ [髪] [髪] 音ハツ 訓かみ | (음)발. (造語) 머리털¶ 髪膚¦‍‍ 발부・散髪¦‍‍ 산발・理髪¦‍‍ 이발 ▷ 熟字訓 白髪¦‍‍ 백발

はつ [*撥] 音ハツ・バチ 訓はねる・はじく | (음)발. (造語) ①튀다. 튀어 나오다. 뒤기다¶ 挑撥¦‍‍ 도발・反撥¦‍‍ 반발 ②다스리다. 평정하다, 조정하다¶ 撥乱¦‍‍ 발란 ③(「バチ」로 읽어서) 발목. 채 ▷「発」가 대용자

はつ [*潑] 音ハツ | (음)발. (造語) 원기 왕성함¶ 潑剌¦‍‍ 발랄・活潑¦‍‍ 활발 ▷「発」가 대용자

はつ [*醗] 音ハツ | (음)발. (造語) 양조하다, 빚다¶ 醗酵¦‍‍ 발효 ▷「発」가 대용자

はつ [初] ①名 처음, 최초¶ ~の会合¦‍‍ 첫 회합/ お~にお目にかかります 처음 뵙겠습니다 ②(造語) ⊙(그해) 처음의¶ ~霜¦‍‍ 첫서리/ ~がつお 만물 가다랑이 ⓒ(그 사람・사물에 있어서) 처음의¶ ~出場¦‍‍ 첫출장/ ~耳¦‍‍ 초문/ ~節句¦‍‍ 태어나 처음 맞는 명절

ばつ [伐] 音バツ 訓うつ | (음)벌. (造語) ①나무를 베다¶ 伐採¦‍‍ 벌채・盗伐¦‍‍ 도벌 ②(무기로) 죄인을 벌하다¶ 征伐¦‍‍ 정벌・討伐¦‍‍ 토벌 ③베어 죽이다¶ 殺伐¦‍‍ 살벌

ばつ [抜] [拔] 音バツ 訓ぬく・ぬける・ぬかす・ぬかる | (음)발. (造語) ①뽑다, 빼다¶ 抜歯¦‍‍ 발치・不抜¦‍‍ 불발 ②골라내다¶ 抜擢¦‍‍ 발탁・選抜¦‍‍ 선발 ③남보다 뛰어나다. 빼어나다¶ 抜群¦‍‍ 발군・奇抜¦‍‍ 기발

ばつ [*跋] 音バツ | (음)발. I (造語) ①걸어다니다. 밟다¶ 跋扈¦‍‍ 발호 II 문말) 跋文¦‍‍ 발문 II (文) 책의 본문 끝에 쓰는 글. 발문

ばつ [罰] 音バツ・バチ | (음)벌. I (造語) 벌¶ 罰金¦‍‍ 벌금・刑罰¦‍‍ 형벌・処罰¦‍‍ 처벌・天罰¦‍‍ 천벌 II 벌¶ ~を受ける 벌을 받다

ばつ [閥] 音バツ | (음)벌. I (造語) ①파벌¶ 学閥¦‍‍ 학벌・派閥¦‍‍ 파벌 ②가문¶ 門閥¦‍‍ 문벌 II 파벌¶ ~を作る 파벌을 만들다

ばつ (口) ①(그 자리의) 형편, 분위기¶ ~が悪い 거북하다, 난처하다/ ~を合わせる 분위기를 맞추다 ②이야기의 앞뒤

ばつ 俗語, 「X」표시. ⇔ペケ ⇔まる¶ ~式¦‍‍のテスト OX식 테스트

はつあき [初秋] (文) 초추, 초가을= しょしゅう

はつあん [発案] 名他スル 발안 ①안(생각)을 냄¶ 旅行¦‍‍しようと~する 여행을 발안하다 ②의안의 제출¶ ~権¦‍‍ 발안권

はつい [発意] 名他スル 발의= ほつい¶ 社長¦‍‍の~でプロジェクトを開始¦‍‍した 사장 의 발의로 프로젝트를 시작했다

はついく [発育] 名自スル 발육= 成育¦‍‍ ¶ ~不全¦‍‍ 발육 부진/ ~がおそい 발육이 더디다

はつうま [初午] ①2月의 첫 오일(午日) ②「初午祭¦‍‍」의 준말 一祭¦‍‍ 2월의 첫 오일(午日)에 행하는 稲荷神社¦‍‍의 제례

はつえき [発駅] (文) ①시발역 ②(하물・화물의) 발송역¶ 貨物¦‍‍を~に送り返える 화물을 발송역으로 되돌려 보내다

はつえんとう [発煙筒] 발연통. 발연제를 채워 연기를 내는 통¶ ~をたく 발연통을 피우다

はつおん [発音] 名他スル 발음¶ 正しく~する 바르게 발음하다 一記号¦‍‍ 발음 기호

はつおん [*撥音] (言) 낱말 가운데나 어미에 나타나는 「ん」의 음

はつおんびん [*撥音便] [文法] 五段 활용의 連用形 어미「み・び・に」가「て・た」에 붙을 때「ん」으로 되는 현상¶「読みて」가「読んで」,「死にて」가「死んで」로 변하는 것

はっか [発火] 名自スル 발화 ①불이 일어남¶ ~温度¦‍‍ 발화 온도 ②화약만으로 공포(空砲)를 쏨¶ ~信号¦‍‍ 발화 신호 一点¦‍‍ ①(化) 발화점 ②사건이 일어나는 계기

はっか [薄荷] ①(植) 박하 ②「薄荷脳¦‍‍」・「薄荷油¦‍‍」의 준말 一脳¦‍‍ (化) 박하뇌= メントール 一油¦‍‍ 박하유

はつか [二十日] ①(그 달의) 20일¶ 九月¦‍‍~ 9월 20일 ②20일, 스무날¶ ~間¦‍‍ 20일간 一恵比須¦‍‍ 음력 10월 20일에 상가(商家)에서 恵比須¦‍‍를 제사 지내는 행사 一正月¦‍‍ 음력 정월 20일 一大根¦‍‍ (植) 래디시 一鼠¦‍‍ (動) 생쥐

はつが [発芽] 名自スル 발아. 싹이 남¶ ~が遅い 발아가 더디다

ばっか [幕下] (文) ①장막을 둘러친 진영 안 ②将軍¦‍‍・大将¦‍‍의 직속 부하 ③将軍・大将에 대한 높임말

ハッカー (hacker) (컴) 해커. 컴퓨터 시스템 내부에 침입하여 데이터를 훔치거나 파괴하는 사람

はっかい [八戒] (佛) 팔계. 여덟 가지 계율

はっかい [発会] 발회 I 名自スル 처음으로 회가 열림, 회가 발족함= ~式¦‍‍ 발회식 II 名 (経) (거래소에서) 그 달의 첫 입회 ⇔ 納会¦‍‍

はつがい [初買い] 새해 1月 2일에 처음으로 물건을 사는 일= 買¦‍‍いぞめ

はつがお [初顔] ①(모임 등에) 처음 나온 사람 ②(경기 등에서) 처음 대전하는, 그런 상대¶ ~の一番¦‍‍ 첫 대전의 한 판

はつかおあわせ [初顔合(わ)せ] ①(경기 등에서) 그 상대와 처음으로 대전함= 初顔¦‍‍ ¶ 横綱¦‍‍との~ 横綱와의 첫 대전 ②(연극・영화에서) 처음으로 공연함 ③(관계자들의) 첫 모임¶ 会員¦‍‍の~ 회원의 첫 모임

はっかく [八角] ①팔각 ②팔각형¶ ~の柱¦‍‍ 팔각 기둥 一茴香¦‍‍ 말린 붓순나무 열매

はっかく [発覚] 발각¶ 犯行¦‍‍が~する 범행이 발각되다

ばっかく [麦角] (植) 맥각. 깜부기

ばっかく [幕閣] 江戸幕府¦‍‍의 최고 수뇌부

はっかけ【八掛(け)】[服] (일본옷의) 옷자락 안쪽에 대는 천 ≒ すそ回し

ばっかし [助](口)「ばかり」의 방언

はつがしら【発字頭】(한자 부수의) 필발머리 ▷「発」「登」등의「癶」부분

はつがつお【初鰹】(5월경 처음 잡힌) 만물 가다랑이 ¶ 目には青葉山ほととぎす〜 눈에는 푸른 산 두견 만물 가다랑이

はつがま【初釜】새해 처음으로 차(茶)를 끓임. 그날의 다회(茶會)

はつかり【初雁】(文) 가을에 그해 들어 처음으로 북쪽에서 날아오는 기러기

はっかん【発刊】[名][他スル] 발간 ¶ 雑誌を〜する 잡지를 발간하다

はっかん【発汗】[名][自スル](文) 발한. 땀이 남

ばっかん【麦稈】(文) 맥간, 밀짚, 보릿짚 ≒ むぎわら・ばくかん ¶ 真田 밀짚을 真田 끈 (유)처럼 납작하게 꼰 끈

はつがんぶっしつ【発癌物質】[醫] 발암 물질

はっき【白旗】(文) 백기 ①(군사・항복의 표시로 쓰는) 흰 기 = しらはた ¶ 〜を掲げる 백기를 올리다 ②(일기 예보에서) 맑음을 표시하는 기 ▷「はくき」라고도 함

はっき【発揮】[名][他スル] 발휘 ¶ 実力を〜する 실력을 발휘하다

はつぎ【発議】[名][他スル] 발의 ①의견을 냄 ②(회의 등에서) 의안을 제출함 ¶ 休会を〜する 휴회를 발의하다 ▷「ほつぎ」라고도 함

はづき【葉月】음력 8월의 딴이름. 엽월

はっきゅう【白球】백구. (야구・골프 등의) 흰 공

はっきゅう【発給】[名][他スル] 발급 ¶ 旅券の〜を受ける 여권 발급을 받다

はっきゅう【薄給】박급. 박봉 ⇔ 高給

はっきょう【発狂】[名][自スル] 발광 ¶ 〜寸前 발광 직전 / 〜しそうだ 미칠 지경이다

はっきり [副][自スル] ①똑똑히, 분명히, 또렷이 ¶ 〜と見える 또렷이 보이다 ②확실히, 분명히 ¶ 論旨を〜とさせる 논지를 분명히 하다 ③상쾌하고 개운한 모양 ¶ 頭が〜する 머리가 명쾌해지다

はっきん【白金】(化) 백금 = プラチナ

はっきん【発禁】판매 금지 ¶ 〜本 판매 금지본

ばっきん【罰金】벌금 ¶ 〜刑 벌금형

はっく【八苦】[佛] 팔고. 인생의 여덟 가지 고난

はっくつ【発掘】[名][他スル] 발굴 ①유물・유적을 파냄 ¶ 古墳を〜 고분의 발굴 ②숨은 인재를 발견해 냄 ¶ 人材を〜する 인재를 발굴하다

ぱっくり [副](擬) (틈 등이 크게 벌어진) 빠끔히, 딱 ¶ 〜と開いている傷口 빠끔히 벌어진 상처

はづくろい【羽繕い】[名][自スル] (새가 날기 전에) 날개를 부리로 가다듬음 ¶ 鳩が〜する 비둘기가 (날려고) 날개를 가다듬다

ばっぐん【抜群】[名] 발군. 뛰어남 ¶ 〜の成績 발군의 성적 / 味に〜 맛은 뛰어나다

はっけ【八卦】①팔괘 ②점 ¶ 当たるも〜, 当たらぬも〜 점이란 맞는 수도 있고 안 맞는 수도 있다 ━━見 점쟁이

はっけい【八景】팔경 ¶ 近江の〜 近江 지방의 팔경

はっけっきゅう【白血球】[醫] 백혈구

はっけつびょう【白血病】[醫] 백혈병

はっけよい [感](相撲) 맞붙잡고만 있는 씨름꾼에게 심판이 재촉하며 지르는 소리 ¶ 〜残った, 残った 자, 조금 더 좀 더

はっけん【白鍵】백건. (건반 악기의) 흰 건반

はっけん【発見】[名][他スル] 발견 ¶ 新大陸を〜する 신대륙을 발견하다

はっけん【発券】[名][他スル](文) 발권. 은행권・승차권 등의 발행 ¶ 〜銀行 [經] 발권 은행

はつげん【発言】[名][自スル] 발언 ¶ 会議で〜する 회의에서 발언하다 ¶ 〜権 발언권 ¶ 〜をもつ 발언권을 갖다

はつげん【発現】[名][自スル](文) 발현. 실제로 나타남 ¶ 愛国心の〜 애국심의 발현

ばっけん【抜剣】[名][自スル](文) 발검. 칼을 뽑음, 그런 칼. 抜刀

はつげんがっき【撥弦楽器・撥絃楽器】[音] 발현 악기

はつご【初子】→ ういご

はつご【発語】①발언 ②말・문장의 첫머리에 쓰는 말「さて・では」등 ③(옛날 歌学 용어로) 말의 첫머리에 붙이는 말

はっこ【跋扈】[名][自スル] 발호 ¶ 跳梁〜 도량 발호, 함부로 설치고 날뜀 / 軍閥が〜する 군벌이 발호하다

ばっこ【跋語】발어. 책의 발문 = 跋

はつこい【初恋】첫사랑 ¶ 〜の思い出 첫사랑의 추억

はっこう【八紘】(文) 팔굉, 전세계 ¶ 〜一宇 팔굉 일우

はっこう【白光】백광 ①흰 빛 ②태양의 코로나

はっこう【発光】[名][自スル] 발광. 빛을 냄 ¶ 〜体 발광체 / 〜塗料 발광 도료

はっこう【発向】[名][自スル](文) 발향. 목적지를 향해 출발함

はっこう【発行】[名][他スル] 발행 ¶ 新聞の〜 신문의 발행 / 新しい紙幣が〜される 새로운 지폐가 발행되다 ¶ 〜所 발행소 ¶ 〜日 발행일 ¶ 〜取引 [經] 발행일 거래. 발행일 결제 거래

はっこう【発効】[名][自スル](文) 발효 ⇔ 失効 ¶ 条約が〜する 조약이 발효되다

はっこう【発酵・醱酵】[名][自スル][生] 발효 ¶ 〜食品 발효 식품

はっこう【薄幸・薄倖】[名](文) 박행. 박복 ¶ 〜の佳人 박복한 가인

はつごおり【初氷】(文) 첫얼음

はっこつ【白骨】백골 ¶ 〜と化す 백골이 되다

ばっさい【伐採】[名][他スル] 벌채 ¶ 森林を〜する 삼림을 벌채하다

はっさく【八朔】①팔삭. 음력 8월 1일, 그날 농가에서 햇곡식을 거두고 제사를 올리는 행사 ②[植] 이른 봄에 출하되는 귤 품종

ばっさり [副](擬) ①단칼에 베는 모양. 댕겅 ¶ 枝を〜と切り落とす 가지를 댕겅 잘라 버리다 ②단호하게 베어 버리는 모양. 싹, 싹둑 ¶

予算を~と削る 예산을 싹 삭감하다
**はっさん** [発散] 名 自他スル 발산¶ 運動でストレスを~させる 운동으로 스트레스를 발산시키다
**はつざん** [初産] 초산= ういざん
**ばつざんがいせい** [抜山*蓋世] 文 발산 개세. 역발산 기개세¶ ~の雄 발산 개세의 영웅
**ばっし** [末子] 文 말자. 막내= 末っ子
**ばっし** [抜糸] 名 自スル 医 (수술한 뒤) 실을 뽑음¶ 十日後に~する 10일 후에 실을 뽑다
**ばっし** [抜歯] 名 他スル 발치 ①이를 뽑음 ②(人)성년식 등에 특정한 이를 뽑음
**はつしぐれ** [初時雨] 文 (그 해의) 첫 겨울 비
**はつして** 副 ①(단단한 것끼리 부딪치는) 탁, 딱, 쨍¶ 丁丁~ 칼이 서로 부딪치는 소리. 쨍강쨍강/ ~打つ 탁 치다 ②활을 쏘는 소리. 탁, 딱¶ ~射る 탁 쏘다
**はつしも** [初霜] 첫서리¶ ~が降りる 첫서리가 내리다
**はっしゃ** [発車] 名 自スル 발차¶ 定刻に~する 정각에 발차하다
**はっしゃ** [発射] 名 他スル 발사¶ ミサイルを~する 미사일을 발사하다
**はっしゅう** [八宗] 仏 平安 시대에 퍼진 일본 불교의 여덟 종파 —兼学 ①(仏) 8종의 교리를 모두 배움 ②박학 다식
**はっしょう** [発祥] 名 自スル 文 발상. 기원¶ 文明の~地 문명의 발상지
**はつじょう** [発条・撥条] 文 용수철, 태엽
**はつじょう** [発情] 발정
**ばっしょう** [跋渉] 名 自スル 발섭. 사방을 돌아다님¶ 山野を~する 산야를 돌아다니다
**はっしょく** [発色] 名 自スル 발색. (사진・염색에서) 색을 냄, 그런 빛깔¶ ~剤 발색제
**はっしん** [発信] 발신¶ ~人 발신인
**はっしん** [発*疹] 名 自スル 医 발진 —チフス 医 발진 티푸스
**はっしん** [発進] 名 自スル 발진¶ 緊急~を~する 긴급 발진/ 基地を~する 기지를 발진하다
**ばっすい** [抜粋・抜*萃] 名 他スル 발췌¶ 要点を~する 요점을 발췌하다
**はつすがた** [初姿] 文 (여성의) 설빔 차림
**はっ・する** [発する] 발하다 I 自サ変 ①밖으로 나타나다¶ 効力が~ 효력이 나타나다 ②출발하다¶ 成田を~・した臨時便 성전을 출발한 임시편 ③일어나다. 발생하다¶ 高熱が~ 고열이 나다 II 他サ変 ①밖으로 알리다, 발표하다¶ 警告を~ 경고를 발하다 ②일으키다, 생기게 하다¶ 大声を~ 큰 소리를 내다 ③발사하다¶ 矢を~ 화살을 발사하다 ④보내다, 파견하다¶ 使いを江戸に~ 심부름꾼을 江戸에 보내다
**ばっ・する** [罰する] 他 サ変 벌하다, 처벌하다¶ ~こと能わず 처벌 불가/ 違反者を~ 위반자를 처벌하다
**はっすん** [八寸] ①여덟 치 ②科(懐石요리에서 쓰는) 사방 여덟 치의 나무 상, 그 상에 내는 요리

**はっせい** [発生] 名 自スル 발생¶ 個体~ 개체 발생/ 事故が~する 사고가 발생하다
**はっせい** [発声] 名 自スル 발성 ①소리를 냄, 그런 소리¶ ~法 발성법 ②선창함¶ 長老の~で乾杯する 장로의 선창으로 건배하다 ③(和歌의 모임 등에서) 맨먼저 和歌를 읊음, 그런 역할 —器官 발성 기관
**はっせき** [発赤] 名 自スル 文 피부가 붉어짐
**はつぜっく** [初節句] 태어나서 처음 맞는 명절¶ ~のお祝い 첫 명절을 위한 축하
**はっせん** [発船] 名 自スル 文 발선. 출항¶ 定刻に~する 정각에 출항하다
**ばっせん** [抜染] 名 他スル 발염= ぬきぞめ
**はっそう** [八相] 관상 ①부처가 나타내 보인 여덟 가지 모습 ②(관상에서) 여덟 가지 상
**はっそう** [発走] 名 自スル 발주. (육상・경마 등의) 출발, 스타트¶ ~時間が迫る 출발 시간이 다가오다
**はっそう** [発送] 名 他スル 발송¶ 小荷物を~する 소하물을 발송하다
**はっそう** [発想] 발상 ①생각해냄, 착상¶ 奇抜な~ 기발한 발상 ②表 창작의 기본이 되는 생각 ③音 완급・강약으로 악곡을 표현함¶ ~記号 발상 기호 —標譜 音 발상 표어. 나타냄표
**はっそく** [発足] 名 自スル → ほっそく
**ばっそく** [罰則] 벌칙¶ ~を適用する 벌칙을 적용하다
**ばつぞく** [閥族] 文 벌족 ①가문 ②고귀한 집안 ③파벌을 이루는 일족・일당
**はつぞら** [初空] 文 설날 아침의 하늘
**ばっそん** [末孫] 文 말손, 먼 자손, 후예
**はつだ** [発*兌] 名 他スル 文 발태. 발행
**ばった** [飛蝗・*蝗] 動 메뚜기
**はつたいけん** [初体験] 첫 체험, 첫 경험, (특히) 이성과의 첫 육체 관계¶ 海外生活を~する 해외 생활을 처음으로 경험하다
**はつたけ** [初*茸] 植 나팔버섯
**はったつ** [発達] 名 自スル 발달¶ 心身の~ 심신의 발달/ 科学が~する 과학이 발달하다
**はったと** 副 (口) 날카롭게 쏘아보는 모양¶ ~睨む 날카롭게 쏘아보다
**はったり** 허세, 허풍, 홍감¶ ~屋 허풍쟁이 慣用句
—を利かせる 허세를(홍감을) 부리다
**ばったり** 副 (口) ①(갑자기 쓰러지는) 푹, 꽉, 털썩¶ 疲れはてて~と倒れる 녹초가 되어 픽 쓰러지다 ②(뜻밖에 마주치는) 딱¶ 街で~旧友と会った 거리에서 옛친구와 딱 마주쳤다 ③(갑자기 끊기는) 뚝¶ 音信が~とだえた 소식이 뚝 끊겼다
**ばったり** 副 (口) 「ばったり」보다 약간 가벼운 느낌을 나타내는 말
**はったんおり** [八端織・八反織] 가로세로로 노란색・갈색 줄무늬가 있는 견직물
**はっちゃく** [発着] 名 自スル 발착¶ 国際線の~状況 국제선의 발착 상황
**はっちゅう** [発注・発*註] 名 他スル 발주, 주문

はっちょう

을 냄 ⇔ 受注ゅゥ¶ 必要ひつな備品びんを~する 필요한 비품을 발주하다

はっちょう [八丁・八挺] 잘함, 능란함, 능숙함¶ 口くちも~、手でも~ 말도 잘하고 솜씨도 좋다, 입도 싸고 손도 재다

ばっちり 副 (口) 산뜻하게, 멋지게, 충분히, 듬뿍¶ ~かせぐ 듬뿍 벌다/ ~と決きまる 깨끗이 결정되다

ぱっちり 副 自スル 눈매가 또렷하거나 눈을 크게 뜬 모양¶ ~した目め 또렷한 눈매

ばってい [末弟] (文) 말제, 막내 아우・제자

ばってき [抜擢] 名 他スル 발탁¶ 新人しんを~する 신인을 발탁하다

バッテラ (포 bateira) 바테이라. (배 모양의 나무틀에 넣어 만드는) 関西かんさい식 고등어 초밥

バッテリー (battery) 배터리 ①電 축전지 ②野 팀의 투수와 포수¶ ~を組くむ 투수와 포수의 짝을 짓다

はってん [発展] 名 自スル ①발전¶ 会社かいしゃの~に尽つくす 회사의 발전에 힘쓰다/ 思おもわぬ方向ほうへ話はなしが~した 엉뚱한 방향으로 이야기가 발전했다 ②(놀이・이성 교제에서) 남녀 활약함¶ 御~のようですね 염복이 많으신 모양이시군요 ―途上国とじょうこく 개발 도상국

はつでん [発電] 名 自スル 電 발전 ―機き 발전기 ―所しょ 발전소

ばってん [罰点] ①(틀림・불가 등을 나타내는) 가위표. 「×」표 = ばつ ②(경기에서) 벌점

はっと 副 自スル ①문득, 퍼뜩¶ ~思おもい出だす 문득 생각나다 ②깜짝, 흠칫¶ あの人ひとが~と思おもった人が 하고 흠칫 놀랐다

はっと [法度] 법도¶①법령, 법률¶ 武家ぶけ諸~ 무가의 여러 법도 ②금령, 금제¶ お家いえの御~ 가문의 금제

ぱっと 副 自スル 왁, 확, 쫙¶ 犬いぬが~跳びつく 개가 왁 덤벼들다/ 灯あかりが~つく 불이 확 켜지다

慣用句

―しない 신통치 않다, 눈에 띄지 않다

はつどう [発動] 名 自他スル (文) 발동¶ 指揮権しきけん ~ 지휘권 발동 ―機き 발동기, 엔진

ばっとう [抜刀] 名 自スル 발도, 칼을 뺌, 뺀 칼

はっとうしん [八頭身] 팔두신, 팔등신

はつとり [初酉] 11월의 첫 유일(酉日)

はつなつ [初夏] 초하, 초여름 = しょか

はつなり [初生り] 그 해 처음 열매가 열림, 맏물¶ なすの~ 맏물 가지

はつに [初荷] 정월 초이튿날 그 해 처음으로 상품을 포장하고 장식하여 출하함, 그런 짐

はつね [初音] (文) (꾀꼬리・두견새 등이) 그 해 처음 우는 소리 = 初声はつこえ

はつねつ [発熱] 名 自スル 발열¶ ~量りょう 발열량/ 風邪かぜで~する 감기로 열이 나다

はつねはん [般涅槃] 佛 열반

はっぱ [葉っぱ] (口) 잎, 잎사귀 = 葉は

はっぱ [発破] 발파, 발파약

慣用句

―を掛かける ①폭파하다 ②(俗) (부하 등을)

독려하다, 기합을 넣다

はつば [発馬] 名 自スル 발마. (경마에서) 말이 달리기 시작함

はつばい [発売] 名 他スル 발매¶ ~日び 발매일/ 新製品しんせいひんを~する 신제품을 발매하다 ―禁止きんし 발매 금지

ばっぱい [罰杯] 벌배, 벌주(罰酒)

はっぱく [八白] 팔백. (음양도에서) 구성(九星)의 하나

はつばしょ [初場所] 相撲 1월에 東京とうきょうで 열리는 씨름 대회 = 一月場所いちがつばしょ

ぱっぱと 副 (口) ①(일을 빨리 처리하는) 후딱후딱¶ 部屋へやを~片かたづける 방을 후딱후딱 치우다 ②기세좋게, 거침없이, 펑펑¶ ~ものを言いう 거침없이 말하다/ お金かねを~使つかう 돈을 펑펑 쓰다 ③(불이 세차게 타는) 활활

はつはな [初花] ①(그 해・철에) 처음 피는 꽃 ②그 초목에 처음 핀 꽃 ③피기 시작하는 벚꽃

はつはる [初春] (文) ①초춘, 초봄 ②신년, 신춘¶ ~の祝いわい 신년 축하

はっぴ [法被] 江戸えど시대 무가(武家)의 하인이나 장인이 입은 羽織はおり 비슷한 겉옷

はつひ [初日] 설날의 아침해, 설날의 해돋이¶ ~を拝おがむ 설날 해돋이를 보다

はつひかげ [初日影] (文) 설날의 아침해, 그 빛

はつひので [初日の出] 설날의 해돋이

はっぴょう [発表] 名 他スル 발표¶ 研究けんきゅう ~ 연구 발표/ 結果けっかを~する 결과를 발표하다

はつびょう [発病] 名 自スル 발병, 병이 남¶ 過労かろうがもとで~する 과로가 원인이 되어 발병하다

ばつびょう [抜錨] 名 自スル (文) 발묘, 배가 닻을 올리고 출항함 ⇔ 投錨とうびょう

はっぷ [発布] 名 他スル 발포, 공포¶ 憲法けんぽう ~ 헌법 발포

はっぷ [髮膚] (文) 발부, 머리털과 피부, 몸 전체¶ 身体しんたい~これを父母ふぼに受うく 신체 발부, 이를 부모에게 받다 (수지부모)

はつぶたい [初舞台] 첫 무대 ①첫 출연¶ ~を踏ふむ 첫 무대를 밟다 ②처음으로 사람들 앞에서 해 봄, 그런 자리

はつふゆ [初冬] 초동, 초겨울 = しょとう

はっぷん [発憤・発奮] 名 自スル 발분, 분발¶ 大おおいに~する 크게 분발하다

ばつぶん [跋文] 발문. (책의) 본문 뒤에 쓴 글

はつほ [初穂] ①그 해 가을의 첫 수확물 ②신불・조정에 바치는 첫 수확물, 그 대신 바치는 돈¶ ~料りょう 신불에 바치는 돈

はっぽう [八方] ①팔방 ②모든 방향・방면, 다방면¶ ~に活躍かつやく 다방면으로 활약/ 四方しほう ~手てを尽つくす 사방 팔방으로 손을 쓰다 ―睨にらみ ①(그림・조각 등이) 어느 쪽에서 보아도 보는 사람을 노려보듯이 보임 ②사방으로 눈을 돌려 살핌 ―美人びじん 팔방 미인 ―塞ふさがり ①(음양도에서) 팔방이 모두 불길함 ②(궁지에 빠져) 어찌할 방도가 없음 ―破やぶれ 사방 팔방이 허점투성이인 한심한 상태

はっぽう [発泡] 名 自スル 발포, 거품이 남¶ ~

剤 발포제 ―スチロール 발포 스티롤

はっぽう【発疱】 발포. 물집이 생김

はっぽう【発砲】 名 他スル 발포. 총・대포를 발사함 ¶～命令 발포 명령

ばっぽう【罰俸】 名 自スル (징계 처분으로서의) 감봉 ¶～を食う 감봉을 당하다

はつぼく【潑墨】 (美) 발묵. 붓에 담뿍 묻힌 먹물을 종이에 흩으러 묘사하는 수목화 기법

はつぼく【伐木】 名 他スル 벌목

はつぼん【初盆】 고인의 첫 우란분(盂蘭盆)

ばっぽん【抜本】 발본 ―塞源 발본 색원 ―的 ナ 발본적

はつまいり【初参り】 名 自スル 새해 들어 처음으로 신불(神佛)을 참배함 = 初詣で

はつまご【初孫】 ういまご

はつまゆ【初繭】 그 해 처음 거둔 누에고치

はつみみ【初耳】 초문, 처음 들음, 그런 이야기 ¶それは～だ 그것은 처음 듣는 이야기이다

はつめい【発明】 I 名 他スル 발명 ¶必要は～の母 필요는 발명의 어머니 II ナ (文) 영리함, 총명함 ¶～な子 영리한 아이

はつもうで【初詣(で)】 새해 들어 처음으로 신불(神佛)을 참배함 = 初参り

はつもの【初物】 ①맏물, 햇것 ¶～のぶどう 맏물 포도 ②(아무도 손대지 않은) 새것 ―食い 햇것을 즐겨 먹음, 그런 사람 ②새것을 좋아함, 그런 사람

はつやく【初役】 초역. 배우가 처음 맡은 배역

はつゆ【初湯】 ①새해에 처음 하는 목욕 ②갓난아이의 첫목욕 = 産湯

はつゆき【初雪】 초설. 첫눈 ①그 해 겨울에 처음 내리는 눈 ¶例年より十日も早い～ 예년보다 열흘이나 빠른 첫눈 ②새해 들어 처음 내리는 눈

はつゆめ【初夢】 (새해의) 첫 꿈. 정월 초하루나 초이틀에 꾸는 꿈

はつゆるし【初許(し)】 (다도・꽃꽂이 등에서) 스승으로부터 받는 첫 단계의 면허 = 初伝

はつよう【発揚】 名 他スル (文) 발양, 선양, 앙양 ¶国威を～する 국위를 선양하다

はつらつ【潑剌・潑溂】 タル 발랄 ¶～とした少女 발랄한 소녀

はつ・る【削る】 他五 ①(조금씩) 깎아 내다. 벗겨내다 ¶木を～ 나무를 깎아 내다 ②(이익금의 일부를) 가로채다

はつれい【発令】 名 他スル 발령 ¶注意報を～する 주의보를 발령하다

はつろ【発露】 名 自スル 발로 ¶友情の～ 우정의 발로

はつわ【発話】 【文法】 발화. 음성 언어로 표출하는 행위, 그 음성 ¶～行為 발화 행위

はて【果て】 ①끝, 끝간 데, 한 ¶旅路の～ 여로의 끝 ¶～もない議論 끝도 없는 논의 ②―涯 넓은 지역의 끝 ¶地の～ 땅 끝 ③―末 貴族の～ 귀족의 영락한 몰골

はて 感 (口) 글쎄, 한데. 그런데 ¶～な 글쎄/～どうしろうか 글쎄 어떻게 할까/～だれだろう 그런데 누굴까

はで【派手】 名 ナ ①화려함, 야함 ¶～好き 화려함을 좋아함/～な出立ち 화려한 용모 ②(성격・행동 등이) 야단스러움, 요란함 ¶～に遊ぶ 야단스럽게 놀다

パテ(putty) 퍼티. 건축용 충전제(充塡劑), 떡밥

ばてい【馬丁】 마부, 말구종

ばてい【馬蹄】 (文) 마제. 말굽 ―形 마제형. 말굽 모양 ―磁石 말굽 자석

はてし【果てし】 끝, 한 ¶地の～ 대지의 끝 ―ない 形 끝없다, 한없다

はでやか【派手やか】 名 ナ (文) 화려함 ¶～な雰囲気 화려한 분위기

は・てる【果てる】 自下一 ①끝나다 ¶いつ～ともなく続く宴会 언제 끝날지도 모르게 계속되는 연회 ②～지다 ¶戦場で～ 싸움터에서 죽은 친구 ③(補助) ㉠몹시[완전히] …하다 ¶疲れ～ 몹시 지쳐 버리다/変わり～ 완전히 변해 버리다 ㉡끝내다 ¶仕事を～をし～ 일을 다 끝마치다

ば・てる 自下一 (俗) 녹초가 되다. 아주 지쳐 버리다 ¶暑いさなかの労働ですっかり～ 한창 더울 때 일을 하여 완전히 녹초가 되다

パテレン パードレ ①가톨릭교가 일본에 전래된 당시의 사제의 호칭, 신부 = パードレ ②일본에 전래된 가톨릭교 및 가톨릭교도의 속칭

はてんこう【破天荒】 파천황. 전대 미문, 미증유 ¶～の大事業 전대 미문의 대사업/～の試み 유례 없는 시도

はと【鳩】 動 비둘기 ¶伝書～ 전서구/～小屋 비둘기장

慣用句

―が豆鉄砲を食ったよう (比) 뜻밖의 사태에 놀라 어안이벙벙함

―に三枝の礼あり 비둘기도 어미가 앉는 가지보다 세 가지 아래에 앉는 예의를 지킨다

はとう【波頭】 (文) 파두, 물마루 = なみがしら

はとう【波濤】 (文) 파도 ¶万里の～を越えて 만리 파도를 넘어서

はどう【波動】 物 파동 ¶光の～ 빛의 파동

はどう【覇道】 패도. 무력으로 천하를 지배하는 정치 방법 ⇔ 王道

ばとう【罵倒】 名 他スル 매도. 몹시 욕함 ¶口汚なく～する 입정사납게 매도하다

ばとうかんのん【馬頭観音】 【佛】 마두관음

はとこ【再従兄弟】・【再従姉妹】 육촌 형제 자매, 재종 형제 자매 = またいとこ

はとづえ【鳩杖】 구장. 손잡이가 비둘기 모양으로 된 노인용 지팡이 = きゅうじょう

はとどけい【鳩時計】 비둘기 시계

はとは【鳩派】 비둘기파, 온건파 ⇔ 鷹派 ¶～の政治家 비둘기파의 정치가

はとば【波止場】 부두, 선창 ¶～で見送る 부두에서 전송하다

はとばいろ【鳩羽色】 거무스름한 엷은 청록색

はとばねずみ【鳩羽鼠】 짙은 보랏빛을 띤 회색 ¶～の頭巾 짙은 보랏빛을 띤 회색 두건

はとぶえ【鳩笛】 비둘기 모양의 토기 피리

はとぽっぽ【鳩ぽっぽ】 (幼) 비둘기

はとむぎ [*鳩麦] [植] 율무
はとむね [*鳩胸] 새가슴¶ ~っ尻 새가슴에 오리 궁둥이
はとめ [*鳩目] 구두 끈이나 서류를 꿰는 동그란 구멍, 그 구멍의 쇠테
はどめ [歯止め] ①바퀴의 회전을 멈추는 장치, 브레이크 ②(차바퀴의) 제동 쐐기 ③사태의 변화・진전을 막는 수단, 제동¶ 事態の悪化に~をかける 사태 악화에 제동을 걸다
ハトロンし [ハトロン紙] 하도롱지, 포장지・봉투로 쓰는 질긴 갈색 종이, 크라프트지
はな [花・華] ①꽃¶ ~が咲き出す 꽃이 피어나다/ ~が散る 꽃이 지다 ②벚꽃¶ ~見 벚꽃 구경 ③(꽃처럼) 아름답고 한창인 때¶ ~の20代 꽃다운 20대 ④정수, 정화¶ 武士道の~ 무사도의 정화 ⑤화려하고 아름다운 것, 미인¶ 職場の~ 직장의 꽃/ 両手に~ 양손에 꽃 ⑥명예, 영광¶ ~をもたせる 남에게 영광을 돌리다 ⑦행하, 화대¶ ~をはずむ 화대를 듬뿍 주다 ⑧화투 ⑨꽃놀이¶ お~を習う 꽃놀이를 배우다
[慣用句]
—が咲く 꽃이 피다 ①활발해지다, 한창이다 ②번성하다
—の宴 꽃놀이하며 벌이는 주연
—の顔 꽃같이 아름다운 얼굴
—の雲 온통 벚꽃이 피어 구름처럼 보임
—の都 (문화가 번성하여) 화려한 도시
—は桜木人は武士 꽃중에서는 벚꽃이 으뜸이요 사람 가운데서는 무사가 제일임
—も恥じらう 꽃이 무색할 만큼 아름답다
—も実もある 외관도 좋고 내용도 충실하다
—より団子 꽃보다 경단, 금강산도 식후경
—を咲かせる 활기를 피우다 ①(노력・고생 끝에) 성공하여 이름을 날리다 ②활발해지게 하다, 한창이게 하다
—を持たす (상대방에게) 영광을 돌리다
はな [*洟] 콧물, =はなしる¶ ~をかむ 코를 풀다/ ~をたらす 코를 흘리다
[慣用句]
—も引っ掛けない 전혀 상대하지 않다
はな [*端] (口) ①시작, 처음, 애초¶ ~から縁起がよい 처음부터 재수가 좋다 ②끝, 가장자리= はし¶ 山の~ 산기슭/ 堤防の~に立つ 제방 끝에 서다 ③(語尾) (「…ばな」의 꼴로) ~한 바로 그 때¶ 寝入りの~ 막 잠들려는 때/ 坂の上がり~の茶店 고개를 올라가면 바로 있는 찻집
はな [鼻] ①[鼻] 코¶ ~が詰まる 코가 막히다 ②후각(嗅覺)¶ ~がきく 냄새를 잘 맡다
[慣用句]
—が胡坐をかく 납작코이다
—が高い 코가 높다, 우쭐해하다
—突き合わす 서로 코를 맞대다, 아주 가까이 접근해 있다
—であしらう 깔보고 냉대하다
—に掛ける 내세우다, 자랑하다
—に付く 물려서 싫어지다, 진력나다

—の差 아주 근소한 차
—の先であしらう 깔보고 냉대하다
—の下が長い 인중이 길다, 여자에게 무르다
—を明かす 꼭뒤를 질러 깜짝 놀라게 하다
—を折る 콧대를 꺾다, 코를 납작하게 만들다
—を突き合わせる 서로 코를 맞대다, 아주 가까이 접근해 있다
—を突く (냄새가) 코를 찌르다
—を撮まれても分からない 코를 꼬집혀도 모른다, 어두워 바로 앞도 보이지 않는다
—を鳴らす ①코먹은 소리로 응석부리다[아양 떨다] ②불평을 하다
はなあかり [花明(か)り] (文) 벚꽃이 만발하여 밤에도 그 주위가 훤하게 보임, 활짝 핀 벚꽃이 어둠 속에서 훤히 보임
はなあやめ [はな(*菖蒲)] 붓꽃
はなあらし [花*嵐] ①꽃샘바람 ②벚꽃이 한꺼번에 지는 모양을 폭풍에 비유한 말
はなあわせ [花合(わ)せ] ①화투놀이 ②옛날에 좌우 두 편으로 갈라서 각각 가지고 온 벚꽃을 비교하거나 그것에 대한 和歌를 읊어 우열을 겨루던 놀이= 花くらべ
はないき [鼻息] ①콧김, 콧숨¶ 馬の~ 말의 콧숨 ②기세, 의기¶ すごい~ 굉장한 기세
[慣用句]
—が荒い 콧김이 세다, 기세가 당당하다
—を窺う 상대방의 기분・의향을 살피다
はないけ [花生け・花*活け] 꽃꽂이하는 그릇, 화기= 花器・花入れ
はないばら [花*茨] 꽃이 핀 가시나무
はないれ [花入れ] → はないけ
はないろ [花色] ①꽃의 빛깔 ②엷은 남색¶ ~木綿 엷은 남색 무명
はなうた [鼻歌・鼻*唄] 콧노래 —交じり 콧노래를 부르며 하는 모양, 느긋한 모양
はなお [鼻緒] 왜나막신이나 왜짚신의 끈¶ ~ずれ 나막신 끈에 발이 까짐/ ~をすげる 나막신 끈을 꿰어 달다
はなおち [花落ち] (꽃이 진 지 얼마 안 된 가지・오이 등의) 풋열매
はなかご [花*籠] 꽃바구니 = 花がたみ
はながさ [花*笠] (제례나 춤출 때 쓰는) 꽃으로 장식한 삿갓 —踊り [劇] ①꽃삿갓을 쓰고 추는 민속 무용 ②山形현의 민요
はながさ [花傘] 田楽・鎮花祭 등이 있는 神社나・절의 의례에 쓰는 꽃장식한 큰 우산
はなかぜ [鼻風邪] 코감기
はながた [花形] ①화려하고 인기 있는 존재¶ ~役者 인기 배우 ②꽃 모양, 꽃무늬
はながたみ [花*筐] 꽃바구니= 花かご
はながつお [花*鰹] 말린 가다랭이를 얇고 잘게 깎은 것
はながみ [鼻紙] 코 푸는 휴지
はながめ [花*瓶] 화병, 꽃병
はながら [花柄] 꽃무늬
はなかんざし [花*簪] 꽃비녀
はなぎ [鼻木] (쇠)코뚜레= はながい
はなキャベツ [花キャベツ] [植] 꽃양배추

はなくじ【花籤】(계·무진에서) 낙찰자를 정하는 제비 외에 약간의 돈을 나누기 위한 제비
はなくし【花櫛】조화로 장식한 머리에 꽂는 빗
はなぐすり【鼻薬】①콧병에 쓰는 약 ②아이를 달래기 위해 주는 과자 ③약간의 뇌물¶~を利かせる 뇌물을 약간 쓰다
はなくそ【鼻屎·鼻糞】코딱지¶~をほじくる 코딱지를 후비다
はなぐもり【花曇(り)】벚꽃 필 무렵에 날이 흐림, 그런 날씨¶~の空 벚꽃철의 흐린 하늘
はなくよう【花供養】4월 초파일에 꽃으로 장식한 사당을 만들어 부처님께 공양하는 일
はなぐるま【花車】①(축제 때) 꽃으로 장식한 수레 ②꽃을 실은 수레 ③꽃놀이차
はなげ【鼻毛】코털
慣用句
—を数える 여자가 자기에게 반한 남자를 마음대로 주무르다=鼻毛を読む
—を抜かれる ①꼼뒤 질리다 ②여자에게 조종당하다, 여자에게 속다
—を抜く 꼼뒤 지르다
—を伸ばす 여자가 하자는 대로 하다
はなごえ【鼻声】①코멘 소리 ②(응석을 부릴 때의) 콧소리¶子供が~で物をねだる 아이가 훙훙거리며 무얼 달라고 조르다
はなごおり【氷水】꽃을 넣고 얼린 얼음덩이
はなござ【花莫·花筵】꽃돗자리, 화문석
はなことば【花言葉·花詞】꽃말¶ユリの~は純潔 백합의 꽃말은 순결
はなごよみ【花暦】꽃달력, 철따라 피는 꽃과 그 명소를 나타낸 달력
はなざかり【花盛り】①꽃이 한창임, 그런 계절¶桜の~ 벚꽃이 한창임 ②(여자가) 가장 아름다운 나이¶二十歳の~だから 스무 살의 꽃다운 나이이므로
はなさき【鼻先】①코끝 ②(比) 물건의 끝¶舟の~ 배의 끝 ③코앞, 눈앞¶~につきつける 코앞에 들이대다 —思案 대수롭지 않은 착상
慣用句
—であしらう 깔보고 냉대하다=鼻であしらう
—で笑う 깔보고 코웃음치다
はなさける【花咲ける】連語(文) 꽃이 핀, 피듯이 화려한¶~騎士道 꽃이 핀 기사도
はなし【話】이야기¶말, 대화, 화술¶こそこそ 귓속말/ 下手 말재주가 없음/ ~を切り出す 이야기를 꺼내다 ②사정, 까닭¶詳しい~は知らない 자세한 사정은 모른다 ③도리, 이치¶~の通じない人 말이 통하지 않는 사람 ④상상이나 생각한 것을 말로 나타낸 것¶昔の~ 옛날 이야기/ ~半分として聞いておく 지어낸 얘기려니 생각하고 들어 두다 ⑤소문, 화제¶彼は死んだという~だ 그는 죽었다는 소문이다 ⑥진위에 관계없이 말에 불과한 것¶~にすぎぬ 이야기에 불과하다 ⑦상의, 의논, 교섭¶結婚~ 혼담/ ~を持ち込む 의논을 해오다 ⑧(形式) 일, 사항¶まったくひどい~だ 정말이지 너무한 일이다
慣用句
—が噛み合わない (화제·관심 등이 달라서) 대화가 잘 진전되지 않다
—が付く 교섭·의논이 성립하다, 결말이 나다
—が弾む 이야기가 활기를 띠다
—が分かる 사리에 밝고 남의 기분을 잘 이해하다, 말이 통하다
—変わって 화제가 바뀌어
—にならない (시시해서) 이야기할 가치가 없다
—に花が咲く 이야기에 꽃이 피다
—に実が入る 신이 나서 이야기에 열중하다
—の腰を折る 말허리를 꺾다, 남의 이야기를 중도에 가로막다
ばなし【放し】《동사 連用形에 促音形이 딸린 말에 붙어》①계속 …함¶勝ちっ~ 연승 ②…한 채로임¶読みっ~ 읽다만 채
はなしあい【話(し)合い】서로 이야기를 나눔, 의논, 상담, 교섭¶~に応じる 상담에 응하다/ ~で解決する 대화로 해결하다
はなしあいて【話し相手】이야기(의논·대화) 상대, 말벗
はなしあ・う【話し合う】自他五 이야기를 나누다, 의논하다, 상의하다¶あとでゆっくり~·おう 나중에 천천히 이야기하자
はなしか【咄家·噺家】만담가=落語家
はなしがい【放(し)飼い】(가축을) 방목함
はなしか・ける【話(し)掛ける】自下一 ①말을 걸다¶隣の人に~ 옆사람에게 말을 걸다 ②말을 하려고 하다, 말하기 시작하다¶~·けてやめる 말을 꺼내려다 말다
はなしかた【話し方】①말하는 방식, 말투¶甘ったる~ 어리광부리는 말투 ②말하는 법, 화술 ③(教) (일본 구 소학교 과목의) 말하기
はなしことば【話し言葉】①구어(口語)¶~で書く 구어로 쓰다 ②음성 언어
はなしこ・む【話(し)込む】自五 (시간 가는 줄 모르고) 이야기에 열중하다
はなしじょうず【話し上手】名ナ 말솜씨가 좋음, 그런 사람
慣用句
—は聞き上手 말 잘 하는 사람은 남의 말도 잘 들어준다
はなしずく【話し尽(く)】名 충분히 이야기를 나눔¶~で解決する 충분한 대화로 해결하다
はなしちゅう【話し中】①한창 이야기하고 있는 도중¶お~恐縮です 말씀 도중에 죄송합니다 ②통화 중¶電話しても~だった 전화해도 통화 중이었다
はなして【話し手】①말하는 이, 화자¶講演会の~ 강연회의 연사 ②말재주꾼, 이야기꾼¶なかなかの~だ 대단한 이야기꾼이다
はなしはんぶん【話半分】(거짓이나 과장이 많아) 이야기의 절반만 사실로 생각하면 됨¶彼の話は~に聞いておけ 그 사람 이야기는 반쯤 에누리해서 들어 두게
はなしょうぶ【花菖蒲】(植) 꽃창포
はなしる【鼻汁】콧물=はなじる, 洟¶~を

はなじろむ

垂たらす 콧물을 흘리다
はなじろ·む【鼻白む】 自五 주눅이 든 표정을 하다, 머쓱해지다¶さすがの彼 $_{かれ}$ も～·んだ 그도 그만 당황한 그도 머쓱해졌다
はな·す【放す】 他五 ①(잡은 것을) 놓다¶命綱 $_{いのちづな}$ を～ 구명삭을 놓다 ②풀어 놓다, 놓아주다¶金魚 $_{きんぎょ}$ を池 $_{いけ}$ に～ 금붕어를 연못에 놓아주다 ③(국물 등에) 넣다¶うどを酢水 $_{すみず}$ に～ 땅두릅을 식초물에 넣다 ④(補助) ⑦그대로 내버려두다¶見 $_{み}$ ～ 돌보지 않다, 못 본 체하다 ⓒ계속 …하다¶勝 $_{か}$ ちっぱなす 계속(내리)이기다
はな·す【話す】 他五 이야기하다 ①말하다¶用件 $_{ようけん}$ を～ 용건을 이야기하다 ②이야기를 나누다, 의논하다¶先生 $_{せんせい}$ に悩 $_{なや}$ みを～ 선생님에게 고민을 이야기하다 ③언어를 구사하다¶中国語 $_{ちゅうごくご}$ を～ 중국어를 말하다
はな·す【離す】 他五 떼다, 놓다, 놓아주다¶組んでいた腕 $_{うで}$ を～ 끼고 있던 팔을 풀다 ②멀리하다, 옮기다¶ハンドルから手 $_{て}$ を～ 핸들에서 손을 떼다 ③사이를 띄우다¶一字 $_{いちじ}$ ずつ～して書く 한 자씩 띄어서 쓰다
はなすじ【鼻筋】 콧날¶～が通 $_{とお}$ っている 콧날이 서 있다
はなすすき【鼻薄】 이삭이 나와 꽃이 핀 억새
はなすもう【花相撲】 임시로 흥행하는 씨름
はな·せる【話せる】 自下一(口) ①말할 수 있다¶英語 $_{えいご}$ が～ 영어를 말할 줄 안다 ②말 상대가 될 만하다, 이야기가 잘 통하다¶～人 $_{ひと}$ 말이 통하는 사람
はなぞの【花園】(文) 화원, 꽃밭, 꽃동산
はなだ【*縹】「縹色 $_{はなだいろ}$」의 준말
はなだい【花代】 화대=揚代 $_{あげだい}$・玉代 $_{ぎょくだい}$¶高 $_{たか}$ い～を払う 비싼 화대를 치르다
はなだいろ【縹色】 엷은 남색
はなたかだか【鼻高高】 ヌ 副 매우 빼기는 모양¶一人 $_{ひとり}$ で、難関 $_{なんかん}$ を突破 $_{とっぱ}$ し～だ 혼자서 난관을 돌파하였으므로 기고만장하다
はなたけ【鼻茸】 콧구멍에 생기는 종기
はなたちばな【花*橘】(文) 귤나무의 꽃, 꽃이 핀 귤나무
はなたて【花立】 ①꽃꽂이 그릇, 화기 ②불전(佛前)·무덤 앞에 꽃을 꽂아 두는 그릇
はなたば【花束】 꽃다발
はなだより【花便り】 꽃소식, 화신(花信)
はなたらし【*洟垂らし】 ①코를 흘림, 코흘리개 ②철부지¶～の時分 $_{じぶん}$ 철부지 시절
はなたれ【*洟垂れ】 ①코를 흘림, 코흘리개¶～小僧 $_{こぞう}$ 코흘리개 아이 ②철부지¶この～めが 이 철부지 같은 놈이
はなぢ【鼻血】 코피¶～が出 $_{で}$ る 코피가 나다
はな·つ【放つ】 他五(文) ①풀어 놓다, 놓아주다¶魚 $_{うお}$ を川 $_{かわ}$ に～ 물고기를 강에 놓아주다 ②발사하다, 쏘다¶矢 $_{や}$ を～ 활을 쏘다 ③발하다¶光 $_{ひかり}$ と熱 $_{ねつ}$ を～ 빛과 열을 내다 ④내보내다¶スパイを～ 스파이를 내보내다 ⑤활짝 열어놓다¶窓 $_{まど}$ を～ 창문을 활짝 열어놓다 ⑥《「火 $_{ひ}$ を～」의 꼴로》 불을 지르다, 방

화하다 ⑦《「目 $_{め}$ を～」의 꼴로》⑦먼 데를 보다 ⓒ눈을 떼다, 시선을 옮기다¶目 $_{め}$ を～·たず 눈을 떼지 않고
はなつき【花付き】 ①꽃이 달림¶～の枝 $_{えだ}$ 꽃이 달린 가지 ②꽃이 달린 상태·정도 ③과실의 꽃이 달렸던 아랫부분
はなづくし【花尽くし】 ①(문장·노래 등에서) 여러 가지 꽃 이름을 든 것 ②여러 가지 꽃을 그린 무늬
はなづつ【花筒】 (주로 대나무로 된) 꽃꽂이통
はなつら【*鼻っ面】(口) = はなづら
はなづな【鼻綱】 쇠코뚜레= はななわ
はなっぱし【鼻っぱし】(口) 콧대, 고집
はなっぱしら【鼻っ柱】(口) 콧대, 고집
[慣用句]
　—が強 $_{つよ}$ い 콧대가 세다
　—をへし折 $_{お}$ る 콧대를 꺾어 놓다
はなつまみ【鼻*摘み】 남들이 싫어하고 몹시 미움을 받음, 그런 사람¶彼 $_{かれ}$ は職場 $_{しょくば}$ では～だ 그는 직장에서는 따돌림 받는 사람이다
はなづまり【鼻詰(ま)り】 코가 막힘〔맴〕
はなづら【鼻面】 콧등, 코끝= はなつら¶馬 $_{うま}$ の～をなでる 말의 콧등을 어루만지다
はなつんぼ【鼻*聾】 코가 메어 냄새를 맡지 못함, 코머거리¶～になってよく眠 $_{ねむ}$ れない 코가 메어서 잠을 잘 잘 수 없다
はなでんしゃ【花電車】 꽃전차
はなどき【花時】 꽃철, (특히) 벚꽃철
はなどけい【花時計】 꽃시계
はなぬすびと【花盗人】 꽃도둑, (특히) 벚꽃 가지를 꺾어 가는 사람= 花泥棒 $_{はなどろぼう}$
はなばさみ【花鋏】 전정(剪定) 가위
はなばしら【鼻柱】 ①콧청 ②콧뼈 ③콧대= はなっぱしら¶～を折る 콧대를 꺾다
はなはずかし·い【花恥ずかしい】 形(文) 꽃도 무색할 만큼 아름답다¶～乙女 $_{おとめ}$ 꽃도 무색할 만큼 아름다운 처녀
はなはだ【甚だ】 副 매우, 몹시, 아주¶～立派 $_{りっぱ}$ な心 $_{こころ}$ がけ 매우 훌륭한 마음가짐/ ～遺憾 $_{いかん}$ だ 몹시 유감이다 —以 $_{もっ}$ て 副「はなはだ」의 힘줌말¶～けしからん 아주 괘씸하다
はなばたけ【花畑·花*畠】 ①꽃밭 ② → おはなばたけ
はなはだし·い【甚だしい】 形 (정도가) 심하다, 대단하다¶～·く危険 $_{きけん}$ だ 대단히 위험하다/誤解 $_{ごかい}$ も～もこれまでだ 오해도 이만저만이 아니다
はなばなし·い【華華しい·花花しい】 形 눈부시다, 훌륭하다, 화려하다¶～活躍 $_{かつやく}$ 눈부신 활약/ ～·くデビューする 화려하게 데뷔하다
はなび【花火】 불꽃, 폭죽¶～を打 $_{う}$ ち上 $_{あ}$ げる 불꽃을 쏘아 올리다
はなびえ【花冷え】 꽃샘 추위
はなびら【花びら】 꽃잎¶～が風 $_{かぜ}$ に舞 $_{ま}$ う 꽃잎이 바람에 날리다
はなひらく【花開く】 連語(文) 꽃피다 ①꽃이 피다 ②(꽃이 피듯이) 밝게 시작되다¶～青春 $_{せいしゅん}$ 꽃피는 청춘

**―を利かす** 활개치다, 세력을 떨치다
**ばば**〔祖母〕 조모, 할머니 ⇔ 祖父
**ばば**〔*婆〕 노파, 할머니 ¶ 鬼~ 마귀할멈
**ばば**〔馬場〕 마장, 승마장, 경마장
**ははあ** 感〔口〕 생각났을 때나 납득했을 때 하는 말, 아하 ¶ ~, わかった 아하 알았다
**ばばあ**〔*婆〕〔口〕 노파를 막되이 또는 욕하여 이르는 말, 할망구 ⇔ 爺
**はは うえ**〔母上〕「母」의 높임말, 어머님
**はは かた**〔母方〕 외가 쪽 ¶ ~の叔父 외숙부
**は ばかり**〔*憚り〕 ①거리낌, 삼감, 조심함 ¶ ~がある 거리끼는 바가 있다 ②변소 ¶ ~に行く 변소에 가다
**はばかり さま**〔*憚様〕 感〔口〕 ①죄송합니다, 신세가 많습니다 ¶ これは~でございます 이거 신세가 많습니다 ②안됐군요, 유감이군요 ¶ ~, その事には乗らないよ 안됐지만 그 수에는 안 넘어간다
**はばかり ながら**〔*憚りながら〕 副 ①죄송스럽습니다만, 송구하지만 ¶ ~お願い申し上げます 송구하지만 부탁드립니다 ②건방진[외람된] 소리 같지만 ¶ ~これでも専門家だ 건방진 소리같지만 이래배도 전문가다
**は ばか・る**〔*憚る〕 ①꺼리다, 삼가다, 거리까다 ¶ 人目を~ 남의 눈을 꺼리다/ あたりを~・らぬ大声 주위를 아랑곳않는 큰 소리 ②위세를 부리다, 활개치다 ¶ 憎まれっ子、世に~ 집에서 미움받는 자식이 밖에서 활개친다
**はばき**〔脛巾〕 (옛날의) 행전, 발감개, 각반
**はば きき**〔幅利き〕 (그 분야·고장에서) 세력·권력이 있는 사람 ¶ 政界での~ 정계의 실력자/ この土地の~ 이 고장의 유지
**はは ぎみ**〔母君〕〔文〕「母親」의 높임말
**はは ご**〔母御〕 남의 어머니의 높임말, 자당
**はは こぐさ**〔母子草〕〔植〕 떡쑥
**はは そ**〔*柞〕「コナラ·クヌギ」의 옛이름
**はは そ の**〔*柞葉の〕〔枕〕「母」를 수식함
**は ばた・く**〔羽ばたく〕 自五 ①날개치다, 날다 ¶ 鳥らが~ 새가 날개치다 ②(比) (젊은이 등이) 미래를 지향하다, 넓은 세계로 나아가다 ¶ 若人よ~・け 젊은이여 웅비하라
**ばばつ**〔派閥〕 파벌 ¶ ~争うそい 파벌 싸움
**ばばっち・い** 形〔口〕〔幼〕 더럽다, 지지
**ばばっと** 副〔口〕 동작이 재빠르고 힘있는 모양
**はば とび**〔幅跳び〕〔體〕 넓이뛰기 ¶ 走り~ 도움닫기 넓이뛰기
**ばば ぬき**〔*婆抜き〕 (카드 놀이에서) 마지막에 「ばば 조커」를 가진 사람이 지는 놀이
**はは の ひ**〔母の日〕 어머니 날 ▷ 5월 둘째 일요일
**はば ひろ**〔幅広〕 I ナ (보통보다) 폭이 넓음, 그런 것 ¶ ~のズボン 폭이 넓은 바지 II 名「幅広帯」의 준말 ―帯 (보통보다) 폭이 넓은 띠
**はば ひろ・い**〔幅広い〕 形 ①폭이 넓다 ¶ ~道路 폭이 넓은 도로 ②폭넓다, 광범위하다 ¶ ~支持を受ける 폭넓은 지지를 받다
**はば へん**〔*巾偏〕 (한자 부수의) 수건건변 ▷「幅·帆」등의「巾」부분
**はば・む**〔阻む·*沮む〕 他五 막다, 저지하다 ¶ 行く手を~ 가는 길을 막다
**はは もの**〔母物〕〔映〕〔劇〕 모성애를 주제로 한 작품
**はば よせ**〔幅寄せ〕 ①차를 도로변에 붙이거나 차간 거리를 좁혀서 주·정차하는 일 ②나란히 달리는 차에 차체를 고의로 접근시키는 일
**ばはん せん**〔*八幡船〕〔日史〕 室町 시대 조선·중국 연안을 습격하던 일본 해적선, 왜구의 배
**は びき**〔刃引き〕 날을 무디게 한 도검(刀劍)
**はびこ・る**〔*蔓延る〕 自五 ①(잡초 등이) 무성하다 ¶ 雑草が~ 잡초가 무성하다 ②횡행하다, 만연하다 ¶ 悪が~ 악이 횡행하다/ 伝染病が~ 전염병이 만연하다
**ばひつ**〔馬匹〕〔文〕 마필, 말 ¶ ~改良 마필 개량
**は ふ**〔破風·*搏風〕〔建〕 (일본식 건축에서) 합각 머리를 장식하는 산 모양의 널, 박공
**は ふ**〔波布·〔飯匙倩〕〕〔動〕 반시뱀
**は ぶ・く**〔省く〕 他五 ①생략하다 ¶ 詳しい説明を~ 자세한 설명을 생략하다 ②(불필요한 것을) 줄이다 ¶ 手間を~ 수고를 덜다/ むだを~ 낭비를 줄이다
**はぶ そう**〔波布草〕〔植〕 석결명(石決明)
**は ぶたえ**〔羽二重〕 ①매끄럽고 윤이 나는 순백색 비단 ②(比) 결이 곱고 흰 것 ¶ ~の肌 희고 고운 살결
**はぶ ちゃ**〔波布茶〕 석결명의 씨를 볶은 차
**バプテストきょうかい**〔バプテスト教会〕〔改新〕 밥티스트 교회, 침례교
**は ブラシ**〔歯ブラシ〕 칫솔
**は ふり**〔*祝〕 신을 섬기는 일을 하는 사람의 총칭
**は ぶり**〔羽振り〕 ①사회적인 지위·세력·인망 ¶ ~がいい 위세가 있다, 인망이 높다/ ~を利かせる 위세를 부리다 ②새가 날개를 침
**バブル** (bubble) 버블 ¶ 거품 ②외양만 있고 실체가 없는 것 ―現象 〔經〕 버블 현상〔경제〕
**ばふん**〔馬糞〕 마분, 말똥 ―紙 마분지
**は へい**〔派兵〕 名 ス자 파병 ¶ 海外~ 해외 파병
**はべら・せる**〔*侍らせる〕 他下一 곁에서 모시게 하다, 시중들게 하다 ¶ 美女を~ 미녀를 옆에 두다
**はべ・る**〔*侍る〕 自五 곁에서 모시다, 시중들다 ¶ 芸者を~・らす 기생이 시중들게 하다
**バベルのとう**〔バベルの塔〕 바벨탑 ①〔基〕 구약성서에 나오는 전설의 탑 ②(比) 실현 가능성이 없는 계획
**は へん**〔破片〕 ①파편 ②(통합된 사항의) 단편
**は ぼう**〔破帽〕〔文〕 찢어진 모자 ¶ 弊衣~ 남루한 옷과 찢어진 모자
**は ぼく**〔破墨〕〔美〕 파묵, 먹의 바림으로 입체감을 표현하는 수묵화 기법

はぼたん [葉牡丹] [植] 모란채
はほん [端本] 낙질(落帙) ⇔ 完本ほん
はま [浜] ①바닷가, 호숫가 ②(버루에서) 먹물이 괴는 연지와 먹을 가는 바닥 사이 부분 ③(바둑에서) 따낸 돌 ④「横浜はま」의 속칭¶ 〜っ子 横浜 출신인 사람
はまおぎ [浜〈狭〉] 갈대¶ 難波なにの葦あしは伊勢いせの〜 같은 것도 지방에 따라 이름이 다르다
はまおもと [浜〈万年青〉] 「ハマユウ」의 딴이름
はまかぜ [浜風] 해변에 부는 바람, 갯바람
はまき [葉巻] 여송연, 엽궐련= シガー
はまぐり [*蛤] [動] 대합
はまじ [浜路] (文) 바닷가・호숫가의 길, 해변길¶ 〜を歩ぐる 해변길을 걷다
はまだらか [羽斑蚊] [動] 학질모기
はまち [*魚反] 마래미, 새끼 방어
はまちどり [浜千鳥] (文) 해변의 물떼새
はまて [浜手] 해변 쪽 ⇔ 山手で
はまなす [浜〈茄子〉] [植] 해당화= はまなし
はまなっとう [浜納豆] 콩을 삶아 누룩곰팡이를 묻혀 소금물에 담가서 발효시켜 건조시킨 식품= 浜名納豆なっとう・大福寺納豆だいふくじなっとう
はまなべ [*蛤鍋] [料] 된장국에 대합・파・구운 두부 등을 넣고 끓이면서 먹는 냄비 요리
はまのまさご [浜の真〈砂〉] 해변의 모래, 수없이 많음
はまべ [浜辺] 바닷가, 해변
はまぼうふう [浜防風] [植] 갯방풍
はまや [破魔矢] (설에 장식하는) 마귀를 쫓는다는 화살
はまやき [浜焼(き)] [料] 갓 잡은 도미 등을 소금 가마에 넣고 쪄낸 것, 그런 요리
はまゆう [浜〈木綿〉] [植] 문주란
はまゆみ [破魔弓] (설에 장식하는) 마귀를 쫓는다는 활
はまりやく [*嵌(ま)り役] 적역¶ 그 배우에게 가장 적합한 역=(어떤 일이) 그 사람에게 안성마춤임¶ こうした仕事しごとには彼かれが〜だ 이런 일에는 그가 적역이다
はま・る [*嵌(ま)る・填(ま)る] [自五] ①꼭 맞다, 꼭 끼이다, 들어맞다¶ 型かたに〜 型型 ②들어맞다, 적합하다¶ 条件じょうけんに〜 조건에 들어맞다 ③(움푹한 곳・나쁜 상태에) 빠지다¶ 溝みぞに〜 도랑에 빠지다 ④속다, 빠지다¶ 計略けいりゃくに〜 계략에 빠지다
はみ [馬銜] 마함, 재갈¶ 〜をくわえる 재갈을 물리다
はみがき [歯磨(き)] ①이닦기, 양치질 ②치약
はみだ・す [*食み出す] [自五] 비어져(불거져) 나오다, 초과하다= はみでる¶ 毛布もうふから足あしが〜 담요에서 발이 비어져 나오다/ 人員じんいんが〜 인원이 넘쳐나다
はみ・でる [*食み出る] [自下一] → はみだす
は・む [*食む] [他五] (文) ①(소・말 등이) 먹다¶ 草くさを〜 牛うしが草を食むむ 소 떼 ②(녹・봉급을) 받다¶ 禄ろくを〜 녹을 받다
ハム (ham) 햄 ①돼지고기를 절여 훈제한 식품¶ 〜サラダ 햄 샐러드 ②아마추어 무선사

ば・む [接尾] (명사 등에 붙어 五段동사를 만듦) …한 상태를 띠다¶ 黄き〜 노래지다/ 気色けしき〜 노기를 띠다/ 汗あせ〜 땀이 배다
はむか・う [刃向かう] [自五] 맞서다, 대항하다, 덤벼들다¶ 権力けんりょくに真まっ向こうから〜 권력에 정면으로 맞서다/ 野犬やけんが・・ってくる 들개가 덤벼든다
はむし [羽虫] ①「ハジラミ」의 딴이름 ②날개가 있는 작은 곤충의 속칭
はむし [葉虫] [動] 잎벌레
はむしゃ [端武者] 보잘것 없는 무사, 졸병
はめ [羽目] ①[建] 판자벽, 판벽 ②[破目] (「〜になる[陥おちる]」 등의 꼴로) 곤란한 처지・입장, 궁지¶ 困こまった〜に追おいやる 곤란한 처지로 몰아 넣다/ わたしから言いい出だす〜になった 내가 말을 꺼내야 할 입장이 되었다 一板いた [建] 판벽 널판지
[慣用句]
一を外はずす 흥겨운 나머지 도를 지나치다
はめきざいく [*嵌木細工] 한 장의 널빤지에 빛깔이나 결이 다른 나무를 끼워 넣어 그림・무늬를 나타내는 세공
はめこみ [*嵌(め)込み] (목조 건축・목공 등에서) 끼움, 끼운 것
はめこ・む [*嵌(め)込む・*填(め)込む] [他五] ①끼워 넣다¶ ダイヤを〜・んだブローチ 다이아몬드를 박은 브로우치 ②(계략을 써서) 함정에 빠뜨리다¶ 相手あいてをうまく〜 상대방을 교묘하게 걸려들게 하다
はめころし [*嵌(め)殺し] [建] (미닫이・유리창 등의) 붙박이¶ 〜の窓まど 붙박이 창
はめつ [破滅] 파멸¶ 身みの〜を招まねく 일신의 파멸을 초래하다
は・める [*嵌める・*填める] [他下一] ①끼우다, 채우다, 박다¶ 指輪ゆびわを〜 반지를 끼다/ 窓まどに網戸あみどを〜 창에 망창을 달다 ②빠뜨리다, 속이다¶ 敵てきをわなに〜 적을 함정에 빠뜨리다
はめん [波面] 파면 ①물결의 표면 ②[物] 파동이 전해질 때 생기는 면
ばめん [場面] 장면 ①일이 진행되고 있는 상황, 그런 광경, 경우, 처지¶ 苦くるしい〜に直面ちょくめんする 괴로운 처지에 직면하다 ②영화・연극의 한 신¶ 乱闘らんとう〜 난투 장면
はも [*鱧] [動] 갯장어
はもの [刃物] 날붙이¶ 〜沙汰さた 칼부림 사태¶ 〜を振ふり回まわす 칼을 휘두르다 一三昧ざんまい 함부로 칼을 휘두르는 날불, 칼부림 소동¶ 〜に及およぶ 칼부림 소동에 이르다
はもの [葉物] ①잎을 먹는 채소, 엽채(葉菜) ②(꽃꽂이・원예 등에서) 관엽 식물
はもの [端物] ①낱벌・낱짝으로 갖추어지지 않은 물건 ②적고 별 것 아닌 것 ③[藝] 단막짜리 浄瑠璃じょうるり, 단편으로 된 三味線しゃみせん 곡 ④[版] 양식이 일정하지 않은 단발 인쇄물
はもん [波紋] 파문 ①수면에 이는 물결¶ 〜が広ひろがる 파문이 퍼지다 ②어떤 일의 영향¶ 財界ざいかいに〜を投なげる 재계에 파문을 던지다

はもん【破門】名他スル 파문 ①사제 관계를 끊고 제명함¶弟子を~する 제자를 파문하다 ②신도의 자격을 박탈하고 추방함

はや【*鮠】動 피라미= はえ

はや【甲矢・兄矢】(한 쌍의 화살에서) 먼저 쏘는 화살 ⇔乙矢

はや【副】벌써, 이미¶ ~幾年벌써 몇해/ ~手遅くれだ 이미 때가 늦었다

はやあし【早足・遠歩】속보 ①빠른 걸음¶ ~で歩く 빠른 걸음으로 걷다 ②(마술에서) 걷는 것과 뛰는 것의 중간 보조= トロット

はや·い【早い】形 빠르다 ①(시간이) 이르다, 앞서다¶ ~·く起きる 일찍 일어나다 ②(일정 시각·시기보다) 이르다¶発表するのはまだ~· 발표하는 것은 아직 이르다 ③【速い】(동작·작용이) 재빠르다¶汽車が~ 빠른 기차/ 理解が~ 이해가 빠르다 ④(「…が~か」의 꼴로) …하기가 바쁘게, …하자마자¶聞くが~か飛び出した 듣자마자 뛰쳐 나왔다

はやいこと【早い事】副(口) 일찌감치, 빨리¶ ~買っておく 일찌감치 사 두다

はやいところ【早い所】副(口) 재빨리, 가능한 한 빨리= 早いとこ¶ ~片づけよう 후딱 해치우자/ 頼む 가능한한 빨리 부탁하네

はやいはなしが【早い話が】連語 요컨대, 간단히 말하면¶ ~彼は仕事をやりたくないのだ 요컨대 그는 일을 하고 싶지 않다는 거야

はやいものがち【早い者勝ち】連語 먼저 한〔온〕사람이 유리함, 선착순¶ ~に入場しする 선착순으로 입장하다

はやうち【早打ち・早撃ち】名他スル ①파발꾼 ②(총포의) 속사¶ ~の名人 속사의 명수 ③(바둑을) 빨리 둠, 속기 ④(불꽃을) 연속적으로 빨리 쏘아 올림 ⑤(북을) 빨리 두드림

はやうま【早馬】①파발말, 파발꾼 ②빨리 달리는 말, 준마

はやうまれ【早生(ま)れ】1월 1일부터 4월 1일 사이에 태어남, 그런 사람

はやお【早緒】①(배의) 돛줄= 櫓綱 ②썰매·수레를 끄는 줄

はやおき【早起き】名自スル 조기, 일찍 일어남¶早寝~ 일찍 자고 일찍 일어남

慣用句
―は三文の徳 아침 일찍 일어나면 서푼의 이득이 있다

はやおくり【早送り】(녹음·녹화 테이프 등의) 빨리 감기

はやおけ【早*桶】(급히 만든) 조잡한 관

はやがえり【早帰り】名自スル ①(정해진 시각보다) 일찍 돌아옴¶急用ができて~する 급한 볼일이 생겨서 일찍 돌아오다 ②(외박하고) 일찍 돌아옴= 朝帰り

はやかご【早*駕*籠】①빨리 달리는 가마 ②파발꾼이 타는 가마

はやがてん【早合点】名自スル 지레 짐작= はやがってん¶ ~して家を飛び出す 지레 짐작하고 집을 뛰쳐나오다

はやがね【早鐘】①(재해를 알리는 연달아 마구 울리는 종소리, 경종 ②(比) (걱정 등으로) 가슴이 몹시 뜀¶ ~のような鼓動 방망이질하는 것 같은 고동

はやがわり【早変(わ)り・早替(わ)り】名自スル ①(歌舞伎 등에서) 같은 장면에서 한 배우가 두 역(役) 이상을 연기함 ②재빨리 바뀜, 돌변¶体育館がパーティー会場に~する 체육관이 파티 회장으로 돌변하다

はやく【端役】①(劇) 단역 ②(比) 하찮은 역할, 그것을 맡은 사람

はやく【破約】名他スル 파약, 약속·계약을 취소함¶(경) 協定を~する 협정을 파약하다

はやくち【早口】말이 빠름¶ ~にしゃべる 빠르게 말하다 ―言葉 발음하기 어려운 문구를 빨리 말하는 놀이

はやくも【早くも】副 ①벌써, 이미¶ ~秋風が吹く 벌써 가을 바람이 분다 ②빨라도, 일러야¶ ~三日はかかる 빨라도 사흘은 걸린다

はやさ【早さ】①【速さ】빠르기, 속도, 속력¶人の歩くを~ 사람이 걷는 속도/ ~を競う 빠르기를 겨루다 ②(시기·시각의) 빠름

はやざき【早咲き】(꽃이 예년보다) 일찍 핌, 그런 꽃 ⇔遅咲き¶ ~の桜 일찍 핀 벚꽃

はやし【林】①(숲) 松~ 소나무 숲 ②(사물이 많이 모여 있는 상태)¶ビルの~ 빌딩 숲

はやし【囃子】(藝)(能·歌舞伎 등의) 반주 음악 ―方(藝) 囃子를 담당하는 사람 ―詞(藝) 가요의 중간에 가락을 맞추기 위해 넣는 말 ―座(藝)(能·歌舞伎 등에서) 반주자가 앉는 자리 ―物(藝) ①피리·북의 囃子에 대사·노래·무용 등이 딸린 중세 예능 ②반주 음악이 狂言等에 도입된 것

はやした·てる【囃(し)立てる】他下一 요란하게 반주하다, 시끄럽게 놀려대다¶笛や太鼓で~ 피리와 북으로 요란하게 반주하다

はやじに【早死に】名自スル 젊어서 죽음, 요절¶病気で~する 병으로 요절하다

はやじまい【早仕舞】名自他スル ①(가게 등을) 일찍 닫음¶店を~する 가게 문을 일찍 닫다 ②(일 등을) 일찍 끝냄

はや·す【生やす】他五 기르다, 자라게 하다¶ひげを~ 수염을 기르다

はや·す【囃す】他五 ①囃子를 연주하다 ②(소리를 내거나 손뼉을 쳐서) 장단을 맞추다¶手を打って~ 손뼉을 쳐서 장단을 맞추다 ③큰 소리로 칭찬하거나 비웃다¶泣き虫やあいと~ 울보야 하고 자꾸만 놀려대다/ ほめ~ 큰 소리로 칭찬하다

はやせ【早瀬】여울, 급류¶ ~に流される 급류에 떠내려가다

はやだち【早立ち】名自スル 아침 일찍 길을 떠남¶ ~の旅人 일찍 길을 떠나는 길손

はやつづみ【早鼓】(藝) ①(能楽에서) 크고 작은 북을 치는 빠른 가락의 연주 ②(歌舞伎에서) 주인공이 퇴장할 때 쓰는 반주 음악

はやて【*疾風*】(文) 질풍= しっぷう¶ ~の

はやで ように現゙れる 질풍처럼 나타나다
はやで【早出】图 自ㅈル ①(교대 근무에서) 일찍 출근하는 차례 ②일찍 출근함
はやてまわし【早手回し】图 ア 미리 준비하거나 손을 써 둠¶ ~に切符゙を買゙っておく 미리 손을 써서 표를 사두다
はやと【隼人】①【日史】고대에 九州゙ 남부 지방에 살았다는 용맹한 부족¶ 薩摩 (지금의 鹿児島゙ 현) 출신 남자에 대한 호칭
はやとちり【早とちり】图 自ㅈル (口) 지레짐작하여 실수함
はやなわ【早縄】오라, 포승= 捕゙り縄゙
はやね【早寝】图 自ㅈル 일찍 잠¶ ~早起゙き 일찍 자고 일찍 일어나기
はやのみこみ【早呑(み)込み】图 自ㅈル ①지레짐작= 早合点゙ ②이해가 빠름
はやば【早場】【農】(벼・누에고치 등이) 일찍 수확되는 고장= 遅場゙ ⇔¶ 一米゙【農】수확기가 빨라서 일찍 출하되는 쌀
はやばや【早早】副 매우 빨리, 일찍¶ ~と投票゙を済゙ませる 일찍 투표를 마치다
はやばん【早番】(교대 근무에서) 일찍 근무하는 차례, 그런 사람 ⇔ 遅番゙
はやびけ【早引け・早退け】图 自ㅈル 조퇴= 早引゙き¶ 風邪゙で~する 감기로 조퇴하다
はやひる【早昼】이른 점심¶ ~で出゙かける 이른 점심을 먹고 출발하다
はやふえ【早笛】【藝】(能楽゙・歌舞伎゙에서) 귀신 등이 등장할 때 연주하는 피리・북 등
はやぶさ【隼】【動】바다매
はやぶね【早舟・早船】①급히 저어가는 배, 전속력으로 쾌주하는 배 ②여러 사람이 젓는 속력이 빠른 군선(軍船)
はやま【端山】(文) 마을 근처의 낮은 산, 야산
はやまい【早舞】【藝】①(能゙에서) 주인공이 피리・북 반주에 맞추어 추는 전품 ②(歌舞伎゙에서) 개막과 막이 끝날 때의 下座゙음악
はやま・る【早まる】自五 ①(시각・시기가) 빨라지다, 앞당겨지다¶ 開場゙が~ 개장이 앞당겨지다 ②【速まる】(속도가) 빨라지다¶ スピードが~ 스피드가 빨라지다 ③서두르다, 서둘러서 일을 그르치다¶ ~・った行動゙ 성급한 행동
はやみ【早見】조견, 한눈에 알아볼 수 있도록 한 것¶ 一表゙ 조견표
はやみち【早道】지름길 ①가까운 길= 近道゙¶ 駅゙へ行゙く~ 역으로 가는 지름길 ②빠른 방법, 첩경¶ 丸暗記゙するのが~ 통째로 외우는 것이 지름길이다
はやみみ【早耳】(정보・소문 등을) 빨리 들어 앎, 그런 사람¶ 業界゙きっての~ 업계 제일의 소식통
はやめし【早飯】①밥을 빨리 먹음¶ ~、早゙じたく 밥을 빨리 먹고 채비를 서두름 ②(평소보다) 이른 식사
はや・める【早める】他下一 ①(시각・시기를) 앞당기다¶ 開演゙を~ 개연을 앞당기다/ 死期゙を~ 죽음을 재촉하다 ②【速める】(속도

를) 내다, 빨리 하다¶ スピードを~ 스피드를 내다/ 足゙を~ 걸음을 재촉하다
はやら・し【〈流行〉らす】他五 유행시키다¶ 変゙な歌゙を~ 이상한 노래를 유행시키다
はやら・せる【流行らせる】他下一→はやらす
はやり【〈流行〉】유행= りゅうこう¶ ~ことば 유행어/ ~の服 지금 유행하는 옷 一唄゙【藝】(歌舞伎゙에서) 長唄゙를 제외하고 그 때 유행하는 노래를 도입한 반주 음악 一歌゙ 유행가 一風邪゙ 독감 一廃゙り 유행의 성쇠[기복] 一つ子゙ 한창 인기 있는 사람[기생] 一目゙ 유행성 결막염 一病゙ 유행병
はやりぎ【逸り気】혈기, 혈기 넘치는 의욕적인 마음¶ 若者゙の~ 젊은이의 혈기
はやりた・つ【逸り立つ】自五 마음이 끓어오르다, 분기하다¶ ~心゙を抑゙える 끓어오르는 마음을 누르다
はや・る【〈流行〉る】自五 ①유행하다¶ 長゙い髪゙の~ 긴 머리가 유행하다 ②(장사가) 번창하다, 번성하다¶ よく~店゙ 잘 되는 가게 ③(병 등이) 퍼지다, 만연하다¶ 風邪゙が~ 감기가 유행하다
はや・る【逸る】自五 ①날뛰다, 용기가 솟다¶ 血気゙に~若者゙の 혈기에 날뛰는 젊은이 ②안달하다, 초조해지다¶ ~心゙を抑゙えかねて 초조해진 마음을 누를 수 없어서
はやわかり【早分(か)り】①빨리 이해함 ②쉽게 이해할 수 있게 쓰여진 도표・책¶ 道路交通法゙ 도로 교통법 속해(速解)
はやわざ【早業・早技】재빠르고 능숙한 솜씨, 재주¶ 電光石火゙の~ 전광석화같이 빠른 솜씨
はら【原】①(野) 들, 벌판
はら【腹】①【醫】배, 복부¶ ~が出゙る 배가 나오다 ②배, 위장¶ ~がへる 배가 고프다 ③(모태로서의) 배¶ 妾゙か 첩의 소생/ 違゙いの兄弟゙ 배다른 형제 ④ [ 肚 ] 속마음, 심중, 의중, 본심¶ ~の探゙り合゙い 의중을 서로 떠봄 ⑤ [ 肚 ] 배포, 도량, 담력, 배짱¶ ~が太゙い 배포가 크다, 배짱이 세다 ⑥ (물건 가운데의) 불룩한 부분¶ 指゙の~ 손가락 마디/ 船゙の~ 선복 ⑦ (불쾌한) 기분, 감정¶ ~がおさまらない 화가 가라앉지 않다
慣用句
一が北山゙だ 「来゙た」를 「北゙」에 빗대어) 배가 고프다
一が下゙る 설사하다
一が黒゙い 뱃속이 검다, 엉큼하다
一が据゙わる 배짱이 두둑하다, 사물에 동하지 않다
一が立゙つ 화가 나다
一が出来゙ている ①각오가 되어 있다 ②배짱이 있다
一が減゙っては戦゙は出来゙ぬ 배가 고파서는 전투를 할 수 없다
一に一物゙ 마음속에 뭔가 딴 생각이 있음, 꿍꿍이속
一に収゙める 마음속에 간직하다

—に据えかねる 화·불쾌함을 참을 수 없다
—は借り物 (어머니의 배는 잠시 빌려 쓴 것으로) 자식의 신분은 아버지에게 달렸다
—も身の内 (배도 자기 몸의 일부이니) 폭음·폭식은 삼가야 한다는 말
—を痛めた子 자기가 낳은 자식, 친자식
—を抱える (너무 우스워서) 배꼽을 쥐다
—を決める 결심하다, 각오하다
—を切る ①할복하다 ②(책임지고) 사직하다
—を括る 단단히 각오를 하다
—を下す 설사를 하다
—を拵える 배를 채워두다, 든든하게 먹다
—を肥やす 사복(私腹)을 채우다
—を壊す 배탈이 나게 하다, 설사를 하다
—を探る 의중을 살피다, 속마음을 떠보다
—を据える 각오를 하다
—を立てる 화를 내다
—を割る 흉금을 털어놓다

ばら [^輩] 腰尾 (文) 《사람을 나타내는 명사에 붙어》 상대방을 멸시하여 말하는 에스러운 표현. 배. …들¶ 奴〜 놈들/ 雑人〜 잡배
ばら [^散] ①낱개로 ¶〜で売る 낱개로 팔다 ②「散銭」의 준말. 잔돈, 푼돈
ばら 〈荊棘〉 가시나무
ばら 〈薔薇〉 【植】 장미 —色 ①장밋빛 ①담홍색, 핑크 ②밝은 미래·희망을 상징하는 색 ¶〜の未来 장밋빛 미래
はらあて [腹当て] ①(하급 무사의) 가슴과 배만 가리는 갑옷 ②배두렁이 = 腹掛け
はらあわせ [腹合(わ)せ] ①안팎이 각각 다른 천으로 된 허리띠 ②마주 봄, 마주 대함
はらい [払い] ①지불, 셈 ¶ 一時〜 일시불/ 〜を済ませる 지불을 마치다 ②(사람을) 그 자리에서 물리침 ¶ お人〜を願います 사람을 물리쳐 주십시오 ③(불필요한 것을) 팔아 버림 ¶ 売り〜 팔아치움 ③없애버림, 제거함, 그런 도구 ¶ すす〜 그을음을 털기
はらい [^祓い] 불제(祓除), 신에게 빌어 죄·부정·재앙 등을 떨쳐 버림, 그 때 외는 말
はらい [波羅夷] 【佛】 죄가 가장 무겁고 어기면 교단 추방을 당하는 계율 —罪 【佛】 교단에서 추방당하는 죄
はらい きよ·める [^祓(い)^浄める] 他 下一 불제하다, 신에게 빌어 죄·부정을 씻다
はらいこみ [払(い)込み] 불입 ¶ 〜金 불입금
はらい こ·む [払(い)込む] 他五 불입하다, 돈을 붓다 ¶ 受信料を〜 수신료를 불입하다
はらい さ·げる [払(い)下げる] 他 下一 불하하다 ¶ 公有地の〜 공유지의 불하
はらいせ [腹癒せ] 화풀이, 분풀이 ¶ 〜に訴える 화풀이로 고소하다
はらいた [腹痛] (口) 복통, 배앓이 = ふくつう ¶ 〜を起こす 복통을 일으키다
はらいだし [払(い)出し] ①지출 ②(회계 장부상의) 지출, 대변 ↔ 受け入れ
はらいだ·す [払(い)出す] 他五 ①돈을 치르다, 지불하다 ②내쫓다, 쫓아내다

はらいちょう [払い超] (經) 지불 초과
はらい いっぱい [腹一杯] 圖 ①배불리 ¶ 〜食べたい 배불리 먹고 싶다 ②실컷, 마음껏 ¶ 〜悪口を言う 실컷 욕을 한다
はらい の·ける [払(い)^除ける] 他 下一 ①(손으로) 뿌리치다, 털어 버리다 ¶ 制止の手を〜 제지하는 손을 뿌리치다 ②(방해가 되는 것을) 떨쳐 버리다, 물리치다 ¶ 邪念を〜 사념을 떨쳐 버리다
はらいばこ [払い箱] (「お〜」의 꼴로) 면직, 해고 ¶ お〜になる 면직되다
はらい もど·す [払(い)戻す] 他五 ①환불하다 ¶ 税金を〜 세금을 환불하다 ②(저금을) 내주다 ¶ 貯金を〜 저금을 내주다 ③(경마 등에서) 적중된 마권을 현금으로 바꾸어 주다
はらい もの [払い物] (소용이 없어) 팔아 치울 물건
はら·う [払う] 他五 ①없애다, 제거하다, 털어내다 ¶ すすを〜 그을음을 털다/ 小枝を〜 잔가지를 치다 ②옆으로 휘두르다, 후려치다, 뿌리치는 手を〜 어깨에 얹은 손을 뿌리치다 ④쫓아 버리다, 물리치다 ¶ 手で虫を〜 손으로 벌레를 쫓다 ⑤(쓸모없는 물건을) 팔아 버리다 ¶ くず屋に〜 넝마주이에게 팔아 버리다 ⑥떠나다, 나오다 ¶ 下宿を〜 하숙을 나오다 ⑦(돈 등을) 치르다, 지불하다, 내다 ¶ 手数料を〜 수수료를 지불하다 ⑧(마음을) 기울이다 ¶ 敬意を〜 경의를 표하다/ 注意を〜 주의를 기울이다
はら·う [^祓う] 他五 불제하다, 신에게 빌어 죄·부정 등을 씻다 ¶ 悪魔を〜 마귀를 물리치다
ばらうり [散売り] 名 他スル (세트로 되어 있는 것을) 낱개로 팖
はらえ [^祓(え)] → はらい(祓)
はら おび [腹帯] ①배두렁이 = 腹巻き ②(임신부의) 복대 = 岩田帯 ③(말의) 뱃대끈
はらがけ [腹掛け] ①(직공이 입는) 배두렁이처럼 생긴 작업복 ②(아이들의) 배두렁이
はらがまえ [腹構え] 마음의 준비, 각오 ¶ 〜ができている 각오가 되어 있다
はら から [同胞] 〈文〉 동포 ①같은 어머니에게서 태어난 형제자매 ②한 겨레 = どうほう
はらがわり [腹変(わ)り] 배가 다름, 이복
はら ぎたな·い [腹汚い·腹^穢い] 形 마음씨가 더럽다, 심보가 나쁘다 ¶ 〜人物 심보가 고약한 인물
はらきり [腹切り] 할복(割腹) = せっぷく
はらぐあい [腹具合·腹^工合] 위장의 상태, 뱃속 ¶ 〜が悪い 속이 안 좋다
はらくだし [腹下し] ①설사 ¶ 〜を起こす 설사를 하게 하는 약 ¶ 〜を飲む 하제를 먹다
はらくだり [腹下り] 설사
はらぐろ·い [腹黒い] 形 속이 검다, 엉큼하다, 음험하다 ¶ 〜悪党 뱃속이 검은 악당

はらげい

はらげい【腹芸】①〘劇〙배우가 표정 등으로 인물의 심리를 표현하는 일 ②(누운 사람의) 배 위에서 하는 곡예 ③배에 얼굴 등을 그려 그것을 변화시켜 보이는 곡예 ④배짱이나 요령으로 일을 처리함¶～のできる政治家 배짱 부릴 줄 아는 정치가

ばら・ける【散ける】自下一(口) 뿔뿔이 흩어지다=ちらける

はらごしらえ【腹拵え】名自スル (일을 하기 전에) 배를 채워 둠, 식사를 해 둠¶～してから出かける 배를 채우고 나서 나가다

はらこなし【腹ごなし】名自スル (간단한 운동 등으로) 소화를 도움¶～に散歩する 소화를 돕기 위해 산책하다

はら・す【晴らす・霽らす】他五 ①(마음속의 응어리를) 풀다, 恨みを～ 원한을 풀다 ②(오명 등을) 풀다, 벗게 하다¶嫌疑を～ 혐의를 풀다 ③개게 하다

はら・す【腫らす】他五 붓게 하다¶目を泣き～ 울어서 눈이 붓다

ばら・す【散す】他五(口) ①분해하다, 해체하다, 뜯다¶本を～ 책을 뜯다/時計を～して修理する 시계를 분해하여 수리하다 ②폭로하다¶不正を～ 부정을 폭로하다 ③죽이다, 살해하다¶裏切り者を～ 배신자를 죽이다

はらすじ【腹筋】①복근, 배 근육 ②배꼽을 뺄 만큼 우스움

〖慣用句〗

━を縒る 배꼽을 빼다, 배가 아프도록 웃다

ばらずみ【散炭】①조금씩 덜어서 파는 숯, 푼거리 숯 ②(잔가지를 구워 만든) 잔 숯

ばらせん【〈荊棘〉線】가시 철사

ばらせん【散銭】(口) 잔돈, 푼돈=ばら

はらだたし・い【腹立たしい】形(文) 화가 나다, 괘씸하다¶～言動 괘씸한 언동

はらだち【腹立ち】화냄, 성냄=立腹¶～を覚える 화가 나다¶紛れ¶～に当たり散らす 홧김에 마구 화풀이하다

はらだ・つ【腹立つ】自五 노하다, 화를 내다, 성내다

ばらだま【散弾】(口) ①한 방씩 쏘는 탄환 ②산탄=さんだん

はらちがい【腹違い】이복, 배가 다름⇔種違い¶～の兄弟 이복 형제

ばらつき¶흩어짐, 흐트러짐, 고르지 못함¶製品の出来に～がある 제품의 품질이 고르지 못함 ②(수치가) 불규칙적으로 분포함

ばらつ・く【自五】①(비 등이) 조금씩 내리다, 뿌리다¶小雨が～ 가랑비 뿌리다 ②흩어지다, 흐트러지다¶髪が～ 머리카락이 흩어지다 ③(분포가) 불규칙하다, 고르지 않다¶数値が～ 수치가 고르지 않다

ばらつ・く【自五】(비 등이) 조금씩 뿌리다

はらつづみ【腹鼓】①(일본 전설에서) 달밤에 너구리가 배를 두드리는 일 ②(｢～を打つ｣의 꼴로) 배를 두드림, 배불리 먹어 만족스러워 함 ▷「はらづつみ」라고도 함

はらっぱ【原っぱ】(口) ①들, 들판 ②(주택가 근처의) 빈터, 공터¶～で野球をする 공터에서 야구를 하다

はらづもり【腹積(も)り】혼자 속으로 준비하고 있는 대체적인 계획, 속셈, 작정

はらどけい【腹時計】(俗) 배꼽시계¶～でわかる 배꼽시계로 알다

ばらにく【ばら肉】(소・돼지의) 배쪽 부분의 살, 안심, 삼겹살=ばら

はらのうち【腹の内】뱃속, 마음속, 내심, 의중¶～を探る 의중을 떠보다

はらのかわ【腹の皮】뱃가죽

〖慣用句〗

━を捩る 배꼽을 빼다, 몹시 웃다

はらのたし【腹の足し】요기(거리), 약간의 음식¶～にする 요기거리로 하다

はらのなか【腹の中】連語 ①뱃속 ②마음속, 내심, 의중¶～が煮えくり返る (화가 나서) 속이 부글부글 끓다

はらのむし【腹の虫】①회충, 거위 ②감정의 움직임・참을 수 없는 기분을 벌레에 비유한 말, 비위¶～がおさまらない 화가 가라앉지 않다 ③공복의 원인을 벌레에 비유한 말¶～が目をさます 시장기를 느끼다

はらばい【腹這い】배를 깔고 엎드림[김]¶～になる 엎드리다/～で進む 엎드려 기어가다

はらば・う【腹這う】自五 ①배를 땅에 대고 기다, 포복하다 ②엎드리다

はらはちぶ【腹八分】名 조금 양이 덜 차게 먹는 일=腹八分目¶～に医者いらず 적당히 먹으면 탈이 없다

はらはらⅠ副(と) (나뭇잎・눈물 등이 조용히 떨어지는) 팔랑팔랑, 주르르¶～と散る紅葉 팔랑팔랑 떨어지는 단풍잎/涙を～と流す 눈물을 주르르 흘리다 Ⅱ 副自スル 조마조마¶～しながら見守る 조마조마해 하면서 지켜보다

ばらばらⅠ副 ①(빗방울 등이 소리를 내며 떨어지는) 후드득¶大粒の雨が～と降る 굵은 빗방울이 후드득 쏟아지다 ②(돌 등이 연달아 날아오는) 후드득후드득 ③(사람・물건이 흩어져 나오는) 뿔뿔이¶電車から人が～と降りる 전차에서 사람이 뿔뿔이 내리다 Ⅱ 기 따로따로 흩어지는 모양¶家族が～になる 가족이 뿔뿔이 흩어지다

ばらばらⅠ副 ①(빗방울 등이 드문드문 떨어지는) 호드득호드득, 훌훌¶塩を～とまく 소금을 훌훌 뿌리다 ②(책장 등을 빨리 넘기는) 훌훌¶本を～とめくる 책장을 훌훌 넘기다 ③드문드문¶聴衆が～と座っている 청중은 드문드문 앉아 있다

ばらふ【散斑】①드문드문 있는 반점 ②검은 반점이 있는 별감

はらぺこ【腹ぺこ】名[ナ](俗) 배가 몹시 고픔¶昼飯を抜いたので～だ 점심을 걸러서 배가 몹시 고프다

はらまき【腹巻】①배에 두르는 보온용 천이나 편물 ②배에 대고 잡아매는 보병용 갑옷

ばら ま·く [*散く·*散蒔く] 他五 ①흩뿌리다, 퍼뜨리다¶豆を~ 콩을 흩뿌리다/ うわさを~ 소문을 퍼뜨리다 ②(돈 등을) 마구 나누어주다¶名刺を~ 명함을 뿌리다/ 金を~ 돈을 마구 뿌리다
はらみ おんな [*孕み女] 임신부, 아이 밴 여자
はら みつ [波羅蜜] 佛 바라밀, 부처가 되기 위한 보살의 수행 = 波羅蜜多
はら·む [*孕む·*妊む] 他五 ①(아이를) 배다, 임신하다¶子を~ 아이를 배다 ②품다, 안다, 내포하다¶危険を~ 위험을 내포하다/ 帆が風を~ 돛이 바람을 안다
はら もち [腹持ち] (소화가 더디어) 뱃속에 든든함¶もちは~がいい 떡은 (먹으면) 속이 든든하다
バラモン [婆羅門] ①바라문(인도의 카스트 중) 최고 계급인 승려 계급 ②바라문교, 그 승려 —教 宗 바라문교
はら らご [*鱲] 생선알, (특히) 연어알, 그 것
はら りと 副文 ①(꽃잎·눈물 등이 떨어지는) 주르르, 팔랑팔랑¶涙を~こぼす 눈물을 주르르 흘리다 ②(머리카락·옷 등이 풀어지는) 사르르¶髪が~とける 머리가 사르르 풀리다
ぱら りと 副 ①가벼운 것이 가볍게 떨어지거나 듬성듬성 떨어지는 모양¶種を~まく 씨를 훌훌 흩뿌리다 ②(책 등의) 페이지를 가볍게 넘기는 모양
パラリンピック (Paralympics) 패럴림픽, 국제 신체 장애자 경기대회
ばら ルビ 版 (문장에서) 일부 한자에만 振り仮名를 닮
はら わた [*腸] ①(동물의) 내장, 창자¶魚の~を抜く 물고기의 내장을 제거하다 ②마음, 정신 ③(오이 등의) 씨를 싸고 있는 속 부분
慣用句
—が腐る 정신이 타락하다
—が千切れる (슬픔이 극심하여) 창자가 끊어지다, 애닯다
—が煮え繰り返る 속이 뒤집히다, 화가 나서 견딜 수가 없다
—を断つ 애닯다, 몹시 슬프다
はらん [葉*蘭] 엽란
はらん [波*瀾·波乱] 파란, 풍파¶一~ある 한바탕 풍파가 일다/ ~に富んだ一生 파란 많은 일생 一万丈, 文 파란 만장
はり [針] ①바늘¶~に糸をとおす 바늘에 실을 꿰다 ②(比) 악의에 찬 말¶~を含んだ言葉 가시 돋친 말 ③(시계·레코드 등의) 바늘¶時計の~ 시계 바늘/ つりの~ 낚시 바늘 ④[*鍼] 한 ⑤(벌 등의) 침 ⑥바느질, 재봉¶~を習う 바느질을 배우다 ⑦助數 (꿰맨) 땀수¶傷口を十~縫う 상처를 열 바늘 꿰매다
慣用句
—の穴から天井を覗う 바늘 구멍으로 천장을 본다, 좁은 소견으로 천하를 논하다
—ほどのことを棒ほどに言う 침소 봉대하

다, 작은 일을 크게 과장해서 말하다
はり [*梁] 建 들보 = うつばり
はり [張り] ①당김, 켕김, 그 세기¶ロープの~を調節する 로프의 탄력을 조절하다 ②생기, 활기¶~のある声 생기 있는 목소리 ③의욕¶生きる~をなくす 살 의욕을 잃다 ④활·막·제등·텐트 등을 세는 말, 자루, 장, 개, 동¶弓一~ 활 한 자루
はり [*玻璃] 文 파리 ①수정 ②유리
ばり [*尿] 俗 오줌, 소변 = ゆばり·いばり
ばり [張り] ①(인명 등에 붙어) …와 비슷한, …풍¶ピカソの絵 피카소 풍의 그림 ②助數 활의 세기를 나타내는 말¶五人~の弓 다섯 사람이 활시위를 메울 강한 활
ばり [*罵*詈] 名他 文 매리, 욕하고 꾸짖음¶口を極めれば~する 온갖 욕설로 남을 매도하다 —讒謗 名他 매리 참방, 욕하고 비방함, 그런 말¶裏切った友人を~する 배반한 친구를 온갖 욕설로 비방하다 —雑言 온갖 욕설, 갖은 악담
はりあい [張(り)合い] ①보람, 의욕¶~のある仕事 보람 있는 일/ 生きる~を失う 살 의욕을 잃다 ②대립, 경쟁, 意地¶~から고집부리기 —抜け 名自 맥이 풀림
はり あ·う [張(り)合う] 自五 겨루다, 경쟁하다¶主役を~ 주연 자리를 놓고 겨루다
はり あ·げる [張(り)上げる] 他下一 소리를 지르다¶大声を~ 큰 소리를 지르다
はり い [鍼医·針医] 침술사
はり いた [張(り)板] 재양판, 세탁하여 풀 먹인 천이나 종이를 붙여서 말리는 판자
はり えんじゅ [針*槐] 植 아카시아
はり おうぎ [張(り)扇] 종이로 싸 바른 쥘부채
はり かえ [張(り)替え] ①(벽지 등을 떼어내고) 새로 바름¶障子の~ 장지문을 새로 바름 ②옷을 뜯어 푸새함, 그런 옷
はり がね [針金] 철사
はり がみ [張(り)紙·*貼り紙] ①종이를 바름, 그런 종이 ②벽보¶人員募集の~ 인원 모집의 벽보 ③부전 = 付箋
ばり き [馬力] ①物 마력¶100~のモーター 100마력 짜리 모터 ②활발히 일을 하는 힘, 기운, 정력¶~をかける 기운을 내다/ ~がある 정력이 있다 ③짐마차¶~屋 짐마차꾼
はり き·る [張(り)切る] 自五 ①팽팽해지다¶~った糸 팽팽해진 실 ②활기차다, 의욕이 넘치다¶~って働いてる 활기차게 일하다
はりくよう [針供養] 2월 8일이나 12월 8일에 여자들이 바느질을 쉬고 부러지거나 낡은 바늘을 모아 공양하는 날
はり こ [針子] 여자 봉제공 = お針子
はり こ [張(り)子] 나무틀에 종이를 여러 겹 발라 말린 다음 그것을 틀에서 빼내어 만든 세공 —の虎 ①종이 호랑이 ②(比) 겉으로만 강하게 보이는 사람 [나라]
はり こ·む [張(り)込む] I 自五 잠복하여 감시하다¶刑事が~ 형사가 잠복하다 II 他五 큰마음 먹고 돈을 쓰다¶~·んで買か

はりさける

う 큰마음 먹고 사다 Ⅲ [*貼(リ)]込む] 他五 (대지 등에) 붙이다¶ アルバムに写真を～ 앨범에 사진을 붙이다
はりさ・ける [張(リ)裂ける] 自下一 ①부풀어 터지다¶ 風船が～ 풍선이 부풀어 터지다 ②(가슴이) 메어 터지다¶ 胸が～・けそうな悲しみ 가슴이 터질 듯한 슬픔
はりさし [針刺し] 바늘겨레＝針立て
はりしごと [針仕事] 바느질, 재봉＝裁縫¶ 内職の～ 삯바느질
はりせんぼん [針千本] [動] 가시복
はりたお・す [張(リ)倒す・*貼(リ)倒す] 他五 때려 눕히다¶ 今度やったら～ぞ 또 했다간 때려 눕힐테다
はりだし [張(リ)出し] ①밖으로 달아낸 부분¶ ～窓 밖 돌출창 ②[揭示] 게시, 벽보, 게시문¶ 時間割の～ 시간표의 게시 ③[相撲] 대진표 난 밖에 기입함¶ ～横綱 대진표의 난 밖에 적힌 橫綱
はりだ・す [張(リ)出す] Ⅰ自五 (밖으로) 튀어나오다, 뻗어나가다¶ 軒が～ 처마가 튀어나오다/ 高気圧が～ 고기압이 뻗어나가다 Ⅱ [張(リ)出す] 他五 내걸다, 게시하다¶ 揭げ出하다¶ 求人広告を～ 구인 광고를 내붙이다
はりたて [針立て] 바늘겨레＝はりさし
はりつ・く [張(リ)付く・*貼(リ)付く] 自五 달라붙다¶ 汗ばんで付けシャツが肌に～ 땀으로 셔츠가 살에 달라붙다
はりつけ [*磔] 책형＝磔刑¶ ～の刑に処する 책형에 처하다
はりつ・ける [張(リ)付ける・*貼(リ)付ける] 他下一 붙이다¶ 切手を～ 우표를 붙이다
ぱりっと 副自スル (붙인 것이 벗겨지거나 딱딱한 것이 갈라지는) 짝, 쩍¶ 氷が～割れる 얼음이 쩍 갈라지다
ぱりっと 副自スル(口) ①옷차림 등이 말쑥한 모양¶ ～した服装 말쑥한 양복 ②「ぱりっと」보다 약간 가벼운 소리. 짝
はりつ・める [張(リ)詰める] 自他下一 ①긴장하다¶ ～めた気持ち 긴장된 마음 ②전면에 깔다[치다], 온통 덮이다¶ タイルを～ 온통 타일을 깔다
はりて [張(リ)手] [相撲] 손바닥으로 상대의 얼굴을 치는 수
はりとば・す [張(リ)飛ばす・*撲(リ)飛ばす] 他五(俗) (손바닥으로) 후려갈기다¶ 横っ面を～ される 따귀를 얻어맞다
はりぬき [張(リ)抜き] → はりこ
はりねずみ [針鼠] [動] 고슴도치
はりのむしろ [針の*莚] (比) 바늘 방석¶ ～に座る気持ち 바늘 방석에 앉은 기분
はりばこ [針箱] 반짇고리
はりはり 무말랭이를 식초·간장에 담근 것
ぱりぱり Ⅰ副 ①(딱딱한 물건을 깨물 때 나는) 아드득아드득¶ たくあんを～とかむ 단무지를 아드득아드득 씹어 먹다 ②(종이 등을 긁거나 뜯을 때 나는) 북북, 득득¶ 板を～とはがす 판자를 득득 긁다 ③열심히 ¶ ～と

仕事をする 열심히 일을 하다 Ⅱ [?] 물건이 딱딱해져 있는 모양¶ タオルが～に凍っている 타올이 딱딱하게 얼어 있다
ぱりぱり Ⅰ名[?] ①활동적임, 팔팔함¶ ～の新人 팔팔한 신참 ②새롭고 번듯함¶ ～のスーツ 말쑥한 정장 ③순수함¶ ～の江戸っ子 순수한 江戸 토박이 ④빳빳함¶ のりづけした～なシャツ 풀 먹인 빳빳한 셔츠 Ⅱ 副 (씹을 때 나는) 바삭바삭, 사각사각¶ ～とせんべいを食べる 바삭바삭 센베이를 먹다
はりばん [張(リ)番] 名自スル 망을 봄, 파수꾼¶ 交替で～する 교대로 파수를 보다
はりふだ [張(リ)札・*貼(リ)札] 名自スル 방을 내붙임, 벽보¶ 火気厳禁と～する 화기 엄금이라고 벽보를 내붙이다
はりぼうず [針坊主] 바늘겨레＝針刺し
はりぼて [張りぼて] 張り子로 만든 연극의 소도구
はりま [*梁間] [建] 들보가 얹힌 방향, 그 길이
はりま [播磨] 일본의 옛지명. 현재의 兵庫현 남서부＝播州
はりまぜ [張(リ)混ぜ・*貼(リ)雑ぜ] 여러 가지 서화를 뒤섞어 붙임, 그렇게 붙인 것¶ ～の屏風 여러 가지 서화를 뒤섞어 붙인 병풍
はりまわ・す [張(リ)回す] 他五 둘러치다¶ 敷地に綱を～ 부지에 줄을 둘러치다
はりめ [針目] (바늘) 땀＝縫い目¶ ～を数える 땀수를 세다
はりめぐら・す [張(リ)巡らす] 他五 빙 두르다, 둘러치다¶ 幕を～ 막을 둘러치다
はりもぐら [張〈土竜〉] [動] 바늘두더지
はりもの [張(リ)物] ①옷감에 풀을 먹여 판자에 붙여 말림, 그런 천 ②나무틀에 종이나 천을 발라 만든 연극 소도구
はりやま [針山] 바늘겨레＝針刺し
はりょう [馬糧・馬料] 마량, 말 먹이
はりん [破倫] (文) 파륜, 패륜(悖倫)
はる [春] ①봄¶ 暖かい～ 따뜻한 봄 ②새해, 설¶ ～を迎える 새해를 맞이하다 ③(比) 한창 때, 전성기¶ わが世の～を謳歌する 내 인생의 전성기를 구가하다 ④춘정, 사춘기¶ ～の目覚め 성에 눈뜸 ⑤성적인 興奮¶ ～を売る 매춘을 하다
は・る [張る] Ⅰ自五 ①(온통) 덮이다, 깔리다, 뻗다¶ 根が～ 뿌리가 뻗어 나가다/ 池に氷が～ 연못에 얼음이 얼다 ②부풀다, 팽팽해지다¶ 乳が～ 젖이 부풀다 ③팽팽해지다¶ ロープが～ 로프가 팽팽해지다 ④긴장하다¶ 気～って疲れる 긴장해서 피곤하다 ⑤(근육이) 뻐근하다¶ 肩が～ 어깨가 뻐근하다 ⑥불거지다, 튀어나오다¶ あごが～ 턱뼈가 불거지다 ⑦비싸다¶ 値が～ 값이 비싸다 Ⅱ 他五 ①치다, 펴다¶ 網を～ 그물을 치다 ②펴다¶ 胸を～ 가슴을 펴다 ③[*貼る] 붙이다, 바르다¶ 切手を～ 우표를 붙이다 ④(물을) 채우다, 대다¶ たんぼに水を～ 논에 물을 대다 ⑤버티다, 억지로 밀고 나가다¶ 意地を～ 고집을 부리다 ⑥

과장되게 꾸미다¶ 虛勢を~ 허세를 부리다 ⑦마련하다, 벌이다, 펴다¶ 宴を~ 술자리를 벌이다／論陣を~ 논진을 펴다 ⑧(차지하려고) 경쟁하다¶ 女を~ 여자를 두고 다투다 ⑨『撲る』 손바닥으로 때리다¶ 橫っ面を~ 따귀를 갈기다 ⑩지키다, 감시하다¶ 容疑者を~ 용의자를 감시하다 ⑪(돈·몸을) 내걸다¶ 有り金を殘さず~ 가진 돈을 남김없이 걸다

**ば·る**〖張る〗［接尾］《체언에 붙어 五段活用동사를 만듦》 그 특징이 현저하게 나타나다¶ 角が~ 네모지다／形式ばった (너무) 형식을 차리다／欲ば~ (지나치게) 욕심을 부리다

**はる あき**〖春秋〗(文) 춘추 ①봄과 가을 ②세월, 해, 나이＝しゅんじゅう¶ 幾多いくたの~を重かさねる 수많은 세월을 보내다

**はる いちばん**〖春一番〗 입춘 후 그해 처음으로 부는 강한 남풍

**はるか**〖*遥か〗 Ⅰ［名］ナル(文) 거리·시간이 멀리 떨어져 있는 모양, 아득한 곳·때¶ ~なるいにしえ 아득한 옛날／波頭とうを見渡みわたす 아득히 물마루를 바라다보다 Ⅱ［副］ 거리·시간이 멀리 떨어져 있는 모양¶ ~かなた 아득히 먼 ②정도·차이가 매우 큼¶ この方ほうが~に面白おもしろい 이쪽이 훨씬 재미있다

**はる がすみ**〖春*霞〗 봄안개

**はる かぜ**〖春風〗 춘풍, 봄바람＝しゅんぷう

**はる ぎ**〖春着〗 ①봄 옷 ②설빔

**はる ご**〖春*蚕〗 춘잠, 봄누에＝しゅんさん

**はる こま**〖春*駒〗 ①봄 들판에 있는 말 ②아이들이 타고 노는 말머리 모양을 한 장난감 ③〖藝〗 옛날 정초에 말머리 모양을 한 것을 들고 노래하며 집집마다 돌던 걸립꾼, 그런 노래

**はる さき**〖春先〗 초봄＝早春そう

**はる さく**〖春作〗 봄에 수확하는 농작물

**はる さめ**〖春雨〗 ①봄비 ②당면(唐麵)

**はるつげ どり**〖春告げ鳥〗(文) 휘파람새

**はる の ななくさ**〖春の七草〗 일곱 가지 봄나물

**はる ばしょ**〖春場所〗〖相撲〗 매년 3월 大阪おおさかに서 열리는 씨름 대회

**はる ばる**〖*遥*遥〗［副〗 멀리서 오는 모양¶ ~と海うみを越こえて來くる 멀리 바다 건너서 오다

**はる め·く**〖春めく〗［自五］ 봄다워지다, 봄기운이 나다¶ 一雨ひとあめごとに~ 비가 올 때마다 차츰 봄다워지다

**はる やすみ**〖春休み〗 봄방학

**はる らんまん**〖春*爛漫〗［連語］ ①봄꽃이 흐드러지게 핀 모양 ②봄 기운이 주위에 감도는 모양

**はれ**〖晴れ〗 ①(날이) 갬¶〖氣〗맑음¶ 雨あめのちの~ 비 온 뒤 맑음 ②공식적이고 화려함, 정식임¶ ~の舞臺ぶたい 공식적인 무대 ③［名］ 혐의를 벗음¶ ~の身となる 떳떳한 몸이 되다

**はれ**〖腫れ〗 부기¶ ~が引ひく 부기가 빠지다

**はれ あが·る**〖晴(れ)上がる〗［自五］ 맑게 개다¶ ~った秋空あきぞら 맑게 갠 가을 하늘

**はれ あが·る**〖*腫(れ)上がる〗［自五］ 부어오르다¶ 傷きずが化膿かのうして~ 상처가 곪아서 부어오르다

**ばれい**〖馬齡〗(文) 마령. 자기 나이의 겸사말
［慣用句］
**—を重かさねる** 헛되이 나이만 먹다

**ばれい しょ**〖馬鈴×薯〗 감자

**ばれい しょう**〖晴(れ)衣裝〗 나들이 옷, 외출복

**はれ がまし·い**〖晴(れ)がましい〗［形］ 자랑스럽다, 영광스러운 자리

**はれ ぎ**〖晴(れ)着〗 나들이옷, 외출복 ⇔ 普段着ふだん¶ ~姿すがた 나들이옷 차림

**はれ すがた**〖晴(れ)姿〗 ①화려하게 차려 입은 모습 ②(영광스런 자리에서) 장한 모습¶ 息子むすこの~を見みて感激かんげきする 아들의 장한 모습을 보고 감격하다

**はれつ**〖破裂〗［名］自スル ①파열, 터짐¶ 水道管すいどうかんが~する 수도관이 파열하다 ②결렬¶ 談判だんぱんが~する 담판이 결렬되다 **一音**おん ①물체가 파열하는 소리 ②〖言〗 파열음

**はれて**〖晴れて〗 거리낌없이, 떳떳이, 정식으로¶ ~夫婦ふうふになる 떳떳하게 부부가 되다

**はれ ばれ**〖晴(れ)晴(れ)〗［副］自スル ①맑게 갠 모양¶ ~とした秋空あきぞら 맑게 갠 가을 하늘 ②상쾌(유쾌)한 모양, 개운한 모양 氣分きぶんが~としない 기분이 개운치 않다

**はれ ばれ し·い**〖晴(れ)晴(れ)しい〗［形］ ①(하늘이) 매우 맑다 ②(마음이) 밝다, 상쾌하다, 유쾌하다¶ ~顏かお 해맑은 얼굴

**はれ ぽった·い**〖*腫れぼったい〗［形］ 부석부석하다¶ ~顏かお 부석부석한 얼굴

**はれ ま**〖晴(れ)間〗 ①(비·눈 등이) 갠 사이¶ 梅雨つゆの~ 장마가 갠 사이 ②구름 사이로 보이는 푸른 하늘¶ ~が見みえる 구름 사이로 푸른 하늘이 보이다

**はれ もの**〖*腫れ物〗 종기, 부스럼＝できもの¶ 首くびに~ができる 목에 종기가 나다
［慣用句］
**—に触さわるよう** (종기를 만지듯) 아주 조심스럽게 다루다

**はれ やか**〖晴(れ)やか〗ナル ①(표정이) 환함, 밝음¶ ~な顏かお 밝은 얼굴 ②화려함, 화사함¶ ~に着飾きかざる 화사하게 차려 입다 ③맑게 갬¶ ~に澄すんだ秋空あきぞら 맑게 갠 가을 하늘

**は·れる**〖晴れる・*霽れる〗［自下一］ ①(날이) 개다¶ 空そらが~ 하늘이 개다／霧きりが~ 안개가 걷히다 ②(마음이) 상쾌해지다¶ 氣分きぶんが~ 기분이 상쾌해지다 ③(의심 등이) 풀리다¶ 容疑ようぎが~ 혐의가 풀리다

**は·れる**〖*腫れる〗［自下一］ 붓다¶ 扁桃腺へんとうが~ 편도선이 붓다

**ば·れる**［自下一］(俗) 탄로나다, 발각되다, 들통나다¶ うそが~ 거짓말이 들통나다

**はれ わた·る**〖晴(れ)渡る〗［自五］ (하늘이) 활짝 개다¶ ~った空そら 활짝 갠 하늘

**ばれん**〖馬*木東・馬連〗 (목판 인쇄에서) 판목 위에 댄 종이를 문지르는 도구

**ばれん**〖馬*簾〗 마토이에 두르는 장식 술

**はれんち**〖破廉恥〗［名］ナル 파렴치¶ ~な振ふる舞まい 파렴치한 행위 **—罪ざい**〖法〗 파렴치죄

**はろう**〖波浪〗 파랑, 파도¶ ~注意報ちゅういほう 파

はろう

랑 주의보

**はろう**【破"牢】图 国지ス사 (文) 파뢰. 탈옥

**はわたり**【刃渡り】①칼날의 길이¶ 〜20センチ 칼날 길이 20센티미터 ②칼날 위를 맨발로 걷는 곡예

**はん**【反】图ハン·ホン·タン 訓 そる·そらす|(음)반. Ⅰ(造語)①되돌아가다, 되돌리다¶ 反射はん 반사·反問はん 반문·되돌이하다¶ 反鋸はん 반추·反覆はん 반복 ③배반하다, 어긋나다¶ 反抗はん 반항·背反はん 배반 ④반대¶ 反政府はん 반정부 ⑤중국에서 한자음을 나타내는 방법¶ 反切はん 반절 ⑥(「タン」으로 읽어서) 전답·산림의 면적 단위 ▷ 一反はん은 一町ちょう의 10분의 1 ⑦(「タン」으로 읽어서) 일본 옷감의 길이 단위 ▷ 一反은 약 11m¶ 反物はん 옷감·木綿一反もめん 목면 1필 ▷ ⑧은 「叛」의 대용자 熟字訓 反古は 무용지물 Ⅱ①「反切はん」의 준말 ②[哲] 반. 안티테제

**はん**【半】图ハン 訓なかば|(음)반. Ⅰ(造語)①절반, 반쪽¶ 半額はん 반액·後半こう 후반 ②중도, 불완전함¶ 半熟じゅく 반숙·半人前にん 반사람 몫¶ 半弓きゅう 반궁 ④반쯤¶ 半奴隷どれい 반노예·丁半ちょう 짝수와 홀수 熟字訓 夜半よわ 야반 Ⅱ 홀수¶ 丁ちょうか〜か (주사위에서) 짝수냐 홀수냐

**はん**【汎】图ハン (음)범. (造語)①퍼지다, 넘치다¶ 汎濫はん 범람 ②골고루, 널리¶ 汎愛あい 범애 ▷ ②는 「氾はん」과 같음

**はん**【犯】图ハン·ボン 訓 おかす|(음)범. (造語)①법·규칙을 어기다, 범하다¶ 犯行こう 범행·侵犯はん 침범·犯罪はん 범죄·犯人はん 의 준말·共犯はん 공범·戦犯はん 전범 ③(助數)형벌을 받은 횟수를 세는 말¶ 前科一犯いっぱん 전과 1범 ④[佛] 「ボン」으로 읽어서) 계율을 어기는 일¶ 女犯にょ 여범

**はん**【帆】图ハン 訓ほ|(음)범. (造語)돛¶ 帆船はん 범선·帆走そう 범주·出帆はん 출범

**はん**【*汎】图ハン (음)범. (造語)①널리 퍼지다¶ 汎愛あい 범애·汎論ろん 범론 ②전체에 걸치다, 전부¶ 汎米べい 범미·汎神論しんろん 범신론 ▷ ①은 「氾はん」과 같음. ②는 pan의 역어

**はん**【伴】图ハン 訓ともなう|(음)반. (造語)동반하다, 같이 가다, 동행자¶ 伴侶りょ 반려·伴奏そう 반주·同伴はん 동반

**はん**【判】图ハン·バン|(음)판. Ⅰ(造語)①구별하다, 가부를 정하다, 가리다¶ 判断だん 판단·判読はん 판독 ②「裁判はん·判決はん」의 준말·判例れい 판례·公判はん 공판 ③명확하다, 확실히 하다¶ 判明はん 판명·判図とう¶ 印判はん 인판·連判れん 연판 ⑤옛날 금화¶ 大判おお 큰 금화·小判はん 작은 금화 Ⅱ①도장, 인장¶ 〜を押す 도장을 찍다 ②판. 종이·책·옷 등의 크기¶ 〜型 판형·菊ぎく·国판/ 〜が大おおきい サイズが크다

慣用句

**ーで押したよう** 판에 박은 듯¶ 〜な挨拶あいさつ 판에 박은 듯한 인사

**はん**【坂】图ハン 訓 さか|(음)판. (造語)①비탈길, 고개¶ 急坂きゅう 가파른 언덕·登坂とう·등판 ②「大阪おお」의 준말¶ 「阪はん」과 같음

**はん**【*阪】图ハン 訓さか|(음)판. (造語)①비탈길, 고개 ②「大阪おお」의 준말¶ 阪神はん 大阪와 神戸こう ▷ 「坂はん」과 같음

**はん**【板】图ハン·バン 訓いた|(음)판. (造語)①널빤지, 판자¶ 甲板かん 갑판·看板かん 간판 ②[野] 「投手板とうしゅ」의 준말¶ 降板こう 강판·登板とう 등판 ③남작하다, 변화가 없다¶ 平板はん 평판 ④판목에 새기다¶ 板木はん 판목·開板はん 개판 ▷ ④는 「版はん」과 같음

**はん**【版】图ハン|(음)판. Ⅰ(造語)①성을 쌓는 판자·版築はん 판축 ②글자를 쓰는 판자, 인구·호적을 기록한 장부¶ 版図とう 판도 ③인쇄용 판목¶ 版画はん 판화·活版はん 활판·출판하다¶ 版権はん 판권·出版はん 출판 ⑤간행물의 내용·개정 횟수 등을 나타냄¶ 改訂版かいてい 개정판·地方版はん 지방판 Ⅱ[版] ①인쇄용 판목¶ 〜で刷する 판목으로 인쇄하다 ②출판¶ 〜を重かさねる 판을 거듭하다 ③(助數)간행 횟수를 나타내는 말¶ 初しょ〜 초판

**はん**【*叛】图ハン·ホン 訓そむく|(음)반. (造語)거역하다, 등을 돌리다¶ 叛逆ぎゃく 반역·謀叛ほん 모반 ▷ 「反はん」이 대용자

**はん**【班】图ハン|(음)반. Ⅰ(造語)①조, 조로 나눔¶ 班長ちょう 반장·救護班きゅうご 구호반 ②석차, 차례, 순서¶ 首班しゅ 수반 ③나누다, 분배하다¶ 班田はん 반전 Ⅱ 그룹¶ 〜に分わかれる 반으로 나누다

**はん**【*畔】图ハン 訓あぜ·くろ·ほとり|(음)반. (造語)①논두렁, 밭둑 ②물가, 근처¶ 河畔かはん 하반·湖畔はん 호반

**はん**【般】图ハン|(음)반. (造語)①사물의 종류¶ 一般いっ 일반·諸般しょ 제반 ②때, 번¶ 過般はん 지난번·今般はん 금번 ③범어의 차용자¶ 般若はん 반야

**はん**【販】图ハン|(음)판. (造語)팔다, 장사하다¶ 販路ろ 판로·市販はん 시판·「販売はん」의 준말·信販はん 신용 판매·直販ちょく 직판

**はん**【*斑】图ハン 訓ふ·まだら·ぶち|(음)반. (造語)①색이 뒤섞이다, 얼룩, 반점¶ 斑点はん 반점·死斑はん 시반 ②전체 중의 일부¶ 一斑はん 일반 熟字訓 斑鳩いかる 산비둘기

**はん**【飯】【飯】图ハン 訓めし|(음)반. (造語)밥, 식사¶ 飯店はん 반점·残飯ざん 잔반

**はん**【搬】图ハン|(음)반. (造語)나르다, 옮기다¶ 搬出はん 반출·運搬うん 운반

**はん**【煩】图ハン·ボン 訓わずらう·わずらわす|(음)번. Ⅰ(造語)①번거롭다, 귀찮다¶ 煩瑣はん 번쇄·煩雑はん 번잡·[佛] 煩悩ぼん 번뇌 ③초조해 하다, 심려하다¶ 煩悶もん 번민 ▷ ①은 「繁はん」과 같음 Ⅱ(文) 번거로움¶ 〜にたえない 번거롭기 그지 없다

**はん**【頒】图ハン 訓わかつ·わける|(음)반. (造語)①나누어 주다, 널리 펴다¶ 頒布はん 반포 ②얼룩, 반점. 頒白はく 반백(斑白)

**はん**【幡】图ハン·ホン|(음)번. (造語)기, 불단을 장식하는 기¶ 幢幡どう 당번

はん【範】⦗音⦘ハン⦗訓⦘のり|(음)범. I ⦗造語⦘①모범, 규범¶ 範例ᡠᡝ 범례·模範ᡠᡝ 모범 ②구획, 틀¶ 範囲ᡠᡝ 범위·広範ᡠᡝ 광범 II ⦗文⦘ 모범, 본보기¶ 〜となる 모범이 되다
⦗慣用句⦘
—を垂ᡠれる 모범을 보이다
はん【繁】[繁]⦗音⦘ハン⦗訓⦘しげる|(음)번. ⦗造語⦘①번거롭다¶ 繁雑ᡠᡝ 번잡·農繁期ᡠᡝ 농번기 ②번창하다¶ 繁栄ᡠᡝ 번영·繁華街ᡠᡝ 번화가 ③초목이 무성하다¶ 繁殖ᡠᡝ 번식 ▷ ③은 「蕃ばん」과 같음 ⦗熟字訓⦘繁縷ᡠᡝ 번루
はん【藩】⦗音⦘ハン|(음)번. ⦗造語⦘①울타리, 담 ②제후, 제후의 영토¶ 藩校ᡠᡝ 제후의 자제를 교육하는 학교·親藩ᡠᡝ 大名ᡠᡝ의 문벌 ▷ ①은 「蕃ばん」과 같음 ⦗日史⦘江戸ᡠᡝ 시대 大名가 지배한 땅·인원·정치 기구 등의 총칭
ばん【挽】⦗音⦘バン⦗訓⦘ひく|(음)만. ⦗造語⦘①당기다, 잡아당기다¶ 挽回ᡠᡝ 만회 ②관을 실은 수레를 끌다, 죽음을 애도하다¶ 挽歌ᡠᡝ 만가 ▷「輓ばん」과 같음
ばん【晩】⦗音⦘バン|(음)만. I ⦗造語⦘①저녁, 밤¶ 晩餐ᡠᡝ 만찬·今晩ᡠᡝ 오늘밤 ②늦다¶ 晩夏ᡠᡝ 만하·晩学ᡠᡝ 만학·晩生ᡠᡝ 만생종·晩稲ᡠᡝ 늦벼 II ⦗文⦘〜の食事ᡠᡝ 저녁 식사 ②|昨日ᡠᡝの〜 어제밤
ばん【番】⦗音⦘バン⦗訓⦘つがう·つがい|(음)번. I ⦗造語⦘①망을 보아 지키다¶ 当番ᡠᡝ 당번·非番ᡠᡝ 비번 ②망을 봄¶ 番人ᡠᡝ 파수꾼·門番ᡠᡝ 문지기 ③차례, 순서¶ 番号ᡠᡝ 번호·順番ᡠᡝ 순번 ④짝맞춤¶ 番組ᡠᡝ 프로그램·番付ᡠᡝ 순위표 ⑤일상용의, 질 낮은 것¶ 番傘ᡠᡝ 지우산·番茶ᡠᡝ 싸구려 엽차 ⑥순위·번호를 나타내는 말—一番ᡠᡝ 일번·欠番ᡠᡝ 결번 ▷ ⦗熟字訓⦘十八番ᡠᡝ 장기 II ①망을 봄¶ 寝ずの〜 불침번/店番ᡠᡝ〜をする 가게를 보다 ②차례, 순번¶ 〜が回まる 순번이 돌다 ③⦗助⦘(씨름·바둑 등의) 승부의 횟수를 세는 말. 관
ばん【蛮】[蠻]⦗音⦘バン|(음)만. ⦗造語⦘①(중국에서) 남방의 야만족¶ 南蛮ᡠᡝ 남만 ②미개해서 거칠다¶ 蛮行ᡠᡝ 만행·野蛮ᡠᡝ 야만 ③옛날에 외국을 업신여겨 부르던 말¶ 蛮人ᡠᡝ 만인 ▷「蕃ばん」과 같음
ばん【盤】⦗音⦘バン|(음)반. I ⦗造語⦘①쟁반, 큰 접시, 양푼¶ 盤台ᡠᡝ (생선 장수의) 큰 대야·水盤ᡠᡝ 수반 ②접시 모양의 것¶ 円盤ᡠᡝ 원반·胎盤ᡠᡝ 태반 ③(대/台)모양의 기계·도구¶ 鍵盤ᡠᡝ 건반·羅針盤ᡠᡝ 나침반 ④서리다, 얽히다, 뿌리 박다¶ 盤踞ᡠᡝ 반거 ⑤크고 평평한 바위¶ 盤石ᡠᡝ 반석·岩盤ᡠᡝ 암반 ⑥승부의 기반¶ 終盤ᡠᡝ 종반 ▷는「磐ばん」과 같음 ⦗熟字訓⦘常盤ᡠᡝ 영구불변 II ①바둑판, 장기판¶ 〜に石ᡠᡝを置ᡠᡝく 바둑판에 돌을 놓다 ②음반, 레코드¶ 古ᡠᡝい〜を聴ᡠᡝく 오래된 레코드를 듣다
ばん[*磐]⦗音⦘バン⦗訓⦘いわ|(음)반. ⦗造語⦘①큰 돌, 바위¶ 磐石ᡠᡝ 반석·岩盤ᡠᡝ 암반 ②「磐城ᡠᡝ」의 준말¶ 常磐ᡠᡝ 常陸ᡠᡝ와 磐城 ▷ ①은 「盤ばん」과 같음

ばん[*蕃]⦗音⦘バン·ハン⦗訓⦘しげる|(음)번. ⦗造語⦘①초목이 무성하다, 생물이 늘다¶ 蕃殖ᡠᡝ 번식 ②울타리¶ 蕃屏ᡠᡝ 울타리 ③미개한 이민족¶ 蕃夷ᡠᡝ 번이·蕃人ᡠᡝ 번인 ④「외국」이란 뜻을 나타내는 말¶ 蕃書ᡠᡝ 외래서적 ▷ ①은「繁」, ②는「藩」, ③은「蛮」과 같음 ⦗熟字訓⦘蕃椒ᡠᡝ 고추·蕃茄ᡠᡝ 토마토
ばん[*幡]⦗佛⦘부처·보살의 위덕을 나타내어 절의 경내나 당내에 세우는 깃발
ばん【万】⦗副⦘⦗文⦘(부정의 말이 딸리어)①만에 하나라도, 결코¶ 〜ぬかりのなきよう 만에 하나라도 실수가 없도록 ②아무리 해도, 어떻게 해도¶ 〜やむを得ない理由ᡠᡝが生ᡠᡝじた時ᡠᡝは 만부득이한 사정이 발생한 경우는
はんあい【汎愛】⦗名⦘⦗他サ⦘⦗文⦘범애, 박애 = 博愛ᡠᡝ¶ 〜主義ᡠᡝ 범애주의
はんい【犯意】⦗法⦘범의, 고의¶ 〜を否定ᡠᡝする 범의를 부정하다
はんい[*叛意]⦗文⦘반의, 배반하려는 생각¶ 〜を抱ᡠᡝく 반의를 품다
はんい【範囲】범위¶ 行動ᡠᡝ〜 행동 범위·広ᡠᡝい〜に渡ᡠᡝる 넓은 범위에 걸치다
はんい【蛮夷·*蕃夷】⦗文⦘만이. 야만인
はんいご【反意語】⦗表⦘반의어, 반대어
はんいんよう【半陰陽】⦗医⦘반음양, 남녀추니
はんうちゅう【反宇宙】⦗物⦘반우주
はんえい【反映】반영¶ ⦗自サ⦘되비침¶ 夕日ᡠᡝが窓ᡠᡝをガラスに〜する 석양이 창유리에 되비치다 II ⦗名⦘⦗他サ⦘①다른 것에 영향을 미쳐 나타남¶ 世相ᡠᡝの〜する 세태를 반영하다 ②추상적인 것이 구체화됨¶ 住民ᡠᡝの意見ᡠᡝを〜した施策ᡠᡝ 주민의 의견을 반영한 시책
はんえい【繁栄】⦗名⦘⦗自サ⦘번영¶ 社会ᡠᡝの〜 사회의 번영/子孫ᡠᡝが〜する 자손이 번창하다
はんえいきゅう【半永久】⦗名⦘〜の 建築ᡠᡝ 반영구적인 건축
はんえり【半襟】⦗服⦘여자 속옷의 깃 위에 대는 장식용 깃
はんえん【半円】반원¶ 〜を描ᡠᡝく 반원을 그리다
はんおん【半音】⦗音⦘반음 —階ᡠᡝ ⦗音⦘ 반음계
はんか【反歌】⦗文⦘長歌ᡠᡝの 끝에 붙인 短歌ᡠᡝ
はんか【半跏】⦗佛⦘「半跏趺坐ᡠᡝ」의 준말 —趺坐ᡠᡝ ⦗佛⦘반가부좌
はんか【繁華】⦗名⦘⦗ナ⦘번화¶ 〜な通ᡠᡝり 번화한 거리 —街ᡠᡝ 번화가
はんが【版画】⦗美⦘판화¶ 〜家ᡠᡝ 판화가
ばんか【挽歌·*輓歌】①⦗文⦘만가 ②⦗文⦘(万葉集ᡠᡝ에서) 죽음을 애도하는 노래
ばんか【晩夏】①만하. 늦여름 ②음력 6월의 딴이름
はんかい【半開】⦗名⦘⦗自サ⦘반개 ①반쯤 열림¶ ガス栓ᡠᡝを〜にしてガス バルブを 반쯤 열어 놓다 ②(꽃이) 반쯤 핌¶ 〜の花ᡠᡝ 반쯤 핀 꽃 ③(문명이) 조금 개화함
はんかい【半壊】⦗名⦘⦗自サ⦘반괴. 반쯤 부서짐¶ 地震ᡠᡝで〜した家屋ᡠᡝ 지진으로 반괴된 가옥
ばんかい[*挽回]⦗名⦘⦗他サ⦘만회. 본디대로 되

돌림¶ 名誉めい~ 명예 회복/ 仕事ごとの遅おくれ
を~した 일이 늦어진 것을 만회했다
ばんがい [番外] 名 ①예정된 순서・프로그램
등에 없는 것 ¶~の余興きょう 예정 순서에 없
는 여흥 ②보통과 아주 다름. 예외¶ 彼かれは~
だ 그는 예외이다
はんばえしぬい [半返し縫い] (바느질에서) 반
박음질
はんかく [半角] 版 반각. 활자 1자분[전각]
의 절반 크기
はんがく [半額] 반액¶~で売うる 반액으로 팔다
はんがく [藩学] 日史 (江戸えど시대에) 제후의
자제를 교육시키기 위해 세운 학교= 藩校はんこう
ばんがく [晩学] 만학
はんかくうんどう [反核運動] 반핵 운동
はんかくめい [反革命] 政 반혁명
ばんがさ [番傘] 지우산
ばんかず [番数] 방송 프로그램・바둑 대국・
씨름의 대진(対陣)의 수
ばんがた [晩方] 저녁 무렵. 해질녘 = 夕方ゆうがた
はんかつう [半可通] 名ダ 잘 알지도 못하면
서 아는 체함. 그런 사람¶~を振ふりまわす
잘 모르면서 아는 체하다
ばんカラ [蛮カラ] 名ダ (옷차림・언행 등이)
거칠고 품위가 없음. 그런 사람¶~学生がく
거칠고 품위가 없는 학생
はんかん [反間] 文 반간 ①적진에 침입하여
그 내부 사정을 알림. 간첩 ②이간(離間)
慣用句
—苦肉にくの策さく 반간 고육지책
はんかん [反感] 반감¶~を買かう 반감을 사
다/ ~を抱いだく 반감을 품다
はんかん [繁閑] 바쁨과 한가함¶ 部署ぶしょ
によって~の差さがある 부서에 따라 바쁘기
도 하고 한가하기도 하다
はんかん [繁簡] 文 번간. 번잡과 간약¶~
よろしきを得える 번간 중용을 얻다
はんがん [半眼] 눈을 반쯤 뜸. 그런 눈¶ 目め
を~にして見みる 눈을 반쯤 뜨고 보다
はんがん [判官] 판관 ① → ほうがん(判官) ②
「裁判官さいばんかん」의 예스러운 말
ばんかん [万感] 만감¶~こもごも至いたる
만감이 교차하다
はんかんはんみん [半官半民] 반관 반민
はんき [反旗・*叛旗] 반기¶~を翻ひるがえす 반기
를 들다. 반역하다
はんき [半季] 반계 ①계절의 반 ②반년. 반기
はんき [半期] 반기 ①1년의 절반¶ 上かみ~ 상
반기 ②일정 기간의 반
はんき [半旗] 반기. 조기¶~を掲かかげる 조기
를 게양하다
はんぎ [版木・板木] 版 판목. 글씨・그림을
새기는 목판= 形木かたぎ
ばんき [万機] 文 만기. 정치상의 많은 중요한
사항. 천하의 정치
慣用句
—公論こうろんに決けっすべし 만기는 공론에 따라
결정해야 한다

ばんき [晩期] 文 ①만년의 시기¶~の作品さくひん
만년의 작품 ②그 시대의 말기¶ 縄文じょうもん~
の土器どき 승문 말기의 토기
ばんき [板木] (경보・집회의) 신호용 딱다기
ばんぎく [晩菊] 文 만국. 늦게(까지) 피는 국화
はんぎゃく [反逆・*叛逆] 名 自スル 반역¶
を企くわだてる 반역을 기도하다 —児じ 반역아
はんきゅう [半弓] 반궁. (앉아서 쏠 수 있는)
작은 활
はんきゅう [半休] 반휴. (하루 근무 중) 한나
절을 쉼¶~をとる 반휴를 얻다
はんきゅう [半球] 반구 ①지구를 동서나 남북
으로 둘로 나눈 한쪽¶ 北ほく~ 북반구/ 東ひがし~
동반구 ② 数 구(球)의 절반
はんぎょ [半漁] 名 반어. 반어업¶ 半農はんのう~
반농 반어
ばんきょ [盤踞・*蟠踞] 名 自スル 文 반거 ①
뿌리 박고 움직이지 않음¶ 胸中きょうちゅうに~する
疑念ぎねん 마음속에 자리잡고 떠나지 않는 의심
②넓은 지역에 세력을 떨침¶ 関東かんとう一円いちえん
に~する 관동 일원에 반거하다
はんきょう [反共] 반공 ⇔ 容共ようきょう
はんきょう [反響] 반향 Ⅰ 名 自スル 되울림=
こだま¶ 声こえが堂内どうないに~する 목소리가 당내
에 되울리다 Ⅱ 名 반응¶ 投書とうしょが~を巻ま
き起おこす 투서가 반응을 불러일으키다
はんぎょく [半玉] 아직 제몫을 하지 못하는 어
린 기생= おしゃく ⇔ 一本いっぽん
はんきりがみ [半切(り)紙] 세로가 짧고 옆으로
긴 편지지용 일본 종이= 半切はんきり紙がみ
はんきれ [半切れ] ①반 조각 ②「半切はんきれ紙がみ」
의 준말= 半切はんきり紙がみ
はんきん [半金] 반금. 반액¶~を渡わたす 반액
을 내주다
ばんきん [万鈞] 名 만균. 매우 무거움¶~
の重おもみ 만균의 무게
ばんきん [板金・*鈑金] 판금 ①금・은을 얇게
편 것 ②금속판의 성형 가공
ばんきん [晩近] 文 만근. 요사이. 근래. 최근
パンク 名 自スル 펑크. 구멍이 남. 부풀어 터짐¶
後輪こうりんが~した 뒷바퀴가 펑크났다/ 家計かけい
も破綻はたんしそうだ 가계가 파산할 지경이다
パンク (punk) 펑크 ①「パンクロック」의 준말
②펑크 패션 —ロック (punk rock) 音 펑크 록
ばんぐせつ [万愚節] 文 만우절
ばんぐみ [番組] (방송・경기 등의) 프로그램
¶ 娯楽ごらく~ 오락 프로그램
ばんくるわせ [番狂わせ] ①(예상 밖의 일로)
순서・예정이 틀어짐 ②(승부 등에서) 뜻밖
의 결과가 생김. 이변¶~を演えんじる 이변을
연출하다
はんぐん [反軍] 반군 ①군국주의・전쟁에 반대
함¶~思想しそう 반군 사상 ②「叛軍」 반란군
はんけい [半径] 반경¶ 数 반지름 ②범위¶
~二にキロ以内いない 반경 2킬로 이내
はんけい [判型] 版 판형. 책・종이의 크기
ばんけい [晩景] 文 ①만경. 저녁 경치 ②해
질 무렵= 夕方ゆうがた

ばんけい【盤景】 수반이나 분(盆)에 산수의 경치를 꾸민 것
はんげき【反撃】 名 自スル 반격¶ ~に転ずる 반격으로 나오다
はんげき【繁劇】 名 ダ (文) 몹시 바쁨= 繁忙
はんげしょう【半夏生】 ①반하생. 하지로부터 11일째 되는 날 ②(植) 삼백초
はんけつ【判決】 名 他スル (法) 판결¶ ~文 판결문/ ~を言い渡す 판결을 언도하다
はんげつ【半月】 반월, 반달¶ ~形 반달 모양
はんけん【半券】 반권. 영수증・보관용 등의 반쪽¶ ~を渡す 반권을 내주다
はんけん【版権】 판권
はんげん【半減】 名 自他スル 반감¶ 興味が~する 흥미가 반감하다 一期 (原) 반감기
ばんけん【番犬】 번견. 집 지키는 개
はんこ【判子】 도장, 인감= はん・印判
はんご【反語】 반어 ①반어법 ②말을 반대로 하여 비꼬는 말투 一法 (表) 반어법
ばんこ【万古】 (文) 만고, 영원, 영구 = 千古¶ 星空の~の輝き 별이 총총한 하늘의 영원한 빛 一不易 (文) 만고 불역 一焼 江戸 중기에 伊勢의 沼浪弄山이 만들기 시작한 이국풍 도자기
ばんご【蛮語】 (文) 만어 ①야만인의 말 ②외국어를 경시하여 일컫는 말
パンこ【パン粉】 ①빵가루 ②빵의 원료가 되는 밀가루
はんこう【反抗】 名 自スル 반항¶ ~心 반항심/ 兄貴に~する 형에게 반항하다 一期 (心) 반항기
はんこう【反攻】 名 自スル 반공. 반격 = 反撃¶ 陣容を立て直して~する 진용을 가다듬어 반격하다
はんこう【犯行】 범행¶ ~現場 범행 현장
はんこう【版行】 I 名 他スル 판행. 간행¶ 江戸末期に~された図鑑 江戸 말기에 간행된 도감 II 인감, 도장= 判・はんこ
はんこう【藩侯】 藩의 통치자= 藩主
はんこう【藩校】 (日史) 江戸 시대 각 藩에서 세운 학교= 藩学
はんごう【飯盒】 반합. 휴대용 취사 용기¶ ~で飯を炊く 반합으로 밥을 짓다
ばんこう【蛮行】 (文) 만행¶ 許しがたい~ 용서할 수 없는 만행
ばんごう【番号】 名 ~順 번호, 번호순/ 電話~ 전화 번호/ ~をつける 번호를 붙이다
はんコート【半コート】 ①일본옷 위에 입는 외투 ②반코트= ハーフコート
ばんこく【万国】 (文) 만국¶ ~共通 만국 공통 一旗 만국기 一博覧会 만국 박람회
ばんこく【万斛】 名 (文) 만곡. 아주 많은 분량¶ ~の涙 한없이 많은 눈물
はんこつ【反骨・叛骨】 (文) 반골. 세상과 타협하지 않고 저항하는 기질¶ ~精神 반골 정신
ばんこつ【万骨】 (文) 만골. 많은 사람의 뼈¶ 一将功成って~枯る 일장 공성 만골고
ばんこつ【蛮骨】 (文) 야만스러운 성품・기질

ばんごや【番小屋】 파수막, 초소
はんごろし【半殺し】 名 반죽음¶ ~の目に遭う 반죽음을 당하다
はんこん【瘢痕】 (文) 반흔. 흉터¶ ~が残っている 반흔이 남아 있다
ばんこん【晩婚】 만혼 ⇔ 早婚
はんごんこう【反魂香】 반혼향. 죽은 이가 보고 싶을 때 피우면 연기 속에 그 모습이 나타난다는 향
ばんこんさくせつ【盤根錯節】 (文) 반근 착절 ¶ 派閥間の~を解決する 파벌 간의 반근 착절을 해결하다
はんさ【煩瑣】 名 ダ 번쇄. 번거로움= 煩雑¶ ~な手続き 번거로운 절차
はんさい【半裁・半截】 名 他スル 반절, 반으로 자름, 그런 것 ▷「半截」의 관용음
はんさい【半歳】 (文) 반세. 반년= 半年
はんざい【犯罪】 범죄¶ ~を防ぐ 범죄 예방하는 一心理学 (心) 범죄 심리학
ばんざい【万歳】 I 名 만세 ①오래 살아 번영함¶ 千秋~ 천추 만세 ②축하할 일, 경사스러운 일¶ うまくいけば~だが 잘 되면 축하할 일이지만 II 名 自スル ①두 손을 들고「만세」라고 외침 = 三唱¶ ~三唱 만세 삼창 ②(俗) 두손듦, 항복함¶ こうなればもう~するより手はない 이리 되면 이제 두손을 들 수밖에 없다 III (感) (축복・기쁨 등을 나타낼 때) 만세 ~! 合格だ 만세! 합격이다
はんざき【半裂(き)・半割(き)】 名 (動) 큰도롱뇽
はんさく【半作】 반작. 반타작. 농작물의 수확량이 평년의 반임
ばんさく【万策】 모든 수단, 온갖 방책¶ ~が尽きる 온갖 방책이 다하다
はんさつ【藩札】 (日史) (江戸 시대) 각 藩에서 발행하여 그 藩 안에서만 통용되던 화폐
はんざつ【煩雑】 名 ダ 번잡. 번거롭고 복잡함 = 煩瑣¶ ~な事務 번잡한 사무
はんざつ【繁雑】 名 ダ 번잡. 일이 많고 복잡함¶ ~な窓口 번잡한 창구
はんさよう【反作用】 반작용¶ ~を起こす 반작용을 일으키다
ばんさん【晩餐】 (文) 만찬¶ ~会 만찬회
はんし【半死】 名 반사 ①반죽음¶ ~の状態 반죽음의 상태 ②여명이 얼마 남지 않음 一半生 반사 반생, 거의 죽어갈 듯한 상태
はんし【半紙】 반지. 습자용 일본 종이
はんし【範士】 (검도에서) 5단 이상인 사람에게 부여되는 최고 칭호
はんし【藩士】 藩의 무사, 大名의 신하
はんし【判事】 (法) 판사 一補 (法) 판사보
ばんし【万死】 (文) 만사 ①살아날 가능성이 없음, 목숨을 버림¶ ~を恐れず 죽음을 두려워하지 않고 ②여러 번 죽음
[慣用]
一に値する 백 번 죽어 마땅하다
一に一生を得る 구사 일생하다
ばんじ【万事】 (文) 만사. 모든 일¶ 一事が~ 한 가지 일을 보면 만사를 다 알 수 있음/

はんじえ

～うまくいった 만사가 잘됐다
[慣用句]
—休する 만사 휴의. 이제 끝장이다
はんじえ [判じ絵] 수수께끼 그림
はんしき [版式] [版] 판식. 인쇄판의 양식
はんじせい [反磁性] [物] 반자성
はんした [版下] ①판목용 밑글씨·밑그림 ② [版] 사전 제판용으로 정서(淨書)한 원고
はんじもの [判じ物] 글자나 그림 속의 숨은 뜻을 알아맞히기. 수수께끼
はんしゃ [反射] 반사 I [名][自他スル][物] (빛·소리 등이) 표면에 닿아서 되돌아옴¶～光線 반사 광선 II [名][動] 자극에 대한 기계적인 반응¶条件～ 조건 반사 —鏡 반사경 —神経 반사 신경 —的 반사적
ばんしゃ [万謝] [名][自スル][文] ①깊이 감사함¶御厚志に～します 후의에 깊이 감사드립니다 ②깊이 사죄함 妄言～ 망언 다사
はんしゃ [蕃社] 대만 고사족의 집단 취락지
ばんしゃく [晩酌] [名][自スル] 만작. 저녁 반주를 함. 그런 술¶ほとんど毎日～する 거의 매일 저녁 반주를 하다
ばんじゃく [盤石·磐石] [文] 반석 ①큰 바위 ②[名] 매우 견고함¶～の備え 견고한 방비
はんしゅ [藩主] 藩의 영주＝藩侯
はんじゅ [半寿] (세는 나이로) 81세의 호칭
はんじゅ [藩儒] (江戸 시대에) 제후를 섬기던 유학자
はんしゅう [半周] [名][自スル] 반주. 반바퀴(돎)¶トラックを～する 트랙을 반바퀴 돌다
ばんしゅう [晩秋] ①만추. 늦가을 ②음력 9월의 딴이름
ばんしゅう [蛮習] 만습 ①야만인의 풍습 ②야만스러운 풍습
ばんしゅう [播州] → はりま(播磨)
ばんしゅう [磐州] → いわき(磐城)
はんじゅく [半熟] 반숙 ①충분히 익히지 않음＝なまにえ¶～卵 반숙 달걀 ②(과일 등이) 덜 익음¶～のぶどう 덜 익은 포도
ばんじゅく [晩熟] [名] 만숙. 보통보다 성숙이 늦음＝おくて ⇔早熟
はんしゅつ [搬出] [名][他スル] 반출 ⇔搬入¶展示品を～する 전시품을 반출하다
ばんしゅん [晩春] ①만춘. 늦봄 ②음력 3월의 딴이름
ばんしょ [板書] [名][自他スル] 판서. 칠판에 씀¶要点を～する 요점을 판서하다
ばんしょ [番所] ①번소. 파수막. 초소 ②[日史] 江戸 시대의 町奉行所
ばんしょ [蕃書] (江戸 시대의) 서양 서적·문서. 네덜란드 서적 —調所 [日史] 1856년 幕府가 설립한 서양학 교육·연구 기관
はんしょう [反証] [名][他スル] 반증¶～をあげる 반증을 들다
はんしょう [反照] [文] 반조 I [名] 저녁놀＝夕映え II [名][自スル] (빛이) 되비침. 반사. 그런 빛¶残雪の～ 잔설의 반사
はんしょう [半焼] [名][自スル] 반소＝はんやけ¶

家財道具が～する 가재 도구가 반소하다
はんしょう [半鐘] (화재 감시탑 등에 달아놓은) 작은 종 —泥棒 키다리
はんしょう [汎称] [名][他スル][文] 범칭. 총칭
はんじょう [斑晶] [地] 반정
はんじょう [半畳] ①畳 반 장의 넓이 ②(옛날 극장에서) 관람객이 깔고 앉던 작은 방석
[慣用句]
—を入れる (연극이 서투러) 야유를 퍼붓다
はんじょう [繁盛·繁昌] [名][自スル] 번성. 번창¶商売が～ 장사가 번창함/店が～する 가게가 번창하다
ばんしょう [万象] [文] 만상. 만물¶森羅～ 삼라 만상
ばんしょう [万障] [文] 만장. 온갖 장애(지장)¶～お繰り合わせのうえ御出席ください 만사를 제쳐놓고 참석해 주십시오
ばんしょう [晩鐘] [文] 만종. 저녁종(소리)
ばんじょう [万丈] [名] 만장 ①매우 높음. 높이 올라감¶～の山 매우 높은 산／波瀾～の生涯 파란 만장한 생애 ②의기 왕성함¶～の気炎を吐く 만장의 기염을 토하다
ばんじょう [万乗] 만승. 천자(天子). 천자의 자리 —天下 일천 만승
ばんじょう [番匠] ①옛날 大和·飛騨에서 교대로 京都에 올라가 궁성에서 일하던 목수 ②목수. 대목 ＝『ばんしょう』라고도 함
ばんじょう [盤上] 반상. 바둑판·장기판의 위
はんしょく [繁殖·×蕃殖] [名][自スル][生] 번식¶細菌が～する 세균이 번식하다
ばんしょく [伴食] [名][自スル] 반식 ①배식(陪食). 어른을 모시고 식사함 ②실권·실력이 없음¶～大臣 실권 없는 대신
ばんしょく [晩食] 저녁 식사＝夕飯
はん・じる [判じる] [他上一] ＝はんずる
はんしん [半身] 반신 上～ 상반신 —不随 [医] 반신 불수
はんしん [阪神] 大阪와 神戸, 그 주변 지역 —工業地帯 大阪·神戸를 중심으로 한 공업 지대
ばんじん [万人] → ばんにん(万人)
ばんじん [蛮人] 만인. 야만인＝野蛮人
ばんじん [蕃人] 타이완 원주민인 고사족에 대한 제2차 대전 전까지의 호칭
はんしんはんぎ [半信半疑] 반신 반의¶～で話はなしを聞く 반신 반의하면서 이야기를 듣다
はんしんろん [汎神論] [宗] 범신론
はんすい [半睡] [名][文] 반수. 반쯤 자고 있음¶～状態 반수 상태
はんすう [反×芻] [名][他スル] 반추 ①(動] 새김질. 되새김¶～動物 반추 동물 ②(말·생각 등을) 되새겨 음미함¶別れの場面を～して みる 이별의 장면을 반추해 보다
はんすう [半数] 반수¶出席者の～に割った 출석자는 반수도 안된다
はんズボン [半ズボン] 반바지
はん・する [反する] [自][サ変] 반하다 ①다르다. 반대이다¶期待に～ 기대에 반하다 ②위

배되다. 위반되다. 어긋나다¶ 礼儀ぎに~行為ごう 예의에 어긋나는 행위/ 国益こくえきに~ 국익에 위배되다 ③[叛する] 거역하다. 거스르다¶ 忠告ちゅうこくを~ 충고를 거스르다
はん・ずる [判ずる] 他サ変(文) ①판단[판정]하다¶ 是非ぜひを~ 시비를 판단하다 ②추측하다. 미루어 생각하다¶ 発言げんの真意しんを~ 발언의 진의를 헤아리다 ▷ 「はんじる」라고도 함
はんせい [反省] 名他スル 반성¶ ~を促うながす 반성을 촉구하다
はんせい [半生] 반생. 반평생¶ 社会福祉しゃかいふくしに~をささげる 사회 복지에 반생을 바치다
はんせい [藩政] 藩主はんしゅ가 영지에서 펴는 정치
はん*ぜい [半*喞] 名自スル(文) 반서 ①기르는 동물이 주인을 물어 뜯음 ②은혜를 원수로 갚음
ばんせい [万世] (文) 만세. 만대. 영원¶ ~不易ふえき 만세 불역 ―一系いっけい(文) 만세 일계. 군주의 혈통이 영원히 계속됨
ばんせい [晩世] (文) 만생¶ ~種しゅ 만생종
ばんせい [晩成] 名自スル(文) 만성 ①늦게 완성됨 ②만년에 성공함¶ 大器たいき~ 대기 만성
ばん*せい [蛮声] 거칠고 사나운 소리¶ ~を張はり上あげる 거칠고 사나운 소리를 지르다
ばんせいせつ [万聖節] [가] 만성절
はんせいひん [半製品] 반제품¶ ~を輸出ゆしゅつする 반제품을 수출하다
はんせき [犯跡] 범죄의 흔적¶ ~を残のこす 범죄의 흔적을 남기다
はんせき [版籍] (文) 판도(版圖)와 호적. 토지와 영민(領民) ―一奉還ほうかん [史] 1869년 영주가 토지와 영민을 조정에 반환한 일
はんせつ [反切] 반절. (중국에서) 두 자 음을 반씩 따서 한자의 자음을 나타내는 방법
はんせつ [半切・半*截] 반절 I 名 반으로 자름. 그런 것¶ 土地とちを~して分わける 토지를 반으로 잘라 나누다 II [半折] 名 (화선지 등을) 반으로 자른 것. 거기에 그린 서화
ばんせつ [晩節] 만절 ①만년. 노후 ②만년의 지조¶ ~を全まっとうする 만년의 지조를 끝까지 지키다
はんせん [反戦] 반전¶ ~運動うんどう 반전 운동
はんせん [帆船] (文) 범선. 돛단배 = 帆前船ほまえぶね
はん*ぜん [判然] 판연 I 副 분명하다¶ ~たる証拠しょうこ 판연한 증거/ 理由りゆうが~としない 이유가 분명치 않다 II 名自スル(文) 확실히 앎¶ その意味いみが~せず 그 의미가 판연하지 않다
ばんせん [番線] (造語) 번선 ①(역 구내에서) 선로를 배치한 차례¶ 三さん~ 3번선 ②철사의 굵기 단위
ばん*ぜん [万全] 名 ⑦ 만전¶ ~の準備じゅんびを 만전의 준비/ ~を期きする 만전을 기하다
ハンセンびょう [ハンセン病] [医] 한센병. 나병
はんそ [反訴] [法] 반소. (민사 소송 중) 피고가 원고를 상대로 제기하는 소송¶ ~を起おこす 반소를 제기하다
はんそう [半双] 名 반쌍. 쌍으로 된 것의 한 짝¶ ~の屛風びょうぶ 한 짝 뿐인 병풍
はんそう [帆走] 名自スル 범주. 돛을 달고 달림¶ ヨットが~する 요트가 범주하다
はんそう [搬送] 名他スル 반송. 운송¶ 引ひっ越こし荷物にもつを~する 이삿짐을 반송하다
ばんそう [伴走] 名自スル 반주. (마라톤 등에서) 주자와 함께 달림¶ ~車しゃ 에스코트 차
ばんそう [伴奏] 名自スル [音] 반주
ばんそう [伴僧] [佛] 반승. 법회・장례식 등에 도사(導師)를 따라 다니는 중
ばんそう [晩霜] (文) 만상. 늦서리 = 遅霜おそじも
ばんそうこう [*絆創*膏] [薬] 반창고
はんそく [反則] [犯則] 名 범칙. 법률・규칙 위반¶ ~金きん 범칙금 II 名自スル 반칙. (운동 경기 등에서) 규칙을 위반함¶ ~すると失格しっかくとなる 반칙하면 실격이 되다
はんぞく [反俗] 名 반속. 세상 일반의 습속을 따르지 않음¶ ~精神せいしん 반속 정신
ばんぞく [蛮族・*蕃族] 만족. 야만족
ばんそつ [番卒] 보초병. 초병 = 番兵ばんぺい
はんそで [半*袖] 반소매 ⇔ 長ながそで¶ ~シャツ 반소매 셔츠
はんた [繁多・煩多] 名 ⑦(文) 번다. 번거롭게 많음¶ ~な手続てつづき 번다한 절차
はんだ [半田・*盤陀] [工] 땜납¶ ~づけ 납땜
ばんだ [万*朶] 名 ⑦(文) 만타. 많은 꽃가지¶ ~の桜さくら 많은 꽃가지에 만발한 벚꽃
はんたい [反対] 반대 I 名 ⑦ 대립・역(逆)의 관계에 있음¶ ~側がわ 반대쪽 II 名自スル 어떤 의견 등에 거역함¶ 提案ていあんに~する 제안에 반대하다 ―給付きゅうふ [経] 반대 급부 ―語ご 반대어. 반의어 ―尋問じんもん [法] 반대 심문
はんだい [飯台] 여럿이 식사하는 밥상
ばんだい [万代] (文) 만대. 영구. 만세 = 万世ばんせい¶ ~不易ふえき 만대 불역
ばんだい [番台] (공중 목욕탕 등의) 카운터. 거기에 앉은 사람
ばんだい [盤台] (생선 장수가 쓰는) 얕고 큰 타원형 대야 = はんだい
はんたいせい [反体制] 반체제
はんだくおん [半濁音] [文法] 반탁음. 무성 파열음을 동반하는 음절 ▷ ハ행의 「パ・ピ・プ・ペ・ポ」의 다섯개
はんだくてん [半濁点] [文法] 반탁음 부호 ▷ 「パ」「ピ」 등의 「゜」 부호
パンだね [パン種] 빵 만드 효모. 이스트
バンタムきゅう [バンタム級] (권투・역도 등의) 밴텀급
ばんたろう [番太郎] (江戸えど 시대의) 야경꾼. 파수꾼 = 番太ばんた
はんだん [判断] 名他スル 판단¶ ~力りょく 판단력/ 正ただしい~をくだす 올바른 판단을 내리다
ばんたん [万端] 만단. 만반¶ 準備じゅんび~整ととのう 만반의 준비를 갖추다
ばんち [番地] 번지¶ 二丁目にちょうめの三さん~ 2가의 3번지
ばんち [*蕃地] 만지. 미개지
はんちく [半ちく] 名 ⑦(俗) 중도에 그만둠. 중동무이 = 中途半端ちゅうとはんぱ¶ 仕事しごとが~になる 일이 중동무이가 되다

ばんちゃ【番茶】질이 낮은 엽차
[慣用句]
　―も出花 질 낮은 엽차도 갓 끓이면 맛있다. 못생긴 여자도 한창 때는 예뻐보인다
はんちゅう【範疇】범주= カテゴリー ¶ 同じ～に属する 같은 범주에 속하다
はんちゅう【藩中】①藩의 내부 ②같은 藩의 무사 ③藩의 신하 전체
はんちょう【班長】반장
ばんちょう【番長】(俗) 불량 소년・소녀 집단의 우두머리
はんつき【半月】반월. 반달 ¶ ～分 반달치
はんつき【半搗(き)】名 현미를 반쯤 찧음= 米 반도정미. 반쯤 찧은 쌀= 五分づき米
ばんづけ【番付・番附】①[相撲] 씨름꾼의 지위・순위. ～순위표 ¶ ～をあがる 순위가 올라가다 ②각종 순위표 長者 ～ 부호 순위표 ③[演] 연예 프로그램이나 배역 편성표
はんづら【版面】[版](서적・잡지 등의)인쇄면= はんめん
ばんて【番手】[造語] ①(전투의) 대열 순서. (경기의) 출장 순서 ¶ 一～に登場する 選手 첫 번째 등장하는 선수 ②실의 굵기 단위. 번수
はんてい【判定】名他スル 판정 ¶ ～を下す 판정을 내리다 ―勝ち (유도 등에서) 판정승
はんてい【藩邸】제후의 저택 ◁江戸에 두었던 여러 大名의 저택= 江戸屋敷など
はんていりつ【反定立】[哲] 반정립
はんてん【反転】名自他スル 반전 ①뒤바뀜. 뒤바꿈 ②뒤집힘. 뒤집음 ¶ マットの上で体が～する 매트 위에서 몸을 뒤집다 ③(방향을) 반대로 돌림 ¶ 機首を～する 기수를 반전하다 ④(사진에서) 음화에서 양화로 됨 ¶ ～フィルム 반전 필름
はんてん【半天】(文) 반천 ①하늘의 반 ②중천 ¶ ～にかかる月 중천에 떠있는 달
はんてん【半纏・半*袢纏】[羽織]보다 짧고 옷깃을 접지 않는 윗도리 ¶ 옥호・가문(家紋)을 날염한 윗도리= 印半纏
はんてん【*斑点】반점. 얼룩점 赤い～ 붉은 반점
はんてん【飯店】[造語] 반점. 중국 요리점의 옥호에 붙이는 말 ▷ 왼뜻은 호텔
はんと【反徒・*叛徒】반도. 역도= 逆徒 ¶ ～を鎮圧する 반도를 진압하다
はんと【半途】(文) 도중, 중도 ¶ 事業が～して倒れる 사업의 중도에서 쓰러지다
はんと【版図】(文) 판도. (한 나라의) 영역, 영토 ¶ ～を広げる 판도를 넓히다
ハンドア【半ドア】자동차 문이 완전히 닫히지 않은 상태 ¶ ～で走る 문을 완전히 닫지 않은 채 달리다
はんとう【反騰】名自スル [経] 반등 ⇔ 反落
はんとう【半島】[地] 반도
はんどう【反動】반동 ①반작용 ¶ 急停止の～で前倒しになる 급정지한 반동으로 앞으로 거꾸러지다 ②(어떤 경향에 대한) 반대의

움직임 ¶ 好景気の～が出はじめる 호경기의 반동이 나타나기 시작하다 ③극단적인 보수주의 ¶ ～分子 반동 분자
ばんとう【晩冬】만동 ①늦겨울 ②음력 12월의 딴이름
ばんとう【晩唐】만당. 중국 당대를 문학사상에서 네 시기로 나눈 것의 제4기(827～907)
ばんとう【晩稲】(文) 만도. 늦벼= おくて
ばんとう【番頭】(상점・여관 등의) 지배인
ばんどう【*坂東】関東 지방의 옛이름 ―太郎 [地] 利根강의 딴이름
はんどうたい【半導体】[電] 반도체
はんとうまく【半透膜】[化] 반투막
はんとき【半時】반시 ①(옛 시각인) 一時の 반 ②지금의 한 시간 ③짧은 시간. 촌각 ¶ ～を争う 촌각을 다투다
はんどく【判読】名他スル 판독 ¶ フィルムの～ 필름의 판독
はんどく【*繙読】名他スル (文) 책을 펴서 읽음
はんとし【半年】반년= はんねん
はんとり【判取(り)】名自スル 금품 수령의 증거로 도장을 받음 ―帳 (상점 등에서) 인수자의 도장을 받은 금품 수령 대장
はんドン【半ドン】반공일, 반휴일. 토요일
はんなり 副自スル (方) 품위 있고 화사함 ¶ ～とした色合い 화사한 색조
ばんなん【万難】만난 ¶ ～を排して決行する 만난을 제치고 결행하다
はんにえ【半煮え】설익음. 덜익음= 生煮え ¶ ～の状態 설익은 상태
はんにち【反日】名 반일 ¶ ～感情 반일 감정
はんにち【半日】반일. 한나절 ¶ ～仕事 한나절 일
はんにゃ【般若】반야 ①[仏] 진리를 깨닫는 지혜 ②[蓺] 무섭게 생긴 여귀(女鬼)의 탈 ―経 [仏] 반야경 ―心経 [仏] 반야심경 ―湯 반야탕. 술 ―波羅蜜 [仏] 반야바라밀
はんにゅう【搬入】名他スル 반입. ↔搬出 ¶ 展覧会場に作品を～する 전람회장에 작품을 반입하다
はんにん【犯人】범인 ¶ ～を捕える 범인을 체포하다
ばんにん【万人】만인. 여러〔모든〕 사람= ばんじん ¶ ～向きの料理 만인의 취향에 맞는 요리/ ～が納得する 만인이 납득하다
ばんにん【番人】파수꾼. 지키는〔망보는〕 사람 ¶ 森の～ 산지기
はんにんかん【判任官】[日史] 판임관
はんにんまえ【半人前】①반사람 몫 ¶ ～の給料 반사람 몫의 급료 ②(능력 등이) 미숙함 ¶ まだ～の腕 아직 미숙한 솜씨
はんね【半値】반값 ¶ ～で買う 반값으로 사다
ばんねん【晩年】만년. 늘그막 ¶ 幸福な～を過ごす 행복한 만년을 보내다
はんのう【反応】名自スル 반응 ¶ 可逆な～ 가역 반응/ ～を示す 반응을 보이다/ 光に～する 빛에 반응하다 ―時間 [心] 반응 시간

ばんのう【万能】名ア 만능¶～薬 만능약/～の神 전능한 신/～選手 만능 선수

はんのう はんぎょ【半農半漁】 반농 반어(업)

はんの き【*榛の木】楠 오리나무

はんば【飯場】(공사 현장의) 노무자 합숙소

はんば【*斑馬】文 얼룩말＝ぶち馬

はんぱ【半端】名ア ①(수량·종류가) 다 갖추어지지 않음¶～な布 자투리 천/～ができる 우수리가 생기다 ②어중간함¶～な気持ち 어정쩡한 기분/中途 な立場 어중간한 입장 一物の 전부 갖추어지지 않은 물건 一者の 명청이, 얼간이

ばんば【輓馬】文 만마, 수레 끄는 말

はんばい【販売】名他スル 판매¶訪問～ 방문 판매/～競争 판매 경쟁

はんばく【反駁】名自他スル 반박¶批評に～する 비평에 반박하다

はんぱく【半白·*斑白】名文 반백＝ごま塩 頭の老人 반백의 노인

はんぱく【半博】「万国博覧会 」의 준말

はんばつ【藩閥】史 明治 유신 때 공을 세운 藩 출신의 유력자들의 정치적 파벌

はんぱつ【反発·反撥】名自他スル 반발¶～力 반발력/市民の～を買う 시민의 반발을 사다 ②経(주가의) 급격한 오름세

はんはば【半幅·半巾】名 반폭. (일본 옷감의) 보통 폭의 반¶～の帯 반폭 띠

はんぱん【半半】반반, 반씩＝半分半分 ～にする 반반으로 하다/賛成と反対が～だ 찬성과 반대가 반반이다

ばんぱん【万般】副 ①충분히, 잘¶～承知のうえだ 잘 알고 있는 바다 ②(부정의 말이 딸리어) 결코, 절대로¶～間違いはないはずだ 절대로 실수는 없을 것이다

ばんぱん【万般】명반¶～の準備 만반의 준비

パンパン俗 매춘부, (특히) 제2차대전 후 일본에서 미군을 상대하던 창녀＝街娼

ばん ばんざい【万万歳】「万歳」의 힘돋움말, 만세¶これで～だ 이것으로 만만세다

はんびょうにん【半病人】 환자처럼 약한 사람

はんぴれい【反比例】名自スル 반비례

はんぷ【頒布】名他スル 반포, 배포¶実費で～する 실비로 반포하다

ばんぷ【万夫】文 만부, 많은 남자·무사 一不当 만부 부당, 많은 장정으로도 당해낼 수 없을 만큼 강함

ばんぷう【蛮風】文 만풍, 야만적인 풍습

はんぷうし【半風子】文動 이

はんぷく【反復·反覆】名他スル 반복¶～練習 반복 연습/～して教える 반복해서 가르치다 一記号 音 반복 기호, 도돌이표

ばんぷく【万福】文 만복＝まんぷく¶貴兄の～を祈る 귀형의 만복을 기원하오

ばんぶつ【万物】 만물¶～の霊長 만물의 영장, 인류/～は流転する 만물은 유전한다

はんぶん【半分】반분 ①반, 절반¶～に分ける 반으로 나누다 ②반쯤¶～眠っている 반

쯤 잠들어 있다 ③造語(「いたずら～」등의 꼴로) 반은 …삼아¶面白 に 재미삼아/遊び に 장난삼아

はんぶん じょくれい【繁文縟礼】文 번문 욕례, 규칙·예법 등이 번거롭고 복잡함

はんぶんすう【繁分数】数 번분수, 복분수

はんぺい【藩*屏】文 ①담장, 울타리 ②황실의 경호, 경호병 ③외할 영지

ばんぺい【番兵】 보초병, 초병＝哨兵

はんべつ【判別】名他スル 판별, 분간¶～が難しい 판별이 어렵다/善悪を～する 선악을 판별하다

はん ぺら【半ぺら】①(口) 종이 한 장의 절반 ②版 200자 원고지＝ぺら

はんぺん【半片·半平】한 조각

はんぺん【半片·半平】으깬 생선에 참마·녹말 등을 넣고 개어서 찐 식품

はんぼ【反*哺】 반포, (어버이에 대한) 보은(報恩), 안갚음¶～の孝 반포지효

はん ぼいん【半母音】文法 반모음

はんぼう【繁忙·煩忙】名ア文 번망, 다망¶～な毎日 다망한 매일/～を極めた生活 다망하기 짝이 없는 생활

ばんぼう【万邦】文 만방, 만국¶～共栄 만방 공영/～無比 만방 무비

はんぽん【版本·板本】 판본, 목판본

はんま【半間】名ア ①전부 갖추어지지 않음¶～な全集 전부 갖추어져 있지 않은 전집 ②멍청함, 멍청이¶～な人 멍청한 사람

はんまい【飯米】 반미, 밥쌀¶～農家 의 반미 농가, 집에서 먹을 만큼의 농사를 짓는 소농

はん み【半身】①(격투기 등에서) 상대방에게 몸을 비스듬히 향하는 자세¶～に構える 비스듬히 자세를 취하다 ②생선을 반으로 가른 쪽

はん みち【半道】①(10리의 반인) 5리 ②(갈 길의) 절반¶もう～は歩いた 이제 절반은 걸었다

はんみょう【*斑猫】動 가뢰 ①반묘 ②길앞잡이

ばんみん【万民】 만민, 모든 백성

はんめい【判明】名自スル 판명¶真相が～する 진상이 판명되다

ばんめし【晩飯】 저녁밥＝夕飯·夕食

はんめん【反面】반면 Ⅰ名 반대의 반면, 다른 면 Ⅱ副 다른 면에서 볼 때¶～親切でもある 한편 불안하기도 하다 一教師 본받아서는 안될 나쁜 본보기, 그런 사람

はんめん【半面】반면 ①얼굴의 반¶～像 반면상 ②사물의 한면, 한쪽 면¶知られざる～ 알려지지 않은 일면

はんめん【版面】版 판면 ①인쇄판의 표면 ②(서적·잡지 등에서) 인쇄면은 はんづら

はんめん【盤面】반면 ①장기판·바둑판·레코드판 등의 표면 ②(장기·바둑의) 국면

はんも【繁茂】名自スル 번무, 초목이 무성함¶雑草が～する 잡초가 무성하다

はんもく【反目】名自スル 반목¶隣家と～し

あう 이웃집과 서로 반목하다
はんもと【版元·板元】(도서·잡지의) 발행처
はんもん【反問】图 他スル 반문. 되물음¶先生$_{せい}$に〜する 선생님에게 반문하다
はんもん【斑紋·*斑文】반문. 얼룩 무늬
はんもん【煩悶】图 自スル 번민¶日夜$_{や}$〜する 밤낮으로 번민하다
はんや【半夜】(文)①한밤중, 야반=夜半$_{はん}$②한 밤의 절반
ばんや【番屋】파수꾼들의 대기소, 파수막
パンヤ (포 panha)【植】판야=カポック
はんやく【反訳】图 他スル 반역①번역·속기된 것을 다시 본디의 말로 바꿈②번역
はんやけ【半焼け】图①반쯤 구움, 설구워짐=なま焼$^*$け¶〜の肉 설구운 고기②화재로 집이 반쯤 탐, 반소=半焼$_{しょう}$
ばんゆう【万有】(文)만유, 만물¶天地$_{てんち}$〜 천지 만유 ―引力$_{いんりょく}$【物】만유 인력
ばんゆう【蛮勇】만용, 무분별한 용기¶〜を振$_{ふる}$う 만용을 부리다
はんよう【*汎用】图 他スル (文)범용, 여러 방면에 사용함
はんよう【繁用】(文)번용, 번망=繁忙$_{ぼう}$
はんら【半裸】반라, 반나체¶〜の写真$_{しん}$ 반라의 사진
ばんらい【万雷】만뢰①많은 우레 ②图 커다란 소리¶〜の拍手$_{しゅ}$ 우레와 같은 박수
ばんらい【万籟】만뢰, 자연 만물이 바람에 불려서 나는 소리
はんらく【反落】图 自スル【経】반락 ⇔ 反騰$_{はん}$¶株価$_{か}$の〜 주가의 반락
はんらん【反乱·叛乱】图 自スル 반란, 모반=謀反$_{ほん}$¶〜を鎮$_{しず}$める 반란을 진압하다
はんらん【*氾濫】图 自スル 범람①물이 넘쳐 흐름¶河川$_{かせん}$の〜 하천이 범람하다 ②바람직하지 못한 것이 크게 나돎¶外来語$_{がいらいご}$が〜する 외래어가 범람하다
ばんり【万里】(文)만리, 매우 먼 거리·장소¶〜の波濤$_{とう}$ 만리 파도 ―の長城$_{ちょうじょう}$ (중국의) 만리 장성
はんりつ【反立】【論】반립=アンチテーゼ
はんりょ【伴侶】반려①길동무 ②배우자¶人生$_{じん}$の〜 인생의 반려
ばんりょく【万緑】(文)만록, 온통 푸름
[慣用句]
―叢中$_{そうちゅう}$の紅一点$_{こういってん}$ 만록 총중 홍일점 ①온통 푸른 잎 속에 한 송이 붉은 꽃이 있어 눈에 띔 ②한 가지 뛰어난 점이 두드러짐=홍일점
ばんりょく【蛮力】만력①만용의 힘②폭력
はんりん【半輪】반륜, 반원형, (특히) 반달¶〜の月 반달
はんるい【煩累】(文)번루, 번거롭고 귀찮은 일¶〜を及$_{およ}$ぼす 번거로움을 끼치다
はんれい【凡例】범례, 일러두기=例言$_{げん}$
はんれい【判例】【法】판례¶〜集$_{しゅう}$* 판례집 ―法$_{ほう}$【法】판례법
はんれい【範例】범례, 모범이 되는 예¶〜集$_{しゅう}$* 범례집

はんろ【販路】판로¶〜の拡張$_{かくちょう}$ 판로의 확장
はんろう【煩労】(文)번로, 번거롭고 피곤함, 그런 수고¶〜をいとわない 번로를 마다하지 않다
はんろう【藩老】藩$_{はん}$의 중신·노신하
はんろん【反論】图 自他スル 반론¶激$_{はげ}$しく〜する 거세게 반론하다/ 〜の余地$_{ち}$がない 반론의 여지가 없다
はんろん【*汎論】(文)범론, 통론¶統計学$_{とうけい}$〜 통계학 범론

# ひ ヒ

ひ 五十音図$_{ごじゅうおんず}$의 「は」행(行)의 둘째 かな. ひらがな 「ひ」는 「比」의 초서체, かたかな 「ヒ」는 「比」의 한쪽에서 취한 것
ひ【比】音ヒ 訓くらべる|(음)비. I (造語)①비교하다. 比較$_{かく}$ 비교·対比$_{たい}$ 대비 ②늘어서다, 늘어놓다. 比肩$_{けん}$ 비견, 같은 부류. 比類$_{るい}$ 비류·無比$_{むひ}$ 무비 ④비유하다, 비기다. 比喩$_{ゆ}$ 비유 ⑤『시경』의 육의(六義)의 하나. 다른 것에 빗대어 자기 기분을 표현하는 것 ⑥比興$_{きょう}$ 비흥 ⑥비어 「ヒ」의 차용자 ¶比丘$_{く}$ 비구·比丘尼$_{に}$ 비구니 ⑦「比律賓$_{ピン}$」의 준말¶日比$_{にち}$ 일본과 필리핀 II ①비할 만한 것, 같은 부류, 유례¶昨日$_{きのう}$の〜ではない 어제와 비할 바가 아니다 ② [数] 비, 비율¶五対$_{ごたい}$三$_{さん}$の〜 5대 3의 비율
ひ【皮】音ヒ 訓かわ|(음)피. (造語)①(동식물의) 표피. 皮膚$_{ふ}$ 피부·果皮$_{か}$ 과피·表皮$_{ひょう}$ 표피 ②사물의 표면, 겉¶皮相$_{そう}$ 피상
ひ【妃】音ヒ 訓きさき|(음)비. (造語) 황태자·황족·왕족 등의 아내¶王妃$_{おう}$ 왕비·后妃$_{こう}$ 후비·皇太子妃$_{こうたいし}$ 황태자비
ひ【否】音ヒ 訓いな|(음)부. I (造語)①동의하지 않다, 거절하다. 否決$_{けつ}$ 부결·拒否$_{きょ}$ 거부 ②반대임, 그렇지 않음. 安否$_{あん}$ 안부·可否$_{か}$ 가부 ③나쁘다, 좋지 않다. 否運$_{うん}$ 비운 II 부. 동의[찬성]하지 않음¶答$_{こた}$えは〜 대답은 불찬성(이다)
ひ【*庇】音ヒ 訓おおう·かばう·ひさし|(음)비. (造語)①차양. 雪庇$_{せっ}$ 산등성이에 차양처럼 쌓인 눈 ②덮다, 덮어 숨기다, 감싸 보호하다. 庇蔭$_{いん}$ 비음·庇護$_{ご}$ 비호
ひ【批】音ヒ|(음)비. (造語)①품평하다, 시비를 가리다. 批判$_{はん}$ 비판·批評$_{ひょう}$ 비평 ②상주문을 주권자가 결재하다. 批准$_{じゅん}$ 비준
ひ【彼】音ヒ 訓かれ·かの|(음)피. (造語)①제3자, 그 사람. 彼我$_{が}$ 피아 ②그, 저, 저기, 거기¶彼岸$_{がん}$ 피안 ▷[熟字訓]彼奴$_{あいつ}$ 저 녀석·

ひ【披】⦗音⦘ヒ ⦗訓⦘ひらく|(음)피. ⦗造語⦘①열다¶披見ﾋﾟｹﾝ 피견 ②내보이다. 털어놓다¶披瀝ﾋﾚｷ 피력. 披露ﾋﾛｳ 피로

ひ【肥】⦗音⦘ヒ ⦗訓⦘こえる・こえ・こやす・こやし|(음)비. ⦗造語⦘①살찌다¶肥大ﾋﾀﾞｲ 비대・肥満ﾏﾝ 비만 ②(땅이) 기름지다¶肥沃ﾋﾖｸ 비옥 ③거름, 비료¶肥料ﾋﾘｮｳ 비료・堆肥ﾀｲﾋ 퇴비 ④「肥前ﾋｾﾞﾝ・肥後ﾋﾞｺﾞ」의 준말

ひ【非】⦗音⦘ヒ ⦗訓⦘あらず|(음)비. I ⦗造語⦘①옳지 않다, 틀리다¶非行ﾋｺｳ 비행・是非ｾﾞﾋ 시비 ②잘못, 과오, 결점¶前非ｾﾞﾝﾋ 전비 ③잘 되지 않다¶非運ﾋｳﾝ 비운 ④도리에 어긋나다¶非礼ﾋﾚｲ 비례 ⑤나무라다, 꾸짖다¶非難ﾅﾝ 비난 ⑥부정¶非常ﾋﾞｼﾞｮｳ 비상・非公式ｺｳｼｷ 비공식 ⑦부정의 어조사. 한문 훈독으로 「あらず」로 읽음. …이 아니다 ▷ ⦗熟字訓⦘似非ｴｾ 사(이)비・似而非ｴｾ 사이비 II (⨯) ①옳지 않음, 틀림, 부정¶～をあばく 부정을 폭로하다 ②결점, 과오¶～を認みとめる 과오를 시인하다 ③비난, 비방¶～を鳴ならす 비난하다

⦗慣用句⦘
—の打うち所どころが無ない 나무랄 데가 없다

ひ【卑】【卑】⦗音⦘ヒ ⦗訓⦘いやしい・いやしむ・いやしめる|(음)비. ⦗造語⦘①비천하다¶卑賎ｾﾞﾝ 비천・卑尊ｿﾝ 존비 ②비열하다¶卑劣ﾚﾂ 비열・野卑ﾔﾋ 야비 ③멸시하이다¶卑下ﾋｹﾞ 비하 ④자기를 낮추다¶卑見ﾋｹﾝ 비견・自卑ｼﾞﾋ 자비

ひ【飛】⦗音⦘ヒ ⦗訓⦘とぶ・とばす|(음)비. ⦗造語⦘①날다¶飛行ｺｳ 비행・雄飛ﾕｳ 웅비 ②뛰어오르다¶飛躍ﾔｸ 비약 ③튀기다¶飛沫ﾏﾂ 비말 ④빠르다¶飛脚ｷｬｸ 파발꾼 ⑤급한, 뜻밖의¶突飛ﾄｯ 뜻밖임 ⑥높다¶飛閣ｶｸ 비각 ⑦근거없는¶流言飛語ﾘｭｳｹﾞﾝﾋｺﾞ 유언비어 ⑧「野飛球ﾋｷｭｳ」의 준말¶邪飛ｼﾞｬ 파울플라이・飛躍ﾋ의 준말¶飛州ﾋｼｭｳ 지금의 岐阜ﾋﾟｹﾝ현 북부 ⦗熟字訓⦘飛白ｶｽﾘ 살짝 스친 무늬・飛沫ｼﾌﾞｷ 비말・飛蝗ﾊﾞｯﾀ 돌팔매・飛蝗ﾊﾞｯﾀ 메뚜기

ひ【⋆匪】⦗音⦘ヒ|(음)비. 악한 사람¶匪賊ﾋｿﾞｸ 비적・匪徒ﾋﾄ 비도

ひ【疲】⦗音⦘ヒ ⦗訓⦘つかれる・つからす|(음)피. ⦗造語⦘지치다, 쇠퇴하다¶疲弊ﾍｲ 피폐・疲労ﾛｳ 피로

ひ【秘】【祕】⦗音⦘ヒ ⦗訓⦘ひめる|(음)비. I ⦗造語⦘①눈에 띄지 않게 감추다¶秘密ﾐﾂ 비밀・極秘ｺﾞｸﾋ 극비 ②깊고하다¶秘奥ｵｳ 비오・神秘ｼﾝ 신비 ③통하지 않다, 막히다¶便秘ﾍﾞﾝ 변비 II (⨯) 비밀¶秘中ﾁｭｳの～ 비밀 중의 비밀

ひ【被】⦗音⦘ヒ ⦗訓⦘こうむる|(음)피. ⦗造語⦘①덮다, 덮어 씌우다, 감싸다¶被覆ﾌｸ 피복・被子植物ｼｼｮｸﾌﾞﾂ 피자식물 ②옷을 입다, 옷¶被服ﾌｸ 피복 ③(피해를) 입다, 받다¶被害ｶﾞｲ 피해・被爆ﾊﾞｸ 피폭 ④수동을 나타내는 말¶被写体ｼｬﾀｲ 피사체・被選挙権ｾﾝｷｮｹﾝ 피선거권 ⑤수동의 어조사. 한문 훈독으로「る・らる」로 읽음. …되다

ひ【悲】⦗音⦘ヒ ⦗訓⦘かなしい・かなしむ|(음)비. ⦗造語⦘①슬프다, 슬퍼하다, 슬픔¶悲哀ｱｲ 비애・悲観ｶﾝ 비관・悲劇ｹﾞｷ 비극 ②⦗佛⦘부처의 자비로움¶悲願ｶﾞﾝ 비원・慈悲ｼﾞﾋ 자비

ひ【扉】【扉】⦗音⦘ヒ ⦗訓⦘とびら|(음)비. ⦗造語⦘여닫이 문짝¶鉄扉ﾃﾂ 철문・門扉ﾓﾝ 대문

ひ【⋆斐】⦗音⦘ヒ ⦗訓⦘あや|(음)비. ⦗造語⦘무늬・장식이 아름다움¶斐然ﾋﾞｾﾞﾝ 비연

ひ【費】⦗音⦘ヒ ⦗訓⦘ついやす・ついえる|(음)비. ⦗造語⦘①소비하다¶消費ｼｮｳ 소비・浪費ﾛｳ 낭비 ②비용¶会費ｶｲ 회비・雑費ｻﾞｯ 잡비

ひ【碑】【碑】⦗音⦘ヒ ⦗訓⦘いしぶみ|(음)비. I ⦗造語⦘비석, 비문¶碑文ﾌﾞﾝ 비문・墓碑ﾎﾞ 묘비 II 비. 비석¶～を建たてる 비석을 세우다

ひ【⋆緋】⦗音⦘ヒ ⦗訓⦘あか・あけ|(음)비. I ⦗造語⦘주홍색, 붉은빛¶緋色ﾋﾞｲﾛ 주홍색・緋縮緬ﾋﾞﾁﾘﾒﾝ 오글오글한 붉은 비단 II 주홍색, 붉은빛¶～の衣ｺﾛﾓ 주홍색 옷

ひ【罷】⦗音⦘ヒ ⦗訓⦘やめる・やむ・まかる|(음)파. ⦗造語⦘①중지하다, 그만두다¶罷業ｷﾞｮｳ 파업 ②면직시키다¶罷免ﾒﾝ 파면 ③피곤하다, 지치다¶罷弊ﾍｲ 피폐 ▷⦗은=「疲ﾋ」와 같음

ひ【誹】⦗音⦘ヒ ⦗訓⦘そしる|(음)비. ⦗造語⦘비방하다, 나쁘게 이야기하다¶誹謗ﾎﾞｳ 비방

ひ【避】⦗音⦘ヒ ⦗訓⦘さける|(음)피. 피하다, 벗어나다¶避難ﾅﾝ 피난・逃避ﾄｳ 도피

ひ【⋆曾】⦗接頭⦘한 대를 뛰어넘은 혈연 관계. 증=ひい¶～孫ｿﾞﾝ 증손

ひ【一】하나=ひい¶～、ふ、み 하나 둘 셋

ひ【日】①해, 태양¶初～ 설날 아침해/～が沈ｼｽﾞﾑ 해가 지다 ②⦗⋆陽⦘햇빛, 햇볕¶～よけ 햇빛가리개/～がさす 햇볕이 들다 ③낮, 주간¶～が暮ｸれる 날이 저물다 ④하루, 매일, 나날¶～割ﾜﾘ計算ｹｲｻﾝ 일당 계산/幸ｼｱﾜせな～を送ｵｸる 행복한 나날을 보내다 ⑤(특정한) 날¶約束ﾔｸｿｸの～を間違ﾏﾁｶﾞえる 약속한 날짜를 잘못 알다 ⑥시절, 때¶幼ｵｻﾅい～の思ｵﾓい出ﾃﾞ 어린 시절의 추억 ⑦일수, 날수¶～をかけた仕事ｼｺﾞﾄ 여러 날이 소요된 일 ⑧기일, 기한¶締ｼめ切ｷりの～が迫せまる 마감날이 임박하다 ⑨날씨¶うららかな～ 화창한 날씨 ⑩일진¶よい～を選えらぶ 좋은 날을 택하다 ⑪(「…(し)た～には」의 꼴로) …했을 경우¶「…」 그랬으면는~にはたまったもんじゃない 그렇게 되는 때는 참지 못할 것이다

⦗慣用句⦘
—暮れて道遠し 해는 지고 갈 길은 멀다
—に一は山と同じ 날마다 태산같다 ②날짜는 닥쳤는데 완성하기까지는 아직 멀다
—の当たる場所 양지 바른 곳, 화려한〔혜택받은〕지위나 경우
—を改めて 새로 날을 잡아서
—を移す 하루를 보내다
—を追って 나날이, 날이 갈수록¶～回復ｶｲﾌｸに向かう 나날이 병세가 나아지다

ひ【火】불 ①불꽃, 불길¶～が燃もえる 불이 타다 ②화재¶～元ﾓﾄ 불씨, 화기/～を出ﾀﾞす 불을 내다 ③숯불¶～をいける 숯불을 재에 묻다 ④식품을 가공하는 열¶～を通とおす 데우다 ⑤⦗比⦘격한 감정¶嫉妬ｼｯﾄの～を燃も や

す 질투심에 불타다 ⑥담배불¶ 〜を貸してください 불 좀 빌려 주십시오

[慣用句]
—が出る 불이 나다. 발화하다
—に油を注ぐ [比] 불에 기름을 붓다
—の消えたよう (불이 꺼진 듯이) 갑자기 활기를 잃고 잠잠해짐
—の付いたよう 불이 붙은 듯함 ①몹시 다급한 모양 ②(어린애 등이) 갑자기 자지러지게 우는 모양
—の出るような ①(부끄러움 등으로) 얼굴이 빨개진 모양 ②격렬한 모양
—の無い所に煙は立たぬ 아니 땐 굴뚝에 연기 나랴
—を付ける 불을 붙이다 ①점화하다 ②불을 지르다. 방화하다 ③선동하다
—を吐く 불을 뿜다 ①격렬한 토론을 벌이다 ②불길이나 포화를 맹렬하게 내뿜다
—を見るよりも明らか 불 보듯 뻔하다. 명약 관화 = 明明白白

ひ [灯] 불. 불빛. 등불 = ともしび・明かり¶ 街の〜 거리의 등불/ 窓辺に〜がともる 창에 불빛이 비치다

[慣用句]
—が入る 불이 켜지다

ひ [*杼·*梭] (베틀의) 북
ひ [*樋] ①홈통 = とい ②수문 ③(칼날의) 홈
び [尾] [音]ビ [訓](음)미. [造語] ①꼬리¶ 燕尾 연미・竜頭蛇尾 용두사미 ②뒤¶ 尾行 미행・船尾 선미 ③(사물의) 뒷부분. 끝¶ 語尾 어미・首尾 수미 ④교미하다¶ 交尾 교미 ⑤[助數] 물고기를 세는 말¶ 鯉一尾 잉어 한 마리 ⑥「尾張」의 준말¶ 尾州 미주¶ 지금의 서부》[黙字訓] 尻尾 꼬리. 끄트머리・鳩尾 명치
び [*弥·*彌] [音]ビ・ミ [訓]いや・いよいよ (음)미. [造語] ①널리 퍼지다¶ 弥漫 미만 ②보충하다. 입시 변통하다¶ 弥縫 미봉 ③범어 「ミ」의 차음자¶ 阿弥陀 아미타
び [*眉] [音]ビ・ミ [訓]まゆ (음)미. [造語] 눈썹¶ 眉間 미간・白眉 백미
び [美] [音]ビ・ミ [訓]うつくしい (음)미. I [造語] ①아름답다¶ 美人 미인・優美 우미 ②좋다. 훌륭하다¶ 美談 미담・美徳 미덕 ③맛있다¶ 美食 미식・甘美 감미 ④칭찬하다. 좋게 인정하다¶ 賛美 찬미・襃美 포상 ▷ [黙字訓] 美人局 미인계 II ①아름다움¶ 自然の〜 자연의 아름다움 ②훌륭함¶ 有終の〜 유종의 미
び [備] [音]ビ [訓]そなえる・そなわる (음)비. [造語] ①미리 갖추다. 준비해 두다¶ 備蓄 비축・準備 준비・予備 예비 ②갖추어지다¶ 完備 완비・不備 불비 ③대비. 준비¶ 軍備 군비・警備 경비
び [微] [音]ビ・ミ [訓]かすか (음)미. I [造語] ①극히 작음. 미세함¶ 微細 미세・微塵 미진 ②약간. 극히 적음¶ 微温 미온・微笑 미소 ③몰래. 微行 미행. 微服 미복 ④

쇠퇴하다. 약해지다¶ 衰微 쇠미 ⑤신분이 낮음. 미천함¶ 微賎 미천 ⑥자기를 낮추어 말함¶ 微力 미력 ⑦작다는 뜻을 나타냄¶ 微生物 미생물 ▷ [黙字訓] 微酔 미취・微温湯 미온탕 II 극히 작음. 미세함

[慣用句]
—に入り細を穿つ 아주 미세한 점까지 공들여서 하다

び [鼻] [音]ビ [訓]はな (음)비. [造語] ①코¶ 鼻音 비음・鼻腔 비강 ②사물의 시작. 시초¶ 鼻祖 비조

ひあい [悲哀] 비애¶ 人生の〜を味わう 인생의 비애를 맛보다

ひあがる [干上がる·*乾上がる] [自][五] ①바싹 마르다¶ 池が〜 못이 바싹 마르다 ②(생계가) 어려워지다¶ 口が〜 생계가 어려워지다

ひあし [日脚·日足] ①일각. 햇발 〜が速い 햇발이 빠르다 ②낮 시간. 해¶ 〜が延びる 해가 길어지다

ひあし [火脚·火足] 불길¶ 〜が速い 불길이 빨리 번지다

ひあそび [火遊び] 불장난 ①불을 가지고 장난함¶ 子供の〜 아이들의 불장난 ②(남녀 간의) 무분별한 교제. 정사

ひあたり [日当たり] 볕이 듦. 양지 바름. 그런 장소¶ 〜に座ると 양지에 앉다/ 〜のいい部屋 햇볕이 잘 드는 방

ひあぶり [火炙り·火焙り] 화형 = 焚刑¶ 〜の刑 화형

ひあわい [*廂間] (文) (맞닿은 옆집과의) 추녀 사이의 공간¶ 隣家との〜 이웃집과의 추녀 사이의 공간

ひい [*曽] [接頭] 증¶ 〜祖父 증조부/ 〜孫 증손자

ひい [非違] (文) 비위¶ 〜を糾弾する 비위를 규탄하다

びい [*微意] (文) 미의. 작은 성의¶ 〜を表わす 미의를 표하다

ピー [B·b] 비. 영어 알파벳의 둘째 자

ピー [P·p] 피. 영어 알파벳의 열여섯째 자

ピーエッチ (pH) [化] 피 에이치. 수소 지수

ピーエルオー [PLO] [政] 피 엘 오. 팔레스타인 해방기구 ▷ Palestine Liberation Organization

ビーカー (beaker) [化] 비커. 실험용 유리 용기

ビーがた [B型] (혈액형의) B형

ひいき [*贔*屓] [名][他スル] 편애함. 역성듦. 편듦. 후원함. 그런 사람¶ 〜の客 단골 손님/ 末っ子を〜する 막내를 편애하다 —目 호의적인 눈¶ どう〜に見ても上手とはいえない 아무리 좋게 보아도 잘 한다고 할 수는 없다

[慣用句]
—の引き倒し 지나친 편애가 그 사람에게 오히려 해가 됨

ひいく [肥育] [名][他スル] [農] 비육. 가축을 단기간에 살찌움¶ 豚を〜する 돼지를 비육하다

びいく [美育] [教] 미육. 미(美)의 감상과 창

조를 통해 인격 형성을 도모하려는 교육
**ピーク** (peak) 피크 ①산꼭대기 ②절정, 최고조
**ピーケー** [PK] 피 케이. (축구・럭비 등에서) 페널티 킥 **—戦**$_{せん}$ (축구에서) 승부차기
**ピーコック** (peacock) 〖動〗피콕. 공작
**ビーシー** (B.C.) 비 시. 서력 기원전 ⇔ エーデー
**ビー ジー シー** [BCG] 〖醫〗비 시 지. 결핵 예방 백신
**ビーシーへいき** [BC兵器] 〖軍〗생화학 무기
**びいしき** [美意識] 미의식¶ 鋭$_{するど}$い~を養$_{やしな}$う 날카로운 미의식을 배양하다
**ひいじじ** [×曾〈祖父] 증조부= そうそふ
**ひいずる くに** [日〈出ずる国] 일본의 미칭
**ひいたずら** [火〈悪戯] (아이들의) 불장난¶
**ひいちにち** [日一日] 〖連語〗나날이, 날로, 하루하루¶ ~と暖$_{あたた}$かくなる 날날이 따뜻해지다
**ひいては** [°延いては] 〖副〗더 나아가서는¶ 森林 保護$_{ほご}$が~水害防止$_{すいがいぼうし}$につながる 삼림 보호가 더 나아가서는 수해 방지로 이어진다
**ひい・でる** [秀でる] 〖自下一〗뛰어나다, 빼어나다, 탁월하다, 두드러지다¶ 一芸$_{いちげい}$に~ 한 가지 기예에 뛰어나다
**ヒート** (heat) 〖名〗〖自スル〗히트. 열, 열기 **—アイランド** (heat island) 〖氣〗히트 아일랜드. 도심부의 고온 지역
**ビート** (beat) 비트 ①〖音〗박자, 리듬감 ②(수영에서) 물갈구
**ビードロ** (포 vidro) 비드로. 유리의 옛일컬음
**ビーナス** (Venus) 비너스 ①미와 사랑의 여신 ②〖天〗금성 ⇨「ヴィーナス」라고도 함
**ビーバー** (beaver) 〖動〗비버. 해리= 海狸$_{かい}$
**ひいばば** [〈曾祖母] 증조모 ⇔ そうそぼ
**ひい ひい** 〖副〗〖口〗①(고통・통증이 참기 어려워 내는 소리) 끙끙, 낑낑 ¶あまりの痛$_{いた}$さに ~いう 너무 아파서 끙끙대다 ②아이가 힘없이 계속해서 우는 모양
**ぴい ぴい** 〖口〗I 〖副〗①피리 소리의 형용. 삐삐 ②새・벌레 등이 우는 소리¶ ひよこが~と鳴$_{な}$く 병아리가 삐약삐약 울다 ③아이가 우는 모양. 삐삐 II 〖副〗〖自スル〗돈이 없어 궁색한 모양¶ 年中$_{ねんじゅう}$~している 1년 내내 쪼들리고 있다 III 〖名〗풋내기
**ピー ピー エム** (ppm) 〖化〗피 피 엠. 백만분의 1을 나타내는 단위
**ひいまご** [°曾孫] → ひまご
**ピーマン** (프 piment) 〖植〗피망= ピメント
**ひいらぎ** [×柊] 〖植〗호랑가시나무
**ビール** (네 bier) 맥주= ビヤ・ビア
**ビールス** (독 Virus) 바이러스
**ひいれ** [火入れ] ①(용광로 등의) 최초의 점화¶ ~式$_{しき}$ 점화식 ②(담뱃불 등의) 불씨를 넣는 작은 그릇 ③(술・간장 등의) 달이기 ④산야의 마른 풀을 태우는 일= 野焼$_{のや}$き
**ひいろ** [×緋色] 비색. 진홍색
**ビーン ボール** (bean ball) 〖野〗빈 볼. 고의적으로 타자의 머리를 겨냥해 던지는 공
**びう** [°眉宇] 〖文〗미우. 눈썹 언저리¶ 決意$_{けつい}$が~に漂$_{ただよ}$う 결의가 미우에서 감돌다

**びう** [微雨] 〖文〗미우. 보슬비, 가랑비= 小雨$_{こさめ}$
**ひうお** [氷魚] 은어 새끼= ひお
**ひうち** [火打ち・°燧] 부싯돌로 불을 붙임, 그 부시 **—石**$_{いし}$ 부싯돌 **—金**$_{がね}$ 부시
**ひうつり** [火移り] 불이 번짐¶ ~が速$_{はや}$い 불이 빨리 번지다
**ひうん** [非運・否運] 비운. 불운= 不運$_{ふうん}$ ⇔ 幸運$_{こううん}$ ¶ ~を嘆$_{なげ}$く 비운을 한탄하다
**ひうん** [悲運] 비운. 슬픈 운명¶ ~の名将$_{めいしょう}$ 비운의 명장/~に泣$_{な}$く 비운에 울다
**ひえ** [×稗] 피
**ひえ** [冷え] ①차가워짐, 냉기 朝方$_{あさがた}$の~ 아침결의 냉기/~が厳$_{きび}$しい 냉기가 심하다 ②(몸이) 냉해짐, 냉증¶ ~性$_{しょう}$냉한 체질
**ひえき** [×裨益] 〖名〗〖自スル〗비익. 이바지함¶ 教育$_{きょういく}$に~する 교육에 이바지하다
**ひえこ・む** [冷え込む] 〖自五〗①몹시 추워지다¶ 夜明$_{よあ}$けに~ 새벽녘에 몹시 추워지다 ②(몸이) 차가워지다¶ 体$_{からだ}$の芯$_{しん}$から~ 뼛속까지 추위가 스며들다
**ひえしょう** [冷え性] 냉한 체질, 냉증
**ひえびえ** [冷え冷え] 〖副スル〗①(바람・공기가) 쌀쌀하게, 썰렁¶ ~とした山$_{やま}$の空気$_{くうき}$ 쌀쌀한 산 공기 ②허전하고 적적함, 허무함¶ ~とした心境$_{しんきょう}$ 허무한 심경 ③(관계가) 서먹서먹함, 냉랭함¶ 人間関係$_{にんげんかんけい}$が~としている 인간 관계가 서먹서먹하다
**ひ・える** [冷える] 〖自下一〗차가워지다 ①추워지다¶ 夜$_{よる}$になって~・えてきた 밤이 되어 추워졌다 ②(음식이) 식다¶ よく~・えたすいか 알맞게 차가워진 수박 ③(애정 등이) 식다. 냉담해지다¶ 二人$_{ふたり}$の仲$_{なか}$が~ 두 사람 사이가 냉담해지다
**ひえん** [飛燕] 〖文〗비연¶ 나는 제비 ②〖比〗날쌘 움직임¶ ~の早業$_{はやわざ}$ 날쌘 재주[솜씨]
**びえん** [鼻炎] 〖醫〗비염= 鼻$_{はな}$カタル
**ビエンナーレ** (이 biennale) 〖美〗비엔날레. 격년으로 열리는 국제 미술전
**ひお** [氷°魚] 〖動〗새끼 은어
**ひおい** [日°覆い] → ひおおい
**ひおう** [秘奥] 〖文〗비오. 심오한 경지¶ 芸$_{げい}$の~を究$_{きわ}$める 기예의 심오한 경지에 도달하다
**ひおうぎ** [×檜扇] ①얇은 노송나무 오리로 만든 쥘부채 ②〖植〗범부채
**ひおおい** [日°覆い] 차양, 챙, 차일= 日$_{ひ}$よけ・ひおい¶ 窓$_{まど}$に~をする 창에 차양을 치다
**ひおけ** [火×桶] 나무로 만든 둥근 화로
**ひおどし** [×緋×縅] 붉은 가죽끈으로 엮은 갑옷의 미늘, 그런 갑옷
**ビオラ** (이 viola) 〖音〗비올라
**びおん** [美音] 〖文〗미음. 아름다운 (목)소리¶ ~が響$_{ひび}$きわたる 미음이 울려 퍼지다
**びおん** [微温] 미온. 미지근함, 미적지근함 **—的**$_{てき}$ 〖ナ〗미온적¶ ~な処置$_{しょち}$ 미온적인 조치 **—湯**$_{ゆ}$ 미온탕= ぬるまゆ
**びおん** [鼻音] 〖文法〗비음
**ひか** [比価] 〖文〗비가. 가격을 비교함, 그 가격
**ひか** [皮下] 피하¶ ~注射$_{ちゅうしゃ}$ 피하 주사

ひか【悲歌】(文) Ⅰ 图 비가. 애가 = エレジー Ⅱ 图(他スル) 슬퍼하여 비장한 노래를 부름¶ ~慷慨(こうがい)する 비장한 노래를 부르며 강개하다
ひが【*僻】(接頭)(명사에 붙어) 잘못됨. 사실과 다름. 비뚤어짐¶ ~心(ごころ) 비뚤어진 마음/ ~目(め) 잘못 봄. 사팔뜨기
ひが【彼我】(文) 피아¶ ~の勢力(せいりょく)が伯仲(はくちゅう)する 피아의 세력이 백중하다
ひが【非我】(哲) 비아 ⇔ 自我(じが)
びか【美化】图(他スル) 미화 ①환경을 아름답게 꾸밈¶ ~運動(うんどう) 미화 운동 ②실제보다 아름답게 표현함¶ ~した表現(ひょうげん) 미화한 표현
びか【美果】(文) 미과 ①맛있는 과일 ②좋은 결과¶ ~を収(おさ)める 좋은 결과를 거두다
ひがい【被害】图 피해¶ 加害(かがい)と ~ 가해와 피해¶ ~にあう 피해를 입다 ~者(しゃ) 피해자 ~妄想(もうそう) 피해망상
ぴかいち【ぴか一】(俗) ①(화투에서) 광 하나에 6장은 껍데기인 패 ②(여럿 중에서) 가장 뛰어남. 제1인자¶ 若手(わかて)では~の腕(うで) 젊은 축에서 이름이 올라 있는 씨름 선수
ひかえ【控(え)】①대기함¶ ~の間(ま) 대기실 ②(훗날을 위해) 필요한 사항을 적어둔 것¶ 手(て)~ 비망록. ~をとる 메모를 하다
ひかえしつ【控(え)室】 대기실
ひかえめ【控えめ】图(ノ) ①약간 적은 듯 취함¶ 食事(しょくじ)を~に済(す)ませる 식사를 가볍게 하다 ②조심스러움, 소극적임¶ 万事(ばんじ)~な人(ひと) 만사에 조심스러운 사람
ひがえり【日帰り】图(自スル) 당일치기¶ ~旅行(りょこう) 당일치기 여행
ひかえりきし【控(え)力士】(相撲) 자기 차례를 기다리는 씨름 선수
ひか・える【控える】Ⅰ(他下一) ①붙잡고 말리다¶ 袖(そで)を~ 옷소매를 잡아끌다 ②삼가다. 제한하다¶ 酒(さけ)を~ 술을 삼가다 ③기록하다. 적어 두다¶ 要点(ようてん)を手帳(てちょう)に~ 요점을 수첩에 기록하다 ④가까이에 있다. 앞두다¶ 試験(しけん)を間近(まぢか)に~・えている 시험을 아주 가까이에 앞두고 있다 Ⅱ(自下一) ①대기하다. 기다리다¶ 土俵下(どひょうした)で~ 씨름판 밑에서 대기하다 ②가까이에 있다¶ 行(ゆ)く手(て)に難問(なんもん)が~ 앞길에 난문이 가로놓이다/ 暴力団(ぼうりょくだん)が背後(はいご)に~・えている 폭력단이 배후에 있다
ひかがみ【*膕】 오금 = よぼろ
ひがき【*檜垣】얇은 노송나무 오리로 엮은 울타리
ひかく【比較】图(他スル) 비교¶ 大(おお)きさを~する 크기를 비교하다 ―級(きゅう)(文法) 비교급 ―的(てき)(副) 비교적 ―文学(ぶんがく)〔文〕 비교 문학
ひかく【皮革】(文) 피혁. 가죽
びがく【美学】 미학
ひかくさんげんそく【非核三原則】(政) 비핵 삼원칙. (1968년 일본이 표명한) 핵무기의 제조·보유·반입을 금지한 원칙
ひかげ【日陰·日*蔭】①응달. 그늘 ⇔ 日向(ひなた)¶ ~で休(やす)む 그늘에서 쉬다 ②图(比) 떳떳이 나설 수 없는 처지〔지위〕¶ ~の身(み) 그늘에 사는 몸〔처지〕 ―者(もの) 세상에 떳떳이 나서지 못하는 사람 ―の葛(かずら)(植) 석송
ひかげ【日影】(文) 햇빛. 햇살 = ひざし¶ 春(はる)の~ 봄의 햇살
ひかけ【日掛(け)】일부 적립¶ ~貯金(ちょきん) 일부 적립 적금
ひかげん【火加減】 화력의 정도¶ ~を見(み)る 화력을 조절하다
ひがさ【日傘】 양산¶ ~をさす 양산을 받다
ひかされ・る【引かされる】(自下一) (마음이) 끌리다. 얽매이다¶ 人情(にんじょう)に~ 인정에 끌리다
ひがし【東】①동. 동쪽¶ ~の空(そら) 동쪽 하늘 ②【東風】の슌말 ③(相撲) 순위표의 오른쪽 ④関東(かんとう) 지방 ⑤「東本願寺(ひがしほんがんじ)」의 준말
ひがし【干菓子·乾菓子】 마른 과자
ひがしアジア【東アジア】 동아시아
ひがしかぜ【東風】 동풍 = こち
ひがしがた【東方】①동쪽 ②(전쟁·시합 등에서) 동쪽 진영. 동군 ③(相撲) 순위표의 오른쪽에 이름이 올라 있는 씨름 선수
ひがしシナかい【東シナ海】〔地〕 동지나해
ひがしドイツ【東ドイツ】 동독
ひがしにほん【東日本】 동일본
ひがしはんきゅう【東半球】〔地〕 동반구 ⇔ 西半球(にしはんきゅう)
ひがしヨーロッパ【東ヨーロッパ】 동유럽. 동구
ひか・す【引かす·*落籍す】(他五) (기생·창녀 등의 빚을 갚아 주어) 낙적시키다
ひかず【日数】 일수. 날수. 날짜 = にっすう¶ ~を重(かさ)ねる 날수를 거듭하다
ひがた【干潟】 간석지. 개펄
ひカタル【鼻カタル】〔醫〕 비염(鼻炎)
ひかちょう【鼻下長】(俗) 여색을 좋아함. 그런 남자
ぴかどん (俗) 원자 폭탄의 속칭
ひがないちにち【日がな一日】(連語)(文) 진종일. 종일. 하루 내내 = 一日(いちじつ)じゅう·終日(しゅうじつ)¶ ~降(ふ)りしきる雨(あめ) 진종일 쏟아지는 비
ひがのこ【*緋鹿の子】 진홍색 바탕에 흰 얼룩무늬의 홀치기 염색. 그런 천
ぴかぴか Ⅰ(副)(自スル) 반짝반짝. 번쩍번쩍¶ ~と輝(かがや)く 반짝반짝 빛나다/ ~と磨(みが)く 번쩍번쩍하게 닦다 Ⅱ(ノ) 아주 새것임. 반짝반짝함¶ ~の新車(しんしゃ) 번쩍거리는 새 차
ひがみ【*僻み】비뚤어짐. 비뚤어진 마음 ―根性(こんじょう) 비뚤어진 근성¶ ~が災(わざわ)いした 비뚤어진 근성이 화를 자초했다
ひが・む【*僻む】(自五) 비뚤어지다. 옥생각하다¶ のけ者(もの)にされたと~ 따돌림을 당했다고 옥생각하다
ひがめ【*僻目】①잘못 봄¶ 偽善(ぎぜん)と見(み)たのは私(わたし)の~か 위선으로 본 것은 내가 잘못 본 것인가 ②사팔눈 = すがめ
ひがら【日柄】 일진. 일수¶ 本日(ほんじつ)はお~もよく 오늘은 일진도 좋고
ひからくよう【飛花落葉】(比) 화무십일홍. 이 세상의 덧없음
ひから・す【光らす】(他五) 빛내다. 광내다. 번득이다¶ 目(め)を~ 눈을 번득이다

**ひから・びる**【干涸びる・^乾涸びる】[自上一] ①메마르다, 바싹 마르다¶日照りで田たが~ 가뭄으로 논이 바싹 마르다 ②(比) 무미 건조하다¶~・びた文章 무미 건조한 문장

**ひかり**【光】①(物) 빛, 광선¶日の~ 햇빛/ 광택, 윤기, 반짝임¶目の~ 안광, 눈빛 ③위광, 위세, 은덕¶親の七~ 부모의 크고 넓은 은덕 ④(文) 희망, 광명¶前途ぜんとに~を見いだす 앞길에 서광이 비치다 ⑤(文) 시력 ⑥(文) 영광, 영예¶国の~ 나라의 영광 [慣用句] **一を失う** ①실명하다 ②희망을 잃다

**ひかりごけ**【光^蘚】[植] 반짝이끼
**ひかりつうしん**【光通信】[情] 광통신
**ひかりと**[副] 번쩍, 반짝¶~輝かがく星ほし 반짝하고 빛나는 별
**ひかりファイバー**【光ファイバー】[工] 광섬유
**ひかりもの**【光り物】①번쩍이는 물건, 발광체 ②(俗) (폐품 수집업 등에서) 금속, (특히) 놋쇠・구리 ③(料) (생선 초밥의 재료로 쓰는) 등푸른 생선

**ひか・る**【光る】[自下一] ①빛나다, 반짝이다, 번득이다¶夜空よぞらに星ほしが~ 밤하늘에 별이 빛나다 ②(반사하여) 아름답게 반짝이다(빛나다)¶白露しらつゆが~ 이슬이 하얗게 반짝이다 ③뛰어나다, 돋보이다¶この作品さくひんはひときわ~ 이 작품은 한층 더 뛰어나다

**ピカレスクしょうせつ**【ピカレスク小説】[文] 피카레스크 소설, 악한(惡漢) 소설
**ひかれもの**【引かれ者】형장에 끌려가는 죄인 [慣用句] **一の小唄** 지고 나서 억지로 허세를 부림

**ひか・れる**【^惹かれる・引かれる】[自下一] (마음이) 끌리다, 매료되다¶彼女のやさしさに~ 그의 친절함에 마음이 끌리다
**ひがわり**【日替(わ)り】[名] 날마다 바뀜¶~メニュー 날마다 바뀌는 메뉴

**ひかん**【悲観】[名][自スル] 비관¶前途ぜんとを~する 앞날을 비관하다 **一的** [ダ] 비관적
**ひかん**【避寒】[名][自スル] 피한¶~地ち 피한지
**ひがん**【彼岸】①[佛] 피안, 열반 ②춘분・추분을 중심으로 전후 3일씩 7일간¶~まで 더위는 추분 무렵이면 물러가고 추위도 춘분 무렵이면 풀린다 ③(文) 건너편, 저쪽 기슭, 대안¶善悪ぜんあくの~に立たつ 선악의 대안에 서다 **一会** [佛] 춘분・추분의 전후 3일씩 7일간에 행해지는 법회 **一桜** [植] 일본올벚나무 **一花** [植] 꽃무릇
**ひがん**【悲願】 비원 ①[佛] 부처・보살이 중생을 구하고자 하는 서원(誓願) ②비장한 소원¶~を達成たっせいする 비원을 달성하다
**びかん**【美感】(文) 미감¶~に訴うったえる 미감에 호소하다
**びかん**【美観】미관¶~地区ちく 미관 지구/ ~を損そこなう 미관을 해치다
**びがん**【美顔】미안 ①(文) 아름다운 얼굴 ②[名] 얼굴을 곱게 가꿈 **一術** [ラ] 미안술
**ひき**【^蟇】[動] 두꺼비

**ひき**【引き】Ⅰ[名] ①끎, 끄는 힘¶魚うおの~がつよい物 낚시에 (미끼를) 당기는 힘이 강하다 ②후원, 비호, 조력¶上役うわやくの~で出世しゅっせする 상사의 후원으로 출세하다 ③연줄, 연고¶就職しゅうしょくするにも~がない 취직하려 해도 연줄이 없다 Ⅱ[接頭] (동사에 붙어) 뜻을 강조하고 어조를 고름¶~連つれる 데리고 가다/~しめる (단단히) 죄다
**ひき**【匹・^疋】[助数] ①짐승・물고기・벌레 등을 세는 말, 필, 마리 ②피륙을 세는 단위, 필¶絹布けんぷ三さん~ 비단 세 필 ③(옛날에) 엽전을 세던 단위
**ひき**【悲喜】(文) 비희, 희비 **一交交ごもごも** 인생에는 슬픈 일과 기쁜 일이 번갈아 찾아옴¶~至いたる 희비가 갈마들다
**ひぎ**【非議・^誹議】[名][他スル] (文) 비방, 비난
**びき**【美姫】(文) 미희, 미인, 미녀
**びぎ**【美^妓】(文) 미기, 예쁜 기생
**びぎ**【美技】(文) 미기, 멋진 기술[연기]

**ひきあい**【引(き)合い】①서로 당김¶綱つなの~をする 줄다리기를 하다 ②(상품 매매의) 조회, 문의¶海外かいがいからの~ 외국에서의 상품 문의 ③(참고・증거로서) 예로 듦¶前例ぜんれいを~に出だして説明せつめいする 전례를 예로 들어 설명하다 ④(사건 등의) 참고인, 증인¶~に出される 증인으로 소환되다
**ひきあ・う**【引(き)合う】Ⅰ[自他五] 서로 끌어당기다, 맞당기다¶ロープを~ 줄을 서로 끌어 당기다 Ⅱ[自五] 수지가 맞다, 이익이 있다¶この値段ねだんでは~・わない 이 가격으로는 수지가 맞지 않다
**ひきあけ**【引(き)明け】(文) 새벽녘, 동틀 무렵, 여명¶夜よの~に 날이 샐 무렵에
**ひきあ・げる**【引(き)上げる・引(き)揚げる】Ⅰ[他下一] ①끌어올리다¶錨いかりを~ 닻을 끌어 올리다 ②승진시키다¶課長かちょうに~ 과장으로 승진시키다 ③인상하다, 올리다¶公共料金こうきょうりょうきんを~ 공공 요금을 인상하다 ④회수하다¶出資金しゅっしきんを~ 출자금을 회수하다 Ⅱ[自下一] (외지에서) 돌아오다, 귀환하다, 철수하다¶故郷こきょうへ~ 고향으로 돌아오다/派遣軍はけんぐんが~ 파견군이 철수하다
**ひきあし**【引(き)足】①발을 떼어 뺌, 그런 발¶~に重心じゅうしんをかける 뒤로 뺀 발에 중심을 두다 ②후퇴하는 발걸음¶~が速はやい 발 빠르게 후퇴하다 ③발을 질질 끌며 걸음
**ひきあて**【引(き)当て】①예정된 지출을 위해 돈을 준비해 둠 ②저당, 담보¶~物もの 저당물 **一金** [経] 준비금, 충당금
**ひきあ・てる**【引(き)当てる】[他下一] ①제비를 뽑아 당첨되다¶一等いっとうを~ 1등짜리에 당첨되다 ②견주다, 비교하다¶わが身みに~・てて考かんがえる 자기 처지에 견주어 생각하다
**ひきあみ**【引(き)網・^曳(き)網】[水] 끌그물, 예인망
**ひきあわせ**【引(き)合(わ)せ】①소개 ②대조¶数字すうじの~ 숫자의 대조 ③신불의 인도¶お目めにかかれたのは神様かみさまのお~です 만나뵐

ひきあわせる

수 있었던 것은 하느님의 인도입니다 ④갑옷을 여미면서 졸라매는 부분 ⑤참빗살나무로 만든 일본 종이

ひき あわ・せる【引(き)合(わ)せる】他下— ①끌어 당겨서 맞추다¶襟元を~ 옷깃을 당겨 여미다 ②대조하다¶原文と~ 원문과 대조하다 ③소개하다¶恋人を友達に~ 애인을 친구에게 소개하다

ひき・いる【率いる】他上— 거느리다 ①인솔하다¶生徒を~いて山に登山の 학생을 인솔하여 산에 오르다 ②지휘하다, 통솔하다¶兵を~ 군을 지휘하다

ひき・いれる【引(き)入れる】他下— ①끌어 넣다¶ベビーカーを電車に~ 유모차를 전차에 끌어넣다 ②(한패로) 끌어들이다¶味方に~ 자기 편으로 끌어들이다

ひき・うける【引(き)受ける】他下— ①떠맡다, (책임을) 지다¶販売を一手に~ 판매를 혼자서 맡다 ②계승하다, 이어받다¶家業を~ 가업을 계승하다 ③보증하다¶身元を~ 신원을 보증하다

ひきうす【*碾*臼・*挽(き)*臼】 맷돌 = 石うす¶~を回す 맷돌질을 하다

ひき うた【引(き)歌】〖文〗문장의 표현 기법으로써 옛 和歌를 인용함, 그런 和歌

ひきうたい【弾(き)歌い】손수 악기를 연주하면서 노래함

ひきうつし【引(き)写し】名他スル (남의 문장 등을) 그대로 베낌, 베낀 것 = 敷き写し

ひき おこ・す【引(き)起こ(こ)す】他五 ①일으키다¶(文) 일으켜 세우다¶倒れた人を~ 쓰러진 사람을 일으키다 ②〖*惹(き)起(こ)す〗야기하다 = 惹起する¶騒動を~ 소동을 일으키다

ひき おとし【引(き)落(と)し】①〖相撲〗상대의 팔을 잡아당겨 넘어뜨리는 수 ②(공공 요금 등의) 자동 이체

ひき かえ【引(き)替え・引(き)換え】바꿈, 교환, 상환¶券と~に品物を渡す 교환권과 바꾸어 물품을 내주다

ひきかえし【引(き)返し】①되돌아감 ②〖歌舞伎〗에서) 1막의 중간에 잠시 막을 내리고 무대 장치를 바꾼 뒤 공연을 계속함 ③(일본 여자옷에서) 옷단을 겉감과 같은 천으로 댐, 그런 옷 = ともずそ

ひき かえ・す【引(き)返す】自五 되돌아가다, 되돌아오다 = 引っ返す¶悪天候で船が港に~ 악천후로 배가 항구에 되돌아오다

ひき か・える【引(き)替える・引(き)換える】I 他下— 바꾸다, 교환하다¶代金と品物を~ 대금과 물품을 교환하다 II 他下— (「…にひきかえ」의 꼴로) …에 반해서, …과 달리¶去年に~ 작년과는 달리 금년은 따뜻하다

ひきがえる【*蟾・*蟾蜍】〖動〗두꺼비 = がま

ひきがし【引(き)菓子】(경사・법회 등의) 답례용 과자

ひきがたり【弾(き)語り】①〖藝〗三味線を

손수 켜면서 浄瑠璃를 읊음 ②손수 악기를 켜면서 노래함

ひきがね【引(き)金】①방아쇠¶~を引っく 방아쇠를 당기다 ②(比) 계기, 빌미¶物不足が暴動の~となった 물자 부족이 폭동의 계기가 되었다

ひきぎわ【引(き)際】(지위・입장에서) 물러나는 시기・태도¶~を誤る 물러날 때의 처신을 그르치다

ひきぐ・す【引(き)具す】他〖サ変〗(文) ①데리고 가다 ②필요한 것을 갖추다

ひきくら・べる【引(き)比べる】他下—〖文〗견주다, 비교하다¶わが身に~・べて考える 자기 처지에 견주어 생각하다

ひきげき【悲喜劇】희비극 ①비극적이면서도 희극적인 극 ②〖文〗슬픈 일과 기쁜 일이 동시에 일어남¶人生の~ 인생의 희비극

ひきこ【*挽(き)子】①호객꾼 ②(고용된) 인력거꾼 = 車引き

ひきこみせん【引(き)込み線】인입선 ①본선에서 차고・공장 등으로 연결되는 선로 ②배전선에서 옥내로 끌어들이는 전선

ひきこ・む【引(き)込む】他五 ①끌어들이다¶田に水を~ 논에 물을 끌어들이다 ②(한패로) 끌어들이다¶仲間に~ 한패에 끌어들이다 ③심한 감기에 걸리다¶風邪を~ 감기에 걸리다

ひきこも・る【引(き)*籠(も)る】自五 틀어박히다, 죽치다¶家に~ 집에 틀어박히다

ひきころ・す【*轢*殺す】他五 (차로) 치어 죽이다, 역살하다¶トラックに~・される 트럭에 치어 죽다

ひきさが・る【引(き)下がる】自五 ①물러나다¶早々と~ 일찌감치 물러나다 ②철회하다¶やりこめられて~ 궁지에 몰려서 철회하다 ③손을 떼다¶そう簡単に~わけにはいかない 그렇게 쉽게 물러날 수는 없다

ひきさ・く【引(き)裂く】他五 ①잡아 찢다¶布を~ 천을 잡아 찢다 ②떼어놓다, 갈라놓다¶二人の仲を~ 두 사람 사이를 갈라놓다

ひきさ・げる【引(き)下げる】他下— ①물러나게 하다, 후퇴시키다¶戦列を~ 전열을 후퇴시키다 ②낮추다, 강등시키다¶身分を~ 신분을 낮추다 ③(값을) 내리다, 인하하다¶定価を~ 정가를 내리다 ④취하하다, 철회하다¶提案を~ 제안을 철회하다

ひきさ・る【引(き)去る】〖文〗I 他五 ①빼다, 공제하다¶前貸した分を給料から~ 가불금을 급료에서 공제하다 ②끌고 가다, 연행해 가다 II 自五 되돌아가다, 물러가다

ひきざん【引(き)算】〖数〗뺄셈 = 減法

ひきしお【潮・引(き)*汐】썰물, 간조

ひきしぼ・る【引(き)絞る】他五 ①(활시위를) 한껏 당기다¶弓を~ 활시위를 한껏 당기다 ②(목소리를) 억지로 짜내다, 쥐어짜다¶~ような声 쥐어짜는 듯한 목소리

ひきしま・る【引(き)締まる】自五 ①꽉 죄어

ひきとめる

핌. 후원¶ お～にあずかる 보살핌을 받다 — 役ᅟᅠ 돋보이게 하기 위한 들러리¶ 花嫁の～ 신부의 들러리

ひきた·てる【引(き)立てる】他下一 ①돋보이게 하다, わき役が主役を～ 조역이 주역을 돋보이게 하다 ②(총애하여) 중용하다¶ 後輩を～ 후배를 중용하다 ③억지로 끌고 가다, 연행하다¶ 容疑者を～ 용의자를 연행하다 ④북돋우다¶ 気を～ 사기를 북돋우다 ⑤(문을) 밀어 닫다¶ 雨戸を～ 덧문을 밀어 닫다

ひきし·める【引(き)締める】他下一 ①단단히[바싹] 죄다¶ 鉢巻を～ 머리띠를 단단히 죄다 ②긴장시키다, 다잡다¶ 気を～·めて臨む 마음을 다잡고 임하다 ③긴축하다, 절약하다¶ 財政を～ 재정을 긴축하다

ひぎしゃ【被疑者】法 피의자, 용의자

ひきずり【引(き)摺り】① → おひきずり ②「引ᅟᅠき摺り下駄」의 준말. 앞쪽을 비스듬하게 깎아낸 왜나막신

ひきちゃ【*碾(き)茶・*挽(き)茶】 분말 녹차, 말차 = 抹茶

ひきつぎ【引(き)継ぎ】名他スル 이어받음, 인계¶ 事務ᅟᅠの～ 사무 인계

ひきずりおと·す【引(き)*摺り落とす】他五 ①끌어내리다¶ 発言者を壇上から～ 발언자를 단상에서 끌어내리다 ②상급자를 실각시키다¶ 委員長を～ 위원장의 직위에서 끌어내리다

ひきつ·ぐ【引(き)継ぐ】他五 이어받다, 물려받다, 인계받다¶ 仕事を～ 일을 인계받다 / 家業を～ 가업을 물려받다

ひきつけ【引(き)付け】(젖먹이의) 경풍, 경기¶ ～を起こす 경풍을 일으키다

ひきずりこ·む【引(き)*摺り込む】他五(口)①(안으로) 끌어들이다¶ 部屋の中に～ 방안으로 끌어들이다 ②(억지로 한패에) 끌어들이다¶ 争いに～·まれる 분쟁의 소용돌이에 끌려 들어가다

ひきつ·ける【引(き)付ける】I 他下一 ①끌어들이다, 유인하다¶ 明かりで虫を～ 등불로 벌레를 ～ ②사로잡다, 매료하다¶ 聴衆を～ 청중을 사로잡다 ③억지로 갖다 붙이다¶ 自分のいい方に～ 자기에게 유리한 쪽으로 억지로 갖다 붙이다 II (일으키다) 경기를 일으키다

ひきずりだ·す【引(き)*摺り出す】他五 억지로 끌어내다¶ 車の外へ～ 차 밖으로 억지로 끌어내다

ひきずりまわ·す【引(き)*摺り回す】他五(口)①질질 끌고 돌아다니다¶ 子供が傘を～ 아이가 우산을 질질 끌고 돌아다니다 ②함께 데리고 돌아다니다¶ デパート中を～·される 온 백화점 안을 끌려다니다

ひきつづき【引(き)続き】I 名 계속 이어짐¶ 昨日からの～で審議が行われる 어제의 뒤를 이어 심의가 행해지다 II 副 잇달아서 ①계속해서, 줄곧¶ ～審議をする 계속해서 심의를 하다 ②바로 뒤이어서¶ ～映画の上映がある 잇달아서 영화 상영이 있다

ひきず·る【引(き)*摺る】他五 ①질질 끌다¶ すそを～ 옷자락을 질질 끌다 ②억지로 끌고 가다, 연행하다¶ 交番まで～·て行く 파출소에 강제로 끌고 가다 ③(시간을) 질질 끌다, 지연시키다¶ 交渉を～ 교섭을 질질 끌다

ひきづな【引(き)綱・*曳(き)綱】(물건에 매어) 잡아 끄는 밧줄

ひきつ·る【引(き)攣る】自五 ①딱딱하게 굳어지다, 경직되다¶ 緊張で顔が～ 긴장으로 얼굴이 굳어지다 ②경련이 일어나다, 쥐가 나다¶ 足が～ 발에 쥐가 나다 ③(화상 등으로) 피부가 죄어 들다

ひきぞめ【弾(き)初め】①새해 들어 처음 악기를 연주함 ②새 악기를 처음 연주함

ひきつ·れる【引(き)*攣れる】自下一 ①경직되다, 굳어지다¶ 怒りで顔が～ 노여움으로 얼굴이 굳어지다 ②경련이 일다, 쥐가 나다

ひきだし【引(き)出し】①「*抽斗・*抽(き)出し」서랍¶ ～を開ける 서랍을 열다 ②(예금 등을) 찾음, 인출¶ 預金の～ 예금의 인출

ひきつ·れる【引(き)連れる】他下一 인솔하다, 거느리다, 데리고 가다¶ 部下を～ 부하를 거느리다

ひきだ·す【引(き)出す】他五 ①꺼내다, 끌어내다¶ 押入れから布団を～ 반침에서 이불을 꺼내다 ②(예금을) 찾다, 인출하다¶ 預金を～ 예금을 찾다 ③나오게 하다, 끌어내다¶ 交渉に～ 교섭에 끌어내다 ④우려내다, 조달하다¶ 親から旅費を～ 부모에게서 여비를 우려내다 ⑤이끌어내다¶ 才能を～ 재능을 이끌어내다 / 結論を～ 결론을 도출하다

ひきて【引(き)手】①문고리 ②(수레 등을) 끄는 사람¶ 人力車の～ 인력거꾼

ひきて【弾(き)手】(피아노 등의) 연주자

ひきでもの【引(き)出物】(연회 등에서) 손님에게 주는 선물, 답례품 = 引物¶ 結婚式の～ 결혼식 답례품

ひきた·つ【引(き)立つ】自五 ①돋보이다, 두드러지다¶ 着物姿がひときわ～ 일본옷 차림새가 한층 돋보이다 ②(기분·경기 등이) 좋아지다, 활발해지다¶ 気持ちが～·たない 기분이 나지 않는다

ひきど【引(き)戸】 미닫이, 가로닫이 = 遣り戸

ひきどき【引(き)時・*退(き)時】(지위·일 등에서) 물러날 때, 은퇴할 시기¶ 今が～ 지금이 물러날 때

ひきと·める【引(き)留める・引(き)止める】他下一 만류하다, 말리다, 붙들다¶ 客を～

ひきたて【引(き)立て】①돋보이게 함 ②보살

**ひきとる**

손님을 붙들다/辞任ﾆﾝを~ 사임을 만류하다

**ひきと・る** [引(き)取る] I 他五 ①떠맡다, 인수하다¶遺児ｼﾞを~ 유아를 떠맡다 ②이어받아 말하다¶~の言ｺﾄﾊﾞを~ 남의 말을 이어받아 말하다 ③(「息ｲｷを~」의 꼴로) 숨을 거두다. 죽다¶安ﾔｽらかに息を~ 편안히 숨을 거두다 II 自五 물러나다, 물러가다¶どうぞお~りください 이제 그만 물러가 주십시오

**ひきにく** [*挽(き)肉] (기계로) 간 고기

**ひきにげ** [*轢(き)逃げ] 名 他ｻ変 (차로) 사람을 치고 도망함, 뺑소니침

**ひきぬき** [引(き)抜き] ①(다른 조직에서 사람을) 빼냄. 스카우트¶有能ﾉｳな技術者ｷﾞﾂﾞﾕﾂｼの~ 유능한 기술자의 스카우트 ②(歌舞伎ｷﾞ에서) 배우가 재빨리 겉옷을 벗어 버리고 속의 의상을 드러냄

**ひきぬ・く** [引(き)抜く] 他五 ①뽑다, 뽑아내다¶くいを~ 말뚝을 뽑다 ②(다른 조직 사람을) 빼내다, 스카우트하다¶他社ｼﾔに~・かれる 타사에 스카우트되다

**ひきの・ける** [引(き)^退ける] 他下一 ①걷어치우다¶幕ﾏｸを~ 막을 걷어 치우다 ②떼어놓다¶けんかする二人ﾌﾀﾘを~ 싸우는 두 사람을 떼어놓다

**ひきのばし** [引(き)延(ば)し・引(き)伸(ば)し] ①(일정・진행 등의) 연장, 지연¶審議ｼﾝｷﾞの~を図ﾊｶる 심의의 연장을 꾀하다 ②(사진의) 확대, 확대 사진

**ひきのば・す** [引(き)延(ば)す・引(き)伸(ば)す] 他五 ①길게 늘이다, 길게 펴다¶ゴムを~ 고무를 잡아 늘이다 (사진을) 확대하다¶四ﾖｯ切ｷﾞりに~ 4절판으로 확대하다 ③(어구 등을) 길게 늘이다¶文章ﾌﾞﾝｼｮｳを~ 문장을 길게 늘이다 ④(시간 등을) 끌다. 연장하다¶支払ｼﾊﾗいを~ 지불을 끌다

**ひきはが・す** [引(き)*剥がす] 他五 떼어내다, 벗기다¶電柱ﾃﾞﾝﾁｭｳのポスターを~ 전신주의 포스터를 떼어내다

**ひきはな・す** [引(き)離す] 他五 ①억지로 떼어놓다, 갈라놓다¶二人ﾌﾀﾘの仲ﾅｶを~ 두 사람 사이를 갈라놓다 ②(거리・간격을) 벌리다¶二位ﾆｲを大ｵｵきく~ 2등과의 거리를 크게 벌리다

**ひきはら・う** [引(き)払う] 他五 걷어치우고 떠나다, 퇴거하다¶下宿ｼﾞﾕｸを~ 하숙을 떠나다

**ひきふだ** [引(き)札] ①제비, 추첨권 ②(상품・개점 등을 광고하는) 전단, 광고지=ちらし

**ひきふね** [引(き)船・*曳(き)船] 밧줄로 배를 끌고 감, 그런 배, 예인선

**ひきまく** [引(き)幕] (무대에서) 옆으로 여닫는 막

**ひきまど** [引(き)窓] 잡아 당겨 여닫는 천창

**ひきまゆ** [引(き)*眉] 먹으로 그린 눈썹

**ひきまわし** [引(き)回し] ①지도하여 돌보아줌¶よろしくお~のほどお願ﾈｶﾞいします 잘 지도해주시기 바랍니다 ②(江戸ｴﾄﾞ시대에) 사형수를 말에 태워 조리돌리던 일

**ひきまわ・す** [引(き)回す] 他五 ①데리고 돌아 다니다, 끌고 다니다¶首筋ｸﾋﾞｽｼﾞをつかんで~ 목덜미를 붙잡고 끌고 다니다 ②(막 등을) 둘러치다¶幕ﾏｸを~ 막을 둘러치다 ③지도하여 보살펴주다¶新人ｼﾝｼﾞﾝを~ 신인을 지도하다 ④(중죄인을) 조리돌리다¶罪人ｻﾞｲﾆﾝを~ 죄인을 조리돌리다

**ひきもきらず** [引きも切らず] 副 끊임없이, 연달아, 잇달아¶客ｷｬｸが詰ﾂめかける 끊임없이 손님이 몰려들다

**ひきもど・す** [引(き)戻す] 他五 (원 상태・장소로) 되돌아오게 하다¶家出ｲｴﾃﾞした息子を家ｲｴに~ 가출한 아들을 집으로 데려오다¶夢ﾕﾒから現実ｹﾞﾝｼﾞﾂに~ 꿈에서 현실로 되돌리다

**ひきもの** [引(き)物] ①(연회나 잔치 때의) 답례품=引ｲき出物ﾓﾉ ②(천으로 된) 칸막이

**ひきゃく** [飛脚] ①급사, 파발꾼¶~を立ﾀてる 급사를 보내다 ②(日史) (江戸ｴﾄﾞ시대에) 편지・물품 등의 운송을 업으로 하던 사람

**ひきゅう** [飛球] (文) 비구, (야구・골프 등에서) 높이 쳐 올린 공, 플라이¶~を打ｳち上ｱげる 플라이를 쳐 올리다

**びきょ** [美挙] (文) 미거, 미행, 선행¶~をたたえる 선행을 칭송하다

**ひきょう** [比況] ①비교 대조함 ②(文法) 다른 것에 비유하여 표현하는 어법

**ひきょう** [卑*怯] [ﾅ] 비겁함¶~者ﾓﾉ 비겁자/~なやり方ｶﾀ 비겁한 방법

**ひきょう** [秘教] 비교 ①(佛) 진언 밀교(密教) ②비밀 의식을 중시하는 종교

**ひきょう** [秘境] 비경¶アマゾンの~ 아마존의 비경/~を探ｻｸる 비경을 탐험하다

**ひきょう** [悲況] (文) 슬퍼해야 할 상황, 비참한 상태

**ひきょう** [悲境] (文) 비경, 불행한 처지

**ひぎょう** [罷業] 파업 ①(文) 업무를 중단함 ②「同盟罷業ﾄﾞｳﾒｲ」의 준말. 동맹 파업¶~に入ﾊｲる 파업에 들어가다

**ひきょく** [秘曲] 비곡, 비전(秘傳)의 악곡

**ひきよ・せる** [引(き)寄せる] 他下一 ①(가까이) 끌어 당기다¶いすを~ 의자를 끌어당기다 ②(마음 등을) 끌다¶人ﾋﾄの心ｺｺﾛを~ 남의 마음을 끌다

**ひきより** [飛距離] (골프・스키 점프 등에서) 비거리

**ひぎり** [日切り] (약속・계약 등에서) 날짜를 한정함, 기한가 ¶~の借金ｼｬｯｷﾝ 기한부의 빚

**ひきわけ** [引(き)分け] 무승부, 비김¶時間ｼﾞｶﾝ切ｷれで~になる 시간이 다되어 무승부가 되다

**ひきわ・ける** [引(き)分ける] I 他下一 떼어놓다, 억지로 갈라놓다¶喧嘩ｹﾝｶを~ 싸움을 말리다 II 自下一 비기다¶延長戦ｴﾝﾁｮｳｾﾝの末ｽｴ~ 연장전 끝에 비기다

**ひきわた** [引(き)綿] 솜 위에 얇게 두는 풀솜

**ひきわたし** [引(き)渡し] 인도함, 넘겨줌

**ひきわた・す** [引(き)渡す] 他五 ①(줄 등을) 건너 매다, 길게 치다¶幕ﾏｸを~ 막을 길게 치다 ②(사람・물건 등을) 인도하다, 넘겨주다¶身柄ﾐｶﾞﾗを~ 신병을 인도하다

**ひきわり**【\*碾(き)割り】①맷돌로 곡식을 탐 ②「碾き割り麦」의 준말 —麦 맷돌에 탄 보리

**ひきん**【卑近】 ⑦ 비근 ¶ ～な例をあげる 비근한 예를 들다

**びぎん**【微吟】 图 自スル (文) 미음. 작은 소리로 읊조림 ¶ 浅酌～ 천작 미음. 가볍게 술을 마시고 작은 소리로 읊조림

**ひきんぞく**【非金属】【化】비금속. 금속의 성질을 갖지 않은 물질 —元素 【化】비금속 원소

**ひきんぞく**【卑金属】【化】비금속. 생산량이 많은 금속의 총칭 ⇔ 貴金属

**ひ・く**【引く】I 他五 끌다 ①【\*曳く】끌어당기다. 잡아당기다 ¶ 綱を～ 줄을 끌어당기다 ②【\*曳く】잡아 이끌다 ¶ 老人の手を～ 노인의 손을 잡아 이끌다 ③【\*曳く】(수레 등을) 당기다 ¶ リヤカーを～ 리어카를 끌다 ④(입으로) 가져가다 ¶ 杯を～ 술잔을 입에 가져가다 ⑤(활시위를) 당기다 ¶ 弓を～ 활시위를 당기다 ¶ (손가락으로) 당기다 ¶ 引き金を～ 방아쇠를 당기다 ⑦【\*挽く】(차로) 나르다. 운반하다 ¶ 荷を～ 짐을 운반하다 ⑧(땅에) 질질 끌다 ¶ すそを～ 옷자락을 질질 끌다 ⑨【\*惹く】(관심 등을) 끌다 ¶ 注意を～ 주의를 끌다 ⑩유객하다 ¶ 客を～ 손님을 끌다 ⑪(감기에) 걸리다 ¶ 風邪を～ 감기에 걸리다 ⑫(줄을) 긋다, (줄처럼) 길게 늘이다 ¶ 物差しで線を～ 자를 대고 선을 긋다／納豆が糸を～ 納豆실처럼 길게 늘어지다 ⑬(막 등을) 치다 ¶ カーテンを～ 커튼을 치다 ⑭(선 등을) 가설하다, 끌어들이다 ¶ 水道を～ 수도를 끌다／電話を～ 전화를 놓다 ⑮바르다, 칠하다 ¶ 糊を～ 풀을 칠하다／口紅を～ 입술 연지를 바르다 ⑯(소리를) 길게 뽑다. 여운을 남기다 ¶ 声をいっぱいに～・いて吟ずる 목청을 한껏 길게 뽑아 읊다 ⑰(감정·여파가) 남다 ¶ わだかまりが尾を～ 맺힌 감정이 남다／事故が～ 아직 여운을 남기다 ⑱(혈통 등을) 잇다 ¶ 学統を～ 학통을 잇다 ⑲뽑다, 뽑아내다 ¶ 大根を～ 무를 뽑다 ⑳(제비를) 뽑다 ¶ くじを～ 제비를 뽑다 ㉑찾다, 뒤지다 ¶ 辞書を～ 사전을 찾다 ㉒빼다, 감하다 ¶ 50から5を～ 50에서 5를 빼다／一割～・いて売る 1할 감해서 팔다 ㉓제시하다, 예를 들다, 인용하다 ¶ 証拠を～ 증거를 제시하다 ㉔(몸을) 당기다, 오므리다 ¶ あごを～ 턱을 당기다 ㉕【\*退く】물리다, 후퇴시키다, 철수시키다 ¶ 兵を～ 군대를 후퇴시키다 ㉖【\*退く】(관계를) 끊다. 떼다 ¶ 政界から身を～ 정계에서 은퇴하다／事件から手を～ 사건에서 손을 떼다 II【\*退く】自五 ①은퇴하다, 그만두다 ¶ 社長の座を～ 사장 자리를 물러나다 ②물러나다, 물러서다 ¶ あとへ～ 뒤로 물러나다 ③(물·조수가) 써다, 빠지다 ¶ 潮が～ 조수가 빠지다 ④(열·부기 등이) 내리다, 가시다 ¶ 熱が～ 열이 내리다 ⑤(손님이) 줄다 ¶ 客足が～ 손님의 발길이 줄다

慣用句
**—に引けない** 물러서려 해도 여의치 않다

**ひ・く**【\*挽く】他五 ①(톱·대패로) 켜다, 깎다 ¶ のこぎりで板を～ 톱으로 판자를 켜다 ②녹로를 돌려 도구를 만들다 ③(도구를 회전시켜) 잘게 부수다 ¶ 肉を～ 고기를 저미다

**ひ・く**【弾く】他五 (악기를) 연주하다. 타다, 켜다, 치다 ¶ ピアノを～ 피아노를 치다／バイオリンを～ 바이올린을 켜다

**ひ・く**【\*碾く】他五 (맷돌 등에) 갈다, 타다, 빻다 ¶ 大豆を～・いてきなこを作る 콩을 빻아 콩가루를 만들다

**ひ・く**【\*轢く】他五 (차로) 치다 ¶ トラックに～・かれる 트럭에 치이다

**びく**【〈魚籠〉・〈魚籃〉】어롱. 물고기를 잡아서 담는 다래끼

**びく**【\*比丘】【佛】비구 = 僧 ¶ —尼【佛】비구니. 여승, 이승 = 尼僧

**ひく・い**【低い】形 낮다 ①(높이·키가) 작다 ¶ ～山 낮은 산／背が～ 키가 작다 ②(지위·능력 등이) 높지 않다 ¶ 身分が～ 신분이 낮다／～・く評価される 낮게 평가되다 ③(소리·음성이) 작다, 저음이다 ¶ 声～ 작은 목소리 ④(수치·정도가) 높지 않다 ¶ 体温が～ 체온이 낮다／投票率が～ 투표율이 낮다

**ひくいどり**【火食鳥】【動】화식조

**びくしょう**【微苦笑】 图 自スル (文) 엷은 쓴웃음, 가벼운 고소 ¶ ～をうかべる 엷은 쓴웃음을 짓다

**ひぐち**【火口】①화재의 발단, 발화한 곳 = 火元 ②화구, 점화구

**ひくつ**【卑屈】 ⑦ 비굴 ¶ ～な態度 비굴한 태도／～になる 비굴해지다

**びくつ・く**【自五】(무서워서) 벌벌 떨다, 흠칫하다 ¶ 地震ぐらいで～な 지진 따위 겁낼 것 없어

**びくっと** 副 순간적으로 몸을 떨며 놀라는 모양. 흠칫 ¶ 銃声に～する 총성에 흠칫하다

**ぴくっと** 副 (자극 등으로 경련을 일으키듯 움직이는) 움틀, 꿈틀, 실룩 ¶ まゆが～動く 눈썹이 꿈틀하고 움직이다

**ひくて**【引く手】①(자기 쪽으로) 끄는 사람, 권유하는 사람 ②(춤에서) 오므리는 손 ⇔ 差す手 —数多 끄는 사람이 많음, 잘 팔림 ¶ 技術者が少なくて～だ 기술자가 별로 없어서 잘 팔린다

**びくとも** 副 동요하지 않는 모양 —しない 連語 꿈쩍도 하지 않다, 놀라지 않다 ¶ 何を言われても～ 무슨 말을 들어도 꿈쩍도 않다

**ひくひく** 副 自スル 실룩실룩, 벌름벌름 ¶ 犬が鼻を～とさせている 개가 코를 벌름벌름하고 있다

**びくびく** 副 自スル ①벌벌, 흠칫 ¶ 恐ろしさに～する 무서워서 벌벌 떨다 ②바르르, 오돌오돌 ¶ 手が～震える 손이 바르르 떨리다 —もの 불안·공포로 떨고 있는 상태

**ぴくぴく** 副 自スル 실룩실룩, 까딱까딱 ¶ こめ

ひぐま

かみが～する 관자놀이가 실룩실룩하다/ 釣っり糸ぃとが～と動うごく 낚싯줄이 까딱까딱 움직이다
ひぐま [*羆] [動] 큰곰
ひく・まる【低まる】 [自五] 낮아지다
ひく・み【低み】 낮은 곳 ⇔ 高たかみ
ひく・め【低め】 [名] [ナ] (위치・가격・정도가) 약간 낮음, 나지막함, 낮은 듯함 ⇔ 高たかめ¶ ～の直球ちょっきゅう 낮은 듯한 직구/ 平年へいねんより～な気温きおん 평년보다 약간 낮은 기온
ひく・める【低める】 [他下一] 낮추다, 낮게 하다¶ 声こえを～ 목소리를 낮추다
ひぐらし【*蜩・*茅蜩】 [動] 쓰르라미
ひぐれ【日暮れ】 저녁때, 해질 무렵 = 夕方ゆうがた
びくん【微醺】 (文) 미훈, 거나하게 취함= ほろ酔よい¶ ～を帯おびる 거나하게 취기를 띠다
ひけ【引け】 ①【*退け】 퇴근, 폐점¶ 早はや～ 조퇴/ ～の時間じかんになる 퇴근 시간이 되다 ②【經】 (거래소에서) 마지막 장 ③뒤떨어짐, 뒤짐, 열등감¶ 彼かれは妙みょうな～を感かんじた 그는 묘한 열등감을 느꼈다
[慣用句]
―を取とる 뒤지다, 지다
ひげ【*髭・*鬚・*髯】 수염¶ あご～ 턱수염/ 猫ねこの～ 고양이 수염/ ～をそる 수염을 깎다
[慣用句]
―の塵ちりを払はらう 윗사람에게 아첨하다
ひげ【卑下】 비하¶ 스스로를 낮춤¶ そんなに～する必要ひつようはない 그렇게 비하할 필요는 없다
ピケ 「ピケット」의 준말, 피켓
ひけい【秘計】 [名] 비계, 비책¶ ～を案あんじる 비계를 꾸미다
びけい【美形】 (文) 미형, 아름다운 용모, 미인¶ 町内ちょうないで評判ひょうばんの～ 마을에서 이름난 미인
びけい【美景】 (文) 미경, 아름다운 경치¶ 港みなとの～ 항구의 미경
ひげき【悲劇】 비극 ①인생의 불행을 제재로 한 극 ⇔ 喜劇きげき¶ ギリシア～ 그리스 비극 ② (인생의) 비참한 사건¶ 貧困ひんこんがもたらした～ 빈곤이 불러온 비극 ―的てき [ナ] 비극적
ひけぎわ【引け際】 ①일이 끝날 무렵, 퇴근 무렵 = ひけどき ②퇴직[은퇴]할 무렵 = ひきぎわ ③【經】 (거래에서) 마지막 매가가 끝날 무렵, 그 때의 시세
ひげくじら【*髭鯨】 [動] 수염고래
ひけし【火消(し)】 ①불을 끔 ②【日史】 (江戸えど시대의) 소방 조직, 소방수 ③【比】 사태를 수습함¶ ―役やく 조정자, 해결사 ―壺つぼ 잉걸불을 끄는 항아리 = 消けし壺つぼ
ひけそうば【引け相場】 【經】 (거래에서) 종가
ひけつ【否決】 [名] [他スル] 부결 ⇔ 可決かけつ¶ 予算案あんを～する 예산안을 부결하다
ひけつ【秘訣】 비결¶ 成功せいこうの～ 성공의 비결
ひけつ【秘結】 (文) 비결, 변비= 便秘べんぴ
ピケット (picket) 피켓, (노동 쟁의 중) 파업의 방해・탈락자를 막기 위해 감시함= ピケ¶ ～を張はる 피켓을 치다 ―ライン (picket line)

ピケット ライン, 파업 방해자 감시선
ひけどき【引け時・*退け時】 퇴근 시간, 파하는 시간¶ 会社かいしゃの～ 회사의 퇴근 시간
ひけね【引け値】 【經】 (거래에서) 종가(終價)
ひげね【*髭根】 【植】 수근, 수염뿌리
ひけめ【引け目】 ①열등감, 주눅¶ ～を感かんじる 열등감을 느끼다 ②약점¶ こちらにも～がある 이쪽에도 약점이 있다
ひげもじゃ【*髭もじゃ】 [名] 수염이 텁수룩함¶ ～の顔かお 수염이 텁수룩한 얼굴
ひけらか・す [他五] 과시하다, 자랑삼아 보이다¶ 知識ちしきを～ 지식을 과시하다
ひ・ける【引ける】 [自下一] ①【*退ける】 끝나다, 파하다¶ 会社かいしゃは五時ごじに～ 회사는 5시에 끝난다 ②기가 죽다, 주눅들다¶ 気きが～ 기가 죽다
ひけん【比肩】 [名] [自スル] (文) 비견, 필적¶ この発明はつめいに～するものはない 이 발명에 필적할 것은 없다
ひけん【披見】 [名] [他スル] 피견, 펴봄, 열어 봄¶ 書状しょじょうを～する 서장을 피견하다
ひけん【卑見・*鄙見】 (文) 자기 의견의 낮춤말, 비견, 우견(愚見)¶ ～を申もし述のべる 비견을 말씀드리다
ひげんぎょう【非現業】 비현업, 관리 사무 부문의 업무
ひがいしゃ【被害者】 피해자
ひこ [*彦] [造語] 남자 이름 뒤에 붙이는 말
ひこ [*篊] 대오리¶ 竹たけ～ 대오리
ひご【肥後】 일본의 옛 지명, 지금의 熊本くまもと現= 肥州ひしゅう ―の守もり 양친의 비호 아래 자라는 글을 새긴 작은 접찰
ひご【庇護】 [名] [他スル] 비호¶ 両親りょうしんの～のもとに育そだつ 양친의 비호 아래 자라다
ひご【卑語・*鄙語】 비어, 천한 말
ひご【飛語・*蜚語】 비어, 뜬소문, 근거 없는 소문¶ 流言りゅうげん～ 유언 비어
ひごい【*緋鯉】 비단잉어
ひこう【披講】 [名] [他スル] (시가 모임에서) 시가(詩歌)를 낭독함, 그런 사람
ひこう【肥厚】 [名] [自スル] 비후, 살찌거나 부어서 두꺼워짐¶ ―性せい鼻炎びえん 비후성 비염
ひこう【非行】 비행¶ ―少年しょうねん 비행 소년/ ～に走はしる 비행을 저지르다
ひこう【飛行】 [名] [自スル] 비행¶ 夜間やかん～ 야간 비행 ―機き 비행기 ―士し 비행사 ―場じょう 비행장 ―船せん 비행선
ひごう【非業】 [名] 비업, 뜻밖의 재난, 비명
[慣用句]
―の最期さいご 비명 횡사
びこう【尾行】 [名] [自他スル] 미행¶ 犯人はんにんを～する 범인을 미행하다
びこう【備考】 비고¶ ～欄らん 비고란
びこう【備荒】 비황, 흉작에 대비함¶ ―作物さくもつ 비황 작물
びこう【微光】 (文) 미광, 희미한 빛
びこう【微行】 [名] [自スル] (文) 미행, 미복 잠행
びこう【鼻孔】 비공, 콧구멍

**びこう**【鼻*腔】【醫】비강 ▷ 의학 용어로는 「びくう」라고도 함
**ひこうかい**【非公開】비공개 ⇔ 公開¶ 会議ぎに~とする 회의는 비공개로 한다
**ひこうしき**【非公式】[?] 비공식 ⇔ 公式¶ ~の通達つう 비공식 통지/ ~に訪問ほうする 비공식으로 방문하다
**ひこうほう**【非合法】[?] 비합법¶ ~な手段だん 비합법적인 수단
**ひごうり**【非合理】[?] 비합리¶ ~的な考かんえ方た 비합리적인 사고 방식
**ひこく**【被告】【法】피고 **一人にん**【法】피고인
**ひこくみん**【非国民】비국민¶ ~扱あつかいを受うける 비국민 취급을 받다
**ひこざ**【彦左】거리낌없이 충고하는 사람¶ 政界せいの~ 정계의 거리낌없는 충고자
**ひこつ**【*腓骨】【醫】비골. 종아리뼈
**びこつ**【尾骨】【醫】미골. 꼬리뼈
**びこつ**【鼻骨】【醫】비골. 코뼈
**ひごと**【日*毎】**I**【名】매일, 날마다= ひび **II**【副】하루하루, 나날이, 날로¶ ~に春はるめく나날이 봄다워지다
**ひこばえ**【*蘖】【植】움돋이. 초목의 그루터기에서 나는 싹
**ひこぼし**【*彦星】【天】견우성
**ひこまご**【〈曾孫〉】→ ひまご
**ひごろ**【日*頃】평소¶ ~の努力どりょく 평소의 노력/ ~感かんじていること 평소 느끼고 있는 것
**ひざ**【*膝】무릎¶ ~をすりむく 무릎을 깨다
【慣用句】
**—が抜ぬける** ①옷의 무릎 부분이 튀어나오거나 해지다 ②무릎의 힘이 빠지다
**—突つき合あわす** 가까이 대좌하다
**—を打うつ** (감탄하거나 생각 등이 떠올라) 무릎을 치다¶ はたと~ 무릎을 탁 치다
**—を折おる** ①무릎을 꿇다 ②굴복하다
**—を崩くずす** 편히 앉다
**—を組くむ** 책상다리를 하고 앉다 ③동석하다. 대좌하다
**—を進すすめる** ①(상대에게) 다가가다 ②귀가 솔깃하다
**—を抱いだく** ①무릎을 부둥켜앉다. 고독함의 형용 ②무릎에 매달리다, 간청하다
**—を正ただす** 자세를 바로 하다
**—を交まじえる** 무릎을 맞대다. 허물없이 이야기하다
**ビザ**(visa) 비자. 사증= ヴィザ¶ ~がおりる 비자가 나오다
**ひさい**【非才・*菲才】[文] 비재 ①재능이 없음 ②자기 재능의 겸사말¶ 浅学せんがく~の身み 천학비재한 몸
**ひさい**【被災】【名】【自スル】이재, 재해를 입음¶ ~者しゃ 이재민
**びさい**【微細】[?] 미세. 세세함¶ ~な点てんにわたって述のべる 세세한 점에 이르기까지 말하다
**びざい**【微罪】미죄. 가벼운 죄¶ ~釈放しゃくほう 미죄 석방
**ひざおくり**【*膝送り】【名】【自スル】무릎걸음으로 좁혀 앉음= ひざぐり¶ 順じゅんに~を願ねがう 차례로 무릎걸음으로 좁혀줄 것을 부탁하다
**ひざかけ**【*膝掛(け)】(방한용) 무릎 덮개
**ひざがしら**【*膝頭】무릎. 무릎 관절의 앞면= 膝小僧ひざこぞう・膝株ひざかぶ
**ひさかたぶり**【久方振り】오래간만= 久ひさし振ぶり¶ ~の対面たいめん 오래간만의 대면
**ひざかぶ**【*膝株】무릎. 무릎 관절의 앞부분
**ひざかり**【日盛り】볕이 한창 내리쬘 무렵. (흔히) 여름의 오후
**ひさく**【秘策】비책. 비밀 책략¶ ~を練ねる 비책을 구상하다
**ひさ・ぐ**【*販ぐ】【他五】【文】팔다¶ 春はるを~ 매춘하다
**ひざぐみ**【*膝組み】책상다리¶ ~をして座すわる 책상다리를 하고 앉다
**ひざくりげ**【*膝栗毛】도보 여행. 정강말
**ひさげ**【*提・*提子】(귀때와 손잡이가 달린) 냄비 모양의 금속제 술주전자
**ひしゃく**【柄杓・*杓】국자= ひしゃく
**ひさご**【*瓢・*瓠・*匏】①【植】조롱박・박・호리병박의 총칭 ②호리병
**ひざこぞう**【*膝小僧】(口) 무릎. 무릎 관절의 앞면= 膝頭ひざがしら・ひざっこぞう
**ひざざら**【*膝皿】【醫】종지뼈. 슬개골
**ひさし**【*庇・*廂】①【建】(처마에 내어 댄) 차양・板いた ②(모자의) 차양, 챙
【慣用句】
**—を貸かして母屋おもやを取とられる** ①손이 도리어 얹은 노릇을 하다 ②은혜를 원수로 갚다
**ひざし**【日差し・*陽射し】햇살. 햇볕¶ ~が強つよい 햇볕이 따갑다
**ひさし・い**【久しい】【形】【文】오래다, 오래 되다¶ 故郷きょうを離はなれてから~ 고향을 떠난지 오래다
**ひさしがみ**【*廂髪】앞머리와 귀밑머리를 모자 차양처럼 내밀어 올린 일본식 여자 머리 모양
**ひさしぶり**【久し振り】오래간만임¶ ~の雨あめ 오래간만에 내리는 비/ ~に友人ゆうじんに会あう 오래간만에 친구를 만나다
**ひざづめ**【*膝詰め】【名】(바싹) 무릎을 들이댐, 엄하게 몰아댐 —**談判だんぱん** 직접 담판
**ひさびさ**【久久】【名】오래간만임¶ ~の雨あめ 오래간만의 비/ ~に会あう 오래간만에 만나다
**ひざびょうし**【*膝拍子】무릎 장단¶ ~をとる 무릎 장단을 치다
**ひざまくら**【*膝枕】무릎 베개¶ ~で寝ねる 무릎을 베고 자다
**ひざまず・く**【*跪く】【自五】【文】무릎을 꿇다¶ 仏前ぶつぜんに~ 부처님 앞에 무릎을 꿇다
**ひさめ**【氷雨】①(늦가을의) 찬비 ②진눈깨비, 우박= あられ・みぞれ
**ひざもと**【*膝元・*膝下】①무릎 곁¶ ~にうずくまる猫ねこ 무릎 곁에 웅크리고 앉는 고양이 ②슬하. 곁¶ 親おやの~を離はなれる 부모 슬하를 떠나다 ③→ おひざもと
**ひざら**【火皿】①(난로 등의) 쇠살판 ②(화승총의) 약실 ③(담뱃대 등의) 담배통, 대통

**ひさん**【*砒酸】【化】비산. 비소 산화물
**ひさん**【飛散】[名][自スル](文) 비산. 날아 흩어짐 ¶ガラスの破片が~する 유리 파편이 날아 흩어지다
**ひさん**【悲惨・悲酸】[名][ダ] 비참 ¶ ~な最期を遂げる 비참한 최후를 마치다
**ひし**【*菱】[植] 마름
**ひし**【皮脂】[醫] 피지
**ひし**【彼*此】(文) 피차. 이것과 저것 ¶ ~の別 피차의 구별
**ひし**【秘史】(文) 비사 ¶ 外交~ 외교 비사
**ひじ**【*肘・*肱・*臂】①팔꿈치 ¶ ~をつく 팔꿈치를 괴다 ②팔꿈치 모양인 것
**ひじ**【非時】①[佛] 승려가 식사를 해서는 안되는 시간 ②非時食의 준말 ⑶(상가에서) 문상객에게 내는 식사 = 凌ぎ 一食【佛】승려의 오후 식사
**ひじ**【秘事】(文) ①비밀 사항 ②학문・예술의 오의(奥義)
**びじ**【美辞】 미사. 아름다운 말 ¶ ~を連ねた手紙 미사를 늘어놓은 편지 ―学 『修辞学』의 딴이름 ―麗句 미사 여구
**ひしお**【*醬】①콩・밀누룩・소금을 섞어 띄운 조미 된장. 그것에 담근 채소절임 ②【*醢】(생선・육류의) 소금절이. 젓갈 = 塩から
**ひしかく**【秘し隠す】[他国](文) 은폐하다 ¶ 悪事を~ 악행을 은폐하다
**ひじかけ**【*肘掛】①팔걸이 ¶ ~いす 팔걸이 의자 ②사방침(四方枕) = 脇息
**ひしがた**【*菱形】[數] 능형. 마름모꼴
**ひしき**【<鹿尾菜>】[植] 녹미채. 톳
**ひじき**【*肘木】[建] (궁전・절 등의 건축에서) 기둥 위에서 처마를 떠받치는 가로대
**ひし・ぐ**【*拉ぐ】①으스러뜨리다. 찌부러뜨리다 ②기세를 꺾다 ¶ 鬼をも~勢い 귀신이라도 물리칠 기세
**ひし・げる**【*拉げる】[自下一] 눌러 찌부러지다 ¶ 帽子が~ 모자가 눌러 찌부러지다
**ひししょくぶつ**【被子植物】[植] 피자 식물. 속씨 식물 ⇔ 裸子植物
**ひじちょうもく**【飛耳長目】(文) ①관찰이 날카롭고 예민함 ②먼 곳을 잘 보고 듣는 능력
**ひしつ**【皮質】[醫] 피질 ¶ 副腎~ 부신 피질
**びしつ**【美質】(文) 미질. 타고난 아름다운 용모・성질 ¶ 天性の~ 타고난 미질
**ひじつき**【肘突き】(책상 위에 놓고) 팔꿈치를 괴는 작은 방석 = 肘布団
**びしてき**【微視的】[ダ] 미시적 ¶ ~世界 미시적 세계 ¶ ~にとらえる 미시적으로 포착하다
**ひじてつ**【*肘鉄】「ひじでっぽう」의 준말
**ひじでっぽう**【*肘砲】[口] ①팔꿈치로 내지름 ②(요구나 권유를) 딱 잘라 거절함
[慣用句]
――を食わせる [口] (상대의 요구나 권유를) 딱 잘라 거절하다
**ひしと**【*犇と】[副](文) ①꼭, 꽉 ¶ ~抱きしめる 꼭 껴안다 ②뼈저리게, 강렬하게, 호되게 ¶ ~心に刻む 뼈저리게 마음에 새기다

**ひじに**【*乾死(に)・干死(に)】 굶어 죽음. 아사
**ひしひし**【*犇*犇】[副] 뼈저리게, 사무치게, 절실히 ¶ 孤独を~と感じる 고독을 뼈저리게 느끼다
**びしびし**[副] 사정없이, 엄하게, 호되게 ¶ ~としかる 호되게 꾸짖다/ ~としつける 엄하게 가르치다
**ぴしぴし**[副] ①가차없이, 사정없이, 호되게. 엄하게 ¶ ~と言いつける 호되게 말하다 ②철썩철썩 ¶ ~とたたく 철썩철썩 때리다
**ひじまくら**【*肘*枕】 팔베개 = 手枕・腕枕 ¶ ~で眠る 팔베개를 하고 자다
**ひしめ・く**【*犇めく】[自国] 북적거리다. 밀치락달치락하다 ¶ 観衆が~ 관중이 북적거리다
**ひしもち**【*菱餅】 雛祭때에 마름모꼴로 잘라 포개 차려 놓는 홍・백・녹의 3색 떡
**ひしゃ**【飛車】일본 장기의 말의 하나
**ひしゃく**【*柄*杓・*杓】 국자
**びじゃく**【微弱】[ダ](文) 미약 ¶ ~な震動 미약한 진동
**ひしゃ・げる**【*拉げる】[自下一](口) → ひしげる
**ひしゃたい**【被写体】(사진의) 피사체
**ぴしゃりと**[副] ①(세게 때리다) 철썩 ¶ 横っ面を~ひっぱたく 따귀를 철썩 후려치다 ②(문을 세게 닫는) 탁 ¶ 戸を~閉める 문을 탁 닫다 ③(口) 딱 잘라 거절하거나 말하는 모양 ¶ ~断る 딱 잘라 거절하다 ④(口) 꼭 들어맞는 모양 = ぴたりと ¶ ~言い当てる 딱 알아맞히다 ⑤물을 튀기는 소리
**ひしゅ**【*匕首】(文) → あいくち(匕首)
**びしゅ**【美酒】(文) 미주. 맛있는 술 ¶ ~佳肴 미주 가효
**ひしゅう**【肥州】「肥前」과「肥後」의 총칭
**ひしゅう**【飛州】 → ひだ(飛騨)
**ひしゅう**【悲愁】(文) 비수. 슬퍼서 상심함. 슬픔과 근심 ¶ ~にとざされる 비수에 잠기다
**ひしゅう**【比州】 비중 ¶ ~計 비중계
**びしゅう**【尾州】 → おわり(尾張)
**びしゅう**【美醜】 미추. 아름다움과 추함
**びしゅう**【備州】 → きび(吉備)
**ひしゅうしょくご**【被修飾語】[文法] 피수식어
**ひじゅつ**【秘術】 비술. 비장의 기술 = 奥の手 ¶ ~を尽くす 비술을 다하다
**びじゅつ**【美術】 미술 ¶ 古~ 고미술/ ~館 미술관
**ひじゅん**【批准】[名][他スル][法] 비준 ¶ ~書 비준서/ 条約を~する 조약을 비준하다
**ひしょ**【秘書】 비서 ①요직에 있는 사람의 기밀 문서를 다루거나 사무를 보는 직책 ¶ 社長~ 사장 비서 ②비장의 책 ―官[政] 비서관 ―室 비서실
**ひしょ**【避暑】[名][自スル] 피서 ⇔ 避寒 ¶ ~地 피서지/ ~に行く 피서하러 가다
**びじょ**【美女】 미녀. 미인
**ひしょう**【卑小】[ダ](文) 비소. 하찮음, 보잘것 없음 ¶ ~な考え 하찮은 생각
**ひしょう**【卑称】 비칭. 낮춤말 ⇔ 尊称

ひしょう【飛翔】 名 自スル (文) 비상. 공중을 낢 ¶ 大空を~する 하늘을 비상하다
ひしょう【悲傷】 名 自他スル (文) 비상. 비통해 함 ¶ 友の死を~する 벗의 죽음을 비통해 하다
ひしょう【費消】 名 他スル (文) 비소. 소비. 탕진 ¶ 公金を~する 공금을 탕진하다
ひじょう【非常】I 名 비상 ¶ ~口 비상구/ ~ベル 비상벨 II 刀 대단함. 예사가 아님 ¶ ~な才能 대단한 재능/ ~に悲しい 몹시 슬프다 ―時 비상시 ―事態 비상 사태 ―手段 비상 수단 ―線 비상선
ひじょう【非情】 刀 비정 I (文) 매정함 ¶ ~な人 비정한 사람/ ~な仕打ち 매정한 처사 II 名 [佛] (목석처럼) 감정이 없는 존재 ⇔ 有情
びしょう【美称】 名 미칭. 칭찬하여 일컫는 명칭
びしょう【美粧】 (文) 미장. 곱게 가꿈. 미용 ¶ ~院 미장원
びしょう【微小】 刀 (文) 미소. 매우 작음 ¶ ~な生物 미소한 생물 ―地震 [地] 미소 지진
びしょう【微少】 刀 (文) 미소. 매우 적음
びしょう【微笑】 名 自スル 미소
びしょう【微傷】 (文) 미상. 가벼운 상처
びじょう【尾錠】 (혁대 등의) 걸쇠. 버클
ひじょうきん【非常勤】 비상근 ¶ ~講師 비상근 강사
ひじょうしき【非常識】 名 刀 비상식. 몰상식 ¶ ~な言動 몰상식한 언동
びしょうじょ【美少女】 미소녀 ⇔ 美少年
ひじょうすう【被乗数】 [数] 피승수
ひじょうにんりじこく【非常任理事国】 [政] (국제 연합의) 비상임 이사국
びしょうねん【美少年】 미소년 ⇔ 美少女 ¶ 紅顔の~ 홍안의 미소년
びじょうふ【美丈夫】 (文) 미장부. 잘 생기고 멋진 남자
ひしょく【非職】 (文) ①현직에 있지 않음. 그런 사람 ②(공무원 등이) 보직이 없음
びしょく【美食】 名 自スル 미식 ¶ ~家 미식가
ひじょすう【被除数】 [数] 피제수
びしょぬれ【びしょ濡れ】 名 (口) 흠뻑 젖음 ¶ 全身~になる 온몸이 흠뻑 젖다
びしょびしょ (口) I 副 ① (비가 줄곧 내리는) 주룩주룩 ¶ 雨が~と降る日 비가 주룩주룩 내리는 날 II 形動 흠뻑 젖음 ¶ 汗でシャツが~になる 땀으로 셔츠가 흠뻑 젖다
ひじり【聖】 ①성인(聖人) ②(그 분야의) 명인 ③[佛] 고승 ④[佛] (平安期 후기에) 절에 소속되지 않고 수행하는 중
ひしん【飛信】 ①급신. 급한 편지·소식 ②(明治에서 大正까지 시행되었던) 공용 서신의 속달 우편 제도
びしん【美神】 (文) 미신. 미의 여신
びしん【微震】 미진
びじん【美人】 미인 ¶ 絶世の~ 절세의 미인 ―薄命 미인 박명
ひしんけい【披針形】 [植] 피침형
ヒス 「ヒステリー」의 준말. 히스테리
ひすい【翡翠】 ①[動] 물총새 ②[鉱] 비취

びすい【微酔】 (文) 미취. 술이 약간 취함
ヒスタミン (histamine) [薬] 히스타민
ヒステリー (독 Hysterie) [医] 히스테리 = ヒス ¶ ~を起こす 히스테리를 일으키다
ピストン (piston) [機] 피스톤 ―輸送 피스톤 수송. 차 등을 끊임없이 왕복시켜 사람·물건을 운반함
ビスマス (bismuth) [化] 비스무트. 창연
ひずみ【歪み】 ①일그러짐. 비뚤어짐 = ゆがみ ¶ 性格の~ 성격이 비뚤어짐 ②[物] 변형 ③[比] 부작용. 악영향 ¶ 政策の~を是正する 정책의 부작용을 시정하다
ひずむ【歪む】 自五 일그러지다. 비뚤어지다 ¶ 画面が~んで見える 화면이 일그러져 보이다
ひする【比する】 他サ変 (文) 비하다. 비교하다 ¶ 例年に~して収穫が多い 예년에 비하여 수확이 많다
ひする【秘する】 他サ変 (文) 숨기다. 감추다. 비밀로 하다 ¶ 身分を~ 신분을 감추다
ひせい【批正】 名 他スル (文) 비정. 비판하여 정정함 御~を乞う 비정을 바라다
ひせい【非勢】 (文) 비세. 형세가 불리함
ひせい【批政·批政】 (文) 비정. 악정(惡政)
びせい【美声】 (文) 미성. 아름다운 목소리 ⇔ 悪声 ¶ ~にうっとりする 미성에 도취하다
びせいぶつ【微生物】 [生] 미생물
ひせき【砒石】 [鉱] 비석. 비소를 함유한 광물
ひせき【碑石】 (文) ①비석 ②비석을 만드는 석재
びせきぶん【微積分】 [数] 미적분 ―学 [数] 미적분학
ひせつ【秘説】 (文) 비설. 비밀로 해두는 설
ひぜに【日銭】 (口) 일수(日收). 하루의 수입 ¶ ~を稼ぐ 하루벌이를 하다/ ~で食べる 하루 벌어 먹고 살다
ひぜめ【火攻め】 화공. 불을 질러 공격함
ひぜめ【火責め】 단근질 = ひせめ
ひせん【卑賤】 名 形動 (文) 비천 ¶ ~の身 비천한 몸
ひせん【飛泉】 (文) 비천. 폭포 = 滝·瀑布
ひぜん【皮癬】 → かいせん(疥癬)
ひぜん【肥前】 일본의 옛지명. 壱岐·対馬를 제외한 지금의 長崎현과 佐賀현
びせん【微賤】 刀 (文) 미천 ¶ ~の輩 미천한 패거리
びぜん【美髯】 (文) 미염. 멋진 구레나룻 ¶ ~を蓄'える 멋진 구레나룻을 기르다
びぜん【備前】 일본의 옛지명. 지금의 岡山현 동남부 ―焼 岡山현의 伊部를 중심으로 산출되는 도기
ひぜん【靡然】 (文) 복종하고 따름
ひせんきょけん【被選挙権】 [政] 피선거권
ひせんきょにん【被選挙人】 [政] 피선거인
ひせんとういん【被戦闘員】 [政] 비전투원 ①군대에서 전투 이외의 업무 종사자 ②교전국의 민간인
ひせんろん【非戦論】 비전론. 반전론
ひそ【砒素】 [化] 비소
ひそ【鼻祖】 (文) 비조. 시조. 원조 = 元祖·

始祖し¶ 茶ちゃの湯ゆの～ 다도의 시조
**ひそう** [皮相] 名ナ(文) 피상¶ ～的に見解かい 피상적 견해
**ひそう** [悲壮] ナ 비장¶ ～美 비장미/ ～な最期ごき 비장한 최후
**ひそう** [悲愴] ナナ(文) 비창. 비통¶ ～な気持き ち 비통한 기분
**ひぞう** [秘蔵] 名他スル 비장¶아끼어 숨겨 놓음¶ ～本ぼん 비장본 ②지극히 아낌¶ ～の娘むすめ 애지중지하는 딸
**ひぞう** [*脾臓] 醫 비장. 지라
**びそう** [美装] 名他スル(文) 미장 ①성장(盛裝) ②아름다운 장정¶ ～本ぼん 미장본
**ひそか** [*密か・*窃か・*秘か・*私か] ナ 은밀함¶ ～に打う ち明あける 은밀히 털어놓다
**ひぞく** [卑俗] ナ(文) 비속. 저속함¶ ～な歌うた 저속한 노래
**ひぞく** [卑属] 法 비속 ⇔ 尊属そんぞく¶ 直系ちょっけい～ 직계 비속
**ひぞく** [*匪賊] 비적. 떼지어 약탈하는 도적
**ひぞく** [鼻息] (文) ①비식. 콧숨 ②(다른 사람의) 기색. 기분¶ ～をうかがう 기색을 살피다
**びぞく** [美俗] 미속¶ 良風りょうふう～ 양풍 미속
**ひぞっこ** [秘*蔵っ子] (口) 애지중지하는 자식이나 제자・부하
**ひそひそ** 副 소곤소곤. 소근소근¶ ～と人ひと のうわさ話ばなしをする 소곤소곤 남의 이야기를 하다 —話ばなし 귓속말. 귀엣말. 비밀 이야기
**ひそま・る** [潜まる] 自五 ①숨다¶ さかなが岩いわの陰かげに～・っている 물고기가 바위 그늘에 숨어 있다 ②조용해지다. 잠잠해지다¶ さわぎが～ 소동이 잠잠해지다
**ひそみ** [*顰] (文) 눈살을 찌푸림
**慣用句**
—に倣ならう ①덩달아 남의 흉내를 내다 ②남을 흉내낸 것을 겸손하게 하는 말
**ひそ・む** [潜む] 自五 ①숨다¶ 屏風びょうぶの裏うら に～ 병풍 뒤에 숨다 ②내재하다. 잠재하다¶ 心こころに～・む野望ぼう 마음에 숨어 있는 야망
**ひそ・める** [潜める] 他下一 ①숨기다. 감추다¶ 暗くらやみに身みを～ 어둠속에 몸을 숨기다 ②(소리 등을) 죽이다. 조용히 하다¶ 息いきを ～ 숨을 죽이다/ 声こえを～ 목소리를 낮추다
**ひそ・める** [*顰める] 他下一 찌푸리다. 찡그리다¶ 眉まゆを～ 눈살을 찌푸리다
**ひそやか** [*密やか] ナ ①조용함. 고요함¶ ～な山中さんちゅう 고요한 산속 ②은밀함. 남의 눈에 띄지 않음¶ ～な楽たのしみ 은밀한 즐거움
**ひぞ・る** [干反る・*乾反る] 自五 말라서 뒤틀리다¶ 板いたが～ 판자가 뒤틀리다
**ひた** [*直] 腰頭 오로지. 오직. 다만¶ ～走ばしり 오로지 달리기만 함/ ～隠かくし 그저 숨기기만 함/ ～向むきに思おもう 외곬으로 생각하다
**ひだ** [襞] ①(옷 등의) 주름¶ スカートの～ 스커트의 주름 ②주름처럼 보이는 것¶ 山やま の～ 산의 습곡
**ひだ** [飛騨] 일본의 옛지명. 지금의 岐阜ぎふ현의 북부

**ひたい** [額] 이마= おでこ¶ ～に汗あせして稼かせぐ 이마에 땀을 흘리며 돈을 벌다
**慣用句**
—を集あつめる 이마를 맞대고 의논하다
**ひだい** [肥大] 名自スル 비대¶ 心臓しんぞう～ 심장비대/ 組織そしきが～する 조직이 비대해지다
**びたい** [*媚態] (文) 미태 ①여자의 교태¶ ～を示しめす 교태를 보이다 ②아첨하는 태도
**びだい** [尾大] 미대. 머리보다 꼬리가 큼
**慣用句**
—掉ふるわず (出) 윗사람이 약하고 아랫사람이 강하면 다스리기 어렵다
**ひたいぎわ** [額際] 이마의 머리털이 난 언저리
**びたいちもん** [*鐚一文] (口) 동전 한닢. 단돈 한푼¶ ～出ださない 한 푼도 내놓지 않다
**ひたおし** [*直押し] (혼히 「～に」의 꼴로) 오직 밀기만 함. 무턱대고 밀어붙임¶ ～に押お す 오직 밀어 붙이기만 하다
**ひたかくし** [*直隠し] (혼히 「～に」의 꼴로) 오로지 숨기기만 함¶ 事件じけんを～にする 사건을 숨기려고만 하다
**ひたき** [*鶲] 動 딱새
**びだくおん** [鼻濁音] 文法 (일본어에서) 비탁음. 비음화한 탁음
**ひたしもの** [浸し物] 料 데친 푸성귀에 왜간장을 친 반찬 = おひたし
**ひた・す** [浸す] 他五 ①(액체에) 담그다¶ 足あしを冷水れいすい に～ 발을 찬물에 담그다 ②(흠뻑) 적시다¶ 脱脂綿だっしめんを消毒液しょうどくえきに～ 탈지면을 소독액에 적시다 ③(「…に身みを～」의 꼴로) (어떤 감정・환경 등에) 푹 젖다[빠지다]¶ 甘あまい感傷かんしょうに身みを～ 달콤한 감상에 푹 젖다
**ひたすら** [只管・*一向] ナ 副 오로지. 오직. 한결같이¶ ～な願ねがい 한결같은 소원
**びたせん** [*鐚銭] ①(닳거나 손상된) 악전 ②室町まち 중기에서 江戸えど 시대에 걸쳐 쓰던 조악한 한 닢짜리 동전 = びた
**ひたたれ** [*直垂] 平安へいあん 시대부터 江戸えど 시대까지 입었던 옷
**ひたち** [常陸] 일본의 옛지명. 지금의 茨城いばらき 현의 대부분= 常州じょうしゅう
**ひだち** [肥立ち] ①나날이 성장함¶ ～のよい赤あかん坊ぼう 잘 자라는 갓난아기 ②병후 [산후] 회복¶ 産後さんごの～ 산후 회복
**ひだっそ** [*脾脱*疽] 醫 비탈저. 탄저병
**びたっと** 副 (口) 「ぴたりと」의 힘줌말
**ひたと** [*直と] 副(文) ①착. 바싹. 찰싹= ぴたりと¶ ～身みを寄よせる 찰싹 몸을 붙이다 ②갑자기. 돌연. 딱¶ 風かぜが～やむ 바람이 딱 그치다
**ひだね** [火種] 불씨 ①불을 피울 때 쓰는 불꽃 ¶ ～を絶たやす 불씨를 꺼뜨리다 ②소요나 싸움의 원인¶ 内紛ないふんの～をかかえる 내분의 불씨를 안고 있다
**ひたばしり** [*直走り] (혼히 「～に」의 꼴로) (목표를 향해) 쉬지 않고 계속 달림¶ ゴールをめざして～に走はしる 결승점을 향해 쉬지 않

고 계속 달리다

**ひたひた** Ⅰ 副 ①찰싹찰싹¶ 波<sub>なみ</sub>が~と船<sub>ふな</sub>べりをたたく 파도가 찰싹찰싹 뱃전을 때리다 ②물밀듯이¶ 大軍<sub>たいぐん</sub>が~と押<sub>お</sub>し寄<sub>よ</sub>せる 대군이 물밀듯이 밀려오다 Ⅱ 名 바특함¶ 水<sub>みず</sub>を~に入<sub>い</sub>れる 물을 바특하게 붓다

**ひたぶる** [汉] [文] 한결같음¶ ~な態度<sub>たいど</sub> 한결같은 태도/ ~にうら悲<sub>かな</sub>し 마냥 서글프기만 하다

**ひだま** [火玉] ①(날아다니는) 불덩이, 도깨비불 ②(담뱃대의 대통에 든) 불덩이

**ひだまり** [日*溜(ま)り] 양달, 양지¶ 公園<sub>こうえん</sub>の~ 공원의 양달

**ビタミン** (vitamin) [生] 비타민 **ー欠乏症**<sub>けつぼうしょう</sub> [医] 비타민 결핍증

**ひたむき** [*直向き] [汉] 한결같음, 열중함, 외곬임¶ ~な愛情<sub>あいじょう</sub> 한결같은 애정/ ~に努力<sub>どりょく</sub>する 한결같이 노력하다

**ひためん** [*直面] [藝] (能楽에서) 탈을 쓰지 않음, 그런 역할

**ひだら** [干*鱈] 대구포

**ひだり** [左] ①왼쪽, 왼편¶ 四<sub>よ</sub>つ角<sub>かど</sub>を~に曲<sub>ま</sub>がる 네거리에서 왼쪽으로 돌다 ②좌익 = 左翼<sub>さよく</sub>¶ ~に傾<sub>かたむ</sub>いた思想<sub>しそう</sub> 좌경 사상 ③(옛날 관직에서) 같은 지위의 상위 쪽

**ひだりうちわ** [左(団)扇] (일하지 않고도) 안락하게 살아감¶ ~で暮<sub>く</sub>らす 안락하게 지내다

**ひだりきき** [左利き] ①왼손잡이¶ ~の投手<sub>とうしゅ</sub> 왼손잡이 투수 ②술 잘 먹음, 술꾼

**ひだりぎっちょ** [左ぎっちょ] [口] 왼손잡이

**ひだりづま** [左*褄] ①(옷의) 왼쪽 자락 ②기생
[慣用句]
**ーを取<sub>と</sub>る** 기생이 되다, 기생 노릇을 하다

**ひだりて** [左手] ①왼손 ②왼쪽, 왼편¶ ~に海<sub>うみ</sub>が見<sub>み</sub>える 왼쪽에 바다가 보이다

**ぴたりと** 副 ①(갑자기 멎는) 뚝, 딱¶ ~泣<sub>な</sub>き止<sub>や</sub>む 울음을 뚝 그치다 ②(달라붙는) 바싹¶ ~寄<sub>よ</sub>り添<sub>そ</sub>う 바싹 다가붙다 ③(정확히 들어맞는) 딱, 꼭¶ 予想<sub>よそう</sub>が~と当<sub>あ</sub>たる 예상이 딱 들어맞다

**ひだりとう** [左党] 술꾼, 주당 = さとう

**ひだりまえ** [左前] ①(보통과 반대로) 왼섶이 안쪽으로 들어가게 입음 ②경영 상태가 악화함, 기욺 = 左向<sub>ひだりむ</sub>き¶ 店<sub>みせ</sub>が~になる 가게가 기울다

**ひだりまき** [左巻き] ①시계 반대 방향으로 돎 ②(俗) 머리가 둔함(정상이 아님), 바보, 괴짜

**ひだりむき** [左向き] ①좌향(左向) ② → ひだりまき②

**ひだりよつ** [左四つ] [相撲] 서로 왼손을 상대방 오른팔 밑에 넣어서 잡는 자세

**ひた・る** [浸る] 自五 ①(액체에) 담그다, 침수되다 = つかる¶ 床下<sub>ゆかした</sub>まで水<sub>みず</sub>に~ 마루 밑까지 물에 잠기다 ②(比) (어느 상태·경지에) 빠지다, 잠기다¶ 毎日<sub>まいにち</sub>酒<sub>さけ</sub>に~ 매일 술에 빠지다

**ひだる・い** [*饑い] 形 [文] 시장하다, 배고프다

**ひだるま** [火*達磨] (온몸에 불이 붙은) 불덩이¶ ~になる 불덩이가 되다

**ひたん** [悲嘆·悲*歎] 名 自スル 비탄¶ ~の涙<sub>なみだ</sub> 비탄의 눈물 / 友<sub>とも</sub>の急逝<sub>きゅうせい</sub>を~する 친구의 갑작스러운 죽음을 비탄하다

**ひたん** [飛*湍] [文] 비단, 물살이 센 여울

**ひだん** [飛弾] [文] 비단, 날아오는 탄환¶ ~をくぐる 날아오는 탄환을 뚫고 나가다

**ひだん** [被弾] 名 自スル 피탄, 총탄·포탄·어뢰 등에 맞음

**びだん** [美談] 미담¶ ~の主<sub>ぬし</sub> 미담의 주인공

**びだんし** [美男子] 미남자, 미남 = びなんし

**ひちく** [肥築] 肥前<sub>ひぜん</sub>·肥後<sub>ひご</sub>·筑前<sub>ちくぜん</sub>·筑後<sub>ちくご</sub>의 총칭

**びちく** [備蓄] 名 他スル [文] 비축¶ ~食糧<sub>しょくりょう</sub> 비축 식량 / 石油<sub>せきゆ</sub>を~する 석유를 비축하다

**ひちしゃ** [被治者] [文] 피통치자

**ぴちっと** 副 [口] (빈틈없이 맞는) 꼭, 딱¶ 戸<sub>と</sub>を~締<sub>し</sub>める 문을 꼭 닫다 / 服<sub>ふく</sub>が体<sub>からだ</sub>に~合<sub>あ</sub>う 옷이 몸에 딱 맞다

**ぴちぴち** 副 自スル ①(물고기 등이 힘차게 뛰는) 펄떡펄떡¶ とりたての~した魚<sub>さかな</sub>잡아서 펄떡거리는 물고기 ②(口) (젊고 기운찬) 팔팔¶ ~した体<sub>からだ</sub> 팔팔한 몸

**びちゃびちゃ** [口] Ⅰ 名 흠뻑 젖음, 수분이 많음¶ ~にぬれたぞうきん 흠뻑 젖은 걸레/ ご飯<sub>はん</sub>が~になる 밥이 질게 되다 Ⅱ 副 (물을 튀기는) 철벅철벅, 첨벙첨벙¶ ~と泥水<sub>どろみず</sub>をはねかえす 철벅철벅 흙탕물을 튀기다

**ぴちゃぴちゃ** 副 [口] ①(물 등을 튀기는) 철벅철벅¶ 水<sub>みず</sub>たまりを~と歩<sub>ある</sub>く 물웅덩이를 철벅철벅 걷다 ②(물에 부딪쳐 나는) 철썩철썩¶ 波<sub>なみ</sub>が~と打<sub>う</sub>ち寄<sub>よ</sub>せる 파도가 철썩철썩 밀려오다 ③(혀로 핥아먹는) 할쭉할쭉, 홀짝홀짝¶ 猫<sub>ねこ</sub>が~とミルクをなめる 고양이가 할쭉할쭉 우유를 핥다 ④(손바닥으로 가볍게 때리는) 찰싹찰싹¶ ほおを~とたたく 뺨을 찰싹찰싹 때리다

**ひちゅう** [秘中] 名 비밀 속
[慣用句]
**ーの秘<sub>ひ</sub>** 비밀 중의 비밀, 극비

**びちゅう** [微衷] [文] 미충, 자기의 진심에 대한 겸사말¶ ~をお察<sub>さっ</sub>しいただきたく存<sub>ぞん</sub>じます 미충을 헤아려 주시기 바랍니다

**ひちょう** [飛鳥] [文] 비조 ①나는 새 ②(比) 동작이 날램¶ ~の早業<sub>はやわざ</sub> 나는 새와 같이 날랜 솜씨 ▷「あすか」는 딴말

**ひちょう** [秘*帖] [文] 비첩, 비밀 장부[수첩]

**ひちょう** [悲調] [文] 비조, 슬픈 가락

**びちょうせい** [微調整] 名 他スル 미조정, 약간 조정함¶ 計画<sub>けいかく</sub>の~が必要<sub>ひつよう</sub>だ 계획을 약간 조정할 필요가 있다

**ひちりき** [*篳*篥] [音] 필률, 피리

**ひちりめん** [*緋*縮*緬] 오글오글한 붉은 비단

**ひつ** [匹] 音 ヒツ 訓 ひき │ (음) 필, (造語) ①짝이 되다, 부부가 되다¶ 匹敵<sub>ひってき</sub> 필적 ②신분이 낮은 사람¶ 匹夫<sub>ひっぷ</sub> 필부, 匹婦<sub>ひっぷ</sub> 필부

**ひつ** [必] 音 ヒツ 訓 かならず │ (음) 필, (造語) ①꼭, 반드시¶ 必死<sub>ひっし</sub> 필사·必然<sub>ひつぜん</sub> 필연 ②

ひつ 해야만 하다¶ 必需<sup>ひつじゅ</sup> 필수·必須<sup>ひっす</sup> 필수

ひつ【泌】<sub>音</sub>ヒツ·ヒ|(음)비. 필. (造語) 액체가 스며 나오다¶ 分泌물<sup>ぶんぴつ</sup>·<sup>ぶん</sup> 분비·泌尿器<sup>ひにょうき</sup> 비뇨기

ひつ【畢】<sub>音</sub>ヒツ <sub>訓</sub>おわる|(음)필. (造語) ①끝나다, 끝내다, 매듭짓다¶ 畢境<sup>ひっきょう</sup> 필경·畢生<sup>ひっせい</sup> 필생 ②이십팔수(二十八宿)의 하나

ひつ【筆】<sub>音</sub>ヒツ <sub>訓</sub>ふで|(음)필. I (造語) ①붓¶ 筆墨<sup>ひつぼく</sup> 필묵·鉛筆<sup>えんぴつ</sup> 연필 ②붓으로 쓴 글씨·그림¶ 自筆<sup>じひつ</sup> 자필·達筆<sup>たっぴつ</sup> 달필 ③글씨를 쓰다, 그림을 그리다¶ 筆記<sup>ひっき</sup> 필기·随筆<sup>ずいひつ</sup> 수필 ▷ 黙字加 土筆<sup>つくし</sup> 뱀밥 II (文) 붓으로 쓴 글씨·그림¶ 空海<sup>くうかい</sup>の~ 空海의 글씨

ひつ【逼】<sub>音</sub>ヒツ <sub>訓</sub>せまる|(음)필. (造語) ①다가오다, 닥쳐 오다¶ 逼迫<sup>ひっぱく</sup> 핍박 ②움츠리다¶ 逼塞<sup>ひっそく</sup> 핍색

ひつ【櫃】 ①궤¶ 長<sup>なが</sup>~ 장궤 ②밥통¶ ご飯<sup>はん</sup>をお~に移<sup>うつ</sup>す 밥을 밥통에 옮기다

ひつあつ【筆圧】(글씨·그림을 그릴 때) 붓이나 펜에 가하는 힘

ひつい【筆意】(文) ①붓을 놀릴 때의 마음가짐 ②서풍(書風), 붓놀림

ひつう【悲痛】<sub>ダ</sub> 비통¶ ~な叫<sup>さけ</sup>び 비통한 부르짖음¶ ~な面持<sup>おもも</sup>ち 비통한 표정

ひつか【筆禍】 필화¶ ~事件<sup>じけん</sup> 필화 사건/~を被<sup>こうむ</sup>る 필화를 입다

ひっかえ·す【引っ返す】 <sub>自五</sub>(口) →ひきかえす

ひっかかり【引っ掛(か)り】 ①손으로 잡거나 물건이 걸리는 돌출부 ②미심쩍은 점¶ 経緯<sup>けいい</sup>に~を感<sup>かん</sup>じる 경위에 미심쩍은 점이 있다 ③관계, 관련¶ 多少<sup>たしょう</sup>~があった 다소 관련이 있었다

ひっか·る【引っ掛(か)る】 <sub>自五</sub>(口) 걸리다 ①(물건이) 걸려서 멎다¶ そでが木<sup>き</sup>ぎに~ 소매가 못에 걸리다 ②제지당하다¶ 検問<sup>けんもん</sup>に~ 검문에 걸리다 ③(성가신 일에) 연루되다, 관계되다¶ 面倒<sup>めんどう</sup>な事<sup>こと</sup>に~ 귀찮은 일에 연루되다 ④(속임수에) 넘어가다, 빠지다¶ 悪<sup>わる</sup>い男<sup>おとこ</sup>に~ 나쁜 남자에 걸려들다 ⑤미심쩍다, 석연치 않다¶ 彼<sup>かれ</sup>の態度<sup>たいど</sup>には~ところがある 그의 태도에는 미심쩍은 데가 있다

ひっかきまわ·す【引っ搔き回す】 <sub>他五</sub>(口) ①휘젓다¶ 引<sup>ひ</sup>き出<sup>だ</sup>しの中<sup>なか</sup>を~ 서랍 속을 휘젓다 ②(질서를) 어지럽히다, 혼란시키다¶ 会議<sup>かいぎ</sup>を~ 회의를 혼란시키다

ひっか·く【引っ搔く】<sub>他五</sub> 할퀴다¶ 顔<sup>かお</sup>を~ 얼굴을 할퀴다

ひっかく【筆画】(文) 필획. 자획. = 字畫

ひっか·ける【引っ掛ける】 <sub>他下一</sub>(口) ①걸다¶ 帽子<sup>ぼうし</sup>を帽子<sup>ぼうし</sup>かけに~ 모자를 모자 걸이에 걸다 ②(옷을) 되는대로 입다, 걸치다¶ コートを~ 코트를 걸치다 ③(물 등을) 끼얹다¶ 睡<sup>つば</sup>を~ (남에게) 침을 뱉다 ④(속임수) 걸려들게 하다, 꾀다¶ 町<sup>まち</sup>で女<sup>おんな</sup>を~ 거리에서 여자를 꾀다 ⑤(차 등으로) 치다¶ バスに~ 걸려들 버스에 치이다 ⑥한잔 걸치다¶ 寝<sup>ね</sup>しなに一杯<sup>いっぱい</sup>~ 자기 전에 한 잔 걸치다 ⑦(외상값을) 떼어먹다¶ 飲<sup>の</sup>み代<sup>だい</sup>を~ 술값을 떼어먹다

ひっかつ·ぐ【引っ担ぐ】<sub>他五</sub>(口) 둘러메다¶ 御興<sup>みこし</sup>を~いで町<sup>まち</sup>を練<sup>ね</sup>り歩<sup>ある</sup>く 御興를 둘러메고 거리를 누비다

ひっかぶ·る【引っ被る】<sub>他五</sub>(口) 뒤집어쓰다 ①들쓰다¶ 水<sup>みず</sup>を~ 물을 뒤집어쓰다/ふとんを~ 이불을 뒤집어쓰다 ②죄를 一人<sup>ひとり</sup>で~ 죄를 혼자서 뒤집어쓰다

ひっき【筆記】<sub>名</sub><sub>他スル</sub> 필기¶ ~具<sup>ぐ</sup> 필기구/講義<sup>こうぎ</sup>を~する 강의를 필기하다 —試驗<sup>けん</sup> 필기 시험 —体<sup>たい</sup> 필기체

ひつき【火付き】 불이 댕김(붙음)¶ ~のいい炭<sup>すみ</sup> 불이 잘 붙는 탄

ひつぎ【棺·柩】 관. 널 = かんおけ¶ ~をおおう 관을 덮다

ひっきょう【畢竟】<sub>副</sub>(文) 필경. 결국¶ 人<sup>ひと</sup>は死<sup>し</sup>を逃<sup>のが</sup>れない 필경 사람은 죽음을 피할 수 없다 —する<sub>副</sub> 필경은, 결국은

ひっきりなし【引っ切り無し】<sub>名</sub> 끊임없음, 쉴새없음¶ ~の注文<sup>ちゅうもん</sup> 쉴새없는 주문/~に客<sup>きゃく</sup>が来<sup>く</sup>る 끊임없이 손님이 오다

ひっく·くる【引っ括る】<sub>他五</sub>(口) ①꽁꽁 묶다¶ 泥棒<sup>どろぼう</sup>を~ 도둑을 꽁꽁 묶다 ②뭉뚱그리다¶ 古雑誌<sup>ふるざっし</sup>を~ 헌잡지를 뭉뚱그리다

びっくり (造語) 깜짝 놀람¶ 急<sup>きゅう</sup>に肩<sup>かた</sup>をたたかれて~した 갑자기 어깨를 쳐서 깜짝 놀랐다 —仰天<sup>ぎょうてん</sup> <sub>名</sub><sub>自スル</sub> 기절 초풍, 기겁하다¶ 話<sup>はなし</sup>を聞<sup>き</sup>いて~する 이야기를 듣고 기절 초풍하다 —箱<sup>ばこ</sup> 뚜껑을 열면 속의 물건이 뛰어 나오는 장난감 상자, 깜짝 상자

ひっくりかえ·す【引っ繰り返す】<sub>他五</sub> ①(위 아래·안팎 등을) 뒤집다¶ 座<sup>ざ</sup>ぶとんを~ 방석을 뒤집다 ②넘어뜨리다, 쓰러뜨리다¶ びんを~ 병을 쓰러뜨리다 ③뒤엎다, 전복시키다, 역전시키다¶ 政権<sup>せいけん</sup>を~ 정권을 전복시키다/試合<sup>しあい</sup>を~ 시합을 역전시키다

ひっくりかえ·る【引っ繰り返る】<sub>自五</sub> ①(위 아래·안팎 등이) 뒤집히다, 거꾸로 되다¶ 天地<sup>てんち</sup>が~ような騒<sup>さわ</sup>ぎ 천지가 뒤집힐 듯한 소동 ②쓰러지다, 엎어지다¶ 家<sup>いえ</sup>が~ 집이 쓰러지다 ③뒤집히다, 뒤바뀌다¶ 試合<sup>しあい</sup>が~ 시합이 역전하다/世<sup>よ</sup>の中<sup>なか</sup>が~ 세상이 뒤집히다

ひっくる·める【引っ括める】<sub>他下一</sub>(口) 일괄하다, 통틀다, 총괄하다¶ ~めて言<sup>い</sup>えば 통틀어 말하자면

ひつけ【火付け】 방화, 방화범 —盗賊<sup>とうぞく</sup>改<sup>あらため</sup> 日史 江戸幕府<sup>えどばくふ</sup>때 화재 예방·도둑 체포·도박 단속 등을 담당했던 직책 —役<sup>やく</sup> 사건·논쟁 등의 계기를 만드는 사람

ひづけ【日付】 일부. 날짜¶ 領収書<sup>りょうしゅうしょ</sup>に~を入<sup>い</sup>れる 영수증에 날짜를 기입하다 —変更線<sup>へんこうせん</sup> 地 일부 변경선. 날짜 변경선

ひっけい【必携】 필휴¶ 国文学<sup>こくぶんがく</sup>研究<sup>けん</sup>~ 국문학 연구 필휴/筆記用具<sup>ひっきようぐ</sup>~のこと 필기 용구를 반드시 휴대할 것

ピッケル (독 Pickel) 피켈. 곡괭이 모양의 등산 용구

ひっけん【必見】［名］필견¶〜の書ょ 필독서/ファン〜の映画が 팬이 꼭 보아야 할 영화

ひっけん【筆研】(文) ①필연. 붓과 벼루 ②문장을 씀 ③(편지에서) 상대의 문필 생활을 일컫는 말¶〜益々御清栄の由 문필 생활이 더욱더 건승하시다니
[慣用句]
—を新たにする 종래의 문장 구성을 일신하다

びっこ[*跛] ①절름거림. 절름발이¶〜を引ひく 절름거리다 ②짝짝이

ひっこう【筆耕】(文) ①필경¶〜料りょう 필경료 ②문필로 생계를 꾸려감 —硯田けん 문필업으로 생계를 꾸려감

ひっこし【引っ越し】［名］［自スル］이사¶新居しんに〜する 새 집으로 이사하다 —蕎麦ば 이사턱으로 이웃에 돌리는 메밀 국수

ひっこ·す【引っ越す】［他五］이사하다

ひっこぬ·く［他五］(俗) → ひきぬく

ひっこみ【引っ込み】①(안으로) 끌어들임¶〜線 인입선 ②[劇](歌舞伎かぶきで) 배우가 퇴장함. 그 때의 동작 ③물러남. 관계를 끊음¶〜際ぎわが肝心かんじんだ 물러날 때가 중요하다 —思案じあん 소극적인 태도·성격
[慣用句]
—がつかない 물러설[날] 수가 없다

ひっこ·む【引っ込む】Ⅰ［自五］①(안쪽으로) 들어가다. 부족ふそくで目めが〜 잠이 부족하여 눈이 쑥 들어가다 ②물러나다. 은퇴하다. 들어박히다¶会長かいちょうをやめて〜 회장을 그만두고 들어박히다. 쑥 들어가다¶通とおりから〜·んだ家 길에서 쑥 들어간 집 Ⅱ［他五］(口) → ひきこむ

ひっこ·める【引っ込める】［他下一］(口) ①(내밀었던 것을) 당기다¶手てを〜 (내밀었던) 손을 당기다/亀かめが頭あたまを〜 거북이가 머리를 움츠리다 ②철회하다. 취소하다¶提案ていあんを〜 제안을 철회하다

ひっこも·る【引っ籠(も)る】［自五］(口) → ひきこもる

ひっさく【筆削】［名］［他スル］(文) 필삭. 첨삭(添削)

ひっさ·げる【引っ提げる】［他下一］(흔히「…を〜·げて…」의 꼴로)①(손에) 들다¶白刃はくじんを〜·げて乱入らんにゅうした 시퍼런 칼을 빼들고 난입했다 ②내걸다. 내세우다¶要求ようきゅうを〜·げて交渉こうしょうに臨のぞむ 요구를 내걸고 교섭에 임하다 ③이끌다. 거느리다¶手勢てぜいを〜·げて出陣しゅつじんする 휘하의 군대를 거느리고 출진하다 ④무릎쓰다¶老軀ろうくを〜·げて駆かけつける 노구를 무릎쓰고 달려가다

ひっさつ【必殺】필살. 반드시 죽임. 그런 기세¶〜の一撃げき 필살의 일격

ひっさら·う【引っ攫う】［他五］①낚아채다. 채가다¶猫ねこがおかずを〜·って逃にげる 고양이가 반찬을 낚아채 달아나다 ②(사람을) 끌고가다

ひっさん【筆算】［名］［他スル］①필산. 숫자를 적어서 하는 계산 ②쓰는 일과 계산하는 일

ひっし【必死】①필사. 반드시 죽음 ②【必至】

(장기에서) 외통(수)¶〜をかける 외통수를 걸다 ③[名] 죽기를 각오함. 필사적¶〜に勉強べんきょうする 필사적으로 공부하다

ひっし【必至】[名] ①필지. 필연적임¶このままでは敗戦はいせんは〜だ 이대로라면 패전은 필연적이다 ②(장기에서) 외통(수)

ひっし【筆紙】(文) 필지¶붓과 종이 ②문장
[慣用句]
—に尽つくし難がたい 글로는 다 표현할 수 없다

ひつじ【未】미 ①십이지의 여덟번째. 양 ②미시(未時). 오후 2시경 ③미방(未方). 남서서

ひつじ【羊】[動]양¶〜の毛け 양털 —飼かい 양치기

ひつじさる【*未*申·*坤】남서(쪽)

ひっしゃ【筆写】［名］［他スル］필사¶古文書こもんじょを〜する 고문서를 필사하다 —体たい 필사체

ひっしゃ【筆者】필자¶〜未詳みしょう 필자 미상

ひつじゅ【必需】［名］필수 —品ひん 필수품

ひっしゅう【必修】［名］［他スル］필수¶一年生いちねんせいで〜する単位たんい 1학년에서 필수할 학점 —科目もく[教]필수 과목⇔選択せんたく科目もく

ひつじゅん【筆順】필순. (주로 한자의) 획순

ひっしょう【必勝】필승¶〜の信念しんねん 필승의 신념/〜を期きする 필승을 기하다

ひつじょう【必定】［名］［ノ］［副］(文) 필정. 필연적¶成功せいこうするのは〜だ 성공하는 것은 틀림없다

ひっしょく【筆触】(文) 필촉. (회화에서의) 붓놀림=タッチ

びっしょり［副］흠뻑=ぐっしょり¶〜と汗あせをかく 흠뻑 땀을 흘리다

びっしり［副］꽉. 빽빽이¶ノートに〜と書かき込こむ 노트에 빽빽이 써넣다/予定よていが〜と詰つまっている 예정이 꽉 차다

ひつじん【筆陣】(文) 필진 ①논진(論陣)¶〜を張はる 논진을 펴다 ②필자의 진용. 집필진

ひっす【必須】［名］필수¶成功せいこうのための〜の条件じょうけん 성공을 위한 필수 조건

ひっ·する【必する】［自他サ変］(文) 반드시 그렇게 되다

ひっせい【*畢生】(文) 필생. 평생= 一生いっしょう¶〜の大事業だいじぎょう 필생의 대사업

ひっせい【筆生】(文) 필생. 필경(筆耕)을 업으로 삼는 사람

ひっせい【筆勢】필세. 필력¶〜が鋭するどい 필세가 날카롭다

ひっせき【筆跡·筆*蹟】필적¶〜鑑定かんてい 필적 감정/〜に似にせて書かく 필적을 흉내내어 쓰다

ひつぜつ【筆舌】(文) 필설. 문장과 말
[慣用句]
—に尽つくし難がたい 필설로 다할 수 없다

ひっせん【筆洗】필세. 붓을 빠는 그릇

ひっせん【筆戦】(文) 필전 ①글에 의한 논쟁 ②문장의 우열을 겨룸

ひつぜん【必然】［名］［ノ］필연¶〜の帰結きけつ 필연적인 귀결 —性せい 필연성 —的てき[ノ]필연적

ひっそく【*逼塞】Ⅰ［名］［自スル］(文) ①핍색. 사방이 꽉 막힘 ②영락하여 숨어 삶¶山中さんちゅうに〜する 영락하여 산중에 은거하다 Ⅱ［名］[日史]

ひっそり

江戸(えど)시대에 무사와 승려에게 과한 형벌의 하나. 문을 잠그고 낮동안 출입을 금한 일
**ひっそり** 副 (ㅁ) ①(죽은 듯이) 조용한 모양¶~とした部屋(へや) 쥐죽은 듯이 조용한 방 ②남의 눈에 띄지 않도록 함¶~と余生(よせい)を送(おく)る 조용히 여생을 보내다
**ひったくり** [引っ手繰り] 날치기, 날치기꾼
**ひったく·る** [引っ手繰る] 他五 (ㅁ) 낚아채다, 날치기하다¶ハンドバッグを~·って逃(に)げる 핸드백을 낚아채 달아나다
**ひった·てる** [引っ立てる] 他下一 끌고 가다, 연행하다¶犯人(はんにん)を~ 범인을 끌고 가다
**ぴったり** I 副(ㅁ) ①(빈틈 없이) 꼭, 바싹, 착¶戸(と)を~と閉(し)める 문을 꼭 닫다/ 横(よこ)に~と寄(よ)り添(そ)う 옆에 바싹 달라붙다 ②(필요하는) 딱¶意見(いけん)が~と合(あ)う 의견이 딱 맞다 ③(갑자기 멈추는) 딱, 뚝¶タバコを~とやめる 담배를 딱 끊다 II 名 自スル 적합함, 딱 맞음¶彼(かれ)に~の職業(しょくぎょう) 그에게 적합한 직업/ ~する言葉(ことば) 딱 들어맞는 말 —に 副 《시간을 나타내는 말에 붙어》정각, 정확하게
**ひったん** [筆端] 붓끝, 필세(筆勢)
**ひつだん** [筆談] 名 自スル 필담¶中国人(ちゅうごくじん)と~する 중국인과 필담하다
**ひっち** [筆致] 필치¶軽妙(けいみょう)な~ 경묘한 필치
**ピッチ** (pitch) 피치 ①운동이나 일의 속도·능률¶急(きゅう)~で 급피치로 ②(보트 경기의) 1분간 노를 젓는 횟수 ③음(音)의 고저 ④나사산 사이의 간격
[慣用句]
—を上(あ)げる 피치를 올리다, (일·운동 등의) 템포를 빠르게 하다
**ピッチ** (pitch) 피치, 역청
**ヒッチハイク** (hitchhike) 히치하이크, 지나가는 자동차에 편승하는 여행
**ひっちゃく** [必着] 필착, 반드시 도착함¶月末(げつまつ)までに~のこと 월말까지 필착할 것
**ひっちゅう** [匹儔] (文) 필주, 같은 무리, 동류
**ひっちゅう** [必中] 名 自スル 필중, 반드시 명중함¶一発(いっぱつ)~ 일발 필중
**ひっちゅう** [筆誅] (文) 필주, 글로 써서 책망함¶~を加(くわ)える 필주를 가하다
**びっちゅう** [備中] 일본의 옛지명. 지금의 岡山(おかやま)현 서부 지방
**ぴっちり** 副(ㅁ) (빈틈없이 밀착한) 꼭, 딱, 착¶~としたズボン 딱 달라 붙는 바지
**ピッチング** (pitching) 名 自スル 피칭 ①(野) 투구 ②(배나 비행기가) 앞뒤로 흔들림, 뒷질 ⇔ ローリング
**ひっつか·む** [引っ掴む] 他五 (ㅁ) 거머잡다, 움켜쥐다¶襟元(えりもと)を~ 멱살을 거머잡다
**ひっつ·く** [引っ付く] 自五 (ㅁ) ①착(딱) 달라붙다¶ガムが~ 껌이 착 달라 붙다 ②(俗) (남녀가) 친해지다, 부부가 되다
**ひっつめ** [引っ詰め] 머리를 뒤로 잡아당겨 맨 여자 머리형
**ひっつ·める** [引っ詰める] 他下一 머리를 뒤로 잡아당겨 묶다¶髪(かみ)を~ 머리를 뒤로 잡

아당겨 묶다 ▷「引(ひ)き詰(つ)める」의 音便
**ひっつり** [引っ攣り] (화상 등으로) 피부가 땅기는 상태 = ひっつれ
**ひっつれ** [引っ攣れ] → ひっつり
**ひってき** [匹敵] 名 自スル 필적, 맞먹음¶ベテランに~する選手(せんしゅ) 베테랑에 필적하는 선수
**ヒット** (hit) 名 自スル 히트 —ソング (hit song) 히트 송
**ビット** (bit) 비트 ①(2진법에서) 0이나 1 ②(컴) 정보량의 최소 단위 ▷ binary digit의 준말
**ひっとう** [筆答] 名 自スル 필답 ⇔ 口答(こうとう)¶~試験(しけん) 필답 시험
**ひっとう** [筆筒] (文) 필통 = ふでづつ
**ひっとう** [筆頭] 필두 ①붓끝 ②(연명으로 적은 것의) 첫 번째 사람 ③첫째로 손꼽을 수 있는 사람¶強硬派(きょうこうは)の~ 강경파의 필두 —者(しゃ) (法) 호주(戸主)
**ひつどく** [必読] 名 필독¶~の書(しょ) 필독서
**ひっとら·える** [引っ捕(ら)える] 他下一 (ㅁ) 붙잡다, 체포하다¶泥棒(どろぼう)を~ 도둑을 붙잡다
**ひっぱが·す** [引っ剝がす] 他五 (ㅁ) 억지로 벗기다, 잡아 떼다 = ひっぺがす¶ポスターを~ 포스터를 잡아떼다
**ひっぱく** [逼迫] 名 自スル 핍박¶財政(ざいせい)が~する 재정이 핍박하다
**ひっぱた·く** [引っ叩く] 他五 (ㅁ) 세게 치다, 냅다 때리다¶ほおを~ 볼을 냅다 때리다
**ひつばつ** [必罰] 名 필벌
**ひっぱりだこ** [引っ張り凧] (ㅁ) 인기가 있음, 그런 사람·물건¶あちこちから~の売(う)れっ子(こ) 인기가 좋아 여기저기 잘 팔리는 사람
**ひっぱりだ·す** [引っ張り出す] 他五 ①억지로 끄집어내다¶中身(なかみ)を~ 내용물을 억지로 끄집어내다 ②(사람을) 억지로 끌어내다¶口説(くど)かれて市長候補(しちょうこうほ)に~·される 설득당하여 시장 후보에 나서게 되다
**ひっぱりまわ·す** [引っ張り回す] 他五 ①여기저기 끌고다니다 ②(남을) 자기 생각대로 부리다
**ひっぱ·る** [引っ張る] 他五 (ㅁ) ①(팽팽히) 잡아당기다¶綱(つな)を~ 줄을 잡아당기다 ②끌다, 끌어당기다, 잡아끌다¶腕(うで)を~ 팔을 잡아끌다 ③(사람을) 이끌다, 리드하다¶会員(かいいん)を~·ってゆく 회원을 이끌고 가다 ④권유하다, 끌어들이다¶組合(くみあい)に~ 조합에 끌어들이다 ⑤늦추다, 연기하다¶会期(かいき)を~ 회기를 연장하다 ⑥(소리 등을) 길게 끌다(빼다)¶語尾(ごび)を~ 어미를 끌다 ⑦억지로 끌고 가다, 연행하다¶警察(けいさつ)に~·られる 경찰에 끌려가다 ⑧인용하다¶例(れい)を~·ってきて説明(せつめい)する 예를 인용하여 설명하다 ⑨(野) 공을 힘껏 끌어치다
**ヒッピー** (hippie) 히피¶~族(ぞく) 히피족
**ひっぷ** [匹夫] (文) 필부 ⇔ 匹婦(ひっぷ)
[慣用句]
—の勇(ゆう) 필부지용, 만용
**ひっぷ** [匹婦] (文) 필부 ⇔ 匹夫(ひっぷ)
**ヒップ** (hip) 힙, 엉덩이, 엉덩이 둘레의 치수

ビップ [VIP] 브이 아이 피. 중요 인물. 요인
ひっぺが・す [引っ剝がす] 他五 俗 → ひっぱu가す
ひっぽう [筆法] 필법 ①운필법 ¶ 強い～ 힘찬 필법 ②(문장의) 표현법, 논법 ¶ 春秋の～ 춘추의 필법 ③[比] 방법 ¶ 例の～で交渉こうしょうする 예의 방법으로 교섭하다
ひっぽう [筆鋒] 文 필봉 ①붓끝 ②문장의 날카로움 ¶ ～鋭く批評ひひょうする 필봉도 날카롭게 비평하다
ひつぼく [筆墨] 文 ①필묵. 붓과 먹 ②필적
ひづめ [*蹄] 발굽 ¶ 馬うまの～の音 말발굽 소리
ひつめい [筆名] 필명 = ペンネーム
ひつめつ [必滅] 名 自スル 文 필멸 ¶ 生者しょうじゃ～ 생자 필멸
ひつもん ひっとう [筆問筆答] 필문 필답
ひつよう [必用] 名 ナ 文 필용. 꼭 써야 함
ひつよう [必要] 名 ナ ¶ ～な 必要한 ↔惡ぁ 필요악 ¶ 届とけ出でが～だ 신고가 필요하다 ―経費けいひ 필요 경비 ―条件じょうけん 필요 조건 ―性しょう 필요성
慣用句
―に迫せまられる 꼭 필요해지다
―は発明はつめいの母はは 필요는 발명의 어머니
ひつりょく [筆力] 필력 ①운필의 기세, 필세 ②문장의 기세〔힘〕¶ 衰おとろえない～ 쇠잔하지 않은〔여전한〕필력 ¶ 文章を書くに足る～ 문장을 쓰는 능력
ひつろく [筆錄] 名 他スル 필록. 문자로 기록해 둠, 그런 기록 ¶ 思おもい出でて話はなしを～する 회고담을 필록하다
ひてい [比定] 名 他スル 文 비교하여 추정함 ¶ 年代だいを～する 연대를 비교하다
ひてい [否定] 名 他スル 부정 ↔肯定こうてい ¶ 二重じゅう～ 이중 부정／うわさを～する 소문을 부정하다 ―回路ろ 부정 회로
ビデオ (video) 비디오 ―カセット (videocassette) 비디오카세트 ―テープ (videotape) 비디오테이프 ―テープレコーダー (videotape recorder) 비디오테이프 리코더. 브이 티 아르(VTR) ―デッキ「ビデオテープレコーダー」의 일본식 영어
びてき [美的] ナ 미적 ¶ ～感覚かんかく 미적 감각
ひてつ きんぞく [非鉄金属] 工 비철 금속
ひでり [日照り・*旱] ①햇볕이 쬠 ②한발, 가뭄 ¶ ～が続つづく 한발이 계속되다 ③[比] 필요한 것이 부족함. 기근 ¶ 女おんな～ 여자 기근 ―雨あめ 여우비 = 天気雨てんきあめ
ひてん [批点] 文 비점 ①시가나 문장에 찍는 평점 ¶ ～を打うつ 비점을 찍다 ②시가나 문장의 중요한 곳에 찍는 방점(傍點) ③정정·비평해야 할 곳. 비난해야 할 곳, 결점
ひでん [飛電] 文 비전 ①번개 ②지급 전보
ひでん [秘伝] 비전, 비법 ¶ ～の妙技みょうぎ 비전의 묘기 ¶ ～を授さずける 비전을 전수하다
びてん [美点] 미점. 장점 = 長所ちょうしょ
びでん [美田] 文 미전. 옥답 ¶ 児孫じそんのために～を買かわず 자손을 위해 옥답을 사지 않는다
ひでんか [妃殿下] 비전하. 황족(皇族)의 처에 대한 경칭
ひでんかいしつ [非電解質] 化 비전해질
ひと [人] 사람 ①인류, 인간 ¶ ～は万物ばんぶつの霊長れいちょうである 사람은 만물의 영장이다 ②개인 ¶ 裕福ゆうふくな～ 유복한 사람 ③남, 타인. 세상 사람 ¶ ～の目めを気きにする 남의 눈을 의식하다 ④어른, 성인 ¶ ～となる 어른이 되다 ⑤인재, 인물 ¶ ～を得える 인재를 얻다 ⑥인품, 성품, 성격 ¶ ～がよすぎる 사람이 너무 좋다 ⑦특정한 사람 ¶ 迎むかえに～を遣やる 마중하러 사람을 보내다 ⑧[法] 자연인과 법인
慣用句
―がいい 성격·인품이 좋다, 순박하다
―が変かわる 성격·태도가 딴 사람처럼 변하다
―が悪わるい 성격·인품이 좋지 않다
―には添そうてみよ馬うまには乗のってみよ 사람은 사귀어 보고 말은 타 보아라
―の噂うわさも七十五日しちじゅうごにち 남의 말도 석 달, 세상 소문은 오래 가지 못한다
―の風上かざかみに置おけない (품행이 비열하여) 인간으로서 용서할 수 없다
―の口くちに戸とは立たてられない 세상 소문을 막을 도리가 없다
―の疝気せんきを頭痛ずつうに病やむ 남의 일에 부질 없는 걱정을 하다
―の褌ふんどしを買かう 남의 빈축을 사다
―のふり見みて我わがふり直なおせ 타인의 품행을 거울삼아 자기의 품행을 반성하여 고쳐라
―の褌どんどしで相撲すもうを取とる 남의 샅바로 씨름하다, 남의 것을 이용하여 잇속을 차리다
―はパンのみにて生いくるものに非あらず 사람은 빵만으로는 살아가는 것이 아니다
―は人ひと我われは我われ 남은 남 나는 나
―は見みかけによらぬもの 사람은 겉만 보고는 모른다
―もあろうに 따로 적임자가 있을 텐데
―を食くう 입을 깔보다
―を立たてる 대리인을 앞세우다〔파견하다〕
―を呪のわば穴あなを二ふたつ 남을 해치려고 하면 자신에게도 해가 돌아온다
―を人ひととも思おもわない 사람을 사람으로 여기지 않다, 남을 무시하다
―を見みたら泥棒どろぼうと思おもえ 남을 쉽게 믿으면 안 된다
ひと [一] 造語 ①하나의, 한 번의 ¶ ～山やま 무더기／～勝負しょうぶ 한판 승부／～晩ばん 하룻밤 ②조금, 잠깐 ¶ ～目め 잠깐 봄／～っ走ばしり 잠간 달림 ③어지간한, 상당한 ¶ ～財産ざん 한 재산／～騒動そうどう 한바탕의 소동 ④어느 시기를 막연하게 나타냄 ¶ ～ころ 한때
ひと [費途] 文 돈의 용도 = 使途しと ¶ 税金ぜいきんの～ 세금의 용도
ひと あし [一足] 한 발 ①한 발짝 = 一歩いっぽ ¶ ～前まえへ・進すすむ 앞으로 한 발짝 나아가다 ②약간의 시간·거리 ¶ ～遅おくれた 한 발 늦었다／駅えきまではもう～だ 역까지는 지척이다 ―違ちがい 한 발 차이, 근소한 시간차 ¶ ～で会あえなかった 한 걸음 차이로 만나지 못했다

**ひと あし【人足】**(交) 인적, 사람의 발길〔왕래〕¶ ~が絶たえる 인적이 끊기다

**ひと あじ【一味】** 약간의 맛, 미묘한 느낌¶ 彼かの演技えんは~違ちがう 그의 연기는 뭔가 좀 다르다

**ひと あしらい【人あしらい】** (사람의) 응대, 접대¶ ~が上手じょうな人ひと 응대를 잘 하는 사람

**ひと あせ【一汗】** 한바탕 땀을 흘림¶ ~かく 한바탕 땀을 흘리다

**ひと あたり【人当たり】** 대인 관계, 붙임성¶ ~がよい 대인 관계가 좋다

**ひと あな【人穴】**[地] (화산 기슭의) 용암 동굴

**ひと あめ【一雨】** ①한차례의 비¶ ~ごとに暖あたたかくなる 한차례 비가 올 때마다 따뜻해진다 ②한바탕 내리는 비¶ ~ほしいところだ 한바탕 비가 왔으면 좋겠다

**ひと あれ【一荒れ】**[名][自スル] ①한바탕 폭풍우가 휘몰아침¶ ~来そうな空模様もよう 한바탕 폭풍우가 휘몰아칠 것 같은 날씨 ②한바탕 파란이 일어남¶ ~しそうな会議かいぎ 한바탕 파란이 일 것 같은 회의

**ひと あわ【一泡】** 허를 찔러 놀라게 함
[慣用句]
**一吹ふかせる** 허를 찔러 당황하게 하다

**ひと あんしん【一安心】**[名][自スル] 한시름 놓음, 일단 안심함¶ 無事ぶじとの知しらせに~する 무사하다는 소식에 한시름 놓다

**ひど・い【酷い】**[形] 잔혹하다, 가혹하다, 참혹하다¶ ~仕打しうち 가혹한 처사/ ~目めに遭あう 호된 꼴을 당하다 ②지독하다, 심하다¶ ~暑あつさ 지독한 더위/ ~く喜よろこぶ 무척 기뻐하다 ③형편없다¶ ~成績せいせき 형편없는 성적

**ひと いき【一息】** ①한숨, 한 번의 숨¶ ~で吹ふき消けす 한숨에 불어 끄다 ②〈~に,의 꼴로〉 쉬지 않고 한번에 함, 단숨=一気いっき¶ ~に飲のみ干ほす 단숨에 들이켜다 ③약간의 노력¶ もう~で完成かんせいだ 이제 조금만 더하면 완성이다 ④잠시 쉼, 잠시 돌림= 一休ひとやすみ¶ ~入いれる暇ひまもない 한숨 돌릴 틈도 없다

**ひと いきれ【人いきれ】** 사람의 훈김¶ 車内しゃないは~でむっとしている 차내는 사람의 훈김으로 숨이 막힐 듯하다

**ひと いくさ【一戦・一軍】** 일전 ①한차례의 싸움= いっせん ②한바탕의 격전

**ひと いちばい【人一倍】**[副] 남보다 갑절, 남다름¶ ~の努力どりょく 남다른 노력/ ~働はたらく 남보다 갑절 일하다

**ひと いれ【人入れ】** (江戸えど 시대에) 大名だいみょう의 저택 등에 고용인을 알선함, 그런 업자¶ ~宿やど 고용인을 알선하는 집

**ひと いろ【一色】** 일색 ①한 가지 색= いっしょく ②한 종류¶ この品しなは~しかない 이 물건은 한 종류밖에 없다

**ひとう【比島】**「フィリピン諸島しょとう」의 약칭

**ひどう【非道】** 비도, 무도, 極悪ごくあく¶ ~極悪 무도/ ~な仕打しうち 무도한 처사

**びとう【尾灯】** (자동차의) 미등 ⇔ 前照灯ぜんしょうとう

**びどう【微動】**[名][自スル] 미동¶ ~だにしない 미동도 하지 않다

**ひと うけ【人受け】** 남들의 신용・평판¶ ~がいい 평판이 좋다

**ひどうめい【非同盟】**[政] 비동맹

**ひと え【一重】** ①[名] 홑, 한 겹, 외겹¶ 紙かみ~の差さ 종이 한 장 차이/ ~の椿つばき 외겹 동백 ②[単・〈単衣〉] (일본옷에서) 홑옷의 총칭 ⇔ 袷あわせ **一瞼ひとえぶた** 홑눈꺼풀 ⇔ 二重瞼ふたえまぶた

**ひと えに【偏に】**[副](交) ①그저, 다만¶ ~おわびいたします 그저 사과드릴 따름입니다 ②전적으로, 오로지¶ ~努力どりょくのたまものだ 오로지 노력한 덕택이다/ ~不徳ふとくの致いたすところで 오로지 부덕의 소치인 바

**ひと おじ【人怖じ】**[名][自スル] (어린아이의) 낯가림¶ ~する子供こども 낯가림을 하는 아이

**ひと おと【人音】** 인기척¶ ~の気配けはいがする 인기척이 나다

**ひと おもいに【一思いに】**[副] 과감히, 결연히= 思おもいきって¶ いっそ~辞やめてしまおう 차라리 과감히 그만두어 버리자

**ひと かい【人買い】** 인신 매매꾼¶ ~船ぶね 인신 매매선

**ひと かかえ【一抱え】** 한 아름¶ ~もある幹みき 한 아름이나 되는 나무 줄기

**ひと がき【人垣】** 많은 사람이 담처럼 죽 늘어선 상태¶ 沿道えんどうの~ 연도에 죽 늘어선 사람들

**ひと かげ【人陰・人×蔭】** 사람의 그늘, 다른 사람의 옆이나 뒤¶ ~に身みを潜ひそめる 다른 사람 뒤에 몸을 숨기다

**ひと かげ【人影】** 인영, 사람의 그림자¶ 怪あやしい~ 수상한 사람 그림자

**ひと かけら【一欠けら・一欠片】** ①작은 조각¶ ほんの~のパン 아주 작은 조각의 빵 ②[比] 일말, 약간¶ ~ほどの愛情あいじょう 일말의 애정

**ひと かず【人数】** ①사람 수, 인원 수= にんずう ②사람 축¶ ~にも入はいらない 사람 축에도 끼지 않다

**ひと かせぎ【一稼ぎ】**[名][自スル] 목돈을 벎¶ 夏なつ休やすみにバイトで~する 여름 방학에 아르바이트로 목돈을 벌다

**ひと がた【人形】** ①인형= にんぎょう ②재앙을 쫓는 데 쓰는 종이 인형= 形代かたしろ

**ひと かたけ【一片食】** 한끼 식사= ひとかたき

**ひと かたならず【一方ならず】**[副](交) 대단히, 매우, 적잖이¶ ~喜よろこぶ 매우 기뻐하다/ ~お世話せわになる 적잖이 신세를 졌다

**ひと かたまり【一塊】** 한 덩어리¶ ~の粘土ねんど 한 덩어리의 점토/ ~になって走はしる 한 덩어리가 되어 달리다

**ひと かど【一角・一廉】**[名] ①상당함, 뛰어남= いっかど¶ ~の人物じんぶつ 상당한 인물¶ ~の働はたらきをする 한몫 하다

**ひと がまし・い【人がましい】**[形] ①사람답다, 어엿하다¶ ~生活せいかつ 사람다운 생활 ②한 인물답다

**ひと がら【人柄】** ①사람됨, 인품¶ ~がいい 사람됨이 좋다 ②인품이 좋음, 뛰어난 품격¶ ~がしのばれる 좋은 인품을 엿볼 수 있다

**ひとからげ**【一ˇ絡げ】 图 하나로 뭉뚱그림, 일괄함¶~に論じる 일괄하여 논하다

**ひとかわ**【一皮】 한 꺼풀 —目ˀ 홑눈까풀
慣用句
**—剝**ぐ 한 꺼풀 벗기다, 가식적인 표면을 제거하다

**ひとぎき**【人聞き】 남이 들었을 때의 느낌, (세상의) 평판¶~が悪い 평판이 나쁘다

**ひとぎらい**【人嫌い】 사람 사귀기를 싫어함, 그런 사람= 人間にんげんぎらい

**ひときりぼうちょう**【人切り包丁•人斬り包丁】 (俗) 칼, 검

**ひときれ**【一切れ】 한 조각, 한 토막¶~のパン 한 조각의 빵

**ひときわ**【一際】 圖 한결, 유달리, 한층 더= 一段だんと¶~目立だつ 한결 돋보이다/~背せが高たかい 유달리 키가 크다

**ひとく**【秘ˣ匿】 图 他スル (文) 비닉, 은닉¶情報源げんを~する 정보원을 은닉하다

**ひどく**【ˀ酷く】 圖 몹시, 대단히, 매우¶~暑あい 매우 덥다/~酔よう 몹시 취하다

**びとく**【美徳】 미덕¶謙譲けんじょうの~ 겸양의 미덕

**ひとくい**【人食い•人ˀ喰い】 식인 ①사람 고기를 먹음 ②사람을 물어뜯음¶~鮫ざめ 식인 상어 —人種じん 식인종 = 食人種しょくじん

**ひとくぎり**【一区切り】 ①일단락¶~つく 일단락 짓다 ②구획된 것의 하나¶土地とちの~ 토지의 한 구획

**ひとくさ•い**【人臭い】 形 ①인기척이 있다 ②사람답다

**ひとくさり**【一ˣ齣】 한 대목, 한바탕¶~小言こごとを聞かされる 한바탕 잔소리를 듣다

**ひとくせ**【一癖】 ①한 가지 버릇 ②보통이 아닌 성깔¶~ありげな人物じんぶつ 성깔 있어 보이는 인물

**ひとくだり**【一ˣ行】 ①(문장의) 한 줄 ②(문장의) 한 부분¶冒頭ぼうとうの~ 모두의 한 부분

**ひとくち**【一口】 ①한입¶~でたいらげる 한 입에 먹어치우다 ②조금 먹음[마심]¶~いかがですか 조금 드시겠습니까? ③한마디¶~で言いえばこうなる 한마디로 말하면 이렇다 ④(주식•기부 등의) 한 단위, 한몫 ⑤(돈벌이가 될 의) 한몫 —咄ばな 짤막한 만담
慣用句
**—乗**のる (돈 버는 일에) 한 몫 끼다

**ひとくふう**【一工夫】 图 他スル 좀더 연구함, 좀더 지혜를 짬¶もう~する必要ひつようがある 좀더 연구할 필요가 있다

**ひとくろう**【一苦労】 图 自スル ①약간의 수고•노력¶もう~ででき상がりそうだ 이제 조금만 더하면 완성될 듯하다 ②상당한 수고를 함, 꽤 애를 먹음¶説得せっとくするのに~する 설득하는 데 꽤 애를 먹다

**ひとけ**【人気】 인기척¶~のない部屋へや 인기척이 없는 방

**ひどけい**【日時計】 해시계

**ひとこいし•い**【人恋しい】 形 사람이 그립다¶山奥やまおくに住すんでいると~くなる 깊은 산속에 살면 사람이 그리워진다

**ひとこえ**【一声】 일성 ①(한 번 울리는) 목소리, 울음소리¶うぐいすの~ 휘파람새의 울음소리 ②짤막한 말¶隣となりに~かけて出掛ける 이웃에 간단히 말하고 외출하다 ③결정적인 말¶鶴つるの~で決きまる 유력자의 한마디로 결정되다 —千両せんりょう 한마디가 천냥의 가치가 있음

**ひとごえ**【人声】 인성, 사람의 말소리¶どこかで~がする 어디선가 사람 소리가 나다

**ひとごこち**【人心地】 살아 있다는 느낌, 제정신¶~がつく 제정신이 들다

**ひとごころ**【人心】 ①인심, 인정¶つれない~ 박정한 인심 ②제정신= ひとごこち¶~がつく 제정신이 들다

**ひとこし**【一腰】 (허리에 차는) 한 자루의 칼

**ひとこと**【一言】 ①한마디¶~の挨拶あいさつもない 인사 한마디 없다 ②짤막한 말¶~申もうし上あげたい 한말씀 드리고 싶다

**ひとごと**【人事•〈他人〉事】 남의 일¶~ながら気きになる 남의 일이지만 걱정되다
慣用句
**—でない** 남의 일이 아니다

**ひとこま**【一齣】 한 장면, 한 단면, 한 토막¶日常生活にちじょうせいかつの~ 일상 생활의 한 단면/思おもい出での~ 추억의 한 토막

**ひとごみ**【人込み•人ˀ混み】 (사람으로) 붐빔, 혼잡함, 그런 곳¶駅えきの~ 역의 혼잡

**ひところ**【一ˣ頃】 한때, 왕년= ひととき¶~はやった歌うた 한때 유행했던 노래/~の勢いきおいを失うしなう 왕년의 위세를 잃다

**ひところし**【人殺し】 살인, 살인자¶~の罪つみ 살인죄

**ひとさし**【一差(し)•一指(し)】 (장기•춤 등의) 한 판¶~舞まう 한 판 추다

**ひとさしゆび**【人差(し)指•人指(し)指】 인지, 집게 손가락= 食指しょくし

**ひとざと**【人里】 (사람이 모여 있는) 마을¶~離はなれた山奥やまおく 마을에서 떨어진 깊은 산속

**ひとさま**【人様•〈他人〉様】 다른 분[사람]¶~に迷惑めいわくをかける 다른 분께 폐를 끼치다

**ひとさまざま**【人様様】 ʃ (사고 방식 등이) 사람마다 제각각임

**ひときらい**【人ˣ攫い】 유괴, 유괴범

**ひとさわがせ**【人騒がせ】 图 ʃ 공연한 소동을 일으킴¶~な話はなし 공연한 소동을 일으키는 이야기

**ひとし•い**【等しい•ˀ均しい•ˀ斉しい】 形 ①같다, 동일하다¶長ながさが~ 길이가 같다 ②마찬가지다, 다름없다, 진배없다¶詐欺さぎに~行為こうい 사기나 다름없는 행위

**ひとしお**【一塩】 (생선•채소 등을) 살짝 절임, 그렇게 한 것¶~の鮭さけ 살짝 절인 연어

**ひとしお**【一ˀ入】 圖 한층 더, 더욱더= いっそう 懐なつかしさが~つのる 그리움이 더욱 더 심해지다

**ひとしきり**【一ˣ頻り】 圖 한동안, 한차례, 한바탕¶~雨あめが降ふる 한바탕 비가 오다

**ひとしく** [等しく・斉しく] 副(文) 한결같이, 다 같이¶ ～涙ǎをする 한결같이 눈물을 흘리다

**ひとしごと** [一仕事] 名 自スル ①약간 일을 함, 그런 일¶ 朝飯前ぁさめしまえに～しておこう 아침 식사 전에 일을 좀 해 두자 ②폐 힘이 드는 일¶ これは～だ 이건 폐 힘이 드는 일이다

**ひとじち** [人質] ①인질¶ 子供こどもを～に取とる 아이를 인질로 잡다 ②볼모¶ ～として差さし出だす 볼모로 내놓다

**ひとしなみ** [等し並み] 名(文) 동등함, 똑같음 ¶ 年齢ねんれいを考慮こうりょせず～に扱あつかう 나이를 고려하지 않고 동등하게 취급하다

**ひとしに** [人死に] 뜻밖의 사고로 인한 사망 ¶ 事故じこで～が出でる 사고로 불의의 사망자가 나다

**ひとしれず** [人知れず] 副 남몰래, 속으로¶ ～悩なやむ 남몰래 고민하다

**ひとしれぬ** [人知れぬ] 連体 남모르는¶ ～苦労くろう 남모르는 고생

**ひとずき** [人好き] 남에게 호감을 줌¶ ～のする青年せいねん 남에게 호감을 주는 청년

**ひとずくな** [人少な] 名(文) 사람이 적음, 일손이 모자람¶ ～な店みせの中なか 사람이 적은 가게 안

**ひとすじ** [一筋] ①한 올, 한 줄기¶ ～の糸いと 한 올의 실/～の光ひかり 한 줄기의 빛 ②名 외곬, 일편 단심¶ 研究けんきゅう～ 연구에만 전념함¶ ～に思おもい込こむ 외곬으로 생각하다

[慣用句]
**─縄なわでは行ゆかない** 보통 수단으로는 안된다〔다루기 힘들다〕

**ひとずれ** [人擦れ] 名 自スル (온갖 사람과 접촉하여) 닳고닳음¶ ～していない初々ういういしい娘むすめ 세상 때가 묻지 않은 순진한 처녀

**ひとそろい** [一揃い] 한벌, 일습, 세트¶ 茶器ちゃき～ 차도구 일습

**ひとだかり** [人集り] 名 自スル 많은 사람들이 모임, 모인 군중¶ 黒山くろやまのような～ 인산인해를 이룬 군중

**ひとだすけ** [人助け] 남을 도움, 사람을 살림¶ ～だと思おもって引ひき受うける 사람 살리는 셈치고 떠맡다

**ひとだのみ** [人頼み] 남에게 맡김〔의지함〕 ¶ ～にする 남에게 떠맡기다

**ひとたび** [一度] I 名·副 한 번, 한 차례¶ 一度いちど～は許ゆるしたが 한 번은 용서했으나 II 副 (가정의 표현이 딸리어) 한번, 일단, 만약, 만일¶ ～いったん～地震じしんでも起おこったら… 만일 지진이라도 일어나면…

**ひとだま** [人魂] 도깨비불

**ひとたまり** [一溜(ま)り] (「～もない〔なく〕」의 꼴로) 잠시도 버티지 못함¶ ～もなく敗やぶれる 잠시도 버티지 못하고 지다

**ひとちがい** [人違い] 名 自スル 사람을 잘못 봄〔착각함〕¶ 後うしろ姿すがたがそっくりなので～する 뒷모습이 꼭 닮아 다른 사람으로 착각하다

**ひとつ** [一つ] I 名 ①하나, 한 개¶ リンゴを ～食たべる 사과를 한 개 먹다/万まんに～の可能性かのうせい 만에 하나의 가능성 ②한 살¶ ～違ちがいの姉あね 한 살 위의 언니 ③(造語) 한, 같음¶ ～屋根やねの下したに暮くらす 지붕 아래서 살다 ④名 일체¶ 全国民ぜんこくみんが～になる 전국민이 일체가 되다 ⑤같은, 한¶ ～한편, 일면, 일방¶ ～にはこうも考かんがえられる 한편으로는 이렇게도 생각할 수 있다 ⑥(造語) (제언에 붙어)… 나름, …여하, …조차¶ 気きのもち方かた～だ 마음먹기에 달렸다 II 副 ①한번¶ ～やってみよう 한번 해보자 ②아무쪼록, 부디¶ ～よろしくお願ねがいします 부디 잘 부탁합니다 一覚おぼえ 하나밖에 모름 一書がき 각 조항을 조목별로 씀, 그런 문서 一事ごと 같은 일 一として 連語 (부정의 말이 딸리어) 하나도, 전혀 一話ばなし ①늘 자랑삼아 하는 똑같은 이야기 ②뒷날까지 화제가 되는 재미있는 이야기 一一ひとつ 名 하나하나 = いちいち 一身み〔服〕 등솔기 없이 통짜로 된 유아용 일본옷 一家や (文) ①외딴집 = 一軒屋いっけんや ②같은 집, 한집¶ ～に寝泊ねとまりする 한집에 묵다

[慣用句]
**─穴あなの貉むじな** 한패, 한통속
**─釜かまの飯めしを食くう** 한솥 밥을 먹다

**ひとづかい** [人使い] 사람 다루는 법¶ ～が荒あらい 사람을 거칠게 다루다

**ひとづき** [人付き] ①교제, 사귐 ②남이 받는 인상, 사귐성, 붙임성¶ ～が悪わるい 붙임성이 좋지 않다

**ひとづきあい** [人付(き)合い] 대인 관계, 교제, 사귐성, 붙임성¶ ～が下手へただ 대인 관계가 서투르다/～を好このまない 교제를 꺼리다

**ひとっこ** [人っ子] (口)「人」의 힘줌말, 사람 一一人ひとり 連語 (부정의 표현이 딸리어) 누구한 사람, 아무도¶ ～いない 아무도 없다

**ひとづて** [人伝] 名 다른 사람을 통해 들음 ¶ ～に聞きく 다른 사람을 통해 듣다

**ひとっぱしり** [一っ走り] 名 自スル (口) (용무를 보기 위해) 잠깐 달림, 한달음¶ ～して買かってくる 한달음에 사 오다

**ひとつぶ** [一粒] 한 알 一種だね 소중한 외아들·외동딸 一選ょり 정선함, 정선된 것

[慣用句]
**─の麦むぎ** 한 알의 밀알, 남의 행복·번영을 위해 자진해서 희생함〔하는 사람〕

**ひとつぶて** [人*礫] (돌팔매질하듯) 사람을 내던짐

**ひとづま** [人妻] 남의 아내, 유부녀

**ひとつまみ** [一*撮み] ①손끝으로 한 번 집음, 그 정도의 적은 분량¶ ～の塩しお 한 자밤의 소금 ②(口) 상대를 간단히 이김¶ ～にしてやる 간단히 해치워 주겠다

**ひとつもん** [一つ紋] 〔紋〕 羽織はおり·着物きもの의 등쪽에 넣는 문장(紋章)

**ひとて** [一手] ①한손, 한쪽 손¶ 片手かたて ②혼자서 함, 독점¶ ～に引ひき受うける 혼자서 떠맡다 ③한 무리, 일대(一隊)

**ひとで** [人手] ①남의 손〔수중〕¶ ～に渡わたす 남의 손에 넘기다 ②남의 손〔도움〕¶ ～を借か

리는 남의 손을 빌다 ③일손, 일꾼= 하타라키¶ ~가 足りない 일손이 모자라다 ④사람의 손, 인공¶ ~を加えていない 原始林げんしりん 사람의 손을 타지 않은 원시림
[慣用句]
—に掛かかる 남의 손에 죽다
—に渡わたる 남의 손으로 넘어가다

**ひとで** 【人出】 나들이 군중, 인파¶ 休日きゅうじつで~が多い 휴일이라 나들이 인파가 많다

**ひとで** 【海星・人手】 [動] 해성, 불가사리

**ひとでなし** 【人でなし】 [名] [口] 비인간, 사람답지 않은 사람= 人非人にんぴにん¶ ~な仕打しうち 비인간적인 처사

**ひととおり** 【一通り】 ①대강, 대충, 얼추= 아라마시¶ ~読よむ 대충 읽다/ ~は知しっている 대강은 알고 있다 ②[名] (부정의 표현이 딸리어) 보통, 웬만함, 이만저만함¶ ~の努力どりょくでは成功할 수 없다 ③한 가지 방법¶ 解ときかたは~しかない 푸는 방법은 한 가지 밖에 없다

**ひととおり** 【人通り】 사람의 왕래[통행]¶ ~がはげしい 사람의 왕래가 빈번하다

**ひととき** 【一時】 (文) 일시 ①잠시, 한동안, 한때¶ 憩いこいの~ 휴식의 한때 ②(이전의) 한때¶ ~はやった歌 한때 유행했던 노래 ③(옛날의 시간 단위로) 지금의 두 시간

**ひととろ** 【一所】 한곳, 같은 장소¶ ~に落おち着つけない性分しょうぶん 한곳에 가만히 있지 못하는 성미

**ひととせ** 【一年】 (文) ①1년간, 한 해¶ 過すぐる~ 지난 한 해 ②(이전의) 어느 해

**ひととなり** 【人となり・〈為人〉】 (文) 사람됨, 천성, 성품¶ 彼かれの~がしのばれる 그의 성품을 엿볼 수 있다

**ひととび** 【一飛び】 한 번 낢, 그런 정도의 짧은 시간・거리= 히톳토비

**ひとなか** 【人中】 뭇사람이 있는 곳¶ ~で恥はじをかく 뭇사람 앞에서 창피를 당하다 ¶ 世상¶ ~でもまれる 세파에 시달리다

**ひとなかせ** 【人泣かせ】 [名] [ダ] 남을 괴롭힘, 그런 행위¶ ~な注文ちゅうもんばかりする 사람 괴롭히는 주문만 하다

**ひとながれ** 【一流れ】 ①한줄기의 흐름[강] ②하나의 깃발・기치

**ひとなだれ** 【人雪崩】 사람 사태, (한곳에 모인) 많은 사람이 떠밀려 넘어지는 일

**ひとなつかしい** 【人懐かしい】 [形] 사람이 그립다¶ ~気持きもちがつのる 사람을 그리워하는 마음이 더해지다

**ひとなつっこい** 【人懐っこい】 [形] [口] 사람을 잘 따르다, 붙임성이 있다= ひとなつこい¶ ~子供ども 붙임성 있는 아이

**ひとなのか** 【一七日】 → いちしちにち

**ひとなみ** 【人波】 인파¶ ~にもまれる 인파에 시달리다/ ~にのまれる 인파에 휩쓸리다

**ひとなみ** 【人並み】 [ダ] 보통 정도, 남과 같음= 世間けんなみ¶ ~のくらし 보통 정도의 생활

**ひとな・れる** 【人*馴れる】 [自] [下一] ①남과 친숙해지다, 교제에 익숙해지다¶ ~・れない 性格せいかく 남과 친해지기 어려운 성격 ②(동물이 사람을) 잘 따르다¶ ~・れた猫 사람을 잘 따르는 고양이

**ひとにぎり** 【一握り】 ①한줌¶ ~の砂すな 한줌의 모래 ②[名] 아주 적은 수량¶ 頼たのまれるのは~の人ひとだけに부탁할 수 있는 것은 극소수의 사람뿐이다

**ひとねいり** 【一寝入り】 → ひとねむり

**ひとねむり** 【一眠り】 [名] 일잠[한숨] 잠¶ 車中しゃちゅうで~する 차 안에서 한잠 자다

**ひとのこ** 【人の子】 ①남의 자식¶ ~を預あずかる 남의 아이를 맡다 ②(피가 통하는) 인간¶ あの悪人あくにんもやはり~だった 그 악인도 역시 인간이었다

**ひとのよ** 【人の世】 (文) 인간 세계, 세상¶ ~のあわれを知しる 인간 세상의 덧없음을 알다

**ひとは** 【一葉】 (文) 일엽 ①한 잎= いちよう¶ 桐きり~ 오동나무 한 잎 ②한 척의 작은 배

**ひとばし** 【人橋】 (「~を架かける」의 꼴로) ①(급할 때) 잇달아 심부름꾼을 보냄 ②중개인을 통하여 청함

**ひとばしら** 【人柱】 ①(옛날에 다리・성 등의 난공사 때) 사람을 제물로 생매장함, 그런 사람 ②어떤 목적을 위해 희생이 된 사람

**ひとはしり** 【一走り】 [名] [自スル] 잠깐 뜀, 한달음에 볼일을 보고 옴¶ 郵便局ゆうびんきょくまで~行ってくる 우체국까지 한달음에 갔다 오다

**ひとはた** 【一旗】 (「~を揚あげる」의 꼴로) 새로 사업을 일으킴, 사업을 일으켜 성공을 거둠

**ひとはだ** 【一肌】 (「~脱ぬぐ」의 꼴로) 적극적으로 [힘껏] 남을 도움

**ひとはだ** 【人肌・人膚】 사람의 피부, 그 정도의 온기¶ ~にあたためる 체온 정도로 데우다

**ひとはたらき** 【一働き】 [名] [自スル] 한 차례 분발해서 일함¶ 先頭せんとうに立たって~する 선두에 서서 한바탕 일을 하다

**ひとはな** 【一花】 ①한송이 꽃 ②(「~咲さかせる」의 꼴로) 한때 영광을 누림[번성함]

**ひとばらい** 【人払い】 [名] [自スル] ①(밀담을 위해) 사람을 물림¶ ~して内々ないないの話はなしをする 사람을 물리고 밀담하다 ②벽제, 높은 사람의 행차때 사람의 통행을 막음

**ひとばん** 【一晩】 Ⅰ [名] [副] 하룻밤, 밤새¶ ~語かたり明あかす 밤새 이야기하다 Ⅱ [名] 어느 날 밤¶ ~みんなで会あおう 어느 날 밤에 모두 만나자

**ひとひ** 【一日】 (文) Ⅰ [名] [副] ①하루 ②하루 내내, 종일¶ ~読書どくしょにふける 종일 독서에 열중하다 Ⅱ [名] ①어느 날, 요전 날 ②초하루

**ひとびと** 【人人】 ①(많은) 사람들¶ 大勢おおぜいの~ 많은 사람들 ②(각각의) 사람들, 각자¶ ~の意見いけんを聞きく 각자의 의견을 듣다

**ひとひねり** 【一*捻り】 [名] [他スル] ①한 번 비틂¶ 紙袋かみぶくろの口くちを~する 종이 봉투의 아가리를 한 번 비틀다 ②상대를 간단히 이김¶ あいつなら~だ 저 녀석이라면 단박에 해치울 수 있다 ③좀더 궁리함, 좀더 색다르게 짜냄

¶ ~足りない 생각이 조금 부족하다
**ひとひら**【一片・一枚】(文) 한 장, 한 조각= いっぺん¶ ~の花びら 한 장의 꽃잎
**ひとふし**【一節】①(대나무 등의) 한 마디 ②(음악 등의) 한 소절, 한 곡 ③한 가지 독특한 점
**ひとふで**【一筆】일필 ①단번에 씀〔그림〕¶ ~で書く 단번에 쓰다 ②짤막하게 씀¶ ~書き添える 짤막하게 곁들여 쓰다 ③(토지의) 한 구획 **―書き** ①일필 휘지, 그렇게 쓴 서화 ②같은 선을 두 번 지나지 않고 연속한 선으로 된 도형을 그림
[慣用句]
**―啓す** 편지글에서 첫머리에 쓰는 인사말. 계상(啓上)＝一筆啓上
**ひとふね**【一舟】(어패류를 담는) 배 모양의 상자 하나
**ひとふろ**【一風呂】(「~浴びる」의 꼴로) 잠깐 목욕을 함
**ひとべらし**【人減らし】(口) 감원
**ひとま**【一間】방 한칸¶ 六畳~ 다다미 여섯 장 크기의 방 한칸
**ひとまえ**【人前】①남의 앞, 공공 장소¶ ~に出るのが苦手だ 남들 앞에 나서는 것이 고역이다 ②체면¶ ~を繕う 체면을 차리다
**ひとまかせ**【人任せ】남에게 맡김¶ 店を~にする 가게를 남에게 맡기다
**ひとまく**【一幕】①(연극의) 한 막 ②(사건 등의) 한 장면¶ あわや血の雨かという~もあった 까딱하면 유혈 사태가 일어날 뻔한 장면도 있었다 **―物** 단막극
**ひとまじわり**【人交わり】교제, 사귐¶ ~がうまい 사교성이 좋다
**ひとまず**【一先ず】(副) 일단, 우선¶ ~帰る 일단 돌아가다/ ~安心する 일단 안심이 다
**ひとまちがお**【人待ち顔】누구를 기다리는 듯한 얼굴¶ ~で立っている 누구를 기다리는 듯한 표정으로 서 있다
**ひとまとめ**【一纏め】일괄(一括), 하나로 묶음〔합침〕¶ 持ち物を~にする 소지품을 하나로 합치다
**ひとまね**【人〈真似〉】名 自スル ①남의 언동을 흉내냄¶ ~ばかりする 남의 흉내만 내다 ②(동물이) 사람 흉내를 냄
**ひとまわり**【一回り】名 自スル ①한 바퀴 돎¶ 時計の針が~する 시계 바늘이 한 바퀴 돌다 ②주위를 돎, 일주¶ 湖を~する 호수를 일주하다 ③돌아서 원래의 순번으로 돌아옴, 일순¶ 打順が~する 타순이 일순하다 ④12년, 열두 살¶ ~上の人 열두 살 위인 사람 ⑤(도량·크기 등이 크게 차이나는) 한 단계, 한층¶ 人物が~大きい 인물의 그릇이 한층 크다/ ~も二回りも違う 차이가 두드러지다
**ひとみ**【瞳・眸】①눈동자, 동공 ②눈¶ つぶらな~ 둥글고 귀여운 눈/ ~を輝かす 눈을 반짝이다
[慣用句]
**―を凝らす** 응시하다, 찬찬히 바라보다

**ひとみごくう**【人身御供】①인신공희, (옛날에) 산 사람을 제물로 신에게 바침, 그런 제물 ②남의 욕망의 제물이 됨, 희생양
**ひとみしり**【人見知り】名 自スル (어린아이의) 낯가림¶ ~が激しい 낯가림이 심하다
**ひとむかし**【一昔】돌이켜볼 때 옛날로 느껴지는 과거¶ 十年~ 10년이면 한 옛날
**ひとむら**【一叢】名 ①(초목의) 한 덤불, 한 무더기 ②(물건 등의) 한덩어리, 한 때¶ ~の雲 한 떼의 구름
**ひとめ**【一目】①한 번 봄, 일별¶ ~ぼれ 첫눈에 반함/ ~で見破る 한눈에 간파하다 ②한눈¶ 町が~で見渡せる 마을이 한눈에 다 들어오다
**ひとめ**【人目】남의 눈¶ ~を避ける 남의 눈을 피하다
[慣用句]
**―が煩い** 남의 눈이 귀찮다〔번거롭다〕
**―に立つ** 남의 눈에 띄다
**―に付く** 남의 눈에 띄다
**―を忍ぶ** 남의 눈을 피하다
**―を憚る** 남의 눈을 꺼리다
**―を引く** 남의 눈을 끌다
**ひとめぐり**【一巡り】名 自スル ①한바퀴 돎, 일주, 일순＝ひとまわり¶ 名所を~する 명소를 한바퀴 돌다 ②1주기(周忌)
**ひともうけ**【一儲け】名 自スル 한밑천 벎¶ ~たくらむ 한밑천 노리다/ 株で~する 주식으로 한밑천 벌다
**ひともじ**【一文字】①한 글자, 한 자 ②(名) 파
**ひとやもじ**【人文字】사람이 늘어서서 글자 모양을 만듦, 그런 글자¶ スタンドで~を作る 스탠드에 늘어서서 글자 모양을 만들다
**ひともしごろ**【火灯し頃・火点し頃】(文) (불을 켜기 시작하는) 저녁 무렵
**ひともと**【一本】(文) 한 그루¶ ~の松 한 그루의 소나무
**ひともなげ**【人も無げ】ナ 방약무인¶ ~な言動 방약무인한 언동
**ひともみ**【一揉み】名 他スル ①(채소 등을) 살짝 주무름 ②(상대가 되어) 훈련시킴¶ ~してやろう 잠깐 훈련시켜 주마
**ひとや**【人屋・獄】(文) 옥, 감옥＝牢屋
**ひとやく**【一役】한 역할, 한 몫¶ ~果たす 한 몫을 하다
[慣用句]
**―買う** (자진하여) 한 역할〔몫〕을 맡다
**ひとやすみ**【一休み】名 自スル 잠깐 쉼
**ひとやま**【一山】①산 하나, 산 전체, 온 산¶ ~が霧だに覆われる 온 산이 안개에 뒤덮이다 ②(채소·과일 등을 쌓아놓은) 한 무더기¶ ~100円 한 무더기 100엔
[慣用句]
**―当てる** (투기로) 한밑천 잡다
**―越す** 한고비 넘기다
**ひとやま**【人山】인산, 많은 사람이 모여 있는 모양¶ ~を築く 인산을 이루다
**ひとよ**【一夜】名 副 (文) ①하룻밤¶ ~の夢 일

장 춘몽 ②어느 날 밤 **一妻**ᵖ ①하룻밤만 같이 지낸 여성 ②창녀, 매춘부 = 遊女ʲ&#xfeff;

**ひとよぎり** 【一ˣ節切り】 중간에 마디가 하나 있는 작은 퉁소

**ひと よさ** 【一夜さ】 名副 하룻밤 = 一晩ᵇᵃⁿ

**ひと よせ** 【人寄せ】 사람을 모아들임, 사람을 모으기 위한 흥행 ¶ ～に芸人ʲⁱⁿをよぶ 손님을 모으기 위해 연예인을 부르다

**ひとり** 【一人】 Ⅰ 名 ①한 사람, 1명 ¶ ～ずつ 한 사람씩/ 生存者ˢʰᵃ は～もいない 생존자는 한 명도 없다 ②혼자, 혼자 힘 ¶ ～でできる 혼자서 할 수 있다 ③【独り】 독신 ¶ まだ～だ 아직 독신이다 Ⅱ 【独り】 副 (文) ①홀로, 혼자서 ～行ʸく 홀로 가다 ②(부정의 말이 딸리어) 다만, 단지 ¶ ～わが社ˢʰᵃ だけの問題ᵈᵃⁱ ではない 단지 우리 회사만의 문제가 아니다

**ひとり** 【火取り・火採り】 ①부삽 ②구리망을 씌워 향내를 스며들게 하는 향로

**ひどり** 【日取り】 날짜를 잡음, 택일, 그 날짜 ¶ 結婚式ᵏᵉᵗᵗᵒⁿ の～が決ᵏⁱまる 결혼식 날짜가 잡히다

**ひとり あるき** 【独り歩き】 名 自スル ①혼자 걸음 ¶ 夜道ʸᵒⁿ の～は危険ᵏᵉⁿ だ 밤길을 혼자 걷는 것은 위험하다 ②제 힘으로 걸음 ¶ 子供ᵈᵒᵐᵒ が～するようになる 아이가 혼자 걸을수 있게 되다 ③(比) 혼자서 꾸려감, 독립 ¶ 親元ᵒʸᵃᵐᵒᵗᵒ を離ᵃⁿ れて～する 부모 슬하를 떠나 독립하다 ④사물이 의지와 관계없이 제멋대로 움직임

**ひとり あんない** 【独り案内】 자습서, 독학서

**ひとり うらない** 【独り占い】 스스로 자기 운명을 점침 ¶ トランプで～をする 트럼프로 자기 운명을 점치다

**ひとり がてん** 【独り合点】 名 自スル 속단, 지레짐작 = ひとりがってん

**ひとり ぎめ** 【独り決め】 名 自スル ①혼자 멋대로 정함, 독단 ¶ 方針ʰᵒⁿ を～する 방침을 독단하다 ②혼자 단정함 ¶ 自分ᵇᵘⁿ には～できないと初ʰᵃⁿ めから～している 자신은 할 수 없다고 처음부터 혼자 단정하고 있다

**ひとりぐち** 【一人口】 혼자서 살림을 꾸려감, 그런 살림

|慣用句|
**一は食ᵏᵘ えなくても二人口ᵘᶜʰⁱ は食ᵏᵘ える** 혼자 사는 것보다 결혼해서 둘이 사는 편이 경제적이다

**ひとり ぐらし** 【一人暮(ら)し・独り暮(ら)し】 혼자서 생활함, 독신 생활 ¶ 気ᵏⁱままな～ 자유로운 독신 생활

**ひとり こ** 【一人っ子・独り子】 (文) → ひとりっこ

**ひとり ごと** 【一人言・独り言】 혼잣말, 독백 ¶ ぶつぶつと～をつぶやく 중얼중얼 혼잣말을 하다

**ひとり しばい** 【一人芝居・独り芝居】 독무대 ①일인극 ②상대 없이 혼자서 설치는 일 ¶ 彼ᵏᵃⁿ の～に終始ʲᵘ した 처음부터 끝까지 그 사람 혼자서 설쳤다

**ひとり じめ** 【独り占め】 名 他スル 독점, 독차지 ¶ 利益ᵉᵏⁱ を～にする 이익을 독차지하다

**ひとりずもう** 【一人相撲・独り相撲】 ①혼자서 씨름하는 흉내를 냄, 그런 예능 ②혼자서 설침 ③【比】 실력 차가 너무 커서 상대가 안됨

**ひとりだち** 【独り立ち】 名 自スル ①(젖먹이가) 혼자서 일어섬 ②독립, 자립 ¶ 職人ⁿⁱⁿ として～する 장색으로서 독립하다

**ひとりっこ** 【一人っ子・独りっ子】 독자, 외동이

**ひとりでに** 【独りでに】 副 저절로, 자연히 ¶ 戸ᵗᵒ が～開ᵃⁱ いた 문이 저절로 열렸다

**ひとり でんか** 【一人天下・独り天下】 독판, 독무대 ¶ 姉達ᵃᵗᵃᶜʰⁱ が嫁入ʸᵒⁱⁱ りして末ˢᵘᵉ っ子ᵏᵒ ～だ 언니들이 출가하여 막내 세상이다

**ひとり として** 【一人として】 連語 (文) (부정의 말이 딸리어) 한 사람도, 아무도 ¶ ～応ᵒᵘ ずる者ᵐᵒⁿᵒ はいなかった 아무도 응하는 자가 없었다

**ひとりね** 【独り寝】 (文) 혼자서 잠

**ひとりのみこみ** 【独り呑(み)込み】 속단, 지레짐작 = 独ʰⁱᵗᵒ り合点ᵗᵉⁿ

**ひとりびとり** 【一人一人】 名副 한 사람 한 사람, 각자 = めいめい ¶ ～の自覚ᵏᵃᵏᵘ が大切ᵉᵗˢᵘ だ 각자의 자각이 중요하다

**ひとりぶたい** 【一人舞台・独り舞台】 독무대 ①무대에서 혼자서 연기함 ②독판 ¶ 試合ᵃⁱ で～を演ᵉⁿ じる 시합에서 독무대를 펼치다

**ひとり ぽっち** 【一人ぽっち・独りぽっち】 외토리, 고독함 ¶ ～になる 외토리가 되다

**ひとりまえ** 【一人前】 → いちにんまえ

**ひとりみ** 【独り身】 독신 ①배우자가 없음, 그런 사람 ¶ ～を守ᵐᵃᵐᵒ る독신을 고수하다 ②혼자서 생활함, 그런 사람

**ひとりむし** 【火取り虫】 [動] 불나방

**ひとりむすこ** 【一人息子】 외아들

**ひとりむすめ** 【一人娘】 외딸

**ひとり もの** 【独り者】 ①독신자, 배우자가 없는 사람 ②가족이 없는 사람

**ひとりよがり** 【独り善がり】 名 [ダ] 독선, 독선적 ¶ ～の考ᵏᵃⁿᵍ えがつよい 독선적인 생각

**ひと わたり** 【一渡り・一ˣ涉り】 副 대충, 대강 = 一通ᵈᵒʳⁱ ¶ ～目ᵐᵉ を通ᵗᵒ す 대충 훑어보다

**ひな** 【ˣ鄙】 (文) 시골, 촌 = 田舎ᵃᵏᵃ ¶ ～にはまれな美女ʲᵒ 시골에서는 보기 드문 미인

**ひな** 【雛】 ①새끼 새, 병아리 = ひなどり・ひよこ ¶ ～がかえる 병아리가 부화하다 ② → ひなにんぎょう ③(造語) (명사 앞에 붙어) 작은, 귀여운 ¶ ～形ᵍᵃᵗᵃ 작은 모형 ¶ ～菊ᵏᵘ 데이지

**ひな あそび** 【ˣ雛遊び】 ① → ひなまつり ②雛人形ⁿⁱⁿᵍʸᵒᵘ 을 장식하며 노는 일

**ひな あられ** 【ˣ雛ˣ霰】 雛祭ᵐᵃᵗˢᵘʳⁱ 때 제단에 차리는 여러 가지 색깔의 튀밥 튀김

**ひな うた** 【ˣ鄙歌】 (文) 시골의 속요, 지방 민요

**ひなか** 【日中】 낮 = 昼間ᵐᵃ ¶ 昼ʰⁱʳᵘ ～ 대낮

**ひなが** 【日長・日永】 (봄이 되어) 낮이 길어짐, 긴 낮 ⇔ 夜長ʸᵒⁿᵃᵍᵃ ¶ 春ʰᵃʳᵘ の～ 봄의 긴 낮

**ひなが し** 【雛菓子】 雛祭ᵐᵃᵗˢᵘʳⁱ 때 제단에 차리는 과자

**ひなが た** 【雛形】 ①(작은) 모형 ¶ 飛行機ᵏⁱ の～ 비행기 모형 ②(서류 등의) 양식, 서식

**ひなぎく**【*雛菊】【植】데이지＝デージー
**ひなげし**【*雛*罌粟】【植】개양귀비＝ポピー
**ひなし**【日済し】①빚을 일부로 갚아감 ②일수 돈＝ひなしがね
**ひなた**【日向】①양달, 양지 ⇔ 日陰¶〜で干ほす 양지에서 말리다 ②(比) 혜택받은 환경, 남의 눈에 띄는 곳¶〜陰で〜なく尽くす 누가 보든 안보든 열심히 하다 **一臭さい** 形 (이불·빨래 등이) 햇볕에 오래 쬔 냄새가 나다 **ーぼっこ** 名(自スル) 양지마루에서 햇볕을 쬠¶縁側がで〜する 툇마루에서 햇볕을 쬐다
**ひなだん**【*雛壇】①ひな人形にんを 진열하는 단＝ひなだな ②【芸】(歌舞伎かぶ 등에서) 2단으로 된 반주자들의 자리 ③높이 설치된 자리, (특히 국회 본회의장의) 각료석
**ひなどり**【*雛鳥】①새의 새끼＝ひよこ ②병아리, 영계, 그 고기
**ひなにんぎょう**【*雛人形】雛祭はつり때 장식하는 인형＝おひなさま
**ひなのせっく**【*雛の節句】3월 3일의 여자 아이를 위한 명절＝桃もの節句
**ひな・びる**【鄙びる】 自上一 시골풍의 소박한 정취가 나다¶〜・びた風景きか 전원적인 풍경
**ひなぶり**【夷曲・*夷振・*鄙振】①고대 가요의 곡명 ②시골풍의 노래 ③ → きょうか(任歌)
**ひなまつり**【*雛祭】3월 3일에 여자 아이를 위해 인형을 장식하는 명절＝雛遊ひなあそび
**ひなみ**【日並(み)・日次】일진, 날이 좋고 나쁨＝日がら¶〜がよい 일진이 좋다
**ひならず**【日ならず】 副(文) 머지않아, 근일간에, 곧¶〜完成かいするだろう 머지않아 완성될 것이다 **ーして** 副 얼마 되지 않아서
**ひなわ**【火縄】화승, 점화용 노끈 **一銃じゅう** 화승총
**ひなん**【非難・批難】名(他スル) 비난¶〜の的まの 비난의 표적/〜を浴あびる 비난을 받다
**ひなん**【避難】名(自スル) 피난¶〜民みん 피난민
**びなん**【美男】미남＝美男子びなんし ⇔ 美女びじょ 미남 미녀
**びなんし**【美男子】미남자＝美男なん
**ひにく**【皮肉】名(ダ) ①빈정거림, 비꼼＝あてこすり¶〜口調くちょ 빈정대는 어조/ 辛辣しんな〜を言いう 신랄하게 비꼬다 ②얄궂음, 짓궂음¶〜な運命うん 얄궂은 운명
**ひにくのたん**【*脾肉の嘆・*脾肉の嘆】(文) 비육지탄, 공을 세울 기회가 없음을 한탄함
**ひにく・る**【皮肉る】 自五 빈정거리다, 비꼬다¶政治せいを〜った漫画まん 정치를 풍자한 만화
**ひにち**【日日】(口) ①날짜, 예정일, 기일＝期日きじつ¶〜を決きめる 날짜를 정하다 ②날수, 시일＝ひかず¶〜がかかる 시일이 걸리다
**ひにひに**【日に日に】나날이, 날로＝日ごとに¶〜暖あたたかくなる 나날이 따뜻해지다
**ひにょうき**【泌尿器】【医】비뇨기¶〜科か 비뇨기과
**ひにん**【否認】名(他スル) 부인 ⇔ 是認にん¶犯行こうを〜する 범행을 부인하다

**ひにん**【非人】①【仏】비인, 인간이 아닌 것 ②(江戸えど 시대의) 천민
**ひにん**【避妊】名(自スル)【医】피임¶〜薬やく 피임약
**ひにんじょう**【非人情】I 名(ダ) 비정함, 몰인정함＝不人情ふじょう¶〜な人ひと 비정한 사람 II 名 의리·인정을 초월한 경지
**ひね**【*陳】①오래 됨, 묵은 것, 묵은 곡식¶〜米ごめ 묵은 쌀 ②자잘스러움, 조숙함, 그런 사람
**ひねくりまわ・す**【*捻くり回す】他五(口) → ひねりまわす
**ひねく・る**【*捻くる】他五(口) ①만지작거리다¶ハンカチを〜 손수건을 만지작거리다 ②핑계를 둘러대다 ③두루 궁리하다¶〜・った表現ひょう 두루 생각해낸 표현
**ひねく・れる**【*捻くれる】 自下一 (성질 등이) 비뚤어지다, 뒤틀리다¶〜・れたものの言いい方かた 삐딱한 말투
**ひねこ・びる**【*陳こびる】 自上一(口) 자깝스럽게 굴다＝ひねっこびる¶〜・びた子こども 자깝스럽게 구는 아이
**ひねつ**【比熱】【物】비열
**びねつ**【微熱】【医】미열¶〜がある 미열이 있다
**ひねっこ・びる**【*陳っこびる】 自上一(口) → ひねこびる
**ひねもす**【終日】 副(文) 종일, 하루 종일, 온종일＝しゅうじつ¶〜書斎しょにこもる 종일 서재에 틀어박히다
**ひねり**【*捻り】①비틂 ②【相撲】비틀어 넘어뜨리는 기술
**ひねりだ・す**【*捻り出す】他五 ①짜내다¶名案めいを〜 명안을 짜내다 ②(자금 등을) 염출하다¶旅費りょを〜 여비를 염출하다
**ひねりまわ・す**【*捻り回す】他五 ①만지작거리다, 주물럭거리다¶おもちゃを〜 장난감을 만지작거리다 ②짜내다, 궁리하다¶手紙てがの文章ぶんを〜 편지의 문장을 궁리하다
**ひね・る**【*捻る・*拈る・*撚る】他五 ①돌리다, 틀다, 꼬다¶水道すいの栓せんを〜 수도꼭지를 틀다 ②(몸을) 뒤틀다, 뒤틀려서 다치다¶腰こしを〜 허리를 뒤틀다/ 足首あしくを〜 발목을 접질리다 ③(「頭あたまを」의 꼴로) 짜내다, 궁리하다 対策たいに頭を〜 대책을 짜내다 ④(궁리해서) 색다르게(복잡하게) 짜내다¶〜・った問題もんを出だす 색다른 문제를 내다 ⑤(시가를) 짓다¶〜一句いっを〜 한 수 짓다 ⑥(상대를) 해치우다¶相手あいてに軽かるく〜・られる 상대에게 쉽게 당하다 ⑦(「首くびを〜」의 꼴로) 고개를 갸웃하다, 의아해하다¶おかしいなと首を〜 이상한데 하며 고개를 갸웃하다
**ひ・ねる**【*陳ねる】 自下一 ①해묵다, 오래 되다¶〜・ねたじゃがいも 해묵은 감자 ②자깝스럽다, 조숙하다¶〜・ねた顔かおの子供こど 조숙해 보이는 얼굴의 아이
**ひねん**【比年】(文) 매년, 연년, 해마다
**ひのいり**【日の入り】해가 짐, 일몰＝日没ぼつ
**ひのうちどころ**【非の打ち所】連語(「〜が[ない]」의 꼴로) 흠잡을[나무랄] 데¶〜がない人物じんぶ 나무랄 데가 없는 인물

ひのえ【˰丙】병. 십간(干)의 셋째
ひのえうま【˰丙˰午】병오. 병오년
ひのき【˟檜】【植】노송나무
ひのきぶたい【檜舞台】①노송나무로 만든 무대 ②(능력을 과시할) 영광스러운 무대¶ オリンピックの～を踏ふむ 올림픽의 영광스러운 무대에 서다
ひのくるま【火の車】①【佛】지옥으로 죄인을 실어나른다는 불수레 ②몹시 쪼들림¶ 家計かけいは～だ 살림이 몹시 궁색하다
ひのくれ【日の暮れ】해질녘, 저녁 때
ひのけ【火の気】불기¶ ～のない部屋へや 불기가 없는 방
ひのこ【火の粉】불티, 불똥¶ ～をかぶる 불똥을 뒤집어쓰다
ひのし【火〈熨斗〉】인두, 다리미¶ ～をあてる 인두질을 하다
ひのしたかいさん【日の下開山】(무예·일본 씨름 등에서) 천하 무적= ひのしたかいざん
ひのたま【火の玉】①공 모양의 불덩어리 ②도깨비불= 鬼火おに·人魂 ③【比】불 같은 기세¶ ～となって戰たたかう 불 같은 기세로 싸우다
ひのて【火の手】①거세지는 불길이 거세지다 ②【比】(공격 등의) 기세¶ 反擊はんげきの～を上あげる 반격의 기세를 높이다
慣用句
――が上あがる ①불이 나다 ②(싸움 등이) 맹렬하게 시작되다
ひので【日の出】일출, 해돋이 ⇔ 日ひの入いり
慣用句
――の勢いきおい 욱일 승천의 기세
ひのと【˰丁】정, 십간(十干)의 넷째
ひのばん【火の番】화재를 감시하는 당번
ひのべ【日延べ】【名】【自スル】①(기일의) 연기¶ 旅行りょこうを～になる 여행이 연기되다 ②(기간의) 연장¶ ～興行こう 연장 흥행
ひのまる【日の丸】①해 모양의 붉은 동그라미 ②일장기 ―弁当べん 밥 한가운데에 梅干うめしを 박은 도시락
ひのみ【火の見】「火ひの見み櫓やぐら」의 준말 ―櫓やぐ 화재를 감시하는 망루
ひのめ【日の目】햇빛, 일광
慣用句
――を見みる 햇빛을 보다. 세상에 알려지다
ひのもと【日の本】【文】「日本にほん」의 미칭
ひのもと【火の元】화인, 발화 장소, 화기가 있는 곳¶ ～に気きをつける 불조심하다
ひのようじん【火の用心】불조심
ひば【干葉·乾葉】①마른 잎, 가랑잎 ②시래기
ひば【˟檜葉】①노송나무 잎 ②「アスナロ」의 딴이름. 나한백
ひばい【肥培】【名】【他スル】비배. 거름을 주어 작물을 재배하다
ひばいどうめい【非買同盟】불매 동맹
ひばいひん【非売品】비매품
ひはく【飛白】【文】①비백 무늬, 그런 천= かすり ②(한문 서체의) 비백, 비백서(飛白書)
ひばく【飛˟瀑】【文】비폭, 높은 곳에서 떨어지는 폭포

ひばく【被˟曝】【名】【自スル】【原】피폭. 방사능에 노출됨¶ 原発げんぱつの事故じこで～する 원전 사고로 피폭되다 ―者しゃ 피폭자
ひばく【被爆】【名】【自スル】 피폭. 폭격을 받음, (특히) 원자탄이나 수소폭탄의 피해를 입음 ―者しゃ 피폭자
ひばし【火の箸】화저, 부젓가락
ひばしら【火柱】불기둥¶ ～が上あがる 불기둥이 일다
びはだ【美肌】아름다운 피부, 피부를 아름답게 함 ―法ほう 피부 미용법
ひばち【火鉢】화로¶ ～にあたる 화로를 쬐다
ひばな【火花】①불꽃, 불티, 불똥¶ ～が散ちる 불꽃이 튀다 ②방전할 때 나는 섬광, 스파크
慣用句
――を散ちらす 불꽃을 튀기다, 격심한 싸움을 벌이다
ひばら【˟脾腹】옆구리= 横腹よこばら·脇腹わきばら¶ ～を突つく 옆구리를 찌르다
ひばらい【日払い】(임금·이자 등을) 하루 단위로 지불함
ひばり【˟雲雀】【動】종다리, 종달새
ひはん【批判】【名】【他スル】비판¶ 自己じこ～ 자기 비판/ 政府せいふを～する 정부를 비판하다 ―的てき【ナ】비판적¶ ～な態度たいど 비판적인 태도
ひばん【非番】비번¶ 明日あすは～だ 내일은 비번이다
ひはんしょう【肥胖症】【醫】비반증, 비만증
ひひ【比比】【副】【文】비비¶ ～どれも 어느 것이나, 이것도 저것도 ①～として皆然かいぜんり 어느 것이나 다 그렇다 ②종종, 자주 ③줄줄이
ひひ【˟狒˟狒】①【動】비비 ②호색한 중년 이상의 남자를 욕하는 말¶ ～おやじ 색골 영감
ひひ【˟霏˟霏】【文】눈·비 등이 계속 내림¶ ～として秋雨あきさめが降ふる 가을비가 죽죽 내리다
ひび【日日】【名】【副】매일, 나날, 날마다¶ ～の糧かて 나날의 양식
ひび【輝·˟皸】살갗이 튼 곳¶ ～がきれる 살갗이 트다
ひび【˟篊】【水】①(김·굴 양식을 위해) 바다 속에 세우는 대나 나뭇가지 ②어살
ひび【˟罅】①(도기·벽 등에 생긴) 잔금, 금 ②【比】심신·인간 관계 등에 생긴 고장·불화
慣用句
――が入はいる 금이 가다 ①금이 생기다 ②【比】(심신·인간 관계 등에) 이상이 생기다¶ 夫婦ふうふの関係かんけいに～ 부부 사이에 금이 가다
びび【微微】【タル】미미. 하찮음¶ ～たる存在そんざい 미미한 존재
ひびか・す【響かす】【他五】 → ひびかせる
ひびか・せる【響かせる】【他下一】①울리다¶ 爆音ばくおんを～ 폭음을 울리다 ②(이름을) 떨치다
ひびき【響き】①울림, 울리는 소리¶ 銃声じゅうせいの～ 총소리의 울림 ②진동¶ 地ぢ～ 땅울림 ③음감, (귀에 와닿는) 느낌¶ 優やさしい～の言葉ことば 부드럽게 느껴지는 말 ④여운, 잔향¶ 鐘かねの～ 종소리의 여운 ⑤여파, 영향¶ 株かぶ

**ひびきわたる**

暴落ぼうらくの〜で破産はさんする 주가 폭락의 영향으로 파산하다
[慣用句]
**—の声に応ずる如し** 응답·대응이 매우 빠른 모양

**ひびき わた・る** [響き渡る] 自五 ①울려퍼지다¶サイレンが〜 사이렌이 울려퍼지다 ②(명성·평판 등이) 널리 퍼지다 名声めいが全世界ぜんに〜 명성이 전세계에 널리 퍼지다

**ひび・く** [響く] 自五 ①울리다, 울려 퍼지다¶鐘の音おとが〜 종소리가 울려퍼지다 ②널리 알려지다¶名声が世間に〜・いている 명성이 세상에 알려져 있다 ③(마음에) 와 닿다, 통하다¶胸に〜一言ひとこと 마음에 와닿는 한 마디 ④영향을 주다¶徹夜てつやは体からだに〜 철야는 몸에 영향을 미친다 ⑤울리다, 진동이 전해지다¶爆発ばくはつの衝撃しょうげきがガラス戸とに〜 폭발의 충격이 유리문에 울리다

**びびし・い** [美美しい] 形 화려하고 아름답다¶〜・く着飾きかざる 화려하고 아름답게 차려입다

**ひひょう** [批評] 名 他スル 비평¶印象いんしょう〜 인상 비평/論文ろんぶんを〜する 논문을 비평하다 —**家**か 비평가 —**眼**がん 비평안, 비평 능력

**ひびょういん** [避病院] 피병원. 법정 전염병 환자를 격리·수용하는 병원

**びび・る** 自五 俗 기가 죽어 위축되다, 주눅들다¶大舞台おおぶたいで〜ってしまう 큰 무대라 주눅들어 버리다

**ひびわれ** [*罅割れ] 名 自スル (도기·벽 등에) 금이 감, 그런 금¶壁かべが〜する 벽에 금이 가다

**ひびわ・れる** [*罅割れる] 自下一 금이 가다, 갈라지다¶茶ちゃわんが〜 찻잔이 금이 가다

**びひん** [備品] 비품¶会社かいしゃの〜 회사의 비품

**ひふ** [皮膚] 医 피부¶〜病びょう 피부병/〜が荒あれる 피부가 거칠어지다

**ひふ** [被布·被服] (일본옷 위에 입는) 옷섶이 깊은 여성·아동용 겉옷

**ひぶ** [日歩] 일변(日邊)¶〜がし 일변으로 돈을 빌려줌

**ひぶ** [日賦] 일부. (빚을) 날마다 얼마씩 갚아가는 일, 그런 빚 = 日済ひなし

**びふう** [美風] 미풍, 아름다운 풍속 ⇔ 悪風あくふう¶〜を守まもる 미풍을 지키다

**びふう** [微風] 미풍, 산들바람 = そよかぜ

**ひふきだけ** [火吹き竹] 불을 피울 때 입에 대고 부는 대통

**ひふく** [被服] 文 피복, 옷¶〜費ひ 피복비

**ひふく** [被覆] 名 他スル 文 피복, 덮어 쌈¶〜電線でんせん 피복 전선

**ひぶくれ** [火膨れ] 화상에 의한 물집¶やけどで〜ができる 화상으로 물집이 생기다

**ひぶくろ** [火袋] ①(석등롱의) 불 켜는 곳 ②(난로의) 아궁이

**ひぶた** [火*蓋] (화승총의) 화약통 덮개
[慣用句]
**—を切**きる 전쟁·시합 등을 시작하다

**ひぶつ** [秘仏] 비불. (감실 등에 소중히 넣어) 보통 때는 공개하지 않는 불상

**ひふん** [悲憤] 名 自スル 비분. 탄식하고 분개함¶〜慷慨こうがい 비분 강개/〜遣やる方かたなし 비분을 금할 길이 없다

**ひぶん** [碑文] 비문 = 碑銘ひめい

**びぶん** [美文] 미문 ①미사여구를 늘어놓은 문장 ②(表) 明治めいじ 중기 이후 유행한 미사여구로 꾸민 감상적인 의고문 ③예술적인 문장 —**調**ちょう (表) 문장을 아름다운 말로 꾸민 문체

**びぶん** [微分] 名 他スル [数] 미분 —**学**がく [数] 미분학 —**方程式**ほうていしき [数] 미분 방정식

**ひへい** [疲弊] 名 自スル 文 피폐¶財政ざいせいの〜 재정의 피폐/神経しんけいが〜する 신경이 피폐하다

**ピペット** (pipette) 피펫. 눈금이 있는 화학 실험용 유리관

**ひ へん** [日偏] (한자 부수의) 날일변 ▷ 「明·昭」 등의 「日」 부분

**ひ へん** [火偏] (한자 부수의) 불화변 ▷ 「灯·炉」 등의 「火」 부분

**ひぼ** [慈母] 文 자모. 자비로운 어머니¶〜観音かんのん 자모 관음

**ひほう** [飛報] 文 비보, 급보

**ひほう** [秘方] 文 비방

**ひほう** [秘宝] 비보¶〜展てん 비보전

**ひほう** [秘法] 비법 ①비밀스런 방법¶健康けんこうの〜 건강의 비법 ②仏 (진언종의) 비밀 기도

**ひほう** [悲報] 文 비보 ⇔ 朗報ろうほう¶〜に接せっする 비보에 접하다

**ひぼう** [非望] 文 비망. 분에 넘친 소망, 야망¶〜をいだく 분에 넘치는 소망을 품다

**ひぼう** [*誹*謗] 名 他スル 文 비방¶陰かげで同僚どうりょうを〜する 뒤에서 동료를 비방하다

**びほう** [*弥*縫] 名 他スル 文 미봉¶〜策さく 미봉책

**びほう** [備砲] 軍 비포. (군함·비행기 등에) 비치된 대포

**びぼう** [美*貌] 미모¶〜の女性じょせい 미모의 여성

**びぼう** [備忘] 文 비망 —**録**ろく 비망록

**ひぼく** [婢僕] 文 비복, 계집종과 사내종

**ひほけんしゃ** [被保険者] 피보험자

**ひぼし** [干乾(し)] 口 굶주려서 바싹 마름¶空腹くうふくで〜になりそうだ 배가 고파서 말라 죽을 지경이다

**ひぼし** [日干(し)·日乾(し)] 햇볕에 말림, 그런 것¶魚さかなを〜にする 생선을 햇볕에 말리다

**ひほん** [秘本] ①비본, 비장의 책 ②음란한 책

**ひぼん** [非凡] 비범 ⇔ 平凡へいぼん¶〜な才能さいのう 비범한 재능

**びほん** [美本] 미본 ①장정이 아름다운 책 ②보존상태가 좋은 책

**ひま** [暇·閑] Ⅰ 名 ①(자유로이 쓸 수 있는) 시간¶〜をもてあます 시간을 주체 못하다 ②짬, 틈, 기회¶食事しょくじをする〜がない 식사할 시간도 없다 ③휴가¶〜をもらう 휴가를 얻다 ④(주종·부부 등의) 관계를 끊음¶妻つまに〜を出だす 아내와 이혼하다 Ⅱ ナ 할 일이 없는 모양, 한가함¶〜な人ひと 한가한 사람
[慣用句]
**—に飽**あ**かす** 충분한 시간을 할애하다

ひもと

ー を 割<sup>さ</sup>く 틈을 내다
ー を 出<sup>だ</sup>す ①(고용인을) 해고하다 ②(부부의) 관계를 끊다. 이혼하다
ー を 取<sup>と</sup>る ①휴가를 얻다 ②(고용인이) 나가다. (아내 쪽에서) 이혼하다
ー を 盗<sup>ぬす</sup>む 틈(짬)을 내다

**ひま**[*隙](文) ①(물건 사이의) 틈 = すきま ②(사람 사이에 생긴) 틈. 불화
**ひま**[*蓖麻][植]「とうごま」의 딴이름. 피마자
**ひまく**[皮膜] 피막 ①피부와 점막 ②껍질같이 얇은 막 ③(文) 虛實<sup>きょじつ</sup>~の間<sup>かん</sup> 허구와 사실 간의 극소한 차이
**ひまく**[被膜] 피막. 덮어싸고 있는 막
**ひまご**[*曾孫] 증손 = ひいまご・そうそん
**ひまし**[日増し][名](과일・채소 등이) 날짜가 지나 오래됨¶ ~の竹<sup>たけ</sup>の子<sup>こ</sup> 날짜가 오래된 죽순 ー に [副] 날로, 나날이, 날이 갈수록 ¶ ~回復<sup>かいふく</sup>する 나날이 회복되다
**ひましゆ**[*蓖麻子油][藥] 피마자유
**ひまじん**[*閑人・暇人] 한인. 한가한 사람
**ひまち**[日待ち][民] ①전날 밤부터 모여 재계하고 해맞이를 하는 행사 ②농촌에서 모내기・추수가 끝난 뒤 마을 사람들이 모여 하는 잔치
**ひまつ**[飛沫](文) 비말. 물보라 = しぶき¶ ~を浴<sup>あ</sup>びる 물보라를 뒤집어쓰다
**ひまつぶし**[暇潰し][名][自スル] ①시간 낭비¶ とんだ~をしてしまった 쓸데없는 시간 낭비를 하고 말았다 ②심심풀이. 심심파적¶ ~に雑誌<sup>ざっし</sup>を読<sup>よ</sup>む 심심풀이로 잡지를 읽다
**ひまつり**[火祭(り)] ①불을 피워 신에게 제사 지내는 행사 ②出雲大社<sup>いずもたいしゃ</sup>의 제례 ③진화제(鎭火祭)
**ひまど・る**[暇取る][自五] 시간이 걸리다¶ 準備<sup>じゅんび</sup>に~ 준비에 시간이 걸리다
**ひまひま**[暇暇・*隙*隙] ①짬짬이, 틈틈이¶ ~に庭<sup>にわ</sup>の手入<sup>てい</sup>れをする 짬짬이 정원 손질을 하다 ②(文) (여러개의) 틈
**ヒマラヤすぎ**[ヒマラヤ杉][植] 히말라야삼목
**ひまわり**[〈向日葵〉][植] 해바라기
**ひまん**[肥満][名][自スル] 비만¶ ~体<sup>たい</sup> 비만한 몸/ ~しないように運動<sup>うんどう</sup>する 비만하지 않도록 운동하다 ー 型<sup>がた</sup> 비만형 ー 症<sup>しょう</sup>[醫] 비만증
**びまん**[*弥漫・*瀰漫][名][自スル](文) 미만. 만연함¶ 悪弊<sup>あくへい</sup>が~する 악폐가 만연하다
**びみ**[美味][名][ダ](文) 맛이 좋음. 그런 맛・음식¶ ~な料理<sup>りょうり</sup> 맛있는 요리
**ひみず**[火水] ①불과 물 ②불에 타고 물에 빠진 듯한 괴로움 = 水火<sup>すいか</sup> ③몹시 사이가 나쁜 관계¶ ~の仲<sup>なか</sup> 몹시 나쁜 사이
[慣用句]
ー も 厭<sup>いと</sup>わない 물불을 가리지 않다. 어떠한 고생도 마다하지 않다
**ひみつ**[秘密][名][ダ] 비밀¶ ~にする 비밀로 하다/ ~裏<sup>り</sup>に行<sup>おこな</sup>う 비밀리에 행하다 ー 結社<sup>けっしゃ</sup> 비밀 결사 ー 選挙<sup>せんきょ</sup> 비밀 선거
**びみょう**[美妙][ダ](文) 미묘. 형용하기 어려울 정도로 아름다움¶ ~な笛<sup>ふえ</sup>の音<sup>ね</sup> 형용하기 어려울 정도로 아름다운 피리 소리

**びみょう**[微妙][ダ] 미묘¶ ~な差異<sup>さい</sup> 미묘한 차이/ ~に変化<sup>へんか</sup>する 미묘하게 변화하다
**ひむろ**[氷室] 빙실. 얼음 창고. 빙고
**ひめ**[姫] ①여자의 미칭 ⇔ 彦<sup>ひこ</sup> ②귀인의 딸에 대한 호칭 ③(造語)(사람・물건 이름에 붙어) 작은, 귀여운 ~小松<sup>こまつ</sup> 작은 소나무/ ~垣<sup>がき</sup> 낮은 담
**ひめい**[非命](文) 비명¶ ~の死<sup>し</sup> 비명 횡사/ ~に倒<sup>たお</sup>れる 비명에 쓰러지다
**ひめい**[悲鳴] 비명¶ ~が聞<sup>き</sup>こえる 비명이 들리다
[慣用句]
ー を 上<sup>あ</sup>げる ①(고통・공포로) 비명을 지르다 ②우는 소리를 하다
**ひめい**[碑銘] 비명 = 碑文<sup>ひぶん</sup>・墓<sup>ぼ</sup>ー 묘비명
**びめい**[美名] 미명 ①명성, 좋은 평판 ⇔ 悪名<sup>あくめい</sup> ②그럴 듯한 명목¶ 開発<sup>かいはつ</sup>の~に隠<sup>かく</sup>れて自然破壊<sup>しぜんはかい</sup>を行<sup>おこな</sup>う 개발이라는 미명 아래 자연 파괴를 저지르다
**ひめがき**[姫垣] 낮은 울타리
**ひめぎみ**[姫君] 귀인의 딸에 대한 높임말
**ひめくり**[姫*捲り] (매일 한 장씩 떼는) 일력
**ひめごと**[秘め事](文) 비사. 내밀한 일
**ひめこまつ**[姫小松] ①[植] 섬잣나무 ②작은 소나무 = 姫松<sup>ひめまつ</sup>
**ひめのり**[姫糊] 밥알을 물에 개어 만든 풀
**ひめます**[姫*鱒][動] 각시송어
**ひめまつ**[姫松] 작은 소나무 = 姫小松<sup>ひめこまつ</sup>
**ひめゆり**[姫〈百合〉][植] 하늘나리
**ひ・める**[秘める][他下一] 숨기다, 감추다, 간직하다¶ 胸<sup>むね</sup>に~ 가슴 속에 간직하다
**ひめん**[罷免][名][他スル][法] 파면¶ 大臣<sup>だいじん</sup>を~する 대신을 파면하다 ー 権<sup>けん</sup>[法] 파면권
**ひも**[紐] ①끈. 靴<sup>くつ</sup>の~を結<sup>むす</sup>ぶ 구두 끈을 묶다 ②조건이 붙음¶ ~が付<sup>つ</sup>いた援助<sup>えんじょ</sup> 조건이 붙은 원조 ③(俗) 기둥 서방, 정부
**ひもかわ**[*紐革] ①가죽 끈 ②「ひもかわうどん」의 준말 ー 饂飩<sup>うどん</sup>(가죽 끈처럼) 납작하게 만든 국수 = きしめん
**ひもく**[費目] 비목. 지출 명목, 경비를 구분한 항목¶ 支出<sup>ししゅつ</sup>ー 지출 비목
**びもく**[眉目](文) 미목 ①눈썹과 눈 ②용모¶ ~秀麗<sup>しゅうれい</sup>な青年<sup>せいねん</sup> 미목이 수려한 청년
**ひもじ・い**[形] 배고프다. 시장하다¶ ~思<sup>おも</sup>いをする 시장기를 느끼다
**ひもすがら**[終日][副](文) 종일. 온종일. 하루 내내 = ひねもす ⇔ よもすがら
**ひもち**[日持ち・日<sup>ひ</sup>保ち] (음식물 등이) 상하지 않고 오래 감¶ ~のよい食品<sup>しょくひん</sup> 오래 보존할 수 있는 식품
**ひもち**[火持ち・火<sup>ひ</sup>保ち] (숯불 등의) 불이 오래 감¶ ~のいい炭<sup>すみ</sup> 불이 오래 가는 숯
**ひもつき**[紐付き] ①끈이 달려 있음, 그런 것¶ ~の財布<sup>さいふ</sup> 끈 달린 지갑 ②조건이 붙음¶ ~の取引<sup>とりひき</sup> 조건부 거래 ③(俗) 정부가(기둥 서방이) 있음¶ ~の女<sup>おんな</sup> 정부가 있는 여자
**ひもと**[火元] ①불기 있는 곳, 화기¶ ~を見<sup>み</sup>回<sup>まわ</sup>る 불기있는 곳을 두루 점검하다 ②불을

ひもとく

낸 집〔장소〕 ③〔比〕(사건 등의) 불씨, 근원, 그런 사람¶ うわさの~ 소문의 근원
ひも と・く【*繙く・*紐解く】(他五)(文) 책을 펴서 읽다 ー 漢籍を~ 한문 서적을 읽다
ひ もの【干物・乾物】건어물 あじの~ 말린 전갱이
ひ もん【秘文】(文) 비문. 비밀 주문¶ ~を唱える 비밀 주문을 외다
ひ や【冷や】①찬술¶ ~で飮む 찬술로 마시다 ②(「お~」의 꼴로) 찬물, 냉수
ひ や【火矢・火*箭】화전. 불화살
ビヤ (beer) 비어. 맥주 ー 樽 ①맥주통 ②(俗)(比) 배불뚝이 ー ホール (beer hall) 비어 홀
ひや あせ【冷や汗】식은땀
ひや かし【冷やかし・〈素見〉】①놀림¶ ~を言う 놀리는 말을 하다 ②사지는 않고 값만 물어봄
ひやか・す【冷やかす・〈素見〉す】(他五)①놀리다 = からかう¶ 仲がいいのを~ 사이가 좋다고 놀리다 ②사지는 않고 값만 물어보다¶ 夜店を~ 야시장에서 물건은 사지 않고 값만 물어보다 ③차게 하다, 식히다 = ひやす¶ 鮨飯を~ 초밥에 쓸 밥을 식히다
ひゃく【百】(畜)ヒャク (訓)もも(音)백. Ⅰ(造語) ①백¶ 百回 백회・百個 백개・百害 해·百貨店 화점 ▷(熟字訓) 百足 지네·百舌 때까치·百合 백합·百日紅 백일홍·八百屋 채소 가게·八百万 다수 Ⅱ ①백¶ ~分の一 백분의 일 ②매우 많음
(慣用句)
ー も 承知 익히〔충분히〕알고 있음¶ ~二百も合点 익히 알고 또 알고 있음
ひ やく【非役】①무보직 ②소임〔직책〕을 그만두게 됨
ひ やく【飛躍】图自スル 비약 ①뛰어오름 ②보다 큰 세계로 진출하여 활약함¶ 政界に~する 정계로 진출하여 활약하다 ③급속하게 진보·향상됨¶ 技術 的に向上する 기술이 비약적으로 향상하다 ④순서·단계를 밟지 않고 건너뜀¶ 論理の~ 논리의 비약
ひ やく【秘薬】비약 ①비방약¶ 家伝の~ 집안 대대로 전해 오는 비약 ②묘약¶ 回春の~ 회춘의 비약
ひ やく【秘*鑰】(文) 비밀을 푸는 열쇠, 비결
び やく【*媚薬】미약. 성욕(연정)을 불러일으키는 약
びゃく え【白衣】(文) 백의. 흰옷 = はくい¶ ~の天使 백의의 천사
ひゃく がい【百害】백해. 많은 폐해
(慣用句)
ー あって 一利 なし 백해 무익하다
びゃく ごう【白*毫】〔佛〕백호. 부처님의 미간에 있는 빛을 내는 흰 털
ひゃく じ【百事】(文) 백사. 만사 = 万事
ひゃく じつこう【百日紅】〔植〕백일홍
ひゃく しゃく かんとう【百尺*竿頭】백척 간두
(慣用句)

1062

ー一歩を進める 이미 한계까지 이르렀는데도 더욱 분발하여 노력을 거듭하다
ひゃく じゅう【百獸】백수¶ ~の王 백수의 왕
ひゃく しゅつ【百出】图自スル 백출. 여러 가지로 많이 나옴¶ 議論 ~ 의론 백출
ひゃく しょう【百姓】①농민 ②시골뜨기 ③〔江戶〕시대의) 자작농 = 本百姓 一一揆〔日史〕(江戶 시대의) 농민의 봉기 一読み 한자를 부수를 보고 아무렇게나 읽는 일
ひゃく せん【百千】백천. 수많음¶ ~万の民 아주 수많은 백성
ひゃく せん【百戰】백전 一百勝 백전 백승
ひゃく たい【百態】(文) 백태. 여러 가지 모습·모양¶ ~を演ずる 백태를 보이다
ひゃく だい【百代】백대. 아주 오랜 세월. 영원¶ 名を~に残す 이름을 영원히 남기다
びゃく だん【白*檀】〔植〕백단향
ひゃく とおばん【110番】(口)(일본의) 긴급 연락용 경찰 전화 번호
ひゃく にち【百日】①백일. 백날 ②많은 날 一*鬘〔劇〕(歌舞伎에서) 도적·죄수 등으로 분장할 때 쓰는 앞머리가 긴 가발 一咳〔醫〕백일해 一草〔植〕백일초. 백일홍
(慣用句)
ー の 説法 *屁 一つ (比) 오랜 수고가 사소한 실수로 허사가 됨
ひゃく にん いっ しゅ【百人一首】100명의 和歌를 한 수씩 골라 모은 것 = 百人首
ひゃく にん りき【百人力】일당백(一當百)의 힘. 아주 마음이 든든함¶ 君がいれば~だ 네가 있으니 마음 든든하다
ひゃく ねん【百年】백년 ①백 해 ②긴 세월¶ 国家の~の計 국가 백년지계 一目 끝장, 마지막 (각오) ¶ ここで会ったが~だ 여기서 만났으니 (너도 이젠) 끝장이다
(慣用句)
ー 河清 を俟つ 백년 하청을 기다리다
ー の恋 も 一時に冷める 오랫동안 품어 온 연정이 일시에 사라지다
ー の不作 평생의 불행, 일생 일대의 실수
ひゃく パーセント【百パーセント】백 퍼센트 ①10할, 전부 ②더할 나위 없음, 완전함, 만점¶ 効果~ 효과 만점
ひゃく はちじゅう ど【百八十度】백팔십도 ①일직선이 되는 각도 ②정반대, 완전히 바뀜
ひゃく はち ぼんのう【百八煩悩】〔佛〕팔 번뇌
ひゃく ぶん【百聞】백문. 몇번이고 들음
(慣用句)
ー は 一見 に如かず 백문이 불여 일견
ひゃく ぶん ひ【百分比】(數) 백분비. 백분율
ひゃく ぶん りつ【百分率】(數) 백분율
ひゃく まん【百万】①백만 ②아주 수가 많음¶ ~の味方 우리편이 아군 一言 백만언. 아주 많은 말 一*陀羅 (俗) 같은 말을 수없이 되풀이함 一長者 백만 장자 一遍 ①백만 번, 많은 횟수 ②「百万遍念仏」의 준말. 염불을 100만 번 외는 불교 행사
ひゃく み【百味】백미. 수많은 맛, 여러 가지

요리 **一箪筒**(だん) 한약방의 서랍이 많은 약장
**ひゃく めんそう** [百面相] ①여러 가지 표정을 지어 보임. 그런 얼굴 ②간단한 변장을 하고 표정을 여러 가지로 지어 보이는 연예
**ひゃく ものがたり** [百物語] 밤에 몇 사람이 모여서 교대로 괴담을 하는 놀이. 그런 괴담
**ひゃくやく** [百薬] 백약. 온갖 약 **一の長**(ちょう) 백약지장 ①가장 좋은 약 ②술의 미칭
**ひゃく ようばこ** [百葉箱] 〖氣〗 백엽상
**ひゃくらい** [百雷] 〖文〗 백뢰 ①수많은 벼락 ②〖比〗 요란한 소리・충격 ¶ **~の拍手**(はくしゅ) 우레 같은 박수 소리
**ひゃくり** [百里] 백리 ▷ 우리 나라의 천리
|慣用句|
**一を行**(ゆ)**く者**(もの)**は九十里**(きゅうじゅうり)**を半**(なか)**ばとす** 천리 길을 가려는 사람은 9백 리를 반으로 여겨야 한다
**ひゃくれん** [百錬] 〖名〗〖文〗 백련. 거듭 단련함 ¶ **~の鉄**(てつ) 여러 번 단련한 쇠
**びゃくれん** [白蓮] ①백련. 흰 연꽃= はくれん ②〖比〗 더러운 환경에서도 깨끗하고 아름다운 것
**ひやけ** [日焼け] 〖名〗〖自スル〗 ①햇볕에 탐[그을림] ¶ **~した顔**(かお) 볕에 탄 얼굴 (옷・畳 등이) 햇볕에 바램 ③가뭄으로 논・못의 물이 마름
**ひやざけ** [冷や酒] 찬술. 데우지 않은 술
**ひやし** [冷(や)し] ①〖造語〗 차게 함. 차게 한 것 ¶ **~汁粉**(じるこ) 차게 한 단팥죽 ②〖女〗 찬물
**ヒヤシンス** (hyacinth) 〖植〗 히야신스 = **風信子**(ふうしんし)
**ひや・す** [冷(や)す] 〖他五〗 ①차게 하다 ¶ **患部**(かんぶ)**を~** 환부를 식히다/ ビールを~ 맥주를 차게 하다 ②(흥분을) 진정시키다 ¶ **頭**(あたま)**を~** 머리를 식히다

중 ¶ **~の腕前**(うでまえ) 백발 백중의 솜씨
**ひゃっぱん** [百般] 〖文〗 여러 방면. 제반(諸般) ¶ **武芸**(ぶげい)**~に秀**(ひい)**でる** 제반 무예에 뛰어나다
**ひゃっぽう** [百方] 백방. 여러 방면. 방법 ¶ **~手**(て)**を尽**(つ)**くす** 백방으로 손을 쓰다
**ひやとい** [日雇(い)・日傭(い)] 일용. 날품팔이 ¶ **~労働者**(ろうどうしゃ) 일용 노동자
**ひや ひや** [冷や冷や] 〖副〗〖自スル〗 ①(차게 느끼게) 선득선득. 쌀랑쌀랑. 서늘 ¶ **~した夜風**(よかぜ) 선득한 밤바람 ②(불안・걱정・공포 등으로) 조마조마 ¶ **~し通**(どお)**し** 내내 조마조마함/ **内心**(ないしん)**~する** 내심 마음을 졸이다
**ひや みず** [冷や水] 찬물. 냉수 = **お冷**(ひ)**や** ¶ **年寄**(としよ)**りの~** 노인이 나이답지 않게 무리한 일을 함
**ひや むぎ** [冷や麦] 냉국수
**ひや めし** [冷や飯] 찬밥 **一食**(ぐ)**い** ①〖俗〗(江戸시대) 호주 승계를 하지 않는 차남 이하의 남자 ②식객 **一草履**(ぞうり) 막치 짚신
|慣用句|
**一を食**(く)**う** 찬밥을 먹다. 냉대를 받다
**ひや やか** [冷(や)やか] 〖ダ〗 ①차갑게 느끼는 모양 ¶ **秋**(あき)**の~な空気**(くうき) 가을의 차가운 공기 ②냉담한 모양 ¶ **~な態度**(たいど) 쌀쌀한 태도
**ひや やっこ** [冷や奴] 〖料〗 찬 날두부를 양념 간장에 찍어 먹는 음식
**ひやり** [副] 선뜩. 섬뜩. 오싹 ¶ **~する空気**(くうき) 선뜩한 공기/ **車**(くるま)**の警笛**(けいてき)**に~する** 차의 경적에 오싹하다
**ひゆ** [`莧] 〖植〗 비름
**ひゆ** [`比`喩, `譬`喩] 〖表〗 비유 ¶ **~的**(てき)**な表現**(ひょうげん) 비유적인 표현
**びゅう** [`謬] 〖音〗 ビュウ(ビウ) 〖訓〗 あやまる | (음)류. 〖造〗 그릇되다. 잘못되다. 오류 ¶ **謬見**(びゅうけん) 유견・**謬説**(びゅうせつ) 유설・**誤謬**(ごびゅう) 오류
**ひゅうが** [日向] 일본의 옛지방 이름. 지금의 **宮崎**(みやざき)현
**びゅうけん** [`謬見] 〖文〗 유견. 그릇된 견해・생각 ¶ **~を正**(ただ)**す** 유견을 고치다
**ヒューズ** (fuse) 〖電〗 퓨즈 ¶ **~が飛**(と)**ぶ** 퓨즈가 끊어지다/ **~を取**(と)**り替**(か)**える** 퓨즈를 갈다
**ピューマ** (puma) 〖動〗 퓨마
**ヒューマニズム** (humanism) 휴머니즘 ①인문주의 ②〖倫〗 인도주의. 인본주의
**ヒューマン** (human) 〖ダ〗 휴먼. 인간적. 인간다움 **一エンジニアリング** (human engineering) 휴먼 엔지니어링. 인간 공학
**ピューリタン** 퓨리턴 I (Puritan) 〖宗〗 청교도 II (puritan) 결백하고 근엄한 사람 **一革命**(かくめい) 〖史〗 퓨리턴 혁명. 청교도 혁명
**ひょいと** 〖副〗〖口〗 ①뜻밖에. 우연히. 문득 ¶ **~名案**(めいあん)**が浮**(う)**かんだ** 문득 명안이 떠올랐다 ②무심코 ¶ **~口**(くち)**をすべらす** 무심코 입을 놀리다 ③가볍게. 훌쩍. 획 ¶ **~持**(も)**ち上**(あ)**げる** 가볍게 들어올리다
**ひょい ひょい** 〖副〗〖口〗 ①깡충깡충 ¶ **~と飛**(と)**び歩**(ある)**く** 깡충깡충 뛰어다니다 ②이따금. 종종. 퍼뜩퍼뜩 ¶ **~思**(おも)**いつく** 이따금 생각나다 /

ヒヤシンス (hyacinth) 〖植〗 히야신스 = 風信子(ふうしんし)

**ひゃっか** [百花] 〖文〗 백화. 갖가지 많은 꽃 **一斉放**(せいほう) 백화 제방. 각종 학문・예술 등이 자유롭게 성함 **一繚乱**(りょうらん) 백화 요란. 갖가지 꽃이 흐드러지게 핌
**ひゃっか** [百科] 백과. 모든 과목・학과 **一辞典**(じてん) 백과 사전 **一全書**(ぜんしょ) 백과 전서
**ひゃっか** [百家] 백가. 많은 학자 ¶ **諸子**(しょし)**~** 제자 백가 **一争鳴**(そうめい) 백가 쟁명
**ひゃっか** [百貨] 백화. 갖가지 상품 **一店**(てん) 백화점
**ひゃっかん** [百官] 〖文〗 백관. 많은 관리 ¶ **文武**(ぶん)**~** 문무 백관
**ひゃっきやこう** [百鬼夜行] 〖文〗 백귀 야행 ①온갖 잡귀가 밤에 나다님 ②악인들이 횡행함 ¶ **~の乱世**(らんせ) 백귀 야행의 난세
**ひゃっけい** [百計] 〖文〗 백계. 온갖 계략 ¶ **~を巡**(めぐ)**らす** 온갖 계략을 다 쓰다
**びゃっこ** [白`虎] 백호. (사신(四神)의 하나로) 서쪽 방위의 수호신
**びゃっこ** [白`狐] 백호. 털빛이 흰 여우
**ひゃっこ・い** [冷(や)こい] 〖形〗〖口〗 차갑다 = ひゃっこい ¶ **~ビール** 차가운 맥주
**ひゃっこう** [百行] 〖文〗 백행. 모든 행위 ¶ **孝**(こう)**は~のもと** 효는 백행의 근본
**ひゃっぱつ ひゃくちゅう** [百発百中] 백발 백

考かんがえが~変かわる 생각이 종종 바뀌다

**ひょう**【氷】⑧ ヒョウ ⑨こおり・ひ|(음)빙. (造語) ①얼다, 얼음¶ 氷点ひょう 빙점・薄氷はく 박빙¶얼음처럼 깨끗한 것¶ 氷心ひょう 빙심

**ひょう**【表】⑧ ヒョウ(ヘウ) ⑨おもて・あらわす・あらわれる|(음)표. Ⅰ(造語) ①거죽, 표면, 바깥¶ 表面めん 표면・地表ちょう 지표 ②나타내다, 드러내다, 밝히다¶ 表現げん 표현・発表ぱつ 발표 ③명백해지다, 드러나다, 맹백해지다¶ 表象ひょう 표상・表情ひょう 표정 ④표¶ 表札ひょう 표찰・墓表ぼひょう 묘표 ⑤모범, 규범¶ 師表ひょう 사표 ⑥알기 쉽게 정리하여 적은 것¶ 図表ひょう 도표・時刻表じこく 시각표 ⑦군주・관청에 제출하는 문서¶ 表白ひょう 표명・辞表じひょう 사표 Ⅱ表(造語) ①알기 쉽게 정리하여 적은 것¶ ~を作くる 표를 만들다 ②임금에게 올리는 문서¶ 出師すいの~ 출사표

**ひょう**【俵】⑧ ヒョウ(ヘウ) ⑨たわら|(음)표. (造語) ①가마니, 섬¶ 土俵ひょう 흙 담은 가마니, 씨름판 ②(助數) 섬・가마를 세는 말¶ 米一俵いっぴょう 쌀 한 가마

**ひょう**【豹】⑧ ヒョウ(ヘウ)|(음)표. Ⅰ(造語) 표범¶ 豹変ぺん 표변・全豹ぜん 사물의 전모 ▷ 熟字訓 海豹あざ 바다표범 Ⅱ(動) 표범

**ひょう**【彪】⑧ ヒョウ(ヘウ)・ヒュウ(ヒウ)|(음)표. (造語) ①반점, 호랑이 가죽의 선명한 줄무늬 ②아름다운 무늬

**ひょう**【票】⑧ ヒョウ(ヘウ)|(음)표. Ⅰ(造語) ①쪽지, 카드¶ 軍票ぐん 군표・伝票でん 전표 ②투표지¶ 票決ひょう 표결・投票とう 투표 Ⅱ票 ①기록, 증명용 카드¶ ~を示しめす 카드를 보이다 ②투표지¶ ~を集あつめる 표를 모으다 ③(助數) 투표수를 세는 말¶ 百万ひゃくまん~ 백만 표

**ひょう**【評】⑧ ヒョウ(ヒャウ)|(음)평. Ⅰ(造語) ①시비・가부・가치 등을 판가름하다¶ 評決けつ 평결・評定てい ひょうじょう 평정 ②품평하다¶ 評価ひょう 평가・批評ひ 비평 Ⅱ평, 비평¶ 識者しきの~ 식자의 평

**ひょう**【漂】⑧ ヒョウ(ヘウ) ⑨ただよう|(음)표. (造語) ①표류하다, 떠돌다¶ 漂着ちゃく 표착・漂流ひょう 표류 ②바래다¶ 漂白ひょう 표백

**ひょう**【標】⑧ ヒョウ(ヘウ)|(음)표. (造語) ①표지, 목표, 눈표¶ 標準ひょう 표준・目標もく 목표 ②보이다, 나타내다¶ 標榜ひょう 표방・標本ほん 표본 ▷ 熟字訓 澪標みお 수로표

**ひょう**【瓢】⑧ ヒョウ(ヘウ) ⑨ひさご・ふくべ|(음)표. (造語) 호리병박¶ 瓢箪たん 호리병박, 표주박・千瓢かん 박고지, 오가리

**ひょう**【*雹】【氣】우박

**ひょう**【平】「平ہいょう」의 준말⇔仄そく

**ひょう**【日*傭】일용, 날품팔이, 그런 품삯 ―取とり 날품팔이로 일함, 날품팔이꾼

**ひょう**【飛揚】⑧ 自スル(文) 비양, 높이 날아오름

**ひょう**【費用】비용 ―旅行りょの~ 여행 비용/~をひねり出だす 비용을 염출하다

**びょう**【苗】⑧ ビョウ(ベウ)・ミョウ(メウ) ⑨なえ・なわ|(음)묘. (造語) ①모, 모종¶ 苗圃ほ 묘포・種苗しゅ 종묘 ②예방 접종용 백신¶ 痘苗とう 두묘 ③자손, 핏줄¶ 苗裔ひょう 묘예 ④중국의 소수 민족¶ 苗族みょうぞく 묘족

**びょう**【秒】⑧ ビョウ(ベウ)|(음)초. Ⅰ(造語) ①극히 미세한 것, 아주 작음¶ 秒砂ひょう 초사・分秒ひょう 분초 ②시간・각도의 단위¶ 秒針ひょう 초침・毎秒まい 매초 Ⅱ초 ①시간의 단위¶ ~を刻きざむ 일초일초 지나가다 ②각도, 경도・위도의 단위

**びょう**【病】⑧ ビョウ(ビャウ)・ヘイ ⑨やむ・やまい|(음)병. (造語) ①병이 나다, 병을 앓다, 병¶ 病院びょう 병원・疾病しっ 질병 ②결점, 단점¶ 病根ひょう 병근・病癖ぺき 병적인 버릇¶ 病を나타내는 말¶ 伝染病でんせん 전염병

**びょう**【描】⑧ ビョウ(ベウ) ⑨えがく|(음)묘. (造語) 그리다, 묘사하다¶ 描写じょう 묘사・線描せん 선묘・素描そ 소묘

**びょう**【猫】⑧ ビョウ(ベウ) ⑨ねこ|(음)묘. (造語) 고양이¶ 猫額がく 고양이 이마(처럼 좁음)・愛猫あい 애완 고양이, 고양이를 귀여워함

**びょう**【廟】⑧ ビョウ(ベウ)|(음)묘. ①사당¶ 宗廟そう 종묘・霊廟れい 영묘 ②왕궁의 정전, 조정¶ 廟議ひょう 묘의・廟堂ひょう 묘당 Ⅱ ①사당¶ 孔子こうの~ 공자묘・神社じゃの~ 신사묘

**びょう**【鋲】⑧ ビョウ(ビャウ)|(음)(일본식 한자) 대갈못, 압정¶ 画鋲が 그림 압정 Ⅱ ①대갈못, 징¶ 靴くつの~ 구두징 ②그림 압정

**びよう**【美容】미용, 아름다운 용모, 용모가 아름답게 됨 ―院いん 미장원 ―師し 미용사 ―整形せい 미용 성형 ―体操たい 미용 체조

**びょう**【微恙】(文) 미양, 가벼운 병

**ひょうじ**【表字】표의 문자 ―文字もじ【言】표의 문자

**ひょうい**【憑依】⑧他スル 빙의 ①의지함 ②귀신 붙음, 신들림¶ 心霊しんが~する 심령이 씌다

**ひょういつ**【*飄逸】【ア】표일, 세상 일에 마음 쓰지 않고 마음 내키는대로 함¶ ~な人物じん 표일한 인물

**ひょういん**【平韻】(한자의) 평운⇔仄韻そくいん

**びょういん**【病因】(文) 병인, 병의 원인¶ ~を極きわめる 병인을 규명하다

**びょういん**【病院】병원¶ ~に通かよう 병원에 다니다

**びょうえい**【苗裔】(文) 묘예, 먼 자손, 후예, 말손=末裔まつ

**ひょうおん**【表音】표음 ―文字もじ【言】표음 문자

**ひょうか**【氷菓】(文) 빙과=こおりがし

**ひょうか**【評価】평가¶ 相対たい~ 상대 평가/~すべき成果か 평가할 만한 성과/作品ひんを高たかく~する 작품을 높이 평가하다

**ひょうが**【氷河】【地】빙하¶ ~期き 빙하기 ―時代じ【地】빙하 시대

**びょうか**【病家】(文) 병가, 병자가 있는 집

**びょうが**【病臥】⑧ 自スル(文) 병와, 와병, 자리보전¶ 心労しんろうのあまり~する 심로한 나머지 몸져눕다

**びょうが**【描画】⑧ 自スル(文) 묘화, 그림을 그림

**ひょうかい**【氷海】빙해, 얼어붙은 바다

**ひょうかい**【氷解】⑧ 自スル 빙해, (의혹・오해 등이) 얼음 녹듯이 풀림¶ 疑問ぎが~する 의

문이 얼음 녹듯이 풀리다
ひょうかい 【氷塊】 빙괴. 얼음 덩어리
ひょうがい [*雹害] 박해. 우박으로 인한 피해
ひょうがい 【病害】 병해. (농작물 등의) 병에 의한 피해
ひょうがい かんじ 【表外漢字】 표외 문자. (일본의) 상용 한자표에 없는 한자 = 表外字
ひょう がため 【票固め】 (선거에서) 표 굳히기
ひょうかん 【氷冠】 【地】 ①산꼭대기를 뒤덮은 빙하 ②극지방의 평탄한 땅을 뒤덮은 빙설
ひょうかん [*剽悍] [ナ](文) 표한. 날래고 사나움¶ ～な男 표한한 사나이
びょうかん 【病患】 (文) 병환. 병
びょうかん 【病間】 (文) 병간 ①병중 ②병이 좀 나아졌을 때
ひょうき 【氷期】 【地】 빙기. 빙하기
ひょうき 【表記】 名 他スル 표기 ①겉에 적음¶ ～の住所 표기의 주소 ②문자나 기호로 나타냄¶ 上 まり 표기상의 규칙. 漢字で～する 한자로 표기하다 ━法 표기법
ひょうき 【標記】 名 他スル 표기 ①표시를 함, 그런 표시 ②표제로 씀, 그런 사항¶ ～の件につき 표기의 건에 관하여
ひょうき 【標旗】 표기. 표시로 내세우는 기
ひょうぎ 【評議】 名 他スル 평의¶ ～会 평의회/ ～に付する 평의에 부치다 ━員 평의원
びょうき 【病気】 병 ①질병¶ 重い～ 중병/ ～にかかる 병에 걸리다 ②못된 버릇, 악습¶ また例の～が出た 또 예의 못된 버릇이 나왔다
びょうぎ [*廟議] 묘의. 조정의 평의
ひょうへい 【驃騎兵】 【軍】 표기병. 경기병
ひょうきん [*剽軽] [ナ] 소탈하고 익살스러움¶ ～者 익살꾼/ ～なしぐさ 익살스런 짓
びょうきん 【病菌】 병균
ひょうぐ 【表具】 표구¶ ～師 표구사
びょうく 【病苦】 (文) 병고¶ ～と戦う 병고와 싸우다
びょうく 【病軀】 (文) 병구. 병든 몸¶ ～をおして出かける 병구를 무릅쓰고 나서다
ひょうけい 【表敬】 경의를 표함¶ ～訪問 경의를 표하기 위한 방문. 예방
ひょうけつ 【氷結】 名 自スル 빙결. 얼어붙음. 결빙¶ 湖が～する 호수가 얼어붙다
ひょうけつ 【表決】 名 他スル 표결¶ 挙手に よって～する 거수에 의해 표결하다
ひょうけつ 【票決】 名 他スル 표결. 투표로 결정함¶ 議案を～する 의안을 표결하다
ひょうけつ 【評決】 名 他スル 평결¶ 法案を～する 법안을 평결하다
びょうけつ 【病欠】 名 自スル 병결. 병으로 인한 결석・결근함¶ ～の扱い 병결 처리
ひょう・げる [*剽げる] 自下一 (口) 익살떨다. 웃기는 짓을 하다
ひょうげん 【氷原】 빙원¶ 南極の～ 남극의 빙원
ひょうげん 【表現】 名 他スル 표현¶ ～主体 표현 주체/ 大胆な～ 대담한 표현 ━意図 [表] 표현 의도 ━技法 표현 기법 ━主義

표현주의 ━様式 표현 양식
慣用句
―の自由 【法】 표현의 자유
ひょうげん 【評言】 평언. 비평의 말. 평어
びょうげん 【病原・病源】 병원. 병의 원인 ━菌 병원균
ひょうご 【兵庫】 近畿 지방 서부의 현
ひょうご 【評語】 평어 ①비평의 말, 평언 ②학교 성적의 평가를 나타내는 말
ひょうご 【標語】 표어 = モットー・スローガン¶ 交通安全の～ 교통 안전 표어
びょうご 【病後】 병후 = 病み上がり¶ ～の静養 병후의 정양
ひょうこう 【標高】 【地】 표고. 해발
ひょうごう 【表号・標号】 (文) 표지(標識). 표
びょうこん 【病根】 병근 ①병인, 병원 ②[比] 악습・폐해의 근원¶ 社会の～を絶つ 사회의 병근을 뿌리뽑다
ひょうさつ 【表札・標札】 표찰. 문패¶ ～を掲げる 문패를 내걸다
ひょうざん 【氷山】 빙산
慣用句
―の一角 [比] 빙산의 일각
ひょうし 【拍子】 ①【音】 박자. 가락¶ 四分の曲 4박자의 곡 ②장단¶ ～を取る 장단을 맞추다 ③【芸】 能楽 등에서 쓰는 악기, 그 연주 ④【芸】 能楽 에서 발장단 ⑤【芸】 홀(笏) 모양의 판자를 마주쳐서 가락을 맞추는 악기 ⑥(「…(し)た～に」의 꼴로) 한 순간에, …바람에¶ 走り出した～に足をくじいた 달리기 시작한 순간에 발을 삐었다 ━木 딱따기 ━抜け 名 自スル 맥이 빠짐. 김빠짐
ひょうし 【表紙】 (책 등의) 표지
ひょうじ 【表示】 名 他スル 표시 ①나타내어 보임¶ 意思～ 의사 표시 ②표로 나타냄¶ 統計を～する 통계를 표로 나타내다
ひょうじ 【標示】 名 他スル 표시. 표를 하여 나타냄¶ 非常口～ 비상구 표시
びょうし 【病死】 名 自スル 병사 = 病没¶ 旅先で～する 여행지에서 병사하다
ひょうしき 【標識】 표지¶ 道路～ 도로 표지
ひょうしつ 【氷室】 빙실 = ひむろ
ひょうしつ 【漂失】 名 自スル 표실. 유실¶ 家が～する 집이 유실되다
びょうしつ 【病室】 병실
ひょうしゃ 【評者】 평자. 비평하는 사람
ひょうしゃ 【被用者・被*傭者】 (文) 피고용자
びょうしゃ 【病舎】 병사. 병동
びょうしゃ 【病者】 (文) 병자 = 病人
びょうしゃ 【描写】 名 他スル 묘사¶ 客観的に～する 객관적으로 묘사하다
ひょうしゃく 【評釈】 名 他スル 평석. 해석하고 비평을 가함, 그런 문장
びょうじゃく 【病弱】 名 ナ 병약¶ ～な人 병약한 사람
ひょうしゅつ 【表出】 名 他スル 표출¶ 感情～ 감정 표출/ ～の方法 표출 방법
びょうしゅつ 【描出】 名 他スル (文) 묘출. 그려냄

¶ 心ゟの内面ぬを~する 마음의 내면을 그려내다
**ひょうじゅん** [標準] 표준 ¶ ~に合ぁわない 표준에 맞지 않다 **―価格** 표준 가격 **―語** 표준어 **―時** 표준시 **―偏差** 표준 편차
**びょうしょ** [*廟所] (文) ①귀인의 혼백을 모신 사당 ②묘소, 산소
**ひょうしょう** [*平声] 평성. 한자 사성의 하나
**ひょうしょう** [氷床] 【地】 대륙 빙하
**ひょうしょう** [表象] 표상 ①(文) 상징 ¶ 平和を~する造形 평화를 표상하는 조형 ②(文) 마음에 떠오르는 관념 ③〖哲〗 심상(心象)
**ひょうしょう** [表彰] 名他スル 표창 ¶ ~式 표창식
**ひょうじょう** [氷上] 빙상, 얼음 위
**ひょうじょう** [表情] 표정 ①감정이 얼굴·태도 등에 나타난 것 ¶ 明るい~ 밝은 표정 ②(比) 모양, 풍경 ¶ 都市との~ 도시의 표정
**ひょうじょう** [評定] 名他スル 평정. 의논하여 정함, 평결 ¶ ~が長引く 평결이 오래 끌다
**びょうしょう** [病床·病*牀] 병상 = 病褥ゟ ¶ ~に伏せる 병상에 눕다
**びょうしょう** [病症] (文) 병증. 병의 증세·성질
**びょうじょう** [病状] 병상. 병의 용태, 병세 ¶ ~が悪化する 병세가 악화하다
**びょうしょく** [病*褥·病*蓐] (文) 병욕. 병상
**ひょうじん** [氷人] (文) 빙인. 중매인, 중매쟁이
**ひょうしん** [秒針] (시계의) 초침
**びょうしん** [病身] ①병든 몸 ②병약한 몸
**びょうせい** [病勢] (文) 병세 ¶ ~が募る 병세가 점차 심해지다
**ひょうせつ** [氷雪] (文) 빙설, 얼음과 눈 ¶ ~に閉ざされる 빙설에 갇히다
**ひょうせつ** [*剽窃] 名他スル 표절 ¶ 他人の論文を~する 남의 논문을 표절하다
**ひょうぜん** [*飄然] ル (文) 표연 ①홀쩍 오가는 모양 ¶ ~と現れる 표연히 나타나다 ②속세에 매이지 않고 태평스러운 모양 ¶ ~とした暮らし 표연한 생활
**ひょうそ** [*瘭*疽] 【醫】 표저. 생인손
**ひょうそう** [表装] 名他スル 표장. 표구
**ひょうそう** [表層] 표층 ⇔ 深層 ¶ ~雪崩 표층 눈사태
**びょうそう** [病巣·病*竈] 병소. 병균이 침투한 부분
**ひょうそく** [*平*仄] 평측 ①(한자 사성의) 평성과 측성 ②(한시 작법에서) 평자(平字)와 측자(仄字)를 배열하는 규정
〖慣用句〗
**―が合わない** 조리(앞뒤)가 맞지 않다
**びょうそく** [秒速] 초속
**ひょうだい** [表題] 표제. 제목. 타이틀 ¶ ~音楽 표제 음악 / ~をつける 표제를 붙이다
**びょうたい** [病体] 병체. 병든 몸
**びょうたい** [病態] (文) 병태. 병의 용태, 병세
**びょうたる** [*眇たる] 連体 (文) 극히 작은. 하찮은 ¶ 大海の~孤島 넓은 바다의 아주 작은 외딴섬

**ひょうたん** [氷炭] 빙탄 ①얼음과 숯 ②(比) 상반되는 것
〖慣用句〗
**―相*容れず** 빙탄 불상용. 성질이 상반되어 조화·일치되지 않음
**ひょうたん** [*瓢*簞] ①〖植〗 호리병박 ②표주박, 조롱박 = ひさご **―*鯰** ①좀처럼 잡을 수 없음 ②(比) 종잡을 수 없음, 요령부득임
〖慣用句〗
**―から駒** 표주박에서 망아지(가 나오다) ①(比) 뜻밖의 곳에서 뜻밖의 것이 나타남 ②농담으로 한 말이 실제로 이루어지고 맒
**ひょうち** [*錨地] (文) 묘지, 정박지
**ひょうちゃく** [漂着] 名自スル 표착 ¶ 孤島に~した外閉쓰船 표착한 외딴섬의 배
**ひょうちゅう** [氷柱] ①고드름 = つらら ②(장식용) 얼음 기둥 ¶ ~彫刻 얼음 기둥 조각
**ひょうちゅう** [評注·評*註] 평주. 평석 (評釋)
**ひょうちゅう** [標注·標*註] 표주. 난외(欄外)에 다는 주석
**ひょうちゅう** [標柱] 표주 ①안표가 되는 기둥. 푯대 ②측량용 폴
**びょうちゅう** [病中] (文) 병중
**びょうちゅうがい** [病虫害] 병충해
**ひょうちょう** [表徵] 표징 ①외부에 나타난 표시 ¶ 普通ょ選挙は民主主義の~だ 보통 선거는 민주주의의 표징이다 ②상징 ¶ 平和の~ 평화의 표징
**ひょうちょう** [漂鳥] 【動】 표조. 떠돌이새
**ひょうてい** [評定] 名他スル 평정. 평가하여 정함 ¶ 勤務~ 근무 평정
**ひょうてき** [標的] 표적 ①과녁 ¶ 弾丸が~をそれる 총알이 표적을 빗나가다 ②공격 목표 ¶ 敵の~にされる 적의 표적이 되다
**びょうてき** [病的] ナ 병적 ①건강하지 않음 ¶ ~な顔色 병적인 안색 ②건전하지 않음 ¶ ~考え方が~だ 사고 방식이 병적이다
**ひょうてん** [氷点] 빙점 **―下** 빙점하. 영하
**ひょうてん** [評点] 평점 ¶ ~が辛い 평점이 짜다
**ひょうでん** [票田] 표밭. 대량 득표가 예상되는 선거 지역 ¶ 都市部に~を持つ 도시부에 표밭을 갖다
**ひょうでん** [評伝] 평전 ¶ 作家の~ 작가의 평전
**ひょうど** [表土] 【地】 표토. 겉흙, 경토
**ひょうとう** [*剽盗] 표도. 위험하여 갈취함, 강도 = 追*いはぎ
**びょうとう** [病棟] 병동 ¶ 外科~ 외과 병동
**びょうどう** [平等] 名 ナ 평등 ¶ 男女の~ 남녀 평등/~に分ける 평등하게 나누다
**びょうどう** [*廟堂] (文) 묘당 ①사당 ②조정
**ひょうとく** [表徳] 名他スル (文) 표덕 ①덕행·선행을 세상에 알림 ¶ ~碑 표덕비 ②「表徳号」의 준말. 아호, 별명
**びょうどく** [病毒] 병독 ¶ ~が移る 병독이 옮다
**びょうにん** [病人] 병자, 환자
**ひょうのう** [氷嚢] 빙낭. 얼음 주머니
**ひょうはく** [表白] 名他スル (文) 표백. 표명이 率

直${}_{5ょく}$な～ 솔직한 표명
ひょうはく【漂白】[名][他スル] 표백¶ 布巾${}_{きん}$を～する 행주를 표백하다 一剤${}_{ざい}$【薬】표백제
ひょうはく【漂泊】[名][自スル] 표박¶ 小舟${}_{ぶね}$が～する 작은 배가 표류하다 ①표류함¶ ～の詩人${}_{じん}$ 유랑 시인②유랑함, 떠돎
ひょうばん【評判】I[名][他スル] 평판. 세평¶ ～がいい 평판이 좋다 II [名] 화제가 되어 알려짐¶ ～の本${}_{ほん}$ 소문난 책 / 今年${}_{とし}$～になった映画${}_{えい}$ 올해 화제가 되었던 영화 一記${}_{き}$ 평판기
ひょうひ【表皮】[生] 표피
ひょうひょう【飄飄】(文) 표표 ①바람에 나부끼는 모양 ②동작이 일정치 않고 가벼운 모양¶ ～と歩${}_{ある}$く 표표히 걷다 ③세속에 매이지 않는 모양¶ ～とした人物${}_{じんぶつ}$ 표표한 인물
ひょうびょう [${}^{×}$縹渺・${}^{×}$縹緲] (文) 표묘 어렴풋하여 뚜렷하지 않은 모양¶ 神韻${}_{しんいん}$～ 신비롭고 고상한 운치가 표묘함 ②끝없이 넓은 모양¶ ～たる原野${}_{げんや}$ 표묘한 들판
びょうびょう [${}^{×}$渺渺] (文) 묘묘. 끝없이 넓은 모양. 망망¶ ～たる大海${}_{たいかい}$ 망망한 대해
びょうぶ [${}^{×}$屏風] 병풍¶ ～岩${}_{いわ}$ 병풍처럼 깎아지른 바위¶ ～のように病을 치다 一倒${}_{だお}$し 병풍이 쓰러지듯 벌렁 자빠짐
ひょうぶしょう【兵部省】[日史] ①(律令制${}^{りつりょう}$에서) 팔성(八省)의 하나 ②1869년에 설치된 군령・군정 기관
びょうへい【病弊】(文) 병폐¶ 社会${}_{しゃかい}$の～ 사회의 병폐
ひょうへき【氷壁】 빙벽
びょうへき【病癖】(文) 병벽. (병적인) 나쁜 버릇¶ うそをつく～ 거짓말을 하는 병벽
ひょうへん [${}^{×}$豹変] [名][自スル] 표변. 급변¶ 態度${}_{どう}$が～する 태도가 표변하다
びょうへん【病変】병변. 병으로 인한 신체나 정신의 변화
びょうほ【苗圃】(文) 묘포. 묘상＝苗床${}_{なえどこ}$
ひょうほう【兵法】→ へいほう【兵法】
ひょうぼう【標榜】[名][他スル] 표방¶ 民主主義${}_{しゅぎ}$を～する 민주주의를 표방하다
びょうぼう [${}^{×}$渺茫] [形動ル] (文) 묘망. 끝없이 넓고 아득한 모양¶ ～たる大洋${}_{たいよう}$ 묘망한 대양
びょうぼつ【病没・病歿】[名][自スル] 병몰. 병사¶ 異郷${}_{いきょう}$で～する 타향에서 병사하다
ひょうほん【標本】 표본¶ 化石${}_{かせき}$の～ 화석 표본/ 俗物${}_{ぞくぶつ}$のような男${}_{おとこ}$ 속물의 표본 같은 사나이 一調査${}_{ちょうさ}$【統】표본 조사
びょうま【病魔】 병마
ひょうむ【氷霧】[気] 빙무
ひょうめい【表明】[名][他スル] 표명
びょうめい【病名】 병명
ひょうめん【氷面】 빙면. 얼음의 표면
ひょうめん【表面】 ①겉【地球${}^{ちきゅう}$の～ 지구의 표면 ②남의 눈에 띄는 곳・입장¶ ～に立${}_{た}$って働${}_{はたら}$く 표면에 나서서 일하다 ③외견, 겉면¶ ～を繕${}_{つくろ}$う 겉을 꾸미다 一化${}_{か}$ [名][自スル] 표면화 一張力${}_{ちょうりょく}$ [物] 표면 장력 一的${}_{てき}$ [ナ] 표면적

ひょうめんせき【表面積】[数] 표면적
ひょうもく【標目】(文) 표목 ①표지(標識) ②목차, 목록
ひょうやなぎ [${}^{×}$未${}^{×}$央柳] [植] 물레나물
ひょうよみ【票読み】①(선거 전의) 득표수 예상 ②(개표시의) 표세기, 계표
びょうよみ【秒読み】 초읽기 ①초단위로 시간을 세기¶ ロケット発射時${}_{はっしゃじ}$の～ 로켓 발사의 초읽기 ②시간적으로 촉박한 사태¶ ～の段階${}_{だんかい}$に入${}_{はい}$った 초읽기 단계에 들어갔다
ひょうり【表裏】I [名] 겉과 속. 표면과 이면¶ ～を成${}_{な}$す 표리를 이루다 II [名][自スル] 겉 다르고 속 다름＝裏表${}_{うらおもて}$ ¶ ～のある人物${}_{じんぶつ}$ 표리가 있는 인물 / 言動${}_{げんどう}$が～する 말과 행동이 상반되다 一一体${}_{いったい}$ 표리 일체
びょうり【病理】 병리 一学${}_{がく}$ 【医】 병리학
ひょうりゅう【漂流】[名][自スル] 표류 ①바다 위를 떠돎¶ ボートで～する 보트로 표류하다 ②정처없이 방랑함
ひょうりょう [${}^{×}$秤量] [名][他スル] (文) 칭량 ①저울로 무게를 닮 ②그 저울로 달 수 있는 최대한의 무게¶ ～二十${}_{にじゅう}$キロのはかり 칭량 20kg짜리 저울 ③바르게 무게를 평가함
びょうれき【病歴】[医] 병력¶ 肺病${}_{はいびょう}$の～がある 폐병의 병력이 있다
ひょうろう【兵糧】①군량¶ (比) 식량. 자금, 자재¶ ～が尽${}_{つ}$きる 군량이 떨어지다 一攻${}_{ぜ}$め 적의 식량 보급을 끊어 항복시키는 전법
ひょうろくだま【兵六玉・表六玉】(俗) 얼간이, 멍텅구리, 숙맥¶ この～めが 이 숙맥아
ひょうろん【評論】[名][他スル] 평론¶ ～家${}_{か}$ 평론가 / 文芸${}_{ぶん}$～ 문예 평론
ひよく【比翼】①『比翼${}_{よく}$の鳥${}_{とり}$』의 준말. 비익 ② 『比翼${}_{よく}$仕立${}_{じた}$て』의 준말＝仕立${}_{した}$て [服] (일본옷에서) 소맷부리・옷자락 등을 두 겹으로 하여 옷을 껴입은 듯이 보이도록 짓는 법 一塚${}_{づか}$ 정사(情死)한 남녀를 합장한 무덤 一の鳥${}_{とり}$ 비익조 一連理${}_{れんり}$ 비익 연리
ひよく【肥沃】[ナ] 비옥¶ ～な地${}_{ち}$ 비옥한 땅
びよく【尾翼】[工] 미익. (비행기의) 꼬리 날개
びよく【鼻翼】 비익. 콧방울＝小鼻${}_{こばな}$
ひよけ【日除け】①해가리개, 차양, 차양¶ ～を下${}_{お}$ろす 차양을 내리다 ②양산
ひよけ【火除け】 화재를 막음. 그런 구축물・부적¶ ～のお札${}_{ふだ}$ 화재를 막는 부적
ひよこ【雛】(口) ①새 새끼, 병아리 ②애송이, 풋내기, 햇병아리¶ ～のくせに生意気${}_{なまいき}$な口${}_{くち}$をきくな 햇병아리 주제에 건방진 소리 하지 마라 ▷ ①②＝ひよっこ
ひょこひょこ [副] (口) ①가볍게 나다니는 모양. 경둥경둥 どこでも～と出${}_{で}$かけて行${}_{い}$く 어디든 경둥거리며 나가다 ②가볍게 움직이거나 뛰는 모양. 깡충깡충, 뒤뚱뒤뚱 あひるが～と歩${}_{ある}$く 집오리가 뒤뚱뒤뚱 걷다
ぴょこぴょこ [副] (口) ①자꾸 뒤틀이 움직이거나 뛰는 모양. 강둥강둥, 깡충깡충¶ ひよこが～と歩${}_{ある}$く 병아리가 종종거리며 걷다 ②꾸벅꾸벅, 굽실굽실 弁解${}_{べんかい}$しながら頭${}_{あたま}$を～と

ぴょこんと 下げる 변명하면서 굽실굽실 고개를 숙이다

ぴょこんと 副 ①꾸뻑¶ ～お辞儀をする 꾸뻑 절을 하다 ②불쑥, 쑥¶ ～と芽が出る 불쑥 싹이 나오다

ひょっこり 副(ㅅ) 느닷없이, 불쑥 ＝ ひょっくり¶ 町で～と友人に会った 시내에서 느닷없이 친구를 만났다

ひょっと 副(ㅅ) 불쑥, 문득¶ ～思い出した 문득 생각났다／～口に出す 불쑥 말하다 ―したら 副 어쩌면, 혹시 ―して 副 어쩌다가, 만일 ―すると 副 어쩌면, 혹시

ひょっとこ ①입이 뾰족 나오고 눈이 짝짝이인 익살스러운 가면 ②①을 닮은 남자를 욕하는 말. 못난이, 추남

ひよどり 〖鵯〗 動 직박구리

ひよみ 〖日読み〗 ①달력 ②십이지

ひよめき 〖顋門・顖門〗 (젖먹이의) 숫구멍, 숨구멍 ＝ おどりこ

ひより 〖日和〗 ①날씨, 일기¶ いいお～ですね 좋은 날씨군요 ②(造語) 맑은 날씨¶ 小春～ 봄같은 날씨／秋～ 화창한 가을 날씨 ③(造語) 적합한〔알맞은〕날씨¶ 行楽～ 행락에 좋은 날씨, 형세¶ ～を見て動くな 형편을 보아 움직이다 ―下駄 굽 낮은 왜나막신 ―見 ①날씨를 살핌 ②(유리한 쪽으로 붙으려고) 추이·형세를 살핌, 기회를 엿봄 ―見感染 병원성이 약한 균이 증식하여 감염증을 일으키는 일 ―見主義 기회주의

ひょろ・つく 自五 (ㅅ) 비틀거리다, 휘청거리다¶ 病み上がりで足が～ 병후라서 다리가 휘청거리다

ひょろなが・い 〖ひょろ長い〗 形 (ㅅ) 길고 가냘프다, 호리호리하다¶ ～体つき 호리호리한 몸매

ひょろひょろ 副(と) 自スル ①길고 가냘프게 뻗은 모양, 멀쑥하게, 호리호리하게¶ 茎が～と伸びる 줄기가 가늘고 길게 뻗다 ②(ㅅ) 발걸음이 불안정한 모양, 비실비실, 비틀비틀, 휘청휘청¶ ～と歩く 비실비실 걷다

ひょろりと 副 ①길고 가냘프게 뻗은 모양¶ ～伸びたつる草 길고 가늘게 뻗은 덩굴풀 ②비실비실하게 쓰러질 듯한 모양

ひよわ 〖ひ弱〗 가냘픔, 허약함¶ ～な花 가냘픈 꽃／～な子供 허약한 아이

ひよわ・い 〖ひ弱い〗 形 가냘프다, 허약하다¶ ～体 허약한 몸

ぴょん 副 가볍게 뛰어 오르는〔넘는〕모양, 깡충, 훌쩍¶ 水たまりを～と跳び越す 물웅덩이를 깡충 뛰어 넘다

ひょんな 連体 엉뚱한, 묘한, 이상야릇한¶ ～気を起こす 엉뚱한 생각을 하다／～ことから知り合いになった 묘한 인연으로 아는 사이가 되었다

ぴょんぴょん 副(と) 깡충깡충¶ うさぎが～と逃げる 토끼가 깡충깡충 달아나다

ひら 〖平〗 ①평평함, 평평한 것〔곳〕¶ ～織り 평직／手での～ 손바닥／～屋 단층집 ②(회사 등에서) 직책이 없음, 그런 사람¶ ～の社員 평사원 ③〖平椀〗의 준말

ひら 〖片・枚〗 接尾 ①얇고 평평한 것에 붙이는 말¶ 花～ 꽃잎／札～ 지폐 ②(助數) 얇고 평평한 것을 세는 말. 닢, 조각, 장¶ 一～の雲 한 조각의 구름

びら 삐라. 한 장으로 된 광고〔선전〕지, 전단¶ ～をまく 삐라를 뿌리다

ひらあやまり 〖平謝り〗 名 (변명을 하지 않고) 그저 사과함, 싹싹 빎¶ ～に謝する 그저 잘못을〔용서를〕빌다

ひらい 〖飛来〗 名 自スル (文) 비래, 날아옴¶ 敵機～が～する 적기가 날아오다

ひらい 〖避雷〗 名 피뢰 ―針 (電) 피뢰침

ひらうち 〖平打ち〗 ①납작하게 짠 끈 ②(금속 등을) 두드려서 납작하게 폄 ③은(銀) 등에 화조(花鳥) 등을 투조하여 만든 장식 비녀

ひらおし 〖平押し〗 名 단숨에 밀고 나아감, 밀어붙임 ＝ ひた押し

ひらおよぎ 〖平泳ぎ〗 평영, 개구리헤엄

ひらおり 〖平織(り)〗 평직, 평직물

ひらがな 〖平仮名〗 (일본어에서) 한자의 초서체를 간략화해서 만든 음절 문자

ひらき 〖開き〗 ①엶, 열린 정도·상태¶ 襟の～を大きくする 칼라를 활짝 풀어 헤치다 ②생선의 배를 갈라 말린 것¶ あじの～ 배를 갈라 말린 전갱이 ③차, 차이¶ 実力に相当な～がある 실력에 상당한 차이가 있다 ④(「お～」의 꼴로) (연회 등의) 폐회¶ この辺でお～にしましょう 이쯤에서 폐회합시다 ⑤「開き戸」의 준말. 여닫이 문 ⑥(造語) 열림¶ 両～ 쌍바라지 ⑦(造語) 시작함¶ 店～ 개점／山～ 등산을 허용함, 산에 길을 냄

ひらきど 〖開き戸〗 여닫이 문 ＝ 引き戸

ひらきなお・る 〖開き直る〗 自五 (돌변하여) 뻣뻣하게 나오다, 정색을 하다¶ 追い詰められて～ 궁지에 몰리자 뻣뻣하게 나오다

ひらぎぬ 〖平絹〗 평견, 평직 비단

ひらきふう 〖開き封〗 개봉 우편물 ＝ 開封

ひら・く 〖開く〗 I 他五 ①(닫힌 것을) 개방하다¶ 窓を～ 창문을 열다 ②(접힌 것을) 펴다¶ 本を～ 책을 펴다／傘を～ 우산을 펴다 ③(생선을) 가르다¶ 戦艇を～ 전갱이를 가르다 ④(數) 근(根)을 구하다¶ 平方に～ 제곱근을 구하다 ⑤〖拓〗 개척하다, 개간하다¶ 荒れた土地を～ 황무지를 개간하다 ⑥(유파를) 창시하다¶ 一派を～ 유파를 창시하다 (영업·모임 등을) 시작하다, 개최하다¶ 喫茶店を～ 다방을 개업하다／祝宴を～ 축하연을 열다 ⑧(운명 등을) 개척하다¶ 運命を～ 운명을 개척하다 ⑨〖啓く〗 깨우치다¶ 悟を～ 득도하다／蒙を～ 계몽하다 ⑩〖版〗 (인쇄에서) 한자를 かな로 바꾸다 II 自五 ①(닫힌 것이) 열리다, 열어지다¶ 戸が～ 문이 열리다／口が～ 입이 벌어지다 ②(접힌 것이) 펴지다, 벌어지다, 피다¶ 花が～ 꽃이 피다 ③(운 등이) 트이다¶ 運が～ 운이 트이다 ④(격차가) 나다, 벌어지다¶ 両者の距離

ひらぐけ【平縫】①공그르기 ②(심을 넣지 않고) 공그르기하여 만든 띠＝ひらぐけ帯
ひらくび【平首】①말의 머리의 옆면 ②보통 사람의 머리
ひらぐも【平<蜘蛛>】【動】 납거미＝ひらたぐも
慣用句
―のように (납작 엎드린 납거미처럼) 굽실거리는 모양 ¶ ～謝る 굽실거리며 빌다
ひら・ける【開ける】【自下一】 열리다, 트이다 ¶ 視界が～ 시계가 트이다 ②(전망이) 밝아지다, 열리다 ¶ 運が～ 운이 트이다 ③(도로・철도 등이) 나다, 개통되다 ¶ 道が～ 길이 나다 / 路線が～ 노선이 개통되다 ④개발되다, 개화되다 ¶ 近年開発された都市 근년에 개발된 도시 / 世の中が～ 세상이 개화되다 ⑤(사리에) 밝다, 깨다 ¶ なかなか～けた老人だ 상당히 깬 노인이다
ひらざむらい【平侍】 직책이 없고 신분이 낮은 보통 무사
ひらざら【平皿】 바닥이 얕고 넓적한 접시
ひらしゃいん【平社員】 평사원
ひらじろ【平城】 평지에 쌓은 성
ひらぞこ【平底】 평저 ①바닥이 평평함, 그런 그릇 ②뱃바닥이 평평함, 그런 배
ひらた・い【平たい】【形】①평평하다, 넓적하다 ¶ 地面が～ 평평한 지면 / 顔が～ 넓적한 얼굴 ②(흔히「～く」의 꼴로) 알기 쉽게 ¶ ～く言えば… 알기 쉽게 말하면…
ひらたぐも【平<蜘蛛>・扁<蜘蛛>】【動】→ ひらぐも
ひらち【平地】(口) 평지, 평평한 땅＝へいち
ひらつ・く【自五】(口) 펄럭거리다 ¶ 旗が～ 깃발이 펄럭거리다
ひらて【平手】①손바닥 ¶ ～でたたく 손바닥으로 때리다 ②(장기에서) 맞둠, 맞장기
ひらど【平戸】長崎현 북서부에 있는 시(市)
ひらざま【平座間】(歌舞伎など 극장에서) 무대 정면 바닥에 칸을 지른 낮은 관람석＝平場
ひらなべ【平鍋】 바닥이 얕고 평평한 냄비
ひらに【平に】【副】(文) 제발, 부디＝なにとぞ ¶ ～お許しください 제발 용서해 주십시오
ひらのすい【平野水】「炭酸水」의 딴이름
ひらば【平場】①평지＝ひらち ②→ ひらどま
ひらび【平日】(한자 부수의) 가로왈부 ▷「最・更・書」의「日」부분
ひらひも【平紐】 끈 실을 여러 가닥 나란히 늘어놓고 풀로 굳힌 끈
ひらひら【副】【自ス】 펄럭펄럭, 팔랑팔랑, 훨훨 ¶ ～と蝶々が 나비가 훨훨 날다 / 花びらが～と散る 꽃잎이 팔랑팔랑 떨어지다
ひらべった・い【平べったい】【形】(口)「ひらたい」의 힘줌말. 평평하다, 납작하다 ¶ ～胸 납작한 가슴 / ～顔 평퍼짐한 얼굴
ひらまく【平幕】【相撲】横綱・三役에 들지 않는 幕内의 씨름꾼＝前頭
ひらまさ【平政】【動】 부시리
ひらむぎ【平麦】 압맥, 납작보리

ひらめ【平目・<鮃>・<比目魚>】【動】 넙치, 광어
ひらめ・かす【*閃めかす】【他五】 번득이다 ①번쩍이게 하다 ¶ 刀を～ 칼을 번쩍이다 ②(뛰어난 재능 등을) 슬쩍 보이다 ¶ 才能を～ 재능을 번득이다
ひらめき【*閃き】①번쩍임, 번득임, 섬광 ¶ 白刃の～ 시퍼런 칼날의 섬광 ②(재능이) 번득임, 날카로운 재치 ¶ ～のある作品 재치가 번득이는 작품
ひらめ・く【*閃く】【自五】①번쩍이다, 번득이다 ¶ 稲妻が～ 번개가 번쩍이다 ②나부끼다, 펄럭이다 ¶ 風に旗が～ 바람에 깃발이 나부끼다 ③(생각이) 번쩍 떠오르다 ¶ アイデアが～ 아이디어가 번쩍 떠오르다
ひら・める【平める】【他下一】 평평하게 하다
ひらや【平屋・平家】 단층집
ひらやまじろ【平山城】 구릉지에 쌓은 성
ひらりと【副】 가볍게 몸을 움직이는 모양, 훌쩍, 날쌔게 ¶ ～身をかわす 날쌔게 몸을 피하다 / ～馬上に飛び乗る 훌쩍 말에 올라타다
ひらわん【平<椀>】 바닥이 얕고 납작한 공기, 그것에 담은 요리＝お平
びらん【*糜*爛】【名】【自ス】(文) 미란, 썩어 문드러짐
ひり【非理】(文) 비리, 도리에 어긋남 ¶ ～の前には道理なし 비리 앞에는 도리가 없다
びり (俗) 맨 끝, 꼴찌 ¶ 成績はクラスで～だ 성적은 반에서 꼴찌이다
ピリオド (period) 피리어드, 종지부, 마침표
慣用句
―を打つ 종지부를 찍다, 끝내다
ひりき【非力】【名】【ダ】①힘이 약함, 무력함 ¶ ～なバッター 무력한 타자 ②재능・역량이 부족함, 미력함 ¶ ～を痛感する 역량이 부족함을 통감하다
ひりつ【比率】【数】 비율, 비＝比
ひり・く【自五】 얼얼하다, 따끔따끔하다 ¶ のどが～ 목구멍이 얼얼하다
びりっけつ【びりっ尻】(俗)「びり」의 힘줌말
ぴりっと【副】【自ス】①(순간적으로 강한 자극을 받은) 톡, 쿡, 얼얼 ¶ ～した辛味 톡 쏘는 매운 맛 ②(태도・마음가짐 등이) ¶ ～した男 의연한 남자 ③종이・천 등이 찢어지는 소리, 북 ¶ スカーフが～裂ける 스카프가 북 하고 찢어지다
ひりひり【副】【自ス】①(피부에 첨막에 가벼운 통증을 느끼는) 따끔따끔 ¶ 日焼けで肌が～する 햇볕에 타서 살갗이 따끔따끔하다 ②(매운 맛 등으로 자극을 느끼는) 얼얼 ¶ 口の中が～する 입 안이 얼얼하다
びりびり【副】【自ス】①(전기 자극을 느끼는) 찌르르 ¶ ～と電気が走る 찌르르하고 전기가 오다 ②(작게 진동하는) 드르르 ¶ 地震で窓ガラスが～した 지진으로 창유리가 드르르 떨렸다 ③(종이・천 등이 찢어지는) 북북, 짝짝 ¶ 紙を～と引き裂く 종이를 북북 찢어 발기다
ぴりぴり【副】【自ス】①(피부에 통증을 느끼는)

**ひりゅう**

쿡쿡. 따끔따끔¶ 傷口ぐちが~と痛いたむ 상처가 쿡쿡 쑤시다 ②(매워서 입 안에 자극을 느끼는) 얼얼¶ 辛からくて口くちの中なかが~する 매워서 입 안이 얼얼하다 ③(신경이 곤두선 모양¶ 試合間近しあいまぢかで~している 시합이 임박하여 신경이 날카로워져 있다

**ひりゅう**【飛竜】 비룡. 하늘을 난다고 하는 용
〔慣用句〕
**一雲くもに乗のる**〔比〕 영웅호걸이 때를 만나다
**一天てんに在ありり**〔比〕 성인이 천자의 지위에 있음

**びりゅうし**【微粒子】 미립자

**ひりょう**【肥料】【農】 비료. 거름= こやし¶ 化学かがく~ 화학 비료

**びりょう**【微量】〔文〕 미량. 극소량

**びりょう**【鼻*梁】〔文〕 비량. 콧마루. 콧대

**びりょく**【微力】〔名〕〔ス〕 미력. 미약한 힘¶ ~を尽つくす 미력을 다하다

**ひりりと**〔副〕 콕 쏘듯. 얼얼하게¶ ~辛からい 콕 쏘듯 맵다

**ぴりりと**〔副〕 ①종이나 천을 거칠게 찢는 모양 ②몹시 맵거나 날카로운 자극을 느끼는 모양. 콕 쏘듯. 얼얼하게¶ 山椒さんしょうは小粒こつぶでも~辛からい 산초 열매는 작아도 콕 쏘듯 맵다 ③날카로운 긴장감을 나타내는 말. 팽팽하게

**ひりん**【比倫】〔文〕 비륜. 비류= 比類るい¶ 古今ここんに~がない 고금에 비할 데가 없다

**ひる**【昼】 ①낮¶ ~ひなか 대낮/ ~が長ながい 낮이 길다 ②〔^午〕 정오¶ ~過すぎ 정오를 지난 무렵/ ~のチャイム 정오를 알리는 벨 소리 ③〔^午〕 점심¶ ~の支度したく 점심 준비/ ~をごちそうする 점심을 대접하다
〔慣用句〕
**一を欺あざむく** (불빛 등으로) 밤인데도 대낮처럼 밝은 모양

**ひる**【*蛭】【動】 거머리

**ひる**【*蒜】【植】 파·마늘·달래 등의 총칭

**ひ・る**【^放る】〔他国〕(口)(몸 밖으로) 배출하다. 배설하다. 누다. 뀌다. 까다¶ 糞くそを~ 똥을 누다/ 屁へを~ 방귀를 뀌다

**ひる**【干る】〔自上一〕 ①마르다. 池いけが~ 못이 마르다 ②(조수가) 써다 ⇔満みちる¶ 潮しおが~ 조수가 써다

**ひる**【^簸る】〔他上一〕 키질하다. 까부르다

**びる**〔接尾〕《명사·형용사 어간에 붙어》…처럼 보이다. …티가 나다¶ 古ふる~ 낡아 보이다/ 田舎いなか~ 촌티가 나다

**ビル**「ビルディング」의 준말. 빌딩

**ひる あんどん**【昼行灯】(대낮에 켜져 있는 사방등처럼) 멍청한 사람. 얼빠진 사람

**ひるい**【比類】〔文〕《부정의 말이 딸리어》비길 만한 것¶ ~のない美うつくしさ 비길 데 없는 아름다움/ ~を見みない 유례를 볼 수 없다

**ひるがえ・す**【^翻す】〔他国〕①뒤집다¶ 手ての ひらを~ 손바닥을 뒤집다 ②(태도·생각 등을) 번복하다. 바꾸다¶ 前言ぜんを~ 앞서 한 말을 번복하다 ③(바람에) 나부끼게 하다¶ 旗はたを~ 깃발을 나부끼게 하다 ④(몸을) 날리다¶ 身みを~ 몸을 날리다

**ひるがえって**【^翻って】〔副〕 입장을 바꾸어. 눈을 돌려서. 다른 방면에서. 돌이켜¶ ~考かんがえると 돌이켜 생각하면

**ひるがえ・る**【^翻る】〔自国〕①획 뒤집히다¶ 펄럭이다. 나부끼다¶ 国旗こっきが風かぜに~ 국기가 바람에 나부끼다 ③(태도·주장 등이) 갑자기 반대로 바뀌다. 뒤집히다¶ 評決ひょうけつが~ 평결이 뒤집히다 ④(몸을) 휙 날리다

**ひるがお**【昼顔・^旋花】【植】 메. 메꽃

**ひるげ**【昼^餉・昼^食】〔文〕 점심 = 昼飯ひる

**ひるさがり**【昼下がり】 정오가 좀 지난 무렵

**ひるすぎ**【昼過ぎ】①정오가 좀 지난 무렵¶ ~から雨あめが降ふり出だした 정오가 좀 지나서부터 비가 내리기 시작했다 ②오후

**ひるとんび**【昼^鳶】 낮도둑. 낮털이

**ひるなか**【昼中】 낮. 한낮. 대낮

**ひるね**【昼寝】〔名〕〔自ス〕 낮잠. 오수 = 午睡ごすい

**ひるひなか**【昼日中】 대낮. 한낮 = ひるま¶ ~から酒さけを飲のむ 대낮부터 술을 마시다

**ひるま**【昼間】 주간. 낮 동안 = 日中にっちゅう

**ひるまえ**【昼前】①정오가 되기 조금 전 ②오전

**ひるまき**【^蛭巻】 칼·창의 자루나 칼집 등을 등나무 줄기나 은으로 감은 것

**ひる・む**【^怯む】〔自国〕 기가 죽다. 기가 꺾이다¶ 敵てきの大軍たいぐんを見みて~ 적의 대군을 보고 기가 죽다

**ひるめし**【昼飯】 점심¶ ~を取とる 점심을 먹다

**ひるやすみ**【昼休み】 점심 시간. 점심 식사 후의 휴식 시간

**ひれ**【^鰭】【動】 지느러미

**ひれい**【比例】〔名〕〔自ス〕 비례¶ 正せい~ 정비례/ 収入しゅうにゅうに~した生活せいかつ 수입에 비례한 생활
**―式しき**【数】 비례식 **―代表制だいひょうせい**【政】 비례대표제 **―配分はいぶん** 비례 배분

**ひれい**【非礼】〔名〕〔ス〕〔文〕 비례. 무례. 실례¶ ~をとがめる 무례함을 책망하다

**びれい**【美麗】〔名〕〔ナ〕〔文〕 미려. 아름다움¶ ~な装丁そうていの本ほん 미려하게 장정한 책

**ひれき**【披^瀝】〔名〕〔他ス〕 피력. 털어놓음¶ 本心ほんしんを~する 본심을 피력하다

**ひれつ**【卑劣・^鄙劣】〔ナ〕 비열¶ ~なやり方かた 비열한 방법

**ひれふ・す**【^平伏す】〔自国〕 꿇어 엎드리다. 부복하다¶ 神前しんぜんに~ 신전에 꿇어 엎드리다

**ひれん**【悲恋】 비련¶ ~の物語ものがたり 비련을 담은 이야기/ ~に終おわる 비련으로 끝나다

**ひろ**【^尋】〔助数〕 ①두 팔을 좌우로 벌린 길이. 발 ②물 깊이나 새끼의 길이를 재는 단위. 길

**ひろ・い**【広い】〔形〕 넓다(면적·폭이) 크다. 너르다¶ ~海うみ 넓은 바다/ 道路どうろが~ 도로가 넓다 ②(범위가) 크다¶ ~意味いみ 넓은 의미 ③(도량이) 크다. 너그럽다¶ 心こころが~ 마음이 넓다 ▷ ⇔狭せまい

**ひろい あるき**【拾い歩き】〔名〕〔ス〕 ①어슬렁 슬렁 걸어감 ②걷기 좋은 길을 골라 걸어감

**ひろいもの**【拾い物】①주운 물건. 습득물 ②뜻밖의 수확. 횡재¶ それは全まったくの~だ 그것은 정말이지 횡재이다

ひろいや【拾い屋】넝마주이＝ばたや
ひろい よみ【拾い読み】名他ス ①군데군데 골라 읽음¶雜誌ざを～する 잡지를 띄엄띄엄 읽다 ②글자를 한 자 한 자 더듬어 읽음
ひろ・う【拾う】他五 ①줍다, 습득하다¶財布ふを～ 지갑을 줍다 ②(많은 것 중에서) 골라내다, 찾아내다, 뽑아내다¶活字かつを～ 활자를 골라내다 ③(잃을 뻔한 것을) 건지다¶命いのを～ 목숨을 건지다 ④(얻기 힘든 것을) 획득하다¶勝かちを～ 승리를 거두다 ⑤(도중에) 태우다¶途中ちゅうで友達たちをのって駅えきに行ゆく 도중에 친구를 태우고 역에 가다 ⑥(차를) 잡아 타다¶タクシーを～ 택시를 잡아 타다 ⑦(불우한 사람을) 발탁하다¶失業中しつぎょうで～ってもらった 실업중에 발탁되었다 ⑧(소리를) 포착하다¶このマイクは小ちいさい音おとも～ 이 마이크는 작은 소리도 포착한다 ⑨(구기에서) 어려운 공을 겨우 처리하다¶ネット際ぎわのボールをやっと～ 네트에 붙은 공을 겨우 처리하다
ひろう【披露】名他ス 피로, 널리 알림, 공표함¶結婚～ 결혼 피로 —宴えん 피로연
ひろう【卑×陋】名(文) 비루, 야비함¶～な姿すがた 야비한 모습
ひろう【疲労】名自ス 피로 ①피곤함, 지침¶～がたまる 피로가 쌓이다 ②[工](기계 등의) 성능 · 강도가 나빠짐¶金属きんぞく～ 금속 피로 —困憊こんぱい 피로 곤비, 피로하여 지침
びろう【尾×籠】ナ 더러움, 저저분함¶～な話はなし 더러운 이야기
びろう〈蒲葵〉〔×檳×榔〕【植】빈랑나무
ひろ えん【広縁】넓은 툇마루
ビロード (포 veludo) 비로드, 우단＝ベルベット
ひろ がり【広がり・×拡がり】넓어짐, 퍼짐, 확대¶無限むげんの～をもつ宇宙うちゅう 무한히 펼쳐진 우주
ひろ・がる【広がる・×拡がる】自五 ①(접힌 것이) 펼쳐지다, 퍼지다¶くじゃくの羽はねが～ 공작의 날개가 펼쳐지다 ②(면적이) 넓어지다¶領土りょうどが～ 영토가 넓어지다/ 道路どうろが～ 도로가 넓어지다 ③전개되다, 펼쳐지다¶眼前がんぜんに大海原おおうなばらが～ 눈앞에 광대한 바다가 펼쳐지다 ④(범위 · 규모가) 커지다, 확대되다, 퍼지다¶販路はんろが～ 판로가 확대되다/ 火事かじが～ 불이 번지다
ひろく【秘録】비록, 공개되지 않은 기록¶平和工作へいわこうさく～ 화평 공작 비록
びろく【美×禄】名(文) 미록 ①후한 녹봉, 많은 급료¶～をはむ 후한 녹봉을 받다 ②술의 미칭¶酒はは～のうち 술은 하늘이 내린 감로
びろく【微×禄】名(文)Ⅰ 名 미록, 박봉¶～に甘んじる 박봉에 만족하다 Ⅱ 名自ス 영락함, 몰락함
ひろ くち【広口】①(병 등의) 아가리가 넓음, 그런 것¶～瓶びん 아가리가 넓은 병 ②(꽃꽂이용) 수반＝ひろぐち
ひろ・げる【広げる・×拡げる】他下一 ①(접힌 것을) 펴다, 펼치다¶傘かさを～ 우산을 펴다/ 本ほんを～ 책을 펼치다 ②(범위 · 규모를) 넓히다, 확장하다¶事業じぎょうを～ 사업을 확장하다/道幅みちはばを～ 도로폭을 넓히다 ③(많은 것을) 벌여놓다, 펼치다¶カードを～ 카드를 펼치다
ひろ こうじ【広小路】노폭이 넓은 가로(街路)
ひろしま【広島】中国ちゅうごく 지방 瀬戸内海せとないかい에 면한 현. 그 현청 소재지인 시
ひろ そで【広×袖】(일본옷에서) 끝동 부분을 꿰매지 않은 소매＝平袖ひらそで
ひろ っぱ【広っぱ】(俗) 넓은 공터, 광장
ひろ の【広野】광야, 넓은 들
ひろ ば【広場】광장 ①넓게 트인 곳¶駅前えきまえ～ 역전 광장 ②(比) 함께 하는 자리¶話はなし合あいの～を設もうける 대화의 장을 마련하다
ひろ はば【広幅・広×巾】(일본 옷감에서) 보통 폭의 두 배가 되는 것＝大幅おおはば
ひろ びろ【広広】副自ス 널찍함, 광활함¶～とした部屋へや 널찍한 방/ ～とした草原そうげん 광활한 초원
ひろ ぶた【広×蓋】①(옛날 신하에게 의복을 하사할 때 올려 놓았던) 옷상자 뚜껑 ②① 모양의 큰 쟁반
ヒロポン (Philopon)【薬】히로뽕, 필로폰
ひろ ま【広間】큰 방¶大おお～ 아주 큰 방
ひろ まえ【広前】①신전(神前)＝太前ふとまえ · 大前おおまえ ②절이나 神社じんじゃ의 앞뜰
ひろ・まる【広まる・×弘まる】自五 ①(널리) 퍼지다, 알려지다¶名声めいせいが～ 명성이 널리 알려지다/ うわさが～ 소문이 퍼지다 ②(범위가) 넓어지다¶知識ちしきが～ 지식이 넓어지다
ひろ め【広め・×弘め】①널리 일반에게 알림, 피로＝披露ひろう ②광고
ひろめ や【広目屋】(옛날에 선전을 업으로 했던) 광고쟁이＝ちんどん屋や
ひろ・める【広める・×弘める】他下一 ①넓히다¶道幅みちはばを～ 도로폭을 넓히다 ②널리 알리다, 보급하다, 퍼뜨리다¶名なを～ 이름을 날리다/ 仏教ぶっきょうを～ 불교를 포교하다 ③(범위를) 넓히다¶見聞けんぶんを～ 견문을 넓히다
ひろ やか【広やか】ナ(文) 널찍함
ひわ【×鶸】①【動】방울새류의 총칭 ②황록색
ひわ【秘話】(文) 비화, 숨은 이야기¶革命かくめい～ 혁명 비화
ひわ【悲話】(文) 비화, 슬픈 이야기
びわ【×枇×杷】【植】비파나무
びわ【×琵×琶】【音】비파 —法師ほうし ①비파를 타는 승려 ②【藝】옛날에 비파에 맞춰 物語ものがたり를 읊던 맹인 승려처럼 분장한 예능인
ひわい【卑×猥·×鄙×猥】ナ 저속하고 추잡함¶～な冗談じょうだん 저속하고 추잡한 농담
ひわいろ【×鶸色】황록색
ひ わだ【×檜×皮】①노송나무 껍질 ②「檜皮ひわだ茸ぶき」의 준말 —茸ぶき 노송나무 껍질로 지붕을 임, 그런 지붕
ひ わり【日割(り)】名 ①(급료 등의) 일당¶～計算けいさん 일당 계산 ②일정¶工事こうじの～ 공사 일정

**ひわれ** [干割れ] (목재·지면 등이) 말라서 터 짐(갈라짐), 그런 금

**ひわ·れる** [干割れる] 自下一 말라서 갈라지 다, 금이 가다¶ 日照りで田んぼが~ 가뭄으로 논이 말라서 갈라지다

**ひん** [*牝] 名 ヒン 訓めす | (음) 빈. 造語 (동물 의) 암컷¶ 牝馬ひんば 암말·牝牡ひんぼ 암수, 자웅

**ひん** [品] 名 ヒン·ホン 訓しな | (음) 품. I 造語 ①물건¶ 金品きんぴん 금품·作品さくひん 작품 ②종류, 종류별로 나눔¶ 品詞ひんし 품사·品種ひんしゅ 품종 ③사람·물건의 가치·등급·격차¶ 品位ひんい 품위·品質ひんしつ 품질·人品じんぴん 인품 ④ 옛날 親王しんのう·内親王ないしんのう에게 수여된 품계 II ①(사람·물건의) 품위, 품격, 품질¶ ~ がよい 인품이 좋다/ ~がある 품위가 있다 ②(助数) 물건의 종류를 세는 말

**ひん** [浜] [濱] 名 ヒン 訓はま | (음) 빈. 造語 ①물가, 해변¶ 海浜かいひん 해변 ②「横浜よこはま」의 준말¶ 京浜けいひん 東京와 横浜

**ひん** [*彬] 名 ヒン 訓あきらか | (음) 빈. 造語 내 용과 외관이 잘 조화되어 아름답다¶ 文質彬 彬ぶんしつひんぴん 문질 빈빈

**ひん** [貧] 名 ヒン·ビン 訓まずしい | (음) 빈. I 造語 ①가난하다¶ 貧困ひんこん 빈곤·貧富ひんぷ 빈 부 ②부족함, 결핍됨¶ 貧血ひんけつ 빈혈·貧弱ひんじゃく 빈약¶ II 名 ヌ (文) 가난, 빈곤¶ ~に迫せまる 가 난에 쪼들리다

**ひん** [賓] [*賓] 名 ヒン (음) 빈. 造語 ①귀한 손 님¶ 賓客ひんかく 빈객·来賓らいひん 내빈 ②귀한 손님 으로 대접하는 것¶ 賓礼ひんれい 빈례 ③종속된 것¶ 賓格ひんかく 목적격·賓辞ひんじ 목적어 ④외국어「ヒ ン·ビン·ピン」의 차음자¶ 比律賓ひりぴん 필리핀

**ひん** [頻] [頻] 名 ヒン 訓しきり | (음) 빈. 造語 자주, 빈번히¶ 頻度ひんど 빈도·頻発ひんぱつ 빈발·頻繁ひんぱん 빈번

**ひん** [*擅頭] (俗) (동사에 붙어) 뜻을 강조함¶ ~むく 홀빗기다/ ~曲まげる 잡아 휘다

**びん** [敏] 名 ビン 訓といし | (음) 민. I 造語 ①동작이 빠르다, 잽싸다¶ 敏捷びんしょう 민첩·機敏きびん 기민¶ 머리가 빨리 움직이다, 영리하다¶ 敏感びんかん 민감·過敏かびん 과민¶ II ヌ (文) 재빠른 모양, 날램, 민첩¶ 機を見みるに ~だ 기회를 보는 데 민첩하다

**びん** [瓶] [瓶] 名 ビン·ヘイ | (음) 병. I 造語 ①단지, 항아리¶ 花瓶かびん 화병 ②목이 갸름 한 병¶ 一升瓶いっしょうびん ③물을 끓 이는 용기¶ 鉄瓶てつびん·電気でんき瓶 II 병¶ ビール ~ 맥주병/ ~に詰つめる 병에 넣다

**びん** [便] 편 ①편지, 우편¶ 速達そくたつ~ 빠른우 편/ 次つぎのでお知しらせる 다음 편지에 알리 다 ②운송 수단¶ 航空こうくう~で帰かえる 항공편으 로 돌아가다 ③형편, 기회 ④(助数) 교통 기관 의 운행 순서·횟수¶ 週しゅう三さん~ 주 3편

**ピン** ①(주사위·카드놀이에서) 1의 숫자 ②첫 째, 최상의 것

慣用句
**ーからキリまで** ①처음부터 끝까지, 하나부 터 열까지 ②최상급에서 최하급까지

**ひんい** [品位] 품위 ①품격¶ ~を保たもつ 품위 를 지니다 ②(주조 화폐에 함유된) 금·은의 비율 ③(광석에 함유된) 유용 금속의 비율¶ 高こう~鉱こう 고품위광

**ひんか** [貧家] (文) 빈가. 가난한 집 ⇔ 富家ふか

**ひんかく** [品格] 품격, 품위, 기품¶ ~を保たも つ 품격을 지키다/ ~が備そなわる 품격이 갖춰 지다

**ひんかく** [賓格] 文法 빈격. 목적격

**びんがた** [*紅型] 한 장의 형지(型紙)로 다채 로운 색의 무늬를 염색한 것

**びんかつ** [敏活] ヌ (文) 민활¶ ~な動うごき 민 활한 움직임

**ひんかん** [貧寒] 点 (文) 빈한, 가난하고 초라함 ¶ ~とした部屋 빈한한 방

**びんかん** [敏感] ヌ 민감 ⇔ 鈍感どんかん¶ ~な反 応のう 민감한 반응/ 音おとに~だ 음에 민감하다

**びんぎ** [便宜] ① → べんぎ ②편지, 소식

**ひんきゃく** [賓客] (文) 손님 = ひんかく

**ひんきゅう** [貧窮] 名 自スル 빈궁 = 貧困ひんこん·貧苦ひんく¶ ~に苦くるしむ 빈궁에 허덕이다

**ひんきゅう** [*殯宮] 빈궁. 天皇·황족의 관을 발인 때까지 안치해 두는 곳 = もがりのみや

**ひんく** [貧苦] 빈고, 빈곤, 빈궁¶ ~にあえぐ 빈곤에 허덕이다

**ピンク** (pink) 핑크 ①분홍색 ②(俗) 색정적 임¶ ~映画 도색 영화·~電話 (일본에 서) 음식점 등에 설치됐던 분홍색 공중 전화

**ひんけい** [*牝鶏] 암탉 = めんどり

**ひんけつ** [貧血] 名 自スル 医 빈혈¶ ~を起おこ す 빈혈을 일으키다 ー**性** 빈혈성

**びんご** [備後] 일본의 옛지명. 지금의 広島ひろしま 현 동부 ー**表** 備後 지방에서 짠 질 좋은 다 다미의 겉자리

**ひんこう** [品行] 품행, 몸가짐¶ ~が悪わるい 품 행이 나쁘다 ー**方正** ほうせい 名 ヌ 품행 방정

**ひんこう** [貧鉱] 빈광 ①유용한 광물의 함유량 이 적은 광석 ②산출량이 적은 광산

**ひんこん** [貧困] 名 ヌ 빈곤 ①가난하여 생활 이 어려움¶ ~な家庭かてい 빈곤한 가정 ②빈약 함¶ 政策せいさくの~ 정책의 빈곤

**びんざさら** [編木] [拍板] 音 여러 장의 얇은 판자의 한 쪽 끝을 얽어 두 손으로 마주 쳐 서 소리를 내는 일본 민속 악기 = ささら

**びんさつ** [*憫察] 名 他スル (文) ①불쌍히 여겨 동 정함 ②(편지 등에서) 남이 자기의 사정을 헤 아려 줌에 대한 높임말. 양찰¶ どうか~ ください 부디 양찰하여 주시기 바랍니다

**ひんし** [品詞] 文法 품사

**ひんし** [*瀕死] 名 ヌ 빈사¶ ~の状態じょうたいにある 빈사 상태에 있다

**ひんじ** [賓辞] ①論 빈사 ↔ 主辞しゅじ ②文法 목적어, 객어 = 客語きゃくご

**ひんしつ** [品質] 품질¶ ~保証ほしょう 품질 보증 ー**管理** かんり 経 품질 관리

**ひんしつ** [*稟質] (文) 품질, 품성

**ひんじゃ** [貧者] (文) 빈자, 가난한 사람
慣用句

**ひんまげる**

**一の一灯** 빈자의 일등¶ **長者の万灯**より～ 부자의 만등보다 빈자의 일등

**ひんじゃく** [貧弱] [ナ] 빈약 ①볼품 없음¶ ～な体 빈약한 몸 ②모자람¶ 思想が～だ 사상이 빈약하다

**ひんしゅ** [品種] 품종 ①물품의 종류 ②[生] 인위적으로 선발한 생물군¶ ～改良 품종 개량

**ひんしゅく** [*顰*蹙] 名 自スル 빈축
〔慣用句〕
**一を買う** 빈축을 사다

**ひんしゅつ** [頻出] 名 自スル 빈출. 자주 나타남 [일어남]¶ ～度 빈출도/ 事故が～する 사고가 빈출하다

**ひんしょう** [貧小] 名 ナ (文) 빈약하고 작음¶ ～な組織 빈약하고 작은 조직

**びんしょう** [敏*捷] 名 ナ 민첩¶ ～性 민첩성/ 身のこなしが～だ 몸놀림이 민첩하다

**びんしょう** [*憫笑・*憫笑] 名 他スル 민소. 가엾게 여겨 웃음¶ ～を買う 민소를 사다

**びんじょう** [便乗] 名 自スル 편승 ①남의 차에 함께 탐¶ 友人の車に～する 친구의 차에 편승하다 ②기회를 잘 이용함¶ 時流に～する 시류에 편승하다

**ヒンズーきょう** [ヒンズー教] [宗] 힌두교

**ひん・する** [貧する] 自 サ変 (文) 가난하다, 빈곤하다¶ ～すれば盗みもする 가난하면 도둑질도 한다
〔慣用句〕
**一すれば鈍する** 가난해지면 정신 활동마저 우둔해진다

**ひん・する** [*瀕する] 自 サ変 (절박한 사태에) 직면하다, 처하다¶ 危機に～した国家財政 위기에 직면한 국가 재정

**ひんせい** [品性] 품성¶ ～が卑しい 품성이 천하다/ ～が疑われる 품성이 의심스럽다

**ひんせい** [*稟性] (文) 품성. 천성 = **天性**

**ひんせき** [*擯斥] 名 他スル (文) 빈척. 배척

**ひんせん** [貧*賤] 名 ナ (文) 빈천 ⇔ **富貴**¶ ～の生まれ 빈천한 태생

**びんせん** [便船] 때마침 떠나는 배편¶ ～を待つ 때마침 떠나는 배편을 기다리다

**びんせん** [便*箋] 편지지

**びんぜん** [*憫然・*愍然] 名 ナ (文) 민연. 가련함. 가엾음

**ひんそう** [貧相] 名 ナ 빈상. 궁상맞은 상[모양] ⇔ **福相**¶ ～な顔 궁상스러운 얼굴

**びんそく** [敏速] 名 ナ 민속. 민첩함, 신속함¶ ～に対応する 신속히 대응하다

**ひんだ** [貧打] 빈타. 빈약한 타격

**びんた** (口) ①살쩍이 난 곳 ②손바닥으로 따귀를 때림¶ ～をくらう 따귀를 맞다

**ピンチ** (pinch) 핀치. 위기¶ ～に陥る 핀치에 몰리다 **一ヒッター** (pinch hitter) 핀치 히터. 대타(代打) **一ランナー** (pinch runner) 핀치 런너. 대주자(代走者)

**びんつけ** [*鬢付け] **一*鬢付け油**의 준말 **一油** 일본식 머리를 매만질 때 쓰는 머릿기름

**びんづめ** [瓶詰・*壜詰] (식품 등을) 병에 담음, 그런 것. 병조림

**びんでん** [便殿] (文) 편전. 왕・왕비의 임시 휴식처

**ひんど** [貧土] (文) 박토. 메마른 땅

**ひんど** [頻度] 빈도¶ ～数 빈도수/ ～が高い 빈도가 높다

**びんと** 副 (口) ①쑥¶ メーターの針が～はねる 미터기의 바늘이 쑥 올라가다 ②팽팽하게¶ 綱を～張る 줄을 팽팽하게 치다 ③직감으로 알아차리는 모양. 척¶ 態度を見て～来た 태도를 보고 직감적으로 알았다

**ひんとう** [品等] 품등. 품위와 등급. (상품의) 품질별 등급

**ひんのう** [貧農] 빈농 ⇔ **富農**

**ひんぱつ** [頻発] 名 自スル 빈발¶ 凶悪な事件が～する 흉악한 사건이 빈발한다

**ピンはね** 名 自他スル (俗) 남의 이익의 일부를 가로챔. 떼어먹음¶ 売り上げの一割を～する 매상의 1할을 가로채다

**ひんぱん** [頻繁] 名 ナ 빈번¶ ～に起こる 빈번하게 일어나다

**ひんぴょう** [品評] 名 他スル 품평 = **品定め**
**一会** 품평회

**ひんぴん** [頻頻] (文) 빈빈. 잦음, 빈번함¶ ～と起こる交通事故 빈번히 일어나는 교통사고

**びんびん** 副 ①(소리・진동이 강하게 전달되는) 쾅쾅¶ ステレオの低音が～と響く 스테레오의 저음이 쾅쾅 울리다 ②민감하게 느끼는 모양

**ぴんぴん** 副 自スル (口) ①(세차게 뛰는) 펄떡펄떡¶ 魚が～とはねる 물고기가 펄떡펄떡 뛰다 ②(원기가 넘치는) 팔팔. 정정¶ 丈夫で～している 건장하고 팔팔하다

**ひんぷ** [貧富] 빈부 ①가난함과 부유함¶ ～の差が激しい 빈부의 차가 심하다 ②가난뱅이와 부자

**ひんぷん** [*繽紛] (文) 빈분 ①많은 것이 뒤섞임 ②(눈・꽃 등이) 흩날림

**びんぼう** [貧乏] 名 ナ 自スル 빈핍. 가난¶ ～な家 가난한 집/ 職がなくて～する 직업이 없어서 가난하다 **一神** 가난을 가져오는 신 **一*籤** ①제일 손해보는 제비 ②가장 불리한 역할 **一性** 궁상 떠는 성질. 궁기 **一たらしい** 形 궁상스럽다 **一*揺すり** 名 自スル 무릎을 치신사납게 떠는 버릇 **一揺るぎ** 名 自スル → **びんぼうゆすり**
〔慣用句〕
**一暇なし** 가난한 사람은 계속 일해도 가난하여 쉴 틈이 없다

**ピンぼけ** 名 ナ (口) ①(사진에서) 핀트가 맞지 않아 흐림¶ ～な写真 핀트가 맞지 않아서 흐릿한 사진 ②요점에서 빗나감¶ ～な答え 엉뚱한 대답

**ひんま・げる** [ひん曲げる] 他 下一 (俗) ①세게 구부리다¶ 鉄柱を～ 쇠기둥을 구부리다 ②왜곡하다¶ 事実を～ 사실을 왜곡하다

ひんみん【貧民】(文) 빈민¶ ～救済<sub>きゅう</sub> 빈민 구제 ━窟<sub>くつ</sub> 빈민굴＝ 슬럼街<sub>がい</sub>

ひんむ・く【ひん×剥く】[他五](口) 거칠게 벗기다, 훌빗기다¶ 善人<sub>ぜんにん</sub>を装<sub>よそお</sub>った面<sub>つら</sub>の皮<sub>かわ</sub>を～ 선인을 가장한 낯가죽을 훌빗기다

ひんめい【品名】품명, 물품의 명칭

ひんもく【品目】품목¶ 輸入<sub>にゅう</sub>～ 수입 품목

ひんやり [副][自スル] 차갑게 느끼는 모양, 선뜩, 썰렁¶ ～とした空気<sub>くうき</sub> 선뜩한 공기

びんらん【*紊乱】[名][自他スル](文) 문란¶ 風紀<sub>ふうき</sub>～ 풍기 문란

びんろうじゅ【*檳×榔樹】[植] 빈랑나무

びんわん【敏腕】[名][ダ] 민완＝ 腕利<sub>うでき</sub>き¶ ～記者<sub>しゃ</sub> 민완 기자／～を振<sub>ふ</sub>るう 민완을 떨치다

# ふ フ

ふ 五十音図<sub>ごじゅうおんず</sub>「は」행(行)의 셋째 かな. ひらがな「ふ」는「不」의 초서체, かたかな「フ」는「不」의 처음 두 획을 딴 것

ふ【不】[音]フ・ブ [(音)部, 불. (造語)] ① …하지 않다¶ 不参<sub>さん</sub> 불참・不戦<sub>せん</sub> 부전 ② 아니다¶ 不快<sub>かい</sub> 불쾌・不精<sub>しょう</sub> 귀찮아 함 ③ …가 좋지 않다¶ 不運<sub>うん</sub> 불운・不用心<sub>ようじん</sub> 부주의 ▷ [熟字訓] 不知火<sub>しらぬい</sub> 밤바다에 무수히 보이는 불빛・不如帰<sub>ほととぎす</sub> 두견새

ふ【夫】[音]フ・フウ [訓]おっと [(音)部, (造語)] ① 남편¶ 夫婦<sub>ふう</sub> 부부・先夫<sub>せんぷ</sub> 선부 ② 성년 남자, 사나이¶ 夫子<sub>ふうし</sub> 부자・匹夫<sub>ひっぷ</sub> 필부・大丈夫<sub>だいじょうぶ</sub> 대장부 ③ 노동자¶ 夫役<sub>ぶやく</sub> 부역・農夫<sub>のうふ</sub> 농부 ▷ [熟字訓] 夫婦<sub>みょうと・めおと</sub> 부부

ふ【父】[音]フ [訓]ちち [(音)部, (造語)] ① 아버지, 부친¶ 父子<sub>ふし</sub> 부자・父母<sub>ふぼ</sub> 부모・尊父<sub>そんぷ</sub> 춘부장 ② 나이 든 남자¶ 漁父<sub>ぎょふ</sub> 어부・田父<sub>でんぷ</sub> 농부 ③ 아버지같은 사람¶ 師父<sub>しふ</sub> 사부 ▷ [熟字訓] 伯父<sub>おじ</sub> 백부・叔父<sub>おじ</sub> 숙부

ふ【付】[音]フ [訓]つける・つく [(音)部, (造語)] ① 붙이다, 덧붙이다¶ 付加<sub>ふか</sub> 부가・付録<sub>ろく</sub> 부록・添付<sub>てんぷ</sub> 첨부 ② 주다, 내주다, 건네주다¶ 付与<sub>よ</sub> 부여・還付<sub>かんぷ</sub> 환부 ③ 부탁하다, 맡기다¶ 付託<sub>たく</sub> 부탁 ▷ ① 은「附」와 같음

ふ【布】[音]フ・ホ [訓]ぬの・きれ・しく [(音)部, (造語)] ① 베, 직물¶ 布団<sub>ふとん</sub> 이부자리・綿布<sub>めんぷ</sub> 면포 ② 깔다, 펴다, 늘어 놓다, 퍼뜨리다¶ 布告<sub>こく</sub> 포고・宣布<sub>せんぷ</sub> 선포・流布<sub>るふ</sub> 유포

ふ【扶】[音]フ [訓]たすける [(音)部, (造語)] 돕다¶ 扶助<sub>じょ</sub> 부조・扶養<sub>よう</sub> 부양

ふ【*芙】[音]フ [訓]はす [(音)部, (造語)] 연꽃, 부용¶ 芙蓉<sub>ふよう</sub> 부용

ふ【府】[音]フ [(音)部. I (造語)] ① 문서・재보를 보관하는 창고, 곳간¶ 府庫<sub>ふこ</sub> 부고・秘府<sub>ひふ</sub> 비부 ② 관청¶ 府中<sub>ふちゅう</sub> 부중・政府<sub>せいふ</sub> 정부 ③ 사물의 중심이 되는 곳, 서울, 수도¶ 首府<sub>しゅふ</sub> 수부・城府<sub>じょう</sub> 성부 ④ 행정 구획의 하나¶ 府立<sub>りつ</sub> 부립・大阪府<sub>おおさかふ</sub> 大阪府 ⑤ 徳川幕府<sub>とくがわばくふ</sub> 시대의 江戸<sub>えど</sub>¶ 参府<sub>さんぷ</sub> 제후가 江戸에 와서 将軍을 배알함 II 부 ①(文) 관청¶ 文教<sub>ぶんきょう</sub>の～ 문교부 ②(文) 사물의 중심이 되는 곳¶ 学問<sub>がくもん</sub>の～ 학문의 중심지 ③[政] 지방 공공 단체의 하나

ふ【怖】[音]フ [訓]こわい・おそれる [(音)部. (造語)] 두려움, 두려워하다¶ 畏怖<sub>いふ</sub> 외포・恐怖<sub>きょう</sub> 공포・驚怖<sub>きょう</sub> 경포

ふ【*斧】[音]フ [訓]おの [(音)部. (造語)] 도끼¶ 斧鑿<sub>ふさく</sub> 부착・石斧<sub>せきふ</sub> 석부, 돌도끼

ふ【附】[音]フ [訓]つく・つける [(音)部. (造語)] ① 붙이다, 붙다, 덧붙이다¶ 附録<sub>ろく</sub> 부록・寄附<sub>きふ</sub> 기부 ② 따라가다¶ 附随<sub>ずい</sub> 부수・新附<sub>しんぷ</sub> 새로 복속함 ▷ ① 은「付」와 같음

ふ【*俘】[音]フ [訓]とりこ [(音)部. (造語)] 사로잡힘, 생포¶ 俘囚<sub>しゅう</sub> 부수・俘虜<sub>ふりょ</sub> 부로

ふ【訃】[音]フ [訓]しらせ [(音)部. I (造語)] 사망 통지, 부고¶ 訃音<sub>ふいん・ふおん</sub> 부음・訃報<sub>ほう</sub> 부보 II 부음¶ ～に接<sub>せっ</sub>する 부음에 접하다

ふ【負】[負][音]フ [訓]まける・まかす・おう [(音)部. I (造語)] ① 업다, 지다, 짊어지다¶ 負債<sub>さい</sub> 부채・負担<sub>たん</sub> 부담 ② 입다, 받다¶ 負傷<sub>しょう</sub> 부상 ③ 의지하다¶ 自負<sub>じふ</sub> 자부・抱負<sub>ほうふ</sub> 포부 ④ 지다, 패배하다¶ 勝負<sub>しょうぶ</sub> 승부 II [数] 음수¶ 負数<sub>すう</sub> 음수

ふ【赴】[音]フ [訓]おもむく [(音)部. (造語)] ① 달려 가다, 당도하다¶ 赴任<sub>にん</sub> 부임 ② 사망 통지, 부고¶ 赴告<sub>こく</sub> 부고 ▷ 는「訃」와 같음

ふ【俯】[音]フ [訓]ふせる [(音)部. (造語)] 엎드리다¶ 俯角<sub>かく</sub> 부각・俯瞰<sub>かん</sub> 부감

ふ【浮】[浮][音]フ [訓]うく・うかれる・うかぶ・うかべる [(音)部. (造語)] ① 뜨다¶ 浮沈<sub>ちん</sub> 부침・浮力<sub>りょく</sub> 부력 ② 근거 없다, 정처 없다¶ 浮言<sub>げん</sub> 부언・浮浪<sub>ろう</sub> 부랑 ③ 경박하다, 들뜨다¶ 浮華<sub>か</sub> 부화・浮薄<sub>はく</sub> 부박 ▷ [熟字訓] 浮子<sub>うき</sub> 부표・浮腫<sub>むくみ</sub> 부종・浮塵子<sub>うんか</sub> 멸구

ふ【釜】[音]フ [訓]かま [(音)部. (造語)] 주로 훈(訓)「かま」로 씀

ふ【*埠】[音]フ [(音)部. (造語)] 부두, 선착장, 항¶ 埠頭<sub>ふとう</sub> 부두

ふ【婦】[婦][音]フ [訓]おんな [(音)部. (造語)] ① 아내¶ 主婦<sub>しゅふ</sub> 주부・新婦<sub>しんぷ</sub> 신부 ② 성인 여자, 여성¶ 婦人<sub>じん</sub> 부인・裸婦<sub>らふ</sub> 나부 ③「看護婦<sub>かんごふ</sub>」의 준말¶ 婦長<sub>ちょう</sub> 수간호사¶「婦人<sub>じん</sub>」의 준말¶ 婦議<sub>ぎ</sub>는 여성 의원・婦警<sub>けい</sub> 여경 ▷ [熟字訓] 夫婦<sub>みょうと・めおと</sub> 부부

ふ【符】[音]フ [(音)部. (造語)] ① 부절¶ 符合<sub>ごう</sub> 부합・符節<sub>せつ</sub> 부절 ② 부적¶ 護符<sub>ごふ</sub> 호부・神符<sub>しんぷ</sub> 신부 ③ 증거가 되는 표¶ 切符<sub>きっぷ</sub> 표 ④ 표시, 기호¶ 符号<sub>ごう</sub> 부호・音符<sub>おんぷ</sub> 음표

ふ【*傅】[音]フ [(音)部. (造語)] 시중 들다, 받들어 모시다, 아기 보기¶ 傅育<sub>いく</sub> 부육, 양육・師傅<sub>しふ</sub> 사부・大傅<sub>たいふ</sub> 대부

ふ [富] 营 フ・フウ 訓 とむ・とみ | (음) 부. (造語) 재산이 많다, 부유하다¶ 富豪ごう 부호・富貴き부귀 ▷「冨ふ」는 속자

ふ [普] 音 フ 訓 あまねく | (음) 보. I (造語) ①널리 미치다, 보급되다¶ 普及ふう 보급・普遍へん 보편 ②보통이다, 흔하다¶ 普段だん 평소・普通つう 보통 ③외국어「フ・プ」의 차음자, 「普魯西ブロ 프러시아」의 준말¶ 普仏ふつ戦争せう 보불 전쟁

ふ [*腑] 音 フ | (음) 부. I (造語) ①내장¶ 五臓 六腑ろっぷ 오장 육부 ②마음속, 생각¶ 肺腑はい 폐부 II ①내장¶ 胃い의 〜 위장 ②마음속, 생각
慣用句
—に落おちない 납득이 가지 않다

ふ [腐] 音 フ 訓 くさる・くされる・くさらす | (음) 부. (造語) ①썩다¶ 腐敗はい 부패・防腐 剤ぼう 방부제 ②낡아서 쓸모 없다¶ 腐儒じゅ 부유・陳腐ちん 진부 ③고심하다¶ 腐心しん 부심

ふ [敷] 音 フ 訓 しく | (음) 부. (造語) 평평하게 펴다, 갈다¶ 敷衍えん 부연・敷設せつ 부설

ふ [膚] 音 フ 訓 はだ・はだえ | (음) 부. (造語) ①피부¶ 皮膚ひ 피부・身体髪膚しんたっぷ 신체발부 ②표면¶ 膚浅せん 부천, 천박

ふ [賦] 音 フ | (음) 부. I (造語) ①거두다, 징수하다¶ 賦役えき 부역・賦課か 부과 ②나누다, 할당하다¶ 割賦かっ 할부・月賦げっ 월부 ③주다, 수여하다¶ 賦与よ 부여・天賦てん 천부 ④시를 짓다, 시가¶ 早春賦そうしゅん 조춘부 ⑤시경(詩経) 육의의 하나, 느낌대로 읊는 것¶ 詩賦し 시부 II [文] (한문 운문체의 하나인) 부¶ 赤壁せき의 〜 적벽부

ふ [譜] 音 フ | (음) 보. I (造語) ①사물을 계통적으로 기록한 것¶ 画譜が 화보・年譜ねん 연보 ②계속되다, 대대로 이어가다¶ 譜代だい 대대로 이어짐 ③악보¶ 譜面めん 악보・新譜しん 신보 ④바둑・장기의 대국 기록¶ 棋譜き 기보 II 악보¶ 〜を読よむ 악보를 읽다

ふ [二] (수를 셀 때의) 둘= ふう¶ ひ, 〜, み, よ 하나 둘 셋 넷

ふ [*斑] 얼룩, 반점¶ 〜入いりの葉は 얼룩 잎

ふ [歩] 「歩兵ひょう」의 준말. (일본 장기의) 졸

ふ [侮] 音 フ 訓 あなどる | (음) 모. (造語) 업신여기다, 멸시하다¶ 侮辱じょく 모욕・侮蔑べつ 모멸

ふ [武] 音 ブ・ム | (음) 무. I (造語) ①강하다, 용맹스럽다¶ 武勇ゆう 무용・威武いっ 위무 ②군사, 전쟁 ⇔ 文ぶん¶ 武器き 무기・文武ぶん 문무 ③군인¶ 武官かん 무관・武士し 무사・武者しゃ 무사 ④「武蔵さし」의 준말¶ 武相そう 옛지명인 武さしと 相さがみ II [文] 무¶ 〜を練ねる 무예를 닦다¶ 〜を尚たっとぶ 무예를 숭상하다 ②군사력, 무력¶ 〜を用もちいる 무력을 사용하다

ふ [部] 音 ブ・ベ | (음) 부. I (造語) ①구분하다, 구분한 것 중의 하나¶ 部分ぶん 부분・細部さい 세부 ②조직 구분의 하나¶ 部隊たい 부대・本部ほん 본부 II 부 ①구분, 구분한 것 중의 하나¶ 昼ひるの〜 주간부 ②(회사・관청 등의) 사무 기구의 단위¶ 営業えう 영업부 ③(학교 등의) 동아리, 클럽¶ テニス〜 테니스 부 ④(助数) 책을 세는 말 ㉠부¶ 100万ぷん〜 백만부 ㉡질¶ 一いっ〜二十巻にじっ 한 질 20권 ㉢책의 분량¶ 大だいっの事典てん 두꺼운 사전

ふ [*撫] 音 フ 訓 なでる | (음) 무. (造語) 위로하다, 어루만지다, 귀여워하다¶ 愛撫あい 애무・慰撫いっ 위무・宣撫せん 선무・鎮撫ちん 진무

ふ [舞] 音 ブ 訓 まう・まい | (음) 무. (造語) ①춤추다, 춤¶ 舞踊よう 무용・歌舞か 가무 ②격려하다, 분발하게 하다¶ 鼓舞こ 고무

ふ [*蕪] 音 ブ 訓 あれる・かぶら | (음) 무. (造語) ①잡초가 무성하다, 거칠어지다¶ 荒蕪こう 황무 ②흐트러져 있다¶ 蕪雑ざつ 무잡・蕪辞じ 무사

ふ [分] ①(판자 등의) 두께 ②승부의 형세, 우열의 정도¶ 〜が悪わるい (형세가) 불리하다 ③전체를 10등분한 단위, 할¶ 八はちーどおり完成かんしている 8할 정도 완성되어 있다 ④백분률의 단위, 푼, 분¶ 五ご〜五ご〜の勝負しょう반반의 승부 ⑤(척관법의) 길이의 단위, 푼 ⑥(신발 등의) 크기의 단위, 10분의 1문 ⑦온도의 단위, 분 ⑧옛날 화폐의 단위, 1両いち의 4분의 1 ⑨전음을 등분한 길이, 분¶ 二に 音符おん 2분 음표
慣用句
—が厚あつい (판자 등의) 두께가 두껍다
—が有ある 승산이 있다

ぶ [歩] ①비율의 단위, 푼 ②수수료, 구전= 歩合ぶ¶ 〜を取とる 수수료를 받다 ③토지 면적의 단위, 보 ④「町ちょう・段たん」의 뒤에 붙어) 그 면적의 끝수가 없음을 나타내는 말, 보¶ 十町じっ〜 10정보

ファ (이 fa) [音] 파 ①장음계의 넷째 음명 ②「바」음의 이탈리아 음명

ファースト フード (fast food) 패스트 푸드

ぶあい [歩合] ①[数] 보합, 비율 ¶ 公定こう〜 공정 비율 ②(거래 등에서) 수수료, 배당¶ 〜制せい 배당제/ 〜を取とる 수수료를 받다

ぶあいきょう [無愛敬・無愛嬌] 名 ナ 애교가 없음¶ 〜な娘むすめ 애교가 없는 아가씨

ぶあいそう [無愛想] 名 ナ 붙임성이 없음, 무뚝뚝함, 통명스러움¶ 〜な顔かおをしている 무뚝뚝한 얼굴을 하고 있다

ファイト (fight) 파이트 I 名 ①(권투 등의) 시합, 승부 ②투지, 전의¶ 〜を燃もやす 투지를 불태우다 II 感 응원하는 소리, 힘내라 —マネー (fight money) 파이트 머니, 대전료

ファイル (file) 파일 I 名 他スル ①서류철 ②(서류 등을) 철함 II 名 [컴] 한 단위로 다루는 정보군 —ブック (일 file book) 파일 북

ファウル (foul) 파울 —フライ (foul fly) [野] 파울 플라이 —ライン (foul line) [野] 파울 라인

ファクシミリ (facsimile) [情] 팩시밀리

ぶあつ・い [分厚い] 形 두툼하다, 두껍다¶ 〜本ほん 두꺼운 책/ 〜胸むね 두툼한 가슴

ファックス (fax) → ファクシミリ

ファミコン 「ファミリーコンピュータ」의 준말

ファミリー (family) 패밀리 ①가족, 가정 ②동족, 일족 —カー (family car) 패밀리 카, 가정용 승용차 —コンピュータ (family computer)

ファン

〖컴〗 패밀리 컴퓨터. 텔레비전 게임 전용 간이 컴퓨터 ━サイズ (family size) 패밀리 사이즈

ファン (fan) 팬. 선풍기, 환풍기¶ ～ヒーター 팬 히터

ファン (fan) 팬 ①(스포츠・영화 등의) 열렬한 애호가¶ 映画の～ 영화팬 ②(특정 인물의) 열렬한 지지자 ━レター (fan letter) 팬 레터

ふあん【不安】图 불안¶ ～を感じる 불안감/ ～を一掃する 불안(감)을 일소하다

ファンタジア (fantasia)〖音〗판타지아. 환상곡

ファンタジー (fantasy) 팬터지 ①환상, 공상 ② 〖音〗환상곡 =ファンタジア

ふあんてい【不安定】图 불안정¶ 政情が～ な国 정정이 불안정한 나라

ファンド (fund) 펀드 ①기금, 자금 ②〖經〗(투자 신탁의) 신탁 재산

ふあんない【不案内】图 (정황・사정에) 어두움, 생소함=無案内¶ ～な土地で 생소한 고장/ 株には～だ 주식에는 어둡다

ふい 허사. 헛일. 허탕¶ チャンスを～にする 기회를 헛되이 놓치다

慣用句

━になる 물거품이 되다, (노력이) 허사가 되다

ふい【不意】图 ①불의. 불시. 뜻밖¶ ～の事故 불의의 사고 ②돌연함, 느닷없음, 갑작스러움¶ ～に現われる 느닷없이 나타나다 ━打ち ①기습, 기습 공격 ②불시에 함

慣用句

━を食う 뜻밖의 일을 당하다, 허를 찔리다
━を衝く 허를 찌르다

ふい【布衣】포의. 평민. 서민

慣用句

━の交わり 포의지교. 신분・지위에 구애받지 않는 교제

ぶい【武威】〖文〗무위. 무력의 위세・위광¶ 天下に～を示す 천하에 무위를 과시하다

ぶい【部位】부위¶ 身体の各～ 신체의 각 부위

ブイ (buoy) 부이 ①〖交〗부표(浮標) ②구명대. 부낭=浮き袋¶ 救命～ 구명 부이

ブイ【V・v】브이. 영어 알파벳의 스물두 번째 자모

ブイアイピー【VIP】브이 아이 피. 중요 인물

フィート (feet) 피트. (야드 파운드법의) 길이의 단위

フィールド (field) 필드 ①야외, 현장 ②(육상 경기장에서) 트랙 안쪽의 공간 ③(학문・연구 등의) 분야, 영역 ④〖物〗(전기장・자기장 등의) 장 ━競技〖體〗필드 경기

ふいく【扶育】图 他スル〖文〗부육. 양육¶ ～料 양육료

ふいく【×傅育】图 他スル〖文〗부육. 소중히 보살펴 기름¶ 皇子を～する 황태자를 부육하다

ぶいく【×撫育】图 他スル〖文〗부육. 귀엽게 기름¶ 心をつくして～する 애지중지하며 기르다

ふいご【×鞴】풀무¶ ～で吹く 풀무질하다

ふいちょう【×吹聴】图 他スル 말을 퍼뜨림¶ 近所に～して歩く 근처에 말을 퍼뜨리고 다

니다

ふいつ【不一・不乙】Ⅰ图 불일. 같지 않음 Ⅱ 图〖文〗편지 끝에 쓰는 맺음말. 불비(不備), 여불비례=不悉=不具=不尽

ブイティーアール【VTR】브이 티 아르. 비디오 테이프 리코더

ぶいと 획 책, 획, 발딱¶ ～横を向く (토라져서) 휙 고개를 돌리다

フイフイきょう【フイフイ教】〖宗〗회교(回教)

フィヨルド (노 fjord) 〖地〗피오르드. 협만(峽灣), 협강(峽江)

フィラメント (filament) 〖電〗필라멘트. (전구・진공관 등의) 선조(線條)

ふいり【×斑入り】바탕과 다른 빛깔의 반점. 무늬가 섞여 있음. 그런 것¶ ～の朝顔は 얼룩무늬 나팔꽃

ふいり【不入り】图 图 (흥행 등에서) 관객〔입장객〕이 적음¶ ～のため小屋をたたむ 관객이 적어서 가설 극장을 걷어 치우다

フィルター (filter) 필터 ①여과기 ②(카메라의) 특정 광선만을 차단・투과하는 특수 유리 ③〖電〗특정 주파수의 전류만을 통과시키는 장치 ④(궐련의) 물부리

フィルム (film) 필름 ①박피, 박막 ②사진 감광판, 그것을 현상한 음화 ③영화

慣用句

━に収める 필름에 담다, 사진을 찍다

ふいん【×訃音】〖文〗부음. 부고=訃報¶ ～に接する 부음에 접하다

ぶいん【部員】부원¶ 営業部～ 영업부원

ぶいん【無音】〖文〗무소식. 적조. 격조

ふう【封】音フウ・ホウ〔音〕봉. Ⅰ〖造語〗①봉하다, 가두다¶ 封鎖 봉쇄・密封 밀봉 ②(ホウ로 읽어서) 제후로 삼다¶ 封建 봉건, 封土 봉토 ③흙을 쌓아 올린 곳¶ 蟻封 의봉 Ⅱ①봉함, 봉한 것¶ 手紙の～をする 편지를 봉하다/ ～を切る 개봉하다

ふう【風】音フウ・フ 訓かぜ・かざ〔音〕풍. Ⅰ 〖造語〗①바람, 바람이 불다¶ 風車 풍차・台風 태풍 ②복종하게 하다, 가르침¶ 風靡 풍미 ③풍습, 관습¶ 風俗 풍속・家風 가풍 ④모습, 모양¶ 風体 풍체・威風 위풍 ⑤경향, 양식, 차림¶ 学風 학풍・校風 교풍 ⑥정취, 경치, 풍취¶ 風景 풍경・風流 풍류 ⑦비꼬다, 풍자¶ 風刺 풍자・風聞 풍문 ⑨질병¶ 中風 중풍 ⑩시경 육의(六義)의 하나, 각지의 민요¶ 国風 국풍 ▷⑦은 諷의 대용자 〖熟字訓〗風邪 감기 Ⅱ ①습관, 풍습¶ 外国かぶれの～をまねる 외국의 풍습을 모방하다 ②…인 체, 모습, 모양¶ 知らぬ～をする 모른 체하다 ③정취, 풍취, 풍모¶ 君子の～ 군자의 풍모 Ⅲ〖接尾〗…풍, …식¶ 西洋～ 서양식/ 学者～の男 학자풍의 남자

ふう【楓】音フウ 訓かえで〔音〕풍. 〖造語〗단풍나무¶ 楓葉 풍엽・楓樹 단풍나무

ぶう【△ 幼】(「お～」의 꼴로) 더운 물, 차(茶), 목욕

ふうあい【風合(い)】(천의) 촉감, 느낌

が違う(天の)촉감이 다르다

**ふうあつ**[風圧][氣] 풍압¶ ~計 풍압계

**ふうい**[風位](文) 풍향＝風向

**ふうい**[諷意](文) 암시하는(내비치는) 뜻¶ ~を解する 넌지시 비춘 뜻을 알아차리다

**ふういん**[封印][名][自スル] 봉인¶ 現金書留に~する 현금 등기 우편에 봉인하다

**ふういん**[風韻](文) 풍운. 풍취. 아취

**ふうう**[風雨] 풍우 ①바람과 비, 비바람¶ ~にさらされる 비바람을 맞다 ②바람을 동반한 비¶ 暴~ 폭풍우

**ふううん**[風雲] 풍운 ①바람과 구름, 자연의 풍물 ②사변이 일어날 듯한 형세, 세상이 변하려는 기운¶ ~に乗ずる 풍운을 타다, 시운에 편승하다 一児 풍운아
[慣用句]
―急を告げる 풍운이 임박하였음을 고하다, 사태가 위급(급박)해지다
―の志 풍운의 뜻, 시운을 타고 큰일을 이루려는 의지

**ふうえい**[諷詠][名][他スル](文) 풍영. 시가를 읊조림, 음영(吟詠)¶ 花鳥~ 화조 풍영

**ふうか**[風化][名][自スル][地] 풍화¶ ~作用 풍화 작용 ②[比] (기억 등이) 차차 희미해짐¶ ~する戦争体験 희미해지는 전쟁 체험

**ふうか**[富家] 부가. 부잣집＝金持ち

**ふうが**[風雅][名][ダ] 풍아 ①아취가 있음¶ ~な生活 풍아한 생활 ②시가·서화 등의 도(道)¶ ~の道 풍아의 도

**ふうかい**[風解][名][自スル][化] 풍해

**ふうがい**[風害] 풍해. 강풍에 의한 피해

**ふうかく**[風格] 풍격 ①풍채와 품격, 인품¶ 大人の~ 대인의 풍격 ②풍취, 독특한 맛(멋)¶ ~のある書 풍취 있는 글

**ふうがら**[風柄] ①풍채. 풍모 ②인품. 품격

**ふうがわり**[風変(わ)り][ダ] (성격·모습 등이) 색다름. 별남¶ ~な小説 색다른 소설/ ~な趣味 별난 취미

**ふうかん**[封緘][名][他スル](文) 봉함¶ ~紙 봉함지/ ~はがき 봉함 엽서

**ふうかん**[諷諫][名][他スル](文) 풍간. 넌지시 빗대어(에둘러) 간함＝直諫

**ふうがん**[風眼][醫] 풍안. 농루안

**ふうき**[風紀] 풍기¶ ~取り締まり 풍기 단속/ ~が乱れる 풍기가 문란해지다

**ふうき**[富貴](文) 부귀⇔貧賤¶ ~な家に生まれる 부귀한 집안에 태어나다

**ふうぎ**[風儀](文) ①풍습¶ 昔からの~ 옛 풍습 ②예의범절

**ふうきょう**[風狂](文) 풍광 ①풍류에 빠짐, 그런 사람¶ ~の士 풍류지사 ②미치광이

**ふうきょう**[風教](文) 덕으로 백성을 교화함

**ふうきり**[封切り][名][他スル] ①(편지 등의) 개봉 ②(영화의) 개봉¶ ~館 개봉관

**ふうきん**[風琴](文) 풍금 ①오르간 ②「手風琴」의 준말

**ブーケ** [프 bouquet] 부케. 꽃다발

**ふうけい**[風景] 풍경 ①경치¶ 田園~ 전원 풍경 ②광경¶ 選手たちの練習~ 선수들의 연습 광경 ―画 풍경화

**ふうけつ**[風穴] 풍혈. (산허리에 있는) 큰 음 터널＝かざあな

**ふうげつ**[風月](文) 풍월. 청풍 명월, 자연 경관¶ 花鳥~ 화조 풍월
[慣用句]
―を友とする 풍월을 벗삼다

**ふうこう**[風光](文) 풍광. 경치 ―明媚 풍광 명미. 경치가 아름다움

**ふうこう**[風向][氣] 풍향 ―計[氣] 풍향계

**ふうさ**[封鎖][名][他スル] 봉쇄¶ 経済~ 경제 봉쇄/ 海上~ 해상 봉쇄

**ふうさい**[風災](文) 풍재. 풍해(風害)

**ふうさい**[風采] 풍채¶ 堂々たる~の人 당당한 풍채의 사람/ ~があがらない 풍채가 신통치 않다

**ふうさつ**[封殺][名][他スル] ①(文) (상대의 언동을) 봉쇄함¶ 反対派の意見を~する 반대파의 의견을 봉쇄하다 ②[野] 봉살

**ふうし**[夫子](文) 부자 ①(옛날 중국에서) 대부(大夫) 이상인 남자에 대한 높임말 ②장자·현자 등을 높여 이르던 말¶ 村夫子 촌부자, 시골 훈장 ③공자(孔子)의 높임말 ④당사자, 본인, 당신, 그¶ ~自身 본인 자신

**ふうし**[風刺·諷刺][名][他スル] 풍자 ―画 풍자화/ 世相を痛烈に~している世態を통렬하게 풍자하고 있다 ―法[表] 풍자법

**ふうし**[風姿](文) 풍자. 풍채, 용자(容姿)

**ふうじこ・める**[封じ込める][他][下一] ①가두다¶ 犯人を~ 범인을 가두다 ②봉쇄하다¶ 策動を~ 책동을 봉쇄하다

**ふうじて**[封じ手] ①(바둑·장기에서) 봉수 ②(격투기에서) 써서는 안 되는 수＝禁じ手

**ふうじめ**[封じ目] 봉한 자리¶ ~に印を押す 봉한 자리에 도장을 찍다, 봉인하다

**ふうしゃ**[風車] 풍차¶ ~小屋 풍차간

**ふうじゃ**[風邪](文) 감기＝かぜ·感冒

**ふうしゅ**[風趣](文) 풍취＝趣き¶ ~に富んだ情景 풍취가 넘치는 정경

**ふうじゅ**[風樹](文) 풍수. 바람에 흔들리는 나무 ―の嘆 풍수지탄. 부모에게 효도하려 할 때는 이미 돌아가셔서 할 수 없다는 한탄

**ふうじゅ**[諷誦][名][他スル](文) 풍송. (경문을) 소리내어 읽음＝ふじゅ

**ふうしゅう**[風習] 풍습¶ 土地の~にしたがう 고장의 풍습에 따르다

**ふうしょ**[封書] 봉서. 봉한 편지¶ 一通の~ 한 통의 봉서

**ふうしょく**[風食·風蝕][名][他スル][地] 풍식¶ ~された岩 풍식된 바위

**ふう・じる**[封じる][他][上一] ＝ふうずる

**ふうしん**[風信] ①풍향 ②풍문, 소문 ―器 풍향기 ―子[植]「ヒヤシンス」의 딴이름

**ふうしん**[風疹][醫] 풍진＝みっかばしか

**ふうじん**[風神] 풍신. 바람의 신, 풍백(風伯)

**ふうじん**[風塵] 풍진 ①바람에 날리는 먼지 ②[比] 극히 가벼운 것, 매우 사소한 것 ③

ふうすいがい【風水害】 풍수해¶ ～対策(たい)(さく) 풍수해 대책/～を受(う)ける 풍수해를 입다

ふう・する【*諷する】 [他][サ変][文] 풍자하다¶ 政府(せい)(ふ)を～漫画(まん)(が) 정부를 풍자하는 만화

ふう・ずる【封ずる】 [他][サ変] 봉하다 ①(열지 못하게) 붙이다, 닫다¶ 小包(こづつみ)をしっかり～ 소포를 단단히 봉하다 ②봉쇄하다, 막다┆退路(たい)(ろ)を～ 퇴로를 막다 ③하지 못하게 하다, 금지하다¶ 口(くち)を～ 입을 틀어막다/相手(あい)(て)の得意手(とく)(い)(て)を～ 상대방이 가장 자신있어 하는 수를 못 쓰게 하다 ▷「封(ふう)じる」라고도 함

ふうせい【風声】 [文] 풍성 ①바람 소리 ②소식, 풍문, 소문, 평판 ―鶴唳(かく)(れい) 풍성 학려 ①바람 소리와 학의 울음소리 ②[比] 겁에 질린 사람이 사소한 일에도 놀라고 두려워함

ふうせい【風勢】 [文] 풍세, 바람의 형세¶ ～が募(つの)る 풍세가 사나워지다

ふうせつ【風雪】 풍설 ①바람과 눈 ②눈보라¶ ～を冒(おか)して出掛(でか)ける 눈보라를 무릅쓰고 나서다 ③[比] 시련, 풍상¶ 人生(じん)(せい)の～に耐(た)えて来(き)た人(ひと) 인생의 풍상을 견디며 살아온 사람

ふうせつ【風説】 [文] 풍설, 풍문, 뜬소문= 噂(うわさ)¶ ～を立(た)てる 풍설을 퍼뜨리다

ふうせん【風船】 풍선 ①を膨(ふく)らます 풍선을 부풀리다 ②기구, 경기구 ―玉(だま) ①종이・고무 풍선 ②[比] 들떠서 침착하지 못한 사람

ふうぜん【風前】 [文] 풍전, 바람 앞, 바람이 부는 곳 [慣用句] ―の灯火(ともしび) 풍전 등화¶ 資金難(し)(きん)(なん)で会社(かい)(しゃ)は～だ 자금난으로 회사는 풍전 등화다

ふうそう【風葬】 [名][他スル] 풍장, 시체를 들판 등에 방치하여 자연 소멸시키는 장례 방식

ふうそう【風霜】 [文] 풍상 ①바람과 서리 ②세상살이에서 겪는 시련¶ 長(なが)い～に耐(た)える 오랜 풍상에 견디다 ③성상(星霜), 세월¶ ～を経(へ)る 세월을 거치다

ふうそう【風騒】 [文] 풍소 ①시문, 시가와 문장 ②풍류¶ ―の人(ひと) 풍류인

ふうそく【風速】 풍속 ―最大(さい)(だい)～ 최대 풍속 ―計(けい) [気] 풍속계

ふうぞく【風俗】 풍속 ①풍습¶ ～画(が) 풍속화 ②풍기 乱(みだ)れた～ 문란해진 풍기/～を害(がい)する 풍속을 해치다 ―営業(えい)(ぎょう) 풍속 영업, 유흥・접객업의 총칭

ふうたい【風体】 → ふうてい

ふうたい【風袋】 ①포장 용기, 겉포장, 그 무게¶ ―ごと量(はか)る 포장한 채로 달다 ②[比] 겉모양, 외관¶ ―ばかり立派(りっ)(ぱ)だが中身(なか)(み)がない 외관만은 그럴싸하지만 알맹이가 없다

ふうたく【風*鐸】 풍탁, 풍경¶ ～の音色(ね)(いろ) 풍경 소리[음색]

ふうち【風致】 [文] 풍치¶ ～林(りん) 풍치림 ―地区(ち)(く) 풍치 지구

ふうちそう【風知草】 [植] 암크령, 지풍초

ふうちょう【風鳥】 [動] 풍조. 극락조

ふうちょう【風潮】 풍조¶ 時代(じ)(だい)の～に逆(さか)らう 시대 풍조에 거스르다

ふうちん【風鎮】 족자의 양끝에 매다는 옥이나 돌로 된 것

ブーツ (boots) 부츠, 장화

ふうつう【風通】「風通織(ふう)(つう)」의 준말 ―織(おり) 각각 다른 색의 날실과 씨실로 안팎에 반대되는 무늬가 나타나게 짬, 그렇게 짠 피륙

ふうてい【風体】 차림새, 옷차림, 외관= ふうたい¶ 異様(い)(よう)な～ 이상한 차림새

ふうてん【*瘋*癲】 [俗] ①풍전. 정신병¶ ～病院(びょう)(いん) 정신 병원 ②직업도 없이 유흥가에서 죽치고 사는 사람

ふうど【風土】 풍토¶ ～に合(あ)う 풍토에 맞다 ―病(びょう) [医] 풍토병

ふうとう【封筒】 봉투¶ ～に切手(きっ)(て)をはる 봉투에 우표를 붙이다

ふうどう【風洞】 [工] 풍동. 인공적으로 기류를 일으키는 터널형 장치

ふうにゅう【封入】 [名][他スル] 봉입 ①동봉함¶ 写真(しゃ)(しん)を～する 사진을 동봉하다 ②넣고 봉함¶ ネオンサインの～ガス 네온사인의 봉입 가스

ふうは【風波】 [文] 풍파 ①바람과 파도 ②바람에 의한 거친 파도¶ ～が立(た)つ 풍파가 일다 ③내분, 싸움, 분쟁¶ 家庭(か)(てい)に～が絶(た)えない 가정에 풍파가 끊이지 않는다

ふうばいか【風媒花】 [植] 풍매화

ふうばぎゅう【風馬牛】 [名][文] 자기와는 전혀 상관이 없음, 아랑곳하지 않음¶ ～の態度(たい)(ど)をとる 아랑곳없다는 태도를 취하다

ふうはく【風伯】 [文] 풍백, 풍신

ふうはつ【風発】 [名][自スル][文] 풍발 ①바람이 일어남 ②(이야기 등이) 거침없이 터져 나옴¶ 談論(だん)(ろん)～ 담론 풍발

ふうび【風*靡】 [名][他スル] 풍미, 휩쏢¶ 一世(いっ)(せい)を～する 일세를 풍미하다

ふうひょう【風評】 풍평, 풍문, 소문, 평판¶ とかく～のある人(ひと) 이런저런 풍문이 있는 사람

ふうふ【夫婦】 부부¶ 晴(は)れて～となる 떳떳하게 부부가 되다 ―喧嘩(げん)(か) 부부 싸움 [慣用句] ―喧嘩(げん)(か)は犬(いぬ)も食(く)わない 부부 싸움은 칼로 물베기다

ふうふう [副][(と)] ①후떡후떡, 헐레벌떡¶ ～言(い)って駆(か)けつける 헐떡이며 달려가다 ②일 등에 쫓겨서 괴로워하는 모양, 허덕허덕¶ 宿題(しゅく)(だい)で～いう 숙제로 허덕거리다

ぶうぶう I [副][(と)] ①투덜투덜, 툴툴¶ ～文句(もん)(く)を言(い)う 투덜투덜 불평하다 ②붕붕, 빵빵¶ ～と警笛(けい)(てき)が鳴(な)る 빵빵 경적을 울리다 II [名][幼] 띠띠빵빵, 자동차

ふうぶつ【風物】 풍물 ①경치, 풍경¶ 田園(でん)(えん)の～を楽(たの)しむ 전원의 풍경을 즐기다 ②어느 고장・계절 특유의 풍경¶ 晩秋(ばん)(しゅう)の～ 만추의 풍물 ―詩(し) 풍물시 ①풍물을 읊은 시 ②어떤 계절의 정취를 잘 나타낸 것¶ 風鈴(ふう)(りん)は夏(なつ)の～だ 풍경은 여름의 풍물시다

ふうぶん【風聞】 풍문, 뜬소문¶ とかくの～が

ある 이런저런 풍문이 있다
ふうぼう【風防】(攵) ①방풍 ②(비행기의) 조종석 덮개 ―ガラス 조종석 덮개 유리
ふうぼう【風貌】 풍모. 풍채와 용모¶ 大家たいの~がある 대가다운 풍모가 있다
ふうみ【風味】 풍미¶ ~のある菓子か 풍미 있는 과자
ブーム (boom) 붐. 벼락 경기. 갑작스런 경기¶ 財ざいテク~ 재테크 붐
ブーメラン (boomerang) 부메랑 ―現象げんしょう〖經〗 부메랑 현상
ふうもん【風紋】 풍문. 바람에 의해 모래 위에 생기는 물결 모양의 무늬
ふうゆ【風喩・諷喩】 名 他スル 表 풍유¶ ―法ほう 풍유법
ふうらいぼう【風来坊】(口) ①떠돌이, 뜨내기¶ ~は信しんじられない 떠돌이는 믿을 수 없다 ②변덕쟁이¶ ~でまとまった仕事ことができない 변덕쟁이라 일정한 일은 못한다
ふうらん【風蘭】〖植〗 풍란
ふうりゅう【風流】 名 ナ 풍류 ①우아하고 정취가 있음. 풍아(風雅)¶ ~な庭にわ 풍아한 정원/ ~を解かいする 풍류를 알다 ②세속을 떠나 시가・다도 등을 즐김 ③운치 있게 꾸밈¶ ―棚だな 운치 있게 꾸민 선반 ―韻事いんじ(攵) 풍류놀이 ―人じん 풍류인. 풍류객
ふうりょく【風力】 ①풍력¶ ―計けい 풍력계 ―階級かいきゅう〖氣〗 풍력 계급 ―発電はつでん(口) 풍력 발전
ふうりん【風鈴】 풍령. 풍경¶ ~が鳴なる 풍경이 울리다
プール (pool) 풀 I 名 ①수영장 ②모아 두는 곳¶ モーター~ 주차장 II 名 他スル ①저축함¶ 交際費こうさいひを~しておく 교제비를 저축하여 두다 ②〖經〗 공동 출자함, 기업 연합체 ―制せい〖經〗 풀제. 동종 기업이 협정을 맺고 수지를 합산하여 이익을 분배하는 제도
ふうろ【風炉】 풍로 ①작은 용해 도가니를 가열하는 노(炉) → ふろ(風炉)
ふうろう【封蝋】 봉랍¶ ~で封ふうじる 봉랍으로 봉하다
ふうろう【風浪】(攵) 풍랑 ①바람과 파도 ②풍파¶ ~にもまれる 풍랑에 시달리다
ふうん【不運】 名 ナ 불운¶ ~な一生いっしょう 불운한 일생/ ~を嘆なげく 불운함을 한탄하다
ふうん【浮雲】(攵) 부운. 뜬구름 ①하늘에 떠다니는 구름= うきぐも ②(比) 불안정한 것¶ ~のような生活せいかつ 뜬구름과 같은 생활
ぶうん【武運】 무운¶ ~長久ちょうきゅうを祈いのる 무운 장구를 빌다
ふえ【笛】 ①피리 ②호각. 호루라기¶ 集合しゅうごうの~が鳴なる 집합의 호각이 울리다
慣用句
―吹ふけど踊おどらず 온갖 수를 써서 꼬드겨도 응하지 않다
ふえ【不壊】 名 ナ 불괴. 견고함, 부서지지 않음¶ 金剛こんごう~ 금강 불괴
フェア (fair) 名 ナ 페어 ①공정함, 공명정대함, 정정 당당함¶ ~な態度たいど 공정한 태도 ②(야구・테니스 등에서) 타구가 규정선 안에 들어감 ―プレー (fair play) 페어 플레이
ふえいよう【富栄養】〖水〗 부영양 ―化か〖水〗 부영양화
フェース (face) 페이스 ①얼굴, 표정¶ ポーカー~ 포커 페이스 ②(등산에서) 넓고 가파른 암벽 ③〖織〗 액면 ④〖印〗 활자면, 인쇄면
フェード (fade) 名 自スル 페이드 ①(색이) 바램, 시듦 ②(골프에서) 타구가 오른쪽으로 휨, 그런 공 ―アウト (fade-out) 페이드아웃 ①〖映〗〖放〗 화면이 차차 어두워져 꺼짐 ②소리를 점점 줄임 ―イン (fade-in) 페이드인 ①〖映〗〖放〗 화면이 차차 밝아짐 ②소리를 점점 크게 함
フェーン (독 Föhn)〖氣〗 푄. 산을 넘은 바람이 건조한 열풍이 되어 불어내리는 현상 ⇔ ボラ
ふえき【不易】 名 ナ (攵) 불역. 불변¶ 万古ばんこ~の真理しんり 만고 불역의 진리
ふえき【賦役】(攵) 부역. 지조(地租)와 강제 노역¶ ~を課かする 부역을 과하다
フェザーきゅう【フェザー級】 (권투 등에서) 페더급
ふえつ【斧鉞】(攵) ①부월. 큰 도끼와 작은 도끼 ②(문장 등의) 손질. 수정
慣用句
―を加くわえる (문장 등에) 손을 대어 수정하다
ふえて【不得手】 名 ナ ①능하지 않음, 서투름¶ ~な科目かもく 잘 못하는 과목 ②즐기지 않음¶ 酒さけは~だ 술은 즐기지 않는다
フェニックス (phoenix) 피닉스 ①불사조(不死鳥) ②〖植〗 야자과의 관엽 식물
フェノール (phenol)〖化〗 페놀. 석탄산¶ ~試薬しやく 페놀 시약 ―樹脂じゅし〖化〗 페놀 수지. 석탄산 수지
フェミニズム (feminism) 페미니즘. 여성 해방론, 여권 신장론, 여성 존중론
フェリー (ferry) 페리¶ ―カー ~カ 페리 ―ボート (ferryboat)(攵) 페리 보트
ふ・える【増える】 自下一 ①(수량이) 늘다, 증가하다¶ 体重たいじゅうが~ 체중이 늘다/ 人口じんこうが~ 인구가 증가하다 ②【殖える】(재산이) 늘어나다, 불어나다¶ 貯金額ちょきんがくが~ 저축액이 늘어나다 ③【殖える】 번식하다¶ ねずみが~ 쥐가 번식하다 ▷ ①~③ ⇔ 減へる
フェルト (felt) 펠트. 양털 등을 압축 가공한 두꺼운 직물
ふえん【不縁】 ①인연이 끊어짐, 절연¶ つりあわぬ~のもと 어울리지 않음은 절연의 원인 ②연분이 없음〔맺어지지 않음〕¶ 縁談えんだんが~に終おわる 혼담이 맺어지지 않고 말다
ふえん【敷衍・布衍】 名 他スル 부연¶ ~して説明せつめいする 부연하여 설명하다
ぶえんりょ【無遠慮】 名 ナ 버릇없음, 무람없음, 멋대로 행동함¶ ~な質問しつもん 무람없는 질문/ ~にものを言いう 버릇없이 말하다
フォア (four) 포 ①4, 넷 ②〖艇〗 4인승 경조용 보트, 그 경기 ―ボール (일 four balls)〖野〗 포볼. 사구(四球)
フォーク (folk) 포크 ①민속. 민간. 민중¶ ~

フォーク (fork) 포크 ①서양 요리용 식탁 용구 ②쇠스랑 ―ボール (fork ball) 【野】 포크 볼

フォーク アート 민예품 ②「フォークソング」의 준말 ―ソング (folk song) 【音】 포크 송. (미국의) 민요풍 가요 ―ダンス (folk dance) 포크 댄스

フォース (force) 포스 ①힘, 세력 ②군대, 병력 ¶ エアー~ 에어 포스, 공군 ―アウト (force-out) 【野】 포스 아웃, 봉살(封殺)

フォービスム (프 fauvisme) 【美】 포비슴, 야수파

フォーマット (format) 포맷 ①서식 ②(방송 등의) 구성, 형식 ③(자기 테이프 등에서) 데이터의 배열·형식

フォーマル (formal) 【T】 포멀, 형식적, 공식적, 의례적 ¶ ~な服装 격식에 맞는 복장 ―ウエア (formal wear) 【服】 포멀 웨어, 정장, 예복

フォーム (form) 폼 ①(경기에서) 플레이하는 자세, 형(型) ¶ 投球~ 투구 자세 ②형식, 양식 ¶ ~にあわせる 양식에 맞추다

フォックス (fox) 【動】 폭스, 여우 ―テリア (fox terrier) 【動】 폭스 테리어, 여우 사냥용의 영국산 개 ―トロット (fox-trot) 【音】 폭스 트롯. 4분의 4박자의 사교 춤. 그 반주곡 ―ハウンド (foxhound) 【動】 폭스 하운드. 털이 짧고 지구력이 있는 여우 사냥용의 영국산 개

フォト (photo) 《외래어 명사에 붙어서》 포토, 사진 ¶ ストリー 사진 해설 기사 ―グラフ (photograph) 포토그래프, 사진 ―ジェニック (photogenic) 【T】 포토제닉, 사진에 잘 찍힘

ぶおとこ 【*醜男】 (口) 추남, 못생긴 남자

フォワード (forward) 【體】 포워드. (럭비·축구 등의) 전위(前衛)

ふおん 【不穏】 【T】 불온 ¶ ~分子 불온 분자/ ~な動きがある 불온한 움직임이 있다

ふおんとう 【不穏当】 【T】 온당치 않음 ¶ ~な発言 온당치 않은 발언

ぶおんな 【醜女】 (口) 추녀, 못생긴 여자

ふか 【*鱶】 대형 상어류의 속칭

ふか 【不可】 불가 ①옳지 않음, 좋지 않음 ¶ 可もなく~もない 좋은 것도 없고 나쁜 것도 없다 ②(성적 평가에서) 불합격점, 낙제점 ③(造語) (한자 앞에 붙어)…할 수 없음 ¶ ―抗力 불가항력 ―解 【T】 불가해, 이해할 수 없음 ―欠 【T】 불가결 ―思議 【名】 【T】 불가사의 ―侵 【名】 불가침 ¶ ~条約 불가침 조약 ―測 【名】 【T】 【文】 불가측, 예측할 수 없음 ―知 【T】 【文】 불가지, 알 수가 없음 ―論 불가지론 ―避 【T】 불가피 ―分 【T】 불가분

ふか 【付加·附加】 【名】 【他スル】 부가, 덧붙임 ―価値 부가 가치 ¶ ~税 부가 가치세

ふか 【府下】 부하, 府의 구역 안(관내), 부내 ¶ 京都~ 京都 부내

ふか 【負荷】 부하 I 【名】 【他スル】 【文】 ①(짐을) 짊어짐 ②(책임을) 떠맡음 ¶ ~の大任に 부하된 대임 II 【名】 【物】 기계를 가동하는 작업량 ¶ ~率 부하율

ふか 【浮華】 【名】 【T】 【文】 부화, 겉치레 ¶ 軽佻~ 경조 부화/ ~に流れる 겉치레에 흐르다

ふか 【富家】 부가, 부잣집 ⇒ 貧家

ふか 【*孵化】 【名】 【自他スル】 【動】 부화 ¶ 人工~ 인공 부화

ふか 【賦課】 【名】 【他スル】 부과 ¶ ~金 부과금/ 税金を~する 세금을 부과하다

ふか 【部下】 부하 ⇔ 手下 ¶ ~を率いる 부하를 거느리다

ふかあみがさ 【深編(み)*笠】 (얼굴을 가릴 수 있게 만든) 운두가 깊은 삿갓

ふかい 【深い】 【形】 ①깊다, 얕지 않다 ¶ ~海 깊은 바다/ 底が~ 바닥이 깊다 ②(감정·생각 등이) 깊다, 듬북하다 ¶ ~愛 깊은 사랑/ ~·く考える 깊이 생각하다 ③(정도가) 크다, 깊다 ¶ ~眠り 깊은 잠/ 造詣が~ 조예가 깊다 ④(관계가) 깊다, 밀접하다 ¶ ~仲 깊은 사이 ⑤(색깔·농도가) 짙다 ¶ 緑など 짙은 녹색/ 霧が~·く立ちこめる 안개가 짙게 끼다 ⑥무성하다 ¶ 雑草が~ 잡초가 무성하다 ⑦(때·계절이) 깊다, 한창이다 ¶ 秋が~ 가을이 깊다 ⑧(造語)(「ぶかい」의 꼴로)…이 깊다[많다] ¶ 根深·憎悪 뿌리 깊은 증오/ 情け深·女 정많은 여자

ふかい 【不快】 【名】 【T】 ①불쾌 ¶ ~感 불쾌감/ ~な顔をする 불쾌한 얼굴을 하다 ②몸이 좋지 않음, 병 ―指数 【氣】 불쾌 지수

ふかい 【付会·附会】 【名】 【他スル】 【文】 부회, 억지로 끌어댐 ¶ 牽強~ 견강 부회

ふかい 【部会】 부회, 각 부문별 모임 ¶ 専門~ 전문 부회

ふがい 【部外】 부외 ⇔ 部内 ¶ ~者 부외자/ ~秘 부외비, 대외비

ふがいな·い 【*腑甲斐無い·不甲斐無い】 【形】 (답답할 정도로) 무기력하다, 한심스럽다 ¶ ~成績 한심스러운 성적

ふかいり 【深入り】 깊이 들어감, 깊이 관계함 ¶ あまり~しない方がが無難だ 너무 깊이 관여하지 않는 편이 무난하다

ふかおい 【深追い】 【名】 【他スル】 끈덕지게 깊이 쫓음, 깊이 추구함 ¶ ~は禁物だ 너무 깊이 쫓는 것은 금물이다

ふかぎゃく 【不可逆】 【名】 불가역, 돌이킬 수 없음 ―反応 【化】 불가역 반응

ふかく 【不覚】 【名】 【T】 ①방심하여 실수함 ¶ ~にも敵に攻め込まれた 방심하여 적이 쳐들어 왔다 ②저도 모르게 함, 무의식적임 ¶ ~の涙 저도 모르게 흐르는 눈물 ③의식을 잃음 ¶ 前後~に陥る 인사불성에 빠지다 【慣用句】
―を取る 방심하여 생각지 않은 실수를 하다

ふかく 【*俯角】 부각, 내려본 각 ⇔ 仰角

ふがく 【富岳·富嶽】 【文】 「富士山」의 다른 이름 ¶ ~百景 철따라 변하는 富士산의 모습

ぶがく 【舞楽】 【樂】 무악, 춤이 따르는 아악

ふかくだい 【不拡大】 불확대 ¶ 事件の~の方針を取る 사건의 불확대 방침을 취하다

ふかくてい 【不確定】 【T】 불확정 ¶ ~要素が多い 불확정 요소가 많다

ふかざけ 【深酒】 과음, 술을 과하게 마심 ¶ ~で健康をそこねる 과음으로 건강을 해치다

**ふかし**【不可視】[名][文] 불가시. 육안으로 볼 수 없음 ⇔ 可視的 **～光線** 불가시 광선

**ふか・す**【吹かす】[他五] ①(담배 연기를) 내뿜다. (담배를) 피우다¶ タバコを～ 담배를 피우다 ②(엔진을) 고속 회전시키다¶ エンジンを一杯に～ 엔진을 한껏 고속 회전시키다 ③((「風を～」의 꼴로) 거드럭거리다. 행세를 하다. 티를 내다¶ 先輩風を～ 선배 티를 내다 ④((「一泡～」의 꼴로) (공격 등을 가해) 당황하게 하다

**ふか・す**【更かす】[他五] ((「夜を～」의 꼴로) 밤 늦도록 깨어 있다. 밤을 새우다¶ 読書で夜を～ 독서로 밤을 새우다

**ふか・す**【蒸す】[他五] 찌다 = むす¶ 芋を～ 고구마를 찌다

**ふかつ**【賦活】[造語] 부활. 활력을 줌¶ ～剤 활력제

**ぶかつ**【部活】「部活動」의 준말. (학생의) 과외 활동. 클럽 활동

**ぶかっこう**【不格好·不恰好】[名][ダ] 볼품 없음. 꼴사나움. 모양 없음¶ ～なかりをしている 볼품사나운 차림을 하고 있다

**ふかづめ**【深爪】[名][自スル] 손톱을 바짝 깎음

**ふかで**【深手·深傷】중상. 깊은 상처 ⇔ 浅手·薄手¶ ～を負う 중상을 입다

**ふかなさけ**【深情け】(이성간의) 깊은 정. 지나친 애정¶ 悪女の～ 추녀의 끈끈한 정 (달갑지 않은 호의나 친절)/ ～が仇となる 지나친 애정이 화가 되다

**ふかのう**【不可能】[名][ダ] 불가능 ⇔ 可能¶ 履行～な約束 이행 불가능한 약속

**ふかのひれ**【*鱶の*鰭】말린 상어 지느러미

**ふかふか**[口] Ⅰ [自スル] 폭신폭신. 말랑말랑¶ ～としたまんじゅう 말랑말랑한 만두 Ⅱ [ダ] 폭신폭신함. 말랑말랑함

**ぶかぶか** Ⅰ [ダ][口] (옷 등이 커서) 헐렁헐렁함¶ ～のズボン 헐렁헐렁한 바지 Ⅱ [副] ①나팔 등을 부는 소리. 빵빵. 빼빼 ②(물에 떠 있는) 둥둥¶ ボールが～と水面の上に浮いている 공이 물위에 둥둥 떠 있다

**ぷかぷか**[副] ①(담배를 연방 피우는) 뻐끔뻐끔. 뻑뻑¶ たばこを～と吹かす 담배를 뻐끔뻐끔 피우다 ②둥실둥실. 둥둥¶ 水面に木片が～と浮いている 물위에 나무토막이 둥둥 떠 있다 ③(나팔·피리 등을 부는 소리. 빵빵. 삐삐 ～どんどん 빵빵 둥둥

**ふかぶかと**【深深と】[副] 깊숙이. 푹¶ 帽子を～かぶる 모자를 푹 눌러 쓰다

**ふかま**【深間】 ①(강·바다의) 깊은 곳 = 深み ②(남녀 사이의) 깊은 관계¶ ～にはまる 깊은 관계에 빠지다

**ふかま・る**【深まる】[自五] 깊어지다¶ 秋が～ 가을이 깊어지다/ 仲が日増しに～ 사이가 나날이 깊어지다

**ふかみ**【深み】 ①(강·바다의) 깊은 곳 ⇔ 浅み¶ 沼の～に落ちる 늪의 깊은 곳에 빠지다 ②깊이. 깊은 맛¶ ～のない文章だ 깊이가 없는 문장 ③관계가 깊어져 벗어나기 힘듯 는 상태. 구렁텅이¶ 事件の～にはまる 사건의 구렁텅이에 빠지다

**ふかみどり**【深緑】진초록. 갈매

**ふか・める**【深める】[他下一] 깊게 하다¶ 理解を～ 이해를 깊게 하다

**ふかん**【*俯*瞰】[名][他スル][文] 부감. 조감¶ ～図 부감도

**ぶかん**【武官】[文] 무관¶ 侍従～ 시종 무관

**ぶかん**【武鑑】[史] (江戸 시대에) 무가(武家)의 성명·가계·봉록 등을 기록한 책

**ふかんぜんへい**【不換紙幣】[経] 불환 지폐

**ふかんしょう**【不感症】 ①[医] 불감증 ②(습관이 되어) 둔감해짐. 무감각함¶ 交通渋滞に～になる 교통 체증에 무감각해지다

**ふかんぜんねんしょう**【不完全燃焼】[名][ダ] 불완전¶ ～な装置 불완전한 장치 **—燃焼**〔化〕 불완전 연소 **—変態**〔動〕 불완전 변태

**ふき**【*袵*·*衽*】[服] (일본옷의) 소매나 단의 안감을 겉감보다 약간 길게 내어 단처럼 한 부분

**ふき**【*蕗*】[植] 머위

**ふき**【不軌】①규칙·법을 지키지 않음 ②반역. 모반¶ ～をはかる 반역을 꾀하다

**ふき**【不帰】[文] 불귀 ①다시 돌아오지 않음 ②죽음. 사망

**慣用句**

**—の客となる** 불귀의 객이 되다. 죽다

**ふき**【不羈】[名][ダ][文] 불기 ①속박되지(얽매이지) 않음 **一奔放** 규범에 얽매이지 않고 제멋대로 행동함 ②(재능·학식이 뛰어나) 보통 기준으로 다루기 힘듦. 비범함¶ ～の才 비범한 재주

**ふき**【付記·附記】[名][他スル][文] 부기. 덧붙여 씀. 그런 것¶ 但し書きを～する 단서를 덧붙여 쓰다

**ふぎ**【不義】불의 ①도리에 벗어남¶ ～を働く 불의를 행하다 ②사통. 밀통¶ ～密通 불의 밀통/ ～を犯す 불의를 범하다

**慣用句**

**—は御家の御法度** 남녀간의 밀통을 엄중히 금함

**ふぎ**【付議·附議】[名][他スル][文] 부의. 회의에 부침¶ 委員会に～する 위원회에 부의하다

**ぶき**【武器】 무기 ①전투 도구¶ 化学～ 화학 무기/ ～を取る 무기를 들다 ②[比] 효과적인(유력한) 수단. 기계에 강한 것이 그의 무기다

**ぶぎ**【武技】 무기. 무술. 무예

**ふきあげ**【吹(き)上げ】[文] ①(낮은 곳에서) 바람이 불어 오름. 그런 곳 ②【噴(き)上げ】분수(噴水)

**ふきいた**【*葺*(き)板】지붕널. 지붕을 이는 판자

**ふきいど**【吹(き)井戸·噴(き)井戸】물이 끊임없이 솟아 올라 넘치는 우물 = ふきい

**ふきおろ・す**【吹(き)下ろす】[自五] (바람이) 내리 불다¶ 山風が～ 산바람이 내리 불다

**ふきかえ**【吹(き)替え】①(영화·연극에서) 대역을 함. 대역 배우 ②(외국 영화의) 대사를

자국어로 재녹음함 ③(금속을) 녹여서 다시 주조함, 개주(改鑄)
**ふきかえ**[*葺(き)替え] 지붕을 갈아 임
**ふきかえ・す**[吹(き)返す] Ⅰ 바람이 전과 반대 방향으로 불다 Ⅱ 他五 ①바람이 불어서 물건을 뒤집다[뒤엎다]¶ すそを~風に 옷자락을 뒤집는 바람 ②(「息を」의 꼴로) (멈추었던) 숨을 되돌리다, 소생하다
**ふきか・ける**[吹(き)掛ける] 他下一 ①(숨을) 세게 내뿜다[내뿜다]¶ ガラスに息を~ 유리에 입김을 내뿜다 ②(액체를) 뿌리다, 분무하다¶噴霧器で薬を~ 분무기로 약을 뿌리다 ③(싸움을) 걸다=ふっかける¶喧嘩を~ 싸움을 걸다 ④턱없이 비싸게 부르다=ふっかける¶高値を~ 턱없이 비싼 값을 부르다
**ふきげん**[不機嫌] 名ナ 기분이 언짢음, 심기가 좋지 않음¶~な様子 언짢은 기색
**ふきこぼ・れる**[吹(き)零れる・噴(き)零れる] 自下一 (물 등이) 끓어 넘치다
**ふきこ・む**[吹(き)込む] Ⅰ 自五 (비・바람이) 불어들다¶ すきま風が~ 외풍이 불어치다 Ⅱ 他五 ①불어넣다¶息を~ 입김을 불어넣다 ②(나쁜 짓을) 가르치다, 교사하다¶危険思想を~ 위험 사상을 불어넣다 ③녹음하다, 취입하다¶新曲を~ 신곡을 취입하다
**ふきこ・む**[拭(き)込む] 他五 윤이 나게 닦다, 반들반들하게 닦다¶ よく~まれた廊下가 잘 닦아 놓은 복도
**ふきさらし**[吹(き)×曝し] 한데에 있어 비바람을 맞음, 그런 장소=吹きっさらし¶~の停車場 한데에 있는 정거장
**ふきすさ・ぶ**[吹(き)×荒ぶ] 自五(文)(바람이) 휘몰아치다=吹き荒れる¶北風が~ 북풍이 휘몰아치다
**ふきそ**[不起訴][法] 불기소
**ふきそうじ**[*拭き掃除] 名スル 걸레질¶ すみずみまで~する 구석구석까지 걸레질하다
**ふきそく**[不規則] 名ナ 불규칙¶~な配列 불규칙한 배열 **─動詞**[文法] 불규칙 동사
**ふきたお・す**[吹(き)倒す] 他五 ①(바람이 불어) 쓰러뜨리다, 넘어뜨리다¶台風が木を~ した 태풍이 나무를 쓰러뜨렸다 ②큰소리를 쳐서 상대방을 압도하다
**ふきだ・す**[吹(き)出す] Ⅰ 自五 ①(바람이) 불기 시작하다 ②[噴(き)出す] 세차게 내뿜다¶蒸気が~ 증기가 세차게 뿜어 나오다 ③[噴(き)出す] 웃음을 터뜨리다¶こっけいな話に思わず~ 익살스러운 이야기에 무심코 웃음을 터뜨리다 Ⅱ 他五 ①불어내다, 불어서 내보내다¶ちりを~ 먼지를 불어내다 ②(피리 등을) 불기 시작하다¶笛を~ 피리를 불기 시작하다
**ふきだまり**[吹(き)溜(ま)り] ①(눈・낙엽 등이) 바람에 날려 한데 쌓인 곳¶~の雪 바람에 날려 쌓인 눈 ②(比) 낙오자 등이 모이는 곳¶その酒屋は人生の~だった グ 술

집은 인생의 낙오자들이 모이는 곳이었다
**ふきつ**[不吉] 名ナ 불길¶~な予感がする 불길한 예감이 들다
**ふきつ・ける**[吹(き)付ける] Ⅰ 他下一 ①(도료 등을) 뿜어서 칠하다, 분무하다¶塗料を~ 도료를 분무하다 ②(입김 등을) 세게 내불다¶酒臭い息を~ 술냄새나는 입김을 내불다 ③부추기다, 충동질하다 Ⅱ 自下一(바람이) 세차게 불어서 부딪치다¶北風が真っ向から~ 북풍이 정면으로 불어 닥치다
**ぶきっちょ**[名ナ](俗)「不器用」의 변한말. 손재주가 없음, 서투름
**ふきでもの**[吹(き)出物] 작은 부스럼¶~ができる 부스럼이 생기다
**ふきとば・す**[吹(き)飛ばす] 他五 ①(바람이 불어) 날려 버리다¶風が砂を~ 바람이 모래를 날려버리다 ②쫓아버리다, 떨쳐버리다¶暑さを~ 더위를 쫓아버리다 ③허풍을 쳐서 놀래키다, 큰소리치다 ▷「ふっとばす」라고도 함
**ふきながし**[吹(き)流し] ①(옛날에 군진에서) 여러 가닥의 긴 헝겊을 원형・반원형 고리에 매어 나부끼는 깃발, 기드림 ②단오날「鯉のぼり」와 함께 장식한 ①과 비슷한 것
**ふきぬき**[吹(き)抜き・吹(き)×貫き] ①통풍이 잘 됨, 그런 곳 ②[建](건물 내부에) 몇 개 층을 훤히 뚫어 놓는 구조 ③원형 고리에 매단 기드림
**ふきぬけ**[吹(き)抜け・吹(き)×貫け] ①통풍이 잘됨, 그런 곳¶~の家 통풍이 잘 되는 집 ②[建](건물 내부에) 몇개 층을 훤히 뚫어 놓는 구조 ③[建] 건물 기둥 사이에 벽이 없고 바깥에 개방되어 있는 공간=吹き放ち
**ふきのとう**[*蕗の*薹] 머위의 어린 꽃줄기
**ふきはなち**[吹(き)放ち][建] → ふきぬけ
**ふきはら・う**[吹(き)払う] 他五 ①(바람이 불어서) 날려 버리다¶雲を~ 구름을 날려버리다 ②(입김을 불어) 털어 버리다¶本のちりを~ 책의 먼지를 불어서 털어 버리다
**ふきぶり**[吹(き)降り] 심한 비바람, 폭풍우¶一日中~がひどかった 하루종일 비바람이 심했다
**ふきまく・る**[吹(き)×捲る] Ⅰ 自五 (바람이) 세차게 불어대다, 휘몰아치다¶一晩じゅう風が~ 하룻밤 내내 바람이 세차게 불다 Ⅱ 他五 계속 큰소리치다, 마구 허풍을 떨다¶盛んにほらを~ 연방 허풍을 떨어대다
**ふきまわし**[吹(き)回し](文) ①바람이 부는 상태・정도 ②(比) 그때의 형편・심경의 변화¶どういう風の~でここへ来たのか 무슨 바람이 불어서 여기에 왔을까
**ぶきみ**[不気味・無気味] ナ 어쩐지 기분이 나쁨[으스스함]¶~な態度 어쩐지 나쁜 태도
**ふきや**[吹(き)矢] 대통에 넣고 입으로 불어 쏘는 짤막한 화살, 바람총
**ふきゅう**[不休] 名(文) 불휴, 쉬지 않음¶不眠~ 불면 불휴

**ふきゅう**【不朽】图(文) 불후¶ ～の名作 불후의 명작

**ふきゅう**【不急】图(文) 불급¶ 不要さ～ 불요 불급/ ～の用件さ 급하지 않은 용건

**ふきゅう**【普及】图自スル 보급¶ 携帯電話でんが～する 휴대 전화가 보급되다 **一版** 보급판

**ふきゅう**【腐朽】图自スル(文) 노후(老朽), 썩어서 문드러짐¶ ～船せん 노후선

**ふきょ**【不許】(造語) 불허, 허가하지 않음 **一複製** 불허 복제, 저작물의 무단 복제를 금함

**ふきょう**【不況】불황 ⇔ 好況こう¶ ～を乗のり切きる 불황을 타개하다

**ふきょう**【不興】(文) ①재미가 없음, 흥이 깨짐¶ ～をかこつ 재미없다고 투덜거리다 ②(윗사람의) 역정, 노여움¶ 主君しゅの～を買う 주군의 노여움을 사다

**ふきょう**【布教】图他スル 포교, 전도¶ ～活動かつ 포교 활동/ ～に努つとめる 포교에 힘쓰다

**ふきょう**【富強】图(文) 부강 ①(나라가) 부유하고 강함¶ ～な国 부강한 나라②「富国強兵きょうへい」의 준말, 부국 강병

**ふぎょう**【俯仰】부앙 ①내려다봄과 올려다봄 ②행동 거지, 거동¶ ～天地てんに愧はじず 부앙 천지에 부끄러운 바가 없다

**ぶきよう**【不器用・無器用】图ダ ①손재주가 없음, 솜씨가 서투름¶ ～な手つき 서투른 손놀림 ②일 처리가 서투름¶ ～な応対おう 서투른 응대

**ぶぎょう**【奉行】Ⅰ图他スル 주군의 명을 받아 사무를 집행함, 그런 사람 Ⅱ图(日史)(鎌倉かま시대 이후) 행정·재판 등을 담당하던 무사의 직명 **一所** 奉行가 사무를 보던 관청

**ふぎょうぎ**【不行儀】图ダ(文) 버릇없음, 예절이 바르지 못함¶ ～な子供ども 버릇없는 아이

**ふぎょうじょう**【不行状】행실이 나쁨, 품행이 단정치 못함, 방탕함＝ 不行跡ぎょうせき¶ ～な生活 방탕한 생활

**ふぎょうせき**【不行跡】행실이 나쁨, 품행이 단정치 못함, 방탕함＝ 不行状ぎょうじょう¶ ～が明あるみに出でる 나쁜 행실이 세상에 드러나다/ ～を働はたらく 방탕한 짓을 하다

**ふきょうわおん**【不協和音】불협화음 ①[音] 동시에 울렸을 때 조화되지 않아 불쾌감을 주는 화음 ⇔ 協和音おん(2)(比) 조화를 이루지 못하는 상태나 인간 관계¶ 両国間りょうに～が生しじる 양국간에 불협화음이 발생하다

**ふきょく**【布局】①(바둑에서) 포석(布石) ②(어떤 사태의) 국면 전체의 배치

**ふきょく**【負極】①(전지의) 음극(자성의) 남극▷①② ⇔ 正極せい

**ふきょく**【部局】부국, (관청·회사의) 부서

**ふきょく**【舞曲】무곡 ①춤과 음악 ②[音] 무도곡, 춤곡

**ふきよせ**【吹(き)寄せ】①(피리 등을) 불어서 모음¶ 口笛くちで小鳥ことりの～をする 휘파람으로 새를 불러 모으다 ②여러 가지 것을 한데 모음, 그런 것, 모듬¶ 音曲おんきょく～ 일본 속요 메들리 ③[建] 서까래·문살 등을 두세 개씩 모아 한 조로 배치하는 일본식 건축 양식

**ふぎり**【不義理】图ダ 의리를 저버림, 도리에 어긋남¶ ～を重かさねる 거듭하여 의리를 저버리다

**ぶきりょう**【不器量・無器量】图ダ ①얼굴이 못생김, 용모가 추함, 그런 사람¶ ～な娘むすめ 못생긴 아가씨 ②재능이 부족함

**ふきわける**【吹(き)分ける】他下一 ①바람이 불어 여기저기에 갈라놓음, 바람으로 따로 따로 나누다¶ もみがらを～ 겨를 까불러 가려내다 ②광물을 녹여 함유물을 분리하다¶ 鉱石こうから銅どうを～ 광석에서 구리를 분리하다

**ふきん**【付近・附近】부근, 근처¶ 家いえの～を散歩ぽする 집 부근을 산책하다

**ふきん**【布巾】행주¶ ～を掛かける 행주질하다

**ふきんこう**【不均衡】图ダ 불균형¶ 貿易ぼう～ 무역 불균형/ ～是正ぜい 불균형 시정

**ふきんしん**【不謹慎】图ダ 불근신, 신중하지 못함¶ ～な態度たい 신중하지 못한 태도

**ふく**【伏】曾 フク・ブク 訓 ふせる・ふす |(音) 복, (造語) ①엎드리다¶ 伏臥が 복와・起伏きふ 기복 ②숨다, 숨기다¶ 伏線せん 복선・潜伏せん 잠복 ③따르다, 따르게 하다¶ 屈伏くつ 굴복・降伏こう・ごう 항복 ▷은「服ふく」와 같음

**ふく**【服】曾 フク |(音)복. Ⅰ(造語) ①옷, 의복¶ 服装そう 복장・衣服い 의복 ②입다, 자기 것으로 하다¶ 着服ちゃく 착복 ③따르다, 따르게 하다¶ 服従じゅう 복종・屈服くつ 굴복 ④상을 입다¶ 服喪もう 상복 ⑤(약・차 등을) 마시다¶ 服用よう 복용・内服ない 내복 Ⅱ(2) ①옷, 의복, 양복¶ ～を替かえる 옷을 갈아입다 ②(助数) 약 봉지를 세는 말. 봉, 봉지¶ 粉薬こなを一～飲のむ 가루약을 한 봉지 먹다 ③(助数) 담배·차 등을 먹는 횟수를 세는 말. 대, 잔¶ 食後しょくの一服いっ 식후의 한 대

**ふく**【副】曾 フク 訓 そう・そえる |(音) 부. Ⅰ(造語) ①곁에서 돕다, 도움¶ 副官かん 부관・副業ぎょう 부업 ②덧붙이다¶ 副賞しょう 부상・副作用さよう 부작용 ③사본, 부본¶ 副本ほん 부본 Ⅱ 사본, 부본¶ 契約書けいやくの正本せいと～を用意いする 계약서의 정본과 부본을 준비하다

**ふく**【幅】曾 フク 訓 はば|(音) 폭. Ⅰ(造語) ①너비, 폭¶ 振幅しん 진폭・増幅ぞう 증폭 ②가장자리, 주변¶ 辺幅へん 표면 ③족자¶ 画幅がく 화폭・書幅しょ 서폭¶ 山水さんすい～ 산수화 족자 Ⅱ(助数) 족자·서화를 세는 말, 폭¶ 一幅いっの絵え 한 폭의 그림

**ふく**【復】曾 フク 訓 かえる・また |(音) 복, 부. (造語) ①갔다가 되돌아오다¶ 往復おう 왕복 ②원상태로 되돌아가다¶ 復元げん 복원・復活かつ 부활・回復かい 회복 ③보복하다¶ 復讐しゅう 복수・報復ほう 보복 ④되풀이하다¶ 復習しゅう 복습・反復はん 반복 ⑤대답하다¶ 復命めい 복명・拝復はい 배복

**ふく**【福】【福】曾 フク 訓 さいわい |(音) 복, Ⅰ(造語) 행복, 복¶ 福祉し 복지・幸福こう 행복 Ⅱ 복. 행복¶ ～の神がみ 복신/ ～を授さずかる 복

ふく【腹】⑧フク⑪はら｜(음)복．(造語) ①배¶腹部ぶ 복부．空腹くう 공복 ②모태¶異腹いふく 이복．同腹どう 동복 ③마음, 마음속, 생각¶腹案あん 복안．立腹りっ 화냄 ④물건의 전면·중앙부¶腹背はい 복배．山腹さん 산복 ⑤물건을 넣는 부분¶私腹し 사복．船腹せん 선복

ふく【複】⑧フク｜(음)복．**I** (造語) ①겹치지다, 겹치다, 둘 이상이다¶複数すう 복수．重複じゅう·ちょう 중복 ②붐비다¶複雑ざつ 복잡 ③되풀이하다, 다시 하다¶複写しゃ 복사．複製せい 복제 **II** (탁구·테니스 등에서) 복식 경기

ふく【覆】⑧フク｜おおう·くつがえす·くつがえる｜(음)복．(造語) ①뒤집어 엎다, 뒤집히다¶覆水すい 복수．転覆てん 전복 ②되풀이하다¶覆刻こく·反覆ぷく 반복 ③덮다, 덮어쓰우다¶覆面めん 복면．被覆ひ 피복

ふ·く【吹く】**I** 旬国 ①(바람이) 불다¶木枯からしが～ 초겨울의 찬바람이 불다 ②(싹이) 트다¶芽が～ 싹이 트다 ③(곰팡이·가루 등이) 표면에 생기다¶壁かべにかびが～ 벽에 곰팡이가 피다 ④【噴く】(기체·액체 등이) 뿜다, 솟아나다¶火を～ 불을 내뿜다/汗あせが～ 땀이 내솟다 **II** 他国 ①(바람이) 날리다¶木々をを～風 나무들을 날리는 바람 ②(입으로) 불다¶ろうそくを～·いて消す 촛불을 불어 끄다 ③(피리 등을) 불다¶草笛くさを～ 풀피리를 불다 ④(싹을) 내다, 싹트다¶柳やなぎが芽めを～ころ 버드나무가 싹트는 즈음 ⑤(가루·곰팡이 등이) 표면에 생기게 하다¶干ほし柿がが粉を～ 곶감에 분이 생기다 ⑥【噴く】(기체·액체 등을) 내뿜다¶白煙はくえんを～火山かざん 흰 연기를 내뿜는 화산 ⑦주조하다¶鐘かねを～ 종을 주조하다 ⑧큰소리를 치다¶ほらを～ 허풍을 떨다

慣用句

━・けば飛ぶよう (불면 날아갈 듯) 보잘 것없다, 하찮다

ふ·く【拭く】他国 닦다, 훔치다¶食器しょっきを～ 식기를 닦다/汗あせを～ 땀을 닦다

ふ·く【葺く】他国 ①(지붕을) 이다¶かわらでやねを～ 기와로 지붕을 이다 ②(초목 등을) 처마에 꽂아 장식하다¶軒のきに菖蒲しょうぶを～ 처마에 창포를 꽂다

ふぐ【〈河豚〉】[動] 복, 복어¶～にあたる 복을 먹고 중독되다━提灯ちょうちん 복어의 껍질을 부풀려 말려서 만든 등

ふぐ【不具】불구 ①[신체 장애, 병신¶～者しゃ 불구자/事故じこで～になる 사고로 불구가 되다 ②[文] 편지 끝에 쓰는 말. 여불비(餘不備)

ふぐ【不虞】[文] 뜻하지 않음, 생각지도 않음¶～の災害さい 생각지도 않은 재해

ぶぐ【武具】[文] 무구 ①무기, 병기 ②갑옷, 투구

ふくあん【腹案】복안¶～を立たてる 복안을 세우다 / 私わたしに～がある 나에게 복안이 있다

ふくい【復位】 名 自スル [文] 복위. 본디의 지위로 돌아옴¶王おうの～ 왕의 복위

ふくい【福井】 일본 중부 지방 북서부의 동해 쪽에 있는 현, 그 현청 소재지인 시

ふくい【腹囲】 복위. 배 둘레

ふくいく【*馥*郁】 [タル] [文] 복욱. 그윽한 향기가 풍김¶～とにおう 그윽하게 향기가 풍기다

ふくいん【副因】 부인. 이차적 원인 ⇔ 主因しゅ

ふくいん【幅員】 [文] (도로·선박·다리 등의) 폭, 너비¶道路どうろの～ 도로의 폭

ふくいん【復員】 名 自他スル [軍] 복원. 군무(軍務)에서 해제됨 ⇔ 動員どう¶戦地せんちから～する 전쟁터에서 복원하다

ふくいん【福音】 복음 ①기쁜 소식, 희소식¶天來てんらいの～ 천래의 복음 ②[基] (그리스도에 의한) 구원의 가르침¶～教会きょう 복음 교회━書しょ [基] (신약 성서의) 복음서

ふぐう【不遇】 名 ⑦ 불우¶～な生涯しょうがい 불우한 생애 / ～をかこつ 불우함을 한탄하다

ふくうん【福運】[文] 복운. 행운¶～に惠めぐまれる 복운을 누리다

ふくえき【服役】 名 自スル 복역 ①병역에 복무함¶歩兵へいとして～する 보병으로서 복무하다 ②징역을 삶¶～中ちゅう 복역 중

ふくえん【復円】 名 自スル 복원. 일식·월식이 끝나고 해·달이 둥근 모양으로 되돌아감

ふくえん【復縁】 복연. (부부·양자 등의) 인연을 끊었다가 다시 본래의 관계로 돌아감¶～を迫せまる 복연을 강요하다

ふくおか【福岡】 九州きゅうしゅう 지방 북부에 있는 현, 그 현청 소재지인 시

ふくおん【複音】 복음 ①동시에 나는 둘 이상의 다른 음 ②(하모니카에서) 소리를 내는 구멍이 두 줄로 나란히 있는 것 ⇔ 単音たん

ふくが【伏*臥*】 名 自スル [文] 복와. 엎드려 잠

ふくがく【復学】 名 自スル 복학. 복교¶～を許可きょかする 복학을 허가하다

ふくかん【副官】 → ふっかん (副官)

ふくかん【復刊】 名 他スル → ふっかん (復刊)

ふくがん【複眼】 복안 ①[動] 겹눈 ⇔ 単眼たん ②[比] 사물을 여러 관점에서 봄¶～的てきな思考こう 다각적인 사고

ふくぎょう【副業】 부업 = 内職ないしょく ⇔ 本業ほん¶農家のうかの～ 농가의 부업

ふくぎょう【復業】 名 自スル 복업. 잠시 그만 두었던 일을 다시 함

ふくきょうざい【副教材】 부교재, 보조 교재

ふくくう【腹*腔*】 [醫] 복강

ふくけい【復啓】 [文] 답장의 첫머리에 쓰는 말. 복계. 근복(謹復) = 拝復はい

ふくげん【復元·復原】 名 自他スル 복원¶～力ちからの大おおきい船ふね 복원력이 큰 배/壁画へきがを～する 벽화를 복원하다

ふくこう【腹*腔*】 [醫] 복강

ふくごう【複合】 名 自スル 복합¶～体たい 복합체━語ご [文法] 복합어

ふくこうかんしんけい【副交感神経】 [醫] 부교감 신경

ふくこうじょうせん [副甲状*腺] 〖醫〗 부갑상선 —ホルモン 〖醫〗 부갑상선 호르몬
ふくさ [×袱*紗·服*紗·×帛*紗] 복사 ①비단 보자기¶包つみ～ 비단 보자기 꾸러미 ②(다도에서) 찻잔을 닦거나 받쳐드는 비단 수건 —棚さばき (다도에서) ふくさ를 쓰는 법
ふくざ [複座] 복좌. (항공기의) 2인승 ⇔ 単座¶～機き 복좌기
ふくざい [伏在] 名 自スル 文 복재. 잠재¶～する原因げん 복재하는 원인
ふくざい [服罪] 名 自スル 文 복죄
ふくざつ [複雑] ナ 복잡 ⇔ 単純たん¶～多岐き 복잡 다기/ ～な事情じょう 복잡한 사정 —怪奇かい ナ 복잡 괴기. 복잡하게 얽혀서 알 수가 없음¶～な政変劇げきへき 복잡 괴기한 정변극
ふくさよう [副作用] 〖薬〗 부작용¶～を起おこす 부작용을 일으키다
ふくさんぶつ [副産物] 부산물 ①생산 과정에서 얻어지는 다른 산물¶石油ゆの精製せいの～ 석유 정제의 부산물 ②(比) 수행 과정에 따르는 다른 일¶研究けんの～ 연구의 부산물
ふくし [副使] 부사 ⇔ 正使せい
ふくし [副詞] 〖文法〗 부사
ふくし [福祉] 복지¶～施設しょう 복지 시설/ 社会しゃ～ 사회 복지 —国家こく [政] 복지 국가
ふくじ [服地] 복지. 옷감. 양복감
ふくしあい [複試合] 文 (테니스·탁구 등의) 복식 경기 = ダブルス ⇔ 単試合たん
ふくしき [複式] ①복식 ②복식 부기 —火山ざん [地] 복식 화산 —学級がっ [教] 복식 학급 —薄記 복식 부기
ふくしきこきゅう [腹式呼吸] 〖醫〗 복식 호흡
ふくじてき [副次的] ナ 文 부차적. 이차적¶～な問題だい 부차적인 문제
ふくしま [福島] 지방 남단에 있는 현, 그 현청 소재지인 시
ふくしゃ [複写] 名 他スル ①복사 = コピー¶～機き 복사기/ 書類るいを～する 서류를 복사하다 ②(한번 베낀 것을) 다시 베낌
ふくしゃ [×輻射] 名 他スル 〖物〗 복사. 방사 = 放射ほう —熱ねつ 〖物〗 복사열. 방사열
ふくしゃ [覆車] 文 복차. 수레가 뒤집힘. 뒤집힌 수레
慣用句
—の戒いまし 복차지계. 앞사람의 실수를 거울 삼아 뒷사람이 경계함
ふくしゅ [副手] ①조수 ②(대학에서) 조교 아래의 직원
ふくしゅう [復習] 名 他スル 복습¶～する 習なったことを～する 배운 것을 복습하다
ふくしゅう [復*讐] 名 自スル 복수. 앙갚음. 보복¶～戦せん 복수전/ ～する機会かいをねらう 복수할 기회를 노리다
ふくじゅう [服従] 名 自スル 복종¶絶対たいに～ 절대 복종/ 命令めいに～する 명령에 복종하다
ふくしゅうにゅう [副収入] 부수입¶若干じゃっの～がある 약간의 부수입이 있다
ふくじゅそう [福寿草] 〖植〗 복수초

ふくしょ [副書] 부서. 부본 = 副本ほん
ふくしょ [副署] 名 自スル 부서. 국정 관련 문서에 국왕·대통령 등이 서명한 뒤를 따라 국무위원이 서명함. 그런 서명
ふくしょう [副将] 부장 = 副帥すい
ふくしょう [副賞] 부상¶一百万円いっぴゃくまんえんの付つき 100만 엔의 부상이 딸림
ふくしょう [復唱·復誦] 名 他スル 복창¶命令めいを～する 명령을 복창하다
ふくしょうしき [複勝式] (경마·경륜에서) 복승식 = 複勝·複ふく
ふくしょく [服飾] 복식 ①의복과 장식품 = デザイナー 복식 디자이너 ②의복의 장식¶～品ぴん 복식품. 액세서리
ふくしょく [服食] 복식. 반찬 ⇔ 主食しょく¶～物ぶつ 부식물/ ～費ひ 부식비
ふくしょく [復職] 名 自スル 복직¶～願ねがい 복직원/ 全快かいして～する 완쾌하여 복직하다
ふくじょし [副助詞] 〖文法〗 부조사. 체언·용언 등에 붙어 보조적인 의미를 덧붙이는 조사
ふくしん [副審] 부심 ⇔ 主審しゅ
ふくしん [腹心] 文 복심 ①마음속. 속마음¶～をうちあける 마음속을 털어놓다 ②깊이 신뢰함. 심복¶～の部下か 심복 부하
ふくしん [覆審] 名 他スル 〖法〗 복심. (하급심의 심리와 무관하게) 상급심에서 새로 심리함
ふくじん [副腎] 〖醫〗 부신 —皮質ひしつホルモン 〖醫〗 부신 피질 호르몬
ふくじんづけ [福神漬(け)] 잘게 썬 무·가지·연근·오이 등을 소금물에 절였다가 양념 간장에 담근 절임
ふく·す [服す] 自 他 五 → ふくする(服)
ふく·す [復す] 自 他 五 → ふくする(復)
ふくすい [腹水] 〖醫〗 복수¶～がたまる 복수가 고이다
ふくすい [覆水] 文 복수. 엎지른 물
慣用句
—盆ぼんに返かえらず 엎질러진 물은 다시 담을 수 없다 ①일단 헤어진 부부는 다시 맺어지지 못한다 ②한번 실수한 일은 돌이킬 수 없다
ふくすう [複数] 복수 ①둘 이상의 수 ②〖文法〗 둘 이상의 사람·사물을 가리키는 명사·대명사¶～形けい 복수형 —政党制せいとう 복수 정당제. 다당제(多黨制)
ふくすけ [福助] ①복을 가져온다는 머리가 큰 남자 인형 ②머리가 유난히 큰 남자
ふく·する [伏する] 文 Ⅰ 自 サ変 ①엎드리다. 숨다¶草くさむらに～ 풀 숲에 숨다 ②따르다. 복종하다. 굴복하다¶武力ぶりょくに～ 무력에 굴복하다 Ⅱ 他 サ変 ①엎드리게 하다. 숨기다¶山中さんちゅうに兵へいを～ 산 속에 군대를 매복시키다 ②굴복시키다. 복종시키다. 따르게 하다¶天下てんかを～ 천하를 굴복시키다
ふく·する [服する] 文 Ⅰ 自 サ変 순순히 따르다. 복종하다¶命令めいに～ 명령에 따르다/ 刑けいに～ 복역하다 Ⅱ 他 サ変 ①(차·약 등을) 마시다¶毒どくを～ 독약을 마시다 ②입다. 착용하다¶浄衣じょうえを～ 흰옷을 입다

**ふく・する**【復する】〘自〙Ⅰ 〘サ変〙 (본디 상태로) 되돌아가다, 회복되다¶ 旧に~ 옛 상태로 되돌아가다 Ⅱ 〘他サ変〙①(본디 상태로) 되돌리다, 회복시키다¶ 関係を原状に~ 관계를 원상으로 회복시키다 ②대답하다, 말씀드리다¶ 命に~ 복명하다

**ふくせい**【復姓】〘名自スル〙 복성. (성이 바뀐 사람이) 본래의 성으로 되돌아 감 = 復氏

**ふくせい**【複製】〘名他スル〙 복제¶ 不許~ 불허 복제 / ~画 복제화

**ふくせき**【復籍】〘名自スル〙 복적. 본래의 호적·학적으로 되돌아 감 = 帰籍¶ ~の手続きを取る 복적 절차를 밟다

**ふくせん**【伏線】 복선¶ ~を張る 복선을 깔다 / 前もって~を敷く 미리 복선을 깔다

**ふくせん**【複線】 복선¶ 여러 개의 선 ⇔単 複선 궤도¶ ~化の計画 복선화 계획

**ふくそう**【服装】 복장, 옷차림 = みなり·よそおい¶ ~に気を配る 복장에 신경을 쓰다

**ふくそう**【副葬】〘名他スル〙 부장¶ ~品 부장품

**ふくそう**【福相】 복상, 복스러운 인상 ⇔貧相

**ふくそう**【輻輳·輻湊】〘名自スル〙 폭주. 한 곳으로 많이 모여듦¶ 業務が~する 업무가 폭주하다

**ふくぞう**【腹蔵】 〘(부정의 꼴로)〙 마음속에 감추고 드러내지 않음¶ ~のない意見 숨김없는 의견 =無い 〘形〙 숨김없다, 솔직하다, 기탄없다¶ ~御意見をどうぞ 부디 기탄없는 고견을

**ふくぞく**【服属】〘名自スル〙 복속. 복종하여 따름¶ 大国に~する 대국에 복속하다

**ふくそくるい**【腹足類】〘動〙 복족류

**ふくそすう**【複素数】〘数〙 복소수

**ふくだい**【副題】 부제, 부표제, 부제목

**ふぐたいてん**【不俱戴天】〘文〙 불구대천¶ ~の敵 불구대천의 원수

**ふくちゃ**【福茶】 검정콩·다시마·매실 등을 넣어 달인 차

**ふくちゅう**【腹中】〘文〙①복중, 뱃속 ②마음속, 속마음¶ ~を探る 속마음을 떠보다 ③도량¶ 大に~ 큰 도량

**ふくちょう**【副長】 부장, 장(長)을 보좌하는 사람

**ふくちょう**【復調】〘名自スル〙 복조, 본래의 상태로 돌아감, 회복¶ ~著しい 회복이 두드러지다

**ふくつ**【不屈】〘文〙 불굴, 끝까지 해냄¶ 不撓~ 불요 불굴 / ~の精神 불굴의 정신

**ふくつう**【腹痛】 복통, 배앓이 = はらいた

**ふくてつ**【覆轍】〘文〙 복철 ①먼저 지나간 수레가 쓰러진 바퀴 자국 ②실패의 전례, 전철¶ ~を踏む 전철을 밟다

**ふくでん**【福田】①〘佛〙 복전 ②선행 ③→かがみもち

**ふくど**【覆土】〘名自スル〙〘農〙 복토. (씨앗을 뿌린 후 그 위에) 흙을 덮음, 그런 흙

**ふくとう**【復党】〘名自スル〙〘文〙 복당

**ふくとく**【福徳】 복덕. 행복과 재산 一円満 복덕 원만

**ふくどく**【服毒】〘名自スル〙 복독, 음독

**ふくどくほん**【副読本】 부독본¶ 英語の~ 영어 부독본

**ふくのかみ**【福の神】 복신, 복을 가져다 준다는 신 ⇔貧乏神

**ふくはい**【腹背】〘文〙 복배 ①배와 등, 앞과 뒤¶ ~に敵を受ける 앞뒤로 적을 맞다 ②마음속으로 반대함 面従~ 면종 복배

**ふくひ**【複比】〘数〙 복비 ⇔単比

**ふくびき**【福引(き)】 복첨. (경품 등의) 제비뽑기¶ ~が当たる 복첨이 당첨되다

**ふくぶ**【腹部】 복부 ①배 부분 ②(사물의) 중간 부분¶ 船体の~ 선체의 복부, 선복

**ぶくぶく**Ⅰ〘名〙〘幼〙 양치질 Ⅱ〘副〙①보글보글, 부글부글, 부걱부걱¶ ~と泡を吹く 부걱부걱 거품을 내다 / ~と沈む 부글부글 가라앉다 〘文〙 살찐 모양, 뒤룩뒤룩¶ ~と太る 뒤룩뒤룩 살찌다 Ⅲ〘?〙 뒤룩뒤룩함, 통통함

**ふくぶくし・い**【福福しい】〘形〙 (얼굴이) 복스럽다, 토실토실하다¶ ~顔 복스러운 얼굴

**ふくふくせん**【複複線】〘交〙 복복선¶ ~の鉄道 복복선 철도

**ふくぶん**【副文】 부문. (조약·계약서의) 정문 (正文)에 덧붙인 문장

**ふくぶん**【復文】①풀어쓴 한문 문장이나 번역문을 원문으로 다시 고침 ②속기한 것을 보통 문장으로 고침 ③〘文〙 답장

**ふくぶん**【複文】〘文法〙 복문

**ふくべ**【瓠·瓢】①〘植〙 박 ②바가지

**ふくへい**【伏兵】 복병 ①(기습하려고) 숨겨 둔 군사¶ ~を置く 복병을 배치하다 ②〘比〙 예기치 않은 장애·반대자¶ 意外な~に遭う 의외의 복병을 만나다

**ふくへき**【復辟】〘名自スル〙〘文〙 복벽. 물러났던 왕이 다시 왕위에 오름, 중조 = 重祚

**ふくへき**【腹壁】〘醫〙 복벽. 복강(腹腔)의 내벽

**ふくほう**【複方】〘藥〙 복방. 일정한 처방에 따라 두 가지 이상의 약품을 배합한 약제

**ふくぼく**【副木】〘醫〙 = 添え木¶ 腕に~を当てる 팔에 부목을 대다

**ふくぼつ**【覆没】〘名自スル〙〘文〙 복몰 ①배가 뒤집혀 가라앉음 ②전투에서 패함, 패멸

**ふくほん**【副本】 부본 ①원본의 사본 ②정본과 동일한 사항을 기입한 문서¶ 戸籍の~ 호적의 부본 ③(도서관 등에서) 예비로 두는 원본과 똑같은 책

**ふくほん**【複本】 복본 ①원본의 사본, 부본 = 副本 ②〘經〙 하나의 어음의 권리를 나타내기 위해 발행된 여러 통의 어음 증권

**ふくほんい**【複本位】〘經〙 복본위. 복본위제¶ 金銀~制 금은 복본위제

**ふくまく**【腹膜】〘醫〙 복막 一炎〘醫〙 복막염

**ふくま・せる**【含ませる】〘他下一〙①입안에 넣다, 머금다¶ 口に~ 입에 머금다 ②잘 말해서 이해시키다, 납득시키다¶ 意を~ 뜻을 납득시키다 ③잘 조려서 맛을 배게 하다

**ふくまでん**【伏魔殿】 복마전 ①악마가 숨어사는 집 ②(음모가 끊이지 않는) 죄악의 근원지

¶ 政界(せいかい)の～ 정계의 복마전
ふくまめ [福豆] (악귀를 물리친다고 하여) 입춘 전날에 뿌리는 콩
ふくみ [含み] ①포함함. 포함한 것¶ 波乱(はらん)～の国会(こっかい) 파란을 품고 있는 국회 ②숨은 의미·내용. 함축성¶ ～のあることば 함축성 있는 말
ふくみえき [含み益] [経] 미실현(未實現) 이익
ふくみごえ [含み声] 입속에서 우물거리는 소리¶ ～で聞(き)きにくい 우물거리는 소리라 알아듣기 어렵다
ふくみしさん [含み資産] [経] 부외 자산(簿外資産). 음성 자산
ふくみぞん [含み損] [経] 미실현(未實現) 손실
ふくみみ [福耳] 복귀. 귓불이 크고 두툼한 귀
ふくみわた [含み綿] ①(일본옷의) 소맷부리나 단에 두는 솜 ②(배우가) 볼 불룩하게 보이기 위해 입안에 무는 솜
ふくみわらい [含み笑い] 名 自スル (입을 다문 채) 소리 없이 웃는 웃음
ふく・む [含む] 他五 ①내포하다. 함유하다¶ 鉄分(てつぶん)を～んだ水(みず) 철분을 함유한 물 ②입에 물다. 머금다¶ 酒(さけ)を口(くち)に～ 술을 입에 머금다 ③(마음속에) 품다¶ 悪意(あくい)を～ 악의를 품다 ④띠다¶ はにかみを～んだ顔(かお) 수줍음을 띤 얼굴 ⑤(머리속에) 넣어두다. 유념하다¶ 事情(じじょう)を～・んでおいてください 사정을 유념해 두십시오 ⑥포함하다. (안에) 함께 넣다¶ 税金(ぜいきん)を～・んだ価格(かかく) 세금을 포함한 가격
[慣用句]
—所(ところ)がある 마음속에 원한·노여움 등을 품고 있다
ふくむ [服務] 名 自スル 복무
ふくめい [復命] 名 他スル (文) 복명¶ ～書(しょ) 복명서
ふくめいてがた [複名手形] [経] 복명 어음
ふくめつ [覆滅] 名 自他スル (文) 복멸. 전멸¶ 敵軍(てきぐん)を～する 적군을 복멸시키다
ふくめに [含め煮] [料] 채소·말린 식품을 국물을 많이 붓고 푹 조림. 그런 조림·찜
ふく・める [含める] 他下一 ①포함시키다¶ 送料(そうりょう)を～めた料金(りょうきん) 송료를 포함시킨 요금 ②(의미를) 내포하다¶ 拒否(きょひ)の意(い)を～ 거부의 뜻을 내포하다 ③타이르다. 납득시키다¶ 因果(いんが)を～ 사정을 설명하고 체념하도록 납득시키다
ふくめん [覆面] 名 自スル ①복면¶ ～強盗(ごうとう) 복면 강도 ②익명¶ ～作家(さっか) 익명 작가
ふくも [服喪] 名 상. 거상(居喪)을 입음¶ ～中(ちゅう) 복상 중
ふくやく [服薬] 名 自他スル 복약. 약의 복용¶ 睡眠薬(すいみんやく)を～する 수면제를 복용하다
ふくよう [服用] 名 他スル 복용¶ 食前(しょくぜん)に～する 식전에 복용하다
ふくよう [服膺] 名 他スル (文) 복응. 마음 속에 간직하여 잊지 않음¶ 拳拳(けんけん)～する 권권 복응하다. 마음에 간직하여 늘 잊지 않다
ふくよう [複葉] ①[植] 겹잎¶ 羽状(うじょう)～ 우상 복엽 ②비행기의 주날개가 겹으로 된 것¶ ～機(き) 복엽기
ふくよか [ア] ①부드럽게 부푼 모양. 보동보동함. 포동포동함¶ ～な顔(かお)だち 포동포동한 얼굴 생김새 ②풍부함을 느끼게 하는 모양¶ ～な香(かお)り 풍부한 향기
ふくらしこ [膨らし粉·ˆ脹らし粉] 베이킹 파우더＝ベーキングパウダー
ふくら・す [膨らす·ˆ脹らす] 他五 부풀리다. 볼록하게 하다¶ パンを～ 빵을 부풀리다
ふくらすずめ [膨ˆ雀·ˆ脹ˆ雀] ①추워서 깃털을 세운 참새 ②살찐 참새 새끼 ③[紋] 참새 모양의 가문(家紋)·무늬 ④[服] 젊은 여성의 허리띠 매는 방식의 하나 ⑤뒷머리를 올려 날개 모양으로 묶는 일본식 머리 모양
ふくらはぎ [膨ら ˆ脛·ˆ脹ら ˆ脛] 장딴지＝こむら¶ ～が痛(いた)い 장딴지가 아프다
ふくら・ます [膨ます·ˆ脹らます] 他五 부풀게 하다. 부풀리다¶ 期待(きたい)に胸(むね)を～ 기대에 가슴을 부풀리다／ 気球(ききゅう)を～ 기구를 부풀리다
ふくらみ [膨らみ·ˆ脹らみ] 부푼 것. 부푼 정도·부분¶ 胸(むね)の～ 가슴의 풍만함／ つぼみの～ 봉오리의 부풂
ふくら・む [膨らむ·ˆ脹らむ] 自五 ①부풀어 오르다. 볼록해지다¶ つぼみが～ 봉오리가 부풀어 오르다／ 腹(はら)が～ 배가 볼록해지다 ②(규모가) 커지다¶ 予算(よさん)が毎年(まいとし)～ 예산이 매년 팽창하다 ③(「胸(むね)に(期待(きたい)が)～」 등의 꼴로) 기대가 커지다. 부풀다¶ 成功(せいこう)への期待(きたい)が～ 성공의 기대가 부풀다
ふくり [福利] 복리. 행복과 이익¶ ～厚生(こうせい) 복리 후생
ふくり [複利] [経] 복리 ⇔ 単利(たんり) —法(ほう) [経] 복리법 —利回(りまわ)り [経] 복리 이율
ふぐり [〈陰囊〉] ①음낭. 고환. 불알＝きんたま [松陰囊(まつふぐり)]의 준말. 솔방울
ふくりゅう [伏流] 名 自スル [地] 복류¶ ～水(すい) 복류수
ふくりん [覆輪] ①복륜. 칼집·안장 등의 가장자리를 보강·장식하기 위해 금·은으로 싼 것¶ 金(きん)～の鞍(くら)を置(お)く 금복륜의 안장을 얹다 ②일본 여자옷의 소맷부리 등을 다른 천으로 가늘게 선을 두른 것
ふくれあが・る [膨れ上がる·ˆ脹れ上がる] 自五 ①부풀어 오르다. 크게 부풀다¶ ポケットが～ 주머니가 볼록해지다 ②(수량 등이) 급증하다¶ 入場者(にゅうじょうしゃ)が～ 입장자가 급증하다 ③기분이 급격하게 고양되다¶ 希望(きぼう)が～ 희망이 부풀어 오르다
ふくっつら [膨れっ面·ˆ脹れっ面] (口) 부루퉁한 얼굴. 화난 얼굴¶ ～をする 부루퉁한 얼굴을 하다
ふく・れる [膨れる·ˆ脹れる] 自下一 ①부풀다. 볼록해지다¶ 腹(はら)が～ 배가 볼록해지다 ②많아지다. 증대하다¶ 会員(かいいん)が一百人(ひゃくにん)に～ 회원이 100명으로 늘어나다 ③뾰로통

해지다¶ ささいなことですぐ～ 사소한 일로 곧 풀이통해지다

ふくろ【袋・*囊】⑴주머니, 자루, 봉지¶ 紙の～ 종이 봉지/ ～につめる 자루에 채우다 ⑵(귤 등의) 과육을 싸고 있는 얇은 껍질¶ ほおずきの～ 꽈리의 껍질 ⑶(造語)(명사에 붙어) 자루나 주머니와 비슷한 사물을 나타냄¶ 胃い～ 밥통/ 手て～ 장갑/ 寝ね～ 침낭
[慣用句]
—の鼠がご 독 안에 든 쥐

ふくろ【復路】(文) 귀로＝かえりみち ⇔往路おう

ふくろ あみ【袋網】[水] 어망 끝의 자루 모양으로 된 부분

ふくろう[*梟]⑴[動] 올빼미 ⑵[比] 밤에 활동하는 것¶ ～部隊たい 야간 순찰대

ふくろ おび【袋帯】전대 모양으로 속이 비게 통으로 짠 띠, 통대자(通帶子)

ふくろ おり【袋織(り)】 자루 모양으로 속이 비게 통으로 짜기, 그렇게 짠 천

ふくろく【福禄】(文) 복록, 행복과 봉록, 행복
—寿 복록수 ⑴복록과 수명 ⑵七福神しちふくじん의 하나, 복록과 수명의 신＝福禄神しん

ふくろこうじ【袋小路】⑴막다른 골목 ⑵[比] 막다른 상황, 진퇴유곡¶ 研究きゅうが～に入はいり込こむ 연구가 진퇴유곡으로 접어들다

ふくろだたき【袋叩き】⑴뭇매질¶ ～にする 뭇매질하다 ⑵[比] 많은 사람으로부터 비난·공격을 당함¶ ～の目めに遭あう 여러 사람에게 비난을 당하다

ふくろだな【袋棚】⑴[建] 床とこの間ま 옆의 違ちがいだな 위에 만든 작은 벽장＝ふくろとだな ⑵차도구를 넣어두는 찻장

ふくろど【袋戸】袋棚だな의 문

ふくろとじ【袋*綴(じ)】[版] 봉철(縫綴), 대철(袋綴), 종이를 반으로 접어 접히지 않은 쪽을 철하는 제본법

ふくろぬい【袋縫(い)】통솔, 천을 겉으로 맞박은 후 뒤집어서 다시 박는 바느질법

ふくろみみ【袋耳】⑴한번 들으면 결코 잊지 않음, 그런 사람＝地獄耳じごくみみ ⑵천의 가장자리를 속이 비게 두 겹으로 짠 것

ふくろもの【袋物】(지갑·쌈지·쇼핑백 등) 주머니 모양의 휴대물의 총칭

ふくわじゅつ【腹話術】복화술

ふくわらい【福笑い】눈을 가리고 윤곽만 그린 종이 위에 눈·코·입 모양을 오린 것을 놓아 얼굴을 완성시키는 아이들의 설날 놀이

ふくん【夫君】(文) 남의 남편의 높임말, 부군

ふくん【父君】(文) 남의 아버지에 대한 높임말, 부군, 춘부장＝ちちぎみ

ぶくん【武勳】(文) 무훈, 무공¶ ～をたてる 무훈을 세우다

ふけ【雲脂】・【頭垢】[醫] 비듬¶ ～が溜たまる 비듬이 생기다

ぶけ【武家】무가, 무사의 집안, 무사

ふけい【不敬】名[ダ](文) 불경¶ ～な言動どう 불경스런 언동 —罪ざい [法] 불경죄

ふけい【父兄】부형 ⑴아버지와 형 ⑵학부형 —会かい 학부형회

ふけい【父系】(文) 부계 ⇔母系はい ～家族ぞく 부계 가족＝父系家族

ふけい【府警】「府警察さつ・府警察ふけい本部ほん」의 준말, 부경찰, 부경찰 본부

ふけい【婦警】여경, 여자 경찰관

ぶげい【武芸】무예, 무술¶ ～を修おさめる 무예를 닦다 —者しゃ ⑴무예를 닦는 사람 ⑵무예에 뛰어난 사람 —十八般ぱん ⑴(옛날에 무사에게 필요했던) 18종의 무예 ⑵모든 무예¶ ～に通つうじる 모든 무예에 통달하다

ふけいき【不景気】名[ダ] ⑴[經] 불경기¶ ～が襲おそう 불경기가 닥치다 ⑵활기가 없음¶ ～な顔かおをするなよ 풀빠진 얼굴을 하지 말아요

ふけいざい【不経済】名[ダ] 불경제, 비경제적임¶ ～なやり方かた 비경제적인 방법

ふけいざい【賦形剤】[薬] 부형제, 부형약

ふけこ・む【老け込む】自五 아주 늙어버리다, 노쇠해지다¶ めっきり～ 폭삭 늙어버리다

ふけそう【普化僧】[佛] 보화승＝虚無僧こむそう

ふけつ【不潔】名[ダ] 불결 ⑴(물건이) 깨끗하지 않음, 더러움¶ ～な食器しょっき 불결한 식기 ⑵(정신적으로) 깨끗하지 않음¶ ～な行おこない 불결한 행위 ▷ ⑴⑵ ⇔清潔けつ

ふけやく【老け役】(영화 등의) 노역, 노역 배우

ふけ・る【*耽る】自五 열중하다, 몰두하다, 빠지다, 탐닉하다¶ 物思ものおもいに～ 생각에 잠기다/ 読書どくしょに～ 독서에 열중하다

ふ・ける【老ける】自下一 늙다, 나이를 먹다¶ 年としより～ けて見みえる 나이보다 늙어 보인다

ふ・ける【更ける・深ける】自下一 (밤·계절이) 깊어지다, 이슥해지다¶ 秋あきが～ 가을이 깊어지다/ 夜よが～ 밤이 이슥해지다

ふ・ける【*蒸ける】自下一 (음식이) 뜸들다, 푹 쪄지다¶ 芋いもが～ 고구마가 푹 쪄지다

ふけん【夫権】[法] 부권, (일본 구 민법에서) 남편이 아내에 대해 가진 권리

ふけん【父権】[法] 부권 ⑴아버지로서의 친권 ⑵(일본 구 민법에서의) 가장권

ふけん【府県】(일본 행정 구획에서) 府ふ와 県けん¶ 都道どうふ～ 일본 행정 구획의 총칭(1都·1道·2府·43県의 일컬음)

ふげん【不言】(文) 불언, 말을 하지 않음¶ ～不語ふご 불언 불어 —実行じっこう 불언 실행, 말없이 실행함¶ ～の士し 말없이 실행하는 사람

ふげん【付言・附言】名[他サ] 부언, 덧붙여 말함, 그런 말¶ 最後ごに～しておきたい 마지막으로 부언해 두고자 한다

ふげん【富源】(文) 부원, 부를 낳는 근원

ふげん【分限】(文) ⑴분수¶ ～を守まもる 분수를 지키다 ⑵재력이 있음, 부자 ▷「ぶんげん」이라고도 함 —者しゃ 부자, 자산가

ぶげん【侮言】(文) 모욕적인 언사¶ ～を吐はく 모욕적인 언사를 내뱉다

ぶげん【*誣言】(文) 무언, 사실을 왜곡하여 말함, 그런 말¶ ～を構かまえる 무언을 꾸미다

ふけんこう【不健康】名[ダ] 불건강 ⑴건강하지

ふざつ

못함¶ ～な顔色 건강하지 못한 얼굴 ②불건전 ～な生活 불건전한 생활

ふけんしき [不見識] 名ダ 불견식. 견식이 얕음. 분별 없고 경망함¶ ～な言動 분별 없는 언동

ふけんぜん [不健全] 名ダ 불건전¶ ～な思想 불건전한 사상

ふご [*畚] 名 ①망태기＝もっこ ②종다래끼, 어롱(魚籠)＝びく

ふこう [不孝] 名ダ 불효 ⇔ 孝行¶ 親に～ 불효／～者 불효자

ふこう [不幸] 名ダ ①불행. 불운＝ふしあわせ¶ ～な人生 불행한 인생／～をなげく 불행을 한탄하다 ②가족·친족의 사망¶ 身内に～がある 집안에 상사(喪事)가 있다
[慣用句]
—中の幸い 불행중 다행

ふこう [富鉱] 부광 ①유용 광물을 많이 함유한 광석 ②산출량이 많은 광산 ¶ ⇔ 貧鉱

ふごう [負号] 数 부호. 마이너스 부호

ふごう [符号] 부호 ①기호＝しるし 区切りの～ 구두점 ②数 수의 음·양을 나타내는 기호¶ 負の～ 음의 부호

ふごう [符合] 名自スル 부합. 일치함¶ 事実と～する 사실과 부합되다

ふごう [富豪] 부호. 큰 재산가＝大金持

ぶこう [武功] 父 무공. 무훈¶ ～をたてる 무공을 세우다

ふごうかく [不合格] 불합격¶ ～品 불합격품／～になる 불합격되다

ふこうへい [不公平] 名ダ 불공평¶ ～な扱い 불공평한 취급

ふごうり [不合理] 名ダ 불합리¶ ～な制度 불합리한 제도

ふこく [布告] I 名他スル 포고¶ 宣戦～ 선전 포고 II 名 明治 초기의 법률·정령(政令)의 총칭

ふこく [富国] 부국¶ ～の策 부국책 —強兵 부국 강병

ぶこく [*誣告] 名他スル 父 무고¶ 同僚を～する 동료를 무고하다 —罪 法 무고죄

ふこころえ [不心得] 名ダ 마음가짐이 좋지 않음, 분별이 없음¶ ～者 심보가 나쁜 사람／～をたしなめる 무분별함을 나무라다

ぶこつ [無骨·武骨] 名ダ ①앙상하여 울퉁불퉁[거칠거칠]함¶ ～な手 살이 없어 앙상하고 울퉁불퉁한 손 ②세련되지 못함, 풍류·예의가 없음¶ ～な男 무례한 남자 —者 ①무례한 사람 ②풍류를 모르는 사람

ふさ [房·*総] ①(꽃·열매의) 송이, 송아리¶ ぶどうの～ 포도 송이／花の～ 꽃송이 ②(실로 된) 술¶ 毛糸の～ 털실로 된 술／～飾り 술 장식 ③助数 늘어진 모양의 것을 세는 말. 송이¶ 一の～のぶどう 한 송이의 포도

ふさい [不才] 父 부재. 재주가 없음, 그런 사람. 비재¶ ～の身を顧みず 비재를 돌아보지 않고[불고하고]

ふさい [夫妻] 부처. 부부

ふさい [負債] 부채¶ ～勘定 부채 계정／～を抱える 부채를 떠안다

ふざい [不在] 부재¶ 国民の政治を無視한 정치／訪ねたところあいにく～だった 방문했더니 공교롭게 자리에 없었다 —地主 부재 지주 —者 —投票 政 부재자 투표

ぶさいく [不細工·無細工] 名ダ ①솜씨[만듦새]가 서툴고 모양이 없음¶ ～な机 서툴게 만든 책상 ②못생김＝不器量¶ ～な顔 못생긴 얼굴

ふさが・る [*塞がる] 自五 ①(가득) 차다, 차 있다¶ 部屋が～ 방이 차다, 빈 방이 없다 ②막히다, 메다¶ 車くるで道が～ 차로 길이 막히다／下水管が～ 하수관이 막히다 ③닫히다 傷口が～ 상처가 아물다／戸口が～ 문이 닫히다 ④짬이 나지 않다, 사용중이다¶ 仕事で手が～っている 일로 손이 매어 있다, 짬이 나지 않다

ふさぎこ・む [*塞ぎ込む] 自五 울적해 하다, 울적해지다¶ 失恋して～ 실연하여 울적해 하다

ふさぎのむし [*塞ぎの虫] 우울함, 울적함¶ ～にとりつかれる 울적함에 사로잡히다, 몹시 우울해 하다

ふさく [不作] 흉작 ①(농작물의) 소출이 나쁨 ⇔ 豊作¶ ～の年 흉년 ②뛰어난 인물·작품이 나타나지 않음¶ 今年の音楽界は～だった 올해의 음악계는 흉작이었다

ふさく [*斧鑿] 父 부착 ①도끼와 끌, 도끼와 끌로 세공함 ②(시문 등에서) 기교를 부림¶ ～の跡をとどめない 기교를 부린 흔적을 남기지 않다

ふさ・ぐ [*塞ぐ] I 他五 ①메우다, 채우다¶ 穴を～ 구멍을 메우다／時間を～ 시간을 채우다 ②막다, 가로막다¶ バリケードで入口を～ 바리케이드로 입구를 막다 ③가리다, 틀어막다¶ 口を～ 입을 다물다／両手で目を～ 양손으로 눈을 가리다 ④닫다¶ 門を～·いでだれとも会わない 문을 닫고 아무와도 만나지 않다 ⑤「責めを～」의 꼴로) 책임을 다하다 ⑥(자리를) 차지하다¶ 場所を～ 장소를 차지하다 II 自五 울적해지다, 울적해지다¶ 雨が続くと気分が～ 비가 계속 되면 기분이 울적해진다

ふさく [不作為] 法 부작위 ⇔ 作為 —犯 法 부작위범

ふざ・ける 自下一 ①익살부리다, 장난치다, 까불다¶ ～て笑わせる 익살부려서 웃기다／子供達が外で～けている 아이들이 밖에서 장난치고 있다 ②(남녀가) 희롱하다, 시시덕거리다¶ 人前もかまわず～ 남의 눈도 아랑곳없이 시시덕거리다 ③건방지다¶ ～けたことを言うな 건방진 소리 하지 마라

ぶさた [無*沙汰] 名自スル 소식을 전하지 않음, 내왕하지 않음, 격조(隔阻)¶ ～をわびる 격조하였음을 사과하다

ぶざつ [*蕪雑] 名ダ 父 무잡. (말·문장이) 뒤

섞여 난잡함¶ ～な言辞ㄴㆍ 무잡한 언사
ふさふさ [^総^総ㆍ房房] 副 自スル 치렁치렁, 주렁주렁¶ ～とした髪ㆍ 치렁치렁한 머리카락¶ ～と垂れ下ㆍがっている 주렁주렁 늘어져 있다
ぶさほう [無作法ㆍ不作法] 名 ダ 무례함, 버릇없음¶ ～な振ㆍ舞ㆍい 무례한 행동
ぶざま [無様ㆍ不様] 名 ダ 꼴사나움, 보기 흉함, 추태¶ ～な負ㆍけ方ㆍ 꼴사나운 패배/ ～な姿ㆍをさらす 보기 흉한 모습을 드러내다
ふさわしㆍい [相応ㆍしい] 形 어울리다, 걸맞다, 적합하다¶ その場ㆍに～服装ㆍ 그 자리에 어울리는 복장
ふさん [不参] 名 自スル 文 불참¶ ～者ㆍ 불참자/ 会議ㆍに～する 회의에 불참하다
ふし [五倍子]ㆍ[付子] 오배자＝ごばいし
ふし [節] ①(줄기의) 마디¶ 竹ㆍの～ 대나무 마디 ②(나무의) 옹이, 옹두리¶ ～だらけの板ㆍ 옹이 투성이의 널빤지 ③관절, 뼈마디¶ 指ㆍの～ 손가락 관절 ④실의 매듭 ⑤선율, 가락¶ ～をつける 가락을 붙이다 ⑥단락, 매듭, 고비¶ 人生ㆍ七ㆍつの～ 인생의 한 고비 ⑦(눈에 띄는) 곳, 점¶ 疑ㆍわしい～がある 의심스러운 점이 있다 ⑧가다랭이 등의 생선을 쪄서 말린 것¶ かつお～ 가다랭이포 ⑨(造語) 민요 등의 제목에 붙는 말¶ 八木ㆍ～ 일본 민요의 하나
ふし [不死] 名 文 불사¶ 不老ㆍ～ 불로불사 一鳥ㆍ 불사조＝フェニックス
ふし [父子] 文 부자¶ ～相伝ㆍ 부자 상전
ふじ [^藤] ①植 등, 등나무¶ ～棚ㆍ 등나무 시렁 ②「藤色ㆍ」의 준말
ふじ [不二] 名 ①(뛰어나서) 둘도 없음, 유일함 ②둘이 아님, 하나임 ③(편지에서) 불비＝不一ㆍㆍ不悉ㆍㆍ不尽ㆍㆍ不備ㆍ
ふじ [不治] → ふち(不治)
ふじ [不時] 名 文 불시, 임시¶ ～の来客ㆍ 불시의 손님 一着ㆍ 名 自スル 文 불시착¶ エンジンのトラブルで～する 엔진 고장으로 불시착하다
ぶし [武士] 무사＝さむらい¶ ～の面目ㆍ 무사의 체면 一道ㆍ 무사도
慣用句
一に二言ㆍなし 무사에게 일구이언은 없다
一は相身ㆍ互ㆍい 무사끼리는 같은 처지이므로 서로 도와야 한다
一は食ㆍわねど高楊枝ㆍ 무사는 굶어도 먹은 체하고 이를 쑤신다
ふし [^附子] (한약재로 쓰는) 부자＝ぶす
ぶじ [武事] 文 무사, 전쟁ㆍ무예에 관한 일, 그런 기술 ⇔ 文事ㆍ
ぶじ [無事] 名 ダ 무사 ①아무 일이 없음, 평온함¶ 平穏ㆍ～ 평온 무사 ②탈없이 건강함¶ 御ㆍ～で何ㆍよりです 탈없이 건강하셔서 무엇보다도 다행입니다 ③과실ㆍ사고 없음¶ ～に終ㆍわりが付ㆍいた 탈 없이 일이 끝났다 ④할 일이 없음, 무료함¶ ～にくるしむ 할 일이 없어 괴로워함 一息災ㆍ 아무 탈없이 평온하게 지냄

ふじ [^無辞] 文 무사, 난잡한 말¶ ～を連ㆍね る 두서없는 말을 늘어놓다
ふしあな [節穴] ①(널빤지 등의) 옹이 구멍¶ ～からの人ㆍ 옹이 구멍으로 들여다보다 ②(比) 눈앞에 두고도 보지 못함, 청맹과니¶ ～同然ㆍ 옹이 구멍이나 다름없는 눈
ふしあわせ [不幸せㆍ不仕合(わ)せ] 名 ダ 불행, 불운¶ ～な人ㆍ 불행한 사람
ふしいと [節糸] 옥사(玉絲), 옥사로 짠 천¶ ～織ㆍり 옥사로 짠 견직물
ふじいろ [^藤色] 연보랏빛
ふしおがㆍむ [伏(し)拝(し)] 他五 ①엎드려 절하다, 복배하다¶ 仏ㆍを～ 부처님께 복배하다 ②멀리서 절하다, 요배(遙拜)하다, 망배(望拜)하다¶ 御所ㆍを～ 궁궐을 요배하다
ふしおり [節織(り)] 옥사(玉絲)로 짠 견직물
ふしおろし [節下ろし] 料 생선 머리를 때내고 세로로 칼집을 내어 등살과 뱃살로 갈라내는 것
ふじかずら [^藤葛] ①등나무 덩굴 ②덩굴식물의 총칭. 만초(蔓草), 만목(蔓木)
ふしぎ [不思議] 名 ダ 불가사의, 이상함, 희한함¶ 世界ㆍの七ㆍな～ 세계의 7대 불가사의
ふじぎぬ [富^士絹] 지스러기 명주실로 평직으로 짠 견직물
ふしくれ [節^榑] 옹이가 많은 재목 一立ㆍ 自五 ①옹이가 많아서 울퉁불퉁하다 ②뼈마디가 굵고 거칠다
ふじさん [富士山] 静岡ㆍㆍ山梨ㆍ 두 県ㆍ의 경계에 걸쳐있는 일본에서 제일 높은 산
ふしずㆍむ [伏(し)沈む] 自五 文 깊은 생각에 잠기다, 깊은 시름에 빠지다
ふしぜん [不自然] 名 ダ 부자연¶ ～な態度ㆍ 부자연한 태도/ ～に見ㆍえる 부자연스럽게 보이다
ふじだな [^藤棚] 등나무 시렁
ふしだら 단정치 못함, 절제가 없음, 품행이 나쁨¶ 生活ㆍが～ 단정치 못한 생활/ ～な男ㆍ 품행이 나쁜 남자/ ～をする 부정한 짓을 하다
ふしつ [不^悉] 文 불비, 여불비(餘不備)＝不一ㆍㆍ不二ㆍㆍ不尽ㆍㆍ不備ㆍ
ふじつ [不日] 副 文 불일, 불일내, 일간, 며칠 안으로¶ ～参上ㆍいたします 불일내 찾아뵙겠습니다
ふじつ [不実] 名 ダ ①부실, 성실하지 못함¶ ～な人ㆍ 성실하지 못한 사람/ ～を責ㆍめる 부실함을 꾸짖다 ②불실, 사실이 아님, 거짓¶ ～な証言ㆍをする 거짓 증언을 하다
ぶしつ [部室] 부실, 부(클럽) 활동을 위한 방
ふしづけ [節付け] 가사에 가락을 붙임, 작곡
ぶしつけ [不^躾ㆍ不仕付け] 名 ダ 무례함, 버릇이 없음, 눈치없음, 거리낌없음¶ ～な質問ㆍ 노골적인 질문/ ～ながら 무례하지만
ふじづる [^藤蔓] 등나무 덩굴
ふして [伏して] 副 文 삼가, 간곡히＝つつしんで¶ ～お願ㆍい申ㆍし上ㆍげます 삼가 부탁드리겠습니다

**ふしど**【^臥^所】(文) 잠자리, 침소= 寝床ﾈﾄﾞｺ

**ふじなみ**【^藤波・^藤^浪】(文) 바람에 물결처럼 나부끼는 등나무꽃

**ふしはかせ**【節博士】【藝】(声明ｼｮｳﾐｮｳ・謡曲ﾖｳｷｮｸ의 가사 옆에 찍는) 가락의 고저·장단을 나타내는 기호= ごま点ﾃﾝ·はかせ

**ふじばかま**【^藤^袴】【植】 등골나물

**ふじびたい**【富^士額】 이마의 머리털이 富士산 모양으로 난 이마

**ふしぶし**【節節】①(대나무 등의) 마디마디 ¶ 竹ﾀｹの~ 대나무의 마디마디 ②(뼈의) 마디마디 ¶ 体ｶﾗﾀﾞの~が痛ｲﾀい 몸의 마디마디가 아프다 ③(해당되는) 여러 군데, 여러 가지 점 ¶ 思ｵﾓい当ｱﾀたる~ 여러 군데 짚이는 점

**ふしまちのつき**【^臥し待ちの月】 음력 19일 밤의 달= 寝待ﾈﾏﾁの月ﾂｷ

**ふしまつ**【不始末】 名ﾀﾞ ①뒤처리가 허술함, 부주의 ¶ 火事ｶｼﾞはたばこの火ﾋの~から起ｵきこった 화재는 담뱃불의 부주의로 일어났다 ②남에게 누를 끼치는 실수, 불미한 일 ¶ ~をわびる 잘못을 사과하다/ ~をしでかす 불미스러운 일을 저지르다

**ふしまわし**【節回し・節^廻し】【藝】(가곡 등의) 가락, 곡조 ¶ 独特ﾄﾞｸﾄｸの~ 독특한 가락

**ふじみ**【不死身】 名ﾀﾞ 불사신 ①어떤 질병·고통에도 굴하지 않음, 그런 강한 신체 ②어떤 곤란을 당해도 꺾이지 않음, 그런 사람 ¶ ~の精神ｾｲｼﾝ 불사신의 정신

**ふしめ**【伏し目】 눈을 내리뜸, 시선을 내리깔 ¶ 恥ﾊずかしそうに~になる 부끄러운 듯이 눈을 내리뜨다

**ふしめ**【節目】①(대나무·목재 등의) 마디·옹이가 있는 부분 ¶ ~の多ｵｵい板ｲﾀ 옹이가 많은 널빤지 ②(比) 고비, 전기, 단락 ¶ 人生ｼﾞﾝｾｲの~ 인생의 고비

**ふしゃ**【富者】(文) 부자= 金持ｶﾈﾓﾁ ↔ 貧者ﾋﾞﾝｼｬ

**ふしゅ**【浮^腫】【醫】 부종= むくみ·水腫ｽｲｼｭ

**ふじゅ**【腐儒】(文) 우유, 쓸모 없는 선비[학자]

**ふじゅ**【^諷^誦】 名他ｽﾙ【佛】 풍송, 경문을 소리내어 읽음= ふうじゅ

**ぶしゅ**【部首】 (한자의) 부수 ¶ ~索引ｻｸｲﾝ 부수색인

**ふしゅう**【^俘囚】(文) 부수, 포로= とりこ

**ふしゅう**【腐臭】(文) 부취, 썩는 냄새 ¶ ~を放ﾊﾅつ 부취를 풍기다

**ふじゆう**【不自由】 名ﾀﾞ 自ｽﾙ 부자유, (뜻대로 되지 않아) 불만·불편을 느낌 ¶ ~な身ﾐ 부자유스러운 몸/ 何ﾅﾆ~なく暮ｸらす 아무 불편 없이 지내다/ 金ｶﾈに~する 돈에 쪼들리다

**ぶしゅう**【武州】= むさし(武蔵)

**ぶしゅうぎ**【不祝儀】 흉사(凶事), 궂은 일, (특히) 상사(喪事) ¶ ~袋ﾌﾞｸﾛ 부의금/ 今月ｺﾝｹﾞﾂは~が多ｵｵい 이달에는 궂은 일이 많다

**ふじゅうぶん**【不十分・不充分】 名ﾀﾞ 불충분 ¶ 証拠ｼｮｳｺ~ 증거 불충분/ 説明ｾﾂﾒｲが~だ 설명이 불충분하다

**ぶしゅかん**【^仏手^柑】【植】 불수감나무

**ふしゅつ**【不出】(文) 불출, 밖에 나가지 않음,
내보내지 않음 ¶ 門外ﾓﾝｶﾞｲ~の書 문외 불출의[비장의] 글

**ふじゅつ**【^巫術】 무술= シャーマニズム

**ぶじゅつ**【武術】(文) 무술, 무예 ¶ ~の心得ｺｺﾛｴ 무술의 소양/ ~を習ﾅﾗう 무술을 배우다

**ふしゅび**【不首尾】 名ﾀﾞ ①결과가 나쁨, 실패 ⇔ 上首尾ｼﾞｮｳｼｭﾋﾞ ¶ ~に終ｵﾜる 실패로 끝나다/ ~な結果ｹｯｶ 나쁜 결과 ②평판이 좋지 않음 ¶ 上役ｳﾜﾔｸに~になる 윗사람에게 잘못 보이다

**ふじゅん**【不純】 名ﾀﾞ 불순, 순진[순수]하지 않음 ¶ 動機ﾄﾞｳｷが~だ 동기가 불순하다 **ー物**ﾌﾞﾂ 불순물

**ふじゅん**【不順】 名ﾀﾞ 불순 ¶ ~な天候ﾃﾝｺｳ 불순한 날씨/ 生理ｾｲﾘ~ 생리 불순

**ふじょ**【^巫女】 무녀, 무당= みこ

**ふじょ**【扶助】 名他ｽﾙ(文) 부조, 보조, 원조 ¶ 相互ｿｳｺﾞ~ 상호 부조/ ~を受ｳける 부조를 받다

**ふじょ**【婦女】(文) 부녀, 여자, 여성 ¶ ~暴行ﾎﾞｳｺｳ 부녀 폭행 **ー子**ｼ 부녀자

**ぶしょ**【部署】 부서, 맡은 자리 ¶ ~に就ﾂく 부서를 맡다/ ~を離ﾊﾅれる 부서를 떠나다

**ふしょう**【不生】【佛】①사물이 생겨 나지 않음 ②「阿羅漢ｱﾗｶﾝ·涅槃ﾈﾊﾝ·如来ﾆｮﾗｲ」등의 딴이름 **ー不滅**ﾌﾒﾂ【佛】 불생 불멸

**ふしょう**【不肖】 불초 Ⅰ 名ﾀﾞ ①부모·스승을 닮지 않고 못남 ¶ ~の子 불초한 자식 ②어리석음 ¶ ~ながら 불초하나마 Ⅱ 名 자기의 낮춤말 ¶ ~私ﾜﾀｸｼがいたします 불초 소생이 하겠습니다

**ふしょう**【不承】Ⅰ 名ﾀﾞ(文) 승낙하지 않음= 不承知ｼｮｳﾁ ¶ ~ならば仕方ｼｶﾀがない 승낙하지 않는다면 할 수 없다 Ⅱ 名他ｽﾙ 마지못해 승낙함 **ー不承**ﾌﾞｼｮｳ 마지못해, 할 수 없이= しぶしぶ ¶ ~引ﾋき受ｳける 마지못해 떠맡다

**ふしょう**【不祥】 名ﾀﾞ(文) 불상, 상서롭지 못함, 체면을 손상시킴 ¶ ~事件ｼﾞｹﾝ 상서롭지 못한 사건 **ー事**ｼﾞ 불상사

**ふしょう**【不詳】 名ﾀﾞ 불상, 미상 ¶ 作者ｻｸｼｬ~ 작자 미상/ 姓名ｾｲﾒｲ~ 성명 불상

**ふしょう**【負傷】 名自ｽﾙ 부상 ¶ ~者ｼｬ 부상자/ 名誉ﾒｲﾖの~ 명예스러운 부상

**ふじょう**【不定】 부정, 일정치 않음, 덧없음, 무상 ¶ 老少ﾛｳｼｮｳ~ 노소 부정, 죽음에는 노소가 없음/ 生死ｼｮｳｼﾞ~ 생사 무상

**ふじょう**【不浄】 Ⅰ 名ﾀﾞ 부정, 깨끗하지 못함 ¶ ~の金ｶﾈ 부정한 돈/ ~の身ﾐを清ｷﾖめる 부정한 몸을 정하게 하다 Ⅱ 名 ①대소변 ②월경, 생리 ③(「御ｺﾞ~」의 꼴로) 변소, 화장실 **ー役人**ﾔｸﾆﾝ 포리, 그런 사람을 얕보아 쓰는 말

**ふじょう**【浮上】 名自ｽﾙ 부상 ①(물 위로) 떠오름 ¶ 潜水艦ｾﾝｽｲｶﾝが~する 잠수함이 부상하다 ②(比) 두각을 나타냄 ¶ 首位ｼｭｲに~した 수위로 부상했다

**ぶしょう**【不精・無精】 名ﾀﾞ 自ｽﾙ 몸을 아껴 으름을 부림, 귀찮아하고 어정뜸 ¶ ~者ﾓﾉ 게으름뱅이/ 筆ﾌﾃﾞ~ 글씨[편지] 쓰기를 싫어함, 그런 사람/ ~を決ｷめ込ｺむ 게으름 피우기로 작정하다 **ー髭**ﾋﾞｹﾞ 다박수염, 다박나룻

ぶしょう【武将】(文) 무장 ①장수 ②무예・군사에 뛰어난 장군
ぶしょう【部将】 부장. 한 부대의 장. 부대장
ふしょうか【不消化】 名ダ ①소화 불량 ¶ ～を起こす 소화 불량을 일으키다 ②이해가 얕고 자기 것으로 만들지 못함. 설익음 ¶ ～な知識 설익은 지식
ふしょうち【不承知】 名ダ 동의하지 않음. 불찬성. 승낙하지 않음 ≒ 不承諾 ¶ ～の旨を伝える 승낙하지 않는다는 뜻을 전하다
ふしょうふずい【夫唱婦随】 부창 부수. 남편이 말하면 아내가 그것에 따름
ふじょうり【不条理】 부조리 Ⅰ 名ナ 도리에 어긋남 ¶ 人生の～ 인생의 부조리 / ～な申し立て 부조리한 주장 Ⅱ 名哲 불합리한 세계와 그 안에 있는 인간의 절망적인 관계를 나타내는 실존주의 용어
ふじょうり【不如帰】(文)「ほととぎす」의 딴이름. 불여귀. 소쩍새. 두견이
ふしょく【扶植】 名他スル (文) 부식. (세력・사상 등을) 심음. 뿌리 박음 ¶ 勢力の～を図る 세력의 부식을 꾀하다
ふしょく【腐食・腐蝕】 名自他スル 부식 ①썩음. 썩게 함 ¶ ～した岩 부식된 바위 ②化 (금속 등이) 변질함 ¶ ～作用 부식 작용
ふしょく【腐植】 農 부식 ¶ ～土 부식토
ぶじょく【侮辱】 名他スル 모욕 ¶ ～的な発言 모욕적인 발언 / ～を受ける 모욕을 당하다
ふしょくふ【不織布】 부직포
ふしょぞん【不所存】 名(文) 좋지 못한 생각. 사려가 부족함. 분별없음. 못된 심보 ≒ 不心得 ¶ ～者 분별없는 사람
ふしん【不信】 (文) 불신 ①신의가 없음. 불성실 ≒ 不実 ¶ ～の行為 불성실한 행위 ②신용이 없음 ¶ ～感 불신감 / ～を買う 불신을 사다 ③신앙심이 없음 ¶ ～の人 불신자
ふしん【不振】 부진 ¶ 食欲～ 식욕 부진 / 経営～にあえぐ 경영 부진에 허덕이다
ふしん【不審】 名ダ 불심. 의심스러움. 수상함 ¶ ～の念 의심스러운 생각 / ～に思う 수상쩍게 여기다 一紙 책을 읽다 의문 나는 곳에 붙이는 쪽지 一尋問 法 불심 검문 一火 (방화 혐의가 있는) 원인 모를 화재
ふしん【普請】 名他スル ①건축・토목 공사 一道 도로 공사 / 安～ 날림 공사 / 家を～する 집을 건축하다 ②佛 보청
ふしん【腐心】 名自スル (文) 부심. 고심. 애씀 ¶ 会社の再建に～する 회사의 재건에 부심하다
ふじん【不尽】(文) 불비. 여불비 ≒ 不一・不悉・不備
ふじん【夫人】 부인 ¶ ～同伴 부인 동반
ふじん【布陣】 포진. 적과 대전하기 위해 진을 침 ¶ 強力な～で臨む 강력한 포진으로 임하다
ふじん【婦人】 부인. 여성 ¶ ～服 여성복 / ～参政権 여성 참정권 一科 부인과 / 一警察官 여자 경찰관 / 婦警 一病 부인병
ぶしん【武臣】(文) 무신. 무관
ぶしん【武神】 무신. 군신(軍神) = いくさがみ ¶ ～の加護を祈る 무신의 가호를 빌다
ぶじん【武人】(文) 무인. 무사. 군인 ¶ ～のかがみ 무인의 귀감
ふしんじん【不信心】 名ダ 불신심. 신앙심이 없음 = ぶしんじん ¶ ひごろの～が祟る 평소의 불신심이 화가 되다
ふしんせつ【不親切】 名ダ 불친절 ¶ ～な応対 불친절한 응대
ふしんにん【不信任】 불신임 ¶ ～動議を出す 불신임 동의를 내다 一案 불신임안
ふしんばん【不寝番】 불침번 = ねずのばん ¶ ～を務める 불침번을 서다
ふ・す【伏す】 自他(文) ①부복하다 ¶ ～してお願い申し上げます 엎드려 부탁드리겠습니다 ②엎드리다 ¶ 地に～ 땅에 엎드리다 / 泣き～ 울며 엎드리다 ③엎드려 숨다. 매복하다 ¶ 岩かげに～ 바위 그늘에 숨다
ふ・す【臥す】 自五 (文) 눕다. 드러눕다 ¶ 病の床に～ 병상에 눕다
ふ・す【付す・附す】 他五 (文) → ふする(付)
ふず【付図・附図】 부도. 부록으로 붙인 지도・도표 ¶ ～参照 부도 참조
ぶす【俗】(여자가) 얼굴이 못생김. 추녀
ぶ・す【撫す】 他五(文) → ぶする(撫)
ぶす【附子】→ ぶし(附子)
ふずい【不随】 名 불수. 신체상의 부자유 ¶ 半身～ 반신 불수
ふずい【付随・附随】 名自スル 부수. 주된 것에 따름. 붙좇음 ¶ ～事項 부수 사항 / ～する問題 부수되는 문제
ぶすい【無粋・不粋】 名ダ 멋이 없음. 세련되지 않음. 풍류를 모름 ¶ ～な人 멋이 없는 사람 / ～なやり方 세련되지 못한 방법
ふずいい【不随意】 名 불수의. 마음대로 되지 않음 一運動 불수의 운동 一筋 医 불수의근. 제대로근 ⇔ 随意筋
ふすう【負数】 数 부수. 음수(陰數) ⇔ 正数
ぶすう【部数】 (출판물의) 부수 ¶ 発行～ 발행 부수 / ～を伸ばす 부수를 늘리다
ぶすっと 副自スル (口) ①(세게 찌르는) 푹. 쿡 ¶ 針で～突き刺す 바늘로 푹 찌르다 ②시무룩한 모양. 뾰로통한 모양 ¶ 何を聞いても～している 무엇을 들어도 시무룩해 있다
ぶすぶす 副(口) ①(연기만 내면서 타는) 부지직 ¶ ～とくすぶる 부지직하고 타다 ②투덜투덜 ¶ 陰で～言う 뒤에서 투덜거리다 ③(여러 번 찌르는) 푹푹. 쿡쿡 ¶ 針で～と突き刺す 바늘로 쿡쿡 찌르다
ふすぶ・る【燻る】 自五 ①(불이) 연기만 내며 타다 ¶ 生木が～ 생나무가 연기만 내며 타다 ②(연기에) 그을다 ¶ やかんが～ 주전자가 그을다 ③(집에) 틀어박히다 ¶ 下宿に～ 하숙에 틀어박히다
ふす・べる【燻べる】 他下一 ①태워서 연기를 내다 ¶ 木を～ 나무를 태워서 연기를 내다

②그슬리다¶ 銀の食器を~ 은제 식기를 그슬리다 ③냅게 하여〔연기를 피워〕괴롭히다¶ 蚊を~ 모깃불을 피우다

ふすぼ・る【燻ぼる】自五 → ふすぶる
ふすま【襖・被】이불= 掛かけ布団
ふすま【殻・麩】밀기울
ふすま【襖】맹장지¶ ~に紙 맹장지에 바른 종이/ ~を張り替える 맹장지를 새로 바르다
ふすまえ【襖絵】맹장지에 그린 그림
ぶすりと 副(口)①(세게 찌르는) 푹, 쿡¶ 腹を~刺す 배를 푹 찌르다 ②시무룩한 모양, 뾰로통한 모양¶ ~した顔 시무룩한 얼굴
ふ・する【付する・附する】(文)I 自 サ変 붙좇다. 붙따르다¶ 驥尾に~ 훌륭한 사람을 붙따르다 II 他 サ変 ①덧붙이다. 달다, 첨부하다 ¶ 巻末に年表を~ 책 끝에 연대표를 덧붙이다 ②회부하다, 부치다¶ 審議に~ 심의에 회부하다/ 不問に~ 불문에 부치다
ふ・する【賦する】他(文) 부과하다, 할당하다¶ 税金を~ 세금을 부과하다 ②(시 등을) 짓다¶ 漢詩を~ 한시를 짓다
ぶ・する【撫する】他 サ変(文) ①쓰다듬다¶ 腕を~ 팔을 쓰다듬다 ②위무하다, 안심시키다¶ 人民を~ 백성을 위무하다
ふせ【布施】〔佛〕보시. 시주¶ お~を包む 시주를 하다
ふせい【不正】名ノ 부정¶ ~入学 부정 입학/ ~を働く 부정을 저지르다
ふせい【不整】名ノ 부정. 고르지 못함 ━脈 〔醫〕부정맥
ふせい【父性】(文) 부성¶ ~愛 부성애
ふせい【斧正】(文) 다른 사람이 쓴 글을 가차없이 첨삭함¶ ~を請う 첨삭을 청하다
ふぜい【風情】①풍치, 운치. 정취¶ ~のある庭 운치 있는 정원¶ ~を添える 정취를 더하다 ②대접¶ 何の~もございませんが 아무 대접할 것도 없습니다만 ③기색, 표정¶ 寂しげな~ 슬픈 듯한 기색 ④〔造語〕《사람을 나타내는 명사・대명사에 붙어》…같은 것, …주제, …따위¶ 町人~ 시정배 주제/ わたくし~が 나 같은 것이
ぶせい【無勢】名ノ 무세. 인원수가 적음¶ 多勢に~ 상대편은 인원이 많고 이쪽은 적음
ふせいかく【不正確】名ノ 부정확¶ ~な情報 부정확한 정보
ふせいこう【不成功】名ノ 불성공. 실패= 失敗¶ ~に終わる 실패로 끝나다
ふせいごう【不整合】부정합 ①논리가 일관되지 않음 ②〔地〕풍화・침식을 입은 지층 위에 새 지층이 퇴적될 경우 평형을 이루지 못하는 두 지층간의 관계
ふせいさん【不生産】名 비생산¶ ~的な言動 비생산적인 언동
ふせいしゅつ【不世出】名(文) 불세출¶ ~の天才 불세출의 천재
ふせいせき【不成績】名ノ 성적이 좋지 않음¶ ~を残す 좋지 못한 성적을 남기다
ふせき【布石】포석 ①(바둑에서) 초반의 포진¶ ~を研究する 포석을 연구하다 ②(比) 장래에 대한 준비¶ ~を固める 포석을 공고히 하다¶ ~を打つ 포석을 놓다
ふせ・ぐ【防ぐ・禦ぐ】他五 막다, 방비하다, 방지하다, 예방하다¶ 延焼を~ 연소를 막다/ 敵の侵入を~ 적의 침입을 방비하다
ふせご【伏せ籠】①배롱(焙籠), 화로 위에 씌워 놓고 옷을 걸어 놓는 바구니 ②(닭을 가두어 두는) 어리
ふせじ【伏せ字】〔版〕복자 ①(인쇄물에서) 명기하기 곤란한 글자 대신 「○」「×」등의 부호로 나타냄, 그런 부분. 부호 ②(조판에서) 필요한 활자가 없어 아무 활자나 임시로 엎어 넣어 「=」표가 나타나게 꽂음, 그런 활자= ~の多いゲラ 복자가 많은 교정쇄
ふせぜい【伏せ勢】복병= ふくへい
ふせつ【付設・附設】名 他スル 부설¶ 大学~研修所 대학 부설 연수소
ふせつ【浮説】(文) 부설. 뜬소문, 풍설, 낭설¶ ~紛々たる 부설이 분분함/ ~に惑わされる 뜬소문에 현혹되다
ふせつ【符節】(文) 부절. 부신(符信) = 割り符¶ ~を合する 부합하다, 꼭 들어맞다
ふせつ【敷設・布設】名 他スル(文) 부설¶ 鉄道を~する 철도를 부설하다
ふせっしょう【不殺生】〔佛〕불살생. 목숨이 있는 것을 죽이지 아니함
ふせっせい【不摂生】名ノ 불섭생. 건강에 주의하지 않음¶ 日ごろの~がたたる 평소의 불섭생이 탈이 되다
ふせ・る【臥せる】自五 앓아 눕다. 드러눕다¶ 風邪で~っております 감기로 누워 있습니다
ふ・せる【伏せる】他 下一 ①숙이다, 엎드리다, 아래쪽을 향하다¶ 顔を~ 얼굴을 숙이다/ 恥ずかしくて目を~ 부끄러워서 눈을 내리깔다 ②엎드리다¶ 草むらに身を~ 풀숲에 엎드리다 ③눕히다, 엎어 누르다¶ 旗を~ 기를 눕히다/ 叩き~ 때려눕히다 ④엎어 놓다, 뒤집어 놓다¶ コップを~ 컵을 엎어 놓다/ トランプを~ 트럼프를 뒤집어 놓다 ⑤덮어 씌우다, 덮쳐 잡다¶ 網を~ 그물을 씌우다 ⑥숨기다, 감추어 두다¶ 真相を~ 진상을 숨기다
ふせん【不戦】부전. 전쟁・시합 등을 하지 않음¶ ~条約 부전 조약 ━勝 부전승¶ ~で勝つ 부전승으로 이기다 ━敗 부전패
ふせん【付箋・附箋】부전. 부전지¶ 疑問のあるページに~をつける 의문이 있는 페이지에 부전지를 붙이다
ふぜん【不全】ノ 부전. 불완전¶ 発育~ 발육 부전/ 心~ 심부전
ふぜん【不善】(文) 불선. 좋지 못함¶ 小人閑居して~をなす 소인이 한가하면 나쁜 짓을 한다
ぶぜん【豊前】일본의 옛지명. 지금의 福岡현 동북부와 大分현 북부
ぶぜん【憮然】タル 무연. 망연 자실함. 아

ふぜんかん【不全感】【醫】불선감. 종두(種痘)의 결과가 음성으로 나타남
ふせんめい【不鮮明】[ア] 불선명. 선명하지 못함¶〜な画像ゾ 선명하지 못한 화상
ふそ【父祖】(文) 부조 ①아버지와 할아버지 ②조상, 선조¶〜伝来の地 조상 전래의 땅
ふそう【扶桑】 일본의 딴이름. 부상. 부상국¶〜第一の景勝 일본 제일의 경승
ふそう【武装】[名][自スル] 무장¶ 완전 무장/〜を解く 무장을 해제하다 **一解除** [名][他スル] 무장 해제 **一蜂起** [名][自スル] 무장 봉기
ふそうおう【不相応】[ア] 어울리지 않음, 걸맞지 않음¶身分に〜な生活 신분에 걸맞지 않은 생활
ふそく【不足】I [名][自スル] 부족, 불충분함, 모자람¶資金が〜する 자금이 부족하다 II [名] 불만, 불평¶〜を言う 불평을 말하다/〜に思う 불만스럽게 여기다
ふそく【不測】[名](文) 불측. 예측할 수 없음¶〜の事態に 예측 못한 사태
ふそく【付則・附則】【法】부칙 ⇔ 本則¶〜で補う 부칙으로 보완하다
ふぞく【付属・附属】I [名][自スル] 부속¶〜品 부속품 II【「付属学校」の略】〜学校 [敎] 부속 학교 **一語** [文法] 부속어
ぶぞく【部族】부족¶〜社会 부족 사회
ぶぞく【部属】(文) ①부속. 어떤 부문·부류로 나뉘 거기 소속함¶〜をきめる 부속을 정하다 ②부하 → 部下
ふそくふり【不即不離】(文) 부즉 불리. 붙지도 떨어지지도 않음: つかずはなれず¶〜の関係 부즉 불리의 관계
ふぞろい【不*揃い】[ア] ①(별로 된 물건이) 수가 부족함¶〜なコーヒー茶碗 개수가 맞지 않은 커피잔 ②가지런하지 않음, 고르지 않음¶〜の服 아래 위가 맞지 않은 옷/長さが〜だ 길이가 가지런하지 않다
ふそん【不遜】[ア] 불손¶〜な態度 불손한 태도/傲慢だ 오만 불손하다
ふた【*蓋】①뚜껑, 덮개¶箱の〜 상자의 덮개/なべに〜をする 냄비 뚜껑을 덮다/身も〜もない 너무 노골적이어서 멋이 없다 ②(소라 등의) 딱지¶さざえの〜 소라 딱지
[慣用句]
**一を開ける** 뚜껑을 열다 ①일을 시작하다, (특히 연극의) 흥행을 시작하다 ②실상·결과를 확인하다
ふた【二】(造語) 둘, 두. 2¶〜晩 두 밤/〜月 2개월/〜親 양친
ふだ【札】①표찰, 표¶名〜 명찰/下足〜 신발표 ②팻말, 푯말¶立ち入り禁止の〜を立てる 출입 금지 팻말을 세우다 ③표, 차표, 입장권¶劇場の〜を貰う 극장의 입장권을 얻다 ④(「お〜」의 꼴로) 부적¶お〜をいただく 부적을 받다 ⑤(화투 등의) 패
ぶた【豚】[動] 돼지¶〜小屋 돼지 우리

[慣用句]
**一に真珠** 돼지에 진주
ふたあけ【*蓋明け・*蓋開け】①뚜껑을 엶 ②시작, 개시, (특히 연극 등의) 개막¶ペナントレースの〜 페넌트 레이스의 시작
ふたい【付帯・附帯】[名][自スル] 부대¶〜条件 부대 조건 **一工事** 부대 공사
ふだい【譜代・譜第】①대대로 한 가계·가업을 이어받음 ②대대로 한 가문을 섬김, 그런 사람 ③[日史]「関ケ原」의 싸움 이전부터 대대로 徳川 가문을 섬겨 온 신하 **一大名** [日史]「関ケ原」의 싸움 이전부터 대대로 徳川 가문을 섬겨 온 대명
ぶたい【部隊】①[軍] 부대¶落下傘〜 낙하산 부대 ②(공동의 목적을 가진) 무리, 집단, 떼¶買い出し〜 (2차 대전 말기에) 농촌으로 식량 등을 사러 떼지어 가던 사람들
ぶたい【舞台】무대 ①연극·무용 등을 해 보이는 곳¶ステージ 回り〜 회전 무대/〜に立つ 무대에 서다 ②(무대에서의) 연기¶初〜 첫무대/名優の〜に見とれる 명우의 연기에 넋을 잃고 보다 ③[比] 솜씨를 발휘해 보이는 곳¶晴れ舞台の〜 영광스러운 무대/世界を〜に活躍する 세계를 무대로 활약하다 **一裏** ①무대 뒤 ②[比] 이면, 막후 **一監督** 무대 감독 **一稽古** 무대 연습 **一劇** 무대 극 **一効果** 무대 효과 **一装置** 무대 장치 **一度胸** 무대에서의 담력 [배짱]
ぶだい【武*鯛・部*鯛】[動] 비늘돔
ふたいてん【不退転】[名](文) 불퇴전 ①마음이 꺾이지 않고 수행에 만 힘씀 ②의지가 확고하여 굽히지 않음¶〜の決意 불퇴전의 결의
ふたいとこ【二〈従兄弟〉・二〈従姉妹〉】재종 형제[자매]: またいとこ
ふたえ【二重】이중, 두 겹¶〜あご 이중턱/〜に折る 두 겹으로 접다 **一瞼** 쌍꺼풀
ふたおや【二親】양친, 부모, 어버이 ⇔ 片親
ふたかわめ【二皮目】쌍꺼풀: ふたえまぶた
ふたく【付託】[名][他スル](文) 위탁, 위임¶委員会に〜する 위원회에 위임하다
ふたく【負託】[名][他スル](文) 책임지워 맡김¶すべてを〜する 모든 것을 맡기다/国民の〜にこたえる 국민이 맡겨준 책임을 성실히 수행하다
ふたご【双子・二子】쌍둥이¶〜の姉妹 쌍둥이 자매 **一座** [天] 쌍둥이 자리
[慣用句]
**一の赤字** [經] 쌍둥이 적자, 한 나라의 재정과 무역 양쪽에 걸친 만성적인 적자
ふたごころ【二心・弐心】이심 ①두 마음, 딴 마음¶〜のある人 딴마음이 있는 사람 ②변덕, 바람기 ③배신(背心), 배반하려는 마음¶主君に〜を抱く 주군에게 배심을 품다
ふたことめ【二言目】《「〜には」의 꼴로》열었다 하면, 말을 꺼냈다 하면¶〜にはお説教だ 입만 열었다 하면 설교다
ぶたごや【豚小屋】①돼지 우리 ②[比] 좁고 더러운 집¶〜同然の所 돼지 우리 같은 곳

ふださし [札差] [日史] (江戸시대) 旗本・御家人을 대리하여 녹미를 수납·처분하고 돈놀이를 하던 상인
ふたしか [不確か] ⑫ 불확실함, 애매함= あやふや ¶ ～な記憶= 불확실한 기억
ふだしょ [札所] 순례자가 참배의 표시로 호부(護符)를 받는 곳
ふたすじ みち [二筋道] ①두 줄기 길 ②갈림길= 分かれ道 ¶ ～でためらう 갈림길에서 망설이다 ③(比) 선택의 기로 ¶ 生か死かの～ 죽느냐 사느냐의 기로 ④色と欲で다른 두 가지 길 ¶ 色と欲との～ 색과 욕의 두 가지 길
ふたたび [再び·二度] 團 두 번, 재차, 다시= 再度 ¶ ～会おう 다시 만나자/ 二度と～こんな過ちをするな 두 번 다시 이런 실수를 하지 마라
ふたつ [二つ] ①둘, 두 개, 두 가지 ¶ ～に割る 둘로 나누다 ②두 살 ¶ 今年～の子供 올해 두 살 난 어린이 ③둘째, 두 번째 ¶ 一つには心根, 一には顔形 첫째는 마음씨 둘째는 용모 ④양쪽, 쌍방 ¶ ～とも気に入らない 둘 다 마음에 들지 않다 ―ながら 團(文) 둘 다, 동시에 ―返事 ⑫ (『네』, 『네』 하고) 쾌히 승낙함 ―目 ⑫ ①두 번째 ②(落語家의 등급에서) 前座의 위이고 真打의 아래인 격(格) ③(劇) (歌舞伎에서) 제2막 ―割り ⑫ ①반씩 나눔, 반으로 나눔 ②두 말들이 술통
慣用句
―と無い 둘도 없다
―に一つ 둘 중에 어느 하나
ふたつ [布達] ⑫ 他スル (文) (관청 등이) 일반에 널리 알림, 포고, 고시
ふたつき [蓋付き] (그릇 등에) 뚜껑이 달림, 그런 물건 ¶ ～のジョッキ 뚜껑 달린 맥주 컵
ふだつき [札付き] ①(물건에) 표·정찰이 붙어 있음, 그런 물건 ②나쁘다고 정평이 있음, 그런 사람·행위 ¶ ～の不良人 호가 난 불량배
ふだて [部立(て)] ⑫ (和歌 등을) 몇 개로 분류함 ¶ 古今集の～ 고금집의 분류
ふだどめ [札止め] ⑫ ①(만원으로 인한) 매표 중지, 매진 ¶ 満員さん～ 만원으로 매표 중지 ②출입 금지의 팻말을 세움 ¶ ～の道 출입 금지 팻말을 세운 길
ふたなぬか [二七日] 두 이레, 사람이 죽은 지 14일째의 재(齋)= ふたなのか
ふたなり [二形·双成り] ⑫ ①두 가지 형태를 겸하여 가진 것 ②반음양, 남녀추니= 半陰陽
ふたの [二布·二幅] ①두 폭, 보통 폭의 갑절이 되는 옷감의 폭= ふたはば ②女服用 腰卷= こし
ふたば [二葉·双葉·嫩] ①떡잎 ¶ 朝顔の～ 나팔꽃의 떡잎 ②(比) (일의) 시초, (사람의) 어린 시절 ¶ 栴檀は～より芳しく 될성부른 나무는 떡잎부터 알아본다
ぶたばこ [豚箱] (俗) (경찰서의) 유치장 ¶ ～行き 유치장 행
ふたまた [二股] ①⑫ 두 갈래로 갈라짐, 그런 것 ¶ ～ソケット 쌍소켓/ 道が～に分かれる 길이 두 갈래로 갈라지다 ②양다리를 걸침 ¶ ～かけて受験する 양다리를 걸치고 시험을 보다 ③⑫ 태도를 정하지 못함 ―膏薬 ⑫ 이쪽 저쪽에 쏠리게 붙었다 함, 그런 사람
ふたみち [二道] ①두 갈래 길, 갈림길 ¶ 義理と人情の～ 의리와 인정의 두 갈래 길 ②양다리걸치기= ふたまた
ふため [二目] 두 번 봄, 다시 봄
慣用句
―と見られぬ 두 번 다시 볼 수 없다
ふため [不為] ⑫ 团 도움(득)이 되지 않음, 무익함 ¶ それは君にとって～だ 그것은 자네에게 득이 되지 않는다
ふたもの [蓋物] ①뚜껑있는 (사기) 그릇 ②①에 담아 내놓는 요리
ふたり [二人] ①두 사람, 두 명, 2인 ¶ ～の学生 두 사람의 학생/ ～前の食事 이인분의 식사 ②(부부·연인 등) 짝이 되는 두 사람 ¶ お～ (짝이 된) 두 분
ふたん [負担] Ⅰ ⑫ 他スル 책임·의무를 맡음 ¶ 費用を～する 비용을 부담하다 Ⅱ ⑫ 책임·의무가 과중함 ¶ ～に感じる 부담스럽게 느끼다
ふだん [不断] ⑫ 부단 ①끊임없음 ¶ ～の努力 부단한 노력 ②결단력이 없음 ―優柔～ 우유 부단 ―草 ⑫ (植) 근대
ふだん [普段] ⑫ 副 일상, 평소, 평상시 ¶ ～の行ない 평소의 행실/ ～思っていること 평소 생각하고 있는 것 ―着 ⑫ 평상복, 일상복
ぶだん [武断] (文) 무단 ①무력으로 다스림 ⇔ 文治 ¶ ～政治 무단 정치 ②위력으로 일을 처리함 ¶ ～にすぎる 무단이 지나치다
ふち [淵·潭] ①깊은 못, 소(沼) ⇔ 瀬 ②(文) (比) 헤어나기 어려운 처지·심경 ¶ 絶望の～に沈む 절망의 구렁텅이에 빠지다
ふち [縁] (文) ①언저리, 주위, 가 ¶ 池の～ 연못가/ 目の～が赤い 눈언저리가 빨갛다 ②테, 테두리, 틀 ¶ めがねの～ 안경테
ふち [不知] (文) 부지, 알지 못함, 지혜가 없음 ¶ ～不識 부지 불식 ―案内 ⑫ 형편·상황을 모르는 것= 不案内
ふち [不治] ⑫ 불치, (병이) 낫지 않음= ふじ ¶ ～の病 불치병
ふち [付置·附置] ⑫ 他スル 부설 ¶ 大学に研究所を～する 대학에 연구소를 부설하다
ふち [布置] ⑫ 他スル (文) 포치, 배치 ¶ 庭石を～する 정원석을 배치하다
ふち [扶持] Ⅰ ⑫ 他スル ①(생활을) 도와줌 ¶ 扶持米の준말 ②あてがい―一방적으로 정해 주는 녹미 ②봉급 ¶ 食い～ 식비 ―米 [日史] (戰国시대 이후) 주군이 가신에게 녹봉으로 준 쌀, 녹미= 禄米
ぶち [打ち] 接頭 (口) (《동사에 붙어》) 뜻을 강조하거나 거친 뜻을 나타냄 ¶ ～のめす 때려 눕히다/ ～込む 쳐넣다
ぶち [斑] 얼룩, 얼룩배기, 그런 동물= まだ

**ぶちあげる**

ら¶ ～猫ネコ 얼룩 고양이

**ぶちあ·げる** [打(ち)上げる] 他下一 (口) (주의·주장 등을) 당당히 내놓다, 큰소리치다, 호언 장담하다¶ 一席～ 한 바탕 큰소리치다/ 一大構想コウソウを～ 일대 구상을 당당히 내놓다

**ぶちあた·る** [打(ち)当(た)る] 自五 (口) ①세게 [냅다] 부딪치다¶ 柱ハシラに～ 기둥에 세게 부딪치다 ②직면하다

**ぶちかまし** [打(ち)噛まし] ①相撲 상대편의 가슴팍을 이마로 냅다 박기 ②상대에게 힘껏 일격을 가하다, 한 대 먹이다

**ぶちこ·む** [打(ち)込む] 他五 (俗) 처넣다, 집어넣다¶ 鍋ナベに野菜ヤサイを～ 냄비에 채소를 집어넣다/ 刑務所ケイムショに～ 형무소에 처넣다

**ぶちこわし** [打(ち)壊し] (口) (산통을) 깨버림, 망침¶ ムードが～だ 무드가 깨지다

**ぶちこわ·す** [打(ち)壊す・打(ち)毀す] 他五 (口) ①때려부수다¶ 机ツクエを～ 책상을 때려부수다 ②(산통을) 깨다, 깨뜨리다, 망치다¶ まとまりかかった縁談エンダンを～ 다 된 혼담을 깨다

**ふちせ** [淵瀬] (文) ①깊은 못과 여울 ②(比) 세상의 끊임없는 변천, 덧없는 세상사¶ ～のならい 덧없는 세상사

**ふちどり** [縁取り] 물건의 가장자리를 꾸밈, 가선을 두름, 그런 손질¶ 刺繍シシュウで～をする 자수로 가장자리를 장식하다

**ふちど·る** [縁取る] 他五 테두리를 돌리다, 가선을 두르다¶ ハンカチをレースで～ 손수건을 레이스로 가선을 두르다

**ぶちぬ·く** [打(ち)抜く] 他五 (口) ①꿰뚫다, 내뚫다¶ 板イタを～ 널판지를 꿰뚫다 ②(칸막이 등을) 트다¶ 二間フタマを～ 두 칸을 트다

**ぶちのめ·す** [打ちのめす] 他五 (口) ①때려 눕히다¶ 足腰アシコシの立タたぬまで～ 운신을 못할 때까지 때려 눕히다 ②큰 타격을 입히다¶ 失敗シッパイに～される 실패로 큰 타격을 입다

**ぶちま·ける** [打ちまける] 他下一 (口) ①속의 것을 모조리 털어내다, 쏟아 버리다¶ 箱ハコの中身ナカミを～ 상자의 내용물을 모조리 쏟아내다 ②속마음을 털어 놓다¶ 不満フマンを～ 불만을 털어 놓다

**ふちゃ** [普茶] (황벽종(黄檗宗)에서) 일반인에게 대접하는 차 —**料理**リョウリ[料] (황벽종에서 전해진) 중국식 채소 요리 = 黄檗オウバク料理リョウリ

**ふちゃく** [不着] (文) 불착, 도착하지 않음¶ ～の手紙テガミ 도착하지 않은 편지

**ふちゃく** [付着・附着] 名 自スル 부착¶ ～物ブツ 부착물 —**語** [文法] → こうちゃくご

**ふちゅう** [不忠] 불충, 충의에 어긋남¶ ～の臣シン 불충한 신하

**ふちゅう** [付注・附註] 名 自スル (文) 주를 닮, 그런 주

**ふちゅうい** [不注意] 名 ダナ 부주의¶ ～による間違マチガい 부주의에 의한 실수

**ふちょう** [不調] Ⅰ 名 성립[성사]되지 않음¶ 交渉コウショウが～に終オワわった 교섭이 성사되지 않고 말았다 Ⅱ 名 ダナ 부조, 상태가 나쁨, 고르

지 못함 ⇔ 好調コウチョウ¶ エンジン～ 엔진 상태 불량

**ふちょう** [婦長] 수간호사

**ふちょう** [符丁・符牒] 名 ①표지, 부호, 기호 ②암호, 은어¶ ～で話ハナす 암호로 이야기하다 ③(상점에서) 상품의 가격을 나타내는 부호¶ 商品ショウヒンに～で値段ネダンを印シルす 상품에 부호로 값을 표시하다

**ふちょう** [部長] 부장¶ 総務ソウム～ 총무 부장

**ぶちょうほう** [不調法・無調法] 名 ダナ ①서투름, 미흡함, 그로 인한 실수・잘못¶ 口クチ～ 말주변이 없음 ②(술・담배 등을 못함, 유흥을 즐기지 않음¶ 酒サケはどうも～のほうです 술은 못 하는 편입니다

**ふちょうわ** [不調和] 名 ダナ 부조화, 어울리지 않음¶ 周囲シュウイと～な服装フクソウ 주위와 어울리지 않는 복장

**ふちん** [不沈] 名 불침, 가라앉지 않음¶ ～空母クウボ 불침 항공 모함

**ふちん** [浮沈] (文) 부침 ①뜨고 가라앉음 ②(比) 흥망 성쇠¶ 一国イッコクの～にかかわる大問題ダイモンダイ 한 나라의 흥망 성쇠가 걸려 있는 큰 문제

**ふつ** [払] [拂] 音 フツ 訓 はらう|(음) 불, (造語) 떨다, 떨어 없애다, 씻다¶ 払暁フツギョウ 불효・払拭フッショク 불식・払底フッテイ 바닥이 남

**ふつ** [沸] 音 フツ 訓 わく・わかす|(음) 불, 비, (造語) ①끓다, 끓어오르다¶ 沸騰フットウ 비등・煮沸シャフツ 자비 ②샘이 솟아나다¶ 沸泉フッセン 온천

**ふつ** [仏] (造語) 불, 프랑스¶ ～語ゴ 불어/ 韓カン～関係カンケイ 한・불 관계

**ぶつ** [打つ] 接頭 (俗) (동사에 붙어) 뜻을 강조하거나 거친 뜻을 나타냄¶ ～ちぎる 찢어 발기다/ ～殺コロす 때려 죽이다

**ぶつ** [仏] [佛] 音 ブツ・フツ 訓 ほとけ|(음) 불, (造語) ①범어의 차음자「仏陀ブッダ」의 준말, 부처¶ 仏教ブッキョウ 불교・仏像ブツゾウ 불상・念仏ネンブツ 염불 ②(「ふつ」로 읽어서) 외국어「フ」의 차음자,「仏蘭西フランス」의 준말「仏語フツゴ」 불어

**ぶつ** [物] 音 ブツ・モツ 訓 もの|(음) 물, (造語) ①물건, 천지 간의 모든 것¶ 物体ブッタイ 물체・人物ジンブツ 인물 ②사항, 사물, 현상¶ 物理ブツリ 물리・事物ジブツ 사물 ③세상, 세상사¶ 物議ブツギ 물의 ④보고 정하다, 찾다¶ 物色ブッショク 물색 ⑤사망하다, 죽다¶ 物故ブッコ 물고 Ⅱ (俗) 물건, 현물¶ ～を見ミせる 물건을 보여주다

**ぶ·つ** [打つ・撲つ・擊つ] 他五 (口) ①치다, 때리다, 두드리다¶ 背中セナカを～ 등을 치다/ 頭アタマを～ 머리를 때리다 ②연설하다, 늘어놓다¶ 一席イッセキ～ 일장 연설하다

**ふつう** [不通] 불통, 통하지 않음, 끊어짐¶ 音信オンシン～ 소식 불통/ 地下鉄チカテツが～になる 지하철이 불통되다 ②인연・교제를 끊음

**ふつう** [普通] 名 形動 Ⅰ 名 ダナ 통상¶ ～の様子ヨウス 상태/ ～に話ハナす 예사롭게 말하다 Ⅱ 副 대개, 일반적으로¶ ～七時シチジに家イエを出デる 대개 7시에 집을 나선다 —**教育**キョウイク 보통 교육 —**選挙**センキョ 보통 선거 —**取引**トリヒキ 상적인 거래 —**文**ブン [表] ①현대에 보편적으로

쓰이는 문체의 문장 ②明治 시대에 널리 쓰여진 문어체의 문장 ―名詞 〖文法〗 보통 명사 ―列車 〖文〗 보통 열차. 완행 열차

ぶつえん [仏縁] 불연. 부처와 맺어진 인연. 부처의 인도

ぶつおん [仏恩] 불은. 부처의 은혜

ふつか [二日] 2일 ①이틀 ¶ ～目 이틀째 ②(그달의) 초이튿날 ¶ 一月 $\frac{いち}{がつ}$～ 정월 초이튿날 ―月 음력 초이튿날 밤의 달. (특히) 음력 8월 초이튿날 밤의 달 ―醉い 숙취

ぶっか [仏果] 불과. 불도 수행으로 얻은 깨달음 ¶ ～が顯 $\frac{あらわ}{}$れる 불과가 나타나다

ぶっか [物価] 물가 ¶ 消費者 $\frac{しょう}{}$～ 소비자 물가/～が上 $\frac{あ}{}$がる 물가가 오르다 ―指数 $\frac{すう}{}$ 〖經〗 물가 지수

ぶつが [仏画] 불화. 탱화

ぶつが [物我] 물아. 외물 일체와 자아. 객관과 주관 ―一如 $\frac{にょ}{}$ 물아 일체. 물심 일여

ぶっかい [仏界] 불계. 정토(淨土)

ぶっかい [物界] 〖文〗 물계. 물질계 = 心界 $\frac{しん}{かい}$

ぶっかき [°打っ欠き] 〖俗〗 (식용으로) 잘게 깬 식용 얼음 = かちわり

ふっかく [伏角] 〖地〗 복각. 경각(傾角)

ぶっかく [仏閣] 불각. 절의 건물. 사원(寺院) ¶ 神社 $\frac{じん}{じゃ}$～ 신사와 사원

ぶつがく [仏学] 불학. 불교학

ふっか·ける [吹っ掛ける] 〖他下一〗 ①(입김 등을) 세게 내불다. 내뿜다 ②(싸움을) 걸다 ¶ けんかを～ 싸움을 걸다 ③턱없이 비싸게 부르다. 과장해서 말하다 ¶ 高値 $\frac{だか}{}$を～ 턱없이 비싼 값을 부르다

ふっかつ [復活] 名 自他スル 부활 ①(죽은 사람이) 되살아남. 소생함 ¶ キリストの～ 그리스도의 부활 ②쇠퇴했던 것이 다시 흥하게 됨. 폐지했던 것을 다시 씀 ¶ 旧制度の～ 구제도의 부활/祭りを～する 축제를 부활시키다 ―祭 $\frac{さい}{}$ 〖改新〗 부활제. 부활절

ぶつか·る [自五] ①부딪치다. 충돌하다 ¶ ガラス戸に～ 유리문에 부딪치다 ②부닥뜨리다. 봉착하다 ¶ 難局 $\frac{なん}{きょく}$に～ 난국에 봉착하다 ③(의견이) 대립하다. 충돌하다 ¶ 結婚問題 $\frac{もんだい}{}$で親 $\frac{おや}{}$と～ 결혼 문제로 부모와 충돌하다 ④맞붙다. 부딪치다 ¶ 強敵 $\frac{てき}{}$と～ 강적과 맞붙다 ⑤(둘 이상의 것이) 겹치다. 마주치다 ¶ 用事 $\frac{じ}{}$が～ 볼일이 겹치다/二 $\frac{ふた}{}$つの川 $\frac{かわ}{}$が～ 두 개의 강이 마주치는 부근

ふっかん [副官] 부관 ¶ 大隊 $\frac{たい}{}$～ 대대 부관

ふっかん [復刊] 名 他スル 복간 = ふくかん ¶ その雑誌 $\frac{し}{}$は～された 그 잡지는 복간되었다

ふっき [復帰] 名 自スル 복귀. 본래의 위치·상태로 돌아감 ¶ 職場 $\frac{ば}{}$～ 직장 복귀/現場 $\frac{げん}{}$に～する 현장에 복귀하다

ふづき [°文月] 음력 7월의 딴이름= ふみづき

ぶつぎ [物議] 물의. 뭇사람의 비판·논의
慣用句
―を醸 $\frac{かも}{}$す 물의를 빚다. 물의를 일으키다

ふっきゅう [復仇] 名 自スル 〖文〗 복수. 원수를 갚음 = あだ討 $\frac{う}{}$ち

ふっきゅう [復旧] 名 自他スル 복구 ¶ ～作業 $\frac{ぎょう}{}$ 복구 작업

ふつぎょう [払暁] 〖文〗 불효. 새벽녘

ぶっきょう [仏教] 불교 ¶ ～に帰依 $\frac{きえ}{}$する 불교에 귀의하다 ―音楽 $\frac{おん}{がく}$ 불교 음악

ぶっきらぼう [名 ナ] 무뚝뚝함. 퉁명스러움 ¶ ～な返事 $\frac{じ}{}$ 퉁명스러운 대답

ぶっぎり [ぶつ切り] [料] (재료를) 크게 토막침. 그런 토막 ¶ まぐろを～にする 다랑어를 크게 토막치다

ふっき·る [吹っ切る] 〖他五〗(ロ) (깨끗이) 떨쳐 버리다 ¶ 未練 $\frac{れん}{}$を～ 미련을 떨쳐 버리다

ふっき·れる [吹っ切れる] 〖自下一〗 ①(종기가) 곪아 터지다 ②(번민 등이) 싹 가시다 ¶ 迷 $\frac{まよ}{}$いが～ 미혹이 싹 가시다

ふっきん [腹筋] 복근 ¶ ～運動 $\frac{どう}{}$ 복근 운동

ぶつぐ [仏具] 불구. 불사에 쓰는 기구

ふづくえ [°文机] 책상. 서궤(書几)

ぶつくさ [副](口) (작은 소리로 불평하는) 툴툴. 투덜투덜 ¶ ～と文句 $\frac{もん}{く}$を言 $\frac{い}{}$う 툴툴 불평을 하다

ふっくら [副] 自スル 폭신폭신. 포동포동. 몽실몽실 ¶ ～とした顔 $\frac{かお}{}$ 포동포동한 얼굴 김새/～と暖 $\frac{あたた}{}$かいふとん 폭신폭신하게 따뜻한 이부자리

ぶっけ [仏家] 〖佛〗 불가 ①절. 사원 ②중. 승려 ③불도. 극락 정토

ぶつ·ける [打っける] 〖他下一〗 ①부딪치다 ¶ 戸 $\frac{と}{}$に頭 $\frac{あたま}{}$を～ 문에 머리를 부딪치다 ②냅다 던지다. 던져 맞히다 ¶ ボールを～ 공을 냅다 던지다

ふっけん [復権] 名 自他スル 〖法〗 복권. 잃었던 권리·자격을 되찾음

ぶっけん [物件] 名 ①물건 ¶ ～費 $\frac{ひ}{}$ 물품비 ②법적 대상으로서의 동산·부동산. 그러한 집·토지 등의 매물 ¶ 課税 $\frac{ぜい}{}$～ 과세 물건

ぶっけん [物権] 〖法〗 물권 ¶ ～行為 $\frac{い}{}$ 물권 행위

ふっこ [復古] 名 自他スル 복고 ¶ 王政 $\frac{おう}{}$～ 왕정 복고/～主義 $\frac{ぎ}{}$ 복고주의 ―神道 $\frac{しんとう}{}$ 江戸 중·후기의 신도설(神道説) ―調 $\frac{ちょう}{}$ 복고조

ふつご [°仏語] 〖文〗 불어. 프랑스어

ぶっこ [物故] 名 自スル 물고. 작고. 사망 ¶ ～者 $\frac{しゃ}{}$ 사망자/昨年 $\frac{ねん}{}$～した友 $\frac{とも}{}$ 작년에 작고한 친구

ぶつご [仏語] 불어 ①부처의 말씀(가르침). 법어(法語) ②불교 용어

ふっこう [復航] 名 自スル 복항. (배·항공기의) 귀항(歸航) = 帰航 $\frac{きこう}{}$ ↔ 往航 $\frac{おう}{}$

ふっこう [復興] 名 自他スル 부흥 ¶ 文芸 $\frac{げい}{}$～ 문예 부흥

ふつごう [不都合] 名 ナ ①형편이 좋지 못함. 난처함. 곤란함 ¶ ～な時間 $\frac{かん}{}$ 적당치 못한 시간 ②무례함. 괘씸함. 고약함 ¶ ～千万 $\frac{ばん}{}$ 괘씸하기 짝이 없음

ふっこく [復刻·覆刻] 名 他スル 〖版〗 복각. 번각(飜刻) ¶ ―版 $\frac{ばん}{}$ 복각판

ふっこく [仏国] 〖文〗 프랑스

ぶっこくど [仏国土] 〖佛〗 불국토. 극락 정토.

불토(佛土)
**ぶっころ・す**〔゚打っ殺す〕 他五 俗 때려죽이다, 쳐죽이다＝ うちころす
**ぶっこわ・す**〔゚打っ壊す・゚打っ毀す〕 他五 俗 → ぶちこわす
**ぶっさきばおり**〔゚打裂(き)羽織〕 (江戸 시대에 무사가 승마・여행할 때 입었던) 등솔의 중간 아래를 터놓은 はおり
**ぶっさつ**〔仏刹〕 文 ①절, 사찰 ②불토, 극락정토
**ぶっさん**〔仏参〕 名 自スル 文 절에 가서 부처・위패・묘소에 참배함＝ 寺参り
**ぶっさん**〔物産〕 물산, (그 지방의) 토산물¶ ~展 토산물 전시회
**ぶっし**〔仏子〕 佛 불자 ①불제자, 불교 신자 ②일체의 중생(衆生)
**ぶっし**〔仏師〕 불사, 불상을 만드는 직공
**ぶっし**〔物資〕 물자¶ 救援~ 구호 물자/ ~を調達する 물자를 조달하다
**ぶつじ**〔仏寺〕 文 불사, 절
**ぶつじ**〔仏事〕 불사, 불교의 의식, 법사, 법회¶ ~を営む 불사를 행하다
**ぶっしき**〔仏式〕 불식, 불교식¶ 葬式は~で行われた 장례식은 불교식으로 거행되었다
**ぶっしつ**〔物質〕 물질¶ 放射性~ 방사성 물질/ ~欲 물질욕 ―交代 물질 교대[대사] ―的 物질적 ―文明 물질 문명
**ぶっしゃ**〔仏者〕 佛 불자, 불제자, 승려
**ぶっしゃり**〔仏舎利〕 佛 불사리＝ 舎利¶ ~塔 불사리탑
**プッシュ**(push) 名 他スル 푸시, 밂, 누름 ―バント(일 push bunt) 野 푸시 번트, 공을 약하게 굴려서 하는 번트 ―ホン(일 push phone) 푸시 폰, 버튼식 전화기
**ぶっしょ**〔仏書〕 불서, 불교 서적
**ぶっしょう**〔仏性〕 佛 불성 ①부처의 본성 ② (모든 중생이 가지고 있는) 불심
**ぶっしょう**〔物証〕 물증, 물적 증거¶ ~をかためる 물증을 굳히다
**ぶっしょう**〔物象〕 물상 ①무생물에 관한 현상 ② 敎 (구제 중학교 교과목인) 물리학・화학・지학 등을 일괄한 과목
**ぶつじょう**〔物情〕 물정, 세상 인심, 세정(世情)¶ ~騷然 물정 소연, 세상이 어수선함
**ふっしょく**〔払拭〕 名 他スル 文 불식, 깨끗이 없앰, 일소＝ ふっしき¶ 疑惑を~する 의혹을 불식하다
**ぶっしょく**〔物色〕 물색 Ⅰ 名 물건의 빛깔 Ⅱ 名 他スル 적당한 물건・인물을 찾음¶ 後任を~する 후임을 물색하다 ―（거래에서) 유망주를 물색하여 매입함
**ぶっしん**〔仏心〕 佛 불심 ①부처의 자비심¶ 多情~ 다정 불심 ②불성＝ 仏性
**ぶっしん**〔仏身〕 불신, 부처의 몸
**ぶっしん**〔物心〕 물심, 물질과 정신¶ ~両面 물심 양면
**ぶっせい**〔物性〕 물성, 물질의 성질
**ぶつぜい**〔物税〕 經 물세, 대물세 ⇔ 人税

**ぶっせつ**〔仏説〕 佛 불설, 부처의 가르침
**ふつぜん**〔゚怫然〕 タル 文 불연, 불끈 화를 냄¶ ~として座を立つ 불연히 자리를 (박차고) 일어서다
**ぶつぜん**〔仏前〕 불전¶ ~にぬかずく 불전에 공손히 절하다
**ふっそ**〔弗素〕 化 불소¶ ~樹脂 불소 수지
**ぶっそ**〔仏祖〕 佛 불조 ①석가 ②부처와 선종(禪宗)의 조사(祖師)
**ぶっそう**〔仏葬〕 佛 불장, 불교식 장례
**ぶっそう**〔物騒〕 ダ 위험함, 어수선함, 뒤숭숭함¶ 夜道は~だ 밤길은 위험하다
**ぶつぞう**〔仏像〕 불상
**ぶっそくせき**〔仏足石〕 佛 불족석, 석가의 발자국을 새긴 돌
**ぶっだ**〔仏゚陀〕 佛 불타, 부처
**ぶったい**〔仏体〕 佛 불체 ①불신(佛身), 부처의 몸 ②불상
**ぶったい**〔物体〕 물체¶ 未確認飛行~ 미확인 비행 물체
**ぶったお・れる**〔゚打っ倒れる〕 自下一 俗 냅다 쓰러지다, 나동그라지다¶ 一撃に遭って~ 일격을 당하여 나동그라지다
**ぶったぎ・る**〔゚打った切る・゚打った斬る〕 他五 俗 마구 자르다[베다]¶ なたで枝を~ 손도끼로 가지를 마구 자르다
**ぶったく・る**〔゚打っ手繰る〕 他五 俗 ①억지로 잡아채다, 낚아채다, 강탈하다＝ ふんだくる¶ ハンドバッグを~ 핸드백을 홱 잡아채다 ②바가지를 씌우다, 폭리를 취하다¶ 飲み屋で~られた 술집에서 바가지를 썼다
**ぶったま・げる**〔゚打っ魂消る〕 自下一 俗 깜짝 놀라다, 질겁하다, 기겁하다¶ 彼が死んだと聞いて~げた 그가 죽었다는 말을 듣고 깜짝 놀랐다
**ぶつだん**〔仏壇〕 불단¶ ~に花を供える 불단에 꽃을 올리다
**ぶっちがい**〔゚打っ違い〕 名 俗 열십자로 어긋매김, 교차시킴＝ ぶっちがえ¶ 板を~に打ちつける 판자를 어긋매겨 때려 박다
**ぶっちょうづら**〔仏頂面〕 시무룩한 얼굴, 무뚝뚝한 얼굴＝ ふくれっつら¶ ~で返事もしない 시무룩한 얼굴로 대답도 하지 않다
**ふつつか**〔不束〕 ダ 미거함, 불민함, 못남¶ ~者の 불민한[못난] 사람/ ~な娘ですが 미거한 딸입니다만
**ぶっつけ**〔゚打っ付け〕 俗 ①名 (준비・예고 없이) 불쑥[느닷없이] 함¶ ~で演説をする 느닷없이 연설하다 ②처음, 시작¶ ~から断られた 처음부터 거절당했다 ―本番 (준비・연습 없이 하는) 즉석 공연[촬영・실행]¶ ~で出演する 즉석에서 출연하다
**ぶっつ・ける**〔゚打っ付ける〕 他下一 (口) → ぶつける
**ぶっつづけ**〔゚打っ続け〕 名 俗 내리 계속함, 잇달아 함¶ 八時間~で仕事をする 8시간 내리 계속해서 일을 하다
**ふっつり** 副 ①(실 등이) 갑자기 끊어지는 모

양. 툭¶ 糸$_{いと}$が~と切れる 실이 툭 끊어지다 ②(소식·일 등이) 완전히 끊기는[끊는] 모양. 뚝. 딱¶ ~酒$_{さけ}$をやめる 술을 딱 끊다
**ぶっつり** 副 ①(소식 등이 완전히 끊기는) 뚝, 딱 ②(끈 등이 끊어지는) 툭¶ 糸$_{いと}$が~と切れる 실이 툭 끊어지다
**ふってい** [払底] 名 自スル 동이 남, 바닥이 남, 품절¶ 品物$_{しなもの}$が~する 물건이 바닥나다
**ぶってき** [仏敵] 불적. 불교에 해를 끼치는 것
**ぶってき** [物的] 形動 물적. 물질적¶ ~援助$_{えんじょ}$ 물적 원조 ━証拠$_{しょうこ}$ [法] 물적 증거¶ ~を手に入$_{い}$れる 물적 증거를 입수하다
**ぶつでし** [仏弟子] [佛] 불제자 ①석가의 제자 ②불자, 불교도
**ふってわ・く** [降って湧く] 連語 느닷없이 나타남¶ ~・いたような災難$_{さいなん}$ 느닷없는 재난
**ふってん** [沸点] 化 비점, 비등점, 끓는 점
**ぶってん** [仏典] 불전. 불교 경전, 불교 서적
**ぶつでん** [仏殿] 불전. 불당¶ ~を建立$_{こんりゅう}$する 불당을 건립하다
**ふっと** 副 ①갑자기, 문득= ふと¶ ~思$_{おも}$い出$_{だ}$す 문득 생각이 나다 ②(입을 오므리고 숨을 내부는) 혹¶ ろうそくを~吹$_{ふ}$き消$_{け}$す 촛불을 혹 불어서 끄다
**ぶっと** [仏徒] 불도. 불자. 불교도
**ぶつど** [仏土] [佛] 불토 ①부처가 사는 곳, 정토(浄土) ②부처의 교화를 받는 현실 세계
**ぶっとう** [沸騰] 名 自スル 비등 ①(액체가) 끓어오름 ②(여론·인기 등이) 들끓음¶ 議論$_{ぎろん}$~ 논의 비등 ━点$_{てん}$ [物] 비등점. 끓는 점¶ ~に達$_{たっ}$する 비등점에 달하다
**ぶっとう** [仏塔] 불탑. 불사리탑
**ぶつどう** [仏堂] 불당. 불전
**ぶつどう** [仏道] 불도¶ ~修行$_{しゅぎょう}$ 불도 수행
**ぶっとおし** [打っ通し] 名 俗 ①죽 계속함. 노박이로 함¶ 三時間$_{さんじかん}$~で働$_{はたら}$く 3시간 노박이로 일하다 ②막히지 않고 탁 틈
**ふっと・ばす** [吹っ飛ばす] 他国 口 ①세차게 날려 버리다¶ 相手$_{あいて}$を~勢$_{いきお}$い 상대를 날려 버릴 기세 ②탁 떨쳐버리다, 쫓아버리다¶ 悲$_{かな}$しみを~ 슬픔을 탁 떨쳐버리다
**ぶっとば・す** [打っ飛ばす] 他国 俗 ①호되게 때리다, 후려갈기다 ②(거칠게 멀리) 날려 보내다, 내던지다 ③냅다 몰다, 내달리다¶ オートバイで~ 오토바이로 냅다 달리다
**ふっと・ぶ** [吹っ飛ぶ] 自国 口 ①휙 날아가다, 싹 가시다¶ 爆風$_{ばくふう}$で~ 폭풍으로 휙 날아가다/ 疲$_{つか}$れが~ 피로가 싹 가시다
**ぶつのう** [物納] 名 他スル 国 俗 물납 ↔ 金納$_{きんのう}$¶ 相続税$_{そうぞくぜい}$を~する 상속세를 물납하다
**ぶつばつ** [仏罰] [佛] 불벌. 부처에게 받는 벌 = ぶつばち¶ ~があたる 불벌을 받다
**ぶっぱな・す** [打っ放す] 他国 俗 마구 쏘다, 쏘아대다¶ 銃$_{じゅう}$を~ 총을 마구 쏘다

**ぶっぴん** [物品] ①물품 = しなもの¶ ~税$_{ぜい}$ 물품세/ ~を購入$_{こうにゅう}$する 물품을 구입하다 ②(부동산 이외의) 동산(動産)
**ふつふつ** 副 ①(액체가 끓는) 보글보글, 펄펄¶ 汁$_{しる}$が~と煮$_{に}$えたぎる 국이 보글보글 끓어오르다 ②(물 등이 솟아나는) 콸콸, 펑펑, 송송¶ ~とわき出$_{で}$る清水$_{しみず}$ 콸콸 솟아나는 맑은 물 ③(火)(비) 생각 등이 솟는[끓는] 모양¶ 闘志$_{とうし}$が~と沸$_{わ}$いてきた 투지가 부글부글 끓어오르기 시작했다
**ぶつぶつ I** 副 ①중얼중얼¶ ~とひとり言$_{ごと}$を言$_{い}$う 중얼중얼 혼잣말을 하다 ②투덜투덜, 툴툴¶ ~文句$_{もんく}$を言$_{い}$う 투덜투덜 불평을 하다 ③싹둑싹둑 ④부글부글, 펄펄 ⑤다닥다닥, 도톨도톨¶ ~と穴$_{あな}$のあいた紙$_{かみ}$ 다닥다닥 구멍이 난 종이 **II** 名 표면에 많이 돋은 좁쌀알 같은 것¶ 一面$_{いちめん}$に~ができた 온통 좁쌀알갱이 같은 것이 났다
**ぶつぶつ こうかん** [物物交換] 물물 교환 = バーター¶ 取$_{と}$り引$_{ひ}$きは~で行$_{おこな}$われた 거래는 물물 교환으로 이루어졌다
**ふつぶん** [仏文] 불문 ①프랑스어 문장 ②「仏文学$_{ぶんがく}$」의 준말 ③「仏文学科$_{ぶんがっか}$・仏文科$_{ぶんか}$」의 준말 ━学科$_{がっか}$ 프랑스 문학과
**ふつぶんがく** [仏文学] 불문학 ①프랑스 문학 ②프랑스어로 씌어진 문학
**ぶっぽう** [仏法] 불법. 불도, 불교
**ぶっぽう そう** [仏法僧] [佛] 불·법·승. 삼보(三寶) ②動 파랑새 ③動 소쩍새
**ぶぼさつ** [仏菩薩] (父) 불보살. 부처와 보살
**ぶつま** [仏間] 불상·위패 모신 방
**ぶづみ** [歩積み] 經 「歩積$_{ぶづ}$み預金$_{よきん}$」의 준말. 꺾기예금
**ぶつみょう** [仏名] 불명 ①부처의 이름 ②「仏名会$_{ぶつみょうえ}$」의 준말 ━会$_{え}$ 불명회
**ぶつめつ** [仏滅] 불멸 [佛] 부처의 입적 ②(음양도에서) 육요의 하나 = 仏滅日$_{にち}$
**ぶつもん** [仏門] 불문. 불도, 부처의 가르침¶ ~に入$_{はい}$る 불문에 들어가다, 출가하다
**ぶつよく** [物欲·物慾] 물욕¶ ~にとらわれる 물욕에 사로잡히다
**ぶつり** [物理] 물리 ①사물의 이치[도리] ②「物理学$_{ぶつりがく}$」의 준말 ━学$_{がく}$ 물리학 ━的$_{てき}$ 形動 물리적 ━療法$_{りょうほう}$ [醫] 물리 요법
**ふつりあい** [不釣(り)合い] 名 形動 어울리지 않음, 걸맞지 않음, 불균형¶ ~な夫婦$_{ふうふ}$ 어울리지 않는 부부/ 服$_{ふく}$の上$_{うえ}$と下$_{した}$が~だ 옷의 위아래가 어울리지 않다
**ぶつりき** [仏力] [佛] 불력. 부처의 법력(法力)¶ ~に頼$_{たよ}$る 불력에 의지하다
**ぶつりゅう** [物流] 물류. 물적 유통
**ぶつりょう** [物量] 물량¶ ~作戦$_{さくせん}$ 물량 작전/ ~にものを言$_{い}$わせる 물량으로 밀어붙이다
**ふつわ** [仏和] 프랑스어와 일본어 ━辞典$_{じてん}$ 불일(佛日) 사전
**ふで** [筆] ①붓. 모필¶ 絵$_{え}$~ 화필/ 禿$_{ちび}$~ 몽당붓 ②그림·글씨를 씀, 그린 글씨[그림]¶

ふてい

達筆の~ 달인의 글씨/ ~のさえ 글[그림] 솜씨가 뛰어남 ③글, 글을 씀¶ ~の力 붓의 힘, 문필의 위력/ ~を起こす 붓을 들다 ④(助數) 붓을 종이에서 떼는 횟수¶ ひと~書き 붓을 떼지 않고 단번에 씀 ⑤(助數) (전답・대지 등의) 필, 필지

[慣用句]

—が消える 쓰지 않아도 좋은 것까지 써 버리다
—が立つ 글을 잘 쓰다, 문장력이 있다
—の跡 필적
—の運び 운필, 글씨나 글을 써 나가는 일, 그런 솜씨
—を入れる 글을 다듬다, 첨삭하다, 가필하다
—を置く (글을 다쓰고) 붓을 놓다, 각필하다
—を折る 붓을 꺾다, 문필 활동을 그만두다
—を下ろす ①붓을 처음으로 쓰다 ②(글・글씨를) 쓰기 시작하다
—を加える 글을 다듬다, 가필하다, 첨삭하다
—を捨てる 붓을 버리다, 문필 활동을 그만두다
—を染める ①붓에 먹을 묻히다 ②글쓰기를 시작하다, 집필하다
—を断つ 붓을 꺾다, 문필 활동을 그만두다
—を執る 붓을 잡다[들다], 집필하다
—を走らせる 줄줄 써 내려가다
—を揮う 글을 쓰다, 그림을 그리다, 휘호(揮毫)하다

ふてい【不定】 [名][ダ] 부정 ①일정하지 않음¶ 住所~ 주소 부정 ②[數] 방정식의 해답이 무수히 있는 것¶ ~方程式 부정 방정식 —詞 [文法] 부정사 —愁訴 [醫] 부정 수소, 특정한 병인이 없는데도 몸이 불편하다고 호소하는 일 —称 [文法] 부정칭

ふてい【不貞】 [名][ダ] 부정, 정절을 지키지 않음¶ ~を働かす 부정한 짓을 하다

ふてい【不逞】 [名][ダ] 불령, 불온하고 반항적임, 제멋대로 행동함¶ ~の輩 불령 도배, 무뢰한들

ふていき【不定期】 [ダ] 부정기¶ ~便 부정기편

ふていさい【不体裁】 [名][ダ] 꼴사나움, 볼품없음, (듣기) 거북스러움, 창피스러움¶ ~な服装 꼴사나운 복장/ ~なことを言う 듣기 거북한 말을 하다

ふでいし【筆石】 [地] 필석

ふでいれ【筆入れ】 필통, 필갑

ふでがしら【筆頭】 필두 ①붓끝 ②여러 사람을 연명할 때의 첫번째= ひっとう

ふてき【不適】 [名][ダ] 부적, 부적당¶ 適~ 적부적/ 寒冷地~な作物 한랭지에 부적당한 작물

ふてき【不敵】 [名][ダ] 부적, 대담하고 두려워하지 않음¶ 大胆~ 대담 무쌍/ ~なつら構え 다부지고 겁이 없어 보이는 용모[낯짝]

ふでき【不出来】 됨됨이가 나쁨 ⇔ 上出来¶ ~な息子 변변치 못한 아들/ 今年の米作~だ 올해 벼농사는 흉작이다

ふてきとう【不適当】 [名][ダ] 부적당= 不適当¶ ~な表現 부적당한 표현

ふてきにん【不適任】 [名][ダ] 적임이 아님¶ その仕事には~だ 그 일에는 적임이 아니다

ふてぎわ【不手際】 [ダ] 서투름, 솜씨가 나쁨, 실수¶ ~な処置 서투른 조처/ ~をわびる 실수를 사과하다

ふてくさ・る【ふて腐る】 [自五] → ふてくされる

ふてくさ・れる【ふて腐れる】 [自下一] 실쭉해지다, 뿌루퉁해지다, 토라지다¶ ~れて返事もしない 토라져서 대답도 하지 않다

ふでぐせ【筆癖】 필벽 ①(그 사람의) 독특한 글씨체 ②특유의 문장 표현[글투]

ふでさき【筆先】 ①붓끝 ②운필¶ 力強い~ 힘있는 운필 ③문장, 글씨, 글을 씀[지음]

ふでたて【筆立(て)】 필통, 붓꽂이

ふでづか【筆塚】 못쓰게 된 붓을 공양하기 위해 모아 묻고 그 위에 쌓은 흙무더기

ふでづかい【筆遣い・筆使い】 붓놀림, 필법¶ 巧みな~ 능란한 붓놀림

ふでつき【筆付き】 필치, 필적, 쓴 글씨[그림]의 모양¶ 怪しげな~ 어설픈 필치

ふでづつ【筆筒】 필통, 붓꽂이

ふてってい【不徹底】 [名][ダ] 불철저, 철저하지 못함, 충분치 못함¶ ~な説明 불충분한 설명/ 改革が~に終わる 개혁이 불철저하게 끝나다

ふてね【ふて寝】 [名][自スル] 토라져서 자버림, 심통이 나서 누워버림¶ しかられて~する 꾸중을 듣고 심통이 나서 누워버리다

ふでばこ【筆箱】 필갑, 필통

ふでぶしょう【筆無精・筆不精】 [名][ダ] 편지나 글쓰기를 귀찮아함, 그런 사람 ⇔ 筆まめ¶ ~でちっとも返事をくれない 편지 쓰기를 귀찮아해서 통 답장을 주지 않는다

ふてぶてし・い [形] 뻔뻔스럽다, 유들유들하다, 낯살좋다¶ ~面構え 뻔뻔스러운 낯짝

ふでぶと【筆太】 [名][ダ] 붓글씨가 굵직함, 그런 글씨¶ ~に書く 굵직하게 쓰다

ふでまめ【筆まめ】 [名][ダ] (귀찮아하지 않고) 편지나 글을 부지런히 씀, 그런 사람

ふ・てる [自下一] → ふてくされる

ふてん【普天】 (文) 보천, 천하¶ ~率土 보천 솔토, 전 세계

ふでんき【負電気】 [電] 부전기, 음전기

ふと [副] 문득, 갑자기, 우연히¶ ~立ち上がる 갑자기 일어서다/ ~目をやる 문득 눈길을 보내다/ ~出会う 우연히 마주치다

ふと【浮屠・浮図】 [佛] 부도 ①부처= 仏陀の ②승려 ③탑, 불탑= そとば

ぶと【蚋】 「ぶゆ」의 딴이름

ふとい【太蘭・莞】 [植] 큰고랭이

ふと・い【太い】 [形] ①굵다¶ ~糸 굵은 실 ②강하다, 담차다¶ 肝が~ 간이 크다, 대담하다/ 神経が~ 신경이 강하다, 대범하다 ③뻔뻔스럽다, 유들유들하다, 낯살좋다¶ こんなことをするとは~やつだ 이런 짓을 하다니 뻔뻔스런 놈이다 ④(소리가) 낮고 굵직하다¶ ~声 굵직한 목소리

[慣用句]

一・く短みじく 굵고 짧게

ふとう [不当] 名ダ 부당, 도리에 맞지 않음 ⇔ 正当とう¶ ～な解雇かいこ 부당한 해고 **―利得**とく 부당 이득 **―労働行為**こうい 부당 노동 행위

ふとう [不凍] 名ダ 부동, 얼지 않음 **―液**えき 부동액 **―港**こう 부동항

ふとう [不等] 名ダ 부등, 같지 않음 **―号**ごう [数] 부등호 **―式**しき 부등식

ふとう [不撓] ダ(文) 불요, 흔들리지[꺾이지] 않음 **―不屈**くつ ダ(文) 불요 불굴

ふとう [×埠頭] 부두, 선창= 波止場ば

ふどう [不同] 名ダ 부동, 같지 않음¶ 順じゅん～ 순서 부동/ 大小だい～ 대소 부동

ふどう [不動] 부동 ① 名ダ 움직이지[흔들리지] 않음¶ 直立ちょくりつ～ 직립 부동/ ～の信念しんねん 부동의 신념 ② 「不動明王みょうおう」의 준말 **―明王**みょうおう 부동명왕

ふどう [浮動] 名自スル 부동, 확고하지 않고 동요함¶ ～性せい 부동성/ 物価ぶっか～がする 물가의 변동이 심하다 **―票**ひょう (文) 부동표

ふどう [婦道] (文) 부도, 부인으로서 지켜야 할 도리¶ ～を全まっとうする 부도를 다하다

ぶとう [舞踏] 名自スル 무도, ～会かい 무도회

ぶどう [武道] 무도 ①무술, 무예¶ ～を修練しゅうれんする 무도를 수련하다 ②무사도, 무사의 도리

ぶどう [×葡×萄] [植] 포도, 포도나무¶ ～色いろ 포도색 **―球菌**きゅうきん [生] 포도상 구균 **―酒**しゅ 포도주= ワイン **―糖**とう [生] 포도당

ふとういつ [不統一] 名ダ 불통일, 통일이 안 됨¶ ～な服装そう 통일이 안된 복장

ふとうおう [不倒翁] (文) 부도옹, 오뚝이

ふどうさん [不動産] [法] 부동산¶ ～屋や 복덕방/ ～を処分しょぶんする 부동산을 처분하다

ふどうたい [不導体] [物] 부도체, 절연체, 불량 도체

ふどうとく [不道徳] 名ダ 부도덕

ふとうめい [不透明] 名ダ 불투명 ①빛을 통과시키지 않음, 투명하지 않음¶ ～なガラス 불투명한 유리 ②분명[확실]하지 않음¶ ～な将来しょうらい 불투명한 장래

ふとおり [太織(り)] 굵은 실을 써서 평직으로 짠 견직물= ふとぎぬ

ふどき [風土記] 풍토기

ふとく [不徳] 名ダ 부덕 ①부도덕 ②덕이 모자람
慣用句
**―の致**いたす**所**ところ 부덕의 소치

ふとく [婦徳] (文) 부덕, 부인으로서 지녀야 할 도리¶ ～をみがく 부덕을 닦다

ぶとく [武徳] (文) 무덕, 무사로서 지켜야 할 덕

ふとくい [不得意] 名ダ 능숙하지 못함, 서투름= 不得手ぶえて¶ ～な科目かもく 잘 못하는 과목

ふとくぎ [不徳義] 名ダ 부덕의, 도덕과의 어긋남¶ ～な行おこない 부덕의 짓

ふとくさく [不得策] 名ダ(文) 부득책, 계책이 유리하지 못함, 그런 계책¶ この契約けいやくは～だ 이 계약은 이롭지 못하다

ふとくてい [不特定] ダ 불특정¶ ～の読者どくしゃ 불특정한 독자 **―多数**たすう 불특정 다수

ふとくようりょう [不得要領] 名ダ 요령 부득, 무엇인지 분간할 수가 없음¶ ～な答弁とうべん 요령 부득한 답변

ふところ [懐] ①품¶ 母はは の～に抱だかれる 어머니 품에 안기다 ②가진 돈, 품에 지닌 돈¶ ～ぐあい 주머니 사정/ 人ひと の～をねらう 남의 호주머니를 노리다 ③내막, 내부, 마음속, 속셈¶ ～を見みすかす 속셈을 꿰뚫어보다/ 敵てき の～に飛とび込こむ 적의 내부로 뛰어들다 ④둘러싸인 곳¶ 山やま の～ 산으로 둘러싸인 곳
慣用句
**―が温**あたた**かい** 호주머니 사정이 좋다
**―が痛**いた**む** 자기 돈을 쓰다
**―が寂**さび**しい** 가진 돈이 적다
**―が寒**さむ**い** 가진 돈이 없다[적다]
**―が深**ふか**い** 도량이 넓다, 포용력이 있다
**―にする** 품에 지니다
**―を痛**いた**める** 자기 돈을 쓰다
**―を肥**こ**やす** 사복을 채우다, 부당 이익을 얻다

ふところがたな [懐刀] ①품에 지니는 호신용 칼 ②심복 부하¶ 社長しゃちょう の～ 사장의 심복

ふところがみ [懐紙] 화장지, 휴지= かいし

ふところかんじょう [懐勘定] 자기 주머니 사정을 속으로 헤아림= 胸算用むなざんよう

ふところぐあい [懐具合] 호주머니 사정, 가진 돈의 형편¶ ～がいい 주머니 사정이 좋다

ふところで [懐手] ①손을 품안에 집어 넣음, 팔짱을 낌¶ ～をして見みる 수수방관하다 ②(남에게 맡기고) 아무것도 하지 않음, 빈둥거림¶ ～で遊あそび暮くらす 빈둥빈둥 놀며 지내다

ふとざお [太×棹] ①義太夫ぎだゆう에 쓰는 자루가 굵은 저음의 三味線しゃみせん ②「義太夫節ぎだゆうぶし」의 딴이름

ふとした 連体 대수롭지 않은, 사소한, 우연한¶ ～縁えんで 우연한 인연으로/ ～ことから争あらそいが起おきる 사소한 일로 싸움이 벌어지다

ふとっちょ [太っちょ] (俗) 뚱보, 뚱뚱보

ふとっぱら [太っ腹] 名ダ 도량이 큼, 배짱이 두둑함¶ ～の親分肌おやぶんはだ 배짱이 두둑한 두목 기질

ふとどき [不届き] 名ダ ①주의・배려가 불충분함, 부주의¶ ～をお詫わびしください 불찰을 용서해 주십시오 ②괘씸함, 무례함, 무도함¶ ～なやつ 괘씸한 놈

ふとまき [太巻(き)] 굵게 맒, 굵게 만 것¶ ～のたばこ 굵게 만 담배

ぶどまり [歩止(ま)り・歩留(ま)り] ①(가공용의) 원료에 대한 제품의 수율, 생산 득률 ②(식품의) 원형물에 대한 먹을 수 있는 비율¶ ～が悪わるい 먹을 수 있는 부분이 얼마 안 된다

ふとめ [太め] 名ダ 조금 굵은 듯함, 굵직함 ⇔ 細ほそめ¶ ～の線せん 굵직한 선

ふともの [太物] ①굵은 실로 짠 직물의 총칭 ②옷감, 피륙, 천= 反物たんもの

ふともも [太×股] 대퇴, 넓적다리¶ ～をあらわにする 넓적다리를 드러내다

ふとりじし [太り×肉] 名ダ 살집이 좋음¶ ～の女おんな 살집이 좋은 여자

**ふと・る**【太る・^肥る】[自][五] ①살찌다, 굵어지다 ⇔ 痩せる¶ でぶでぶ~・った女 뚱뚱하게 살찐 여자 ②(재산 등이) 늘어나다, 불어나다¶ 株で財産が~ 주식으로 재산이 불어나다

**ふとん**【布団・×蒲団】①이부자리, 이불, 요¶ 座~ 방석/ 掛け~ 이불/ 敷き~ 요/ ~を敷く 이부자리를 깔다 ②(좌선 등에 쓰는) 부들 방석 **―蒸し** 남에게 이불을 뒤집어씌워 숨이 막히게 하여 괴롭힘

**ふな**【×鮒】〖動〗붕어

**ぶな**【×橅・〈山毛欅〉】〖植〗너도밤나무

**ふなあし**【船足・船脚】①배의 항해 속도¶ ~が速い 배의 속도가 빠르다 ②흘수(吃水)= 喫水¶ ~が浅い 흘수가 얕다

**ふなあそび**【船遊び・舟遊び】선유, 뱃놀이¶ ~に行く 뱃놀이 가다

**ぶない**【部内】부내. (조직·기관의) 내부 ⇔ 部外¶ ~の人事異動 부내의 인사 이동

**ふないくさ**【船戦】해전(海戰)

**ふないた**【船板】①뱃바닥의 깔판 ②배를 만드는 널빤지 **―塀** 낡은 목선의 널조각으로 만든 판장

**ふなうた**【舟歌・舟×唄】①뱃노래¶ 船頭の~ 사공의 뱃노래 ②〖音〗바르카롤

**ふなか**【不仲】[名][ナ] 사이가 나쁨, 불화¶ ~になる 사이가 나빠지다

**ふながかり**【船×繫り】선박 계류, 정박, 선착장

**ふなかじ**【船火事】배에서 일어난 화재

**ふなかた**【船方】선원, 뱃사람, 뱃사공

**ふなぐ**【船具】선구. 배에서 쓰는 기구= せんぐ

**ふなくいむし**【船食虫】〖動〗배좀벌레조개, 좀조개

**ふなぐら**【船倉・船蔵】①선고(船庫), 배를 넣어두는 창고= 船小屋 ②선창. 배의 곳간

**ふなぐり**【船繰り】배선= 配船

**ふなこ**【船子・舟子】선원, 뱃사람, 뱃사공

**ふなごや**【船小屋・舟小屋】선고(船庫), 배나 선구를 뭍으로 끌어올려 넣어두는 창고

**ふなじ**【船路】①뱃길, 수로¶ 危険な~ 위험한 뱃길 ②선박 여행, 배로 가는 여행= ふなたび¶ ~を行く 배편으로 여행을 떠나다

**ふなじるし**【船^標・船印】선주나 승객 등을 알리기 위해 돛이나 기(旗)에 단 표지

**ふなずし**【×鮒×鮨】〖料〗붕어의 배를 갈라 창자를 빼고 소금에 절여 밥과 함께 발효시킨 식해

**ふなぞこ**【船底】①선저. 뱃바닥= せんてい¶ ~に隠す 뱃바닥에 숨기다 ②[名] 뱃바닥 모양을 한 물건¶ ~まくら 뱃바닥 모양으로 굽은 목침/ ~天井 뱃바닥 모양의 천장

**ふなだいく**【船大工】배를 만드는 목수

**ふなだな**【船棚】뱃전에 붙인 널= せがい

**ふなたび**【船旅】배를 타고 하는 여행, 선박 여행¶ ~を楽しむ 선박 여행을 즐기다

**ふなだま**【船霊】(배 안에 모신) 배의 수호신

**ふなちん**【船賃】선임. 뱃삯¶ ~を払う 뱃삯을 치르다

**ふなつき**【船着(き)】「船着き場」의 준말. 선창, 선착장 **―場** 선착장. 선창

**ふなづみ**【船積み】[名][他スル] 선적¶ ~港 선적항/ 輸出品を~する 수출품을 선적하다

**ふなで**【船出】[名][自スル] 출항. 출범= でふね¶ ~の汽笛 출항의 기적

**ふなどこ**【船床】일본식 목조선의 바닥. 거기에 까는 대·띠로 만든 깔개

**ふなどめ**【船止め】①선박의 운행 중지 ②출항〔출범〕금지¶ しけで~になる 폭풍우로 출항이 금지되다

**ふなどんや**【船問屋】(江戸 시대의) 여객·화물의 해상 운송업자, 선박 운송 대리업자

**ふなに**【船荷】선하. 뱃짐¶ ~証券 선하증권/ ~をおろす 뱃짐을 부리다

**ふなぬし**【船主】선주. 배의 주인= せんしゅ

**ふなのり**【船乗り】선원, 뱃사람= 船員

**ふなばし**【船橋】선교. 부교(浮橋), 주교(舟橋), 배다리= 浮き橋

**ふなばしご**【船×梯子】배에 오르내리는 사닥다리

**ふなばた**【船端・×舷】뱃전, 현(舷)= ふなべり¶ ~を打つ波 뱃전을 치는 파도

**ふなびと**【船人・舟人】①〖文〗배의 승객, 선객 ②선원, 뱃사람= ふなこ

**ふなびん**【船便】①선편, 배편¶ 次の~を待つ 다음 배편을 기다리다 ②(하물의) 선박 운송, 그런 하물¶ 荷物を~で送る 짐을 선편으로 보내다

**ふなべり**【船^縁】뱃전= 船ばた¶ ~を打つ波の音 뱃전을 두드리는 파도 소리

**ふなまち**【船待ち】배의 출항〔도착〕을 기다림¶ ~の乗客 배를 기다리는 승객

**ふなむし**【船虫】〖動〗갯강구

**ふなもり**【船守・舟守】배를 지킴, 그런 사람

**ふなやど**【船宿】①배 객주집, 선박 운송업을 하는 집 ②놀잇배·낚싯배를 주선하는 집

**ふなゆうれい**【船幽霊】(해상이나 해변에 나타나는) 물에 빠져 죽은 사람의 유령, 유령선

**ふなよい**【船酔い】뱃멀미¶ ~に苦しむ 뱃멀미로 고생하다

**ふなれ**【不慣れ・不×馴れ】[名][ナ] 익숙하지 못함, 서투름¶ ~な手つき 서투른 손놀림/ ~な土地 낯선 땅

**ふなわたし**【船渡し】①배로 사람·짐을 건네줌 ②나루터 ③〖經〗본선 인도¶ ~値段 본선 인도 가격

**ぶなん**【無難】[名][ナ] 무난 ①무사함 ②특별히 좋지도 나쁘지도 않음, 그런대로 괜찮음¶ ~なやり方 무난한 방법

**ふにあい**【不似合い】[ナ] 어울리지 않음, 걸맞지 않음¶ ~な夫婦 어울리지 않는 부부

**ふにく**【腐肉】〖文〗부육. 썩은 고기¶ ~をあさる 썩은 고기를 뒤지고 다니다

**ふにゃふにゃ** **I** [副(と)][自スル]〖口〗①흐늘흐늘, 노글노글¶ 柔らかくて~している 말랑하여 흐늘흐늘하다 ②다부지지 못한 모양¶ ~してたよりない 다부지지 못해서 미덥지 않다 **II** [ナ] 흐늘흐늘함, 물렁물렁함¶ ~になる 흐물흐물하게 되다

ふによい【不如意】 名ダ 불여의 ①뜻대로 안 됨¶ 万事が～だ 만사가 여의치 않다 ②살림이 궁색함, 돈에 쪼들림¶ 手元に～ 가진 돈이 없음, 돈에 쪼들림

ふにん【不妊】 불임 一症 【醫】 불임증

ふにん【赴任】 名 自スル 부임¶ ～地 부임지/ 単身で～する 단신으로 부임하다

ぶにん【無人】 名ダ(文) 무인 ①사람 수가 적음, 일손이 모자람¶ ～で困っている 일손이 모자라서 곤란을 받고 있다 ②사람이 없음¶ ～の家 사람이 살고 있지 않은 집

ふにんじょう【不人情】 名ダ 몰인정함, 야박함¶ ～な仕打ち 몰인정한 처사

ふぬけ【腑抜け】 名ダ ①얼빠짐, 얼간이, 멍청이¶ この～め 이 얼간아 ②골충이, 겁쟁이

ふね【船・舟】①배¶ ～を出す 배를 띄우다/ ～に乗る 배를 타다 ②생선회 등을 담는 배 모양의 그릇, 그것을 세는 단위¶ 刺身一と～ 생선회 한 접시 ③【槽】(술 등을 담는) 상자 모양의 통¶ 湯～ 욕조・酒～ 술통

慣用句
一を漕ぐ 꾸벅꾸벅 졸다

ふねへん【舟偏】(한자 부수의) 배주변 ▷「船・航」등의「舟」부분

ふねん【不燃】 名ダ(文) 불연, 불에 타지 않음 ⇔ 可燃¶ ～性 불연성

ぶねん【無念・不念】 名ダ(文) 미처 깨닫지 못하여 유감스러움, 부주의

ふのう【不納】 불납¶ 税金の～ 세금의 불납

ふのう【不能】 名ダ ①무능¶ ～才 무능 부재 ②불능, 불가능¶ 再起～ 재기 불능 ③(남성의) 성적 무능력

ふのう【富農】(文) 부농 ⇔ 貧農

ふのり【布〈海苔〉】①【植】풀가사리 ②풀가사리를 끓여서 옷감에 먹이는 풀

ふはい【不敗】 불패

ふはい【腐敗】 名 自スル 부패¶ ～しやすい食品 부패하기 쉬운 식품/ ～した政治 부패한 정치

ふばい【不買】 名 불매¶ ～運動 불매 운동
一同盟 불매 동맹, 보이콧＝ボイコット

ふはく【布帛】(文) 포백 ①무명과 비단 ②직물, 피륙, 천

ふはく【浮薄】 名ダ(文) 부박, 경박¶ 軽挑～ 경조 부박/ ～な行動 경박한 행동

ふばこ【文箱】①편지 등을 넣어 두는 상자 ②편지 등을 넣어서 보내는 상자 ③책을 넣어 짊어지고 다니는 궤, 책궤

ふはつ【不発】 名ダ 불발 ①(탄환 등이) 발사・폭발되지 않음¶ ～弾 불발탄 ②(比) 하려던 일이 안됨¶ ～に終わる 불발로 그치다

ふばつ【不抜】 ダ(文) 불발, 확고하여 움직이지〔흔들리지〕않음¶ 堅忍～ 견인 불발

ふばらい【不払い】(대금 등을) 지불하지 않음, 미불¶ 料金の～ 요금의 미불

ふば・る【武張る】 自国 (무사처럼) 강하고 씩씩한 타가 나다¶ ～った挨拶 씩씩한 인사

ふび【不備】불비 I 名ダ 충분히 갖추어지지 않음, 미비¶ 書類に～な点がある 서류에 미비한 점이 있다 II 名(文) 편지 끝에 두서 없이 썼다는 뜻으로 적는 인사말＝不具

ぶび【武備】(文) 무비, 군비＝軍備

ぶびき【分引き・歩引き】할인＝割引き

ふびじん【不美人】 못생긴 여자, 추녀

ふひつよう【不必要】 名ダ 불필요＝不要¶ ～な品物 불필요한 물건

ふひょう【不評】 名ダ 평판이 좋지 않음, 평이 나쁨＝不評判 ⇔ 好評¶ ～の新作映画 평이 나쁜 신작 영화

慣用句
一を買う 악평을 받다

ふひょう【付表・附表】 부표, (본문에) 딸린 표¶ ～を参照せよ 부표를 참조하시오

ふひょう【付票・附票】 꼬리표¶ 荷物に～をつける 하물에 꼬리표를 달다

ふひょう【歩兵】①보병, 졸병 ②일본 장기짝의 하나, 졸(卒)

ふひょう【浮氷】 부빙, 석일음

ふひょう【浮標】①부표, 부이＝ブイ¶ 繫船～ 계선 부표 ②(그물・어구 등의) 찌

ふひょう【譜表】【音】 보표¶ ～記法 보표 적는 법

ふびょうどう【不平等】 名ダ 불평등¶ ～条約 불평등 조약/ ～な扱い 불평등한 대우

ふひょうばん【不評判】 名ダ 평판이 좋지 않음, 평이 나쁨＝不評¶ 近所で～の人 이웃에서 평판이 좋지 못한 사람

ふびん【不敏】 名ダ(文) 불민 ①민첩하지 못함 ②재능이 모자람¶ ～の致すところ 불민한 소치

ふびん【不憫・不愍】 名ダ 불민, 측은함, 가엾음¶ ～な子 가엾은 아이/ ～に思う 측은하게 여기다

ふひん【部品】부품, 부분품¶ ～交換 부품 교환/ ～を組み立てる 부품을 조립하다

ふひんこう【不品行】 名ダ 품행이 나쁨¶ ～な人 품행이 좋지 못한 사람

ぶふうりゅう【無風流・不風流】 名ダ 풍류를 모름, 멋이 없음¶ ～な男 풍류를 모르는 사나이

ふぶき【吹雪】 눈보라¶ ～を冒して行軍する 눈보라를 무릅쓰고 행군한다

ふふく【不服】 名ダ 불복 ①복종하지 않음¶ ～の申し立て 불복 제기〔신청〕②납득하지 않음, 불만임¶ ～そうな顔 납득이 가지 않는 듯한 얼굴

ふぶ・く【吹雪く】 自国 눈보라치다¶ にわかに～・いてきた 갑자기 눈보라가 치기 시작했다

ふぶん【不文】(文) ①名 불문, 글로 써서 나타내지 않음 ②문장이 서투름, 졸문 ③문맹, 무식함 一法【法】불문법 一律 불문율¶ 長年の～になっている 오랫동안의 불문율로 되어 있다

ぶぶん【部分】 부분¶ 重要な～ 중요한 부분 一食【天】부분식 ⇔ 皆既食 一的

ふぶん ㋣ 부분적 **―品**$_{ひん}$ 부분품, 부품
**ぶぶん** [舞文] (文) 무문. 자기 멋대로 문장을 가지고 놂{꾸밈} **―曲筆**$_{きょくひつ}$ (文) 무문 곡필. 붓을 함부로 놀려 사실을 왜곡·과장함
**ふへい** [不平] [名][ナ] 불평¶ ~家$_{か}$ 불평가 |慣用句|
**―たらたら** 주절주절 불평을 하는 모양
**―を鳴**$_{な}$**らす** 투덜거리다
**―を並**$_{なら}$**べる** 불평을 늘어놓다
**ぶべつ** [侮×蔑] [名][スル] 모멸¶ ~の色$_{いろ}$を浮$_{う}$かべる 모멸의 빛을 띠다
**ふへん** [不変] [名][ナ] 불변¶ 永久$_{えいきゅう}$~の真理$_{しんり}$ 영구 불변의 진리 **―資本**$_{しほん}$ 불변 자본
**ふへん** [不偏] [名] (文) 불편. 치우치지 않음 **―不党**$_{ふとう}$ 불편 부당¶ ~の立場$_{たちば}$を貫$_{つらぬ}$く 불편 부당한 입장을 관철하다
**ふへん** [普遍] 보편 ⇔ 個物$_{こぶつ}$¶ ~性$_{せい}$ 보편성/ ~の真理$_{しんり}$ 보편의 진리 **―妥当性**$_{だとうせい}$ [哲] 보편 타당성
**ふべん** [不便] [名][ナ] 불편¶ ~をかける 불편을 끼치다/ 交通$_{こうつう}$が~だ 교통이 불편하다
**ぶへん** [武辺] (文) 무술에 관한 일¶ ~者$_{しゃ}$ 무인, 무사
**ぶべん** [武弁] (文) 무변, 무사, 무관¶ 一介$_{いっかい}$の~に過$_{す}$ぎない 일개 무사에 불과하다
**ふべんきょう** [不勉強] [名][ナ] 공부에 힘쓰지 않음¶ ~な学生$_{がくせい}$ 공부에 힘쓰지 않는 학생 ②노력이 모자람, 등한함
**ふぼ** [父母] 부모, 양친, 어버이¶ ~の恩$_{おん}$ 부모의 은혜/ ~を失$_{うしな}$う 부모를 여의다
**ふほう** [不法] [名][ナ] ①불법. 법에 어긋남¶ ~建築$_{けんちく}$ 불법 건축 ②도리에 어긋남, 부당함¶ ~な要求$_{ようきゅう}$ 부당한 요구 **―行為**$_{こうい}$ [法] 불법 행위 **―占拠**$_{せんきょ}$ [法] 불법 점거
**ふほう** [訃報] (文) 부보. 부음, 부고¶ ~に接$_{せっ}$する 부보에 접하다
**ふぼく** [浮木] 부목. 물에 떠있는 나무= うきぎ¶ 盲亀$_{もうき}$の~ 맹귀 부목, 어려운 지경에 우연히 좋은 일을 만나게 됨
**ふぼん** [不犯] [佛] 불범. 승려가 사음계(邪淫戒)를 범하지 않음¶ 一生$_{いっしょう}$~の僧$_{そう}$ 일생 불범의 승려
**ふほんい** [不本意] [名][ナ] 본의가 아님. 바라는 바가 아님¶ ~ながら従$_{したが}$う 본의는 아니지만 따르다/ ~な結果$_{けっか}$に終$_{お}$わる 기대에 어긋난 결과로 끝나다
**ふま** [不磨] [名] 불마. 불멸, 불후(不朽)¶ 万世$_{ばんせい}$~の文字 만세 불멸의 문자
**ぶま** [不間] [名][ナ] (俗) 얼빠짐, 눈치가 없음=へま¶ ~な態度$_{たいど}$ 얼빠진 태도
**ふまえどころ** [踏まえ所] ①발 디딜 곳= ふみどころ ②입장, 근거 = よりどころ
**ふま・える** [踏まえる] [他][下一] ①밟아 누르다, 힘주어 밟다¶ 大地$_{だいち}$を~ 대지를 힘차게 딛다 ②근거로 삼다, 입각하다¶ 実情$_{じつじょう}$を~· えた処置$_{しょち}$ 실정에 입각한 조치
**ふまじめ** [不{真面目}] [名][ナ] 참되지 못함, 불성실함¶ ~な態度$_{たいど}$ 불성실한 태도

**ふまん** [不満] [名][ナ] 불만¶ 欲求$_{よっきゅう}$~ 욕구 불만/ ~そうな顔$_{かお}$ 불만스러운 얼굴
**ふまんぞく** [不満足] [名][ナ] 불만족¶ ~な出来$_{でき}$ 불만족스러운 결과{됨됨이}/ ~に思$_{おも}$う 불만족스럽게 여기다
**ふみ** [文·書] ①(文) 기록, 문서 ②(文) 책¶ ~をひもとく 책을 펼치다 ③(文) 서신, 편지
**ふみあら・す** [踏み荒らす] [他][五] 마구 짓밟다, 짓밟아 망쳐놓다¶ 庭$_{にわ}$を~ 마당을 마구 짓밟다
**ふみいし** [踏(み)石] ①디딤돌 ②징검돌 = とび石¶ 庭$_{にわ}$の~をつたって入$_{はい}$る 마당의 징검돌을 따라 들어가다
**ふみいた** [踏(み)板] ①(도랑 등에 걸쳐 놓은) 발판 ②(오르간 등의) 페달, 발판
**ふみうす** [踏(み)×臼] 디딜방아 = からうす
**ふみえ** [踏(み)絵] ①[日史] (江戸$_{えど}$ 시대에) 천주교도를 적발하기 위해 예수나 마리아상을 새긴 목판·동판을 밟게 한 일 ②개인의 사상·신조를 조사함, 그런 수단
**ふみかた・める** [踏(み)固める] [他][下一] ①밟아서 다지다¶ 雪$_{ゆき}$を~ 눈을 밟아서 다지다 ②기초를 쌓다{다지다}
**ふみがら** [文殻] 다 읽고 나서 소용이 없게 된 편지 = 文反故$_{ほご}$
**ふみきり** [踏(み)切り] ①(도약 경기에서) 땅을 힘차게 디고 뜀, 도약면 ②[踏切] (철도의) 건널목¶ ~番$_{ばん}$ 건널목지기 ③[相撲] 발을 씨름판 밖으로 내디딤 ④결단= ふんぎり¶ ~がつかない 결단을 못 내리다
**ふみき・る** [踏(み)切る] [自][五] ①(도약 경기에서) 땅을 힘차게 딛고 뛰다¶ 跳躍板$_{ちょうやくばん}$を~ 도약판을 차고 뛰다 ②단행하다, 결단하고 행동하다¶ 公開捜査$_{こうかいそうさ}$に~ 공개 수사를 단행하다 ③[相撲] 씨름판 밖으로 발을 내딛다
**ふみこ・える** [踏(み)越える] [自][下一] ①밟고 넘다¶ 敷居$_{しきい}$を~ 문지방을 밟고 넘다 ②(어려움을) 극복하다¶ 幾多$_{いくた}$の困難$_{こんなん}$を~ 수많은 곤란을 극복하다
**ふみこし** [踏(み)越し] [相撲] 밀려서 발이 씨름판 밖으로 나감= 踏$_{ふ}$み切$_{き}$り
**ふみこた・える** [踏(み)堪える] [他][下一] ①(발에) 힘을 주고 버티다¶ 土俵$_{どひょう}$ぎわで~ 씨름판 가에서 힘주어 버티다 ②끝까지 참고 버티다¶ 逆境$_{ぎゃっきょう}$を~ 역경을 딛고 버티다
**ふみこみ** [踏(み)込み] ①발을 내디딤 ②(현관 등의) 신을 벗어 두는 곳 ③깊이 파고 듦¶ ~が足$_{た}$りない 깊은 천착이 모자라다
**ふみこ・む** [踏(み)込む] Ⅰ [自][五] ①발을 들여놓다¶ どろ沼$_{ぬま}$に~ 수렁에 발을 들여놓다 ②힘차게 내딛다¶ 一歩$_{いっぽ}$~ 한 걸음 내디뎌서 공을 잡다 ③(남의 집 등에) 무단으로 들어가다¶ 賊$_{ぞく}$の隠$_{かく}$れ家$_{が}$に~ 도둑이 숨어있는 집을 덮치다 ④(핵심·본질을) 깊이 파고 들어가다¶ 深$_{ふか}$く~·んだ議論$_{ろん}$ 깊이 파고 들어간 논의 Ⅱ [他][五] 밟아 쑤셔{밀어} 넣다¶ アクセルを~ 액셀러레이터를 밟아 밀어 넣다

ふみした・く【踏(み)*拉く】他国(文) 짓밟다, 밟아 뭉개다¶ 花畑を~ 꽃밭을 밟아 뭉개다

ふみし・める【踏(み)締める】他下一 ①힘껏 밟다〔딛다〕, 벋디디다¶ 一歩一歩~・めて歩く 한발 한발 힘껏 디디며 걷다 ②밟아 다지다¶ 畑を~ 밭을 밟아 다지다

ふみ だい【踏(み)台】 ①발판, 발돋움, 디딤판 ≒ 足継ぎ ②(比) 목적 달성을 위해 한때 이용하는 것¶ 人を~にして出世する 남을 발판으로 하여 출세하다

ふみたお・す【踏(み)倒す】他国(口) ①밟아 쓰러뜨리다 ②(대금·빚 등을) 떼어먹다¶ 借金を~して夜逃げをする 빚을 떼어먹고 야반 도주하다

ふみだ・す【踏(み)出す】 I 他国 ①걸음을 내디디다, 내딛다 ②(比) 시작하다, 출발하다¶ 新生活の一歩を~ 새로운 생활의 첫발을 내디디다 II 自国 착수하다, 진출하다 ¶ 政界に~ 정계에 진출하다

ふみ だん【踏(み)段】 층층대, 계단, (사다리의) 발판, 단¶ 石の~ 돌층대

ふみづかい【文使い】 편지를 전하는 심부름꾼, 파발꾼

ふみづき【文月】 음력 7월의 딴이름 = ふづき

ふみつ・ける【踏(み)付ける】他国 ①짓밟다, 밟아 누르다¶ 草花を~ 화초를 밟다 ②무시하다, 얕보다, 깔보다¶ 人を~ 남을 무시하다

ふみつぶ・す【踏(み)*潰す】他国 ①짓밟다, 밟아 부수다 ②(명예·면목 등을) 손상시키다¶ 人の顔を~ 남의 체면을 손상시키다

ふみど【踏(み)*所】 발 디딜 곳¶ 足の~がない 발 디딜 곳이 없다

ふみとどま・る【踏(み)*止まる】自国 ①벋디디고 멈추다〔서다〕¶ 土俵際で危うく~ 씨름판 가장자리에서 가까스로 벋디디고 서다 ②남아 머무르다¶ 最後まで前線に~ 최후까지 전선에 남아 머무르다 ③단념하다¶ ~・ってよかった 단념하기를 잘했다

ふみなら・す【踏(み)*均す】他国 (흙 등을) 밟아 고르다¶ グラウンドを~ 운동장을 밟아 고르다

ふみなら・す【踏(み)鳴らす】他国 밟아서 소리를 내다, 발을 쿵쿵 구르다¶ 床を~ 마루를 쿵쿵 구르다

ふみにじ・る【踏(み)*躙る】他国 ①짓밟다, 밟아 뭉개다¶ 花壇を~ 화단을 짓밟다 ②(남의 체면·호의 등을) 짓밟다, 유린하다¶ 人の好意を~ 남의 호의를 짓밟다

ふみぬ・く【踏(み)抜く】他国 ①(못·가시 등을) 밟아서 발바닥을 찔리다¶ くぎを~ 못을 밟아서 발바닥을 찔리다 ②밟아서 구멍을 내다〔뚫다〕¶ 床板を~ 마룻장을 밟아 구멍을 내다

ふみば【踏(み)場】 발 디딜 곳 = ふみど¶ 足の~もない 발 디딜 곳도 없다

ふみはず・す【踏(み)外す】他国 ①헛디디다¶ 階段を~して転落した 계단을 헛디디어서 굴러 떨어졌다 ②그릇된 행동을 하다, (정당한 길에서) 벗어나다¶ 人の道を~ 인도에서 벗어난 행위를 하다

ふみまよ・う【踏(み)迷う】自国(文) ①길을 잃고 헤매다¶ 山道で~ 산길에서 길을 잃고 헤매다 ②(정도에서) 벗어나다, 잘못을 범하다¶ 悪の道に~ 악의 길로 타락하다

ふみもち【不身持ち】 名 행실이 나쁨, 난봉을 피움¶ ~の女 행실이 나쁜 여자

ふみやぶ・る【踏(み)破る】他国 ①밟아 부수다, 차 부수다¶ 板を~ 널판을 차 부수다 ②답파하다¶ アルプスを~ 알프스를 답파하다

ふみわ・ける【踏(み)分ける】他下一 밟아 헤치며 나아가다¶ 草原を~・けて進む 초원을 밟아 헤치며 나아가다

ふみん【不眠】 불면, 잠을 못이룸¶ ~に悩まされる 불면에 시달리다 ―症 医 불면증 ―不休 불면 불휴, 쉬지 않고 계속함

ふみん【富民】(文) 부민 ①백성을 부유하게 함 ②부유한 백성

ふみん【部民】→ べみん

ふ・む【踏む】他国 ①밟다¶ ペダルを~ 페달을 밟다¶ 落ち葉を~・んで行く 낙엽을 밟고 가다 ②그곳에 가다¶ 久しぶりで郷里の土を~・んだ 오랜만에 고향 땅을 밟았다 ③【^履む】 밟다, 과정을 거치다¶ 手続きを~ 절차를 밟다 ④【^履む】 경험하다¶ 場数を~ 경험을 쌓다/ 初舞台を~ 첫 무대에서 연기하다 ⑤평가하다, 판단하다, 값을 매기다¶ 実行不可能と~ 실행 불가능이라고 판단하다/ 地価を安く~ 땅값을 싸게 매기다 ⑥(「韻を~」의 꼴로) (시문의) 운을 달다

ふ・む 感(口) 수긍·승낙·의문 등의 뜻을 나타내는 말, 음, 흠

ふむき【不向き】 ナ 적당하지 않음, 어울리지 않음¶ ~な仕事 적합하지 않은 일

ふめい【不明】 I 名 불명¶ 原因~ 원인 불명 II 名 불민(不敏)함, 도리에 어두움¶ ~を恥じる 불민함을 부끄러워하다

ぶめい【武名】 무명, 용명¶ ~を馳せる 용명을 떨치다

ふめいよ【不名誉】 名 ナ 불명예¶ ~な記録 불명예스러운 기록

ふめいりょう【不明*瞭】 ナ 불명료, 뚜렷하지 않음¶ 肝心の点が~だ 중요한 점이 불명료하다

ふめいろう【不明朗】 ナ 석연치 않음, 공정치 않음¶ ~な人事 석연치 않은 인사

ふめつ【不滅】 名 ナ 불멸, 불후¶ ~の功績 불멸의 공적/ 霊魂~ 영혼 불멸

ふめん【譜面】 악보¶ ~台 악보대¶ ~を見ないで弾く 악보를 보지 않고 연주하다

ぶめん【部面】 부면, 몇개로 나눈 한 면¶ 極めて現実的な~ 극히 현실적인 부면

ふめんもく【不面目】 名 ナ 불면목, 면목이 없음 = ふめんぼく¶ ~な結果 면목 없는 결과

**ふもう** [不毛] 图⑦(文) 불모¶땅이 메말라 작물이 자라지 않음¶～の地⑤ 불모의 땅 ②(比) 아무 성과도 얻지 못함¶～な愛 결실을 못 본 사랑／～の議論なる 아무 성과도 없는 논의

**ふもと** [×麓] 산기슭¶～の村で 산기슭의 마을

**ふもん** [不問] (文) 불문¶年齢かん～ 연령 불문
[慣用句]
—に付すふ 불문에 부치다, 문제삼지 않다

**ふもん** [普門] 【佛】 부처·보살의 가르침과 구제가 모두에게 열려 있음

**ぶもん** [武門] (文) 무문, 무사의 집안＝武家ぶけ¶～の誉れほ 무문의 명예

**ぶもん** [部門] 부문¶ピアノ～で入賞にゅうしょうする 피아노 부문에서 입상하다

**ふやか・す** 他五 (물에) 불리다, 붇게 하다¶豆まめを～ 콩을 불리다

**ふや・ける** 自下一 ①(물에) 붇다, 불어나다¶長湯ながゆして手てが～けた 목욕을 오래 해서 손이 불었다 ②(比) 해이해지다, 느즈러지다¶～けた精神せいしん 해이해진 정신

**ふやじょう** [不夜城] (文) 불야성

**ふや・す** [増やす] 他五 ①(수량을) 늘리다¶会員かを～ 회원을 늘리다 ②[殖やす] (재산을) 불리다, 늘리다¶財産ざいを～ 재산을 불리다 ③ [殖やす] 번식시키다¶家畜かちくを～ 가축을 번식시키다

**ふゆ** [冬] 겨울¶～の支度じたく 겨울 채비／～を過ごすご 겨울을 나다 ②(比) 활기가 없고 침체된 것¶～の時代じだい 암담한[침체된] 시대

**ぶゆ** [×蚋] 진디등에＝ぶよ・ぶと

**ふゆう** [浮遊·浮游] 图自スル 부유 ①(물위·공중에) 떠돎¶～物ぶつ 부유물 ②(정처 없이) 떠돌아 다님¶～の来客らいきゃく 떠돌이 손님 —生物せいぶつ [生] 부유 생물, 플랑크톤

**ふゆう** [富裕] 图圻 부유¶～な家いえに生うまれる 부유한 집에 태어나다

**ふゆう** [×蜉×蝣] ①[動] 하루살이＝かげろう ② 덧없는 것¶～の人生じんせい 덧없는 인생

**ぶゆう** [武勇] 무용¶～談だん 무용담 —伝でん 무용전, 무용담

**ふゆかい** [不愉快] 图圻 불유쾌, 불쾌¶～な出来事ごと 불유쾌한 사건／見みるだけで～になる 보기만해도 불쾌해지다

**ふゆがれ** [冬枯れ] ①(겨울에) 초목이 마름, 그런 쓸쓸한 경치 ②(상점 등의) 겨울철 불경기

**ふゆき** [冬木] ①겨울이 되어 잎이 떨어진 나무 ②상록수＝ときわ木ぎ

**ふゆぎ** [冬着] 겨울옷, 동복 ⇔夏着なつぎ

**ふゆきとどき** [不行(き)届き] 图⑦ 주의가 고루 미치지 못함, 부주의함, 소홀함¶監督かんとく～ 감독 소홀

**ふゆくさ** [冬草] ①겨울의 마른 풀 ②겨울에도 살아 있는 상록의 풀

**ふゆげ** [冬毛] (새·짐승의) 겨울털 ⇔夏毛なつげ

**ふゆげしょう** [冬化粧] 图自スル (자연 풍경 등이) 겨울다워짐, 겨울 치장

**ふゆこだち** [冬木立] (文) 잎이 떨어진 겨울 나무들

**ふゆごもり** [冬×籠り] (사람·동물이) 겨울 동안 집·굴 속에 들어박혀 지냄, 동면¶～に入はる 동면에 들어가다

**ふゆさく** [冬作] 【農】 월동 작물 ⇔夏作なつさく

**ふゆざれ** [冬ざれ] 겨울의 황량하고 쓸쓸함

**ふゆしょうぐん** [冬将軍] 동장군, 혹한¶～の到来らい 동장군의 도래

**ふゆぞら** [冬空] 겨울 하늘

**ふゆどり** [冬鳥] 겨울 철새

**ふゆば** [冬場] 겨울철, 겨울 동안 ⇔夏場なつば

**ふゆび** [冬日] ①겨울 햇살, 겨울해¶～が差さす 겨울 햇살이 비치다 ②겨울의 나날 ③[気] 최저 기온이 0℃미만인 날 ⇔夏日なつび

**ふゆもの** [冬物] 겨울옷, 겨울 용감 ⇔夏物なつもの¶～大だいバーゲン 겨울옷 대매출

**ふゆやすみ** [冬休み] 동기 휴가, 겨울 방학

**ふゆやま** [冬山] ①황량한 겨울 산, 눈 덮인 산 ②(등산 대상으로서의) 겨울 산, 겨울철의 등산¶～で遭難そうなんする 겨울 산에서 조난하다

**ふよ** [不×豫] (文) 불예, 天皇てんのうの病患＝不例ふれい

**ふよ** [付与·附与] 图他スル 부여, (자격·권리 등을) 줌¶権限げんを～する 권한을 부여하다

**ふよ** [賦与] 图他スル 부여, (재능·자질 등을) 나누어 줌, 날 때부터 있음¶天てんから～された才能さいのう 하늘이 준[천부적인] 재능

**ぶよ** [×蚋] [動] 진디등에＝ぶゆ

**ふよう** [不用] 图圻 ①쓰지 않음¶～品ひん 불용품 ②소용[쓸모] 없음, 무용¶～の品しな 쓸모 없는 물건／～になる 소용 없게 되다

**ふよう** [不要] 图圻 불요, 불필요¶～不急ふきゅうの支出しゅつ 불필요한 지출

**ふよう** [不溶] 불용, 액체에 녹지 않음 —性せい【化】 불용성 ⇔可溶性かようせい

**ふよう** [扶養] 图他スル 부양¶親おやを～する 부모를 부양하다 —家族かぞく 부양 가족

**ふよう** [×芙×蓉] [植] 부용 —峰ほう「富士山ふじさん」의 딴이름

**ふよう** [浮揚] 图自他スル 부양, 떠오름, 띄움¶～カりょく 부양력／景気けいきの～ 경기 부양

**ぶよう** [舞踊] 무용, 춤¶民族みんぞく～ 민속 무용

**ふようい** [不用意] 图⑦ ①준비가 되어 있지 않음¶～なまま出発はっした 준비가 안 된 채로 출발했다 ②부주의함, 조심성이 없음¶～な発言げん 조심성 없는 발언

**ふようじょう** [不養生] 图⑦ 불섭생, 건강에 조심하지 않음＝不摂生ふせっせい¶医者いしゃの～ 의사의 불섭생／日ひごろの～がたたる 평소의 불섭생이 탈이 되다

**ぶようじん** [不用心·無用心] 图⑦ 조심을 하지 않음, 경계가 소홀함, 위험함¶戸とじまりの～な家いえ 문단속이 소홀한 집／夜道よみちの一人歩ひとりあるきは～だ 밤길을 혼자 걷는 것은 위험하다

**ふようど** [腐葉土] 【農】 부엽토

**ふよく** [扶翼] 图他スル (文) 부익, 보필함¶～の臣しん (제왕을) 보필하는 신하

**ぶよぶよ** I 副 自スル 말랑말랑, 무럭무럭, 포동포동¶～した体からだ 포동포동한 몸／～の柿かき

말랑말랑한 감 Ⅱ ⑦ 말랑말랑함, 문적문적함, 포동포동함 ¶ ふやけて~になる 물에 꽂어 불어서 문적문적해지다

**ぶらい**【無頼】[名] 무뢰. 일정한 직업 없이 불량한 짓을 함, 그런 사람 **—漢**ホネム 무뢰한. 불량배 = ならずもの・ごろつき

**プライマリー** (primary) 프라이머리 ①[造語] 초급, 기초 ¶ ~スクール 초등학교 ②연습용 글라이더

**ブラインド** (blind) 블라인드. 창에 달아 볕을 가리는 발문

**ブラウンかん**【ブラウン管】[電] 브라운관

**ぶらく**【部落】부락 ①마을 ¶ 山間ガムの~ 산간부락 ②〖江戶ᅟᅩ 시대에〗천민들의 주거 지역 ¶ ~民ミム 특수 부락민

**プラグ** (plug) 플러그. (전기 기구의) 접속 기구

**ふらここ**【〈鞦韆〉】[文] 추천. 그네 = ぶらんこ

**プラザ** (에 plaza) 플라자, 광장, 시장 ¶ ショッピング~ 쇼핑 플라자

**ぶらさが・る**【ぶら下がる】[自五] ①(잡고) 매달리다, 늘어지다 ¶ 鉄棒テツボウに~ 철봉에 매달리다 ②(손에 잡힌 듯이) 눈앞에 어른거리다 ¶ 優勝ユウショウが目メのまえに~ 우승이 눈앞에 어른거리다

**ぶらさ・げる**【ぶら下げる】[他下一] ①매달다, 늘어뜨리다 ¶ ランプを~ 램프를 매달다 ②손에 들다 ¶ 弁当ベントウみを~・げて歩あるく 도시락 꾸러미를 손에 들고 걷다

**プラシーボ** (placebo) [藥] 플라시보. 위약(僞藥) **—効果**コウカ [藥] 플라시보 효과. 위약 효과

**ふら・す**【降らす】[他五] 내리게 하다 = 降ふらせる ¶ 雨アメを~ 비를 내리게 하다

**プラス** (plus) 플러스 Ⅰ [名][他スル] 더하기, 보탬 Ⅱ ⑦ ①[電] 양수 ②[電] 양극, 양전기 ③양성 ¶ ~の反応ハンノウ 양성 반응 ④유리한 점, 이득 ¶ 自分ジブンに取トって~になる仕事シゴトを 자신에게 이득이 되는 일 ⑤이익, 흑자 **—アルファ** (일 plus α) 얼마간 보탬, 보탬 것 = プラスアルファ **—マイナス** (일 plus minus) 플러스 마이너스 ①가감, 득실 = 差サし引ヒき ¶ ~ゼロ 플러스 마이너스 제로, 득실 무 ②상쇄 ③오차의 범위를 표시하는 기호, ±

**プラスチック** (plastics) [化] 플라스틱 ¶ ~マネー 플라스틱 머니 **—爆弾**バクダン 플라스틱 폭탄

**プラタナス** (라 platanus) [植] 플라타너스

**ふらち**【不埒】⑦ 패씸함. 발칙함 ¶ ~なやつ 패씸한 녀석 / ~千万センバン 패씸하기 짝이 없음

**ふらつ・く**[自五] ①휘청거리다, 비틀거리다 ¶ 病ヤみ上アがりで~ 병석에서 막 일어나 휘청거리다 ②어정거리다. 배회하다. 어슬렁거리다 = ぶらつく ¶ 夜ヨルの町マチを~ 밤 거리를 어슬렁거리다 ③(생각 등이) 흔들리다. 정해지지 않다 ¶ 考カンガえが~ 생각이 흔들리다

**ブラック** (black) 블랙 ①검정, 흑색 ②블랙 커피 **—ホール** (black hole) [天] 블랙 홀 **—ボックス** (black box) 블랙 박스 **—マーケット** (black market) 블랙 마켓. 암시장 **—リスト** (blacklist) 블랙 리스트. 요주의 인물 명단

**ぶらつ・く**[自五] ①(매달려) 흔들거리다, 대롱거리다 ¶ 堤灯チョウチンが風カゼに~ 초롱불이 바람에 흔들거리다 ②어슬렁거리다, 배회하다 ¶ 盛サカり場バを~ 번화가를 어슬렁거리다

**フラッシュ** (flash) 플래시 ①섬광, 섬광 장치 ②(영화·텔레비전의) 순간적인 장면 ③[放] 속보 **—ニュース** (일 flash news) [放] 속보 뉴스 **—バック** (flashback) [映] 플래시백. 장면의 순간적 변화를 반복하여 긴장된 분위기를 표현하는 기법

**ふらっと**[副] ①어질어질, 휘청휘청 ¶ ~倒たおれ掛カかる 휘청거려 넘어지려 하다 ②느닷없이, 훌쩍 = ふらりと ¶ ~出デかける 훌쩍 떠나다

**フラット** (flat) 플랫 ①평평함, 평면 ②[音] 내림표 (경기에서) 초 단위 미만의 우수리가 붙지 않는 기록 ¶ 10秒ビョウ~ 10초 플랫 ④[建] 한 층에 한 세대만 사는 공동 주택

**プラトニック** (Platonic) ⑦ 플라토닉 **—ラブ** 플라토닉 러브. 정신적인 연애

**フラフープ** (Hula-Hoop) 훌라후프

**ふらふら** Ⅰ [副][自スル] ①휘청휘청, 비틀비틀 ¶ ~と立たち上アがる 휘청휘청 일어서다 ②흔들흔들, 갈팡질팡 ¶ ~した態度タイド 갈팡질팡하는 태도 ③어정어정, 어슬렁어슬렁 ¶ ~と出デ歩あるく 어슬렁어슬렁 나돌아다니다 Ⅱ [副] 얼떨결에, 무심코 ¶ ~と金カネを使ツカってしまう 얼떨결에 돈을 써버렸다 Ⅲ ⑦ 휘청휘청함, 비슬비슬함 ¶ ~に疲ツカれる 비슬비슬하니 지치다

**ぶらぶら** Ⅰ [副][自スル] ①흔들흔들, 대롱대롱 ¶ 枝エダが~と揺ユれる 가지가 흔들흔들 흔들리다 ②어슬렁어슬렁, 어정어정 ¶ 海岸カイガンを~する 해안을 어슬렁거리다 ③빈둥빈둥 ¶ 家イエで~している 집에서 빈둥거리고 있다 Ⅱ ⑦ 고정되지 않고 불안정함, 흔들거림 ¶ 人形ニンギョウの手テが~になる 인형의 팔이 흔들거리다 **—病**ビョウ [口] 시름시름 오래 앓는 병

**ブラボー** (프 bravo) [感] 브라보. 잘한다, 멋지다

**フラミンゴ** (flamingo) [動] 플라밍고. 홍학

**プラモデル** 프라 모델. 조립식 플라스틱제 모형

**ふらりと**[副] 훌쩍, 훌연히 = ふらっと ¶ ~旅タビに出デる 훌쩍 여행을 떠나다

**ぶらりと**[副] ①훌쩍, 훌연히 ¶ ~出デかける 훌쩍 떠나다 ②대롱대롱 ¶ ひょうたんが~下サがっている 표주박이 대롱대롱 매달려 있다 ③빈둥빈둥 ¶ 一日中イチニチジュウ~過スごす 하루 종일 빈둥빈둥 보내다

**ふられる**【振られる】[連語] [口] 거절당하다, (특히) 이성에게 퇴짜맞다 ¶ 女オンナに~ 여자에게 퇴짜맞다 "振ふる"의 피동형

**ふらん**【孵卵】부란. 부화 ¶ ~器キ 부화기

**ふらん**【腐乱·腐爛】[名][自スル] 부란. 썩어 문드러짐 ¶ ~した死体タイ 썩어 문드러진 시체

**フラン** (프 franc) 프랑. 프랑스·스위스·벨기에의 화폐 단위

**プランクトン** (plankton) [生] 플랑크톤. 부유 생물 ¶ 植物性ショクブツセイ~ 식물성 플랑크톤

**ぶらんこ**【〈鞦韆〉】그네. 추천 ¶ ~に乗ノる그

네를 타다
**フランス** (France) 프랑스 **―革命** 〘史〙 프랑스 혁명 **―デモ** (일 France demo) 프랑스 데모. 손을 잡고 도로를 꽉 메우며 행진하는 데모
**フランチャイズ** (franchise) 프랜차이즈 ①(프로 야구단의) 본거지 ②〘經〙(대리점 등의) 독점 판매권 **―チェーン** 프랜차이즈 체인
**ブランド** (brand) 브랜드. 상표 = 銘柄 ¶ **―商品** 브랜드 상품
**プラント** (plant) 플랜트. (공장의) 생산 설비 **―輸出** 〘經〙 플랜트 수출. 설비재 수출
**ふり**〘振り〙①휘두름, 흔듦, 휘두르는 방식 ¶ 空~ 헛 스윙/ バットの~が鋭い 배트를 휘두르는 솜씨가 날카롭다 ②외양, 차림새, 동작, 행동 ¶ なり~構わず 차림새에 개의치 않고 ③그럴 듯하게 꾸미는 것, …체, …척 ¶ 見て見ぬ~ 보고도 못 본 척 ④(연극·무용에서) 몸짓, 동작, 연기 ¶ ~をつける 안무하다 ⑤단골이 아님, 뜨내기 ⑥〘助數〙 칼을 세는 말, 자루 ¶ 刀一~ 칼 한 자루
〘慣用句〙
**一の客** (가게의) 뜨내기 손님

**ふり**〘降り〙비·눈이 내림(옴), 그 정도 ¶ ひどい~になる 비가(눈이) 몹시 오다
**ふり**〘不利〙〘名〙 불리 ⇔ 有利 ¶ ~の形勢 형세 불리/ ~な条件 불리한 조건
**ぶり**〘鰤〙〘動〙 방어
**ぶり**〘振り〙〘接尾〙 ①모양, 모습, 방식, 품, …조 ¶ 男~ 사내다운 모습/ 話し~ 말하는 품/ 暮らし~ 사는 모양 ②시간이 경과한 정도를 나타냄, …만임 ¶ 久しぶりで会った 오래간만에 만났다
**ふりあい**〘振り合い〙(다른 것과의) 균형 = バランス ¶ ~がつかない 균형이 맞지 않다
**ふりあ・う**〘振り合う·触り合う〙〘自五〙 서로 스치다, 맞닿다 ¶ 袖~も他生の縁 소매만 서로 스쳐도 전생의 인연
**ふりあ・げる**〘振り上げる〙〘他下一〙 번쩍 들다, 치켜 올리다 ¶ 拳を~ 주먹을 치켜 들다
**ふりあ・てる**〘振り当てる〙〘他下一〙 할당하다, 배정하다 ¶ 仕事を~ 일을 할당하다
**フリー** (free)〘名〙프리 ①자유로움 ②무료, 면세 ③「フリーランサー」의 준말 **―エージェント** (free agent) (프로 야구 등의) 프리 에이전트. 자유 계약 선수 **―キック** (free kick) (축구 등에서) 프리 킥 **―スロー** (free throw) 프리 스로. (농구 등에서) 자유투 **―ダイヤル** (일 free dial) 프리 다이얼. 수신자 부담 전화 서비스 **―パス** (free pass) 프리 패스 ①무임 승차, 무료 입장 ②무시험 합격 ③(세관의) 무심사 통과 **―バッティング** (일 free batting)〘野〙프리 배팅. 자유 타격 연습 **―ランサー** (freelancer) 프리랜서. 자유 계약자
**フリージア** (freesia)〘植〙프리지어
**プリーズ** (please)〘感〙플리즈. 제발, 부디
**プリーツ** (pleats) 플리츠. (양복·치마 등의) 주름 ¶ ~スカート 주름 치마
**ブリーフィング** (briefing) 브리핑 ①상황 설명.

요약 설명 ②〘軍〙(작전 개시 직전의) 상황 설명
**ふりうり**〘振(り)売り〙(물건을 들거나 지고) 외치며 팔고 다님, 도붓장사, 행상 = ふれうり
**ふりえき**〘不利益〙〘名〙〘ア〙 불이익. 불리. 손해 ¶ ~を被る 손해를 입다/ ~を承知で商談する 불이익을 알면서 상담하다
**ふりおと・す**〘振り落(と)す〙〘他五〙 흔들어 떨어뜨리다, 털어 버리다 ¶ 馬から~される 말에서 흔들려 떨어지다
**ふりかえ**〘振(り)替(え)〙대체 ①(일시적으로) 바꿈 ¶ ―輸送 대체 수송 ②(부기에서) 대체 계정 ③「郵便振替」의 준말. 우편 대체 ¶ ―貯金 우편 대체 예금 **―休日** 대체 휴일. 국경일이 일요일과 겹치는 경우 휴일로 하는 그 다음 월요일 **―口座**「郵便振替口座」의 준말. 우편 대체 계좌
**ふりかえ・す**〘ぶり返す〙〘自五〙 다시 나빠지다, (병 등이) 도지다 ¶ 病気が~ 병이 도지다/ 寒さが~ 추위가 다시 기승을 부리다
**ふりかえ・る**〘振(り)返る〙〘他五〙 ①뒤돌아보다, 돌아다보다 ¶ 思わず~ 무심코 뒤돌아보다 ②돌이켜 보다, 회고하다, 반성하다 ¶ 昔を~ 옛날을 회고하다
**ふりか・える**〘振(り)替える〙〘他下一〙 ①(일시적으로) 대체하다 ¶ 休日を~ 휴일을 대체하다 ②(부기에서) 대체 계정으로 하다
**ふりかか・る**〘降り掛かる·降り懸かる〙〘自五〙 ①(몸에) 내려와 떨어지다 ¶ 火の粉が~ 불똥이 튀어 오다 ②(좋지 못한 일이) 신상에 닥치다 ¶ 災難が~ 재난이 닥치다
**ふりかけ**〘振(り)掛け〙(밥 위에 뿌려 먹는) 어분·김·깨소금 등을 섞어 만든 조미 식품
**ふりか・ける**〘振(り)掛ける〙〘他下一〙 (가루·액체 등을) 뿌리다, 끼얹다 ¶ 塩を~ 소금을 뿌리다/ 湯を~ 더운 물을 끼얹다
**ふりかざ・す**〘振(り)翳す〙〘他五〙 ①(머리 위로) 번쩍 쳐들다, 치켜 들다 ¶ 刀を~ 칼을 머리 위로 치켜 들다 ②(주의·주장을) 내세우다 ¶ 正論を~ 정론을 내세우다
**ふりかた**〘振(り)方〙①휘두르는(흔드는) 법 ¶ バットの~ 배트를 휘두르는 법 ②대처 방법, 취급 방법 ¶ 身の~を考える 처신을 생각하다
**ふりがな**〘振(り)仮名〙한자에 읽는 음을 가나로 단 토 = ルビ
**ふりかぶ・る**〘振りかぶる〙〘他五〙(머리 위로) 높이 쳐들다, 휘둘러 올리다 ¶ 刀を~ 칼을 머리 위로 높이 쳐들다
**ブリキ** (blik) 함석. 생철. 양철 = ブリキ板 ¶ ~屋 생철장이
**ふりき・る**〘振(り)切る〙〘他五〙 ①뿌리치다 ¶ 手を~って逃げる 손을 뿌리치고 달아나다 ②(부탁·간청을) 딱 거절하다 ¶ 先輩の依頼を~ 선배의 의뢰를 거절하다 ③마음껏 휘두르다 ¶ バットを~ 배트를 힘껏 두르다 ④(쫓아오는 사람을) 떼쳐 버리다 ¶ 二位の走者を~ 2위 주자를 떼쳐 버리다
**ふりくら・す**〘降(り)暮(ら)す〙〘自五〙(비·눈

등이) 온종일 내리다¶ 休日を~ 휴일에 비가(눈이) 온종일 오다
ふりこ [振(り)子] ①흔들이¶ ~時計 흔들이 벽시계 ②진자, 추=しんし
ふりこう [不履行] (약속 등의) 불이행
ふりごと [振(り)事] 【舞】 (歌舞伎에서) 長唄을 반주로 하는 무용·무용극
ふりごま [振り駒] (일본 장기에서) 선수(先手) 결정을 위해 步를 장기판에 던지는 일
ふりこ·む [降(り)込む] 自五 (비·눈이) 들이치다¶ 窓から雨が~ 창으로 비가 들이치다
ふりこ·む [振(り)込む] 他五 ①흔들어서 넣다 ②(대체 계좌 등에) 불입하다¶ 指定の口座に~ 지정된 계좌에 불입하다 ③(마작에서) 남이 이기게 되는 패를 던지다
ふりこ·める [降(り)籠める] 他下一 (「~められる」의 꼴로) 눈·비에 갇히다¶ 宿で大雨に~められれた 큰비로 숙소에 갇혔다
ふりしき·る [降(り)頻る] 自五(文) (눈·비가) 줄기차게 내리다¶ ~雨の中を外出する 줄기차게 내리는 빗속을 외출하다
ふりし·く [降(り)敷く] 自五(文) (눈·낙엽 등이) 떨어져 땅을 뒤덮다(깔리다)¶ 桜の花びらが~ 벚꽃잎이 땅을 온통 뒤덮다
ふりしぼ·る [振り絞る] 他五 (소리·힘 등을) 쥐어짜내다¶ 最後の力を~ 마지막 남은 힘을 쥐어짜내다
ふりす·てる [振(り)捨てる] 他下一 서슴없이 버리다, 떨쳐 버리다¶ 家族を~ 가족을 뿌리치다/ 未練を~ 미련을 떨쳐 버리다
ふりそそ·ぐ [降(り)注ぐ] 自五 ①(비·햇빛 등이) 쏟아져 내리다, 내리쬐다¶ 日光が~ 햇빛이 내리쬐다 ②(시선·비난 등이) 집중하다, 빗발치다¶ 好奇の目が~ 호기심 어린 시선이 집중되다
ふりそで [振(り)袖] (일본옷에서) 자락이 긴 소매, 긴 소매옷 ▷ 주로 미혼 여성의 예복용
ふりだし [振(り)出し] ①(내용물을) 흔들어 나오게 함, 그런 용기 ②침제(浸剤), 베주머니에 넣고 뜨거운 물에 흔들어서 우려내어 마시는 약 ③(수표·어음 등의) 발행 ④(주사위의) 출발점 ⑤일을 시작하는 단계, 출발점, 시발점¶ 人生の~ 인생의 출발점 一人 (어음·수표 등의) 발행인
【慣用句】
—に戻る 원점으로 되돌아가다
ふりだ·す [振(り)出す] 他五 ①흔들어서 나오게 하다¶ さいころを~ 주사위를 흔들어서 던지다 ②(수표·어음 등을) 발행하다¶ 小切手を~ 수표를 발행하다 ③(약을) 뜨거운 물에 넣고 흔들어 우려내다¶ 煎じ薬を~ 탕제를 우려내다
ふりた·てる [振(り)立てる] 他下一 ①세게 흔들다, 흔들어대다, 곤두세우다¶ 牛が角を~ 소가 뿔을 곤두세우다/ 旗を~ 깃발을 흔들어대다 ②소리를 지르다¶ 大声を~ 큰 소리를 지르다

ふりつ [府立] 부립¶ ~高校 부립 고교
ふりつけ [振(り)付(け)] 안무(按舞), 안무가¶ ~師 안무가
ブリッジ [bridge] 브리지 ①다리, 교량 ②선교, 함교 ③두 개의 물건을 이어 주는(건너 지른) 것¶ 眼鏡の~ 안경의 코걸이/ 歯に~をいれる 가공 의치를 해넣다 ④카드 놀이의 한 가지 ⑤(레슬링에서) 방어 자세의 하나
ふりつづみ [振鼓] 노도, 두 개의 작은 북을 자루에 끼워 구슬이 달린 줄을 북의 양쪽에 매달아 흔들어 소리를 내는 무악용 악기
ふりつ·む [降(り)積む] 自五(文) →ふりつもる
ふりつも·る [降(り)積(も)る] 自五 내려 쌓이다¶ 雪が~ 눈이 내려 쌓이다
ふりはな·す [振(り)放す·振(り)離す] 他五 ①뗄치다, 흔들어 떼치다, 뿌리치다¶ すがりつく手を~ 매달리는 손을 뿌리치다 ②뒤따라오는 사람을 떼치다¶ 二位の走者を~ 2위 주자를 떼치다
ふりはら·う [振(り)払う] 他五 세차게 뿌리치다, 물리치다, 떨쳐 버리다¶ 涙を~ 눈물을 떨쳐 버리다
ぶりぶり 副(ト)(口) →ぶりぶり ①
ぶりぶり 副(ト)(自スル)(口) ①(몹시 성난) 뾰로통함=ぶりぶり¶ ~と怒る 뾰로통하고 화내다 ②탱탱, 포동포동¶ ~とした赤ちゃんのほお 포동포동한 갓난아기의 뺨
ふりほど·く [振(り)解く] 他五 (묶은 것을) 흔들어 풀다, 뿌리치다¶ 手を~ 손을 뿌리치다/ 髪を~ 머리카락을 흔들어 풀다
ふりま·く [振(り)撒く] 他五 ①흩뿌리다¶ 水を~ 물을 흩뿌리다 ②아낌없이 주다¶ あいきょうを~ 애교를 떨어대다
ふりまわ·す [振(り)回す] 他五 ①휘두르다, 휘둘러 대다¶ 刀を~ 칼을 휘두르다 ②뽐내다, 과시하다¶ 生かじり知識を~ 어설픈 지식을 과시하다 ③마구 부리다, 남용하다¶ 権力を~ 권력을 남용하다 ④함부로 다루다¶ デマに~·される 악선전에 휘둘리다
ふりみだ·す [振(り)乱す] 他五 흐트러뜨리다, 흩뜨리다¶ 髪を~ 머리카락을 흩뜨리다
ふりみふらずみ [降りみ降らずみ] 連語 (비·눈이) 오락가락함, 오다 말다함¶ ~の天気 (비·눈이) 오락가락하는 날씨
ふりむ·く [振(り)向く] 他五 ①뒤돌아보다, 돌아다보다¶ 名前を呼ばれてその方を~ 이름이 불려서 그쪽을 돌아다보다 ②다른 쪽으로 향하다, 관심을 보이다¶ だれも~·きもしない 아무도 거들떠보지 않다
ふりむ·ける [振(り)向ける] 他下一 돌리다 ①그쪽을 향하게 하다¶ 顔を~ 얼굴을 돌리다 ②전용하다, 被服費の一部を交際費に~ 피복비의 일부를 교제비로 돌리다
プリムラ (라 primula) 【植】 프리뮬러, 앵초식물의 총칭
ぶりゃく [武略] (文) 무략, 전략(戰略)

**ふりゅう** [浮流] 名 自スル (文) 부류. 물 위에 떠서 흐름¶ ~物 부류물 / ~機雷 부류 기뢰

**ふりゅうもんじ** [不立文字] 【佛】 불립 문자

**ふりょ** [不慮] 名 불의. 뜻밖= 意外¶ ~の事故 불의의 사고

**ふりょ** [*俘虜] (文) 부로. 포로= とりこ¶ ~収容所 포로 수용소

**ふりょう** [不良] 名 ヲ 불량 ①(질·상태가) 좋지 않음¶ ~品 불량품 ②품행이 나쁨. 그런 사람¶ ~少年 불량 소년 —**導体** 【物】 불량 도체. 부도체(不導體)

**ふりょう** [不猟] (사냥에서) 잘 안 잡힘

**ふりょう** [不漁] 불어. 흉어(凶漁) ⇔ **豊漁**

**ぶりょう** [無聊] 名 ヲ (文) 무료. 심심함¶ ~な日々 무료한 나날 / ~を慰める 무료함을 달래다

**ふりょうけん** [不料簡] 名 ヲ 그릇된 [분별 없는] 생각. 심보가 좋지 않음¶ ~を起こす 그릇된 생각을 하다

**ぶりょうとうげん** [武陵桃源] (文) 무릉도원. 도원경. 이상향= 桃源. 桃源郷

**ふりょく** [浮力] 【物】 부력¶ ~の作用 부력의 작용

**ふりょく** [富力] (文) 부력. 재력. 경제력

**ぶりょく** [武力] 무력. 군사력. 병력¶ ~に訴える ~에 호소하다

**ふりわけ** [振(り)分け] ①둘로 나눔. 반반함 ②「振り分け髪」의 준말 ③「振り分け荷物」의 준말 —**髪** 가운데 가리마를 타서 갈라 어깨까지 늘어뜨린 옛날 아이들의 머리 모양 —**荷物** 둘로 갈라 끈으로 매어 어깨의 앞뒤로 걸친 봇짐

**ふりわ・ける** [振(り)分ける] 他下一 ①둘로 나누다. 반씩 가르다¶ 左右に~ 좌우로 반분하다 ②배분하다. 할당하다¶ 仕事を~ 일을 할당하다

**ふりん** [不倫] 名 ヲ 불륜. 부도덕¶ ~の恋 불륜의 사랑

**プリンター** (printer) 프린터 ①(사진의) 인화기 ②컴 인자기(印字機)

**プリント** (print) 名 他スル 프린트 ①인쇄. 인쇄물 ②날염. 날염한 천 (영화·사진에서) 인화 —**アウト** (print out) 컴 프린트 아웃. 출력 —**合板** 프린트 합판

**ぷりんぷりん** 副 自スル (口) 포동포동. 탱탱

**ふ・る** [降る] 自五 ①(비·눈 등이) 내리다. 오다¶ 雪の~日 눈 내리는 날 ②떨어져 내리다¶ 木の葉は~庭 나뭇잎이 떨어져 내리는 마당 ③(햇빛·달빛이) 내리쬐다¶ 暖かい日の光が~ 시원스럽게 따뜻한 햇빛이 내리쬐다 ④(比) 많이 몰려오다. 쏟아지다¶ ~ほどあった間い合わせ 빗발치듯 몰려든 문의 ⑤(행운·불운이) 닥치다. 몰려오다¶ ~・りかかる災難 느닷없이 닥친 재앙

慣用句
—・って湧いたよう 난데없이 생김. 느닷없이 나타남

**ふ・る** [振る] 他五 ①(몸의 일부를) 움직이다. 흔들다¶ 手を~ 손을 흔들다 / 首をたてに~ 고개를 끄덕이다 ②(물체를) 흔들다. 휘두르다¶ 旗を~ 기를 흔들다 ③흩뿌리다. 흔들어 던지다¶ 塩を~ 소금을 흩뿌리다 / さいころを~ 주사위를 흔들어 던지다 ④방향을 돌리다. 틀다¶ 船の進路を北に~ 배의 진로를 북쪽으로 돌리다 ⑤(「…振らず」의 꼴로) 딴 곳으로 돌리지 않다¶ わき目も~・らずに歩く 한눈 팔지 않고 걷다 ⑥잃다. 버리다. 포기하다¶ 職を~ 직장을 버리다 ⑦(「~の꼴로」) 헛되이 하다. 날리다¶ 半生を棒に~ 반생을 헛되이 하다 ⑧뿌리치다. 거절하다. 퇴짜놓다¶ 約束を~ 약속을 거절하다 / ~・られた男 (여자에게) 채인 남자 ⑨(어음·수표를) 발행하다¶ 手形を~ 어음을 발행하다 ⑩할당하다. 매기다¶ 役を~ 배역을 주다 / 番号を~ 번호를 매기다

**フル** (full) ㊀ 풀 ①충분함. 최대임¶ ~に利用する 충분히 이용하다 ②완전함. 전(全)¶ ~セット 풀 세트 —**コース** (full course) 【料】 (서양 요리 등의) 풀 코스 —**スピード** (full speed) 풀 스피드. 전속력 —**タイム** (full time) 풀 타임. 상근. 전임 —**バック** (fullback) 풀백. (축구·럭비 등에서) 후위 —**ベース** (a full base) 【野】 풀 베이스. 만루

**ぶ・る** Ⅰ 自五 으스대다. 젠체하다¶ ~・ったやつ 젠체하는 녀석 Ⅱ接尾 (口) (명사·형용사 어간에 붙어) …인 체하다. …연(然)하다¶ 学者~ 학자연하다 / えら~ 잘난 체하다

**ブル** ①「ブルジョア·ブルジョアジー」의 준말¶ プチ~ 프티 부르조아 ②「ブルドッグ」의 준말 ③「ブルドーザー」의 준말

**ふるい** [*篩] 체
慣用句
—**に掛ける** ①체로 치다. 체질하다 ②좋은 것만 가려내다. 선별하다

**ふるい** [震い] 名 自五 ①진동. 흔들림 ②(오한·공포 등으로) 몸이 떨리는 것¶ 寒さで~が止まらなかった 추워서 떨림이 멎지 않았다 ③학질

**ふる・い** [古い·旧い] 形 ①옛일이다. 오래되다¶ ~話は 오래된 이야기 ②오래되다. 낡다¶ ~家 오래된 집 / ~洋服 헌 양복 ③시대에 뒤지다. 진부하다. 구식이다¶ ~考え 진부한 생각 / 頭が~ 머리가 고리타분하다 ④신선하지 않다. 오래되다¶ ~魚 신선하지 않은 생선 ▷ ①~④ ⇔ **新しい**
慣用句
—**きを温ねて新しきを知る** 온고 지신

**ぶるい** [部類] 부류¶ 優秀な~に入る 우수한 부류에 들어가다

**ふるいおこ・す** [奮い起(こ)す] 他五 분발시키다. 불러일으키다¶ 勇気を~ 용기를 불러일으키다

**ふるいおと・す** [振るい落(と)す] 他五 흔들어 떨어뜨리다. 털다¶ 木の葉を~ 나뭇잎을 흔들어 떨어뜨리다 / 着物のちりを~ 옷의 먼지를 털다

ふるいおと・す【*篩(い)落(と)す】他五 ①체질하다 ②(열등한 것을) 떨어뜨리다, 제거하다¶ 試験で〜・される 시험에서 떨어지다
ふるい・つ【奮い立・奮い起つ】自五 분발하다, 분기하다¶ 試合を前に〜 시합을 앞두고 분발하다
ふるいつ・く【震い付く】自五 꽉 껴안다¶ 〜・きたいような衝動 꽉 껴안고 싶은 충동
ふる・う【振るう】I 自五 ①떨치다, 번창해지다¶ 家業が〜・わない 가업이 번창하지 않다 ②(「〜った[っている]の型」로) 기발하다, 색다르다¶ 〜・った趣向 색다른 취향/ 言うことが〜・っている 말하는 것이 기발하다 II 他五 ①휘두르다 ¶ なたを〜 도끼를 휘두르다 ②(기세를 떨치다, 猛威を〜 맹위를 떨치다 ③【奮う】 용기를 내다¶ 蛮勇を〜 만용을 부리다 ④【*揮う】 (능력을) 발휘하다¶ 腕を〜 솜씨를 발휘하다 ⑤흔들다, 털다¶ 頭を〜 머리를 흔들다
ふる・う【震う】自五 흔들리다, 떨리다 = ふるえる¶ 体が〜 몸이 떨리다/ 地震で大地が〜 지진으로 대지가 흔들리다
ふる・う【*篩う】他五 ①체질하다¶ きれいに〜・った小麦粉 곱게 체질한 밀가루 ②추리다, 가리다, 선별하다¶ 試験で〜 시험으로 가려내다
ブルー (blue) 블루, 파랑, 청색 ━プリント 블루프린트, 청사진 ━カラー (blue-collar) 블루칼라, 육체 노동자 ━トレイン (일 blue train) 블루 트레인. 일본 JR 침대 열차의 호칭
フルーツ (fruit) 프루트, 과일 ━カクテル (fruit cocktail) 프루트 칵테일 ━パーラー (일 fruit parlor) 프루트 팔러. 과일을 함께 파는 다방 ━ポンチ (fruit punch) 프루트 펀치
ブルーマー (bloomers) 〔服〕 블루머 = ブルマー
ふるえあが・る【震え上がる】自五 (춥거나 무서워서) 부들부들 떨다¶ 脅しに〜 위협에 부들부들 떨다
ふる・える【震える】自下一 ①(추위・흥분・공포 등으로) 떨리다¶ 〜声 떨리는 목소리 ②흔들리다, 진동하다¶ 爆音で壁が〜 폭음으로 벽이 흔들리다
ふるがお【古顔】고참 = 古参・古株¶ 会社の〜 회사의 고참
ふるかね【古鉄】고철¶ 〜買い 고철 수집상
ふるかぶ【古株】①오래된 나무의 그루터기 ②고참 = 古顔¶ 〜の役員 고참 임원
ふるかわ【古川・古河】오래된 강
〔慣用句〕
―に水絶えず 오래된 강에 물 마르랴
ふるぎ【古着】헌옷¶ 〜屋 헌옷 장수
ふるきず【古傷・古*疵】①오래된 상처¶ 〜が痛む 오래된 상처가 아프다 ②(比) 이전에 범한 죄나 과실, 구악¶ 〜を暴く 구악을 폭로하다
ふるぎつね【古*狐】①늙은 여우 ②경험이 많고 교활한 사람 = 古だぬき
ふるく【古く・*旧く】副 오랜 옛적에, 이전부터, 예로부터¶ 〜中世にさかのぼる 오랜 중세로 거슬러 올라가다/ 〜からの言い伝え 예로부터의 전설
ふるくさ・い【古臭い】形 낡아빠지다, 케케묵다, 진부하다¶ 〜考え方 진부한 사고방식/ 〜衣装 낡아빠진 의상
ふるごと【古事・故事】고사, 옛일
ふるさと【古里・*故里・*故郷】고향 ①태어나 자란 곳¶ 〜に帰る 고향에 돌아가다 ②(比) 사물의 발상지, 옛 터전¶ 心の〜 마음의 고향/ 民族の〜 민족의 발상지
ブルジョア (프 bourgeois) 부르주아 ①시민 계급, 부유한 상공업자 ②자본가, 유산자 ⇔ プロレタリア ③(俗) 부자 ━趣味 부르주아 취미 ━革命 부르주아 혁명
ブルジョアジー (프 bourgeoisie) 부르주아지, 유산 계급, 자본가 계급 ⇔ プロレタリアート
ふるす【古巣】①옛 보금자리 ②옛집, 전에 살던 곳, 옛 직장¶ 〜に戻る 옛집에 돌아오다
ふる・す【古す・*旧す】他五 (補助) (동사 連用形에 붙어) 오래 써서 낡게 하다¶ 着〜 오래 입어 낡게 하다/ 聞き〜 늘 들어 진부해지다
ふるだぬき【古*狸】①늙은 너구리 ②노회한 사람, 능구렁이 = ふるぎつね¶ 〜にしてやられる 능구렁이한테 감쪽같이 당하다
ふるち【古血】고혈 ①(병독으로 오염된) 불순한 피 ②오래되어 변색된 피, 신선하지 않은 피
ふるづけ【古漬(け)】묵은 채소 절임
ふるって【奮って】副 자진해서, 분발하여, 적극적으로¶ 〜御応募ください 분발하여 응모해 주십시오/ 〜参加する 적극적으로 참가하다
ふるっている【振るっている】連語 (口) 색다르다, 기발하다, 의표를 찌르다¶ 言うことが〜 말하는 것이 기발하다
ふるつわもの【古*兵・古*強者】①노련한 무사, 역전의 용사¶ 千軍万馬の〜 천군 만마의 노련한 용사 ②(그 방면에 경험이 많은) 노련한 사람, 베테랑¶ かけひきに掛けては〜だ 협상에 관해서는 도통한 사람이다
ふるて【古手】①낡은 것, 헌옷, 고물¶ 〜屋 고물상/ 洋服の〜を買う 헌 양복을 사다 ②오랫동안 그 일에 종사한 사람, 고참¶ 官僚の〜 고참 관료
ふるでら【古寺】①오래되어 황폐한 절 ②고찰, 유서 깊은 절 = 古刹
ふるどうぐ【古道具】오래된 도구, 고물 ━屋 고물상, 고물 장수
ブルドーザー (bulldozer) 〔機〕 불도저
ふるとし【*旧年】①구년, 지난해, 작년 = きゅうねん・去年 ②(새해에 대해) 저무는 해
ブルドッグ (bulldog) 불독
プルトニウム (plutonium) 〔化〕 플루토늄. 방사성 원소의 하나 ━爆弾〔軍〕 플루토늄 폭탄
ふるとり【*隹】(한자 부수의) 새추부 ▷「雄・集」 등의 「隹」
ふるなじみ【古*馴染(み)】옛날부터 친한 사람,

ふるびる

오랜 지기¶ ～のよしみで引き受ける 옛부터의 친분으로 떠맡다
**ふる・びる**【古びる】 自上一 낡아지다, 헐다¶～・びた家 낡은 집
**ぶるぶる** 副 自スル 떨리는 모양, 벌벌, 와들와들, 부들부들, 덜덜¶寒さに～と震える 추위에 덜덜 떨리다
**ふるぼ・ける**【古惚ける】 自下一 낡아서 바래다, 오래 되어 볼품없어지다¶～・けた時計 낡아빠진 시계
**ふる ほん**【古本】 고본 ①헌책 ②고서(古書)¶～屋 고서점 ▷①② ⇔ 新本
**ブルマー** (bloomers) 服 블루머, 여성·아동용 속바지, 여학생 운동복 바지＝ ブルマース
**ふる まい**【振(る)舞い】 ①행동, 거동, 동작¶立ち居～ 행동거지 ②대접, 향응, 접대¶～酒 접대 술/大盤～ 진수 성찬을 대접함
**ふる ま・う**【振(る)舞う】 I 自五 행동하다, 거동하다¶男らしく～ 남자답게 행동하다 II 他五 대접하다, 향응하다, 접대하다¶手料理を～ 손수 만든 요리로 대접하다
**ふる めかし・い**【古めかしい】 形 고풍스럽다, 예스럽다¶～町並み 고풍스런 길거리
**ふる もの**【古物】 고물¶～屋 고물상
**ふるわ・せる**【震わせる】 他下一 떨다, 떨게 하다, 진동시키다¶声を～ 목소리를 떨다
**ふれ**【触れ】 ①널리 일반에 알림 ②(「お」의 꼴로) (관청 등의) 고시(告示), 포고¶お～を出す 포고를 내다 ③ 相撲 씨름꾼을 호명함
**ぶれ** (口) 정해진 위치에서 빗나감, (촬영시) 카메라가 흔들림¶カメラの～ 카메라의 흔들림
**ふれ あい**【触(れ)合い】 ①맞닿음, 스침, 접촉함 ②(사람끼리의) 교류, 마음이 통함¶～の場 상호 교류의 장
**ふれい**【不例】 文 불예(不豫), (귀인의) 병환, 환후¶今度の御～は大事ありますまいか 이번 환후는 염려 없겠습니까?
**ぶれい**【無礼】 名 무례, 실례¶～者 무례한 사람/～な振舞 무례한 행동 ━講 지위·신분의 고하를 가리지 않고 터놓고 즐기는 술자리
**フレー** (hurray) 感 후레이, 이겨라, 잘한다¶～、～、白組 이겨라, 이겨라, 백군
**プレー** (play) 플레이 ①놀이 ②경기, 경기 기술¶ファイン～ 파인 플레이, 연주¶「プレーボール」의 준말 ━オフ (play-off) 플레이오프, (프로 야구 등에서) 우승 결정전 ━ボーイ (playboy) 플레이보이 ━ボール (play ball) 플레이 볼, 경기 개시 (선언)
**ブレーキ** (brake) 브레이크 ①機 제동기¶～が利かない 브레이크가 듣지 않다 ②억제, 제동¶行き過ぎに～をかける 지나친 행동에 제동을 걸다
**フレーク** (flake) 플레이크, 얇게 자른 조각, 그런 식품¶コーン～ 콘 플레이크
**フレーズ** (phrase) 프레이즈 ①구(句), 성구, 관용구¶キャッチ～ 캐치 프레이즈 ②音 악구(樂句)

**プレート** (plate) 플레이트 ①판, 금속판¶ナンバー～ 번호판 ②電 진공관의 양극(陽極) ③(사진의) 감광판 ④「ピッチャーズプレート」의 준말, 투수판, 마운드¶～に立つ 마운드에 서다 ⑤「ホームプレート」의 준말, 홈 플레이트, 본루 ⑥地 지각을 구성하는 암반
**フレーム** (frame) 프레임 ①테, 틀¶眼鏡の～ 안경테 ②(건물 등의) 골조 ③틀을 짜서 만든 온상(溫床) ④(카메라 파인더에 잡히는) 구도¶～に收まる 프레임에 알맞게 들어가다 ━ワーク (framework) 프레임워크 ①뼈대, 골조, 틀 ②체계, 구성
**プレーヤー** (player) 플레이어 ①경기자, 출장 선수 ②연기자, 연주자 ③「レコードプレーヤー」의 준말
**ブレーン** (brain) 브레인 ①두뇌¶～ドレーン 두뇌 유출 ②「ブレーントラスト」의 준말 ━トラスト (brain trust) 브레인 트러스트, (정부·회사의) 두뇌 집단, 고문 기관
**プレオリンピック** (Pre-Olympic) 體 프레올림픽
**ふれ がき**【触(れ)書(き)】 포고문, 고시문＝触れ状¶～状 포고문이 돌다
**ふれこみ**【触(れ)込み】 (과장된) 사전 선전·예고¶大げさな～で客を釣る 과장된 사전 선전으로 손님을 끌다
**ふれ こ・む**【触(れ)込む】 他五 (과장되게) 미리 말을 퍼뜨리다, 사전 선전하다¶世界一のサーカスだと～ 세계 제일의 서커스라고 사전 선전하다
**ふれ じょう**【触(れ)状】 공시문＝触れ書き
**プレス** (press) 프레스 I 名 他スル ①누름 ②다리미질¶ズボンに～する 바지를 다리미질하다 ③인쇄, 출판 II 名 口 ①금속 성형 기계 ②압착기 ③신문, 신문사, 보도 관계자¶～クラブ 프레스 클럽 ④(역도에서) 추상
**ふれ だいこ**【触(れ)太鼓】 相撲 대회 전날 북을 치며 거리를 선전하고 돌아다님, 그런 북
**ふれ だし**【触(れ)出し】→ ふれこみ
**フレッシュ** (fresh) ダ 프레시, 신선함, 참신함¶～な感覚 참신한 감각 ━マン (freshman) 프레시맨, 신인, 신입 사원, 대학 신입생
**プレハブ** (prefab) 建 프리패브, 조립식 건축, 그런 건축물 ━住宅 조립식 주택
**プレビュー** (preview) 프리뷰, 영화 시사회
**ふれ ぶん**【触(れ)文】 포고문＝触れ書き
**ふれ まわ・る**【触(れ)回る・触れ廻る】 自五 ①알리고 돌아다니다¶町内に～ 동네에 알리고 다니다 ②여기저기 퍼뜨리고 다니다¶有る事無い事を～ 있는 말 없는 말을 퍼뜨리고 다니다
**プレミア**「プレミアム」의 준말
**プレミアム** (premium) 프리미엄 ①웃돈, 수수료, 권리금 (증권 등의) 액면 초과액, 할증 가격＝打歩 ②덤, 경품, 상품
**プレリュード** (prelude) 音 프렐류드, 전주곡, 서곡(序曲)
**ふ・れる**【狂れる】 自下一 미치다, 정신이 돌다, 실성하다¶気が～ 실성하다

ふ・れる【振れる】 自下一 ①흔들리다, 움직이다¶上体が~ 상체가 흔들리다 ②(어떤 방향으로) 쏠리다, 치우치다¶進路が少し西に~ れている 진로가 조금 서쪽으로 치우쳐 있다

ふ・れる【触れる】 I 自下一 ①닿다, 스치다, 접촉하다, 만지다=さわる¶手と手が~ 손과 손이 닿다¶外気に~ 바깥 공기를 쐬다 ②(「目に」「耳に」~)의 꼴로) 눈에 띄다, 귀에 들리다¶耳に~ うわさ 귀에 들리는 소문 ③언급하다¶さりげなく~ れておく 아무렇지도 않은 듯이 언급해 두다 ④(「事と折리」に~ れて」의 꼴로) (어떤 시기·사태에) 이르다, 맞닥뜨리다¶事ごとに~ れて訪れる 기회가 있을 때마다 방문하다 ⑤느끼다, 감동을 주다, 감화를 받다¶心に~ 親切に心에 와닿는 친절 ⑥감전되다¶電流に~ 전류에 감전되다 ⑦(규칙 등에) 저촉되다, 위반되다¶法に~ 법에 저촉되다 II 他下一 ①접촉하다, 대다, 만지다, 건드리다¶手を~ 손을 대다 ②널리 일반에게 알리다¶あちこち~ れて歩く 여기저기 알리고 다니다

慣用句
—・れなば落ちん 건드리면 금방이라도 떨어질 듯함

ぶ・れる 自下一 ①(정상 위치에서) 벗어나다 ②(초점이) 흔들리다¶映像が~ 영상이 흔들리다[흐릿하다]

ふれんぞく せん【不連続線】 [數] 불연속선

フレンチ (French) 造語 프렌치. 프랑스 식의 —カンカン (프 french cancan) 프렌치 캉캉

フレンド (friend) 프렌드, 친구¶ ガール~ 걸 프렌드 —シップ (friendship) 프렌드십, 우정

ブレンド (blend) 名 자ス 블렌드, 몇 가지를 혼합함, 혼합하여 한 것¶ ~コーヒー 블렌드 커피

ふろ【風呂】 ①목욕통, 욕조¶목욕물¶ ~を沸かす 목욕물을 데우다 ②목욕¶ ~に入る 목욕을 하다 ③욕실, 목욕탕 ④공중 목욕탕, 대중탕¶ 露天~ 노천 목욕탕¶ ~に行く 공중 목욕탕에 가다 —桶 통 모양의 나무 욕조 —釜 목욕물을 데우는 아궁이[보일러] —場 욕실, 목욕탕=浴室 —屋 대중탕, 공중 목욕탕, 그 경영인[업자]

ふろ【風炉】 찻물을 끓이는 풍로= ふうろ

プロ 프로 ①「プログラム」의 준말 ②「プロダクション」의 준말 ③「プロパガンダ」의 준말¶ アジ~ 아지 프로, 선동을 위한 선전 ④「プロレタリア・プロレタリアート」의 준말

プロ (pro) 「プロフェッショナル」의 준말. 프로, 프로페셔널 ⇔ アマ¶ ~級さ~ 프로급

フロア (floor) 플로어 ①마루 ②(건물의) 층

ふろう【不老】 불로 —長寿 불로 장수 —不死 불로 불사¶ ~の薬 불로 불사약

ふろう【不労】 名 불로, 일하지 않음 —所得 불로 소득 ⇔ 勤労所得

ふろう【浮浪】 名 自ス 부랑, 떠돌이 생활을 함¶ ~児 부랑아/ 街から街へ~する 거리에서 거리로 떠돌아다니다 —人 日史 (고대에) 본적지를 떠나 유랑하던 사람

ふろく【付録・附録】 ①부록¶ 巻末~ 권말 부록/ 別冊~ 별책 부록 ②덤, 덧거리

プログラム (program) 프로그램 ①계획, 예정, 예정표¶ 教育の~ 교육 프로그램 ②(연예물의) 진행 순서표, 편성표¶ ~をつくる 프로그램을 만들다 ③[컴] 처리 순서·방식을 지시한 것 —学習 컴 프로그램 학습. 단계적 학습 방법 —言語 컴 프로그램 언어

プロジェクト (project) 프로젝트, 연구[사업] 계획, 기획¶ ~チーム 프로젝트 팀

ふろしき【風呂敷】 보자기¶ ~に包む 보자기에 싸다/ ~を広げる 허풍을 떨다

プロセス (process) 프로세스, 경과, 과정, 공정¶ 作業~ 작업 공정

プロダクション (production) 프로덕션 ①생산, 제조¶ マス~ 매스 프로덕션, 대량 생산 ②영화·텔레비전 제작사 ③예능인을 모아 흥행·제작을 하는 회사 ④출판 기획·편집 회사

フロック (fluke) 플루크 ①(당구에서) 공이 우연히 맞음 ②우연한 성공, 요행¶ ~で勝つ 요행수로 이기다

フロック (frock) 「フロックコート」의 준말 —コート (frock coat) 服 프록 코트

ブロック (bloc) 블록. (정치·경제적) 동맹, 연합, 권(圈) —経済 經 블록 경제

ブロック (block) 블록 ①덩어리 ②「コンクリートブロック」의 준말¶ ~塀 블록담 ③(시가지 등의) 한 구획¶ 学校がある~ 先にある 학교는 한 블록 앞에 있다 ④(운동 경기에서) 블로킹, 방해하기, 막기 ⑤—紙 블록지. 여러 지역을 대상으로 발행되는 지방 신문

プロット (plot) 表 플롯. (소설·희곡 등의) 줄거리, 구상

プロパガンダ (propaganda) 프로퍼갠더. (주의·사상 등의) 선전

プロパン (propane) 化 프로판. 메탄계 탄화 수소의 하나 —ガス (일 propane gas) 化 프로판 가스

プロフィール (profile) 프로필 ①옆 얼굴, 측면상 ②(측면에서 관찰한) 인물평¶ ~を紹介する 프로필을 소개하다

プロフェッショナル (professional) 名 ナ 프로페셔널, 전문적, 직업적, 전문가

ふろふき【風呂吹き】 料 무·순무를 푹 삶아서 뜨거울 때 양념 된장을 발라서 먹는 요리

プロペラ (propeller) 工 프로펠러

ブロマイド (bromide) 브로마이드. (배우·운동선수 등의) 초상 사진= ブロマイド

プロムナード (프 promenade) 프롬나드 ①산책 ②산책로, 산책용 포장 도로

プロモーション (promotion) 프로모션 ①흥행 ②발기(発起) ③촉진, 장려 ④승격, 승진

プロモーター (promoter) 프로모터 ①흥행업자 ②주최자, 발기인

プロレス 「プロフェッショナルレスリング」의 준말. 프로 레슬링

プロレタリア (독 Proletarier) 프롤레타리아. 임

금 노동자, 무산자 **―革命**ホホ。[史] 프롤레타리아 혁명 **―文学**ホ、[文] 프롤레타리아 문학

**フロン** (fron) [化] 프론. 프레온 가스

**フロンティア** (frontier) 프론티어 ①국경 지방, 변경 ②미국 서부의 개척지 **―スピリット** (frontier spirit) 프론티어 스피릿. 개척자 정신

**フロント** (front) 프런트 ①정면, 전면 ⇒バック ②최전선, 일선 ③프로 야구단의 관리 본부 ④(호텔의) 접수계 **―ドライブ** (일 front drive) [工] 프런트 드라이브. (자동차의) 전륜 구동 방식

**ブロンド** (blond(e)) 블론드. 금발. 금발 여성 **―の美人**ヒシ 금발 미인

**ふわ**【不和】名[ナ] 불화¶ **家庭**カテ。**の**～ 가정 불화／～**が生**シゲ**じる 불**화가 생기다

**ふわく**【不惑】[文] 불혹 ①망설이지 않음 ②마흔 살¶ ～**の年**シシ 불혹의 나이

**ぶわけ**【部分け】名 他スル 분류함

**ふわたり**【不渡り】名 ～**小切手**キ゚ッ**テ** 부도 수표／～**を出**タ**す** 부도를 내다 **―手形**テカ゚タ ①[経] 부도 어음 ②실행되지 않을 약속

**ふわふわ** I 自スル ①(마음이 들떠) 들썽들썽¶ ～**した気持**キ**ち** 들썽들썽한 기분 ②팔랑팔랑, 둥실둥실, 둥둥¶ **わたぼこりが**～**と舞**マ**う** 솜먼지가 둥둥 날리다 II [ナ] 푹신푹신함, 말랑말랑함¶ ～**のふとん** 푹신푹신한 이불／～**に焼**ヤ**けたパン** 말랑말랑하게 구워진 빵

**ぶわぶわ** (口) I 副 自スル 부풀어 있는 모양¶ ～**したボール** 부풀어 있는 공 II [ナ] 부풀어 있음, 풍성함¶ ～**のコート** 풍성한 코트

**ふわらいどう**【付和雷同・附和雷同】名 自スル 부화 뇌동¶ **人**ヒト**の意見**イケン**に**～**する** 남의 의견에 부화뇌동하다

**ふわりと** 副 ①사뿐히¶ ～**飛**ト**び降**オ**りる** 사뿐히 뛰어내리다 ②둥실, 두둥실¶ ～**空中**クコチョ**ウ を飛**ト**ぶ** 두둥실 공중을 날다 ③살짝¶ ～**ふとんを掛**カ**ける** 이불을 살짝 덮다

**ふん**【*吻】晉 フン 訓 くちびる|(음)문. (造語) 입술¶ **吻合**コ゚ウ 문합・**接吻**セッフシ 입맞춤

**ふん**【*扮】晉 フン|(음)문. (造語) 치장하다, 꾸미다, 단장하다¶ **粉飾**フシショク 분식・**扮装**フシソウ 분장

**ふん**【粉】晉 フン 訓 こ・こな|(음)문. (造語) ①가루¶ **粉末**フシマツ 분말・**製粉**セイフン 제분 ②잘게 빻다, 가루로 만들다¶ **粉砕**フシサイ 분쇄 ③가루분¶ **粉黛**フシタイ 분대・**脂粉**シフン 지분 ④꾸미다¶ **粉飾**フンショク 분식 ⇒【黙字眼】白粉オシロイ 백분

**ふん**【紛】晉 フン 訓 まぎれる・まぎらす・まぎらわしい・まぎらわしい|(음)문. (造語) ①흐트러지다, 뒤얽히다, 복작거리다¶ **紛争**フシソウ 분쟁・**内紛**ナイフン 내분 ②뒤섞이다¶ **紛失**フンシツ 분실

**ふん**【*焚】晉 フン 訓 たく|(음)문. (造語) 굽다, 태우다, 불을 때다¶ **焚刑**フンケイ 분형・**焚書**フンショ 분서

**ふん**【雰】晉 フン|(음)문. (造語) ①안개, 안개・눈이 내리는 모양¶ **雰雰**フンフン 분분 ②대기, 공기¶ **雰囲気**フンイキ 분위기

**ふん**【噴】晉 フン 訓 ふく・はく|(음)문. (造語) 뿜다, 내뿜다¶ **噴出**フンシュツ 분출・**噴水**フンスイ 분수

**ふん**【墳】晉 フン|(음)문. (造語) (흙을 쌓아 올린) 무덤¶ **墳墓**フンボ 분묘・**古墳**コフン 고분

**ふん**【憤】晉 フン 訓 いきどおる|(음)문. (造語) ①분개하다, 노여워하다, 분노¶ **憤怒**フンヌ・フン ド 분노・**鬱憤**ウップン 울분 ②성분을 내다¶ **発憤**ハップン 발분

**ふん**【奮】晉 フン 訓 ふるう|(음)문. (造語) 분발하다, 용기를 내다¶ **奮起**フンキ 분기・**奮闘**フントウ 분투・**奮発**フンパツ 분발・**興奮**コウフン 흥분

**ふん**【*糞】晉 フン 訓 くそ|(음)문. I (造語) ①똥, 대변¶ **糞尿**フンニョウ 분뇨・**馬糞**バフン 마분 ②더러운 것¶ **糞土**フンド 분토 II 대변, 똥¶ **犬**イヌ**の**～ 개똥／～**詰**ツ**まり** 변비

**ふん** 感 (口) ①(가볍게 대꾸하거나 동의할 때 내는) 응¶ ～, **わかった** 응 알았어 ②(화를 내거나 남을 무시할 때 내는) 흥¶ ～, **そんなことか** 흥 그런 말인가 ③(탄복하거나 미심쩍어 할 때 내는) 흠¶ ～, **そうだったのか** 흠, 그랬었군

**ふん**【分】분 ①시간의 단위 ②각도・경도 위도의 단위 ③(척관법에서) 무게의 단위, 푼

**ぶん**【分】晉 ブン・フン・ブ 訓 わける・わかれる・わかる・わかつ|(음)문. I (造語) ①나누다, 나누어지다, 나눈 것¶ **分解**ブンカイ 분해・**分配**ブンパイ 분배 ②식별하다, 분별하다¶ **分析**ブンセキ 분석・**検分**ケンブン 검분 ③주된 것에서 분리됨¶ **分家**ブンケ 분가 ④분량¶ **二人分**ニニンブン 이인분, 전체 중의 요소¶ **分子**ブンシ 분자・**部分**ブブン 부분 ⑥천성, 임무¶ **性分**ショウブン 천성・**本分**ホンブン 본분 ⑦분수, 지위, 자격¶ **分際**ブンザイ 분제・**身分**ミブン 신분 ⑧사물의 상태, 정도, 모양¶ **気分**キブン 기분・**十分**ジュウブン 십분 ⑨(「ブ」로 읽어서) 전체를 10등분한 단위, 할¶ **五分五分**ゴブゴブ 반반 ⑩(「ブ」로 읽어서) 1할의 10분의 1, 푼¶ **一割二分**イチワリニブ 1할 2푼 ⑪(「フン」으로 읽어서) 척관법의 무게 단위, 돈, 돈쭝¶ **二匁五分**ニモンメゴフ ン **三匁**ドンジュウ **두냥 닷돈** ⑫(「ブ」로 읽어서) 척관법의 길이 단위, 푼¶ **三寸八分**サンズンハップン 3치 8푼 ⑬(「ブ」로 읽어서) 버선 등의 크기 단위, 푼¶ **十文七分**ジュウモンシチブ 십문 칠푼 ⑭(「フン」으로 읽어서) 시간의 단위, 분¶ **四時五分**ヨジゴフン 네시 오분 ⑮(「フン」으로 읽어서) 각도의 단위, 분¶ **東経**トウケイ **三十度四十五分**サンジュウドヨンジュウゴフン 동경 30도 45분 ⑯(「ブ」로 읽어서) 온도의 단위, 분¶ **三十度四分**サンジュウドヨンブ 30도 4부 ⑰(「ブ」로 읽어서) 옛 화폐 단위¶ **一分金**イチブキン 일푼금 II (명)¶ **友達**トモダチ**の**～**を残**ノコ**す** 친구의 몫을 남기다 ②분, 임무¶ **繰越**クリコシ**一ヶ月分** 이월분 ③임무, 본분¶ ～**を尽**ツ**くす本分を**다하다 ④분수¶ ～**を守**マモ**る** 분수를 지키다 ⑤사물의 상태・정도¶ **この**～**なら大丈夫**ダイジョウブ**だ** 이 정도라면 괜찮다

**ぶん**【文】晉 ブン・モン 訓 ふみ・あや|(음)문. I (造語) ①무늬, 장식¶ **文飾**ブンショク 문식・**斑文**ハンモン 반문 ②글자, 서체¶ **文字**モジ・モンジ 문자・**金石文**キンセキブン 금석문 ③문장, 글¶ **文芸**ブンゲイ 문예・**論文**ロンブン 논문 ④책, 기록¶ **文献**ブンケン 문헌・**逸文**イツブン 일문 ⑤학문, 예술¶ **文化**ブンカ 문화・**人文**ジンブン 인문 ⑥문법상의 단위¶ **構文**コウブン 구문 ⑦(「モン」으로 읽어서) 옛 화폐 단위, 푼¶ **一文**イチモン 한 푼 ⑧(「モン」으로 읽어서) 버선

등의 크기 단위. 문¶ 十文半$^{じゅうもん}$ 10문 반 ⑨「文学$^{ぶん}$」의 준말¶ 文博$^{ぶんはく}$ 문학 박사・英文$^{えいぶん}$ 영문학 ⑩「文化財$^{ぶんかざい}$」의 준말¶ 重文$^{じゅう}$ 중요 문화재・文部省$^{もんぶしょう}$의 준말¶ 文相$^{ぶんしょう}$ 문부 대신 ⑫「経文$^{きょうもん}$・呪文$^{じゅもん}$」의 준말¶ 誦諦文$^{ずず}$ 풍송문 ▷ 黙字訓 文身$^{ぶんしん}$ 문신 Ⅱ ①문장, 글¶ 〜を練$^{ね}$る 문장을 다듬다 ②[文法] 문, 센텐스¶ 〜の構造$^{こうぞう}$ 문의 구조 慣用句
　**―の成分$^{ぶん}$** 문장을 구성하는 성분
　**―は人$^{ひと}$なり** 글은 그 사람의 인품이다

**ぶん** [蚊] 曾 ブン 訓 か(이)(음)문. [造語] 모기 ▷ 주로 훈(訓)「か」로 쓰임

**ぶん** [聞] 曾 ブン・モン 訓 きく・きこえる (음)문. [造語] ①들리기, 듣기¶ 見聞$^{けんぶん}$ 견문・伝聞$^{でんぶん}$ 전문 ②소문, 평판¶ 新聞$^{しんぶん}$ 신문・風聞$^{ふうぶん}$ 풍문・名聞$^{みょうもん}$ 세상의 평판

**ぶん** 援骨 (口) (동사에 붙어) 마구…, 세게…, 냅다…¶ 〜なぐる 후려 갈기다/〜なげる 냅다 던지다

**ぶんあん** [文案] 문안¶ 〜を練$^{ね}$る 문안을 다듬다

**ぶんい** [文意] 문의. 글에 담긴 뜻[내용]¶ 〜をつかむ 글 뜻을 파악하다

**ふんいき** [雰囲気] 분위기¶ なごやかな〜 온화한 분위기/〜を壊$^{こわ}$す 분위기를 깨뜨리다

**ふんいつ** [吻合] (文) 문합. 촌합, 촉각¶ 〜を惜$^{お}$しむ 촉각을 아끼다

**ぶんいん** [分院] (병원・절 등의) 분원

**ぶんうん** [文運] 문운 ①문학・예술의 번성한 기운¶ 〜隆盛$^{りゅうせい}$ 문운 융성 ②문화・문명이 진보되는 기세¶ 〜が衰$^{おとろ}$える 문운이 쇠해지다

**ふんえん** [噴煙] 분연. 뿜어 나오는 연기¶ 火山$^{かざん}$が〜を吐$^{は}$く 화산이 분연을 내뿜다

**ぶんえん** [文苑] (文) 문원 ①문집 ②문단

**ふんか** [噴火] 名 自スル [地] 분화 ―口$^{こう}$ [地] 분화구 ―山$^{さん}$ 분화산. 활화산

**ぶんか** [分化] 名 自スル 분화¶ 細胞$^{さいぼう}$の〜 세포의 분화

**ぶんか** [分科] 분과¶ 〜会$^{かい}$ 분과회/科学$^{かがく}$の一$^{いち}$〜 과학의 한 분과

**ぶんか** [分課] 분과¶ 〜規程$^{きてい}$ 분과 규정

**ぶんか** [文化] 문화¶ 〜の交流$^{こうりゅう}$ 문화의 교류 ―遺産$^{いさん}$ 문화 유산 ―勲章$^{くんしょう}$ 문화 훈장 ―祭$^{さい}$ 문화제 ―財$^{ざい}$ 문화재 ―人$^{じん}$ 문화인 ―庁$^{ちょう}$ [政] 문화청 ―的$^{てき}$ ナ 문화적 ―の日$^{ひ}$ 문화의 날(11월 3일)

**ぶんか** [文科] 문과 ①인문・사회 과학 분야 ②(대학의) 인문・사회 과학 전공의 학과・학부¶ 〜系$^{けい}$ 문과계 ③문학부 ▷ ①〜③ ⇔ 理科$^{りか}$

**ぶんが** [文雅] 名 ナ (文) 문아. 시문을 짓고 풍류스러움. 운치있고 풍류스러움¶ 〜に富$^{と}$む 문아가 풍부하다

**ふんがい** [憤慨] 名 自他スル 분개¶ あまりの仕打$^{しう}$ちに〜する 지나친 처사에 분개하다

**ぶんかい** [分会] 분회¶ 〜委員$^{いいん}$ 분회 위원

**ぶんかい** [分界] 名 他スル (文) 분계. (토지의) 경계를 지음, 그런 경계¶ 〜線$^{せん}$ 분계선

**ぶんかい** [分解] 名 自他スル 분해¶ 空中$^{くうちゅう}$〜 공중 분해/時計$^{とけい}$を〜する 시계를 분해하다

**ぶんがく** [文学] 문학¶ 〜論$^{ろん}$ 문학론/児童$^{じどう}$〜 아동 문학 ―作品$^{さくひん}$ 문학 작품 ―史$^{し}$ 문학사 ―者$^{しゃ}$ 문학자 ―青年$^{せいねん}$ 문학 청년 ―博士$^{はく}$ 문학 박사

**ぶんかつ** [分割] 名 他スル 분할¶ 〜統治$^{とうち}$ 분할 통치/土地$^{とち}$を〜する 토지를 분할하다 ―払$^{ばら}$い 분할 지불, 할부

**ぶんかん** [分館] 분관. 별관 ⇔ 本館$^{ほんかん}$

**ぶんかん** [文官] 문관 ⇔ 武官$^{ぶかん}$

**ふんき** [噴気] 분기. 가스・증기 등의 분출, 분출된 가스・증기¶ 〜孔$^{こう}$ 분기공

**ふんき** [奮起] 名 自スル 분기, 분발¶ 一番$^{いち}$한번 크게 분발함/声援$^{せいえん}$に応$^{こた}$えて〜する 성원에 보답하여 분기하다

**ふんぎ** [紛議] 名 自スル (文) 분의. 의논이 분분함¶ 〜をかもす 분의를 빚다

**ぶんき** [分岐] 名 自スル 분기, 갈라짐¶ ここで鉄道$^{てつどう}$が〜する 여기서 철도가 갈라진다 ―点$^{てん}$ 분기점. 갈림길¶ 道路$^{どうろ}$の〜 도로의 분기점/人生$^{じんせい}$の〜に立$^{た}$つ 인생의 갈림길에 서다

**ふんきゅう** [紛糾] 名 自スル 분규. (논의 등이) 뒤얽힘¶ 議論$^{ぎろん}$が〜する 의논이 뒤얽히다

**ぶんきょう** [文教] (文) 문교¶ 〜政策$^{せいさく}$ 문교 정책/〜の府$^{ふ}$ 문부성

**ぶんぎょう** [分業] 名 他スル 분업¶ 医薬$^{いやく}$〜 의약 분업

**ぶんきょうじょう** [分教場] 분교장. 분교

**ぶんきょく** [分極] [物] 분극¶ 誘電$^{ゆうでん}$〜 유전 분극/〜化$^{か}$する 분극화하다

**ふんぎり** [踏ん切り] (口) 결심을 함, 결단¶ 〜がつかない 결심이 서지 않다

**ぶんきんたかしまだ** [文金高島田] 島田$^{しまだ}$まげ를 더 높이 빗어 올린 우아하고 화려한 일본식 여자 머리 모양

**ぶんぐ** [文具] 문구. 문방구¶ 〜店$^{てん}$ 문구점

**ぶんけ** [分家] 名 自スル 분가 ⇔ 本家$^{ほんけ}$¶ 次男$^{じなん}$が〜する 차남이 분가하다

**ふんけい** [刎頚] (文) 문경. 목을 벰. 참수 慣用句
　**―の交$^{まじ}$わり** 문경 지교. 생사를 같이 할 정도의 친한 교제

**ぶんけい** [文系] 문계. 문과 계열 ⇔ 理系$^{りけい}$

**ぶんけい** [文型] [文法] 문형¶ 基本$^{きほん}$〜 기본 문형

**ぶんげい** [文芸] 문예 ①학예¶ 〜欄$^{らん}$ 문예난 ②문학¶ 〜雑誌$^{ざっし}$ 문예 잡지 ―学$^{がく}$ 문예학 ―思潮$^{しちょう}$ 문예 사조 ―批評$^{ひひょう}$ 문예 비평 ―復興$^{ふっこう}$ 문예 부흥. 르네상스

**ふんげき** [憤激] 名 自スル (文) 분격. 분개¶ 〜のあまり退場$^{たいじょう}$する 분격한 나머지 퇴장하다

**ぶんけつ** [分蘖] 名 自スル [農] 분얼. (벼・보리 등이) 밑동에서 가지가 갈라지는 일

**ぶんけん** [分遣] 名 他スル 분견. 본대(本隊) 등

**ぶんけん** [分権] 분권 ⇔ 集権¶ 地方~ 지방 분권

**ぶんけん** [文献] 문헌¶ 参考~ 참고 문헌 ―学 문헌학

**ぶんげん** [分限] 분한 ①분수, 신분의 정도= ぶげん¶ ~を守る 분수를 지키다 ②부자, 재산가= ぶげん¶ にわかに 벼락 부자 ③[법] 공무원의 지위·자격, 그 변경·소멸에 관한 것¶ ~令 분한령

**ぶんげん** [文言] (文) 문언¶ 편지·문장의 글귀= もんごん ②(중국어의) 문어체

**ぶんけんちず** [分県地図] 일본 전국을 都·道·府·県 별로 나눈 지도

**ぶんこ** [文庫] 문고 ①서고 ②문집¶ 手~ 손궤 ③수집된 장서¶ 学級~ 학급 문고 ④[版] 文庫本의 준말¶ 少年~ 소년 문고 ―判 [版] 문고판 ―本 [版] 문고본

**ぶんご** [文語] [文法] 문어 ①平安시대 대대 문법을 기초로 하여 고정된 일본어의 체계 ②문장어(文章語) ▷ ①② ⇔ 口語 ―体 [表] 문어체 ―文 [表] 문어문

**ぶんご** [豊後] 일본의 옛 지명. 지금의 大分현의 대부분 지역

**ふんごう** [吻合] [名][自スル](文) 문합, 일치함, 부합함¶ ~術 문합술/ 話と事実とが~する 이야기와 사실이 일치하다

**ぶんこう** [分光] [名][自スル][物] 분광¶ ~器 분광기 ―計 [化] 분광계 ―分析 분광 분석

**ぶんこう** [分校] 분교 ⇔ 本校¶ 僻地の~ 벽지의 분교

**ぶんごう** [分合] [名][他スル](文) 분합, 나눔과 합침, 나누어 다른 것에 합침¶ 飛地を~する 타 구역에 있는 땅을 분합하다

**ぶんごう** [文豪] 문호¶ ~トルストイ 문호 톨스토이

**ぶんこつ** [分骨] [名][自スル] 분골. 유골의 일부를 다른 곳에 나누어 묻음¶ 郷里に~する 고향에 유골을 나누어 묻다

**ふんこつさいしん** [粉骨砕身] 분골 쇄신¶ ~努力します 분골 쇄신 노력하겠습니다

**ふんさい** [粉砕] [名][他スル] 분쇄 ①가루로 부숨¶ ~機 분쇄기 ②철저히 쳐부숨¶ 敵を~する 적을 분쇄하다

**ふんざい** [粉剤] 분제. 가루약= こなぐすり

**ぶんさい** [文才] 문재, 글재주¶ ~に恵まれる 문재를 타고나다

**ぶんざい** [分際] 분수. 주제, 처지¶ 己の~を知れ 자기 분수를 알아라/ 新入生の~でなまいきだ 신입생 주제에 건방지다

**ぶんさつ** [分冊] [名][他スル] 분책. 한 권의 책을 몇 권으로 나눔¶ 問題と答えを~する 문제와 해답을 분책하다

**ぶんさん** [分散] [名][自他スル] 분산¶ 光の~ 빛의 분산/ 人口を地方へ~させる 인구를 지방으로 분산시키다

**ふんし** [憤死] [名][自スル](文) 분사 ①분에 못이겨 죽음¶ 獄中で~する 옥중에서 분사하다 ②[野] 주자가 아깝게 아웃됨¶ 本塁直前で~する 홈 직전에서 분사하다

**ぶんし** [分子] 분자 ①[化] 물질의 최소 단위¶ 高~ 고분자 ②집단 중의 일원¶ 不平~ 불평 분자 ③[数] (분수의) 분자 ⇔ 分母 ―式 [化] 분자식 ―量 [物] 분량

**ぶんし** [分詞] [文法] 분사¶ 過去~ 과거 분사

**ぶんし** [文士] 문사. 문인, 작가¶ ―劇 문인극/ 三文~ 변변치 않은[얼치기] 문사

**ぶんじ** [文事] (文) 문사. 학문·예술에 관한 일¶ ~有る者は必ず武備有り 문사에 뛰어난 자는 반드시 무예에도 조예가 깊다

**ぶんじ** [文治] 문치= ぶんち

**ぶんじ** [文辞] (文) 문사. 문장, 문장의 말

**ふんしつ** [紛失] [名][自他スル] 분실¶ ~届を出す 분실 신고를 하다

**ぶんしつ** [分室] 분실¶ 町役場の~ 읍사무소의 분실

**ふんしば・る** [ふん縛る] [他](俗) 꽁꽁 묶다. 단단히 묶다¶ 泥棒を取り押さえて~ 도둑을 붙잡아서 꽁꽁 묶다

**ふんしゃ** [噴射] [名][他スル] 분사¶ ~装置 분사 장치/ 蒸気を~する 증기를 분사하다

**ぶんしゃ** [分社] 本社에서 신령(神靈)을 나누어 모시고 있는 다른 神社

**ぶんじゃく** [文弱] [名][ダ](文) 문약. 학예 등에 치우쳐 기질이 약해짐¶ ~の徒 문약한 사람들/ ~に流れる 문약에 흐르다

**ぶんしゅう** [文集] 문집¶ 卒業記念の~ 졸업 기념 문집/ ~を編む 문집을 엮다

**ぶんしゅく** [分宿] 분숙. 나뉘어 숙박함¶ 二軒の旅館に~する 두 채의 여관에 분숙하다

**ふんしゅつ** [噴出] [名][自他スル] 분출. 내뿜음

**ぶんしょ** [焚書] [名] 분서. 책을 불태움 ―坑儒 [史] 분서 갱유

**ぶんしょ** [分署] 분서. 본서에서 갈라진 기관

**ぶんしょ** [文書] 문서. 서류= もんじょ¶ 公~ 공문서/ ~で回答する 문서로 회답하다

**ふんじょう** [紛擾] [名][自スル](文) 분요, 분쟁¶ 国境をめぐる~ 국경을 둘러싼 분쟁

**ぶんしょう** [分掌] [名][他スル] 분장. 분담¶ 事務を~規定する 사무 분장 규정

**ぶんしょう** [文相] 문상. 문부 대신

**ぶんしょう** [文章] 문장, 글, 글솜씨¶ 放送~ 방송 문장/ ~を書き上げる 문장을 다 쓰다/ 題材はおもしろいが、~がよくない 제재는 흥미로우나 문장이 좋지 않다 ―家 문장가 ―語 [文法] 문장어. 문어(文語) ―作法 문장 작법 ―体 [表] 문장체 ―法 문장법 ①문장 작법 ②구문론 ―論 문장론

**ぶんじょう** [分乗] [名][自スル] 분승¶ 三台のバスに~する 세 대의 버스에 분승하다

**ぶんじょう** [分譲] [名][他スル] 분양¶ ~住宅 분양 주택 ―地 분양지. 팔기 위해 구분지어 놓은 토지

**ふんしょく** [粉食] [名][自スル] 분식 ⇔ 粒食¶ ~を奨励する 분식을 장려하다

ふんしょく【粉飾・扮飾】图 他スル 분식. 겉치레 ━決算ゖっさん【經】분식 결산
ぶんしょく【文飾】图 他スル (文) 문식 ①문장·어구를 꾸밈 ¶ 文章を~する 문장을 꾸미다 ② 수식, 채색, 장식 = いろどり
ふんしん【分針】(시계의) 분침 = 長針ちょう
ふんじん【粉・ㄨ塵】분진 ①작은 먼지, 티끌 ② (금속·석면 등이) 부서져서 날아다니는 가루 ¶ ~公害こう 분진 공해
ふんじん【奮迅】图 (文) 분신, 분기(奮起) ¶ 獅子し~の勢いきおい 사자 분신의 기세
ぶんしん【分身】분신 ①하나의 몸·조직에서 갈라져 나온 것 ¶ 子は親おやの~ 자식은 어버이의 분신 ②【佛】부처가 중생을 제도하기 위해 여러 모습으로 나타남, 화신 = 化身けし
ぶんじん【文人】(文) 문신 = 入いれ墨ずみ
ぶんじん【文人】문인, 문사 ¶ ~墨客ぼっ 문인 묵객 ━画が【美】문인화
ふんすい【噴水】분수 ①내뿜는 물 ¶ ~井戸 분수 우물 ②물을 뿜어내는 장치, 그런 물 ¶ ~の仕掛しか 분수 장치
ぶんすい【分水】图 自他スル 분수 ①물의 흐름이 갈라짐 ②본류에서 물을 가름, 그런 물 ¶ ~路ろ 분수로 ━界かい 분수계 ━嶺れい 분수령
ぶんすう【分数】【数】분수 ¶ ~式しき 분수식
ふん・する【ㄨ扮する】自サ変 분하다, 분장하다 ¶ 白雪姫しらゆきひめに~ 백설공주로 분장하다
ぶんせい【文勢】(文) 문세, 문장의 기세·박력
ぶんせき【分析】图 他スル 분석 ⇔ 総合そうごう ¶ 精神じん~ 정신 분석 / 定量りょう~ 정량 분석 / 状況じょう~をする 상황을 분석하다
ぶんせき【文責】(文) 문책, 쓴 글에 대한 책임 [慣用句]━在記者ざいきしゃ 문책 재기자. (신문·잡지 등에서) 기사의 문장상의 책임은 기자에 있음
ぶんせつ【分節】图 他スル 분절, 이어진 것을 몇 개로 나눔, 그 하나하나
ぶんせつ【文節】【文法】문절 = 文素ぶん
ふんせん【噴泉】(文) 분천 ①땅위로 분출하는 지하수·온천 ②분수
ふんせん【奮戦】图 自スル 분전, 분투 ¶ 強豪きょうを相手あいてに~する 강호를 상대로 분전하다
ふんぜん【紛然】(文) 분연, 뒤섞여 어지러움 ¶ 会場かいじょうは~として落おちつかない 회장은 분연하여 어수선하다
ふんぜん【憤然】(文) 분연, 몹시 화내는 모양 ¶ ~として席せきを立たつ 분연히 자리를 뜨다
ふんぜん【奮然】(文) 분연 ¶ ~たる決意けつい 분연한 결의 / ~として戦たたかう 분연히 싸우다
ぶんせん【文選】图 他スル【版】문선 ¶ ~工こう 문선공
ブンゼン バーナー (Bunsen burner)【化】분젠 버너, 분젠등 = ブンゼン灯とう
ふんそう【ㄨ扮装】图 自スル 분장 ¶ ロミオに~で登場とうじょうする 로미오로 분장하고 등장하다
ふんそう【紛争】图 自スル 분쟁, 분규 ¶ 国境こっきょうをめぐる~ 국경을 둘러싼 분쟁
ぶんそう【文藻】(文) 문조 ①문장의 수식 ② 문재(文才) ¶ 豊ゆたかな~ 풍부한 문재

ふんぞうえ【ㄨ糞掃ㄨ衣】【佛】거친 옷감으로 지은 승려의 옷
ぶんそうおう【分相応】图 ｿ 분수에 맞음, 지위·능력에 어울림 ¶ ~に生活せいかつする 분수에 맞게 생활하다
ふんぞりかえ・る【踏ん反り返る】自五(口) (거만하게) 몸을 뒤로 젖히다 ¶ 社長しゃちょうのいすに~ 사장 의자에 턱 버티고 앉다
ぶんそん【分村】图 自スル 분촌, 마을 사람들이 이주하여 새 마을을 만듦, 집단 이주촌
ぶんたい【粉ㄨ黛】(文) 분대 ①분과 눈썹먹 ② 화장, 화장한 미인 ¶ ~を施ほどこす 화장을 하다
ぶんたい【分隊】분대 ①본대로부터 떨어져 나온 조직 ②【軍】군대 편제의 한 단위
ぶんたい【文体】【表】문체 ¶ 作家さっかの~ 작가의 문체 / ~をとらえる 문체를 파악하다 ━論ろん【表】문체론
ぶんだい【文題】(文) 문제, 문장·한시의 제목
ふんだく・る 他五(俗) ①낚아채다, 탈취하다 ¶ ハンドバッグを~って逃げる 핸드백을 낚아채어 달아나다 ②바가지를 씌우다
ふんだりけったり【踏んだり蹴ったり】連語(口) 연달아 호된 곤욕을 당하다 ¶ ~の目めにあった 연달아 호되게 당했다
ふんたん【粉炭】분탄, 가루탄
ぶんたん【分担】图 他スル 분담 ¶ 役割やくを~ 역할 분담 / 仕事しごとを~する 일을 분담하다
ぶんたん【文ㄨ旦】「ザボン」의 딴이름
ぶんだん【分団】分団 ¶ 消防しょうぼう~ 소방 분단 / ~学習がくしゅう 분단 학습
ぶんだん【分断】图 他スル 분단 ¶ 国家こっかの~ 분단 국가 / 川かわが町まちを~している 강이 거리를 분단하고 있다
ぶんだん【文段】문단, 단락, 문장의 일절
ぶんだん【文壇】문단 ¶ ~の大御所おおごしょ 문단의 대가 / ~に登場とうじょうする 문단에 등장하다
ふんだんに 副 ①넉넉히, 풍부하게 ¶ 材料ざいりょうを~使つかう 재료를 넉넉히 쓰다
ぶんち【文治】(文) 문치 = ぶんじ ⇔ 武断ぶだん
ぶんち【聞知】图 他スル(文) 문지, 들어서 앎 ¶ そんな事ごとは~するところではない 그런 일은 들어 본 적이 없다
ぶんちゅう【文中】문중, 글귀 가운데, 글 속 ¶ ~に引用いんようする 글 속에 인용하다
ぶんちょう【文長】【表】문장, 글의 길이 ¶ 平均きん~ 평균 문장
ぶんちょう【文鳥】【動】문조
ぶんちょう【文調】문조, 글의 흐름, 글의 고르새 ¶ ~を整ととのえる 문조를 가다듬다
ぶんちん【文鎮】문진, 서진 ¶ ~をのせて置おく 문진을 얹어 두다
ぶんつう【文通】图 自スル 편지 왕래 ¶ ~が絶たえる 편지 왕래가 끊기다
ふんづ・ける【踏ん付ける】他下一(口) 짓밟다 = ふみつける ¶ 花畑はなばたを~ 꽃밭을 짓밟다
ふんづまり【ㄨ糞詰(ま)り】(俗) 변비
ぶんてん【文典】(文) 문전, 문법책 ¶ 日本語にほん

～ 일본어 문전

ふんど [憤怒·*忿怒] 名 自スル (文) 분노 = ふんぬ ¶ ～の相を帯びる 분노의 기색을 띠다

ふんど [*糞土] (文) 분토. ①썩은 흙, 더러운 흙 ②더러운 것, 추잡스러운 것

ぷんと 副(と) ①(냄새가 코를 찌르는) 확, 물씬¶ぬかみそが～におう 겨된장 냄새가 확 풍기다 ②성이 나서 뾰로통한 모습¶～そっぽを向く 뾰로통하여 외면하다

ふんとう [奮闘] 名 自スル 분투 ①힘을 다해 싸움¶孤軍～ 고군 분투 ②힘껏 노력함¶日夜～する 밤낮으로 분투하다

ふんどう [分銅] 분동. 저울추¶～を載せる 분동을 올려 놓다

ふんとう [文頭] 문두, 서두(書頭) ⇔ 文末

ふんどき [分度器] 분도기. 각도기

ふんどし [*褌·〈犢鼻褌〉] 남자의 음부를 싸서 가리는 좁고 긴 천¶人の～ですもうを取る 남의 것을 이용하여 자기 실속을 차리다
慣用句
―を締める 단단히 결심하고 일에 임하다

ふんどしかつぎ [*褌担ぎ] (俗) ①최하급 씨름꾼 ②최하급자, 졸때기

ぶんど·る [分捕る] 他国 (口) ①노획하다¶銃砲～を～ 총포를 노획하다 ②뺏앗다, 탈취하다¶他人の分け前まで～ 다른 사람의 몫까지 ～하다

ぶんなぐ·る [ぶん殴る] 他国(俗) 후려갈기다, 냅다 갈기다¶思い切り～ 마음껏 후려갈기다

ぶんな·げる [ぶん投げる] 他下一(俗) 내동댕이치다, 냅다 던지다¶手当たり次第に～ 닥치는 대로 내동댕이치다

ふんにゅう [粉乳] 분유 = 粉ミルク¶脱脂～ 탈지 분유

ふんにょう [*糞尿] (文) 분뇨. 대소변

ふんぬ [憤怒·*忿怒] 名 自スル(文) 분노 = ふんど¶～の形相 분노한 얼굴

ぶんのう [分納] 名 他スル 분납¶保険料を～する 보험료를 분납하다

ぶんぱ [分派] 名 自スル 분파¶～行動 분파 행동/主流から～する 주류에서 분파하다

ぶんばい [分売] 名 他スル 분매. 분할 판매¶全集を～する 전집을 분매하다

ぶんぱい [分配] 名 他スル 분배. 배분¶利益を～する 이익을 분배하다

ふんぱつ [奮発] 名 自スル ①분발¶～して勉強する 분발하여 공부하다 ②큰마음 먹고 돈을 냄[물건을 삼]¶上等の服を～する 고급 옷을 큰마음 먹고 사다

ふんばり [踏ん張り] ①버틸 힘, 앙버팀¶ひと～する 한번 앙버티다/～が利かない 버틸 힘이 없다 ②(俗) 갈보, 매춘부

ふんば·る [踏ん張る] 自国 ①다리를 벌리고 힘껏 버티다, 앙버티다¶土俵ぎわで～ 씨름판 가에서 힘껏 버티다 ②(굽히지 않고) 완강히 버티다, 참고 견디다¶あくまで～ 끝까지 참고 견디다

ふんぱん [噴飯] 名(文) 분반. 웃음을 참을 수 없음 ―物の 웃음거리¶そりゃ～だね 그건 웃음거리군

ぶんぱん [文範] (文) 문범. 모범이 되는 문장¶書簡文～ 서간문 문범, 편지틀

ぶんぴ [分泌] 名 自他スル → ぶんぴつ(分泌)

ぶんぴつ [分泌] 名 自他スル (生) 분비 = ぶんぴ¶胃液の～ 위액의 분비/～腺 분비샘

ぶんぴつ [分筆] 名 他スル 분필. 필지(筆地) 분할 ⇔ 合筆¶～登記 분필 등기

ぶんぴつ [文筆] (文) 문필¶～家 문필가/～業 문필업/～に親しむ 문필을 즐기다

ふんびょう [分秒] 분초. 매우 짧은 시간¶～を争う 분초를 다투다

ぶんぶ [文武] 문무. 학문과 무예¶～百官 문무 백관/～にすぐれる 문무에 뛰어나다 ―両道 문무 양도

ぶんぷ [分布] 名 自スル 분포¶～図 분포도/人口の～ 인구의 분포

ぶんぶつ [文物] (文) 문물¶西洋の～を取り入れる 서양의 문물을 받아들이다

ふんぷん [*芬*芬] タル(文) 분분 ①향기가 그윽함¶香気～ 향기 분분 ②냄새가 심함, 악취가 풍김¶悪臭～ 악취 분분

ふんぷん [紛紛] タル(文) 분분. 어수선하게 뒤섞임¶諸説～ 제설 분분, 여러 설이 분분하다

ぶんぶん ①곤충의 날개 소리, 웡웡, 붕붕¶蚊が～とうるさい 모기가 앵앵거려 귀찮다 ②비행기·기계 등이 돌아가는 소리. 웡웡, 붕붕¶～飛ぶ 붕붕 날다 ③물건을 세게 휘두르는 모양. 획획, 윙윙, 뱅뱅¶バットを～と振り回す 배트를 획획 휘두르다

ぷんぷん 副 自スル ①(냄새가) 물씬, 국축¶香水が～におう 향수 냄새가 물씬 풍기다 ②뽈로통, 불퉁불퉁¶～言いながら帰る 불퉁거리며 돌아가다

ふんべつ [分別] 名 他スル 분별. 철, 지각¶～のない子 철없는 아이/思慮～がある 사려 분별이 있다 ―顔 분별 있어 보이는 얼굴 ―臭い 形 분별 있는 체하다 ―盛り 한창 사리를 잘 알 나이 ―らしい 形 분별[지각]이 있어 보이다

ぶんべつ [分別] 名 他スル 분별. 종류에 따라 구별(구분)함¶～書き 떼어쓰기/ごみの～収集 쓰레기 분리 수집

ふんべん [*糞便] (文) 분변. 대변

ぶんべん [分娩] 名 他スル (醫) 분만. 해산 = 出産¶無痛～ 무통 분만/～室 분만실

ふんぼ [墳墓] (文) 분묘. 무덤 = はか
慣用句
―の地 ①조상의 무덤이 있는 곳, 고향 ②죽어서 묻힐 곳

ぶんぼ [分母] (數) 분모 ⇔ 分子
慣用句
―を払う (수식에서) 분모를 없애다

ぶんぽう [分封] I 名 他スル (文) 분봉. 봉토(封土)를 나누어 줌, 그 영지(領地) II 名 自スル (動) (꿀벌의) 분봉(分蜂)

ぶんぽう【文法】문법¶ 国~ 국문법/ ~に合わない文章 문법에 맞지 않는 문장
ぶんぼうぐ【文房具】문방구. 문구
ふんぽん【粉本】분본 ①[美] 밑그림 ②참조용으로 모사한 그림 ③(文) 그림·문장 등의 본
ふんまつ【粉末】분말. 가루 = こな¶ ~ジュース 분말 주스 —冶金 [工] 분말 야금
ぶんまつ【文末】문말. 글·문장의 끝부분
ぶん まわし【ぶん回し】컴퍼스. 걸음쇠
ふんまん【憤懣·忿懣】(文) 분만. 울분¶ ~やる方ない 분만을 풀 길이 없다
ぶんみゃく【文脈】①[表] 문맥¶ ~をたどる 문맥을 더듬다 ②(사물의) 맥락¶ 特殊な~での発言 특수한 맥락에서의 발언
ぶんみん【文民】(文) 문민. 민간인. (군인이 아닌) 일반인 —統制 (文) 문민 통제
ふんむき【噴霧器】분무기
ぶんめい【分明】(文) 분명. 명백 = ぶんみょう¶ 事態がようやく~になる 사태가 이제야 분명해지다
ぶんめい【文名】(文) 문명. 작가로서의 명성¶ ~をはせる 문명을 떨치다
ぶんめい【文明】문명¶ 古代~の発祥地 고대 문명의 발상지 —開化 문명 개화
慣用句
—の利器 문명의 이기
ぶんめん【文面】문면. 편지 등에 적혀 있는 내용¶ ~から察する 문면으로 헤아리다
ふんもん【噴門】[醫] 분문. 식도와 연결된 위의 입구 부분
ぶんや【分野】분야¶ 専門~ 전문 분야
ぶんゆう【分有】名 他スル(文) 분유. 나누어 가짐¶ 土地の所有権を~する 토지 소유권을 분유하다
ぶんよ【分与】名 他スル(文) 분여. 나누어 줌¶ 財産~ 재산 분여
ぶんらく【文楽】[藝] ①「文楽座」의 준말 ②義太夫節에 맞추어 하는 꼭두각시 인형극 —座 [藝] 18세기 말 大坂에 세워진 인형극 극장. 그 극단
ふんらん【紛乱】名 自スル(文) 분란. 혼란¶ ~を重ねる議会 분란을 거듭하는 의회
ぶんらん【紊乱】名 自他スル(文) 문란 = びんらん¶ 風紀~ 풍기 문란
ぶんり【分離】名 自他スル 분리¶ 政教~ 정교 분리 —課税 [經] 분리 과세
ぶんり【文理】(文) 문리 ①(사물의) 조리. 줄거리 ②(문장의) 조리. 문맥 ③문과와 이과 —学部 문리 학부
ぶんりつ【分立】名 自他スル 분립 = ぶんりゅう¶ 三権~ 삼권 분립/ 子会社として~させる 자회사로서 분립시키다
ふんりゅう【噴流】名 自スル 분류. (기체·액체가) 뿜어나오듯이 세차게 흐름. 그런 흐름¶ 溶岩の~ 용암의 분류
ぶんりゅう【分流】名 自スル 분류 ①지류¶ 川の~ 강의 분류 ②분파. 유파
ぶんりゅう【分留·分溜】名 他スル[化] 분류. 분

별 증류 = 分別蒸留
ぶんりょう【分量】분량¶ 目~ 눈대중/ ~が多い 분량이 많다
ぶんりょく【分力】[物] 분력 ⇔ 合力
ぶんるい【分類】名 他スル 분류¶ ~目録 분류 목록/ 本を大きさで~する 책을 크기에 따라 분류하다
ふんれい【奮励】名 自スル(文) 분려. 기력을 떨쳐 노력함¶ ~努力する 분려 노력하다
ぶんれい【分霊】神社의 제신(祭神)의 혼령을 나누어 다른 神社에 모심. 그 신령
ぶんれい【文例】문례. 문장 작법의 실례¶ ~を参照する 문례를 참조하다
ぶんれつ【分列】名 自スル 분열¶ ~行進 분열 행진 —式 (군대의) 분열식
ぶんれつ【分裂】名 自他スル 분열¶ 細胞が~ 세포 분열/ 組織が二つに~する 조직이 둘로 갈라지다 —気質 [心] 분열성 기질
ぶんわ【文話】(文) 문화. 문장에 관한 담화
ふんわり 副 自スル 두둥실. 사뿐히. 폭신폭신¶ ~と浮かぶ白い雲 두둥실 뜬 흰 구름/ ふとんが~としていて快い 이불이 폭신해서 기분이 좋다

# へ

へ 五十音図의 「は」행(行)의 넷째 かな. ひらがな「へ」는「部」의 방(旁)의 초서체, かたかな「へ」는「部」의 방의 약체에서 나온 것
へ【へ】[音] 바. F음¶ ~長調 바장조
へ 格助《(체언·활용어의 連体形에 붙어)》①(동작의 방향) …로, …으로¶ ここ~おいでいらっしゃい/ 京都~立つ 京都로 떠나다 ②㉠(동작이 행해지는 대상) …에게¶ 奥様~よろしく 부인께 안부 전해 주세요 ㉡(동작·작용이 미치는 장소) …에¶ 新聞~投書 신문에 투서하다 ㉢떨어져 있는 장소나 과거¶ 昔~戻る夢の旅 옛날로 돌아가는 꿈길 여행
へ【屁】①방귀 = おなら¶ ~をひる 방귀를 뀌다 ②대단치 않은 것. 시시한 것¶ ~のような話だ 시시한 이야기다
慣用句
—とも思わない 대단치 않게 여기다
—をひって尻すぼめ (比) 과오를 저지른 다음에야 당황해서 얼버무리려 함
へ 感(口) ①(상대를 경멸하는) 흥 = へん¶ ~、おまえなんか 흥 네따위가 ②(응답할 때의) 예¶ ~、承知しました 예 알았습니다
べ【辺】接尾《(명사에 붙어)》가, 언저리, 근처

¶ 水ぎ~ 물가/ 夕ぅ~ 저녁 무렵/ 枕ら~ 베갯머리

べ【部】【日史】(「大化たいかの改新かいしん」이전에) 특정 직업을 가지고 조정이나 귀족을 섬긴 집단

ベア 「ベースアップ」의 준말. 임금 인상

ペア (pair) 페어 ① 쌍, 짝, 복식조 ¶ ~スケーティング 페어 스케이팅/ ~を組む 짝을 짓다 ② 「ペアオアズシェル」의 준말. 두 사람이 노를 젓는 보트 경기 종목, 그런 보트 ━ルック (일 pair look) 【服】 페어 룩. (남녀가) 같은 빛깔・무늬의 옷을 입음

へあが・る【経上がる】 目五 (지위・신분이) 오르다, 승진하다, 진급하다 ¶ 下積みから~ 밑바닥에서 올라가다

へい【丙】 音 ヘイ 訓 ひのえ |(음)병. I (造語) ① 십간의 셋째 ¶ 丙午へいご 병오 ②세번째, 제3위 ¶ 丙種へいしゅ 병종・甲乙丙丁こうおつへいてい 갑을병정 II 名 병. (차례에서) 제3위 ¶ ~の評価ひょうか 병의 평가

へい【平】【平】 音 ヘイ・ビョウ(ビャウ)・ヒョウ(ヒャウ) 訓 たいら・ひら |(음)평. (造語) ①평평하다 ¶ 平地へいち 평지・水平すいへい 수평 ②평정하다, 다스리다 ¶ 平定へいてい 평정 ③평온하다, 무사하다 ¶ 平和へいわ 평화・太平たいへい 태평 ④치우치지 않다, 평등하다 ¶ 平等びょうどう 평등・公平こうへい 공평 ⑤특별하지 않다, 항상, 보통 ¶ 平凡へいぼん 평범・不平へい 불평 ⑥「平方ほう」의 준말 ¶ 開平かいへい 개평 ⑦(일본의 성씨인) 平たいら씨 ¶ 源氏げんじ 源みなもと 씨와 平씨 ⑧(「ヒョウ」로 읽어서) 한자음의 사성의 하나 ¶ 平声へいしょう 평성・平仄ひょうそく 평측

へい【兵】 音 ヘイ・ヒョウ(ヒャウ) 訓 つわもの・いくさ |(음)병. I (造語) ①군인, 무사 ¶ 兵士へいし 병사・歩兵ほへい 보병 ②전쟁 ¶ 兵法へいほう 병법・挙兵きょへい 거병 ③병졸, 사병 ¶ 兵卒へいそつ 병졸・一等兵いっとうへい 일등병 II (文) 군인, 병사 ¶ ~を募つのる 군인을 모집하다 ②(文) 전쟁 ¶ ~を起こす 전쟁을 일으키다 ③병졸, 사병 ¶ ~に命令めいれいする 졸병에게 명령하다

慣用句
━を挙げる 거병하다, 군사 행동을 일으키다

へい【併】【併】 音 ヘイ 訓 あわせる・ならぶ・しかし |(음)병. (造語) ①늘어서다, 병렬하다, 늘어놓다 ¶ 併行へいこう 병행・併列へいれつ 병렬 ②합치다, 하나로 하다 ¶ 併合へいごう 병합・合併がっぺい 합병

へい【坪】 音 ヘイ 訓 つぼ |(음)평. (造語) 주로 훈「つぼ」로 쓰임

へい【並】【竝】 音 ヘイ 訓 なみ・ならべる・ならぶ・ならびに |(음)병. (造語) ①나란히 서다, 늘어서다 ¶ 並行へいこう 병행・並列へいれつ 병렬 ②아울러, 함께 ¶ 並呑へいどん 병탄・並看行へいこう 병행

へい【柄】【柄】 音 ヘイ 訓 がら・え・つか |(음)병. (造語) ①자루, 손잡이 ¶ 葉柄ようへい 잎자루 ②세력, 힘, 권력 ¶ 横柄おうへい 건방짐・権柄けんぺい 권병 ③재료 ¶ 話柄わへい 화제

へい【陛】 音 ヘイ 訓 きざはし |(음)폐. (造語) 궁전의 계단 ¶ 陛下へいか 폐하

へい【閉】 音 ヘイ 訓 とじる・とざす・しめる・しまる |(음)폐. (造語) ①닫다, 잠그다 ¶ 閉門へいもん 폐문・開閉かいへい 개폐 ②들어박히다, 가두다, 숨기다 ¶ 閉塞へいそく 폐색・密閉みっぺい 밀폐 ③끝내다, 마치다 ¶ 閉会へいかい 폐회・閉店へいてん 폐점

へい【塀】 音 ヘイ I (일본식 한자) 담 ¶ 土塀どべい 토담・板塀いたべい 판자담 II 담, 울타리 ¶ ~をめぐらす 담을 두르다

へい【聘】 音 ヘイ |(음)빙. I (造語) ①방문하다 ②초청하다, 맞이하다 ¶ 招聘しょうへい 초빙・礼聘れいへい 예빙 II (文) 예물을 보내 사람을 초빙함 ¶ ~に応ずる 초빙에 응하다

へい【幣】【幣】 音 ヘイ 訓 ぬさ・しで・みてぐら |(음)폐. I (造語) ①신전에 올리는 종이・비단 오리 ¶ 幣帛へいはく 폐백・奉幣ほうへい 폐백을 드림 ②예물, 공물 ¶ 幣物へいもつ 폐물 ③통화, 돈 ¶ 幣制へいせい 폐제・화폐 제도・貨幣かへい 화폐 II (文) ①신전에 올리는 종이・비단 ¶ ~を捧ささげる 제물을 바치다 ②예물, 공물, 진상물 ¶ ~を献けんず る 공물을 바치다

へい【弊】【弊】 音 ヘイ 訓 つかれる・やぶれる |(음)폐. I (造語) ①해지다, 누더기가 되다 ¶ 弊衣へいい 폐의・弊屋へいおく 폐옥 ②지치다, 피곤해지다, 쇠약하다 ¶ 疲弊ひへい 피폐 ③좋지 않다, 나쁘다 ¶ 弊害へいがい 폐해・病弊びょうへい 병폐 ④자기를 낮추어 하는 말 ¶ 弊社へいしゃ 폐사・弊店へいてん 폐점 II (文) 폐, 폐단, 폐습, 폐해 ¶ 積年せきねんの~ 오랫동안 쌓인 폐습

へい【蔽】 音 ヘイ 訓 おおう |(음)폐. (造語) 덮다, 덮어서 숨기다 ¶ 蔽塞へいそく 폐색・隠蔽いんぺい 은폐・掩蔽えんぺい 엄폐・遮蔽しゃへい 차폐

へい【餅】【餅】 音 ヘイ 訓 もち |(음)병. 떡 ¶ 画餅がべい 화병・煎餅せんべい 납작한 일본 과자

へい 感 (자기를 낮추어 대답하는) 예, 예이 =へえ ¶ ~かしこまりました 예이 알았습니다

べい【皿】 音 ベイ 訓 さら |(음)명. (造語) 접시, 그릇 ▷ 주로 훈(訓) 「さら」로 씀

べい【米】 音 ベイ・マイ 訓 こめ・よね |(음)미. (造語) ①쌀 ¶ 米作べいさく 미작・玄米げんまい 현미 ②팔십팔, 여든여덟 살 ¶ 米寿べいじゅ 미수 ③「亜米利加」의 준말 ¶ 米国べいこく 미국・欧米おうべい 구미 ④「米突メートル」의 준말 ¶ 平米へいべい 평방미터

ペイ (pay) 페이 I 名 임금, 급료, 보수 ¶ ~がいい 보수가 좋다 II 名 自スル ①채산이 [수지가] 맞다 ¶ ~する企画きかく 채산이 맞는 기획 ②지급함, 지불함

へいあん【平安】 名 ナ (文) 평안함 ¶ ~な世よ 평안한 세상/ ~を祈ぎる 평안을 빌다 II 名 ①「平安京へいあんきょう」의 준말 ¶ 平安時代へいあんじだい의 준말 ━京きょう 【日史】 京都きょうと의 옛이름 ━時代じだい 【日史】 桓武天皇かんむてんのうが 平安京에 도읍을 정한 794년부터 鎌倉幕府かまくらばくふ가 시작된 1192년 까지의 약 400년간의 시대

へいい【平易】 名 ナ 평이. 알기 쉬움 ¶ ~な文章ぶんしょう 평이한 문장

へいい【弊衣・敝衣】 名 (文) 폐의. 해어진 옷 ¶ ~をまとう 해어진 옷을 걸치다 ━破帽はぼう 폐의 파모. 해어진 옷과 찢어진 모자

へいいん【兵員】 (文) 병원. 병사, 병력 ¶ ~をふやす 병력을 늘리다

へいいん【閉院】[名][自他スル] 폐원 ①(병원 등이) 폐쇄됨[폐쇄함]¶病院を～する 병원을 폐원하다 ②(병원 등이) 그날의 업무를 마침¶午後七時に～ 오후 일곱시 폐원 ③(국회가) 회기를 마침¶国会が～した 국회가 폐원했다 ▷ ①~③ ⇔ 開院

へいえい【兵営】[兵営] 병영¶～生活 병영 생활
へいえき【兵役】[兵役] 병역¶～義務 병역 의무/～を免れる 병역을 면제받다
へいえん【閉園】[名][自他スル] 폐원 ①(동물원 등을) 폐쇄됨[폐쇄함] ②(동물원 등이) 그날의 업무를 마침 ⇔ 開園
べいえん【米塩】(文) 미염. 쌀과 소금 ━の資 생활비¶～を稼ぐ 생활비를 벌다
へいおん【平温】평온 ①평균 온도, 평년 기온 ②평상 체온, 평열
へいおん【平穏】[名][ダ] 평온¶～無事 평온 무사/～な日々を送る 평온한 나날을 보내다
へいおんせつ【閉音節】[文法] 폐음절. 자음으로 끝나는 음절 ⇔ 開音節
へいか【平価】[経] 평가 ①두 나라 사이의 화폐 가치의 비(比) ②유가 증권의 거래 가격의 액면 가격과 같음¶国債の～発行 국채의 평가 발행 ━切り上げ[経] 평가 절상 ━切り下げ[経] 평가 절하
へいか【兵戈】(文) 병과 ①무기¶～を交える 전쟁을 하다 ②전쟁¶～の巷 전쟁터
へいか【兵火】(文) 병화 ①전화(戰火)¶～に見舞われる 전화를 당하다 ②전쟁
へいか【兵科】(보병・포병 등의) 병과
へいか【兵家】병가 ①군인, 무사¶勝敗は～の常 승패는 병가지상사 ②병법가 ③옛날 중국의 제자 백가의 한 파
へいか【陛下】폐하. 天皇・皇后・皇太后・太皇太后たちの높임말
へいが【平臥】[名][自スル](文) ①반듯이 누움= 横臥 ②병으로 누움, 와병= 病臥
べいか【米価】쌀값¶生産者米価/～を据え置く 쌀값을 동결하다
へいかい【閉会】[名][自他スル] 폐회¶～の辞 폐회사/本会議を～する 본회의를 폐회하다
へいがい【弊害】폐해¶麻薬の～ 마약의 폐해/～を生ずる 폐해를 낳다
へいかく【兵革】(文) 병혁 ①무기 ②전쟁
へいがく【兵学】병학. 군사학= 軍学
へいかくきん【閉殻筋】[動] 조개관자. 패주
へいかつ【平滑】[名][ダ] 평활. 평평하고 매끄러움 ━筋[医] 평활근. 민무늬근
へいかん【閉館】[名][自他スル] 폐관 ①(도서관 등을) 폐쇄됨[폐쇄함] ②(도서관 등이) 그날의 업무가 끝남¶午後五時～ 오후 5시 폐관
へいがん【併願】[名][他スル] (입학 시험에서) 복수 지원함¶二学部を～する 두개의 학부에 복수 지원하다
へいき【平気】[名][ダ] ①태연함, 아무렇지도 않음¶～を装う 태연한 체하다 ②끄떡없음¶これくらいの傷は～だ 이 정도 상처는 끄떡없다 ━の平左 태연함, 끄떡없음

へいき【兵器】병기. 무기= 武器¶核～ 핵무기/～廠 병기창
へいき【併記】[名][他スル] 병기¶両者の氏名を～する 두 사람의 성명을 병기하다
へいきょ【閉居】[名][自スル](文) 폐거. 칩거= 蟄居¶山荘に～する 산장에 칩거하다
へいぎょう【閉業】[名][自他スル] 폐업 ①(사업 등을) 그만둠¶商売が不振で～する 장사가 부진해 폐업하다 ②그날의 영업을 마침¶本日は～しました 오늘의 영업이 끝났습니다
へいきょく【平曲】[楽] 平家物語를 비파 반주로 가락을 붙여 부르는 것= 平家琵琶
へいきん【平均】평균 I [名][他スル] ①균일[균등]하게 함 ②[数] 수량의 중간치¶～を上回る 평균을 상회하다 II [名][自スル] ①균형, 평형¶体の～を保つ 몸의 균형을 유지하다 ②균일함¶品質が～している 품질이 고르다 ━寿命 평균 수명 ━台 평균대 ━値 평균치(값) ━的[ダ] 평균적 ━点 평균점
へいけ【平家】①平(たいら) 성(姓)을 가진 집안= 平氏 ②「平家物語」의 준말 ━蟹[動] 조개치레 ━琵琶[楽]「平家物語」를 비파 반주로 가락을 붙여 부르는 곡= 平曲 ━蛍[動] 쇠개똥벌레 ━物語[文] 平家 일문의 영고 성쇠를 그린 鎌倉 시대의 군담 소설
へいけい【閉経】[名][他スル][医] 폐경¶～期 폐경기
へいげい【睥睨】[名][他スル](文) 비예 ①곁눈으로 노려봄 ②주위를 노려보며 위압함¶天下を～する 천하를 비예하다
へいけん【兵権】(文) 병권¶～を執る 병권을 잡다
へいげん【平原】(文) 평원¶大～ 대평원
へいげん【炳乎】[ダ] 밝게 빛남, 명백함, 분명함¶～として明らかだ 아주 명백하다
へいご【平語】(文) ①일상어= 常談¶～ 평소 쓰는 일상어 ②「平家物語」의 준말
べいご【米語】미국식 영어
へいこう【平行】[名][自スル] ①평행¶～する二直線 평행하는 두 직선 ②병행¶━線 ①평행선 ②[比] (의견 등이) 일치하지 않음¶～をたどる 평행선을 걷다 ━棒 평행봉
へいこう【平衡】평형. 균형= 均衡¶～を保つ 평형을 유지하다 ━感覚 평형 감각
へいこう【並行】[名][自スル] 병행 ①나란히 감¶鉄道とバスが～して走る 철도와 버스가 나란히 달리다 ②동시에 행해짐¶分科会が～して開かれた 분과회가 병행하여 열렸다
へいこう【閉口】[名][自スル] ①난처함, 질림, 손듦¶あいつのおしゃべりには～した 저 녀석의 수다에는 손들었다 ②입을 다물고 말하지 않음
へいこう【閉校】[名][自他スル] 폐교 ①(학교가) 폐쇄됨, 폐쇄함¶財政難で～した 재정난으로 폐교했다 ②수업을 쉼, 휴교
へいこう【閉講】[名][自他スル] 종강. 강의・강좌를 끝냄, 중단함 ⇔ 開講
へいごう【併合】[名][自他スル] 병합. 합병= 合併

¶ 会社ゃを~する 회사를 병합하다

べいこく [米国] 미국. 미합중국¶ ~ドル 미국 달러

べいこく [米穀] (文) 미곡. 쌀. 곡물¶ ~商ょ 미곡상 一年度ねん [經] 미곡 연도

べいこま [^貝(独楽)] 쇠고둥의 조가비에 납을 녹여 부어 만든 팽이. 그것을 본떠 만든 쇠팽이

へいこら [副] 굽실굽실¶ 上役ゃくに~する 상사에게 굽실거리다

へいさ [閉鎖] [名][他スル] 폐쇄¶ 学級きゅう~ 학급 폐쇄/ 正門ん을 ~する 정문을 폐쇄하다 —的 [ナ] 폐쇄적

へいさく [平作] 평작. 평년작= 平年作へいねん

べいさく [米作] (文) 미작 ①벼농사¶ ~地帯たい 미작 지대 ②벼의 작황¶ ~予想ょ 미작 예상

へいさつ [併殺] [名][他スル] [野] 병살¶ ~を食う 병살을 당하다

へいざん [閉山] [名][自他スル] 폐산 ①그 해의 등산 기간을 마감함 ②광산·탄광을 폐쇄함

べいさん [米産] (文) 미산. 미곡(쌀) 생산¶ ~地ち 미곡 생산지

へいし [平氏] 平たい라는 성(姓)을 가진 씨족= 平家

へいし [兵士] (文) 병사. 병졸= 兵卒へい

へいし [閉止] [名][自他スル](文) 폐지. 기능이 멈춤¶ 月経けい~ 월경 폐지

へいし [斃死] [名][自スル](文) 폐사. (길가에) 쓰러져 죽음¶ 家畜ちくの~ 가축의 폐사

へいじ [平時] 평시 ①평상시¶ ~の体温とん 평상시의 체온 ②평화시 ⇔ 戰時せん ¶ ~の備え 평시의 방비

へいじ [兵事] (文) 병사. 군사¶ ~係かか 병사계

へいじ [^瓶子] (文) 주둥이가 좁고 목이 긴 술병

べいしきしゅうきゅう [米式^蹴球] 미식 축구

へいじつ [平日] 평일 ①일요일·공휴일 이외의 날¶ ~は五時まで営業ぎょうする 평일은 5시까지 영업하다 ②평상시. 평소¶ ~どおりに勤務きんする 평일대로 근무하다 一立ち合あい (증권 거래소에서) 입회

へいしゃ [平射] [名][他スル] 평사 ①평면에 투영함¶ ~図法ほう 평사 도법 ②거의 수평으로 발사함¶ ~砲ほう 평사포

へいしゃ [兵舎] 병사. 병영(兵營)

へいしゃ [弊社] 폐사

へいしゅ [兵種] 병종. (군대에서) 병과

べいじゅ [米寿] 미수. 88세¶ ~の祝い 미수의 축하(잔치)

へいしゅう [弊習] (文) 폐습¶ 旧来きゅうの~を打破だする 구래의 폐습을 타파하다

べいしゅう [米収] 쌀의 수확¶ ~高だか 쌀 수확고

べいしゅつ [^迸出] [名][自スル](文) 병출. 분출. 용출¶ ~岩がん 병출암. 화산암

へいじゅん [平準] (文) 평준 ①수평으로 함 ②균일하게 함 一化ゕを図はかる 평준화를 꾀하다

へいしょ [兵書] 병서. 병법·병학에 관한 서적

へいじょ [平叙] [名][他スル] 평서. 있는 그대로 서술함 一文ぶん [文法] 평서문

へいしょう [併称·並称] [名][他スル](文) 병칭 ①아울러 일컬음 ②뛰어난 것에 견주어 말함¶ カントと~される大哲学者てつがくしゃ 칸트와 병칭되는 대철학자

へいじょう [平常] [名][副] 평상. 일상. 평소¶ ~運転うん 평소 운전/ ~通どおりの生活せい 평소대로의 생활 一心しん 평상심 一点てん (출석 상황·수업 태도 등의) 평소 점수

へいじょう [閉場] [名][自スル] 폐장 ⇔ 開場じょう ¶ ~時間じかんとなる 폐장 시간이 되다

へいしょく [米食] [名][自スル] 미식. 쌀을 먹음. 쌀을 주식으로 함¶ ~の習慣しゅう 쌀밥을 먹는 습관

へいしん [平信] (文) ①평신. 평서¶ 見舞いと~をかねた手紙がみ 문안과 평신을 겸한 편지 ②편지 겉봉의 수신인 이름 밑에 쓰는 말

へいしん [並進·併進] [名][自スル](文) 병진. 함께 [나란히] 나아감

へいじん [兵刃] (文) 병인. (칼·창 등의) 날붙이= やいば ¶ ~を交まじえる 교전하다

へいしんていとう [平身低頭] [名][自スル] 평신 저두. 몸을 굽히고 머리를 숙임¶ ~して謝ゃする 평신 저두하여 사과하다

へいすい [平水] (文) 평수 ①평수위¶ ~量りょう 평수량 ②물결이 일지 않는[잔잔한] 물

へい・する [^聘する] [他][サ変](文) ①초빙하다¶ 講師こうしとして~ 강사로서 초빙하다 ②납채(納采)하고 아내로 맞다

へいせい [平成] 일본의 현재의 연호 ▷ 1989년 1월 8일부터 시작됨

へいせい [平静] [名][ナ] 평정¶ ~を装ょそう 평정을 가장하다¶ ~を失う 평정을 잃다

へいせい [兵制] 병제. 군비에 관한 제도¶ ~を整える 병제를 정비하다

へいせい [幣制] 폐제. 화폐 제도¶ ~改革かく 화폐 제도 개혁

へいせい [弊政] (文) 폐정. 악정(惡政)

へいぜい [平生] [名][副] 평소. 평상= ふだん ¶ ~通どおり 평소대로/ ~と少しも変からなかった 평소와 조금도 다르지 않았다

へいせき [兵籍] ①병적. 군적¶ ~に入はいる 병적에 오르다. 군인이 되다 ②「兵籍簿せき」의 준말. 병적부

へいせつ [併設] [名][他スル] 병설. 함께 설치(설비)함¶ 病院びょうと研究所けんきゅうを~する 병원과 연구소를 병설하다

へいせん [兵船] 병선. 군함

へいぜん [平然] 평연. 태연함¶ 叱られても~としている 꾸중을 들어도 태연하다

べいせん [米銭] (文) 미전 ①쌀과 돈 ②쌀값. 생활비¶ ~にも事欠ことがく 몹시 궁색하다

へいそ [平素] 평소. 평상시= ふだん ¶ ~の習慣しゅう 평소의 습관/ ~はおとなしい 평소에는 온순하다

へいそう [兵曹] 병조. 구 일본 해군의 하사관 계급

へいそく [^屏息] [名][自スル](文) 병식 ①숨을 죽이고 꼼짝도 하지 않음 ②두려워서 움츠러듦

へいそく [閉^塞] [名][自他スル] 폐색¶ 腸ちょう~ 장 폐색/ 運河が을 ~する 운하를 폐색하다

**へいぞく**【平俗】 名 ナ 文 평속. 평범하고 속됨¶ ～な文章 평범하고 속된 문장

**へいそつ**【兵卒】 병졸. 병사. 군사

**へいぞん**【併存】 名 自スル 병존¶ 新旧の勢力が～する 신구 세력이 병존하다

**へいたい**【平体】 版 평체. 좌우가 길고 상하가 짧은 변형 서체

**へいたい**【兵隊】 병대 ①군대¶ ～ごっこ 병정놀이/～に行く 군대에 가다 ②병사, 병졸

**へいたん**【平坦】 ナ 평탄 ①땅이 평평함¶ ～な道 평탄한 길 ②기복이 없이 평온함, 순탄함¶ ～な生涯 평탄한 생애

**へいたん**【平淡】 ナ 평담. 담박하고 꾸밈이 없음¶ ～な話し方 담박하고 꾸밈 없는 화법

**へいたん**【兵站】 軍 병참¶ ～部 병참부

**へいだん**【兵団】 軍 병단. 군단

**へいだんぞくわ**【平談俗話】 평담 속화. 평상시의 이야기, 보통 이야기 = 平談俗語

**へいち**【平地】 평지¶ ～に波瀾を起こす 평지 풍파를 일으키다

**へいち**【併置】 名 他スル 병치. 병설¶ 小学校に～の幼稚園 초등학교에 병치된 유치원

**へいちゃら** ナ 俗 아무렇지도 않음, 겁내지 않음, 태연함 = へっちゃら¶ 試験なんて～さ 시험 따위는 두렵지 않아

**へいちょう**【兵長】 병장. 사병 계급의 최고위

**へいてい**【平定】 名 自他スル 평정 天下を～ 천하 평정／反乱を～する 반란을 평정하다

**へいてい**【閉廷】 名 自他スル 폐정. 법정을 닫음 ⇔ 開廷¶ ～を宣する 폐정을 선언하다

**へいてん**【閉店】 名 自他スル 폐점 ①가게를 폐쇄함, 폐업¶ 商売不振で～する 장사가 안 되어 폐점하다 ②그날의 영업을 마침¶ ～時刻 폐점 시각

**へいてん**【弊店】 文 폐점¶ 毎度～をご利用いただき… 매번 폐점을 이용해 주셔서…

**へいどく**【併読】 名 他スル 병독. 두 가지 이상의 책(신문)을 아울러 읽음¶ 二誌を～している 두 잡지를 병독하고 있다

**へいとして**【炳として】 副 文 찬란하게, 밝게, 명백하게¶ ～輝く 찬란하게 빛나다¶ ～あきらかだ 의심할 여지없이 분명하다

**へいどん**【併呑】 名 他スル 병탄 ①아울러 삼킴 ②병합¶ 隣国を～する 이웃 나라를 병탄하다

**へいトン**【米トン】 미국 톤 = ショートトン

**へいねつ**【平熱】 평열. 평상시의 체온¶ やっと～に下がった 겨우 평열로 내렸다

**へいねん**【平年】 평년 ①윤년이 아닌 해 ②(작황·기온 등이) 보통인 해¶ ～作 평년작／並みの気温 평년 기온 **～値** 気 평년치

**へいば**【兵馬】 文 병마 ①병기(병사)와 군마 ②전쟁 ③군비, 군대¶ ～を動かす 군대를 동원하다 ④군마, 군용마
[慣用句]
**ー権** 병마지권, 군대 통수권

**へいはく**【幣＊帛】 文 ①신전에 바치는 공물 = みてぐら·ぬさ ②폐백. 예물

**へいばく**【米麦】 文 미맥. 쌀과 보리. 곡물

**へいはつ**【併発】 名 自他スル 병발¶ 余病を～する 합병증을 병발하다

**へいはん**【版】 版 평판¶ ～印刷 평판 인쇄

**へいばん**【平板】 평판 Ⅰ 名 평평한 판자 Ⅱ ナ (내용이) 단조롭고 재미가 없음¶ ～な文章 단조로운 문장

**へいはん**【米飯】 文 미반. 쌀밥

**へいび**【兵備】 병비. 군비¶ ～を整える 군비를 정비하다

**へいふう**【弊風】 文 폐풍. 폐습

**へいふく**【平伏】 名 自スル 부복, 엎드림, 엎드려 절함¶ 足下に～する 발 밑에 부복하다

**へいふく**【平服】 평복. 평상복¶ ～で御出席ください 평복 차림으로 참석해 주십시오

**へいふく**【平復】 名 自スル 文 평복. 평유(平癒). 쾌유¶ ～を祈願する 쾌유를 기원하다

**へいぶん**【平分】 名 他スル 평분. 평등하게 나눔¶ 昼夜を～する日 낮과 밤의 길이를 평분하는 날

**へいへい** Ⅰ 感 口 「へい」를 반복한 말. 예이 예이¶ ～、承知しました 예이 예이 잘 알았습니다 Ⅱ 名 自スル 굽실굽실 남에게～する 上役에게 굽실거리다

**へいへい**【平平】 タル 文 평평 ①판판함, 평탄함 ②평범함 **ー坦坦** タル 「平平」의 힘줌말. 평평 탄탄. 아주 평탄함¶ ～たる大地 아주 평탄한 대지 **ー凡凡** タル 文 「平凡」의 힘줌말. 아주 평범함, 평범하기 짝이 없음¶ ～とした生活 평범하기 짝이 없는 생활

**へいべい**【平米】 俗 「平方米突」의 준말. 평방 미터. 제곱 미터

**ぺいぺい** 俗 기량이 미숙하거나 지위가 낮은 사람을 멸시하는 말. (또는) 자신을 비하하는 말. 하발이, 햇병아리. 풋내기 = ぺえぺえ¶ ～役者 하발이 배우／わたしはまだ～です 저는 아직 풋내기입니다

**へいほう**【平方】 평방. 제곱 Ⅰ 名 他スル 数 같은 수를 두번 곱함¶ 二の～は四である 2의 제곱은 4다 Ⅱ 名 ①《길이의 단위 앞에 붙어》면적을 나타내는 말¶ 三～メートル 3평방 미터《길이의 단위 뒤에 붙어》그 길이를 한 변으로 하는 정사각형의 면적을 나타내는 말¶ 五～メートル～ 5미터 평방 **ー根** 数 평방근. 제곱근

**へいほう**【兵法】 ①병법¶ 孫子の～ 손자 병법 ②무예, 무술¶ ～家 무술가 ▷「ひょうほう」라고도 함

**へいぼん**【平凡】 名 ナ 평범 ⇔ 非凡¶ ～な人生 평범한 인생

**へいまく**【閉幕】 名 自スル 폐막. (연극·행사 등이) 끝남 ⇔ 開幕¶ 大会が無事に～した 대회가 무사히 끝났다

**へいみゃく**【平脈】 医 평맥. 건강할 때의 맥박

**へいみん**【平民】 평민. 서민¶ ～の出 평민 출신 **ー的** ナ 평민적, 서민적

**へいむ**【兵務】 병무. 군무 = 軍務

**へいめい**【平明】 名 ナ 평명. 알기 쉽고 명료

へいめん【平面】 평면 ⇔ 曲面¶ ～鏡 평면경 —図 평면도 —的 ㉖ 평면적

へいもつ【幣物】(文) ① → へいはく(幣帛) ② 선물, 예물＝進物

へいもん【閉門】Ⅰ 名 自スル 폐문 ⇔ 開門¶ 午後 6時に～する 오후 6시에 폐문한다 Ⅱ 名 [史] (江戸 시대) 승려・무사에게 일정 기간 바깥 출입을 금하고 근신시키던 형벌

へいや【平野】 평야, 들¶ ～が広がる 평야가 펼쳐진다

へいゆ【平癒】 名 自スル (文) 평유, 쾌유¶ 心から～を祈る 진심으로 쾌유를 빌다

へいゆう【併有】 名 他スル (文) 병유. (둘 이상의 것을) 아울러 가짐

へいよう【併用】 名 他スル 병용. (둘 이상의 것을) 함께〔아울러〕씀¶ 薬を二種～する 약을 두 종류 병용하다

へいらん【兵乱】 병란, 전란＝戦乱¶ ～が絶えない 병란이 끊이지 않다

へいり【弊履／敝履】(文) 폐리, 헌신짝¶ ～のごとく捨てる 헌신짝처럼 버리다

へいりつ【並立】 名 自スル 병립, 양립¶ 両雄～せず 양웅은 병립하지 못한다 —語 [文法] 병립어, 병렬어 —助詞 [文法] 병립 조사, 병렬 조사＝並列助詞

へいりゃく【兵略】 병략, 군략, 전략¶ ～にたける 병략에 뛰어나다

へいりょく【兵力】 병력¶ ～を削減する 병력을 삭감하다

へいれつ【並列】 名 自他スル 병렬¶ ～連結 병렬 연결¶ ～に並べる 나란히 늘어 세우다

へいろ【平炉】 ㉑ 평로. (제강에 쓰는) 직사각형 반사로＝ひらろ

へいわ【平和】 名 ㉖ 평화¶ 世界～ 세계 평화/～な家庭 평화로운 가정 —共存 평화 공존 —条約 평화 조약

へいわ【平話】(文) 평화 ① 일상어, 보통의 이야기. 俗談 평화 ② (중국어에서) 백화(白話)의 문체

へえ 感 ㉠ ① (응답할 때) 예¶ ～, わかりました 예 알았습니다 ② (감탄・놀람・어이없을 때) 어, 허, 허참, 저런¶ ～, そうなの. 어 그래／～, 本当ですか 허 정말입니까

ベークライト (Bakelite) 베이클라이트. 페놀계 합성 수지, 석탄산 수지(樹脂)

ベース (base) 베이스 ① 토대, 기초¶ 商業～ 상업 베이스 ② 기지, 근거지 ③ [野] 누(塁) ④ [電] 전극 —アップ (일 base up) 名 自スル 베이스 업, 임금 인상

ベース (bass) 베이스 ① (남성의) 저음＝バス ② 콘트라베이스 ③ 『ベースギター』의 준말 —ギター (일 bass guitar) 베이스 기타

ペース (pace) 페이스 ① 보조, 보속(歩速)¶ 自分の～を守る 자기 페이스를 지키다 ② 일의 진행도¶ 仕事の～が遅い 일의 진행이 빠르다 —メーカー (pacemaker) 페이스메이커 ① (장거리 경주 등에서) 선두에서 레이스를 이끌어가는 선수 ② (교섭 등의) 선도자 ③ [医] 심장에 전기 충격을 주는 장치

ペーソス (pathos) 페이소스. 애수(哀愁)¶ ～が漂だよう 페이소스가 감돌다

ベータ (그 beta；Β・β) 베타 ① 그리스어 자모의 두 번째 글자 ② 제2, 두 번째¶ ～星 베타성 —線 [物] 베타선

ペーチカ (pechka) 페치카 → ペチカ

ペーパー (paper) 페이퍼 ① 종이 ② 서류, 논문 ③ 『サンドペーパー』의 준말 —クラフト (일 paper craft) 페이퍼 크라프트. 종이 공예 —ドライバー (일 paper driver) 면허증은 있으나 거의 운전하지 않는 사람 —バック (paperback) [版] 페이퍼백. 종이 표지의 값싼 책 —プラン (paper plan) 페이퍼 플랜. 지상 계획, 탁상 공론

へおん きごう【ヘ音記号】[音] 낮은음자리표

ペガサス (Pegasus) 페가수스. (그리스 신화의) 날개 달린 천마 —座 [天] 페가수스자리

へがす【*剥がす】 他五 ㉔ 벗겨내다, 떼다

べからず【助動】(文) ① …하지 마라, …해서는 안 된다¶ 芝生に入る～ 잔디밭에 들어가지 말 것 ② 할 수 없다¶ 筆舌に尽くす～ 필설로 다할 수 없다

へき【*碧】 音 ヘキ 訓 あお・みどり (음) 벽. (造語) ① 푸른색의 돌¶ 碧玉 벽옥 ② 짙은 청색, 청록색¶ 碧海 벽해・紺碧 감벽

へき【*僻】 音 ヘキ 訓 ひがむ (음) 벽. (造語) 치우치다, 편파적이다¶ 僻見 벽견・僻論 벽론¶ 僻む 후미지다, 구석지다, 외지다¶ 僻村 벽촌・僻地 벽지

へき【壁】 音 ヘキ 訓 かべ (음) 벽. (造語) ① 벽¶ 壁画 벽화・防火壁 방화벽 ② 울타리, 담¶ 土壁 토벽 ③ 절벽, 벼랑¶ 岸壁 안벽・絶壁 절벽 ④ 보루¶ 城壁 성벽・鉄壁 철벽 ⑤ 이십팔수(二十八宿)의 하나 ▷ 黙字訓 壁蝨 진드기

へき【*癖】 音 ヘキ 訓 くせ (음) 벽. Ⅰ (造語) 버릇¶ 潔癖 결벽・盗癖 도벽 Ⅱ 벽. 버릇¶ 浪費の～がある 낭비벽이 있다

へぎ【片木】 ① 얇게 벗김 ② 『へぎ板』의 준말. 얇게 켠 판자 ③ 얇게 켠 판자로 만든 쟁반

べき【冪】 音 ベキ (음) 멱. Ⅰ (造語) 거듭제곱, 누승¶ 冪数 누승 Ⅱ [数] 멱. 거듭제곱, 누승＝果乗¶ ～を求める 누승을 구하다

へぎいた【*折ぎ板】 얇게 켠 판자 → へぎ

へきうん【碧雲】(文) 벽운. 푸르스름한 구름

へきえき【*辟易】 名 自スル ① 압도되어 물러섬¶ 相手の剣幕に～する 상대방의 기세에 눌려서 물러나다 ② 손을 듦, 질림¶ 長広舌に～する 장광설에 질리다

へきえん【*僻遠】 名 ㉖ (文) 벽원. 외지고 멂¶ ～の地 외지고 먼 고장, 벽지

へきが【壁画】 [美] ～ 古墳 벽화 고분

へきかい【碧海】(文) 벽해. 푸른 바다, 창해

へきかい【*劈開】 名 自他スル 벽개 ① (文) 쪼개져서 갈라짐 ② [鉱] 광물이 일정한 방향으로 쪼개짐, 그런 성질

へきかん【壁間】(文) 벽간. (기둥 사이의) 벽면

¶ ～に写真を掛ける 벽간에 사진을 걸다
へき-がん [*碧眼] (文) 벽안 ①푸른 눈¶ 紅毛の～ 홍모 벽안 ②서양인
へき-ぎょく [*碧玉] (文) 벽옥 ①푸른 빛이 나는 옥 ②(比) 푸른 빛을 지닌 것¶ ～の空 질푸른 하늘 ③(鉱) 불순물을 함유한 석영
へき-くう [*碧空] (文) 벽공. 벽천. 창공
へき-けん [*僻見] (文) 벽견. 편견¶ ～を去る 벽견을 버리다
へき-こん [*幕根] (数) 제곱근 = 乗根
へき-しょ [*壁書] 서 I 名(他スル) 벽에 씀. 그런 글자 II 名 벽에 써 붙인 게시〔법규〕
へき-すい [*碧水] (文) 벽수. 질푸른 물
へき-すう [*僻陬] (文) 벽추. 벽지. 벽촌¶ ～の地 벽지
へき・する [*僻する] 自サ変(文) ①(한쪽으로) 치우치다. 쏠리다¶ ～・した意見 치우친 의견 ②비뚤어지다. 僻む
へき-せつ [*僻説] (文) 벽설. (한쪽으로) 치우친 의견. 주장
へき-そん [*僻村] (文) 벽촌¶ 山あいの～ 산골짜기의 벽촌
へき-たん [*碧*潭] (文) 벽담. 질푸른 소(沼)
へき-ち [*僻地] 벽지 = 辺地¶ ～教育 벽지 교육/ ～に赴任する 벽지에 부임하다
へき-とう [*劈頭] (文) 벽두. 시작. 최초. 첫번째¶ 会議の～から意見が百出する 회의의 벽두부터 의견이 백출하다
へき-めん [*壁面] 벽면¶ ～を絵で飾る 벽면을 그림으로 장식하다
へき-らく [*碧落] (文) 벽락 ①푸른 하늘. 창공 ②머나먼 곳. 땅 끝
へき-るり [*碧*瑠璃] (文) ①푸른 유리 ②(比) 푸르고 맑은 물·하늘
へき-れき [*霹*靂] (文) 벽력 ①우레. 천둥¶ 青天の～ 청천 벽력 ②요란한 소리. 굉음
へき-ろん [*僻論] (文) 벽론. (한쪽으로) 치우친 의견. 사고방식
へ・ぐ [*剥ぐ] 他五 얇게 벗기다. 떼다 = はぐ¶ 杉板を～ 삼나무 판자를 얇게 벗기다
べく-して 連語(文) ①당연히 …해야 했기에, … 하지 않으면 안 되어¶ 勝つ～勝った 이겨야 했기에 이겼다 ②…할 수도 있어도¶ 言う～、行ないがたし 말할 수는 있어도 행하기는 어렵다
ヘクタール (hectare) 헥타르. (미터법에서) 면적의 단위 ▷ 1헥타르는 100아르
ペクチン (pectin) (生) 펙틴. 콜로이드성 다당류
ヘクト (hecto) (造語) 헥토. 기본 단위의 100배를 뜻함 →パスカル (hectopascal) (気) 헥토파스칼. 압력의 단위 ▷ 1파스칼의 100배
べく-もない 連語(文) …할 리 없다. …할 수도 없다. …할 여지도 없다¶ 勝つ～相手で 이길 가망이 없는 상대/ 援助なども望む～ 원조 같은 건 바랄 여지도 없다
べく-んば 連語(文) …할 수만 있다면¶ 笑う～ 笑え 웃을 수 있다면 웃어라
ペケ (俗) ①쓸모 없음. 파치. 못씀 = だめ¶ ～にする 파치로 치다/ 予定が～になる 예정이 쓸모 없게 되다 ②벌점. ×표¶ ～を付ける 벌점을 매기다
へ・げる [*剥げる] 自下一 벗겨져 떨어지다
へこ-おび 〈兵児〉帯] 남자나 아이가 두르는 한 폭 넓이의 허리띠 = 三尺帯
へこた・れる 自下一(口) 기진하다. 녹초가 되다. 지쳐 버리다 = へたばる¶ 暑さに～ 더위에 녹초가 되다
ベゴニア (begonia) (植) 베고니아. 추해당
ペこ ぺこ (口) I ①굽실굽실¶ ～と謝る 굽실거리며 사과하다 ②우그렁우그렁¶ ブリキ板が～する 생철판이 우그렁우그렁하다 II 形動 배가 몹시 고픔¶ おなかが～だ 배가 몹시 고프다
へこま・す [*凹ます] 他五 ①우그러뜨리다. 缶を～ 깡통을 우그러뜨리다 ②(상대를) 굴복시키다¶ 正論で相手を～ 정론으로 상대를 굴복시키다
へこ・む [*凹む] 自五 ①우그러들다. 옴폭 패다. 꺼지다¶ 追突して車体が～ 추돌하여 차체가 우그러들다 ②굴복하다¶ 言い負かされて～ 설득당하여 굴복하다 ③밀지다. 손해보다¶ 商売で少しし～・んだ 장사에서 조금 밀졌다
ぺこん と 副(口) ①옴폭¶ ピンポン玉が～へっこむ 탁구공이 옴폭 들어가다 ②꾸벅¶ ～おじぎをする 꾸벅 인사를 하다
へ-さき [*舳先] 이물. 뱃머리. 선수¶ 南に～を向ける 남쪽으로 뱃머리를 돌리다
べし 助動 ①마땅히 …해야 한다. …하는 것이 당연하다¶ 即刻退去すべし～ 즉각 퇴거해야 한다 ② …할 예정이다¶ 明日は遠国へ赴く～ 내일은 먼 지방으로 떠날 작정이다 ③《흔히 終止形을 써서》반드시 …일 것이다. …할 것 같다¶ 明日は雨なる～ 내일은 비가 올 것 같다 ④ …할 수 있다. …할 수 있을 듯하다¶ 推察すべる～ 가히 짐작할 수 있다 ⑤《終止形의 꼴로》…할 것. 여라. …해 다오¶ 九時に集合すす～ 9시에 집합할 것 ⑥ …하겠다. …해야 한다¶ 明日必ず行く～ 내일은 꼭 가야겠다
へし-あ・う [*圧し合う] 自五(口) 서로 밀어대다¶ 押し合い～・いして 밀치락달치락하며
へし-お・る [*圧し折る] 他五(口) ①눌러서(휘어) 꺾다¶ 枝を～ 가지를 휘어서 꺾다 ②기세를 꺾다¶ 高慢の鼻を～ 거만한 콧대를 꺾다
へし-ま・げる [*圧し曲げる] 他下一(口) (힘을 가해) 눌러(휘어) 구부리다¶ 鉄の棒を～ 철봉을 눌러 구부리다
へしゃ・げる 自下一(俗) 눌려 납작해지다. 짜부러지다 = ひしゃげる
ぺしゃんこ 形動(口) (눌려서) 납작함 = ぺちゃんこ¶ ～につぶれた帽子 납작하게 찌부러진 모자
へ・す [滅す] 他五 줄이다 = へらす
ベスト (best) 名ア 베스트 ①최상. 상급. 가

ペスト

장 좋음¶ ～メンバー 베스트 멤버 ②전력, 최선¶ ～を尽くす 최선을 다하다 ━セラー (best seller) 베스트 셀러

ペスト (독 Pest) 医 페스트, 흑사병(黒死病)

へず・る [*剝る] 他五 ①깎아내다, 줄이다¶ 予算よんを～ 예산을 깎다 ②빼앗다

へそ [*臍] ①배꼽 = ほぞ ②(물건의 중심에 있는) 배꼽 모양으로 나오거나 괸 곳¶ あんパンの～ 팥빵의 배꼽/ みかんの～ 귤의 꼭지 ③중심부, 중요한 부분¶ 韓国かんの～ 한국의 중심지/ 話はなの～ 이야기의 중요한 부분

慣用句
━が宿替やどがえする → へそで茶ちゃを沸わかす
━で茶ちゃを沸わかす 배꼽을 쥐다[빼다], 우스워 견딜 수 없다
━を曲まげる 기분 나빠하다, 토라지다

べそ (어린아이 등이) 울상이 됨 = 泣なきべそ¶ ～をかく 울상을 짓다

へそくり [*臍繰り] 「臍繰くり金がね」의 준말. (주부 등이) 절약하여 몰래 모아 둔 돈, 사천¶ ～を溜ためる 사천을 모으다

へそく・る [*臍繰る] 他五 (口) (주부 등이 절약하여) 사천을 모으다

へそちゃ [*臍茶] (俗) 「臍へそで茶ちゃを沸わかす」의 준말. 우스워서 참을 수 없음, 배꼽을 뺌

へそのお [*臍の緒] 탯줄¶ ～を切きってから 탯줄을 끊은 이래, 이 세상에 태어난 이후

へそまがり [*臍曲がり] 名(口) 비뚤어진 심보, 심술궂음, 심술쟁이 = つむじまがり¶ ～なことばかり言いう 심술궂은 소리만 한다

へた [下手] 名ダ ①(솜씨가) 서투름, 그런 사람¶ ～字じ 서투른 글씨 ②어설픔, 섣부름¶ ～なことを言いう 어설픈 말을 하다/ ～に手てを出だすと 섣불리 손을 대지 않는다 ━糞くそ 名(俗) 몹시 서투름, 그런 사람

慣用句
━な鉄砲てっぽうも数うち打うてば当あたる 여러 번 되풀이하다 보면 그 중에서 요행히 맞는 일도 있다
━の考かんがえ休やすむに似にたり 어리석은 사람은 아무리 궁리해도 명안은 떠오르지 않는다
━の横好よこずき 서투른 주제에 무척 좋아함
━をすると 자칫 잘못하면/ ～命いのちとりになる 자칫 잘못하면 목숨을 잃게 된다

へた [*蔕] (열매의) 꼭지¶ 柿かきの～ 감 꼭지

へた (권투류의) 딱지, 뚜껑

べた ①(造語) (동사를 명사화하는 말에 붙어) 온통, 전체, 전면¶ ～塗ぬり 온통 칠함/ ～ぼれ 홀딱 반함/ ～ぼめ 극구 칭찬함 ②(版) 「べた組ぐみ」의 준말 ③「べた焼やき」의 준말

べたいちめん [べた一面] 전면, 온통¶ ～に塗ぬりたくる 온통 뒤바르다

べたがき [べた書き] (口) 전면에 빽빽이 씀, 그렇게 쓴 것

べたぐみ [べた組み] 版 붙여짜기, 통조판

へだたり [隔たり] 거리, 간격, 차¶ 中心ちゅうしんからの～ 중심으로부터의 거리/ 認識にんしきに相当そうとう～がある 인식에 상당한 차이가 있다

へだた・る [隔たる] 自五 ①떨어지다, 멀어

지다, 지나다¶ 年月としつきが～ 세월이 지나다/ ここから三さんキロ～・った所ところ 여기서 3킬로미터 떨어진 곳 ②(심리적으로) 떨어지다, 멀어지다¶ 気持きもちが～ 마음이 떨어지다 ③(실력 등에) 차이가 나다, 벌어지다¶ 実力じつりょくが～ 실력차가 나다 ④사이에 두다, 가로막히다¶ 川かわを～・った村むら 강을 사이에 둔 마을

べた つ・く [べた付く] 自五 ①끈적거리다, 찐득거리다¶ 接着剤せっちゃくざいが～ 접착제가 찐득거리다 ②(교태를 부리며) 달라붙다¶ 客きゃくに～ 손님에게 달라붙다

へだて [隔て] ①간막이, 경계 = しきり¶ ～の壁かべ 경계(짓는) 벽 ②차별, 구별¶ 義理ぎりの子こも～なくかわいがる 의붓 자식도 차별 없이 귀여워하다 ③격의¶ ～のない態度たいど 격의 없는 태도

へだ・てる [隔てる] 他下一 ①칸을 막다, 가로막다, 가리다¶ びょうぶで～ 병풍으로 칸을 막다/ 高たかいビルに～・てられて見みえない 높은 빌딩에 가로막혀서 보이지 않다 ②사이에 두다, 거리를 두다¶ テーブルを～・てて座すわる 테이블을 사이에 두고 앉다 ③세월을 보내다, 지나다¶ 10年ねんを～・てて再開さいかいされる 10년이 지나서 재개되다 ④(사이를) 떼어놓다, 갈라놓다¶ 仲なかを～ 사이를 갈라놓다 ⑤멀리하는 녀석을 ～ 마음에 안 드는 녀석을 멀리하다

へたば・る 自五 (俗) ①(지쳐서) 털썩 주저앉다¶ 道みちに～ 길에 털썩 주저앉다 ②(기력이 다해) 녹초가 되다, 기진맥진하다¶ 途中とちゅうで～ 도중에 기진맥진하다

べた べた I 副 自五 (口) ①끈적끈적¶ 手てに～とくっつく 손에 끈적끈적 달라붙다 ②남녀가 찰싹 달라붙은 모양. 찰싹¶ 恋人こいびとどうしが～する 애인끼리 달라붙다 ③처덕처덕, 더덕더덕¶ ビラを～と張はる 삐라를 더덕더덕 붙이다 II ダ 처덕처덕함, 더덕더덕함¶ ～に塗ぬる 더덕더덕하게 바르다

ぺた ぺた 副(口) ①(연이어 들러붙었다 떨어졌다 하는) 철떡철떡, 철썩철썩¶ 素足すあしで～と歩あるく 맨발로 철떡철떡 걷다 ②(끈끈하게 들러붙는) 끈적끈적¶ ③(온통 바르거나 붙이는) 처덕처덕, 더덕더덕¶ ～と紙かみをはる 더덕더덕 종이를 바르다 ④(도장을 연이어 찍는) 쾅쾅¶ 判子はんこを～と押おす 도장을 쾅쾅 찍어 대다

べたへたと 副(口) 털썩¶ ～座すわりこむ 털썩 주저앉다

べたぼめ [べた褒め] 名他スル (口) 극구 칭찬함, 격찬함¶ 娘むすめを～する 딸을 극구 칭찬하다

べたぼれ [べた惚れ] 名自スル (口) 홀딱 반함¶ 娘むすめに～の男おとこ 처녀에게 홀딱 반한 남자

べたやき [べた焼き] 밀착, 밀착 인화 = ベタ

へたりこ・む 自五 털썩 주저앉다¶ その場ばに～ 그 자리에 털썩 주저앉다

ぺたりと 副 ①쩍, 철떡¶ ポスターを～はる 포스터를 철떡 붙이다 ②철썩¶ 畳たたみに～座すわる 다다미에 털썩 주저앉다

べたりと【副】①(가볍게 붙이거나 누르는) 찰딱, 꾹¶～切手ㅊを をはる 찰딱 우표를 붙이다/ 判子ㅈ을～押ㅊす 도장을 꾹 찍다 ②(가볍게 주저앉는) 탈싹¶～すわる 탈싹 주저앉다
べたんと【副】(口)→ べたりと
ペチカ (러 pechka) 페치카. 러시아식 벽난로
へちま【〈糸瓜〉】①(植) 수세미외 ②쓸모 없는 것, 하찮은 것¶～野郎ㅑ 쓸모 없는 녀석 ③(「…も～もない」의 꼴로) 강한 부정을 나타내는 말¶理想ㅗ도～もない 이상이고 나발이고 없다 一蹴ㅊ(蹶)칼라
べちゃくちゃ【副】(口) 재잘재잘＝ぺちゃくちゃ¶友達ㄷ과～と話ㅅす 친구와 재잘재잘 이야기하다
ぺちゃんこ【了】(口) ①(눌려서) 납작해짐, 짜부라짐¶車ㅅ가～になった 차가 납작하게 짜부라졌다 ②꼼짝못함¶言ㅣい負ㅂかされて～になる 설복당하여 꼼짝못하게 되다
べつ【別】 音ベツ 訓わかれる・わかつ・わける
(음)별. I (造語)①나누다, 구별하다 ¶区別くㅊ 구별・差別ㅊ 차별 ②헤어지다, 떨어지다 ¶別居ㅊ 별거・告別 고별 ③다름, 차이¶種別ㅊ 종별・性別ㅊ 성별＝같지 않다, 차이가 있다 ¶別段ㅊ 각별・特別ㅊ 특별 II 名了①구별, 차별, 차이¶男女ㄷ의～ 남녀의 구별 ②같지 않음, 다름¶～な考ㄱえ方 다른 생각 ③제외, 문제 밖¶彼女がいるかどうかは～として 그가 있는지 없는지는 제쳐놓고
べつ【*蔑】 音ベツ 訓さげすむ・ないがしろ
(음)멸. (造語)업신여기다¶蔑視ㅅ 멸시・軽蔑ㅔ 경멸・侮蔑ㅁ 모멸
べつ【*瞥】 音ベツ (음)별. (造語)흘끗 바라보다¶瞥見ㅊ 별견・一瞥ㅊ 일별
べつあつらえ【別誂え】특별 주문, 특별히 맞춘 것¶～のワイシャツ 특별 주문 와이셔츠
べついん【別院】【佛】별원 ①본사(本寺)의 출장소 ②(절 안의) 스님이 거처하는 별채
べつえん【別宴】송별연, 전별연
べっかく【別格】별격, 특별 취급¶～の扱ㅊいを受ㅡける 특별 취급을 받다
べっかん【別館】별관¶美術館び의～미술관의 별관
べっき【別記】 名他スル 별기¶詳細ㅅ은～の通ㅗり 상세한 것은 별기와 같음
べつぎ【別儀】(文)(흔히 부정의 말이 딸리어)별다른 일¶～でもないが 별다른 일은 아니지만
べっきょ【別居】 名自スル 별거 ⇔同居ㄷ¶～生活ㅊ 별거 생활
べつぎょう【別業】 ①다른 사업・직업 ②(文)별장
べつぐう【別宮】 본궁에서 제신(祭神)을 나누어 모신 神社ㅈ⇔本宮ㅂ
べつくち【別口】 ①다른 종류[방면], 별도¶～の仕事ㅅ 다른 종류의 일 ②다른 계좌, 다른 거래¶～の口座ㅈ 다른 계좌
べっけ【別家】 名自スル 별가 ①분가＝分家ㅊ ②점원이 독립하여 새 가게를 차림, 그런 가게
べっけい【別掲】 名他スル(文)별게, 따로 게재

함[게시함]¶～の図表ㅛ 별게한 도표
べっけん【別件】별건, 별도의 용건, 다른 사건 — 逮捕ㅎ【法】별건 체포. 신병 확보를 위해 다른 죄명으로 체포함
べっけん【*瞥見】 名他スル(文) 별견, 언뜻 봄, 슬쩍 봄¶一部分ㅂ을～したに過ㅅぎない 일부분을 언뜻 보았을 뿐이다
べつげん【別言】 名他スル(文) 달리 말함, 환언(換言)¶～すれば 달리 말하면
べっこ【別個・別*箇】【了】별개, 별도, 따로¶～の問題は 별개의 문제/～に調ㅈべる 별도로 조사하다
べつご【別後】(文) 별후, 헤어진 후¶～、消息ㅊを聞ㄱかない 헤어진 후 소식을 모른다
べっこう【別項】별항, 별도 항목¶～に記載ㅅする 별항에 기재하다
べっこう【*鼈甲】①거북의 등딱지 ②대모갑(玳瑁甲)¶～細工ㅋ 대모갑 세공
べっこうどう【別行動】 名自スル (떨어져) 따로 행동함, 별도 행동¶～を取ㅌる 별도 행동을 취하다
べっこん【別懇】【了】절친함, 각별히 친함¶～の間柄ㅇ 절친한 사이
べっさつ【別冊】【版】별책¶新年号ㅊ～付録ㄹ 신년호 별책 부록
ペッサリー (pessary) 페서리, 자궁전(子宮栓)
べっし【別使】(文)별사 ①다른 사자(使者) ②특사¶～を急派ㅍする 특사를 급파하다
べっし【別紙】별지 ①다른 종이¶～に記入ㅇする 별지에 기입하다 ②별도로 첨부한 문서
べっし【*蔑視】 名他スル 멸시, 깔봄¶～に耐ㅌえられない 멸시를 참을 수 없다
べつじ【別事】(文) 별사 ①별개의 일 ②별일, 별다른 일¶～なく暮ㄱらす 별일 없이 지내다
べつじ【別辞】(文) 작별 인사, 송별사¶～を述のべる 송별사를 말하다
べっしつ【別室】 별실 ①다른 방¶～に控ㅎえる 별실에서 대기하다 ②특별실¶～に通ㅅす 특별실로 안내하다
べっして【別して】【副】(文) 특히, 특별히, 각별히, 유달리¶取ㅌり扱ㅊいを～・慎重ㅈにする 취급을 각별히 신중히 하다
ヘッジとりひき【ヘッジ取引】【經】헤지 거래
べっしゅ【別種】별종, 다른 종류
べっしょ【*瞥】(文) 별서, 별장
べっしょう【別称】 별칭, 별명＝別名ㅁ
べっしょう【*蔑称】 멸칭, 업신여겨 부르는 이름
べつじょう【別条】 보통과 다른 사항, 별일¶～なく暮ㄱらす 별일 없이 지내다
べつじょう【別状】 보통과 다른 상태, 이상(異狀)¶命ㅁに～はない 생명에 이상은 없다
べつじん【別人】별인, 딴사람¶今日ㅇ은～のように見ㅁえる 오늘은 딴사람처럼 보인다
べつずり【別刷(り)】【版】별쇄 ①별도로 인쇄함, 별도 인쇄물¶～の巻末付録ㄹ 별도 인쇄한 권말 부록 ②(잡지 등에서) 발췌 인쇄물＝抜ㅂき刷ㅅり
べっせい【別製】별제, 특제＝特製ㅌ

べっ せかい【別世界】 별세계 ①지구 이외의 세계¶ ～の生物 별세계의 생물 ②전혀 다른 환경. 딴 세계 ③별천지

べっせき【別席】 ①별석. 따로 마련한 자리¶ ～で話す 별석에서 이야기하다 ②별실. 다른 방¶ ～に控える 별실에서 대기하다

べっそう【別莊】 별장¶ ～番 별장지기

べっそう【別送】 [名他スル] 별송. 따로 보냄¶ 小包を～する 소포를 별송하다

べったく【別宅】 별택. 별가 ⇔ 本宅

へったくれ (俗)(「…も～も(ない)」의 꼴로) …이고 뭐고, …이고 나발이고¶ 義理も～もあるものか 의리고 뭐고 있을 게 뭐야

べったらづけ【べったら漬(け)】 설말린 무를 누룩 등을 섞은 소금에 절임 = 浅漬

べったり [副](ㅁ) ①찰싹, 착¶ 膏藥を～とはる 고약을 찰싹 붙이다 ②온통. 가득¶ 壁を～と塗りつぶす 벽을 온통 칠하다 ③(밀접하거나 밀착된 느낌이 있는) 딱. 착¶ 上役さまに～のやつ 상사에게 딱 붙은 녀석 ④털썩¶ 緣側に～と座る 툇마루에 털썩 주저앉다

べったり [副] 찰싹. 탈싹

べつだん【別段】 Ⅰ [名] 별다름. 각별. 특별¶ ～の取り扱い 각별한 취급 Ⅱ [副] (부정의 말이 딸리어) 특별히. 별로. 별반¶ ～異常はない 별반 이상은 없다

へっちゃら [ナ](俗) 태연함. 아무렇지도 않음¶ おこられたって～だよ 야단맞는다고 해도 아무렇지도 않아

べっちん【別珍】 벨베틴. 면비로드. 우단

へっつい [竈] ①부뚜막 = かまど ②조왕. 조신

べってい【別邸】 별저. 별택 ⇔ 本邸

べつでん【別伝】 별전 ①따로 전함¶ ～によれば 따로 전하는 바에 의하면 ②특별 전수

べつでん【別電】 별전 ①따로 친 전보 ②다른 경로로 온 전보

べつてんち【別天地】 별천지. 별세계. 딴 세계¶ 浮世を離れた～ 속세를 떠난 별천지

べっと【別途】 [名] 별도 ①～会計 별도 회계/ ～に考える 별도로 생각하다

ペット (pet) 페트 ①애완용 동물 ②마음에 드는 사람[물건]. 귀염둥이 —感染症 페트 감염증. 애완 동물로부터 감염되는 병 —ネーム (pet name) 페트 네임. 애칭

べつどうたい【別働隊・別動隊】 별동대

べっとり 흠뻑. 잔뜩 범벅¶ 血が手で～とつく 피가 손에 흠뻑 묻다

べつに【別に】 [副] (부정어 딸리어) 별로. 특별히¶ ～用きは無い 별로 볼일은 없다

べつのう【別納】 [名他スル] 별납¶ 料金～郵便 요금 별납 우편

べっぱ【別派】 별파. 다른 유파・당파¶ ～を立てる 별파를 세우다

べっぱい【別杯・別盃】 (文) 별배. 이별의 잔¶ ～を酌む 이별의 잔을 나누다

べっぴょう【別表】 별표¶ ～参照 별표 참조

へっぴりごし【屁っ放り腰】 (俗) ①구부정하니 엉거주춤한 자세¶ ～ではしごをのぼる 엉거주춤한 자세로 사다리를 오르다 ②자신 없고 불안해하는 태도¶ ～の談判 자신 없는 담판

へっぴりむし【屁っ放り虫】 ①[動] 방귀벌레 ②방귀를 잘 뀌는 사람

べっぴん【別品】 별품. 특별히 좋은 물건

べっぴん【別嬪】 미인. 미녀

べつびん【別便】 ①따로 내는 우편물¶ ～で送る 별편으로 보내다 ②예정 외의 수송 기관(수단)¶ ～の飛行機で大阪に行く 별편의 비행기로 오사카에 가다

べっぷう【別封】 [名] Ⅰ ①따로 곁들인 봉서 ②따로 보내는 편지 Ⅱ [名他スル] 따로 봉함¶ 種類別に～する 종류별로 따로 봉하다

べつべつ【別別】 [ナ] 따로따로임. 제각기임. 각각¶ ～の方法 각각의 방법/ 親と～に暮らす 부모와 따로따로 지내다

べっぽう【別法】 별법. 다른 방법

へっぽこ [名](俗) 돌팔이. 풋내기¶ ～役人 풋내기 관리/ ～医者 돌팔이 의사

べつま【別間】 별실. 딴 방¶ ～に通される 별실로 안내되다

べつむね【別棟】 별동. 딴채. 별채¶ 親とは～に住む 부모와는 딴채에 살다

べつめい【別名】 별명. 딴이름 = べつみょう

べつめい【別命】 (文) 별명 ①별도의 명령¶ ～あるまで待て 별명이 있을 때까지 기다리다 ②특별 명령¶ ～を帯びる 특명을 띠다

べつもの【別物】 ①다른 것[일]. 별개의 것[일]¶ これとそれとは～だ 이것과 그것은 별개의 것이다 ②예외. 특별히 다루어야 할 것¶ あの人は～だ 저 사람은 예외이다

べつもんだい【別問題】 [名] 별문제¶ これとそれとは～だ 이것과 그것과는 별문제다

べつよう【別樣】 [名] (文) 양식・모양이 딴것과 다름¶ ～の鑑賞 다른 식의 감상

へつら・う【諂う】 [自五] 아첨하다. 아부하다. 알랑거리다¶ 上役に～ 상사에게 아부하다

べつり【別離】 (文) 별리. 이별¶ ～の酒 이별주/ ～を惜しむ 이별을 아쉬워하다

べつわく【別枠】 별도 기준[규정]¶ ～の予算 별도 규정의 예산

ぺてん (俗) 속임수. 사기. 야바위¶ ～にかける 사기를 치다 —師 사기꾼. 야바위꾼

へど【反吐】 (口) 토함. 구역질. 토한 것 = げろ¶ ～を吐く 토하다

慣用句

— が出る 구역질이 나다. 비위가 상하다

べと・つく [自五] 끈적거리다. 찐득거리다¶ 汗で体が～ 땀으로 몸이 끈적거리다

へとへと [ナ](口) 기진 맥진함. 녹초가 됨¶ ～になる 녹초가 되다

べとべと Ⅰ [副] [名自スル] 끈적끈적. 찐득찐득¶ 汗で～する 끈적끈적하다 Ⅱ [ナ] 끈적끈적함. 찐득찐득함¶ 汗で手が～になる 땀으로 손이 끈적끈적해지다

へどもど [副][自スル](口) (당황하여 어쩔 줄 모르는) 갈팡질팡¶ 返事もできずに～していた

대답도 못하고 쩔쩔매고 있었다
**へどろ** 오니. 강·바다 등의 바닥에 퇴적된 질퍽질퍽한 침전물
**へなちょこ** [へな*猪口] 《俗》 (미숙한 사람을 비웃어 일컬음) 풋내기, 애송이¶ あんな～に何ができるか 저런 풋내기가 될 하겠나
**へなつち** [*粘土·*埴土] 점토. 치토. 찰흙
**へなへなⅠ** 副トスル (ロ) ①휘청휘청¶ ～した竹 휘청거리는 대나무 ②비슬비슬, 비실비실¶ ～と座り込む 맥없이 주저앉다 ③(유약하고 줏대 없는) 물렁물렁¶ ～した男 줏대 없는 남자 Ⅱ 名 휘청휘청함¶ ～のベニヤ板 휘청휘청한 베니어판
**ペナルティー** (penalty) 페널티 ①형벌 ②(경기에서) 벌칙 ③[벌금 **－エリア** (penalty area) 페널티 에어리어. (축구에서) 벌칙 구역 **－キック** (penalty kick) (축구·럭비에서) 페널티 킥
**ペナント** (pennant) 페넌트 ①작은 삼각기 (우 승 등의) 우승기. 우승¶ ～を制する 우승기를 차지하다 **－レース** (pennant race) 페넌트 레이스. (프로 야구의) 공식 리그전
**べに** [紅] ①홍색. 연지색¶ ～にいろ ②「べにばな」의 준말 ③주홍색 안료¶ ～染め 주홍색 염색 ④연지¶ 口～ 입술 연지/ ～を差す 연지를 바르다
**べにおしろい** [紅〈白粉〉] ①연지와 분 ②화장¶ ～の濃い女 화장이 짙은 여자
**べにかね** [紅〈鉄漿〉] ①연지와 おはぐろ(이를 검게 물들이는 것) ②화장¶ ～をつける 화장을 하다
**べにこ** [紅粉] 당홍. 중국에서 건너온 연지빛 물감＝唐紅
**べにざけ** [紅*鮭] [動] 홍송어 ＝べにます
**べにさしゆび** [紅差し指] 약손가락, 무명지
**べにしょうが** [紅生*姜·紅生*薑] 매실초에 담가 빨갛게 물들인 생강
**ペニス** (penis) [醫] 페니스. 음경 ＝陰茎
**べにすずめ** [紅*雀] [動] ①홍작새 ② [紅〈天蛾〉] 주홍박각시
**べにばな** [紅花] [植] 잇꽃. 홍화＝すえつむはな
**べにます** [紅*鱒] [動] 「べにざけ」의 딴이름
**ベニヤいた** [ベニヤ板] 베니어판. 합판¶ 壁に～を張る 벽에 베니어판을 붙이다
**へのかっぱ** [*屁の〈河童〉] 《俗》 아무것도 아님. 대수롭지 않게 생각함. 예사¶ そんなことは～さ 그까짓 일은 식은죽 먹기다
**へのじ** [への字] 「へ」자 모양¶ 口を～に結ぶ 입을 「へ」자 모양으로(꼭) 다물다
**へばりつく** [へばり付く] 自五 찰싹 달라붙다. 들러붙다¶ 岩壁に～ 암벽에 찰싹 달라붙다/ 一日中机に～ 하루 종일 책상에 들러붙다
**へば・る** 自五 (口) 몹시 지치다, 녹초가 되다¶ 暑さで～ 더위로 녹초가 되다
**へび** [蛇] [動] 뱀
〔慣用句〕
**－に見込まれた蛙** (뱀 앞에서 꼼짝 못하는 개구리처럼) 공포에 질려서 꼼짝 못한

**－の生殺し** ①반죽임시켜 그냥 내버려 둠 ②(比) 일의 결말을 짓지 않고 그대로 둠
**ヘビー** (heavy) 헤비 Ⅰ 名 ①무거움 ②(정도가) 심함 Ⅱ 名 분발함, 노력함 **－級** (권투 등에서) 헤비급 **－スモーカー** (heavy smoker) 헤비 스모커. 골초
**ベビー** (baby) 베이비 ①유아, 젖먹이 ②(造語) 작음, 소형¶ ～サイズ 소형 사이즈 **－カー** (일 baby car) 유모차 **－シッター** (baby-sitter) 베이비시터. 아기를 돌보아 주는 사람 **－ブーム** (baby boom) 베이비 붐
**へびいちご** [蛇*苺] [植] 뱀딸기
**へびとんぼ** [蛇〈蜻蛉〉] [動] 뱀잠자리
**ペプシン** (독 Pepsin) [生] 펩신. 위액 속의 단백질 분해 효소
**へへ** 感(口) 헤헤 ①코웃음을 치는 소리 ②비굴하게(아첨하여) 웃는 소리
**べべ** (口) 때때옷. 꼬까¶ 赤い～ 빨간 꼬까
**べべれけ** 名(俗) 곤드레만드레 취함. 고주망태가 됨¶ ～に酔う 곤드레만드레 취하다
**へぼ** 名ナ(口) 풋 ①솜씨가 서투름, 풋내기¶ ～将棋 풋장기/ ～詩人 풋내기 시인 ②(과일 등이) 덜 익은 것¶ ～きゅうり 풋오이
**ヘボンしき** [ヘボン式] 헵번식. 일본어의 로마자 표기법의 하나
**へま** 名ナ(口) ①눈치가 없음, 바보스러움¶ ～な野郎だ 바보 같은 녀석이다 ②바보짓, 실수¶ とんだ～をやる 엉뚱한 실수를 하다
**へみん** [*部民] [史] 部의 구성원 ＝べのたみ
**へめぐ・る** [経巡る·経回る] 自五 (文) 두루 돌아다니다. 편력하다¶ 全国を～ 전국을 두루 돌아다니다
**ヘモグロビン** (독 Hämoglobin) [生] 헤모글로빈
**へや** [部屋] ①방 ②勉強～ 공부방/ 貸～ 셋방/ ～着 실내복 ②(相撲) 은퇴한 씨름꾼이 경영하는 씨름꾼 양성소, 소속 도장 ③(江戸時代) 大名 등의 저택의 하인·일꾼들의 대기소 ④(궁중에서) 나인들이 거처하는 방 **－住み** [史] (江戸 시대) 상속받기 이전의 장남 ②(상속권이 없는) 차남 이하의 남자 **－代** 방세 **－割り** (기숙사·여관 등의) 방 배정
**へら** [*篦] 바느질에서 금을 표시하거나 풀·물감 등을 개는 주걱 모양의 것¶ 靴～ 구둣주걱
**べら** 動 놀래기
**ぺら** [版] 200자 원고지¶ ～で50枚 200자 원고지로 50매 ▷「半ぺら」의 준말에서
**へら・す** [減らす] 他五 감하다, 줄이다, 덜다¶ 人を～ 인원을 줄이다
**へらずぐち** [減らず口] (口) 지기 싫어 억지를 부림, 억지 소리¶ ～をたたく 억지를 부리다
**へらつけ** [*篦付け] 바느질에서의 꿰맬 자리에 표를 함
**へらぶな** [*篦*鮒] [動] 주걱붕어
**へらへら** 副トスル(口) ①실실, 시실시실¶ ～と笑う 실실 웃다 ②실실, 하룽하룽¶ ～していて頼りない 하룽거려서 믿을 수 없다
**べらべらⅠ** 副トスル(口) 나불나불. 종알종알¶ ～と

ぺらぺら

まくしたてる 종알종알 지껄여대다 II ┃ⓩ┃ⓓ┃
自スル (종이·천 등이) 얇고 약함, 흐르르¶
～した布㎰ 흐르르한 천

ぺら ぺら I ⓓ(口) ①나불나불, 종알종알¶秘
密㎳を～としゃべる 비밀을 나불나불 지껄이
다 ②술술, 줄줄¶ 英語㎳を～と話す 영어
를 술술 말하다 ③(종이·천 등이 얇고 약한)
흐르르 ④(종잇장 등을 잇달아 넘기는) 팔락
팔락¶ 雑誌㎳を～とめくる 잡지를 팔락팔락
넘기다 II ⓩ ①외국어를 유창하게 말함¶ ～
の英語㎳ 유창한 영어 ②얇고도 약함, 흐르
르함¶ ～の紙㎰ 흐르르한 종이 ③종잇장 등
을 잇달아 넘김

ぺら ぼう [˚篦棒](口) I 名 바보, 병신, 등신¶
～め、気をつけろ 이 바보야, 조심해 II ⓕ
①터무니없음¶ ～な要求㎳ 터무니없는 요
구 ②지독함, 굉장함, 엄청남¶ ～にうまい
굉장히 잘하다/～に暑㎳い 지독하게 덥다

べらんめえ 感(口) ①등신아, 이 바보야¶…ふ
ざけんな 이 바보야, 까불지마▷江戸㎰내기
들이 쓰던 말 ━ 口調㎳㎳ 江戸㎰ 下町㎳㎳의 장
인들이 쓰던 거친 말투━べらんめえことば

へり [˚縁] ①가, 가장자리, 언저리¶ 川㎰の～ 강
변/ 机㎰の～ 책상 가장자리 ②가에 두르는
천, 가선¶ 畳㎰㎰の～ 畳의 가선/～をとる 가
선을 두르다

ヘリ 「ヘリコプター」의 준말, 헬리콥터

ペリカン (pelican) 動 펠리컨, 사다새

へりくだ・る [˚遜る·˚謙る] 自国 자기를 낮
추다, 겸손하다, 겸양하다¶～った態度㎰
겸손한 태도

へりくつ [˚屁理屈] 이치에 닿지 않는 이유[평
계], 억지 이론¶ ～屋㎰ 억지를 잘 부리는 사
람/～をこねる 억지 소리를 늘어놓다

ヘリコプター (helicopter) 交 헬리콥터━ヘリ

へりとり [˚縁取り] ①가선을 두름, 그런 물건
②가장자리만 빛깔이 다른 꽃잎

ヘリポート (heliport) 헬리포트, 헬리콥터 이착
륙장

へ・る [減る] 自国 ①줄다, 적어지다¶ 交通
事故㎳㎳が～ 교통 사고가 줄다 ②닳다, 마
모되다¶ 靴㎰ら が～ 구두가 닳다 ③《「腹㎳が～」
의 꼴로》 허기지다, 배고프다 ④《부정의 꼴로
써서》 지다, 기가 꺾이다, 주눅들다¶ 口㎰
の～・らないやつ 되지도 않은 소리를 지껄
이는 녀석

へる [経る] 自下一 ①(시간이) 흐르다, 지나
다, 경과하다¶ 就職㎳㎳して一年㎳㎳を～ 취
직하고 1년이 지나다 ②(어떤 곳을) 지나다,
거치다, 경유하다¶ 京都㎳㎳をへて奈良㎳に
向㎰かう 京都를 거쳐 奈良으로 향하다 ③(단
계·과정을) 거치다, 겪다, 밟다¶ 委員会㎳㎳㎳
をへて本会議㎳㎳㎳にかけられる 위원회를 거쳐
본회의에 상정되다

ベル (bell) 벨, 종, 방울, 초인종¶ 非常㎳㎳～
비상 벨/～を押㎰す 벨을 누르다

ヘルツ (독 Hertz) 物 헤르츠, 주파수·진동수
의 단위

ベルト (belt) 벨트 ①허리띠¶ ズボンの～ 바지
허리띠 ②(機) 피대¶ ファン・ベルト ③(造語)
띠모양으로 이어진 지대¶ グリーン・～ 그린
벨트

ヘルニア (라 hernia) 医 헤르니아, 탈장[脱腸]

ベルベッティーン (velveteen) 벨베틴, 면비로드

ベルベット (velvet) 벨벳 = ビロード

ベレー (프 béret) 베레, 베레모(帽)

べろ (俗) ①혓바닥 = 舌㎰¶ ～を出㎰す 혓바닥을
내밀다 ②혀 모양의 것¶ 靴㎰の～ 구두 주걱

べろ べろ I ⓓ(口) 비슬비슬¶ ～玉㎳(투우
의) 털없는 공/～と倒㎰れかかる 비슬비슬 쓰
러지려 하다 II ⓕ 비슬비슬함

べろ べろ I ⓓ(口) 할짝할짝¶ ～となめる 할
짝할짝 핥다 II ⓩ 곤드레만드레¶ ～になる
곤드레만드레 되다

べろ べろ ⓓ(口) ①할짝할짝¶ 皿㎰を～となめ
る 접시를 할짝할짝 핥다 ②(잠깐 동안에 먹
어치우는) 늘름늘름, 날름날름, 널름¶ ～と
平㎰らげる 게 눈 감추듯이 먹어치우다

べろりと ⓓ(口) ①날름¶ ②할짝

べろりと ⓓ(口) ①날름¶ ～舌㎳を出㎰す 혀를
날름 내밀다 ②할짝 ③늘름¶ ～平㎰らげる 늘
름 먹어치우다

べろん べろん ⓩ(口) 곤드레만드레¶ ～に酔
う 곤드레만드레 취하다

へん [片] 音ヘン 訓かた·きれ·ひら|(음)편.
(造語) ①한쪽, 반쪽¶ 片頭痛㎳㎳㎳ 편두통 ②
조각, 토막¶ 片雲㎳㎳ 편운·破片㎳㎳ 파편 ③
아주 작은 것¶ 片言㎳㎳ 편언·片鱗㎳㎳ 편린

へん [辺·邊] 音ヘン 訓あたり·べ·ほとり|
(음)변. I (造語) ①근처, 부근¶ 周辺㎳㎳㎳ 주
변·身辺㎳㎳ 신변 ②경계, 가, 가장자리, 끝¶
辺縁㎳㎳ 외연, 겉치레·海辺㎳㎳㎳ 해변 ③벽지,
벽촌, 국경¶ 辺地㎳㎳ 벽지·北辺㎳㎳ 북변 II ⓩ
①근처, 근방, 언저리, 쯤, 정도¶ この～で
休㎰もう 이쯤에서 쉬자 ②【数】(다각형의) 변
¶ 三角形㎳㎳㎳の三㎳つの～ 삼각형의 세 변
③© 변, 등호·부등호의 좌우에 있는 식,
그 수¶ 右㎰～と左㎰～ 우변과 좌변

へん [返] [返] 音ヘン 訓かえす·かえる|(음)
반. I (造語) ①본디 장소·상태로 돌아가다, 대
신 주다, 돌려주다¶ 返還㎳㎳ 반환·返答㎳㎳ 대
답 II ①(전보에서) 회답¶ ～マツ 회답 기다
림 ②(助数) 횟수를 세는 말, 번¶ 二㎰～ 두 번

へん [変] [變] 音ヘン 訓かわる·かえる|(음)
변. I (造語) ①바뀌다, 바꾸다, 변하다¶ 変
化㎳㎳ 변화·可変㎳㎳ 가변 ②변고, 내란, 전쟁
¶ 変乱㎳㎳ 변란·事変㎳㎳ 사변 ③보통과 다르
다¶ 変風㎳㎳ 변풍·変死㎳㎳ 변사 ④
「変格活用㎳㎳㎳㎳」의 준말¶ 力変 カ変格 활용
II 名 ①바뀜, 바꿈, 변화¶ 四季㎳㎳の～ 사계
절의 변화 ②변고, 난¶ ～を聞㎰いて駆㎰けつ
けた 변고를 듣고 달려와다 ③(音) 반음 내림,
플랫¶ ～記号㎳㎳ 내림표 III ⓕ ①보통과 다
름, 이상함¶ ～な人㎰ 이상한 사람 ②예상 밖
임, 엉뚱함¶ 事件㎳㎳は～な方向㎳㎳に発展㎳㎳㎳
した 사건은 엉뚱한 방향으로 발전했다

へん【偏】[偏] 音ヘン 訓かたよる・ひとえに |(음)편. Ⅰ(造語)①치우치다¶偏愛<sub>へん</sub> 편애・偏見<sub>けん</sub> 편견 ②오로지, 외곬인¶偏執<sub>しゅう</sub> 편집・偏僻<sub>へき</sub> 편벽 ②한자의 왼쪽 부수, 변¶木偏<sub>へん</sub> 나무목변・人偏<sub>にん</sub> 사람인변 Ⅱ한자의 왼쪽 부수, 변¶糸<sub>いと</sub>〜 실사변

へん【遍】[遍] 音ヘン 訓あまねし |(음)편. (造語)①고루 미치다¶遍歷<sub>れき</sub> 편력・普遍<sub>ふ</sub> 보편 ②(助數) 횟수를 세는 말¶一遍<sub>ぺん</sub> 한 번・二遍<sub>へん</sub> 두 번

へん【*篇】音ヘン |(음)편. (造語)①하나로 정리된 시가・문장¶篇首<sub>へん</sub> 편수・短篇<sub>たん</sub> 단편 ②책의 차례의 구분¶續篇<sub>ぞく</sub> 속편・全八篇<sub>はっぺん</sub> 전8편 ③(助數)시문 등을 세는 말¶三篇<sub>さん</sub> 3편

へん【編】音ヘン 訓あむ |(음)편. Ⅰ(造語)①짤하다, 짜다 ②순서대로 늘어놓다, 편성하다¶編曲<sub>きょく</sub> 편곡・編成<sub>せい</sub> 편성 ③책을 엮다, 책¶編集<sub>しゅう</sub> 편집・新編<sub>しん</sub> 신편 ④책을 간추린 것, 문장, 작품¶佳編<sub>か</sub> 가편・前編<sub>ぜん</sub> 전편 ⑤책의 철끈¶韋編三絶<sub>いへんさんぜつ</sub> 위편삼절 Ⅱ①편집, 편찬¶大家<sub>たいか</sub>の〜にかかわる 대가가 편찬에 관여하다 ②(助數)시문 등을 세는 말¶詩<sub>し</sub>三百篇<sub>びゃく</sub>〜 시 300편 ③(助數) 책의 분류를 세는 말. 편¶全<sub>ぜん</sub>五<sub>ご</sub>〜 전 5편

へん 感(口)（업신여기거나 아니꼬울 때) 흥¶〜、いい気なもんだ 흥, 좋아하네 ②(으스댈 때) 으흠, 에헴, 흠¶〜、ざっとこんなものだ 에헴 대충 이 정도다

べん【弁】[辨] 音ベン |(음)변. (造語)①분명히 알다, 분별하다¶弁證<sub>しょう</sub> 변증・思弁<sub>し</sub> 사변 ②구별하다, 나누다¶弁別<sub>べつ</sub> 변별 ③도움이 되게 하다, 준비하다¶弁償<sub>しょう</sub> 변상・自弁<sub>じ</sub> 자기 부담 ④「弁官<sub>かん</sub>」의 준말. 太政官<sub>だいじょうかん</sub>의 관명 ⑤「弁当<sub>とう</sub>」의 준말. 도시락¶駅弁<sub>えき</sub> 역에서 파는 도시락

べん【弁】[瓣] 音ベン |(음)판. Ⅰ(造語)①꽃잎¶花弁<sub>か</sub> 화판・重弁<sub>じゅう</sub> 겹꽃잎 ②(액체・기체 등을 조절하는) 판, 밸브¶弁膜<sub>まく</sub> 판막・安全弁<sub>あんぜん</sub> 안전판 Ⅱ①꽃잎, 화판¶〜の數<sub>かず</sub>を調<sub>しら</sub>べる 꽃잎의 수를 조사하다 ②(기체・액체 등을) 닫는 판, 밸브¶〜を閉<sub>と</sub>める 밸브를 닫다 ③(助數) 꽃잎을 세는 말¶五<sub>ご</sub>〜のつばき 다섯장의 꽃잎을 가진 동백

べん【弁】[辯] 音ベン |(음)변. Ⅰ(造語)①말하다, 토론하다¶弁解<sub>かい</sub> 변명・答弁<sub>とう</sub> 답변 ②말을 잘 하다, 구변이 좋다¶弁士<sub>し</sub> 변사・訥弁<sub>とつ</sub> 눌변 ③말씨, 말투, 사투리¶口弁<sub>こう</sub> 구변・関西弁<sub>かんさい</sub> 관서 사투리 Ⅱ변, 언변, 말투¶就任<sub>にん</sub>の〜 취임사/〜を振<sub>ふ</sub>るう 언변을 토하다

[慣用句]
――が立<sub>た</sub>つ 언변이 좋다

べん【便】音ベン・ビン 訓たより・すなわち |(음)변. 편. Ⅰ(造語)①형편이 좋다, 편리하다¶便益<sub>えき</sub> 편익・便利<sub>り</sub> 편리 ②느긋하며, 편하다¶便殿<sub>でん</sub> 편전・便服<sub>ぶく</sub> 평상복 ③아첨하다, 구변이 좋다¶便巧<sub>こう</sub> 아첨에 능숙함 ④배설하다, 배설물¶便所<sub>じょ</sub> 변소・小便<sub>しょう</sub> 소변 ⑤편지, 소식¶便箋<sub>せん</sub> 편지지・郵便<sub>ゆう</sub> 우편 ⑥「ビン」으로 읽어서) 연락・수송 수단¶船便<sub>ふな</sub> 선편・定期便<sub>ていき</sub> 정기편 ⑦접속의 어조사. 한문 훈독으로「すなわち」로 읽음 Ⅱ①편, 편리함, 형편이 좋음¶交通<sub>こう</sub>の〜がよい 교통편이 좋다 ②변, 대변, 배설물¶〜の検査<sub>けんさ</sub> 변검사

べん【勉】[勉] 音ベン 訓つとめる |(음)면. (造語) 힘쓰다, 부지런히 하다, 열심히 하다¶勉学<sub>がく</sub> 면학・勉強<sub>きょう</sub> 공부・勤勉<sub>きん</sub> 근면

べん【*娩】音ベン 訓うむ |(음)만. (造語)분만하다, 출산하다¶分娩<sub>ぶん</sub> 분만

べん【*鞭】音ベン 訓むち・むちうつ |(음)편. (造語)채찍, 채찍질하다¶鞭撻<sub>たつ</sub> 편달・教鞭<sub>きょう</sub> 교편・先鞭<sub>せん</sub> 선편, 선수(先手)

ペン (pen) 펜 ①필기 용구¶ボール〜 볼펜 ②문필 활동, 문장¶〜の力<sub>ちから</sub> 문장의 힘/〜を折<sub>お</sub>る 문필 활동을 그만두다 ――画<sub>が</sub> 펜화 ――先<sub>さき</sub> 펜촉 ――軸<sub>じく</sub> 펜대 ――習字<sub>しゅうじ</sub> 펜글씨 연습 ――胝胝 펜대를 쥐는 손에 생긴 굳은 살

へんあい【偏愛】名他スル (文)편애¶末<sub>すえ</sub>っ子<sub>こ</sub>を〜する 막내를 편애하다

へんあつ【変圧】名自他スル 변압 ――器<sub>き</sub> [電]변압기＝トランス

へんい【変位】名自スル [物]변위¶〜電流<sub>でんりゅう</sub> 변위전류

へんい【変異】名自スル (文)변이 ①이변¶一大<sub>だい</sub>〜 일대 이변/〜が生<sub>しょう</sub>じる 이변이 생기다 ②[生]같은 종류의 생물 개체간에 형질의 차이가 나타남¶突然<sub>とつぜん</sub>〜 돌연 변이

へんい【変移】名自他スル (文)변이. 변천¶世<sub>よ</sub>の中<sub>なか</sub>の〜につれて 세상이 변천함에 따라

へんい【偏倚】名自スル (文)편의 ①치우침, 기울어져 있음 ②편향(偏向) ③편차(偏差)

べんい【便衣】편의. 평복, 평상복 ――隊<sub>たい</sub> [史]편의대. (중일 전쟁 때) 평복으로 적지에 잠입해서 활동하던 중국군 특수 부대

べんい【便意】(文)변의. 용변(특히 대변)을 보고 싶은 생각¶〜を催<sub>もよお</sub>す 변이 마렵다

へんうん【片雲】(文)편운. 조각 구름

へんえい【片影】(文)①편영¶敵<sub>てき</sub>の〜すら認められない 적의 그림자조차 볼 수 없다 ②(성격 등의) 일면, 편린¶性格<sub>せいかく</sub>の〜を示<sub>しめ</sub>している 성격의 일면을 보여주고 있다

へんえき【変易】名自他スル 변역. 변하여 바뀜(바꿈)

べんえき【便益】(文)편익. 편의¶〜を与<sub>あた</sub>える 편익을 주다

へんおんどうぶつ【変温動物】[動]변온 동물. 냉혈 동물 ▷「冷血<sub>れいけつ</sub>動物」의 고친말

へんか【返歌】반가. 남이 보내온 和歌에 답하여 보내는 和歌＝かえしうた

へんか【変化】名自他スル (文)변화¶化学<sub>かがく</sub>〜 화학 변화/〜に富<sub>と</sub>む 변화가 많다 ――球<sub>きゅう</sub> (야구・테니스 등에서) 변화구 ⇔直球<sub>ちょっきゅう</sub>

へんかい【変改】名他スル (文)변개. 변경

べんかい【弁解・*辯解】名自スル 변해. 변명¶〜の余地<sub>よち</sub>がない 변명의 여지가 없다

**へんかく**【変革】 图 自他スル 변혁¶ 社会を~する 사회를 변혁하다
**へんかく**【変格】 변격 ①변칙 ②【文法】「変格活用」의 준말 =活用 【文法】 변격 활용. (일본어에서) 동사의 불규칙 활용
**へんかく**【偏角】 편각 ①【地】 방위각 ②방향각. 경각(傾角)
**へんがく**【扁額】 편액. 가로로 긴 액자 = よこがく¶ ~を掲げる 편액을 걸다
**べんがく**【勉学】 图 自他スル 【文】 면학 = 勉強¶ ~にいそしむ 면학에 힘쓰다
**ベンガラ**(네 Bengala) ①뱅갈라. 철단(鐵丹) = べにがら ②「べにがら縞」의 준말 =縞 날실은 명주로 씨실은 무명으로 짠 줄무늬 직물
**へんかん**【返還】 图 他スル 반환¶ 優勝旗を~する 우승기를 반환하다
**へんかん**【変換】 图 自他スル 변환 ①다른 것과 바꿈[바뀜]. 변경¶ かな文字を漢字に~する かな 글자를 한자로 바꾸다 ②【数】 식·도형을 바꾸거나 옮김¶ 式の~ 식의 변환
**べんき**【便器】 변기
**べんぎ**【便宜】 편의 ①적절한 조치·처분¶ ~をはかる 편의를 도모하다 ②편리¶ 使用者の~のために 사용자의 편리를 위해서 —上 副 편의상 —的 ⑦ 편의적
**へんきごう**【変記号】 【音】 변기호. 내림표. 플랫 = フラット ⇔ 嬰記号
**へんきゃく**【返却】 图 他スル 반각. 반환¶ 図書の~ 도서의 반환
**へんきゅう**【返球】 图 自他スル 【野】 받은 공을 상대에게 되던짐
**へんきょう**【辺境·辺疆】 【文】 변경 ①벽지. 벽촌 ②국경¶ ~の守りを固める 변경의 수비를 견고히 하다
**へんきょう**【偏狭】 ⑦【文】 편협 ①(생각·도량이) 좁음. 옹졸함¶ ~な考え方 편협한 사고 방식 ②(토지 등이) 좁음. 협소함
**へんきょう**【偏境】 【文】 변경. 벽지. 벽촌
**べんきょう**【勉強】 图 自他スル ①학업·사업 등에 힘씀. 노력. 공부¶ 試験の~ 시험 공부/ まだ~が足りない 아직 노력이 부족하다 ②장래를 위한 공부. 경험¶ 失敗も~もいい~だ 실패도 좋은 경험이다 ③(俗) 물건을 싸게 팖¶ もう少し~出来ませんか 더 좀 싸게 해 줄 수 없습니까?
**へんきょく**【変局】 변국. 비상한 국면·경우¶ ~に対処する 변국에 대처하다
**へんきょく**【編曲】 图 他スル 【音】 편곡
**へんきん**【返金】 图 自スル 반금. 빌린 돈을 갚음. 그런 돈¶ 期日までに~する 기일까지 돈을 갚다
**ペンギン**(penguin) 【動】 펭귄
**へんぐう**【辺隅】 변우. 변경. 벽지 = 辺境
**へんくつ**【偏屈】 ⑦ (성질 등이) 편벽되고 비뚤어짐¶ ~な人 성질이 비뚤어진 사람
**ペンクラブ**(P.E.N. Club) 펜클럽¶ 国際~ 국제 펜클럽
**へんげ**【変化】 图 自スル ①권화(權化). 화신 ②

요괴. 괴물 = ばけもの¶ 妖怪~ 요괴
**へんけい**【扁形】 편형. 편평한 모양 —動物 【動】 편형동물
**へんけい**【変形】 图 自他スル 변형¶ 原形を~する 원형을 변형시키다
**べんけい**【弁慶·辨慶】 ①鎌倉 초기의 전설적인 호걸승(僧) ②장사. 힘센 사람¶ うち~ 집안에서만 큰소리치는 사람 —蟹 【動】 모날게 —縞 두 가지 색의 실로 짠 큰 격자 무늬. 그런 천
[慣用句]
—の立往生 진퇴 유곡. 진퇴 양난
—の泣き所 ①정강이 ②강자의 유일한 약점
**へんけん**【偏見】 편견¶ ~にとらわれる 편견에 사로잡히다
**へんげん**【片言】 【文】 편언. 한 마디 말 —隻語 【文】 편언 척어. 한 마디 말. 짧은 말
**へんげん**【変幻】 图 自スル 【文】 변환. 출몰·변화가 종잡을 수 없이 빠름¶ ~自在 변환 자재
**べんご**【弁護·辯護】 图 他スル 변호¶ 自己~ 자기 변호/ 友達を~する 친구를 변호하다 —士 【法】 변호사 —人 【法】 변호인
**へんこう**【変更】 图 他スル 변경¶ 名義の~ 명의 변경/ 予定を~する 예정을 변경하다
**へんこう**【偏光】 【物】 편광¶ ~レンズ 편광 렌즈
**へんこう**【偏向】 图 自スル 편향¶ 右翼の~を見せる 우익적 편향을 보이다
**べんこう**【弁口·辯口】 【文】 ①구변. 말솜씨¶ ~で屈伏させる 구변으로 굴복시키다 ②구변이 좋음. 말을 잘함
**へんこうせい**【変光星】 【天】 변광성
**へんさ**【偏差】 【統】 편차 —値 【統】 편차값
**べんざ**【便座】 양변기의 앉는 자리
**へんさい**【辺際】 【文】 변제. 끝. 한계
**へんさい**【返済】 图 他スル 반제. 빚을 갚음 —期間 반제 기간/ 借金を~する 빚을 갚다
**へんさい**【変災】 【文】 변재. 재난
**へんざい**【辺材】 변재. 백재(白材). (통나무의) 겉재목 = 白太
**へんざい**【偏在】 图 自スル 【文】 편재. 치우쳐 있음 ⇔ 遍在¶ 富の~ 부의 편재
**へんざい**【遍在】 图 自スル 【文】 편재. 두루 퍼져 있음 ⇔ 偏在¶ 世界に~する格言 세계에 편재하는 격언
**べんさい**【弁才·辯才】 【文】 변재. 말재주. 구변¶ ~にたける 구변이 좋다
**べんさい**【弁済·辨済】 图 他スル 변제. 빚을 갚음¶ 債務を~する 채무를 변제하다
**べんざいてん**【弁財天·辨財天·弁才天·辯才天】 변재천. (七福神의 하나로) 변설·음악·재복·지혜를 주관하는 여신 = べざいてん
**へんさつ**【返札】 【文】 답서. 답장 = 返書
**へんさん**【偏衫·褊衫】 편삼. 왼쪽 어깨에서 오른쪽 옆구리에 걸쳐서 상반신을 덮는 법의
**へんさん**【編纂】 图 他スル 편찬¶ ~者 편찬자/ 辞書を~する 사전을 편찬하다
**へんし**【変死】 图 自スル 변사¶ ~体 변사체
**へんじ**【片時】 【文】 편시. 잠시. 한시 = かたと

へんじ【返事・返辞】 图 自スル 대답, 응답, 답장¶ ~にこまる 답변에 궁하다/ すぐ~を出だす 즉시 답장을 내다

へんじ【変事】 변사. 이변, 변고¶ ~が起おこる 이변이 생기다

べんし【弁士・*辯士】 변사¶ ①구변이 좋은 사람 ②(강연·연설 등의) 연사 ③무성 영화의 줄거리를 말하는 사람

へんしつ【変質】 변질 Ⅰ 图 自スル 성질이 변함¶ 薬品やくひんが~する 약품이 변질하다 Ⅱ 图 이상하고 병적인 성질¶ ~者しゃの犯罪はんざい 병적인 사람의 범죄

へんじゃ【編者】 편자, 편찬자, 편집인= へんしゃ¶ 雑誌ざっしの~ 잡지의 편집인

へんしゅ【変種】 변종¶ ばらの新あたらしい~ 장미의 새로운 변종

へんしゅう【*扁舟】(文) 편주, 쪽배, 작은 배=小船こぶね¶ 一葉いちようの~ 일엽 편주

へんしゅう【偏執】 편집, 편견을 고집하고 남의 의견을 듣지 않음= へんしつ ━狂きょう 편집광 ━病びょう 편집병

へんしゅう【編修】 图 他スル 편수¶ 実録じつろくの~ 실록의 편수

へんしゅう【編集・編*輯】 图 他スル 편집¶ ~者しゃ 편집자/ 新聞しんぶんを~する 신문을 편집하다 ━権けん 편집권 ━後記こうき 편집 후기

へんしょ【返書】(文) 반서. 답서, 답장

べんじょ【便所】 변소, 뒷간, 화장실= トイレ

へんしょう【返照】(文) Ⅰ 图 自スル ①빛이 되비침 ②석양, 석양빛 Ⅱ 图 他スル〔佛〕 과거에 비추어 자신을 반성함

へんしょう【編章・*篇章】(文) ①(시문의) 편(篇)과 장(章) ②문장, 책, 서적

へんじょう【返上】 반려, 반환, 반납¶ タイトルを~する 타이틀을 반납하다

へんじょう【遍照】〔佛〕 편조, 변조, 부처의 광명이 온 세계를 비춤¶ ~光明こうみょう 변조 광명 ━金剛こんごう〔佛〕 변조 금강. 대일 여래

べんしょう【弁証・*辯証・*辨証】 图 他スル 변증 ━法ほう〔哲〕 변증법

べんしょう【弁償・*辨償】 图 他スル 변상¶ ━金きん 변상금

へんじょうか【編上靴】 편상화. (구 일본 육군 사병의) 군화

へんしょく【変色】 图 自スル 변색¶ ━剤ざい 변색제/ 写真しゃしんが~する 사진이 변색하다

へんしょく【偏食】 图 自スル 편식¶ ~する癖くせ 편식하는 버릇

へん・じる【変じる】 自他 上一 → へんずる

べん・じる【弁じる・*辨じる】 自他 上一 → べんずる(弁·辨)

べん・じる【便じる】 自 上一 → べんずる(便)

へんしん【返信】 반신, 답신, 회신= 返書しょ

へんしん【変心】 图 自スル 변심¶ ~して敵方てきがたにつく 변심하여 적의 편에 붙다

へんしん【変身】 图 自スル 변신¶ まじめな人間にんげんに~した 착실한 사람으로 변신했다

へんしん【変針】 图 自スル (文) 변침. 침로를 바꿈¶ 北北西ほくほくせいに~する 북북서로 변침하다

へんじん【変人・偏人】 괴짜, 기인= 変かわり者もの¶ ~扱あつかい 괴짜 취급/ ~で通とおっている 기인으로 통하고 있다

へんすう【辺陲】(文) 변추. 변방, 벽지¶ ~の地ちに流ながされる 변방의 땅으로 유배되다

へんすう【変数】〔数〕 변수 ⇔ 定数すう

へんずつう【片頭痛・偏頭痛】 〘醫〙 편두통

へん・する【偏する】 自サ变(文) 치우치다, 쏠리다¶ 一方いっぽうに~ 한쪽으로 치우치다

へん・する【*貶する】 他サ变(文) ①헐뜯다, 비방하다= けなす ②(신분·지위를) 떨어뜨리다, 강등시키다, 좌천시키다

へん・ずる【変ずる】(文) Ⅰ 自 サ变 변하다, 바뀌다¶ 形かたちが~ 모양이 바뀌다 Ⅱ 他 サ变 바꾸다, 변경하다¶ 方針ほうしんを~ 방침을 바꾸다

べん・ずる【弁ずる・*辨ずる】(文) Ⅰ 他 サ变 ①알다, 이해하다 ②끝나다, 정리하다, 해결되다 Ⅱ 他 サ变 ①구별하다, 식별하다, 판별하다¶ 善悪ぜんあくを~ 선악을 분별하다 ②다루다, 처리하다¶ 用ようを~ 용무를 처리하다

べん・ずる【弁ずる・*辯ずる】 自他 サ变(文) ①말하다, 설명하다, 진술하다¶ 一席いっせき~ 일장 연설하다 ②해명하다, 변명하다, 변호하다¶ 友とものために~ 친구를 위해 변명하다

べん・ずる【便ずる】 自 サ变(文) 도움이 되게 하다, 유용하게 하다

へんせい【変成】 图 他スル(文) 변성 ━岩がん〘地〙 변성암

へんせい【変声】 변성 ━期き 변성기

へんせい【変性】 图 自スル 변성. 성질이 현저히 변화함 ━アルコール〔化〕 변성 알코올

へんせい【編成】 图 他スル 편성¶ 列車れっしゃの~ 열차의 편성/ 予算よさんを~する 예산을 편성하다

へんせい【編制】 图 他スル(文) 편제¶ 戦時せんじ~ 전시 편제

へんせいふう【偏西風】〔氣〕 편서풍

へんせつ【変節】 图 自スル 변절. 종래의 주장[주의]을 바꿈¶ 漢かんに変節した, 변절자

へんせつ【変説】 图 自スル 변설. 종래의 주장[지론]을 바꿈

べんぜつ【弁舌・*辯舌】 변설, 언변, 구변¶ ~をふるう 언변을 토하다 〘慣用句〙 ━爽さわやか 변설이 유창함, 구변이 좋음¶ ~にのべる 구변 좋게 늘어놓다

へんせん【変遷】 图 自スル 변천¶ 風俗ふうぞくの~をたどる 풍속의 변천을 더듬다

べんそ【弁疏・*辯疏】 图 他スル(文) 변소, 변명¶ 自己じこ~ 자기 변명/ ~を試こころみる 변명을 시도하다

へんそう【返送】 图 他スル 반송, 환송¶ ~料りょう 반송료/ 貨物かもつを~する 화물을 반송하다

へんそう【変装】 图 自スル 변장¶ サングラスで~する 선글라스로 변장하다

へんぞう

へんぞう 【変造】 名他スル 변조¶ ~紙幣ぃ 변조 지폐/旅券りんを~する 여권을 변조하다
へんそうきょく 【変奏曲】 [音] 변주곡
へんそく 【変則】 名 [乎] 변칙¶ ~の英語ごい 변칙 영어 ―的 [丁] 변칙적
へんそく 【変速】 名自スル 변속¶ ~装置ぢ 변속 장치
へんたい 【変体】 변체. 보통 체제와 다름, 그런 체제¶ ~詩し 변체시 ―仮名がな 현재의 표준 平仮名がな와는 다른 자체의 平仮名 ―漢文かん (平安へい 시대 이후) 법령·기록이나 남자의 일기·서간 등에 사용된 일본화한 한문
へんたい 【変態】 변태 ①이상하고 병적인 것¶ ~的な趣味な 변태적인 취미 ②[動] 탈바꿈¶ 不完全~ 불완전 변태 ③[植] 기관의 형태가 달라짐 ―性欲ぐ 변태 성욕. 이상 성욕
へんたい 【編隊】 편대¶ ~飛行ぴ 편대 비행/~を組む 편대를 짜다
ペンタゴン (Pentagon) [政] 펜타곤. 미국 국방성
べんたつ 【*鞭撻】 名他スル (文) 편달 ①회초리로 때림 ②격려¶ 御ご指導どう御ご~ください 지도 편달해 주십시오
へんち 【辺地】 벽지. 벽지¶ =僻地へき¶ ~に赴任ふんする 벽지에 부임하다
ベンチ (bench) 벤치 ①긴 의자 ②[野] 대기석, 덕아웃 ―ウォーマー (bench warmer) [野] 벤치 위머. 후보 선수
ペンチ 펜치. 철사를 끊거나 구부리는 공구
へんちくりん [丁](俗) 기묘한 모양, 이상야릇함¶ ~な格好ぐ 이상야릇한 몰골
へんちつ 【*篇*帙】 (文) 편질 ①책을 싸는 싸개, 책가위 ②서적, 책, 도서
ベンチャー ビジネス (venture business) [經] 벤처 비지니스. 벤처 기업
べんちゅう 【*鞭虫】 [動] 편충
へんちょ 【編著】 편저¶ ~者しゃ 편저자
へんちょう 【変調】 名自スル 변조 ①상태가 바뀜, 상태를 바꿈 ②[樂] 조바꿈, 전조 ③[電] 전류의 진폭·주파수를 변화시킴¶ 多重だ~ 다중 변조
[慣用句]
―を来たす 변조를 일으키다, 이상이 생기다
へんちょう 【偏重】 名他スル 편중¶ 学歴がくを~する 학력을 편중하다
ベンチレーター (ventilator) [機] 벤틸레이터. 통풍기. 환기 장치 = ヴェンチレーター
へんつう 【変通】 名自スル (文) 변통. 상황에 따라 자유롭게 변화함¶ ~自在ざ 변통 자재
べんつう 【便通】 변통, 대변이 나옴 = 通じつう
へんてこ [丁](俗) 괴상한 모양, 이상함, 기묘함 = へんてこりん¶ ~な帽子ぼう 괴상한 모자
へんてこりん [丁](俗) → へんてこ
へんてつ 【変哲】 보통과 다름, 별다름, 색다름
[慣用句]
―も無ない 색다른〔특별난〕 것도 없다
へんてん 【変転】 名自スル (文) 변전, 변천¶ ~きわまりない人生じん 변전 무쌍한 인생
へんでん 【返電】 답전, 회답 전보¶ ~を打うつ 답전을 치다
べんてん 【弁天·*辨天·*辯天】 ①「弁財天べんざい」의 준말 ②(造語)(比) 미인¶ ~娘むす 아름다운 처녀
へんでんしょ 【変電所】 [電] 변전소
へんど 【辺土】 (文) ①벽촌, 벽지 ②도시 근교
へんとう 【返答】 名自スル 대답, 답변, 회답 = 返事へん¶ ~に窮きゅうする 답변에 궁하다
へんどう 【変動】 名自スル 변동¶ 相場そうばが~する 시세가 변동하다 ―金利きん [經] 변동 금리 ―相場制そうばせい [經] 변동 환율제
べんとう 【弁当·*辨当】 도시락¶ ~屋や 도시락 집/仕出しだし~ 주문 도시락
[慣用句]
―を使つかう 도시락을 먹다
へんとうせん 【*扁桃*腺】 [醫] 편도선¶ ~炎えん 편도선염
へんとうふう 【偏東風】 [氣] 편동풍
べんなん 【弁難·*辯難】 名他スル 변난, 논란
へんに 【変に】 副 (口) 이상하게, 기묘하게, 묘하게¶ ~やさしい 묘하게 친절하다
へんにゅう 【編入】 名他スル 편입¶ ~試験しけん 편입 시험/市しに~される 시에 편입되다
へんねんし 【編年史】 편년사
へんねんたい 【編年体】 [表] 편년체
へんのう 【返納】 名他スル 반납¶ 図書とを~する 도서를 반납하다
へんのうゆ 【片脳油】 편뇌유
へんぱ 【偏頗】 名 [乎] (文) 편파. 불공평 = へんば¶ ~な処置しょ 편파적인 조치
へんぱい 【返杯·返*盃】 名自スル 반배. 받은 잔을 비우고 술잔을 돌려줌
べんばく 【弁*駁·*辯駁】 名他スル (文) 변박, 반박 = べんぱく¶ 反対派はんたいの論説ろんを~する 반대파의 논설을 반박하다
べんぱつ 【弁髪·*辮髪】 변발, 변발
へんぴ 【辺*鄙】 名 [乎] 변비. 외짐, 벽촌¶ ~な所ところに住すんでいる 외진 곳에 살고 있다
べんぴ 【便秘】 名自スル [醫] 변비
へんぴん 【返品】 名自他スル 반품¶ 売うれない商品しょうを~する 팔리지 않는 상품을 반품하다
へんぷ 【返付】 名他スル 반납, 환부, 환급
べんぷく 【辺幅】 (文) 외관, 외양, 겉치레
べんぷく 【便服】 (文) 편복, 평복, 평상복
へんぶつ 【変物·偏物】 괴짜, 별난 사람
へんぺい 【*扁平·偏平】 名 [乎] 편평, 납작함¶ ~な形かた 편평한 모양 ―足そく [醫] 편평족
べんべつ 【弁別·*辨別】 名他スル (文) 변별, 판별, 식별 = 是非ぜひを~する 시비를 판별하다
へんぺん 【片片】 名 [乎] (文) ①조각조각 나는 모양¶ ~と浮うかぶ雲くも 조각조각 떠가는 구름 ②(각이 가볍게 흩날리는) 편편¶ 桜花おうかが~として散ちる 벚꽃이 편편이 떨어지다 ③하찮음, 알팍함¶ ~たる知識ちしき 알팍한 지식
へんぺん 【*翩*翩】 [丁](文) ①가볍게 날아오르거나 나부낌 ②경망스럽고 침착하지 못함
べんべん 【便便】 [丁](文) ①헛되이 시간을 보냄, 허송 세월함¶ ~として日ひを送おくる 빈둥거리

며 세월을 보내다 ②살이 쪄서 배가 나옴¶ ~たるたいこばら 불룩한 올챙이 배
**ぺんぺんぐさ**[ぺんぺん草][植] 냉이
〖慣用句〗
―が生はえる (比) 집 등이 황폐한 모양
**へんぼう**[変貌][名][自スル] 변모, 변용¶ めざましい~を遂とげる 눈부신 변모를 이룩하다
**へんぼう**[*扁*傍][文] 편방, (한자의) 변과 방
―冠脚かんきゃく (한자의) 변·방·머리·발
**へんぽう**[返報][名][自スル] ①보답¶ ~を期待きたいする 보답을 기대하다 ②보복, 앙갚음＝しかえし¶ 侮辱ぶじょくに対たいして~する 모욕에 대해 복수하다 ③대답, 응답, 회답
**へんぽう**[便法] 편법 ①편리한 방법, 편의적인 수단¶ ~を講こうずる 편법을 강구하다 ②임시 변통, 방편¶ 一時的いちじてきな~に過すぎない 일시적인 편법에 불과하다
**へんぽん**[返本][名][自スル] 책을 반품함, 그런 책
**へんぽん**[*翻翻*][文] (깃발 등이 바람에 나부끼는) 펄럭펄럭¶ ~とひるがえる旗はた 펄럭펄럭 나부끼는 깃발
**へんまく**[弁膜・*瓣*膜][医] 판막¶ 心臓しんぞう~症しょう 심장 판막증
**へんまん**[遍満][名][自スル][文] 편만, 두루 충만함, 구석구석 널리 가득참
**へんみょう**[変名] → へんめい
**べんむかん**[弁務官・*辯*務官][政] 판무관
**へんむけいやく**[片務契約][法] 편무 계약
**へんめい**[変名][名][自スル] ①변명, 가명¶ 宿帳やどちょうに~を書かき込こむ 숙박부에 가명을 써넣다 ②이름을 바꿈, 변성명
**べんめい**[弁明・*辯*明][名][自他スル] 변명 ①자기 행동의 정당성을 주장함¶ ~につとめる 변명하기에 애쓰다 ②구별해서 명확하게 함¶ 事理じりを~する 사리를 명확히 하다
**べんもう**[便*蒙*][文] 초보자를 위해 알기 쉽게 쓴 책
**べんもう**[*鞭*毛][生] 편모¶ ~運動うんどう 편모 운동 ―虫ちゅう類るい[生] 편모충류
**へんもく**[編目・篇目] (책의) 편(篇)·장(章)에 붙은 제목·표제
**へんやく**[変約][名][自スル] 약속을 어김, 위약
**へんよう**[変容][名][自他スル] 변용, 변모¶ めまぐるしく~する 눈부시게 변모하다
**へんらん**[変乱][文] 변란
**べんらん**[便覧] 편람＝びんらん
**へんり**[片理][地] 편리, (광물의) 편상 구조
**べんり**[弁理・*辯*理][名][他スル][文] 변리, 사물을 판별하여 처리함 ―士し[法] 변리사
**べんり**[便利][名][な道具どうぐ] 편리한 도구/ ~になる 편리해지다 ―屋や ①심부름 센터 ②무엇이든지 해주는 사람
**へんりょう**[変量][数] 변량
**へんりん**[片*鱗*] 편린 ①한 조각의 비늘 ②일단¶ ~をうかがわせる 편린이 엿보이다
〖慣用句〗
―を示しめす (학문·재능 등의) 일단을 보이다
**ヘンルーダ**[植] 헨루더, 운향(芸香)

**へんれい**[返礼][名][自スル] 반례, 답례, 답례품
**へんれい**[返戻][名][他スル][文] 반려, 돌려줌¶ 辞表じひょうを~する 사표를 반려하다
**べんれい**[勉励][名][自スル][文] 면려, 힘씀, 열심히 노력함¶ 刻苦こっく~ 각고 면려
**へんれき**[遍歴][名][自スル] 편력 ①각지를 돌아다님¶ 諸国しょこくを~する 여러 지방을 편력하다 ②온갖 경험을 함¶ 人生じんせい~ 인생 편력
**へんろ**[遍路] 弘法大師こうぼうだいしの 유적인 四国しこく 88개소의 영장(霊場)을 순례함, 그런 순례자¶ お~さん 순례자/ ~姿すがた 순례자 차림
**べんろん**[弁論・*辯*論][名][自スル] 변론¶ ~大会たいかい 변론 대회/ 口頭こうとう~ 구두 변론 ―術じゅつ 변론술

# ほ ホ

ほ 五十音図ごじゅうおんず「は」행(行)의 다섯째 かな, ひらがな「ほ」는 「保」의 초서체, かたかな「ホ」는 「保」의 오른쪽 아래 획을 취한 것
ほ [*甫*][音ホ](음)보. (造語)①사물의 시초, 시작 ②남자의 미칭¶ 尼甫じほ 이보, 공자의 시호
ほ [步][音ホ・ブ][訓あるく・あゆむ](음)보. (造語)①걷다¶ 步行ほこう 보행·步道ほどう 보도 ②진행 상태, 되어가는 형편, 운명¶ 譲步じょうほ 양보·進步しんぽ 진보 ③입장, 지위¶ 地步ちほ 지보 ④적관법의 면적 단위¶ 三步さんぽ 세평·町步ちょうぶ 정보 ⑤비율의 단위¶ 步合ぶあい 비율·日步ひぶ 일변 ⑥일본 장기의 말의 하나¶ 成步なりほ ④는「坪つぼ」, ⑤는「分ぶ」과 같음
II ①걷기, 걸음¶ ~を移うつす 걸음을 옮기다 ②[助数] 걸음의 횟수를 세는 말. 보, 걸음, 발짝¶ 二~離はなれる 두 걸음 떨어지다
〖慣用句〗
―を進すすめる 앞으로 나아가다
ほ [保][音ホ][訓たもつ・やすんずる](음)보. (造語)①지속하다, 유지하다¶ 保安ほあん 보안·留保りゅうほ 유보 ②소중히 기르다, 보호하다, 안심시키다, 돌보다¶ 保育ほいく 보육·保護ほご 보호 ③책임지고 맡다, 떠맡다¶ 保証ほしょう 보증·担保たんぽ 담보 ④「保険ほけん」의 준말¶ 健保けんぽ 건강 보험·国保こくほ 국민 건강 보험
ほ [*圃*][音ホ](음)포. (造語)①밭¶ 花圃かほ 화포·田圃でんぽ 전포 ②밭갈이, 농부¶ 老圃ろうほ 대를 이은 농부, 늙은 농부
ほ [捕][音ホ・ブ][訓とらえる・とらわれる・つかまえる・つかまる](음)포. (造語)①붙잡다¶ 捕虜ほりょ 포로·逮捕たいほ 체포 ②[野]「捕手ほしゅ・捕球ほきゅう」의 준말¶ 捕逸ほいつ 포수가 공을 놓침·好捕こうほ 포수가 공을 잘 잡음

ほ【浦】[音]ホ [訓]うら|(음)포. (造語) 바다・호수가 물으로 파고든 곳, 물가, 바닷가¶曲浦ざょく 굽은 해변. 極浦きょく 심한 후미

ほ【畝】[音]ホ [訓]うね|(음)묘. (造語) 밭이랑 ▷ 주로 훈(訓)「せ」「うね」로 쓰임

ほ【補】[音]ホ [訓]おぎなう|(음)보. (造語) ①깁다・補衣ほい 보의・補綴ほてい 보철 ②보충하다, 메우다¶補充じゅう 보충・増補ぞう 증보 ③돕다¶補佐さ 보좌・補導どう 보도 ④임명하다¶補職しょく 보직・転補てん 전보 ⑤수습, 견습¶候補こう 후보・試補しほ 시보 ▷ ⑤은「輔ほ」의 대용자

ほ【輔】[音]ホ [訓]たすけ|(음)보. (造語) 곁에서 힘을 보태다¶輔佐さ 보좌・輔弼ひっ 보필 ▷「補ほ」는 대용자

ほ【舗】【鋪】[音]ホ [訓]しく|(음)포. (造語) ①깔다¶舗装そう 포장・舗道どう 포도 ②점포, 상점¶商舗しょう 상점・店舗てんぽ 점포 ▷「鋪」가 정자(正字) [熟字訓] 老舗しにせ 노포

ほ【穂】[音]スイ (음)마음. E음

ほ【帆】돛¶〜を上あげる 돛을 올리다

ほ【穂】①[植] 이삭 ②(물건의) 뾰족한 부분¶筆ふでの〜 붓끝/ 槍やりの〜 창끝 [慣用句]
──に出でる ①이삭이 패어 열매를 맺다 ②(생각이) 겉으로 드러나다, 사람 눈에 띄다

ぼ【戊】[音]ボ|(음)무. (造語) 십간의 다섯째, 무¶戊辰戦争ぼしんせんそう 무진 전쟁

ぼ【母】[音]ボ・モ [訓]はは|(음)모. (造語) ①어머니¶母乳にゅう 모유・祖母そぼ 조모 ②모친에 견주는 여성¶国母こく 국모・保母ほぼ 보모 ③의지가 되는 것¶母港こう 모항・航空母艦かん 항공모함 ④출신지¶母校こう 모교・母国こく 모국 ⑤물건을 만들어 내는 근본이 되는 것¶母型がた 모형・酵母こう 효모 ▷ [熟字訓] 乳母うば 유모・小母おば 아주머니・伯母おば 백모・叔母おば 숙모・雲母うんも 운모・水母くらげ 해파리

ぼ【牡】[音]ボ [訓]おす|(음)모. (造語) 동물의 수컷 ⇔ 牝ひん¶牝牡ひんぼ 빈모 ▷ [熟字訓] 牡蠣かき 굴

ぼ【菩】[音]ボ|(음)보. (造語) 범어의 차음자¶菩薩ぼさつ 보살・菩提だい 보리

ぼ【募】[音]ボ [訓]つのる|(음)모. (造語) 널리 모으다, 널리 구하다¶募金きん 모금・募集しゅう 모집・応募おう 응모・公募こう 공모

ぼ【墓】[音]ボ [訓]はか|(음)묘. (造語) 무덤¶墓参さん 성묘・墓地ち 묘지・墳墓ふん 분묘

ぼ【慕】[音]ボ [訓]したう|(음)모. (造語) 그리다, 사모하다, 그리워하다¶慕情じょう 모정・愛慕あい 애모・思慕しぼ 사모・追慕つい 추모

ぼ【暮】[音]ボ [訓]くれる・くらす|(음)모. (造語) ①해가 지다, 해질녘, 황혼¶朝暮ちょう 조석・朝令暮改ちょうれいぼかい 조령모개 ②한 해나 계절의 끝¶暮春しゅん 모춘・歳暮せい 세모

ぼ【簿】【簿】[音]ボ|(음)부. (造語) 장부¶簿記ぼき 부기・帳簿ちょう 장부・名簿めい 명부

ほあい【暮靄】[文] 모애. 이내 = 夕靄ゆうもや

ほあん【保安】 보안¶〜要員いん 보안 요원/ 海上じょう〜庁ちょう 해상 보안청 一官かん (미국의) 보안관 一林りん [農] 보안림

ほい【補遺】[文] 보유¶〜編へん 보유편

ぽい [接尾] →っぽい

ぼいき【墓域】[文] 묘역. 묘지¶〜内ない 묘역 안

ほいく【保育】[名][他スル] 보육 一園えん 보육원 一器き [醫] 보육기. 인큐베이터 一所じょ 탁아소

ほいく【*哺育】[名][他スル] 포육. 젖을 먹여 새끼를 기름

ほいつ【捕逸】[名][他スル][野] 포수가 투구를 못 받고 놓침 = パスボール

ホイッスル (whistle) 휘슬 ①(경기 등에서) 신호로 부는 호각¶試合開始しあいかいしの〜 시합 개시의 휘슬 ②경적

ほいっぽ【歩一歩】 [副][文] 한걸음 한걸음, 걸음씩¶〜と完成かんせいに近ちかづく 한걸음 한걸음 완성에 가까워지다

ほいと【*陪堂・*乞児・*乞食】거지, 비렁뱅이

ぽいと [副][口] (아무렇게나 내던지거나 일을 포기하는 모양) 휙, 휙 = ぽいっと¶〜あき缶かんを捨すてる 휙 빈깡통을 버리다/ 仕事しごとを〜ほうり出だす 일을 휙 집어치다

ホイル (foil) 포일. 금속박 = 箔はく¶アルミ〜 알루미늄 포일/ 〜で包つつむ 포일로 싸다

ほいろ【*焙炉】배로. 화로 위에 씌워 찻잎을 덖거나 말리는 도구

ぼいん【母音】[文法] 모음. 홀소리 ⇔ 子音しおん

ぼいん【*拇印】무인. 지장, 손도장 = つめいん¶〜をおす 무인을 찍다

ポインセチア (poinsettia) [植] 포인세티아. 성성목

ポイント (point) 포인트 ①점, 지점 ②요점 ③(경기 등에서) 점수, 득점 ④[交] 전철기(轉轍機)¶〜を切きり換かえる 포인트를 바꾸다 ⑤(카드 놀이에서) 1의 패. 에이스 ⑥[版] 활자의 크기 단위¶五ご〜の活字かつじ 5포인트 활자 ⑦[數] 소수점 [慣用句]
──を落おとす ①(구기 등에서) 점수를 잃다 ②[版] 활자 크기를 작게 하다

ほう【方】[音]ホウ(ハウ) [訓]かた・ならべる・まさに|(음)방. I (造語) ①방향¶方向こう 방향・後方こう 후방 ②대체적인 곳¶方面めん 방면 ③부류, 편¶双方そう 쌍방 ④방법, 방식¶方法ほう 방법・処方しょ 처방 ⑤네모, 사각¶方形けい 방형・平方へい 평방 ⑥장소¶方言げん 방언・地方ち 지방 ⑦옳다, 바르다¶品行方正ほうこうほうせい 품행방정 ⑧길, 도의¶方外がい 방외 ⑨때마침, 바로¶方今こん 방금 [熟字訓] 彼方かなた 저쪽・貴方あなた 당신・此方こなた 이쪽・其方そなた 그곳・何方どなた 어느 곳・誰方どなた 어느 분・行方ゆくえ 행방・四方しほう 사방 II ①방향, 방위. 쪽¶〜が悪わるい 방위가 나쁘다 ②방면, 분야¶音楽おんがくの〜は詳くわしい 음악 분야는 밝다 ③부류, 축, 편, 쪽¶僕ぼくより君きみの〜がうまい 나보다 네 쪽이 잘한다 ④방법, 수단¶連絡れんらくする〜がない 연락할 방도가 없다 ⑤사각, 평방, 제곱¶〜三さんm 3미터 평방

ほう【包】[包][音]ホウ(ハウ) [訓]つつむ|(음)포. (造語) 싸다¶包囲ほうい 포위・包括かつ 포괄・実包じつ 실탄・内包ほう 내포

ほう [×呆] 音ホウ・ボウ 訓おろか・あきれる | (음)매. 造語 ①어리석다. 멍청하다¶ 阿呆<sub>あほう</sub> 바보・痴呆<sub>ちほう</sub> 치매 ②뜻밖의 일에 놀라다. 어이없다¶ 呆然<sub>ぼうぜん</sub> 멍함. 어이없어함

ほう [芳] 音ホウ(ハウ) 訓かんばしい・よし | (음)방. 造語 ①향기로운 화초. 향기롭다¶ 芳香<sub>ほうこう</sub> 방향・芳醇<sub>ほうじゅん</sub> 방순 ②영예. 명성. 호평¶ 芳烈<sub>ほうれつ</sub> 방렬・遺芳<sub>いほう</sub> 유방 ③남의 것에 대한 높임말¶ 芳書<sub>ほうしょ</sub> 방서・芳名<sub>ほうめい</sub> 방명

ほう [邦] 【邦】音ホウ(ハウ) 訓くに | (음)방. 造語 ①제후의 영토, 국가, 나라¶ 邦国<sub>ほうこく</sub> 방국・万邦<sub>ばんぽう</sub> 만방・友邦<sub>ゆうほう</sub> 우방 ②자기 나라¶ 邦楽<sub>ほうがく</sub> 방악・邦人<sub>ほうじん</sub> 자국인

ほう [奉] 音ホウ・ブ 訓たてまつる | (음)봉. 造語 ①바치다. 헌상하다¶ 奉献<sub>ほうけん</sub> 봉헌・奉呈<sub>ほうてい</sub> 봉정 ②예를 다해 모시다. 받들어 모시다¶ 奉公<sub>ほうこう</sub> 봉공・供奉<sub>ぐぶ</sub> 행차에 참가함 ③분부를 받들다¶ 奉勅<sub>ほうちょく</sub> 봉칙・信奉<sub>しんぽう</sub> 신봉

ほう [宝] 【寶】音ホウ 訓たから | (음)보. 造語 ①보물, 보배¶ 宝石<sub>ほうせき</sub> 보석・国宝<sub>こくほう</sub> 국보 ②보물로 아끼다, 소중히 여기다¶ 宝鑑<sub>ほうかん</sub> 보감・重宝<sub>ちょうほう・じゅうほう</sub> 중보 ③천자・임금에 대한 높임말¶ 宝算<sub>ほうさん</sub> 보산・宝祚<sub>ほうそ</sub> 보조 ④〖佛〗부처에 대한 높임말¶ 宝塔<sub>ほうとう</sub> 보탑

ほう [抱] 【抱】音ホウ(ハウ) 訓だく・いだく・かかえる | (음)포. 造語 ①안다, 껴안다¶ 抱擁<sub>ほうよう</sub> 포옹・介抱<sub>かいほう</sub> 간호 ②마음속에 품다, 생각하다¶ 抱負<sub>ほうふ</sub> 포부・辛抱<sub>しんぼう</sub> 인내

ほう [放] 音ホウ(ハウ) 訓はなす・はなつ・はなれる・ほうる | (음)방. 造語 ①내보내다, 놓아주다¶ 放送<sub>ほうそう</sub> 방송・放流<sub>ほうりゅう</sub> 방류 ②내쫓다, 멀리하다¶ 放逐<sub>ほうちく</sub> 방축・追放<sub>ついほう</sub> 추방 ③풀어주다, 자유롭게 해주다¶ 放牧<sub>ほうぼく</sub> 방목・解放<sub>かいほう</sub> 해방 ④내팽개치다, 방치하다¶ 放置<sub>ほうち</sub> 방치・放任<sub>ほうにん</sub> 방임 ⑤던지다¶ 放物線<sub>ほうぶつせん</sub> 포물선 ⑥제멋대로 하다¶ 放蕩<sub>ほうとう</sub> 방탕・豪放<sub>ごうほう</sub> 호방 ▷ ④⑤는 「抛」의 대용자

ほう [×朋] 音ホウ 訓とも | (음)붕. 造語 벗, 친구, 무리¶ 朋党<sub>ほうとう</sub> 붕당・同朋<sub>どうほう</sub> 동붕

ほう [法] 音ホウ(ハフ・ホフ)・ハッ・ホッ 訓のり・のっとる | (음)법. Ⅰ 造語 ①법, 규범, 규정¶ 法律<sub>ほうりつ</sub> 법률・憲法<sub>けんぽう</sub> 헌법 ②본보기, 모범¶ 法式<sub>ほうしき</sub> 법식・法帖<sub>ほうじょう</sub> 법첩 ③예의¶ 法式<sub>ほうしき</sub> 법식・礼法<sub>れいほう</sub> 예법 ④방법, 수단¶ 技法<sub>ぎほう</sub> 기법・便法<sub>べんぽう</sub> 편법 ⑤〖佛〗불법¶ 法衣<sub>ほうい</sub> 법의・説法<sub>せっぽう</sub> 설법 Ⅱ 법, 법률, 규범¶ 〜に背<sub>そむ</sub>く 법률에 위배되다 ②방법, 방식¶ 法則<sub>ほうそく</sub> 법칙, 규정¶ 〜にかなった振<sub>ふ</sub>る舞<sub>ま</sub>い 규정에 맞는 행동 거지 ④수단, 방도¶ 泣<sub>な</sub>くしか〜がない 우는 수 밖에 없다¶ 〜を説<sub>と</sub>く 설법하다 ⑥〖文法〗문장의 표현 형식¶ 仮定<sub>かてい</sub>〜 가정법 ⑦(부정의 말이나 반어가 딸리어)…하는 법은 없다, …하는 것은 부당하다¶ そんな〜はない 그런 법은 없다

慣用句
―に照<sub>て</sub>らす 법률에 의거하여 판단하다

ほう [泡] 【泡】音ホウ(ハウ) 訓あわ | (음)포. 造語 거품¶ 泡沫<sub>ほうまつ</sub> 포말・気泡<sub>きほう</sub> 기포・発泡<sub>はっぽう</sub> 발포 ▷ 熟字訓 泡沫<sub>うたかた</sub> 물거품

ほう [×苞] 音ホウ(ハウ) 訓つと | (음)포. Ⅰ 造語 포엽¶ 花苞<sub>かほう</sub> 화포・総苞<sub>そうほう</sub> 총포 ▷ 熟字訓 苞苴<sub>つと</sub>(음식을 싼) 짚꾸러미, 선물 Ⅱ 〖植〗꽃봉오리를 보호하는 작은 잎, 포엽

ほう [胞] 【胞】音ホウ(ハウ) 訓えな・はら | (음)포. 造語 ①태아를 싼 막¶ 胞衣<sub>ほうい・えな</sub> 포의 ②모체, 배¶ 同胞<sub>どうほう</sub> 동포 ③생물체를 조직하는 원형질¶ 胞子<sub>ほうし</sub> 포자・細胞<sub>さいぼう</sub> 세포 ▷ 熟字訓 胞衣<sub>えな</sub> 포의・同胞<sub>はらから</sub> 동포

ほう [倣] 音ホウ(ハウ) 訓ならう | (음)방. 造語 본뜨다, 전례에 따르다¶ 模倣<sub>もほう</sub> 모방

ほう [俸] 音ホウ (음)봉. 造語 급료, 수당, 녹봉¶ 俸給<sub>ほうきゅう</sub> 봉급・年俸<sub>ねんぽう</sub> 연봉・本俸<sub>ほんぽう</sub> 본봉

ほう [峰] 音ホウ 訓みね | (음)봉. 造語 산봉우리, 높은 산¶ 高峰<sub>こうほう</sub> 고봉・主峰<sub>しゅほう</sub> 주봉・連峰<sub>れんぽう</sub> 연봉 ▷ 「峯」는 다른 글자꼴

ほう [砲] 【砲】音ホウ(ハウ) 訓つつ | (음)포. Ⅰ 造語 대포¶ 砲撃<sub>ほうげき</sub> 포격・祝砲<sub>しゅくほう</sub> 축포・発砲<sub>はっぽう</sub> 발포 Ⅱ 포, 대포, 화포¶ 18門<sub>もん</sub>の〜 18문의 대포

ほう [×袍] 音ホウ(ハウ) 訓わたいれ | (음)포. Ⅰ 造語 ①솜을 둔 저고리¶ 褞袍<sub>どてら</sub> 온포 ②의관 속대를 갖출 때 입던 겉옷¶ 位袍<sub>いほう</sub> 품계에 따른 조복 Ⅱ (옛날에) 의관 속대를 갖출 때 입던 겉옷

ほう [崩] 音ホウ 訓くずれる・くずす | (음)붕. 造語 ①(산 등이) 무너지다¶ 崩壊<sub>ほうかい</sub> 붕괴・崩落<sub>ほうらく</sub> 붕락 ②천자가 죽다¶ 崩御<sub>ほうぎょ</sub> 붕어 ▷ 熟字訓 雪崩<sub>なだれ</sub> 눈사태

ほう [×捧] 音ホウ 訓ささげる | (음)봉. 造語 두 손으로 받들다¶ 捧呈<sub>ほうてい</sub> 봉정・捧読<sub>ほうどく</sub> 봉독

ほう [×烹] 音ホウ(ハウ) 訓にる | (음)팽. 造語 삶다¶ 割烹<sub>かっぽう</sub> 할팽, 음식의 조리

ほう [×萌] 音ホウ 訓きざし・きざす・もえる | (음)맹. 造語 싹트다¶ 萌芽<sub>ほうが</sub> 맹아

ほう [訪] 音ホウ(ハウ) 訓おとずれる・たずねる・とう | (음)방. 造語 ①방문하다¶ 訪問<sub>ほうもん</sub> 방문・来訪<sub>らいほう</sub> 내방 ②찾아가서 구하다¶ 探訪<sub>たんぼう</sub> 탐방

ほう [×逢] 音ホウ 訓あう | (음)봉. 造語 만나다, 맞이하다¶ 逢着<sub>ほうちゃく</sub> 봉착

ほう [報] 音ホウ 訓むくいる・しらせる | (음)보. Ⅰ 造語 ①갚다, 보답하다¶ 報恩<sub>ほうおん</sub> 보은・応報<sub>おうほう</sub> 응보 ②알려주다, 통보하다¶ 報告<sub>ほうこく</sub> 보고・通報<sub>つうほう</sub> 통보・情報<sub>じょうほう</sub> 정보・電報<sub>でんぽう</sub> 전보 Ⅱ ①(文)알림, 통지, 통보¶ 無事到着<sub>ぶじとうちゃく</sub>の〜を受<sub>う</sub>ける 무사히 도착했다는 통보를 받다 ②응보¶ 前世<sub>ぜんせ</sub>の〜 전세의 응보 ③(助数)알림이나 TV방송의 차례를 세는 말, 보¶ 第一〜<sub>だいいっぽう</sub> 제1보

ほう [棚] 【棚】音ホウ(ハウ) 訓たな | (음)붕. 造語 선반¶ 陸棚<sub>りくほう</sub> 대륙붕 ▷ 주로 훈(訓) 「たな」로 쓰임

ほう [蜂] 音ホウ 訓はち | (음)봉. 造語 ①꿀벌, 벌¶ 蜂窩<sub>ほうか</sub> 봉와, 벌집・養蜂<sub>ようほう</sub> 양봉 ②떼지어 모이다¶ 蜂起<sub>ほうき</sub> 봉기

ほう [豊] 【豐】音ホウ・ブ 訓ゆたか・とよ |

ほう

(음)풍. (造語) ①물건이 많다. 풍부하다¶ 豊富ほう 풍부・豊満まん 풍만 ②작황이 좋다¶ 豊作さく 풍작・豊年ねん 풍년

ほう【飽】 曾ホウ(ハウ) 訓あきる・あかす|(음)포. (造語) ①배불리 먹다. 포식하다. 물리다¶ 飽食しょく 포식・飽満まん 포만 ②흡족하다. 충분하다¶ 飽学がく 포학・飽和ほう 포화

ほう【*鞄】 曾ホウ 訓かばん|(음)포. (造語) ①무두질한 가죽 ②가방. 가죽 가방

ほう【*鳳】 曾ホウ 訓おおとり|(음)봉. (造語) ①봉황¶ 鳳凰おう 봉황・鳳雛すう 봉추 ②천자・궁중에 관한 것에 붙이는 말¶ 鳳闕けつ 대궐・鳳輦れん 봉련 ③남의 것에 대한 높임말¶ 鳳声せい 봉성, 남의 전언〔편지〕

ほう【襃】 曾ホウ 訓ほめる | (음)포. (造語) 칭찬하다. 칭송하다¶ 襃章しょう 포장・襃賞しょう 포상・襃貶へん 포폄

ほう【*鋒】 曾ホウ(ハウ) 訓ほこさき・きっさき|(음)봉. (造語) ①창・칼 끝, 물건의 끝¶ 銳鋒えい 예봉 ②앞장, 선봉¶ 先鋒せん 선봉 ③날카로운 기세¶ 舌鋒ぜっ 설봉・筆鋒ひつ 필봉

ほう【縫】 曾ホウ 訓ぬう|(음)봉. (造語) ①꿰매다, 바느질하다¶ 縫合ごう 봉합・縫製せい 봉제・裁縫さい 재봉・天衣無縫てんい む 천의무봉 ②일시적으로 얼버무리다¶ 弥縫びほう 미봉

ほう【*鵬】 曾ホウ 訓おおとり|(음)봉. (造語) 붕새, 큰 뜻〔사업〕이나 뛰어난 사람¶ 鵬翼よく 붕익・大鵬たい 대붕

ほう 國 (ロ) (감탄하거나 놀랐을 때 내는) 허, 허허, 저런¶ ~, それは初耳みみだ 허 그건 금시 초문인데

ぼう【亡】 曾ボウ(バウ)・モウ(マウ) 訓ない・ほろびる・うせる|(음)망. (造語) ①망하다¶ 亡国こく 망국・興亡こう 흥망 ②없어지다¶ 亡失しつ 망실・損亡そん 손망 ③죽다¶ 亡霊れい 망령・亡者じゃ 망자・死亡しぼう 사망 ④도망치다¶ 亡命めい 망명・逃亡とう 도망

ぼう【乏】 曾ボウ(ボフ) 訓とぼしい|(음)핍. (造語) 가난하다, 모자라다¶ 窮乏きゅう 궁핍・欠乏けつ 결핍・耐乏たい 내핍・貧乏びん 빈핍

ぼう【*卯】 曾ボウ(バウ) 訓う|(음)묘. (造語) 십이지의 넷째, 토끼¶ 卯月づき 묘월

ぼう【忙】 曾ボウ(バフ) 訓いそがしい・せわしい|(음)망. I (造語) 바쁘다, 틈이 없다¶ 忙事じ 망사・多忙ぼう 다망 II (文) 바쁨, 다망함¶ ~をいとわず 다망함을 무릅쓰고

ぼう【坊】 曾ボウ(バウ)・ボッ|(음)방. I (造語) ①네모나게 구획된 동네¶ 坊間かん 방간 ②㉠황태자의 궁전 ㉡절¶ 僧坊ぼう 승방 ③승려, 중¶ 坊主ず 주지・御坊ぼう 절, 스님 ④승려의 이름에 붙임 ⑤《어린아이 이름에 붙여》친근감을 나타냄 ⑥《사람의 양태를 나타내는 말에 붙여》…한 사람¶ 朝寝坊ねぼう 늦잠꾸러기・風来坊ぼう 떠돌이 ▷ ①, ③, ④는「房ぼう」와 같음 II ①승방¶ ~に泊とまる 승방에 묵다 ②중, 승려¶ ~さん 스님 ③어린 사내아이¶ かわいいーだな 귀여운 아기군 ④어린 사내아이가 자기를 가리키는 말. 나¶

それは~のだよ 그건 내거야

ぼう【妨】 曾ボウ(バウ) 訓さまたげる|(음)방. (造語) 방해하다, 훼방하다¶ 妨害がい 방해

ぼう【忘】 曾ボウ(バウ) 訓わすれる|(음)망. (造語) 잊다¶ 忘恩おん 망은・忘却きゃく 망각・健忘けん 건망・備忘ぼう 비망

ぼう【防】 曾ボウ(バウ)・ホウ(ハウ) 訓ふせぐ|(음)방. (造語) ①막다, 지키다, 에 대비하다¶ 防火か 방화・予防よ 예방 ②둑, 제방¶ 堤防てい 제방 ▷ 黙字訓 防人さきもり (옛날에) 九州きゅう・対馬しま 등의 변어를 위한 경사병

ぼう【房】 曾ボウ(バウ) 訓ふさ|(음)방. I (造語) ①방¶ 監房かん 감방・独房どく 독방 ②부부의 침실¶ 房事じ 방사・閨房けい 규방 ③집, 주거¶ 山房さん 산방 ④승방¶ 禅房ぜん 선방・僧房そう 승방 ⑤작은 방 모양으로 구획된 것¶ 子房ぼう 자방・心房しん 심방 ⑥송이, 송이처럼 늘어진 것¶ 乳房ちち 유방 ▷ ④・⑥은「坊ぼう」와 같음 II ①(작은) 방¶ ~がある 방이 있다 ②승방

ぼう【肪】 曾ボウ(バウ) 訓あぶら|(음)방. (造語) (동물 체내의) 지방¶ 脂肪しぼう 지방

ぼう【*茅】 曾ボウ(バウ) 訓かや・ち・ちがや|(음)모. (造語) 띠, 억새, 모옥¶ 茅屋おく 모옥・茅舎しゃ 모사 ▷ 黙字訓 茅蜩ひぐらし 매미

ぼう【某】 曾ボウ 訓それがし・なにがし|(음)모. I (造語) 아무개, 어느¶ 某氏し 모씨・某日じつ 모일・何某なにがし 아무개 II 図(文) 모, 아무개¶ ~の仕業しわざ 아무개의 소행 III 代(文) 자신에 대한 겸사말. 저, 본인

ぼう【冒】 曾ボウ 訓おかす|(음)모. (造語) ①무리하게 하다. 무릅쓰다¶ 冒険けん 모험・冒涜とく 모독 ②해를 입다¶ 感冒かん 감기 ③사물의 시작¶ 冒頭とう 모두, 처음

ぼう【剖】 曾ボウ 訓さく・わける | (음)부. (造語) 가르다, 나누다¶ 解剖かい 해부

ぼう【*旁】 曾ボウ(バウ) 訓かたわら・つくり・かたがた|(음)방. (造語) ①곁, 옆¶ 旁注ちゅう 방주・路旁ろ 노방 ②(한자 부수의) 우부방¶ 偏旁冠脚へんぼうかんきゃく (한자의) 변・방・머리・발 ▷ ①은「傍ぼう」가 대용자

ぼう【紡】 曾ボウ(バウ) 訓つむぐ|(음)방. (造語) 실을 잣다¶ 紡糸し 방사・紡績せき 방적・混紡こん 혼방 ▷ 黙字訓 紡錘つむ 방추

ぼう【望】【望】 曾ボウ(バウ)・モウ(マウ) 訓のぞむ・もち|(음)망. I (造語) ①먼곳을 바라보다¶ 望楼ろう 망루・展望てん 전망 ②원하다, 소망하다, 기대하다¶ 希望き 희망・有望ゆう 유망 ③영예, 인기, 명성¶ 人望じん 인망・徳望とく 덕망 ④보름달¶ 望月つき 보름달・既望きぼう 음력 열엿샛날 II (文) ①소망, 소원¶ ~を属しょくする 희망을 걸다 ②보름달¶ 月つきは~に満みつる 달은 보름달로 차다 ③음력 보름날

ぼう【傍】 曾ボウ(バウ) 訓かたわら・そば|(음)방. (造語) 옆, 곁¶ 傍観かん 방관・傍聴ちょう 방청・傍点てん 방점・近傍きん 근방

ぼう【帽】【帽】 曾ボウ|(음)모. I (造語) 모자¶ 帽子し 모자・角帽かく 사각모자・脱帽だつ

탈모 Ⅱ〔文〕모자¶ ～を脱ぬぐ 모자를 벗다
**ぼう**【棒】⦿ボウ(バウ)|(음)봉. Ⅰ〔造語〕①막대기, 몽둥이¶捧術ぼうじゅつ 봉술·綿棒めんぼう 면봉 ②직선¶棒線ぼうせん 직선·横棒よこぼう 횡선 ③똑바로, 그대로¶棒暗記ぼうあんき 무턱대고 외움 Ⅱ①몽둥이, 막대기¶ ～で殴なぐる 몽둥이로 때리다 ②「天秤棒てんびんぼう」의 준말. 멜대 ③「指揮棒しきぼう」의 준말. 지휘봉 ④직선¶ ～グラフ 막대 그래프 ⑤「捧術ぼうじゅつ」의 준말. 봉술¶ ～の達人たつじん 봉술의 달인

〔慣用句〕
**ーに振**ふ**る** (노력·고생 등이) 허사가 되다
**ーほど願**ねが**って針**はり**ほど叶**かな**う** 바라는 것은 쉽게 이루어지지 않는다

**ぼう**【貿】⦿ボウ 訓かえる|(음)무.〔造語〕물건을 사고 팔다. 장사하다¶貿易ぼうえき 무역
**ぼう**【˚貌】⦿ボウ(バウ) 訓かたち·かお|(음)모.〔造語〕①얼굴 모양, 용모¶美貌びぼう 미모·容貌ようぼう 용모, 외관, 형태¶貌言げん 모언·外貌がいぼう 외모·全貌ぜんぼう 전모
**ぼう**【暴】⦿ボウ·バク 訓あばく·あばれる|(음)폭, 포. Ⅰ〔造語〕①거칠다, 사납다¶暴風ぼうふう 폭풍·横暴おうぼう 횡포 ②과도하다¶暴飲ぼういん 폭음·暴利ぼうり 폭리 ③급함, 갑작스러움¶暴騰ぼうとう 폭등·暴発ぼうはつ 폭발 ④무모한 행동¶暴虎馮河ぼうこひょうが ⑤드러내다, 밝히다, 폭로하다¶暴露ばくろ 폭로 Ⅱ ①무도함, 폭력, 난폭함¶ ～を防ふせぐ 폭력을 방지하다

〔慣用句〕
**ーを以**もっ**て暴**ぼう**に易**か**う** ①불법을 제거하는 데 불법을 쓰다 ②상대가 폭력을 쓰면 이쪽도 폭력으로 응하다

**ぼう**【膨】⦿ボウ(バウ) 訓ふくらむ·ふくれる|(음)팽.〔造語〕부풀다¶膨圧ぼうあつ 팽압·膨脹ぼうちょう 팽창·膨脹ぼうちょう 팽창
**ぼう**【謀】⦿ボウ·ム 訓はかる·はかりごと|(음)모.〔造語〕①꾀하다, 계획을 세우다, 계획¶謀議ぼうぎ 모의·参謀さんぼう 참모 ②남몰래 꾀하다, 모계¶謀反むほん 모반·陰謀いんぼう 음모
**ぼうあく**【暴悪】〔名〕〔ナ〕〔文〕포악¶ ～のふるまい 포악한 행동
**ぼうあげ**【棒上げ】〔經〕주식 시세가 상승 일로의 오름세임, 급격한 가격 상승
**ぼうあつ**【暴圧】〔名〕〔他スル〕〔文〕폭압. 탄압¶反対はんたいデモを～する 반대 데모를 폭압하다
**ぼうあつ**【膨圧】〔植〕팽압
**ぼうあん**【奉安】〔名〕〔他スル〕〔文〕봉안¶ ～殿でん 봉안전/ 御ご神体しんたいを～する 신위를 봉안하다
**ぼうあん**【法案】법안, 법률안
**ぼうあんき**【棒暗記】〔名〕〔他スル〕무턱대고 욈, 덮어놓고 암기함= 丸暗記まるあんき
**ほうい**【方位】〔文〕방위 ①방향 ②(음양오행설의) 방향의 길흉¶ ～を占うらなう 방위를 점치다
**ほうい**【包囲】〔名〕〔他スル〕포위¶ ～網もう/犯人はんにんを～する 범인을 포위하다
**ほうい**【胞衣】〔生〕포의. 태의 = えな
**ぼうい**【暴威】〔文〕폭위, 맹위¶台風たいふうが～を振ふるう 태풍이 맹위를 떨치다

**ほういがく**【法医学】〔醫〕법의학
**ほういつ**【放逸·放˚佚】〔名〕〔ナ〕〔文〕방일, 방종¶ ～な生活せいかつをする 방종한 생활을 하다
**ほういん**【法印】①〔佛〕최고위 승위(僧位) ②(武家ぶけ 시대에) 의사·화가·連歌師れんがし등에게 준 칭호 ③「山伏やまぶし」의 속칭. 수도자
**ぼういん**【暴飲】〔名〕〔他スル〕폭음¶ ～暴食ぼうしょく 폭음 폭식
**ほうえ**【法会】〔佛〕법회 ①설법의 모임(행사) ②법요, 불사= 法要ほうよう·法事ほうじ
**ほうえ**【法˚衣】법의. 승복= ほうい
**ほうえい**【放映】〔名〕〔他スル〕방영¶名画めいがを～する 명화를 방영하다 **ー権**けん〔放〕방영권
**ぼうえい**【防衛】〔名〕〔他スル〕방위¶国土こくど～ 국토 방위/ 正当せいとう～ 정당 방위 **ー出動**しゅつどう〔政〕(자위대의) 방위 출동 **ー庁**ちょう〔政〕방위청
**ほうえき**【法益】〔法〕법익
**ぼうえき**【防疫】〔名〕〔他スル〕방역¶ ～官かん 방역관/ ～対策たいさく 방역 대책
**ぼうえき**【貿易】〔名〕〔自スル〕〔經〕무역¶ ～摩擦まさつ 무역 마찰 **ー外**がい**収支**しゅうし 무역외 수지 **ー自由化**じゆうか 무역 자유화 **ー風**ふう〔氣〕무역풍
**ほうえつ**【法悦】①〔佛〕법열 ②황홀한 상태·기분¶ ～の境地きょうち 황홀한 경지
**ほうえん**【方円】〔文〕방원. 네모와 원
**ほうえん**【砲煙】포연¶ ～をくぐりぬける 포연 속을 뚫고 나가다 **ー弾雨**だん〔文〕포연 탄우
**ほうえん**【豊˚艶】〔名〕〔ナ〕〔文〕풍염. (여성이) 풍만하고 아름다움¶ ～な女体にょたい 풍염한 여체
**ほうえん**【法苑】법원. 부처 데를 봄 **ー鏡**きょう 망원경 **ーレンズ** 망원 렌즈
**ほうおう**【法王】①〔카〕교황¶ ～庁ちょう 교황청 ②〔佛〕부처의 존칭
**ほうおう**【法皇】불문에 들어간 上皇じょうこう의 호칭
**ほうおう**【訪欧】〔名〕〔自スル〕〔文〕방구. 유럽 방문¶ ～の途とにつく 유럽 방문길에 오르다
**ほうおう**【˚鳳˚凰】봉황
**ほうおく**【˚茅屋】 ～ 모옥 ①초가집 ②누옥= あばらや ③자기집의 겸사말
**ほうおん**【報恩】〔文〕보은= 恩返おんがえし
**ぼうおん**【忘恩】〔文〕망은. 배은 망덕= 恩知おんしらず¶ ～のふるまい 배은 망덕한 행동
**ぼうおん**【防音】방음¶ ～壁かべ 방음벽/ ～装置そうちをほどこす 방음 장치를 하다
**ほうか**【邦家】〔文〕방가. 나라, 국가. (특히) 자기 나라¶ ～の一大事いちだいじ 자기 나라의 중대사
**ほうか**【邦貨】〔文〕방화. 자국 화폐¶ドルを～に換算かんさんする 달러를 자국 화폐로 환산하다
**ほうか**【放下】Ⅰ〔名〕〔他スル〕〔文〕포기, 내던짐, 투하 Ⅱ〔藝〕①(중세·근세에) 거리의 연예인이 하던 마술·곡예 ②「放下僧ほうかそう」의 준말 **ー僧**そう〔放下ほうか〕Ⅱ①을 연기하는 중 차림의 곡예사=放下師ほうかし
**ほうか**【放火】〔名〕〔自スル〕방화= 付つけ火び¶ ～犯はんをつかまえる 방화범을 체포하다
**ほうか**【放歌】〔名〕〔自スル〕〔文〕방가. 큰소리로 노래 부름¶ ～高吟こうぎん 방가 고음
**ほうか**【放課】〔文〕방과 **ー後**ご 방과 후

**ほうか**[法科] 법과¶～出身ﾚﾂ 법과 출신
**ほうか**[法家] 법가 ①(文) 법률가 ②중국 전국시대의 제자백가(諸子百家)의 한 파
**ほうか**[法貨][經] 법정 화폐
**ほうか**[砲火] (文) 포화¶集中ﾁｭｳ～ 집중 포화/～をあびせる 포화를 퍼붓다
  [慣用句]
  —を交える 전쟁을 하다, 교전하다
**ほうか**[*烽火] (文) 봉화, 봉수＝ のろし
**ほうか**[*蜂*窩] (文) 봉와, 벌집
**ほうが**[邦画] 방화, 자기 나라 영화·그림
**ほうが**[奉加] 名他ｽﾙ 신불에게 금품을 바침 —帳ﾁｮｳ ①신불에게 바치는 금품의 목록·시주자의 이름을 적은 장부 ②기부금 명부
**ほうが**[奉賀] 삼가 축하드림, 근하¶～新年ｼﾝ 근하 신년
**ほうが**[*萌芽] 名自ｽﾙ(文) 맹아 ①출아, 싹틈¶～期ｷ 맹아기 ②(比) 사물이 시작되려는 조짐¶近代医学ｶﾞｸの～ 근대 의학의 발생
**ぼうか**[防火] 방화¶～壁ﾍﾞｷ 방화벽/～設備ﾋﾞ 방화 설비 —林ﾘﾝ 방화림
**ぼうが**[忘我] 名(文) 망아, 무아¶～の境地ｷｮｳ 무아의 경지
**ほうかい**[抱懐] 名他ｽﾙ(文) 포회. (생각·느낌을) 품음¶野心ｼﾝを～する 야심을 품다
**ほうかい**[法界] ①[佛] ～かい(法界) ②「法界悋気ﾘﾝｷ」의 준말 —悋気ﾘﾝｷ 자기와 직접 관계없는 일이나 남의 사랑을 질투함
**ほうかい**[崩壊·崩*潰] 名自ｽﾙ 붕괴¶封建制度ｾｲｹﾝの～ 봉건 제도의 붕괴
**ほうがい**[法外] 터무니없음, 과도함¶～な要求ｷｭｳ 터무니없는 요구
**ぼうがい**[妨害·妨*碍] 名他ｽﾙ 방해¶議事ｼﾞ の進行ｺｳを～する 의사 진행을 방해하다
**ぼうがい**[望外] 名(文) 망외, 기대 이상임¶～の成果ｶを得ｴる 기대 이상의 성과를 거두다
**ほうかいせき**[方解石][鑛] 방해석
**ほうがく**[方角] ①방위¶～が悪ﾜﾙい 방위가 나쁘다 ②방향, 쪽¶駅ｴｷの～に行ﾕく 역쪽으로 가다 —違ﾁｶﾞい ①다른 방향 ②예상[짐작]이 어긋남
**ほうがく**[邦楽] 방악, 자국의 음악
**ほうがく**[法学] 법학, 법률학¶～部ﾌﾞ 법학부
**ほうかつ**[包括] 名他ｽﾙ 포괄¶～的ﾃｷな意見ｹﾝ 포괄적인 의견
**ほうかん**[奉還] 名他ｽﾙ(文) 봉환¶大政ｾｲ～ 大政 봉환(1867년 江戸幕府ﾊﾞｸﾌの 徳川慶喜ﾖｼﾉﾌﾞ가 정권을 天皇ﾉｳ에게 반환한 일)
**ほうかん**[宝冠] (文) 보관, 보석으로 장식한 관
**ほうかん**[宝鑑] (文) 보감¶家庭ｲ～ 가정 보감
**ほうかん**[法官] (文) 법관＝ 裁判官ｻｲﾊﾞﾝｶﾝ
**ほうかん**[砲艦] [軍] 포함, 연안을 경비하는 소형 군함 —外交ｺｳ 포함 외교, 무력을 앞세운 외교 방식
**ほうかん**[*幇間] (文) 연회석에서 흥을 돋우는 것을 업으로 하는 남자＝ 太鼓持ﾀｲｺﾓﾁ
**ほうがん**[包含] 名他ｽﾙ 포함, 내포¶矛盾ｼﾞｭﾝを～している 모순을 내포하고 있다

**ほうがん**[*判官] 판관 —*屓ﾋﾞｲｷ 약자 쪽을 동정하고 편듦
**ほうがん**[砲丸] 포환 ①포탄 ②투포환에 쓰는 금속제의 공 —投ﾅげ[競] 투포환
**ぼうかん**[坊間] (文) 방간, 항간, 시중, 세간¶～のうわさ 항간의 소문
**ぼうかん**[防寒] 방한¶～服ﾌｸ 방한복
**ぼうかん**[傍観] 名他ｽﾙ 방관¶袖手ｼｭｼｭ～/事態ﾀｲを～する 사태를 방관하다
**ぼうかん**[暴漢] 폭한¶～に襲ｵｿわれる 폭한에게 습격당하다
**ほうがんし**[方眼紙] 방안지, 모눈종이
**ほうき**[*箒·*帚] 비¶竹ﾀｹ～ 대비/草ｸｻ～ 싸리비/～で庭ﾆﾜを掃ﾊｸ 비로 마당을 쓸다
**ほうき**[伯耆] 일본의 옛 지명, 지금의 鳥取ﾄﾘ현의 서부 지방＝ 伯州ｼｭｳ
**ほうき**[芳紀] (文) 방기, 방년(芳年)¶～まさに18歳ｻｲ 바야흐로 방년 18세
**ほうき**[放棄·*抛棄] 名他ｽﾙ 방기 ①(文) 내버려 두고 돌보지 않음 ②포기¶権利ｹﾝを～する 권리를 포기하다
**ほうき**[法規] 법규¶交通ﾂｳ～ 교통 법규
**ほうき**[法器] [佛] 법기 ①불도 수행을 해낼만한 소질이 있는 사람 ②불구(佛具)
**ほうき**[*蜂起] 名自ｽﾙ(文) 봉기¶武装ｿｳ～ 무장 봉기/いっせいに～する 일제히 봉기하다
**ぼうぎ**[謀議] 名他ｽﾙ 모의¶共同ﾄﾞｳ～ 공동 모의/～をこらす 모의를 꾀하다
**ほうきぐさ**[*箒草][植] 대싸리＝ ほうきぎ
**ほうきぼし**[*箒星] (口) 혜성, 꼬리별
**ほうきぼし**[*箒星] 비질 자국
**ほうきゃく**[訪客] (文) 방객, 방문객
**ほうきゃく**[忘却] 名他ｽﾙ(文) 망각¶～のかなた 망각의 피안(彼岸)
**ぼうぎゃく**[暴虐] 名ﾀﾞ他ｽﾙ 포학, 포악¶～な君主ｸﾝ 포학한 군주
**ほうきゅう**[俸給] 봉급, 급료＝ 給料ｷｭｳﾘｮｳ¶～が上ｱｶﾞる 봉급이 오르다
**ほうぎょ**[崩御] 名自ｽﾙ 붕어, 승하
**ぼうきょ**[暴挙] 폭거 ①난폭한 행동, 불법 행위¶集団ﾀﾞﾝで～に出ﾃﾞる 집단으로 폭거를 일으키다 ②폭동
**ぼうぎょ**[防御·防*禦] 名他ｽﾙ 방어¶陣地ﾁ を～する 진지를 방어하다 —率ﾘﾂ[野] 방어율
**ほうきょう**[豊凶] (文) 풍흉, 풍작과 흉작, 풍년과 흉년¶～を占ｳﾗﾅう 풍흉을 점치다
**ほうきょう**[豊*頬] (文) 포동포동하고 예쁜 볼
**ほうきょう**[防共] 방공¶～協定ｷｮｳ 방공 협정
**ほうきょう**[望郷] (文) 망향＝ 懐郷ｶｲｷｮｳ¶～の念ﾈﾝにかられる 고향 생각에 사로잡히다
**ほうぎょく**[宝玉] (文) 보옥, 보석＝ 宝珠ｼｭ
**ぼうきれ**[棒切れ] 짧은 막대기, 나무 토막
**ほうきん**[砲金] [工] 포금, 구리 합금
**ほうぎん**[放吟] 名他ｽﾙ 방음, 목청을 돋구어 읊음¶高歌ｶ～する 고성 방가하다
**ぼうぐ**[防具] (검도의) 호구(護具)
**ぼうぐい**[棒*杙·棒*杭] 말뚝¶～を打ｳち込ｺむ 말뚝을 박아넣다

ぼうくう【防空】【軍】방공 ¶—壕 방공호
ぼうぐみ【棒組み】①가마의 맞채잡이 ②한패, 동아리 ③【版】(활판 인쇄에서) 이어짜기
ぼうグラフ【棒―】【數】막대 그래프
ぼうくん【亡君】【文】망군. 죽은 주군= 先君さん
ぼうくん【傍訓】한자 옆에 다는 토= ルビ
ぼうくん【暴君】폭군 ①포악한 군주 ¶〜の圧制 せい 폭군의 압제 ②[比] 제멋대로 행동하는 사람 ¶わが家 いえ の〜 우리집의 폭군
ほうげ【放下】名他スル 【文】①내던짐, 방치함= ほうか ②【佛】모든 집착을 버리고 해탈함
ほうけい【方形】【文】방형, 네모, 사각형 ¶〜〜のテーブル 네모난 테이블
ほうけい【包茎】포경= 皮かわかぶり
ほうげい【奉迎】名他スル 봉영. 귀인을 맞음 ⇔ 奉送 ほうそう ¶〜の行事ぎょう 봉영 행사
ぼうけい【亡兄】【文】망형. 죽은 형
ぼうけい【傍系】방계 ¶〜会社 がいしゃ 방계 회사
ぼうけい【謀計】名他スル 모계, 계략 ¶〜を巡めぐらす 모계를 꾸미다
ほうげき【砲撃】名他スル 포격 ¶敵てきの〜を受ける 적의 포격을 받다
ほう・ける【×惚ける・×呆ける】自下一 ①멍해지다= ぼける ¶病やみ〜 앓아서 기력이 없어지다 ②열중하다 ¶一日中じゅう遊あそび〜 온종일 노는 데 열중하다
ほうけん【奉献】名他スル 【文】봉헌
ほうけん【宝剣】보검. 귀중한 칼
ほうけん【封建】봉건 ¶〜思想 しそう 봉건 사상 ¶〜時代 じだい 봉건 시대 ¶〜主義 しゅぎ 봉건주의 ¶〜制度 せいど 봉건 제도 ¶〜的 てき 봉건적
ほうげん【方言】방언, 사투리
ほうげん【放言】名他スル 방언. 함부로【무책임하게】지껄임, 그런 말 ¶身みのほど知しらぬ〜 분수도 모르는 무책임한 말
ほうげん【法眼】①【佛】법안 ②【佛】「法眼ほう和尚位か じょう」의 준말. 法印ほういん에 버금가는 승계(僧階) ③(중세) 의사・화가・連歌師れんがしい 등에게 내린 칭호
ぼうけん【冒険】名自スル 모험 ¶〜談だん 모험담 ¶〜にいどむ 모험에 도전하다
ぼうけん【剖検】名他スル 【醫】부검 ¶死体たいを〜する 사체를 부검하다
ぼうけん【望見】名他スル 【文】망견. 멀리서 바라봄
ぼうげん【妄言】【文】망언 ①망발, 나오는 대로 하는 말 ¶〜を慎つつしむ 망언을 삼가다 ②근거 없는 허황된 말 ¶〜に惑まどわされる 망언에 현혹되다 ¶—多謝 망언 다사
ぼうげん【暴言】폭언 ¶〜をはく 폭언을 하다
ほうこ【宝庫】보고 ①보물 창고 ②[比] 귀중한 자원이 많이 나는 고장, 귀중한 것이 가득차 있는 곳 ¶知識 ちしきの〜 지식의 보고
ほうご【邦語】①국어, 자국어 ②일본어 ¶〜訳やく 일본어 번역
ほうご【法語】【佛】법어 ①설법 ②조사・고승 등이 불교를 쉽게 해설한 문장
ぼうご【防護】名他スル 방호 ¶〜壁へき 방호벽
ほうこう【方向】방향 ①방위= 方角 ほうがく ¶〜感覚 かん 방향 감각 ②목표, 방침 ¶将来 しょうらいの〜を決定 けっていする 장래의 방침을 결정하다 ¶—音痴 おん 방향 감각이 없음 ¶—探知機 たんちき【機】방향 탐지기 ¶—付ける 他下一 방향[방침]을 정하다 ¶—転換 てんかん 名自スル 방향 전환 ①진행 방향을 바꿈 ②방침을 바꿈
ほうこう【×彷徨】名自スル 방황 ¶生死しの境さかいを〜をする 생사의 경계를 방황하다
ほうこう【芳香】【文】방향, 좋은 향기 ¶〜剤ざい 방향제 ¶〜を放はなつ 방향을 풍기다
ほうこう【*咆*哮】名自スル 포효 ¶虎とらが〜する 호랑이가 포효하다
ほうこう【奉公】名自スル 봉공 ①국가・조정을 위해 진력함 ¶滅死 めっし〜 멸사 봉공 ②(남의 집에서) 고용살이함 ¶娘 むすめを〜に出だす 딸을 고용살이로 보내다 ¶一人にん 고용인, 더부살이
ほうこう【放校】名他スル 퇴학 ¶〜処分 しょぶん 퇴학 처분
ほうごう【抱合】名自スル 포합 ①【文】껴안음, 포옹 ②【藥】(생체내의) 해독 작용의 하나
ほうごう【法号】【佛】법호, 법명 ①수계(受戒) 때 받는 이름 ②사후에 주어지는 이름, 계명
ほうごう【縫合】名他スル 봉합 ¶〜手術 じゅつ 봉합 수술
ぼうこう【×膀×胱】【醫】방광 ¶〜炎えん 방광염
ぼうこう【暴行】名自スル 폭행 ¶〜を加くわえる
ほうこく【奉告】名他スル 봉고. (신불・귀인에게) 삼가 아룀 ¶〜祭さい 봉고제
ほうこく【報告】名他スル 보고 ¶〜書しょ 보고서 ¶経過かを〜する 경과를 보고하다
ほうこく【報国】【文】보국 ¶一死いっし〜 일사 보국
ぼうこく【亡国】망국 ①망한 나라 ¶〜の民たみ 망국의 백성 ②[了] 나라를 망침 ¶〜の徒と 망국의 도배
ぼうこ ひょうが【暴虎×馮河】【文】포호 빙하. 만용을 부려 무모한 짓을 함 ¶〜の勇ゆう 포호 빙하지용
ほうこん【方今】【文】방금, 현금, 현재 ¶〜の世相そう 현금의 세태
ぼうこん【亡魂】【文】망혼, 망령 ¶〜を弔とむらう 망혼을 조상하다
ほうざ【砲座】포좌. 대포를 올려 놓는 대
ぼうさ【防砂】방사, 사방 ¶〜林りん 방사림
ほうさい【報賽】名自スル 【文】소원 성취한 보답으로 신불(神佛)에게 참배함= お礼参 れいまいり
ぼうさい【亡妻】망처, 죽은 아내= 亡夫ぼうふ
ぼうさい【防災】방재, 재해 방지
ぼうさい【防塞】방새. 바리케이드= 防塁 ぼうるい
ぼうさき【棒先】①막대 끝 ②가마의 채끝. 그것을 메는 사람
ほうさく【方策】방책 ¶〜を練ねる 방책을 짜다
ほうさく【豊作】풍작 ⇔ 凶作 きょう ¶〜の年とし 풍년 ¶〜貧乏 びんぼう 풍작으로 농산물 가격이 하락하여 농가가 궁핍해짐
ぼうさげ【棒下げ】【經】주식 시세가 계속 떨어짐, 큰 폭으로 급락함 ⇔ 棒上 ぼうあげ
ぼうざし【棒差し】【相撲】상대의 겨드랑이 밑

에 손을 질러 넣어 샅바를 잡은 채 있는 상태
ぼうさつ [忙殺] 图他スル 망쇄. 일에 쫓김, 몹시 분주함¶ 雑務に～される 잡무에 쫓기다
ぼうさつ [謀殺] 图他スル 모살¶ 保険金目当てに～する 보험금을 노리고 모살하다
ほうさん [奉賛] 图自スル(文) (神社·절의 행사나 사업에) 삼가 찬조함¶ ～会 봉찬회
ほうさん [宝算] 图 보령, 天皇의 나이
ほうさん [放散] 图自他スル 방산, 널리 흩뜨림, 흩어져 퍼짐¶ 痛みが～する 통증이 퍼지다/ 熱を～する 열을 방산하다
ほうさん [*硼酸] [化] 붕산¶ ～軟膏 붕산연고
ぼう さん [坊さん] (口) 스님¶ お～ 스님
ほうし [芳志] (文) 남의 후의의 높임말. 방지 = 芳情·芳心¶ ご～感謝いたします 후의에 감사 드립니다
ほうし [奉仕] 图自スル 봉사 ①국가·사회 등에 이바지함¶ 社会に～する 사회에 봉사하다 ②상인이 물건을 싸게 팖¶ ～品 봉사품
ほうし [奉伺] 图他スル(文) 문안을 드림¶ 御機嫌を～する 안녕하신지 문안을 드리다
ほうし [奉祀] 图他スル 봉사. 사당에 모심
ほうし [放恣·放*肆] 图[ナ] 방자, 방종¶ ～な生活 방자한 생활
ほうし [放資] 图自スル(文) 자본을 투입함, 투자
ほうし [法師] [佛] 법사 ①[佛] 승려, 스님 ②(造語) 사람의 뜻을 나타냄 影~ 사람 그림자/ 一寸~ 난쟁이 一蝉 [動] = つくつくぼうし
ほうし [法嗣] [佛] 법사. 법통을 잇는 수제자
ほうし [胞子] [植] 포자¶ ～植物 포자 식물
ほうし [褒詞] 칭찬의 말, 찬사
ほうじ [邦字] (文) ①자기 나라 글자 ②일본 문자
ほうじ [法事] [佛] 법사. 불사, 법회¶ ～を営む 법회를 지내다
ほうじ [捧持] 图他スル(文) 높이 받듦¶ 勅語を～する 칙어를 받들다, 봉척(奉勅)하다
ほうじ [*榜示] (文) 토지의 경계 표시로 세우는 말뚝·돌 ¶ ～杭 경계 표지 말뚝
ほうし [防止] 图他スル 방지¶ 危険の～ 위험 방지/ 未然に～する 미연에 방지하다
ぼうし [某氏] 모씨. 어떤 분
ぼうし [某紙] (文) 모지. 어떤 신문¶ ～によると 모지에 따르면
ぼうし [紡糸] 방사. 실을 자음, 그런 실
ぼうし [*眸子] (文) 눈동자 = ひとみ
ぼうし [帽子] ①모자¶ ～掛이 모자걸이/ ～をかぶる 모자를 쓰다 ②(比) 물건의 머리나 끝부분에 씌우는 것¶ 筆の～ 붓두껍
ぼうし [*鋩子] (文) 칼날 끝, 칼의 서슬
ぼうし [暴死] 图自スル 폭사. 급사 = 頓死
ぼうじ [*亡児] (文) 망아. 죽은 자식
ぼうじ [房事] 방사. 성교 = 性交
ほうしき [方式] 방식¶ 新しい～に従う 새로운 방식에 따르다
ほうしき [法式] [佛] 법식. 의식·예의 등의 규정¶ ～にかなっている 법식에 맞는다
ほうじちゃ [*焙じ茶] 찻잎을 센 불에서 덖어 만든 차

ぼうしつ [亡失] 图自他スル(文) 망실, 잃어버림
ぼうしつ [忘失] 图他スル(文) 망실. 잊어버림¶ 記憶を～する 기억을 망실하다
ほうしつ [防湿] 방습¶ ～剤 방습제
ほうじつ [某日] 모일. 어느 날
ぼうじま [棒*縞] 굵은 세로줄 무늬
ほうしゃ [放射] 图他スル 방사¶ ～状 道路 방사상 도로 一性 방사성 一性元素 [化] 방사성 원소 一性同位元素 [化] 방사성 동위 원소 一線 방사선 一能 [物] 방사능
ほうしゃ [砲車] 포차. 대포를 설치한 차량
ほうしゃ [報謝] 图自スル 보사 ①은혜에 보답함 ②중이나 순례자에게 보시[시주]함¶ 巡礼に～する 순례자에게 시주하다
ほうしゃ [*硼砂] 붕사 = ほうさ
ぼうじゃくぶじん [傍若無人] [ナ] 방약 무인¶ ～な態度 방약 무인한 태도
ほうしゅ [法主] [佛] 법주 ①한 종파의 우두머리 ②부처의 딴이름 ③법회의 주재자 ▷「ほっしゅ·ほっす」라고도 함
ほうしゅ [砲手] 포수
ほうじゅ [宝珠] 보주 ①보옥「宝珠の玉」의 준말 一の玉 여의보주, 여의주
ぼうしゅ [*芒種] 망종. 24절기의 하나
ぼうじゅ [傍受] 图他スル 방수. (무선 통신을) 제삼자가 수신함¶ 暗号通信を～する 암호 통신을 방수하다
ほうしゅう [報酬] 보수¶ ～を受ける 보수를 받다/ 無～で働く 무보수로 일하다
ほうしょう [放縦] 图[ナ] 방종 = ほうじょう¶ ～な生活 방종한 생활
ぼうしゅう [防臭] 방취¶ ～剤 방취제
ほうしゅく [奉祝] 图他スル 봉축¶ ～行事 봉축 행사
ほうじゅく [豊熟] 图自スル 풍숙. 곡물이 풍성하게 익음¶ ～の秋 풍숙의 가을
ぼうしゅく [防縮] 图他スル 방축¶ ～加工 방축 가공
ほうしゅつ [放出] 방출 I 图自他スル 내뿜음¶ エネルギーの～ 에너지의 방출 II 图他スル 비축한 것을 제공함[내놓음]¶ ～物資 방출 물자/ 選手を～する 선수를 방출하다
ほうじゅつ [方術] 방술 ①방법 ②기술 ③(신선의) 술법, 요술
ほうじゅつ [砲術] 포술. 대포를 조작하는 기술
ほうしゅん [芳春] 방춘. 봉둥이를 비유
ほうじゅん [芳*醇] 图[ナ](文) 방순. (술 등의) 맛·향기가 좋음¶ ～な酒 향기가 좋은 술
ほうじゅん [豊潤] 图[ナ](文) 풍윤. 풍족하고 윤택함¶ ～な土地 풍족하고 윤택한 땅
ほうしょ [芳書] (文) 방서. 혜서¶ ご～拝見致しました 혜서를 배견하였습니다
ほうしょ [奉書] ①신하가 상부의 명령을 하부에 전달하던 문서 ②「奉書紙」의 준말 一紙 닥나무로 만든 두껍고 흰 일본 종이
ほうじょ [*幇助] 图他スル 방조¶ 自殺～罪 자살 방조죄 一犯 [法] 방조범
ぼうしょ [防暑] 방서. 더위를 막음 ⇔ 防寒

**ほうしょ**【某所】 모처. 어떤 곳
**ほうじょ**【防除】 名 他スル 방제¶ 害虫의~ 해충의 방제
**ほうしょう**【奉唱】 名 他スル (文) 봉창¶ 国歌를~する 国家를 봉창하다
**ほうしょう**【法相】 법상. 법무 대신
**ほうしょう**【報奨】 名 他スル 보장. 보답하고 장려함¶ ~金 보장금/ ~制度 보장 제도
**ほうしょう**【報償】 名 自スル 보상¶ ~金 보상금
**ほうしょう**【褒章】 포장 紫綬~ 학문·예술 분야의 공로자에게 수여하는 포장
**ほうしょう**【褒賞】 名 他スル 포상¶ ~を授与する 포상을 수여하다
**ほうじょう**【方丈】 방장 ①丈(약 3m) 사방. 그 크기의 방·집 ②(佛) 주지의 거처. 주지
**ほうじょう**【芳情】 (文) 방정. 방지 = 芳志
**ほうじょう**【放生】 (佛) 방생 一会 방생회. 음력 8월 15일에 하는 방생 의식
**ほうじょう**【法帖】 법첩. 옛사람의 필적·비문 등을 모사하여 탁본으로 뜬 첩책(摺冊)
**ほうじょう**【豊穣】 名 ダ (文) 풍양. 곡물이 풍성하게 익음. 풍작¶ 五穀~ 오곡 풍양
**ほうじょう**【豊饒】 名 ダ (文) 풍요¶ 五穀~ 오곡 풍요/ ~な農地 풍요한 농지
**ほうじょう**【褒状】 포장. 상장
**ほうしょう**【傍証】 名 他スル 방증. 간접적인 증거¶ ~を固める 방증을 굳히다
**ほうしょう**【帽章】 모장. 모표
**ほうじょう**【棒状】 名 봉상. 막대기 모양¶ ~のあめ 가래엿
**ほうじょう**【暴状】 (文) 난폭한 상태·행동. 만행¶ 目にあまる~ 목불 인견의 만행
**ほうしょうきたい**【胞状奇胎·胞状鬼胎】(醫) 포상 기태 = ぶどう状奇胎. 奇胎
**ほうしょく**【奉職】 名 自スル (文) 봉직¶ 母校に~する 모교에 봉직하다
**ほうしょく**【飽食】 名 自スル 포식 ①배불리 먹음 ②먹을 것이 넉넉함 一暖衣 포식 난의
**ぼうしょく**【防食·防蝕】 名 他スル (文) 방식. 금속의 부식을 방지함 一剤(藥) 방식제
**ぼうしょく**【紡織】 ダ ~機 방직기
**ぼうしょく**【望蜀】 (文) 망촉. 탐욕하여 만족할 줄 모름¶ ~の嘆 망촉지탄
**ぼうしょく**【暴食】 名 自他スル 폭식¶ 暴飲~ 폭음 폭식
**ほうしん**【方針】 방침¶ 経営~を決める 경영 방침을 정하다
**ほうしん**【芳信】 (文) 방신 ①꽃소식. 화신(花信) ②惠서¶ ご~拝受しました 혜서는 배수하였습니다
**ほうしん**【放心】 名 自スル 방심 ①멍해짐. 망연함¶ ~状態 방심 상태 ② 【放神】 방념. 안심 = 放念¶ 何はともあれ~ください 부디 방념하십시오
**ほうしん**【疱疹】 (醫) 포진 = ヘルペス
**ほうしん**【砲身】 (대포의) 포신
**ほうじん**【方陣】 (文) 방진 ①방형의 진¶ ~を敷く 방진을 치다 ②마방진(魔方陣)

**ほうじん**【邦人】 (文) 방인 ①자기 나라 사람. 자국인 ②일본인. (특히) 재외 일본인 ⇔ 外人¶ 在米~ 在米 일본인
**ほうじん**【法人】 (法) 법인¶ 財団~ 재단 법인 一所得 법인 소득 一税 법인세
**ぼうしん**【傍心】 (數) 방심. 방접원의 중심
**ぼうじん**【防塵】 방진. 먼지가 들어가는 것을 막음¶ ~装置 방진 장치
**ぼうじん**【傍人】 (文) 방인. 옆 사람
**ほうしんのう**【法親王】 출가 후에 親王이 된 왕자 = ほっしんのう
**ほうず**【方図】 《「~が(も)ない」의 꼴로》 사물의 끝. 한(限). 제한¶ ~もない事を言う 한정도 없는 말을 하다/ 彼女の望みには~がない 그의 소망은 끝이 없다
**ぼうず**【坊主】 ①(절의) 주지·중¶ 生臭~ 파계승. 돌중 ③중대가리. 까까머리¶ 丸~ 대머리 ④(比) 표면에 무엇도 나 있지 않은 것¶ まる~の木 벌거숭이 나무 ⑤사내아이의 애칭. 꼬마¶ うちの~ 우리집 꼬마 녀석/ ~、よくやったな 잘했구 ⑥(화투에서) 공산 명월 ⑦(무가(武家)에서) 잡일·차 심부름 등을 하던 사람 = 茶坊主 ⑧(造語) 사내아이를 이르는 애칭. 꼬마. 녀석¶ 一年生~ 1학년 꼬마/ いたずら~ 장난꾸러기 ⑨(造語) 친밀감·조소의 뜻을 나타냄¶ 三日~ 작심 삼일인 사람/ 怠け~ 게으름뱅이 一頭 까까머리. 중대가리 一枕 양쪽 끝을 졸라 매어 만든 베개 一山 민둥산
[慣用句]
**一憎けりや袈裟まで憎い** 중이 미우면 가사까지 밉다
**一丸儲け** 중은 밑천 없이 통째로 번다
**ほうすい**【放水】 名 自スル 방수 ①물을 끌어 흘려 보냄 ②물을 세차게 뿜림¶ ~車 살수차/ 消防車が~する 소방차가 물을 뿌리다 一路 방수로
**ほうすい**【豊水】 풍수. 수량(水量)이 많음
**ほうすい**【防水】 名 他スル 방수
**ぼうすい**【紡錘】 방추. 물레의 북 一形 방추형 一車(考古) 방추차 一虫(地) 방추충
**ほう・ずる**【崩ずる】 自 サ変(文) 붕어하다. 승하하다¶ 王様が~ 임금님께 붕어하다
**ほう・ずる**【報ずる】 (文) I 自 他 サ変 갚다. 보답하다. 보복하다¶ 恩に~ 은혜에 보답하다/ 恨みを~ 원한을 갚다 II 他 サ変 알리다. 보도하다¶ 事件を~ 사건을 보도하다 ▷「報じる」라고도 함
**ほう・ずる**【奉ずる】 他 サ変(文) ①올리다. 바치다¶ 書を~ 서찰을 올리다 ②받들다. 받잡다¶ 勅語を~ 칙어를 받잡다 ③받들어 따르다¶ 職を~ 봉직하다 ④(주군·주인으로) 섬기다. 모시다¶ 幼君を~ 어린 군주를 섬기다 ▷「奉じる」라고도 함
**ほう・ずる**【封ずる】 他 サ変 영주로 봉하다¶ 大名に~ 大名로 봉하다
**ほう・ずる**【焙ずる】 他 サ変 (불에) 말리다. 덖다¶ 茶を~ 차를 덖다

**ほうすん [方寸]** (文) 방촌 ①图 사방 한 치. 매우 좁은 곳¶ 〜の地₁ 매우 좁은 땅 ②마음, 심중, 흉중¶ 去就ᡬᢠ⅄는〜にある 거취는 흉중에 있다

**ほうせい [方正]** 图⑦ 방정. 곧고 바름¶ 品行ᡬᡬ〜な人₁ 품행 방정한 사람

**ほうせい [法制]** 법제 ①법률과 제도 ②법률상의 제도 —局ᡬᠼ 図 법제국

**ほうせい [砲声]** (文) 포성, 포소리¶ 〜が轟ᡬᡰき渡ᡬᠼった 포성이 울려퍼졌다

**ほうせい [*鳳声]** (文) 남의 소식・전언에 대한 높임말. 봉성¶ よろしくご〜ください 잘 전언해 주십시오

**ほうせい [縫製]** 图 他スル 봉제¶ 〜工場ᡬᠼ 봉제 공장 / しっかりした〜 튼튼한 봉제

**ぼうせい [暴政]** 폭정

**ほうせき [宝石]** 보석¶ 〜商ᡬ 보석상 / 〜をはめ込ᡬむ 보석을 박아 넣다

**ぼうせき [紡績]** 방적 ①실을 자음¶ 〜工場ᡬᠼ 방적 공장 ②「紡績糸ᡬᡬᡬ」의 준말 —糸ᡰ 방적사. 방적하여 짠 실, 방적하여 뽑은 면사

**ほうせつ [包摂]** 图 포섭. 어떤 범위 속에 싸넣음

**ぼうせつ [防雪]** 방설. 눈의 피해를 막음¶ 〜柵ᡬ 방설책 —林ᡬ 農 방설림

**ほうせん [奉遷]** 图 他スル (文) (신체(神體) 등을) 다른 곳으로 옮겨 모심

**ほうせん [砲戦]** 포전. 포격전

**ほうぜん [宝前]** (文) 신불(神佛)의 앞

**ぼうせん [防戦]** 图 自スル 방전. 방어전¶ —方ᡯᠼ試合ᡬᡬ 방어 일변도의 경기

**ぼうせん [傍線]** 방선. (강조하기 위해) 글이나 어구 옆에 친 줄 = サイドライン

**ぼうぜん [*茫然]** 망연 ①막연하여 종잡을 수 없음¶ 前途ᡬᡬは〜としてはっきりしない 전도는 망연하여 확실치 않다 ②「*呆然」 맥이 빠져 멍한 모양¶ 〜として無為ᡬᡬに日ᡰを送ᡬる 멍하니 아무 것도 하지 않고 날을 보내다 ③「*呆然」 어안이 벙벙함, 얼떨떨함¶ 〜と立ᡬち尽ᡬくす 망연히 서 있다 —自失ᡬᡰᡰ 图 自スル 망연 자실

**ほうせんか [*鳳仙花]** 植 봉선화 = つまべに

**ぼうせんきん [放線菌]** 生 방선균

**ほうそ [宝*祚]** (文) 보조, 보위, 天皇ᡬᡬᡬ의 자리

**ほうそ [硼素]** 化 붕소

**ほうそう [包装]** 图 他スル 포장¶ 〜紙ᡬ 포장지 / 贈ᡬり物ᡬᡬを〜する 선물을 포장하다

**ほうそう [奉送]** 图 他スル (文) 봉송. 귀인을 전송함 ⇔ 奉迎ᡬᡬ

**ほうそう [放送]** 图 他スル 방송¶ 中継ᡬᡬᡬ〜 중계 방송 —衛星ᡬᡬ ⟨宇⟩ 방송 위성 —局ᡬ 방송국 —大学ᡬᡬᡰ 방송 통신 대학

**ほうそう [法曹]** 법조¶ —界ᡬᡰ 법조계

**ほうそう [*疱*瘡]** 医 「天然痘ᡬᡬᡬᠼ」의 속칭. 포창, 마마¶ 〜にかかる 마마에 걸리다

**ほうぞう [包蔵]** 图 他スル 포장. 내부에 지니고 있음, 내포¶ 問題点ᡬᡬᡬᡰを〜している 문제점을 내포하고 있다

**ほうぞう [宝蔵]** 보장 ①보물 창고 ②佛 불경을 넣어두는 광

**ほうぞう [法蔵]** 佛 법장 ①부처의 가르침. 불경 ②「法蔵菩薩ᡬᡬᡬᡬ」의 준말 —菩薩ᡬᡰ 佛 법장 보살

**ぼうそう [房総]** ①일본의 옛 지명. 安房ᡬ・上総ᡬᡬ・下総ᡬᡬ의 세 지방. 지금의 千葉県ᡬᡬᡰ 「房総半島ᡬᡬᡬᡬ」의 준말 —半島ᡬᡰ 関東ᡬᡬ 지방 남동부의 태평양쪽으로 돌출한 반도

**ぼうそう [暴走]** 图 自スル 폭주 ①난폭하게 달림¶ 〜運転ᡬᡬ 폭주 운전 ②운전자 없는 차량이 내달림 ③野 무모하게 주루함¶ 마구 밀어붙임 —族ᡯ 폭주족

**ほうそく [法則]** 법칙¶ 万有引力ᡬᡬᡬᡬᡬの〜 만유 인력의 법칙 / 〜に従ᡬう 법칙에 따르다

**ぼうだ [*滂*沱]** 形動 (文) ①비가 계속해서 쏟아짐 ②눈물이 그치지 않고 흐름¶ 〜と頬ᡬを伝ᡬう涙ᡬᡬ 하염없이 빰을 적시는 눈물

**ほうたい [包帯・*繃帯]** 医 붕대¶ 〜を巻ᡬく 붕대를 감다

**ほうたい [奉*戴]** 图 他スル (文) 봉대 ①삼가 받들어 모심, 추대함¶ 総裁ᡬᡬᡰに〜する 총재로 추대하다 ②삼가 받음(받듦)¶ 大詔ᡬᡬᡰを〜する 조칙을 삼가 받들다

**ほうだい [*放題]** (造語) (동사 連用形・희망의 조동사 「たい」나 명사에 붙어) 하고 싶은 대로 함, 마음대로 함¶ 食ᡰい〜 먹고 싶은 대로 먹음 / 勝手ᡬᡰに〜 제멋대로 함 / したい〜 하고 싶은 일을 하다

**ほうだい [砲台]** 軍 포대

**ぼうだい [傍題]** (文) 방제, 부제 (副題)

**ぼうだい [膨大]** 팽대 Ⅰ 图 自スル 부풀어 올라 커짐 Ⅱ「*厖大」图⑦ 방대¶ 〜な予算ᡬᡰ 방대한 예산

**ぼうたおし [棒倒し]** 두 조로 나뉘어 상대편의 장대를 공격하여 쓰러뜨리는 경기

**ぼうたかとび [棒高跳び]** 體 장대높이뛰기

**ぼうだち [棒立ち]** (놀라서) 우뚝 섬¶ 驚ᡬいて一瞬ᡬᡰᡰになる 놀라서 일순 우뚝 서다

**ぼうだら [棒*鱈]** 머리를 잘라내고 등뼈를 발라 양쪽 살을 떠서 볕에 말린 대구포

**ほうたん [放胆]** 图⑦ (文) 방담. 매우 대담함¶ 〜な政策ᡬᡰ 대담한 정책

**ほうだん [放談]** 图 自スル (文) 방담. 생각대로 거리낌없이 말함, 그런 말¶ 時事ᡬᠼ〜 시사 방담

**ほうだん [法談]** 佛 법담. 설법

**ほうだん [砲弾]** 포탄¶ 〜を浴ᡬびせる 포탄을 퍼붓다

**ぼうだん [防弾]** 방탄¶ 〜チョッキ 방탄 조끼 —ガラス 방탄 유리

**ほうち [放置]** 图 他スル 방치¶ けが人ᡯᡰを〜する 부상자를 방치하다

**ほうち [法治]** 법치 —国家ᡬᡬ 법치 국가

**ほうち [報知]** 图 他スル 보지. 알림, 통지¶ 火災ᡬᡰ〜機ᡬ 화재 경보기

**ほうちく [放逐]** 图 他スル 방축. 추방함¶ 国外ᡬᡰに〜する 국외로 추방하다

**ほうちゃく [逢着]** 图 自スル (文) 봉착. 맞부딪

침¶ 危機きに~する 위기에 봉착하다
ほうちゅう [˚庖˚厨] (文) 주방= 台所どころ
ほうちゅう [忙中] 名(文) 망중. 바쁜 가운데
慣用句
—閑かんあり 망중 유한. 바쁜 가운데도 약간의 짬은 있는 법이다
ほうちゅう [防虫] 방충¶ ~剤ざい 방충제
ほうちゅう [傍注・˚旁˚註] 방주. 본문 옆에 단 주석¶ ~を付つける 방주를 달다
ほうちょう [包丁・˚庖丁] ①부엌칼, 식칼¶ 刺身さし~ 회칼/~を入いれる 칼질을 하다 ②요리, 요리 솜씨¶ ~の冴さえ 훌륭한 요리 솜씨 ③요리사¶ 今日きょうの~はだれか 오늘의 요리사는 누구냐
ほうちょう [放鳥] 名自スル【佛】방조. (방생회 때 등에) 잡아 두었던 새를 놓아 줌, 그런 새
ほうちょう [防潮] 방조¶ ~堤てい 방조제
ほうちょう [防諜] (文) 방첩¶ ~活動かつどう 방첩 활동
ほうちょう [傍聴] 名他スル 방청¶ 裁判ばんを~する 재판을 방청하다 —席せき 방청석
ほうちょう [膨張・膨脹] 名自スル 팽창¶ 熱ねつ膨脹/都市とし~する 도시 인구가 팽창하다 —宇宙うちゅう【天】 팽창 우주
ほうちょく [奉勅] 名自スル(文) 봉칙. 칙명(勅命)을 받듦
ぼうっと 副自スル ①멍한 모양, 멍하니¶ 頭あたまが~する 머리가 멍하다 ②희미하게, 흐릿하게, 부옇게¶ 画面がめんが~している 화면이 흐릿하게 보인다 ③불이 소리를 내며 타는 모양¶ ~燃もえ上あがる 확 타오르다
ぽうっと 副自スル (口) ①희미하게 밝은 모양, (얼굴 등이) 발그레해지는 모양¶ 恥ずかしくて~なる 부끄러워서 발그레해지다 ②멍한 모양¶ ~した表情ひょう 멍한 표정
ほうてい [奉呈] 名他スル(文) 봉정. 삼가 드림¶ 親書しんしょを~する 친서를 봉정하다
ほうてい [法廷] 법정¶ ~に立たつ 법정에 서다 —闘争とうそう 법정 투쟁
ほうてい [法定] 名 법정¶ ~代理人にん 법정 대리인 —貨幣かへい【經】법정 화폐 —公告こうこく【黃】법정 공고 —伝染病でんせん 법정 전염병
ほうてい [˚捧呈] 名他スル(文) 봉정. 삼가 받들어 올림¶ 信任状しんにんを~する 신임장을 봉정하다
ほうてい [˚鵬程] (文) 붕정. 머나먼 길¶ ~万里ばん 붕정 만리
ほうていしき [方程式] 【數】 방정식¶ ~を解とく 방정식을 풀다
ほうてき [放擲・˚抛擲] 名他スル(文) 방척, 포척. 내던짐¶ 権利けんりを~する 권리를 내던지다
ほうてき [法的] ダ 법적¶ ~処置しょち 법적 조치/~に規制きせいする 법적으로 규제하다
ほうてき [法敵] 【佛】 법적. 불법의 적= 仏敵
ほうてん [奉˚奠] 名他スル(文) (신불에게) 삼가 바침
ほうてん [宝典] 보전 ①귀중한 서적¶ 医学いがく~ 의학 보전 ②불전(佛典)

ほうてん [法典] ①법규, 법률 ②【法】법전¶ ~を編纂へんさんする 법전을 편찬하다
ほうでん [宝殿] (文) 보전 ①보고 ②신전
ほうでん [放電] 방전¶ ~管かん 방전관/ 空中くうちゅう~ 공중 방전
ぼうてん [傍点] 방점¶ ~をうつ 방점을 찍다
ほうと [方途] 방도, 방법, 수단¶ 解決かいけつの~をさぐる 해결 방도를 찾다
ほうど [邦土] 방토. 국토, 자국 영토
ほうど [封土] 봉토 ①大名だいみょうの 영지 ②제단으로 쓰기 위해 쌓아 올린 흙더미= ふうど
ぼうと [暴徒] 폭도¶ ~を鎮圧ちんあつする 폭도를 진압하다
ほうとう [奉答] 名自スル(文) 봉답. 삼가 답해 올림¶ 陛下へいかからのご下問かもんに~した 폐하의 하문에 봉답했다
ほうとう [宝刀] 보도¶ 伝家でんかの~を抜ぬく 전가의 보도를 뽑다. 최후의 수단을 쓰다
ほうとう [宝塔] 【佛】보탑 ①탑의 미칭(美称) ②다보탑
ほうとう [放˚蕩] 名自スル 방탕¶ 息子むすこが~ 방탕한 자식/~を重かさねる 방탕을 거듭하다
ほうとう [朋党] (文) 붕당. 도당= 徒党とう¶ ~を作つくる 붕당을 짓다
ほうとう [法灯] 【佛】법등 ①불전의 등불 ②(比) 세상의 어두움을 밝히는 불법¶ ~を掲かかげる 법등을 밝히다
ほうとう [法統] 【佛】법통. 불법의 전통, 법문(法門)의 계통¶ ~を継つぐ 법통을 잇다
ほうとう [砲塔] 【軍】 포탑
ほうどう [報道] 名他スル 보도¶ ~の自由じゆう 보도의 자유 —管制かんせい 보도 관제 —機関きかん 보도 기관 —陣じん 보도진
ぼうとう [冒頭] 모두 ①(문장・이야기의) 서두¶ ~に述のべる 서두에서 말하다 ②첫머리, 벽두¶ 会議かいぎの~からもめた 회의의 벽두부터 옥신각신했다 —陳述ちんじゅつ【法】모두 진술
ぼうとう [暴投] 名他スル 폭투 ①(투수의) 와일드 피치 ②(야수의) 악송구(惡送球)
ぼうとう [暴騰] 名自スル【經】 폭등 ⇔ 暴落ぼう¶ 株価かぶが~する 주가가 폭등하다
ぼうどう [暴動] 폭동¶ 人種じんしゅ~ 인종 폭동/ ~を鎮圧ちんあつする 폭동을 진압하다
ほうとく [報徳] 보덕. 은덕을 갚음
ほうどく [奉読] 名他スル 봉독. 삼가 읽음¶ 祝詞しゅくしの~ 축사의 봉독
ほうどく [˚捧読] 名他スル(文) 봉독. 손에 받쳐 들고 읽음
ぼうとく [冒˚瀆] 名他スル 모독¶ 神かみを~する 신을 모독하다
ぼうどく [防毒] 방독 —マスク 방독 마스크. 방독면= 防毒面めん
ほうなん [法難] 【佛】 법난. 불교를 포교할 때 받는 박해
ほうにち [訪日] 名自スル 방일. 일본을 방문함
ほうにょう [放尿] 名自スル(文) 방뇨
ほうにん [放任] 名他スル 방임¶ ~主義しゅぎ 방임주의/ いたずらを~する 장난을 방임하다

ほうねつ【放熱】 名 自スル 방열¶ ～器 방열기
ほうねん【放念】 名 自スル 文 방념. 안심¶ どうかご～ください 아무쪼록 안심하십시오
ほうねん【豊年】 풍년¶ ～祭り 풍년제 —満作 풍년 대작. 풍작
ほうねん【忘年】 名 망년 ①文 나이 차를 잊음¶ ～の友 망년지우 ②그 해의 노고를 잊음＝年忘れ¶ ～会 망년회
ほうのう【奉納】 名 他スル 봉납. 신불(神佛)에게 헌상함. 신불 앞에서 예능・경기 등을 함
ほうはい【奉拜】 名 他スル 봉배. 삼가 배례함
ほうはい【×澎×湃】 ト/タル 文 팽배 ①물결이 서로 부딪쳐 용솟음치는 모양¶ ～たる海原 팽배한 대해 ②(사물이) 맹렬한 기세로 일어남¶ ～たる世論 팽배한 여론
ほうばい【×朋輩・×傍輩】 名 봉배. 동료. 친구. (특히) 같은 스승・주인을 섬기는 동아리
ぼうはく【傍白】 文 방백＝わきぜりふ
ぼうばく【×茫漠】 ト/タル 文 망막 ①넓고 아득함¶ ～たる荒野 망막한 황야 ②모호함. 막연함¶ ～とした話 막연한 이야기
ほうはつ【蓬髮】 文 봉발. 쑥대머리¶ 弊衣～ 폐의 봉발
ほうばつ【放伐】 名 他スル 文 방벌. 악정(惡政)을 행한 군주를 추방함
ぼうはつ【暴発】 名 自スル 文 폭발 ①돌발¶ 大事件が～した 대사건이 돌발했다 ②오발¶ ピストルの～事故 피스톨 오발 사고
ぼうはてい【防波堤】 ①방파제 ②比 외부로부터의 압력을 막는 것
ぼうばり【棒針】 대바늘¶ ～編み 대바늘뜨기
ぼうはん【防犯】 방범¶ ～ベル 방범벨
ほうひ【包皮】 生 포피
ほうひ【放×屁】 名 自スル 文 방비. 방귀를 뀜
ほうび【褒美】 포상¶ ～をもらう 포상을 받다
ぼうび【防備】 名 他スル 방비¶ 無～ 무방비/ ～に当たる 방비를 맡다
ぼうびき【棒引き】 名 他スル ①줄을 침. 장부의 기재 내용을 줄을 쳐서 지움 ②(금전 대차의) 말소¶ 借金を～にする 빚을 말소하다
ぼうひょう【妄評】 名 他スル 文 망평＝もうひょう
ぼうひょう【暴評】 名 他スル 혹평
ほうふ【抱負】 포부¶ 将来の～を語る 장래의 포부를 말하다
ほうふ【豊富】 ダ 풍부¶ ～な食糧 풍부한 식량/ 経験が～である 경험이 풍부하다
ほうふ【邦舞】 일본 무용 ⇔ 洋舞
ぼうふ【亡夫】 文 망부. 죽은 남편 ⇔ 亡妻
ぼうふ【亡父】 文 망부. 죽은 아버지 ⇔ 亡母
ぼうふ【防腐】 방부¶ ～剤 방부제
ほうふう【防風】 방풍 ①바람을 막음¶ ～林 방풍림 ②植 양풍나물
ぼうふう【暴風】 気 폭풍¶ ～警報 폭풍 경보/ ～が吹きすさぶ 폭풍이 휘몰아치다 —雨 気 폭풍우 —圏 気 폭풍권
ほうふく【法服】 법복 ①법관이 입는 제복 ②중이 입는 옷. 법의(法衣)

ほうふく【×捧腹・抱腹】 名 自スル 포복. 배를 안고 웃음 —絶倒 名 自スル 포복 절도
ほうふく【報復】 名 他スル 보복. 앙갚음¶ ～関税 보복 관세
ほうふつ【×髣×髴・×彷×彿】 文 I 名 自他スル 방불. 거의 흡사함. 눈에 선함¶ 父の面影が～とする 아버지의 모습이 눈에 선하다/ 昔日の繁栄を～させる 옛날의 번영을 방불케 하다 II ト/タル 희미함. 어렴풋함. 아련함¶ 水天～ 수평선이 아련함
ほうぶつせん【放物線・×抛物線】 数 포물선
ぼうふら【×子×子】 動 장구벌레
ほうぶん【邦文】 文 방문 ①그 나라의 문자・문장 ②일본어의 문자・문장 ⇔ 欧文
ほうぶん【法文】 법문 ①法 법령 조문¶ ～解析 법문 해석 ②(대학의) 법학부와 문학부
ほうへい【奉幣】 名 自スル 文 신전에 공물을 바침¶ ～師 신전・능묘에 공물을 바치는 사자
ほうへい【砲兵】 軍 포병
ぼうへき【防壁】 방벽¶ ～をきずく 방벽을 쌓다
ほうへん【褒貶】 名 他スル 文 포폄. 칭찬과 비방¶ 毀誉～ 훼예 포폄
ほうべん【方便】 방편 ①佛 중생을 제도하기 위한 편의적인 수단 ②수단. 방법¶ うそも～ 거짓말도 하나의 방편
ぼうぼ【亡母】 文 망모. 죽은 어머니 ⇔ 亡父
ほうほう【方法】 방법¶ 確実な～をえらぶ 확실한 방법을 택하다 —論 방법론
ほうぼう【方々】 여기저기. 사방＝あちこち¶ ～を捜す 사방을 찾다
ほうぼう【×鋒×鋩】 文 ①칼끝. 서슬＝穂先 ②날카로운 기질. 성깔
ほうぼう【×鲂×鮄・〈竹麦魚〉】 動 성대
ぼうぼう【×茫×茫】 ト/タル 文 ①망망. 넓고 아득함¶ ～たる海原 망망한 대해 ②망망. 희미함¶ ～たる視界 망망한 시계 ③(풀・머리털 등이) 제멋대로 자란 모양¶ 庭に草が～と生える 뜰에 풀이 무성하게 자라다
ほうほうのてい【×這う×這うの体】 連語 호되게 경을 치고 겨우 도망치는 모양. 허둥지둥¶ ～で逃げる 허둥지둥 달아나다
ほうぼく【芳墨】 文 방묵 ①향기로운 먹 ②상대의 편지・필적에 대한 높임말. 방서
ほうぼく【放牧】 名 他スル 방목¶ ～場 방목장/ 羊を～する 양을 방목하다
ほうまつ【泡沫】 文 ①물 물거품＝泡¶ ～が立つ 물거품이 일다 ②(造語) 比 덧없는 것¶ ～景気 거품 경기. 일시적인 호황 —候補 당선 가망이 전혀 없는 후보자
ほうまん【放漫】 名 ダ 방만. 제멋대로임. 무절제함¶ ～な生活 무절제한 생활
ほうまん【豊満】 名 ダ ①풍성함¶ ～な色彩 풍성한 색채 ②풍만¶ ～な肉体 풍만한 육체
ほうまん【飽満】 名 自スル 文 포만. 포식함

するほど食べた 물릴 정도로 먹었다

ぼうまん【暴慢】 名 ノ 文 오만. 난폭하고 오만함¶ ~な態度ない 오만한 태도

ほうみょう【法名】【佛】법명 ①승명(僧名). 불문에 들어가 받는 이름 ②계명= 戒名かい

ぼうみん【暴民】 폭민. 폭동을 일으킨 민중¶ ~を鎭壓ちんあつする 폭민을 진압하다

ほうむ【法務】 법무 ①법률상의 사무 ②【佛】 불법(佛法)에 관한 사무 ―省しょう 법무성 ―大臣じん 법무 대신

ほうむり さ・る【葬り去る】 他 五 ①(드러나지 않게) 덮어 버리다. 은폐하다¶ 事實じつを~ 사실을 덮어 버리다 ②(사회적으로) 매장시켜 버리다¶ 政界かいから~ 정계에서 매장시켜 버리다

ほうむ・る【葬る】 他 五 ①묻다. 매장하다¶ なきがらを~ 시체를 매장하다 ②감추다. (사회적으로) 매장시키다¶ 社會しゃかいから・・られる 사회에서 매장되다

ほうめい【芳名】 文 방명 ①남의 이름에 대한 높임말¶ ~錄ろく 방명록 ②좋은 평판. 명성¶ ~を千載せんに殘のこす 명성을 길이 남기다

ぼうめい【亡命】 名 他 ノ 망명¶ ~者しゃ 망명자/ 國外こくがいへ~する 국외로 망명하다

ほうめん【方面】 방면 ①방향. 쪽¶ ソウル~に向むかう 서울 방면으로 향하다 ②분야. 영역¶ 敎育きょういく~での業績ぎょうせき 교육 분야에서의 업적

ほうめん【放免】 名 他 ノ 방면 ①석방¶ 無罪むざい~ 무죄 방면 ②풀어 줌¶ 仕事しごとから~される 일에서 해방되다

ほうもう【法網】 법망¶ ~をくぐる 법망을 뚫다/ ~にかかる 법망에 걸리다

ぼうもう【紡毛】 방모¶ ―糸し 방모사

ほうもつ【寶物】 보물= たからもの

ほうもん【法文】【佛】법문. 불법을 해설한 문장. 경문(經文)

ほうもん【法門】【佛】법문. 불문(佛門)

ほうもん【砲門】 포문. 포구(砲口)

慣用句
 ―を開ひらく 포문을 열다. 공격을 시작하다

ほうもん【訪問】 名 他 ノ 방문¶ ~客きゃく 방문객/ 戶別こべつ~ 호별 방문 ―着ぎ 나들이옷. (일본 여성의) 약식 예복

ぼうや【坊や】 口 ①사내아이를 친근하게 부르는 말. 아가. 아가야¶ 隣となりの~ 이웃집 아가/ ~, 年としはいくつ 아가야 몇살이지 ②철부지. 애숭이¶ まだ~だ 아직도 철부지다

ほうやく【邦譯】 名 他 ノ ①외국어를 자국어로 번역함. 그렇게 번역한 것 ②외국어를 일본어로 번역함. 그렇게 번역한 것= 和譯やく

ほうゆう【朋友】 文 붕우. 친구. 벗¶ ~の交まじわり 붕우지교

ぼうゆう【亡友】 文 망우. 죽은 벗¶ ~の一周忌いっしゅうき 망우의 일주기

ぼうゆう【勇勇】 文 만용. 무모한 용기¶ ~をふるう 만용을 부리다

ほうよう【包容】 名 他 ノ 포용¶ ~力りょくのある人ひと 포용력이 있는 사람

ほうよう【抱擁】 名 他 ノ 포용. 얼싸안음

ほうよう【法要】【佛】법요. 불사. 법사. 법회= 法會ほうえ・法事ほうじ

ぼうよう【亡羊】 文 망양

慣用句
 ―の嘆たん 망양지탄. 학문의 길이 여러 갈래라 진리를 구하기가 어렵다는 말

ぼうよう【茫洋・芒洋】 たる 文 망양. 끝없이 넓음. 넓어서 종잡을 수 없음¶ ~とした人物じんぶつ/ ~たる草原そうげん 끝없이 넓은 초원

ぼうよう【望洋】 たる 文 망양 ①먼 곳을 바라봄 ②너무 넓어서 종잡을 수 없음

ほうよく【豊沃】 名 形動 文 풍옥. 비옥¶ ~な耕地こうち 비옥한 경지

ほうよく【鵬翼】 文 붕익 ①붕새의 날개 ②比 비행기 날개. 비행기

ぼうよみ【棒讀み】 ①한문을 음독으로 내리 읽음 ②(구두점·억양을 무시하고) 단조롭게 읽음¶ せりふを~にする 대사를 단조롭게 내리 읽다

ほうらい【蓬萊】 ①봉래산 ②「富士山ふじさん」의 딴이름 ③「蓬萊台ほうらいだい·蓬萊飾ほうらいかざり」의 준말 ④타이완. 대만 ―飾かざり 쟁반에 송죽매를 세우고 april 식지 장식물 ―台だい 봉래산 모양을 본떠 송죽매·학·거북 등을 장식한 대(臺)

ほうらく【法樂】 법락 ①【佛】불교를 믿고 선행을 쌓는 즐거움 ②【佛】독경·음악 등으로 신불을 공양함 ③즐거움. 위안¶ 目めの~ 눈요기/ 見みるも~ 보는 것도 즐거움이다

ほうらく【崩落】 名 自 ノ 文 붕락 ①무너져 내림 ②經 (시세의) 급락¶ 相場そうばが~する 시세가 붕락하다

ぼうらく【暴落】 名 自 ノ 經 폭락 ⇔ 暴騰とう

ほうらつ【放埒】 名 ノ 文 방종함. 방탕함

ほうり【法理】 법리. 법률의 원리¶ ~學がく 법리학

ぼうり【暴利】 폭리¶ ~をむさぼる 폭리를 탐하다

ほうりき【法力】【佛】법력. 불법의 위력·공덕(功德). 불도 수행으로 얻은 불가사의한 힘

ほうりこ・む【放り込む】 他 五 던져 넣다. 처넣다¶ 手紙てがみをごみ箱ばこに~ 편지를 쓰레기통에 처넣다

ほうりだ・す【放り出す】 他 五 ①밖으로 내던지다. 던져내다¶ 窓まどからごみを~ 창문으로 쓰레기를 내던지다 ②내쫓다. 추방하다¶ 厄介者やっかいものを~ 말썽꾸러기를 내쫓다 ③내던지다. 내팽개치다¶ 凶器きょうきを~・して逃にげる 흉기를 내던지고 달아나다 ④그만두다. 집어치우다¶ 學業がくぎょうを~ 학업을 집어치우다

ほうりつ【法律】 법률¶ ~違反いはん 법률 위반/ ~にふれる 법률에 저촉되다 ―行為こうい 법률 행위 ―事務所じむしょ 법률 사무소

ほうりっぱなし【放りっぱなし】 口 ①내팽개쳐 둠¶ かばんを~にして 가방을 내팽개치

**ほうりなげる**

고 ②팽개쳐 두고 돌아보지 않음¶ 仕事ごとを～にする 일을 팽개쳐 두다

**ほうりな・げる**【*放り投げる】他下一 ①내던지다, 내동댕이치다 ②집어치우다, 팽개치다¶ 宿題<sub>しゅくだい</sub>を～げて遊<sub>あそ</sub>びに行<sub>い</sub>く 숙제를 집어치우고 놀러 가다

**ほうりゃく**【方略】(文) 방략. 방책과 계략

**ほうりゃく**【謀略】모략¶ ～をめぐらす 모략을 꾸미다

**ほうりゅう**【放流】名他スル 방류 ①막았던 물을 흘려 보냄/ ダムの～ 댐의 방류 ②(水) 치어를 놓아 줌¶ あゆの～ 은어의 방류

**ほうりゅう**【傍流】 방류 ①지류 ②방계

**ほうりょう**【豊漁】풍어 = 大漁<sub>たいりょう</sub> ⇔ 不漁<sub>ふりょう</sub>¶ さんまの～ 꽁치의 풍어

**ほうりょく**【暴力】폭력¶ ～に訴<sub>うった</sub>える 폭력에 호소하다 ─団<sub>だん</sub> 폭력단

慣用句

─を振<sub>ふ</sub>るう 폭력을 휘두르다

**ほうりん**【法輪】(佛) 법륜. 부처의 가르침. 불법¶ ～を転<sub>てん</sub>ず 설법하다

**ほう・る**【*放る・*抛る】他五 ①던지다, 내던지다, 내던지다¶ 球<sub>たま</sub>を～ 공을 던지다 ②내팽개치다, 집어치우다¶ 試験<sub>しけん</sub>を～ 시험을 포기하다 ③방치하다, 내버려 두다¶ 泣<sub>な</sub>く子<sub>こ</sub>を～っておく 우는 아이를 내버려 두다

**ほうるい**【砲塁】 보루. 포대

**ほうるい**【*堡塁】 보루 = とりで・防塁<sub>ぼうるい</sub>

**ほうれい**【法令】【法】법령. 법률과 명령 = おきて¶ ～によって 법령의 의해서

**ほうれい**【法例】 법례¶ ～集<sub>しゅう</sub> 법례집

**ほうれい**【豊麗】名ダ(文) 풍려. 풍만하고 아름다움¶ ～な女性<sub>じょせい</sub> 풍려한 여성

**ぼうれい**【亡霊】 망령, 영혼, 유령¶ ～を慰<sub>なぐさ</sub>める 망령을 위로하다/ ～が出<sub>で</sub>る 유령이 나오다

**ぼうれい**【暴戻】名ダ(文) 폭려. 난폭해서 도리에 어긋남¶ ～非道<sub>ひどう</sub>な王<sub>おう</sub> 天皇<sub>てんのう</sub>が 포악 무도한 왕

**ほうれつ**【芳烈】ナ(文) ①방렬. 향기가 강함 ②의열(義烈)

**ほうれつ**【放列】①【砲列】방렬. 대포를 가로로 늘어놓은 사격 대형¶ ～を敷<sub>し</sub>く 대포를 줄지어 배치하다 ②가로로 죽 늘어선 모양¶ カメラの～ 카메라의 늘어선 대열

**ほうれん**【鳳*輦】(文) 봉련 ①지붕 꼭대기에 금빛 봉황을 장식한 가마 ②天皇<sub>てんのう</sub>가 타는 가마

**ほうれんそう**【*菠*薐草】【植】 시금치

**ほうろう**【放浪】名自スル 방랑 = さすらい¶ ～者<sub>しゃ</sub> 방랑자/ ～の旅<sub>たび</sub> 방랑의 나그네 길

**ほうろう**【*朴歯】법랍. 중이 된 이후의 연수(年數) = 法歳<sub>ほうさい</sub>

**ほうろう**【*琺*瑯】법랑¶ ～引<sub>び</sub>き 법랑을 입힘. 그런 물건¶ ～質<sub>しつ</sub> 법랑질

**ほうろう**【望楼】망루 = 物見<sub>ものみ</sub>やぐら¶ 消防署<sub>しょうぼうしょ</sub>の～ 소방서의 망루

**ほうろく**【俸禄】(文) 봉록. 녹봉 = 扶持<sub>ふち</sub>¶ ～を食<sub>は</sub>む 봉록을 받다

**ほうろく**【*焙烙・*炮烙】 질냄비

**ぼうろん**【暴論】 폭론. 이치에 닿지 않는 난폭한 의견¶ ～を吐<sub>は</sub>く 폭론을 토하다

**ほうわ**【法話】【佛】 법화. 불법에 관한 이야기 = 法談<sub>ほうだん</sub>¶ 高僧<sub>こうそう</sub>の～ 고승의 법화

**ほうわ**【飽和】名自スル 포화. 人口<sub>じんこう</sub>が～状態<sub>じょうたい</sub>になる 인구가 포화 상태로 되다 ─溶液<sub>ようえき</sub>【化】 포화 용액

**ほえづら**【*吠え面】(俗) 울상¶ ～をかく 울상을 짓다

**ほ・える**【*吠える・*吼える】自下一 ①(짐승이) 짖다, 으르렁거리다¶ 犬<sub>いぬ</sub>が～ 개가 짖다 ②(比) 소리지르다, 악을 쓰다¶ 壇上<sub>だんじょう</sub>で～ 단상에서 악을 쓰다

**ほお**【*朴】【植】 후박나무 = ほおのき

**ほお**【*頬】뺨. 볼 = ほほ¶ ふっくらした～ 오동통한 볼/ ～がこける 볼이 홀쭉해지다

慣用句

─が落<sub>お</sub>ちる (음식이) 매우 맛있다

─を染<sub>そ</sub>める 볼을 붉히다

─を膨<sub>ふく</sub>らます (골이 나서) 뿌루퉁해지다

**ボーイ** (boy) 보이 ①소년, 사내아이 ②사환 ─スカウト (Boy Scouts) 보이 스카우트, 소년단 ─フレンド (boy friend) 보이 프렌드, 남자 친구

**ポーカー** (poker) 포커. 카드 놀이의 하나 ─フェース (poker face) 포커 페이스. 무표정한 얼굴

**ほおかぶり**【*頬被り・*頬冠り】名自スル ①(수건 등으로) 얼굴이 가려지게 푹 씀 ②모르는 체함¶ ～を決<sub>き</sub>め込<sub>こ</sub>む 시치미 떼다

**ボーキサイト** (bauxite) (鑛) 보크사이트. 철반석

**ほおげた**【*頬桁】 광대뼈. 관골

**ほお・ける**【*蓬ける】自下一 낡아서 보풀나, 부스스해지다¶ ～けた畳<sub>たたみ</sub> 보풀이 인 다다미/ 髪<sub>かみ</sub>が～ 머리가 부스스해지다

**ほおじろ**【*頬白】【動】 멧새 = ほほじろ

**ポーズ** (pose) 포즈 ①(사진 등에서) 자세¶ ～をとる 포즈를 취하다 ②젠체하는 태도, 허세¶ 単<sub>たん</sub>なる～に過<sub>す</sub>ぎない 단순한 허세에 불과하다

**ほおずき**【酸漿】・【鬼灯】①【植】 꽈리 ②입으로 부는 꽈리

**ほおずり**【*頬擦り・*額摺り】名自スル 볼을 상대방 볼에 대고 비빔¶ 赤<sub>あか</sub>ん坊<sub>ぼう</sub>に～する 아기에게 볼을 대고 비비다

**ほおづえ**【*頬杖】 팔꿈치를 세워 손바닥으로 볼을 굄¶ ～を突<sub>つ</sub>く 손으로 턱을 괴다

**ボート** (boat) 보트¶ ～を漕<sub>こ</sub>ぐ 보트를 젓다 ─ピープル (boat people) 보트 피플. 표류 난민

**ボーナス** (bonus) 보너스. 상여금¶ ～を支給<sub>しきゅう</sub>する 보너스를 지급하다

**ほおのき**【*朴の木】【植】 후박나무 = ほお

**ほおば**【*朴歯】 후박나무로 굽을 단 왜나막신

**ほおば・る**【*頬張る】他五 (음식을) 볼이 미어지도록 입에 넣(고 먹)다¶ まんじゅうを～ 만두를 한 입 가득히 먹는다

**ほおひげ**【*頬*髯】 구레나룻

**ホープ** (hope) 호프 ①희망, 기대 ②활약이 기대되는 사람, 유망주, 유망한 신인¶ 韓国<sub>かんこく</sub>陸上界<sub>りくじょうかい</sub>の～ 한국 육상계의 호프

**ほおぶくろ**〖˚頬袋〗협낭, 볼주머니

**ほおべに**〖˚頬紅〗볼연지¶ ～をさす 볼연지를 바르다

**ほおぼね**〖˚頬骨〗광대뼈, 관골¶ ～が張った顔 광대뼈가 나온 얼굴

**ホーム** (home) 홈 ①집, 가정 ②노인·아동 등의 수용 시설¶ 老人～ 양로원 ③〖野〗「ホームベース」의 준말 **—イン** (일 home in) 名 自スル〖野〗홈 인. 주자가 홈에 들어와 득점함 **—グラウンド** (home ground) 홈 그라운드 **—シック** (homesick) 향수병 **—スチール** (home steal) 名 自スル〖野〗홈 스틸. 3루 주자가 홈으로 도루함 **—ベース** (home base) 〖野〗홈 베이스, 본루 **—ラン** (home run) 〖野〗홈런 **—メード** (homemade) 홈메이드. 손수 만듦, 자가 제품 **—ルーム** (homeroom) 〖敎〗홈룸

**ボーリング** (boring) 名 他スル 보링 ①천공¶ ～マシン 보링 머신, 천공기 ②시추, 시굴

**ホール** (hole) 홀 ①구멍 ②(골프에서) 공을 넣는 구멍, 경기 장소¶ 18番～ 18번 홀 **—インワン** (hole in one) 홀 인 원. (골프에서) 제1타로 공이 홀에 들어감

**ボール** (ball) 볼 ①공¶ ～を投げる 볼을 던지다 ②〖野〗스트라이크 존을 벗어난 투구 ⇔ ストライク **—カウント** (ball count) 〖野〗볼 카운트

**ボール** (bowl) 볼. 넓은 주발 = ボウル¶ フィンガー～ 핑거 볼

**ボールがみ**〖ボール紙〗판지, 마분지

**ホールディング** (holding) 홀딩. (축구·배구 등에서) 손으로 잡는 반칙¶ ～を取られる 홀딩을 범하다

**ホールド** (hold) 홀드 ①(등산에서) 잡거나 디딜 수 있는 곳 ②(레슬링에서) 누르기 **—アップ** (hold up) 홀드 업 ①感 손들어, 꼼짝 마라 ②권총 강도

**ボールばこ**〖ボール箱〗판지 상자

**ほおん**〖保温〗名 自スル 보온¶ ～効果 보온 효과/ 室内を～する 실내를 보온하다

**ほか** 副助 (부정의 말이 딸리어) …밖에, …외에¶ いやならやめる～ない 싫으면 그만 두는 수밖에

**ほか**〖外·˚他〗①名 딴 사람, 딴것, 이외, 그 밖¶ ～の店で 딴 가게/ 佐藤～三名 佐藤 외 3명/딴 곳, 딴 데¶ ～をあたってみよう 딴 곳을 알아보자 ③名〖「…の～」의 꼴로〗…밖¶ 思いの～困難だ 뜻밖에 곤란하다

**ぽか**〖俗〗엉뚱한〔어처구니 없는〕실수¶ ～をやる 어처구니 없는 실수를 저지르다

**ほかく**〖捕獲〗名 他スル 포획 ①(새·짐승 등을) 잡음¶ ～高 포획고 ②(적의 선박을) 나포함¶ 敵艦を～する 적함을 나포하다

**ほかく**〖補角〗〖數〗보각

**ほかけ**〖帆掛け〗배에 돛을 다는 일 **—船** 돛단배, 범선

**ほかげ**〖火影〗〖文〗①불빛, 등불 빛¶ ～がちらほら見える 불빛이 드문드문 보이다 ②불빛·등불에 비치는 그림자

**ほかげ**〖帆影〗멀리 보이는 돛·돛배의 모습

**ぼかし**〖˚暈し〗①바림을 함, 바림한 것 ②〖美〗(일본화에서) 색을 짙은 부분에서 점점 엷게 해 가는 기법

**ほか·す**〖˚放す·˚放下す〗他五〖俗〗버리다, 방치하다, 내버려 두다¶ 仕事を～·して遊んでいる 일은 제쳐놓고 놀고 있다

**ぼか·す**〖˚暈す〗他五 ①바림을 하다, 선염하다¶ 墨を～ 먹을 바림하다/ 輪郭を～ 윤곽을 바림하다 ②(내용을) 얼버무리다¶ 肝心な点を～ 중요한 점을 얼버무리다

**ぽかつと** 副 ①(口) 머리를 때리는 소리. 딱¶ 頭を～なぐる 머리를 딱 때리다 ②구멍이 뚫려 있는 모양. 뻥, 휑¶ 穴が～あく 구멍이 뻥 뚫리다 ③갑자기 나타나거나 떠오르는 모양. 쑥¶ 水面から～顔を出した 수면에서 쑥 얼굴을 내밀었다

**ほかでもない**〖外でもない·˚他でもない〗連語 다름 아니다¶ 話～というのは～が 이야기란 것은 다름 아니고

**ほかならない**〖外ならない·˚他ならない〗連語 ①다른 것이 아닌 바로 …이다¶ 諦めは敗北～ 단념은 곧 패배다 ② = ほかならぬ

**ほかならぬ**〖外ならぬ·˚他ならぬ〗連語 다른 것과 달리 특별한, 다름 아닌 = ほかならない¶ ～君の頼みだから断われない 다른 사람도 아닌 자네의 부탁이니까 거절할 수 없다

**ほかほか** ①Ⅰ〖ヿ〗따끈따끈함¶ ～のパン 따끈따끈한 빵 ②副 自スル 따끈따끈, 후끈후끈¶ ～した布団 포근한 이불

**ぽかぽか** Ⅰ 副 (따뜻한 느낌인) 따끈따끈, 후끈후끈¶ ～とした陽気 포근한 날씨 Ⅱ 副 머리 등을 계속 때리는 모양. 딱딱, 똑똑¶ 頭を～となぐる 머리를 딱딱 때리다

**ほがらか**〖朗らか〗ナ ①〖文〗쾌청함¶ ～な秋空 쾌청한 가을 하늘 ②명랑함, 쾌활함¶ ～な性格 쾌활한 성격

**ぽかりと** 副 ①머리 등을 세게 때리는 모양. 딱, 탁 = ぽかんと¶ 一発～見舞う 딱 하고 한방 먹이다 ②어떤 부분이 갑자기 뚫리거나 갈라지는 모양. 뻥, 펑, 쑥 = ぽっかり¶ 穴が～と開いた 구멍이 뻥 뚫렸다

**ほかん**〖保管〗名 他スル 보관¶ ～料 보관료/ 貴重品を～する 귀중품을 보관하다

**ほかん**〖補完〗名 他スル 보완¶ ～資料 보완 자료

**ほかん**〖補巻〗증보판

**ぼかん**〖母艦〗〖軍〗모함¶ 航空～ 항공 모함

**ぽかんと** 副 ①(머리 등을 때리는) 딱 = ぽかりと¶ 頭を～なぐる 딱 하고 때리다 ②(입을 크게 벌린) 떡, 딱¶ ～口を開ける 입을 떡 벌리다 ③어이가 없어 멍하니 있는 모양¶ ～した表情 멍한 표정

**ほき**〖補記〗名 他スル 보충하여 씀, 보충 기록

**ぼき**〖簿記〗〖經〗부기¶ 複式～ 복식 부기

**ほきゅう**〖捕球〗名 他スル〖野〗포구. 공을 잡음

**ほきゅう**〖補給〗名 他スル 보급¶ 物資の～ 물자의 보급

**ほきょう**〖補強〗名 他スル 보강¶ ～工事 보

ぼきん 【募金】 [名][自スル] 모금
ほきんしゃ 【保菌者】 [医] 보균자
ほく 【北】 [音]ホク [訓]きた | (음)북. (造語) ①북. 북쪽 ¶ 北緯 북위・以北 이북 ②등을 돌리다. 도망가다 ¶ 敗北 패배
ぼく 【卜】 [音]ボク [訓]うら・うらなう | (음)복. (造語) 점치다 ¶ 卜者 복자・占卜 점복
ぼく 【木】 [音]ボク・モク [訓]き・こ | (음)목. (造語) ①나무 ¶ 木石 목석・草木 초목 ②목재. 목재 기물 ¶ 木刀 목도・木造 목조 ③오행(五行)의 하나 ¶ 木火土金水 목화토금수 ④「木曜・木曜日」의 준말 ▷ [熟字訓] 木通 으름・木菟 부엉이・木偶 목각 인형・木賊 속새・木瓜 모과나무・木乃伊 미라・馬酔木 마취목
ぼく 【朴】 [音]ボク [訓]ほお | (음)박. (造語) ①순진함. 솔직함. 꾸밈이 없음 ¶ 朴直 박직・純朴 순박・素朴 소박 ②후박나무
ぼく 【牧】 [音]ボク [訓]まき | (음)목. (造語) ①방목하다 ¶ 牧場 목장・遊牧 유목 ②수양하다. 인도하다 ¶ 牧師 목사・牧民 목민
ぼく 【睦】 [音]ボク [訓]むつぶ・むつまじい | (음)목. (造語) ①사이좋게 하다. 화목하게 지내다 ¶ 親睦 친목・和睦 화목 ②사이가 좋다. 화목하다 ¶ 睦友 목우
ぼく 【僕】 [音]ボク [訓]しもべ | (음)복. I (造語) 머슴. 하인 ¶ 下僕 하인・公僕 공복 II 남자가 친구나 손아랫사람에게 쓰는 자칭. 나 ¶ 君 は~ 너와 나
ぼく 【墨】 [墨] [音]ボク [訓]すみ | (음)묵. (造語) ①먹 ¶ 墨痕 묵흔・筆墨 필묵 ②먹과 비슷하게 쓰이는 것 ¶ 朱墨 주묵・白墨 백묵 ③「먹으로 쓴」 것. 서화. 필적 ¶ 墨客 묵객・遺墨 유묵 ④「墨西哥 멕시코」의 준말 ¶ 米墨戦争 미국・멕시코 전쟁
ぼく 【撲】 [音]ボク [訓]うつ・なぐる | (음)박. (造語) 때리다. 치다. 두들기다 ¶ 撲殺 박살・打撲 타박 ▷ [熟字訓] 相撲 일본 씨름
ほくい 【北緯】 북위 ¶ ~30度 북위 30도
ほくえつ 【北越】 越後 와 越中 의 두 지방
ほくおう 【北欧】 북구. 북유럽 ⇔ 南欧
ほくが 【北画】 [美] 북화. 북종화 ⇔ 南画
ぼくが 【墨画】 [美] 묵화. 수묵화
ぼくぎゅう 【牧牛】 [文] 목우. 방목한 소
ほくげん 【北限】 북한. (생물이 서식하는) 북쪽 한계
ボクサー (boxer) ①권투 선수 ②[動] 개의 한 품종
ぼくさつ 【撲殺】 [名][他スル] 박살. 때려 죽임
ぼくし 【牧師】 [改新] 목사
ぼくしゃ 【卜者】 [文] 복자. 점쟁이 = 易者
ぼくしゃ 【牧舍】 목사. (목장의) 축사
ぼくしゃ 【牧者】 목자 ①[文] 목동 ②[改新] 목사
ぼくしゅ 【墨守】 [名][他スル] 묵수. 굳게 지킴 ¶ 旧慣 を~する 구습을 묵수하다
ぼくしゅう 【北宗】 북종. 중국 선종(禅宗)의 한 파 ⇔ 南宗 ━画 [美] 북종화 = 北画
ぼくじゅう 【墨汁】 묵즙 ①먹물 ②(오징어 등의) 먹물빛의 액체
ぼくしょ 【墨書】 [名][他スル] [文] 묵서. 먹으로 씀. 먹으로 쓴 것
ほくじょう 【北上】 [名][自スル] 북상 ⇔ 南下 ¶ 台風が~する 태풍이 북상하다
ぼくじょう 【牧場】 [農] 목장 = まきば
ぼくしょく 【墨色】 [文] 묵색. 먹빛 = すみ色
ほくしん 【北辰】 [文] 북신. 북극성
ほくしん 【北進】 [名][自スル] 북진 ⇔ 南進 ¶ 政策 북진 정책
ぼくしん 【牧神】 목신. 목양신 = 牧羊神
ぼくじん 【牧人】 [文] 목동 = 牧者
ほぐ・す 【解す】 [他五] ①(얽히거나 뭉친 것을) 풀다 ¶ もつれたひもを~ 엉클어진 끈을 풀다 (굳어진 것을) 풀다 ¶ 緊張を~ 긴장을 풀다 ▷「ほごす」라고도 함
ぼく・する 【卜する】 [他サ変] [文] ①점치다 ¶ 運命 を~ 운명을 점치다 ②(점을 쳐서) 정하다. 선정하다 ¶ 居 を~ 거처를 정하다
ほくせい 【北西】 북서 ¶ ~の季節風 북서 계절풍
ぼくぜい 【卜筮】 [文] 복서. 점. 괘서(卦筮)
ぼくせき 【木石】 목석 ①나무와 돌 ②무정한 사람 ¶ ~漢 목석같은 사나이
ぼくせき 【墨跡・墨蹟】 [文] 묵적. 필적
ぼくせん 【卜占】 [文] 복점. 점
ほくそ 【火糞】 ①(양초의) 불똥 ② 부싯깃. 화용(火茸)
ぼくそう 【牧草】 목초 ¶ ~地 목초지
ほくそえ・む 【ほくそ笑む】 [自五] (뜻대로 되어) 혼자 싱글거리다 ¶ 計略が図に当たって~ 계략이 들어맞아 혼자 싱글거리다
ぼくたく 【木鐸】 [文] 목탁 ①옛날 중국에서 법령을 알릴 때 울리던 나무 추가 달린 요령(搖鈴) ②지도자 ¶ 新聞は社会の~ 신문은 사회의 목탁
ほくたん 【北端】 북단 ¶ 最~ 최북단
ほくち 【火口】 부싯깃. 화용(火茸) = ほくそ
ぼくち 【墨池】 (文) ①연지 ②먹물통 = すみつぼ
ぼくちく 【牧畜】 목축 ¶ ~業 목축업
ほくちょう 【北朝】 [史] 북조 ⇔ 南朝
ぼくちょく 【朴直・樸直】 [名][ダ] 박직. 순박하고 정직함 ¶ ~な青年 박직한 청년
ぼくづくり 【攵旁・夂旁】 (한자 부수의) 등 글월문 ¶「敲・政」등의「攵・夂」부분
ぼくてい 【墨堤】 [文] 隅田川 강의 제방
ほくてき 【北狄】 북적. 북방 오랑캐
ぼくてき 【牧笛】 [文] 목적. 목동이 부는 피리
ほくてんせん 【北転船】 [水] 북태평양에서 조업하는 저인망 원양 어선
ほくと 【北斗】 「北斗七星」의 준말. 북두 ━七星 [天] 북두칠성 = 北斗星
ほくと 【北都】 平安京 〔京都〕의 일컬음
ほくとう 【北東】 북동 ¶ ~風 북동풍
ぼくとう 【木刀】 목도. 목검 ¶ ~を振り回す 목도를 휘두르다
ぼくとう 【濹東・墨東】 [文] 隅田川의 동쪽 지역

ぼくどう【牧童】목동
ぼくとつ【朴訥·木訥】[名][ﾅ] 목눌. 꾸밈이 없고 말이 적음¶ ～な人 소박하고 입이 무거운 사람
ぼくねんじん【朴念仁】①말수가 적고 무뚝뚝한 사람 ②인정을 모르는 사람, 벽창호
ぼくひ【僕婢】[文] 비복. 남자종과 여자종, 하인과 하녀= 召し使い
ぼくふ【北部】 북부 ⇔ 南部
ぼくや【牧夫】[文] 목부 = 牧人
ぼくふう【北風】 북풍 = きたかぜ ⇔ 南風
ぼくべい【北米】북미. 북아메리카 ⇔ 南米
ぼくへん【北辺】[文] 북변. 북쪽 변경〔변방〕¶ ～の守り 북변의 방비
ぼくぼう【北邙】[文] 북망. 북망산, 묘지
ほくほく【副·自ｽﾙ】①(기뻐서 어쩔 줄 모르는) 싱글벙글¶ ～顔 싱글벙글하는 얼굴 ②(갓 쪄서) ～した芋 파근파근하고 먹음직스러운 모양¶ ～した芋 파근파근하고 먹음직스러운 고구마
ほくほくせい【北北西】 북북서
ほくほくとう【北北東】 북북동
ぼくみん【牧民】[文] 목민. 백성을 다스림
ぼくめつ【撲滅】[名·他ｽﾙ] 박멸¶ 害虫を～する 해충을 박멸하다
ほくめん【北面】Ⅰ[名]「北面の武士」의 준말 Ⅱ[名·自ｽﾙ]①북향= 北むき¶ 建物の～ 건물의 북면 ②[文] 신하로서 섬김, 신하의 자리 ―の武士【日史】옛날 上皇·法皇의 거처를 경호하던 무사
ぼくや【牧野】[文] 목야. 가축을 방목하는 들판
ほくよう【北洋】 북양¶ ―漁業 북양 어업
ぼくよう【牧羊】[文] 목양. 양을 침, 그런 양¶ ―犬 목양견 ―神 = ぼくしん(牧神)
ほくりく【北陸】北陸 지방. 本州 중부의 福井·石川·富山·新潟의 네 현 ―道 福井·石川·富山·新潟의 네 현을 포함한 지방, 그 지역으로 이어지는 가도〔街道〕
ほぐ·れる【解れる】[自下一] ①(엉클어진 것이) 풀리다¶ もつれたひもが～ 엉클어진 끈이 풀리다 ②(기분·태도가) 풀리다¶ 気分が～ 기분이 풀리다
ほくろ【黒子】 점, 검은 사마귀¶ いれ～ 가짜 점
ぼけ【木瓜】【植】 명자나무
ぼけ【惚け·呆け】①흐리멍덩해짐, 멍청해짐, 그런 사람 時差～ 시차로 인해 멍한 상태/ ～が来る 노망기가 들다 ②(漫才 에서) 얼빠진 대답으로 좌중을 웃기는 역할, 그런 사람
ほげい【捕鯨】[文] 포경. 고래잡이¶ ～禁止 포경 금지 ―船【水】포경선
ぼけい【母系】모계 ⇔ 父系¶ ～社会 모계 사회 ―制【人】모계제. 모계 제도
ぼけい【母型】모형. 활자를 만들어 내는 금속제 거푸집 = 字母型
ほけきょう【法華経】【佛】 법화경
ほげた【帆桁】(돛대의) 활대
ほけつ【補欠】보결. 보궐¶ ―選手 보결 선수 ―選挙【政】보결 선거

ほけつ【補血】[名·自ｽﾙ]【醫】보혈¶ ～剤 보혈제
ぼけつ【墓穴】 묘혈. 무덤 구멍= はかあな
―を掘る (제) 무덤을 파다, 스스로 파멸의 원인을 만들다
ぼけっと【副·自ｽﾙ】(口) 아무 것도 하지 않고 멍하게 있는 모양, 멍하니¶ ～していないで手伝いなさい 멍하니 있지 말고 거들어 줘요
ポケット (pocket) 포켓 ①호주머니 ②(구기에서) 여러 선수가 상대 선수 한 명을 에워쌈 ③(당구에서) 포켓볼 ―ブック (pocketbook) 포켓 북 ①수첩 ②소형판 책 ―ベル (일 pocket bell) 포켓 벨. 소형 무선 호출기, 삐삐, 비퍼
ぼけなす【惚け茄子】(俗) 멍청이, 얼간이
ほ·ける【惚ける】[自下一] → ほうける
ぼ·ける【惚ける·呆ける】[自下一] (지각이) 둔해지다, 흐려지다, 멍청해지다¶ 頭が～ 머리가 둔해지다
ぼ·ける【暈ける】[自下一] (색조·윤곽 등이) 흐릿해지다, 퇴색하다¶ 色が～ 색이 바래다/ピントが～ 핀트가 안맞다/問題の焦点が～ 문제의 초점이 흐려지다
ほけん【保健】보건¶ ～体操 보건 체조 ―所 보건소 ―婦 보건소의 여자 직원
ほけん【保険】①보험¶ 生命～ 생명 보험/～をかける 보험을 들다 ②손해를 배상하는 보증¶ ～つき 보증부 ―金 보험금 ―ベッド 의료 보험으로 이용할 수 있는 입원 병상, 그런 병실 ―料 보험료
ぼけん【母権】모권¶ ～伸長 모권 신장
ほこ【矛·鉾·戈·鋒】①쌍날 칼에 긴 자루가 달린 옛날 무기 ②「鉾だし」의 준말. 창 등을 꽂아 장식한 수레
[慣用句]
―を収める 창을 거두다, 싸움을 그만두다
―を交える 교전하다
ほご【反故·反古】①못쓰게 된 종이, 휴지 허사, 무용지물¶ 努力が～になる 노력이 허사가 되다 ―紙 못쓰게 된 종이, 휴지
[慣用句]
―にする ①버리다 ②(약속 등을) 파기하다
ほご【保護】[名·他ｽﾙ] 보호¶ 自然～ 자연 보호/ 迷子を～する 미아를 보호하다 ―観察【法】보호 관찰 ―関税【經】보호 관세 ―国【法】보호국¶ 범죄자의 보호 관찰·갱생을 돕는 민간인 ―者 보호자 ―色【動】보호색 ―鳥 보호조 ―貿易【經】보호 무역
ほご【補語】【文法】보어¶ 主格～ 주격 보어
ぼご【母語】모어 ①모국어 ②【言】조어(祖語)
ほこう【歩行】[名·自ｽﾙ] 보행¶ ―器 보행기¶ 道路の右がわを～する 도로의 오른쪽을 보행하다 ―者 ―天国 보행자 천국
ほこう【補講】보강. 보강 강의
ほこう【母后】[文] 모후. 황태후
ぼこう【母校】모교¶ ～をたずねる 모교를 방문하다
ぼこう【母港】모항¶ 船が～に帰る 배가 모항으로 돌아오다

**ぼこく** [母国] 모국. 조국¶ ～に帰ᵏᵃᵉる 모국으로 돌아오다 **━語** 모국어

**ほこ さき** [矛先·鋒先] ①창 끝 ②(공격·비난 등의) 목표¶ ～が鈍ᴺᶦʙᵘる 논조[공세]가 둔해지다/ ～を転ᵗᵉⁿずる 공격의 화살을 돌리다

**ほご·す** [解す] 他五(口) → ほぐす

**ほこづくり** [*殳*旁] (한자 부수의) 갖은등글월문¶「殴·段」 등의 「殳」부분

**ほこづくり** [*戈*旁] (한자 부수의) 창과변 ▷「戰·我」 등의 「戈」부분

**ほこへん** [矛偏] (한자 부수의) 창모변 ▷「務·矜」 등의 「矛」부분

**ほこ ほこ I** 副ᵗᵒ ①(속이 빈 것을 두드릴 때 나는) 퉁퉁¶ ドラム缶ᵏᵃⁿを～と叩ᵗᵃᵗᵃくドラム缶을 퉁퉁 두드리다 ②(물이 세차게 솟아나오거나 거품이 이는) 보글보글¶ ～と泡ᵃʷᵃが立ᵗᵃつ 부글부글 거품이 일다 ③(표면이 패거나 구멍이 많이 나 있는) 움푹움푹. 숭숭¶ ～と穴ᵃⁿᵃの空ᵃいた道ᵐᶦᶜʰᶦ 움푹움푹 구멍이 팬 길 II 그 움푹움푹. 숭숭

**ほこら** [*祠·*叢祠] 사당(祠堂)

**ほこらか** [誇らか] ナ(文) 자랑스러움¶ ～な態度ᵗᵃᶦᵈᵒ 자랑스러운 태도

**ほこらし·い** [誇らしい] 形 자랑스럽다¶ ～気分ᵏᶦʙᵘⁿ 자랑스러운 기분

**ほこらしげ** [誇らしげ] ナ 자랑스러운 듯함¶ ～に話ʰᵃⁿᵃすり 자랑스러운 듯이 이야기하다

**ほこり** [*埃] 먼지¶ 砂ˢᵘⁿᵃ～ 모래 먼지/ ～だらけ 먼지투성이/ ～を払ʰᵃʳᵃう 먼지를 털다

**ほこり** [誇り] 자랑, 긍지, 자부심, 자긍심¶ 一家ᶦᵏᵏᵃの～ 일가의 자랑/ ～を傷ᵏᶦずつける 자긍심을 손상시키다

**ほこりっぽ·い** [*埃っぽい] 形 먼지가 많다. 먼지로 더러워져 있다¶ 机ᵗˢᵘᵏᵘᵉの上ᵘᵉが～ 책상 위에 먼지가 많다

**ほこ·る** [誇る] 他五 자랑하다, 뽐내다, 자부하다¶ 才能ˢᵃᶦⁿᵒᵘを～ 재능을 자랑하다

**ほころば·す** [*綻ばす] 他五 → ほころばせる

**ほころば·せる** [*綻ばせる] 他下一 ①(솔기 등을) 풀리게[타지게] 하다¶ たもとを～ 소맷자락을 타지게 하다 ②(닫힌 것을) 조금 벌어지게 하다¶ 梅ᵘᵐᵉのつぼみを～ 陽春ʸᵒᵘˢʰᵘⁿ의 꽃망울을 터뜨리는 날씨 ③(「顔ᵏᵃᵒを～」의 꼴로) 만족·안심한 표정을 띠우다¶ よい知ˢʰᵃらせに顔を～ 좋은 소식에 얼굴에 웃음을 띠우다

**ほころ·びる** [*綻びる] 自上一 ①(실밥 등이) 터지다, 풀리다¶ 縫ⁿᵘい目ᵐᵉが～ 솔기가 터지다 ②(꽃망울이) 벌어지다, 피어나다¶ バラのつぼみが～ 장미의 꽃망울이 벌어지다 ③ 긴장이 풀리다, 미소가 떠오르다¶ 顔ᵏᵃᵒが～ 얼굴에 미소가 떠오르다

**ほころ·ぶ** [*綻ぶ] 自五 → ほころびる

**ほさ** [補佐·*輔佐] 名 他スル 보좌¶ ～官ᵏᵃⁿ 보좌관/ 上司ᴶᵒᵘˢʰᶦを～する 상사를 보좌하다

**ほさい** [*輔祭] 宗 보제. (동방 정교회에서) 사제를 보좌하는 직분

**ほさい** [募債] 名 自スル (文) 모채, 채권을 모집함

**ほさき** [穂先] ①이삭 끝¶ ～をたれる 이삭 (끝)을 드리우다 ②뾰족한 것의 끝¶ 槍ʸᵃʳᶦの～ 창끝/ 筆ᶠᵘᵈᵉの～ 붓끝

**ほざ·く** 他五(俗) 지껄이다, 뇌까리다= ぬかす¶ 何ⁿᵃᵗᵒを～か 뭘 지껄이는 거냐

**ほさつ** [捕殺] 名 他スル (文) 포살. 잡아 죽임¶ 象ᶻᵒᵘを～する 코끼리를 잡아 죽이다

**ほさつ** [補殺] 名 他スル (野) 보살. 야수가 주자를 베이스에 던져 주자를 아웃시키는 것을 도움

**ほさつ** [*菩薩] ①(佛) 보살¶ 観音ᵏᵃⁿⁿᵒⁿ～ 관음보살 ②부처에 비긴 신의 높임말¶ 八幡大ʰᵃᶜʰᶦᵐᵃⁿᵈᵃᶦ～ 八幡宮ᵍᵘᵘ의 신체(神體)

**ほさっと** 副 自スル(口) 멍청히, 멍하니, 우두커니¶ ～突ᵗˢᵘっ立ᵗᵃっている 우두커니 서 있다

**ぼさ ぼさ I** 副ᵗᵒ ①(머리가 흐트러져) 부스스¶ ～した頭ᵃᵗᵃᵐᵃ 부스스한 머리 ②멍하니, 멍청히. ぼやぼや¶ ～していると置ᵒいて行ᶦかれる 멍하니 있으면 두고 간다 II ナ (머리가) 봉실봉실¶ ～の髪ᵏᵃᵐᶦ 부스스한 머리카락

**ぼさん** [墓参] 名 自スル 성묘¶ ～団ᵈᵃⁿ 성묘단

**ほし** [星] ①별¶ ～空ᶻᵒʳᵃ 별이 총총한 하늘/ ～がまたたく 별이 반짝이다 ②표적의 중심을 나타내는 동그라미¶ 的ᵐᵃᵗᵒの～に当ᵃたる 과녁의 중심을 맞히다 ③별표¶ 重要語ᴶᵘᵘʸᵒᵘᵍᵒに～をつける 중요한 낱말에 별표를 달다 ④(相撲) 승패를 표시하는 동그라미¶ 白ˢʰᶦʳᵒ～ 승전 표/ 黒ᵏᵘʳᵒ～ 패전 표 ⑤별자리, 운수¶ ～占ᵘʳᵃⁿᵃい 별점/ 不幸ᶠᵘᵏᵒᵘな～のもとに生ᵘᵐᵃれる 불행한 운수를 타고나다 ⑥(바둑판의) 화점 ⑦(눈동자의) 삼¶ 目ᵐᵉに～ができる 눈에 삼이 생기다 ⑧표적 ⑨(俗) 범인¶ ～を追ᵒうう 범인을 쫓다 ⑩스타, 유망주¶ バレー団ᵈᵃⁿの～ 발레단의 스타 ⑪세월¶ ～移ᵘᵗˢるる 세월이 흐르다
慣用句
**━が降ᶠᵘる** 별이 쏟아지다, 밤하늘에 별이 무수히 반짝이다
**━が割ʷᵃれる** 범인이 밝혀지다
**━を挙ᵃげる** 범인을 검거하다
**━を頂ᶦᵗᵃᵈᵃく** 별이 아직 남은 이른 새벽부터 별이 뜰 무렵인 밤늦게까지 일하다
**━を落ᵒとす** 승부에 지다, 패배하다
**━を稼ᵏᵃˢᵉぐ** 성적을 올리다

**ほじ** [保持] 名 他スル 보유, 유지¶ 世界記錄ˢᵉᵏᵃᶦᵏᶦʳᵒᵏᵘ～者ˢʰᵃ 세계 기록 보유자

**ぼし** [母子] 모자¶ ～寮ʳʸᵒᵘ 모자원 **━家庭**ᵏᵃᵗᵉᶦ 모자 가정

**ぼし** [母指·*拇指] (文) 무지. 엄지손가락

**ぼし** [墓誌] (文) 묘지¶ ～銘ᵐᵉᶦ 묘지명

**ポジ** [ポジティブ] II의 준말 ⇔ ネガ

**ほしあかり** [星明(か)り] 별빛¶ ～をたよりに歩ᵃʳᵘく 별빛에 의지하여 걷다

**ほしい** [*糒] 쌀을 쪄서 말린 비상 식량

**ほし·い** [欲しい] 形 ①갖고 싶다. 탐나다¶ 暇ʰᶦᵐᵃが～ 휴가를 가지고 싶다 ②(形式)…해 주었으면 좋겠다, …하기 바라다¶ こっちへ来ᵏᵒて～ 이쪽으로 와 주었으면 좋겠다

**ほしいい** [干し*飯·*乾し*飯·*糒] → ほしい(糒)

**ほしいまま** [*恣·*縱·*擅] ナ(文) 제멋대로임,

**―にする** 제멋대로 하다
**ほしうお** [干し魚・乾し魚] 건어
**ほしうらない** [星占い] 점성술
**ほしか** [干し鰯・乾し鰯] (비료용으로 쓰는) 기름을 짜고 난 정어리를 말린 것
**ほしがき** [干し柿・乾し柿] 곶감
**ほしかげ** [星影] (文) 별빛¶ ～さやかな夜₂ 별빛이 초롱초롱한 밤
**ほしかぶと** [星兜] 투구의 하나
**ほしが・る** [欲しがる] 他五 갖고 싶어하다, 탐내다¶ 人のものを～ 남의 것을 탐내다
**ほしくさ** [干し草・乾し草] 農 건초, 말린 풀
**ほしくず** [星屑] (文) 밤하늘에 빛나는 무수한 작은 별
**ほじくりだ・す** [ˣ穿(り)出す] 他五 ①파내다, 후벼내다¶ 耳垢を～ 귀지를 후벼내다 ②(비밀・결점 등을) 꼬치꼬치 캐내다, 들추어내다¶ 過去を～ 과거를 들추어내다
**ほじく・る** [ˣ穿る] 他五 ①후비다, 쑤시다¶ 耳を～ 귀를 후비다・歯で～ 이를 쑤시다 ②(비밀 등을) 꼬치꼬치 캐다, 파고들다¶ 人のあらを～ 남의 결점을 꼬치꼬치 캐다
**ほしこ** [ˣ乾(海鼠)] (창자를 빼고) 말린 해삼
**ほしころ・す** [干(し)殺す・乾(し)殺す] 他五 굶겨 죽이다
**ほしぞら** [星空] 별이 총총히 뜬 밤하늘
**ほしづきよ** [星月夜] (文) 별빛이 달빛처럼 밝은 밤＝ほしづきよ
**ポジティブ** (positive) 포지티브 I ア 적극적, 긍정적 II 名 (사진에서) 양화 ▶ I II ⇔ ネガティブ
**ほしとりひょう** [星取り表] 相撲 승패를 흑백 동그라미로 표시한 성적표
**ほしのり** [干し海苔・乾し海苔] 건해태, 말린 김
**ほしぶどう** [干し葡萄・乾し葡萄] 건포도
**ほしまつり** [星祭(り)] ①칠석제＝たなばたまつり ②佛 (밀교에서) 천변지이의 소멸・운수 대통을 빌며 별에 제사지내는 일
**ほしまわり** [星回り] 운명, 운수¶ ～がいい 운수가 좋다
**ほしめ** [星目・星眼] 獸 삼눈
**ほしもの** [干し物・乾し物] 볕에 말림, 말린 것, (특히) 빨래
**ほしゃく** [保釈] 名 他スル 法 보석¶ ～金を積ʹʹつむ 보석금을 내다
**ポシャ・る** 自五 俗 부서지다, 못쓰게 되다¶ 新たらしい企画が～ 새로운 기획이 깨지다
**ほしゅ** [保守] I 名 他スル 정상 상태를 유지함¶ 機械の～管理 기계의 보수 관리 II 名 오랜 전통・관습 등을 중히 여겨 그대로 지키는 것 ⇔ 革新¶ ～政党 보수 정당 **―主義** 보수주의 **―的** 보수적
**ほしゅ** [捕手] 野 포수, 캐처＝キャッチャー
**ほしゅう** [補修] 名 他スル 보수¶ 道路の～工事 도로의 보수 공사
**ほしゅう** [補習] 名 他スル 보습. 보충 학습

**ほじゅう** [補充] 名 他スル 보충¶ ～兵 보충병/ 欠員を～する 결원을 보충하다
**ほしゅう** [募集] 名 他スル 모집¶ 社員を～する 사원을 모집하다
**ほしゅう** [暮秋] 모추 ①(文) 늦가을, 만추 ②음력 9월의 딴이름
**ほしゅうだん** [母集団] 杭 모집단
**ほしゅん** [暮春] 모춘 ①(文) 늦봄, 만춘 ②음력 3월의 딴이름
**ほじょ** [補助] 名 他スル 보조¶ 資金を～する 자금을 보조하다 **―貨幣** 紙 보조 화폐 **―金** 보조금 **―動詞** 文法 보조 동사
**ほしょ** [墓所] (文) 묘소, 묘지, 산소＝墓場はか
**ほしょう** [歩哨] 軍 보초¶ ～に立つ 보초를 서다
**ほしょう** [保証] 名 他スル 보증¶ 人物を～する 인물을 보증하다 **―金** 보증금 **―書** 보증서 **―人** 法 보증인
**ほしょう** [保障] 名 他スル 보장¶ 安全～ 안전 보장 / 人権を～する 인권을 보장하다
**ほしょう** [ˣ堡礁] 海 보초
**ほしょう** [補償] 名 他スル 보상¶ 遺族～ 유족 보상 / 損害を～する 손해를 보상하다 **―金** 보상금 **―点** 植 보상점
**ほじょう** [捕縄] (文) 포승. 오라＝とりなわ
**ほしょう** [暮鐘] (文) 모종, 만종(晩鐘)
**ぼじょう** [慕情] (文) 모정, 그리워하는 마음¶ ひそかに～をいだく 남몰래 모정을 품다
**ほしょく** [捕食] 名 他スル 生 포식. 잡아 먹음¶ ～動物 포식 동물
**ほしょく** [補色] 보색, 여색＝余色
**ほしょく** [補職] 名 他スル (文) 보직¶ 課長に～される 과장으로 보직되다
**ほしょく** [暮色] 모색, 해질녘의 어스레한 빛・느낌・경치¶ ～蒼然 모색 창연 /～が迫る 어스름이 다가오다
**ほしん** [保身] 보신¶ ～をはかる 보신을 꾀하다 / ～の術にたける 보신술에 능하다
**ほ・す** [干す・乾す] 他五 ①말리다¶ 魚さかな を～ 생선을 말리다 ②(안에 든 액체를) 다 빼다, 비우다¶ 池の水を～ 연못의 물을 다 빼다 / 杯さかずきを～ 술잔을 비우다 ③俗 (일에서) 따돌리다¶ 仕事ごとを～ ・される 일거리를 받지 못하다
**ほすう** [歩数] 보수. 걸음 수¶ ～計 보수계
**ほすう** [補数] 數 보수. 여수(餘數)
**ほすすき** [穂ˣ薄・穂ˣ芒] 이삭이 팬 억새
**ホステル** (hostel) 호스텔. 유스호스텔
**ポスト** (post) 포스트 ①우체통¶ 手紙がみを～に入れる 편지를 우체통에 넣다 ②지위, 부서¶ 重要な～ 중요한 지위 ③(테니스・축구 등에서) 지주¶ ゴール～ 골 포스트 **―カード** (postcard) 포스트카드, 우편 엽서
**ポスト** (post) (造語) (명사 앞에 붙어) 포스트, …후의, 뒤, 이후¶ ～冷戦 냉전 이후
**ほ・する** [保する] 他サ変 (文) ①유지하다, 보전하다 ②보증하다, 보장하다¶ 成功は～し難ʹʹがたい 성공은 보장하기 어렵다
**ほ・する** [補する] 他サ変 (文) 보하다 ①관직에

**ほせい** 앞히다 ②직무의 담당을 명하다¶ 課長ちょうに~ 과장에 보하다

**ほせい** [補正] 名他スル 보정. 誤差ごの~ 오차의 보정 **一予算**さん [經] 보정 예산. 추경 예산

**ほせい** [補整] 名他スル 보정. 보충하여 갖춤¶ 体形けいを~する 체형을 보정하다

**ほせい** [母性] 모성 ⇔ 父性せい¶ ~保護ほ 모성 보호 **一愛**あい 모성애 **一本能**ほん 모성 본능

**ほぜい そうこ** [保税倉庫] 보세 창고

**ぼせき** [墓石] (文) 묘석. 묘비 = はかいし¶ ~に刻きむ 묘비에 새기다

**ほせつ** [補説] 名他スル 보설. 보충 설명함. 그런 설명

**ほせん** [保線] [交] 보선. 철도 선로의 보수 관리¶ ~工事こう 보선 공사 **一区**く 보선구

**ほせん** [補選] 보선. 보궐 선거

**ほぜん** [保全] 名他スル (文) 보전¶ 森林しんの~ 삼림의 보전/財産ざんを~する 재산을 보전하다

**ほげい** [捕鯨] [水] 포경¶ ~ 포경 모선

**ぼせん** [母線] 모선 ①[數] 직선이 이동해 곡면을 그릴 때 각각의 위치에 있는 직선 ②[電] (발전소 등에서) 전류를 분배하는 굵은 간선

**ぼぜん** [墓前] (文) 묘전. 무덤 앞¶ ~にぬかづく 묘전에 엎드려 절하다

**ほぞ** [*臍] ①배꼽 = へそ ② [*柄] 목재를 끼워 맞추기 위해 붙인 돌기물. 장부 ③ [*蒂] (과실의) 꼭지

慣用句
**一を固**かためる 굳게 결심하다
**一を噛**かむ 후회하다

**ほそ・い** [細い] 形 ①(선 등이) 가늘다. 좁다¶ ~道みち 좁은 길/目めを~くする 눈을 가늘게 뜨다 ②(목소리가) 가늘다¶ ~声こえが 는다란 목소리 ③(양이) 적다¶ ランプの火ひを~くする 남포 불을 낮추다 ④(도량이) 좁다¶ 神経しんが~ 신경이 과민하다 ⑤약하다¶ ガスの火ひが~ 가스 불이 약하다 ⑥(살림 등이) 옹색하다 ▷ ①~⑤ ⇔ 太ふとい

慣用句
**一く長**ながく 가늘고 길게

**ほそう** [舗装・*鋪装] 名他スル 포장¶ ~工事こう 포장 공사/道路どうを~する 도로를 포장하다

**ほそうで** [細腕] 가냘픈 팔. 연약한 여자의 힘¶ 女なんの一ひとつで店みせを切きり盛もりする 여자 혼자 힘으로 가게를 꾸려나가다

**ほぞおち** [*蒂落ち] 名自スル 과실이 익어서 꼭지가 떨어짐. 그런 과일

**ほそ おび** [紬帯] 폭이 좁은 띠

**ほそ おもて** [細面] 갸름한 얼굴¶ ~の美人じん 갸름한 얼굴의 미인

**ほそく** [步測] 名他スル 보측. 일정한 보폭으로 걸어 그 걸음 수로 거리를 잼¶ 池いけの一周しゅうを~する 연못의 둘레를 보측하다

**ほそく** [捕捉] 名他スル 포착¶ 言葉ことばの意味いみを~しがたい 말의 의미를 포착하기 어렵다

**ほそく** [補足] 名他スル 보족. 보충¶ ~説明めい する 보충 설명하다

**ほそく** [補則] 보칙¶ 法令ほうに~を設もうける 법

령에 보칙을 붙이다

**ほそ ざお** [細棹] (長唄なが 등에서 쓰는) 줄을 매는 부분이 가는 三味線せん

**ほそつ** [步卒] 보졸. 보병

**ほそ づくり** [細作り] [ナ] ①(만들새가) 가느름함¶ ~の刀かたな 가느다란 칼 ②(몸매가) 날씬함. 가냘픔¶ ~の娘むすめ 날씬한 처녀

**ほそ づかい** [細遣い] ①~答こたえる 나직이 대답하다 ②우두커니. 멀거니 = ぼさっと¶ ~立たっている 멀거니 서 있다

**ほそ ながい** [細長い] 形 가늘고[좁고] 길다¶ ~箱はこ 좁고 기다란 상자

**ほぞ の お** [*臍の緒] 탯줄 = へそのお

**ほそびき** [細引き] 가는 삼끈¶ 荷物にもつに~を かける 짐을 가는 삼끈으로 묶다

**ほそ ぼそ** [細細] 副ト ①끊어질 듯이 가늘고 긴 모양¶ 山道やまみちが~とつづく 산길이 가느다랗게 이어지다 ②겨우 겨우. 근근이¶ ~と暮らす 근근이 살아가다

**ほそ ぼそ** (口) I 副ト 가느다란 목소리로. 나직이¶ ~とつぶやく 나직이 중얼거리다 II 副ト 自スル 메마른. 바삭바삭. 퍼석퍼석¶ ~した ご飯はん 퍼석퍼석한 밥 III [ナ] 바삭바삭함. 퍼석함¶ ~なパン 퍼석퍼석한 빵

**ほそ まき** [細巻(き)] (김밥・담배 등을) 가늘게 맒. 그것

**ほそ み** [細身] (만들새가) 좁고 가느다람¶ ~の太刀たち 좁고 가느다란 칼

**ほそめ** [細め] 名ト 보통보다 가늚[좁음]¶ ~のネクタイ 조붓한 넥타이/~に切きる 가느다랗게 썰다

**ほそめ** [細目] ①가늘게 뜬 눈. 실눈¶ ~を開ける 실눈을 뜨다 ②(편물 등의) 촘촘히 짠 눈

**ほそ・める** [細める] 他下一 ①가늘게[좁게] 하다¶ 目めを~ 눈을 가늘게 뜨다 ②(크기・세기를) 작게[약하게] 하다¶ 火ひを~ 불을 약하게 줄이다

**ほそ・る** [細る] 自五 가늘어지다. 작아지다. 여위다¶ 身みの~思おもい 몸이 여위는 심정/食しょくが~ 먹는 양이 줄어들다

**ほぞん** [保存] 名他スル 보존¶ 文化財ぶんかを~する 문화재를 보존하다

**ほた** [*榾] 장작개비 = ほだ¶ ~木ぎ 땔나무/ ~を焚たく 장작개비를 때다

**ぼた** (광산에서) 석탄에 섞여 나오는 돌. 버력

**ポタージュ** (프 potage) [料] 포타주. 걸쭉한 수프

**ぼたい** [母体] 모체 ①어머니의 몸¶ ~保護ほ 모체 보호 ②새로 갈라져 나온 것의 본래의 것¶ 事業ぎょうの推進しんを~ 사업의 추진 모체

**ぼたい** [母胎] 모태. 어머니의 태내

**ぼだい** [*菩*提] [佛] 보리 ①해탈의 경지 ②극락 왕생 **一寺**じ 보리사. 선조 대대의 묘・위패를 모신 절 = 菩提所しょ **一樹**じゅ [植] 보리수 **一心**しん [佛] 보리심 ①구도심 ②불심. 자비심

慣用句
**一を弔**とむらう 고인의 명복을 빌다

**ほださ・れる** [*絆される] 他下一 정에 얽매이다. 情じょうに~ 정에 얽매이다

ほだし [\*絆(し)] ①말의 다리를 얽어 매는 줄 ②자유를 속박하는 것, 굴레¶ ～を断ち切る 속박을 끊다

ほだ・す [\*絆す] 他五 ①잡아[붙들어] 매다¶ 馬を～ 말을 잡아 매다 ②얽매다, 속박하다

ほたて がい [帆立貝] 動 가리비, 해선(海扇)

ぽた ぽた 副" 自スル (□) ①(액체가 떨어지는) 뚝뚝¶ 墨汁が～と垂れる 먹이 뚝뚝 떨어지다 ②물기를 머금어 무거운 모양

ぼた ぼた 副" (□) 똑똑¶ 汗が～と落ちる 땀이 뚝뚝 떨어지다 ▷「ぼたぼた」보다 가벼운 느낌

ぼた もち [\*牡\*丹\*餅] 찹쌀과 멥쌀을 섞어 쳐서 동그랗게 빚어 고물을 묻힌 떡 = おはぎ

ぼた やま [ぼた山] (탄광에서) 선탄(選炭)하고 남는 돌을 쌓아 둔 더미, 버럭더미

ぽたり と 副 똑, 뚝¶ 涙が～と落ちる 눈물이 뚝 떨어지다

ほたる [蛍] 動 개똥벌레, 반디
慣用句
―の光 窓の雪 형설지공

ほたる いか [蛍〈烏賊〉] 動 불똥꼴뚜기

ほたる いし [蛍石] 형석

ほたる がり [蛍狩(り)] 개똥벌레잡기 놀이

ほたる ぐさ [蛍草] 植 → つゆくさ

ほたる び [蛍火] ①반딧불 ②(文) (속죄에 남아 있는) 불씨

ほたる ぶくろ [蛍袋] 植 초롱꽃

ぼたん [\*牡\*丹] ①植 모란 ②멧돼지 고기 ―刷毛 털 끝이 모란 모양으로 벌어진 둥근 화장용 솔 ―雪 함박눈 = ぼたゆき
慣用句
―に唐獅子 모란에 사자를 안배한 도안

ボタン (포 botão, button) 버튼 ①단추¶ ～をかける 단추를 채우다 ②(초인종 등의) 누름 단추¶ ～を押す 버튼을 누르다

ぼち [墓地] 묘지 = 墓場¶ 公園～ 공원 묘지

ぽち [接尾] → ぽっち

ぽち [俗] ①작은 점 ②(関西 지방에서) 팁

ホチキス (Hotchkiss) 호치키스, 스테이플러

ぼち ぼち 副 (□) ①일을 천천히 시작하려는 모양, 슬슬¶ ～始めよう 슬슬 시작하자 ②서서히 행하는 모양¶ ～読んでいます 천천히 읽고 있습니다 ▷①②= ぽつぽつ

ぽちゃ ぽちゃ 副" 自スル (□) ①포동포동¶ ～した女の子 포동포동한 여자 아이 ②찰박찰박, 찰바닥찰바닥¶ 風呂の湯を～とかき回す 목욕물을 찰박찰박 휘젓다

ほちゅう [補注・補註] 보주, 보충한 주석

ほちゅうあみ [捕虫網] 포충망, 곤충을 잡는 망

ほ ちょう [歩調] ①걸음걸이, 걸음의 속도¶ ～を取る 보조를 맞추어 걷다 ②여럿이 함께 행동할 때의 상태¶ 仕事の～を合わせる 일의 보조를 맞추다

ほちょうき [補聴器] 보청기

ぼつ [没] [\*没] 音 ボツ (音) 몰, I (造語) ①가라앉다, 잠기다, 매몰되다¶ 沈没 침몰・埋没 매몰 ②숨다, 숨기다¶ 出没 출몰・神出鬼没 신출귀몰 ③영락하다¶ 没落 몰락 ④죽다¶ 没年 몰년・戦没 전몰 ⑤몰수하다¶ 没収 몰수 ⑥다하다, 없어지다, 없애다¶ 没頭 몰두 ⑦「없음」의 뜻을 나타냄¶ 没常識 몰상식 ▷ ④는「殁」의 대용자 II ①(文) 몰, 죽음, 사망 ②(□) 没書의 준말, 몰서, 채택되지 않은 원고¶ 原稿が～だ 원고가 몰서가 되다

ぼつ [\*殁] 音 ボツ (音) 몰, I (造語) 죽다, 사망하다¶ 歿年 몰년・戦殁 전몰 ▷「没」가 대용자 II (文) 몰, 죽음, 사망¶ 明治十年～ 明治 10년 사망

ぼつ [\*勃] 音 ボツ 訓 おこる (音) 발, (造語) ①갑자기 일어남¶ 勃起 발기・勃発 발발 ②세력이 왕성함¶ 勃興 발흥・鬱勃 울발 ③「勃牙利ブルガリア」의 준말, 불가리아

ほつい [発意] I 名他スル 발의 = はつい II 名 自スル (佛) 보리심을 일으킴, 발심 = 発心

ぼつ [牧歌] (文) 목가 ①목동이 부르는 노래 ②전원 생활을 주제로 한 시가 ―的 (ヂ) 목가적¶ ～な風景 목가적인 풍경

ぼつが [没我] 名 (文) 몰아, 사물에 열중하여 자기를 망각함¶ ～の境地 몰아의 경지

ほっかい [北海] 북해, 북양, 북쪽 바다

ほっかい [法界] (佛) 법계 ①의식의 대상이 되는 모든 것 ②세상에 있는 모든 것, 진역(眞如) ▷「ほうかい」라고도 함

ほっかいどう [北海道] 일본 열도 최북단의 큰 섬 및 주변 섬 지역 ―開発庁 (政) (총리부 외국의 하나인) 홋카이도 개발청

ほっかく [墨客] 名 文人 ― 문인 묵객

ほっかむり [\*頬被り] (□) → ほおかぶり

ぼっかり 副" ①(갑자기 갈라지거나 크게 벌어지는) 딱, 쩍, 빼끔히¶ 穴が～と開く 구멍이 빼끔이 나다 ②(가볍게 떠오르는) 둥실, 두둥실¶ 白雲が～と浮かんでいる 흰구름이 두둥실 떠 있다

ほつがん [発願] 名 自他スル 발원 ①신불에게 소원을 빎¶ ～文 발원문 ②(佛) 깨달음을 얻거나 중생을 구원하려는 염원을 일으킴

ほっき [発起・発企] 名 自他スル 발기 ①어떤 일을 계획하여 시작함 ②(佛) 보리심을 일으킴 = 発心¶ 一念～ 일념 발기 ―人 발기인

ほっき [発議] 名 他スル → はつぎ

ぼっき [\*勃起] 名 自スル 발기 ①(음경의) 발기 ②힘차게 일어남

ほっき がい [北寄貝] 動 함박조개

ぼっきゃく [没却] 名 自他スル (文) 몰각¶ 自我を～する 자아를 몰각하다

ぼっきゃく [墨客] 名 → ぼっかく

ほっきょ [\*卜居] 名 自スル (文) 복거, 거주지를 점쳐서 정함

ほっきょう [法橋] ①(佛)「法橋上人位」의 준말, 法眼으로 버금가는 승직 ②(옛날에) 의사・화가・連歌師 등에게 내려진 칭호

ほっきょく [北極] (地) ①북극 ②북자극 ③「北極圏」의 준말 ▷ ①~③ ⇔ 南極 ―海 (地) 북극해 ―熊 (地) 북극곰 = しろくま ―圏 (地) 북극권 ―星 (天) 북극성

**ぽっきり** [接尾]（口）《수량을 나타내는 말에 붙어》꼭〔딱〕…임, 고작 …뿐임¶ 1000円～しかない 딱 1000엔 밖에 없다

**ぽっきり** [副] （단단한 것이 부러지는) 똑, 뚝¶ 枝が～と折れる 가지가 똑 부러지다

**ほっく** [発句] [文] ①連歌·連句의 첫 구 ⇔ あげく ②(1이 독립된) 俳句¶

**ホック** (네 haak) 혹, 훅. (옷에 다는) 똑딱단추¶ ～をかける 훅을 채우다

**ボックス** (box) 박스, 상자, 상자 모양의 것¶ アイス～ 아이스 박스／電話～ 전화 박스

**ぽっくり** [木履] 옻칠한 소녀용 왜나막신

**ぽっくり** [副] ①(물건이 힘없이 부러지는) 똑, 뚝¶ 木の枝が～と折れる 나뭇가지가 뚝 부러지다 ②(건강했던 사람이 갑자기 죽는) 덜컥¶ 脳出血で～といく 뇌출혈로 덜컥 가다〔죽다〕**一病** [医] 돌연사

**ほつけ** [銃] 임연수어

**ほっけ** [法華] [仏] 법화 ①「法華経」의 준말, 법화경 ②「法華宗」의 준말 **—宗** [仏] 법화종 ①「天台宗」의 딴이름 ②「日蓮宗」의 딴이름

**ぼっけん** [木剣] 목검 = 木刀 · きだち

**ほつご** [発語] → はつご（発語）

**ぼつご** [没後·歿後] [文] 몰후, 사후 = 没前¶ ～五十年 사후 50년

**ぼっこう** [勃興] [名][自スル] 발흥, 갑자기 흥함¶ 新勢力の～ 신세력의 발흥

**ぼっこうしょう** [没交渉] [ア] 몰교섭, 교섭이〔관계가〕없음 = ぼっこうしょう¶ 世間とは～な生活を送る 세상과는 관계를 끊은 생활을 보내다

**ほっこく** [北国] 북국 ①북쪽 지방 ⇔ 南国 ②옛날 北陸道의 여러 지방

**ぼっこん** [墨痕] [文] 묵흔, 먹으로 쓴 흔적¶ 遺書が～も鮮やかに記されていた 유서가 묵흔도 선명히 쓰여 있었다

**ほっさ** [発作] [医] 발작¶ 心臓～ 심장 발작¶ ～が起こる 발작이 일어나다 **—的** [ダ] 발작적, 충동적¶ ～な犯行 발작적인 범행

**ほっしゅ** [法主] → ほっしゅ（法主）

**ぼっしゅう** [没収] [名][他スル] 몰수¶ ～試合 몰수 시합／財産を～する 재산을 몰수하다

**ぼっしゅみ** [没趣味] [名][ダ] 몰취미, 취미〔아취〕가 없음¶ ～な庭 아취가 없는 정원／～な人 몰취미한 사람

**ぼっしょ** [没書] [文] 몰서, 원고·투서가 채택되지 않음 =

**ほっしょう** [法性] [仏] 법성, 만유의 본체

**ぼつじょうしき** [没常識] [名][ダ][文] 몰상식 = 非常識¶ ～な発言 몰상식한 발언

**ほっしん** [法身] [仏] 법신, 부처의 삼신(三身)의 하나

**ほっしん** [発心] [名][自スル] 발심 ①[仏] 보리심이 일어남, 출가하여 중이 됨 = 発意 ②(어떤 일을 하려는) 뜻이 생김¶ ～して勉学に励む 발심하여 면학에 힘쓰다

**ほっしん** [発疹] [名][スル] → はっしん（発疹）

**ほっす** [払子] 불자. (중이 설법이나 의식 때) 번뇌를 떨쳐 버리기 위해 쓰는 불구(仏具)

**ほっす** [法主] → ほうしゅ（法主）

**ほっ・す** [解す] [他] 풀다 = ほぐす · とく

**ほっ・する** [欲する] [他][サ変][文] ①바라다, 원하다¶ 自由を～ 자유를 바라다 ②(「…せんと～」의 꼴로) …하려고 하다〔생각하다〕

**ぼっ・する** [没する] [自][サ変][文] Ⅰ [自] ①지다, 가라앉다¶ 日が～ 해가 지다 ②「歿する」죽다¶ ～してもう十年になる 죽은 지 벌써 10년이 된다 Ⅱ [他][サ変] ①가라앉게 하다, 감추다¶ 闇の中に姿を～ 어둠 속으로 모습을 감추다 ②몰수하다, 빼앗다, 박탈하다¶ 資格を～ 자격을 박탈하다

**ぼつぜん** [没前·歿前] [文] 죽기 전, 생전 ⇔ 没後¶ ～の功名 생전의 공로

**ぼつぜん** [勃然] [トル][文] 발연 ①갑자기 일어나는 모양¶ 反対の声が～として起こる 반대 여론이 발연히 일다 ②벌컥 화를 내는 모양¶ ～として怒る 벌컥 화를 내다

**ほっそうしゅう** [法相宗] [仏] 법상종

**ほっそく** [発足] [名][自スル] 발족 = はっそく¶ 研究会が～する 연구회가 발족하다 ②출발¶ 十時に～の予定 10시에 출발할 예정

**ほっそり** [副][自スル] 호리호리한 모양¶ ～とした体つきの美人 호리호리한 몸매의 미인

**ほったい** [法体] 법체 ①[仏] 만유의 실체 ②승려의 모습 = 俗体¶ ～になる 승려가 되다

**ほったて** [掘っ建て·掘っ立て] ①(주춧돌도 놓지 않고) 땅에 바로 기둥을 세움 = 掘建て¶「～小屋」의 준말 **—小屋** 아무렇게나 지은 허술한 집, 판잣집, 가건물

**ほったらか・す** [他][五] 내팽개치다, 방치하다, 내버려두다¶ 仕事を～ 일을 내팽개치다

**ほったん** [発端] 발단, 시초¶ 事件の～ 사건의 발단

**ぽっち** [接尾]（俗）…뿐, …만, …밖 = ぽち·ぽちぽち¶ 100円～ 100엔뿐

**ぽっち** [接尾]《지시 대명사·수량을 나타내는 체언에 붙어》…뿐, …밖 = ぽち·ぽちぽち·ぽっち¶ これっ～しかない 요것밖에 없다／一人～になる 외톨이가 되다

**ぽっちゃり** [副][自スル]（口） 통통하고 귀여움, 포동포동함¶ ～とした顔 포동포동한 얼굴

**ぼっちゃん** [坊ちゃん] ①아드님, 도련님¶ ～はお元気ですか 아드님은 잘 있습니까? ②철부지¶ 苦労を知らずの～ 고생을 모르는 철부지¶ **一育ち** 유복한 가정에서 고생을 모르고 자람, 그런 남자

**ぽっちり** [副]（俗）조금, 약간¶ ほんの～としか食べない 아주 조금밖에 먹지 않다

**ほづつ** [火筒·銃砲] 「銃砲」의 옛일컬음, 총포¶ ～の響き 총포 소리

**ほっつきある・く** [ほっつき歩く] [自][五]（俗）(정처없이) 돌아다니다, 어슬렁거리다, 싸다니다¶ 盛り場を～ 번화가를 어슬렁거리다

**ほっつ・く** [自][五]（俗）싸다니다, 헤매다, 방황

하다 = うろつく¶ どこを～・いていたのか 어디를 싸다니고 있었느냐?

**ほって おく** [^放って置く] 連語 (口) 내버려두다, 방치하다¶ 仕事は～ 일을 내버려 두어라

**ぼってり** 副 自スル (口) 두툼하게 부풀어 묵직해 보이는 모양¶ ～とした生地 두툼한 옷감/ ～としたおなか 뚱뚱하게 나온 배

**ほっと** 副 自スル ①한숨짓는 모양¶ ～ため息をつく 후유 하고 한숨을 쉬다 ②안심하는 모양, 마음을 놓는 모양¶ 試験が終わって～する 시험이 끝나 한숨 돌리다

**ホット** (hot) 핫 I ナ ①뜨거움¶ ～ミルク 뜨거운 우유 ②새로움, 생생함¶ ～ニュース 핫뉴스 ③격렬함, 강렬함 II 名 뜨거운 음료〔커피〕 ーケーキ (hot cake) 핫케이크 ードッグ (hot dog) 핫도그 ーパンツ (hot pants) 服 핫팬츠 ーマネー (hot money) 經 핫머니, 투기성 단기 자금 ーライン (hot line) 핫라인. (국가 원수간의) 긴급 연락용 직통 통신선

**ぽっと** 副 自スル ①번쩍, 반짝¶ 街灯が～く 가로등이 반짝 들어오다 ②확, 화끈¶ 顔を～赤らめる 얼굴을 확 붉히다 ③멍하니, 멍청히¶ ～している 멍하니 보고 있다

**ポット** (pot) 포트 ①단지, 항아리 ②커피·홍차를 끓이는 주전자 ③보온병

**ぼっとう** [没頭] 名 自スル 몰두¶ 実験に～する 실험에 몰두하다

**ほっとうにん** [発頭人] 주모자, 장본인¶ 騒動の～ 소동의 장본인

**ほっと・く** [^放っとく] 他五 (口) 내버려 두다 = ほっておく¶ ～いても安心だ 내버려두어도 안심이다

**ぽっとで** [ぽっと出] (俗) 시골에서 처음 도회지에 나옴, 그런 시골뜨기

**ほづな** [帆綱] 마룻줄, 용총줄

**ぼつにゅう** [没入] 名 自スル (文) 몰입 ①가라앉음, 침몰함¶ 海中に～する 바다 속으로 가라앉음 ②몰두함, 열중함¶ 研究に～する 연구에 몰입하다

**ぼつねん** [没年·歿年] 몰년 ①죽은 때의 나이, 향년 ②죽은 해¶ ～未詳 몰년 미상

**ぼつねんと** 副 (口) 쓸쓸히 홀로 있는 모양¶ 道端に～たたずむ 길가에 우두커니 서 있다

**ぼっぱつ** [^勃発] 名 自スル 발발¶ 戦争が～する 전쟁이 발발하다

**ほっぴょうよう** [北氷洋] 북빙양

**ホップ** (네 hop) 植 홉, 맥주의 향미료

**ポップス** (pops) 팝스, 경음악, 포퓰러 음악

**ほっぺた** [^頬っぺた] (口) 빰, 귀싸대기¶ ～を張り飛ばす 귀싸대기를 후려갈기다

**ぽっぽ** ①(俗) 호주머니, 호주머니 사정¶ ～があったかい 호주머니가 두둑하다 ②(幼) 기차 ③(幼) 비둘기

**ほっぽう** [北方] 북방 ⇔ 南方¶ 一領土 政 (일본의) 북방 영토

**ぽつぽつ** I 名 여기저기 흩어져 있는 작은 알갱이·점 II 副 ①작은 점 등이 흩어져 있는 모양, 점점이¶ ～と穴のあいた障子 여기저기 구멍 뚫린 장지문 ②조금씩 하는 모양¶ ～歩く 슬렁슬렁 걷다 ③시작하려는 모양, 슬슬¶ ～帰ろうか 슬슬 돌아가 볼까

**ぽつぽつ** [^勃々] 副 발발. 세차게 일어남¶ ～たる野心 용솟음치는 야심

**ぽつぽつ** I 名 여기저기 흩어져 있는 작은 알갱이·점 = ぽつぽつ II 副 ①(비·물방울이 떨어지다) 뚝뚝¶ 雨が～と降り出した 비가 뚝뚝 떨어지기 시작했다 ②시작하려는 모양, 슬슬 ▷「ぽつぽつ」보다 가벼운 표현

**ぽっぽ** 副 ①(수증기·불꽃 등이 피어오르는) 활활, 뭉게뭉게¶ ～湯気が立つ 뭉게뭉게 김이 나다 ②(몸이 달아오르는) 후끈후끈¶ 恥ずかしくて顔が～する 부끄러워서 얼굴이 후끈후끈하다

**ほっぽらか・す** 他五 (俗) → ほったらかす

**ほっぽ・る** 他五 (俗) ①내던지다¶ 荷物を手荒に～ 짐을 거칠게 내던지다 ②내버려 두다, 팽개치다¶ 宿題を～・って出かける 숙제를 내버려 두고 나가다

**ぼつらく** [没落] 名 自スル 몰락¶ ～貴族 몰락 귀족¶ 一途を～たどる 몰락 일로를 걷다

**ぼつりそう** [没理想] (文) 몰이상

**ぽつりと** 副 ①(물 등이 한방울 떨어지는) 똑, 뚝¶ 雨粒が～顔に当たる 빗방울이 뚝 얼굴에 떨어지다 ②(구멍·돌이 나 있거나 생기는) 콕, 뺑¶ 穴が～あく 구멍이 뺑 뚫리다 ③외따로 떨어져 있는 모양¶ ～一軒が建っている家 오도카니 홀로 서 있는 집 ④(불쑥 한마디 하는) 불쑥¶ ～つぶやく 불쑥 한마디 중얼거리다 ⑤(실 등이 끊어지는) 뚝, 툭¶ ひもが～切れる 끈이 뚝 끊어지다

**ぽつりぽつり** 副 ①(비·물방울이 떨어지는) 뚝뚝, 방울방울¶ 雨が～と降り始めた 비가 몇 방울씩 오기 시작했다 ②(작은 점·돌기가 흩어져 있는) 점점이 ③(이야기가 간격을 두고 이어지는) 띄엄띄엄¶ ～と話し始めた 띄엄띄엄 이야기하기 시작했다

**ほつれ** [^解れ] 흐트러짐, 풀림¶ 髪の～を直す 머리가 흐트러진 데를 고치다

**ほつれげ** [^解れ毛] 흐트러진 머리

**ほつ・れる** [^解れる] 흐트러지다, 풀리다, 터지다¶ 髪が～ 머리가 흐트러지다/ 縫い目が～ 솔기가 터지다

**ぽつんと** 副 → ぽつりと

**ほてい** [^布袋] (七福神의 하나로) 불룩한 배를 내놓고 큰 자루를 메고 있는 신 ー腹 배불뚝이, 올챙이배 = 太鼓腹

**ほてい** [補訂] 名 他スル (文) 보정¶ ～版 보정판

**ほてい** [補^綴] 名 他スル (文) 보철 ①떨어진 데를 기움, 수선함 ②옛 시구를 모아 엮어 시문을 지음 ▷ ①② = ほてつ

**ボディー** (body) 보디 ①신체, 몸 ②(탈것·기계 등의) 동체 ③(권투에서) 복부 ④(양재용) 인체 모형 ーガード (bodyguard) 보디가드, 경호원 ービル 보디 빌딩, 육체미 운동 ーランゲージ (body language) 보디 랭귀지, 신체 언어

**ポテト** (potato) 植 포테이토, 감자 ーチップス

(potato chips) 포테이토 칩. 감자 튀김

**ぽてふり** [°捧手振り] ①(생선 등을) 멜대에 메고 팔러 다님. 그런 상인=ふりうり ②(어시장의) 중개 상인

**ほて·る** [火照る·°熱る] 自五 화끈해지다. 달아오르다¶恥ずかしさで頬が~ 부끄러움에 볼이 화끈거리다

**ほてん** [補°塡] 名 他スル 文 보전¶~金 보전금/ 赤字を~する 적자를 보전하다

**ぽてんヒット** [野] 텍사스 안타의 속칭

**ほど** 副 ①㉠(수량을 뜻하는 말에 붙어)…정도, 쯤¶一時間~ 1시간쯤/ 50枚~ 50매 정도 ㉡어떤 것을 예시하여 동작·상태를 나타냄. 정도, 만큼¶いやになる~聞かされた 신물이 날 만큼 들었다/ きみ~素直な人もいない 자네만큼 순진한 사람도 없다 ②㉠((「…ば~, 의 꼴로))(하)면 …(할)수록¶見れば見る~きれいだ 보면 볼수록 예쁘다 ㉡((「~に」의 꼴로))(할)수록¶聞く~に驚くばかり 들을 수록 놀랄 따름

**ほど** [程] ①정도¶才能の~を示す 재능의 정도를 나타내다 ②한도, 도¶~を過ごす 도를 지나치다 ③분수¶身の~を知らない 자기 분수를 모르다 ④사이, 시간¶~なく帰る 곧 돌아오다 ⑤(거리의) 정도¶~遠い 좀 멀다 ⑥(명사·연체사 「この·その」 등에 붙어)경, 무렵¶けさ~ 오늘 아침 무렵 ⑦((명사·지시어 등에 붙어))부근, 쯤¶川の中~に浮かんでいる 강 중간쯤에 떠 있다 ⑧이유, 사정¶真偽の~ 진위 여부 ⑨((「ご[お]…の~」의 꼴로))…하시길¶ご健勝の~をお祈りします 건승하시길 빕니다

慣用句
**ーがある** ((「…にも~」의 꼴로))…에도 정도[한도]가 있다¶厚かましいにも~ 뻔뻔한데도 정도가 있다

**ほど** [歩度] 文 보도, 보폭·걸음의 속도[정도]¶~を速める 걸음을 빨리하다

**ほどあい** [程合(い)] 알맞은[적당한] 정도=ころあい¶~の熱さ 알맞은 뜨겁기

**ほどう** [歩道] 交 보도, 인도¶横断~ 횡단 보도ー橋 육교

**ほどう** [補°導·×輔導] 名 他スル 보도시 非行少年を~する 비행 소년을 보도하다

**ほどう** [舗道·°鋪道] 文 포도. 포장 도로

**ぼどう** [母堂] 모당. 자당

**ほどきもの** [°解き物] → ときもの

**ほど·く** [°解く] 他五 풀다, 뜯다¶荷を~ 짐을 풀다/ 着物を~·いて仕立てなおす 着物をほどいて 옷을 뜯어서 다시 짓다

**ほとけ** [仏] ①부처, 불상 ②고인, 죽은 사람¶~になる 죽다 ③(比) 자비로운 사람

慣用句
**ー作って魂入れず** 부처를 만들고 혼을 불어넣지 않다. 가장 중요한 것을 빠뜨리다
**ーの顔も三度** 부처님 얼굴도 세 번

**ほとけいじり** [仏°弄り] 무턱대고 불공만 드림

**ほとけごころ** [仏心] 불심 ①자비심¶~を起こす 자비심을 일으키다 ②불교를 깊이 깨달은 마음, 보리심

**はとけしょう** [仏性] 불성. 자비심이 깊은 성질

**ほとけのざ** [仏の座] 植 ①광대나물 ②개보리뺑이

**ほど·ける** [°解ける] 自下一 풀리다, 풀어지다¶帯が~ 띠가 풀리다

**ほどこし** [施し] 자선을 베품, 시주, 보시¶~物 시주품/ ~を請う 보시를 청하다

**ほどこ·す** [施す] 他五 ①베풀다, 주다¶金を~ 돈을 주다 ②(수단·방법을) 쓰다, 시행하다¶策を~ 방책을 세우다 ③(장식·가공 등을) 가하다, 입히다¶防水加工を~ 방수 가공을 하다 ④(면목을) 세우다, 널리 드러내다¶面目を~ 면목을 세우다

**ほどちか·い** [程近い] 形 文 (거리·시간이) 가깝다¶駅に~公園 역에서 가까운 공원

**ほどとお·い** [程遠い] 形 (거리·시간이) 좀 멀다¶駅に~ 역에서 좀 멀다/ 理想とは~ 이상과는 거리가 멀다

**ほととぎす** ⟨杜鵑⟩·⟨時鳥⟩·⟨子規⟩·⟨不如帰⟩·⟨蜀魂⟩] 動 두견. 자규. 불여귀

**ほどなく** [程無く] 副 文 곧, 이윽고, 머지않아¶~到着する 곧 도착한다/ ~秋になる 머지않아 가을이 된다

**ほどに** 助 ①文 …할 것이니, …이므로¶少し待てば곧 갈것이니 좀 기다려 ②…할수록¶聞く~おどろくばかり 들을 수록 놀라울 뿐

**ほとばし·る** [°迸る] 自五 세차게 내뿜다. 용솟음치다¶噴水が~ 분수가 세차게 내뿜다

**ほと·びる** [°潤びる] 自上一 (물에) 붇다, 불어서 물렁해지다=ふやける¶豆が~ 콩이 불어서 물렁해지다

**ほどへて** [程経て] 副 文 좀 지나서, 조금 후

**ほとほと** 副 정말로, 몹시, 아주¶~困りはてた 몹시 난처했다/ ~手を焼いた 아주 애를 먹었다 ▷ 주로 나쁜 일에 대해 말함

**ほどほど** [程程] 形動 적당히, 정도껏¶酒も~にしろ 술도 정도껏 해라/ ~のところでやめる 적당한 선에서 그만두다

**ぽとぽと** 副 똑똑, 방울방울¶涙を~と落とす 눈물을 똑똑 떨어뜨리다

**ほとぼり** [°熱] ①(불을 끄고 난 뒤의) 여열, 잔열¶かまどに~が残っている 부뚜막에 열이 남아 있다 ②(격한 감정·흥분 등의) 여세¶興奮してまだ~がさめない 흥분하여 아직 열기가 식지 않다 ③사건 등이 진정된 후에도 지속되는 세간의 관심¶事件の~がさめる 사건에 대한 세간의 관심이 사라지다

**ほどよ·い** [程°好い] 形 아주 적당하다, 알맞다¶~気候 적당한 기후

**ほとり** [°辺·°畔] 근처, 부근, 곁, 가¶村の~ 마을 근처/ 池の~ 연못가

**ぽとりと** 副 (口) (가볍고 작은 것이 떨어지는) 똑¶一滴が~落ちた 방울이 똑 떨어졌다

**ほとんど** [°殆ど] Ⅰ 名 대부분¶~が賛成に回った 대부분이 찬성으로 돌았다 Ⅱ 副

**ほなみ** 【穂波】〘文〙(벼・보리 등의) 이삭의 물결, 그런 이삭¶ ~が立つ 이삭이 물결치다
**ほにゅう** [＊哺乳] 名 自スル 포유¶ ~動物 포유동물 **―瓶** 젖병, 우유병 **―類** 動 포유류
**ぼにゅう** [母乳] 醫 모유¶ ~で育てる 모유로 키우다
**ほにん** [補任] 名 他スル〘文〙보임 = ふにん
**ほぬの** [帆布] 범포, 돛에 쓰는 두터운 천
**ほね** [骨] Ⅰ 名 ①뼈¶ 魚の~ 생선 가시/ ~接ぎ 접골 ②(화장한) 유골 ③(기물의) 살, 뼈대¶ 傘の~ 우산살 ④기골, 기개 ⑤(사물의) 중심, 핵심¶ チームの~となる選手 팀의 중심이 되는 선수 Ⅱ 了 곤란함, 힘듦, 수고스러움¶ 止めるのが~だ 그만 두기가 힘들다
〖慣用句〗
**―が折れる** 힘들다, 고생이 되다
**―と皮** 피골 (상접), 몹시 여윈 상태
**―に刻む** 명심하다, 마음에 깊이 새기다
**―の髄まで** 뼈 속까지, 철저히
**―までしゃぶる** 남을 철저히 이용해 먹다
**―を埋める** 뼈를 묻다 ①죽다 ②(어떤 일에) 일생을 바치다
**―を折る** 수고하다, 진력하다, 애를 쓰다
**―を拾う** ①화장한 유골을 수습하다 ②뒤처리를 하다
**―を休める** 쉬다, 휴식하다
**ほねおしみ** [骨惜しみ] 名 自スル 수고를 아낌, 게으름을 피움, 꾀를 부림¶ ~せずに働く 게으름 피우지 않고 일하다
**ほねおり** [骨折り] 수고, 고생, 노력¶ 無駄な~ 헛된 수고
〖慣用句〗
**―損の草臥儲け** 比 수고만 하고 전혀 보람이 없음
**ほねお・る** [骨折る] 自国 ①노력하다, 수고하다 ②(남을 위해) 애쓰다, 힘쓰다¶ 後輩の就職に~ 후배의 취직에 애쓰다
**ほねがらみ** [骨絡み] ①매독이 온몸에 퍼져 뼛속까지 쑤시고 아픔 ②나쁜 풍습에 빠져 헤어나지 못함¶ 賭博に~になる 도박에 빠져 헤어나지 못하다
**ほねぐみ** [骨組(み)] 뼈대 ①뼈의 구조, 골격¶ がっちりとした~ 튼튼한 골격 ②(건물 등의) 골조¶ ビルの~ができあがる 빌딩의 골조가 완성되다 ③(사물의) 구성, 얼개¶ 論文の~を工夫する 논문의 뼈대를 궁리하다
**ほねちがい** [骨違い] 뼈가 어긋남, 탈구
**ほねつぎ** [骨接ぎ] 접골, 정골(整骨), 접골사
**ほねっぷし** [骨っ節] ①관절 = ほねぶし ②기골, 기개¶ ~の強い人 기골이 찬 사람
**ほねっぽ・い** [骨っぽい] 形 ①(생선 등에) 잔가시가 많다 ②기골이 차다¶ ~男 기골 찬 사나이
**ほねなし** [骨無し] 줏대가 없는, 그런 사람

**ほねぬき** [骨抜き] ①(요리에서) 뼈를 발라냄, 그런 것 ②(계획・주의 등의) 알맹이를 뺌¶ ~の法案 알맹이를 뺀 [내용이 없는] 법안
**ほねば・る** [骨張る] 自国 ①뼈가 앙상하다¶ ~った手 뼈가 앙상한 손 ②(성격 등이) 모나다, 고집을 부리다¶ ~ったもの言い 모난 말투
**ほねぶと** [骨太] 了 뼈대가 굵음, 골격이 튼튼함¶ ~の体つき 골격이 튼튼한 몸매
**ほねみ** [骨身] ①뼈와 살 ②전신, 온몸
〖慣用句〗
**―に応える** 뼈저리게 느끼다
**―に沁みる** 뼈에 사무치다
**―を惜しまない** 노고를 아끼지 않다
**ほねやすめ** [骨休め] 名 自スル 쉼, 휴식, 휴양¶ ~に温泉へ行く 휴양차 온천에 가다
**ほの** [＊仄] (造語)(용언에 붙어) 희미하게, 어렴풋이¶ ~明かり 희미한 불빛/ ~白い 희부옇다/ ~暗い 어둑어둑하다
**ほのお** [炎・＊焔] ①불길, 불꽃, 화염¶ ~に包まれる 불길에 싸이다 ②(比) 격정¶ 嫉妬の~ 질투의 불길
**ほのか** [＊仄か] 了〘文〙희미함, 아련함, 어렴풋함¶ ~な香り 아련한 향기/ ~に見える 어렴풋이 보이다
**ほのぐら・い** [＊仄暗い] 形 어슴푸레하다, 어둑하다¶ ~電灯 어슴푸레한 전등
**ほのぼのあけ** [＊仄＊仄明け] 어슴푸레하게 날이 밝음, 동틀녘, 여명
**ほのぼのと** [＊仄＊仄と] 副 自スル ①어렴풋이, 어슴푸레하게, 희미하게¶ ~夜が明ける 어슴푸레하게 날이 새다 ②따스하게 느껴지는 모양¶ ~した家庭 따스한 가정
**ほのめか・す** [＊仄めかす] 他国 넌지시 비추다, 암시하다¶ 引退を~ 은퇴할 뜻을 넌지시 비추다
**ほのめ・く** [＊仄めく] 自国〘文〙희미하게 보이다, 흘끗 나타나다¶ 困惑の色が顔に~・いた 난처한 빛이 얼굴에 슬쩍 엿보였다
**ほばく** [捕縛] 名 他スル〘文〙포박¶ 犯人を~する 범인을 포박하다
**ほばしら** [帆柱] 돛대 = マスト
**ほはば** [歩幅・歩＊巾] 보폭¶ ~が狭い 보폭이 좁다/ ~を伸ばす 보폭을 넓히다
**ほばらみ** [穂＊孕み] 農 벼・보리 등의 이삭이 패기 전에 잎집이 부풀어 오름
**ほひ** [補肥]〘文〙보비, 추비(追肥) = おいごえ
**ぼひ** [墓碑] 묘비 = 墓石¶ ~を立てる 묘비를 세우다 **―銘** 묘비명
**ほひつ** [補＊弼・輔＊弼] 名 他スル〘文〙보필, 군주의 정치를 도움¶ ~の任にあたる 보필의 임무를 맡다
**ほひつ** [補筆] 名 自スル〘文〙보필, 가필(加筆)
**ポピュラー** (popular) Ⅰ 了 포퓰러, 대중적, 통속적¶ ~な小説 통속적인 소설 Ⅱ 名 「ポピュラーミュージック」의 준말 **―ソング** (popular song) 포퓰러 송, 대중 가요 **―ミュージック** (popular music) 포퓰

러 뮤직. 대중 음악
ぼひょう【墓標・墓表】묘표. 무덤에 세우는 기둥・돌=墓じるし
ほふ【歩武】(文) 보무. 걸음걸이¶ ～堂々 보무 당당
ほふく【匍匐】名自スル(文) 포복. 배를 깔고 김¶ ～前進する 포복 전진하다
ボブスレー (bobsled)【體】봅슬레이
ほぶね【帆船】범선. 돛단배
ポプラ (poplar)【植】포플러. 미류나무
ほふ・る【屠る】他五(文) ①(짐승을) 잡다. 도살하다 牛を～ 소를 잡다 ②(적을) 도륙하다. 섬멸하다¶ 大軍を～ 대군을 섬멸하다 ③(경기에서 상대를) 물리치다. 이기다¶ 強敵を～ 강적을 물리치다
ほへい【歩兵】【軍】보병¶ ～部隊 보병 부대
ほへい【募兵】名自スル 모병. 병사를 뽑음
ほぼ【略・粗】副 거의. 대강. 대략¶ ～１キロ 대략 1킬로/ ～終わった 대강 끝났다
ほぼ【保母・保姆】보모¶ 幼稚園の～ 유치원 보모
ほほえまし・い【〈微笑〉ましい】形 흐뭇하다¶ ～光景 흐뭇한 광경
ほほえみ【微笑】미소¶ ～を浮かべる 미소를 띠우다
ほほえ・む【〈微笑〉む】自五 ①미소짓다¶ ～・んだ顔 미소짓는 얼굴 ②(比) 꽃망울이 조금 벌어지다¶ ばらのつぼみが～ 장미 꽃망울이 살짝 벌어지다
ほほじろ【頰白】【動】멧새=ほおじろ
ほまえせん【帆前船】(文) (서양식) 범선
ほまち【帆待ち】(俗) ①임시 수입. 부수입¶ ～かせぎ 부수입 벌이 ②사전(私錢)=へそくり
ほまれ【誉れ】①명예. 영예¶ 郷土きょうどの～ 향토의 명예 ②좋은 평판. 명성¶ 美人の～が高い 미인이라는 평판이 높다
ほむぎ【穂麦】이삭이 팬 보리
ほむら【炎・焔】①불길. 불꽃 ②(比) 격정¶ しっとの～ 질투의 불길 ▷ ②=ほのお
ほめことば【褒め言葉・誉め詞】칭찬하는 말. 찬사
ほめそや・す【褒めそやす・誉めそやす】他五 격찬하다. 극구 칭찬하다¶ 口々に～ 입을 모아 극구 칭찬하다
ほめたた・える【褒め称える・誉め称える】他下一 극구 칭찬하다. 칭송하다¶ 業績を～ 업적을 칭송하다
ほめちぎ・る【褒めちぎる・誉めちぎる】他五 극구 칭찬하다. めったやたらに～ 무턱대고 (마구) 칭찬하다
ほめもの【褒め者・誉め者】(많은 사람에게) 칭찬[칭송]받는 사람
ほ・める【褒める・誉める】他下一 칭찬하다¶ 最後までやり通したことを～ 최후까지 해낸 것을 칭찬하다
ホモ「ホモセクシュアル」의 준말. 호모
ホモ (라 Homo) 호모. 사람. 인류 ━サピエンス 호모 사피엔스 Ⅰ (라 Homo sapiens)【考古】

현생 인류 Ⅱ (라 homo sapiens)【哲】지성인
ホモセクシュアル (homosexual) 호모섹슈얼. (남성간의) 동성애. 동성애자=ホモ
ほや【海鞘】【動】멍게. 우렁쉥이
ほや【火屋】①향로 뚜껑 ②(램프・가스등의) 등피¶ ～掃除 등피 청소
ぼや【小火】작은 불〔화재〕¶ ～を出す 작은 화재를 내다
ぼや【暮夜】(文) 야반. 한밤중¶ ～ひそかに忍び出る 한밤중에 몰래 빠져나오다
ぼやか・す他五 ①흐릿하게 하다=ぼかす 背景を～して描く 배경을 흐릿하게 그리다 ②얼버무리다. 애매하게 하다¶ 答えを～ 대답을 얼버무리다
ぼや・く自五(俗) 투덜거리다. 불평하다¶ 暇がないのを～ 짬이 없는 것을 불평하다
ぼや・ける自下一 흐릿해지다. 희미해지다¶ 論旨が～ 논지가 흐려지다/ 記憶が～ 기억이 희미해지다
ぼやっと 副(口) → ぼんやり
ほやほや 名ダ(口) ①갓 만들어서 따끈따끈하고 말랑말랑한 모양¶ ～のまんじゅう 따끈따끈하고 말랑말랑한 만두 ②그 상태가 된 지 얼마 안 되는 모양¶ 新婚の～ 갓 결혼한 신혼 부부
ぼやぼや 名自スル(口) 생각이 못미치거나 할 줄 몰라서 멍하니 있는 모양¶ ～していないで手伝ってくれ 멍하니 있지 말고 도와 다오
ほゆう【保有】名他スル(文) 보유¶ 核～国 핵보유국/ ～する 주식을 보유하다
ほよう【保養】名自スル 보양¶ 몸을 쉼¶ ～所 보양소 ②유쾌한 것을 접해 위로를 삼음¶ 目の～になる 눈요기가 된다
ほよく【補翼・輔翼】名他スル(文) 보좌. 보필
ほら【洞】굴. 동굴=ほら穴
ほら 感(口) (주의를 환기시킬 때) 이봐. 애. 자¶ ～、ごらん 자 보렴/ ～、そこ 이봐 거기
ほら【〈法螺〉】「法螺貝」의 준말. 그 소리를 뗘. 과장해서 말함. 허풍 ━貝 ①【動】소라고등 ②소라고등에 구멍을 내어 부는 것. 소라 ━吹き 허풍선이
【慣用句】
━を吹く 허풍을 떨다
ぼら【〈鯔〉】【動】숭어
ホラー (horror) 호러. 공포¶ ～映画 공포 영화
ほらあな【洞穴】동굴=洞
ほらがとうげ【洞ヶ峠】유리한 편에 붙으려고 형세를 관망함. 기회주의¶ ～を決め込む 기회를 엿보다
ほり【堀】①도랑. 수로¶ 灌漑用の～ 관개용 수로 ②【濠】(성 둘레에 판) 해자(垓子)¶ ～を掘る 해자를 파다
ほり【彫り】①조각함. 조각한 모양 ②얼굴의 윤곽이 뚜렷한 정도¶ ～の深い顔 윤곽이 뚜렷한 얼굴
ほり【捕吏】(文) 포리. 포졸=捕り手
ほりあげ【彫り上げ】부조. 양각=うきぼり¶ ～細工 부조 세공

ほりえ【堀江】(땅을 파서 만든) 인공 하천
ほりおこ・す【掘(り)起(こ)す】他五 ①파일 구다, 개간하다¶田畑はたを〜 논밭을 일구다 ②파내다, 발굴하다¶土器どきを〜 토기를 발굴하다 ③(숨어 있던 것을) 캐내다, 개발하다¶才能さいのうを〜 재능을 개발하다
ほりかえ・す【掘(り)返す】他五 ①(땅을) 파엎다, 파일구다¶畑はたを〜 밭을 파일구다 ②다시 파다, 다시 파서 묻힌 것을 꺼내다¶球根きゅうこんを〜 구근을 파내다 ③다시 문제 삼다¶過去かこを〜 과거를 다시 문제 삼다
ほりごたつ【掘りごたつ·炬燵】마루의 일부를 뜯어내고 파묻은 각로(脚爐)= 切きりごたつ
ほりさ・げる【掘(り)下げる】他下一 ①파 내려가다¶地面じめんを〜 지면을 파 내려가다 ②깊이 생각하다, 파고들다¶問題点もんだいてんを〜 문제점을 파고들다
ポリス【police】폴리스, 경찰, 경찰관= ポリーボックス【police box】폴리스 박스, 파출소
ほりだしもの【掘(り)出し物】(우연히 손에 넣은) 진귀한 물건, 뜻밖에 싸게 산 물건¶〜をする 물건을 뜻밖에 싸게 사다
ほりだ・す【掘(り)出す】他五 ①파내다¶石炭せきたんを〜 석탄을 파내다 ②우연히 진귀한 물건을 찾아내다, 물건을 뜻밖에 싸게 사다¶貴重本きちょうぼんを〜 귀중본을 입수하다
ほりぬき【掘(り)抜き】①땅을 팜 ②「掘ほり抜ぬき井戸いど」의 준말 —井戸いど 땅을 깊이 판 우물
ほりばた【堀端·濠端】도랑 옆, 도랑가
ぼりぼり 副(の)①(씹는) 아작아작, 오도독 오도독¶お菓子かしを〜食たべる 과자를 오도독 오도독 씹어먹다 ②(손톱으로 긁는) 벅벅, 북북¶背中せなかを〜とかく 등을 벅벅 긁다
ぽりぽり 副(の)「ぼりぼり」보다 약간 가벼운 느낌의 소리
ほりもの【彫(り)物】①조각 ②문신= 入いれ墨ずみ¶腕うでに〜をする 팔에 문신을 하다
ほりゅう【保留】名他スル 보류, 유보¶返答へんとうを〜する 회답을 보류하다
ほりゅう【*蒲柳】(文) 포류 ①(植) 갯버들 ②名 (몸이) 허약함
慣用句
—の質しつ 포류지질, 허약 체질
ボリューム【volume】볼륨 ①음량, 성량, 용량, 양감, 질량감 ②〜のある体からつき 볼륨 있는 몸매 ③(서적 등에서) 권, 책
ほりょ【捕虜】포로= とりこ¶〜収容所しゅうようじょ 포로 수용소
ほりわり【掘(り)割(り)·堀割】(땅을 파서 만든) 수로, 도랑= 堀ほり¶〜のほとり 도랑가
ほ・る【彫る】他五 ①새기다, 조각하다¶木像もくぞうを〜 목상을 조각하다 ②문신을 하다¶背中せなかに桜さくらを〜った男おとこ 등에 벚꽃 문신을 새긴 남자
ほ・る【掘る】他五 ①파다, 구멍을 뚫다¶池いけを〜 연못을 파다 ②파내다, 캐다¶石炭せきたんを〜 석탄을 파다
ぼ・る 他五(俗) 폭리를 취하다, 바가지 씌우다

¶知しらない店みせでひどく〜られた 모르는 가게에서 되게 바가지 썼다
ホルダー【holder】호더 ①받치는 물건¶ペン〜 펜대 ②보유자¶レコード〜 기록 보유자
ボルト【bolt】볼트¶〜をしめる 볼트를 죄다
ボルト【volt】(電) 볼트, 전압의 단위
ホルモン【독 Hormon】①(生) 호르몬 ②〜剤ざい 호르몬제 ②(俗) (닭·돼지 등의) 내장, 그런 요리¶〜焼やき 곱창 구이
ホルン【독 Horn】(音) 호른 ①금관 악기의 하나= ホーン ②뿔피리
ほれこ・む【*惚れ込む】自五 홀딱 반하다¶彼女かのじょに〜 그녀에 홀딱 반하다
ほれぼれ【*惚れ*惚れ】(と)副自スル 홀딱 반한 모양, 마음이 사로잡혀 황홀해 하는 모양¶〜とながめる 넋을 잃고 바라보다
ほ・れる【*惚れる】自下一(口)①(이성에게) 반하다¶ぞっこん〜 홀딱 반하다 ②(재능 등이) 마음에 들다¶腕前うでまえに〜 솜씨에 반하다 ③《동사 連用形에 붙여》넋을 잃고 …하다¶聞きき〜 넋을 잃고 듣다
慣用句
—れた腫はれた 사랑에 빠졌음을 강조하거나 조롱하는 말
—れてしまえば千里せんりも一里いちり 사랑하는 사람에게 갈 때는 아무리 멀어도 가깝게 느껴진다
ほ・れる【掘れる】自下一 땅이 패이다¶根ねが〜(땅이 패여서) 뿌리가 드러나다
ほろ【*母衣】①화살을 막기 위해 갑옷 뒤에 덮어 쓰는 포대 ②어린이용 모기장에 쓰는 천
ほろ【*幌】(마차 등의) 포장, 덮개
ぼろ 接頭(俗) 정도가 심함, 대단히 많음¶〜勝がち 〜負まけ 〜負ふけ 참패¶〜もうけ 떼돈을 벎
ぼろ【*襤褸】I 名 ①낡은 헝겊 ②넝마, 누더기¶〜をまとう 누더기를 걸치다 ③흠, 결점¶〜を隠かくす 결점을 감추다 II 名 ①고물, 낡은 것¶〜車ぐるま 고물차/〜靴ぐつ 낡아빠진 구두
ぼろ【*梵論】(중세의) 머리를 기른 탁발승
ポロ【polo】(競) 폴로¶〜スティック 폴로 스틱
ぼろ・い 形(俗)(밑천·수고에 비해) 이익이 매우 많다, 수지 맞다¶〜商売しょうばい 수지 맞는 장사/〜もうけ 수월한 돈벌이
ほろう【歩廊】(文)①(절·궁전 등의) 회랑 ②「プラットホーム」의 옛일컬음, 플랫폼
ほろがや【*母衣蚊帳】어린이용 모기장
ぼろきれ【*襤褸切れ】낡은 헝겊 조각, 누더기 조각= ぼろぎれ
ぼろくそ【*襤褸*糞】名(ダ)(俗) 형편없다고 호되게 욕하는 모양= くそみそ¶〜にけなす 형편없이 헐뜯다
ほろっと 副(の)→ ほろりと
ほろにが・い【ほろ苦い】形 씁쓸하다 ①쌉쓰레하다¶ビールの〜味あじ 맥주의 쌉쓸한 맛 ②마음이 좀 아프다¶〜思おもい出で 쌉쓸한 추억
ほろばしゃ【*幌馬車】포장 마차
ほろ・びる【滅びる·*亡びる】自上一 망하다, 멸망하다¶国くにが〜 나라가 망하다
ほろ・ぶ【滅ぶ·*亡ぶ】自五 → ほろびる

**ほろぼす**【滅ぼす・亡ぼす】他五 멸망시키다, 망치다¶敵を~ 적을 멸망시키다
**ほろほろ** 副(文) ①(꽃·잎이 지는) 팔랑팔랑¶花が~と散る 꽃이 팔랑팔랑 떨어지다 ②(눈물이 흐르는) 주르르¶涙を~とこぼす 눈물을 주르르 흘리다 ③꿩 소리, 산비둘기 등이 우는 소리¶山鳩が~と鳴く 산비둘기가 꾸룩꾸룩 울다
**ぼろぼろ** Ⅰ ア ①(아주 낡고 해진) 너덜너덜¶表紙が~になる 표지가 너덜너덜해지다 ②(물기나 찰기가 적어 흩어지는) 흐슬부슬¶~の麦飯 흐슬부슬한 보리밥 Ⅱ 副 낱낱이 부서져 떨어지는 모양¶壁が~とくずれる 벽이 흐슬부슬 무너지다
**ぼろもうけ**【ぼろ儲け】名(スル) 힘 안들이고 큰돈을 범, 떼돈을 범¶株で~する 주식으로 떼돈을 벌다
**ほろよい**【ほろ酔い】얼근하게〔거나하게〕취함 ―**機嫌** (술에 취해) 거나한〔얼근한〕기분
**ほろりと** 副 ①(감동하여) 눈물을 짓는 모양¶身の上話に~させられた 신세 타령에 눈시울이 뜨거워졌다 ②가볍게 취한 모양¶~酔よう 얼근하게 취하다 ③꽃잎 등이 떨어지는 모양¶~花が散る 사르르 꽃이 지다
**ぽろりと** 副 ①작은 것이 맥없이 떨어지는 모양¶歯が~と欠けた 이가 쏙 빠지다 ②무심코 하는 모양¶秘密を~もらす 비밀을 무심결에 누설하다 ③눈물이 떨어지는 모양, 뚝¶涙が~落ちた 눈물이 뚝 떨어졌다
**ホワイト** (white) 화이트 ①백, 흰색, 흰색 그림물감 ②백인 ―**カラー** (white-collar) 화이트 칼라, 사무직 노동자 ―**ハウス** (White House) 화이트 하우스, 백악관
**ほわた**【穂綿】솜 대용으로 쓰는 띠·갈대의 이삭
**ほん**【本】音ホン 訓もと|(음)분. Ⅰ (造語) ①근본, 바탕¶本位ほん 본위·根本ほん 근본 ②밑천, 원금¶元本ほん 원금·資本ほん 자본 ③본디부터, 타고난¶本質ほん 본질·本性ほん 본성 ④중심의¶本部ほん 본부·本論ほん 본론 ⑤올바른, 정식의¶本格ほん 본격·本妻ほん 본처 ⑥본보기, 모범이 되는 것¶手本ほん 본보기 ⑦책, 문서¶本屋ほん 서점·原本ほん 원본 ⑧식물¶本草ほん 본초·木本ほん 목본 ⑨지금, 이, 당¶本件ほん 본건·本人ほん 본인 ⑩나의¶本官ほん 본관·本国ほん 본국 ⑪野~本塁ほん의 준말 ⑫본격적인 것¶本舞台ほん 본무대 ⑬해당의¶本事件ほん 본사건 Ⅱ ①책¶~を読む 책을 읽다 ②각본, 대본 ③바탕, 근본¶~正しきを~とする 정직을 근본으로 삼다 ④(助數) 가늘고 긴 물건을 세는 말, 자루, 개, 개비¶鉛筆五~ 연필 다섯 자루 ⑤(助數) 영화의 작품 수를 세는 말, 편¶三~立て 세 편 동시 상영 ⑥(助數) 전보·엽서 등의 통신수를 세는 말, 통¶葉書六本 엽서 다섯 장 ⑦(助數) 승부의 횟수를 세는 말, 판¶一本勝負 한 판 승부
**ほん**【奔】音ホン 訓はしる|(음)분. (造語) ①내닫다, 힘차게 달리다¶奔走ほん 분주·狂奔ほん 광분 ②도망치다, 도주하다¶出奔ほん 출분 ③마음대로 하다¶奔放ほん 분방
**ほん**【翻】【飜】音ホン 訓ひるがえる·ひるがえす|(음)번. Ⅰ (造語) ①펄럭이다¶翻弄ほん 번롱·翻翻ほん 편번 ②뒤집다, 뒤집어 엎다¶翻意ほん 번의·翻案ほん 번안 ③다시 만들다, 형태를 바꾸다¶翻案ほん 번안·翻訳ほん 번역
**ホン** (phon) 物 폰, 소리 크기를 나타내는 단위
**ぼん**【凡】音ボン·ハン (造語) 대강·대체·대략·모두·전부·모조리·두루·널리·보통·전부·제반·모든·빠짐없이|(음)범. Ⅰ (造語) ①모두, 전부, 대략, 대충¶凡百ぴゃく 범백·凡例 범례 ②보통, 흔함, 평범하다¶凡人ぼん 범인·非凡ぼん 비범 Ⅱ 名 보통임, 평범함¶~にすぎる人生じん 평범하게 살아가는 인생
**ぼん**【盆】音ボン |(음)분. Ⅰ (造語) ①쟁반, 쟁반같은 것¶盆栽ぼん 분재·茶盆ちゃ 찻쟁반 ②「孟蘭盆会うらぼん」의 준말¶盆棚ぼん 우란분재단 Ⅱ ①쟁반¶~のような月 쟁반같은 달 ②「孟蘭盆会」의 준말. 백중맞이, 그 전후 7일간¶~に帰省する 백중맞이에 귀성하다
慣用句
―**と正月**が**一緒に来**たよう (比) ①무척 바쁨 ②기쁜 일이 겹침
**ほんあん**【翻案】名 他スル 表 번안¶~小説ほう 번안 소설
**ほんい**【本位】본위 ①본디의 지위·위치¶~に復す 원위치로 복귀하다 ②(造語) 생각·행동의 기준¶自分ぶん~ 자기 본위 ③화폐 제도의 기준¶金~ 금본위 ―**貨幣**か, 본위 화폐 ―**記号**ごう (音) 본위 기호, 제자리표
**ほんい**【本意】본의 ①본디의 소망·뜻¶~を遂げる 본디의 뜻을 이룩하다 ②진의, 본심¶~を伝える 본심을 전하다 ③참다운 의미¶~を説く 본의를 설명하다
**ほんい**【翻意】名 自スル (文) 번의, 결심을 바꿈¶~を促す 번의를 촉구하다
**ほんいん**【本院】①(上皇·法皇が 여럿일 때) 원본 上皇·法皇 ②주가 되는 원(院) ③(文) 본원, 우리 원(院)
**ほんえい**【本営】본영, 본진¶敵の~に攻め入る 적의 본영을 공격하다
**ぼんおどり**【盆踊り】盂蘭盆 때 많은 남녀가 모여서 추는 윤무(輪舞)
**ほんか**【本科】①教 본과, 그 학교의 본체가 되는 과정¶~生 본과생 ②(文) 이 과(科)
**ほんか**【本歌】①正式の和歌は もとうた (狂歌·俳句 등에 대해) 정식 和歌, (희) 短歌 ―**取り**〔文〕(和歌 등에서) 선인(先人)의 작품을 본떠 짓는 표현 기법
**ほんかい**【本懐】(文) 본디의 소망, 본망¶~を遂げる 본디의 소망을 이루다
**ほんかいぎ**【本会議】본회의, 정식 회의
**ほんかく**【本格】본격¶~派 본격파 ―**的**てき 본격적
**ほんがく**【本学】(文) 본 대학, 당 대학
**ほんがわ**【本革】진짜 가죽
**ほんかん**【本官】본관 Ⅰ 名 ①정식 관직 ②본래의 관직, 본직 Ⅱ 代 (文) 관직에 있는 사람의

자칭¶ ～の見解では 본관의 견해로는
**ほんかん**【本館】본관 ①중심이 되는 건물 ②(文) 이 건물
**ほんがん**【本願】본원 ①(文) 본래의 소원, 숙원¶ ～成就 본원 성취 ②[佛] 부처가 중생을 구제하려는 서원
**ほんがん**【凡眼】(文) 범안, 평범한 안목·식견
**ほんき**【本気】图[ア] 진심, 진정임, 진지함¶～の話 진지한 이야기/～で引き受ける 진심으로 받아들이다
|慣用句|
**一にする**(농담 등을) 곧이듣다
**一になる** 진지해지다
**ほんぎ**【本紀】본기, (기전체(紀傳體)의 역사책에서) 제왕의 사적을 기록한 부분
**ほんぎ**【本義】(文) 본의 ①본래 뜻 ②근본 의의¶教育の～ 교육의 본의
**ほんぎまり**【本決まり·本極まり】图 정식으로 결정됨¶計画が～になる 계획이 정식으로 결정되다
**ほんきゅう**【本給】본급, 본봉＝本俸
**ほんきょ**【本拠】본거, 근거지¶～地 본거지/敵の～を襲う 적의 본거지를 습격하다
**ほんぎょう**【本業】본업 ⇔ 副業 ¶～に励む 본업에 힘쓰다
**ほんきょく**【本局】국 ①중심이 되는 국 ②(文) 이 국(局) ③(바둑·장기에서) 이 대국
**ほんきん**【本金】(文) ①원금 ②순금(純金)
**ぼんぐ**【凡愚】图[ア](文) 범우, 평범하고 어리석음, 그런 사람
**ほんぐう**【本宮】(제신(祭神)을 나누어 모실 때) 본디부터 그 신을 모시고 있던 神社
**ほんくじ**【本籤】(제에서) 낙찰자를 정하는 제비뽑기 ⇔ 花籤
**ほんぐみ**【本組(み)】[版] (활판 인쇄에서) 페이지를 맞추어 정식으로 조판함, 그런 조판
**ほんぐもり**【本曇(り)】하늘이 온통 흐림
**ぼんくら**图[俗] 멍청함, 멍텅구리, 바보¶～な奴 멍청한 녀석
**ほんくれ**【盆暮れ】孟蘭盆 때와 연말(年末)¶～のあいさつ 孟蘭盆 때와 연말의 인사
**ほんけ**【本*卦】(60년에 한 번 돌아오는) 태어난 해와 같은 간지(干支) **一還り** ①환갑＝還暦②(比) 결국 본디 상태로 되돌아감
**ほんけ**【本家】①본가, 종가¶～の跡を継ぐ 본가의 대를 잇다 ②유파의 종가 ③[日史] 장원(莊園)의 명의상의 소유자＝本所
**ぼんげ**【凡下】(文) ①평범한 사람, 범인 ②신분이 낮은 사람, 평민
**ぼんけい**【盆景】분경, 쟁반·분재에 돌이나 모래 등으로 산수(山水)의 풍경을 꾸며 놓은 것
**ほんけん**【本件】(文) 본건, 이 사건
**ほんけん**【本絹】본견, 순견(純絹) ⇔ 人絹
**ほんげん**【本源】본원, 근원¶～にさかのぼる 본원으로 거슬러 올라가다
**ほんけんちく**【本建築】본격적인 건축
**ほんこ**【*梵語】[言] 범어, 고대 인도의 문자어
**ほんこう**【本坑】본갱, 광산의 주 갱도

**ほんこう**【本校】본교 ①주체가 되는 학교 ②(文) 이 학교¶～の生徒 본교의 학생
**ほんごう**【本郷】(文) 본향 ①고향 ②일대에서 아주 옛날부터 발전된 고장＝もとむら
**ほんこく**【翻刻】图[他サ][版] 번각¶古典を～する 고전을 번각하다
**ほんごく**【本国】본국 ①자기 국적이 있는 나라¶～送還 본국 송환 ②본래의 영토 ③모국 ¶～へ帰る 모국으로 돌아가다 ④고향
**ほんごし**【本腰】진지한 마음가짐, 본격적으로 임함¶問題に～で取り組む 문제에 본격적으로 대처하다
|慣用句|
**一を入れる** 진지한 자세로 임하다
**ぼんこつ**【凡骨】범골, 평범한 기량·재능(을 가진 사람)
**ぽんこつ**[俗] 고물, 폐품¶～の車 고물차
**ほんさい**【本妻】본처＝正妻
**ぼんさい**【凡才】범재, 평범한 재능(을 가진 사람)
**ぼんさい**【盆栽】분재¶～趣味 분재 취미
**ぼんさい**【*梵妻】[佛] 범처, 중의 아내＝大黒
**ほんさく**【凡作】범작, 평범하고 시시한 작품
**ほんさく**【本策】범책, 평범한 책략
**ほんざん**【本山】본산 ①[佛] 본사(本寺)¶総～ 총본산 ②(文) 이 절＝当山
**ぼんさん**【*梵*讃】[佛] 범찬, 범어(梵語)로 부르는 찬불가
**ほんし**【本旨】본지, 근본 취지¶～にもとる 근본 취지에 어긋나다
**ほんし**【本志】본지, 본의, 본뜻＝本意
**ほんし**【本紙】본지 ①본체가 되는 신문·문서 ②(文) 이 신문¶～記者 본지 기자
**ほんし**【本誌】본지, 본체가 되는 잡지 ②(文) 이 잡지¶～特約記事 본지 특약 기사
**ほんじ**【本地】[佛] 본지, 다른 모습을 하고 나타난 부처의 본체 **一垂迹** [佛] 본지 수적, 부처·보살이 중생을 제도하기 위해 잠시 일본의 신들의 모습으로 나타났다고 하는 설
**ほんじ**【本字】본자 ①한자 ②정자 ③어떤 자의 기본이 된 한자
**ほんじ**【本寺】→ ほんざん
**ほんじ**【翻字】图[他サ] 번자, 다른 문자로 바꿔 씀¶仮名をローマ字に～する 가나를 로마자로 바꿔쓰다
**ぼんじ**【*梵字】범자, 고대 인도의 문자
**ほんしき**【本式】图[ア] 본식, 정식 ⇔ 略式¶～のフランス料理 정식 프랑스 요리
**ほんしけん**【本試験】본시험
**ほんしつ**【本質】본질¶～を見抜く 본질을 간파하다 **一的** [ア] 본질적
**ほんじつ**【本日】(文) 금일, 오늘＝今日¶～休業 금일 휴업
**ほんしつ**【本失】[囲][野] 범실, 대수롭지 않은 상황에서의 실책
**ほんしゃ**【本社】본사 ①주 사업소 ＝ 支社¶～勤務 본사 근무 ②(文) 이 회사, 당사 ③근본이 되는 神社 ④(文) 이 神社
**ぼんしゅ**【凡手】(文) 보통[평범한] 솜씨, 그런

ほんしゅ 【凡主】 (文) 평범한 주인. 군주

ほんしゅう 【本州】 일본 열도의 주가 되는 가장 큰 섬

ほんしゅつ 【奔出】 名 自スル (文) 분출¶ 地下水ちかすいが～する 지하수가 분출하다

ほんしょ 【本初】 (文) 본초. 시초= もと¶ ～子午線しごせん 본초 자오선. 그리니치 자오선

ほんしょ 【本署】 본서 ①(지서에 대해) 주가 되는 관서 ②(文) 이 서(署), 당서(當署)

ほんしょう 【本性】 본성 ①천성 = ほんせい¶ ～を現あらわす 본성을 드러내다 ②본정신, 제정신¶ ～を失うしなう 제정신을 잃다

ほんしょう 【本省】 ①중앙 관청 ②(文) 이 성しょう

ほんしょう 【本証】 [法] 본증. (소송에서) 당사자가 스스로 입증 책임을 지는 사실을 증명하기 위해 제출하는 증거 ↔ 反証はんしょう

ほんじょう 【本城】 본성 ①중심이 되는 성 = ねじろ・本丸ほんまる ②(文) 이 성(城)

ほんしょう 【凡小】 名 ナ (文) 범소. 평범하고 작음, 그런 사람

ほんしょう 【*梵鐘】 (文) 범종

ほんしょく 【本職】 I 名 ①본직. 본업¶ 彼かれの～は医者いしゃだ 그의 본적은 의사다 ②전문가¶ ～顔かお負まけの腕前うでまえ 전문가 빰칠만한 솜씨 II 代 공직에 있는 사람의 자칭. 본직. 본관

ほんしれんらくきょう 【本四連絡橋】 本州ほんしゅう와 四国しこく을 잇는 다리

ほんしん 【本心】 본심 ①본정신, 제정신¶ ～に返かえる 본정신으로 되돌아오다 ②진심, 진의¶ ～を打うち明あける 본심을 털어놓다

ほんしん 【本震】 [地] 본진. 본지진

ほんしん 【翻身】 名 自スル (文) 몸을 날쌔게 날림

ほんじん 【本陣】 ①본진. 본영 = 本営ほんえい ②[日史] (江戸えど 시대 역참에서) 大名だいみょう가 숙박하던 공인된 여관 = お本お宿やど③(文) 진짜 성

ほんじん 【凡人】 범인. 보통 [평범한] 사람¶ ～には想像そうぞうもつかない 범인으로서는 상상도 할 수 없다

ほんすう 【本数】 「本」으로 세는 것의 수. 개수, 대수, 권수¶ 列車れっしゃの～が増ふえる 열차의 대수가 늘다

ほんすじ 【本筋】 ①본 줄거리, 본론¶ ～に返かえる 본론으로 돌아가다 ②본래의 방식, 옳은 방도¶ 先まずに相談そうだんするのが～だ 먼저 상담하는 것이 정도이다

ほんせい 【本姓】 (文) 본성 ①생가(生家)의 성 ②(필명·예명 등이 아닌) 진짜 성

ほんせい 【本性】 본성. 본래의 타고난 성질

ほんせいほん 【本製本】 [服] 책의 속부분을 실로 철하고 세 방향을 재단한 후 따로 만든 표지를 붙여 완성하는 고급 제본법 ↔ 仮製本かりせいほん

ほんせき 【本籍】 본적¶ ～は東京とうきょうである 본적은 東京とうきょう이다 ━地ち 본적지

ぼんせき 【盆石】 쟁반 등에 돌을 배치하여 자연 풍경처럼 꾸민 장식품, 그런 돌

ぼんせつ 【*梵*刹】 범찰. 절. 사찰= ぼんさつ

ほんせん 【本船】 본선 ①모선= 親船おやぶね ②(文) 이 배 ━渡わたし [経] 본선 인도= エフオービー

ほんせん 【本線】 ①(철도·도로 등의) 중심 노선, 간선¶ 東海道とうかいどう～ 東海道 본선 ②(文) 고속도로의 주행 차선 ③(文) 이 선

ほんせん 【本選】 본선 ↔ 予選よせん

ほんぜん 【本然】 名 ナ (文) 본연= ほんねん¶ 人間にんげん～の姿すがた 인간 본연의 모습

ほんぜん 【本*膳】 [料] ①(정식 일본 요리에서) 주가 되는 상= 一いちの膳ぜん「本膳料理ほんぜんりょうり」의 준말 ━料理りょうり (보통 本膳「一の膳」・二にの膳・三さんの膳을 갖춘) 정식 일본 요리

ほんぜん 【翻然】 (文) 번연 I ト 나부끼는 모양¶ ～としてはためく 펄럭펄럭 나부끼다 II 副トタル 갑자기 마음을 고치는 모양¶ ～と悟さとる 번연히 깨닫다

ぼんせん 【凡戦】 범전. 평범한 경기

ほんぞう 【本葬】 정식 장례

ほんそう 【奔走】 名 自スル 분주 ①뛰어다님¶ 여기저기 뛰어다니며 노력함¶ 事態じたいの収拾しゅうしゅうに～する 사태 수습에 동분 서주하다

ほんぞう 【本草】 본초 ①초목, 식물 ②[漢] 약재로 쓰이는 식물·동물·광물 등의 총칭 ③「本草学ほんぞうがく」의 준말 ━学がく 본초학

ほんそく 【本則】 ①[法] 본칙 ↔ 付則ふそく ②원칙

ほんぞく 【本属】 본래 소속하고 있음¶ ～長官ちょうかん 직속 장관

ぼんぞく 【凡俗】 名 ナ (文) 범속 ①범인, 속인 ②평범함¶ ～な考かんえ 범속한 생각

ほんそん 【本尊】 ①본존, 주불 ②당사자, 인물 ③본인, 당사자¶ ご～はいっこうご存ぞんじないらしい 본인은 전혀 모르는 모양이다

ぼんだ 【凡打】 名 自スル [野] 범타¶ ～に終おわる 범타로 끝나다

ほんたい 【本体】 본체 ①(사물의) 정체¶ ～をなかなかつかめない 정체를 좀처럼 파악할 수 없다 ②신체(神體), (절의) 본존 ③(기계 등의) 중심 부분¶ カメラの～ 카메라의 본체 ④[哲] 실체, 본질¶ ～論ろん 본체론

ほんたい 【本隊】 본대 ①주력 부대 ↔ 支隊したい ②이 부대, 우리 부대

ほんたい 【本態】 (文) 본태. 실태

ほんだい 【本題】 본제 ①주제¶ ～に入はいる 주제로 들어가다 ②(文) 이 제목¶ ～に関かんしては 본제에 관해서는

ぼんたい 【凡退】 名 自スル [野] 범퇴. 타자가 타를 못치고 물러남¶ 三者さんしゃ～ 3자 범퇴

ほんたく 【本宅】 본댁. 본집 ↔ 妾宅しょうたく・別宅べったく¶ ～に帰かえる 본댁으로 돌아가다

ほんだち 【本裁ち】 [服] 보통 폭의 옷감 한 필로 어른의 和服わふく을 짓는 일, 그런 재단법

ほんたて 【本立て】 책꽂이 = ほんだて

ほんだな 【本棚】 서가, 책장= 書棚しょだな

ほんだわら 【〈馬尾藻〉】 [植] 마미조. 모자반

ほんたん 【奔湍】 여울, 급류 = 早瀬はやせ

ぼんたん 【*文*旦・*文*橙】 [植] 「ザボン」의 딴이름. 왕귤나무

ぼんち 【*坊ち】 (方) 도련님

ぼんち【盆地】분지¶～をなす 분지를 이루다
—霧ぎり【—霧】분지에 발생하는 안개
ほんちょう【本庁】본청 ①중앙 관청 ⇔ 支庁しょう ②(文) 이 관청, 당청
ほんちょう【本朝】(文) 본조 ①자기 나라의 조정, 자기 나라 ⇔ 異朝いちょう ②일본
ほんちょうし【本調子】①[葵] (三味線しゃみ에서) 기본 가락 (상태가) 정상임, 본래도에 오름¶～に取とり戻もどす 정상을 되찾다/～になる 본궤도에 오르다
ぽんつく(俗) 바보, 얼간이, 멍텅구리= ぽんくら
ほんて【本手】①(승부 등에서) 그 국면에서 써야 하는 정수(正手) ②[葵] (三味線しゃみ 등의 합주에서) 기본 선율·연주법 ③전문가
ほんてい【本邸】(文) 본댁 ¶본집= 本宅ほんたく ⇔ 別邸ぺい ②이 댁, 이 집
ほんてん【本店】본점 ①주가 되는 점포 ⇔ 支店てん ②(文) 이 점포, 당점
ほんでん【本田】①(農) 못자리에서 자란 모를 옮겨 심는 논 ②오래된 논 ③ 新田しんでん ③[日史] (江戸えど시대) 조세의 대상이 되어 있는 논
ほんでん【本伝】본전, 전기의 주된 부분
ほんでん【本殿】본전. (神社じんじゃ에서) 신령을 모신 정전(正殿)
ぼんてん【*梵天】범천 ①[佛] (고대 인도의) 만물을 창조한 신, 그가 사는 곳 ②제례에 쓰는 큰 신장대 ③(바다) 줄낚시의 찌
ほんと【本*当】名[了](口)→ ほんとう
ほんど【本土】본토 ①본국¶日本にほん～ 일본 본토 ②(그 나라의) 주된 국토 ③ → ほんしゅう(本州)
ボンド (bond) 본드 ①접착제 ②[経] 채권, 주권
ぽんと 副 ①(가볍게 치는) 탁¶～ひざを打つ 무릎을 탁 치다 ②(물건이 튀거나 마개 등을 뽑는) 펑, 뻥¶栓せんが～抜ぬけるマゲが하고 빠지다 ③(아무렇게나 내던지는) 툭, 홱¶ごみ箱ばこに～投なげ入いれる 쓰레기통에 홱 던져 넣다¶客きゃくに盛んを選ぶ내놓는 척¶札束さつたばを～出だす 지폐 다발을 척 내놓다
ポンド (pound) 파운드 ①야드·파운드법의 질량의 단위 ▷「封度」라고도 썼음 ②영국의 화폐 단위 ▷「磅」라고도 썼음
ほんとう【本当】名[了](文) ①사실, 진실, 정말임, 진짜임 ¶～のこと 진실/ うわさは～だった 소문은 사실이었다/ 彼かれは～の英雄だった 그는 진짜 영웅이었다 ②제대로임, 정상임¶体調たいちょうがまだ～ではない 몸 상태가 아직 정상이 아니다 —に 副 정말로, 참으로
ほんとう【本島】본도 ①(군도(群島)·제도(諸島)에서) 주가 되는 섬 ②(文) 이 섬
ほんとう【奔騰】名自スル (文) 분등 ①(액체가) 세차게 치솟음¶～する波な 세차게 치솟는 물결 ②(물가·주식 등의) 폭등¶物価ぶっかが～する 물가가 폭등하다
ほんどう【本堂】[佛] 본당
ほんどう【本道】본도 ①주가 되는 도로 ⇔ 間道どう¶～から裏道うらみちにそれる 본도에서 뒷길로 빠지다 ②정도(正道)¶～を踏ふみ外はずす

정도에서 벗어나다 ③[漢] 내과(内科)
ほんどこ【本床】[建] ①격식대로 만든 床とこの間ま ②제대로 만든 다다미방
ほんなおし【本直し】소주에 味醂みりん을 섞어 빚은 술= 直なおしみりん
ほんに【本に】副 정말로, 참으로¶～静しずかな方かた 참으로 조용한 분/～そうじゃ 정말로 그렇군・ エス러운 말. 주로 여성이 씀
ほんにん【本人】본인, 당사자= 当人とうにん¶～に間違まちがいない 본인이 틀림없다
ほんね【本音】①본 음색 ②본심, 본심에서 우러나오는 말¶～をはく 본심을 토로하다
ほんねん【本年】(文) 금년¶～度予算ど予算 금년도 예산
ほんねん【本然】(文) → ほんぜん(本然)
ほんの【本の】連体 그저 명색뿐인, 단지 그 정도에 불과한¶～少すし 아주 조금/～名ばかりの会社がいしゃ 그저 이름뿐인 회사
ほんのう【本能】본능¶～ 모성 본능
ほんのう【煩悩】[佛] 번뇌¶～のとりこになる 번뇌에 사로잡히다
ほんのくぼ【盆の*窪】목덜미의 움푹한 곳
ほんのり 副[了] 희미하게 나타나는 모양. 어슴푸레, 어렴풋이, 어련하게= うっすら¶ほおを～と赤あからむ 볼을 발그레 붉히다
ほんば【本場】①[了] 본고장¶～仕込じこみの英語ご 본고장에서 익힌 영어 ②주산지, 본산지¶りんごの～ 사과의 주산지 ③[経] (증권 거래소에서) 전장(前場)
ほんぱ【奔馬】(文) 분마 ①거칠게 날뛰는 말 ②[比] 기세가 맹렬함¶～の勢いきおい 맹렬한 기세
ぼんばい【*梵*唄】[佛] 범패= 声明しょうみょう
ほんばこ【本箱】책장
ほんばしょ【本場所】[相撲] 씨름꾼의 순위·급료 등을 결정하는 정식 대회
ほんばん【本番】(영화·텔레비전 등에서 연습이 아닌) 정식 촬영·방송¶ぶっつけ～ 연습 없이 바로 하는 촬영·연기
ぽんびき【ぽん引き】(俗) ①그 고장 사정에 어두운 시골 사람 등을 등쳐먹는 사람 ②사창가에서 손님을 끄는 사람, 유객꾼
ぼんびゃく【凡百】①[名] 범백, 여러 가지, 갖가지, 온갖 종류는= もろもろ¶～の悩なやみ 갖가지 고민/～の人間にんげん 온갖 종류의 인간
ほんびゃくしょう【本百姓】[日史] 江戸えど시대 논밭을 소유하고 연공(年貢)의 의무를 지던 자영 농민 ⇔ 水飲みず百姓びゃくしょう
ほんぶ【本部】본부¶捜査そう～ 수사 본부
ほんぷ【本譜】[音] 본보. 정식 악보 ⇔ 略譜りゃくふ
ぼんぷ【凡夫】범부 ①(文) 평범한 남자 ②[佛] 중생(衆生)
ほんぷく【本復】名自スル (文) 완쾌, 쾌유¶～を祝いわう 완쾌를 축하하다
ほんぶし【本節】①(등쪽 살이나 뱃살로 만든) 질좋은 가다랑이 포 ②올바른 가락, 본가락
ほんぶしん【本普請】(좋은 재료로 공들여) 본격적으로 지은 건축 ⇔ 仮普請かりふしん
ほんぶたい【本舞台】①(歌舞伎かぶき 극장에서)

정면 무대 ②본무대. 정식 무대¶~を踏む 본무대를 밟다, 공식 장소에서 실력을 겨루다

**ほんぶり** 【本降り】 图 (비·눈 등이) 본격적으로 내림¶昼過ぎから~になる 정오가 조금 지나서부터 본격적으로 내리다

**ほんぶん** 【本分】 본분¶学生の~にもとる 학생의 본분에 어긋나다

**ほんぶん** 【本文】 본문= ほんもん

**ほんぶん** 【梵文】 범문. 범어로 쓴 문장·경문

**ほんぺん** 【本編·本*篇】 본편 ①문서·책의 본체가 되는 부분 ②(文) 이 편(編), 이 문장

**ほんぽ** 【本*圃】 (文) 본포. 못자리에서 자란 묘를 정식으로 옮겨심는 밭

**ほんぽ** 【本舗】 본포 ①특정 상품의 제조·판매점 ②本家

**ほんぽう** 【本邦】 (文) 본방. 우리 나라¶~初演 본방 초연

**ほんぽう** 【本法】 본법 ①본체가 되는 법률 ②(文) 이 법률

**ほんぽう** 【本俸】 본봉. 기본급= 本給¶~と手当て 본봉과 수당

**ほんぽう** 【奔放】 분방. 제멋대로 행동함¶自由~な生活 자유 분방한 생활

**ほんぼし** 【本星】 (俗) 진범으로 지목되는 용의자

**ぼんぼり** 【雪洞】 육각형의 틀에 종이·비단을 발라 불을 켜는 등롱

**ぼんぼん** 【坊坊】 (方) 도련님= ぼんち

**ぼんぼん** 【幼】 배¶~が痛い 배가 아프다

**ぼんぼん** 副 ①(연달아 세게 터지는) 펑펑¶~と花火が揚がる 펑펑 불꽃이 터져 오르다 ②(연이어 던지는) 획획¶石を~と投げる 돌을 획획 던지다 ③(북을 치는) 둥둥¶鼓を~打つ 북을 둥둥 치다 ④서슴없이 말하는 모양¶文句が~と飛び出す 불평이 툭툭 튀어나오다 ―蒸気 통통배

**ほんま** (方) 정말, 진짜¶~の話 진짜 이야기/それ~か 그게 정말입니까

**ほんまつ** 【本末】 본말 ①근본과 여줄가리¶~を誤やる 본말을 그르치다 ②처음과 끝 ③本山과 末寺¶―転倒 본말 전도

**ほんまつり** 【本祭(り)】 神社의 정식 제사, 본제사⇔ 陰祭

**ほんまる** 【本丸】 ①(성의) 본성(本城) ②(比) 최중요부, 본거지

**ほんみ** 【本身】 진검, 진짜 칼= 真剣

**ぼんミス** 【凡ミス】 (경기에서) 사소한 실책, 범실= 凡失¶~を重ねる 범실을 거듭하다

**ほんみょう** 【本名】 본명. 실명= ほんめい

**ほんむよう** 【本*厄】 태어난 해의 간지(干支)

**ほんむ** 【本務】 본무 ①본래의 직무¶~に専念する 본무에 전념하다 ②본분¶学生の~ 학생의 본분

**ほんめい** 【本名】 → ほんみょう(本名)

**ほんめい** 【本命】 ①태어난 해의 간지(干支)= ほんみょう ②(경마 등에서) 우승 후보의 말·선수 ③(比) 가장 유력한 사람¶次期社長の~ 차기 사장으로 가장 유력한 사람

**ほんめい** 【奔命】 图 自ス (文) 바삐 돌아다님¶~に疲れる 바삐 돌아다녀 지치다

**ほんもう** 【本望】 ①숙원¶~を遂げる 숙원을 이루다 ②만족, 흡족¶それで~だ 그것으로 만족하다

**ほんもと** 【本元】 ①본바탕, 근원 ②(유파의) 종가¶本家~ 대종가

**ほんもの** 【本物】 ①진짜⇔ 偽物¶~のダイヤ 진짜 다이아몬드 ②(기예 등이) 본격적임, 제대로임¶あの人の歌は~だ 저 사람의 노래는 본격적이다

**ほんもん** 【本文】 본문 ①주가 되는 글= ほんぶん ②원전 ③원문 ―批評 본문 비평. 각종 이본(異本)을 비교·고증하여 원문을 찾아내려는 연구

**ほんや** 【本屋】 ①책방, 서점 ②출판사, 편집자를 야유해서 하는 말 ③안채= おもや

**ほんやく** 【翻訳】 图 他ス 번역¶~家 번역가/英語に~する 영어로 번역하다 ―調 表 번역조. 직역체

**ぼんやり** I 副 自ス ①어렴풋이, 희미하게¶遠くに島が~と見える 멀리 섬이 희미하게 보이다 ②멍하니, 우두커니¶~と考えこむ 멍하니 생각에 잠기다 ③멍청히¶~とした人 멍청한 사람 II 图 멍청함, 멍청이

**ほんゆう** 【本有】 图 他ス (文) 본유. 고유

**ぼんよう** 【凡庸】 图 형 본용. 평범하고 용렬함, 그런 사람¶~な作家 범용한 작가

**ほんよさん** 【本予算】 본예산 ①(経) 본래의 예산 ②(文) 이 예산

**ほんよみ** 【本読み】 ①독서, 독서가 ②(연극·텔레비전 등에서) 대본(각본) 읽기¶~に入いる 대본 읽기에 들어가다

**ほんらい** 【本来】 I 图 당연한 도리, 보통, 통상¶~ならこちらから伺うところですが 응당 제가 찾아뵈어야 합니다만 II 副 본래. 원래, 본디¶~の性質 본디의 성질 ―の面目 (仏) 원래부터 갖고 있는 순수한 본성

**ほんりゅう** 【本流】 ①(강의) 주류⇔ 支流 ②(사상·예술 등의) 중심 유파

**ほんりゅう** 【奔流】 분류, 격류¶~の勢いで攻める 분류와 같은 기세로 공격하다

**ぼんりょ** 【凡慮】 (文) 범인의 생각¶~の及ぶところではない 범인의 생각이 미칠 바가 못되다

**ほんりょう** 【本領】 본령 ①본래의 특성¶~を発揮する 본령을 발휘하다 ②(史) 鎌倉幕府가 이전부터 전해 내려오는 개인 영지

**ほんるい** 【本塁】 본루 ①(野) 홈베이스 ②본거지¶敵の~を占拠する 적의 본거지를 점거하다 ―打 홈런

**ほんれき** 【本暦】 (文) 본력. 기본이 되는 달력

**ほんろう** 【翻弄】 图 他ス 번롱, (마음대로) 가지고 놂, 농락함¶時代の波に~される 시대의 물결에 농락당하다

**ほんろん** 【本論】 본론 ①주가 되는 논의¶~に入いる 본론으로 들어가다 ②(文) 이 논(論)

**ほんわか** 副 自ス (俗) 심신이 편안해져 기분이 좋은 모양¶~とした気分になる 편안한 기분이 되다

# ま マ

**ま** 五十音図(ごじゅうおんず)「ま」행(行)의 첫째 かな. ひらがな「ま」는「末」의 초서체, かたかな「マ」는「末」또는「万」의 초서체의 첫 두 획

**ま**【麻】【痲】 音マ 訓あさ|(음)마. (造語) ①삼, 삼실, 삼베¶ 麻布(まふ) 마포 · 大麻(たいま) 대마 ②삼과 비슷한 식물¶ 亜麻(あま) 아마 · 胡麻(ごま) 참깨 ③저리다, 마비되다¶ 麻酔(ますい) 마취 · 麻薬(まやく) 마약 ▷ 熟字訓 麻疹(はしか) 홍역

**ま**【摩】 音マ 訓する · こする|(음)마. (造語) ①비비다, 문지르다¶ 摩擦(まさつ) 마찰 · 按摩(あんま) 안마 ②갈다, 닦다¶ 研摩(けんま) 연마 ③다가오다, 가까이 오다¶ 摩天楼(まてんろう) 마천루 ④범어「マ」의 차음자¶ 摩耶(まや) 마야 · 護摩(ごま) 호마 ▷ ⑤는「磨」와 같음

**ま**【磨】【摩】 音マ 訓みがく|(음)마. (造語) ①돌절구, 맷돌 ②갈다, 닦다, 문지르다¶ 研磨(けんま) 연마 ③(기술 · 학문)을 갈고 닦다¶ 切磋琢磨(せっさたくま) 절차탁마 ④닳다, 없어지다¶ 磨滅(まめつ) 마멸 · 消磨(しょうま) 소마 ⑤범어「マ」의 차음자¶ 達磨(だるま) 달마 ▷ ⑤는「摩ま」와 같음

**ま**【魔】 音マ|(음)마. I (造語) ①【佛】「魔羅(まら)」의 준말. 불도 수행을 방해하는 마귀¶ 魔王(まおう) 마왕 · 邪魔(じゃま) 방해 ②사람을 호리는 귀신¶ 魔物(まもの) 의 마물 · 悪魔(あくま) 악마 ③재앙을 일으키는 것¶ 魔性(ましょう) 마성 · 病魔(びょうま) 병마 ④사람을 호리다, 불가사의한¶ 魔術(まじゅつ) 마술 · 魔法(まほう) 마법 ⑤한 가지 일에 열중하는 사람. …광¶ 電話魔(でんわま) 전화광 · 放火魔(ほうかま) 방화광 II ①마귀, 악마¶ ～の手(て)が伸(の)びる 마의 손이 뻗치다 ②위험한 장소 · 날짜¶ ～の山(やま) 마의 산 / ～の日曜日(にちようび) 마의 일요일
〖慣用句〗
**—が差(さ)す** 마가 들다, 순간적으로 나쁜 마음을 일으키다

**ま**【真】 ①진실, 정말 ②(造語) 참다운, 진실한, 바른, 성실한¶ ～心(ごころ) 진심 / ～人間(にんげん) 성실한 사람 ③(造語) 순수한¶ ～水(みず) 순수한 물 ④(造語) 정확한¶ ～四角(しかく) 정사각형 / ～っ直(す)ぐ 똑바름 ⑤(造語) (같은 종류의 생물 중) 표준적¶ ～あじ 전갱이 / ～がも 물오리
〖慣用句〗
**—に受(う)ける** 곧이듣다, 정말로 믿다〔받아들이다〕¶ 冗談(じょうだん)を～ 농담을 곧이듣다

**ま**【間】 ①(공간적인) 사이, 간격, 틈¶ 木(き)の～ 나무 사이 / ～をあける 간격을 떼다 ②한정된 공간¶ 近(ちか)い～ 근처 / 深(ふか)い～ (물이) 깊은 곳 ③방 ④(助數) 방의 수를 세는 말¶ 三(み)つ～ある家(いえ) 방이 세 개 있는 집 ⑤畳(たたみ)의 크기를 나타내는 단위¶ 京(きょう)～ 京都(きょうと)의 방 크기 ⑥(시간적인) 사이, 동안, 겨를, 짬¶ 晴(は)れ～ (비 · 눈이) 갠 사이 / 休(やす)む～もない 쉴 짬도 없다 ⑦한정된 시간¶ 昼(ひる)の～ 낮 동안 / つかの～ 잠깐 사이 ⑧(음악 · 무곡 등의) 가락, (전체적인) 리듬감¶ ～をとる 가락을 맞추다 ⑨(적당한) 기회, 틈, 계제¶ ～を見計(みはか)らって切(き)り出(だ)す 계제를 보아 말을 꺼내다
〖慣用句〗
**—がいい** 계제〔기회〕가 좋다, 운이 좋다
**—が抜(ぬ)ける** ①가장 중요한 점이 빠지다 ②얼빠지다, 바보같이 보이다
**—が持(も)てない** (할 일이 없어) 따분하다, 시간을 주체 못하다
**—が悪(わる)い** ①계제가 나쁘다, 어색하다, 겸연쩍다 ②운이 나쁘다
**—もない** (…한 지) 얼마 안 되다

**ま**【目】(造語) (「目(め)」의 복합어 구성형) 눈¶ ～のあたり 눈앞 / ～映(ばゆ)い 눈부시다

**ま** 副(口) ①「いま」의 준말. 더욱, 더¶ ～一(ひと)つ 하나 더 ②「まあ」의 준말. 자, 뭐, 우선, 하여간¶ ～, やってみよう 자 해보자

**まあ** I 副(口) ①그럭저럭, 그런대로는: まずまず¶ ～上出来(じょうでき)だ 그런대로 잘 되었다 ②무엇을 권할 때 하는 말. 자, 좀, 우선¶ ～座(すわ)りなさい 좀 앉으세요 ③상대방을 달래거나 제지할 때 하는 말. 뭐, 어쨌든, 좀¶ ～考(かんが)えてみよう 좀 생각해 보자 II 感 놀람 · 의외 · 불만의 뜻을 나타내는 말. 어머, 어머나, 정말¶ ～知(し)らなかった 어머 몰랐어 / ～ずいぶんね 정말 너무하신데

**まあい**【間合(い)】 ①(적당한) 거리, 간격¶ ～を詰(つ)める 간격을 좁히다 ②(적당한) 틈, 기회, 타이밍¶ ～をはかる 타이밍을 맞추다

**マーキュロクロム** (Mercurochrome) 〖薬〗 머큐로크롬＝赤(あか)チン · マーキュロ

**マーク** (mark) 名 他スル 마크 ①표 · 기호를 붙임, 그런 표 · 기호¶ トレード～ 트레이드 마크 ②(구기 등에서) 상대팀 특정 선수의 움직임을 견제 · 봉쇄함 ③(기록 · 성적 등이) 일정 수준에 도달함¶ 自己最高記録(じこさいこうきろく)を～する 자기 최고 기록을 달성하다

**マーケット** (market) 마켓, 시장 ①상설 시장 ②판로 **—シェア** (market share) 〖經〗 마켓 셰어, 시장 점유율

**マーケティング** (marketing) 마케팅, 소비자에게 상품 · 서비스를 전달하는 과정에서의 기업 활동 **—リサーチ** (marketing research) 〖經〗 마케팅 리서치, 시장 조사

**まあじ**【真鯵】〖動〗 전갱이

**マージャン**【*麻雀】 마작

**マージン** (margin) 마진 ①〖經〗매매 차액, 차익금, 판매 수수료¶ ～をつける 마진을 붙이다 ②〖經〗주식 매매 증거금 ③〖版〗(책의) 여백, 난외¶ ～を広(ひろ)く取(と)る 여백을 넓게 잡다

**まあたらし・い**【真新しい】形 아주 새롭다¶ ～洋服(ようふく) (입어 보지 않은) 새 양복 / ～ニュー

**まあまあ**

스 아주 새로운 뉴스
**まあ まあ I** 副(口) 여하튼, 우선, 어지간히, 그런대로¶ 〜の成績は 그저 그런 정도의 성적 II 副(口) (상대방을 달래거나 제지할 때) 자자, 하여간에¶ 〜そうおっしゃらずに 자자 그렇게 말씀하시지 말고 III 感(女) (놀라거나 뜻밖의 일을 당했을 때) 어머나, 어머어머¶ 〜こんなに汚して 어머나 이렇게 더럽혀 놓고

**まい** 【毎】【每】 音マイ 訓ごと¶ (음)매. (造語) 그때마다, 마다¶ 毎回말이 매회·毎月말이 매월·毎年말이 매년·毎試合말이 매시합

**まい** 【妹】 音マイ 訓いもうと¶ (음)매. (造語) 손아래 누이¶ 姉妹말이 자매·弟妹말이 제매 ▷ 黙字版 従姉妹말이 사촌 자매

**まい** 【枚】 音マイ (음)매. ①하나하나 세다¶ 枚挙말이 매거 ②(助數) 얇고 평평한 것을 세는 말¶ 紙말이百枚말이 종이 백 매 ③(助數) 전답의 구획을 세는 말. 뙈기¶ 田一枚말이 논 한 뙈기 ④(助數) 경화·지폐를 세는 말. 닢, 장¶ 銅貨三枚말이 동전 세닢 ⑤(助數) 간판·씨름 대전표에서 순위·서열을 세는 말¶ 三枚目말이 익살꾼역·前頭五枚目말이 前頭말이 5위 ⑥(助數) 매매 거래의 수량을 세는 말

**まい** 【昧】 音マイ 訓くらい¶ (음)매. (造語) ①새벽, 새벽녘¶ 昧爽말이 매상 ②어슴푸레하다, 뚜렷하지 않다¶ 曖昧말이 애매 ③도리에 어둡다, 어리석다¶ 愚昧말이 우매·蒙昧말이 몽매

**まい** 【埋】 音マイ 訓うめる·うまる·うもれる¶ (음)매. (造語) ①묻다, 파묻히다, 묻혀 있다¶ 埋設말이 매설·埋葬말이 매장·埋蔵말이 매장·埋没말이 매몰 ②숨기다¶ 埋伏말이 매복

**まい** 助動 ①(부정적인 추측) …않겠지, 않을 것이다¶ まさかそんなことはある · 설마 그런 일은 없겠지 ②(부정의 의지) …않겠지, …않을 작정이다¶ 二度と行く〜 두 번 다시 가지 않겠다 ③(당연·적당치 않음) …할 리〔수〕가 없다, …이어서는 안 된다¶ 断ことわるわけにもいく〜 거절할 수도 없지 않겠는가 ④(금지) …하지 마라¶ ここへは来〜そ 여기에는 오지 마라 ⑤(『…〜か』의 꼴로) (권유·의뢰) … 할 수 없겠는가¶ なんとか許してもらえ〜か 어떻게든 허락해 줄 수 없겠나? ⑥(『…〜に』의 꼴로) (반대의 가정) …아닐텐데, …도 아닌데¶ 冬말이でもある〜に, セーターなんぞ着こんで 겨울도 아닌데, 스웨터 따위를 껴입고

**まい** 【舞】 춤, 무용= 踊おどり¶ 〜姫말이 무희/ 〜を舞まう 춤을 추다

**まい あが · る** 【舞(い)上がる】 自五 ①(춤추듯) 날아 올라가다¶ 落おち葉말이が風かぜに〜 낙엽이 바람에 날려 올라가다 ②(比) 기뻐서 어쩔 줄 모르다¶ 合格말이の知しらせに〜 합격 통지에 기뻐서 어쩔 줄 모르다

**まいあさ** 【毎朝】 名 副 매일 아침, 아침마다¶ 〜ジョギングする 매일 아침 조깅을 하다

**まいおうぎ** 【舞扇】 무선, 춤출 때 쓰는 큰 부채

**まい おさ · める** 【舞(い)納める】 他 下一 ①춤을 다 추다 ②일을 잘 마무리하다

**まいお · ちる** 【舞(い)落ちる】 自 上一 (하늘거리며) 춤추듯 떨어지다¶ 木この葉はが〜 나뭇잎이 춤추듯 떨어지다

**まいお · りる** 【舞(い)降りる】 自 上一 (훨훨) 춤추듯 내려앉다

**マイ カー** (<sup>영</sup> my car) 마이 카. 자가용 **一族**마이 카족. 자가용족

**まいかい** 【毎回】 名 副 매회. 매번¶ 〜参加さんする 매회 참가하다

**まいき** 【毎期】 (文) 매기¶ 〜配当金はいとうきん 매기 배당금

**まいきょ** 【枚挙】 名 他スル (文) 매거, 일일이 셈
慣用句 **~に遑が無いい** (너무 많아서) 일일이 셀 수가 없다

**マイクロ** (micro) 마이크로 ①接頭 《단위명에 붙어》 백만분의 일을 나타냄 = ミクロ¶ 〜キュリー 마이크로 퀴리 ②(造語) 미소의¶ 〜フィルム 마이크로 필름 **一ウエーブ** (microwave) 電 마이크로웨이브. 극초단파 **一コンピューター** (microcomputer) 컴 마이크로컴퓨터. 초소형 컴퓨터 = マイコン **一ホン** (microphone) 電 마이크로폰

**まいげつ** 【毎月】 名 副 매월. 달마다= まいつき¶ 〜発行はつこうの雑誌ざっし 매월 발행하는 잡지

**まいこ** 【舞子·舞妓】 연회석에서 춤을 추는 동기(童妓)

**まいご** 【迷子】 미아= まよいご¶ 〜を搜さがす 미아를 찾다 **一札** (미아 방지용으로) 이름·주소를 써서 어린이의 가슴에 달아두는 명찰

**まいごう** 【毎号】 (잡지·신문 등의) 매호

**まいこつ** 【埋骨】 名 自スル (文) 매골. 화장 후 뼈를 묻음¶ 〜式 매골식

**まいこ · む** 【舞(い)込む】 自五 ①날아 들어오다¶ 風かぜで木この葉はが〜 바람에 나뭇잎이 날아 들어오다 ②(예기치 않던 것이) 난데없이 날아들다〔찾아오다〕¶ 意外いがいな知しらせが〜 뜻밖의 소식이 날아들다

**まいさい** 【毎歳】 名 副 (文) 매세, 매년, 해마다

**まいし** 助 →し

**まいじ** 【毎次】 名 副 (文) 매회, 그 때마다

**まいじ** 【毎時】 名 副 매시. 시간마다¶ 〜80キロの速はやさ 매시 80킬로미터의 속도

**まいしゅう** 【毎週】 名 副 매주¶ 〜日曜日にちようびに集つどまる 매주 일요일에 모이다

**まいしょく** 【毎食】 副 매끼, 식사 때마다¶ 〜後一時間じかん 매식후 1시간

**まいしん** 【邁進】 名 自スル 매진. 용왕 매진/ 仕事に〜する 일에 매진하다

**まいす** 【<sup>売</sup>僧】 ①(佛) 매승. 불법을 미끼로 돈을 버는 중 ②타락한 중¶ 〜坊主ぼうず 땡추중

**まいすう** 【枚数】 매수. 장수¶ 限かぎられた〜 한정된 매수

**まいせつ** 【埋設】 名 他スル 매설¶ ガス管かんの〜工事こうじ 가스관 매설 공사

**まいそう** 【<sup>昧</sup>爽】 (文) 매상. 새벽녘

**まいそう** 【埋葬】 名 他スル 매장¶ 〜許可きょか

장 허가
**まいぞう**【埋蔵】 名 他スル 매장 ①묻어 숨김 ¶ ~金ぎん 매장금 ②(땅 속에) 묻혀 있음 ¶ 石炭たん ~量りょう 석탄 매장량
**まいちもんじ**【真一文字】 일직선, 한일(一)자로 똑바름 ¶ ~に進すすむ 일직선으로 전진하다 / 口くちを~に結むすぶ 입을 한일자로〔꽉〕 다물다
**まいつき**【毎月】 名 副 매월, 달마다 = まいげつ
**まいど**【毎度】 I 名 副 매번, 항상, 번번이 ¶ ~の事ごと 늘 있는 일 II 感『毎度さまありがとう』의 준말. 상인의 손님에 대한 인사말
**まいとし**【毎年】 名 副 매년. 해마다 = まいねん
**マイナー** (minor) 마이너 I 名 ダ 소규모, 소수파, 2류 ¶ ~な存在ざい 마이너적인 존재 II 名 音 단조, 단음계 ~リーグ (Minor League) (미국 프로 야구에서) 마이너 리그, 2부 리그
**まいない**〔賄・*略〕 文 ①선물, 선사품 ②뇌물 ¶ ~政治じ 뇌물 정치
**マイナス** (minus) 마이너스 I 名 他スル 감함 II 名 ①動 음수 ②電 음극, 음전하 ③음성 ④불리한 점 ¶ 君きみにとって~になる 자네에게 있어 마이너스가 된다 ⑤부족, 결손, 적자 ¶ 今月こんげつは~だ 이 달은 적자다
**まいにち**【毎日】 名 副 매일. 날마다 = 日々ひび
**まいねん**【毎年】 名 副 매년. 해마다 = まいとし ¶ ~今頃いまごろは花はなが咲さく 매년 이맘때면 꽃이 핀다
**まいばん**【毎晩】 名 副 매일 밤. 밤마다
**まいひめ**【舞姫】 文 무희
**まいびょう**【毎秒】 名 매초. 일초마다
**マイ ペース** (일 my pace) 마이 페이스. 자기 나름의 속도·방법
**まいぼつ**【埋没】 名 自他スル 매몰 ①파묻음, 파묻힘 ¶ 土砂どしゃに~する 토사에 파묻히다 ②(알려지지 않고) 묻힘 ¶ 野や に~している人材ざい 재야에 묻혀 있는 인재
**まいまい**【舞舞】 ①動 물매암이 ②動 달팽이 ③藝 曲舞まい, 그 음을 추는 사람
**まいまい**【毎毎】 副 매번, 항상, 번번이 ¶ ~言いっているように 매번 말하고 있듯이
**まいもどる**【舞(い)戻る】 自五 (본래의 장소로) 되돌아오다 ¶ 故郷きょうへ~ 고향으로 되돌아오다
**まいゆう**【毎夕】 名 副 매일 저녁. 저녁마다
**まいよ**【毎夜】 名 副 매일 밤. 밤마다 = 毎晩まいばん ¶ ~夢ゆめを見る 밤마다 꿈을 꾸다
**まいる**【参る】 自五 ①「行いく・来くる」의 겸사말. 가다, 오다 ¶ すぐ~ります 곧 가겠습니다/ 行いって~ります 다녀 오겠습니다 ②참배하다 ¶ 墓はかに~ 성묘하다 ③항복하다, 지다 ¶ どうだ, ~ったか 어때 항복이냐? ④질리다, 손들다 ¶ 手続てつづきが面倒めんどうでほとほと~った 수속이 번거로워 정말이지 질렸다 ⑤약해지다 ¶ 激務げきむで体からだが~ 격무로 몸이 약해지다 ⑥俗 죽다 ⑦俗 홀딱 반하다 ¶ 彼女かのじょに~っている 그녀에게 홀딱 반해 있다 ⑧文 (여성의 편지에서 수신인 이름에 붙여)「…께 드립니다」의 뜻을 나타내는 말 ¶

吉田よしださま~ 吉田님께 올림 ⑨補助 (「…て~・ります」의 꼴로)「…てくる」의 공손한 표현 ¶ 春はるめいて~・りました 제법 봄다워졌습니다
**マイル** (mile) 마일. (아드·파운드법에서) 길이의 단위 ¶ 一いち~レース 1마일 레이스
**まいわし**【真*鰯】 名 정어리
**まう**【舞う】 自五 ①춤추다 ¶ 舞まいを~ 춤을 추다 ②흩날리다, 날다 ¶ 雪ゆきが~ 눈이 흩날리다
**まうえ**【真上】 바로 위 ⇔ 真下した ¶ 頭あたまの~ 머리 바로 위/ ~の部屋や 바로 윗 방
**マウス** (mouse) 마우스 ①컴 화면상의 커서를 조작하는 도구 ②動 생쥐
**マウスピース** (mouthpiece) 마우스피스 ①(권투에서) 입에 무는 방어구 ②(관악기의) 입에 대는 부분, 취구 ③(파이프의) 물부리
**まうら**【真裏】 바로 뒤쪽 ¶ 家いえの~ 집 바로 뒤쪽
**マウンド** (mound) 野 마운드. 투수판
**まえ**【前】 I 名 ①(방향의) 앞, 전방 ¶ 目めの~ 눈 앞/ ~に進すすむ 앞으로 나아가다 ②(대상물의) 정면, 전면, 앞 ¶ ~は立派ぱだ 앞은 훌륭하다 ③(장소의) 앞 ¶ 駅えきの~ 역 앞 ④(진행 방향의) 앞, 앞쪽 ¶ 行列ぎょうれつの~の方ほうに立たつ 행렬의 앞쪽에 서다 ⑤(남의) 면전 ¶ 人ひとの~で恥はじをかく 남의 면전에서 창피를 당하다 ⑥(옷의) 앞부분 ¶ ~がはだける (옷의) 앞부분이 벌어지다 ⑦음부의 완곡한 표현. 앞 ¶ ~を隠かくす 국부를 가리다 ⑧(순서의) 앞 ¶ 終点てんの一ひとつ~の停留所ていりゅうじょ 종점 하나 앞의 정류소/ 一年ねん以上じょう~に予告こくする 1년 이상 앞서 예고하다 ⑨전, 이전 ¶ ~から三年ねん~ 지금으로부터 3년 전 ⑩俗 전과(前科) ¶ 彼かれには~がある 그에게는 전과가 있다 II 接尾 ①…인분 ¶ 五人にん~の食事じ 5인분의 식사 ②몫, 솜씨, 풍채, 구실 ¶ 腕うで~ 솜씨/ 男おとこ~ 남자다운 풍채/ 一人いちにん~の大工だい 제 구실을 하는 목수
 慣用句 
―に落おちる 相撲 몸이 앞으로 넘어져 손·무릎이 땅에 닿다
**まえあし**【前足·前脚·前肢】 ①(네발 짐승의) 앞발 ⇔ 後うしろ足あし ②내디딘 쪽의 발
**まえいわい**【前祝(い)】 미리 축하함 ¶ 当選とうせんの~ 당선을 미리 축하함
**まえうしろ**【前後ろ】 ①앞과 뒤, 전후 ②名 앞뒤가 뒤바뀜 = 後うしろ前まえ ¶ シャツを~に着きる 셔츠의 앞뒤를 바꿔 입다
**まえうり**【前売り】 名 他スル 예매
**まえおき**【前置き】 名 自スル 서론, 서문, 머리말 ¶ ~が長ながい 서론이 길다
**まえかがみ**【前*屈み】 (상반신을) 앞으로 구부림 = まえこごみ ¶ ~でする作業ぎょう 앞으로 구부리고 하는 작업
**まえがき**【前書(き)】 名 自スル 서문, 머리말 ¶ 簡単かんたんに~する 간단히 머리말을 쓰다
**まえかけ**【前掛け】 앞치마 = エプロン ¶ ~を

まえがし
かける 앞치마를 두르다
**まえがし** [前貸し] 名 他スル 선불, 가불해 줌 ¶ 給料を~する 급료를 가불해 주다
**まえがしら** [前頭] 相撲 씨름꾼 계급의 하나
**まえかた** [前方] Ⅰ 名 전방, 앞쪽, 이전, 그에 속하는 사람·일 Ⅱ 副 이전, 미리, 전부터, 앞서 ¶ ~お願いしておいた 미리 부탁해 두었다
**まえがみ** [前髪] ①(이마에 늘어뜨린) 앞머리 ②(옛날에) 관례 전의 소년이나 부인이 이마 위에 땋아 얹었던 머리
**まえがり** [前借り] 名 他スル 가불 ¶ 給料を~する 급료를 가불하다
**まえかんじょう** [前勘定] 대금 선불 = 前払い ¶ ~で買かう 대금 선불로 사다
**まえぎり** [前桐] 장롱 등의 앞면을 오동나무로 만드는 것, 그런 물건
**まえきん** [前金] 선금, 전도금 ⇔ 後金 ¶ ~を渡す 선금을 건네다
**まえく** [前句] 文 (連歌·俳諧의 시구를 이어맞추는 놀이에서) 앞의 구(句) **—付け** 文 미리 제시된 7·7의 前句에 5·7·5의 付句를 맞추어 시가를 완성시키는 것
**まえげい** [前芸] (곡예·요술 등에서) 본 공연에 앞서 하는 맛보기 연예
**まえげいき** [前景気] (흥행·판매 등에서) 시작하기 전의 경기 ¶ 芝居의 ~をあおる 연극 상연 전에 흥을 북돋우다
**まえこうじょう** [前口上] (본론에 들어가기 전의) 서론, 서두 ¶ ~が長い 서론이 길다
**まえさがり** [前下がり] ①앞부분이 뒷부분보다 처짐 ②服 羽織의 앞기장을 뒷쪽보다 길게 지음
**まえさばき** [前捌き] 相撲 마주 일어설 때 선수(先手)를 치려고 유리한 자세를 취하는 일
**まえずもう** [前相撲] 相撲 순위표에 오르지 못한 하급 씨름꾼, 그들의 씨름
**まえせんでん** [前宣伝] 사전 선전
**まえだおし** [前倒し] ①앞으로 쓰러뜨림 ②(예산 등의) 조기 집행
**まえだて** [前立て] ①투구 앞면에 꽂는 장식 ②명목상 전면에 내세우는 사람·물건
**まえだれ** [前垂れ] (상인 등이 두르는) 앞치마 ¶ ~掛けの小僧 앞치마를 두른 사동
**まえづけ** [前付(け)] 版 (본문 앞에 붙이는) 서문·목차 등의 총칭 ⇔ 後付け
**まえのめり** [前のめり] 名 앞쪽으로 거꾸러질 뻔함 [기우뚱함] ¶ つまずいて~に倒れる 발이 걸려 앞으로 거꾸러지듯 넘어지다
**まえば** [前歯] ①앞니 ⇔ 奥歯 ¶ ~を折る 앞니를 부러뜨리다 ②げた의 앞굽
**まえばし** [前橋] 群馬현의 현청 소재지인 시
**まえばらい** [前払い] 名 他スル 선불 ⇔ 後払い ¶ 代金を~する 대금을 선불하다
**まえび** [前日] (口) (일이 있는 그 날의) 전날
**まえぶれ** [前触れ] ①예고 ¶ ~もなく訪れる 예고도 없이 방문하다 ②전조, 조짐 ¶ 地震の~ 지진의 전조

**まえまえ** [前前] (「~から」의 꼴로) 이전, 오래 전 ¶ ~からの約束 오래 전부터의 약속
**まえみごろ** [前身頃] 服 (옷의) 앞길
**まえむき** [前向き] ①앞쪽(정면)을 향함 ¶ ~に座る 앞쪽을 보고 앉다 ②名 적극적이고 긍정적인 생각·태도 ¶ ~の姿勢 진취적인 자세 ¶ ~に検討する 긍정적으로 검토하다
**まえもって** [前以て] 副 미리, 사전에 = あらかじめ ¶ ~知らせておく 미리 알려 두다
**まえやく** [前厄] 액년의 전 해 ⇔ 後厄
**まえわたし** [前渡し] 名 他スル ①전도, (금품을) 기일 전에 줌 ②예약금, 계약금
**まえん** [魔縁] 佛 마연, 사람을 미혹시켜 좋은 방해를 하는 악마, 수행(修行)을 막는 것
**まおう** [魔王] 佛 마왕 ①수행을 방해하는 사람을 미혹시키는 악마의 왕 ②마물(魔物)
**まおとこ** [間男] 서방질하는 일, 샛서방, 정부 ¶ ~をこしらえる 샛서방을 두다
**まか** [摩*訶] (造語) 佛 마하. 큼, 위대함 **—不思議** ナ 이상하기 짝이 없음 ¶ ~な幻影 이상하기 짝이 없는 환영
**まかい** [魔界] 文 마계. 악마의 세계 = 魔境
**まがい** [*紛い] ①모조, 모조품 ¶ ~のダイヤモンド 모조 다이아몬드 ②뒤섞여 구별하기 어려움
**まがいもの** [*紛い物] 모조품, 가짜 = にせもの ¶ ~をつかまされる 가짜를 속아서 사다
**まが・う** [*紛う] 自五 文 (비슷하여) 혼동하다, 착각하다, 잘못 보다 ¶ 雪と見~桜 눈으로 착각하는 벚꽃
[慣用句]
**—方ない** 틀림없다, 확실하다
**まが・える** [*紛える] 他下一 (비슷하여) 착각하게 하다, 혼동하다 ¶ 見~ 잘못 보다
**まがお** [真顔] 진지한 얼굴, 정색 ¶ 突然~になる 갑자기 정색을 하다
**まがき** [*籬] 文 바자울 = ませがき
**まかげ** [目陰·目*蔭] (멀리 바라볼 때) 이마에 손을 대고 햇빛을 가림 ¶ ~を差す 이마에 손을 대고 햇빛을 가리다
**まがし** [間貸し] 名 他スル 셋방을 놓음 ⇔ 間借り ¶ 学生に~する 학생에게 세를 놓다
**マガジン** [magazine] 매거진 ①잡지 ②(카메라의) 필름을 넣는 용기 ③탄창(彈倉)
**まか・す** [任す] 他五 → まかせる
**まか・す** [負かす] 他五 (口) (상대를) 지게 하다, 격파하다, 이기다 ¶ 優勝候補を~ 우승후보를 격파하다
**まかず** [間数] 방의 수 ¶ ~の多い家 방이 많은 집
**まかぜ** [魔風] 마풍. 악마가 일으키는 무시무시한 바람
**まか・せる** [任せる·*委せる] 他下一 ①맡기다, 일임하다 = 委ねる ¶ 仕事を社員に~ 일을 사원에게 맡기다 ②마음대로[자유롭게] …하게 하다 ¶ 運を天に~ 운을 하늘에 맡기다 ③(제약을 가하지 않고) 그대로 놓아두다 ¶ 筆に~·せて書いた文章 붓 가는 대로 쓴 문장

**まがたま** [*勾玉·^曲玉] 곡옥. (옛날에 장신구로 쓰던) 구부러진 옥돌

**まかな** [真^仮名] 「万葉仮名まんよう」의 딴이름

**まかない** [賄い] 식사를 마련함, 그런 사람¶ ~のおばさん 가정부 아주머니

**まかないかた** [賄い方] 식사를 마련하는 사람

**まかないつき** [賄い付き] (하숙·기숙사 등에서) 식사를 제공함¶ ~の下宿じゅく 식사를 제공하는 하숙
【慣用句】

**まかな・う** [賄う] (他五) ①(한정된 돈·물자로) 꾸려 가다¶ 月つき十万円じゅうまんえんで~ 월 10만엔으로 꾸려 가다 ②대주다, 조달하다¶ 費用ようを自前じまえで~ 비용을 자비로 조달하다 ③식사를 마련해 주다¶ 寮りょうの食事しょくを~ 기숙사의 식사를 제공하다

**まがな すきがな** [間がな 隙がな] (連語)(文) 틈만 있으면, 언제나, 늘¶ ~本ほんを読よむ 틈만 있으면 책을 읽는다

**まがまがし・い** [^禍禍しい] (形)(文) 불길한 감이 들다, 사위스럽다¶ ~出来事できごと 사위스러운 사건

**まがも** [真^鴨] (動) 청둥오리

**まがり** [間借り] (名)(自他スル) 셋방을 듦 ⇔ 間貸かし¶ ~生活せい 셋방살이

**まがりかど** [曲(が)り角] ①길 모퉁이 ②(比) 전환점, 갈림길¶ 人生じんせいの~ 인생의 갈림길

**まがりがね** [曲(が)り金·曲(が)り^尺] 금속제 곱자= 曲尺じゃく

**まがりくね・る** [曲(が)りくねる] (自五) 꼬불꼬불 구부러지다¶ ~った道みち 꼬부랑 길

**まかり・でる** [^罷り出る] (自下一) ①(남의 앞에) 나서다¶ 臆面おくめんもなく人前ひとまえに~ 넉살 좋게 남의 앞에 나서다 ②(귀인 앞에서) 물러나다, 퇴출하다¶ 御前ごぜんを~ 어전을 물러나다

**まかり・とお・る** [^罷り通る] (自五) ①(당당하게) 지나가다¶ 大手おおでを振ふって~ 활개를 치며 지나가다 ②(버젓이) 통하다, 통용되다¶ 不正ふせいが~世よの中なか 부정이 통하는 세상

**まかりならぬ** [^罷り成らぬ] (連語) (절대로) 안 된다, 용서〔허용〕되지 않다¶ 弁解べんかいは~ 변명은 절대로 안 된다

**まがりなり** [曲(が)りなり] (名) 구부러진 모양, 불완전함, 불충분함 —**にも** (副) (불완전하나마) 그럭저럭, 그런대로

**まかり まちが・う** [^罷り間違う] (自五) ①《순접의 가정 표현으로 써서》 자칫 잘못하다, 실수〔실패〕하다¶ ~·えば命いのちが危あぶない 자칫 잘못하면 목숨이 위험하다 ②《역접의 가정 조건으로 써서》어떠한 일이 있더라도¶ ~·っても口外こうがいしてはいけない 어떤 일이 있어도 입 밖에 내서는 안 된다

**まがりや** [曲(が)り屋] (建) L자형의 집

**まか・る** [負かる] (自五)(口) 값을 싸게 할〔깎을〕수 있다¶ これ以上いじょう~·らない 이 이상 싸게 할 수 없다

**まが・る** [曲(が)る] (自五) ①구부러지다, 굽다¶ 道みちが~ 길이 구부러지다/ 腰こしが~ 허리가 굽다 ②(방향을) 바꾸다, 돌다¶ 交差点こうさてん

で右みぎへ~ 교차점에서 오른쪽으로 돌다 ③비뚤어지다, 기울어지다¶ 柱はしらが~ 기둥이 기울어지다/ ネクタイが~·っている 넥타이가 비뚤어져 있다 ④(성질·생각이) 비뚤어지다 = ねじける¶ 根性こんじょうの~·ったやつ 심보가 비뚤어진 놈
【慣用句】

—**·った事こと** 도리〔사리〕에 어긋나는 일

**まがん** [真^雁] (動) 기러기

**まき** 일족, 동족 집단

**まき** [^牧] 목장 = 牧場ぼくじょう

**まき** [^薪] 장작 = たきぎ

**まき** [巻(き)] ①감음, 감은 정도¶ ぜんまいの~がゆるい 태엽 감은 것이 느슨하다 ②(서화의) 두루마리, 서적 ③두루마리·서적 등의 구분, 권¶ ~の一いち 권지일(巻之一) ④(助數) 감겨 있는 물건의 수나 감은 회수를 세는 말¶ 毛糸いと二ふた~ 털실 2묶치

**まき** [真木·^槙] (植) 젓나무

**まきあ・げる** [巻(き)上げる·^捲(き)揚げる] (他下一) 말아 올리다, 감아 올리다¶ すだれを~ 발을 말아 올리다 / 巻きあつ, 우려내다¶ 金品きんぴんを~ 금품을 갈취하다

**まきあみ** [巻(き)網·旋網] (水) 선망

**まきえ** [^蒔絵] 칠기 표면에 금·은 가루로 무늬를 놓는 칠공예 기법

**まきえ** [^撒き^餌] (새·물고기 등을 모으기 위해) 먹이를 뿌림, 그런 먹이

**まきおこ・す** [巻(き)起こす] (他五) (뜻밖의 일을) 일으키다, 야기하다¶ 大恐慌だいきょうこうを~ 대공황을 야기하다

**まきおとし** [巻(き)落(と)し] (相撲) 상대의 몸을 안아 감듯이 돌려 넘기는 수

**まきがい** [巻(き)貝] (動) 권패

**まきかえし** [巻(き)返し] ①되감음 ②반격¶ ~を計はかる 반격을 꾀하다

**まきかえ・す** [巻(き)返す] (他五) ①되감다¶ ロープを~ 로프를 되감다 ②반격하다, 되치다¶ 後半こうはんに~·して勝利しょうりを得える 후반에 반격하여 승리를 얻다

**まきか・える** [巻(き)替える] (他下一) (다른 것으로) 바꿔 감다, 감는 방법을 바꾸다

**まきがみ** [巻紙] ①두루마리, 주지(周紙) ②물건을 마는 종이¶ タバコの~ 담배 마는 종이

**まきがり** [巻(き)狩り] 몰이 사냥

**まきぐも** [巻(き)雲] → けんうん

**まきこ・む** [巻(き)込む·^捲(き)込む] (他五) 말려들게 하다 ①(속으로) 휩쓸리게 하다¶ 渦うずに~·まれる 소용돌이에 휩쓸려 들다 ②(사건 등에) 연루하게 하다, 끌어들이다¶ 事件じけんに~·まれる 사건에 말려들다

**まきじた** [巻(き)舌] 혀 끝을 말듯이 해서 힘차고 빠르게 말하는 어조

**マキシマム** (maximum) 맥시멈 ①최대, 최대치, 최대한 ②(数) 극대(極大) ▷ ①② ⇔ ミニマム

**まきじゃく** [巻(き)尺] 줄자, 권척

**まきずし** [巻(き)^鮨·^寿司] (김·달걀 부침 등으로) 만 초밥

**まきぞえ**【巻(き)添え】(남의 사건에) 휘말려 골탕먹음, 연걸 먹음¶ ~を食う 언걸을 먹다
**まきたばこ**【巻(き)煙草】①궐련 ②엽궐련
**まきちら・す**【撒(き)散らす】他国 ①흩뿌리다¶ 風が砂を~ 바람이 모래를 흩뿌리다 ②(여기저기) 퍼뜨리다, 유포시키다¶ うわさを~ 소문을 퍼뜨리다
**まきつ・く**【巻(き)付く】自五 감겨 붙다, 휘감기다¶ 朝顔のつるが垣根に~ 나팔꽃 덩굴이 울타리에 휘감기다
**まきつけ**【*蒔(き)付け・*播(き)付け】 파종¶ 麦の~ 보리의 파종
**まきとりし**【巻(き)取(り)紙】[印](신문 등의 인쇄에 쓰이는) 대형 종이 두루마리, 롤지
**まきと・る**【巻(き)取る】他五 (긴 것을) 다른 것에 감아 옮기다¶ 〜べた¶ フィルムを~ 필름을 감아 빼다
**まきひげ**【巻(き)*鬚】[植] 덩굴손
**まきもど・す**【巻(き)戻す】他五 되감다¶ フィルムを~ 필름을 되감다
**まきもの**【巻(き)物】①권축(卷軸), 두루마리 = 巻物の絵 ② 그림 두루마리 ②두루마리책 = 巻子本 ③축(軸)에 감은 옷감
**まきょう**【魔境】[文] 마경 ①마계(魔界) ②신비로운 세계
**まぎらか・す**【紛らかす】他国(口)→ まぎらす
**まぎら・す**【紛らす】他国 ①얼버무리다, 섞어 분간 못하게 하다¶ 姿を~ 모습을 감추다/悲しみを笑いに~ 슬픔을 웃음으로 얼버무리다 ②(다른 것으로) 마음을 달래다¶ 歌Mで気を~ 노래로 기분을 달래다
**まぎら・せる**【紛らせる】他下一→ まぎらす
**まぎらわし・い**【紛らわしい】形 (비슷해서) 헷갈리기 쉽다, 혼동하기 쉽다¶ ~字 헷갈리기 쉬운 글자
**まぎらわ・す**【紛らわす】他国→ まぎらす
**まぎ・る**【間切る】自国 ①(배가) 파도를 헤치고 나아가다 ②(범선이) 바람을 빗받으며 나아가다
**まぎれ**【紛れ】①헷갈림, 분간하기 어려움 ②〔造語〕《형용사 어간·동사 連用形에 붙어》 …한 나머지, …한 틈[김]에¶ 腹立ち~に大声を出す 화가 치민 나머지 큰소리를 내다/ どさくさ~に盜まれた 혼잡한 틈에 도둑맞았다
[慣用句]
―もない 틀림없다, 명백하다
**まぎれこ・む**【紛れ込む】自国 ①(혼잡을 틈타) 잠입하다¶ 人ごみに~ 북적이는 인파 틈에 잠입하다 ②(잘못) 섞여들다¶ 別の書類に~ 다른 서류에 잘못 섞여들다
**まぎ・れる**【紛れる】自下一 ①(비슷하거나 섞여) 헷갈리다, 혼동되다¶ ~れやすい 헷갈리기 쉽다/ 暗やみに~れて逃げる 어둠을 틈타 도망치다 ②(다른 것에 정신이 팔려) 잠시 잊다¶ 忙しさに~れて伝言を忘れる 바쁜 나머지 전언을 잊다
**まぎわ**【間際·真際】(일이 일어나기) 직전¶ 閉会の~ 폐회 직전/ 発車~に飛び乗る 발차 직전에 뛰어 올라타다
**まきわら**【巻(き)藁】(활의 과녁 등에 쓰는) 볏단, 볏짚 묶음
**まきわり**【*薪割(り)】 장작을 팸, 장작 패는 연장
**まく**【幕】〔音〕マク·バク【(音)】막. I 〔造語〕①장막¶ 幕舍 막사·天幕 천막 ②무대의 막¶ 開幕する·閉幕する 개막·銀幕은막 ③연극의 한 단락¶ 三幕五場 3막 5장 ④〔相撲〕「幕内」의 준말, 명단의 앞쪽에 든 씨름꾼 ⑤장군의 본영¶ 幕下 막하·幕僚 막료 ⑥「幕府」의 준말¶ 幕末 막부의 말년·倒幕 막부를 타도함 II ①막, 휘장¶ ~を張る 막을 치다 ②막, 연극의 한 단락¶ 次の~に出る 다음 막에 나오다 ③(사물의) 시작과 끝¶ ~が下りる 막이 내리다, 끝나다 ④장면, 때, 경우¶ お前の出る~ではない 네가 나설 때가 아니다
[慣用句]
―が開く 개막하다 ①연극이 시작되다 ②일이 시작되다
―となる ①연극이 끝나다 ②일이 끝나다
―を切って落とす 일을 화려하게 시작하다
―を閉じる 폐막하다 ①연극이 끝나다 ②일이 끝나다
**まく**【膜】〔音〕マク【(音)】막. I 〔造語〕①(체내의) 얇은 막¶ 粘膜 점막·皮膜 피막 ②(물질의) 얇은 표피¶ 膜質 막질·被膜 피막 II 막 ①[生](체내의) 얇은 막 ②물질 표면의 얇은 표피¶ 油膜の~ 유막
**ま・く**【巻く·*捲く】他五 ①감다, 말다¶ 糸を~ 실을 감다/ 紙をくるくると~ 종이를 둘둘 말다 ②말다, 틀다, 서리다¶ しっぽを~ 꼬리를 말다/ とぐろを~ 똬리를 틀다 ③틀어 죄다, 감다¶ ねじを~ 나사를 틀어 죄다/ ぜんまいを~ 태엽을 감다 ④두르다, 둘러 감다¶ マフラーを~ 머플러를 두르다 ⑤둘러싸다¶ 城を~ 성을 포위하다 ⑥(連歌·俳諧에서) 대구(對句)를 지어내다
**ま・く**【*蒔く·*播く】他五 ①(씨를) 뿌리다, 파종하다¶ 麦を~ 보리를 파종하다 ②원인을 만들다¶ 紛争の種を~ 분쟁의 씨를 뿌리다 ③(칠기에) 금·은가루로 무늬를 놓다
[慣用句]
―かぬ種は生えぬ 뿌리지 않은 씨는 나지 않는다, 노력 없이는 아무 일도 이루어지지 않는다
**ま・く**【*撒く】他五 ①뿌리다, 살포하다¶ 水を~ 물을 뿌리다/ ビラを~ 전단을 살포하다 ②(동행자·미행자를) 따돌리다¶ 追跡者を~ 추적자를 따돌리다
**まくあい**【幕間】막간¶ ~劇 막간극
**まくあき**【幕開き】①(연극의) 개막¶ 芝居の~ 연극의 개막 ②일이 시작됨¶ 新しい時代の~ 새로운 시대의 개막
**まくうち**【幕内】〔相撲〕대전표의 맨 앞에 이름이 오르는 씨름꾼
**まくぎれ**【幕切れ】①(연극의) 한 막이 끝남¶ 第三幕が~になる 제3막이 끝나다 ②

まけぼし

まぐさ [*秣·馬草*] 여물, 꼴 = かいば
まくしあ·げる [*捲(し)上げる*] 他下一 걷어 올리다 ¶ そでを~ 소매를 걷어 올리다
まくした [幕下] 相撲 대전표의 제2단에 이름이 오르는 씨름꾼
まくし·てる [*捲(し)立てる*] 他下一 (기세좋게) 계속 지껄여대다 ¶ 早口に~ 빠른 말로 지껄여대다
まくしつ [膜質] 막질. 물건의 표면을 감싸는 얇은 껍질 모양의 것
まくじり [幕尻] 相撲 幕内의 최하위 씨름꾼
まぐそ [馬糞] 마분, 말똥 = 馬ふん
まぐち [間口] ①(토지·가옥 등의) 정면의 폭, 내림 ⇔ 奥行 ¶ ~が狭い 내림이 좁다 ②(사업·연구의) 영역 ¶ 事業の~を広げる 사업 영역을 넓히다
まくつ [魔窟] ①마굴 [악마가 살고 있는 곳] ②(俗) 악한·창녀 등의 소굴
マグネット (magnet) 物 마그넷, 자석
まくのうち [幕の内] ①幕の内弁当의 준말 = 弁当 ¶ 깨를 뿌린 주먹밥에 반찬을 곁들인 도시락
まくま [幕間] → まくあい
マグマ (magma) 地 마그마, 암장(岩漿) = 溜まり ¶ 마그마가 많이 고여 있는 공간
まくや [幕屋] ①막사(幕舍) ②(휘장을 둘러친 배우들의 분장실·휴게실
まくら [枕] ①베개 [箱~= 목침/ ひざ~= 무릎 베개 ②밑에 괴어 받치는 것 ¶ 木(철도의) 침목 ③잘 때 머리를 두는 방향 ¶ 東を~に寝る 동쪽으로 머리를 두고 자다 ④(落語 등에서) 서두에 하는 짧막한 이야기 ⑤잠을 잠 [旅の~= 객지 잠, 객지 생활/ ~を重ねる (남녀가) 여러 차례 동침하다
慣用句
——を交わす (남녀가) 동침하다
——を歌てる 자리에 누워 귀를 기울이다
——を高くして寝る 안심하고 자다, 아무런 불안없이 살아가다
——を並べて討死にする ①전쟁터에서 모두 함께 전사하다 ②(俗) (취기·병 등으로) 모두 함께 잠들다 ③(관련된 사람들이) 모두 함께 실패하다
まくらえ [枕絵] 춘화(春畵)
まくらがたな [*枕刀*] 머리맡에 두는 호신용 칼
まくらがみ [*枕上*] 베갯머리, 머리맡
まくらぎ [*枕木*] (철도의) 침목
まくらぎょう [*枕経*] (입관하기 전에 죽은 사람의) 머리맡에서 독경함
まくらことば [*枕詞*] 表 (和歌에서) 특정한 말 앞에 붙여 어조를 고르는 수식어
まくらさがし [*枕探し·*枕捜し*] 자고 있는 나그네의 금품을 훔침, 그런 도둑
まくら·する [*枕する*] 自 サ変 (文) 베개 삼아 자다 ¶ 石に~ 돌을 베개 삼아 자다
まくらびょうぶ [*枕屛風*] 머릿병풍
まくらもと [*枕元·*枕許*] 베갯머리, 머리맡

まくり [*海人草*] 植 해인초 = かいにんそう
まく·る [*捲る*] 他五 ①걷다, 걷어 올리다 ¶ そでを~ 소매를 걷고 나서다, 벗기다 ¶ ふとんを~ 이불을 젖히다, 本のページを~ 책장을 넘기다 ③(補助) 《동사 連用形에 붙어》마구…하다, 계속…해대다 ¶ 書き~ 써 갈기다/ 逃げ~ 계속 도망쳐 다니다
まぐれ [*紛れ*] (口) 우연, 요행 ¶ ~で試合に勝つ 요행으로 시합에서 이겼다
まぐれあたり [*紛れ当(た)り*] 우연히 맞음, 요행수 ¶ ~の企画 우연히 들어맞은 기획
まぐれざいわい [*紛れ幸い*] 우연한 행운, 요행
まく·れる [*捲れる*] 自下一 걷어 올려지다, 걷어 올린 상태가 되다 ¶ 風ですが~ 바람에 옷자락이 올라가다/ 張り紙が~ 붙인 종이가 젖혀지다
マクロ (macro) 名 매크로, 거대, 거시적 ⇔ ミクロ 一経済学 거시 경제학
まぐろ [*鮪*] 動 다랑어, 참치
まぐわ [馬*鍬*] 農 써레 = うまぐわ
まくわうり [真桑瓜·*甜瓜*] 植 참외
まけ [負け] ①짐, 패배 ⇔ 勝ち ¶ 体力の~ 체력이 딸림 [부침]/ ~がこむ 진 횟수가 많아지다 ②값을 싸게 함, 경품 = おまけ
まげ [*髷*] 상투, 틀어올린 머리 ¶ ちょん~ 상투 머리/ ~を結う 머리를 틀어올리다
まけいくさ [負け戦·負け軍] (전쟁·시합에) 짐, 패전 ⇔ 勝ち戦
まけいぬ [負け犬] ①싸움에서 져서 꼬리를 감추고 도망치는 개 ②(比) 비참한 패배자
まけいろ [負け色] (口) 패색, 질 낌새 [기미] ¶ ~が濃くなる 패색이 짙어지다
まけおしみ [負け惜しみ] 지거나 실수한 것을 인정하지 않고 억지를 부림 ¶ ~を言う 지고도 마구 억지를 부리다
まげざいく [曲げ木細工] 나무를 구부려서 하는 세공, 그런 제작물
まけぎらい [負け嫌い] 名 ナ 유달리 지기 싫어함, 그런 성질, 승벽 = まけずぎらい ¶ ~の性格 유달리 지기 싫어하는 성격
まけこ·す [負け越す] 自五 (이긴 횟수보다) 진 횟수가 많아지다 ⇔ 勝ち越す
まけじだましい [負けじ魂] 지지 않으려는 정신 [투지] ¶ ~を発揮する 지지 않으려는 투지를 발휘하다
まけず おとらず [負けず劣らず] 副 막상막하로, 호각세로 ¶ ~の試合 막상막하의 게임
まけずぎらい [負けず嫌い] 名 ナ 유달리 지기 싫어하는 성격, 그런 사람 = 負け嫌い ¶ ~な男 유달리 지기 싫어하는 남자
まげて [曲げて·*枉げて*] 副 부디, 억지로라도, 무리하게라도 ¶ ~お願いいたします 제발 부탁드립니다
まけばら [負け腹] 지고 나서 화를 냄 ¶ ~を立てる 지고 나서 화를 내다
まけぼし [負け星] 相撲 패자의 이름 위에 찍는 검은 동그라미 = 黒星 ⇔ 勝ち星

**まげもの【曲げ物】** 얇은 판자를 구부려 이음매를 나무 껍질로 덮은 원형 용기 = わげもの

**まげもの【*髷物】** (소설・영화・연극 등에서) 상투를 틀던 시대(특히 江戸 시대)를 소재로 한 것, 시대물

**ま・ける【負ける】** Ⅰ 自下一 ① [*敗ける] 지다, 패배하다¶ 戦争に～ 전쟁에 지다 ② 지다, 못견디다, 넘어가다¶ 誘惑に～ 유혹에 넘어가다 ③ (악조건에) 지다, 압도되다¶ 暑さに～ 더위를 먹다/ 雰囲気に～ 분위기에 압도당하다 ④ (자극으로) 염증이 생기다¶ うるしに～ 옻을 타다 ⑤ 너그럽게 봐주다, 양보하다¶ その程度で～けておいてやるよ 그 정도로 봐주겠다 Ⅱ 他下一 ① (값을) 깎아 주다¶ 1000円を～ 1000엔 깎아 주다 ② 덤으로 주다¶ りんごを一個～けておく 사과를 한 개 덤으로 주다
慣用句
—が勝ち 지는 것이 이기는 것

**ま・げる【曲げる・*枉げる】** 他下一 ① 구부리다¶ 針金を～ 철사를 구부리다 ② 왜곡하다¶ 事実を～けて報道する 사실을 왜곡하여 보도하다 ③ (주의・신념 등을) 굽히다¶ 節を～ 절개를 굽히다 ④ 전당잡히다¶ 腕時計を～ 손목시계를 전당잡히다

**まけんき【負けん気】** 기승한 기질, 오기¶ ～が強い 오기가 세다, 남달리 기승하다

**まご【孫】** ① 손자 ② 代를 한번 거른 관계¶ ～弟子 제자의 제자/ ～引き 재인용

**まご【馬子】** 마부
慣用句
—にも衣装 옷이 날개

**まごい【真*鯉】** 動 잉어

**まご・う【*紛う】** 自五 → まがう

**まごこ【孫子】** ① 손자와 아들 ② 자손 = 子孫¶ ～の代まで 자손 대대로

**まごころ【真心】** 진심, 정성 = 誠意¶ ～を尽くす 정성을 다하다/ ～をこめて話す 진심을 담아 이야기하다

**まごたろうむし【孫太郎虫】** 動 뱀잠자리의 애벌레

**まごつ・く** 自五 (어찌할 바를 몰라) 당황하다, 망설이다, 갈팡질팡하다 = まごまごする¶ 慣れない仕事に～ 익숙치 않은 일에 당황하다

**まごでし【孫弟子】** 제자의 제자 = またでし

**まこと【誠・*真・*実】** Ⅰ 名 ① 참, 진실, 사실¶ ～の英雄 참된 영웅/ うそから出た～ 거짓말이었던 것이 사실이 됨 ② 성의, 정성, 진심¶ ～を尽くす 정성을 다하다 Ⅱ 副 참으로, 정말로, 대단히¶ ～に困る 참으로 곤란하다

**まことしやか【*真しやか・*実しやか】** 形動 아주 그럴 듯함, 정말 같음¶ ～に話す 아주 그럴싸하게 말하다

**まごのて【孫の手】** (끝이 손처럼 된) 등긁이, 효자손

**まごびき【孫引き】** 名 他スル 재인용¶ 資料を～する 자료를 재인용하다

**まごびさし【孫*庇・孫*廂】** 차양에 다시 이어단 차양, 덧댄 차양

**まごまご** 副 自スル (口) 갈팡질팡, 우물쭈물¶ 受付がわからず～する 접수처를 몰라 갈팡질팡하다

**まごむすめ【孫娘】** 손녀(孫女)

**まこも【真*菰】** 植 줄

**まさ【*柾】** (副まさ・まさき)(일본식 한자) ① 나뭇결이 곧음, 곧은 나뭇결 = まさめ ② 植 사철나무 = まさき

**まさか** 副 《부정의 말이 딸리어》 설마, 아무리 그렇더라도¶ ～そんなことはあるまい 설마 그런 일은 없겠지
慣用句
—の時 만일의 경우, 위급할 때

**まさかり【*鉞】** 큰 도끼

**まさき【正木・*柾】** 植 사철나무

**まさぐ・る【*弄る】** 他五 (文) 만지작거리다¶ 数珠を～ 염주를 만지작거리다

**まさご【真*砂】** (文) 잔모래¶ 浜の～ 해변의 잔모래

**まさしく【正しく】** 副 확실히, 틀림없이, 바로¶ それは～本物だ 그것은 틀림없이 진짜다

**まさつ【摩擦】** 名 自他スル 마찰¶ 乾布～ 건포 마찰/ 貿易～ 무역 마찰/ 一音～ 文法 마찰음 —力 物 마찰력
慣用句
—を生ずる (불화 등의) 마찰을 일으키다

**まさに【正に】** 副 ① 바로, 정말로, 확실히, 틀림없이¶ ～そのとおり 바로 그대로[그렇소]/ ～天才だ 확실히 천재다 ② [方に] 꼭, 딱, 완전히¶ 彼女こそ～適任者だ 그녀야말로 딱 적임자이다 ③ [*当に] 필히, 당연히, 마땅히¶ ～解散すべきときだ 마땅히 해산해야 할 때다 ④ [*将に] (이제) 막, 바야흐로¶ ～出発しようする直前だった 막 출발하기 직전이었다

**まさば【真*鯖】** 動 고등어

**まざまざ** 副と 역력히, 똑똑히, 생생히, 선히¶ 実力の相違を～と思い知らされる 실력의 차이를 역력히 통감케 하다/ 幼い頃が～と目に浮かぶ 어린 시절이 생생히 눈에 떠오른다

**まさめ【正目・*柾目】** 建 (나무의) 곧은결 ⇔ 板目¶ —紙 ① 닥나무로 만든 두껍고 흰 종이 ② 오동나무 등을 종이처럼 얇게 깎은 것

**まさゆめ【正夢】** 딱 들어맞는 꿈, 사실과 일치하는 꿈 ⇔ 逆夢

**まさ・る【勝る・*優る】** 自五 (보다 더) 낫다, 뛰어나다, 우수하다 ⇔ 劣る¶ ～とも劣らない 나으면 낫지 못하지 않다/ 健康は何物にも～ 건강은 무엇보다도 중요하다

**まさ・る【増さる】** 自五 (점차) 붇다, 많아지다, 더해지다¶ 水量が～ 수량이 불어나다

**まざ・る【交ざる・混ざる・*雑ざる】** 自五 섞이다¶ 麦のまったご飯 보리가 섞인 밥

**まし【増し】** Ⅰ 名 많아짐, 불음, 증가, 할증

千円さん~ 1000엔 증가 Ⅱ 回 더 나음, 더 좋음¶ こんなものでもないより~だ 이런 것이라도 없는 것보다 낫다
まし [麻紙] 마지. 마섬유로 만든 종이
まじ・える [交える] 他下一 ①교차시키다, 맞대다¶ ひざを~・えて話し合う 무릎을 맞대고 이야기하다 ②섞다. 끼게 하다¶ 私情を~ 사사로운 정을 개입시키다/ 専門家を~・えて討議する 전문가를 끼게 하여 토의하다 ③(서로) 주다, 주고받다¶ ことばを~ 말을 주고받다/ 砲火を~ 교전하다
ましかく [真四角] 名 ダ (ロ) 정사각형
まじきり [間仕切り] (방 사이를) 칸막이 함, 칸막이
ました [真下] 바로 밑, 바로 아래= ちょっか ⇔ 真上さん¶ 橋の~ 다리 바로 밑
マジック (magic) 매직 ①마술, 마법 ②「マジックインキ」 등의 준말 ーインキ 매직 잉크 ーハンド (magic hand) [機] 매직 핸드. 위험한 작업을 인간의 손을 대신해 하는 장치 ーミラー (원 magic mirror) 매직 미러
まして [況して] 副 ①한층 더, 더욱더¶ なおさら¶ 今日の会は楽しかったが, あなたに会えたのは,~うれしかった 오늘 모임은 즐거웠지만, 너를 만난 것은 한층 더 기뻤다 ②하물며, 더구나= いわんや¶ 大人にさえ無理なのに,~子供には無理だ 어른에게조차 무리인데, 하물며 아이에게는 무리다 ーや [ましてや]의 힘줌말
まじない [*呪い] 주문을 읽음, 주문, 주술¶ ~を唱える 주문을 외다
まじな・う [*呪う] 他五 주문을 외다, 주술을 부리다
まじまじ 副ト 말끄러미, 물끄러미, 찬찬히¶ 相手の顔を~と見る 상대방의 얼굴을 말끄러미 바라보다
まじめ [真面目] 名 ダ ①진실임, 진정임, 진지함¶ ~な話 진지한 이야기/ ~に頼む 진심으로 부탁하다 ②성실함, 착실함¶ ~一方 오직 성실하기만 함/ ~な生活 착실한 생활 一腐る 自五 자못 심각한 듯한 표정을 짓다, 진지[성실]한 체하다
ましゃく [間尺] ①건축물의 치수 ②계산, 수지 慣用句 ーに合わない 수지가 맞지 않다
ましゅ [魔手] (文) 마수¶ ~を伸ばす 마수를 뻗치다/ ~にかかる 마수에 걸리다
まじゅつ [魔術] 마술. 요술¶ ~師 마술사/ ~を掛ける 마술을 걸다
まじょ [魔女] ①(중세 유럽의) 마녀 ②불가사의한 힘을 지닌 여자 ③악마같은 여자 一狩り ①[基] (중세 유럽의) 마녀 사냥 ②(권력자의) 이단자에 대한 일방적 단죄 [斷罪]
ましょう [魔性] 마성, 악마처럼 사람을 현혹시키는 성질¶ ~を現す 마성을 드러내다
ましょう [魔障] [佛] 마장. 수행을 방해하는 악마의 소행
ましょうめん [真正面] 바로 정면[앞]¶ ~の 建物の~ 바로 앞의 건물/ 問題に~から取り組む 문제에 정면으로 부딪치다
まじらい [交らい] (文) 교제, 사귐= つきあい¶ 男女の~ 남녀의 교제
まじりけ [混じり気・交じり気] 다른 것이 섞임¶ ~なしの酒 다른 것이 섞이지 않은 술
まじりもの [混じり物・交じり物] 이물질이 섞임, 불순물¶ ~のない純金 불순물이 없는 순금
まじ・る [混じる・交じる・*雑じる] 自五 ①섞이다¶ 酒に水が~ 술에 물이 섞이다/ 電話に雑音が~ 전화에 잡음이 섞이다 ②(사람들과) 섞이다, 교제하다¶ 現地の人と~て暮らす 현지 사람과 어울려 살다
まじろ・ぐ [*瞬ぐ] 自五 (文) 눈을 깜빡이다
まじわり [交わり] ①교제, 사귐¶ 水魚の~ 수어지교, 절친한 사이/ ~を結ぶ 교제를 맺다 ②성교, 교합¶ 夫婦の~ 부부의 교합
まじわ・る [交わる] 自五 ①엇갈리다, 교차하다¶ 二直線が~ 두 직선이 교차하다 ②사귀다¶ 多彩の人と~ 많은 사람과 교제하다 ③성교[교합]하다
ましん [真心・真*芯] 정확히 중심에 해당하는 부분
ましん [麻*疹] [醫] → はしか
マシン (machine) 머신 ①기계 ②경주용 자동차 ③기능적 집단, 조직 ーガン (machine gun) 머신 건. 기관총
ましん [魔神] 마신. 악마= ましん
ます 助動 《동사・동사형 조동사의 連用形에 붙어》 상대방에 대한 공손한 마음을 나타냄. …합니다, …입니다¶ 花がさき~ 꽃이 핍니다/ 会議に出席し~なさい~か 회의에 출석하십니까?
ます [升・*枡] ①액체・곡물을 되는 그릇. 홉, 되, 말¶ 一合~ 한 홉들이 되 ②되・말로 된 양¶ ~が足りない 되가 부족하다 ③되 모양의 틀, 모눈¶ 原稿用紙の~を埋める 원고지의 칸을 메우다 ④(극장・씨름판의) 칸막이한 관람석= ます席
ます [*鱒] [動] 송어
ま・す [増す・*益す] Ⅰ 自五 ①(수량이) 많아지다, 불어나다, 늘다¶ 人口が~ 인구가 늘다/ 水かさが~ 수량이 분다 ②(정도가) 더해지다, 증진되다¶ 苦しみが~ 고통이 더해지다 Ⅱ 他五 ①(수량을) 늘리다, 불리다¶ 人数を~ 인원수를 늘리다 ②(정도를) 더하다, 증진시키다¶ 辛いものて食欲を~ 매운 것으로 식욕을 돋구다/ 戦いが激しさを~ 전투가 격렬함을 더하다
マス (mass) 매스 ①[造語] 다수, 집단, 대중 ②[美] 덩어리, 뭉치= マッス ーカルチャー (mass culture) [社] 매스 컬처. 대중 문화 ーゲーム (mass game) 매스 게임 ーコミ 「マスコミュニケーション」의 준말 ーコミュニケーション (mass communication) [新] 매스 커뮤니케이션. (신문 등을 통한) 대중 전달 ーメディア (mass media) [新] 매스 미디어. 대중 매체

**まず**[先ず] 副 ①우선, 맨 먼저, 첫째로¶～健康を考える 맨 먼저 건강을 생각하다/～向こうは安心だ 여하간 ¶～一安心 어쨌든 한시름 놓다 ③아마도, 대체로, 거의¶～間違いない 거의 틀림없다

**ますい**[麻酔・痲酔] 醫 마취¶局部～ 국부 마취/～をかける 마취를 시키다 ━薬 [藥] 마취약, 마취제

**まず·い**〈不味い〉形 ①맛없다¶～料理 맛없는 요리 ②[拙い] 서투르다¶～絵 서투른 그림 ③못생기다¶～顔 못생긴 얼굴 ④거북하다, 난처하다¶人に見られると～ 남의 눈에 띄면 난처하다 ▷①~③⇔うまい

**ますおとし**[枡落とし・桝落とし] 되를 엎어 세우고 그 밑에 미끼를 놓아 만든 쥐덫

**ますかき**[升掻き・枡掻き] → とかき

**ますがた**[升形・枡形] ①되처럼 네모난 모양 ②[斗形] 건 동자기둥, 조구미 ③[建] 두 개의 성문 사이에 둘러 싸인 네모난 빈터

**マスク**(mask) 마스크 ①가면, 탈 ②얼굴 보호구 ③입가리개¶～をかける 마스크를 하다 ④방독면¶ガス～ 가스 마스크 ⑤용모, 얼굴 생김새¶現代的な～ 현대적인 마스크

**ますぐみ**[枡組(み)・斗組(み)] 건 장지·난간의 살 등을 네모꼴로 짬, 그렇게 짠 것

**まずし·い**[貧しい] 形 ①가난하다, 빈곤하다¶～暮らし 가난한 생활 ②빈약하다, 부족하다¶～才能 부족한 재능/語彙が～ 어휘가 빈약하다

**ますせき**[升席・枡席] (씨름판·극장 등의) 네모나게 칸막이한 관람석

**マスター**(master) 마스터 Ⅰ 名 ①장, 주임¶経営者, (남자) 주인¶喫茶店の～ 찻집 주인 ②석사=修士¶～コース 석사 과정 ③(造語) 기본이 되는 것¶～テープ 마스터 테이프 Ⅱ 名他サ (기술·지식을) 숙달함, 터득함¶日本語を～する 일본어를 마스터하다 ━キー (master key) 마스터 키, 맞쇠 ━プラン (master plan) 마스터 플랜

**まずは**[先ずは] 副 우선, 하여튼, 다른 일은 제쳐 두고¶～お礼まで 우선 사례의 말씀만 드립니다

**ますます**[益益] 副 점점 더, 더욱더=いよいよ¶～高まるスキー熱 점점 더 높아지는 스키열/～強くなる 더욱 강해지다

**まずまず**[先ず先ず] 副 우선, 어쨌든, 그런대로, 그럭저럭¶～の成果 그저 그만한 성과/～で安心だ 우선 이것으로 안심이다

**ますめ**[升目・枡目] ①두량, 되로 된 양¶～を正確にする 되를 정확히 하다 ②되 모양의 틀, 모눈¶原稿用紙の～を埋める 원고지 칸을 메우다

**まずもって**[先ず以て] 連語 우선, 무엇보다도¶～御礼申し上げます 우선 축하드립니다

**ますらお**[益荒男・丈夫] (文) 대장부¶～ぶりを発揮する 대장부답게 굴다 ━振り 文 남성적이고 대범한 가풍(歌風)

**ます**る 助動 (《「ます」의 약간 예스러운 활용》)…입니다¶これからお目にかけ～は 이제부터 보여드리는 가는

**ま·する**[摩する] 他サ 変 (文) ①갈다, 연마하다¶レンズを～ 렌즈를 갈다 ②접근하다, 박두하다¶天を～高層ビル 하늘을 찌르는 고층 빌딩

**マズルカ**(mazurka) 音 마주르카, 3박자의 경쾌한 폴란드 민속 무용, 그 춤곡

**ませ**[籬] ①바자울=ませがき ②(극장 관람석의) 사각형으로 된 칸막이

**ませいせっき**[磨製石器] 考古 마제 석기

**まぜおり**[交ぜ織り] 교직, 교직물

**まぜかえ·す**[混ぜ返す・雑ぜ返す] 他五 ①몇 번이고 뒤섞다¶焦げないように～ 눌지 않도록 잘 뒤섞다 ②(남의 말을) 훼방놓다, 혼란시키다¶人の話を～ 남의 말을 훼방놓다

**ませがき**[籬垣] ①바자울=ませ ②양쪽에 잡목 등을 대어 말뚝이 가려지게 만든 울타리

**まぜがき**[交ぜ書き] 다른 종류의 양식을 섞어 씀, (특히 한자어 표기에서) 상용 한자표에 없는 글자나 어려운 한자를 仮名로 쓰는 일

**まぜこぜ**[了] (口) 뒤범벅, 뒤죽박죽¶～になる 뒤죽박죽이 되다

**まぜごはん**[混ぜ御飯] 料 비빔밥

**まぜっかえ·す**[混ぜっ返す・雑ぜっ返す] 他五 (口) → まぜかえす ②

**まぜもの**[混ぜ物・雑ぜ物] 혼합물, 불순물

**ま·せる** 自下一 조숙하다, 자깝스럽다, 되바라지다¶～せた子 조숙한 아이/～・せたことを言う 되바라진 말을 하다

**ま·ぜる**[混ぜる・交ぜる・雑ぜる] 他下一 ①섞다, 혼합하다¶米に麦を～ 쌀에 보리를 섞다 ②(휘저어) 뒤섞다¶卵をよく～ 달걀을 잘 휘저어 섞다

**マゾヒズム**(masochism) 醫 마조히즘, 피학성 변태 성욕=マゾ ⇔サディズム

**また**[又] Ⅰ 名 ①별도, 다른 때, 다음¶～の名 딴이름, 별명/～の日 다음 날, 후일 ②(造語) (명사 앞에 붙어) 간접적으로 나타냄¶～聞き 전문(傳聞)/～いとこ 재종 형제 Ⅱ 副 ①[復] 또, 다시, 재차, 거듭¶～始まった 또 시작되었다 ②[亦] (《「…も～」의 꼴로》) 역시, 또한, 마찬가지로¶今日も～ 昨日のように 오늘도 역시 어제처럼 ③(하필이면) 또, 도대체¶これは～大変なことになった 이거 또 큰일났다 Ⅲ 接 ①게다가, 그 위에, 또는¶この本は面白くて、～ためになる 이 책은 재미있고 게다가 유용하다 ②또는, 혹은¶見ても、～聞いてもいけない 보아서도 또는 들어서도 안된다

**また**[股] ①가랑이¶～割れ, 갈라진 곳[것]¶木の～ 나무 가장귀/ふた～に分かれた道 두 갈래로 갈라진 길 ②다리 가랑이=またぐら¶～を広げる 가랑이를 벌리다

[慣用句]
━に掛ける 두루 돌아다니다, 널리 활약하다

**まだ** 【˚未だ】 副 ①아직(도 계속), 여태까지¶ ～遊んでいる 아직도 놀고 있다 ②《부정의 말이 딸리어》 아직도 (…아니다), 여지껏, 지금껏¶ ～眠れくない 아직 졸리지 않다/ ～聞いたことがない 지금껏 들은 적이 없다 ③아직도, 더욱¶ ～時間がある 아직도 시간이 있다/ これから～寒くなる 지금부터 더욱 추위진다 ④그래도, 오히려, 차라리¶ ～この方がましだ 그래도 이쪽이 낫다
**まだい** 【真鯛】 動 참돔
**まだい** 【間代】 방세＝ 部屋代¶ ～がたまる 방세가 밀리다
**またいとこ** 【又〈従兄弟〉・又〈従姉妹〉】 재종〔육촌〕 형제・자매＝ ふたいとこ・はとこ
**またがし** 【又貸し】 전대(轉貸) ⇔ 又借り¶ 土地を～する 토지를 전대하다
**またがみ** 【˚股上】 (바지 등의) 가랑이에서 윗부분, 그 길이 ⇔ 股下
**またがり** 【又借り】 전차(轉借) ⇔ 又貸し¶ 部屋を～する 방을 전차하다
**またが・る** 【˚跨る・˚股がる】 自五 ①걸터앉다, 올라타다¶ 馬に～ 말에 올라타다 ②걸치다¶ 五年にわたる～計画 5년에 걸친 계획
**またぎ** 【民】 東北 지방의 산간에서 옛 전통을 지켜 사냥하는 사람들＝ まとぎ・山立
**またぎ** 【˚股木・˚叉木】 ①두 갈래로 갈라진 나무 ②꽃꽂이 재료를 화기에 고정시키는데 쓰는 작은 가지
**またぎき** 【又聞き】 名 他スル (간접적으로) 전해 들음¶ ～のうわさ 간접적으로 전해 듣다
**また・ぐ** 【˚跨ぐ】 他五 (가랑이를 벌리고) 넘다¶ 敷居を～ 문지방을 넘다
**またぐら** 【˚股座】 (口) 가랑이, 샅＝ また¶ ～を広げる 가랑이를 벌리다
**まだけ** 【真竹】 植 왕대, 참대＝ にがたけ
**またげらい** 【又家来】 신하의 신하, 부하의 부하
**まだこ** 【真˚蛸・真〈章魚〉】 動 왜문어
**またした** 【˚股下】 (바지 등의) 가랑이에서 바짓부리까지의 길이 ⇔ 股上
**または** 【又は】 接 또는, 혹은＝ あるいは・もしくは¶ 金か～銀か 금 또는 은/ 車で行くか、～電車にするか 자동차로 갈까 아니면 전차로 갈까?
**またしても** 【又しても】 副 또다시, 재차＝ またもや¶ ～敗れた 또다시 졌다
**まだし** 【˚未だしも】 그래도〔그런대로〕 (괜찮으나), (…이라면) 모르되¶ あれより、～この方がいい 저것보다 그래도 이 편이 낫다/ 一度ならなら～、二度目とは… 처음이라면 몰라도 두번째라니…
**またずれ** 【˚股擦れ】 (옷이 닿아서) 샅살갗이 쓸림
**まだぞろ** 副 (口) 또다시＝ またしても¶ ～逃げ出した 또다시 도망쳤다
**またたき** 【瞬き】 名 自スル 깜박임, 깜작임, 반짝임＝ まばたき¶ ひと～する間 눈 한번 깜짝하는 사이/ 星の～ 별의 반짝임
**またた・く** 【瞬く】 自五 깜박이다 ①(눈을) 깜작이다＝ まばたく¶ 目を～ 눈을 깜작이다 ②(빛이) 반짝이다¶ 星が～ 별이 반짝이다 一間 名 눈 깜짝할 사이, 순식간
**まただのみ** 【又頼み】 名 他スル (남을 통해) 간접적으로 부탁함¶ 彼女に～する 그녀에게 간접적으로 부탁하다
**またたび** 〈木天蓼〉 植 개다래나무
**またたび** 【˚股旅】 (노름꾼 등이) 이곳저곳 떠돌아다님 一物 유랑하는 노름꾼 등의 의리・인정을 묘사한 영화・연극 등
**またでし** 【又弟子】 제자의 제자＝ 孫弟子
**またとない** 【又と無い】 連語 다시 없다, 둘도 없다¶ ～品 둘도 없는 물건/ ～機会 다시 없는 기회
**まだとなり** 【又隣】 이웃의 이웃, 한 집 건너 이웃집
**またにする** 【又にする】 連語 다음 기회로 미루다〔넘기다〕¶ その話は又にしましょう 그 이야기는 다음에 하기로 합시다
**またのな** 【又の名】 (口) 다른 이름, 별명¶ 日本海流、～を黒潮と言う 일본 해류, 다른 이름으로 黒潮라고 한다
**またのひ** 【又の日】 ①뒷날, 후일¶ ～を約して別れる 후일을 기약하고 헤어지다 ②다음 날, 이튿날
**または** 【又は】 接 또는, 혹은＝ あるいは・もしくは¶ 金か～銀か 금 또는 은/ 車で行くか、～電車にするか 자동차로 갈까 아니면 전차로 갈까?
**またひばち** 【˚股火鉢】 화로에 걸터앉듯이 하여 불을 쬠
**またまた** 【又又】 副 또다시, 재차, 거듭¶ ～へまをする 또다시 실수를 하다
**まだ** 【˚未だ】 副 ①아직(도), 지금껏¶ ～子供だ 아직도 어린애다/ 伝統は～すたれていない 전통은 아직 쇠퇴하지 않았다 ②또, 더, 더욱¶ 物価は～上がるだろう 물가는 더욱 오를 것이다 ③(어느 편이나 하면) 그래도¶ こっちの方が～がまんできる 이쪽이 그래도 견딜 만하다
**またも** 【又も】 副 또다시, 다시금＝ またもや 一や 副 또다시, 다시금＝ またしても¶ ～失態を演ずる 또다시 추태를 부리다
**まだら** 【真˚鱈】 動 대구
**まだら** 【˚斑】 名 ダ 얼룩, 반점＝ ぶち¶ ～模様 얼룩 무늬/ ～になる 얼룩이 지다
**まだる・い** 【間˚怠い】 形 답답할 정도로 굼뜨다, 미적지근하다＝ まだるっこい¶ ～動作 굼뜬 동작
**まだるっこ・い** 【間˚怠こい】 形 (口) 답답할 정도로 굼뜨다, 미적지근하다¶ ～しゃべり方 답답할 정도로 느린 말투
**まだれ** 【麻垂れ】 (한자 부수의) 엄호밑 ▷「麻・広」등의「广」부분을 まかんむり
**またわり** 【˚股割り】 相撲 허리를 낮추고 양 발을 넓게 벌려 땅에 붙이는 유연 체조
**まち** 【町】 ①시내, 시가지¶ ～に出る 시내로 나가다 ②도시, 도회지 ③〈街〉 거리, 번화가¶ ～の女 거리의 여인, 창녀/ ～まで買い物に行く 번화가까지 물건을 사러 가다 ④시(市)・구(区)를 이루는 한 구획
**まち** 【˚襠】 ①옷감의 폭이 모자랄 때 이어대는

**まちあい**

천 ②羽織<sup>はおり</sup>의 겨드랑이나 袴<sup>はかま</sup>의 살 부분에 대는 바대

**まち あい【待(ち)合(い)】**①서로 약속을 하고 기다림, 그런 곳 ②다실(茶室)에 들어가기 전에 기다리는 곳 ③손님이 기생을 불러들여 노는 곳 **ー室**<sup>しつ</sup> (역·병원 등의) 대합실

**まち あぐ・む【待(ち)侘む】**他五 文 진력이 나도록 기다리다, 기다림에 지치다¶到着<sup>とうちゃく</sup>を~ 도착을 이제나 저제나 하고 기다리다

**まち あわせ【待(ち)合(わ)せ】**①(시일·장소를 정해) 만나기로 함¶~の場所<sup>ばしょ</sup>を決める 만날 장소를 정하다 ②(다른 열차·버스의) 통과나 도착을 기다림¶特急<sup>とっきゅう</sup>の~をする 특급 열차를 기다리다

**まち あわ・せる【待ち合(わ)せる】**他下一 (시일·장소를 정해) 만나기로 하다¶駅<sup>えき</sup>の南口<sup>みなみぐち</sup>で~ 역의 남쪽 출구에서 만나기로 하다

**まちいしゃ【町医者】**개업의= 開業医<sup>かいぎょうい</sup>

**まち う・ける【待(ち)受ける】**他下一 오기를 기다리다¶客<sup>きゃく</sup>を~ 손님을 기다리다

**ま ぢか【間近】**名 形動 (시간·거리가) 아주 가까움, 얼마 남지 않음, 임박함¶完成<sup>かんせい</sup>が~に迫<sup>せま</sup>る 완성이 임박하다 **ーい** 形 아주 가깝다, 얼마 남지 않다, 임박하다

**まちがい【間違い】**①잘못, 틀림= あやまり¶~を犯<sup>おか</sup>す 잘못을 저지르다/字<sup>じ</sup>の~が多<sup>おお</sup>い 오자가 많다 ②실수, 과실, 사고¶生徒<sup>せいと</sup>が~を起<sup>お</sup>こす 학생이 사고를 일으키다 ③(『~のない』의 꼴로) 틀림없다, 충분히 믿을 수 있다¶~のない人物<sup>じんぶつ</sup> 틀림없는 인물

**まちが・う【間違う】**自他五 ①틀리다¶~った字<sup>じ</sup> 틀린 글자/答<sup>こた</sup>えが~ 답이 틀리다 ②잘못되다, 어기다¶約束<sup>やくそく</sup>の時間<sup>じかん</sup>が~ 약속 시간이 어긋나다 ③(도리 등에) 어긋나다, 그릇되다¶~った考<sup>かんが</sup>え 그릇된 생각 ④잘못 알다, 착각하다¶部屋<sup>へや</sup>を~ 방을 착각하다/犯人<sup>はんにん</sup>に~われる 범인으로 오인 받다

**まちが・える【間違える】**他下一 ①틀리게 하다, 잘못하다¶計算<sup>けいさん</sup>を~ 계산을 잘못하다 ②어기다¶約束<sup>やくそく</sup>を~ 약속을 어기다 ③잘못 알다, 착각하다¶見~ 잘못 보다/双子<sup>ふたご</sup>の兄弟<sup>きょうだい</sup>を~ 쌍둥이 형제를 착각하다

**まちかた【町方】**①시골에서 도시를 가리키는 말 ②(江戸<sup>えど</sup> 시대에) 町奉行<sup>ぶぎょう</sup>의 지배하에 있는 하급 관료= 同心<sup>どうしん</sup>

**まちがっても【間違っても】**連語 (부정·금지를 나타내는 말이 딸리어) 결단코, 어떤 일이 있어도¶~人<sup>ひと</sup>を裏切<sup>うらぎ</sup>ってはいけない 어떤 일이 있어도 남을 배신해서는 안된다

**まち かど【街角・町角】**文 ①길목, 길모퉁이¶~の喫茶店<sup>きっさてん</sup> 길모퉁이 찻집/~にたたずむ 길목에 잠시 멈춰서다 ②가두, 거리

**まち か・ねる【待ち兼ねる】**他下一 ①기다리다 못해 …하다, 더는 기다릴 수 없다¶~ねて帰<sup>かえ</sup>る 기다리다 못해 돌아가다 ②몹시 기다리다, 학수고대하다¶通知<sup>つうち</sup>を~ 통지를 학수고대하다

**まち かま・える【待(ち)構える】**他下一 (준비

하고) 기다리다, 대기하다¶機会<sup>きかい</sup>が来<sup>く</sup>るのを~ 기회가 오기를 기다리다

**まち くたび・れる【待ち〈草臥〉れる】**自 下一 기다림에 지치다¶~れて、先<sup>さき</sup>に寝<sup>ね</sup>る 기다리다 지쳐 먼저 잠들다

**まち くら・す【待(ち)暮らす】**他五 文 ①하루 종일 기다리다 ②(오랫동안) 계속해서 기다리다, 기다리며 살다¶息子<sup>むすこ</sup>の帰省<sup>きせい</sup>を~ 아들의 귀성을 기다리며 살다

**まちこうば【町工場】**시내에 있는 작은 공장

**まちごえ【待ち肥】**밑거름, 기비(基肥)

**まちこが・れる【待(ち)焦がれる】**他下一 애타게[손꼽아] 기다리다¶たよりを~ 소식을 애타게 기다리다

**まち ごま【待ち駒】**(장기에서) 상대방 궁의 예상 진로에 말을 두어 막히게 만듦, 그런 말

**まちじかん【待ち時間】**기다리는 시간, 대기 시간¶診察<sup>しんさつ</sup>までの~ 진찰까지의 대기 시간

**まちすじ【町筋】**거리, 길거리¶~で友人<sup>ゆうじん</sup>にあう 길거리에서 친구를 만나다

**まちつ・ける【待ちつける】**他下一 ①(사람·시간을) 기다리다 ②기다려 익숙해지다¶いつも~・けていた町角<sup>まちかど</sup>で待<sup>ま</sup>つ 늘 기다리고 있던 길모퉁이에서 기다리다

**まち どうじょう【町道場】**시내에 있는 무예 도장¶~に通<sup>かよ</sup>う 시내의 무예 도장에 다니다

**まち どお【待ち遠】**형 오래(몹시) 기다리는 모양¶お~さま 오래 기다리셨습니다 **ーしい** 形 (이제나 저제나 하고) 오래(몹시) 기다리다¶~くて仕方<sup>しかた</sup>がない 몹시 기다려지다

**まち どしより【町年寄】**史 (江戸<sup>えど</sup> 시대) 주요 도시의 町奉行<sup>ぶぎょう</sup> 밑에서 시정을 처리하던 관리

**まちなか【町中】**시내, 시중, 시가지, 번화가

**まちなみ【町並(み)】**시내에 집·상점이 즐비하게 늘어선 모양(곳), 시가지¶趣<sup>おもむき</sup>のある~ 아취가 있는 시가지

**まちにまった【待ちに待った】**連語 기다리고 기다리던, 학수고대하던¶~夏休<sup>なつやす</sup>み 기다리고 기다리던 여름 방학

**まちのぞ・む【待ち望む】**他五 기다리고 기다리다, 대망(待望)하다¶早期帰国<sup>きこく</sup>を~ 조기 귀국을 기다리고 기다리다

**まち はずれ【町外れ】**변두리, 시외¶~の閑静<sup>かんせい</sup>な場所<sup>ばしょ</sup> 변두리의 조용한 장소

**まちばり【町針】**(재봉에서) 시침 바늘, 가봉(假縫) 바늘

**まちびけし【町火消】**史 (江戸<sup>えど</sup> 시대의) 시내 사람들의 자치 소방 조직

**まちびと【待ち人】**기다리는 사람¶~来<sup>きた</sup>らず 기다리는 사람은 오지 않다

**まちぶぎょう【町奉行】**史 (江戸幕府<sup>えどばくふ</sup>에서) 주요 도시의 행정·사법·치안 등의 직무를 맡아 보게 하던 직명

**まちぶせ【待(ち)伏せ】**名 自スル 매복(잠복)하여 기다림¶先回<sup>さきまわ</sup>りして~する 앞질러 가서 잠복하여 기다리다

**まちぶ・せる【待(ち)伏せる】**他下一 잠복하

**まち ぼうけ** [待ち*惚け] (口) 기다리는 사람이 끝내 오지 않음
〖慣用句〗
**—を食くわす** 바람을 맞히다

**まち まち** [^区^区] ㋕ 구구, 각기 다름, 가지각색 ¶ ～の評価ひょうか 구구한 평가 / 意見いけんが～だ 의견이 구구하다

**まち もう・ける** [待(ち)設ける] 他下一 (文) ① 준비하고 기다리다, 대기하다 ¶ 客きゃくを～ 손님을 기다리다 ②기대하다 ¶ 当選とうせんの知しらせを～ 당선 소식을 기대하다

**まちや** [町家] 시중의 상가

**まち やくにん** [町役人] 〖日史〗 (江戸えど시대에) 町奉行まちぶぎょう 밑에서 시중의 주민에 대한 사무를 담당하던 관리

**まち やっこ** [町^奴] 〖日史〗 (江戸えど 초기에) 江戸 시내에서 세력을 떨쳤던 町人ちょうにん 출신 협객

**まち わ・びる** [待(ち)^侘びる] 他上一 애타게 기다리다, 고대하다 ¶ 娘むすめの帰省きせいを～ 딸의 귀성을 애타게 기다리다

**まっ** [真っ] 接頭 《명사·형용사 어간·형용동사에 붙어》아주, 완전히 ¶ ～先さき 맨 앞〔먼저〕/ ～黒くろ 새까맘 / ～裸はだか 알몸

**まつ** [末] 音 マツ・バツ 訓 すえ (음) 말, I (造語) ①사물의 끝, 끄트머리 ¶ 末端まったん·本末ほんまつ 본말 ②끝, 종말, 최후 ¶ 末路まつろ 말로·結末けつまつ 결말 ③어느 기간의 끝 ¶ 学期末がっきまつ 학기말·世紀末せいきまつ 세기말 ④아래, 하위 ¶ 末席まっせき 말석 ⑤말석 ¶ 子孫しそん 자손, 후손, 末裔まつえい 후예 ⑥사소한, 하찮은 ¶ 末技まつぎ 말기·粗末そまつ 조잡 ⑦얇음, 미숙함 ¶ 末学まつがく 말학 ⑧가루 ¶ 粉末ふんまつ 가루 〖熟字訓〗 木末こぬれ 우듬지 II (음) 끝 ¶ 二月にがつの～ 2월 말 ②분말, 가루 ¶ 薬剤やくざいの～ 약제의 분말

**まつ** [抹] 音 マツ (음) 말, (造語) ①비비다, 문지르다, 만지다 ¶ 一抹いちまつ 일말·塗抹とまつ 도말 ②바르다, 칠하다 ¶ 抹殺まっさつ 말살·抹消まっしょう 말소 ③가루 ¶ 抹香まっこう 말향·抹茶まっちゃ 말차

**まつ** [^沫] 音 マツ 訓 あわ (음) 말, (造語) ①물거품 ¶ 水沫すいまつ 물거품·泡沫ほうまつ 포말 ②물보라 ¶ 飛沫ひまつ 비말 〖熟字訓〗 飛沫しぶき 물보라

**まつ** [松] ①植 소나무 ②「松飾まつかざり」의 준말, 설날에 대문에 장식하는 소나무, 그런 장식

**ま・つ** [待つ] 他五 ①기다리다 ¶ 電車でんしゃを～ 전차를 기다리다 ②(움직임을 멈추고) 기다리다 ¶ ～・て、動うごくな 서랏 꼼짝마 ③(기한을 물려) 기다리다 ¶ 明日あすまで～ 내일까지 기다리다 ④ [*俟つ] (「…に～」의 꼴로) 기대하다 ¶ 今後こんごの研究けんきゅうに～ 앞으로의 연구에 기대하다 ⑤ (「…を～・たない」의 꼴로) …할 필요도 없다 ¶ 今いまさら言いうを～・たない 지금 새삼스럽게 말할 필요도 없다
〖慣用句〗
**—てば海路かいろの日和ひよりあり** 기다리면 항해하기 좋은 날이 있다, 쥐구멍에도 별들 날 있다

**まつい** [末位] 말위, 최하위, 제일 아래의 지위

**まつえ** [松江] 島根しまね현의 현청 소재지인 시

**まつえい** [末^裔] (文) 말예, 후예, 자손 = ばつえい ¶ 源氏げんじの～ 源氏みなもと 씨의 후예

**まっか** [真っ^赤] ㋕ ①진홍 ¶ ～に染そめる 새빨갛게 물들이다 ②순전함, 영락없음 ¶ ～なうそ 새빨간 거짓말

**まつがく** [末学] (文) ①지엽적인 학문 ②말학, 후학 ③학자의 겸사말

**まつかさ** [松^笠·松^毬] 솔방울 = まつぼっくり

**まつかざり** [松飾り] 설날에 대문에 장식하는 소나무, 그런 장식 = 門松かどまつ

**まつかぜ** [松風] ①송풍, 솔바람, 송뢰 ②(다도(茶道)에서) 차관 속에서 물이 끓는 소리

**まっかん** [末巻] (文) 말권, 마지막 권

**まっき** [末期] 말기, 막바지 ⇔ 初期しょき ¶ 中世ちゅうせい～ 중세 말기 **—的てき** 말기적

**まつぎ** [末技] (文) 말기 ①지엽적인 기술·기예 ②미숙한 기술·기예

**まつくいむし** [松食い虫] 소나무에 기생하는 해충의 총칭

**まっくら** [真っ暗] ㋕ ①아주 캄캄함 ¶ ～な部屋へや 캄캄한 방 ②장래에 희망이 전혀 없음 ¶ お先さきも～ 앞길이 캄캄함 **—がり** 아주 캄캄함, 그런 곳 **—闇やみ** ①칠흑같은 어둠 ②(口) 장래에 희망이 없음

**まっくろ** [真っ黒] ㋕ 새까맘 ¶ ～な髪かみ 새까만 머리카락 / ～に日焼ひやけする 새까맣게 햇볕에 타다 **—い** 形 아주 새까맣다 ¶ ～煙けむり 새까만 연기 **—け** ㋕ 아주 새까맘, 시꺼멓

**まつげ** [^睫·^睫毛] 속눈썹 **逆さかさ～** 안쪽으로 난 속눈썹 / 付つけ～ 붙인〔인조〕속눈썹

**まつご** [末期] (文) 임종 ¶ ～苦くるしみ 임종의 고통
〖慣用句〗
**—の水みず** 임종시 입을 축여 주는 물

**まっこう** [抹香] 말향, 붓순나무의 잎·껍질로 만든 가루 향 **—臭くさい** 形 ①말향 냄새가 나다 ②(언동에) 불교적인 색채가 짙다 **—鯨くじら** 動 향유고래

**まっこう** [真っ向] ①이마의 한가운데, 정수리 ¶ ～を唐竹からたけ割わりに切きりつける 정수리를 대나무를 쪼개듯이 내리쩍다 ②정면 ¶ ～から反対はんたいする 정면으로 반대하다

**まつざ** [末座] 말석 = 末席まっせき ¶ ～に控ひかえる 말석에서 대기하다

**まっ さいちゅう** [真っ最中] 한창인 때 ¶ 議論ぎろんの～ 한창 논의 중

**まっさお** [真っ青] ㋕ 새파람 ①매우 파람 ¶ ～な海うみ 새파란 바다 ②얼굴에 핏기가 없음 ¶ 顔色かおいろが～になる 얼굴빛이 새파래지다

**まっさかさま** [真っ逆さま] ㋕ 위아래가 완전히 거꾸로 됨 ¶ ～に落おちる 곤두박질치다

**まっさかり** [真っ盛り] 名 ㋕ 한창, 한창인 때 ¶ 夏なつの～ 한여름 / 桜さくらの花はなの～ 벚꽃이 한창인 때

**まっさき** [真っ先] 맨앞, 선두, 맨먼저 ¶ ～に駆かけつける 맨먼저 달려오다

**まっさつ** [抹殺] 名スル ①말소, 지워 없앰 ¶ 名簿めいぼから～する 명부에서 말소하다 ②(부인하여) 무시함 ¶ 彼かれの証言しょうげんは～さ

**まっし** 【末子】 (文) 막자. 막내 ⇔ 長子(ちょうし)

**まつじ** 【末寺】 【佛】 말사. 본산(本山)에 딸린 절

**まつしぐらに** 【驀地に】 무서운 기세로 곧장. 쏜살같이¶ 敵陣(てきじん)めがけて~突進(とっしん)する 적진을 향하여 힘차게 돌진하다

**まつじつ** 【末日】 (文) 말일¶ 十二月(じゅうがつ)の~ 12월 말일

**まつしま** 【松島】 宮城(みやぎ)현 중부 松島(まつしま)만 일대의 경승지(景勝地)

**まっしゃ** 【末社】 ①말사. 본사에 부속되어 있는 작은 神社(じんじゃ) ②부하. 추종자

**まっしょ** 【末書】 원본을 해설・주석한 책

**まっしょう** 【末*梢】 (文) 말초 ①끝. 말단 ②사소한 것 ━神経(しんけい) 【醫】 말초 신경 ━的 【テ】 말초적¶ ~な問題(もんだい) 말초적인 문제

**まっしょう** 【抹消】 名 他(タ)スル 말소. 지워버림¶ 五字(ごじ)~ 다섯 자 지움 / 文言(もんごん)を~する 문언을 말소하다

**まっしょうじき** 【真っ正直】 【テ】 매우 정직함. 곧이곧대로임¶ ~な答弁(とうべん) 매우 정직한 답변

**まっしろ** 【真っ白】 (テ) 새하얌¶ ~なシャツ 새하얀 셔츠 ━い 形 새하얗다¶ ~雪(ゆき) 새하얀 눈 ━け (テ) 아주 새하얌

**まつすぎ** 【松過ぎ】 설날의 소나무 장식을 치우고 얼마 안 된 무렵

**まっすぐ** 【真っ直ぐ】 (テ) 副 ①곧음. 똑바름¶ ~な道 곧은 길 / 線(せん)を~に引(ひ)く 선을 똑바로 긋다 ②정직함¶ ~な暮(く)らし 정직한 생활 ③곧장. 곧바로¶ 家(いえ)に~に帰(かえ)る 집으로 곧장 돌아가다

**まっせ** 【末世】 말세 ①후세. 앞으로의 세상 ②【佛】말법(末法)의 시대. 불법이 쇠한 시대 ③도의가 땅에 떨어진 시대¶ 人心(じんしん)の荒廃(こうはい)した~ 인심이 황폐한 말세

**まっせき** 【末席】 말석 ①아랫자리 = 末座(まっざ) ②가장 낮은 지위

**慣用句**
**━を汚(けが)す** 말석을 더럽히다

**まっせつ** 【末節】 말절. 사소한[하찮은] 부분¶ 枝葉(しよう)~ 지엽 말절

**まつぜみ** 【松*蟬】 【動】 이른매매. 산매미

**まっそん** 【末孫】 말손. 원손(遠孫) = ばっそん

**まった** 【待った】 (바둑・씨름 등의 승부에서) 진행 중인 수(동작)의 중지를 요구함. 그 때 지르는 소리¶ ~をかける 중지를 요구하다 ━無(な)し 連語 ①「待った」를 하지 않고 승부함¶ ~の勝負(しょうぶ) 무르기 없는 승부 ②조금도 유예하지 않음

**まった・い** 【全い】 形(文) 완전하다. 부족한 점이 없다¶ ~形(かたち) 완전한 형태

**まつだい** 【末代】 말대 ①후세 ②【佛】 불교가 쇠한 시대. 말법. 말엽 ━物(もの) 후세까지 오래 쓸 수 있는 튼튼한 물건

**まったく** 【全く】 副 ①완전히. 아주¶ 委員(いいん)の顔(かお)ぶれが~変(か)わる 위원의 면면이 완전히 달라지다 ②정말. 참으로. 실로¶ ~すばらしい 참으로 훌륭하다 ③(부정의 말이 딸리어) 전혀. 조금도¶ ~知(し)らない 전혀 모른다 ━以(もっ)て 副 정말로. 정말이지

**慣用句**
**━の所(ところ)** 사실을 털어놓으면, 사실은

**まつたけ** 【松*茸】 【植】 송이(버섯)¶ ~狩(が)りに行(い)く 송이(버섯) 따러 가다

**まっただなか** 【真っ直中・真っ只中】 ①한가운데. 한복판¶ 町(まち)の~ 시내 한복판 ②한창인 때¶ 戰争(せんそう)の~ 전쟁이 한창인 때

**まったん** 【末端】 말단 ①맨끝¶ 棒(ぼう)の~ 막대 끝 ②(조직 등의) 중추에서 가장 먼 부분¶ ~組織(そしき) 말단 조직 ━価格(かかく) 말단 가격

**マッチ** (match) 매치 I 名 시합. 승부. 경기. タイトル~ 타이틀 매치 II 名 自(タ)スル 조화됨. 어울림¶ 家具(かぐ)が部屋(へや)によくしている 가구가 방과 어울린다 ━ポイント (match point) 매치 포인트. (테니스・탁구 등에서) 승부를 결정하는 최후의 한 점

**マッチ** (match) 성냥¶ ~箱(ばこ) 성냥갑

**まっちゃ** 【抹茶】 말차 = ひきちゃ

**まってい** 【末弟】 (文) 말제 ①막내 아우 ②맨 끝의 제자

**マット** (mat) 매트 ①깔개 ②체조 경기장용 깔개 ③(권투・레슬링에서) 링 바닥에 까는 깔개

**慣用句**
**━に沈(しず)む** (권투 등에서) 케이오당하다
**━に沈(しず)める** (권투 등에서) 상대를 이기다

**まっとう** 【真っ当】 (テ) 진지함. 정직함. 성실함¶ ~な人生(じんせい)を歩(あゆ)む 성실한 인생을 살아가다

**まっとう・する** 【全うする】 他(サ)変 완수하다. 다하다¶ 任務(にんむ)を~ 임무를 완수하다 / 天寿(てんじゅ)を~ 천수를 다하다

**まつのうち** 【松の内】 (소나무 장식을 세워 두는) 설날부터 7일까지의 기간

**まつのは** 【松の葉】 ①솔잎 = 松葉(まつば) ②촌지

**マッハ** (독 Mach) 【物】 마하. 초음속 속도를 나타내는 단위

**まっぱ** 【末派】 (文) ①(종교・예술 등의) 말파에 속하는 유파・교파 ② → まっぱい

**まつば** 【松葉】 송엽. 솔잎 ━蟹(がに) 【動】 솔잎게 ━杖(づえ) 목발. 협장(脇杖) ━牡丹(ぼたん) 【植】 채송화

**まっぱい** 【末輩】 (文) 지위・기술 등이 아래인 사람. 하찮은 사람

**まっぱだか** 【真っ裸】 벌거벗음. 알몸 = まるはだか¶ ~の子供(こども) 벌거벗은 아이

**まつばやし** 【松林】 송림. 소나무 숲. 솔밭

**まつばら** 【松原】 소나무가 많이 나 있는 벌판

**まつび** 【末尾】 말미. 맨끝¶ ~に書(か)き添(そ)える 말미에 더 써 넣다

**まつびつ** 【末筆】 (文) 편지 마지막에 쓰는 글귀. 끝¶ ~ながらご家族(かぞく)のお幸(しあわ)せを祈(いの)ります 끝으로 가족의 행복을 기원합니다

**まっぴら** 【真っ平】 I 副 제발. 절대로. 진심으로¶ そんな役目(やくめ)は~お断(ことわ)りだ 그런 역할은 제발 사절이다 II (テ) 정말 싫음. 딱 질색임 ━御免(ごめん) ①정말 싫다. 딱 질색이다 ②(용서를 구할 때) 참으로 죄송합니다 ③(방문・하직할 때) 죄송합니다. 실례합니다

**まっぴるま** [真っ昼間] 대낮, 백주 ¶ ～に強盗が入る 대낮에 강도가 들다

**まつふぐり** [松ˆ陰囊] 솔방울＝松ˆかさ

**まっぷたつ** [真っ二つ] 名 두 동강, 딱 절반 ¶ ～に切る 두 동강을 내다

**まつぶん** [末文] ①말문, 결문(結文), 문장의 마지막 부분 ②편지의 끝에 쓰는 맺음 문구

**まっぽう** [末法] 佛 말법. 말법시(末法時)

**まつむし** [松虫] 動 ①청귀뚜라미 ②"すずむし"의 옛일컬음. 방울벌레

**まつやに** [松ˆ脂] 송지. 송진

**まつやま** [松山] 愛媛현의 현청 소재지인 시

**まつよいぐさ** [待宵草] 植 달맞이꽃

**まつよう** [末葉] 攵 ①말엽, 말기 ¶ 18世紀ˆの～ 18세기 말엽 ②말손, 말예 ¶ 平家の～ 平ˆ씨의 말손

**まつり** [祭(り)] ①제사, 제례 ¶ ～の日 제삿날 ②축제, 제전, 잔치 ¶ 港ˆ～ 항구제/ お～気分 잔치 기분/ お～騷ぎをする (축제 일처럼) 들떠서 법석대다

**まつりあげる** [祭り上げる] 他下一 추대하다, 떠받들다 ¶ 会長に～ 회장으로 추대하다

**まつりごと** [政] 정사, 정치 ¶ 国の～をつかさどる 국정을 다스리다

**まつりゅう** [末流] 攵 말류 ①(강의) 하류 ②자손, 후손 ¶ 源氏の～ 源ˆ씨의 자손 ③말단의 유파・제자

**まつ・る** [祭る・ˆ祀る] 他五 제사지내다 ¶ 先祖の霊を～ 조상의 혼령에 제사지내다 ¶ 神として～ 모시다 ¶ 氏神を～ 씨족신[고장의 수호신]을 모시다

**まつ・る** [ˆ纏る] 他五 服 감치다, 공그르다 ¶ スカートのすそを～ 치마 단을 감치다

**まつろ** [末路] 말로 ①일생의 끝, 만년 ¶ 英雄の～ 영웅의 말로 ②(성했던 것의) 비극적인 종말 ¶ 王朝の～ 왕조의 말로

**まつわ・る** [ˆ纏わる] 自五 ①휘감기다 ¶ 髪の毛が顔に～ 머리카락이 얼굴에 휘감기다 ②달라붙다, 매달리다 ¶ 母親に～幼児 어머니에게 매달리는 어린애 ③얽히다, 관련되다 ¶ この湖に～悲しい物語 이 호수에 얽힌 슬픈 이야기

**まで** 副助 (체언・활용어의 連体形・運用문절에 붙음) ①(공간・시간・수량의 범위) …까지 ¶ 30人に～入れる部屋を 30명까지 들어갈 수 있는 방 ②(동작・작용이 미치는 한계) …까지 ¶ 週末ˆ～に届けてほしい 주말까지 보내주었으면 좋겠다 ③(심한 정도) …까지도. …에까지 ¶ 下着に～ずぶぬれた 속옷까지도 흠씬 젖었다 ④(극단적인 예를 들어 강조함) …까지[마저], …에게까지[조차] ¶ 親友に～愛想をつかれる 친구에게조차 외면당하다 ⑤(정도가 그 이상 미치지 않음) …뿐, 따름＝ だけ ¶ 言ってみた～だ 말해본 것 뿐이다 ⑥(부정적・소극적인 표현이 딸리어) …하더라도, …할지언정 ¶ 承知しな い～も会ってはくれるだろう 승낙은 하지 않을지라도 만나주기는 하겠지 ⑦(「…～もない」의 꼴로) …할 필요도[것까지도] 없다 ¶ わざわざ行く～もない 일부러 갈 것까지도 없다

**まてがい** [馬ˆ刀貝・馬ˆ蛤貝・ˆ蟶貝] 動 긴맛, 맛조개

**まてしばし** [待てˆ暫し] 連語 (口) 잠깐 기다려, 가만있자

**まてどくらせど** [待てど暮らせど] 連語 아무리 기다려도, 기다려도 기다려도 ¶ ～来る気配がない 아무리 기다려도 올 기미가 없다

**までに** 副助 ①…까지 ¶ 月末ˆ～はできる 월말까지는 된다 ②(술어를 구성하여) …뿐, …따름 ¶ 寸志ˆ～ 촌지일 뿐

**まてんろう** [摩天楼] 마천루, 고층 건물

**まと** [的] ①과녁, 표적 ¶ 射撃の～ 사격의 표적/ ～を狙う 과녁을 겨냥하다 ②목표 ¶ ～をしぼる 목표를 좁히다 ③(관심・주의가 집중되는) 대상 ¶ 注目の～ 주목의 대상 慣用句 ――を射る ①과녁을 맞히다 ②요점을 포착하다

**まど** [窓] 창 ①창문 ¶ ～ガラス 창유리/ ～を開ける 창문을 열다 ②(比) 안과 밖을 이어주는 통로 ¶ 目は心の～ 눈은 마음의 창

**まどあかり** [窓明(かり)] 창문으로 비쳐드는 빛

**まとい** [ˆ纏] ①(옛날에) 진지에서) 장수의 소재를 알리는 표지 ②(江戸ˆ시대의) 소방대의 조(組) 표지

**まどい** [ˆ円居・ˆ団居] 名 自スル 攵 ①둘러앉음 ¶ ～して語り合う 둘러앉아 이야기하다 ②단란＝団欒

**まといつ・く** [ˆ纏い付く] 自五 착 달라붙다, 휘감기다 ¶ 子供が～いて離れない 아이가 착 달라붙어 떨어지지 않는다

**まどいばし** [惑いˆ箸] (식사할 때) 이것저것 건드리는 젓가락질

**まと・う** [ˆ纏う] I 自五 감기다, 얽히다, 달라붙다＝ まきつく ¶ 足下に猫が～ 다리 밑에 고양이가 달라붙다 II 他五 감다, 두르다, 걸치다, 입다 ¶ 一糸も～わぬ姿 실오라기 하나 걸치지 않은 모습

**まど・う** [惑う] 自五 攵 ①망설이다, 갈팡질팡하다, 당혹하다 ¶ 四十にして～ 불혹(나이) 40에 불혹이다 ②매혹되다, 빠지다 ¶ 女に～ 여자에게 빠지다

**まどう** [魔道] 攵 마도, 사도, 나쁜 길 ¶ ～に落ちたる 사도에 떨어지다

**まどお** [間遠] ヲ (거리・시간적으로) 떨어져 있음, 뜸함 ¶ 連絡が～になる 연락이 뜸해지다 ――い 形 뜸하다, 멀다

**まどか** [ˆ円か] 攵 ①둥근 모양 ¶ ～な月 둥근 달 ②온화함, 평온함, 원만함 ¶ ～な表情 온화한 표정/ ～な人柄 원만한 인품

**まどかけ** [窓掛(け)] 창을 가리는 천, 커튼

**まどガラス** [窓ガラス] 창유리

**まどぎわ** [窓際] 창가 ――ˆ族 (회사에서) 한직으로 밀려난 나이 많은 사원들

**まどぐち** [窓口] ①창구 ¶ ～の応対 창구의 응대/ ～を通す 창구를 통하다 ②외부와 절

**まとはずれ**

충하는 역할¶ 係長<sub>かかちょう</sub>を～にして交渉<sub>こうしょう</sub>する 계장을 창구로 하여 교섭하다 **一規制**<sub>きせい</sub>【經】 중앙 은행이 시중 은행에 대해 하는 지도

**まとはずれ** [的外れ] ⑦ 정곡을 벗어남, 빗나감 = 見当外<sub>みあとう</sub>れ¶ ～な質問<sub>しつもん</sub> 빗나간 질문

**まとまり** [*纏まり] ①통합, 정리 일관성¶ ～のない話<sub>はな</sub> 두서없는 이야기 ③해결, 결착, 결말¶ ～がつく 결말이 나다

**まとま・る** [*纏まる] 国国 ①한데 모이다, 통합되다¶ 意見<sub>いけん</sub>が～ 의견이 모아지다 ②정리되다, 정돈되다¶ 考<sub>かんが</sub>えが～ 생각이 정리되다 ③해결되다, 성립되다, 완성되다¶ 娘<sub>むすめ</sub>の縁談<sub>えんだん</sub>が～ 딸의 혼담이 성사되다

**まと・める** [*纏める] 他下一 ①종합하다, 한데 모으다¶ 全員<sub>ぜんいん</sub>の荷物<sub>にもつ</sub>を～めて置<sub>お</sub>いておく 전원의 짐을 한데 모아 놓아두다 ②정리하다, 정돈하다¶ 考<sub>かんが</sub>えを～ 생각을 정리하다 ③완성하다, 성립시키다, 해결하다, 매듭짓다¶ 交渉<sub>こうしょう</sub>を～ 교섭을 매듭짓다

**まとも** 〈真面〉・〈正面〉 图 ⑦ ①정면¶ ～に立<sub>た</sub>ち向<sub>む</sub>かう 정면으로 맞서다 ②성실, 착실, 건실¶ ～な暮<sub>く</sub>らし 착실한 생활

**まどり** [間取り] 방의 배치¶ ～図<sub>ず</sub> 방 배치도/ ～がいい 방의 배치가 좋다

**まどろっこし・い** 形口 굼뜨다, 답답하다

**まどろ・む** [*微睡む] 国国 (文) 잠깐 [깜박] 졸다¶ 本<sub>ほん</sub>を読<sub>よ</sub>みながらつい～ 책을 읽다가 그만 깜박 졸다

**まどわく** [窓枠] 창틀

**まどわ・す** [惑わす] 他国 ①혼란시키다, 현혹하다¶ 人心<sub>じんしん</sub>を～ 인심을 현혹하다 ②유혹하다, 꾀다¶ 甘言<sub>かんげん</sub>で～ 감언으로 꾀다

**まな** [真名・真<sub>ま</sub>字] 진서 ¶ ①한자 ②한자의 해서체

**まな** [*愛] (造語) 귀여운, 사랑스러운¶ ～娘<sub>むすめ</sub> 귀여운 딸 / ～弟子<sub>でし</sub> 사랑하는 제자

**まないた** [*俎・*俎板] 도마
慣用句
**―に載<sub>の</sub>せる** 도마에 올리다, 화제로 삼다
**―の鯉<sub>こい</sub>** 도마에 오른 고기, 상대의 처분에 맡겨진 것

**まながつお** [真魚鰹・*鯧] 動 병어

**まなこ** [眼] ①눈알, 눈동자 ②눈

**まなざし** [*眼差し・*目差し] 눈길, 시선, 눈의 표정, 눈빛¶ 優<sub>やさ</sub>しい～ 상냥한 눈길 / ～を伏<sub>ふ</sub>せる 눈을 내리깔다

**まなじり** [*眥・*眦・*眶] (文) 눈초리, 눈꼬리¶ ～をつり上<sub>あ</sub>げる 눈꼬리를 치켜올리다
慣用句
**―を決<sub>けっ</sub>する** 눈을 부릅뜨다

**まなつ** [真夏] 한여름, 성하(盛夏) **―日**<sub>び</sub> (氣) 최고 기온이 30°C 이상인 날

**まなづる** [真名<sub>ま</sub>鶴・*真<sub>ま</sub>鶴] 動 재두루미

**まなでし** [*愛弟子] 애제자, 특히 기대를 걸고 귀여워하는 제자

**まなび** [学び] (文) 배움, 학문¶ ～の庭<sub>にわ</sub> 배움터, 학교

**まなびや** [学び<sub>ま</sub>舎] 학교, 교사(校舎)

**まな・ぶ** [学ぶ] 他国 배우다¶ 공부하다¶ よく遊<sub>あそ</sub>び、よく～ 열심히 놀고, 열심히 공부하다 ②(학문・기술을) 익히다, 습득하다¶ 本<sub>ほん</sub>で～・んだ知識<sub>ちしき</sub> 책에서 배운 지식 ③가르침을 받다, 본받아 터득하다¶ 西洋文化<sub>せいようぶんか</sub>に～ 서양 문화로부터 배우다

**まなむすめ** [*愛娘] 가장 귀여워하는 딸

**まにあ・う** [間に合う] 圓国 ①늦지 않게 대다¶ 終列車<sub>しゅうれっしゃ</sub>に～ 막차 시간에 대다 ②족하다, 충분하다¶ いまのところ～・っている 지금으로서는 충분하다 ③급한 대로 쓸 수 있다, 아쉬운 대로 도움이 되다¶ 子供<sub>こども</sub>でも～ 어린애라도 아쉬운 대로 도움이 된다

**まにあわせ** [間に合(わ)せ] 임시 변통, 임시 대용품¶ ～の品<sub>しな</sub> 임시 대용품

**まにあわ・せる** [間に合(わ)せる] 他下一 ①임시 변통하다¶ 残<sub>のこ</sub>り物<sub>もの</sub>で～ 나머지로 임시 변통하다 ②정해진 시간에 대다 [마치다]¶ 締<sub>し</sub>め切<sub>き</sub>りに～ 마감에 대다

**マニきょう** [マニ教] 〔宗〕 마니교

**まにまに** [*随に] 副 (文) (「…の～」의 꼴로) …하는 대로, 되어 가는 대로¶ 風<sub>かぜ</sub>の～ 바람부는 대로 / 波<sub>なみ</sub>の～ 물결치는 대로 떠돌다

**まにんげん** [真人間] 참된 사람, 착실한 사람 ¶ 更生<sub>こうせい</sub>して～になる 갱생하여 착실한 사람이 되다

**まぬが・れる** [免れる] 他下一 면하다, 모면하다, 피하다¶ 罪<sub>つみ</sub>を～ 죄를 면하다/ 惨事<sub>さんじ</sub>を～ 참사를 모면하다

**まぬけ** [間抜け] 图 ⑦ 바보짓을 함, 멍청함, 멍청이, 얼간이¶ ～な答<sub>こた</sub>え 멍청한 대답

**まね** [真似] 图 自他スル ①흉내, 시늉¶ 猿<sub>さる</sub>～ 덮어놓고 남의 흉내를 냄 ②짓, 행동¶ ばかげた～をする 바보같은 짓을 하다

**まねき** [招き] ①초대, 초빙, 초청¶ ～に応<sub>おう</sub>じる 초청에 응하다 ②(극장 등의) 손님을 끌기 위한 간판・장식물

**まねきねこ** [招き猫] 앞발로 사람을 부르는 시늉을 하고 있는 고양이 장식물

**まね・く** [招く] 他国 ①손짓하여 부르다¶ 子供<sub>こども</sub>を～ 아이를 손짓하여 부르다 ②초대하다, 부르다¶ 誕生日<sub>たんじょうび</sub>に友人<sub>ゆうじん</sub>を～ 생일에 친구를 초대하다 ③초빙하다¶ 講師<sub>こうし</sub>として～ 강사로 초빙하다 ④초래하다, 불러일으키다¶ 誤解<sub>ごかい</sub>を～ 오해를 불러일으키다

**まねごと** [真似<sub>まね</sub>事] ①흉내, 모방; = 物<sub>もの</sub>まね ②자기가 하고 있는 일의 겸사로, 대단치 않은 일¶ まあほんの～です 그저 시늉에 지나지 않습니다

**ま・ねる** [〈真似〉る] 他下一 흉내내다, 모방하다¶ 作風<sub>さくふう</sub>を～ 작품을 모방하다 / 話<sub>はな</sub>し方<sub>かた</sub>を～ 말투를 흉내내다

**まのあたり** [目の辺り・目の当(た)り] 連語 (文) (「～に」의 꼴로) 눈 앞, 목전, 직접¶ ～に見<sub>み</sub>る 눈앞에서 보다

**まのび** [間延び] 图 自スル ①느릿함¶ ～した声<sub>こえ</sub> 느릿한 목소리 ②어딘가 흐리멍덩함¶ ～した顔<sub>かお</sub> 흐리멍덩한 얼굴

まばしら [間柱] [建] 간주
まばたき [＊瞬き] [名] [自スル] 감박임, 감박임
まばた・く [＊瞬く] [自五] 깜박이다, 깜작이다¶まぶしそうに～ 눈이 부신듯 깜작이다
まばゆ・い [目＊映い・＊眩い] [形] [文] ①눈부시다, 눈부시다¶～光<sup>ひか</sup>り 눈부신 빛 ②눈부시게 아름답다¶～ばかりの美<sup>うつ</sup>しさ 눈부실 정도의 아름다움
まばら [＊疎ら] [形] 성김, 드문드문함, 뜸함¶家いも～な村り집도 드문드문 있는 마을
まひ [麻＊痺・＊痲＊痺] [名] [自スル] 마비¶心臟<sup>しん</sup>～ 심장 마비/交通<sup>こうつう</sup>が～する 교통이 마비되다
まびき [間引き] [名] [他スル] ①솎음, 솎아냄 ② [農] (채소 등의) 솎음질 ━運転<sup>うんてん</sup> 운행 횟수를 줄여 운행함 ━菜<sup>な</sup> 솎음 채소
まび・く [間引く] [他五] ①솎아내다¶大根<sup>だん</sup>を～ 무를 솎아내다 ②(중간의 것을 빼내고, 간격을 두다) 電車<sup>でんしゃ</sup>の運転<sup>うんてん</sup>を～ 전차의 운행 횟수를 줄이다 ③(옛날에 양육이 어려워) 산아(産兒)를 죽이다
まびさし [目＊庇・＊眉＊庇] (모자 등의) 차양
まひる [真昼] 한낮, 대낮, 백주＝白晝<sup>はく</sup><sup>ちゅう</sup>¶～の太陽<sup>たいよう</sup> 한낮의 태양
まひわ [真＊鶸] [動] 검은방울새
まふ [間夫] 샛서방, 정부, (특히) 창녀의 정부
まぶか [目深] [ダ] (모자 등을) 눈이 가려질 정도로 깊이 눌러 씀¶帽子<sup>ぼうし</sup>を～にかぶる 모자를 깊이 눌러 쓰다
まぶし [＊蠶薄・＊蠶＊簇] [農] 잠족(蠶簇), 섶
まぶし・い [＊眩しい] [形] 눈부시다 ①(빛이 강해) 눈을 뜰 수 없다¶～夏<sup>なつ</sup>の光<sup>ひかり</sup> 눈부신 여름 햇살 ②(아름다워서) 똑바로 볼 수 없다¶目<sup>め</sup>にも～花嫁姿<sup>はなよめすがた</sup> 보기에도 눈부신 새색시의 자태
まぶ・す [塗す] [他五] (가루 등을) 골고루 묻히다, 바르다¶もちに黄粉<sup>きな</sup>を～ 떡에 콩고물을 묻히다
まぶた [＊瞼・目＊蓋] 눈꺼풀¶～が重<sup>おも</sup>い 눈꺼풀이 무거워지다, 잠이 오다
まふたつ [真二つ] [ダ] 딱 두쪽, 두 동강¶～まっぷたつ¶～に割<sup>わ</sup>る 두 동강으로 쪼개다
まぶたのはは [＊瞼の母] 기억 속에 남아있는 어머니의 모습
まぶち [目縁] 눈가, 눈언저리¶～を泣<sup>な</sup>きはらす 울어서 눈가가 퉁퉁 붓다
まふゆ [真冬] 한겨울 ━日<sup>び</sup> [氣] 최고 기온이 0℃ 미만인 날
まほ [真帆] ①돛에 똑바로 바람을 가득 받음, 순풍에 단 돛 ⇔片帆<sup>かたほ</sup> ②그 배의 중심 돛
まほう [魔法] 마법, 요술, 마술¶～をかける 마법을 걸다/～を使<sup>つか</sup>う 요술을 부리다 ━使<sup>つか</sup>い 마법사, 요술사 ━瓶<sup>びん</sup> 보온병
マホメットきょう [マホメット教] [宗] 마호메트교, 이슬람교, 회교＝イスラム教<sup>きょう</sup>
まぼろし [幻] ①환상, 환영¶～を追<sup>お</sup>う 환상을 쫓다 ②곧 사라지는 [덧없는 것]¶～の世<sup>よ</sup> 덧없는 세상 ③[名] 존재가 확인되지 않은 것¶～の名畵<sup>めいが</sup> 존재 미확인의 명화

まま [＊儘] ①[名] 뜻대로, 생각대로¶人生<sup>じん</sup><sup>せい</sup>は～にならない 인생은 뜻대로 되지 않는다 ②[形式] 되는대로 맡김, 그대로 됨¶～したい ～にさせておく 하고 싶은 대로 내버려 두다 ③[形式] 그 상태 그대로, …대로¶昔<sup>むかし</sup>の～の景色<sup>けしき</sup> 옛날 그대로의 경관
まま [＊繼] [造語] 혈연 관계가 없는 친자 관계¶～母<sup>はは</sup> 계모/～子<sup>こ</sup> 의붓자식
まま [間間] [副] (ロ) 간간이, 때때로, 가끔, 간혹¶失敗<sup>しっぱい</sup>することが～ある 실패하는 일이 간혹 있다
ままおや [＊繼親] 계부모, 의붓부모
ままこ [＊繼子] ①의붓자식 ②따돌림을 받는 사람 ━扱<sup>あつか</sup>い [名] [他スル] 의붓자식 취급함, 따돌림 ━虐<sup>いじ</sup>め 의붓자식 학대
ままこ [＊繼粉] 반죽이 잘 안되어 덩어리진 것
ままごと [＊飯事] 소꿉놀이, 소꿉장난
ままし・い [＊繼しい] [形] 배다르다, 의붓부모와 자식의 관계이다¶～仲<sup>なか</sup> 배다른 사이
ままちち [＊繼父] 계부, 의붓아버지＝けいふ
ままならぬ [連體詞的に] 뜻대로 되지 않다¶～人生<sup>じん</sup><sup>せい</sup> 뜻대로 되지 않는 인생
ままはは [＊繼母] 계모, 의붓어머니＝けいぼ
ままよ [＊儘よ] [感] 될 대로 되라지, 아무래도 좋다¶ええ、～、なるようになれ 에라 모르겠다 될 대로 되라지
まみ [目見] [文] (보는) 눈빛, 눈매, 눈초리
まみ [魔魅] 마물, 사람을 미혹시키는 것
まみ・える [見える] [自下一] ①「会<sup>あ</sup>う」의 겸사말, (윗사람을) 만나뵙다, 배알하다, 알현하다¶主君<sup>しゅくん</sup>に～ 주군을 배알하다 ②만나다, 대면하다¶敵<sup>てき</sup>に～ 적과 만나다
まみず [真水] 민물, 담수(淡水)
まみ・れる [＊塗れる] [自下一] (땀・먼지 등이 묻어) 더러워지다, …투성이가 되다¶泥<sup>どろ</sup>に～れて働<sup>はたら</sup>く 진흙투성이가 되어 일하다
まむかい [真向(か)い] 바로 마주봄, 정면, 맞은편¶～の席<sup>せき</sup> 맞은편 자리
まむし [＊蝮] [動] 살무사
むすび [真結び] 옭매, 옭매듭＝小間結<sup>こまむす</sup>び
まめ [＜肉刺＞] 물집¶～ができる 물집이 생기다
まめ [豆] ①콩, 대두¶～かす 콩깻묵 ②콩과 비슷한 종자¶コーヒー～ 커피콩 ③(造語) ㉠작음, 소형¶～電車<sup>でんしゃ</sup> 꼬마 전구 ㉡어린이를 가리킴¶～博士<sup>はか</sup>せ 꼬마 박사
まめ [忠實] [ダ] ①성실함, 진실함, 착실함, まじめ¶～な人<sup>ひと</sup> 성실한 사람 ②바지런함, 근면함¶～に働<sup>はたら</sup>く 바지런히 일하다 ③건강함¶～に暮<sup>く</sup>らす 몸 성히 지내다
まめいた [豆板] ①볶은 콩을 녹인 설탕에 버무려 납작하게 굳힌 과자 ②[建] 콘크리트 표면에 자갈이 뭉쳐 생긴 요철 ━銀<sup>ぎん</sup> 江戶<sup>えど</sup> 시대의 콩 모양의 은화(銀貨)＝豆銀<sup>まめぎん</sup>
まめかす [豆＊粕] 콩깻묵
まめがら [豆＊幹] (타작하고 남은) 콩가지・콩대・콩깍지
まめしぼり [豆絞り] 콩알만한 둥근 무늬를 훌치기 염색한 천

まめぞう [豆蔵] ①(근세에) 요술·곡예를 하거나 익살스런 몸짓·빠른 말투로 사람들을 웃기며 동냥하던 거리의 연예인 ②수다스러운 사람을 비웃어 일컫는 말
まめたいふう [豆台風] [氣] 소형 태풍
まめたん [豆炭] 조개탄
まめつ [摩滅·磨滅] [名][自スル] 마멸¶ 碑文ゥ̈ミが～する 비문이 마멸되다
まめでっぽう [豆鉄砲] 콩을 넣어 쏘는 장난감 대나무 총
まめほん [豆本] 아주 작은 책
まめまき [豆蒔き·豆撒き] ①밭에 콩을 뿌림 ②입춘 전날 밤 액막이로 볶은 콩을 뿌리는 행사
まめまめし・い [形] 바지런하다, 착실하다¶～・く働ゖたく 부지런히 일하다
まめめいげつ [豆名月] 음력 9월 13일 밤의 달
まめやか [〈忠実〉やか] [ナ][文] 바지런함, 성실함, 충실함¶～に働ゖたく 부지런히 일하다¶～に世話ゼゎをする 충실히 시중을 들다
まもう [摩耗·磨耗] [名][自スル] 마모¶ タイヤが～する 타이어가 닳다
まもなく [間も無く] [副] 곧, 이윽고, 머지않아¶～春ボが来ゥる 머지않아 봄이 온다
まもの [魔物] 마물 ①요괴¶～が出ィる 요괴가 나타나다 ②[比] 사람을 미혹시키는 것, 요물¶ 女ォナミは～だ 여자는 요물이다
まもり [守り] ①지킴, 수비, 방비¶ 国ゥニの～ 나라를 지킴; 국방/～を固ヵタめる 수비를 단단히 하다 ②(신불의) 가호, 수호, 수호신¶「守ヵゕり札ヵだ」의 준말 一刀ボた 호신용 칼
まもりがみ [守り神] 수호신
まもりふだ [守り札] 부적(符籍)＝ お守ォまり
まもりほんぞん [守り本尊] 수호신으로 모시는 부처
まも・る [守る·護る] [他五] 지키다 ①방어하다, 수호하다¶ 国ゥニを～ 나라를 수호하다 ②따르다, 준수하다¶ 法ゥを～ 법을 지키다 ③[野] 수비하다¶ 外野ォニゃを～ 외야를 수비하다
まやかし 속임수를 씀, 속임수, 가짜¶～もの 가짜 (물건)
まやく [麻薬] [薬] 마약¶～中毒ヂェっ 마약 중독
まゆ [*眉] 눈썹＝ まゆげ¶ 太ァとい～ 굵은 눈썹/～を落ォとす 눈썹을 밀다
[慣用句]
— が曇クもる 눈살을 찌푸리다, 근심스러운(불쾌한) 얼굴을 하다
— に唾ッばを塗ヌる 속지 않도록 조심하다
— に火ャがつく 몹시 다급하다
— 一ッつ動ゥごかさない 눈썹 하나 까딱하지 않다, 동요하지 않다, 심중을 드러내지 않다
— を引ぃく 눈썹을 그리다
— を顰ひそめる 눈살을 찌푸리다, 근심스러운(불쾌한) 얼굴을 하다＝ 眉を寄ょせる
— を開ひらく 눈살을 펴다, 겨우 안심하다
まゆ [繭] [動] ①고치 ②누에고치
まゆげ [*眉毛] 눈썹＝ 眉ゅ̈ね¶ 濃ヵい～ 짙은 눈썹
まゆじり [*眉尻] 눈썹 꼬리 ⇔ 眉根ょね

まゆずみ [*眉墨·*黛] 눈썹 그리는 먹
まゆだま [繭玉] 버드나무·대나무 가지에 누에고치 모양의 떡이나 과자를 단 설날 장식
まゆつば [*眉*唾] [名] ①속지 않도록 조심함 ②「まゆつばもの」의 준말 一物ヵ (口) (속지 않도록 조심해야 할) 미심쩍은(수상한) 것
まゆね [*眉根] 이마 중앙에 가까운 눈썹의 끝⇔ 眉尻ヵヵじり¶～を寄ょせる 미간을 찌푸리다
まゆみ [*檀] [植] 참빗살나무
まよい [迷い] ①헤맴, 망설임, 미혹¶ 心こゕの～ 마음의 미혹 ②성불(成佛)에 방해가 되는 죽은 사람의 망집¶～を断ボつ 미망을 끊다
まよ・う [迷う] [自五] ①헤매다, 길을 잃다¶ 山中ゥゕで道ょに～ 산중에서 길을 잃다 ②망설이다, 갈피를 못 잡다¶ 返答ゅだに～ 대답을 망설이다 ③미혹되다, 빠지다¶ 女ォゕの色香ぃぁに～ 여색에 빠지다 ④[佛] (죽은 이의 망령이) 성불하지 못하고 헤매다¶～・わず成仏ょゥを̈つ 헤매지 말고 성불하라
まよけ [魔除け] 부적＝ お守りもり
まよこ [真横] 바로 옆¶～に座ゎる 바로 옆에 앉다
まよなか [真夜中] 한밤중, 심야＝ 深夜レん
まよわ・す [迷わす] [他五] 헷갈리게 하다, 현혹시키다, 미혹시키다＝ まどわす¶ 人心シん～ 인심을 현혹시키다
まら [魔羅] 마라 ①[佛] 불도 수행의 방해물, 마 ②[俗] 음경(陰莖)
まり [*鞠·*毬] 공¶ ゴム～ 고무공/～をつく 공을 치다
マリア (Maria) 마리아, 성모 마리아 一観音ヵん 江戸ェどェ幕府ぱくの 천주교 금제하에서 신도들이 성모 마리아에 비겨 숭배했던 관음상
まりも [*毬藻] [植] 담수호에 서식하는 둥근 모양의 녹조류
まりょく [魔力] 마력¶ 神秘ぃな～ 신비한 마력
まる [丸] I [名] ①[円] 동그라미, 둥근 것¶ 指先ゅざに～を描ゕく 손가락끝으로 동그라미를 그리다 ②전체, 전부¶～のまま書ゕき写ぅす 통째로 베껴 쓰다 ③(일본어의) 마침표·반탁음 부호¶～を打ぅつ 마침표를 찍다 ④정답·합격의 뜻으로 쓰는 표시, 동그라미 ⇔ ばつ¶ 正解ぃに～をつける 정답에 동그라미를 치다 ⑤성곽의 내부¶ 本ょん～ 성(城)의 본채 ⑥[俗] 돈 II [接頭] ①전체·전부의 뜻을 나타냄, 만, 온통, 꼬박¶～一日ょに꼬박 하루/～裸ひた 벌거숭이 ②「그대로」의 뜻을 나타냄¶～写ぅつし 그대로 베낌/～かじり 통째로 씹어먹음 III [接尾] 배·칼·아이 등의 이름에 덧붙이는 말¶ 日本ほん～ 일본호(號)/牛若ゎゕ～·源義経ゎʌょっねの 어릴 때 이름
まるあらい [丸洗い] [名][他スル] (옷 등을 뜯지 않고) 그대로 세탁함＝ 解ときて洗ぁらい
まるあんき [丸暗記] [名][他スル] (내용을) 통째로(그대로) 욈＝ 棒暗記ほぅぁんき
まる・い [円い·丸い] [形] ①둥글다¶～月ゥき 둥근 달/～く切ﾕゑる 둥글게 자르다 ②(둥그렇게) 굽다¶ 背中ゕなが～ 등이 굽다 ③원만

**まるまる**

하다. 온건하다 ¶ ～・くおさめる 원만하게 수습하다

慣用句

**一卵**らん**も切**きり**りようで四角**しかく (比) 일이란 다루기에 따라서 원만하게도 모나게도 된다

**まる うち** 【丸打ち】 (실 등을) 둥그렇게 꼼, 그렇게 꼰 끈

**まる うつし** 【丸写し】 I 名 他スル 통째로〔그대로〕베낌 ¶ 答案とうあんを～する 답안을 그대로 베끼다 II 名 꼭 닮음 ¶ 弟おとうとの顔かおは祖父そふに～だ 동생의 얼굴은 할아버지를 쏙 빼닮았다

**まる えり** 【丸襟】 ①끝을 둥글린 깃 ②천의 폭 그대로 만든 羽織はおり의 깃

**まる おび** 【丸帯】 (천의 폭을 두겹으로 접고 심을 넣어 만든) 여자 예복용 넓은 띠

**まる がお** 【丸顔・円顔】 둥근 얼굴

**まる がかえ** 【丸抱え】 ①포주가 기생의 생활비를 전담함 ②모든 비용을 대줌 ¶ 会社かいしゃの旅行りょこうの会社が 모든 비용을 부담하는 여행

**まる がり** 【丸刈(り)】 머리를 짧게 깎음, 그런 머리 (모양) ¶ ～にする 머리를 짧게 깎다

**まる き** 【丸木】 통나무 = まるた —**橋**ばし 외나무다리 —**船**ぶね 통나무배

**マルキシズム** (Marxism) 마르크시즘, 마르크스주의 = マルクスシズム

**まる ぎり** 【丸切り】 副 《부정의 말이 딸리어》 전연, 전혀, 도무지 = まるっきり ¶ ～できない 전혀 못한다/ ～手てが出でない 도무지 손을 쓸 수가 없다

**マルク** (독 Mark) 마르크, 독일의 화폐 단위

**まる ぐけ** 【丸絎】 ①(끈・띠 등을) 둥글게 공그름, 그런 것 ②「丸絎帯まるぐけおび」의 준말, 안에 솜 등을 넣고 둥글게 공그른 남자용 허리띠

**マルクスしゅぎ** 【マルクス主義】 마르크스 주의

**まる くび** 【丸首】 (셔츠 등의) 목둘레를 둥글게 판 것 ¶ ～のセーター 목을 둥글게 판 스웨터

**まる こう** 【丸公】 공정 가격을 나타내는 기호, 공정 가격

**まる ごし** 【丸腰】 名 ①(무사가) 칼을 차지 않고 있음 ②무기가 없음, 비무장 ¶ ～の警官けいかん 비무장 경관

**まる ごと** 【丸ごと】 副 통째로, 그대로 ¶ ～運はこぶ 그대로 옮기다/ りんごを～かじる 사과를 통째로 베어 먹다

**まる ざい** 【丸材】 (껍질만 벗긴) 통나무 재목

**まる シー** 【丸C】 (출판물의) 저작권 심볼 마크

**まる せ** 【丸背】 版 책 제본의 등 부분이 둥그스름한 것 ⇔ 角背かくせ

**まる ぞめ** 【丸染(め)】 (옷 등을 뜯지 않고) 그대로〔통째로〕염색함, 그런 것

**まる ぞん** 【丸損】 (口) 고스란히 손해를 봄 ⇔ まるもうけ ¶ ～になる 고스란히 손해를 보다

**まる た** 【丸太】 통나무 —**小屋**ごや 통나무 집

**まる だし** 【丸出し】 名 (숨김없이) 모조리 드러냄 = むき出だし ¶ お国くになまり～でしゃべる 순 시골 사투리로 지껄이다

**まるたん ぼう** 【丸太ん棒】 (口) 통나무

**マルチ** (multi) (造語) 멀티, 다수의, 복합의, 다양한, 다방면의 ¶ ～タレント 다양한 재능/ ～チャンネル 멀티 채널, 다중 통신 —**商法**しょうほう 〖經〗 멀티 상법, 피라밋 판매 방식 —**メディア** (multimedia) 〖情〗 멀티미디어

**まるっきり** 【丸っ切り】 副 (口) 《부정의 말이 딸리어》 도무지, 전혀, 전연 ¶ ～意気地いくじがない 도무지 기개가 없다

**まるっこ・い** 【丸っこい】 形 (口) 둥그스름하다 ¶ ～顔かお 둥그스름한 얼굴

**まる つぶれ** 【丸潰れ】 名 완전히 부서짐〔찌부러짐〕, 엉망이 됨 ¶ 面目めんぼくは～ 체면이 말이 아님/ 計画けいかくが～だ 계획이 엉망이 되었다

**まる で** 【丸で】 副 ①(흔히 「ようだ・みたいだ」 등의 말이 딸리어) 마치, 꼭 ¶ ～仏ほとけのような人ひと 마치 부처님 같은 사람 ②(부정하는 말이 딸리어) 전혀, 전연, 도무지 ¶ ～だめだ 전연 못쓰겠다/ ～違ちがう 전혀 다르다

**まる てんじょう** 【円天井・丸天井】 ①〖建〗 반구형의 천장 = ドーム ②〖文〗 하늘, 창공

**まる どり** 【丸取り】 名 他スル 독차지함, 통째로 가짐 ¶ もうけを～する 이익을 독차지하다

**まる ね** 【丸寝】 名 自スル 옷을 입은 채로 잠 ¶ 疲つかれて～する 지쳐서 옷을 입은 채로 자다

**まる のみ** 【丸呑み】 名 他スル ①통째로 삼킴 ¶ だんごを～にする 경단을 통째로 삼키다 ②무조건 받아들임 = 鵜呑うのみ ¶ 人ひとの話はなしを～にする 남의 말을 무조건 믿다 ③(요구 등을) 모두〔그대로〕받아들임 ¶ 要求ようきゅうを～にする 요구를 모두 수용하다

**まる はだか** 【丸裸】 ⑦ ①벌거숭이, 알몸, 맨몸 = まっぱだか ¶ ～の少年しょうねん 벌거숭이 소년 ②무일푼, 빈털터리 ¶ 火事かじで～になる 화재로 빈털터리가 되다

**まる ばつ** 【丸ばつ】 (口) (정오(正誤) 판정에 쓰는) O표와 X표, 오엑스 ¶ ～式しきのテスト 오엑스식 테스트

**まる はば** 【丸幅】 온폭, (천의) 짠 그대로의 폭

**まる ひ** 【丸秘】 名 (口) 기밀 사항, 비밀로 취급하지 않으면 안됨 ¶ ～情報じょうほう 기밀 정보

**まる ぼう** 【丸暴】 (隱) ①폭력단 ②폭력단 담당 부서・형사, 강력계

**まる ぼうず** 【丸坊主】 ①빡빡 깎은 머리, 까까머리 ¶ ～の子供こども 까까머리 아이 ②헐벗은 산, 민둥산 ¶ 山やまが～になる 민둥산이 되다

**まる ぼし** 【丸干(し)】 (생선・무 등을) 통째로 말림, 그렇게 말린 것 ¶ いわしの～ 통째로 말린 정어리

**まる ぽちゃ** 【丸ぽちゃ】 ⑦ (俗) (어린이・여자의) 얼굴이 둥글고 포동포동함 ¶ ～の幼顔おさながお 둥글고 포동포동한 어릴 때의 얼굴 모습

**まる まげ** 【丸髷】 기혼 여성의 일본식 머리형의 하나

**まるまっち・い** 【丸まっちい】 形 (口) 둥글고 작다 ¶ ～目め 둥그랗고 작은 눈

**まる まど** 【円窓・丸窓】 둥근 창

**まる まる** 【丸丸】 I 名 ①2중 동그라미 ②(일・사람 등을) 분명히 밝히기를 꺼릴 때 쓰는 기호 ▷ 「○○」라고 표기함 ¶ 例れいの～さん 예

**まるまる** 의 ○○씨 **Ⅱ** 圖 완전히, 전부, 꼬박¶ ～損をする 몽땅 손해 보다 **Ⅲ** 圖 토실토실¶ ～とした顔 토실토실한 얼굴

**まる・む**【丸む】自五 둥그렇게 되다¶ 背中が～ 등이 둥그렇게 굽다

**まる み**【丸み・円み】①둥그스름한 느낌¶ ～を帯びる 둥그스름해지다 ②원만한 느낌¶ 人間に～が出る 사람이 원만해지다

**まる みえ**【丸見え】죄다[훤히] 보임¶ 意図が～だ 의도가 훤히 보이다

**まる むぎ**【丸麦】통보리

**まるめこ・む**【丸め込む】他五 ①말아[뭉쳐] 넣다¶ 手紙をポケットに～ 편지를 호주머니에 쑤셔 넣다 ②교묘하게 설득하다, 잘 구슬리다¶ 部下を～ 부하를 잘 구슬리다

**まる・める**【丸める】他下一 ①둥글게 하다, 뭉치다¶ 紙片を～ 종잇조각을 뭉치다 ②(《頭を》의 꼴로) (출가·사회를 위해) 머리를 깎다¶ 頭を～めて出直す 머리를 깎고 다시 시작하다 ③교묘하게 설득하다, 잘 구슬리다＝まるめこむ

**マルメロ**〈포 marmelo〉植 마르멜로

**まる もうけ**【丸儲け】(口) 고스란히 이득을 봄 [벎] ⇔ 丸損¶ 坊主が～ 밑천 안 들이고 고스란히 이득을 봄

**まる やき**【丸焼き】통구이¶ 豚の～ 돼지 통구이

**まる やけ**【丸焼け】몽땅 타 버림, 전소¶ 家が～になる 집이 몽땅 타 버리다

**まる やね**【円屋根・丸屋根】반구형의 지붕

**まれ**【*稀・*希】ナ 희귀함, 드묾, 좀처럼 없음¶ ～な昆虫 희귀한 곤충
慣用句
――に見る 보기 드물다

**まろ**【*麿】國 마로 | (일본식 한자) 남자 이름에 붙임 ▷「麻」와「呂」를 합자(合字)하여 일본말「まろ」에 맞춘 글자

**マロニエ**〈프 marronnier〉植 마로니에

**まろ やか**【*円やか】ナ ①둥그스름함¶ ～な体つき 둥그스름한 몸매 ②(맛이) 순함, 부드러움¶ ～な風味 순한 풍미

**まわし**【回し・*廻し】①(造語) 돌림¶ 皿～ 접시 돌리기¶ ねじ～ 나사돌리개 ②(造語) 돌려가면서 함¶ たらい～ 차례로 돌림 ③(造語) (예정 등을) 뒤로 돌림[돌림]¶ あと～ 뒤로 미룸 ④(相撲) 샅바¶ ～をしめる 샅바를 졸라 매다 ⑤창녀가 하룻밤에 여러 손님을 받음¶ ～を取る 창녀가 하룻밤에 여러 손님을 받음 ⑥「二重」의 준말. 일본옷 위에 입는 소매 없는 남성용 외투

**まわしのみ**【回し飲み】名他スル 돌려가며 마심

**まわしもの**【回し者】첩자, 염탐꾼, 간첩＝間者¶ 敵の～ 적의 첩자

**まわ・す**【回す・*廻す】他五 ①돌리다, 회전시키다¶ こまを～ 팽이를 돌리다 ②(차례로) 돌리다¶ 回覧板を～ 회람판을 돌리다 ③(필요한 장소로) 보내다, 옮기다¶ 車を玄関に～ 차를 현관으로 보내다 ④(다른 용도로) 전환시키다¶ 旅行の費用を貯金に～ 여행 비용을 저금으로 돌리다 ⑤대립하는 위치에 놓다¶ 敵に～ 적으로 돌리다 ⑥두르다, 둘러치다¶ 塀を～・した家 담을 둘러친 집 ⑦(구석구석까지) 손을 쓰다, 모든 곳에 미치게 하다¶ 事前に手を～ 사전에 손을 쓰다 ⑧(돈을) 굴리다, 놀리다¶ 年一割りで～ 연 1할 이자로 (돈을) 굴리다 ⑨(補助) (동사 연용형에 붙어) 어느 범위 전체에 …하다¶ 自転車を乗り～ 자전거를 타고 돌아다니다

**ま わた**【真綿】풀솜
慣用句
――で首を締める 풀솜으로 목을 조르다, 에둘러서 추근추근 괴롭히다
――に針を包む 풀솜에 바늘을 싸다, 겉으로는 부드럽게 보여도 내심 악의를 품고 있다

**まわり**【回り・*廻り】①돎, 회전¶ エンジンの～ 엔진의 회전¶ 頭の～が早い 두뇌 회전이 빠르다 ②(작용이) 미침, 퍼짐¶ 酒の～が早い 술 기운이 빨리 돌다 ③돌아가는 길, 우회로¶ 道をはかなり～になる 길은 상당히 우회하게 된다 ④(造語) 차례로 방문함, 순방¶ あいさつ～ 인사차 돎 / お得意さ～ 거래처[단골집] 순방 ⑤(造語) (명사에 붙어) 경유, 순회¶ 海岸～のバス 해안 순회 버스 / 信越線～で行く 信越線 경유로 가다 ⑥(造語) 크기·굵기 등의 차이를 막연히 나타내는 말¶ 一～大きいサイズ 하나 더 큰 사이즈 ⑦(助数) 12년을 1기로 한 동갑의 차¶ 姉と一～違う 언니와 12살 차이다

**まわり**【周り】①둘레, 주위¶ 池の～ 연못 주위 / 首～ 목둘레 ②부근, 근처, 주변¶ 身の～ ・ 신변 / 家の～で遊ぶ 집 부근에서 놀다 ③(造語) (작업·공사 등의) 관련 설비¶ 洗面所などの水～を点検する 화장실 등의 배수 설비를 점검하다 ④(助数) 둘레를 도는 횟수를 세는 말. 바퀴¶ 地球を一～する 지구를 한 바퀴 돌다

**まわりあわせ**【回り合(わ)せ】운명, 운수＝めぐりあわせ¶ 妙な～ 묘한 운명

**まわりえん**【回り縁】建 바깥 툇마루

**まわりぎ**【回り気】의심이 많은 성질

**まわりくど・い**【回りくどい】形 (말 등을) 빙 둘러서 하다, 에두르다¶ ～話 빙 둘러서 하는 얘기

**まわりどうろう**【回り灯*籠】회전등, 주마등

**まわりどお・い**【回り遠い】形 ①(길이) 빙 돌아 멀다 ②(에둘러서) 번거롭다

**まわりばん**【回り番】①차례로 담당함, 순번, 윤번¶ ～で仕事をする 윤번으로 일을 하다 ②번들 차례

**まわりぶたい**【回り舞台】藝 (歌舞伎에서) 회전 무대

**まわりみち**【回り道・回り*路】名自スル (길을) 돌아서 감, 우회로¶ ～をして行く 길을 돌아서 가다

**まわりもち**【回り持ち】名自スル (일·역할 등

을) 차례로 담당함¶ 夜番ばん을 ~にする 밤당번을 돌아 가며 맡기로 하다
**まわ·る**〖回る·*廻る〗自五 ①돌다, 회전하다¶ 風車かざぐるまがくるくる~ 풍차가 빙글빙글 돌다 ②(차례로) 돌다¶ 仕事ごと が~ってくる 일이 돌아오다 ③(주위를) 돌다¶ 地球ちきゅうは太陽たいようの周まわりを~ 지구는 태양의 주위를 돈다 ¶ 世界各国せかいかっこく을~ 세계 각국을 돌아다니다 ⑤(위치·담당이) 바뀌다, 옮기다¶ 受うけ身みに~ 수세로 바뀌다 ⑥들르다, 우회하다¶ 得意先とくいさきを~ 거래처를 들르다 ⑦(전체에) 퍼지다, 미치다¶ からだ中じゅうに毒どくが~ 온몸에 독이 퍼지다 ⑧(기능이) 잘 돌다, 잘 움직이다¶ 頭あたまが~ 머리가 잘 돌아가다 ⑨(시각이) 지나다¶ 五時じを少すこし~ 5시를 조금 지나다 ⑩돈을 굴리다, 이익이 생기다¶ この投資とうしは年ねん一割いちわりで~ 이 투자는 연 1할의 이익이 생긴다 ⑪(「目めが~」의 꼴로) 눈이 핑 돌다, 어지럽다 ⑫(補助)(동사 連用形에 붙어)(여기저기) …하고 다니다¶ にげ~ 도망쳐 다니다/教室きょうしつを走はしり~ 교실을 뛰어다니다
**まわれみぎ**〖回れ右〗名自スル ①(구령에서) 뒤로 돌아 ②제자리로 되돌아감, 반대를 향함
**まん**〖万〗〖萬〗音 マン·バン 訓よろず|(음) 만. Ⅰ(造語) ①(수의) 만¶ 一万円いちまんえん 일만엔 ②수가 많음, 다수¶ 万物ばんぶつ 만물·万病ばんびょう 만병 ③(「バン」으로 읽어서) 모든 것, 모두¶ 万事ばんじ 만사·万能ばんのう 만능 ▷「萬」은 「갖은자」[熟字訓] 万年青 만년청·万寿果 파파야 Ⅱ(1)(수의) 만¶ ~の単位たんい 만 단위 ②수가 많음, 다수¶ ~という車くるまが押おし寄よせる 수많은 자동차가 몰려 오다
**まん**〖満〗〖滿〗音 マン 訓みちる·みたす|(음) 만. Ⅰ(造語) ①꽉차다, 가득 차다¶ 満員まんいん 만원·充満じゅうまん 충만¶ 満潮まんちょうとなる 만조가 되다·満潮まんちょう 만조·干満かんまん 간만 ③흡족하다¶ 満喫まんきつ 만끽, 不満 불만 ④고루 미치다, 충분하다, 전체¶ 満開まんかい 만개·満場まんじょう 만장 ⑤「満年齢まんねんれい」의 준말¶ 満一歳まんいっさい 만1세 ⑥「満州まんしゅう」의 준말¶ 満蒙まんもう 만주와 몽고 ⑦외국어「マン」의 차음자¶ 満俺マンガン 망간 [熟字訓] 満天星 등대꽃 Ⅱ(文) 충분함. 충만함, 가득 참 ②만연령, 만나이¶ ~で六歳ろくさい 만으로 6세
〖慣用句〗
─**を持**じ**す** 충분히 준비하고 기회를 기다리다
─**を引**ひ**く** ①활시위를 충분히 당기다 ②술잔에 가득 채워 마시다
**まん**〖慢〗音 マン 訓おこたる·あなどる|(음) 만.(造語) ①게을리 하다¶ 慢然まんぜん 만연·息慢たいまん 태만 ②얕보다, 깔보다¶ 慢罵まんば 만매 ③거만하다, 교만하다¶ 慢心まんしん 만심·驕慢きょうまん 교만·自慢じまん 자만 ④늦다, 느리다, 오래 끌다¶ 慢性まんせい 만성·緩慢かんまん 완만
**まん**〖漫〗音 マン 訓みだりに·そぞろに|(음)만. (造語) ①물이 끝없이 차 있는 모양¶ 漫漫まんまん 만만 ②가득 차다, 널리 퍼지다¶ 弥漫びまん 미만·爛漫らんまん 난만 ③산만하다, 종잡을 수 없다¶ 散漫さんまん 산만·放漫ほうまん 방만 ④제멋대로, 하고 싶은 대로¶ 漫画まんが 만화·漫然まんぜん 만연 ⑤외국어「マン」의 차음자¶ 浪漫ロマン 로망·浪漫斯ロマンス 로맨스
**まん**〖*蔓〗音 マン つる|(음)만.(造語) 덩굴풀, 덩굴, 덩굴처럼 뻗어나가다¶ 蔓延まんえん 만연·蔓生まんせい 만생
**まんいち**〖万一〗 만일 Ⅰ名 만에 하나¶ ~の場合ばあいに備そなえる 만일의 경우에 대비하다 Ⅱ副 (가정 표현으로 써서) 만약, 혹시¶ ~火事じにでもなったら 만약 불이라도 난다면
**まんいん**〖満員〗名 만원¶ ~電車でんしゃ 만원 전차
**まんえつ**〖満悦〗名自スル(文) 만족하여 기뻐함¶ 服ふくを新あたらしくしてご~の体てい 옷을 새로 지어 만족하여 기뻐하시는 모습
**まんえん**〖*蔓延〗名自スル 만연¶ 悪習あくしゅうが~する 악습이 만연하다 **一体**〖表〗 만연체
**まんが**〖馬鍬〗「まぐわ」의 변한말
**まんが**〖漫画〗 ①회화, 풍자화 ②만화¶ ~家 만화가/ 4コマ~ 4컷 만화 ③코믹, 해학
**まんかい**〖満会〗(契의) 만기[최종회]
**まんかい**〖満開〗名自スル 만개, 만발¶ 桜さくらが~になる 벚꽃이 만개되다
**まんがいち**〖万が一〗名副 → まんいち
**まんがく**〖満額〗 요구·계획한 금액에 달함, 그런 금액¶ 預金よきんが~に達たっする 예금이 목표 금액에 이르다
**まんかぶ**〖満株〗名〖經〗 주식 청약수가 모집수에 달함
**まんかん**〖満干〗(文) 간만, 만조와 간조
**まんがん**〖万巻〗(文) 많은 책¶ ~の書しょを読破どくはする 많은 책을 독파하다
**まんがん**〖満願〗 만원. (기한을 정해 신불에 발원한) 그 기한이 다 됨¶ 今日きょうで~になる 오늘로써 만원이 되다
**マンカン**〖*満貫·満款〗(마작에서) 만관. 규정된 최고점(으로 끝남)
**マンガン**〖독 Mangan〗〖化〗 망간
**まんかんしょく**〖満艦飾〗 만함식 ①(경축일 등에) 군함을 만국기·신호기 등으로 장식함 ②(俗) 여자가 화려하게 차려 입음 ③(俗) 빨래를 잔뜩 널어놓음¶ 洗濯物せんたくもので~のベランダ 빨래를 잔뜩 널어놓은 베란다
**まんき**〖満期〗 만기¶ 保険ほけんが~になる 보험이 만기가 되다
**まんきつ**〖満喫〗名他スル 만끽 ①마음껏 먹고 마심¶ 山海さんかいの珍味ちんみを~する 산해 진미를 만끽하다 ②충분히 맛보아 즐김¶ 自由じゆうを~する 자유를 만끽하다
**まんきん**〖万金〗 만금. 많은 돈¶ ~の価値かち 만금의 가치/ ~を積つむ 많은 돈을 모으다 **一丹** 만금단. 위장 질환·해독 등에 쓰는 환약
**まんきん**〖万鈞〗名(文) 만균. 굉장한 무게 = ばんきん¶ ~の重おもみ 만균의 무게
**まんぎん**〖漫吟〗名他スル(文) 만음. 흥이 나는 대로 시가를 지음[읊조림]
**まんげきょう**〖万華鏡〗 만화경

**まんげつ**【満月】만월. 보름달= もちづき
**まんげん**【万言】온갖 말. 많은 말¶ ～を費やして説明する 온갖 말을 다해 설명하다
**まんげん**【漫言】(文) 만언. 두서없는 말= まんご¶ 放語ホウ～ 방어 만언/～を慎ツツシむ 만언을 삼가다
**まんご**【漫語】(文) → まんげん(漫言)
**まんこう**【満腔】图(文) 만강. 전신. 온몸¶ ～の謝意シャ 만강의 사의
**マンゴー**(mango)[植] 망고
**まんごくどおし**【万石通し】→ せんごくどおし
**まんざ**【満座】만좌. 만장. 일좌(一座)¶ ～の関心カンを集アツめる 만좌의 관심을 모으다
**まんさい**【満載】图他スル 만재. ①(사람·물건을) 가득 실음¶ 木材モクを～した船 목재를 만재한 배 ②(기사를) 가득 실음¶ 芸能記事ゲイノウを～する 예능 기사를 가득 싣다
**まんさい**【万歳】①만세. 일만년. 영구 ②[藝] 집집마다 찾아다니며 새해를 축하하면서 작은 장고를 치고 춤을 추는 예능 **━楽**[藝] 주로 축하연에서 춤을 추는 아악의 곡명
**まんざい**【漫才】[藝] 만담. 두 사람이 익살스러운 재담을 주고 받는 연예 **━師** 만담가
**まんさく**【万作】[植] 풍년화
**まんさく**【満作】豊年ホウ～ 풍년 풍작
**まんざら**【満更】副《부정의 말이 딸리어》반드시. 꼭¶ その味アジも～悪ワルくない 그 맛도 꼭 나쁘지만은 않다
[慣用句]
**━でもない** 반드시 나쁜〔싫은〕 것만은 아니다. 그런대로 괜찮다
**まんさん**【*蹣*跚】(文) 비틀거리며 걸음. 휘청휘청 걸음¶ 酒さけに酔ヨって～と歩アユく 술에 취해 비틀거리며 걷다
**まんざん**【満山】(文) 만산 ①온 산. 산 전체¶ ～新緑シンリョクに覆オオわれている 온 산이 신록으로 뒤덮여 있다 ②온 절. 절의 모든 중
**まんじ**【*卍*・*卍*字】만. 만자 ①[佛] 부처의 몸에 나타나는 상서로운 표시 ②(지도 등에서) 절 등의 표지·기호 ③*卍*자의 모양·무늬
**まんしつ**【満室】만실. 빈 방이 없음¶ 本日ホンジツ～ 금일 빈 방 없음
**まんじともえ**【*卍*巴】가로세로로 마구 뒤엉킨 모양. 뒤죽박죽= まんじどもえ¶ ～に入イり乱ミダれる 얽히고 설켜 뒤범벅이 되다
**まんしゃ**【満車】图 만차. 주차장이 가득 참¶ ～になる 만차가 되다
**まんしゅう**【満州・満洲】①「満州国マンシュウコク」의 준말 ②중국 동북부 지방의 옛일컬음 **━国** [史] 만주국. 1932년 만주에 세워진 일본의 괴뢰 정부 **━事変**ジヘン[史] 만주 사변
**まんじゅう**【*饅*頭】만두 **━笠**カサ 꼭대기가 둥글고 얕은 삿갓
**まんじゅしゃげ**【*曼*珠*沙*華】①「ひがんばな」의 딴이름. 석산(石蒜) ②[佛] 만주사화
**まんじょう**【満場】(文) 만장¶ ～の声援セイを 만장의 성원 **━一致**イッ 만장 일치¶ ～で可決カケツされる 만장 일치로 가결되다

**まんじり** 副《부정 표현이 딸리어》잠깐 눈을 붙이는 모양
[慣用句]
**━ともしない** 한숨도 못자다. 뜬눈으로 지새우다
**まんしん**【満身】图 만신. 전신. 온몸. 혼신¶ ～の力チカラをこめる 혼신의 힘을 기울이다 **━創痍**ソウイ 만신창이
**まんしん**【慢心】图自スル 만심. 자만함¶ おだてられて～する 치켜올리는 바람에 자만하다
**まんすい**【満水】图 만수. 물이 가득 참¶ ダムが～状態ジョウタイになる 댐이 만수 상태가 되다
**まんせい**【慢性】图 만성 ～疾患シッカン 만성 질환/～の人手不足ヒトデブソク 만성적인 일손 부족
**まんせき**【満席】图 만석. 만원¶ 劇場ゲキジョウは～だ 극장은 만원이다
**まんぜん**【漫然】 만연. 멍청하고 부주의한 모양¶ ～と過スごす 만연히 지내다/～とながめる 멍하니 바라보다
**まんぞく**【満足】I 图[ダ]自スル 만족 ①충족되고 흡족함¶ ～すべき結果ケッカになる 만족할 만한 결과가 되다 ②충분함. 온전함¶ ～な体カラダ 온전한 몸/～に口クチもきけない 제대로 말도 못하다 II 图他スル[數] 방정식의 미지수에 어떤 값을 주어서 등식이 성립됨
**まんだら**【*曼*陀羅・*曼*茶羅】만다라 ①[佛] 부처·보살의 깨달음의 경지. 그것을 나타낸 그림 ②여러 가지 색채·그림 **━華**ケ ①「朝鮮朝顔チョウセンチョウセン」의 딴이름 ②[佛] 만다라화. (불교의 성화(聖花)인) 흰 연꽃
**マンタン**【満タン】图 만탱크. (연료 등을) 탱크에 가득 채움¶ ガソリンを～にする 가솔린을 탱크에 가득 채우다
**まんだん**【漫談】图自スル ①두서없는 이야기¶ 友人ユウジンと～する 친구와 두서없이 이야기하다 ②만담¶ ～家 만담가
**まんちゃく**【*瞞*着】图他スル(文) 만착. 기만. 속여 넘김¶ 世間セケンを～する 세상을 기만하다
**まんちょう**【満潮】[海] 만조 ⇔ 干潮カンチョウ
**まんてい**【満廷】图 만정. 조정·법정에 사람이 가득함
**まんてい**【満庭】图(文) 만정 ①뜰 가득 ②뜰에 사람이 가득함
**まんてん**【満天】图 만천. 온 하늘¶ ～の星ホシ 만천의 별
**まんてん**【満点】만점 ①규정된 최고점¶ 百点ヒャクテン～ 100점 만점 ②图 나무랄 데가 없음¶ サービス～ 서비스 만점
**マンてんか**【満天下】만천하. 온 세계¶ ～に知シられる 만천하에 알려지다
**まんと**【満都】图(文) 만도. 온 장안. 도시 전체¶ ～の注目チュウモクを浴アびる 온 장안의 주목을 받다
**マント**(프 manteau)[服] 망토. 소매 없는 외투 **━沸沸**フツフツ[動] 망토비비
**まんどう**【万灯】만등 ①수많은 등불 ②초롱. 등롱 **━会**エ[佛] 만등회

**まんどう**【満堂】名(文) 만당. 만장=満場ばん
**マントー**[*饅頭*] 만두¶ 肉にく~ 고기 만두
**まんどころ**【政所】【日史】①(平安あん 시대 이후) 황족·귀족의 집에서 장원의 사무·가정(家政) 등을 맡아 보던 곳 ②鎌倉くら·室町幕府まち의 정치 기관 ③「北きたの政所どころ」의 준말. 摂政せっ·関白はくらの아내에 대한 높임말
**まんなか**【真ん中】(口) 한가운데, 한복판¶ ~の線せん 중앙선 / 道ちの~ 길 한복판
**まんにん**【万人】 만인. 많은 사람. 모든 사람¶ ~向むきな 누구에게나 맞음[어울림]
**マンネリズム** (mannerism) 매너리즘¶ ~に陥おちる 매너리즘에 빠지다
**まんねん**【万年】만년 ①오랜[긴] 세월¶ つるは千年ねん、かめは~ 학은 천년 거북은 만년 ②(造語) 언제나 그 상태로 있음¶ ~青年せい 만년 청년 **─茸**【植】 영지버섯 **─床** 밤낮 깔아 두는 이부자리 **─筆** 만년필 **─塀** 내구성이 있는 재료로 만든 담 **─雪** 만년설
**まんねんれい**【満年齢】 만연령. 만의 나이
**まんのう**【万能】【農】 쎄레 ─ まぐわ
**まんば**【漫*罵】名(他スル) 만매, 깔보고 욕함
**まんぱい**【満杯】①그릇에 가득 참 ②(수용하여) 가득 참¶ ~の会場じょう 만원의 회장
**まんびき**【万引(き)】名(他スル) 손님을 가장하여 상점에서 물건을 훔침. 그러한 사람
**まんぴつ**【漫筆】 만필. 수필=漫録ろく
**まんびょう**【万病】 만병. 모든 병¶ かぜは~のもと 감기는 만병의 근원
**まんぴょう**【満票】 (선거에서) 한 사람이 전원의 표를 얻음. 투표수의 전부¶ ~で承認しょうされる 만장 일치로 승인되다
**まんぴょう**【漫評】(文) 만평. 느낀 바를 생각나는 대로 하는 비평¶ 時事じ~ 시사 만평
**まんぷく**【満腹】 → ばんぷく
**まんぷく**【満幅】名(文) ①만폭. 온 폭 ②전폭, 전면적임¶ ~の信頼らい 전폭적인 신뢰
**まんぷく**【満腹】名(自スル) 만복. 배가 부름⇔空腹くう¶ ~感かん 만복감
**まんぶん**【漫文】만문 ①만연히 마음 내키는 대로 쓴 문장 ②풍자를 담아 재미있게 쓴 문장
**まんべんなく**【満遍無く·万遍無く】副 구석구석, 빠짐없이. 골고루, 두루¶ ~調しらべる 빠짐없이 조사하다 / ~配くばる 골고루 나누다
**まんぽ**【漫歩】名(自スル)(文) 만보. 한가로이 거닒
**まんぽう**【〈翻車魚〉】(動) 개복치
**まんぽけい**【万歩計】 만보계
**まんま**[*飯*](幼) 맘마, 밥
**まんまえ**【真ん前】(口) 바로 앞, 정면
**まんまく**【*幔幕】 (식장 등에 둘러치는) 휘장, 장막¶ ~を張はり巡めぐらす 장막을 둘러치다
**まんまと**副(口) 감쪽같이, 보기좋게¶ ~だまされる 감쪽같이 속다
**まんまる**【真ん丸·真ん円】ナ(口) 아주 둥근 것¶ ~なお月様さま 둥근 달님
**まんまん**【満満】ナル(文) 만만. 넘치도록 가득 찬 모양¶ 自信じん~ 자신 만만
**まんまん**【漫漫】ナル(文) 만만. 망망(茫茫), 끝없이 넓은 모양¶ ~たる海原うなばら 망망대해
**まんまんいち**【万万一】名副 만일¶ ~失敗しっぱいしても 만일 실패해도
**マンマンデー**[*慢慢的*] ナ 만만디. 느릿느릿한 모양, 천천히 하는 모양
**まんまんなか**【真ん真ん中】 한가운데, 한복판¶ 的まとの~を貫つらぬく 과녁의 한복판을 꿰뚫다
**まんめん**【満面】名(文) 만면. 얼굴 전체¶ ~に笑えみを浮うかべる 만면에 웃음을 띄우다
[慣用句]
**─朱しゅを注そそぐ** (화가 나서) 얼굴이 온통 새빨개지다
**まんもく**【満目】(文) 만목. 눈에 띄는 모든 것¶ ~蕭条しょうじょう 눈에 띄는 모든 것이 쓸쓸함
**まんゆう**【漫遊】名(自スル) 만유. 유람¶ 諸国こくを~する 여러 나라를[지방을] 만유하다
**まんよう**【万葉】①(文) 만엽. 만대(萬代), 영원 ②「万葉集しゅう」의 준말 **─仮名** 한자의 음훈을 빌어 일본어를 표기한 표음 문자
**まんようしゅう**【万葉集】 일본에서 가장 오래된 奈良ら 시대의 가집
**まんりき**【万力】[工] 바이스=バイス¶ ~で締しめる 바이스로 죄다
**まんりょう**【万両】【植】 백량금
**まんりょう**【満了】名(自スル) 만료¶ 任期にんが~する 임기가 만료되다
**まんるい**【満塁】【野】만루. 풀베이스¶ 二死にし~2사 만루 / ~ホームラン 만루 홈런
**まんろく**【漫録】(文) 만록. 만필=漫筆ぴつ

# み ミ

**み** 五十音図ごじゅうおんず「ま」행(行)의 둘째 かな. ひらがな「み」는「美」의 초서체, かたかな「ミ」는「三」의 초서체
**み**【未】音ミ·ビ 訓いまだ·ひつじ|(음) 미. (造語) ①아직…이 아니다, 아직 충분치 않음, 아직 * 未決けつ 미결·未婚こん 미혼·未納のう 미납 ②【佛】「未来らい」의 준말 ③십이지(十二支)의 여덟째, 양¶ 丁未てい 정미 ④부정의 어조사. 한문 훈독으로「いまだ…ず」로 읽음 ▷[熟字訓] 末通女おとめ 소녀, 처녀
**み**【味】音ミ 訓あじ·あじわう|(음) 미. (造語) ①맛¶ 味覚かく 미각·調味ちょう 조미 ②맛보다, 맛이하다¶ 味読どく 미독·吟味ぎん 음미 ③정취, 멋, 재미¶ 趣味しゅ 취미·妙味みょう 묘미 ④내용, 알맹이¶ 意味みの意미·正味しょう 정미 ⑤맛·아취 등의 뜻을 나타냄¶ 人情味じょう 인정미·醍醐味だいご 참맛 ⑥(助動) 음식 재료의 가짓수를 세는 말¶ 七味唐辛子とうがらし

み **とうがらし** 일곱 가지 재료를 섞은 양념
み【魅】齊ミ ミみいる|(음)매. (造語)①도깨비, 요괴¶魍魎ᄙᆼᄅᆠᇰ이매 ②사람을 유혹하다, 매료하다¶魅力ᄆᆃᄅᆢᆨ매력·매혹
み【深】接頭(명사에 붙어) 아름답게 표현하거나 어조를 고르는 말¶~雪ᄯᆏ눈/~山ᄋᆃᆷ산
み【御】接頭(명사에 붙어) 존경·공손함을 나타내는 말¶~仏ᄒᆞᆯ부처님/~世ᄋᆇ성세/ ~心ᄀᆢᄀᆍᄀᆚ의 마시시는 대로
み 接尾(형용사·형용동사의 어간에 붙어 명사를 만듦)㉠정도·상태를 나타냄¶悲ᄀᆆ~슬픔/ 赤ᄋᆢ~을 帯ᄋᆆびる 붉은빛을 띠다 ㉡그런 상태의 장소를 나타냄¶弱ᄋᆍᄋᆞ~ 약점/深ᄎᆠᄀᆠ~에 はまる 깊은 곳에 빠지다
み【三】셋, 세 = みっつ·みつ·みい¶ひ·ふ·~, よ 하나 둘 셋 넷/三日ᄀᆞ (초)사흘/ ~歳ᄀᆢ삼년, 세 살/~月ᄀᆣ석 달
み【巳】사 ①십이지(十二支)의 여섯째, 뱀¶ ~の年ᄯᆞ뱀해 ②사시(巳時) ▷ 지금의 오전 9시에서 오전 11시까지 ③사방(巳方), 남동쪽
み【身】①몸, 신체¶病弱ᄇᆢ울ᄀᆠᄀᆎの~ 병약한 몸 ②자기, 자신¶~に覚ᄋᆇᆸえがない 자기도 모르다 ③분수, 입장, 신세¶~のほど知ᄀᆠらず 분수를 모르다 ④마음, 정성, 성의¶仕事ᄀᆏᄀᆢᄐᆡを に~を入ᄋᆞれる 일에 정성을 들이다 ⑤(사물의) 주요 부분, 살¶魚ᄒᆒの皮ᄀᆠᆯと~ 생선의 겁질과 살/ 刀身ᄀᆞᄐᆞᄀᆞの~ 도신(刀身) ⑥(뚜껑 달린 그릇에서) 물건을 담는 부분
慣用句
—が入ᄇᆖる 열중하다, 마음을 쏟다
—が持ᄋᆞたない 체력·재력 등을 유지할 수 없다
—から出ᄀᆢた錆ᄀᆞ녹이 생겨 도신(刀身)을 삭게 하다. 자업자득, 자승자박
—に余ᄋᆢる (평가·대우 등이) 분에 넘치다, 과분하다
—に覚ᄋᆇᆸえの無ᄀᆞい (주로 나쁜 일에 관하여) 자기가 한 적[기억]이 없다
—に染ᄀᆞᆷみる 몸에 스미다, 뼈저리게 느끼다
—に付ᄀᆞく (기술·습관 등이) 몸에 배다, 완전히 익숙해지다
—に着ᄀᆡける ①몸에 걸치다, 입다 ②몸에 지니다 ③(지식·기술 등을) 습득하다, 익히다
—につまされる (남의 불행이) 내 일인 듯 싶어지다, 자기 일처럼 동정이 가다
—になる ①그 사람의 입장이 되다 ②몸에 영양이 되다, 몸에 좋다, 유익하다
—の置ᄋᆞき所ᄀᆞᆷが無ᄀᆞい 몸둘 바를 모르다, 어찌할 도리가 모르다
—の振ᄒᆖり方ᄀᆢᄐᆡ(앞으로의) 처신
—も蓋ᄒᆆもない 진실이기는 하지만 너무 노골적이라 맛도 정취도 없다
—も細ᄒᆇᆮる (고생·걱정한 나머지) 몸이 여위어 버리다
—も世ᄋᆇもない (슬픔·괴로움 등이) 격심하여) 체면이고 무어고 돌볼 겨를이 없다
—を誤ᄋᆞᄐᆠる 몸을 그르치다, 길을 잘못 들다
—を入ᄋᆞれる 정성을 쏟다, 열중하다

—を売ᄋᆞる 몸을 팔다 ①빚 때문에 기생·창녀가 되다 ②매춘[매음]하다
—を起ᄋᆇこす 입신 출세하다
—を落ᄋᆞとす 영락하다
—を隠ᄀᆞくす 몸을 숨기다, 세인의 이목으로부터 숨다
—を固ᄀᆠᄐᆡめる ①몸채비를 단단히 하다 ②결혼하여 가정을 이루다
—を切ᄀᆞられるよう (추위·고통 등이) 살을 에는 듯한
—を削ᄀᆠᆯる ①뼈를 깎는 듯한 고통을 거듭하다 ②몹시 마음 아프게 하다
—を粉ᄀᆠにする 몸이 가루가 되도록 열심히 일하다, 분골 쇄신하다
—を沈ᄀᆞᄀᆠめる ①(자살하려고) 물에 몸을 던지다 ②영락하다, 전락하다
—を捨ᄀᆞててこそ浮ᄋᆏかぶ瀬ᄀᆇもあれ 죽을 각오로 덤벼야만 비로소 성공할 수 있는 것이다
—を立ᄐᆡてる ①입신 출세하다 ②생계 수단으로 삼다
—を投ᄀᆠげる 몸을 던지다, 투신 자살하다
—を引ᄒᆖく (지금까지의 지위·입장에서) 물러나다
—を任ᄀᆞᄀᆠせる ①몸을 내맡기다 ②(여자가) 몸을 허락하다
—を持ᄐᆞち崩ᄀᆓす 몸가짐을 그르치다, 신세를 망치다, 타락하다
—を以ᄆᆇって ①몸소, 직접 ②가까스로, 겨우, 간신히
—を窶ᄋᆞᄀᆞす ①초라하게 변장하다 ②열중하여 애를 태우다
—を寄ᄋᆇせる 몸을 의지하다, 기식(寄食)하다
み【実】①열매, 과실¶梅ᄋᆞᄆᆡの~ 매실 ②씨, 씨앗¶~の入ᄒᆖりがいい 씨가 잘 여물다 ③국 건더기 ④내용, 실속, 성과
慣用句
—が入ᄒᆖる 씨·열매가 익다, 열매를 맺다
—を結ᄆᆑᆽぶ 열매를 맺다 ①(식물이) 결실하다 ②(比) 좋은 성과가 나타나다
み【箕】키¶~でふるう 키질하다
ミ(이 mi)【音】미, 장음계의 셋째 음, 마음(音)
みあい【見合(い)】名自スル ①맞선, 맞선을 봄¶ ~結婚ᄀᆞᆯᄒᆞᆫ중매 결혼 ②균형¶需要ᄀᆠᄋᆎと供給ᄀᆞᄀᆎᆸの~ 수요와 공급의 균형
みあ·う【見合う】I 他国 서로 보다, 마주보다¶顔ᄀᆞᄋᆞを~ 얼굴을 마주보다 II 自国 어울리다, 균형을 이루다¶年齢ᄂᆡᆫᄀᆇᆸに~·った服装ᄀᆠᄀᆞ 나이에 어울리는 복장
みあかし【御灯明】신불(神佛)에게 올리는 등불, 등명(燈明) = おとうみょう
みあ·きる【見飽きる】自上一 (여러 번 봐서) 싫증이 나다¶~·きた顔ᄀᆞᄋᆞ(여러 번 봐서) 싫증난 얼굴
みあ·げる【見上げる】他下一 우러러보다 ①올려다보다, 쳐다보다¶空ᄀᆞᆯを~ 하늘을 쳐다보다 ②(『~·げた』의 꼴로) (인물·역량 등에) 경의를 표하다, 훌륭하다고 감탄하다 ¶ ~·げた人物ᄌᆞᆫᄆᆠᆺ 훌륭한 인물

みあた・る【見当(た)る】㊀国 ①(찾던 것이) 발견되다¶ 欲しい本が～らない 갖고 싶은 책이 보이지 않는다 ②눈에 띄다¶ この辺ではめったに～らない風景だ 이 근처에서는 좀처럼 볼 수 없는 풍경이다

みあやま・る【見誤る】他国 잘못 보다¶ 知人を～ 아는 사람으로 잘못 보다/ 実力を～ 실력을 오인하다

みあらわ・す【見顯す】他国 알아내다, 간파하다¶ 正体を～ 정체를 간파하다

みあわ・せる【見合せる】他下一 ①마주 보다¶ 顔を～ 얼굴을 마주보다 ②비교해 보다, 대조하다¶ お互いの条件を～ 서로의 조건을 비교해 보다 ③미루다, 보류하다¶ 出席を～ 출석을 보류하다

みいだ・す【見出す】他国(文) 찾아내다, 발견하다¶ 人材を～ 인재를 발견하다

みいちゃん はあちゃん (俗) 취미・교양이 저속한 젊은이들을 경멸하여 이르는 말: みいはあ・みいはあ族

みい はあ (俗)「みいちゃんはあちゃん」의 준말

ミイラ (mirra) 미라
【慣用句】
━取りがミイラになる ①사람을 찾으러 간 사람이 돌아오지 않다, 함흥 차사 ②상대를 설득하려던 사람이 오히려 설득당해 버리다

みいり【実入り】①결실¶ ～が遅い 결실이 늦다 ②수입, 소득¶ ～がいい 수입이 좋다

みい・る【魅入る】自国《주로「～・られる」의 꼴로》(귀신 등이) 씌다, 홀리다¶ 魔物に～・られる 요물에게 홀리다

みい・る【見入る】他国 지켜보다, (열심히) 바라보다, 주시하다¶ テレビに～ 텔레비전을 지켜보다

みうけ【身請け・身受け】名他スル (기생・창녀 등을) 몸값을 치르고 적(籍)에서 빼냄, 낙적

みう・ける【見受ける】他下一 ①눈에 띄다, 볼 수 있다¶ 近所に見かける¶ 近所で顔を～ 근처에서 자주 보는 얼굴 ②보아서 판단하다¶ 相当な腕前とお～けました 상당한 솜씨인 것으로 보았습니다

みうごき【身動き】①몸을 움직임, 운신¶ 満員で～もできない 만원이라 옴짝달싹도 할 수 없다 ②자유로이 활동함¶ 忙しくて～がとれない 바빠서 꼼짝도 할 수 없다

みうしな・う【見失う】他国 (보던 것을) 시야에서 놓치다¶ 人込みで連れを～ 붐비는 인파 속에서 동행을 놓치다

みうち【身内】①온몸, 전신¶ ～が引き締まる 전신이 긴장되다 ②일가, 친척, 집안¶ ～の者 집안 사람 ③(같은 두목 밑의) 패거리

みうり【身売り】名自他スル ①몸값을 받고 일정 기간 고용살이를 함¶ 娘を～ 딸을 팔아 넘기다 ②권리・부동산 등을 양도함¶ 会社が～する 회사가 양도되다

みえ【見え】①보이는 것, 외양, 볼품¶ ～をかざる 외양을 꾸미다 ②【見栄】겉치레, 허세, 허식¶ ～で英字新聞を読む 허세로 영자 신문을 읽다 ③【見得】(藝) (歌舞伎에서) 배우가 감정이 고조되었을 때 동작을 멈추고 노려보는 듯한 포즈를 취하는 연기
【慣用句】
━も外聞も無い 체면이나 남의 이목에 신경쓸 겨를이 없다, 염치 불고하다
━を張る 겉치레를 하다, 허세를 부리다
━を切る ①(歌舞伎에서) 배우가「見え」③의 포즈를 취하다 ②자신을 과시하는 태도를 취하다

みえ【三重】 近畿 지방 동부의 현

みえい【御影】 신불(神佛)・귀인의 초상에 대한 높임말, 어영

みえがくれ【見え隱れ】名自スル 보였다 안 보였다 함, 나타났다 숨었다 함¶ ～に後をつける 숨바꼭질하듯 뒤를 쫓다/ 月が雲間に～する 달이 구름 사이로 보였다 안 보였다 하다

みえす・く【見え透く】自下一 ①(속까지) 비쳐 보이다¶ 底まで～谷川の清流 바닥까지 비쳐 보이는 계곡의 맑은 물 ②(속셈 등이) 빤히 들여다 보이다¶ ～・いたうそ 빤히 들여다 보이는 거짓말

みえっぱり【見え張っ張り】【見栄っ張り】(口) 겉치레를 함, 허세를 부림, 그런 사람= みえぼう

みえぼう【見栄坊】(口) 겉치레를 좋아하는 사람, 허세를 부리는 사람= みえっぱり

みえみえ【見え見え】(形)(俗) (본심・의도가) 빤히 들여다보임¶ たくらみが～だ 못된 계략이 빤히 들여다보이다

み・える【見える】自下一 보이다 ①눈에 비치다¶ 遠くに山が～ 멀리 산이 보이다 ②볼 수 있다¶ 暗くて中がよく～・えない 어두워서 안이 잘 보이지 않는다 ③(…처럼) 보이다[여겨지다]¶ 年より若く～ 나이보다 젊어 보이다 ④「来る」의 높임말, 오시다¶ お客様が～ 손님이 오시다 ⑤(어떤 가) 엿보이다¶ 進歩のあとが～ 진보의 흔적이 엿보이다
【慣用句】
━えつ隠れつ 보였다가 숨었다가

みお【澪・水脈】①(바다・강에서) 수로를 이루는 띠 모양의 깊은 곳 ②수로 ③항적(航跡)¶ ～を引く (배가) 항적을 남기다

みおく・る【見送る】他国 ①배웅하다, 전송하다¶ 空港まで友人を～ 공항까지 친구를 배웅하다 ②떠나는 것을 바라보다, 눈으로 쫓다¶ 後ろ姿を～ 뒷모습을 바라보다 ③장송(葬送)하다¶ 母を～ 어머니를 장송하다 ④보류하다, 연기하다¶ 実施を～ 실시를 보류하다 ⑤놓치다, 그냥 보내다¶ チャンスを～ 기회를 놓치다

みおさめ【見納め・見収め】 마지막으로 봄, 보는 마지막 기회¶ この世の～ 이 세상을 보는 마지막으로 봄

みおつくし【澪標】수로표(水路標), 선박에 수로를 알리기 위해 강・바다에 세운 말뚝

みおと・す【見落(と)す】他国 간과하다, 못 보고 넘기다¶ 誤りを～ 잘못을 간과하다

みおとり【見劣り】(다른 것에 비해) 못해 보임¶思ったよりずっと〜がする 생각했던 것보다 훨씬 못해 보인다

みおぼえ【見覚え】전에 본 기억이 있음. 본 기억¶顔に〜がある 얼굴을 본 기억이 있다

みおも【身重】名 임신함¶〜の体 임신한 몸

みおろ・す【見下ろす】他五 ①내려다보다. 굽어보다 ⇔見上げる¶谷底から〜 계곡 바닥을 굽어보다 ②얕보다, 깔보다 ＝見下げる¶人を〜した態度で 남을 깔보는 태도

みかい【未開】名 ①(문명이) 발달하지 못함, 야만¶〜人 미개인 ②개척되지 않음, 미개척¶〜の分野 미개척 분야 —社会[人] 미개 사회

みかい【味解】名 他スル 文 (문장 등을) 차분히 음미하여 이해함¶名作を〜する 명작을 음미하여 이해하다

みかいけつ【未解決】名 미해결¶事件が〜に終わる 사건이 미해결로 끝나다

みかいたく【未開拓】名 미개척¶〜の分野 미개척 분야

みかいはつ【未開発】名 미개발¶〜地域 미개발 지역, 〜の領域 개발되지 않은 영역

みかえし【見返し】①뒤돌아봄 ②版 (책의) 면지 ③(양재에서) 단·소맷부리 등을 마무르기 위해 안에 대는 천

みかえ・す【見返す】他五 ①되돌아보다, 뒤돌아보다¶来た道を〜 왔던 길을 되돌아보다 ②다시 잘 보다＝見直す¶書類を〜 서류를 다시 보다 ③되받아보다¶平気で〜 태연하게 되받아보다 ④보란 듯이 보여 주다¶いつか出世して・〜してやる 언젠가 출세하여 보란 듯이 보여 주겠다

みかえり【見返り】①뒤돌아봄 ②담보·보증으로 내놓음, 담보물¶〜の品 담보물/〜として土地を提供する 담보로서 토지를 제공하다 —物資 経 수입품에 대한 보증으로서 수출하는 물품 —輸入 経 상품을 파는 보증으로 상대쪽 상품을 일정량 사들이기로 약속하는 거래

みかえ・る【見返る】他五 뒤돌아보다

みか・える【見変える】他下一 ①다른 시각으로 보다 ②다른 것·사람으로 마음을 옮기다

みがき【磨き·研き】①닦아서 윤이 남¶〜の掛かった廊下 반질반질하게 닦인 복도 ②세련, 연마, 수련¶〜のかかったフランス語で答えた 세련된 불어로 대답했다

慣用句
—を掛ける ①윤이 날 정도로 충분히 닦다 ②수련하다, 연마하다

みがきあ・げる【磨(き)上げる】他下一 ①닦아서 완성하다, 완전하게 닦다¶床を〜 마루를 번쩍번쩍하게 닦다 ②숙련되게 하다, 세련되게 하다¶技を〜 기술을 연마하다

みがきこ【磨き粉】닦는 데 쓰는 가루, 마분

みがきずな【磨き砂】금속제 그릇을 닦는 데 쓰는 백토(白土), 마사(磨砂)

みがきた・てる【磨(き)立てる】他下一 ①공들여 닦다. 윤이 나게 닦아내다¶流しのステンレスを〜 개수대의 스테인레스를 윤이 나게 닦아내다 ②아름답게 몸치장하다¶顔を〜 얼굴을 치장하다

みがきにしん【身欠(き)鰊】머리·꼬리·내장을 잘라 내고 둘로 갈라 햇볕에 말린 청어

みかぎり【見限り】①가망 없다고 단념함, 더 이상 상대하지 않음¶『お〜』の頃 단골 손님이 발을 끊음¶すっかりお〜でしてねえ 아주 발을 끊으셨군요

みかぎ・る【見限る】他五 가망 없다고 단념하다, 더 이상 상대하지 않다¶子会社を〜 자회사를 포기하다/師に〜られる 스승에게 가망이 없다고 버림받다

みかく【味覚】医 미각¶〜の秋 미각의 가을/〜をそそる 미각을 돋우다

みが・く【磨く·研く】他五 ①(문질러) 닦다, 광을 내다, 갈다, 연마하다¶ガラスを〜 유리를 닦다/刀を〜 칼을 갈다 ②(손질하여) 아름답게 가꾸다¶肌を〜 피부를 아름답게 손질하다 ③(학문·기예를) 연마하다, 수련하다¶技を〜 기술을 연마하다

みかくにん【未確認】名 미확인¶〜情報 미확인 정보 —飛行物体 미확인 비행 물체, 유에프오(UFO)

みかけ【見掛け】겉보기, 외관 ＝外見¶〜は立派 겉보기는 훌륭함 —倒し 겉보기만 그럴 듯함

慣用句
—によらぬ 겉보기와는 다르다

みかげいし【御影石】화강암

みか・ける【見掛ける】他下一 눈에 띄다, 언뜻 보다, 본 기억이 있다¶街でよく〜顔 거리에서 자주 보는 얼굴

みかた【見方】①보는 방법, 보기¶地図の〜 지도 보는 방법 ②견해, 관점¶専門家の〜 전문가의 견해/〜を変える 관점을 바꾸다

みかた【味方·身方·御方】①우리 편, 자기편, 아군¶心強い〜 믿음직스러운 아군/〜に引き入れる 자기편으로 끌어들이다 ②가세함, 편듦¶弱いほうに〜する 약한 쪽에 가세하다

みがため【身固め】①몸차림을 함＝身支度 ②결혼하여 가정을 가짐

みかづき【三日月】(음력 3일경의) 초승달¶〜が出る 초승달이 뜨다 ②초승달 모양의 것¶〜眉 초승달 모양의 눈썹

みがって【身勝手】名 ナ 제멋대로임, 방자함, 염치없음＝わがまま¶〜な態度 방자한 태도/〜にふるまう 제멋대로 행동하다

みか・ねる【見兼ねる】他下一 차마 볼 수 없다, 보다 못하다¶見るに・〜ねて手を貸す 보다 못해 거들어 주다

みがまえ【身構え】(공격·방어 등의) 자세¶けんかの〜をする 싸울 자세를 취하다

みがま・える【見構える】自下一 (공격·방어 등의) 자세를 취하다¶殴りかかろうと〜

えた (달려들어) 때리려는 자세를 취했다
- **みがら** [身柄] ①신병¶ ～を引き取る 신병을 인수하다 ②신분, 지위¶ ～を調べる 신분을 조사하다
- **みがる** [身軽] ⑦ ①(동작이) 경쾌함¶ ～な動作 경쾌한 동작 ②(몸차림이) 가뿐함, 간편함¶ ～なジーパン姿 간편한 청바지 차림 ③(책임·의무가 없이) 홀가분함¶ 大役を終え～になる 중대한 임무를 끝내 홀가분해지다
- **みかわ** [三河] 일본의 옛 지명. 지금의 愛知현의 동부 지방＝三州
- **みかわ·す** [見交(わ)す] 他因 🕔 서로 마주 보다, 시선을 주고받다¶ 思わず～顔と顔 무심코 마주보는 얼굴과 얼굴
- **みがわり** [身代(わ)り·身替(わ)り] (남을) 대신함, 그런 사람, 대역¶ ～をたてる 대역을 내세우다
- **みかん** [未刊] 名 미간, 미간행⇔既刊
- **みかん** [未完] 名 미완, 미완성¶ ～の大器 미완의 대기 / 作品がついに～に終わる 작품이 끝내 미완성으로 끝나다
- **みかん** [*蜜*柑] [植] ①귤나무, 귤 ②감귤류
- **みかんせい** [未完成] ⑦ 미완성¶ ～な技 미완성인 기술 / ～の作品 미완성 작품
- **みき** [幹] ①(나무의) 줄기 ②(사물의) 근간¶ ～になる計画 근간이 되는 계획
- **みき** ⟨神酒⟩·⟨御⟩酒 술의 미칭. (특히) 제주¶ お～ 제주
- **みぎ** [右] ①우, 오른쪽, 우측¶ ～回り 우회전 / ～の手 오른손 ②보수적임, 우익¶ ～寄り 우경 ③(옛날 관직에서) 같은 지위의 하위 ④(세로 쓰기 문장에서) 앞에 적은 글, 위, 이상¶ ～に同じり 위와 같음 / ～のとおり 이상과 같이 ⑤(둘 중) 더 뛰어난 쪽, 우위¶ ～に出る 더 뛰어나다

[慣用句]
- **～から左** (금품·지식 등이) 들어온 즉시 나감, 쉽게 옮아감
- **～と言えば左** 매사에 남의 말에 반대함
- **～に出る者が無い** 더 나은 이가 없다. 능가할 사람이 없다
- **～へ倣え** ①(구령에서) 우로 나란히 ②먼저 한 사람을 따라서 함

- **みぎうで** [右腕] 오른팔¶ オ른쪽¶ 가장 신뢰하는 부하, 심복¶ 社長の～となって働く 사장의 심복이 되어 일하다
- **みぎがわ** [右側] 우측, 오른쪽¶ ～に向かって～ 정면을 향하여 오른쪽
- **みきき** [見聞き] 名 他スル 보고 들음, 견문¶ ～したことを記録する 보고 들은 것을 기록하다
- **みぎきき** [右利き] 오른손잡이 ⇔左利き
- **みぎて** [右手] ①오른손 ②오른쪽¶ ～に本屋が見える 오른쪽에 책방이 보인다
- **みぎひだり** [右左] ①좌우, 오른쪽과 왼쪽¶ ～をよく見て渡る 좌우를 잘 보고 건너다 ②좌우가 뒤바뀜¶ サンダルを～にはく 샌들을 뒤바꿔 신다
- **みぎよつ** [右四つ] [相撲] 오른손을 서로 상대방의 왼손 겨드랑이에 질러 넣고 샅바를 잡음
- **みぎり** [見切り] 가망 없다고 단념함, 손을 뗌
  - **一発車** 名 自スル ①(전차·버스가 만원이나 지연 등으로) 승객이 다 타기 전에 발차함 ②충분히 논의하지 않고 일을 결정·진행함
  - **一品** 투매품

[慣用句]
- **一をつける** 가망이 없다고 단념하다
- **みぎり** [*砌] ⑰ 때, 시절, 무렵¶ 上京の～ 상경할 무렵 / 幼少の～ 어린 시절
- **み·きる** [見切る] 他五 ①끝까지 다 보다＝見終わる 一日では～れない 하루에는 다 볼 수 없다 ②가망이 없다고 단념하다＝見限る ③헐값으로 팔다, 투매하다¶ ～り品 투매품
- **みぎれい** [身奇麗·身綺麗] ⑦ (몸차림·신변이) 말쑥함, 단정함, 깔끔함¶ いつも～にする 항상 몸차림을 말쑥하게 하다
- **みぎわ** [*汀·*渚] ⑰ 물가＝なぎさ
- **きわ·める** [見極める] 他下一 ①끝까지 지켜보다 状況を～ 상황을 끝까지 지켜보다 ②(사물의 본질·진위를) 확인하다, 판별하다¶ 真偽のほどを～ 진위를 확인하다
- **みくじ** [*御*籤] → おみくじ
- **みくず** [*水*屑] ⑰ 물 속의 쓰레기

[慣用句]
- **一になる** ⑰ 물에 빠져 죽다
- **みくだ·す** [見下す] 他五 ①깔보다, 얕보다, 업신여기다¶ 人を～した態度 남을 업신여기는 태도 ②내려다보다, 아래를 보다¶ 山頂から湖を～ 산꼭대기에서 호수를 내려다보다
- **みくだりはん** [三行半] (아내에게 주는) 이혼장¶ ～を書く 이혼장을 쓰다
- **みくに** [*御国] ⑰ ①나라, 국가 ②[*皇国] 일본의 존칭＝お国
- **みくび·る** [見縊る] 他五 얕보다, 깔보다, 업신여기다¶ 人を～った仕打ち 남을 업신여기는 처사
- **みくら·べる** [見比べる·見較べる] 他下一 비교해 보다, 견주어 보다¶ 二つの案を～ 두 개의 안을 비교해 보다
- **みぐるし·い** [見苦しい] 形 보기 흉하다, 꼴사납다¶ ～身なり 보기 흉한 옷차림 / ～振る舞い 꼴사나운 행동
- **みぐるみ** [身包み] 몸에 걸치고 있는 것 전부¶ ～をはがれる 지닌 것을 몽땅 털리다
- **ミクロ** (독 Mikro; 프 micro) 名 마이크로, 미크로, 미소(微小), 미시적인 것¶ ～の世界 마이크로의 세계 **一景気** 미시 경기 **一経済学** 미시 경제학
- **ミクロン** (프 micron) 미크론. 「マイクロメートル」의 옛일컬음. 1미터의 백만분의 1
- **みけ** [三毛] 흰색·검정색·갈색이 섞인 고양이의 털, 그런 고양이
- **みけいけん** [未経験] 名 ⑦ 미경험¶ ～者

**みけつ** 미경험자/ この仕事はまだ~だ 이 일은 아직 경험이 없다

**みけつ**【未決】①[名] 미해결¶ ~の書類 미결 서류 ②[法] 판결이 나지 않음¶ ~監 미결감 一囚 미결수

**みけん**【未見】[名][文] 아직 보지 못함, 만나보지 못함¶ ~の書 아직 보지 못한 책/ ~の人 아직 만나보지 못한 사람

**みけん**【眉間】미간¶ ~にしわを寄せる 미간을 찌푸리다

**みこ**【巫女】【神子】①신에게 봉사하는 미혼 여성= かんなぎ ②무녀, 무당= ふじょ

**みこ**【御子】[文] ①귀인(貴人)의 자녀에 대한 높임말 ②「キリスト」의 높임말, 성자

**みこ**【粫心】볏짚의 심·고갱이= わらしべ

**みこうしゃ**【見巧者】[名] (연극 등을 자주 보아) 잘 볼 줄 앎, 그런 사람

**みこし**【御輿·神輿】신여, (제례 등에) 신체(神體)를 안치하여 메는 가마= おみこし
[慣用句]
**—を上げる** 일어서다, 일에 착수하다
**—を担ぐ** (比) 남을 부추기다, 추어 올리다
**—を据える** 자리에 떡 버티고 앉다

**みこし**【見越し】①(담·병풍 등의) 너머로 봄 ②예상, 예측¶ ~売り 시세 하락을 예측하고 미리 팖 一の松 담 너머로 자라 밖에 보이는 소나무

**みごしらえ**【身拵え】[名][自ス] (알맞게) 몸차림을 함¶ 山登りの~ 등산 차림/ ~を済ませる 몸차림을 끝내다

**みこ・す**【見越す】[他五] ①(너머로) 넘겨다보다¶ 垣を~ 울타리 너머를 넘겨다보다 ②(장래를) 내다보다, 예측하다¶ 将来を~ 장래를 내다보다

**みごたえ**【見手応え】볼 만한 가치가 있음¶ ~のある芝居 볼 만한 가치가 있는 연극

**みごと**【見事·美事】[ア] ①훌륭함, 멋짐, 뛰어남¶ ~な出来栄え 훌륭한 만듦새/ ~にやってのける 멋지게 해내다 ②(反) 완전함, 변명의 여지가 없음¶ ~に失敗した 보기 좋게 실패했다

**みことのり**【詔·勅】天皇의 명령, 조칙(詔勅), 조서(詔書)

**みごなし**【身熟し】몸놀림, 거동, 동작¶ 気品ある~ 기품 있는 거동

**みこみ**【見込み】①예상, 전망, 예정¶ 卒業の~ 졸업 예정/ あと一月で完成の~だ 앞으로 한달이면 완성할 예정이다 ②장래성, 가망, 희망¶ ~なし 가망 없음/ 大いに~がある 크게 희망이 있다 **一違い** 예상이[기대가] 빗나감, 잘못 짚음

**みこ・む**【見込む】[他五] ①유망하다고 보다, 기대하다, 신임하여¶ ~まれて社長になる 신임받아 사장이 되다¶ 男と~んで頼む 사나이로 믿고 부탁하다 ②미리 계산에 넣다, 내다보다, 예상하다¶ 三割の利益を~ 3할의 이익을 내다보다 ③끈질기게 노리다, 눈독들이다¶ 蛇に~まれたかえる 뱀이 눈독들이고 있는 개구리

**みごも・る**【身籠(も)る】[自五] 임신하다, 아이를 배다¶ 二人目あたりを~ 둘째 아이를 배다

**みごろ**【見頃】보기에 알맞은 때¶ 桜は今が~ 벚꽃 구경은 지금이 알맞은 때

**みごろ**【身頃】[服] (옷의) 길¶ 後ろ~ (옷의) 뒷길

**みごろし**【見殺し】①사람이 죽어가는 것을 보고 돕지 않음¶ 遭難者を~にする 조난자를 내버려 두다 ②(比) 남의 곤경을 못 본 체함¶ 苦しんでいる友を~にする 고생하고 있는 친구를 못 본 체하다

**みこん**【未婚】미혼¶ ~の女性 미혼 여성

**みこん**【未墾】[文] 미개간¶ ~地 미개간지

**ミサ** (missa) ①[가] [음] 「ミサ曲」의 준말 一曲¶ [音] 미사곡

**みさい**【未済】[文] 미제 ①아직 끝나지[해결되지] 않음¶ ~の事件 미제 사건 ②아직 갚지 않음 ⇔ 既済¶ 借入金の~分 차입금의 미제분

**みさお**【操】[名] ①지조, 절개, 절조¶ ~を守る 지조를 지키다 ②(여자의) 정조¶ ~を汚す 정조를 더럽히다
[慣用句]
**—を立てる** ①지조를 끝내 지키다 ②(여자가) 정조를 지키다

**みさかい**【見境】분별, 분간, 구별¶ ~もなく行動する 분별도 없이 행동하다/ ~がつかない 분간할 수 없다

**みさき**【岬】갑, 곶¶ ~の灯台 곶의 등대

**みさげはてた**【見下げ果てた】[連語] 경멸[멸시]할 만한¶ ~野郎だ 경멸할 만한 자식이다

**みさ・げる**【見下げる】[他下一] 깔보다, 경멸하다, 업신여기다¶ 人を~・げた態度 남을 깔보는 태도

**みさご**【鶚】[動] 물수리

**みささぎ**【陵】天皇·황후 등의 무덤, 능

**みさだめ**【見定め】보고 정함, 확실히 봄¶ 極め 可否の~がつかない 가부의 확정을 못 짓다

**みさだ・める**【見定める】[他下一] 보고 확인하다, 확실히 보다, 확정하다¶ 品質をよく~ 품질을 잘 보고 확인하다

**みざる**【見猿】(세 마리의 원숭이 상 중에) 두 손으로 눈을 가린 원숭이
[慣用句]
**—聞かざる言わざる** ①각각 눈·귀·입을 손으로 가린 세 마리의 원숭이 상 ②남의 결점이나 자신에게 형편이 좋지 않은 일에는 간섭하지 않는다는 처세훈

**みじか・い**【短い】[形] ①(길이가) 짧다¶ ~棒 짧은 막대기/ プラットホームが~ 플랫폼이 짧다 ②(시간이) 짧다¶ ~話 짧은 이야기/ 日が~ 해가 짧다 ③(「気が~」의 꼴로) 성급하다, 조급하다 ▷ ①~③ ⇔ 長い

**みじかめ**【短め】[ア] 조금 짧은 듯함, 짤막함 ⇔ 長め¶ ~のスカート 짤막한 스커트/ ~に書く 짤막하게 쓰다

みずあそび

みじかよ【短夜】(文) 단야. (여름철의) 짧은 밤
みじたく【身支度】名 自スル (알맞게) 몸차림을 함= 身ごしらえ¶ 旅の~ 여행 차림
みじまい【身仕舞い】名 自スル 몸차림, 몸단장, (특히) 여자의 몸치장= みじたく¶ 大急ぎで~して出掛ける 황급히 몸차림을 하고 외출하다
みしみし 副 (마루 등이) 삐걱삐걱¶ 床が~という 마루가 삐걱삐걱 소리나다
みじめ【惨め】(ㅈ) 비참함, 참담함¶ ~な姿が비참한 모습/~に負ける 참담하게 지다
みしゅう【未収】(文) 미수¶ ~金 미수금
みしゅうがく【未就学】名 미취학¶ ~児童 미취학 아동
みじゅく【未熟】(ㅈ) 미숙 ①(과일 등이) 덜 익음¶ ~の梅 덜 익은 매실 ②(학문·기예 등이) 아직 숙련되지 않음¶ ~な者 미숙한 사람/~な腕 미숙한 솜씨 一児(醫) 미숙아
みしょう【未生】名(文) 미생. 아직 태어나지 않음¶ ~以前 미생 이전, 태어나기 이전
みしょう【未詳】미상. 알 수 없음¶ 作者~ 작자 미상
みしょう【実生】(植) 실생. 씨에서 싹터 자람, 그런 식물= 実生ばえ
みじょう【身性・身状】①천성, 성품 ②신분, 신상= 身の上 ③몸가짐, 품행
みしらず【身知らず】名ㅈ 분수를 모름¶ ~にも程がある 분수를 몰라도 정도가 있다
みしらぬ【見知らぬ】連体 알지 못하는, 낯선¶ ~人 낯선 사람
みしり 副 (마루 등을 밟을 때 나는) 삐걱¶ 床板が~と鳴る 마루장이 삐걱하고 울리다
みしりごし【見知(り)越し】名 이전부터 면식〔안면〕이 있음¶ ~の間がら 안면이 있는 사이
みし・る【見知る】他五 안면〔면식〕이 있다¶ ~っている人 안면이 있는 사람/お~りおきください 잘 부탁드립니다
みじろぎ【身動ぎ】(文) 몸을 약간 움직임= 身動うごき¶ ~もしない 몸을 옴쭉도 않다
ミシン 미싱. 재봉틀¶ ~をかける 재봉틀을 돌리다
みじん【微塵】미진 ①잔 먼지, 티끌 ②아주 작게 조각이 남, 그런 조각¶ 木っ端に~壊される 산산 조각으로 부서지다 ③(佛) 물질을 구성하는 단위 一切り (料) (채소를) 잘게 다짐, 그렇게 다진 것 一子 (動) 물벼룩 一粉 찹쌀 미숫가루 一も 副 (부정의 말이 딸리어) 조금도. 추호도
み す【御簾】(신전·궁전에서 쓰는) 가장자리를 비단으로 두른 고운 발 一内 (製) (人形や瑠璃등에서) 무대 위쪽의 발을 드리운 안쪽
ミス (miss) 名 他スル 미스. 과오, 실수, 실패¶ サーブを~する 서브를 실패하다
ミス (Miss) 미스 ①미혼 여성의 성(姓) 앞에 붙이는 경칭. 양(嬢) ②미혼 여성. 독신 여성 ③(造語) 미인 대회 등에서 뽑힌 여자에게 붙이는 칭호¶ ~ユニバース 미스 유니버스

みず【水】①물¶ ~の流れ 물의 흐름/~で割る 물을 타다 ②큰물, 홍수¶ ~が出て 큰물이 지다 ③(相撲) ㉠경기가 오래 끌 때 선수를 잠시 쉬게 하는 일¶ ~が入る (선수를) 잠시 쉬게 하다 ㉡씨름꾼이 입에 머금어 힘을 내는 물¶ ~を付ける (씨름꾼이) 물을 머금어 힘을 내다 ④액체 상태의 것¶ ~薬 물약/ひざに~がたまる 무릎에 물이 괴다
慣用句
一があく (보트 경기·경영 등에서) 경기자 사이에 큰 차가 벌어지다
一清ければ魚棲まず 물이 맑으면 고기가 살지 않는다, 지나치게 결백하면 사람이 잘 따르지 않는다
一と油 물과 기름, 상극
一に浸かる 물에 잠기다, 침수되다
一に流す (지금까지의 일을) 없었던 것으로 하다
一の泡 ①물거품 ②(比) 덧없음, 허사가 됨
一の手 (성·요새 등에) 음용(飲用)·소화용(消火用)으로 끌어들이는 물, 그런 수로
一の流れと人の身 앞으로 어떻게 될 지 전혀 예측할 수 없음
一の低きに就くが如し (물이 낮은 데로 흐르듯이) 자연의 추세는 막기 어렵다
一は方円の器に随う (물은 그릇에 따라 둥글게도 네모로도 되듯) 사람도 친구와 환경에 따라 좋게도 나쁘게도 변한다
一も滴る (미남 미녀의) 싱싱하고 아름다운 모양
一も漏らさぬ 물샐틈이 없음, (경계·준비 등이) 엄중함 一警備 물샐틈없는 경비
一をあける (보트 경기·경영 등에서) 상대와 배〔몸〕길이 이상의 차를 내다
一を打ったよう 물을 끼얹은 듯한, 일제히 조용하게 되는 모양
一を得た魚のよう (물을 만난 물고기처럼) 적성에 맞는 곳에서 크게 활약함
一を掛ける 찬물을 끼얹다, 방해하다
一を差す ①사이를 이간질하다 ②훼방하다, 방해하다
一を向ける 상대가 관심을 갖도록 유인하다
ミズ (Ms.) 미즈. (미혼·기혼을 불문하고) 여성에게 붙이는 경칭
みずあか【水垢】①물때¶ ~が付く 물때가 끼다 ②(물 속의 바위 등에 붙은) 규조(珪藻)
みずあげ【水揚げ】名 他スル ①(뱃짐의) 양륙 ②어획량 ③(꽃꽂이에서) 화초가 물을 빨아올림, (줄기 단면을 불에 그을려서) 물을 잘 빨아올리도록 함 ④(芸者 등이) 처음으로 손님을 받음 ⑤(장사의) 매상고, 벌이
みずあさぎ【水浅葱】연한 푸른 색
みずあし【水足・水脚】물발, 하천의 물이 증감하는 속도, 물이 들고 나는 속도¶ ~が速い 물발이 빠르다
みずあそび【水遊び】名 自スル ①물놀이 ②(어

みずあたり

린아이의) 물장난¶ たらいで～する 큰 대야에서 물장난을 하다
みずあたり【水^中り】 [名][自スル] 끓이지 않은 물을 마셔 배탈이 남
みずあび【水浴び】 [名][自スル] ①미역을 감음¶ 川<ruby>かわ</ruby>で～する 강에서 미역감다 ②헤엄, 수영
みずあぶら【水油】 ①물기름 ②등유(燈油)
みずあめ【水^飴】 물엿, 조청
みずあらい【水洗い】 [名][他スル] 물로 씻음〔빪〕
みすい【未遂】 [名] 미수 ⇔ 既遂<ruby>きすい</ruby>¶ 自殺<ruby>じさつ</ruby>～・殺人<ruby>さつじん</ruby>～ 자살 미수·살인 미수
みずいらず【水入らず】 (남이 끼지 않고) 집안 식구끼리임¶ 家族<ruby>かぞく</ruby>～で過<ruby>す</ruby>ごす 가족들끼리 지내다
みずいり【水入り】 [相撲] 좀처럼 승부가 나지 않아 선수를 잠깐 쉬게 함
みずいろ【水色】 물빛, 엷은 푸른 빛
みずうみ【湖】 호수
みずえ【^瑞枝】 [文] 싱싱한 어린 가지
みずえ【水絵】 ①수채화 ②[美] 묵선(墨線)으로 윤곽을 그리지 않고 홍·황·녹 등의 담색(淡色)만으로 찍은 浮世絵<ruby>うきよえ</ruby> 판화 양식
みずえのぐ【水絵(の)具】 수채화 물감
みす・える【見据える】 [他下一] ①주시하다, 응시하다 ②확실히〔잘〕 보다, 확인하다 = 見定<ruby>みさだ</ruby>める¶ 事<ruby>こと</ruby>の成り行<ruby>ゆ</ruby>きを～ 일이 되어가는 형편을 잘 보다
みずおけ【水^桶】 수통, 물통
みずおしろい【水〈白粉〉】 물분
みずおち【〈鳩尾〉】 명치 = みぞおち
みずかい【水飼い】 (가축에게) 물을 먹임, 그런 사람¶ ～場<ruby>ば</ruby> (가축에게) 물을 먹이는 곳
みずがい【水貝】 [料] 날 전복을 깍둑썰기하여 소금물에 담갔다가 초간장 등에 찍어 먹는 요리
みずかがみ【水鏡】 (수면을 거울에 비유한) 물거울¶ ～に姿<ruby>すがた</ruby>を映<ruby>うつ</ruby>して見<ruby>み</ruby>る 수면에 모습을 비추어보다
みずかき【水^搔き·^蹼】 [動] 물갈퀴
みずがき【^瑞垣】 (神社<ruby>じんじゃ</ruby>·궁전의) 울타리
みずかけろん【水掛け論】 (쌍방이 자기 주장을 굽히지 않아) 결말이 나지 않는 논쟁¶ ～に終<ruby>お</ruby>わる 결말이 나지 않는 논쟁으로 끝나다
みずかげん【水加減】 (요리 등에서) 물대중¶ ～を見<ruby>み</ruby>る 물대중을 보다
みずかさ【水^嵩】 (강물 등의) 수량¶ 雪解<ruby>ゆきど</ruby>けで川<ruby>かわ</ruby>の～が増<ruby>ふ</ruby>える 눈이 녹아서 강의 수량이 붇다
みずがし【水菓子】 과일
みすか・す【見透かす】 [他五] ①(…을) 통하여 보다 ②꿰뚫어 보다, 간파하다 = 見破<ruby>みやぶ</ruby>る¶ 内情<ruby>ないじょう</ruby>を～ 내정을 꿰뚫어 보다
みずがみ【水髪】 (머릿기름 대신에) 물로 손질한 머리
みずがめ【水^瓶·水^甕】 ①물항아리, 물독 ②(比) 도시에 물을 공급하는 배수지, 급수지¶ 東京都<ruby>とうきょうと</ruby>の～ 東京都(都)의 배수지 一座<ruby>いちざ</ruby> [天] ①물병자리 ②12궁(宮)의 하나
みずから【自ら】 I [名][文] 자기, 자신¶ ～を犠牲<ruby>ぎせい</ruby>にする 자신을 희생하다 II [副] 몸소, 손수, 스스로¶ 社長<ruby>しゃちょう</ruby>～範<ruby>はん</ruby>を垂<ruby>た</ruby>れる 사장 스스로 모범을 보이다
みずガラス【水ガラス】 [化] 물유리, 규산나트륨 수용액
みずがれ【水^涸れ·水枯れ】 (못·논 등의) 물마름¶ 井戸<ruby>いど</ruby>が～になる 우물 물이 마르다
みすぎ【身過ぎ】 생활, 생계, 생업¶ ～世過<ruby>よす</ruby>ぎ 세상살이
みずき【水木】 [植] 층층나무
みずぎ【水着】 수영복
みずききん【水飢^饉】 물 기근
みずきり【水切り】 ①물기를 뺌, 물기를 빼는 도구 ②물수제비뜨기 ③(꽃꽂이에서) 물 속에서 가지를 잘라 물을 잘 빨아佳(들)이도록 함
みずぎれ【水切れ】 ①물이 말라 없어짐 ②물이 빠짐¶ ～がよい 물빠짐이 좋다
みずぎわ【水際】 ①물가 ②배가 수면에 닿는 부분 一作戦<ruby>さくせん</ruby> ①[軍] 상륙해 오는 적을 해안선에서 격퇴하는 작전 ②(전염병 등의) 침입을 막기 위해) 공항·항구에서 방역 체제를 취함 一立<ruby>だ</ruby>つ 한층 두드러지게 눈에 띄다
みずぐき【水茎】 ①붓, 필적(筆跡) ②편지
[慣用句]
一の跡<ruby>あと</ruby> 필적, 문자, 편지
みずくさ【水草】 [植] 수초, 물풀 = すいそう
みずくさ・い【水臭い】 [形] ①서먹서먹하다, 정다운 맛이 없다¶ ～態度<ruby>たいど</ruby> 서먹서먹한 태도/隠<ruby>かく</ruby>すなんて～ 숨기다니 섭섭하다 ②(수분이 많아) 싱겁다¶ ～味噌汁<ruby>みそしる</ruby> 싱거운 된장국
みずぐすり【水薬】 물약 = すいやく
みずぐち【水口】 ①물을 끌어들이거나 흘려버리는 아가리 ②물을 길어 오기 위한 부엌의 출입구, 부엌
みずぐるま【水車】 ①수차, 물레방아 = すいしゃ ②(창 등의) 무기를 세차게 휘두름
みずけ【水気】 (口) 수분, 물기¶ ～の多<ruby>おお</ruby>い果物<ruby>くだもの</ruby> 수분이 많은 과일/ ～をとる 물기를 빼다
みずげい【水芸】 물을 이용한 곡예·요술
みずけむり【水煙】 ①물보라¶ モーターボートが～を上<ruby>あ</ruby>げる 모터보트가 물보라를 일으키다 ②물안개
みずご【水子】 ①갓난아기 ②낙태·유산된 태아
みずごえ【水肥】 → すいひ
みずごけ【水^蘚·水^苔】 [植] ①물이끼 ②물때
みずごころ【水心】 ①수영할 때의 마음가짐¶「魚心<ruby>うおごころ</ruby>あれば水心<ruby>みずごころ</ruby>」의 준말
みすご・す【見過(ご)す】 [他五] ①빠뜨리고 못 보다 = 見落<ruby>みお</ruby>とす¶ 書類<ruby>しょるい</ruby>の誤<ruby>あやま</ruby>りを～ 서류의 잘못을 빠뜨리고 못보다 ②못본 체하다, 간과하다, 묵과하다¶ 不正<ruby>ふせい</ruby>を～ 부정을 본 체하다
みずこぼし【水^翻し】 찻잔을 가신 물 등을 버리는 그릇 = 建水<ruby>けんすい</ruby>·こぼし
みずごり【水^垢離】 신불(神佛)에게 기원하기 전에 하는 목욕 재계 = 垢離<ruby>こり</ruby>¶ ～を取<ruby>と</ruby>る 목욕 재계를 하다
みずさいばい【水栽培】 수경 재배, 수경법

**みず さかずき【水杯・水*盃】** (재회의 기약이 없을 때) 술 대신 물로 작별의 잔을 나눔¶ ～を交$^{か}$わす 물로 작별의 잔을 나누다

**みず さき【水先】** ①물이 흘러가는 방향 ②뱃길 **―案内**$_{ない}$【交】 수로 안내, 도선(導船), 수로 안내인, 도선= パイロット

**みず さし【水差(し)・水指(し)】** (컵 등에 따르기 위해 물을 담아 두는) 물병, 물그릇

**み すじ【三筋】** ①세 가닥 ②「三筋$_{じ}$の糸$_{と}$」의 준말 **―の糸** 「三味線$_{せん}$」의 딴이름

**みず し【水仕】** 부엌일을 함, 부엌데기

**みず しごと【水仕事】** 진일, 물을 쓰는 가사일¶ ～で手$^{て}$が荒$^{あ}$れる 진일로 손이 거칠어지다

**みず しぶき【水(飛沫)】** 물보라= しぶき¶ ～を浴$^{あ}$びる 물보라를 뒤집어쓰다

**みず しょうばい【水商売】** 물장사, 접객업, 손님의 인기에 수입이 좌우되는 불안정한 장사

**みず しらず【見ず知らず】**【連語】 전혀 모름, 생면 부지¶ ～の人$_{ひと}$に話$_{はなし}$しかけられる 일면식도 없는 사람이 말을 걸어오다

**みず すまし【水澄(ま)し】**【動】 ①물매암이 ②소금쟁이

**みず ぜめ【水攻め】** 수공, 물의 보급로를 끊거나 강물을 막아 적의 성(城)을 침수시키는 전법¶ 火攻$^{ぜ}$め～ 화공과 수공

**みず ぜめ【水責め】** 물 고문

**みず た【水田】** 수답(水畓), 무논= すいでん

**みず たき【水炊き】**【料】 백숙

**みず たま【水玉】** ①물방울, 이슬 방울 ②「水玉模様$_{もよう}$」 **―模様** 물방울 무늬의 준말

**みず たまり【水溜(ま)り】** 웅덩이, 물구덩이

**みず ち【蛟】** 교룡(蛟龍)

**みず ちゃや【水茶屋】**【江戸】시대에) 길가나 神社$_{じんじゃ}$의 경내에서 차 등을 내놓으며 손님을 쉬게 하던 노점= みずちゃや

**みず ちょうし【水調子】**【藝】三味線$_{しゃみせん}$의 줄을 느슨하게 맨 낮은 가락

**みず っぱな【水*洟】**【俗】콧물= みずばな¶ ～をすする 콧물을 훌쩍이다

**みずっぽ・い【水っぽい】**【形】(수분이 많아서) 싱겁다¶ ～酒$_{さけ}$ 싱거운 술

**みず でっぽう【水鉄砲】** 물총, 물딱총

**みす・てる【見捨てる・見*棄てる】**【他下一】①보고도 그냥 내버려 두다¶ けが人$_{にん}$を～こと はできない 부상자를 보고도 그냥 내버려 둘 수는 없다 ②남겨 둔 채 돌보지 않다¶ 親$_{おや}$に～てられる 부모에게 버림받다

**みず てん【見ず転・〈不見〉転】** ①(화투에서) 판세를 생각하지 않고 패를 냄 ②앞뒤 가리지 않고 일을 행함¶ ～で買$^{か}$う 앞뒤 가리지 않고 사다 ③돈이면 상대를 가리지 않고 몸을 맡김¶ ～芸者$_{げいしゃ}$ 돈만 주면 아무에게나 몸을 맡기는 芸者

**みず どけい【水時計】** 물시계= 漏刻$_{ろうこく}$

**みず とり【水鳥】** 물새, 수금(水禽)

**みず な【水菜】**【植】①순무의 한 품종 ②쐐기풀

**みず に【水煮】** 맹물이나 엷은 소금물에 익힘, 그렇게 한 것 鮭$_{さけ}$の～ 맹물에 익힌 연어

**みず のえ【*壬】** 임, 십간(十干)의 아홉째

**みず のと【*癸】** 계, 십간(十干)의 열째

**みず のなみ【水の波】**【物】중력 때문에 수면의 각 부분이 타원 운동을 하여 생기는 파(波)

**みず のはな【水の華】**【水】식물성 플랑크톤의 대량 증식으로 물이 녹색으로 보이는 현상

**みず のみ【水飲み・水呑み】** 물 마시는 곳, 물그릇¶ ～場$^{ば}$ 물 마시는 곳 ②「水飲み百姓$_{びゃくしょう}$」의 준말 **―百姓**$_{びゃくしょう}$ ①【日史】(江戸$_{えど}$ 시대에) 자기 소유의 논밭이 없어 세금도 내지 않던 빈농 ②매우 가난한 농민을 깔보아 이르는 말

**みず ばかり【水計り】** 수평기, 수준기

**みず はけ【水*捌け】** 배수(排水)= みずはき¶ ～のよい土地$_{とち}$ 배수가 잘 되는 땅

**みず ばしょう【水芭蕉】**【植】천남성과의 다년초

**みず ばしら【水柱】** 물기둥¶ ～が立$^{た}$つ 물기둥이 솟다

**みず ばな【水*洟】** 콧물= みずっぱな

**みず ばら【水腹】** 물배 ①물을 너무 많이 마신 배 ②물로 배를 채움¶ ～も一時$_{いちじ}$ 물로 배를 채우는 것도 한 잠시〔잠시〕

**みず ばり【水張り】** ①물에 적신 천을 판자에 붙여 말림 ②【美】(종이가 우는 것을 막기 위해) 미리 종이를 물에 적셔 화판에 붙여 말림

**みず ひき【水引】** ①가는 지노에 풀을 먹여 굳혀 말린 끈 ②신전・불전(佛前)에 치는 장막 ③【植】이삭여뀌 **―幕**$^{まく}$ 무대 전면 위나 씨름판의 네 기둥 사이에 가로로 치는 장막

**みず びたし【水浸し】**【名】침수¶ 床$_{ゆか}$が～になる 마루가 침수되다

**みず ぶくれ【水膨れ・水*脹れ】** ①수종(水腫), 물집¶ やけどをして～になる 불에 데어 물집이 생기다 ②물에 불음

**みず ぶね【水船】** ①식수를 수송하는 배 ②식수를 저장하는 수조 ③물고기를 넣어 두는 수조

**みず ぶろ【水風*呂】** 냉수 목욕

**みず べ【水辺】** 수변, 물가¶ ～の鳥$_{とり}$ 물가의 새

**みず ほ【*瑞穂】** 싱싱한 벼이삭, 잘 여문 이삭 **―の国**$_{くに}$【交】일본의 미칭

**みず ほうそう【水*疱*瘡】**【醫】수두(水痘)

**みすぼらし・い【見*窄らしい】**【形】초라하다, 볼품없다, 빈약하다¶ ～姿$_{すがた}$ 초라한 모습

**みず まき【水*撒き】** 물을 뿌림, 그런 사람・도구

**みず まくら【水*枕】** 물베개, (열이 날 때 머리를 식히기 위해) 물・얼음을 넣은 고무베개

**みず まし【水増し】**【名スル】①물을 타서 양을 늘림¶ ～した酒$_{さけ}$ 물을 타서 늘린 술 ②실제〔규정〕수량보다도 많아 보이게 함¶ ～入学$_{がく}$ 정원의 입학/ 経費$_{けいひ}$を～して請求$_{せいきゅう}$する 경비를 불려서 청구하다

**みすま・す【見澄ます】**【他五】주의하여 잘 보다, 확인하다¶ 人$_{ひと}$のないのを～して忍$_{しの}$びこむ 사람이 없는 것을 확인하고 잠입하다

**みす みす【見す見す】**【副】빤히 보고도, 눈을 멀뚱멀뚱 뜨고서¶ ～好機$_{こうき}$を逃$_{のが}$す 빤히 보고도 호기를 놓치다

**みずみずし・い【*瑞*瑞しい】**【形】윤이 나고 싱싱하다¶ ～果物$_{くだもの}$ 싱싱한 과일/ ～感覚$_{かんかく}$

신선한 감각
**みずむし**【水虫】①물벌레 ②무좀
**みずめがね**【水眼鏡】물안경
**みずもち**【水°餠】(곰팡이·균열 등이 생기지 않도록) 물에 담가 보존하는 떡
**みずもの**【水物】①물기가 많은 요리·식품 ②음료 ③(변화가 심해서) 예측하기 힘든 것¶勝負は～だ 승부란 예측하기 힘든 것이다
**みずもり**【水盛り】수준기(水準器)＝水計り
**みずもれ**【水漏れ】물이 샘, 누수(漏水)¶ふろ場の～修理 목욕탕의 누수 수리
**みずや**【水屋】①(절·神社에서) 참배인이 손이나 입을 씻는 곳 ②(다실에서) 다기를 씻거나 두는 곳 ③찻집 ④물을 쓰는 곳, 부엌
**みずようかん**【水羊羹】수분이 많은 양갱
**みずら**〈角髪〉·〈角子〉머리를 좌우로 갈라 귓가에서 고리처럼 말아 매는 옛날 성인 남자의 일본식 머리 모양
**み・する**【魅する】他 サ変 文 홀리다, 매혹하다¶観客を～名演技 관객을 매혹하는 명연기
**みずろう**【水°牢】(江戸 시대에) 물을 채운 감방에 죄인을 가두는 형벌, 그런 감방
**みずわくせい**【水惑星】地 물이 액체 상태로 존재하는 행성, 지구
**みずわり**【水割(り)】①물을 타서 희석시킴, 그런 것¶ウイスキーを～にして飲む 위스키에 물을 타서 마시다 ②양을 늘려 내용·질을 떨어뜨림＝水増し
**みせ**【店·見世】가게, 상점, 점포¶貸し～ 임대 점포/～を出す 가게를 내다/品物が～に出回る 물품이 점포에 나돌다
[慣用句]
**―を畳む** 가게를 걷어치우다, 장사를 그만두다
**―を張る** 가게를 내어 장사를 하다
**みせいねん**【未成年】미성년
**みせがかり**【店懸(か)り】가게의 구조·규모
**みせかけ**【見せ掛け】외관, 겉보기¶～だけ立派な商品 겉보기만 훌륭한 상품
**みせか・ける**【見せ掛ける】他 下一 겉으로만 그럴싸하게 보이게 하다¶ねむっているように～ 자고 있는 것처럼 보이게 하다
**みせがね**【見せ金】(장사 등에서) 신용을 얻기 위해 거래 상대에게 보이는 돈
**みせがまえ**【店構え·見世構え】점포의 규모¶立派な～ 훌륭한 가게의 규모
**みせけち**【見せ消ち】원래 글자도 읽을 수 있도록 점이나 가는 선을 쳐서 지우는 방법
**みせさき**【店先】가게 앞, 점두(店頭)¶～に品物を並べる 가게 앞에 물품을 진열하다
**みせじまい**【店仕舞(い)】名 自他 スル ①가게를 닫음, 폐점¶8時半には～する 8시에는 가게문을 닫는다 ②영업을 그만 둠, 폐업¶不景気で～する 불경기로 폐업하다
**みせしめ**【見せしめ】본때를 보임, 본보기(로 징계함)¶～のために処罰する 본때를 보이기 위해 처벌하다

**みせつ**【未設】名 文 미설, 아직 설치되지 않음
**みせつ・ける**【見せ付ける】他 下一 여봐란 듯이 보이다, 과시하다¶仲のよいところを～ 친한 사이를 ～
**みせどころ**【見せ所】(솜씨 등을) 꼭 보여 주고 싶은 장면＝見せ場¶腕前の～ 솜씨를 보여 줘야 할 장면
**みせに**【身銭】(口) 자기 돈
[慣用句]
**―を切る** 자기 돈을 쓰다
**みせば**【見せ場】①(연극 등에서) 배우가 가장 잘 하는 연기를 보이는 장면 ②볼 만한 장면¶～をつくる 볼 만한 장면을 연출하다
**みせばん**【店番】名 自 スル 가게를 지킴, 그런 사람¶代理で～ 대리로 가게를 지키다
**みせびらか・す**【見せびらかす】他 五 자랑삼아 내보이다, 과시하다¶集めた切手を～ 수집한 우표를 자랑스럽게 내보이다
**みせびらき**【店開き】名 自他 スル ①새로 가게를 엶, 개업¶駅前に～する 역전에 가게를 열다 ②그 날의 영업을 시작함, 개점¶～は十時です 개점은 10시입니다
**みせもの**【見世物】①(곡예·요술 등의) 흥행¶～小屋 가설 흥행장 ②구경거리¶世間の～になる 세상의 구경거리가 되다
**みせや**【店屋】가게, 상점＝商店や
**みせられる**【魅せられる】連語 (불가사의한 힘에) 매혹당하다, 이끌리다
**み・せる**【見せる】他 下一 보이다 ①보도록 하다, 내보이다¶定期券を～ 정기권을 내보이다 ②(경험하여) 알게 하다¶一つ痛い目を～せてやる 어디 뜨끔한 맛을 보여주지 ③(겉으로) 드러내다¶関心を～ 관심을 보이다 ④진찰을 받다¶医者に～ 의사에게 보이다 ⑤(補助)(동사 連用形＋「て」에 붙어) ㉠(상대에게) …해 보이다¶黒板に書いて～ 칠판에 써서 보이다 ㉡(짐짓) …해 보이다¶無理に笑って～ 억지로 웃어 보이다 ㉢(강한 의지) …해 보이다¶必ず成功して～ 기필코 성공해 보이겠다
**みぜん**【未然】名 미연, 아직 그렇게 되지 않은 상태 **一形** 文法 일본어에서 용언·조동사의 활용형의 하나
[慣用句]
**―に防ぐ** 미연에 방지하다
**みそ**【味噌】①된장 ②된장과 비슷한 것¶かに～ 게장 ③자랑거리, 특색¶折り畳めるのが～だ 접을 수 있는 것이 특색이다 **―和え**(料) 채소·생선 등을 된장에 무쳐 요리함 **―っ歯**→くそみそ **―蔵** 된장을 저장하는 창고 **―漉し** 된장을 거르는 도구 **―汁**(料) 된장국＝おみおつけ **―擂り** ①된장을 갬 ②아첨함, 알랑거림, 그런 사람＝ごますり **―擂り坊主** ①절에서 부엌일 등을 하는 하급 중 ②중을 경멸하여 이르는 말 **一つ漬** ①된장 찌꺼기 ②친구들에게 따돌림을 당한 아이 **―漬** 채소·고기 등을 된장에 절임, 그런 것 **一つ歯**(俗) 검게 썩은 이, (특히)

젖니의 충치= みそば **一豆**ᵃ ①「大豆ᵈᵃⁱ」의 딴이름 ②삶은 메주콩

[慣用句]
**一が飛**ᵗᵒᵇⁱ**る** 서툰 노래를 조롱하는 말
**一も糞**ᵏᵘˢᵒ**も一緒**ⁱ**に** 아무거나 가리지 않고 한데 뒤버무림
**一を付**ᵗˢᵘ**ける** 체면[면목]을 잃다, 실수하다¶ 業績ᵉᵏⁱ に~ 업적에 먹칠을 하다

**みそ**〈針孔〉 바늘 귀= めど
**みぞ**〈溝〉①도랑, 개천¶ ~にはまる 개천에 빠지다 ②좁고 긴 홈 かもいの~ 상인방(上引枋)의 홈 ③(인간 관계의) 틈¶ ふたりの間ᵈᵃⁱ に~ができる 두 사람 사이에 틈이 생기다
**みぞう**〈未曾有〉 名 攵 미증유¶ 古今ᵏᵒⁿ の~の出来事ᵍᵒᵗᵒ 고금 미증유의 사건
**みぞおち**〈鳩尾〉 醫 명치= みずおち
**みそか**〈晦日・三十日〉 그믐날, 월말= つごもり¶ 大ᵒᵒ~ 섣달 그믐날
**みそぎ**〈禊〉 名 自他ᵗᵃ지 목욕 재계¶ ~をすます 목욕 재계를 마치다
**みそこな・う**〈見損なう〉 他国 ①잘못 보다, 오인하다¶ 電話番号ᵇᵃⁿᵍᵒᵘ を~ 전화 번호를 잘못 보다 ②못 보다, 볼 기회를 놓치다¶ 芝居ⁱᵇᵃ を~ 연극을 못 보다 ③잘못 평가하다¶ 彼ᵏᵃʳᵉ を~った 그를 잘못 보았다
**みそさざい**〈鷦鷯〉 動 굴뚝새
**みそじ**〈三十路〉 攵 삼십 ②30세, 30년
**みそはぎ**〈溝×萩・〈千屈菜〉〉 植 부처꽃
**みそひともじ**〈三十一文字〉 攵 「短歌ᵗᵃⁿ」의 딴이름= みそじひともじ
**みそ・める**〈見初める〉 他下一 ①처음 보다, 처음 만나다 ②〈見染める〉 첫눈에 반하다
**みそら**〈身空〉 처지, 신세, 몸¶ 若ᵏᵃ い~で 젊은 몸으로
**みぞれ**〈霙〉①氣 진눈깨비 ②꿀을 얹은 빙수
**み・れる**〈見逸れる〉 他下一 ①몰라보다¶ うっかりして友人ᵇⁱⁿ を~ 무심결에 친구를 몰라보다 ②(실력·솜씨 등을) 알아보지 못하다¶ 大ᵃⁱ した腕前ᵘᵈᵉᵐᵃᵉ ですね, お~れしました 대단한 솜씨군요, 알아뵙지 못했습니다
**みだ**〈弥陀〉 미타, 아미타
**みたいだ** 助動〈체언·형용동사의 어간이나 활용어의 連体形에 붙어〉(마치) …같다, …비슷하다, …싶다¶불확실한 단정의 뜻을 나타냄¶ どうも風邪ᵏᵃᵏⁱ に~ 아무래도 감기인 것 같다 ②비교·비유의 뜻을 나타냄¶ りんごみたいに赤ᵃᵏᵃ い 사과처럼 빨갛다 ③〈특히 체언성의 말에 붙어〉 예시의 뜻을 나타냄¶ テレビみたいなもの見ᵐⁱ るな 텔레비전 같은 것 보지 마라 ④상대의 확인을 구하는 뜻을 나타냄¶ まるで子供ᵏᵒᵈᵒᵐᵒ ~ろ? 마치 어린애 같지?
**みたけ**〈身丈〉①신장, 키= 身長ᵗᵃᵏⁱ ②옷깃에서 끝단까지의 등줄의 길이, 기장
**みだし**〈見出し〉①표제, 표제어¶ 新聞ˢʰⁱⁿ の~ 신문의 표제 ②목차, 색인¶ ~をつける 색인을 붙이다 **一語** (사전의) 표제어
**みだしなみ**〈身嗜み〉①단정한 몸가짐, 차림새¶ ~がいい 몸가짐[옷차림]이 단정하다 ②

기예 등을 갖추는 일, 교양, 소양
**みた・す**〈満たす・充たす〉 他国 ①가득 채우다¶ グラスにワインを~ 글라스에 와인을 가득 채우다 ②충족시키다, 만족시키다¶ 条件ᵏᵉⁿ を~ 조건을 충족시키다
**みだ・す**〈乱す〉 他国 흐트러뜨리다, 어지럽히다, 혼란시키다¶ 列ʳᵉᵗˢᵘ を~ 열을 흐트러뜨리다/ 心ᶜᵒᵏᵒʳᵒ を~ 마음을 어지럽히다
**みだ・す**〈見出す〉 他国 ①보기 시작하다¶ テレビを~ときりがない 텔레비전을 보기 시작하면 한이 없다 ②찾아내다, 발견하다¶ 有望選手ᵏᵃⁿˢʰᵘ を~ 유망 선수를 찾아내다
**みたて**〈見立て〉①보고 정함, 고름¶ 母ᵃʰᵃ の~の服ᵘᵏᵘ 어머니가 고른 옷 ②진단, 판단 **一違**ᶜʰⁱᵍᵃⁱ 진단·판단이 잘못 됨
**みた・てる**〈見立てる〉 他下一 ①보고 고르다¶ ネクタイを~ 넥타이를 고르다 ②진단하다, 판단하다, 감정하다¶ 肺炎ⁿᵉⁿ と~ 폐렴으로 진단하다 ③비기다= なぞらえる¶ 落花ᵏᵃ を雪ᵘᵏⁱ に~ 낙화를 눈에 비기다
**みたところ**〈見たところ〉 連語 겉보기, 겉보기에는, 보아하니¶ ~どこも悪ᵂᵃʳᵘ くなさそうだ 겉보기에는 어디도 나빠지 않은 것 같다
**みたない**〈満たない〉 連語 (기준·한도에) 이르지 않다, 부족하다¶ 定員ⁱⁿ に~ 정원에 차지 않다
**みたま**〈×御霊〉 신·귀인의 영혼에 대한 높임말¶ ~を祭ᵐᵃᵗˢᵘ る (신·조상의) 혼령에 제사지내다 **一代**ᵈᵃⁱ 신위, 위패 **一屋**ᵃ 영묘, 묘
**みため**〈見た目〉(口) 눈에 비치는 모습·모양, 외견, 겉보기¶ ~には美ᵘᵗˢᵘᵏᵘˢʰⁱ しい 겉보기에는 아름답다
**みだら**〈×淫ら・×猥ら〉 形動 음란함, 외설스러움, 난잡함¶ ~な行為ⁱ 음란한 행위
**みたらし**〈×御手×洗〉神社ᵈᵃ에서 참배자가 손이나 입을 씻는 곳= みたらい **一川**ᵍᵃʷᵃ 神社 참배자가 손이나 입을 씻는 내
**みだり**〈×妄り・×濫り・×猥り〉 攵 분별없음, 함부로 행동함, 제멋대로 임¶ ~に花ʰᵃⁿᵃ をとってはいけない 함부로 꽃을 따서는 안된다
**みだりがわし・い**〈×淫りがわしい・×猥りがわしい〉 形 攵 음란하다, 난잡하다, 외설스럽다¶ ~行為ⁱ 음란한 행위
**みだれ**〈乱れ〉①흐트러짐, 어지러움, 혼란¶ 世ᵒ の~ 세상의 어지러움/ 心ᵏᵒᵏᵒʳᵒ の~ 마음의 동요/ 服ᵘᵏᵘ の~を直ᵃᵒ す 흐트러진 옷을 고쳐 입다 ②〈能〉〈能楽ᵃᵏᵘ 에서〉 잦은 속도로 변화하는 춤, 그 춤의 반주 ③〈能〉 歌舞伎ᵇᵘᵏⁱ の 下座ᵍᵃ 음악의 하나
**みだれがみ**〈乱れ髪〉 산발, 마구 흐트러진 머리
**みだればこ**〈乱れ箱〉 벗은 옷 등을 잠시 넣어 두는 뚜껑 없는 상자
**みだ・れる**〈乱れる・×紊れる〉 自下一 ①흐트러지다¶ ~れた服ᵘᵏᵘ 흐트러진 옷/ 列ʳᵉᵗˢᵘ が~ 줄이 흐트러지다 ②혼란해지다, 문란해지다¶ 風紀ᶠᵘᵘ が~ 풍기가 문란해지다 ③어지러워지다, 어수선해지다¶ 天下ᵏᵃ が~ 천하가 어지러워지다

**みち** [道・^路・^途・^径] 길 ①도로, 통로¶ 小~ 샛길/ ~が狭ᵏᵉᵐᵃ`い 도로가 좁다 ②도정, 행정, 거리¶ ~を急ᵇᵉに ぐ 길을 서두르다 ③도중¶ 行ᵏで先生ᵗᵉⁿˢᵉᵉに会ᵃ`ᶦう 가는 길에 선생님을 만나다 ④도리¶ ~にはずれた行ᶦᵏᵒᵘい 도리에 어긋난 행위 ⑤나아갈 방향, 진로¶ わが~を行ᶦく 나의 길을 가련다 ⑥수단, 방법¶ 使ᵗˢᵘᵏᵃう~ 사용법/ 解決ᵏᵃᶦᵏᵉᵗˢᵘの~を開ᵒᵖく 해결의 길을 트다 ⑦전문 분야, 방면¶ 茶ᶜʰᵃの~ 다도/ その~の権威ᵏᵉⁿ`ⁱ 그 분야의 권위
[慣用句]
**─が開ᵃの`ける** 길이 열리다, 해결 방법을 찾다
**─無ᵃき道ᵐⁱᶜʰⁱ** 길 없는 길, 방법 · 수단이 없음
**─を付ᵗˢᵘᵏᵉ`る** ①길을 내다 ②해결의 실마리를 찾아내다
**─を譲ᵞᵘᶻᵘ`る** ①길을 양보하다 ②일선에서 물러나다, 용퇴하다

**みち** [未知] [名] 미지의¶ ~の世界ˢᵉᵏᵃᶦ 미지의 세계 ↔ 既知ᵏⁱᶜʰⁱ 미지수
**みち あんない** [道案内] ①길안내, 길잡이¶ ~を頼ᵗᵃⁿᵒ`む 길 안내를 부탁하다 ②도표, 이정표
**みち うた** [道歌] [藝] 길에서 작업할 때 부르는 민요
**みち おしえ** [道教え]「はんみょう」의 딴이름
**みち か** [身近] [名][ᐨ] ①자기 몸에 가까운 곳, 신변¶ 危険ᵏⁱᵏᵉⁿさんに迫ᵉᵐᵃ`ᶜʰᵃる 위험이 신변에 닥치다 ②자신과 관계가 깊음¶ ~な問題ᵐᵒⁿᵈᵃᶦ (자신에게 영향이 있는) 긴밀한 문제
**みち が·える** [見違える] [他][下一] 잘못 보다, 몰라보다¶ ~ほど変ᵏᵃᵂᵃった 몰라볼 정도로 변했다
**みち かけ** [満ち欠け] 영휴(盈虧), 달이 차과 이지러짐
**みち くさ** [道草] ①길가의 풀 ②길가는 사람의 딴짓으로 시간을 보냄, 지정거림
[慣用句]
**─を食ᵏᵘう** (길가는 도중에) 지정거리다
**みち しお** [満ち潮] 만조, 밀물
**みち しば** [道芝] 길가에 나는 잔디
**みち じゅん** [道順] 가는 길(순서), 코스¶ 駅ᵉᵏⁱまでの~を教ᵒˢʰⁱᵉてください 역까지 가는 길을 가르쳐주십시오
**みち しるべ** [道標] ①도표, 이정표 ②길잡이, 지침¶ 研究ᵏᵉⁿᵏʸᵘの~ 연구의 길잡이 ③「はんみょう」의 딴이름
**みち すがら** [道すがら] [副][文] 길을 가면서, 가는 도중 ≒ みちみち¶ ~友ᵗᵒᵐᵒと語ᵏᵃᵗᵃり合ᵃう 길을 가면서 친구와 이야기를 주고받다
**みち すじ** [道筋] ①지나가는 길¶ ~の風景ᶠᵘᵘᵏᵉⁱ 지나가는 길의 풍경 ②사물의 도리, 조리, 이치¶ ~が立たない 조리가 닿지 않다
**みち た·りる** [満ち足りる] [自][上一] 흡족해하다, 충분히 만족하다¶ ~·りた生活ˢᵉᶦᵏᵃᵗˢᵘ 만족한 생활
**みち づれ** [道連れ] 동행, 길동무, 동반자¶ 旅ᵗᵃᵇⁱは~, 世ʸᵒは情ⁿᵃˢᵃけ 여행은 길동무 세상은 인정
**みち なか** [道中] ①도중¶ ~でばったり会ᵃう 도중에 딱 마주치다 ②노상, 길 한복판¶ ~に寝ⁿᵉそべる 길 한복판에 드러눕다

**みち ならぬ** [道ならぬ] [連語] 부도덕한, 윤리에 어긋나는¶ ~恋ᵏᵒⁱ 불륜의 사랑
**みち なり** [道形] [名] 길이 쭉 뻗어 있는 상태
[慣用句]
**─に行ᶦく** 길을 따라 가다
**みちのく** [^陸奥] 奥州ᵒᵘˢʰᵘᵘ 다섯 지방(陸前ʳⁱᵏᵘᶻᵉⁿ·陸中ʳⁱᵏᵘᶜʰᵘᵘ·陸奥ᵐᵘᵗˢᵘ·磐城ⁱᵂᵃᵏⁱ·岩代ⁱᵂᵃˢʰⁱʳᵒ)의 옛이름
**みちのべ** [道の辺] [文] 길가, 노변(路邊)
**みち のり** [道程] 도정, 행정, 거리¶ 遠ᵗᵒᵒ`い~ 먼 도정/ 学校ᵍᵃᵏᵏᵒᵘまで五ᵍᵒキロの~ 학교까지 5킬로미터의 거리
**みち ばた** [道端] 길가, 노변(路邊)¶ ~に咲ˢᵃく花ʰᵃⁿᵃ 길가에 피는 꽃
**みち ひ** [満ち干] 간만(干滿), 밀물과 썰물¶ 潮ˢʰⁱᵒの~ 조수의 간만
**みち び·く** [導く] [他][五] ①안내하다¶ 客ᵏʸᵃᵏᵘを席ˢᵉᵏⁱへ~ 손님을 자리로 안내하다 ②지도하다, 가르치다¶ 後進ᵏᵒᵘˢʰⁱⁿを~ 후진을 지도하다 ③이끌다, 인도하다¶ チームを優勝ʸᵘᵘˢʰᵒᵘに~ 팀을 우승으로 이끌다 ④(결론을) 이끌어내다¶ 結論ᵏᵉᵗˢᵘʳᵒⁿを~ 결론을 이끌어내다
**みち ぶしん** [道普請] 도로 공사
**みち みち** [道道] Ⅰ[名] 각각의 길, 갖가지 전문 분야 Ⅱ[副] 길을 가면서, 가는 도중에 ≒ 道ᵐⁱᶜʰⁱすがら¶ ~考ᵏᵃⁿᵍᵃえる 길을 가면서 생각하다
**みち み·ちる** [満ち満ちる] [自][上一] 넘칠 정도로 그득 차다¶ 力ᶜʰⁱᵏᵃʳᵃが~ 힘이 차고 넘치다
**みちゃく** [未着] [文] 미착, 미도착
**みち ゆき** [道行(き)] ①길을 감 ②[文] 여행 도중의 풍경이나 여정을 서술한 문장 ③[藝] (能ⁿᵒᵘ에서) ワキ가 목적지에 도착할 때까지의 도정을 표현한 곡 ④[藝] (歌舞伎ᵏᵃᵇᵘᵏⁱ 등에서) 사랑하는 남녀가 도망하거나 정사(情死)하러 가는 장면 ⑤(어떤 결과에 이르기까지의) 경과, 경위 ⑥일본옷에 걸쳐 입는 여성용 코트
**み·ちる** [満ちる·^充ちる] [自][上一] 차다 ①가득하다¶ 室内ˢʰⁱᵗˢᵘⁿᵃⁱに香ᵏᵃᵒりが~ 실내에 향기가 가득하다 ②(감정적·추상적인 것이) 가득하다, 어리다¶ 自信ʲⁱˢʰⁱⁿに~·ちた表情ʰʸᵒᵘʲᵒᵘ 자신에 찬 표정 ③만월이 되다¶ 月ᵗˢᵘᵏⁱが~ 달이 차다 ④만조가 되다¶ 潮ˢʰⁱᵒが~ 만조가 되다 ⑤(일정한 수효·기한이) 다 되다¶ 任期ⁿⁱⁿᵏⁱが~ 임기가 차다 ⑥완전해지다, 충족되다¶ 条件ʲᵒᵘᵏᵉⁿが~ 조건이 충족되다
**みつ** [密] 音ミツ 訓こまやか·ひそか·みそか (음) 밀 Ⅰ[造語] ①조밀하다, 빽빽하다¶ 密集ᵐⁱˢˢʰᵘᵘ 밀집·過密ᵏᵃᵐⁱᵗˢᵘ 과밀 ②자세하다, 세밀하다¶ 厳密ᵍᵉⁿᵐⁱᵗˢᵘ 엄밀·精密ˢᵉⁱᵐⁱᵗˢᵘ 정밀 ③가깝다, 친하다¶ 密着ᵐⁱᵗᶜʰᵃᵏᵘ 밀착·親密ˢʰⁱⁿᵐⁱᵗˢᵘ 친밀 ④남몰래, 비밀리에¶ 密会ᵐⁱᵗˢᵘᵏᵃⁱ 밀회·密入国ᵐⁱᵗˢᵘⁿʸᵘᵘᵏᵒᵏᵘ 밀입국·秘密ʰⁱᵐⁱᵗˢᵘ 비밀 ⑤[佛]「密教ᵐⁱᵏᵏʸᵒᵘ」의 준말 Ⅱ[名][ᐨ] ①조밀함, 빽빽함¶ 人口ʲⁱⁿᵏᵒᵘが~になる 인구가 조밀해지다 ②면밀함, 빈틈 없음¶ ~な計画ᵏᵉᶦᵏᵃᵏᵘを立たてる 면밀한 계획을 세우다 ③매우 친밀함, 밀접함¶ 関係ᵏᵃⁿᵏᵉⁱを~にする 관계를 밀접히 하다 ④비밀로 함¶ 謀事ʰᵃᵏᵃʳⁱᵍᵒᵗᵒは~なるを要ʸᵒᵘす 모사는 비밀을 요한다

みつ [✕蜜] 蜜ミツ (음)밀. I (造語) ①꿀. 蜜蝋¶ 밀랍・糖蜜¶ 당밀 ②꿀처럼 달다, 감미롭다¶ 蜜月¶ 밀월・蜜語¶ 밀어 II ①꿀¶ ～を吸う¶ 꿀을 빨아먹다 ②물엿, 당밀
みつ [三つ] 셋, 세 개, 세 살
みつ [✕箒] (相撲) 마와시의 가로와 세로가 교차되는 정(丁)자형 부분, 샅바
みつうん [密雲] (文) 짙은, 짙은 구름
みっか [三日] ①초사흘¶ 五月の～ 5월 초사흘 ②사흘¶ ～間 사흘간 ─天下 삼일 천하 ─麻疹 풍진 ─坊主 작심 삼일, 싫증이 나서 오래 계속 못 함, 그런 사람

慣用句
─に上げず 사올이 멀다 하고, 자주
─見ぬ間の桜 (比) 세상의 변천이 심함
みつが [密画] 밀화. 세밀하게 그린 그림
みっかい [密会] 名 自スル 밀회¶ 男女が～する 남녀가 밀회하다
みつがさね [三つ重ね] (장롱・찬합 등의) 세 개 겹처의 한 벌이 되는 것
みつかど [三つ角] ①삼각, 세개의 각 ②삼거리
みつか・る [見付かる] 自五 ①발각되다, 들키다¶ いたずらが～ 장난질이 발각되다 ②찾게 되다, 발견되다¶ 解決策が～ 해결책이 나타나다/ 迷子が～ 미아가 발견되다
みつぎ [見付き] 외관, 겉모양
みつぎ [貢ぎ・御調] ①옛날 조세의 총칭. 공물(貢物) ②(史) (속국이 바치는) 조공(朝貢)
みつぎ [密儀] (文) (특별한 자격을 가진 사람만 참가하는) 비밀 의식
みつぎ [密議] (文) 밀의. 비밀스런 상의¶ ～をこらす 밀의를 (거듭) 하다
みつぎもの [貢ぎ物] 공물(貢物)
みつきょう [密教] (佛) 밀교
みつ・ぐ [貢ぐ] 他五 ①금품을 보내다, 금품을 보태 주다 ②조세・산물을 바치다
みつく・す [見尽くす] 他五 전부 다 보다
みつくち [三つ口・兎唇] 언청이
みつぐみ [三つ組み] 세 개 한 벌¶ ～の杯 세 개가 한 벌로 된 술잔
みづくろい [身繕い] 名 自スル 몸차림을 갖춤, 몸치장¶ 念入りに～する 정성들여 몸치장을 하다
みつくろ・う [見繕う] 他五 (물건을) 골라 갖추다, 적당한 것으로 고르다
みつけ [見付] (江戸) 시대 가장 바깥 성문에서 파수꾼이 망을 보던 곳
みつけい [密計] (文) 밀계. 비밀 계획
みつけだ・す [見付け出す] 他五 (눈에 띄지 않던 것을) 발견하다, 찾아 내다¶ 有望な新人を～ 유망한 신인을 찾아 내다
みつげつ [✕蜜月] (文) 밀월. 신혼기¶ ～を過ごす 밀월을 보내다 ─旅行 밀월 여행
みつ・ける [見付ける] 他下一 ①찾다, 발견하다¶ 仕事を～ 일거리를 찾다/ 理想の人を～ 이상적인 사람을 발견하다 ②늘 보다, 눈에 익다¶ ～けている光景 늘 보아 온 광경

みつご [三つ子・三つ児] ①세쌍둥이 ②세 살된 아이, 어린아이

慣用句
─の魂百まで 세 살적 버릇 여든까지 간다
みつご [密語] 밀어 ①(文) 가만히 속삭임, 그런 말, 비밀 이야기¶ ～を交わす 밀어를 나누다 ②(佛) 부처가 진실을 속에 담아 설법하는 말
みつご [✕蜜語] (文) 밀어. 달콤하게 속삭이는 말
みっこう [密行] 名 自スル (文) 밀행 ①몰래 감, 숨어서 다님, 잠행 ②미행
みっこう [密航] 名 自スル 밀항¶ ～者 밀항자/ ～を企てる 밀항을 기도하다
みっこく [密告] 名 他スル 밀고¶ ～者 밀고자/ 警察に～する 경찰에 밀고하다
みっこう [密殺] 名 他スル(文) 밀살. 밀도살
みっし [密使] 밀사¶ ～を立てる 밀사를 보내다
みつじ [密事] (文) 밀사, 비밀, 은밀한 일
みっしつ [密室] 밀실 ①밀폐된 방¶ ～殺人事件 밀실 살인 사건 ②비밀의 방¶ 地下の～ 지하의 밀실
みっしゅう [密宗] (佛) 밀종. 밀교(密教)
みっしゅう [密集] 名 自スル 밀집¶ 人家が～する地域 인가가 밀집한 지역
みっしゅっこく [密出国] 名 自スル 밀출국
みっしょ [密書] 밀서. 비밀 문서・편지¶ ～を手渡す 밀서를 (직접) 건네다
みっしり 副 ①충실히, 철저히, 호되게¶ ～鍛える 철저히 단련하다 ②가득, 잔뜩, 꽉¶ 箱に～詰まっている 상자에 꽉 차 있다
みっせい [密生] 名 自スル 밀생. 빽빽히 남¶ 樹木が～する 수목이 밀생하다
みっせつ [密接] 밀접 I 名 自スル 딱 붙어 있음¶ 隣家が～している 이웃집이 딱 붙어 있다 II ナ 관계가 매우 깊음¶ ～な関係 밀접한 관계
みっせん [密栓] 名 自スル 밀전, 마개를 꼭 막음, 그런 마개¶ ～して貯蔵する 마개를 꼭 막아 저장하다
みっそ [密訴] 名 他スル 밀소. 밀고
みっそう [密送] 名 他スル 밀송, 몰래 보냄¶ 秘密文書を～する 비밀 문서를 밀송하다
みっそう [密葬] 名 他スル 밀장 ①몰래 장사를 지냄 ②집안끼리만 모여 장례를 지냄
みっそう [密造] 名 他スル 밀조¶ ～酒 밀주
みつぞろい [三つ揃い] 셋으로 한 벌이 되는 것, (특히 양복의) 상・조끼・바지의 한 벌
みつだん [密談] 名 自スル 밀담¶ ～を交わす 밀담을 나누다
みっちゃく [密着] 밀착 I 名 自スル 딱 붙음¶ ～取材 밀착 취재 II 名 (사진에서) 밀착 인화= べた焼き
みっちょく [密勅] (文) 밀칙. 비밀리에 내리는 칙명(勅命)
みっちり 副 충분히, 철저히, 단단히= みっしり¶ ～教え込む 철저히 가르치다/ ～小言をいう 단단히 잔소리를 하다
みっつう [密通] 名 自スル 밀통 ①내통¶ 敵と

みっつてい

と～する 적과 내통하다 ②사통, 간통¶他の男{ひと}と～する 다른 사내와 밀통하다
みってい [密偵] 밀정, 첩자, 스파이¶敵陣{じん}に～を放{はな}つ 적진에 밀정을 보내다
みっど [密度] 밀도¶人口{じんこう}～ 인구 밀도
みっともい・い [見っとも°好い] 形 俗 모양·모습이 보기 좋다
慣用句
―ものではない 보기 흉하다, 꼴사납다
みつどもえ [三つ°巴] ①소용돌이 모양이 세 개 맞물려 있는 무늬 ② 名 삼파(三巴), 셋이 대립하여 서로 얽힘¶～の優勝{ゆうしょう}争{あらそ}い 삼파전의 우승 다툼
みっともな・い [見っともない] 形 口 꼴사납다, 보기 흉하다, 꼴불견이다¶～服装{ふくそう} 꼴 사나운 복장
みつにゅうこく [密入国] 名 自スル 밀입국
みつば [三つ葉] ①세 잎 ② 植 파드득나물
みつばい [密売] 名 他スル 밀매¶麻薬{まやく}を～する 마약을 밀매하다
みつばち [°蜜蜂] 動 꿀벌
みっぷう [密封] 名 他スル 밀봉¶～して保存{ほぞん}する 밀봉하여 보존하다
みっぺい [密閉] 名 他スル 밀폐¶容器{ようき}を～する 용기를 밀폐하다
みつぼうえき [密貿易] 밀무역
みつまた [三つ又·三つ°叉] ①(길·강 등이) 세 갈래로 된 곳 ②같이 Y자형으로 갈라진 막대 ③ [°楮] 植 삼지닥나무
みつまめ [°蜜豆] 料 네모지게 썬 한천에 삶은 완두콩·과일을 넣고 당밀을 친 음식
みつみ [三つ身] 服 (보통 폭 반 필로 지은) 어린이용 일본옷
みつもん [密 °] 副 他スル ①은밀함＝内内{ないない} ②매우 친밀한 모양¶～に語{かた}り合{あ}う 친밀하게 이야기하다 ③(초목이) 밀생함, 무성함
みつめ [三つ目] ① 名 눈이 세 개 있음, 세눈박이¶～小僧{こぞう} 세눈박이 괴물 ② 誕生 후 사흘째가 됨, 그 축하 ― 雖 세모 송곳
みつ・める [見詰める] 他下一 응시하다, 주시하다¶現実{げんじつ}を～ 현실을 주시하다
みつもり [見積(も)り] 名 어림잡, 견적, 개산¶～書{しょ} 견적서/～をとる 어림하다
みつも・る [見積(も)る] 他五 ①눈어림하다 ②어림잡다, 견적하다, 개산하다¶経費{けいひ}を～ 경비를 어림잡다
みつもん [三つ紋] 紋 羽織{はおり}·着物{もの}의 등과 양 소매에 물들인 가문(家紋)
みつやく [密約] 名 自他スル 밀약¶～を交{か}わす 밀약을 나누다
みつゆ [密輸] 名 他スル 밀수¶～品{ひん} 밀수품/麻薬{まやく}を～する 마약을 밀수하다
みつゆしゅつ [密輸出] 名 他スル 밀수출
みつゆにゅう [密輸入] 名 他スル 밀수입
みつゆび [三つ指] (엄지·검지·중지의) 세 손가락. 그 손가락을 가볍게 짚고 공손히 절함¶～を突{つ}いて迎{むか}える 공손히 절하며 맞다

みづら・い [見 °辛い] 形 口 ①보기 흉하다, 차마 볼 수 없다¶～骨肉{こつにく}の争{あらそ}い 차마 볼 수 없는 골육 상쟁 ②보기 어렵다, 잘 보이지 않다¶～紙面{しめん} 잘 보이지 않는 지면
みつりょう [密猟] 名 他スル 밀렵, 몰래 사냥함
みつりょう [密漁] 名 他スル 밀어, 불법 어로¶～船{せん} 밀어선
みつりん [密林] 밀림＝ジャングル
みつろう [°蜜°蝋] 밀랍
みてい [未定] 名 미정¶日取{ひど}りは～です 기일은 미정입니다 ― 稿 미완성 원고
ミディアム (medium) 미디엄 ①중간¶～サイズ 미디엄 사이즈 ②料 (스테이크 등을) 중간 정도로 굽는 일
みてくれ [見°呉れ] 口 겉모양, 겉보기, 외관¶～が悪{わる}い 외관이 나쁘다/～を気{き}にする 겉모양에 신경쓰다
みてと・る [見て取る] 他五 간파하다, 꿰뚫어 보다＝見抜{ぬ}く¶真意{しんい}を～ 진의를 알아내다
みと [水戸] 茨城{いばらき}현의 현청 소재지인 시(市)
みとう [未到] 名 미도. 아직 아무도 이르지 못함¶人跡{じんせき}～の記録{きろく} 전인 미도의 기록
みとう [未踏] 名 미답. 아직 아무도 밟지 않음¶人跡{じんせき}～のジャングル 인적 미답의 정글
みとう [味到] 名 他スル 文 충분히 맛봄, 잘 음미함＝味得{みとく}
みどう [御堂] 불상을 안치한 당집＝おどう
みとおし [見通し] ①멀리까지 한눈에 내다봄¶霧{きり}で～が利{き}かない 안개로 앞이 내다보이지 않다 ②앞을 내다봄, 예측, 전망¶～が立{た}つ 전망이 서다 ③꿰뚫어 봄, 환히 내다봄¶神様{かみさま}はお～だ 하느님은 다 알고 계시다
みとお・す [見通す] 他五 ①멀리까지 한눈에 내다보다¶街{まち}を～ 시내를 한눈에 내다보다 ②내다보다, 전망하다, 예측하다¶将来{しょうらい}を～ 장래를 내다보다 ③꿰뚫어 보다, 간파하다¶心{こころ}を～ 마음을 꿰뚫어 보다 ④(처음부터 끝까지) 다 보다
みとが・める [見 °咎める] 他下一 ①보고 비난하다¶いたずらを～ 장난질을 보고 비난하다 ②(수상하게 여겨) 캐묻다, 검문하다¶警官{けいかん}に～められる 경찰관에게 검문당하다
みとく [味得] 名 他スル 文 음미하여 터득함¶真髄{しんずい}を～する 진수를 음미하고 터득하다
みどく [味読] 名 他スル 미독. 음미하며 읽음¶名作{めいさく}を～する 명작을 미독하다
みどころ [見所·見°処] ①볼 만한 대목·장면¶この劇{げき}の～ 이 극의 볼 만한 장면 ②장래성¶～のある若者{わかもの} 장래성이 있는 젊은이
みとど・ける [見届ける] 他下一 ①보고 확인하다, 마지막까지 지켜보다¶彼{かれ}の成功{せいこう}を～ 그의 성공을 끝까지 지켜보다
みとめ [認め] 「認め印{いん}」의 준말
みとめいん [認め印] 막도장
みと・める [認める] 他下一 ①알아차리다, 인지하다¶心臓{しんぞう}に異状{いじょう}を～ 심장의 이상을 인지하다 ②(그렇다고) 판단하다, 인정하다¶有罪{ゆうざい}と～ 유죄로 판단하다 ③받아들

이다, 승인하다¶ 娘の結婚を~ 딸의 결혼을 승낙하다 ④긍정하다, 시인하다¶ 犯行の事実を~ 범행 사실을 시인하다 ⑤높게 평가하다¶ 才能を~ 재능을 인정하다 ⑥허가하다, 용인하다¶ 外泊を~ 외박을 허가하다

**みとり** [見取り] ①보고 베낌 ② [°綠] [藝] (歌舞伎 등에서) 여러 작품에서 볼 만한 부분만 골라서 연기하는 일 一算 (주산에서) 보고놓기 셈 一図 견냥도

**みとり** [看取り] 간병, 병구완 = 看病

**みどり** [綠·ˣ翠] ①녹색, 초록¶ ~色 녹색 ②(초목의) 새싹, 새잎¶ 松の~ 소나무의 새잎

**慣用句**
**—のおばさん** (초등학생의 등하교 때) 녹색 제복을 입고 교통 정리하는 여성
**—の黒髪** (젊은 여성의) 윤이 나는 검은 머리칼

**みどりご** [〈嬰兒〉·綠兒] [文] 영아, 젖먹이, 갓난아이 = えいじ

**みどりむし** [綠虫] [動] 연두벌레, 유글레나

**みと・る** [見取る] ①보고 알아차리다¶ 実力の差を~ 실력 차이를 알아차리다 ②보고 베끼다

**みと・る** [看取る] [他五] 병구완하다, 간병하다¶ 病人を~ 환자를 간병하다

**みと・れる** [見ˣ惚れる·見ˣ蕩れる] [自下一] 넋을 잃고 보다¶ あまりの見事さに~ 너무나 훌륭하여 넋을 잃고 보아

**みどろ** [造語] (명사에 붙어) …투성이¶ 血~ 피투성이/ 汗~ 땀투성이

**みな** [皆] Ⅰ [名·副] 모두, 전부, 다¶ ~でいくらですか 전부 얼마입니까? Ⅱ [代] 전원, 모두들¶ ~よく聞け 모두들 잘 들어라

**慣用句**
**—が皆** 모두다, 남김없이, 모조리

**みなおし** [見直し] 다시 봄, 달리 봄

**みなお・す** [見直す] Ⅰ [自五] (병·경기가) 나아지다, 호전되다¶ 病人の容態も~・して来た 환자의 용태도 나아지기 시작했다 Ⅱ [他五] 다시 보다 ①처음부터 고쳐 보다¶ 答案を~ 답안을 다시 보다 ②재평가하다, 달리 보다¶ 彼を~・した 그를 재평가하였다

**みなかみ** [水上] ①상류 ②기원, 근원

**みなぎ・る** [°漲る] [自五] 넘치다 ①(물이) 넘쳐 흐르다¶ ~濁流 넘쳐 흐르는 탁류 ②(힘·의욕이) 넘쳐 흐르다¶ 活気が~ 활기가 넘치다

**みなくち** [°水口] (논의) 물꼬 = みずくち¶ ~をせき止める 물꼬를 막다

**みなげ** [身投げ] [名·自スル] (물·불 등에) 몸을 던짐, 투신 (자살)

**みなごろし** [皆殺し] 몰살¶ 一家が~になる 일가가 몰살되다

**みなさま** [皆様] [名·代] 여러분¶ ~のおかげで 여러분의 덕분

**みなさん** [皆さん] [名·代] 여러분

**みなしご** [〈孤兒〉] 고아 = 孤兒

**みな・す** [見做す·ˆ看做す] [他五] ①가정하다¶ 全員参加と~ 전원 참가한다고 가정하다 ②인정하다, 판정하다, 판단하다¶ 返事のない者は欠席と~ 대답이 없는 사람은 결석으로 간주하다

**みなそこ** [水底] 물밑, 물속 = みなぞこ¶ ~に沈めなる 물속으로 가라앉다

**みなづき** [°水無月] 음력 6월의 딴이름

**みなと** [港·ˆ湊] 항구¶ ~に泊まる 항구에 정박하다

**みなとまち** [港町] 항구 도시, 항도

**みなぬか** [三七日] 사람이 죽은 지 21일째 되는 날, 그날 올리는 재(齋) = みなのか

**みなのしゅう** [皆の衆] 모든 사람, 여러분들

**みなまたびょう** [水俣病] [醫] 미나마타병

**みなみ** [南] ①남, 남쪽¶ ~向きの家 남향집 ②「南風」의 준말, 남풍 ▷ ①② ⇔ 北

**みなみアメリカ** [南アメリカ] [地] 남아메리카, 남미 = 南米

**みなみおもて** [南面] ①남향, 정면 ②귀인의 저택의 본채, 정전(正殿)

**みなみかいきせん** [南回歸線] [地] 남회귀선

**みなみかぜ** [南風] 남풍, 마파람 = はえ

**みなみシナかい** [南シナ海] [地] 남지나해

**みなみじゅうじせい** [南十字星] [天] 남십자성

**みなみたいへいよう** [南太平洋] 남태평양

**みなみな** [皆皆] [名·副] 모두, 전부, 죄다 一樣 [名·代] 여러분

**みなみはんきゅう** [南半球] [地] 남반구

**みなみヨーロッパ** [南ヨーロッパ] [地] 남유럽

**みなもと** [源] ①수원(水源) ②(사물의) 기원, 근원¶ 文明の~ 문명의 기원

**みならい** [見習(い)] 견습, 수습, 수습하는 사람¶ ~工 견습공/ ~期間 수습 기간

**みなら・う** [見習う·見倣う] [他五] ①보고 익히다(배우다)¶ 家事を~ 가사를 보고 익히다 ②본받다¶ ~べきものがある 본받을 만한 점이 있다

**みなり** [身°形] 옷차림, 복장¶ ~をかまわない 옷차림에 무관심하다

**みなれざお** [°水ˣ馴れˆ棹] 손에 익은 상앗대

**みな・れる** [見慣れる·見ˆ馴れる] [自下一] 자주 보아 익숙하다, 낯익다¶ ~・れない人物 낯선 인물

**みにく・い** [見°悪い·見ˆ難い] [形] 보기 어렵다, 잘 보이지 않다¶ ~画面が 잘 보이지 않는 화면

**みにく・い** [醜い] [形] 추하다 ①(용모가) 보기 흉하다, 못생기다¶ ~顔 못생긴 얼굴 ②(행위·태도가) 추악하다¶ ~争い 추한 싸움

**みぬ・く** [見抜く] [他五] 꿰뚫어보다, 간파하다, 알아채다¶ 本質を~ 본질을 간파하다

**みね** [峰·ˣ峯·ˣ嶺] ①산봉우리¶ そびえ立つ~ 우뚝 솟은 산봉우리 ②봉우리처럼 높게 된 부분¶ 雲の~ 구름의 봉우리 ③칼등

**みねいり** [峯入(り)] 수행자가 吉野から大峰山に 들어가 수도함 = 大峰入

**みねうち** [峰打ち] 칼등으로 침¶ ~をくれる

칼등으로 치다

**みの** [*蓑*] 도롱이¶ 腰に~ 허리에 두르는 짧은 도롱이

**みの** [三幅] ①보통 폭을 세 폭 합친 나비 ②「三幅布団」의 준말 —**布団** 세 폭 이불

**みの** [美濃] 일본의 옛지명, 지금의 岐阜현 남부 지방 —**紙** 미농지 —**判** 미농지판

**みのう** [未納] 名 미납¶ 会費の~ 회비의 미납

**みのうえ** [身の上] ①신세, 신상¶ 気の毒な~ 딱한 신세/ ~を明かす 신상을 밝히다 ②운명¶ ~を占う 운명을 점치다 —**相談** 신상 상담 —**話** 신세 타령, 신상 이야기

**みのかさ** [*蓑*笠] 도롱이와 삿갓¶ ~をつける 도롱이를 입고 삿갓을 쓰다

**みのが・す** [見逃す] 他五 ①묵인하다, 눈감아 주다¶ 違反を~ 위반을 묵인하다 ②못 보고 지나치다, 놓치다¶ 間違いを~ 잘못을 못보고 지나치다 ③(기회를) 놓치다¶ 好機を~ 호기를 놓치다

**みのがめ** [*蓑*亀] 動 ①「青海亀」의 딴 이름, 바다거북 ②등딱지에 해감이 붙어 있어 도롱이를 입은 것처럼 보이는 남생이

**みのかわ** [身の皮] 몸에 걸친 옷
慣用句
—**を剝ぐ** 생계를 위해 입은 옷까지 팔다

**みのけ** [身の毛] 몸의 털
慣用句
—**もよだつ** 무서워서 털이 곤두서다, 소름이 끼치다

**みのげ** [*蓑*毛] ①도롱이에 엮어 넣은 억새·사초 주저리 ②해오라기 목의 늘어진 깃털

**みのこ・す** [見残す] 他五 보다 남기다, 다 못 보고 남기다

**みのしろ** [身の代] ①「身の代金」의 준말 ②재산, 가산(家産) —**金** ①인신 매매 대금 ②(인질의) 몸값

**みのたけ** [身の丈] 키, 신장= せたけ¶ ~六尺余り 신장 6척 남짓

**みのほど** [身の程] 분수¶ ~をわきまえる 분수를 알다 —**知らず** 분수를 모름, 그런 사람

**みのまわり** [身の回り] ①신변 잡화, 일용품¶ ~の品 일상 용품 ②신변의 잡다한 일¶ ~の世話をする 신변을 돌봐주다 ③일상의 행동·교제 관계¶ ~をきれいにしておく 신변을 깨끗이 정리해 두다

**みのむし** [*蓑*虫] 動 도롱이벌레

**みのり** [実り·*稔*り] 결실 ①열매를 맺음, 수확¶ ~の秋 결실의 가을 ②(노력·연구의) 성과¶ ~多い学問 성과가 많은 학문

**みの・る** [実る·*稔*る] 自五 결실하다 ①열매를 맺다, 여물다¶ 稲が~ 벼가 여물다 ②성과를 거두다¶ 長年の研究が~ 오랜 세월의 연구가 성과하다
慣用句
—**程頭の下がる稲穂かな** 익을수록 벼는 고개를 숙인다, 지위가 오를수록 겸손해야 한다

**みば** [見場·見端] (口) 겉모양, 볼품, 외관

**みばえ** [見栄え·見映え] 볼품있어[보기에] 좋음¶ ~のする洋服 볼품 있는 양복

**みはから・う** [見計らう] ①적당한 때를 가늠하다¶ ころ合いを~·って話す 기회를 잘보아 말하다 ②적당한 것을 고르다¶ 贈り物を~ 적당한 선물을 고르다

**みはつ** [未発] 名 文 미발, 아직 일어나지 않음, 미연¶ 事故を~にふせぐ 사고를 미연에 방지하다 ②아직 발명·발견되지 않음¶ ~の装置 아직 발명되지 않은 장치

**みはっぴょう** [未発表] 名 미발표, 아직 발표되지 않음¶ ~の論文 미발표 논문

**みはてぬ** [見果てぬ] 連体 文 다 보지 못한, 미진한 —**夢** 다 꾸지 못한 꿈, 미진한 꿈

**みはな・す** [見放す·見離す] 他五 단념하다, 포기하다= 見捨てる¶ 医者も~·した重病 의사도 포기한 중병

**みはば** [身幅·身巾] ①몸의 폭 ②(일본옷에서) 길의 폭, 품

**みはらい** [未払い] 미불 ⇔ 既払い¶ ~分 미불분/ ~の代金 미불 대금

**みはらし** [見晴らし] 전망¶ ~台 전망대/ ~がよい 전망이 좋다

**みはら・す** [見晴らす] 他五 文 전망[조망]하다, 넓게 멀리 바라보다¶ 山の上から港を~ 산 위에서 항구를 조망하다

**みはり** [見張り] 망을 봄, 파수꾼¶ ~番 파수꾼, 파수 당번

**みは・る** [見張る] 他五 ①瞠る 눈을 크게 뜨고 보다¶ 目を~ 눈을 크게 뜨다 ②망보다, 지키다¶ 犯人を~ 범인을 감시하다

**みはるか・す** [見晴かす·見霽かす] 他五 文 멀리 바라보다, 조망하다

**みびいき** [身晶·身贔屓] 名 自他スル (자신과 관계 있는 사람을) 특별히 돌봐 줌, 편들어 줌¶ 部下を~する 부하를 편들다

**みひつのこい** [未必の故意] 法 미필적 고의

**みひとつ** [身一つ] 제 몸 하나, 혼자 몸¶ ~で家を出る 맨몸으로 집을 나가다

**みひらき** [見開き] 版 (책을 폈을 때) 마주 보는 좌우 양면¶ ~広告 좌우 양면에 걸친 광고

**みふたつ** [身二つ] (「~になる」의 꼴로) 출산하다, 아기를 낳다

**みぶり** [身振り] 몸짓¶ ~手ぶり 몸짓 손짓

**みぶるい** [身震い] 名 自スル (추위·공포 등으로) 몸을 떪, 몸서리¶ 寒さで~する 추위로 몸을 떨다

**みぶん** [身分] ①신분¶ ~が高い 신분이 높다 ②처지, 신세, 팔자¶ 結構なご~ですね 팔자 좋으시군요 —**証明書** 신분 증명서

**みぶん** [未分] 名 文 미분, 미분화¶ 天地~の時 천지 미분화의 시기

**みぶんか** [未分化] フ 미분화

**みぼうじん** [未亡人] 미망인= ごけ¶ 戦争~ 전쟁 미망인

みほ・れる【見*惚れる】 自下ー 넋을 잃고 보다¶ あまりの美うつくしさに~ 너무나 아름다워서 넋을 잃고 보다
みほん【見本】 ①견본 = サンプル¶ 商品しょう~ 상품 견본 ②좋은 예, 본보기, 표본¶ 現代だいっ子この~ 현대인[요즘 사람]의 표본/ ~を示しめす 본을 보이다 一市し 견본시, 견본 시장 一刷ずり 【版】 견본쇄
みまい【見舞(い)】 문안, 위문, 그런 물건·편지¶ 病気びょう~ 문병/ ~に行いく 문안[위문]하러 가다 一状じょう 문안 편지
みま・う【見舞う】 他五 ①문안하다, 위문하다, 문병하다¶ 病気びょうの友人ゆうじんを~ 병중인 친구를 문병하다 ②(타격을) 가하다¶ げんこつを~ 주먹으로 때리다 ③(「~・われる」의 꼴로)(재난 등을) 만나다, 당하다¶ 豪雨ごうに~・われる 호우에 휩쓸리다
みまが・う【見*紛う】 他五 잘못 보다, 오인하다 = 見誤あやまる¶ 花はなと~乙女おとめたち 꽃인가 싶은 처녀들
みまさか【美作】 일본의 옛 지명, 지금의 岡山おかやま현 동북부 지역
みまな【任那】【史】 임나, (일본에서 말하는) 3~6세기경 한반도 남부 지역의 총칭 = にんな
みまも・る【見守る】 他五 지켜보다 ①망보다, 지키다 ②지켜보다¶ 子供こどもの成長せいちょうを~ 아이의 성장을 지켜보다 ③(추세를) 주시하다¶ 経過けいかを~ 경과를 지켜보다
みまわ・す【見回す・見*廻す】 他五 둘러보다¶ 周囲しゅういを~ 주위를 둘러보다
みまわり【見回り・見*廻り】 돌아봄, 순찰, 순시, 그런 사람¶ 工場こうじょうの~ 공장의 순찰
みまわ・る【見回る・見*廻る】 他五 (경비·감독하러) 돌아보다, 순찰하다, 순시하다¶ 園内えんないを~ 원내를 순찰하다
みまん【未満】 미만¶ 六歳ろくさい~ 6세 미만
みみ【耳】 ①【醫】 귀¶ ~をほじくる 귀를 후비다 ②귓바퀴¶ ~が大おおきい 귀가 크다 ③들음, 들림, 청력¶ ~がいい 귀가 밝다 ④귀 모양의 것¶ 針はりの~ 바늘귀/ 鍋なべの~ 냄비 손잡이 ⑤(종이·직물 등의) 가장자리¶ 紙かみの~をそろえる 종이 귀를 맞추다

[慣用句]
—が痛いたい 귀가 아프다, (남의 말이 약점을 찔러) 듣기가 거북하다
—が肥こえている (음악·만담 등을 들은 경험이 많아) 감상력이 뛰어나다
—が遠とおい 귀가 멀다, 귀가 어둡다
—が早はやい 귀가 빠르다, (소문 등을) 빨리 듣다
—に入いれる ①들어서 알다·들려주다, 알려주다, 귀띔하다
—に逆さからう 귀에 거슬리다
—に障さわる 귀에 거슬리다
—にする 듣다¶ うわさを~ 소문을 듣다
—に胼胝たこが出来でき る 귀에 못이 박히다
—に付つく ①귀에서 떠나지 않다 ②질리도록 듣다
—に留とまる 들은 말·음성을 기억하고 있다
—に残のこる 귀에 남다, 인상 깊은 소리·말 등이 잊혀지지 않다
—に入はいる 귀에 들리다
—に挟はさむ 얼핏[언뜻] 듣다, 귓결에 듣다
—を疑うたがう 귀를 의심하다
—を貸かす ①(남의 말에) 귀를 기울이다 ②상담에 응하다
—を傾かたむける 귀를 기울이다
—を汚けがす 귀를 더럽히다, 서투른 음악이나 시답잖은 말 등을 하여 불쾌하게 만들다
—を澄すます 귀를 기울여 듣다
—を欹そばだてる 귀를 기울여 듣다
—を揃そろえる (일정 금액을) 야구를 맞추어 준비하다
—を塞ふさぐ 귀를 막다
—を聾ろうする 귀먹게[귀를 멍멍하게] 하다
みみあか【耳垢】 귀지 = 耳みみくそ¶ ~を取とる 귀지를 파내다
みみあたらし・い【耳新しい】 形 귀에 새롭다, 금시 초문이다¶ ~話はな 처음 듣는 이야기
みみうち【耳打ち】 名 自スル 귓속말, 귓속말¶ そっと~する 살짝 귓속말을 하다
みみかき【耳*搔き】 귀이개, 귀개
みみがくもん【耳学問】 귀동냥, 어깨너머글, 들은 풍월¶ ~で覚おぼえる 귀동냥으로 배우다
みみかざり【耳飾り】 귀고리 = イヤリング
みみがね【耳金】 ①(그릇 등의) 손잡이, 귀때, 족자리 ②귀고리
みみくそ【耳*糞】 귀지 = みみあか
みみこすり【耳*擦り】 名 自スル ①귀엣말, 귓속말 = みみうち ②빗대어 말함 = あてこすり
みみざと・い【耳聡い】 形 ①귀가 밝다 ②소식이 빠르다
みみざわり【耳障り】 ナ 귀에 거슬림¶ ~な話はな 귀에 거슬리는 이야기
みみず【*蚯*蚓】 【動】 지렁이 一腫は れ 피부의 긁힌 자리가 지렁이처럼 길고 붉게 부어오름
みみずく【*木*菟】 【動】 부엉이 = ずく
みみだ・つ【耳立つ】 自五 (文) 귀에 거슬리다¶ ~話はな方かた 귀에 거슬리는 말투
みみたぶ【耳*朶】 귓불¶ 厚あつい~ 두툼한 귓불
みみだれ【耳垂れ】 【醫】 이루, 귓구멍에서 고름이 나오는 병 = 耳漏みみろう
みみっち・い 形 (俗) 째째하다, 다랍다, 인색하다¶ ~根性こんじょう 째째한 근성/ やりかたが~ 하는 짓이 다랍다
みみどお・い【耳遠い】 形 ①귀가 멀다, 귀가 어둡다 ②귀설다¶ ~話はな 귀에 선 이야기
みみどしま【耳年増】 (俗) 설듣은 지식이 풍부한 젊은 여자
みみなり【耳鳴り】 이명, 귀울음 = 耳鳴じめい
みみな・れる【耳慣れる・耳*馴れる】 自下ー 귀에 익다 = 聞ききき慣なれる¶ ~・れない言葉ことば 귀에 익지 않은 말
みみへん【耳偏】 (한자 부수의) 귀이변 ▷「恥·職」등의「耳」부분
みみもと【耳元・耳*許】 귓전¶ ~でささやく 귓전에다 속삭이다

**みみより**【耳寄り】⑦(귀에) 솔깃함, 들을 만함¶~な話 솔깃해지는 이야기

**みみわ**【耳輪・耳*環】귀고리 = イヤリング

**みむき**【見向き】①(그쪽으로) 돌아다봄 ②관심을 가짐
[慣用句]
**—もしない** ①(그쪽으로) 돌아다보지도 않다 ②거들떠보지도 않다

**みむ·く**【見向く】他五 ①(그쪽으로) 돌아다보다 ②관심을 가지다

**みめ**【見目・*眉目】①겉모양, 외관 ②용모¶~より心 외모보다 마음

**みめい**【未明】文 미명, 새벽¶~に出発する 미명에 출발하다

**みめうるわし·い**【見目麗しい】形(文) 용모가 아름답다¶~乙女 용모가 아름다운 처녀

**みめかたち**【見目形】용자, 용모와 자태¶~のすぐれた人 용자가 뛰어난 사람

**みめよ·い**【見目良い】形 용모가 아름답다¶~娘 어여쁜 아가씨

**ミモザ**(mimosa)【植】①미모사, 함수초(含羞草)¶~の花 미모사꽃

**みもだえ**【身*悶え】名 自スル 몸부림¶~して泣く 몸부림치며 울다

**みもち**【身持ち】①품행, 몸가짐¶~が悪い 품행이 나쁘다 ②임신 = 身重¶~になる 임신하다

**みもと**【身元・身*許】신원¶~を調べる 신원 조사/~を引き受ける 신원을 인수하다 **—保証人** 신원 보증인

**みもとに**【^御許に】文 (여성의 편지에서) 상대방의 이름에 덧붙이는 말. …님 앞

**みもの**【見物】볼 만한 것¶決勝戦が~だ 결승전이 볼 만하다

**みもの**【実物】(꽃꽂이・원예에서) 열매를 관상하는 식물

**みもん**【未*聞】名(文) 미문, 아직 듣지 못함¶前代~の不祥事 전대 미문의 불상사

**みや**【宮】①신사(神社)¶お~参り 신사 참배 ②궁, 궁궐 ③宮의 칭호를 받은 황족에 대한 존칭

**みやぎ**【宮城】東北 지방 동부에 있는 현

**みゃく**【脈】【脈】音 ミャク(음) 맥. Ⅰ(造語) ①혈관 血脈 혈맥・動脈 동맥 ②맥박¶脈拍 맥박・命脈 명맥 ③이어지는 것¶鉱脈 광맥・山脈 산맥 ④사물의 연결, 맥락¶脈絡 맥락・文脈 문맥 Ⅱ ①맥, 맥박¶~を打つ 맥이 뛰다 ②맥, 줄기로 이어져 있는 것¶葉の~を観察する 잎맥을 관찰하다 ③맥락¶文章の~をたどる 문장의 맥락을 더듬다 ④희망, 가망¶~がない 가망이 없다
[慣用句]
**—が上がる** ①맥박이 멎다, 죽다 ②희망〔가망〕이 없다
**—がある** ①맥이 있다 ②희망〔가망〕이 있다
**—を取る** 맥을 짚다, 진맥하다

**みゃくう·つ**【脈打つ・脈*搏つ】自五(文) 맥박 치다 ①맥박이 뛰다¶規則的に~ 규칙적으로 맥박이 뛰다 ②(생기가) 약동하다¶時代の精神が~っている 시대 정신이 약동하다

**みゃくどう**【脈動】名 自スル 맥동 ①맥박침 주기적・계속적으로 일어나는 힘찬 움직임¶新時代の~ 새 시대의 맥동 ③지각의 주기적인 미동 현상

**みゃくどころ**【脈所】맥소 ①맥을 짚는 곳 ②(사물의) 급소, 요점¶話の~ 이야기의 요점

**みゃくはく**【脈拍・脈*搏】[醫] 맥박 = 脈

**みゃくみゃく**【脈脈】[ト/タル](文) 면면히¶~と続く建学の精神 면면히 이어지는 건학 정신

**みゃくらく**【脈絡】맥락 ①줄거리, 연관 = すじみち¶文章の~をたどる 문장의 맥락을 더듬다 ②혈관, 혈맥

**みやけ**【〈屯倉】【史】大和의 改新 이전의 조정의 직할지, 거기서 수확된 곡물을 저장하던 창고

**みやけ**【宮家】①(황족 중에서) 宮의 칭호를 받은 일가 ②(親王이나 王 등) 황족의 일가

**みやげ**【土産】①(여행지 등에서 사 오는) 토산품 ②남의 집을 방문할 때의 선물 = 手みやげ **—話** 여행담 **—物** ①토산물 ②선물

**みやこ**【都】①수도¶韓国の~ソウル 한국의 수도 서울 ②도회지, 도시¶音楽の~ウィーン 음악의 도시 빈 ③살기 좋은 곳¶住めば~ 살(아 정들)면 고향

**みやこいり**【都入り】名 自スル 수도로 들어옴, 입경(入京)

**みやこおおじ**【都大路】도시의 중심 도로

**みやこおち**【都落ち】名 自スル ①낙향함¶平家の~平氏 씨 일문의 낙향 ②(俗) 도시(특히 東京)에서 지방의 직장・학교로 감

**みやこおどり**【都踊り】①京都의 춤, 도회풍의 무용 ②[藝] 京都 祇園의 歌舞練場에서 매년 4월부터 5월 중순까지 열리는 舞子들의 무도회

**みやこそだち**【都育ち】도시에서 자람, 그런 사람

**みやこどり**【都鳥】[動] ①검은머리물떼새 ②「ゆりかもめ」의 딴이름, 붉은부리갈매기

**みやこわすれ**【都忘れ】[植] 과쑥의 재배 품종

**みやざ**【宮座】神社의 제사를 지내는 특정 집단 = 宮講・宮仲間

**みやざき**【宮崎】九州 지방 남동부의 현, 그 현의 현청 소재지인 시(市)

**みやさま**【宮様】황족에 대한 높임말

**みやしばい**【宮芝居】[藝] (제례 때 등에) 神社의 경내에서 하는 연극

**みやじま**【宮島】「宮島 "厳島"」의 딴이름

**みやす·い**【見*易い】形 ①보기 쉽다, 잘 보이다 = 見*よい¶~観客席 잘 보이는 관객석 ②알기 쉽다¶~く説明する 알기 쉽게 설명하다

**みやずもう**【宮相撲】[相撲] (제례 때 등에) 神社의 경내에서 흥행하는 씨름

**みやすんどころ**【^御息所】①天皇의 침소에서 시중들던 궁녀 ②황태자비, 親王의 비

**みやだいく**【宮大工】神社(じんじゃ)·궁전 등의 건축을 전문으로 하는 목수

**みやづかえ**【宮仕え】[名][自スル] ①궁중·귀인의 집에서 일함 ②(俗) 관청·회사 등에 근무함. 고용살이, 월급쟁이 ¶ すまじきものは~ 못할 짓은 고용살이

**みやび**【雅】[名][自ル][文] 우아, 우미, 풍아(風雅) ¶ ~ことば 우아한 말씨

**みやびやか**【雅やか】[ダ][文] 우아하고 품위 있음, 풍아한 ¶ ~な舞(まい) 우아한 춤

**みやぶ・る**【見破る·看破る】[他五] 간파하다, 꿰뚫어보다, 알아채다 ¶ 正体(しょうたい)を~ 정체를 간파하다

**みやま**【深山】[文] ①「山(やま)」의 미칭 ②심산, 깊은 산 = 奥山(おくやま) ⇔ 外山(とやま) ③산릉(山陵), 묘 —**かぜ**【—風】[文] 재넘이 —**ざくら**【—桜】①[植] 산개벚나무 ②[文] 깊은 산에 피는 벚꽃

**みやまいり**【宮参り】①神社(じんじゃ)에 참배함 ②아기가 태어난 후 처음으로 産土神(うぶすながみ)에게 참배함 ③3·5·7세가 된 축하로 産土神에게 참배함

**みやもり**【宮守】神社(じんじゃ)를 지킴, 神社지기

**みや・る**【見遣る】[他五][文] ①(먼 곳을) 바라보다 ¶ はるかかなたの空(そら)を~ 아득히 먼 하늘을 바라보다 ②그쪽을 바라보다, 눈길을 주다 ¶ 物音(ものおと)のする方(ほう)を~ 무슨 소리가 나는 쪽을 보다

**みよ**【御代·御世】天皇(てんのう)의 치세에 대한 높임말

**みよ・い**【見^好い】[形] ①보기 좋다 ¶ あまり~光景(こうけい)ではない 그다지 보기 좋은 광경은 아니다 ②보기 쉽다, 잘 보이다 ¶ ~位置(いち)에 보기 쉬운 위치

**みょう**【妙】[音]ミョウ(メウ) [訓]たえ (음)묘. Ⅰ[造語] ①극히 뛰어나다 ¶ 妙味(みょうみ) 묘미·絶妙(ぜつみょう) 절묘 ②더없이 아름답다 ¶ 美妙(びみょう) 미묘 ③절묘하다 ¶ 妙案(みょうあん) 묘안·巧妙(こうみょう) 교묘 ④이상하다 ¶ 奇妙(きみょう) 기묘 ⑤젊다 ¶ 妙齢(みょうれい) 묘령 Ⅱ[名][ダ] 묘 ①극히 뛰어남, 절묘함, 오묘함 ¶ 造化(ぞうか)の~ 조화의 묘 ②보통이 아님, 이상함 ¶ ~な話(はなし) 이상한 이야기

**みょう**【明】[造語] (연·월·일에 붙어)명. 다음, 오는, 이듬 ¶ ~年(ねん) 명년 / ~五日(いつか) 오는 5일 / ~朝(あさ)八時(はちじ) 내일 아침 8시

**みよう**【見様】보는 방법, 보는 방법(みかた)¶ ~によってはどちらとも言(い)える 보기에 따라서는 양쪽 다라고도 할 수 있다 —**見^真似(まね)** 보고 흉내내는 중에 저절로 터득함, 눈동냥

**みょうあさ**【明朝】[文] (口) 내일 아침

**みょうあん**【妙案】묘안 ¶ ~がうかぶ 묘안이 떠오르다

**みょうおう**【明王】[佛] 명왕, 부동 명왕

**みょうおん**【妙音】①[文] 묘음, 매우 아름다운 음성·음악 ②[佛] **弁財天(べんざいてん)**의 딴이름

**みょうが**【^茗荷】[植] 양하

**みょうが**【^冥加】[佛] 冥利. 모르는 사이에 받은 신불의 가호 = 冥利(みょうり) —**きん**【—金】①명가금. 신불의 가호를 빌거나 그 보답으로 봉납하는 돈 ②[史] 江戸(えど) 시대 잡세(雑税)의 하나 [慣用句]
—**に余(あま)る** 분에 넘친 가호를 받아 감사하게 생각하다, 분에 넘친 행복을 감사하다
—**に尽(つ)きる** ①신불에게 버림받다 ② → 冥加に余る

**みょうぎ**【妙技】묘기 ¶ ~を見(み)せる 묘기를 보이다

**みょうけい**【妙計】[文] 묘계, 묘책 ¶ ~を案(あん)じる 묘계를 짜내다

**みょうご**【^冥護】[文] 명호. (눈에 보이지 않는) 신불의 가호

**みょうこう**【妙工】묘공. 뛰어난 세공, 훌륭한 장색(匠色)

**みょうごう**【名号】[佛] ①아미타불의 이름 ②나무아미타불을 욈, 염불 ¶ ~をとなえる 나무아미타불을 외다

**みょうごにち**【明後日】명후일, 모레 = あさって

**みょうさく**【妙策】묘책, 묘계 ¶ ~が浮(う)かぶ 묘책이 떠오르다

**みょうじ**【名字·^苗字】성씨(姓氏), 성 —**帯刀(たいとう)**[史] 江戸(えど) 시대에 공이 있는 평민에게 성(姓)을 쓰고 칼을 차도록 허용하던 일

**みょうしゅ**【妙手】묘수 ①(바둑·장기 등의) 매우 뛰어난 수 ¶ ~を打(う)つ 묘수를 두다 ②명수(名手) ¶ 射撃(しゃげき)の~ 사격의 명수

**みょうしゅ**【妙趣】[文] 묘취. 뛰어난 정취, 묘미 ¶ ~を味(あじ)わう 묘미를 맛보다

**みょうじゅ**【明^呪】[佛] 밀교의 진언(眞言)·다라니(陀羅尼)

**みょうしゅん**【明春】[文] ①명춘, 내년 봄 = 来春(らいしゅん)¶ ~卒業(そつぎょう)します 내년 봄에 졸업합니다 ②내년 정월, 새해

**みょうしょ**【明所】[文] 묘소, 묘미가 있는 곳

**みょうじょ**【^冥助】명조. (눈에 보이지 않는) 신불의 가호 = 冥加(みょうが)

**みょうじょう**【明星】[文] 명성 ①금성 ¶ 明(あ)けの~ 새벽녘의 금성, 샛별 / 宵(よい)の~ 초저녁의 금성, 태백성 ②(比) (어떤 분야에서) 뛰어난 사람 = スター ¶ 歌(うた)の~ 인기 가수

**みょうじん**【明神】신의 높임말

**みょうせき**【名跡】(조상 대대로 전해온) 성씨, 가명(家名) ¶ ~を継(つ)ぐ 성씨를[가명을] 잇다

**みょうだい**【名代】(윗사람의) 대리, 대리인 ¶ 父(ちち)の~で出席(しゅっせき)する 아버지의 대리로 출석하다

**みょうちきりん**【妙ちきりん】[ダ](俗) 이상야릇함, 기묘함, 괴상함 = へんてこ ¶ ~な服装(ふくそう) 이상야릇한 복장

**みょうちょう**【明朝】[文] 명조, 내일 아침

**みょうてい**【妙諦】[文] 묘체. 뛰어난 진리, 오의

**みょうと**【夫婦·^夫婦】부부 = めおと —**茶碗(ちゃわん)**(부부가 쓰는) 대소 한 벌의 찻종

**みょうに**【妙に】[副] 묘하게, 이상하게 ¶ ~聞(き)こえる 묘하게 들리다

**みょうにち**【明日】[文] 명일. 내일 = あす

**みょうねん**【明年】[文] 명년. 내년 = らいねん

**みょうばつ**【^冥罰】[文] 명벌. 천벌 ¶ ~をう

みょうばん

ける 천벌을 받다
みょうばん【明晩】(文) 내일 밤
みょうばん【明礬】[化] 명반. 백반
みょうぶ【命婦】①[史](平安 시대의) 귀부인의 호칭의 하나 ②内侍司의 하급 여관 ③稲荷신의 사자라는 여우의 딴이름
みょうほう【妙法】묘법 ①[佛] 뛰어나고 불가사의한 불법 ②[佛]「妙法蓮華経」의 준말 ③교묘한 수단, 뛰어난 방법 —蓮華経 [佛] 묘법 연화경
みょうみ【妙味】묘미¶ 茶の湯の~ 다도의 묘미/ ~を味わう 묘미를 맛보다
みょうもく【名目】명목 ①명칭, 호칭 ②표면상의 이유, 구실¶ 病気の~で欠席する 병을 구실로 결석하다
みょうもん【名聞】(文) 세상의 평판, 명성, 명예
みょうや【明夜】(文) 내일 밤 = みょうばん
みょうやく【妙薬】묘약¶ 愛の~ 사랑의 묘약
みょうり【名利】(文) 명리. 명성과 이욕 = めいり¶ ~を追う 명리를 쫓다
みょうり【冥利】①은연중에 입는 은혜, 그 밖의 것으로는 맛볼 수 없는 행복¶ 男らしさが 남자이기 때문에 입는 혜택/ 役者の~ 배우로서 누리는 행복 ②선행의 응보로서 얻는 행복
[慣用句]
—に尽きる 은혜가 과분할 정도로 고맙다
みょうれい【妙齢】묘령. 젊은 나이¶ ~の女性 묘령의 여성
みよし【舳·〈船首〉】선수. 뱃머리. 이물
みより【身寄り】친척 = みうち¶ ~のない老人 (의지할) 친척이 없는 노인
みらい【未来】미래 ①장래¶ 明るい~ 밝은 미래/ ~の大物 장래의 거물 ②[佛] 내세 ③[文法] (영문법 등에서) 시제의 하나 —永劫 미래 영겁. 앞으로 영원함, 영구 —完了 [文法] (영문법 등에서) 미래 완료 —記 미래기 —像 미래상 —派 미래파
みらい【味蕾】[醫] 미뢰. 맛봉오리
ミリ (프 milli) 밀리 ①[造語] (미터법의 단위에 붙어)「천분의 일」을 뜻하는 접두어 ②「ミリメートル」의 준말 —グラム (프 milligramme) 밀리그램 —バール (프 millibar) [氣] 밀리바 —メートル (프 millimètre) 밀리미터 —リットル (프 millilitre) 밀리리터
ミリオン (million) 밀리. 100만 —セラー (million seller) 밀리언 셀러. (레코드·책 등이) 100만부 이상 팔린 상품
みりょう【未了】(文) 미료. 미필¶ 審議~ 심의 미료
みりょう【魅了】[名][他スル] 매료¶ 観客を~する 관객을 매료하다
みりょく【魅力】매력¶ ~的な女性 매력적인 여성/ 性的~ 성적 매력¶ ~がある 성적 매력이 있다
みりん【味醂】미림. 단맛이 나는 요리용 술
みる【〈水松〉·〈海松〉】[植] 청각채
みる【見る】보다 ①[観る·視る] (눈으로) 보다¶ テレビを~ 텔레비전을 보다/ 夢を~ 꿈을 꾸다 ②[読む]¶ 新聞を~

신문을 보다 ③(감각으로) 판단하다¶ 料理の味を~ 요리의 맛을 보다 ④[観る] (보고) 판단하다, 평가하다 ⑤手相を~ 손금을 보다 ⑤생각하다, 추정하다, 간주하다¶ 正解と~ 정해로 간주하다 ⑥살피다, 찾아내다¶ すきをみて逃げる 틈을 타서 도망치다 ⑦어림하다¶ 経費を500万円으로 보다 경비를 500만엔으로 보다 ⑧[看る] 돌보다, 보살피다¶ 病人を~ 환자를 돌보다 ⑨겪다, 당하다, 경험하다¶ 痛い目を~ 따끔한 맛을 보다 ⑩[診る] 진찰하다¶ 脈を~ 맥을 짚다/ 患者を~ 환자를 보다 ⑪맡아보다¶ 会計事務を~ 회계 사무를 보다 ⑫[補助] (동사 連用形+「て」에 붙어) ㉠ (시험삼아)…해 보다¶ 一口飲んで~ 한 모금 마셔 보다/ ちょっとやって~ 조금 해보다 ㉡(조건절의 꼴로)…해 보니(까),…해 보았더니¶ 目が覚めて~と, 雨はあがっていた 깨어나 보니 비가 그쳐 있었다

[慣用句]
見ての通り 보는 바와 같이
見も知らぬ 전혀 모르다, 만난 적도 없다
—影もない (옛 모습을 찾아볼 수 없을 정도로) 볼품없다, 초라하다
—からに 보기만 해도, 보기에도
—と聞くとは大違い 말로 들었던 것과 실제로 보고 확인한 것이 많이 틀림
—に忍びない 차마 눈뜨고 볼 수 없다
—に堪えない ①차마 눈뜨고 볼 수 없다 ②볼 만한 가치가 없다
—に見兼ねて 가만히 보고 있을 수 없어서
—間に 금방, 순식간에
みるがい【みる貝】[動] 왕우럭조개
みるべき【見るべき】[連体] 볼 만한¶ ~ものがない 볼 만한 것이 없다
みるみる【見る見る】[副] 금세, 순식간에¶ ~霧が晴れる 금세 안개가 걷히다 —うちに [副] 금세, 순식간에 = みるまに
みるめ【見る目】①남의 눈 ②보는 눈, 감식안. 안목¶ ~がない 안목이 없다
みるも【見るも】[副] 보기만 해도¶ ~いたましい姿だ 보기만 해도 애처로운 모습
みれん【未練】[名][ダ] 미련. 아쉬움¶ ~を断ち切る 미련을 끊다/ ~が残る 미련이 남다¶ ~ましい形 아쉬운 듯하다, 연연해하다¶ ~顔つき 아쉬운 듯한 표정
みろく【弥勒】[佛] 미륵 —菩薩 [佛] 미륵보살
みわく【魅惑】[名][他スル] 매혹¶ ~的なまなざし 매혹적인 눈길
みわけ【見分け】분간, 분별, 구별¶ ~がつかない 분간할 수가 없다
みわ·ける【見分ける】[他][下一] 분별하다, 분간하다, 가리다¶ きずものを~ 흠집이 있는 것을 분별하다
みわす·れる【見忘れる】[他][下一] ①(본 지 오래 되어) 잊어버리다, 몰라보다¶ 顔さえ 얼굴조차 잊어버리다 ②잊고 못보다¶ うっかり~ 깜빡하여 잊고 못보다

みわた・す [見渡す] 他国 (멀리) 바라보다, 전망하다 ¶ ～限かぎりの大海原おおはら 끝없는 망망 대해
みん [民] 音 ミン 訓 たみ | (음)민. (造語) ①일반 사람, 국민, 백성 **民族**みんぞく 민족 ― **国民**こくみん 국민 ― **居留民**きょりゅうみん 거류민 ― **原住民**げんじゅうみん 원주민 ②「民営みんえい·民間みんかん·民訴みんそ·民事みんじ」의 준말 ¶ 民芸민예·民訴민소 민사 소송
みん [眠] 音 ミン 訓 ねむる·ねむい | (음)면. (造語) ①자다, 졸다 **催眠**さいみん 최면 ― **睡眠**すいみん 수면 ― **不眠**ふみん 불면 ②누에의 휴면 ¶ 一眠いちみん 일면, 한 잠 ― **冬眠**とうみん 동면
みん [明] 史 (중국의) 명나라
みんい [民意] 민의 ¶ ～を反映はんえいする 민의를 반영하다
みんえい [民営] 名 민영 ⇔ 官営かんえい ¶ ～化か 민영화 / ～鉄道てつどう 민영 철도
みんか [民家] 민가 ¶ ～がたちならぶ 민가가 늘어서 있다
みんかん [民間] 민간 ①일반 민중 사회 ¶ ～につたわる 민간에 전해지다 ②공적인 기관에 속해 있지 않음 ¶ ～人じん 민간인 ― **信仰**しんこう 민간 신앙 ― **伝承**でんしょう 민간 전승 ― **放送**ほうそう 민간 방송 ― **療法**りょうほう 민간 요법
みんぎょう [民業] 민업, 민간 (영영) 사업
ミンク (mink) 動 밍크 ¶ ～のコート 밍크 코트
みんぐ [民具] 민구, 민간에서 쓴 일상 생활 용구
ミンクくじら [ミンク鯨] 動 밍크고래
みんげい [民芸] 민예 ― **品**ひん 민예품
みんけん [民権] 민권 ¶ ～運動うんどう 민권 운동 ― **主義**しゅぎ 민권주의
みんじ [民事] 민사 ¶ ～裁判さいばん 민사 재판 ― **事件**じけん 민사 사건 ― **訴訟**そしょう 민사 소송
みんしゅ [民主] 名 민주 ¶ ～政治せいじ 민주 정치 ― **国**こく 민주국, 민주주의 국가 ― **主義**しゅぎ 민주주의의 ― **制**せい 민주제 ― **的**てき ナ 민주적
みんじゅ [民需] (文) 민수 ¶ ～品ひん 민수품
みんしゅう [民衆] 민중, 대중 ¶ 一般いっぱん～ 일반 민중 / ～の心こころをつかむ 민심을 잡다
みんしゅく [民宿] 민박, 민간 숙박 시설
みんじょう [民情] 民情 ①민정·조세 등을 관장하던 관청 ¶ ②국민의 생활 실정 ¶ ～視察しさつ 민정 시찰
みんしん [民心] (文) 민심 ¶ ～の荒廃こうはい 민심의 황폐 / ～をつかむ 민심을 잡다
みんせい [民生] (文) 민생, 국민 생활 ¶ ～が安定あんていする 민생이 안정되다 ― **委員**いいん 민생위원 ― **主義**しゅぎ 민생주의
みんせい [民政] 민정 ①국민 복지를 도모하는 정치 ②문민 정치 ¶ ～移管いかん 민정 이관
みんせん [民選] 名 민선 ― **知事**ちじ 민선 지사
みんそ [民訴] 민사 소송
みんぞく [民俗] 민속 ― **語彙**ごい 민속 어휘 ― **学**がく 민속학 ― **芸能**げいのう 민속 예능
みんぞく [民族] 민족 ¶ 農耕のうこう～ 농경 민족 / ～舞踊ぶよう 민속 무용 ― **衣裳**いしょう 민족 의상, 민속 의상 ― **学**がく 민족학 ― **自決権**じけつけん 민족 자결권 ― **主義**しゅぎ 민족주의

みんだん [民譚] (文) 민담, 민간 설화, 민화
みんちょう [明朝] 명조 ①중국 명나라의 조정, 그 시대 ②版 「明朝活字みんちょうかつじ」의 준말 ― **活字**かつじ 版 명조 활자, 명조체
みんてい けんぽう [民定憲法] 法 민정 헌법
ミント (mint) 민트, 박하
みんど [民度] (文) 민도, 국민의 생활 수준·문명 진보의 정도 ¶ ～が高たかい 민도가 높다
みんな [°皆] 名 代 副 → みな
みんぶしょう [民部省] 史 ①(律令制りつりょうせい에서) 민정·조세 등을 관장하던 관청 ②(1869년 설립되어) 호적·조세 등을 담당하던 관청
みんぺい [民兵] 軍 민병 ¶ ～組織そしき 민병 조직
みんぼう [民望] (文) 민망 ①국민의 여망 ②인망, 중망(衆望) ¶ ～を失うしなう 인망을 잃다
みんぼう [民暴] 민사 분쟁에 폭력단이 개입하여 부당 이익을 얻는 일 ▷ 경찰 용어
みんぽう [民放] 민방, 민간 방송
みんぽう [民法] 法 민법
みんぽんしゅぎ [民本主義] (文) 민본주의
みんみんぜみ [みんみん蟬] 動 참매미
みんゆう [民有] 名 민유, 민간 소유
みんよう [民謡] 민요 ¶ ナポリ～ 나폴리 민요
みんりょく [民力] 민력, 국민의 경제력·생활력 ¶ ～調査ちょうさ 민력 조사
みんわ [民話] 민화, 민간 설화, 민담

# む ム

む 五十音図ごじゅうおんず 「ま」행(行)의 셋째 かな, ひらがな 「む」는 「武」의 초서체, かたかな 「ム」는 「牟」의 윗부분을 취한 것
む [矛] 音 ム·ボウ 訓 ほこ | (음)모, (造語) 긴 자루에 쌍날의 칼을 단 무기 ¶ **矛盾**むじゅん 모순·**矛戟**ぼうげき 모극, 창
む [務] 音 ム 訓 つとめる | (음)무, (造語) 힘써 일하다, 직분을 다하다, 임무 ¶ **義務**ぎむ 의무·**業務**ぎょうむ 업무·**職務**しょくむ 직무
む [無] 音 ム·ブ 訓 ない | (음)무. Ⅰ (造語) ①존재하지 않다, 없다 ¶ **無限**むげん 무한·**無罪**むざい 무죄 ②「없음」의 뜻을 나타냄 ¶ **無防備**むぼうび 무방비 ③무시하여기다 ¶ **無視**むし 무시·**無法**むほう 무법 ④헛되다 ¶ **虚無**きょむ 허무 ▷ 熟字訓 **無花果**いちじく 무화과·**無頼漢**ぶらいかん 무뢰한 Ⅱ ①무, 존재하지 않음, 없음 ¶ ～から有ゆうを生しょうずる 무에서 유를 낳다 ②헛됨, 소용[보람]없음 ¶ ～になる 헛일이 되다 ③【佛】 (선종에서) 경험·지식 이전의 순수한 인간 의식 慣用句
― にする 헛되게 하다, 무의미하게 하다
む [夢] 音 ム 訓 ゆめ | (음)몽, (造語) ①꿈, 실재

**む** [夢] 하지 않는 것. 덧없음¶ 夢幻げん 몽환・惡夢 악몽 ②꿈을 꾸다, 공상하다¶ 夢想そう 몽상/ 夢寐び 몽매

**む** [霧] 箇ム 訓きり | (音)무. (造語)안개¶ 霧散さん 무산・煙霧えん 연무

**む** [六] 여섯, 육¶ ~年ね 여섯 해/ いつ、~、なな 다섯, 여섯, 일곱

**むい** [無位] (文)무위. 지위가 없음¶ ~無冠かん 무위 무관

**むい** [無爲] (文)무위 ①(자연 그대로)인위를 가하지 않음¶ ~自然しぜん 무위 자연 ②하는 일이 없음¶ ~に過すごす 하는 일 없이 지내다 ③[佛]생멸・변화하지 않는 것 **一徒食**とじょく 무위 도식

**むいか** [六日] ①(그 달의) 초엿새 ②엿새, 6일¶ ~間かん 6일간/ ~かかる 엿새 걸리다
(慣用句)
**一の菖蒲**あやめ 엿샛날(단오 뒷날)의 창포, 때가 늦어 소용에 닿지 않음의 비유

**むいぎ** [無意義] [了] 무의의. 무의미¶ ~な試こころみ 무의미한 시도

**むいしき** [無意識] [名] 무의식 ①스스로 깨닫지 못함, 자각하지 못함¶ ~のうちに 자신도 모르게/ ~に手てを出だす 무의식적으로 손을 내밀다 ②의식이 없음¶ ~状態じょう 무의식 상태 ③[心] 심층 심리, 잠재 의식

**むいそん** [無醫村] 무의촌

**むいちもつ** [無一物] [名] 무일물, 빈털터리¶ ~になる 빈털터리가 되다

**むいちもん** [無一文] [名] 무일푼= 一文無いちもんし¶ ~になる 무일푼이 되다

**むいみ** [無意味] [了] 무의미¶ ~な努力どりょく 무의미한 노력, これ以上いじょうの話はし合あいは~だ 이 이상의 의논은 무의미하다

**むいん** [無韻] [名] 무운. (시에서) 운을 밟지 않음¶ ~詩し 무운시

**むえき** [無益] [名] 무익 ⇔ 有益ゆう¶ ~な争あらそい 무익한 다툼

**むえん** [無煙] [名] 무연 **一火薬**やく 무연 화약 **一炭**たん [地] 무연탄

**むえん** [無緣] [名] 무연 ①인연・관계가 없음¶ 事件じけんとは~である 사건과는 관계가 없다 ②[佛] 깨달음・구원과 인연이 없음 ③(사망자가) 연고자가 없음. 무연고 ▷ ①~③⇔ 有緣えん **一塚**づか 무연 분묘, 무연 분묘 **一墓地**ぼち 무연고 묘지 **一佛**ぼとけ 연고자가 없는 사망자

**むが** [無我] 무아 ①나를 잊음[버림], 무심¶ ~の境地きょうち 무아의 경지 ②[佛] 영구 불변의 자아나 본질은 존재하지 않음 **一夢中**むちゅう 자신을 잊고 어떤 일에 열중함

**むかい** [向(か)い] ①마주 보고 있음, 맞은편¶ ~の家いえ 맞은편 집/ 真ま~ 바로 맞은편 ②(흔히 「お~(さん)」의 꼴로)맞은편 집・사람¶ お~さんに一声ひとこえかける 맞은편 집 사람에게 소리쳐 부르다

**むかい** [無害] [了] 무해 ⇔ 有害ゆう¶ 人畜じん~ 사람이나 가축에 무해함 **一添加物**てんかぶつ 무해 첨가물

**むかい** [無×蓋] [名] (文) 무개¶ ~車しゃ 무개차

**むかいあ・う** [向(か)い合う] [自五] 마주 보다, 마주 대하다¶ ~って立たつ 마주 보고 서다

**むかいあわせ** [向(か)い合(わ)せ] [名] 마주 보고 있음¶ ~の席せき 맞은편 자리/ ~に座すわる 마주 보고 앉다

**むかいかぜ** [向(か)い風] 맞바람, 역풍

**むかいび** [向(か)い火] 불길, 맞불

**むか・う** [向(か)う] [自五] 향하다 ①마주 대하다, 면하다¶ 机つくえに~ 책상 앞에 앉다/ 面めんと~・って話はす 얼굴을 맞대고 이야기하다 ②향해 가다¶ 西にしに~ 서쪽으로 향하다 ③다가오다¶ 秋あきに~ 가을이 다가오다 ④맞서다, 대항하다, 저항하다¶ 敵てきに~ 적과 맞서다 ⑤대하다, 대항하다¶ 親おやに~・って口答くちごたえする 부모에게 말대꾸하다/ 天てんに~・ってつばをする 하늘을 향해 침을 뱉다

**むかう** [無何有] (文) 무하유. 아무 것도 없고 아무런 작위(作爲)도 없음 **一の郷**きょう 무하유지향. (자연 그대로의) 이상향, 별천지

**むかえ** [迎え] ①마중함, 맞이함. 그런 사람¶ ~の車くるま 마중나온 차 ②임종할 때¶ お~が来くる 죽음이 임박하다

**むかえい・れる** [迎え入れる] [他下一] 맞아들이다¶ 客きゃくを~ 손님을 맞아들이다

**むかえう・つ** [迎え擊つ] [他五] 요격하다, 맞아 싸우다¶ 敵てきを~ 적을 맞아 싸우다

**むかえざけ** [迎え酒] 해장술

**むかえび** [迎え火] [佛] 우란분(盂蘭盆)의 첫날인 음력 7월 13일 밤 조상의 넋을 맞기 위해 집 앞에서 겨릅대를 태움, 그 불 ⇔ 送おくり火び

**むか・える** [迎える] [他下一] 맞다 ①(사람을) 맞아들이다, 마중하다¶ 新入生しんにゅうせいを~ 신입생을 맞아들이다/ 驛えきで友人ゆうじんを~ 역에서 친구를 마중하다 ②부르다, 모시다, 초청하다, 추대하다¶ 嫁よめを~ 아내[며느리]를 맞다/ 支店長してんちょうとして~ 지점장으로 모시다 ③맞아 싸우다¶ 敵てきを~ 적을 맞아 싸우다 ④(때를) 맞이하다¶ 新年しんねんを~ 새해를 맞다/ 結末けつまつを~ 결말을 맞이하다 ⑤영합하다¶ 相手あいての意いに~ 상대편 뜻에 영합하다

**むがく** [無學] [名] 무학 ①학문・지식이 없음¶ ~を恥はじる 무학을 부끄러워하다 ②[佛] 수행 목적이 달성되어 더이상 수행할 필요가 없어짐 **一文盲**もんもう 무학 문맹

**むがくめんかぶしき** [無額面株式] [經] 무액면 주식 ⇔ 額面株式がくめんかぶしき

**むがくるい** [無×顎類] [動] 무악류

**むかご** [〈零余子〉] [名] [植] 주아(珠芽), 육아(肉芽) ②참마의 잎이 붙어 있는 곳에 나는 눈

**むかし** [昔] ①옛날, 예전¶ ~のおもかげ 옛 모습/ ずっと~ 아주 오랜 옛날/ ~からの知しり合あいの 예전부터 아는 사이다 ②지난 10년의 세월¶ もう二ふた~前まえのこと 벌써 20년 전의 일
(慣用句)
**一取**とった**杵柄**きねづか 예전에 닦은 솜씨
**一は昔**むかし**今**いま**は今**いま 옛날은 옛날 지금은 지금

**むかし かたぎ** [昔〈気質〉] 名了 옛날 기질, 올곧고 예스러운 성질¶ ～の職人にん 옛날 기질의 장인

**むかし がたり** [昔語り] (노인 등이) 옛날에 있었던 일을 이야기함, 옛 이야기

**むかし ながら** [昔ながら] 副 옛날 그대로¶ ～の習俗しゅう 옛날 그대로의 습속

**むかし なじみ** [昔˚馴染(み)] 옛날에 친했던 사람, 옛 친구

**むかし ばなし** [昔話] ①지난 이야기, 경험담¶ ～に花を咲かせる 지나간 이야기에 꽃을 피우다 ②옛날 이야기¶ 子供ともに～を聞かせてやる 아이에게 옛날 이야기를 들려주다

**むかし ふう** [昔風] 예스러움, 고풍(古風)¶ ～のやり方 예스러운 방식

**むかし むかし** [昔昔] 副「昔」의 힘줌말, 옛날 옛적¶ ～ある所に 옛날 옛적 어떤 곳에

**むかっ・く** 自国 ①메슥거리다¶ 胸むねが～ 가슴이 메슥거리다, 화가 치밀다¶ 聞きいただけで～ 듣기만 해도 화가 치민다

**むかっ と** 副 自スル (口) (갑자기 화가 치미는) 울컥, 벌컥¶ ～した表情 울컥하는 표정

**むかっ ぱら** [向かっ腹] (口) 공연히 버럭 화를 냄¶ ～が立たつ 버럭 화가 나다
慣用句
—を立たてる 공연히 버럭 화를 내다

**むか で** [〈百足〉・〈蜈蚣〉] 動 지네

**むか ばき** [〈行縢〉] (승마 때) 방호용으로 허리에서 정강이까지 가리던 모피

**むか むか** 副 自スル ①욕지기가 나는 모양, 메슥메슥¶ 胸むねが～する 가슴이 메슥메슥하다 ②화가 치미는 모양, 울컥¶ 聞きいただけで～する 듣기만 해도 화가 치밀어 오른다

**む かん** [無官] (文) 무관, 관직이 없음 無位い ～無位 무관 —の大夫たいふ ①4품・5품으로 관직이 없는 사람 ②公卿しょうの 아들로 관례 전에 5품을 받은 사람

**む かん** [無冠] 무관¶ 무위(無位) ②(경기 등에서) 타이틀을 따지 못함¶ ～に終おわる 무관으로 끝나다 —の帝王ていおう 무관의 제왕, (특히) 언론인을 이르는 말

**む かんがえ** [無考え] 名ダ 생각이 얕음, 지각[분별]이 없음¶ ～な行動 분별 없는 행동

**む かんかく** [無感覚] 무감각 ①감각이 없음¶ 寒さむさで手てが～になる 추위로 손이 무감각해지다 ②무신경함¶ ～な人 무신경한 사람

**む かんけい** [無関係] 名ダ 무관계, 관계 없음, 무관함¶ 事件じけんに～だ 사건과는 무관하다

**む かん じしん** [無感地震] 地 무감 지진

**む かんしん** [無関心] 名ダ 무관심¶ 政治せいに～な人 정치에 무관심한 사람/ ～を装よそう 무관심한 척하다

**む き** [向き] ①방향¶ 南なん～の家いえ 남향 집/ ～を変かえる 방향을 바꾸다 ②(그 방면의) 사람・일・내용¶ ご用ようの～によっては 용건의 취지에 따라서는/ ご希望きぼうの～に差さし上あげる 희망하시는 분에게 드리다 ③적합함, 알맞음¶ ～不向むき 적격 부적격/ 子供ども～の本ほん 어린이에게 적합한 책 ④경향¶ 楽観的らっかんに見みる～がある 낙관적으로 보는 경향이 있다
慣用句
—になる 사소한 일에도 정색하고 화를 내다

**む き** [無季] (俳句はいから에서) 계절을 나타내는 말이 들어 있지 않음, 그런 俳句

**む き** [無期] 名 무기 ⇔ 有期き¶ ～延期えん 무기 연기 —刑けい 法 무기형

**む き** [無機] 무기 ①생활 기능이 없음 ②「無機化学かが・無機化合物かごう」의 준말 ⇨ ⇔ 有機ゆう —化学かが 化 무기 화학 —化合物ぶつ 化 무기 화합물 —質しつ 무기질 —肥料ひりょう 農 무기질 비료 —物ぶつ 農 무기물

**むぎ** [麦] 植 보리¶ ～畑ばたけ 보리밭

**む ぎ** [無〈愧〉] 佛 무괴, 죄를 범해도 남과 비교해서 부끄럽게 생각지 않는 것

**むき あ・う** [向(き)合う] 自国 마주 보다¶ ～・って立たつ 마주 보고 서다

**むぎ あき** [麦秋] 맥추, 보리가을= 麦秋ばくしゅう

**むぎ うち** [麦打ち] ①보리 타작 ②도리깨

**む きげん** [無期限] 名ダ 무기한¶ ～スト 무기한 파업

**むぎ こ** [麦粉] 맥분 ①보릿가루, (특히) 밀가루 ②보리 미숫가루= 麦焦こがし

**む ぎこう** [無技巧] 무기교
慣用句
—の技巧ぎこう 무기교의 기교, 언뜻 아무 기교도 없는 듯하나 실은 모든 기교를 다한 것

**むぎ こがし** [麦焦(が)し] 보리 미숫가루

**むぎ さく** [麦作] 農 맥작, 보리 농사, 보리 수확량

**む きず** [無傷・無˚疵] 名ダ ①흠이 [상처가] 없음¶ ～で戦地せんちから帰かえる 상처 없이 전쟁터에서 돌아오다 ②패배・죄・결점이 없음¶ ～の五連勝れんしょう 무패의 5연승

**むき だし** [剝(き)出し] 名ダ 드러냄 ①노출함¶ 肌はだを～にする 살을 드러내다 ②공공연함, 노골적임¶ 闘志とうを～にする 투지를 노골적으로 드러내다

**むぎ ちゃ** [麦茶] 보리차= 麦湯むぎゆ

**む きどう** [無軌道] 무궤도 Ⅰ 名 궤도가 없음¶ ～電車でん 무궤도 전차 Ⅱ 名ダ 상궤(常軌)를 벗어난 행동을 함¶ ～な若者わか 무궤도한 젊은이/ ～ぶり 상궤를 벗어난 행동

**むぎ とろ** [麦とろ] 보리밥에 마즙을 친 음식

**むき なお・る** [向(き)直る] 自国 몸을 돌려 방향을 바꾸다, 돌아서다¶ 声こえの方ほうに～ 목소리가 난 쪽으로 몸을 돌리다

**むぎ のあき** [麦の秋] 맥추, 보리가을= 麦秋ばくしゅう

**むぎ ぶえ** [麦笛] 보리 피리

**むぎ ふみ** [麦踏み] 農 보리 밟기

**む きみ** [剝き身] 조갯살¶ あさりの～ 바지락 조갯살

**むき むき** [向き向き] (성격・취향에 따라) 각각 다름, 각기 그 나름의 적성・취향¶ ～に応おうじて仕事しごとを選えらぶ 각자 적성에 따라 일을 선택하다

**むきめい**[無記名] 무기명¶ ～投票$_{とう}$ 무기명 투표

**むぎめし**[麦飯] 맥반, 보리밥

**むぎゆ**[麦湯] 보리차= 麦茶$_{ちゃ}$

**むきゅう**[無休] 무휴¶ 年中$_{ねん}$～ 연중 무휴

**むきゅう**[無給] 무급¶ 有給$_{きゅう}$～で奉仕$_{し}$する 무급으로 봉사하다

**むきゅう**[無窮] 名 (文) 무궁, 끝이 없음¶ 天壌$_{てん}$～ 천양 무궁

**むきょういく**[無教育] 名 (ダ) 무교육, 무학

**むきょうそう**[無競争] 名 (ダ) 무경쟁

**むきりょく**[無気力] 名 (ダ) 무기력¶ ～な生活$_{せい}$ 무기력한 생활

**むぎわら**[麦藁] 맥고, 밀짚, 보릿짚¶ ～細工$_{ざい}$ 보릿짚(밀짚) 세공 ―**蜻蛉**$_{とんぼ}$ [動] 밀잠자리의 암컷 ―**帽子**$_{ぼう}$ 맥고 모자, 밀짚 모자

**むきん**[無菌] 名 무균¶ ～状態$_{たい}$ 무균 상태

**むく**[*椋鳥]①[動]「椋鳥$_{どり}$」의 준말, 찌르레기 ②[植]「椋$_{く}$の木$_{き}$」의 준말, 푸조나무

**む・く**[向く] 自五 향하다 ①(얼굴을) 돌리다, 보다¶ 右$_{ぎ}$を～ 오른쪽을 향하다/ そっぽを～ 딴 데를 보다, 외면하다 ②면하다¶ 西$_{にし}$に～いた窓$_{まど}$ 서쪽을 향한 창 ③적합하다, 어울리다¶ 子供$_{ども}$に～本$_{ほん}$ 어린이에게 알맞은 책 ④(어떤 방향으로) 쏠리다, 내키다¶ 足$_{あし}$の～まま 발 가는 대로/ 気$_{き}$が～ 마음이 내키다 ⑤「運$_{うん}$が～」의 꼴로」 운이 트이다

**む・く**[*剝く] 他五 ①벗기다, 까다¶ 牡蠣$_{かき}$の殻$_{から}$を～ 굴 껍질을 까다/ 一皮$_{ひとかわ}$～けばみな同$_{おな}$じ 한꺼풀 벗기면 모두 같다 ②(감정 등을) 그대로 드러내다¶ 牙$_{きば}$を～ 엄니를 드러내다/ 目$_{め}$を～ほどの高価$_{か}$ 눈이 번쩍 뜨일 정도로 값이 비쌈

**むく**[無垢] 名 무구 ①[佛] (번뇌에서 벗어나) 깨끗함 ②순결[순진]함, 티없음¶ ～な心$_{こころ}$ 티없는 마음 ③순수함¶ 金$_{きん}$～ 순금 ④무지 옷¶ 白$_{しろ}$～ 흰 옷

**むくい**[報い・*酬い] 응보, 과보, 대갚음, 보답¶ うそをついた～ 거짓말을 한 응보

**むくいぬ**[*尨犬] 삽사리, 삽살개

**むく・いる**[報いる・*酬いる] 自他 上一 보답하다, 대갚음하다, 보복하다, 앙갚음하다¶ 労$_{ろう}$に～ 노고에 보답하다/ 一矢$_{いっし}$を～ 앙갚음하다

**むく・う**[報う] 自他 五 → むくいる

**むくげ**[木槿] [植] 무궁화= もくげ・きはちす

**むくげ**[*尨毛] (짐승의) 복슬복슬한 털¶ ～の犬$_{いぬ}$ 삽살개

**むくち**[無口] 名 (ダ) 과묵함, 말수가 적음¶ ～な人$_{ひと}$ 과묵한 사람/ 疲$_{つか}$れて～になる 지쳐서 말수가 적어지다

**むくどり**[*椋鳥] ①[動] 찌르레기 ②(俗) 시골뜨기 ③(주식 시장에서) 풋내기, 초심자

**むくのき**[*椋の木] [植] 푸조나무

**むくみ**〈浮腫〉 부종, 부증, 부어오름¶ ～がある 부종이 있다

**むく・む**〈浮腫む〉 自五 붓다, 부어 오르다¶ 足$_{あし}$が～ 다리가 붓다

**むくむく** 副 ①포동포동¶ ～と太$_{ふと}$った赤$_{あか}$ん坊$_{ぼう}$ 포동포동 살찐 갓난아기 ②뭉게뭉게¶ 入道雲$_{にゅうどうぐも}$が～と沸$_{わ}$き上$_{あ}$がる 소나기 구름이 뭉게뭉게 피어오르다 ③(몸을 일으키는 모양) 부스스¶ 寝床$_{ねどこ}$から～と起$_{お}$き上$_{あ}$がる 잠자리에서 부스스 일어나다 ④(감정이 고조되는) 부글부글¶ 怒$_{いか}$りが～ともたげてきた 분노가 부글부글 끓어올랐다

**むぐら**[*葎] 무성하게 덤불을 이룬 덩굴풀

**むく・れる**[*剝れる] 自下一 ①벗겨지다¶ 皮$_{かわ}$が～ 껍질이 벗겨지다 ②(口) 뾰로통해지다, 샐쭉해지다¶ ちょっと注意$_{ちゅうい}$するとすぐ～ 조금만 주의를 주면 금세 샐쭉해진다

**むくろ**[*軀・*骸](文) ①신체, 몸 ②시체= なきがら

**むくろじ**〈無患子〉〈木欒子〉[植] 무환자나무

**むけ**[向け](造語) 대상・장소를 들어「그것을 위한, 그곳을 향한」이란 뜻을 나타냄¶ 輸出$_{ゆしゅつ}$～の製品$_{ひん}$ 수출용 제품/ 子供$_{ども}$～に書$_{か}$かれた本$_{ほん}$ 어린이를 위해 쓰여진 책

**むげ**[無*碍・無*礙] 名 (ダ) (文) 무애, 막힘이 없음¶ 融通$_{ゆうずう}$～ 융통 무애

**むけい**[無形] 名 무형 ⇔ 有形$_{ゆう}$¶ 有形$_{ゆう}$～の援助$_{じょ}$ 유형 무형의 원조 ―**文化財**$_{ぶんかざい}$ 무형 문화재

**むけい**[無稽] 名 (ダ) (文) 무계, 터무니없음¶ 荒唐$_{こうとう}$～ 황당 무계

**むげい**[無芸] 名 (ダ) 무재주, 재주가 없음¶ 多芸$_{たげい}$は～ 재주 많은 것은 재주 없는 것과 같다 ―**大食**$_{たいしょく}$ 아무 재주도 없으면서 먹기만 많이 먹음, 그런 사람을 경멸하여 이르는 말

**むけいかく**[無計画] 名 (ダ) 무계획¶ ～な旅行$_{こう}$ 무계획한 여행

**むけつ**[無血] 名 (ダ) 무혈¶ ～入城$_{じょう}$ 입성 ―**革命**$_{かく}$ 무혈 혁명

**むげつ**[無月] (文) 무월, 구름에 가려 달이 안 보임¶ 中秋$_{ちゅう}$～ 중추 무월, 달없는 한가위

**むげに**[無下に] 副 함부로, 딱 잘라, 무턱대고¶ ～断$_{ことわ}$るわけにもいかない 딱 잘라 거절할 수도 없다

**む・ける**[*剝ける] 自下一 벗겨지다, 까지다¶ 皮$_{かわ}$が～ 껍질이 벗겨지다

**む・ける**[向ける] I 他 下一 ①(어떤 쪽으로) 향하게 하다, 돌리다¶ 顔$_{かお}$を～ 얼굴을 돌리다 ②쏟다, 기울이다¶ 注意$_{ちゅうい}$を～ 주의를 기울이다 ③보내다, 파견하다¶ 調査団$_{だん}$を～ 조사단을 보내다 ④돌려쓰다, 충당하다¶ 余$_{あま}$りを借金$_{きん}$の返済$_{さい}$に～ 나머지를 빚의 변제에 충당하다 II 自 下一 (「…に向けて」의 꼴로」¶ 九州$_{きゅうしゅう}$に～けて出発$_{しゅっぱつ}$する 九州를 향해 출발하다

**むげん**[無限] 名 (ダ) 무한 ⇔ 有限$_{げん}$¶ ～の埋蔵量$_{まいぞうりょう}$ 무한한 매장량/ ～にある いずまで$_{?}$ 있다 ―**軌道**$_{どう}$ 무한 궤도 ―**小**$_{しょう}$ ①한없이 작음 ②[数] 무한소 ―**責任**$_{せきにん}$ 무한 책임 ―**大**$_{だい}$ ①한없이 큼 ②[数] 무한대

**むげん**[無間] ①끊임없음, 그칠 새 없음 ②[佛]「無間地獄$_{じごく}$」의 준말 ▷「むけん」이라고도

**함 —業**ごう〖佛〗무간 지옥에 떨어지는 최악의 행위 **—地獄**じごく〖佛〗무간 지옥
**むげん**【夢幻】〖文〗몽환 ①꿈과 환상¶ **~の境**きょう**に遊**あそ**ぶ** 몽환지경에서 노닐다 ②〖出〗덧없음, 무상함¶ **~の人生**じんせい 덧없는 인생
**むこ**【婿・聟・壻】①사위 ②데릴사위¶ **~に入**はい**る** 데릴사위로 들어가다 ③신랑 **花**はな**~** 새신랑 ▷ ①~③ **嫁**よめ
**むこ**【無辜】〖文〗무고. 죄가 없음. 그런 사람 **—の民**たみ 무고한 백성
**むご・い**【惨い・酷い】〖形〗①비참하다, 참혹하다¶ **~事故現場**げんじょう 참혹한 사고 현장 ②잔인[잔혹]하다, 무자비하다¶ **~仕打**しう**ち** 잔인한 처사
**むこいり**【婿入り】〖名〗〖自スル〗데릴사위로 들어감. 그런 의식(儀式) ⇔ **嫁入**よめい**り —婚**こん〖民〗서입혼, 초서혼
**むこう**【向(こ)う】Ⅰ〖名〗①정면, 전방¶ **~を見**み**る** 전방을 보다 ②(산·길 등의) 저쪽, 건너편, 맞은편 **山**やま**の~** 산 너머 (저쪽)/ **岸**きし 건너편 물가/ **~の家**いえ 맞은편 집 ③(자기로부터 떨어져 있는) 저쪽¶ **はるか~** 저 멀리/ **~に小**ちい**さく見**み**える 저쪽에 조그맣게 보인다 ④멀리 떨어진 고장, (특히) 해외¶ **~の生活**せいかつ 타지[외국] 생활 ⑤상대편¶ **~の言**い**い分**ぶん 상대편의 주장 Ⅱ〖連体〗금후, 향후, 이후¶ **~三**さん**か年**ねん**の間**あいだ 금후 3년간
〖慣用句〗
**—に回**まわ**す** (상대로 해서) 겨루다
**—を張**は**る** (지지 않고) 맞서다, 대항하다
**むこう**【無効】〖名〗〖ダ〗有効こう ¶ **~投票**とうひょう 무효 투표/ **日付**ひづけ**のないものは~** 날짜가 없는 것은 무효
**むこういき**【向(こ)う意気】남에게 지기 싫어하는 마음. 경쟁심 = **向**むこ**うっ気**き ¶ **~の強**つよ**い人** 경쟁심이 강한 사람
**むこうがし**【向(こ)う河岸】대안, 건너편 물가
**むこうがわ**【向(こ)う側】①저쪽, 저편¶ **川**かわ**の~** 강 저쪽 ②상대편¶ **~の意見**いけん 상대편 의견
**むこうぎし**【向(こ)う岸】대안, 건너편 물가
**むこうきず**【向(こ)う傷】(얼굴·몸의) 정면에 입은 상처 ⇔ **向**むこ**う傷**きず
**むこうさじき**【向(こ)う桟敷】(江戸えど시대 극장에서) 무대 정면의 2층에 있는 관람석
**むこうさんげんりょうどなり**【向(こ)う三軒両隣】건너편의 세 집과 좌우의 두 이웃집, 가장 가까운 이웃
**むこうじょうめん**【向(こ)う正面】①(씨름판에서) 정면(正面)에 대한 남쪽 = **裏正面**うらじょうめん ②(극장에서) 무대 정면의 관람석
**むこうずね**【向(こ)う脛】정강이¶ **~をけとばす** 정강이를 걷어차다
**むこうつき**【向(こ)う意気】 → **むこういき**
**むこうづけ**【向(こ)う付け】①〖料〗(정식 일본요리에서) 상 맞은편에 놓는 요리 ②〖相撲〗상대방 가슴에 이마를 대는 자세
**むこうはちまき**【向(こ)う鉢巻】앞이마에 매듭을 지어 동여맨 머리띠 = **後**うし**ろ鉢巻**はちまき
**むこうみず**【向(こ)う見ず】〖名〗〖ダ〗(앞뒤 생각 없이) 무턱대고 함, 무모함, 그런 사람 = **無鉄砲**むてっぽう ¶ **~な行動**こうどう 무모한 행동/ **~に飛**と**び出**だ**す** 무턱대고 뛰쳐나가다
**むこがね**【婿がね】사윗감으로 정해둔 사람
**むこし**【無腰】허리에 칼을 차고 있지 않음
**むごたらし・い**【惨たらしい・酷たらしい】〖形〗비참하다, 참혹하다¶ **~事件**じけん 참혹한 사건
**むことり**【婿取り】데릴사위를 맞아들임 ⇔ **嫁取**よめど**り** ¶ **~娘**むすめ 데릴사위를 맞아야 할 딸
**むこようし**【婿養子】데릴사위
**むこん**【無根】무근¶ **事実**じじつ**~のうわさ** 사실 무근의 소문
**むごん**【無言】무언¶ **~の教**おし**え** 무언의 가르침 **—劇**げき 무언극 **—の行**ぎょう ①〖佛〗무언의 계행(戒行) ②〖出〗화가 나서 토라져서 말을 하지 않음
**むさ・い**〖形〗누추하다, 더럽다, 지저분하다¶ **~身**み**なり** 누추한 몸차림
**むさい**【無才】〖ダ〗〖文〗무재. 재능이 없음¶ **無学**むがく**~** 무학 무재
**むざい**【無罪】무죄 ⇔ **有罪**ゆうざい ¶ **~放免**ほうめん 무죄 방면/ **~を宣告**せんこく**する** 무죄를 선고하다
**むさく**【無策】〖名〗〖ダ〗〖文〗무책. 방책·대책이 없음. 無為むい**~** 무위 무책/ **物価**ぶっか**の上昇**じょうしょう**に対**たい**して~** 물가 상승에 대해 대책이 없다
**むさくい**【無作為】〖名〗〖ダ〗무작위¶ **~にひき出**だ**す** 무작위로 추출하다 **—抽出法**ちゅうしゅつほう〖統〗무작위 추출법
**むさくるし・い**【むさ苦しい】〖形〗지저분하다, 더럽다, 누추하다¶ **~ところですがどうぞ누**추한 곳입니다만 어서 들어오세요
**むささび**【鼯鼠】〖動〗오서, 날다람쥐
**むさし**【武蔵】일본의 옛 지명. 지금의 東京とうきょう도·**埼玉**さいたま**현** 전부와 神奈川かながわ**현** 동부 지방
**むさつ**【無礼】입장권·승차권을 가지지 않음¶ **~入場**にゅうじょう 무료 입장/ **~乗車**じょうしゃ 무임 승차
**むざつ**【無雑】〖名〗〖ダ〗〖文〗잡물이 섞이지 않고 순수함¶ **純一**じゅんいつ**~** 순수함
**むさべつ**【無差別】〖ダ〗무차별¶ **~爆撃**ばくげき 무차별 폭격/ **~に扱**あつか**う** 차별 없이 대우하다
**むさぼ・る**【貪る】〖他五〗탐하다, 욕심부리다¶ **利**り**を~** 이익을 탐하다/ **本**ほん**を~り読**よ**む** 책을 탐독하다
**むざむざ**〖副〗①함부로, 아낌없이¶ **~と手放**てばな**す** 아낌없이 처분하다 ②어이없이, 쉽사리¶ **~とひっかかる** 어이없이 넘어가다
**むさん**【無産】〖名〗①무산. 자산이 없음 ⇔ **有産**ゆうさん ¶ **~者**しゃ 무산자 ②무직 **—階級**かいきゅう〖社〗무산 계급 = プロレタリアート
**むさん**【霧散】〖名〗〖自スル〗〖文〗무산. 안개처럼 사라짐¶ **邪念**じゃねん**が~する** 사념이 무산되다
**むざん**【無残・無惨】〖名〗〖ダ〗무참. 끔찍함, 참혹함¶ **~な最期**さいご 무참한 최후[죽음]
**むざん**【無慚・無慙】〖名〗〖ダ〗〖佛〗무참. 죄를 짓고도 부끄러워하지 않음¶ **破戒**はかい**~** 파계 무참
**むし**【虫】①벌레, 곤충¶ **~の声**こえ 벌레 소리 ②기생충. 해충¶ **~くだし** 구충제/ **~の食**く**っ**

**むし**

た栗 벌레 먹은 밤 ③어린아이의 짜증, (특히) 경기= 虫気ぎ¶ ~を起こす 짜증을 내다 ④기분, 감정, 생각, 예감¶ 腹の~がおさまらぬ 치미는 부아를 누를 수 없다 ⑤한가지 일에 열중하는 사람¶ 本よみの~ 책벌레 ⑥(造語) 걸핏하면 …하는 사람¶ 泣なき~ 울보/ 弱よわ~ 겁보, 약골/ おこり~ 성마른 사람
〖慣用句〗
― がいい 뻔뻔스럽다, 염치없다
― が起おこる ①(어린애가) 짜증이나 경기가 일어나다 ②나쁜 버릇이 나오다
― が知しらせる 어쩐지 그런 예감이 들다
― が好すかない 어쩐지 마음에 안들다, 주는 것 없이 밉다
― が付つく ①(옷・서화・곡물 등에) 벌레가 먹다 ②(처녀에게) 좋지 않은 애인이 생기다
― の居所どころが悪わるい 공연히 화가 나다, 기분이 언짢다
― の知しらせ (불길한) 예감
― も殺ころさぬ 아주 부드럽고 온화한 성품

**むし** 〖無死〗〖野〗 무사, 한 사람도 아웃되지 않음= ノーアウト¶ ~満塁まんるい 무사 만루
**むし** 〖無私〗 名ア 무사, 사심이 없음¶ 公平こうへい~ 공평 무사
**むし** 〖無視〗 名他スル 무시¶ 信号しんごう~ 신호 무시/ 相手あいてを~する 상대를 무시하다
**むじ** 〖無地〗 무지, 전체가 한 빛깔로 무늬가 없음¶ ~の着物きもの 무지의 옷
**むしあつ・い** 〖蒸し暑い〗 形 무덥다¶ 夜よる~ 무더운 밤
**むしおくり** 〖虫送り〗〖民〗 (농촌에서) 횃불을 켜고 징이나 북을 치면서 농작물의 해충을 마을 밖으로 몰아내는 행사
**むしおさえ** 〖虫押(さ)え〗 ①잠깐 요기함, 요깃거리= 虫ぐすべる 요깃거리로 먹다 ②어린이의 경기에 먹이는 약= 虫薬くすり
**むしかえ・す** 〖蒸(し)返す〗Ⅰ 他五 ①다시 찌다/ 冷ひや飯めしを~ 찬밥을 다시 찌다 ②(결말이 난 것을) 다시 문제삼다¶ 議論ぎろんを~ 논의를 되풀이하다 Ⅱ 自五 기온과 습도가 매우 높은 상태가 되다, 푹푹 찌다
**むじかく** 〖無自覚〗 名ア 무자각, 지각이 없음¶ ~な行動こうどう 무자각적인 행동
**むしかご** 〖虫籠〗 벌레를 기르는 바구니
**むしがし** 〖蒸し菓子〗 (만두・찐빵 등) 쪄서 만든 과자= 虫しもの
**むしがれい** 〖虫鰈〗 動 물가자미
**むしき** 〖蒸し器〗 찜통, 시루
**むしくい** 〖虫食い・虫喰い〗 벌레가 먹음, 그런 자리¶ ~歯ば 충치/ ~の本ほん 좀이 슨 책 一算ざん 빈칸을 채우는 계산 문제
**むしぐすり** 〖虫薬〗 어린이의 경기에 먹이는 약
**むしくだし** 〖虫下し〗 회충약, 구충제
**むしけ** 〖虫気〗 ①어린이가 복통을 일으키거나 짜증 등을 내는 증세 ②산기(産氣)
**むしけら** 〖虫螻〗 (口) ①벌레의 낮춤말 ②(比) 벌레 같은 인간¶ ~同然どうぜん 벌레나 다름 없음
**むしけん** 〖虫拳〗 가위바위보의 하나

**むしけん** 〖無試験〗 무시험¶ ~入学にゅうがく 무시험 입학/ ~で通とおる 무시험으로 통과하다
**むしず** 〖虫酸・虫唾〗 신물
〖慣用句〗
― が走はしる 신물이 나다, 불쾌하기 짝이 없다
**むじつ** 〖無実〗 무실 ①억울한 죄를 씀, 무고함¶ ~の罪つみ 억울한 죄 ②名 실질이 없음¶ 有名ゆうめい~ 유명 무실
**むじな** 〖*貉・*狢〗 ①오소리 ②너구리¶ 一つ穴あなの~ 한 굴 속의 너구리, 한 패거리
**むしなべ** 〖蒸し*鍋〗 찜통
**むしのいき** 〖虫の息〗 ①끊어질 듯한 숨, 숨이 다 끊어져 감 ②(比) 회사의 경영 상태가 최악임
**むしば** 〖虫歯〗 충치¶ ~の治療ちりょう 충치 치료/ ~が痛いたむ 충치가 아프다
**むしば・む** 〖*蝕む〗〖国〗(文) 좀먹다 ①벌레 먹어 못쓰게 되다 ②(벌레 먹듯) 조금씩 해치다¶ 青少年せいしょうねんの心こころを~環境かんきょう 청소년의 마음을 해치는 환경
**むしばら** 〖虫腹〗 (口) 거위배, 횟배
**むじひ** 〖無慈悲〗 名ア 무자비¶ ~な仕打しうち 무자비한 처사
**むしピン** 〖虫ピン〗 곤충을 표본 상자에 꽂는 핀
**むしふうじ** 〖虫封じ〗 어린이에게 경기가 일어나지 않도록 액막이함, 그런 부적
**むしぶろ** 〖蒸(し)風呂〗 한증막, 한증탕¶ ~のような蒸あつさ 한증막 같은 더위
**むしへん** 〖虫偏〗 (한자 부수의) 벌레충변 ▷「蚊・蝶」등의「虫」 부분
**むしぼし** 〖虫干(し)〗 名他スル 거풍, (한여름에 옷・책 등을) 곰팡이・좀을 막기 위해 널리거나 바람에 쐼= 土用干どようぼし
**むしむし** 副自スル (口) (습기가 많고 무더운) 푹푹¶ ~として寝苦ねぐるしい 푹푹 쪄서 잠들기 어렵다
**むしめがね** 〖虫眼鏡〗 확대경, 돋보기= ルーペ
**むしもの** 〖蒸し物〗 ①料 달걀・채소・어패류 등을 찐 요리 ②쪄서 만든 과자
**むしゃ** 〖武者〗 무사¶ 若わか~ 젊은 무사 ②〖日史〗「武者所どころ」의 준말 一修行しゅぎょう ①무사가 여러 지방을 돌아다니며 수행함 ②다른 곳에 가서 기예・인격을 닦음 一所どころ 〖日史〗 ①「院いんの武者所どころ」의 준말, 上皇じょうこう 경호 무사의 대기소 ②(建武けんむ 정권의) 군사・경찰 기관 一人形にんぎょう (단오날에 장식하는) 무사 차림의 인형 一振ぶり ①갑옷・투구 차림의 모습 一震ぶるい 名自スル (일을 앞두고) 긴장되어 몸이 떨림
**むしやき** 〖蒸(し)焼き〗 料 재료를 용기에 넣고 밀폐하여 구움, 그렇게 구운 음식
**むじゃき** 〖無邪気〗 악의가 없음, 천진함, 순진함¶ ~な笑顔えがお 천진난만한 웃는 얼굴/ ~にはしゃぐ 천진난만하게 떠들어대다
**むじゃく** 〖無着・無*著〗〖佛〗 집착이 없음
**むしゃくしゃ** 副自スル (口) (기분이) 개운치 않음, 언짢음¶ 朝あさから~する 아침부터 기분이 언짢다
**むしゃぶりつ・く** 自五国 힘껏 달려붙다¶ 母

親$^{おや}$に~ 어머니에게 힘껏 달라붙다
**むしゃ むしゃ** 副(口) 입을 크게 벌리고 마구 먹는 모양. 우적우적, 게걸스럽게¶ ~とたべる 게걸스럽게 먹다
**むしゅう** [無臭] 무취¶ 無味~ 무미 무취
**むじゅう** [無住] (文) (절에) 주지가 없음, 그런 절¶ ~寺$^{じ}$ 주지가 없는 절
**むじゅうりょう** [無重量] (物) 무중량, 무중력 **―状態**$^{たい}$ (物) 무중량 상태. 무중력 상태
**むじゅうりょく** [無重力] 무중력=無重量$^{りょう}$
**むしゅく** [無宿] 무숙 ①일정한 주거·직업이 없음, 그런 사람 ②(日史) (江戸$^{と}$ 시대에) 무적(無籍), 무적자 **―者**$^{もの}$ 무숙자. 떠돌이
**むしゅみ** [無趣味] 名(ナ) ①무취미. 몰취미¶ ~な人$^{ひと}$ 무취미한 사람 ②정취가 없음, 무풍류¶ ~な庭$^{にわ}$ 정취가 없는 정원
**むじゅん** [矛盾] 名(自スル) 모순¶ ~撞着$^{どうちゃく}$ 모순 당착/ 話$^{はなし}$に~している 이야기가 모순되어 있다 **―語法**$^{ほう}$ (表) 모순 어법
**むしょう** [無償] 名(ナ) 무상 ①대가를 구하지 않음, 무보수¶ ~の愛$^{あい}$ 보상없는 사랑 ②대금을 받지 않음, 무료¶ ~で配布$^{はいふ}$する 무상으로 배포하다 ▷ ①② ⇔ 有償$^{ゆうしょう}$ **―増資**$^{ぞうし}$ (経) 무상 증자
**むじょう** [無上] 名(文) 무상. 더없음¶ ~の喜$^{よろこ}$び 더없는 기쁨
**むじょう** [無常] 名(ナ) 무상 ①(佛) 만물은 생멸 변화하여 일정하지 않음 ⇔ 常住$^{じょう}$¶ 諸行$^{しょぎょう}$~ 제행 무상 ②사람의 죽음 **―迅速**$^{じんそく}$ 무상 신속 **―の風**$^{かぜ}$ (바람이 꽃을 지게 하듯) 세상의 무상함이 사람의 목숨을 앗아감
**むじょう** [無情] 名(ナ) 무정 ①박정함, 매정함 ⇔ 有情$^{うじょう}$¶ ~な仕打$^{しう}$ち 무정한 처사¶ (佛) 마음·감정이 없는 것, 무생물¶ ~の木石$^{ぼくせき}$ 무정한 목석
**むしょうかん** [蒸(し)羊$^{よう}$羹] 팥소에 밀가루·설탕을 넣어 반죽하여 틀에 넣고 찐 양갱
**むじょうけん** [無条件] 무조건¶ ~降伏$^{こうふく}$ 무조건 항복/ ~で賛成$^{さんせい}$する 무조건 찬성하다
**むしょうに** [無性に] 副 공연히, 까닭없이, 무턱대고, 몹시¶ ~かわいい 까닭없이 귀여워하다/ ~腹$^{はら}$が立つ 공연히 화가 나다
**むしょく** [無色] ①무색¶ ~透明$^{とうめい}$ 무색 투명 ②(比) 중립¶ ~の立場$^{たちば}$ 중립의 입장
**むしょく** [無職] 무직¶ ~者$^{しゃ}$ 무직자
**むしよけ** [虫除け] ①제충, 방충, 그런 약·장치 ②독충의 해를 막아준다는 부적
**むしょぞく** [無所属] 무소속
**むしりと・る** [×毟(り)取る] 他五 ①쥐어 뜯다, 잡아 뽑다¶ 草$^{くさ}$を~ 풀을 잡아 뽑다 ②억지로 빼앗다
**むし・る** [×毟る] 他五 ①쥐어 뜯다, 잡아 뽑다¶ 雑草$^{ざっそう}$を~ 잡초를 잡아 뽑다 ②잘게 찢어 떼다, (생선 등의 살을) 발라내다¶ パンを~ 빵을 손으로 떼어내다
**むじるし** [無印] 名 ①표지·상표가 없음 ②(경마·경륜의 예상표에서) 주목을 받지 못하는 말·선수

**むしろ** [×筵・×席] 자리 ①멍석, 거적¶ ~を敷$^{し}$く 멍석을 깔다 ②(欠) (모임 등의) 좌석¶ うたげ$^{の}$~ 연회석/さかもりの~ 술자리
**むしろ** [^寧ろ] 副 오히려, 차라리¶ ~寒$^{さむ}$いぐらいだ 오히려 추울 정도이다/ ~ないほうがいい 차라리 없는 편이 좋다
**むしろばた** [×筵旗・×席旗] 거적 등으로 만든 기
**むしん** [無心] Ⅰ 名(ナ) 무심 ①아무 생각이 없음 ②순진함, 천진난만¶ ~なひとみ 천진난만한 눈동자 ③(사심·선입관 등이 없음)¶ ~の勝利$^{しょうり}$ 사심 없는 승리 Ⅱ 名(他スル) 염치없이 금품을 요구함¶ お金$^{かね}$を~する 염치없이 돈을 요구하다 Ⅲ 名 ①(文) 기지·해학을 요하는 和歌$^{わか}$ゃ 連歌$^{れんが}$ ②(文) "狂歌$^{きょう}$"의 딴이름 ③(佛) 무아의 경지
**むじん** [無人] 名 무인¶ ~駅$^{えき}$ 무인역/ ~の境$^{きょう}$を行$^{ゆ}$く 무인지경을 가다¶ ~島$^{とう}$ 무인도 **―踏切**$^{ふみきり}$ (철도에서) 무인 건널목
**むじん** [無尽] 무진 ①다하지 [없어지지] 않음¶ 縦横$^{じゅうおう}$~ 종횡 무진 ②계(契) **―蔵**$^{ぞう}$¶ ~の資源$^{しげん}$ 무진장한 자원
**むしんけい** [無神経] 名(ナ) 무신경. 둔감하고 뻔뻔스러움¶ ~な人$^{ひと}$ 무신경한 사람
**むしんろん** [無神論] (哲)(宗) 무신론
**む・す** [蒸す] Ⅰ 他五 (증기로) 찌다= ふかす¶ いもを~ 고구마를 찌다 Ⅱ 自五 (날씨가) 찌다, 무덥다¶ 今夜$^{こんや}$はひどく~ 오늘 밤은 푹푹 찐다
**むすい** [無水] 무수 ①수분이 없음 ②(化) 결정수를 함유하지 않음 ③(化) 물분자를 제거한 산화물 **―アルコール** (化) 무수 알코올
**むすう** [無数] (ナ) 무수. 수없이 많음¶ ~の星$^{ほし}$ 무수한 별
**むずかし・い** [難しい] 形 어렵다 ①알기[이해하기] 힘들다¶ ~文章$^{ぶんしょう}$ 어려운 문장 ②곤란하다¶ ~問題$^{もんだい}$ 곤란한 문제/ 優勝$^{ゆうしょう}$することは~ 우승하기는 어렵다 ③번거롭다¶ ~手続$^{てつづ}$き 번거로운 수속 ④(병이 깊어) 회복하기 힘들다¶ ~病気$^{びょうき}$ 중한 병 ⑤언짢다, 못마땅하다¶ ~顔$^{かお}$をする 언짢은 얼굴을 하다 ⑥까다롭다¶ 食$^{た}$べ物$^{もの}$に~人 음식에 까다로운 사람 ▷ 「むつかしい」라고도 함
**むずがゆ・い** [むず×痒い] 形 근질럽다, 근질거리다¶ 背中$^{せなか}$が~ 등이 근질럽다
**むずか・る** [×憤る] 自五 (어린아이가) 보채다, 칭얼거리다= むつかる¶ 眠$^{ねむ}$くて~ 졸려서 칭얼거리다
**むすこ** [息子] 아들, 자식= せがれ ⇔ 娘$^{むすめ}$¶ ひとり~ 외동 아들/ どら~ 방탕한 자식
**むずと** 副(文) 급히 강한 힘을 주는 모양. 꽉, 덥석= むんずと¶ ~つかむ 꽉 붙잡다
**むすば・れる** [結ばれる] 自下一 ①묶이다, 뮤이다, 매어지다¶ 糸$^{いと}$が~ 실이 묶이다 ②인연이 생기다, (특히) 남녀가 맺어지다¶ 不思議$^{ふしぎ}$な縁$^{えん}$で~ 묘한 인연으로 맺어지다 ③(입이) 다물어지다
**むすび** [結び] ①맺음, 매듭¶ 蝶$^{ちょう}$~ 나비 매듭 ②주먹밥= にぎりめし¶ お~ 주먹밥 ③

사람과 사람을 맺음¶ 縁えん～ 절연 ④끝맺음. 결말, 결론¶ 一編ぺんの～ 한 편의 결말／～をつける 결론을 짓다 ⑤《文法》 구말(句末)·문말(文末)을 앞에 쓴 말과 호응시키는 일

**むすびつ・く** [結び付く] 自五 ①맺어지다, 묶이다¶ かたく～ 단단히 묶이다 ②연관되다, 연결되다, 결부되다¶ 趣味しゅみが収入しゅうにゅうに～ 취미가 수입으로 연결되다 ③결탁하다¶ 政治家せいじかと～ 정치가가 결탁하다

**むすびつ・ける** [結び付ける] 他下一 ①잡아매다, 묶다, 매다¶ 旗はたを竿さおに～ 기를 장대에 매다 ②결부시키다, 연결시키다, 결합시키다¶ 次元じげんの異ことなるものを～・けて考かんがえるのは違おうだと思おもう 차원이 다른 것을 결부시켜 생각하다

**むすびのかみ** [結びの神] ①남녀의 연분을 맺어주는 신 ②결혼 중매를 해 주는 사람

**むすびぶみ** [結び文] 접어서 매듭을 지은 편지

**むすびめ** [結び目] (끈 등의) 매듭¶ ～をほどく 매듭을 풀다

**むす・ぶ** [結ぶ] Ⅰ 他五 ①매다, 묶다＝ゆわえる¶ 帯おびを～ 띠를 매다 ②잇다, 연결하다¶ 手てを～ 손을 잡다／本州ほんしゅうと四国しこくを橋はしで～ 本州와 四国를 다리로 연결하다 ③(관계를) 맺다¶ 契約けいやくを～ 계약을 맺다 ④끝맺다, 결론짓다¶ 話はなを～ 이야기를 끝맺다 ⑤(집 등을) 짓다¶ 庵いおりを～ 초막을 짓다 ⑥(입 등을) 다물다¶ 口くちをへの字じに～ 입을 꾹 다물다 ⑦(결과 등을) 맺다, 이루다¶ 露つゆを～ 이슬을 맺다 Ⅱ 自五 (결과·형태가) 생기다, 맺히다¶ 実みが～ 열매가 맺다

**むすぼ・れる** [結ぼれる] 自下一 (文) ①얽히다, 엉키다¶ 糸いとが～ 실이 얽히다 ②우울해지다, 울적해지다¶ 気きが～ 기분이 우울해지다 ③(이슬이) 맺히다¶ 露つゆが～ 이슬이 맺히다

**むずむず** 副 自スル 근질근질 ①간지러운 모양, 근실근실¶ 背中なかが～する 등이 근질근질하다 ②좀이 쑤시는 모양¶ 口くちを出だしたくて～する 말참견하고 싶어서 좀이 쑤시다

**むすめ** [娘] ①딸⇔息子むすこ¶ ひとり～ 외동딸 ②처녀¶ 近所きんじょの～ 근처의 처녀／～時代じだい 처녀 시절

**慣用句**
**―三人さんにん持もてば身代しんだい潰つぶす** 딸을 셋 두면 집안이 망한다. 혼례 비용이 많이 듦의 비유
**―一人ひとりに婿むこ八人はちにん** 처녀 하나에 신랑감이 여덟, 물건은 하나인데 희망자가 많다는 비유

**むすめぎだゆう** [娘義太夫] 〖藝〗젊은 여자가 공연하는 義太夫節ぎだゆうぶし, 그 여자

**むすめぐみ** [娘組] 〖民〗촌락 사회 내에 조직된 미혼 여성의 집단

**むすめごころ** [娘心] 순정어린 처녀의 마음

**むすめざかり** [娘盛り] 처녀로서 한창 꽃다운 나이

**むせい** [無声] 무성⇔有声ゆうせい ―映画えいが 무성 영화 ―音おん 《文法》무성음

**むせい** [無性] 무성, 자웅의 구별이 없음 ―生殖せいしょく 《生》무성 생식

**むせい** [夢精] 名 自スル 〖醫〗몽정, 몽설

**むぜい** [無税] 무세, 세금이 없음⇔有税ゆうぜい

**むせいげん** [無制限] 名 ダ 무제한¶ ～な欲望よくぼう 무제한적 욕망／～に買かい占しめる 무제한으로 매점하다

**むせいふ** [無政府] 名 ダ 무정부¶ ～状態じょうたい 무정부 상태 ―主義しゅぎ 《政》무정부주의

**むせいぶつ** [無生物] 무생물

**むせいらん** [無精卵] 〖農〗무정란, 미수정란

**むせかえ・る** [噎せ返る] 自五 ①숨이 콱콱 막히다¶ 煙けむりに～ 연기로 숨이 막히다 ②몹시 흐느껴 울다¶ 顔かおを伏ふせて～ 고개를 숙이고 흐느껴 울다

**むせき** [無籍] 무적, 국적·호적·학적 등이 없음¶ ～者しゃ 무적자

**むせきにん** [無責任] 名 ダ 무책임 ①책임이 없음¶ 事故じこについての～を主張しゅちょうする 사고에 대한 책임이 없음을 주장하다 ②책임감이 없음¶ ～な行動こうどう 무책임한 행동

**むせっぽ・い** [噎せっぽい] 形 숨이 막힐 듯하다

**むせびなき** [咽び泣き·噎び泣き] 名 自スル 흐느껴 울음, 목메어 울음, 오열＝嗚咽おえつ

**むせ・ぶ** [咽ぶ·噎ぶ] 自五 (文) ①(연기 등에) 숨이 막히다＝むせる¶ たばこの煙けむりに～ 담배 연기에 숨이 막히다 ②목이 메다, 흐느껴 울다¶ 涙なみだに～ 목메어 울다

**む・せる** [噎せる] 自下一 ①목이 메다, 숨이 막히다¶ 煙けむりに～ 연기로 숨이 막히다 ②(감동·슬픔으로) 가슴이 메다

**むせん** [無銭] 무전, 돈이 없음, 돈을 지불하지 않음¶ ～旅行りょこう 무전 여행 ―飲食いんしょく 무전 취식

**むせん** [無線] ①무선⇔有線ゆうせん¶ ～電信でんしん 무선 전신 ② 『無線通信むせんつうしん·無線電話むせんでんわ』의 준말 ―通信つうしん 무선 통신 ―電話でんわ 무선 전화 ―綴とじ 《版》 (실 등을 쓰지 않고) 접착제로 접합하는 제본 방법

**むそじ** [六十路] (X) ①육십 60세, 60년

**むそう** [無双] (文) ①무쌍, 견줄 것이 없음¶ 天下てんか～ 천하 무쌍 Ⅱ 名 ①(옷·가구 등에서) 안팎을 같은 재질로 만든 것¶ ―羽織ばおり 안팎이 없는 羽織 ②《相撲》상대방의 허벅다리에 손을 대어 쓰러뜨리는 기술 ―窓まど 《建》살창과 한 칸 걸러 창살을 성글게 붙인 미닫이를 이중으로 겹쳐 끼운 창

**むそう** [無相] 〖佛〗무상, 만물의 본체는 형체가 없음, 모든 집착에서 떠남⇔有相

**むそう** [無想] 〖佛〗무상, 일체의 상념에서 떠남¶ 無念ねん～ 무념 무상

**むそう** [夢想] Ⅰ 名 自スル ①꿈속에서 생각함[그려봄]¶ ～だにしない 꿈에도 생각지 않다 ②몽상, 공상¶ ～家か 몽상가 Ⅱ 名 꿈속에서 신불(神佛)의 계시가 있음

**むぞうさ** [無造作·無雑作] 名 ダ 손쉽게 하는 모양, 대수롭지 않게 여기는 모양¶ ～に引ひきうける 어렵잖게 떠맡다

**むぞり** [無反り] 칼의 날이 쪽 곧음, 그런 칼

**むだ** [無駄·徒] 쓸데없음, 보람 없음, 헛됨¶ ～な労力ろうりょく 헛된 노력／～を省はぶく

**むだあし** [無駄足・徒足] 名 自スル 헛걸음¶ ~を踏む 헛걸음치다
**むたい** [無体] I 名 ダ 무리함, 억지스러움= 無法¶ ~な要求 무리한 요구 II 名 무체, 무형¶ ~財産 무체 재산 ━財産権 [法] 무체 재산권, 지적 소유권
**むたい** [無袋] (과수 원예에서) 과실에 충해 방지용 봉지를 씌우지 않은 것
**むだい** [無代] 무료, 공짜¶ ~進呈 무료 증정
**むだい** [無題] 무제 ①제목이 없음 ②(시가에서) 제목을 정해 놓지 않고 읊음
**むだぐい** [無駄食い・徒食い] 名 他スル ①간식, 군것질 ②무위 도식= 徒食
**むだぐち** [無駄口・徒口] 쓸데없는 말¶ ~をきく 쓸데없는 말을 하다
**むだげ** [無駄毛・徒毛] (미용・화장에 방해가 되는) 군털, 불필요한 털
**むだじに** [無駄死に・徒死に] 名 自スル 헛된 죽음, 개죽음= 犬死に
**むだづかい** [無駄遣い・徒遣い] 名 他スル 낭비, 허비¶ 予算を~する 예산을 낭비하다
**むだばな** [無駄花・徒花] 피어도 열매를 맺지 않는 꽃, 수꽃= あだ花
**むだばなし** [無駄話・徒話] 名 自スル 쓸데없는 이야기, 잡담¶ ~に花を咲かす 잡담에 꽃을 피우다
**むだぼね** [無駄骨・徒骨] 「無駄骨折り」의 준말, 헛수고¶ ~に終わる 헛수고로 끝나다
[慣用句] ━を折る 헛수고하다
**むだめし** [無駄飯・徒飯] 놀고 먹는 밥
[慣用句] ━を食う 놀고 먹다, 무위 도식하다
**むだん** [無断] 名 ダ 무단¶ ~欠勤 무단 결근
**むち** [鞭・笞] ①채찍, 회초리, 매¶ ~を当てる 채찍질하다, 지휘봉, 지휘봉¶ ~で指す 지시봉으로 가리키다 ③(比) 사람을 질타하거나 격려하는 말・행위¶ 愛の~ 사랑의 매/ あめと~ 사탕과 매, 당근과 채찍
**むち** [無知・無智] 무지 ①지식이 없음 ②어리석음, 지혜가 없음¶ ~蒙昧 무지 몽매 ━文盲 무지 문맹
**むち** [無恥] 名 ダ 文 무치, 부끄러움을 모름= 恥知らず¶ 厚顔~ 후안 무치
**むちうちしょう** [鞭打ち症] [醫] (추돌 사고 등에 의한) 편타성 상해
**むちう・つ** [鞭打つ] 自他五 채찍질하다 ①채찍을 가하다¶ 馬に~ 말에 채찍질하다 ②(比) 격려하다, 편달하다¶ 老骨に~ 노구에 채찍질하다
**むちつじょ** [無秩序] 名 ダ 무질서¶ ~の群衆 무질서한 군중
**むちゃ** [無茶] 名 ダ ①당치않음, 터무니없음¶ ~を言う 당치않은 소리를 하다 ②(정도가) 지나침, 지독함¶ ~な行動 지나친 행동 ━苦茶 名 ダ 「むちゃ」의 힘줌말, 당치않음, 터무니없음, 지독함, 엉망진창¶ ~に込む 지독하게 붐비다/ ~な値段 터무니없는 가격
**むちゃくりく** [無着陸] 무착륙¶ ~飛行 무착륙 비행
**むちゅう** [夢中] I 名 ダ 몽중, 꿈속¶ ~で悟る 꿈속에서 깨닫다 II 名 ダ 열중함, 몰두함, 정신이 없음= 無我¶ ~で 자기를 잊고 열중함/ ~になって遊ぶ 정신없이 놀다
**むちゅう** [霧中] 文 무중 ①안개속¶ ~信号 무중 신호 ②[ダ] 짐작이 가지 않음, 전망이 서지 않음¶ 五里~ 오리 무중
**むちん** [無賃] 무임¶ ~乗車 무임 승차
**むつ** [鯥] 動 게르치
**むつ** [六つ] ①여섯, 여섯 개, 여섯 살= むっつ¶「六つ時」의 준말, 옛날 시각의 이름¶ 明け~ 오전 6시경/ 暮れ~ 오후 6시경
**むつ** [陸奥] 일본의 옛지명, 지금의 青森県 현 대부분과 岩手 현 일부 지방= 奥州
**むつう** [無痛] 名 무통¶ ~分娩 무통 분만
**むつかし・い** [難しい] 形 → むずかしい
**むつか・る** 自五 → むずかる
**むつき** [睦月] 음력 정월의 딴이름
**むつき** [襁褓] 文 ①배내옷 ②기저귀
**ムック** (mook) [版] 무크, 잡지와 서적의 중간적인 출판물 ▷ magazine과 book의 합성어
**むっくと** 副 (갑자기 일어나는) 벌떡¶ ~起き上がる 벌떡 일어나다
**むっくり** I 副ト 갑자기 또는 천천히 일어나는 모양¶ ~と体を起こす 갑자기[천천히] 몸을 일으키다 II 副ト 自スル ①붕긋한 모양 ②살찐 모양¶ ずんぐり~ 땅딸막함/ ~した体 몽실몽실한 몸매
**むつごと** [睦言] 다정한 이야기, (특히) 남녀가 잠자리에서 나누는 정담
**むつごろう** [鯥五郎] 動 짱뚱어
**むっちり** 副ト 自スル (口) 포동포동, 통통¶ ~した体つき 통통한 몸매
**むっつ** [六つ] → むつ(六つ)
**むっつり** 副ト 自スル 말수가 적고 무뚝뚝한 모양¶ ~屋 무뚝뚝한 사람/ ~押し黙って 무뚝뚝하게 입을 다물고 있다
**むっと** 副 ①불끈 치미는 화・불쾌감을 표정에 드러내는 모양¶ ~した顔 화가 불끈 난 얼굴 ②열기・냄새로 숨이 막힐 듯한 모양¶ 悪臭で~する 악취로 숨이 막힐 듯하다
**むつどき** [六つ時] 옛날 시각의 이름, 지금의 오전・오후 6시경= むつ
**むつまじ・い** [睦まじい] 形 사이가[의]가 좋다, 화목하다¶ 仲の~夫婦 금슬 좋은 부부
**むつまやか** [睦まやか] ダ 文 사이 좋음, 의좋음, 화목함¶ ~な老夫婦 의좋은 노부부
**むつ・む** [睦む] 自五 의좋게 지내다, 친하게 지내다= むつぶ
**むて** [無手] ①맨손, 적수(赤手)= 素手¶ ~で戦う 맨손으로 싸우다 ②유효한 수단・자본이 없음¶ ~で交渉にあたる 방책 없이 교섭에 임하다

むていけい [無定形] 名 무정형. 일정한 형체가 없음¶ ～炭素たん 무정형 탄소
むていけい [無定型] 무정형. 일정한 형식이 없음¶ ～詩 무정형시
むていけん [無定見] 名 ス 父 무정견. 일정한 주견이 없음¶ ～な政策さぃ 무정견한 정책
むていこう [無抵抗] 名 무저항
むてかつりゅう [無手勝流] ①싸우지 않고 이김 ②자기류(自己流), 자기 나름의 방식
むてき [無敵] 名 ス 무적¶ 天下だん～ 천하 무적/ ～艦隊たぃ 무적 함대
むてき [霧笛] 무적= きりぶえ¶ ～信号しん 무적 신호
むてっぽう [無鉄砲] 名 ス 무모함, 분별없음= むこうみず¶ ～な計画けぃ 무모한 계획
むでん [無電]「無線電信なせん・無線電話なせん」의 준말. 무전
むてんか [無添加] 무첨가. (식품 등에) 방부제·착색제 등을 넣지 않음
むとう [無灯] 무등. 등불을 켜지 않음. 등불이 없음= 無灯火むとぅ
むどう [無道] 무도. 도리에 벗어남[어긋남]= 非道どぅ・悪逆ぁく～ 악역 무도
むどく [無毒] 名 ス 무독, 독이 없음 ⇔ 有毒ゆぅ
むとどけ [無届け] 무신고¶ ～デモ 무신고 데모/ ～欠勤きん 무단 결근
むとんじゃく [無頓着] 名 ス 무관심함, 무심함¶ ～な性格かく 무심한 성격/ 身なりには～だ 몸치장에는 도무지 관심이 없다
むないた [胸板] ①앞가슴, 가슴팍¶ ～をたたく 가슴팍을 치다 ②갑옷의 가슴을 가리는 부분
むながい [胸繋·鞅] 말의 가슴에서 안장에 거는 가죽끈, 가슴걸이
むながわら [棟瓦] 建 용마루 기와
むなぎ [棟木] 建 마룻대
むなくそ [胸糞]「胸むの 힘줌말. 가슴속, 배알, 기분= むねくそ
慣用句
―が悪ぃい 기분이 나쁘다, 불쾌하다
むな ぐら [胸倉] 멱살¶ ～をとる 멱살을 잡다/ ～をつかむ 멱살을 쥐다
むなぐるし・い [胸苦しい] 形 가슴이 답답하다¶ 熱ねつがあって～ 열이 있고 가슴이 답답하다
むなげ [胸毛] ①가슴털 ②(새의) 가슴의 깃털
むなさき [胸先] 앞가슴= むなもと¶ ピストルを～に突っきつける 권총을 앞가슴에 들이대다 ―三寸すん 가슴 속, 마음 속¶ ～に納ぉさめておく 가슴 속에 간직해 두다
むなさわぎ [胸騒ぎ] (걱정·불길한 예감 등으로) 가슴이 두근거림¶ 何なとなく～がする 왠지 가슴이 두근거린다
むな ざんよう [胸算用] 名 自他 ス 속셈, 꿍꿍이속= むなづもり
むなし・い [空しい·虚しい] 形 ①공허하다, 내용이 없다¶ ～生活せぃ 공허한 생활 ②보람없다¶ ～努力りょ 헛된 노력/ 善戦ぜん～・く敗ゃぶれる 선전한 보람도 없이 패하다 ③허무하다, 덧없다¶ ～人生じん 허무한 인생 ④(「～・くなる」의 꼴로) 죽다
むなだか [胸高] 허리띠를 가슴 가까이 높이 올려 맴¶ ～に帯ぉびを締しめる 가슴 언저리까지 허리띠를 올려 매다
むなつき [胸突き] (산길·언덕 등의) 급한 경사면 ―八丁ちょ ①정상에 가까운 가파른 고갯길 ②比 가장 힘들고 어려운 국면
むなづもり [胸積(も)り] 속셈, 꿍꿍이셈
むな もと [胸元·胸計] 앞가슴= むなさき¶ ～に突っきつける 앞가슴에 들이대다
むに [牟尼] 佛 모니 ①산림 등에서 조용히 수행하는 사람, 성자(聖者) ②석가의 높임말
むに [無二] 名 무이. 둘도 없음¶ 唯一ぃっ～ 유일 무이/ ～の親友ゅぅ 둘도 없는 친구 ―三なん 佛 무이 무삼. 유일 ②일심 전력함
むにゃむにゃ 副 口 중얼중얼¶ ～言ぅ 중얼중얼거리다
むにん [無人] ① → むじん ② → ぶにん
む にんしょ [無任所] 名 무임소 ―大臣だぃ 政 무임소 대신
むね [刀背] 칼등= みね
むね [旨] ①취지, 뜻= 趣旨しゅ¶ その～を伝ったえる 그 취지를 전하다 ②宗 가장 으뜸으로 침. 주된 것¶ 質素しつを～とする 검소함을 으뜸으로 하다
むね [胸] ①胸 가슴¶ ～を張はる 가슴을 펴다 ②심장¶ ～がどきどきする 가슴이 두근거리다 ③폐¶ ～を病ゃむ 폐를 앓다 ④마음, 심금, 생각¶ ～のうちを打ぅち明ぁける 심중을 털어놓다
慣用句
―が痛ぃたむ (슬픔·걱정으로) 가슴이 아프다
―がいっぱいになる (감동하여) 가슴이 뿌듯해지다, 가슴이 벅차오르다
―が躍ぉどる (기대로) 가슴이 뛰다
―が裂さける (격한 감정으로) 가슴이 찢어질 것 같다
―が騒さゎぐ (걱정으로) 가슴이 두근거리다
―がすく 가슴이 후련해지다
―がつかえる ①(먹은 것이) 목에 걸리다 ②(걱정·근심으로) 가슴이 답답하다
―が潰っぶれる ①가슴이 섬뜩하다, 몹시 놀라다 ②(슬픔·걱정으로) 가슴이 미어지다
―が詰っまる (슬픔·감동 등이 북받쳐) 가슴이 메다
―が張はり裂さける (슬퍼서) 가슴이 찢어질 것 같다= 胸が裂ける
―が塞ふさがる (슬픔·근심으로) 가슴이 답답해지다
―が焼ゃける 가슴이[위가] 쓰리다
―に一物もつ 마음 속에 계략을 품고 있음. 꿍꿍이셈
―に畳たたむ 가슴속에 간직해 두다
―に手てを当ぁてる 가슴에 손을 얹다. 곰곰이 생각하다
―を痛ぃためる 몹시 걱정하다
―を打ぅたれる 가슴이 찌르르하다. 몹시 감

동하다
**―を打̀つ** 가슴을 치다, 깊이 감동시키다
**―を躍̀らせる** (기쁨・기대로) 가슴이 설레다
**―を貸す** 〖相撲〗 선배가 후배의 연습 상대가 되어주다
**―を借りる** 〖相撲〗 선배를 상대로 연습을 하다
**―を焦̀がす** 가슴을 태우다, 애를 태우다
**―を突̀かれる** (갑작스런 일에) 깜짝 놀라다
**―を撫̀で下̀ろす** 가슴을 쓸어내리다, 안심하다
**―を弾̀ませる** (기대・기쁨으로) 가슴이 두근거리다, 가슴이 설레다
**―を膨̀らませる** (희망・기대로) 가슴이 부풀다

**むね** [棟] ① 〖建〗 용마루 ② 〖建〗 마룻대= **むなぎ** ③ 〖助數〗 건물을 세는 말. 동. 채 ¶ 二~全燒̀ 두 동 전소
**むねあげ** [棟上げ] 상량(식) ¶ ~式̀ 상량식
**むねあて** [胸当て] ①가슴받이, 가슴 갑옷 ②(옷이 더러워지지 않도록) 가슴에 대는 천
**むねうち** [〈刀背〉打ち] 칼등으로 침
**むねがわら** [棟̀瓦] 〖建〗 용마루 기와
**むねくそ** [胸̀囊] (口) ~가 나쁘다
**むねさんずん** [胸三寸] 가슴 속, 마음 속, 그 생각 ¶ ~に納̀める 가슴 속에 간직하다
**むねと** [〈宗徒〉] 주된(중심이 되는) 인물 ¶ ~の者̀ 중심 인물
**むねやけ** [胸焼け] 名 自スル 가슴이 쓰림, 가슴앓이= **むなやけ**
**むねわりながや** [棟割(り)長屋] 한 건물을 벽으로 칸막이해서 몇 가구로 나눈 집, 연립 주택
**むねん** [無念] I 名 〖佛〗 무념, 무심, 무상(無想) II ㋣ 원통함, 분함 ¶ ~の淚̀ 원한의 눈물/~に思̀う 원통하게 여기다 **―無想** ㋣ 무념 무상 ¶ ~の境地̀ 무념 무상의 경지
**むのう** [無能] 名 ㋣ 무능 ⇔ 有能̀ ¶ ~無才̀ 무능 무재/~な人̀ 무능한 사람
**むのうりょく** [無能力] 名 ㋣ 무능력 **―者̀** 무능력자
**むはい** [無配] 〖經〗 무배당 ¶ ~の株̀ 무배당주
**むはんどうほう** [無反動砲] 〖軍〗 무반동포
**むひ** [無比] 비할 데 없음, 무쌍(無雙)= 無類̀ ¶ ~無二̀ 무이 天下̀~ 천하 무비
**むび** [夢̀寐] 〈文〉 몽매. 꿈 속 ¶ ~にも忘̀れない 몽매에도 잊지 못하다
**むひつ** [無筆] 무필, 문맹= 文盲̀ ¶ ~の人̀ 문맹자/~の母̀는 무학인 어머니
**むひょう** [霧氷] 〖氣〗 무빙. 수증기나 안개가 나뭇가지 등에 붙어서 생긴 얼음
**むびょう** [無病] 무병 **―息災̀** 무병 식재. 건강하고 무사함 ¶ ~を祈願̀する 무병 안녕을 기원하다
**むひょうじょう** [無表情] 名 ㋣ 무표정
**むふう** [無風] 무풍 ①바람이 없음 ¶ ~地帶̀ 무풍 지대 ② 名 〖出〗 자극・파란이 없음 ¶ ~狀態̀ 무풍 상태
**むふんべつ** [無分別] 名 ㋣ 무분별 ¶ ~な行動̀ 무분별한 행동

**むべ** [〈郁子〉] 〖植〗 멀꿀
**むべなるかな** [^宜なる̀哉] 連語 〈文〉 《감탄사적으로》 과연 〔참으로〕 그렇도다= うべなるかな
**むへん** [無邊] 무변. 끝닿는 데가 없음 ¶ 廣大̀~ 광대 무변/~世界̀ 무변 세계 **―際** 광대 무변함, 끝없이 넓음
**むほう** [無法] 名 ㋣ ①법을 무시함. 무례하고 난폭함 ¶ ~者̀ 무법자/~な要求̀ 무례한 요구 ②법적 질서가 파괴되어 있는 상태 ¶ ~地帶̀ 무법 지대
**むぼう** [無帽] 무모. 모자를 쓰지 않음
**むぼう** [無謀] 名 ㋣ 무모= 無鐵砲̀ ¶ ~な試̀み 무모한 시도
**むぼうび** [無防備] 名 ㋣ 무방비 ¶ ~狀態̀ 무방비 상태
**むほん** [謀反・謀叛] 名 自スル 모반, 반역 ¶ ~人̀ 모반자/~を起̀こす 모반을 일으키다
**むま** [夢魔] ①꿈에 나타나 사람을 괴롭히는 악마, 가위 ¶ ~に襲̀われる 가위 눌리다 ②아주 무서운 꿈, 악몽 ¶ ~におびやかされる 악몽에 시달리다
**むみ** [無味] 名 ㋣ ①맛이 없음 ¶ ~無臭̀ 무미 무취 ②재미가 없음 ¶ ~な話̀ 재미없는 이야기 **―乾燥̀** ㋣ 무미 건조
**むみょう** [無明] 〖佛〗 무명. 진리를 이해하지 못하고 방황하는 상태 **―長夜̀** 〖佛〗 무명 장야
**むめい** [無名] 무명 ①이름이 없음 ¶ ~の島̀ 이름 없는 섬 ②이름을 쓰지 않음, 무기명 ¶ ~投票̀ 무기명 투표 ③이름을 모름 ¶ ~戰士̀の墓 무명 전사의 묘 ④이름이 알려지지 않음 ⇔ 有名̀ ¶ ~の歌手̀ 무명 가수 **―氏** 〈文〉 무명씨. 실명씨 **―指̀** 〈文〉 무명지. 약손가락
**むめい** [無銘] 무명. (서화・칼 등에) 작자의 이름이 새겨져 있지 않음 ¶ ~の刀̀ 무명의 칼
**むめんきょ** [無免許] 무면허 ①면허를 취득하지 못함 ¶ ~運轉̀ 무면허 운전 ②면허가 필요 없음
**むもん** [無文] 名 무문. 천에 무늬가 없음
**むもん** [無紋] 무문. (옷 등에) 가문(家紋)이 없음, 그런 옷 ⇔ 有紋̀
**むやく** [無益] 名 ㋣ → むえき
**むやみ** [無̀闇・無̀暗] ㋣ ①(앞뒤 생각없이) 함부로〔마구〕 함, 무턱댐 ¶ ~に引̀き受̀ける 무턱대고 떠맡다/~なこ̀とを言̀う 함부로 말하다 ②터무니없음, 지나침 ¶ ~な行動̀ 지나친 행동/~に高̀い 터무니없이 비싸다 **―矢鱈̀** 「むやみ」의 힘줌말. 마구, 함부로/~にむちゃくちゃ̀に〕する 마구 사다
**むゆうびょう** [夢遊病] 〖醫〗 몽유병
**むよう** [無用] 무용 ①쓸모 없음, 무익 ⇔ 有用̀ ②필요 없음 ¶ 問答̀~ 문답 무용/~の混亂̀を避̀ける 쓸데없는 혼란을 피하다 ③해서는 안됨, 금지 ¶ 小便̀~ 소변 금지 ④불일이〔용무가〕 없음 ¶ ~の者̀の立入̀禁止̀ 용무가 없는 자 출입 금지
〖慣用句〗
**―の長物̀** 무용장물, 무용지물

むよく **一の用** 무용지용. 쓸모 없는 듯하지만 오히려 크게 쓸모가 있음
むよく【無欲・無*慾】 图 ㉑ 무욕. 욕심이 없음 ⇔ 貪欲 〜恬淡 무욕 염담 / **〜な人** 욕심이 없는 사람 / **〜の勝利** 무욕의 승리
むら【村】 ①마을. 촌락. 시골 ¶ 谷あいの〜 골짜기에 있는 마을 / 〜に帰る 시골로 돌아가다 ②政 지방 자치 단체의 최하위 단위. 촌
むら【*斑】 ①얼룩. 얼룩짐¶ 染めに〜ができる 염색에 얼룩이 생기다 ②고르지 못함. 변덕스러움¶ **〜のある性格** 변덕스러운 성격
むらかた【村方】 ①마을 쪽 ②史 江戸 시대에 郡代・代官 등의 밑에서 민정에 종사한 구실아치
むらが・る【群がる・*叢る・*簇る】 间五 떼지어 모이다. 운집하다. 군집하다¶ 見物人が〜 구경꾼이 떼지어 모이다
むらき【*斑気】 图 변덕스러움. 변덕 = むらぎ¶ 〜な人 변덕쟁이 / 〜をおこす 변덕을 부리다
むらぎえ【*斑消え】 드문드문 사라짐¶ 雪の〜 눈이 드문드문 녹음
むらぎも【群*肝・村*肝】 (枕) 「心」를 수식함
むらくも【群雲・*叢雲】 (文) 떼지어 모여 있는 구름. 떼구름
むらくものつるぎ【叢雲の剣】 → あめのむらくものつるぎ
むらさき【紫】 ①植 지치 ②자색. 보랏빛 ③ (女) 간장 ④(女) 정어리
むらさきしきぶ【紫式部】 植 작살나무
むらさきずいしょう【紫水晶】 鑛 자수정
むらさきつゆくさ【紫露草】 植 자주닭의장풀
むらざと【村里】 시골 동네. 마을
むらさめ【村雨・*叢雨】 (文) 소나기
むらじ【^連】 臣와 함께 조정의 정치에 참여했던 고대 성씨(姓氏)의 하나
むらしぐれ【村時雨・*叢時雨】 (文) (늦가을부터 초겨울에 걸쳐) 오다 말다 하는 소나기
むらしばい【村芝居】 ①유랑 배우가 촌(마을)에서 하는 연극 ②촌(마을) 사람들이 하는 연극 = 田舎芝居
むら・す【蒸らす】 他五 뜸들이다¶ 飯を〜 밥을 뜸들이다
むらすずめ【群雀】 (文) 참새 떼
むらたけ【群竹・*叢竹】 (文) 대숲
むらだ・つ【群立つ】 自五 떼지어 날다(서다)
むらちどり【群千鳥】 ①떼지은 물떼새 ②물떼새가 떼지어 날아가는 모양의 무늬
むらはずれ【村外れ】 동구(洞口) 밖
むらはちぶ【村八分】 ①史 (江戸 시대 이후) 마을의 법도를 어긴 사람이나 그 가족에 대해 마을 사람들 전체가 교제를 끊음 ②따돌림¶ **〜にされる** 따돌림을 당하다
むらばらい【村払い】 史 (江戸 시대에) 마을의 법도를 어긴 사람을 추방하는 형벌
むらびと【村人】 마을 사람
むらむら 副々 ①감정이 솟구쳐 오르는 모양¶

불끈불끈¶ 怒りが〜と込み上げる 노여움이 불끈 치밀어 오르다 ②떼(무리)를 짓는 모양¶ 〜と集る 떼지어 모이다
むらやくにん【村役人】 史 (江戸 시대) 郡代・代官 등의 밑에서 마을의 사무를 맡아 보던 구실아치
むらやくば【村役場】 「村」의 행정 사무를 맡아보는 사무소
むり【無理】 名 ㉑ 무리 ①도리에 어긋남. 억지¶ 〜を通すす 억지를 부리다 / 怒るのも〜はない 화내는 것도 무리는 아니다 ②불가능함. 곤란함¶ 〜な注文 불가능한 주문 ③무리하게 감행함¶ 〜に行く 무리하게 가다 **一往生** 억압하여 억지로 복종시킴 **一押し** 图 他スル 무리로 밀고 나아감. 강행 **一からぬ** 連語【連体詞的으로】 무리가 아닌. 일리 있는¶ 〜こと 있을 수 있는 일 **一算段** 名 他スル 억지로 변통함(궁리함)¶ 〜して出かける 기어코 외출하다 **一強い** 图 他スル 강요함. 강권 **一心中** しんじゅ 죽을 의사가 없는 상대를 강제로 정사(情死)시킴. 억지 정사¶ 〜をはかる 억지 정사를 꾀하다 **一数** 图 数 무리수 ⇔ 有理数 **一難題** 생트집 **一無体** 어거지. 강제 **一やり** 억지로 강행하려는 모양
慣用句
**一か通ければ道理が引っ込む** 억지를 부리면 도리는 물러선다
**一もない** 무리도 아니다. 당연하다
むりかい【無理解】 名 ㉑ 몰이해. 이해심이 없음¶ 世間に〜に泣く 세상의 몰이해에 울다
むりし【無利子】 무이자 = 無利息¶ **〜で金を借りる** 무이자로 돈을 꾸다
むりそく【無利息】 무이자 = 無利子
むりや【無慮】 副々 무려 = おおよそ¶ **一万人** 무려 만명
むりょう【無料】 무료 ⇔ 有料¶ **入場〜** 입장 무료 / **〜で郵送する** 무료로 우송하다
むりょう【無量】 图 무량. 무한¶ **感慨〜** 〜 감개 무량 / **〜の意味** がある 무한한 뜻이 있다 **一無辺** 무량 무변. 끝없이 크고 넓음
むりょく【無力】 图 ㉑ 무력 ⇔ 有力¶ **〜感** 무력감 / **〜な政治家** 무력한 정치가
むるい【無類】 名 ㉑ 무류. 비길 데 없음 = 無比¶ 〜の好人物 비길 데 없는 호인
むれ【群(れ)】 ①떼. 무리¶ 鳥の〜 새 떼 ②한패. 동아리
慣用句
**一を成す** 무리를 이루다. 떼를 짓다
む・れる【群れる】 间下一 떼를 짓다. 군집하다¶ つばめが〜. れて飛ぶ 제비가 떼를 지어 날다
む・れる【蒸れる】 间下一 ①찌다. 무덥다. 물쿠다¶ 〜天候 찌는 듯한 날씨 / 足が〜 발이 화끈거리다 ②뜸들다¶ ご飯が〜 밥이 뜸들다
むろ【室】 온도를 일정하게 유지하도록 만든 방¶ 麹〜 누룩을 띄우는 방 / 氷〜 빙고(氷庫)
むろ【無漏】 佛 무루. 번뇌를 떠난 경지

**むろあじ** [室鯵] [動] 갈고등어
**むろく** [無禄] [文] 봉록이 없음. 급여가 없음¶～で仕える 봉록 없이 출사하다
**むろざき** [室咲き] 온실에서 꽃을 피움. 그런 꽃
**むろまち** [室町] 京都시 중앙의 室町通り 주변의 지역 ―**時代** [日史] 足利씨가 정권을 잡고 室町에 幕府를 두었던 시대(1336～1573) ―**文化** 南北朝 시대에서 室町 시대에 걸쳐 발달한 문화
**むろん** [無論] [副] 무론. 물론= もちろん¶～のこと 물론/ ～ありえないことだ 물론 있을 수 없는 일이다
**むんずと** [副]「むずと」의 힘줌말. 덥석, 꽉¶腕を～つかむ 팔을 꽉 잡다
**むんむん** [副][自スル] 열기・냄새가 가득 차서 후텁지근한 모양¶人いきれで車内が～している 사람의 훈김으로 차내가 후텁지근하다

# め　メ

**め** 五十音図 「ま」행(行)의 넷째 かな. ひらがな의「め」는「女」의 초서체, かたかな「メ」는「女」의 끝의 두 획에서 취한 것
**め** [奴] [接尾] (口) ①《명사에 붙어》낮추어 보는 뜻을 나타냄. 녀석, 놈¶ばか～ 바보 자식 ②《자기나 자기 쪽에 대한 겸양의 뜻을 나타냄》わたくし～が致します 제가 하겠습니다
**め** [女] 여자, 여성¶～神 여신/ はした～ 하녀
**め** [目・眼] I [名] 눈 ①시각 기관¶～が疲れる 눈이 피로해지다 ②시력¶～が弱る 시력이 약해지다 ③안목, 통찰력, 감식력¶見る～がある 보는 눈이 있다 ④보는 방향, 시선¶～が行く 시선이 가다/ ～が合う 눈이 맞다 ⑤보는 범위, 시야¶～が開ける 시야가 트이다 ⑥눈매, 눈초리¶色っぽい～ 요염한 눈/ ～がきつい 눈매가 매섭다 ⑦보는 태도, 관점, 견해¶専門家の～ 전문가의 눈/ 好意的に見られる 호의적인 눈으로 보다 ⑧주의해서 봄, 감시, 주목¶監視の～を光らす 감시의 눈을 번뜩이다 ⑨남의 시선¶人～ 남의 눈이 있다/ お～にかかる 뵙다 ⑩뜻밖의 사태를 만남, 체험, 경험¶ひどい～に遭う 지독한 꼴을 당하다, 혼쭐나다 ⑪눈 모양을 한 것¶針～ 바늘귀/ 台風の～ 태풍의 눈 ⑫틈새, 땜¶のこぎりの～ 톱니/ ミシンの～ 재봉틀 땜/ ～が粗い 틈새가 생기다 ⑬(천・나무 등의) 발, 결¶網の～ 그물 코/ 畳の～ 畳의 발/ ～が細かい板 결이 고운 판자 ⑭(바둑에서) 집¶～ができる 집이 생기다 ⑮눈금¶はかりの～ 저울 눈금/ ～盛り 눈금 ⑯무게, 양, 정도¶～方 무게/ ～減り 무게가 축남 II [接尾] ①《수사에 붙어》순서를 나타냄. 제¶四回～ 4회째/ 三番～の席 세 번째 자리 ②《흔히 동사 연용형에 붙어》사물의 접점・단락 등을 나타내는 말¶結び～ 매듭/ 割れ～ 깨진 자리/ 分かれ～ 갈림길 ③《형용사 어간・동사 연용형 등에 붙어》정도・경향을 나타내는 말. …듯함¶太～ 굵은 듯함/ 勝ち～がない 이길 가망이 없다
[慣用句]
**―が明く** 눈이 뜨이다 ①눈이 보이게 되다 ②(사물을) 깨닫게 되다
**―がいい** ①시력이 좋다 ②안목이 있다
**―が利く** 안목[분별력]이 있다
**―が眩む** ①(강한 빛 등을 받아) 현기증이 나다 ②눈이 어두워지다, 분별력을 잃다
**―が肥える** 사물을 보는 눈이 높다
**―が浮える** 눈이 말똥말똥하다, (흥분 등으로) 잠이 안오다
**―が覚める** ①(잠에서) 깨다 ②깜짝 놀라다, 정신이 번쩍 들다 ③정신을 차리다
**―が据わる** (몹시 취하거나 노하여) 눈동자가 움직이지 않다
**―が高い** 눈[안식]이 높다, 보는 눈이 있다
**―が近い** ①근시이다 ②근시안적이다
**―が出る** ①(주사위를 던져) 기대했던 숫자가 나오다 ②성공의 징조가 보이다
**―が届く** 눈길이 닿다, 주의・감독이 미치다
**―が飛び出る** 눈알이 튀어나오다
**―が無い** ①안목[분별력]이 없다 ②매우 좋아하다¶甘い物に～ 단것이라면 사족을 못 쓴다 ③(지위 등에 오를) 가능성이 없어지다
**―が離せない** 눈을 뗄 수 없다, 한눈을 팔 수 없다
**―が回る** 눈이 핑핑 돌다 ①현기증이 나다 ②매우 바쁘다
**―から鱗が落ちる** (어떤 계기로) 갑자기 잘못을 깨닫거나 몰랐던 것을 알게 되다
**―から鼻に抜ける** 매우 영리하다
**―から火が出る** 눈에서 불이 번쩍 나다
**―と鼻の先** 엎드리면 코 닿을 데
**―に余る** (너무 심해서) 가만히 보고 있을 수 없다¶横暴さが～ 횡포가 묵과할 수 없다
**―に一丁字も無い** 낫 놓고 기억자도 모른다, 일자 무식이다
**―に浮かぶ** 눈에 선히 떠오르다
**―に映る** 눈에 비치다, 보이다
**―に角を立てる** 눈에 쌍심지를 켜다
**―に沁みる** ①(연기 등이 들어가) 눈이 아리다 ②(선명한 색・형태에) 강한 인상을 받다
**―にする** 보다
**―に立つ** 눈에 띄다, 돋보이다
**―に付く** ①눈에 띄다, 돋보이다 ②눈앞에 어른거리다
**―に留まる** ①눈에 띄다 ②마음에 들다, 관심을 끌다

め

―に入<sup>はい</sup>る ①눈에 들어오다, 보이다 ②(빛 등이) 눈을 강하게 자극하다
―には目<sup>め</sup>を歯<sup>は</sup>には歯<sup>は</sup>を 눈에는 눈 이에는 이
―に触<sup>ふ</sup>れる 눈에 띄다, 보이다
―に見<sup>み</sup>える ①뚜렷이 눈에 보이다 ②(『目に見えている』의 꼴》 결과를 확실하게 예상할 수 있다, 뻔하다
―にも留<sup>と</sup>まらぬ (미처 볼 새도 없을 만큼) 매우 빠르다¶ ～早業<sup>はやわざ</sup> 전광 석화같은 솜씨
―に物<sup>もの</sup>を言<sup>い</sup>わす 눈으로 의사를 전하다
―に物<sup>もの</sup>を見<sup>み</sup>せる 혼내 주다, 따끔한 맛을 보이다
―の上<sup>うえ</sup>のたん瘤<sup>こぶ</sup> 눈 위의 혹, 눈엣 가시
―の黒<sup>くろ</sup>い内<sup>うち</sup> 살아 있는 동안
―の付<sup>つ</sup>け所<sup>どころ</sup> 특히 주의해야 할 점, 착안점
―の中<sup>なか</sup>に入<sup>い</sup>れても痛<sup>いた</sup>くない 눈에 넣어도 아프지 않을 만큼 귀엽다
―は口<sup>くち</sup>ほどに物<sup>もの</sup>を言<sup>い</sup>う 눈은 입만큼 말을 한다
―は心<sup>こころ</sup>の鏡<sup>かがみ</sup> 눈은 마음의 거울
―引<sup>ひ</sup>き袖<sup>そで</sup>引<sup>ひ</sup>き ①눈짓을 하거나 소매를 당겨 서로 의사를 전하는 모양 ②(좋지 않은) 소문을 한패끼리 몰래 함
―も当<sup>あ</sup>てられない (차마) 눈뜨고 볼 수 없다, 목불인견¶ ～惨状<sup>さんじょう</sup> 목불인견의 참상
―もくれない 거들떠보지도 않다
―を疑<sup>うたが</sup>う 눈을 의심하다
―を奪<sup>うば</sup>う 넋을 빼앗다, 정신없이 보게 하다
―を覆<sup>おお</sup>う ①눈을 가려 볼 수 없게 하다 ②눈을 가리고 모르는 체하다 ③너무 심해서 보고 있을 수가 없다
―を落<sup>お</sup>とす 시선을 떨구다, 고개를 숙이다
―を掛<sup>か</sup>ける ①눈여겨 보다, 주시하다, 주목하다 ②보살피다, 총애하다
―を掠<sup>かす</sup>める 남의 눈을 피해 몰래 하다
―を配<sup>くば</sup>る 사방을 주의해서 살피다
―を晦<sup>くら</sup>ます 남의 눈을 속이다
―を擦<sup>こす</sup>る 눈을 비비다, 어떤 일이 꿈이 아닌가하고 의심하여 확인하다
―を凝<sup>こ</sup>らす 응시하다, 지긋이 지켜보다
―を覚<sup>さ</sup>ます ①잠을 깨다 ②정신을 차리다
―を皿<sup>さら</sup>にする 눈을 크게 뜨고 보다
―を三角<sup>さんかく</sup>にする 눈에 쌍심지를 켜다
―を白黒<sup>しろくろ</sup>させる (괴롭거나 몹시 놀라서) 눈알을 희번덕거리다
―を付<sup>つ</sup>ける 주목하다, 눈여겨 보다, 점찍다
―を瞑<sup>つむ</sup>る 눈을 감다 ①죽다 ②못 본 체하다, 묵인하다
―を転<sup>てん</sup>じる 눈을 돌리다 ①다른 쪽을 보다 ②관점・사고방식을 바꾸다
―を通<sup>とお</sup>す 훑어보다, 대충 보다
―を留<sup>と</sup>める 주의하여 보다, 주시하다
―を盗<sup>ぬす</sup>む 남의 눈을 피해 몰래 하다
―を離<sup>はな</sup>す 눈을 떼다, 한눈 팔다
―を光<sup>ひか</sup>らす 눈을 번득이다, 엄중히 감시하다
―を引<sup>ひ</sup>く 눈길을 끌다
―を伏<sup>ふ</sup>せる 눈을 내리깔다, 눈을 내리 뜨다
―を細<sup>ほそ</sup>くする ①(먼 데 것을 잘 보려고) 눈을 가늘게 뜨다 ②흐뭇해하다
―を細<sup>ほそ</sup>める → 目を細<sup>ほそ</sup>くする
―を丸<sup>まる</sup>くする (놀라서) 눈을 동그랗게 뜨다
―を回<sup>まわ</sup>す ①기절하다 ②바빠서 허둥지둥하다
―を見張<sup>みは</sup>る (감탄하며) 눈을 크게 뜨다
―を剝<sup>む</sup>く (놀람・분노로) 눈을 부릅뜨다
―を向<sup>む</sup>ける 눈을 돌리다, 관심을 품다
―を遣<sup>や</sup>る 시선을 보내다, 바라보다

め [芽] ①[植] 싹, 움¶ バラの新<sup>しん</sup>～ 장미의 새싹/ ～をふく 움이 트다 ②[動] 배반(胚盤) ③[比] 새로 생겨 성장해 가는 것, 싹¶ 才能<sup>さいのう</sup>の～をのばす 재능의 싹을 계발하다
[慣用句]
―が出<sup>で</sup>る ①싹이 트다 ②행운이 돌아오다, 성공의 징조가 보이다
―を摘<sup>つ</sup>む ①싹을 뜯다(따다) ②크게 되기 전에 그 근본을 없애다
―を吹<sup>ふ</sup>く 싹이 트다(나다)

め [雌・牝] [造語] 암컷＝めす ⇔ 雄<sup>お</sup>¶ ～花<sup>ばな</sup> 암꽃／～牛<sup>うし</sup> 암소
めあかし [目明(か)し] [日史] 江戸<sup>えど</sup> 시대 与力<sup>よりき</sup>・同心<sup>どうしん</sup>의 수하에서 일하던 하급 포졸
めあき [目明き] ①눈뜬 사람 ②글을 아는 사람 ③사리를 아는 사람
[慣用句]
―千人<sup>せんにん</sup>盲<sup>めくら</sup>千人<sup>せんにん</sup> → 盲<sup>めくら</sup>千人<sup>せんにん</sup>目明<sup>めあ</sup>き千人<sup>せんにん</sup>
めあたらし・い [目新しい] [形] 새롭다, 색다르다, 진기하다¶ ～企画<sup>きかく</sup> 새로운 기획／特<sup>とく</sup>に～点<sup>てん</sup>はない 특별히 색다른 점은 없다
めあて [目当て] ①목표¶ 灯台<sup>とうだい</sup>を～に進<sup>すす</sup>む 등대를 목표로 나아가다 ②목적, 노림¶ 金<sup>かね</sup>を～に手伝<sup>てつだ</sup>う 돈을 바라고 도와주다
めあわ・せる [娶せる・妻せる] [他下一] 시집보내다, 짝지어 주다¶ むすめを～ 딸을 시집보내다

めい [名] [音] メイ・ミョウ(ミヤウ) [訓] な | (음)명, [造語] ①이름 [名詞] 명사・仮名<sup>かな</sup>・가명 ②지칭하다, 이름 붙이다 命名<sup>めいめい</sup> ③고명하다, 뛰어나다, 평판, 영예 名人<sup>めいじん</sup> 명인・悪名<sup>あくみょう</sup> 악명 ④겉모양, 형식, 외견 名実<sup>めいじつ</sup> 명실 ⑤중세 때 연공의 대상이었던 名田<sup>めいでん</sup>을 가지고 있던 사람 ⑥뛰어나다, 훌륭하다¶ 名演説<sup>めいえんぜつ</sup> 명연설 ⑦이름・호칭의 뜻을 나타냄¶ 暗号名<sup>あんごうめい</sup> 암호명・会社名<sup>かいしゃめい</sup> 회사명 ⑧[助數] 인원수를 세는 말¶ 三名様<sup>さんめいさま</sup> 3명 ▷ [熟字訓] 名残<sup>なごり</sup>惜<sup>お</sup>しい 자취

めい [命] [音] メイ・ミョウ(ミヤウ) [訓] いのち | (음)명 I [造語] ①명령하다, 분부하다¶ 命令<sup>めいれい</sup> 명령・任命<sup>にんめい</sup> 임명 ②이름 붙이다¶ 命題<sup>めいだい</sup> 명제・命名<sup>めいめい</sup> 명명 ③생명, 목숨¶ 生命<sup>せいめい</sup> 생명・寿命<sup>じゅみょう</sup> 수명 ④운명¶ 命運<sup>めいうん</sup> 명운・宿命<sup>しゅくめい</sup> 숙명 II ①명령¶ ～に背<sup>そむ</sup>く 명령을 어기다 ②생명, 목숨¶ ～を絶<sup>た</sup>つ 목숨을 끊다 ③운명¶ ～を知<sup>し</sup>る 운명을 알다
めい [明] [音] メイ・ミョウ(ミヤウ) [訓] あかり・あかるい・あかるむ・あからむ・あきらか・あける・あく・あくる・あかす | (음)명. I [造語]

めい [*明*] 齎メイ・ミョウ(ミャウ) 劃あかるい・あかり・あかるむ・あからむ・あきらか・あける・あく・あくる・あかす|(음)명・묘. (造語)①밝다¶明月ぬい 명월・透明ぬい 투명 ②빛, 광선, 불이 켜지다¶明滅ぬい 명멸・光明ぬい 광명 ③시력¶失明ぬい 실명 ④분명하다, 의혹이 없다¶明確ぬい 명확 ⑤명백히 하다, 밝히다¶解明ぬい 해명・説明ぬい 설명 ⑥통찰력이 있다, 현명하다¶明哲ぬい 명철・賢明ぬい 현명 ⑦(佛) 지, 지혜¶声明ぬう 성명 ⑧날이 밝다, 여명¶未明ぬい 미명・黎明ぬい 여명 ⑨내일, 내년, 다음의¶明日ぬい 내일・明年ぬう 내년 ⑩이승, 현세¶幽明ぬい 유명 ⑪신, 신에게 바침¶明王ぬう 명왕・神明ぬい 신명 ▷熟字訓 明日ぬい 내일・松明ぬい 횃불・明後日ぬう 모레 Ⅱ ①시력¶〜を失ぬう 실명하다 ②통찰력, 안목¶先見ぬの〜 선견지명

めい [迷] 齎メイ 劃まよう|(음)미. (造語)①길을 잃다, 헤매다¶迷宮ぬう 미궁・迷路ぬい 미로 ②망설이다, 판단을 못하다¶迷信ぬい 미신・昏迷ぬい 혼미 ③(俗) 이치에 닿지 않다¶迷答ぬう 미답・迷文ぬい 미문

めい [*冥*] 齎メイ・ミョウ(ミャウ) 劃くらい|(음)명. (造語)①어둡다, 어둠¶冥暗ぬい 명암 ②사리에 어둡다, 어리석음¶頑冥ぬい 완명 ③(보이지 않는) 신불의 힘¶冥護ぬい 명호 ④저승¶冥府ぬい 명부・冥福ぬい 명복

めい [盟] 齎メイ 劃ちかう|(음)맹. Ⅰ (造語) 굳게 약속하다, 맹세¶盟約ぬい 맹약・同盟ぬう 동맹 Ⅱ (文) 맹약, 맹세, 동맹¶〜を結ぬう 결맹하다/〜を破ぬう 맹세를 어기다

めい [銘] 齎メイ|(음)명. Ⅰ (造語) ①금속기・비 등에 새긴 글¶銘文ぬう 명문・碑銘ぬい 비명 ②기물에 새겨진 제작자 이름¶銘刀ぬう 명도・無銘ぬい 무명 ③마음에 새기다¶銘記ぬい 명기・感銘ぬい 감명 ④이름난 상표의 물건¶銘菓ぬい 명과・銘酒ぬう 명주 Ⅱ (文) ①금속기・비 등에 새긴 글¶〜を刻ぬう 명문을 새기다 ②제작자가 작품에 새긴 이름¶刀剣ぬう の〜 도검의 명 ③교훈의 글¶座右ぬうの〜 좌우명

慣用句 —を打ぬつ ①제작자가 작품에 이름을 새기다 ②물건 등에 이름을 붙이다

めい [鳴] 齎メイ 劃なく・なる・ならす|(음)명. (造語)①(새・벌레 등이) 울다, 우는 소리¶鶏鳴ぬい 계명 ②소리가 나다, 소리를 내다, 울리다¶悲鳴ぬい 비명・共鳴ぬう 공명

めい [*姪*] 질녀, 조카딸 ⇔ 甥ぬい

めいあん [名案] 명안¶〜が浮ぬう かぶ 명안이 떠오르다

めいあん [明暗] 명암 ①밝음과 어둠¶〜がくっきりと見ぬえる 명암이 뚜렷하게 보이다 ②기쁨과 슬픔, 행복과 불행¶〜の分ぬかれ目ぬ 명암의 갈림길 ③(회화・사진에서) 농담(濃淡)이나 밝기의 정도¶〜法ぬう 명암법

慣用句 —を分ぬける 승패 또는 행불행을 결정짓다

めいい [名医] 명의¶〜にかかる 명의에게 진찰받다

めいう・つ [銘打つ] 国国 ①작자명을 새기다 ②간판・명목으로 내걸다¶現地特産ぬうぬうと〜・って売ぬる 현지 특산이라는 간판을 내걸고 팔다

めいうん [命運] (文) 명운. 운명¶〜が尽ぬつきる 명운이 다하다

めいえん [名園・名*苑*] 유명한(훌륭한) 정원

めいおうせい [冥王星] (天) 명왕성

めいか [名花] (文) 명화 ①아름다운 꽃 ②(比) 미녀¶社交界ぬうぬうの〜 사교계의 미녀

めいか [名家] 명가 ①명문¶〜の出ぬ 명문 출신 ②대가, 명인¶舞踊ぬうの〜 무용의 대가

めいか [名菓] 명과. 맛있는(이름난) 과자

めいか [名歌] 명가. 유명한 노래・시가

めいか [銘菓] 명과. 특별한 이름의 고급 과자

めいが [名画] 명화. 훌륭한 그림・영화¶〜を鑑賞ぬうする 명화를 감상하다

めいかい [明快] 団 명쾌¶〜な答弁ぬん 명쾌한 답변/単純ぬん〜 단순 명쾌

めいかい [明解] 명해. 분명하고 알기 쉬운 해석

めいかい [*冥界*] (文) 명계. 명토, 저승 = 冥土ぬい

めいかく [明確] 名団 명확¶〜な意思ぬい 表示ぬう 명확한 의사 표시/責任ぬんの所在ぬいを〜にする 책임의 소재를 명확히 하다

めいがら [銘柄] ①상표¶酒ぬの〜 술의 상표・〜米ぬ 이름 있는 쌀 ②(経) 거래 대상이 되는 물건의 품목¶指定ぬい〜 지정 품목

めいかん [名鑑] 명감. 사람・물건의 이름을 모아 분류한 책¶美術家ぬう の〜 미술가 명감

めいかん [*銘肝*] (文) 명간. 명심

めいき [名器] 명기. 이름난(뛰어난) 기물¶天下ぬの〜 천하의 명기

めいき [明記] 名他スル 명기¶なまえを〜する 이름을 명기하다

めいき [明輝] (文) 명휘. 환한 빛, 광휘

めいき [銘記] 명기. 명심¶師ぬの教ぬえを〜する 스승의 가르침을 명심하다

めいぎ [名*妓*] 명기. 유명한(뛰어난) 기녀

めいぎ [名義] 명의 ①표면(형식)상의 명칭¶〜人ぬ 명의인/〜を貸ぬす 명의를 빌려주다 ②명분¶〜が立ぬつ 명분이 서다 —書ぬう き換ぬう え 명의 개서, 명의 변경

めいきゅう [迷宮] 미궁 ①미로로 되어 있어 출구를 알 수 없는 궁전 ②복잡해서 쉽게 해결할 수 없는 상태¶その事件ぬんは〜に入ぬった 그 사건은 미궁에 빠졌다 —入ぬり (사건 등이) 미궁에 빠짐

めいきゅう [盟休] 맹휴. 동맹 휴교

めいきょうしすい [明鏡止水] (文) 명경 지수. 잡념이 없는 잔잔한 심경¶〜の境地ぬう 명경 지수의 경지

めいきょく [名曲] 명곡

めいきん [鳴*禽*] (文) 명금. 잘 우는 새

めいぎん [名吟] (文) ①뛰어난 시가・俳句ぬう ②훌륭한 음영(吟詠)

めいく [名句] 명구 ①명언¶〜を吐ぬく 명언을 말하다 ②유명한(훌륭한) 글귀・俳句ぬう

めいくん [名君] 명군. 훌륭한 군주

めいくん [明君] (文) 명군. 현명한 군주

めいげつ [名月] 명월. 음력 8월 15일 또는 9

월 13일 밤의 달
**めいげつ** [明月] 명월 ①밝고 둥근 달 ② → めいげつ(名月)
**めいけん** [名犬] 명견
**めいけん** [名剣] 명검. 보검(寶劍)
**めいげん** [名言] 명언¶ ～を吐く 명언을 말하다
**めいげん** [明言] 名他スル 명언. 분명히 말함¶ ～を避ける 명언을 피하다
**めいこう** [名工] 명공. 명장(名匠)
**めいこう** [名香] 명향. 이름난 좋은 향
**めいコンビ** [名コンビ] (俗) 명콤비
**めいさい** [明細] 명세 Ⅰ 名 ア 매우 상세하고 명확함¶ ～な報告書 상세한 보고서 Ⅱ 名 「明細書」의 준말 一書 명세서
**めいさい** [迷彩] 미채. (적의 눈을 속이기 위해) 색칠하여 위장함¶ ～服 위장복
**めいさく** [名作] 명작¶ 古今の～ 고금의 명작
**めいさつ** [名刹] 名 명찰. 유명한 절
**めいさつ** [明察] 名他スル (文) 명찰 ①진상을 꿰뚫어 봄¶ 事態を～する 사태를 명찰하다 ②상대의 추찰(推察)에 대한 높임말. 현찰¶ ご～の通りです 현찰하신 바와 같습니다
**めいさん** [名産] 명산¶ ～地 명산지
**めいざん** [名山] 명산. 유명한 산
**めいし** [名士] 명사¶ 政界の～ 정계의 명사
**めいし** [名刺] 명함¶ ～を出す 명함을 내놓다 一判 명함판
**めいし** [名詞] [文法] 명사¶ 固有~ 고유 명사
**めいし** [明視] 名他スル 명시. 똑똑히 봄 一距離 (物) 명시 거리
**めいじ** [名辞] [哲] 명사. 개념을 말로 나타낸 것
**めいじ** [明示] 名他スル 명시 ⇔ 暗示¶ 理由を～する 이유를 명시하다 一の意思表示 [法] 명시적 의사 표시
**めいじ** [明治] 明治天皇 시대의 연호(1868~1912) 一維新 [史] 19세기 후반 天皇 중심의 신정부가 설립되어 행한 정치·사회적 변혁 一憲法 일본 제국 헌법의 통칭 一節 明治天皇의 생일인 11월 3일을 기념한 경축일
**めいじつ** [名実] 명실. 이름과 실질. 평판과 실제¶ ～相伴う大政治家 명실상부한 대정치가
[慣用句]
一共に 명실 공히
**めいしゃ** [目医者・眼医者] (口) 안과 의사
**めいしゃ** [鳴謝] 名自スル (文) 명사. 깊이 사례함
**めいしゅ** [名手] 명수 ①명인¶ バイオリンの～ 바이올린의 명수 ②(바둑·장기에서) 묘수¶ ～を打つ 묘수를 두다
**めいしゅ** [名主] (文) 명주. 훌륭한 군주
**めいしゅ** [名酒] (文) 명주. 이름난 술
**めいしゅ** [明主] (文) 명주. 명군= 明君
**めいしゅ** [盟主] (文) 맹주. 동맹의 중심 인물¶ ～と仰ぐ 맹주로 추앙하다
**めいしゅ** [銘酒] (文) 명주. 특별한 이름을 붙인 좋은 술
**めいしょ** [名所] 명소. 명승지¶ ～旧跡 명소 고적 一図会 그림이 들어간 명소 안내기
**めいしょう** [名匠] (文) 명장. 훌륭한 공예가·예술가·학자
**めいしょう** [名将] 명장. 유명한 장군·무장
**めいしょう** [名称] 명칭
**めいしょう** [名勝] (文) 명승. 명승지¶ ～の地 명승지/ ～を探る 명승지를 찾다
**めいしょう** [明証] (文) 명증. 확증
**めいじょう** [名状] 名他スル (文) 상태를 말로 표현함¶ ～しがたい苦しみ 형용하기 어려운 괴로움
**めいしょく** [明色] 명색. 밝은 색 ⇔ 暗色
**めい・じる** [命じる] 他上一 → めいずる(命)
**めい・じる** [銘じる] 他上一 → めいずる(銘)
**めいしん** [名神] 名古屋と神戸간의 ～高速道路 名古屋와 神戸간 고속도로
**めいしん** [迷信] 미신¶ ～家 미신가/ ～を打破する 미신을 타파하다
**めいじん** [名人] 명인¶ 名手= 名手¶ 書道の～ 서도의 명인 ②(바둑·장기에서) 최고 지위의 칭호¶ ～位を獲得する 명인 자리를 획득하다 一気質 명인 기질 一芸 명인의 재주·기예 一戦 (바둑·장기에서) 명인전 一肌 명인 기질
**めいすう** [名数] 명수 ①일정한 수를 붙여 부르는 것의 명칭 ▷ 「四天王・十戒」 등 ②[数] 단위명·조수사를 붙인 수 ▷ 「三本·千円」 등
**めいすう** [命数] (文) 명수 ①수명= 寿命¶ ～が尽きる 수명이 다하다 ②운명. 숙명, 천명 ③[数] 수에 이름을 붙인 것 ▷ 십진법의 10·100 등
**めい・する** [瞑する] 自サ変 (文) ①눈을 감다 ②(편안히) 죽다¶ もって～すべし 고이 잠드시라
**めい・ずる** [命ずる] 他サ変 명하다 ①명령하다¶ 退場を～ 퇴장을 명하다 ②임명하다¶ 委員長を～ 위원장을 임명하다 ③명명하다. 이름짓다
**めい・ずる** [銘ずる] 他サ変 명심하다¶ 肝に～ 깊이 명심하다
**めいせい** [名声] 명성. 명망¶ ～を博する 명성을 떨치다
**めいせき** [名跡] ①유적지 ②대대로 전해온 가명(家名)¶ ～を継ぐ 가명을 잇다
**めいせき** [明晰・明皙] 名 ア 명석¶ 頭脳~ 두뇌 명석/ ～な論理 명석한 논리
**めいせつ** [名節] (文) 명절. 명예와 절조
**めいせん** [銘仙] 굵은 명주실을 염색해서 짠 비단
**めいそう** [名僧] 명승. 고승
**めいそう** [迷走] 名自スル 미주. 비정상적으로 [불규칙하게] 움직임 一神経 [醫] 미주 신경 一台風 [気] 미주 태풍. 이상 경로를 하는 태풍
**めいそう** [瞑想] 名自スル 명상¶ ～にふける 명상에 잠기다
**めいそうじょうき** [明窓浄机] (文) 명창 정궤. 밝고 청결한 서재

めいた [目板] [建] 판자 울·금속판 등의 이음매에 대는 폭이 좁은 판자
めいだい [命題] 명제 ①[論] 판단을 언어·기호로 나타낸 것¶肯定ていの~ 긍정 명제 ②과제, 주어진 문제¶解明かいすべき~ 해명해야 할 과제 ―論理学 명제 논리학
めいたつ [明達] 图 (文) 명달. 현명하고 사리에 밝음¶~の人 명달한 사람
めいだん [明断] 图 他スル (文) 명단. 명쾌한 결단·판단¶~を下す 명단을 내리다
めいち [明知·明智] 图 명지. 뛰어난 지혜
めいちゃ [銘茶] (文) 명차. 특별한 이름이 있는 고급 차
めいちゅう [命中] 图 自スル 명중¶―率りつ 명중률/ 目標もくに~する 목표에 명중하다
めいちゅう [螟虫] [動] 명충 = ずいむし
めいちょ [名著] 图 명저¶古今ここんの~ 고금의 명저
めいちょう [明徴] 图 명징. 명백히 함, 뚜렷한 증거¶国体こくたい~ 국체 명징
めいちょう [明澄] 图 (文) 명징. 밝고 맑음¶~な心境しんきょう 밝고 맑은 심경
めいちょう [迷鳥] 미조. 길 잃은 철새
めいっぱい [目一杯] 副 (口) 힘껏, 최대한¶~安やすくする 최대한 싸게 하다
めいてい [酩酊] 图 自スル 명정. 몹시 취함¶度どを過すごして~する 도를 넘어 만취하다
めいてつ [明哲] 图 (文) 명철. 현명하고 사리에 밝음, 그런 사람¶~保身ほしん 명철 보신
めいてん [名店] 유명 상점¶―街がい 유명 상점가
めいてんし [明天子] (文) 명천자. 훌륭하고 현명한 천자
めいど [明度] 명도. 빛깔의 밝은 정도
めいど [冥土·冥途] 명토. 명도. 저승¶~の旅たび 저승길
めいとう [名刀] 명도. 명검
めいとう [名答] 명답¶御ご~です 명답이십니다
めいとう [明答] 图 自スル 명확한 대답, 확답¶~を避さける 명답을 피하다
めいとう [銘刀] 명도. 제작자의 이름이 새겨져 있는 훌륭한 검
めいどう [鳴動] 图 自スル (文) 명동. 큰 소리를 내며 진동함¶泰山たいざん~してねずみ一匹いっぴき 태산 명동에 서일필
めいとく [明徳] (文) 명덕 ①바르고 공명한 덕성 ②타고난 맑은 본성
めいにち [命日] 명일. 기일(忌日). 제삿날¶明日あすは母ははの~ 내일은 어머니의 기일
めいば [名馬] 명마
めいはく [明白] 图 [ナ] 명백¶~な証拠しょうこ 명백한 증거
めいばん [名盤] (文) 명반. 유명한 음반(音盤)
めいび [明媚] 图 [ナ] 명미. 산수의 경치가 맑고 아름다움¶風光ふうこう~ 풍광 명미
めいひつ [名筆] (文) 명필. 뛰어난 서화(書畫), 그 작가¶天下てんかの~ 천하의 명필
めいひん [名品] 명품 = 逸品いっぴん
めいびん [明敏] 图 [ナ] 명민¶~な頭脳ずのうの持もち主ぬし 명민한 두뇌의 소유자

めいふ [冥府] 명부 ①명토, 저승 ②염마청
めいふく [冥福] 명복¶~を祈いのる 명복을 빌다
めいぶつ [名物] 명물 ①그 고장의 명산물 ②(그 지방·사회에서) 유명한 것·사람¶パリーの蚤のみの市いち 파리의 명물인 벼룩 시장 ③다구(茶具)의 명품 ―男おとこ (그 고장·사회의) 명물 사나이

慣用句
―に旨うまい物ものも無なし 명물 치고 맛있는 것이 없다. 이름에 반드시 실질이 따르지는 않는다
めいぶん [名分] 명분¶大義たいぎ~ 대의 명분
めいぶん [名文] 명문 ―家か 명문가. 문장가
めいぶん [名聞] (文) 명문. 세상의 평판
めいぶん [明文] 명문. 명확히 정해진 조문(條文) ―化か 图 他スル 명문화
めいぶん [迷文] 미문. 뜻을 알 수 없는 서투른 문장¶~の判読はんどくに苦くるしむ 미문의 판독에 애먹다
めいぶん [銘文] 명문. 금석기·비문 등에 새겨진 글
めいぼ [名簿] 명부¶会員かいいん~ 회원 명부
めいほう [名宝] 명보. 이름난(훌륭한) 보물
めいほう [盟邦] 맹방. 동맹국
めいぼう [名望] (文) 명망¶―家か 명망가
めいぼう [明眸] (文) 명모. 맑고 아름다운 눈동자 ―皓歯こうし 명모 호치
めいぼく [名木] 图 명목 ①유서 깊은(유명한) 나무 ②훌륭한 향나무, (특히) 침향(沈香)
めいぼく [銘木] (床とこの間ま 등에 쓰이는) 재질·나뭇결 등이 진기하고 아취가 있는 목재
めいみゃく [命脈] 명맥. 목숨¶~を保たもつ 명맥을 유지하다
めいむ [迷夢] 미몽. 헛된 꿈¶~からさめる 미몽에서 깨어나다
めいむ [迷霧] (文) 미무 ①방향을 알 수 없을 만큼 짙은 안개 ②갈피를 잡을 수 없는 마음
めいめい [命名] 图 명명. 이름을 지음¶―式しき 명명식/ ~の由来ゆらい 명명의 유래
めいめい [明明] [ト] [タル] (文) 명명 ①밝음 ②분명하여 의심의 여지가 없음 ―白白はくはく [ト] [タル] 명명백백
めいめい [冥冥] 图 [タル] (文) 명명 ①어두움 ②사정이 분명치 않은 모양¶~のうちに 부지불식간에
めいめい [銘銘] 图 副 각자, 각각, 제각기¶~が用意よういする 각자가 준비하다/ 進路しんろは~違ちがう 진로는 제각기 다르다 ―皿ざら (음식을) 각자 덜어 먹는 접시 ―伝でん 개개인에 대한 전기 ―義士ぎし 의사의 개별 전기
めいめつ [明滅] 图 自スル (文) 명멸¶ネオンサインが~する 네온 사인이 명멸하다
めいもう [迷妄] (文) 미망¶~を打破だはする 미망을 타파하다
めいもく [名目] 명목 ①이름, 호칭, 명칭 ②표면상의 명칭¶~上じょうの社長しゃちょう 명목상의 사장 ③구실, 이유¶~が立たたない 이유가 되지 않는다 ―国民所得こくみんしょとく [経] 명목 국민 소득 ―賃金ちんぎん [経] 명목 임금

**めいもく**【*瞑目】 名 自スル (文) 명목 ①눈을 감음¶ 冥福を祈って~する 명복을 빌며 눈을 감다 ②편안히 죽음

**めいもん**【名門】 명문¶ ~校 명문교

**めいやく**【名訳】 명역 ①유명하고 정평 있는 번역 ②뛰어난 번역

**めいやく**【名薬】 명약 ①유명한 약 ②효능이 있는〔용한〕 약

**めいやく**【盟約】 名 他スル (文) 맹약¶ ~を結ぶ 맹약을 맺다

**めいゆう**【名優】 명우. 명배우

**めいゆう**【盟友】 (文) 맹우. 동지(同志)

**めいよ**【名誉】 명예 Ⅰ 名 ナ ①영예＝ほまれ¶ ~な賞 명예로운 상／~を得る 명예를 얻다 ②세면, 면목¶ ~を傷をつける 명예를 손상시키다 Ⅱ 名 (造語) (지위·신분을 나타내는 말에 붙어) 공적이 있는 사람에게 부여되는 칭호¶ ~会長 명예 회장 ー革命【史】명예 혁명 ー毀損 명예 훼손 ー職 명예직 ー挽回 명예 회복

**めいり**【名利】 (文) 명리. 명예와 이익＝みょうり¶ ~を追わう 명리를 추구하다

**めいりゅう**【名流】 명류. 명사¶ ~婦人 여류 명사

**めいりょう**【明*瞭】 名 ナ 명료. 분명함¶ 発音が~でない 발음이 분명치 않다

**めい・る**【*滅入る】 自五 기가 죽다. 우울해지다¶ 気が~ 기분이 우울해지다

**めいれい**【命令】 명령¶ ~口調 명령조／~を下す 명령을 내리다

**めいろ**【目色】 눈빛¶ 真剣な~ 진지한 눈빛／~を変える 눈빛이 달라지다

**めいろ**【迷路】 미로¶ ~に踏み込む 미로에 빠지다

**めいろう**【明朗】 名 ナ 명랑 ①밝고 쾌활함¶ ~青年 명랑한 청년 ②공정함. 깨끗함

**めいろん**【名論】 명론. 훌륭한 의견. 탁월한 이론¶ ~卓説 명론 탁설

**めいわく**【迷惑】 名 ナ 名スル 폐. 귀찮음. 성가심. 괴로움¶ ~をかける 폐를 끼치다／いい～だ 달갑지 않다 ー至極 귀찮기 짝이 없음

**めうえ**【目上】 윗사람. 연장자

**めうち**【目打ち】 ①여러 겹의 종이를 뚫는 송곳 ②우표 등을 떼기 쉽게 점점 뚫은 구멍 ③[釣]장어 등을 바를 때 송곳 등을 머리에 박아 고정시킴. 그런 도구

**めうつり**【目移り】 名スル 이것저것에 눈길이 쏠림〔관심이 감〕¶ ~して決められない 이것저것 눈이 가서 결정할 수가 없다

**メートル** (프 mètre) 미터 ー法 미터법

**メール** (mail) 메일. 우편. 우편물¶ エア~ 항공 우편 ーオーダー (mail order) 메일 오더. 통신 판매

**メーン** (main) 메인 ①주된 것. 중심¶ 魚を~にした献立 생선을 주로 한 식단 ②(造語) 중요한. 주된 ▷「メイン」이라고도 함 ースタンド (일 main stand) 메인 스탠드. 경기장 정면 관람석 ーディッシュ (일 main dish)【料】메인 디시. 주요리 ーテーマ 메인 테마. 주제

**めおと**【*夫婦】 → みょうと

**メガ** (mega)【造語】백만배의 뜻을 나타내는 접두어. 메가 ーサイクル (megacycle)【物】메가사이클 ーヘルツ (megahertz)【物】메가헤르츠

**めがお**【目顔】 눈짓¶ ~で知らせる 눈짓으로 알리다

**めかくし**【目隠し】 ①(천 등으로) 눈을 가림. 그런 가리개 ②「目隠し鬼」의 준말 ③집안이 들여다보이지 않도록 가림. 그런 가리개¶ 窓辺に~をつける 창에 가리개를 치다 ー鬼 (아이들 놀이의) 까막잡기

**めかけ**【*妾】 첩¶ ~を囲う 첩을 두다

**めが・ける**【目掛ける】 他下一 겨냥하다. 노리다. 목표로 하다¶ 的を~・けて射る 과녁을 겨냥하여 쏘다

**めかご**【目籠】 (물건을 담는) 성긴 대바구니

**めかし・い**【接尾】 (명사·형용사의 어간이나 부사에 붙어) …답다〔같다〕. …스럽다. …처럼 보이다¶ 古~ 예스럽다／なま~ 요염하다

**めかしこ・む**【自五】 ロ 한껏 모양을 내다. 멋을 부리다¶ ~んで出かける 한껏 모양을 내고 나가다

**めがしら**【目頭】 눈구석 ⇔ 目尻¶ そっと~を押さえる 가만히 눈물을 참다
〔慣用句〕
ーが熱くなる 눈시울이 뜨거워지다

**めか・す**【接尾】(명사·어원 등에 붙어) …인 체하다. …처럼 보이게 하다¶ 冗談~ 농담인 체하다／ほの~ 넌지시 비추다

**めか・す**【自五】 ロ 멋부리다. 모양을 내다. 몸치장을 하다¶ ~・して出かける 모양을 내고 나가다

**めかた**【目方】 무게. 근량. 중량¶ ~が増える 무게가 늘다／~を計る 중량을 달다

**めかど**【目角】 ①눈초리. 눈꼬리 ②사물을 간파하는 눈
〔慣用句〕
ーを立てる 눈꼬리를 세우다. 험한 눈초리로 노려보다

**メカニズム** (mechanism) 메커니즘 ①기계 장치 ②기구. 구조¶ 社会の~ 사회의 메커니즘

**めがね**【眼鏡】 ①안경¶ 虫~ 확대경／色~ 색안경／~をかける 안경을 쓰다 ②감별안. 감식안. 감정¶ ~が狂う 잘못 판단하다 ー猿 안경원숭이 ー違い 잘못 감정〔판단〕함 ー橋 아치형 다리 ー蛇【動】「インドコブラ」의 딴이름
〔慣用句〕
ーに適う 윗사람의 눈에 들다

**めかぶ**【*和布*芽】 곽이. 미역귀

**メガホン** (megaphone) 메가폰. 확성 나팔¶ ~を握る 메가폰을 잡다

**めがみ**【女神】 여신¶ 幸運の~ 행운의 여신

**めがるかや**【雌*刈*萱】【植】솔새

**めきき**【目利き】 ①(서화·도검 등의) 감정. 감정사¶ 骨董品の~をする 골동품의 감정을 하다 ②사람의 능력·재능을 분별함. 그런 사람

**めきめき** 副 ①부쩍부쩍, 무럭무럭¶～と腕ｳﾃがあがる 부쩍부쩍 솜씨가 좋아지다 ②(판자 등이) 갈라지거나 부서지는 소리의 형용
**めキャベツ**[芽キャベツ] 植 양배추의 변종
**めぎれ**[目切れ] 중량 부족, 근량이 모자람
**め・く** 接尾《(명사・의태어에 붙어)》…다워지다, …스럽게 보이다, …인 듯하다¶春ﾊﾙ～ 봄다워지다/ ざわ～ 술렁거리다/ 大人ｵﾄﾅ～いた口ｸﾁをきく 어른스러운 말을 하다
**めくぎ**[目*釘] 칼자루에서 칼이 빠지지 않도록 자루 구멍에 박는 못¶～を湿ｼﾒす 칼을 뺄 준비를 하다
**めくされ**[目腐れ] (口) ①(안질로 인한) 진눈, 눈진물이 ②남을 욕하는 말 ―金ｶﾈ 푼돈, 하찮은 돈 = はした金
**めくじら**[目くじら] (口) 눈초리, 눈꼬리
[慣用句]
―を立ﾀてる 눈꼬리를 세우다, 남의 흠을 잡다
**めぐすり**[目薬] 안약¶～を差ｻす 안약을 넣다
**めくばせ**[目配せ] 名 自ｽﾙ 눈짓 = めくわせ¶やめなさいと子ｺに～をする 그만두라고 아이에게 눈짓을 하다
**めくばり**[目配り] 名 自ｽﾙ 두루 살핌¶油断ﾀﾞﾝなく～する 빈틈없이 두루 살피다
**めぐま・れる**[恵まれる] 自下一 혜택받다¶～・れた運ｳﾝを授けられる 才能ﾉｳを与えられる 재능을 타고나다 ②풍족하다¶～・れた環境ｶﾝに育ｿﾀﾞつ 풍족한 환경에서 자라다
**めぐみ**[恵み] ①자비, 자선, 인정¶～深ﾌﾞかい人ﾋﾄ 자비로운 사람 ＝を垂ﾀれる 인정을 베풀다 ②(신불・군주의) 은혜, 은총¶神ｶﾐの～ 신의 은총/ ～の雨ｱﾒ 단비
**めぐ・む**[芽ぐむ] 自五 싹트다¶木々ｷｷﾞが～春ﾊﾙ 나무들이 움트는 봄
**めぐ・む**[恵む・*恤む] 他五 ①동정하여 금품을 주다¶かねを～ 돈을 주다 ②은혜(자비)를 베풀다
**めくら**[*盲] ①시각 장애인, 장님, 소경, 맹인¶生ｳまれつき～である 나면서부터 앞을 보지 못한다 ②문맹, 문맹자 ③사리를 분별 못함, 그런 사람
[慣用句]
―千人ｾﾝ目明ｱｷ千人ｾﾝ 세상에는 사리를 모르는 자도 많지만 아는 자도 많다
―蛇ｼﾞｬに怖ｵｼﾞず 장님은 뱀을 무서워하지 않는다, 하룻강아지 범 무서운 줄 모른다
**めくらごよみ**[*盲暦] 문맹자를 위해 만든 그림 달력 = 絵暦ｺﾖﾐ
**めくらさがし**[*盲捜し・*盲探し] 名 他ｽﾙ 손ｸで 더듬어 찾음, 무턱대고 찾음
**めくらじま**[*盲縞] 감색 무명실로 짠 평직물
**めぐら・す**[巡らす・*回らす・*廻らす] 他五 ①두르다, 에워싸다¶塀ﾍｲを～ 담을 두르다 ②돌리다, 회전시키다¶頭ｱﾀﾏを～ 고개를 돌

리다 ③궁리하다, 이리저리 생각하다¶知恵ﾁｴを～ 지혜를 짜내다
**めくらばん**[*盲判] (내용을 잘 보지 않고) 무턱대고 도장을 찍음¶～を押ｵす 무턱대고 도장을 찍다
**めくらほうし**[*盲法師] 비파를 타는 눈먼 중
**めくらめっぽう**[*盲滅法] Ｆ (口) 무턱대고, (맹목적으로) 함¶～に突進ﾄﾂｼﾝする 마구잡이로 돌진하다
**めぐり**[巡り・*回り・*廻り] ①회전, 순환¶血ﾁの～が悪ﾜﾙい 혈액 순환이 나쁘다, 머리가 둔하다 ②순례, 순회, 주유¶温泉ｾﾝ～ 온천 순례 ③둘레, 주위¶家ｲｴの～ 집 주위
**めぐりあい**[巡り合い・*回り合い] (文) 우연히 만남, 해후
**めぐりあ・う**[巡り合う・*回り合う] 自五 우연히 만나다, 해후하다¶幸運ｳﾝに～ 우연히 행운을 만나다
**めぐりあわせ**[巡り合(わ)せ・*回り合(わ)せ] (자연히 돌아오는) 운명, 운수 = まわり合ｱわせ¶不思議ｼﾞｬな～ 이상한 운명
**めく・る**[*捲る] 他五 넘기다, 젖히다, 벗기다＝まくる¶ページを～ 책장을 넘기다/ 布団ﾄﾞﾝを～ 이불을 벗기다
**めぐ・る**[巡る・*回る・*廻る] 自五 ①돌다, 회전하다¶血液ｴｷが体内ﾅｲを～ 혈액이 체내를 돌다 ②차례로 돌아다니다, 여기저기 들르다¶各地ﾁを～り歩ｱﾙく 각지를 돌아다니며 걷다 ③둘러싸다, 에워싸다¶城ｼﾞｮｳの周ﾏﾜりを堀ﾎﾘが～ 성 둘레를 해자가 둘러싸다 ④(시간이 지나면서) 되풀이하다, 순환하다¶季節ｾﾂが～ 계절이 되풀이되다 Ⅱ 他五 관련되다, 둘러싸다, 요하는¶減税ｾﾞｲを～論議ｷﾞが 감세를 둘러싼 논의
**めくるめ・く**[目*眩く] 自五 (文) (눈부셔서) 현기증이 나다, 아찔해지다¶～ような直射日光ﾆｯｺｳ 현기증이 날 듯한 직사 광선
**めく・れる**[*捲れる] 自下一 젖혀지다, 젖혀져 말리다＝まくれる¶強ﾂﾖい風ｶｾﾞでポスターが～ 강한 바람에 포스터가 젖혀지다
**めくわせ**[*目句せ] = めくばせ
**め・げる** 自下一 기가 꺾이다, 풀이 죽다¶不幸ｺｳにも～げずたくましく生ｲきる 불행에도 굴하지 않고 씩씩하게 살다
**めごち**[雌*鯒] 魚 ①까지양태 ②「ねずみごち」의 딴이름
**めこぼし**[目*溢し] 名 他ｽﾙ 관대히 보아(눈감아) 줌¶お～を願ﾈｶﾞいます 너그러이 보아 주기 바랍니다
**めさき**[目先] ①목전, 눈앞¶面影ｵﾓｶｹﾞが～に浮ｳかぶ 모습이 눈앞에 떠오르다 ②목전, 당장, 현재¶～の利益ｴｷ 목전의 이익 ③앞을 내다봄, 선견, 장래의 전망¶～の見ﾐえない人ﾋﾄ 앞을 내다보지 못하는 사람 ④물품, 취향¶～がかわっている 취향이 색다르다
[慣用句]
―が利ｷく 선견지명이 있다, 앞일을 잘 내다보다

**—を変かえる** 취향을 바꾸다, 변화를 주다

**めざし【目刺し】** (정어리 등의) 눈에 짚·대꼬챙이를 꿰어 두름을 지어 말린 것

**めざ・す【芽差す】**(自)(五) ①싹트다, 움트다 ②징조가 나타나다, 조짐이 보이다¶胸中に不安が～ 가슴 속에 불안이 싹트다

**めざ・す【目指す·目差す】** 지향하다, 향하다¶北を～して航海する 북쪽을 향해 항해하다 ②목표로 하다, 노리다¶優勝を～ 우승을 목표로 하다

**めざと・い【目敏い】**(形) ①(보는 것이) 재빠르다, 눈치가 빠르다¶～く見つける 재빨리 찾아내다 ②잠귀가 밝다¶年を取って～くなる 나이가 들어 잠귀가 밝아지다

**めざまし【目覚まし】**(目ざまし) ①잠을 깸 ②아이가 잠을 깼을 때 주는 과자 = おめざ ③「目覚まし時計」의 준말 **—時計** 자명종

**めざま・しい【目覚(ま)しい】**(形) 눈부시다, 놀라울 정도로 훌륭하다¶～活躍ぶり 눈부신 활약상

**めざめ【目覚め】** ①잠에서 깸¶～が早い 일찍 일어나다 ②본심으로 돌아옴, 자각, 각성¶自我の～ 자아의 각성 ③(본능이) 눈뜸, 발동¶春の～ 춘기 발동, 성에 눈뜸

**めざ・める【目覚める】**(自)(下一) ①잠에서 깨다¶夜中に～ 밤중에 잠을 깨다 ②본심으로 돌아오다, 깨닫다, 각성하다¶責任感に～ 책임감을 깨닫다 ③(본능 등이) 싹트다, 발동하다¶性に～ 성에 눈뜨다

**めざる【目笊】** 성기게 짠 소쿠리 [바구니]

**めさ・れる【召される】**(自)(下一) ①「する」의 높임말, 하시다¶御安心～れよ 안심하시라 ②「召す·食う·飲む·着る」등의 높임말, 드시다, 입으시다¶お食事を～ 진지를 드시다/お着物を～ 옷을 입으시다 ③「召す·招く」의 피동형, 부르심을 받다¶天に～ 하늘의 부르심을 받다, 죽다/園遊会に～ 원유회에 초대를 받다

**めざわり【目障り】**(名)(ダ) ①보는 데 방해가 됨¶あの建物が～だ 저 건물이 시야를 가로막는다 ②눈에 거슬림¶～な存在 눈에 거슬리는 존재

**めし【飯】** ①밥¶麦～ 보리밥/～を炊く 밥을 짓다 ②식사, 끼니¶夕～ 저녁 식사
〔慣用句〕
**—の食い上げ** 밥줄이 끊어짐, 생계가 막힘
**—の種** 밥줄, 생계 수단¶～を失う 밥줄을 잃다, 실직하다

**めじ【目路·眼路】** 안계(眼界), 시계, 시야¶～の限り 시야에 들어오는 한

**めじ【目地】**(建) 벽돌을 쌓거나 타일을 붙일 때 생기는 이음매¶モルタルで壁の～を塗る 모르타르로 벽의 이음매를 메우다

**めしあが・る【召し上がる】**(他)(五)「食う·食べる·飲む」의 높임말, 드시다, 잡수시다¶たくさん～ってください 많이 드십시오

**めしあ・げる【召し上げる】**(他)(下一) 몰수하다, 징발하다¶土地を～ 토지를 몰수하다

**めしい【盲】**(文) 소경, 장님

**めし かか・える【召し抱える】**(他)(下一) (녹을 주어) 부하로 삼다, 고용하다¶剣客を～ 검객을 고용하다

**めした【目下】** 손아래, 아랫사람 ⇔ 目上

**めしたき【飯炊き】** 취사, 밥짓기, 밥짓는 사람¶～女 취사부, 식모

**めしだ・す【召し出す】**(他)(五) ①불러내다, 소환하다¶主君に～される 주군에게 소환당하다 ②불러서 관직·녹(祿)을 주다

**めしつかい【召(し)使い】** 머슴, 하인, 하녀¶～を置く 머슴을 두다

**めしつぶ【飯粒】** 밥알 = 御飯粒

**めしつ・れる【召し連れる】**(他)(下一) 불러내어 데리고 가다, 거느리고 가다

**めしと・る【召し捕る】**(他)(五) (죄인을) 잡다, 체포하다¶盗賊を～ 도적을 체포하다

**めしびつ【飯櫃】** 나무 밥통 = おひつ

**めしべ【雌蕊】**(植) 자예, 암꽃술 ⇔ 雄蕊

**めじまぐろ【めじ鮪】** 새끼다랑어 = めじ

**めしもり【飯盛り】**(江戸 시대에) 역참에서 손님 시중을 들다 하던 여자

**めしや【飯屋】** 밥집, 음식점, 대중 식당

**メジャー(major)** 메이저 Ⅰ(名)(ダ) 대규모, 다수파, 일류(一流) Ⅱ(名)(音) 장조, 장음계 ▷ Ⅰ Ⅱ ⇔ マイナー **—リーグ (Major League)** (미국 프로 야구의) 메이저 리그

**めしゅうど【召人】** ①(平安 시대에) 귀인의 시중을 들던 하녀 ②궁중에서 연초에 勅題歌를 짓는 선자(選者)로 위촉된 사람

**めしょう【目性】** 눈의 건강한 정도·시력¶～がよい 눈이 좋다

**めしよ・せる【召し寄せる】**(他)(下一) ①(아랫사람을) 불러들이다, 소환하다 ②(아랫사람에게) 가져오게 하다

**めじり【目尻】** 눈꼬리, 눈초리 ⇔ 目がしら¶～のしわ 눈꼬리의 주름
〔慣用句〕
**—を下げる** 호색한 [만족스러운] 얼굴을 하다

**めしりょう【召(し)料】** 귀인이 쓰는 물건

**めじるし【目印·目標】** 안표(眼標), 표지, 표시¶～をつける 표시를 하다

**めじろ【目白】**(動) 동박새 **—押し** ①많은 사람이 모여 혼잡을 이룸 ②늘어서서 서로 밀치다가 열 밖으로 밀려나면 다시 양쪽 끝으로 가서 밀치며 노는 아이들의 놀이

**めす【雌·牝】**(動) 암컷 ⇔ 雄

**め・す【召す】**(他)(五) ①「呼ぶ·呼び寄せる·招く·取り寄せる」의 높임말, 부르시다, 불러 들이다¶御前に～ 어전에 불려가다 ②「食う·飲む」의 높임말, 드시다¶どうぞお～し下さい 어서 드십시오 ③「着る」의 높임말, 입으시다¶新調した着物をお～しになる 새로 지은 옷을 입으시다 ④「かぜをひく」의 높임말, 감기가 드시다 ⑤「乗る」의 높임말, 타시다¶お車に～ 차를 타시다 ⑥「買う」의 높임말, 사시다¶花を～しませ 꽃 사세요 ⑦「湯に入

**ズ** [ネ mes] 〖醫〗 메스. 수술・해부용 칼
[慣用句]
**ーを入れる** 메스를 가하다
**めず** [馬頭] 〖佛〗 ①마두. 마두인신을 한 지옥의 옥졸 ②마두관음(馬頭觀音)
**めずらか** [珍か] 〖ナ〗〖文〗 진기함
**めずらし・い** [珍しい] 〖形〗 ①드물다, 희귀하다¶ ～切手で 희귀한 우표/ 彼が遅れるのは～ことだ 그가 늦은 것은 드문 일이다 ②귀하다, 진기하다¶ ～宝 진기한 보물
**めせん** [目線] 〖俗〗 시선, 눈길¶ ～が合う 시선이 마주치다
**めそめそ** 〖副〗〖自スル〗 소리 없이 조용히 우는 모양, 걸핏하면 우는 모양, 훌쩍훌쩍¶ そんなことで～するな 그런 일로 훌쩍거리지 마라
**めだか** [目高] 〖動〗 송사리
**めだき** [雌滝・女滝] (한 쌍의 폭포 중) 폭이 좁고 물살이 약한 폭포 ⇔ 雄滝
**めだけ** [雌竹・女竹] 〖植〗 해장죽= なよたけ
**めだち** [芽立ち] 싹틈, 움틈¶ 朝顔の～ 나팔꽃의 싹틈
**めだ・つ** [目立つ] 〖自五〗 눈에 띄다, 두드러지다, 돋보이다¶ ～たない存在 두드러지지 않는 존재/ 体力の衰えが～ 체력의 쇠퇴가 눈에 띄다
**めだ・つ** [芽立つ] 〖自五〗 싹트다, 움트다, 싹이 돋아나다
**めたて** [目立て] (톱・줄칼 등의) 날 세우기
**めだま** [目玉] ①눈알, 안구 ②(「お(大)～」의 꼴로) 야단맞음, 꾸지람을 들음¶ お～をちょうだいした 야단을 맞았다 ③사람들의 눈길(관심)을 끄는 것 ¶ ～番組 인기 프로그램 **―商品** (손님을 끌기 위해) 값을 내린 특매품, 미끼 상품 **―焼き**[料] 계란 두 개를 나란히 깨서 부친 프라이
[慣用句]
**―が飛び出る** 눈알이 튀어나오다 ①몹시 값이 비싸 놀라는 모양 ②호되게 야단맞는 모양
**メタル** (metal) 메탈 ①금속 ②〖俗〗 → メダル **―テープ** (metal tape) 메탈 테이프
**メダル** (medal) 메달, 상패, 기장¶ 金～ 금메달
**メタン** (methane) 〖化〗 메탄¶ ～ガス 메탄 가스
**めちがい** [目違い] 잘못 봄, 오산
**めちゃ** [^滅茶・目茶] 〖名〗〖ナ〗(口) ①사리에 닿지 않음, 당치않음¶ ～を言う 당치않은 말을 하다 ②터무니없음, 지나침¶ ～な値段を つける 터무니없는 값을 매기다 **―苦茶** 〖ナ〗 ①엉망진창, 뒤죽박죽¶ ガラスが～に割れた 유리가 엉망진창으로 부서졌다 ②얼토당토않음¶ ～弁解 얼토당토않은 변명 ③터무니없음, 지나침¶ ～に食べる 마구 먹다 **―滅茶** 〖名〗〖ナ〗 → めちゃくちゃ

**メチル** (methyl) 〖化〗 메틸. 메틸기(基) **―アルコール** (methyl alcohol) 〖化〗 메틸 알코올. 목정(木精) = メタノール
**めつ** [滅] 〖音〗 メツ 〖ほろびる・ほろぼす〗 (音) 멸. I [造語] ①끊기다, 없어지다, 망하다¶ 滅亡 멸망・不滅 불멸 ②없애다, 멸망시키다¶ 絶滅 절멸・撲滅 박멸 ③꺼지다¶ 消滅 소멸・点滅 점멸 ④(부처・고승의) 입적, 열반, 해탈¶ 滅度 멸도・入滅 입멸 II 〖文〗 (부처・고승의) 입적, 열반¶ ～に入る 입적하다, 열반에 들다
**メッカ** (Mecca) 메카 ①〖地〗 사우디아라비아 서부의 도시= マッカ ②(어떤 분야의) 중심지, 동경하는 땅・장소¶ 映画人の～ハリウッド 영화인의 메카, 헐리우드
**めづかい** [目遣い] ①(무엇을 볼 때의) 눈의 움직임 ②주의하여 두루 살핌¶ ～がよい 주의하여 잘 살피다
**めっかち** 〖名〗〖ナ〗(口) 애꾸눈, 애꾸
**めっき** 〈鍍金〉 〖名〗〖他スル〗 ①[俗] 도금¶ 金で～する 금으로 도금하다 ②겉만 꾸밈
[慣用句]
**―が剝げる** 본색이 [정체가] 드러나다
**めつき** [目付き] 눈초리, 눈매¶ 恥ずかしそうな～ 부끄러운 듯한 눈매/ ～がきつい 눈초리가 사납다
**めつぎ** [芽接ぎ] 〖名〗〖他スル〗〖農〗 눈접
**めっきゃく** [滅却] 〖名〗〖自他スル〗〖文〗 멸각, 없애버림¶ 心頭を～すれば火もまた涼し 무념 무상의 경지에 이르면 불도 또한 서늘하다
**めっきり** 〖副〗 (변화가 갑자기 눈에 띄는) 완연히, 현저히, 부쩍¶ ～やせる 눈에 띄게 수척해지다/ ～寒くなる 부쩍 추워지다
**めっきん** [滅菌] 〖名〗〖自他スル〗〖醫〗 멸균¶ ～ガーゼ 멸균 가제
**めつけ** [目付] ①감시, 감시자¶ お～役 감시역 ②〖史〗 (주로 江戶도 시대의) 旗本등 무사의 위법을 감찰하는 직명
**めっけもの** [めっけ物] (口) ①뜻밖의 행운, 횡재 ②불행 중 다행¶ けがで済んだのが～だ 상처만으로 끝난 것이 불행 중 다행이다
**めつご** [滅後] 멸후 ①멸망한 후 ②사망한 후, 사후 ③〖佛〗 석가의 입멸(入滅) 후
**めつご** [滅期] 〖佛〗 입멸(入滅)의 시기, 임종
**めつざい** [滅罪] 멸죄, 죄를 없앰
**めっし** [滅私] 〖文〗 멸사 **―奉公** 〖文〗 멸사 봉공
**めっしつ** [滅失] 〖名〗〖自スル〗〖文〗 멸실, 소멸
**めつじん** [滅尽] 〖名〗〖自他スル〗〖文〗 멸진, 절멸
**めっ・する** [滅する] 〖名〗〖自他 サ変〗(文) 멸망하다, 멸망시키다¶ 敵を～ 적을 멸망시키다 ②없애다, 없어지다¶ 私心を～ 사심을 없애다
**メッセージ** (message) 메시지 ①전언, 전갈 ②성명(서), 인사말 ③〖政〗 (미국 대통령의) 교서
**メッセンジャー** (messenger) 메신저, 사자(使者), 심부름꾼, 배달인
**めっそう** [滅相] I 〖名〗〖佛〗 멸상, 업이 다하여 생명이 끝남 II 〖ナ〗 터무니없음, 당치않음¶ ～なことを言うな 당치않은 소리 하지 마라

**―もない** 당치도 않다, 터무니없다

**めった [滅多]** 〔『부정의 말이 딸리어』〕 분별 없음, 함부로 〔마구〕 함¶ ～な真似をするな 분별없는 짓을 하지 마라 **―打ち** 마구 때림 〔침〕 **―切り** 함부로 벰, 난도질 **―に** 圖 (『부정의 말이 딸리어』) 거의, 좀처럼 **―矢鱈** 名 ㋑마구, 무턱대고, 함부로

**めつぶし [目潰し]** 재·모래 등을 던져 상대의 눈을 못 뜨게 함, 그런 재·모래

**めつぼう [滅法] I** ㋑①터무니없음, 당치않음¶ ～な出来事 터무니없는 사건 ②정도가 지나침, 턱없음 **II** 圖 ㈁매우, 대단히, 굉장히, 엄청나게¶ ～強がい 엄청나게 세다 **III** 名 〔佛〕 무법, 무뢰 **―界** 名〔俗〕 턱없이, 매우, 굉장히¶ ～に寒あい 굉장히 춥다

**めつぼう [滅亡]** 名 自スル 멸망¶ ローマ帝国の～ 로마 제국의 멸망

**めづまり [目詰まり]** 名 自スル (그물·필터 등의) 눈이 먼지 등으로 막힘

**めづもり [目積(も)り]** 名 他スル 눈대중, 눈어림¶ ざっと～する 대강 눈대중하다

**メディア (media)** 미디어, 수단, 매체, 매개물, (특히) 매스 미디어

**めでた・い** 形 ①경사스럽다, 축하할 만하다¶ ～事 경사스러운 일 ②순조롭다, 좋다¶ 社長の覚えが～ 사장이 좋게 보다 ③어수룩하다, 호인이다¶ お～人 어수룩한 사람 ④(『～くなる」의 꼴로) 『死ぬ·倒れる』 등을 꺼리어 쓰는 딴 말, 죽다

**めで・る [愛でる]** 他下一 ㈁ ①귀여워하다, 사랑하다 ②(아름다움을) 완상하다, 즐기다¶ 月を～ 달을 즐기다 ③찬찬하다, 탄복하다¶ 勇気を～ 용기에 탄복하다

**めど [目処]** 전망, 목표, 목적¶ ～が立つ 목표가 서다/解決の～がつく 해결의 실마리가 보이다

**めど [針孔]** 바늘귀¶ ～に糸を通す 바늘 귀에 실을 꿰다

**めどおし [目通し]** (처음부터 끝까지) 한번 훑어봄, 통람¶ お～を願う 통람해 주시기를 바라다

**めどおり [目通り]** 배알, 알현¶ お～が許される 배알이 허용되다

**めどき [女時]** 운이 트이지 않는 때 ⇔ 男時

**めどはぎ [著萩]** 〔植〕 비수리

**めと・る [娶る]** 他五 아내로 맞아들이다, 장가들다¶ 妻を～ 아내를 맞아들이다

**メドレー (medley)** 메들리 ¶ ～接続곡 三曲さんを～で演奏えんそうする 세 곡을 메들리로 연주하다 ②『メドレーリレー』의 준말¶ 個人~ 개인 메들리 **―リレー (medley relay)** 메들리 릴레이 ①(수영에서) 혼영 ②(육상 경기에서) 혼계주

**メトロ (프 métro)** 메트로, 지하철

**メトロノーム (독 Metronom)** 〔音〕 메트로놈, 박절기(拍節器)

**メトロポリス (metropolis)** 메트로폴리스 ①수도 ②대도시

**めなだ [赤目魚]** 〔動〕 가숭어 ＝あかめ

**めなみ [女波·女浪]** 〔文〕 (크고 작은 파도 중에서) 낮고 약한 쪽의 파도 ⇔ 男波

**め な・れる [目慣れる]** 自下一 눈에 익다＝見慣れる¶ ～・れた光景 눈에 익은 광경

**メニュー (프 menu)** 메뉴 ①식단, 차림표 ②예정 항목, 내용 일람표¶ 今日の練習の～ 오늘 연습의 예정 항목

**メヌエット (독 Menuett)** 〔音〕 미뉴에트, 4분의 3박자의 우아한 춤곡

**め ぬき [目抜き]** 名 눈에 잘 띄는 것〔곳〕¶ 銀行は～の場所に建っている 은행은 요지에 있다 **―通り** 번화가, 중심가

**め ぬき [目貫]** 칼밑장식(釵子), 칼이 빠지지 않게 놀구멍에 끼우는 쇠못 ＝目釘

**め ぬり [目塗り]** ①(바람·습기 등을 막기 위해) 이음새를 발라 막음, 거기 쓰는 것 ②화재 때 화기가 들어가는 것을 막기 위해 土蔵의 문의 틈새를 발라 막음

**めねじ [雌螺子·雌捻子]** 암나사 ⇔ 雄ねじ

**めのいろ [目の色]** ①눈빛 ②눈매
〔慣用句〕
**―を変える** ①(분노·놀람 등으로) 눈초리가 변하다 ②무엇을 손에 넣으려고 열중하다

**めのう [瑪瑙]** 〔鉱〕 마노

**め の かたき [目の敵]** 눈엣가시¶ ～にする 눈엣가시로 여기다

**め の こ [目の子]** ①『目の子勘定』의 준말＝『目の子算』의 준말 **―勘定** 셈, 개산 ＝目の子算 **―算** 어림셈, 개산

**め の した [目の下]** ①눈 아래¶ ～の黒子 눈 아래의 점 ②내려다본 곳, 안하＝眼下 ③물고기의 눈에서 꼬리까지의 길이 ¶ 三尺の鯛は 세 자짜리 도미

**め の たま [目の玉]** 눈알, 안구 ＝目玉
〔慣用句〕
**―が飛び出る** 눈알이 튀어나오다＝目玉が飛び出る

**め の どく [目の毒]** ①보아서 해가 되는 것 ②보면 갖고 싶어지는 것

**め の ほよう [目の保養]** 아름다운 것 등을 보고 즐김, 눈요기

**め の まえ [目の前]** 눈앞 ①안전 ＝眼前¶ ～に浮ぶ 눈앞에 떠오르다 ②매우 가까운 곳¶ ～の建物 눈앞의 건물 ③매우 가까운 앞날, 목전 ＝目前¶ 試験を～に控える 시험을 눈앞에 두다
〔慣用句〕
**―が暗くなる** 눈앞이 캄캄해지다 ①현기증이 나다 ②몹시 실망하거나 어찌할 바를 모르다

**めばえ [芽生え]** ①싹틈, 움틈, 싹¶ 若草の～ 어린 풀이 움트는 시기 ②(사물의) 시초¶ 自我の～ 자아의 싹틈

**めば・える [芽生える]** 自下一 싹트다 ①(초목이) 움트다¶ 草木が～ 초목이 싹트다 ②(사물이) 새로 시작하다¶ 恋が～ころ 사랑이 싹틀 무렵

**め はし**【目端】 눈치, 재치, 기지 = 目先<sup>めさき</sup>¶ ～が利<sup>き</sup>く人<sup>ひと</sup> 눈치가 빠른 사람

**め ばち ぶ**【^眼^撥】【動】 눈다랭이

**め はちぶ**【目八分】【名】①(물건을 받쳐 들 때) 자기 눈 높이보다 약간 낮게 듦 ②(그릇의) 8할 정도까지 물건을 담음 = 八分目<sup>はちぶん</sup>
[慣用句]
**―に見<sup>み</sup>る** 남을 얕잡아보다

**め はな**【目鼻】①눈과 코, 얼굴 생김새, 이목구비¶ ～が整<sup>ととの</sup>っている 이목구비가 반듯하다 ②사물의 대체적인 윤곽, 개요 **―立<sup>だ</sup>ち**이목구비¶ 上品<sup>じょうひん</sup>な～ 단아한 얼굴
[慣用句]
**―が付<sup>つ</sup>く** (사물의) 대체적인 윤곽이 잡히다
**―を付<sup>つ</sup>ける** 대체적인 윤곽을 잡다, 대충 결말을 짓다

**め ばな**【雌花】【植】 암꽃 ⇔ 雄花<sup>おばな</sup>

**め ばり**【目張り】【名】【他スル】①【目^貼り】틈새에 종이 등을 발라서 막음¶ 窓<sup>まど</sup>に～をする 창 틈을 종이를 발라 봉하다 ②(무대 화장에서) 눈 주위에 눈썹먹을 칠함

**め ばる**【目張】【動】 볼락, 천정어

**め ぶ・く**【芽吹く】【自五】 (초목이) 싹트다, 움트다¶ 柳<sup>やなぎ</sup>が～ 버드나무가 움트다

**めふん** 연어·송어류의 콩팥으로 담근 젓갈

**め ぶんりょう**【目分量】 눈대중, 눈어림, 눈짐작¶ ～ではかる 눈대중으로 달다

**め べり**【目減り】【名】【自スル】①(취급하는 도중) 분량·무게가 줆¶ 輸送中<sup>ゆそうちゅう</sup>の～ 수송 중의 감량 ②실질적인 가치가 하락함, 축짐¶ 貯金<sup>ちょきん</sup>が～する 저금의 가치가 줄어들다

**め へん**【目偏】 (한자 부수의) 눈목변 ▷「眼·眠」등의「目」부분

**め ぼし**【目星】①목표, 표적, 어림, 짐작 ②(눈동자의) 삼
[慣用句]
**―を付<sup>つ</sup>ける** 짐작하다, 지목하다, 점찍다

**め ぼし・い**【目星い】【形】 특히 두드러지다, 눈에 띄다, 값지다¶ ～作品<sup>さくひん</sup> 눈에 띄는 작품 / ～物<sup>もの</sup>を持<sup>も</sup>ち出<sup>だ</sup>す 값져 보이는 물건을 내가다

**め まい**【目眩·〈眩暈〉】 현훈, 현기증¶ ～がする 현기증이 나다

**め まぐるし・い**【目紛しい】【形】 (움직임이 빨라) 어지럽다, 눈이 팽팽 돌다, 눈앞이 어질어질하다¶ 情勢<sup>じょうせい</sup>は～く変<sup>か</sup>わっている 정세는 어지러울 정도로 변하고 있다

**め まぜ**【目交ぜ】【名】【自スル】 눈짓 = めくばせ

**め まつ**【雌松】「あかまつ」의 딴이름, 적송

**め むか・える**【目迎える】【他下一】【文】 눈으로 마중하다

**めめし・い**【女女しい】【形】 사내답지 못하다, 여자 같다, 연약하다 ⇔ 雄々<sup>おお</sup>しい¶ いつまでもくよくよするなんて～やつだ 언제까지나 끙끙거리다니 사내답지 못한 녀석이다

**め もと**【目元·目^許】 눈 언저리, 눈매¶ 涼<sup>すず</sup>しい～ 시원스런 눈매

**め もり**【目盛(り)】①(저울·자 등의) 눈금¶ 温度計<sup>おんどけい</sup>の～ 온도계의 눈금 / ～を読<sup>よ</sup>む 눈금을 읽다 ②(바둑판 등의) 눈금

**メモリー** (memory) 메모리 ①기억, 추억 ②【컴】기억 장치 **―カード** (memory card)【컴】메모리 카드, 반도체가 내장된 카드

**メモ・る**【他五】【俗】 메모하다

**め やす**【目安】①목표, 기준, 대중 = 目当<sup>めあ</sup>て¶ ～を立<sup>た</sup>てる 목표를 세우다 / やっと～がついた 겨우 짐작이 갔다 ②(옛날에) 조목별로 쓴 문서 ③【日史】鎌倉<sup>かまくら</sup>·室町<sup>むろまち</sup> 시대의 소장(訴狀)·진정서 ④【日史】江戸<sup>えど</sup> 시대의 소장 **―箱**【日史】(江戸 시대에) 評定所<sup>ひょうじょう</sup>앞에 놓았던 서민의 직소함(直訴函)

**め やに**【目脂·^眼^脂】 눈곱 = 目<sup>め</sup>くそ·目<sup>め</sup>あか¶ ～がたまる 눈곱이 끼다

**メラニン** (melanin)【생】멜라닌. 피부 등의 조직 내에 있는 흑색[흑갈색]의 색소

**めら めら**【副】 불길이 널름거리며 타오르는 모양, 활활¶ 炎<sup>ほのお</sup>が～と燃<sup>も</sup>え上<sup>あ</sup>がる 불길이 활활 타오르다

**メリーゴーラウンド** (merry-go-round) 메리고라운드, 회전 목마

**めり かり**【目^乙^甲】 (피리·퉁소 등의) 음의 고저, 억양 = めりはり

**メリケン** ①미국, 미국인 ②외국¶ ～波止場<sup>はとば</sup>외국 배가 닿는 부두 ③주먹질¶ ～を食<sup>く</sup>らわせる 주먹으로 한대 먹이다 **―粉** (정제한) 밀가루

**めり こ・む**【^減り込む】【自五】 깊이 박히다[빠지다]¶ ぬかるみに～ 진창에 빠지다 / 弾丸<sup>だんがん</sup>が壁<sup>かべ</sup>に～んだ 관중이 벽에 박혔다

**メリット** (merit) 메리트 ①장점, 이점, 가치 ②공적, 업적¶ ～が大<sup>おお</sup>きい 공적이 크다

**めり はり**【^減り張り·^乙張り】 늦춤과 당김, (특히) 목소리의 억양·강약¶ せりふに～をつける 대사에 억양을 붙이다

**メリヤス** (에 medias ; 포 meias) 메리야스

**めりょう**【^馬寮】【日史】(옛날에) 관마(官馬)를 사육·조련하던 관청

**メリンス** (에 merinos) 메린스, 모슬린 = モスリン

**め ろう**【女郎】【俗】①계집아이 ②여자를 욕하여 이르는 말, 계집 ⇔ 野郎<sup>やろう</sup>

**めろ めろ I**【副】 맥을 못 추는 모양¶ 恋人<sup>こいびと</sup>の前<sup>まえ</sup>では～になる 애인 앞에서는 맥을 못 춘다 **II**【副】 불길이 타오르는 모양, 활활 = めらめら

**メロン** (melon)【植】 멜론

**めん**【免】【音】メン【訓】まぬかれる·ゆるす｜(음) 면. (造語) ①면하다, 벗어나다¶ 免疫<sup>めんえき</sup>면역·免責<sup>めんせき</sup>면책·放免<sup>ほうめん</sup>방면¶ 免許<sup>めんきょ</sup>면허·赦免<sup>しゃめん</sup>사면 ③그만두게 하다, 해직하다¶ 免職<sup>めんしょく</sup>면직·罷免<sup>ひめん</sup>파면

**めん**【面】【音】メン【訓】おも·おもて·つら｜(음) 면. **I** ①(造語) 얼굴, 낯¶ 面前<sup>めんぜん</sup>면전·洗面<sup>せんめん</sup>세면 ⊙탈, 가면¶ 仮面<sup>かめん</sup>가면·鬼面<sup>きめん</sup>귀면 ⓒ얼굴에 쓰는 보호구¶ 素面<sup>すめん</sup>면을 쓰지 않은 맨 얼굴 ③표면¶ 画面<sup>がめん</sup>화면·表面<sup>ひょうめん</sup>표면 ④마주보다¶ 面会<sup>めんかい</sup>면회, 対面<sup>たいめん</sup>대면 ⑤얼굴을 돌리다¶ 面壁<sup>めんぺき</sup>면벽

めん

⑥보는 방향[쪽]¶ 正面ショウ 정면・場面バン 장면 ⑦문서의 내용, 문서¶ 額面ガク 액면・紙面メン 지면 ⑧어느 사항의 주목할 부분¶ 経済面メン 경제면 ▷ 黙字訓 面皰ニキビ 여드름・素面ジマジメ 취하지 않은 맨 얼굴・真面目マジメ 진지함 Ⅱ ①얼굴(생김새)¶ ~のいいのを鼻ハナにかける 얼굴이 잘 생긴 것을 내세우다 ②가면, 탈¶ ~をつける 탈을 쓰다 (검도・야구 등에서) 얼굴을 가리는 보호구 ④(검도에서) 상대방의 두부를 치는 기술, 면치기 ⑤(물건의) 표면, 겉¶ 水スイの~ 수면 ⑥평면, 곡면¶ ~を二分ブンする 면을 이분하다 ⑦목재 등의 모서리를 후려서 생기는 귀¶ ~取トり 모서리를 후림 ⑧마주보기, 대면 ⑨방면, 영역, 부분¶ 貿易ボウエキ~では苦クルしい立場タチバにある 무역면에서는 괴로운 입장에 처해 있다 ⑩助数 평평한 것을 세는 말¶ 鏡カガミ三ミッ~ 거울 세 개 慣用句
―が割ワれる (범인 등의) 얼굴이 드러나다
―と向ムかって 마주 대면하고, 맞대 놓고
めん [*棉] 音 メン 訓 わた・きわた│(音)면. 造語 목화, 솜¶ 棉花メンカ 면화・印棉インメン 인도면 ▷ 綿の 대용자
めん [綿] 音 メン 訓 わた│(音)면. 造語 ①솜, 솜처럼 생긴 것¶ 綿糸メンシ 면사・純綿ジュンメン 순면・海綿カイメン 해면 ②무명, 면포¶ 綿布メンプ 면포 ③(실처럼) 이어지다¶ 連綿レンメン 연면 ④촘촘하다¶ 綿密メンミツ 면밀 ▷ 는 「棉」의 대용자 Ⅱ 면, 무명¶ ~の肌着ハダギ 면 내의
めん [緬] 音 メン │(音)면. 造語 ①가는 실・緬羊メンヨウ 면양 ②「緬甸ビルマ」의 준말¶ 泰緬鉄道タイメンテツドウ 태국・미얀마간 철도
めん [*麺] 音 メン 訓 むぎこ│(音)면. Ⅰ 造語 ①밀가루¶ 麺包メンポウ 빵 ②국수, 면류¶ 麺類メンルイ 면류・製麺セイメン 제면 ③「麺メン」의 정자(正字) 黙字訓 麺包パン 빵・麺麭パン 빵 Ⅱ 면, 면류, 국수¶ ~を打ウつ 국수를 만들다
めん [雌] 암컷＝めす ⇔雄おり 鳥トリ 암탉
めんえき [免役] (文) 면역, 노역・병역・복역이 면제됨
めんえき [免疫] 면역¶ ~体タイ 면역체・騒音ソウオンに~になる 소음에 면역이 되다 ―血清ケッセイ 医 면역 혈청
めん おりもの [綿織物] 면직물
めんか [綿花・*棉花] 면화, 목화
めんかい [面会] 名 自スル 면회¶ ~謝絶シャゼツ 면회 사절／~を求モトめる 면회를 요청하다
めんかやく [綿火薬] 化 면화약, 솜화약
めんかん [免官] 名 他スル (文) 면관, 면직¶ 依願イガン~ 의원 면관[면직]
めんきつ [面詰] 名 他スル (文) 대면하여 꾸짖다, 면책, 면질¶ 約束不履行フリコウを~する 약속 불이행을 면책하다
めんきょ [免許] 名 他スル ①면허¶ 教員キョウイン~ 교원 면허／~をとる 면허를 따다 ②스승이 제자에게 기예의 비결 등을 전수함, 그 인증서 ―皆伝カイデン 스승이 제자에게 무술・기예의 오의(奥義)를 모두 전수함¶ ~の腕前ウデマエ 스

승의 기예를 모두 전수받은 솜씨 ―証ショウ 면허증¶ 運転ウンテン~ 운전 면허증 ―状ジョウ 면허장
めんくい [面食い] (俗) 얼굴이 예쁜 사람만 좋아함, 그런 사람＝器量好キリョウヨしみ
めんくら・う [面食らう・面喰らう] 自 五 당황하다, 허둥대다¶ 不意フイの来客ライキャクに~ 불시의 방문객에 당황하다
めんげん [*瞑*眩] 명현, 약을 먹었을 때 일어나는 현기증 등의 반응
めんこ [面子] 딱지, 딱지치기¶ ~をやる 딱지치기를 하다
めんこ [面*晤] 名 自スル (文) 면회, 면담
めんこ・い 形 方 귀엽다＝かわいい
めんざい [免罪] 名 他スル 면죄, 죄를 용서함 ―符 면죄부
めんし [綿糸] 면사, 무명실
めんしき [面識] 면식, 안면¶ ~がある 면식이 있다
めんしゅう [免囚] (文) 면수, 형기를 마치고 출옥한 사람, 방면된 사람
めんじゅう [面従] 名 自スル (文) 면종, 겉으로만 복종함 ―腹背 名 自スル (文) 면종 복배
めんじょ [免除] 名 他スル 면제¶ 兵役エキ~ 병역 면제／授業料ジュギョウリョウが~になる 수업료가 면제되다
めんじょう [免状] ①면장, 면허장¶ 教員キョウイン~ 교원 면장 ②졸업 증서¶ 総代ソウダイで~をもらう 총대표로 졸업 증서를 받다
めんしょく [免職] 名 他スル 면직¶ 懲戒チョウカイ~ 징계 면직／~になる 면직되다
めん・じる [免じる] 自 上一 → めんずる
メンス 略 멘스, 월경
めん・する [面する] 自 サ変 면하다 ①대면하다, 마주하다, 향하다¶ 道路ドウロに~した部屋ヘヤ 도로에 면한 방 ②마주치다, 직면하다¶ 危機キキに~ 위기에 직면하다
めん・ずる [免ずる] 他 サ変 ①면제하다¶ 税ゼイを~ 세금을 면제하다 ②(文)(「…に~じて」의 꼴로) (공로・체면 등을 보아) 관대히 취급하다¶ 親オヤに~じて許ユルす 부모를 봐서 용서하다 ③면직하다¶ 職ショクを~ 면직하다
めんぜい [免税] 名 自他スル 면세¶ ~店テン 면세점／~品ヒン 면세품
めんせき [免責] 名 他スル (文) 면책¶ ~条項ジョウコウ 면책 조항 ―特権トッケン 政 면책 특권
めんせき [面責] 名 他スル 면책, 대면하여 책망함¶ 生徒セイトを~する 학생을 면책하다
めんせき [面積] 면적¶ 土地トチの~ 토지의 면적
めんせつ [面接] 名 自スル 면접¶ ~試験シケン 면접 시험／役員ヤクインが~する 임원이 면접하다
めんぜん [面前] 면전, 남이 보는 앞¶ 公衆コウシュウの~ 공중의 면전
めんそ [免租] 名 自他スル (文) 면조, 조세를 면제함¶ ~地チ 면조지
めんそ [免訴] 名 自スル 法 면소, (형사 소송에서) 기소를 면제함
めんそう [面相] 면상, 얼굴, 용모¶ ひどい御ゴ~ 굉장히 못생긴 얼굴／百ヒャク~ 여러 가지로

표정을 바꿈 **一筆**ᡮ 면상필. 얼굴의 세부를 그리는 가는 붓
**めんたい**〖明太〗「すけとうだら」의 딴이름. 명태 **一子** 명란, 명란젓
**めんたいしょう**〖面対称〗〖数〗면대칭. 평면 대칭
**めんだん**〖面談〗图〖自スル〗면담¶ 委細ざいを〜 자세한 이야기는 만나서 함/ 来客きゃくと〜する 내객과 면담하다
**メンチ**(mince)〖料〗민스. 다진 고기＝ミンチ
**めんちょう**〖面疔〗〖医〗면정. 얼굴에 난 부스럼
**メンツ**〖*面子〗멘쓰. 체면, 면목¶ 〜が立たない 체면이 서지 않는다
**めんてい**〖面体〗얼굴 생김새, 용모＝面相めんそう¶ 異様いような〜の男 이상한 용모의 사나이
**めんどう**〖面倒〗Ⅰ图〖ナ〗귀찮음. 성가심, 번거로움, 폐¶ 〜な争あらい 성가신 싸움/ やり直すのは〜だ 다시 하는 것은 귀찮다 Ⅱ图 돌봄, 보살핌, 시중¶ この子の〜をお願いします 이 아이를 돌봐 주시기 바랍니다 **一臭**い 图 몹시 귀찮다[성가시다], 번거롭기 짝이 없다 **一見**み 돌봄, 시중들, 보살핌
〖慣用句〗
**一を掛**かける 폐를 끼치다
**一を見**み る 돌봐주다, 보살피다
**めんとおし**〖面通し〗(범인 여부를 판단하기 위해)용의자의 얼굴을 피해자·목격자에게 보게 함＝面割めんわり
**めんどり**〖*雌鳥〗(새의) 암컷, (특히) 암탉
〖慣用句〗
**一が歌**うたえば家いえが滅ほろびる 암탉이 울면 집안이 망한다
**めんないちどり**〖めんない千鳥〗(아이들 놀이의) 까막잡기
**めんネル**〖綿ネル〗면플란넬＝綿ゆフランネル
**めんば**〖面罵〗图〖他スル〗〖文〗면매. 면전에서 욕함¶ 人前ひとまえで〜された 사람들 앞에서 욕을 먹었다
**めんぴ**〖面皮〗①면피, 낯가죽¶ 鉄てつ〜 철면피 ②체면, 면목
〖慣用句〗
**一を剥**は ぐ 낯가죽을 벗기다, 뻔뻔스러운 정체·악행을 폭로하다
**めんぶ**〖面部〗면부, 얼굴 부분, 안면
**めんぶ**〖綿布〗면포, 무명, 면직물
**めんぺき**〖面壁〗〖仏〗면벽, 벽을 향해 좌선함¶ 〜九年ねん 면벽 9년
**めんぼう**〖面貌〗〖文〗면모, 용모＝顔かおつき
**めんぼう**〖綿棒〗면봉. 끝에 솜을 말아 감은 가는 막대
**めんぼう**〖*麺棒〗면봉. 밀방망이
**めんぽお**〖面*頬〗①(투구에 딸린) 얼굴을 가리는 무구(武具) ②(검도에서) 면＝めんぽお
**めんぼく**〖面目〗면목. 체면¶ 〜が立たつ 면목이 서다/ 〜をつぶす 체면을 손상시키다 **一ない** 形 면목없다, 대할 낯이 없다
〖慣用句〗
**一次第**しだい, **も無**な い 참으로 면목이 없다
**一を失**うしな う 면목을 잃다, 명예·체면이 손상

되다
**一を施**ほどこ す 명예를 얻다, 명성을 높이다, 면목을 세우다
**めんみつ**〖綿密〗图〖ナ〗면밀¶ 〜な計画けいかく 면밀한 계획
**めんめん**〖面面〗图副 면면, 한 사람 한 사람, 각자¶ 居並いならぶ〜 늘 늘어앉은 면면
**めんめん**〖綿綿〗〖ル〗면면. 끝없이 이어짐¶ 〜たる伝統でんとう 면면히 이어지는 전통/ 苦衷くちゅうを〜と訴うったえる 고충을 끝없이 호소하다
**めんもく**〖面目〗면목 ①제면＝めんぼく ②겉으로 드러난 모양·상태¶ 〜を一新いっしんする 면목을 일신하다 **一躍如**やくじょ 〖ル〗(그 언동이) 자못 면목을 드높임
**めんよう**〖面妖〗图〖ナ〗이상함, 희한함, 불가사의함¶ はて, 〜な 허 참 이상한데
**めんよう**〖面容〗〖文〗얼굴 모양, 용모
**めんよう**〖綿羊·*緬羊〗면양
**めんるい**〖*麺類〗면류, 국수 종류

# も モ

**も** 五十音図ごじゅうおんずの「ま」行(行)의 다섯째 かな. ひらがな「も」는「毛」의 초서체, かたかな「モ」는「毛」의 둘째 획 이하를 취한 것
**も**〖茂〗 首もしげる |(음)무. (造語)(초목이) 무성하다¶ 繁茂はんも 번무
**も**〖*摸〗首モ・ボ|(음)모. (造語)흉내내어 만들다¶ 摸擬も 모의·摸造もぞう 모조·摸倣もほう 모방 ▷「模ㅇ」가 대용자
**も**〖模〗首モ・ボ 訓かたどる |(음)모. (造語)①모형, 본보기, 본¶ 模型もけい 모형·模範もはん 모범 ②본뜨다, 흉내내다¶ 模擬もぎ 모의·模造もぞう 모조·模様もよう 모양·規模きぼ 규모 ④더듬다, 어루만지다¶ 模索もさく 모색 ⑤분명치 않다¶ 模糊もこ 모호 ▷②④는「摸ㅇ」의 대용자
**も** Ⅰ 係助 (체언·활용어의 連体形이나 運用文節에 붙음)①(병렬적으로 제시) …도 …도¶ 血ち〜涙なみだ〜ない男おとこ 피도 눈물도 없는 사나이 ②(하나를 예시하여 그 밖에도 더 있음을 나타냄)…도¶ 桜さくらの花はな〜散ちる 벚꽃도 지다 ③(대표적으로 제시)…도¶ どこに〜いないのだ 어디에도 없는 것이다 ④(「ても」의 꼴로 활용어의 運用形에 붙어) 역접 조건의 관계를 구성함 ⑤(의문사 등에 붙어) (전면 긍정·전면 부정)…도, …이나¶ 何なに〜知しらない 아무 것도 모른다/ どれ〜ぼくの物ものだ 어느 것이나 (다) 내 것이다 ⑥《동사 運用形+「〜しない」, 형용사·형용동사 運用形+「〜ない」의 꼴로》(부정의 강조)…하지

도¶ 泣<sup>な</sup>き～しない 울지도 않다 ⑦(극단적인 사항을 제시) …(조차)도¶ 見<sup>み</sup>たこと～ない景色<sup>けしき</sup>을 본 적도 없는 경치 ⑧(대략의 정도) …도, …쯤, …이면 少<sup>すこ</sup>し～あれば でき ない 조금도 재미없다/ 三日<sup>みっか</sup>～あればできる 3일만 있으면 된다 ⑨(영단·감동·강조) …까지도, 만큼이나¶ あまりに～残酷<sup>ざんこく</sup>な事件<sup>じけん</sup>¶ 너무나도 잔혹한 사건 ⑩(일단 긍정) …도¶ 子供<sup>こども</sup>～子供<sup>こども</sup>だが, 親<sup>おや</sup>も～親<sup>おや</sup>だ 아이도 아이지만 부모도 그에 못지 않다 Ⅱ 接助 (형용사·形容詞 連用形에 붙여) (양적인 어림을 나타냄) (설사) …도¶ 遅<sup>おそ</sup>くて～十時<sup>じゅうじ</sup>には帰<sup>かえ</sup>る 늦어도 10시에는 돌아온다

**も**【喪】 상, 복¶ ～に服<sup>ふく</sup>す 상(복)을 입다/ ～が明<sup>あ</sup>ける 탈상하다

**も**【裳】 ①(옛날에) 여자가 허리 아래에 입던 옷 ②(平安<sup>へいあん</sup>시대 이후) 女官<sup>にょかん</sup> 등이 정장으로 袴<sup>はかま</sup> 위에 입어 뒤로 늘어뜨린 옷

**も**【藻】 植 해초·수초의 총칭. 말

**も** 副 (口) 더, 다시= もう¶ ～少<sup>すこ</sup>し 조금 더

**もう**【毛】 音 モウ 訓 け¶ (음)모. 造語 ①털¶ 毛髪<sup>もうはつ</sup> 모발·脱毛<sup>だつもう</sup> 탈모 ②털로 된 것¶ 毛筆<sup>もうひつ</sup> 모필·毛布<sup>もうふ</sup> 모포 ③가늘고 작은 것, 가벼운 것¶ 毛細管<sup>もうさいかん</sup> 모세관·毫毛<sup>ごうもう</sup> 호모 ④초목이 자람, 곡식이 익음¶ 不毛<sup>ふもう</sup> 불모·二毛作<sup>にもうさく</sup> 이모작 ⑤수의 단위 ⑥(척관법의) 길이·무게의 단위 ⑦화폐의 단위 ⑧비율의 단위 ⑨「上毛<sup>かみつけ</sup>·下毛<sup>しもつけ</sup>」의 준말 ▷ 熟字訓 毛莨<sup>きんぽうげ</sup>·旋毛<sup>つむじ</sup> 미나리아재비·旋毛(머리의) 가마·刷毛<sup>はけ</sup> 솔, 브러시

**もう**【妄】 音 モウ(マウ)·ボウ(バウ) 訓 みだり (음)망. Ⅰ 造語 ①사리에 어둡다, 절도가 없다, 무분별하다¶ 妄信<sup>もうしん</sup> 망신·迷妄<sup>めいもう</sup> 미망 ②거짓말, 엉터리¶ 妄言<sup>もうげん</sup> 망언·虚妄<sup>きょもう</sup> 허망 Ⅱ 文 망령됨, 절도가 없음¶ 余<sup>よ</sup>が～をゆるせ 나의 망령됨을 용서하게

**もう**【<sup>"</sup>孟】 音 モウ(マウ) 訓 かしら·たけ·つとめる·はじめ¶ (음)맹. 造語 ①사시, 최초¶ 孟春<sup>もうしゅん</sup> 맹춘·孟夏<sup>もうか</sup> 맹하 ②맹자(孟子)¶ 孟母<sup>もうぼ</sup> 맹모·孔孟<sup>こうもう</sup> 공자와 맹자

**もう**【盲】 音 モウ(マウ) 訓 めしい¶ (음)맹. 造語 ①눈이 보이지 않음¶ 盲人<sup>もうじん</sup> 맹인·色盲<sup>しきもう</sup> 색맹 ②사리·지식에 어두움¶ 盲信<sup>もうしん</sup> 맹신·文盲<sup>もんもう</sup> 문맹 ③한쪽 끝이 막히다¶ 盲腸<sup>もうちょう</sup> 맹장

**もう**【耗】 音 モウ·コウ(カウ) 訓 へる·へらす¶ (음)모. 造語 ①소모하다, 소모되다¶ 消耗<sup>しょうもう</sup>·こう 소모·磨耗<sup>まもう</sup> 마모 ②쇠퇴하다¶ 心神耗弱<sup>しんしんこうじゃく</sup> 심신 모약

**もう**【猛】 音 モウ(マウ) 訓 たけし¶ (음)맹. 造語 ①사납다, 맹렬하다, 강하다¶ 猛虎<sup>もうこ</sup> 맹수·勇猛<sup>ゆうもう</sup> 용맹 ②기세가 강하고 격렬함¶ 猛訓練<sup>もうくんれん</sup> 맹훈련 ▷ 熟字訓 猛者<sup>もさ</sup>

**もう**【<sup>"</sup>蒙】 音 モウ 訓 こうむる·くらい¶ (음)몽. Ⅰ 造語 ①덮어쓰다, 몸에 받다¶ 蒙塵<sup>もうじん</sup> 몽진 ②사리에 어둡다, 어리석다¶ 蒙昧<sup>もうまい</sup> 몽매·啓蒙<sup>けいもう</sup> 계몽 ③「蒙古<sup>もうこ</sup>」의 준말¶ 外蒙<sup>がいもう</sup> 외몽고·満蒙<sup>まんもう</sup> 만주와 몽고 Ⅱ 文 사리에 어두움, 어리석음, 몽매함
慣用句
**一を啓<sup>ひら</sup>く** (어리석은 자를 가르쳐) 계몽하다

**もう**【網】 音 モウ(マウ) 訓 あみ¶ (음)망. 造語 ①그물¶ 漁網<sup>ぎょもう</sup> 어망 ②그물 비슷한 것¶ 網膜<sup>もうまく</sup> 망막·法網<sup>ほうもう</sup> 법망 ③그물같이 조직되어 있음¶ 交通網<sup>こうつうもう</sup> 교통망·鉄条網<sup>てつじょうもう</sup> 철조망 ④남김없이 잡다¶ 網羅<sup>もうら</sup>

**もう** 副 ①이미, 벌써, 이제= もはや¶ ～終<sup>お</sup>わった 이미 끝났다/ ～だめだ 이젠 틀렸다 ②곧, 머지않아= 間<sup>ま</sup>もなく¶ ～来<sup>く</sup>るでしょう 곧 오겠지요 ③더, 그 위에= さらに¶ ～一<sup>ひと</sup>つ 하나 더/ ～ちょっと待<sup>ま</sup>ってね 조금만 더 기다려

**もうあ**【盲啞】 文 맹아. 시각 장애자와 언어 장애자¶ ～学校<sup>がっこう</sup> 맹아 학교

**もうあい**【盲愛】 名 他サ 文 맹목적으로 사랑함, 익애= ねこかわいがり

**もうい**【猛威】 맹위¶ 暴風雨<sup>ぼうふうう</sup>が～を振<sup>ふ</sup>う 폭풍우가 맹위를 떨치다

**もうお**【藻魚】 조어. 해초가 우거진 연안에 사는 물고기의 총칭

**もうか**【孟夏】 文 맹하 ①초여름, 초하(初夏) ②음력 4월의 딴이름

**もうか**【猛火】 맹화. 맹렬하게 타오르는 화염¶ ～に包<sup>つつ</sup>まれる 맹화에 휩싸이다

**もうがっこう**【盲学校】 教 맹학교

**もうか·る**【<sup>"</sup>儲かる】 自五 ①벌이가 되다, 벌리다¶ ～商売<sup>しょうばい</sup> 벌이가 되는 장사 ②덕을 보다, 득이 되다¶ 行<sup>い</sup>かずに済<sup>す</sup>んで～った 안 가고 끝나 덕을 보았다

**もうかん**【毛管】 모관. 모세관= 毛細管<sup>もうさいかん</sup>¶ ～現象<sup>げんしょう</sup> 物 모관 현상. 모세관 현상

**もうかんじゅうそう**【盲貫銃創】 맹관 총창. 총탄이 몸안에 박혀 생긴 상처

**もうき**【盲亀】 文 맹귀. 눈 먼 거북
慣用句
**一の浮木<sup>ふぼく</sup>** 맹귀 부목, 만나기가 매우 어려움, 보기 드문 행운을 만남

**もうき**【<sup>"</sup>濛気·<sup>"</sup>朦気】 文 몽기. (안개·아지랑이 등) 자욱하게 피어오르는 대기

**もうきん**【猛禽】 맹금. 맹조¶ ～類<sup>るい</sup> 맹금류

**もうけ**【設け】 준비, 미리 마련함¶ ～の席<sup>せき</sup> 준비된 자리/ 茶菓<sup>ちゃか</sup>の～がある 다과가 마련되어 있다

**もうけ**【<sup>"</sup>儲け】 벌이, 이익, 이득¶ まる～ 고스란히 이득을 봄/ ～を分<sup>わ</sup>ける 이익을 나누다

**もうげき**【猛撃】 名 他サ 맹격. 맹공¶ ～を加<sup>くわ</sup>える 맹격을 가하다

**もうけぐち**【<sup>"</sup>儲け口】 돈벌이. 벌이가 되는 수단·일¶ ～を搜<sup>さが</sup>す 돈벌이가 될 거리를 찾다

**もうけもの**【<sup>"</sup>儲け物】 횡재, 뜻밖에 생기는 이득¶ うまくいくば～だ 잘만 되면 횡재다

**もう·ける**【設ける】 他 下一 ①설치하다¶ 事務所<sup>じむしょ</sup>を～ 사무소를 설치하다 ②(조직·규칙을) 만들다¶ 特例<sup>とくれい</sup>を～ 특례를 만들다 ③마련하다, 준비하다¶ 酒席<sup>しゅせき</sup>を～ 술자리를 마련하다

もう・ける【×儲ける】他下一 ①벌다, 이익을 보다¶お金ゕねを~ 돈을 벌다 ②《자동사적으로》덕을 보다¶相手あいてのミスで~ 상대방의 실수로 덕을 보다 ③(자식을) 얻다¶一男一女いちじょを~ 1남 1녀를 두다

もうけん【猛犬】맹견¶~注意ちゅうい 맹견 주의

もうげん【妄言】(文)망언→多謝たしゃ 망언 다사/~を吐はく 망언을 내뱉다

もうこ【猛虎】(文)맹호¶~の勢いきおい 맹호지세

もうこ【蒙古】몽고. 몽골 —斑はん【醫】몽고반. 몽고 반점

もうご【妄語】【佛】망어. 거짓말을 함

もうこう【猛攻】名他スル 맹공. 맹공격¶~を加くわえる 맹공을 가하다

もうこん【毛根】【生】모근

もうさいかん【毛細管】모세관 ①모관(毛管) ②모세 혈관 —現象げんしょう【物】모세관 현상

もうさいけっかん【毛細血管】【醫】모세 혈관

もうし【申し】感 남에게 말을 건넬 때 쓰는 공손한 말. 여보세요¶~、そこの若わかい方かた 여보세요 거기 젊은이 ▷ 예스러운 표현임

もうしあい【申(し)合い】【相撲】기량이 비슷한 씨름꾼끼리 하는 연습

もうしあ・げる【申(し)上げる】他下一 ①말씀드리다, 아뢰다, 여쭙다¶一言ひとことお礼れいを~・げます 한 마디 감사 말씀을 드리겠습니다 ②(補助)((「お・御ご・御おん」이 붙은 동사 連用形이나 동작을 나타내는 명사에 붙어)) 경의를 나타냄. 「する」의 겸사말¶おいとま~・げます 물러가겠습니다/よろしくお願ねがい~・げます 잘 부탁드립니다

もうしあわせ【申(し)合(わ)せ】합의¶~事項じこう 합의 사항/~に従したがう 합의에 따르다

もうしあわ・せる【申(し)合(わ)せる】他下一 상의하여 정하다, 약속하다, 합의하다¶集合時刻じこくを~ 집합 시각을 약속하다

もうしいで【申(し)出で】신청, 제의=もうしでる/~を受うける 제의한 것을 받아들이다

もうしい・れる【申(し)入れる】他下一 신청하다, 제의[제기]하다¶面会めんかいを~ 면회를 신청하다/和解わかいを~ 화해를 제의하다

もうしう・ける【申(し)受ける】他下一 ①신청[청구·부탁]하여 받다¶特別手当とくべつてあてを~ 특별 수당을 받아내다 ②삼가 받다¶ご注文ちゅうもんを~・けます 주문을 받습니다

もうしおく・る【申(し)送る】他国 ①전언(傳言)하다¶用件ようけんを手紙てがみで~ 용건을 편지로 전하다 ②(업무 등을 다음 사람에게) 전달하다¶懸案けんあんを後任者こうにんしゃに~ 현안을 후임자에게 전달하다

もうしおく・れる【申(し)遅れる】他下一 말씀드리는 것이 늦다¶~・れましたが、私わたくしは… 말씀 드리는 것이 늦었습니다만, 저는…

もうしか・ねる【申(し)兼ねる】他下一 말씀 드리기 어렵다(곤란하다)¶はっきりとは~・ねますが 분명하게는 말씀 드리기 곤란합니다만

もうしき・ける【申(し)聞ける】他下一 (전언 등을) 그 사람에게 전하다, 알아듣도록 말씀 드리다=言いい聞きかせる

もうしご【申(し)子】①(신불에게 치성드려) 점지해 주신 아이¶天てんの~ 하늘이 점지해 주신 아이 ②어떤 특수한 배경에서 생긴 것, 부산물¶情報化じょうほうか時代じだいの~ 정보화 시대의 부산물

もうしこし【申(し)越し】(편지 등을 통해) 말씀해 옴¶お~の件けん 말씀해 오신 건

もうしこみ【申(し)込(み)】신청¶~書しょ 신청서/加入かにゅうの~が殺到さっとうした 가입 신청이 쇄도했다

もうしこ・む【申(し)込む】他国 ①제기하다, 제의하다¶苦情くじょうを~ 불만을 제기하다 ②신청하다¶参加さんかを~ 참가를 신청하다

もうしたて【申(し)立て】제기, 주장¶異議いぎの~を行おこなう 이의 제기를 하다 ②【法】신청¶~を却下きゃっかする 신청을 각하하다

もうした・てる【申(し)立てる】他下一 ①강하게 주장하다, 내세우다¶異議いぎを~ 이의를 제기하다 ②상신하다, 진언하다

もうしつ・ける【申(し)付ける】他下一 분부하다, 명령하다¶出張しゅっちょうを~ 출장을 명령하다/何なんなりとお・けください 무엇이든 분부하여 주십시오

もうし・でる【申(し)出る】他下一 (희망·요구 등을) 자청해서 말하다, 신청하다, 신고하다¶辞任じにんを~ 사임을 자청하다/警察けいさつに~ 경찰에 신고하다

もうしひらき【申(し)開き】해명, 변명¶~が立たつ 변명이 통하다

もうしぶん【申し分】①할말, 주장¶先方せんぽうの~を聞きく 상대방의 주장을 듣다 ②(흔히 「…が[の]ない」의 꼴로) 나무랄 데, 더할 나위¶~のない仕上しあがり 더할 나위 없는 마무리

もうしゃ【盲者】(文)맹자. 맹인, 시각 장애자

もうしゃ【猛射】名他スル 맹사. 맹렬한 사격¶~を浴あびせる 맹사를 퍼붓다

もうじゃ【亡者】①【佛】망자. 죽은 사람, 죽어서 성불하지 못한 사람 ②물질적인 집념에 사로잡힌 사람¶金かねの~ 돈에 들린 사람/我利我利がりがりの~ 지독한 수전노

もうしゅう【妄執】【佛】망집. 망상을 버리지 못하고 집착함¶~のとりことなる 망집의 포로가 되다

もうしゅう【×孟秋】(文)맹추 ①초가을 ②음력 7월의 딴이름

もうしゅう【猛襲】名他スル 맹습. 맹렬히 습격함¶~に遭あう 맹습을 당하다

もうじゅう【盲従】名自スル 맹종¶上司じょうしに~する 상사에 맹종하다

もうじゅう【猛獣】맹수¶~狩がり 맹수 사냥

もうしゅん【×孟春】(文)맹춘 ①초봄 ②음력 1월

もうしょ【猛暑】맹서. 혹서¶連日れんじつ~が続つづく 연일 혹서가 계속되다

もうじょう【網状】名(文)망상. 그물코 같은 모양¶~に広ひろがる路線図ろせんず 그물코 모양으로 퍼진 노선도

もうしわけ【申し訳】①변명, 해명¶~が立た

**もうしわたす**

つ 변명이 되다 ②《흔히「~ばかり〔程度 등〕·に〕」등의 꼴로》형식뿐임. 명색뿐임¶ ほんの~ばかりのお礼に 그저 형식뿐인 사례 **-ない** 形 할 수 없다. 면목이 없다. 미안하다

**もうしわた·す**【申(し)渡す】他五 분부〔명령〕하다. 언도〔선고〕하다¶ 謹慎を~ 근신을 명령하다

**もうしん**【妄信】名他サ(文) 망신. 무턱대고 믿음¶ 人のいうことを~する 남이 말하는 것을 무턱대고 믿다

**もうしん**【盲信】名他サ(文) 맹신. 맹목적으로 믿음¶ 効果を~する 효과를 맹신하다

**もうしん**【盲進】名自サ 맹진. 맹목적으로 돌진함¶ 猪突～ 저돌 맹진

**もうしん**【猛進】名自サ 맹진. 세찬 기세로 나아감¶ ～する戰車 맹진하는 전차

**もうじん**【盲人】 맹인. 시각 장애자

**もうじん**【*蒙塵】名自サ(文) 몽진. 임금이 피난함

**もう·す**【申す】他五 ①말씀드리다¶ ～までもなく 말씀드릴 나위도 없이/ 私は山田と～. 저는 山田라고 합니다 ②말씀하다¶ 御用の方はお～し出下さい 용무가 있으신 분은 말씀해 주십시오 ③〔補助〕《「お·御」가 붙은 동사 連用形이나 동사를 나타내는 명사에 붙어》경의를 나타냄. …해 드리다¶ お願い~·します 부탁드립니다/ ご案内~·します 안내해 드리겠습니다

**もうせい**【猛省】名他サ 맹성. 강하게 반성함¶ ～を促す 맹성을 촉구하다

**もうせん**【もう先】副(口) 훨씬 이전에¶ ～から知っている 훨씬 이전부터 알고 있다

**もうせん**【毛氈】 모전. 양탄자¶ ～を敷くく 양탄자를 깔다 **-苔**【植】 끈끈이주걱

**もうぜん**【猛然】ト 맹연. 맹렬함¶ ～と襲いかかる 맹렬하게 덤벼들다

**もうそう**【妄想】名他サ ①망상¶ 被害～ 피해 망상 ②몽상. 공상

**もうそう**【夢想】【佛】 망상. 사념

**もうそうちく**【孟宗竹】【植】 맹종죽. 죽순대

**もうだ**【猛打】名他サ 맹타. (특히 야구에서) 맹렬한 타격¶ ～をあびせる 맹타를 퍼붓다

**もうたん**【妄誕】(文) 망탄. 엉터리. 거짓말

**もうだん**【妄断】名他サ(文) 망단. 제멋대로의〔터무니없다는〕판단

**もうちょう**【盲腸】①【醫】 맹장 ②충수·충수염의 속칭 **-炎**【醫】 맹장염. 충수염의 속칭

**もうちょう**【猛鳥】 맹조. 맹금= 猛禽

**もうつい**【猛追】名他サ 맹추격¶ 敵を~する 적을 맹추격하다

**もう·でる**【*詣でる】自下一(文) (神社·절에) 참배하다

**もうてん**【盲点】 맹점 ①【醫】 맹반(盲斑) ②(比) 허점¶ 法の~をつく 법의 맹점을 찌르다

**もうとう**【毛頭】副《부정의 말이 딸리어》털끝만큼도. 추호도. 조금도¶ そういう心配は~ない 그럴 염려는 조금도 없다

**もうとう**【孟冬】(文) 맹동 ①초겨울 ②음력 10월

**もうどう**【妄動·盲動】名自サ(文) 망동¶ 軽挙~を慎む 경거 망동을 삼가다

**もうどう**【*朦*朧】(文) 몽동. 군함. (특히 옛날의) 전함= 艨艟

**もうどうけん**【盲導犬】 맹도견. 시각 장애인의 길 안내를 하는 개

**もうどく**【猛毒】 맹독¶ はぶには～がある 반시뱀에는 맹독이 있다

**もうねん**【妄念】 망념. 망집(妄執)

**もうばく**【盲爆】名他サ(文) 맹폭. 무차별 폭격¶ 敵国の首都を～する 적국의 수도를 무차별 폭격하다

**もうばく**【猛爆】名他サ 맹폭. 맹렬히 폭격함¶ 敵陣を~する 적진을 맹폭하다

**もうはつ**【毛髪】 모발. 머리털¶ ～湿度計 모발 습도계

**もうひつ**【毛筆】 모필. 붓¶ ～画 모필화

**もうひとつ**【もう一つ】I 連語 (그 위에) 하나 더¶ ～下さい 하나 더 주십시오 II 副 조금 더. 약간¶ これより～大きい 이것보다 조금 더 크다/ ～説明がたりない 약간 설명이 부족하다

**もうひょう**【妄評】名他サ 망평 ①엉터리 비평 ②자신의 비평에 대한 겸사말¶ ~多謝 망평 다사

**もうふ**【毛布】 모포. 담요

**もうぼ**【孟母】 맹모. 맹자의 어머니

[慣用句]

**—三遷の教え** 맹모 삼천지교

**—断機の教え** 맹모 단기지교. 맹자가 학업을 중단했을 때 어머니가 짜던 베를 끊어 훈계했다는 고사

**もうまい**【*蒙昧】名形動 몽매. 어리석고 도리에 어두움¶ 無知～ 무지 몽매

**もうまく**【網膜】【醫】 망막¶ ～炎 망막염

**もうもう**【*濛*濛·*朦*朦】ト 몽몽. (안개·연기 등이) 자욱한 모양¶ ～たる砂ぼこり 자욱한 모래 먼지

**もうもく**【盲目】 맹목 ①눈이 보이지 않음 ②(比) 이성을 잃고 상궤를 벗어남¶ ～の愛 맹목적인 사랑 **-的** ナ 맹목적

**もうゆう**【猛勇】 맹용. 용맹¶ ～を振るう 용맹을 떨치다

**もうら**【網羅】名他サ 망라¶ 必要事項を～する 필요 사항을 망라하다

**もうりょう**【*魍*魎】(文) 망량. 산천·목석 등의 정령(精靈)¶ 魍魅～ 이매 망량

**もうれつ**【猛烈】ナ 맹렬¶ ～な攻撃 맹렬한 공격/ ～に反対する 맹렬히 반대하다

**もうろう**【*朦*朧】ト 몽롱¶ 酔眼～ 취안 몽롱/ 記憶が～としている 기억이 몽롱하다

**もうろく**【*耄*碌】名自サ 망령듦. 노망. 늙어 빠짐¶ まだ～する年ではない 아직 노망들 나이가 아니다

**もえあが·る**【燃(え)上がる】自五 ①타오르다¶ 枯れ草が～ 마른 풀이 타오르다 ②(比) (감정 등이) 격해지다¶ 恋の炎が～ 사랑의 불길이 타오르다

もえがら【燃え殻】타고 남은 재
もえぎ【萌葱・萌黄】연둣빛¶ ～色 연둣빛
もえくさ【燃え種】불쏘시개
もえさか・る【燃え盛る】自五(文) 맹렬히 타다¶ ～火の手 한창 타는 불길
もえさし【燃え止し】타다 남은 것¶ 薪の～ 타다 남은 장작
もえた・つ【燃え立つ】自五 타오르다 ①활활 타다¶ ～ような紅葉の山 타오르는 듯 단풍 든 산 ②(比)(감정이) 격해지다¶ ～思い 타오르는 사모의 정
もえつ・く【燃え付く】自五 불이 붙다, 불길이 번지다¶ たばこの火が着物に～ 담뱃불이 옷에 옮겨 붙다
もえ・でる【萌え出る】自下一 움트다, 싹트다¶ 芽めぐむ若芽が～ 새싹이 움트다
もえのこり【燃え残り】타다 남은 것
も・える【萌える】自下一 싹트다, 움트다¶ 新緑が五月 신록이 움트는 5월
も・える【燃える】自下一 ①타다, 불타다¶ ストーブの火が～ 난로의 불이 타다 ②타는 듯한 상태가 되다, 피어오르다¶ 夕日空く～空 석양에 벌겋게 물든 하늘 ③(감정·정열이) 솟다¶ 怒りに～ 분노에 불타다
モーション (motion) 모션 ①동작, 몸짓¶ スロー～ 슬로 모션 ②[野] 투구 동작
[慣用句]
―を掛ける 모션을 걸다 ①작용을 미치게 하다 ②추파를 던지다
モール (포 mogol) 몰 ①문직(紋織) 모직물¶ 金～ 금 몰 ②실로 꼰 장식 끈¶ ～の付いた上着 몰이 달린 윗도리
モールスふごう【モールス符号】[物] 모스 부호, 전신용 부호
モガ「モダンガール」의 준말, 모던 걸 ⇔モボ
もがい【藻貝】「サルボオガイ」의 시장에서의 호칭
も・く【踠く】自五 ①바둥거리다, 허위적거리다¶ 苦しみの～ 괴로워하며 바둥거리다 ②안달하다¶ 今になって・いても始まらない 이제 와서 안달해봤자 소용없다
もがりぶえ【虎落笛】겨울의 세찬 북풍이 대울타리에 스칠 때 내는 피리 같은 소리
もぎ【模擬・摸擬】名他スル 모의¶ ～裁判 모의 재판 ―試験 모의 시험 ―店 (파티·축제 등에서) 임시로 가설한 간이 음식점
もぎどう【没義道】名ダ 몰인정함, 무자비함, 가혹함¶ ～な仕打ち 무자비한 처사
もぎ・とる【捥(ぎ)取る】他五 ①비틀어 따다[떼다], 잡아떼다¶ 柿を～ 감을 비틀어 따다 ②강제로 빼앗다¶ 手からかばんを～ 손에서 가방을 빼앗다
もぎり【捥り】俗 (극장 등에서) 입장권을 확인하고 반쪽을 뜯어 관객에게 건네주는 사람
もぎ・る【捥(ぎ)る】他五 비틀어 뜯다[떼다], 잡아떼다¶ 枝を～ 가지를 잡아 뜯다
もく【目】會モク・ボク 訓め・ま(音)목. I (造語) ①눈¶ 目前 목전·耳目 이목 ②눈[구멍]이 있는 것, 접은 줄, 나뭇결 ③보다, 눈짓하다¶ 目撃 목격·注目 주목 ④요점, 급소¶ 眼目 안목·面目 면목 ⑤우두머리, 두목¶ 頭目 두목 ⑥표적, 목표¶ 目的 목적·目標 목표 ⑦표제¶ 目次 목차·題目 제목 ⑧정리하여 구분한것¶ 項目 항목·条目 조목¶ [黙訓] 真面目 진지함 II 名 ①[生] 생물 분류학상의 한 단위, 과(科)와 강(綱) 사이¶ ネコ～ 고양이목 ②분류상의 한 구분, 항(項)과 절(節) 사이 ③[助數] 바둑판의 눈·바둑알을 세는 말, 점, 호, 집¶ 三～の勝ち 세 집 승
もく【黙】【默】會モク 訓だまる·(音)묵. (造語) 소리를 내지 않다, 침묵하다¶ 黙契 묵계·黙示 묵시·黙読 묵독¶ [黙字訓] 默
もく (俗) 담배¶ 洋～ 양담배
もく【木】①목요일 ②오행(五行)의 하나, 목 ③나뭇결¶ ～がいい 나뭇결이 좋다
も・ぐ【捥ぐ】他五 비틀어 따다[뜯다], 잡아떼다¶ トマトを～ 토마토를 비틀어 따다
もくぎょ【木魚】목어, 목탁¶ ～を叩く 목탁을 두드리다
もくぐう【木偶】목우, 목각 인형=でく
もくげき【目撃】名他スル 목격¶ ～者 목격자/ 事件を～する 사건을 목격하다
もくげき【黙劇】목극, 무언극
もくご【目語】名自スル(文) 목어, 눈으로 말함
もくざ【黙座·黙坐】名自スル 묵좌, 말없이 앉아 있음¶ ～して瞑想にふける 묵좌하여 명상에 잠기다
もぐさ【艾】①뜸쑥 ②쑥
もぐさ【藻草】[植] 말=藻
もくざい【木材】목재, 재목
もくさく【木柵】목책, 나무 울타리
もくさく【木酢·木醋】[化] 목초, 목초산
もくさつ【黙殺】名他スル 묵살¶ 反対意見を～する 반대 의견을 묵살하다
もくさん【目算】名①눈어림, 눈대중¶ 箱の容量を～する 상자의 용량을 눈대중하다 ②예상, 예측
もくし【黙止】名他スル(文) 말없이 묵묵히 있음
もくし【黙示】名他スル 묵시, 은연중에 의사를 표시함¶ ～の意思表示 묵시의 의사 표시 II 名[基] 계시(啓示)=もくじ ―録 [基] 묵시록
もくし【黙視】名他スル(文) 묵시, 묵묵히 보고만 있음¶ ～するに忍びない 차마 보고만 있을 수 없다
もくじ【目次】목차 ①(책 등의) 차례 ②목록
もくしつ【木質】목질 ①나무의 성질¶ 목재와 비슷한 성질¶ ～繊維 목질 섬유 ③줄기 안쪽의 단단한 부분¶ ～部 목질부
もくしょう【目睫】(文) 목첩 ①눈과 눈썹 ②목전, 눈앞=目前
[慣用句]
―の間 목첩지간, 바로 눈앞
もくず【藻屑】바닷말·해초의 부스러기
[慣用句]

—となる 익사하다
もく・する【目する】他サ変(文) ①보다 ②주목하다, 촉망하다¶将来$_{ょう}$を～される 장래가 촉망되다 ③간주하다, 판단하다¶犯人$_{にん}$と～ 범인으로 지목하다
もく・する【黙する】自サ変(文) 침묵하다¶～して語$_{かた}$らず 입을 다물고 말하지 않다
もくせい【木星】[天] 목성= ジュピター
もくせい【木犀】[植] ①「きんもくせい・ぎんもくせい」 등의 총칭 ②목서, 물푸레나무
もくせい【木精】(文) 목정 ①나무의 정령(精靈)= 木霊$_{だま}$ → メチルアルコール
もくせい【木製】목제¶—品$_{ひん}$ 목제품
もくぜん【目前】목전 ①눈앞¶～の情景$_{じょう}$ 눈앞의 정경 ②극히 가까운 장래¶大会$_{かい}$を～に控$_{ひか}$える 대회를 목전에 두다
もくそう【目送】名他スル 목송, 멀어질 때까지 바라보며 전송함¶目迎$_{げい}$～ 목영 목송
もくそう【黙想】名自スル 묵상¶～にふける 묵상에 잠기다
もくぞう【木造】목조¶～校舎$_{こう}$ 목조 교사
もくぞう【木像】목상, 나무로 만든 상
もくそく【目測】名他スル 목측, 눈대중으로 잼¶～を誤$_{あやま}$る 목측을 잘못하다
もくだい【目代】[日史] ①平安$_{あん}$・鎌倉$_{かま}$ 시대 国司$_{じく}$의 대리인으로 임지에서 직무를 수행한 사람 ②江戸$_{ど}$ 시대의 代官$_{だい}$
もくだく【黙諾】名他スル(文) 묵낙, 은연중에 승낙함¶～を得$_{え}$る 묵낙을 얻다
もくたん【木炭】목탄 ①숯 ②데생용 숯 —画$_{が}$ 목탄화 —紙$_{し}$ 목탄지, 데생용 화지
もくちょう【木彫】목조¶～の仏像 목조 불상
もくてき【目的】목적¶～地$_{ち}$ 목적지/～を果$_{は}$たす 목적을 이루다 —格$_{かく}$ [文法] 목적격 —語$_{ご}$ [文法] 목적어 —税$_{ぜい}$ [經] 목적세 —論$_{ろん}$ [哲] 목적론 ⇔機械論$_{きかいろん}$
もくと【目途】(文) 목표= めあて¶来春$_{らいしゅん}$を～に工事$_{こうじ}$を急$_{いそ}$ぐ 내년 봄을 목표로 공사를 서두르다
もくと【目睹】名他スル 목도, 목격= 目撃$_{げき}$
もくとう【黙禱】묵도, 묵념¶～をささげる 묵도를 올리다
もくどく【黙読】名他スル 묵독 ⇔ 音読$_{おんどく}$¶本$_{ほん}$を～する 책을 묵독하다
もくにん【黙認】名他スル 묵인¶遅刻$_{こく}$を～する 지각을 묵인하다
もくねじ【木〈捻子〉・木〈螺子〉】나사못
もくねん【黙然】묵연, 잠자코 있는 모양= もくぜん¶～と座$_{ざ}$っている 묵연히 앉아 있다
もくば【木馬】①목마¶回転$_{かいてん}$～ 회전 목마 ②뜀틀¶～を跳$_{と}$ぶ 뜀틀을 뛰어넘다
もくはい【木杯・木'盃】목배, 나무 술잔
もくはん【木版】[印] 목판¶～刷$_{す}$り 목판 인쇄 —画$_{が}$ [美] 목판화
もくひ【木皮】목피, 나무 껍질¶草根$_{そうこん}$～ 초근 목피
もくひ【黙秘】名自スル 묵비, 침묵한 채 아무것도 말하지 않음 —権$_{けん}$ [法] 묵비권

もくひょう【目標】목표¶攻撃$_{こうげき}$の～ 공격 목표/～を達$_{たっ}$する 목표를 달성하다
もくひろい【もく拾い】남이 버린 담배 꽁초를 주움, 그런 사람
もくぶ【木部】목부 ①나무로 된 부분 ②[植] 목질부
もくへん【木片】목편, 나무 조각= 木切$_{き}$れ
もくほん【木本】[植] 목본 ⇔ 草本$_{そうほん}$
もくめ【木目】나뭇결= 木理$_{り}$¶～が粗$_{あら}$い 나뭇결이 거칠다
もくもく【副] 연기・구름 등이 잇달아 피어 오르는 모양, 뭉게뭉게¶煙$_{けむり}$が～と立$_{た}$ちのぼる 연기가 뭉게뭉게 피어오르다
もくもく【黙黙】[タル] 묵묵¶～と働$_{はたら}$く 묵묵히 일하다
もぐもぐ【副][自スル] ①입을 벌리지 않고 씹는 모양, 우물우물¶～と食$_{た}$べる 우물우물 먹다 ②입 안에서 중얼거리는 모양, 우물우물¶独$_{ひと}$り言$_{ごと}$を言$_{い}$う 우물우물 혼잣말을 하다 ③덮어 씌운 것 속에서 움직이는 모양, 꿈틀꿈틀, 구무럭구무럭¶ふとんの中$_{なか}$で～と動$_{うご}$いている 이불 속에서 꿈틀꿈틀 움직이고 있다
もくやく【黙約】묵약, 묵계¶二人$_{ふたり}$の間$_{あいだ}$に～がある 두 사람 사이에 묵약이 있다
もくよう【木曜】목요일= 木曜日$_{びくよう}$
もくよく【'沐浴】名自スル(文) 목욕¶斎戒$_{さいかい}$～ 목욕 재계
もぐら【〈土竜〉】[動] 두더지= むぐら・もぐらもち —叩$_{たた}$き (게임의 하나인) 두더지 잡기
もぐり【潜り】①잠수, 자맥질 ②俗 무허가(무면허)로 일을 함, 그런 사람¶～の医者$_{しゃ}$ 무면허 의사 ③어떤 집단의 일원으로서의 자격이 없음, 그런 사람¶こんな規則$_{きそく}$も知$_{し}$らないとは～だ 이런 규칙도 모른다면 가짜다
もぐりこ・む【潜(り)込む】自五 ①기어들다¶ふとんの中$_{なか}$に～ 이불 속에 기어들다 ②숨어들다, 잠입하다¶組織$_{しき}$に～ 조직에 숨어들다
もぐ・る【潜る】自五 ①잠수하다, 자맥질하다¶海底$_{かいてい}$に～ 해저로 잠수하다 ②기어들다¶縁$_{えん}$の下$_{した}$に～ 마루 밑에 기어들다 ③숨다, 잠복하다, 잠입하다¶地下$_{ちか}$に～ 지하로 잠입하다
もくれい【目礼】名自スル 목례, 눈인사¶～を交$_{か}$わす 목례를 나누다
もくれい【黙礼】묵례, 말없이 인사함
もくれん【木'蓮】[植] 목련
もくれんが【木'煉'瓦】목연와, 목제 블록
もくろう【木'蠟】목랍
もくろく【目録】①목록¶蔵書$_{ぞうしょ}$～ 장서 목록 ②목차¶本$_{ほん}$の～ 책의 목차 ③선물・증정품의 품명을 적은 것, 물목¶贈呈$_{ぞうてい}$～ 증정 물목 ④(예도・무도에서) 스승이 제자에게 전수한 사항을 적어 주는 문서
もくろみ【目'論見】계획, 의도¶～が外$_{はず}$れる 계획이 어긋나다
もくろ・む【目'論む】他五 꾀하다, 계획하다, 기도하다¶大事業$_{だいじぎょう}$を～ 대사업을 계획하

다/ 一石二鳥(いっせきにちょう)を~ 일석이조를 꾀하다
**もけい** [模型] 모형¶ 家(いえ)の~ 집의 모형
**も・げる** [*捥げる] [他下一] (붙었던 것이) 떨어지다, 빠지다¶ 人形(にんぎょう)の腕(うで)が~ 인형의 팔이 빠지다
**もこ** [模糊] [ㄹ] (文) 모호¶ 曖昧(あいまい)~ 애매 모호
**もさ** [猛者] 맹자. 강자, 고수¶ 業界(ぎょうかい)の~ 업계의 강자
**モザイク** (mosaic) [美] 모자이크 **一病**(びょう) [植] 모자이크병
**もさく** [模作] 名 他スル (文) 모작. 남의 작품을 흉내내어 만듦, 그런 작품¶ ~品(ひん) 모작품
**もさく** [模索・*摸索] 名 他スル (文) 모색¶ 暗中(あんちゅう)~ 암중 모색/ 解決方法(かいけつほうほう)を~する 해결 방법을 모색하다
**もさっと** 副 自スル (口) 멍청히, 미련하게¶ ~した男(おとこ) 미련스러운 남자
**もし** [^若し] 副 만약, 혹시, 만일 = かりに・万一(まんいち)¶ ~だめでも 혹시 안되어도/ ~雨(あめ)が降(ふ)ったら 만약 비가 오면
**もし** 感 (口) 남을 부를 때의 말. 여보세요¶ ~、そこのあなた 여보세요 거기 계신 분
**もし** [模試] 모의 시험¶ 大学(だいがく)~ 대학 모의 시험
**もじ** [文字] ①문자. 글자¶ 象形(しょうけい)~ 상형 문자 ②문장, 글, 말¶ 警世(けいせい)の~ 경세의 글 ▷「もんじ」라고도 함 **一言葉**(ことば) 직접 표현을 피해서 끝부분을 생략하고「もじ」를 붙여 쓰던 말¶「かも」등 一面(めん) ①글자를 쓰거나 나열하는 방법에서 받는 느낌 = 字面(じづら)/ 글로 쓰여진 표면적인 의미 **一通**(どお)り 副 문자 [글자] 그대로, 그야말로 **一盤**(ばん) (시계·계기 등의) 문자판
**もしお** [藻塩・藻*汐] ①바닷물을 끼얹은 해초를 태워서 물에 풀어 그 윗물을 조려서 만든 소금 ②①을 만들기 위해 푸는 해수
**もしか** [^若しか] 副 (口) 혹시, 만약¶ ~雨(あめ)でも降(ふ)ったら 만약 비라도 내린다면 ②어쩌면¶ ~わが子(こ)ではないかと… 어쩌면 내 자식이 아닐까 하고… **―したら** 副 어쩌면 **―すると** 副 어쩌면
**もしくは** [若しくは] 接 (文) 또는, 혹은, 그렇지 않으면¶ 優勝(ゆうしょう)~準優勝(じゅんゆうしょう)をねらう 우승 또는 준우승을 노리다
**もじ** [*捩・*捏] ① → しのぶずり ② [植] 타래난초 = ねじばな
**もしも** [^若しも] 副 만일, 만약¶ ~の時(とき)는 만일의 경우/ ~雨(あめ)が降(ふ)ったら 만약 비가 내린다면 **―のこと** 만일의 경우, 만약의 일
**もしもし** 感 (口) 여보세요¶ ~山田(やまだ)さんでしょうか 여보세요 山田씨입니까?
**もじもじ** 副 自スル 머뭇머뭇, 주저주저¶ ~と手(て)をぼそつかせて手を出し出しだ/ 恥(は)ずかしそうに~する 부끄러운 듯 머뭇머뭇하다
**もしゃ** [模写・*摸写] 名 他スル 모사¶ 壁画(へきが)の~ 벽화의 모사
**もしや** [^若しや] 副 (口) 어쩌면, 혹시나¶ ~首(くび)になるのではないか 혹시나 면직되는 것

**もじゃもじゃ** 副 自スル 텁수룩이, 더부룩이¶ ~としたひげ 텁수룩한 수염
**もしゅ** [喪主] 상주. 맏상제
**もしょう** [喪章] 상장
**もじり** [*捩り] ①비틈, 비꼼 ②유명한 문구나 가락을 익살스럽게 바꾸어 빗댄 것 ③일본옷 위에 입는 남자용 외투
**もじ・る** [*捩る] [他五] ①비틀다, 비꼬다 ②(유명한 표현 등을) 익살스럽게/풍자적으로 빗대어 흉내내다¶ 古歌(こか)を~・った表現(ひょうげん) 옛 시가를 흉내낸 표현
**も・す** [燃す] [他五] 태우다, 타게 하다 = 燃(も)やす¶ 落(お)ち葉(ば)を~ 낙엽을 태우다
**モス** 「モスリン」의 준말. 모슬린 = メリンス
**もず** [〈百舌〉・*鵙] [動] 때까치
**モスク** (mosque) 모스크. 이슬람교의 사원
**もずく** [〈水雲〉・〈海蘊〉] [植] 큰실말
**もすそ** [*裳*裾] 치맛자락, 옷자락
**モスリン** (프 mousseline) 모슬린 = メリンス
**も・する** [模する・*摸する] [他サ] 모방하다, 흉내내다¶ 長安(ちょうあん)を~・して造(つく)った都(みやこ) (중국의) 장안을 본떠서 만든 수도
**もぞう** [模造・*摸造] 名 他スル 모조¶ ~品(ひん) 모조품 **一紙**(し) 모조지
**もそっと** 副 (口) 좀더, 조금 더¶ ~前(まえ)へ 좀더 앞으로
**もぞもぞ** 副 自スル → もぞもぞ
**もぞもぞ** 副 自スル ①(차분하지 못하고 자꾸 움직이는) 부시럭부시럭, 꿈지럭꿈지럭¶ ~と立(た)ち上(あ)がる 꿈지럭거리며 일어서다 ②(작은 벌레가 꿈틀거리거나 그와 비슷한 느낌을 나타내는) 굼실굼실, 스멀스멀¶ ~する 등이 스멀스멀하다/ 虫(むし)が~と動(うご)く 벌레가 굼실굼실 움직이다
**もだ・える** [*悶える] 自下一 ①번민하다, 괴로워하다¶ 恋(こい)に~ 사랑으로 번민하다 ②(고통 등으로) 몸부림치다¶ 激痛(げきつう)に~・えて苦(くる)しむ 격통에 몸부림치며 괴로워하다
**もた・げる** [*擡げる] 他下一 들다, 쳐들다, 대두하다¶ 蛇(へび)がかまくびを~ 뱀이 대가리를 쳐들다/ 反対(はんたい)の世論(よろん)が頭(あたま)を~ 반대 여론이 대두하다
**もだ・す** [黙す] 自五 (文) ①입을 다물다, 침묵하다 ②내버려 두다, 묵과(묵시)하다¶ 主命(しゅめい)とあらば~・し難(がた)い 주군의 명이라면 무시할 수 없다
**もたせか・ける** [*凭せ掛ける] 他下一 기대게 하다, 기대어 세우다¶ 壁(かべ)に背(せ)を~ 벽에 등을 기대다
**もた・せる** [持たせる] 他下一 ①가지게 하다, 들게 하다¶ かばんを~ 가방을 가지고 가게 하다, 들려 보내다 ②가지고 가게 하다, 들려 보내다¶ みやげを~ 선물을 들려 보내다 ③부담시키다¶ 費用(ひよう)を~ 비용을 부담시키다 ④보존시키다, 지탱하다¶ 小遣(こづか)いを月末(げつまつ)まで~ 용돈을 월말까지 가게 하다 ⑤맡게 하다¶ クラスを~ 학급을 맡게 하다 ⑥기대하게 하다¶ 気(き)を

**もたつく** ~ (행여나 하고) 기대를 걸게 하다

**もた つ・く** [自五][俗] (일이) 잘 진척되지 않다. 주춤대다 ¶ 会議ボが~ 회의가 잘 진척되지 않다/ 序盤戦ホミホムで~ 초반전에서 잘 안풀리다

**もた もた** [副][自スル][口] ①(행동・태도가 분명하지 않은) 어물어물, 우물쭈물 ¶ 守備ボが~して点スを取とられる 수비를 어물어물하여 점수를 빼앗기다 ②(사물이 정체되어 잘 진척되지 않음) 지지부진 ¶ 交渉ショシが~している 교섭이 지지부진하다

**もたら・す** [*齎す] [他五] ①가져오다, 가져가다 ¶ 朗報ホラを~ 낭보를 가져오다 ②초래하다, 야기하다 ¶ 被害ボを~ 피해를 초래하다

**もたれかか・る** [*凭れ掛(か)る] [自五] ①기대다 ¶ 机ッスに~ 책상에 기대다 ②의지하다, 의존하다 ¶ 親タヤに~って生活ボスする 부모에 의지하여 생활하다

**もた・れる** [*凭れる・*靠れる] [自下一] ①기대다, 의지하다 ¶ 欄干ホンミに~ 난간에 기대다 ②체하다, 트릿하다 ¶ 胃ビが~ 속이 거북하다

**モダン** (modern) [ナ] 모던, 현대적, 현대풍의 ¶ ~な建物ホマ 현대적인 건물

**もち** [*望] ①「望月ホマハニ」의 준말. 망월, 만월, 보름달 ¶ ~の日ヒ (옛말) 보름날

**もち** [*餅] 떡 ¶ ~をつく 떡을 치다
[慣用句]
―は餅屋ハテヤ [比] 무슨 일이나 전문가가 있음

**もち** [*糯] 차진 곡식 ⇔ 粳ウ゚ル゚ ¶ ~米バ 찹쌀/~あわ 차조

**もち** [*黐] ①「もちのき」의 딴이름 ②끈끈이

**もち** [持ち] ①오래감, 오래 지탱함 ¶ この食品ボンは~がいい 이 식품은 오래 간다 ②부담, 費用ホョウは各人ボン(の)~ 비용은 각자 부담 ③(바둑・장기에서) 비김, 무승부 = 引ッき分わけ ④(造語)《명사에 붙어》㉠가짐, 소유함 ¶ ~病ミョウ・ 병자/ 金ホン~ 부자 ㉡(사람을 나타내는 명사에 붙어)…용함 ¶ 女ホニン~の傘カサ 여성용 우산 ⑤(造語)《명사 앞에 붙어》 소유하고 있음 ¶ ~時間ホカン (바둑 등에서) 제한 시간

**もち ろん** [持論][俗]「勿論ホナスム」의 준말. 물론, 물론이야 ¶ ~わたしのよ 물론 내꺼야

**もち あい** [持(ち)合い・*保(ち)合い] ①맞듦, 협조함 ¶ ~所帯ホスィ (여러 사람・가족이) 함께 사는 세대 ②세력의 균형이 잡힘 ¶ ~の勝負ボミ 팽팽한 승부 ③[経] 보합. 시세 변동이 없음 ¶ ~相場ホス 보합세

**もちあ・がる** [持(ち)上がる] [自五] ①들려 올라가다 ¶ この荷物ホッは一人ホトリでは~らない 이 짐은 혼자서는 들리지 않는다 ②솟아오르다, 융기하다 ¶ 地震ジムで地盤ホンが~ 지진으로 지반이 융기하다 ③일어나다, 발생하다 ¶ 紛争スシが~ 분쟁이 일다 ④(학생이 진급해도) 같은 교사가 계속 담임을 맡다 ¶ 三年ホンまで~ 3학년까지 담임을 계속 맡다

**もちあ・げる** [持(ち)上げる] [他下一] ①들어 올리다 ¶ 荷物ホモッを~ 짐을 들어 올리다 ②쳐들다, 일으키다 ¶ 頭ホマタを~ 머리를 쳐들다 ③(俗) 치켜세우다. 추어 주다 ¶ 先輩ハセンパイを~ 선배를 치켜세우다

**もち あじ** [持(ち)味] ①(식품 등이) 본디 지닌 맛. 제맛 ¶ 材料ホヨゥの~を生ボかす 재료의 제맛을 살리다 ②(사람・작품의) 독특한 맛, 개성 ¶ 原作ホマの~がよく出ている 원작의 독특한 맛이 잘 나타나 있다

**もち あつか・う** [持(ち)扱う] [他五] → もてあつかう

**もち あみ** [*餅網] ①떡을 굽는 석쇠 ②떡을 넣어 매달아 두는 그물

**もち ある・く** [持(ち)歩く] [他五] 들고[가지고] 돌아다니다, 휴대하다 ¶ 大金ホネを~ 큰 돈을 지니고 다니다

**もち あわせ** [持(ち)合(わ)せ] 마침 갖고 있는 것・돈 ¶ ~の品ホナを시제품/あいにく~がない 공교롭게도 가진 돈이 없다

**もち あわ・せる** [持(ち)合(わ)せる] [他下一] (돈・물건 등을) 마침 가지고 있다 ¶ そんなけちな根性ホンショウは~せていない 그런 째째한 근성은 가지고 있지 않다

**もち いえ** [持(ち)家] 자기 소유의 집

**モチーフ** (프 motif) 모티프 ①[美] 예술적 창작 활동의 동기 ②[音] 악곡을 구성하는 최소 단위 ③(뜨개질에서) 구성의 최소 단위가 되는 도안 ¶ ~編ホミ 모티프 뜨기

**もち・いる** [用いる] [他上一][文] 쓰다 ①사용하다, 이용하다 ¶ 腕力ホンリョを~ 완력을 쓰다 ②등용하다, 채용하다 ¶ 新人ホシンを~ 신인을 등용하다 ③(의견 등을) 받아들이다, 채택하다 ¶ 部下ホブの意見ホンを~ 부하의 의견을 받아들이다 ④(「心ホュ・意ィを~」의 꼴로) 마음[신경]을 쓰다, 배려하다 ¶ 収支ホュゥシのバランスに意ィを~ 수지 균형에 신경을 쓰다

**もち おもり** [持(ち)重り] 들고 있는 동안 차츰 무거움을 느낌 ¶ ~のする本ホン 묵직한 책

**もち かえり** [持(ち)帰り] ①가지고 돌아감 ②산 물건을 자신이 직접 들고 돌아감, 요리를 그 가게에서 먹지 않고 싸 가지고 감

**もちかえ・る** [持(ち)帰る] [他五] ①가지고[들고] 돌아가다 ¶ 仕事ホコを自宅ホクに~ 일을 집으로 가지고 가다 ②(제시한 안 등을) 검토하기 위해 다시 가지고 가다 ¶ 企画ホクを~ 기획을 검토하기 위해 다시 가지고 가다

**もちか・ける** [持(ち)掛ける] [他下一] (말 등을) 꺼내다, 말을 걸다 ¶ 相談ホンを~ 의논을 꺼내다

**もち がし** [*餅菓子] 떡・찹쌀・갈분 등을 원료로 하여 만든 일본 과자

**もち かぶ** [持(ち)株] 소유 주식, 지주(持株) ― **会社**ホイ゚シャ[経] 지주 회사

**もち きり** [持(ち)切り] (화제・소문 등이) 한 동안 계속됨, 자자함 ¶ 世間ホンはあの事件ホンの話ホスで~だ 세상이 그 사건 이야기로 자자하다

**もち ぐさ** [*餅草] 쑥 = よもぎ

**もち ぐされ** [持(ち)腐れ] 가지고 있을 뿐 활용하지 못함 ¶ 宝ホョタの~ 보물을 가지고도 썩힘

**もちくず・す** [持(ち)崩す] 他五 품행을 그르치다. 재산을 탕진하다¶ 身を~ 신세를 망치다/ 財産を~ 재산을 탕진하다

**もちこ・す** [持(ち)越す] 他五 넘기다. 미루다¶ 結論を次回に~ 결론을 다음 회로 미루다

**もちこた・える** [持(ち)堪える] 他下一 (그 상태로) 버티다. 견디다. 지탱하다¶ 援軍が到着するまで~ 지원군이 도착할 때까지 버티다

**もちごま** [持(ち)駒] ①(일본 장기에서) 이 편에서 잡아 가지고 있는 말 ②(比) 필요할 때 마음대로 쓸 수 있는 사람·물건¶ ~が豊富だ 예비품이 풍부하다

**もちこ・む** [持(ち)込む] ①가지고 들어오다¶ 危険物を~ 위험물을 갖고 들어오다 ②(용건 등을) 가져오다¶ 縁談を~ 혼담을 가져오다 ③(어떤 상태로) 끌고 가다¶ 延長戦に~ 연장전으로 끌고 가다

**もちごめ** [*糯米] 찹쌀 ⇔ 粳

**もちざお** [*黐竿] (새·곤충을 잡기 위해) 끈끈이를 칠한 장대

**もちじかん** [持(ち)時間] ①어떤 일을 하기 위해 주어진 일정 시간 ②(바둑·장기 등에서) 대국자에게 주어진 제한 시간

**もちだい** [*餅代] ①떡값 ②월년(越年) 자금

**もちだし** [持(ち)出し] ①가지고 나감. 반출¶ ~禁止の本 반출 금지의 책 ②(부족 비용의) 자기 부담¶ 費用はけっきょく~になった 비용은 결국 자기 부담이다

**もちだ・す** [持(ち)出す] 他五 ①가지고 나가다. 끌어내다. 반출하다¶ 家財道具を~ 가재 도구를 끌어내다 ②(다른 사람이나 공공의 금품을) 훔치다. 사용하다¶ 秘密書類を~ 비밀 서류를 훔치다 ③(말을) 꺼내다. 제기[제안]하다¶ 結婚の話を~ 결혼 이야기를 꺼내다 ④(부족되는 비용을) 자기가 부담하다¶ 旅費を~ 여비의 부족분을 자기가 부담하다 ⑤갖기 시작하다¶ 疑惑を~・したのはあの時からだ 의혹을 갖기 시작한 것은 그 때부터이다

**もちつき** [*餅搗き] 떡을 침. 떡치는 사람

**もちづき** [*望月] 망월. 만월. 보름달

**もちてん** [持(ち)点] (게임·경기 등의 시작 전에) 참가자 각자에게 할당된 기본 점수

**もちなお・す** [持(ち)直す] I 他五 고쳐 잡다. (손을) 바꾸어 들다¶ バッグを左手に~ 백을 왼손으로 바꾸어 들다 II 自五 회복되다¶ 景気が~ 경기가 회복되다

**もちにげ** [持(ち)逃げ] 名 他サ (남의 금품을) 가지고 달아남¶ 公金を~する 공금을 가지고 달아나다

**もちぬし** [持(ち)主] 소유주, 소유자. 주인. 임자¶ カバンの~ 가방 주인/ やさしい心の~ 다정한 마음의 소유자

**もちのき** [*黐の木] 植 감탕나무 = もち

**もちば** [持(ち)場] 부서. 담당 구역·임무¶ 各自の~につく 각자 맡은 자리로 가다

**もちはこ・ぶ** [持(ち)運ぶ] 他五 들어내다. 운반하다¶ ~のに便利なパソコン 운반하기에 편리한 퍼즐 컴퓨터

**もちはだ** [*餅肌·*餅膚] 희고 고운 살결

**もちばら** [*餅腹] 떡을 많이 먹어 거북한 배(의 상태)

**もちばん** [持(ち)番] 담당 차례. 당번

**もちぶん** [持(ち)分] 지분. (공유 재산·권리 중의) 자기 몫·비율¶ ~に応じた責任 지분에 따르는 책임

**もちまえ** [持(ち)前] ①名 타고난 성질. 천부¶ ~の才能 타고난 재능 ②지분. (배당된) 자기 몫 = 持ち分

**もちまわり** [持(ち)回り] 名 ①(의안 등을) 관계자 사이에 차례로 돌림 ②(역할 등) 관계자들이 차례로 맡음¶ 幹事は~にする 간사는 돌려가며 하다 ──閣議 政 수상이 각의 사항을 각 장관에게 돌려서 그 의견을 물어 결정하는 약식 각의

**もちもの** [持(ち)物] ①소지품¶ ~検査 소지품 검사 ②소유물¶ 土地も家も彼女の~だ 토지도 집도 그녀의 소유물이다

**もちや** [*餅屋] 떡집. 떡장수

**もちゅう** [喪中] 상중. 복중¶ ~につき年賀欠礼 상중이므로 연하 결례

**もちよ・る** [持(ち)寄る] 自五 의견을 각자 가지고 모이다¶ 意見を~ 의견을 각자 가지고 모이다

**もちろん** [*勿論] 副 물론. 말할 것도 없이 = 無論¶ ~賛成だ 물론 찬성이다/ 今日は~明日も行く 오늘은 물론 내일도 간다

**もつ** (略) [臓物の 준말. (요리에 쓰는) 조류·짐승의 내장

**も・つ** [持つ] I 他五 ①쥐다. 들다¶ 荷物を~ 짐을 들다 ②지니다. 휴대하다¶ 大金を~って旅行する 큰돈을 지니고 여행하다 ③가지다. 소유[보유]하다¶ 車を~ 차를 가지다/ 家庭を~ 가정을 가지다 ④지니다. 갖추다¶ すぐれた腕を~ 뛰어난 솜씨를 지니다 ⑤마음에 품다¶ 恨みを~ 원한을 품다 ⑥관계하다¶ かかわりを~ 관련을 갖다 ⑦맡다. 담당하다¶ 難しい役目を~ 어려운 임무를 맡게 되다 ⑧부담하다¶ 費用は会社で~ 비용은 회사에서 부담한다 ⑨열다. 개최하다¶ 総会を~ 총회를 개최하다 ⑩편들다. 지지하다¶ 肩を~ 편들다. 지지하다 II 自五 견디다. 지속하다. 지탱하다¶ この家はまだ十年は~ 이 집은 아직 십년은 지탱한다

[慣用句]

──**ちつ持たれつ** 서로 도움. 상부 상조함

──**って生まれた** 타고나다

**もっか** [目下] 名 副 목하. 현재. 지금¶ ~十連勝 목하 10연승/ ~のところ何の問題もない 지금으로서는 아무 문제도 없다

**もっか** [黙過] 名 他サ 文 묵과¶ ~しがたい過失 묵과하기 힘든 과실

**もっかん** [木管] 목관 ①나무로 만든 관 ②(방적 기계의) 실감개 ③「木管楽器」의 준말

──**楽器** 音 목관 악기

**もっかん** [木簡] 목간. (옛날에) 문서 등을 기록한 얇게 깎은 좁고 긴 나무 조각

**もっきょ** [黙許] 名他サ 묵허. 묵인¶ 規律違反を~する 규율 위반을 묵허하다

**もっきり** [盛っ切り] 名 → もりきり

**もっきん** [木琴] 목금. 실로폰 = シロホン

**もっけ** [物怪・勿怪] 뜻밖임, 의외임¶ ~顔 뜻밖이라는 듯한 얼굴 ―の幸い (口) 뜻밖의 행운, 요행

**もっけい** [黙契] 名 묵계¶ ~を交わす 묵계를 맺다

**もっこ** [畚] 새끼를 그물처럼 엮어 네 귀에 끈을 달아맨 삼태기

**もっこう** [木工] 목공 ①목공예 ②목수

**もっこう** [沐猴] 名 목후. 원숭이
[慣用句]
―にして冠す 원숭이가 주제에 관을 쓰다. 의관(衣冠)은 훌륭하나 품성은 천하다

**もっこう** [黙考] 名自サ 묵고. 말없이 생각함¶ 沈思~ 침사 묵고

**もっこく** [木斛] [植] 후피향나무

**もっこつ** [木骨] [建] 목골. 건축물의 뼈대를 목조로 하는 것

**もっこつ** [没骨] [美] 몰골(법)

**もっこふんどし** [畚褌] 짧은 헝겊의 앞뒤로 끈을 꿰어 옆에서 매게 된 샅가리개

**もっこん** [目今] 副(文) 목금. 목하. 바로 지금

**もっさり** 副自サ (口) ①멍청히 ~と立っている 멍청히 서 있다 ②세련되지 않은 모양¶ ~とした人 촌스러운 사람 ③팁수룩이¶ ~した髪の毛 팁수룩한 머리칼

**もっしょくし** [没食子] 몰식자

**もっそう** [物相] ①밥의 양을 재는 그릇 ②1인분씩의 밥을 담는 그릇 ―飯 [物相]에 담아내는 밥. (특히) 근세 감옥에서 주는 밥

**もったい** [勿体] 거드름부리는 모양, 젠체하는 모양 ―ない 形 ①아깝다 ②황송하다. 과분하다 ―ぶる 自五 거드름피우다, 짐짓 위엄있는 체하다 ―らしい 形 야단스럽다, 어마어마하다, 홍감스럽다
[慣用句]
―を付ける 젠체하다, 사뭇 드레진 체하다

**もって** [以て] 連語 ①(文) (「…を~」의 꼴로) ㉠(수단·방법) …으로, …로써, 을 가지고¶ これを~祝辞に代える 이것으로 축사를 대신하다 / 書面を~申し入れる 서면으로 신청하다 ㉡(원인·이유) …이므로, …때문에¶ 任期満了を~退任する 임기 만료로 퇴임하다 ㉢(강조·장중한 표현) …로써, …로 하여금¶ 彼を~嚆矢とする 그로써 효시로 삼다 ㉣(동작·작용이 행해지는 때나 상태) …로써¶ 本日を~満二十歳 となりました 오늘로써 만 20세가 되었습니다 ②(부사류에 붙어) (어조를 고르거나 강조함) …도, 더욱¶ まず~우선, 무엇보다 / 今~わからない 아직껏 알 수 없다 ③(口) (「…で~」의 꼴로) 게다가, 또한¶ 安価で~美味な 값싸고 또한 맛있음 ④《앞의 내용을 받아》따라서, 그러므로¶ ~、殊勲甲 とする 그러므로 수훈갑으로 한다 ―の外 名[了] 괘씸함, 당치않음
[慣用句]
―しても (「…を~」의 꼴로) …에 의해서도, …으로도¶ 彼の能力を~不可能なのだ 그의 능력으로도 불가능하다

―瞑すべし 그것으로써 안심하고 죽을 수 있다. 그 정도면 죽어도 좋다

**もってきて** [持って来て] 連語 (「…へ~」의 꼴로) …한데다가 또, 게다가¶ 距離が遠いところへ~交通の便が悪い 거리가 먼데다가 교통편이 나쁘다

**もってこい** [持って来い] 連語 (口) 꼭 알맞음, 안성맞춤, 절호¶ 敵に~の役 그에게 꼭 맞은 역 / ~の天気 안성맞춤인 좋은 날씨

**もってまわ・る** [持って回る] 他五 ①가지고 (들고) 돌아다니다¶ 大きなかばんを~ 커다란 가방을 들고 돌아다니다 ②에두르다¶ ~った言い方をする 에둘러 말하다

**もっと** 副 더, 더욱, 좀더, 한층¶ ~大きい 크다 / ~がんばれ 좀더 힘내라

**モットー** (motto) 모토, 신조, 좌우명

**もっとも** [尤も] I [了] 지당함, 당연함¶ ~な意見 지당한 의견 / 不審に思うのも~だ 미심쩍게 여기는 것도 당연하다 II 接 하지만, 하기는, 다만¶ ただし、~全部がそうだというわけではない 하지만 전부가 그렇다는 것은 아니다

**もっとも** [最も] 副 가장, 제일¶ ~重要な問題 가장 중요한 문제

**もっともらし・い** [尤もらしい] 形 ①그럴싸하다, 그럴듯하다¶ ~うそ 그럴싸한 거짓말 ②젠체하다, 점잔 빼다¶ ~顔をする 젠체하는 얼굴을 하다

**もっぱら** [専ら] 副 오로지, 한결같이, 전적으로¶ ~のうわさだ 한결같은〔온통 그런〕소문이다 / ~勉強に打ち込む 오로지 공부에 몰두하다

**もつやき** [もつ焼き] [料] (닭·소·돼지의) 내장 꼬치구이

**もつやく** [没薬] [薬] 몰약

**もつれ** [縺れ] ①얽힘, 엉클어짐¶ 糸の~ 실의 얽힘 / ~髪 엉클어진 머리 ②갈등, 분규¶ 感情の~ 감정의 갈등

**もつれこ・む** [縺れ込む] 自五 (이야기·경기 등이) 꼬여서 질질 끌다¶ 延長戦に~ 연장전으로까지 이어지다

**もつ・れる** [縺れる] 自下一 ①얽히다, 엉클어지다¶ 釣り糸が~ 낚싯줄이 얽히다 ②꼬부라지다, 꼬이다¶ 舌が~ 혀가 꼬부라지다 ③(일이) 꼬이다, 복잡해지다¶ 事態は~ してきた 사태는 꼬이기 시작했다

**もて** 接頭 (동사에 붙어) 뜻을 강조하거나 뉘앙스를 더하는 말¶ ~はやす 극구 칭찬하다 / ~あそぶ 가지고 놀다

**もてあそ・ぶ** [弄ぶ·玩ぶ·翫ぶ] 他五 ①가지고 놀다, 만지작거리다¶ 指輪を~ 반

지를 만지작거리다 ②심심풀이로 즐기다, 완상(玩賞)하다¶ 盆栽を~ 분재를 즐기다 ③마음대로 조종하다, 농락하다¶ 波な<sup>み</sup>に~·ばれる小船<sup>こぶね</sup> 파도에 까불리는 작은 배

もて あつか・う【持て扱う】他五 ①다루다, 보살피다 ②주체하지 못하다, 주체스러워하다¶ 今の気持<sup>もち</sup>を~ 지금의 기분을 주체하지 못하다 ▷「持<sup>も</sup>ち扱<sup>あつか</sup>う」라고도 함

もて あま・す【持て余す】他五 주체 곤란하다, 처치 곤란하다¶ 暇を~ 한가한 시간을 주체하지 못하다/ やんちゃ坊主<sup>ぼうず</sup>で~ 응석꾸러기라서 주체하지 못하다

もて なし【持て成し】①대우, 대접¶ 客<sup>きゃく</sup>の~が上手<sup>じょうず</sup>だ 손님 접대가 능숙하다 ②음식 대접을 함¶ 茶菓<sup>ちゃか</sup>の~を受<sup>う</sup>ける 다과의 대접을 받다

もて な・す【持て成す】他五 ①대우하다¶ 客<sup>きゃく</sup>を厚<sup>あつ</sup>く~ 손님을 후대하다 ②(음식을) 대접하다, 향응하다¶ 手料理<sup>りょうり</sup>で~ 손수 만든 요리로 대접하다

もて はや・す【持て囃す】他五 ①극구 칭찬하다, 추어올리다¶ 名人<sup>めいじん</sup>だと~ 명인이라고 극구 칭찬하다 ②(흔히 수동형으로) 인기가 있다¶ 若<sup>わか</sup>い人<sup>ひと</sup>たちの間<sup>あいだ</sup>で~される 젊은이들 사이에서 인기가 있다

もて もて【持て持て】名(俗) 매우 인기가 있음¶ 学生<sup>がくせい</sup>に~だ 학생에게 대인기다

も・てる【持てる】自下一 ①가질 수 있다, 유지할[지탱할] 수 있다¶ 身<sup>み</sup>が~てない 몸을 지탱할 수 없다 ②(口) 인기가 있다¶ 若<sup>わか</sup>い女<sup>おんな</sup>に~ 젊은 여자에게 인기가 있다

もてる【持てる】連語 (재산 등을) 가지고 있는¶ 一者<sup>もの</sup> 재산을 많이 가진 사람

もと【本】接尾(助数)(父)풀·나무를 세는 말. 포기, 그루¶ 一<sup>ひと</sup>~の草<sup>くさ</sup> 한 포기의 풀 ▷「二もと·十<sup>と</sup>もと」등 순수 일본어 숫자에 붙음

もと【下】①아래, 밑, 밑동¶ 松<sup>まつ</sup>の~ 소나무 밑/ 旗<sup>はた</sup>の~ 깃발 아래 모이다 ②(「…の~に」의 꼴로) 조건·한정·영향이 미치는 범위. …하, …아래¶ 一言<sup>いちごん</sup>の~には ねつける 일언지하에 거절하다 ③[<sup>^</sup>許] 세력·지배가 미치는 범위. 곁, 슬하¶ 親<sup>おや</sup>の~を離<sup>はな</sup>れる 부모 슬하를 떠나다

もと【元·<sup>°</sup>旧·<sup>^</sup>故】①[旧·故] 이전, 원래, 본래¶ ~の同僚<sup>どうりょう</sup> 이전의 동료/ ~の所<sup>ところ</sup>へ返<sup>かえ</sup>す 원래 있던 곳에 돌려 놓다 ②連体 전, 전직¶ ~校長<sup>こうちょう</sup> 전 교장

慣用句
─の鞘<sup>さや</sup>に収<sup>おさ</sup>まる (헤어지거나 소원했던 사람이) 다시 이전의 친한 관계로 되돌아가다
─の木阿弥<sup>もくあみ</sup> 도로아미타불= 本阿弥<sup>もとあみ</sup>

もと【本·元】①사물의 밑동 부분¶ 木<sup>き</sup>の~の方<sup>ほう</sup> 나무의 뿌리 쪽 ②처음, 발치, 기원¶ 事件<sup>じけん</sup>の~をたどる 사건의 기원을 더듬다 ③[<sup>^</sup>因·<sup>°</sup>原] 원인¶ お金<sup>かね</sup>は争<sup>あらそ</sup>いの~になる 돈은 싸움의 원인이 된다 ④근본, 기초¶ 農業<sup>のうぎょう</sup>は国<sup>くに</sup>の~ 농업은 나라의 근본 ⑤[基] 토대, 기반¶ 論文<sup>ろんぶん</sup>の~にし

た史料<sup>しりょう</sup> 논문의 토대로 삼은 사료 ⑥원금, 자본, 밑천¶ ~を取<sup>と</sup>る 밑천을 뽑다 ⑦원가, 본전¶ ~を割<sup>わ</sup>る 본전을 밑지다 ⑧[<sup>^</sup>素] 원료, 재료¶ スープの~ 스프 원료

慣用句
─はと言<sup>い</sup>えば 시초·원인을 따지면
─も子<sup>こ</sup>も無<sup>な</sup>くなる 원금도 이자도 없어지다, 깡그리 없어지다
─を糺<sup>ただ</sup>せば 원인·근원을 밝힌다면

もとい【基】근본, 기초, 토대¶ ~を築<sup>きず</sup>く 근본을 세우다

もと うた【本歌·元歌】①개사하기 전의 원래의 노래 ② → ほんか(本歌) ①

もどかし・い 形 답답하다, 안타깝다¶ うまく言<sup>い</sup>えないで~ 잘 말할 수 없어 답답하다

もと き【本木】①나무 밑동 ⇔ 末木<sup>うらき</sup> ②(전남편·전처 등) 전에 관계가 있던 사람

慣用句
─に勝<sup>まさ</sup>る末木<sup>うらき</sup>無<sup>な</sup>し 몇 번 바꾸어 보아도 처음 것이 제일 좋다, 구관이 명관

もどき【<sup>^</sup>擬】(造語)((명사에 붙어))…과 비슷함, …조, …두·마갈이¶ 芝居<sup>しばい</sup>~の言<sup>い</sup>いまわし 연극조의 말투

もと きん【元金】원금 ①자본금, 밑천= 元手<sup>もとで</sup>¶ ~が足<sup>た</sup>りない 밑천이 부족하다 ②본전¶ ~に利子<sup>りし</sup>をつける 원금에 이자를 붙이다

もど・く【<sup>^</sup>擬く】他四(文) ①거역하여 비난하다, 악평하다 ②모방하다, 흉내내다

もと ごえ【元肥·基肥】【農】기비, 밑거름

もと ごめ【元込め】후장(後裝), 총신·포신의 뒤에서 탄환을 장전함 ⇔ 先込<sup>さきご</sup>め

もと じめ【元締(め)】①회계를 총괄하는 역할, 그런 사람 ②전체를 총괄하는 역할, 그런 사람, 십장= 総<sup>そう</sup>~ 총책(임자) ¶ 暗黒街<sup>あんこくがい</sup>の~ 암흑가의 보스

もど・す【戻す】他五 ①(본디 위치·상태로) 되돌리다¶ 借<sup>か</sup>りたお金<sup>かね</sup>を~ 꾼 돈을 갚다/ 話<sup>はなし</sup>をもとへ~ 이야기를 처음으로 되돌리다 ②뒤로 돌리다¶ 時計<sup>とけい</sup>の針<sup>はり</sup>を~ 시계 바늘을 뒤로 돌리다 ③토하다, 게우다¶ 薬<sup>くすり</sup>を~ 약을 토하다

もと せん【元栓】(가스관 등의) 계량기 옆의 개폐 장치¶ ~を閉<sup>し</sup>める 코크[꼭지]를 잠그다

もと だか【元高】①(이자·이율 등의 계산에서) 원금 ②원가

もと だね【元種】원료, 원재료

もと ちょう【元帳】【經】원장= 原簿<sup>げんぼ</sup>¶ ~に記入<sup>きにゅう</sup>する 원장에 기입하다

もと づ・く【基づく】自五 입각하다, 의거하다, 기인하다¶ 事実<sup>じじつ</sup>に~報告書<sup>ほうこくしょ</sup> 사실에 입각한 보고서

もと づめ【元詰(め)·本詰(め)】(제조원에서) 제품을 병·깡통에 채움, 그런 상품

もと で【元手】①자금, 자본¶ ~が要<sup>い</sup>る 자본이 든다 ②밑천¶ 体<sup>からだ</sup>が~だ 몸이 밑천이다

もと どおり【元通り】名 이전과 같음, 원래 대로임¶ ~にする 원래대로 하다

もとどり【<sup>×</sup>髻】(일본식) 상투= たぶさ

**もとなり【本生り・本成り】** (식물의) 덩굴·줄기의 밑 부분에 열매가 열림, 그런 열매
**もとね【元値】** 원가¶〜で売る 원가로 팔다
**もとぶね【本船】** ①본선, 모선 ②난바다에 있으면서 거룻배로 뭍과 연락하는 큰 배
**もとへ【元へ】**感 ①(체조 등의 구령) 바로! (고치 말할 때) 아니, 다시 말해서
**もとみや【本宮】** ①神社의 본사 ②(神社의) 본전(本殿)
**もとめ【求め】** ①요구, 청구, 주문¶〜に応じる 요구에 응하다 ②구매, 구입
**もとめて【求めて】**副 자진해서, 일부러, 사서¶〜苦労을する 사서 고생하다
**もと・める【求める】**他下一 ①구하다, 바라다¶平和를〜 평화를 바라다 ②찾다, 구하다¶解決の手がかりを〜 해결의 실마리를 찾다 ③요구하다, 촉구[재촉]하다¶反省を〜 반성을 촉구하다 ④청하다, 요청하다¶助けを〜 도움을 청하다 ⑤사다, 구입하다¶切符を〜 차표를 사다
**もともと【元元】**Ⅰ名 본전치기, 득실이 없음¶失敗しても〜だ 실패해도 본전치기다 Ⅱ副 원래, 본디¶彼は〜慎重派だ 그는 본디 신중파이다
**もとゆい【元結(い)】** (일본식) 상투끈
**もとより【元より・固より・素より】**副 ①처음부터, 원래¶〜失敗は覚悟の上だ 처음부터 실패는 각오한 바이다 ②말할 것도 없이, 물론¶〜あなたの責任ではない 물론 당신의 책임은 아니다
**もどり【戻り】** ①(원상태로) 되돌아감 ②귀가, 귀로¶〜道 귀로/ 〜がおそい 귀가가 늦다 ③(낚싯바늘·뜨개바늘 등의) 미늘
**もどりがけ【戻り掛け】** 되돌아오려 할 때, 돌아오는 도중¶〜に立ち寄る 돌아오는 도중에 들르다
**もどりづゆ【戻り梅雨】** 장마가 끝난 뒤에 다시 장마처럼 비가 옴 = 返り梅雨
**もと・る【悖る】**自五 어긋나다, 위배되다¶人道に〜 인도에 어긋나다
**もど・る【戻る】**自五 ①(본래의 자리·상태로) 되돌아오다, 되돌아가다¶席に〜りなさい 자리로 되돌아가세요 ②(수중에) 되돌아오다¶税金が〜 세금이 환급되다 ③(오던 길로) 되돌아오다, 되돌아가다¶今来た道を〜 지금 왔던 길을 되돌아가다
**もなか【最中】** 찹쌀가루 반죽을 얇게 구운 것에 팥소를 넣은 일본 과자 **—の月** 보름달
**もぬけ【蛻・裳抜け】** (뱀·매미 등이) 허물을 벗음, 그런 허물 **—の殻** ①(뱀·매미 등의) 허물 ②사람이 빠져 나간 뒤¶隠れ家はすでに〜だった 은신처는 이미 텅 비어 있었다 ③혼백이 나간 시체
**ものⅠ**終助 호소·읍소·불만의 기분을 담아서 변명이나 이유를 말할 때 씀, …한 걸 뭐, …한 걸요¶だって、知らなかったんです〜 하지만 몰랐는 걸요/ わたしの勝手だもん 내 맘인 걸 뭐 ▷구어로는 「もん」이라고도 함 Ⅱ

接助 순접·이유를 나타냄, …이니, …이므로, …인걸¶女だです〜恋をする 여자이므로 사랑을 한다/ 忙しいんだ〜、行けない 바쁘단 말이야 갈 수 없어
**もの【物】**Ⅰ名 ①(감각·사고의 대상이 되는) 것, 일¶印象に残る〜 인상에 남는 ②(구체적이며 감각적으로 포착되는) 물건, 물체¶〜と〜がぶつかる 물체와 물체가 부딪치다 ③(매매·수여의 대상으로서의) 물건, 물품¶〜不足 물품 부족/ 〜をもらう 물건을 받다 ④대상을 막연하게 표현하는 말, 무엇, 그것, 일¶〜を書く 무엇을 쓰다/ 〜の役に立てる 일에 활용하다 ⑤혼, 귀신¶〜につかれる 귀신 들리다 ⑥(고려할 만한 가치가 있는) 물건, 문제¶〜の数には入らない (물건) 축에도 들지 못하다, 대수롭지 않다 ⑦(소유하는) 것, 물건, 소유물¶自分のにする 자기 것으로 하다 ⑧이치, 사리¶よく〜のわかる人 이치를 잘 아는 사람 ⑨《形式》(「〜だ」의 꼴로) ㉠(마땅히) 하는 법이다¶何でも見ておく〜だ 무엇이든지 보아 둬야 하는 법이다 ㉡(보편적으로) …한 것이다¶世の中は〜だ 세상이란 그런 것이다 ㉢(감동·강조) …구나, 군, …했지¶よくやった〜だ 용케도 해냈군/ 会いたい〜だ 만나고 싶구나 Ⅱ接頭 (형용사·形容動詞에 붙어) ①왠지 그렇다는 뜻을 나타냄, 어쩐지¶〜寂しい 어쩐지 쓸쓸하다/ 〜静かだ 어쩐지 조용하다 ②자못 그렇다는 뜻을 나타냄, 매우¶〜珍しい 매우 진귀하다 Ⅲ接尾 ①어떤 범주에 속한 것임을 나타냄, …물, …것¶春〜 봄철 옷/ 時代〜 시대물 ②어떤 지방에서 생산되는 물건임을 나타냄, …산(産)¶北海〜 북해산 ③(동사 連用形에 붙어) 그 결과로 생긴 것임을 나타냄¶干し〜 말린 것/ 塗り〜 칠기 ④어떤 동작의 대상이 됨을 나타냄, 것, 거리, 감¶食べ〜 먹을 것/ 読み〜 읽을 거리

〔慣用句〕
**—が分かる** 사리를〔물정을〕알다
**—とする** 「…しなければならない」의 일반화된 말투, …해야 한다, …하지 않으면 안된다
**—ともしない** 문제시하지 않다, 개의치 않다
**—にする** 제것으로 만들다 ①습득하다 ②완성하다¶저 손에 넣다
**—になる** 훌륭한〔상당한〕 인물·사물이 되다
**—の分かった人** 사리를 잘 아는 사람
**—は考えよう** 만사는 생각하기 나름
**—は相談** ①매사에 남과 의논하는 것이 좋다 ②남에게 상의하거나 부탁할 때 꺼내는 말¶〜だが… 상의할 말이 있는데…
**—は試し** 일은 실지로 해보아야 알 수 있다
**—も言いようで角が立つ** 말이란 하기에 따라 상대방의 감정을 상하게 하는 수가 있다
**—を言う** 말하다 ①말을 하다 ②효력·효과가 나타나다¶経験が〜 경험이 말한다
**—を言わせる** 효력이 나타나게 하다, 힘을

발휘하게 하다¶ 金力に~ 돈의 힘을 빌다
**もの** [者] 상대를 깔보거나 격식을 차려 말할 때 씀. 자. 사람¶ 十八歳の未満の~ 18세 미만인 자/ そういう~はいない 그런 사람은 없다
**モノ** (mono) 모노 ①[造語] 단일의, 하나의 ②「モノラル」의 준말 —レール (monorail) [交] 모노레일. 단궤 철도 —ローグ (monologue) [劇] 모놀로그 ①[독백 ②1인극= モノドラマ
**もの あんじ** [物案じ] [名] [自スル] 생각[근심]에 잠김¶ ~顔 생각에 잠긴 얼굴
**もの いい** [物言い] ①말씨, 말투¶ 乱暴な~ 난폭한 말투 ②이의를 주장함, (특히 일본 씨름에서 주심의 판정에 대해) 이의를 제기함¶ ~がつく 이의가 제기되다 ②언쟁, 말다툼¶ ~の種になる 언쟁의 원인이 되는
**もの い・う** [物言う] [自五] 말하다 ①말을 하다 ②효력을[효과를] 나타내다, 위력을 발휘하다¶ かねが~世の中 돈이 위력을 발휘하는 세상 ③옳음을 주장하다, 증명하다¶ 事実が~ 사실이 말한다

[慣用句]
—・えば唇寒し秋の風 ①남의 험담을 하면 자신도 뒷맛이 씁쓸하다 ②공연히 쓸데없는 말을 하면 화를 자초한다

**もの いみ** [物忌(み)] [名] [自スル] [民] 일정 기간 행동이나 음식을 삼가고 심신을 깨끗이 하여 부정을 피함, 재계(齋戒)
**もの いり** [物入り] [名] [ナ] 돈[비용]이 듦¶ 最近は~が多い 최근에는 돈 드는 일이 많다
**もの いれ** [物入れ] 물건을 넣어 두는 곳·자루·상자¶ 廊下の~ 복도의 물건 넣는 곳
**もの う・い** [物憂い·懶い] [形] [文] 어쩐지 나른하고 마음이 내키지 않다, 깨나른하다¶ ~気分 깨나른한 기분
**もの うり** [物売り] 도붓장수, 행상¶ ~の声 도붓장수의 목소리
**もの おき** [物置] 헛간, 곳간, 광= 納屋 ¶ 裏の~ 뒤란의 광
**もの おじ** [物怖じ] [名] [自スル] 겁을 먹음, 주눅이 듦¶ ~しない子 겁이 없는 아이
**もの おしみ** [物惜しみ] [名] [自スル] 물건을 아까워 함, 인색함¶ ~して貸さない 인색해서 빌려주지 않다
**もの おそろし・い** [物恐ろしい] [形] 어쩐지 두렵다[무섭다]¶ ~気配がする 어쩐지 두려운 느낌이 들다
**もの おと** [物音] (무슨) 소리¶ 二階で変な~がする 2층에서 이상한 소리가 나다
**もの おぼえ** [物覚え] ①기억, 기억력¶ ~が悪い 기억력이 나쁘다 ②(사물을) 배워서 익힘¶ ~が早い 배워서 익히는 것이 빠르다
**もの おもい** [物思い] 생각에 잠김, 근심, 수심¶ ~にふける 수심에 잠기다
**もの おも・う** [物思う] [自五] [文] 생각에 잠기다, 근심[번민]하다¶ ~年ごろ 번민하는 나이
**ものか** [終助] 반어·강한 부정·강한 결의를 나타냄. …할까보냐, …할 게 뭐야, …하나 봐라

¶ だれがお嫁に行くく~ 누가 시집을 가나 봐라/ そんなことがある~ 그런 일이 있을 게 뭐야
**もの かき** [物書き] ①글 쓰는 것을 직업으로 하는 사람 ②서기 ③대서인
**もの かげ** [物陰] (어떤 것에) 가려서 보이지 않는 곳, 그늘¶ ~に隠れる 그늘에 숨다
**もの かげ** [物影] 무엇인가의 그림자¶ ~がよぎる 무엇인가가 (스쳐) 지나가다
**もの がた・い** [物堅い] [形] 예의바르고 올곧다, 견실하다¶ ~人物 예의바르고 올곧은 은 인물
**もの がたり** [物語] ①이야기 (내용) ②들기에도 눈물나는 이야기 ②설화, 전설¶ 沼にまつわる~ 늪에 얽힌 전설 ③[文] (平安) 시대에서 鎌倉 시대에 걸쳐 쓰여진) 산문 형식의 문학 작품¶ 軍記~ 군담 소설
**もの がた・る** [物語る] [他五] [文] ①이야기하다, 말하다 ②一部始終を~ 자초지종을 이야기하다 ②가리키다, 설명하다¶ 事故を~情景 사고를 말해 주는 정경
**もの がなし・い** [物悲しい] [形] [文] 어쩐지 슬프다, 구슬프다, 서글프다¶ ~笛の音 구슬픈 피리 소리
**ものかは** [連語] [文] 문제가 되지 않다, 아랑곳하지 않다¶ 強い雨をも~出発した 세찬 비도 아랑곳하지 않고 출발했다
**ものぐさ** [物臭] [名] [ナ] 무엇을 하기 귀찮아함, 그런 성질의 사람¶ ~な人 게으른 사람
**もの ぐるい** [物狂い] [文] ①발광, 광기, 미치광이 ②[劇] (能楽) 등에서) 자식·연인을 잃고 흥분 상태에 빠지는 연기를 함, 그런 사람
**もの ぐるおし・い** [物狂おしい] [形] 미친 듯하다, 미칠 것 같다¶ ~思い 미칠 듯한 심정
**もの ごい** [物乞い] [名] [自スル] [文] ①구걸, 동냥¶ ~して歩く 구걸하며 돌아다니다 ②거지, 비렁뱅이= こじき
**もの ごころ** [物心] 물정을 아는 마음, 철, 분별¶ ~がつく 철이 들다
**もの ごし** [物腰] 사람을 대하는 태도·언동¶ 柔らかな~ 부드러운 언동
**もの ごし** [物越し] 너머, 건너¶ ~に中をうかがう 너머로 안을 살펴보다
**もの ごと** [物事] (일체의) 사물, 매사¶ ~に気をつける 매사에 조심하다/ ~の道理をわきまえる 사물의 도리를 분별하는
**もの さし** [物差(し)·物指(し)] ①자¶ ~をあてる 자를 대다 ②기준, 척도¶ 考え方の~がちがう 사고 방식의 기준이 다르다
**もの さびし・い** [物寂しい·物淋しい] [形] 어쩐지 쓸쓸하다= うらさびしい ¶ ~秋の夕暮れ 어쩐지 쓸쓸한 가을의 해질녘
**もの さわがし・い** [物騒がしい] [形] ①떠들썩하다, 소란스럽다¶ 外が~ 밖이 소란스럽다 ②(세상이) 어수선하다, 뒤숭숭하다¶ ~世の中 어수선한 세상
**もの しずか** [物静か] [ナ] ①고요함, 조용함¶ ~な場所 조용한 곳 ②(언행이) 침착함, 차

분함¶ ～な態度ﾄﾞ 차분한 태도
**ものしらず** [物知らず·物識らず] ①무식함, 그런 사람 ②도리·물정을 모름, 그런 사람¶ ～にもほどがある 물정을 몰라도 정도가 있다
**ものしり** [物知り·物識り] 박식함, 그런 사람¶ ～顔ｶﾞｵ 박식한 체하는 얼굴
**ものずき** [物好き] 名ﾅ 색다른 것을 좋아함, 그런 사람¶ ～な人ﾋﾄ 색다른 것을 좋아하는 사람/ この雨ｱﾒに出ﾃﾞかけるとは～だ 이런 비를 맞고 나가다니 별난 성미로군
**ものすご·い** [物凄い] 形 ①매우 무섭다, 끔찍하다¶ ～形相ｷﾞｮｳｿｳ 매우 무서운 얼굴 ②굉장하다, 대단하다¶ ～人気ﾆﾝｷ 대단한 인기/ ～·く難ﾑｽﾞかしい 굉장히 어렵다
**ものすさまじ·い** [物°凄まじい] 形 무시무시하다, 대단하다¶ ～顔ｶﾞｵつき 무시무시한 표정
**もの·する** [物する] 他 ｻ変 文 ①(무엇을) 하다, 행하다¶ 大事業ﾀﾞｲｼﾞｷﾞｮｳを～ 큰 사업을 벌이다 ②(글을) 쓰다, 짓다¶ 一句ｲｯｸを～ (시문을) 한 구 짓다
**ものだね** [物種] ①사물의 근본이 되는 것¶ 命ｲﾉﾁあっての～だ 우선 목숨을 부지하고 볼 일이다 ②(초목의) ～ 씨 = 種物ﾀﾈﾓﾉ
**ものたらな·い** [物足らない] 形 → ものたりない
**ものたりな·い** [物足りない] 形 뭔가 부족하다 (미흡하다), 어쩐지 섭섭하다 [아쉽다]¶ ～成績ｾｲｾｷ 좀 미흡한 성적/ うどん一杯ｲｯﾊﾟｲでは～ 우동 한 그릇으로는 뭔가 부족하다
**ものづくし** [物尽(く)し] 같은 종류의 것을 열거하기¶ 食ﾀﾍﾞ～ 음식물 이름 열거하기
**ので** 接助 ①(원인·이유) …때문에, …므로¶ ひどい交通渋滞ｼﾞｭｳﾀｲな～, 遅ｵｸれてしまいました 심한 교통 체증 때문에 늦어 버렸습니다 ②(주윽·변명으로서 서두를 말함) …게도¶ 早ﾊﾔい～, もう十年ｼﾞｭｳﾈﾝになります 빠르군요 벌써 10년이 되었습니다/ おかしな～, いつまでも忘ﾜｽれられません 이상하게도, 언제까지나 잊어버릴 수 없습니다
**ものですか** 助 → ものか 助
**ものども** [者共] Ⅰ 名 많은 사람들 Ⅱ 代 文 많은 부하들을 부르는 말, 너희들, 모두들¶ ～, 用意ﾖｳｲはよいか 모두들 준비는 되었느냐
**ものとり** [物取り] 도둑질, 도둑¶ ～に入ﾊｲられる 도둑이 들다
**ものなら** 接助 ①(명령·희망의 표현이 딸리어) (차라리) …이라면, 이라면 차라리¶ 別れの朝ｱｻをいさぎよく 어차피 헤어질 것이라면 헤어지는 아침을 미련없이 ②(의지·추측의 조동사「う·よう」에 붙어) 그렇게 되면 큰 일이 난다는 가정 조건을 나타냄¶ …할 것 같으면〕 うそなどつこう～, 決ｹｯして許ﾕﾙさないから 거짓말 따위를 한다면 결코 용서하지 않을테니까 ③(가능을 뜻하는 말에 붙어 명령·희망의 표현이 딸리어) 불가능하다고 생각되는 조건을 나타냄, …이라면 〔やれる～, やってみろ 할 수 있다면 해보아라
**ものならば** 助 → ものなら 助
**ものな·れる** [物慣れる] 自下一 ①익숙해지다, 능란해지다¶ ～·れた手付ﾃﾂﾞき 익숙한 솜씨 ②세지(世智)에 능하다¶ ～·れた人ﾋﾄ 세지에 능한 사람

**ものの** 接助 어떤 사항을 일단 인정하면서도 그에 어긋난 사항을 서술·주장하는 관계를 나타냄, …(하기는) 하였지만, (하기는) 했으나¶ 来ｷた～, まるで楽ﾀﾉしくない 오기는 했지만 조금도 즐겁지 않다/ 春ﾊﾙとはいう～, 花ﾊﾅの遅ｵｿきがもどかしい 봄이라고는 하지만 꽃 소식이 늦어 애가 탄다
**ものの** 連体 《(수를 나타내는 말 앞에 붙어)》 특별히 내세울〔문제삼을〕만한 것¶ 十分ｼﾞｭｯﾌﾟﾝもたたないうちに 불과 10분도 지나기 전에/ 一キロも歩ｱﾙいたころ 고작 1킬로쯤 걸었을 무렵
**もののあわれ** [物の哀れ] 〈인생·자연에 대해 느끼는〉 무상한 정감·정취¶ ～が身ﾐにしみる 무상함이 몸에 스미다
**もののかず** [物の数] 《흔히 부정의 말이 딸리어》 특별히 내세워〔문제삼을〕 만한 것¶ ～ともせず 대수롭지 않게/ ～に入ﾊｲらない 축에도 못 든다, 대수롭지 않다
[慣用句]
─ではない 대단한 것이 못 된다, 문제가 되지 않는다
**もののぐ** [物の具] ①도구, 가구류와 일상 집기 ②무기, (특히) 투구·갑옷 ③에스러운 말
**もののけ** [物の気·物の°怪] 사람을 괴롭히는 원령, 귀신¶ ～に取ﾄり付ﾂかれる 귀신 들리다
**もののじょうず** [物の上手] 連語 예도(藝道) 등에 뛰어난 사람
**もののついで** [物の°序で] 連語 …하는 김에, 그 기회에 = 事ｺﾄのついで
**もののどうり** [物の道理] 連語 〈사물의〉 당연한 도리·사리, 이치¶ ～をわきまえた人ﾋﾄ 세상 물정을 분간할 줄 아는 사람
**もののはずみ** [物の弾み] 連語 사소한 계기, 그때의 추세¶ ～でけんかになった 사소한 계기로 싸움이 벌어졌다
**もののほん** [物の本] 책, 어떤 책¶ ～によれば 어떤 책에 의하면
**もののみごとに** [物の見事に] 連語 ①정말 멋지게, 썩 훌륭하게¶ ～やってのけた 멋들어지게 해치웠다 ②완전히¶ ～失敗ｼｯﾊﾟｲした 완전히 실패했다
**ものび** [物日] 축제일, 명절 = 紋日ﾓﾝﾋﾞ
**ものほし** [物干(し)] 빨래를 말림, 그런 장소¶ ～場 빨래 건조장/ ～ざお 바지랑대
**ものほしげ** [物欲し気] 形動 탐나는 듯한 모양, 갖고 싶어하는 기색¶ ～な顔ｶﾞｵ 갖고 싶어하는 얼굴
**ものほしそう** [物欲しそう] 形動 → ものほしげ
**ものまなび** [物学び] 文 사물을 배움, 학문
**ものまね** [物〈真似〉] 흉내¶ ～がうまい 흉내를 잘 내다
**ものみ** [物見] ①구경, 관광 ②척후, 파수¶ ～の兵ﾍｲ 보초병/ ～を放ﾊﾅつ 척후를 내보내다 ③망루 ④(귀인이 타던) 牛車ｷﾞｯｼｬ·배 등의 창
**─高ﾀﾞｶい** 形 호기심이 많다, 구경하기 좋아하

다 **一遊山**잔 관광 유람
**もの めずらし・い** [物珍しい] 形 매우 신기하다, 진기하다 ¶ **~風景**ふうけい/~・そうに眺ながめる 신기한 듯이 바라보다
**もの もう・す** [物申す] Ⅰ 自五 (文) ①고하다, 말씀을 올리다 ②항의하다, 불평하다 ¶ 当局者とうきょくしゃに~ 당국자에게 항의하다 Ⅱ 感 옛날에 남의 집을 방문하여 안내를 청할 때 하던 말. 이리 오너라, 여봐라 = **物申**ものもう
**もの もち** [物詣で] 名 スル (절·神社じんじゃ에) 참배함, 참예 = **参詣**さんけい
**もの もち** [物持ち] ①부자, 재산가 ¶ 村一番むらいちばんの~ 마을에서 제일 가는 부자 ②물건을 소중히 오래 씀 ¶ ~のよい人ひと 물건을 소중히 오래 쓰는 사람
**ものものし・い** [物物しい] 形 삼엄하다, 장엄하다, 어마어마하다, 거창하다 ¶ ~**警戒**けいかい 삼엄한 경계망/~**いでたち** 거창한 차림새
**もの もらい** [物貰い] ①거지 = こじき ②다래끼 ¶ ~**が出来**できる 다래끼가 나다
**もの やわらか** [物柔らか] ナ (말씨·태도가) 부드러움, 온화함, 차분하다, 점잖음 ¶ ~**な態度**たいど 점잖은 태도/~**に応対**おうたい**する** 부드럽게 응대하다
**モノラル** (monaural) 모노럴. 단일 채널의 재생 방식. (녹음 방식의 녹음·레코드) ⇔ **ステレオ**
**もの わかり** [物分(か)り] 이해, 이해심, 이해력 ¶ ~**が早**はやい 이해가 빠르다/~**がいい** 이해심이 있다
**もの わかれ** [物別れ] 결렬 ¶ **会談**かいだん**は~に終**おわった 회담은 결렬되었다
**もの わすれ** [物忘れ] 名 自スル 잘 잊어버림, 건망 ¶ ~**がひどい** 건망증이 심하다
**もの わらい** [物笑い] 비웃음, 조소 ¶ ~**の種**たね**になる** 비웃음거리가 되다
**ものを** Ⅰ 接助 불만·반발이나 회한·애석한 마음을 담아 역접의 뜻을 나타냄. …(하)련만, …것을, …텐데 ¶ **言**いえばいい~、**一人**ひとり**で悩**なやんでいる 말하면 좋으련만 혼자서 고민하고 있다/ **やればできる**~、**どうして努力**どりょく**しないのか** 하면 될 텐데 어째서 노력하지 않는 걸까? Ⅱ 終助 불만·애석한 마음이 담긴 영탄을 나타냄. …것을, …련만, …텐데 ¶ **捨**すてておいてくれればよい~ 내버려 두면 좋을 텐데/ **もっと早**はやく**来**くればよい~ 좀더 빨리 오면 좋으련만
**も ば** [藻場] [水] 해조·해초가 밀생해 있는 곳
**も はや** [*最早] 副 이제는, 이미, 벌써 ¶ ~**手遅**ておくれだ 이미 늦었다/~**我慢**がまん**ができない** 이제는 참을 수 없다
**も はん** [模範] 모범 ¶ ~**的**てき**な学生**がくせい 모범적인 학생/~**を示**しめ**す** 모범을 보이다
**も ふく** [喪服] 상복 ¶ ~**を着**きる 상복을 입다
**も ほう** [模倣・*摸倣] 名 他スル 모방 ¶ **作風**さくふう**を~する作品**さくひん 작품을 모방하다
**も ほん** [模本・*摸本] (文) ①모사한 책 ②글씨본, 그림본 ¶ **書道**しょどう**の~** 서도의 글씨본
**も また** [*亦・も*亦] 한자「亦」의 호칭 ▷ 한

문에서 주로「…も亦*まふた*」로 쓰는 데서
**もま・れる** [揉まれる] 自下一 ①몹시 흔들리다 ¶ **大波**おおなみ**に~** 큰 파도에 흔들리다 ②시달리다, 부대끼다 ¶ **世間**せけん**の荒波**あらなみ**に~** 세상의 거친 풍파에 시달리다
**もみ** [*籾] ①벼, 뉘 ②겉겨, 겨, 왕겨
**もみ** [紅・〈紅絹〉] 홍견. 홍색 무지의 비단
**もみ** [*樅] [植] 전나무
**もみあい** [*揉(み)合い] ①서로 밀고 당김, 밀치락달치락함 ②[經] (거래소에서) 시세가 소폭으로 자주 등락하여 불안정함
**もみあ・う** [*揉み合う] 自五 ①서로 비비대다, 밀치락달치락하다 ¶ **群衆**ぐんしゅう**が~** 군중이 밀치락달치락하는 모양을 벌이다, ②옥신각신하다 ¶ **会議**かいぎ**で~** 회의에서 옥신각신하다
**もみあげ** [*揉み上げ] 살쩍, 귀밑털
**もみうら** [紅裏・〈紅絹〉裏] 홍견으로 안감을 댐, 그런 안감
**もみがら** [*籾殻] 겉겨, 왕겨, 등겨 = もみぬか
**もみくちゃ** [*揉みくちゃ] 名 (口) ①비비대어 몹시 구겨짐 ¶ ~**の紙**かみ 비벼서 구겨진 종이 ②많은 사람이 붐벼서 몹시 시달림 = **もみくしゃ** ¶ **満員電車**まんいんでんしゃ**で~にされる** 만원 전차에서 몹시 시달리다
**もみけ・す** [*揉み消す] 他五 ①비벼서 끄다 ¶ **たばこの火**ひ**を~** 담뱃불을 비벼 끄다 ②무마하다, 쉬쉬하여 수습하다, 얼버무리다 ¶ **不祥事**ふしょうじ**を~** 불상사를 무마하다
**もみごめ** [*籾米] 벼 = もみ
**もみじ** [紅葉] ①단풍, 단풍잎 ¶ **流**ながれに散**ちり浮**うく~ 흐르는 (강)물에 떨어져 뜬 단풍잎 ②「かえで」의 딴이름 ¶ ~**のような手**て 단풍잎 같은 손 一葵あおい 촉규화 一卸おろし 무와 고추 또는 당근을 함께 강판에 간 양념 一狩がり 단풍놀이
[慣用句]
一**を散**ちら**す** 부끄러워서 얼굴을 붉히다
**もみすり** [*籾*摺り] 매갈이
**もみで** [*揉み手] (사과·부탁 등을 할 때) 두 손을 비빔 ¶ ~**をして頼**たの**む** 두 손을 비비며 부탁하다
**もみぬか** [*籾*糠] 등겨, 왕겨 = **籾殻**もみがら
**もみりょうじ** [*揉み療治] 안마 치료, 안마, 마사지 = あんま
**も・む** [揉む] 他五 ①비비다 ¶ **紙**かみ**を~・んで柔**やわ**らかくする** 종이를 비벼서 부드럽게 하다 ②주무르다, 안마하다 ¶ **肩**かた**を~** 어깨를 주무르다 ③몹시 흔들리다 ¶ **波**なみ**に~・る船**ふね 파도에 몹시 흔들리는 배 ④마음을 졸이다, 애태우다 ¶ **気**き**を~** 조바심하다 ⑤(口) 격론을 벌이다, 토의하다 ¶ **原案**げんあん**の審**しん**議**ぎ**を~・みつづける** 원안의 심의로 토의를 계속하다 ⑥(口) 상대가 되어 단련시키다, 한 수 가르쳐 주다 ¶ **一**ひと**つ~・んでやろう** 한 수 가르쳐 주겠다 ⑦(比) (피동형으로) 시달리다, 시련을 겪다 ¶ **社会**しゃかい**の荒波**あらなみ**に~・まれる** 사회의 거친 풍파에 시달리다
**もめごと** [*揉め事] 다툼, 분규, 옥신각신함 =

**もめる** いざこざ¶ ～を起こす 분규를 일으키다
**も・める**【揉める】 自下一 ①분규가 일어나다, 옥신각신하다¶ 税制問題で～ 세제 문제로 분규가 일어나다 ②(「気が～」의 꼴로) 조바심이 나다, 안절부절못하다
**もめん**【木綿】 목면 ①솜 ②무명실, 무명, 면직물¶ ～いと 무명실 —豆腐 무명을 깐 틀에 흘려 넣어 만든 두부
**もも**【股・*腿】 허벅다리
**もも**【桃】 ①植 복숭아나무 ②복숭아 ③복숭아빛＝桃色
慣用句
—栗三年柿八年 복숭아·밤나무는 3년, 감나무는 8년이 지나야 열매를 맺는다
**ももいろ**【桃色】 도색 ①복숭아빛, 분홍색＝ピンク ②名 남녀의 난잡한 관계¶ —遊戯 도색 유희
**ももじり**【*桃*尻】①승마가 서툴러서 엉덩이가 안장에 잘 자리잡지 못함 ②어떤 장소·일자리에 오래 눌러 있지 못함
**ももだち**【*股立(ち)】 袴의 허리 양 옆에 트인 곳
慣用句
—を取る (활동하기 쉽도록) 袴의 트인 자락을 걸어올려 허리춤에 끼르다
**ももちどり**【百千鳥】 ①수많은 새, 온갖 새 ②「ちどり·うぐいす」의 딴이름
**もものせっく**【桃の節句】 삼월 삼짇날 여자 아이들의 성장을 축하하는 행사＝ひなまつり
**ももひき**【股引(き)】통이 좁은 바지 모양의 남자 옷
**ももやまぶんか**【桃山文化】16세기 말～17세기 초의 호탕함·화려함이 특색인 일본 문화
**ももわれ**【桃割(れ)】머리를 좌우로 갈라 고리를 만들어 뒤꼭지에 붙이고 살짝 부분을 부풀린 소녀의 일본식 머리 모양
**もんがり**【*萌やり】動 하늘다람쥐
**もや**【靄】【氣】안개, 연무(煙霧)¶ ～がかかる 안개가 끼다
**もや**【*母屋·*母家】①몸채, 안채＝おもや ②建 도리, 마룻대
**もやい**【*舫】배를 다른 배나 말뚝 등에 붙들어맴, 그런 밧줄
**もやい**【^催い合い】공동으로 일을 하거나 소유함¶ —傘 공동으로 쓰는 우산／～で使う 공동으로 사용하다
**もやいぶね**【*舫い船】다른 배나 말뚝 등에 붙들어 매놓은 배
**もや・う**【*舫う】他五 (배를) 다른 배나 말뚝 등에 붙들어 매다¶ 柳の木にボートを～·っておく 버드나무에 보트를 매어두다
**もやし**【*萌やし】①숙주나물, 콩나물 ②그늘에서 속성 재배로 발아시킨 채소의 싹
**もや・す**【燃やす】他五 불태우다 ①(물건을) 태우다¶ 紙を～ 종이를 태우다 ②격한 감정을 품다¶ 情熱を～ 정열을 불태우다
**もやもや** I 副 自スル ①연기·김 등이 자욱한 모양, 안개가 끼듯 몽롱한 모양¶ 湯気が～と立つ 김이 자욱이 서리다 ②마음이 답답하고 개운치 않은 모양¶ ～とした気分 답답하고 개운치 않은 기분 ③완전히 해결되지 않고 맺힌 데가 있는 모양 II 名 완전히 해결되지 않은 상태·기분, 응어리＝わだかまり¶ 二人の間には～が残っている 두 사람 사이에는 응어리가 있다
**もよい**【^催い】【造語】文 (명사에 붙어) …할 징조, …할 낌새 [기미]¶ 雪～ 눈이 올 낌새
**もよう**【模様】①무늬, 도안¶ 花な～ 꽃 무늬 ②모양, 상황, 형편¶ 多数が参加する～ 다수가 참가하는 모양／～を見る 상황을 보다 ③징조, 낌새¶ 雪～ 눈이 올 듯한 낌새 —替え 名 他スル ①(실내 장식·배치 등의) 변경¶ 部屋を～する 방의 배치를 바꾸다 ②(예정·방법 등의) 변경
**もよおし**【催し】①회합, 행사, 주최¶ 歓迎の～ 환영 행사 ②징조, 기미 —物 (연예·전시회 등의) 행사
**もよお・す**【催す】 I 他五 ①개최하다, 열다¶ 展覧会を～ 전람회를 열다 ②(어떤 생리적 상태를) 불러 일으키다, 느끼게 하다, 자아내다¶ 吐き気を～ 욕지기가 나다／便意を～ 변이 마렵다 II 自五 (어떤 생리적 상태가) 일어나려고 하다¶ 酔気が～·してきた 취기가 돌기 시작했다
**もより**【最寄り】名 인근, 근처¶ ～の駅 인근 역／～の交番 근처의 지서
**もらい**【*貰い】(口) ①얻음, 얻은 것 ②(팁 등의) 수입
**もらいう・ける**【*貰い受ける】他下一 얻어 갖다¶ 古い机を～ 낡은 책상을 얻어 가지다
**もらいご**【*貰い子】아이를 얻어 기름, 양아이
**もらいさげ**【*貰い下げ】(구속자 등의) 신병(身柄)을 인수함
**もらいちち**【*貰い乳】남의 젖을 얻어 먹임, 동냥 젖＝もらいち
**もらいて**【*貰い手】얻어 [데려] 가는 사람¶ 嫁の～を探す 색시로 데려 갈 사람을 찾다
**もらいなき**【*貰い泣き】名 自スル (남이 우는 데 동정하여) 덩달아 욺¶ 思わず～してしまう 자신도 모르게 덩달아 울어버리다
**もらいび**【*貰い火】①남에게 불씨를 얻어 옴, 그런 불씨 ②딴 데서 난 불이 자기 집까지 옮겨 붙음＝類焼
**もらいみず**【*貰い水】남의 집에서 물을 얻어 옴, 그런 물
**もらいもの**【*貰い物】남한테 얻은 것, 남이 보내준 것
**もらいゆ**【*貰い湯】남의 집 목욕탕에서 목욕을 함¶ 隣の家で～をする 이웃집의 목욕탕에서 목욕을 하다
**もら・う**【*貰う】他五 ①받다, 얻다¶ 給料を～ 급료를 받다／暇を～·って帰る 휴가를 얻어 돌아가다 ②(집으로) 맞아들이다¶ 嫁を～ 아내[며느리]를 맞아들이다 ③떠맡다, 인수하다¶ そのけんかはおれが～·った 그 싸움은 내가 맡았다 ④(승부에) 이기다

次の試合は〜・ったようなものだ 다음 시합은 (내가) 이긴 것이나 마찬가지다 ⑤(補助)…을 하여 받다¶ 助けて〜 도움을 받다/ 医者じゃに見〜で내게 진찰을 받다

**もら・す** [漏らす・ˇ洩らす] [他五] ①새게 하다¶ 水ずも〜・さぬ包囲網ほいもう 물샐틈 없는 포위망 ②(감정을) 드러내다¶ ため息いを〜 한숨을 내쉬다 ③밀고하다¶ 機密きを〜 기밀을 누설하다 ④(본심을) 문득[가만히] 입 밖에 내다¶ 不満まんを〜 불평을 말하다 ⑤빠뜨리다, 놓치다¶ 細大さいだ〜・さず 하나도 빠뜨리지 않고 ⑥(補助) 빠뜨리고 …하다¶ 書かき〜 빠뜨리고 쓰다/ 聞きき〜 미처 못 듣다

**モラトリアム** (moratorium) 모라토리엄 ①[法] 지불 유예 ②청년이 사회인으로 독립하기까지의 준비 기간 一人間じん 모라토리엄 인간

**もり** [森・杜] 숲¶ 神社じんの〜 신사 경내의 숲
**もり** [ˇ銛] 작살¶ 〜で突つく 작살로 찌르다
**もり** [守り)] ①아이를 돌봄, 아이 보는 사람¶ 赤あん坊ぼうのお〜 갓난 아기를 보는 사람 ②지킴, 지키는 사람, 지기¶ 灯台だいの〜 등대지기
**もり** [盛り] ①(그릇에) 담음, 담은 정도¶ 御飯ごはんの〜がいい 밥을 수북이 담다『「盛ざるそば」의 준말

**もりあが・る** [盛(り)上がる] [自五] ①부풀어 오르다, 두두룩해지다¶ 土つちが〜 흙이 두두룩해지다 ②높아지다, 고조되다, 비등하다¶ 気分ぶんが〜 기분이 고조되다/ 世論せが〜 여론이 비등하다

**もりあ・げる** [盛(り)上げる] [他下一] ①(두두룩하게) 돋우다, 쌓아 올리다¶ 土つちを〜 흙을 돋우다/ 皿さらにりんごを〜 접시에 사과를 수북이 담다 ②북돋우다, 앙양하다, 고조시키다¶ 士気きを〜 사기를 북돋우다

**もりあわせ** [盛(り)合(わ)せ] 한 그릇에 몇 종류의 요리를 곁들여 담은 것, 모듬

**もりおか** [盛岡] 岩手いの현의 현청 소재지인 시
**もりかえ・す** [盛(り)返す] [他五] 회복하다, 만회하다¶ 勢力りょくを〜 세력을 회복하다/ 元気きを〜 원기를 회복하다

**もりがし** [盛(り)菓子] (三方ぼうに) 수북이 담아 신불에게 올리는 과자

**もりきり** [盛(り)切り] [名] (음식을) 그릇에 한 번 담을 뿐 추가가 없음= もっきり¶ 〜の飯めし 추가분이 없는 밥 한 그릇

**もりこ・む** [盛(り)込む] [他五] ①(그릇에 여러가지 것을) 함께 담다¶ 重箱じゅうに料理りょうを〜 찬합에 요리를 곁들여 담다 ②포함시키다, 담다¶ 多彩さいな内容ようを〜 다채로운 내용을 담다

**もりころ・す** [盛(り)殺す] [他五] ①독살하다 ②약을 잘못 써서 죽게 하다

**もりじお** [盛(り)塩] (요리집 등에서) 재수 좋으라고 문간 등에 소금을 놓음, 그런 소금

**もりずな** [盛(り)砂] ①쌓아 올린 모래 ②귀인을 맞거나 의식 때 대문 양쪽에 높이 쌓아 올렸던 모래

**もりそば** [盛り〈蕎麦〉] 대발을 깐 나무 그릇에 담은 메밀 국수= もり

**もりだくさん** [盛(り)沢山] [?] (분량·내용이) 풍부함, 다채로움¶ 〜な行事じ 다채로운 행사

**もりた・てる** [盛(り)立てる] ①보살펴 길러내다, 양육하다¶ 幼児ようを〜 어린 아이를 양육하다 ②(옆에서) 지원하다, 보좌하다¶ 新役員やくいんを〜 신임원을 보좌하다 ③부흥시키다, 재건하다¶ 会社かいを〜 회사를 재건하다

**もりつ・ける** [盛(り)付ける] [他下一] (음식을) 그릇에 수북이 담다¶ 刺身みを大皿おざに〜 생선회를 큰 접시에 그득히 담다

**もりつち** [盛(り)土] 흙을 쌓아 지면을 돋움, 그런 흙, 봉토

**もりつぶ・す** [盛(り)ˇ潰す] [他五] 만취하도록 술을 먹이다, 술을 먹여 정신을 잃게 하다

**もりばな** [盛(り)花] ①(꽃꽂이에서) 수반·바구니 등에 꽃을 수북이 꽂음, 그런 꽃꽂이 ② → もりじお

**モリブデン** (독 Molybdän) [化] 몰리브덴

**もりもの** [盛(り)物] ①그릇에 담아 상에 차려 놓는 음식 ②제수(祭需), 공물(供物)

**もりもり** (口) I [副] ①마구 먹어대는 모양¶ 〜と食たべる 왕성하게 먹다 ②맹렬한 기세로 일을 하는 모양¶ 〜と働はたらく 맹렬히 일하다 II [副][自スル] 힘차게 솟아오르는 모양, 불끈불끈, 부쩍부쩍¶ 〜した筋肉きん 불끈불끈 솟은 근육/ 〜力ちからが付つく 부쩍부쩍 힘이 붙다

**もりやく** [守役] 지키거나 뒤를 보살피는 역할, 그런 사람

**も・る** [漏る・ˇ洩る] [自五] (액체·기체 등이) 새다¶ 雨あまが天井じょうから〜 비가 천정에서 새다

**も・る** [盛る] [他五] ①쌓아 올리다¶ 砂すなを〜 모래를 쌓아 올리다 ②(그릇에) 수북이 담다¶ 焼やき魚さかなを皿さらに〜 구운 생선을 접시에 수북이 담다 ③약을 섞어 넣다[먹이다]¶ 毒どくを〜 독약을 섞어 먹이다 ④(내용을) 담다, 포함시키다¶ 憲法ほうに〜・られた条項じょう 헌법에 실려 있는 조항 ⑤(자·저울 등의) 눈금을 새기다¶ 温度計けいなどに目もを〜 온도계에 눈금을 새기다

**モルタル** (mortar) 모르타르
**モルモット** (네 marmot) 모르모트 ①[動] 기니피그 ②[比] 실험 대상이 되는 사람¶ 新製品せいひんの〜になる 신제품의 실험대상이 되다

**モルモンきょう** [モルモン教] [宗] 모르몬교

**もれ** [漏れ・ˇ洩れ] 샘, 누출, 누락¶ 水み〜 물이 샘/ 記入にゅう〜 기입 누락/ ガス〜による爆発事故ばくはつ 가스 누출에 의한 폭발 사고

**もれ・く** [漏れ聞く] [他五] ①얻어듣다, 전문하다¶ 〜ところによると 얻어들은 바에 의하면『「聞きく」의 겸사말

**もれなく** [漏れなく] [副] 빠짐없이, 전부, 죄다¶ 〜記入きにゅうする 빠짐없이 기입하다

**も・れる** [漏れる・ˇ洩れる] [自下一] ①새다¶ 花瓶かびんから水みずが〜 꽃병에서 물이 새다 ②(감정이) 드러나다¶ 笑えみが〜 미소가 번지다 ③누설되다¶ 秘密ひみつが〜 비밀이 누설되

もろ【両・諸】(造語) ①많은, 여러¶~人 많은 사람 ②양쪽, 둘¶~手 양손 ③함께 함¶~寝 동침/~声 일제히 함께 내는 소리
もろ・い【^脆い】形 약하다 ①부서지기(^깨지기) 쉽다, 무르다¶刃が~ 날이 무르다/地震じしんに~建物たてもの 지진에 약한 건물 ②여리다¶情じょうに~ 정에 약하다/涙だ~ 눈물이 헤프다
もろくも【^脆くも】副 맥없이, 간단하게¶~~敗やぶれる 맥없이 지다
もろこ【諸子】(動) 잉어과의 담수어
もろごえ【諸声】(文) 서로 호응하는 소리, 함께 내는 소리¶~に鳴なく 일제히 울다
もろこし【蜀黍】・【唐黍】(植) 수수 = とうきび
もろざし【両差し・^諸差し】(相撲) 양손을 상대방의 겨드랑이 밑에 질러 넣음
もろて【^両手・^諸手】(文) 양손, 쌍수 —突つき (相撲) 상대의 가슴을 양손으로 세게 치기
慣用句
—を挙あげて賛成さんせいする 쌍수를 들고〔무조건〕찬성하다
もろとも【^諸共】副 함께 (함)¶死しなば~ 죽어도 같이 죽다/車くるま~に転落てんらくした 자동차와 함께 굴러 떨어졌다
もろに 副(口) 정면으로, 직접, 완전히¶~ぶつかる 정면으로 부딪치다/~影響えいきょうを受うける 직접 영향을 받다
もろは【^諸刃】양날, 양날의 도검 ⇔ 片刃かたは
慣用句
—の剣つるぎ 양날의 검, 사용 방법에 따라 좋을 수도 있고 나쁠 수도 있음의 비유
もろはく【^諸白】정백미와 누룩으로 빚은 고급 청주 ⇔ 片白かたはく
もろはず【^諸筈】(相撲) 양손 엄지손가락과 다른 네 손가락을 오ㄴ 모양으로 벌려 상대의 겨드랑이 밑이나 가슴에 대고 공격하는 수
もろはだ【両肌・^諸肌】 양어깨의 살갗, 상반신 전체 ⇔ 片肌かたはだ¶~を脱ぬぐ 웃통을 벗어부치다, 전력을 다하다
もろひざ【^両膝・^諸^膝】(文) 양 무릎¶~をつく 양 무릎을 꿇다
もろびと【^諸人】(文) 여러 사람, 모든 사람, 일동¶~こぞりて 여럿이 함께
もろみ【^諸味・^醪】(양조하여) 아직 거르지 않은 술・간장
もろもろ【^諸諸】많은 것, 여러 가지, 제반¶~の問題もんだい 제반 문제/その他~ある 그 밖에 여러 가지 있다
もん【門】曾モン 訓かど | (음)문. Ⅰ (造語) ①출입문, 門前もんぜん 문전・校門こうもん 교문 ②출입・통과하는 곳¶水門すいもん 수문 ③가르침을 받는 장소, 동문¶門下もんか 문하・破門はもん 파문 ④가문, 집안, 일족¶門閥もんばつ 문벌・名門めいもん 명문 ⑤학문・직업 등의 계통이나 분야¶専門せんもん 전문・部門ぶもん 부문 Ⅱ (조) ①출구¶~を閉とざす 문을 닫다 ②스승의 집, 그 문하생 ③(生) 생물 분류학상의 한 단위¶種子植物もん~ 종자식물문 ④(助數) 대포를 세는 말¶大砲たいほう九き~ 대포 9문
慣用句
—に入はいる 입문하다, 제자가 되다
—を叩たたく 문을 두드리다 ①남의 집을 방문하다 ②문하생이 되려고 찾아가다
もん【紋】曾モン | (음)문. Ⅰ (造語) ①무늬¶紋様もんよう 무늬・波紋はもん 파문 ②가문(家紋)¶紋章もんしょう 가문 Ⅱ (조) ①무늬¶波なみを描えがく~ 물결이 그리는 무늬 ②문장, 가문¶葵あおいの~ 접시꽃 모양의 가문
もん【問】曾モン 訓とう・とい・とん | (음)문. (造語) ①묻는다¶問題もんだい 문제・質問しつもん 질문 ②(책임・죄를) 따져 묻다¶問責もんせき 문책・拷問ごうもん 고문 ③방문하다, 문병하다¶弔問ちょうもん 조문・訪問ほうもん 방문 ④(助數) 질문・문제 등을 세는 말¶第三問だいさんもん 제3문
もん【^悶】曾モン 訓もだえる | (음)민. (造語) ①번민하다, 고민하다¶悶死もんし 민사・苦悶くもん 고민 ②뒤엉키다, 옥신각신하다¶~争そう 분쟁
もん【文】①옛날 돈의 단위. 문. 문¶一~の値打ちうちもない 한 푼의 값어치도 없다 ②구두・양말 등의 치수. 문¶十~~の靴 10문짜리 구두 ③글, 문장 = ぶん
もんいん【門院】옛날 조정에서 天皇てんのう의 생모나 후궁 등에게 내린 칭호
もんえい【門衛】수위, 문지기 = 門番もんばん
もんおり【紋織(り)】문직, 솟을무늬로 짠 직물
もんか【門下】문하, 문하생, 제자¶~に入はいる 문하에 들어가다 —生せい 문하생
もんがい【門外】문외 ①문 밖, 집 밖 ⇔ 門内もんない ②전문이 아닌 —漢かん ~の意見いけん 문외한의 의견 —不出ふしゅつ 문외 불출, 비장(秘藏)하여 집 밖에 내보내지 않음¶~の宝物ほうもつ 비장의 보물
もんがまえ【門構え】①대문을 세움, 그 구조・꾸밈새¶立派りっぱな~の家いえ 대문의 꾸밈새가 훌륭한 집 ②(한자 부수의) 문문부 ▷「間・関」の「門」부분= かどがまえ
もんがら【紋柄】무늬의 모양
もんかん【門鑑】문감, 문의 출입증¶~を見せる 출입증을 보이다
モンキー (monkey) 멍키 ①원숭이 ②「モンキースパナ・モンキーレンチ」의 준말 —スパナ (일 monkey spanner) (工) 멍키 스패너 —レンチ (monkey wrench) (工) 멍키 렌치, 멍키 스패너
もんきりがた【紋切(り)型・紋切(り)形】①무늬를 오려내기 위한 본 ②틀에 박힌 양식임¶~のあいさつ 틀에 박힌 인사
もんく【文句】①문구, 글귀¶名~ 명문구/~を練ねる 글귀를 다듬다 ②할말, 불평, 불만¶~を言いう 불평하다/~があるなら言いってみろ 할말이 있으면 말해봐 —無なし 불만 없음, 이의 없음
慣用句
—を付つける 트집을 잡다

**もんげん** [門限] (밤에) 문닫는 시각. 폐문 시간¶ ~におくれる 폐문 시간에 늦다
**もんこ** [門戸] (文) 문. 출입구¶ ~を閉ざす 문호를 닫다 ②일가. 일파¶ ~を成す 일가를 이루다 **—開放**ホラ 문호 개방
〖慣用句〗
**—を張**ハる ①일가를 이루다 ②집을 치장하여 허세를 부리다 ③일파를 세우다
**もんごん** [文言] 문언. 문장 속의 어구. 문구
**もんざい** [問罪] 名 自スル 문죄. 죄를 캐물음
**もんさつ** [門札] 문패= 表札ᡑ¶ ~をかける 문패를 달다
**もんし** [門歯] 〖生〗문치. 앞니= 前歯ᡑ
**もんし** [*悶死] 名 自スル 민사. 고민하다 죽음
**もんしゃ** [紋*紗] 솟을무늬로 짠 비단
**もんしゅ** [門主·門首] 〖佛〗①일문의 법통을 이은 절의 주지 ②本願寺ᡑᡑの 주지
**もんじゅ** [門殊]「文殊菩薩ᡑᡑ」의 준말 **—菩薩**ᡑ 〖佛〗문수 보살
〖慣用句〗
**—の知恵**ᡑ 문수 보살의 뛰어난 지혜
**もんじょ** [文書] 문서= ぶんしょ¶ 古~ 고문서 ▷ 예스러운 말
**もんしょう** [紋章] 문장. 집안·단체를 상징하는 표지= 紋ᡑ·紋所ᡑᡑ
**もんしょう** [文章] 가문「ぶんしょう(文章)」의 예스러운 말. 문장
**もんしろちょう** [紋白*蝶] 〖動〗배추흰나비
**もんしん** [問診] 名 他スル 문진 症状ᡑᡑにつ いて~する 증상에 대해서 문진하다
**もんじん** [門人] 문인. 문하생. 제자
**もんすう** [文数] 구두 등의 크기를 나타내는 숫자. 문수¶ ~が合ᡑわない 문수가 맞지 않다
**モンスーン** (monsoon) 〖氣〗몬순. (인도양·동남아시아의) 계절풍
**もんせい** [門生] 문생. 문하생. 제자
**もんせき** [問責] 名 他スル (文) 문책¶ 責任者ᡑᡑを~する 책임자를 문책하다
**もんぜき** [門跡] 〖佛〗①일문의 법통을 이은 절의 주지 ②황족·귀족의 자제가 법통을 잇는 절. 그런 절의 주지 —本願寺ᡑᡑᡑ의 주지
**もんぜつ** [*悶絶] 名 自スル (文) 민절. 괴로워하다 기절함¶ 寸前ᡑᡑ 민절 직전
**もんぜん** [門前] 문전. 문 앞 **—払**ᡑい ①문전 축객¶ ~を食ᡑう 문전 축객을 당하다 ②〖史〗(江戸ᡑ 시대에) 관아의 문 앞에서 추방하는 가장 가벼운 형벌 **—町**ᡑᡑ 중세 이후 神社ᡑᡑ·절의 문 앞에 발달한 시가(市街)
〖慣用句〗
**—市**ᡑを成ᡑす 문전 성시
**—雀羅**ᡑᡑを張ᡑる 찾는 이가 없어 쓸쓸하다
**—の小僧**ᡑᡑ 習ᡑわぬ経ᡑを読ᡑむ 서당개 삼년에 풍월한다
**モンタージュ** (프 montage) 名 他スル 〖映〗몽타주. (필름의) 편집 **—写真**ᡑᡑ 몽타주 사진
**もんだい** [問題] 문제 ①해답을 요하는 질문¶ 試験ᡑᡑ~ 시험 문제/ ~を出ᡑす 문제를 내다 ②논의·연구의 대상이 되는 사항¶ 社会ᡑᡑ ~ 사회 문제 ③名 세간의 주목을 끌고 있는 것¶ ~の人物ᡑᡑ 문제의 인물 ④해결하기 곤란한 것¶ ~が多ᡑい作品ᡑᡑ 문제가 많은 작품 **—作**ᡑ 문제작 **—点**ᡑ 문제점
**もんち** [門地] (文) 문지. 문벌. 가문¶ ~が高ᡑい 문벌이 높다
**もんちゃく** [*悶着] 말썽. 분쟁. 분규= もめごと¶ 一ᡑを起ᡑこす 한바탕 말썽을 일으키다
**もんちゅう** [門中] 〖民〗주로 沖繩ᡑᡑ 남부 지역에 존재하는 부계 친족 집단
**もんちゅう** [門柱] 문기둥. 문설주= もんばしら
**もんちゅうじょ** [問注所] 〖史〗鎌倉ᡑᡑ·室町ᡑᡑ 시대에 소송·재판 사무 등을 관장했던 관청
**もんちょう** [紋帳·紋*帖] 가문(家紋)의 견본을 모은 책
**もんちりめん** [紋*縮*緬] 솟을무늬로 짠 비단 옷감의 하나
**もんつき** [紋付(き)] 가문(家紋)을 넣은 예복용 일본옷= 紋服ᡑᡑ
**もんてい** [門弟] 문제. 제자. 문하생
**もんと** [門徒] ①문도. 제자. 문하생 ②〖佛〗그 종문의 신도= 檀徒ᡑᡑ ③〖佛〗「門徒宗ᡑᡑᡑᡑ」의 준말 **—宗**ᡑᡑ 〖佛〗「浄土真宗ᡑᡑᡑᡑ」의 딴이름
**もんとう** [門灯] 문등. 대문에 다는 등¶ ~をとり付ᡑける 문등을 달다
**もんどう** [問答] 名 自スル 문답 ①물음과 대답. 그 주고받음¶ 禅ᡑ~ 선문답 ②말다툼. 논쟁¶ ~無用ᡑᡑ 문답 무용. 논쟁할 필요가 없음
**もんどころ** [紋所] 가문(家紋)= もん
**もんどり** 공중제비= 宙返ᡑᡑり **—打**ᡑつ 自五 공중제비를 하다
**もんなし** [文無し] (口) ①무일푼. 빈털터리= 一文ᡑᡑなし¶ ~になる 빈털터리가 되다 ②유별나게 큰 足袋ᡑᡑ(일본식 버선)
**もんばつ** [門閥] 문벌 ①가문. 집안 ②명문¶ ~家ᡑ 명문가
**もんはぶたえ** [紋羽二重] 솟을무늬로 짠 윤이 나고 부드러운 비단
**もんばん** [門番] 문지기. 수위= 門衛ᡑᡑ¶ ~に取ᡑり次ᡑぎを請ᡑう 문지기에게 전해주기를 청하다
**もんぴ** [門扉] 문비. 문짝
**もんぶ** [文部] 〖政〗「文部省ᡑᡑᡑ」의 준말 **—省**ᡑᡑ 〖政〗문부성 **—大臣**ᡑᡑ 〖政〗문부 대신
**もんぷく** [紋服] 가문(家紋)을 넣은 일본옷
**もんぺ** (농촌 등에서) 작업복·방한복으로 입는 바지 모양의 여성복
**もんめ** [匁] 劃 もんめ| I (일본식 한자) 돈 II ①척관법의 무게 단위. 돈 ②옛날 일본 화폐 단위 ▷ 小判ᡑᡑ 한 냥의 60분의 1
**もんもう** [文盲] (文) 문맹¶ ~率ᡑが高ᡑい 문맹률이 높다
**もんもん** [*悶*悶] 名 (文) 몸부림치며 괴로워하는 모양¶ ~として一夜ᡑᡑを明ᡑかす 몹시 괴로워하며 하룻밤을 새우다
**もんよう** [文様·紋様] 문양. 무늬
**もんりゅう** [門流] (文) 일문(一門)의 유파
**もんろ** [紋*絽] 솟을무늬로 짠 여름옷 비단 옷감

# や ヤ

や 五十音図(ごじゅうおんず)「や」행(行)의 첫째 かな. ひらがな「や」는「也」의 초서체, かたかな「ヤ」는「也」를 간추린 것

や【也】音ヤ 訓なり|(음)야.《造語》①단정의 어조사. 한문 훈독으로「なり」로 읽음 ②의문・반어의 어조사. 한문 훈독으로「や」「か」로 읽음 ③감탄의 어조사. 한문 훈독으로「かな」「や」로 읽음

や【冶】音ヤ 訓いる|(음)야.《造語》①주조하다, 제련하다¶ 冶金(やきん) 야금・鍛冶(たんや) 단야・陶冶(とうや) 도야 ②요염하다・艶冶(えんや) 염야 ▷ 熟字訓 鍛冶(かじ) 대장일, 대장장이

や【夜】音ヤ 訓よ・よる|(음)야.《造語》①밤¶ 白夜(はくや) 백야・夜勤(やきん) 야근 ②범어「ヤ」의 차음자¶ 夜叉(やしゃ) 야차 ▷ 熟字訓 昨夜(ゆうべ) 어젯밤・十六夜(いざよい) 음력 16일 밤

や【耶】音ヤ 訓か|(음)야.《造語》①의문・반어・영탄의 어조사. 한문 훈독으로「や」「か」로 읽음 ②외국어「ヤ」의 차음자¶ 耶蘇(やそ) 예수・摩耶(まや) 마야 ▷「邪」와 같음

や【野】音ヤ 訓の|(음)야. Ⅰ《造語》①들, 벌판¶ 野外(やがい) 야외・荒野(こうや) 황야 ②구분된 각 범위, 구역¶ 視野(しや) 시야・分野(ぶんや) 분야 ③민간, 정부・권력에서 떨어져 있음¶ 野党(やとう) 야당・在野(ざいや) 재야 ④자연 그대로임¶ 野獣(やじゅう) 야수・野生(やせい) 야생 ⑤꾸밈이 없다, 세련되지 않다, 천하다, 미개¶ 野蛮(やばん) 야만・粗野(そや) 조야 ⑥억누르기 어렵다, 걸맞지 않음¶ 野心(やしん) 야심・野望(やぼう) 야망 ▷ 熟字訓 野蚕(やさん) 새누에나방・野木瓜(むべ) 으름덩굴 Ⅱ《文》①들, 들판¶ ~に放(はな)つ 들판에 풀어 놓다 ②야, 민간¶ ~にある人材(じんざい) 민간에 있는 인재

慣用句
―に下(くだ)る 하야(下野)하다

や【爺】音ヤ 訓じじ|(음)야.《造語》①나이 든 남자, 노인을 일컫는 높임말¶ 老爺(ろうや) 노야・好好爺(こうこうや) 호호야 ②아버지의 속칭

や 接尾(口)《(사람을 부르는 말 등에 붙어)》친밀감을 나타냄¶ 坊(ぼう)~ 아가/ ばあ~ 할멈

や 自動 어떤 일을 긍정하여 지정하는 뜻을 나타냄¶ 知(し)れたこと~ 뻔한 일이야/ それ, ちがうん~ 그건 다르다/ あるん~ 있다

や Ⅰ ①사람을 부를 때 쓰는 말. …야¶ 雪子(ゆきこ)~, ごはんよ 雪子야 밥 먹어라 ②《俳句(はいく)에서》주제를 나타내는 말에 붙임¶ 名月(めいげつ)~池(いけ)をめぐりて夜(よ)もすがら 달이 밝아 연못을 밤새도록 돌았구나 Ⅱ 副助 (부사류어에 붙어) (강조) …야말로¶ 今(いま)~情報化時代(じょうほうかじだい)

である 지금이야말로 정보화 시대이다 Ⅲ 格助 ①(열거) …며, …이나, …이랑, …이니¶ 懐(なつ)かしい山(やま)~川(かわ) 그리운 산이랑 강/ 野球(やきゅう)~テニスなどの球技(きゅうぎ)がすきだ 야구나 테니스 등의 구기를 좋아한다 ②《「…~何(なに)だか」의 꼴로》막연하게 예시함¶ 机(つくえ)~何(なに)かを整理(せいり)する 책상인가 뭔가를 정리하다 Ⅳ 終助 ①《(명령형・의지・추측의 조동사에 붙어)》(권유・재촉) …하지, …하세¶ 早(はや)く来(こ)い~ 빨리 오지/ 遊(あそ)ぼう~ 놀자꾸나 ②(영탄) …여, …이여라¶ きみ住(す)むゆえに懐(なつ)かしい~ 그대 사는 까닭에 그리워라 ③(단정) …한데¶ めんどくさい~ 귀찮아/ どうでもいい~ 아무래도 좋은데 Ⅴ 接助《(동사・동사형 조동사의 終止形에 붙어)》…하자마자¶ その知(し)らせに接(せっ)する~, 泣(な)きだした 그 소식에 접하자마자 울기 시작했다

や 助「では」의 변한말¶ そう~おまへんか 그렇지 않습니까/ そ~ないわ 그렇지 않아

や【八】①여덟, 팔¶ なな, ~, ここの, とお 일곱, 여덟, 아홉, 열 ②《造語》수가 많음을 나타냄¶ ~重咲(やえざ)き 천엽(千葉)

や【矢・箭】①화살¶ ~を射(い)る 활을 쏘다/ ~をつがえる 화살을 메기다 ②(나무・돌을 쪼개는) 쐐기

慣用句
―でも鉄砲(てっぽう)でも持(も)って来(こ)い 무슨 수를 쓰든 덤빌테면 덤벼라
―の如(ごと)し 화살과 같다, 매우 빠름의 비유
―の催促(さいそく) 성화같은 독촉
―も盾(たて)もたまらず 애가 타서[안달이 나서] 가만히 있을 수 없다

や【屋】①집, 건물¶ 一軒(いっけん)~ 외딴집, 독채/ この~のあるじ 이 집 주인 ②《造語》그 직업을 가진 집・사람, …가게, …장수¶ 質(しち)~전당포/ 八百(やお)~ 채소 가게 ③《造語》(자조적인 뜻으로) 전문가, …쟁이¶ 技術(ぎじゅつ)~ 기술쟁이/ 新聞(しんぶん)~ 신문쟁이 ④(性癖) (신경질적으로) …쟁이, …꾼¶ お天気(てんき)~ 변덕쟁이/ わからず~ 벽창호 ⑤【家・舎】《造語》옥호, 아호에 붙이는 말¶ 奥村(おくむら)~ 奥村 상점/ 鈴(すず)の~ (학자의) 本居宣長(もとおりのりなが)의 아호

や【輻】(수레의) 바퀴살 = スポーク

や 感(口)①남자가 놀라거나 가볍게 인사할 때 내는 말. 야¶ ~, これはうまい 야, 이거 맛있다/ ~, 久(ひさ)しぶり 야, 오랜만이군

やあ 感(口)①남자가 놀라거나 인사할 때는 내는 말. 야, 여¶ ~今日(こんにち)は 여, 안녕하신가/ ~, すてきだなあ 야, 멋지군 ②(검도・유도 등의) 고함 소리, 기합 소리

やあい 感(口) 어린이가 놀리거나 멀리서 부를 때 내는 소리. 야¶ ~意気地(いくじ)なし 야 병충아/ 泣(な)き虫(むし)~ 울보야

ヤード (yard) 야드, 마 ━ポンド法(ほう) 야드 파운드법

ヤール 직물 길이의 단위. 마(碼) ━幅(はば) 한 마폭(의 옷감)

やあわせ【矢合(わ)せ】옛날에 개전 신호로서

**やい** [感][口] 상대방을 막되게 부르는 말. 야¶~ちょっと待て や 잠깐 기다려

**やいた** [矢板] [建] (토사의 붕괴나 침수를 막기 위해 둘러 박은) 널빤지 모양의 말뚝

**やいと** [゛灸] 뜸= 灸きゅう¶~を据える 뜸을 뜨다

**やいなや** [や否や] [連語][文] 《동사의 終止形에 붙어》① …하자마자, …하기가 무섭게¶帰かえる~遊あそびに行いった 돌아오자마자 놀러 갔다 ② …인지 어떤지¶合格ごうかくする~は別問題もんだいだ 합격하고 못하고는 별문제다

**やいのやいの** [副][口] 집요하게 요구하는 모양. 바짝바짝, 바득바득¶~と催促さいそくする 바짝바짝 재촉하다/ ~と責せめ立たてられる 바득바득 시달리다

**やいば** [゛刃] [文] ①칼, 칼날, 날붙이¶敵てきの~に倒たおれる 적의 칼에 쓰러지다 ②칼날에 나타나는 물결 모양의 무늬

**やいやい** [口] Ⅰ [感] 막되게 부르는 말. 야야¶~気きをつけろ 야야 조심해라 Ⅱ [副] 귀찮게 요구하는 모양¶~と言いう 귀찮게 지분거리다

**やいん** [夜陰] [文] 야음¶~に乗じょうじて攻撃こうげきする 야음을 틈타 공격하다

**やうつり** [家移り] [名][自スル] 이사= ひっこし

**やえ** [八重] [名] ①여덟 겹 [수없이] 겹침, 그런 것¶~の潮路しおじ 먼 바닷길 ②꽃잎이 여러 겹으로 핌, 겹꽃 一咲ざき [植] 천엽(千葉), 꽃잎이 여러 겹으로 핌, 겹꽃 一桜ざくら [植] 겹벚나무 ―ぼたんざくら 一十文字がらも 가로 세로 여러 겹으로 얽어 묶음 ―生なり ①열매가 다닥다닥 열림, 그런 초목 ②「緑豆りょくどう」의 딴이름 一歯 덧니 一葎むぐら [植] 갈퀴덩굴

**やえい** [夜営] [名][自スル] 야영

**やえい** [野営] [名][自スル] 야영 ①(군대가) 야외에 진을 침, 그런 진영 ②노숙¶―地ち 야영지

**やえん** [野猿] [文] 야생 원숭이

**やお** [八百] [名] 수가 많음 一長ちょう ① 미리 짜고 하는 승부 ②미리 짜고 일을 진행함 一屋 ①채소 가게[장수] ②[俗] 만물 박사 一万よろず [文] 수가 매우 많음¶―の神かみ 뭇 신들

**やおもて** [矢面] ①화살이 날아오는 정면, 전두 ②(질문・비난 등을) 집중적으로 받는 입장¶非難ひなんの~に立たつ 비난의 표적이 되다

**やおら** [副][文] 서서히, 천천히, 유유히= おもむろに¶~立たち上あがる 유유히 일어서다

**やかい** [夜会] 야회. (서양식의) 밤의 연회 一服ふく 야회복

**やがい** [野外] 야외 ①들, 교외¶~に出でる 야외로 나가다 ②옥외¶一劇げき 야외극

**やかく** [夜鶴] [文] ①밤에 우는 학, 밤에 새끼를 품은 학 ②[比] 자식에 대한 부모의 깊은 사랑

**やかく** [野客] (벼슬하지 않은) 재야 인사

**やかく** [野鶴] [文] 야학 ①들에서 노니는 학 ②[比] 속세를 떠나 유유히 자연과 벗하며 사는 일¶閑雲かんうん~ 한운 야학, 유유자적한 생활

**やがく** [夜学] 야학. 야학교¶~生せい 야학생

**やかず** [矢数] ①화살수 ②과녁에 맞은 화살수 ③(활쏘기 시합에서) 화살을 쏘는 횟수를 겨루는 일

**やかず** [家数] 집의 수. 호수= 戸数すう

**やがすり** [矢゛絣・矢゛飛白] 화살깃 모양의 비백(飛白)무늬, 그런 무늬의 직물

**やかたぶね** [屋形船・゛館船] 지붕있는 놀잇배

**やがて** [鯷て] [副] 곧, 이윽고, 머지않아, 이럭저럭¶~来くるだろう 머지않아 올테지/ ~三年さんねんになる 이럭저럭 3년이 되다

**やかまし・い** [゛喧しい] [形] ①시끄럽다, 떠들썩하다¶ジェット機きの音おとが~ 제트기 소리가 시끄럽다 ②잔소리가 심하다, 까다롭다¶口くち~先生せんせい 잔소리가 심한 선생님 ③떠들썩하게 화제가 되다¶世間せけんで~事件じけん 세간에 떠들썩한 사건 ④성가시다, 번거롭다¶渡航とこうの手続てつづき 번거로운 도항 수속 ⑤엄하다, 엄격하다¶~しつけ 엄한 예절 교육

**やかましや** [゛喧し屋] [俗] 잔소리꾼, 까다로운 사람= うるさ型

**やから** [゛輩] [文] 무리, 패거리, 도배(徒輩)¶不逞ふてい の~ 불령지배

**やがら** [矢柄] ①화살대 ②화살깃 무늬 ③[動] 대치과에 속하는 물고기의 총칭

**やが・る** [自五] [補助] 《五段동사를 만듦》 밉거나 경멸스런 사람의 동작에 대한 막된 표현¶何なにを言いい~んだ 뭘 지껄여대는 거야/ こんなものを食くわせ・~って 이런 걸 처먹여놓고

**やかん** [夜間] 야간¶―営業えいぎょう 야간 영업

**やかん** [薬缶・゛薬罐] 주전자 一頭あたま 대머리

**やき** [焼き] [名] ①구울, 구운 것, 구운 정도¶この肉にくは~が足たりない 이 고기는 잘 구워지지 않았다 ②(날붙이의) 담금질, 불림¶~が甘あまい 담금질이 덜 되다
[慣用句]
一が回まわる ①담금질이 지나쳐 도리어 무디어지다 ②둔해지다, 노쇠하다
一を入いれる ①담금질하다 ②호되게 닦달하다

**やき** [夜気] [文] 야기 ①밤의 (찬) 공기¶~にあたる 밤공기를 쐬다 ②(조용한) 밤기운, 밤의 정적¶いつの間まにか~が迫せまる 어느새 밤기운이 밀려오다

**やぎ** [山羊]・[野羊] [動] 염소

**やきいも** [焼き芋] 군고구마

**やきいれ** [焼き入れ] [名][他スル][工] 담금질

**やきいん** [焼き印] 소인, 낙인, 화인= 烙印らくいん¶牛うしに~を押おす 소에 낙인을 찍다

**やきうち** [焼き討ち・焼き打ち] [名][他スル] 화공(火攻)= 火攻かこう¶~をかける 화공을 하다

**やきえ** [焼き絵] 낙화, 인두 그림

**やきがね** [焼き金] ①(죄인・마소에게) 불에 달군 쇠로 표지를 함, 낙인 ②(녹여서 불순물을 제거한) 순금(純金)= やきん

**やき・る** [焼き切る] [他五] ①(불・약품으로) 달구어 끊다¶鎖くさりを~ 쇠사슬을 달구어 끊다 ②완전히[다] 태우다

**やきぐし** [焼き゛串] (생선・고기 등을 꿰어 굽는) 구이 꼬챙이

やき ごて【焼(き)*鏝】(다림질·낙화(烙畵)용의) 인두¶ ~をあてる 인두질을 하다
やき ごめ【焼(き)米】 올벼를 볶아 찧어 왕겨를 벗긴 햅쌀
やぎざ【山羊座】【天】①염소자리 ②(점성술에서) 마갈궁
やき ざかな【焼(き)魚】 생선 구이, 구운 생선
やき しお【焼(き)塩】 구운 소금
やき そば【焼(き)〈蕎麦〉】【料】삶은 중국 국수에 채소·고기를 섞어 기름에 볶은 요리
やき たて【焼(き)立て】 갓 구움, 그런 것¶ ~のパン 갓 구운 빵
やきだまエンジン【焼き玉エンジン】【機】세미디젤 기관=焼やき玉だま機関きかん
やきつ・く【焼(き)付く】自五 ①타서 눌어붙다, 탄 흔적이 남다 ②강한 인상을 남기다, (뇌리에) 새겨지다¶ その情景じょうけいは心こころに~・いている 그 정경은 마음에 새겨져 있다
やき つけ【焼(き)付け】①(도자기의) 소성(燒成) ②(사진에서) 인화 ③도금(鍍金)
やきつ・ける【焼(き)付ける】他下一①낙인을 찍다, 달군 쇠를 눌러 자국을 내다 ②(기에) 무늬를 넣어 굽다 ③(사진에서) 인화하다 ④도금하다 ⑤강한 인상을 주다, (뇌리에) 새기다¶ 脳裏のうりに忘わすれがたい光景こうけいが~・けられた 뇌리에 잊을 수 없는 광경이 새겨졌다
やき どうふ【焼(き)豆腐】 구운 두부
やき とり【焼(き)鳥】【料】조류의 꼬치구이
やき なおし【焼(き)直し】名他スル ①다시 구움, 다시 인화함¶ 魚さかなの~はうまくない 생선을 다시 구운 것은 맛이 없다 ②이미 발표된 작품을 손질해서 다시 발표함, 개작¶ 古ふるい原稿げんこうの~ 낡은 원고의 개작
やき なまし【焼(き)〈鈍〉し】(유리·금속을) 가열했다 서서히 식히는 처리법, 풀림
やき にく【焼(き)肉】【料】불고기¶ ~屋や 불고기집/~定食ていしょく 불고기 정식
やき のり【焼(き)〈海苔〉】 구운 김
やき ば【焼(き)場】①소각장¶ ごみ~ 쓰레기 소각장 ②화장터=火葬場かそうば
やき はた【焼(き)畑】【農】화전(火田)=やいばた·やきばた 一農耕のうこう【農】화전 농경
やきはまぐり【焼(き)〈蛤〉】【料】대합 구이
やきはら・う【焼(き)払う】他五 ①몽땅 태워 버리다¶ 枯かれ草くさを~ 마른 풀을 몽땅 태워 버리다 ②태워서 쫓아버리다
やぎ ひげ〈山羊〉〈鬚〉】 염소 수염¶ ~を生はやす 염소 수염을 기르다
やき ふ【焼(き)*麩】 구워서 부풀린 밀개떡
やき ぶた【焼(き)豚】【料】양념에 재운 돼지고기를 구운 요리
やき まし【焼(き)増し】名他スル (사진에서) 추가 인화, 그런 사진¶ 写真しゃしんを五枚ごまい~する 사진을 5장 추가 인화하다
やきみょうばん【焼(き)明*礬】소명반, 백반
やき めし【焼(き)飯】①볶음밥 ②구운 주먹밥
やき もき 副自スル 안달복달, 안절부절¶ 列車れっしゃの到着とうちゃくを~して待まつ 열차가 도착하기를 안절부절못하고 기다리다

やき もち【焼(き)*餅】①구운 떡 ②(俗) 질투, 시기¶ ~を焼やく 질투하다 一焼やき (俗) 질투심이 강한 사람
やき もどし【焼(き)戻し】【工】뜨임, 한 번 담금질한 금속에 다시 열처리를 하는 처리법
やき もの【焼(き)物】①도기·자기·토기 등의 총칭 ②【料】구이 요리 ③벼려 만든 날붙이
やきゅう【野球】야구¶ ~場じょう 야구장/草くさ~ 풋내기 야구, 동네 야구
やぎゅう【野牛】들소
やぎょう【夜業】名スル【文】야업, 밤일
やきょく【夜曲】【音】야곡, 야상곡=ノクターン
や きん【*冶金】【工】야금¶ ~学がく 야금학
や きん【夜勤】名自スル【文】야근, 야간 근무 ⇔日勤にっきん¶ ~手当て 야근 수당
や きん【野禽】【文】야금, 들새 ⇔家禽かきん
やく【厄】曾ヤク|(음)액. Ⅰ(造語)①재앙¶ 厄難やくなん 액난·災厄さいやく 재액¶「厄年やくどし」의 준말. 액년¶ 大厄たいやく 대액 Ⅱ①재앙, 재난¶ ~を払はらう 재앙을 없애다 ②「厄年やくどし」의 준말. 액년¶ ~があける 액년이 지나가다
やく【役】曾ヤク・エキ|(음)역. Ⅰ(造語)①임무, 직분¶ 役員やくいん 임원·適役てきやく 적역 ②(극 등의) 배역¶ 悪役あくやく 악역·配役はいやく 배역 ③남의 윗자리에 있는 임무¶ 重役じゅうやく 중역 ④일을 하다(시키다)¶ 荷役にやく 하역·使役しえき 사역 ⑤백성에게 과하는 공무¶ 役所やくしょ 관청·兵役へいえき 병역 ⑥전쟁, 싸움¶ 軍役ぐんえき 군역·戦役せんえき 전역 Ⅱ①소임, 직무, 임무¶ ~を果はたす 직무를 다하다 ②(연극 등에서) 역, 배역¶ ~を演えんじる 맡은 역을 연기하다 ③남의 윗자리에 있는 지위¶ ~に就つく 높은 지위에 앉다 ④(화투·카드 등에서) 높은 점수가 되는 조건, 약¶ ~がそろう 약이 되는 패가 모이다 ⑤역할, 구실, 효용¶ 仲裁ちゅうさいの~を買かって出でる 중재 역할을 맡고 나서다
慣用句
一に立たつ 쓸모가 있다, 도움이 되다
やく【約】曾ヤク 訓つづめる|(음)약. Ⅰ(造語)①약정하다, 약속하다¶ 約束やくそく 약속·契約けいやく 계약 ②줄이다, 간단하게 하다¶ 約音やくおん 약음·要約ようやく 요약 ③절약하다, 검소하게 하다¶ 倹約けんやく 검약·節約せつやく 절약 ④정수로 나뉘다¶ 約分やくぶん 약분·公約数こうやくすう 공약수 ⑤약, 대략¶ 約一年やくいちねん 1년 Ⅱ①약속, 약정, 약조¶ ~を結むすぶ 약조를 하다 ②〖文法〗「約音やくおん」의 준말 Ⅲ副 약, 대략¶ ~半分はんぶんになる 약 절반이 되다
やく【訳】〖譯〗曾ヤク 訓わけ|(음)역. Ⅰ(造語)번역하다¶ 訳書やくしょ 역서·翻訳ほんやく 번역 Ⅱ 번역, 번역물¶ ~をつける 번역을 붙이다
やく【薬】〖藥〗曾ヤク 訓くすり|(음)약. Ⅰ(造語)①약¶ 薬局やっきょく 약국·投薬とうやく 투약 ②화학 작용을 일으키는 물질¶ 火薬かやく 화약·試薬しやく 시약 Ⅱ(俗)「麻薬まやく」의 준말. 마약¶ ~を打うつ 마약을 하다
やく【躍】〖躍〗曾ヤク 訓おどる|(음)약.

《造語》 ①뛰어오르다, 기뻐 날뛰다¶ 活躍·跳躍 도약 ②올라가다, 넘다, 나아가다¶ 躍進 약진·一躍 일약

や・く [焼く] 他五 ①태우다¶ 落ち葉を~ 낙엽을 태우다 ②굽다, 볶다¶ 魚を~ 생선을 굽다/ 塩を~ 소금을 볶다 ③(가마에) 굽다¶ 炭を~ 숯을 굽다 ④(햇볕 등에) 태우다, 그을리다¶ 顔をまっ黒に~ いた 얼굴을 새까맣게 태웠다 ⑤화상을 입히다¶ 舌を~スープ 혀를 데게 하는 스프 ⑥(약품으로) 지지다, 불을 찍다¶ 硫酸で~ 황산으로 지지다 ⑦인화하다¶ 写真を~ 사진을 인화하다 ⑧애를 쓰다, 돌봐주다¶ 世話を~ (여러모로) 돌봐주다/ 手で~・かされる 애를 먹이다 ⑨애태우다¶ 身を~恋 애타는 사랑 ⑩[*妬く・*嫉く] (口) 질투하다, 시기하다¶ 焼きもちを~ 질투하다

ヤク (yak) 動 야크
やぐ [夜具] 침구, 이부자리¶ ~を片付ける 이부자리를 치우다
やくいん [役印] 직인= 職印¶ ~を押す 직인을 찍다
やくいん [役員] 임원¶ ~会 임원회/ 会社の~ 회사 임원
やくえき [薬液] 약액, 물약
やくえん [薬園] 약원, 약초 밭
やくおとし [厄落(と)し] 名 自スル 액막이, 액땜
やくおん [約音] 文法 약음. 합성어를 만들 때 연속하는 두 모음 중 한 쪽이 탈락·융합되어 한 음절이 되는 현상= 約言·約
やくがい [薬害] 薬 農 약해¶ ~問題 약해 문제
やくがく [薬学] 약학
やくがら [役柄] ①직책이 있는 신분, 직책상의 체통¶ ~を重んじる 직책상의 체통을 중히 여기다 ②직책의 성질¶ ~をわきまえる 직책의 성질을 분별하다 ③(연극에서) 등장 인물의 종별·성격
やくぎ [役儀] 文 직책, 임무¶ ~上やむを得ない 직책상 부득이하다
やくぎょう [訳業] 번역업, 그런 업적
やくげん [約言] I 名 他スル 文 약언, 요약해서 말함¶ ~すれば 요약해서 말하면 II 名 文法 → やくおん(約音)
やくご [訳語] 역어, 번역어¶ 適切な~ 적절한 역어
やくざ I 名 了 俗 ①녀석함, 쓸모없음, 그런 물건¶ ~な物 쓸모없는 것 ②바르지 않음, 불건전함¶ ~な生活 불건전한 생활 II 名 불량배, 깡패, 노름꾼¶ ~の親分 노름배 두목
やくさい [訳載] 名 他スル 文 역재. 번역하여 실음¶ 雑誌に~する 잡지에 역재하다
やくざい [薬剤] 약제, 약품¶ ~散布 약제 살포 一師 薬 약제사
やくさつ [*扼殺] 名 他スル 文 액살. 손으로 목졸라 죽임
やくさつ [薬殺] 名 他スル 文 독살¶ 狂犬を~する 미친 개를 독살하다

やくし [訳詞] 역사. 외국 가사를 번역함, 번역 가사¶ ~者 역사자
やくし [訳詩] 역시. 번역시¶ ~集 번역 시집
やくし [薬師] 佛 「薬師如来」의 준말 一如来 佛 약사 여래
やくじ [薬事] 약사. 의약품·조제·약제사 등에 관한 사항 一法 法 약사법
やくじ [薬*餌] (文) 약이 (환자의) 약과 음식¶ ~療法 약이 요법 ②약
慣用句
一に親しむ 병이 잦다, 골골거리다
やくしゃ [役者] ①배우¶ 千両~ 뛰어난 배우/ 大根~ 서투른 배우 ②(比) 일꾼, 인물¶ なかなかの~だ 대단한 일꾼이다 一絵 美 歌舞伎が 배우를 그린 풍속화
慣用句
一が一枚上 능력·인물이 한결 나음, 수완이 한수 위임
一が揃う 필요한 인물이 다 모이다
やくしゃ [訳者] 역자, 번역자
やくしゅ [薬酒] 약주, 약술, 약용주
やくしゅ [薬種] 약종, 약재¶ ~問屋 약재 도매상/ ~商 약종상
やくしゅつ [訳出] 名 他スル 文 역출. 번역
やくじゅつ [訳述] 名 他スル 文 역술. 번역하여 기술함, 그런 문장
やくしょ [役所] 관청, 관공서¶ 市~ 시청/ ~勤め 관청 근무
やくしょ [訳書] 역서. 번역서= 訳本
やくじょ [躍如] 文 약여. 생생함, 또렷함¶ 面目~たるものがある 면목이 생생하게 드러나 있다
やくじょう [約定] 名 他スル 文 약정¶ ~書 약정서/ 取引~を結ぶ 거래 약정을 맺다 一金利 經 약정 금리
やくしょく [役職] 직무, 담당 직위와 임무, (특히) 관리직¶ ~手当 직무 수당/ ~に就く 관리직에 취임하다
やくしん [薬*疹] 醫 약진. 약의 부작용으로 생긴 발진
やくしん [躍進] 名 自スル 약진¶ ~を遂げる 약진하다/ 営業成績が~する 영업 성적이 약진하다
や・す [訳す] 他五 ①번역하다¶ 英語に~・されている小説 영어로 번역된 소설 ②(고어를 현대문으로) 옮기다¶ 源氏物語を現代語に~ 源氏物語를 현대어로 옮기다
やくすう [約数] 數 약수 ⇔ 倍数¶ 最大公~ 최대 공약수
や・する [*扼する] 他 サ変 文 ①꽉 쥐다 ②꽉 누르다¶ 腕を~・して連行する 팔을 꼭 잡아 연행하다 ③목졸라 죽이다 ④(요소를) 장악하다¶ 交通の要衝を~ 교통의 요충지를 장악하다
や・する [約する] 他 サ変 ①文 약속하다, 기약하다¶ 再会を~ 재회를 기약하다 ②줄이다, 요약하다, 절약하다¶ 条文を~

やくする

조문을 요약하다 ③〖数〗약분하다¶ 分数を〜 분수를 약분하다
やく・する 〖約〗[他サ変] → やくす
やくせき 〖薬石〗(文) ①약석. 여러 가지 약과 치료법 ②〖佛〗(주로 선종에서) 야식으로 먹는 죽. 가벼운 저녁밥
慣用句
—効なく 약과 치료의 보람없이
やくそう 〖役僧〗〖佛〗절의 사무를 맡아보는 중
やくそう 〖薬草〗〖薬〗약초¶ 〜を煎じる 약초를 달이다
やくそく 〖約束〗Ⅰ 名他スル ①약속¶ 〜を果たす 약속을 이행하다/ 〜を違える 약속을 어기다 ②운명. 숙명. 인연¶ 前世からの〜 전생의 인연 Ⅱ 규약. 규칙¶ 競技の〜に従う 경기 규칙에 따르다 —事 ①약속 사항 ②운명. 인연 —手形〖經〗약속 어음
慣用句
—を反故にする 약속을 깨다〔어기다〕
やくたい 〖益体〗도움이 됨. 쓸모가 있음
慣用句
—も無い 쓸모 없다. 변변치 못하다
やくだい 〖薬代〗약값. 치료비
やくたく 〖役宅〗관사. 사택
やくだく 〖約諾〗名他スル(文) 약속하여 떠맡음¶ 融資を〜する 융자를 약속하다
やくだ・つ 〖役立つ〗自五 쓸모가 있다. 도움이 되다. 유용하다¶ 何かのときに〜 무슨 일이 있을 때에 도움이 되다
やくだ・てる 〖役立てる〗他下一 유용하게 쓰다¶ 知識を仕事に〜 지식을 일에 활용하다
やくちゅう 〖訳注・訳註〗역주 ①번역과 그 주석¶ 〜を施す 역주를 달다 ②역자주
やくづき 〖役付(き)〗책임 있는 직책에 있음. 그런 사람¶ 〜になる 관리직이 되다
やくて 〖約手〗〖經〗「約束手形」의 준말
やくてん 〖薬店〗(조제는 하지 않고 판매만 하는) 약방
やくとう 〖薬湯〗①탕약= 煎じ薬 ②약탕. 약(약초)를 넣은 목욕물= くすりゆ¶ 〜につかる 약탕에 몸을 담그다
やくどう 〖躍動〗名自スル 약동¶ 〜感あふれる演技 약동감 넘치는 연기/ 若さが〜する 젊음이 약동하다
やくとく 〖役得〗지위·직무에 따른 부차적인 수입·이익. 부수입¶ 〜の多い仕事 부수입이 많은 일
やくどく 〖訳読〗名他スル 역독. 원문을 번역하여 읽음. 그런 독해법¶ テキストを〜する 텍스트를 역독하다
やくどく 〖薬毒〗약독. 약에 함유된 유독 성분
やくどころ 〖役所〗①주어진 역할¶ 〜をわきまえる 배역〔역할〕을 해내다 ②(그 사람에게) 어울리는 직위·배역¶ これはちょうど彼の〜だ 이것은 그에게 꼭 어울리는 직책이다
やくどし 〖厄年〗액년 ①(음양도에서) 재난을 만나므로 만사 삼가야 한다는 나이 ②재난이

많은 해
やくなん 〖厄難〗(文) 액난. 재난. 재앙¶ 〜に遭う 재앙을 만나다
やくにん 〖役人〗관리. 공무원¶ 〜根性 관료 근성/ 小〜 말단 공무원
やくば 〖役場〗町·村의 지방 공무원·공증인 등이 사무를 보는 곳. 그런 건물¶ 町〜 동 사무소/ 公証人〜 공증인 사무소
やくはらい 〖厄払い〗名自スル ①액막이. 액땜¶ 神社で〜をする 신사에서 액막이를 하다 ②귀찮은 일·사람을 멸쳐버림 ③섣달 그믐날·입춘 전날 밤에 액땜하는 주문을 외며 동냥 다니는 일. 그런 사람 ▷「やくばらい」라고도 함
やくび 〖厄日〗액일 ①(음양도에서) 재앙을 만나므로 만사에 조심해야 한다는 날 ②운수 사나운 날¶ 今日は〜だった 오늘은 운수 사나운 날이었다 ③(농가에서) 날씨로 인해 재해가 많다고 하는 날
やくびょう 〖疫病〗역병. 악성 전염성 열병. 유행병= えきびょう —神 ①역귀(疫鬼)¶ 〜にとりつかれる 역귀에게 들리다 ②돌림쟁이
やくひん 〖薬品〗약품¶ 化学〜 화학 약품
やくぶそく 〖役不足〗名ダ ①직책에 만족하지 못함¶ 〜を訴える 직무에 대해 불만을 호소하다 ②(능력에 비해서) 직책·역이 하찮음¶ 係長では少しも〜な感がある 계장자리로는 좀 부족한 감이 든다
やくぶつ 〖薬物〗〖薬〗약물¶ 〜を投与する 약물 투여 —依存 약물 의존
やくぶん 〖約分〗名他スル〖数〗약분¶ 分数を〜する 분수를 약분하다
やくぶん 〖訳文〗역문. 번역문
やくほ 〖薬舗·薬鋪〗(文) 약포. 약방. 약국
やくほう 〖薬方〗(文) 약의 조제법. 약의 처방
やくほうし 〖薬包紙〗약포지. 약포
やくほん 〖訳本〗역본. 번역서 ⇔ 原本
やくまえ 〖厄前〗액년의 전해 = 前厄
やくまわり 〖役回り〗할당된 역할·임무¶ 損な〜を引き受ける 손해보는 역할을 떠맡다
やくみ 〖薬味〗①향신료. 양념. 고명¶ 〜をきかせて食べる 양념을 해서 먹다 ②양념
やくむき 〖役向き〗직무에 관한 일. 직무의 성질¶ 〜の事 직무상의 일
やくめ 〖役目〗임무. 역할. 직분. 책임. 역할. 親の〜 부모의 역할¶ 〜を果たす 직분을 다하다 —柄 직무상¶ 〜いたしかたない 직무상 하는 수 없다
やくもの 〖約物〗〖版〗약물. 각종 기호의 총칭
やくよう 〖薬用〗名 약용¶ 〜植物 약용 식물 —酒 약용주. 약주= 薬酒
やくよけ 〖厄除け〗액막이= 厄払い¶ 〜のお守り 액막이 부적
やぐら 〖櫓·矢倉〗①〖建〗성루(城樓). (성문·성벽의) 망루 ②전망대¶ 火の見〜 화재 감시대 ③(씨름·연극 흥행장에서) 북을 치기 위해 높게 만든 대 ④江戸시대 극장의 정면 입구 위에 흥행권을 표시하기 위해 설치한 마

やぐら ⑤각로(脚爐) 위에 놓고 이불을 씌우는 나무틀 ⑥[相撲] 「櫓投げ」의 준말 ⑦(장기에서) 「櫓囲い」의 준말
やぐらがこい [*櫓囲い] (장기에서) 궁을 에워싸는 수비 진형(陣形)＝やぐら
やぐらだいこ [*櫓太鼓] (씨름장·연극에서) 개장·폐장을 알리기 위해 櫓에서 치는 북
やぐらなげ [*櫓投げ] [相撲] 상대방의 안다리를 건 다리를 쳐올려 상대를 들어 던지는 수
やぐらもん [*櫓門] [建] 누문(樓門)
やくり [藥理] 약리. 약품 사용으로 생기는 생리적 변화¶ ～作用 약리 작용
やくりきし [役力士] [相撲] 橫綱·大關·關脇·小結 등의 총칭
やぐるま [矢車] 축(軸)의 둘레에 화살 모양의 살을 방사상으로 박은 것 ▷ 鯉のぼり의 장대 끝에 닮 —菊 [植] 수레국화 —草 [植] ① 도깨비부채 ②「やぐるまぎく」의 딴이름
やくれい [薬礼] [文] (의사에게 치르는) 약값. 치료비
やくろう [薬*籠] [文] ①약농. 약상자＝薬箱 ②항을 넣어 허리에 차는 합. 인롱＝印籠 —中の物 (약상자의 약처럼) 유사시에 언제나 쓸 수 있는 사람·물건
やくわり [役割] 역할 ①역을 할당함¶ ～を決める 역할을 정하다 ②할당된 임무. 소임¶ 十分に～を果たす 충분히 소임을 다하다
やくわん [*扼腕] [名][自スル] [文] 액완. (분하거나 화가 나서) 주먹을 불끈 쥠¶ 切歯～ 이를 갈고 주먹을 불끈 쥠
やけ [〈自棄〉] 자기. 자포 자기¶ ～を起こす 자포 자기하다
[慣用句]
—のやん八 [俗] 「やけ」를 의인화(擬人化)하여 힘준말. 자포 자기＝やけっぱち
やけ [焼け] [造語] ①탐. 그을림¶ 丸～ 몽땅 타버림/ 生～ 설구워짐 ②노을¶ 朝～ 아침 노을 ③(살갗이) 볕결거나 푸르죽죽해짐¶ 酒～ 주독/ おしろい～ 화장독
やけあと [焼け跡] 불탄 자리
やけあな [焼け穴] (천·옷 등에) 불똥이 튀어 생긴 구멍¶ タバコの火で布団に～をこしらえる 담뱃불로 이불에 구멍을 내다
やけい [夜景] 야경¶ ソウルの～を撮った写真 서울 야경을 찍은 사진
やけい [夜警] 야경. 야경꾼¶ ～に立つ 야경을 서다 —国家 [政] 야경 국가
やけいし [焼け石] (햇볕·불에) 달구어진 돌
[慣用句]
—に水 언 발에 오줌누기
やけおちる [焼け落ちる] [自上一] (건물 등이) 불에 타서 내려앉다¶ 屋根が～ 지붕이 불타서 내려앉다
やけくそ [〈自棄〉*糞] [俗] 자포 자기＝やけっぱち¶ ～になる 자포 자기가 되다/ もう～だ 에이 될대로 되라
やけこげ [焼け焦げ] 타서 눌음. 그 자국¶ 畳に～を作る 다다미를 눌리다

やけざけ [〈自棄〉酒] 홧술. 홧김에 마시는 술¶ ～をあおる 홧술을 들이키다
やけだされる [焼け出される] [自下一] 불에 타서 집을 잃다¶ 戦災で～ 전재로 집을 잃다
やけつく [焼け付く] [自五] ①타서 눌어붙다 ②타다. 쨍쨍 내리쬐다¶ ～ような太陽 타는 듯한 햇볕
やけっぱち [〈焼け〉っぱち] [俗] 자포 자기
やけっぱら [〈自棄〉っ腹] [俗] 자포 자기하여 화를 냄¶ ～になる 자포자기하여 화를 내다
やけど [*火傷] [名][自スル] 화상. 뎀. 그런 상처¶ ～を負う 화상을 입다
やけに [副] (口) 몹시. 무척. 매우¶ 今朝は～冷え込む 오늘 아침은 몹시 춥다
やけの [焼け野] 불탄 들판
[慣用句]
—の雉子夜の鶴 [比] 자식을 생각하는 어버이의 지극한 사랑
やけのこる [焼け残る] [自五] 불에 타지 않고 남다. 화재를 면하다
やけのはら [焼け野原] ①타버린 벌판 ②(불타서) 허허벌판이 된 곳＝やけのがはら¶ 震災で～と化す 진재로 허허벌판으로 변하다
やけのみ [〈自棄〉飲み] [名][自スル] 홧술을 마심
やけぶとり [焼け太り] [名] (俗) 화재를 당하고 나서 전보다 오히려 넉넉해짐[번창함]¶ ～した店 화재 뒤에 더 번창한 가게
やけぼっくい [焼け*木*杭·焼け*棒*杭] [俗] 타다 남은 말뚝·그루터기
[慣用句]
—に火がつく (타다 남은 말뚝은 불이 붙기 쉬운 데서) 한번 헤어졌던 남녀가 다시 화합하다
やけやま [焼け山] ①산불로 초목이 타버린 산 ②휴화산(休火山)
やける [焼ける] [自下一] ①타다. 불타다¶ 家が～ 집이 불타다 ②구워지다¶ よく～けた肉 잘 구워진 고기 ③(햇볕 등에) 뜨거워지다. 달다¶ 砂浜が～ 모래사장이 뜨거워지다 ④(가마에) 구워지다¶ 炭が～ 숯이 구워지다 ⑤(햇볕 등에), 그을리다¶ 海水浴で真っ黒く～ 해수욕으로 새까맣게 타다 ⑥(햇볕·약품 등에) 변색하다. 바래다¶ 酒で～けた赤い顔 주독이 올라 벌건 얼굴 ⑦노을이 지다¶ 真っ赤に～けた夕空 새빨갛게 물든 저녁 하늘 ⑧(먹은 것에) 속이 쓰리다¶ 胸が～ 속이 쓰리다 ⑨애가 쓰이다. 애먹이다¶ 世話が～ 치다꺼리에 애가 쓰이다 ⑩[*妬ける·*嫉ける] 샘나다. 질투나다¶ 二人があんまり仲がいいので～ 두 사람이 사이 좋아 질투가 난다
やけん [野犬] 야견. 들개＝のら犬¶ ～狩り (광견병 등의 예방을 위한) 야견 사냥
やげん [*薬研] 약연(薬碾). 한약재를 가는 기기
やご [水*蠆] [動] 수채. 학배기. 잠자리의 유충
やこう [夜光] 야광¶ ～時計 야광 시계 —虫 [動] 야광충 —塗料 야광 도료
やこう [夜行] [名][自スル] 야행 ①밤에 감[활동함]

¶ 百鬼ひゃっき~ 백귀 야행 ②「夜行列車やこうれっしゃ」의 준말 —性[動] 야행성 ¶ ~動物 야행성 동물 —列車 야간 열차, 밤기차

やごう【屋号】①가게 이름이나 歌舞伎 배우 등의 집에 대한 칭호, 옥호 ②(농촌 등에서 성(姓) 대신 쓰이는) 그 집안의 통칭

やごう【野合】[名·自スル] 야합. (남녀의) 사통

やごえ【矢声】화살이 명중했을 때 쏜 사람이 외치는 소리= やさけび

やごろ【矢*頃】①활쏘기에 알맞은 거리 ②일을 이루는 데 적당한 시기 ¶ ~をはかる 적당한 때를 가늠하다

やさい【野菜】야채, 채소= 青物あおもの ¶ ~スープ 야채 스프/ ~をつくる 채소를 가꾸다

やさおとこ【優男】①용모가 준수한 남자 ② 싹싹한 남자 ▷ ①② ⇔ 優女おんな

やさおんな【優女】①용모가 아름다운 여자 ②상냥한 여자 ▷ ①② ⇔ 優男おとこ

やさがし【家捜し·家探し】[名·自スル]①집 안을 모조리 뒤짐, 집 수색 ¶ ~しても見つからない 집 안을 모조리 뒤져도 찾지 못하다 ②살 집을 구함

やさがた【優形】[名·ダ]①(몸매가) 날씬하고 품위가 있음 ②상냥함, 숙부드러움 ¶ ~の男 싹싹한 남자

やさかにのまがたま【八尺瓊の勾玉·八尺瓊の曲玉】일본 왕실에 전해 오는 세 가지 신기(神器) 중의 하나인 곡옥

やさき【矢先】①화살촉 ②화살이 날아오는 정면 ③막 …하려는 참, 바로 그 때 ¶ 出かけようとした~に、雨が降り出した 막 외출하려는데 비가 오기 시작했다

やさけび【矢叫び】[文]①화살을 맞었을 때 쏜 사람이 외치는 소리 ②(전투 개시 때) 서로 활을 쏘며 지르는 함성= やたけび

やさし・い【易しい】[形]①알기[이해하기] 쉽다 ¶ ~説明 알기 쉬운 설명 ②쉽다, 용이하다 ¶ ~問題 쉬운 문제 ▷ ①② ⇔ 難むずかしい

やさし・い【優しい】[形]①상냥하다, 다정하다 ¶ 老人に~人 노인에게 상냥한 사람 ②우아하다 ¶ ~物腰こし 우아한 태도 ③마음씨가 곱다, 온화하다, 온화하다 気立てが~ 마음씨가 곱다

やし【香具師·野師】(축제일 등에) 번잡한 곳에서 물건을 팔거나 볼거리를 보여 주는 사람

やし【野史】[文]야사 ⇔ 正史せいし

やし【*椰子】[植]야자(나무) —油ゆ 야자유

やじ【野次·*弥次】①「やじうま」의 준말 ②야유, 빈정거려 놀림 —馬うま 남의 일에 덩달아 떠들어댐, 그런 사람 —根性こんじょう 호기심 많은 근성/ 事故どの現場は~で一杯いっぱいだ 사고 현장은 법석대로 구경꾼으로 꽉 찼다
[慣用句]
—を飛とばす 큰소리로 야유하다

やしおじ【八潮路】[文] 긴 항로 ¶ ~を越えて 기나긴 뱃길을 지나서

やしき【屋敷·*邸】①대지, 집의 부지 ¶ 家いえ~を売る 집과 대지를 팔다 ②저택, 武家ぶけ~ 무가(武家)의 저택 —神がみ 터주 —奉公ほうこう 무가에 고용살이함= 屋敷勤づとめ —町まち 저택이 늘어선 거리, 고급 주택가

やじきた【*弥次喜多】①뜻이 맞는 사람끼리의 만유 여행 ②서로 잘 맞는 한 쌍의 익살꾼

やしない【養い】①기름, 양육, 양육비 ~親おや 양부모 ②자양분, 거름

やしな・う【養う】[他国]①기르다, 양육하다 ¶ 子供どもを~ 아이를 기르다 ②부양하다 妻子さいしを~ 처자를 부양하다 ③기르다, 사육하다, 배양하다 ¶ 豚を~ 돼지를 치다/ バクテリアを~ 박테리아를 배양하다 ④(실력·습관 등을) 기르다 人を見る目を~ 사람 보는 눈을 기르다 ⑤(쇠하지 않게) 기르다 気力を~ 기력을 기르다 ⑥(외) 요양하다, 섭생하다 病を~ 병을 요양하다

やしゃ【夜*叉】[佛] 야차, 두억시니

やしゃご【玄孫】 현손, 고손(高孫)= げんそん

やしゅ【野手】—選択せんたく 야수 선택. 공을 잡은 야수가 판단 착오로 타자와 주자 모두를 살리게 되는 일

やしゅ【野趣】야취. 자연 그대로의 소박한 정취 ¶ ~に富んだ庭 야취가 풍부한 정원

やしゅう【夜襲】[名·他スル] 야습= 夜討ようち ¶ ~をかける 야습을 하다

やじゅう【野獣】야수, 들짐승 ¶ ~のような男 야수 같은 사나이 —派は[美] 야수파

やじょう【野乗】[文] 야승. 야사= 野史

やしょく【夜色】[文] 야색, 야경, 밤경치

やしょく【夜食】야식. 밤참

やじり【矢*尻·*鏃】화살촉= 矢やの根ね

やじ・る【野次る·弥次る】[他国] 야유하다, 놀리다 ¶ 演説えんぜつを~ 연설을 야유하다/ ~·倒たおす 야유해서 그만두게 하다

やじるし【矢印】화살표 ¶ ~に沿って進すすむ 화살표를 따라 나아가다

やしろ【社】신을 모신 건물, 神社じんじゃ

やじろべえ【*弥次郎*兵衛】막대에 반원형으로 가로료를 대고 그 양끝에 추를 단 장난감

やしん【野心】야심 ①야망 ¶ ~家か 야심가/ ~を抱いだく 야심을 품다 ②흉계, 음모 ¶ 会社かいしゃ乗のっ取とりの~ 회사를 가로채려는 야심 ③새롭고 대담한 일을 하려는 의욕 ¶ ~作さく 야심작/ ~的な試こころみ 야심적인 시도

やじん【野人】[文] 야인 ①시골 사람 田夫ふ~ 촌부 야인 ②예절을 모르는 사람 ③재야인, 민간인 一介いっかいの~としての立場たちば 일개 야인으로서의 입장

やす【助動】(方)(「お」+ 동사 運用形에 붙음) 정중·존경의 뜻을 나타냄 ¶ お帰かえり~ 안녕히 다녀오셨습니까/ おいで~ 어서 오십시오

やす【安】[造語]①값이 쌈, 싸구려 ¶ 月給げっきゅう~ 박봉/ ~普請ぶしん 싸구려(날림) 공사 ②경솔함, 경박함 ¶ ~請うけ合あい 경솔하게 떠맡음 ③값이 내림 ⇔ 高だか 二十円にじゅうえん~ 20엔 내림

やす【*簎】작살 ¶ ~で突つく 작살로 찌르다

やすあがり【安上がり】[ダ] 싸게 먹힘, 싸게 치임 ¶ バスの方ほうが~だ 버스 쪽이 싸게 먹힌다

やす・い【安い】形 ①싸다¶～本ほん 싼 책/ もう少すこし～・くなりませんか 좀 더 싸게 할 수 없습니까 ②쉽다, 간단하다
慣用句
――・かろう悪わるかろう 싼 것이 비지떡
やす・い【^易い】形 ①쉽다, 간단하다¶お～御用ごよう 쉬운 일이다/ 言いうは～・く行おこなうは難かたし 말하기는 쉬우나 행하기는 어렵다 ②(形式) …하기 쉽다¶わかり～ 알기 쉽다/ 間違まちがえ～問題もんだい 틀리기 쉬운 문제
やすうけあい【安請(け)合い】名他スル 경솔하게 떠맡음¶～するとあとで困こまる 경솔하게 떠맡으면 나중에 곤란하다
やすうり【安売り】名他スル ①싸게 팖, 염가 판매¶本日ほんじつ大だい～ 오늘 염가 대매출 ②무턱대고 베풂¶愛嬌あいきょうの～ 애교를 마구 부림
やすき【^易き】(文) 쉬운 쪽, 편한 일¶～に流ながれる 안이함에 흐르다
慣用句
――に就つく 안이한 쪽을 택하다
やすけ【^弥助】『握にぎり鮨ずし』의 딴말컬음
やすっぽ・い【安っぽい】形(口) ①싸구려 같다¶～服ふく 싸구려 옷 ②천하다, 천박스럽다¶人間にんげんが～ 사람이 천박스럽다
やすで【〈馬陸〉】[動] 노래기
やすで【安手】[形]スル 싸구려임¶～のシャツ 싸구려 셔츠 ②저임금, 질이 낮음¶～の民主主義しゅぎ 사이비 민주주의
やすね【安値】①싼 값, 헐값, 염가¶～で売うる 헐값으로 팔다 ②[経] (주식 거래에서 어느 기간 중의) 하한가 ▷ ①② ⇔ 高値たかね ――引びけ[経] (주식 거래에서) 그 날의 하한가로 장이 종료됨 ⇔ 高値引たかねびけ
やすぶしん【安普請】 날림 공사, 그렇게 지은 집¶～の借家しゃくや 날림으로 지은 셋집
やすま・る【休まる】自五 (심신이) 편안해지다¶体からだが～ 몸이 편안해지다/ 心こころの一日ひが～ 편안해질 날이 없다
やすみ【休み】①쉼, 휴식¶～なく働はたらく 쉬지 않고 일하다 ②휴일, 휴가¶夏なつ～ 여름휴가〔방학〕/ ～を取とる 휴가를 얻다 ③결근, 결석¶今日きょう彼女かのじょは～です 오늘 그녀는 결근입니다 ④취침, 잠자리에 듦¶何時なんじにお～ですか 몇 시에 주무십니까?
やすみやすみ【休み休み】副 ①쉬엄쉬엄 ②歩あるく 쉬엄쉬엄 걷다 ②작작¶ばかも～言いえ 바보같은 소리 좀 작작해라
やす・む【休む】自五 쉬다 ①휴식하다¶～間ひまもなく 쉴 사이도 없다 ②자다¶毎晩まいばん十時じゅうじに～ 매일 밤 10시에 자다/ お～・みなさい 안녕히 주무셔요 ③활동을 멈추다, 중단하다¶三年間さんねんかん～・まず動うごく時計とけい 3년 동안 쉬지 않고 가는 시계 ④결근하다¶会社かいしゃを～ 회사를 결근하다/ かぜで学校がっこうを～ 감기로 학교를 결석하다
やすめ【安め】 비교적 쌈, 쌈직함 ⇔ 高たかめ ¶～の家具かぐを選えらぶ 쌈직한 가구를 고르다
やすめ【休め】感名 (구령에서) 쉬어 ⇔ 気き
を付つけ
やす・める【休める】他下一 쉬게 하다 ①휴식시키다¶手てを～ 일손을 쉬다/ 心こころを～ 마음을 편안하게 하다 ②멈추다, 놀리다, 묵히다¶機械きかいを～ 기계를 멈추다/ 畑はたを～ 밭을 묵히다
やすもの【安物】싸구려, 값싼 물건¶～の時計とけい, 싸구려 시계
慣用句
――買かいの銭ぜに失うしない 싼 것이 비지떡
やすやす【^易^易】副 거뜬히, 간단히¶～と勝かつ 거뜬히 이기다/ ～と難問なんもんを解とく 간단히 어려운 문제를 풀다
やすやど【安宿】싸구려 여인숙¶～にとまる 싸구려 여인숙에 묵다
やすら・う【休らう・安らう】(文) 自五 쉬다, 휴식하다¶水辺みずべに～ 물가에서 잠시 쉬다
やすらか【安らか】 ①편안함, 평온함, 안온함 ②～な心こころ 평온한 마음/ 友ともよ, ～に眠ねむれ 친구여 편히 잠들라
やすらぎ【安らぎ】(文) 평온함¶～をみいだす 평온함을 찾다
やすら・ぐ【安らぐ】自五 편안〔평온〕해지다¶心こころが～ 마음이 편안해지다
やすら・げる【安らげる】他下一 편안〔평온〕케 하다
やすり【^鑢】①[工] 줄¶～をかける 줄질하다 ②「やすり板いた」의 준말, 줄판
やすりがみ【^鑢紙】여지, 사포 = 紙かみやすり
やすん・じる【安んじる】(文) I 自上一 ①안심하다, 신뢰하다¶～・じて後あとを任まかせる 안심하고 뒤를 맡기다 ②만족하다¶現在げんざいの地位ちいに～ 현재의 지위에 만족하다 II 他上一 안심시키다, 평안하게 하다¶人心じんしんを～ 민심을 가라앉히다 ▷ 「安やすんずる」라고도 함
やすん・ずる【安んずる】自他サ変(文) → やすんじる
やせ【痩せ】①여윔, 마름¶夏なつ～ 여름을 탐 ②마른 사람¶お～ 말라깽이
慣用句
――の大食たいしょくい 마른 사람이 오히려 더 먹음
やせい【野生】I 名自スル 야생¶～のうさぎ 야생 토끼/ 湿地しっちに～する 습지에 야생하다 II 名(文) 남자가 자신을 낮추어 이르는 말, 소생
やせい【野性】야성¶～味み 야성미/ ～を取とり戻もどす 야성을 되찾다 ――的てき 야성적
やせうで【^痩せ腕】①여윈 팔 ②연약한 힘·능력¶女おんなの～で一家いっかをやしなう 여자의 연약한 힘으로 가족을 부양하다
やせおとろ・える【^痩(せ)衰える】自下一 수척해지다, 바싹 마르다¶大病たいびょうですっかり～ 중병으로 매우 수척해지다
やせがた【^痩せ型】①여윈 몸매¶～の男性だんせい 여윈 몸매의 남성
やせがまん【^痩せ我慢】名自スル 억지로〔오기로〕버팀, 앙버팀¶～を張はる 오기를 부리다
やせぎす【^痩せぎす】名(口) 여위어서 뼈가 앙상함¶背せが高たかく, ～の男おとこ 키가 크고 깡

마른 남자

**やせこ·ける**〖瘦せこける〗自下一 몹시 여위다. 홀쭉해지다. 앙상하다¶ ～·けた顔 몹시 여윈 얼굴／頰が～ 볼이 홀쭉해지다

**やせさらば·える**〖瘦せさらばえる〗自下一(文) 피골이 상접해지다. 앙상해지다¶ 見るも無残に～ 보기에도 끔찍하게 여위다

**やせち**〖瘦せ地〗메마른〔척박한〕땅¶ ～を耕す 메마른 땅을 갈다

**やせっぽち**〖瘦せっぽち〗(俗) 몹시 여윈. 그런 사람¶ ～の男 비쩍 말라깽이 남자

**やせほそ·る**〖瘦(せ)細る〗自五 ①여위어서 홀쭉해지다. 바싹 마르다¶ 心配で～ 근심 걱정 때문에 바싹 마를 것 같다 ②점점 가난해지다¶ 身代が～ 가산이 점점 줄어들다

**やせやま**〖瘦せ山〗메마른〔척박한〕산

**や·せる**〖瘦せる〗自下一 ①여위다. 마르다. 살이 빠지다 ⇔ 太る¶ 病気で～ 병으로 여위다¶ (땅이) 메마르게 되다. 척박해지다 ⇔ 肥える¶ 土地が～ 땅이 메마르다
〔慣用句〕
— ·せても枯れても 비록 영락했지만, 아무리 몰락했어도

**やせん**〖夜戦〗야전. 야간 전투= 夜軍

**やせん**〖野戦〗야전 ①산야에서의 전투¶ ～服 야전복 ②야외에 나가다 ③싸움터, 전장¶ ～料理 야전 요리 —病院 (軍) 야전 병원

**やせん**〖野選〗〔野〕 야수 선택

**やぜん**〖夜前〗名副(文) 어젯밤. 간밤= ゆうべ¶ ～の雨 간밤의 비

**ヤソ**〖耶蘇〗①예수 그리스도 ②「ヤソ教」의 준말 ③기독교도의 속칭 —教 예수교. 기독교

**やそう**〖野草〗야초. 들풀

**やぞう**〖弥蔵〗(俗) 옷 속에서 팔짱을 끼어 부르쥔 주먹을 어깨 부근까지 올린 모습

**やそうきょく**〖夜想曲〗(音) 야상곡= ノクターン

**やそじ**〖八十路〗(文) 팔십. 여든¶ 八十路 ～の坂を越える 팔십 고개를 넘다

**やたい**〖屋台〗①(노점상 등의) 지붕이 달린 수레 ②「屋台店」의 준말= おでんの～ 꼬치 안주를 파는 포장마차 ③(축제 때) 천천히 끌고 다니는 수레= 山車 ④「能楽」·연극에 집·절 등을 본떠 만든 무대 장치 ⑤「屋台囃子」의 준말¶ 屋台 囃子 屋台 囃子 囃子 囃子 囃子 반주 —骨 ①작은 구조물·가옥의 뼈대 ②한 집안의 생계를 지탱하는 사람 ③가산. 재산 —店 ① 지붕이 달린 노점. 포장마차

**やたけ**〖弥猛〗(造語)(文) 더욱 설렘, 더욱 용기가 치솟음¶ ～心 더욱 설레는 마음 —に 副 더욱더 설레어. 더욱더 용솟음쳐¶ 心～はやる 마음은 더욱더 설레다

**やだけ**〖矢竹〗①(植) 이대 ②화살대

**やたて**〖矢立て〗①전통(箭筒)= やなぐい ②「矢立ての硯」의 준말. 전통에 넣어 싸움 터에서 휴대하던 작은 벼루 ③먹통에 붓통이 달린 휴대용 필기구

**やだね**〖矢種〗가지고 있는 화살의 전부¶ ～が尽きる (가진) 화살이 다 떨어지다

**やたのかがみ**〖八咫の鏡〗일본 왕실에 전해 오는 세 가지 신기(神器) 중의 하나인 거울

**やだま**〖矢弾·矢玉〗화살과 총알¶ ～をくぐり抜ける 사선(死線)을 헤치고 나오다

**やたら**副(ダ)(口) 함부로. 무턱대고. 마구. 몹시¶ ～と忙しい 몹시 바쁘다¶ ～に飛び回る 마구 쏘다니다／～なことを言うな 함부로 지껄이지 마라

**やち**〖谷地·谷〗습지. 저습지= やつ

**やちゅう**〖夜中〗야중. 밤중¶ ～突然伺う 밤중에 돌연히 방문하다

**やちよ**〖八千代〗(文) 팔천년. 매우 오랜 세월¶ 千代に～に 영원 무궁토록

**やちょう**〖夜鳥〗야조. 밤에 활동하는 새

**やちょう**〖野鳥〗야조. 들새= 野禽 ⇔ 飼い鳥¶ ～保護法 야조 보호법

**やちん**〖家賃〗집세= たなちん¶ ～を払う 집세를 물다¶ ～が滞る 집세가 밀리다
〔慣用句〕
—が高い 집세가 비싸다. 그 지위에 상응하는 실력을 가지지 못함의 비유

**やつ**感(口) ①(기합을 넣어 동작을 시작할 때) 얏, 얍¶ えい, ～と 에이, 얏하고 ②(놀랐을 때) 앗, 엇¶ ～ 驚いた 앗 깜짝이야 ③가벼운 인사말. ㅋ, 여= やあ¶ ～, しばらく 야, 오랜만일세

**やつ**〖奴〗(口) I 名 ①(俗) 놈, 녀석, 자식¶ ばかな～ 바보같은 놈 ②동년배·손아랫사람을 친근하게 부르는 말. 놈, 녀석, 자식 ③かわいい～ 귀여운 녀석 ③물건, 것¶ 変わった～を買う 색다른 것을 사다 ④(形式) 일. 것. よくある～だ 흔히 있는 일이다 Ⅱ 代 남을 경멸하거나 동년배·손아랫사람을 친근하게 부르는 말. 그 녀석, 그 자식, 그 놈= あいつ¶ ～のしわざだ 그 녀석의 짓이다／～には気をつける 그놈에겐 조심하다

**やつ**〖八つ〗①여덟. 여덟 개. 여덟 살= はち. やっつ¶ りんごを～買う 사과를 여덟 개 사다／～の子 여덟 살 배기 아이 ②수가 많음¶ ～裂きる 갈기갈기 찢음 ③「八つ時」의 준말 ④(「お～」의 꼴로) 오후의 간식

**やつあたり**〖八つ当(た)り〗名自スル (엉뚱한 사람에게) 화풀이를 함¶ 弟に～する 애꿎은 동생에게 화풀이하다

**やっか**〖薬価〗(文) 약가. 약값= 薬代¶ ～基準 약가 기준

**やっかい**〖厄介〗I 名 시중, 돌봄, 신세, 폐¶ ～をかける 폐를 끼치다／老人の～を見る 노인의 시중을 들다 Ⅱ 귀찮음, 번거로움, 성가심 —払い 名自スル 귀찮은 것·방해자를 쫓아버림 —者 ①성가신 존재, 말썽꾸러기, 애물 ②식객
〔慣用句〕
—になる 신세를 지다, 보살핌을 받다

**やっかい**〖訳解〗名他スル(文) 역해. 번역하여 해설함. 그런 번역과 해설= やくかい

やつがしら【八(つ)頭】[植] 토란의 한 품종
やつか・む【他五】[方] 시기하다, 질투하다¶～んで邪魔する～ 시기하여 훼방을 놓다
やつかん【約款】약관¶保険～ 보험 약관
やつき【躍起】(흔히「～と(に)なって」의 꼴로) 기를 씀, 애가 타서 안달함¶～になって反撃に出る 기를 쓰고 반격에 나서다
やつぎばや【矢継ぎ早】[名] 연달음, 잇따름¶～の質問 연달은 질문/～に攻撃をする 연거푸 공격을 하다
やつきょう【薬筴】약협, 탄약이 들어 있는 통
やつきょく【薬局】①(병원의) 약제실 ②약국, 약방 一方 약국방, 일본 약국방, 약전(薬典)
やつぎり【八つ切り】①8절, 8등분함¶模造紙を～にする 모조지를 8등분하다 ②(사진에서) 8절판
やつくち【八つ口】(여성·아동용 일본옷에서) 겨드랑이 아랫부분의 타진 부분 = みやつくち
やづくり【家作り·家造り】①집을 지음, 집짓기 ②집의 구조¶立派な～ 훌륭한 집 구조
やっこ【奴】Ⅰ[名] ①(江戸 시대) 무사 집안의 하인 ②(江戸 시대의) 협객·(奴豆腐의) 준말 Ⅱ[代] 손아랫사람을 친근하게 이르는 말, 저 놈, 저 녀석, 저 작자¶～さん 저 작자
やっこう【薬効】(文) 약효¶～が現われる 약효가 나타나다
やっこ さん【奴さん】Ⅰ[代](俗) 놈, 녀석, 작자, 치 =あいつ¶～, 遅いな 그 녀석 늦는구만 Ⅱ[名] 江戸 시대 무사 집안의 하인 모양으로 오린 종이
やっこだこ【奴凧】江戸 시대의 무사 집안의 하인 모습을 본떠서 만든 연
やっこ どうふ【奴豆腐】[料] 네모나게 썬 두부를 국물에 담갔다가 양념장에 찍어 먹는 요리 = 冷ややっこ·やっこ
やつざき【八つ裂き】갈기갈기 찢음¶～にする 갈기갈기 찢어 발기다
やっさ もっさ[名][自スル](口) 많은 사람이 모여 북적거리는 모양, 와글와글, 왁자지껄¶～の大騒ぎになる 왁자지껄 대소동이 벌어지다
やつしごと【窶し事】(歌舞伎에서) 지체 높은 사람·부잣집 자제 등이 영락한 모습으로 유랑하는 연기 = やつし
やつ・す【窶す】[他五] ①초라하게 변장하다¶旅の僧に～ 행각승으로 변장하다 ②(초췌해질 정도로) 애태우다, 골몰하다, 번민하다¶かなわぬ恋に憂き身を～ 이룰 수 없는 사랑에 애태우다 ③화장하다, 멋부리다
やっちゃば【やっちゃ場】청과물 시장
やっつ【八つ】→ やつ(八)
やづつ【矢筒】전동(箭筒), 화살통
やっつけしごと【やっつけ仕事】(口) 서둘러 급히 하는 일, 날림¶～でかたづける 얼렁뚱땅 서둘러서 해치우다
やっつ・ける【やっつける】[他下一] ①(口) 단숨에 해치우다¶仕事を一気に～ 일을 단숨에 해치우다 ②혼내주다, 지게 하다¶敵を一撃に～ 적을 일격에 패배시키다

やつで【八つ手】[植] 팔손이나무
やって い・く【遣って行く】[自五] ①(남과) 원만한 관계를 유지하여 나가다¶嫁とうまく～ 며느리와 사이좋게 잘 지내다 ②생활해 나가다, 살아가다¶小さい稼ぎで～ 적은 수입으로 살아가다
やって・くる【遣って来る】[自カ変] ①다가오다, 찾아오다¶弟が～ 동생이 찾아오다 ②죽[계속] 해오다¶これまでよくも～·きたものだ 이제까지 용케도 잘 해왔군
やってのける【遣ってのける】[他下一](곤란한 일을) 잘 해내다, 잘 처리하다¶一人で見事に～ 혼자서 멋지게 해내다
やっと[副] 겨우, 간신히, 가까스로 ; 아주, 아울락¶ようやく·かろうじて¶～間に合う 겨우 시간에 대다/～仕事を終えた 간신히 일을 끝냈다
[慣用句]
—の事で 겨우, 가까스로, 어렵사리
やっとう(俗) 검도, 검술¶～の先生 검도 선생
やつどき【八つ時】옛시각의 이름, 지금의 오전[오후] 2시경 = やつ
やっとこ【鋏】철·철사·판금 등을 집는 집게
やっとこ[副](俗) 겨우, 간신히¶～すっとこ 간신히 ②동작이 어색함을 나타는 의태어 —さ(俗) Ⅰ[感] 힘주어 동작을 시작할 때 내는 소리, 영차, 이영차 Ⅱ[副] 겨우, 간신히¶～間にあった 간신히 시간에 댔다
やっぱし[副](俗) 역시 = やはり·やっぱり
やつはし【八つ橋】①연못 등에 좁은 널빤지를 어긋나게 이어 놓은 다리 ②쌀가루를 쪄서 설탕·육계(肉桂)를 섞어 직사각형으로 구운 京都 명산의 せんべい
やつばら【奴原】(口)「やつ」의 복수형, 놈들, 녀석들¶～ばら」는 접미어
やっぱり【矢っ張り】[副] → やはり
やつめうなぎ【八つ目鰻】[動] 칠성장어
やつら【奴等】(口)「やつ」의 복수형, 놈들, 녀석들 = やつばら¶～のしわざ 놈들의 소행/たちの悪い～だ 질이 나쁜 녀석들이다
やつ・れる【窶れる】[自下一] ①(병 등으로) 수척해지다, 초췌해지다¶～れた顔 초췌해진 얼굴 ②(복장 등이) 초라해지다¶～·れ果てた身なり 초라해 빠진 옷차림
やと【谷戸】구릉 사이에 낀 좁은 저지(低地)
やど【宿】①사는 집 ≒無くし 부랑자 ②숙소, 여관¶～を決める 숙소를 정하다 ③안내가 남편을 가리키는 말, 주인 ④고용인의 본집, 보증인의 집¶～下がり 고용인이 휴가를 얻어 고향에 내려감
[慣用句]
—を借りる 남의 집에서 묵다
—を取る 숙소를 정하다[잡다]
やとい【雇い·傭い】①고용, 고용인¶臨時～ 임시 고용 ②(관청 등의) 용원, 임시 직원
やとい・いれる【雇い入れる】[他下一] 새로 고용하다¶事務員を～ 사무원을 새로 고용하다
やといにん【雇い人】고용인 ⇔ 雇い主

やといぬし【雇い主】고용주 ⇔ 雇い人にん
やと・う【雇う・°傭う】他五 ①고용하다¶社員しゃいんを~ 사원을 고용하다 ②(배·자동차 등을) 세내다¶釣つり船ぶねを~ 낚싯배를 세내다
やとう【夜盗】(文) 밤도둑(질)¶~を働はたらく 밤도둑질을 하다 ② → よとうむし
やとう【野党】(政) 야당 ⇔ 与党とう
やどがえ【宿替え】名自スル 이사, 전거(転居)
やどかり【宿借り】・【寄居虫】(動) 소라게
やどさがり【宿下がり】名自スル 고용인이 휴가를 얻어 본가·보증인의 집으로 돌아감
やど・す【宿す】他五(文) ①품다, 내포하다¶大望たいもうを~ 대망을 품다 ②(표면 등에) 머물게 하다, 머금다¶露つゆを~葉は 이슬을 머금은 잎 ③(아이를) 배다, 임신하다¶胤たねを~ 아이를 배다
やどせん【宿銭】숙박료, 숙박비 = 宿賃ちん
やどちょう【宿帳】숙박부¶~をつける 숙박부를 기재하다
やどちん【宿賃】숙박료, 숙박비 = 宿銭せん¶~を払はらう 숙박료를 치르다
やとな【°女】(阪神はんしん 지방에서) 임시로 고용하는 접대부
やどなし【宿無し】일정한 주소가 없음, 부랑자
やどぬし【宿主】①여관 주인 ② → しゅくしゅ
やどひき【宿引き】손님을 자기 여관으로 끎, 유객꾼 = 客引きゃくひき
やどもと【宿元・宿°許】①거주하는 곳 ②묵고 있는 곳, 숙박소 ③고용인의 신원을 맡은 곳
やどや【宿屋】여관, 여인숙¶~の番頭ばんとう 여관 지배인 =「旅館かん」보다 예스러운 말
やどり【宿り】(文) 머묾, 머무는 곳, 거처¶仮かりの~ 임시 거처/ 一夜いちやの~を請こう 하룻밤 머물기를 청하다
やどりぎ【宿り木・寄生木】①다른 나무에 기생하는 식물의 총칭, 기생목 ②(植) 겨우살이
やど・る【宿る】自五(文) ①묵다, 숙박하다¶僧坊ぼうに~ 승방에 묵다 ②(잠시) 머물다, 자리잡다¶露つゆが葉はに~ 이슬이 맺히다¶木陰こかげに~ 나무 그늘에 자리잡다 ③깃들이다¶健全けんぜんなる精神しんは健全なる肉体たいに~ 건전한 정신은 건전한 육체에 깃들다 ④(아이를) 배다, 임신하다¶子こが~ 아이를 배다 ⑤기생하다¶回虫かいちゅうが~ 회충이 기생하다 ⑥살다, 거주하다¶~家いえもない 살 집도 없다
やどろく【宿六】(俗) 자기 남편을 친근하게 또는 낮추어 부르는 말, 양반¶山やまの神かみ¶うちの~ 우리 집 양반
やどわり【宿割(り)】名 단체 손님을 재우기 위해 숙소를 할당함[할당하는 사람]
やな【°梁・°簗】어량(魚梁), 어살¶~を打うつ 어량을 치다
やながわ【柳川】「やながわ鍋なべ」의 준말 ─鍋【料】질냄비에 뼈를 발라낸 미꾸라지와 우엉을 넣고 끓여서 달걀을 풀어 얹은 요리
やなぎ【柳】(植) ①버드나무, 버들 ②수양버들 慣用句
─に風かぜと受うけ流ながす (버드나무가 바람에 나부끼듯) 거스르지 않고 유연하게 받아 넘기다
─の下したにいつも泥鰌どじょうはいない 장마다 망둥이 나랴
─は緑みどり花はは紅くれない (比) ①봄의 아름다운 경치 ②매사 저마다 자연의 섭리가 있음 ③사물이 각각 개성이 풍부함
やなぎこうり【柳行°李】버들 고리
やなぎごし【柳腰】유요, (여자의) 가늘고 나긋나긋한 허리¶~の美人びん 유요 미인
やなぎだる【柳°樽】①붉은 옻칠을 한 술통=つのだる ②「清酒せいしゅ」의 딴이름 ③「誹風柳多留はいふうやなぎだる」의 약칭
やなぎば【柳刃】「柳刃包丁やなぎばぼうちょう」의 준말 ─包丁ちょう 칼날 끝이 뾰족하고 길다란 회칼
やなぎばし【柳°箸】(새해에 떡국 등을 먹을 때 쓰는) 버드나무 젓가락
やなぐい【胡籙・胡簶】전동(箭筒), (옛날에) 화살을 넣어 짊어지던 도구
やなみ【矢並(み)】전동(箭筒)에 가지런히 꽂힌 화살
やなみ【家並(み)】①집이 늘어선 모양, 늘어선 집¶古ふるい~ 즐비한 낡은 집들 ②名副 집집마다 = 軒並のきなみ
やなり【家鳴り】집이 울림, 그런 소리¶自動車じどうしゃの振動しんどうで~がする 자동차 진동으로 집이 울리다
やに【°脂】①(나무의) 진, 수지¶松まつ~ 송진 ②(담배 등의) 댓진¶~が詰つまる 댓진이 막히다 ③눈곱¶~が出でる 눈곱이 끼다
やにさがる【°脂下がる】自五(口) 우쭐해져서 싱글거리다
やにっこ・い【°脂こい】形 ①진이 많다, 끈적거리다 ②(口) 끈덕지다, 끈질기다, 악착같다¶~く迫せまる 끈덕지게 쫓다
やにょうしょう【夜尿症】(医) 야뇨증
やにわに【矢庭に】副 ①당장, 그 자리에서¶~断ことわる 그 자리에서 거절하다 ②갑자기, 느닷없이¶~飛とびかかる 느닷없이 달려들다
やぬし【家主】①그 집안의 주인, 가장, 호주 ②(셋집의) 집주인 = いえぬし·おおや
やね【屋根】①(建) 지붕¶わら~ 초가 지붕/ ~をふく 지붕을 이다 ②갓들 덮은 것, 덮개¶苗床なえどこの~ 묘상의 덮개/ 自動車じどうしゃの지붕 ─裏うら ①지붕 밑, 지붕과 천장 사이 ②다락방 ─船ぶね 지붕이 있는 작은 배
やのあさって【°弥の°明後日】(口) 그글피
やのじむすび【やの字結び】(일본 여자옷에서) 「や」자 모양으로 허리띠를 매는 방법
やのね【矢の根】화살촉 = やじり
やば【矢場】①활터 ②(江戸えど 시대의) 활놀이터 = 楊弓場ようきゅうば
やば・い 形(俗) ①위험하다¶~仕事しごとは 위험한 일/ ~, 逃にげよう 위험하다 달아나자 ②좋지 않다, 난처하다¶遅刻ちこくしたら~ 지각하면 좋지 않다
やはず【矢°筈】①(화살의) 오늬 = はず ②(높은 곳에 걸 때 쓰는) 끝이 두 갈래진 막대기
やばね【矢羽・矢羽根】살깃

やはり 副 ①여전히¶ ～問題ˇは未解決ˇだ 여전히 문제는 미해결이다 ②역시, 마찬가지로¶ ～優勝ˇはむりだった 역시 우승은 무리였다¶ ～數ˇ學ˇが難ˇかしかった 예상대로 수학이 어려웠다 ④결국, 뭐니뭐니해도¶ 花ˇは～桜ˇだ 꽃은 뭐니뭐니해도 벚꽃이다

[慣用句]
―野ˇに置ˇけ蓮華草ˇ (比) 모든 것은 본디 있어야 할 곳에 있을 때 가치가 있음

やはん [夜半] 야반. 한밤중= よなか¶ ～過ˇぎから雪ˇに変ˇわる 한밤중이 지나서부터 눈으로 변하다

やばん [野蛮] ナ 야만 ①미개함¶ ～な習ˇわし 야만스러운 풍습 ②교양이 없고 난폭함¶ ～な振ˇる舞ˇい 야만적인 행동 ―人ˇ 야만인

やひ [野卑・野*鄙] ナ (文) 야비. 천박함¶ ～な言葉ˇ 야비한 말

やぶ [*藪] ①덤불, 대숲¶ ～を切ˇり開ˇく 덤불을 개간하다 ②(俗)「やぶ医者ˇ」의 준말 ③(俗) 사팔뜨기, 사시

[慣用句]
―から棒ˇ 아닌 밤중에 홍두깨
―の中ˇ 당사자의 얘기가 엇갈려 진상 불명임
―をつついて蛇ˇを出ˇす 긁어 부스럼, 자는 범 코침 주기

やぶいしゃ [*藪医者] 돌팔이 의사＝ やぶ¶ ～にかかる 돌팔이 의사에게 치료를 받다

やぶいちくあん [*藪井竹*庵] (俗) 돌팔이 의사를 사람 이름처럼 부르는 말

やぶいり [*藪入り] 名 [コスル] 설날과 우란분재 때 고용인이 휴가를 얻어 귀향함, 그런 날

やぶうぐいす [*藪*鶯] 덤불에 사는 휘파람새

やぶか [*藪蚊] (動) 각다귀 = 縞蚊ˇ

やぶがらし [*藪*枯らし] (植) 거지덩굴

やぶ・く [破く] 他五 (口) 찢다¶ 誤ˇって障子ˇを～ 잘못해서 문창호지를 찢다

やぶ・ける [破ける] 自下一 (口) 찢어지다¶ 服ˇが～ 옷이 찢어지다

やぶこうじ [*藪柑子] (植) 자금우(紫金牛)

やぶさか [*吝か] ナ (文) 인색함＝ けち

[慣用句]
―でない 形 (文) (「…に～」의 꼴로) 노력을 아끼지 않다, 기꺼이 …하다¶ 協力ˇするに～ 기꺼이 협력하다

やぶさめ [流鏑馬] 말을 타고 달리면서 소리나는 살로 과녁을 쏘아 맞히는 무예

やぶじらみ [*藪*蝨] (植) 뱀도랏

やぶだたみ [*藪*畳] ①대숲이 우거진 곳 ②(藝) (歌舞伎ˇ에서) 대숲처럼 만든 무대 장치

やぶにらみ [*藪*睨み] ①사시, 사팔뜨기 = すがめ ②(생각·말 등이) 얼토당토 않음¶ ～の意見ˇ 얼토당토 않은 의견

やぶへび [*藪蛇] (名) 긁어 부스럼¶ つまぬことを言ˇって～になる 쓸데없는 말을 해서 긁어 부스럼이 되다

やぶみ [矢文] 화살에 매어 쏘아 보내는 편지

やぶ・る [破る] 他五 ①찢다¶ 障子ˇを～ 문창호지를 찢다 ②깨다, 깨뜨리다, 부수다, 뚫다¶ 静寂ˇを～ 정적을 깨뜨리다/ 金庫ˇを～ 금고를 부수다 ③(규칙 등을) 어기다, 깨다¶ しきたりを～ 관례를 깨다 ④(기록) 깨다, 경신하다¶ 世界記録ˇを～ 세계 기록을 경신하다 ⑤무찌르다, 물리치다¶ 強敵ˇを～ 강적을 물리치다

やぶれかぶれ [破れかぶれ] ナ (俗) 자포자기하는 심정= すてばち¶ ～になる 자포자기하다

やぶ・れる [破れる] 自下一 ①찢어지다, 뚫어지다= やぶける¶ 傘ˇが～ 우산이 찢어지다 ②깨지다, 부서지다¶ 記録ˇが～ 기록이 깨지다 ③[敗れる] (승부에) 지다, 패배하다¶ 戦ˇいに～ 싸움에 지다

やぶん [夜分] 밤, 밤중¶ ～にお邪魔ˇしました 밤 늦게 실례했습니다

やぼ [野暮] 名ナ ①촌스러움, 멋이[풍류가] 없음, 그런 사람¶ ～な格好ˇ 촌스러운 모습 ②세상 물정에 어두움, 그런 사람¶ ～なことを言ˇいなさんな 답답한 소리 하지 마라 ―臭ˇい 形 아주 촌스럽다, 멋대가리없다 ―ったい 形 촌스럽다 ―天ˇ 몹시 촌스러움, 그런 사람 ―用ˇ (俗) (취미·풍류가 아닌) 사무적인 일, 대단치 않은 용건

やほう [野砲] (軍) 야포¶ ～隊ˇ 야포대

やぼう [野望] 야망¶ ～を抱ˇく 야망을 품다

やま [山] ①산¶ ～に登ˇる 산에 오르다 ②광산¶ ～を閉鎖ˇする 광산을 폐쇄하다 ③요행수, 예상¶ ～を張ˇる 요행수를 노리다/ ～が外ˇれる 예상이 빗나가다 ④(물건의) 높은 부분. ねじの～ 나사산/ 帽子ˇの～ 모자의 운두 ⑤(造語) 산더미, 무더기¶ ひと～五百円ˇ 한 무더기 500엔/ 黒ˇ～の人ˇだかり 새까맣게 모인 사람들 ⑥고비, 절정, 클라이맥스¶ 病気ˇが～を越ˇえる 병이 고비를 넘기다 ⑦(俗) 범죄 사건¶ ～をかかえる 사건을 떠맡다 ⑧「山鉾ˇ」의 준말

[慣用句]
―が見ˇえる (일이 진척되어) 앞으로의 예측・전망이 서다
―高ˇきが故ˇに貴ˇからず 사물은 겉치레보다 내실을 기하는 것이 중요하다
―ほどある 많이 있다
―を当ˇてる ①광맥을 찾아내다 ②(시험 등에서) 예상이 적중하다
―を掛ˇける 요행수를 노리다
―を越ˇす 고비를 넘기다

やまあい [山*間] 산간. 산골짜기= 山峡ˇ¶ ～の温泉地ˇ 산골짜기의 온천지

やまあらし [山荒(ら)し・豪猪] (動) 호저

やまあるき [山歩き] ①산을 거닒, 등산 ②(광부가) 탄갱・광산을 전전함, 그런 사람

やまい [病] ①병¶ 不治ˇの～ 불치의 병/ ～に倒ˇれる 병으로 쓰러지다 ②나쁜 버릇, 결점¶ ～が出ˇる 나쁜 버릇이 나오다

[慣用句]
―膏肓ˇに入ˇる ①병이 고황에 들다, 병세가 악화하여 나을 가망이 없다 ②(比) 어떤 일

やまいだれ

에 열중하여 쉽게 빠져 나오지 못하다
—は気°から 병은 마음먹기에 달렸다
やまいだれ [病垂] (한자 부수의) 병질부 ▷
「病・症」 등의 부수 부분
やまいぬ [山犬] ①[動]「ニホンオオカミ」의 딴
이름. 승냥이 ②들개
やまいぬ [病犬] 나쁜 버릇이 있거나 병든 개.
미친개
やまうば [山 姥] 깊은 산에 산다는 마귀 할멈.
귀녀(鬼女)= やまんば
やまおく [山奧] 깊은 산속 ¶ 〜に住°む 깊은
산속에 살다
やまおとこ [山男] ①산에서 일하는 남자 ②
등산을 좋아하는 남자 ③깊은 산에 산다는 남
자 괴물
やまおろし [山° 嵐] ①재넘이 ②[歌舞伎 °°° に에
서) 큰북을 올리며 내는 효과 음악
やまが [山家] 산가. 산속에 있는 집 ¶ 〜者 °の
산골내기/ 〜住 °まい 산가 살림 —育 ちち 산
골에서 자람. 그런 사람
やまかい [山°峽] (文) 산협. 산골짜기
やまかがし 〈赤棟蛇〉 [動] 율모기
やまかけ [山掛け] [料] 다랑어 회 등에 마즙을
끼얹어 먹는 요리
やまかげ [山陰] 산음. 산그늘
やまかご [山°駕°籠] (옛날에) 산길에서 쓰던
조잡한 가마
やまかじ [山火事] 산불
やまかぜ [山風] ①산바람 ②밤에 산에서 내리
부는 바람 ⇔ 谷風 たに
やまがた [山形] ①산형. 산 같은 모양 ②활터
의 과녁 뒤에 친 장막
やまがた [山形] 東北ほ˚ 지방 남서부에 있는 현.
그 현청 소재지
やまがたな [山刀] (나무꾼・사냥꾼이 쓰는)
도끼와 비슷한 큰 칼
やまがら [山° 雀] [動] 산작. 곤줄박이
やまがり [山狩り] [名][自他スル] ①산에서 사냥
함 ②(범인 등을 찾기 위해) 많은 사람이 산
을 뒤짐 ¶ 村人 むら˚の総出 そう˚で 〜する 마을 사람
이 총출동하여 산 속을 뒤지다
やまかわ [山川] 산천. 산과 내
やまかわ [山川] 산 속을 흐르는 시내
やまかん [山勘] 俗 ①어림짐작. 요행수 ¶ 〜
があたる 요행수가 들어맞다/ 〜で答 こた˚える 어
림짐작으로 대답하다 ②사기침. 사기꾼
やまかんむり [山冠] (한자 부수의) 메산부 ▷
「岸・崩」 등의 「山」 부분
やまぎし [山岸] ①산 속의 낭떠러지[절벽] ②
산기슭이 수면에 접한 곳
やまぎわ [山際] ①산기슭 ¶ 〜の村 산기슭의
마을 ②산등성이. 능선 ¶ 〜に月 °がかかる 산
등성이에 달이 걸리다
やまくじら [山鯨] 멧돼지 고기
やまくずれ [山崩れ] 산사태 ¶ 〜で道路 どう˚が
さがった 산사태로 도로가 막혔다
やまぐち [山口] 中国 ちゅう˚ 지방 서부의 현. 그
현청 소재지인 시(市)

やまぐに [山国] 산이 많은 고장. 산으로 둘러
싸인 지방
やまけ [山気] (口) 투기・모험을 즐기는 기질
= やまっけ・やまき ¶ 〜の多 おお˚い男 おとこ˚ 모험
심이 많은 남자/ 〜を出 だ˚す 투기심을 부리다
やまご [山子] (나무꾼・벌목꾼 등) 산속에서
일하는 사람 = やまこ
やまごえ [山越え] [名][自スル] ①산・고개를 넘
음. 그런 곳 ②(江戸 °° 시대에) 관문 통행증이
없는 사람이 샛길로 몰래 산을 넘음
やまごし [山越し] ①산・고개를 넘음. 그런 곳
②[名] 산을 넘어서 가는 것. 산 너머 ¶ あの
〜にある村 むら 저 산 너머에 있는 마을
やまことば [山言葉・山°詞] [民] (사냥꾼・숯
장이 등이) 산속에서 쓰는 특수한 말
やまごもり [山°籠り] [名][自スル] 산속에 들어박
힘[은거함]. 산사에 들어박혀 수행함
やまごや [山小屋] 산막. (등산객의 휴식・숙
박 등을 위한) 산 속의 오두막집 = ヒュッテ
やまさか [山坂] ①산과 고개 ②산고개. 재 ¶
〜をよじ登 のぼ˚る 산고개를 기어오르다
やまざくら [山桜] ①산속에 피는 벚꽃 ②[植]
산벚나무
やまさち [山幸] 산에서 잡은 새・짐승. 산에
서 채취한 나물・열매 = 山 °の幸 さち˚ ⇔ 海幸 うみ˚
やまざと [山里] 산골 마을. 산촌 ¶ 〜の春 °산
촌의 봄
やまざる [山猿] ①산에 사는 원숭이 ②(俗) 상
식・예절을 모르는 사람을 비웃는 말
やまし [山師] ①광산 채굴업자 ②산림(山林)
매매업자 ③모험적・투기적인 일을 하는 사
람. 그런 기질의 사람 ④사기꾼
やまじ [山路] (文) 산길 = 山道 どう˚
やまし・い [山°疚しい・山°疾しい] [形] 양심의 가책
을 받다. 뒤가 켕기다. 꺼림칙하다 ¶ 〜点 てん˚は
ない 꺼림칙한 점은 없다
やましろ [山城] 일본의 옛 지명. 지금의 京都
府きょう˚ 남부 지방 = 城州 じょう˚
やまじろ [山城] 산성 ⇔ 平城 ひら˚
やますそ [山°裾] 산기슭. 산록
やませ [山背] ①재넘이 = 山背風 やませ˚ ②東北ほ˚
지방에서 초여름에 부는 차가운 북동풍
やまそだち [山育ち] 산골에서 자람. 그런 사람
やまだ [山田] 산전. 산간에 있는 논. 높드리
やまたいこく [邪馬台国・耶馬台国] [日史] 3세
기경에 여왕 卑弥呼 ひ み ° 가 지배했다는 나라
やまたかぼう [山高帽] 중산 모자
やまだし [山出し] ①(목재・석재 등을) 산에
서 운반해 냄 ¶ 〜のままの材木 ざい˚ 산판에서
갓 실어 온 재목 ②산골에서 도시로 갓 나옴.
시골뜨기 ¶ 〜の娘 むすめ˚ 시골뜨기 아가씨
やまっけ [山っ気] (口) → やまけ
やまづたい [山伝い] [名] 산을 타고 감. 산을
따라 있음 ¶ 〜に民家 みん˚が点在 てん˚する 산을
따라 민가가 드문드문 있다
やまつなみ [山津波] (대규모의) 산사태
やまづみ [山積み] [名][自他スル] 산적 ①산더미처
럼 쌓아 올림 ¶ 商品 しょう˚を〜する 상품을 산

やまて [山手] ①산에 가까운 쪽. 산쪽 ⇔ 浜手はま ② → やまのて ②
やまでら [山寺] 산사. 산속에 있는 절
やまと [大和] ①일본의 옛 지명. 지금의 奈良현 ②일본의 딴이름 ③(造語) 일본 고유의 것임을 나타냄 —絵え [美] ①일본의 풍물·산수화 ②平安헤이안 시대에 시작된 일본화의 한 유파 —琴こと 일본 거문고 —言葉ことば ①일본 고유어 ②(주로 平安 시대의) 아어(雅語) ③和歌わか —時代じだい [日史] 大和에 도읍한 4세기부터 8세기 초엽까지의 시대 —魂だましい 일본 고유의 민족 정신 —撫子なでしこ ①일본 여성의 미칭 ②「なでしこ」의 딴이름 —塀べい 삼나무 껍질을 늘어세우고 대오리로 테를 두른 울타리 —民族みんぞく 일본 민족
やまどめ [山止め] 입산 금지
やまどめ [山留め] (광산 등에서) 토사의 붕괴를 막음, 그런 설비
やまどり [山鳥] ①산새 ②(動) 산꿩
やまない [止まない] [連語] (⌜…して～」의 꼴로) …해 마지않다¶祈いのって～ 빌어 마지 않다/ 願ねがって～ 바라 마지 않다
やまなし [山梨] 일본 中部ちゅうぶ 지방의 동부에 있는 현. 현청 소재지는 甲府こうふ
やまなみ [山並(み)·山脈] (文) 산이 연이어 솟아 있음, 연산(連山), 산맥
やまなり [山⁺形] [名] 산처럼 중앙이 높게 솟은 모양, 弧形(호형)¶ ～の線せんを描えがく 호형으로 선을 그리다
やまなり [山鳴り] 산명, 산울림¶朝あさから～がしている 아침부터 산이 울리고 있다
やまねこ [山猫] ①야생 고양이의 총칭 ②야생화된 고양이
やまのいえ [山の家] (요양 등을 위한) 산막
やまのいも [山の芋·薯蕷] [植] 참마
やまのかみ [山の神] ①[民] 산신령 ②(俗) 자기 아내를 허물없이 이르는 말. 여편네, 마누라 ⇔ 宿六やどろく¶ うちの～ 우리집 여편네
やまのさち [山の幸] 산에서 잡은 새·짐승, 산에서 나는 산채·버섯 ⇔ 海うみの幸さち
やまのて [山の手] ①산에 가까운 쪽, 산쪽 = 山手やまて ②(東京とうきょう에서) 구 시내의 고지대에 있는 주택지 ⇔ 下町したまち —言葉ことば 明治めいじ 이후 東京의 지식층에 쓰던 말 ⇔ 下町言葉したまちことば
やまのは [山の端] (文) 능선, 산등성이, 산마루¶ ～に月つきがかかる 산마루에 달이 뜨다
やまのぼり [山登り] [自スル] 산에 오름, 등산
やまば [山場] 절정, 고비¶交渉こうしょうが～を迎むかえる 교섭이 고비에 접어들다
やまはだ [山肌·山⁺膚] 산의 표면, 산의 흙바닥¶ ～が出でた山도 흙바닥이 드러난 산
やまばと [山⁺鳩] [動] ①산비둘기 ②「きじばと」의 딴이름 —色いろ 푸른 빛을 띤 연한 황색
やまばん [山番] 산지기 = 山守やまもり
やまびこ [山⁺彦] 메아리 = こだま¶ ～が響ひびく 메아리가 울리다

やまひだ [山⁺襞] 산등성이나 골짜기의 주름처럼 펼쳐진 습곡, 산주름
やまびと [山人] (文) ①산인, 산사람 ②산에서 일하는 사람 ③신선 = 仙人せんにん
やまびらき [山開き] ①그 해 처음으로 등산을 허용함, 그 행사, 시산제(始山祭) ②산을 깎아 새 길을 냄
やまぶき [山吹] ①[植] 황매화나무 ②「山吹色やまぶきいろ」의 준말 ③옛날의 금화(金貨) —色いろ 황금빛¶ ～に輝かがやく 황금빛으로 빛나다
やまぶし [山伏] ①산야에 기거하며 수행하는 중 ②修験道しゅげんどう의 수도자 = 修験者しゅげんじゃ
やまぶどう [山⁺葡萄] [植] 머루
やまふところ [山懐] 산간의 움푹 들어간 곳¶ ～に抱いだかれた村むら 깊은 산으로 둘러싸인 마을
やまべ [山辺] (文) 산 근처, 산언저리
やまへん [山偏] (한자 부수의) 메산변 ▷「岐·峠」 등의 「山」 부분
やまぼこ [山⁺鉾] 산 모양의 장식대 위에 창·칼을 꽂은 화려한 수레 = やま·やまほこ
やまほど [山程] [副] (口) 산더미만큼, 매우 많이, 얼마든지¶仕事しごとが～ある 일이 산더미처럼 많다
やまほととぎす [山⁺時鳥] [文] 산두견새
やままゆ [山繭] [動] 멧누에, 산누에 = やまままゆが·てんさん
やままち [山道·山路] 산길 = やまじ
やまめ [山女] [動] 산천어 = やまべ
やまもと [山元·山下] ①[山本] 산기슭 ②산·광산의 소유자 ③산·광산의 소재지
やまもも [山桃·＜楊梅＞] [植] 소귀나무
やまもり [山盛り] 수북이 담음, 고봉 ⇔ すり切きり¶ めしを～にする 밥을 고봉으로 담다
やまやき [山焼き] (초봄에 새싹이 잘 돋도록) 산의 마른 풀을 태움
やまやま [山山] Ⅰ [名] 많은 산, 산들, 이산 저산¶ ～に花はなが咲さく 이산 저산에 꽃이 피다 Ⅱ [副] ①산더미같이 많은 모양 ②言いいたいことは～ある 하고 싶은 말이 산더미같이 많다 ②(⌜…したいのは～だ」의 꼴로) …하고 싶은 마음은 굴뚝같다[간절하다]¶買かいたいのは～だが 사고 싶은 마음은 굴뚝같지만 ③고작, 기껏¶ 高たかくても千円せんえんが～だ 비싸봤자 천엔이 고작이다
やまゆき [山雪] [気] 산악 지대에 많이 내리는 눈 ⇔ 里雪さとゆき
やまゆり [山〈百合〉] [植] 산나리
やまわけ [山分け] [名] [他スル] 수입을 등분함¶ もうけを～する 이익을 등분히 나누다
やみ [⁺闇] ①어둠, 암흑¶ ～に乗じょうじて攻撃こうげきする 어둠을 틈타 공격하다 ②사려·희망 등이 없는 상태¶ 前途ぜんとは～だ 앞길이 암담하다 ③비밀리, 남의 이목을 피함¶ ～に葬ほうむる 어둠속에 묻어버리다 ④「闇相場やみそうば·闇取引やみとりひき」의 준말

[慣用句]
—から闇やみに葬ほうむる (사건 등을) 비밀리에 처리하다

やみ あがり【病み上がり】병석에서 갓 일어난 상태, 그런 사람
やみいち【*闇市】암시장
やみうち【*闇討ち】名 他スル ①야습 ¶~に遭う 야습을 당하다 ②허를 찔러 남을 놀라게 함 ¶~を食う 허를 찔러 당황하다
やみくも【*闇雲】ダ 마구 닥치는 대로, 함부로, 맹목적 ¶~に突き進むマ구 돌진하다
やみじ【*闇路】文 ①어두운 밤길 ②比 사려 분별을 잃은 상태 ¶恋の~ 사랑의 미로 ③황천길 ¶~におもむく 황천길로 떠나다
やみしょうぐん【*闇将軍】뒤에서 은밀히 나쁜 일을 꾸며 지휘하는 권력자, 막후 조종자
やみじる【*闇汁】각자가 가져온 내용 모를 재료를 어둠 속에서 한 냄비에 넣고 끓여 먹는 놀이, 그런 요리
やみそうば【*闇相場】経 암시세
やみつき【*闇付き】名 ①(취미·도락 등에) 빠져 버리지 못함 ¶切手~集めが~になる 우표 수집이 고질이 되다 ②병이 듦, 병에 걸림
やみとりひき【*闇取引】①암거래 ¶~を取り締る 암거래를 단속하다 ②남몰래 거래함, 뒷거래 ¶~に応ずる 뒷거래에 응하다
やみね【*闇値】암시세 =やみ相場
やみほうける【病み*惚ける】自下一 文 (기력·체력이) 병으로 쇠약해지다
やみや【*闇屋】암거래상, 암거래꾼
やみよ【*闇夜】암야, 캄캄한 밤 = 暗夜 ¶~の烏 캄캄한 밤의 까마귀, 구별을 할 수 없음
慣用句
—の鉄砲 比 목표가 없는 행동, 효과가 없는 일
やみルート【闇ルート】부정 유통 경로
や・む【*止む·*已む】自五 ①그치다, 멎다, 중지하다 ¶雨が~ 비가 멎다/戦いが~ 싸움이 그치다 ②일시적으로 멈추다, 중단되다 ¶話しする声がはたと~・んだ 이야기 소리가 딱 그쳤다
や・む【病む】I 自他五 앓다, 병들다 ¶神経痛を~ 신경통을 앓다 II 他五 고민하다, 걱정하다 ¶小さなことを気に~ 작은 일을 걱정하다
やむな・い【*止む無い·*已む無い】形 文 할〔어쩔〕수 없다, 부득이하다 ¶~事情で欠席する 부득이한 사정으로 결석/中止やむ~・きに至る 중지하지 않을 수 없게 되다
やむにやまれず【*止むに*止まれず·*已むに*已まれず】連語 어쩔 수 없이, 만부득이해서 ¶~手を打つ 어쩔 수 없이 손을 쓰다
やむにやまれぬ【*止むに*止まれぬ·*已むに*已まれぬ】連語 어쩔 수 없는, 만부득이한 ¶~事情がある 어쩔 수 없는 사정이 있다
やむをえず【*止むを得ず·*已むを得ず】할 수 없이, 어쩔 수 없이, 부득이 ¶~引き受ける 할 수 없이 떠맡다
やむをえない【*止むを得ない·*已むを得ない】連語 할 수 없다, 어쩔 수 없다, 부득이하다 ¶~事情 어쩔 수 없는 사정/休学せざるも~

휴학도 부득이하다
やめ【*止め】중지, 그만둠 ¶~になる 중지되다/けんかは~にしろ 싸움은 그만해라
や・める【*止める·*辞める】他下一 ①그만두다 (계속해 오던 것을) 끊다 ¶商売を~ 장사를 그만두다/たばこを~ 담배를 끊다 ②(예정·계획을) 중지하다 ¶旅行を~ 여행을 그만두다 ③〔辞める·*罷める〕사직(사임)하다 ¶会社を~ 회사를 그만두다
やもうしょう【夜盲症】鷲 야맹증 = とりめ
やもしれぬ【やも知れぬ】連語 …일지도 모른다 ¶中止になる~ 중지하게 될지도 모른다
やもめ【*寡婦】과부, 미망인 = 後家·未亡人 ¶~暮らし 과부 생활
やもめ【*寡夫·*鰥夫】홀아비 = やもお
やもり【守宮】動 도마뱀붙이
やや〔口〕「ややこ」의 준말, 갓난아이 ¶~が生まれる 갓난아이가 태어나다
やや【*稍·*漸】副 ①약간, 조금, 다소 ¶今日は~寒い 오늘은 좀 춥다 ②얼마간, 잠시 ¶それから~あって採用の通知がきた 그리고 좀 지나서 채용 통지가 왔다
ややこし・い 形〔口〕복잡하다, 까다롭다 ¶~関係 복잡한 관계/話が~・くなった 이야기가 까다롭게 되었다
ややもすると【*動もすると】連語 →ややもすれば
ややもすれば【*動もすれば】連語 자칫하면, 까딱하면 = ややもすると ¶~偏見に陥りやすい 자칫하면 편견에 빠지기 쉽다
やゆ【*揶*揄】文 야유, 놀림 ¶世相を~する 세태를 야유하다
やよい【*弥生】음력 3월의 딴이름 ━土器 考古 弥生 시대의 토기 ━時代 日史 기원전 4세기경부터 기원후 3세기경까지의 시대
やら I 副助 ①(불확실한 자문·추측) …인가, …인지 ¶何のこと~分からない 무슨 일인지 모르겠다 ②(「…と~」의 꼴로) (불확실한 단정) …라든가 ¶最高税率が変わったと~で 최고 세율인가가 바뀌었다든가 해서 II 終助 (불확실한 추측·상상) …인지, …는지 ¶これから先どうなるの~ 앞으로 어떻게 될 것인지/無事にも海峡を越えた~ 무사히 해협을 건넜는지 III 並助 (열거) …와·와, …이랑, …하며 ¶雪~あられ~降ってきた 눈이며 싸라기눈이며 내렸다/泣く~わめく~の大騒ぎだった 울고 불고 야단법석이었다
やらい【矢来】대·나무를 성기게 얽어 만든 울짱 ¶竹~ 대 울짱
やらい【夜来】名 文 간밤〔어젯밤〕부터(계속) ¶~の雨 밤새 내린 비
やらか・す【*遣らかす】他五〔俗〕하다, 저지르다 ¶へまを~ 바보짓을 하다/大失敗を~ 큰 실수를 저지르다
やらずのあめ【*遣らずの雨】連語 마치 손님을 못 가게라도 하듯이 내리는 비
やらずぶったくり【*遣らずぶったくり】〔俗〕(남에게) 주지는 않고 거둬 들이기만 함 ¶~

の商法(しょうほう) 주지는 않고 빼앗기만 하는 상법
やらず もがな [連語] 부주의 등으로 잃어버린 것을 애석해 하는 말¶ 〜の一点(てん)(놓쳐서) 애석한 한 점
やらぬ [連語](文) 완전히 …하지 않은¶ 興奮(こうふん)さめ〜観衆(かんしゅう) 흥분이 다 가시지 않은 관중
やら・れる [`遣られる] [自][下一](口) ①속다, 지다¶ 一本(いっぽん)〜 한 번 지다/ まんまと〜・れた 깜쪽같이 속았다 ②위해를 당하다, 피해를 입다¶ すりに〜 소매치기에게 당하다/ かぜに〜 감기에 걸리다
やり [`槍・鑓] ①창¶ 竹(たけ)〜 죽창/ 〜で突(つ)く 창으로 찌르다 ②창술(槍術)¶ 〜の達人(たつじん) 창술의 달인 ③(육상에서) 투창에서 사용하는 용구¶ 〜を投(な)げる 창던지기, 투창 ④(일본 장기에서)「香車(きょうしゃ)」의 딴이름
[慣用句]
一が降(ふ)っても 어떤 일이 있더라도
やりあ・う [`遣り合う] [自五](口) ①서로 하다¶ 競争(きょうそう)を〜 서로 경쟁을 하다 ②서로 다투다, 언쟁하다¶ 兄弟(きょうだい)で〜 형제간에 서로 다투다/ 激(はげ)しく〜 심하게 언쟁하다
やりいか [`槍〈烏賊〉] [動] 화살꼴뚜기
やりかえ・す [`遣り返す] [他五] ①다시 하다¶ 工事(こうじ)を〜 공사를 다시 하다 ②(口) 반박하다, 되받아 치다¶ 負(ま)けずに〜 지지 않고 반박하다
やりきれな・い [`遣り切れない] [形] ①해나갈 수 없다, 끝까지 해낼 수 없다¶ きょう中(じゅう)にはとても〜 오늘 중으로는 도저히 해낼 수 없다 ②참을 수 없다, 못 견디겠다¶ 悔(くや)しくて〜 분해서 견딜 수 없다
やりくち [`遣り口] (하는) 방법, 수법 = やりかた¶ 〜が汚(きたな)い 수법이 지저분하다
やりくり [`遣り繰り] [名][他スル] 변통, 주변, 둘러댐¶ 家計(かけい)の〜 가계의 변통/ 〜がつかない 꾸려 나갈 수가 없다 ―算段(さんだん) [名][自スル] (돈을) 이리저리 변통함, 주변성
やりこな・す [`遣り熟す] [他五] (어려운 일 등을) 잘 해내다¶ 立派(りっぱ)に〜 훌륭하게 해내다
やりこ・める [`遣り込める] [他下一] (말로 상대를) 꼼짝 못하게 만들다, 끽소리도 못하게 하다= 言(い)い負(ま)かす¶ するどい質問(しつもん)で〜 날카로운 질문으로 꼼짝 못하게 만들다
やりす・す [`遣り過(ご)す] [他五] ①(뒤에서 오는 것을) 앞서게 하다¶ 車(くるま)を二, 三台(だい)〜 차를 2,3대 앞서게 하다 ②(그냥) 내버려두다¶ この問題(もんだい)を〜ことはできない 이 문제를 묵과할 수는 없다 ③과도하게〔지나치게〕하다¶ 酒(さけ)を〜 술을 과음하다
やりそこな・う [`遣り損なう] [他五](口) ①실패하다, 잘못하다 = し損(そん)じる¶ 仕事(しごと)を〜 일을 잘못하다 ②할 기회를 놓치다
やりだま [`槍玉] ①창끝으로 찌름 ②(공깃돌 다루듯이) 창을 자유자재로 다룸
[慣用句]
一に上(あ)げる ①창으로 찌르다 ②비난·공격의 대상으로 삼다

やりっぱなし [`遣りっ放し] (俗) (뒷처리를 하지 않고) 내버려 둠, 방치함¶ 〜のまま出(で)かける 하다말고 내버려 둔채 나가다
やりて [`遣り手] ①일을 할 사람¶ この仕事(しごと)は〜がない 이 일은 할 사람이 없다 ②(물건을) 줄 사람¶ もらい手(て)はあっても〜がない 받을 사람은 있어도 줄 사람이 없다 ③수완가, 민완가¶ 〜の弁護士(べんごし) 민완 변호사/ なかなかの〜だ 대단한 수완가다 ④(유락에서) 창녀를 감독하는 여자¶ 〜ばば 창녀를 감독하는 노파
やりど [`遣り戸] 미닫이 = 引(ひ)き戸(ど)
やりと・げる [`遣り遂げる] [他下一] 끝까지 해내다, 완수하다¶ 十年(じゅうねん)かかって〜 10년이 걸려서 완수하다
やりとり [`遣り取り] [名][他スル] 주고받음, 교환함¶ 手紙(てがみ)の〜 편지 왕래/ 杯(さかずき)を〜する 술잔을 주거니받거니 하다
やりなおし [`遣り直し] 다시 함, 고쳐 함¶ 初(はじ)めから〜だ 처음부터 다시 하는 거다
やりなげ [`槍投げ] [競] 창던지기, 투창¶ 〜の選手(せんしゅ) 투창 선수
やりば [`遣り場] 가지고 갈 곳, 보낼〔둘〕곳¶ 目(め)の〜に困(こま)る 눈 둘 곳이 없어 난처하다
やりぶすま [`槍衾] 여럿이 창을 겨누고 빈틈없는 태세를 취함¶ 〜を作(つく)る 여럿이 창을 겨누고 빈틈없이 늘어서다
やりみず [`遣り水] ①뜰로 물을 끌어들여 흐르게 한 것 ②정원수·분재에 물을 줌
やりもち [`槍持(ち)] 옛날 무사가 외출할 때 창을 들고 따라다니던 종자(従者)
や・る [`遣る] [他五] ①나아가게 하다, 몰다¶ 車(くるま)を前(まえ)に〜 차를 앞으로 몰다 ②보내다¶ 手紙(てがみ)を〜 편지를 보내다/ 子供(こども)を大学(だいがく)に〜 자식을 대학에 보내다 ③주다¶ 犬(いぬ)にえさを〜 개에게 먹이를 주다 ④(補助) (남에게) …해 주다¶ なぐって〜 때려 주다/ 金(かね)を貸(か)して〜 돈을 빌려 주다 ⑤(補助) (動詞連用形+「て」에 붙어) …할 테다, …해 보이다¶ 記録(きろく)を伸(の)ばして〜ぞ 기록을 늘려 보일 테다 ⑥행하다, 하다¶ 柔道(じゅうどう)を〜・っている 유도를 하고 있다 ⑦영업하다¶ 本屋(ほんや)を〜 책방을 하다 ⑧생활하다, 살다¶ どうにか〜・っていけるだけの給料(きゅうりょう) 그럭저럭 살아갈 수 있을 만한 월급 ⑨(「一杯(いっぱい)〜」의 꼴로) 술을 마시다¶ ちょっと一杯(いっぱい)〜 가볍게 한 잔 하다 ⑩(文) (기분을) 풀다, 달래다¶ 気(き)を〜 기분을 달래다 ⑪(補助)(文) (부정하는 말이 딸려이) 완전히 …하지 않다¶ 消(き)え・らぬ雪(ゆき) 완전히 녹지 않은 눈
やるかたな・い [`遣る方無い] [形](文) 마음을 풀〔달랠〕길이 없다¶ 憤懣(ふんまん)〜 울분을 풀 길이 없다
やるき [`遣る気] 할 마음, 하고 싶은 기분¶ 〜が出(で)る 할 마음이 생기다/ 〜満々(まんまん) 하고자 하는 마음으로 가득참
やるせ [`遣る瀬] 마음을 달랠 길 ―無(な)い [形] 마음을 달랠 길이 없다, 안타깝다

やれ【破れ】①찢어짐, 깨짐, 그런 것[곳]¶~衣ぃ 찢어진 옷/ ~ガラス 깨진 유리 ②파지, 잘못 인쇄된 종이¶~が出る 파지가 나오다

やれ 感(口) ①당황·안도할 때 내는 소리¶~, またか 어허 또야/ ~よかった 아 이젠 됐다 ②상대방의 언동을 비난하는 기분으로 늘어놓을 때 쓰는 말¶~、映画だ、、旅行だと遊んでばかりいる 영화다 여행이다 하며 놀기만 하고 있다

やれやれ 感(口) ①안도할 때 내는 소리. 아이구¶~これで終わった 아이구 이젠 끝났다 ②어이가 없거나 곤란할 때 내는 소리. 아이구, 맙소사¶~、困ったことだ 아이구 난처하게 됐군 ③피로하거나 실수했을 때 내는 소리. 휴, 이크¶~、またしくじった 이크 또 실수했네

やろう 助動 (추측·확인) ⋯이겠지, ⋯일 것이다¶そんな話 틀릴 것이다/ そんなこと ややろう? 그런 일은 싫겠지? ▷ 보통「やろ」의 꼴로 씀

やろう【野郎】俗 Ⅰ 名 ①놈, 녀석, 자식¶この~ 이 놈/ ばか~ 바보 자식 ②사내. 젊은 남자¶~ばかりじゃつまらない 사내만 있으면 재미없다 Ⅱ 代 저치, 그치, 저[그] 놈, 저[그] 녀석= あいつ¶~、遅いな 그 녀석, 늦는구먼

やろうじだい【夜郎自大】名(ク)(文) 분수·역량도 모르고 우쭐댐¶~なやつ 분수도 모르고 우쭐대는 녀석

やわ【柔】ナ(口) ①부드러움¶~な肌 부드러운 살결 ②약함, 깨지기 쉬움¶~な体から 약한 몸/ つくりが~だ 만듦새가 약하다

やわ【夜話】 ①밤에 하는 이야기²= よばなし¶古老の~に耳を傾ける 노인의 야화에 귀를 기울이다 ②가벼운 이야기를 엮은 책¶文学~ 문학 야화 ③(선종[禪宗]에서) 밤의 수행을 위한 훈화

やわ・い【柔い】形(口) 부드럽다, 연약하다¶~.くておいしい肉 부드러워 맛있는 고기

やわはだ【柔肌·柔膚】(여성의) 부드러운 살결

やわら【柔(ら)】「柔道じゅうどう·柔術じゅじゅつ」의 딴이름

やわらか【柔らか·軟らか】ナ ①폭신함¶~な布団ふとん 폭신한 이부자리 ②유연함¶体からの~人 몸이 유연한 사람 ③부드러움, 온화함, 원만함¶~な言葉 부드러운 말투/ 事ことを~に運はこぶ 일을 원만하게 추진하다 ④무름, 말랑함¶~なご飯 잘 퍼진 밥 — 物もの (촉감이 부드러운) 견직물

やわらか・い【柔らかい·軟らかい】形 ①부드럽다, 폭신하다, 연하다¶~硬かたい¶~布団ふとん 폭신한 이부자리/ ~肉にく 연한 고기 ②온화하다, 유순하다¶~日ひざし 포근한 햇살/ 人当ひとあたりが~ 남에게 주는 인상이 부드럽다 ③융통성이 있다¶~話はなし 융통성 있는 이야기 ④유연하다¶体からが~ 몸이 유연하다

やわら・ぐ【和らぐ】自五 누그러지다 ①풀리다, 잔잔해지다, 완화되다¶寒さむさが~ 추위가 누그러지다/ 痛いたみが~ 통증이 완화되다 ②부드러워지다, 온화해지다¶態度たいどが~ 태도가 누그러지다

やわら・げる【和らげる】他下一 ①부드럽게 하다, 누그러뜨리다, 완화시키다¶声こえを~ 소리를 부드럽게 하다/ 規律きりつを~ 규율을 완화하다 ②알기 쉽게 하다¶難むずかしい表現ひょうげんを~ 어려운 표현을 알기 쉽게 하다

ヤンキー (Yankee) 양키. 미국인의 속칭

やんごとな・い【止ん事無い】形(文) 지체 높다, 고귀하다¶~お方かた 고귀하신 분/ ~生うまれ 지체 높은 태생

やんちゃ 名(ブ)(俗) ①(어린아이가) 떼를 씀, 그런 아이¶~を言いう 떼를 쓰다 ②장난¶~坊主ぼうず 개구쟁이/ ~盛ざかり 한창 장난칠 나이

やんぬるかな【已んぬるかな】連語(文)(감탄사적으로) 이제는 어쩔 도리가 없다. 이젠 끝장이다

やんま【蜻蜓】(動) 왕잠자리

やんや 副 많은 사람들의 갈채 소리¶~の喝采かっさい 우레같은 갈채/ ~とほめそやす 와 하고 극구 칭찬하다

やんわり 부드럽게, 온화하게, 살며시, 완곡하게¶~と包つつむ 부드럽게 감싸다/ ~と断ことわる 완곡하게 거절하다

# ゆ ユ

ゆ 五十音図ごじゅうおんず「や」행(行)의 셋째 かな. ひらがな의「ゆ」는「由」의 초서체. かたかな의「ユ」는「由」를 간추린 것

ゆ【由】 音 ユ・ユウ(イウ)・ユイ 訓 よし・よる (음)유. (造語) ①의거하다, 유래하다, 경유하다¶由来ゆらい 유래·経由けいゆ 경유 ②이유, 사유¶由縁ゆえん 연유·理由りゆう 이유

ゆ【油】 音 ユ・ユウ(イウ) 訓 あぶら (음)유. (造語) ①기름¶油田ゆでん 유전·石油せきゆ 석유·注油ちゅうゆ 주유 ②왕성하다¶油然ゆうぜん 유연

ゆ【*柚】 音 ユ・ジク(ヂク) 訓 ゆず (造語) ①유자¶柚子ゆず 유자 ②도투마리, 베틀의 날실을 감는 도구

ゆ【*喩】 音 ユ 訓 たとえる (음)유. (造語) ①유하다, 비유하다¶隠喩いんゆ 은유·比喩ひゆ 비유 ②즐겁다, 기뻐하다¶喩喩ゆゆ 유유 ③깨우치다, 교도하다¶訓喩くんゆ 훈유 ▷ ②는「愉」와 같음

ゆ【愉】 音 ユ 訓 たのしい·たのしむ (음)유. (造語) 즐겁다, 기쁘다다¶愉悦ゆえつ 유열·愉快ゆかい 유쾌·愉楽ゆらく 유락

ゆ【諭】【諭】音 ユ 訓 さとす (음)유. (造語) 깨우치다, 가르치다, 타이르다¶諭旨ゆし 유지·教諭きょうゆ 교유·説諭せつゆ 설유

ゆ【輸】【輸】⑥ユ⑪いたす|(음)수.《造語》운반하다, 나르다, 옮기다¶輸出゜ゆつ 수출·輸送゜ゆ 수송·運輸うん 운수·密輸みつ 밀수
ゆ【癒】【癒】⑥ ⑪いえる·いやす|(음)유.《造語》병이 낫다, 고치다¶癒合ごう 유합·癒着ちゃく 유착·快癒かい 쾌유·治癒ちゆ 치유
ゆ【湯】①끓인 물, 뜨거운 물¶~を沸かす 물을 끓이다 ②목욕물, 목욕탕, 목욕¶男おと~ 남탕/~に入いる 입욕하다/~を立てる 목욕물을 데우다 ③온천¶~の町まち 온천 마을 ④(주물을 만드는) 쇳물
ゆあか【湯垢】(욕조·주전자 등에 끼는) 물때¶~が付つく 물때가 끼다
ゆあがり【湯上がり】①목욕을 마치고 나옴, 목욕 후¶~のビール 목욕 후에 마시는 맥주 ②목욕 후에 몸을 닦는 큰 타월 ③목욕 후에 입는 홑옷=浴衣かた
ゆあたり【湯中り】图 自スル 腎 과도한 온천욕으로 몸에 탈이 남
ゆあつ【油圧】【工】유압
ゆあみ【湯浴み】图 自スル 文 입욕, 목욕
ゆい【唯】⑥ユイ·イ(ヰ) ⑪ただ|(음)유.《造語》다만 그것뿐, 오로지¶唯一ゆいつ 유일·唯我独尊ゆいが どくそん 유아독존 ②(「イ」로 읽어서)공손하고 빠른 대답¶唯唯諾諾だくだく 유유낙낙
ゆい【結】⑥ 맴, 묶음 ⑪ 품앗이
ゆいあ·げる【結(い)上げる】他下一 ①매기를 끝내다 ②땋아[들어] 올리다¶髪かみを~ 머리를 땋아 올리다, 결발하다
ゆいいつ【唯一】⑥ 유일=ゆいつ¶~の希望ぼう 유일한 희망 —無二に 유일무이
ゆいがどくそん【唯我独尊】①유아 독존 ②혼자만이 잘난 체함¶~の態度たいど 혼자만 잘난 체하는 태도
ゆいごん【遺言】图 自他スル 유언¶~状じょう 유언장/父ちちの~を守まもる 아버지의 유언을 지키다 ▷ 법률 용어로는 「いごん」이라고 함
ゆいしき【唯識】【佛】유식, 일체의 사물은 인식하는 마음의 작용에 의한 것이라는 생각
ゆいしょ【由緒】유서, 유래, 내력¶~ある家柄いえがら 유서 있는 가문/~をたずねる 유래를 더듬다
ゆいしん【唯心】유심 ①【哲】정신적인 것만이 참된 존재라는 생각⇔唯物ぶつ ②【佛】→ゆいしき(唯識) —論ろん【哲】유심론
ゆいのう【結納】약혼의 표시로 물품을 교환함, 납폐(納幣), 납채(納采)¶~を交かわす 약혼 예물을 교환하다
ゆいび【唯美】(文)유미¶~派は 유미파 —主義しゅぎ 유미주의, 탐미주의=耽美主義だんび
ゆいぶつ【唯物】유물 ⇔唯心しん¶~思想そう 유물 사상 —史観しかん【哲】유물 사관 —弁証法べんしょうほう —論ろん【哲】유물론
ゆいめいろん【唯名論】【哲】유명론
ゆいわた【結(い)綿】①한가운데를 묶은 예물용 풀솜 ②島田しまだまげ의 가운데를 홀치기 댕기로 묶은 처녀의 일본식 머리 모양
ゆう【又】⑥ユウ(イウ) ⑪また|(음)우.《造語》주로 훈(訓) 「また」로 씀

ゆう【友】⑥ユウ(イウ) ⑪とも|(음)우.Ⅰ《造語》①벗, 친구¶友人じん 우인·級友きゅう 급우·戦友せん 전우 ②친하게 지내다, 사이좋게 하다¶友好こう 우호·友情じょう 우정 Ⅱ ①우의, 우애¶兄弟きょうだいに~に 형제와 우의 좋게 ②벗, 친구¶~を得える 벗을 얻다
ゆう【尤】⑥ユウ(イウ) ⑪とがめる·もっとも|(음)우.《造語》두드러지다, 뛰어나다¶尤物ぶつ 우물, 뛰어난 물건
ゆう【有】⑥ユウ·ウ ⑪ある|(음)유.《造語》①존재하다, 있다¶有罪ざい 유죄·有無むゆ 유무·特有とくゆう 특유 ②가지다, 유지하다¶有資格者しかくしゃ 유자격자·含有がん 함유·所有しょゆう 소유 ③또, 게다가¶十有三年じゅうゆう さんねん 십유 삼년 ④(「ウ」로 읽어서)【佛】존재, 고뇌·미몽에 가득찬 인간 세상¶三有さんう 삼유 Ⅱ (文) ①우, 존재¶無から~を生しょうじる 무에서 유를 만들다 ②소유¶わが~に帰きする 우리 소유로 귀착되다
ゆう【佑】⑥ユウ(イウ) ⑪たすける|(음)우.《造語》돕다¶佑助じょ 우조·神佑しん 신우·天佑てん 천우 ▷「祐ゆう」와 같음
ゆう【邑】⑥ユウ(イフ) ⑪むら|(음)읍.Ⅰ《造語》마을, 읍, 도시¶城邑じょう 성읍·都邑ゆう 도읍 Ⅱ【史】①(옛 중국의)마을 ②(주나라 시대의)제후의 영지, 식읍
ゆう【酉】⑥ユウ(イウ) ⑪とり|(음)유.《造語》①술단지 ②십이지(十二支)의 열번째, 닭¶甲酉こうゆう 갑유
ゆう【侑】⑥ユウ(イウ) ⑪すすめる·たすける|(음)우.《造語》①(술·음식을)권하다¶侑食しょく 유식 ②돕다 ③보답하다¶報侑ほうゆう 보유 ▷「佑ゆう」와 같음
ゆう【勇】【勇】⑥ユウ ⑪いさむ|(음)용.《造語》①용감하다, 용맹스럽다, 씩씩하다¶勇気き 용기·勇士し 용사·蛮勇ばん 만용 ②시원스럽다, 결단성이 있다¶勇断だん 용단·勇断ゆうだん 용단 Ⅱ 용, 용기¶匹夫ひっぷの~ 필부지용/~を振ふるう 용기를 떨치다
慣用句
—を鼓こす 용기를 내다
ゆう【宥】⑥ユウ(イウ) ⑪ゆるす·なだめる|(음)유.《造語》①용서하다¶宥恕じょ 유서 ②달래다¶宥和わ 유화
ゆう【幽】⑥ユウ ⑪かすか|(음)유.《造語》①어둡다, 희미하다, 아련하다¶幽暗あん 유암·幽光こう 유광 ②심오하다¶幽玄げん 유현 ③숨다, 잠복하다¶幽棲せい 유서 ④붙잡다, 가두다¶幽囚しゅう 유수·幽閉へい 유폐 ⑤저승, 귀신¶幽魂こん 유혼·幽霊れい 유령
ゆう【祐】【祐】⑥ユウ(イウ) ⑪すけ·たすける|(음)우.《造語》①하늘[신]이 돕다, 도움¶祐助じょ 우조·神祐しん 신우·天祐てん 천우 ▷「佑ゆう」와 같음
ゆう【悠】⑥ユウ(イウ) ⑪はるか|(음)유.《造語》①멀다, 멀리 떨어져 있다¶悠遠えん 유원·悠久きゅう 유구 ②느긋하다, 한가롭다¶悠

ゆう 【然】 유연・悠揚<sup>ゆうよう</sup> 태연 자약
ゆう 【郵】 音ユウ(イウ)(음)우. (造語) ①역참 ¶ 郵亭<sup>ゆうてい</sup> 우정・우정<sup>ゆうてい</sup> 우편, 우편 제도¶ 郵券<sup>ゆうけん</sup> 우표・郵政<sup>ゆうせい</sup> 우정・郵便<sup>ゆうびん</sup> 우편
ゆう 【揖】 音ユウ(イフ)(음)읍. (造語) 양손을 가슴 위로 맞잡고 하는 인사 ¶ 一揖<sup>いちゆう</sup> 일읍
ゆう 【湧】 音ユウ・ユウ 訓わく(음)용. (造語) 샘솟다, 물이 솟구쳐 나오다 ¶ 湧出<sup>ゆうしゅつ</sup>・湧용출 ▷「涌<sup>ゆう</sup>」의 다른 글자꼴
ゆう 【猶】【猶】 音ユウ(イウ) 訓なお(음)유. (造語) ①망설이다. 주저하다 ¶ 猶予<sup>ゆうよ</sup> 유예 ②비슷하다, 마치 …같다 ③오히려, 역시, 더욱 ④외국어「ユ」의 차음자¶猶太<sup>ユダヤ</sup> 유태
ゆう 【裕】 音ユウ(イウ)(음)유. (造語) ①풍부하다, 넉넉하다 ¶ 裕福<sup>ゆうふく</sup> 유복・富裕<sup>ふゆう</sup> 부유・余裕<sup>よゆう</sup> 여유 ②너그럽다 ¶ 寛裕<sup>かんゆう</sup> 관유
ゆう 【遊】【遊】 音ユウ(イウ)・ユ 訓あそぶ (음)유. (造語) ①놀다, 즐기다 ¶ 遊戯<sup>ゆうぎ</sup> 유희・遊興<sup>ゆうきょう</sup> 유흥 ②주색을 즐기다 ¶ 遊郭<sup>ゆうかく</sup> 유곽 ③여행하다 ¶ 遊学<sup>ゆうがく</sup> 유학・外遊<sup>がいゆう</sup> 외유 ④자유로이 돌아다니다 ¶ 遊星<sup>ゆうせい</sup> 유성・遊牧<sup>ゆうぼく</sup> 유목 ⑤일정한 주소・직업이 없다, 도움이 되지 않다 ¶ 遊休<sup>ゆうきゅう</sup> 유휴・遊民<sup>ゆうみん</sup> 유민 ⑥【遊】「遊撃手<sup>ゆうげきしゅ</sup>」의 준말 ⑦교제하다 ¶ 交遊<sup>こうゆう</sup> 교유 ⑧헤엄치다 ¶ 遊泳<sup>ゆうえい</sup> 유영・「游<sup>ゆう</sup>」의 대용자
ゆう 【雄】 音ユウ(イウ) 訓お・おす (음)웅. I (造語) ①수컷 ¶ 雄性<sup>ゆうせい</sup> 웅성・雌雄<sup>しゆう</sup> 자웅 ②씩씩하다, 힘이 세다 ¶ 雄壮<sup>ゆうそう</sup> 웅장・雄飛<sup>ゆうひ</sup> 웅비 ③뛰어나다, 빼어나다, 걸출한 인물・국가 ¶ 雄弁<sup>ゆうべん</sup> 웅변・英雄<sup>えいゆう</sup> 영웅 II (文) 걸출함, 영웅 ¶ 天下<sup>てんか</sup>の~ 천하의 영웅
ゆう 【熊】 音ユウ 訓くま (음)웅. (造語) 곰 ¶ 熊胆<sup>ゆうたん</sup> 웅담・熊掌<sup>ゆうしょう</sup> 웅장, 곰 발바닥
ゆう 【誘】 音ユウ(イウ) 訓さそう (음)유. (造語) ①유인하다 ¶ 誘引<sup>ゆういん</sup> 유인・勧誘<sup>かんゆう</sup> 권유 ②부추기다, 유혹하다 ¶ 誘拐<sup>ゆうかい</sup> 유괴・誘惑<sup>ゆうわく</sup> 유혹 ③야기시키다 ¶ 誘発<sup>ゆうはつ</sup> 유발
ゆう 【憂】 音ユウ(イウ) 訓うれえる・うれい・うい (음)우. (造語) 근심하다, 고민하다 ¶ 憂鬱<sup>ゆううつ</sup> 우울・憂愁<sup>ゆうしゅう</sup> 우수・杞憂<sup>きゆう</sup> 기우
ゆう 【融】 音ユウ(イウ) 訓とける・とかす (음)융. (造語) ①녹다, 녹이다 ¶ 融点<sup>ゆうてん</sup> 융점・熔融<sup>ようゆう</sup> 용융 ②화합하다, 온화해지다 ¶ 融合<sup>ゆうごう</sup> 융합・融和<sup>ゆうわ</sup> 융화 ③통하다, 유통하다 ¶ 融資<sup>ゆうし</sup> 융자・融通<sup>ゆうずう</sup> 융통・金融<sup>きんゆう</sup> 금융
ゆう 【優】 音ユウ(イウ) 訓やさしい・すぐれる (음)우. I (造語) ①우아하다, 고상하다, 품위있다 ¶ 優雅<sup>ゆうが</sup> 우아・優美<sup>ゆうび</sup> 우미 ②우월하다, 뛰어나다 ¶ 優秀<sup>ゆうしゅう</sup> 우수・優勝<sup>ゆうしょう</sup> 우승 ③후하다, 인정이 많다 ¶ 優待<sup>ゆうたい</sup> 우대 ④관대하다, 여유가 있다 ¶ 優閑<sup>ゆうかん</sup> 우한・優柔<sup>ゆうじゅう</sup> 우유 ⑤배우 ¶ 声優<sup>せいゆう</sup> 성우・俳優<sup>はいゆう</sup> 배우 ⑥범어「ウ」의 차음자 ¶ 優婆夷<sup>うばい</sup> 우바이・優曇華<sup>うどんげ</sup> 우담화 II (성적 평가에서) 우¶ 英語<sup>えいご</sup>で~を取<sup>と</sup>った 영어에서 우를 받았다
ゆう 【夕】(음) 저녁 ¶ 朝<sup>あさ</sup>な~に 아침 저녁으로
ゆう 〈木綿〉 닥나무 껍질로 만든 실・천

ゆう・う 【言う・云う・謂う】 自他国(口) → いう
ゆう・う 【結う】 他国 매다, 묶다, 엮다, 땋다 ¶ 帯<sup>おび</sup>を~ 띠를 매다/ 髪<sup>かみ</sup>を~ 머리를 땋다/ 竹垣<sup>たけがき</sup>を~ 대울타리를 엮다
ユー 【U・u】유. 영어 알파벳의 스물한 번째 자모
ゆうあい 【友愛】 ①우애. 우정 ¶ ~の情<sup>じょう</sup> 우애의 정 ②인류애 ¶ ~精神<sup>せいしん</sup> 정신
ゆうあかり 【夕明(か)り】(文) 저녁 어스름 ¶ ~に見<sup>み</sup>える山<sup>やま</sup> 저녁 어스름에 보이는 산
ゆうあく 【優渥】 名ナ(文) 우악. 은혜가 깊고 두터움 ¶ ~なるお言葉<sup>ことば</sup> 우악하신 말씀
ゆうい 【有為】 ブ(文) 유위. 유망함 ¶ 前途<sup>ぜんと</sup>の青年<sup>せいねん</sup> 전도 유위인 청년 ▷「うい」는 딴말
ゆうい 【有意】 名ナ ①뜻이 있음 ②의지・속셈이 있음 ¶ ~犯<sup>はん</sup>의 유의범 ③《統》우연히 생겼다고 인정할 수 없는 차이 ¶ ~差<sup>さ</sup> 유의차
ゆうい 【雄偉】 名ナ(文) 웅위. 뛰어나고 씩씩함
ゆうい 【優位】 우위 ⇔ 劣位<sup>れつい</sup> ¶ 試合<sup>しあい</sup>で~に立<sup>た</sup>つ 시합에서 우위에 서다
ゆういぎ 【有意義】 名ナ 유의의. 의미・가치가 있음 ⇔ 無意義<sup>むいぎ</sup> ¶ ~な時間<sup>じかん</sup>を過<sup>す</sup>ごす 의의 있는 시간을 보내다
ゆういん 【誘引】 名他スル(文) 유인. 꾀어서 끌어들임 ¶ 敵<sup>てき</sup>を~する 적을 유인하다
ゆういん 【誘因】 유인 ①(文) 어떤 작용을 일으키는 원인 ¶ 戦争<sup>せんそう</sup>の~となる 전쟁의 유인이 되다 ②《心》행동 목표가 되는 대상・상태
ゆううつ 【憂鬱】 名ナ 우울 ¶ ~症<sup>しょう</sup> 우울증/ ~な日々<sup>ひび</sup> 우울한 나날 一質<sup>しつ</sup> 《心》우울질
ゆうえい 【遊泳・游泳】 名自スル 유영 ①수영, 헤엄 ¶ ~禁止<sup>きんし</sup> 수영 금지 ②헤엄치는 듯한 동작 ¶ 宇宙<sup>うちゅう</sup>~ 우주 유영 ③처세 ¶ 政界<sup>せいかい</sup>を~する 정계를 헤쳐나가다
ゆうえき 【有益】 名ナ 유익 ⇔ 無益<sup>むえき</sup> ¶ ~な話<sup>はなし</sup> 유익한 이야기
ゆうえき 【誘掖】 名他スル(文) 유액. 이끌어 도와줌 ¶ 後輩<sup>こうはい</sup>を~する 후배를 유액하다
ゆうえつ 【優越】 名自スル(文) 우월 ¶ ~した地位<sup>ちい</sup> 우월한 지위 一感<sup>かん</sup> 우월감
ユーエフオー 【UFO】 → ユーフォー
ゆうえん 【幽遠】 名ナ(文) 유원. 심오함, 그윽함 ¶ ~な山水<sup>さんすい</sup>の画<sup>え</sup> 유원한 산수화
ゆうえん 【幽艶・幽婉】 名ナ(文) 그윽하고 아름다움 ¶ ~極<sup>きわ</sup>まりない姿<sup>すがた</sup> 그윽하고 아름답기 그지없는 자태
ゆうえん 【悠遠】 ブ(文) 유원. 아득히 멂 ¶ ~の昔<sup>むかし</sup> 아득히 먼 옛날
ゆうえん 【優婉・優艶】 ナ(文) 그윽하고 아름다움, 상냥하고 정숙함 ¶ ~な舞<sup>まい</sup>のひと差<sup>さ</sup>し 그윽하고 아름다운 춤 한 판
ゆうえんち 【遊園地】 유원지 ¶ 児童<sup>じどう</sup>~ 어린이 놀이터
ゆうおうまいしん 【勇往邁進】 용왕매진. 씩씩하고 망설임 없이 나아감 ¶ 勝利<sup>しょうり</sup>を目指<sup>めざ</sup>して~しよう 승리를 향해 용왕매진하자
ゆうが 【優雅】 ナ(文) 우아 ¶ ~な生活<sup>せいかつ</sup> 우아한 생활
ゆうかい 【幽界】(文) 유계. 저승 = あの世<sup>よ</sup>

ゆうかい [誘拐] 图 他スル 유괴¶ 子供を~する 어린이를 유괴하다 ―罪 [法] 유괴죄

ゆうかい [融解] 图 自他スル 용해¶ 氷が~する 얼음이 녹다 ―点 [化] 용해점. 녹는점 ―熱 [化] 융해열

ゆうがい [有害] 图 유해 ⇔ 無害¶ ~無益 유해 무익/ ~な物質 유해한 물질

ゆうがい [有蓋] 图 유개. 덮개가(뚜껑이) 있음 ⇔ 無蓋¶ ~貨車 유개 화차

ゆうがお [夕顔] [植] ①박 ②「よるがお」의 속칭

ゆうかく [遊客] ①유객 ②놀며 지내는 사람 ②유람객 ③유곽에서 노는 사람

ゆうかく [遊郭·遊廓] 유곽 = くるわ

ゆうがく [遊学] 图 自スル (文) 유학¶ アメリカに~する 미국에 유학하다

ゆうかげ [夕影] (文) ①석양. 저녁 햇빛¶ ~に映える山 석양에 빛나는 산 ②석양에 빛나는 모습

ゆうかしょうけん [有価証券] [經] 유가 증권 ―取引税 [經] 유가 증권 거래세

ゆうがた [夕方] 해질녘. 저녁때 ⇔ 朝方¶ ~から雨が気になる 해질녘부터 비가 내리다

ゆうがとう [誘蛾灯] 유아등. 해충을 꾀어 죽이는 등¶ ~をつける 유아등을 켜다

ユーカラ [蝦] 유카라. 아이누족 사이에 구전되어 내려오는 장편 서사시

ユーカリ [植] 유칼리 ▷ 라틴어 eucalyptus에서

ゆうかん [夕刊] 석간 ⇔ 朝刊¶ ~紙 석간지

ゆうかん [有閑] 图 (文) 유한¶ ~階級 유한 계급 ―マダム 유한 마담

ゆうかん [勇敢] 图 ナ 용감¶ ~な行為 용감한 행위

ゆうかん [憂患] (文) 우환. 걱정. 근심¶ ~を共にする 우환을 같이하다

ゆうかんじしん [有感地震] [地] 유감 지진

ゆうき [結城] 「結城紬·結城木綿」의 준말 ―縞 줄무늬가 있는 結城紬·結城木綿 ―紬 茨城현 結城 지방에서 짠 견직물 ―木綿 結城紬를 본떠서 짠 면직물

ゆうき [有期] 图 유기 ⇔ 無期¶ ~懲役 유기 징역 ―刑 [法] 유기형

ゆうき [有機] 图 유기 ⇔ 無機¶ ―化学 [化] 유기 화학 ―化合物 [化] 유기 화합물 ―体 [生] 유기체 ―的 ナ 유기적¶ ~な結合 유기적인 결합 ―肥料 [農] 유기 비료 ―物 유기물

ゆうき [勇気] 용기¶ 百倍 용기 백배/~を出す 용기를 내다 ―付ける 他下一 용기를 북돋우다

ゆうき [幽鬼] (文) ①망령 ②도깨비. 귀신. 유령

ゆうぎ [友誼] (文) 우의 = 友情¶ ~に厚い人 우의가 두터운 사람

ゆうぎ [遊技] 유기¶ ―場 유기장. 오락장

ゆうぎ [遊戯] 图 自スル 유희 ①장난함. 놂. 장난. 놀이¶ 言語~ 언어 유희 ②유치원·초등 학교에서 단체로 하는 놀이나 무용¶ ~の時間 유희 시간 ―的 ナ 유희적

ゆうきゅう [有給] 图 유급 ⇔ 無給¶ ~職員 유급 직원 ―休暇 유급 휴가

ゆうきゅう [悠久] 图 유구. 영구. 영원¶ ~の歴史 유구한 역사

ゆうきゅう [遊休] 유휴¶ ―施設 유휴 시설 ―資本 [經] 유휴 자본

ゆうぎょ [遊漁] 유어. (레저 목적의) 고기 잡이 ―料 유어료. 낚싯꾼에게 징수하는 요금

ゆうきょう [遊侠] (文) 유협. 협객¶ ~の徒 협객의 무리

ゆうきょう [遊興] 图 自スル 유흥¶ ―費 유흥비/ ~にふける 유흥에 빠지다

ゆうぎり [夕霧] 저녁 안개 ⇔ 朝霧

ゆうきん [遊金] 유금. 유휴 자금

ゆうく [憂苦] (文) 우고. 근심과 괴로움

ゆうぐう [優遇] 图 他スル 우우. 우대¶ ~措置 우대 조치

ゆうぐれ [夕暮(れ)] 해질녘. 황혼 = 日暮れ¶ ~が迫る 해질녘이 가까워지다

ゆうくん [遊君] (文) 유녀(遊女) = あそびめ

ゆうぐん [友軍] 우군¶ ―機 우군기

ゆうぐん [遊軍] 유군 ①유병. 유격병¶ ~の出動を命ずる 유군의 출동을 명하다 ②(일정 부서에 속하지 않고) 대기하고 있는 사람¶ ―記者 유군 기자

ゆうげ [夕餉] (文) 저녁 식사. 저녁밥

ゆうけい [夕景] (文) 저녁때. 해질녘. 저녁 경치

ゆうけい [有形] 图 유형 ⇔ 無形¶ ~財産 유형 재산 ―文化財 유형 문화재

ゆうけい [雄勁] 图 ナ 씩씩하고 힘참¶ ~な筆致 힘찬 필치

ゆうげい [遊芸] 유예. 취미로 배우는 예능

ゆうげき [遊撃] ―兵 유격병 ―手 [野] 유격수 ―戦 [軍] 유격전. 게릴라전 ―隊 유격대

ゆうげしき [夕景色] 저녁 경치

ゆうけむり [夕煙] 저녁 안개. 이내 = 夕もや/저녁밥을 짓는 연기 = ゆけぶり

ゆうけん [有権] 图 유권 ―者 유권자

ゆうけん [勇健] 图 ナ (文) 용건 ①용감하고 씩씩함¶ ~な青年 용감하고 씩씩한 청년 ②건강함. 무사함 = 壮健

ゆうけん [郵券] 우표¶ ~封入 우표 동봉

ゆうげん [有限] 图 ナ 유한 ⇔ 無限¶ ―会社 [經] 유한 회사 ―責任 [法] 유한 책임

ゆうげん [幽玄] 유현. (정취가) 깊고 그윽함¶ ~の美 유현한 미

ゆうこう [友好] 우호¶ ~的な態度 우호적인 태도/~関係を続ける 우호 관계를 지속하다

ゆうこう [有功] 유공¶ ~者 유공자

ゆうこう [有効] 图 ナ 유효 ①효력·효능이 있음¶ ~成分 유효 성분/~な手段 유효한 수단 ②(유도에서) 메치기나 누르기 기술에 주는 점수 ―数字 유효 숫자

ゆうこう [遊行] 图 自スル 유행. 놀며 돌아다님. 정처 없이 걸음¶ 夢中~ 몽중 유행

ゆうごう [融合] 图 自他スル 융합¶ 核~ 핵융합

ゆうこく【夕刻】(文) 석각. 저녁때. 저녁 무렵¶ ～から雪に変わる 저녁 무렵부터 눈으로 변하다

ゆうこく【幽谷】(文) 유곡. 깊은 골짜기¶ 深山～ 심산 유곡

ゆうこく【憂国】우국¶ ～の情 우국지정

ゆうこん【幽魂】유혼. 죽은 사람의 영혼

ゆうこん【雄渾】[ダ] 웅혼. 웅대하고 거침이 없음¶ ～な筆致 웅혼한 필치

ユーザー (user) 유저. 사용자. 이용자. 수요자

一車検 자동차 사용자가 손수 정비를 해서 당국의 차체 검사를 받는 일

ゆうざい【有罪】유죄 ⇔ 無罪¶ ～判決を受ける 유죄 판결을 받다

ゆうざり【夕さり】(文) 저녁때. 해질녘. 황혼

ゆうさん【有産】(名) 유산. 재산이 있음 ⇔ 無産 一階級 유산 계급

ゆうし【有司】(文) 유사. 관리¶ 百官～ 백관 유사. 조정의 모든 관리

ゆうし【有史】(文) 유사¶ ～以来 유사 이래 一以前 유사 이전

ゆうし【有志】유지¶ ～を募る 유지를 모으다

ゆうし【勇士】용사¶ 歴戦の～ 역전의 용사

ゆうし【勇姿】용자. 씩씩한 모습¶ 馬上の～ 마상의 용자

ゆうし【猶子】(文) ①유자. 조카 ②양자

ゆうし【遊子】(文) 유자. 여행자. 나그네

ゆうし【遊糸】(文) 아지랑이＝かげろう

ゆうし【遊資】[経] 유자. 유휴 자본

ゆうし【雄志】(文) 웅지. 큰 뜻¶ ～を抱く 웅지를 품다

ゆうし【雄姿】웅자. 용감하고 씩씩한 모습¶ 優勝者の～ 우승자의 웅자

ゆうし【雄視】[名][自スル](文) 웅시. 위세를 보이며 남을 대함

ゆうし【憂思】(文) 걱정. 근심

ゆうし【融資】[名][自他スル] 융자¶ ～を受ける 융자를 받다

ゆうじ【有事】(文) 유사¶ ～の際 유사시 一立法 유사 입법

ゆうしお【夕潮】석조. 석수(汐水)⇔ 朝潮

ゆうしき【有識】유식 ①학문이 있고 견식이 높음. 그런 사람¶ ～者 유식자 ② → ゆうそく

ゆうしてっせん【有刺鉄線】유자 철선. 가시 철사

ゆうしゃ【勇者】용자. 용사＝ 勇士

ゆうじゃく【幽寂】[名][ダ] 유적. 그윽하고 고요함¶ ～な趣き 유적한 정취

ゆうしゅう【幽囚】(文) 유수. 옥에 갇힘. 그런 사람¶ ～の身 유수의[옥에 갇힌] 몸

ゆうしゅう【幽愁】(文) 유수. 깊은 근심¶ ～にうち沈む 유수로 침울해지다

ゆうしゅう【憂愁】(文) 우수¶ ～に閉ざされる 우수에 잠기다

ゆうしゅう【優秀】[名][ダ] 우수¶ 成績～ 성적 우수/ ～な技術 우수한 기술

ゆうじゅう【優柔】[名][ダ] 우유. 결단력이 모자람 一不断 [ダ] 우유부단¶ ～な態度 우유부단한 태도

ゆうしゅうのび【有終の美】유종의 미¶ ～を飾る 유종의 미를 장식하다

ゆうしゅつ【*涌出・*湧出】[名][自スル] 용출. 솟아나옴¶ 温泉が～する 온천이 용출하다

ゆうじょ【佑助】(文) 우조. 도움¶ 天の～ 하늘의 도움

ゆうじょ【宥恕】[名][他スル](文) 유서. 너그럽게 용서함¶ ～を請う 유서를 청하다

ゆうじょ【遊女】유녀. 창녀¶ 一屋 유곽/ ～に身を落とす 창녀로 전락하다

ゆうしょう【有償】유상¶ 無償¶ 市有地を～で払い下げる 시유지를 유상으로 불하하다 一増資 [経] 유상 증자

ゆうしょう【勇将】용장. 용감한 장군
[慣用句]
一の下に弱卒無し 용장 밑에 약졸 없다

ゆうしょう【*熊掌】웅장. 곰 발바닥

ゆうしょう【優勝】[名][自スル] 우승¶ 一杯 우승배/ 全国大会で～する 전국 대회에서 우승하다 一劣敗 우승 열패. 적자 생존

ゆうしょう【優賞】(文) 후히 칭찬함. 그런 상

ゆうじょう【友情】우정¶ ～が芽生える 우정이 싹트다/ ～に厚い 우정이 돈독하다

ゆうじょう【優*詔】(文) 우조(優詔). 임금의 은혜로운 말씀

ゆうしょく【夕食】저녁 식사. 저녁밥

ゆうしょく【有色】[名] 유색¶ ～野菜 유색 채소 一人種 유색 인종

ゆうしょく【憂色】(文) 우색. 근심스러운 기색¶ ～が漂う 근심의 빛이 감돌다

ゆうしん【雄心】(文) 웅심. 씩씩한 마음¶ 勃々 웅심발발. 씩씩한 마음이 솟구침

ゆうじん【友人】(文) 우인. 친구. 벗＝ 友達

ゆうじん【有人】[名] 유인¶ ～宇宙飛行 유인 우주 비행

ゆうしんろん【有神論】[哲][宗] 유신론 ⇔ 無神論 一者 유신론자

ゆうすい【幽邃】[ダ](文) 유수. 그윽하고 고요함¶ ～な庭 그윽하고 고요한 뜰

ゆうずい【雄*蕊】[植] 웅예. 수술＝ おしべ

ゆうすう【有数】[ダ] 유수. 손꼽힘. 굴지¶ 世界の大企業 세계 유수의 대기업

ゆうずう【融通】융통 I [名] ①지장 없이 통함 ②음통성¶ ～が利く 융통성이 있다 II [名][他スル] (돈·물건을) 둘러 씀¶ 資金を～し合う 자금을 서로 융통해 주다 一手形 융통 어음 一無碍 [ダ] 융통성이 있고 막힘이 없음

ゆうすずみ【夕涼み】(여름철에) 저녁 바람을 쐼¶ ～がてら散歩する 저녁 바람을 쐴 겸 산책하다

ゆう・する【有する】[他][サ変](文) 가지다. 지니다. 소유하다¶ 資格を～ 자격을 가지다

ゆう・する【幽する】[他][サ変](文) (사람을) 가두다. 감금하다. 유폐하다

ゆうせい【有声】[文法] 유성 ⇔ 無声 一音 [文法] 유성음

ゆうせい【有性】[名] 유성. 암수의 구별이 있음 一生殖 [生] 유성 생식

ゆうせい【幽*棲・幽*栖】图自スル(文) 유서. 속세를 떠나 조용히 삶. 그런 집
ゆうせい【郵政】우정. 우편에 관한 행정 **ー省**[政] 우정성 **ー大臣**[政] 우정 대신
ゆうせい【遊星】유성. 행성= 惑星
ゆうせい【雄性】[生] 웅성. 수컷이 가진 성질
ゆうせい【雄世】(文) 우세. 우국= 憂国
ゆうせい【優生】[生] 우생. 유전적으로 우수한 형질을 보존함¶ **ー手術** 우생 수술 **ー学**[生] 우생학 **ー保護法**[法] 우생 보호법
ゆうせい【優性】[生] 우성 ⇔ 劣性¶ **ー遺伝** 우성 유전
ゆうせい【優勢】图ナ 우세 ⇔ 劣勢¶ **ー勝ち** 우세승/ **~を保つ** 우세를 지키다
ゆうぜい【有税】图 유세. 세금이 붙음 ⇔ 無税¶ **ー品** 유세품
ゆうぜい【郵税】우편 요금¶ **ー後納** 우편 요금 후납
ゆうぜい【遊説】图自スル 유세. 全国~ 전국 유세/ ~にでかける 유세에 나서다
ゆうせつ【融雪】①해설. 눈이 녹음= 雪解け¶ **ー期** 해설기 ②눈을 녹임. 녹은 눈
ゆうせん【有線】유선 ⇔ 無線¶ **ー電話** 유선 전화 **ー放送**[放] 유선 방송
ゆうせん【勇戦】图自スル(文) 용전. 용감히 싸움¶ **ー奮闘** 용전 분투
ゆうせん【郵船】우선. 우편선
ゆうせん【優先】图自スル 우선¶ **歩行者~** 보행자 우선/ **順位** 우선 순위 **ー株**[経] 우선주 **ー権** 우선권 **ー的** 우선적
ゆうぜん【友禅】「友禅染」의 준말. 그런 염색을 한 일본옷 **ー染** 방염(防染) 풀을 사용하여 비단 등에 인물・화조・산수 등을 화려한 채색으로 염색하는 것
ゆうぜん【^油然】ト(文) 유연. 마구 솟아오르는 모양¶ **意欲が~と起こる** 의욕이 유연하게 일어나다
ゆうぜん【悠然】ト 유연. 침착하고 여유가 있는 모양¶ **~たる態度** 유연한 태도
ゆうそう【勇壮・雄壮】图ナ 용장. 웅장¶ **~な音楽** 웅장한 음악
ゆうそう【郵送】图他スル 우송¶ **書類を~する** 서류를 우송하다
ゆうそく【有^職・有^識】유식. 조정이나 무가(武家)의 예식・고사에 관한 지식. 그에 밝은 사람 **ー故実** 조정이나 무가의 관직・제도 등에 관한 학문・지식
ゆうだ【遊惰】图ナ(文) 유타. 빈둥빈둥 놀고 게으름¶ **~に日々を過ごす** 빈둥거리며 나날을 보내다
ユーターン(U-turn) 图自スル 유턴 ①(자동차 등이) 선회함¶ **ー禁止** 유턴 금지 ②본디 상태로 되돌아감¶ **ー現象** 유턴 현상
ゆうたい【勇退】图自スル 용퇴¶ **後進に道を開きたく~する** 후진에게 길을 터주고자 용퇴하다
ゆうたい【郵袋】우편 행낭
ゆうたい【優待】图他スル 우대¶ **ー券** 우대권/ **関係者を~する** 관계자를 우대하다
ゆうだい【雄大】ナ 웅대¶ **~な計画** 웅대한 계획
ゆうたいるい【有袋類】[動] 유대류
ゆうだち【夕立】(여름 오후의) 소나기¶ **~にあう** 소나기를 만나다
[慣用句]
**一は馬の背を分ける** 소나기는 말 등을 중심으로 좌우로 갈라져 각각 비가 오거나 맑은 날씨로 나뉠 만큼 국지적이다
ゆうだん【勇断】图自スル(文) 용단. 용기 있는 결단¶ **~を下す** 용단을 내리다
ゆうだんしゃ【有段者】유단자¶ **碁の~** 바둑의 유단자
ゆうち【誘致】图他スル ①유치¶ **大学~** 대학 유치 ②(결과적으로) 어떤 상태가 되게 함¶ **家の衰退を~した** 집안의 쇠퇴를 초래했다
ゆうちく【有畜】图 유축. 가축을 소유함 **ー農業**[農] 유축 농업
ゆうちょう【悠長】ナ 유장. 침착하고 서두르지 않는 태도¶ **~な態度** 유장한 태도
ゆうづき【夕月】석월. 초저녁 달 **ー夜** 초저녁 달. 달이 뜬 초저녁
ゆうつけどり【〈木綿〉付け鳥】[動]「にわとり」의 옛이름
ゆうているい【有^蹄類】[動] 유제류
ゆうてん【融点】[化] 응점. 녹는 점
ゆうと【雄図】(文) 웅도. 웅대한 계획¶ **~空しく挫折する** 웅도가 헛되이 좌절되다
ゆうと【雄途】(文) 웅도. 장도= 壮途¶ **~につく** 웅도에 오르다
ゆうとう【友党】우당. 우호 관계에 있는 정당
ゆうとう【遊^蕩】图自スル 유탕. 방탕¶ **ー児** 방탕아/ **~にふける** 방탕에 빠지다
ゆうとう【優等】图 우등 ⇔ 劣等¶ **ー賞** 우등상 **ー生** ①우등생 ②(조롱조로) 빈틈이 없는 사람
ゆうどう【誘導】图他スル 유도¶ **安全な場所に~する** 안전한 장소로 유도하다 **ー尋問** 유도 심문 **ー体**[物] 유도체 **ー弾** 유도탄 **ー電流**[物] 유도 전류
ゆうどうえんぼく【遊動円木】유동 원목. 통나무의 양 끝을 쇠사슬로 낮게 매단 놀이 기구
ゆうどうぼく【遊動木】→ ゆうどうえんぼく
ゆうとく【有徳】图 유덕= うとく¶ **~の士** 유덕지사
ゆうどく【有毒】图ナ 유독 ⇔ 無毒¶ **ーガス** 유독 가스
ユートピア(Utopia) 유토피아. 이상향
ユートピアン(Utopian) 유토피안. 공상가, 몽상가
ゆうなぎ【夕^凪】[気] 저녁뜸. 저녁 때 바닷바람이 육지바람으로 바뀔 때 일시적으로 나타나는 무풍 상태 ⇔ 朝凪
ゆうなみ【夕波】저녁에 이는 파도¶ **~千鳥** 저녁 파도 위를 나는 물떼새
ゆうに【優に】副 ①족히. 충분히. 넉넉히¶ **~5000m** はある 족히 5000미터는 된다

ゆうのう [有能] 名 유능 ⇔ 無能
ゆうはい [有配] 유배. 유배당 **~株**ホッ 유배주
ゆうばえ [夕映え] 석양을 받아 아름답게 빛남. 저녁놀 **富士**ミシの**~** 富士산의 저녁놀
ゆうばく [誘爆] 名 유폭. 하나의 폭발이 계기가 되어 다른 것도 폭발함
ゆうはつ [誘発] 名他スル 유발 **事故**シコ**を~す る** 사고를 유발하다
ゆうばれ [夕晴れ] 저녁때 하늘이 갬
ゆうはん [夕飯] 저녁 식사, 저녁밥 = 夕食ショク
ゆうはん [有半] 造語 文 《주로 연수를 나타 내는 말에 붙여》…과 그 반¶ **一年**ネン**~** 1년 하고도 반, 1년 반
ゆうはん [雄藩] 文 크고 세력이 강대한 藩ハン
ゆうひ [夕日・夕陽] 석양, 저녁해 ⇔ 朝日アサヒ ¶ **~が沈**シヅ**む 저녁해가 지다 ー影**カゲ 석양빛, 저녁 햇빛, 낙조
ゆうひ [雄飛] 名 自スル 웅비 ⇔ 雌伏シフク¶ **海 外**カイガイ**に~する** 해외로 웅비하다
ゆうび [優美] 名 우미. 우아하고 아름다움 ¶ **~に舞**マ**う** 우아하고 아름답게 춤추다
ゆうひつ [右筆・祐筆] ①옛날 귀인 밑에서 일 하던 서기 ②무가(武家)에서 문서와 기록을 맡던 직책
ゆうびん [郵便] ①우편¶ **書留**ガキドメ**で送**オク**る** 등 기 우편으로 보내다 ②우편물 **-受**ウ**け** 우편 함 **-為替**ガワセ 우편환 **-切手**キッテ 우표 **-局**キョク 우체국 **-書簡**ショカン 봉함 엽서 **-葉書**ハガキ 우편 엽서 **-番号**バンゴウ 우편 번호 **-物**ブツ 우편물 **-振替**フリカエ 우편 대체
ゆうふ [有夫] 名 文 **~の女**オンナ 유부녀
ゆうぶ [勇武] 文 용무. 용기가 있고 무술이 뛰어남. 용맹 ¶ **~を尊**トウト**ぶ** 용무를 숭상하다
ゆうふう [雄風] 気 웅풍. 된바람
ユーフォー [UFO] 유 에프 오. 미확인 비행 물 체 = ユーエフオー
ゆうふく [裕福] 丁 유복¶ **~な生活**セイカツ 유복 한 생활
ゆうぶつ [尤物] 文 우물 ①가장 뛰어난 물 건 ②미인 **天下**テンカ**の~** 천하의 미인
ゆうふん [憂憤] 文 우분. 울분¶ **~やるかた 無**ナ**く** 울분을 풀 길이 없어
ゆうぶん [有文] 文 우문. 학문·예술을 숭상 함 **-左武**サブ 文 우문 좌무, 문무를 중히 여김
ゆうべ [夕べ] 文 ①저녁, 저녁때 = 夕方ユウガタ ⇔ 朝アサ¶ **夏**ナツ**の~** 여름 저녁 ②특정한 모임을 갖는 밤¶ **クラシックの~** 클래식의 밤
ゆうべ 〈昨夜〉名 副 어젯밤, 간밤 = さくや ¶ **~に雨**アメ**が降**フ**った** 간밤에 비가 왔다
ゆうへい [幽閉] 名 他スル 유폐¶ **邸内**テイナイ**に~す る** 저택 내에 유폐하다
ゆうへん [雄編・雄*篇] 文 웅편. 역작¶ **現代 小説**ショウセツ**の~** 현대 소설의 웅편
ゆうべん [雄弁] 名 丁 웅변¶ **~を振**フ**るう** 웅 변을 토하다 **一家**カ 웅변가
慣用句

**-は銀**ギン**沈黙**チンモク**は金**キン 웅변은 은이고 침묵은 금이다
ゆうほ [遊歩] 名 自スル 文 유보. 산책 **-道**ドウ 산 책길, 산책로
ゆうほう [友邦] 文 우방¶ **~との友誼**ユウギ 우 방과의 우의
ゆうほう [雄峰] 文 웅봉. 웅대한 산
ゆうぼう [有望] 丁 유망¶ **前途**ゼント**~な青年**セイネン 전도 유망한 청년
ゆうぼく [遊牧] 名 自スル 유목 **~民族**ミンゾク 유 목 민족
ゆうまぐれ [夕間暮れ] 文 저녁 어스름, 황혼녘
ゆうみん [遊民] 文 유민. (일정한 직업 없이) 놀고 지내는 사람
ゆうめい [有名] 名 丁 유명 ⇔ 無名ムメイ¶ **~人**ジン 유명인 **-税**ゼイ 유명세 **-一躍**イチャク**~になる** 일약 유명해지다 **ー無実**ムジツ 유명무실
ゆうめい [勇名] 名 용명¶ **~をはせる** 용명을 떨 치다
ゆうめい [幽明] 文 유명. 저승과 이승
慣用句 **-境**サカイ**を異**コト**にする** 유명을 달리하다
ゆうめい [幽*冥] 文 유명. 저승 **一界**カイ 유명 계 ①신불(神佛)이 있는 세계 ②저승
ゆうめし [夕飯] 저녁 식사, 저녁밥 = 夕食ショク
ゆうめん [*宥免] 名 他スル 유면. 죄를 용서함
ユーモア (humor; humour) 유머¶ **~小説**ショウセツ 유 머 소설¶ **~を解**カイ**する** 유머를 이해하다
ゆうもう [勇猛] 名 丁 용맹¶ **~果敢**カカン 용맹 과감 **一心**シン 용맹심
ゆうもや [夕*靄] 저녁 안개
ユーモラス (humorous) 丁 유머러스¶ **~なし ぐさ** 유머러스한 몸짓
ゆうもん [幽門] 医 유문¶ **~狭窄**キョウサク 유문 협착
ゆうもん [憂*悶] 名 自スル 文 우민. 근심하고 고민함
ゆうやく [勇躍] 名 自スル 용약¶ **出発**シュッパツ**す る** 용약 출발하다
ゆうやく [*釉薬] 유약. 잿물 = うわぐすり
ゆうやけ [夕焼け] 저녁 노을 ⇔ 朝焼アサヤ**け**¶ **~小焼**コヤ**け** 저녁 노을이 희미해짐
ゆうやみ [夕*闇] 땅거미¶ **~が迫**セマ**る** 땅거미 가 지기 시작하다
ゆうやろう [遊*冶郎] 주색에 빠져 행실이 나 쁜 남자. 방탕아
ゆうゆう [悠悠] タル ①文 멀고 아득함¶ **~たる大地**ダイチ 끝없는 대지 / **二千年**ニセンネン 유 유 이천 년 ②도착하는 느긋함¶ **~と歩 く** 유유히 걷다 ③여유가 있음 **一閑閑**カンカン 文 한가로운 모양 **一自適**ジテキ 名 自スル 유유 자적
ゆうよ [有余] 造語 《연수를 나타내는 말에 붙 여》유여. 남짓 = あまり¶ **一年**ネン**~** 1년 남짓
ゆうよ [猶予] 名 自他スル 유예 ①우물쭈물하며 망설임¶ **一刻**イッコク**の~もできない** 한시도 유예 할 수 없다 ②기한을 연기함¶ **執行**シッコウ**~** 집행 유예
ゆうよう [有用] 名 丁 유용 ⇔ 無用ムヨウ¶ **社**

ゆうよう【悠揚】[副](文) 유양. 느긋하고 침착함 ¶ ～迫らぬ態度 느긋하고 서두르지 않는 태도

ゆうよく【遊弋】[名][自スル](文) 유익. 함선이 바다 위를 떠다니며 경계함

ゆうらく【遊楽】[名][自スル](文) 유락. 놀며 즐김 ¶ ～を事とする 유락을 일삼다

ゆうらん【遊覧】[名][自スル] 유람. 全国을～する 전국을 유람하다 一船 유람선

ゆうり【有利】[ナ] 유리 ⇔ 不利 ¶ ～な条件 유리한 조건 / 味方に～に働く 우리 편에 유리하게 작용하다

ゆうり【遊里】 유곽 = 色里

ゆうり【遊離】[名][自スル] 유리. 現実から～した政策 현실로부터 유리된 정책

ゆうりしき【有理式】[数] 유리식 ⇔ 無理式

ゆうりすう【有理数】[数] 유리수

ゆうりゃく【雄略】 웅략. 웅대한 계략

ゆうりょ【憂慮】[名][他スル] 우려 ¶ ～すべき事態 우려할 만한 사태 / 将来が～にたえない 장래가 매우 우려된다

ゆうりょう【有料】[ナ] 유료 ⇔ 無料 ¶ ～道路 유료 도로

ゆうりょう【遊猟】[名][自スル] 유렵. 사냥을 즐김

ゆうりょう【優良】[ナ] 우량. 우수 ⇔ 劣悪 ¶ ～児 우량아 / ～な商品 우수한 상품

ゆうりょく【有力】[ナ] 유력 ①세력·권력이 있음 ¶ ～な後援者 유력한 후원자 ②효력이 있음 ③가능성이 강함 ¶ ～な新人候補 유력한 신인 후보 一者 유력자. 실력자

ゆうれい【幽霊】 유령 ¶ ～が出る 유령이 나오다 一会社 유령 회사 一人口 유령 인구. 서류상의 가공 인구

ゆうれい【優麗】[名][ナ](文) 우려. 우아하고 아름다움

ゆうれき【遊歴】[名][自スル](文) 유력. 각지를 돌아다님 = 遍歴 ¶ 諸国を～する 여러 나라를[지방을] 유력하다

ゆうれつ【優劣】 우열 ¶ ～を競う 우열을 다투다 / ～をつけがたい 우열을 가리기 어렵다

ユーロマネー(Euro-money)[経] 유로 머니. 유로화(貨). 유럽 11개국이 공용하는 화폐

ゆうわ【宥和】[名][自スル](文) 유화 ¶ ～政策 유화 정책

ゆうわ【融和】[名][自スル] 융화 ¶ 両国の～を図る 양국의 융화를 도모하다

ゆうわく【誘惑】[名][他スル] 유혹 ¶ ～に負ける 유혹에 지다 / 女を～する 여자를 유혹하다

ゆえ【故】 ①까닭. 이유 ¶ ～ありげな顔 까닭이 있는 듯한 얼굴 / ～なくののしられた 이유 없이 욕을 먹었다 ②(形式)(접속 조사적으로) …때문에, …이므로 = …のため ¶ 男と～の つらさ 남자이기에 겪는 괴로움

[慣用句]

一有って 특별한 사정·이유가 있어

一無しとしない 사정·이유가 없다고 할 수 없다

一を以て 그런 이유로[까닭에]

ゆえい【輸贏】[名](文) 수영. 승부 ¶ ～を決する 승부를 결정하다

ゆえつ【愉悦】[名][自スル](文) 유열. 기뻐서 즐거워함 ¶ ～を覚える 유열을 느끼다

ゆえに【故に】[接](文) 그러므로, 따라서, 고로 = したがって ¶ 我れ思う、～我れあり 나는 생각한다. 고로 나는 존재한다

ゆえん【所以】 소이. 까닭. 이유, 근거 ¶ その説を信じる～は 그 설을 믿는 이유는

ゆえん【油煙】 유연. 기름·수지 등의 그을음 ¶ ～墨 유연묵

ゆおけ【湯桶】 목욕물 통 ▷「ゆとう」는 딴말

ゆか【床】 ①마루 ¶ ～を張る 마루를 깔다 ②[芸] (극장 등에서) 높게 만든 무대

ゆが【瑜伽】[仏] 유가 ①요가 ②신앙 대상과 일체가 됨

ゆかい【愉快】[名][ナ] 유쾌 ¶ ～な気分 유쾌한 기분 一犯 쾌감을 느끼기 위해 소동을 일으키는 범죄, 그런 범인

ゆかいた【床板】 마루청, 청널 ¶ ～を張る 마루청을 깔다

ゆかうえ【床上】 마루 위 ⇔ 床下 ¶ ～浸水 마루 위까지 침수됨

ゆかうんどう【床運動】 (체조에서) 마루 운동

ゆが・く【湯掻く】[他五] 데치다 ¶ 野菜を～ 채소를 데치다

ゆがけ【弓懸】 활을 쏠 때 끼는 가죽 장갑

ゆかげん【湯加減】 더운 물의 온도, 차·탕약·목욕물의 적당한 온도 ¶ ～をみる 더운 물의 온도를 보다

ゆかし・い【床しい】[形] ①기품이 있고 그윽하다, 우아하다 ¶ ～人柄 그윽하고 기품 있는 인품 ②古式に～·くとり行なう 예스럽게 거행하다

ゆかした【床下】 마루 밑 ⇔ 床上 ¶ ～浸水 마루 밑까지 침수됨

ゆかた【浴衣】 (목욕 후나 여름철에 입는) 일본식 무명 홑옷 一掛け 유카타 차림[바람]

ゆかたびら【湯帷子】 목욕할 때나 목욕 후에 입는 홑옷 = ゆかた

ゆかばり【床張(り)】 마루를 깖

ゆがみ【歪み】 비뚤어짐 ①(형태가) 일그러짐, 뒤틀림 ¶ テレビ画面の～ 텔레비전 화면의 일그러짐 ②(마음이) 바르지 못함 ¶ 心の～ 마음이 바르지 못함

ゆが・む【歪む】[自五] 비뚤어지다 ①(형태가) 뒤틀리다, 일그러지다 ¶ ネクタイが～ 넥타이가 비뚤어지다 / 痛みで顔が～ 통증으로 얼굴이 일그러지다 ②(마음이) 바르지 못하다 ¶ ～·んだ性格 비뚤어진 성격

ゆが・める【歪める】[他下一] ①비뚤어지게 하다, 일그러뜨리다 ¶ 口を～ 입을 비쭉거리다 / 列を～ 줄을 비뚤어지게 하다 ②왜곡하다 ¶ 事実を～ 사실을 왜곡하다

ゆかり【縁·所縁】 연고, 관계 ¶ 故人～の土地 고인의 연고지 / 縁も～もない 아무런 관계도 없다

ゆかん

ゆ かん【湯*灌】 관. (불교식 장례에서) 입관 전에 더운 물로 시신을 깨끗이 닦아내는 일

ゆ き【*裃】(服) 웃의 화장

ゆき【雪】①눈¶~が積もる 눈이 쌓이다/~に閉ざされる 눈에 갇히다 ②(比) 흰 색, 흰 것¶ 頭に~をいただく 백발이 되다
慣用句
—の肌は 눈처럼 흰 살결
—を欺く 눈으로 착각할 정도로 희다

ゆき【行き·*往き】①(목적지로) 향함, 감, 가는 길(때)=いき ⇔帰り¶ ~の切符 가는 차표/~は車にする 갈 때는 차로 가다 ②…행¶ 東京~の特急 東京행 특급

ゆき【*靫】전동(箭筒), 화살통

ゆき あ·う【行(き)合う·行(き)*逢う】自国 가다가 만나다, 마주치다¶ 駅で友人とばったり~ 역에서 친구와 딱 마주치다

ゆき あかり【雪明(か)り】 눈이 쌓여 밤에도 어슴푸레하게 보임¶ ~の道 눈빛으로 어슴푸레하게 보이는 길

ゆき あそび【雪遊び】눈 장난

ゆき あたり【行(き)当(た)り】 나아가 부딪침, 막다름, 막다른 곳=いきあたり —ばったり (계획성 없이) 그때그때 되어가는 대로 함

ゆき あた·る【行(き)当(た)る】自国 ①나아가 부딪치다, 맞닥뜨리다¶ 壁に~ 벽에 부딪치다 ②(수단·방법 등이) 막히다, 가로막히다 ▷「いきあたる」라고도 함

ゆき うさぎ【雪*兎】 눈을 뭉쳐서 만든 토끼

ゆき おこし【雪起(こ)し】 눈이 내리기 전에 치는 천둥

ゆき おとこ【雪男】 설인(雪人)

ゆき おれ【雪折れ】 쌓인 눈의 무게로 가지나 줄기가 부러짐, 그런 가지·줄기¶ 柳に~なし 버드나무는 눈에 부러지지 않는다

ゆき おろし【雪下ろし·雪降ろし】①(지붕에) 쌓인 눈을 쓸어 내림 ②눈을 휘몰아치는 재넘이

ゆき おんな【雪女】 눈이 많은 지방의 전설에서) 여자의 모습으로 나타난다는 눈의 정령

ゆき か·う【行(き)交う】自国(文) 오가다, 왕래하다=いきかう¶ ~人の波 오가는 사람들의 물결[인파]

ゆき かえり【行き帰り】 왕복, 오감¶ ~に要する時間 오가는 데 소요되는 시간

ゆき がかり【行き掛(か)り】①시작한 여세, 내친걸음이라 물러설 수 없다 ②가는 도중, 가는 김¶ ~に友人の家に寄る 가는 김에 친구 집에 들르다 ▷「いきがかり」라고도 함

ゆき かき【雪*搔き】 图 自スル 눈을 침, 제설, 그런 도구¶ 道路の~をする 길의 눈을 치다

ゆき がけ【行き掛け】 가는 김, 가는 도중=いきがけ¶ ~に立ち寄る 가는 김에 들르다
慣用句
—の駄賃 ①어떤 일을 하는 김에 다른 일을 함 ②일을 하는 계제에 약간의 이익을 얻음

ゆき がこい【雪囲い】①(눈·서리의 피해를 막기 위해) 짚이나 가마니로 초목을 둘러쌈, 그런 덮개 ②(눈이 많은 지방에서) 집 둘레를 판자로 에워쌈, 그렇게 에워싼 것

ゆき かた【行き方】①가는 길, 노정, 도정¶ 島への~を教える 섬으로 가는 길을 가르쳐 주다 ②하는 방법[방식]=やり方¶ 各人の~ 각자의 방식

ゆき かた【行き方】 간 곳, 행방=ゆきえ —知れず 행방 불명¶ ~になる 행방 불명이 되다

ゆき がた【雪形】 이른 봄 산에 남은 눈의 모양

ゆき がっせん【雪合戦】 눈싸움=雪投げ

ゆき き【行き来·*往き来】 图 自スル 왕래, 오감, 내왕=往来¶ 車の~が激しい 차의 왕래가 빈번하다 ②교제¶ 彼とは~していない 그와는 교분이[왕래가] 없다 ▷「いきき」라고도 함

ゆき ぐつ【雪*沓】 설피

ゆき ぐに【雪国】 눈이 많이 오는 지방¶ ~の春 눈이 많이 오는 지방의 봄

ゆき ぐも【雪雲】 눈구름¶ ~が垂れ込める 눈구름이 낮게 깔리다

ゆき ぐもり【雪曇り】 눈구름으로 흐림¶ ~の空 눈이 내릴 듯 흐린 하늘

ゆき くら·す【行(き)暮(ら)す】他国 해질 때까지 계속 걷다, 여행 도중에 해가 저물다¶ 山道を~ 산길을 해질 때까지 계속 걷다

ゆき ぐれ【雪暮れ·雪*暗】①눈이 내릴 듯이 어두워짐 ②눈이 내리는 채로 날이 저묾

ゆき く·れる【行(き)暮れる】自下一(文) 가는 도중에 해가 저물다¶ 山中で~ 산속에서 해가 저물다

ゆき げ【雪*消】(文) 눈이 녹음, 눈석임=雪解け¶ ~の水 눈석임물

ゆき しき【雪景色】 설경, 눈 경치¶ 白一色~ 온통 백색의 설경

ゆき げしょう【雪化粧】 图 自スル (화장을 한 듯이) 눈으로 아름답게 덮임¶ まっ白に~した山 새하얗게 눈으로 덮인 산

ゆき けむり【雪煙】 눈보라¶ ~を上げて滑る 눈보라를 일으키며 미끄러지다

ゆき ころがし【雪転がし】 눈덩이 굴리기

ゆき さき【行き先】①행선지, 목적지¶ ~を確かめる 행선지를 확인하다 ②전도, 장래¶ 景気の~を見通す 경기의 전도를 전망하다 ▷「いきさき」라고도 함

ゆき しぐれ【雪時雨】 진눈깨비=みぞれ

ゆき しずり【雪しずり】 나뭇가지에 쌓였던 눈이 떨어짐, 그런 눈

ゆき しつ【雪質】 설질, 쌓인 눈의 성질·상태¶ ~を調べる 설질을 조사하다

ゆき しな【行きしな】 가는 김[도중]=いきしな¶ ~に寄って行く 가는 김에 들러서 가다

ゆき じろ【雪白】①백응(白鷹) ②정제한 백랍 —の肌 눈처럼 흰 피부

ゆき しろみず【雪代水】 눈이 녹아 강에 흘러든 물, 눈석임물

ゆき す·ぎる【行(き)過ぎる】自上一 ①지나쳐가다, 통과하다¶ 自動車が家の前を~ 자동차가 집 앞을 지나가다 ②(목적지를)

지나쳐 더 가다¶ 〜ぎて戻る 지나쳐서 되돌아오다 ③도를 넘다, 지나치다¶ 〜ぎ干渉 지나친 간섭 ▷「いきすぎる」라고도 함

ゆきずり [行きずり] 名(欠) ①길에서 스쳐 지나감 ②지나가는 길¶ 〜の店に入る 지나가는 길에 있는 가게에 들어가다 ③일시적임 =かりそめ¶ 〜の恋 일시적인 사랑
[慣用句]
ーの人 길에서 우연히 스쳤을 뿐 아무 관계도 없는 사람

ゆきぞら [雪空] 눈이 내릴 듯한 하늘
ゆきだおれ [行き倒れ] (병・피로・기아 등으로) 길가에 쓰러짐〔쓰러져 죽음〕, 그런 사람, 행로병자 =いきだおれ
ゆきたけ [*裄丈] ①(옷의) 화장과 길이 ②(옷의) 화장 ③일의 형편, 전후 관계, 앞뒤¶ 〜が合わない 앞뒤가 맞지 않다
ゆきたたき [雪叩き] 눈을 턺〔떨어냄〕
ゆきだるま [雪*達磨] 눈사람 ―式 名 눈덩이처럼 불어나는〔쌓이는〕상태 赤字が〜にふえる 적자가 눈덩이처럼 불어나다
ゆきちがい [行き違い] ①엇갈림¶ 手紙が〜になる 편지가 엇갈리다 ②오해, 충돌, 일치하지 않음¶ 友達と意見の〜があった 친구와 의견 충돌이 있었다 ▷「いきちがい」라고도 함
ゆき・つ・く [行(き)着く] 自五 ①(목적지에) 다다르다, 도착하다¶ 目的地に〜 목적지에 도착하다 ②(힘・자본 등이) 다하다, 최후에 이르다¶ 〜ところまでやってみる 힘 닿는 데까지 해보다 ▷「いきつく」라고도 함
ゆきつけ [行き付け] 늘〔자주〕다님, 단골 =いきつけ¶ 〜の店 단골 가게
ゆきつぶて [雪*礫] (눈싸움할 때 쓰는) 눈덩이
ゆき・つま・る [行(き)詰まる] 自五 ①길이 막히다, 막다르다 ②정체 상태에 빠지다, 벽에 부딪치다¶ 仕事が〜 일이 벽에 부딪치다/考えが〜 생각이 꽉 막히다 ▷「いきづまる」라고도 함
ゆきつ もどりつ [行きつ戻りつ] 連語 왔다갔다하는 모양, 서성거림 =いきつもどりつ¶ 〜して様子をうかがう 왔다갔다하며 동정을 살피다
ゆきづり [雪*吊り] 눈의 무게로 나뭇가지 등이 부러지지 않도록 장대로 받쳐 두거나 줄로 매달아 둠 =ゆきつり
ゆきつり [雪釣り] 실에 매단 숯을 눈 속에 드리워 눈이 많이 붙는 정도를 겨루는 놀이
ゆきどけ [雪解け・雪*融け] ①눈이 녹음, 눈석임, 그런 시기¶ 〜の道 눈 녹은 길 ②(比) 대립・긴장 등이 완화됨¶ 東西関係が〜ムードになる 동서 관계는 해빙 무드가 되다
ゆきとど・く [行(き)届く] 自五 (생각 등이) 두루 미치다, 자상하게 마음쓰다¶ 〜いた細かいところまで注意が〜 세심한 데까지 주의가 두루 미치다
ゆきどまり [行き止(ま)り] (길 등이) 더 이상 나아갈 수 없음, 막다름, 막다른 곳 =いきどまり¶ 道が〜になる 길이 막다르게 되다

ゆきなげ [雪投げ] → ゆきがっせん
ゆきなだれ [雪雪崩] 눈사태, 그런 눈 =なだれ
ゆきなや・む [行(き)悩む] 自五 (앞으로) 나아가는 데 곤란을 느끼다, 나아가지 못하다¶ 猛烈な吹雪で〜んでいる 심한 눈보라로 앞으로 나아가지 못하고 있다 ②(일 등이) 잘 진척되지 않다¶ 審議が〜 심의가 잘 진척되지 않다 ▷「いきなやむ」라고도 함
ゆきぬけ [行き抜け] (통과하여) 빠져 나감, 그런 곳 =通り抜け¶ 〜の路地 빠져 나갈 수 있는 골목길
ゆきのした [雪の下] [植] 범의귀
ゆきば [行き場] 갈 곳 =いきば¶ 〜がない 갈 곳이 없다
ゆきばかま [雪*袴] (눈이 많은 지방에서) 겨울에 입는 작업용 통바지 =もんぺ
ゆきはだ [雪肌・雪*膚] ①쌓인 눈의 표면 ②눈처럼 흰 여자의 살갗
ゆきばな [雪花] 설화, 꽃이 지듯 내리는 눈
ゆきばら [雪腹] 눈이 오기 전이나 올 때 배가 냉해져서 아픈 일
ゆきばれ [雪晴れ] 눈이 그치고 하늘이 갬
ゆきびさし [雪*庇] → せっぴ
ゆきびより [雪日和] 눈이 올 듯한 날씨
ゆきひら [行平・雪平] 「行平鍋」의 준말. 손잡이・뚜껑・귀때가 달린 질 냄비
ゆきふみ [雪踏み] 눈을 밟아서 길을 냄
ゆきま [雪間] ①눈이 잠시 그친 사이¶ 〜を待つ 눈이 잠시 그치기를 기다리다 ②쌓인 눈이 군데군데 녹은 곳¶ 〜に若草が〜 눈 녹은 사이로 새싹이 움트다 ③쌓인 눈 속¶ 〜を分けて進む 눈 속을 헤치고 나아가다
ゆきみ [雪見] 눈 구경, 설경을 보고 즐김〔즐기는 연회〕 ―酒 설경을 즐기며 마시는 술 ―灯籠 정원에 놓는 석등롱(石燈籠)
ゆきみず [雪水] (초봄의) 눈석임물
ゆきみち [雪道] 눈길, 눈이 내리는〔쌓인〕 길
ゆきもち [雪持ち] ①(초목에) 눈이 소복이 쌓임 ②지붕의 눈이 떨어지는 것을 막는 장치
ゆきもどり [行き戻り] 名 自スル (□) 갔다 옴, 갔다가 되돌아옴, 왕복 ②이혼하고 친정에 돌아와 있음, 그런 여자, 소박데기 =でもどり
ゆきもよい [雪*催い] 곧 눈이 내릴 듯 흐린 날씨¶ 〜の空 눈 내릴 듯한 하늘
ゆきもよう [雪模様] 눈이 올 듯한 모양
ゆきやけ [雪焼け] 名 自スル ①눈에 탐¶ 〜した顔 눈에 탄 얼굴 ②동상 =しもやけ
ゆきやなぎ [雪柳] [植] 조팝나무 =こごめばな
ゆきやま [雪山] ①설산, 눈이 쌓인 산¶ 〜に登る 눈 쌓인 산에 오르다 ②산처럼 쌓아 올린 눈더미
ゆきょう [遊行] 名 自スル [佛] 유행, 행각
ゆきよけ [雪除け] ①제설 ②방설 장치¶ 〜のビニール 방설용 비닐
ゆきわた・る [行(き)渡る] 自五 고루 미치다, 널리 퍼지다¶ 指示が〜 지시가 널리 미

치다/ 皆なに~ 모두에게 널리 퍼지다
**ゆきわりそう**【雪割草】【植】①설앵초 ②노루귀
**ゆ・く**【行く・往く】(自五)(文)①(목적지로) 가다. 향하다 ⇔ 来くる¶ 会社かいしゃへ~ 회사에 가다 ②떠나다, 떠나다, 이동하다¶ 一ひと 발 앞서 떠나다 ③(때가) 가다, 지나다¶ ~年ねんくる年 가는 해 오는 해 ④(정보가) 닿다, 가다¶ 知しらせが~ 통지가 가다 ⑤(어떤 상태에) 도달하다¶ 合点がてんが~ / ~かない 납득이 가지 않다/ 年端としも~かない 나이도 차지 않다 ⑥(어떤 방법으로) 하다¶ その手て で~ 그 수로 하다 ⑦(일이) 진척되다, 진행되다¶ 計画けいかくがうまく~ 계획이 잘 진척되다 ⑧(補助)(동사 連用形+「て」에 붙어) ㉠…하고(한 상태로) 나가다¶ 和服わふくを着きて~ 일본옷을 입고 나가다 ㉡…하고 나가다¶ 食事しょくじをして~ 식사를 하고 나가다 ㉢(점점) …해(져) 가다¶ 人口じんこうが増加ぞうかして~ 인구가 증가해 가다/ 子供こどもたちも大おおきくなって~ 어린아이들도 (점점) 커 가다
**ゆ・く**【逝く】(自五)(文) 죽다, 서거하다¶ 卒然そつぜんとして~ 갑자기 죽다
**ゆくあき**【行く秋】 저물어가는 가을, 만추
**ゆくえ**【行方】(1)(文) 가는 방향, 갈 곳¶ ~定さだめず旅立たびだつ 정처 없이 여행을 떠나다 ②행방, 간 곳¶ ~が分わからない 간 곳을 모르다/ ~をくらます 행방을 감추다 ③장래¶ 勝敗しょうはいの~ 승패의 전망 **-不明ふめい** 행방 불명
**ゆくかた**【行く方】 행방, 행선지 = ゆくさき
**ゆくさき**【行く先】①행선지, 목적지¶ ~を言いわずに出でかける 행선지를 말하지 않고 나가다 ②장래, 전도¶ ~が気きにかかる 장래가 염려되다 ▷「いくさき」라고도 함 **-先さき** 가는 곳마다
**ゆくすえ**【行く末】 장래, 전도, 미래¶ 来こしかたと~ 지나온 세월과 미래/ ~が案あんじられる 장래가 염려되다
**ゆくて**【行く手】 가는 곳(쪽), 앞길, 전도¶ ~を阻はばむ 앞길을 가로막다/ ~は多難たなんだ 전도는 다난하다
**ゆくとし**【行く年】(文) 가는 해 ⇔ 来くる年ねん
**ゆくはる**【行く春】(文) 가는 봄, 만춘¶ ~を惜おしむ 가는 봄을 아쉬워하다
**ゆくゆく**【行く行く】(副)①가는 도중에, 가면서¶ ~相談そうだんしよう 가면서 의논하자 ②장래, 장차¶ ~は独立どくりつする 장차는 독립한다
**ゆくりなく**(副)(文) 뜻밖에, 우연히¶ ~も友ともに会あう 뜻밖에 친구를 만나다
**ゆげ**【湯気】김, 수증기¶ ~が立たつ 김이 나다
[慣用句]
**-を立たてて** 얼굴을 붉히며 화내는 모양
**ゆげた**【湯桁】 욕조, 욕조 둘레의 전
**ゆけつ**【輸血】(名)(自他スル)(醫) 수혈¶ 患者かんじゃに~する 환자에게 수혈하다
**ゆけむり**【湯煙】 (온천 등에서 피어 오르는) 김, 수증기
**ゆごう**【癒合】(名)(自スル) 유합, 상처가 아물다¶ 切開部せっかいぶが~する 절개부가 유합하다

**ゆこく**【諭告】(名)(自スル)(文) 유고, 타이름, 타이르는 말
**ゆさい**【油彩】【美】 유채¶ ~画が 유채화, 유화
**ゆざい**【油剤】 유제, 기름 모양의(기름이 든) 약제¶ ~をまく 유제를 뿌리다
**ゆさぶり**【揺さぶり】 뒤흔듦, 동요시킴¶ ~をかける 뒤흔들다, 동요시키다
**ゆさぶ・る**【揺さぶる】(他五)①흔들다, 흔들어 움직이다¶ 木きを~ 나무를 흔들다 ②동요시키다, 뒤흔들다¶ 世間せけんを~ 세상을 뒤흔들다 ▷「ゆすぶる」라고도 함
**ゆざまし**【湯冷まし】①끓여서 식힌 물 ②끓인 물을 식히는 그릇
**ゆざめ**【湯冷め】(名)(自スル) 목욕한 뒤에 한기를 느낌¶ ~して風邪かぜを引ひく 목욕 후 한기가 들어 감기에 걸리다
**ゆさゆさ**(副)(自スル) 크고 무거운 것이 흔들리는 모양, 흔들흔들¶ 木きが~と揺ゆれる 나무가 흔들흔들 흔들리다
**ゆさん**【遊山】①유산, 산·들로 놀러 나감, 행락, 유람¶ 物見ものみ~に出でかける 관광 유람차 나가다 ②【佛】 선승(禪僧)이 수행을 마치고 여행함
**ゆし**【油紙】 → あぶらがみ
**ゆし**【油脂】 유지, 기름과 지방¶ 動物どうぶつ~ 동물 유지
**ゆし**【諭旨】(文) 유지, 사리를 타이름¶ ~免職めんしょく 유지 면직, 권고 사직
**ゆしゅつ**【輸出】(名)(他スル) 수출¶ ~を制限せいげんする 수출을 제한하다 **-税ぜい** 수출세 **-超過ちょうか** 수출 초과 **-入にゅう** 수출입
**ゆじゅん**【由旬】 유순, (고대 인도에서) 거리의 단위 ▷ 6정(町)을 10리로 침
**ゆじょう**【油状】(名) 유상, 기름 같은 상태¶ ~の液体えきたい 유상의 액체
**ゆず**【*柚・*柚子】【植】 유자나무
**ゆす・ぐ**【*濯ぐ・*漱ぐ】(他五)①헹구다¶ 洗濯物せんたくものを~ 빨래를 헹구다 ②(입을) 가시다¶ 口くちを~ 입을 가시다
**ゆすぶ・る**【揺すぶる】(他五) 흔들다, 뒤흔들다 = ゆさぶる¶ 木きの枝えだを~ 나뭇가지를 흔들다/ 心こころを~ 마음을 뒤흔들다
**ゆずゆ**【*柚湯】 유자탕, 동짓날에 유자를 넣어 데운 목욕물
**ゆすらうめ**【梅桃】【植】 앵두나무
**ゆすり**【〈強請〉】 협박해서 금품을 강탈함, 그런 사람¶ ~たかり 공갈 협박
**ゆずり**【譲り】 양도, 물려줌, 물려받음¶ 親おや~の才能さいのう 부모에게 물려받은 재능
**ゆずりう・ける**【譲り受ける】(他下一) 물려받다, 양도받다¶ 権利けんりを~ 권리를 양도받다
**ゆずりじょう**【譲り状】 (재산 등의) 양도 증서
**ゆずりは**【譲り葉】【植】 굴거리나무
**ゆずりわた・す**【譲り渡す】(他五) 물려주다, 양도하다¶ 土地とちを子供こどもに~ 땅을 자식에게 물려주다
**ゆす・る**【〈強請〉る】(他五) 갈취하다, 강탈하다¶ 金かねを~ 돈을 갈취하다

ゆ・る [揺する] 他五 흔들다¶ 体を~ 몸을 흔들다¶ ~って起こす 흔들어 깨우다
ゆ・する [輸する] 他サ変 ①수송하다, 나르다, 보내다 ②못하다, 뒤지다¶ 一籌を~ 한 수 뒤지다
ゆず・る [譲る] 他五 ①물려주다, 양도하다¶ 子供に財産を~ 자식에게 재산을 물려주다 ②팔다, 팔아 넘기다¶ 車を友人に~ 차를 친구에게 양도하다 ③양보하다¶ 人に道を~ 남에게 길을 비켜주다/ 一歩正も~・らない 한 발자국도 양보하지 않다 ④내주다, 빼앗기다¶ 政権の座を野党に~ 정권을 야당에게 내주다 ⑤미루다, 연기하다¶ 後日に~ 후일로 미루다
ゆせい [油井] 유정
ゆせい [油性] 유성¶ ~インク 유성 잉크
ゆせいかん [輸精管] [醫] 수정관= 精管
ゆせん [湯煎] 名他スル 중탕(重湯)¶ びんのミルクを~する 병에 든 우유를 중탕하다
ゆせん [湯銭] 목욕료, 목욕 요금= ふろ代
ゆそう [油送] 유송, 송유¶ ~管 송유관
ゆそう [油層] 유층, 땅 속의 석유층
ゆそう [油槽] 유조, 기름 탱크¶ ~船 유조선
ゆそう [輸送] 名他スル 수송¶ ~機関 수송 기관/ 食糧を~する 식량을 수송하다
ゆた [民] 沖縄와 그 인근 섬들의 무녀(巫女)
ゆたか [豊か] ダ ①풍족함, 풍부함, 풍성함¶ ~な国 풍요로운 나라/ ~な才能 풍부한 재능 ②(造語) 충분히 어느 기준 이상¶ 馬上~に 마상에서 유유히/ 六尺~の大男 6척이 넘는 큰 사나이
ゆだき [湯炊き] 끓는 물에 쌀을 안쳐 밥을 함
ゆだ・ねる [°委ねる] 他下一(文) ①맡기다, 일임하다¶ 全権を~ 전권을 맡기다 ②바치다¶ 教育に身を~ 교육에 몸을 바치다
ゆだま [湯玉] ①끓는 물의 거품 ②방울져서 튀어 흩어지는 끓는 물
ユダヤ (라 Judaea) 유태 ▷ "猶太"는 취음자 ―教 유태교 ―人 유태인
ゆだ・る [°茹だる] 自五 삶아지다, 데쳐지다 = うだる¶ 卵が~ 계란이 삶아지다
ゆたん [油単] 유단, 기름에 결은 종이・천
ゆだん [油断] 名自スル 방심, 부주의¶ ~なく 빈틈없이/ ~のならない相手で 방심할 수 없는 상대 ―大敵 방심은 대적, 방심은 금물
慣用句
―も隙もない 조금도 방심할 수 없다
ゆたんかん [輸胆管] [醫] 수담관. 담관(膽管)
ゆたんぽ [湯^湯^婆] 탕파(湯婆)= たんぽ
ゆちゃ [湯茶] 더운물과 차, 더운물, 차¶ ~の接待 차 대접
ゆちゃく [癒着] 名自スル 유착 ①[醫] 장기・조직이 염증 등으로 한데 들러붙음¶ 傷口が~する 상처가 유착하다 ②서로의 이익을 위해 필요 이상의 깊은 관계를 가짐¶ 政界と財界の~ 정계와 재계의 유착
ユッカ (yucca) [植] 유카
ゆづかれ [湯^疲れ] 名自スル 너무 오래 목욕해서 피로해짐

ゆっくり 副自スル ①천천히, 느긋하게¶ ~と食べる 천천히 먹다 ②충분히, 넉넉히, 여유 있게¶ 休みに~と寝る 휴일에 푹 자다/ ~三人に座れる 넉넉히 세 사람 앉을 수 있다
ゆづけ [湯漬け] 더운물에 만 밥, (밥의) 더운물말이
ゆったり 副自スル ①넉넉히, 낙낙히¶ ~とした上着 낙낙한 웃옷 ②느긋이¶ ~とくつろぐ 느긋하게 쉬다
ゆつぼ [湯^壺] (온천 등에서) 더운 물을 담아 두는 곳, 욕조= 湯ぶね
ゆづる [°弓弦] 궁현, 활시위
ゆであずき [^茹で小豆] 삶은 팥= うであずき
ゆでこぼ・す [^茹(で)^溢す] 他五 데친 다음 그 물을 따라 버리다= うでこぼす
ゆでだこ [^茹で^蛸] ①데친 낙지・문어 ②(比) (목욕・음주 등으로) 벌겋게 된 모양
ゆでたまご [^茹で卵・^茹で玉子] 삶은 달걀
ゆ・でる [^茹でる] 他下一 삶다, 데치다= うでる¶ 卵を~ 달걀을 삶다/ 野菜を~ 채소를 데치다
ゆでん [油田] 유전¶ 海底~ 해저 유전
ゆど [油土] 유토, 기름을 섞은 점토
ゆとう [湯^桶] (火)(식후에 마실) 더운물을 넣어 두는 칠기 ―読み 두 글자로 된 한자 숙어를 앞글자는 훈(訓)・뒷글자는 음(音)으로 읽는 방식¶ 湯桶・株式 등
ゆどうふ [湯豆腐] [料] 두부를 살짝 데쳐서 양념을 찍어 먹는 요리
ゆどおし [湯通し] 名他スル ①(풀기를 빼거나 주는 것을 막기 위해) 피륙을 미지근한 물에 담금 ②[料] 재료를 뜨거운 물에 살짝 데침
ゆどの [湯殿] 목욕탕, 욕실= ふろ場
ゆとり (시간・돈 등의) 여유¶ ~のある生活 여유 있는 생활/ 心の~ 마음의 여유
ゆな [湯^女] ①(온천 여관에서) 시중을 드는 여자 ②(江戸 시대에) 대중탕에 있던 창녀
ユニセフ [UNICEF] [政] 유니세프. 국제 연합 아동 기금
ユニット (unit) 유닛 ①단위, 단위 조립 방식¶ ~家具 조립식 가구 ②[敎] 단위¶ ~学習 단원 학습 ―システム (일 unit system) 유닛 시스템. 단위 조립 방식
ユニバーシアード (Universiade) 유니버시아드. 국제 학생 체육 대회
ゆにゅう [輸入] 名他スル 수입¶ ~自由化 수입 자유화 ―制限 수입 제한 ―超過 수입 초과 ―割当制度 수입 할당 제도
ゆにょうかん [輸尿管] [醫] 수뇨관. 요관
ユネスコ [UNESCO] [政] 유네스코. 국제 연합 교육 과학 문화 기구
ゆのし [湯^熨] 名他スル 김을 쐬어 천의 주름을 폄
ゆのはな [湯の花・湯の華] 탕화. 온천수에 생기는 광물질의 침전물= ゆばな
ゆのみ [湯飲み・湯^呑み] 찻잔, 찻종
ゆば [湯葉] 두유를 끓여 그 표면에 생긴 얇은

ゆはず [ˆ弓筈] 활고자, 활 양끝의 시위를 거는 부분=はず
ゆばな [湯花] → ゆのはな
ゆび [指] 손가락, 발가락¶ 親~ 엄지손가락/~を差す 손가락질하다/~を折る 손꼽아 헤아리다/~を染める 손을 대다, 착수하다
〔慣用句〕
―一本も差させない 손가락 하나 대지 못하게 하다
―をくわえる 손가락을 입에 물다, 부러운 듯 우두커니 바라만 보다
―を詰める (깽패 등이 사죄의 뜻으로) 새끼손가락 끝을 자르다, 단지(斷指)하다
ゆびおり [指折り] ①손꼽음¶ ~数える 손꼽아 헤아리다 ②名 손꼽힐 만큼 뛰어남, 굴지(屈指)¶ ~の秀才 손꼽히는 수재
ゆびきり [指切り] 名自스 ①(아이들이 약속의 표시로) 새끼손가락을 마주 걺=げんまん ②(맹세·애정의 표시로) 새끼손가락을 자름
ゆびく [湯引く] 他五 살짝 데치다 〔삶다〕
ゆびさき [指先] 손〔발〕가락 끝
ゆびさ・す [指差す] 他五 손가락질하다 ①손가락으로 가리키다¶ 東の方を~ 동쪽을 가리키다 ②이를 수 없는 희망을 품다
ゆびしゃく [指尺] 뼘으로 길이를 잼
ゆびずもう [指相撲] 손가락 씨름, 둘이서 서로 네 손가락을 깍지끼고 엄지손가락으로 상대의 엄지손가락을 눌러 승부를 겨루는 놀이
ゆびにんぎょう [指人形] 손가락 인형, 몸통 속에 손가락을 넣고 움직여 놀리는 인형
ゆびぬき [指貫] 골무¶ ~をはめる 골무를 끼다
ゆびわ [指輪] 반지, 가락지¶ 婚約~ 약혼 반지
ゆぶね [湯船·湯槽] 욕조, 목욕통 = 浴槽¶ ~につかる 욕조에 몸을 담그다
ゆべし [ˆ柚餅子] 유자의 속에 생강·참깨를 섞은 된장을 넣고 쪄서 말린 식품 ②쌀가루에 된장·유자 등을 넣고 반죽해서 찐 과자
ゆぼけつがん [油母頁岩] [地] 유모 혈암
ゆまき [湯巻] ①옛날 목욕할 때 입던 홑옷, 목욕 시중을 들던 여자가 입던 옷 ②여자가 속치마처럼 허리에 두르는 천 = ゆもじ
ゆみ [弓] ①활¶ ~を射る 활을 쏘다 ②궁술¶ ~を習う 궁술을 배우다 ③활 모양을 한 것¶ バイオリンの~ 바이올린의 활
〔慣用句〕
―を引く ①활 시위를 당기다 ②반역하다, 배반하다¶ 恩人に~ 은인을 배반하다
ゆみがた [弓形] 궁형, 팽팽한 활 모양
ゆみず [湯水] ①더운물과 찬물 ②매우 흔한 것
〔慣用句〕
―のように使う (돈 등을) 물쓰듯하다
ゆみとり [弓取り] ①활을 다루는 사람, 무사 ②활을 잘 쏘는 사람, 명궁 ③[相撲] 우승한 씨름꾼이 상으로 받은 활을 받을 때 하는 의식
ゆみなり [弓形] 名 궁형, 활 모양을 한 모습¶ 体を~に反らす 몸을 활처럼 젖히다

ゆみはり [弓張り] ①활시위를 메김 ②「弓張り提灯」·「弓張り月」의 준말 ―提灯 활 모양으로 굽은 대막대기 양끝에 걸게 만든 초롱 ―月 (활 모양의) 상현달, 하현달
ゆみひ・く [弓引く] 自五 ①활을 쏘다 ②역〔배반〕하다, 반항하다¶ 主君に~ 주군에게 반역하다¶ 恩人に~ 은인을 배반하다
ゆみへん [弓偏] (한자 부수의) 활궁변 ▷「引·強」등의 「弓」부분
ゆみや [弓矢] 궁시 ①활과 화살 ②무기「取る身 連語 활을 잡은 몸, 무사
ゆめ [夢] 꿈 ①자는 동안 경험하는 현상¶ 怖い~を見る 무서운 꿈을 꾸다 ②희망, 이상, 포부¶ 大きな~を持つ 큰 꿈을 가지다 ③감미로운 상태, 단꿈¶ ~を追う 꿈을 좇다 ④공상¶ ~のような話 꿈같은 이야기 ⑤허무함, 덧없음¶ ~の人世 덧없는 인생
〔慣用句〕
―のまた夢 (比) (꿈속의 꿈처럼) 아주 덧없음
―の世 덧없는 세상
―を描く 장래의 희망〔이상〕을 그리다
―を見る ①미래를 마음에 그리다 ②이룰 수 없는 희망을 품다
―を結ぶ ①꿈을 꾸다 ②잠들다
ゆめあわせ [夢合(わ)せ] 해몽 = 夢うら
ゆめうつつ [夢現] 名 ①꿈과 현실 ②비몽사몽, 꿈결¶ ~のうちに 비몽사몽간에/ ~で聞く 꿈결에 듣다
ゆめうら [夢うら] → ゆめあわせ
ゆめがたり [夢語り] ①꿈 이야기 ②꿈같은〔덧없는〕이야기¶ 一場の~に終わった 일장춘몽으로 끝났다
ゆめごこち [夢心地] 꿈을 꾸는 듯한 기분, 황홀한 기분 = ゆめみごこち¶ ~で話を聞く 꿈꾸는 듯한 기분으로 이야기를 듣다
ゆめさら [夢更] 副(文) (부정·금지의 말이 딸리어) 꿈에도, 조금도, 결코, 절대로¶ ~思わない 꿈에도 생각하지 않다
ゆめじ [夢路] (文) 꿈, 꿈길¶ ~をたどる 꿈길을 더듬다, 자다
ゆめちがえ [夢違え] 나쁜 꿈을 꾸었을 때 액막이를 하여 재앙을 모면함
ゆめにも [夢にも] 副 (부정·금지의 말이 딸리어) 꿈에도, 전혀, 조금도, 결코¶ ~思わない 꿈에도, 생각지도 않다
ゆめはんだん [夢判斷] ①해몽(解夢) ②[心] (정신 분석에서) 꿈의 해석
ゆめまくら [夢ˆ枕] 꿈꿀 때의 베갯머리, 꾸고 있는 꿈속
〔慣用句〕
―に立つ (신불·사람이) 현몽(現夢)하여 계시하다
ゆめまぼろし [夢幻] 몽환 ①꿈과 환상 ②(比) 덧없음, 허무함¶ ~の世 덧없는 세상/ ~と 消える 허무하게 사라지다
ゆめみ [夢見] 꿈을 꿈, 꿈자리¶ ゆうべの~が悪かった 어젯밤 꿈자리가 사나왔다 ―心地 → ゆめごこち

**ゆめ・みる** [夢見る] 自他上一 꿈꾸다 ①꿈을 꾸다 ②공상하다¶ 明日の幸せを~ 내일의 행복을 꿈꾸다

**ゆめものがたり** [夢物語] ①꿈 이야기 ②꿈같은〔덧없는〕이야기¶ ~にすぎない 꿈같은 이야기에 불과하다

**ゆめゆめ** [努努] 副(文) (부정・금지의 말이 딸리어) 결코, 절대로, 조금도¶ ~疑うなかれ 결코 의심하지 말지어다

**ゆもじ** [湯文字] (옛날에) 목욕할 때 몸에 두르던 옷

**ゆもと** [湯元・湯本] 온천의 수원지¶ ~に近い風呂場 온천의 수원지에 가까운 목욕탕

**ゆや** [湯屋] ①대중 목욕탕 ②욕실

**ゆやせ** [湯痩せ] 名自スル 지나친 목욕으로 몸이 여윔

**ゆゆし・い** [由由しい] 形 중대하다, 예삿일이 아니다¶ ~事態 중대한 사태

**ゆらい** [由来] Ⅰ 自スル 유래됨, 地名の~ 지명의 유래/ 伝説に~する 전설에서 유래하다 Ⅱ 副(文) 원래, 본디, 옛날부터 = 元来¶ ~慎重な男だった 원래 신중한 사나이다

**ゆらく** [愉楽] 유락, 기쁨과 즐거움

**ゆら・ぐ** [揺らぐ] 自五 흔들리다 ①요동하다¶ 風に~ 바람에 흔들리다 ②(상태가) 불안정해지다¶ 地位が~ 지위가 흔들리다

**ゆらめ・く** [揺らめく] 自五 흔들거리다, 출렁이다 = ゆらぐ¶ 水面に~月影 물에 어른거리는 달그림자/ 風に炎が~ 바람에 불꽃이 흔들거리다

**ゆらゆら** 副自スル (천천히 흔들리는) 흔들흔들, 한들한들¶ 風でぶらんこが~とゆれる 바람에 그네가 흔들흔들 흔들리다

**ゆらり** と 副 ①한 번 흔들리는 모양, 흔들, 출렁¶ 船が~揺れる 배가 출렁하고 흔들리다 ②몸을 가볍게 천천히 놀리는 모양¶ 鯉が~泳ぐ 잉어가 천천히 헤엄치다

**ゆら・れる** [揺られる] 自下一 흔들리다¶ バスに~れて行く 버스에 흔들리며 가다

**ゆらんかん** [輸卵管] 医 수란관, 난관

**ゆり** [百合] 植 백합, 나리

**ゆりうごか・す** [揺(り)動かす] 他五 ①뒤흔들다, 흔들어 움직이다¶ 巨体を~ 거구를 뒤흔들다 ②동요시키다, 감동시키다¶ 心を~小説 마음을 감동시키는 소설

**ゆりおこ・す** [揺(り)起(こ)す] 他五 흔들어서 깨우다¶ 眠っている子供を~ 자고 있는 아이를 흔들어 깨우다

**ゆりかえし** [揺(り)返し] ①되흔들림, 반동 ②여진(余震)¶ 数秒のうちに~が来た 수초 안에 여진이 왔다

**ゆりかご** [揺(り)籠] 요람 = 揺籃
慣用句
—から墓場まで 요람에서 무덤까지

**ゆりかもめ** [百合鴎] 動 붉은부리갈매기

**ゆりもどし** [揺(り)戻し] ①여진 = 揺り返し ②불러 되돌아오게 함

**ゆりょう** [湯量] (온천의) 분출량

**ゆ・る** [揺る] 他五 ①흔들다¶ 木の枝を~ 나뭇가지를 흔들다 ②[淘る] 일다¶ 米を~ 쌀을 일다/ 砂金を~ 사금을 일다

**ゆる・い** [緩い] 形 ①느슨하다, 헐렁하다, 헐겁다¶ ひもが~ 끈이 느슨하다/ ~ズボン 헐렁한 바지 ②엄하지 않다¶ ~取り締まり 허술한 단속 ③가파르지 않다, 완만하다¶ ~坂道 완만한 비탈 ④느리다¶ ~テンポ 느린 템포 ⑤묽다, 무르다¶ ~かゆ 묽은 죽

**ゆるが・す** [揺るがす] 他五 뒤흔들다, 요동시키다¶ ゆさぶる¶ 天地を~大爆発 천지를 뒤흔드는 대폭발/ 世間を~ニュース 세상을 뒤흔드는 뉴스

**ゆるがせ** [忽せ] 소홀함, 등한히, 허술함¶ ~にできない 등한히 할 수 없다

**ゆるぎ** [揺るぎ] (文) 동요, 흔들림¶ ~もしない 미동도 하지 않다

**ゆるぎな・い** [揺るぎない] 形(文) 흔들리지 않다, 확고하다¶ ~地位を築く 확고한 지위를 쌓다

**ゆる・ぐ** [揺るぐ] 自五 흔들리다, 동요하다¶ ~がね自信じん 흔들리지 않는 자신

**ゆるし** [許し] ①허가, 승낙¶ 先生の~を得て外出する 선생님의 허가를 얻어 외출하다 ②(죄・과실 등의) 용서, 사면¶ ~を請う 용서를 빌다 ③(예도에서) 스승이 제자에게 수여하는 면허

**ゆる・す** [許す] 他五 ①허가하다¶ 入学を~ 입학을 허가하다 ②용서하다¶ 過ちを~ 잘못을 용서하다 ③허락하다, 허용하다¶ 時間が~限り 시간이 허락하는 한 ④늦추다, 터놓다¶ 心を~ 마음을 터놓다/ 気を~ 방심하다 ⑤면제하다¶ 重税を~ 무거운 세금을 면제하다 ⑥멋대로 하게 하다¶ 肌を~ 몸을 허락하다 ⑦인정하다, 용인하다¶ 自他共に~政界の実力者 자타가 공인하는 정계의 실력자 ⑧(예도에서) 스승에게서 면허를 받다¶ 奥義を~ 스승에게서 기예의 오의(奥義)를 전수받다

**ゆるふん** (口) ①ふんどし가 느슨함, 느슨하게 맨 ふんどし ②[比] 마음[긴장]이 해이함

**ゆるみ** [緩み・弛み] 느슨함, 헐거움, 해이함, 그런 정도¶ 気の~を引き締める 마음의 해이함[방심]을 다잡다

**ゆる・む** [緩む・弛む] 自五 ①느슨해지다, 헐거워지다¶ 締まる¶ 帯が~ 띠가 느슨해지다/ ねじが~ 나사가 헐거워지다 ②완화되다, 누그러지다¶ 警戒が~ 경계가 완화되다/ 寒さが~ 추위가 누그러지다 ③풀리다, 해이해지다¶ 結束が~ 결속이 풀리다/ 気が~ 마음이 해이해지다

**ゆる・める** [緩める・弛める] 他下一 ①늦추다, 느슨하게 하다, 헐겁게 하다¶ 締める¶ ネクタイを~ 넥타이를 느슨하게 하다/ 手綱を~ 고삐를 늦추다 ②(상태・속력 등을) 늦추다¶ 速度を~ 속도를 늦추다 ③완화하다¶ 警戒を~ 경계를 완화하다 ④느긋하게 하다¶ 気を~ 방심하다

**ゆるやか** [緩やか] ⦅形動⦆ ①느릿함, 완만함¶ ～な川の流れ 느릿한 강의 흐름/ ～な坂道ᅘ 완만한 비탈길 ②온화함, 잔잔함¶ ～に吹ふく風ᅘ 잔잔하게 부는 바람 ③엄하지 않음, 관대함¶ ～な規制ᅘ 느슨한 규제/ 取とり締しまりを～にする 단속을 완화하다 ④느긋함¶ ～な気ᅘ 느긋한 기분 ⑤느슨함¶ ひもを～に結むすぶ 끈을 느슨하게 매다

**ゆる ゆる** ⦅副ト⦆ ①느릿느릿, 천천히 = ゆっくり ¶ ～と歩あるく 느릿느릿 걷다 ②느긋이, 유유히, 편히¶ ～とくつろぐ 느긋이 쉬다

**ゆるり** ⦅副ト⦆ 편히, 느긋이, 유유히, 천천히¶ ～と休やすむ 느긋이 쉬다/ ご～とおくつろぎください 편히 쉬십시오

**ゆれ** [揺れ] ①흔들림, 동요, 요동, 그런 정도¶ 心ᅘの～ 마음의 동요/ 船ᅘの～が激はげしい 배의 요동이 심하다 ②일정하지 않은 것

**ゆ・れる** [揺れる] ⦅自下一⦆ ①흔들리다¶ ぶらんこが～ 그네가 흔들리다 ②(상태·마음 등이) 동요하다¶ 気持ᅘちが～ 기분이 동요하다

**ゆわえつ・ける** [結わえ付ける] ⦅他下一⦆ 잡아매다, 묶다¶ おみくじを枝えだに～ 신수점 치는 제비를 가지에 잡아매다

**ゆわ・える** [結わえる] ⦅他下一⦆ 매다, 묶다¶ 小包こづみをひもで～ 소포를 끈으로 묶다

**ゆわかし** [湯沸(か)し] 물 끓이는 주전자¶ 瞬間ᅘん～器き 순간 온수기

**ゆわ・く** [結わく] ⦅他五⦆(口) → ゆわえる

**ゆんべ** (口)(方) 어젯밤, 간밤

---

# よ ヨ

**よ** 五十音図ごじゅう「や」행(行)의 다섯째 かな. ひらがな의「よ」는「与」의 초서체. かたかな의「ヨ」는「與」의 오른쪽 일부분을 취한 것

**よ** [与] [與] ⦅音⦆ヨ ⦅訓⦆あたえる·あずかる·くみする|(음)여. ⦅造語⦆ ①주다¶ 給与ᅘゅう·授与ᅘゅ 수여 ②한 동아리가 되다, 관여하다¶ 与党とう 여당·参与さんよ 참여 ③병렬·비교의 어조사 ④의문·감탄의 어조사

**よ** [予] [豫] ⦅音⦆ヨ ⦅訓⦆あらかじめ·かねて|(음)예, 예. Ⅰ ⦅造語⦆ ①주다, 수여하다¶ 予奪だつ 여탈 ②자칭의 대명사. 나¶ 予輩はい 우리들 ③미리, 전부터¶ 予言げん 예언·予算さん 예산 ④꾸물거리다, 주저하다¶ 猶予ゆ 유예 ⑤느긋하게 즐기다, 기뻐하다¶ 不予ふよ 불예 ▷ ①은「与よ」, ②는「余よ」, ③은「預よ」와 같음. ②는「予」가 정자 Ⅱ ⦅代⦆(文) 여, 나¶ ～は王者おうなり 여는 왕이니라

**よ** [余] [餘] ⦅音⦆ヨ ⦅訓⦆あまる·あます|(음)여. Ⅰ ⦅造語⦆ ①자칭의 대명사, 나¶ 余等ᅘ 우리들 ②나머지, 여분¶ 余暇か 여가·余裕ゆう 여유 ③본디 이외의 것, 다른 것¶ 余興きょう 여흥·余談だん 여담 ④우수리가 있음¶ 一年余いちねん 일년여 ▷ ①은「予よ」와 같음. ①은「余」가 정자 ⦅黙字訓⦆ 余波なご 여파·余所ᅘ 다른 곳 Ⅱ ⦅代⦆ 여, 나¶ 早はやく～に知しらせよ 빨리 나에게 알려다오 Ⅲ ⦅名⦆ ①그 밖, 그 이외¶ ～の件けんは知しらない 그 밖의 건은 모른다 ②(흔히「…の」의 꼴로)…여,…남짓¶ 十年じゅうの～を過すごす 10년 남짓 지내다

**よ** [誉] [譽] ⦅音⦆ヨ ⦅訓⦆ほまれ·ほめる|(음)예. ⦅造語⦆ ①극구 칭찬하다¶ 称誉しょう 칭예·毀誉褒貶きよほうへん 훼예 포폄 ②좋은 평판, 명성, 영예¶ 栄誉えい 영예·名誉ᅘ 명예

**よ** [預] ⦅音⦆ヨ ⦅訓⦆あずける·あずかる·あらかじめ|(음)예. ⦅造語⦆ ①남에게 맡기다¶ 預金きん 예금·預託たく 예탁 ②미리, 사전에¶ 預言げん 예언·預備び 예비 ▷ ②는「予よ」와 같음

**よ** [輿] ⦅音⦆ヨ ⦅訓⦆こし|(음)여. ⦅造語⦆ ①가마¶ 神輿しん 신여 ②대지¶ 輿地ち 여지 ③많은, 다수의¶ 輿望ぼう 여망·輿論ろん 여론

**よ** Ⅰ ⦅係助⦆ (상대를 부를 때 쓰는 말) …여, …야, …아¶ 友とも～ 친구여/ 風かぜ～, 伝つたえよ 바람아 전해다오/ 木村きむら～, 早はやく行いこう 木村야 빨리 가자꾸나 Ⅱ ⦅終助⦆ ①(명령·금지·권유·의뢰) …해요, …하여라, …하자¶ 怒おこるな～ 화내지 말아요/ 故郷こきょうへ帰かえろう～ 고향으로 돌아가자꾸나/ ちょっと待まって～ 좀 기다려 줘요 ②(불만스럽게 따지는 기분) (뭘) …하는 거요¶ 何なに言いってるの～ 무슨 말을 하는 거요/ どこへ行いくの～ 어디 가는 거예요 ③(영탄) …요, …여요¶ みんなみんな優やさしい～ 모두 모두 친절했어요/ 早はやく寝ねるんだ～ 어서 자요/ 行いくわ～ 가요/ 泣ないてもいいの～ 울어도 좋아요 Ⅲ ⦅間助⦆ 어조를 고르거나 상대의 주의를 끄는 뜻을 나타냄. …이야, …말이지¶ もしもだ～, 君きみだったらどうする 만일 말이지, 자네였다면 어떻게 하겠나?

**よ** [世] ①세상, 사회, 세간¶ ～に出でて働はたらく 사회에 나가 일하다/ ～の非難ひなんを浴びる 세간의 비난을 받다 ②속세¶ ～を捨すてる 속세를 등지다 ③시세, 시류, 때¶ ～に逢あう 때를 만나다 ④[世] 생애, 일생¶ わが～の春はる 내 생애의 전성기 ⑤ [代] (가계·왕 등의) 대, 세대, 시대¶ 明治めいじ～ 明治 시대/ 孫まごに～を譲ゆずる 손자에게 대를 물리다 ⑥[佛] 삼세(三世)¶ この～ 이승/ 先さきの～ 전세 ⦅慣用句⦆

―が世ょならば 세상이 옛날처럼 자기 전성기였다면

―に聞きこえる 세상에 알려지다, 평판이 나다

―に出でる ①세상(사회)에 나가다 ②출세하다, 유명해지다 ③세상에 알려지다

―に問とう (작품 등을 발표하여) 세간의 비평을 구하다

―を去さる 세상을 떠나다, 죽다

**—を忍ぶ** 세상의 이목을 피하다
**—を知る** ①세상 물정을 알다 ②남녀간의 정을 알다
**—を捨てる** ①속세를 떠나다, 은둔하다 ②출가(出家)하다
**—を憚る** 세상의 이목을 꺼리다
**—を渡る** 처세하다, 세상을 살아가다

**よ**【四】넷, 4= よっつ・し¶ ひ, ふ, み, ~ 하나 둘 셋 넷/ ~年生/ 4학년

**よ**【夜】밤= よる ⇔ 日¶ ~が更ける 밤이 깊어가다/ ~が明ける 밤〔날〕이 새다

[慣用句]
**—も日も明けない** 그것 없이는 한시도 지낼 수 없다
**—を明かす** 밤을 새우다, 철야하다
**—を籠めて** 밤새도록
**—を徹する** 밤새 계속하다
**—を日に継ぐ** 밤낮없이 계속하다, 주야 겸행하다

**よ あかし**【夜明(か)し】[名][自スル] 밤샘, 철야¶ マージャンで~する 마작으로 밤을 새다

**よ あけ**【夜明け】①새벽, 새벽녘¶ ~の空 새벽녘의 하늘 ②여명기¶ 近代日本の~ 근대 일본의 여명기

**よ あそび**【夜遊び】[名][自スル] 밤에 놀러 다님, 밤놀이¶ ~を慎む 밤놀이를 삼가다

**よ あらし**【夜嵐】(文) 밤에 부는 세찬 바람

**よ あるき**【夜歩き】[名][自スル] 밤에 나돌아다님, 밤나들이

**よい**【宵】①초저녁, 저녁¶ 夏の~ 여름 저녁 ②밤, 밤중

**よい**【酔い】술에 취함, 취기¶ ほろ~ 거나하게 취함/ ~を覚ます 취기를 깨다

[慣用句]
**—が回る** 취기가 돌다, 술기운이 돌다

**よ・い**【善い・良い・好い】[形] 좋다 ①선량하다, 착하다¶ ~行ない 착한 행실/ ~ことをした 좋은 일을 했다 ②훌륭하다, 아름답다¶ (성질・상태・기능・외견 등이) 뛰어나다¶ 素晴らしい¶ ~計画 훌륭한 계획/ ~天気 좋은 날씨/ ~薬 잘 듣는 약 ③유쾌하다, 즐겁다¶ ~気分 즐거운 기분 ④만족스럽다¶ ~・くやった 잘 했다 ⑤충분하다¶ もう~ 이제 됐다 ⑥(나이・가격・신분 등이) 높다, 상당하다¶ ~・としをして なけなしの金を 먹어 가지고/ なかなか~値段をした 꽤 비싼 값이다 ⑦적당하다, 알맞다¶ ~ところへ来た 마침 잘 왔다/ ちょうど~人がいる 꼭 알맞은 사람이 있다 ⑧상관없다, 괜찮다¶ 行かなくても~/ どこにいても~ 어디라도 좋다 ⑨호의적이다, 친절하다¶ 女の人に~・くする 여자에게 친절하다 ⑩이롭다, 이익이 되다¶ 割りの~・い仕事 수지가 맞는 일 ⑪친하다, 화목하다¶ 仲の~夫婦 의좋은 부부 ⑫[形式] …하기 좋다, …하기 쉽다[편하다]¶ 書き~ボールペン 쓰기 좋은 볼펜/ 食べ~ 大きさに切る 먹기 좋은 크기로 자르다

**よい**【余威】(文) 여위 ①여세(餘勢)¶ ~を駆

る 여세를 몰다 ②선인이 남긴 위광(威光)

**よいこ**【良い子】[連語] ①착한 아이 ②남에게 호감을 사려고 약삭빠르게 구는 사람¶ ~になる 저만 잘 보이려고 하다 ▷「いいこ」라고도 함

**よい ごこち**【酔い心地】①(술에 취해) 얼근한 기분, 거나한 기분 ②도취된〔황홀한〕 기분

**よいごし**【宵越し】하룻밤을 넘김[묵힘]¶ ~の牛乳 하룻밤 넘긴 우유

[慣用句]
**—の金は持たない** 그날 번 돈은 그날로 써 버린다

**よい ざまし**【酔い*醒まし】취기를 깨도록 함

**よい ざめ**【酔い*醒め】술이 깸, 취기가 가신 때¶ ~の水 술이 깼을 때 마시는 물

**よいしょ** I [感] ①영차, 이영차¶ ~こらしょ 이영차 영차 ②속요(俗謠) 등의 메기는 소리, 좋다, 좋을시고¶ ~, うまい 좋다, 잘한다 II [名][他スル] 치켜세움, 치살림¶ 顧客を~する 고객을 치켜세우다

**よい し・れる**【酔い*痴れる】[自][下一] 술에 취해 정신을 잃다, 고주망태가 되다

**よいっぱり**【宵っ張り】(口) 밤 늦도록 자지 않음, 그런 사람= 夜更かし

[慣用句]
**—の朝寝坊** 밤 늦도록 자지 않고 아침에 늦잠자는 사람, 잠꾸러기

**よいつぶ・れる**【酔い*潰れる】[自][下一] 술에 취해 곯아떨어지다, 만취해서 곤드레만드레가 되다¶ ~・れて眠る 곤드레만드레가 되어 자다

**よいとまけ** I [名] 달구질, 그런 일꾼 II [感] 달구질할 때 내는 소리

**よいどれ**【酔いどれ】술에 만취한 상태, 그런 사람, 술주정꾼¶ ~の客 술에 만취한 손님

**よい ね**【宵寝】[名][自スル] ①초저녁부터 잠, 초저녁잠= 早寝 ②초저녁에만 잠¶ 夜間勤務なので~しておく 야간 근무여서 초저녁에 (잠깐) 자 두다

**よいのくち**【宵の口】초저녁¶ ~から寝る 초저녁부터 자다/ まだ~だ 아직 초저녁이다

**よい の みょうじょう**【宵の明星】태백성(太白星), 해가 진 후 서쪽 하늘에 보이는 금성

**よいまちぐさ**【宵待草】[植] 달맞이꽃

**よいまつり**【宵祭(り)】 축제일의 전야제

**よいみや**【宵宮】→ よいまつり

**よいやみ**【宵*闇】(文) ①(음력 16일부터 20일 경의) 달 뜨기 전의 어스름 ②땅거미= 夕やみ¶ ~が迫る 땅거미가 지기 시작하다

**よい よい**(俗) (중풍 등으로) 보행・발음이 곤란하게 됨, 그런 사람

**よいん**【余韻】여운 ①여음(餘音)¶ ~が残る 여운이 남다 ②(감정 등의) 뒷맛¶ 熱狂の~がさめない 열광의 여운이 가시지 않다 ③[表] 행간의 의미, 암시¶ ~たっぷりな表現 여운이 넘쳐 흐르는 표현 ④[表] (시문에서) 가시지 않은 운치, 여정¶ ~を楽しむ 여운을 즐기다 **—嫋嫋** 여운・여정이 가시지 않고 오래 남는 모양

よう【幼】⑪ヨウ(エウ) ⑪おきない|(음)유. I (造語) 어리다, 성숙하지 않다¶幼児ニ゙ 유아·幼稚ニ゙ 유치·幼年ニ゙ 유년·長幼ニ゙ 장유 II (文) 어림¶ ～にして天才ミミの誉ホホれ高ホホし 어려서부터 천재로 이름이 높다

よう【用】⑪ヨウ ⑪もちいる|(음)용. I (造語) ①쓰다, 소용이 되게 하다¶用途ニ゙ 용도·活用ヘク 활용 ②작용, 효용¶効用ニッ 효용·有用ェッ 유용 ③비용, 자재, 자금¶国用ニミ 국용·費用ェッ 비용 ④필요로 하는 것¶用水ニッ 용수·用地ヘ 용지 ⑤용건, 용무¶用件ニッ 용건·公用ニッ 공용 ⑥용변을 보다¶用便ニッ 용변 ⑦「用言ニッ」의 준말¶連用ニッ 연용 ⑧사용 목적을 나타내는 말¶家庭用ニッ 가정용 ▷ (은「庸ニッ」와 같음 II ①소용, 구실¶ ～に供ニ゙する 용도에 제공하다 ②쓸모, 효용¶ ～に立ミつ 쓸모가 있다 ③불일, 용건, 용무¶ ～がある 불일이 있다 ④용변, 대소변
(慣用句)
—を足¹す 불일을 마치다 ②용변을 보다
—を成ナさない 제구실을 못하다
—を弁ベンずる 불일을 마치다 ②쓸모가 있다

よう【羊】⑪ヨウ(ヤウ) ⑪ひつじ|(음)양. (造語) ①양¶羊毛ヨッ 양모·牧羊ボッ 목양 ②태아를 싸고 있는 막¶羊膜ヨッ 양막 ▷ (黙字訓) 羊蹄ポミ 참소루쟁이·羊歯ビ 양치류·山羊ミ゙ 염소

よう【妖】⑪ヨウ(エウ) ⑪あやしい|(음)요. (造語) ①아리땁다, 요염하다¶妖艶ニッ 요염·妖婦ヨッ 요부 ②괴이하다, 홀리다, 재앙¶妖怪ニッ 요괴·妖術ヨッ 요술·妖精ヨッ 요정

よう【洋】⑪ヨウ(ヤウ) |(음)양. I (造語) ①대해¶海洋ニッ 해양·太平洋ミミィ 태평양 ②드넓다¶洋洋ニッ ③세계를 동서로 나누는 것¶西洋ニッ 서양·東洋ニッ 동양 ④「西洋ニッ」의 준말¶洋裁ニッ 양재·洋服ニッ 양복 II 양 ①세계를 동서로 나눌 때 쓰는 말 ②서양¶和ワと～の折衷ジェ゙ 일본식과 서양식의 절충
(慣用句)
—の東西ゲィを問トゎず 동서양을 막론하고

よう【要】I ⑪ヨウ(エウ) ⑪いる·かなめ|(음)요. I (造語) ①중요한 부분¶要所ニ゙ 요소·重要ジェッ 중요 ②합치다, 간추리다, 매듭짓다¶要旨ニ゙ 요지·概要ニ゙ 개요 ③필요하다, 요구하다¶要求ニ゙ 요구·需要ジュ 수요 ④매복하다, 가로막다¶要撃ニ゙ 요격 II (文) ①중요한 부분, 요점¶ ～を得ェない話ヘサミ 요점을 알 수 없는 이야기 ②필요¶ 検討ホュェの～がある 검토할 필요가 있다
(慣用句)
—を得ェる 요점을 파악하다, 요령이 있다

よう【容】⑪ヨウ ⑪いれる·かたち·ゆるす|(음)용. I (造語) ①넣다, 받아들이다¶容器ニ゙ 용기·包容ホッ ②알맹이¶内容ニッ 내용 ③들어주다, 허용하다¶容赦ニッ 용서·寛容ミッ 관용 ④여유 있다, 느긋하다¶従容ショッ 종용 ⑤모습, 자태, 모양¶容姿ニ゙ 용자·容態ニッ 용태 ⑥쉽다, 용이하다¶容易ニ゙ 용이

よう【庸】⑪ヨウ ⑪つねい|(음)용. I (造語) ①일정함, 치우치지 않음¶中庸ミッ 중용 ②보통이다, 평범하다¶庸才ニ゙ 용재·凡庸ホッ 범용 ③임용하다, 고용하다¶雇庸ニ゙ 고용·登庸ニ゙ 등용 ▷ ⑤은「用ニ゙·傭ニ゙」와 같음 II (日史) (律令制ヅェ゙ 시대에) 용, 부역 대신 납세하던 물건¶租・～・調ジェ 조용조

よう【揚】⑪ヨウ(ヤウ) ⑪あげる·あがる|(음)양. (造語) ①높이 올리다, 오르다¶揚水ョゥ 양수·掲揚ニッ 게양 ②소리를 높이다, 큰소리치다¶揚言ヶッ 양언·宣揚ニッ 선양 ③기세를 올리다, 고양되다¶揚揚ニッ 양양·高揚ニッ 고양 ④칭찬하다, 칭송하다¶顕揚ニッ 현양·賞揚ニッ 상양 ⑤느긋하게 있다¶悠揚ニッ 유양

よう【揺】⑩[搖] ⑪ヨウ(エウ) ⑪ゆれる·ゆる·ゆらぐ·ゆるぐ·ゆする·ゆさぶる·ゆすぶる|(음)요. (造語) 흔들다, 흔들리다¶揺籃ニッ 요람·揺落ニッ 요락·動揺ニッ 동요

よう【葉】⑪ヨウ(エフ) ⑪は|(음)엽. (造語) ①잎¶枝葉ニッ 지엽·落葉ニッ 낙엽 ②얇고 납작한 것¶胚葉ニッ 배엽·複葉ニッ 복엽 ③시대의 한 구획¶中葉ニッ 중엽·末葉ニッ 말엽 ④갈라진 끝¶門葉ヒッ 문엽 ⑤(助数) 잎·종이 등을 세는 말¶写真ニッ一葉ニッ 사진 1장 ▷ (黙字訓) 紅葉ビ 단풍·落葉松カッ゚ 낙엽송

よう【⁺遥】⑩[遙] ⑪ヨウ(エウ) ⑪はるか|(음)요. (造語) ①멀리 떨어져 있다, 아득히 먼¶遥遠ニッ 요원·遥拝ニッ 요배 ②헤매다니다, 어슬렁거리다¶逍遥ニョッ 소요

よう【陽】⑪ヨウ(ヤウ) ⑪ひ·ひなた|(음)양. I (造語) ①해, 햇볕¶陽歴ニッ 양력·太陽ニッ 태양 ②양지, 산의 남쪽¶山陽ミッ 산양 ③따뜻하다¶陽春ニッ 양춘 ④밝다¶陽性ニッ 양성 ⑤표면, 겉¶陽刻ニッ 양각 ⑥(역학에서) 양¶陽気ニッ 양기·陰陽ニッ 음양 ⑦거짓, 겉치레¶陽言ケッ 양언·陽動作戦ニッ゙ 양동작전 ▷ (黙字訓) 陽炎ナッ゚ 아지랑이·紫陽花カッ゚ 수국 II (文) 양 ①표면, 눈에 띄는 곳¶陰ヘッに～に 음으로 양으로 ②밝고 명랑한 것 ③(전기·자기의) 양극, 플러스¶ ～イオン 양이온

よう【⁺傭】⑪ヨウ ⑪やとう·やとい|(음)용. (造語) 고용하다, 고용되다¶傭人ニッ 고용인·傭兵ニッ 용병·雇傭ニ゙ 고용 ▷「庸ニ゙」와 같음

よう【⁺楊】⑪ヨウ(ヤウ) ⑪やなぎ|(음)양. (造語) 버들¶楊枝ジ 이쑤시개·白楊ハッ 백양

よう【溶】⑪ヨウ ⑪とける·とかす·とく|(음)용. (造語) ①녹다, 녹이다¶溶液ニッ 용액·水溶性ニスィ 수용성 ②(금속이) 녹다¶溶岩ニッ 용암·溶接ニッ 용접 ▷「熔ニッ·鎔ニ゙」의 대용자

よう【腰】⑪ヨウ(エウ) ⑪こし|(음)요. (造語) 허리¶腰椎ニッ 요추·腰痛ニッ 요통·細腰ニッ 세요·柳腰ニッ 유요

よう【⁺蓉】⑪ヨウ|(음)용. (造語) ①연꽃¶芙蓉ヨッ 연꽃 ②(植) 부용¶木芙蓉ヨッ 목부용

よう【様】⑩[樣] ⑪ヨウ(ヤウ) ⑪さま|(음)양. I (造語) ①모양, 형태¶様態ニッ 양상·各様ニッ 각양 ②무늬, 도안¶模様ニッ 무늬·紋様ニッ 문양 ③꼴, 형식, 형¶様式ニッ 양식 ④방법, 방식¶仕様シッ 사양 ⑤물품, 종류¶多様ニッ

よう [踊] 音ヨウ 訓おどる・おどり |(음)용. (造語)춤추다, 뛰어오르다, 뛰어다니다 ¶舞踊ぶよう 무용

よう [*熔] 音ヨウ 訓とける・とかす |(음)용. (造語)(금속 등이) 녹다, 녹이다 ¶熔岩がん 용암, 熔接せつ 용접, 熔鉱炉ようこうろ 용광로 ▷「鎔よう」는 정자, 「溶よう」는 대용자

よう [窯] 音ヨウ(エウ) 訓かま |(음)요. (造語)도자기・기와를 굽는 가마 ¶窯業よう 요업, 陶業とう 도업

よう [養] 音ヨウ(ヤウ) 訓やしなう |(음)양. (造語)①기르다 ¶養育いく 양육・養蚕さん 양잠 ②체력을 기르다, 몸을 소중히 하기 ¶養護ようご 양호・休養きゅう 휴양 ③좋은 음식, 자양분 ¶養分ぶん 양분・栄養えい 영양 ④마음을 윤택하게 하다 ¶教養きょう 교양・修養しゅう 수양 ⑤양자로 되다 ¶養子ようし・養父ようふ 양부

よう [擁] 音ヨウ |(음)옹. (造語)①껴안다 ¶抱擁ほう 포옹 ②감싸서 돕다 ¶擁護ようご 옹호・擁立りつ 옹립 ③막다, 차단하다 ¶擁壁へき 옹벽

よう [謠] [謠] 音ヨウ(エウ) 訓うたい・うた |(음)요. (造語)①노래하다 ¶歌謡かよう 가요・民謡みん 민요・能楽のうがくの노래 ¶謡曲きょく 能楽의 가사(를 노래함) ③소문, 유언비어 ¶謡言えん 요언

よう [曜] [曜] 音ヨウ(エウ) |(음)요. (造語)①빛나다 ¶黒曜石こくようせき 흑요석 ②천체의 총칭, 일월성신(日月星辰) ¶九曜きゅう 구요 ③요일 ¶曜日び 요일・月曜げつ 월요 ▷「耀よう」와 같음

よう [*耀] 音ヨウ(エウ) 訓かがやく |(음)요. (造語)빛나다, 빛나게 하다, 빛 ¶栄耀えい 영요・光耀こう 광요 ▷「耀よう」가 본디 글자

よう [鷹] 音ヨウ・オウ 訓たか |(음)응. (造語)매 ¶鷹揚おう 응양

よう 助動 ①(의지・결의) …하자, …겠다 ¶呼んでみ～か 불러 볼까/ 最後さいごまでやり遂げ～ 끝까지 해내자 ②(권유) …하자 みんなで行い～ではないか 모두 가 보지 않겠는가 ③(추측・상상・완곡한 단정) …겠지, …하리라, …할 것이다 ¶午後ごには晴はれ～ 오후에는 개겠지 ④(의문사・의문 조사 딸리어) (반어) …하겠나, …한담 ¶こんな所ところにだれが来こ～ 이런 곳에 누가 온담

よう [*癰] [醫] 목・등에 생기는 급성 악성 종기

よ・う [酔う] 自五 ①(술・각성제 등에) 취하다 ¶酒さけに～ 술에 취하다 ②멀미하다 ¶船ふねに乗のるといつも～ 배를 타면 늘 멀미를 한다 ③도취하다, 황홀해지다 ¶名演奏めいえんそうに～ 명연주에 도취하다

よう 感 [口] ①(남자가) 가볍게 부르거나 응답할 때의 말. 야!, 여! ¶～、しばらく 야! 오랜만이군 ②누을 조를 때하는 말. 아이, 어서 ¶～、これ買かって 아이, 이거사 줘

ようあん [溶暗] 名他スル [映] 용암. 화면이 점점 어두워지면서 사라지는 기법 ⇔ 溶明めい

ようい [用意] 图 준비, 채비 ¶食事しょくじの～が整ととのう 식사 준비가 되다 ②경기 시작의 구령. 준비 ¶～、どん 준비 땅 一周到しゅうとう 용의 주도

ようい [*妖異] (文) ①요사스럽고 괴이함, 기괴한 일 ②요괴, 괴물

ようい [容易] 기 용이, 손쉬움 ¶～な仕事しごと 용이한 일/～に解とける問題もんだい 쉽게 풀 수 있는 문제

ようイオン [陽イオン] [化] 양이온 ⇔ 陰いん イオン

よういく [養育] 图 他スル 양육 ¶～費ひ 양육비/ 他人たにんの子こを～する 남의 자식을 양육하다

よういん [要因] 요인 ¶失敗しっぱいの～を探さぐる 실패의 요인을 찾다

よういん [要員] 요원 ¶保安ほあん～ 보안 요원

よううん [*妖雲] (文) 요운. 불길한 징조의 구름 ¶～が漂ただよう 요운이 감돌다

ようえい [揺曳] 名自スル (文) 요예 ①흔들려 나부낌 ¶～する煙けむり 흔들려 나부끼는 연기 ②(감정・울림 등이) 길게 꼬리를 끎

ようえき [用役] 용역, 사회에 도움이 되는 일

ようえき [用益] 용익 ¶～物権ぶっけん 용익 물권

ようえき [葉*腋] [植] 엽액, 잎겨드랑이

ようえき [溶液] [化] 용액 ¶飽和ほうわ～ 포화 용액

ようえん [*妖艶・*妖婉] 기 (文) 요염 ¶～な姿すがた 요염한 자태

ようえん [陽炎] 양염, 아지랑이 = かげろう

ようえん [*遙遠] 기 (文) 요원, 아득히 멂 ¶前途ぜん～ 전도 요원

ようおん [*拗音] [文法] 일본어 음절 중「キャ・キュ・キョ・クヮ」처럼「ヤ・ユ・ヨ・ワ」를 다른 かな 뒤에 작게 써서 나타내는 음

ようか [八日] 팔일 ①초여드렛날 ②8일간, 여드레 ¶～で完成かんせいさせる 여드레 (동안)에 완성시키다

ようか [*妖花] (文) 요화, 요희(妖姬)

ようか [*沃化] 图 自スル [化] 옥화. 요오드화 — 銀ぎん [化] 요오드화은

ようか [溶化・*熔化] 图 自他スル 용화. 열에 녹아 모양이 바뀜, 녹여 모양을 바꿈

ようか [養家] 양가. 양자로 들어간 집 ¶～の母はは 양가의 어머니, 양모

ようが [洋画] ①[美] 서양화 ¶～家か 서양화가 ②서양 영화, 외화 ¶～ファン 외화팬

ようが [陽画] 양화= ポジ ⇔ 陰画いん

ようかい [*妖怪] 요괴, 도깨비 = 化ばけ物もの ¶～変化へんげ 도깨비, 요괴

ようかい [容*喙] 名自スル (文) 용훼. 말참견을 함 ¶他人たにんが～すべきことではない 다른 사람이 참견할 일이 아니다

ようかい [溶解] 名自他スル [化] 용해 ¶塩しおは水みずに～する 소금은 물에 용해된다 一度ど [化] 용

해도 **―熱**ね〘化〙용해열
**ようがい** [要害] 요해 ①지세가 험해 적을 방어하기 좋은 곳¶ **―堅固**けん 요해 견고 ②요새. 성채¶ **～を築**きずく 요새를 구축하다
**ようがく** [洋学] 양학. (특히 江戸え 시대에 받아들인) 서양의 학문·어학¶ **～者**しゃ 양학자
**ようがく** [洋楽] 서양 음악 ⇔ 邦楽ほう: **―和楽**わく¶ **～ファン** 양악 팬
**ようがさ** [洋傘] 양산¶ **～をさす** 양산을 받다
**ようがし** [洋菓子] 양과자¶ **―屋**や 양과자점
**ようかん** [羊羹] 양갱. 단팥묵¶ **くり―** 밤양갱 **―色**いろ 양갱색. 검정·보랏빛이 바래서 불그죽죽한 빛깔
**ようかん** [洋館] 양관. 양옥¶ **～の家**いえ 양옥집
**ようかん** [腰間] 〈文〉허리께. 허리 둘레
〔慣用句〕
**―の秋水**しゅう 허리에 찬 날이 시퍼런 칼
**ようがん** [容顔] 〈文〉용안. 얼굴. 용모¶ **～美麗**れい 용안 미려. 얼굴이 아름다움
**ようがん** [溶岩·熔岩] 〘地〙용암¶ **～流**りゅう 용암류 **―尖塔**せんとう 〘地〙용암 첨탑 **―台地**だいち 〘地〙용암 대지
**ようき** [*妖気] 〈文〉요기. 요사스러운 기운¶ **一面**めんに～**が漂**ただよう 온통 요기가 감돌다
**ようき** [*妖姫] 〈文〉요희. 요녀(妖女)
**ようき** [容器] 용기. 그릇¶ **ポリ―** 폴리에틸렌 용기/ **～に入**いれる 용기에 담다
**ようき** [揚棄] 名 他スル〘哲〙양기. 지양(止揚)
**ようき** [陽気] I 名 ①양기. 만물이 생동하는 기운 ②날씨. 기후¶ **～がいい日**씨다**좋다** II 形動 ①쾌활함¶ **～に振**ふる**舞**まう 쾌활하게 행동하다 ②명랑함¶ **～な性格**せいかく 명랑한 성격
**ようぎ** [要義] 〈文〉요의. 중요한 의미¶ **道徳**どうとく**の～** 도덕의 요의
**ようぎ** [容疑] 용의. 혐의¶ **窃盗**せっとう**―** 절도 혐의/ **～が晴**はれる 혐의가 풀리다 **―者**しゃ 용의자
**ようぎ** [容儀] 용의. 예의 범절에 맞는 자세·태도¶ **～を正**ただす 용의를 단정히 하다
**ようきが** [用器画] 용기화. 제도기를 써서 그리는 기법·도형(圖形) ⇔ 自在画じざい
**ようきゅう** [洋弓] 양궁
**ようきゅう** [要求] 名 他スル 요구¶ **～に応**おうじる 요구에 응하다/ **賃上**ちんあげ**を～する** 임금 인상을 요구하다
**ようきゅう** [*楊弓] (江戸え 시대에 유행한) 놀이용 작은 활 **―場**ば 유료 활놀이터 = 矢場やば
**ようぎょ** [幼魚] 유어. 어린 물고기
**ようぎょ** [養魚] 양어¶ **―場**じょう 양어장
**ようきょう** [*佯狂·陽狂] 〈文〉양광. 거짓으로 미친 체함. 그런 사람
**ようきょう** [容共] 용공 ⇔ 反共はん¶ **～思想**しそう 용공 사상
**ようぎょう** [窯業] 〘工〙요업¶ **―家**か 요업가
**ようきょく** [陽極] 〘電〙양극. 양전극
**ようきょく** [謡曲] 〘藝〙能のの 사장(詞章)·대본. 그것에 가락을 붙여 노래함=うたい
**ようきん** [用金] ①공금 ②《흔히「御ご～」의 꼴로》무가(武家) 시대에 영주가 임시로 영지의 백성에게서 거두어들인 부과금
**ようきん** [洋琴] 양금. 피아노
**ようぎん** [洋銀] ①〘工〙양은= 洋白ようはく¶ **～の食器**しょっき 양은 식기 ②서양의 은화(銀貨)
**ようぐ** [用具] 용구. 도구¶ **筆記**ひっき**～** 필기 용구
**ようぐ** [要具] 〈文〉필요한 도구. 필수품¶ **～を揃**そろえる 필요한 도구를 갖추다
**ようぐ** [庸愚] 〈文〉용우. 용렬하고 어리석음
**ようくん** [幼君] 〈文〉유군. 나이 어린 군주¶ **～に仕**つかえる 나이 어린 군주를 섬기다
**ようけい** [養鶏] 양계¶ **～業**ぎょう 양계업
**ようげき** [要撃] 名 他スル 요격. 잠복해 있다가 적을 침¶ **―部隊**ぶたい 요격 부대
**ようげき** [*邀撃] 名 他スル 요격. 공격해 오는 적을 맞받아 침= 迎撃げい¶ **―機**き 요격기
**ようけつ** [要*訣] 〈文〉요결. 비결¶ **成功**せいこう**の～をさぐる** 성공의 비결을 알아보다
**ようけん** [用件] 용건. 용무¶ **火急**かきゅう**の～** 화급한 용무/ **～を伝**つたえる 용건을 전하다
**ようけん** [洋犬] 양견. 서양개
**ようけん** [要件] 〈文〉요건 ①중요한 용건¶ **～を処理**しょり**する** 중요한 용건을 처리하다 ②필요한 조건¶ **資格**しかく**の～** 자격 요건/ **～を満**みたす 요건을 충족시키다
**ようげん** [用言] 〘文法〙용언 ⇔ 体言たい
**ようげん** [*妖言] 〈文〉요언. 요사스러운 말
**ようげん** [揚言] 名 他スル〈文〉양언. 소리 높여 말함. 공공연하게 말함¶ **世**よ**の救**すくい**主**ぬし**なりと～する** 구세주라고 공공연하게 말하다
**ようげん** [謠言] 〈文〉요언. 풍문. 뜬소문
**ようご** [用後] 〈文〉사용 후. 사용한 뒤
**ようご** [用語] 용어¶ **適切**てきせつ**な～** 적절한 용어 ②술어. 특정한 분야에서 쓰이는 말= 術語じゅつ¶ **専門**せんもん**～** 전문 용어
**ようご** [洋語] ①서양 말 ②서양에서 온 외래어
**ようご** [要語] 〈文〉중요한 말. 주요어¶ **～の索引**さくいん 주요어의 색인
**ようご** [養護] 名 他スル 양호¶ **―施設**しせつ 양호 시설 **―学校**がっこう 양호 학교. 장애 아동을 위한 특수 학교 **―教諭**きょうゆ 양호 교사
**ようご** [擁護] 名 他スル 옹호¶ **人権**じんけん**～週間**しゅうかん 인권 옹호 주간
**ようこう** [*妖光] 〈文〉요사스러운 불길한 빛
**ようこう** [洋行] 양행 I 名 自スル 서양에 유학 [여행]함¶ **～して見聞**けんぶん**を広**ひろめる 양행하여 견문을 넓히다 II 名 ①(중국에서) 외국인 상사(商社) **―帰**がえり 서양에서 갓 돌아옴〔돌아온 사람〕. 서양에 간 적이 있는 사람
**ようこう** [要港] 요항. (교통·군사·산업상의) 중요한 항구¶ **わが国**くに**第一**だいいち**の～** 우리나라 제일의 요항
**ようこう** [要項] 요항. 중요한 사항. 그것을 적은 문서¶ **募集**ぼしゅう**～** 모집 요항
**ようこう** [要綱] 〈文〉요강¶ **政策**せいさく**～をまとめる** 정책 요강을 종합하다
**ようこう** [陽光] 〈文〉양광. 햇빛¶ **南国**なんごく**の～** 남국의 양광/ **～を浴**あびる 햇빛을 받다
**ようごう** [△影向] 신불이 일시적으로 현신(現

身)함¶ ～を垂れる 신불이 현신하다
ようこうろ [溶鉱炉・*熔鉱炉] 〖工〗 용광로
ようこく [陽刻] 양각. 돌을새김 ⇔ 陰刻ミミ
ようこそ 圖口(ㅁ) 상대방의 방문을 환영할 때 하는 말. 잘. 어서¶ ～いらっしゃいました 잘 오셨습니다
ようさい [洋才] (文) 양재. 서양 학문에 대한 지식·재능¶ 和魂ミ゙～ 일본 고유의 정신에 서양 학문의 지식을 겸비함
ようさい [洋裁] 양재¶ ～学校ミ゙ 양재 학교
ようさい [要*塞] 요새= とりで¶ ～を築ミ゙く 요새를 구축하다
ようさい [葉菜] 〖農〗 엽채. 잎·줄기를 식용하는 채소¶ ～類ミ゙ 엽채류
ようざい [用材] 용재. (건축·목공 등에 쓰는) 목재¶ 建築ミ゙～ 건축 용재
ようざい [溶剤・*熔剤] 용제¶ 石油系ミ゙の～ 석유계의 용제
ようさん [葉酸] 〖生〗 엽산
ようさん [養蚕] 〖農〗 양잠¶ ～農家ミ゙ 양잠 농가
ようざん [洋算] 서양식 셈법 ⇔ 和算ミ
ようし [*夭死] 〖自スル〗 요사. 요절= 夭折ミ゙
ようし [*夭*逝] 〖自スル〗 ¶～した天才ミ゙詩人ミ゙ 요절한 천재 시인
ようし [用紙] 용지¶ 投票ミ゙～ 투표 용지
ようし [洋紙] 양지. 서양 종이 ⇔ 和紙ミ
ようし [要旨] 요지¶ 演説ミ゙の～/～をとらえる 연설의 요지/~를 파악하다
ようし [容止] (文) 행동 거지, 거동
ようし [容姿] 용자. 얼굴 모양과 자태¶ ～端麗ミ゙ 용자 단려
ようし [陽子] 〖物〗 양자. 양성자= プロトン¶ ～顕微鏡ミ゙ 양자 현미경
ようし [養子] 〖法〗 양자¶ 婿ミ゙～ 서양자, 데릴사위/～を取ミ゙る 양자를 맞다 ━縁組ミ゙ 〖法〗 양자 결연
ようじ [幼児] 유아. 어린아이¶ ～期ミ゙ 유아기 ━教育ミ゙ 유아 교육 ━語ミ゙ 유아어
ようじ [幼時] 어릴 적, 어린 시절¶ ～の思ミ゙い出ミ゙ 어린 시절의 추억
ようじ [用字] 용자. 사용하는 문자, 그 사용법 ¶～用語ミ゙ 용자 용어 ━法ミ゙ 용자법
ようじ [用事] 볼일, 용건, 용무¶ 急ミ゙ぎの～ 급한 용무/～を片ミ゙づける 용무를 마치다
ようじ [要事] (文) 중요한〔필요한〕 일
ようじ [*楊枝・*楊子] ①이쑤시개= つまようじ¶ ～を使ミ゙う 이를 쑤시다 ②〖佛〗 어린 나뭇가지로 만든 인도의 칫솔
慣用句
━で重箱ミ゙の隅ミ゙をほじくる (比) 사소한 일까지 간섭하거나 문제시하다
ようしき [洋式] 양식. 서양식 ⇔ 和式ミ゙¶ ～トイレ 양식 화장실
ようしき [様式] 양식¶ 生活ミ゙～ 생활 양식/書類ミ゙の～ 서류의 양식
ようしし [養嗣子] 〖法〗 양사자. (일본 구 민법에서) 호주 상속권이 있는 양자
ようしつ [洋室] 양실. 서양식 방 ⇔ 和室ミ゙
ようしつ [溶質] 〖化〗 용질

ようしゃ [容赦] 名他スル ①용서¶ 数々ミ゙の無礼ミ゙, 御ミ゙～ください 수많은 무례를 용서해 주십시오 ②[用語] 형편〔사정〕을 참작함¶ ～せずに批評ミ゙する 가차없이 비평하다 ━なく 圖 가차없이, 사정없이
ようじゃく [幼弱] 名〖ア〗(文) 유약. 어리고 약함, 그런 사람¶ ～な児童ミ゙ 유약한 아동
ようしゅ [幼主] (文) 유주. 나이 어린 주군
ようしゅ [洋酒] 양주 ⇔ 日本酒ミ゙ミ゙
ようしゅ [洋種] 양종. 서양종¶ ～の蘭ミ゙ 서양종의 난, 양란
ようじゅ [陽樹] 양수. 햇빛이 잘 드는 곳에서 자라는 나무의 총칭 ⇔ 陰樹ミ゙
ようじゅ [*榕樹] 「ガジュマル」의 딴이름
ようじゅつ [妖術] 요술. 마술= 幻術ミ゙ミ゙¶ ～を使ミ゙う 요술을 부리다
ようしゅん [陽春] 양춘 ①(文) 따뜻한 봄¶ ～の候ミ゙ 양춘지절 ②음력 정월의 딴이름
ようしょ [洋書] 양서. 서양 서적¶ ～を取ミ゙り寄ミ゙せる 양서를 주문해 들여오다
ようしょ [要所] ①요점¶ ～をおさえる 요점을 파악하다 ②요소. 요충¶ 交通ミ゙～として栄ミ゙える 교통의 요충으로서 번영하다
ようじょ [幼女] (文) 유녀. 어린 소녀
ようじょ [*妖女] (文) ①요녀. 요부(妖婦) ②요정, 마녀
ようじょ [葉序] 〖植〗 엽서. 잎차례
ようじょ [養女] 양녀
ようしょう [幼少] 名(文) 유소. 나이 어림¶ ～のみぎり 어린 시절
ようしょう [要衝] (文) 요충. 요지, 요소¶ ～の地ミ゙ 요충지/ 交通ミ゙～の～ 교통의 요충
ようじょう [洋上] 양상. 해상¶ ～訓練ミ゙ 해상 훈련/ ～を漂ミ゙う 바다 위를 표류하다
ようじょう [養生] 名自スル 양생 ①섭생¶ 日ミ゙ごろから～に努ミ゙める 평소부터 섭생에 힘쓰다 ②보양, 조섭¶ 温泉ミ゙で～する 온천에서 보양하다 ③〖建〗 토목·건축 공사에서 콘크리트가 마를 때까지 표면을 보호하는 일¶ コンクリートを～する 콘크리트를 양생하다
ようしょく [洋食] 양식. 서양 요리
ようしょく [要職] 요직¶ ～に就ミ゙く 요직에 취임하다
ようしょく [容色] (文) 용색. 용모= みめ¶ ～が衰ミ゙える 용색이 수척해지다
ようしょく [養殖] 名他スル 양식¶ ～真珠ミ゙ミ゙ 양식 진주/ かきを～する 굴을 양식하다
ようしん [*痒*疹] 〖醫〗 양진
ようしん [養親] 양친 ①〖法〗 양부모 ②(文) 수양부모= やしない親ミ゙
ようじん [用心・要心] 名自スル 조심, 주의, 경계¶ 火ミ゙の～ 불조심/～をおこたる 주의를 게을리하지 말고 걷다 ━深ミ゙い 形 주의 깊다, 신중하다, 조심성이 많다 ━棒ミ゙ ①신변 보호용 곤봉 ②경호원
ようじん [要人] 요인¶ 政府ミ゙の～ 정부의 요인
ようしんし [養親子] (文) 양친자. 양부모와 양자
ようす [様子・容子] ①(사물의) 상태, 정세, 형

よう・ず 편, 상황¶現地げんちの~ 현지의 상황/ ~をうかがう 정세를 살피다 ②김새, 징조, 기미¶雨あめが降ふりそうな~ 다 비가 올 듯한 낌새다 ③눈치, 기색, 태도¶疲つかれている~ 피곤한 기색/ ~がおかしい 눈치가 이상하다 ④특별한 사정·이유¶~ありげなそぶり 사정이 있는 듯한 기색 ⑤모습, 용자, 용태¶みじめな~ 비참한 모습

ようず [要図] (文) 요도. 필요한 것만을 그린 도면¶旅行先りょこうさきの~ 여행지의 요도

ようすい [用水]¶용수¶工業こうぎょう~ 공업 용수/ ~路ろ 용수로 ②물을 사용함¶~便所べんじょ 수세식 변소

ようすい [羊水] 〘醫〙 양수. 모래집물

ようすい [揚水] 名自他スル 양수¶~機き 양수기 ―発電はつでん 〘工〙 양수 발전

ようずみ [用済み] 名 필요ひつよう(쓸모)가 없게 됨¶~の教科書きょうかしょ 다 쓰고난 교과서

よう・する [要する] 他 サ変 ①요하다, 필요로 하다¶急きゅうを―・連絡れんらく 시급을 요하는 연락 ②요약하다¶~・して言いえば 요약해서 말하면 ③(文) 잠복하다, 숨어서 기다리다¶道みちに~ 길에 숨어서 기다리다

よう・する [擁する] 他 サ変 (文) ①껴안다, 포옹하다¶相あい・して泣なく 서로 끌어안고 울다 ②가지다, 지니다, 소유하다¶莫大ばくだいな財産ざいさんを~ 막대한 재산을 소유하다 ③거느리다¶大軍たいぐんを―・して攻撃こうげきする 대군을 거느리고 공격하다 ④옹립하다¶幼君ようくんを~・して反旗はんきを翻ひるがえす 어린 군주를 옹립하고 반기를 들다

ようするに [要するに] 副 요컨대, 결국= つまり¶~習慣しゅうかんが違ちがうということだ 요컨대 관습이 다르다는 것이다

ようせい [夭逝] 名自スル (文) 요절= 若死わかじにに¶~した新進作家しんしんさっか 요절한 신진 작가

ようせい [幼生] 〘動〙 유생¶―器官きかん 유생 기관

ようせい [妖星] 요성. 불길한 별

ようせい [妖精] 요정¶森もりの~ 숲의 요정

ようせい [要請] 名他スル 요청¶救援きゅうえんを~する 구원을 요청

ようせい [陽性] 양성 Ⅰ 名ナ 명랑하고 적극적인 성질 Ⅱ 名〘醫〙 검사에서 반응이 나타남 ⇔陰性いんせい¶~反応はんのう 양성 반응

ようせい [養成] 名他スル 양성¶人材じんざいを~する 인재를 양성하다

ようせき [容積] 용적 ①용량¶~の大おおきい器うつわ 용량이 큰 그릇 ②부피, 체적¶液体えきたいの~を測はかる 액체의 용적을 재다 ―率りつ〘建〙 용적률

ようせつ [夭折] 名自スル (文) 요절= はやじに¶~した画家がか 요절한 화가

ようせつ [溶接·熔接] 名他スル〘工〙 용접¶~工こう 용접공/ ―酸素さんそ~ 산소 용접

ようせん [用船·傭船] 용선 Ⅰ 名 어떤 목적을 위해 쓰는 배¶御ご~ 어용선 Ⅱ 名他スル 배를 세냄, 세낸 배¶~契約けいやく 용선 계약

ようせん [用箋] 용전, 용지¶事務じむ~ 사무 용지/ コピー~ 복사 용지

ようぜん [杳然] ト形 (文) 묘연, 아득히 먼 모양

ようそ [沃素] 〘化〙 옥소, 요오드= ヨード

ようそ [要素] 요소¶構成こうせい~ 구성 요소/ 不可欠ふかけつの~ 불가결한 요소

ようそう [洋装] 양장 Ⅰ 名自スル 서양식 복장을 함, 그런 복장¶~の老婦人ろうふじん 양장한 노부인 Ⅱ 名〘版〙 서양식 장정¶―本ぼん 양장본

ようそう [様相] 양상¶不穏ふおんな~を呈ていする 불온한 양상을 드러내다

ようだ 助動 ①(추측·불확실한 단정) …된 것 같다¶今夜こんやは寒さむい~ 오늘 밤은 추울 것 같다 ②(비유·비교) …와 같다¶まるで夢ゆめを見みる~ 마치 꿈을 꾸는 것 같다 ③(「ような·ように」의 꼴로) (예시) …와 같은 [같이]¶彼かれのような金持かねもち その 사람과 같은 부자 ④(「ように」의 꼴로) ㉠(행동의 기준·목표) …하도록¶時間じかんに遅おくれないように家いえを出でた 시간에 늦지 않도록 집을 나섰다 ㉡(희망·의뢰·가벼운 명령) …하기를, …하도록¶きっと合格ごうかくしますように 꼭 합격하도록/ 病気びょうきが治なおりますように 병이 낫기를

ようたい [様態] 양태¶(사물의) 양상, 모습¶動物どうぶつの生活せいかつ~ 동물의 생활 양태¶〘文法〙 사물의 상태를 가볍게 추측하는 어법¶~の助動詞じょどうし 양태의 조동사

ようだい [容体·容態] 용태. 병세, 병상(病狀)¶~が急変きゅうへんする 용태가 급변하다

ようだいぶ・る [容体ぶる·容態ぶる] 自五 거드럭거리다, 잘난 체하다¶~・った態度たいど 잘난 체하는 태도

ようたし [用足し·用達] Ⅰ 名自スル ①볼일을 봄¶~に行いく 볼일을 보러 가다 ②용변을 봄¶出発しゅっぱつの前まえに~をしよう 출발 전에 용변을 보자 Ⅱ 名(「御用達ごようたし」의 꼴로) 관청·회사 등에 출입하여 납품함, 그런 상인¶宮内庁くないちょう御ご~ 궁내청에 납품하는 상인

ようだ・てる [用立てる] 他下一 ①도움이 되게 하다, 쓸모 있게 하다, 유용하게 하다¶何なにかに~・ててください 무슨 일에든 유용하게 써 주세요 ②돈을 빌려 주다, 입체해 주다¶十万円じゅうまんえんを~ 10만 엔을 빌려주다

ようだん [用談] 용담. 용건에 관한 상담¶~を済すませる 용담을 마치다

ようだん [要談] (文) 요담. 중요한 상담¶~を交かわす 요담을 나누다

ようだんす [用箪笥] 자질구레한 물건을 넣어 두는 작은 장롱

ようち [夜討(ち)] 야습 ⇔朝駆あさがけ¶~をかける 야습을 하다 ―朝駆あさがけ (신문 기자 등이 요인·관계자의 집을) 한밤중이나 새벽에 취재차 방문하는 일

ようち [幼稚] 名ナ 유치 ①나이가 어림¶~な子供こども 나이 어린 아이 ②(지식·기능 등이) 미숙함¶~な考かんがえ 유치한 생각 ―園えん〘教〙 유치원¶~教諭きょうゆ 유치원 교사

ようち [用地] 용지¶工場こうじょう~ 공장 용지

ようち [要地] (文) 요지¶交通こうつうの~ 교통의 요지

**ようちゅう**【幼虫】【動】유충. 애벌레¶ せみの～ 매미의 유충
**ようちゅうい**【要注意】【名】요주의¶ ～人物 요주의 인물/ その点ਫ਼は～だ 그 점은 주의가 필요하다
**ようちょう**【羊腸】양장 **I**【名】양의 창자 **II**【形動】(산길 등이) 꼬불꼬불함¶ ～たる山道 꼬불꼬불한 산길
**ようちょう**【*窈*窕】【形動】【文】요조. 아름답고 우아함¶ ～たる淑女 요조 숙녀
**ようちょう**【膺懲】【名】【他サ】【文】응징
**ようつい**【腰椎】【醫】요추. 허리등뼈
**ようつう**【腰痛】요통¶ ～を訴える 요통을 호소하다
**ようてい**【要諦】【文】요체. 중요한 점. 요점¶ 経営の～ 경영의 요체
**ようてん**【要点】요점¶ 問題の～ 문제의 요점/ ～を述べる 요점을 말하다
**ようてん**【陽転】【名】【自サ】양전. 양성 전이
**ようでんき**【陽電気】【電】양전기 ⇔ 陰電気
**ようでんし**【陽電子】【物】양전자 ⇔ 陰電子
**ようと**【用途】용도. 사용처¶ ～が広い 용도가 광범위하다
**ようど**【用度】용도 ①필요한 비용. 경비¶ ～を調達する 경비를 조달하다 ②(회사・관청에서) 물품을 공급하는 일¶ ～係 용도계
**ようとう**【羊頭】양두 ─ **狗肉** 양두 구육. 보기는 그럴 듯하나 내용은 변변치 않음
[慣用句]
─**を掲げて狗肉を売る** 양두구육. 선전은 그럴듯하지만 내실이 따르지 못함
**ようとう**【洋島】【地】양도. 대양도＝ 大洋島
**ようどう**【幼童】【文】아동. 어린아이
**ようどうさくせん**【陽動作戦】양동 작전
**ようとじ**【洋綴(じ)】【版】양식 제본. 그런 책¶ ～の本 양장본
**ようとして**【*杳*として】【副】【文】묘연히¶ ～行方がわからない 행방이 묘연하다
**ようとん**【養豚】양돈¶ ～業 양돈업
**ようなし**【洋梨】【植】서양배＝ せいようなし
**ようにん**【用人】①【日史】(江戸시대) 大名들 밑에서 출납・서무 등을 맡아 보던 사람. 그 직명 ②【*傭*人】(관청 등의) 고용인
**ようにん**【容認】【名】【他スル】【文】용인¶ ～しがたい問題 용인하기 곤란한 문제/ 申し出を～する 신청을 받아들이다
**ようねん**【幼年】【文】유년¶ ～期 유년기
**よう は**【要は】【連語】요는. 요컨대. 결국은¶ ～金が問題だ 요는 돈이 문제다
**ようはい**【遙拝】【名】【他スル】요배. 먼 곳에서 배례함¶ ～式 요배식
**ようばい**【溶媒】【化】용매
**ようはつ**【洋髪】양발. 서양식 머리 모양¶ ～の婦人 서양식 머리를 한 부인
**ようび**【*妖*美】【文】요미. 요염한 아름다움
**ようび**【曜日】요일¶ ～ごとにメニューを変える 요일마다 메뉴를 바꾸다
**ようひし**【羊皮紙】양피지

**ようひつ**【用筆】【文】용필 ①쓰는 붓 ②붓을 쓰는 법. 운필＝ 筆遣い・運筆
**ようひん**【用品】용품¶ 台所～ 부엌 용품/ スポーツ～店 스포츠 용품점
**ようひん**【洋品】양품¶ ～店 양품점
**ようふ**【*妖*婦】【文】요부¶ ～型の女 요부형의 여자
**ようふ**【養父】양부. 양아버지 ⇔ 実父
**ようふ**【洋舞】양무. 서양 무용 ⇔ 邦舞
**ようぶ**【腰部】요부. 허리 부분¶ ～を温める 허리 부분을 따뜻하게 하다
**ようふう**【洋風】양풍. 서양풍. 서양식 ⇔ 和風¶ ～建築 서양식 건축
**ようふく**【洋服】양복¶ ～姿 양복 차림
**ようふぼ**【養父母】양부모
**ようぶん**【養分】양분. 자양분¶ ～を取る 양분을 섭취하다
**ようへい**【用兵】용병. 군사(군대)를 부림¶ ～術 용병술¶ ～にたける 용병에 뛰어나다
**ようへい**【葉柄】【植】엽병. 잎자루. 잎꼭지
**ようへい**【*傭*兵】용병¶ ～制 용병제
**ようへや**【用部屋】①집무실. 사무실 ②(江戸幕府などの) 정무를 보던 방＝ 御用部屋
**ようべん**【用便】【名】【自スル】용변. 대소변을 봄
**ようぼ**【養母】양모. 양어머니 ⇔ 実母
**ようほう**【用法】용법. 사용법¶ 副詞的～ 부사적 용법
**ようほう**【陽報】【文】양보. 나타난 보답¶ 陰徳あれば～あり 음덕이 있으면 양보가 있다
**ようほう**【養*蜂*】양봉¶ ～家 양봉가
**ようぼう**【要望】【名】【他スル】요망¶ ～書/ ～にこたえる 요망에 부응하다
**ようぼう**【容貌】용모. 얼굴 생김새＝ かおたち¶ ～魁偉 용모 괴위
**ようぼく**【用木】용재. 재목으로 쓰이는 나무
**ようほん**【洋本】①양서＝ 洋書¶ ～専門の店 양서 전문점 ②양장본 ⇔ 和本
**ようま**【洋間】양실. 서양식 방＝ 日本間
**ようま**【*妖*魔】【文】요마. 마물. 요괴＝ まもの・ばけもの¶ ～のしわざ 요괴의 소행
**ようまく**【羊膜】【動】양막. 모래집
**ようみゃく**【葉脈】엽맥. 잎맥
**ようむ**【用務】용무¶ 緊急の～ 긴급한 용무 ─**員** (학교・회사 등의) 잡역부. 사환
**ようむ**【要務】【文】요무. 중요한 임무〔직무〕¶ ～を帯びる 중요한 임무를 띠다
**ようむき**【用向き】볼일. 용건¶ ～を伝える 용건을 전하다
**ようめい**【幼名】아명. 어릴 때의 이름
**ようめい**【用命】일을 명함. 하명. 주문. 분부¶ ご～に応じます 하명에 응하겠습니다/ ご～の品 주문하신 물품
**ようめい**【溶明】【映】【放】용명. 화면을 점차 밝게 하는 기법＝ フェードイン ⇔ 溶暗
**ようめいがく**【陽明学】양명학
**ようもう**【羊毛】양모. 양털
**ようもうざい**【養毛剤】양모제
**ようもく**【洋もく】【俗】양담배

**ようもく** [要目] (文) 요목. 중요한 항목¶ ～索引 요목 색인

**ようもん** [要文] (文) 요문. 중요한 문구

**ようやく** [漸く] 副 ①차차. 점점. 점차¶ 寒さも～和らぐ 추위도 점차 누그러지다 ②겨우. 가까스로. 간신히¶ ～完成した 겨우 완성했다/ ～出発に間にあった 가까스로 출발 시간에 대었다

**ようやく** [要約] 名 他スル 요약¶ 内容を～する 내용을 요약하다

**ようやっと** 副 (口) 겨우겨우. 간신히¶ ～できあがった 겨우 완성했다

**ようゆう** [溶融・熔融] 名 自スル 용융. 용해

**ようよう** [漸う] 副 겨우. 가까스로. 간신히

**ようよう** [要用] (文) ①필요. 중요¶ ②중요한 용무(볼일)¶ まずは取り急ぎ～のみ (편지에서) 이만 총총 용무만 아룀

**ようよう** [洋洋] 形動 양양. ①(文) 물이 넘칠듯이 끝없이 넓음¶ ～たる黄河 양양한 황하 ②장래가 희망에 차 있는 모양¶ ～たる前途 ～たる青年 전도 양양한 청년

**ようよう** [揚揚] 形動 양양. 득의 양양함¶ 意気～と行進する 의기 양양하게 행진하다

**ようらく** [瓔珞・瑶珞] 영락. (불상 등에 거는) 구슬・귀금속을 낸 장식물

**ようらん** [要覧] 요람¶ 学校～ 학교 요람

**ようらん** [揺籃] (文) 요람 ①젖먹이의 흔들채롱＝ゆりかご ②(사물의) 발전 초기¶ ～の地 요람지. 발상지 —一時代 (文) 요람 시대 ①유년 시절 ②발전의 초기 단계. 요람기

**ようりく** [揚陸] I 名 他スル 양륙. 뱃짐을 부림¶ 埠頭に～された貨物 부두에 양륙된 화물 II 名 自スル 상륙¶ ～艦艇 상륙 함정

**ようりつ** [擁立] 名 他スル(文) 옹립¶ 国王に～する 국왕으로 옹립하다

**ようりゃく** [要略] 名 他スル(文) 요략. 요약¶ 講演の内容を～する 강연 내용을 요약하다

**ようりゅう** [楊柳] (文) 양류. 버드나무＝やなぎ 세로로 곱슬 주름이 지게 짠 직물

**ようりょう** [用量] 용량. (약의) 복용량. 사용량¶ 一回の～を示す 1회 용량을 보여주다

**ようりょう** [要領] 요령 ①요점¶ 学習指導～ 학습 지도 요령 ②처리 방법¶ ～を覚える 요령을 터득하다
**慣用句**
—がいい 요령이 좋다 ①솜씨 있게 처리하다 ②요령을 잘 부리다
—を得ない 요령부득이다

**ようりょう** [容量] 용량. 용적¶ 升の～ 되의 용량/ コンピューターの記憶～ 컴퓨터의 기억 용량

**ようりょく** [揚力] 物 양력. 부양력

**ようりょくそ** [葉緑素] 엽록소

**ようりょくたい** [葉緑体] 植 엽록체

**ようれい** [用例] 용례. 실례¶ ～集 용례집/ ～を示す 용례를 보이다

**ようれき** [陽暦] 양력. 태양력 ⇔ 陰暦

**ようろ** [要路] (文) 요로 ①주요 도로¶ 交通の～ 교통의 요로 ②중요한 지위. 요직¶ ～の高官 요로의 고관

**ようろ** [溶炉・熔炉] 용로. 용광로

**ようろう** [養老] 양로¶ ～保険 양로 보험 —院 양로원

**ようん** [余蘊] (文) ①남은 저축 ②나머지. 여분¶ ～なく表現が～する 남김 없이 표현하다/言い尽くして～がない 더 이상 할 말이 없다

**よえい** [余栄] (文) 여영. 사후에까지 남는 명예

**よえん** [余炎] (文) 여염 ①타다 남은 불꽃 ②늦더위. 잔서(残暑)

**ヨーチン** 「ヨードチンキ」의 준말

**ヨーデル** (독 Jodel) 音 요들. 알프스 지방의 민요

**ヨード** (독 Jod) 요오드 —チンキ (독 Jodtinktur) 薬 요오드팅크. 옥도정기

**ヨーロッパ** (포 Europa) 유럽. 구라파

**よか** 助 「よりか」가 변한말. …보다(는)¶ 勉強よか～運動する方が好きだ 공부보다는 운동 쪽을 좋아한다

**よか** [予価] 예가. 예정 가격

**よか** [予科] 예과 ⇔ 本科¶ 医科大学の～ 의과대학 예과 —一練 軍 구 일본 해군의 비행 하사관 학교. 그곳의 훈련생

**よか** [余暇] 여가. 틈. 짬¶ ～を利用する 여가를 이용하다/ ～をみて読書する 틈을 타서 독서하다

**よかく** [予覚] 名 他スル(文) 예각. 예감¶ 危険を～する 위험을 예감하다

**よかく** [余角] 여각

**よかぜ** [夜風] 밤바람¶ ～が身にしみる 밤바람이 몸에 스미다

**よかつ** [余割] 数 여할. 코시컨트＝コセカント

**よからぬ** [良からぬ] 連体 좋지 않은. 나쁜. 못된 ～行ない 좋지 않은 행동/ ～ことをたくらむ 못된 일을 꾸미다

**よが・る** [善がる] 自五(口) ①만족해하다. 득의 양양해하다 ②기뻐하다

**よかれ** [良かれ・善かれ] 連語 (「～と」의 꼴로) 잘 되어라. 좋게 되어라¶ ～と思ってした事だ 잘 되라고 한 일이다

**よかれあしかれ** [良かれ悪しかれ] 連語 좋든 나쁘든(궂든). 어찌되었든¶ ～実行するほかない 좋든 나쁘든 실행하는 수 밖에 없다

**よかれかし** [良かれかし] 連語 잘 되어라. 좋게 되어라¶ ～と願いてだ 잘 되라고 빌다

**よかん** [予感] 名 他スル 예감¶ 虫のしらせで悪い～がする 나쁜 예감이 들다

**よかん** [余寒] (文) 여한. (입춘 후의) 늦추위¶ ～ なくおきびしい 늦추위가 아직 매섭다

**よき** [予期] 名 他スル 예기. 예상. 기대¶ ～ぬ出来事 예기치 못한 사건

**よぎ** [夜着] ①이불 ②침낭＝かいまき

**よぎ** [余技] 여기. 취미로 하는 기예

**よぎしゃ** [夜汽車] 밤기차. 야간 열차

**よぎな・い** [余儀無い] 形(文) 어쩔 수 없다. 부득이하다¶ ～事情で 부득이한 사정/ ～を承知する 어쩔 수 없이 승낙하다

[慣用句]
**ー・くされる** 어쩔 수 없이 하게 되다
**よきょう**[余興] 여흥¶ ~に歌をうたう 여흥으로 노래를 부르다
**よぎり**[夜霧] 밤안개¶ ~が立ちこめる 밤안개가 자욱하다
**よぎ・る**[過る] 自五(文) 지나가다, 통과하다. 스쳐가다¶ 不安がふと心をよぎる 불안이 문득 마음을 스치다/目の前をリスが~・った 눈앞을 다람쥐가 지나갔다
**よきん**[預金] 名他スル 예금¶ ~通帳ずう 예금 통장/定期ぎ~ 정기 예금/~をおろす 예금을 인출하다 **ー通貨**つう (經) 예금 통화
**よく**[抑] 音 ヨク 訓おさえる・そもそも(音)억. (造語) ①누르다, 억압하다¶ 抑圧をく 억압・抑制をい 억제・抑留をう 억류 ②가라앉다, 막히다¶ 抑鬱をつ 억울
**よく**[*沃] 音 ヨク・ヨウ(エウ) 訓そそぐ・こえる(こやす)(音)옥. (造語) ①땅이 기름지다¶ 沃土を 옥토・肥沃を 비옥「沃度ヨー」의 준말¶ 沃素を 옥소・沃化銀がん 옥화은
**よく**[浴] 音 ヨク 訓あびる・あびせる|(音)욕. (造語) ①목욕하다¶ 浴室を 욕실・入浴をう 입욕・沐浴をく 목욕 ②(은혜 등을) 입다, 받다¶ 浴恩おん 욕은 ▷ [熟字訓] 浴衣ゆかた 목욕 후에 입는 무명 홑옷・湯浴ゆあみ 목욕
**よく**[欲] 音 ヨク 訓ほっする・ほしい|(音)욕.
I (造語) ①탐내다, 바라다¶ 欲望をう 욕망・欲求をう 욕구・意欲をく 의욕 ②욕심¶ 欲情をょう 욕정, 色欲をい 색욕¶ 成望をう・의지의 어조사. 훈독으로「ほつす」로 읽음. ...하고 싶다 ▷「慾をく」의 대용자. 본디 동사를「欲」로 썼음 II 욕심, 욕망¶ ~を出す 욕심을 내다
[慣用句]
**ーが深い** 욕심이 많다
**ーと二人連**がづれ 욕심에 따라 행동함
**ーに目が眩**くらむ 욕심에 눈이 어두워지다
**ーにも…できない** 아무리 해도 …할 수 없다
**ーを言**いえば 욕심을 부리자면
**よく**[翌] [翌] 音 ヨク|(音)익. (造語) ①다음, 이튿날¶ 翌日よう 익일・翌年ねん 익년 ②(때에 관한 말에 붙여)「다음의」라는 뜻을 나타냄¶ 翌々八月十五日じゅう 다음 팔월 십오일 ▷ [熟字訓] 翌檜あすなろ 나한백
**よく**[*慾] 音 ヨク|(音)욕. I (造語) 욕심¶ 慾望ぼう 욕망・貪慾をん 탐욕 ▷「欲」가 대용자 II 욕심, 욕망¶ ~の皮が張る 욕심이 대단하다
**よく**[翼] [翼] 音 ヨク 訓つばさ|(音)익. I (造語) ①날개¶ 羽翼うく 우익・尾翼びく 미익 ②날개처럼 좌우에 뻗어 있는 것¶ 鼻翼びく 비익¶ 좌우의 부대¶ 右翼うく 우익・左翼さく 좌익 ④돕다, 보호하다¶ 翼賛さん 익찬・扶翼くよ 부익 II (造語) ②날개처럼 좌우에 뻗어 있는 것¶ ~が張った 날개가 뻗어 있다
**よく**[良く・善く・*好く・*克く・*能く] 副 잘
①충분히¶ ~煮える 잘 익다 ②곧잘, 자주, 종종, 걸핏하면¶ ~旅行に行く 곧잘 여행을 간다/~忘れる 걸핏하면 잊어버리다

③대단히, 몹시, 아주¶ ~売れる本 잘 팔리는 책 ④훌륭하게¶ 心情をしん 잘 표현하다 ⑤용케, 기특하게¶ ~辛抱しんをしたね 용케 견디어 냈구나 ⑥(反)(뻔뻔스럽게) 잘도, 어쩌면 그렇게¶ ~来られたもんだ (뻔뻔스럽게) 잘도 왔군
**よく あさ**[翌朝] 名 副 익조. 다음날[이튿날] 아침 = よくちょう
**よく あつ**[抑圧] 名 他スル 억압. 억누름¶ ~をはねのける 억압을 떨쳐 버리다¶ 言論ろんの自由じを~する 언론의 자유를 억압하다
**よくうつ**[抑*鬱] 억울. 우울한[답답한] 기분 **ー症**しょう 우울증
**よくか**[翼下] (文) ①(새・비행기의) 날개 밑 ②지배하, 산하¶ 自国じの~に治める 자국의 지배하에 넣다
**よくけ**[欲気] 욕기, 욕심
**よくげつ**[翌月] 익월, 다음달
**よくご**[浴後] (文) 욕후, 목욕 후 = ふろあがり
**よくさん**[翼賛] 名 他スル(文) 익찬. 받들어 도움, 보좌¶ 大政たいの~ 대정 익찬
**よくし**[抑止] 名 他スル 억지¶ 核ぜくの~力りょく 핵의 억지력
**よくしつ**[浴室] 욕실 = ふろば・湯殿との
**よくじつ**[翌日] 익일. 다음날, 이튿날
**よくしゅう**[翌週] 익주. 다음 주
**よくじょう**[浴場] 욕장 ①욕실 = ふろば ②대중 목욕탕¶ 公衆こうしゅう~ 공중 목욕탕
**よくじょう**[欲情] ①욕심 ②정욕, 색욕¶ ~を遂とげる 정욕을 채우다
**よくしん**[欲心] (文) 욕심 = 欲念ねん¶ ~を起こす 욕심을 내다
**よく・す**[浴す] 自五 → よくする(浴)
**よく・する**[浴する] 自サ変(文) ①목욕하다 ②(은혜・광영을) 입다¶ 文明ぶんの恩恵おんに~ 문명의 혜택을 입다 ③(햇빛 등을) 쬐다¶ 日光こうに~ 햇빛을 쬐다
**よく・する**[善くする・*能くする] 他サ変 ①능하다, 잘하다¶ 詩を~ 시에 능하다 ②(「~・したもの」의 꼴로) 잘 되도록 되어 있다¶ ~・したもので, 不自由じゅうにもすぐ慣れる 잘 되도록 되어 있어서 부자유에도 곧 익숙해진다 ③친절히 하다¶ ~・していただきました 고맙게 해 주셨습니다
**よくせい**[抑制] 名 他スル 억제¶ 輸出しゅつを~する 수출을 억제하다 **ー栽培**さい 억제 재배
**よくせき** 副(俗) 만부득이, 어쩔 수 없이¶ ~ よくよく¶ 助すけを求もめるのは~のことだ 구원을 청하는 것은 만부득이 한 일이다
**よく も** 副 칭찬하거나 감탄했을 때 하는 말. 잘도, 잘 = よくも¶ ~やった 참 잘했다/~戦たたかった 잘도 싸웠다
**よくそう**[浴槽] 욕조. 목욕통 = 湯ゆぶね
**よくち**[*沃地] (文) 옥토. 기름진 땅 = 沃地ちょく
**よくちょう**[翌朝] 익조. 이튿날[다음날] 아침
**よくど**[*沃土] (文) 옥토. 기름진 땅 = 沃地ちよく
**よくとく**[欲得] 이득을 탐냄, 이해 타산¶ ~抜ぬきで世話する 이해 타산을 떠나서 보살

よくとし【翌年】익년. 다음해. 이듬해
よくねん【欲念】욕념. 욕심=欲心
よくねん【翌年】익년. 다음해. 이듬해¶ ~に繰くり越こす 다음해로 이월하다
よくのかわ【欲の皮】욕심이 많음을 질긴 가죽에 비유한 말
[慣用句]
—が突つっ張はる 욕심이 대단하다
よくばり【欲張り】욕심쟁이. 욕심꾸러기¶ ~な人 욕심쟁이
よくば・る【欲張る】(自五) 욕심을 부리다¶ ~・って食たべすぎる 욕심을 부려 과식하다
よくばん【翌晩】익야. 다음날 밤
よくふか【欲深】욕심이 많음. 욕심쟁이¶ ~な高利貸こうりがし 욕심 많은 고리 대금업자
よくぼう【欲望】욕망¶ ~を満みたす 욕망을 채우다
よくぼけ【欲呆け】욕심이 지나쳐 분별을 잃음
よくめ【欲目】자기 좋은 대로〔실제 이상으로 좋게〕 생각함. 호의적인 눈=ひいきめ¶ 親おやの~는 부모의 편견이다
よくも(副)놀라거나 질린 기분을 나타냄. 잘도. 용케도¶ ~だましたな 잘도 속였겠다¶ ~やったものだ 잘도 해냈구만
よくや【沃野】(文)옥야. 기름진 들¶ ~がひろがる 옥야가 펼쳐지다
よくよう【抑揚】억양¶ ~をつける 억양을 붙이다
よくよう【浴用】(名)목욕용=入浴用にゅうよくよう¶ ~石鹼せっけん 목욕용 비누
よくよく【善く善く・能く能く】(副)①잘. 자세히. 꼼꼼히¶ ~見みると 자세히 보니 ②매우. 무척. 어지간히¶ ~運うんが悪わるい 지지리도 운이 나쁘다 ③만부득이. 어쩔 수 없이¶ ~のこと 부득이한 일
よくよく【翌翌】(造語)(연·월·일 등의 명사 앞에 붙어)다음다음¶ ~日ひ 다음다음 날
よくよく【翼翼】(ト)(文)익익. 신중함. 조심성이 많음¶ 小心しょうしん~ 소심 익익. 지나치게 세심함
よくりゅう【抑留】(名)(他サ)억류¶ ~生活せいかつ 억류 생활/ ~者しゃ 억류자
よくん【余薫】(文)여훈 ①잔향. 여향=余香よこう ②선인이 남긴 은덕. 여덕=余徳よとく¶ 先人せんじんの~を被こうむる 선인의 여훈을 입다
よけ【除け】(造語)…막이¶ 魔ま~ 액막이/ 日ひ~ 해가림/ 虫むし~ 방충. 구충
よけい【余計】I(ナ)①여분. 여벌. 여유가 있음¶ ~な物ものが多おおい 여분이 많다/ 一時間いちじかん~に働はたらく 한 시간 더 일하다 ②쓸데없음. 부질없음¶ ~なお世話せわだ 쓸데없는 참견이다 II(副)더욱. 한층 더¶ 会あえば~別わかれがつらい 만나면 더욱 헤어지기가 괴롭다
よけい【余慶】(文)여경. (조상·타인의 선행으로) 누리는 복¶ ~を被こうむる 여경을 입다/ 積善せきぜんの家いえに~あり 적선지가에 필유여경이라

よけつ【預血】(名)(自スル)(醫)예혈. 혈액 은행에 자신의 혈액을 예치함
よ・ける【避ける】(他下一)(口)피하다 ①비키다=さける¶ 車くるまを~ 차를 피하다 (를)면하다. 막다. 방지하다¶ 藁わらを敷しいて霜しもを~ 짚을 갈아서 서리를 막다/ 非難ひなんの矛先ほこさきを~ 비난의 화살을 피하다
よけん【与件】(文)여건. 주어진 조건=所与しょよ¶ 生活せいかつ~ 생활 여건
よけん【予見】(名)(他スル)(文)예견. 미리 내다봄¶ ~しがたい事故じこ 예견하기 힘든 사고
よげん【予言】(名)(他スル)예언¶ 火山かざんの爆発ばくはつを~する 화산 폭발을 예언하다
よげん【余弦】(數)여현. 코사인=コサイン
よげん【預言】(名)(他スル)(宗)예언¶ ~者しゃ 예언자
よこ【横】①가로 ⇔ 縦たて¶ ~書がきの原稿げんこう 가로쓰기 원고/ 首くびを~に振ふる 고개를 가로 젓다 ②좌우 방향. 一列いちれつに並ならぶ 좌우 1열로 늘어서다 ③(계급·나이 등의 관계가) 동렬임. 횡적임¶ ~のつながり 횡적인 유대 관계 ④동서의 방향·거리 ⑤측면. 옆. 옆면¶ 家いえの~ 집의 측면/ ~顔がお 옆 얼굴 ⑥(옆길로) 벗어남¶ 物資ぶっしの~流ながし 물자의 부정 유출/ 話はなしが~にそれる 이야기가 옆길로 빠지다 ⑦「横糸よこいと」의 준말
[慣用句]
—から見みても縦たてから見みても 어느 모로 보나
—になる 드러눕다
—の物ものを縦たてにもしない 몹시 게으르다. 손 하나 까딱하지 않다
—を向むく 무시하다. 외면하다
よご【予後】예후¶ 手術しゅじゅつの~が好このましくない 수술의 예후가 좋지 않다
よこあい【横合い】①옆쪽. 측면¶ ~から飛とび出だす 옆에서 튀어나오다 ②국외(局外). 제삼자¶ ~から口くちを出だす 옆에서 말참견하다
よこあな【横穴】횡혈. (산허리 등의) 옆으로 뚫린 굴 ⇔ 縦穴たてあな¶ ~式住居しきじゅうきょ 횡혈식 주거/ ~古墳こふん 횡혈 고분
よこあるき【横歩き】옆걸음¶ ~になって進すすむ 옆걸음으로 나아가다
よこいっせん【横一線】(名)(우열의 차가 없이) 나란한〔고른〕 상태
よこいと【横糸】횡사. 씨실 ⇔ 縦糸たていと
よこう【予行】예행¶ ~演習えんしゅう 예행 연습
よこう【余光】(文)여광 ①일몰 후에도 남아 있는 빛 ②선인이 남긴 은덕. 여덕=余徳よとく¶ 親おやの~ 부모의 여덕
よこう【余香】(文)여향. 뒤에까지 남은 향기=余薫よくん
よこおよぎ【横泳ぎ】(수영에서) 횡영=のし
よこがお【横顔】①옆얼굴. 얼굴 옆모습¶ ~を写うつす 옆얼굴을 찍다 ②(인물의) 알려지지 않은 일면. 프로필=プロフィール¶ 社長しゃちょうの~紹介しょうかい 사장의 프로필 소개
よこがき【横書き】횡서. 가로쓰기 ⇔ 縦書たてがき¶ ~の看板かんばん 가로로 쓴 간판

よこ がみ【横紙】①결이 가로로 된 종이 ②종이를 가로로 놓고 씀 **—破**やぶ**り** 억지를 부림, 그런 사람
よこ ぎ【横木】횡목, 가로장, 가로대
よこ ぎ・る【横切る】［自五］가로지르다, 횡단하다¶ 道みちを~ 도로를 횡단하다
よこく【与国】（文）여국, 동맹국
よこく【予告】名他スル 예고¶ 通行止つうこうめを~する 통행 금지를 예고하다 **—編**へん 예고편¶ 映画えいがの~ 영화의 예고편
よこ ぐみ【横組み】版 횡조, (활자의) 가로짜기 ⇔ 縦組たてぐみ ¶ ~の本ほん 횡조본
よこ ぐも【横雲】 옆으로 길게 뻗은 구름
よこ ぐるま【横車】（수레를 옆으로 밀듯）이치에 닿지 않는 일을 억지로 관철하려는 일, 억지, 무리
慣用句
**—を押**お**す** 억지를 쓰다
よここう【横坑】횡갱, 수평갱 ⇔ 縦坑たて~
よこ ざ【横座】①（いろり 안쪽 정면의）가장이 앉는 자리 ②상좌 ③옆쪽의 자리, 옆자리
よこ ざま【横様・横ざ】Ⅰ 名 옆쪽, 옆방향＝よこさま ¶ ~に倒れる 옆으로 넘어지다 Ⅱ 名ノ 도리에 맞지 않음, 부당함＝よこしま ¶ ~な主張しゅちょう 부당한 주장
よこ じく【横軸】①（기계의）횡축 ②가로로 된 족자 ③数 （좌표의）가로축
よこしま【邪】名ノ（文）옳지 않음, 비뚤어짐, 부당함¶ ~な考かんがえ 옳지 않은 생각
よこじま【横縞】가로줄 무늬 ⇔ 縦縞たてじま
よこ・す【寄越す】他五 ①보내오다¶ 手紙てがみを~ 편지를 보내오다 ②넘겨주다, 내어주다¶ 金かねを~ 돈을 내어주다 ③（사람을）보내다¶ 使つかいを~ 심부름꾼을 보내다 ④補助 …해 오다¶ 知しらせて~ 알려 오다
よご・す【汚す】他五 ①더럽히다, 오염시키다¶ 手てを~ 손을 더럽히다 ②더럽히다, 모독하다¶ 家名かめいを~ 가문의 명예를 더럽히다 ③무치다, 버무리다¶ ほうれん草そうをごまで~ 시금치를 깨소금으로 무치다
よこずき【横好き】서투르면서 무척 좋아함¶ へたの~ 서투른 주제에 무척 좋아함
よこ すじ【横筋】①가로줄, 횡선 ②옆길, 딴 방향¶ 話はなしが~にそれる 이야기가 옆길로 새다
よこ すべり【横滑り・横ずり】名 ①옆으로 미끄러짐¶ 雨あめで車くるまが~する 비로 자동차가 옆으로 미끄러지다 ②（比）（인사 이동에서）수평 이동함¶ 生産せいさん課長かちょうから営業えいぎょう課長に~する 생산 과장에서 영업 과장으로 자리 바꿈하다
よこずれだんそう【横ずれ断層】地 횡단층
よこずわり【横座り・横ずり】名自スル 다리를 모아 옆으로 내고 편히 앉음
よこた・える【横たえる】他下一（文）①옆으로 누이다, 가로로 놓다¶ 体からだを~ 몸을 눕히다 ②옆에 차다¶ 太刀たちを~ 큰칼을 옆에 차다
よこたおし【横倒し】名 옆으로 넘어짐〔쓰러짐〕¶ ~になる 옆으로 넘어지다〔쓰러지다〕

よこたわ・る【横たわる】自五（文）①드러눕다¶ ベッドに~ 침대에 드러눕다 ②드넓게 펼쳐지다¶ 砂漠さばくが~ （넓게）펼쳐지다 ③가로놓이다, （앞을）가로막다¶ 難問なんもんが~ 어려운 문제가 가로막다
よこ ちょう【横町・横丁】골목, 옆길¶ ~の隠居いんきょ 옆골목에 사는 노인
よこづけ【横付け】名他スル （차 등을）목적지에 바싹 갖다댐¶ 車くるまを玄関げんかんに~にする 차를 현관 앞에 바싹 대다
よこ っちょ【横っちょ】（口）옆, 옆쪽¶ 帽子ぼうしを~にかぶる 모자를 삐딱하게 쓰다
よこ っつら【横っ面】（口）①옆얼굴, 따귀¶ ~を張はる 따귀를 갈기다 ②측면, 옆¶ 車くるまの~ 차의 측면
よこ っとび【横っ跳び・横っ飛び】名（口）①옆으로 뜀¶ ~に身みをかわす 옆으로 뛰어 몸을 비키다 ②급히 달림¶ ~にとんで帰かえる 급히 달려 돌아오다
よこ づな【横綱】①相撲 씨름꾼의 최고 지위（자）②최고위의 씨름꾼이 성장（盛装）할 때 허리에 두르는 굵은 띠 ③（比）가장 뛰어난 것, 제일인자¶ 酒飲さけのみの~ 술꾼의 제일인자
慣用句
**—を張**は**る** 相撲 横綱가 되다
よこっぱら【横っ腹】（口）→ よこばら
よこて【横手】옆, 옆쪽, 측면¶ 神社じんじゃの~にある森もり 신사 옆에 있는 숲
よごと【夜毎】名副 밤마다, 매일밤＝毎晩まいばん¶ ~鳴なく虫むし 밤마다 우는 벌레
よことじ【横*綴（じ）】名版 횡철, （책의）가로 철, 가로로 철한 책¶ ~本ほん 횡철본
よこどり【横取り】名他スル 가로챔¶ 財産ざいさんを~する 재산을 가로채다
よこ ながし【横流し】名他スル （통제품 등의）부정 유출¶ 武器ぶきを~する 무기를 부정 유출하다
よこ ながれ【横流れ】（통제품 등의）부정 유출, 그런 물품¶ ~品ひん 부정 유출품
よこ なぐり【横殴り】名 ①（비바람이）옆으로 들이침¶ ~の雨あめ 옆으로 들이치는 비 ②옆에서 세게 때림
よこ なみ【横波】①（배의）측면으로 부딪치는 파도¶ ~を受うけて転覆てんぷくする 옆으로 치는 파도에 부딪쳐 전복되다 ②物 횡파
よこ ね【横根】①가로로 뻗은 뿌리 ②가래톳
よこ ばい【横*這い】①옆으로〔모로〕김¶ 蟹かにの~ 게걸음 ②經 （시세의）보합세¶ 売うり上あげは~の状態だが 매상은 보합세를 유지하고 있다 ③動 멸구
よこはま【横浜】神奈川かながわ현의 현청 소재지인 시（市）
よこ ばら【横腹】①옆구리¶ ~を押おさえる 옆구리를 누르다 ②측면, 옆¶ 船ふねの~ 배의 측면
よこぶえ【横笛】횡적, 저 ⇔ 縦笛たてぶえ
よこぶとり【横太り】땅딸막함, 땅딸보¶ ~の子供こども 땅딸막한 아이
よこぶり【横降り】（강풍 때문에 비·눈이）옆

으로 들이침¶ ~の雨 옆으로 들이치는 비

よこみち [横道] ①옆길, 샛길¶ ~に入り込む 샛길로 들어서다 ②본 줄거리에서 벗어난 곳·방향 話しが~にそれる 이야기가 옆길로 새다 ③정도에서 벗어난 길, 사도(邪道)¶ ~におちいる 그릇된 길로 빠지다

よこむき [横向き] 名 옆으로 향함, 그런 상태¶ ~に座る 옆을 보고 앉다

よこめ [横目] ①곁눈, 곁눈질¶ ~でにらむ 곁눈으로 노려보다/ ~を使う 곁눈질하다 ②[版] (인쇄 용지의) 가로결 ⇔ 縦目り

よこもじ [横文字] ①가로 글씨 ②서양어, 서양어로 된 문장¶ ~は読めない 서양글은 읽지 못한다

よこもの [横物] ①옆으로 긴 물건 ②옆으로 긴 족자·액자

よごもり [夜×籠り] (神社·절에서) 밤을 새워 치성을 드림

よこやり [横×槍] ①옆에서 찌르는 창 ②말참견, 간섭¶ ~を入れる 곁에서 말참견하다

よごれ [汚れ] 더러워짐, 더러워진 곳¶ ~を落とす 더러움을 털다

よごれもの [汚れ物] (옷·식기 등의) 더러워진 물건¶ ~を洗う 더러워진 것을 씻다

よごれやく [汚れ役] 名[映] (부랑자·창녀 등의) 천한 역

よご·れる [汚れる] 自下一 ①더러워지다¶ シャツの襟が~ 셔츠 칼라가 더러워지다 ②때묻다, 부정해지다¶ 心が~/ ~れた大人たち 마음이 때묻은 어른/ ~れた金 부정한 돈

よこれんぼ [横恋慕] 名 自スル 배우자·애인이 있는 사람을 연모함¶ 人妻に~する 유부녀를 짝사랑하다

よこわり [横割り] ①가로로 (옆으로) 쪼개기 ②(조직의) 병렬 구성 ▷ ①② ⇔ 縦割り

よざい [余財] 文 여재, 남은 재산

よざい [余罪] 여죄¶ ~を追及する 여죄를 추궁하다

よざくら [夜桜] 밤 벚꽃, 밤 벚꽃놀이¶ ~見物 밤 벚꽃 구경

よさつ [予察] 名 他スル 예찰. 미리 살펴 헤아림

よさむ [夜寒] 文 밤의 찬 기운, (특히) 늦가을 밤에 느끼는 한기, 그런 계절 = よざむ

よさり [夜きり] 文 밤 = 夜よる

よさん [予算] 예산¶ 補正~ 보정 예산 一案 예산안 一措置 예산 조치 一返上 예산 반려 一編成 예산 편성

よし [止し] (口) 그만둠, 그만함 = やめ
[慣用句]
一にする (口) 그만두다, 그만하다

よし [由] 文 ①사정, 연유, 곡절 ②ありげな話 곡절이 있는 듯한 이야기¶ (「~もない」의 꼴로) 수단, 방법, 수 = すべ¶ 知る~もない 알 도리가 없다 ③(「…の~」의 꼴로) 말한 내용, 취지¶ 以上の~を, よろしくお伝えください 이상의 취지를 잘 전해 주십시오 ④(「…の~」의 꼴로) …라는 것, …

니¶ お元気の~な, なによりです 건강하시다니 무엇보다 다행입니다

よし [×葦·×蘆·×葭] [植] 「あし 갈대」의 딴이름
[慣用句]
一の髄から天井覗く 좁은 식견으로 제멋대로 판단하다, 우물안 개구리

よ·し [善し·良し「好し] 形(形式) …해도 좋다¶ 帰って~ 돌아가도 좋다/ 煮て~焼いて~ 삶아도 좋고 구워도 좋다

よし [縦し] 副(文) ①가령, 만일, 설사, 비록 = たい·まんいち¶ ~出場したとしても, 優勝はできまい 설사 출장했다 하더라도 우승은 할 수 없을 게다 ②에라 (될대로 되라) = ままよ¶ ~, 降るなら降れ 에라, 비가 오려면 와라

よし [感] (口) 승인·결의를 나타내는 말, 좋아, 자¶ ~, わかった 좋아, 알겠다/ ~, やろう 자, 해보자

よじ [余事] 文 여사 ①(본 임무 이외의) 다른 일¶ ~にかまける 다른 일에 매달리다 ②여가로 하는 일 ~にすぎない 여가로 하는 일에 불과하다

よしあし [善し×悪し] ①좋고 나쁨, 선악, 옳고 그름¶ 事ごとの~を見分ける 일의 옳고 그름을 분별하다 ②(「…は(も)~だ」의 꼴로) (좋은 면도 나쁜 면도 있어) 한마디로 단정할 수 없다, 쉽사리 판단할 수 없다= よしわるし¶ ほめすぎるのも~だ 너무 칭찬하는 것도 고려할 문제다

よしきた [よし来た] 感(口) 승낙·결의를 나타내는 말, 알았어, 좋아¶ ~, 相手になってやろう 좋아, 상대해 주지

よしきり [×葦切] 動 개개비

よじげん [四次元] [物] 사차원

よしじゅくご [四字熟語] 사자 숙어

よしず [×葦簾·×葦簀] 갈대발 一張り 갈대발을 침, 그런 발, 또는 오두막집

よじつ [余日] 여일 ①남을 날짜¶ ~いくばくもない 남은 날짜가 얼마 없다 ②다른 날, 후일¶ ~訪問します 후일 방문하겠습니다

よしど [×葦戸] 갈대발을 친 문

よしな·い [由無い] 形(文) ①(이렇다 할) 이유(근거)가 없다¶ ~反対する 이유 없는 반대 ②하는 수 없다, 부득이하다¶ ~·く従う 하는 수 없이 따르다 ③쓸데없다, 부질없다, 하찮다¶ ~わざ 하찮은 재주/ ~長話 부질없는 긴 이야기

よしなに 副(文) 의뢰하는 뜻을 나타냄. 좋도록 (되도록), 잘 (되도록)¶ いいように~する 되도록 잘 하다/ ~頼む 잘 (되도록) 부탁하다

よしの [吉野] 奈良な현 남부의 지명 一紙 (吉野 지방의 원산인) 닥나무로 만든 얇은 종이 一桜 ①吉野山에 피는 산벚나무 ②動 왕벚나무

よしのぼり [×葦登] 動 밀어(密魚)

よじのぼ·る [×攀(じ)登る] 自国 기어오르다, 등반하다 木きに~ 나무에 기어오르다/ 岩山を~ 바위산을 등반하다

**よしみ** [^好・^誼] ①우의, 친분¶~を結ぶぶ 친분을 맺다 ②정의, 연고, 인연 同郷どうの~で力ちからを貸かす 동향의 정의로 힘이 되어 주다
**よしや** [^縦しや] 副(文) 설령, 만일¶~死しぬ事ことがあっても 설령 죽는 한이 있더라도
**よしゅう** [予習] 名(他スル) 예습 ⇔ 復習ふくしゅう
**よしゅう** [余臭] (文) 여취. 남아있는 냄새〔흔적〕¶ 封建制度ほうけんせいどの~ 봉건 제도의 여취
**よじょう** [余剰] 잉여¶~人員にんいん 잉여 인원
**よじょう** [余情] 여정 ①뒤에까지 남는 정취 ②[表] (시·문장의) 언외(言外)에 담긴 정취¶~あふれる詩 여정이 넘치는 시
**よじょうはん** [四畳半] (일본식 집에서) 다다미 넉 장 반을 깔 수 있는 방, 그만한 넓이 ─趣味しゅみ 요릿집 등의 작은 방에서 기녀와 술을 마시고 小唄こうた를 흥얼거리는 일본식 취미
**よしょく** [余色] 여색. 보색 = 補色ほしょく
**よしよし** 感(口) ①승낙의 뜻을 나타냄. 그래그래, 좋아좋아¶~, よく分わかった 그래그래 잘 알았다 ②아이를 달래거나 위로할 때 쓰는 말. 오냐오냐¶~, 泣なくんじゃない 오냐오냐, 울지 마라
**よじ・る** [^捩る] 他国 꼬다, 비틀다, 비비 꼬다 ─ ねじる¶ 糸いとを~ 실을 꼬다/ 身みを~ 몸을 비비 꼬다/ 腕うでを~ 팔을 비틀다
**よ・じる** [^攀じる] 自上一(文) ①오르려고 매달리다(달라붙다) ②기어오르다¶ 幹みきを~ 나무 줄기를 기어오르다
**よじ・れる** [^捩れる] 自下一 꼬이다, 비틀리다, 뒤틀리다¶ ネクタイが~ 넥타이가 꼬이다/ おかしくて腹はらが~ 우스워서 뱃가죽이 뒤틀리다
**よしわら** [吉原] 江戸えど에 있었던 유곽
**よしわらすずめ** [^葦原雀] [動] 「개개비」의 딴이름 = よしきり
**よしわるし** [善し悪し] (좋은 면도 있고 나쁜 면도 있어서) 한마디로 단정할 수 없음, 좀 생각해 볼 문제임 = よしあし
**よしん** [予審] [法] (일본 구 형사 소송법의) 예심¶~判事はんじ 예심 판사
**よしん** [余震] [地] 여진¶~が続つづく 여진이 계속되다 ─城 [地] 여진역
**よじん** [余人] (文) 다른 사람¶ 他人たにん, 딴사람¶~はいざ知しらず 다른 사람은 어떤지 모르지만 ②나머지 사람¶~をもって代かえがたい 다른 사람으로 대체하기 어렵다
**よじん** [余燼] (文) 여신 ①타다 남은 불 ②(比)(사건의) 여파¶ 戦後せんごの~がくすぶる 전후의 여파가 남아 있다
**よしんば** [^縦しんば] 副 가령, 설령, 설사¶~反対はんたいされても気持きもちは変かわらない 설령 반대한다 해도 마음은 변하지 않는다
**よ・す** [止す・^廃す] 他国(口) 그만두다, 중지하다 ─ やめる¶ けんかを~ 싸움을 중지하다
**よすが** [縁] (文) ①연고, 의지[의탁]할 사람¶ 身みを寄よせる~もない 몸을 의탁할 사람도 없다 ②방편, 실마리¶ 昔むかしをしのぶ~ 옛날을 추억할 만한 실마리/ 生いきる~として 살아갈 방편으로서

**よすがら** [〈終夜〉] 副(文) 밤새도록, 온밤 내내¶~語かたりあう 밤새도록 이야기하다
**よすぎ** [世過ぎ] 세상살이, 생활¶ 身過すぎ~ 세상살이
**よすてびと** [世捨て人] 속세를 떠난 사람
**よすみ** [四隅] 네 구석, 네 귀퉁이¶ 部屋へやの~ 방의 네 귀퉁이
**よせ** [寄席] 만담·재담 등을 흥행하는 소극장¶~芸人げいにん 만담가 ─文字もじ 寄席의 간판 등에 쓰는 문자
**よせ** [寄せ] ①그러모음¶ 客きゃく~ 손님을 그러모음 ②(바둑·장기에서) 종반전, 끝내기¶~に入はいる 끝내기에 들어가다 ③(골프에서) 어프로치
**よせあつ・める** [寄(せ)集める] 他下一 그러모으다, 끌어 모으다¶ ごみを~ 쓰레기를 그러모으다
**よせい** [余生] 여생. 남은 일생¶~を楽たのしむ 여생을 즐기다/ ~を送おくる 여생을 보내다
**よせい** [余勢] 여세
[慣用句]
─を駆かつて 여세를 몰아서
**よせがき** [寄(せ)書き] 名(自スル) 여럿이 한 종이에 글을 쓰거나 그림을 그림. 그렇게 쓴[그린] 것
**よせか・ける** [寄(せ)掛ける] 他下一 ①기대다, 기대어 세우다¶ はしごを壁かべに~ 사다리를 벽에 기대어 세우다 ②쳐들어가다, 밀어닥치다¶ 敵陣てきじんに~ 적진에 쳐들어가다
**よせぎ** [寄(せ)木] ①나무쪽을 짜맞추어 만든 것, 쪽매 ②「寄木細工さいく」의 준말 ─細工ざいく 쪽모이 세공 ─造づくり [美] 머리·몸통·손발을 따로 만들어 하나로 맞추는 불상 조각 기법
**よせぎれ** [寄(せ)切れ] 지스러기 천조각을 이어 만든 물건
**よせざん** [寄(せ)算] 덧셈 = 足たし算ざん
**よせつ** [余接] [數] 여접. 코탄젠트
**よせつ・ける** [寄(せ)付ける] 他下一 가까이 오게 하다, 접근시키다¶ 敵てきを~・けない 적을 얼씬도 못하게 하다
**よせて** [寄(せ)手] 공격해오는 군세(軍勢)
**よせなべ** [寄(せ)鍋] [料] 모듬냄비, 고기·생선·채소 등을 육수에 넣고 끓이며 먹는 요리
**よせむね** [寄(せ)棟] [建]「寄よせ棟むね屋根やねの준말, 우진각 지붕 ─造づくり 우진각 지붕을 지녀 건축물, 그런 건축 형식 = 四注造しちゅうづくり
**よ・せる** [寄せる] Ⅰ自下一 ①밀려오다, 다가오다, 접근하다¶ 岸きしに~波なみ 해변에 밀려오는 파도/ 敵てきが~ 적이 접근해 오다 ②(「~・せていただく〔もらう〕」의 꼴로) 찾아뵙다¶ お宅たくに~・せていただきます 댁에 찾아뵙겠습니다 Ⅱ他下一 ①바싹 붙여 대다¶ 車くるまを拇際ほじぎに~ 차를 담길에 바싹 붙여 대다 ②(마음을) 두다, 기울이다¶ 関心かんしんを~ 관심을 기울이다 ③한데 모으다¶ しわを~ 상을 찌푸리다 ④(수를) 더하다, 보태다¶ 七ななに三さんを~ 7에 3을 더하다 ⑤(편지 등

よせん 【予選】 예선¶ ~を通過(つうか)する 예선 탈락/ ~を通過(つうか)する 예선을 통과하다

よぜん 【余喘】 (文) 여천, 곧 끊어질 듯한 숨
慣用句
—を保(たも)つ (文) ①겨우 목숨을 유지하다, 근근이 살아가다 ②겨우 명맥을 유지하다

よせんかい 【予餞会】 (文) (여행·졸업 전에) 미리 하는 송별회

よそ 【余所·他所】 ①딴 곳, 타처¶ ~の国 딴 나라/ ~に移(うつ)る 딴 곳으로 옮기다 ②남, 남의 집, 타집단¶ ~で泊(と)まる 남의 집에서 자다 ③(「…を~に」의 꼴로)…을 아랑곳하지 않고, …을 개의치 않고 非難(ひなん)を~に決行(けっこう)する 비난을 개의치 않고 결행하다
慣用句
—にする 소홀히 하다, 무시하다, 아랑곳하지 않다

よそじ 【四十路】 (文) ①40, 마흔 ②마흔 살, 40세¶ ~の坂(さか)を越(こ)える 40 고개를 넘다

よそいき 【余所行き·〈他所〉行き】 (口) → よそゆき

よそ·う 【装う】 (他五) ①치장하다, 차려입다 = よそおう ②(그릇에) 담다 御飯(ごはん)を~ 밥을 담다

よそう 【予想】 (名·他サ) 예상¶ ~が外(はず)れる 예상이 빗나가다/ 混雑(こんざつ)が~される 혼잡이 예상되다 —外 (名·ノ) 예상외, 뜻밖

よそ·える 【〈寄そえる·比える〉】 (他下一) ①비교하다, 비유하다¶ 花(はな)に~ 꽃에 비유하다 ②핑계대다, 구실 삼다¶ 仕事(しごと)に~·えて外出(がいしゅつ)する 일을 구실 삼아 외출하다

よそおい 【装い】 ①치장, 옷차림¶ 外出(がいしゅつ)の~ 외출할 차림/ ~を改(あらた)める 옷매무새를 가다듬다 ②외관¶ 店(みせ)の~も新(あら)たにする 가게 단장도 새롭게 하다
慣用句
—を凝(こ)らす 공들여 꾸미다[치장하다]

よそお·う 【装う】 (他五) ①치장하다, 차려 입다¶ 上品(じょうひん)に~ 고상하게 차려 입다 ②가장하다¶ 平気(へいき)を~ 태연한 체하다/ 客(きゃく)を~·って入(はい)った 손님을 가장하고 들어왔다

よそぎき 【余所聞き·〈他所〉聞き】 세상 평판, 소문

よそく 【予測】 (名·他サ) 예측¶ ~を誤(あやま)る 예측이 빗나가다

よそごと 【余所事·〈他所〉事】 남의 일¶ ~とは思(おも)えない 남의 일 같지 않다

よそながら 【余所〈乍〉ら·〈他所〉〈乍〉ら】 (副) ①멀리서나마¶ ~ご成功(せいこう)を祈(いの)ります 멀리서나마 성공을 빕니다 ②넌지시, 간접적으로¶ ~見守(みまも)っている 넌지시 지켜보고 있다

よそみ 【余所見·〈他所〉見】 (名·自サ) ①한눈 팖, 곁눈질¶ 授業中(じゅぎょうちゅう)に~をしてはいけない 수업 중에 한눈 팔아서는 안 된다 ②남의 눈, 남보기

よそめ 【余所目·〈他所〉目】 ①곁에서 봄¶ ~にも仲(なか)むつまじい夫婦(ふうふ) 곁에서 보기에도 금슬 좋은 부부 ②남의 눈, 남보기¶ ~を気(き)にする 남의 눈에 신경쓰다

よそもの 【余所〈者〉·〈他所〉〈者〉】 타관 사람¶ ~扱(あつか)い 타관 사람 취급¶ 같은 집단에 속하지 않는 사람¶ ~にする 한패에서 따돌리다

よそゆき 【余所行き·〈他所〉行き】 ①외출, 나들이¶ ~の支度(したく) 외출할 채비 ②외출옷, 외출복¶ ~に着替(きが)える 외출복으로 갈아입다 ③격식 차린 말씨·태도¶ ~の挨拶(あいさつ) 격식 차린 인사

よそよそし·い 【余所余所しい】 (形) (이제까지와 달리) 쌀쌀하다, 서먹서먹하다, 냉담하다¶ ~態度(たいど) 서먹서먹한 태도

よぞら 【夜空】 밤하늘¶ ~にきらめく星(ほし) 밤하늘에 반짝이는 별

よた 【与太】 (俗) ①불량배, 건달 ②바보, 얼간이 ③터무니없는 말, 허튼 수작
慣用句
—を飛(と)ばす 허튼 말을 지껄이다

よたか 【夜鷹】 ①(動) 쏙독새 ②(江戸(えど) 시대에) 밤거리에서 손님을 끌던 매춘부 —蕎麦 밤에 포장마차를 끌고 다니며 메밀국수를 파는 장수, 그 메밀국수 = 夜鳴(よな)き蕎麦(そば)

よたく 【余沢】 (文) 여택 ①조상이 남긴 은덕, 음덕¶ 先祖(せんぞ)の~ 조상의 음덕 ②남에게까지 미치는 은혜¶ ~にあずかる 여택을 받다

よたく 【預託】 (名·他サ) (文) 예탁¶ ~金(きん) 예탁금/ 株券(かぶけん)を~する 주권을 예탁하다

よだち 【夜立ち】 (名·自サ) 밤에 출발함[떠남] ⇔ 朝立(あさだ)ち ¶ ~の列車(れっしゃ) 밤에 출발하는 열차

よだ·つ 【弥立つ】 (自五) 소름이 끼치다¶ 身(み)の毛(け)も~惨状(さんじょう) 소름 끼치는 참상

よだつ 【与奪】 (名·他サ) (文) 여탈¶ 生死(せいし)~の権(けん) 생사 여탈권

よたばなし 【与太話】 (俗) 농담, 실없는 이야기¶ ~に過(す)ぎない 농담에 지나지 않다

よたもの 【与太者】 (俗) ①불량배, 건달 ②바보, 얼간이

よたよた (副·自サ) 비틀비틀, 비척비척¶ ~と歩(ある)く 비틀비틀 걷다/ ~している 비척비척하고 있다

よた·る 【与太る】 (自五) (俗) ①불량스러운 짓을 하다¶ ~·って歩(ある)く 불량스러운 짓을 하고 다니다 ②허튼 소리를 하다

よだれ 【〈涎〉】 (흘리는) 침, 군침¶ ~を流(なが)す 군침을 흘리다
慣用句
—が出(で)る 군침이 돌다, 욕심이 나다
—を垂(た)らす 군침을 흘리다, 몹시 욕심을 내다

よだれかけ 【〈涎掛け〉】 (갓난아기의) 턱받이

よたろう 【与太郎】 (俗) ①바보, 멍청이 ②거짓말쟁이

よだん 【予断】 (名·他サ) 예단, 예측

**よなおし**

〔慣用句〕
**ー を許ゆるさない** 예측을 불허하다, 예측할 수 없다¶ ~情勢じょう 예측을 불허하는 정세

**よだん** [余談] 여담¶ ~はさておき 여담은 그만두고/ ~になりますが 여담이 되겠습니다만

**よだん かつよう** [四段活用] 〔文法〕 일본어 문어 (文語) 동사의 어미가 五十音図의 「ア·イ·ウ·エ」의 4단에 걸쳐 활용되는 형식

**よち** [予知] 名 他スル 예지. 미리 앎¶ 地震じん を~する 지진을 예지하다

**よち** [余地] 여지 ①남은 공간¶ 立錐りっの~も ない 입추의 여지도 없다 ②여유¶ 弁解べんの ~なし 변명의 여지가 없다

**よち** [×輿地] 文 여지. 대지. 전세계

**よちよち** 副 自スル 어린애 등이 걷는 모양. 아장아장, 비틀비틀¶ ~歩あるく 아장걸음/ 赤あん坊ぼうが~と歩く 아기가 아장아장 걷다

**よつ** [四つ] ①넷 = よん·し·よっつ ② 네 개, 네 살¶ 「四つ時どき」의 준말. (옛시각의 명칭으로) 지금의 오전·오후 10시 ④[相撲] 서로 양팔을 질러 맞붙음

〔慣用句〕
**ー に組くむ** ①[相撲] 서로 양팔을 지르고 맞붙다 ②(어려운 문제에) 전력을 다해 맞싸우다, 정면 대결하다

**よつ あし** [四つ足] ①네 발이 달림, 그런 것¶ ~の机つくえ 네 발 달린 책상 ②네발 짐승

**よっか** [四日] 4일 ①(그 달의) 초나흗날¶ 三月がつ~ 3월 초사흗날 ②나흘, 4일간¶ ~後ご に合あいましょう 나흘 후에 만납시다

**よっかい** [欲界] 〔佛〕 욕계 = よくかい

**よっ かか·る** [寄っ掛かる] 自五 (口) 기대다¶ 壁かべに~ 벽에 기대다

**よっかく** [浴客] 文 욕객 = よっきゃく¶ 温泉場おんせんばの~ 온천장의 욕객

**よつかど** [四つ角] ①네 귀, 네 모퉁이 ②네거리, 십자로 = 四つつじ¶ ~を左ひだりに曲まがる 네거리에서 왼쪽으로 돌다

**よつがな** [四つ仮名] 「じ·ち·ず·づ」의 4개의 仮名

**よつぎ** [世継ぎ] 대를 이음, 그런 사람. 상속인. 후사¶ ~に恵めぐまれない 후사가 없다

**よっきゃく** [浴客] 文 → よっかく

**よっきゅう** [欲求] 名 他スル 욕구¶ ~を満みたす 욕구를 채우다 **一不満ふまん** 욕구 불만

**よつぎり** [四(つ)切り] 〔사진제품〕 4절판

**よつずもう** [四つ相撲] [相撲] 서로 양팔을 질러 맞붙은 자세의 씨름

**よつだけ** [四つ竹] 양손에 댓조각을 두 개씩 쥐고 손바닥을 오무렸다 펴서 울리는 악기. 그것을 울리며 추는 춤·춤곡

**よったり** [四人] (口) 4인, 네 사람

**よっつ** [四つ] →よつ

**よつつじ** [四つ辻] 네거리, 십자로

**よって** [因って·'依って·'仍って] 連語 ①따라서, 그러므로, 이에¶ ~ここに表彰しょうする 이 자리에서 이를 표창함 ②(「…に~」의 꼴로》…에 의하여, …으로 인하여

〔慣用句〕
**一件くだんの如ごとし** 따라서 전술한 바와 같다

**よつで** [四つ手] ①손(모양의 것)이 네 개 있음 ②[相撲] 서로 양팔을 지르고 맞붙음 ③「四つ手網あみ」의 준말 **一網あみ** 네 귀에 대를 댄 그물

**よって たかって** [寄ってたかって] 連語 여럿이 합세하여¶ ~殴なぐる 여럿이 합세하여 때리다

**ヨット** (yacht) 요트¶ ~レース 요트 레이스

**よっぱらい** [酔っ払い] (口) ①술에 취한 사람. 취객 ②술에 취한 상태¶ ~運転うんてん 음주 운전

**よっぱら·う** [酔っ払う] 自五 (口) 만취하다, 곤드레만드레 취하다¶ ぐでんぐでんに~ 곤드레만드레로 취하다

**よっぴて** [夜っぴて] 副 밤새도록 = よどおし¶ ~騒さわぐ 밤새도록 떠들다

**よっぽど** [余っ程] 副 (口) → よほど

**よつみ** [四つ身] ①어린이용 일본옷, 어린이옷의 마름질법 ②[相撲] 서로 양팔을 질러 맞잡은 자세

**よつめ** [四つ目] ①눈이 네 개 있음, 그런 것 ②사각형을 네 개씩 짝지어 맞춘 무늬 **一垣がき** [建] 대를 성기게 엮어 칸살을 네모지게 만든 울타리 **一錐きり** 끝이 네모난 송곳

**よづめ** [夜×爪] 밤에 손톱을 깎음

**よつゆ** [夜露] 야로, 밤이슬¶ ~にぬれる 밤이슬에 젖다

**よづり** [夜釣り] 밤낚시(질)

**よつんばい** [四つん×這い] (口) 네 손발로 김, 납죽 엎드림, 그런 자세 = よつばい¶ 転ころんで~になる 넘어져서 엎어지다

**よてい** [予定] 名 他スル 예정¶ ~日び 예정일/ ~を組くむ 예정을 짜다

**よてき** [余滴] ①붓끝에 남은 먹물 ②비 온 뒤의 낙숫물 ③여담¶ 研究けんきゅう~ 연구 여적

**よど** [×淀·×澱] 물구덩이, 웅덩이 = よどみ

**よとう** [与党] ①[政] 여당 ⇔ 野党やとう¶ ~議員いん 여당 의원 ②패거리, 도당, 한패

**よとうむし** [夜盗虫] [動] 야도충. 거염벌레

**よどおし** [夜通し] 밤새도록¶ ~の運転うんてん 철야 운전/ ~看病かんびょうする 밤새도록 간병하다

**よとぎ** [夜×伽] ①밤새 말상대를 함, (여자가 남자의) 잠자리 상대를 함 ②(병간호나 상갓집에서) 밤샘을 함, 철야

**よとく** [余得] 부수입¶ 給料きゅうりょう以外いがいに~が ある 급료 이외에 부수입이 있다

**よとく** [余徳] 文 여덕. 조상이 남긴 은덕¶ 亡なき父ちちの~ 돌아가신 아버지의 여덕

**よどみ** [×淀み·×澱み] ①물구덩이, 웅덩이 ②막힘, 정체¶ ~なく話はなす 막힘 없이 이야기하다

**よど·む** [×淀む·×澱む] 自五 ①(물·공기가) 괴다, 머물다¶ 水みずが~んでいる 물이 괴어 있다 ②(일 등이) 막히다, 정체하다¶ 仕事しごとが~ 일이 정체되다 ③가라앉다¶ ごみが水槽すいそうに~ 먼지가 물통에 가라앉다

**よなおし** [世直し] 名 自スル 세상을 바로잡음, 불경기를 호전시킴

よなか [夜中] 밤중, 한밤중= 夜半

よなが [夜長] 밤이 긺, 긴밤¶ 秋の〜を鳴き通ıす月 가을의 긴밤을 울어 지새는 벌레

よなき [夜泣き] 名自スル (어린아이가) 밤중에 욺

よなき [夜鳴き·夜啼き] 名自スル (새가) 밤중에 욺 ━鰮鈍ん 밤에 포장마차를 끌고 우동을 팔러 다니는 장수, 그 우동 ━蕎麦ば에 포장마차를 끌고 메밀국수를 팔러 다니는 장수, 그 메밀국수= よたかそば

よな·げる [*淘げる] 他下一 ①쌀을 일다 ②(물로 일어서) 가려내다 ③(선별하여) 도태시키다

よなべ [夜なべ] 名自スル 밤일¶ 〜仕事ごと= 밤일/ 〜して仕上あげる 밤일을 해서 끝마치다

よなよな [夜な夜な] 副 밤마다, 매일 밤¶ 夢ゆめに見みる人ひと 밤마다 꿈에 보는 사람

よな·れる [世慣れる·世*馴れる] 自下一 세상 물정에 익숙해지다, 세정에 밝아지다¶ 〜·れた人ひと 세정에 밝은 사람

よに [世に] 連語 세상에서¶ 〜恐おろしきは人ひとなり 세상에서 무서운 것은 사람이니라

よにげ [夜逃げ] 야반 도주, 밤에 몰래 도망함¶ 〜をする 야반 도주하다

よにも [世にも] 副 몹시, 참으로¶ 〜不思議ふしぎな出来事できごと 참으로 이상한 사건

よにん [余人] (文) → よじん (余人)

よねつ [余熱] 여열. (식지 않고) 남은 열기¶ ストーブの〜 난로의 여열

よねん [余念] 여념, 잡념
慣用句
━が無ない 여념이 없다

よの [四*幅] 보통 폭의 천을 4장 잇댄 천, 네 폭 ━布団とん 네 폭 이불

よのいとなみ [世の営み] 連語 세상살이, 그를 위한 일·직무

よのう [予納] 名他スル 예납= 前納ぜんのう¶ 〜金きん 예납금/ 〜税金ぜいきんを〜する 세금을 예납하다

よのぎ [余の儀] 連語 (文) 다른 일¶ 〜ではないが 다른 일이 아니라

よのきこえ [世の聞こえ] 連語 (文) 세상의 평판, 소문¶ 〜をはばかる 세상 소문을 꺼리다

よのさだめ [世の定め] 連語 (살면서 받아들이지 않을 수 없는) 세상의 관례

よのためし [世の*例] 連語 세상에 있기 쉬운 일, 세상의 관례[관례], 세상의 상례

よのつね [世の常] 連語 (文) 세상에 흔히 있는 일, 세상의 상례¶ 徒労とろうに終わるのが〜だ 헛수고로 끝나는 것이 세상의 상례다

よのなか [世の中] ①세상, 세간, 사회¶ 物騒ぶっそうな〜 뒤숭숭한 세상/ 〜に出でて出世しゅっせする 사회에 나와 출세하다 ②시대¶ 科学万能かがくばんのうの〜 과학 만능의 시대
慣用句
━は広ひろいようで狭せまい 세상은 넓고도 좁다
━は三日見みぬ間まの桜さくらかな (比) 세상의 변천이 격심함

よのならい [世の習い] 連語 세상의 상례[관습]¶ 栄枯盛衰えいこせいすいは〜 영고성쇠는 세상의

상례

よのめ [夜の目] 밤의 눈, 자야 할 눈
慣用句
━も寝ねずに 밤잠도 자지 않고

よは [余波] 여파¶ 台風たいふうの〜 태풍의 여파/ 戦争せんそうの〜 전쟁의 여파

よはい [余輩] 代 (文) 우리, 우리들= われわれ

よばい [夜*這い] (남자가) 밤에 여자 침실에 숨어 들어감

よはく [余白] 여백¶ 〜の書かき込こみ 여백에 써넣은 글(자)

よばたらき [夜働き] ①밤에 일함, 밤일= 夜業やぎょう ②(俗) 밤도둑질

よばなし [夜話] 야화= やわ

よばな·れる [世離れる] 自下一 속세와 동떨어지다, 속세를 벗어나다¶ 〜·れた暮くらし 속세를 벗어난 생활

よばわり [呼ばわり] (造語) 《사람을 나타내는 말에 붙어》자못 그렇다는 듯이 부름, 지칭함, 취급함¶ 泥棒どろぼう〜をする 도둑 취급을 하다/ ばか〜をされる 바보 취급을 당하다

よば·る [呼ばわる] 自五 큰소리로 부르다, 외치다, 부르짖다

よばん [夜番] 야경, 야경꾼, 불침번= やばん

よび [予備] 예비¶ 〜金きん 예비금/ 〜工作こうさく 예비 공작 ━役やく 예비역 ━軍ぐん 예비군 ━校こう 상급 학교 진학을 위한 학원 ━知識ちしき 예비 지식 ━費ひ 예비비

よびあ·げる [呼(び)上げる] 他下一 ①큰소리로 부르다 ②차례로 부르다, 호명하다¶ 合格者ごうかくしゃを〜 합격자를 호명하다

よびい·れる [呼(び)入れる] 他下一 불러들이다¶ 通行人つうこうにんを〜 통행인을 불러들이다

よびお·こす [呼(び)起こす] 他五 ①(자는 사람을) 불러 깨우다 ②불러일으키다, 환기시키다, 일깨우다¶ 記憶きおくを〜 기억을 불러일으키다/ 注意ちゅういを〜 주의를 환기시키다

よびかけ [呼(び)掛け] ①소리 질러 부름 ②호소¶ 〜に応おうじる 호소에 응하다

よびか·ける [呼(び)掛ける] 他下一 ①소리를 지르다, 부르다¶ 大声おおごえで〜 큰소리로 부르다 ②호소하다¶ 国民こくみんに協力きょうりょくを〜 국민에게 협력을 호소하다

よびかわ·す [呼(び)交(わ)す] 他五 (文) 서로 부르다¶ 暗やみの中なかで〜 어둠 속에서 서로 부르다

よびこ [呼(び)子] 호루라기, 호각= よぶこ¶ 〜を鳴ならす 호루라기를 불다

よびごえ [呼(び)声] ①부르는[외치는] 소리¶ 物売ものうりの〜 장사꾼이 외치는 소리 ②(임명·선출 등에 관한) 평판, 소문
慣用句
━が高たかい 평판이 높다, 소문이 자자하다

よびこみ [呼(び)込み] 불러들임, 유객[호객]함, 그런 사람

よびこ·む [呼(び)込む] 他五 불러들이다, 끌어들이다¶ 客きゃくを〜 손님을 불러들이다/ 仲間なかまに〜 한패로 끌어들이다

**よびさま・す**【呼(び)覚(ま)す・呼(び)*醒す】 他五 ①(자는 사람을) 불러 깨우다 ②상기시키다¶記憶を~ 기억을 상기시키다

**よびじお**【呼(び)塩】 料 짠 식품을 묽은 소금물에 담가 소금기를 뺌. 그 물에 넣는 소금

**よびすて**【呼(び)捨て】 경칭을 생략하고 성·이름만을 부름¶ ~にする 경칭을 붙이지 않고 성명을 부르다

**よびだし**【呼(び)出し】 ①호출, 소환¶ ~状 소환장/ ~をかける 호출하다 ②(相撲) 씨름꾼을 호명하여 등장시키는 사람 ③"呼び出し電話"의 준말 ―電話 호출 전화

**よびだ・す**【呼(び)出す】 他五 ①불러내다, 호출하다¶外に~ 밖으로 불러내다/ 父兄を~ 부형을 호출하기 시작하다

**よびた・てる**【呼(び)立てる】 他下一 ①큰소리로 부르다, 소리쳐 부르다¶声を限りに~ 목청껏 소리쳐 부르다 ②(일부러) 불러들이다. 오게 하다¶お~・てしてすみません 오시게 해서 죄송합니다

**よびつ・ける**【呼(び)付ける】 他下一 불러오다 ①불러서 오게 하다¶後輩を~ 후배를 불러오다 ②늘 불러서 입에 익다=呼びなれる¶あだ名で~ 별명으로 늘 불러오다

**よびと・める**【呼(び)止める】 他下一 불러 세우다¶通行人を~ 통행인을 불러 세우다

**よびな**【呼(び)名】 ①호칭, 명칭 ②통명, 통칭

**よびね**【呼(び)値】 經 (거래에서) 호가(呼價)

**よびみず**【呼(び)水】 ①(펌프의) 마중물=誘い水 ②(比) 계기, 실마리¶勝利への~となった二塁打 승리의 실마리가 된 2루타

**よびもどし**【呼(び)戻し】 ①불러 되돌아오게 함 ②(相撲) 서로 맞잡은 자세에서 상대의 몸을 당겼다가 세게 밀쳐 넘어뜨리는 기술

**よびもど・す**【呼(び)戻す】 他五 ①불러서 되돌아오게 하다, 소환하다¶本社に~・される 본사로 소환되다 ②(본디의 상태로) 되돌리다¶記憶を~ 기억을 되살리다

**よびもの**【呼(び)物】 (흥행 등에서) 인기를 끄는 것¶サーカスの最大の~ 서커스의 최대 인기 종목

**よびょう**【余病】 여병. 합병증¶ ~を併発する 합병증을 병발하다

**よびよ・せる**【呼(び)寄せる】 他下一 불러서 오게 하다¶친구를 집에 초대하다¶電話で~ 전화로 불러들이다

**よびりん**【呼(び)鈴】 초인종¶玄関の~ 현관의 초인종

**よ・ぶ**【呼ぶ】 他五 부르다 ①외치다¶名前を~ 이름을 부르다/ 助けを~ 구조를 외치다 ②불러서 오게 하다¶救急車を~ 구급차를 부르다 ③초대하다¶友人を家に~ ④이름짓다. 이름부르다¶いまでは東京と~ばれた 東京는 옛날에 江戸로 불렀다 ⑤불러모으다, 끌다¶人気を~ 인기를 끌다 ⑥불러일으키다, 야기하다¶疑惑を~ 의혹을 불러일으키다

**よふかし**【夜更(か)し】 名自スル 밤늦게까지 자지 안 잠¶小説を読んで~する 밤늦게까지 자지 않고 소설을 읽다

**よふけ**【夜更け】 밤이 이슥함. 야밤. 심야

**よぶこ**【呼ぶ子】 호루라기, 호각=よびこ ―鳥 動 "かっこう"의 딴이름

**よぶね**【夜船】 밤에 항행하는 배, 밤배=よふね

**よふん**【余憤】 余憤. 아직 덜 가신 노여움¶ ~の収まらない顔つき 여분이 가라앉지 않은 얼굴

**よぶん**【余分】 名ナ ①여분, 나머지 ~ がある 여분이 있다 ②필요 이상임, 덤=余計¶ ~なお金 필요 이상의 돈

**よぶん**【余聞】 (文) 여담¶選挙~ 선거 여담

**よへい**【余弊】 (文) 여폐¶남아 있는 폐해¶戦争の~ 전쟁의 여폐¶수반해서 생긴 폐해¶文明の~ 문명의 여폐

**よほう**【予報】 名他スル 예보¶天気の~ 일기예보/ ~官 예보관

**よぼう**【予防】 名他スル 예방¶火災の~ 화재예방/ 伝染病の~をする 전염병을 예방하다 ―医学 예방 의학 ―接種 예방 접종 ―線 예방선, 미리 손을 씀¶ ~を張る 미리 손을 쓰다 ―注射 예방 주사

**よほう**【*輿望】 (文) 여망, 중망(衆望), 세상의 기대·신뢰¶ ~を担ぐ 여망을 짊어지다

**ほど**【余程】 副 ①상당히, 무척, 어지간히, 훨씬¶ ~懲りたらしい 어지간히 질린 모양이다 ②정말이지, 큰맘먹고, 꼭¶ ~やってみようと思った 꼭 해 보려고 생각했다

**よぼよぼ** I 副 늙어서 쇠약해진 모양. 비칠비칠¶ ~と歩くる 비칠비칠 걷다 II 名 (노쇠해서) 비칠비칠함¶ ~の老犬 비칠비칠하는 늙은 개

**よまいごと**【*迷(い)言】 이유 없는 투정이나 넋두리를 늘어놓음, 그런 말¶ ~を並べる 넋두리를 늘어놓다

**よま・せる**【読ませる】 自下一 (흥미있게) 읽을 만하다¶ なかなか~本だ 꽤 읽을 만한 책이다

**よまつり**【夜祭(り)】 밤 축제¶ ~で町中がにぎわう 밤 축제로 온동네가 흥청거리다

**よまわり**【夜回り・夜*廻り】 名自スル 야경 돎, 야경꾼

**よみ**〈黄泉〉 (文) 황천, 저승¶ ~の国 저승

**よみ**【読み】 ①읽기¶ ~, 書き, 소로반 읽기 쓰기 셈하기 ②한자 읽는 법. (특히) 한자의 훈독¶訓~ 훈독 ③독해¶ ~が浅い 독해가 모자라다 ④(바둑·장기 등의) 수읽기¶ ~が早い 수읽기가 빠르다 ⑤통찰력. 앞을 내다봄¶ ~が当たる 판단이 들어맞다

慣用句
―が深い 통찰력이 깊다, 선견지명이 있다

**よみあげざん**【読(み)上げ算】 (주판에서) 듣고 놓기, 듣고 셈하기 ⇔見取り算

**よみあ・げる**【読(み)上げる】 他下一 ①큰소리로 읽다, 낭독하다¶聖書を~ 성경을 낭독하다 ②다 읽음, 독파하다¶ 一晩で~ 하룻밤에 다 읽다

**よみあさ・る**【読(み)^漁る】他五 이것저것 널리 읽다, 섭렵하다¶推理小説を～ 추리소설을 섭렵하다

**よみあわせ**【読(み)合(わ)せ】 ①(원고와 교정쇄 등을) 읽으며 맞추어 봄 ②[劇] 배우가 대본을 보면서 자기 대사를 읽어 서로 맞춰봄. 대본 읽기＝本読ほんみ

**よみうり**【読(み)売り】江戸시대에 사건을 인쇄한 瓦版かわらばん을 거리에서 크게 읽으며 팔러 다니던 일, 그런 사람

**よみかえ・す**【読(み)返す】他五 ①되풀이해서 읽다¶恋人こいびとの手紙てがみを何度なんども～ 애인의 편지를 몇번이나 되풀이해서 읽다 ②(점검을 위해 쓴 글을) 다시 읽다¶念ねんのために～ 만약을 위해 다시 읽다

**よみか・える**【読(み)替える】他下一 ①(한자를) 다른 음과 훈으로 읽다 ②(법령 조문 중의 어구를) 다른 어구로 대체해 적용하다. 독본

**よみがえ・る**【^蘇る・^甦る】自五(文) ①(죽은 사람이) 되살아나다, 소생하다¶死者ししゃが～ 죽은 사람이 되살아나다 ②(없어진 것이) 되살아나다¶記憶きおくが～ 기억이 되살아나다

**よみかき**【読み書き】읽고 쓰기

**よみか・ける**【読(み)掛ける】他下一 ①읽기 시작하다 ②읽다가 말다 ③【詠み掛ける】和歌わかを읊고 상대의 답가(答歌)를 청하다

**よみかた**【読(み)方】 ①읽기, 읽는 법¶漢字かんじの～ 한자 읽는 법 ②독해¶古文こぶんの～ 고문의 독해 ③구제 초등학교의 국어 교과목의 하나. 독본

**よみがな**【読み仮名】읽는 법을 표시하기 위해 한자에 붙이는 かな＝振ふり仮名がな・ルビ¶～ をつける (한자에) かな를 달다

**よみきり**【読み切り】①(잡지 등에서) 1회로 완결되는 단편물¶～小説しょうせつ 1회로 끝맺는 소설 ②다 읽음, 읽기를 끝냄

**よみき・る**【読(み)切る】他五 ①끝까지 읽다, 독파하다¶一日いちにちで～ 하루에 독파하다 ②끝까지 모두 보다¶先さきを～ 남은 부분을 끝까지 모두 보다

**よみくせ**【読み癖】①습관상 정해져 있는 특별히 읽는 법＝慣用読かんようみ ②(그 사람 특유의) 읽는 버릇 ▷「よみぐせ」라고도 함

**よみくだ・す**【読(み)下す】他五 ①(처음부터 끝까지) 내리읽다, 읽어 내리다¶一気いっきに～ 단숨에 읽어 내리다 ②한문을 일본어의 어순(語順)대로 고쳐 읽다

**よみごたえ**【読(み)応え】①(내용이 충실하여) 읽을 만함¶短みじかいが～がある小説しょうせつ 짧지만 읽을 만한 소설 ②(길거나 난해하여) 읽기 벅참¶全ぜん三券さんけんはいかにも～がある 전 3권은 아무래도 읽기 벅차다

**よみこな・す**【読(み)こなす】他五 읽고 내용을 충분히 이해하다¶古典こてんを～ 고전을 완전히 이해하다

**よみこ・む**【詠(み)込む】他五 사물의 이름 등을 넣어 시가(詩歌)를 짓다¶地名ちめいを～ んだ歌うた 지명을 넣어서 지은 和歌

**よみこ・む**【読(み)込む】他五 잘 읽고 이해하다¶万葉集まんようしゅうを～ 万葉集을 잘 읽고 이해하다

**よみさし**【読(み)止し】읽다가 맒, 그런 책¶ ～の本ほん 읽다가 만 책

**よみじ**【(黄泉)路】(文) 황천길, 저승길

**よみ・する**【^嘉する】他サ変(文) (아랫사람을) 칭찬하다, 가상히 여기다¶志こころざしを～ 뜻을 가상히 여기다

**よみせ**【夜店・夜見世】밤거리의 노점, 야시장¶ ～が出でる 야시장이 서다

**よみち**【夜道】밤길¶～を行ゆく 밤길을 가다

**よみて**【読(み)手】①(글을) 읽는 사람 ②「カルタ」등에서) 글귀를 읽는 사람 ③읽기에 뛰어난 사람 ④【詠み手】和歌わか・俳句はいく 시인

**よみで**【読みで】(분량이 많아서) 읽을 만함¶ ～のある本ほん (분량이 많아서) 읽을 만한 책

**よみとお・す**【読(み)通す】他五 (책 등을) 다 읽다, 통독하다¶夜よを明あかして小説しょうせつを～ 밤을 새워 소설을 다 읽다

**よみと・る**【読(み)取る】他五 ①읽고 이해하다, 독해하다 ②(마음・力ちから 등을) 간파하다, 알아차리다¶敵てきの心理しんりを～ 적의 심리를 간파하다 ③(기계가 문자・기호를) 판독하다

**よみなが・す**【読(み)流す】他五 ①줄줄 읽어 내리다¶原文げんぶんをすらすらと～ 원문을 줄줄 읽어 내렸다 ②죽 훑어보다, 대강 읽다¶書類しょるいを～ 서류를 대충 훑어보다

**よみびと**【詠(み)人・読(み)人】시가(詩歌)의 작자＝知しらず(和歌わかで서) 작자 미상

**よみふけ・る**【読(み)耽る】自五 열중하여 읽다, 탐독하다¶大河たいが小説しょうせつを～ 대하소설을 탐독하다

**よみふだ**【読み札】(カルタ 등에서) 읽는 쪽의 패 ⇔取とり札

**よみほん**【読本】(文) (江戸 중기에서 후기에 유행한) 공상적・전기적 내용의 장편 소설

**よみもの**【読(み)物】①(가벼운) 읽을 거리¶車中しゃちゅうの～ 차 안에서 볼 만한 읽을 거리 ②읽을 만한 글¶なかなかの～だ 패 읽을 만한 글이다 ③만담가나 能のう의 표제

**よみや**【夜宮・^宵宮】축제의 전야제

**よ・む**【詠む】他五 (시가를) 짓다, 읊다

**よ・む**【読む】他五 읽다 ①소리내어 읽다, 낭독하다¶子供こどもが大おおきな声こえで教科書きょうかしょを～ 아이가 큰소리로 교과서를 읽다 ② (그림・도표 등을) 보고 이해하다¶グラフを～ 그래프를 읽다 ③(경문 등을) 낭송하다¶木魚もくぎょをたたいて経きょうを～ 목탁을 두드리며 독경하다 ④알아차리다, 간파하다¶相手あいての腹ふくの中なかを～ 상대의 마음속을 간파하다 ⑤(바둑・장기에서) 수를 내다보다¶三手さんてで先さきを～ 수 앞을 내다보다 ⑥(수를) 헤아리다, 세다¶票ひょうを～ 표를 세다

**よめ**【嫁】①며느리¶姑しゅうとと～の仲なか 고부(姑婦)간 ②결혼 상대의 여성, 아내¶～に行いく 시집가다／～を迎むかえる 아내를 맞아들이다 ③신부, 신혼 여성¶花はな～ 신부

よめ [夜目] 밤에 봄, 밤눈¶ ~にも鮮やか 밤눈에도 선명함/ ~がきく 밤눈이 밝다
よめい [余命] (文) 여명, 여생¶ ~いくばくもない 여생이 얼마 남지 않다
よめいびり [嫁いびり] 며느리를 학대함
よめいり [嫁入り] 图 自スル 시집감, 혼례식¶ ~前まえ 혼전, 미혼/ ~じたく 시집갈 준비
よめご [嫁御] 「嫁よ 며느리」의 높임말
よめごりょう [嫁御寮] 「嫁よ」의 높임말
よめじょ [嫁女] 「嫁よ」의 예스러운 말
よめとり [嫁取り] 图 自スル 아내[며느리]를 맞아 들임 ⇔ 婿取むことり
よめな [嫁菜] 植 쑥부쟁이
よ・める [読める] 自下一 ①이해할 수 있다, 알다¶ このことばはこうも ~ 이 말은 이렇게도 이해할 수 있다¶읽을 만하다¶ ちょっと~本ほんだ 제법 읽을 만한 책이다
よも [四方] 사방 ①동서남북, 전후좌우= しほう¶ ~を見回みまわす 사방을 둘러보다 ②여기저기, 주위, 일대
よもぎ [×蓬・×艾] 植 쑥
よもぎもち [×蓬×餅] 쑥떡= 草くさもち
よもすがら [〈終夜〉] 副(文) 밤새도록, 밤새껏¶ ~雨あめやまず 밤새도록 비가 그치지 않다
よもや 副 설마= まさか ¶ ~逃にげはすまい 설마 도망가지는 않겠지
よもやま [〈四方〉山] 여러 가지, 이런 저런 일 ―話ばなし 이런 저런 [잡다한] 이야기, 세상 돌아가는 이야기
よやく [予約] 图 他スル 예약¶ ~金きん 예약금/ ホテルの~をとる 호텔 예약을 하다
よゆう [余裕] 여유= ゆとり ¶ ~のある態度たいど 여유 있는 태도/ 時間じかんの~がない 시간적 여유가 없다 ―綽綽しゃくしゃく 여유 작작
よ よ [〈世世〉・〈代代〉] ①图(文) 대대, 세세, 대를 거듭함= だいだい ¶ ~に伝つたえる 대대로 전하다 ②佛 과거・현재・미래의 삼세
よよ [夜夜] (文) 매일밤, 밤마다¶ ~泣なき悲しむ 밤마다 슬퍼 울다
よよと 副(文) 흐느껴 우는 소리, 흑흑¶ ~泣なき崩くずれる 흑흑 흐느끼며 쓰러져 울다
より [格助] ①(비교의 기준・대상) …보다¶ 去年きょねん~寒さむい 작년보다 춥다 ②(한정) …수밖에¶ こうする~方法ほうほうがない 이렇게 하는 수밖에 달리 방법이 없다 ③(동작・작용의 시간적・공간적 기점) …부터= から¶ 六時ろくじ~開会かいかいの予定よてい 6시부터 개회 예정 ④(동작이 행해지는 지점・경유점) …으로부터= から¶ 見習みならい~始はじめる 견습부터 시작하다 ⑤(동작의 수단・재료) …에서, …(로써) ¶ 木材もくざい~作つくる 목적포로 만들다 ⑥(원인・이유・판단의 근거) …로부터, …로 인해¶ 経験けいけん~の忠告ちゅうこく 경험으로부터 하는 충고 ⑦(동작・작용의 주체) …로부터¶ 母はは~聞きいた歌うた 어머니한테서 들었던 노래 ⑧(순서・범위의 시점) …부터, …에서¶ 主題しゅだいの決定けってい~始はじめる 주제의 결정부터 시작하다
より [寄り] ①모임, 집합 상태¶ 客きゃくの~が悪わるい 손님이 잘 모이지 않는다 ②부스럼의 응어리¶ あせもの~ 땀띠의 응어리 ③相撲 상대방의 샅바를 잡고 씨름판 가장자리로 밀어붙이는 기술 ④(造語) …에 가까움, …쪽¶ 海うみ~の家いえ 바다 가까운 집
より [×縒り・×撚り] 꼼, 꼰 것 [정도] ¶ ~の強つよい糸いと 꼬임이 강한[강하게 꼰] 실
慣用句
―を掛かける ①실 등을 꼬다 ②(「腕うでに~」의 꼴로) 있는 솜씨를 다 부리다
―を戻もどす ①꼰 것을 다시 풀다 ②(헤어진 남녀가) 다시 합쳐지다, 본래의 관계로 되돌리다
より 副 보다, 더욱더¶ ~豊ゆたかな社会しゃかい 보다 풍요로운 사회
よりあ・い [寄(り)合い] ①모임, 회합, 집회¶ 町内ちょうないの~ 동네의 모임 ②잡다한 것의 모임 ③[日史] (중세) 농민의 자치적인 회합 ④[日史] (江戸えど 시대) 3천석 이상의 旗本はたもとんとして 직분이 없던 사람 ―所帯じょたい ①여러 세대가 한 곳에 모여 삶 ②잡다한 사람들의 모임
よりあ・う [寄(り)合う] 自五 (사람들이) 한 곳에 모이다, 집합하다¶ 隣となりの家いえに~・って相談そうだんする 이웃집에 모여 의논하다
よりあし [寄(り)足] 相撲 상대방의 샅바를 잡고 밀어붙이는 발동작
よりあつま・る [寄(り)集(ま)る] 自五 (사람들이) 모여들다, 집합하다¶ 町まちの人ひとたちが広場ひろばに~ 마을 사람들이 광장에 모여들다
よりいっそう [より一層] 副 더한층, 한층 더¶ ~仕事しごとに励はげむ 한층 더 열심히 힘쓰다
よりいと [×縒り糸・×撚り糸] 꼰실, 연사
よりかか・る [寄(り)掛(か)る・×凭(り)掛(か)る] 自五 ①기대다¶ 壁かべに~ 벽에 기대다 ②의존하다, 의지하다¶ 親おやに~・って生活せいかつする 부모에 의존하여 생활하다
よりき [与力] ①가세(加勢), 조력 ②[日史] (중세에) 유력한 무사 등에 가세하거나 속해 있던 병사 ③[日史] 江戸えど 시대에 奉行ぶぎょう 등의 휘하에서 同心どうしん을 지휘하던 하급 관리
よりきり [寄(り)切り] 相撲 맞붙은 채로 상대방을 씨름판 밖으로 떠밀어 내는 기술
よりけり 連語 ((「…に~」의 꼴로)) …에 달려 있다, 나름이다¶ 冗談じょうだんも時ときと場所ばしょに~だ 농담도 때와 장소 나름이다
よりごのみ [×選り好み] → えりごのみ
よりしろ [×依り代・×憑代] 民 신령이 나타날 때 그 매체가 되는 것
よりすが・る [寄(り)×縋る] 自五 ①매달리다¶ ~・って泣なく 매달려 울다 ②의지하다, 기대다¶ 神かみに~しかない 신에게 의지할 수밖에 없다
よりすぐ・る [×選りすぐる] 他五 → えりすぐる
よりそ・う [寄(り)添う] 自五 바싹 다가서다, 다가붙다¶ ~・って歩あるく 바싹 달라붙어 걷다
よりたおし [寄(り)倒し] 相撲 서로 맞붙은 채로 밀고 나가서 씨름판 가장자리에서 상대를 넘어뜨리는 기술

よりつき【寄(り)付き】①(들어서면서) 첫째 방 ②(정원 등에 꾸민) 간단한 휴식처 ③[經] (증권 거래소에서) 그 날의 전장·후장의 첫 거래, 그때의 시세 ⇔ 大引ぎけ

よりつ・く【寄(り)付く】自五 ①다가가다, 접근하다, 가까이하다¶ こわくてだれも~・かない 무서워서 아무도 가까이하지 않다 ② [經] (거래소에서) 그 날의 첫 거래가 성립되다

よりどころ【ˆ拠(り)所】①기댈 곳, 지주¶ 心ごゝの~とする 마음의 지주로 삼다 ②근거¶ ~のないうわさ 근거 없는 소문

よりどり【ˆ選り取り】名 골라잡음¶ ~百円えん 골라잡아 100엔 一見取けんどり 마음대로 골라잡음

よりによって【ˆ選りに ˆ選って】連語 하필이면 ¶ ~遠足えんそくの日ひに雨あめが降ふる 하필이면 소풍날에 비가 내린다

よりぬき【ˆ選り抜き】→ えりぬき

よりまし【憑 ˆ坐】(주술에서) 신령이 잠시 들게 하기 위한 어린아이나 허수아비

よりみ【寄(り)身】[相撲] 맞붙어서 상대방을 떠밀침, 그런 자세

よりみち【寄(り)道】名 自スル 가는 길에 다른 곳에 들름, 돌아서 가는 길¶ ~して帰かえる 다른 곳에 들러서 돌아오다

よりめ【寄(り)目】모들뜨기, 내사시

よりも 助 …보다도¶ だれ~君きみを愛あいす 누구보다도 너를 사랑한다

よりよ・い【より良い】形 보다 낫다, 한층[더욱] 좋다¶ ~生活せいかつ 보다 나은 생활

よりょく【余力】여력¶ ~を残のこして引退いんたいする 여력을 남기고[여유 있게] 은퇴하다/ 家いえを買かう~はない 집을 살 여력은 없다

よりより【ˆ度ˆ度・寄り寄り】때때로, 수시로, 이따금¶ ~相談そうだんする 수시로 상의하다

よりわ・ける【ˆ選り分ける】他下一 → えりわける

よる【夜】밤¶ ~の帳とばり 밤의 장막/ 遅おそくまで勉強べんきょうする 밤늦게까지 공부하다
慣用句
—も昼ひるも 밤낮으로, 쉴새 없이

よ・る【因る】自五 ①인하다, 기인하다, 말미암다¶ 子供こどもの火遊ひあそびに~火災かさい 아이의 불장난으로 인한 화재 ②[ˆ由る] 관계되다, 달리다¶ 努力どりょくいかんに~ 노력 여하에 달리다 ③[ˆ由る] 따르다, 준하다¶ 前例ぜんれいに~・って執とり行おこなう 전례에 따라 집행하다 ④[ˆ依る] 수단으로 삼다, 의하다¶ 武力ぶりょくに~解決かいけつ 무력에 의한 해결 ⑤[ˆ拠る] 근거로 삼다, 의거하다¶ 先生せんせいのお説せつに~・れば 선생님의 말씀에 따르면 ⑥[ˆ拠る] 근거지로 삼다, 웅거(雄據)하다¶ 城しろに~・って抵抗ていこうする 성에 웅거하여 저항하다

よ・る【寄る】自五 ①접근하다, 다가서다¶ ストーブのそばに~ 난로 옆으로 다가가다 ②(한 곳에) 모이다 会場かいじょうに~ 회장에 모이다 ③겹치다, 많아지다¶ 年としが~ 나이가 들다 ④들르다¶ 近ちかくに来きたついでに~ 처에 왔던 길에 들르다 ⑤기대다, 의지하다¶ 手てすりに~ 난간에 기대다 ⑥기울다, 비키다¶ 道路どうろの右側みぎがわに~ 도로의 우측으로 비키다 ⑦밀리다¶ 波なみが~ 파도가 밀리다 ⑧[經] (거래소에서) 첫 매매 거래가 성립되다 ⑨[相撲] 상대의 샅바를 잡고 뒤로 떠밀치다
慣用句
—·らば大樹たいじゅの陰かげ 기왕이면 힘있는 사람에게 의지하는 것이 좋다
—と触さわると 모이기만 하면 언제나, 기회만 있으면

よ・る【ˆ選る】他五 고르다, 골라내다, 선별하다= えらぶ¶ いい品しなを~ 좋은 물건을 고르다

よ・る【ˆ縒る・ˆ撚る】他五 (실 등을) 꼬다¶ 糸いとを~ 실을 꼬다/ 腹はらを~ 배를 잡고 웃다

よるい【余類】(文) 여류, 남은 무리, 잔당

よるがお【夜顔】[植] 밤매꽃 = 夕顔ゆうがお

よるのおんな【夜の女】밤에 길가에서 손님을 끄는 여자, 매춘부, 창녀 = 街娼がいしょう

よるのちょう【夜のˆ蝶】(바·캬바레 등의) 접대부, 호스테스

よるのつる【夜のˆ鶴】①밤중에 우는 학 ②[比] 자식에 대한 부모의 깊은 애정

よるのとばり【夜のˆ帳】밤의 장막¶ ~が下おりる 밤의 장막이 내리다

よるのにしき【夜のˆ錦】헛됨, 부질없음

よるひる【夜昼】Ⅰ名 주야, 밤과 낮¶ ~構かまわず遊あそび回まわる 밤낮을 개의치 않고 놀러 다니다 Ⅱ副 밤이나 낮이나, 밤낮으로¶ ~催促さいそくされる 독촉받다

よるべ【寄る辺】의지할 곳·사람¶ ~なき身み 의지할 데 없는 몸

よるよなか【夜夜中】(口) 한밤중¶ ~に人ひとの家いえを訪問ほうもんする 한밤중에 남의 집을 방문하다

よれい【予鈴】(업무 시작 등을 알리는) 예비종¶ ~が鳴なる 예비종이 울리다

よれよれ ィ (옷 등이) 낡고 헐어 구겨짐, 구깃구깃함¶ ~のコート 구깃구깃한 코트

よ・れる【ˆ縒れる】自下一 ①꼬이다, 비틀리다, 엉키다¶ 糸いとが~ 실이 엉키다/ 足元あしもとが~ 발걸음이 꼬이다 ②주름이 잡히다, 구김살이 가다¶ すそが~ 옷자락이 주름이 지다

よろい【ˆ鎧・ˆ甲】갑옷¶ ~かぶとに身みを固かためる 갑옷과 투구로 무장하다

よろいいた【ˆ鎧板】[建] 미늘 창살

よろいど【ˆ鎧戸】①미늘문 ②셔터¶ 店みせの~を下おろす 가게의 셔터를 내리다

よろいどおし【ˆ鎧通し】옛날에 적과 백병전을 벌일 때 쓰던 단검

よろ・う【ˆ鎧う】他五(文) 갑옷을 입다, 무장하다

よろく【余禄】여록, 부수입, 가외 수입 = 余得とく¶ ~が多おおい地位ちい 부수입이 많은 지위

よろく【余録】(文) 여록, 누락된 사실의 기록 = 余話わ¶ 戦争せんそう~ 전쟁 여록

よろけ【ˆ蹣跚・ˆ跪跟】①비틀거림, 비슬거림 ②규폐(珪肺)의 속칭

よろ・ける【〈蹣跚〉ける・〈跪跟〉ける】自下一 비틀거리다, 비슬거리다¶ 石いしにつまずいて

よんどころない

~ 돌부리에 걸려 비틀거리다
**よろこばし・い**【喜ばしい・悦ばしい】[形] 기쁘다, 즐겁다¶ ~知らせ 기쁜 소식¶ ~ことはない 이렇게 즐거운 일은 없다
**よろこび**【喜び・歓び・悦び・慶び】① 기쁨¶ ~の対面 기쁜 대면¶ ~もひとしおである 기쁨도 한층 더하다[각별하다] ② 경사스러운 일¶ ~が重なる 경사가 겹치다 ③ 축하의 말, 축사¶ 新年のお~を申し上げます 새해의 축하 말씀을 올리겠습니다
**よろこびいさ・む**【喜び勇む】[自五] 기뻐서 신바람이 나다¶ ~・んで出かける 신바람이 나서 나가다
**よろこ・ぶ**【喜ぶ・歓ぶ・悦ぶ・慶ぶ】[自五] ① 기뻐하다, 즐거워하다, 좋아하다¶ 無事にすんで~ 무사히 끝나서 기뻐하다 ② 달가워하다, 기꺼이 받아들이다¶ 忠告を~ばない 충고를 달가워하지 않다/ ~・んで出席させていただきます 기꺼이 출석하겠습니다 ③ 축하하다, 경하하다¶ 娘の結婚を~ 딸의 결혼을 경하하다
**よろし・い**【宜しい】Ⅰ[形] ① 좋습니다, 괜찮습니다¶ よろしゅうございます 괜찮습니다 ② (形式) (…해도) 괜찮다, 좋다 ③¶ 帰っても~ 돌아가도 좋다 상대방의 말을 시인하거나 양해할 때 쓰는 말. 좋아, 좋다¶ ~。わかった 좋아. 알았다/ ~。引き受けよう 좋소. 떠맡겠소
**よろしき**【宜しき】 적절함, 적절한 정도¶ 指導の~を得て合格した 적절한 지도를 받아 합격했다
**よろしく**【宜しく】Ⅰ[副] ① 적당히, 적절히¶ ~対処してくれ 알아서 대처해 주게 ②(文) ((~べし[べき]의 꼴로)) 당연히[꼭, 모름지기] …해야 한다¶ ~努めるべきだ 당연히 힘써야 한다 ③(造語) 마치 …처럼¶ 俳優~のしぐさ 배우같은 몸짓 Ⅱ[感] ①「よろしくお伝えください」의 준말. 안부 전해 주십시오¶ 皆さんに~ 여러분께 안부 전해 주십시오 ②「よろしくお願いします」의 준말. 잘 부탁합니다¶ 今後とも~ 앞으로도 잘 부탁드립니다
**よろず**【万】(文) ① (수의) 만= まん ② 수많음¶ ~の者 수많은 사람 ③ 모두, 만사, 일체¶ ~任せていただきたい 모두 맡겨 주십시오
**よろずや**【万屋】① 만물상 ② 만물 박사
**よろめ・く**[自五] ① 비틀거리다, 휘청거리다= よろける¶ ~足取り 비틀거리는 발걸음 ② 유혹에 빠지다, 바람이 나다¶ 人妻が~ 유부녀에게 빠지다, 유부녀 바람이 나다
**よろよろ**[副] [自スル] 비틀비틀, 비칠비칠¶ ~として危ない 비틀비틀하여 위험하다
**よろん**【輿論・世論】여론, 세론¶ ~にこたえる 여론에 부응하다 —**調査**【社】여론 조사
**よわ**【夜半】(文) 야반, 밤중, 야밤= 夜中
慣用句
—**の嵐** 한밤의 폭풍우, 생각지도 않은 때 일어나는 사건의 비유

**よわ**【余話】(文) 여록, 여담= こぼれ話¶ 戦争~ 전쟁 여록
**よわい**【齢】(文) 나이, 연령¶ ~七十 나이 70
**よわ・い**【弱い】[形] 약하다 ① 힘·기세가 없다¶ ~体 약한 몸/ 意志が~ 의지가 약하다 ② 경쟁력이 떨어지다¶ ~軍隊 약한 군대/ 守備が~ 수비가 약하다 무너지기 쉽다¶ ~土台 약한 토대 ④ 여리다, 희미하다¶ 日ざしが~ 햇살이 약하다 ⑤ (「…に~」의 꼴로) 무르다, 질기지[강하지] 않다 酒に~ 술에 약하다/ この布は熱に~ 이 천은 열에 약하다 ⑥ 서투르다, 능숙하지 않다¶ 機械に~ 기계에 약하다/ 音楽が~ 음악이 서투르다
慣用句
—**・き者よ汝の名は女なり** 약한 자여 그대 이름은 여자이니라
**よわい・する**【齢する・歯する】[自サ変](文) 한패로 사귀다, 한패에 끼다
**よわごし**【弱腰】Ⅰ[名] 허리 양 옆의 잘록한 부분, 허구리¶ ~をける 허구리를 걷어차다 Ⅱ[名] [ク] 소극적임, 저자세 ⇔ 強腰¶ ~を見せる 소극적인 태도를 보이다
**よわたり**【世渡り】처세, 세상살이= 世過ぎ¶ ~上手だ 처세가 능란하다/ ~にたける 처세에 뛰어나다
**よわね**【弱音】힘없는 소리, 약한 소리, 나약한 말¶ ~を吐く 나약한 소리를 하다
**よわび**【弱火】(요리에서) 약한 불, 뭉근한 불= とろ火¶ ~で煮る 뭉근한 불로 끓이다
**よわふくみ**【弱含み】(시세의) 약세, 하락세
**よわま・る**【弱まる】[自五] 약해지다, 누그러지다 ⇔ 強まる¶ 風が~ 바람이 약해지다
**よわみ**【弱み】① 약점¶ ~に付け込む 약점을 이용하다 ② 약함¶ ~を見せる 약한 모습을 보이다
**よわむし**【弱虫】겁쟁이, 못난이¶ この~め 이 겁쟁이야
**よわ・める**【弱める】[他下一] 약하게 하다, 약화시키다 ⇔ 強める¶ 火を~ 불을 약하게 하다/ 結束を~ 결속을 약화시키다
**よわよわし・い**【弱弱しい】[形] 연약하다, 가냘프다, 허약하다¶ ~声 가냘픈 소리/ ~く見える子供 연약해 보이는 아이
**よわりめ**【弱り目】약해진 때, 곤란한 틈¶ ~に付け込む 곤란한 틈을 타서 이용하다
慣用句
—**に祟り目** 엎친 데 덮치기, 설상가상
**よわ・る**【弱る】[自五] ① 약해지다, 쇠약해지다¶ 過労で~ 과로로 쇠약해지다 ② 난처해지다, 곤란해지다¶ ~・ったことになった 난처하게 되었다
**よん**【四】(口) 사, 넷= よっつ・し¶ 一番 넷째/ ~台のくるま 네 대의 차
**よんどころな・い**【拠ん所ない】[形](口) 어쩔 수 없다, 부득이하다= やむを得ない¶ ~事情 부득이한 사정

# ら ラ

**ら** 五十音図(ごじゅうおんず)「ら」행(行)의 첫째 かな. ひらがな「ら」는「良」의 초서체, かたかな「ラ」는「良」의 첫 두 획을 취한 것

**ら**【裸】(音)ラ(訓)はだか(名)ㆍ(造語) 발가벗다, 알몸ㆍ裸体(たい) 나체ㆍ裸婦(ふ) 나부ㆍ赤裸(せきら)裸(ら) 적나라 ▷【黙字訓】裸足(はだし) 맨발

**ら**【螺】(音)ラ(造語) 고둥, 소용돌이 모양을 한 것ㆍ螺旋(せん) 나선ㆍ螺鈿(でん) 나전ㆍ法螺(ほら) 소라고둥 ▷【黙字訓】栄螺(さざえ) 소라

**ら**【羅】(音)ラ(음)라(造語) ①새 그물, 훑어 잡다ㆍ雀羅(じゃくら) 새그물ㆍ網羅(もうら) 망라 ②늘어놓다ㆍ羅列(られつ) 나열ㆍ森羅万象(しんらばんしょう) 삼라만상 ③얇은 비단ㆍ綾羅(りょうら) 능라 ④범어ㆍ외국어의 차용자ㆍ羅馬(ローマ) 로마ㆍ修羅(しゅら) 수라

**ら**【等】(音)ラ (사람을 나타내는 명사ㆍ대명사에 붙어) 복수를 나타냄, …들, …등, …따위¶彼(かれ)〜 그들/ 山本君(やまもとくん)〜 山本군 등 ②(장소ㆍ방향의 대명사나 시간에 관한 명사에 붙어) …쯤, …근방, 곳, 때¶御(お)〜 들판/ ここ〜で一休(ひとやす)みしよう 이 근처에서 잠시 휴식하자

**ラ**(이 la)【音】라 ①장음계의 여섯째 음의 이름 ②가(A) 음의 이탈리아 음명

**ラーメン** [☞老麵ㆍ拉麵](料) 라면, 중국식 국수 요리

**ラーメン**(독 Rahmen)(建) 라멘. 골조가 연속적으로 접합된 구조¶〜橋(きょう) 라멘교

**らい**【来】(音)ライ(訓)くるㆍきたるㆍきたす(음)래.(造語) ①오다, 오게 하다¶来客(らいきゃく) 내객ㆍ往来(おうらい) 왕래 ②그로부터, 이후, 그 후¶来歴(らいれき) 내력ㆍ以来(いらい) 이래 ③앞으로, 오는, 다음¶来年(らいねん) 내년ㆍ将来(しょうらい) 장래

**らい**【雷】(音)ライ(訓)かみなりㆍいかずち(음)뢰. Ⅰ(造語) ①번개, 벼락¶雷雨(らいう) 뇌우ㆍ落雷(らくらい) 낙뢰 ②폭음을 내며 폭발하는 무기¶雷管(らいかん) 뇌관ㆍ地雷(じらい) 지뢰 Ⅱ천둥, 번개, 우레

**らい**【頼】【賴】(音)ライ(訓)たのむㆍたのもしㆍよる(음)뢰.(造語) 부탁하다, 의지하다, 믿고 맡기다ㆍ依頼(いらい) 의뢰ㆍ信頼(しんらい) 신뢰ㆍ無頼(ぶらい) 무뢰ㆍ頼信紙(らいしんし) 전보 용지

**らい**【瀬】【瀬】(音)ライ(訓)せ(음)뢰.(造語) 주로 훈(訓)「せ」로 쓰임

**らい**【癩】【癩】(醫) 나병, 문둥병ㆍ癩病(らいびょう)

**らいい**【来意】(文) 내의 ①찾아온 이유ㆍ목적¶〜を告(つ)げる 온 뜻을 고하다 ②(편지 등의) 취지¶〜は承知(しょうち)致(いた)しました 취지는 잘 알았습니다

**らいう**【雷雨】(氣) 뇌우¶〜注意報(ちゅういほう) 뇌우 주의보

**らいうん**【雷雲】 뇌운, 소나기 구름, 적란운

**らいえん**【来援】(名)(他スル)(文) 내원, 와서 도움¶〜を請(こ)う 내원을 요청하다

**らいえん**【来演】(名)(自スル)(文) 내연. (음악가ㆍ극단 등이) 와서 공연함¶初(はつ)〜 첫 내연

**らいおう**【来往】(文) 내왕, 왕래¶要人(ようじん)の〜が激(はげ)しい 요인의 내왕이 빈번하다

**らいか**【雷火】(文) 뇌화 ①낙뢰로 의한 화재¶小屋(こや)が〜で焼失(しょうしつ)する 오두막이 뇌화로 소실되다 ②번갯불 = いなずま

**らいが**【来駕】(名)(他スル)(文) 내가, 왕림, 내방¶御(ご)〜を待(ま)つ 왕림을 기다리다

**らいかい**【来会】(名)(自スル)(文) 내회, 모임에 옴¶〜者(しゃ) 내회자, 참석자

**ライカばん**【ライカ判】 라이카판. 24×36mm의 크기의 사진판

**らいかん**【来観】(名)(他スル)(文) 내관, 와서 봄, 보러 옴¶御(ご)〜の皆様(みなさま) 내관하신 여러분

**らいかん**【雷管】 뇌관¶撃発(げきはつ)〜 격발 뇌관

**らいきゃく**【来客】 내객, 방문객¶〜中(ちゅう) 내객이 있음/ 〜の絶(た)え間(ま)がない 내객이 그칠 새가 없다

**らいぎょ**【雷魚】(動) 뇌어, 가물치

**らいげき**【雷撃】(名)(他スル) 뇌격 ①(軍) 어뢰로 적함을 공격함 ②벼락을 맞음, 벼락이 떨어짐

**らいげつ**【来月】 내월, 내달, 다음달 ⇔翌月(よくげつ)

**らいこう**【来校】(名)(自スル)(文) 내교. 학교를 찾아옴¶父兄(ふけい)が〜する 부형이 내교하다

**らいこう**【来航】(名)(自スル)(文) 내항. (외국에서) 배를 타고 옴¶ペリーの〜 페리의 내항

**らいこう**【来貢】(名)(自スル)(文) 내공, 조공(朝貢)

**らいこう**【来寇】(名)(自スル)(文) 내구. 외국의 침공(侵攻)¶元軍(げんぐん)の〜 원군의 내구

**らいこう**【雷公】(俗) 뇌공, 벼락, 천둥

**らいごう**【来迎】 ①(佛) 내영, 임종 때 부처ㆍ보살이 극락 정토에서 맞으러 옴 ② → ごらい

**らいさん**【礼賛ㆍ礼讃】(名)(他スル) 예찬 ①(佛) 부처를 예배하고 그 공덕을 기림, 그런 찬가 ②(文) 칭찬하여 높임¶功績(こうせき)を〜する 공적을 예찬하다

**らいし**【礼紙】 편지 등의 겉을 싸는 종이

**らいし**【来旨】(文) ①(편지 등에서) 상대편이 보내온 뜻 ②내방한 뜻, 내의(來意)

**らいじ**【来示】(文) (흔히 御(ご)〜의 꼴로) (상대방이) 편지로 보내온 내용¶御(ご)〜の件(けん), 処理(しょり)いたしました 써 보내신 건 처리하였습니다

**らいしゃ**【来社】(名)(自スル) 내사¶見学(けんがく)のため〜する 견학을 위해 내사하다

**らいしゃ**【来車】(名)(自スル)(文) ①차로 옴(방문함) ②왕림, 왕가 = 来駕(らいが)¶遠方(えんぽう)からの御(ご)〜 먼곳에서 왕림하심

**らいしゅう**【来週】 내주, 다음 주 ⇔先週(せんしゅう)

**らいしゅう**【来集】(名)(自スル)(文) 모여서 옴, 모여듦¶御(ご)〜の皆様(みなさま) 모이신 여러분

**らいしゅう**【来襲】(名)(自スル)(文) 내습¶敵機(てっき)の〜

적기 내습
**らいじゅう**【雷獣】뇌수. 낙뢰와 함께 나타나 사람·동물을 해친다는 상상의 괴물
**らいしゅん**【来春】①내춘. 내년 봄¶ ～大学を卒業する 내년 봄 대학을 졸업한다 ②내년 정월
**らいしょ**【来書】(文) 내서. 내신 = 来信
**らいじょう**【来状】(文) 내신. 내서 = 来信
**らいじょう**【来場】名 自スル (文) 왕림 御～の方々 왕림하신 여러분
**らいしん**【来信】(文) 내신. 내서 = 来書・来状¶ 母からの～ 어머니에게서 온 편지
**らいしん**【来診】名 自スル 내진 ①(집에) 의사가 와서 진찰함 ②(병원에) 환자가 진찰을 받으러 옴
**らいじん**【雷神】뇌신. 우레·번개를 신격화한 말
**らいしんし**【頼信紙】전보 용지 = 発信紙
**らいせ**【来世】【佛】내세. 사후의 세계. 후세
**らいたく**【来宅】名 自スル (文) 집으로 방문함. 내방¶ 御～をお待ち申し上げます 내방하시기를 기다리겠습니다
**らいだん**【来談】名 自スル 내담. 와서 상담함¶ ～者 내담자
**ライチー** [*荔枝] 【植】 여지 = 茘枝
**らいちゃく**【来着】名 自スル (文) 내착 ①목적지로 찾아옴¶ 調査のために～する 조사차 내착한다 ②그 곳에 오래 머무르기 위해 옴
**らいちょう**【来朝】名 自スル (文) 내조. (외국인이) 이 나라에 찾아옴¶ 使節団が～する 사절단이 내조한다
**らいちょう**【来聴】名 自スル (文) 내청. 와서 들음. 들으러 옴¶ 御～歓迎 내청 환영
**らいちょう**【雷鳥】【動】뇌조
**らいてい**【雷霆】(文) 뇌정. 천둥
**らいてん**【来店】名 自スル 내점. 가게에 옴¶ 毎度御～ありがとうございます 매번 내점해 주셔서 감사합니다
**らいでん**【来電】名 自スル (文) 내전. 전보가 옴. 온 전보¶ ソウルからの～によれば 서울로부터의 내전에 의하면
**らいでん**【雷電】뇌전. 천둥과 번개
**ライト** (light) 라이트 Ⅰ 名 ①빛. 광선 ②조명. 등불 Ⅱ【造語】①(빛깔 등이) 밝음. 연함 ②가벼움 **—級** 라이트급. (권투·레슬링 등의) 경량급 **—ヘビー級** 라이트 헤비급. (권투·레슬링 등에서) 미들급과 헤비급의 중간
**らいとう**【来島】名 自スル 내도. 섬에 찾아옴¶ ～の観光客 섬에 찾아온 관광객
**らいどう**【雷同】名 自スル 뇌동. 주견이 없이 남의 말에 따름¶ 付和～ 부화뇌동
**ライナー** (liner) 라이너 ①【野】직선으로 날아가는 타구 ②정기선. 정기 항공기
**らいにち**【来日】名 自スル 내일. (외국인이) 일본에 옴. 방일 = 来朝
**らいにん**【来任】名 自スル 내임. 임지에 옴. 부임¶ ～の挨拶 내임 인사
**らいねん**【来年】내년. 명년¶ ～度の計画 내년도의 계획

【慣用句】
**—のことを言うと鬼が笑う** 내년 일을 말하면 귀신이 웃는다
**らいはい**【礼拝】名 他スル【佛】예배. 예불¶ 朝の～ 아침 예불
**らいびょう**【癩病】【醫】나병. 문둥병
**らいひん**【来賓】내빈¶ ～席 내빈석 / ～の祝辞 내빈의 축사
**ライフ** (life) 라이프 ①생명 ②생활¶ ～スタイル 라이프 스타일. 생활 양식 ③인생. 일생. 생애 **—サイエンス** (life science) 라이프 사이언스. 생명 과학 **—ジャケット** (life jacket) 라이프 재킷. 구명 동의(救命胴衣) **—ボート** (lifeboat) 라이프보트. 구명정(艇) **—ワーク** (lifework) 라이프워크. 필생의 사업·연구
**ライブ** (live) 라이브 ①생방송 ②실황 연주¶ ～コンサート 라이브 콘서트
**ライフルじゅう**【ライフル銃】라이플총
**らいほう**【来訪】名 自スル (文) 내방 ⇔ 往訪¶ ～者 내방자
**らいほう**【来報】名 他スル ①(文) 내보. 와서 알림. 그런 소식¶ ～を待つ 내보를 기다리다 ②【佛】나중에 돌아올 응보
**らいめい**【雷名】뇌명. 드높은 명성·평판¶ ～を天下にとどろかす 뇌명을 천하에 떨치다
**らいめい**【雷鳴】뇌명. 천둥 소리¶ ～がとどろく 뇌명이 울리다
**らいゆ**【来由】(文) 유래. 내력 = 由来¶ ～をたずねる 유래를 찾다[캐다]
**らいゆう**【来遊】名 自スル (文) 내유. 와서 놂. 놀러 옴¶ 御～をお待ちしています 내유하시기를 기다리고 있겠습니다
**らいよけ**【雷除け】①벼락을 피하는 주문·부적 ②피뢰침
**らいらく** [*磊落] 名 ダ 뇌락. 도량이 크고 활달함¶ ～な気性 뇌락한 성품
**ライラック** (lilac) 【植】라일락
**らいりん**【来臨】名 自スル (文) 내림. 왕림¶ 御～を仰ぐ 내림을 앙망하다
**らいれき**【来歴】내력. 유래¶ 故事~ 고사 내력 / ～をただす 내력을 밝히다
**ライン** (line) 라인 ①선. 줄¶ ～を引く 선을 긋다 ②열. 행(行)¶ ピケット～ 피켓 라인 ③기준선. 경계선¶ 合格～ 합격선 ④항로. 항공로¶ エアー～ 에어 라인 ⑤【経】(경영 조직의) 종적인 관리 계열 ⑥【経】(기업의) 제조·판매 부문 ⑦일관 작업 공정 **—ドライブ** (line drive) 【野】라인 드라이브. 직선 타구 **—ナップ** (lineup) 라인업 ①【野】 타순 ②진용(陣容)
**ラインズマン** (linesman) 라인스맨. (축구·테니스 등의) 선심(線審)
**ラウンド** (round) 라운드 ①(권투에서) 시합의 회(回)¶ 最終～ 마지막 라운드 ②(골프에서) 코스의 한 바퀴 ③【造語】원형. 둥근 모양¶ ～テーブル 라운드 테이블. 원탁
**ラオ** (랑 laos) 담배 설대. 간죽(簡竹)
**ラオチュー** [*老酒] 라오주. 찹쌀·조·수수 등으로 만든 중국 술

らかん【羅漢】【佛】나한¶十六じゅう～ 십육 나한
らがん【裸眼】 나안. (안경을 쓰지 않은) 맨눈, 그 시력¶～視力りょく 나안 시력
らぎょうへんかくかつよう【ラ行変格活用】【文法】어미가「ら・り・り・る・れ・れ」로 활용되는 일본어 문어 동사의 활용 형식= ラ変へん
らく【洛】 ②ラク (訓)(음)락. (造語)①중국의 강 이름¶洛水すい 낙수 ②수도, 도읍지¶洛中ちゅう 京都きょう 시내. 帰洛きらく 귀경
らく【絡】⑧ラク (訓)からむ・からまる | (음)락. (造語)①얽히다, 교묘히 구슬리다¶籠絡ろう 농락 ②묶다, 잇다¶短絡 단락・連絡れん 연락 ③사리, 절차, 순서¶脈絡みゃく 맥락
らく【落】⑧ラク (訓)おちる・おとす | (음)락. (造語)①떨어지다, 떨어뜨리다, 쇠하다¶落花 낙화・脱落 탈락 ②(일이) 끝나다, 마무리짓다¶落成 낙성・着落らく 낙착 ③마을¶群落ぐん 군락・村落そん 촌락 ④쓸쓸하다¶落莫ばく 낙막 ▷【熟字訓】落葉松から 낙엽송
らく【酪】⑧ラク (音)(음)락. (造語) 양젖・우유 등의 가공 식품¶酪農のう 낙농・乾酪かん 건락, 치즈・乳酪にゅう 유락, 유제품
らく【楽】Ⅰ 名 ㊀ ①편안함, 안락함¶体からだが～になった 몸이 편해졌다/ ～な気分ぶん 편안한 기분 ②넉넉함, 유복함¶生活せいかつが～になる 생활이 넉넉해지다 ③쉬움, 수월함, 용이함¶～な仕事ごと 쉬운 일/ ～に合格ごうかくした 수월하게 합격했다 Ⅱ 名 ①「千秋楽せんしゅう」의 준말. 흥행의 마지막 날¶～日び 흥행의 마지막 날¶「楽焼らくやき」의 준말. 설구이 도자기¶～逸品いっぴん 설구이한 도자기 일품
【慣用句】
—あれば苦くあり 낙이 있으면 괴로움이 있다
—は苦くの種たね・苦くは楽らくの種たね 낙은 괴로움의 씨앗 괴로움은 낙의 씨앗, 고진 감래
らくいん[*烙印] 낙인
【慣用句】
—を押おされる 낙인이 찍히다
らくいん【落*胤】㊁ (귀인의) 사생아¶御ご～ 귀인의 사생아
らくいんきょ【楽隠居】 名 自スル 은퇴하여 편히 삶, 그런 사람¶～の身み 은퇴하여 편히 사는 몸
らくえき【絡*繹】 形動 ㊁ 낙역. (인마・차의) 왕래가 빈번함¶人馬じん～として絶たえず 인마의 왕래가 끊이지 않다
らくえん【楽園】 낙원¶地上じじょうの～ 지상 낙원
らくがい【洛外】㊁ 낙외 ①도성 밖, 도읍 밖 ②京都きょうの郊外がい ▷①② ⇔ 洛中ちゅう
らくがき【落書き】 名 自他スル 낙서¶壁かべに～する 벽에 낙서하다
らくがん【落*雁】㊁ 낙안 ①줄지어 내려앉는 기러기 ②볶은 보릿가루・콩가루 등에 설탕을 넣은 반죽을 틀에 찍어 구운 과자, 다식
らくご【落後・落*伍】 名 自スル 낙오¶～者しゃ 낙오자/ 強行軍きょうこうぐんで一名めい～する 강행군으로 한 명이 낙오하다
らくご【落語】【藝】만담¶～家か 만담가

らくさ【落差】 낙차 ①물이 흘러 떨어지는 높이¶～100メートルの滝たき 낙차 100미터의 폭포 ②격차¶理想そうと現実じつの～が大おおきい 이상과 현실의 격차가 크다
らくさつ【落札】 名 他スル 낙찰¶～価格かかく 낙찰 가격
らくじつ【落日】㊁ 낙일. 낙조, 지는 해= 入り日ひ¶広野ひろのの～ 광야의 낙조
らくしゅ【落手】Ⅰ 名 他スル ㊁ 낙수. (편지・물건 등을) 받음= 落掌しょう¶本日ほんじつ貴書きしょを～しました 오늘 귀서를 받았습니다 Ⅱ 名 (바둑・장기에서) 잘못 본 수, 횡수(横手)
らくしゅ【落首】 사회 풍조나 정치를 풍자・비판한 익명의 狂歌きょうか
らくしょ【落書】 시사(時事)를 풍자・비판한 익명의 문서= おとしぶみ ② → らくがき
らくしょう【落掌】 名 他スル ㊁ → 落手しゅ Ⅰ
らくしょう【楽勝】 名 自スル 낙승 ⇔ 辛勝しんしょう¶大差さで～する 큰 차로 낙승하다
らくじょう【落城】 名 自スル 낙성 ①성이 함락됨¶兵糧攻ひょうろうぜめで～する 군량의 보급로를 끊어 낙성시키다 ②(俗) 설득되어 승낙함
らくしょく【落飾】 名 自スル 【佛】(귀인이) 삭발하고 중이 됨= 剃髪ていはつ
らくせい【落成】 名 自スル 낙성, 준공¶新校舎しんこうしゃの～式しき 신교사의 낙성식
らくせき【落石】 낙석. 산 위에서 돌이 떨어짐, 그런 돌¶～注意ちゅうい 낙석 주의
らくせき【落籍】 名 他スル 몸값을 치르고 기적에서 빼냄 Ⅱ 名 自スル ①(단체에서) 이름을 뺌 ②(호적에서) 이름이 빠져 있음
らくせん【落選】 名 自スル 낙선 ①선거에서 떨어짐 ⇔ 当選とう¶わずかの差さで～する 근소한 차로 낙선하다 ②응모전에서 떨어짐 ⇔ 入選にゅう¶出品作ひんさくが～してしまった 출품작이 낙선하고 말았다
らくだ[*駱*駝] ①【動】 낙타 ②낙타 털로 만든 털실・직물¶～のシャツ 낙타지의 셔츠
らくたい【落体】 낙체. 낙하하는 물체
らくだい【落第】 名 自スル 낙제 ①낙방, 불합격 ⇔ 及第だい¶試験しけんに～する 시험에 낙방하다 ②유급¶～生せい 낙제생
らくだい【落題】 名 自スル ㊁ 제의(題意)에 맞지 않은 시가를 지음, 그런 시가
らくたん【落胆】 名 自スル 낙담, 몹시 상심함¶不採用ふさいようの通知つうちに～する 불채용 통지에 낙담하다
らくちゃく【落着】 名 自スル 낙착. 결말이 남, 해결됨¶一件いっけん～ 한 건 낙착/ これにて問題もんだいが～する 이로써 문제가 낙착되다
らくちゅう[*洛中]㊁ 낙중 ①도성 안, 장안 ②京都きょうの市内しない ▷①② ⇔ 洛外らく
らくちょう【落丁】【版】 낙정, 낙장(落張)¶～本ぼん 낙장본
らくちょう【落潮】㊁ ①낙조, 썰물= 引ひき潮 ②쇠퇴, 영락= 落下らっか
らくてん【楽天】 낙천 ⇔ 厭世えん¶～家か 낙천가 —主義しゅぎ 낙천주의 —的てき 形動 낙천적

らくど [楽土] (文) 낙토. 낙원¶ 王道$^{どう}$~ 왕도 낙토
らくね [楽寝] 名 自スル 편히 잠, 안면
らくのう [酪農] [農] 낙농¶ ~家$^{か}$ 낙농가
らくば [落馬] 名 自スル 낙마¶ 騎手$^{しゅ}$が~する 기수가 낙마하다
らくばい [落梅] 낙매. 매화가 짐, 지는 매화
らくはく [落*剝] 名 自スル (文) 벗겨져 떨어짐, 박락¶ 漆塗$^{うるしぬ}$りが~する 옻칠이 벗겨지다
らくはく [落*魄] 名 自スル (文) 낙백. 낙탁. 영락¶ 零落$^{れい}$~¶ ~の姿$^{すがた}$が 영락한 모습
らくばく [落*莫] 形動 (文) 낙막. 쓸쓸함, 적막함¶ ~たる荒野$^{や}$ 쓸쓸한 황야
らくはつ [落髪] 名 自スル (文) 낙발. 삭발하고 출가함= 剃髪$^{ていはつ}$
らくばん [落盤・落*磐] 名 自スル 낙반¶ ~事故$^{こ}$ 낙반 사고
らくび [楽日] (씨름・연극 등에서) 흥행의 마지막 날
らくひつ [落筆] (文) 낙필 Ⅰ 名 自スル 붓을 들어 쓰기[그리기] 시작함 Ⅱ 名 심심풀이로 쓴 것, 낙서= たわむれがき
らくほく [*洛北] (文) 낙북 ①도시의 북쪽 지역 ②京都$^{きょうと}$의 북쪽 지역
らくめい [落命] 名 自スル (文) 낙명. 목숨을 잃음¶ 不慮$^{りょ}$の事故$^{こ}$で~する 불의의 사고로 목숨을 잃다
らくやき [楽焼(き)] ①손으로 빚어 저온에서 구운 도기, 설구이 도기 ②①의 방법으로 비전문가가 취미로 만드는 도기
らくよう [*洛陽] ①(地) 낙양. (중국의) 뤄양 ②京都$^{きょうと}$의 딴이름
[慣用句]
ー の 紙価$^{しか}$ を 高$^{たか}$ める 낙양의 지가를 올리다, 책이 호평을 받아 잘 팔림의 비유
らくよう [落葉] 名 自スル 낙엽= おちば ー樹$^{じゅ}$ [植] 낙엽수 ー松$^{しょう}$ [植] 낙엽송
らくよう [*洛陽] (文) 낙양. 석양
らくらい [落雷] 名 自スル [気] 낙뢰. 벼락이 떨어짐¶ ~による被害$^{がい}$ 낙뢰에 의한 피해
らくらく [楽楽] 副 ①편히, 편안히, 넉넉히¶ 老後$^{ろうご}$は~と暮$^{く}$らしたい 노후는 편히지내고 싶다/ ~と腰掛$^{こしか}$けられる 넉넉히 앉을 수 있다 ②쉽게, 가볍게¶ 子供$^{こども}$にでも~と読$^{よ}$める 어린아이라도 쉽게 읽을 수 있다
らくりん [落輪] 名 自スル (도로 가의 도랑에) 차바퀴가 빠짐
らくるい [落涙] 名 自スル (文) 낙루. 눈물을 흘림¶ 悲$^{かな}$しい話$^{はなし}$に思$^{おも}$わず~する 슬픈 이야기에 저도 모르게 눈물을 흘리다
らし・い 接尾 ①(명사・형용동사 어간에 붙어 형용사를 만듦) …답다, …같다¶ 男$^{おとこ}$~ 남자답다/ 子供$^{こども}$~ 어린애같다 ② …인 것 같다, …느낌이 들다¶ にく~ 밉살스럽다/ もっとも~ 그럴싸하다/ わざと~ 고의적인 듯하다
らしい 助動 ((명사・형용동사의 어간, 동사・형용사의 종지형, 동사형・형용사형 조동사의 종지형, 특수형 조동사「た・ぬ」의 종지형에 붙음) ①(근거 있는 추측・판단) …인 듯하다, …인 것 같다¶ どうやら遅$^{おそ}$い~ 아무래도 늦을 것 같다/ 雪$^{ゆき}$も降$^{ふ}$ったらしかった 그 날 눈도 내린 것 같았다 ②((주로 체언성의 말에 붙어)) …답다, …스럽다¶ 名探偵$^{めいたんてい}$~推理$^{すいり}$だ 명탐정다운 추리다

ラジウム (radium) [化] 라듐 ー泉$^{せん}$ 라듐천
ラジエーター (radiator) [機] 라디에이터 ①(난방용의) 방열기 ②(자동차의) 엔진 냉각기
ラジオ (radio) [放] 라디오¶ ~を聞$^{き}$く 라디오를 듣다 ーアイソトープ (radioisotope) [物] 라디오아이소토프. 방사성 동위 원소 ーゾンデ (독 Radiosonde) [機] 라디오존데. 무선 기상 관측기 ードラマ (일 radio drama) 라디오 드라마 ーブイ (radio buoy) 라디오 부이 ①해양 관측용 부이 ②조난 신호 발신 부이
ラジカセ 라디오와 카세트 테이프 리코더를 하나로 합친 기기= ラジオカセット
らししょくぶつ [裸子植物] [植] 나자식물, 겉씨식물 ⇔ 被子植物$^{ひししょくぶつ}$
ラシャ (포 raxa) 나사. 보풀을 세운 두꺼운 모직물 ー紙$^{がみ}$ 나사지 ー綿$^{めん}$ (江戸기 말에서 明治$^{めいじ}$ 초기에) 서양인의 첩이 된 일본 여자
らしゅつ [裸出] 名 自スル 나출. 노출¶ 胚珠$^{はいしゅ}$が~している植物$^{しょくぶつ}$ 밑씨가 노출되어 있는 식물
らじょ [裸女] 나부(裸婦)¶ ~像$^{ぞう}$ 나부상
らしん [裸身] (文) 나신. 나체. 알몸
らしん [羅針] 나침. 자침(磁針) ー儀$^{ぎ}$ (文) 나침의. 나침반 ー盤$^{ばん}$ (文) 나침반
らせつ [羅*刹] [佛] 나찰. 악귀
らせん [*螺旋] 나선 ①나사 모양의 것¶ ~階段$^{かいだん}$ 나선 계단/ ~状$^{じょう}$ 나선형 ②「ねじくぎ」의 속칭 ー綴$^{と}$じ [版] (스케치북・노트 등의) 나선형 철사로 철한 것
らぞう [裸像] 나상. 나체상¶ 青銅$^{せいどう}$の~ 청동의 나체상
らそつ [*邏卒] 나졸 ①순찰병 ②(明治$^{めいじ}$ 초기의) 순경,「巡査$^{じゅんさ}$」의 옛일컬음
らたい [裸体] 나체. 알몸. 나신= 裸身$^{らしん}$¶ ~画$^{が}$ 나체화
らち [*埒] 사물의 범위, 한계, 질서¶ ~を越$^{こ}$える 범위[한계]를 넘다
[慣用句]
ー が 明$^{あ}$ か ない 결말이 나지 않다
ー も 無$^{な}$ い (두서가 없어) 종잡을 수 없다
らち [*拉致] 名 他スル (文) 납치= らっち¶ ホテルから~される 호텔에서 납치되다
らちがい [*埒外] 울타리 밖, 일정한 범위[한계] 밖¶ 関心$^{かんしん}$の~にある 관심 밖에 있다
らちない [*埒内] 울타리 안, 일정한 범위[한계] 내 ⇔ 埒外$^{らちがい}$
らっか [落下] 名 自スル 낙하¶ 飛行機$^{ひこうき}$から~する 비행기에서 낙하하다 ー傘$^{さん}$ 낙하산
らっか [落花] (文) 낙화. 꽃이 떨어짐, 떨어진 꽃¶ ~流水$^{りゅうすい}$ 낙화 유수 ー生$^{せい}$ [植] 낙화생. 땅콩 ー狼藉$^{ろうぜき}$ 낙화 낭자 ①이리저리 어

**らっか** 【落果】 名 自スル 〔文〕 낙과. (바람 등에) 과실이 떨어짐. 떨어진 과실
**ラッカー** (lacquer) 래커. 휘발성 도료
**らっかん** 【落款】 낙관¶ ～を押す 낙관을 찍다
**らっかん** 【楽観】 名 他スル 낙관¶ ～は禁物で 섣불리 낙관할 수 없다/ ～論 낙관론
**ラッキー** (lucky) ナ 러키. 행운, 요행
**らっきゅう** 【落球】 名 自スル 〔野〕 낙구. (야수가) 받은 공을 떨어뜨림
**らっきょう** 【辣韮】 〔植〕 염교. 채지(茱芝)
**ラック** (rack) 래크 ①선반, 격자 선반, 걸이¶ マガジン～ 잡지 두는 선반 ②〔機〕 평톱니
**らけい** 【落慶】 〔文〕 (神社·절 등의) 낙성을 축하함
**ラッコ** 【獺虎】 해달 ▷ 아이누어
**ラッシュ** (rush) 러시 Ⅰ 名 ①혼잡, 쇄도, 붐빔¶ 出産～ 출산 붐 ②〔映〕 시사용 필름·테이프 ③「ラッシュアワー」의 준말 Ⅱ 名 自スル ①돌진, 매진 ②(권투에서) 맹공격 ─**アワー** (rush hour) 러시 아워
**らっ·する** 【拉する】 他 サ変 〔文〕 납치하다, 강제 연행하다
**ラッセル** (russel) 러셀 Ⅰ 名 自スル (등산에서) 눈을 헤치며 걸어감 Ⅱ 名 「ラッセル車」의 준말 ─**車** 러셀차. 제설차
**らっち** 【拉致】 名 他スル 〔文〕 → らち (拉致)
**らっぱ** 【喇叭】 나팔¶ 起床～ 기상 나팔 ─**飲み** 名 他スル 병째 마심¶ ビールを～する 맥주를 병째로 마시다 ─**虫** 〔動〕 나팔충 [慣用句] ─**を吹く** 〔俗〕 허풍을 떨다, 큰소리 치다
**ラップ** (lap) 랩 ①(경주에서) 경주로의 한 바퀴 ②(경영에서) 수영장의 1회 왕복 ③「ラップタイム」의 준말 ─**タイム** (lap time) 랩 타임. (경주·경영에서) 도중 계시(計時)
**らつわん** 【辣腕】 민완= すご腕¶ ～家 민완가/ ～を振るう 민완을 발휘하다
**ラテン** (Latin) 라틴 ①〔造語〕 라틴 민족의, 라틴 어게의 ②「ラテン音楽」의 준말 ─**アメリカ** (Latin America) 라틴 아메리카 ─**音楽** 라틴 음악 ─**語** 라틴어 ─**民族** 라틴 민족
**らでん** 【螺鈿】 〔美〕 나전. 자개¶ ～細工 나전 세공
**らば** 【騾馬】 〔動〕 노새
**ラバ** (lava) 〔地〕 라바. 용암
**ラバー** (rubber) 러버. 고무 ─**ソール** 러버 솔. 고무창, 고무창을 댄 구두
**ラバトリー** (lavatory) 래버터리. 화장실, 세면소
**らふ** 【裸婦】 나부. 벌거벗은 여자¶ ～像 나부상
**ラフ** (rough) 러프 Ⅰ ナ ①거칠음, 조잡함¶ ～プレー 거친 플레이 ②대략적임, 소탈함¶ ～な服装 소탈한 복장 Ⅱ 名 ①밑그림, 스케치 ②(골프에서) 페어웨이 이외의 잡초 지대
**ラブ** (love) 러브 Ⅰ ナ 사랑, 연애, 애정¶ プラトニック～ 플라토닉 러브 ②(테니스 등에서) 무득점 ─**ゲーム** (love game) 러브 게임. (테니스 등에서) 한 쪽이 무득점으로 끝난 게임 ─**レター** (love letter) 러브 레터. 연애 편지
**ラプソディー** (rhapsody) 〔音〕 랩소디. 광시곡, 광상곡 ─**ハンガリアン～** 헝가리 광시곡
**ラベル** (label) 라벨. 상표= レッテル
**らへん** 【ラ変】 「ラ行変格活用」의 준말
**ラベンダー** (lavender) 〔植〕 라벤더
**ラボ** ①「ラボラトリー」의 준말 ②「ランゲージラボラトリー」의 준말. 어학 전용 교실
**らほつ** 【螺髪】 〔佛〕 나발. 소용돌이 모양의 부처의 머리= らはつ
**ラボラトリー** (laboratory) 래버러토리 ①실험실, 연구실 ②사진 현상실 ▷「ラボ」라고도 함
**ラマ** (llama) 〔動〕 라마= リャマ
**ラマきょう** 【ラマ教·喇嘛教】 〔宗〕 라마교
**ラミー** (말 rami) 〔植〕 라미. 모시풀, 저마(苧麻)
**ラム** (lamb) 램 ①새끼양 ②새끼양의 털·고기
**ラム** (rum) 럼. 럼주= ラム酒
**ラムネ** 탄산수에 설탕과 레몬향을 가미한 음료 ▷「レモネード」의 와음(訛音)
**らもん** 【羅文·羅紋】 板垣·透垣 등의 위에 가는 나무를 마름모로 교차시켜서 장식한 것
**ラリー** (rally) 랠리 ①(탁구 등에서) 서로 공을 계속해서 맞받아 침 ②지정 코스를 일정 조건 하에 달리는 장거리 자동차 경주
**られつ** 【羅列】 名 自他スル 나열함¶ 肩書を～する 직함을 나열하다
**られる** 助動 〔上一段·下一段·カ変 동사의 未然形, サ変의 未然形「せ·し」, 사역의 조동사「せる·させる」의 未然形에 붙음〕 ①(수동) …받다, …되다¶ 船に乗せ～ 배에 태워지다/ 壁にかけられた絵 벽에 걸린 그림 ②(자발) …하게 되다¶ もうすっかり春の気配が感じ～ 이제 완연하게 봄 기운이 느껴진다 ③(가능) …할 수 있다¶ あの人だけは信じ～ 저 사람만은 믿을 수 있다 ④(존경) …하시다¶ 先生が帰って来～ 선생님께서 돌아오시다
**ラワン** (타갈로그 lawan) 〔植〕 나왕
**らん** 【乱】 【亂】 會 ラン 訓 みだれる·みだす|(음) 란. Ⅰ ①흐트러지다, 질서가 없다¶ 乱闘 난투·混乱 혼란 ②(세상이) 어지럽다, 잘 다스려지지 않다¶ 乱世 난세·反乱 반란 ③함부로, 되는 대로¶ 乱入 난입·乱暴 난폭 ▷ 「亂」의 대용자 Ⅱ 난, 난리, 전쟁, 소동¶ 太平天国の～ 태평 천국의 난/ ～を起こす 난리를 일으키다
**らん** 【卵】 會 ラン 訓 たまご|(음) 란. Ⅰ 〔造語〕 (동물의) 알·卵黄 난황·卵塞 난소·鶏卵 계란·産卵 산란 Ⅱ 〔生〕 난자, 난세포
**らん** 【嵐】 會 ラン 訓 あらし|(음) 람. 〔造語〕 ①산 기운, 산기(山氣)¶ 嵐気 남기·翠嵐 취람 ②거센 바람, 폭풍
**らん** 【覧】 【覽】 會 ラン 訓 みる|(음) 람. 〔造語〕 내다보다, 넓게(잘) 보다, 훑어보다¶ 閲覧 열람·遊覽 유람·展覽会 전람회
**らん** 【濫】 會 ラン 訓 みだり|(음) 람. 〔造語〕 ①물이 넘치다¶ 氾濫 범람 ②물에 띄우다

濫觴 남상 ③지나치다. 함부로¶ 濫発 남발·濫用 남용 ▷ ③은 『乱』이 대용자
らん [＊藍] 昏ラン 訓あい (음) 람. (造語) 쪽, 쪽빛, 남색¶ 藍碧 남벽·出藍 출람
らん [蘭] 昏ラン 訓あらしが (음) 란. I (造語) ①난초¶ 春蘭 춘란 ②『和蘭』의 준말 蘭語 네덜란드어 II 난. 난초
らん [欄] 昏ラン (음) 란. I (造語) ①난간 欄干 난간 ②난 欄外 난외·空欄 공란 II ①난간¶ ～にもたれる 난간에 기대다 ②(인쇄물의) 난¶ 左記に記入せよ 왼쪽 난에 기입하시오 ③(신문·잡지 등의) 난¶ 投稿者の～ 투고자의 난
ラン (run) 런 ①(골프에서) 타구가 낙하한 뒤에 그린 위를 구르는 일 (造語) (연극·영화 등의) 흥행이 계속됨, 흥행의 순서¶ ロング·ラン, 장기 흥행/ セカンド～ 재개봉 ③(造語) (野) 득점¶ スリー·ホームラン 스리런 홈런
らんい [蘭医] (江戸 시대에) 네덜란드 의학을 공부한 의사 = 蘭方医
らんうん [乱雲] 난운 ①(文) 어지러이 떠도는 구름 ②(氣) 난층운 = 乱層雲
らんおう [卵黄] 난황. (알의) 노른자위
らんがい [欄外] 난외. 난 밖¶ ～に書き込む 난외에 써넣다
らんかく [卵殻] [動] 난각. 알 껍데기
らんかく [濫獲·乱獲] 图他スル 남획¶ ～を禁ずる 남획을 금하다
らんがく [＊蘭学] (江戸 중기 이후) 네덜란드어로 전해진 서양의 학술·문화를 연구한 학문
らんかつ [卵割] [動] 난할. 난분할 = 分割
らんかん [卵管] [醫] 난관 = 輸卵管
らんかん [＊欄干] 図 난간 ①어지러이 흩어짐 ②눈물이 한없이 흐름 ③달·별이 밝게 빛남
らんかん [欄干] 난간
らんき [＊嵐気] (文) 남기. 이내 = 山気
らんぎく [乱菊] 꽃잎이 길고 고르지 못한 국화. 그런 무늬
らんぎゃく [乱逆] (文) 난역. 모반, 반역 = むほん¶ ～の臣へ 반역한 신하
らんぎょう [乱行] 난행. 행패 ①酔って～におよぶ 취해서 난행을 저지르다/ ～の限りを尽くす 온갖 행패를 다 부리다
らんぎり [乱切り] [料] 마구 썰기¶ 大根を～にする 무를 마구 썰다
らんきりゅう [乱気流] 난기류
らんぐい [乱杭·乱杙] 무질서하게 마구 박은 말뚝¶ ～歯 고르지 않은 치열
らんくつ [濫掘·乱掘] 图他スル 남굴. 마구 파헤침¶ 古墳の～ 고분의 남굴
らんぐん [乱軍] 난전, 혼전 = 乱戦
らんご [蘭語] 네덜란드어
らんこうげ [乱高下] 图自スル (經) (거래에서) 시세의 오르내림이 심함
らんごく [乱国] (文) 난국. 나라가 어지러움, 어지러운 나라
らんこん [乱婚] [人] 난혼. 잡혼 = 雑婚
らんさく [濫作·乱作] 图他スル 남작. 질을 고

려하지 않고) 마구 많이 만듦
らんざつ [乱雑] [ナ] 난잡¶ ～な行動 난잡한 행동/ ～を極める 난잡이 극에 달하다
らんし [乱視] [醫] 난시
らんし [卵子] [生] 난자 = 卵
ランジェリー (프 lingerie) [服] 란제리
らんししょく [＊藍紫色] 남자색. 남색을 띤 보라색
らんしゃ [乱射] 图他スル 난사¶ 拳銃を～する 권총을 난사하다
らんじゃ [＊蘭麝] (文) ①난꽃과 사향의 향기 ②(比) 무척 좋은 향기
らんしゅ [乱酒] (文) ①과음하여 주정함 ②술자리가 문란해지도록 마구 술을 마심
らんじゅく [＊爛熟] 图自スル 난숙 ①(과일이) 무르익음 ②사물이 그 정점에 이르기까지 발달·성숙함¶ 文明の～期 문명의 난숙기
らんじゅ ほうしょう [＊藍綬褒章] 남수포장. (일본에서) 교육·사회 복지 등에 공로가 있는 사람에게 수여하는 남색 훈장
らんしょ [＊蘭書] (文) 네덜란드어로 된 서적
らんしょう [濫觴] (文) 남상. 기원, 시초¶ 試験制度の～ 시험 제도의 남상
らんしん [乱心] 난심. 미침, 정신 이상이 됨¶ ～者 미친 사람
らんしん [乱臣] (文) 난신. 나라를 어지럽게 하는 신하 ―賊子 (文) 난신 적자, 불충 불효한 사람
らんすい [乱酔] 图自スル (文) 만취, 고주망태가 됨¶ 振る舞い酒に～する 접대술에 만취하다
らんすう ひょう [乱数表] [統] 난수표
らんせい [乱世] 난세 ⇔ 治世¶ 戦国～を生きる 전국 난세를 살아가다
らんせい [卵生] [動] 난생 ⇔ 胎生
らんせん [乱戦] 난전 ①혼전 = 乱軍 ②쉽게 승부가 나지 않는 경기¶ 試合は～模様だ 시합은 난전인 듯하다
らんそう [卵巣] [醫] 난소¶ ～癌 난소암
らんぞう [濫造·乱造] 图他スル 남조, 함부로 마구 만듦¶ 粗製～ 조제 남조
らんそううん [乱層雲] [氣] 난층운. 비구름
らんそうしょくぶつ [＊藍藻植物] [植] 남조 식물
らんだ [乱打] 图他スル ①난타. 마구 침(때림)¶ 半鐘を～する 경종을 난타하다 ②(野) 난타¶ ～を浴びる 난타 세례를 받다 ③(테니스·탁구 등에서) 연습으로 공을 서로 침
らんだ [＊懶惰] 图 [ナ] (文) 나타. 나태 = 怠惰¶ ～な生活 나태한 생활
らんたいせい [卵胎生] [動] 난태생
ランダム (random) 랜덤 I [ナ] 무작위¶ II 名 『ランダムサンプリング』의 준말 ―サンプリング (random sampling) [統] 랜덤 샘플링. 임의 추출법, 무작위 추출법
ランタン (lantern) 랜턴. 각등, 제등
ランチ (launch) 론치 ①본선과 뭍을 오가는 모터보트 ②(군함에 탑재된) 연락용 소정(小艇)
らんちき さわぎ [乱痴気騒ぎ] (口) ①야단법석

らんちゅう [*蘭鋳・*蘭虫] (動) 난금붕어

らんちょう [乱丁] (版) 난정. 난장. 페이지 순서가 뒤바뀜. 그런 페이지¶ ~本は 난장본

らんちょう [乱調] 난조 ①(상태・가락 등이) 흐트러짐¶ ~を来たす 난조를 초래하다 ②(経) 시세 변동이 심함

ランデブー (프 rendez-vous) (名)(自スル) 랑데부 ① 밀회 = あいびき ②(둘 이상의 우주선・위성이 도킹하기 위해) 우주 공간에서 만남

ランド (land) (造語) 랜드. 공원・유원지 등의 장소나 시설¶ レジャー~ 레저 랜드

らんとう [乱闘] (名)(自スル) 난투. 場外が~ 장외 난투¶ ~を演じる 난투를 벌이다

らんとう [卵塔・*蘭塔] 난탑. 대좌 위에 달걀 모양의 탑파를 얹은 묘석 一場ば 무덤, 묘지

らんどく [濫読・乱読] (名)(他スル) 남독. 닥치는 대로 책을 읽음¶ 小説はよを~する 소설을 남독하다

ランドセル (네 ransel) 란도셀. (초등학생용의) 통학용 배낭

らんどり [乱取り] (유도에서) 자유 대련¶ ~げいこ 자유 대련 연습

らんにゅう [乱入] (名)(自スル) 난입. 마구 밀고 들어감¶ 邸内に~する 저택 안에 난입하다

ランニング (running) 러닝 ①달리기, 경주 ②「ランニングシャツ」의 준말 ーシャツ (일 running shirt) 러닝 셔츠

らんばい [乱売] (名)(他スル) 투매. 덤핑 = 投なげ売うり¶ ~合戦がっ 투매 작전

らんぱく [卵白] (動) 난백. 흰자위 = しろみ

らんばつ [濫伐・乱伐] (名)(他スル) 남벌¶ 森林しんを~する 삼림을 남벌하다

らんぱつ [乱髪] (文) 난발. 흐트러진 머리카락

らんぱつ [濫発・乱発] (名)(他スル) 남발 ①남발. 마구 발행함¶ 手形がを~する 어음을 남발하다 ②마구 발사함, 난사(乱射)

らんはんしゃ [乱反射] (名)(自スル)(物) 난반사

らんぴ [濫費・乱費] (名)(他スル) 남비. 낭비 = むだづかい¶ 予算はんの~ 예산의 낭비

らんぴつ [乱筆] (文) 난필 ①마구 씀[난잡한] 필적 ②(편지 등에서) 자기 필적의 낮춤말¶ ~御免ごんください 난필을 용서하여 주십시오

らんぶ [乱舞] (名)(自スル) (文)(자기) 난무하다¶ ~する光喜 난무하다, 미칠 듯이 기뻐 날뛰다

ランプ (lamp) 램프 ①남포등¶ ~芯しん 남포 심지 ②전등¶ ~をともす 전등을 켜다

らんぶん [乱文] (文) 난문 ①함부로 쓴[난잡한] 문장 ②(편지 등에서) 자기 문장의 낮춤말로 이르는 말¶ 乱筆らん~ 난필 난문

らんぼう [乱暴] 난폭 I (名)(自スル) ①거칠게 행동함, 그런 행위¶ ~を働はたらく 행패를 부리다 II (名)(ダ) 거칠고 조잡함¶ ~な言葉遣うとばい 거친 말씨/ 品物ものを~に扱あつかう 물건을 함부로 다루다

らんぼう [卵胞] (医) 난포 = 濾胞ろほ

らんぽう [*蘭方] (江戸가시대에) 네덜란드에서 전래된 의학・약학

らんぽん [*藍本] (文) 남본. 원본. 원전

らんま [乱麻] (文) 난마 ①어지럽게 뒤얽힌 삼의 가닥 ②(比) 사물・세상이 어지럽게 뒤얽힘¶ 快刀かいとう~を断たつ 복잡한 일을 명쾌하게 처리하다

らんま [欄間] (建) 천장과 윗미닫이틀 사이에 통풍・채광을 위해 교창(交窓)을 낸 부분

らんまん [*爛漫] (タ)(文) 난만 ①꽃이 만발함¶ 百花がっ~ 백화 난만 ②밝게 나타나 보임¶ 天真しん~ 천진 난만

らんみゃく [乱脈] (名)(ダ) 난맥¶ 経営はんは~をきわめる 경영이 엉망진창이다

らんよう [濫用・乱用] (名)(他スル) 남용¶ 職権しょっ~ 직권 남용/ 薬を~する 약을 남용하다

らんらん [*爛爛] (タ) ①반짝반짝 빛남¶ ~と輝かがく星は 반짝반짝 빛나는 별 ②(눈빛이) 날카롭게 빛남, 형형함¶ ~と光ひかる目め 형형하게 빛나는 눈

らんりつ [乱立] (名)(自スル) 난립 ①어지럽게 늘어섬¶ ビルが~する 빌딩이 마구 늘어서다 ②(선거 등에) 입후보자가 지나치게 많음¶ 候補者こうほしゃの~する選挙区せんきょ 후보자가 난립하는 선거구

らんりん [乱倫] (文) 남륜 ①인륜에 어긋남, 패륜¶ ~の振る舞まい 인륜에 어긋난 행동 ②남녀 관계가 문란함

らんる [*襤*褸] (文) 남루. 누더기 = ぼろきれ¶ ~をまとう 누더기를 걸치다

# り リ

り 五十音図ごじゅうおん「ら」행(行)의 둘째 かな. ひらがな「り」는「利」의 초서체, かたかな「リ」는「利」의 오른쪽을 취한 것

り [吏] (名) り (造語) 관리. 공무원¶ 官吏がん 관리・獄吏ごく 옥리・税吏ぜい 세리

り [利] (名) り (動) きく・とし(음) 리. I (造語) ① 잘 들다, 날카롭다¶ 利器り 이기・鋭利えい 예리 ②편리하다, 형편이 좋다¶ 利害がい 이해・便利べん 편리 ③이득, 이익¶ 利益えき 이익・営利えい 영리 ④이자, 이식¶ 利息えい 이식・高利がい 고리 ⑤범어・외국어「リ」의 차음자¶ 舎利り 사리・伊太利だい 이탈리아 II (1)유리, 편의¶ 地ちの~を得える 지형의 유리함을 얻다 ②이익, 벌이, 이득¶ 漁夫がょ の~ 어부지리 ③이자, 이식¶ ~が~を生うむ 이자가 이자를 낳다

り [李] 音リ 訓すもも|(음)리.(造語) ①자두(나무)¶ 李下ゕ 이하·桃李도ヶ 도리 ②당나라 시인「李白ぃく의 준말¶ 李杜と 이백과 두보

り [里] 音リ 訓さと|(음)리.(造語) ①마을, 동네¶ 郷里きょヶ 향리·村里そん 촌락 ②거리의 단위¶ 里程て, 이정·海里ゕぃ 해리 ③외국어「リ」의 차음자¶ 巴里ぱ 파리·加里ゕ 칼리

り [俚] 音リ|(음)리.(造語) 촌스럽다, 속되다¶ 俚諺ゖん 이언, 속담·俚俗ぞく 이속, 시골 풍속

り [梨] 音リ 訓なし|(음)리.(造語) 배, 배나무¶ 梨園えん 이원·梨花ゕ 이화

り [理] 音リ 訓ことわり·おさめる|(음)리.Ⅰ(造語) ①사물의 이치, 사리¶ 理由ゅぅ 이유·真理しん 진리 ②처리하다, 정리하다¶ 理髪はつ 이발·処理しょ 처리 ③모양, 결¶ 木理もく 나뭇결 ④우주의 근본 원리¶ 理学がく 이학 ⑤자연 과학계의 학문¶ 理科ゕ 이과·理工こヶ 이공 Ⅱ(1)도리, 이치, 사리¶ 盗人ぬすㇲㅅにも三分さんぶの〜 도둑에게도 서 푼의 도리(가 있다) ②(우주의) 근본 원리¶ 陰陽いんょぅの〜 음양의 원리

慣用句
一に落おちる 이론에 치우치다
一に適ゕなう 이치에 맞다
一の当然ぜん 당연한 이치임

り [痢] 音リ|(음)리.(造語) 설사¶ 疫痢えきり 역리·赤痢せき 적리·下痢げ 설사

り [*裡] 音リ 訓うち|(음)리.(造語) (사물의) 안쪽, 안¶ 胸裡きょぅ 흉리·暗暗裡あんあん 암암리 ▷「裏」의 속자

り [裏] 音リ 訓うら·うち|(음)리.(造語) ①뒷면, 뒤쪽. 옷의 안감¶ 裏面めん 이면·表裏ひょぅ 표리 ②안쪽, 안¶ 脳裏のぅ 뇌리 ③「그 상태 속에서, 그 속을 나타냄¶ 秘密裏ひみつ 비밀리·盛況裏せいきょぅ 성황리 ▷「裡」는 속자

り [履] 音リ 訓はく·ふむ|(음)리.(造語) ①신발¶ 弊履へぃ 폐리·木履ぼく 나막신 ②이행하다, 경험하다¶ 履行こぅ 이행·履歴れき 이력

り [璃] 音リ|(음)리.(造語) 아름다운 보석, 구슬¶ 玻璃はり 파리·瑠璃る 유리

り [*鯉] 音リ 訓こい|(음)리.(造語) 잉어¶ 養鯉ょぅ 잉어를 기름

り [離] 音リ 訓はなれる·はなす|(음)리.(造語) ①떨어지다, 흩어지다¶ 離散さん 이산·分離ぶん 분리 ②절연하다, 헤어지다¶ 離婚こん 이혼·離別べつ 이별 ③(주역에서) 팔괘의 하나

リアスしき かいがん [リアス式海岸] 地 리아스식 해안

リアル (real) ナ 리얼, 현실적, 사실적¶ 〜な表現ひょぅ 사실적인 표현 ―タイム処理り 컴 리얼 타임 처리, 동시(즉시) 처리 방식

リーグ (league) 리그, 동맹, (특히 스포츠의) 연맹¶ セントラル〜 센트럴 리그 ―戦せん 리그전, 연맹전

リース (lease) 名 他サ 리스, (기계·설비 등의) 장기 임대차 계약¶ 複写機ぶくしゃきを〜する 복사기를 임대하다 ―産業さんぎょぅ 리스 산업

リーダー (reader) 리더 ①(외국어 교육용의) 독본¶ 英語ぃご の〜 영어 독본 ②독자, 독서가

リーチ [*立直] (마작에서) 손에 쥔 패를 보이지 않은 채 「聴牌チン パぃ」를 선언함
慣用句
一が掛ゕかる 俗 일이 종국에 가까워 절박한 상황이 되다

リーチ (reach) 리치 ①(권투에서) 팔을 뻗어 상대에게 닿는 길이¶ 〜が長ながぃ 리치가 길다 ②(테니스 등에서) 라켓이 미치는 수비 범위

リート (독 Lied) 音 리트, 가곡= リード

リード (lead) 리드 Ⅰ 名 ①선도, 지도¶ 業界きょぅを〜する 업계를 리드하다 ②(경기 등에서) 우세함, 앞섬¶ 三点さんの〜 3점의 리드 ③野 도루하기 위해 주자가 베이스에서 떨어짐¶ 〜が大ぉぉきぃ 리드가 크다 Ⅱ 名 (신문·잡지에서) 기사 앞에 그 내용을 요약한 문장 ―オフマン (lead-off man) 리드 오프 맨 ①野 1번 타자, 수위 타자 ②선도자 ―ボーカル (일 lead vocalist) 音 (팝뮤직 그룹의) 리드 보컬

リール (reel) 릴 ①(줄·테이프 등을 감는) 얼레, 감개¶ 釣っり糸ぃとを〜に巻まき込こむ 낚싯줄을 릴에 감아 넣다 ②영화 필름의 한 권

りいん [吏員] 文 관리, 공무원¶ 税務署ぜぃむしょの〜 세무서 공무원

リウマチ (rheumatism) 医 류머티즘= リューマチ ―熱ねつ 医 류머티즘열

りうん [利運] 이운, 행운, 호운(好運)

りえき [利益] 이익 ①이득, 수익¶ 〜金きんを得える 이익금/ 바자에서 수익을 얻다 ②도움이 되는 것¶ 公共こぅきょぅの〜 공공의 이익 ―社会しゃかぃ 이익 사회 ―率りつ 이익률

りえん [×梨園] 이원 ①배나무 밭 ②文 극단, 연예계, (특히) 歌舞伎かぶき 배우의 사회

りえん [離縁] 名 自他サ 이연 ①이혼 ②양자 결연을 해소함, 파양 ―状じょぅ 이연장, 이혼장= 三下みくだり半はん¶ 〜をもらう 이혼장을 받다

りか [李下] 이하, 자두〔오얏〕나무 아래
慣用句
―に冠ゕんむりを正たださず 이하 부정관, 오얏나무 밑에서는 갓을 고쳐 쓰지 말라

りか [×梨花] 文 이화, 배꽃

りか [理科] 教 이과 ⇔ 文科ぶん¶ 〜系けぃに進すすむ 이과계로 진학하다

りかい [理会] 名 他サ 文 이회, 사리를 깨달음¶ 経典でん の真意しんぃを〜する 경전의 참뜻을 깨닫다

りかい [理解] 名 他サ 이해¶ 〜力りょく 이해력/ 〜が早はやぃ 이해가 빠르다/ 福祉ふくしに〜を示しめす 복지에 이해를 보이다

りがい [利害] 이해¶ 〜得失とくしつ 이해 득실/ 〜が相反あぃはんする 이해가 상반되다 ―関係ゕんけぃ 이해 관계¶ 〜が絡ゕらむ 이해 관계가 얽히다

りがい のり [理外の理] 일반적인 이론·상식으로는 설명되지 않는 불가사의한 도리

りかがく [理化学] 이화학, 물리학과 화학= 理化り ―工業こぅぎょぅ 이화학 공업

りかく [離隔] 名 自他サ 文 이격, 격리

りがく [理学] 이학 ①자연 과학, (특히) 물리

**りかん**

학 ¶ ~博士<sup>はく</sup> 이학 박사 ②(明治<sup>じ</sup> 초기의 용어로) 철학. 물리학 ③성리학(性理學) **—療法**<sup>りょう</sup> 이학 요법. 물리 요법

**りかん** 【罹患】 [名][自スル][文] 이환. 병에 걸림 = 罹病<sup>びょう</sup> ¶ ~率<sup>りつ</sup> 이환율

**りかん** 【離間】 [名][他スル][文] 이간 ¶ ~策<sup>さく</sup> 이간책 / ~をはかる 이간질하다

**りき** 【力】 ①힘. 근력. 체력 ¶ 五人<sup>ごにん</sup>~ 다섯 사람 몫의 힘 / ~がある 힘이 있다 ②『車力<sup>くるま</sup>』의 준말

**りき** 【利器】 이기 ①(文) 잘 드는 칼 [무기] ②편리한 기계·도구 ¶ 文明<sup>めい</sup>の~ 문명의 이기

**りきえい** 【力泳】 [名][自スル] 역영. 힘껏 헤엄침

**りきえん** 【力演】 [名][自他スル] 열연(熱演) ¶ 舞台<sup>たい</sup>で~する 무대에서 열연하다

**りきがく** 【力学】 역학 ①[物] 물체간에 작용하는 힘에 대해 연구하는 학문 ¶ 流体<sup>たい</sup>~ 유체 역학 ②(比) 조직 내에 작용하는 정치·사회·심리적인 힘 ¶ 政治<sup>じ</sup>の~ 정치 역학

**りきかん** 【力感】 역동감 ¶ ~あふれる彫刻<sup>ちょうこく</sup> 역동감 넘치는 조각

**りきさく** 【力作】 역작. 노작 ¶ 畢生<sup>ひっせい</sup>の~ 필생의 역작

**りきし** 【力士】 ①[相撲] 씨름꾼 = 相撲取<sup>もうとり</sup> ②[佛] 금강 역사. 인왕(仁王)

**りきしゃ** 【力車】 인력거

**りきせき** 【力積】 [物] 역적. 충격량

**りきせつ** 【力説】 [名][他スル] 역설 ¶ 声<sup>こえ</sup>を大<sup>おお</sup>にして~する 소리 높여 역설하다

**りきせん** 【力戦】 [名][自スル] 역전. 힘껏 싸움. 역투 ¶ ~奮闘<sup>ふんとう</sup> 역전 분투

**りきそう** 【力走】 [名][自スル] 역주. 힘껏 달림 ¶ ゴール前<sup>まえ</sup>の~ 결승점 직전의 역주

**りきそう** 【力漕】 [名] 역조. (보트 등을) 힘껏 저음

**りきてん** 【力点】 역점 ①(지렛대의) 힘점 ②중점. 주안점 ¶ 基礎<sup>きそ</sup>トレーニングに~をおく 기초 트레이닝에 역점을 두다

**りきとう** 【力投】 [名][自スル][野] 역투. 힘껏 던짐

**りきとう** 【力闘】 [名][自スル] 역투. 힘껏 싸움. 역전 = 力戦<sup>せん</sup> ¶ ~の末<sup>すえ</sup>, 初戦<sup>しょせん</sup>を飾<sup>かざ</sup>る 역투한 끝에 초전을 장식하다

**りきみ** 【力み】 힘줌. 힘을 씀. 힘을 쓴 모양 ¶ 演技<sup>えんぎ</sup>に~が感<sup>かん</sup>じられる연기에 힘이 든 것이 느껴지다

**りきみかえ・る** 【力み返る】 [自][国] ①온 힘을 주다[모으다] ②힘이 있는 체하다

**りき・む** 【力む】 [自][国] ①힘을 주다[모으다] ¶ ~んで持<sup>も</sup>ち上<sup>あ</sup>げる 힘을 주어 들어올리다 ②기를 쓰다. 힘이 있는 체하다. 허세를 부리다 ¶ 絶対<sup>ぜったい</sup>に負<sup>ま</sup>けないぞと~んで見<sup>み</sup>せる 절대로 지지 않겠다고 기를 써 보이다

**りきゅう** 【利休】 → せんの(千)りきゅう **—色**<sup>いろ</sup> 거무스레한 녹색 **—鼠**<sup>ねず</sup> 쥐색을 띤 흑녹색

**りきゅう** 【離宮】 이궁. 별궁

**リキュール** (프 liqueur) 리큐르. 증류주나 양조주에 설탕·향료를 섞은 혼합주

**りきょう** 【離京】 [名][自スル][文] 이경. 수도를 떠남. (특히) 東京<sup>とう</sup>·京都<sup>きょう</sup>를 떠남

**りきょう** 【離郷】 [名][自スル][文] 이향. 고향을 떠남

**りきりょう** 【力量】 역량 ¶ ~のある人物<sup>じんぶつ</sup> / ~を試<sup>ため</sup>す 역량을 시험하다

**りく** 【陸】 [音] リク·ロク [訓] おか·くが (음) 륙. Ⅰ (造語) ①육지. 뭍 = 陸地<sup>ち</sup> ⇔ 海 ¶ 上陸<sup>じょうりく</sup> 상륙 ②이어짐 ¶ 陸続<sup>ぞく</sup> 잇달음 ¶ 陸奥<sup>おく</sup>의 준말 ④『陸軍<sup>ぐん</sup>』의 준말 ⑤(「ロク」로 읽어서) 「六<sup>ろく</sup>」의 갖은자 ¶ 陸尺<sup>しゃく</sup> 가마꾼 Ⅱ 육지. 뭍 ¶ ~の孤島<sup>とう</sup> 육지의 고도 / ~に上<sup>あ</sup>がる船<sup>ふね</sup> 뭍에 오르다

**りくあげ** 【陸揚げ】 [名][他スル] 양륙. 뱃짐을 풂 ¶ 輸入品<sup>ゆにゅうひん</sup>の~地<sup>ち</sup> 수입품의 양륙지

**りくい** 【利食い】 [名][他スル][経] ①(주식의) 전매[환매] 이익 ②이식(利食). 이자가 붙어남

**りくうん** 【陸運】 육운. 육상 운수

**りくかいくう** 【陸海空】 육해공 ①육지·바다·하늘 ¶ 陸軍·海軍·空軍. 육해공군 ¶ ~の一斉<sup>せい</sup>攻撃<sup>こうげき</sup> 육해공군의 일제 공격

**りくぎ** 【六義】 [文] 육의 ①시경(詩經)의 분류에 의한 한시의 6체(體) ②『古今集<sup>こきんしゅう</sup>』의 분류에 의한 和歌의 6체

**りくぐん** 【陸軍】 [軍] 육군 **—士官学校**<sup>しかんがっこう</sup> [軍] (구 일본의) 육군 사관 학교 = 陸士<sup>し</sup> **—省**<sup>しょう</sup> [日史] (구 일본의) 육군성

**りくけい** 【六経】 육경. 중국의 여섯 경서 ▷ 「역경·시경·서경·춘추·예기·악기」

**りくげい** 【六芸】 육예 ①(고대 중국에서 선비의 필수 과목이었던) 여섯 가지 기예 ②육경

**りくごう** 【六合】 (文) 육합. 천지와 사방. 우주

**りくさん** 【陸産】 육산. 육지에서 산출됨. 그런 산물 **—物** 육산물

**りくし** 【陸士】 ①일본 육상 자위대의 최하위 계급 ②『陸軍士官学校<sup>りくぐんしかんがっこう</sup>』의 준말. 육사

**りくしょ** 【六書】 육서 ①한자의 구성·사용법에 관한 여섯 가지 원칙 ②한자의 여섯 가지 서체 = 六体<sup>たい</sup>

**りくしょう** 【陸相】 육상. 육군 대신

**りくじょう** 【陸上】 육상 ①육지 위 ¶ ~勤務<sup>きんむ</sup> 육상 근무 ②『陸上競技<sup>りくじょうきょうぎ</sup>』의 준말 **—競技** 육상 경기 **—自衛隊**<sup>じえいたい</sup> 육상 자위대

**りくせい** 【陸生·陸棲】 [名] 육서. 뭍에서 삶 ⇔ 水生<sup>せい</sup> ¶ ~動物<sup>どうぶつ</sup> 육서 동물

**りくせん** 【陸戦】 육전. 육상 전투 **—隊**<sup>たい</sup> [軍] 『海軍<sup>かいぐん</sup>陸戦隊<sup>りくせんたい</sup>』의 준말. 육전대. (구 일본 해군의) 해병대

**りくぜん** 【陸前】 일본의 옛지명. 지금의 宮城<sup>みやぎ</sup>현의 대부분과 岩手<sup>いわて</sup>현의 일부 지방

**りくそう** 【陸送】 [名][他スル] 육송. 육상 수송

**りくぞく** 【陸続】 [名][自スル][文] 육속. 잇따라 이어짐. 계속되어 끊이지 않음 ¶ 歓迎<sup>かんげい</sup>の人々<sup>ひとびと</sup>が~と集<sup>あつ</sup>まる 환영하는 사람이 속속 모이다

**りくたい** 【六体】 육체. 한자의 여섯 가지 서체

**りくだな** 【陸棚】 대륙붕 = 大陸棚<sup>だな</sup>

**りくち** 【陸地】 육지

**りくちゅう** 【陸中】 일본의 옛지명. 지금의 岩手<sup>いわて</sup>현의 대부분과 秋田<sup>あきた</sup>현의 일부 지방

**りくちょう** 【六朝】 [史] 육조. (옛날 중국의)

오·동진·송·제·양·진의 여섯 나라
**りくつ** [理屈·理*窟*] ①이치, 도리, 사리 = 道理¶ ~に外れた行為 도리에 벗어난 행위 ②논리, 이론. 論理¶ 考えかえ方가다가 方が論理に合わう다 사고 방식이 논리에 맞다 ③억지 이론, 구실, 핑계¶ ~をこねる 억지를 쓰다 **—っぽい** 形 이론만 내세우다, 이치만 따지기 좋아하다
**りくつづき** [陸続き] 名 (두 지점이) 육지로 이어져 있음
**りくとう** [六韜] 「육도」. 중국 주나라의 병서 **—三略** 육도 삼략 ① (중국의 옛 병서인) 「육도」와 「삼략」 ② 병법의 오의·비법
**りくとう** [陸島] 地 육도. 대륙도
**りくとう** [陸稲] 農 육도. 밭벼
**りくなんぷう** [陸軟風] 気 육연풍. 육풍
**りくふう** [陸封] 名動 육봉. 강에서 산란하는 해수어가 지형·환경의 변화로 하천 등에 고립되어 살게 되는 현상¶ ~型の 육봉형
**りくふう** [陸風] 気 육풍. 밤에 육지에서 바다로 부는 바람 ⇔ 海風
**リクライニング シート** (reclining seat) 리클라이닝 시트. (비행기 등의) 뒤로 젖혀지는 좌석
**りくり** [陸離] 文 육리. (빛이) 선명하고 찬란함¶ 光彩~ 광채 육리
**リクルート** (recruit) 리크루트 ①인재를 구함 ② (학생 등이) 취직자리를 구함¶ ~ルック 리크루트 룩
**りくろ** [陸路] 육로¶ ~をとる 육로를 택하다
**りけい** [理系] 이과 계열, 이과계 ⇔ 文系
**リケッチア** (rickettsia) 生 리케차. 바이러스와 세균의 중간 크기의 미생물
**りけん** [利剣] 文 ①이검, 예리한 도검 ②佛 번뇌를 타파하는 불력¶ 降魔の~ 항마검
**りけん** [利権] 이권¶ ~の絡んだ工事 이권이 얽힌 공사 **—屋** 이권을 밝히는 사람, 모리배·중개인, 브로커
**りげん** [*俚*言] 이언 ①사투리, 방언 ②비속어, 속어 = 俚語 ⇔ 雅語
**りげん** [*俚*諺] 이언. 속담
**りこ** [利己] 이기 ⇔ 利他¶ ~心 이기심 **—主義** 倫 이기주의
**りご** [*俚*語] 이어. 이언 = 俚言 ⇔ 雅語
**りこう** [利口·利巧·*悧*巧] 名形動 ①영리함, 똑똑함¶ ~な子 영리한 아이 ②요령이 좋음, 빈틈없음¶ ~に立ち回る 요령있게 처신하다 ③(흔히 「お~」의 꼴로) (아이가) 말을 잘 알아듣고 온순함 お—さん 착하지
**りこう** [履行] 名 他スル 이행 ①약속을 실행함¶ 約束を~する 약속을 이행하다 ②法 책무를 다함, 변제 **—遅滞** 法 이행 지체 **—不能** 法 이행 불능
**りごう** [離合] 名 自スル 이합. 헤어짐과 모임¶ ~集散 이합 집산
**リコール** (recall) 리콜 ①政 소환, 해직(해산) 청구¶ ~運動 리콜 운동 ②설계·제조 단계에서 결함이 있는 자동차를 회수하여 무료 수리하는 제도¶ ~制 리콜제
**りこん** [利根] 名 ナ 文 (천성이) 영리함, 똑똑함 ⇔ 鈍根

**りこん** [離婚] 名 自スル 法 이혼 **—協議** ~합의 이혼/ **—手続き** ~ 이혼 수속
**リサーチ** (research) 名 他スル 리서치. 조사, 연구¶ **マーケット~** 시장 조사
**りさい** [*罹*災] 名 自スル 文 이재 = 被災¶ ~者 이재자, 이재민/ ~地 이재지
**りざい** [理財] 文 이재¶ ~にたける 이재에 밝다 **—学** 「經濟学」의 옛일컬음. 이재학
**リサイクル** (recycle) 리사이클. (폐품 등의) 재활용¶ ~運動 재활용 운동 **—ショップ** (일 recycle shop) 리사이클 숍. 재생용품 가게
**りさつ** [利札] 経 이표 (利票). (채권에 붙어 있는) 이자·배당 지불의 상환 증서 = りふだ
**りざや** [利*鞘*] 経 매매 차익금 = マージン¶ ~をかせぐ 매매 차익금을 벌다
**りさん** [離散] 名 自スル 이산, 헤어짐, 흩어짐¶ 一家~ 일가 이산
**りし** [利子] 이자¶ ~が高い 이자가 비싸다/ ~を取る 이자를 받다 **—所得** 이자 소득
**りじ** [*俚*耳] 文 이이. 세인의 귀, 속이 (俗耳)¶ ~に入りやすい 세인이 알아듣기 쉽다
**りじ** [理事] 이사¶ 常任~ 상임 이사국 **—会** 이사회
**りしゅう** [履修] 名 他スル 이수, 규정된 과정을 마침¶ 全課程を~する 전 과정을 이수하다
**りしゅう** [離愁] 文 이수. 이별의 슬픔
**りじゅん** [利潤] 이윤¶ ~分配 이윤 분배/ ~を追求する 이윤을 추구하다
**りしょう** [利生] 佛 「利益衆生」의 준말. 이생. 부처가 중생에게 베푸는 은혜
**りしょう** [離床] 名 自スル 文 ① (병이 나아) 자리를 털고 일어남 ②잠에서 깸, 기상
**りしょう** [離礁] 名 自スル 文 이초. 좌초했던 배가 암초에서 벗어나 다시 뜸
**りしょく** [利殖] 名 自スル 이식. 이자·이익으로 재산을 불림¶ ~に励む 이식에 힘쓰다
**りしょく** [離職] 名 自スル 이직 ①근무처에서 떠남 ②일을 그만둠, 실직, 실업¶ ~者 이직자/ ~率 이직율
**りじん** [利刃] 文 ①이검, 예리한 칼. 날붙이¶ 一閃 예인 일섬, 단칼에 벰
**りす** [栗鼠] 動 다람쥐 = きねずみ
**りすい** [利水] 文 이수. 수리 (水利)¶ ~工事 수리 공사/ ~組合 수리 조합
**りすい** [離水] 名 自スル (수상 비행기 등이) 수면에서 떠오름 ⇔ 着水
**りすう** [里数] 文 이수. 이정 = 里程
**りすう** [理数] 이수. 이과 (理科)와 수학¶ ~科 이수과/ ~系 이수계
**リスク** (risk) 리스크. 위험¶ ~を伴う 위험을 수반하다 **—ヘッジ** (risk hedge) 経 리스크 헤지. 위험 회피 **—マップ** (risk map) 리스크 맵. 재해 예측도
**リスト** (list) 리스트. 일람표, 명단, 목록¶ 発起人の~ 발기인 명단/ ~を作る 리스트를 작성하다 **—アップ** (일 list up) 名 他スル 리스트업. 일람표를 작성함

**リズミカル** (rhythmical) ㊀ 리드미컬. 율동적임 ¶ ～な動き 리드미컬한 움직임

**リズム** (rhythm) 리듬 ¶ ～運動 리듬 운동/ ～を取る 리듬을 맞추다/ 生活の～が乱れる 생활 리듬이 흐트러지다 **—アンド ブルース** (rhythm and blues) 〔音〕 리듬 엔드 블루스. 1940년대에 유행한 흑인 대중 음악

**り・する** [利する] (文) Ⅰ 〔自〕 サ変 이롭게 되다, 이득을 보다 ¶ ～ところがある 이로운 점이 있다 Ⅱ 〔他〕 サ変 ①이롭게 하다, 이익을 주다 ¶ 社会を～ 사회를 이롭게 하다 ②이용하다, 활용하다 ¶ 立場を～ 입장을 이용하다

**りせい** [理性] 이성 ¶ ～的な判断 이성적인 판단/ ～をうしなう 이성을 잃다

**りせき** [離籍] 名 他スル 이적 ①소속 단체를 떠남 ②〔法〕 (일본 구 민법에서) 호주가 가족의 이름을 호적에서 삭제함

**りせん** [離船] 名 自スル 이선. (승무원 등이) 배를 떠남 ¶ ～を許さず 이선 불허

**りそう** [理想] 이상 ¶ ～像 이상상/ ～が高い 이상이 높다/ ～が実現される 이상이 실현되다 **—家** 이상가 **—郷** 이상향 **—主義** 이상주의 **—的** ㊀ 이상적 **—論** 이상론

**リゾート** (resort) 리조트. 행락지, 피서지, 요양지 ¶ —ホテル 리조트 호텔 **—ウエア** (resort wear) 리조트 웨어. 행락지·휴양지 등에서 입는 간편한 옷

**リゾール** (독 Lysol) 〔藥〕 리졸. 크레졸 비누 용액 ¶ —液 리졸액

**りそく** [利息] 이식. 이자 = 利子

**りぞく** [俚俗] 名 ナ (文) 이속. 시골의 풍습, 시골티 남, 촌스러움

**りそん** [離村] 名 自スル 이촌. 살던 마을을 떠남

**りた** [利他] (文) 이타 ⇔ 利己 ¶ ～的 이타적 **—主義** 〔倫〕 이타주의. 애타주의

**リターン** (return) 리턴 ①돌아옴 ②(테니스·탁구 등에서) 반구(返球), 되받는 공 **—マッチ** (return match) 리턴 매치. (권투 등에서) 선수권 탈환 경기

**りたつ** [利達] (文) 입신 출세, 영달 ¶ 富貴～ 부귀 영달

**りだつ** [離脱] 名 他スル 이탈 ¶ 戦線～ 전선 이탈/ 党籍～をする 당적을 이탈하다

**りち** [理知·理智] (文) 이성과 지성 ¶ ～の働き 이지의 작용 **—的** ㊀ 이지적

**リチウム** (lithium) 〔化〕 리튬. 알칼리 금속 원소의 하나 **—電池** 〔電〕 리튬 전지

**りちぎ** [律儀·律義] 名 ナ 성실하고 정직함, 의리가 두터움 ¶ ～に約束を果たす 성실하게 약속을 지키다

〔慣用句〕 **—者の子沢山** 성실한 사람은 가정이 원만하고 부부 사이가 좋아 자식 복이 많음

**りちゃくりく** [離着陸] 名 自スル 이착륙, 이륙과 착륙 ¶ 垂直～機 수직 이착륙기

**りちょう** [李朝] 〔史〕 이조. 조선 왕조

**りつ** [立] 〔音〕 リツ·リュウ(リフ) 〔訓〕 たつ·たて る|(음)립. 〔造語〕 ①서다, 세우다 ¶ 立像 입상·建立 건립 ②(규칙·이론 등이) 확고히 정해지다, 성립되다, 성립시키다 ¶ 立案 입안·成立 성립 ③'…가 설립한'이라는 뜻을 나타냄 ¶ 公立 공립·私立 사립 ④계절이 시작되다 ¶ 立春 입춘·立冬 입동 ⑤「リットル」의 첫음자

**りつ** [律] 〔音〕 リツ·リチ|(음)률. Ⅰ 〔造語〕 ①규칙, 기준, 법칙 ¶ 規律 규율·法律 법률 ②〔佛〕 중이 지켜야 할 계율 ¶ 律宗 율종·戒律 계율 ③학문상의 법칙 ¶ 因果律 인과율·周期律 주기율 ④〔音〕 가락, 음계 ¶ 音律 음률·調律 조율 ⑤(한시에서) 5언 또는 7언의 8구로 된 체 ¶ 七言律詩 칠언율시 Ⅱ ①〔日史〕 (奈良·平安시대의 기본 법전에서) 형률 ②〔佛〕 승려가 지켜야 할 계율 ③(동양 음악에서) 육률(六律) ⇔ 呂

**りつ** [栗] 〔音〕 リツ·クリ|(음)률. 〔造語〕 밤, 밤나무 ¶ 栗果 율과·栗林 밤나무 숲 ▷ 〔熟字訓〕 栗鼠 다람쥐

**りつ** [率] 율 ①비율, 가능성 ¶ 合格～ 합격률/ 成功する～が高い 성공할 가능성이 높다 ②「利率」의 준말. 이율 ¶ 預金の～が低い 예금 이율이 낮다

**りつあん** [立案] 名 他スル 입안, 계획을 세움 ¶ 都市計画を～する 도시 계획을 입안하다

**りっか** [立花·立華] 중심이 되는 가지를 똑바로 세우는 꽃꽂이 방식 = たてばな

**りっか** [立夏] 입하. 24절기의 하나

**りつがん** [立願] 名 自スル 신불에게 발원(發願)함 ¶ 合格を～する 합격을 발원하다

**りつき** [利付(き)] 〔經〕 이자부. (공채·주식 등에서) 이자나 배당이 붙어 있는 것 **—債** 이자부 채권·증권

**りっきゃく** [立脚] 名 自スル 입각 ¶ 事実に～した議論 사실에 입각한 논의 **—地** 입각지. 입장 **—点** 입각점. 입장

**りっきょう** [陸橋] 육교. 구름다리

**りっけん** [立憲] 입헌. 제헌(制憲) **—政治** 입헌 정치 **—政体** 입헌 정체

**りつげん** [立言] 名 自スル (文) 입언. 의견을 분명히 말함

**りつご** [律語] (文) 율어. 운율을 가진 말·문장. 운문

**りっこう** [力行] 名 自スル (文) 역행. 힘써 행함 ¶ 苦学～する 고학 역행하다

**りっこう** [立后] (文) 입후. 왕후(王后)의 책립

**りっこう** [立項] 名 他スル 항목으로 둠

**りっこうほ** [立候補] 名 自スル 입후보

**りっこく** [六国] 〔史〕 육국. 중국 전국 시대의 제·초·연·한·위·조의 여섯 나라

**りっこく** [立国] 입국 ①건국 ¶ ～の精神 건국 정신 ②나라의 발전을 도모함 ¶ 工業～ 공업 입국

**りっし** [立志] 입지. 뜻을 세움 **—伝** 입지전 ¶ ～中の人 입지전적인 인물

**りっし** [律師] 〔佛〕 율사 ①계율을 지키고 덕망이 높은 승려 ②僧正·僧都의 다음 계

급의 승관

**りっし** [律詩] [文] 율시. 오언 또는 칠언으로 된 한시¶ 五言ごん~ 오언 율시

**りっしゅう** [立秋] 입추. 24절기의 하나

**りっしゅう** [律宗] [佛] 율종. 계율종

**りっしゅん** [立春] 입춘. 24절기의 하나

**りっしょう** [立証] [名][他スル] 입증¶ 無罪むざいを~する 무죄를 입증하다

**りっしょく** [立食] [名][自スル] 입식. 서서 먹음¶ ~パーティー 입식 파티

**りっしん** [立身] 입신. 영달 **―出世**しゅっせ [名][自スル] 입신 출세

**りっしんべん** [立心偏] (한자 부수의) 심방변 ▷「快·性」등의 부수 부분

**りっすい** [立錐] 입추. 송곳을 세움
[慣用句]
**―の余地**よ**もない** 입추의 여지도 없다

**りっ·する** [律する] [他][サ変] 처리하다. 다루다 ¶ 大人おとなの考かんがえで子供こどもを~ 어른의 생각으로 어린이를 다루다

**りつぜん** [慄然] [形動][文] 두려워서 소름이 끼침 [오싹해짐] ¶ 事故現場じこげんばを眼前がんぜんにして~とする 사고 현장을 눈앞에 보니 오싹해진다

**りつぞう** [立像] 입상 ⇔ 座像ざぞう

**りつぞう** [律蔵] [佛] 율장. 삼장(三藏)의 하나

**リッター** (liter) → リットル **―カー** (일 liter car) [交] 리터 카. 배기량 1000cc 미만의 자동차

**りったい** [立体] 입체¶ **―放送**ほうそう 입체 방송 **―感**かん 입체감 **―交差**こうさ 입체 교차 **―的**てき 입체적 **―派**は [美] 입체파

**りったいし** [立太子] 입태자. 태자 책립¶ ~礼 입태자 예식

**りっち** [立地] [名][自スル] 입지 ¶ 工業こうぎょう~ 공업 입지 **―条件**じょうけん 입지 조건¶ ~に恵めぐまれる 입지 조건이 좋다

**りっとう** [立刀] (한자 부수의) 칼도방 ▷「刑·判」등의 부수 부분

**りっとう** [立冬] 입동. 24절기의 하나

**りっとう** [立党] [名][自スル][文] 창당. 정당·당파를 새로 결성함¶ ~の精神せいしん 창당 정신

**りつどう** [律動] [名][自スル][文] 율동. 리듬=リズム¶ **―的**てき**な動**うご**き** 율동적인 움직임

**リットル** (프 litre) 리터. 부피의 단위=リッター¶ ミリ~ 밀리리터

**りっぱ** [立派] [形動] ①훌륭함. 뛰어남. 근사함¶ ~な人物じんぶつ 훌륭한 인물. 멋짐¶ ~な邸宅ていたく 당당한 저택 ③충분함. 어엿함. 더할 나위 없음¶ ~な大人おとな 어엿한 어른/ ~にやりとげる 더할 나위 없이 해내다

**りっぷく** [立腹] [名][自スル] 화를(성을) 냄. 노함 ¶ ささいな事ことで~する 사소한 일로 화를 내다/ 御ご~はもっともですが 역정을 내실 만 하시다만

**りっぽう** [立方] 입방 I [名][他スル][数] 세제곱. 삼 승(三乗) II [名] ①(길이를 나타내는 단위 앞에 붙어) 부피·넓이를 나타냄¶ **一**いち**~メートル** 1입방미터 ②(길이를 나타내는 단위 뒤에 붙어) 그 길이를 한 변으로 하는 정육면적

의 부피를 나타냄¶ 十じゅう**~メートル** 10미터 입방 **―根**こん [数] 입방근. 세제곱근 **―体**たい [数] 입방체. 정육면체

**りっぽう** [立法] [法] 입법 ¶ ~の手続てつづきを取とる 입법 절차를 밟다 **―機関**きかん 입법 기관 **―権**けん 입법권 **―府**ふ 입법부

**りっぽう** [律法] 율법 ①법률. 규칙=おきて ②[佛] 계율 ③[宗] 종교적 법전(法典)

**りづめ** [理詰め] [名] 끝까지 이치를 내세워 따짐¶ ~で攻せめたてる 이치만을 따지며 몰아세우다

**りつりょう** [律令] [史] 율령. 국가 통치의 기본 법전 **―格式**きゃくしき [史] 율령 격식. 고대 중앙집권 국가의 기본 법전의 총칭 **―制**せい [史] 율령제

**りつれい** [立礼] [文] 입례. 서서 하는 경례

**りつろん** [立論] [名][自スル] 입론. 논의의 줄거리를 세움. 그런 논의 **―調査**ちょうさ**に基**もと**づいて~する** 조사에 의거해서 입론하다

**りてい** [里程] [文] 이정 ①노정(路程). 행정=みちのり ②이수(里數) **―標**ひょう 이정표¶ ~を立たてる 이정표를 세우다

**りてき** [利敵] 이적¶ **―行為**こうい 이적 행위

**りてん** [利点] 이점. 이로운 점. 장점¶ 数々かずかずの~がある 수많은 이점이 있다

**りと** [吏読·吏讀·吏道] [文] (우리나라의) 이두

**りとう** [利刀] 이도. 예리한 칼

**りとう** [離党] [名][自スル] 이당. 당을 떠남. 탈당 ⇔ 入党にゅうとう¶ ~勧告かんこく 탈당 권고

**りとう** [離島] I [名] 낙도. 외딴섬 II [名][自スル] 섬을 떠남

**りどう** [吏道] [文] 이도. 관리로써 지켜야 할 도리¶ **―刷新**さっしん 이도 쇄신

**りとく** [利得] 이득. 이익=もうけ 不当ふとう~ 부당 이득/ ~を追求ついきゅうする 이득을 추구하다

**リトマス** (litmus) [化] 리트머스¶ ~反応はんのう 리트머스 반응 **―試験紙**しけんし 리트머스 시험지

**りどん** [利鈍] 이둔 ①날카로움과 무딤 ②현명함과 어리석음

**りにち** [離日] [名][自スル] 이일. (외국인이) 일본을 떠남

**りにゅう** [離乳] [名][自スル] 이유. 젖을 뗌=乳離ちばなれ¶ **―食**しょく 이유식

**りにょう** [利尿] [名] 이뇨¶ **―剤**ざい 이뇨제

**りにん** [離任] [名][自スル] 이임. 임무·임지를 떠남 ⇔ 着任ちゃくにん¶ ~式しき 이임식

**りねん** [理念] 이념¶ 民主主義みんしゅしゅぎの~ 민주주의의 이념 **―型**けい [社] 이념형

**りのう** [離農] [名][自スル] 이농¶ ~率りつ 이농율

**リバイバル** (revival) [名][自スル] 리바이벌 ①부활. 재생 ②(노래·영화 등의) 재유행. 재상연¶ ~ブーム 리바이벌 붐/ ~上映じょうえい 재상영

**リバウンド** (rebound) 리바운드. 반동. (특히 구기에서 공이) 되튀어옴

**りはつ** [利発] [形動] 영리함. 똑똑함¶ ~そうな子供こども 영리해 보이는 아이

**りはつ** [理髪] [名][自スル] 이발. 調髪ちょうはつ¶ ~師し 이발사/ ~店てん 이발소

**りばらい** [利払い] 이자 지불¶ ~を催促ぁぃする 이자 지불을 독촉하다

**りはん** [離反・離*叛*] 名 自スル 이반¶ 人心じんが~する 인심이 이반하다

**りひ** [理非] (文) 이비. 시비(是非)¶ ~曲直きょく 시비 곡직

**りびょう** [*罹病*] 名 自スル (文) 이병. 병에 걸림¶ ~率りつ 이병률

**リフォーム** (reform) 名 他スル 리폼 ①(옷을) 고쳐 지음 ②(건물 등의) 개축, 개장

**りふじん** [理不尽] 名 ダ 부당함, 도리에 맞지 않음, 불합리함¶ ~な行為こうい 부당한 행위

**りふだ** [利札] → りさつ

**リフト** (lift) 리프트 ①화물용 엘리베이터 ②(고저차가 큰 곳에서) 사람을 나르는 탈것¶ スキー~ 스키 리프트

**リフレイン** (refrain) 리프레인, 후렴

**リフレーション** (reflation) 【經】 리플레이션. 통화 재팽창

**リベート** (rebate) 리베이트 ①지불 대금의 일부를 사례금 등으로 돌려줌, 그런 돈 ②수수료, 구전¶ ~を取とる 리베이트를 받다

**リべつ** [離別] 名 自スル ①이별¶ 幼時ようじに家族かぞくと~した 어려서 가족과 이별했다 ②이혼¶ 夫おっとと~する 남편과 헤어지다

**リベット** (rivet) 리벳. 금속판을 접합하는 대갈못¶ ~を打うつ 리벳을 박다

**リベラル** (liberal) ダ 리버럴 ①자유주의적 ②자유로움 ━アーツ (liberal arts) 【教】 리버럴 아츠. 유럽의 전통적인 교양 과목

**りべん** [利便] (文) 편리, 이익과 편의¶ 水運すいうんの~を図はかる 수운의 편의를 도모하다

**りべんか** [離弁花] 【植】 이판화, 갈래꽃

**りほう** [理法] (文) 이법. 도리에 맞는 법칙¶ 自然しぜんの~ 자연의 이법

**リボかくさん** [リボ核酸] 【生】 리보 핵산

**リボン** (ribbon) ①리본¶ ~をかける 리본을 두르다 ②(워드프로세서 등의) 인자용 테이프

**りまわり** [利回り・利*廻*り] 【經】 이율, 배당율¶ 高たかい~ 고이율/ ~が悪わるい 이율이 낮다

**リミット** (limit) 리밋. 한계, 한도, 극한, 범위¶ タイム~ 타임 리밋, 시한

**リミテッド** (limited) (造語) 리미티드. 유한의, 한정된¶ ~パートナーシップ 유한 회사

**りめん** [裏面] (文) ①(물체의) 이면¶ ~参照さんしょう 뒷면 참조 ②드러나지 않은 속사정, 내정¶ ~工作こうさく 이면 공작 ▷ ①② ⇔ 表面ひょう

**リヤカー** (일 rear car) 리어카 = リアカー

**りゃく** [*掠*] 音 リャク 訓 かすめる¶ (음) 략 (造語) 노략질하다, 빼앗아가다¶ 掠奪りゃく 약탈・侵掠しんりゃく 침략 ▷「略りゃく」가 대용자

**りゃく** [略] 音 リャク 訓 ほぼ¶ (음) 략. I (造語) ①다스리다, 경영하다¶ 計略けいりゃく 계략・戦略せんりゃく 전략 ③생략하다, 간략하게 하다¶ 略式りゃくしき 약식・省略しょうりゃく 생략¶ ~まぐ 빼앗다¶ 略奪りゃくだつ 약탈・侵掠しんりゃく 침략 ④는 「掠りゃく」의 대용자. 「畧りゃく」은 속자(俗字) II (3)생략하다¶ 以下いか~ 이하 생략 ②대략, 개략¶ 物語ものがたりの~ 이야기의 개략 ③ 【文法】「略音りゃくおん」의 준말

**りやく** [利益] ①(「御ご~」의 꼴로) 신불(神佛)의 은혜 = 利生りしょう¶ 御ご~をこうむる 신불의 은혜를 입다 ②공덕¶ ~を施ほどこす 공덕을 베풀다 ▷「りえき」는 딴말

**りゃくおん** [略音] 【文法】 약음. 합성어를 만들 때 어떤 음절이 생략되는 현상 ▷「ながあめ(長雨)」가 「ながめ」로 되는 등

**りゃくが** [略画] 약화. 간략하게 그린 그림

**りゃくぎ** [略儀] (文) 약식¶ ~ながら書面しょめんをもってご挨拶あいさつにかえます 간략하게나마 서면으로 인사를 대신합니다

**りゃくげん** [略言] I 名 自スル (文) 약언. 요약해서 말함 = 約言やくげん¶ 以上いじょうを~すれば 이상을 약언하면 II 【文法】 약음 = 略音りゃくおん

**りゃくご** [略語] 약어. 준말

**りゃくごう** [略号] 약호¶ ~で表あらわす 약호로 나타내다

**りゃくじ** [略字] 약자 ⇔ 正字せいじ

**りゃくしき** [略式] 名 ダ 약식 ⇔ 正式せいしき・本式ほんしき¶ ~裁判さいばん 약식 재판

**りゃくしゅ** [略取] (文) 빼앗음, 탈취 名 他【法】 폭력・협박으로 사람을 데리고 감¶ ~誘拐罪ゆうかいざい 약취 유괴죄

**りゃくじゅ** [略*綬*] (文) 약수. 훈장・포장 대신 다는 약식 기장

**りゃくじゅつ** [略述] 名 他スル 약술. 요점만 간략하게 기술함 ⇔ 詳述しょうじゅつ¶ 発表はっぴょう内容ないようを~する 발표 내용을 약술하다

**りゃくしょう** [略称] 名 自他スル 약칭

**りゃくしょう** [略章] (文) 약장. 약식 훈장・기장

**りゃく・す** [略す] 他 五 ①생략하다¶ 前文ぜんぶんを~ 전문을 생략하다 ②간단히 하다¶ 形式けいしきを~ 형식을 간단히 하다

**りゃくず** [略図] 약도¶ ~をかく 약도를 그리다

**りゃく・する** [略する] 他 サ変 → りゃくす

**りゃくせつ** [略説] 名 他スル 약설. 요점만 간략하게 설명함 ⇔ 詳説しょうせつ¶ 産業さんぎょうの現状げんじょうを~する 산업 현황을 약설하다

**りゃくそう** [略装] 약장. 약식 복장 ⇔ 正装せいそう

**りゃくたい** [略体] 약체 ①간략화한 체재(體裁) ②약자 = 略字りゃくじ

**りゃくだつ** [略奪・*掠*奪] 名 他スル 약탈. 강탈¶ ~品ひん 약탈품 / 財宝ざいほうを~する 재산과 보물을 약탈하다 ━農業のうぎょう 【農】 약탈 농업

**りゃくでん** [略伝] 약전. 간략한 전기 ⇔ 詳伝しょうでん

**りゃくひつ** [略筆] 名 他スル (文) 약필 ①요점만 간략하게 씀 ②약자 = 略字りゃくじ

**りゃくふ** [略譜] 약보 ①간략하게 한 계보¶ 一族いちぞくの~ 일족의 약보 ②(音) (숫자로 나타낸) 약식 악보 ⇔ 本譜ほんぷ

**りゃくふく** [略服] 약복. 약식 복장 = 略装りゃくそう

**りゃくほんれき** [略本暦] 약본력. 일상 생활에 필요한 사항만 간추려 만든 달력 = 略暦りゃくれき

**りゃくれき** [略暦] 약력 = 略本暦りゃくほんれき

**りゃくれき** [略歴] 약력¶ 作者さくしゃの~ 작자의 약력

りゃっかい【略解】图他スル(文) 약해. 요점만 간략히 해석함. 그런 책¶論語~ 논어 약해

りゃっき【略記】图他スル(文) 약기. 요점만 간략히 기록함. 그런 기록 ⇔詳記¶発表する 발표 내용을 약기하다

りゃんこ【両個】(俗) ①둘. 두 개 ②(江戸 시대에) 무사를 비웃어 일컫는 말

りゅう【柳】图 リュウ(リウ) 訓やなぎ‧(음)류. (造語) ①버드나무. 수양버들. 가는 것이나 하늘거리는 것의 형용¶柳色 버들잎의 푸른빛‧柳腰 유요 ②이십팔수(二十八宿)의 하나 ▷熟字訓 柳葉魚 별빙어

りゅう【流】图 リュウ(リウ)‧ル 訓ながれる‧ながす|(음)류. (造語) ①(물이) 흐르다. 흐름¶流域 유역‧海流 해류 ②(액체‧전기 등이) 흐르다¶流血 유혈‧電流 전류 ③물을 따라 이동하다¶流入 유입‧漂流 표류‧時流 시류 ⑤표류하다. 떠돌다¶流民 유민 ⑥거침없이 행하다¶流麗 유려 ⑦미완성으로 끝나다¶流産 유산 ⑧빗나가다. 벗어나다¶流弾 유탄‧流用 유용 ⑨귀양보내다¶流刑 유형 ⑩(학문‧기예 등의) 유파¶流派 유파‧亜流 아류 ⑪계층‧등급으로 나누어진 것¶三流 삼류‧上流 상류 ▷熟字訓 流石 역시‧流鏑馬 말을 달리며 우는 살로 과녁을 맞히는 무예

りゅう【留】图 リュウ(リウ)‧ル 訓とめる‧とまる‧とどめる‧とどまる|(음)류. (造語) 그곳에 머물다. 그대로 있다. 붙들어 두다¶留学 유학‧留任 유임‧滞留 체류

りゅう【竜】【龍】图 リュウ(リウ)‧リョウ 訓たつ|(음)룡. (I) ①용¶竜虎 용호‧画竜点睛 화룡점정 ②화석으로 발굴되는 대형 파충류¶恐竜 공룡 ③천자. 천자에 관한 일에 붙이는 말¶竜顔 용안 ④영웅‧호걸 ⑤명마¶竜馬 용마 ▷熟字訓 竜胆 용담‧土竜 두더지 (II) ①용¶~が天に昇る 용이 승천하다 ②(일본 장기에서) 「竜王」의 준말

りゅう【*笠】图 リュウ(リフ) かさ|(음)립. (造語) 주로 훈(訓)「かさ」로 쓰임

りゅう【粒】图 リュウ(リフ) 訓つぶ|(음)립. (造語) ①쌀알. 낟알. 알갱이¶粒子 입자‧顆粒 과립 ②(助數) 입자 상태의 것을 세는 말¶毎食二粒 매식 두 알

りゅう【隆】图 リュウ(リウ)|(음)륭. (造語) ①솟아오르다. 북돋우다¶隆起 융기‧隆鼻術 융비술 ②번창함. 번성하다. 흥성해지다¶隆盛 융성‧興隆 흥륭

りゅう【硫】图 リュウ(リウ)|(음)류. (造語) ①유황. 황¶硫黄 유황‧硫化水素 유화 수소‧「硫酸」의 준말¶硫安 유안. 황산 암모늄 ▷熟字訓 硫黄‧硫黄 유황

りゅう【*溜】图 リュウ(リウ) 訓たまる‧ためる|(음)류. (造語) ①물이 듣다. 물방울¶溜滴 물방울 ②물이 괴다. 물을 모아둠¶貯溜

저류 ③막히다¶溜飲 유음 ④수증기를 결로(結露)시키다¶蒸溜 증류‧乾溜 건류‧分溜 분류

りゅう【理由】이유 ①까닭¶賛成の~を説明する 찬성하는 이유를 설명하다 ②구실¶~をつける 구실을 붙이다

りゅうあん【硫安】图 유안. 황산 암모늄

りゅうあんかめい【柳暗花明】(文) ①유암 화명. 봄의 아름다운 경치 ②화류계¶~の巷 홍등가

りゅうい【留意】图自スル 유의¶~点 유의점/健康に~する 건강에 유의하다

りゅういき【流域】유역

りゅういん【*溜飲】유음. 소화 불량으로 위에서 신물이 넘어오는 증상. 그 액체
[慣用句]
—が下がる(불평‧불만이 가셔서) 가슴이 후련해지다

りゅううん【隆運】융운. 융성하는 운세

りゅうえい【柳営】(文) ①将軍의 진영 ②「幕府」의 일컬음 ③将軍. 장군의 집안

りゅうおう【竜王】①용왕 ②(일본 장기에서) 飛車가 적진에 들어가서 王将의 자격도 아울러 갖게 된 것 =竜

りゅうか【流下】图他スル(文) 유하. 흘러 내림 [보발] 筏で川を~する 뗏목으로 강을 내려가다

りゅうか【硫化】图自スル[化] 황화(黄化)¶~鉄 황화철‧—水素 황화 수소

りゅうかい【流会】图自他スル 유회¶委員会が~になる 위원회가 유회가 되다

りゅうがく【留学】图自スル 유학¶~生 유학생/内地に~ 국내(본국) 유학

りゅうかん【流感】유행성 감기. 독감

りゅうがん【竜眼】[植] 용안 —肉 용안육. 용안의 가종피(假種皮)

りゅうがん【竜顔】(文) 용안. 임금의 얼굴=りょうがん¶~を拝す 용안을 배알하다

りゅうかんりんり【流汗*淋*漓】トタル(文) 유한 임리. 비오듯이 땀이 흘러내림

りゅうき【隆起】图自スル 융기 ⇔沈降¶~海岸 융기 해안/地盤の~ 지반의 융기

りゅうぎ【流儀】①자기 나름의 방식(방법) ②(기예 등의) 유파의 법식¶武術の~ 무술의 법식

りゅうきへい【竜騎兵】용기병

りゅうきゅう【琉球】[地] 沖縄의 딴이름

りゅうきん【*琉金】[動] 유금붕어

りゅうぐう【竜*寓】图自スル(文) 타향을 떠돌아 다니며 삶

りゅうぐう【竜宮】용궁¶~伝説 용궁 전설

りゅうけい【流刑】유형. 귀양=るけい‧流罪¶~地 유형지

りゅうけつ【流血】유혈¶~の惨事 유혈 참사

りゅうげん【流言】유언. 뜬소문=デマ¶~を放つつ 유언을 퍼뜨리다 —飛語 유언비어¶~が乱れ飛ぶ 유언비어가 난무하다

りゅうこ【竜虎】(文) 용호 ①용과 범 ②(比) 실

력이 백중한 두 영웅 **一相˚搏˚つ** 용호 상박

**りゅうこう**【流行】图自スル 유행¶ 最新いの～ 최신 유행/ ～に遅おくれた 유행에 뒤짐/ いもち病がが～する 도열병이 유행하다 **一歌** 유행가 **一語** 유행어 **一児** 유행아. 인기인 **一性感冒**かん 유행성 감기 **一病**びょう 유행병. 돌림병

**りゅうこつ**【竜骨】용골 ①선골(船骨)＝キール ②고대 포유 동물의 뼈 화석

**りゅうき**【流砂】→ りゅうしゃ

**りゅうさん**【硫酸】化 황산¶ 亜あ～ 아황산 **一アンモニウム** 황산 암모늄 **一紙**し 化 황산지 **一銅**どう 化 황산 구리

**りゅうざん**【流産】图自スル 유산 ①堕 낙태 ②(사업·계획 등이) 중도에 틀어짐. 중지됨 ¶ 会社かいの設立がつが～した 회사의 설립이 유산되었다

**りゅうし**【粒子】입자. 알갱이¶ 砂なの～ 모래 알갱이/ ～が粗あい 입자가 거칠다

**りゅうしつ**【流失】图自スル 유실¶ 洪水ずいで橋はしが～する 홍수로 다리가 유실되다

**りゅうしゃ**【流砂】文 유사 ①물에 밀려 흐르는 모래 ②(물을 머금어) 유동하기 쉬운 모래 ③사막

**リュージュ** (프 luge) 體 루지. 동계 올림픽 경기 종목의 하나＝トボガン

**りゅうしゅつ**【流出】图自スル 유출 ⇔ 流入にゅう¶ 廃油はいが～する 폐유가 유출되다/ 美術品びじゅつの海外がいへの～ 미술품의 해외 유출

**りゅうじょ**【柳*絮】文 유서. 늦봄에 버들개지가 솜털처럼 흩날림. 그 종자

**りゅうしょう**【隆*昌】文 융창. 융성¶ 貴家きの御～をお祈いり申もうし上あげます 귀댁의 융창을 비옵니다

**りゅうじょう**【粒状】图 입상. 알갱이 모양¶ ～斑点はん 입상 반점

**りゅうじょうこはく**【竜*攘*虎*搏】文 용양호박. 용호 상박

**りゅうしょく**【柳色】文 유색. 버드나무의 푸른 빛깔

**りゅうしょく**【粒食】文 입식. 곡식을 낱알 그대로 먹음. 낱알의 쌀을 먹음 ⇔ 粉食ふん

**りゅうじん**【竜神】용신. 용왕＝ 竜王りゅう

**りゅうず**【竜頭】용두 ①종을 매다는 용머리 모양의 꼭지 ②(시계의) 태엽을 감는 꼭지¶ ～を巻まく (시계의) 태엽을 감다

**りゅうすい**【流水】유수. 흐르는 물¶ 行雲こう～ 행운 유수 **一文**もん 유수문. (弥生やよい時代 토기 등에서 볼 수 있는) S자 모양의 굴곡 무늬

**りゅうせい**【流星】天 유성. 별똥별 ＝流るれ星ぼし **一雨**う 유성우 **一塵**じん 유성진

**りゅうせい**【隆盛】图ア 융성. 융창¶ ～期き 융성기/ ～をきわめる 크게 융성하다

**りゅうせつ**【流説】文 유설. 떠도는 소문. 유언＝ 流言げん・るせつ¶ ～が町中まちにひろがった 유설이 시내에 퍼졌다

**りゅうぜつらん**【竜舌*蘭】植 용설란

**りゅうせん**【流線】物 유선 **一形**けい (口) 유선형¶ ～の飛行機ひこう 유선형 비행기

**りゅうぜん こう**【竜*涎香】용연향

**りゅうそく**【流速】유속¶ ～計けい 유속계

**りゅうたい**【流体】物 유체. 기체와 액체의 총칭 **一力学**りきがく 유체 역학

**りゅうたい**【隆替】图自スル 文 융쇠. 성쇠¶ 欧州おうしゅう各国かっこくの～ 구주 각국의 성쇠

**りゅうだん**【流弾】유탄. 빗나간 탄환＝ながれだま¶ ～に当たる 유탄에 맞다

**りゅうだん**【*榴弾】유탄. 탄체 안에 작약(炸薬)을 채워 넣은 포탄¶ 手˚～ 수류탄 **一砲**(軍) 유탄포

**りゅうち**【留置】图他スル 유치. 犯人はんを～する 범인을 유치하다 **一場**じょう 法 유치장

**りゅうちょう**【留鳥】動 유조. 텃새

**りゅうちょう**【流暢】ダ ～なドイツ語で話はなす 유창한 독일어로 말하다

**りゅうつう**【流通】图自スル 유통 ¶ ～貨幣かへい 유통 화폐/ 空気くうの～をよくする 공기의 유통을 잘 되게 하다 **一革命**かく 유통 혁명 **一機構**きこう 유통 기구 **一市場**じょう 유통 시장

**りゅうてい**【流*涕】图自スル 文 유체. 눈물을 흘림. 눈물을 흘리며 욺

**りゅうでん**【流伝】文 유전. 세상에 널리 퍼짐＝るでん

**りゅうと** 副自スル (口) (복장 등이) 말쑥하게, 어엿이. 의젓하게¶ ～した背広姿せびろ 말쑥한 신사복 차림

**りゅうとう**【流灯】유등. (우란분재 밤에) 불을 켠 등롱을 물에 떠내려 보내는 일. 그 등롱¶ ～会え 유등회. 유등을 하는 우란분재 행사

**りゅうとう**【竜灯】文 ①용등. 바다에 불빛이 무수히 보이는 현상 ②神社じんに 바치는 등불

**りゅうどう**【流動】图自スル 유동 海水かいの～ 해수의 유동/ ～する政局せいに 유동하는 정국 **一資産**さん 유동 자산 **一資本**ほん 유동 자본 **一食**しょく 유동식 **一性**せい 유동성 **一的**てき ダ 유동적 **一負債**さい 유동 부채. 단기 부채

**りゅうとうだび**【竜頭蛇尾】용두사미¶ ～に終おわる 용두사미로 끝나다

**りゅうどすい**【竜吐水】①소화용 수동식 펌프 ②물총, 물딱총＝水鉄砲でっぽう

**りゅうにゅう**【流入】图自他スル 유입 ⇔ 流出りゅう ¶ 人口じんこうの～ 인구의 유입

**りゅうにょ**【竜女】용녀. 용궁에 사는 여자. (특히) 沙竭羅しゃ 용왕의 딸

**りゅうにん**【留任】图自スル 유임¶ 会長かいちょうを～させる 회장을 유임시키다

**りゅうねん**【留年】图自スル 유급. 낙제¶ 高校こうで一年いちねん～した 고교에서 1년 유급했다

**りゅうのう**【竜脳】용뇌＝ ①の樹液에서 뽑은 백색 결정＝ボルネオール

**りゅうは**【流派】유파¶ 茶道さどうの～ 다도의 유파/ ～が違ちがう 유파가 다르다

**りゅうはつ**【柳髪】文 (버들가지처럼) 여자의 길고 아름다운 여자의 머리카락

**りゅうび**【柳*眉】유미. (버들잎처럼) 가늘고 예쁜 눈썹. 미인의 아름다운 눈썹 慣用句

―を逆立さかてる 유미를 곤두세우다

**りゅうびじゅつ** [隆鼻術] [醫] 융비술
**りゅうひょう** [流氷] [海] 유빙. 성엣장¶ ～帯た 유빙대
**りゅうへい** [流弊] (文) 유폐. 세상에서 널리 행해지는 나쁜 풍습
**りゅうべい** [立米] 입방 미터
**りゅうべつ** [留別] 图 自スル (文) 유별. 떠나는 사람이 남아 있는 사람에게 작별을 고함
**りゅうべん** [流*眄] (文) 유면. 곁눈질
**りゅうほ** [留保] 图 他スル 유보 ①보류¶ 決定けっての～ 결정의 보류 ②[法] 권리의 일부의 효력을 잔류・유지함¶ ～事項じこう 유보 사항
**りゅうぼう** [流亡] 图 自スル (文) 유망. 방랑. 유랑¶ ～ののち故国ここにかえる 유랑 끝에 고국에 돌아오다
**りゅうぼく** [流木] 유목 ①물에 떠내려가는 나무 ②(벌목해서) 강에 띄워 운반하는 목재
**りゅうみん** [流民] 유민. 유랑민=りゅうめん
**りゅうめ** [竜*馬] ①(文) 용마. 준마=りょうめ ②(일본 장기에서) 적진에 들어가 玉将ぎょくしょうの 자격을 갖게 되 角かく
**りゅうよう** [柳腰] (文) 유요. (버들가지처럼) 가늘고 날씬한 미인의 허리=やなぎごし
**りゅうよう** [流用] 图 他スル 유용¶ 公金きんを～する 공금을 유용하다
**りゅうり** [流離] 图 自スル (文) 유리. 유랑¶ ～の旅たび 유랑 여행
**りゅうりゅう** [隆隆] [ト] 융륭 ①(文) 기세가 왕성함¶ ～たる社運しゃうん 왕성한 사운 ②(근육이) 울퉁불퉁 나옴¶ 筋骨きんこつ～ 근육 융륭
**りゅうりゅうしんく** [粒粒辛苦] 온갖 고생을 함. 각고의 노력을 함¶ ～の末すえやっと完成かんせいした 온갖 고생 끝에 겨우 완성했다
**りゅうりょう** [流量] 유량¶ ～計けい 유량계/河川かせんの～を測はかる 하천의 유량을 재다
**りゅうりょう** [*嚠*喨・*瀏亮] [ト] (文) 유량. (관악기 등의) 소리가 거침없고 맑음¶ ～たるらっぱの響ひびき 유량한 나팔 소리
**りゅうれい** [流麗] [ト] 유려. (문장・음악 등이) 유창하고 아름다움¶ ～な筆致ひっち 유려한 필치
**りゅうれん** [流連・留連] 图 自スル (文) 유련. 유흥에 빠져서 집에 돌아가지 않음 ―荒亡こうぼう 유련 황망. 주색잡기에 빠짐
**りゅうろ** [流露] 图 自他スル (文) 유로. 그대로[숨김없이] 나타남¶ 真情しんじょうが～する 진정이 숨김없이 나타나다
**りょ** [*侶] [音] リョ (音)려. (造語) 동아리, 한패. 반려¶ 僧侶そうりょ 승려・伴侶はんりょ 반려
**りょ** [旅] [旅] [音] リョ 訓たび (音)려. (造語) ①집을 떠나 돌아다니다. 여행하다¶ 旅行りょこう 여행・旅費りょひ 여비 ②군단. 군대¶ 旅団りょだん 여단・征旅せいりょ 정벌군 ▷ [熟字訓] 旅籠はたご 여인숙
**りょ** [虜] [音] リョ 訓とりこ (音)로. (造語) 사로잡다. 사로잡힌 사람¶ 虜囚りょしゅう 노수・俘虜ふりょ 부로. 포로・捕虜ほりょ 포로
**りょ** [慮] [音] リョ 訓おもんぱかる (音)려. (造語) 곰곰히 생각하다. 고려하다¶ 慮外りょがい 의외・

思慮しりょ 사려・配慮はいりょ 배려
**りょ** [*呂] 여 ①(동양 음악에서) 12율(律) 중 음(陰)에 속하는 음 ⇔ 律りつ ②(어떤 음보다) 한 옥타브 낮은 음. 저음역
**りょう** [了] [音] リョウ(レウ) 訓おわる・さとる (音)료. I (造語) ①끝나다, 끝내다, 결말이 나다¶ 完了かんりょう 완료・修了しゅうりょう 수료・満了まんりょう 만료 ②명백히 알다, 터득하다¶ 了解りょうかい 요해 ▷ ②는 「諒りょう」의 대용자 II ①알¶ ～とする 잘 알다 ②끝남. 완료
**りょう** [両] [兩] [音] リョウ(リャウ) 訓ふたつ (音)량. I (造語) ①두 개가 한 쌍이 되는 것. 쌍. 둘. 한 벌¶ 両極りょうきょく 양극・両親りょうしん 양친 ②무게의 단위. 냥 ③옛날 화폐의 단위. 냥¶ 千両せんりょう 천냥 ④옛날의 무게의 단위. 냥 ⑤(助数) 차량을 세는 말¶ 八両編成はちりょうへんせい 8량 편성 ▷ ③은 「円えん」의 속칭. ⑤는 「輌りょう」의 대용자 II ①양. 양쪽, 두 개, 한 벌¶ ～の手て 양손
**りょう** [良] [音] リョウ(リャウ) 訓よい (音)량. I (造語) (상태・질이) 좋다, 훌륭하다¶ 良好りょうこう 양호・良質りょうしつ 양질・改良かいりょう 개량・選良せんりょう 선량 ▷ [熟字訓] 良人おっと 남편 II (성적 평가 등에) 양¶ 優ゆう～可か 우양가
**りょう** [*亮] [音] リョウ(リャウ) 訓あきらか (音)량. (造語) 밝다, 명석하다¶ 亮然りょうぜん 양연, 분명한 모양・亮明りょうめい 명량, 명료
**りょう** [凌] [音] リョウ 訓しのぐ (音)릉. (造語) ①능가하다¶ 凌駕りょうが 능가 ②폭력으로 범하다¶ 凌辱りょうじょく 능욕 ▷ ①은 「陵りょう」가 대용자
**りょう** [料] [音] リョウ 訓はかる (音)료. I (造語) ①재다, 헤아리다, 생각하다¶ 料簡りょうけん 생각・思料しりょう 사료 ②재료, 자료¶ 原料げんりょう 원료・材料ざいりょう 재료 ③급료, 대금, 대물¶ 料金りょうきん 요금・給料きゅうりょう 급료 ④「料理りょうり」의 준말¶ 料亭りょうてい 요정 II ①대금, 요금, 보수 ②재료, 자료¶ 製造ぜいぞうの～とする 제조의 재료로 삼다
**りょう** [梁] [音] リョウ(リャウ) 訓はり・うつばり・やな (音)량. I (造語) ①다리¶ 橋梁きょうりょう 교량 ②들보, 대들보¶ 梁上りょうじょう 양상・棟梁とうりょう 동량 ③어량. ④높은 것의 중앙의 불쑥 내민 부분¶ 脊梁せきりょう 척량・鼻梁びりょう 비량, 콧마루 II [史] (중국의) 양나라
**りょう** [涼] [音] リョウ(リャウ) 訓すずしい・すずむ (音)량. I (造語) ①서늘하다¶ 涼風りょうふう 양풍・納涼のうりょう 납량 ②쓸쓸하다¶ 荒涼こうりょう 황량・凄涼せいりょう 처량 ▷ 「涼りゃん」는 속자 II ①시원함, 서늘함¶ ～を取とる 납량하다 ②[史] (중국의) 양나라
**りょう** [猟] [獵] [音] リョウ(レフ) 訓かり (音)렵. I (造語) ①사냥하다, 수렵. 사냥¶ 猟銃りょうじゅう 엽총・狩猟しゅりょう 수렵 ②샅샅이 뒤지다, 찾아다니다¶ 猟奇りょうき 엽기・渉猟しょうりょう 섭렵 II 수렵, 사냥¶ ～に出でる 사냥하러 나가다
**りょう** [陵] [音] リョウ 訓みささぎ (音)릉. (造語) ①큰 언덕¶ 丘陵きゅうりょう 구릉 ②천자의 무덤¶ 陵墓りょうぼ 능묘 ③상대를 능가하다, 업신여기다¶ 陵駕りょうが 능가・陵辱りょうじょく 능욕 ▷

りょう
③은「凌ぐ」의 대용자
**りょう**[椋]㉠リョウ(リヤウ)㉣むく｜(음)량.(造語)주로 훈(訓)「むく」로 쓰임
**りょう**[量]㉠リョウ(リヤウ)㉣はかる｜(음)량. Ⅰ(造語)①수를 세다, 크기를 재다¶ 計量 계량·測量 측량·測量 측량 ②헤아리다, 추측하다¶ 量刑 양형·推量 추량 ③부피¶ 量感 양감·容量 용량 ④마음·능력 등의 크기¶ 度量 도량·力量 역량 ⑤저울, 되¶ 斤量 근량·度量衡 도량형 Ⅱ①양, (계량한) 무게·부피 ⇔より質と양보다 질 ②(哲) 존재의 기본 개념의 하나¶ [論] (판단의) 양
**りょう**[稜]㉠リョウ㉣かど｜(음)릉. Ⅰ(造語)①모, 모서리¶ 稜線 능선 ②위엄이 있다, 존엄하다¶ 稜威 능위 Ⅱ(數) 다면체의 두 면이 접하는 선
**りょう**[僚]㉠リョウ(レウ)㉣ともがら｜(음)료. (造語)①벗, 동료, 동아리¶ 僚友 료우·同僚 동료 ②벼슬아치, 관료¶ 官僚 관료·幕僚 막료·閣僚 각료
**りょう**[綾]㉠リョウ㉣あや｜(음)릉. (造語)무늬 있는 비단¶ 綾羅 능라
**りょう**[領]㉠リョウ(リヤウ)・レイ㉣えり｜(음)령. (造語)①목덜미, 목 언저리¶ 領袖 영수 ②중요한 부분¶ 綱領 강령·要領 요령 ③다스리다, 차지하다¶ 領海 영해·占領 점령 ④다스리는 땅¶ 領地 영지 ⑤다스리는 사람¶ 首領 수령·大統領 대통령 ⑥깨닫다, 이해하다¶ 領解 영해·諒解 양해 ⑦(助數) 의관·갑옷 등을 세는 말¶ 具足三領 갑옷과 투구 세 벌 ▷ [熟字訓] 領巾 옛날 귀부인이 어깨에 드리우던 천
**りょう**[寮]㉠リョウ(レウ)｜(음)료. Ⅰ(造語)①기숙사¶ 寮歌 기숙사가·寮生 기숙사생 ②별장 ③다실¶ 茶寮 다실이 있는 집 Ⅱ [학교·회사 등의] 기숙사¶ ~の生活 기숙사 생활
**りょう**[諒]㉠リョウ(リヤウ)㉣あきらか｜(음)량. Ⅰ(造語)①진실, 진심, 성의¶ 諒闇 양암 ②분명히 알다, 깨닫다, 헤아리다¶ 諒解 양해·諒察 양찰 ▷ ②는「了」가 대용자 Ⅱ납득, 양해
[慣用句]
**一とする** 납득하다, 양해하다, 인정하다
**りょう**[遼]㉠リョウ(レウ)㉣はるか｜(음)료. Ⅰ(造語)멀다, 멀리 떨어지다¶ 遼遠 요원 Ⅱ(史) (중국의) 요나라
**りょう**[療]㉠リョウ(レウ)㉣いやす｜(음)료. (造語)(병을) 고치다, 치료하다¶ 療養 요양·医療 의료·治療 치료
**りょう**[瞭]㉠リョウ(レウ)㉣あきらか｜(음)료. (造語)잘 보이다, 분명하다¶ 明瞭 명료·一目瞭然 일목요연
**りょう**[糧]㉠リョウ(リヤウ)・ロウ(ラウ)㉣かて｜(음)량. (造語)(여행·행군용의) 식량, 음식, 식료품¶ 糧食 양식·糧秣 양말·食糧 식량 ▷「粮」는 속자

**りょう**[令]【史】(奈良·平安 시대에) 율(律)과 함께 나라의 기본이 된 법전
**りょう**[漁] 어로, 고기잡이¶ ~に行く 고기 잡이하러 가다
**りょう**[利用]㊅他スル 이용¶ ~者 이용자/光りを~した通信 빛을 이용한 통신/人を~する 남을 이용하다 **一価値** 이용 가치
**りょう**[里謠·俚謠](文) 속요, 민요 =さとうた
**りょう**[理容] 이용 ①이발과 미용¶ ~師 이발사
**りょうあし**[両足] 양다리, 두 다리, 두 발
**りょうあん**[良案] 양안, 좋은 생각, 명안¶ ~が浮かぶ 좋은 생각이 떠오르다
**りょうあん**[諒闇](文) 양암, 임금이 부모의 상을 당해 상복을 입는 기간
**りょうい**[良医] 양의, 명의 =名医
**りょういき**[領域] 영역¶ 研究~ 연구 영역/~を定める 영역을 정하다
**りょういく**[療育] 요육, 장애아 등에 대한 치료·교육이 종합적으로 행해지는 일
**りょういん**[両院](政)(이원제 국회의) 양원¶ ~制 양원제·**一協議会** 양원 협의회
**りょうう**[涼雨](文) 양우, 시원한 비¶ 一陣の~ 일진 양우
**りょううで**[両腕] 양완, 두 팔, 양팔¶ ~で抱きかえる 두 팔로 끌어안다
**りょうえん**[良縁] 양연, 좋은 연분¶ ~にめぐり合う 좋은 연분을 만나다
**りょうえん**[遼遠] 𝔉(文) 요원, 아득히 멂¶ 前途~ 전도 요원
**りょうか**[良家] → りょうけ(良家)
**りょうか**[良貨](經) 양화 ⇔ 悪貨¶ 悪貨は~を駆逐する 악화는 양화를 구축한다
**りょうか**[涼歌] 가숙사가
**りょうが**[凌駕·陵駕]㊅他スル 능가¶ 他チームを~する 다른 팀을 능가하다
**りょうかい**[了解·諒解]㊅他スル 요해, 양해¶ ~事項 양해 사항/~を取る 양해를 받다
**りょうかい**[領海](法) 영해 ⇔ 公海¶ ~侵犯 영해 침범
**りょうがえ**[両替]㊅他スル ①환전, 돈을 바꿈¶ ~商 환전상/ドルに~する 달러로 바꾸다 ②(유가 증권 등을) 돈으로 바꿈 **一屋** 환전상 =両替商
**りょうかく**[稜角](文) 능각 ①뾰족한 모 ②(數) 모서리각
**りょうがわ**[両側] 양측, 양쪽, 양편¶ 道路の~ 도로 양쪽
**りょうかん**[猟官](文) 엽관, 관직을 얻으려고 경쟁함¶ ~運動 엽관 운동
**りょうかん**[量感] 양감 = ボリューム¶ ~にあふれる 양감이 넘치다
**りょうかん**[僚艦](公) 요함. 자기 편 군함
**りょうき**[涼気](文) 양기, 시원한 공기, 시원한 기분¶ 朝の~ 아침의 시원한 공기
**りょうき**[猟奇] 엽기¶ ~事件 엽기 사건
**りょうき**[猟期] 엽기, 수렵기 ①수렵에 적당한 시기 ②수렵이 허가되는 기간

**りょうき** [僚機] 요기. 우군기. 동료기¶ 行方不明の～ 행방불명된 우군기

**りょうき** [漁期] → ぎょき(漁期)

**りょうきゃく** [両脚] 양각. 양다리. 두 다리¶ コンパスの～ 컴퍼스의 양각 **—規**ᡮ (文) 양각규. 컴퍼스= コンパス

**りょうきょく** [両極] 양극 ①북극과 남극 ②양극과 음극 ~に分かれた考え方 양극단으로 갈라진 사고 방식

**りょうきょくたん** [両極端] 양극단 ①극도로 떨어진 양쪽 끝 ②아주 대조적인 것¶ ～の性格 아주 대조적인 성격

**りょうぎり** [両切り] 「両切りタバコ」의 준말. 필터·물부리가 달리지 않은 궐련

**りょうきん** [料金] 요금¶ ～先払い 요금 선불/ 公共～ 공공 요금

**りょうぐ** [猟具] 엽구. 사냥 도구

**りょうくう** [領空] [法] 영공¶ ～権 영공권/ ～を侵犯する 영공을 침범하다

**りょうぐん** [両軍] 양군. 양쪽 군대〔팀〕¶ ともに譲らず 両軍 모두 양보하지 않다

**りょうけ** [両家] 양가. 양쪽 집안¶ ～の和解 양가의 화해

**りょうけ** [良家] 양가¶ ～の子女 양가의 자녀

**りょうけい** [良計] 양계. 좋은 계획〔계책〕

**りょうけい** [*菱形] (文) 마름모꼴

**りょうけい** [量刑] 名他スル [法] 양형. 형벌의 경중을 정함¶ 不当な～ 부당한 양형

**りょうけん** [了見・料簡・了簡] Ⅰ 名 생각. 소견. 마음¶ 悪い～ 나쁜 생각/ ～が狭い 소견이 좁다 Ⅱ 名他スル 참고 용서함¶ どうか～してくれ 아무쪼록 용서해 주게 **—違い** 잘못된〔틀린〕 생각. 오해

**りょうけん** [猟犬] 엽견. 사냥개

**りょうげん** [*燎原] (文) 요원. 들판에 불을 지름. 불난 들판
〔慣用句〕
**—の火**ʰ 요원의 불길

**りょうこ** [両*虎] (文) 양호 ①두 마리의 호랑이 ②(比) 우열을 가리기 힘든 두 영웅

**りょうこう** [良工] (文) 양공. 솜씨가 뛰어난 장인¶ ～は材を えらばず 양공은 재료를 가리지 않는다

**りょうこう** [良好] 丁 양호¶ 天気～ 날씨 양호/ ～な成績 양호한 성적

**りょうこう** [良港] 양항. 좋은 항구¶ 天然の～ 천연의 양항

**りょうごく** [領国] (제후의) 영지. 영토= りょうこく¶ ～争い 영지 다툼

**りょうさい** [良妻] 양처. 좋은 아내 ⇔ 悪妻ᡮ **—賢母**ᶜ 양처 현모. 현모 양처

**りょうざい** [良材] 양재 ①양질의 재료. 좋은 재목 ②(文) 뛰어난 인재¶ 天下の～を発掘している 천하의 양재를 발굴하고 있다

**りょうざい** [良剤] 양제. 좋은 약= 良薬ᡮ

**りょうさく** [良策] 양책. 좋은 방책〔계획〕¶ ～をねる 좋은 계책을 짜다

**りょうさつ** [了察・*諒察] 名他スル (文) 양찰. (상대방의 입장·사정을) 미루어 짐작함¶ 御～を願います 양찰해 주시기 바랍니다

**りょうさん** [両三] 名 두셋. 이삼¶ ～人に 두세 사람/ ～日にわたる 이삼일에 걸치다

**りょうさん** [量産] 名他スル 양산. 대량 생산¶ ～の利かない品 양산할 수 없는 물건/ ～体制に入る 양산 체제에 들어가다

**りょうざんぱく** [*梁山泊] 호걸·야심가들이 모이던 곳 ▷「수호지(水滸誌)」에서

**りょうし** [良師] 양사. 훌륭한 스승¶ ～を得る 훌륭한 스승을 만나다

**りょうし** [料紙] 용지= 用紙ᡮ

**りょうし** [猟師] 엽사. 사냥꾼= かりゅうど

**りょうし** [量子] [物] 양자 **—力学**ᡮ [物] 양자역학 **—論**ᡮ [物] 양자자론

**りょうし** [漁師] 어부. 고기잡이= 漁夫ᡮ

**りょうじ** [*令旨] 영지. 황태자·황후·황족 등의 명령을 적은 문서= れいし

**りょうじ** [両次] 名 양차. 2회. 두 번¶ ～の世界大戦 양차 세계 대전

**りょうじ** [*聊爾] 丁 (文) ①무례함. 버릇없음. 실례¶ ～ながらお尋ねしたい 실례지만 물어보고자 하오 ②가볍고 경망함. 경솔함

**りょうじ** [領事] [政] 영사¶ 総～ 총영사 **—館**ᡮ [政] 영사관

**りょうじ** [療治] 名他スル 요치. 치료= 鍼ᡮ 침술 치료. 「治療」보다 예스러운 말

**りょうしき** [良識] 양식¶ ～ある行動 양식 있는 행동

**りょうしつ** [良質] 양질¶ ～の米 양질미

**りょうしゃ** [両者] 양자¶ ～の間が 양자간/ ～を引き合わす 양자를 대면시키다

**りょうしゃ** [寮舎] 기숙사= 寄宿舎ᡮ

**りょうしゅ** [良種] 양종¶ 좋은 품종¶ 좋은 종자¶ ～の種 양종의 씨앗

**りょうしゅ** [領主] 영주 ①영지·장원의 소유주 ②[日史] (平安시대 이후) 장원의 지배자 ③(江戸시대의) 토지·주민의 지배자

**りょうしゅう** [涼秋] 양추 ①시원한 가을¶ ～の候ᡮ 양추지절 ②음력 9월의 딴이름

**りょうしゅう** [領収] 名他スル 영수¶ 代金を～する 대금을 영수하다 **—書**ᡮ 영수증 **—証**ᡮ 영수증

**りょうしゅう** [領袖] (文) 영수¶ 派閥の～ 파벌의 영수

**りょうじゅう** [猟銃] 엽총. 사냥총

**りょうしょ** [両所] ①두 곳 ②(「御～」의 꼴로) 두 분¶ 御～にお伝えください 두 분께 전해 주십시오

**りょうしょ** [良書] 양서¶ 悪書ᡮ¶ ～を推薦する 양서를 추천하다

**りょうじょ** [*諒*恕] 名他スル (文) 양서. 상대방의 사정을 참작하여 용서함¶ 乱筆乱文御～ください 난필난문을 용서해 주십시오

**りょうしょう** [了承・*諒承] 名他スル 승낙함. 양해. 납득¶ ～を得る 승낙을 얻다/ 提案の趣旨を～する 제안의 취지를 양해하다

**りょうじょうのくんし** [*梁上の君子] 양상 군자

①도둑 ②쥐
**りょうしょく**【糧食】(文) 양식. 식량¶ ～が尽つきる 양식이 다 떨어지다
**りょうじょく**【陵辱・凌辱】图 他サ (文) 능욕 ①창피를 줌¶ 面前で～する 면전에서 창피를 주다 ②폭력으로 여자를 범함
**りょうしん**【両親】 양친. 부모. 어버이＝ふたおや¶ ～を失う 양친을 여의다
**りょうしん**【良心】 양심¶ ～の呵責 양심의 가책/～に恥じる行為 양심에 부끄러운 행동 **一的** 形動 양심적¶ ～な店 양심적인 가게
**りょうじん**【良人】 남편＝おっと
**りょうじん**【猟人】(文) 엽인. 사냥꾼＝猟師
**りょうすい**【量水】图 양수. 수량(水量)・수위(水位)를 잼¶ ～計 양수계
**りょう・する**【了する】(文) Ⅰ 自他 サ変 끝나다, 끝내다. 마치다¶ 万事～ 만사 끝나다 Ⅱ 他 サ変 납득하다, 납득하다. 이해하다¶ 事情を～ 사정을 납득하다
**りょう・する**【領する】他 サ変 (文) ①소유하다 ②영유(領有)하다, 자기의 영토로 삼다 ③승낙하다, 납득하다
**りょう・する**【諒する】他 サ変 (文) 양해하다, 이해하다, 납득하다¶ 事の次第を～ 일의 전후 사정을 납득하다
**りょうせい**【両生・両*棲】图 양서¶ 水陸～ 수륙 양서 **一類** 動 양서류
**りょうせい**【両性】图 양성 ①암컷과 수컷, 여성과 남성¶ ～生殖 양성 생식 ②서로 다른 두 성질¶ ～化合物 양성 화합물
**りょうせい**【良性】图 양성, 좋은 성질 ⇔ 悪性¶ ～腫瘍 양성 종양
**りょうせい**【寮生】 기숙생(寄宿生)
**りょうせいばい**【両成敗】 쌍방을 똑같이 처벌함, 쌍벌¶ けんか～ 싸운 양쪽을 똑같이 처벌함
**りょうぜつ**【両舌】佛 양설. 양쪽에다 각각 달리 말하여 이간질하는 일
**りょうせん**【*稜線】 능선. 산등성이＝尾根
**りょうせん**【僚船】 요선. 동료 선박
**りょうぜん**【両全】(文) 양전. 양편 모두 완전함¶ 内外～の政策 내외 양전의 정책
**りょうぜん**【霊山】 영산. 영취산 **一浄土** 佛 영산 정토
**りょうぜん**【瞭然】形動 요연. 똑똑하고 분명함¶ 一目～ 일목 요연
**りょうぞく**【良俗】(文) 양속. 좋은 풍속¶ 公序～ 공서 양속/～に反する 양속에 어긋나다
**りょうだて**【両建】 経 양건, 대출 담보성 예금, 꺾기¶ ～預金 꺾기 예금
**りょうだめ**【両*為】(文) 쌍방의 이익을 도모하다
**りょうたん**【両端】 양단 ①양쪽 끝¶ ひもの～ 끈의 양끝 ②처음과 끝, 본말(本末)¶ ～を叩たく 본말을 규명하다
**りょうだん**【両断】图 他サ 양단 ¶ 一刀～ 일도 양단

**りょうち**【了知】图 他サ (文) 요지, 양지(諒知)¶ 申し入れを～する 제의를 양지하다
**りょうち**【良知】(文) 양지. 타고난 지능¶ ～良能 양지 양능
**りょうち**【料地】 어떤 목적으로 사용하는 땅, 용지¶ 狩かりの御～ 황실의 사냥터
**りょうち**【領地】 영지 ①옛날 領主・大名 등이 소유하던 토지¶ ～を没収する 토지를 몰수하다 ②영토¶ 韓国の～ 한국 영토
**りょうちょう**【両朝】 양조 ①두 나라의 조정¶ 南北～ 남북 양조 ②2대의 군왕, 그 시대
**りょうて**【両手】 ①양수. 두 손, 양손＝もろて ⇔ 片手¶ ～利き 양손잡이/～を合わせて祈る 두 손 모아 빌다 ②10의 수, 열¶ 罪状は～に余る 죄상이 열을 넘다 慣用句
**一に花** 양손에 꽃, 좋은 것 두 가지를 한꺼번에 차지함의 비유
**りょうてい**【料亭】 요정. 고급 요릿집
**りょうてい**【量定】图 他サ (文) 양정. 헤아려 정함¶ 刑の～ 형의 양정
**りょうてき**【量的】 양적 ⇔ 質的¶ ～な変化 양적인 변화
**りょうてんびん**【両天*秤】 ①천평칭, 천칭＝天秤 ②양다리를 걸침¶ ～をかける 양다리를 걸치다
**りょうど**【両度】(文) 두 번, 두 차례¶ ～の大戦 두 번의 대전
**りょうど**【領土】 영토 ①영지¶ 広大な～ 광대한 영토 ②法 국가의 주권이 미치는 구역¶ 他国の～を侵す 타국의 영토를 침범하다
**りょうとう**【両刀】 양도 ①무사가 차던 크고 작은 두 자루의 칼 ②「両刀遣つかい」의 준말 **一遣** ①쌍칼잡이＝二刀流 ②(俗) (상반된) 두 가지 일을 동시에 함 ③(俗) 과자와 술을 다 좋아함 **一論法** 論 양도 논법
**りょうとう**【両統】 ①두 혈통〔계통〕 ②대립된 두 황통(皇統). 특히 일본 南北朝時代의 大覚寺統와 持明院統를 말함
**りょうとう**【両頭】图 양두 ①쌍두＝双頭¶ ～の蛇 양두사 ②두 사람의 지배자¶ ～政治 양두 정치
**りょうどう**【糧道】 양도. (군대의) 식량 보급로¶ ～を絶たつ 양도를 끊다
**りょうとうげきす**【*竜頭*鷁首】 용두 익수 ①(옛날 중국에서) 천자(天子)가 타던 배 ②(平安 시대) 귀인들의 놀잇배
**りょうどうたい**【良導体】 電 양도체＝導体
**りょうとうのいのこ**【*遼東の*豕】 요동시, 세상 일을 모르고 저 혼자 득의양양함, 그런 사람
**りょうとく**【両得】图 他サ 양득 ①한 번에 두 가지 이익을 얻음¶ 一挙～ 일거 양득 ②쌍방 모두 이익을 얻음
**りょうどなり**【両隣】 좌우 양편 이웃¶ 向こう三軒さん～ 맞은편 세 집과 좌우 이웃집, 가장 가까운 이웃집
**りょうにん**【両人】 양인. 두 사람¶ 御～ 두 분
**りょうのう**【良能】(文) 양능. 타고난 재능. 천

부의 재능¶ 良知$_{りょう}^{ち}$~ 양지 양능
りょうば【両刃】 양날. 쌍날. 그런 칼¶ ～の剣$_{つるぎ}$ 양날의 칼/ ～のかみそり 양날 면도기
りょうば【猟場】 엽장. 사냥터= 狩り場¶ 御～ 황실 사냥터
りょうば【漁場】 어장= ぎょじょう
りょうはんてん【量販店】 양판점. 대량 판매점
りょうひ【良否】 (文) 양부. 좋고 나쁨¶ 品物$_{しな}$の～を調$_{しら}$べる 물건의 양부를 조사하다
りょうひ【寮費】 기숙사비
りょうびょう【療病】 (文) 요병. 병을 치료함¶ ～生活$_{せい}$ 요병 생활
りょうびらき【両開き】 (문짝이) 양쪽으로 열림. 쌍바라지¶ ～の窓$_{まど}$ 쌍바라지창
りょうひん【良品】 좋은 물건. 우량품
りょうふ【両夫】 (文) 두 남편. 이부¶ 貞女$_{ていじょ}$～にまみえず 열녀는 두 남편을 섬기지 않는다
りょうぶ【両部】 (佛) ①양쪽 부분 ②(佛) (밀교에서) 금강계(金剛界)와 태장계(胎藏界) ③「両部神道$_{りょうぶしんとう}$」의 준말 ━神道 신도와 불교의 일치를 주장하는 종파
りょうふう【良風】 (文) 양풍. 좋은 풍습[풍습], 미풍¶ ～美俗$_{びぞく}$ 양풍 미속, 미풍 양속
りょうふう【涼風】 양풍. 선들바람= すずかぜ¶ 一陣$_{いちじん}$の～ 일진 양풍
りょうぶた【両蓋】 두 개의 뚜껑. (특히) 양면에 금속제 뚜껑이 있는 회중 시계. 그 뚜껑
りょうぶん【両分】 [名][他スル] (文) 양분. 이분= 二分$_{にぶん}$¶ 天下$_{てんか}$を～する 천하를 양분하다
りょうぶん【領分】 영분 ①영지 ②세력 범위, 영역¶ 科学$_{かがく}$の～ 과학의 영역
りょうへん【両辺】 양변 ①두개의 변 ②[数] 등호·부등호의 양쪽에 있는 두 수식
りょうぼ【陵墓】 능묘. 등= みささぎ
りょうぼ【寮母】 기숙사생의 뒷바라지를 해주는 여자
りょうほう【両方】 양방 ①두 방면¶ ～に分$_{わ}$かれる 두 방면으로 갈라지다 ②쌍방, 양자, 양쪽¶ ～の立場$_{たちば}$ 쌍방의 입장/ ～とも買$_{か}$う 양쪽 모두 사다
りょうほう【療法】 요법¶ 心理$_{しんり}$～ 심리 요법
りょうまい【糧米】 (文) 양미. 식량으로 쓰는 쌀
りょうまえ【両前】 [服] (양복·코트 등의) 더블= ダブルブレスト ⇔ 片前$_{かたまえ}$
りょうまつ【糧*秣】 (文) 양말. 군량과 마초(馬草)¶ ～を確保$_{かくほ}$する 양말을 확보하다
りょうみ【涼味】 (文) 시원한 맛[느낌]¶ ～満点$_{てん}$ 시원하기 그지없음
りょうみん【良民】 (文) 양민. 일반 시민. 이 [日史] (律令制$_{りつりょうせい}$에서) 평민, 일반 백성
りょうめ【量目】 저울 눈금, 무게, 중량¶ ～不足$_{ふそく}$ 중량 부족/ ～をごまかす 저울 눈금을 속이다
りょうめん【両面】 양면 ①양쪽 면, 앞면과 뒷면¶ ～刷$_{ず}$り 양면 인쇄 ②두 방면[방법]¶ ～作戦$_{さくせん}$ 양면 작전/ 物心$_{ぶっしん}$～ 물심 양면
りょうや【良夜】 (文) 양야. 달 밝은 밤. (특히) 중추 명월의 밤

りょうや【涼夜】 (文) 양야. (여름의) 시원한 밤
りょうやく【良薬】 양약. 효과가 좋은 약
[慣用句]
━は口$_{くち}$に苦$_{にが}$し 양약은 입에 쓰다, 유익한 충고는 귀에 거슬린다
りょうゆう【両雄】 양웅. 두 영웅
[慣用句]
━並$_{なら}$び立$_{た}$たず 두 영웅은 병립하지 못한다
りょうゆう【良友】 (文) 양우. 좋은 친구 ⇔ 悪友$_{あくゆう}$¶ ～を得$_{え}$る 양우를 얻다
りょうゆう【僚友】 (文) 요우. 동료
りょうゆう【領有】 [名][他スル] (文) 영유¶ 植民地$_{しょくみんち}$を～する 식민지를 영유하다
りょうよう【両用】 양용. 겸용¶ 水陸$_{すいりく}$～の自動車$_{じどうしゃ}$ 수륙 양용 자동차
りょうよう【両様】 [名] 두 가지 방식[양식]¶ 和戦$_{わせん}$～の構$_{かま}$え 화전 양면 태세
りょうよう【療養】 [名][自スル] (文) 요양¶ ～所$_{じょ}$ 요양소/ 転地$_{てんち}$～ 전지 요양
りょうよく【両翼】 양익 ①(새·비행기의) 양 날개 ②(진지·대열 등의) 좌측과 우측, 좌익과 우익¶ ～部隊$_{ぶたい}$ 양익의 부대
りょうら【*綾羅】 (文) 능라. 아름다운 옷
りょうらん【*繚乱·*撩乱】 [ト·タル] (꽃이) 흐드러지게 핌, 만발함, 난만¶ 百花$_{ひゃっか}$～ 백화난만, 백화가 만발함
りょうり【良吏】 (文) 양리. 훌륭한[좋은] 관리
りょうり【料理】 [名][他スル] 요리 ①음식을 만듦, 그런 음식¶ 家庭$_{かてい}$～ 가정 요리 ②일을 잘 처리함¶ 国政$_{こくせい}$を～する 국정을 요리하다 ③(俗) 상대를 잘 다스림 ━屋 요릿집
りょうりつ【両立】 [名][自スル] (文) 양립¶ 勉強$_{べんきょう}$と仕事$_{しごと}$の～を図$_{はか}$る 공부와 일의 양립을 꾀하다
りょうりょう【両両】 양량. 양쪽 모두, 둘다 ━相俟$_{あいま}$って [連語] 양쪽이 서로 도와서, 쌍방이 공히
りょうりょう【*嘹*嘹】 [ト·タル] (文) (악기 소리 등이) 낭랑하고 맑음¶ ～たるらっぱの音$_{ね}$ 낭랑하고 맑은 나팔 소리
りょうりょう【*稜*稜】 [ト·タル] (文) 능능 ①모나고 엄함, 어기참¶ 気骨$_{きこつ}$～ 기골 능능 ②추위가 매서움
りょうりょう【*寥*寥】 [ト·タル] (文) 요요 ①쓸쓸함, 적막함¶ ～たる山中$_{さんちゅう}$ 요요한 산속 ②수가 극히 적음¶ 出席者$_{しゅっせきしゃ}$は～たるものであった 출석자는 얼마 되지 않았다
りょうりん【両輪】 양륜 ①양쪽 바퀴¶ 車$_{くるま}$の～ 차의 양쪽 바퀴 ②(比) 둘이 서로 도와 비로소 제구실을 함¶ ～をなす 양륜을 이루다
りょう・る【料る】 [他五] 요리하다¶ 鳥$_{とり}$を～ 닭을 요리하다/ 敵$_{てき}$を～ 적을 요리하다
りょうわき【両脇】 양쪽 겨드랑이¶ ～に抱$_{かか}$える 양쪽 겨드랑이에 끼다
りょがい【慮外】 [名][ダ] 여외 ①뜻밖, 의외¶ ～なことをおっしゃる 뜻밖의 말씀을 하시다 ②무례함, 버릇없음¶ ～者$_{もの}$ 무례한 놈
りょかく【旅客】 여객, 여행자, (특히 교통 기관의) 승객= りょきゃく¶ ～機$_{き}$ 여객기/ ～を運$_{はこ}$ぶ 여객을 나르다

**りょかん** [旅館] 여관 = やどや
**りょきゃく** [旅客] → りょかく
**りょく** [力] 音リョク·リキ 訓ちから·つとめ·|(音)·(造語) ①힘, 세력, 작용¶ 力量<sub>りき</sub> 역량·権力<sub>けん</sub> 권력·馬力<sub>りき</sub> 마력 ②힘쓰다. 애쓰다¶ 力説<sub>せつ</sub> 역설·努力<sub>りょく</sub> 노력
**りょく** [緑] [緑] 音リョク·ロク 訓みどり|(音)·(録)·(造語) 녹색, 초록¶ 緑化<sub>か</sub> 녹화·緑茶<sub>ちゃ</sub> 녹차·常緑<sub>じょう</sub> 상록
**りょく** [利欲] (文) 이욕¶ ~に目がくらむ 이욕에 눈이 멀다
**りょくいん** [緑陰·緑蔭] (文) 녹음¶ ~の季節<sub>せつ</sub> 녹음의 계절
**りょくう** [緑雨] (文) 녹우. 신록이 우거지는 초여름 무렵에 오는 비
**りょぐう** [旅寓] (文) 여우. 객거 = 旅宿<sub>しゅく</sub>
**りょくがん** [緑眼] (文) 녹안. 파란 눈. 벽안
**りょくぎょく** [緑玉] (文) 녹옥. 에메랄드
**りょくしゅ** [緑酒] (文) 녹주 ①녹색 ②맛좋은 술. 미주¶ ~に月の影宿<sub>やど</sub>す 녹주에 달그림자 띄우고
**りょくじゅ** [緑樹] (文) 녹수. 푸른 잎이 무성한 나무
**りょくじゅうじ** [緑十字] 녹십자. (국토 녹화 운동을 상징하는) 녹색 십자 표시
**りょくじゅほうしょう** [緑綬褒章] (일본에서) 덕행이나 사업으로 사회에 공헌한 사람에게 수여하는 녹색 리본이 달린 기장
**りょくそう** [緑藻] (植) 녹조¶ ~類<sub>るい</sub> 녹조류
**りょくち** [緑地] 녹지一帶<sub>たい</sub> 녹지대. 그린 벨트
**りょくちゃ** [緑茶] (文) 녹차
**りょくど** [緑土] 녹토. 초목이 무성한 토지[국토]
**りょくないしょう** [緑内障] (醫) 녹내장
**りょくひ** [緑肥] (農) 녹비. 풋거름
**りょくふう** [緑風] 녹풍. 푸른 잎을 스치는 초여름의 바람
**りょくべん** [緑便] (醫) 녹변. (젖먹이의) 푸른 똥
**りょくもん** [緑門] 녹문. 솔잎 등으로 싸서 장식한 문
**りょくや** [緑野] (文) 녹야. 초목이 무성한 들
**りょくりん** [緑林] (文) 녹림 ①푸른 숲 ②도적
**りょけん** [旅券] 여권 = パスポート¶ ~を発給<sub>はっきゅう</sub>する 여권을 발급하다
**りょこう** [旅行] 名·自スル 여행 = 旅<sub>たび</sub>·観光<sub>かん</sub>~ 관광 여행/~に出かける 여행을 떠나다
**りょしゅう** [旅愁] (文) 여수¶ ~に浸<sub>ひた</sub>る 여수에 젖다
**りょしゅう** [虜囚] (文) 포로 = 捕虜<sub>ほ</sub>
**りょしゅく** [旅宿] 名·自スル 여행지에서 묵음. 그 숙소. 여관. 여인숙
**りょじょう** [旅情] (文) 여정¶ ~を慰<sub>なぐさ</sub>める 여정을 달래다
**りょじん** [旅人] (文) 여인. 나그네 = たびびと ▷「たびにん」은 딴말
**りょそう** [旅装] 여장. 여행 채비
[慣用句]
一を解く 여장을 풀다
**りょだん** [旅団] (軍) 여단

**りょっか** [緑化] 名·他スル 녹화 = りょくか¶ 国土<sub>ど</sub>~運動<sub>どう</sub> 국토 녹화 운동
**りょてい** [旅亭] (文) 여정. 여관
**りょてい** [旅程] (文) 여정 ①여행의 노정(路程)¶ ~の半<sub>なか</sub>ばを過ぎる 여정의 반을 지나다 ②여행 일정¶ ~を組む 여정을 짜다
**りょひ** [旅費] 여비¶ ~がたりない 여비가 모자라다
**りょりょく** [膂力] (文) 여력. 근력. 완력¶ ~衆<sub>しゅう</sub>にまさる 여력이 출중하다
**リラ** (이 lira) 리라. 이탈리아·터키의 화폐 단위
**りりく** [離陸] 名·自スル 이륙 ⇔ 着陸<sub>ちゃく</sub>
**りりし·い** [凛凛しい] 形 늠름하다, 씩씩하다¶ ~顔つき 늠름한 표정
**リリシズム** (lyricism) 리리시즘. 서정주의. 서정미(抒情味)
**りりつ** [利率] 이율¶ 年<sub>ねん</sub>五分<sub>ごぶ</sub>の~で貸<sub>か</sub>す 연 5푼의 이율로 빌려주다
**リレー** (relay) 릴레이 I 名·他スル 중계¶ 聖火<sub>せいか</sub>~ 성화 릴레이 II 名 ①「リレーレース」의 준말 ②(電) 계전기¶ ~回路<sub>かいろ</sub> 계전기 회로 ━レース (relay race) (體) 릴레이 레이스. 계주
**りれき** [履歴] 이력. 경력¶ ~を調<sub>しら</sub>べる 이력을 조사하다 ━書<sub>しょ</sub> 이력서
**りろ** [理路] (文) 이로. (생각이나 이야기의) 조리 ━整然<sub>せいぜん</sub> 이로 정연
**りろん** [理論] 이론¶ ~家<sub>か</sub> 이론가/~どおりにはいかない 이론대로는 되지 않는다
**りん** [林] 音リン 訓はやし|(音)·(造語) ①수풀¶ 林業<sub>ぎょう</sub> 임업·密林<sub>みつ</sub> 밀림 ②사물이 많이 모이다. 그런 모임¶ 学林<sub>がく</sub> 학림·酒池肉林<sub>しゅちにく</sub> 주지육림 ③외국어「リン」의 차음자¶ 伯林<sub>ベル</sub> 베를린
**りん** [厘] 音リン|(音)·(造語) ①척관법의 길이의 단위 ②척관법의 무게의 단위 ③비율의 단위¶ 打率<sub>だりつ</sub>三割二分<sub>さんわりにぶ</sub>五厘<sub>りん</sub> 타율 3할 2푼 5리 ④화폐의 단위¶ 日歩<sub>ひぶ</sub>一銭五厘<sub>いっせんごりん</sub> 일변 1전 5리
**りん** [倫] 音リン|(音)·(造語) ①같은 부류. 동료. 패거리¶ 絶倫<sub>ぜつ</sub> 절륜·比倫<sub>ひ</sub> 비륜. 비류 ②인간이 행할 도리. 규범. 질서¶ 倫理<sub>り</sub> 윤리·人倫<sub>じん</sub> 인륜·不倫<sub>ふ</sub> 불륜
**りん** [淋] 音リン 訓さびしい|(音)·(造語) ①물이 방울져 떨어지다¶ 淋漓<sub>り</sub> 임리 ②(醫) 임질¶ 淋菌<sub>りん</sub> 임균·淋疾<sub>しつ</sub> 임질
**りん** [琳] 音リン (リム)|(音)·(造語) ①아름다운 구슬의 이름¶ 琳球<sub>りん</sub> 임구 ②구슬이 부딪쳐서 울리는 소리¶ 琳琅<sub>ろう</sub> 임랑
**りん** [輪] 音リン 訓わ|(音)·(造語) ①바퀴. 수레바퀴. 회전하는 틀¶ 輪転<sub>てん</sub> 윤전·競輪<sub>けいりん</sub> 경륜 ②바퀴처럼 둥근 것¶ 日輪<sub>にち</sub> 일륜·法輪<sub>ほう</sub> 법륜 ③차례로 돌다¶ 輪作<sub>さく</sub> 윤작·輪廻<sub>りんね</sub> 윤회 ④둘레¶ 輪郭<sub>かく</sub> 윤곽·外輪<sub>がい</sub> 외륜 ⑤넓고 아름답다¶ 輪奐<sub>かん</sub> 윤환 ⑥(助數) 꽃을 세는 말¶ 梅一輪<sub>いちりん</sub> 매화 한 송이
**りん** [燐] 音リン|(音)·린. I (造語) 도깨비불¶ 燐火<sub>か</sub> 인화 II ①도깨비불¶ ~が燃える 도깨비불이 타다 ②(化) 인

りん【隣】 ⓐリン 働となり・となる¶(音)린. (造語)이웃, 이웃집, 이웃 나라, 나란히 연결되다¶ 隣家의 인가. 이웃집. 隣接의 인접·近隣의 근린 ▷「鄰」은 다른 글자꼴

りん【臨】 ⓐリン 働のぞむ¶(音)림. (造語)①높은 데서 내려다보다, 위에 서다¶ 君臨의 군림·照臨의 조림 ②(높은 분이) 왕림하시다¶ 臨御의 임어·来臨의 내림 ③그 자리·시기에 임하다¶ 臨海의 임해·臨終의 임종 ④그대로 베끼다¶ 臨画의 임화·臨写의 임사

りん【×鱗】 ⓐリン うろこ¶(音)린. (造語)①비늘. 鱗片의 인편·魚鱗의 어린·片鱗의 편린 ②물고기, 어류¶ 鱗介의 인개

りん【×麟】 ⓐリン¶(音)린. (造語)(중국에서) 상상의 동물, 기린. (변하여) 성인, 영재¶ 麟鳳의 기린과 봉황·麒麟의 기린

りん【鈴】 ①방울, 벨 ¶呼び~ 초인종 ②【佛】(법요 때 흔드는) 요령

りりう【×霖雨】 임우. 장마 = ながあめ

りんうん【×鱗雲】(文) 비늘구름 = うろこ雲

りんか【輪禍】(文) 윤화. 교통 사고

りんか【×燐火】(文) 인화. 도깨비불 = 鬼火

りんか【隣家】(文) 인가. 이웃집, 옆집

りんが【臨画】 ⓝ他スル 임화. 교본을 본떠서 그림, 그런 그림

りんかい【臨海】 ⓝ 임해. 바다에 임함 ━学校의 임해 학교. 여름 해변 학교

りんかい【臨界】【物】 임계. 경계¶ ~温度의 임계 온도 ━点의【物】 임계점

りんかく【輪郭・輪×廓】 윤곽 ①둘레의 선, 테두리¶ ~をとる 윤곽을 잡다 ②(사물의) 모양, 외형¶ 山의 ~が現われる 산의 윤곽이 드러나다 ③얼굴 생김새, 이목구비¶ ~のはっきりした顔 이목구비가 뚜렷한 생김새 ④(사물의) 개요, 개략¶ 事件の~をつかむ 사건의 윤곽을 파악하다

りんがく【林学】 임학¶ ~者의 임학자

りんかん【林間】 임간. 숲 속 ━学校의【教】 임간 학교

りんかん【輪×姦】 ⓝ他スル 윤간

りんき【×悋気】 ⓝ自スル 강샘, 질투, 투기¶ ~を起す 질투하다

りんき【臨機】 ⓝ 임기¶ ~の処置의 임기 (응변)의 조치 ━応変의 임기 응변

りんぎ【×稟議】 품의¶ ~書의 품의서 ▷「ひんぎ」의 관용음

りんぎょ【臨御】(文) 임어 ①제위에 앉아 나라를 다스림 ②국왕이 그 자리에 임함 = 臨幸의

りんぎょう【林業】 임업¶ ~試験場의 임업 시험장

りんきん【×淋菌・×痲菌】 임균. 임질균

リング (ring) 링 ①바퀴, 고리 ②반지 ③(복싱 등의) 경기장 ━サイド (ringside) 링사이드

リンクス (links) 링크스. 골프장

りんけい【輪形】 윤형. 바퀴 모양 = わがた¶ ~動物의 윤형 동물

りんけい【×鱗形】(文) 인형. 비늘 모양

りんけい【×鱗茎】【植】 인경. 비늘줄기

りんげつ【臨月】 산월, 산달 = 産み月¶ ~の妻의 만삭의 아내/ ~が近づく 산달이 가깝다

リンゲルえき【リンゲル液】【医】 링거액

りんけん【臨検】 ⓝ他スル(文) 임검. 현장에 가서 검사함¶ 保健所の~ 보건소의 임검

りんげん【×綸言】(文) 윤언. 왕이 신하에게 하는 말, 윤명(綸命) = みことのり
慣用句
━汗の如し (땀이 한 번 나오면 몸 속으로 되돌아가지 못하듯) 임금이 한 말은 취소할 수 없음

りんこ【×潾×乎】 ⓣ(文) 늠호. 늠연. 늠름¶ ~とした姿의 늠름한 모습

りんご【林×檎】【植】 사과, 사과나무¶ ~ジュース 사과 주스

りんこう【輪講】 ⓝ他スル 윤강. 돌아가며 강의함¶ 原書の~ 원서의 윤강

りんこう【×燐光】 인광¶ ~を発する 인광을 발하다

りんこう【×燐鉱】【鉱】 인광

りんこう【臨幸】 ⓝ自スル 임행. 왕이 그 자리에 참석함, 거동 = 臨御의

りんこう【臨港】 ⓝ 임항. 항구에 임함¶ ~地帯의 임항 지대 ━線의 임항선. 하역을 위해 부두까지 가친 철도 선로

りんごく【隣国】 인국. 이웃 나라 = 隣邦

りんざいしゅう【臨済宗】【佛】 임제종. 선종(禪宗)의 한 파

りんさく【輪作】 ⓝ他スル【農】 윤작. 돌려짓기

りんさん【林産】 임산¶ ~物의 임산물

りんさん【×燐酸】【化】 인산 ━カルシウム【化】 인산 칼슘 ━肥料의【農】 인산 비료

りんし【×綸旨】(文) 윤지 ①칙명을 받아 蔵人가 발행한 문서 ②윤언(綸言)의 취지 ▷「りんじ」라고도 함

りんじ【臨時】 ⓝ 임시¶ ~列車의 임시 열차/ ~に総会を開く 임시로 총회를 열다 ━国会의 임시 국회

りんじく【輪軸】【機】 윤축

りんしつ【隣室】(文) 옆방, 이웃방¶ ~に引っ込む 옆방에 틀어박히다

りんしゃ【臨写】 ⓝ他スル 임사. 견본으로 삼은 글씨·그림을 보고 베낌¶ ~本의 임사본

りんじゅう【臨終】 임종 = 死にに際る¶ ~を迎える 임종을 맞이하다

りんしょ【臨書】 ⓝ他スル(文) 임서. (서예에서) 본을 보고 그대로 씀, 그런 글씨¶ 千字文を~する 천자문을 임서하다

りんしょう【輪唱】 ⓝ他スル【音】 윤창. 돌림노래

りんしょう【臨床】 임상¶ ~医의 임상의/ ~尋問의 임상 심문 ━医学의 임상 의학

りんせき【臨席】 ⓝ自スル 임석¶ 式典に~する 식전에 임석하다 ━感의 임장감. 현장감

りんじょう【×鱗状】 인상. 비늘 모양

りんしょく【×吝×嗇】 ⓝナ 인색 = けち¶ ~な人 인색한 사람 ━家의 구두쇠, 노랑이

りんしるい [*鱗*翅類] [動] 인시류
りんじん [隣人] 인인. 이웃 사람
リンス (rinse) [名][他スル] 린스. 세발(洗髮) 후에 행굼, 그런 액체
りんず [綸子] 생사로 무늬를 짜 넣은 고급 비단
りんせい [林政] 임정. 임업에 관한 행정
りんせい [稟請] [名][他スル] 품청. 품하여 청구함. 신청 ▷「ひんせい」의 관용음
りんせい [輪生] [名][自スル][植] 윤생. 돌려나기
りんせき [隣席] (文) 인석. 옆자리
りんせき [臨席] [名][自スル] 임석. 회장·식장 등에 참석함 ¶ 御~を賜る 임석하여 주시다
りんせつ [隣接] [名][自スル] 인접. ~する都市 인접한 도시
りんせん [林泉] (文) 임천. 나무와 연못이 있는 넓은 정원
りんせん [臨戦] [名] 임전 ¶ ~態勢ない がととのう 임전 태세가 갖추어지다
りんぜん [凛然] [ト][タル](文) 늠연 ①추위가 혹심함 ¶ ~たる寒気 늠연한 한기 ②늠름함, 씩씩함 ¶ ~たる態度 늠름한 태도
りんそう [林相] (文) 임상. 삼림의 형태·상태
リンタク [輪タク] 자전거의 뒤에 옆에 손님이 타는 자리를 만든 삼륜차
りんち [林地] [名] 임지 ①숲이 있는 땅 ②임업의 대상이 되는 땅
りんち [臨地] [名] 임지. 현지로 감 ¶ ~調査 임지 조사
りんち [臨池] (文) 임지. 습자, 서도(書道)
リンチ (lynch) 린치. 사형(私刑) ¶ ~を加える 린치를 가하다
りんてん [輪転] [名][自スル] ①윤전. 바퀴가 돎, 바퀴처럼 돎 ②윤회 = 輪廻ん —機 [阪] 「輪転印刷機りんてん いんさつき」의 준말. 윤전기. 윤전 인쇄기
りんと [*凛と] [副](文) ①늠름히, 의연히 ¶ ~した姿 늠름한 모습 ②추위가 심한 모양. 늠렬히 ¶ ~した朝の大気 매서운 아침 공기
りんどう [林道] 임도. 임간 도로
りんどう [竜胆] [植] 용담
りんどく [*淋毒·*痳毒] 임독. 임질의 독
りんどく [輪読] [名][他スル] 윤독. 차례로 돌려서 읽고 해석·토의함
りんね [輪廻] [名][自スル] 윤회 ①[佛] 끊임없이 생사를 되풀이함 ⇔ 解脱だつ ¶ ~転生てん 윤회 전생/ 六道うどく~ 육도 윤회 ②[地] 지형의 윤회 ¶ 地形ちけい~ 지형 윤회
リンネル (프 liniére) 린네르. 아마포(亞麻布)
リンパ (lymph) [醫] 림프. 림프액 —液えき [醫] → リンパ —管かん 림프관 —球きゅう 림프구 —節せつ 림프절 —腺せん 「リンパ節」의 구칭·속칭. 림프선. 임파선. 림프샘
りんばつ [林伐] [名][他スル][農] 윤벌. 삼림의 나무를 매년 순번으로 베는 일
りんばん [輪番] 윤번. 순번 ¶ —制せい 윤번제
りんぴ [*燐肥] 인비. 인산 비료
りんびょう [*淋病·*痳病] [醫] 임병. 임질
りんぶ [輪舞] [名][自スル] 윤무. 원무
りんぷん [*鱗粉] [動] 인분. 나비·나방 등의 날개를 덮고 있는 비늘 모양의 가루
りんぺん [*鱗片] (文) 인편 ①비늘조각 ②비늘 모양의 조각
りんぽ [隣保] (文) 인보 ①이웃집 ②이웃끼리 서로 돕기 위한 조직 ¶ —班はん 인보반
りんぽう [隣邦] (文) 인방. 이웃 나라 = 隣国りん
りんぼく [*鱗木] [地] 인목 = ウロコギ
りんぽん [臨本] (文) 임본. 서화(書畵)를 배우기 위한 글씨본, 그림본
りんも [臨模·臨*摹] [名][他スル](文) 책·실물을 보고 그대로 본떠서 그림 = 림모
りんもう [厘毛] [名](文) 《흔히 부정의 말이 딸리어》 아주 적음, 추호, 극소 ¶ ~の相違そう もない 추호도 다르지 않다
りんもう [*鱗毛] [植] 인모. 식물의 줄기나 잎의 표면을 덮고 있는 짧은 털
りんや [林野] 임야 ¶ —庁ちょう 임야청, 산림청
りんらく [*淪落] [名][自スル] 윤락 ¶ ~の淵ふち に沈しずむ 윤락의 구렁에 빠지다
りんり [倫理] 윤리 ¶ 政治じ~ 정치 윤리/ ~にもとる行為こう 윤리에 어긋나는 행위 —学がく 윤리학 —的てき 윤리적
りんり [*淋*漓] [ト][タル] 임리 ①(땀·피 등이) 뚝뚝 떨어짐 ¶ 流汗りゅうかん~ 유한 임리/ 鮮血せん~ 선혈 임리 ②원기가 넘침, 필세가 힘참 ¶ 墨痕ぼくこん~たる筆勢 묵흔이 임리한 필세
りんりつ [林立] [名][自スル] 임립. (숲의 나무처럼) 많은 것이 높게 죽 늘어섬 ¶ ビルが~している 빌딩이 죽 늘어서 있다
りんりん [りん りん] ①벨 등이 울리는 소리. 따르릉, 찌르릉, 딸랑딸랑 ¶ 電話でんわが~鳴り続ける 전화가 따르릉하고 계속 울리다 ②벌레가 우는 소리. 또르르, 따르르
りんりん [*凛*凛] [ト][タル](文) 늠름 ①추위가 매서움, 늠렬 ¶ ~たる冬ふゆの風 늠렬한 겨울 바람 ②용감하고 씩씩함 ¶ 勇気ゆうき~ 용기 늠름
りんれつ [*凛*冽] [ト][タル](文) 늠렬. 살을 에듯이 추움 ¶ 寒気かん~ 한기 늠렬, 추위가 혹심함

# る ル

る 五十音図ごじゅうおんずの「ら」행(行)의 셋째 かな. ひらがなの「る」는「留」의 초서체, かたかなの「ル」는「流」의 마지막 두 획을 취한 것
る [*瑠] [音]ル·リュウ(リウ) ¦(음)류. (造語) 보랏빛을 띤 감색의 아름다운 구슬 ¶ 瑠璃り 유리
るい [涙] [涙] [音]ルイ [訓]なみだ ¦(음)루. (造語) 눈물 ¶ 涙腺せん 누선·血涙けつ 혈루·落涙らく 낙루 ▷「泪」는 다른 글자꼴
るい [累] [音]ルイ [訓]かさねる·かさなる ¦(음)

るい. I [造語] ①겹치다, 겹쳐지다¶累計ボバ 누계・累進ジン 누진・累積ゼキ 누적 ②연루되어 있다, 관계되다¶係累ボバ 계루・俗累ゾヶ 속루 II 누. 폐¶～を及ボおぼす 누를 끼치다

るい [塁] [壘] 舀ルイ 釧とりで|(음)루. I [造語] ①흙을 쌓아 만든 진지, 보루¶塁壁ヘキ 누벽・堡塁ホウ 보루 ②[野] 누, 베이스¶塁審 シン 누심・満塁マン 만루 II [보루, 성채¶～を抜ヌく 보루를 함락하다 ②[野] 누, 베이스 =ベース¶～に出でる 출루하다
[慣用句]
―を摩する (文) ①적진에 육박하다 ②어떤 사람과 거의 같은 지위・기량에 이르다

るい [類] [類] 舀ルイ 釧たぐい|(음)류. I [造語] ①공통・유사한 것의 집합, 동아리¶種類シュ 종류・人類ジン 인류 ②닮다, 비슷하다¶類似ジ 유사・類例レイ 유례 ③혈연 관계에 있다¶類縁エン 유연・親類シン 친척 ④비슷한 상태가 되다¶類火カ 유화・類焼ショゥ 유소 II ①동아리, 동류, 유례¶～のない事件ケン 유례가 없는 사건 ②(생물 분류에서) 강(綱)・목(目)의 대용어. 류¶両生リョゥ～ 양서류
[慣用句]
―は友ともを呼よぶ 유유상종, 끼리끼리 모이다

るいえん [類苑] (文) 같은 종류의 사항에 관해 기술한 것을 모은 책

るいえん [類縁] 유연 ①친척, 일족 ②(모양・성질 등이) 서로 유사한 관계에 있음¶～関係カンを たどる 유연 관계를 더듬다

るいおん [類音] 유음. 비슷한 발음 ―語ゴ 유음어. 발음이 비슷한 말

るいか [累加] 名 自他スル 누가 ①거듭하여 보탬[증가함]¶借金シャンが～する 빚이 점점 늘다 ②같은 수를 거듭하여 보탬 ⇔ 累減ゲン

るいか [類火] 유소. 이웃에서 난 불로 번진 화재¶～を免マカれる 유소를 면하다

るいか [類歌] (文) 표현・발상이 비슷한 노래

るいがいねん [類概念] [論] 유개념

るいぎご [類義語] [表] 유의어 = 類語ゴ

るいく [類句] ①유구. 발상・표현이 비슷한 시구 ②和歌カ・俳句ハイの 각 구를「いろは・五十音オン」순으로 배열하여 찾기 쉽게 한 것

るいけい [累計] 名 他スル 누계. 누산 = 累算サン¶～を出ダす 누계를 내다

るいけい [類型] 유형¶～化カ 유형화/～に堕オちている作品ピン 개성이 없고 흔한 작품 ―的テ 刃 유형적. 틀에 박혀서 개성이 없음¶～な描写ビョゥ 유형적인 묘사

るいげつ [累月] (文) 누월. 여러 달¶混乱ランは～に及オブ 혼란은 여러 달에 이르다

るいげん [累減] 名 自他スル 누감 ①차츰 줄어듦[줄임] ⇔ 累増ゾゥ¶～税ゼイ 누감세 ②같은 수를 여러 번 뺌 ⇔ 累加カ

るいご [類語] 유어. 유의어 = 類語語ィギ¶～辞典ジテン 유어 사전 ―反復ハンプタ 유어 반복

るいこん [涙痕] 누흔. 눈물 자국

るいさん [累算] 名 他スル 유산. 누계¶減点テンを～する 감점을 누산하다

るいさん [類*纂] 名 他スル 유찬. 같은 종류의 것을 모아서 편찬함, 그런 책¶法規ホゥ～ 법규 유찬

るいじ [累次] 名 副 누차. 여러 차례¶～の警告コクを無視ムシする 누차의 경고를 무시하다

るいじ [類字] 유자. 비슷한 글자

るいじ [類似] 名 自スル 유사 ―点テン 유사점

るいじつ [累日] 누일. 여러 날 = 連日レン

るいじゃく [*羸弱] 名 形ダ (文) 몸이 약함, 허약함¶～の身ミ 허약한 몸

るいじゅ [類*聚] 名 他スル 유취. 같은 종류의 것을 모음[모은 것] = るいじゅう

るいじゅう [類従] 名 他スル 종류별로 구분하여 모음, 그렇게 모은 것¶群書グン～ 많은 서적을 종류별로 모음

るいじゅう [類*聚] 名 他スル → るいじゅ

るいしょ [類書] 유서 ①같은 종류의 책. 내용이 비슷한 책¶～と比較カクする 유서와 비교하다 ②여러 서적에서 내용이 비슷한 사항을 모아 항목별로 분류・편집한 책

るいしょう [類焼] 名 自スル 유소. 이웃에서 난 불이 번져서 탐 = 類火カ¶～見舞まい 유소 위문/～を免マカれる 유소를 면하다

るいじょう [累乗] 名 他スル [数] 누승. 거듭제곱 ―根コン [数] 누승근. 거듭제곱근

るいしん [累進] 名 自スル 누진 ①지위 등이 점차 올라감¶重役ジュゥに～する 중역으로 누진하다 ②수량・금액이 증가함에 따라 그에 대한 비율도 증가함¶～税ゼイ 누진세

るいしん [塁審] 누심

るいじんえん [類人猿] [動] 유인원

るいすい [類推] 名 他スル 유추 ①미루어 짐작함¶過去コの事例レイから～する 과거의 사례에서 유추하다 ②[論] 유비 추리 = 類比ピ

るい・する [類する] 自 サ変 비슷하다, 닮다¶昔ムカしからこれに～話ハナしは多オオい 옛날부터 이와 비슷한 이야기는 많다

るいせい [累世] (文) 누세. 여러 세대, 누대 = 累代ダイ¶～の臣シン 누대의 신하

るいせき [累積] 名 自他スル 누적¶財政ザイ赤字ジが～する 재정 적자가 누적되다

るいせつ [*縲*紲・*縲*絏] (文) 유설. 포박되어 옥에 갇힘¶～の恥ハジ 유설의 수치

るいせん [涙*腺] [医] 누선. 눈물샘¶～が弱ヨワい 누선이 약하다. 눈물을 잘 흘리다

るいぞう [累増] 名 自他スル 누증 ⇔ 累減ゲン¶赤字ジの～ 적자의 누증

るいだい [累代] (文) 누대. 대대 = 累世セイ¶～の家宝ホゥ 대대로 내려온 가보

るいだい [類題] 유제 ①같은 종류의 문제. 비슷한 문제 ②(和歌カ・俳句ハイ 등을) 같은 종류의 제목별로 분류해 모은 것

るいどう [類同] 名 自スル (文) 동종임, 서로 비슷함

るいねん [累年] (文) 누년. 여러 해. 해마다. 매년¶～の凶作サク 누년의 흉작

るいはん [累犯] 누범. 범죄를 거듭함¶～者シャ 누범자 /―加重カジュゥ 누범 가중

るいひ【類比】[名][他スル] 유비 ①(文) 비교 ②[論] 유추= 類推

ルイベ [料] 얇게 썬 냉동 연어 ▷ 아이누어

るいへき [壘壁] (文) 누벽, 성벽

るいべつ [類別] [名][他スル] 유별, 분류¶業種ごとに~する 업종으로 분류하다

るいらん [累卵] (文) 누란, 몹시 불안정하고 위태로운 상태¶~の危うきを守 누란의 위기

るいるい [累累] [副](文) 겹겹이 쌓임, 계속 이어짐¶~たる焼死体 겹겹이 쌓인 소사체

るいれい [類例] 유례¶~のない事件 유례가 없는 사건 / ~を挙げる 유례를 들다

るいれき [*瘰*癧] [醫] 나력, 경부 림프절 결핵

ルーキー (rookie) 루키 ①[野] 신인 선수 ②신인, 신참

ルーズ (loose) [形] 루스, 단정치 못함, 느슨함

ルート (root) 루트 ①[數] 근(根) ②[文法] 어근

ルート (route) 루트 ①[길, 노선, 통로¶別の~を取る 다른 루트를 잡다 ②유입 경로, 연줄¶麻薬密売人の~ 마약 밀매의 루트

ルーフ (roof) 루프, 지붕, 옥상 —ガーデン (roof garden) 루프 가든, 옥상 정원

ループ (loop) 루프 ①실·끈으로 만든 고리 ②「ループ線」의 준말 —アンテナ (loop antenna) [電] 루프 안테나, 도선을 사각형이나 원형으로 감은 안테나 —線 [交] 루프선, 나선상 철로

ルーフィング (roofing) 루핑 ①지붕을 이음, 그 재료 ②아스팔트로 가공한 방수지

ルーブル (러 rubl') 루블, 러시아 연방의 화폐 단위

ルーペ (독 Lupe) 루페, 확대경, 돋보기

ルール (rule) 룰, 규칙, 규정¶~違反 룰 위반

ルクス (프 lux) [物] 럭스, 조도의 단위

るけい [流刑] (文) 유형, 귀양¶~の地 유형지

るげん [縷言] [名][他スル](文) 누언, 자세히 말함, 그런 말= 縷述·縷說

ろこく [*鏤*刻] [名][他スル] 누각 ①금속·나무 표면에 글씨·그림 등을 새겨 넣음 ②문장을 퇴고함

るこつ [鏤骨] 누골, 몹시 고심함 —彫心 (文) 조심 누골, 몹시 고심하고 애씀

るざい [流罪] 유죄, 유형= 刑流

るじ [*屢*次] [名] 누차, 여러 차례¶~の災害 누차의 재해

るじゅつ [*縷*述] [名][他スル](文) 누차 말함

るじゅつ [*縷*述] [名][他スル](文) 누술, 자세히 설명함, 상술(詳述)= 縷言·縷說

るす [留守] ①집을 비움, 집에 없음, 부재¶家を~にする 집을 비우다 ②빈집을 지킴, 집보기¶~を頼む 집보기를 부탁하다 ③(「(お)~になる」의 꼴로) 다른 데 정신이 팔려 할 일을 소홀히 함¶勉強がお~になる 공부가 소홀해지다 —居 [名][自スル] 빈집을 지킴, 그런 사람 —勝ち [名][?] 자주 집을 비움 —番 → るすい —番電話 자동 응답 전화기
[慣用句]
—を預かる 집보기를 맡다, 빈집을 지키다
—を使う 집에 있으면서 없는 척하다

るせつ [流説] (文) 유설 ①세상에 널리 알려진 설 ②뜬소문, 낭설= 流言

るせつ [*縷*説] [名][他スル](文) 누설, 누술

るたく [流*謫*] (文) 유적, 유배¶~の身になる 유배되는 신세가 되다

ルックス (looks) 룩스, 용모, 얼굴 생김새¶~がいい 얼굴이 잘 생겼다

るつぼ [*坩堝*] 도가니 ①감과 ②(比) 군중이 열광하는 상태, 가지각색의 것이 섞여 있는 상태¶興奮の~ 흥분의 도가니/ 人種の~ 인종의 도가니

るてん [流転] [名][自スル] 유전 ①끊임없이 변천함¶万物は~する 만물은 유전한다 ②[佛] 윤회= 輪廻

るにん [流人] 유인, 유배된 사람, 유형자

ルネサンス (프 Renaissance) 르네상스, 문예 부흥

ルビ (ruby) [版] 루비 ①振り仮名용 작은 활자 ②한자에 다는 토¶~を付ける 루비를 달다

ルビー (ruby) [鑛] 루비, 홍옥= 紅玉

るふ [流布] [名][自スル] 유포, 세상에 널리 퍼짐¶妙な うわさが~している 묘한 소문이 유포되고 있다 —本 유포본

るほう [*履*報] 누보, 누차 보도함, 그런 보도

るまた [*殳*] (한자 부수의) 갖은등글월문= ほこづくり,「殺·段」등의「殳」부분

るみん [流民] (文) 유민, 유랑민= りゅうみん

るり [*瑠*璃] 유리 ①푸른 빛이 나는 보석 ②「ガラス」의 옛일컬음 ③「瑠璃色」의 준말 —色 자색을 띤 짙은 남색 —鳥 [動] 큰유리새

るる [*縷縷*] [副](文) ①가늘고 길게 계속되는 모양¶香煙~として立ち上る 향불 연기가 실낱처럼 끊임없이 피어 오르다 ②자세히 설명하는 모양, 누누이¶~説明する 누누이 설명하다

るろう [流浪] [名][自スル](文) 유랑, 방랑¶~の民 유랑민

ルンバ (에 rumba) [音] 룸바, 쿠바의 민속 무곡, 그 춤

ルンペン (독 Lumpen) 룸펜, 실업자, 부랑자¶~生活 룸펜 생활

# れ レ

レ 五十音図「ら」행(行)의 넷째 かな, ひらがな「れ」는「礼」의 초서체, かたかな「レ」는「礼」의 오른쪽 부분을 취한 것

レ (이 re) [音] 레 ①장음계의 둘째 음 ②라(D)음의 이탈리아 음명(音名)

レア (rare) [料] 레어, 스테이크를 겉만 살짝 굽는 방법

れい [令] [音] レイ·リョウ(リヤウ)|(음)령, I

れい [造語] ①분부하다, 명령하다, 포고¶ 令状ᒫᒫᒫᒫᒫᒫᒫᒫᒫᒫᒫᒫ 영장・法令ᒫᒫ 법령 ②정부・자치 단체가 공포하는 규정, 법률¶ 勅令ちょく 칙령・条令じょう 조례・장관, 우두머리¶ 県令けん 현령 ④좋다¶ 令名めい 영명・巧言令色こうげん 교언영색 ⑤남의 친족에 대한 높임말¶ 令嬢じょう 영양・令夫人ふじん 영부인 Ⅱ (攵) 명령, 분부¶ 出撃しゅつの〜が下くだる 출격 명령이 내리다

れい [礼] [禮] 曾レイ・ライ|(음)례. Ⅰ [造語] ①사람이 지켜야 할 도리, 정해진 예법・의식¶ 礼儀ぎ 예의・婚礼こん 혼례・경의를 표하다, 절하다¶ 礼拝はい 예배・敬礼けい 경례 ③사의를 표하는 말・금품¶ 礼金きん 사례금・返礼へん 답례 Ⅱ (음) 례¶ 〜にかなう 예의에 맞다 ②절, 인사, 경례¶ 起立きりつして〜を する 기립해서 절을 하다 ③사례¶ 〜を言いう 감사의 말을 하다/ 〜をする 사례를 하다

れい [伶] 曾レイ (訓)わざおぎ|(음)령. ①음악을 연주하는 사람, 악사¶ 伶人れい 영인 ②영리하다¶ 伶俐れい 영리 ▷ ②는 「怜」와 같음

れい [冷] 曾レイ (訓)つめたい・ひえる・ひやす・ひやかす・さめる・さます|(음)랭. [造語] ①차다, 춥다, 차게 하다¶ 冷害れい 냉해・冷房ぼう 냉방 ②인정이 없다, 쌀쌀하다¶ 冷酷こく 냉혹・冷笑しょう 냉소・冷淡たん 냉담

れい [励] [勵] 曾レイ (訓)はげむ・はげます|(음)려. [造語] ①힘을 다하다, 힘껏 일하다¶ 励行れい 여행・勉励べん 면려 ②격려하다¶ 激励げき 격려・奨励しょう 장려・督励とく 독려

れい [戻] [戻] 曾レイ (訓)もどす・もどる・もとる|(음)려. [造語] ①도리에 어긋나다¶ 背戻はい 배려・暴戻ぼう 폭려 ②돌려보내다, 되돌리다¶ 返戻へん 반려

れい [例] 曾レイ (訓)たとえる|(음)례. Ⅰ [造語] ①같은 부류, 유사한 것¶ 例外がい 예외・類例れい 유례 ②관례, 관습¶ 慣例かん 관례・先例せん 선례 ③정해져 있는, 일상적인¶ 例年ねん 예년・定例ている 정례 ④견본¶ 例示じ 예시・実例じつ 실례 ⑤정해진 사항, 규정¶ 条例じょう 조례・凡例はん 범례 Ⅱ ①예, 보기¶ 〜を引ひく 예를 들다 ②관례, 관행¶ 〜に倣ならう 관례에 따르다 ③선례, 전례, 통례¶ 今いまでに〜がない 여태껏 선례가 없다 ④여느 때나 같음¶ 〜の場所しょ 예의 장소

[慣用句]
―に漏もれず 다른 사례와 똑같이, 언제나 그렇듯이
―によって例れいの如ごとし 구태 의연하다

れい [怜] 曾レイ (訓)さとい|(음)령. [造語] 영리하다, 슬기롭다¶ 怜悧れい 영리 ▷ 「伶」와 같음

れい [玲] 曾レイ|(음)령. [造語] 옥이 울리는 소리, 옥처럼 맑고 아름다움¶ 玲瓏ろう 영롱

れい [鈴] 曾レイ・リン (訓)すず|(음)령. 방울, 종¶ 電鈴でん 전령, 벨・風鈴ふう 풍경

れい [零] 曾レイ (訓)こぼれる|(음)령. [造語] ①영락하다¶ 零落らく 영락 ②극히 작다, 자잘하다¶ 零細さい 영세・완전히 갖추지 못하다, 단편¶ 零本ほん 영본・断簡零墨だんかんれいぼく 단간영묵 ④영, 제로¶ 零点れい 영점・零敗れい 영패

れい [霊] [靈] 曾レイ・リョウ(リヤウ) (訓)たま|(음)령. [造語] ①영혼, 넋¶ 霊魂こん 영혼・全心全霊ぜんしんぜんれい 전심전령 ②죽은 이의 넋, 혼령¶ 霊前ぜん 영전・幽霊ゆう 유령 ③불가사의한, 신성한¶ 霊感かん 영감・神霊しん 신령 Ⅱ (攵) ①영혼¶ 霊の不滅めつ 영혼의 불멸 ②혼령¶ 先祖せんぞの〜を祭まつる 선조의 혼령을 제사지내다 ③불가사의한 힘을 가진 것, 영기¶ 山やまの〜 산의 영기

れい [隷] [隸] 曾レイ|(음)례. [造語] ①따르다, 따라가다¶ 隷従じゅう 예종・隷属ぞく 예속 ②예속된 사람, 하인, 종¶ 奴隷ど 노예 ③한자 서체의 하나¶ 隷書しょ 예서

れい [嶺] 曾レイ (訓)みね・ね|(음)령. [造語] 산봉우리, 정상, 고개¶ 銀嶺ぎん 은령・山嶺さん 산령・分水嶺ぶんすい 분수령

れい [齢] [齡] 曾レイ (訓)よわい・とし|(음)령. Ⅰ [造語] 나이¶ 月齢げつ 월령・樹齢じゅ 수령・年齢ねん 연령 Ⅱ (生) 절족 동물의 유충기의 발육 단계를 구분할 때 쓰는 말

れい [麗] 曾レイ (訓)うるわしい|(음)려. [造語] 아름답고 곱다, 화창하다¶ 麗人じん 여인・華麗か 화려・秀麗しゅう 수려

レイ (하와이 lei) 레이, 꽃목걸이

レイアウト (layout) 名 他サス 版 레이아웃 ①(신문・잡지 등에서) 지면 구성 ②(광고 등에서) 문자나 기호 등의 배열・배색

れいあん [冷暗] 名 냉암, 차고 어두움¶ 〜所しょに保存ほぞんする 암소에 보존하다

れいあんしつ [霊安室] 영안실

れいあんぽう [冷罨法] 냉엄법, 냉찜질

れいい [霊位] (攵) 영위 ①신위 = 位牌はい

れいい [霊威] (攵) 영위, 영묘한 위력

れいい [霊異] (攵) 영이, 신비스럽고 불가사의함, 영묘

れいいき [霊域] (攵) 영역, 신성한 장소・지역¶ 〜をけがす 영역을 더럽히다

れいう [冷雨] (攵) 냉우, 찬비

れいえん [霊園] 묘원(墓苑), 공원 묘지

れいおん [冷温] 냉온 ①차고 더움 ②낮은 온도¶ 〜で貯蔵ちょぞうする 냉온에서 저장하다

れいか [冷夏] 예년에 비해 기온이 낮은 여름

れいか [冷菓] (攵) 빙과¶ 食後しょくごの〜 식후의 빙과

れいか [零下] 영하

れいか [隷下] (攵) 예하, 휘하¶ 〜の部隊ぶたい 예하 부대

れいかい [冷灰] (攵) 냉회, 불기가 없는 찬 재

れいかい [例会] 예회, 정례회

れいかい [例解] 名 自他サ 예해, 예를 들어 풀이함, 그런 풀이¶ 熟語じゅくごの用法ほうを〜する 숙어의 용법을 예해하다

れいかい [霊界] 영계 ①정신의 세계 ⇔ 肉界にく ②영혼의 세계, 사후 세계, 저승

れいがい [冷害] [農] 냉해¶ 〜に見舞みまわれる 냉해를 입다

れいがい [例外] 예외¶ 〜的な存在そんざい 예외적

**れいがえし**【礼返し】답례. 답례품＝返礼.
**れいがく**【礼楽】예악. 예절과 음악
**れいかん**【冷汗】(文) 냉한. 식은땀＝ひやあせ **一三斗**〜(文) 긴장하거나 무서워서 식은땀을 몹시 흘림
**れいかん**【冷寒】(文) 냉한. 한랭¶ 〜な土地 한랭한 땅
**れいかん**【霊感】영감 ①신불의 영묘한 감응 ②별안간 떠오른 훌륭한 착상·생각¶ 〜がわく 영감이 솟아나다
**れいがん**【冷眼】(文) 냉안. 차가운 눈초리¶ 〜視する 냉안시하다
**れいき**【冷気】냉기. 찬 공기¶ 高原の〜 고원의 냉기
**れいき**【励起】名他スル物 여기
**れいき**【例規】예규. 관례·선례에 의거한 규칙
**れいき**【霊気】영기. 영묘한 기운¶ 深山の〜 심산의 영기
**れいぎ**【礼儀】예의¶ 〜作法 예의 범절/〜に欠ける 예의가 없다 **一正しい** 形 예의 바르다
**れいきゃく**【冷却】名自スル 냉각¶ 〜水 냉각수 **一期間** 냉각 기간¶ 〜を置く 냉각 기간을 두다
**れいきゅう**【霊柩】(文) 영구¶ 〜車 영구차
**れいぎょ**【*囹*圄】(文) → れいご
**れいきん**【礼金】사례금. (특히 집세·방세와는 별도로) 사례금 명목으로 집주인에게 주는 일시금¶ 敷金と〜 보증금과 사례금
**れいく**【麗句】(文) 여구¶ 美辞〜 미사 여구
**れいぐう**【礼遇】名他スル 예우¶ 国賓として〜する 국빈으로서 예우하다
**れいぐう**【冷遇】名他スル 냉대. 푸대접¶ 〜に甘んずる 냉대를 감수하다
**れいけい**【令兄】(文) 영형
**れいけい**【令閨】(文) 남의 아내에 대한 높임말. 영규. 영부인＝令室
**れいけつ**【冷血】냉혈 Ⅰ名 차가운 피 Ⅱ 形動 냉혹함. 박정함¶ 〜な人間 냉혹한 사람 **一漢** 냉혈한 **一動物** 냉혈 동물
**れいげつ**【例月】(文) 여느 달. 매월¶ 〜どおり行なう 여느 달처럼 행하다
**れいけん**【霊剣】(文) 영검. 신령스러운 칼
**れいげん**【冷厳】(文) 냉엄 形動 〜な態度で 냉엄한 태도/敗戦という〜な事実 패전이라는 냉엄한 사실
**れいげん**【例言】Ⅰ名 예언. (책 머리의) 일러두기. 범례(凡例) Ⅱ 名自スル 예를 들어 설명함¶ 〜すれば 예를 들어 설명하자면
**れいげん**【霊験】영험. 영감＝れいけん¶ 〜あらたか 영험이 뚜렷함
**れいご**【*囹*圄】(文) 영어. 감옥＝れいぎょ¶ 〜の身 영어의 몸
**れいこう**【冷光】냉광 ①찬 느낌의 빛 ②物 열을 내지 않고 발하는 빛
**れいこう**【励行】名他スル 여행 ①힘써 행함¶ 乾布摩擦を〜する 건포 마찰을 여행하다 ②규칙·규율 등을 잘 지킴¶ 一列〜 일렬 여행
**れいこう**【霊光】(文) 영광. 신비한 빛
**れいこく**【冷酷】形動 냉혹¶ 〜無比 냉혹 무비¶ 〜な処罰 냉혹한 처벌
**れいこく**【例刻】(文) 여느 때와 같은 시각¶ 〜に始まる 여느 때와 같은 시각에 시작되다
**れいこん**【霊魂】영혼¶ 〜不滅 영혼 불멸
**れいさい**【例祭】예제. 神社에서 매년 정해진 날에 지내는 제사. 시제(時祭)
**れいさい**【零細】영세¶ 〜な土地 영세한 토지 **一企業** 영세 기업
**れいきつ**【霊刹】(文) 영험이 많은 부처를 모신 절＝霊寺
**れいざん**【霊山】영산. 신앙의 대상이 되는 신성한 산
**れいし**【令旨】→ りょうじ(令旨)
**れいし**【令姉】(文) 영자
**れいし**【令嗣】(文) 영사
**れいし**【*茘*枝】①植 여지＝ライチー ②「ツルレイシ」의 준말 ③動 두드럭고둥
**れいし**【麗姿】(文) 여자. 아름다운 자태
**れいじ**【例示】名他スル 예시¶ 記載方法を〜する 기재 방법을 예시하다
**れいじ**【零時】영시
**れいしき**【礼式】(文) 예식. 예절의 방식. 예법¶ 〜にかなう 예법에 맞다
**れいしつ**【令室】(文) 남의 아내의 높임말. 영실. 영부인＝令夫人·令閨
**れいしつ**【麗質】(文) 여질. 고운 바탕. 타고난 미색¶ 天性の〜 천성의 여질
**れいじつ**【例日】(文) 여느 날¶ 〜どおり家を出た 여느 날대로 집을 나섰다
**れいしっぷ**【冷湿布】냉습포. 냉찜질
**れいしゃ**【礼者】(文) 신년 하객. 새해 인사 다니는 사람
**れいしゅ**【冷酒】냉주 ①(데우지 않은) 찬 술＝ひやざけ ②찬 재로 마시게 만든 술
**れいじゅう**【霊獣】영수. 상서로운 짐승
**れいじゅう**【隷従】名自スル(文) 예종¶ 大国に〜する 대국에 예종하다
**れいしょ**【令書】(文) 행정 관청의 명령서¶ 徴税〜 세금 고지서
**れいしょ**【隷書】예서¶ 〜体 예서체
**れいしょう**【冷床】農 냉상 ⇔ 温床
**れいしょう**【冷笑】냉소¶ 〜を浴びる 냉소를 받다/〜を浮かべる 냉소를 띠다
**れいしょう**【例証】예증 Ⅰ名 증거가 되는 사례¶ 〜ずべき 예증을 보이다 Ⅱ 名他スル 예를 들어 설명함
**れいじょう**【令状】영장¶ 召集〜 소집 영장/逮捕〜 체포 영장
**れいじょう**【令嬢】(文) 남의 딸의 높임말. 영양. 영애¶ 社長〜 사장 영애
**れいじょう**【礼状】예장. 사례 편지
**れいじょう**【礼譲】(文) 예양. 예의를 다하고 공손한 태도를 취함
**れいじょう**【霊場】영장. 영지

れいしょく [令色] (文) 영색. 아첨하는 얼굴 빛 ¶ 巧言~ 교언 영색
れいしょく [冷色] (料) 찬색, 한색 ⇔ 温色
れいじん [*伶人] (文) 영인. 악공 = 楽人
れいじん [霊神] (文) 영신. 영험이 뚜렷한 신
れいじん [麗人] 여인. 가인. 미인 ¶ 男装の~ 남장 가인
れいすい [冷水] 냉수 ¶ ~を浴びる 냉수를 뒤집어쓰다 —摩擦 냉수 마찰 —浴 냉수욕
れいすい [霊水] (文) 영수. 영험한 물
れい すいかい [冷水塊] (海) 냉수괴. 주위 해역보다 수온이 낮은 수역
れい·する [令する] [他サ変] (文) 명령하다. 분부하다
れいせい [令婿] (文) 영서
れいせい [冷製] (料) 차게 해서 내놓는 서양 요리
れいせい [冷静] [名・ナ] 냉정 ¶ ~な判断 냉정한 판단/ ~を装う 냉정한 체하다
れいせい [励声] (文) 여성. 큰 소리를 지름 ¶ ~一番 크게 한 번 소리 지름
れいせつ [礼節] (文) 예절 ¶ ~を重んじる 예절을 중시하다
れいせん [冷泉] (文) 냉천 ①찬 샘 ②25℃이하의 수온이 낮은 광천(鑛泉) ⇔ 温泉
れいせん [冷戦] (政) 냉전 ¶ ~が続く 냉전이 계속되다
れいせん [霊泉] (文) 영천. 신기한 효력이 있는 샘·온천
れいぜん [冷然] (文) (文) 냉연. (태도가) 쌀쌀함 ¶ ~として拒絶する 쌀쌀하게 거절하다
れいぜん [霊前] [영전 ①제단·묘소의 앞 ¶ ~に花を供える 영전에 꽃을 바치다 ②(「御~」의 꼴로) 부의(賻儀) 겉 봉투에 쓰는 말
れいそう [礼装] [名・自スル] 예장. 정장. 예복 차림 ¶ 式典に~して出席する 식전에 예복 차림으로 출석하다
れいぞう [冷蔵] [名・他スル] 냉장 ¶ 要~ 요냉장 / 生肉を~する 날고기를 냉장하다 —庫 냉장고 ¶ 電気~ 전기 냉장고
れいぞう [霊像] (文) 신불의 상(像)에 대한 높임말. 영상
れいそく [令息] (文) 남의 아들의 높임말. 영식
れいぞく [隷属] [名・自スル] 예속 ¶ 強国に~する 강국에 예속하다
れいそん [令孫] (文) 남의 손자의 높임말. 영손
れいたい [冷帯] 냉대. 아한대
れいだい [例題] 예제 ¶ ~集 예제집/ ~を示す 예제를 보이다
れいたつ [令達] [名・他スル] (文) 영달. 명령을 전함. 그런 명령 ¶ ~事項 영달 사항
れいたん [冷淡] [名・ナ] 냉담 ¶ ~な目つき 냉담한 눈초리/ ~を装う 냉담한 체하다
れいだんぼう [冷暖房] 냉난방 ¶ ~完備 냉난방 완비
れいち [霊知·霊智] (文) 영지. 영묘한 지혜
れいちょう [霊長] (文) 영장 ¶ 人間は万物の~ 인간은 만물의 영장 —類 (動) 영장류
れいちょう [霊鳥] (文) 영조. 신령스러운 새

れいてい [令弟] (文) 남의 아우의 높임말. 영제
れいてき [霊的] [ナ] 영적 ⇔ 肉的 ¶ ~な世界 영적인 세계
れいてつ [冷徹] [名・ナ] 냉철 ¶ ~な頭脳の持ち主 냉철한 두뇌의 소유자
れいてん [礼典] (文) 예전 ①예의에 관한 규칙. 그에 관한 책 ¶ ~に明るい 예전에 밝다 ②예법에 따른 의식. 의전(儀典)
れいてん [冷点] [医] (피부의) 냉점 ⇔ 温点
れいてん [零点] 영점 ①득점·점수가 없음 ¶ 試験で~をとる 시험에서 영점을 받다 ②(섭씨 온도계의) 영도. 빙점
れいでん [礼電] 예전. 사례 전보
れいでん [霊殿] (文) 영전. 신불이나 조상의 영혼을 모신 건물 = 霊廟
れいど [零度] 영도 ¶ 温度を~以下に保つ 온도를 영도 이하로 유지하다
れいとう [冷凍] [名・他スル] 냉동 ¶ 魚を~する 생선을 냉동하다 —庫 냉동고 = フリーザー —食品 냉동 식품
れいにく [冷肉] (料) 냉육 = コールドミート
れいにく いっち [霊肉一致] (基) 영육 일치
れいねん [例年] [名・副] 예년. 여느 해. 매년 ¶ 花見会を~催す 꽃놀이회를 매년 개최하다
れいの [例の] [連体] 예의. 그 ¶ ~手紙 예의 편지
れいば [冷罵] [名・他スル] (文) 냉매. 비웃고 욕함
れいはい [礼拝] [名・自他スル] 예배 ¶ 日曜に~する 주일 예배 —堂 예배당. 교회당 = チャペル
れいはい [零敗] [名・自スル] ①영패. 득점없이 패함 = ゼロ敗·スコンク ¶ ~を喫する 영패를 당하다 ②무패 ¶ 三勝~ 3승 무패
れいばい [冷媒] [化] 냉매
れいばい [霊媒] 영매. 신령이나 죽은 사람의 혼과 의사를 전달하는 매개자 ¶ ~術 영매술
れいひつ [麗筆] (文) 아름다운 글씨·문장
れいひょう [冷評] [名・他スル] (文) 냉평. 냉담한 비평 ¶ 凡作と~する 범작이라고 냉평하다
れいびょう [霊廟] 영묘. 사당
れいふく [礼服] 예복 ⇔ 平服
れいふじん [令夫人] (文) 남의 아내에 대한 높임말. 영부인 = 令室
れいぶん [例文] 예문 ¶ ~をあげる 예문을 들다
れいほう [礼法] 예법. 예의 범절 ¶ ~にかなう 예법에 맞다
れいほう [礼砲] 예포 ¶ ~を放つ 예포를 쏘다
れいほう [霊宝] (文) 신성한 보물
れいほう [霊峰] (文) 영봉 = 霊山
れいぼう [礼帽] 예모. 예복용 모자
れいぼう [冷房] [名・他スル] 냉방 ⇔ 暖房 ¶ ~装置 냉방 장치/ ~を入れる 냉방을 넣다
れいぼく [零墨] 영묵. 필적이 남아 있는 종이 조각 ¶ 断簡~ 단간 영묵
れいぼく [霊木] 영목. 신령이 깃든다는 신성한 나무 = 神木
れいほん [零本] → はほん
れいまい [令妹] (文) 영매

**れいまいり** [礼参り] (神社나 절에) 소원이 이루어진 데 대한 사례〔감사〕참배를 하는 일

**れいまわり** [礼回り] (신세진 사람에게) 사례차 돌아다님= 回礼¶ お~をする 사례차 돌아다니다

**れいみょう** [霊妙] 名ダ 영묘¶ ~な調べ 영묘한 가락

**れいむ** [霊夢] (文) 영몽. 신불의 계시가 내리는 기이한 꿈

**れいめい** [令名] (文) 영명. 좋은 평판. 명성¶ ~が高い 영명이 높다

**れいめい** [*黎明] (文) 여명= 明け方¶ 夜明け¶ 民主主義の~を告げる 민주주의의 여명을 알리다 —期 여명기

**れいもつ** [礼物] 예물. 사례품

**れいやく** [霊薬] 영약. 신비한 효험이 있는 약

**れいよう** [麗容] (文) 여용. 아름다운 모습

**れいようしゅ** [冷用酒] 차게 해서 마시는 청주

**れいらく** [零落] 名自スル 영락. 몰락= 落魄¶ ~した作家 영락한 작가

**れいり** [怜悧・怜俐] 名ダ(文) 영리¶ ~な若者 영리한 젊은이

**れいりょう** [冷涼] 名ダ(文) 냉량. 차갑고 서늘함¶ ~な気候 냉량한 기후

**れいりょく** [霊力] (文) 영력. 신비스러운 힘¶ ~を信じる 영력을 믿다

**れいれい** [麗麗] 副ダ(文) 눈에 띄게 화려하게 꾸밈. 번지르르함. 요란함¶ 新聞に~と名が出る 신문에 요란하게 이름이 나오다

**れいれいし・い** [麗麗しい] 形 번지르르하다. 요란하다¶ ~・く門を構える 요란하게 문을 꾸미다

**れいろう** [*玲*瓏] 副 (文) 영롱 ①소리가 맑고 아름다움¶ ~たる歌声 영롱한 노랫소리 ②티없이 아름다움¶ ~たる玉 영롱한 구슬

**れいわ** [例話] 예화. 구체적인 예로 드는 이야기

**レーザー** (laser) 名 [物] 레이저¶ ~光線 레이저 광선 —兵器 레이저 병기. 레이저 무기

**レース** (lace) 레이스. 실로 그물 모양의 무늬를 떠서 만든 수예품¶ ~編み 레이스 뜨기

**レース** (race) 레이스. 경주. 경영(競泳)

**レーダー** (radar) 名 [電] 레이더. 전파 탐지기

**レート** (rate) 레이트. 비율¶ 為替~ 환율

**レール** (rail) 레일. 궤도¶ モノ~ 모노 레일. 단궤 철도/ カーテン~ 커튼 레일

[慣用句]
—を敷く 레일을 깔다

**レーン** (lane) 레인 ①차선¶ バス~ 버스 차선 ②(볼링에서) 볼을 굴리는 마루

**レーン** (rain) (造語) 레인. 비 —コート (raincoat) 레인 코트. 비옷

**れき** [暦] [暦] 管レキ・リャク 訓こよみ (음)력. I(造語) 역년. 曆月 역월. 西曆 서력 ②연월. 연수¶ 曆日 역일. 還曆 환갑 ▷ 연호에서는 보통「リャク」로 읽음¶ 延曆. 天曆. 永曆 II 달력¶ ~の改正 달력의 개정

**れき** [歴] [歷] 管レキ 訓へる (음)력. (造語)

①지나다. 경과하다¶ 歷史 역사. 經歷 경력. 履歷 이력 ②차례차례 이어져 감. 하나 하나¶ 歷任 역임. 遍歷 편력 ③뚜렷하다¶ 歷然 역연. 歷歷 역력

**れきがん** [礫岩] [地] 역암

**れきさつ** [轢殺] 名他スル (文) 역살. (차로) 치어 죽임

**れきし** [歷史] 역사¶ ~学 역사학/ ~に名を残す 역사에 이름을 남기다 —小説 역사 소설 —的 ダ 역사적 —的仮名遣い 역사적 가나 표기(법)

[慣用句]
—は繰り返す 역사는 되풀이된다

**れきし** [*轢死] 名自スル 역사. 차에 치어 죽음

**れきじつ** [曆日] (文) ①달력상의 하루 ②세월의 흐름. 세월 ③달력=こよみ

**れきしょう** [曆象] (文) 역상. 천체의 현상. 달력으로 천체의 운행을 추산함

**れきすう** [曆数] (文) 역수 ①연수. 햇수¶ ~を重ねる 햇수를 거듭하다 ②자연히 돌아오는 운명¶ ~に従う 운명에 따르다 ③해·달의 운행을 측정하여 달력을 만드는 방법

**れきせい** [歷世] 名 (文) 역세. 역대. 대대. 누대¶ ~の天皇 역대의 천황

**れきせい** [*瀝青] 역청 —炭 역청탄. 흑탄

**れきせん** [歷戦] 역전. 전투나 경기 경험이 풍부함¶ ~の勇士 역전의 용사

**れきぜん** [歷然] (文) 역연. 뚜렷함. 분명함. 역력함¶ ~たる事実 역연한 사실

**れきだい** [歷代] = 歷世¶ ~の首相 역대 수상

**れきだん** [*轢断] 名他スル (文) (열차 등이 사람이나 동물을) 치어 절단함

**れきちょう** [歷朝] 역조. 대대의 왕조

**れきてい** [歷程] (文) 역정. 지나온 경로¶ 天路~ 천로 역정

**れきど** [礫土] 역토. 자갈이 섞인 흙

**れきにん** [歷任] 名他スル (文) 역임¶ 重要ポストを~する 중요한 자리를 역임하다

**れきねん** [曆年] 역년 ①달력상의 1년 ②세월

**れきねん** [歷年] 名 (文) 역년. 여러 해에 걸침¶ ~の経験 다년간의 경험

**れき ねんれい** [曆年齢] 역연령. 생활 연령

**れきほう** [曆法] [天] 역법

**れきほう** [歷訪] 名他スル (文) 역방. 순방¶ 欧米各国を~する 구미 각국을 순방하다

**れきほん** [曆本] 책력(冊曆). 달력

**れきゆう** [歷遊] 名他スル (文) 역유. 순유(巡遊). 각지를 두루 유람함

**れきれき** [歷歷] I 副 (文) 역력. 뚜렷함= 歷然¶ ~たる証拠 역력한 증거 II 名 (「お~」의 꼴로) 지위·신분이 높은 사람들¶ ずらり 並んだお~ 죽 늘어선 높은 사람들

**レクイエム** (라 Requiem) 레퀴엠 ①[가] 장례 미사 ②[音] 진혼곡. 진혼 미사곡

**れこ** [代] [俗] (드러내어 말하기 거북할 때) 그것¶ 彼女はボスの~らしい 그녀는 보스의 그거〔애인〕같다/ 今日は~の持ち合わせがな

い 오늘은 마침 그게〔돈이〕없다
**レコード** (record) 레코드 ①기록, (특히 경기의) 최고 기록¶ ワールド〜 세계 기록 ②음반 **―ホルダー** (record holder) 레코드 홀더. 최고 기록 보유자
**レザー** (leather) 레더 ①피혁, 가죽¶ 〜装の本 피혁 장정본 **―クロス** (leathercloth) 레더클로스. 인조 가죽
**レザー** (razor) 레이저. 면도칼, 전기 면도기
**レジ** ①금전 등록기 ②(상점·백화점 등의) 금전 출납계(원) ⇨「レジスター」의 준말
**レシーバー** (receiver) 리시버 ①[電] 무선 수신기, 수화기 ②(테니스·배구 등에서) 상대의 공을 받는 사람. (특히) 서브를 받는 사람
**レシーブ** (receive) 名他スル 리시브. (테니스·배구 등에서) 상대의 공을 받음. (특히) 서브를 받음
**レジスター** (register) → レジ
**レジャー** (leisure) 레저. 여가¶ 〜用品 레저 용품 **―産業** [經] 레저 산업
**レズ** 「レスビアン」의 준말
**レスビアン** (lesbian) 레스비언. 여성 동성애, 여성 동성애자 = レズ
**レスラー** (wrestler) 레슬러. 레슬링 선수, (특히) 프로 레슬링 선수
**レスリング** (wrestling) [競] 레슬링
**レセプション** (reception) 리셉션. (공식) 환영회, 초대연
**レター** (letter) 레터, 편지¶ ラブ〜 러브 레터 **―ペーパー** (letter paper) 레터 페이퍼. 편지지
**レタス** (lettuce) [植] 레터스. 양상추
**れつ** 【列】 音レツ 訓つらねる·ならぶ·(음)렬. I (造語) ①차례로 늘어서다, 늘어놓다¶ 列挙 열거·配列 배열 ②차례로 늘어선 것¶ 行列 행렬·並列 병렬 ③등급·서열 순서로 늘어섬 ④늘어선 것 속에 들어가다, 참가하다¶ 列席 열석·参列 참렬 II ①열. 행렬, 줄¶ 長蛇の〜 장사진 ②서열, 반열, 축¶ 文士の〜に入る 문사의 반열에 들다
**れつ** 【劣】 音レツ 訓おとる|(음)렬. (造語) ①힘·기량이 못미치다, 모자라다¶ 劣勢 열세·劣等 열등·優劣 우열 ②성질이 나쁘다, 천하다¶ 劣悪 열악·卑劣 비열
**れつ** 【烈】 音レツ 訓はげしい|(음)렬. (造語) ①화력이 강하다, 세차다, 심하다¶ 烈火 열화·強烈 강렬 ②정신이 바르고 강하다, 지조가 굳다¶ 烈士 열사·忠烈 충렬
**れつ** 【裂】 音レツ 訓さく·さける|(음)렬. (造語) 째다, 찢다, 뿔뿔이 흩어지다, 틈새¶ 裂傷 열상·亀裂 균열·分裂 분열
**れつあく** 【劣悪】 名ダ 열악, 저질임, 불량임 ⇔ 優良¶ 〜な環境 열악한 환경
**れつい** 【劣位】 열위, 남보다 못한 지위·위치
**れっか** 【烈火】 (한자 부수어) 불화받침 ▷「点·烈」 등의 부수 부분 = 連火
**れっか** 【烈火】 열화. 맹렬히 타오르는 불 [慣用句]
**―の如く** 열화같이

**レッカーしゃ** 【レッカー車】 [交] 레커차. 견인차
**れっき** 【列記】 名他スル 열기. 나란히 적음¶ 要点を〜する 요점을 열기하다
**れっきとした** 【歴とした】 連語 버젓한, 당당한, 확실한, 명백한 = れきとした¶ 〜家柄 버젓한 가문/〜証拠 확실한 증거
**れっきょ** 【列挙】 名他スル 열거¶ 実例を〜する 실례를 열거하다 **―法** [表] 열거법
**れっきょう** 【列強】 열강¶ 〜に伍する 열강과 어깨를 나란히 하다
**れっこう** 【列侯】 [文] 열후. 제후
**れっこく** 【列国】 열국. 여러 나라, 제국(諸國)¶ 〜の代表 여러 나라의 대표
**れつざ** 【列座】 名自スル [文] 열좌, 열석¶ 〜の面々 열석한 사람들
**れっし** 【列氏】 [物] 열씨. 빙점을 0도로 하고 비등점을 80도로 하는 온도 측정 단위
**れっし** 【烈士】 열사¶ 国家に殉じた〜 국가를 위해 목숨을 버린〔순국한〕열사
**れつじつ** 【烈日】 [文] 열일 ①뜨겁게 내리쬐는 태양 ②[比] 세찬 기세¶ 秋霜 〜 추상 열일, 형벌이 엄정하고 권위가 있음
**れっしゃ** 【列車】 열차¶ 上り〜 상행 열차/〜に遅れる 열차를 놓치다
**れつじゃく** 【劣弱】 名ダ [文] 열약. (능력·세력 등이) 뒤지고 약함¶ 〜な組織 열약한 조직
**れつじょ** 【烈女】 열녀. 열부 = 烈婦
**れっしょう** 【裂傷】 [醫] 열상. 살갗이 찢어진 상처¶ 〜を負う 열상을 입다
**れつじょう** 【烈情】 열정, 정열적인 천한 욕정
**れっしん** 【烈震】 [地] 열진. 진도 6의 지진
**れっ·する** 【列する】(文) I 自 サ変 ①참석하다, 열석하다¶ 会議の席に〜 회의에 열석하다 ②축에 끼다, 반열에 들다¶ 先進国 に〜 선진국에 끼다 II 他 サ変 늘어놓다, 나란히 세우다¶ 名を〜 이름을 올리다
**レッスン** (lesson) 레슨 ①학과, 수업 ②교과서의 과(課)¶ 〜ワン 제1과 ③교습, (특히) 개인 교수¶ 〜を受ける 레슨을 받다
**れっせい** 【列世】 名 [文] 열세. 역대, 대대, 누대¶ 〜の美風 누대의 미풍
**れっせい** 【列聖】 [文] ①열성. 역대의 천자·황제 ②[가] 성인의 반열에 오름
**れっせい** 【劣性】 [生] 열성 ⇔ 優性
**れっせい** 【劣勢】 열세 ⇔ 優勢¶ 〜を回復する 열세를 회복하다
**れっせき** 【列席】 名自スル 열석. (회의 등에) 참석함, 나란히 앉음¶ 各国首脳が〜する 각국 수뇌가 열석하다
**レッテル** (네 letter) 레테르 ①상표 ②인물·사물에 대한 평가
[慣用句]
**―を貼る** 레테르〔딱지〕를 붙이다
**れつでん** 【列伝】 열전 ①여러 사람의 전기(傳記)를 차례로 기록한 책¶ 名将〜 명장 열전 ②(기전체의 역사서에서) 신하에 대한 전기를 기록한 부분 **―体** [表] 열전체
**レッド** (red) 레드 ①적색 ②공산주의자, 좌익

れっとう【列島】열도¶日本~ 일본 열도
れっとう【劣等】[7] 열등 ⇔ 優等¶~生 열등생／~品種 열등한 품종 一感 열등감¶~にさいなまれる 열등감에 시달리다
れっぱい【劣敗】(文) 열패. 남보다 못하여 패함¶優勝~ 우승 열패
れっぱく【裂帛】名 열백 ①비단을 찢음. 그런 소리 ②(比) 날카로운 목소리¶~の気合い 날카로운 기합 소리
れっぱん【列藩】(文) 여러 藩= 諸藩
れっぷ【烈婦】(文) 열부. 열녀= 烈女
れっぷう【烈風】열풍. 강풍¶~が吹きすさぶ 열풍이 휘몰아치다
れつりつ【列立】名 열립. 줄지어 섬¶一拝謁 열립 배알. 줄지어 서서 배알함
れつれつ【烈烈】(文) 열렬¶~たる情熱を傾ける 열렬한 정열을 기울이다
レディー (lady) 레이디. 귀부인, 숙녀 ②부인
レディー (ready) 레디 ①(造語) 준비된 (육상 경기에서) 출발 위치에 서라는 구령. 제자리에!, 준비! 一メード (ready-made) 레디메이드. (양복 등이) 기성품
れてん【レ点】(한문을 훈독할 때) 아래에서 위로 올려 읽는 순서를 나타내는 기호
レトリック (rhetoric) 레토릭 ①[表] 수사법, 수사학 ②[表] 웅변술 ③미사여구¶~に過ぎない 단순한 미사여구에 지나지 않는다
レバー (lever) 레버 ①(기계 등의) 조작 손잡이 ②지레 = てこ
レバー (liver) 리버. 간 一ペースト (liver paste) [料] 리버 페이스트, 소·돼지·닭 등의 간을 삶아서 버터·향신료 등을 넣고 버무린 식품
レパートリー (repertory) 레퍼터리 ①연주 곡목, 공연 제목 ②자신있게 할 수 있는 분야¶~が広い 레퍼터리가 많다
レビュー (review) 레뷰. 비평, 평론= レヴュー¶一ブック= 북 레뷰, 서평(書評)
レビュー (revue) 레뷰. 춤·음악·촌극 등을 엮은 대쇼로운 쇼= レヴュー
レフ ①「レフレックスカメラ」의 준말 ②「レフレクター」의 준말
レフェリー (referee) 레퍼리. (경기의) 심판, 주심 一ストップ (referee stop) 레퍼리 스톱. (복싱에서) 선수 부상 등에 따른 레퍼리의 시합 중지 선언
レフト (left) 레프트 ①왼쪽, 좌측 ②[野] 좌익, 좌익수¶~を守る 레프트를 지키다 ③좌익, 좌파 ▷ ①~③ ⇔ ライト
レフレクター (reflector) 리플렉터 ①사진 촬영용 반사판 ②(자동차 등의) 반사경
レフレックス (reflex) 리플렉스. (빛·소리의) 반사 一カメラ (reflex camera) 리플렉스 카메라
レベル (level) 레벨 ①수준, 정도¶~が高い 수준이 높다 ②단계, 급¶事務~での折衝 사무 단계에서의 절충 一アップ (일 level up) 名 自他スル 레벨 업. 수준을 높임, 수준이 높아짐 一ダウン (일 level down) 名 自他スル 레벨 다운. 수준을 낮춤, 수준이 낮아짐

レポ ①「レポート」의 준말 ②「レポーター」의 준말. (특히 노동 조합·좌익 운동의) 연락원
レポーター (reporter) 리포터, 보고자, 연락원, 취재 기자 = リポーター・レポ
レポート (report) 리포트 ①연구·조사 보고서¶~を提出する 리포트를 제출하다 ②학생이 제출하는 소논문 ③(신문·방송 등에서) 현지로부터의 취재 보고
レム (rem) [原] 렘. 방사선 피폭량의 단위
レモネード (lemonade) 레모네이드. 레몬수
レモン (lemon) 레몬 一ティー (lemon tea) 레몬티. 레몬차
れる 助動 ①피동의 뜻을 나타냄¶昔の歌が歌われる —옛날 노래가 불리워지다／満員電車で足をを踏まれた 만원 전차에서 발을 밟혔다 ②자연히 그렇게 됨을 나타냄¶思い出される 母のひざ 생각나는 어머니의 무릎 ③가능의 뜻을 나타냄¶一時間で行けば~だろう 한 시간에 갈 수 있을 것이다 ④행위의 주체에 대한 존경의 뜻을 나타냄¶別れのことばで先生は話を結ばれた 작별의 말씀으로 선생님은 이야기를 끝마치셨다
れん【恋】【懸】名 レン 訓 こう・こい・こいしい (音) 련. (造語) 사모하다, 그리워하다¶恋愛 연애·恋情 연정·失恋 실연
れん【連】【連】名 レン 訓 つらなる・つれる(音) 련. Ⅰ (造語) ①이어지다, 나란히 있다¶連絡 연락·関連 관련 ②따르다, 계속되다¶連日 연일·連勝 연승 ③한패, 동아리¶連中 —패, 일당·常連 단골 손님 ④「連合·連邦」의 준말¶国連 국제 연합 ▷ ①④는 「聯」의 대용자 Ⅱ (造語) ①(경마·경륜에서) 「連勝式」의 준말 = 連 ②(助数) 여러 개를 꿰어 하나로 만든 것을 세는 말. 줄¶数珠一~ 염주 한 줄 ③(助数) 전지를 세는 말. 연
れん【廉】【廉】名 レン 訓 やすい(音) 렴. (造語) ①지조가 있다, 깨끗하다¶廉潔 염결·清廉 청렴·破廉恥 파렴치 ②헐하다¶廉価 염가·廉売 염매
れん【煉】名 レン 訓 ねる(音) 련. (造語) ①(금속을) 불리다. 단련하다¶精煉 정련·鍛煉 단련 ②반죽하여 굳히다¶煉瓦 연와·煉炭 연탄 ▷ ①은「練·錬」과 같음
れん【練】【練】名 レン 訓 ねる(音) 련. 단련하다, 익히다¶練習 연습·練磨 연마·訓練 훈련 ▷「錬」과 같음
れん【*蓮】名 レン 訓 はす・はちす(音) 련. (造語) ①연꽃¶蓮根 연근·木蓮 목련
れん【*憐】名 レン 訓 あわれむ(音) 련. (造語) ①가엾어하다¶憐憫 연민·哀憐 애련 ②애처롭다¶愛憐 애련·可憐 가련
れん【錬】名 レン 訓 ねる(音) 련. (造語) ①(금속을) 불리다¶精錬 정련·錬金術 연금술 ②단련하다¶錬磨 연마·修錬 수련 ▷ ①은「煉」、②는「練」과 같음
れん【聯】名 レン 訓 つらなる・つらねる(音) 련. Ⅰ (造語) ①나란히 잇다, 이어져 있다. 연

합하다¶ 聯合<sup>연합</sup> 연합·関連<sup>かん</sup> 관련 ②(율시에서) 대구(對句)¶ 対聯<sup>たい</sup>·대련 ▷ ①은 '連<sup>れん</sup>'이 대웅자 Ⅱ ①벽면이나 기둥의 좌우에 거는 주련판(柱聯板) ②(한시에서) 율시(律詩)의 대구(對句)

**れん** [*鎌] [鎌] 音 レン 訓 かま|(음)겸. (造語) 풀을 베는 낫

**れん** [*簾] 音 レン 訓 すだれ|(음)렴. (造語) ①발¶簾中<sup>ちゅう</sup> 염중, 마냠·暖簾<sup>のん</sup> 옥호를 써서 가게 앞에 치는 막 ②드리워져 있는 것

**れんあい** [恋愛] 名 自スル 연애＝恋<sup>こい</sup>¶社内<sup>ない</sup>~ 사내 연애 —**結婚**<sup>けっこん</sup> 연애 결혼

**れんか** [恋歌] (文) 연가＝こいうた

**れんか** [廉価] 名 헐값¶~な商品<sup>しょう</sup> 염가의 상품/~で売る 염가로 팔다

**れんが** [連歌] [文] 和歌<sup>か</sup>의 윗구와 아랫구를 두 사람이 번갈아 읊어 나가는 형식의 고전 시가

**れんが** [*煉瓦] 연와. 벽돌¶ —造り 연와조, 벽돌 건물

**れんかん** [連関·×聯関] 名 自スル 연관. 관련¶~がある 연관이 있다

**れんかん** [連環] 名 自スル 연환. 여러 개의 고리를 이음, 그렇게 이은 것, 쇠사슬

**れんき** [連記] 名 他スル 연기. 이름 등을 나란히 이어 적음 —**単記**<sup>たん</sup> ¶五名<sup>めい</sup>~ 5명 연기 —**投票**<sup>ひょう</sup> [政] 연기 투표

**れんぎ** [連木] 나무공이, 유봉(乳棒)＝すりこぎ
慣用句
—で腹<sup>はら</sup>を切る 나무공이로 배를 가르다, 실행이 불가능함의 비유

**れんきゅう** [連休] 연휴¶三<sup>みっ</sup>~ 사흘 연휴/飛び石<sup>いし</sup>~ 징검다리 연휴

**れんぎょう** [×翹] 개나리

**れんきょく** [連曲] [藝] (謡曲<sup>ようきょく</sup>에서) 합창

**れんぎん** [連吟] [藝] (謡曲에서) 어느 부분을 두 사람 이상이 소리를 맞추어 부름

**れんきんじゅつ** [錬金術] [化] 연금술

**れんく** [連句] [文] 일상적이고 서민적인 내용의 連歌<sup>れんが</sup> ▷『俳諧<sup>はい</sup>の連歌<sup>が</sup>』라고도 함

**れんく** [×聯句] [文] ①몇 사람이 한 두 구씩, 지어 전체가 한 편의 시가 되는 한시(漢詩) ②(율시(律詩)의) 대구(對句)

**れんげ** [*蓮華] ①연화. 연꽃 ② → れんげそう —**座** 연화좌 —**草** [植] 자운영 —**文** 연화문. 연꽃을 도안한 무늬

**れんけい** [連係·連繫·×聯繫] 名 自他スル 연계¶~動作<sup>さ</sup> 연계 동작

**れんけい** [連携] 名 自スル (文) 제휴¶他団体<sup>だんたい</sup>と~して進<sup>すす</sup>める 다른 단체와 제휴하여 진행시키다

**れんけつ** [連結] 名 他スル 연결¶貨車<sup>しゃ</sup>を~する 화차를 연결하다 —**器** [機] 연결기. 철도 차량의 연결 장치 —**決算** [經] 연결 결산

**れんけつ** [廉潔] [?] (文) 염결. 청렴 결백¶~の士 청렴 결백한 인사

**れんこ** [連呼] 연호. 되풀이하여 외침¶候補者<sup>こうほしゃ</sup>の名前<sup>まえ</sup>を~する 후보자의 이름을 연호하다

**れんご** [連語] [文法] 연어. 둘 이상의 말·문절(文節)이 결합하여 한 단어의 역할을 하는 것

**れんこう** [連行] 名 他スル 연행¶犯人<sup>にん</sup>を~する 범인을 연행하다

**れんごう** [連合·×聯合] 名 自スル 연합¶企業<sup>きょう</sup>~ 기업 연합 —**軍** [軍] 연합군 —**国** [政] 연합국 —**政権**<sup>けん</sup> [政] 연합 정권

**れんごく** [*煉獄] [가] 연옥

**れんこだい** [連子鯛] [動] 황돔

**れんこん** [×蓮根] 연근. 연뿌리

**れんさ** [連鎖] 名 自スル 연쇄¶事件<sup>じけん</sup>が~して起きる 사건이 연쇄적으로 일어나다 —**球菌**<sup>きん</sup> [生] 연쇄상 구균 —**反応**<sup>はんのう</sup> 연쇄 반응¶~を引き起こす 연쇄 반응을 일으키다

**れんざ** [連座·連×坐] 名 自スル 연좌¶汚職事件<sup>おしょくじけん</sup>に~する 독직 사건에 연좌되다 —**制**<sup>せい</sup> [政] 연좌제

**れんさい** [連載] 名 他スル 연재¶~小説<sup>しょう</sup> 연재 소설

**れんさく** [連作] 名 他スル 연작 ①[農] 이어짓기 —**輪作**<sup>さく</sup> ②한 작가가 같은 주제의 작품을 계속 만드는 일, 그런 작품 —**短編**<sup>たん</sup> 연작 단편 ③여러 작가가 각 부분을 나누어 맡아 한 작품을 완성하는 일, 그런 작품

**れんさつ** [×憐察] 연찰. 연설. 불쌍히 여겨 살핌 [헤아림] 御~下さい 너그러이 살펴 주십시오

**れんざん** [連山] 연산. 연이어진 산들＝連峰<sup>れんぽう</sup>

**れんし** [連枝] (文) 지체 높은 사람의 형제 자매에 대한 높임말. 연지

**れんじ** [連子·×櫺子] [建] 일정한 간격으로 박힌 나무 창살 —**窓**<sup>まど</sup> [建] 살창, 살창문

**レンジ** (range) 레인지¶ガス~ 가스 레인지 —**フード** (range hood) 레인지 후드

**れんじつ** [連日] 名 副 연일. 매일¶~の雨<sup>あめ</sup> 연일 오는 비/~健闘<sup>とう</sup>する 연일 건투하다

**れんしゃ** [連射] 名 他スル 연속 발사¶機関銃<sup>かんじゅう</sup>を~する 기관총을 연속 발사하다

**れんしゃ** [輦車] (옛날에) 귀인이 타던 수레＝手車<sup>てぐるま</sup>

**れんじゃく** [連尺·連×索] [?] 두 장의 널판지에 멜빵을 달아 등짐을 지는 도구¶ —**商**<sup>あきな</sup>い 행상 ②어깨에 닿는 부분을 넓게 만든 멜빵

**れんじゃく** [連雀] ①[動] 연작 ②무리를 지은 참새

**れんじゅ** [連珠·×聯珠] 연주 ①(文) 꿴 구슬 ②구슬을 꿴 무늬 ③오목＝五目並<sup>ならべ</sup>

**れんしゅう** [練習] 名 他スル 연습¶猛<sup>もう</sup>~ 맹연습/~を積<sup>つ</sup>む 연습을 쌓다 —**曲**<sup>きょく</sup> [音] 연습곡 —**試合**<sup>じあい</sup> 연습 시합. 연습 경기

**れんじゅう** [連中] ①한 패, 패거리, 일당＝れんちゅう¶あの~ 저 패거리 ②[藝] 연예를 함께 하는 단(團). 패

**れんじゅく** [練熟] 名 自スル (文) 연숙. 숙련

**れんしょ** [連署] Ⅰ 名 自他スル 연서¶誓約書<sup>せいやくしょ</sup>に~する 서약서에 연서하다 Ⅱ [日史] (鎌倉幕府<sup>かまくらばくふ</sup>에서) 執権<sup>しっけん</sup>을 보좌하며 공문서에 執権과 나란히 서명하거나 도장을 찍던 중직

**れんしょう** [連勝] 名 自スル 연승¶ 連戦~ 연전 연승 **一式** 연승식. (경마·경륜 등에서) 1착(着)과 2착을 알아맞히는 투표 방식

**れんじょう** [恋情] 名 연정 = 恋心¶ ~がきざす 연정이 싹트다

**れんじょう** [連^声] 文法 연성. 두 말이 이어질 때 「n·m·t」 다음에 오는 「ア·ヤ·マ」행의 음이 「ナ·マ·タ」행의 음으로 변하는 현상 ▷ 「いんねん(因縁)·はんのう(反応)·さんみ(三位)」 등

**れんじょう** [連乗] 名 他スル 數 연승. 거듭제곱

**レンズ** (lens) 렌즈¶ 凸~ 볼록 렌즈 **一雲** 볼록 렌즈를 옆에서 본 모양의 구름

**れんせい** [連星] 天 연성

**れんせい** [錬成·練成] 名 他スル 연성. 심신을 단련함¶ ~道場 연성 도장

**れんせつ** [連接] 名 自他スル 表 연접. (관념이나 표현 등이) 서로 이어짐

**れんせん** [連戦] 名 自スル 연전¶ 三~ 3연전 **一連勝** 名 自スル 연전 연승

**れんせんあしげ** [連銭^葦毛] (말의 털빛의) 잿빛 돈점박이

**れんそう** [連奏·聯奏] 名 他スル 연주. 여럿이 같은 악기를 동시에 연주함

**れんそう** [連想·聯想] 名 他スル 연상¶ 雲を見て綿菓子を~する 구름을 보고 솜사탕을 연상하다

**れんぞく** [連続] 名 自他スル 연속¶ 不祥事が~する 불상사가 연속되다

**れんだ** [連打] 名 他スル 연타 ①연거푸 때림¶ 銅鑼を~する 징을 연거푸 때리다 ②野 안타가 계속됨¶ ~を浴びる 연타를 얻어맞다

**れんたい** [連体] 연체. 체언에 이어짐 **一形** 文法 연체형 **一詞** 文法 연체사 **一修飾語** 文法 연체 수식어

**れんたい** [連帯] 名 自スル 연대¶ ~して事に当たる 연대하여 일에 임하다 **一責任** 연대 책임 **一保証** 연대 보증

**れんたい** [連隊·聯隊] 軍 연대

**れんだい** [^蓮台] 연대. 연화대 = 蓮華座

**れんだい** [^輦台] 옛날에 내를 건널 때 손님을 태우던 가마

**レンタカー** (rent-a-car) 렌터카. 임대 자동차

**れんだく** [連濁] 名 自スル 연탁. 두 단어가 이어져 하나의 말이 될 때 뒷단어의 첫 음이 청음에서 탁음으로 바뀌는 일

**れんたつ** [練達] 名 自スル 연달. 숙달¶ ~の士 숙달한 사람 / 剣道に~している 검도에 숙달되어 있다

**レンタル** (rental) 렌털. (기계·설비 등의) 단기 임대차¶ ~料 임대료 **一産業** 렌털 산업. 임대 산업

**れんたん** [煉丹] 연단 ①(옛날 중국의) 불노불사약 ②연약(煉薬) ③기(氣)를 단전에 모으는 심신 수련법

**れんたん** [練炭·^煉炭] 연탄¶ ~火鉢 연탄 화로

**れんだん** [連弾·聯弾] 名 他スル 연탄. 1대의

피아노를 둘이 같이 연주함¶ ~曲 연탄곡

**れんち** [廉恥] 文 염치¶ ~心 염치를 아는 마음 / 破~ 파렴치

**レンチ** (wrench) 工 렌치. 스패너

**れんちゃく** [恋着] 名 自スル 文 연착. 깊이 사랑하여 잊지 못함

**れんちゅう** [連中] → れんじゅう ①

**れんちゅう** [^簾中] ①발로 칸을 막은 안쪽 ②귀인의 부인에 대한 높임말. 귀부인

**れんちょく** [廉直] 刁 文 ①염직. 청렴하고 강직함 ②~の人 염직한 사람 ②같이 씀

**れんてつ** [練鉄·鍊鉄] 연철 ①충분히 단련된 쇠 ②탄소 함유량이 낮은 철. 단철 = 鍛鉄

**れんとう** [連投] 名 自スル 野 연투¶ 三日間~する 사흘간 연투하다

**れんどう** [連動] 名 自スル 연동¶ ~装置 연동 장치 / 税額は収入に~する 세액은 수입에 연동된다

**レントゲン** (독 Röntgen) 物 뢴트겐 ①방사선의 조사량의 강도를 나타내는 단위 ②뢴트겐선, X선 **一写真** 뢴트겐 사진, X선 사진

**れんにゅう** [練乳·^煉乳] 연유 加糖~ 가당 연유

**れんねん** [連年] 名 副 文 연년. 계속해서 매년¶ ~の豊作 연년의 풍작

**れんぱ** [連破] 名 他スル 연파¶ 強敵を~する 강적을 연파하다

**れんぱ** [連覇] 名 自スル 연패. 연승¶ 三~ 3연패 / 五年~する 5년 연패하다

**れんばい** [廉売] 名 他スル 염매. 염가 판매¶ 特価大~ 특가 대염매

**れんぱい** [連俳] ①連歌와 俳諧 ②俳諧의 연구(連句)

**れんぱい** [連敗] 名 自スル 연패¶ 連戦~ 연전 연패

**れんぱつ** [連発] 名 自他スル 연발 ①(같은 일이) 잇달아 일어남¶ 事故が~する 사고가 연발하다 ②잇달아 쏨¶ ~銃 연발총 ③여러 번 발언함¶ 質問を~する 질문을 연발하다

**れんぱん** [連判] 名 自スル 연판. 하나의 문서에 연명하고 도장을 찍음 **一状** 연판장

**れんぴ** [連比] 數 연비

**れんびん** [^憐^憫·^憐^愍] 文 연민 = れんみん¶ ~の情 연민의 정

**れんぶ** [練武] 文 연무. 무술 단련

**れんぷ** [^簾府] 연부. 대신의 저택. 대신

**れんぶんせつ** [連文節] 文法 둘 이상의 문절(文節)이 결합하여 하나의 문절과 같은 작용을 하는 것

**れんべい** [連^袂] 名 自スル 文 연메. 행동을 같이 함¶ ~辞職 연메 사직

**れんぺい** [練兵] 연병 **一場** 연병장

**れんぼ** [恋慕] 名 他スル 연모¶ ~の情を いだく 연모의 정을 품다

**れんぽ** [^蓮歩] 文 연보. 미인의 단아한 걸음걸이¶ ~を運ぶ 연보를 옮기다

**れんぽう** [連邦·聯邦] 文 연방. 연합 국가¶ 英~ 영연방 / ~政府 연방 정부

**れんぽう** [連峰] 연봉
**れんま** [練磨・錬磨] 名他スル 연마¶ 心身を~する 심신을 연마하다
**れんみん** [*憐愍・*憐憫] 文 → れんびん
**れんめい** [連名] 연명¶ ~で声明を出す 연명으로 성명을 내다
**れんめい** [連盟・*聯盟] 연맹¶ 国際~ 국제연맹／~に加わる 연맹에 가입하다
**れんめん** [連綿] 囚文 연면. 길게 연속되어 끊이지 않음¶ ~と続いて来た伝統 연면이 이어져 온 전통 **一体** 연면체. (서도에서) 행서・초서・히라가나 등을 이어서 쓰는 서체
**れんや** [連夜] 名副 연야. 매일 밤 = 毎夜¶ 連日毎~ 연일 연야
**れんよう** [連用] 名他スル 연용 ①[文法] 용언에 이어짐 ②계속 사용함¶ 薬を~する 약을 연용하다 **一形** 연용형. 용언으로 수식하는 활용형 **一修飾語** [文法] 연용 수식어
**れんらく** [連絡・*聯絡] 名自他スル 연락 ①접속, 연결, 관련¶ 列車の~が悪い 열차의 접속이 나쁘다 ②연락함¶ ~をとる 연락을 취하다 **一船** 연락선
**れんり** [連理] 文 연리 ①한 나무의 가지가 다른 나무의 가지와 맞붙어 나뭇결이 서로 통하는 것 ②比 부부・남녀간의 사랑이 매우 깊음¶ 比翼~ 비익 연리
慣用句
**一の枝** [比] 연리지. 깊이 사랑하는 부부・남녀
**れんりつ** [連立・*聯立] 名自他スル 연립¶ 候補者が~する 후보자가 연립하다 **一内閣** 연립 내각 **一方程式** [数] 연립 방정식
**れんるい** [連累] 文 연루, 연좌= 巻き添え
**れんれん** [恋恋] 文 연연¶ 연모의 정을 끊을 수 없음¶ ~の情 연연한 정 ②미련이 남아 단념하지 못함¶ 政権に~とする 정권에 연연하다

# ろ ロ

**ろ** 五十音図 「ら」행(行)의 다섯째 かな. ひらがな의 「ろ」는 「呂」의 초서체, かたかな의 「ロ」는 「呂」의 윗부분을 취한 것
**ろ** [*呂] 音ロ・リョ|(음)려. 造語 ①음악의 가락¶ 呂律｜음률, 말투, 말씨 ②「ロ」의 취음자¶ 風呂 목욕・伊呂波 가나다
**ろ** [炉・*爐] 音ロ 訓いろり|(음)로. Ⅰ 造語 ①화로, 방바닥의 일부를 도려내고 불을 피우게 만든 곳 炉辺 노변, 火炉 화로 ②불을 담아두는 기구 懐炉 회로・香炉 향로 ③물질을 가열하여 반응을 일으키는 장치

¶ 原子炉 원자로・溶鉱炉 용광로 Ⅱ ①방바닥이나 벽을 사각형으로 파고 불을 피우는 곳 ②「溶鉱炉・香炉」등의 준말
慣用句
**一を切る** 방바닥을 파서 화로를 만들다
**ろ** [首] 音ロ・訓みち|(음)로. 造語 ①길, 도로, 路上 노상・道路 도로 ②여행¶ 路銀 노자・路程 노정 ③도리, 사리¶ 理路 이로 ④중요한 위치 要路 요로 ⑤외국어「ル」의 차음자¶ 路加当 누가전
**ろ** [*路] 音ロ 訓ふき|(음)로. 造語 주로 훈「ふき」로 쓰임 ▷ 중국에서는 감초를 말함
**ろ** [*櫓] 音ロ 訓やぐら|(음)로. Ⅰ 造語 ①(배의) 노 ②檣櫓 노・櫓 망루 ② 艪와 같음 Ⅱ (배의) 노¶ ~を漕ぐ 노를 젓다
**ろ** [露] 音ロ・ロウ 訓つゆ・あらわれる・あらわす|(음)로. 造語 ①이슬 雨露 우로 ②이슬을 맞다, 지붕이 없는 상태¶ 露天 노천・露店 노점 ③(모습이) 드러나다, 드러내다¶ 露出 노출・暴露 폭로 ④「露西亜」의 준말¶ 露文 노문・日露 러일
**ろ** [ロ] [音] 나. 다장조의「시」음
**ろ** [*絽] 성기고 얇은 여름용 견직물
**ろ** [*魯] [史] (중국의) 노나라
**ろあく** [露悪] 名 노악. 자신의 나쁜 점을 일부러 드러냄 **一趣味** 노악 취미
**ろあし** [*櫓脚・*艪脚] ①노질 ②노질하는 배가 지나간 뒤에 이는 물결
**ロイヤリティー** (royalty) 로열티 ①특허권・저작권의 사용료 ②왕위, 왕권
**ロイヤル** (royal) 造語 로열. 왕의, 왕실의 **ーゼリー** (royal jelly) 로열 젤리 **ーボックス** (royal box) 로열 박스. (극장 등의) 귀빈석
**ろう** [老] 音ロウ(ラウ) 訓おいる・ふける|(음)로. 造語 ①늙다, 늙은이 老人 노인・敬老 경로 ②경험이 풍부하다, 노련하다¶ 老練 노련・長老 장로 ③노인의 이름에 붙여 경의를 표하는 말¶ 山田老 야마다옹 ④중국의 사상가인 노자(老子)¶ 老荘 노자와 장자 ▷ [熟字訓] 老舗 노포・海老 새우
**ろう** [労] [劳] 音ロウ(ラウ) 訓いたわる・ねぎらう|(음)로. Ⅰ 造語 ①힘써 일하다, 노고¶ 労働 노동・労力 노력 ②피로하다, 지치다¶ 過労 과로・疲労 피로 **一**する 피로하다, 지치다 ②위로하다¶ 慰労 위로 Ⅱ 노력, 수고, 노고¶ ~をいとわない 수고를 마다하지 않다
慣用句
**一多くして功少なし** 노력에 비해 성과가 적다, 애만 썼지 돌아오는 것이 얼마 없다
**一を多とする** 노고를 높이 평가하다
**一を執る** (남을 위해) 힘쓰다, 수고하다
**ろう** [*弄] 音ロウ 訓もてあそぶ|(음)롱. 造語 ①만지다, 가지고 놀다¶ 弄火 불장난・弄花 꽃을 가꿈, 화투 ②희롱하다, 놀리다¶ 愚弄 우롱 ③마음대로 하다¶ 弄筆 농필
**ろう** [*牢] 音ロウ|(음)뢰. Ⅰ 造語 ①감옥, 옥사¶ 牢獄 뇌옥・脱牢 탈옥 ②굳다, 견고하다¶ 牢固 뇌고・堅牢 견뢰 Ⅱ

감옥, 옥¶ ～につなぐ 감옥에 가두다

**ろう** [郎] 箇ロウ(ラウ)|(음)랑. 造語 ①남자¶ 新郎ﾅﾝ 신랑 ②남자 이름에 붙이는 말¶ 太郎ﾀﾛｳ 남자 이름 ③하인, 종¶ 郎等ﾛｳﾄﾞｳ 가신. 下郎ﾝﾛｳ 하인 ▷ 熟字訓 女郎花ﾔﾒﾅｴ 마타리

**ろう** [朗] 箇ロウ(ラウ) 訓ほがらか|(음)랑. 造語 ①밝다, 명랑하다¶ 朗報ﾛｳﾎｳ 낭보・明朗ﾒｲﾛｳ 명랑 ②낭랑하다¶ 朗詠ﾛｳｴｲ 낭영・朗読ﾛｳﾄﾞｸ 낭독

**ろう** [浪] 箇ロウ(ラウ) 訓なみ|(음)랑. 造語 ①물결, 파도¶ 波浪ﾊﾛｳ 파랑・風浪ﾌｳﾛｳ 풍랑 ②헤매다, 방랑하다¶ 浪人ﾛｳﾆﾝ 낭인・流浪ﾙﾛｳ 유랑 ③함부로, 헛되이¶ 浪費ﾛｳﾋ 낭비

**ろう** [狼] 箇ロウ(ラウ) 訓おおかみ|(음)랑. 造語 ①이리¶ 狼火ﾛｳｶ 봉화・虎狼ｺﾛｳ 호랑・豺狼ｻｲﾛｳ 시랑 ②어질러지다, 낭잡하다¶ 狼藉ﾛｳｾﾞｷ 낭자 ③서두르다, 당황하다¶ 狼狽ﾛｳﾊﾞｲ 당황함 ▷ 熟字訓 狼煙ﾉﾛｼ 봉화

**ろう** [廊] 箇ロウ(ラウ)|(음)랑. Ⅰ 造語 회랑, 복도¶ 廊下ﾛｳｶ 복도・回廊ｶｲﾛｳ 회랑 Ⅱ 건물을 잇는 복도¶ ～をめぐらす 복도를 두르다

**ろう** [楼] 箇ロウ 訓たかどの|(음)루. Ⅰ 造語 ①높은 건물, 누각¶ 楼閣ﾛｳｶｸ 누각・望楼ﾎﾞｳﾛｳ 망루 ②청루, 유곽¶ 妓楼ｷﾞﾛｳ 기루・青楼ｾｲﾛｳ 청루 술집이나 요정 등에 붙이는 말¶ 摩天楼ﾏﾃﾝﾛｳ 마천루・岳陽楼ｶﾞｸﾖｳﾛｳ 악양루 Ⅱ ①높은 건물, 누각¶ 砂上ｻｼﾞｮｳの～ 사상 누각 ②망루¶ ～へ上ﾉﾎﾞる 망루에 오르다

**ろう** [瀧] 箇ロウ 訓たき|(음)롱, 랑. 造語 주로 훈(訓)「たき」로 쓰임

**ろう** [漏] 箇ロウ・ロ 訓もる・もれる・もらす|(음)루. 造語 ①(물・빛이)새어나오다, 새다, 누설되다¶ 漏洩ﾛｳｴｲ 누설・漏水ﾛｳｽｲ 누수・脱漏ﾀﾞﾂﾛｳ 탈루 ②물시계¶ 漏刻ﾛｳｺｸ 누각 ③〔佛〕(「ロ」로 읽어서)번뇌¶ 有漏ｳﾛ 유루・無漏ﾑﾛ 무루 ▷ 熟字訓 漏斗ｼﾞｮｳｺﾞ 깔때기

**ろう** [蝋] 箇ロウ(ラフ)|(음)랍. Ⅰ 造語 밀랍¶ 蝋燭ﾛｳｿｸ 초・蜜蝋ﾐﾂﾛｳ 밀랍 Ⅱ 〔生〕납, 밀, 밀판ﾊﾞﾝに～を引ﾋく 판자에 납을 먹이다

**ろう** [聾] 箇ロウ|(음)롱. 造語 귀가 먹다, 귀머거리¶ 聾啞ﾛｳｱ 농아・聾者ﾛｳｼｬ 농자

**ろう** [陋] 文 천함, 추함¶ ～を示ｼﾒす 추한 꼴을 보이다

**ろう** [隴] 농. 중국 간쑤성(甘肅省) 동남부 지방
慣用句
―を得ｴて蜀ｼｮｸを望ﾉｿﾞむ 득롱 망촉, 욕심이 많아 만족할 줄을 모름의 비유 = 望蜀ﾎﾞｳｼｮｸ

**ろう** [臈] 출가한 후에 수행한 햇수, 연공, 신분의 상하¶ ～を積ﾂむ 연공을 쌓다

**ろう** [臘] 납월, 음력 12월, 연말

**ろう** [蠟] 납, 땜납¶ ～づけ 납땜

**ろうあ** [聾*啞] 농아¶ ～教育ｷｮｳｲｸ 농아 교육

**ろうえい** [朗詠] 名 他スル 낭송, 낭음¶ 漢詩ｶﾝｼ～ 한시 낭송

**ろうえい** [漏*洩・漏*泄] 名 自他スル 누설¶ 機密ｷﾐﾂ～ 기밀 누설／ガスが～する 가스가 새다

**ろうえき** [労役] 노역¶ ～に服ﾌｸする 노역에 복역하다

**ろうおう** [老翁] 文 노옹, 늙은 남자 = おきな

**ろうおう** [老*媼] 文 노온, 노파 = おうな

**ろうおう** [老*鶯] 文 노앵, 봄이 지나고도 우는 휘파람새

**ろうおく** [*陋屋] 文 누옥 ①누추하고 비좁은 집 = 陋宅ﾛｳﾀｸ ②자기 집에 대한 겸사말

**ろうか** [老化] 名 自スル 노화¶ ～現象ｹﾞﾝｼｮｳ 노화 현상／ゴムが～する 고무가 노화되다

**ろうか** [*弄火] 名 화화, 불장난

**ろうか** [*狼火] 文 봉화 = のろし

**ろうか** [廊下] 복도¶ 渡ﾜﾀり～ 두 건물을 잇는 복도 ―鳶ﾄﾝﾋﾞ 볼일도 없이 복도에서 어정거림, 그런 사람

**ろうかい** [老*獪] 名 ﾀﾞ 노회, 경험이 많아 교활함¶ ～なやり口ｸﾁ 노회한 수법

**ろうがい** [労*咳] 노해, 폐결핵

**ろうかく** [楼閣] 누각 = 高殿ﾀｶﾄﾞﾉ¶ 砂上ｻｼﾞｮｳの～ 사상 누각

**ろうがっこう** [*聾学校] 教 농학교, 농아 학교

**ろうかん** [*琅*玕] 文 ①낭간, 암녹색・청녹색의 경옥 ②대나무의 미칭

**ろうがん** [老眼] 노안 = 老視ﾛｳｼ ―鏡ｷｮｳ 노안경, 돋보기

**ろうき** [*牢記] 名 他スル 文 뇌기, 똑똑하게 기억함¶ ～して忘ﾜｽれない 뇌기하여 잊지 않다

**ろうぎ** [老*妓] 文 노기, 늙은 기생

**ろうきゅう** [老朽] 名 自スル 文 노후¶ ～化ｶ 노후화／～建築ｹﾝﾁｸ 노후 건축

**ろうきゅう** [*籠球] 농구 = バスケットボール

**ろうきょ** [*陋居] → ろうおく(陋屋)

**ろうきょ** [*籠居] 名 自スル 文 집안에 틀어박혀 있음, 칩거 = 蟄居ﾁｯｷｮ

**ろうきょう** [老境] 노경, 노인이 된 처지¶ ～に入ﾊｲる 노경에 접어들다

**ろうぎん** [労銀] 노임, 품삯 = 労賃ﾛｳﾁﾝ

**ろうぎん** [朗吟] 名 他スル 낭음, 낭송 = 朗詠ﾛｳｴｲ

**ろうく** [老*軀] 文 노구¶ ～をおして会ｶｲに出ﾃる 노구를 무릅쓰고 모임에 나가다

**ろうく** [労苦] 文 노고, 수고¶ ～に報ﾑｸいる 노고에 보답하다

**ろうくみ** [労組] (口) 노조, 노동 조합 = ろうそ

**ろうげつ** [*臘月] 文 납월, 음력 12월

**ろうけつぞめ** [*﨟*纈染(め)・*蠟*纈染(め)] 납결 염색, 백랍으로 무늬를 그려넣고 염색한 다음 납을 없애 흰 무늬가 남게 하는 염색

**ろうこ** [*牢乎] 文 단단해서 움직이지 않음, 확고함¶ ～たる信念ｼﾝﾈﾝ 확고한 신념

**ろうこ** [*牢固] ﾀﾞ 文 뇌고, 견고함, 확고함¶ ～たる建築ｹﾝﾁｸ 견고한 건축

**ろうご** [老後] 노후, 만년¶ ～の楽ﾀﾉしみ 노후의 낙／～に備ｿﾅえる 노후에 대비하다

**ろうこう** [老公] 文 노공

**ろうこう** [老巧] 名 ﾀﾞ 文 노교, 노련함 = 老練ﾛｳﾚﾝ¶ ～な手腕ｼｭﾜﾝ 노련한 수완

**ろうこう** [*陋巷] 文 누항, 좁고 더러운 거리

**ろうこく** [漏刻] 누각, 물시계, 그 눈금

**ろうごく** [*縲獄] 名 他スル 文 → るごく

**ろうごく** [*牢獄] 뇌옥, 감옥 = 牢屋ﾛｳﾔ¶ 格

子こ無なき～ 창살 없는 감옥

**ろうこつ**【老骨】(文) 노골. 노구¶～にむち打うつ 노구를 채찍질하다. 노구에도 분발하다

**ろうさい**【老妻】(文) 노처. 늙은 아내

**ろうさい**【労災】①노동 재해 ②「労働者ろうどう災害補償保険ほしょうほけん」의 준말. 노동자 재해 보상 보험

**ろうざいく**【*蠟細工】납 세공

**ろうさく**【労作】노작. 애써 만든 작품, 역작¶ 十年ねんを費ついやした～ 10년을 소비한 노작

**ろうざん**【老残】(文) 늙어도 죽지 못해 살아 있음¶ ～の身み 늙어 죽지 않고 있는 몸

**ろうし**【老死】[名][自スル] 노사. 늙어서 죽음

**ろうし**【老師】노사 ①나이 많은 스승, 노스승 ②[仏] 나이 든 승려에 대한 높임말

**ろうし**【労使】노사. 노동자와 사용자¶～関係かん 노사 관계

**ろうし**【労資】노자. 노동자와 자본가¶～協調きょう 노자 협조

**ろうし**【*牢死】[名][自スル] 옥사 ＝獄死ごく

**ろうし**【浪士】섬길 영주를 잃은 무사 ＝浪人にん

**ろうしぐん**【*娘子軍】「じょうしぐん」의 오독

**ろうじつ**【老実】[ナ](文) 노실. 일에 익숙하고 성실함

**ろうしゃ**【*牢舎】(文) 감옥 ＝牢屋ろう・獄舎ごく

**ろうしゃ**【聾者】(文) 농자. 귀머거리

**ろうじゃく**【老若】→ ろうにゃく

**ろうじゃく**【老弱】[ナ] I [名] 노약. 노인과 젊은이. 노소(老少)¶ ～を問とわず 노소를 불문하고 II [ナ] 노쇠함¶ ～した体だ 노쇠한 몸

**ろうしゅ**【楼主】누주. 기루(妓楼)·주루(酒楼)의 주인

**ろうじゅ**【老儒】(文) 노유 ①늙은 유생(儒生)·학자 ②유생이 자신을 낮추어 이르는 말

**ろうじゅ**【老樹】(文) 노수. 늙은 나무, 고목

**ろうしゅう**【老醜】노추. 늙어서 추함¶ ～をさらす 늙어서 추한 몰골을 보이다

**ろうしゅう**【*陋習】(文) 누습. 악습 ＝弊風へい¶ ～を打うち破やぶる 악습을 타파하다

**ろうじゅう**【老中】【日史】江戸 幕府ばくふ에서 将軍ぐん에 직속되어 정무를 통할하던 직책

**ろうじゅく**【老熟】[名][自スル](文) 노숙. 원숙, 노련¶ ～した筆致ひっ 노숙한 필치

**ろうしゅつ**【漏出】[名][自他スル](文) 누출¶ ガスが～する 가스가 누출하다

**ろうじょ**【老女】①노녀. 늙은 여자, 노부인 ②武家ぶけ 시대에 将軍しょう이나 제후의 부인을 시중들던 시녀의 우두머리

**ろうしょう**【労相】노상. 노동 대신

**ろうしょう**【朗笑】(文) 낭소. 밝게 웃음, 그런 웃음¶ 晴はれ晴はれした気分ぶんで～する 상쾌한 기분으로 밝게 웃다

**ろうしょう**【朗唱・朗*誦】[名][他スル] 낭창. 낭송¶ 詩しを～する 시를 낭송하다

**ろうじょう**【老嬢】(文) 노처녀

**ろうじょう**【*籠城】[名][自スル] 농성 ①(포위되어) 성 안에서 버팀¶ ～作戦さく 농성 작전 ②(집 등에) 틀어박힘¶ ～して受験勉強べんきょう

に励はげむ 틀어박혀 수험 공부에 힘쓰다

**ろうしょうふじょう**【老少不定】노소 부정. 사람의 죽음은 나이에 관계 없음¶ ～は世よの習ならい 노소 부정은 세상의 이치

**ろうしょく**【朗色】(文) 낭색. 밝은 기색[표정]

**ろうしん**【老身】(文) 노신. 늙은 몸, 노구

**ろうしん**【老親】(文) 노친. 늙은 부모

**ろうじん**【老人】노인¶ ～扱あつかいする 노인 취급/ ～をいたわる 노인을 돌보다 ━ホーム 양로원

**ろうすい**【老衰】[名][自スル] 노쇠¶ ～による死亡ぼう 노쇠에 의한 사망

**ろうすい**【漏水】[名][自スル] 누수¶ 天井てんじょうから～する 천장에서 누수되다

**ろう・する**【労する】 I [自][サ変] 수고하다, 애쓰다¶ ～して功なし 애만 쓰고 공이 없다 II [他][サ変](文) 번거롭게 하다, 수고를 끼치다¶ 心身しんを～ 심신을 번거롭게 하다/ 人手ひとを～ 남에게 수고를 끼치다

**ろう・する**【*弄する】[他][サ変](文) 농하다, 부리다¶ 詭弁きべんを～ 궤변을 농하다

**ろう・する**【聾する】[他][サ変](文) 귀가 들리지 않게 하다. 귀먹게 하다¶ 耳みみを～爆音ばく 귀를 먹먹하게 하는 폭음

**ろうせい**【老生】(文) 나이 든 남자가 자기를 낮추어 이르는 말. 노생

**ろうせい**【老成】노성 ①노련함, 원숙함¶ ～した技術ぎじゅっ 노련한 기술 ②조숙함, 어른스러움¶ ～した感かんじがある 조숙한 감이 있다

**ろうせき**【*蠟石】[地] 납석. 곱돌

**ろうぜき**【*狼*藉】①낭자. 어지럽게 흩어짐, 수선함¶ 杯盤ぱん～ 배반 낭자, 잔치 뒤에 잔과 그릇이 어지럽게 흩어져 있음 ②난폭한 행동. 행패¶ ～を働はたらく 행패를 부리다 ━者の 난폭한 사람. 불한당

**ろうせずして**【労せずして】[連語] 애쓰지 않고, 아무런 수고도 없이¶ ～手てに入いれる 애쓰지 않고 손에 넣다

**ろうせつ**【漏洩・漏*泄】[名][自他スル](文) → ろうえい(漏洩)

**ろうそ**【労組】노조. 노동 조합 ＝ろうくみ

**ろうそう**【老荘】노장. (중국의 사상가인) 노자(老子)와 장자(荘子) ━思想しそう 노장 사상

**ろうそう**【老僧】노승. 늙은 중

**ろうそう**【*蹌*踉】낭창. 비틀거림 ＝蹌踉そうろう

**ろうそく**【*蠟*燭】초, 양초¶ ～立たて 촛대/ ～をともす 촛불을 켜다

**ろうたい**【老体】노체 ①늙은 몸, 노구¶ ～をいたわる 노구를 돌보다 ②(「御ご～」의 꼴로) 노인의 높임말. 노인장

**ろうだい**【老台】[代](文) 연장의 남자에 대한 높임말

**ろうだい**【楼台】(文) 누대. 누각¶ ～に立たつ 누대에 서다

**ろうたいか**【老大家】노대가

**ろうたいこく**【老大国】(文) 노대국. 전성기를 지나 쇠퇴한 대국

**ろうたく**【浪宅】(文) 浪人にんの 집

**ろうた・ける** [*﨟長ける] 自下一(文) ①아름답고 기품있는 있다¶ ~・けた婦人さん 아름답고 기품있는 부인 ②(경험을 쌓아) 노련해지다

**ろうだん** [*壟断] 名他スル(文) 농단. (이익 등을) 독점함¶ 利益を~する 이익을 농단하다

**ろうちん** [労賃] 노임. 임금. 품삯= 労銀ぎん¶ 安い~で働はたく 싼 노임으로 일하다

**ろうづけ** [*鑞付け] 납땜. 납땜한 물건

**ろうでん** [漏電] 名自スル(電) 누전¶ ~による火災かさい 누전에 의한 화재

**ろうと** [漏斗] (文) → じょうご(漏斗)

**ろうどう** [労働] 名自スル 노동. 肉体にく~ 육체 노동/ ~権けん 노동권/ ~問題もん 노동 문제 **―運動** 노동 운동 **―基準法**ほう 노동 기준법 **―協約**きょう 노동 협약 **―組合**くみ 노동 조합 **―災害**さい 노동 재해. 산업 재해 **―時間**じかん 노동 시간 **―者**しゃ 노동자 **―者災害補償保険**さいがいほしょうほけん 노동자 재해 재산 보상 보험 **―省**しょう 노동성 **―条件**じょう 노동 조건 **―争議**そう 노동 쟁의 **―大臣**だい 노동 대신 **―力**りょく 노동력

**ろうどう** [郎党·郎等] [日史] 무가(武家)의 가신(家臣). (특히) 주인과 혈연 관계가 없고 영지도 없는 부하= ろうとう¶ ~を引ひき連つれる 가신을 거느리다

**ろうどく** [朗読] 名他スル 낭독¶ 声明文せいめいぶんを~する 성명문을 낭독하다

**ろうとして** [*牢として] 連語(文) 확고하게. 굳건히¶ ~抜ぬきがたい決心けっしん 확고 부동한 결심

**ろうなぬし** [*牢名主] [日史] (江戸え도에) 다른 죄수를 감독하던 고참 죄수. 감방장

**ろうにゃく** [老若] 노약. 늙은이와 젊은이. 노소= ろうじゃく **―男女**なん 남녀 노소

**ろうにん** [浪人] 名自スル ①[日史] 타향을 떠도는 사람. 부랑자 ②[日史] 녹을 잃고 매인 데 없이 떠돌던 무사. 낭인= 浪士ろうし ③실업자 ④재수생¶ 入試にゅうに失敗しっぱいして~している 입시에 실패하여 재수하고 있다

**ろうぬけ** [*牢脱け] 탈옥= 牢破ろうやぶり

**ろうねん** [老年] 노년. 노령¶ ~期き 노년기

**ろうのう** [老農] (文) 노농. 늙은 농부

**ろうのう** [労農] 노농. 노동자와 농민¶ ~政党せい 노동 정당

**ろうのき** [*蝋の木] 「ハゼノキ」의 딴이름

**ろうば** [老婆] 노파. 노부인 **―心**いっ~から言いっておくと 노파심에서 말하자면

**ろうはい** [老廃] 名自スル(文) 노폐. 노후¶ ~した船ふね 노후한 배 **―物**ぶつ[生] 노폐물

**ろうはい** [老輩] 노배. 늙은 축. 노인들

**ろうばい** [狼*狽] 名自スル 당황함. 허둥지둥함¶ 周章しゅうしょう~ 몹시 당황함/ 不意ふいを食くって大おおいに~した 허를 찔려서 크게 당황했다

**ろうばい** [*蝋梅·*臘梅] [植] 납매= からうめ

**ろうばん** [*牢番] 옥졸. 옥사장이. 옥리

**ろうひ** [老*婢] (文) 노비. 늙은 하녀

**ろうひ** [浪費] 名他スル 낭비= むだづかい¶ 資源げんを~する 자원을 낭비하다

**ろうびょう** [老病] 노병. 노환

**ろうふ** [老夫] (文) 노부. 늙은 남자

**ろうふ** [老父] (文) 노부. 늙은 아버지 ⇔ 老母ろうぼ

**ろうふ** [老婦] (文) 노부. 늙은 여자

**ろうへい** [老兵] 노병 ①늙은 병사¶ ~は死なず 노병은 죽지 않는다 ②노련한 병사

**ろうほ** [老舗·老*鋪] (文) 노포. 대대로 이어지는 신용 있는 점포= しにせ¶ 三代だい続つづいた~ 3대를 이어온 노포

**ろうぼ** [老母] 노모. 늙은 어머니 ⇔ 老父ろうふ

**ろうほう** [朗報] 낭보. 기쁜 소식¶ ~が舞まい込こむ 낭보가 날아들다

**ろうぼく** [老僕] (文) 노복. 늙은 하인

**ろうまん** [浪漫] 낭만= ロマン¶ ~派は 낭만파 **―主義**しゅ 낭만주의= ロマンチシズム

**ろうむ** [労務] 노무 ①임금을 받기 위한 노동¶ ~に服ふくする 노무에 종사하다 ②근로 조건 등에 관한 사무¶ ~課か 노무과 **―管理**かん 노무 관리 **―者**しゃ 노무자. (육체) 노동자

**ろうもう** [老*耄] (文) 노망. 늙어서 망령이 듦. 그런 사람= もうろく

**ろうもん** [楼門] [建] 누문. 2층으로 된 문

**ろうや** [*牢屋] 「刑務所けいむしょ」의 옛일컬음. 뇌옥. 감옥= 牢獄ごく

**ろうや** [老*爺] (文) 노야. 노옹. 늙은 남자

**ろうやくにん** [*牢役人] 옥사장이. 옥리

**ろうやぶり** [*牢破り] 탈옥. 탈옥수= 脱獄だつ

**ろうゆう** [老雄] (文) 노웅. 늙은 영웅

**ろうゆう** [老優] (文) 노우 ①늙은 배우 ②연기가 노련한 배우

**ろうよう** [老幼] (文) 노유 ①노인과 어린이 ②노인부터 어린이까지

**ろうらい** [老来] 副(文) 노래. 늙은 이후로. 늘그막에¶ ~心身しんしんの力ちからも衰おとろえた 늙은 후로 심신의 힘도 쇠약해졌다

**ろうらく** [*籠絡] 名他スル 농락. 잘 구슬림¶ 甘あまい言葉ことばで~する 감언으로 농락하다

**ろうりょく** [労力] ①노력. 수고¶ ~を惜おしむ 수고를 아끼다 ②노동력. 일손¶ ~不足ぶ 노동력 부족

**ろうれい** [老齢] 노령. 고령. 노년¶ ~の身み 노령의 몸 **―年金**ねん 노령 연금

**ろうれつ** [*陋劣] 名(文) 누열. 비열¶ ~な手口ぐち 비열한 수법

**ろうれん** [老練] 名ダ 노련¶ ~なやり口ぐち 노련한 수법

**ろうろう** [朗朗] トタル(文) 낭랑 ①목소리가 맑고 또렷함¶ 音吐おんと~ 목소리가 맑고 거침없이 나옴 ②빛이 환하고 맑게 비침

**ろうろう** [浪浪] 名(文) ①정처없이 떠돎. 유랑 ②일정한 직업 없이 빈둥거림¶ ~の身み 직업도 없이 빈둥거리는 신세

**ろうわ** [朗話] (文) 명랑한 [밝은] 이야기

**ろえい** [露営] 名自スル 노영 ①야외에 진을 침. 그런 진영¶ ~地ち 노영지 ②야영¶ 山中さんちゅうで~する 산속에서 야영하다

**ロー** (low) 로 ①[造語] (높이·정도가) 낮음¶ ~コスト 로코스트. 염가 ②[機] (자동차 등의) 저속 1단 기어 **―ティーン** (일 low teen) 틴. 10대 전반의 소년 소녀 ⇔ ハイティーン

ローカル (local) ⑦ 로컬. 지방적. 지역적 ━カ
 ラー (local color) 로컬 컬러. 지방색. 향토색
 ━線ᅟᅠᆫ (철도·항공로 등의) 지선(支線)
ロース 로스. 소·돼지의 어깨에서 허리까지의
 질 좋은 고기 ▷ roast에서¶ ━ハム 로스트 햄
ローズ (rose) 로즈 ①장미 ②장미빛
ローズマリー (rosemary) 〚植〛 로즈메리
ロータリー (rotary) 로터리 ①〚交〛 교차로 중앙
 의 원형 지대. 그것이 있는 교차로 ②회전기.
 윤전기 ━クラブ (Rotary Club) 로터리 클럽
ローテーション (rotation) 로테이션 ①순번. 윤
 번¶ ~を組ᄀむ 순번을 짜다 ②〚野〛 투수의 등
 판 순서 ③(배구에서) 수비 위치의 이동
ロード (road) 로드 ①길. 도로 ②「로드게임」
 의 준말 ━ゲーム (road game) 〚野〛 로드 게임.
 (프로 야구의) 원정 경기 ━マップ (road map)
 로드 맵. 도로 지도
ロートル 〚*老頭児〛 노틀. 노인. 늙은이
ロープ (rope) 로프. 줄 ━ウエー (ropeway) 로
 프웨이. 케이블카. 가공 삭도
ローマ (Roma) 로마 ①〚地〛 이탈리아의 수도 ②
 로마 제국 ━カトリック教会ᄁᅟᅠᆺ 〚가〛 로마
 가톨릭 교회. 천주 교회 ━教皇ᄁᅟᅠᆼ 〚가〛 로마
 교황 ━字ᄀ 로마자 ━字綴ᄌり (일본어의)
 로마자 표기 ━数字ᄌ 로마 숫자 ━法王ᄑᅟᅠᆼ
 「ローマ教皇ᄁᅟᅠᆼ」의 일반적인 명칭
 〚慣用句〛
 ━は一日ᄂᅟᅠᆾにして成ᄂらず 로마는 하루 아침
 에 이루어지지 않는다
ローラー (roller) 롤러. (인쇄·압연 등에 쓰는)
 원통형 회전물¶ ~にかける 롤러에 걸다 ━
 スケート (roller skate) 롤러스케이트
ローリング (rolling) 〚名〛〚自スル〛 롤링 ①회전 ②
 (배·비행기 등의) 옆질 ⇔ ピッチング ③(경
 영(競泳)에서) 몸이 좌우로 흔들림
ロール (roll) 〚名〛〚他スル〛 롤. 둥글게 말[만 것]¶
 ~ケーキ 롤 케익 ━雲ᄀ 〚気〛 권운. 두루마리
 구름 ━パン 빵
ローン (lawn) 론. 엷은 평직의 고급 면포
ローン (loan) 론. 대부(貸付). 대부금¶ 住宅ᄌ
 ~を組ᄀむ 주택 자금 대부를 체결하다
ろか [*濾過] 〚名〛〚他スル〛 여과¶ ━器ᄀ 여과기/
 川ᄁᅟᅠᆺ의水ᄆᅟᅠᆯを~する 강물을 여과하다 ━性ᄉ病
 原体ᄇᅟᅠᆼ 〚生〛 여과성 병원체 = ウイルス
ろかい [*櫓櫂] 노도. 노와 상앗대. 선구(船具)
ろかく [*鹵獲] 〚名〛〚他スル〛 노획¶ ~品 노획품
ろかじ [*櫓舵] 노와 키. 선구(船具)의 총칭
ろかた [路肩] 갓길 = ろけん¶ ~が弱ᄋᅟᅠᅵ 갓
 길이 약하다
ロガリズム (logarithm) 〚数〛 로가리듬. 로그. 대
 수(對數)
ろぎん [路銀] 노자. 여비 ▷ 예스러운 말
ろく [六] 〚音〛 ロク·リク 〚訓〛 む·むつ·むっつ·
 むい 〚造語〛 ①육. ②〚造語〛 여섯. 여섯¶ 六腑ᄑ 육부
 =六書ᄉᅟᅠᆸ 육서·六次方ᄇᅟᅠᆼ 육방 ▷ 「陸」가 갖은자
ろく [*肋] 〚音〛 ロク 〚訓〛 あばら | (음)륵. 〚造語〛 갈
 비뼈¶ 肋骨ᄁᅟᅠᆯ 늑골·鶏肋ᄀᅟᅠᅨ 계륵
ろく [*鹿] 〚音〛 ロク 〚訓〛 しか | (음)록. 〚造語〛 ①사

슴¶ 鹿砦ᄉᅟᅠᆸ 녹채·馴鹿ᄉᅟᅠᆫ 순록 ②다툼의
 대상이 되는 지위나 권력¶ 逐鹿ᄎᅟᅠᆨ 축록 ▷
 〚熟字訓〛 馴鹿ᄏᅟᅠᅢ 순록·鹿尾菜ᄒ 녹미채
ろく [*禄] 〚音〛 ロク 〚訓〛 さいわい | (음)록. Ⅰ
 〚造語〛 ①복록¶ 福禄ᄇᅟᅠᆨ 복록 ②녹. 녹봉¶ 禄
 米ᄆᅟᅠᅵ 녹미·俸禄ᄇᅟᅠᆼ 봉록·無禄ᄆ 무록 Ⅱ 녹.
 녹봉¶ ~を盗ᄂᅟᅠᆷむ 하는 일 없이 급여를 받다
 〚慣用句〛
 ━を食ᄐᅟᅠᆷむ 녹을 먹다. 봉급을 받다
ろく [録] 〚音〛 ロク 〚訓〛 しるす | (음)록. 〚造語〛
 ①기록하다¶ 録音ᄋᅟᅠᆷ 녹음·記録ᄀ 기록 ②
 기록한 것¶ 目録ᄆᅟᅠᆨ 목록·議事録ᄋ 의사록
ろく [*麓] 〚音〛 ロク 〚訓〛 ふもと | (음)록. 〚造語〛 산
 기슭. 산록¶ 岳麓ᄀᅟᅠᆨ 산기슭·山麓ᄉ 산록
ログ (log) 로가리즘의 준말. 로그
ろくおん [録音] 〚名〛〚他スル〛 녹음¶ ━機ᄀ 녹음
 기/座談会ᄁᅟᅠᅢ를~する 좌담회를 녹음하다
ろくが [録画] 〚名〛〚他スル〛 녹화¶ ━中継ᄎᅟᅠᅲ 녹
 화 중계
ろくがつ [六月] 유월 = 水無月ᄆᅟᅠᅵ
ろくさい [六斎] 〚佛〛 「六斎日ᄂᅟᅠᅵᆾ」의 준말 ━
 日ᄂᅟᅠᅵᆾ 〚佛〛 육재일
ろくさい [*鹿砦·*鹿柴] 〚文〛 녹채 = 逆茂木ᄀᅟᅠᅥ
ろくざい [*肋材] 늑재. (배의) 늑골에 쓰는 재목
ろくさんせい [六三制] 〚教〛 육삼제. 초등 교
 육 6년·중등 교육 3년의 의무 교육 제도
ろくじ [六時] 〚佛〛 육시. 하루를 여섯으로 나
 눈 시각 ━礼讃ᄅᅟᅠᅢ 〚佛〛 육시 예찬
ろくしき [六識] 〚佛〛 육식. 육근(六根)에 의해
 생기는 여섯 가지의 인식 작용·기능
ろくしゃく [六尺] ①6척 ②「六尺褌ᄇᅟᅠᆫ」의
 준말 ③「六尺棒ᄇᅟᅠᆼ」의 준말 ━褌ᄇᅟᅠᆫ 6척
 길이의 표백한 무명 천으로 만든 ふんどし ━
 棒ᄇᅟᅠᆼ 6척 길이의 곤봉 ②멜대 = 天秤棒ᄐᅟᅠᅦᆼ
ろくしゃく [六尺·陸尺] 〚日史〛 江戸幕府ᄋᅟᅠᅦ
 서 잡일을 하던 직명(職名)
ろくじゅう [六十] ①육십. 예순 ②60세. 육순
 〚慣用句〛
 ━の手習ᄂᅟᅠᅡい 60세에 글씨 쓰기를 익힘
ろくじゅうろくぶ [六十六部] 일본 66곳의 영
 장(靈場)에 바치기 위해 필사한 법화경 66부.
 그것을 바치러 돌아다니는 행각승 = 六部ᄇ
ろくしょう [緑青] 녹청 ①동록(銅綠)¶ ~が
 ふく 동록이 슬다 ②황록색 안료
ろくすっぽ [*陸すっぽ·*碌すっぽ] 〚副〛〚俗〛 (부
 정어가 딸리어) 제대로. 변변히. 로쿠に¶ ~
 知ᄉりもしないくせに 변변히 알지도 못하는 주
 제에/ ~聞ᄀきもしない 제대로 듣지도 않다
ろく·する [録する] 〚他〛〚サ変〛〚文〛 적다. 기록하다
ろくだいしゅう [六大州·六大洲] ①육대주
 ②전세계
ろくだか [*禄高] (무사의) 녹봉의 액수¶ ~
 三千石ᄏᅟᅠᅩᆨ 녹봉 3천 석
ろくでなし [*陸でなし·*碌で無し] 쓸모 없는
 사람. 변변치 못한 사람¶ この~め 이 변변
 치 못한 놈아
ろくでも ない [*陸でもない·*碌でも無い]
 〚連語〛 변변치도 않은. 쓸 데도 없는¶ ~本ᄒᅟᅠᆫ

변변치도 않은 책/ 〜うわさ 쓸데없는 소문
**ろくどう**[六道][佛] 육도. 육계 **一銭**(입관할 때) 삼도천의 나룻삯으로 넣는 여섯 푼의 돈 **一輪廻**[佛] 육도 윤회
**ろくな**[^陸な・*碌な][連体] 《부정의 말이 딸리어》 제대로 된, 쓸 만한, 변변한¶ 〜本が ない 쓸 만한 책이 없다
**ろくに**[^陸に・*碌に][副] 제대로, 변변히, 충분히¶ 〜休みもとれない職場 제대로 쉬지도 못하는 직장
**ろくぬすびと**[^禄盗人][名] 직무상 일도 못하면서 월급을 타먹는 사람, 월급 도둑
**ろくぶ**[六部][六十六部]의 준말
**ろくぶんぎ**[六分儀][機] 육분의
**ろくべえ**[^肋兵](체조 용구인) 늑목
**ろくまい**[*禄米] 녹미. 녹으로 받는 쌀
**ろくまく**[*肋膜] 늑막 ①융막(胸膜) ②「肋膜炎」의 준말 **一炎** 늑막염
**ろくめんたい**[六面体][數] 육면체
**ろくやね**[^陸屋根][建] 평지붕= りくやね
**ろくよう**[六曜] (음양도에서) 길흉의 기준이 되는 여섯 날
**ろくろ**[*轆轤] 녹로 ①물레, 녹로대 ②고케시인형을 깎는 공작대 ③「轆轤鉋」의 준말 ④활차 ⑤우산 자루 위쪽의 개폐 장치 ⑥(두레박의) 고패, 도르래 **一鉋** 녹로 대패 **一首** 목을 자유롭게 늘이고 줄일 수 있는 괴물, 그런 구경거리 **一台** 녹로대. 물레
**ろくろく**[^陸陸・*碌碌][副] 제대로, 충분히, 변변히 《うるさくて 〜話もできない 시끄러워서 제대로 이야기도 할 수 없다
**ろくろく**[*碌碌][ダ][文] 쓸모 없음, 하는 일 없음¶ 〜として世を過ごす 하는 일 없이 일생을 보내다
**ロケ**「ロケーション」의 준말. 로케. 로케이션¶ 海外〜 해외 로케
**ロケーション**(location) 로케이션 ①(영화 등의) 야외 촬영 = ロケ ②위치, 입지, 장소¶ 〜がいい 위치가 좋다
**ロケット**(rocket)[工] 로켓 宇宙〜 우주 로켓/ 〜の打ち上げ 로켓 발사 **一弾**[軍] 로켓탄 **一兵器**[軍] 로켓 병기
**ロケハン** 로케이션에 적합한 장소를 찾아다님
**ろけん**[露見・露顕][名][自スル] 노현, (숨기고 있던 일이) 드러남, 탄로남¶ 悪事が〜する 못된 짓이 드러나다
**ロゴ**(logo)「ロゴタイプ」의 준말 **一マーク**(일 logo mark) 로고 마크. (회사명 등의) 심벌 마크 **一タイプ**(logotype) 로고타이프 ①(기획성 문자 ②회사명·상표명 등을 디자인화한 것
**ろこう**[露光][名][自スル] 노광. (사진의) 노출
**ろこぎうた**[*櫓*漕(ぎ)*唄][樂] 일본 민요의 하나. 노를 저으면서 부르는 뱃노래
**ろこく**[露国] 노국, 러시아
**ロココ**(프 rococo)[美] 로코코. 18세기에 프랑스를 중심으로 유행한 미술·건축 양식
**ロゴス** 로고스 I (그 logos) ①의미, 논리 ②이성 II (그 Logos)[基] ①하느님의 말씀 ②그리스도

**ろこつ**[露骨][ダ] 노골¶ 〜な表現 노골적인 표현/ 〜に非難する 노골적으로 비난하다
**ろざ**[露座・露坐][名][自スル] 노좌. 노천에 둠¶ 〜の大仏 노천에 안치된 대불
**ろざし**[*絽刺(し)](사(紗)의 성긴 부분에 실을 넣어서 천 전체를 자수로 메움, 그런 자수
**ロザリオ**(포 rosario)[가] 로사리오. 묵주 (기도)
**ろし**[*濾紙] 여지. 여과지, 거름종이
**ろじ**[路地] ①골목, 골목길¶ 〜裏 골목 안, 뒷골목 ②저택이나 뜰 안에 있는 통로
**ろじ**[路次][文] 노정(路程), 가는 도중 = ろし
**ろじ**[露地] ①노지. 한데, 노천(露天)¶ 〜栽培 노지 재배 ②다실(茶室)의 뜰
**ロシア**(러 Rossiya) 러시아 ①구 러시아 제국 ②구 러시아 연방 공화국 (1991년 이후의) 러시아 ▷「露西亜」로도 썼음 **一正教会**[宗] 러시아 정교회 **一文学** 러시아 문학 = 露文 **一連邦** 러시아 연방
**ろしゅつ**[露出][名][自他スル] 노출 ①드러남, 드러냄¶ 肌を〜する 살갗을 노출하다 ②(사진에서) 셔터를 열어 빛을 닿게 함 = 露光¶ 〜計 노출계 **一狂**[心] 노출증
**ろじょう**[路上] 노상 ①길 위, 길바닥¶ 〜駐車 노상 주차 ②가는 도중¶ 〜で知人に会う 길에서 아는 사람을 만나다
**ろしん**[炉心][原] 노심 **一溶融** 노심 용융
**ロス**(loss) 로스. 손실, 낭비¶ 時間の〜 시간의 낭비 **一タイム**(일 loss time) 로스 타임
**ろせいのゆめ**[*盧生の夢][比] 노생지몽. 부귀 영화가 덧없음
**ろせん**[路線] 노선 ①(버스·열차 등의) 교통선 赤字〜 적자 노선 ②(조직·단체 등의) 운동 방침 強行〜 강행 노선 **一価** 도로의 면한 지가(地價)의 평가액
**ろだい**[露台] 노대 ①지붕이 없는 대(臺) ②발코니, 테라스 ③노천 무대
**ろちょうこつ**[*顱頂骨] 노정골, 두정골
**ろちりめん**[*絽*縮緬] (사(紗)처럼) 올이 성기게 짠 크레이프 천, 그것으로 만든 여름 옷
**ロッカー**(locker) 로커. 소지품 보관함
**ろっかくけい**[六角形][數] 육각형
**ろっかせん**[六歌仙][文](平安朝 초기의) 和歌의 여섯 명인
**ろっかん**[*肋間] 늑간, 늑골 사이 **一神経痛**[醫] 늑간 신경통
**ろっきょう**[六境][佛] 육경. 여섯 가지 인식 대상
**ロッキングチェア**(rocking chair) 로킹 체어, 흔들의자 = 揺り椅子
**ロック**(lock)[名][他スル] 로크. 자물쇠를 채움, 잠금¶ ドアを内側から〜する 문을 안쪽에서 잠그다 **一アウト**(lockout)[名][他スル] 로크아웃. (노동 쟁의에서) 공장 폐쇄, 사업소 폐쇄
**ロック**(rock) 록 ①바위, 암석, 암벽 ②「オンザロック」의 준말 ③[音]「ロックンロール」의 준말 ④(럭비에서) 스크럼의 둘째 줄 **一クライミング**(rock-climbing) 록 클라이밍, 암벽 등반 **一ハンマー**(rock hammer) 록 해머. (등산

ロックンロール (rock'n'roll) [音] 로큰롤= ロック
ろっこつ [*肋骨] 늑골 ①[醫] 갈비뼈 = あばら
ぼね ②(선박의) 늑재
ろっこん [六根] [佛] 육근. 감각이나 의식의 기
본이 되는 여섯 가지 인식 기관 —清浄じょう
[佛] 육근 청정. 육근의 집착을 끊고 깨끗해짐
ロッジ (lodge) 로지. 산막, 산장
ロット (lot) 로트. 상품의 단위 수량
ロッド (rod) 로드 ①낚싯대 ②막대, 장대 —ア
ンテナ (rod antenna) [電] 로드 안테나. (낚시
대처럼) 신축이 가능한 안테나
ろっぱく [六白] 육백. 구성(九星)의 하나
ろっぽう [六方] ①육방. 여섯 방향 ②[六法]
[藝] (歌舞伎かぶき에서) 배우가 무대에 들어설
때 네 활개를 치며 걷는 걸음걸이 ¶ ~を踏ふ
む 배우가 활개 치며 위세있게 등장하다
ろっぽう [六法] 육법 ①대표적인 여섯 가
지 법률 ②「六法全書ぜんしょ」의 준말 —全書ぜん
しょ [法] 육법 전서
ろてい [路程] [文] 노정. 도정(道程) = 行程こう
ろてい [露呈] [名] [自他サ] 노정. 드러남, 드
러냄 ¶ 本性ほんしょうを~した 본성을 드러냈다
ロデオ (에 rodeo) 로데오
ろてき [*蘆笛] [文] 노적. 갈대 피리 = あしぶえ
ろてき [*蘆*荻] 노적. 갈대와 물억새
ろてん [露天] 노천. 야외, 한데 = 野天のてん ¶ ~
風呂ぶろ 노천탕 —商しょう 노점상. 노점 상인 —
掘ほり [鑛] 노천 채굴 = 陸堀おかぼり
ろてん [露店] 노점 ¶ ~商しょう 노점 상인
ろてん [露点] [氣] 노점. 이슬점
ろとう [路頭] [文] 노두. 길가, 길거리
慣用句
—に迷まよう 길거리를 헤매다. 생계 수단을 잃
어 살 곳도 없어질 만큼 생활이 곤란하다
ろとう [露頭] [地] 노두 ¶ 金鉱きんこうの~ 금광의
노두
ろどん [*魯鈍] [ダ] [文] 노둔. 우둔함, 미련함 ¶
~な人ひと 노둔한 사람
ろなわ [*櫓縄・*艪縄] (뱃바닥에 매어) 노에 거
는 밧줄
ろは [ロハ] [俗] 공짜, 거저, 무료 ¶ ~で映
画がを見みる 공짜로 영화를 보다
ろば [*驢馬] [動] 당나귀 = うさぎうま
ろばた [炉端] [*爐端] 노변, 화롯가 ¶ ~焼やき
(いろり에서의) 즉석 구이 요리, 그런 요리점
ろばん [路盤] 노반, 도로의 지반 ¶ ~が陥没かん
ぼつする 노반이 함몰하다
ろばん [露盤] [佛] 노반. 불탑 상륜(相輪)의 기
반이 되는 사각대(四角臺)
ロビー (lobby) 로비 ①(호텔・극장 등의) 휴식
및 응접용 홀 ②(의회에서) 국회의원이 외부
사람과 만나는 대기실 ¶ ~活動かつどう 로비 활동
ろひょう [路標] [文] 노표. 도로 표지, 도표
ろびょうし [*櫓拍子・*艪拍子] 노 젓는 장단.
장단을 맞추기 위해 지르는 소리 ¶ ~をそろ
える 노 젓는 장단을 맞추다
ろびらき [炉開き] (다도에서) 음력 10월 1일

또는 그 달의 해일(亥日)에 땅바닥에 박은 화
로를 쓰기 시작하는 일 ⇔ 炉塞ふさぎ
ろふさぎ [*炉*塞ぎ] (다도에서) 음력 3월 말
일에 풍로를 쓰기 시작하는 일 ⇔ 炉開ひらき
ろぶつ [露仏] 노불. 한데서 비바람을 맞는 불상
ろぶん [露文] 노문 ①러시아어로 쓴 문장 ¶ ~
英訳えいやく 노문 일역 ②러시아 문학(과)
ろべそ [*櫓^臍・*艪^臍] 놋좆 = 櫓杭ろぐい
ろへん [炉辺] [文] 노변. 화롯가 = 炉端ばた ¶ ~
談話だんわ 노변 담화
ろへん [路辺] [文] 노변. 길가 = 道端みちばた
ろぼ [*鹵簿] [文] 노부. 天皇てんのう 등의 거둥 행렬
ろぼう [路傍] [文] 노방. 길가 = 道端みちばた
慣用句
—の人ひと (길에서 스치고 지나가는) 아무 관
계 없는 사람
ろぼく [*蘆木] [地] 노목
ロボット (robot) 로봇 ①인조 인간 ②[機] 특정
작업을 자동으로 하도록 만든 기계 장치 ¶ ~
観測機かんそくき 로봇 관측기 ③[比] 허수아비, 꼭
두각시 ¶ 首相しゅしょうは~に過すぎない 수상은 허
수아비에 불과하다
ロマネスク 로마네스크 I (Romanesque) [美] 로
마네스크. 11~12세기 유럽의 중세 미술·
건축 양식 II (romanesque) 공상적, 전기적
(傳奇的) ¶ ~な作品さくひん 공상적인 작품
ロマン (프 roman) 로망 ①장편 소설 ②모험에
찬 꿈, 파란만장한 모험과 꿈 ¶ 一大いちだい~を
かきたてる 일대 로망을 불러 일으키다
ロマンス (romance) 로맨스 ①[文] 전기적・공상
적인 이야기 ②[文] 연애 소설 = 恋物語こいものがたり
③연애 ¶ ~が芽生めばえる 로맨스가 싹트다 —
グレー (일 romance gray) 로맨스 그레이. 머
리가 희끗희끗한 매력적인 중년 남성 —語ご
[言] 로맨스어. 라틴어계 언어의 총칭
ロマンチシスト (romanticist) 로맨티시스트 ①
낭만주의자 ②몽상가, 공상가 ▷「ロマンチ
スト」라고도 함
ロマンチシズム (romanticism) 로맨티시즘 ①낭
만주의 ②몽상적인 심리 경향 ▷「ロマンチズ
ム」라고도 함
ロマンチック (romantic) [ダ] 로맨틱, 낭만적, 공
상적 ¶ ~な恋こい 낭만적인 연애
ロム [ROM] [컴] 롬. (컴퓨터의) 판독 전용 기
억 장치 ▷ read only memory
ろめい [露命] [文] 노명. (이슬같이) 덧없는 목숨
慣用句
—を繋つなぐ 근근히 살아가다
ろめん [路面] 노면 ¶ ~凍結とうけつ 노면 동결 —
電車でんしゃ 노면 전차
ろよう [路用] [文] 노자, 여비 = 路銀ろぎん ¶ ~にあ
てる 노자에 충당하다
ろれつ [*呂^律] 말투, 말씨
慣用句
—が回まわらない (어린아이이거나 취해서) 혀
가 잘 돌지 않다. 발음이 확실치 않다
ろん [論] [音] ロン [訓] あげつらう [(음)] 론. I
[造語] ①조리있게 설명하다, 논쟁하다 ¶ 論

**ろんがい**

争そう 논쟁・言論げんろん 언론 ②이치를 세운 이야기나 문장, 의견, 견해¶ 論文ぶん 논문・理論りろん 이론 ③한문 문체의 하나¶ 論費ぶん 논찬④「論語ごん」의 준말¶ 論孟ろうもう 논어와 맹자 Ⅱ①논의¶ ~が立たつ 논의가 발생하다 ②의견, 견해¶ ~を曲まげない 의견을 굽히지 않다
[慣用句]
**—より証拠しょう** 말로 따지기보다 증거를 대는 것이 빠르고 확실하다
**—を俟またない** 논할 필요도 없이 명백하다

**ろんがい**【論外】논외 Ⅰ 名 논의의 범위 밖¶ それは今回こんかいは~とする 그것은 이번엔 논외로 한다 Ⅱ ア 논할 가치가 없음¶ ~のきた 논할 필요도 없는 일

**ろんかく**【論客】논객= ろんきゃく ¶ ~として鳴ならす 논객으로서 날리다

**ろんぎ**【議論・論義】名 自他スル ①논의¶ ~をよぶ 논의를 불러일으키다 ②[佛] 경론에 대한 문답, 그 의식

**ろんきつ**【論詰】名 他スル (文) 논힐. 논하여 힐난함¶ 鋭するどく~する 날카롭게 논힐하다

**ろんきゃく**【論客】논객= ろんかく

**ろんきゅう**【論及】名 自スル 논급. 언급하다¶ 細部さいぶにまで~する 세부에까지 논급하다

**ろんきゅう**【論究】名 他スル (文) 논구. 사물의 이치를 밝힘

**ろんきょ**【論拠】논거¶ 確たしかな~ 확실한 논거/ ~を示しめす 논거를 제시하다

**ロング** (long) 롱, 긺, 긴 것¶ ~ショット—スカート 롱스커트 —シュート (long shoot) 롱 슛. (농구 등에서) 장거리 슛 —ショット (long shot) 롱 슛 ①(사진・영화 등의) 원거리 촬영 ②(골프에서) 장타(長打) —セラー (long seller) 롱 셀러. (책・음반 등이) 장기간 계속 팔림 —ラン (long run) 롱 런. (연극・영화의) 장기 흥행

**ろんけつ**【論決】名 自他スル (文) 논결. 논하여 결정함

**ろんけつ**【論結】名 他スル (文) 논결. 논하여 결말을 지음

**ろんご**【論語】(사서(四書)의 하나인) 논어
[慣用句]
**—読よみの論語ごん知しらず** 논어를 읽으면서 논어를 모른다

**ろんこう**【論考】名 他スル 논고. 논하여 고찰함¶ 御ご—を拝読はいどく 귀(貴) 논고를 배독함

**ろんこうこうしょう**【論功行賞】논공 행상

**ろんこく**【論告】名 他スル [法] 논고¶ ~求刑きゅう公判ばん 논고 구형 공판

**ろんさく**【論策】(文) 논책. (정책 등의) 방책을 논한 문장¶ ~を書かく 논책을 쓰다

**ろんさん**【論賛】(文) 논찬 Ⅰ 名 他スル 남의 업적을 논하여 칭찬함 Ⅱ 名 사전(史傳) 끝에 덧붙인 저자의 논평

**ろんさん**【論纂】名 他スル (文) 논찬. 논집¶ ~を発行はっこうする 논찬을 발행하다

**ろんし**【論旨】논지. 논의의 취지・요지¶ ~が明快めいかい 논지가 명쾌함

**ろんしゃ**【論者】논자¶ 反対はんたい~ 반대론자

**ろんしゅう**【論集】논집. 논문집

**ろんじゅつ**【論述】名 他スル 논술¶ ~試験けん 논술 시험

**ろんしょう**【論証】名 他スル 논증¶ ~の過程かてい 논증 과정

**ろん・じる**【論じる】他 上一 → ろんずる

**ろんじん**【論陣】(文) 논진. 논의・변론을 위한 진용, 그런 의론의 구성
[慣用句]
**—を張はる** 논진을 펴다

**ろん・ずる**【論ずる】他 サ変 논하다= 論ろんじる ¶ 政治せいじを~ 정치를 논하다/ 是非ぜひを~ 시비를 논하다
[慣用句]
**—に足たりない** 논할 거리가 못 된다

**ろんせつ**【論説】名 他スル 논설¶ ~委員いん 논설 위원 —文ぶん 논설문

**ろんせん**【論戦】名 他スル 논전¶ 激はげしい~を繰くり広ひろげる 격렬한 논전을 벌이다

**ろんそう**【論争】名 自スル 논쟁¶ 税制ぜいについて~する 세제에 대하여 논쟁하다

**ろんそう**【論叢】(文) 논총. 논집

**ろんだい**【論題】논제¶ 討論会とうろんの~ 토론회의 논제

**ろんだん**【論断】名 他スル 논단. 논하여 판단함

**ろんだん**【論壇】논단 ①연단, 강단¶ ~に上あがる 연단에 오르다 ②논객들의 사회, 언론계¶ ~時評じひょう 논단 시평

**ろんちょう**【論調】논조. 논의하는 투, 논설의 경향¶ 新聞しんぶんの~ 신문의 논조

**ろんてい**【論定】名 自スル 논정. 논하여 하나의 결론을 내림= 論決ろんけつ

**ろんてき**【論敵】논적. 논쟁 상대

**ろんてん**【論点】논점¶ ~を明あきらかにする 논점을 분명히 하다

**ロンド** (프 ronde) 론도. 윤무, 그 춤곡

**ロンド** (이 rondo) [音] 론도. 회선곡(回旋曲)

**ろんなん**【論難】名 他スル (文) 논란. 잘못을 논하고 비판함¶ 認識不足にんしきぶそくを~する 인식 부족을 논란하다

**ろんぱ**【論破】名 他スル 논파¶ 対立たいりつする意見いけんを~する 대립하는 의견을 논파하다

**ろんばく**【論駁】名 他スル (文) 논박¶ 反証はんしょうをあげて~する 반증을 들어 논박하다

**ろんぱん**【論判】名 自他スル (文) 논판 ①논하여 시비를 판정함¶ ~を下くだす 논판을 내리다 ②논쟁¶ 激はげしく~する 격렬하게 논쟁하다

**ろんぴょう**【論評】名 他スル 논평¶ ~を加くわえる 논평을 가하다

**ろんぶん**【論文】논문¶ 修士しゅうし~ 석사 논문

**ろんべん**【論弁】名 他スル (文) 논변. 논의하여 사리의 옳고 그름을 밝힘

**ろんぽう**【論法】논법¶ 三段だん~ 삼단 논법

**ろんぽう**【論鋒】(文) 논봉¶ 鋭するどい~ 예리한 논봉/ ~をかわす 논봉을 피하다

**ろんり**【論理】논리¶ ~の飛躍ひやく 논리의 비약/ ~を無視むしする 논리를 무시하다 —学がく 논리학 —的 ア 논리적

# わ ワ

**わ** 五十音図ごじゅうおんず「わ」行(行)의 첫째 かな. ひらがな의「わ」는「和」의 초서체, かたかな「ワ」는「和」의 오른쪽의 초서체

**わ** [和] 音 ワ・オ(ヲ)・カ(クワ) 訓 やわらぐ・やわらげる・なごむ・なごやか・あえる|(음)화. I 造語 ①온화하다, 심하지 않다¶ 温和おん 온화・緩和かん 완화 ②화목하게 하다¶ 和合ごう 화합・平和へい 평화 ③운・가락을 맞추다¶ 和音おん 화음・調和ちょうわ 조화 ④중화¶ 飽和ほう 포화 ⑤일본, 일본어¶ 和語ご 일본어・英和えい 영일¶ 熟字訓 和布か 미역・日和ひよ 날씨 II ①화목하다¶ 人ひとの~ 인화 ②화해¶ ~を結むすぶ 화해를 맺다 ③数 합, 합계¶ 二にと三さんの~は五ご 2와 3의 합은 5

**わ** [倭] 音 ワ 訓 やまと|(음)왜. 造語 옛날 한국・중국에서 일본을 일컫던 말¶ 倭寇こう 왜구・倭人じん 왜인・倭国こく 왜국

**わ** [話] 音 ワ 訓 はなす・はなし|(음)화. 造語 ①말하다, 이야기하다¶ 話術じゅつ 화술・対話たい 대화 ②이야기, 화제・童話どう 동화 ③언어, 말¶ 官話かん 관화

**わ** 終助 (活用語의 終止形에 붙어) ①(女) (말끝을 올려서) 주장・결의를 나타내거나 어감을 부드럽게 한다¶ ...よ¶ 存ぞんじません 모르겠어요 ②(말끝을 내려서) ㉠강조・가벼운 감동을 나타낸¶ やっと終わりました~ 겨우 끝났군 ㉡(같은 말을 반복해서) 놀람・영탄을 나타냄¶ 居いる~、居る~、黒山くろやまだ 있네 있어 사람이 새까맣게 많이도 있군

**わ** [羽] 助数 새・토끼를 세는 말. 마리 ▷「三~」는「さんば」,「六~」「八~」「十~」는 각각「ろっぱ」「はっぱ」「じっぱ」로 발음함

**わ** [把] 助数 묶은 것을 세는 말. 단, 다발, 묶음, 뭇¶ まき二に~ 장작 두 단 ▷「三~」는「さんば」,「六~」「八~」「十~」는 각각「ろっぱ」「はっぱ」「じっぱ」로 발음함

**わ** [輪] ①원형¶ ~になって踊おどる 원형을 이루고 춤추다 ②고리, 首くびの~ 목걸이/ 花はなの~ 화환 ③바퀴, 수레바퀴¶ 荷車にぐるまの~が外はずれる 짐수레의 바퀴가 빠지다 ④테= たがが 桶おけの~が緩ゆるむ 통에 두른 테가 느슨해지다 慣用句 **ーを掛かける** 한층 더 심하게 하다. 과장하다

**わあ** 感 (口) 감탄하거나 놀랐을 때 내는 소리. 와, 야아= わっ¶ ~、きれいだ 와, 예쁘다/ ~、そりゃ大変たいへん 야아, 그것 큰일났구나

**ワーク** (work) 워크 ①일, 노동¶ デスク~ 데스크 워크 ②연구¶ フィールド~ 필드 워크 **ーショップ** (workshop) 워크숍 ①연구 집회, 세미나 ②작업장, 일터 **ーブック** (workbook) 워크북. 학습장, 수련장, 연습 문제집

**ワースト** (worst) 造語 워스트. 최악의, 가장 나쁜, 최저의¶ ~記録きろく 최저 기록

**ワード** (word) 워드. 말, 단어¶ キー~ 키 워드 **ープロセッサー** (word processor) [컴] 워드 프로세서, 문서 작성기= ワープロ

**ワープロ** 「ワードプロセッサー」의 준말

**ワールド** (world) 造語 월드. 세계¶ ミス~ 미스 월드 **ーカップ** (World Cup) 월드컵. (축구・배구・골프 등의) 세계 선수권 대회, 그 우승컵 **ーシリーズ** (World Series) 월드 시리즈, 미국 프로 야구 선수권 대회

**わあわあ** (口) ①큰 소리로 우는 모양. 엉엉, 앙앙¶ ~と泣なく 엉엉 울다 ②여럿이 시끄럽게 떠들어대는 모양. 와와, 와글와글¶ ~騒さぎ立たてる 와글와글 떠들어 대다

**わい** [*歪] 音 ワイ 訓 ゆがむ|(음)왜. 造語 구부러지다, 옳지않다¶ 歪曲わい 왜곡

**わい** [*隈] 音 ワイ 訓 くま|(음)외. 造語 깊숙한 곳, 모퉁이¶ 界隈かい 근처

**わい** [賄] 音 ワイ 訓 まかなう|(음)회. 造語 뇌물을 주다¶ 賄賂ろ 뇌물・収賄しゅう 수회

**わい** 終助 (活用語의 終止形에 붙어) ①(가벼운 주장) ...のよ¶ もう出かけます~ 이젠 떠나겠어요 ②(영탄) ...군, ...구먼¶ これは困こまった~ 이거 난처하군

**ワイ** [Y・y] 와이. 영어 알파벳의 스물 다섯 번째 자모

**ワイエムシーエー** [YMCA] 와이엠시에이. 기독교 청년회 ▷ Young Men's Christian Association

**わいきょく** [*歪曲] 名 他スル 왜곡¶ 事実じつを~する 사실을 왜곡하다

**わいく** [*矮躯] (文) 왜구, 단신(短身), 단구

**わいざつ** [*猥雑] 名 ダ ①외잡, 추잡함, 난잡함¶ ~な雰囲気ふんいき 추잡한 분위기 ②혼잡함¶ ~な裏町うらまち 혼잡한 뒷골목의 거리

**ワイシャツ** 와이셔츠, 드레스셔츠

**わいしょう** [*矮小] 名 ダ (文) ①왜소. 키가 작음¶ ~なからだ 왜소한 몸 ②(比) 보잘것없음¶ ~な考かんがえ方かた 보잘것없는 사고 방식

**わいせつ** [*猥褻] 名 ダ 외설, 음란¶ ~な行為こう 외설스러운 행위 **一罪ざい** [法] 외설죄

**ワイダブリューシーエー** [YWCA] 와이더블유시에이. 기독교 여자 청년회 ▷ Young Women's Christian Association

**わいだん** [*猥談] 음담, 음란한 이야기

**ワイド** (wide) 名 ダ ①와이드 ②(폭이) 넓음 ②대형임 ③장시간 계속됨 **ーショー** (wide show) [放] 와이드 쇼, 버라이어티 쇼 **ースクリーン** (wide screen) [映] 와이드 스크린, 대형 스크린 **ー番組ばんぐみ** (텔레비전・라디오의) 장시간 프로그램 **ーレンズ** 와이드 렌즈, 광각 렌즈

**わいほん** [*猥本] 외서(猥書), 외설 서적

**ワイヤ** (wire) 와이어 ①철사 ②「ワイヤロープ」의 준말 ③전선 ④악기의 금속 현 **ーロープ** (wire rope) [工] 와이어 로프. 강삭= 鋼索こうさく

**ワイヤレス** (wireless) 와이어리스 ①무선(無線) ②〔電〕무선 전신, 무선 전화 ③『ワイヤレスマイク』의 준말 **ーマイク** (wireless mike) 〔電〕와이어리스 마이크, 무선 마이크

**ワイルド** (wild) ﾅ 와일드 ①야생임 ②야성적임, 난폭함 **ーピッチ** (wild pitch) 〔野〕와일드 피치. (투수의) 폭투(暴投)

**わいろ**【賄賂】회뢰, 뇌물¶ ～罪に 회뢰죄/ ～がきかない 뇌물이 통하지 않다

**わいわい** 副 여럿이 시끄럽게 떠들어대는 모양. 와와, 와글와글¶ 皆なで～騷さわいだ 모두가 와글와글 떠들었다

**ワイン** (wine) 와인, 포도주 **ーカラー** (wine color) 와인 컬러, 적포도주색, 암적색 **ーグラス** (wineglass) 와인 글라스, 포도주 잔

**わえい**【和英】일영(日英), 일본어와 영어 **ー辞典じてん** 일영 사전

**わおん**【和音】①한자의 일본식 관용음 ②(平安あん 시대에) 오나라 발음, 오음 ③〔音〕화음

**わか**【和歌】일본 고유의 정형시= やまとうた **ー所しょ**(平安あん 시대 이후에) 칙찬(勅撰) 和歌集わかしゅう 편찬을 위해 두었던 관청

**わが**【我が·*吾が】連体 나의, 우리의¶ ～家や 우리 집/ ～ふるさと 내 고향

**わかあゆ**【若*鮎】팔팔한 새끼 은어

**わか·い**【若い】形 ①젊다, 어리다¶ ～人ひと 젊은 사람/ ～木き 어린 나무 ②미숙하다, 설익다¶ 考かんえが～ 생각이 어리다 ③(나이에 비해) 젊다, 원기왕성하다¶ 年としのわりに～ 나이에 비해 젊다 ④(나이가) 손아래다, 어리다¶ 君きみより二ふたつ～ 자네보다 두 살 아래다 ⑤(수치·번호가) 빠르다, 이르다¶ ～番号ばんごうから始はじめる 빠른 번호부터 시작하다

**わかい**【和解】名 自スル 화해¶ 對立たいりつする二派にはが～する 대립하는 두 파가 화해하다

**わがい**【我(が)意】자기 의향, 자기 뜻
慣用句
**ーを得えたり** 자기 의향과 똑같다, 자기 생각대로 되다

**わかいしゅ**【若い衆】①젊은이(들), 청년 ②(가게 등의) 젊은 고용인 ③〔民〕마을별로 조직된 청년 집단, 그 집단의 젊은이들

**わかいつばめ**【若い*燕】(俗) 연하의 젊은 정부(情夫), 제비족

**わかいもの**【若い者】①젊은이¶ 近ちかごろの～は礼儀れいぎを知しらない 요즘 젊은이는 예의를 모른다 ②(가게의) 젊은 고용인= 若わかい衆しゅう

**わかいんきょ**【若隱居】아직 젊은데 가독을 상속시키고 은거함, 그런 사람

**わかがえ·る**【若返る】自五 젊어지다 ①젊음을 되찾다¶ 気分きぶんが～ 기분이 젊어지다 ②(구성원이) 젊은 층으로 바뀌다¶ 平均へいきん年齢ねんれいが三歳さんさい～ 평균 연령이 3살 젊어지다

**わかぎ**【若木】어린 나무¶ ～のようにすくすく伸のびる 어린 나무처럼 쑥쑥 자라다

**わかぎみ**【若君】①젊은[어린] 주군(主君) ②귀인 또는 상류 계층의 자제

**わがく**【和学】일본의 국학= 國学こくがく

**わがく**【和楽】일본의 전통 음악, 일본의 국악

**わかくさ**【若草】어린 풀¶ ～がもえる 어린 풀이 돋아나다

**わがくに**【我(が)国】우리 나라

**わかげ**【若気】젊은 혈기(패기)¶ ～の過あやまち 젊은 혈기로 인한 잘못
慣用句
**ーの至いたり** 젊은 혈기의 소치〔탓〕

**わがこと**【我(が)事】連語 ①자기 일¶ ～のように喜よろこぶ 자기 일처럼 기뻐하다 ②자기의 의도·계획
慣用句
**ー成なれり** 자기의 의도·계획이 멋지게 이루어졌다

**わかさ**【若さ】젊음, 젊고 건강함

**わかさ**【若狹】福井ふくい현(縣) 서부의 옛 지명

**わかざかり**【若盛り】한창 젊은 때, 한창 나이¶ ～の男 한창 나이의 남자

**わかさぎ**【*公魚】〔動〕빙어

**わかさま**【若樣】지체 높은 집안의 아들에 대한 높임말. 도련님, 서방님

**わかざり**【輪飾り】(설에 대문 등에 다는) 짚을 둥글게 엮고 몇 오라기를 드리운 장식물

**わがし**【和菓子】일본식 과자 ⇔ 洋菓子ようがし

**わかじに**【若死に】名 自スル 젊어서 죽음, 요절= 夭折ようせつ

**わかしゅ**【若衆】①젊은이 ②(근세에) 관례 전의 남자 ③소년 남창 **ー組くみ**〔民〕젊은이 집단

**わかしゆ**【沸かし湯】끓인 물, (특히 천연의 온천에 대하여) 끓인 광천

**わかしらが**【若白髮】새치

**わか·す**【沸かす】他五 ①끓이다, 데우다¶ 湯ゆを～ 물을 끓이다/ ふろを～ 목욕물을 데우다 ②열광시키다, 흥분시키다¶ 聴衆ちょうしゅうを～ 청중을 열광시키다

**わか·す**【*湧かす·*涌かす】他五 (벌레 등을) 생기게 하다, 끓게 하다¶ うじを～ 구더기가 끓게 하다

**わかず**【分かず】連語(文)(「…を～」의 꼴로) 구별 없이, 가리지 않고¶ 昼夜ちゅうやを～ 밤낮을 가리지 않고

**わかぞう**【若僧·若造·若蔵】젊고 미숙한 사람을 경멸조로 이르는 말. 젊은 것, 풋내기, 애송이¶ ～に何なにができる 풋내기가 무얼 할 수 있겠어

**わかだんな**【若*旦*那】주인집 장남이나 부잣집 자제에 대한 높임말. 큰 도련님, 큰 서방님

**わかち**【分(か)ち·*別ち】(文) 구별, 차별, 구분¶ 男女だんじょの～無なく 남녀 구별 없이

**わかちあ·う**【分(か)ち合う】他五 서로 나누어 가지다¶ 喜よろこびを～ 기쁨을 함께 나누다

**わかちがき**【分(か)ち書き】띄어쓰기

**わか·つ**【分(か)つ·*別つ】他五(文) ①나누다, 가르다¶ 東ひがしと西にしに～ 동과 서로 나누다/ たもとを～ 이별하다 ②〔*頒〕 분배하다¶ 利益りえきを～ 이익을 분배하다 ③서로 나누어 가지다¶ 友とと苦くるしみを～ 친구와 괴로움을 함께 나누다 ④가리다, 판별하다¶ 是

非を～ 시비를 가리다
**わかづくり** [若作り] 나이보다 젊어 보이게 꾸밈¶ ～の大年増 젊게 차린 중년 부인
**わかづま** [若妻] 젊은 아내, 신혼의 처
**わかて** [若手] (한창 나이의) 젊은이, 젊은 축¶ ～実業家 젊은 실업가
**わかとう** [若党] 젊은 무사, 젊은 부하
**わかどしより** [若年寄] ①젊은데도 노인 같은 언동을 하는 사람, 애늙은이 ②[日史] 江戸幕府에서 老中 다음가는 중직
**わかとの** [若殿] ①어린 주군 ②주군의 후계자
**わかとのばら** [若殿原] ①귀인의 젊은 자제들 ②젊은 무사들
**わかな** [若菜] 봄나물¶ ～摘み 봄나물 캐기
**わが・ねる** [^縮ねる] 他下一 둥글게 구부리다¶ 針金を～ 철사를 둥글게 구부리다
**わかば** [若葉] 새잎, 어린 잎¶ ～の季節 신록의 계절/ ～の候 신록지절
**わがはい** [我(が)輩・×吾(が)輩] 代 남자가 자신을 가리키는 말. 나, 본인, 이 사람¶ ～にまかせておけ 나한테 맡겨 둬
**わかはげ** [若^禿げ] 젊어서 대머리가 됨
**わかまつ** [若松] ①설날 장식용으로 쓰는 작은 소나무 ②어린 소나무
**わがまま** [我(が)×儘] 名 제멋대로임, 버릇 없음, 방자함¶ ～な男 제멋대로 구는 남자/ ～いっぱいに育つ 아주 버릇없이 자라다
**わがみ** [我(が)身] ①자기의 입장[처지]¶ ～に照らして 자기 처지에 비추어 보아 ②자기 자신, 자기 몸¶ ～に火の粉がふりかかる 자신에게 불똥이 튀다
[慣用句]
―を抓って人の痛さを知れ 자기 몸을 꼬집어 보고 남의 아픔을 알라
**わかみず** [若水] 설날 아침에 긷는 정화수, 그것을 긷는 행사
**わかみどり** [若緑] ①어린 솔잎 ②신선한 녹색, 신록
**わかみや** [若宮] ①어린 황족, 황족의 아들 ②으뜸이 되는 神社의 제신(祭神)의 아들을 모신 神社 ③새로 신을 모신 神社 = 新宮
**わかむき** [若向き] 젊은이에게 어울림¶ ～の柄 젊은이에게 어울리는 무늬
**わかむしゃ** [若武者] 젊은 무사
**わかむらさき** [若紫] ①연보라색 ②[植] 지치
**わかめ** [若^布・^和布] 미역
**わかめ** [若芽] 새싹 = 新芽
**わかもの** [若者] 젊은이, 청년 = わこうど¶ 血気にはやる～ 마을별로 조직된 청년 집단은 = 若衆組 [民] 마을별로 조직된 청년 집단은 = 若衆組
**わがもの** [我(が)物] 내것, 자기 것¶ ～にする 내것으로 만들다 **―顔** ⑰ 남의 것을 제것인 양하는 태도[얼굴], 제 세상인 양 거리낌없이 굶
[慣用句]
―と思えば軽し笠の雪 자기에게 이로운 것이면 힘든 일도 부담이 되지 않는다
**わがや** [我(が)家] 자기 집, 내 집 ①자기 소유의 집 ②자기가 사는 집 ③자기 가정·가족
**わかやか** [若やか] 丁 (文) 젊고 발랄함, 젊은 듯함¶ ～な人 젊고 발랄한 사람
**わかや・ぐ** [若やぐ] 自五 젊어지다, 젊어진 듯하다¶ 気持ちが～ 기분이 젊어지다
**わかやま** [和歌山] 近畿 지방 서남부의 현(縣), 그 현청 소재지
**わがよのはる** [我(が)世の春] 連語 모든 일이 자기 뜻대로 되는 득의에 찬 시기, 전성기¶ ～を謳歌する 전성기를 구가하다
**わからずや** [分(か)らず屋] 도리나 인정을 모름, (아무리 타일러도) 들으려 하지 않음, 그런 사람, 벽창호
**わかり** [分(か)り・^判り] 이해, 납득, 깨달음¶ ～飲みこみが～が早い 이해가 빠르다
**わかりき・る** [分(か)り切る] 自五 뻔하다, 자명하다, 명백하다¶ ～ったことを言う 뻔한 소리를 하다
**わかりにく・い** [分(か)り^難い] 形 이해하기 어렵다, 알아 듣기 어렵다¶ ～話し方 알아 듣기 어려운 말투
**わかりやす・い** [分(か)り易い] 形 알기 쉽다, 이해하기 쉽다¶ ～く説明する 알기 쉽게 설명하다
**わか・る** [分(か)る・^判る] 自五 알다 ①모르던 것을) 깨닫다¶ 辞書を引いて意味が～ 사전을 찾아 뜻을 알다 ②판명되다, 밝혀지다¶ 犯人が～ 범인이 판명되다 ③다룰 능력이 있다¶ 中国語が～ 중국어를 알 수 있다 ④이해하다, 판단할 수 있다¶ 味の～人 맛을 아는 사람 ⑤이해심이 있다¶ あの人は話せば～が～ 저 사람은 이야기를 알아 듣는다/ ものの～った人 사리를 아는 사람
**わかれ** [分かれ] 갈래, 분파, 분가, 방계¶ 本山の～ 본산의 분파/ 源氏の～ 源씨 집안의 방계
**わかれ** [別れ] 이별, 헤어짐, 작별, 고별¶ ～の言葉 고별사/ 故郷に～を告げる 고향에 작별을 고하다 사별¶ 長の～ 영원한 이별
**わかれぎわ** [別れ際] 헤어지려는 바로 그 때, 헤어질 때
**わかれじ** [別れ路] (文) 샛길 = 枝道
**わかれじも** [別れ霜] (文) 늦봄에 내리는 서리, 늦서리¶ 八十八夜のうはうの～ 입춘 후 88일 되는 날에 내리는 늦서리
**わかればなし** [別れ話] (연인·부부의) 이별[이혼] 이야기¶ ～を持ち出す 헤어지자는 말을 꺼내다
**わかれみち** [分(か)れ道·別れ道] ①샛길 ②기로(岐路), 갈림길¶ 運命の～ 운명의 갈림길 ③사람과 헤어지는 길 [장소]
**わかれめ** [分(か)れ目] 분기점, 갈림길¶ 生死の～ 생사의 갈림길/ 合否の～ 합격 여부의 분기점
**わか・れる** [分(か)れる] 自下一 갈리다 ①갈라지다, 분리되다, 분열되다¶ 国が二たつに～ 나라가 둘로 갈라지다 ②(생각 등이) 구별

わかれる

わか・れる【別れる】 自下一 ①헤어지다, 이별하다¶再会を期して~ 재회를 기약하고 헤어지다 ②인연을 끊다, 절연하다¶夫婦が~ 이혼하다 ③사별하다¶若くして母に~ 어려서 어머니와 사별하다

わかれわかれ【別れ別れ】 名 뿔뿔이[따로따로] 헤어짐= はなればなれ¶~になる 뿔뿔이 헤어지다/~に暮らす 따로따로 떨어져 살다

わかれんじゅう【若連中】 → わかものぐみ

わかわかし・い【若若しい】 形 젊디젊다, 생기발랄하다¶~声 젊디젊은 목소리

わかん【和姦】 화간, 합의에 의한 통정, 간통

わかん【和漢】 ①일본과 중국 ②일문(日文)과 한문 —混淆文 文 일한(日漢) 혼효문, 일본 고유의 문체와 한문 훈독체가 혼용된 문체 —薬 한약에 일본에서 재래한 생약을 넣은 약 —洋 일본·중국·서양, 그 학문

わかんむり【ワ冠】 (한자 부수의) 민갓머리 ▷「冠·冗」의 「冖」부분

わき【*脇】 ①【*腋】 겨드랑이¶~をくすぐる 겨드랑이를 간질이다 ②【*腋】 (옷의) 겨드랑이 부분¶シャツの~がほころぶ 셔츠의 겨드랑이가 터지다 ③(사물의) 측면, 옆¶箱の~に名前を書く 상자 옆쪽에 이름을 쓰다 ④가, 곁¶道の~に寄る 길섶으로 다가서다 ⑤엉뚱한 데, 딴데¶~見 한눈 팔기/話が~にそれる 이야기가 딴데로 옮겨가다 ⑥【藝】(能の)에서) 주인공의 상대역 ⑦조역¶~を務める 조역을 맡다

慣用句

——が甘い 수비 태세가 약하다

わぎ【和議】 화의 ①文 화해 협상 ②法 (파산을 막기 위해) 채무자와 채권자간에 체결하는 계약¶~に持ち込む 화의로 끌고 가다

わきあいあい【和気藹藹】 ダル 文 화기 애애한¶~とした集い 화기 애애한 모임

わきあが・る【沸(き)上がる】 自五 ①끓어 오르다, 비등하다¶湯が~ (더운) 물이 끓어 오르다 ②(감정이) 고조되다, 끓어 오르다¶~怒り 끓어 오르는 분노 ③(열광하여) 들끓다, 터져 나오다¶~歓呼の声 터져 나오는 환호 소리

わきおこ・る【沸(き)起(こ)る】 自五 (감정 등이) 끓어 오르다, 터져 나오다¶喜びが~ 기쁨이 북받치다/民衆の声が~ 민중의 소리가 터져 나오다

わきが【*腋臭·*狐臭】 액취, 암내

わきかえ・る【沸(き)返る】 自五 ①(물 등이) 펄펄 끓다¶やかんの湯が~ 주전자의 물이 펄펄 끓다 ②(감정 등이) 치밀어 오르다, 부글부글 끓다¶胸品が~ 속이 부글부글 끓다 ③열광하다¶優勝に~大観衆 우승에 열광하는 많은 관중

わきかた【*脇方】【藝】(能の)에서) ワキ·ワキツレ를 맡는 배우 ▷ 보통「ワキ方」라고 씀

わきく【*脇句】【文】 (連歌·俳諧에서) 기구(起句)에 붙는 둘째 구(句)= わき

わきげ【*腋毛·*脇毛】 액모, 겨드랑이털

わきざし【*脇差】 호신용 작은 칼, 크고 작은 요도(腰刀) 중의 작은 칼

わきた・つ【沸(き)立つ】 自五 ①끓어 오르다, 펄펄 끓다¶湯が~ (더운) 물이 끓어 오르다 ②(흥분으로) 들끓다¶場内が~ 장내가 들끓다 ③(구름 등이) 갑자기 피어 오르다¶雲が~ 구름이 뭉게뭉게 피어 오르다

わきづけ【*脇付】 (주로 손윗사람에게 쓰는 서간문에서) 상대방 이름 옆에 써서 경의를 하는 말 ▷「侍史·机下·御許」등

わきづれ【*脇連れ】【藝】(能の)에서) シテ의 상대역인 ワキ에 딸린 조역= わきつれ

わきど【*脇戸】 협문(夾門), 옆문

わきのう【*脇能】【藝】 (다섯 마당 형식의 能에서) 제일 먼저 연주하는 곡

わきのした【*腋の下·*脇の下】 겨드랑이

わきばさ・む【*脇挟む】 他五 겨드랑이[옆구리]에 끼다¶本を~ 책을 옆구리에 끼다

わきばら【*脇腹】 ①옆구리, 허구리¶~を押さえる 옆구리를 누르다 ②첩의 소생, 서자

わきま・える【*弁える】 他下一 ①(도리를) 알다, 가릴 줄 알다¶自分の立場を~ 자신의 입장을 알다 ②분별하다, 식별하다¶善悪を~ 선악을 분별하다

わきみ【*脇見】 名 自スル 한눈 팔기, 곁눈질¶~運転をする 한눈을 팔면서 운전을 하다

わきみず【*湧き水·*涌き水】 용수, 솟아나는 물

わきみち【*脇道】 옆길 ①샛길, 곁길¶~を通って先まわりする 샛길로 빠져 앞지르다 ②(比) 본줄기에서 벗어난 길¶話が~にそれる 이야기가 옆길로 새다

わきめ【*脇目】 ①한눈 팔기, 곁눈질= わき見 ②곁에서 봄, 남이 보는 눈= よそ見¶~にはよく見える 곁에서 보기에는 좋게 보인다

慣用句

——も振らず 한눈도 팔지 않고

わきやく【*脇役】 ①(영화·연극 등의) 조연, 조역 ②보좌역, 곁꾼¶~に徹する 철저하게 보좌 역할을 하다

わぎゅう【和牛】 일본 재래종 소

わきょう【和協】 名 自スル 文 화협, 마음을 모아 협력함¶~一致 화협 일치

わぎり【輪切り】 둥글게 썲, 그렇게 썬 것¶きゅうりを~にする 오이를 둥글게 썰다

わきん【和金】 動 금붕어 품종의 하나

わく【*或】 副 或い・あるい・あるいは】 (음) 혹, 造語 주로 일본 고유어의 連体詞「ある」, 접속사「あるいは」에 쓰는 글자

わく【枠】訓 ワク I (일본식 한자) 테, 틀, 테두리 II ①(콘크리트 치는 데 쓰는) 판벽 널, 거푸집 ②(인쇄물의) 테두리¶黒い~で囲む 검은 테두리로 두르다 ③(사물의) 일정한 범위, 제한, 한계¶予算の~を越える 예산의 범위를 벗어나다 ④실패, 얼레

わこんかんさい

慣用句
**―に嵌まる** 틀에 박힌듯 새로운 것이 없다
**わく** [惑] 音 ワク 副 まどう 訓 (음) 혹. (造語) 망설이다, 어찌할 바를 모르다, 갈팡질팡하다¶ 惑溺혹닉·当惑당혹·魅惑매혹
**わ・く** [沸く] 自五 ①끓다¶ 湯が~ (더운) 물이 끓다¶ 風呂가~ 목욕물이 데워지다 ②(흥분으로) 들끓다, 열광하다¶ 観客が~ 관객이 들끓다 ③발효하다, 뜨다¶ ぬかみそが~ 겨된장이 발효하다 ④(금속이) 녹다
**わ・く** [湧く·涌く] 自五 ①솟다, 솟아나다¶ 清水가~ 맑은 물이 솟다 ②(어떤 현상이) 갑자기 생겨나다¶ 雲이~ 구름이 피어오르다 ③(벌레 등이) 꾀다, 끓다¶ うじが~ 구더기가 꾀다 ④(어떤 감정이) 생겨나다, 솟다¶ 疑問이~ 의문이 생기다
**わくがい** [枠外] 테두리 밖, 범위·한도 밖 ⇔ 枠内¶ ~予算의 범위 밖
**わくぐみ** [枠組み] ①틀을 짬, 짠 틀¶ 木의 ~ 나무 틀 ②(比) (사물의) 대체적인 짜임새, 윤곽¶ ~を決める 윤곽을 정하다
**わくせい** [惑星] ①(天) 행성 ②(比) 실력은 모르나 유력해 보이는 인물, 다크 호스¶ 財界의~ 재계의 다크 호스
**ワクチン** (독 Vakzin) [醫] 왁친, 백신
**わくでき** [惑*溺] 名 自サ (文) 혹닉. 제정신을 잃고 빠짐¶ 酒色에~にする 주색에 빠지다
**わくない** [枠内] 테두리 안, 범위·한도 내 ⇔ 枠外¶ 予算の~で賄う 예산의 테두리 안에서 꾸려 가다
**わくらば** [*病葉] (文) 병든 잎. (여름에) 붉거나 누렇게 뜬 잎
**わくらん** [惑乱] 名 自他 (文) 혹란. 미혹되어 어지러움¶ 人心을~する 인심을 혹란시키다
**わくわく** 副 自サ 기쁨·기대 등으로 마음이 설레는 모양. 두근두근, 울렁울렁¶ 胸이~する 가슴이 두근거리다
**わくん** [和訓] 훈독. 한자를 일본어로 새겨 읽는 일. 그 훈 = 訓
**わけ** [訳] ①까닭, 이유, 사정¶ 遅れた~を話す 늦은 이유를 이야기하다 ②도리, 사리¶ ~のわからない人이 사리를 모르는 사람 ③의미, 뜻¶ 花言葉의~ 꽃말의 의미 ④수고, 성가심¶ ~もなく手に入れる 어렴지 않게 손에 넣다 ⑤(남녀간의 특별한) 사연, 내막¶ ~のありそうな二人 무슨 사연이 있을 것 같은 두 사람 ⑥(形式) ㉠(앞의 내용을 받아) …한 것 ¶ ついでに立ち寄ったです 지나는 길에 들른 것이다 ㉡(「~にはいかない」의 꼴로) …할 수 없다 ¶ やらないにはいかない 하지 않을 수 없다 ㉢(「~だ」의 꼴로) …할 만도 하다 ¶ それなら笑うのも そうだ 그렇다면 웃을 만도 하다
**わけ** [分け] ①나눔, 가름, 분배¶ 株~ 포기 나누기/形見~ 유품 분배 ②비김, 무승부 = 引き分け¶ ~になる 비기다
**わけあい** [訳合(い)] 까닭, 사정, 근거, 이유¶ こういった~で 이런 까닭으로

**わけい** [和敬] (文) 화경. 온화하고 조신함
**わげい** [話芸] 교묘한 화술로 사람들을 즐겁게 하는 예능
**わけがら** [訳柄] 까닭, 사정 = 訳合い¶ 何だか~がありそうだ 뭔가 까닭이 있을 것 같다
**わけぎ** [分*葱·〈冬葱〉] (植) 쪽파, 골파
**わけしり** [訳知り] ①(화류계) 사정에 밝음, 그런 사람 ②화류계 사정에 정통함, 그런 사람, 한량 = 粋人
**わけて** [分けて] (文) (그 중에서) 특히, 유독, 유달리 = とりわけ **―も** 副 (文) 그 중에서도 특히, 유독
**わけどり** [分け取り] 名 他サ (각자의 몫을) 나누어 가짐¶ 大獲物を~する (사냥해서) 잡은 것을 나누어 갖다
**わけな・い** [訳無い] 形 (口) 어렵지 않다, 간단하다, 손쉽다¶ ~・くできる 손쉽게 할 수 있다/ そんなこと~よ 그건 것 어렵지 않아요
**わけへだて** [*別け隔て] 名 自他サ 차별을 둠, 차별 대우¶ ~なく育てる 차별을 두지 않고 기르다
**わけまえ** [分け前] 할당, 배당, 몫¶ ~が少ない 몫이 적다/ ~を取る 배당을 받다
**わけめ** [分け目] ①갈라지는[가르는] 곳, 경계¶ 髪の~ 머리의 가리마 ②(승부 등의) 판가름, 분기점, 갈림길¶ 天下~の戦 천하를 판가름하는 전투
**わ・ける** [分ける·*別ける] 他下一 ①나누다, 가르다, 분할하다¶ 全校生徒를二組などに~ 전교생을 2조로 나누다 ②구분하다, 구별하다, 분류하다¶ 生物を動物と植物に~ 생물을 동물과 식물로 분류하다 ③조리 있게 하다¶ 事を~・けて話す 조리있게 차근차근 이야기하다 ④분배하다¶ 遺産을~ 유산을 분배하다 ⑤(일부를) 주다, 팔다¶ 安く~・けてもらう 싸게 사다 ⑥중재하다, 말리다, 비긴 것으로 하다¶ けんかを~ 싸움을 말리다/ 勝負を~ 승부를 비긴 것으로 하다
**わご** [和語] ①일본어 ②(한자어·외래어에 대하여) 일본 고유의 말 = 大和ことば
**わこう** [*倭*寇·和*寇] (史) 왜구
**わごう** [和合] 名 自サ ①화합. 사이 좋게 지냄¶ 家族이~する 가족이 화합하다 ②결혼함
**わこうど** [若人] 젊은이, 청년¶ ~の祭典 젊은이의 제전
**わこうどうじん** [和光同*塵] 화광 동진 ①(文) 자신의 재능이나 덕을 감추고 대중과 동화함 ②(佛) 본지수적(本地垂迹)
**わごと** [和事] (歌舞伎에서) 연애 장면의 연기·연출
**わゴム** [輪ゴム] 고무 밴드 = ゴムバンド
**わごん** [和*琴] 일본 고유의 6현금
**ワゴン** (wagon) 왜건 ①요리 등을 나르는 손수레, 바퀴 달린 상품 진열대¶ ~セール 왜건 세일/ ~ステーションワゴン의 준말. 스테이션 왜건
**わこんかんさい** [和魂漢才] 일본 고유의 정신

**わこんようさい** 과 중국에서 건너온 학문을 갖춤
**わこんようさい** [和魂洋才] 일본 고유의 정신과 서양의 학문을 갖춤
**わ さ** [輪差] 올가미 =わな·わっか
**わ ざ** [技] ①기술, 기예¶ 熟練の～ 숙련된 기술/ ～をみがく 기예를 닦다 ②(유도·씨름에서) 수¶ ～がきまる 수가 먹히다, (수가 먹혀서) 승부가 나다
**わ ざ** [業] ①행위, 소행, 짓¶ 人間とは思えない 人の～とは思えない 사람의 짓이라고는 생각되지 않는다 ②일, 직업¶ 容易な～ではない 쉬운 일이 아니다
**わざ あり** [技あり] 連語 (유도 경기의 판정에서) 절반¶ ～をとられる 절반을 빼앗기다
**わさい** [和裁] 일본옷의 재봉 ⇔ 洋裁
**わざし** [業師] ①(격투기에서) 수가 뛰어난 사람¶ 角界の～ 씨름계의 고수 ②책략가, 책사¶ 政界きっての～ 정계 제일의 책사
**わざ と** [態と] 副 고의로, 일부러¶ ～失敗する 일부러 실패하다/ ～人に突き当たる 고의로 남에게 부딪치다 —がましい 形 부자연스럽다, 꾸며낸 티가 나다¶ ～親切 꾸민 듯한 친절 —らしい 形 부자연스럽다, 꾸민 듯하다
**わさび** [(山葵)] [植] 고추냉이 —醬油 강판에 간 고추냉이를 넣은 간장¶ ～で食べる 고추냉이 양념 간장에 찍어 먹다 —漬 고추냉이를 잘게 썰어 술지게미에 절인 식품
慣用句
— が利く ①고추냉이의 맛이 톡 쏘다 ②사람의 마음을 찌르는 듯한 인상을 주다
**わざ もの** [業物] 예리한 도검, 잘 드는 날붙이
**わざ わい** [災い·禍] 화, 재앙, 불행¶ ～が振りかかる 재앙이 덮치다/ ～を招くく 화를 부르다/ 口は～のもと 입은 화의 근원
慣用句
— を転じて福となす 전화 위복
**わざ わざ** [態態] 副 일부러 ①굳이, 특별히¶ ～出でかけなくても電話で済むことだ 일부러 나가지 않아도 전화로 될 일이다 ②고의로, 짐짓¶ ～意地悪をする 일부러 짓궂은 짓을 하다
**わさん** [和算] 江戸 시대에 일본에서 독자적으로 발달한 수학·셈법= わざん
**わさん** [和讚] [佛] 일본어로 된 불교 찬가
**わさんぼん** [和三盆] 일본에서 만든 고급 백설탕
**わ し** [(鷲)] [動] 독수리
**わ し** [(儂)] 代 [口] (1인칭 대명사) 나¶ ～がなんとかしよう 내가 어떻게든 해 보겠다
**わ し** [和紙] 일본 종이 ⇔ 洋紙
**わ じ** [和字] 일본 글자
**わしき** [和式] 일본식, 일본풍 ⇔ 洋式
**わしざ** [鷲座] [天] 독수리자리
**わしつ** [和室] (다다미를 깐) 일본식 방
**わしづかみ** [(鷲)摑み] 名 덥석 움켜쥠¶ 札束を～にする 지폐 다발을 덥석 움켜쥐다
**わしばな** [鷲鼻] 매부리코= かぎ鼻
**わしゅう** [和州] 奈良현의 옛 지명= やまと

**わしゅう** [和臭] [文] (한시문 등에서) 일본인이 지은 듯한 느낌, 일본 냄새¶ ～がかった 作品 일본 냄새가 나는 작품
**わしゅう** [和習] [文] 일본 풍습·습관
**わじゅつ** [話術] 화술¶ ～にたけた人 화술이 뛰어난 사람
**わしょ** [和書] ①일본어로 쓴 책 ②일본식으로 장정한 책
**わじょう** [和上·和尙] [佛] 화상, 스님
**わしょく** [和食] 일본 요리 ⇔ 洋食
**わじるし** [わ印] 춘화도, 외설 서적
**わしん** [和親] 名 화친¶ 日米～条約 미일 화친 조약
**わじん** [(倭人·和人)] 중국·한국에서 일본인을 부르던 말, 왜인
**わずか** [(僅)か·(纔)か] 7 副 ①조금, 약간, 불과¶ ～な金 약간의 돈/ ～の差 근소한 차/ ～三日間 불과 3일간 ②(흔히「～に」의 꼴로) 조금, 간신히, 겨우¶ ～に及ばない 조금 미치지 못하다/ ～に身をもって逃げる 간신히 몸만 피해 달아나다 ③사소함, 하찮음¶ ～な事で争う 사소한 일로 다투다
**わずか ばかり** [(僅)かばかり] 7 副 [조금임] ①～の寄付金 아주 적은 기부금/ ～時間をください 조금만 시간을 주세요
**わずらい** [煩い] ①고민, 근심, 걱정¶ ～の種 고민거리/ 何らの～もない生活 아무런 걱정도 없는 생활 ②[患い] 병, 병고¶ 恋に～ 상사병/ 長の～ 오랜 병, 숙환
**わずら う** [煩う] 自他五 ①번민하다, 고민하다¶ 思い～ 번민하다 ②[患う] 앓다, 병이 나다¶ 目を～ 눈을 앓다 ③(補助) (동사 連用形에 붙어) 좀처럼 …하지 못하다¶ 言い～ 좀처럼 말을 못하다
**わずらわ しい** [煩わしい] 形 번거롭다 ①귀찮다, 성가시다¶ 雨の日は出かけるのが～ 비 오는 날은 나가기가 귀찮다 ②복잡하다¶ ～手続き 복잡한 절차
**わずらわ す** [煩わす] 他五 ①괴롭히다, 걱정시키다¶ いろいろ心を～ 여러 모로 걱정을 끼치다 ②수고를 끼치다, 번거롭게 하다¶ 手を～ 수고를 끼치다
**わ·する** [和する] [文] I 自サ変 ①화합하다, 화목하다, 사이좋게 지내다¶ 夫婦相～ 부부가 서로 화합하다 ②(반주 등에) 소리를 맞추다¶ ピアノに～して歌う 피아노에 맞추어 노래하다 ③(남의 시가에) 화답하다 II 他サ変 혼합하다, 섞다
慣用句
—.して同ぜず 화이부동(和而不同), 남과 친하게 지내나 도리에 어긋나면 동조하지 않다
**わすれ がたみ** [忘れ形見] ①유아(遺兒), 유복자¶ 兄夫婦の～を引き取る 형 부부가 남긴 어린 자식을 떠맡다 ②(잊지 않기 위한) 기념물¶ 亡父の～のパイプ 돌아가신 아버지의 유품인 파이프
**わすれ がち** [忘れ勝ち] 名 곧잘 잊음, 잊기 쉬움¶ えてして～だ 까딱하면 잊기 일쑤다

**わすれぐさ** [忘れ草] ①[植] 원추리 ②[文] 「たばこ」의 딴이름

**わすれじも** [忘れ霜] [文] 늦서리= 別れ霜

**わすれっぽ・い** [忘れっぽい] [形] [口] 곧잘 잊어버리다¶年をとると～くなる 나이를 먹으면 곧잘 잊어버리게 된다

**わすれなぐさ** [〈勿忘〉草] [植] 물망초

**わすれもの** [忘れ物] 물건을 깜빡 잊고 옴, 잊은 물건¶電車に～をして来た 전차에 물건을 잊고 왔다

**わす・れる** [忘れる] [他下一] 잊다 ①잊어버리다, 망각하다¶約束時間を～ 약속 시간을 잊다 ②(열중하여) 깨닫지 못하다¶寝食を～ 침식을 잊다/時のたつのも～れて遊ぶぶ 시간 가는 줄도 모르고 놀다 ③(깜빡하고) 해야 할 일을 하지 않다, 물건을 두고 오다¶車の中に書類を～ 차 안에 서류를 두고 오다 ④소홀히 하다¶恩を～ 은혜를 잊다 ⑤생각나지 않도록 노력하다¶もう～れよう 이제 잊자

**わすれんぼ** [忘れん坊] [口] 잘 잊는 사람, 금방 잊어버리는 사람

**わせ** [〈早生〉] [農] 조생종¶～のみかん 조생종 귤 ② [〈早稲〉] [農] 올벼 ⇔ 晩稲 ③ 조숙, 조숙한 아이

**わせい** [和声] [音] 화성 = かせい・ハーモニー

**わせい** [和製] 일제, 일본제 ― **英語** 일본식 영어 ― **語** 일본식 조어

**わせだ** [〈早稲〉田] 올벼 농사를 짓는 논

**ワセリン** [독 Vaselin] 바셀린

**わせん** [和船] 일본 재래식 목선

**わせん** [和戦] 화전 ①평화와 전쟁¶～両樣の構えへ 화전 양면의 태세 ②전쟁을 중지하고 화해함¶～条約 화전 조약

**わせん** [話線] 이야기의 줄거리[맥락]¶～を追う 이야기의 줄거리를 좇다

**わそう** [和装] ①일본옷을 입음, 일본식 옷차림 ② [版] 일본식 장정¶～本 일본식 장정본

**わた** [^腸] (생선 등의) 내장¶魚の～を抜く 생선의 내장을 빼내다

**わた** [綿] ① [植] 목화 ②목화솜, 솜¶布団の～ 이불 솜 / ～を入れる 솜을 두다
[慣用句]
―のように疲れる 녹초가 되다

**わたあぶら** [綿油] 면실유= 綿実油

**わたあめ** [綿^飴] 솜사탕= 綿菓子

**わだい** [話題] 화제, 이야깃거리¶～が豊富 화제가 풍부함/～になる 화제가 되다/～を撒く 화제를 뿌리다

**わたいれ** [綿入れ] ①솜옷, 핫옷 ②(이불이나 방석에) 솜을 둠

**わたうち** [綿打ち] ①솜을 탐[틂] ②솜을 타는 도구, 무명활= 綿打弓

**わたがし** [綿菓子] → わたあめ

**わだかまり** [^蟠り] ①맺힌 감정, 응어리¶～がとける 맺힌 감정이[응어리가] 풀리다 ②거치적거림, 걸림, 막힘¶何の～もなく事が運ぶ 아무런 막힘도 없이 일이 진척되다

**わだかま・る** [^蟠る] [自国] [文] ①감정의 응어리가 맺히다¶悪感情が胸に～ 나쁜 감정이 가슴에 응어리지다 ②둥글게 감겨 있는 뱀 ③얼크러지다, 뒤얽히다¶老松の根が～ 노송의 뿌리가 얼크러지다

**わたくし** [私] Ⅰ [代] 저, 나¶～が参ります 제가 가겠습니다 Ⅱ [名] ①사, 사사로운[개인적인] 일 公と～の別 공과 사의 구별/～の向き 사사로운 용건 ②내밀, 은밀¶～に言うことがある 은밀히 이야기할 것이 있다 ③사심, 사리, 사정(私情), 정실, 불공평¶～のない人物 사심이 없는 인물

**わたくしごと** [私事] ①사사로운 일, 개인적인 사항¶～で恐縮ですが 사사로운 일로 죄송합니다만 ②은밀한 일, 비밀

**わたくし・する** [私する] [他サ変] [文] (공공의 것을) 자기 것처럼 쓰다, 사물화(私物化)하다¶市の施設を～ 시의 시설을 사물화하다/公金を～ 공금을 사적인 일에 쓰다

**わたくしども** [私共] [代] 저희들, 우리들= わたくしたち¶～の会社が～ 저희들의 회사

**わたくしりつ** [私立] [口] 사립= しりつ ▷「市立」와 혼동되는 것을 피해서 읽는 방법

**わたぐも** [綿雲] 솜구름, 적운

**わたくり** [綿繰り] ①목화씨를 빼내는 작업, 조면, 씨아질 ― **機** 조면기「綿繰り車」의 준말 ― **車** 목화씨를 빼내는 기구, 씨아

**わたげ** [綿毛] 솜털= うぶ毛¶たんぽぽの～ 민들레의 솜털

**わたごみ** [綿^塵] 솜 먼지, 솜처럼 쌓인 먼지

**わたし** [渡し] ①건네줌, 인도¶店頭～ 점두 인도/手～ 손수 전함 ②배로 건네줌, 도선, 나루터 ③(배에서 건너 가는) 발판

**わたし** [私] [代] 나, 저¶～たち 우리

**わたしこみ** [渡し込み] [相撲] 상대방 다리를 바깥쪽에서 끼고 한쪽 손으로 몸을 밀어 넘어뜨리는 수

**わたしせん** [渡し銭] ①나룻삯, 도선료= 渡し賃 ②다리 통행료= 橋銭

**わたしば** [渡し場] 나루터, 도선장= 渡船場

**わたしぶね** [渡し船・渡し舟] 나룻배, 도선= 渡船¶～で渡る 나룻배로 건너다

**わたしもり** [渡し守] 나룻배 사공, 나루터지기

**わた・す** [渡す] [他国] ①걸치다, 놓다¶橋を～ 다리를 놓다/板を～ 널빤지를 걸치다 ②건너질러 매다[걸다]¶杭の間にひもを～ 말뚝 사이에 줄을 건너질러 매다 ③(배로) 건네 주다¶船で対岸の町へ～ 배로 강 건너 마을에 건네 주다 ④건네다, 넘기다¶容疑者を警察に～ 용의자를 경찰에 넘기다 ⑤(남에게) 넘겨 주다, 내주다, 양도하다¶屋敷を人手に～ 저택을 남의 손에 넘겨 주다 ⑥ [補助] (동사 연용형에 붙어) 널리 …하다¶見～ 바라다보다, 전망하다

**わだち** [^轍] [文] 수레바퀴 자국¶ぬかるみに～がつく 진창에 바퀴 자국이 나다

わたぬき【''腸抜き】생선의 내장을 빼냄. 그런 생선
わたぬき【綿抜き】솜옷의 솜을 빼고 만든 겹옷
わたのはら【海の原】대해＝うなばら
わたぼうし【綿帽子】①풀솜으로 만든 여자의 쓰개. (특히) 신부의 혼례용 쓰개 ②[比] 솜모자처럼 쌓인 눈
わたゆき【綿雪】함박눈
わたり【渡り】①(강을) 건넘. 도선장. 나룻터 ②[動] (철새의) 이동. 雁の～ 기러기의 이동／～鳥 철새 ③[造語] 도래. 도래품¶オランダ～の鉄砲 네덜란드에서 건너온 총포 ④ 떠돌아다님. 떠돌이¶～の職人 떠돌이 장색 ⑤교섭. 협상¶技術提携の～がつく 기술 제휴의 교섭이 이루어지다
[慣用句]
—に船 강을 건너려는데 마침 배가 있음. 술 익자 체 장수 간다. 시기적으로 매우 적절함
—を付ける 다리를 놓다. 교섭을 하다. 관계를 트다
わたりあ・う【渡り合う】[自五] 서로 싸우다. 논쟁하다¶互角に～ 호각 지세로 싸우다
わたりある・く【渡り歩く】[自五] 일을 찾아 떠돌아다니다. 전전하다. 전직을 거듭하다¶全国を～ 전국을 떠돌아다니다
わたりいた【渡り板】배와 선착장을 잇는 발판¶船から岸に～を渡す 배에서 물가로 발판을 놓다
わたりがに【渡蟹】[動]「ガザミ」의 딴이름.
わたりぜりふ【渡り台詞】[藝] (歌舞伎에서) 한 대사를 여럿이 나누어 차례로 말하는 일. 그런 대사
わたりぞめ【渡り初め】시도식(始渡式). 초도식(初渡式). 처음으로 다리를 건너는 개통식
わたりどり【渡り鳥】①[動] 철새. 후조(候鳥) ②[比] 뜨내기. 떠돌이
わたりぼうこう【渡り奉公】뜨내기 고용살이. 뜨내기 일꾼
わたりもの【渡り者】①타관에서 온 사람. 타관 사람 ②뜨내기 일꾼
わたりろうか【渡り廊下】두 건물을 잇는 복도
わた・る【亘る】[自五] 걸치다 ①(시간・공간적 범위에) 미치다¶一年間にわたる大工事 1년에 걸친 대공사／半径200キロに～暴風域 반경 200킬로에 걸친 폭풍권 ②(넓은 범위에) 이르다¶多方面にわたる 다방면에 걸치다
わた・る【渡る】[自五] ①(바다・길 등을) 건너다. 건너가다¶船よりで海を～ 배로 바다를 건너다／道を～ 길을 건너다다 ②지나가다. 통과하다¶橋を～ 다리를 건너다／廊下を～ 복도를 지나가다 ③지나가다. 이동하다¶鳥が空を～ 새가 하늘을 가다 가다 ④(남에게) 넘어가다¶家が人手に～ 집이 남의 손에 넘어가다 ⑤살아가다¶世の中を巧みに～(오다)｣ 세상을 능숙하게 살아가다 ⑥[補助] (동사 連用形에 붙어) 널리 [구석구석] 미치다¶サイレンが鳴り～ 사이렌이 울

려 퍼지다／悪名が世間に知れ～ 악명이 세상에 널리 알려지다
[慣用句]
—世間に鬼はいない 세상은 무정한 사람만이 아니라 인정 많은 사람도 있는 법이다
わっ [感][口] ①몹시 놀라거나 남을 놀라게 할 때 내는 소리. 와. 으악. 왁¶～と言って驚かす 왁하고 소리 질러 놀라게 하다 ②소리내어 울거나 갑자기 떠들기 시작할 때 나는 소리. 와악. 으앙
わっか【輪っか】[口] 고리. 바퀴. 고리[바퀴] 모양¶～を作る 고리를 만들다[짓다]
ワックス (wax) 왁스. 납(蠟)¶～をかける 왁스를 먹이다
わっしょい [感][口] 여럿이 무거운 것을 메거나 기세를 올릴 때 지르는 소리. 이영차. 어여차
わっち [代][口] 나. 저 ▷「わたし」의 변한말
わっと [副][口] ①갑자기 큰 소리를 내거나 소리내어 우는 모양. 으악. 와악¶～驚く 으악하고 놀라다／～泣き出す 와악하고 울기 시작하다 ②일제히 떠들거나 행동하는 모양. 와. 우르르¶～と騒ぐ 와하고 떠들다
ワット (watt) [物] 와트. 일률・전력의 단위
わっぱ【童】[俗] 어린이를 깔보거나 욕하여 부르는 말. 녀석¶小～ 꼬마 녀석
わっぷ【割賦】「わりふ」의 변한말
わて [代][口][方] 나. 저
わとう【話頭】[文] ①화두. 말머리 ②이야기의 내용. 화제¶～を転ずる 화제를 돌리다
わどく【和独】일독. 일본어와 독일어 —辞典 일독 사전
わとじ【和綴じ】[版] (책의) 일본식 장정
わどめ【輪留め】(비탈길에 차를 세울 때) 바퀴가 움직이지 않도록 괴는 것. 굄목. 굄목
わな【罠】올가미 ①덫. 올무¶いたちに～を仕掛ける 족제비에게 덫을 놓다 ②함정. 술책. 계략¶敵の～にはまる 적의 함정에 빠지다 ③실・끈으로 만든 고리
[慣用句]
—に掛かる ①(짐승이) 덫에 걸리다 ②계략에 빠져서 감쪽같이 속다
わな【輪奈】실・끈으로 만든 고리. 고
わなげ【輪投げ】고리던지기 놀이. 그런 도구
わなな・く【戦く・戦慄く】[自五] 전율하다. (공포・흥분 등으로) 와들와들[부들부들] 떨다¶恐ろしさに～ 두려움에 와들와들 떨다
わなわな [副][自サ] 공포・추위 등으로 몸이 떨리는 모양. 와들와들. 부들부들. 부르르¶～と震えるがとまらない 와들와들 떨리는 것이 멎지 않는다
わに【鰐】[動] ①악어 ②상어류의 옛이름
わにあし【鰐足】걸을 때 양쪽 발 끝이 안쪽이나 바깥쪽으로 향하는 일
わにがわ【鰐皮】악어 가죽¶～の財布 악어 가죽 지갑
わにぐち【鰐口】①(불당이나 神社의 앞 처마에 걸어 놓는) 금고(金鼓) ②메기입 ③[比] 대단히 위험한 곳. 호구(虎口)

**わにざめ** [*鰐*鮫] 난폭한 상어
**ワニス** (varnish) 바니시, 니스= ニス
**わぬけ** [輪抜け] (서커스 등에서) 몸을 날려 공중에 매단 고리 속을 빠져 나가는 곡예
**わのり** [輪乗り] (마술에서) 말을 타고 원을 그리며 돎
**わび** [*佗び] ①한적하고 조용한 생활을 즐김¶ ～住まい 한거 ②(다도·俳諧에서) 한적한 정취, 유한(幽閑)¶ ～さび 유한 적적
**わび** [詫び] 사죄, 사과, 그런 말¶ お～を言う 사과의 말을 하다
[慣用句]
**―を入れる** 사죄하다, 사과하다
**わびい・る** [詫び入る] [自五] [文] 정중히 사과하다, 깍듯이 빌다
**わびごと** [詫び言] 사죄〔사과〕의 말¶ ～を言う 사죄의 말을 하다
**わびごと** [*詫び事] 사죄〔사과〕하는 일, 사죄, 사과= わび¶ ～がある 사과할 일이 있다
**わびし・い** [*侘しい] [形] ①쓸쓸하다, 외롭다, 울적하다¶ ～一人住まい 쓸쓸한 독신 생활 ②적적하다¶ ～山村 적적한 산촌 ③초라하다, 구차하다¶ ～食事 초라한 식사
**わびじょう** [詫び状] 사죄의 편지, 사죄장, 사과장¶ ～を入れる 사죄의 글을 보내다
**わびずまい** [*佗び住(ま)い] ①한적하고 정취 있는 생활, 그런 집, 한거(閑居)¶ 山奥の～ 깊은 산속에서의 한거 ②초라한 살림〔집〕¶ 裏町の～ 뒷골목의 구차한 생활
**わびちゃ** [*佗び茶] (다도(茶道)에서) 다구나 예법보다 간소·정적한 경지를 중시하는 일
**わびね** [*侘び寝] 홀로 쓸쓸하게 잠
**わ・びる** [*侘びる] [自上一] [文] ①쓸쓸하게〔서글프게〕 생각하다¶ 一人住まいを～ 독신 생활을 서글프게 여기다 ②(補助) (동사 連用形에 붙어) ㉠ …하다 지치다¶ 待ち～ 기다리다 지치다 ㉡고민하다¶ 思い～ 고민하고 고민하다
**わ・びる** [*詫びる] [他上一] 사죄하다, 사과하다¶ 無礼を～ 무례를 사죄하다
**わふう** [和風] ①일본풍, 일본식 ⇔ 洋風¶ ～建築 일본식 건축/ ～の店 일본풍의 가게 ②(文) 화풍, 건들바람, 온화한 바람
**わふく** [和服] 일본옷 ⇔ 洋服¶ ～姿 일본옷 차림
**わふつ** [和*仏] 일불, 일본어와 프랑스어 **一辞典** 일불 사전
**わぶん** [和文] 일문(日文), 일본어 문장 ⇔ 欧文 **―一体** (表) 平安 시대에 주로 여성들이 平仮名로 쓴 문체, 그것을 모방한 문체 ⇔ 漢文体
**わへい** [和平] (文) 화평¶ ～会談 화평 회담
**わだい** [話柄] 화제, 이야깃거리¶ ～が豊富 화제가 풍부
**わほう** [話法] 화법 ①화술 ②남의 말을 인용하는 방법¶ 間接～ 간접 화법
**わぼく** [和*睦] [名] [自スル] 화목¶ ～を申し入れる 화목을 제의하다

**わほん** [和本] 일본식 장정의 책 ⇔ 洋本
**わみょう** [和名・*倭名] 일본에서의 호칭, 일본명= わみい
**わむし** [輪虫] (生) 윤충
**わめい** [和名] ① → わみょう ②(동식물의) 일본명
**わめ・く** [*喚く] [自他五] 소리치다, 아우성치다¶ 泣き～ 울부짖다/ ～き散らす 마구 소리쳐대다
**わや** [名] [了] [口] [方] ①일 등을 망침, 헛일, 허사¶ ～になる 헛일이 되다 ②무리함, 당치 않음, 터무니없음¶ ～な話 터무니없는 이야기/ ～をいう 당치 않은 말을 하다
**わやく** [和訳] [名] [他スル] 일역(日譯), 일본어로 번역함¶ 英文～ 영문 일역
**わよ** [助] → よ 助
**わよう** [和洋] 일본과 서양, 일본식과 서양식 **―折衷** 일본식과 서양식의 절충¶ ～の家 일본식과 서양식을 절충한 집
**わよう** [和様] ①일본식, 일본풍 = 和風 ⇔ 唐様 ②(서도에서) 일본식 서체 ③(建) 奈良 시대에 중국·백제에서 전래되어 일본화된 건축 양식
**わら** [*藁] 짚, 볏짚, 보릿짚¶ ～屋根 초가 지붕/ 溺れる者は～をもつかむ 물에 빠진 사람은 지푸라기라도 잡는다
**わらい** [笑い] ①웃음¶ ～声 웃음 소리/ ～を呼ぶ 웃음을 불러 일으키다/ ～に紛らす 웃음으로 얼버무리다 ②비웃음¶ 聴衆の～を買う 청중의 비웃음을 사다
[慣用句]
**―が止まらない** 웃음을 참을 수 없다
**わらいぐさ** [笑い種・笑い草] (흔히 「お～」의 꼴로) 웃음거리¶ 世間の～になる 세간의 웃음거리가 되다
**わらいこ・ける** [笑い転ける] [自下一] [口] 자지러지게 웃다, 포복 절도하다
**わらいごと** [笑い事] 웃을 일, 웃어넘길 일¶ ～では済まされない大問題だ 웃어넘길 수 없는 큰 문제다
[慣用句]
**―ではない** 웃을 일이 아니다, 웃어넘길 일이 아니다
**わらいじょうご** [笑い上戸] ①취하면 자꾸 웃는 버릇이 있는 사람 ②잘 웃는 사람
**わらいとば・す** [笑い飛ばす] [他五] (문제 삼지 않고) 웃어넘기다¶ うわさを～ 소문을 웃어넘기다
**わらいばなし** [笑い話] ①우스운 이야기, 우스개¶ 気のきいた～ 재치 있는 우스개 ②웃으면서 하는 부담없는 이야기, 우스갯소리¶ 今思えば～だ 지금 생각하면 (그저) 우스갯소리다
**わらいもの** [笑物] 웃음거리¶ 世間の～になる 세간의 웃음거리가 되다
**わら・う** [笑う] [自他五] ①웃다¶ にこにこ～ 싱글벙글 웃다/ ～ってごまかす 웃으며 얼버무리다 ②(比) 꽃봉오리가 벌어지다, 열매

わらうち

가 익어서 터지다 ¶花(はな)~·い鳥(とり)も歌(うた)う春(はる)꽃 피고 새 우는 봄/ くりのいがが~ 밤송이가 벌어지다 ③ [*嗤う] 비웃다, 빈정거리다, 우습게 여기다 ¶陰(かげ)で~·われる 뒤에서 비웃음을 당하다
[慣用句]
一門(もん)には福(ふく)来(き)たる 소문 만복래, 늘 웃는 집에는 자연히 복이 찾아온다

わらうち [*藁打ち] (새끼를 하기 전에) 짚을 두드려서 부드럽게 함, 그런 도구
わらがみ [*藁紙] 짚으로 만든 수지가 질 나쁜 종이
わらく [和樂] 名 自スル 文 화락, 화목하고 즐거움 ¶~の暮(く)らし 화목하고 즐거운 생활
わらぐつ [*藁沓] 눈 위에서 신는 짚신
わらこうひん [*藁工品] 고공품, 짚을 엮어 만든 가공품
わらき [動] 방어 새끼
わらじ [草鞋] 짚신 ―掛(が)け 짚신을 신음 ―銭(せん) (짚신이나 살 정도의) 적은 여비 ―虫(むし) [動] 쥐머느리
[慣用句]
一を脱(ぬ)ぐ ①여행을 마치다 ②(떠돌이 노름꾼 등이) 아는 집에 몸을 의탁하고 눌러 지내다 ③여장을 풀다, 여관에 묵다
一を履(は)く ①여행을 떠나다 ②(노름꾼 등이) 추적을 피해 도주하다
わらしべ [*藁稭] (볏짚대의) 새폐기, 볏짚 부스러기 = わらくず
わらづと [*藁苞] 짚으로 싸서 만든 꾸러미 ¶納豆(なっとう)の~ 짚으로 싼 納豆 꾸러미
わらにんぎょう [*藁人形] 짚 인형
わらばい [*藁灰] 짚을 태운 재, 짚재
わらばんし [*藁半紙] 짚으로 만든 거친 반지(半紙) = ざら紙
わらび [*蕨] [植] 고사리
わらび [*藁火] 짚불
わらぶき [*藁葺(き)] 짚으로 지붕을 임, 초가 지붕 ¶~の家(いえ) 초가집
わらぶとん [*藁布団] 짚을 넣어 만든 이부자리
わらべ [童] 文 어린아이, 아이들
わらべうた [童歌] 동가, 동요 ¶~を採録(さいろく)する 동요를 채록하다
わらや [*藁屋] 초가, 초가집
わらやね [*藁屋根] 초가 지붕
わら・せる [笑わせる] 他 下一 웃기다 ①웃게 만들다 ¶冗談(じょうだん)で人(ひと)を~ 농담으로 남을 웃기다 ②가소롭다 ¶あいつが受賞(じゅしょう)するとは~な 저 녀석이 수상한다니 웃기는군
わらわれもの [笑われ者] 웃음거리 ¶人(ひと)の~になる 남의 웃음거리가 되다
わり [割(り)] ①나눔 ②비율, (특히) 채산, 수지 ¶五人(ごにん)に一人(ひとり)の~で 다섯 사람에 한 사람 비율로/ ~のよい仕事(しごと) 수지가 맞는 일 ③할(량), 배당 ¶時間(じかん)~ 시간 배당/ 部屋(へや)~ 방 할당 ④10분의 1의 분량, 할 ¶一(いち)~ 1할 ⑤[相撲] 대전(對戰), 대전표 ¶本(ほん)~ 대전표에 따라 행해지는 대전
[慣用句]

一が合(あ)わない 수지가 [채산이] 맞지 않다
一を食(く)う 손해 보다, 밑지다
わりあい [割合] Ⅰ 名 ①비율 ¶十人(じゅうにん)に一人(ひとり)の~で合格(ごうかく)する 열 사람에 한 사람 비율로 합격하다 ②몫, 배당(량) ¶利益(りえき)の~が低(ひく)い 이익 배당이 적다 ③(《「…の~に」의 꼴로》)…에 비해, 치고는 ¶大(おお)きさの~に重(おも)い 크기에 비해 무겁다 Ⅱ 副 비교적, 예상보다 ¶部屋(へや)は~にきれいだ 방은 비교적 깨끗하다
わりあて [割(り)当て] 할당, 배당, 몫 ¶~額(がく) 할당액/ 仕事(しごと)の~ 일의 배당/ 自分(じぶん)の~をこなす 자신의 몫을 소화하다
わりあ・てる [割(り)当てる] 他 下一 할당하다, 배당하다, 분배하다 ¶各人(かくじん)に仕事(しごと)を~ 각자에게 일을 배당하다
わりいん [割(り)印] 계인(契印), 간인 = 割り判(はん) ¶~を押(お)す 계인을 찍다
わりがき [割(り)書き] ①(두 줄로) 나누어 씀 (특히 본문에 주(註)를 달 때) 1행분의 간격에 두 줄로 씀, 할주(割註) ② → つのがき
わりかし [割(り)かし] 副 (俗) 비교적, 생각보다 = 割りと
わりかた [割(り)方] 副 (俗) 비교적, 생각보다
わりかん [割(り)勘] (口) 「割り前勘定(かんじょう)」의 준말, 각자 부담, 각추렴 ¶~にする 각추렴으로 하다/ ~で飲(の)む 각자 부담으로 마시다
わりき・る [割(り)切る] 他 五 ①우수리 없이 나누다, 정제(整除)되다 ②딱 잘라 결론 짓다, 단정 짓다 ¶理屈(りくつ)~で…ことはできない 이치만으로 딱 잘라 단정 지을 수는 없다
わりきれない [割(り)切れない] 連語 ①(「…で~」의 꼴로) 나머지가 남다, 정제(整除)되지 않다 ②(형용사적으로) 석연치 않다, 충분히 납득되지 않다 ¶~ものが残(のこ)る 석연치 않은 점이 남다
わりき・れる [割(り)切れる] 自 下一 ①나머지 없이 나누어지다, 정제(整除)되다 ¶六(ろく)は二(に)で~ 6은 2로 정제된다 ②충분히 납득되다, 석연해지다
わりぐり [割(り)栗] 「わりぐり石(いし)」의 준말, (도로 등에 까는) 잘게 깬 돌, 쇄석, 밤자갈
わりげすい [割(り)下水] 도랑으로 된 하수도
わりご [*破子·*破籠] 칸막이 도시락
わりごえ [割(り)声] (주산에서) 나눗셈을 할 때 구귀가(九歸歌)를 외는 소리
わりこみ [割(り)込み] ①비집고 들어감, 끼어듦, 새치기 ¶列(れつ)に~をする 줄에 끼어들다 ②[劇] 극장의 일반석에서 남들과 동석하여 구경함, 그런 장소
わりこ・む [割(り)込む] 自 五 ①비집고 들어가다, 새치기하다 ¶順番待(じゅんばんま)ちの列(れつ)に~ 순서를 기다리는 줄에 끼어들다 ②(불쑥) 끼어들다 ¶人(ひと)の話(はなし)に~ 남의 이야기에 끼어들다 ③억지로 들어가다
わりざん [割(り)算] [数] 나눗셈 = 除法(じょほう)
わりした [割(り)下] 「割り下地(じ)」의 준말, 가다랭이나 멸치를 우려내서 간장·미림·설

탕 등으로 맛을 낸 국물
**わりだか** [割高] ⑦ (품질·분량 등에 비해) 값이 비쌈 ⇔ 割安¶ 少量ょう買かうと〜になる 소량을 사면 비싸게 먹힌다
**わりだ・す** [割(り)出す] 他五 ①계산해 내다, 산출하다¶ 平均価かいかを〜 평균값을 산출하다 ②(근거에 따라) 결론을 내리다, 추단하다¶ 遺留品りゅうから犯人はんを〜 유류품으로 범인을 알아내다
**わりちゅう** [割注·割ׁ] 할주, 본문 속에 두 줄로 작게 단 주석= 割り書がき
**わりつけ** [割(り)付け] 名 편집 배정, 레이아웃= レイアウト¶ 新聞しんの〜 신문의 편집 배정
**わりと** [割と] 副 (口) 비교적, 생각보다= 割わりに·割合わりに¶ 〜安やすい 비교적 싸다
**わりな・い** [ˀ理無い] 形(文) 어쩔 수 없다, 하는 수 없다, 부득이하다, (남녀 관계에서) 매우 친밀하다/ 〜仲なかになる 뗄 수 없는 사이가 되다/ 〜·く承諾しょうする 어쩔 수 없이 승낙하다
**わりに** [割に] ①비교적, 생각보다= 割わりと¶ 値段だんが〜安やすい 값이 생각보다 싸다/ 〜こまめな男おとこだ 비교적 근실한 남자다 ②(『…〜(は)』의 꼴로) …에 비해, …치고는¶ 年としの〜若わかい 나이에 비해 젊다
**わりばし** [割(り)箸] 소독저
**わりばん** [割(り)判] → わりいん
**わりびき** [割引] 名 他スル ①할인 ⇔ 割りり増ま し¶ 〜料金りょう 할인 요금/ 줄잡음, 에누리함¶ 彼の話はなしは〜して聞きいた方ほうがいい 그의 이야기는 에누리해서 듣는 편이 좋다 ③〖經〗「手形割引ひがたの」의 준말. 어음 할인 一債さい〖經〗할인채 一手形がた〖經〗할인 어음
**わりび・く** [割(り)引く] ①할인하다, 값을 깎다¶ 500円ごえんを〜 500엔 할인하다 ②(말 등을) 에누리하다, 줄잡다¶ いくらか〜いて聞きく 다소 에누리하여 듣다 ③〖經〗(어음 등) 할인하다¶ 手形てがたを〜 어음을 할인하다
**わりひざ** [割(り)膝] 양 무릎을 조금 벌리고 정좌함, 그런 앉음새
**わりふ** [割(り)符] 부신, 부절= 合札あい
**わりふだ** [割(り)札] ① → わりふ ②할인권
**わりふり** [割(り)振り] ①할당, 배당¶ 部屋ヘや の〜 방의 배당 ②배분, 분배¶ 予算よさんの〜 예산의 분배
**わりふ・る** [割(り)振る] 他五 배당[배정]하다, 할당하다, 분배하다¶ 各人かくじんに役目やくを〜 각자에게 역할을 배정하다
**わりまえ** [割(り)前] 몫, 배당[분배]액, 배당[분배]량¶ 〜が少すくない 몫이 적다/ 利益えきの〜を受うける 이익의 배당액을 받다 一勘定かんじょう → わりかん
**わりまし** [割増し] 名 他スル 할증, 정해진 금액·양에 덧붙음 ⇔ 割引わりびき¶ 〜料金りょう 할증 요금/ 若干じゃくの〜になる 약간 할증이 되다
**わりむぎ** [割(り)麦] 「碾ひき割り麦むぎ」의 준말. 맷돌에 굵게 탄 보리

**わりもどし** [割(り)戻し] 名 自スル 받은 대금의 일부를 되돌려 줌, 그런 돈= リベート¶ 料金りょうの〜 요금의 일부를 되돌려 주다
**わりもど・す** [割(り)戻す] 他五 받은 대금의 일부를 되돌려 주다¶ 売上高うりあげだかに応おうじて〜 매상고에 따라서 일부를 되돌려 주다
**わりやす** [割安] ⑦ (품질·분량 등에 비해) 값이 쌈 ⇔ 割高わりだか¶ まとめて買かうと〜になる 일괄 구입하면 싸게 먹힌다
**わる** [悪] □ ①못된[나쁜] 짓¶ 〜をする 못된 짓을 하다 ②못된 놈, 악한, 악동, 장난꾸러기¶ あの〜のしわざだ 저 못된 놈의 소행이다/ 学校がっこう一いちの〜 학교에서 첫째 가는 장난꾸러기 ③(造語) 나쁨, 좋지 않음¶ 〜だくみ 흉계 ④(造語) 도가 지나침, 심함¶ 〜ふざけ 지나친 장난
**わ・る** [割る] 他五 ①[ˀ破る] 나누다, 노느다, 분배하다, 분배하다¶ 料金りょうを頭数あたまかずで〜って支払しはらう 요금을 머릿수로 나누어 지불하다 ②[ˀ破る] 쪼개다, 빠개다¶ わりばしを〜 소독저를 쪼개다/ まきを〜 장작을 패다 ③[ˀ破る] 깨다, 깨뜨리다¶ 石いしを投げてガラスを〜 돌을 던져서 유리를 깨다 ④분열시키다, 갈라 놓다¶ 組織そしきを〜 조직을 분열시키다/ 二人ふたりの仲なかを〜 두 사람 사이를 갈라 놓다 ⑤비집다, 끼어들다¶ 人込ひごみの中なかへ〜·って入はいる 인파 속으로 비집고 들어가다 ⑥(속을) 털어놓다¶ 腹はらを〜·ってざっくばらんに話はなす 속을 털어놓고 숨김없이 이야기하다 ⑦(『事ことを〜の꼴로』) 자세히 가르다, 세분하다¶ 事を〜·って説明めいする 자세히 설명하다 ⑧나눗셈을 하다, 나누다¶ 八はちを四よで〜と二になる 8을 4로 나누면 2가 된다 ⑨(다른 것을 타서) 묽게 하다¶ ウイスキーをソーダ水すいで〜 위스키에 소다수를 타다 ⑩(기준 이하로) 떨어지다, 밑돌다¶ 応募者ぼしゃが定員ていを〜 응모자가 정원을 밑돌다/ 株かぶが元本がんを〜 주식이 원금 이하로 떨어지다 ⑪(어음을) 할인하다¶ 銀行ぎんこうで手形がたを〜 은행에서 어음을 할인하다 ⑫(범위·한계를) 벗어나다, 깨다¶ 土俵ひょうを〜 씨름판 밖으로 밀려나다/ 十秒じゅうを〜 10초(대)를 깨다

**わるあがき** [悪ˀ足ˀ掻き] 名 自スル (초조한 나머지) 발버둥침¶ 今いまさら〜をしても駄目だだ 이제 와서 발버둥쳐도 소용없다
**わるあそび** [悪遊び] ①못된 놀이[장난] ②주색잡기¶ 〜を覚おぼえる 주색잡기를 배우다
**わる・い** [悪い] 形 (질·능력이) 뒤떨어지다¶ 頭あたまが〜 머리가 나쁘다/ 味あじが〜 맛이 좋지 않다 ②(상태가) 좋지 않다¶ 画質がしつの〜テレビ 화질이 나쁜 텔레비전 ③원만하지 않다¶ 兄弟仲きょうだいが〜 형제 사이가 나쁘다 ④해롭다¶ 体からだに〜 몸에 해롭다 ⑤부적합하다¶ 旅行りょこうには〜天気てん 여행하기에는 좋지 않은 날씨 ⑥바람직하지 않다, 탐탁치 못하다¶ お日柄ひがらが〜 일진이 나쁘다 ⑦옳지 못하다, 못되다¶ うそをつくの

は〜 거짓말을 하는 것은 나쁘다 ⑧미안하다, 실례가 되다¶ 〜けれど先きに帰って미안하지만 먼저 돌아가라/ 君には〜ことをした 자네에게는 미안한 일을 했다 ⑨못생기다¶ 器量ょうが〜 얼굴이 못생기다 ⑩잘못이다¶ 〜のは君の方だよ 잘못은 자네 쪽에 있어 있다 ⑪(음식이) 상하다¶ 弁当の魚が〜・くなっている 도시락의 생선이 상해 있다 ⑫아프다¶ どこか〜のか 어디가 아픈가
[慣用句]
—・くすると 자칫 잘못하면
—ようにはしない 해롭게는 하지 않다

**わる がしこ・い** [悪賢い] [形] 교활하다, 간교하다, 약다¶ こすくて〜やつ 간사하고 교활한 놈

**わるぎ** [悪気] 나쁜 의도, 악의¶ 〜はない 악의는 없다

**わるくち** [悪口] 욕, 험담¶ 上司じょうの〜を言う 상사의 욕을 하다

**わるさ** [悪さ] ①나쁨, 나쁜 상태・정도¶ 治安の〜 치안의 나쁜 정도 ②못된 장난, 나쁜 짓¶ 〜が過ぎる 장난이 지나치다/ 〜を覚える 못된 짓을 배우다

**わるさわぎ** [悪騒ぎ] (남을 아랑곳하지 않고) 마구 떠들어댐, 소란을 피움¶ 〜にも程ほどがある 소란을 피우는 데에도 정도가 있다

**わる じゃれ** [悪〈洒落〉] ①지나친 농담 ②서툰 익살 = だじゃれ

**わる ずれ** [悪擦れ] [名][自スル] 세파에 닳고닳아 교활해짐, 닳아빠짐¶ 〜した子供ども 닳아빠진 아이

**わる だくみ** [悪巧み] 흉계, 간계¶ 〜が露見けん する 흉계가 드러나다

**わる だつしや** [悪達者] [名][形] ①(예능 등이) 능숙하기는 하나 품위가 없음 ②지나치게 숙달되어 오히려 불쾌감이 듦¶ 〜な芸げい 불쾌감이 들만큼 숙달된 재주

**わる ぢえ** [悪知恵・悪*智*慧] 간지(奸智), 간사한 꾀, 못된 꾀¶ 〜が働はたらく 못된 꾀를 부리다/ 〜をつける 간사한 꾀를 일러주다

**わる どめ** [悪止め] [名][他スル] 억지로 붙듦¶ 〜して客きゃくを帰かえさない 억지로 붙들고 손님을 돌려 보내지 않다

**わる のり** [悪乗り] [名][自スル] (분위기에 휩쓸려) 지나친 언동을 함, 酔ようとすぐ〜する 취하면 금방 지나친 언동을 한다

**わるび・れる** [悪びれる] [自][下一] 기가 죽다, 주눅들다¶ 〜・れないで答こたえる 기죽지 않고 대답하다

**わる ふざけ** [悪〈巫山戯〉] [名][自スル] 못된〔지나친〕장난¶ 〜が過ぎる 장난이 지나치다

**わる もの** [悪者] 나쁜 놈, 악인¶ 〜にされる 나쁜 놈 취급을 받다/ 〜を懲こらしめる 악인을 혼내주다

**わる よい** [悪酔い] [名][自スル] ①술을 마시고 뒤끝이 좋지 않음, 고약하게 취함¶ 〜して頭あたまが痛いたくなる 고약하게 취해서 머리가 아파지다 ②취하면 고약하게 주정을 부림¶ 〜して

けんかになる 고약하게 주정을 부려 싸움이 되다

**われ** [割れ] ①깨짐, 파편, 조각¶ ガラスの〜 유리 조각 ②(造語) (일정 수준 이하로) 떨어짐, 밑돎¶ 定員ていん (정원을 밑돎)/ 1000円の大台だいを〜 1000엔대 이하로 떨어지다 ③(造語) 사이가 벌어짐, 분열함, 대립함¶ 仲間間なかま〜 동료간에 사이가 벌어짐

**われ** [我・*吾] [文] Ⅰ [代] ①나¶ 〜こそは 나야 말로 ②(俗) 너, 자네, 그대 = おまえ Ⅱ [名] 자기 자신, 자기, 자기 쪽¶ 〜ながら 내 스스로, 〜に利りあり 내 쪽에 유리하다
[慣用句]
—劣おとらじと 남에게 뒤질세라, 앞다투어
—関せず 오불관언, 내 알 바 아니다, 나와는 관계 없다
—と思おもう者もの 내노라 하는〔자신있는〕 자
—に返かえる 제정신이 들다, 정신을 차리다
—にもなく ①무의식중에, 나도 모르게 ②본의 아니게
—も我もと 너도 나도 앞을 다투어
—を忘わすれる 제정신〔넋〕을 잃다, 자신을 잊다

**われ かえ・る** [割れ返る] [自][五] ①산산조각이 나다, 산산이 깨지다 ②떠나갈 듯 소란해지다¶ 〜ような騒さわぎ 떠나갈 듯한 소동

**われがちに** [我勝ちに] [副] 남에게 뒤질세라, 앞다투어¶ 〜売うり場ばに殺到さっとうした 앞다투어 매장으로 밀려들었다

**われがね** [割(れ)鐘・破(れ)鐘] ①금이 간 종, 깨진 종 ②(比) 굵고 탁한 큰 목소리¶ 〜のような声 깨진 종소리같은 큰 목소리

**われから** [我から] [連語] 스스로, 자진하여¶ 〜言い出す 자진하여 말을 꺼내다

**われさきに** [我先に] [副] 앞을 다투어, 남에게 뒤질세라 = われがちに¶ 電車でんしゃに〜乗のり込こむ 전차에 앞다투어 올라타다

**われしらず** [我知らず] [連語] 나도 모르게, 무의식 중에¶ 〜涙なみだがこぼれた 나도 모르게 눈물이 흘러 내렸다

**われと** [我と] [副] 스스로, 자청하여¶ 〜わが身みを責せめる 스스로 자기 자신을 탓하다

**われながら** [我ながら] [連語] 내 스스로도, 내가 생각해도¶ 〜恥はずかしい 내 스스로도 부끄럽다/ 〜よくやった 내가 생각해도 잘 했다

**われなべ** [割れ鍋・破れ鍋] 깨진 냄비
[慣用句]
—に綴蓋とじぶた 깨진 냄비에도 제뚜껑, 헌 짚신도 짝이 있다

**われほめ** [我褒め] 자찬, 자화 자찬

**われめ** [割れ目・破れ目] 갈라진 틈〔금〕, 터진 데, 균열¶ 〜が入はいる 금이 가다

**われもこう** [*吾*亦紅・*音*木香] [植] 오이풀

**われもの** [割れ物・破れ物] ①깨지기 쉬운 물건¶ 〜注意ちゅう 파손 주의 ②깨진 물건¶ 〜を捨すてる 깨진 물건을 버리다

**われら** [我等] [代] [文] ①우등(吾等), 우리, 우리들¶ 〜の時代だい 우리들의 시대 ②(古) 나, 우리네 ③너희, 너희들, 그대들 = おまえたち

わ・れる【割れる】[自下一] ①[^破れる] 깨지다, 쪼개지다, 갈라지다¶ ガラスが～ 유리가 깨지다／くるまが～ 도두가 쪼개지다／票ひょうが～ 표가 갈리다 ②[^破れる] 금이 가다, 갈라지다¶ 地震じしんで地面じめんが～ 지진으로 지면이 갈라지다 ③(관계·조직 등이) 갈라지다¶ 組織そしきが二ふたつに～ 조직이 둘로 갈라지다 ④(숨긴 것이) 드러나다, 밝혀지다, 판명되다¶ 秘密ひみつが～ 비밀이 드러나다／身元みもとが～ 신원이 밝혀지다／殺人事件さつじんじけんのほしが～ 살인 사건의 범인이 판명되다 ⑤(나눗셈에서) 나누어 떨어지다, 정제되다¶ 六むっつは二ふたで～ 6은 2로 나누어 떨어진다 ⑥(「～ような〔ように〕」「～・れんばかりの」의 꼴로) 정도가 매우 심함을 나타냄¶ 頭あたまが～ように痛いたい 머리가 깨질 듯이 아프다／～・れんばかりの大onore音声かんせいを上あげる 터질 듯한 큰 고함을 지르다

われ われ【我我】[代] ①(1인칭 복수형) 우리들＝われら·わたしたち¶ ～韓国人かんこくじんは 우리들 한국인은

わん【椀】[音ワン]｜(음)완. I[造語] 주발, 공기 II ①(나무) 공기, 주발¶ ～に盛もる 공기에 담다 ②[助數] 주발이나 공기에 담은 요리를 세는 말, 공기¶ 一ひと～の汁しる 한 공기의 국

わん【湾】[音ワン]｜(음)만. I[造語] ①만¶ 湾岸わんがん 만안·港湾こうわん 항만 ②활등처럼 굽어지다, 휘어지다¶ 湾曲わんきょく 만곡 ▷ ②는「灣わん」과 같음 II[地] 만¶ 東京とうきょう～ 東京만

わん【腕】[音ワン]｜(음)완. I[造語] ①팔¶ 腕章わんしょう 완장·腕力わんりょく 완력·鉄腕てつわん 철완 ②능력, 솜씨¶ 手腕しゅわん 수완·敏腕びんわん 민완·辣腕らつわん 대단한 솜씨

わん【*碗】[音ワン]｜(음)완. I[造語] 주발, 공기 II ①(도자기로 된) 공기, 주발¶ ～に盛もる 공기에 담다 ②[助數] 주발이나 공기에 담은 요리를 세는 말¶ 三さん～の飯めし 세 공기의 밥

わん【*彎】[音ワン]｜(음)만. 활등처럼 굽어지다¶ 彎曲わんきょく 만곡 ▷「灣わん」과 같음

ワン (one) 원. 하나. 일 ―ウエー (one-way) 원웨이 ①일방 통행 ②1회용 용기 ―サイドゲーム (one-sided game) 원사이드 게임. 일방적인 경기 ―ステップ I (one-step) 원스텝. 4분의 2박자의 경쾌한 사교춤 II (one step) 원스텝, 일보, 한 걸음, 한 단계¶ 宇宙開発うちゅうかいはつへの～ 우주 개발로의 일보 ―タッチ (일 one touch) 원 터치 ①조작이 아주 간단함, 그런 방식¶ ～で全自動ぜんじどうの洗濯機せんたくき 원터치 방식의 전자동 세탁기 ②(배구에서) 터치 아웃 ―ピース (one-piece)[服] 원피스 ―マン (one-man) 원맨 I[名ㄷ] 독재자, 독불장군¶ ～社長しゃちょう 독재 사장 II[造語] 혼자(만)의¶ ～カー 원맨 카 ―マンショー (one-man show) 원맨 쇼 ①혼자서 하는 공연이나 방송 프로그램 ②(比) 한 사람의 대활약으로 진행되는 것 ―ルームマンション (일 one-room mansion) 원룸 맨션. 원룸 아파트

わんがん せんそう【湾岸戦争】[史] 걸프 전쟁

わんきょく【湾曲·*彎曲】[名][自スル] 만곡¶ ～した海岸線かいがんせん 만곡한 해안선

わんこう【湾口】 만구. 만의 어귀

わんこつ【腕骨】 완골. 손목뼈

わんさと [副](俗) ①아주 많은 모양. 잔뜩, 듬뿍¶ 仕事しごとが～残のこっている 일이 잔뜩 남아 있다 ②사람이 많이 모여드는 모양. 우르르¶ 見物人けんぶつにんが～押おしかける 구경꾼이 우르르 밀어닥치다

わんしょう【腕章】 완장¶ ～を付つける 완장을 차다

ワンダーフォーゲル (독 Wandervogel) 반더포겔. 단체로 산야를 걸어다니며 건강과 친목을 도모하는 청소년 운동, 그 일단

ワンダーフル (wonderful)[ㄷ] 원더풀. 경탄할 만함, 훌륭함, 멋짐 ▷ 감탄사적으로도 씀

わんとう【湾頭】 만두. 만의 입구

わんにゅう【湾入·*彎入】[名][自スル][地] 만입. 해안선이 육지 쪽으로 굽어 듦¶ 深ふか～している地形ちけい 깊숙이 만입되어 있는 지형

わんぱく【腕白】[名][ㄷ] (아이가) 장난스럽고 말을 듣지 않는 모양, 그런 아이, 장난꾸러기, 개구쟁이¶ ～小僧こぞう 장난꾸러기 아이

わん もり【*椀盛り】[料] 닭고기·생선·채소 등을 끓여 장국과 함께 공기에 담은 懐石かいせき 요리

わんりょく【腕力】 완력 ①주먹심¶ ～が強つよい 완력이 세다 ②폭력¶ ～に訴うったえる 완력에 호소하다 ―沙汰さた 완력 사태. 주먹다짐¶ ～に及およぶ 주먹다짐에 이르다

[慣用句]
―を振ふるう 완력을 휘두르다, 폭력을 쓰다

わん わん I [副] ①개 짖는 소리. 멍멍¶ 犬いぬが～とほえる 개가 멍멍 짖다 ②몹시 우는 모양. 엉엉¶ 大だいの男おとこが～と泣なく 다 큰 남자가 엉엉 울다 ③소리가 크게 울리는 모양. 쩌렁쩌렁¶ 歡声かんせいが場内じょうないに～と響ひびく 환성이 장내에 쩌렁쩌렁 울리다 II[名](幼) 멍멍이, 개

# ゑ ヰ

ゑ 五十音図ごじゅうおんず「わ」행(行)의 둘째 かな. ひらがな「ゑ」는「為」의 초서체. かたかな「ヰ」는「井」의 약체

ゑ → い

## ゑ ヱ

**ゑ** 五十音図(ごじゅうおんず)「わ」行(行)의 넷째 かな. ひらがな「ゑ」는「恵」의 초서체. かたかな「ヱ」는「慧」의 약체
**ゑ** → え

## を ヲ

**を** [格助] ①(동작·작용의 목표·대상) …을[를] ¶ 家(いえ)を~建(た)てる 집을 짓다/ 寒(さむ)いの~がまんする 추운 것을 참다/ 子供(こども)を~泣(な)かせる 아이를 울리다 ②(동작의 출발점·분리점) …을[를], …에, …에서 ¶ 故国(ここく)を~離(はな)れる 고국을 떠나다/ 電車(でんしゃ)を~おりる 전차에서 내리다 ③(동작이 경유하는 장소) …을[를] ¶ 山道(やまみち)を~行(ゆ)く 산길을 가다/ 廊下(ろうか)を~走(はし)る 복도를 달리다 ④(동작·작용이 지속되는 시간) …을[를] ¶ 長(なが)い年月(ねんげつ)を~過(す)ごす 긴 세월을 보내다/ 三時(さんじ)を~回(まわ)ったころ 3시를 지났을 즈음
**を ことてん**【乎古止点】(한문을 훈독할 때) 한자의 네 귀·위아래·중앙에 점이나 선으로 읽는 법을 표시한 부호
**を して** [連語](文)《사역의 助動詞「しむ」가 붙어》…로 하여금, …을[를] ¶ われを~行(ゆ)かしめれば 나로 하여금 가게 한다면

## ん ン

**ん** 五十音図(ごじゅうおんず) 이외의 かな. ひらがな「ん」은「毛」또는「无」의 초서체. かたかな「ン」은 撥音(はつおん)의 표시인「∨」에서 나왔다고 함
**ん** [感] ①상대방의 의향을 양해·승낙할 때 쓰는 말. 응=うん ¶ ~、いいよ 응 좋아 ②의문을 나타낼 때 쓰는 말. 응?, 아니 ¶ ~、何(なに)か変(へん)だぞ 아니 뭔가 이상한데
**ん** [助動]《특수형. 동사·동사형 助動詞의 未然形에 붙어》…않다, …아니다=ない ¶ いか~ 안 돼/ 行(ゆ)かーとこ 안 가는 곳/ 遅(おく)れても知(し)ら~ぞ 늦어도 모르네
**ん** [助]《格助詞「の」가 변한말》①《체언을 받아서 뒤의 체언을 한정함》…의 ¶ 家(いえ)~中(なか) 집 안/ 君(きみ)~ちへ行(ゆ)こう 너의 집에 가자 ②《의존명사처럼 씀》…의 것, …것, …일 ¶ いやな~だ 싫은 거다/ それ、僕(ぼく)~だ 그거 내거다 ▷ 구어적으로 쓰임
**んだ** [助] → のだ [助動]
**んち** (俗)《조어 성분으로서》…의 집, …네 집 ¶ おれ~に来(こ)い 우리집에 와/ 君(きみ)~のおとうさん、おっかないか? 너희집 아버지 무섭니? ▷ 어린아이가 주로 쓰며「…の家(うち)」의 압축된 말
**んで** [助] → ので [助]

# 부록

## 자음 색인

한자의 한글음으로 일본 음훈(音訓)을 찾아보기 위한 표이다.

* 한 글자에 여러 개의 음(音)이 있을 경우 대표적인 음의 표제 한자로 나타내었다.
* 한글 자음순에 따라 자획순으로 배열하였다.

## 가

[加] 音カ / 訓くわえる・くわわる
[可] 音カ / 訓よい・べし
[仮] 音カ・ケ / 訓かり
[伽] 音カ・ガ・キャ / 訓とぎ
[呵] 音カ
[価] 音カ / 訓あたい
[佳] 音カ
[苛] 音カ
[茄] 音カ
[架] 音カ / 訓かける・かかる
[家] 音カ・ケ / 訓いえ・や
[嫁] 音カ / 訓よめ・とつぐ
[暇] 音カ / 訓ひま
[嘉] 音カ / 訓よみする
[歌] 音カ / 訓うた・うたう
[街] 音ガイ・カイ / 訓まち
[稼] 音カ / 訓かせぐ
[駕] 音ガ

## 각

[各] 音カク / 訓おのおの
[角] 音カク / 訓かど・つの・すみ
[却] 音キャク
[刻] 音コク / 訓きざむ
[脚] 音キャク・キャ・カク / 訓あし
[殻] 音カク / 訓から
[覚] 音カク / 訓おぼえる・さます・さめる・さとる
[閣] 音カク

## 간

[干] 音カン / 訓ほす・ひる
[刊] 音カン
[奸] 音カン
[肝] 音カン / 訓きも
[侃] 音カン
[姦] 音カン
[看] 音カン / 訓みる
[栞] 音カン / 訓しおり

| | | | |
|---|---|---|---|
| [間] | 音カン・ケン<br>訓あいだ・ま | [龕] | 音ガン |
| [幹] | 音カン<br>訓みき | | |

## 갑

| | |
|---|---|
| [甲] | 音コウ・カン<br>訓きのえ |
| [岬] | 音コウ<br>訓みさき |

| | |
|---|---|
| [墾] | 音コン |
| [諫] | 音カン<br>訓いさめる |
| [懇] | 音コン<br>訓ねんごろ |
| [爛] | 音カン |
| [癇] | 音カン |
| [簡] | 音カン・ケン |

## 갈

| | |
|---|---|
| [喝] | 音カツ |
| [渇] | 音カツ<br>訓かわく |
| [褐] | 音カツ・カチ |

## 감

| | |
|---|---|
| [甘] | 音カン<br>訓あまい・あまえる・あまやかす |
| [柑] | 音カン |
| [紺] | 音コン |
| [勘] | 音カン |
| [堪] | 音カン・タン<br>訓たえる |
| [嵌] | 音カン<br>訓はめる |
| [敢] | 音カン<br>訓あえて |
| [減] | 音ゲン<br>訓へる・へらす |
| [感] | 音カン |
| [監] | 音カン |
| [憾] | 音カン<br>訓うらむ |
| [瞰] | 音カン |
| [鑑] | 音カン<br>訓かがみ・かんがみる |

## 강

| | |
|---|---|
| [江] | 音コウ<br>訓え |
| [岡] | 音コウ<br>訓おか |
| [降] | 音コウ<br>訓おりる・おろす・ふる |
| [剛] | 音ゴウ<br>訓つよい |
| [康] | 音コウ |
| [強] | 音キョウ・ゴウ<br>訓つよい・つよまる・つよめる・しいる |
| [腔] | 音コウ |
| [綱] | 音コウ<br>訓つな |
| [鋼] | 音コウ<br>訓はがね |
| [講] | 音コウ |

## 개

| | |
|---|---|
| [介] | 音カイ<br>訓すけ |
| [改] | 音カイ<br>訓あらためる・あらたまる |
| [芥] | 音カイ<br>訓あくた |
| [皆] | 音カイ<br>訓みな |
| [個] | 音コ・カ |
| [開] | 音カイ<br>訓ひらく・ひらける・あく・あける |
| [慨] | 音ガイ |

| | | | |
|---|---|---|---|
| [蓋] | 音ガイ<br>訓ふた・けだし | [渠] | 音キョ<br>訓みぞ・かれ |
| [概] | 音ガイ<br>訓おおむね | [距] | 音キョ |
| [溉] | 音ガイ | [裾] | 音キョ<br>訓すそ |
| [箇] | 音カ・コ | | |
| [鎧] | 音ガイ<br>訓よろい | | |

## 건

| | |
|---|---|
| [巾] | 音キン<br>訓はば |
| [件] | 音ケン<br>訓くだん |
| [建] | 音ケン・コン<br>訓たてる・たつ |
| [虔] | 音ケン<br>訓つつしむ |
| [健] | 音ケン<br>訓すこやか |
| [乾] | 音カン・ケン<br>訓かわく・かわかす・ほす |
| [腱] | 音ケン |
| [鍵] | 音ケン<br>訓かぎ |

## 객

| | |
|---|---|
| [客] | 音キャク・カク |
| [喀] | 音カク |

## 갱

| | |
|---|---|
| [坑] | 音コウ<br>訓あな |
| [更] | 音コウ<br>訓さら・ふける・ふかす |

## 갹

| | |
|---|---|
| [醵] | 音キョ<br>訓あつめる |

## 걸

| | |
|---|---|
| [乞] | 音コツ<br>訓こう |
| [傑] | 音ケツ |

## 거

| | |
|---|---|
| [去] | 音キョ・コ<br>訓さる |
| [巨] | 音キョ・コ |
| [車] | 音シャ<br>訓くるま |
| [居] | 音キョ<br>訓いる・おる |
| [拒] | 音キョ<br>訓こばむ |
| [拠] | 音キョ・コ<br>訓よる |
| [炬] | 音キョ・コ<br>訓たいまつ |
| [挙] | 音キョ<br>訓あげる・あがる |
| [据] | 音キョ<br>訓すえる・すわる |

## 검

| | |
|---|---|
| [倹] | 音ケン<br>訓つつましい |
| [剣] | 音ケン<br>訓つるぎ |
| [検] | 音ケン<br>訓しらべる |
| [黔] | 音ケン |

## 겁

| | |
|---|---|
| [劫] | 音コウ・ゴウ |
| [怯] | 音キョウ<br>訓おびえる |

## 게

- 【偈】 音ゲ
- 【揭】 音ケイ 訓かかげる
- 【憩】 音ケイ 訓いこう・いこい

## 격

- 【格】 音カク・コウ・キャク
- 【隔】 音カク 訓へだてる・へだたる
- 【擊】 音ゲキ 訓うつ
- 【激】 音ゲキ 訓はげしい
- 【檄】 音ゲキ

## 견

- 【犬】 音ケン 訓いぬ
- 【見】 音ケン・ゲン 訓みる・みえる・みせる・まみえる
- 【肩】 音ケン 訓かた
- 【牽】 音ケン 訓ひく
- 【堅】 音ケン 訓かたい
- 【絹】 音ケン 訓きぬ
- 【遣】 音ケン 訓つかわす・つかう・やる
- 【繭】 音ケン 訓まゆ
- 【譴】 音ケン 訓せめる

## 결

- 【欠】 音ケツ・ケン 訓かける・かく
- 【決】 音ケツ 訓きめる・きまる
- 【訣】 音ケツ 訓わかれる
- 【結】 音ケツ・ケチ 訓むすぶ・ゆう・ゆわえる
- 【潔】 音ケツ 訓いさぎよい

## 겸

- 【兼】 音ケン 訓かねる
- 【謙】 音ケン 訓へりくだる
- 【鎌】 音レン 訓かま

## 경

- 【京】 音キョウ・ケイ・キン
- 【庚】 音コウ 訓かのえ
- 【径】 音ケイ 訓みち
- 【茎】 音ケイ 訓くき
- 【耕】 音コウ 訓たがやす
- 【竟】 音キョウ
- 【経】 音ケイ・キョウ・キン 訓へる・たつ
- 【頃】 音ケイ 訓ころ
- 【敬】 音ケイ・キョウ 訓うやまう・つつしむ
- 【景】 音ケイ
- 【痙】 音ケイ
- 【軽】 音ケイ・キン 訓かるい・かろやか
- 【卿】 音キョウ・ケイ
- 【硬】 音コウ 訓かたい
- 【傾】 音ケイ 訓かたむく・かたむける
- 【境】 音キョウ・ケイ 訓さかい

| | | | |
|---|---|---|---|
| [鯨] | 音ゲイ<br>訓くじら | [稽] | 音ケイ<br>訓かんがえる |
| [慶] | 音ケイ<br>訓よろこぶ | [繋] | 音ケイ<br>訓つなぐ |
| [磬] | 音ケイ・キン | [鶏] | 音ケイ<br>訓にわとり |
| [頸] | 音ケイ<br>訓くび | | |

## 고

| | |
|---|---|
| [警] | 音ケイ・キョウ<br>訓いましめる |
| [鏡] | 音キョウ<br>訓かがみ |
| [古] | 音コ<br>訓ふるい・ふるす・いにしえ |
| [競] | 音キョウ・ケイ<br>訓きそう・せる |
| [叩] | 音コウ<br>訓たたく |
| [尻] | 音コウ<br>訓しり |
| [驚] | 音キョウ<br>訓おどろく・おどろかす |
| [考] | 音コウ<br>訓かんがえる |

## 계

| | | | |
|---|---|---|---|
| | | [告] | 音コク<br>訓つげる |
| [戒] | 音カイ<br>訓いましめる・いましめ | [固] | 音コ<br>訓かためる・かたまる・かたい・もとより |
| [系] | 音ケイ | | |
| [届] | 音カイ<br>訓とどける・とどく・とどけ | [姑] | 音コ<br>訓しゅうとめ |
| [季] | 音キ<br>訓すえ | [狐] | 音コ<br>訓きつね |
| [係] | 音ケイ<br>訓かかる・かかり・かかわる | [股] | 音コ<br>訓また・もも |
| [契] | 音ケイ<br>訓ちぎる | [苦] | 音ク<br>訓くるしい・くるしむ・くるしめる・にがい・にがる |
| [界] | 音カイ<br>訓さかい | | |
| [計] | 音ケイ<br>訓はかる・はからう | [孤] | 音コ |
| [桂] | 音ケイ<br>訓かつら | [故] | 音コ<br>訓ゆえ |
| [啓] | 音ケイ<br>訓ひらく | [枯] | 音コ<br>訓かれる・からす |
| [械] | 音カイ | [拷] | 音ゴウ |
| [渓] | 音ケイ<br>訓たに | [庫] | 音コ・ク<br>訓くら |
| [階] | 音カイ<br>訓きざはし | [高] | 音コウ<br>訓たかい・たか・たかまる・たかめる |
| [継] | 音ケイ<br>訓つぐ・まま | [袴] | 音コ<br>訓はかま |
| [誡] | 音カイ<br>訓いましめる | [雇] | 音コ<br>訓やとう |
| | | [鼓] | 音コ<br>訓つづみ |

| 【敲】 | 音コウ 訓たたく |
| 【膏】 | 音コウ 訓あぶら |
| 【稿】 | 音コウ |
| 【顧】 | 音コ 訓かえりみる |
| 【蠱】 | 音コ |

## 곡

| 【曲】 | 音キョク 訓まがる・まげる |
| 【谷】 | 音コク 訓たに |
| 【哭】 | 音コク 訓なく |
| 【穀】 | 音コク |
| 【鵠】 | 音コク |

## 곤

| 【困】 | 音コン 訓こまる |
| 【坤】 | 音コン 訓ひつじさる |
| 【昆】 | 音コン |
| 【梱】 | 音コン |

## 골

| 【骨】 | 音コツ 訓ほね |

## 공

| 【工】 | 音コウ・ク 訓たくみ |
| 【公】 | 音コウ・ク 訓おおやけ・きみ |
| 【孔】 | 音コウ・ク |
| 【功】 | 音コウ・ク 訓いさお |
| 【共】 | 音キョウ 訓とも |
| 【攻】 | 音コウ 訓せめる |
| 【供】 | 音キョウ・ク 訓そなえる・とも |
| 【空】 | 音クウ 訓そら・から・あく・あける・むなしい・すく |
| 【拱】 | 音キョウ |
| 【恐】 | 音キョウ 訓おそれる・おそろしい |
| 【恭】 | 音キョウ 訓うやうやしい |
| 【貢】 | 音コウ・ク 訓みつぐ |
| 【控】 | 音コウ 訓ひかえる |

## 과

| 【戈】 | 音カ 訓ほこ |
| 【瓜】 | 音カ 訓うり |
| 【果】 | 音カ 訓はたす・はてる・はて |
| 【科】 | 音カ 訓しな・とが |
| 【菓】 | 音カ |
| 【過】 | 音カ 訓すぎる・すごす・あやまつ・あやまち |
| 【誇】 | 音コ 訓ほこる |
| 【寡】 | 音カ 訓すくない |
| 【課】 | 音カ |
| 【鍋】 | 音カ 訓なべ |
| 【顆】 | 音カ |

## 곽

| 【郭】 | 音カク |
| 【廓】 | 音カク 訓くるわ |

## 관

- [缶] 音カン
- [官] 音カン
- [冠] 音カン 訓かんむり
- [菅] 音カン 訓すげ
- [貫] 音カン 訓つらぬく
- [棺] 音カン 訓ひつぎ
- [款] 音カン
- [寛] 音カン
- [慣] 音カン 訓なれる・ならす
- [管] 音カン 訓くだ
- [関] 音カン 訓せき
- [館] 音カン 訓やかた・たち・たて
- [観] 音カン 訓みる
- [灌] 音カン 訓そそぐ

## 괄

- [刮] 音カツ
- [括] 音カツ 訓くくる

## 광

- [広] 音コウ 訓ひろい・ひろまる・ひろめる・ひろがる・ひろげる
- [光] 音コウ 訓ひかる・ひかり
- [匡] 音キョウ 訓ただす
- [洸] 音コウ
- [狂] 音キョウ 訓くるう・くるおしい
- [鉱] 音コウ
- [曠] 音コウ

## 괘

- [卦] 音ケ・カ
- [掛] 音カイ 訓かける・かかる・かかり
- [罫] 音ケイ

## 괴

- [怪] 音カイ・ケ 訓あやしい・あやしむ
- [拐] 音カイ
- [塊] 音カイ 訓かたまり
- [魁] 音カイ 訓さきがけ
- [壊] 音カイ・エ 訓こわす・こわれる

## 괵

- [馘] 音カク

## 굉

- [宏] 音コウ 訓ひろい
- [紘] 音コウ 訓つな
- [轟] 音ゴウ 訓とどろく

## 교

- [巧] 音コウ 訓たくみ
- [交] 音コウ 訓まじわる・まじえる・まじる・まざる・まぜる・かう・かわす
- [狡] 音コウ 訓ずるい
- [郊] 音コウ

자음 색인

| | | | |
|---|---|---|---|
| [校] | 音コウ・キョウ | [灸] | 音キュウ |
| [教] | 音キョウ 訓おしえる・おそわる | [玖] | 音キュウ・ク |
| [絞] | 音コウ 訓しぼる・しめる・しまる | [究] | 音キュウ 訓きわめる |
| [喬] | 音キョウ 訓たかい | [拘] | 音コウ 訓とらえる・かかわる |
| [較] | 音カク・コウ 訓くらべる | [具] | 音グ 訓そなえる・そなわる・つぶさに |
| [膠] | 音コウ 訓にかわ | [狗] | 音ク 訓いぬ |
| [嬌] | 音キョウ | [欧] | 音オウ |
| [橋] | 音キョウ 訓はし | [殴] | 音オウ 訓なぐる |
| [矯] | 音キョウ 訓ためる | [垢] | 音コウ・ク 訓あか |
| [驕] | 音キョウ 訓おごる | [柩] | 音キュウ |
| [攪] | 音カク・コウ | [俱] | 音ク・グ 訓ともに |
| | | [救] | 音キュウ 訓すくう |

## 구

| | | | |
|---|---|---|---|
| | | [寇] | 音コウ |
| [九] | 音キュウ・ク 訓ここの・ここのつ | [矩] | 音ク 訓さしがね・のり |
| [久] | 音キュウ・ク 訓ひさしい | [毬] | 音キュウ 訓まり |
| [口] | 音コウ・ク 訓くち | [球] | 音キュウ 訓たま |
| [仇] | 音サ 訓あだ・かたき | [廐] | 音キュウ |
| [勾] | 音コウ 訓まがる | [鳩] | 音キュウ 訓はと |
| [区] | 音ク | [溝] | 音コウ 訓みぞ |
| [句] | 音ク | [構] | 音コウ 訓かまえる・かまう |
| [丘] | 音キュウ 訓おか | [駆] | 音ク 訓かける・かる |
| [旧] | 音キュウ 訓ふるい | [駒] | 音ク 訓こま |
| [朽] | 音キュウ 訓くちる | [嘔] | 音オウ |
| [臼] | 音キュウ 訓うす | [覯] | 音コウ |
| [求] | 音キュウ・グ 訓もとめる | [購] | 音コウ 訓あがなう |

## 구

【謳】 音オウ

【軀】 音ク 訓からだ

【懼】 音ク・グ 訓おそれる

## 국

【局】 音キョク 訓つぼね

【国】 音コク 訓くに

【菊】 音キク

【鞠】 音キク 訓まり

## 군

【君】 音クン 訓きみ

【軍】 音グン 訓いくさ

【郡】 音グン 訓こおり

【群】 音グン 訓むれる・むれ・むら

## 굴

【屈】 音クツ 訓かがむ

【堀】 音クツ 訓ほり

【掘】 音クツ 訓ほる

【窟】 音クツ 訓いわや

## 궁

【弓】 音キュウ 訓ゆみ

【宮】 音キュウ・グウ・ク 訓みや

【窮】 音キュウ 訓きわめる・きわまる

## 권

【券】 音ケン

【巻】 音カン・ケン 訓まく・まき

【倦】 音ケン 訓うむ・つかれる

【拳】 音ケン・ゲン 訓こぶし

【捲】 音ケン 訓まく

【眷】 音ケン

【圏】 音ケン

【勧】 音カン 訓すすめる

【権】 音ケン・ゴン

## 궐

【闕】 音ケツ 訓かける

## 궤

【几】 音キ 訓つくえ

【机】 音キ 訓つくえ

【軌】 音キ

【詭】 音キ 訓いつわる

【潰】 音カイ 訓ついえる

## 귀

【帰】 音キ 訓かえる・かえす

【鬼】 音キ 訓おに

【亀】 音キ 訓かめ

【貴】 音キ 訓たっとい・とうとい・たっとぶ・とうとぶ

## 규

[叫] 音キョウ / 訓さけぶ

[圭] 音ケイ

[糾] 音キュウ

[奎] 音ケイ

[珪] 音ケイ

[赳] 音キュウ

[規] 音キ / 訓のり

[揆] 音キ

[葵] 音キ・ギ / 訓あおい

[閨] 音ケイ / 訓ねや

## 균

[均] 音キン

[菌] 音キン / 訓きのこ

## 귤

[橘] 音キツ / 訓たちばな

## 극

[克] 音コク / 訓かつ

[戟] 音ゲキ

[隙] 音ゲキ / 訓すき・ひま

[極] 音キョク・ゴク / 訓きわめる・きわまる・きわみ

[劇] 音ゲキ / 訓はげしい

## 근

[斤] 音キン

[芹] 音キン / 訓せり

[近] 音キン・コン / 訓ちかい

[根] 音コン / 訓ね

[菫] 音キン / 訓すみれ

[勤] 音キン・ゴン / 訓つとめる・つとまる

[筋] 音キン / 訓すじ

[僅] 音キン

[謹] 音キン / 訓つつしむ

[饉] 音キン / 訓うえる

## 금

[今] 音コン・キン / 訓いま

[金] 音キン・コン / 訓かね・かな

[衾] 音キン / 訓ふすま

[琴] 音キン / 訓こと

[禽] 音キン / 訓とり

[禁] 音キン

[錦] 音キン / 訓にしき

[襟] 音キン / 訓えり

## 급

[及] 音キュウ / 訓およぶ・および・およぼす

[汲] 音キュウ / 訓くむ

[扱] 音ソウ / 訓あつかう

[急] 音キュウ / 訓いそぐ

자음 색인

| | | | |
|---|---|---|---|
| [級] | 音キュウ<br>訓しな | [飢] | 音キ<br>訓うえる |
| [笈] | 音キュウ<br>訓おい | [基] | 音キ<br>訓もと・もとい・もとづく |
| [給] | 音キュウ<br>訓たまう・たまわる | [寄] | 音キ<br>訓よる・よせる |

## 긍

| [亘] | 音コウ<br>訓わたる | [崎] | 音キ<br>訓さき |
|---|---|---|---|
| [肯] | 音コウ<br>訓うべなう・がえんずる | [幾] | 音キ<br>訓いく |
| | | [期] | 音キ・ゴ |
| | | [棋] | 音キ |

## 기

| | | [欺] | 音ギ<br>訓あざむく |
|---|---|---|---|
| [己] | 音コ・キ<br>訓おのれ・つちのと | [嗜] | 音シ |
| [企] | 音キ<br>訓くわだてる | [碁] | 音ゴ |
| [伎] | 音ギ・キ | [棄] | 音キ<br>訓すてる |
| [気] | 音キ・ケ | [畸] | 音キ |
| [肌] | 音キ<br>訓はだ | [旗] | 音キ<br>訓はた |
| [妓] | 音ギ・キ | [綺] | 音キ |
| [岐] | 音キ<br>訓わかれる | [器] | 音キ<br>訓うつわ |
| [忌] | 音キ<br>訓いむ・いまわしい | [畿] | 音キ |
| [汽] | 音キ | [機] | 音キ<br>訓はた |
| [技] | 音ギ<br>訓わざ | [磯] | 音キ<br>訓いそ |
| [其] | 音キ<br>訓その・それ | [騎] | 音キ |
| [奇] | 音キ<br>訓くし | [饑] | 音キ<br>訓うえる |
| [祈] | 音キ<br>訓いのる | | |

## 긴

| [紀] | 音キ<br>訓のり | [緊] | 音キン<br>訓しめる・しまる |
|---|---|---|---|
| [既] | 音キ<br>訓すでに | | |

## 길

| [記] | 音キ<br>訓しるす | [吉] | 音キチ・キツ<br>訓よし |
|---|---|---|---|
| [起] | 音キ<br>訓おきる・おこる・おこす | | |

## 끽

[喫] 音キツ

## 나

[那] 音ナ 訓いかん・なんぞ
[奈] 音ナ 訓いかん
[拿] 音ダ

## 낙

[諾] 音ダク 訓うべなう

## 난

[暖] 音ダン 訓あたたか・あたたかい・あたたまる・あたためる
[難] 音ナン 訓かたい・むずかしい

## 날

[捺] 音ナツ 訓おす

## 남

[男] 音ダン・ナン 訓おとこ
[南] 音ナン・ナ 訓みなみ
[楠] 音ナン 訓くす・くすのき

## 납

[納] 音ノウ・ナッ・ナ・ナン・トウ 訓おさめる・おさまる

## 낭

[娘] 音ジョウ 訓むすめ

[囊] 音ノウ 訓ふくろ

## 내

[乃] 音ダイ・ナイ 訓すなわち・なんじ
[内] 音ナイ・ダイ 訓うち
[耐] 音タイ 訓たえる

## 녀

[女] 音ジョ・ニョ・ニョウ 訓おんな・め

## 년

[年] 音ネン 訓とし

## 념

[念] 音ネン 訓おもう
[恬] 音テン
[捻] 音ネン 訓ひねる・ねじる

## 녕

[寧] 音ネイ 訓むしろ

## 노

[奴] 音ド・ヌ 訓やっこ・やつ
[努] 音ド 訓つとめる
[弩] 音ド 訓いしゆみ
[怒] 音ド・ヌ 訓いかる・おこる

## 농

[農] 音ノウ

자음 색인

【濃】 音ノウ 訓こい
【膿】 音ノウ 訓うみ

## 뇌
【悩】 音ノウ 訓なやむ・なやます
【脳】 音ノウ

## 뇨
【尿】 音ニョウ 訓いばり・ゆばり

## 눌
【訥】 音トツ 訓どもる

## 뉴
【紐】 音チュウ 訓ひも

## 능
【能】 音ノウ 訓あたう・よく

## 니
【尼】 音ニ・ジ 訓あま
【泥】 音デイ 訓どろ・なずむ

## 닉
【匿】 音トク 訓かくす・かくれる
【溺】 音デキ 訓おぼれる

## 다
【多】 音タ 訓おおい

【茶】 音チャ・サ

## 단
【丹】 音タン 訓に
【旦】 音タン 訓あした
【団】 音ダン・トン
【但】 音タン 訓ただし
【単】 音タン
【段】 音ダン・タン
【蛋】 音タン
【断】 音ダン 訓たつ・ことわる
【短】 音タン 訓みじかい
【端】 音タン 訓はし・は・はた・はした
【壇】 音ダン・タン
【檀】 音ダン・タン 訓まゆみ
【鍛】 音タン 訓きたえる

## 달
【達】 音タツ・ダチ

## 담
【担】 音タン 訓かつぐ・になう
【胆】 音タン 訓きも
【啖】 音タン
【淡】 音タン 訓あわい
【談】 音ダン
【痰】 音タン
【曇】 音ドン 訓くもる

## 답

[答] 音トウ  
訓こたえる・こたえ

[踏] 音トウ  
訓ふむ・ふまえる

## 당

[当] 音トウ  
訓あたる・あてる

[唐] 音トウ  
訓から

[党] 音トウ

[堂] 音ドウ

[撞] 音ドウ・トウ  
訓つく

[糖] 音トウ

## 대

[大] 音ダイ・タイ  
訓おお・おおきい・おおいに

[代] 音ダイ・タイ  
訓かわる・かえる・よ・しろ

[台] 音ダイ・タイ  
訓うてな

[対] 音タイ・ツイ  
訓こたえる

[待] 音タイ  
訓まつ

[帯] 音タイ  
訓おび・おびる

[袋] 音タイ  
訓ふくろ

[貸] 音タイ  
訓かす

[隊] 音タイ

[黛] 音タイ  
訓まゆずみ

[戴] 音タイ  
訓いただく

## 덕

[德] 音トク

## 도

[刀] 音トウ  
訓かたな

[図] 音ズ・ト  
訓はかる

[到] 音トウ  
訓いたる

[度] 音ド・ト・タク  
訓たび・はかる

[逃] 音トウ  
訓にげる・にがす・のがす・のがれる

[挑] 音チョウ  
訓いどむ

[倒] 音トウ  
訓たおれる・たおす

[徒] 音ト・ズ  
訓かち・ともがら・いたずら

[途] 音ト・ズ  
訓みち

[島] 音トウ  
訓しま

[桃] 音トウ  
訓もも

[悼] 音トウ  
訓いたむ

[掉] 音トウ・チョウ  
訓ふるう

[盗] 音トウ  
訓ぬすむ

[淘] 音トウ  
訓とぐ

[陶] 音トウ  
訓すえ

[都] 音ト・ツ  
訓みやこ

[渡] 音ト  
訓わたる・わたす

[道] 音ドウ・トウ  
訓みち

[跳] 音チョウ  
訓はねる・とぶ

[堵] 音ト  
訓かき

[屠] 音ト  
訓ほふる

[塗] 音ト  
訓ぬる・まみれる

| | | | |
|---|---|---|---|
| [稲] | 音トウ<br>訓いね・いな | [洞] | 音ドウ<br>訓ほら |
| [導] | 音ドウ<br>訓みちびく | [凍] | 音トウ<br>訓こおる・こごえる・いてる |
| [賭] | 音ト<br>訓かける | [桐] | 音ドウ<br>訓きり |
| [濤] | 音トウ<br>訓なみ | [胴] | 音ドウ |
| [鍍] | 音トウ<br>訓なみ | [動] | 音ドウ<br>訓うごく・うごかす |

## 독

| | | | |
|---|---|---|---|
| [禿] | 音トク<br>訓はげ・かむろ | [棟] | 音ドウ<br>訓むね・むな |
| [毒] | 音ドク | [童] | 音ドウ<br>訓わらべ |
| [独] | 音ドク<br>訓ひとり | [働] | 音ドウ<br>訓はたらく(日本식 한자) |
| [督] | 音トク | [銅] | 音ドウ<br>訓あかがね |
| [読] | 音ドク・トク・トウ<br>訓よむ | [憧] | 音ドウ・ショウ<br>訓あこがれる |
| [篤] | 音トク<br>訓あつい | [瞳] | 音ドウ<br>訓ひとみ |
| [瀆] | 音トク<br>訓けがす | | |

## 두

| | | | |
|---|---|---|---|
| | | [斗] | 音ト<br>訓ます |
| | | [豆] | 音トウ・ズ<br>訓まめ |

## 돈

| | | | |
|---|---|---|---|
| [豚] | 音トン<br>訓ぶた | [杜] | 音ト・ズ<br>訓ふさぐ・もり |
| [惇] | 音トン・ジュン<br>訓あつい・まこと | [逗] | 音トウ・ズ<br>訓とどまる |
| [敦] | 音トン<br>訓あつい | [痘] | 音トウ<br>訓もがさ |
| [頓] | 音トン<br>訓にわかに・とみに | [頭] | 音トウ・ズ・ト<br>訓あたま・かしら |

## 돌

## 둔

| | | | |
|---|---|---|---|
| [突] | 音トツ<br>訓つく | [屯] | 音トン<br>訓たむろ |

## 동

| | | | |
|---|---|---|---|
| | | [遁] | 音トン<br>訓のがれる |
| [冬] | 音トウ<br>訓ふゆ | [鈍] | 音ドン<br>訓にぶい・にぶる |
| [同] | 音ドウ<br>訓おなじ | | |

## 득

| | | | |
|---|---|---|---|
| [東] | 音トウ<br>訓ひがし・あずま | [得] | 音トク<br>訓える・うる |

## 등

- 【灯】 音トウ 訓ひ・ともしび
- 【登】 音トウ・ト 訓のぼる
- 【等】 音トウ 訓ひとしい・など
- 【橙】 音トウ 訓だいだい
- 【謄】 音トウ 訓うつす
- 【藤】 音トウ 訓ふじ
- 【騰】 音トウ 訓あがる

## 라

- 【裸】 音ラ 訓はだか
- 【螺】 音ラ
- 【羅】 音ラ
- 【癩】 音ライ

## 락

- 【洛】 音ラク
- 【烙】 音ラク
- 【絡】 音ラク 訓からむ・からまる
- 【落】 音ラク 訓おちる・おとす
- 【酪】 音ラク

## 란

- 【乱】 音ラン 訓みだれる・みだす
- 【卵】 音ラン 訓たまご
- 【蘭】 音ラン 訓あららぎ
- 【欄】 音ラン
- 【爛】 音ラン 訓ただれる

## 랄

- 【辣】 音ラツ

## 람

- 【婪】 音ラン
- 【嵐】 音ラン 訓あらし
- 【覧】 音ラン 訓みる
- 【濫】 音ラン 訓みだり
- 【藍】 音ラン 訓あい

## 랍

- 【拉】 音ラツ
- 【臘】 音ロウ
- 【臈】 音ロウ
- 【蠟】 音ロウ

## 랑

- 【郎】 音ロウ
- 【朗】 音ロウ 訓ほがらか
- 【浪】 音ロウ 訓なみ
- 【狼】 音ロウ 訓おおかみ
- 【廊】 音ロウ

## 래

- 【来】 音ライ 訓くる・きたる・きたす

## 랭

- 【冷】 音レイ 訓つめたい・ひえる・ひや・ひやす・ひやかす・さめる・さます

## 략

- 【掠】 ⾳リャク / 訓かすめる
- 【略】 ⾳リャク / 訓ほほ

## 량

- 【両】 ⾳リョウ / 訓ふたつ
- 【良】 ⾳リョウ / 訓よい
- 【亮】 ⾳リョウ / 訓あきらか
- 【梁】 ⾳リョウ / 訓はり・うつばり・やな
- 【涼】 ⾳リョウ / 訓すずしい・すずむ
- 【量】 ⾳リョウ / 訓はかる
- 【諒】 ⾳リョウ / 訓あきらか
- 【輛】 ⾳リョウ
- 【糧】 ⾳リョウ・ロウ / 訓かて

## 려

- 【呂】 ⾳ロ・リョ
- 【侶】 ⾳リョ
- 【励】 ⾳レイ / 訓はげむ・はげます
- 【戻】 ⾳レイ / 訓もどす・もどる・もとる
- 【旅】 ⾳リョ / 訓たび
- 【慮】 ⾳リョ / 訓おもんぱかる
- 【黎】 ⾳レイ
- 【麗】 ⾳レイ / 訓うるわしい

## 력

- 【力】 ⾳リョク・リキ / 訓ちから・つとめる
- 【暦】 ⾳レキ・リャク / 訓こよみ
- 【歴】 ⾳レキ / 訓へる
- 【礫】 ⾳レキ / 訓つぶて
- 【轢】 ⾳レキ / 訓きしる・ひく

## 련

- 【恋】 ⾳レン / 訓こう・こい・こいしい
- 【連】 ⾳レン / 訓つらなる・つらねる・つれる
- 【煉】 ⾳レン / 訓ねる
- 【練】 ⾳レン / 訓ねる
- 【蓮】 ⾳レン / 訓はす・はちす
- 【憐】 ⾳レン / 訓あわれむ
- 【錬】 ⾳レン / 訓ねる
- 【聯】 ⾳レン / 訓つらなる・つらねる

## 렬

- 【列】 ⾳レツ / 訓つらねる・ならぶ
- 【劣】 ⾳レツ / 訓おとる
- 【烈】 ⾳レツ / 訓はげしい
- 【裂】 ⾳レツ / 訓さく・さける

## 렴

- 【廉】 ⾳レン / 訓やすい
- 【簾】 ⾳レン / 訓すだれ

## 렵

- 【猟】 ⾳リョウ / 訓かり

## 령

- [令] 音レイ・リョウ
- [伶] 音レイ 訓わざおぎ
- [怜] 音レイ 訓さとい
- [玲] 音レイ
- [逞] 音テイ 訓たくましい
- [鈴] 音レイ・リン 訓すず
- [零] 音レイ 訓こぼれる
- [領] 音リョウ・レイ 訓えり
- [霊] 音レイ・リョウ 訓たま
- [澪] 音レイ 訓みお
- [嶺] 音レイ 訓みね・ね
- [齢] 音レイ 訓よわい・とし

## 례

- [礼] 音レイ・ライ
- [例] 音レイ 訓たとえる
- [隷] 音レイ

## 로

- [老] 音ロウ 訓おいる・ふける
- [労] 音ロウ 訓いたわる・ねぎらう
- [炉] 音ロ 訓いろり
- [路] 音ロ 訓じ・みち
- [虜] 音リョ 訓とりこ
- [蕗] 音ロ 訓ふき
- [櫓] 音ロ 訓やぐら
- [露] 音ロ・ロウ 訓つゆ・あらわれる・あらわす

## 록

- [鹿] 音ロク 訓しか
- [禄] 音ロク 訓さいわい
- [碌] 音ロク
- [緑] 音リョク・ロク 訓みどり
- [録] 音ロク 訓しるす
- [麓] 音ロク 訓ふもと

## 론

- [論] 音ロン 訓あげつらう

## 롱

- [弄] 音ロウ 訓もてあそぶ
- [滝] 音ロウ 訓たき
- [朧] 音ロウ 訓おぼろ
- [籠] 音ロウ 訓かご・こめる・こもる
- [聾] 音ロウ

## 뢰

- [牢] 音ロウ
- [雷] 音ライ 訓かみなり・いかずち
- [磊] 音ライ
- [頼] 音ライ 訓たのむ・たのもしい・たよる
- [瀬] 音ライ 訓せ

## 료

【了】 音リョウ / 訓おわる・さとる

【料】 音リョウ / 訓はかる

【僚】 音リョウ / 訓ともがら

【寮】 音リョウ

【遼】 音リョウ / 訓はるか

【燎】 音リョウ

【療】 音リョウ / 訓いやす

【瞭】 音リョウ / 訓あきらか

## 룡

【竜】 音リュウ・リョウ / 訓たつ

## 루

【陋】 音ロウ / 訓いやしい

【涙】 音ルイ / 訓なみだ

【累】 音ルイ / 訓かさねる・かさなる

【塁】 音ルイ / 訓とりで

【楼】 音ロウ / 訓たかどの

【漏】 音ロウ・ロ / 訓もる・もれる・もらす

【縷】 音ル

## 류

【柳】 音リュウ / 訓やなぎ

【留】 音リュウ・ル / 訓とめる・とまる・とどめる・とどまる

【流】 音リュウ・ル / 訓ながれる・ながす

【瑠】 音ル・リュウ

【硫】 音リュウ

【溜】 音リュウ / 訓たまる・ためる

【謬】 音ビュウ / 訓あやまる

【類】 音ルイ / 訓たぐい

## 륙

【六】 音ロク・リク / 訓む・むつ・むっつ・むい

【陸】 音リク・ロク / 訓おか・くが

## 륜

【倫】 音リン

【綸】 音リン / 訓いと

【輪】 音リン / 訓わ

## 률

【律】 音リツ・リチ

【栗】 音リツ / 訓くり

【率】 音ソツ・リツ / 訓ひきいる

【慄】 音リツ

## 륭

【隆】 音リュウ

## 륵

【肋】 音ロク / 訓あばら

## 름

【凜】 音リン

## 릉

【凌】 音リョウ / 訓しのぐ

| | | | |
|---|---|---|---|
| 【陵】 | 音リョウ<br>訓みささぎ | 【燐】 | 音リン |
| 【稜】 | 音リョウ<br>訓かど | 【隣】 | 音リン<br>訓となり・となる |
| 【寥】 | 音リョウ | 【鱗】 | 音リン<br>訓うろこ |
| 【綾】 | 音リョウ<br>訓あや | 【麟】 | 音リン |

## 리

## 림

| | |
|---|---|
| 【林】 | 音リン<br>訓はやし |
| 【淋】 | 音リン<br>訓さびしい |
| 【臨】 | 音リン<br>訓のぞむ |

| | |
|---|---|
| 【吏】 | 音リ |
| 【利】 | 音リ<br>訓きく・とし |
| 【李】 | 音リ<br>訓すもも |
| 【里】 | 音リ<br>訓さと |
| 【俚】 | 音リ |
| 【厘】 | 音リン |
| 【悧】 | 音リ |
| 【莉】 | 音リ |
| 【梨】 | 音リ<br>訓なし |
| 【理】 | 音リ<br>訓ことわり・おさめる |
| 【痢】 | 音リ |
| 【裡】 | 音リ<br>訓うち |
| 【裏】 | 音リ<br>訓うら・うち |
| 【履】 | 音リ<br>訓はく・ふむ |
| 【璃】 | 音リ |
| 【罹】 | 音リ<br>訓かかる |
| 【鯉】 | 音リ<br>訓こい |
| 【離】 | 音リ<br>訓はなれる・はなす |

## 립

| | |
|---|---|
| 【立】 | 音リツ・リュウ<br>訓たつ・たてる |
| 【笠】 | 音リュウ<br>訓かさ |
| 【粒】 | 音リュウ<br>訓つぶ |

## 마

| | |
|---|---|
| 【馬】 | 音バ・メ<br>訓うま・ま |
| 【麻】 | 音マ<br>訓あさ |
| 【摩】 | 音マ<br>訓する・こする |
| 【磨】 | 音マ<br>訓みがく |
| 【魔】 | 音マ |

## 막

| | |
|---|---|
| 【莫】 | 音バク<br>訓なし |
| 【幕】 | 音マク・バク |
| 【漠】 | 音バク |
| 【膜】 | 音マク |

## 린

## 만

| | |
|---|---|
| 【吝】 | 音リン<br>訓おしむ・やぶさか |

| | |
|---|---|
| 【万】 | 音マン・バン<br>訓よろず |

| | | | |
|---|---|---|---|
| [挽] | 音バン<br>訓ひく | [毎] | 音マイ<br>訓ごと |
| [蛮] | 音バン | [呆] | 音ホウ・ボウ<br>訓おろか・あきれる |
| [満] | 音マン<br>訓みちる・みたす | [売] | 音バイ・マイ<br>訓うる・うれる |
| [湾] | 音ワン | [妹] | 音マイ<br>訓いもうと |
| [晚] | 音バン | [枚] | 音マイ |
| [慢] | 音マン<br>訓おこたる・あなどる | [昧] | 音マイ<br>訓くらい |
| [漫] | 音マン<br>訓みだりに・そぞろ | [埋] | 音マイ<br>訓うめる・うまる・うもれる |
| [蔓] | 音マン<br>訓つる | [梅] | 音バイ<br>訓うめ |
| [瞞] | 音マン<br>訓あざむく・だます | [媒] | 音バイ<br>訓なかだち |
| [輓] | 音バン<br>訓ひく | [買] | 音バイ<br>訓かう |
| [彎] | 音ワン | [煤] | 音バイ<br>訓すす |

## 말

| | |
|---|---|
| [末] | 音マツ・バツ<br>訓すえ |
| [抹] | 音マツ |
| [沫] | 音マツ<br>訓あわ |
| [茉] | 音マツ |

| | |
|---|---|
| [邁] | 音マイ<br>訓ゆく |
| [罵] | 音バ<br>訓ののしる |
| [魅] | 音ミ<br>訓みいる |

## 망

| | |
|---|---|
| [亡] | 音ボウ・モウ<br>訓ない・ほろびる・うせる |
| [妄] | 音モウ・ボウ<br>訓みだり |
| [忙] | 音ボウ<br>訓いそがしい・せわしい |
| [忘] | 音ボウ<br>訓わすれる |
| [茫] | 音ボウ |
| [望] | 音ボウ・モウ<br>訓のぞむ・もち |
| [網] | 音モウ<br>訓あみ |

## 매

## 맥

| | |
|---|---|
| [麦] | 音バク<br>訓むぎ |
| [脈] | 音ミャク |
| [驀] | 音バク |

## 맹

| | |
|---|---|
| [孟] | 音モウ<br>訓かしら・たけ・つとめる・はじめ |
| [盲] | 音モウ<br>訓めしい |
| [萌] | 音ホウ<br>訓きざし・きざす・もえる |
| [猛] | 音モウ<br>訓たけし |
| [盟] | 音メイ<br>訓ちかう |

## 면

[免] 音メン
訓まぬがれる・ゆるす

[面] 音メン
訓おも・おもて・つら

[勉] 音ベン
訓つとめる

[眠] 音ミン
訓ねむる・ねむい

[棉] 音メン
訓わた・きわた

[綿] 音メン
訓わた

[緬] 音メン

[麵] 音メン
訓むぎこ

## 멸

[滅] 音メツ
訓ほろびる・ほろぼす

[蔑] 音ベツ
訓さげすむ・ないがしろ

## 명

[皿] 音ベイ
訓さら

[名] 音メイ・ミョウ
訓な

[命] 音メイ・ミョウ
訓いのち

[明] 音メイ・ミョウ
訓あかり・あかるい・あかるむ・あからむ・あきらか・あける・あく・あくる・あかす

[冥] 音メイ・ミョウ
訓くらい

[酩] 音メイ
訓よう

[銘] 音メイ

[鳴] 音メイ
訓なく・なる・ならす

[瞑] 音メイ
訓つむる

## 모

[毛] 音モウ
訓け

[矛] 音ム・ボウ
訓ほこ

[母] 音ボ・モ
訓はは

[牡] 音ボ
訓おす

[茅] 音ボウ
訓かや・ち・ちがや

[侮] 音ブ
訓あなどる

[某] 音ボウ
訓それがし・なにがし

[冒] 音ボウ
訓おかす

[眸] 音ボウ
訓ひとみ

[耗] 音モウ・コウ
訓へる・へらす

[帽] 音ボウ

[募] 音ボ
訓つのる

[慕] 音ボ
訓したう

[暮] 音ボ
訓くれる・くらす

[模] 音モ・ボ
訓かたどる

[貌] 音ボウ
訓かたち・かお

[謀] 音ボウ・ム
訓はかる・はかりごと

## 목

[木] 音ボク・モク
訓き・こ

[目] 音モク・ボク
訓め・ま

[牧] 音ボク
訓まき

[睦] 音ボク
訓むつぶ・むつまじい

## 몰

## 몰

[没] 音ボツ

[歿] 音ボツ

## 몽

[蒙] 音モウ 訓こうむる・くらい

[夢] 音ム 訓ゆめ

[朦] 音モウ 訓おぼろ

## 묘

[卯] 音ボウ 訓う

[妙] 音ミョウ 訓たえ

[苗] 音ビョウ・ミョウ 訓なえ・なわ

[畝] 音ホ 訓せ・うね

[描] 音ビョウ 訓えがく

[猫] 音ビョウ 訓ねこ

[墓] 音ボ 訓はか

[廟] 音ビョウ

## 무

[戊] 音ボ 訓つちのえ

[巫] 音フ 訓みこ

[武] 音ブ・ム

[茂] 音モ 訓しげる

[務] 音ム 訓つとめる

[無] 音ム・ブ 訓ない

[貿] 音ボウ 訓かえる

[撫] 音ブ 訓なでる

[舞] 音ブ 訓まう・まい

[蕪] 音ブ 訓あれる・かぶら

[霧] 音ム 訓きり

## 묵

[墨] 音ボク 訓すみ

[黙] 音モク 訓だまる

## 문

[文] 音ブン・モン 訓ふみ・あや

[匁] 訓もんめ (日本式 한자)

[門] 音モン 訓かど

[紋] 音モン

[蚊] 音ブン 訓か

[問] 音モン 訓とう・とい・とん

[聞] 音ブン・モン 訓きく・きこえる

## 물

[物] 音ブツ・モツ 訓もの

## 미

[未] 音ミ・ビ 訓いまだ・ひつじ

[米] 音ベイ・マイ 訓こめ・よね

[尾] 音ビ 訓お

[味] 音ミ 訓あじ・あじわう

[弥] 音ビ・ミ 訓いや・いよいよ

[眉] 音ビ・ミ 訓まゆ

[迷] 音メイ 訓まよう

| | | | |
|---|---|---|---|
| [美] | 音ピ・ミ<br>訓うつくしい | [撲] | 音ボク<br>訓うつ・なぐる |
| [媚] | 音ビ<br>訓こびる | [樸] | 音ボク |
| [微] | 音ビ・ミ<br>訓かすか | [縛] | 音バク<br>訓しばる |
| [靡] | 音ビ<br>訓なびく | [薄] | 音ハク<br>訓うすい・うすめる・うすまる・うすらぐ・うすれる・せまる・すすき |
| [黴] | 音バイ<br>訓かび | | |

## 민

| | |
|---|---|
| [民] | 音ミン<br>訓たみ |
| [敏] | 音ビン<br>訓さとい |
| [悶] | 音モン<br>訓もだえる |
| [憫] | 音ビン<br>訓あわれむ |

## 밀

| | |
|---|---|
| [密] | 音ミツ<br>訓こまやか・ひそか・みそか |
| [蜜] | 音ミツ |

## 박

| | |
|---|---|
| [朴] | 音ボク<br>訓ほお |
| [拍] | 音ハク・ヒョウ |
| [泊] | 音ハク<br>訓とまる・とめる |
| [迫] | 音ハク<br>訓せまる |
| [剝] | 音ハク<br>訓はぐ・むく |
| [舶] | 音ハク |
| [博] | 音ハク・バク<br>訓ひろい |
| [搏] | 音ハク<br>訓うつ |
| [箔] | 音ハク |
| [駁] | 音ハク・バク |

## 반

| | |
|---|---|
| [反] | 音ハン・ホン・タン<br>訓そる・そらす |
| [半] | 音ハン<br>訓なかば |
| [伴] | 音ハン・バン<br>訓ともなう |
| [返] | 音ヘン<br>訓かえす・かえる |
| [叛] | 音ハン・ホン<br>訓そむく |
| [班] | 音ハン |
| [畔] | 音ハン<br>訓あぜ・くろ・ほとり |
| [般] | 音ハン |
| [絆] | 音ハン<br>訓きずな |
| [斑] | 音ハン<br>訓ふ・まだら・ぶち |
| [飯] | 音ハン<br>訓めし |
| [搬] | 音ハン |
| [頒] | 音ハン<br>訓わかつ・わける |
| [攀] | 音ハン |
| [盤] | 音バン |
| [磐] | 音バン<br>訓いわ |

## 발

| | |
|---|---|
| [拔] | 音バツ<br>訓ぬく・ぬける・ぬかす・ぬかる |

| | | | |
|---|---|---|---|
| [発] | 音ハツ・ホツ<br>訓はなつ・たつ | [謗] | 音ボウ<br>訓そしる |
| [勃] | 音ボツ<br>訓おこる | | |
| [跋] | 音バツ | | |

## 배

| | | | |
|---|---|---|---|
| [鉢] | 音ハチ・ハツ | [拝] | 音ハイ<br>訓おがむ |
| [髪] | 音ハツ<br>訓かみ | [杯] | 音ハイ<br>訓さかずき |
| [撥] | 音ハツ・バチ<br>訓はねる・はじく | [盃] | 音ハイ<br>訓さかずき |
| [潑] | 音ハツ | [背] | 音ハイ<br>訓せ・せい・そむく・そむける |
| [醱] | 音ハツ | [肺] | 音ハイ |

## 방

| | | | |
|---|---|---|---|
| | | [胚] | 音ハイ |
| [方] | 音ホウ<br>訓かた・ならべる・まさに | [俳] | 音ハイ |
| [坊] | 音ボウ・ボッ | [倍] | 音バイ<br>訓ます |
| [妨] | 音ボウ<br>訓さまたげる | [配] | 音ハイ<br>訓くばる |
| [芳] | 訓かんばしい・よし | [培] | 音バイ<br>訓つちかう |
| [防] | 音ボウ・ホウ<br>訓ふせぐ | [陪] | 音バイ |
| [邦] | 音ホウ<br>訓くに | [排] | 音ハイ |
| [房] | 音ボウ<br>訓ふさ | [賠] | 音バイ |
| [放] | 音ホウ<br>訓はなす・はなつ・はなれる・ほうる | [輩] | 音ハイ<br>訓ともがら・やから |
| [肪] | 音ボウ<br>訓あぶら | | |

## 백

| | | | |
|---|---|---|---|
| [倣] | 音ホウ<br>訓ならう | | |
| [旁] | 音ボウ<br>訓かたわら・つくり・かたがた | [白] | 音ハク・ビャク<br>訓しろ・しろい・しら |
| [紡] | 音ボウ<br>訓つむぐ | [百] | 音ヒャク<br>訓もも |
| [訪] | 音ホウ<br>訓おとずれる・たずねる・とう | [伯] | 音ハク |
| [傍] | 音ボウ<br>訓かたわら・そば | [帛] | 音ハク<br>訓きぬ |
| [榜] | 音ボウ<br>訓たてふだ | [魄] | 音ハク<br>訓たましい |

## 번

- [番] 音バン 訓つがう・つがい
- [煩] 音ハン・ボン 訓わずらう・わずらわす
- [蕃] 音バン・ハン 訓しげる
- [繁] 音ハン 訓しげる
- [藩] 音ハン
- [翻] 音ホン 訓ひるがえる・ひるがえす

## 벌

- [伐] 音バツ 訓きる・うつ
- [罰] 音バツ・バチ
- [閥] 音バツ

## 범

- [凡] 音ボン・ハン 訓およそ・すべて
- [氾] 音ハン
- [犯] 音ハン・ボン 訓おかす
- [帆] 音ハン 訓ほ
- [汎] 音ハン
- [梵] 音ボン
- [範] 音ハン 訓のり

## 법

- [法] 音ホウ・ハッ・ホッ 訓のり・のっとる

## 벽

- [碧] 音ヘキ 訓あお・みどり
- [僻] 音ヘキ 訓ひがむ
- [劈] 音ヘキ 訓さく・つんざく
- [壁] 音ヘキ 訓かべ
- [璧] 音ヘキ 訓たま
- [癖] 音ヘキ 訓くせ
- [闢] 音ヘキ・ビャク 訓ひらく

## 변

- [弁] 音ベン
- [辺] 音ヘン 訓あたり・べ・ほとり
- [変] 音ヘン 訓かわる・かえる
- [便] 音ベン・ビン 訓たより・すなわち

## 별

- [別] 音ベツ 訓わかれる・わかつ・わける
- [瞥] 音ベツ

## 병

- [丙] 音ヘイ 訓ひのえ
- [兵] 音ヘイ・ヒョウ 訓つわもの・いくさ
- [併] 音ヘイ 訓あわせる・ならぶ・しかし
- [並] 音ヘイ 訓なみ・ならべる・ならぶ・ならびに
- [柄] 音ヘイ 訓がら・え・つか
- [炳] 音ヘイ 訓あきらか
- [病] 音ビョウ・ヘイ 訓やむ・やまい
- [塀] 音ヘイ (日本式 한자)

[瓶] 音ビン・ヘイ
[餅] 音ヘイ 訓もち

## 보

[宝] 音ホウ 訓たから
[甫] 音ホ
[歩] 音ホ・ブ・フ 訓あるく・あゆむ
[保] 音ホ 訓たもつ・やすんずる
[菩] 音ボ
[報] 音ホウ 訓むくいる・しらせる
[普] 音フ 訓あまねく
[補] 音ホ 訓おぎなう
[輔] 音ホ 訓すけ
[譜] 音フ

## 복

[卜] 音ボク 訓うら・うらなう
[伏] 音フク・ブク 訓ふせる・ふす
[服] 音フク
[復] 音フク 訓かえる・また
[福] 音フク 訓さいわい
[腹] 音フク 訓はら
[僕] 音ボク 訓しもべ
[複] 音フク
[覆] 音フク 訓おおう・くつがえす・くつがえる
[馥] 音フク 訓かおる

## 본

[本] 音ホン 訓もと

## 봉

[奉] 音ホウ・ブ 訓たてまつる
[封] 音フウ・ホウ
[俸] 音ホウ
[峰] 音ホウ 訓みね
[捧] 音ホウ 訓ささげる
[逢] 音ホウ 訓あう
[棒] 音ボウ
[蜂] 音ホウ 訓はち
[鳳] 音ホウ 訓おおとり
[鋒] 音ホウ 訓ほこさき・きっさき
[縫] 音ホウ 訓ぬう

## 부

[夫] 音フ・フウ 訓おっと
[父] 音フ 訓ちち
[付] 音フ 訓つける・つく
[否] 音ヒ 訓いな
[扶] 音フ 訓たすける
[芙] 音フ 訓はす
[府] 音フ
[斧] 音フ 訓おの

| 【附】 | 音フ<br>訓つく・つける |
| 【俘】 | 音フ<br>訓とりこ |
| 【訃】 | 音フ<br>訓しらせ |
| 【負】 | 音フ<br>訓まける・まかす・おう |
| 【赴】 | 音フ<br>訓おもむく |
| 【俯】 | 音フ<br>訓ふせる |
| 【剖】 | 音ボウ<br>訓さく・わける |
| 【浮】 | 音フ<br>訓うく・うかれる・うかぶ・うかべる |
| 【釜】 | 音フ<br>訓かま |
| 【副】 | 音フク<br>訓そう・そえる |
| 【埠】 | 音フ |
| 【婦】 | 音フ<br>訓おんな |
| 【符】 | 音フ |
| 【部】 | 音ブ<br>訓べ |
| 【傅】 | 音フ |
| 【富】 | 音フ・フウ<br>訓とむ・とみ |
| 【孵】 | 音フ<br>訓かえる |
| 【腐】 | 音フ<br>訓くさる・くされる・くさらす |
| 【敷】 | 音フ<br>訓しく |
| 【膚】 | 音フ<br>訓はだ・はだえ |
| 【賦】 | 音フ |
| 【簿】 | 音ボ |

## 북

| 【北】 | 音ホク<br>訓きた |

## 분

| 【分】 | 音ブン・フン・ブ<br>訓わける・わかれる・わかる・わかつ |
| 【扮】 | 音フン |
| 【芬】 | 音フン<br>訓こうばしい・かおり |
| 【奔】 | 音ホン<br>訓はしる |
| 【忿】 | 音フン<br>訓いかる |
| 【盆】 | 音ボン |
| 【粉】 | 音フン<br>訓こ・こな |
| 【紛】 | 音フン<br>訓まぎれる・まぎらす・まぎらわす・まぎらわしい |
| 【焚】 | 音フン<br>訓たく |
| 【雰】 | 音フン |
| 【噴】 | 音フン<br>訓ふく・はく |
| 【墳】 | 音フン |
| 【憤】 | 音フン<br>訓いきどおる |
| 【奮】 | 音フン<br>訓ふるう |
| 【糞】 | 音フン<br>訓くそ |

## 불

| 【不】 | 音フ・ブ |
| 【払】 | 音フツ<br>訓はらう |
| 【仏】 | 音ブツ・フツ<br>訓ほとけ |

## 붕

| 【朋】 | 音ホウ<br>訓とも |

[崩] 音ホウ
訓くずれる・くずす

[棚] 音ホウ
訓たな

## 비

[比] 音ヒ
訓くらべる

[妃] 音ヒ
訓きさき

[庇] 音ヒ
訓おおう・かばう・ひさし

[批] 音ヒ

[肥] 音ヒ
訓こえる・こえ・こやす・こやし

[泌] 音ヒツ・ヒ

[非] 音ヒ
訓あらず

[沸] 音フツ
訓わく・わかす

[卑] 音ヒ
訓いやしい・いやしむ・いやしめる

[飛] 音ヒ
訓とぶ・とばす

[匪] 音ヒ

[秘] 音ヒ
訓ひめる

[婢] 音ヒ
訓はしため

[悲] 音ヒ
訓かなしい・かなしむ

[扉] 音ヒ
訓とびら

[斐] 音ヒ
訓あや

[脾] 音ヒ

[備] 音ヒ
訓そなえる・そなわる

[費] 音ヒ
訓ついやす・ついえる

[琵] 音ヒ

[痺] 音ヒ
訓しびれる

[碑] 音ヒ
訓いしぶみ

[鼻] 音ヒ
訓はな

[緋] 音ヒ
訓あか・あけ

[鄙] 音ヒ
訓いやしい・いやしむ・ひな

[誹] 音ヒ
訓そしる

[臂] 音ヒ
訓ひじ

[譬] 音ヒ
訓たとえる

## 빈

[牝] 音ヒン
訓めす

[浜] 音ヒン
訓はま

[彬] 音ヒン
訓あきらか

[貧] 音ヒン・ビン
訓まずしい

[賓] 音ヒン

[頻] 音ヒン
訓しきり

## 빙

[氷] 音ヒョウ
訓こおり・ひ

[聘] 音ヘイ

[憑] 音ヒョウ
訓つく・よる

## 사

[士] 音シ

[巳] 音シ
訓み

[仕] 音シ・ジ
訓つかえる・つかまつる

[司] 音シ・ス
訓つかさ・つかさどる

| | | | |
|---|---|---|---|
| [史] | 音シ<br>訓ふみ・ふびと | [捨] | 音シャ<br>訓すてる |
| [四] | 音シ<br>訓よ・よつ・よっつ・よん | [祠] | 音シ<br>訓ほこら |
| [写] | 音シャ<br>訓うつす・うつる | [赦] | 音シャ<br>訓ゆるす |
| [死] | 音シ<br>訓しぬ | [斜] | 音シャ<br>訓ななめ |
| [糸] | 音シ<br>訓いと | [蛇] | 音ジャ・ダ<br>訓へび |
| [寺] | 音ジ<br>訓てら | [唆] | 音サ<br>訓そそのかす |
| [社] | 音シャ<br>訓やしろ | [詐] | 音サ<br>訓いつわる |
| [舎] | 音シャ | [斯] | 音シ<br>訓この・これ・かく |
| [似] | 音ジ<br>訓にる・にせる | [奢] | 音シャ<br>訓おごる |
| [伺] | 音シ<br>訓うかがう | [覗] | 音シ<br>訓のぞく・うかがう |
| [私] | 音シ<br>訓わたくし・ひそかに | [詞] | 音シ<br>訓ことば |
| [沙] | 音サ・シャ<br>訓すな | [嗣] | 音シ<br>訓つぐ |
| [事] | 音ジ・ズ<br>訓こと・つかえる | [肆] | 音シ<br>訓ほしいまま |
| [使] | 音シ<br>訓つかう | [辞] | 音ジ<br>訓やめる・ことば |
| [些] | 音サ<br>訓いささか | [裟] | 音サ |
| [邪] | 音ジャ<br>訓よこしま | [飼] | 音シ<br>訓かう |
| [査] | 音サ<br>訓しらべる | [賜] | 音シ<br>訓たまわる・たまう・たまもの |
| [祀] | 音シ<br>訓まつる | [謝] | 音シャ<br>訓あやまる |
| [思] | 音シ<br>訓おもう・おぼす | [瀉] | 音シャ<br>訓そそぐ |
| [砂] | 音サ・シャ<br>訓すな | | |
| [師] | 音シ | ## 삭 | |
| [卸] | 音シャ<br>訓おろす・おろし | [削] | 音サク<br>訓けずる・そぐ |
| [射] | 音シャ・セキ<br>訓いる | [朔] | 音サク<br>訓ついたち |
| [紗] | 音シャ・サ | [索] | 音サク<br>訓なわ |

## 산

[山] 音サン・セン
    訓やま

[産] 音サン
    訓うむ・うまれる・うぶ

[傘] 音サン
    訓かさ

[散] 音サン
    訓ちる・ちらす・ちらかす・ちらかる

[算] 音サン
    訓かぞえる

[酸] 音サン
    訓すい

## 살

[殺] 音サツ・サイ・セツ
    訓ころす・そぐ

[撒] 音サン・サツ
    訓まく

[薩] 音サツ

## 삼

[三] 音サン
    訓み・みつ・みっつ

[杉] 音サン
    訓すぎ

[森] 音シン
    訓もり

[滲] 音シン
    訓しみる

## 삽

[渋] 音ジュウ
    訓しぶ・しぶい・しぶる

[挿] 音ソウ
    訓さす

[颯] 音サツ

## 상

[上] 音ジョウ・ショウ
    訓うえ・うわ・かみ・あげる・あがる・のぼる・のぼせる・のぼす

[床] 音ショウ
    訓とこ・ゆか

[状] 音ジョウ

[尚] 音ショウ
    訓なお・たっとぶ

[相] 音ソウ・ショウ
    訓あい・たすける

[峠] 訓とうげ（日本式 한자）

[祥] 音ショウ

[桑] 音ソウ
    訓くわ

[爽] 音ソウ
    訓さわやか

[商] 音ショウ
    訓あきなう

[常] 音ジョウ
    訓つね・とこ

[喪] 音ソウ
    訓も

[翔] 音ショウ
    訓かける・とぶ

[象] 音ショウ・ゾウ

[傷] 音ショウ
    訓きず・いたむ・いためる

[想] 音ソウ・ソ
    訓おもう・おもい

[詳] 音ショウ
    訓くわしい

[像] 音ゾウ

[裳] 音ショウ
    訓も

[賞] 音ショウ
    訓ほめる・めでる

[箱] 音ソウ
    訓はこ

[償] 音ショウ
    訓つぐなう

[霜] 音ソウ
    訓しも

## 새

[璽] 音ジ

## 색

## 색

- [色] 音ショク・シキ 訓いろ
- [塞] 音サイ・ソク 訓ふさぐ

## 생

- [生] 音セイ・ショウ 訓いきる・いかす・いける・うまれる・うむ・おう・はえる・はやす・き・なま
- [牲] 音セイ 訓いけにえ

## 서

- [西] 音セイ・サイ 訓にし
- [序] 音ジョ 訓ついで
- [叙] 音ジョ 訓のべる
- [書] 音ショ 訓かく
- [徐] 音ジョ 訓おもむろ
- [恕] 音ジョ
- [栖] 音セイ 訓すむ・すみか
- [逝] 音セイ 訓ゆく
- [庶] 音ショ 訓もろもろ
- [婿] 音セイ 訓むこ
- [舒] 音ジョ
- [棲] 音セイ 訓すむ
- [暑] 音ショ 訓あつい
- [瑞] 音ズイ 訓みず
- [署] 音ショ
- [緒] 音ショ・チョ 訓お・いとぐち
- [誓] 音セイ 訓ちかう

- [鼠] 音ソ 訓ねずみ
- [曙] 音ショ 訓あけぼの

## 석

- [夕] 音セキ 訓ゆう
- [石] 音セキ・シャク・コク 訓いし
- [汐] 音セキ 訓しお
- [昔] 音セキ・シャク 訓むかし
- [析] 音セキ 訓さく
- [席] 音セキ
- [惜] 音セキ・シャク 訓おしい・おしむ
- [釈] 音しゃく
- [碩] 音セキ
- [潟] 音セキ 訓かた
- [錫] 音シャク

## 선

- [仙] 音セン
- [先] 音セン 訓さき
- [宣] 音セン 訓のたまう
- [扇] 音セン 訓おうぎ
- [旋] 音セン 訓めぐる
- [船] 音セン 訓ふね・ふな
- [善] 音ゼン 訓よい
- [羨] 音セン 訓うらやむ・うらやましい
- [禅] 音ゼン

| | | | |
|---|---|---|---|
| [腺] | 音セン | [成] | 音セイ・ジョウ<br>訓なる・なす |
| [煽] | 音セン<br>訓あおる | [声] | 音セイ・ショウ<br>訓こえ・こわ |
| [銑] | 音セン<br>訓ずく | [姓] | 音セイ・ショウ<br>訓かばね |
| [線] | 音セン | [性] | 音セイ・ショウ<br>訓さが |
| [選] | 音セン<br>訓えらぶ | [城] | 音ジョウ<br>訓しろ |
| [鮮] | 音セン<br>訓あざやか | [星] | 音セイ・ショウ<br>訓ほし |
| [膳] | 音ゼン | [省] | 音セイ・ショウ<br>訓かえりみる・はぶく |
| [繕] | 音ゼン<br>訓つくろう | [盛] | 音セイ・ジョウ<br>訓もる・さかる・さかん |
| [癬] | 音セン | [聖] | 音セイ・ショウ<br>訓ひじり |

## 설

| | |
|---|---|
| [舌] | 音ゼツ<br>訓した |
| [泄] | 音セツ |
| [洩] | 音エイ・セツ<br>訓もれる |
| [屑] | 音セツ<br>訓くず |
| [設] | 音セツ<br>訓もうける |
| [雪] | 音セツ<br>訓ゆき・すすぐ |
| [説] | 音セツ・ゼイ<br>訓とく |

## 섬

| | |
|---|---|
| [閃] | 音セン<br>訓ひらめく |
| [繊] | 音セン |

## 섭

| | |
|---|---|
| [渉] | 音ショウ<br>訓わたる |
| [摂] | 音セツ<br>訓とる |

## 성

| [誠] | 音セイ<br>訓まこと |
|---|---|
| [醒] | 音セイ<br>訓さめる |

## 세

| [世] | 音セイ・セ<br>訓よ |
|---|---|
| [洗] | 音セン<br>訓あらう |
| [細] | 音サイ<br>訓ほそい・ほそる・こまか・こまかい |
| [笹] | 訓ささ（日本식 한자） |
| [税] | 音ゼイ |
| [貰] | 音セイ<br>訓もらう |
| [勢] | 音セイ・セ<br>訓いきおい |
| [歳] | 音サイ・セイ<br>訓とし |

## 소

| [小] | 音ショウ<br>訓ちいさい・こ・お |
|---|---|
| [少] | 音ショウ<br>訓すくない・すこし |

【召】 音ショウ 訓めす
【沼】 音ショウ 訓ぬま
【所】 音ショ 訓ところ
【咲】 音ショウ 訓さく
【昭】 音ショウ
【宵】 音ショウ 訓よい
【消】 音ショウ 訓きえる・けす
【素】 音ソ・ス 訓もと
【笑】 音ショウ 訓わらう・えむ
【掃】 音ソウ 訓はく
【巣】 音ソウ 訓す
【紹】 音ショウ 訓つぐ
【焼】 音ショウ 訓やく・やける
【疏】 音ソ
【甦】 音ソ 訓よみがえる
【疎】 音ソ 訓うとい・うとむ
【訴】 音ソ 訓うったえる
【塑】 音ソ
【艘】 音ソウ
【遡】 音ソ 訓さかのぼる
【騒】 音ソウ 訓さわぐ
【蘇】 音ソ・ス 訓よみがえる
【簫】 音ショウ

## 속

【束】 音ソク 訓たば
【俗】 音ゾク
【速】 音ソク 訓はやい・はやめる・すみやか
【属】 音ゾク・ショク
【粟】 音ゾク 訓あわ
【続】 音ゾク・ショク 訓つづく・つづける

## 손

【孫】 音ソン 訓まご
【損】 音ソン 訓そこなう・そこねる
【遜】 音ソン 訓へりくだる

## 솔

【率】 音ソツ・リツ 訓ひきいる

## 송

【宋】 音ソウ
【松】 音ショウ 訓まつ
【送】 音ソウ 訓おくる
【訟】 音ショウ
【頌】 音ショウ・ジュ 訓ほめる
【誦】 音ショウ・ジュ 訓となえる・そらんずる

## 쇄

【刷】 音サツ 訓する
【洒】 音シャ
【砕】 音サイ 訓くだく・くだける

## 쇄

[瑣] 音サ
[鎖] 音サ 訓くさり・とざす

## 쇠

[衰] 音スイ 訓おとろえる

## 수

[手] 音シュ 訓て・た
[水] 音スイ 訓みず
[囚] 音シュウ
[収] 音シュウ 訓おさめる・おさまる
[守] 音シュ・ス 訓まもる・もり・まもり・かみ
[寿] 音ジュ 訓ことぶき・ことほぐ
[秀] 音シュウ 訓ひいでる
[垂] 音スイ 訓たれる・たらす
[受] 音ジュ 訓うける・うかる
[帥] 音スイ・ソツ・ソチ
[狩] 音シュ 訓かる・かり
[首] 音シュ 訓くび
[殊] 音シュ 訓こと
[修] 音シュウ・シュ 訓おさめる・おさまる
[脩] 音シュウ
[捜] 音ソウ 訓さがす
[袖] 音シュウ 訓そで
[粋] 音スイ 訓いき
[授] 音ジュ 訓さずける・さずかる
[羞] 音シュウ 訓はじる
[須] 音シュ・ス 訓すべからく
[隋] 音ズイ
[随] 音ズイ 訓したがう
[遂] 音スイ 訓とげる・ついに
[愁] 音シュウ 訓うれえる・うれい
[蒐] 音シュウ 訓あつめる
[数] 音スウ・ス 訓かず・かぞえる
[睡] 音スイ 訓ねむる・ねむい
[嗽] 音ソウ
[漱] 音ソウ 訓すすぐ
[瘦] 音ソウ 訓やせる
[綬] 音ジュ
[需] 音ジュ
[酬] 音シュウ
[穂] 音スイ 訓ほ
[繡] 音シュウ
[獣] 音ジュウ 訓けもの・けだもの
[誰] 音スイ 訓だれ
[樹] 音ジュ 訓き・たてる
[輸] 音ユ 訓いたす
[髄] 音ズイ
[讐] 音シュウ 訓あだ・かたき

## 숙

[叔] 音シュク

[宿] 音シュク
訓やど・やどる・やどす

[淑] 音シュク

[粛] 音シュク

[塾] 音ジュク

[熟] 音ジュク
訓うれる

## 순

[旬] 音ジュン・シュン

[巡] 音ジュン
訓めぐる

[洵] 音ジュン
訓まこと

[盾] 音ジュン
訓たて

[唇] 音シン
訓くちびる

[殉] 音ジュン

[純] 音ジュン

[淳] 音ジュン

[循] 音ジュン

[順] 音ジュン
訓したがう

[馴] 音ジュン
訓なれる

[舜] 音シュン

[諄] 音ジュン

[醇] 音ジュン

[瞬] 音シュン
訓またたく

## 술

[戌] 音ジュツ
訓いぬ

[述] 音ジュツ
訓のべる

[術] 音ジュツ

## 숭

[崇] 音スウ・ス
訓あがめる

[嵩] 音スウ
訓かさ

## 슬

[膝] 音シツ
訓ひざ

## 습

[拾] 音シュウ・ジュウ
訓ひろう

[習] 音シュウ
訓ならう

[湿] 音シツ
訓しめる・しめす

[襲] 音シュウ
訓おそう

## 승

[升] 音ショウ
訓ます

[丞] 音ジョウ
訓たすける

[承] 音ショウ
訓うけたまわる・うける

[昇] 音ショウ
訓のぼる

[乗] 音ジョウ
訓のる・のせる

[勝] 音ショウ
訓かつ・まさる

[僧] 音ソウ

[縄] 音ジョウ
訓なわ

## 시

[市] 音シ
訓いち

[矢] 音シ
訓や

| | | | |
|---|---|---|---|
| 【示】 | 音ジ・シ<br>訓しめす | 【申】 | 音シン<br>訓もうす・さる |
| 【侍】 | 音ジ・シ<br>訓さむらい・さぶらう・はべる | 【迅】 | 音ジン |
| 【始】 | 音シ<br>訓はじめる・はじまる | 【伸】 | 音シン<br>訓のびる・のばす |
| 【屍】 | 音シ<br>訓かばね・しかばね | 【臣】 | 音シン・ジン<br>訓おみ |
| 【施】 | 音シ・セ<br>訓ほどこす・しく | 【身】 | 音シン<br>訓み |
| 【是】 | 音ゼ<br>訓これ | 【辛】 | 音シン<br>訓からい・つらい・かのと |
| 【柿】 | 音シ<br>訓かき | 【信】 | 音シン |
| 【時】 | 音ジ・シ<br>訓とき | 【神】 | 音シン・ジン<br>訓かみ・かん・こう |
| 【柴】 | 音サイ<br>訓しば | 【訊】 | 音ジン |
| 【視】 | 音シ<br>訓みる | 【娠】 | 音シン |
| 【詩】 | 音シ | 【宸】 | 音シン |
| 【試】 | 音シ<br>訓こころみる・ためす | 【晨】 | 音シン<br>訓あした |
| | | 【紳】 | 音シン |
| ## 식 | | 【慎】 | 音シン<br>訓つつしむ |
| 【式】 | 音シキ | 【新】 | 音シン<br>訓あたらしい・あらた・にい |
| 【食】 | 音ショク・ジキ<br>訓くう・くらう・たべる | 【腎】 | 音ジン |
| 【拭】 | 音ショク<br>訓ふく | 【薪】 | 音シン<br>訓たきぎ・まき |
| 【息】 | 音ソク<br>訓いき・やむ・やすむ | ## 실 | |
| 【植】 | 音ショク<br>訓うえる・うわる | 【失】 | 音シツ<br>訓うしなう・うせる |
| 【殖】 | 音ショク<br>訓ふえる・ふやす | 【実】 | 音ジツ<br>訓み・みのる |
| 【飾】 | 音ショク<br>訓かざる | 【室】 | 音シツ<br>訓むろ |
| 【蝕】 | 音ショク<br>訓むしばむ | 【悉】 | 音シツ<br>訓ことごとく |
| 【識】 | 音シキ<br>訓しる | ## 심 | |
| ## 신 | | 【心】 | 音シン<br>訓こころ |

| | | | |
|---|---|---|---|
| 【芯】 | 音シン | 【雅】 | 音ガ 訓みやびやか |
| 【甚】 | 音ジン 訓はなはだ・はなはだしい | 【餓】 | 音ガ 訓うえる |

## 악

| | |
|---|---|
| 【深】 | 音シン 訓ふかい・ふかまる・ふかめる・み |
| 【尋】 | 音ジン 訓たずねる・ひろ |
| 【審】 | 音シン 訓つまびらか |

| | |
|---|---|
| 【岳】 | 音ガク 訓たけ |
| 【堊】 | 音ア |
| 【悪】 | 音アク・オ 訓わるい・にくむ |
| 【握】 | 音アク 訓にぎる |
| 【渥】 | 音アク 訓うるおう・あつい |
| 【愕】 | 音ガク 訓おどろく |
| 【楽】 | 音ガク・ラク 訓たのしい・たのしむ |
| 【顎】 | 音ガク 訓あご |

## 십

| | |
|---|---|
| 【十】 | 音ジュウ・ジッ 訓とお・と |
| 【什】 | 音ジュウ |
| 【辻】 | 訓つじ（日本식 한자） |

## 쌍

| | |
|---|---|
| 【双】 | 音ソウ 訓ふた |

## 씨

| | |
|---|---|
| 【氏】 | 音シ 訓うじ |

## 안

| | |
|---|---|
| 【安】 | 音アン 訓やすい |
| 【岸】 | 音ガン 訓きし |
| 【按】 | 音アン 訓おさえる |
| 【案】 | 音アン |
| 【眼】 | 音ガン・ゲン 訓まなこ・め |
| 【雁】 | 音ガン 訓かり |
| 【鞍】 | 音アン 訓くら |
| 【顔】 | 音ガン・ゲン 訓かお |
| 【贋】 | 音ガン 訓にせ |

## 아

| | |
|---|---|
| 【牙】 | 音ガ・ゲ 訓きば |
| 【児】 | 音ジ・ニ 訓こ |
| 【亜】 | 音ア 訓つぐ |
| 【我】 | 音ガ 訓われ・わ |
| 【阿】 | 音ア 訓おもねる |
| 【芽】 | 音ガ 訓め |
| 【俄】 | 音ガ 訓にわか |
| 【啞】 | 音ア 訓おし |
| 【蛾】 | 音ガ |

## 알

| | |
|---|---|
| 【謁】 | 音エツ |

## 암

[岩] 音ガン 訓いわ

[庵] 音アン 訓いお・いおり

[暗] 音アン 訓くらい・やみ

[諳] 音アン

[闇] 音アン 訓やみ・くらい

[癌] 音ガン

[巖] 音ガン 訓いわ・いわお

## 압

[圧] 音アツ・オウ 訓おす・おさえる

[押] 音オウ 訓おす・おさえる

## 앙

[央] 音オウ 訓なか

[仰] 音ギョウ・コウ 訓あおぐ・おおせ

[昂] 音コウ 訓あがる・たかぶる

## 애

[哀] 音アイ 訓あわれ・あわれむ・かなしい・かなしむ

[埃] 音アイ

[挨] 音アイ

[崖] 音ガイ 訓がけ

[涯] 音ガイ 訓はて

[愛] 音アイ 訓いとしむ・めでる

[碍] 音ガイ・ゲ

[隘] 音アイ 訓せまい

## 액

[厄] 音ヤク

[液] 音エキ

[額] 音ガク 訓ひたい

## 앵

[桜] 音オウ 訓さくら

[鶯] 音オウ 訓うぐいす

## 야

[也] 音ヤ 訓なり

[冶] 音ヤ 訓いる

[夜] 音ヤ 訓よ・よる

[耶] 音ヤ 訓か

[野] 音ヤ 訓の

[椰] 音ヤ

[爺] 音ヤ 訓じじ

[惹] 音ジャク 訓ひく

## 약

[若] 音ジャク・ニャク 訓わかい・もしくは・もし

[約] 音ヤク 訓つづめる

[弱] 音ジャク・ニャク 訓よわい・よわる・よわまる・よわめる

[薬] 音ヤク 訓くすり

[躍] 音ヤク 訓おどる

## 양

- [羊] 音ヨウ / 訓ひつじ
- [洋] 音ヨウ
- [揚] 音ヨウ / 訓あげる・あがる
- [陽] 音ヨウ / 訓ひ・ひなた
- [楊] 音ヨウ / 訓やなぎ
- [瘍] 音ヨウ
- [様] 音ヨウ / 訓さま
- [養] 音ヨウ / 訓やしなう
- [壌] 音ジョウ / 訓つち
- [嬢] 音ジョウ / 訓むすめ
- [穣] 音ジョウ
- [譲] 音ジョウ / 訓ゆずる
- [醸] 音ジョウ / 訓かもす

## 어

- [於] 音オ / 訓おいて
- [魚] 音ギョ / 訓うお・さかな
- [御] 音ギョ・ゴ / 訓おん・お・み
- [漁] 音ギョ・リョウ / 訓あさる・すなどる
- [語] 音ゴ・ギョ / 訓かたる・かたらう
- [禦] 音ギョ / 訓ふせぐ

## 억

- [抑] 音ヨク / 訓おさえる・そもそも
- [億] 音オク
- [憶] 音オク / 訓おもう
- [臆] 音オク

## 언

- [言] 音ゲン・ゴン / 訓いう・こと
- [彦] 音ゲン / 訓ひこ
- [偃] 音エン
- [焉] 音エン
- [堰] 音エン
- [諺] 音ゲン / 訓ことわざ

## 엄

- [掩] 音エン / 訓おおう
- [厳] 音ゲン・ゴン / 訓おごそか・きびしい

## 업

- [業] 音ギョウ・ゴウ / 訓わざ

## 여

- [与] 音ヨ / 訓あたえる・あずかる・くみする
- [如] 音ジョ・ニョ / 訓ごとし
- [余] 音ヨ / 訓あまる・あます
- [輿] 音ヨ / 訓こし

## 역

- [亦] 音エキ・ヤク / 訓また
- [役] 音ヤク・エキ
- [易] 音エキ・イ / 訓やさしい

## 역

- 【逆】 音ギャク・ゲキ 訓さか・さからう
- 【疫】 音エキ・ヤク
- 【域】 音イキ
- 【訳】 音ヤク 訓わけ
- 【駅】 音エキ 訓うまや

## 연

- 【延】 音エン 訓のびる・のべる・のばす
- 【沿】 音エン 訓そう
- 【研】 音ケン・ゲン 訓とぐ
- 【衍】 音エン
- 【宴】 音エン 訓うたげ
- 【捐】 音エン
- 【烟】 音エン 訓けむり
- 【軟】 音ナン 訓やわらか・やわらかい
- 【然】 音ゼン・ネン 訓しかり
- 【硯】 音ケン 訓すずり
- 【淵】 音エン 訓ふち
- 【煙】 音エン 訓けむる・けむり・けむい
- 【筵】 音エン 訓むしろ
- 【鉛】 音エン 訓なまり
- 【演】 音エン 訓のべる
- 【縁】 音エン 訓ふち・えにし
- 【燕】 音エン 訓つばめ
- 【燃】 音ネン 訓もえる・もやす・もす

## 열

- 【悦】 音エツ 訓よろこぶ
- 【閲】 音エツ
- 【熱】 音ネツ 訓あつい

## 염

- 【炎】 音エン 訓ほのお
- 【染】 音セン 訓そめる・そまる・しみる・しみ
- 【焰】 音エン 訓ほのお
- 【塩】 音エン 訓しお
- 【厭】 音エン・オン 訓あきる・いとう・いや
- 【髯】 音ゼン 訓ひげ
- 【艶】 音エン 訓つや

## 엽

- 【葉】 音ヨウ 訓は

## 영

- 【永】 音エイ 訓ながい
- 【迎】 音ゲイ・ゴウ 訓むかえる
- 【泳】 音エイ 訓およぐ
- 【英】 音エイ 訓はなぶさ
- 【映】 音エイ 訓うつる・うつす・はえる
- 【栄】 音エイ 訓さかえる・はえ・はえる
- 【盈】 音エイ
- 【営】 音エイ 訓いとなむ

| | | | |
|---|---|---|---|
| [瑛] | 音エイ | [汚] | 音オ<br>訓けがす・けがれる・けがらわしい・よごす・よごれる・きたない |
| [詠] | 音エイ<br>訓よむ | | |
| [影] | 音エイ<br>訓かげ | [烏] | 音ウ<br>訓からす |
| [穎] | 音エイ | [娯] | 音ゴ<br>訓たのしむ |
| [嬰] | 音エイ | [悟] | 音ゴ<br>訓さとる |
| [纓] | 音エイ・ヨウ | [梧] | 音ゴ |

## 예

| | | [奥] | 音オウ<br>訓おく |
|---|---|---|---|
| [予] | 音ヨ<br>訓あらかじめ・かねて | [傲] | 音ゴウ<br>訓おごる |
| [刈] | 音ガイ<br>訓かる | [誤] | 音ゴ<br>訓あやまる |
| [曳] | 音エイ | | |

## 옥

| [芸] | 音ゲイ | | |
|---|---|---|---|
| [睨] | 音ゲイ<br>訓にらむ | [玉] | 音ギョク<br>訓たま |
| [裔] | 音エイ<br>訓すえ | [沃] | 音ヨク・ヨウ<br>訓そそぐ・こえる |
| [詣] | 音ケイ<br>訓もうでる | [屋] | 音オク<br>訓や |
| [誉] | 音ヨ<br>訓ほまれ・ほめる | [獄] | 音ゴク<br>訓ひとや |
| [預] | 音ヨ<br>訓あずける・あずかる・あらかじめ | | |

## 온

| [鋭] | 音エイ<br>訓するどい | [温] | 音オン<br>訓あたたか・あたたかい・あたたまる・あたためる・ぬくい |
|---|---|---|---|
| [穢] | 音エ・ワイ・アイ | [穏] | 音オン<br>訓おだやか |
| [翳] | 音エイ | | |

## 오

## 옹

| [五] | 音ゴ<br>訓いつ・いつつ・い | [翁] | 音オウ<br>訓おきな |
|---|---|---|---|
| [午] | 音ゴ<br>訓うま・ひる | [擁] | 音ヨウ |
| [伍] | 音ゴ | | |

## 와

| [呉] | 音ゴ<br>訓くれ | [瓦] | 音ガ<br>訓かわら |
|---|---|---|---|
| [吾] | 音ゴ<br>訓われ | [臥] | 音ガ<br>訓ふす・ふせる |

## 와

[訛] 音カ / 訓なまる・なまり

[渦] 音カ / 訓うず

## 완

[完] 音カン

[宛] 音エン / 訓あてる

[玩] 音ガン

[莞] 音カン

[腕] 音ワン / 訓うで

[椀] 音ワン

[碗] 音ワン

[頑] 音ガン / 訓かたくな

[緩] 音カン / 訓ゆるい・ゆるやか・ゆるむ・ゆるめる

## 왕

[王] 音オウ

[往] 音オウ / 訓ゆく

[旺] 音オウ

[枉] 音オウ

## 왜

[歪] 音ワイ / 訓ゆがむ

[倭] 音ワ / 訓やまと

## 외

[外] 音ガイ・ゲ / 訓そと・ほか・はずす・はずれる

[畏] 音イ / 訓おそれる・かしこまる

[猥] 音ワイ / 訓みだら・みだり

[隈] 音ワイ / 訓くま

## 요

[夭] 音ヨウ / 訓わかい

[凹] 音オウ

[妖] 音ヨウ / 訓あやしい

[拗] 音ヨウ / 訓ねじる・すねる

[堯] 音ギョウ / 訓たかし・よし

[要] 音ヨウ / 訓いる・かなめ

[搖] 音ヨウ / 訓ゆれる・ゆる・ゆらぐ・ゆるぐ・ゆする・ゆさぶる・ゆすぶる

[遙] 音ヨウ / 訓はるか

[腰] 音ヨウ / 訓こし

[瑤] 音ヨウ / 訓たま

[窯] 音ヨウ / 訓かま

[謠] 音ヨウ / 訓うたい・うたう

[曜] 音ヨウ

[擾] 音ジョウ / 訓みだれる・みだす

[饒] 音ジョウ

[燿] 音ヨウ / 訓かがやく

[耀] 音ヨウ / 訓かがやく

## 욕

[辱] 音ジョク / 訓はずかしめる

[浴] 音ヨク / 訓あびる・あびせる

[欲] 音ヨク / 訓ほっする・ほしい

## 자음 색인

- [褥] 音ジョク 訓しとね
- [慾] 音ヨク

## 용

- [冗] 音ジョウ
- [用] 音ヨウ 訓もちいる
- [勇] 音ユウ 訓いさむ
- [容] 音ヨウ 訓いれる・かたち・ゆるす
- [庸] 音ヨウ 訓つね
- [湧] 音ユウ・ヨウ 訓わく
- [傭] 音ヨウ 訓やとう・やとい
- [溶] 音ヨウ 訓とける・とかす・とく
- [蓉] 音ヨウ
- [踊] 音ヨウ 訓おどる・おどり
- [熔] 音ヨウ 訓とける・とかす
- [鎔] 音ヨウ 訓いがた・とける・とかす

## 우

- [又] 音ユウ 訓また
- [友] 音ユウ 訓とも
- [尤] 音ユウ 訓とがめる・もっとも
- [牛] 音ギュウ・ゴ 訓うし
- [右] 音ウ・ユウ 訓みぎ
- [宇] 音ウ
- [羽] 音ウ 訓は・はね
- [芋] 音ウ 訓いも
- [迂] 音ウ
- [佑] 音ユウ 訓たすける
- [盂] 音ウ
- [雨] 音ウ 訓あめ・あま
- [禹] 音ウ
- [祐] 音ユウ 訓すけ・たすけ・たすける
- [紆] 音ウ
- [偶] 音グウ 訓たまたま
- [郵] 音ユウ
- [寓] 音グウ
- [遇] 音グウ 訓あう
- [隅] 音グウ 訓すみ
- [愚] 音グ 訓おろか
- [虞] 音グ 訓おそれ
- [憂] 音ユウ 訓うれえる・うれい・うい
- [優] 音ユウ 訓やさしい・すぐれる

## 욱

- [旭] 音キョク 訓あさひ
- [郁] 音イク

## 운

- [云] 音ウン 訓いう
- [運] 音ウン 訓はこぶ
- [雲] 音ウン 訓くも
- [韻] 音イン

## 울

## 울

[鬱] 音ウツ

## 웅

[雄] 音ユウ / 訓お・おす
[熊] 音ユウ / 訓くま

## 원

[元] 音ゲン・ガン / 訓もと・はじめ
[円] 音エン / 訓まるい
[苑] 音エン・オン / 訓その
[垣] 音エン / 訓かき
[怨] 音エン・オン / 訓うらむ
[原] 音ゲン / 訓はら・もと
[員] 音イン
[院] 音イン
[援] 音エン / 訓たすける
[園] 音エン / 訓その
[源] 音ゲン / 訓みなもと
[猿] 音エン / 訓さる・ましら
[遠] 音エン・オン / 訓とおい
[願] 音ガン・ゲン / 訓ねがう

## 월

[月] 音ゲツ・ガツ / 訓つき
[越] 音エツ・オチ / 訓こす・こえる

## 위

[危] 音キ / 訓あぶない・あやうい・あやぶむ
[位] 音イ / 訓くらい
[囲] 音イ / 訓かこむ・かこう
[委] 音イ / 訓ゆだねる・まかせる・くわしい
[威] 音イ / 訓おどす
[為] 音イ / 訓ため・なす
[胃] 音イ
[尉] 音イ / 訓じょう
[偽] 音ギ / 訓いつわる・にせ
[萎] 音イ / 訓なえる・しぼむ
[偉] 音イ / 訓えらい
[葦] 音イ / 訓あし
[違] 音イ / 訓ちがう・ちがえる
[慰] 音イ / 訓なぐさめる・なぐさむ
[緯] 音イ / 訓よこいと
[衛] 音エイ・エ / 訓まもる
[魏] 音ギ

## 유

[由] 音ユ・ユウ・ユイ / 訓よし・よる
[幼] 音ヨウ / 訓おさない
[有] 音ユウ・ウ / 訓ある
[酉] 音ユウ / 訓とり
[乳] 音ニュウ / 訓ちち・ち
[侑] 音ユウ / 訓すすめる・たすける
[油] 音ユ・ユウ / 訓あぶら

| | | | |
|---|---|---|---|
| [宥] | 音ユウ 訓ゆるす・なだめる | [肉] | 音ニク |
| [幽] | 音ユウ 訓かすか | [育] | 音イク 訓そだつ・そだてる |

## 윤

| | | | |
|---|---|---|---|
| [柔] | 音ジュウ・ニュウ 訓やわらか・やわらかい | [允] | 音イン 訓ゆるす |
| [唯] | 音ユイ・イ 訓ただ | [胤] | 音イン 訓たね |
| [柚] | 音ユ・ジク 訓ゆず | [閏] | 音ジュン 訓うるう |
| [悠] | 音ユウ 訓はるか | [潤] | 音ジュン 訓うるおう・うるおす・うるむ |
| [惟] | 音イ・ユイ | | |

## 융

| | | | |
|---|---|---|---|
| [游] | 音ユウ 訓およぐ・あそぶ | | |
| [猶] | 音ユウ 訓なお | [絨] | 音ジュウ |
| [喩] | 音ユ 訓たとえる | [融] | 音ユウ 訓とける・とかす |

## 은

| | | | |
|---|---|---|---|
| [裕] | 音ユウ | | |
| [遊] | 音ユウ・ユ 訓あそぶ | [恩] | 音オン |
| | | [殷] | 音イン |
| [愉] | 音ユ 訓たのしい・たのしむ | [隠] | 音イン・オン 訓かくす・かくれる |
| [釉] | 音ユウ 訓うわぐすり | [銀] | 音ギン 訓しろがね |
| [維] | 音イ | [憖] | 音イン |
| [誘] | 音ユウ 訓さそう | | |

## 을

| | | | |
|---|---|---|---|
| [遺] | 音イ・ユイ 訓のこす | [乙] | 音オツ・イツ 訓おと・きのと |
| [儒] | 音ジュ | | |

## 음

| | | | |
|---|---|---|---|
| [諭] | 音ユ 訓さとす | | |
| [蹂] | 音ジュウ | [吟] | 音ギン |
| [孺] | 音ジュ | [音] | 音オン・イン 訓おと・ね |
| [濡] | 音ジュ 訓ぬれる・ぬらす | [淫] | 音イン 訓みだら |
| [癒] | 音ユ 訓いえる・いやす | [陰] | 音イン・オン 訓かげ・かげる |

## 육

| | |
|---|---|
| [飲] | 音イン・オン 訓のむ |

자음 색인

【蔭】 音イン 訓かげ

## 읍

【邑】 音ユウ 訓むら
【泣】 音キュウ 訓なく

## 응

【応】 音オウ 訓こたえる
【凝】 音ギョウ 訓こる・こらす
【鷹】 音ヨウ・オウ 訓たか

## 의

【衣】 音イ・エ 訓ころも・きぬ
【医】 音イ 訓いやす
【依】 音イ・エ 訓よる
【宜】 音ギ
【意】 音イ
【義】 音ギ
【疑】 音ギ 訓うたがう
【儀】 音ギ
【毅】 音キ・ギ 訓つよい
【誼】 音ギ 訓よしみ
【擬】 音ギ
【議】 音ギ

## 이

【二】 音ニ・ジ 訓ふた・ふたつ
【已】 音イ 訓すでに
【以】 音イ 訓もって
【伊】 音イ
【夷】 音イ 訓えびす
【弛】 音シ 訓ゆるむ
【耳】 音ジ 訓みみ
【弐】 音ニ・ジ
【異】 音イ 訓こと
【移】 音イ 訓うつる・うつす
【爾】 音ジ 訓なんじ・のみ
【餌】 音ジ 訓え・えさ

## 익

【益】 音エキ・ヤク
【翌】 音ヨク
【翼】 音ヨク 訓つばさ

## 인

【人】 音ジン・ニン 訓ひと
【刃】 音ジン・ニン 訓は・やいば
【仁】 音ジン・ニ・ニン
【引】 音イン 訓ひく・ひける
【印】 音イン 訓しるし
【因】 音イン 訓よる
【忍】 音ニン 訓しのぶ・しのばせる
【咽】 音イン・エツ・エン 訓のど・むせぶ
【姻】 音イン

【寅】 音イン / 訓とら

【湮】 音イン

【認】 音ニン / 訓みとめる

## 일

【一】 音イチ・イツ / 訓ひと・ひとつ・ひ

【日】 音ニチ・ジツ / 訓ひ・か

【辷】 訓すべる（日本式 한자）

【壱】 音イチ・イツ

【逸】 音イツ・イチ

【溢】 音イツ / 訓あふれる

## 임

【壬】 音ジン / 訓みずのえ

【任】 音ニン / 訓まかせる・まかす

【妊】 音ニン / 訓はらむ

【賃】 音チン

【稔】 音ネン / 訓みのる

## 입

【入】 音ニュウ・ジュ / 訓いる・いれる・はいる

【込】 訓こむ・こめる（日本式 한자）

## 잉

【剰】 音ジョウ / 訓あまつさえ

## 자

【子】 音シ・ス / 訓こ

【字】 音ジ / 訓あざ・あざな

【自】 音ジ・シ / 訓みずから・おのずから・より

【炙】 音シャ

【者】 音シャ / 訓もの

【刺】 音シ / 訓さす・ささる

【姉】 音シ / 訓あね

【姿】 音シ / 訓すがた

【恣】 音シ

【疵】 音シ / 訓きず

【紫】 音シ / 訓むらさき

【煮】 音シャ / 訓にる・にえる・にやす

【滋】 音ジ・シ / 訓しげる

【慈】 音ジ / 訓いつくしむ

【磁】 音ジ

【資】 音シ

【雌】 音シ / 訓め・めす

【赭】 音シャ

【諮】 音シ / 訓はかる

【藉】 音シャ・セキ

## 작

【勺】 音シャク

【作】 音サク・サ / 訓つくる

【昨】 音サク

【杓】 音シャク

【灼】 音シャク

【酌】 音シャク / 訓くむ

| | | | |
|---|---|---|---|
| [雀] | 音ジャク 訓すずめ | [粧] | 音ショウ 訓よそおう |
| [綽] | 音シャク | [場] | 音ジョウ 訓ば |
| [爵] | 音シャク | [掌] | 音ショウ 訓てのひら・たなごころ |

## 잔

| | |
|---|---|
| [残] | 音ザン 訓のこる・のこす |
| [桟] | 音サン 訓かけはし |

## 잠

| | |
|---|---|
| [蚕] | 音サン 訓かいこ |
| [潜] | 音セン 訓ひそむ・もぐる |
| [暫] | 音ザン 訓しばらく |

## 잡

| | |
|---|---|
| [雑] | 音ザツ・ゾウ 訓まじる |

## 장

| | |
|---|---|
| [丈] | 音ジョウ 訓たけ |
| [匠] | 音ショウ 訓たくみ |
| [庄] | 音ショウ |
| [壮] | 音ソウ 訓さかん |
| [杖] | 音ジョウ 訓つえ |
| [長] | 音チョウ 訓ながい・おさ |
| [荘] | 音ソウ・ショウ |
| [将] | 音ショウ |
| [帳] | 音チョウ 訓とばり |
| [張] | 音チョウ 訓はる |
| [章] | 音ショウ |
| [葬] | 音ソウ 訓ほうむる |
| [奨] | 音ショウ 訓すすめる |
| [腸] | 音チョウ 訓はらわた |
| [障] | 音ショウ 訓さわる |
| [蔵] | 音ゾウ 訓くら |
| [檣] | 音ショウ |
| [醤] | 音ショウ 訓ひしお |
| [臓] | 音ゾウ |

## 재

| | |
|---|---|
| [才] | 音サイ・ザイ |
| [再] | 音サイ・サ 訓ふたたび |
| [在] | 音ザイ 訓ある・います |
| [材] | 音ザイ |
| [災] | 音サイ 訓わざわい |
| [哉] | 音サイ |
| [宰] | 音サイ 訓つかさ・つかさどる |
| [財] | 音ザイ・サイ 訓たから |
| [栽] | 音サイ 訓うえる |
| [梓] | 音シ 訓あずさ |
| [斎] | 音サイ |
| [裁] | 音サイ 訓たつ・さばく |
| [載] | 音サイ 訓のせる・のる |

## 쟁

【争】 音ソウ / 訓あらそう

## 저

【低】 音テイ / 訓ひくい・ひくめる・ひくまる
【底】 音テイ / 訓そこ
【抵】 音テイ
【邸】 音テイ / 訓やしき
【咀】 音ソ
【沮】 音ソ
【狙】 音ソ / 訓ねらう
【疽】 音ソ
【猪】 音チョ / 訓い・いのしし
【渚】 音ショ / 訓なぎさ
【著】 音チョ・チャク / 訓あらわす・いちじるしい
【貯】 音チョ / 訓たくわえる
【箸】 音チョ / 訓はし
【儲】 音チョ / 訓もうける

## 적

【赤】 音セキ・シャク / 訓あか・あかい・あからむ・あからめる
【狄】 音テキ
【的】 音テキ / 訓まと
【寂】 音ジャク・セキ / 訓さび・さびしい・さびれる
【迪】 音テキ / 訓みち
【笛】 音テキ / 訓ふえ
【跡】 音セキ・シャク / 訓あと
【賊】 音ゾク
【摘】 音テキ / 訓つむ
【滴】 音テキ / 訓したたる・しずく
【適】 音テキ / 訓かなう
【嫡】 音チャク
【敵】 音テキ / 訓かたき
【積】 音セキ / 訓つむ・つもる
【績】 音セキ / 訓つむぐ
【蹟】 音セキ
【謫】 音タク
【籍】 音セキ
【癪】 音シャク

## 전

【田】 音デン / 訓た
【伝】 音デン・テン / 訓つたわる・つたえる・つたう
【全】 音ゼン / 訓まったく
【典】 音テン / 訓のり・ふみ
【前】 音ゼン / 訓まえ
【専】 音セン / 訓もっぱら
【展】 音テン / 訓のべる
【畑】 訓はた・はたけ (日本式 한자)
【畠】 訓はたけ・はた (日本式 한자)
【栓】 音セン

| | | | |
|---|---|---|---|
| [剪] | 音セン<br>訓きる | [節] | 音セツ・セチ<br>訓ふし |
| [転] | 音テン<br>訓ころがる・ころげる・ころがす・ころぶ | [截] | 音セツ<br>訓きる |

## 점

| | |
|---|---|
| [奠] | 音テン・デン |
| [塡] | 音テン<br>訓うめる |
| [詮] | 音セン |
| [揃] | 音セン<br>訓そろう |
| [戰] | 音セン<br>訓いくさ・たたかう・おののく・そよぐ |
| [殿] | 音デン・テン<br>訓との・どの |
| [電] | 音デン |
| [煎] | 音セン<br>訓いる |
| [錢] | 音セン<br>訓ぜに |
| [篆] | 音テン |
| [箋] | 音セン |
| [澱] | 音デン<br>訓よどむ・おり |
| [銓] | 音セン |
| [餞] | 音セン<br>訓はなむけ |
| [顚] | 音テン<br>訓いただき |
| [纏] | 音テン<br>訓まとう |

| | |
|---|---|
| [占] | 音セン<br>訓しめる・うらなう |
| [店] | 音テン<br>訓みせ・たな |
| [点] | 音テン<br>訓つく・つける |
| [粘] | 音ネン<br>訓ねばる |
| [漸] | 音ゼン<br>訓ようやく |
| [鮎] | 音デン・ネン<br>訓あゆ |

## 접

| | |
|---|---|
| [接] | 音セツ<br>訓つぐ |
| [蝶] | 音チョウ |

## 정

| | |
|---|---|
| [丁] | 音チョウ・テイ |
| [井] | 音セイ・ショウ<br>訓い |
| [汀] | 音テイ<br>訓みぎわ・なぎさ |
| [正] | 音セイ・ショウ<br>訓ただしい・ただす・まさ |
| [呈] | 音テイ |
| [廷] | 音テイ |
| [町] | 音チョウ<br>訓まち |
| [定] | 音テイ・ジョウ<br>訓さだめる・さだまる・さだか |
| [征] | 音セイ<br>訓ゆく |
| [亭] | 音テイ・チン |
| [貞] | 音テイ・ジョウ |

## 절

| | |
|---|---|
| [切] | 音セツ・サイ<br>訓きる・きれる |
| [折] | 音セツ<br>訓おる・おり・おれる |
| [窃] | 音セツ<br>訓ひそか・ぬすむ |
| [絶] | 音ゼツ<br>訓たえる・たやす・たつ |

| | | | |
|---|---|---|---|
| 【訂】 | 音テイ | 【制】 | 音セイ |
| 【政】 | 音セイ・ショウ<br>訓まつりごと | 【斉】 | 音セイ<br>訓ひとしい |
| 【浄】 | 音ジョウ<br>訓きよい | 【帝】 | 音テイ<br>訓みかど |
| 【庭】 | 音テイ<br>訓にわ | 【剤】 | 音ザイ |
| 【挺】 | 音テイ・チョウ | 【除】 | 音ジョ・ジ<br>訓のぞく |
| 【釘】 | 音テイ<br>訓くぎ | 【悌】 | 音テイ<br>訓すなお |
| 【停】 | 音テイ<br>訓とまる・とめる | 【済】 | 音サイ・セイ<br>訓すむ・すます・すくう |
| 【偵】 | 音テイ<br>訓うかがう | 【祭】 | 音サイ<br>訓まつる・まつり |
| 【情】 | 音ジョウ・セイ<br>訓なさけ | 【梯】 | 音テイ<br>訓はしご |
| 【頂】 | 音チョウ<br>訓いただく・いただき | 【第】 | 音ダイ・テイ |
| 【幀】 | 音テイ | 【堤】 | 音テイ<br>訓つつみ |
| 【晶】 | 音ショウ | 【提】 | 音テイ・ダイ・チョウ<br>訓さげる |
| 【程】 | 音テイ<br>訓ほど | 【製】 | 音セイ |
| 【禎】 | 音テイ<br>訓さいわい | 【際】 | 音サイ<br>訓きわ |
| 【睛】 | 音セイ<br>訓ひとみ | 【諸】 | 音ショ<br>訓もろもろ |
| 【靖】 | 音セイ<br>訓やすい | 【蹄】 | 音テイ<br>訓ひづめ |
| 【艇】 | 音テイ | 【題】 | 音ダイ |
| 【精】 | 音セイ・ショウ<br>訓くわしい | | |
| 【静】 | 音セイ・ジョウ<br>訓しず・しずか・しずまる・しずめる | ## 조 | |
| 【鼎】 | 音テイ<br>訓かなえ | 【爪】 | 音ソウ<br>訓つめ |
| 【整】 | 音セイ<br>訓ととのえる・ととのう | 【弔】 | 音チョウ<br>訓とむらう |
| 【錠】 | 音ジョウ | 【兆】 | 音チョウ<br>訓きざす・きざし |
| ## 제 | | 【吊】 | 音チョウ<br>訓つる・つるす |
| 【弟】 | 音テイ・ダイ・デ<br>訓おとうと | 【早】 | 音ソウ・サッ<br>訓はやい・はやまる・はやめる |
| | | 【条】 | 音ジョウ |

자음 색인

[助] 音ジョ / 訓たすける・たすかる・すけ

[阻] 音ソ / 訓はばむ

[俎] 音ソ / 訓まないた

[祖] 音ソ

[造] 音ゾウ / 訓つくる・みやつこ

[租] 音ソ

[彫] 音チョウ / 訓ほる

[眺] 音チョウ / 訓ながめる

[措] 音ソ / 訓おく

[粗] 音ソ / 訓あらい

[組] 音ソ / 訓くむ・くみ

[釣] 音チョウ / 訓つる

[曹] 音ソウ・ゾウ

[鳥] 音チョウ / 訓とり

[朝] 音チョウ / 訓あさ・あした

[詔] 音ショウ / 訓みことのり

[照] 音ショウ / 訓てる・てらす・てれる

[蔦] 音チョウ / 訓つた

[漕] 音ソウ / 訓こぐ

[遭] 音ソウ / 訓あう

[槽] 音ソウ / 訓おけ

[肇] 音チョウ / 訓はじめる

[嘲] 音チョウ / 訓あざける

[潮] 音チョウ / 訓しお・うしお

[調] 音チョウ / 訓しらべる・ととのう・ととのえる

[操] 音ソウ / 訓みさお・あやつる

[燥] 音ソウ / 訓かわく

[糟] 音ソウ / 訓かす

[繰] 音ソウ / 訓くる

[鯛] 音チョウ / 訓たい

[藻] 音ソウ / 訓も

[躁] 音ソウ / 訓さわぐ

## 족

[足] 音ソク / 訓あし・たりる・たる・たす

[族] 音ゾク / 訓やから

## 존

[存] 音ソン・ゾン

[尊] 音ソン / 訓たっとい・とうとい・たっとぶ・とうとぶ・みこと

## 졸

[卒] 音ソツ

[拙] 音セツ / 訓つたない・まずい

## 종

[宗] 音シュウ・ソウ / 訓むね

[従] 音ジュウ・ショウ・ジュ / 訓したがう・したがえる

[終] 音シュウ / 訓おわる・おえる

[腫] 音シュ / 訓はれる

[種] 音シュ / 訓たね

【綜】 音ソウ
【縦】 音ジュウ・ショウ 訓たて・ほしいまま
【鐘】 音ショウ 訓かね

## 좌

【左】 音サ 訓ひだり
【佐】 音サ 訓たすける
【坐】 音ザ 訓すわる
【座】 音ザ 訓すわる
【挫】 音ザ 訓くじく・くじける

## 죄

【罪】 音ザイ 訓つみ

## 주

【主】 音シュ・ス 訓ぬし・おも・あるじ
【州】 音シュウ・ス 訓す
【朱】 音シュ 訓あけ・あか
【舟】 音シュウ 訓ふね・ふな
【住】 音ジュウ 訓すむ・すまう
【走】 音ソウ 訓はしる
【呪】 音ジュ 訓のろう・のろい
【周】 音シュウ 訓まわり・あまねく
【宙】 音チュウ
【注】 音チュウ 訓そそぐ・さす・つぐ
【冑】 音チュウ

【昼】 音チュウ 訓ひる
【柱】 音チュウ 訓はしら
【奏】 音ソウ 訓かなでる
【酒】 音シュ 訓さけ・さか
【洲】 音シュウ・ス 訓す
【株】 音シュ 訓かぶ
【珠】 音シュ 訓たま
【週】 音シュウ
【酎】 音チュウ
【紬】 音チュウ 訓つむぎ
【厨】 音チュウ・ズ 訓くりや
【註】 音チュウ
【誅】 音チュウ
【鋳】 音チュウ 訓いる
【駐】 音チュウ 訓とどまる・とどめる
【疇】 音チュウ

## 죽

【竹】 音チク 訓たけ

## 준

【隼】 音ジュン 訓はやぶさ
【俊】 音シュン
【峻】 音シュン 訓けわしい
【竣】 音シュン 訓おわる
【准】 音ジュン 訓なぞらえる

| 【準】 | 音ジュン |
| 【遵】 | 音ジュン |
| 【駿】 | 音シュン・スン |
| 【蠢】 | 音シュン |

## 중

| 【中】 | 音チュウ<br>訓なか・あたる |
| 【仲】 | 音チュウ<br>訓なか |
| 【重】 | 音ジュウ・チョウ<br>訓え・おもい・かさねる・かさなる・おもんずる |
| 【衆】 | 音シュウ・シュ |

## 즉

| 【即】 | 音ソク<br>訓すなわち |

## 즙

| 【汁】 | 音ジュウ<br>訓しる |

## 증

| 【症】 | 音ショウ |
| 【証】 | 音ショウ<br>訓あかし |
| 【蒸】 | 音ジョウ<br>訓むす・むれる・むらす |
| 【曾】 | 音ソウ・ソ・ゾ<br>訓かつて |
| 【増】 | 音ゾウ<br>訓ます・ふえる・ふやす |
| 【憎】 | 音ゾウ<br>訓にくむ・にくい・にくらしい・にくしみ |
| 【贈】 | 音ゾウ・ソウ<br>訓おくる |

## 지

| 【之】 | 音シ<br>訓これ・の・ゆく |
| 【支】 | 音シ<br>訓ささえる・つかえる |
| 【止】 | 音シ<br>訓とまる・とめる・とどまる・とどめる・やむ・やめる・よす |
| 【只】 | 音シ<br>訓ただ |
| 【旨】 | 音シ<br>訓むね・うまい |
| 【至】 | 音シ<br>訓いたる |
| 【地】 | 音チ・ジ<br>訓つち |
| 【址】 | 音シ<br>訓あと |
| 【志】 | 音シ<br>訓こころざす・こころざし |
| 【芝】 | 音シ<br>訓しば |
| 【池】 | 音チ<br>訓いけ |
| 【知】 | 音チ<br>訓しる |
| 【枝】 | 音シ<br>訓えだ |
| 【祉】 | 音シ |
| 【肢】 | 音シ |
| 【指】 | 音シ<br>訓ゆび・さす |
| 【持】 | 音ジ<br>訓もつ |
| 【紙】 | 音シ<br>訓かみ |
| 【脂】 | 音シ<br>訓あぶら |
| 【趾】 | 音シ<br>訓あと |
| 【智】 | 音チ<br>訓さとい・さとり |
| 【遅】 | 音チ<br>訓おくれる・おくらす・おそい |
| 【漬】 | 音シ<br>訓つける・つかる |
| 【誌】 | 音シ<br>訓しるす |

## 직

[直] 音チョク・ジキ
訓ただちに・なおす・なおる

[織] 音ショク・シキ
訓おる

[職] 音ショク・シキ

## 진

[尽] 音ジン
訓つくす・つきる・つかす・ことごとく

[辰] 音シン
訓たつ

[津] 音シン
訓つ

[珍] 音チン
訓めずらしい

[振] 音シン
訓ふる・ふるう

[晋] 音シン
訓すすむ

[疹] 音シン

[真] 音シン
訓ま・まこと

[秦] 音シン
訓はた

[陣] 音ジン

[陳] 音チン
訓のべる

[進] 音シン
訓すすむ・すすめる

[診] 音シン
訓みる

[塵] 音ジン
訓ちり

[榛] 音シン
訓はしばみ・はんのき

[槙] 音シン
訓まき

[賑] 音シン
訓にぎわう・にぎわす・にぎやか

[震] 音シン
訓ふるう・ふるえる

[鎮] 音チン
訓しずめる・しずまる

## 질

[叱] 音シツ
訓しかる

[迭] 音テツ

[疾] 音シツ
訓やまい・やむ

[帙] 音チツ

[秩] 音チツ

[窒] 音チツ

[嫉] 音シツ
訓ねたむ

[質] 音シツ・シチ・チ
訓ただす

[膣] 音チツ

## 짐

[朕] 音チン

## 집

[執] 音シツ・シュウ
訓とる

[集] 音シュウ
訓あつまる・あつめる・つどう

[輯] 音シュウ
訓あつめる・あつまる

## 징

[徴] 音チョウ
訓しるし

[澄] 音チョウ
訓すむ・すます

[懲] 音チョウ
訓こらす・こりる・こらしめる

## 차

[叉] 音サ・シャ
訓また

| | | | |
|---|---|---|---|
| [且] | 音ショ<br>訓かつ | [鑽] | 音サン |
| [次] | 音ジ・シ<br>訓つぐ・つぎ | ## 찰 | |
| [此] | 音シ<br>訓これ・この | [札] | 音サツ<br>訓ふだ |
| [車] | 音シャ<br>訓くるま | [刹] | 音サツ・セツ |
| [借] | 音シャク<br>訓かりる | [捺] | 音サツ |
| [差] | 音サ<br>訓さす | [察] | 音サツ |
| [嗟] | 音サ | [擦] | 音サツ<br>訓する・すれる |
| [嵯] | 音サ | ## 참 | |
| [遮] | 音シャ<br>訓さえぎる | [参] | 音サン・シン<br>訓まいる |
| [蹉] | 音サ | [惨] | 音サン・ザン<br>訓みじめ |
| ## 착 | | [斬] | 音ザン<br>訓きる |
| [捉] | 音ソク<br>訓とらえる | [慚] | 音ザン<br>訓はじる |
| [窄] | 音サク | [懺] | 音ザン・サン |
| [着] | 音チャク・ジャク<br>訓きる・きせる・つく・つける | [讒] | 音ザン<br>訓そしる |
| [搾] | 音サク<br>訓しぼる | ## 창 | |
| [錯] | 音サク・ソ<br>訓まじる | [昌] | 音ショウ<br>訓さかん |
| [鑿] | 音サク | [倉] | 音ソウ<br>訓くら |
| ## 찬 | | [唱] | 音ショウ<br>訓となえる |
| [撰] | 音セン・サン<br>訓えらぶ | [娼] | 音ショウ |
| [賛] | 音サン<br>訓ほめる・たたえる | [窓] | 音ソウ<br>訓まど |
| [餐] | 音サン | [創] | 音ソウ<br>訓きず・はじめる・つくる |
| [燦] | 音サン<br>訓きらめく | [脹] | 音チョウ<br>訓ふくれる |
| [纂] | 音サン<br>訓あつめる | [彰] | 音ショウ<br>訓あきらか |
| [讃] | 音サン<br>訓ほめる・たたえる | [愴] | 音ソウ |

자음 색인

[蒼] 音ソウ 訓あおい

[槍] 音ソウ 訓やり

[暢] 音チョウ 訓のべる・のびる

[瘡] 音ソウ 訓かさ

## 채

[采] 音サイ

[彩] 音サイ 訓いろどる・あや

[採] 音サイ 訓とる

[菜] 音サイ 訓な

[債] 音サイ

## 책

[冊] 音サツ・サク

[柵] 音サク

[責] 音セキ・シャク 訓せめる

[策] 音サク 訓はかりごと

## 처

[処] 音ショ 訓ところ

[妻] 音サイ 訓つま

[凄] 音セイ 訓すさまじい・すごい

[悽] 音セイ

## 척

[尺] 音シャク・セキ

[斥] 音セキ 訓しりぞける

[拓] 音タク 訓ひらく

[隻] 音セキ

[脊] 音セキ 訓せ・せい

[捗] 音チョク 訓はかどる

[戚] 音セキ

[擲] 音テキ 訓なげうつ

## 천

[千] 音セン 訓ち

[川] 音セン 訓かわ

[天] 音テン 訓あめ・あま

[泉] 音セン 訓いずみ

[浅] 音セン 訓あさい

[穿] 音セン 訓うがつ

[茜] 音セン 訓あかね

[践] 音セン 訓ふむ

[賎] 音セン 訓いやしい・しず

[遷] 音セン 訓うつる

[擅] 音セン

[薦] 音セン 訓すすめる

## 철

[凸] 音トツ 訓でこ

[哲] 音テツ

[鉄] 音テツ 訓くろがね

## 철

[綴] 音テイ・テツ 訓つづる

[徹] 音テツ 訓とおる

[撤] 音テツ 訓すてる

[轍] 音テツ 訓わだち

## 첨

[尖] 音セン 訓とがる

[添] 音テン 訓そえる・そう

[籤] 音セン 訓くじ

## 첩

[妾] 音ショウ 訓めかけ・わらわ

[帖] 音ジョウ・チョウ

[捷] 音ショウ 訓はやい

[畳] 音ジョウ 訓たたむ・たたみ

[貼] 音チョウ・テン 訓はる

[牒] 音チョウ

[諜] 音チョウ

## 청

[庁] 音チョウ

[青] 音セイ・ショウ 訓あお・あおい

[清] 音セイ・ショウ 訓きよい・きよまる・きよめる

[晴] 音セイ 訓はれる・はらす

[請] 音セイ・シン・ショウ 訓こう・うける

[聴] 音チョウ 訓きく・ゆるす

## 체

[体] 音タイ・テイ 訓からだ

[剃] 音テイ 訓そる

[逓] 音テイ

[逮] 音タイ

[替] 音タイ 訓かえる・かわる

[滞] 音タイ 訓とどこおる

[締] 音テイ 訓しまる・しめる

[諦] 音タイ・テイ 訓あきらめる

## 초

[抄] 音ショウ

[肖] 音ショウ 訓にる

[初] 音ショ 訓はじめ・はじめて・はつ・うい・そめる

[招] 音ショウ 訓まねく

[草] 音ソウ 訓くさ

[秒] 音ビョウ

[哨] 音ショウ

[悄] 音ショウ

[梢] 音ショウ 訓こずえ

[超] 音チョウ 訓こえる・こす

[焦] 音ショウ 訓こげる・こがす・こがれる・あせる

[硝] 音ショウ

[酢] 音サク 訓す

[楚] 音ソ

【蕉】 音ショウ

【礁】 音ショウ

【礎】 音ソ
訓いしずえ

## 촉

【促】 音ソク
訓うながす

【蜀】 音ショク・ゾク

【触】 音ショク・ソク
訓ふれる・さわる

【嘱】 音ショク

【燭】 音ショク・ソク
訓ともしび

## 촌

【寸】 音スン

【村】 音ソン
訓むら

## 총

【塚】 音チョウ
訓つか

【惣】 音ソウ

【総】 音ソウ
訓すべる・すべて・ふさ

【銃】 音ジュウ

【聡】 音ソウ
訓さとい

【叢】 音ソウ
訓くさむら

【寵】 音チョウ

## 촬

【撮】 音サツ
訓とる

## 최

【最】 音サイ
訓もっとも

【催】 音サイ
訓もよおす

## 추

【抽】 音チュウ
訓ぬく・ぬきだす

【枢】 音スウ
訓くるる・とぼそ

【追】 音ツイ
訓おう

【秋】 音シュウ
訓あき・とき

【推】 音スイ
訓おす

【椎】 音ツイ
訓しい

【槌】 音ツイ
訓つち

【萩】 音シュウ
訓はぎ

【墜】 音ツイ
訓おちる・おとす

【皺】 音シュウ
訓しわ

【錐】 音スイ
訓きり

【錘】 音スイ
訓つむ・おもり

【趨】 音スウ
訓おもむく

【雛】 音スウ
訓ひな

【醜】 音シュウ
訓みにくい

【鎚】 音ツイ
訓つち

## 축

【丑】 音チュウ
訓うし

【祝】 音シュク・シュウ
訓いわう

【畜】 音チク

【逐】 音チク
訓おう

| | | | |
|---|---|---|---|
| [軸] | 音ジク | [取] | 音シュ<br>訓とる |
| [蓄] | 音チク<br>訓たくわえる | [炊] | 音スイ<br>訓たく |
| [築] | 音チク<br>訓きずく | [臭] | 音シュウ<br>訓くさい・におい |
| [縮] | 音シュク<br>訓ちぢむ・ちぢまる・ちぢめる・ちぢれる・ちぢらす | [脆] | 音ゼイ<br>訓もろい |
| [蹴] | 音シュウ<br>訓ける | [酔] | 音スイ<br>訓よう |
| | | [就] | 音シュウ・ジュ<br>訓つく・つける |

## 춘

| | |
|---|---|
| [春] | 音シュン<br>訓はる |
| [椿] | 音チン<br>訓つばき |

| | |
|---|---|
| [翠] | 音スイ<br>訓みどり |
| [聚] | 音シュウ・シュ・ジュ<br>訓あつまる・あつめる |
| [趣] | 音シュ<br>訓おもむき |

## 출

| | |
|---|---|
| [出] | 音シュツ・スイ<br>訓でる・だす |

## 측

| | |
|---|---|
| [仄] | 音ソク |
| [側] | 音ソク<br>訓かわ・そば |

## 충

| | |
|---|---|
| [充] | 音ジュウ<br>訓あてる |
| [虫] | 音チュウ<br>訓むし |
| [沖] | 音チュウ<br>訓おき |
| [忠] | 音チュウ |
| [衷] | 音チュウ |
| [衝] | 音ショウ<br>訓つく |

| | |
|---|---|
| [惻] | 音ソク |
| [測] | 音ソク<br>訓はかる |

## 층

| | |
|---|---|
| [層] | 音ソウ |

## 치

| | |
|---|---|
| [治] | 音ジ・チ<br>訓おさめる・おさまる・なおる・なおす |
| [値] | 音チ<br>訓ね・あたい |
| [恥] | 音チ<br>訓はじる・はじ・はじらう・はずかしい |
| [致] | 音チ<br>訓いたす |
| [痔] | 音ジ |
| [痴] | 音チ<br>訓しれる |

## 췌

| | |
|---|---|
| [悴] | 音すい<br>訓やつれる |
| [萃] | 音スイ |
| [贅] | 音ゼイ |

## 취

| | |
|---|---|
| [吹] | 音スイ<br>訓ふく |

## 치

- 【齒】 音シ 訓は・よわい
- 【稚】 音チ 訓おさない
- 【置】 音チ 訓おく
- 【馳】 音チ 訓はせる
- 【緻】 音チ

## 칙

- 【勅】 音チョク 訓みことのり
- 【則】 音ソク 訓のり・のっとる

## 친

- 【親】 音シン 訓おや・したしい・したしむ

## 칠

- 【七】 音シチ・シツ 訓なな・ななつ・なの
- 【漆】 音シツ 訓うるし

## 침

- 【沈】 音チン・ジン 訓しずむ・しずめる
- 【枕】 音チン 訓まくら
- 【侵】 音シン 訓おかす
- 【浸】 音シン 訓ひたす・ひたる
- 【針】 音シン 訓はり
- 【寝】 音シン 訓ねる・ねかす

## 칩

- 【蟄】 音チツ

## 칭

- 【称】 音ショウ 訓たたえる・となえる

## 쾌

- 【快】 音カイ 訓こころよい

## 타

- 【他】 音タ 訓ほか
- 【打】 音ダ・チョウ 訓うつ
- 【妥】 音ダ
- 【唾】 音ダ 訓つば・つばき
- 【舵】 音ダ 訓かじ
- 【堕】 音ダ 訓おちる
- 【惰】 音ダ 訓おこたる
- 【駄】 音ダ・タ

## 탁

- 【托】 音タク
- 【卓】 音タク
- 【柝】 音タク
- 【託】 音タク 訓かこつける
- 【啄】 音タク 訓ついばむ
- 【擢】 音テキ
- 【濁】 音ダク・ジョク 訓にごる・にごす
- 【琢】 音タク 訓みがく
- 【濯】 音タク
- 【鐸】 音たく

## 탄

| | | | |
|---|---|---|---|
| [呑] | 音ドン<br>訓のむ | [太] | 音タイ・タ<br>訓ふとい・ふとる |
| [坦] | 音タン | [苔] | 音タイ<br>訓こけ |
| [炭] | 音タン<br>訓すみ | [汰] | 音タ |
| [弾] | 音ダン<br>訓ひく・はずむ・たま・はじく | [怠] | 音タイ<br>訓おこたる・なまける |
| [嘆] | 音タン<br>訓なげく・なげかわしい | [殆] | 音タイ<br>訓ほとんど |
| [綻] | 音タン<br>訓ほころびる | [胎] | 音タイ<br>訓はらむ |
| [憚] | 音タン<br>訓はばかる | [泰] | 音タイ<br>訓やすい |
| [歎] | 音タン<br>訓なげく | [態] | 音タイ |
| [誕] | 音タン | | |

## 탈

| | |
|---|---|
| [脱] | 音ダツ<br>訓ぬぐ・ぬげる |
| [奪] | 音ダツ<br>訓うばう |

## 택

| | |
|---|---|
| [宅] | 音タク |
| [択] | 音タク<br>訓えらぶ |
| [沢] | 音タク<br>訓さわ |

## 탐

| | |
|---|---|
| [耽] | 音タン<br>訓ふける |
| [探] | 音タン<br>訓さぐる・さがす |
| [貪] | 音ドン・タン・トン<br>訓むさぼる |

## 토

| | |
|---|---|
| [土] | 音ド・ト<br>訓つち |
| [吐] | 音ト<br>訓はく |
| [兎] | 音ト<br>訓うさぎ |
| [討] | 音トウ<br>訓うつ |

## 탑

| | |
|---|---|
| [塔] | 音トウ |
| [搭] | 音トウ |

## 통

| | |
|---|---|
| [通] | 音ツウ・ツ<br>訓とおる・とおす・かよう |
| [痛] | 音ツウ<br>訓いたい・いたむ・いためる |
| [桶] | 音トウ<br>訓おけ |
| [筒] | 音トウ<br>訓つつ |
| [統] | 音トウ<br>訓すべる |

## 탕

| | |
|---|---|
| [湯] | 音トウ<br>訓ゆ |
| [蕩] | 音トウ<br>訓うごく・とろける |

## 태

## 퇴

- 【退】 音タイ 訓しりぞく・しりぞける・のく
- 【堆】 音タイ・ツイ 訓うずたかい
- 【腿】 音タイ 訓もも
- 【褪】 音タイ 訓あせる
- 【頹】 音タイ

## 투

- 【投】 音トウ 訓なげる
- 【妬】 音ト 訓ねたむ
- 【套】 音トウ
- 【透】 音トウ 訓すく・すかす・すける
- 【鬪】 音トウ 訓たたかう

## 특

- 【特】 音トク

## 파

- 【巴】 音ハ 訓ともえ
- 【把】 音ハ 訓とる・たば
- 【波】 音ハ 訓なみ
- 【派】 音ハ 訓わかれ
- 【破】 音ハ 訓やぶる・やぶれる
- 【跛】 音ハ
- 【頗】 音ハ 訓すこぶる
- 【播】 音ハ・バン 訓まく

- 【婆】 音バ 訓ばば
- 【罷】 音ヒ 訓やめる・やむ・まかる

## 판

- 【判】 音ハン・バン
- 【坂】 音ハン 訓さか
- 【阪】 音ハン 訓さか
- 【板】 音ハン・バン 訓いた
- 【版】 音ハン
- 【販】 音ハン

## 팔

- 【八】 音ハチ 訓や・やつ・やっつ・よう

## 패

- 【貝】 音バイ・ハイ 訓かい
- 【沛】 音ハイ
- 【佩】 音ハイ 訓おびる・はく
- 【悖】 音ハイ 訓もとる
- 【唄】 音バイ 訓うた
- 【狽】 音バイ
- 【敗】 音ハイ 訓やぶれる
- 【牌】 音ハイ
- 【覇】 音ハ

## 팽

- 【膨】 音ボウ 訓ふくらむ・ふくれる

## 편

[片] 音ヘン
訓かた・きれ・ひれ

[扁] 音ヘン

[偏] 音ヘン
訓かたよる・ひとえに

[遍] 音ヘン
訓あまねし

[篇] 音ヘン

[編] 音ヘン
訓あむ

[便] 音ベン・ビン
訓たより・すなわち

[鞭] 音ベン
訓むち・むちうつ

## 폄

[貶] 音ヘン
訓おとす

## 평

[平] 音ヘイ・ビョウ・ヒョウ
訓たいら・ひら

[坪] 音ヘイ
訓つぼ

[評] 音ヒョウ

## 폐

[吠] 音ハイ
訓ほえる

[肺] 音ハイ

[陛] 音ヘイ
訓きざはし

[閉] 音ヘイ
訓とじる・とざす・しめる・しまる

[廃] 音ハイ
訓すたれる・すたる

[幣] 音ヘイ
訓ぬさ・しで・みてぐら

[弊] 音ヘイ
訓つかれる・やぶれる

[蔽] 音ヘイ
訓おおう

## 포

[包] 音ホウ
訓つつむ

[布] 音フ・ホ
訓ぬの・きれ・しく

[抱] 音ホウ
訓だく・いだく・かかえる

[抛] 音ホウ
訓なげうつ・ほうる

[怖] 音フ
訓こわい・おそれる

[泡] 音ホウ
訓あわ

[胞] 音ホウ
訓えな・はら

[哺] 音ホ

[圃] 音ホ

[捕] 音ホ・ブ
訓とらえる・とらわれる・とる・つかまえる・つかまる

[浦] 音ホ
訓うら

[砲] 音ホウ
訓つつ

[袍] 音ホウ
訓わたいれ

[飽] 音ホウ
訓あきる・あかす

[鞄] 音ホウ
訓かばん

[舗] 音ホ
訓しく

[褒] 音ホウ
訓ほめる

## 폭

[幅] 音フク
訓はば

[暴] 音ボウ・バク
訓あばく・あばれる

[瀑] 音バク
訓たき

## 표

【表】 音ヒョウ 訓おもて・あらわす・あらわれる

【俵】 音ヒョウ 訓たわら

【豹】 音ヒョウ

【彪】 音ヒョウ・ヒュウ

【票】 音ヒョウ

【剽】 音ヒョウ

【漂】 音ヒョウ 訓ただよう

【標】 音ヒョウ

【瓢】 音ヒョウ 訓ひきご・ふくべ

【飄】 音ヒョウ

## 품

【品】 音ヒン・ホン 訓しな

【稟】 音ヒン 訓りん

## 풍

【風】 音フウ・フ 訓かぜ・かざ

【豊】 音ホウ・ブ 訓ゆたか・とよ

【楓】 音フウ 訓かえで

【諷】 音フウ・フ 訓そらんずる

## 피

【皮】 音ヒ 訓かわ

【曝】 音バク 訓さらす

【爆】 音バク

【彼】 音ヒ 訓かれ・かの

【披】 音ヒ 訓ひらく

【疲】 音ヒ 訓つかれる・つからす

【被】 音ヒ 訓こうむる

【避】 音ヒ 訓さける

## 필

【匹】 音ヒツ 訓ひき

【必】 音ヒツ 訓かならず

【畢】 音ヒツ 訓おわる

【筆】 音ヒツ 訓ふで

## 핍

【乏】 音ボウ 訓とぼしい

## 하

【下】 音カ・ゲ 訓した・しも・もと・さげる・さがる・くだる・くだす・くださる・おろす・おりる

【何】 音カ 訓なに・なん

【河】 音カ・ガ 訓かわ

【夏】 音カ・ゲ 訓なつ

【荷】 音カ 訓に・かなう

【賀】 音ガ

【霞】 音カ 訓かすみ

## 학

## 학

- [学] 音ガク / 訓まなぶ
- [虐] 音ギャク / 訓しいたげる
- [涸] 音コ / 訓かれる
- [鶴] 音カク / 訓つる

## 한

- [汗] 音カン / 訓あせ
- [旱] 音カン / 訓ひでり
- [限] 音ゲン / 訓かぎる・きり
- [恨] 音コン / 訓うらむ・うらめしい
- [悍] 音カン
- [寒] 音カン / 訓さむい
- [閑] 音カン
- [漢] 音カン / 訓から
- [翰] 音カン
- [韓] 音カン / 訓から

## 할

- [割] 音カツ / 訓わる・わり・われる・さく
- [轄] 音カツ

## 함

- [含] 音ガン・カン / 訓ふくむ・ふくめる
- [函] 音カン / 訓はこ
- [陷] 音カン / 訓おちいる・おとしいれる
- [喊] 音カン
- [緘] 音カン
- [艦] 音カン

## 합

- [合] 音ゴウ・ガッ・カッ / 訓あう・あわす・あわせる

## 항

- [抗] 音コウ / 訓あらがう
- [杭] 音コウ / 訓くい
- [巷] 音コウ / 訓ちまた
- [恒] 音コウ / 訓つね
- [航] 音コウ
- [港] 音コウ / 訓みなと
- [項] 音コウ / 訓うなじ

## 해

- [亥] 音ガイ / 訓い
- [海] 音カイ / 訓うみ
- [咳] 音ガイ / 訓せき
- [害] 音ガイ
- [解] 音カイ・ゲ / 訓とく・とかす・とける・ほどく
- [該] 音ガイ
- [楷] 音カイ
- [骸] 音ガイ / 訓むくろ
- [諧] 音カイ

## 핵

## 핵

【劾】 音ガイ

【核】 音カク

## 행

【行】 音コウ・ギョウ・アン
訓いく・ゆく・おこなう

【杏】 音キョウ・アン
訓あんず

【幸】 音コウ
訓さいわい・さち・しあわせ

【倖】 音コウ

## 향

【向】 音コウ・キョウ
訓むく・むける・むかう・むこう

【享】 音キョウ

【香】 音コウ・キョウ
訓か・かおり・かおる・こうばしい

【郷】 音キョウ・ゴウ
訓さと

【響】 音キョウ
訓ひびく

【饗】 音キョウ

## 허

【虚】 音キョ・コ
訓むなしい

【許】 音キョ
訓ゆるす・もと

【嘘】 音キョ
訓うそ

【墟】 音キョ
訓あと

## 헌

【軒】 音ケン
訓のき

【献】 音ケン・コン
訓たてまつる

【憲】 音ケン
訓のり

## 험

【険】 音ケン
訓けわしい

【嶮】 音ケン
訓けわしい

【験】 音ケン・ゲン
訓ためす・しるし

## 혁

【革】 音カク
訓かわ

【赫】 音カク

【嚇】 音カク
訓おどす

## 현

【玄】 音ゲン
訓くらい・くろい

【弦】 音ゲン
訓つる

【県】 音ケン
訓あがた

【現】 音ゲン
訓あらわれる・あらわす・うつつ

【絃】 音ゲン

【舷】 音ゲン
訓ふなばた

【絢】 音ケン
訓あや

【賢】 音ケン
訓かしこい・まさる・さかしい

【顕】 音ケン
訓あきらか・あらわれる

【懸】 音ケン・ケ
訓かける・かかる

## 혈

【穴】 音ケツ
訓あな

【血】 音ケツ・ケチ
訓ち

[頁] 音ケツ

## 혐

[嫌] 音ケン・ゲン
訓きらう・いや

## 협

[叶] 音キョウ
訓かなう

[協] 音キョウ
訓かなう

[俠] 音キョウ

[峡] 音キョウ

[挟] 音キョウ
訓はさむ・はさまる

[狭] 音キョウ
訓せまい・せばめる・せばまる

[脅] 音キョウ
訓おびやかす・おどす・おどかす

[脇] 音キョウ
訓わき

[頬] 音キョウ
訓ほお

## 형

[兄] 音ケイ・キョウ
訓あに

[刑] 音ケイ・ギョウ

[亨] 音キョウ・コウ・ホウ
訓とおる

[形] 音ケイ・ギョウ
訓かた・かたち

[型] 音ケイ
訓かた

[荊] 音ケイ
訓いばら

[蛍] 音ケイ
訓ほたる

[衡] 音コウ
訓はかり・はかる

[馨] 音ケイ・キョウ
訓かおる・かおり

## 혜

[恵] 音ケイ・エ
訓めぐむ

[慧] 音ケイ・エ
訓さとい

## 호

[戸] 音コ
訓と

[乎] 音コ

[互] 音ゴ
訓たがい

[号] 音ゴウ
訓さけぶ

[好] 音コウ
訓このむ・すく

[冴] 音コ・ゴ
訓さえる

[呼] 音コ
訓よぶ

[狐] 音コ
訓きつね

[虎] 音コ
訓とら

[弧] 音コ

[胡] 音コ・ゴ・ウ
訓えびす

[浩] 音コウ
訓ひろい

[毫] 音ゴウ

[扈] 音コ

[壺] 音コ
訓つぼ

[皓] 音コウ
訓しろい

[湖] 音コ
訓みずうみ

[瑚] 音コ・ゴ

[豪] 音ゴウ

## 호

【糊】 音コ 訓のり

【壕】 音ゴウ 訓ほり

【濠】 音ゴウ 訓ほり

【縞】 音コウ 訓しま

【護】 音ゴ 訓まもる

## 혹

【或】 音ワク 訓ある・あるいは

【惑】 音ワク 訓まどう

【酷】 音コク 訓むごい

## 혼

【昏】 音コン 訓くらい

【婚】 音コン

【混】 音コン 訓まじる・まざる・まぜる

【渾】 音コン

【魂】 音コン 訓たましい

## 홀

【忽】 音コツ 訓たちまち

【笏】 音コツ・シャク

【惚】 音コツ 訓ほれる

## 홍

【弘】 音コウ・グ 訓ひろい・ひろめる

【洪】 音コウ

【紅】 音コウ・ク・グ 訓べに・くれない

【虹】 音コウ 訓にじ

【鴻】 音コウ 訓おおとり

## 화

【化】 音カ・ケ 訓ばける・ばかす

【火】 音カ 訓ひ・ほ

【花】 音カ・ケ 訓はな

【画】 音ガ・カク・エ 訓えがく・くぎる

【和】 音ワ・オ・カ 訓やわらぐ・やわらげる・なごむ・なごやか・あえる

【華】 音カ・ケ・ゲ 訓はな

【貨】 音カ

【話】 音ワ 訓はなす・はなし

【禍】 音カ 訓わざわい

【靴】 音カ 訓くつ

【樺】 音カ 訓かば

## 확

【拡】 音カク 訓ひろげる

【確】 音カク 訓たしか・たしかめる

【穫】 音カク

## 환

【丸】 音ガン 訓まる・まるい・まるめる

【幻】 音ゲン 訓まぼろし

【患】 音カン 訓わずらう

【喚】 音カン 訓よぶ

【換】 音カン 訓かえる・かわる

# 교학사 비즈니스 한일사전

(주)교학사

# 일러두기

## 1. 어휘

현대 사회의 일상 생활에서 널리 쓰이는 용어를 중심으로 한 기본어를 바탕으로 생활어 및 일상 용어, 각 분야의 용어·학술어·전문어·관용구와 동물·식물명을 비롯하여 각종 매스 미디어를 통하여 접하는 시사어·신어·외래어 등을 집약, 수록하였다.

## 2. 표제어

1) 표제어의 표기

① 표제어는 고딕으로 나타내었다.

**자가**〔自家〕 名 ……
　**자가-용**〔-用〕 名 ……

② 표제어는 문교부 외래어 표기법과 한글 국어 사전에 따라 표기하였다.

**갑자기** 副 ……
**갑작-스럽다** 形ㅂ …… **갑작-스레** 副 ……
**오퍼레이터**〔operator〕 名 ……

2) 표제어의 배열 순서와 방법

① 표제어는 한글의 자모 순에 따라 배열하였다.

**가:면**〔假面〕 名 ……
**가문**〔家門〕 名 ……
**가미**〔加味〕 名 하他 되自 ……

② 보다 상세한 자모의 배열 순서는 다음과 같다.

㉠ 초성(初聲)의 차례
ㄱ(ㄲ), ㄴ, ㄷ(ㄸ), ㄹ, ㅁ, ㅂ(ㅃ), ㅅ(ㅆ), ㅈ(ㅉ), ㅊ, ㅋ, ㅌ, ㅍ, ㅎ

㉡ 중성(中聲)의 차례
ㅏ, ㅐ, ㅑ, ㅒ, ㅓ, ㅔ, ㅕ, ㅖ, ㅗ, ㅘ, ㅙ, ㅚ, ㅛ, ㅜ, ㅝ, ㅞ, ㅟ, ㅠ, ㅡ, ㅢ, ㅣ

㉢ 종성(終聲)의 차례
ㄱ(ㄲ, ㄳ), ㄴ(ㄵ, ㄶ), ㄷ, ㄹ(ㄺ, ㄻ, ㄼ, ㄽ, ㄾ, ㄿ, ㅀ), ㅁ, ㅂ(ㅄ), ㅅ(ㅆ), ㅇ, ㅈ, ㅊ, ㅋ, ㅌ, ㅍ, ㅎ

③ 표제어와 결합되어 이루어진 합성어와 관용구는 표제어에 딸린 부속 표제어로 삼았다. 그 서술 순서는 표제어, 속담, 관용구, 복합어의 순이다.

**재주**[才-] 名 ……
　속담〉 재주는 곰이 넘고 ……
　관용〉 재주가 있다 ……
**재주-껏** 副 ……
**재주-꾼** 名 ……

④ 합성어 등은 구성상 기본 표제어가 두 음절 이상일 때에만 기본 표제어에 딸린 부속 표제어로 배열하였다.

**국민**[國民] 名 ……
**국민-성**[-性] 名 ……
**국민 총:생산**[-總生産] 名 ……

⑤ 동형 이의어(同形異意語)는 품사의 순서에 따라 배열하였고, 품사가 다를 경우 **Ⅰ Ⅱ Ⅲ**…으로 묶어 정리하였다. 품사가 같은 것은 우리말, 한자어, 외래어의 순으로 배열하였다.

**외:**[外] **Ⅰ** 依 …… **Ⅱ** 接頭 ……
**갱**[坑] 名 ……
**갱:**[羹] 名 ……
**갱**[gang] 名 ……

⑥ 우리말 동음 이의어가 표제어로 올 때는 단·장음의 차례로 적었다. 또한 음과 글자가 같고 뜻이 다른 말은 표제어의 오른쪽 어깨에 번호를 붙여 구별하였다.

**사과**[沙果] 名 ……
**사:과**[謝過] 名 하他 ……
**사:마귀**[1] 名 ……
**사:마귀**[2] 動 ……

3) 표제어의 구성 요소와 그 보기

표제어는 어휘, 붙임표 (-), 장음 (:), 어원 〔 〕 등의 구성 요소가 어우러져 완성된다.

① 붙임표(-)의 사용

㉠ 기본 어간·변화형 어간·접두사는 표제어의 뒤에, 보조 어간은 표제어의 앞이나 뒤에 붙임표를 붙였다. 접미사·어미는 표제어의 앞에 붙임표를 붙였다.

**마땅-하다** 形여 ……
**새-** 接頭 ……
**-히-** 接尾 ……
**선생-님** 名 ……

㉡ 홀로 쓰이는 단어끼리 이루어진 합성어는 붙임표를 사용하지 않고 띄어 쓰는 것으로 대신하였다.

**고속 도:로**〔-道路〕名 ……

㉢ 의성·의태어 등과 같이 어근(語根)이 반복될 때, 어근(語根)에 「-하다·-스럽다·-거리다·-롭다·-치다」 등의 접미사가 붙을 때는 그 사이에 붙임표를 붙였다.

**번들-번들** 副 ……
**번들-거리다** 自 ……

㉣ 각각의 단어가 상호간의 의미적 연관이 없이 다만 대등하게 결합할 때는 붙임표를 썼다.

**지-필-묵**〔-墨〕名 ……

㉤ 단독으로는 잘 쓰이지 않고 함께 어우러져 쓰이는 단어나 이미 굳어져서 하나의 개념을 뜻하는 경우에 붙임표를 붙였다.

**대:의-명분**〔-名分〕名 ……

② 어원의 표시

㉠ 표제어의 한자어에는 한자, 외래어에는 원어를 〔 〕 속에 나타내었으며, 한자와 영어 이외의 외래어에는 그 언어명을 밝혔다.

**간과**〔干戈〕名 ……
**사우나**〔핀 sauna〕名 ……

ⓒ 한자어 가운데서 본음과 속음 두 가지로 읽는 것은 각각의 소리에 따라 적고, 속음으로 읽는 경우 〖 〗 속에 「'」표를 하였다.

　　**사탕**〖'砂糖〗 图 ······

ⓒ 현재 쓰이는 말이 원래의 음과 달라진 한자어나 외래어, 또는 외래어가 약어인 경우 〖 〗 속에 「←」표를 하고 실제음이나 정식 표기를 하였다.

　　**장지** 〖← 障子〗 图 ······
　　**파마** 〖← permanent wave〗 图 ······

③ 장음의 표시

ⓐ 표제어에서 길게 발음되는 음절은 그 글자 오른 편에 「:」를 붙였다.

　　**연:습**〖鍊習〗 图 ······

ⓑ 명사·형용사 등의 표제어에 「-이·-히」 등의 접미사가 붙어 부사가 되는 부속 표제어에는 「:」을 생략하였다.

　　**환:-하다** 形어 ······　**환-히** 副 ······

④ 표제어의 생략 또는 간략 처리

ⓐ 일부 명사에 접미사 「-하다·-되다·-스럽다」가 붙어서 동사나 형용사가 되는 말의 대부분은 따로 표제어로 내세우지 않고 품사 자리에 다음과 같이 표시하였다.

　　**사랑** 图 하他 스形 ······
　　**불만** 图 하形 스形 ······

ⓑ 형용사에 「-이·-히·-스레」 등의 접미사가 붙어서 부사가 되는 말은 따로 표제어로 내세우지 않고 앞 표제어의 풀이 뒤에 연결하여 다음과 같이 처리하였다.

　　**산:망-스럽다** 形ㅂ ······　**산망-스레** 副 ······

# 3. 일본어의 표기

일본어 표기는 일본 내각 고시(內閣告示)의 「現代仮名遣い」에 따라 적었다. 한자로 표기된 일본어에는 振ふり仮名がな를 달았고 같은 글자가 뒤따라 나오는 경우는 생략하였다.

# 4. 어의(語義)와 역어(譯語)

## 1) 어의(語義)의 서술

동음 이의어(同音異義語)에서 품사를 달리 할 때는 Ⅰ Ⅱ Ⅲ…으로 나누어 설명하였다. 또한 표제어에서 말 뜻의 갈래가 여럿일 경우 원칙적으로 본디 뜻을 먼저 내세우고 이어서 바뀐 뜻·변한 뜻의 차례로 수록하였다. 순서는 번호 ① ② ③ ④……를 사용하였다.

> **종:**〔種〕Ⅰ 名 ① …… ② …… Ⅱ 依 ① …… ② …… Ⅲ 接尾 ① …… ② ……
> **쓸다**¹ 他 ① 掃はく。 …… ②(手てで軽かるく)なでる。 …… ③(伝染病でんせんびょうが)広ひろまる、蔓延まんえんする。 …… ④独ひとり占じめにする、席巻せっけんする。

## 2) 역어(譯語)의 서술

① 표제어의 역어는 우리 말 대응어를 먼저 쓰고, 간단한 풀이·일상적인 역어를 적었다.

> **수치**〔羞恥〕 名 羞恥しゅうち、恥はじ、恥はずべきこと、恥辱ちじょく。¶ ~를 알다 恥を知しる。

② 말의 개념을 뚜렷하게 하기 위하여 동의어·유의어·약어·큰말·작은 말·반대어 등을 적어 도움이 되도록 하였다.

> **빗-금** 名 斜線しゃせん。 ㉗ 사선

③ 한국 고유의 의식주나 생활 양식에 관한 용어 등은 일본어에 해당하는 적절한 대응어가 없는 경우 간략하게 풀이, 서술하였다.

> **사물-놀이** 名 かね(꽹과리)·どら(징)·太鼓だいこ(북)·チャング(장구)を用もちいて行おこなう農楽のうがく。

④ 속담에서 역문은 우선 원문에 충실하게 우리 말로 옮기고, 그 다음 《 》 속에 해설이나 대응하는 일본 속담을 제시하였다.

> 속담〉 **게으른 놈 밭고랑 세듯** 怠なまけ者が畑はたの畝うねを数かぞえるように。《仕事しごとのほうはおろそかにして早はやじまいすることばかり考かんがえること》

⑤ 줄어서 된 말이나 준말이 표제어인 경우 풀이 다음에 적절한 대역어를 적었다.

> **마땅-찮다** 形《「마땅하지 아니하다」의 縮約形》不当ふとうだ、気きにくわない、ふさわしくない。

일러두기

3) 용례에 대하여

① 우리 말 용례 중 표제어에 해당하는 부분은 「~」로 표시하여 생략하였다. 단 활용형의 형태가 표제어의 형태와 달라진 경우에는 「~」 기호로 대체하지 않고 활용 형태 전체를 표시하였다.

**마땅-하다** 形어 …… ¶ 벌받아 ~ 罰ばつせられて当然とうぜんだ。
**연ː-하다**〔軟-〕 形어 …… ¶ 연한 녹색 薄緑色うすみどりいろ。

② 표제어에 부속되는 복합어에 딸린 용례에서 「~」는 그 복합어 전체를 받는다.

**고생**〔苦生〕 名 ……
　**고생-문**〔-門〕 名 …… ¶ ~이 훤하다 いばらの道みちがはっきり見みえる。

③ 용례의 시작은 「¶」 기호로 시작하고 두 번째 용례부터는 사선 기호 「/」로 구분하였다.

**가곡**〔歌曲〕 名 …… ¶ ~집 歌曲集かきょくしゅう/ ~을 부르다 歌曲を歌うたう。

④ 표제어와 관련된 속담은 그 속담의 첫 단어가 속한 표제어 항에 제시하였다.

**쓴-맛** 名 ……
　속담〉 쓴맛 단맛 다 보다 酸すいも甘あまいも噛かみ分わける。《……》

⑤ 용례의 일부를 다른 말로도 나타낼 수 있을 때에는 〔 〕를 사용하여 그 속에 표시하였다.

**자늑자늑-하다** 形어 (動作どうさが) 静しずかでしなやかだ〔上品じょうひんだ〕。

⑥ 부속 표제어에서 본 표제어의 한자 부분이나 로마자 부분은 중복을 피하기 위해 「-」로 표시하였다.

**시ː장**〔市場〕 名 ……
　**시ː장 가격**〔-價格〕 名 ……

**커ː피**〔coffee〕 名 ……
　**커ː피 숍**〔-shop〕 名 ……

⑦ 표준적인 동의어로 풀이를 미룬 경우는 설명의 중복을 피하기 위해 「⇨」를 사용하여 그 해당 표제어를 밝혔다.

**지남-철**〔-鐵〕 名〖物〗 ⇨ 자석(磁石)

# 약어·기호표

## 품사·기타

| | |
|---|---|
| 名 | 명사 |
| 依 | 의존 명사 |
| 代 | 대명사 |
| 數 | 수사 |
| 自 | 자동사 |
| 他 | 타동사 |
| 形 | 형용사 |
| 冠 | 관사 |
| 副 | 부사 |
| 感 | 감탄사 |
| 助 | 조사 |
| 略 | 약어 |
| 助動 | 조동사 |
| 助形 | 보조형용사 |
| 接頭 | 접두사 |
| 接尾 | 접미사 |
| 語尾 | 어미 |
| 준 | 준말 |
| 센 | 센말 |
| 거 | 거센말 |
| 여 | 여린말 |
| 대 | 반대말 |
| 유 | 유사어 |
| 큰 | 큰말 |
| 작 | 작은말 |
| 참 | 참말·참조 |
| 하自 | 하다형 자동사 |
| 하他 | 하다형 타동사 |
| 하自他 | 하다형 자동사·타동사 |
| 되自 | 되다형 자동사 |
| 하形 | 하다형 형용사 |
| 스形 | 스럽다형 형용사 |
| 관용 | 관용구 |
| 속담 | 속담 |

## 불규칙 활용

| | |
|---|---|
| ㄷ | ㄷ 불규칙 활용 |
| ㅂ | ㅂ 불규칙 활용 |
| ㅅ | ㅅ 불규칙 활용 |
| ㅎ | ㅎ 불규칙 활용 |
| 러 | 러 불규칙 활용 |
| 르 | 르 불규칙 활용 |
| 여 | 여 불규칙 활용 |
| 거라 | 거라 불규칙 활용 |

## 전문어

| | |
|---|---|
| 가 | 가톨릭 |
| 改新 | 개신교 |
| 建 | 건축·토목 |
| 建 | 건축·토목 |
| 經 | 경제·경영 |
| 考古 | 고고학 |
| 工 | 공학·공업 |
| 廣 | 광고·선전 |
| 鑛 | 광물 |
| 敎 | 교육 |
| 交 | 교통 |
| 軍 | 군사 |
| 劇 | 연극 |
| 機 | 기계 |
| 基 | 기독교 |
| 氣 | 기상 |
| 論 | 논리 |
| 農 | 농업·임업 |
| 動 | 동물 |
| 文法 | 문법·어학 |
| 文 | 문학·문학사 |
| 物 | 물리 |
| 美 | 미술·공예 |
| 民 | 민속·민속학 |
| 放 | 방송·TV |
| 法 | 법률·법학 |
| 服 | 복식 |
| 佛 | 불교·불교어 |
| 社 | 사회학 |
| 史 | 역사 |
| 商 | 상업 |
| 生 | 생물·생리학 |
| 水 | 수산·어업 |
| 數 | 수학 |
| 植 | 식물 |
| 心 | 심리 |
| 野 | 야구 |
| 藥 | 약품·약학 |
| 言 | 언어 |
| 映 | 영화 |
| 藝 | 전통 예능 |

일러두기

# 약어 · 기호표

| | | | | | |
|---|---|---|---|---|---|
| 〔料〕 | 요리 | 라 | 라틴어 | (卑) | 비속어 |
| 〔宇〕 | 우주공학 | 러 | 러시아어 | (比) | 비유 |
| 〔原〕 | 원자력 | 몽 | 몽고어 | (俗) | 속어 |
| 〔倫〕 | 윤리 | 범 | 범어 | (幼) | 유아어 |
| 〔音〕 | 음악 | 베 | 베트남어 | (女) | 여성어 |
| 〔醫〕 | 의학 | 스 | 스웨덴어 | | |
| 〔人〕 | 문화 인류학 | 아 | 아랍어 | | |
| 〔相撲〕 | 일본 씨름 | 에 | 에스파니아어 | | |
| 〔日史〕 | 일본 역사 | 에스 | 에스페란토어 | ## 기호 | |
| 〔電〕 | 전기 · 전자 공학 | 이 | 이탈리아어 | | |
| 〔情〕 | 정보 · 통신 | 인다 | 인도어 | 〖 〗 | 표제어의 한자 · |
| 〔政〕 | 정치 | 일 | 일본어 | | 원어 표시 |
| 〔宗〕 | 종교 | 중 | 중국어 | (( )) | 문법 · 용법 · 설명 |
| 〔地〕 | 지리 · 지학 | 티 | 티벳어 | 「 」 | 고유어 · 주요어 |
| 〔天〕 | 천문 | 페 | 페르시아어 | | 표기 |
| 〔哲〕 | 철학 | 포 | 포르투갈어 | ¶ | 용례 |
| 〔體〕 | 체육 | 프 | 프랑스어 | / | 용례의 구분 |
| 〔版〕 | 출판 · 인쇄 | 핀 | 핀란드어 | ⇨ | 그 표제어로 가 보라 |
| 〔컴〕 | 컴퓨터 · OA | 하 | 하와이어 | - | 어간과 어미의 구분 |
| 〔統〕 | 통계 | 히 | 히브리어 | ː | 장음 표시 |
| 〔表〕 | 표현 · 수사 | 힌 | 힌두어 | ← | ①변한 말 · 외래어 |
| 〔漢〕 | 한방 | | | | ② 약어의 정식 표기 |
| 〔海〕 | 해양 | | | ↓ | 속음 |
| 〔化〕 | 화학 | | | ~ | 용례에서 표제어 |
| | | ## 용법 | | | 의 생략 |
| ## 외래어 | | | | - | 파생어 · 복합어가 |
| | | (古) | 고어 | | 부표제어일 경우 |
| 그 | 그리스어 | (口) | 구어 | | 표제어의 생략 |
| 네 | 네델란드어 | (宮) | 궁중어 | Ⅰ Ⅱ | 대분류(大分類) |
| 노 | 노르웨이어 | (文) | 문어 | ① ② | 중분류(中分類) |
| 덴 | 덴마크어 | (反) | 반어 | ㉠ ㉡ | 소분류(小分類) |
| 독 | 독일어 | (方) | 방언 | | |

# ㄱ

ㄱ ハングル字母の一番目の字。
**가:** 图 ①端た、際き、ほとり、へり。¶ 강~ 川端/ 창~의 책상 窓際の机/ 입 ~에 미소를 띠다 口もとに笑みを浮かべる。②(入れ物などの)縁ふち、へり。¶ 물이 항아리 ~로 넘치다 水がかめのふちからあふれる。 ③(地平線と接する空の)果て。¶ 하늘 ~ 空の果て。
〖관용〗**가(이)없다** 果てしない、限りない。¶ 가이없는 부모의 사랑 限りない父母の愛/ 가이없이 펼쳐진 수평선 果てしなく広がった水平線。

**가** 助 ①母音で終わる体言につける格助詞。㉠(主語の資格として)…が。¶ 새~ 울다 鳥が鳴く。/ 비~ 내리다 雨が降る。㉡(「되다」とともに使われて)…に(なる)、と(なる)。¶ 학자~ 되다 学者になる。/ 살이 되고 피~ 되다 肉となり血となる。㉢(「아니다」とともに打ち消しに))…で(ない)、…では(ない)。¶ 너는 이제 아이~ 아니다 おまえはもう子供ではない。②(一部の語尾について)その語を強調することを表わす。¶ 어쩐지 심상치~ 않다 どうもただごとではない。③(対象を表わして)…が、…を。¶ 어머니~ 보고 싶다 母が恋しい。/ 영화~ 보고 싶다 映画が[を]見たい。

**가(加)** 加。I 图 数 (「가법(加法)·가산(加算)」の縮約形)足し算、加え算。II 接頭 加える・増やすなどの意を表わす。¶ ~속도 加速度。

**가:(可)** 可か。①분할 지불도 ~함 分割払も可。②(議案の表決で)賛成を表わすこと。¶ ~부를 결정하다 可否を決する。③成績 評価の 5段階の最下級を示す。¶ 성적이 ~로 낙제됐다 成績が可で落第した。

**가:-(假)** 接頭 仮の、臨時の。¶ ~매장 仮埋葬/ ~조약 仮条約/ ~짜 偽物、まがいもの、贋物/ ~검사 偽検査/ ~짜 にせもの。

**-가〔家〕** 接尾 …家か・け。①ある語で職業にする人を表わす。¶ 화~ 画家/ 정치~ 政治家。②一つの道に通じた人を表わす。¶ 전문~ 専門家。③ある種の物・性向を持っている人を表わす。¶ 자본~ 資本家/ 낙천~ 楽天家/ 대식~ 大食家。④(姓の後につけて)家族・一門を表わす語。¶ 케네디~ ケネディー家。

**-가〔哥〕** 接尾 ((姓の後につけて)(①(その姓を表わす)…さん。¶ 김~ キムさん。②軽視した感じ・呼び捨ての感じを表わす。¶ 김~란 놈은 어디 있니 キムさんはどこにいるんだね。

**-가〔街〕** 接尾 ①((行政区域の一つで))…丁目。¶ 종로 2~ 鍾路2丁目。②((特殊区域を表わす語))…街。¶ 환락~ 歓楽街。

**-가〔歌〕** 接尾 ((歌の名や種別を表わす語))…歌か、うた。¶ 개선~ 凱旋歌/ 유행~ 流行歌/ 자장~ 子守歌。

**-가〔價〕** 接尾 ((価格を表わす語について))…価か。¶ 생산~ 生産価/ 매도~ 売渡価/ 적정~ 適正価格。

**가가〔家家〕** 图 家々、家ごと、軒並み、戸ごと。

**가가 문전〔-門前〕** 图 家々の門前。¶ ~을 걸식하며 다니다 家ごとの門前を乞食して回る。

**가가-호호〔-戸戸〕** 图 ①家々、軒並み、家ごと、戸ごと。¶ ~에 국기가 휘날리고 있다 家々に国旗がためいている。②((副詞的)家から家へ、家ごとに、戸ごとに。¶ ~ 찾아다니다 家から家へと訪ねまわる。

**가감〔加減〕** 图 他 自 加減。①加えたり引いたりすること。¶ 적당히 ~해서 분배하다 適当に加減して分配する。② 数 加法と減法。¶ ~법 加減法。

**가-감-승-제〔-乗除〕** 图 数 加減に乗除。

**가:-건물〔假建物〕** 图 仮の建物、仮設の建物。

**가:게〔←假家〕** 图 店、店舗、商店、店舗。¶ 구멍~ 小店/ 꽃~ 花屋/ ~를 벌이다 店を開く。/ ~를 걷어치우다 店をたたむ。

**가:게-채** 图 (母屋に対して)店舗に使う棟。

**가:-겟-집** 图 ①店、商家。②店に使われる家。

**가격〔加撃〕** 图 他 ①(手で・棒などで)なぐること。②攻撃すること。¶ 적진을 ~하다 敵陣に攻撃を加える。

**가격〔價格〕** 图 価格가격、値段だん、値あたい・ね。¶ 표준~ 標準価格/ ~ 인상 値上げ/ ~ 자유화 価格の自由化。

**가격 연동제〔-連動制〕** 图 価格連動制。
**가격 지수〔-指数〕** 图 価格指数。
**가격-표〔-票〕** 图 値札、正札。¶ ~를 붙이다 値札をつける。

**가결〔可決〕** 图 他 自 可決。¶ 다수결로 ~하다 多数決で可決する。

**가경〔佳景〕** 图 佳景、よい景色。
**가경〔佳境〕** 图 佳境、興味深い場面。¶ 이야기가 점점 ~에 접어들다 話がいよいよ佳境に入る。

**가계**【家系】 ⓝ 家系ゕゖぃ、家すじ、血筋ちすじ。¶ ~도 家系図ず。

**가계**【家計】 ⓝ 家計ゕけぃ、生計せぃ、一家ぃっかの暮くらし向むき。¶ ~를 돕다 家計を助ける／~를 꾸려가다 家計を切り盛りする。

**가계-부**〔-簿〕 ⓝ 家計簿ぼ。¶ ~를 적다 家計簿をつける。

**가계-비**〔-費〕 ⓝ 家計費ひ。

**가계 수표**〔-手票〕 ⓝ⊛ 家計ゕけぃ小切手こぎって。

**가:-계약**【假契約】 ⓝ 仮契約けぃゃく。

**가곡**【歌曲】 ⓝ 歌曲きょく、歌の節ふし。②〖音〗声楽曲せいがくきょく、リート。~집 歌曲集しゅう／~을 부르다 歌曲を歌うたう。

**가공**【加工】 ⓝ⊛ ⓣⓘ 加工かこう。¶ 보세 ~ 保税ぜぃ加工。~하다 原料げんりょうを加工する。/~ 기술 加工技術ぎじゅつ／원료를

**가공 무:역**〔-貿易〕 ⓝ 加工貿易ぼうえき。

**가공-비**〔-費〕 ⓝ 加工費ひ。¶ ~가 많이지다 加工費がかさむ。

**가공-업**〔-業〕 ⓝ 加工業ぎょう。¶ 식품 ~ 食品ひん加工業。

**가공-품**〔-品〕 ⓝ 加工品ひん。

**가:공**【可恐】 ⓝ⊛ 形 恐るべきこと。¶ ~할 무기 恐るべき兵器ぺぃき。

**가공**【架空】 ⓝ 架空ゕくう。①⊛ⓣ 空中くうちゅうに掛かけわたすこと。¶ ~ 철도 高架鉄道てつどう。②根拠こんきょのないこと、つくりごと。¶ ~의 인물 架空ゕくうの人物じんぶつ

**가공 삭도**〔-索道〕 ⓝ 架空ゕくう索道さくどう、ロープウエー。

**가공-선**〔-線〕 ⓝ 架空線せん、架線かせん。

**가:관**【可観】 ⓝ ①見みるに値あたぃすること。¶ 경치가 ~이다 景色けしきがすばらしい。②⊛ 見苦くるしいさま。¶ 화내는 꼴이란 참 ~이다 腹はらの立たてようといったらそれは見みものだった。

**가교**【架橋】 ⓝ 架橋きょう、掛かけ橋ばし。¶ 한일 간의 ~ 역할을 하다 韓日にちの掛かけ橋になる。

**가:교**【假橋】 ⓝ 仮橋はし、仮かりに掛かけた橋はし。

**가구**【佳句】 ⓝ 佳句ゕく、すぐれた詩句しく。

**가구**【家口】 ⓝ ①世帯せたい、世帯主ぬし。¶ ~ 주 世帯主ぬし／~ 조사 世帯調査ちょうさ。②《形式名詞的に》世帯たぃ。¶ 이 집에는 두 ~가 살고 있다 この家いぇには2世帯たぃが住すんでいる。

**가구-수**〔-数〕 ⓝ 世帯の数ゕず、戸数こすう。

**가구**【家具】 ⓝ 家具ゕぐ。¶ ~ 점 家具屋ゃ／~가 딸린 셋집 家具付つきの貸家ゕしや／~를 마련하다 家具ゕぐを調ととのえる。

**가규**【家規】 ⓝ 家法ほう、一家ゕのおきて。

**가극**【歌劇】 ⓝ 歌劇げき、オペラ。¶ ~단 歌劇団だん／~ 회 - コミックオペラ／~을 상연하다 歌劇を上演じょうえんする。

**가금**【家禽】 ⓝ 家禽きん。

**가급**【加給】 ⓝ⊛ ⓣⓘ 加給きゅう、増給ぞうきゅう。

**가:-급적**【可及的】 ⓐⓓ 可及的てき、なるべく、なるだけ。¶ ~ 빨리 돌아오라 なるべく早く帰ってこい。

**가:긍**【可矜】 ⓝ⊛ 形 哀れなこと、ふびんなこと、かわいそうなこと。¶ 아, 참으로 ~하다 ああ, 実じつに哀れにだ。 **가긍-히** ⓐⓓ 哀れに、かわいそうに、ふびんに。¶ ~ 여기다 哀れに思ぉもう。

**가까스로** ⓐⓓ やっと、ようやく、辛かろうじて、からくも、なんとかして。¶ ~ 이기다 やっと勝かつ。/~ 출발 시간에 대다 かろうじて出発はつに間まに合ぁう。

**가까워-지다** ⓘ ①(時間じかん・空間的くうかんてきに)近ちかくなる、近ちかづく、迫せまる。¶ 목적지가 ~ 目的地もくてきちが近づく／죽을 때가 ~ 死期しきが迫る。②(間柄あいだがらが)親したしくなる。¶ 두 사람은 요즘 퍽 가까워졌다 二人ふたりは近ちかごろとても親したしくなった。

**가까이-하다** ⓗⓣ 近ちかづける。①近ちかく寄ょせる。¶ 얼굴을 가까이하고 들여다 보다 顔ゕぉを近づけて覗のぞき込こむ。②親したしむ、つきあう。¶ 책을 ~ 本ほんに親したしむ。／나쁜 친구를 ~ 悪友ぁくゆうに近ちかづける。

**가깝다** 形 近ちかい。①(時間じかん・空間的くうかんてきに)間近まぢかい。¶ 가까운 장래 近い将来しょうらい／학교에서 가까운 곳 学校がっこうに近いところ。¶ ~ (間柄あいだがらが)親したしい。¶ 가까운 친척 近い親戚しんせき。③(性質せいしつ・内容ないようなどが)似にている。¶ 천재에 가까운 사람 天才てんさいに近い人ひと／그것은 불가능에 ~ それは不可能ふかのうに近い。④(ある数量すうりょうに)ほぼ達たっする。¶ 백명 가까운 참가자 100人にん近い参加者さんか。 **가까-이** ⓐⓓ 近く。①近ちかくに。¶ 역 ~ 병원이 있다 駅ぇきの近くに病院びょういんがある。②親したしく、仲ぁかよく。¶ 이웃과 ~ 지내다 隣となりと親したしくつきあう。③ほぼ、だいたい。¶ 벌써 5년 ~ 된다 もう5年ねん近くなる。

ⓢⓟ **가까운 남이 먼 일가보다 낫다** 近くの他人たにんが遠とぉい親戚しんせきよりましだ。《遠くの親類より近くの他人》

**가깝디-가깝다** 形 ごく近ちかい、非常ひじょうに親したしい。

**가꾸다** ⓗⓣ ①栽培ばぃする、培つちかう、育そだてる、つくる。¶ 화초를 ~ 草花くさばなを栽培する。②手入いれをする。¶ 잘 가꾸어진 잔디밭 手入れの行ゅき届とどいた芝生しばふ。③(身なりを)整ととのえる、つくろう、飾かざる。¶ 몸을 ~ 身なりを整える。

**가꾸로** ⓐⓓ 逆さかさまに、逆ぎゃくに、まっさかさまに。¶ 나뭇가지에 ~ 매달리다 木きの枝ぇだに逆さかさまにぶら下さがる。 ⊛ 거꾸로。

**가끔** ⓐⓓ 時時ときどき、ときおり、ときたま、たまに。¶ ~ 들르는 사람 ときたま立たち寄ょる人ひと／비가 ~ 온다 雨ぁめがときどき降ふる。

**가끔-가다(가)** ⓐⓓ 時じおり、時には。¶ ~ 싸움도 한다 時には喧嘩けんかもする。

**가나**〔일 かな〕 ⓝ (日本語にほんご)仮名か。

**가나다순**〔-順〕 ⓝ 「가나다」の順じゅん、イロハ順。

**가난** ⓝ⊛ 形 貧乏びんぼう、貧困ひんこん、貧まずしいこと。¶ 가난한 살림 貧しい暮くらし／~에 찌들다 貧乏にうちひしがれる。

ⓢⓟ **가난 구제는 나라도 못한다** 貧民ひんみんの救

済きゅうは国くにも手てに余あまる。 **가난한 집 제사 돌아오듯** 貧まずしい家いえに限かぎって頻繁ひんぱんに祭祀さいしが回まわって起おこること》《相次あいついで困難こんなんなことが起おこること》
**판용 가난(이) 들다** ①貧まずしくなる、貧乏びんぼうになる。②(物もの・人材じんざいなどが)乏とぼしくなる、求もとめられなくなる。
**가난-뱅이** 名 貧乏びんぼうたれ、貧乏人びんぼうにん。
**가내[家内]** 名 家内かない。①家庭かてい。¶ ~ 문제 家庭問題かていもんだい。②ご無沙汰ぶさたしております ¶ 두루 안녕하신지요? ご家族かぞくの皆みなさんお元気げんきでしょうか。③家いえの内なか。¶ ~ 공업 家内工業かないこうぎょう。
**가내 부업[-副業]** 名 家内副業かないふくぎょう、内職ないしょく。
**가내-사[-事]** 名 家事かじ、家庭内かていないのこと。
**가냘프다** 形 ①(体からつきが)きゃしゃだ、か弱よわい。¶ 가냘픈 체격 か弱よわい体格たいかく。②(声こえなどが)細ほそい、弱々よわよわしい。¶ 가냘픈 목소리로 호소하다 かぼそい声こえで訴うったえる。
**가녀리다** 形 かぼそく弱々よわよわしい。¶ 가녀린 몸매 ほっそりした体からつき。
**가누다** 他 ①(気き・息いき・づかいなどを)整ととのえる、取とり直なおす、保たつ。¶ 호흡을 ~ 呼吸こきゅうを整ととのえる。②(体からを)支ささえる。¶ 몸을 가누지 못하다 体からを支ささえられない。
**가느-다랗다** 形ㅎ 非常ひじょうに細ほそい、かぼそい。¶ 가느다란 실 細ほそい糸いと。
**가느다래-지다** 自 細ほそくなる、かぼそくなる。
**가느-스름하다** 形여 眼めがすこし細ほそめである。¶ 눈을 가느스름하게 뜨고 바라보다 目めを細ほそめに開あけてながめる。
**가는-귀** 名 少すこし遠とおい耳みみ。
**가는귀-먹다** 自 耳みみが少すこし遠とおくなる。¶ 가는귀먹은 노인 耳みみが少すこし遠とおい老人ろうじん。
**가는-눈** 名 細目ほそめ、細ほそい目め。¶ ~을 뜨고 보다 細ほそめをあけて見みる。
**가는-모래** 名 粒つぶの細こまかい砂すな。
**가늘다** 形 ①(太ふとさ・幅はばが)細ほそい、すんなりしている。¶ 가는 철사 細ほそい針金はりがね。②(粉こなどが)細こまかい。¶ 가는 소금 粒つぶの細こまかい塩しお。③(音おと・動作どうさが)細ほそい、かぼそい、弱よわい。¶ 가는 목소리 かぼそい声こえ/ 어깨를 가늘게 떨다 肩かたをかすかに震ふるわせる。④(きめ・織おり目めが)細こまかい。¶ 발이 가는 명주 織おり目めの細こまかい絹きぬ。 ⇔ 굵다
**가늘디-가늘다** 形 極きわめて細ほそい、非常ひじょうに細ほそかい。
**가늠¹** 名他 ①ねらい、照準しょうじゅん、ねらいを定さだめること。¶ 잘 ~하여 쏘다 よくねらって撃うつ。②見当けんとう、予測よそく、見積みつもり、見計みはからうこと。¶ 시기를 ~하다 ころあいを見計みはからう。
**가늠-보다** 他 ①ねらいをつける。¶ 목표를 가늠보아 방아쇠를 당기다 目標もくひょうにねらいをつけて引金ひきがねを引ひく。②見当けんとうをつける、おしはかる。¶ 시기를 ~ 時期じきを見計みはからう。
**가늠-쇠** 名 (銃砲じゅうほうの)照星しょうせい、銃口じゅうこう近ちかくの上うえの方ほうに突つき出でている部分ぶぶん。

照準器しょうじゅんき。
**가능[可能]** 名하形 可能かのう、できること、ありうること。¶ 이용 ~ 한 방법 利用りよう可能かのうな方法ほうほう/ ~하면 빚 같은 건 지고 싶지 않다 できれば借金しゃっきんなどしたくない。
**가:능-성[-性]** 名 可能性かのうせい。¶ ~을 시험하다 可能性かのうせいを試こころみる。
**가다¹** 自ㄹ ①行いく、向むかう、通かよう、発たつ、去さる。¶ 학교에 ~ 学校がっこうに行いく。/소풍을 ~ 遠足えんそくに行いく。②(職務しょくむなどで場所ばしょ・組織そしきに)いく、入はいる、赴おもむく。¶ 군대에 ~ 軍隊ぐんたいに入はいる。③(消息しょうそくなどが)届とどく。¶ 연락이 ~ 連絡れんらくが届とどく。④(歳月さいげつが)去さる、行いく、経たつ。¶ 가는 봄 / 세월이 ~ 歳月さいげつがたつ。⑤(ある時期じき・境地きょうち・立場たちばに)至いたる。¶ 결국에 가서는 結局けっきょくのところ。⑥(ある目的地もくてきちに)通つうじる。¶ 역으로 가는 길 駅えきに行いく道みち。⑦(ある事態じたい・状態じょうたいが)持もつ、持続じぞくする。¶ 오래 가진 못할 겨야 長持ながもちしないだろう。⑧(ひび・しわなどが)入はいる、つく、寄よる。¶ 금이 간 항아리 ひびの入はいった壺つぼ。⑨(味あじが)落おちる、変かわる。¶ 우유 맛이 갔다 牛乳ぎゅうにゅうの味あじが変かわった。⑩(しみ・あかが)抜ぬける、落おちる。¶ 이 비누는 때가 잘 간다 このせっけんはあかがきれいに落おちる。⑪(火ひ・電気でんきなどが)消きえる。¶ 전깃불이 ~ 電灯でんとうが消きえる。⑫(関心かんしん・判断はんだんなどが)いく、向むかう、つく、引ひく。¶ 눈길이 ~ 視線しせんがいく。/ 추측이 ~ 推測すいそくがつく。⑬(手間てまなどが)かかる、手間取てまどる。¶ 손이 많이 가는 세공 手間てまがおおくかかる細工さいく。⑭逝ゆく、死しぬ、亡なくなる。¶ 저승으로 ~ あの世よへ行いく。⑮(値段ねだん・重おもさが)…位くらいになる、…に値あたいする。¶ 이 땅은 시가로 얼마나 가나요? この土地とちは市価しかでどのくらいですか。⑯(順番じゅんばん・等級とうきゅうなどが)そのくらいだ、その程度ていどだ。¶ 세계에서 제일 가는 피아니스트 世界せかいで一流いちりゅうのピアニスト。⑰《他動詞的てきに》(目的地もくてきちに向むかって)行いく、歩あるく。¶ 정도를 ~ 正ただしい道みちを歩あゆむ。/ 시집을 ~ 嫁よめにいく。
**속담 가는 날이 장날이라** 行いった日ひが市いちの立たつ日ひ。《偶然ぐうぜんに都合つごうよく、折悪おりしく出会であったことのたとえ》**가는 말이 고와야 오는 말이 곱다** 売うり言葉ことばに買かい言葉ことば。
**가다²** 助動 ①(動作どうさ・状態じょうたいが進行中しんこうちゅうであることを表あらわす) …つつある、…していく。¶ 일이 되어 ~ 事ことが成なっていく。/ 병이 나아 ~ 病気びょうきがなおりつつある。②(動作どうさが完了かんりょうに近ちかづきつつあることを表あらわす) …していきつつある、…しかかる。¶ 이사온 지 삼 년이 되어 간다 引っ越こしてから3年ねんになろうとしている。
**가다가** 副 たまに、ときたま、ときどき、ときおり。¶ ~ 수월한 돈벌이가 있다 ときたまぼろいもうけがある。

**가다듬다** 他 ①(心を)落ちつける、とり直す。¶ 정신을 ~ 気をとり直す。②(声の調子を)整えるとる。¶ 목청을 ~ のどの調子を整える。③(身なりを)整える、きちんとする、直す。¶ 복장을 ~ 服装を整える。

**가다랭이** 名(動) カツオ。

**가닥** 名 (糸などの)より、筋、本。¶ 한 ~ 길 一本道いっぽんどう/ 한 ~ 의 희망을 걸다 一縷いちるの望のぞみをかける。

**가닥-가닥**¹ 副《糸・ひもなどが幾筋いくすじにも分かれているさま》筋すじごとに。

**가닥-가닥**² 副(하形)《表面ひょうめんが少こし乾かわいたさま》がさがさ、からから。¶ 말라 붙은 논바닥 がさがさに乾いたたんぼ。

**가담**【加擔】名(하自)(타) 荷担かたん、加担かたん、力添ちからぞえ。¶ 음모에 ~ 하다 陰謀いんぼうに加担する。

**가:당**【可當】名(하形) ①当あたり前まえなこと、につかわしいこと、ふさわしいこと、妥当だとうなこと。¶ 한 처사 もっともな仕打しうち。②《おもに「가당치・가당키」の形で否定・反語をあとにひかえ》とんでもない、めっそうもない。¶ 이제 와서 그만두겠다니 가당키나 한 말인가 今いまさらやめるなんてとんでもない話はなだ。

**가:당-찮다** 形(「가당하지 아니하다」の縮約形))①とんでもない、当あたっていない、理不尽ふじんだ。¶ 가당찮은 요구 不尽な要求ようきゅう。②ひどい、甚はなはだしい、並大抵なみたいていでない。¶ 추위가 ~ 寒さむさがひどい。

**가도**【家道】名 家道かどう。①家庭かていで守まもるべき道徳どうとく・規律きりつ。②家計かけい、生計せいけい。

**가도**【街道】名 街道かいどう、街路がいろ、大通おおどおり。¶ 차의 왕래가 잦은 ~ 車くるまの往来おうらいが激はげしい街路。¶(都市間としかんの)街道。¶ 경인京仁キョンイン街道。

**가돈**【家豚】名《他人たにんに対し自分じぶんの息子むすこをけんそんしていう語ご》豚児とんじ。

**가:동**【可動】名 可動かどう、動うごくようになっていること。¶ ~ 장치 可動装置かどうそうち。

**가:동-성**【-性】名 可動性かどうせい。

**가동**【稼動】名(하自他) 稼動かどう、稼動かどう。①かせぎ働はたらくこと。¶ 일수 稼動日数にっすう。② 機械きかいを動うごかすこと。¶ ~ 력 稼働力りょく/기계의 ~ 대수 機械の稼働台数だいすう。

**가동-률**【-率】名 稼働率かどうりつ。

**가두**【街頭】名 街頭がいとう、町まちのなか、町まちかど。¶ ~ 시위 街道デモ/ ~ 모금을 하다 街頭募金きんをする。

**가두 선전**【-宣傳】名 街道宣伝せんでん、つじ宣伝。

**가두 연설**【-演說】名 街道演説えんぜつ。

**가두 판매**【-販賣】名 街道販売はんばい、立たち売うり。¶ 신문의 ~ 新聞しんぶんの立たち売うり。

**가판**(街販)

**가두다** 他 ①閉とじ込こめる、入いれる、監禁かんきんする、囲かこう。¶ 범인을 옥에 ~ 犯人はんにんを牢ろうに閉とじ込める。/ 새를 새장에 ~ 鳥とりをかごに入れる。②(水すい・空気くうきなどを)ためる、せき止とめる。¶ 논에 물을 ~ 田たに水をためる。

**가드락-거리다** 自 尊大そんだいにふるまう、お高たかくとまる。(준) 거드럭거리다

**가득** 副 いっぱい、ぎっしり、なみなみと。¶ 사람으로 ~ 차다 人ひとでいっぱいになる。/ 술을 ~ 따르다 酒さけをなみなみと注つぐ。

**가득-가득** 副(하形) いっぱいに、ぎっしり、なみなみ。¶ 책장에 책을 ~ 채우다 本棚ほんだなに本ほんをぎっしり詰つめる。

**가득-하다** 形(여) いっぱいだ、満みちている。¶ 손님이 방에 ~ お客きゃくで部屋へやがいっぱいだ。/ 실내에 향기가 ~ 室内しつないに香かおりが満みちている。**가득-히** 副 いっぱいに、ぎっしりと、なみなみと。¶ 술을 잔에 ~ 붓다 酒さけを杯さかずきになみなみと注つぐ。

**가든-하다** 形(여) 身軽みがるだ。①(身なりが)軽かるい、軽便けいべんだ。¶ 가든한 옷차림 身軽な服装ふくそう。②(心こころ・苦痛くつうなどが)軽い、楽らくだ。¶ 일을 끝내고 나니 마음이 가든해지다 仕事しごとを終おえ身軽みがるになる。

**가들막-거리다** 自 いばりちらす、尊大そんだいぶる、やたらに偉えらぶる。

**가등**【街燈】名 《「가로등」の縮約形》街灯がいとう。

**가:-등기**【假登記】名(하他) 仮登記かりとうき。

**가뜩** 副 ①「가뜩이(나)」の縮約形。②「가득」の強調形。

**가뜩-가뜩** 副(하形) 《「가득가득」の強調形》いっぱいに、ぎっしり、なみなみ。

**가뜩-이(나)** 副 そうでなくても、ただでさえ、あまつさえ、おまけに。¶ ~ 지쳤는데 짐마저 지우다니 そうでなくてもへとへとなのに荷物にまで背負せおわせるとは。

**가뜬-하다** 名 《「가든하다」の強調形》軽かるい、身軽みがるい、気軽きがるい。¶ 푹 잤더니 몸이 ぐっすり寝ねたので身みが軽い。**가뜬-히** 副 軽々かるがるやかに、身軽く、気軽に。¶ ~ 들어 올리다 軽々と持もち上あげる。

**가라사대** 自 いわく、のたまわく。¶ 공자 ~ 子しのたまわく。

**가라앉다** 自 ①沈しずむ、没ぼっする、沈殿ちんでんする。¶ 배가 ~ 船ふねが沈む。/ 앙금이 ~ 澱がりが沈殿する。②(痛いたみ・勢いきおいなどが)静しずまる、和やわらぐ、収おさまる。¶ 흥분이 ~ 興奮こうふんがしずまる。③(騒さわぎなどが)静しずまる、静かになる。¶ 떠들썩하던 방안이 가라앉다 騒がしかった部屋へやの中なかが静かになった。④(せき・息いきづかいが)鎮しずまる、和やわらぐ、止とまる。¶ 심한 기침이 ~ 激はげしいせきがとまる。⑤(風かぜ・波なみなどが)鎮しずまる、収おさまる。¶ 거센 파도가 ~ 荒波あらなみが鎮まる。⑥(はれ物もの・でき物ものが)引ひく、散ちる。¶ 부기가 가라앉았다 腫はれが引いた。⑦落おち着つく。¶ 겨우 마음이 가라앉았다 やっと心こころが落ち着いた。

**가라앉히다** 他《「가라앉다」の使役。①沈しずめる。¶ 배를 ~ 船を沈める。②(心こころ・痛いたみな

가로

どを)静ずめる。落おち着っける。¶ 초조한 마음을 ~ いらいらする気持きちを静める。 ③(炎症えんしょうを)散ちらす。¶ 약으로 종기를 ~ 薬くすりで腫はれ物ものを散らす。 ④(せき・息いきづかいを)鎮しずめる、和やわらげる。¶ 잦은 기침을 ~ 咳込せきこんでいるのを鎮める。 ⑤(騒さわぎを)鎮しずめる。 ¶ 민심을 ~ 民心じんしんを鎮める。

가락¹ Ⅰ ①(音おとの)調子ちょうし、節ふし、調しらべ。¶ ~을 맞추다 調子を合わせる。 ②(踊おどり・身振ぶりの)リズム、律動りつどう。¶ 무용의 ~ 舞踊ぶようの律動。 ③(慣なれた)調子ちょうし、手ぎわ、手並なみ、腕前うでまえ。¶ 옛날 ~이 되살아난다 昔むかしの手並みがよみがえる。
관용 가락(을) 떼다 ①音調おんちょうをとる、先頭せんとうに立たつ。 ②歌うたや奏楽そうがくのおんどをとる。 가락(이) 나다 調子づく、調子に乗のる、脂あぶらが乗る。 가락(이) 맞다 ①(歌うたの)調子が合う。 ②互たがいにうまく合う。

가락² 图 ①錘つむ、紡錘ぼうすい。 ②つむにまかれた糸束いとたば。 ③細長ほそながい棒状ぼうじょうのものの一ひとつ一つ。¶ 젓~ 箸はし/ 발~ 足指あしゆび。 ④《名詞めいしについて》数本すうほんのうちの一ひとつを表あらわす。¶ 엿 이나 먹었다 飴あめを何本なんぼんか食たべた。 Ⅱ 依《細長ほそながい棒状ぼうじょうのものを数かぞえる語ご》本ほん。¶ 엿 한 ~ あめん棒ぼう一本ぽん。
가락-국수 名 平打ひらうちのうどん。
가락-엿 名 あめんぼう、棒飴ぼうあめ。
가락지 名 《二ふたつが一対いっついになる》指輪ゆびわ。¶ ~를 끼다 指輪ゆびわをはめる。
가랑-눈 名 粉雪こなゆき、小雪こゆき、ささめ雪ゆき。
가랑-니 名 子こジラミ。
가랑-비 名 小雨こさめ、霧雨きりさめ。¶ ~가 뿌리다 小雨がぱらつく。
속담 가랑비에 옷 젖는 줄 모른다 小雨こさめに服ふくがぬれるのも気きづかない。《わずかな支出しゅつは目めだたないがそれも重かさなれば無視むしできないものとなる》
가랑-이 名 ①股また、股またぐら。 ¶ 바짓~ ズボンの股/ ~를 벌리다 股ぐらを広ひろげる。 ②二ふたつ以上いじょうに分わかれた部分ぶぶん。 ¶ 나무 ~ 木きの股。
관용 가랑이가 찢어지게 가난하다 赤貧せきひん洗あらうが如ごとし。
가랑이-지다 自 (先さきが)二ふたつに分わかれる、股になる。
가랑-잎 名 ①(広葉樹こうようじゅの)枯かれ葉は、落おち葉ば。 ②方 カシワの葉は。
속담 가랑잎에 불 붙듯 枯れ葉に火ひがつくよう。《せっかちな人ひとや怒おこりっぽい人》 가랑잎이 솔잎더러 바스락거린다고 한다 カシワの葉が松葉まつばに向むかってかさかさ音おとを出だすという。《目めくそ鼻はなくそを笑わらう》
가래¹ 名農 《三人さんにんで扱あつかう》鋤すき。
가래-꾼 名 鋤すきで土つちをすく人ひと。
가래-질 名・自 鋤すき起おこすこと。
가래² 名 痰たん。¶ ~가 끓다 痰がのどにからんでいる。
가래-침 名 たんつば、たんつば。¶ ~을 뱉다 たんつばを吐はく。
가래³ 名 (棒状ぼうじょうのあめ・もちなどの)一切ひときれ、一本ぽん。
가래-떡 名 細長ほそながい棒状ぼうじょうのもち。
가래-엿 名 細長い棒状のあめ。
가래-톳 名医 横よこ、鼠形そけいリンパ腺せんの腫はれ。¶ ~이 서다 横ぱれが生しょうじる。

가:량¹[假量] 名・する他 推おし量はかること、当あてて推量すいりょう、推測すいそく。
가:량-없다 形 ①とんでもない。¶ 그건 가량없는 이야기다 それはとんでもない話はなしだ。 ②推おし量はかれない、見当けんとうがつかない。¶ 높이가 ~ 高たかさの見当がつかない。

가:량²[假量] 依 《名詞・数詞めいしすうしについて》くらい、ばかり、ほど。¶ 사흘 ~ 3斗ぱかり/ 일주일 ~ 걸린다 1週間しゅうかんくらいかかる。

가려-내다 他 えり分わける、選えび出だす、はねる。¶ 불량품을 ~ 不良品ふりょうひんをえり分ける。 ②(よしあしを)明あきらかにする、ただす、突つきとめる。¶ 시비를 ~ 是非ぜひを明あきらかにする。

가려-먹다 自・他 (食たべ物ものに)好すき嫌きらいをする、偏食へんしょくする。

가려워-하다 自 かゆさを感かんじる、かゆがる。

가려-잡다 他 選えび取とる。¶ 마음에 드는 것으로 ~ 気きに入いったものとして選び取る。

가:련-하다 [可憐-] 形 ①可憐かれんだ。 ①気きの毒どくだ、あわれだ、かわいそうだ。¶ 가련한 신세 気の毒な身みの上うえ。 ②(姿すがたなどが)いじらしい、ういういしい、あわれだ。¶ 가련한 들꽃 可憐な野花のはな。

가:렴-주구 [苛斂誅求] 名 苛斂誅求かれんちゅうきゅう。¶ ~를 일삼다 苛斂誅求を事こととする。

가렵다 形 かゆい。¶ 발이 몹시 ~ 足がひどくかゆい。/ 가려워 못 참겠다 かゆくてたまらない。
관용 가려운 데를 긁어주다 かゆいところをかいてやる、かゆいところへ手てが届とどく。

가:령[假令] 副 仮かりに、たとえ、よしんば。¶ ~ 그렇다 하더라도 たとえそうだとしても/ ~ 반대한다 해도 변하지 않는다 よしんば反対はんたいされても変かわりはしない。

가례[家禮] 名 一家いっかの礼儀作法れいぎさほう。

가로 名 ①横よこ。¶ ~ 폭 横幅よこはば/ ~의 길이가 횡の長ながさ。 ②(副詞的ふくしてきに)横に、横長よこながに。¶ ~ 쓰다 横に書かく。/ 고개를 ~ 젓다 首くびを横に振ふる。
가로-놓다 他 横に置おく、横たえる。
가로-놓이다 自 (「가로놓다」の受動じゅどう)横よこたわる。¶ 산맥이 가로놓여 있다 山脈さんみゃくが横たわっている。/ 어려운 문제가 ~ 難問なんもんが横たわる。
가로-눕다 自 ①横になる、横たわる。¶ 침대에 ~ 寝台しんだいに横になる。 ②長ながくのびて横たわる。
가로-닫이 名建 引ひき戸と。
가로-막다 他 ①(前まえを)ふさぐ。¶ 길을 ~ 道みちをふさぐ。 ②遮さえぎる、妨さまたげる。¶ 남의

**가로**

**가로-막히다** 自 (「가로막다」의 受動) ふさがれる、妨害ぼうがいされる、遮さえぎられる。

**가로-맡다** 他 買かって出でる、一手いってに引ひき受うける。¶ 남의 싸움을 ~ 人ひとのけんかを一手いってに引ひき受うける。¶(他人たにんの事ことに)干渉かんしょうする、くちばしを入いれる。

**가로무늬-근**(-筋) 名〖生〗横紋筋おうもんきん。

**가로-세로** ①縦横じゅうおう・たてにこ。¶ 줄무늬가 ~ 있는 옷감 縦横たてよこにしまのある生地きじ。② いろいろな方向ほうこうに。

**가로-쓰기** 名〖印〗横書よこがき。

**가로-줄** 名 横線おうせん、横筋よこすじ。¶ ~을 긋다 横線おうせんを引ひく。

**가로-지르다** 他匸 ①(横に)掛かけ渡わたす、掛かける。¶ 빗장을 ~ かんぬきを掛かける。② 横切よこぎる、横断おうだんする、貫つらぬく。¶ 행렬을 ~ 行列ぎょうれつを横切よこぎる。

**가로-짜기** 名〖印〗横組よこぐみ。

**가로-채다** 他 ①ひったくる、奪うばい取とる。¶ 핸드백을 가로채어 도망치다 ハンドバッグをひったくって逃にげる。②横取よこどりする、横領おうりょうする。¶ 남의 재산을 ~ 人ひとの財産ざいさんを横取よこどりする。③人ひとの話はなしの腰こしを折おる、話をとぎれさす。¶ 남의 말을 ~ 他人たにんの話の腰を折る。

**가로-채이다** 他 (「가로채다」의 受動)横取よこどりされる、ひったくられる、奪うばわれる。

**가로-축**(-軸) 名〖数〗横軸よこじく。

**가로**〖街路〗街路がいろ。¶ ~등 街路灯がいろとう。

**가로-수**(-樹) 名 街路樹がいろじゅ、並木なみき。¶ ~길 並木道なみきみち。

**가로되** いわく、のたまわく。¶ 공자 ~ 孔子こうしいわく。

**가료**〖加療〗名ᅘ 加療かりょう。¶ 입원 ~ 중 入院にゅういん加療かりょう中。

**가루** 名 粉こ・な、粉末ふんまつ。¶ 밀 ~ 小麦粉こむぎこ/ ~비누 粉こせっけん/ ~를 빻다 粉こをひく。

속담 가루는 칠수록 고와지고 말은 할수록 거 칠어진다 粉こはふるいにつれて細こまかくなり言 葉ことばは話はなすにつれて荒あらくなる。《多言たげんは 身みを害がいす》

**가루-받이** 名〖植〗受粉じゅふん。⑨ 수분

**가루-분**(-粉) 名 粉こおしろい、パウダー。

**가루-약**(-薬) 名 粉薬こなぐすり、散薬さんやく。

**가르다** 他匸 分わける。①分配ぶんぱいする、振ふり分ける。¶ 이익금을 ~ 利益金りえききんを分ける。②切きる、割わる、裂さく。¶ 수박을 둘로 ~ スイカを二ふたつに割わる。③分類ぶんるいする、仕分しわけ、えり分ける。¶ 연령에 따라 ~ 年齢ねんれいによって分ける。④(関係かんけいを)裂さく。¶ 두 사람 사이를 ~ 二人ふたりの仲なかを裂さく。⑤かき分ける。¶ 파도를 가르며 달리다 波なみをかき分けて走はしる。

**가르랑** 副《痰たんがのどにつまったときの音おと》ぜいぜい(と)。

**가르랑-가르랑** 副ᅘ ぜいぜい、ごろごろ。

**가르랑-거리다** 自《呼吸こきゅうするたびに》ぜいいう、ごろごろ鳴なる。

**가르마** 名 髪かみの分わけ目め。

관용 가르마(를) 타다 髪を分ける。

**가르치다** 他 ①教おしえ込こむ。¶ 학생을 ~ 学生がくせいを教える。②諭さとす、導みちびく。¶ 인간으로서의 도리를 ~ 人間にんげんとしての道理どうりを諭す。③知しらせる、告つげる。¶ 비밀을 가르쳐 주다 秘密ひみつを教えてやる。

**가르침** 名 教おしえ。①仕込しこみ。¶ 선생님의 ~을 받다 先生せんせいの教えを受うける。②教える内容ないよう、教訓きょうくん。¶ 성인의 ~ 聖人せいじんの教え。③教義きょうぎ、教理きょうり。

**가름** 名ᅘ ①分わけること、分配ぶんぱい、分割ぶんかつ。¶ 포기 ~ 株分かぶわけ。②区別くべつ(分別ぶんべつ)すること。¶ 잘 ~해서 처리해라 よく分別して処理しょりしなさい。

**가리** 名 (穀物こくもつのたば・薪たきなどを)積つみ重ねた山やま、野積のづみ。¶ 볏 ~ 稲いなむら/ 장작 ~ 薪たきぎの山。

**가리**〖加里〗名〖化〗カリ。⑨ 칼리

**가리-가리** 副 (裂さかれて)びりびり(に)、ずたずたに(、)きれぎれに(、)。¶ 편지를 ~ 찢다 手紙てがみをびりびりに破やぶる。

**가리-개** 名 (二枚にまい仕立したての)屏風びょうぶ。

**가리다**¹ 自 ふさがれる、遮さえぎられる。¶ 벽에 가려 보이지 않다 壁かべに遮さえぎられて見みえない。

**가리다**² 他 覆おおう、遮さえぎる、ふさぐ、隠かくす。¶ 시계를 ~ 視界しかいを遮さえぎる。/ 소매로 입을 ~ 袖そでで口くちを覆おおう。

**가리다**³ 他 ①選えらぶ、選えり分わける。¶ 쌀에 섞인 뉘를 ~ 米こめにまじっているもみをよりわける。②わきまえる、あきらかにする。¶ 시비를 ~ 是非ぜひをあきらかにする。③(食たべ物ものの)選えり好ごのみをする、好すき嫌きらいをする。¶ 음식을 가려서는 안된다 食べ物の選り好みをしてはいけない。④(幼児ようじが)人見知ひとみしりをする。¶ 아이가 낯을 ~ 子供こどもが人見知りをする。⑤(幼児が大小便だいしょうべんを)漏もらさない。¶ 이 아이는 대소변을 잘 가린다 この子こはめったに大小便を漏らさない。⑥(勘定かんじょうを)済すます、清算せいさんする。¶ 빚을 ~ 借金しゃっきんを清算する。

**가리어-지다** 自 遮さえぎられる、隠かくされる、塞ふさがる、包つつまれる。¶ 햇빛이 구름에 ~ 日ひの光ひかりが雲くもに遮さえぎられる。⑨ 가려지다

**가리키다** 他 示しめす。①(言葉ことば・動作どうさなどで)指さす、指し示す、指さす。¶ 손가락으로 동쪽을 ~ 指ゆびで東ひがしの方ほうを指す。/ 시계 바늘이 정각 두 시를 가리키고 있다 時計とけいの針はりがちょうど2時じを指している。②指名しめいする。¶ 선생님이 나를 가리켰다 先生せんせいが私わたしを指名した。③(「…을(를) 가리켜」의 形で)…ことを、…を指さす。¶ 공자를 가리켜 성인이라 일컫는다 孔子こうしのことを聖人せいじんと言いう。

**가마**¹ 名 つむじ、旋毛せんもう。

**가마**² 名 (陶磁器とうじき・煉瓦れんがなどを焼やく)窯かま。¶ 숯 ~ 炭窯すみがま/ ~에 불을 때다 窯に火ひを

入いれる。
**가마-터** 图 窯跡かまあと。
**가마**³ 图 「가마솥」의 縮約形。
　**가마-솥** 图 釜かま、大おおがま。¶ ~에 물을 끓일 수 있다 釜で湯を沸わかす。
　속담 가마솥 밑이 노구솥 밑을 검다 한다 目めくそ鼻はなくそを笑わらう。
**가마**⁴ 图 輿こし、かご。¶ 꽃~ 花嫁はなよめの輿/ ~를 타고 가다 輿に乗のって行ゆく。
　속담 가마 타고 시집가기는 다 틀렸다 こしにのって嫁入よめいりするのも今いまやだめだ。《物事ものごとを型かたどおりに進すすめられなくなった》
**가:마**⁵ 依 《かますを数える単位たんい》かます、俵ひょう。¶ 쌀 한 ~ 米こめ一俵いっぴょう。
**가마니** 图 かます。¶ ~를 치다 かますにを編あむ。/ 곡식을 ~에 넣은 穀物こくもつをかますに入いれる。
**가마아득-하다** 形여 ①(距離きょりが) はるかに遠とおい。 가마아득하게 보이다 はるかにかすかに見みえる。 ②ずっとむかしのことだ。¶ 가마아득한 옛날 はるかなむかし。 魯 가마득하다
　**가마아득-히** 副 はるかに、ずっとむかし。
**가마우지** 图 動 ウ。
**가만**¹ 副 ①(手てをつけずに)そのまま、あるがままに。¶ ~ 두는 편이 낫다 そのまま置おいておくほうがいい。 ②「가만히」의 縮約形。
　**가만-가만** 副 静しずかに、そっと、こっそり、ほっそり。¶ ~ 말하다 そっと話はなす。/ ~ 걸어가다 静かに歩あるいて行く。
　**가만-두다** 他 そっとしておく、そのままにしておく、黙だまっている。¶ 아이를 울리지 말고 가만두어라 子供こどもを泣なかさないでほうっておけ。
　**가만-있다** 自 ①じっとしている、おとなしくしている、黙っている。¶ 이 아이는 잠시도 가만있지 않는다 この子こはちょっとの間あいだもじっとしていない。 ②(「가만있자・가만있어・가만있거라」などの形かたちで感嘆詞的かんたんしてきに) さて、はて、ちょっと、待まてよ)。¶ 가만있자、네가 누구더라? ええと、君きみはだれだったかな。
　**가만-히** 副 ①静しずかに、じっと、おとなしく、黙って。¶ ~ 앉아 있다 じっと座すわっている。/ ~ 보고만 있다 ただ黙って見みている。 ②ひそかに、そっと、こっそり。¶ ~ 귓속말을 하다 耳打みみうちをする。 ③じっと、しみじみ、つくづくと。¶ 지난 일을 ~ 생각해 보다 過すぎ去さった事をじっくりと考かんがえて見みる。
**가만**² 感 《他人たにんの言葉ことば・行動こうどうを制せいするときの語ご》ちょっと、まあ。¶ ~、그렇게 떠들지 말고 들어 보시오 まあ、そう騒さわがずに聞きいてください。
**가:망** [可望] 图 見込みこみ、望のぞみ、可能性かのうせい。¶ ~ 없음 見込みなし/ 회복할 ~이 있다 回復かいふくの望みがある。
**가:맣다** 形ㅎ ①黒くろい、非常ひじょうに黒い、黒黒くろぐろとしている。¶ 가만 눈동자 黒い瞳ひとみ。 ②

(時間じかん・距離きょりなどが)はるかに遠とおい。¶ 가맣게 먼 나라 はるかに遠い国くに。 ③(「가맣게」의 形으로 「잊다・모르다」와 함께에) 全まったく、すっかり、全然ぜんぜん、完全かんぜんに。¶ 약속을 가맣게 잊고 있었어 約束やくそくをすっかり忘わすれていた。 舍 까맣다
**가:-매장** [假埋葬] 图 하되 仮埋葬かりまいそう。
**가:매-지다** 自 黒くろくなる、黒くろずむ。¶ 얼굴이 ~ 顔かおが黒くなる。 舍 까매지다
**가맹** [加盟] 图 하되 加盟かめい。¶ ~국 加盟国こく/ ~점 加盟店てん。
**가:면** [假面] 图 仮面かめん。①面めん、マスク。¶ 무도회 가면舞踏会ぶとうかい。 ②偽いつわりの態度たいど、うそ偽り、化ばけの皮かわ。¶ ~이 벗겨지다 ばけの皮が剥はがれる。
　관용 가면(을) 벗다 ①仮面を脱ぬぐ。 ②本心しん・正体しょうたいを明あかす。 가면(을) 쓰다 ①仮面をかぶる。 ②本心・正体を隠かくす。
　**가면-극** [-劇] 图 仮面劇げき。
**가:-면허** [假免許] 图 仮免許かりめんきょ。
**가명** [家名] 图 家名かめい、一家いっかの名声めいせい。¶ ~을 떨치다 家名をおこす。
**가:명** [假名] 图 仮名かめい、偽名ぎめい。¶ ~을 쓰다 仮名を使つかう。
**가묘** [家廟] 图 一家の祖先そせんを祭まつるみたま、一家ののほこら。
**가무** [歌舞] 图 하되 歌舞かぶ、歌うたと舞まい。¶ ~단 歌舞団だん/ ~를 좋아하는 민족 歌と舞を好このむ民族みんぞく。
**가무러-지다** 自 ①気きが遠とおくなる、意識いしきがもうろうとなる。 ②気力きりょくが抜ぬける。 ③(ろうそくの火ひなどが)消きえかかる。 舍 까무러지다
**가무러-치다** 自 気絶きぜつする、気きを失うしなう、失神しっしんする。 舍 까무러치다
**가무잡잡-하다** 形여 (顔色かおいろが)やや黒くろい、浅黒あさぐろい。 舍 거무접접하다 舍 까무잡잡하다
**가문** [家門] 图 ①一族いちぞく、一家一門もん。¶ ~의 명예 家門の誉ほまれ。 ②家柄いえがら、家すじ、門閥もんばつ。¶ 훌륭한 ~ 출신 立派りっぱな家柄の生うまれ。
　관용 가문(을) 흐리게 하다 家門の名誉めいよを汚けがす、一家の面汚つらよごしをする。
**가문비** 图 植 「가문비나무」의 縮約形。
　**가문비-나무** 图 植 エゾマツ。
**가물** 图 早魃かんばつ。¶ ~이 계속되다 かんばつが続つづく。 舍 가뭄
　속담 가물 끝은 있어도 물난 끝은 없다 日照ひでりには残のこりがあるが洪水こうずいは残のこすものがない。《水害すいがいが日照りより怖こわいこと》 가물에 돌[도랑] 친다 日照りに川底かわぞこの石いしをさらう。《前まえもって準備じゅんびしておくほうがよい》 가물에 콩 나듯 日照りに豆まめが生はえるように。《ごくまれに起おこること》
　관용 가물(을) 타다 日照りに弱よわい、かんばつの影響えいきょうを受うけやすい。 가물(이) 들다 ①日照りが続く。 ②(日照りで)農作物のうさくぶつなどの出来でが悪わるくなる。

**가물-거리다** 自 ①(ともしびなどが)ちらちらゆらぐ。¶ 불빛이 ~ 明かりがちらちらゆらぐ。②微かに見えかくれする、ちらつく。¶ 그 모습이 아직도 눈에 ~ 彼女の姿が今もなおまぶたにちらつく。③ぼうっとする、もうろうとなる。¶ 의식이 ~ 意識がもうろうとする。

**가물-가물** 副 하다 ①(ともしびなどが)ちらちら。¶ ~ 흔들리는 등잔불 ちらちらゆれる 灯火。②(遠くのものが)ちらちら(と)、かすかに、ぼうっと。¶ 산이 ~ 흐려 보이다 山がぼうっとかすんで見える。③(意識が)ぼうっと、とぎれとぎれに。¶ 기억이 ~ 하다 記憶がとぎれとぎれだ。

**가물다** 自 かんばつが続く、日照りが続く。¶ 날씨가 ~ 日照りが続く。

**가물치** 名 動 カムルチー。

**가뭄** 名 日照り続き。¶ ~이 계속되는 날씨 日照り続きの天気。㊤ 가물

**가뭇-가뭇** 副 하다 形 (黒い斑点が)点々と、ところどころ黒く。

**가뭇-없다** 形 ①(消えうせて)行方が知れない、跡形がない。¶ 가뭇없이 사라져 버리다 跡形もなく消えうせる。②便りが絶えて、消息がない。

**가뭇-하다** 形여 (《「가무스름하다」の縮約形》) 浅黒い。

**가미**[加味] 名 하타 되자 加味。①飲食物に味をつけること。¶ 단맛을 ~ 하다 甘みを加味する。②あるものに他の要素をつけ加えること。¶ 인정을 ~ 한 재정 人情を加味した裁定。③ 医 加薬。

**가:발**[假髮] 名 かつら。¶ ~을 쓰다 かつらをつける。

**가방** 名 かばん。¶ 손~ 手提げかばん/ ~을 들다 かばんをさげる。/ ~에서 꺼내다 かばんから取り出す。

**가벌**[家閥] 名 門閥。㊤ 문벌

**가법**[加法] 名(加え算・足し算の旧用語) 加法。㊤ 덧셈

**가:변**[可變] 名 可變。¶ ~적 可變的 / ~ 비용 可變費用。⇔ 불변(不變)

**가:변-성**[-性] 名 可變性。

**가:변 자:본**[-資本] 名 可變資本。

**가볍다** 形ㅂ ①(重さなどが)軽い。¶ 가벼운 짐 軽い荷物。②(考えん・行動などが)軽率だ、軽薄だ、軽はずみだ。¶ 언행이 ~ 言行が軽率だ。③(程度などが)軽微だ。¶ 가벼운 사고 軽微な事故 / 책임이 ~ 責任が軽い。④(気分・動作などが)軽快だ、軽やかだ。¶ 가벼운 옷차림 軽快な身なり / 발걸음이 ~ 足取りが軽い。⑤(処理・取り扱いが)やすい、簡単だ。¶ 가볍게 말해 버리다 軽く言ってのける。⑥(声・動きなどが)小さい、弱い。¶ 가볍게 코를 골다 小さくいびきをかく。⑦(食べ物などが)簡単だ、あっさりして量が少ない。¶ 가벼운 식사 軽い 食事 / 가볍게 한 잔 하세 軽かく一杯やろう。**가벼-이** 副 軽く、軽々と。¶ ~ 들어 올리다 軽々と持ち上げる。/ 목숨을 ~ 여기다 命を軽んずる。

**가볍디-가볍다** 形ㅂ 非常に軽い。

**가보**[家寶] 名 家宝。¶ 대대로 전해 오는 ~ 代々に伝わる家宝。

**가보** 名 かぶ(花札などの賭博で 一番強い数字である9を指す語)。
[慣用] **가보(를) 잡다** (花札などで)かぶを取る、9点をとる。

**가보-잡기** 名 おいちょかぶ。

**가:봉**[假縫] 名 하타 仮縫い、下縫い。¶ 양복을 ~ 하다 洋服を仮縫いする。

**가:부**[可否] 名 ①是非、よしあし。¶ ~ 를 논하다 可否を論ずる。②(票決などで)賛成と反対、賛否。¶ ~ 를 결정하다 可否を決する。

**가:부-간**[-間] 副 いずれにしても、いずれにせよ、とにかく、ともかく。¶ ~ 에 결론을 내자 いずれにせよ結論を出そう。

**가부**[家父] 名(自分の父の謙譲語)家父。

**가부-장**[-長] 名 家父長、家長。

**가부장-제**[-長制] 名 家父長制。

**가부-좌**[跏趺坐] 名 佛 結跏趺坐。¶ ~ 를 틀다 あぐらをかく。

**가:분**[可分] 名 可分。¶ ~성 可分性。

**가:-분수**[假分數] 名 ①数 仮分数。②体にくらべて頭が大きい人をからかっていう語。

**가분-하다** 形여 ①(持つのに)ほどよく軽い。¶ 가분한 보따리 軽い包み。②(心に)なんの負担もない、軽い。¶ 몸도 마음도 身も心も軽い = 가뿐하다 **가분-히** 副 軽く、軽々と、軽やかに。

**가:불**[假拂] 名 하타 되자 前借まえがり、前貸し。¶ 월급을 ~ 하다 月給を前借りする。

**가:불-금**[-金] 名 前借り金、前貸し金、先借り金、先貸し金。

**가:-불가**[不可] 名 可か不可か、可否か。¶ ~ 를 묻다 可否を問う。

**가붓-하다** 形여 ほどよく軽い、軽やかだ。¶ 몸이 ~ 体が軽やかだ。= 가뿟하다 **가붓-이** 副 ほどよく軽く、軽やかに。

**가붓-가붓** 副 하다 (《全部が軽やかなさま》)軽やかに。= 가뿟가뿟

**가빠-지다** 自 息切れする、あえぐ、息が苦しくなる。¶ 숨이 ~ 息切れがする。

**가뿐-하다** 形여 ①(ほどよく)軽い。¶ 짐이 ~ 荷物が軽い。②(心に)軽い、気楽だ。¶ 일이 끝나서 마음이 가뿐해졌다 仕事が終わって心が軽くなった。**가뿐-히** 副 ほどよく軽く、軽やかに。

**가뿐-가뿐** ほどよく軽々と、軽やかに。

**가쁘다** 形 ①(息が)切れる、苦しい。¶ 숨이 ~ 息が切れる。②(仕事などが)手に余る、手に負えない。¶ 어린애가 해내기에는 가쁜 일이다 子供がやりこなすのには

**가삐** 副 息苦しく。¶ 숨을 ~ 몰아 쉬다 苦しげに息をつく。

**가사**〖家事〗 名 家事、家庭の仕事。¶ ~에 쫓기다 家事に追われる。/ ~를 돕다 家事を手伝う。

　**가사 노동**〖-勞動〗 名 家事労働。

　**가사 사:건**〖-事件〗 名〖法〗家事事件、家庭事件。

**가:사**〖假死〗 名 仮死。¶ ~ 상태에 빠지다 仮死状態に陥いる。

**가사**〖袈裟〗 名〖佛〗袈裟、僧の衣服。

**가사**〖歌詞〗 名 ①歌詞。¶ ~를 짓다 歌詞を作る。 ②〖文〗歌辞。

**가사**〖歌辭〗 名〖文〗歌辞。高麗末の頃から作られた詩歌の一形式。

**가산**〖加算〗 名 하다 他 되다 自 加算。①加えて計算すること。¶ 원금에 이자를 ~하다 元金に利子を加算する。 ②加え算、足し算。㉠덧셈。

　**가산-금**〖-金〗 名〖法〗加算金。

　**가산-세**〖-稅〗 名〖法〗加算税。

**가산**〖家産〗 名 家産、身代、身上。¶ 노름으로 ~을 탕진하다 博打で身上をつぶす。

**가:산**〖假山〗 名 (「석가산」の縮約形) 築山。

**가:살** 名 おべんちゃらを言ってへつらうこと、ずるがしこく小憎らしい態度。
　慣用〉**가살(을) 떨다** ずるがしこく立ち回る、よこしまなふるまいをする。**가살을 부리다** おべんちゃらを言ってへつらう、ずるがしこいふるまいをする。**가살(을) 피우다** 小憎らしく狡猾なふるまいをする。

**가:살-쟁이** 名 小憎らしいずるい人。

**가:상**〖假想〗 名 하다 他 되다 自 仮想。¶ 적으로 ~하다 敵に仮想する。

　**가:상 적국**〖-敵國〗 名 仮想敵国。

**가상**〖嘉尚〗 名 하다 他 嘉尚な、感心なこと、よいと認めてほめること。¶ ~한 소년이로구나 けなげな少年だな。**가상-히** 副 よみして、感心して。¶ 뜻을 ~ 여기다 志をよみする。

**가새-지르다** 他르 はすかいにする、交差させる、筋交いにする。¶ 깃대를 ~ 旗竿をはすかいに交差させる。

**가새-표** 名 ばつ印、かけ印、ばつ。¶ ~를 치다 ばつ印をつける。

**가새-풀** 名〖植〗ノコギリソウ。

**가서**〖家書〗 名 家書。①自分の家からの手紙、家信。 ②自分の家の蔵書。

**가:-석방**〖假釋放〗 名 하다 他 되다 自〖法〗仮釈放、仮出獄。

**가:-선** 名 ①〖衣服〗などのへり、ささべり。¶ 다다미의 ~ 畳のへり。 ②二重まぶたのすじ。
　慣用〉**가선을 두르다** ささべりをつける、へりを取る、ふち取る。**가선이 지다** 二重まぶたになる。

**가선**〖架線〗 名 하다 他 架線。①送電線などを架線すること。¶ ~ 공사 架線工事。 ②「가공선(架空線)」の縮約形。

**가설**〖架設〗 名 하다 他 되다 自 架設。¶ 전화를 ~하다 電話を架設する。

**가:설**〖假設〗 名 하다 他 되다 自 仮設。①かりに設けること。¶ 다리를 ~하다 橋を仮設する。 ②実際にはないことを仮にあるとすること。¶ ~ 명제 仮設命題。

　**가설 극장**〖-劇場〗 名 仮設劇場。

**가:설**〖假說〗 名 하다 他 되다 自 仮説、仮定。¶ ~을 세우다 仮説をたてる。

**가:-성**〖苛性〗 名〖化〗苛性。¶ ~ 칼리 苛性カリ。

　**가:성-소다**〖-soda〗 名 苛性ソーダ。

**가:성**〖假性〗 名〖醫〗仮性。¶ ~ 근시 仮性近視。

**가:성**〖假聲〗 名 ①仮声、作り声。 ②〖音〗裏声ごえ、ファルセット。¶ ~으로 노래하다 裏声で歌う。

**가:-성명**〖假姓名〗 名 にせの名前、仮名。

**가세**〖加勢〗 名 하다 自 加勢。¶ 약한 쪽에 ~하다 弱い方に加勢する。

**가세**〖家勢〗 名 家勢、家の暮らし向き、家運。¶ ~가 빈한하다 暮らし向きが貧しい。

**가:소-롭다**〖可笑-〗 形ㅂ ちゃんちゃらおかしい、笑止な、笑わせる、片腹が痛い。¶ 가소롭기 짝이 없다 笑止千万だ。/ 그가 상을 받는다니 가소롭군 彼らが受賞するとは笑わせる。**가소로-이** おかしなことに、あきれて、ばかげたことにも、ばかばかしく。

**가:-소성**〖可塑性〗 名〖物〗可塑性。

**가속**〖加速〗 名 하다 他 加速。¶ ~ 장치 加速装置。/ 도로에서 ~하다 道路で加速する。

　**가속-도**〖-度〗 名 加速度。¶ ~적인 발전 加速度的な発展。/ ~가 붙다 加速度がつく。

　**가속 입자**〖-粒子〗 名 加速粒子。

　**가속-도**〖-pedal〗 名 加速ペダル。

**가솔린**〖gasoline〗 名 ガソリン。¶ ~ 탱크 ガソリンタンク。

　**가솔린 기관**〖-機關〗 名 ガソリン機関、ガソリンエンジン。

　**가솔린 스탠드**〖-stand〗 名 ガソリンスタンド、注油所。

**가수**〖加數〗 名 加数。①〖數〗ある数に加えた数。 ②하다 自他 金額・数量を増やすこと。

**가:수**〖假睡〗 名 하다 自 仮睡、仮眠、かりね。

**가수**〖歌手〗 名 歌手。¶ 인기 ~ 人気歌手/ 유행가 ~ 流行歌手。

**가수 분해**〖加水分解〗 名 하다 他〖化〗加水分解。

**가:-수요**〖假需要〗 名 仮需要。¶ ~를 계산에 넣다 仮需要を計算に入れる。

**가스**〖gas〗 名 ガス。①気体。¶ 배에 ~가 차다 腹にガスがたまる。 ②燃料用のガス。¶ ~ 난로 ガスストーブ/ 도시 ~ 都市

가스러지다

ガス。③「독가스」의 縮約形。¶ ~ 마스크 ガスマスク。
**가스 계:량기**【-計量器】 图 ガスメーター、ガス計量器(けいりょうき)。
**가스-등**【-燈】 图 ガス灯(とう)、ガスランプ。
**가스 레인지**【-range】 图 ガスレンジ。
**가스-봄베**【-Bombe】 图 ガスボンベ。
**가스 중독**【中毒】 图 ガス中毒(ちゅうどく)。
**가스-총**【-銃】 图 ガス銃(じゅう)。
**가스러-지다** 国 ①(性質(せいしつ)が)荒(あら)くなる、荒っぽくなる、荒(あ)れる。②手(て)に負(お)えなくなる。③(毛(け)などが)逆立(さかだ)つ、けば立(だ)つ。② 거스러지다
**가슬-가슬** 副形 ①(性質(せいしつ)が)がさがさ。②(感触(かんしょく)が)ざらざら、がさがさ、ごわごわ。¶ ~ 한 손 がさがさした手(て)。
**가슴** 图 胸(むね)。①胸部(きょうぶ)。¶ ~ 둘레 胸囲(きょうい) / ~ 이 두근거리다 胸がどきどきする。②心(こころ)、考(かんが)え、感情(かんじょう)。¶ ~ 을 털어놓다 胸中(きょうちゅう)を打(う)ち明(あ)かす。/ ~ 속에 간직하다 胸にたたむ。③乳房(にゅうぼう)。¶ ~ 이 풍만하다 胸が豊(ゆた)かだ。
[慣用] 가슴에 맺히다 心にわだかまりができる。가슴에 못을 박다 心に深(ふか)く傷(きず)つける。가슴에 손을 얹다 胸に手(て)を置(お)く、心静(しず)かに思案(しあん)する。가슴을 앓다 ①胸を痛(いた)める、ひどく心配(しんぱい)する。②肺(はい)を患(わずら)う。가슴을 에다 肺腑(はいふ)をえぐる。가슴을 저미다 (思(おも)いなどが)切々(せつせつ)として胸をえぐるようである。가슴을 치다 ①胸を打(う)つ。②大(おお)きな衝撃(しょうげき)を受(う)ける。가슴을 태우다 胸を焼(や)く、胸を焦(こ)がす。가슴이 내려 앉다 がっかりする。가슴이 뜨끔하다 胸がどきんとする。가슴이 미어지다 胸が裂(さ)ける。가슴(이) 뿌듯하다 (満足(まんぞく)して)胸がいっぱいだ。가슴(이) 설레다 胸騒(むなさわ)ぎする、胸がどきどきする。가슴이 섬뜩하다 ひやっとする、ぞっとする。가슴(이) 아프다 胸が痛(いた)む、いたわしくやるせない。가슴(이) 찔리다 胸をつかれる、非常(ひじょう)に呵責(かしゃく)を感(かん)じる。가슴(이) 찢어지다 胸が張(は)り裂(さ)ける。가슴(이) 타다 胸が焦(こ)がれる。가슴(이) 후련하다 胸がすっきりする。
**가슴-속** 图 ①胸中(きょうちゅう)、胸のうち。¶ ~ 이 검다 胸黒(むなぐろ)い。②(生) 胸腔(きょうこう)。
**가슴-앓이** 图【醫】胸痛(きょうつう)。
**가슴-지느러미** 图【動】むなびれ。
**가슴-통** 图 ①胸板(むないた)。¶ ~ 이 넓다 胸が広(ひろ)い。②胸囲(きょうい)。
**가슴-패기** 图(俗) 胸元(むなもと)、胸先(むなさき)。
**가슴츠레-하다** 形(여) (酒(さけ)に酔(よ)ったり眠気(ねむけ)がさしたりして)とろんとしている、うつろだ。¶ 가슴츠레한 눈 とろんとした目(め)。
**가시**¹ 图 ①とげ、いばら、小骨(こぼね)。¶ 장미 - 바라のとげ / 목에 ~ 가 걸렸다 のどに小骨(こぼね)がささった。②(比) にくい人(ひと)。¶ 눈엣 ~ 같은 사람 目(め)の上(うえ)の瘤(こぶ)みたいな人。③人の心(こころ)を傷(きず)つけることば。¶ ~ 돋친 말을 하다 とげのある言(い)い方(かた)をする。
**가시-나무** 图【植】いばら。
**가시-덤불** 图 いばらのやぶ。
**가시밭-길** 图 ①いばらの道(みち)。②(比) 険(けわ)しい人生(じんせい)航路(こうろ)。
**가시-줄** 图 有刺鉄線(ゆうしてっせん)。㋑ 가시철사
**가시-철사**【-鐵絲】 图 有刺鉄線(ゆうしてっせん)、ばら線(せん)。
**가시²**【-】 图 (食物(しょくもつ)に)わく)うじ、さし。¶ ~ 가 괴다 うじがわく。
**가:시**【可視】 图 可視(かし)。¶ ~ 거리 可視距離(かしきょり) / ~ 신호 可視信号(かししんごう)。
**가:시 광선**【-光線】 图 可視光線(かしこうせん)。
**가:시-화**【-化】 图 하动他 되自 可視化(かしか)、目(め)に見(み)えるようになること。
**가시-고기** 图【動】トゲウオ。
**가시다**¹ 国 ①(ある状態(じょうたい)が)なくなる、消(き)え去(さ)る。¶ 애티가 ~ 子供(こども)らしさがなくなる。/ 어둠이 ~ 暗(くら)やみが去る。②(ある状態から本来(ほんらい)の状態に)もどる、取(と)れる、引(ひ)く、治(なお)る。¶ 아픔이 ~ 痛(いた)みが取れる。/ 부기가 ~ 腫(は)れが引(ひ)く。
**가시다**² 他 すすぐ、ゆすぐ、洗(あら)う、なくす。¶ 입을 ~ 口(くち)をすすぐ。/ 그릇을 ~ 食器(しょっき)を洗う。
**가:식**【假飾】 图 하动他 飾(かざ)り気(け)、虚飾(きょしょく)、見(み)せかけ。¶ ~ 이 없는 태도 飾り気のない態度(たいど)。
**가신**【家臣】 图 家臣(かしん)、宰相(さいしょう)などの家(いえ)に仕(つか)えた人(ひと)。
**가심** 图 하动他 すすぐこと、ゆすぐこと。¶ 입 ~ 으로 배를 먹다 口(くち)なおしにナシを食(た)べる。
**가십**【gossip】 图 ゴシップ、うわさ話(ばなし)。¶ ~ 란 ゴシップ欄(らん)。
**가압**【加壓】 图 하动他 加圧(かあつ)。¶ 증기를 ~ 하다 蒸気(じょうき)を加圧する。
**가:-압류**【假押留】 图 하动他 되自【法】仮(かり)に差(さ)し押(お)さえ。¶ 부동산을 ~ 하다 不動産(ふどうさん)を仮(かり)に差し押(お)さえする。
**가액**¹【加額】 图 하动他 되自 金額(きんがく)を増(ふ)やすこと、増額(ぞうがく)。
**가액**²【加額】 图 하动自 (来(く)る人(ひと)を待(ま)ちこがれて)手(て)を額(ひたい)にかざすこと。
**가야-금**【伽倻琴】 图【音】伽倻琴(かや きん)(12弦(げん)を張(は)る韓国(かんこく)固有(こゆう)の弦楽器(げんがっき))。¶ ~ 을 타다 伽倻琴を弾(ひ)く。
**가약**【佳約】 图 ①よい約束(やくそく)。②恋人(こいびと)と会(あ)う約束(やくそく)。③夫婦(ふうふ)の契(ちぎ)り、婚約(こんやく)。¶ 백년 ~ 을 맺다 百年(ひゃくねん)の契(ちぎ)りを結(むす)ぶ。
**가:언**【假言】 图 ①【論】仮言(かげん)。¶ ~ 적 판단 仮言的(かげんてき)の判断(はんだん)。②うそ。
**가업**【家業】 图 家業(かぎょう)。①家(いえ)の職業(しょくぎょう)、生業(せいぎょう)。¶ ~ 에 힘쓰다 家業(かぎょう)にはげむ。②家代々(だいだい)の職業(しょくぎょう)。¶ 선대의 ~ 을 잇다 先代(せんだい)の ~ をつぐ。
**가:-없다** 形 はてしない、限(かぎ)りない。¶ 가없는 부모의 은혜 限りない父母(ふぼ)の恩(おん)。**가없-이** 副 はてしなく、限りなく。¶ ~ 넓은 바다 はてしなく広(ひろ)い海(うみ)。

**가:역**【可逆】 图〖物〗可逆ぎゃく。¶ ~ 반응 可逆反応はんのう。

**가:역 변:화**【-變化】 图 可逆変化へんか。

**가:연-성**【-性】 图 可燃性ねんせい。¶ ~ 가스 可燃性ガス。

**가연**【佳緣】 图 ①よい因縁いんねん。②(男女だんじょの)愛あいを結むすぶよい縁えに。

**가열**【加熱】 图ㅎ타自되 加熱かねつ。¶ ~해서 먹다 加熱して食たべる。

**가열 살균**【-殺菌】 图 加熱殺菌さっきん。

**가:열**【苛烈】 图ㅎ타形 苛烈かれつ、激烈げきれつ。¶ ~한 싸움 苛烈な戦たたかい。

**가엾다** 形 かわいそうだ、哀あわれだ、不憫ふびんだ、気きの毒どくだ、痛いましい。¶ 가엾은 처지 かわいそうな境遇きょうぐう。 **가:엾이** 副 かわいそうに、哀れに、不憫に、気の毒に。¶ ~ 여기다 かわいそうに思う。

**가:-예산**【假豫算】 图〖法〗暫定予算ざんてい。

**가오리** 图〖動〗エイ。

**가오리-연**【-鳶】 图 エイの形かたに作つくったたこ。

**가옥**【家屋】 图 家屋かおく、家いえ。¶ 구식 ~ 旧式きゅうしき家屋/ ~세 家屋税ぜい/ ~을 수리하다 家を修理しゅうりする。

**가옥 대장**【-臺帳】 图 家屋台帳だいちょう。

**가외**【加外】 图 《一定いっていのものにもっと加くわえること》余分よぶん、余計よけい。¶ ~ 지출 余分な支出ししゅつ。

**가외-로** 副 余計に、余分に。¶ 한 시간 ~ 일하다 一時間余計に働はたらく。

**가욋-일** 图 余計な仕事しごと。

**가요**【歌謠】 图 歌謠かよう。¶ ~계 歌謠界かい/ 곡 歌謠曲きょく。

**가:용**【可溶】 图 可溶かよう。¶ ~성 可溶性せい。

**가용**【家用】 图 ①一家いっかの生活費せいかつひ、家計費かけいひ。¶ ~을 아끼다 家計費を節約せつやくする。②[他]家で使つかうもの、家庭用品ようひん。

**가:용 인구**【可容人口】 图〖地球ちきゅうの食料しょくりょう消費面しょうひめんから見みて〗養やしなえる総人口そうじんこう。

**가운**【家運】 图 家運かうん。¶ ~이 기울다 家運が傾かたむく。

**가운**【gown】 图 ガウン、上うわっぱり。¶ 나이트 ~ ナイトガウン。

**가운데** 图 ①中なか、真ま中なか。¶ 호수 ~로 노를 저어 가다 湖みずうみの真ん中へろをこいで行く。②間あいだ、中間ちゅうかん。¶ 두 사람 ~에 끼여 앉다 二人ふたりの間に座すわる。③(多おおくの中での)一部いちぶ。¶ 이 ~서 고르세요 この中から選えらんでください。④(長ながい物ものの)中央ちゅうおう部分ぶぶん。¶ 막대기의 ~를 자르다 棒ぼうの中央部分を切きる。⑤(行動こうどうなどの)道程どうてい、~ながら。¶ 일하는 ~서 얻은 경험 仕事しごとをする中うちに得えた経験けいけん。

**가운뎃-손가락** 图 中指なかゆび。

**가웃** 图《升ます・尺しゃくなどの半分はんぶんをあらわして》半はん、半分はんぶん。¶ 두 자 ~ 二尺ニしゃく半はん。

**가위**[1] 图 鋏はさみ。¶ 전정 ~ 剪定鋏せんていばさみ/ ~로 자르다 はさみを入いれる。②(じゃんけんの)はさみ、ちょき。③(かにな どの)はさみ。

**가위-바위-보**【-補】 图 じゃんけん、じゃんけんぽん。¶ ~로 정하다 じゃんけんで決きめる。

**가위-표**【-標】 图 ①かけじるし、ばつの印じるし。②伏ふせ字じ。

**가위**[2] 图 夢魔むま、悪夢あくむにうなされること。

**가위-눌리다** 自 夢魔に襲おそわれる、うなされる。¶ 악몽에 ~ 悪夢にうなされる。

**가위**[3] 图《陰曆いんれきの8月はちがつ15日にちの》中秋ちゅうしゅう、お盆ぼん。

**가윗-날** 图 中秋ちゅうしゅう、お盆ぼん。

**가:위**【可謂】 副 ①言いうなれば、いわば、いわゆる。②はたして、実じつに、まさに。¶ ~ 놀랄 만한 일이다 実に驚おどろくべきことだ。

**가으내** 副 秋中あきじゅうずっと、ひと秋あき。

**가을** 图 秋あき。¶ 늦~ 晩秋ばんしゅう/ ~비 秋雨あきさめ/ ~이 되다 秋になる。
속담 가을에는 부지깽이도 덤빈다 秋には火かき棒ぼうまでてんてこ舞まいをする。《秋にはとても忙いそがしいことのたとえ》

**가을-갈이** 图ㅎ타自他 秋耕しゅうこう。

**가을-걷이** 图ㅎ타自他 秋の取とり入いれ、秋の収穫しゅうかく。㊥ 추수(秋收)

**가을-빛** 图 秋色しゅうしょく、秋あきの景色けしき、秋の気配はい。¶ ~이 짙어 가다 秋色が深ふかまる。

**가을-장마** 图 秋の長雨ながあめ。

**가을-철** 图 秋季しゅうき、秋の季節きせつ。

**가을-하다** 自他《「가을걷이하다」의 縮約形》秋の取り入れをする、収穫しゅうかくする。

**가이드**【guide】 图 ガイド。¶ ~ 라인 ガイドライン/ ~ 북 ガイドブック。

**가인**【歌人】 图 歌人かじん。㊥ 가객(歌客)

**가인**【佳人】 图 佳人かじん、美人びじん。¶ 박명 美人薄命はくめい/ 절세 ~ 絶世ぜっせいの美人。

**가인 재자**【-才子】 图 才子さいし佳人、美うつくしい女おんなと才知さいちのすぐれた男おとこ。

**가-일층**【加一層】 副 ①なおいっそう、よりいっそう、ひときわ。¶ ~ 노력하다 よりいっそう努力どりょくする。②《詞詞的に》なおいっそう加くわえること。¶ ~의 애정을 기울이다 なおいっそうの愛情あいじょうをかたむける。

**가입**【加入】 图ㅎ타自되 加入かにゅう。¶ ~ 신청 加入申もうし込こみ/ 조합에 ~하다 組合くみあいに加入する。

**가입-금**【-金】 图 加入金きん。

**가입-자**【-者】 图 加入者しゃ。¶ 전화 ~ 電話でんわ加入者。

**가자**【家資】 图 家産かさん、身代しんだい、身上しんしょう。¶ ~를 탕진하다 身上をつぶす。

**가자미** 图〖動〗カレイ。

**가작**【佳作】 图 佳作かさく。¶ ~으로 입선되다 佳作に入選にゅうせんする。

**가장** 副 最もっとも、いちばん、何なにより、最高さいこうに。¶ ~ 적합하다 最も適てきする。/ ~ 좋은 옷을 입다 いちばんよい服ふくを着きる。

**가장**【家長】 图 家長かちょう。①一家いっかのあるじ、戸主こしゅ。②夫おっと、主人しゅじん。

**가장-권**〔-權〕图〔法〕家長權か。
**가장 제:도**〔-制度〕图 家父長かちょう制度せいど。
**가장**〔家藏〕图〔해〕〔되자〕 家蔵かぞう。
　**가장 집물**〔-什物〕图 調度ちょうど、家財かざい道具どう。
**가:장**〔假葬〕图〔해〕〔되자〕 ①仮葬かそう、仮埋葬かまいそう。¶ 조난 현장에 ~하다 遭難そうなん現場げんばに仮葬する。 ②子供こどもの埋葬まいそう。
**가:장**〔假裝〕图〔해〕〔타자〕 仮装かそうする。①変装へんそうすること。¶ 여자로 ~하다 女おんなに仮装する。 ②装よそうこと、見みせかけること。¶ 태연을 ~하다 平気へいきを装う。
　**가:장 행렬**〔-行列〕图 仮装行列ぎょうれつ。
　**가:장 무:도회**〔-舞踏會〕图 仮装舞踏会ぶとうかい。
**가장귀**图 木きの枝えだのまた。
　**가장귀-지다**区 (木きの枝えだが分わかれて) 二股ふたまたになる。
**가:장자리**图 へり、端はし、ふち、際きわ、まわり。¶ 책상 ~ 机つくえのへり／ 종이 ~를 접다 紙かみの端を折おる。
**가:재**图〔動〕 ザリガニ。
　〔속담〕 가재는 게 편이라 ザリガニは蟹かにに味方みかたである。《似にていてとかく縁故えんこのある方かたに味方することのたとえ》
　**가:재 걸음**图 ①あと戻もどり、あとずさり。 ②〔出〕 事ことがはかどらないこと。
　〔관용〕 가재걸음(을) 치다 ①あと戻もどりする。 ②〔出〕 事ことがはかどらずあと戻りある。
**가재**〔家財〕图 家財かざい、家いえの財産ざいさん。¶ ~ 도구 家財道具どうぐ。
**가전**〔家傳〕图 家伝かでん。¶ ~의 비보 家伝の秘宝ひほう。
　**가전 비:방**〔-秘方〕图 ある家いえに代よだい伝つたわる薬くすりの処方しょほう。
**가전 제:품**〔家電製品〕图 家庭用かていよう電気でんき製品ひん。
**가:전-체**〔假傳體〕图〔文〕 事物ことを擬人化ぎじんかして伝記でんき形式けいしきに創作そうした文学ぶんがく形式。
　**가:전체 소:설**〔-小説〕图〔文〕 事物ことを擬人化して創作そうした小説しょう。
**가절**〔佳節〕图 佳節かせつ。 ①よい季節きせつ、よい時節じせつ。 ②〔節句くのようなお祝いわい・お祭まつりの日ひ。¶ 중추 ~ 中秋ちゅうしゅうの佳節。
**가정**〔家政〕图 家政かせい。¶ ~학 家政学がく。
　**가정-부**〔-婦〕图 家政婦かせいふ、派出婦はしゅつふ、お手伝てつだいさん。
**가정**〔家庭〕图 家庭かてい。¶ ~ 교사 家庭教師きょうし／ 단란한 ~ 仲なかむつまじい家庭／ ~을 이루다 家庭を成なす。
　**가정 교:육**〔-教育〕图 家庭教育きょういく、仕付しつけ。
　**가정-극**〔-劇〕图 家庭劇げき、ホームドラマ。
　**가정 법원**〔-法院〕图 家庭裁判所さいばんしょ。
　**가정-부인**〔-婦人〕图 家庭婦人ふじん、主婦しゅふ。
　**가정 생활**〔-生活〕图 家庭生活せいかつ。¶ 행복한 ~ 幸福こうふくな家庭生活。
　**가정 의례**〔-儀禮〕图 (冠婚葬祭かんこんそうさいなどの) 家庭の儀礼ぎれい。
　**가정-적**〔-的〕冠 家庭的てき。¶ ~인 분위기 家庭的な雰囲気ふんいき。

**가:정**〔假定〕图〔해〕〔타자〕〔되자〕 仮定かてい。¶ 사실이라고 ~해서 事実じつだと仮定かていして。
　**가:정법**〔-法〕图〔文法〕 仮定法ほう。
**가:제본**〔假製本〕图 仮製本かりせいほん、仮綴かりとじ。
**가:제**〔加除〕图〔해〕 ①加除かじょ、加くわえることと引ひくこと。¶ 내용을 ~ 정정하다 内容ないようを加除訂正ていせいする。 ②〔数〕 加法かほうと減法げんぽう。 ③添削てんさくすること、推敲すいこうすること。¶ 원고를 ~하다 原稿げんこうを添削する。
**가:제**〔假題〕图 仮題かだい。
**가:제**〔独 Gaze〕图 ガーゼ。⊕ 거즈
**가:제본**〔假製本〕图 仮製本かりせいほん、仮綴かりとじ。
**가져-가다**他 持もっていく。¶ 책을 창고로 ~ 本ほんを倉庫そうこに持っていく。
**가져-오다**他 ①持もって来くる。¶ 선물을 ~ おみやげを持って来る。 ②(ある結果けっかを)もたらす、招まねく。¶ 중대한 결과를 ~ 重大じゅうだいな結果をもたらす。
**가:-조약**〔假條約〕图 仮条約かりじょうやく。
**가:-조인**〔假調印〕图〔해〕〔되자〕 仮調印かりちょういん。
**가족**〔家族〕图 家族かぞく。¶ 대 ~ 大だい家族／ 핵 ~ 核かく家族／ ~ 회의 家族会議かいぎ／ ~을 부양하다 家族を養やしなう。
　**가족 계:획**〔-計劃〕图 家族計画けいかく。
　**가족-법**〔-法〕图〔法〕 家族法ほう。
　**가족 수당**〔-手當〕图 家族手当てあて。
　**가족-적**〔-的〕冠 家族的てき。¶ ~인 분위기 家族的かぞくてきな雰囲気ふんいき。
　**가족 제:도**〔-制度〕图〔社〕 家族制度せいど。
**가죽**图 皮かわ。①(人ひと・動物どうぶつの)表皮ひょうひ。¶ ~을 벗기다 皮を剥はぐ、~낯이 두껍다 面つらの皮が厚あつい。 ②革かわ、皮革ひかく。¶ ~ 가방 革かばん／ ~신 皮の履物はきもの。
　**가죽-띠**图 革帯かわおび、革ベルト、革バンド。
　**가죽-옷**图 皮衣かわぎぬ、皮の衣服いふく。
**가중**〔加重〕图〔해〕〔타자〕〔되자〕 加重じゅう。¶ ~ 처벌 加重処罰しょばつ／ 부담이 ~되다 負担たんが加重される。
　**가중-치**〔-値〕图 加重値ち。
　**가중 평균**〔-平均〕图〔数〕 加重平均きん。
**가증**〔加増〕图〔해〕〔타자〕〔되자〕 加増ぞう、増加ぞうか。¶ ~ 률 加増率りつ。
**가증**〔可憎〕图〔해〕〔形〕 憎にくらしいこと、憎にくいこと。
　**가:증-맞다** 形 憎にくらしい、憎々にくにくしい。
　**가:증-스럽다** 形 いかにも憎にくらしい、憎にくらしい。¶ 가증스러운 행위 憎らしい行為こうい。
　**가증-스레** 副 憎にくらしく、憎らしげに。
**가지**[1] 图 ①(草木くさきの)枝えだ。¶ 나뭇 ~ 木きの枝／ ~를 꺾다 枝えだを折おる。 ②もとから分わかれて出でたもの。
　〔속담〕 가지 많은 나무에 바람 잘 날이 없다 枝の多おおい木に風かぜの静しずまる日ひなし。《子沢山こだくさんの家いえには心配事しんぱいが絶たえない》
　**가지-치기**图 枝打えだうち、せんてい。
　**가지-치다**自 ①枝を張はる、枝が茂しげる、枝が伸のびる。 ②枝打ちをする、剪定せんていする。
**가지**[2] 图〔植〕 ナス。

**가지³**【種】種$_{し_p}$、種類$_{し_p k_p}$。¶ 두 ~ 2種$_{に}$/ 여러 ~ いろいろ、種々$_{しゅ}$。

**가지-가지¹** ①いろいろ、さまざま、種々$_{しゅ}$。¶ 취미도 ~다 趣味もさまざまだ。②(冠形詞的に) 種々の、いろいろ(の)、さまざまな。¶ ~ 경험을 하다 いろいろな経験$_{けい}$をする。
**가지가지-로** 圖 さまざまに、いろいろと。¶ ~ 다른 의견 いろいろと異$_{こと}$なった意見$_{けん}$。

**가지-가지²** 圖 枝$_{えだ}$ごとに、枝々$_{えだえだ}$に。¶ 감이 ~ 열려 있다 柿が枝々えだえだに実のっている。

**가지-각색**〔-各色〕名 さまざま、いろいろ、色とりどり、まちまち。¶ 의견이 ~이다 意見$_{けん}$がまちまちだ。

**가지다¹** 他 ①(手$_{て}$・身$_{み}$に)持$_{も}$つ、取$_{と}$る、所持$_{しょじ}$する。¶ 도시락을 가지고 가다 弁当$_{べんとう}$を持っていく。②(心$_{こころ}$に)持つ、抱$_{いだ}$く。¶ 희망을 ~ 希望$_{きぼう}$を抱く。③(自分$_{じぶん}$のものとして)持つ、所有$_{しょゆう}$する、有$_{ゆう}$する。¶ 자기 집을 ~ 自分の家$_{いえ}$を持つ。④(関係$_{かんけい}$・関連$_{かんれん}$を)持つ、保$_{たも}$つ。¶ 밀접한 관계를 ~ 密接$_{みっせつ}$な関係を持つ。⑤(行事$_{ぎょうじ}$・会議$_{かいぎ}$を)持つ、行$_{おこな}$う、開$_{ひら}$く。¶ 졸업식을 ~ 卒業式$_{そつぎょうしき}$を行なう。/ 모임을 ~ 集会$_{しゅうかい}$をひらく。⑥妊娠$_{にんしん}$する、身ごもる。¶ 둘째 아이를 ~ 二人目$_{ふたりめ}$を身ごもる。⑦(「…을[를] 가지고」の形で)㉠ …で、…をもって。¶ 칼을 가지고 가지를 자르다 ナイフで枝$_{えだ}$を切$_{き}$る。㉡ …を相手$_{あいて}$にして、…のことで。¶ 왜 나만 가지고 귀찮게 들이냐? なぜわたしだけを相手にとやかく言っているのだ。⑧(「…아[어] 가지고」の形で) …(し)て、…ので、…のに、…でもって。¶ 돈을 받아 가지고 왔다 お金$_{かね}$を受けとって(もって)きた。

**가지런-하다** 形団 (高$_{たか}$さや先$_{さき}$が)並んでいる、そろっている、整$_{ととの}$っている、きちんとしている。¶ 앞머리를 가지런하게 자르다 前髪$_{まえがみ}$をそろえて切$_{き}$る。**가지런-히** 圖 きちんと、そろって、整然$_{せいぜん}$と。¶ 구두를 ~ 정돈하다 靴$_{くつ}$をきちんとそろえる。

**가:-집행**〔假執行〕名 団他〔法〕仮執行$_{かりしっこう}$。

**가:짓-말** 名 うそ、そらごと、いつわり。¶ 하지 마라 うそをつくな。㊀ 거짓말
**가:짓말-쟁이** 名 嘘$_{うそ}$つき、ほら吹$_{ふ}$き。㊀ 거짓말쟁이

**가짜**〔假-〕名 偽$_{にせ}$、偽物$_{にせもの}$、まがいもの、替$_{か}$え玉$_{だま}$。¶ ~ 돈 偽金$_{にせがね}$/ ~가 나돌고 있다 偽物が出回$_{でまわ}$っている。

**가:차**〔假借〕名 団他 仮借$_{かしゃく}$。①臨時$_{りんじ}$に借りること。②許$_{ゆる}$すこと、見$_{み}$のがすこと。③(漢字$_{かんじ}$の六書$_{りくしょ}$の)仮借$_{かしゃ}$。
**가:차-없다** 形回 容赦$_{ようしゃ}$ない、容赦のない仕打$_{しう}$ち。**가차-없이** 圖 仮借なく、容赦なく、びしびしと。¶ 이번에는 ~ 처벌하다 今回$_{こんかい}$は容赦なく処罰$_{しょばつ}$する。

**가창**〔歌唱〕名 団自 歌唱$_{かしょう}$、唱歌$_{しょうか}$。¶ ~력 歌唱力$_{りょく}$。

**가:책**〔呵責〕名 団他 呵責$_{かしゃく}$。¶ 양심의 ~을 느끼다 良心$_{りょうしん}$の呵責$_{かしゃく}$を覚$_{おぼ}$える。

**가:-처분**〔假處分〕名 ①仮$_{かり}$に処分$_{しょぶん}$する。②〔法〕仮処分$_{かりしょぶん}$。¶ ~ 신청을 하다 仮処分の申請$_{しんせい}$をする。
**가:처분 명:령**〔-命令〕名〔法〕仮処分命令$_{めいれい}$。
**가:처분 소:득**〔可處分所得〕名〔經〕仮処分所得$_{しょとく}$。

**가:청**〔可聽〕名 可聴$_{かちょう}$、聞$_{き}$きとれること。¶ ~ 주파수 可聴周波数$_{しゅうはすう}$。
**가:청-음**〔-音〕名 可聴音$_{おん}$。

**가축**〔家畜〕名 家畜$_{かちく}$。¶ ~을 기르다 家畜を飼$_{か}$う。

**가출**〔家出〕名 団自 家出$_{いえで}$。¶ ~인 신고 家出人$_{にん}$届$_{とど}$け。

**가:-출옥**〔假出獄〕名 団自 仮出獄$_{かりしゅつごく}$。

**가치**〔價値〕名 価値$_{かち}$、値$_{ね}$うち、値$_{あたい}$。¶ 화폐 ~ 貨幣$_{かへい}$価値/ ~ 분석 価値分析$_{ぶんせき}$/ ~가 떨어지다 価値が下$_{さ}$がる。
**가치-관**〔-觀〕名 価値観$_{かん}$。¶ ~이 다르다 価値観が違$_{ちが}$う。
**가치-론**〔-論〕名 価値論$_{ろん}$。
**가치 판단**〔-判斷〕名 価値判断$_{だん}$。

**가치작-거리다** 自 しきりにじゃまになる、差$_{さ}$し障$_{さわ}$る、じゃまをする。
**가치작-가치작** 圖 団自 しきりに引$_{ひ}$っかかってじゃまになるさま。

**가친**〔家親〕名 ((自分$_{じぶん}$の父$_{ちち}$を他人$_{たにん}$に対$_{たい}$して言$_{い}$う語)) 家親$_{かしん}$。

**가칠**〔加漆〕名 団自他 (塗料$_{とりょう}$などを)塗り替$_{か}$えること、うわぬり。

**가칠가칠-하다** 形回 (肌$_{はだ}$が)かさかさしている、かさかさしている。¶ 피부가 ~ 肌がかさかさしている。

**가칠-하다** 形回 (肌$_{はだ}$や毛$_{け}$に)つやがない、やつれている。¶ 안색이 ~ 顔$_{かお}$の色$_{いろ}$がつやがよくない。

**가:칭**〔假稱〕名 団他 仮称$_{かしょう}$。

**가:-타-부:타**〔可-否-〕圖 可$_{か}$とか否$_{ひ}$とか、よしあし、うんともすんとも。¶ ~ 말이 없다 うんともすんとも言$_{い}$わない。

**가:탁**〔假託〕名 団他 仮託$_{かたく}$、かこつけること。¶ 실패를 자금 부족에 ~했다 失敗$_{しっぱい}$を資金$_{しきん}$不足$_{ふそく}$のせいにした。

**가탈** 名 ①仕事$_{しごと}$を妨害$_{ぼうがい}$すること、支障$_{ししょう}$、妨$_{さまた}$げ。¶ 신통찮은 일에 ~만 많다 芳$_{かんば}$しくないことに問題$_{もんだい}$ばかり多$_{おお}$い。②けちをつけること、難癖$_{なんくせ}$をつけること。
**가탈-부리다** 自 妨害$_{ぼうがい}$する、事$_{こと}$をしくじるようにけちをつける。
**가탈-스럽다** 形回 ①ややこしい、扱$_{あつか}$いにくい、めんどうだ、やっかいだ。②難癖$_{なんくせ}$をつけるたちがある。**가탈-스레** 圖 ややこしい、めんどうに。
**가탈-지다** 自 ややこしくなる、めんどうなことになる。

**가택**〔家宅〕名 家宅$_{かたく}$、住$_{す}$まい、住居$_{じゅうきょ}$。

**가톨릭**

**가택 수색**〔-搜索〕图 家宅捜索そう. ¶ ~ 영장 家宅捜索令状じょう.
**가택 침입**〔-侵入〕图 家宅侵入しん. ¶ ~죄 家宅侵入罪.
**가톨릭**〔Catholic〕图〔宗〕カトリック、カソリック。㊥ 카톨릭
**가트**〔GATT: General Agreement on Tariffs and Trade〕图〔経〕ガット、関税かんぜいおよび貿易ぼうえきに関する一般いっぱん協定きょう。
**가파르다**〔形 ㄹ〕(山さん・道みちの勾配こうばい)急きゅうだ、険けわしく、切きり立たっている。¶ 가파른 산길 険しい山道やまみち / 계단이 ― 階段かいだんが急だ。
**가판**〔街販〕图 해 (「가두 판매」의 縮約形) 立たち売うり。¶ ~ 신문 立ち売り新聞しんぶん。
**가: 표**〔可票〕图 可票かひょう。㊥ 부표(否票)
**가풍**〔家風〕图 家風かふう。¶ ~에 맞지 않다 家風に合あわない。
**가필**〔加筆〕图 하자타자 加筆かひつ、補筆ほひつ。¶ 원고에 ―하다 原稿げんこうに加筆する。
**가하다**〔加―〕他 加くわえる。①(さらに)付つけ足たす、添そえる。¶ 속력을 ~ 速力そくりょくを加える。②(作用さよう・影響えいきょうを)与あたえる、かける。¶ 제재를 ~ 制裁せいさいを加える。/ 일격을 ~ 一撃いちげきを食くらわす。
**가: -하다**〔可―〕形 よろしい、可かとする、賛成さんせいする。¶ 분할 지불도 가함 分割払ぶんかつばらいも可か。
**가학**〔加虐〕图 하자타 加虐ぎゃく、虐待ぎゃくたいを加くわえること。
**가학-성 변태 성욕**〔-性變態性慾〕图〔心〕加虐性変態性欲せいへんたいせいよく、サディズム。
**가해**〔加害〕图 하자자타 加害がい。¶ ~ 행위 加害行為こうい。㊥ 피해(被害)
**가해-자**〔-者〕图 加害者しゃ。
**가호**〔加護〕图 하자타 加護ごご、助たすけ。¶ 신의 ~를 빌다 神かみの加護を祈いのる。
**가: -호적**〔假戸籍〕图 元もとの本籍地ほんせきちでない所ところに臨時りんじに設もうけられた戸籍せき。
**가: 혹**〔苛酷〕图 하形 苛酷かこく、きびしいこと、むごいこと。¶ ~한 조건을 달다 苛酷な条件じょうけんをつける。
**가화**〔佳話〕图 佳話かわ、美談だん。¶ 인정 ~ 人情にんじょう佳話。
**가화-만: 사성**〔家和萬事成〕图 家庭かていがむつまじければ万事ばんじがうまくいくこと。
**가훈**〔家訓〕图 家訓かくん。
**가: -히**〔可―〕副 ①十分じゅうぶんに、かなり、よく。¶ 심정은 ~ 추측하고도 남는다 心情しんじょうは十分推測すいそくするに余あまりある。②当然とうぜん、当たり前まえに、まさに。¶ 그건 ~ 어려운 일일 테지 それは当然難むずかしいことであろう。
**각**[角]图 ①角つの。¶ 녹~ 鹿しかの角。②角つので作つくったむかしの笛ふえ。
**각**[角]图 角かく。①かど、隅すみ。¶ ~설탕 角砂糖ざとう / ~이 지다 角ばっている。②角度かくど。③〔数〕一点いってんから出でる二直線ちょくせんによって作つくられる図形ずけい。¶ 이 ~은 예각이다 この角は鋭角えいかくである。
**각**[角]图〔音〕角かく(東洋とうよう音楽おんがくの五音階おんかいの3番目ばんめ)。
**각**[刻]图 刻きざむこと、彫ほりつけること。
**각**[刻]依 1時間じかんの1/4、15分じゅうご。
**각**[脚]图 ①脚あし、あし。②物ものの下部かぶ。③動物どうぶつの肉にくを幾いくつかに切きり分わけたもの。
慣用> 각을 뜨다 動物の肉を幾つかに切り分ける。
**각**[殻]图 殻から、外皮がいひ、から。
**각**[閣]图 閣かく、たかどの。
**각**[各]冠 各おのおの、それぞれ、めいめい、べつべつ。¶ ~국 各国こく / ~지 各地ち / ~ 열 사람씩 おのおのの10名めいずつ。
**각-가지**[各-]图 各種かくしゅ、いろいろ、さまざま。¶ ~ 구경거리 いろいろな見物もの。
**각각**[各各]副 おのおの、それぞれ、べつべつ。¶ ~ 다른 일 それぞれ違ちがう仕事しごと / ~ 두 개씩 가지다 おのおのの二ふたつずつ持もつ。
**각각-으로**[刻刻-]副 刻々こくこくと、一刻一刻いっこくいっこくと。¶ 시시 ~ 변하다 刻一刻こくいっこくと変わる。/ 기한이 ~ 닥쳐오다 期限きげんが刻々こくこくと迫せまってくる。
**각개**[各個]图 各個かくこ、それぞれ、めいめい、一ひとつ一つ、個別的こべつてき。¶ ~로 행동하다 個別的に行動こうどうする。
**각개 격파**[-擊破]图 하자타 各個撃破げきは。
**각개 전투**[-戰闘]图 各個戦闘せんとう。
**각계**[各界]图 各界かい・かいかい。¶ ~의 저명 인사 各界の著名ちょめいの士し。
**각계-각층**[-各層]图 各界かくかい各層かくそう。
**각고**[刻苦]图 하자자 刻苦こっく。¶ 다년에 걸친 ~ 끝에 해내다 多年たねんにわたる刻苦の末すえに遂とげる。
**각고-면려**[-勉勵]图 刻苦こっく勉励べん。
**각골**[刻骨]图 하자자 人ひとの恩おんや恨うらみを深ふかく心こころにきざみつけること。
**각골-난망**[-難忘]图 人の恩を心に深くきざみつけて忘わすれないこと。
**각괄호**[角括弧]图 鉤括弧かぎかっこ。
**각광**[脚光]图 脚光きゃっこう、フットライト。
慣用> 각광(을) 받다 脚光を浴あびる、社会しゃかいの注目もくの的まとになる。¶ 인기 작가로서 ~ 人気作家にんきさっかとして脚光を浴びる。
**각국**[各國]图 各国かっこく。¶ 세계 ~의 국민 世界せかい各国の国民こくみん。
**각기**[各其]副 各自かくじ、各人かくじん、おのおの、それぞれ、めいめい。¶ ~ 의견 各自の意見けん / ~ 필요한 물건을 챙기다 それぞれ必要ひつような物ものをそろえる。
**각기**[脚氣]图〔医〕脚気かっけ。㊥ 각기병
**각기-병**[图〔医〕脚気、脚気病びょう。
**각-기둥**[角-]图 角柱かくちゅう。㊥ 각주
**각도**[角度]图 角度かくど。¶ ~를 재다 角度を測はかる。②観点かんてん、視点てん、側面そくめん。¶ ~를 바꾸어 생각하다 角度を変かえて考かんがえる。
**각도-기**[-器]图 分度器ぶんどき。
**각도**[刻刀]图 彫刻刀ちょうこくとう。㊥ 새김칼

**각-도장**〔角圖章〕图 ①角っで作ったはんこ。②四角い印章。

**각론**〔各論〕图 各論。¶ ~으로 들어가다 各論に入る。

**각료**〔閣僚〕图 閣僚。¶ ~ 회의 閣僚会議/경제 ~ 経済の閣僚。
  **각료 회의**〔-會議〕图 閣僚会議。

**각막**〔角膜〕图 角膜。¶ ~ 염 角膜炎。
  **각막 이식**〔-移植〕图 医 角膜移植。

**각목**〔角木〕图 角材、の木。

**각목**〔刻木〕图 하하 木を彫ったり又は刻み込むこと。

**각박**〔刻薄〕图 하形 薄情なこと、きびしいこと、せちがらいこと。¶ ~ 한 세상 せちがらい世の中。

**각반**〔脚絆〕图 脚絆、脚半、ゲートル。

**각반병**〔角斑病〕图 植 角斑病。

**각방**〔各房〕图 おのおのの部屋、それぞれの部屋。¶ 그들은 ~을 쓴다 かれらはそれぞれ別々の部屋を使う。
  **각방 거처**〔-居處〕图 それぞれの部屋で暮らすこと。

**각방면**〔各方面〕图 各方面、四方八方。¶ ~으로 검토해 보다 各方面から検討してみる。

**각-배**〔各-〕图 ①動物の産んだ時期の異なる子。②腹違いの兄弟。、異腹。

**각별**〔各別・恪別〕图 하形 ①格別、格段、特別。¶ ~한 배려 格別の御配慮。②礼儀正しいこと、丁寧なこと。¶ 손님을 맞는 태도가 ~이다 お客さまを迎える態度が丁寧だ。 **각별-히** 副 ①格別に、特別に、とりわけ。¶ 건강에 ~ 유의하시기 바랍니다 健康にとりわけ留意されんことを望みます。②格別に、丁寧に、丁寧に取り扱います。

**각본**〔脚本〕图 脚本。①シナリオ。¶ ~을 쓰다 シナリオを書く。②(ある目的のため予めに作った)筋書き。¶ ~대로 일이 진행되다 筋書き通りに事が運ぶ。
  **각본-가**〔-家〕图 脚本家、シナリオライター。

**각부**〔各部〕图 各部。①それぞれの部、各部分。¶ 기계 ~의 구조 機械の各部の構造。②各省。¶ ~ 장관 各省の大臣、各部の長官。

**각-살림**〔各-〕图 하自 おのおのの別の世帯を持つこと。

**각상**〔各床〕图 ①一人ずつ別々にお膳立てすること。¶ ~으로 차리다 一人ずつ別々にお膳立てをする。②肉類と野菜類を別々に準備したお膳立て。

**각색**〔各色〕图 ①いろいろな色。②各種。¶ 각인 ~ 各人各色。

**각색-각양**〔-各樣〕图 いろいろ、さまざま、各種各様。 各様各色(各樣各色)

**각색**〔脚色〕图 하形 自 脚色。¶ 소설을 영화로 ~하다 小説を映画に脚色する。

**각서**〔覺書〕图 覚え書き、メモランダム。¶ ~를 주고 받다 覚え書きを取りかわす。

**각선미**〔脚線美〕图 脚線美。

**각설**〔却說〕图 하自 ①話題を変えること。②《副詞的に》さて、ところで、話しは変わるが。

**각설-이**〔却說-〕图 門付け、市場や門前で歌いながら物乞をするひと。

**각섬석**〔角閃石〕图 鉱 角閃石。

**각성**〔各姓〕图 ①おのおのの異なった姓、異なる異姓。②おのおのの姓の異なる人。

**각성**〔覺醒〕图 하하 覚醒、目覚め。¶ 계급적 ~ 階級的の目覚め/ ~을 촉구하다 覚醒を促す。
  **각성-제**〔-劑〕图 薬 覚醒剤。

**각-성바지**〔各姓-〕图 ①父がちがう同復の兄弟。②おのおのの姓の異なる人。

**각시** 图 ①花嫁、新婦、新妻。②小さい女の人形など。
  **각시-방**〔-房〕图 花嫁の部屋。

**각시**〔← 各氏〕图 それぞれ姓の異なる人。

**각양**〔各樣〕图 各様、各種、いろいろな様子。

**각양-각색**〔-各色〕图 色とりどり、いろいろ、さまざま。¶ ~의 물건 いろいろな品物。 각색각양

**각오**〔覺悟〕图 覚悟、心構えをすること。¶ ~가 서다 覚悟が決まる。/죽음을 ~하다 死を覚悟する。

**각운**〔脚韻〕图 脚韻。

**각위**〔各位〕图 ①各位、皆様方。¶ 회원 ~ 会員各位。②おのおのの位牌。

**각의**〔閣議〕图 閣議。¶ 임시 ~ 臨時の閣議/ ~를 열다 閣議を開く。

**각인**〔刻印〕图 하하 刻印、印を彫ること。

**각인**〔各人〕图 各人、各自、おのおの、めいめい。¶ ~ 각설 各人各説。
  **각인 각색**〔-各色〕图 各人各様、十人十色。¶ ~의 버릇 十人十色のくせ/옷차림이 ~이다 装いが各人各様だ。 각인 각양(各人各樣)

**각-일각**〔刻一刻〕副 刻一刻、刻々と。¶ 위험이 ~ 닥쳐오다 危険が刻一刻迫まってくる。

**각자**〔各自〕图 各自。①おのおの、めいめい、各人。¶ ~ 부담 割り勘/ ~는 자기의 분을/ ~는 최선을 다하라 各自は最善を尽くせ。②《副詞的に》おのおの、めいめい。¶ 도시락은 ~ 지참할 것 弁当は各自持参すること。

**각재**〔角材〕图 角材。

**각종**〔各種〕图 各種。¶ ~ 간행물 各種刊行物。

**각주**〔脚註・脚注〕图 脚注、脚註。¶ ~를 달다 脚注を付ける。

**각지**〔各地〕图 各地、それぞれの土地。¶ 전국 ~ 全国の各地。

**각질**〔角質〕图 角質。¶ ~층 角質層。

각질-화【-化】(名)(自)(日)角質化か。

각처【各處】(名) 各処しょ、各地ち、あちらこちら、いたる所ところ。¶ ~에 사람을 보내다 各地に人を送る。

각-추렴【←各出斂】(名)(自) (費用ようなどを)各人じんから集あつめること、割わり勘かんすること。¶ 건축 비용을 ~하였다 建築けんちくの費用ようを各人から集めた。

각축【角逐】(名)(自) 角逐ちく、競きそうこと、せり合あい。¶ 동업자끼리 ~을 벌이고 있다 同業者どうぎょうしゃどうしが角逐している。

각축-장【-場】(名) 角逐の場ば。
각축-전【-戰】(名) 角逐戰せん、角逐する戰たたかい。

각출【各出】(名)(自)(他) おのおの出でること、おのおの出だすこと。

각출-물【各出物】(名) つば、痰たん。

각층【各層】(名) ①各層かくそう、各階層かいそう、いろいろの階層たち。¶ 각계 ~의 명사들 各階各界かいの名士めいしたち。②(建物たてもの的)各階かい。③(品物しなものの)各等級とうきゅう。

각필【閣筆】(名)(自) 擱筆かくひつ、(手紙てがみなどを)書き終おわること、筆ふでを置おくこと。¶ 이만 ~합니다 この辺へんで筆を置きます。

각하【却下】(名)(他)(日) ①下さげ戻もどし。②【法】却下かっか。¶ 상고를 ~하다 上告じょうこくを却下する。

각하【閣下】(名) 閣下かっか。대통령 ~ 大統領だいとうりょう閣下。

각항【各項】(名) 各項かっこう、それぞれの項目こうもく。

각혈【咯血】(名) 喀血かっけつ。(日) 객혈

각호【各戶】(名) 各戶こ。①おのおのの家いえ、各家いえ。¶ ~에 배포하다 家ごとに配布はいふする。②各所各所しょしょ。

각화【角化】(名)(自)(動)(植) 角化かっか、角質化かくしつかすること。

각화-증【-症】(名)(醫) 角化症しょう。

간 (名) (塩しお、醬油しょうゆなどの)塩辛しおからい調味料ちょうみりょう。①塩加減しおかげん、塩梅あん、塩味しおあじ、塩気しおけ。¶ ~이 싱겁다 塩味がうすい。
(관용) 간을 맞추다 (料理りょうりの)塩加減をする、塩味を利きかす。 간을 보다 (料理りょうりの)塩加減をみる、味見あじみをする。 간이 맞다 (食物しょくもつの)塩加減がよい。

간【刊】 I (名)《「간행(刊行)」의 縮約形》刊かん。교학사~ 教学社刊きょうがくしゃかん。II (接尾) …刊かん。¶ 조~ 朝刊ちょうかん。

간:【肝】(名) 肝かん。①(「간장(肝臟)」의 縮約形) 肝臟かんぞう。¶ ~암 肝臟癌がん / ~염 肝臟炎えん。②(食用しょくようの)肝臟ぞう、レバー。③度胸どきょう、きもだま。¶ ~이 크다 大胆だいたんだ、肝が太ふとい。
(속담) 간에 기별도 아니 가다 肝に便たよりも届とどかない。《蛇じゃが蚊かを飲のんだようだ、量りょうが少すくなくて食たべた気きがしない》간에 붙었다 쓸개에 붙었다 한다 肝臟かんぞうにくっついたり胆囊たんのうにくっついたりする。《二股膏藥ふたまたこうやく》
(관용) 간(을) 녹이다 ①ひどく気きをもむ、せつない思おもいをする。②ぞっこんほれ込こませる、魅了みりょうする。 간(이) 떨어지다 肝きもをつぶす。《非常ひじょうに驚おどろく》 간이 콩알만해지다 肝が豆粒ほど小ちいさくなる。《肝を冷ひやす、非常に怖おじ気けづいてびくつく》

간【間】 I (依) ①(家いえの大おおきさを柱はしらで囲かこまれた空間くうかんでかぞえる語ご)間けん。¶ 여섯 ~짜리 집 6間けんの家。②(長ながさの単位たんい)6尺しゃく。
II (接尾) …間かん。①(間柄あいだがら)사제~ 師弟していの間柄。②(空間くうかん·時間じかん的)のあいだ。¶ 대륙~ 大陸たいりく間かん / 10년~ 十年ねん間。③…のうち。¶ 금명~에 発表はっぴょうされる。一両日いちりょうじつのうちに発表される。④何なにかに使つかわれる場所ばしょ。¶ 마구~ 馬屋まや / 방앗~ 精米所せいまいじょ。

간-1【接頭】 過すぎ去さった…、昨きのう…。¶ ~밤 昨夜ゆうべ。

간-2【接頭】 塩漬しおづけ…。¶ ~고등어 塩漬けにしたさば。

간:간(이)【間間-】(副) ①時ときたま、ときどき、たまに。¶ ~ 들리는 소문 時たま耳みみにするうわさ。②まばらに、所々ところどころに、ぽつんぽつんと。¶ ~ 보이는 초가집 所々ところどころに見えるわらぶきの家。

간간짭짤-하다 (形)(日) ほどよく塩見しおみがきいている。(三) 건건찝질하다

간간-하다 (形)(日) ①塩気しおきがきいておいしい。②かなり面白おもしろい。③冷ひやひやするほど危あぶない。(三) 건건하다

간:격【間隔】(名) ①(空間的くうかんてき·時間的じかんてきなどの)間隔かんかく、隔へだたり、あいだ。¶ ~이 좁다 間隔かんかくを狭せばめる。/ 5분 ~으로 발차하다 五分ごふんおきに発車はっしゃする。②(人ひとと人との)間、隔たり、みぞ、ギャップ。¶ 사소한 일로 ~이 생겼다 つまらないことで隔たりができた。

간:결【簡潔】(名)(日)(形) 簡潔けつ。¶ ~한 문장 簡潔な文章ぶんしょう。간결-히 (副) 簡潔に。¶ ~ 대답하다 簡潔に答こたえる。

간:-경변증【肝硬變症】(名)(醫) 肝硬変こうへん。

간계【奸計】(名) 奸計けい、悪わるだくみ。¶ ~를 꾸미다 奸計を巡めぐらす。

간곡【懇曲】(名)(日)(形) 丁寧ていねい、丁重ていちょう、懇切こんせつ。¶ ~한 부탁 丁重な頼たのみ。 간곡-히 (副) 懇切に、懇々こんこんと、ねんごろに。¶ ~ 타이르다 懇々と諭さとす。

간곳-없다 (形) (急きゅうに姿すがたが消きえて)行方ゆくえが知しれない。 간곳없-이 (副) 行方知えれずに。

간과【干戈】(名) 干戈かっか。①たてとほこ、兵器へいき、武器ぶき、武力りょく。②戦争せんそう、いくさ。

간과【看過】(名)(日)(他) 看過かっか、見みのがすこと、見過みすごすこと。¶ ~할 수 없는 문제 看過かんかすることのできない問題もんだい。

간교【奸巧】(名)(日)(日)(形) ずる賢がしこいこと、悪賢わるがしこいこと。¶ ~한 술책 悪賢わるがしこいたくらみ。간교-히 (副) ずる賢く。

간:구【懇求】(名)(日) 切せつに求もとめること。

간:극【間隙】(名) 間隙かっげき、すきま。¶ ~을 메우다 間隙を埋うめる。

**간난**(艱難) 图彫 ①艱難かん、つらいこと。¶ ～을 견디다 艱難かんを忍しのぶ。② ⇨ 가난
**간난 신고**[-辛苦] 图 艱難辛苦しんくの。¶ ～를 이겨내다 艱難辛苦を耐たえ抜ぬく。
**간:-농양**[肝膿瘍] 图[医] 肝膿瘍かんのうようの。
**간:뇌**[肝腦] 图 ①(生) 肝脳のう。②(比)(肝臓ぞうと脳髄ずいの意で)肉体にくと精神しん。
**간:뇌**[間腦] 图 間脳かんのう。
**간:-니** 图 永久歯えいきゅうし。
**간닥-거리다** 自他 小刻きざみにゆれ動うごく(動うごかす)。¶ 나뭇잎이 바람에 ～ 木このはが風かぜにゆられる。
**간닥-간닥** 副自他 (軽かるく小刻きざみにゆれ動うごいたりゆるがすさま) ゆらゆら、ぶらぶら。
**간:단**[間斷] 图彫 間断かんだん、間まがとぎれること、絶たえ間ま、切きれ間ま。
**간:단-없다** 彫 絶たえ間ない、ひっ切きりなしだ。¶ 간단없는 총소리 絶たえ間ない銃声じゅう。 **간단없-이** 副 間断かんなく、絶たえ間なく、ひっきりなしに。¶ ～ 내리는 비 間断なく降ふる雨あめ。
**간:단**[簡單] 图彫 簡単かんたん。①こみいっていないさま。¶ ～한 문제 簡単な問題もんだい。②手短みじかであっさりしているようす。¶ ～하게 말하다 手短に話はなす。**간단-히** 副 簡単に、手短に。¶ ～ 해결하다 簡単に解決かいけつする。
**간:단 명료**[-明瞭] 图彫 簡単明瞭めいりょう。¶ ～한 답변 簡単明瞭な答弁とうべん。
**간:담**[肝膽] 图 肝胆かんたん。①肝臓ぞうと胆囊のう。②(比) 心の底そこ、胸むねの中なか。¶ ～을 털어놓고 이야기하다 腹はらを割わって話はなしあう。
慣用〉 **간담이 내려앉다(떨어지다)** どきりとする、ぎくっとする。 **간담이 서늘하다** 肝きもを冷ひやす、ひどく怖こわい気きづする。
**간:담-상조**[-相照] 图彫 肝胆かんたん相照あいてらすこと。
**간:담**[懇談] 图彫 懇談こんだん、懇話こんか。
**간:담-회**[-會] 图 懇談会かんだんかい。
**간댕-거리다** 自 (つながっているものが)軽かるく小刻きざみに揺ゆれる、軽かるく揺ゆれ動うごく。
**간댕-간댕** 副自 ①(たよりなげにくっついているものが)ゆらゆら、ぶらぶら。¶ 단추가 ～ 달려 있다 ボタンがぶらぶら下さがっている。②(ポケットマネーの)残のこりがいくらもないさま。¶ 용돈이 ～하다 ポケットマネーがいくらも残のこっていない。
**간:-덩이**[肝-] 图(俗) 肝きも、肝きも玉だま。
慣用〉 **간덩이(가) 붓다**(肝が据すわって) くそ度胸きょうがある、大胆だいたんになる。 **간덩이(가) 크다** 肝きも玉が太ふとい。
**간데-없다** 彫 消きえ失うせている、なくなっている。 **간데없-이** 副 消え失せて、なくなって。
**간데-족족** 副 行ゆく先々さきで、どこへ行いこうとする所ところで。¶ ～ 환영받다 行く先々で歓迎かんげいされる。
**간동-하다** 彫여 きちんとしていて身軽みがるだ、さっぱりしている、きちんと整ととのっている。¶ 옷차림이 ～ 身なりがきちんとしている。

**간동-간동** 副 きちんと、きちんきちんと、きちきち。③ 건둥건둥
**간동-그리다** 他 きちんとする、きちんと整ととのえる。¶ 배낭을 ～ リュックサックをきちんと整える。
**간드랑-거리다** 自 (小ちいさなものが)続つづけて軽かるくゆらゆら揺ゆれる、ゆらゆらと動うごく。
**간드랑-간드랑** 副彫 ゆらゆら。¶ 처마끝의 풍경이 ～ 흔들린다 軒先のきさきの風鈴ふうりんがゆらゆら揺れる。
**간드러-지다** 彫 (声こえなどが)みめやかなまめかしい、しなやかだ。¶ 간드러진 웃음소리 なまめかしい笑わらい声ごえ。
**간들-거리다** 自他 ①(人ひとが)軽々かるがるしく行動こうする、ふわふわする。②風かぜがそよそよ吹ふく。¶ 가을 바람이 ～ 秋風あきかぜがそよそよ吹く。③軽かるく揺ゆれ動うごく。¶ 풍경이 바람에 ～ 風鈴ふうりんが風かぜにゆらゆら揺れる。
**간들-간들** 副自他 ①(小ちいさなものが)ゆらゆら。¶ 바람에 촛불이 ～ 흔들린다 風かぜでろうそくの火ひがゆらゆら揺れる。②(風かぜが)そよそよ。¶ ～ 부는 봄바람 そよそよと吹ふく春風はるかぜ。③ちょこちょこ、ふわふわ。
**간:디스토마**[肝 distoma] 图[医] 肝ジストマ。
**간:략**[簡略] 图彫 簡略りゃく。¶ ～한 내용 簡略な内容ようの。 **간략-히** 副 手短みじかに、簡略に。¶ ～ 의견을 말하다 意見けんを手短に述べる。
**간만**[干滿] 图 干満かんまん、干潮ちょうと満潮まん。¶ 여기는 ～의 차가 심하다 ここは干満の差さが甚はなだしい。
**간-맞다** 彫 塩加減しおかげんがちょうどいい。
**간-맞추다** 他 塩加減しおかげんをする。
**간:명**[簡明] 图(簡明 명료의 縮約形) 簡明かん。¶ ～한 설명 簡明な説明めい。 **간명-히** 副 簡明に。
**간물** 图 ①塩分ぶんの混まざった水みず。②塩辛しおからい汁しる。③潮水しお、海水かい。
**간물**[乾物] 图 干物ひもの、乾物かんぶつ、魚さかな・肉にくなどを干ほした食品しょく。
**간물-때** 图 干潮かんちょうのとき。
**간-밤** 图 昨夜さくや、ゆうべ、昨晩ばん。¶ ～에는 비가 많이 왔다 ゆうべは大雨おおあめがふった。
**간:-벌**[間伐] 图彫 間伐ばつ、すかしぎり。
**간병**[看病] 图彫 看病びょう。¶ 밤을 새워 ～하다 夜通よどおし看病する。
**간병-인**[-人] 图 看病人、看護人かんご。
**간-보다** 他 塩加減しおかげんをみる。
**간본**[刊本] 图 刊本かん。
**간부**[姦夫] 图 姦夫かん、まおとこ。
**간부**[姦婦] 图 姦婦かん。
**간부**[幹部] 图 ①幹部かん。¶ ～ 사원 幹部社員いん。②[軍](軍隊ぐんたいでの)将校しょうこう。
**간사**[奸邪] 图彫 奸邪かん、よこしまなさま。¶ ～한 놈 よこしまなやつ。
**간사**[奸詐] 图彫(스彫) 奸詐かん、悪巧わるだくみ、ずる賢がしこくよく人ひとをだますこと。¶ ～한 인간 ずる賢い者もの。

**간사**[幹事] 幹事かん(団体だんたいなどで業務ぎょうむを受うけ持もって処理しょりすること、その職務しょくにあたる人ひと)。¶ 동창회 ~ 同窓会どうそうかいの幹事。

**간살** 名 へつらい、おべっか、ごますり、おせじ、こびへつらい。

　**간살-부리다** 自 へつらう、おべっかを使つかう、こびる、ごまをする。¶ 상사에게 ~ 上役うわやくにごまをする。

　**간살-스럽다** 形ㅂ おべんちゃららしい、よくおべっかを使つかうたちだ。

　**간살-쟁이** 名 おべっか使つかい、ごますり。

**간상**[奸商] 名 奸商かんしょう、悪辣あくらつな商人しょうにん。¶ ~ 배 奸商の輩やから。

**간:색**[間色] 名 間色かんしょく、中間色ちゅうかんしょく。

**간서**[刊書] 名 ①刊書かんしょ、刊本かんぽん。②하自 図書としょを刊行かんこうすること。

**간석-지**[干潟地] 名 干潟ひがた。

**간선**[幹線] 名 幹線かんせん。¶ ~ 도로 幹線せん道路どうろ。

**간선-로**[-路] 名[電] 幹線路ろ。

**간:선**[間選] 名(「간접 선거」の縮約形) 間接かんせつ選挙せんきょ。

**간:선-제**[-制] 名(「간접 선거 제도」の縮約形) 間接選挙制度せいど。

**간섭**[干涉] 名하自他 干涉かんしょう。¶ 내정 ~ 内政ないせい干涉/ 남의 사생활에 ~하다 他人たにんの私生活せいかつに干涉する。

**간섭-계**[-計] 名[物] 干涉計けい。

**간섭 무늬**[-] 名[物] 干涉縞じま。

**간성**[干城] 名 干城かんじょう、国くにを守まもる軍人ぐんじん。¶ 나라의 ~ 国家こっかの干城。

**간:성**[間性] 名[生] ①間性かんせい。②種しゅの異ことなる動物どうぶつを交配こうはいさせて得えられた雑種ざっしゅ。

**간:세**[間税] 名(「간접세(間接稅)」の縮約形) 間接税かんせつぜい。

**간:-세포**[間細胞] 名[生] 間細胞さいぼう。

**간:소**[簡素] 名하形 簡素かんそ。¶ ~ 한 생활 簡素な生活せいかつ。

**간수** 名하他 よく保管ほかんすること、大事だいじにしまっておくこと。¶ 귀중품을 ~하다 貴重品ひんを ~ する。

**간수**[-水] 名 にがり、苦塩にがしお。

**간수**[看守] 名 ①하他 見守みまもること。②看守しゅ、刑務官けいむかん。③(鉄道どうの)踏切番ふみきりばん。

**간:식**[間食] 名하他 間食かんしょく、おやつ。¶ ~ 시간 おやつの時間じかん。②農村のうそんなどで三度さんどの食事しょくじ以外いがいにとる食事。⊕새참

**간신**[奸臣・姦臣] 名 奸臣かんしん、姦臣しん。

**간신**[艱辛] 名하形 艱難かんなんと辛苦しんく、なやみ苦くるしむこと。 **간신-히** 副 辛うじて、辛からくも、ようやく、やっと、命いのちからがら。¶ ~ 도망치다 辛うじて逃のがれる。

**간악**[奸惡] 名하形ㅅ 奸惡かんあく。¶ ~ 무도 奸悪無道ぶどう/ ~ 한 사람 奸悪な人ひと。

**간:암**[肝癌] 名[醫] 肝臓癌かんぞうがん。

**간:언**[間言] 名 仲なかたがいさせることば、人ひとの仲を裂さくことば。

〈관용〉 **간언을 놓다** 仲たがいさせるためにけなす、そしって仲を裂く。 **간언이 들다** (うまくいっているところへ)じゃまが入はいる。

**간:언**[諫言] 名하自 諫言かんげん。¶ ~ 은 귀에 거슬린다 諫言かんは耳みみに逆さからう。

**간여**[干與] 名하自 干与かんよ、関与かんよ。¶ 정치에 ~ 하다 政治じに関与する。

**간:염**[肝炎] 名(「간장염(肝臟炎)」の縮約形) 肝炎かん、肝臓炎かんぞう。

**간:원**[懇願] 名하他 懇願がん。¶ ~ 을 받아들이다 懇願かんを受うけ入いれる。

**간:유**[肝油] 名[藥] 肝油ゆ。

**간음**[姦淫] 名하自 姦淫かん。¶ ~ 하지 말지어다 姦淫するなかれ。

**간음-죄**[-罪] 名[法] 姦淫罪ざい。

**간:이**[簡易] 名하形 簡易かん。¶ ~ 식당 簡易食堂しょくどう。

　**간:이-역**[-驛] 名 簡易駅えき。

　**간:이-화**[-化] 名하自他 簡易化か。

**간:작**[間作] 名하他[農] 間作かんさく。¶ 뽕나무밭에 콩을 ~ 하다 桑畑くわばたけに豆まめを間作する。

**간:작-림**[-林] 名 間作林りん。

**간:장**[-醬] 名 醬油しょうゆ。¶ 초 ~ 酢醬油すじょうゆ/ ~ 을 담그다 醬油を仕込しこむ。

**간:장**[肝腸] 名 ①[生] 肝臓かんぞうと腸ちょう。 ②気き、心こころ、思おもい。

〈관용〉 **간장을 끊다** はらわたがちぎれそうに悲かなしい。 **간장을 녹이다** ①(相手あいての)心を蕩とかす、心を奪うばう。 ②非常ひじょうに気苦労きぐろうさせる、(相手の)心を焦こがせる。 **간장을 태우다** 気をもませる、やきもきさせる。

**간:장**[肝臟] 名[生] 肝臓かんぞう、肝きも。¶ ~ 염 肝臓炎えん。

**간:절**[懇切] 名하形 懇切かん、切実せつなこと、胸むねがいっぱいであること。¶ ~ 한 소원 切なる願ねがい/ 만나고 싶은 마음이 ~ 하다 会あいたい思おもいでいっぱいだ。 **간절-히** 副 懇切に、切に、切実に、ねんごろに。¶ ~ 권하다 切に勧すすめる。

**간:접**[間接] 名 間接かんせつ。¶ ~ 조명 間接照明しょうめい/ ~ 적인 효과 間接的な効果こうか/ ~ 으로 듣다 間接に聞きく、又聞またぎきする。

**간:접-비**[-費] 名 間接費かんせつひ。

**간:접 선:거**[-選擧] 名 間接選挙せんきょ。

**간:접-세**[-稅] 名 間接税ぜい。

**간:접 화법**[-話法] 名 間接話法ほう。

**간조**[干潮] 名 干潮ちょう、引ひき潮しお。

**간주**[看做] 名하他되自 見みなすこと。¶ 찬성으로 ~ 하다 賛成せいと見なす。

**간:주**[間奏] 名[音] 間奏曲きょく。¶ ~ 곡 間奏曲きょく。

**간증**[干證] 名 ①[史] 犯罪はんざいに関連かんれんしている証人しょうにん。 ②하他[基] 罪つみの告白こくはく、証あかし。

**간지**[干支] 名 干支えと、えと。

**간:지**[奸智・姦智] 名 奸智かん、悪知恵わるぢえ。¶ ~ 에 능하다 奸知にたける。

**간:지**[間紙] 名 ①間紙かんし、印刷物いんさつぶつの間あいだにはさんでおく紙かみ。②(本ほんの)とびら。

**간지럼** 名 くすぐったいこと。

**간지럼-타다** 自 くすぐったがる。¶ 조금만 건드려도 ~ ちょっとさわってもくすぐったがる。

**간지럼-태우다** 他 くすぐる。

**간지럽다** 形ㅂ くすぐったい。①こそばゆい。¶ 발바닥이 ~ 足のうらがくすぐったい。②てれくさい、面はゆい。¶ 너무 칭찬받아 낯~ あまりほめられて面はゆい。

**간직-하다** 他여 (大切に)しまっておく、保管する、保存する、維持する。¶ 소중히 ~ 大切に保管する。/ 창고에 간직해 두다 倉庫にしまっておく。

**간:질**[癎疾] 名[漢] 癲癇てんかん。¶ ~을 일으키다 てんかんを起こす。⑰ 지랄병

**간질-거리다** 自 くすぐったい、むずむずする、くすぐる。¶ 발바닥을 ~ 足の裏をくすぐる。

**간질-간질** 副 ①하自 くすぐったいようす。¶ 듣기 좋으라고 하는 말이어서 낯이 ~하다 お せじを言われているので面映ゆい。② 하形 (こそばゆいようす) むずむず、もぞもぞ。¶ 등이 ~하다 背中がむずむずする。

**간질이다** 他 くすぐる。¶ 겨드랑이를 ~ わきの下をくすぐる。

**간:처념**[肝-] 名 牛の肝きもと第三胃だいさんい。

**간척**[干拓] 名하他 干拓たく。¶ ~ 사업 干拓事業。

**간척-지**[-地] 名 干拓地。

**간:첩**[間諜] 名하自 間諜かんちょう、スパイ、回し者、間者。¶ ~ 행위 間諜行為/ ~을 색출하다 スパイを捜が出だす。

**간:청**[懇請] 名하他 懇請こんせい。¶ ~에 못 이겨 懇請に負まけて/ ~을 물리치다 懇請をしりぞける。

**간추리다** 他 取とりまとめる、まとめる、きちんと整理する。¶ 요점을 ~ 要点を取とりまとめる。/ 짐을 간추려서 모아두다 荷物をまとめて置おく。

**간:친**[懇親] 名 懇親こんしん。¶ ~회 懇親会かい。

**간:택**[揀擇] 名하他 되自 ①選えらび抜ぬくこと。②【史】王王子、王女の配偶者はいぐうしゃを選ぶこと。

**간:통**[姦通] 名하自 姦通つう。¶ ~죄로 고발하다 姦通罪を告発こくはつする。

**간:투-사**[間投詞] 名【文法】間投詞ん。⑰ 감탄사(感歎詞)

**간파**[看破] 名하他 되自 看破かんぱ、見破やぶること、見抜ぬくこと、見透みすかすこと。¶ 의도를 ~하다 意図を看破する。

**간판**[看板] 名 看板かん。¶ 입 ~ 을 내걸다 看板を出だす。②看板、表向おもてきの名目めい。¶ 자선 사업을 ~으로 내세우다 慈善事業を看板にする。③(俗)(学歴、経歴けいれきなどの)肩書かたがき。¶ ~ 을 따려고 대학에 다니다 肩書を得ようと大学に通かよう。④(俗)顔かおつき、顔かたち、見みかけ、容貌。¶ ~은 멀쩡한데 하는 짓은 틀려먹었다 顔形は整っているが、することはてんでなってない。

**간판-장이**[-匠-] 名 看板屋かんばんや。

**간:편**[簡便] 名하他 簡便かんべん、手軽てがるで便利なようす。¶ ~한 방법 簡便な方法。 **간편-히** 副 簡便に。

**간-하다** 他여 (料理りょうりに)塩味しおをつける、塩加減しおかげんをする。

**간:-하다**[諫-] 他여 いさめる、諫言かんげんする。¶ 죽음으로써 ~ 死をもっていさめる。

**간행**[刊行] 名하他 되自 刊行かんこう。¶ 새 잡지를 ~하다 新あたらしい雑誌ざっしを刊行する。

**간행-물**[-物] 名 刊行物。¶ 정기 ~물 定期刊行物。

**간행-본**[-本] 名 刊行本。

**간:헐**[間歇] 名하自 間歇けつ。¶ ~열 間欠熱。

**간:헐-적**[-的] 冠 間欠的。¶ ~으로 내리는 비 間欠的に降ふる雨。

**간:헐-천**[-泉] 名[地] 間欠泉せん。

**간호**[看護] 名하他 看護かんご、看病びょう、介抱かいほう。¶ ~인 看護人/ 극진한 ~를 받다 手厚てあつい看護を受ける。

**간호-사**[-師] 名 看護婦かんごふ、看護士。

**간:혹**[間或] 副 時ときたま、ときどき、たまに、時折ときおり、間々まま。¶ ~ 눈에 띄다 時たま見みかける。/ ~ 찾아오다 時おり訪ねてくる。

**갇히다** 自(「가두다」의 受動) 閉じこめられる、監禁される、入いれられる、引きこもる。¶ 유치장에 ~ 留置場に拘禁される。

**갈**¹ 名 ①(「갈대」의 縮約形) アシ。¶ ~꽃 アシの花。②(「갈잎」의 縮約形) 落ち葉。

**갈**² 名 (「가을」의 縮約形) 秋。¶ ~ 보리 秋まきの麦/ ~ 봄 春秋。

**갈:-가리** 副 (「가리가리」의 縮約形) ずたずた、びりびり、八つ裂ざきに。¶ ~ 찢어 발기다 ずたずたに引きき裂く。

**갈-가마귀** 名[動] コクマルガラス。

**갈갈-거리다** 自 (飢うえて) がつがつする。

**갈강-거리다** 自 (のどに痰たんがからんで) ぜいぜいする〔言う〕。¶ 목구멍이 ~ のどがぜいぜいする。

**갈강-갈강** 副하自 ぜいぜい言う。

**갈건**[葛巾] 名 葛巾きん、葛の頭巾ずきん。

**갈겨-먹다** 他 ①(人の財産などを)横取よこどりする、巻まき上げる。②(借金などを)踏みたおす。

**갈겨-쓰다** 他 走り書きする、殴なぐり書がきする。¶ 편지를 ~ 手紙がみを走り書きする。

**갈고랑-쇠** 名 ①鉤形かぎがたの金物かなもの。②ひねくれた人、へそ曲まがり。

**갈고랑이** 名 ①鉤。②先さきに鉤の形をした金物をつけた武器。

**갈고리** 名 (「갈고랑이」의 縮約形) 鉤かぎ。

**갈고리-눈** 名 つり目め、つり上がった目め。

**갈:구**[渴求] 名하他 渇望かつぼうする。

**갈그랑-거리다** 自 (痰が喉のどからまって) ぜいぜいする、ごろごろする。

**갈그랑-갈그랑** 副하自 ぜいぜい、ごろごろ。

**갈근**[葛根] 名[漢] 葛根こん、葛の根ね。

**갈근탕**〔-湯〕图(医) 葛根$_{こん}$・麻黄$_{おう}$・ショウガなどからなるせんじ薬$_{やく}$。

**갈근-거리다** 自 ①がつがつする、あくせくする。¶ 푼돈에 갈근거리지 마라 はした金$_{がね}$にあくせくするな。②(のどに痰$_{たん}$がつかえて)ごろごろする、ぜいぜいする。¶ 목이 — のどがぜいぜいする。

**갈그랑-갈그랑** 副(하다) ①がつがつ(と)。②ぜいぜい(と)、ごろごろ(と)。

**갈급-증**〔渴急症〕图 せっかちで急ぐ気持$_{も}$ち。图 갈증(渴症)。

**갈기** 图 たてがみ。¶ 말 —를 쓰다듬다 馬$_{うま}$のたてがみをなでる。

**갈기-갈기** 副 ずたずたに、ちぎれちぎれに、八$_{や}$つ裂$_{さ}$きに。¶ 옷이 — 찢어졌다 服$_{ふく}$がずたずたに裂けた。

**갈기다** 他 ①ぶんなぐる、ひっぱたく。¶ 따귀를 — 横$_{よこ}$っ面$_{つら}$をひっぱたく。②(銃$_{じゅう}$などを)ぶっぱなす、打$_{う}$ちまくる。¶ 적에게 기관총을 — 敵$_{てき}$に機関銃$_{じゅう}$をぶっぱなす。③(枝$_{えだ}$などを)切$_{き}$り落$_{お}$とす、ぶった切$_{ぎ}$る。¶ 칼로 덩굴풀을 갈겨 길을 내다 刀$_{かたな}$でつるくさをぶった切り道をひらく。④なぐり書きする。¶ 편지를 갈겨 쓰다 手紙$_{てがみ}$をなぐり書きする。⑤やたらに大小便$_{だいしょう}$をする。¶ 전봇대에 오줌을 — 電信柱$_{ばしら}$に小便$_{しょう}$をする。

**갈-꽃** 图(「갈대꽃」의 縮約形) アシの花$_{はな}$。

**갈다**[1] 他 ①(別$_{べつ}$の物$_{もの}$と)替$_{か}$える、取$_{と}$り替$_{か}$える。¶ 부속품을 — 付属品$_{ひん}$を替える。②(名前$_{まえ}$などを)変$_{か}$える、改$_{あらた}$める。¶ 이름을 — 名$_{な}$を変える。

**갈다**[2] 他 ①研$_{と}$ぐ、磨$_{みが}$く。¶ 식칼을 — 包丁$_{ほうちょう}$を研ぐ。②(眼鏡を) — 眼鏡$_{がね}$のレンズを磨く。②(臼$_{うす}$で)挽$_{ひ}$く。¶ 콩을 맷돌로 — 豆$_{まめ}$を臼で挽く。③歯$_{は}$ぎしりする。¶ 분해서 이를 — くやしくて歯ぎしりする。④すり下ろす。¶ 무를 — 大根$_{だいこん}$を下ろす。⑤(墨$_{すみ}$を)擦$_{す}$る。¶ 벼루에 먹을 — すずりに墨を擦る。⑥(学問$_{がく}$・技芸$_{げい}$などを)磨$_{みが}$く、練磨$_{れんま}$する。¶ 솜씨를 — 腕$_{うで}$を磨く。

**갈:다**[3] 他 (田畑$_{はた}$を)耕$_{たがや}$す、すき起$_{お}$こす。¶ 밭을 — 畑$_{はた}$を耕す。②(農作物$_{のうさくぶつ}$を)耕作$_{こうさく}$する。¶ 보리를 — 麦$_{むぎ}$を耕作する。

**갈-대** 图(植) 葦$_{あし}$、ヨシ。

**갈대-밭** 图 葦原$_{あしはら}$。

**갈등**〔葛藤〕图 ①クズとフジのつる。②葛藤$_{とう}$、もつれ、もめごと、いざこざ、もんちゃく。¶ 파벌간의 — 派閥間$_{かん}$のもつれ/ 마음에 — 이 생기다 心$_{こころ}$に葛藤が生$_{しょう}$じる。

**갈등-나다** 自 葛藤が生$_{しょう}$ずる、もつれる。

**갈라-내다** 他 分けて別$_{べつ}$のものにする、取$_{と}$り分ける。

**갈라-놓다** 他 引$_{ひ}$き離$_{はな}$す、分けておく。¶ 둘 사이를 — 二人$_{ふたり}$の仲$_{なか}$を引き離す。

**갈라-맡다** 他 (ある仕事$_{しごと}$を)分けて引$_{ひ}$き受$_{う}$ける、分担$_{ぶんたん}$する。

**갈라-붙이다** 他 両方$_{りょう}$に分ける、振$_{ふ}$り分ける。¶ 머리를 곱게 — 髪$_{かみ}$をきれいに分けてまとめる。

**갈라-서다** 自 ①(ふたつ以上$_{いじょう}$に)分かれる。¶ 두 줄로 — 二列$_{れつ}$に分かれる。②関係$_{かん}$を断$_{た}$たつ、別れる、離婚$_{りこん}$する。¶ 아내와 — 妻$_{つま}$と別れる。

**갈라-지다** 自 割$_{わ}$れる。①ひび割れる、裂$_{さ}$ける。¶ 얼음이 — 氷$_{こおり}$が割れる。②分$_{わ}$かれる、分岐$_{ぶんき}$する、分裂$_{ぶんれつ}$する。¶ 패가 — 仲間$_{なかま}$が割れる。/ 길이 두 갈래로 — 道$_{みち}$が二股$_{また}$に分かれる。③別$_{わか}$れる、別々$_{べつべつ}$になる。¶ 남편과 갈라졌다 夫$_{おっと}$と別れた。

**갈래** 图 股$_{また}$、分岐$_{き}$、(分$_{わ}$かれた)部分$_{ぶん}$。¶ 두 — 길 二股$_{また}$の道$_{みち}$。

**갈래-갈래** 副 ①分$_{わ}$かれ分$_{わ}$かれ、離$_{はな}$れ離$_{はな}$れ、散$_{ち}$り散$_{ち}$り。②ずたずた(に)。¶ — 떨어진 옷 ずたずたに破$_{やぶ}$れた服$_{ふく}$。

**갈리다**[1] 自 ①(「가르다」의 受動) 分$_{わ}$かれる、分$_{わ}$けられる。¶ 주장이 — 主張$_{しゅちょう}$が分かれる。/ 길이 두 갈래로 — 道$_{みち}$が二$_{ふた}$またに分かれる。②(「갈다」의 受動) 取$_{と}$り替$_{か}$えられる、代$_{か}$わる。¶ 수상이 — 首相$_{しょう}$が代わる。③(「갈다」의 受動) 研$_{と}$がれる、擦$_{す}$れる、磨$_{みが}$かれる。¶ 분해서 이가 — 悔$_{くや}$しくて歯ぎしりする。④(「갈다」의 受動) 耕$_{たがや}$される、すき起こされる。¶ 흙이 부드러워 논이 잘 — 土$_{つち}$が柔$_{やわ}$らかくて田$_{た}$が耕しやすい。⑤(「갈다」의 使役) 耕$_{たがや}$させる。¶ 소에게 밭을 — 牛$_{うし}$に畑$_{はた}$を耕させる。

**갈리다**[2] 自 (のどがかれて)しわがれ声$_{ごえ}$を出$_{だ}$す。¶ 목이 갈리도록 응원했다 のどがかれるほど応援$_{おうえん}$した。

**갈림-길** 图 分$_{わ}$かれ道$_{みち}$、別$_{わか}$れ道$_{みち}$、岐路$_{きろ}$、分$_{わ}$かれ目$_{め}$。¶ 운명의 — 運命$_{めい}$の分かれ道/ 우리는 인생의 —에 서있다 われわれは人生$_{じん}$の岐路に立っている。

**갈림-목** 图 追分$_{おい}$、分岐点$_{てん}$。

**갈마-들다** 自 入$_{い}$れ替$_{か}$わる、交代$_{だい}$する。¶ 가뭄과 장마가 — かんばつと長雨$_{ながめ}$が入れ替わる。/ 기쁨과 슬픔이 — 喜$_{よろこ}$びと悲$_{かな}$しみがこもごもにやってくる。

**갈마-들이다** 他 入$_{い}$れ替$_{か}$える、交代$_{だい}$させる、立$_{た}$ち替$_{か}$わらせる。

**갈망** 图(하다) うまく処理$_{しょり}$すること、うまくこなすこと、よく成$_{な}$し遂$_{と}$げること。¶ 뒷—도 못한다 後$_{あと}$の締$_{し}$め括$_{くく}$りもできない。

**갈망**〔渴望〕图(하다) 渴望$_{ぼう}$する、切望$_{せつ}$する、熱望$_{ねつ}$する。¶ 독립을 —하다 独立$_{どく}$を渴望する。

**갈매기** 图(動) カモメ。

**갈무리** 图(하다) ①うまく保管$_{かん}$しておくこと。¶ 연장을 잘 —하여 두다 道具$_{ぐ}$をよく保管$_{かん}$しておく。②仕上$_{あ}$げ、締$_{し}$めくくり。¶ 복잡한 일을 잘 —하다 複雑$_{ざつ}$なものをよく締$_{し}$めくくる。

**갈반-병**〔褐斑病〕图 ①褐斑病$_{かっぱん}$。②蚕$_{かいこ}$の病$_{やまい}$の一$_{ひと}$つ。

**갈-밭** 图(「갈대밭」의 縮約形) 葦原$_{あしはら}$。

**갈보** 图 売春婦$_{ばいしゅん}$、売笑婦$_{ばいしょう}$。

**갈분**【葛粉】 ② 葛粉くずこ。
**갈-붙이다** 他 (中傷ちゅうしょうして)仲なたがいさせる。
**갈비** ② ①牛うしのあばら骨ぼね。 ②(食用しょくようの)牛うし・豚ぶたの骨付ほねつきあばら。¶ ~구이 あばらの焼やき肉にく。
**갈비-찜** ② 料 牛のあばら肉にくを煮込にこんだ料理りょうり。
**갈빗-대** ② 肋骨ろっこつ、あばら骨ぼね。
慣用 **갈빗대가 휘다** ①(あばら骨ほねがたわむほど)非常ひじょうに重おもい。 ②(仕事しごとが手てに余あまるほど)骨ほねが折おれすれる。
**갈색**【褐色】② 褐色かっしょく、茶色ちゃいろ、こげ茶色ちゃいろ。¶ ~ 피부 褐色の肌はだ。
**갈색 조류**【-藻類】② 植 褐色藻類かっしょくそうるい、褐藻類かっそうるい。
**갈수**【渴水】② 渴水かっすい。¶ ~기 渇水期き。
**갈-수록** 副 いよいよ、ますます、だんだん、…するにつれて。¶ ~ 심해지다 ますますひどくなる。/ 경기는 날이 ~ 나빠진다 景気けいきは日ひましに悪わるくなる。
慣用 **갈수록 태산이다** 進すすむにつれてますます山やまが高たかくなる、一難いちなん去さってまた一難。
**갈씬거리다** 自 軽かるく触ふれる、やっとすれすれになる。¶ 치맛자락이 땅에 ~ チマのすそが地面じめんすれすれだ。
**갈아-내다** 他 (新あたらしい物ものに)とり替かえる、お替かえる。
**갈아-넣다** 他 (新あたらしい物ものを)入いれ替かえる。
**갈아-대다** 他 (新あたらしい物ものに)とり替かえる、置おき替かえる。¶ 구두창을 ~ 靴底くつぞこをとり替かえる。
**갈아-들다** 自 入いれ替かわる。¶ 사람이 ~ 人ひとが入れ替わる。
**갈아-들이다** 他 入いれ替かえる。¶ 가정부를 ~ 家政婦かせいふを入れ替える。
**갈아-붙이다**¹ 他 (悔くやしさに)歯はぎしりする。¶ 두고 보자며 이를 ~ 今いまに見みろと歯ぎしりする。
**갈아-붙이다**² 他 張はり替かえる。¶ 포스터를 ~ ポスターを張り替える。
**갈아-서다** 自 (新あたらしい物ものが)立たち替かわる。
**갈아-세우다** 他 (新あたらしい物ものに)立たち替かわらせる、交代こうたいさせる。
**갈아-엎다** 他 すき返かえす、ほり返かえす。¶ 논을 ~ 田たをすき返す。
**갈아-입다** 他 着替きがえる。¶ 예복으로 ~ 礼服れいふくに着替える。
**갈아-주다** 他 ①(新あたらしいものに)取とり替かえてやる。¶ 꽃병의 물을 ~ 花瓶かびんの水みずを取り替えてやる。 ②(商品しょうひんを)買かってやる。¶ 구둣방에서 구두 한 켤레를 ~ 靴屋くつやで靴くつ一足いっそくを買ってやる。
**갈아-치우다** 他 交代こうたいさせる、すげ替かえる、とり替かえる。¶ 회장을 ~ 会長かいちょうを交代させる。
**갈아-타다** 他 乗のり換かえる。¶ 버스로 ~ バスに乗り換える。
**갈음** ② 하自他 取とり替かえること、代かえるこ

と、代かわりにすること。¶ 서면으로 인사에 ~하다 書面しょめんで挨拶あいさつ代かわりにする。
**갈이**¹ とり替かえ。¶ 구두창 ~ 靴底くつぞこのとり替え。
**갈이**² ② ①(田畑たはたを)耕たがやすこと、耕作こうさく。¶ 밭~ 畑はたを耕すこと。 ②(形式名詞的けいしきめいしてきに)一頭いっとうの牛うしが一日いちにちかかって耕たがやしうる田畑たはたの面積めんせき。¶ 하루~ 一日当いちにちあたりの耕作こうさく面積。
**갈-잎** ② ①(「가랑잎」の縮約形しゅくやくけい)落おち葉ば。 ②「떡갈잎」の縮約形。
**갈조-류**【褐藻類】② 植 (「갈색 조류(褐色藻類)」の縮約形) 褐藻類かっそうるい。
**갈증**【渴症】② ①渇かわき。¶ ~을 풀다 渇きをいやす。 ②「갈급증(渇急症)」の縮約形。
**갈지자-걸음**【-之字-】② 千鳥足ちどりあし。¶ ~을 걷는 주정꾼 千鳥足ちどりあしで歩あるく酔よっぱらい。
**갈지자-형**【-之字形】 ジグザグの形かたち。
**갈쭉-하다** 形回 (液体えきたいが)こってりしている。¶ 갈쭉한 죽 こってりした粥かゆ。 큰 걸쭉하다
**갈-참나무** ② 植 ナラガシワ。
**갈채**【喝采】② 喝采かっさい。¶ 박수 ~ 拍手はくしゅ喝采/ ~를 받다 喝采を浴あびる。
**갈철**【褐鉄】② 褐鉄かってつ。¶ ~광 褐鉄鉱こう。
**갈치** ② 動 タチウオ。
**갈퀴** ② 熊手くまで。¶ ~로 낙엽을 긁어 모으다 くまでで落おち葉ばをかき集あつめる。
**갈퀴-질** ② 하自 くまででかくこと。
**갈탄**【褐炭】② 褐炭かったん。
**갈파**【喝破】② 하他 喝破かっぱ。¶ 진리를 ~하다 真理しんりを喝破する。
**갈-파래** ② 青海苔あおのり。 同 청태(青苔)
**갈팡-질팡** ② 하自 右往左往うおうさおう、うろうろ、おろおろ、まごまご、どぎまぎ。¶ 길을 잃고 ~하다 道みちに迷まよってうろうろする。
**갈포**【葛布】② 葛布くずぬの、葛くずで織おった布ぬの。
**갈-풀** ② 草肥くさごえ、緑肥りょくひ。
**갈-풀-하다** ② 하自他 ①草肥くさごえに使つかう木このの葉はや草くさをかる。 ②草肥を田たに施ほどこす。
**갈피** ② ①(物事ものごとの)筋道すじみち、要領ようりょう、分別ふんべつ、見当けんとう。¶ 전혀 ~를 못 잡다 ぜんぜん筋道がつかめない。 ②(重かさなった物ものの)間あいだ。¶ 책~에 서표를 끼우다 本ほんのページの間にしおりを挟はさむ。
**갈피-갈피** ② 間あいだごとに、ページごとに。
**갉다** 他 ①軽かるくかく、かじる。¶ 쥐가 상자를 ~ 鼠ねずみが箱はこをかじる。 ②(くまなどで)かき集あつめる。 ③(人ひとの過あやちなどを)けなす。
**갉아-대다** 他 しきりにかき続つづける。
**갉아-먹다** 他 ①(少すこしずつ)かじって食たべる。¶ 쥐가 호박을 ~ 鼠ねずみがかぼちゃをかじって食くう。 ②(人ひとのものを)しぼり取とる、かすめ取る。
**갉작-거리다** 他 かき続つづける、かじり続つづける、しきりにかじる。
**갉작-갉작** 副 하他 (しきりにかいたりまたはかじるようす)がりがり、ぽりぽり。
**갉죽-거리다** 他 しきりに軽かるくかく、やたらにか

**감:¹** [名] 柿ホャ。¶ 곶~ 干ほし柿がき /~이 열리다 柿がなる。

**감:²** [名] ①(品物しォッを作っくる) 材料ザォッとなるもの。¶ 옷~ 服地ヒく。 《形式名詞的に》…分ヅン。¶ 요 한 ~ しきぶとん一枚分ネャィサマィミン。

**감:**[減] [名] 減ザン。① 「감법(減法)」의 縮約形。② 「감산(減算)」의 縮約形。

**감:**[感] Ⅰ [名] ①感ネン、感ネンじ、思キヘィ。¶ 격세지감 隔世ネッの感 / 때늦은 ~이 있다 手おくれの感がある。②感度ニナン。¶ 전화의 ~이 좋다 電話の感度がいい。Ⅱ 接尾 ~感ネン。¶ 열등~ 劣等感レットネッ。

**-감** [接尾] ①遊ネャび道具タハウの意を表ャらゎす。¶ 장난~ おもちゃ。②適当ホャナウな人物シンフラであるとの意を表す。¶ 사위~ 婿セがね。

**감:가**[減價] [名]하타] 減価ゲャ、値引びき、値下ェ げ。¶ 상각 減価償却ショウホャク。

**감:각**[感覺] [名] 感覺カック。¶ 신선한 ~ 新鮮センな感覺 / ~이 마비되다 感覺が麻痺ッする。

**감:각 기관**[-器官] [名][生] 感覺器官カン。

**감:각-적**[-的] [冠] [名] 感覺的ォキ。¶ ~인 묘사 感覺的な描写シャ。

**감:각점**[-點] [名][生] 感覺點カンカク。

**감감** [副] 하형 ①はるかに遠ォォいさま。¶ 배가 ~ 멀어지다 船ネャがはるかに遠ォォさかって行ィく。②(物事ネッを) 全まッたく知ゥらないでいるよう す、すっかり忘れられているようす。¶ 그 일은 ~ 모르고 있었다 そのことは全く知らずにいた。③返事ケェン・便タェりがまるっきりないようす。¶ 소식이 ~이다 消息ショッがまるっきりない。④《名詞的に》「감감 소식(消息)」の縮約形。 **감감-히** [副] はるかに、まるっきり、全く、どっさり。

**감감-무소식**[-無消息] [名] 消息が途絶タェッて全まッたくわからないこと、消息不明ネィ。⇒ 깜깜무소식。

**감감-소식**[-消息] [名] 消息が途絶えて全まッたくないこと。⇒ 깜깜소식。

**감:개**[感慨] [名] 感慨カン。¶ ~에 잠기다 感慨に浸ひる。

**감:개 무량**[-無量] [名]하형 感慨無量リョゥ。¶ ~한 표정 感慨無量な面持もち。

**감:격**[感激] [名] 하타] [스形] 되타] 感激カン。¶ ~해 마지 않다 感激にたえない。/ ~의 눈물을 흘리다 感激の涙ナを流がす。

**감:격-적**[-的] [冠] 感激的ォキ。¶ ~인 장면 感激的な場面メン。

**감:경**[減輕] [名] 하타] 減輕ゲン。①輕減ケィゲン。¶ 부담을 ~ 하다 負担タンを輕減する。②[史] 刑 を輕ろくすること。

**감고**[甘苦] [名] 甘苦カン。①甘ャまさと苦にカィき。②苦楽タクと苦しみと楽しみ。¶ ~를 같이하다 甘苦を共にする。하타] 苦るしみに甘ャんずること。¶ ~의 노력 甘苦の努力ドリリッ。

**감:관**[感官] [名] 感官ネン、感覺器官カン。

**감:광**[減光] [名] 하타] 되타] [天] 減光ゲッ(地球ヶの大気タィキにより星ホャや太陽ョゥの光カカが吸収キゥシヘゥされる現象ショゥ)。

**감:광**[感光] [名]하타] 되타] 感光カゥ。¶ ~ 필름 感光フィルム。

**감:광-성**[-性] [名][化] 感光性セ。

**감:광-제**[-劑] [名][化] 感光劑ッ。

**감:광-지**[-紙] [名] 感光紙ッ。

**감:괘**[坎卦] [名] 坎卦カンカ、坎カン(八卦ハッケの一ぬッ)。⇨ 감(坎)

**감:군**[減軍] [名] 하타] 軍事力グンジリッを減ヘらすこと、軍縮グンシェク。

**감귤**[柑橘] [名][植] ミカン。

**감금**[監禁] [名]하타] 되타] 監禁カン。¶ 불법 ~ 不 法ホゥ監禁 / 용의자를 ~하다 容疑者ョゥキシャを監禁する。

**감:기**[感氣] [名][醫] 風邪カゼ、感冒ボゥ。¶ 유행성 ~ 流行性リョュゥコゥ感冒 / ~에 걸리다 風邪を引く。㊥ 고뿔

[속담] 감기 고뿔도 남을 안 준다 風邪さえも人にやらない。《非常ジョゥにけちなこと》。

**감기다¹** [自] (ひとりでに) まぶたが合わさる。¶ 졸려서 눈이 자꾸만 ~ 眠ネャくてしきりにまぶたが合わさる。

**감기다²** [自] ①(「감다」の受動) 糸いなどが) 巻かれる、巻きつく。¶ 실이 실패에 ~ 糸が糸巻きまきに巻かれる。②(人ひと・動物ドゥブッなどが) まつわりつく。¶ 강아지가 다리에 ~ 小犬にヌが足あしにまつわりつく。③(食タベすぎて) 身動ホタニうきがならない。¶ 술에 ~ 酒サヶに酔ょって体タッを支ささえきれない。

**감기다³** [自] (「감다」の受動) 洗ネらわれる。¶ 머리를 억지로 ~ 髪ヘカをを無理ャやりに洗われる。

**감기다⁴** [他] (「감다」の使役) 目を閉じさせる、目をつぶらせる。¶ 눈을 감기고 반성시키다 目をつぶらせて反省ハセィさせる。

**감기다⁵** [他] (「감다²」の使役) 糸いなどを) 巻かせる。¶ 아이에게 실을 ~ 子供どもに糸を巻かせる。

**감기다⁶** [他] (体タニラ・髮ヵヶを) 洗ネらってやる。¶ 병 자의 머리를 ~ 病人ビョゥニンの髮を洗ってやる。

**감:나무** [名][植] 柿ォの木。

**감내**[堪耐] [名]하타] 되자] 耐たえ忍シのぶこと、忍耐ニン。¶ 고생을 ~ 하다 苦労クロウを耐え忍ぶ。

**감:다¹** [他] (目を) 閉とじる、つぶる。¶ 눈을 감고 생각하다 目をつぶって考がえる。

**감:다²** [他] ①(糸いなどを) 巻まく、繰グる。¶ 붕대를 ~ 包帯ィを巻く。②(蛇ヘビが) とぐろを巻く。¶ 뱀이 몸을 서리어 ~ 蛇がとぐろを巻く。③[相撲] 足を掛かける、からませる。¶ 상대방 다리를 감아서 넘어뜨리다 相手アィの足をからませて倒なおす。

**감:다³** [他] (体タラ・髮ヵヶを) 洗ネらう。¶ 머리를 ~ 髮を洗う。/ 미역을 ~ 水浴ネィヶびをする。

**감당**[堪當] [名]하타] 되타] (物事ホシを) 引うき受うけること、耐たえること。¶ 어려운 일을 혼자서 ~ 하다 難ネマかしい仕事シを一人ひとりでやり遂とげる。/ 부채를 ~하지 못하고 파산했다 負債サィに耐えられず倒産タゥシシした。

**감:도**[感度] [名] 感度ド。¶ 고~ 필름 高ゥ感度

フィルム。

**감독**〔監督〕 <sub>명</sub><sub>하타</sub> 監督<sub>とく</sub>。¶ ~ 관청 監督官庁<sub>ちょう</sub>/ 영화 ~ 映画<sub>えい</sub>監督/ 도로 공사를 ~ 하다 道路工事<sub>どうろ</sub>を監督する。

**감독-관**〔-官〕 <sub>명</sub> 監督官<sub>かん</sub>。

**감독-권**〔-權〕 <sub>명</sub> 監督權<sub>けん</sub>。

**감독 기관**〔-機關〕 <sub>명</sub> 監督機關<sub>かん</sub>。

**감:돌다** <sub>자</sub> ①漂<sub>ただよ</sub>う、立ち込<sub>こ</sub>める。¶ 무거운 침묵이 ~ 重苦<sub>おもくる</sub>しい沈黙<sub>ちんもく</sub>が漂う。②(巻<sub>ま</sub>くように)くねる、うねる。¶ 강이 산기슭을 감돌아 흐르다 川<sub>かわ</sub>が山<sub>やま</sub>のふもとをうねって流<sub>なが</sub>れる。

**감:돌아-들다** <sub>자</sub> ①漂<sub>ただよ</sub>い込<sub>こ</sub>む。②うねり曲<sub>ま</sub>がって進<sub>すす</sub>んでいる、うず巻<sub>ま</sub>く。

**감:동**〔感動〕 <sub>명</sub><sub>하타</sub><sub>되타</sub> 感動<sub>どう</sub>。¶ 강한 ~을 받다 強<sub>つよ</sub>い感動を受<sub>う</sub>ける。

**감:동-사**〔-詞〕 <sub>명</sub>〔文法〕 感動詞<sub>し</sub>。 <sub>참</sub> 감탄사 (感歎詞)

**감:동-적**〔-的〕 <sub>관</sub><sub>명</sub> 感動的<sub>てき</sub>。¶ ~인 장면 感動的な場面<sub>めん</sub>。

**감:득**〔感得〕 <sub>명</sub><sub>하타</sub><sub>되자</sub> 感得<sub>とく</sub>。¶ 이치를 ~ 하다 道理<sub>どうり</sub>を感得する。

**감:람**〔橄欖〕 <sub>명</sub>〔植〕 橄欖<sub>かん</sub>、オリーブの実<sub>み</sub>。

**감:람-나무** <sub>명</sub>〔植〕 橄欖、オリーブの木<sub>き</sub>。

**감:람-석**〔-石〕 <sub>명</sub>〔鑛〕 橄欖石<sub>せき</sub>。

**감:량**〔減量〕 <sub>명</sub><sub>하타</sub><sub>되자</sub> 減量<sub>りょう</sub>。¶ 체중을 ~ 하다 体重<sub>じゅう</sub>を減量する。

**감로**〔甘露〕 <sub>명</sub> 甘露<sub>ろ</sub>。¶ ~수 甘露水<sub>すい</sub>/ ~주 甘露酒<sub>しゅ</sub>。

**감:루**〔感淚〕 <sub>명</sub> 感淚<sub>るい</sub>。¶ ~에 목이 메다 感淚にむせぶ。

**감류**〔柑類〕 <sub>명</sub>〔植〕 柑橘類<sub>かんきつ</sub>。

**감리**〔監理〕 <sub>명</sub><sub>하타</sub> 監理<sub>り</sub>、監督<sub>かん</sub>・管理<sub>かん</sub>すること。¶ 설계 ~ 設計<sub>せっ</sub>監理。

**감리-교**〔-教〕 <sub>명</sub>〔基〕 メソジスト教会<sub>きょう</sub>。

**감마**〔gamma〕 <sub>명</sub> ガンマ(ギリシア文字<sub>もじ</sub>の第三番目<sub>だいさんばんめ</sub>の字母<sub>じぼ</sub>)。

**감마-선**〔-線〕 <sub>명</sub>〔物〕 ガンマ線<sub>せん</sub>。

**감:면**〔減免〕 <sub>명</sub><sub>하타</sub><sub>되자</sub> 減免<sub>めん</sub>。¶ 세금을 ~ 하다 税金<sub>きん</sub>を減免する。

**감:면 소:득**〔-所得〕 <sub>명</sub> 減免所得<sub>とく</sub>。

**감:명**〔感銘〕 <sub>명</sub><sub>하타</sub><sub>되자</sub> 感銘<sub>めい</sub>。¶ 깊은 ~을 받다 深<sub>ふか</sub>い感銘を受<sub>う</sub>ける。

**감:물** <sub>명</sub> 柿渋<sub>しぶ</sub>、渋<sub>しぶ</sub>。¶ ~을 들이다 渋<sub>しぶ</sub>を引<sub>ひ</sub>く。

**감미**〔甘味〕 <sub>명</sub> 甘味<sub>かん</sub>。

**감미-롭다**¹ <sub>형</sub><sub>ㅂ</sub> 甘<sub>あま</sub>い味<sub>あじ</sub>がする。¶ 감미로운 과일 甘<sub>あま</sub>みのある果物<sub>もの</sub>。 **감미로-이**¹ <sub>부</sub> 甘<sub>あま</sub>く。

**감미-료**〔-料〕 <sub>명</sub> 甘味料<sub>りょう</sub>。¶ 인공 ~ 人工<sub>じん</sub>甘味料。

**감미**〔甘美〕 <sub>명</sub> 甘美<sub>び</sub>。①甘<sub>あま</sub>くておいしいこと。②楽<sub>たの</sub>しく快<sub>こころよ</sub>いこと。

**감미-롭다**² <sub>형</sub><sub>ㅂ</sub> とろけるように甘<sub>あま</sub>い、甘美だ。¶ 감미로운 선율 甘美な調<sub>しら</sub>べ。 **감미로-이**² <sub>부</sub> 甘美に。

**감방**〔監房〕 <sub>명</sub> 監房<sub>かん</sub>。¶ ~에 갇히다 監房に閉<sub>と</sub>じこめられる。

**감:법**〔減法〕 <sub>명</sub> 引<sub>ひ</sub>き算<sub>ざん</sub>、減法<sub>ほう</sub>。 <sub>참</sub> 뺄셈。

**감별**〔鑑別〕 <sub>명</sub><sub>하타</sub><sub>되자</sub> 鑑別<sub>べつ</sub>。¶ 병아리의 암수를 ~ 하다 ひなの雌雄<sub>しゆう</sub>を鑑別する。

**감별-법**〔-法〕 <sub>명</sub> 鑑別法<sub>ほう</sub>。

**감:복**〔感服〕 <sub>명</sub><sub>하타</sub><sub>되자</sub> 感服<sub>ふく</sub>、感心<sub>しん</sub>。¶ 도량이 큰 데 ~ 했다 度量<sub>りょう</sub>の大<sub>おお</sub>きさに感服した。

**감:봉**〔減俸〕 <sub>명</sub><sub>하타</sub><sub>되자</sub> 減俸<sub>ほう</sub>、減給<sub>きゅう</sub>。¶ ~ 처분 減俸処分<sub>ぶん</sub>。

**감:-빛** <sub>명</sub> 柿色<sub>かき</sub>、カキの色<sub>いろ</sub>。

**감:사**〔感謝〕 <sub>명</sub><sub>하타</sub> 感謝<sub>しゃ</sub>。¶ ~의 뜻을 표하다 感謝の意<sub>い</sub>を表<sub>ひょう</sub>する。/ 호의에 ~ 하다 ご好意<sub>こうい</sub>に感謝する。②<sub>하형</sub> ありがたい。¶ 보살펴 주셔서 정말 감사합니다 お世話<sub>せわ</sub>になって本当<sub>ほんとう</sub>にありがとうございました。

**감사-히** <sub>부</sub> ありがたく。¶ ~ 받겠습니다〔먹겠습니다〕 ありがたくいただきます。

**감:사-장**〔-狀〕 <sub>명</sub> 感謝狀<sub>じょう</sub>。

**감:사-절**〔-節〕 <sub>명</sub>〔基〕(「추수 감사절」의 縮約形) 感謝祭<sub>さい</sub>。

**감사**〔監事〕 <sub>명</sub> 監事<sub>かんじ</sub>。①団体<sub>だん</sub>の庶務<sub>しょむ</sub>を受<sub>う</sub>け持<sub>も</sub>つ人<sub>ひと</sub>。②法人の財産<sub>ざん</sub>・業務<sub>ぎょう</sub>を監督<sub>かんとく</sub>する機関<sub>きかん</sub>。

**감사**〔監査〕 <sub>명</sub><sub>하타</sub> 監査<sub>かん</sub>。¶ 국정 ~ 国政<sub>こく</sub>監査。

**감사 기관**〔-機關〕 <sub>명</sub> 監査機關<sub>かん</sub>。

**감사-원**〔-院〕 <sub>명</sub>〔法〕 監査院<sub>いん</sub>。

**감:산**〔減産〕 <sub>명</sub><sub>하타</sub><sub>되자</sub> 減産<sub>さん</sub>。¶ 쌀을 ~ 하다 米<sub>こめ</sub>を減産する。 <sub>반</sub> 증산(增産)

**감:산**〔減算〕 <sub>명</sub><sub>하타</sub><sub>되자</sub>〔數〕 減算<sub>さん</sub>、引<sub>ひ</sub>き算<sub>ざん</sub>。 <sub>준</sub> 감(減)。

**감:상**〔感想〕 <sub>명</sub> 感想<sub>そう</sub>、所感<sub>かん</sub>。¶ ~록 感想録<sub>ろく</sub>/ ~을 말하다 感想を述<sub>の</sub>べる。

**감:상-문**〔-文〕 <sub>명</sub> 感想文<sub>ぶん</sub>。

**감:상**〔感傷〕 <sub>명</sub> 感傷<sub>かん</sub>。¶ ~에 젖다 感傷に浸<sub>ひた</sub>る。

**감:상-적**〔-的〕 <sub>관</sub><sub>명</sub> 感傷的<sub>かんしょう</sub>。¶ ~인 기분에 빠지다 感傷的な気分<sub>きぶん</sub>に陥<sub>おちい</sub>る。

**감:상-주의**〔-主義〕 <sub>명</sub>〔文〕 感傷主義<sub>かんしょうしゅぎ</sub>、センチメンタリズム。

**감상**〔鑑賞〕 <sub>명</sub><sub>하타</sub> 鑑賞<sub>かん</sub>。¶ 명곡을 ~ 하다 名曲<sub>めいきょく</sub>を鑑賞する。

**감상 비:평**〔-批評〕 <sub>명</sub> 鑑賞批評<sub>ひょう</sub>。

**감:색**〔紺色〕 <sub>명</sub> 紺色<sub>こんいろ</sub>。

**감:성**〔感性〕 <sub>명</sub> 感性<sub>せい</sub>。¶ 풍부한 ~ 豊<sub>ゆた</sub>かな感性。

**감성-돔** <sub>명</sub>〔動〕 クロダイ。

**감:세**〔減税〕 <sub>명</sub><sub>하타</sub> 減税<sub>ぜい</sub>。 <sub>반</sub> 증세(增税)

**감:소**〔減少〕 <sub>명</sub><sub>하타</sub><sub>되자</sub> 減少<sub>しょう</sub>。¶ 수입이 ~ 하다 収入<sub>しゅう</sub>が減少する。

**감:속**〔減速〕 <sub>명</sub><sub>하타</sub> 減速<sub>そく</sub>。¶ ~ 장치 減速装置<sub>そう</sub>。 <sub>반</sub> 가속(加速)

**감:속-재**〔-材〕 <sub>명</sub>〔化〕 減速材<sub>ざい</sub>。

**감:손**〔減損〕 <sub>명</sub><sub>하타</sub><sub>되자</sub> 減損<sub>そん</sub>、減<sub>へ</sub>らされて損になること。

**감:쇄**〔減殺〕 <sub>명</sub><sub>자타</sub><sub>되자</sub> 減殺<sub>さい</sub>、減<sub>へ</sub>らしそぐこと、少<sub>すく</sub>なくする。¶ 흥미가 ~ 하다 興味<sub>きょう</sub>がそがれる。

감:쇠〔減衰〕명하자 減衰げんすい。¶ 세력이 ~하다 勢力せいりょくが減衰する。
감수〔甘水〕명 甘あまい水みず、飲料水いんりょうすい。
감수〔甘受〕명하타 甘受かんじゅ。¶ 비난을 ~하다 非難ひなんを甘受する。
감:수〔減水〕명하자되자 減水げんすい。¶ 저수량이 ~하다 貯水量ちょすいりょうが減水する。
감:수〔減收〕명하자되자 減收げん、減作げんさく。¶ 홍수로 수확이 ~됐다 洪水こうずいで収穫しゅうかくが減收した。
감:수〔減數〕명하자되자 減數げん。
감:수 분열〔-分裂〕명〔生〕減數分裂ぶんれつ。
감:수〔感受〕명하자되자 感受かんじゅ。
감:수-성〔-性〕명 感受性せい。¶ ~이 풍부하다 感受性が豊ゆたかだ。
감수〔監修〕명하자他 監修かんしゅう。¶ ~자 監修者しゃ/사전을 ~하다 辭典じてんを監修する。
감시〔監視〕명하자他 監視かんし、見張みはり。¶ ~소 監視所じょ/~의 눈을 번득이다 監視の目めを光ひからせる。
감시-등〔-燈〕명 監視燈とう。
감시-망〔-網〕명 監視網もう。
감시-병〔-兵〕명 監視兵へい。
감:식〔減食〕명하자自他 減食げんしょく、食事しょくじの量りょうをへらすこと。¶ ~ 요법 減食療法ほう。
감식〔鑑識〕명하자他 鑑識かんしき。¶ 지문 ~ 指紋もんの鑑識/전문가의 ~을 구하다 專門家せんもんかの鑑識を求もとめる。
감식-력〔-力〕명 鑑識力りょく。
감식-안〔-眼〕명 鑑識眼がん。¶ ~이 있는 사람 鑑識眼のある人ひと。
감실-거리다 자《遠とおくでかすかにゆれ動うごくようす》ちらちら、ちらちらする。¶ 멀리서 감실거리는 불빛 遠くでちらちらする灯火とうか。
⇒ 검실거리다
감실-감실¹ 부하자 ちらちら。
감실-감실² 부하자형《産毛うぶげが少すこし生はえて黑くろばんでいるようす》うっすら黑くろく。
감:-싸다 타 くるむ、覆おおいかぶせる。¶ 아기를 포대기에 ~ 赤あん坊ぼうをねんねこにくるむ。②かばう、包つつみかくす、庇護ひごする。¶ 부하의 잘못을 ~ 部下ぶかの過あやまちをかばう。
관용 감싸고 돌다 過あやまちをかばってやる、過ちを庇い立たてする。
감아-들다 자 巻まきつく、からみつく、まつわりつく。
감안〔勘案〕명하자他 勘案かんあん。¶ 전후 사정을 ~하다 前後ぜんごの事情じょうを勘案する。
감:압〔減壓〕명하자되자 減壓あつ。
감:액〔減額〕명하자되자 減額げん。¶ 예산을 ~하다 予算よさんを減額する。⇒ 증액(增額)
감언〔甘言〕명 甘言かんげん。¶ ~에 넘어가다 甘言に乗のせられる。
감언 이설〔-利說〕명 口車くちぐるま。¶ ~로 속이다 口車に乗のせる。
감:연-하다〔敢然-〕형 敢然かんぜんとしている、果敢かかんである。 감연-히 부 敢然と、果敢に。¶ ~ 맞서다 敢然と立たち向むかう。/난국에 대처하다 果敢に難局なんきょくに当たる。
감:염〔感染〕명하자되자 感染せん。¶ 바이러스의 ~ ウイルスの感染/나쁜 풍조에 ~되다 悪わるい風潮ふうちょうにそまる。
감:염-증〔-症〕명 感染症しょう。
감:염-식〔減鹽食〕명 減鹽食しょく、(食餌療法しょくじりょうほうで)塩氣しおけを減へらした食物もつ。¶ ~ 요법 減鹽食療法りょうほう。
감옥〔監獄〕명 監獄かんごく。¶ ~에 갇혀 있다 監獄に閉とじこめられている。
감옥-살이〔監獄-〕명 ①監獄暮ぐらし。 ②(比) 行動こうどうの自由ゆうをひどく拘束こうそくされた生活せいかつ。
감우〔甘雨〕명 甘雨かんう、慈雨じう。㊀ 단비
감:원〔減員〕명하자되자 減員いん、人ひとの数かずをへらすこと。¶ 직원을 대폭 ~하다 職員しょくいんを大幅おおはばに減員する。
감:읍〔感泣〕명하자 感泣かんきゅう。¶ ~하여 마지 않다 感泣にたえない。
감:응〔感應〕명하자되자 感応かんのう。¶ ~하기 쉬운 마음 感応しやすい心こころ/신불이 ~하셨다 神仏しんぶつが感応した。
감:응 유전〔-遺傳〕명〔生〕感応遺傳でん。
감자〔植〕ジャガイモ、バレイショ、ポテト。
감자〔甘蔗〕명〔植〕甘蔗かんしょ・しゃ、サトウキビ。
감:자〔減資〕명하자他 減資げんし。¶ 주식의 ~ 株式しきの減資。⇔ 증자(增資)
감:작〔減作〕명하자自 減作さく。¶ 3할 ~ 三割り の減作。
감:작〔感作〕명하자自他〔醫〕感作かん。¶ ~ 백신 感作ワクチン。
감:-잡이 명 ①柱はしらと梁はりをつなぐかすがい。 ②門もんのほぞに巻まき付つけて打うった金具かなぐ。
감:-잡다 타 ①推測すいそくする、見当けんとうをつける。 ②弱よわみにつけ込こむ。
감:-잡히다 타 弱点じゃくてんをつかまれる、弱よわみにつけこまれる。
감장 명 黒くろい染料りょう、黑色こくしょく、黑くろい色いろ。㊀ 검정
감장-이 명 色いろが黑くろいもの。㊀ 검정이
감저〔甘藷〕명〔植〕①サツマイモ。②ジャガイモ。
감:전〔感電〕명하자自 感電でん。¶ 전기에 ~되다 電気でんきに感電する。
감:전-사〔-死〕명 感電死し。
감:점〔減點〕명하자되자 減点てん。¶ 반칙으로 ~당하다 反則はんそくで減点される。
감:정〔感情〕명 感情かんじょう。¶ 복잡한 ~ 複雑ふくざつな感情/~을 억제하다 感情を抑おさえる。
감:정 이입〔-移入〕명 感情移入にゅう。
감:정-적〔-的〕관명 感情的てき。¶ ~인 처사 感情的な仕打しうち。
감:정〔憾情〕명 不満まん・遺憾いかんなどによる怒いかりや恨うらみ。¶ ~이 풀리다 わだかまりが解とける。
관용 감정(을) 내다 ①不満で腹はらを立たてる。②怒おこらせる。 감정(을) 사다 怒いかり〔恨うらみ〕を買かう、腹を立たたせる。 감정(이) 나다 不満で腹が立たつ。
감정〔鑑定〕명하자他 鑑定かんてい、目利めきき。¶ ~가

격 鑑定価格かく / 필적 ~하다 筆跡ひっせきを鑑定する。

**감정-료**[-料] 名 鑑定料りょう。
**감정-서**[-書] 名 鑑定書しょ。
**감정-인**[-人] 名 鑑定人にん。
**감:지**[感知] 名 하여 타동 感知かん。¶ 지진을 ~하다 地震じしんを感知する。
**감:지-덕지**[感之德之] 副 하여 非常ひじょうにありがたがるよう。¶ 사소한 일에도 ~ 하다 ちょっとしたことでもとてもありがたがる。
**감질**[疳疾] 名 (欲ほしがったり食たべたがったりして)もどかしくなる心こころ、がつがつすること、じれったい気持きもち。
  **감질-나다** 自 じれったくなる、もどかしくなる、がつがつする。¶ 감질나는 이야기 じれったい話はなし。
  **감질-내다** 他 欲ほしがらせる、もどかしくなる、じれったがらせる。
**감쪽-같다** 形 本物ほんものとそっくりだ、寸分すんぶん違ちがわない、もっともらしい。¶ 솜씨가 ~ 手でなみがうまくて本物そっくりだ。 **감쪽같-이** 副 まんまと、うますまと。¶ ~ 속아넘어가다 まんまとだまされる。
**감찰**[監察] 名 하여 監察かんさつ。¶ ~관 監察官かん。
**감찰**[鑑札] 名 鑑札かんさつ。¶ 영업 ~ 営業えいぎょう鑑札。
**감:채**[減債] 名 하여 減債げんさい、負債ふさいを少すこしずつ返かえして減へらしていくこと。
**감천**[甘泉] 名 甘泉かんせん、うまい水みずがわきでる泉いずみ。
**감:천**[感天] 名 하여 真心まごころが天てんに通つうじること。¶ 지성이면 ~이라 至誠しせい、天に通ず。
**감청**[紺青] 名 紺青こんじょう。
**감초**[甘草] 名 ①[植] 甘草かんぞう、あまくさ。②[漢] 甘草の根ね。③(何事なにごとにも一役ひとやくかって出でる人ひとの意いで)でしゃばり。
**감:촉**[感觸] 名 하여 感触かんしょく、手でざわり。¶ ~이 좋은 담요 手ざわりのよい毛布もうふ。
**감추다** 他 隱かくす。①(物ものなどを)おおい隠す、いんとくする。¶ 보물을 ~ 宝物たからものを隠す。②(他人たにんが知しらないように)くらます、いんぺいする、秘ひする。¶ 진상을 ~ 真相しんそうを隠す。/ 행방을 ~ 行方ゆくえをくらます。③(感情かんじょうを)抑おさえる。¶ 동요를 감추지 못하다 動揺どうようがかくしきれない。
**감:축**[減縮] 名 하여자 하여타 減縮げんしゅく、縮小しゅくしょう。¶ 예산을 ~하다 予算よさんを減らす。
**감:축**[感祝] 名 하여타 慶事けいじを感謝かんしゃして祝いわうこと。¶ (恩義おんぎに)深ふかく感謝すること。
**감:치다** 他 ①まつる、かがる、くける。¶ 옷단을 ~ 服ふくのすそをかがる。②二枚にまいの布切きれの端はしを合あわせて縫ぬう。
**감칠-맛** 名 小味こあじ、うまみ。¶ ~이 있는 술 こくのある酒さけ。②人ひとの心こころを引ひきつける力ちから、妙味みょうみ。¶ ~이 나는 이야기를 하다 小味の利きいた話をする。
**감:침-질** 名 하여타 まつり縫ぬいをすること、かが

り縫いをすること。
**감:탄**[感歎] 名 하여자 感嘆かんたん。¶ ~하여 마지않다 感嘆おく能あたわず。/ ~할 만한 솜씨 感嘆するほどの腕前うでまえ。
**감:탄 부호**[-符號] 名 [文法] 感嘆符号ふごう、感嘆符ふ、エクスクラメーションマーク。
**감:탄-사**[-詞] 名 [文法] 感嘆詞し、感動詞どう、間投詞かんとう。
**감탄-고토**[甘呑苦吐] 名 (甘あまければ呑のみ 苦にがければ吐はき出だすの意いで)自分じぶんに利りあれば利用りようしさもなければしりぞける利己主義的りこしゅぎてきな態度たいど。
**감:퇴**[減退] 名 하여자 하여타 減退たい。¶ 식욕이 ~하다 食欲しょくよくが減退する。
**감투** 名 ①(むかし)役人やくにんがかぶった官帽かんぼうの一ひとつ。②[俗] 官位かんい、官職かんしょく、役職やくしょく。¶ 돈으로 ~를 사다 金かねで官位につく。③[俗] ⇨ 탕건
  [관용] **감투(를) 다투다** 官職[役職]を争あらそう。
  **감투(를) 벗다** 官職[役職]をやめる。 **감투(를) 쓰다** 官職に就つく、役職にありつく。
**감투-싸움** 名 하여자 官職の奪うばい合あい、地位争あらそい。
**감:투**[敢闘] 名 하여자 敢闘とう。¶ ~ 정신 敢闘精神せい。
**감표**[監票] 名 하여타 投票とうひょう・開票かいひょうを監視かんし・監督かんとくすること。
**감표**[鑑票] 名 하여타 票ひょうの真偽しんぎを鑑定かんていすること。
**감-하다**[減-] 名 하여 減へらす、少すくなくする、減げんずる。¶ 1할을 ~ 1割わりを減らす。
**감:행**[敢行] 名 하여타 敢行かんこう。¶ 작전을 ~하다 作戦さくせんを敢行する。
**감:형**[減刑] 名 하여자 하여타 減刑げんけい。¶ ~의 은전을 입다 減刑の恩典おんてんに浴よくする。
**감호**[監護] 名 하여자 하여타 監護かん。①監督かんとくと保護ほごすること。¶ ~자 監護者しゃ。②「보호 감호·치료 감호」の縮約形。
**감:화**[感化] 名 하여자 하여타 感化かん。¶ ~를 받다 感化を受うける。
**감:화-원**[-院] 名 感化院かん、教護院きょうご。
**감:회**[感懷] 名 感懷かんかい。¶ ~를 말하다 感懷を述のべる。
**감:흥**[感興] 名 感興かんきょう。¶ ~을 자아내다 感興をそそる。
**감:히**[敢-] 副 ①おそれ多おおくも。¶ 소인이 ~ 아뢰옵니다 小生しょうせいおそれ多くも申もうし上あげます。②敢あえて、しいて、思おもいきって。¶ ~ 어려운 문제에 도전하다 あえて難問なんもんに挑戦ちょうせんする。
**갑**[甲] 名 甲こう。①十干じっかんの始はじめ、きのえ。②順序じゅんじょ・等級とうきゅうの一番ばんめ。③二ふたつ以上いじょうのうち一つの代かわりに使つかう語ご。¶ 전자를 ~ 후자를 을이라 칭한다 前者ぜんしゃを甲、後者こうしゃを乙おつと称しょうする。
**갑**[匣] 名 ①小ちいさな箱はこ、ケース。¶ 비놋~ せっけん箱こ。②[形式名詞的に]…箱。¶ 담배 두 ~ タバコ二箱はこ。

**갑**[岬]〖名〗〖地〗岬さき。¶〜의 등대 岬の灯台。㊀ 곶

**갑각**[甲殼]〖名〗〖動〗甲殼こう、甲羅こう。¶〜류 甲殼類こう。

**갑갑-증**[-症]〖名〗うっとうしい気分、いらだち、もどかしさ。¶〜이 나서 못 견디다 もどかしくて耐えられない。

**갑갑-하다**〖形〗①息が詰まりそうだ、狭苦しい、窮屈だ。¶집이 좁아서 〜 家が狭くて窮屈だ。②退屈だ、うんざりする。¶할 일이 없어 몹시 〜 やるべき仕事がないので非常に退屈だ。③じれったい、もどかしい、はがゆい、くどくどしい。¶애기가 통하지 않아서 〜 話しが分かってもらえなくてもどかしい。④重苦しい、つかえる。¶체해서 가슴이 〜 食べあたりで胸がつかえる。**갑갑-히**〖副〗窮屈に、退屈に、もどかしく。

**갑골**[甲骨]〖名〗甲骨こう(カメのこうらと獣の骨)。

**갑골 문자**[-文字]〖名〗甲骨文字こう、甲骨文こう。

**갑근-세**[甲勤税]〖名〗(「갑종 근로 소득세」の縮約形)甲種勤労所得税こうしゅきんろうしょとくぜい。

**갑남-을녀**[甲男乙女]〖名〗(甲という男と乙という女の意で)平凡な人々、月並みな人々、ありふれた人々。

**갑년**[甲年]〖名〗還暦の年。

**갑론-을박**[甲論乙駁]〖名〗〖하〗甲論乙駁こうろんおつばく。¶〜으로 결론이 나지 않다 甲論乙駁でまとまらない。

**갑문**[閘門]〖名〗閘門こう。

**갑부**[甲富]〖名〗随一の大金持おお。¶장안〜 都随一の大金持ち。

**갑상-선**[甲狀腺]〖名〗〖生〗甲狀腺こうじょうせん。¶〜호르몬 甲狀腺ホルモン。

**갑시다**〖自〗(水・風が急に喉に入るとき)息が詰まる、むせる。

**갑옷**[甲-]〖名〗鎧よろ。¶투구〜 よろいかぶと、甲冑こう。¶〜을 입다 よろいを着る。

**갑을**[甲乙]〖名〗甲乙こう。①(十干の)甲きと乙きの。②順序・優劣ゆうをいうときの一番目いちと二番目にばん。③人名・物事を仮かに呼ぶ語。

**갑의**[甲衣]〖名〗鎧よろ。㊀ 갑옷

**갑자기**〖副〗突然せん、いきなり、にわかに、急に。¶〜 나타나다 突然現れる。/〜 돌아가시다 急に亡くなる。/〜 비가 내리다 にわかに雨が降りだす。

**갑작-스럽다**〖形〗急きゅうだ、突然せんだ、だしぬけだ、不意である。¶갑작스러운 상의 급한 相談/ 갑작스러운 방문 だしぬけの訪問。

**갑작-스레**〖副〗急に、突然に、だしぬけに。¶〜 성내기 시작했다 突然に怒り出した。

**갑절**〖名〗〖하〗①倍ばい。¶수당이 〜이 되다 手当が倍になる。②(形式名詞的に)…倍ばい。¶세 〜로 늘어나다 3倍に増える。③(副詞的に)倍ばいだ、倍ぐらい。¶남보다 〜 노력하다 人一倍努力する。

**갑종**[甲種]〖名〗甲種こう。¶〜 합격 甲種合格ごう。

**갑종 근로 소득:세**[-勤労所得税]〖名〗甲種勤労所得税しょとくぜい。㊀ 갑근세

**갑주**[甲冑]〖名〗よろいとかぶと。

**갑충**[甲蟲]〖名〗〖動〗甲虫こう。

**갑판**[甲板]〖名〗甲板かん、ぱん、デッキ。¶〜에 나와 있다 甲板に出ている。

**갑판-장**[-長]〖名〗甲板長ちょう、ボースン。

**갑피**[甲皮]〖名〗靴の足の甲を覆う部分の皮。

**값**〖名〗①価値、値うち、あたい、意義。¶〜 있는 일 価値のあること/ 그만한 〜은 있다 それだけの値うちはある。②かい、代価、代償。¶일한 〜 働いた代価。③価格、値段、値。¶소매〜 小売り価格/도매〜 卸売り値段/ 〜이 비싸다 値段が高い。④代金、料金、代。¶외상〜 掛けうり代金/ 책 〜 本代/ 〜을 치르다 代金を払う。⑤〖数〗値ね。¶미지수の〜을 구하라 未知数の値を求めよ。

【속담】값도 모르고 싸다 한다 値段も知らずに安いという。《わけもわからず不合点すること》

【관용】값(을) 놓다 (買い手が)値段をつける、値を言う。値(을) 부르다 値段をつける。값(을) 치다 値段をする、値踏みする。값(을) 하다 ①その価値にふさわしいことをする。②金を稼ぐ。

**값-나가다**〖自〗①高価である、値打ちがある、めぼしい。¶값나가는 물건 高価な品物。②値段が…になる〔する〕。

**값-닿다**〖自〗予定した価格になる、適当な値段になる。¶값닿으면 팔겠소 適当な値段だったら売ります。

**값-보다**〖自他〗値段を調べる、値踏みする、値をつける。

**값-부르다**〖自他〗値段を言う、値をつける。

**값-비싸다**〖形〗①値段が高い、高価だ。¶값비싼 자동차 高価な車。②尊い。¶값비싼 희생 尊い犠牲。

**값-싸다**〖形〗①値段が安い、安価だ。¶값싼 가구 安価な家具。②(意義・価値が)少ない、安っぽい。¶값싼 동정은 받고 싶지 않다 安っぽい同情は受けたくない。

**값-어치**〖名〗値打ち、価値。¶일고의 〜도 없다 一顧の〜もない。

**값-없다**〖形〗①(値がつけられないほど)貴重だ、大切だ。②値打ちがない、価値がない、ただ同然だ。**값없-이**〖副〗①値がつけられないほど。②無価値に、ただ同然に。

**값-지다**〖形〗①値打ちがある、値がはる、高価だ。¶값진 물건 高価な品物。②貴重だ、貴い。¶값진 경험 貴重な経験。

**갓**¹〖名〗①(むかし成年男子せいがかぶった)冠かん。②冠の形をしたもの、かさ。¶전등 〜 電灯のかさ/ 버섯의 〜 キノコのかさ。

**갓**²〖名〗〖植〗カラシナ。

**갓**³〖依〗《乾物のひとかたまりを表わす単位》

…束ξ·た。¶ 고사리 두 ~ わらび二束ふたたば。

**갓⁴** 回 たった今ﾞ、ただ今ﾞ、今ﾞしがた、…たばかりの。¶ ~ 지은 밥 炊たきたてのご飯はん／~ 퇴근했다 たった今退社たいしゃした。

**갓-** 接頭 《年齢ねんれいをあらわす20・30・40などの数詞すうしについて》ちょうど…歳さい、きっちり…歳、やっと…歳。¶ ~스물 やっと二十はたち。

**갓-길** 名 路肩ろかた。

**갓-끈** 名 「갓¹」①のひも、纓えい。

**갓-나다** 自 生うまれたばかりである。

**갓난-것** 名 赤ぁんぼう。

**갓난-아기** 名 赤ちゃん、赤ん坊ぼう。

**갓난-아이** 名 赤ちゃん、赤ん坊ぼう。

**갓난-애** 名 「갓난아이」の縮約形。

**갓난-이** 名 「갓난아이」の縮約形。

**갓-두루마기** 名 ①「갓¹」①と「두루마기」。②①を着きた身みなり、またその身なりの人ひと。

**갓-장이**〔-匠-〕名 「갓¹」①を作つくる職人しょくにん。

**갓-쟁이** 名 「갓¹」①をかぶった人ひとを卑いやしめていう語ご。

**강**〔江〕 名 川かわ、河か。¶ ~ 기슭 川岸かわぎし／~을 건너다 川を渡わたる。／~을 내려가다 川をくだって行ゆく。

慣用 강 건너 불구경 対岸たいがんの火事かじ。《高たかみの見物けんぶつ》

**강**〔綱〕名生 綱こう(生物せいぶつの分類上ぶんるいじょうの一単位たんい)。¶ 포유 ~ 哺乳ほにゅう綱。

**강:**〔講〕 名他 ①習ならった文章ぶんしょうを先生せんせいの前まえで暗唱あんしょうすること。②「강의(講義)」の縮約形。

**강-** 接頭 ①ひどい、むごい、きびしい、無理むりな。¶ ~추위 きびしい寒さむさ。②混まざりけりのない、純粋じゅんすいな。¶ ~보리밥 麦だけを炊たいた飯めし／~술 空酒からざけ。

**강-**〔強〕 Ⅰ 接頭 強つよい…。¶ ~행군 強行軍こうこうぐん／~펀치 強つよいパンチ。Ⅱ 接尾 《数量すうりょうを表あらわす語ごについて》…強きょう。¶ 5킬로 ~ 5キロ強。⟷ 약(弱)

**강-가**〔江-〕名 川辺かわべ、川かわべり、川のほとり。

**강:간**〔強姦〕名他 強姦ごうかん。¶ ~범 強姦犯ごうかんはん。

**강:-죄**〔-罪〕名法 強姦罪ざい。

**강강-술래** 名 南なんの海岸かいがん地方ちほうに伝つたわる民俗みんぞく舞踊ぶようのひとつ、またその歌うた。

**강:개**〔慷慨〕名他 慷慨こうがい。¶ 비분 ~ 하다 悲憤ひふん慷慨する。

**강:개 무량**〔-無量〕名하形 大おおいに慷慨こうがいすること。

**강건**〔剛健〕 名하形 剛健ごうけん。¶ ~ 한 기상 剛健な気性きしょう。 **강건-히** 副 剛健に。

**강건-체**〔-體〕名文 剛健体たい。⟷ 우유체(優柔體)

**강건**〔康健〕 名하形 (心身しんともに)健康けんこうであること、すこやか。 **강건-히** 副 健康に、すこやかに。

**강건**〔強健〕 名하形 強健きょうけん、壮健そうけん。¶ ~ 한 신체 強健な身体からだ。 **강건-히** 副 強健に、壮健に。

**강경**〔強勁・強硬〕 名하形 強硬きょうこう。¶ ~책 硬策さく／~ 한 태도 強硬な態度たいど。 **강경-히** 副 強硬に、強腰つよごしに。¶ ~ 주장하다 強硬に主張しゅちょうする。

**강경-파**〔-派〕名 強硬派は、鷹派たかは。

**강고**〔強固〕名하形 強固きょう。¶ ~ 한 의지 強固な意志いし。

**강골**〔强骨〕名 硬骨こうこつ、強固きょうこ不屈ふくつな気質きしつ。¶ ~ 한 硬骨漢かん。

**강공**〔強攻〕名하形 強攻きょうこう。¶ ~ 돌파하다 強攻突破とっぱする。

**강공-책**〔-策〕名 強攻策さく。

**강관**〔鋼管〕名 鋼管こうかん。

**강구**〔江口〕名 ①河口かこう、川口かわぐち。 ②川の渡わたし場ば、渡船場とせんじょう。

**강:구**〔講究〕名하形自 講究こうきゅう、講ずること。¶ 대책을 ~ 하다 対策たいさくを講ずる。

**강국**〔強國〕 名 強国きょうこく、大国たいこく。

**강군**〔強軍〕 名 強つよい軍隊ぐんたい。

**강궁**〔強弓〕 名 強弓きゅう。

**강:권**〔強勸〕名하他 無理むりに勧すすめること、無理に押おし付つけること。

**강권**〔權權〕 名 強権きょうけん。①強つよい権力けんりょく。②国家こっかが行使こうしできる強力きょうりょくな権力。¶ ~ 을 발동하다 強権を発動はつどうする。

**강권-주의**〔-主義〕名 強権主義しゅぎ。

**강기**〔強記〕名 強記きょうき。¶ 박람 ~ 한 사람 博覧強記の人ひと。

**강-기슭**〔江-〕名 川岸かわぎし。

**강-나루**〔江-〕名 (川との)渡わたし場ば。

**강남**〔江南〕名 江南こうなん。①川の南側みなみがわ。②中国ちゅうごくの揚子江ようすこうの南側の地域ちいき。③ソウルの漢江ハンガン以南いなんの地域。

**강남-콩**〔-江南-〕 名植 インゲンマメ。

**강냉이** 名植 トウモロコシ。⊕ 옥수수

**강녕**〔康寧〕 名하形 康寧こうねい、体からだが丈夫じょうぶで安やすらかなこと。

**강다리** 名 割わった薪たきなどを100本ぽん単位たんで数かぞえる語ご。

**강단**〔剛斷〕名 剛毅果断ごうきかだん、断固だんことした決断力けつだんりょく。

**강:단**〔講壇〕 名 講壇こうだん。¶ ~에 서다 講壇に立たつ。

**강달-이**〔江達-〕名動 メブトカンダリ。

**강:당**〔講堂〕 名 講堂こうどう。¶ ~에 집합하다 講堂に集合しゅうごうする。

**강대**〔強大〕 名하形 強大きょうだい。¶ ~ 한 세력 強大な勢力せいりょく。

**강대-국**〔-國〕 名 強大国こく、強国きょうこく。

**강도**〔剛度〕 名 (金属きんぞくなどの)硬度こうど。

**강도**〔強度〕 名 強度きょうど。①強つよい程度ていど。¶ ~ 를 측정하다 強度を測定そくていする。 ② ⇨ 경도(硬度)。②「~ 가」がひどいこと。¶ ~의 근시 強度の近視きんし。

**강도**〔強盜〕 名 強盗ごうとう。¶ 은행 ~ 銀行ぎんこう強盗／~ 질을 하다 強盗を働はたらく。

**강:독**〔講讀〕名하他 講読こうどく。¶ 원서 ~ 原書げんしょ講読。

**강동**〔江東〕名 江東こうとう。①川の東側ひがしがわ。 ②(中

강동거리다

国ごくの)揚子江ようすこうの東側の地域ちいき。③ソウルの漢江ハンガンの東側の地域。

**강동-거리다** 自 ①ぴょんぴょん跳はねる。②軽率けいそつにふるまう、ちょろちょろする。¶ 나잇값도 못하고 강동거리는 사람 年としがいもなく軽率にふるまう人ひと。

**강동-강동** 副 自サ ①しきりに跳とび回まわるようす、ぴょんぴょん。¶ 아이들이 ~ 뛰어다니다 子供こどもたちがぴょんぴょんと跳とび回る。②軽率けいそつにふるまうさま。

**강동-하다** 形動 (衣服いふくが) 短みじかい、つんつるてんだ、ちんちくりんだ。¶ 강동한 스커트 ちんちくりんのスカート。関 강동하다

**강:-등**[降等] 名 他サ 自サ 降等こうとう。¶ 2계급 ~ 二階級ふたかいきゅう降等。

**강력**[强力] 名 形動 強力きょうりょく。¶ ~ 한 군비 強力な軍備ぐんび。**강력-히** 副 強力に。¶ ~ 추진하다 強力におし進すすめる。

**강력-분**[-粉] 名 強力粉きょうりきこ。
**강력-범**[-犯] 名 強力犯ごうりきはん。

**강렬**[强烈] 名 形動 強烈きょうれつ。¶ ~ 한 인상 強烈な印象いんしょう。 **강렬-히** 副 強烈に、強つよく。

**강:-령**[降靈] 名 形動 宗 心霊しんれいが人身じんしんに降臨こうりんすること。

**강령**[綱領] 名 綱領こうりょう。¶ 행동 ~ 行動こうどう綱領りょう。

**강:-론**[講論] 名 形動サ 講論こうろん。①説とき明あかし論ろんずること。②カト 説教せっきょう。

**강:림**[降臨] 名 自サ 降臨こうりん、天降あまくだり。¶ 성령이 ~ 하다 聖霊せいれいが降臨する。
**강:-림-절**[-節] 名 基 降臨節こうりんせつ。

**강-마르다** 形ㄹ ①からからに乾かわく、干ひからびる。¶ 가뭄으로 논이 ~ 日照ひでりで田たが干ひからびる。②ひどくやせている。¶ 강마른 사람 ひどくやせている人ひと。③(気性きしょうが) 荒あらく強情ごうじょうだ。

**강:매**[强買] 名 形動サ 自サ 無理むりに買かわされること、押おし買い。

**강:매**[强賣] 名 形動サ 自サ 押おし売うり。¶ 불량품을 ~ 하다 不良品ふりょうひんを押おし売りする。

**강목**[綱目] 名 綱目こうもく。¶ ~ 별로 분류하다 綱目別べつに分類ぶんるいする。

**강-물**[江-] 名 川かわの水みず。¶ ~ 이 오염되다 川の水が汚染おせんされる。

[속담] 강물도 쓰면 준다 川の水も使つかえば減へる 《多おおいからといってむやみに使わないで節約せつやくせよ》

**강-바닥**[江-] 名 川底かわぞこ、川床かわどこ、河床かしょう。
**강-바람**[江-] 名 川風かわかぜ。

**강:박**[强迫] 名 形動サ 強迫きょうはく。
**강:박 관념**[-觀念] 名 心 強迫観念かんねん。¶ ~ 에 사로잡히다 強迫観念に襲おそわれる。

**강변**[江邊] 名 川辺かわべ、川岸かわぎし、川沿かわぞい。
**강변-도로**[-道路] 名 川沿かわぞいの道みち。

**강:-변**[强辯] 名 形動サ 他サ 強弁きょうべん、こじつけ。

**강병**[强兵] 名 強兵きょうへい。¶ 부국 ~ 富国ふこく強兵へい。

**강보**[襁褓] 名 おくるみ。因 포대기

**강보-유아**[-幼兒] 名 まだおくるみにくるまっている時期じきの赤あかん坊ぼう。

**강:복**[降福] 名 カト 降福こうふく、神かみが人間にんげんに祝福しゅくふくを下くだすこと。

**강북**[江北] 名 江北こうほく。①川かわの北側きたがわ。②中国ちゅうごく揚子江ようすこうの北側の地域ちいき。③ソウルの漢江ハンガンの北側の地域。

**강:-사**[講士] 名 (演説会えんぜつかいなどの) 講師こうし、弁士べんし。

**강:-사**[講師] 名 ①(大学だいがくなどの) 講師こうし。¶ 시간 ~ 非常勤ひじょうきん講師。②カト 講師。

**강삭**[鋼索] 名 鋼索こうさく、ワイヤロープ。
**강삭 철도**[-鐵道] 名 鋼索こうさく鉄道てつどう、ケーブルカー。

**강산**[江山] 名 ①川かわと山やま、江山こうざん、山河さんか。¶ 넓은 ~ 広ひろい山河。②国土こくど。
**강산-풍월**[-風月] 名 江山と風月ふうげつ、自然しぜんの美びっしい風景ふうけい。

**강산**[强酸] 名 化 強酸きょうさん。

**강상**[江上] 名 江上こうじょう。①大おおきな川かわの水面すいめん。②大きな川のほとり。③川上かわかみ、上流じょうりゅう。

**강-샘** 名 焼やきもち、嫉妬しっと。¶ ~ 을 부리다 焼きもちを焼やく。

**강서**[江西] 名 ①川かわの西側にしがわ。②ソウルの漢江ハンガンの西側の地域ちいき。

**강:설**[降雪] 名 降雪こうせつ。¶ ~ 량이 많다 降雪量りょうが多い。

**강성**[剛性] 名 剛性ごうせい。¶ ~ 률 剛性率りつ。

**강성**[强性] 名 強性きょうせい。

**강성**[强盛] 名 形動 強盛きょうせい、力強ちからづよくて盛さかんなこと。

**강세**[强勢] 名 強勢きょうせい。①勢いきおいが盛さかんなこと。②(相場そうばの) 強気つよき。¶ 시세가 ~ 를 보이다 相場が強気を見みせている。③文法 アクセント、ストレス。¶ ~ 를 두다 アクセントをおく。

**강-속구**[强速球] 名 野 剛速球ごうそっきゅう。

**강:-수**[降水] 名 降水こうすい。¶ ~ 량 降水量りょう。

**강-술** 名 空酒からざけ、肴さかなしで飲のむ酒さけ。

**강:술**[講述] 名 形動サ 自サ 講述こうじゅつ。

**강:습**[講習] 名 形動サ 自サ 講習こうしゅう。¶ ~ 소 講習所じょ。¶ ~ 을 받다 講習を受うける。
**강:-습-회**[-會] 名 講習会かい。

**강:시**[僵屍] 名 凍死体とうしたい。

**강:신**[降神] 名 降神こうしん。¶ ~ 술 降神術じゅつ。

**강심**[江心] 名 河流かりゅうの中心ちゅうしん、河心かしん。

**강-심장**[强心臟] 名 心臓しんぞうが強つよいこと、物おじしない度胸どきょう。

**강심-제**[强心劑] 名 強心剤きょうしんざい。¶ ~ 를 주사하다 強心剤を注射ちゅうしゃする。

**강아지** 名 子犬こいぬ、犬いぬのころ。¶ ~ 를 기르다 子犬を飼かう。

**강아지-풀** 名 植 エノコログサ。

**강안**[江岸] 名 川岸かわぎし。

**강압**[强壓] 名 形動サ 自サ 強圧きょうあつ。¶ ~ 에 못 이기다 強圧に耐たえられない。

**강압-적**[-的] 冠 名 強圧的きょうあつてき。¶ ~ 적인 수단 強圧的な手段しゅだん。

**강약**〔強弱〕 ⓝ ①強弱きょう。¶ ~의 변화를 주다 強弱きょうの変化へんかをつける。 ②強者きょうと弱者じゃ。

**강약 부:호**〔-符號〕 ⓝ 音 強弱符号きごう。

**강어**〔江魚〕 ⓝ かわざかな。

**강:연**〔講演〕 ⓝ ㉔ 講演えん。¶ 공개 ~ 公開こう講演。

**강:연-회**〔-會〕 ⓝ 講演会かい。

**강-염기**〔强鹽基〕 ⓝ ㊈ 強塩基えんき、強きょうアルカリ。

**강:요**〔强要〕 ⓝ ㉔㉑ 強要きょう。¶ 기부를 ~하다 寄付きふを強要する。

**강:우**〔降雨〕 ⓝ ㉑ 降雨う。¶ ~기 降雨期き/ 인공 ~ 人工じんこう降雨。

**강:우-량**〔-量〕 ⓝ 降雨量りょう。

**강음**〔强音〕 ⓝ 音 強音きょう。

**강:의**〔講義〕 ⓝ ㉔ 講義ぎ。¶ ~실 講義室しつ/ ~를 듣다 講義を聴きく。

**강:의-록**〔-錄〕 ⓝ 講義録ろく。

**강인**〔强韌〕 ⓝ ㉒ 強韌じん。¶ ~한 정신력 強靭な精神力りょく。

**강자**〔强者〕 ⓝ 強者しゃ。¶ ~의 논리 強者の論理り。

**강장**〔强壯〕 ⓝ ㉒ 強壮そう。¶ ~ 식품 強壮食品ひん。

**강장-제**〔-劑〕 ⓝ ㊅ 強壮剤ざい。

**강장**〔腔腸〕 ⓝ ㊈ 腔腸ちょう。

**강장-동물**〔-動物〕 ⓝ ㊋ 腔腸動物どうぶつ。

**강재**〔鋼材〕 ⓝ 鋼材ざい。

**강재**〔鋼滓〕 ⓝ 鋼滓さい、スラグ。

**강적**〔强敵〕 ⓝ 強敵てき、大敵たい。¶ ~과 대전하다 強敵と対戦たいせんする。

**강:-절도**〔强竊盗〕 ⓝ 強盗ごうと窃盗せっと。

**강:점**〔强占〕 ⓝ ㉔ (人の物を)無理むりに占有せんゆうすること、強制きょうせいの占領せんりょうすること。¶ 남의 땅을 ~하다 人の土地とちを無理に占有する。

**강점**〔强點〕 ⓝ 強つよみ。¶ 수학에 능통한 것이 ~이다 数学すうがくの達者たっしゃなことが強みだ。

**강정** ⓝ もち米まいの粉こをこねて適当てきとうな大おおきさに切きり油あぶらに揚あげて蜂蜜はちみつや水飴みずあめをかけ胡麻ごま・きなこなどにまぶした韓国かんこく固有こゆうの菓子か。

**강정-제**〔强精劑〕 ⓝ ㊅ 強精剤きょうせい。

**강:제**〔强制〕 ⓝ ㉔㉑ 強制せい、むりやりにさせること。¶ ~ 노동 強制労働ろうどう/ ~ 수단을 쓰다 強制手段しゅだんを用もちいる。/ ~로 떠맡기다 無理やりに押おしつける。

**강:제-력**〔-力〕 ⓝ 強制力りょく。¶ ~이 없는 규칙 強制力のない規則そく。

**강:제 송:환**〔-送還〕 ⓝ ㊋ 強制送還そうかん。

**강:제 수용**〔-收容〕 ⓝ ㊋ 強制収容しゅうよう。¶ ~소 強制収容所しょ。

**강:제-적**〔-的〕 ⓝ 強制的てき。¶ ~으로 끌어내다 強制的に連つれ出だす。

**강:제 집행**〔-執行〕 ⓝ ㊋ 強制執行しっこう。

**강제**〔鋼製〕 ⓝ 鋼製せい、鋼鉄製こうてつ。

**강:조**〔强調〕 ⓝ ㉔㉑ 強調ちょう。¶ 필요성을 ~하다 必要性ひつようせいを強調する。

**강:좌**〔講座〕 ⓝ 講座ざ。¶ 어학 ~를 개설하다 語学ごがく講座を設もうける。

**강중-거리다** ⓥ 短みじかい足あしで跳はねながら歩あるく。㉒ 겅중거리다

**강중-강중** ⓐ ㉒ (短い足で跳ねながら歩くさま) ぴょんぴょん。

**강직**〔剛直〕 ⓝ ㉒ 剛直ちょく。¶ ~한 성품 剛直な性分しょうぶん。

**강직**〔强直〕 ⓝ 強直ちょく。①㉒ 意志いしが堅かたくて正直しょう なこと。¶ ~한 사람 強直な人ひと。 ②㉑ ㊇ (筋肉きんなどの)硬直ちょく。¶ 사후 ~ 死後しご強直。

**강직성 경련**〔-性痙攣〕 ⓝ ㊇ 強直性けいきょうちょく痙攣けいれん。

**강진**〔强震〕 ⓝ ㊉ 強震しん。

**강짜** ⓝ ㊙ 焼やきもち、ねたみ、嫉妬しっと。¶ ~를 부리다 やきもちを焼く。

**강철**〔鋼鐵〕 ⓝ 鋼鉄てつ、鋼はがね、スチール。¶ ~ 같은 의지 鋼鉄のような意志し。

**강:청**〔强請〕 ⓝ ㉔ 無理むりに頼たのむこと。¶ 기부를 ~하다 寄付ふを無理に頼む。

**강촌**〔江村〕 ⓝ 江村そん、川沿かわぞいの村むら。

**강-추위** ⓝ きびしい寒さむさ、酷寒こっかん、厳寒げんかん。

**강타**〔强打〕 ⓝ ㉔ ①強打だ。¶ 안면을 ~하다 顔面めんを強打する。 ②大おおきな打撃げきを与あたえること。¶ 태풍이 남해안을 ~했다 台風たいふうが南海岸なんかいがんを襲おそった。

**강-타자**〔-者〕 ⓝ 強打者だしゃ。

**강:탈**〔强奪〕 ⓝ ㉔ 強奪だつ。¶ 금품을 ~하다 金品きんを強奪する。

**강-태공**〔姜太公〕 ⓝ ①大公望たいこう。 ②(比) 釣つり師し。

**강:판**〔降板〕 ⓝ ㉔㉑ ㊝ 降板ばん。

**강판**〔鋼板〕 ⓝ 鋼板ばん。

**강판**〔鋼版〕 ⓝ ㊉ 鋼版はん。

**강판**〔薑板〕 ⓝ おろし金がね。¶ 무를 ~에 갈다 大根だいこんをおろし金で下おろす。

**강:평**〔講評〕 ⓝ ㉔㉑ 講評ひょう。¶ 응모 작품을 ~하다 応募作品おうぼくひんを講評する。

**강:포**〔强暴〕 ⓝ ㉒ 強暴ぼう。¶ ~한 행동 強暴な行動どう。

**강풍**〔江風〕 ⓝ 川風かわかぜ。

**강풍**〔强風〕 ⓝ 強風ふう。¶ ~ 주의보 強風注意報ちゅういほう。

**강:하**〔降下〕 ⓝ ㉔㉑㉑ 降下か。¶ 급~ 急きゅう降下。

**강-하다**〔强-〕 ⓐ 強つよい。¶ 강한 팀 強いチーム/ 강한 햇살 強い日ざし/ 추위에 ~ 寒さに強い。/ 책임감이 ~ 責任感せきにんかんが強い。

**강:행**〔强行〕 ⓝ ㉔㉑ 強行こう。¶ 개혁을 ~하다 改革かくを強行する。

**강:-행군**〔强行軍〕 ⓝ ㉔㉑ 強行軍ぐん。¶ ~으로 일을 끝내다 強行軍で仕事を仕上しあげる。

**강호**〔江湖〕 ⓝ 江湖こう。①川かわと湖みずうみ。 ②田舎いなか。¶ ~에 묻혀 살다 田舎にうずもれて暮くらす。 ③世よの中なか、世間せけん。¶ ~의 호평을 얻다 江湖の好評こうひょうを博はくす。

**강호 제현**[-諸賢] 图 江湖の諸賢しょけん。
**강호**[强豪] 图 強豪きょう。¶ ~끼리의 대전 強豪同士どうしの対戦たい。
**강화**[强化] 图하自 강화기도. ¶ ~ 훈련 強化訓練くん/ 조직 ~ 組織そしき強化/ 규제를 ~하다 規制きせいを強化する。
**강화-미**[-米] 图 強化米べい。
**강화 식품**[-食品] 图 強化食品しょくひん。
**강화 유리**[-琉璃] 图 強化ガラス。
**강:화**[講和] 图하自 講和こうわ。¶ ~를 맺다 講和を結むすぶ。
**강:화 조약**[-條約] 图 講和条約じょうやく。
**강:화**[講話] 图하自 講話こうわ。¶ 문장 ~ 文章ぶんしょう講話。
**갖-** 接頭 皮革製品ひかくせいひんであることを表あらわす語ご。¶ ~신 革かわぐつ。
**갖가지** 冠 («가지가지»의 縮約形) いろいろ、さまざま、とりどり、もろもろ、種々しゅじゅ。¶ ~ 경험을 하다 いろいろな経験をする。
**갖가지-로** 副 («가지가지로»의 縮約形) いろいろと、さまざまに。¶ ~ 상품을 갖추다 いろいろと商品しょうひんを取とりそろえる。
**갖다**[1] 他 («가지다»의 縮約形) 持もつ、所有しょゆうする、有ゆうする。¶ 직업을 ~ 職しょくを持つ。
**갖다**[2] 形 備そなわっている、具備ぐびしている。¶ 최신 장비를 갖고 있다 最新さいしんの装備そうびを具備している。
**갖다**[3] 他 («가지어다가»의 縮約形) 持もって来きて、持っていって。¶ 이걸 ~ 주어요 これを持っていってあげなさい。
**갖-바치** 图 革かわぐつ屋や。
속담 **갖바치 내일 모레** 革かわぐつ屋のあさって。《紺屋こうやのあさって、じりじりと日ひを延のばすこと》
**갖:신** 图 革かわぐつ。
**갖:옷** 图 裏うらに毛皮けがわをあてた服ふく。
**갖은** 冠 さまざまな、さまざまな、あらゆる。¶ ~ 고생 さまざまな苦労くろう/ 그녀를 찾으려고 ~ 애를 썼다 彼女かのじょを探さがすために八方はっぽう手てを尽つくした。
**갖은-소리** 图 ①あらゆる言葉ことば、くだらないおしゃべり。¶ ~를 다해 허락을 얻었다 言葉を尽くして許可きょかを得えた。 ②(あらゆるものがそろっていて)不自由ふじゆうしないふりをすること。¶ 없는 놈이 무슨 ~냐? 貧まずしい者ものが何なにをもったいぶるのか。
**갖은-양념** 图 いろいろな薬味やくみ。
**갖은-자**[-字] 图 同おなじ意味いみの漢字かんじで普通ふつう使つかっている文字もじより画数かくすうの多おおい別べつの文字。
**갖추** 副 みんなそろえて、いろいろと、すべて取とりそろえて。¶ 음식을 ~ 장만하다 ごちそうをいろいろ用意よういする。
관용 **갖추 쓰다** ①(漢字かんじを)略字りゃくじを使つかわず本字ほんじで書かく。 ②もれなく全部ぜんぶ入いれて作つくる。
**갖추-갖추** 副 もれなくみんな、ことごとく。¶ ~ 먹어 보렴 あれこれとみんな食たべて御

**갖추다** 他 整ととのえる、備そなえる、取とりそろえる、具備ぐびする。¶ 준비를 ~ 支度したくを整える。/ 자격을 ~ 資格しかくを備える。/ 필수품을 ~ 必需品ひつじゅひんを取りそろえる。
**같다** 形 ①同おなじだ、同一どういつだ、等ひとしい。¶ 같은 이름 同じ名前なまえ/ 길이가 ~ 長ながさが等しい。 ②(前まえと) 変かわりがない。¶ 기억력은 10년 전과 ~ 記憶力きおくりょくは10年前ぜんと変わらない。 ③…らしい、…のようだ。¶ 그림 같은 경치 絵えのような景色けしき。 ④…らしい、…のようだ、…みたいだ、…そうだ。¶ 거짓말 ~ 嘘うそみたいだ。/ 비가 올 것 ~ 雨あめになりそうだ。 ⑤(もし)…だったら、…なら。¶ 옛날 같으면 昔むかしだったら/ 나 같으면 절대로 하지 않겠어 僕ぼくなら絶対ぜったいにしないよ。
**같아-지다** 自 同おなじくなる、等ひとしくなる、似にてくる。¶ 그녀는 커 갈수록 어머니와 같아진다 彼女かのじょは大おおきくなるにつれ母ははに似てくる。
**같으니** 「같으니라고」의 縮約形。
**같으니라고** 助 ①(名詞につけてひとりごとで悪口わるくちを言いうとき使つかう語ご)…めが。¶ 나쁜 놈~ 悪わるいやつめが。 ②(名詞につけて親したしい間柄あいだがらでちょっとからかいぎみに使つかう語)…だ。¶ 실없는 사람~ あてにならん人ひとねえ。
**같은-값에** 副 どうせ同おなじことなのに。¶ ~ 반대할 거야 있겠나 どうせ同じことなのに反対はんたいする必要ひつようがあろうか。
**같은-값이면** 副 同おなじことなら、どうせやるなら。¶ ~ 기분좋게 하고 싶다 どうせやるなら気持きもちよくやりたい。
속담 **같은값이면 다홍치마** 同じ値段ねだんなら赤あかいチマ。《同じ値段ならよいものを選えらぶ》
**같은-또래** 图 同おなじ年ごろの人ひと、同年輩どうねんぱい。¶ 그는 나와 ~이다 彼かれはわたしと同じ年としごろだ。
**같이**[1] 副 ①同おなじく、同様どうように、等ひとしく。¶ 어른과 ~ 취급하다 大人おとなと同様に扱あつかう。 ②共ともに、一緒いっしょに。¶ 친구와 ~ 놀다 友達ともだちと一緒に遊あそぶ。 ③…の通とおり、…ように。¶ 예상했던 바와 ~ 합격이었다 予想よそうしたとおりに合格ごうかくだった。
**같이**[2] 助 ①(体言について「その程度ていどの」の意いを表あらわす)…のように、…の如ごとく。¶ 눈~ 흰 살결 雪ゆきのように白しろい肌はだ。 ②(時ときにかかわる名詞についてその時を強調きょうちょうする)…のように、…の如く。¶ 새벽~ 떠나다 朝あさっぱらから発たつ。
**같이-하다** 他 共ともにする、同おなじくする。¶ 고락을 ~ 苦楽くらくを共にする。/ 뜻을 ~ 志こころざしを同じくする。
**같잖다** 形 ①「같지 아니하다」의 縮約形。 ②こしゃくだ、きざだ。¶ 같잖은 녀석 きざなやつ。 ③つまらない、くだらない。¶ 같잖은 고집을 부리다 つまらない意地いじをはる。

**갚다** 他 ① (借りたものを)返す、返済する。¶ 빚을 ~ 借金を返す。② (恩に)報いる、応える。¶ 은혜를 ~ 恩に報いる。③ (敵に)討つ。¶ 부모의 원수를 ~ 親の敵を討つ。

**개**¹ 名 川の水と海水が混じりあう河口、入り江。

**개**² 名 ①[動] 犬。¶ 들~ のら犬 / ~가 짖いた 犬がほえる。② 走狗、手先。¶ 경찰의 ~ 노릇을 하다 警察の走狗となる。③ 俗 たちの悪い人。¶ 술 먹은 ~ 酔いどれのくそたれ。
[속담] 개같이 벌어서 정승같이 산다 犬のようにきたなく稼いで宰相のように暮らす。《きたなく稼いでも正しく有用に使おう》개 눈에는 똥만 보인다 犬の目にはくそだけが見える。《何かに凝れば目に映るものがすべてそのように見えること》개 밥에 도토리 犬の餌にどんぐり。《仲間内に入れてもらえず独りぼっちのこと》
[관용] 개 패듯 한다 ところかまわずむちゃくちゃに殴る。

**개**[介·個·箇] 依 ①…個、…つ。¶ 가방 한 ~ かばん一個 / 복숭아 세 ~ 桃を三つ。② 地金100匁を数えるときの単位。

**개:-** 接頭 いかさまの、にせの、不良の、野生の、つまらない。¶ ~살구 野生あんず / ~죽음 犬死じに。

**개:-가**[改嫁] 名 自 (女の)再婚、再縁。 **재가**。

**개가**[開架] 名 他 開架。¶ ~식 開架式。

**개:-가**[凱歌] 名 ①「개선가」の縮約形。② 凱歌、かちどき。
[관용] 개가를 올리다 凱歌を奏する。① かちどきの声をあげる。② 勝利する、成果をあげる。

**개:-가죽** 名 ① 犬の皮。② 俗 ⇨ 낯가죽

**개:각**[改閣] 名 自 改造。¶ ~을 단행하다 内閣改造を断行する。

**개:간**[改刊] 名 他 (出版物の内容を)改めて刊行し直すこと。

**개간**[開墾] 名 他 開墾。¶ 황무지를 ~하다 荒れ地を開墾する。

**개간-지**[-地] 名 開墾地。

**개강**[開講] 名 自他 開講。¶ 어학 강좌을 하다 語学講座を開講する。

**개개**[個個] 名 個々、一つ一つ。¶ ~의 의견 めいめいの意見。

**개:-개-인**[-人] 名 ひとりひとり、めいめい、おのおの。

**개개-빌다** (過ちを)許すを嘆願する。

**개:개-풀리다** 自 ⇨ 개개풀어지다

**개:개-풀어지다** 自 ① 伸びる、粘り気がなくなる。¶ 메밀국수가 ~ そばが伸びる。② (眠気や酔いで)目がとろんとする。¶ 숙취로 눈이 ~ 二日酔で目がとろんとする。

**개:-고기** 名 ① 犬の肉。② (たちが悪く表面などを構わない)ならず者、荒っぽい人。¶ 그 놈은 성질이 ~다 あいつは気の荒いやつだ。

**개:-골** 名 つまらないことで怒ることをあざけっていう語。¶ ~을 내다 癇癪を起こす。

**개골-거리다** カエルがけろけろと鳴く。

**개골-개골** 副 (カエルの鳴き声) けろ、げろげろ。 개굴개굴

**개골-산**[皆骨山] 名 冬の金剛山の別称。

**개:-골창** 名 どぶ、溝。

**개:과**[改過] 名 他 過ちを悔い改めること、改悛。

**개:과-천선**[-遷善] 名 他 過ちを悔い改みずから善よい人間になること。

**개관**[開館] 名 他 開館。¶ 도서관은 오전 아홉 시에 ~한다 図書館は午前九時に開館する。

**개:관**[概觀] 名 他 概観、大観。¶ 상황을 ~하다 状況を概観する。②(絵画で)色彩・明暗・構図などの大体の模様。

**개:괄**[概括] 名 他 概括。¶ 내용을 ~하다 内容を概括する。

**개:괄-적**[-的] 冠 概括的。

**개:교**[改敎] 名 自他 宗 改宗。 개종

**개:교**[開校] 名 自他 開校。¶ ~ 기념일 開校記念日。

**개구**[開口] 名 自他 開口、口を開いて話し出すこと。

**개구-도**[-度] 名 ① 文法 発音するとき口の開かれ度合い。② 話しす回数。

**개구리** 名 動 カエル、かわず。¶ 청~ あまがえる / 우물 안 ~ 井の中のかわず。
[속담] 개구리 올챙이 적 생각을 못 한다 カエルはオタマジャクシのころが思い出せない。《成功した後はむかしの苦しかったときのことを忘れてしまう》

**개구리-헤엄** 名 平泳ひらおよぎ。

**개구리-밥** 植 ウキクサ。

**개구리-참외** 名 植 斑点があるマクワウリの一種。

**개:-구멍** 名 犬くぐり、(かきね・へいなどにあけてある)犬の出入りする穴。

**개:-구멍-받이** 名 捨て子、ひろい子。

**개구쟁이** 名 腕白、いたずらっ子、やんちゃ坊主。¶ 아이 わんぱく小僧。

**개국**[開國] 名 自他 開国。① 建国。¶ ~ 시조 開国の祖。② 外国と交流を始めること。¶ ~ 정책 開国政策。

**개국 공신**[-功臣] 名 開国の功臣。

**개굴-거리다** 自 (カエルが続けざまに)けろけろ鳴く。

**개굴-개굴** 副 自他 ((カエルが続けざまに鳴く声)) けろけろ、げろげろ。

**개그**[gag] 名 ギャグ。¶ ~맨 ギャグマン。

**개근**[皆勤] 名 自他 皆勤。¶ ~상 皆勤賞。

**개:기**[皆旣] 名 (「개기식」の縮約形) 皆既。¶ ~ 월식 皆既月食 / ~ 일식 皆既日食。

개기-식【-蝕】 图【天】 皆既食ミミネル。

개:-기름 图 顔ガミにべっとりにじみ出ィる脂ニ゙ッo。¶ ~이 번지르르한 얼굴 脂がべっとりにじみ出てぎらぎらした顔。

개:-꽃 图【植】①イヌカミツレ。②クロフネツツジ。

개:-꿈 图 とりとめのない夢ュ゙セ、つまらない夢。

개:-나리¹ 图【植】レンギョウ、チョウセンレンギョウ。

개:-나리² 图 野生セミニの百合ュレ。

개:-나발【一喇叭】 图 だぼら、でたらめな話ナキェ。でまかせ。¶ ~을 불다 だぼらを吹ネく。

개:-념【概念】 图 概念ガ。¶ ~을 파악하다 概念をつかむ。

개:념-적【-的】 图 概念的カミネミル。¶ ~인 이해 概念的な理解カミ。

개:-다¹ 固 ①(空ルュなどが)晴ハれる、天気ミミミがよくなる。¶ 갠 날 晴れた日ʿ/ 비가 ~ 雨アミが上ぁがる。②(気分ナ゙ンなどが)晴れる。 우울했던 마음이 활짝 ゆうつだった気分がからりと晴れる。

개:-다² 他 (粉ュなどを)こねる、練ネる。¶ 밀가루를 ~ 小麦粉ニミンをこねる。

개:-다³ 他 (紙ボ・布団ᅩミなどを)畳センむ。¶ 이부자리를 ~ ふとんを畳む。

개:-다리 图 ①犬ネの脚ナ゙。②【隠】拳銃ᅜンミッ゙ッ、ピストル。

개:다리-소반【-小盤】 图 犬の脚状ネミタョ゙の脚がついた膳ᅭン。

개당【個當】 图 一個ᅪニあたり、一つずつ。¶ ~ 200원 一個あたり200ウォン。

개도-국【開途國】 图 (「개발 도상국」の縮約形)開発ネッ途上国ニニネッ゙。

개:-돼지 图 ①犬ネと豚ァ。②(人をけなして)畜生ᅬッッェッ、犬畜生ᅪッッェッ゙ッ。¶ ~만도 못한 놈 犬畜生にも劣ルミった奴ュ゙。

개:-떡 图 小麦粉のあら粉ᄀとそばのぬかなどをこねて蒸ムした粗末ネマミつなもち。

개:떡 같다 图 くだらない、取ᅫるに足ルりない、つまらない。¶ 개떡같은 자식 くだらない奴ュ゙。

개:-똥 图 ①犬ネのくそ。②(比)くだらないもの、つまらないもの。¶ ~같은 소리 말아라 くだらない話ナッをするな。

속담 개똥도 약에 쓰려면 없다 犬のくそも薬ュリに使ュかおうとするとない。《どんなつまらないものでもいざ必要ᅧㅁⲣとなるとなかなか見ミつからないものだ》 개똥밭에 굴러도 이승이 좋다 犬のくその上ュミで転ュミんでもこの世゙ッがよい。《どんなに苦労ュᄅうしようと死ルぬよりは生きているほうがよい》

개:-똥-참외 图 (道端ᅻㅊや野原カᅪなどに)自然ネねʻに生ʰʷえて実ᄉュったマクワウリ。

개:-똥-벌레 图【動】ゲンジボタル、ホタル。

개:-똥-지빠귀 图【動】ツグミ。

개:-략【概略】 图 概略ᅟ゙ャッ、あらまし、大要ᅥニリ。¶ 사건의 ~을 설명하다 事件ジンの概略を説明セッミする。

개:-략-적【-的】 冠图 概略的。¶ ~인 내용 概略的な内容ᅪ゙ッ。

개:-량【改良】 图 他 団 改良ᅨᅯリ。¶ ~복 改良服゙/ 품종을 ~하다 品種ᅳンᅬッを改良する。

개:-량-종【-種】 图 【農】改良種。

개:-량-주의【-主義】 图 【社】改良主義シェギ。

개런티【guarantee】 图 ギャランティー。

개:-론【概論】 图 他 概論ᅟᅮン。¶ 철학 ~ 哲学ᅢᅩの概論。

개:-막【開幕】 图 他 団 開幕ᅤᅩᅮ。①(演劇ᅧᅩᅮなどの) 幕開ヤᅩᅵ。¶ ~ 시간 開幕時間ᅞᅩ。②(行事ᅜジなどを)始ᅳᅩめること。¶ ~전 /새로운 시대의 ~ 新ᅳᅩしい時代゙ᅩᅥの開幕。 (逆)폐막(閉幕)

개:-망나니 图 ならずもの、ろくでなし。

개:-망신【-亡身】 图 他 赤恥ᅤᅩ゙、大恥ᅩᅩ゙。¶ ~을 당하다 赤恥をかく。

개:-머리 图 銃床ᅵᅭᅩ、銃゙ᅩの台木゙ᅩ。

개:-머리판【-板】 图 (小銃゙゙゙ᅩの)台尻゙゙゙。

개:-명【改名】 图 他 改名ᅤᅵ。¶ ~ 신고 改名届ᅝᅩ。

개:명【開明】 图 他 団 開明ᅪᅵ。¶ ~한 세상 開明の世゙。

개:-문【開門】 图 他 団 開門ᅪᅮ。¶ 오전 9시에 ~한다 午前ᅥᅮ9時ᅳᅩに開門する。 (逆)폐문(閉門)

개:-미 图【動】アリ。¶ ~ 여왕 = 女王ᅴᅧᅩアリ/ 처럼 부지런히 일하다 アリのようにまめに働ᅩᅩく。

속담 개미 새끼 하나 얼씬 못하다 アリ一匹ᅥᅩ近ᅵᅩよれない。《警戒ᅨᅢᅵ服ᅮᅮが厳ᅩᅮ゙しいなこと》

개:-미-구멍 图 ①ありの穴゙。②ありの巣ᅩ。

속담 개미구멍으로 공든 탑 무너진다 ありの穴から念入゙゙ᅮᅳᅡリに築ᅥᅮᅥき上ᅩᅥげた塔゙ᅡᅩも崩ᅳᅮれる。《小゙゙さな不注意゙ᅮᅡᅮᅡᅡが大゙゙きな災禍゙゙ᅡᅳを呼ᅮᅥぶ、ありの穴から堤ᅳᅮも崩れる》

개:-미-산【-酸】 图 【化】蟻酸゙ᅥᅩ。

개:-미-지옥【-地獄】 图 あり地獄ᅣᅩ、「개미 귀신」がひそんでいるすり鉢状ᅡᅡ゙ᅭ゙の穴゙。

개:-미-집 图 蟻ᅩの巣゙。

개:-미-허리 图 (ありの腰ᅩᅵのような)女゙゙ᅮの細ᅩᅳい腰。

개:-미 귀신【-鬼神】 图【動】アリジゴク。

개:-미-핥기 图【動】アリクイ。

개:-발 图 犬ᅮの足゙ᅮ。

속담 개발에 편자라 犬の足に蹄鉄ᅢᅳᅮ。《まるで似ᅮᅮつかわないこと、駄馬゙゙ᅮに唐鞍ᅡᅳᅡᅳ》

개:발-코 图 (犬の足のように)平゙゙ᅳたい鼻ᅡᅩ、だんご鼻。

개발【開發】 图 他 団 開発゙ᅳᅮ。¶ 지역 ~ 地域゙゙ᅧᅥ 개발/ 능력의 ~ 能力ᅮ゙゙ᅧᅮの開発/ 신제품을 ~하다 新製品ᅳᅳᅩᅭᅮを開発する。

개발 교:육【-教育】 图 【教】開発教育゙゙゙ᅳᅮ、開発教授ᅩ゙ᅮ。

개발 도:상국【-途上國】 图 開発途上国゙゙ᅳᅡᅡ゙゙。

개:-밥 图 犬ᅮのえさ。

속담 개밥에 도토리 犬のえさの中ᅩᅮのドングリ。《のけ者ᅳᅭ》

개:밥-바라기 图 【俗】宵ᅧᅩの明星ᅩᅧᅩ。(別)금성

**개방**[開放] 图하他되自 開放かいほう。¶ 문호 ~ 門戸もんこ開放/ 고궁을 일반에게 ~하다 古宮こきゅうを一般いっぱんに開放する。
**개방 경제**[-經濟] 图 開放経済けいざい。
**개방 대학**[-大學] 图教 開放大学だいがく。
**개방-적**[-的] 冠 開放的てき。¶ ~인 성격 開放的な性格せいかく。
**개방 정책**[-政策] 图 開放政策せいさく。
**개버딘**[gabardine] 图 ギャバジン。
**개벽**[開闢] 图하自 開闢かいびゃく。¶ 이래 開闢以来いらい/ 천지 ~ 天地てん開闢。
**개:변**[改變] 图하他되自 改変かいへん、改革かいかく、改良りょう。¶ 행정 제도의 ~ 行政ぎょうせい制度せいどの改変。
**개:별**[個別] 图 個別こべつ。¶ ~ 심사 個別審査しんさ/ ~ 지도 個別指導どう。
**개:별-성**[-性] 图 個別性せい。
**개:별-적**[-的] 冠 個別的てき。¶ ~으로 조사하다 個別的に調査ちょうさする。
**개병**[皆兵] 图 皆兵かいへい。¶ 국민 ~ 제도 国民こくみん皆兵制度せいど。
**개복**[開腹] 图하自 開腹かいふく。¶ ~ 수술 開腹手術しゅじゅつ。
**개봉**[開封] 图하他되自 ①開封かいふう。편지를 ~하다 手紙てがみを開封する。②(映画えいがの)封切ふうきり。¶ 다음주 ~ 来週らいしゅう封切り。
**개봉-관**[-館] 图 封切り館かん。
**개:불알-꽃** 图植 アツモリソウ。
**개비** I 图 細こまく割った物もの、小割こわり、切きれはし。¶ 성냥 ~ マッチ棒ぼう/ 장작 ~ (一本いっ本の)薪まき。 II 依 細こまく割った物を数かぞえる単位たんい…本ぽん。¶ 담배 한 ~ たばこ一本ぽん/ 장작 두 ~ 薪まき二本にほん。
**개:비**[改備] 图하他 (古ふるい物ものを新あたらしいのと)とり替かえること。¶ 이부자리를 ~하다 布団ふとんを新品しんぴんにとり替える。
**개:뿔**[俗] くだらない[つまらない]もの。¶ ~도 아니다 大たいしたものじゃない。
**개산**[開山] 图하他自佛 開山かいさん、開基かいき。
**개:산**[概算] 图하他 概算がいさん。¶ ~서 概算書しょ。
**개:살구** 图植 マンシュウアンズ。
俗 개살구도 맛들일 탓 渋しぶいマンシュウアンズも食たべ慣なれるとうまくなる。《何事なにごとも慣れれば好すきになる》
**개:-새끼** 图 ①犬いぬの子こ。②卑 (人ひとをひどくけいべつして)畜生ちくしょう、野郎やろう。
**개:서**[改書] 图하自他 書かき換かえ。¶ 명의의 ~ 名義ぎの書き換え。
**개:선**[改善] 图하他되自 改善かいぜん。¶ 체질~ 体質たいしつ改善/ ~할 여지가 있다 改善の余地よちがある。
**개:선-책**[-策] 图 改善策さく。
**개:선**[疥癬] 图医 疥癬かいせん。中 옴。
**개:선**[凱旋] 图하自 凱旋がいせん。¶ 군대가 ~하다 軍隊ぐんたいが凱旋する。
**개:선-가**[-歌] 图 凱旋の歌うた。
**개:선-문**[-門] 图 凱旋門もん。
**개:선-장군**[-將軍] 图 ①凱旋将軍しょうぐん。②(比) ある事ことに成功せいこうした人ひと。

**개:설**[開設] 图하他되自 ①開設かいせつ。¶ 연구소의 ~ 研究所けんきゅうしょの開設。②(銀行ぎんこうで)信用状しんようじょうなどを発行はっこうすること。¶ 신용장 ~ 은행 信用状のオープンバンク。
**개:설**[槪說] 图하他 概説がいせつ。¶ 세계사 ~ 世界史せかいし概説。
**개:성**[個性] 图 個性こせい。¶ ~ 존중 個性尊重そんちょう/ ~을 살리다 個性を生いかす。
**개:성-적**[-的] 冠 個性的てき。¶ ~인 작품 個性的な作品さくひん。
**개:세**[蓋世] 图 蓋世がいせい。¶ 발산 ~의 영웅 抜山ばつざん蓋世の英雄えいゆう。
**개소**[個所·箇所] 图 ①箇所かしょ。¶ 파손된 ~ 破損はそんした箇所。②(形式名詞的めいしてきに)か所しょ。¶ 몇 ~ 数すうか所。
**개:-소리** 图하自 (犬いぬの鳴なき声ごえの意いから)でたらめな言葉ことば。¶ ~를 치다 でたらめなことを言いう。
**개:-소주**[-燒酒] 图 犬いぬを屠ほふっていろいろの漢方薬かんぽうやくを入いれ長時間ちょうじかん煮込にこんでしぼったスープ。
**개수**[-水] 图「개숫물」의 縮約形しゅくやくけい。
**개숫-물** 图 台所だいどころの洗あらい水みず。
**개:수**[改修] 图하他 改修しゅう。¶ 도로를 ~하다 道路どうろを改修する。
**개수**[箇數] 图 個数こすう。¶ ~가 모자라다 個数が足たりない。
**개:-수작**[-酬酌] 图하自 たわごと、ふざけた言動げんどう。¶ ~하지 마라 ふざけたことを言いうな。
**개시**[開始] 图하他되自 開始かいし、始はじめること。¶ 시합 ~ 試合しあい開始/ 영업을 ~하다 営業えいぎょうを始める。
**개식**[開式] 图하自 開式かいしき、開会かいかい。¶ ~사 開会の辞じ。
**개신-거리다** 冠 力ちからなく身みを動うごかす、ものうげに動うごく、ぐずぐずする。
**개:신-교**[改新教] 图基 新教しんきょう、プロテスタント。
**개:심**[改心] 图하自 改心かいしん。¶ ~하여 일에 힘쓰다 改心して仕事しごとにはげむ。
**개:-싸움** 图하自 ①犬いぬのけんか。②醜悪しゅうあくな争あらそい、泥仕合どろじあい。¶ ~을 벌이다 泥仕合を繰くり広ひろげる。
**개:악**[改惡] 图하他 改悪かいあく。¶ 법률을 ~하다 法律ほうりつを改悪する。
**개안**[開眼] 图하自 ①医 開眼かいがん。¶ ~ 수술 開眼かいがん手術しゅじゅつ。②佛 開眼かいげん、仏像ぶつぞうや仏画ぶつがに魂たましいを入いれること。¶ ~ 공양 開眼供養くよう。③佛 開眼かいげん、真理しんりを悟さとること。
**개암-나무** 图植 ハシバミ。
**개업**[開業] 图하他 開業かいぎょう。①営業えいぎょうを新あたらしく始はじめること。¶ ~ 축하 開業祝いわい。②営業をしていること。¶ ~ 중 開業中ちゅう。
**개업-의**[-醫] 图 開業医かいぎょうい、町医者まちいしゃ。
**개:역**[改譯] 图하他 改訳かいやく。
**개:연**[蓋然] 图 蓋然がいぜん。

개:연-성【-性】 名 蓋然性。¶ ~이 높다 蓋然性が高い。

개:연-적【-的】 冠名 蓋然的。¶ ~판단 蓋然的判断。

개염 名 欲、羨望、そねみ。¶ ~을 부리다 欲張る。

개염-나다 自 うらやましく思う、欲が出る、うらやむ、そねむ。

개염-내다 他 嫉妬する、欲を出す、うらやむ、そねむ。

개염-스럽다 形ㅂ ねたみうらやむ気持ちになる、そねむ。

개:와【蓋瓦】名하自他 ①瓦で屋根を葺くこと、瓦葺きの。②瓦。③기와

개:요【概要】名 概要、概略、あらまし。¶ ~를 설명하다 概要を説明する。

개운-하다 形여 さっぱりしている。①(心ら体が)すっきりしている、晴れ晴れしている。¶ 실컷 울었더니 개운해졌다 思う存分泣いたのできっぱりした。②(食べ物の味が)あっさりしている。¶ 개운한 맛 さっぱりした味。

개울 名 小川、細流、谷川、せせらぎ。

개울-가 名 小川のほとり。

개원【改元】名하自他 改元。¶ 연호가 ~되다 年号が改元される。②王朝がかわること。

개원【開院】名하自他 開院。¶ ~ 시간 開院時間/ ~ 식 開院式。

개으르다 形르 怠惰だ、怠けている。③게으르다

개으름 名 怠惰、怠慢、怠けること。③게으름

개으름-뱅이 名 怠け者。

개으름-부리다 自 怠ける、のらくらする。③게으름부리다

개으름-피우다 自 怠ける、のらくらする。③게으름피우다

개을러-빠지다 形 大変な怠けものである。③게을러빠지다

개:의【介意】名하他 介意、頓着、気にかけること。¶ ~치 않다 意に介しない。

개:인【改印】名하自他回自 改印。

개:인【個人】名 個人。¶ ~ 교수 個人教授/ ~ 택시 個人タクシー/ ~ 자격으로 참가하다 個人の資格で参加する。

개:인-기【-技】名 個人技。¶ ~가 뛰어나다 個人技が優れている。

개:인용 컴퓨터【-computer】名 パーソナルコンピューター、パソコン。

개:인-적【-的】冠名 個人的。¶ ~인 생각 個人的な考え。

개:인-전【-展】名 個人展覧会、個展。¶ ~을 열다 個展を開く。

개:인-주의【-主義】名 個人主義。

개:인-차【-差】名 個人差。¶ ~가 크다 個人差が大きい。

개:입【介入】名하自回自 介入。¶ 분쟁에 ~하다 紛争に介入する。

개:작【改作】名하他回自 改作。¶ 소설로 ~하다 小説に改作する。

개:-잠 名 犬のように背を丸めて寝ること。

개:장【改装】名하他 改装。¶ 건물의 ~공사 建物などの改装工事。

개장【開場】名하自他 開場。¶ 수영장을 ~하다 プールを開場する。

개:장-국 名 犬肉の煮込み汁。

개:재【介在】名하自回自 介在。¶ 어려운 문제가 ~되어 있다 難問などが介在している。

개:전【改悛】名하自他 改悛。¶ ~의 정이 현저하다 改悛の情が著しい。

개전【開戦】名하自他 開戦。¶ ~을 선포하다 開戦を宣布する。

개점【開店】名하自他 開店、店開き。¶ 신장 ~ 新装開店/ 오전 9시에 ~한다 午前9時に開店する。

개점 휴업【-休業】名 開店休業。

개:정【改正】名하自他 改正。¶ 법률을 ~하다 法律を改正する。

개:정-안【-案】名 改正案。¶ 헌법 ~ 憲法改正案。

개:정【改定】名하自他 改定。¶ 요금 ~ 料金改定。

개:정【改訂】名하自他 改訂。¶ ~판 改訂版/ ~한 사전 改訂した辞書/ 교과서를 ~하다 教科書を改訂する。

개정【開廷】名하自他 開廷。¶ ~을 선언하다 開廷を宣する。⟺ 폐정【閉廷】

개제【皆済】名하自他 皆済、完済。¶ 묵은 빚을 ~하다 旧債をみんな返済する。

개:조【改造】名하自他 改造。¶ 자동차를 ~하다 車を改造する。

개:조【改組】名하自他 改組。¶ 내각 ~ 内閣改組。

개:조【個條・箇條】名 簡条、(それぞれの)条項。¶ 삼 ~ 三ヶ簡条。

개조【開祖】名 開祖。¶ 유파의 ~ 流派の開祖。

개:종【改宗】名하自他[宗] 改宗。¶ 기독교로 ~하다 キリスト教に改宗する。

개:주【改鋳】名하自他 改鋳。¶ 화폐를 ~하다 貨幣を改鋳する。

개:-주다 他 ①犬にやる。②(比)(悪い癖などを)捨てる、直す。¶ 그 버릇 개줄까? その癖を直させるかい。

개:-죽음 名하自 犬死に、むだ死に。¶ ~을 당하다 犬死にする。

개:중【個中・箇中】名 数ある中、大勢の中。¶ ~에는 더러 좋은 것도 있다 中にはたまに良いものもある。

개:진【改進】名하自他 改進。

개진【開陳】名하自他 開陳。¶ 의견을 ~하다 意見を開陳する。

개집 名 月経帯の一種、生理帯。

개:-차반 名 ろくでなし、できそこない、下種。¶ 하는 짓이 아주 ~이다 やることがまった

**개착**[開鑿] 名 他 開削かい。¶ 운하를 ~하다 運河うんがを開削する。
**개:찬**[改竄] 名 하他 되自 改竄かいざん。¶ 증서의 ~ 證書しょうの改竄。
**개:찰**[改札] 名 他 改札かいさつ。¶ ~구 改札口ぐち。
**개찰**[開札] 名 他 開札かい。¶ ~ 결과를 발표하다 開札の結果けっかを発表はっぴょうする。
**개척**[開拓] 名 他 되自 開拓かい、切きり開ひらくこと。¶ ~ 정신 開拓精神せいしん/ 새로운 시장을 ~하다 新あたらしい市場しじょうを開拓する。/ 자신의 운명을 ~ 하다 自分じぶんの運命うんめいを切り開く。
**개척-자**[-者] 名 開拓者しゃ。
**개척-지**[-地] 名 開拓地ち。
**개천**[開川] 名 ①下水路すい、どぶ、溝みぞ。¶ ~가 溝のほとり。②小川おがわ。¶ ~에서 놀다 小川であそぶ。
  속담 **개천에서 용 난다** どぶから竜りゅうが生うまれる。《鳶とんびが鷹たかを生うむ》
**개천-절**[開天節] 名 韓国かんこくの建国けんこく記念日きねんび(10月じゅう3日みっか)。
**개체**[個體] 名 個体たい、個物ぶつ。¶ ~군 個体群ぐん。
  **개체 발생**[-發生] 生 個体発生せい。
**개최**[開催] 名 他 되自 開催かい。¶ 대회를 ~하다 大会たいかいを催もよおす。
**개최-지**[-地] 名 開催地ち。
**개:축**[改築] 名 他 되自 改築ちく、建たて直なおし。¶ ~ 공사 改築工事こうじ。
**개:칠**[改漆] 名 他 ①塗ぬり直なおすこと。②一度いちど書かいた字じに筆ふでを加くわえること。
**개:칭**[改稱] 名 他 되自 改称しょう。
**개:코-같다** 形 つまらない、くだらない、下手へたくそだ。¶ 글씨가 ~ 字じが下手そだ。
**개:코-망신**[-亡身] 名 他 되自 ひどい恥はじをかくこと、赤恥あかはじ。¶ ~을 당하다 赤恥をかく。
**개키다** 畳たむ、折おり畳む。¶ 이불을 ~ ふとんを畳む。
**개:탄**[慨歎·慨嘆] 名 他 되自 慨嘆たん。¶ 사치 풍조를 ~하다 奢侈風潮しゃしふうちょうを慨嘆する。
**개통**[開通] 名 他 되自 開通かい。¶ 지하철이 ~되다 地下鉄ちかてつが開通する。
**개통-식**[-式] 名 開通式しき。
**개:-판**《乱雑らんざつで秩序ちつじょがなくてでたらめな状態じょうたい》めちゃめちゃ、ごちゃごちゃ。¶ ~이 되다 めちゃくちゃになる。
**개:판**[改版] 名 他 되自 改版はん。
**개펄** 名 (入いり江えや浦うらなどの)干潟ひがた、潟かた。图 펄
**개:편**[改編] 名 他 되自 改編へん。¶ 조직의 ~ 組織そしきの改編。
**개평** 名 (賭博とばくなどで)他人たにんの持もち分ぶんからただで少すこし分わけてもらったもの。
  관용 **개평을 떼다** (他人の持ち分から)ただでいくらか分けてもらう。
**개평-꾼** 名 (賭博などで)他人の持ち分からただでいくらか分けてもらう人。
**개폐**[開閉] 名 他 되自 開閉へい。¶ 자동 ~ 장치 自動じどう開閉装置そうち。
**개폐-기**[-器] 名 開閉器き、スイッチ。
**개:표**[改票] 名 他 改札かい。
**개:표-소**[-所] 名 改札口かいさつぐち。
**개표**[開票] 名 他 開票ひょう。¶ ~ 속보 開票速報そくほう。
**개표-소**[-所] 名 開票所かいひょうじょ。
**개표 참관인**[-參觀人] 名 開票參觀人にん。
**개피-떡** 名 米こめの粉こなをこねて薄うすくのばし小豆あずき・豆まめのあんを入いれ半月形はんげつけいに作つくった餅もち。
**개학**[開學] 名 他 되自 (学校がっこうの休やすみが明あけて)授業じゅぎょうを始はじめること、始業しぎょう。¶ ~식 始業式/ 내일부터 ~한다 明日あすから学校が始まる。
**개항**[開港] 名 他 되自 開港かい。¶ ~ 백주년 開港百周年ひゃくしゅうねん/ 새 공항이 ~하다 新空港しんくうこうが開港する。
**개항-장**[-場] 名 開港場かいこうじょう。
**개:헌**[改憲] 名 되自 改憲けん。¶ ~을 시도하다 改憲を試こころみる。
**개:헌-론**[-論] 名 改憲論ろん。
**개:-헤엄** 名 犬搔いぬかき、犬泳いぬおよぎ。
**개:혁**[改革] 名 他 되自 改革かく。¶ ~ 안 改革案あん/ 제도를 ~하다 制度せいどを改革する。
**개화**[開化] 名 他 되自 開化かい。¶ ~ 문명 文明ぶんめい開化/ 세상이 ~ 되다 世よが開ひらける。
**개화-기**[-期] 名 開化期き。
**개화 사상**[-思想] 名 開化思想そう。
**개화**[開花] 名 他 되自 開花かい。¶ 서민 문화의 ~ 庶民文化しょみんぶんかの開花。
**개화-기**[-期] 名 開花期き。¶ 매화의 ~ 梅うめの開花期。
**개:황**[概況] 名 概況きょう。¶ 오늘의 기상 ~ 今日きょうの天気気象てんききしょう概況。
**개회**[開會] 名 他 되自 開会かい。¶ 국회가 ~되다 国会こっかいが開かれる。
**개회-사**[-辭] 名 開会の辞じ。
**개회-식**[-式] 名 開会式しき。
**개-흙** 名 (干潟ひがた・沼地ぬまちの)泥土でい。
**객**[客] Ⅰ 名 客きゃく。¶ 낯선 ~이 오다 見知みしらぬ客が来くる。Ⅱ 接頭 むだな…、つまらない…、くだらない…。¶ ~소리 むだ口ぐち/ ~식구 居候いそうろう。Ⅲ 接尾 …客きゃく。¶ 방문 訪問客ほうもんきゃく・불청~ 招まねかれざる客。
**객고**[客苦] 名 旅つかれ、旅先たびさきでの苦労くろう。
**객관**[客觀] 名 哲 客観きゃっ。¶ ~주의 客観主義しゅぎ。@ 주관(主觀)。
**객관-성**[-性] 名 客観性せい。¶ ~이 결여되다 客観性にとぼしい。
**객관-적**[-的] 冠 客観的てき。¶ ~인 사실 客観的な事実じじつ。
**객관-화**[-化] 名 他 되自 客観化か。
**객기**[客氣] 名 客気かっ、血気けっ、空元気からげんき。¶ ~에 이끌리다 客気にかられる。
**객담**[客談] 名 되自 無駄口むだ、むだ話ばな。¶ ~을 늘어놓다 無駄口を並ならべ立たてる。图 객소리
**객담**[喀痰] 名 되自 喀痰かくたん、痰たんを吐はくこと。

객사{客死} 图(하)(自) 客死かくし・きゃくし.
객석{客席} 图 客席せき. ¶ ~을 꽉 메운 청중 客席をぎっしりうずめた聴衆.
객선{客船} 图 ①客船きゃくせん, 旅客船りょかくせん. ②よそから来た船.
객-소리{客-} 图 むだ口ぐち, むだ話ばなし. ¶ ~ 말아라 むだ口をたたくな. ⑨ 객담(客談)
객승{客僧} 图 [佛] 客僧かくそう, 旅僧たびそう.
객-식구{客食口} 图 食客しょっかく, 居候いそうろう. ⑨ 군식구
객실{客室} 图 客室きゃくしつ. ①客間きゃくま. ¶ 손님을 ~로 안내하다 お客きゃくを客間へ案内あんないする. ②(旅館・船舶せんぱくなどの)お客用きゃくようの部屋. ¶ ~ 담당 客室係がかり.
객심{客心} 图 ①客心きゃくしん, 旅心たびごころ, 旅情りょじょう. ②異心いしん, 二心ふたごころ. ¶ ~을 품다 二心を抱いだく.
객어{客語} 图 ①客語きゃくご, 目的語もくてきご. ② ⇒ 빈사(賓辭)
객원{客員} 图 客員きゃくいん・かくいん. ¶ ~ 교수 客員教授じゅ.
객주{客主} 图 (むかし)商品しょうひんの委託販売はんばいや仲買なかがいをしたり商人しょうにんを宿泊しゅくはくさせた宿やど, またその主人しゅじん.
객줏-집 图「객주」の営業えいぎょうをする家いえ.
객지{客地} 图 他郷たきょう, 異郷いきょう, 旅先たびさき. ¶ ~에서 떠돌아다니다 異郷にさすらう.
객지-살이 图(하)(自) 異郷で暮くらすこと.
객-쩍다{客-} 邢 つまらない, 余計よけいだ, 無駄むだで, 味気あじけない. ¶ 객쩍은 소리 하지 마라 つまらないことを言いうな.
객차{客車} 图 客車きゃくしゃ, 旅客列車れっしゃ.
객체{客體} 图 [哲] 客体きゃくたい. ¶ ~화 客体化か. ⑭ 주체(主體) ②(手紙がみの)旅先たびさきの人ひとに対たいする敬称けいしょう.
객토{客土} 图 ①[農] 客土かっく・きゃくど, 入いれ土つち. ②よそから移うつってきた土.
객혈{喀血} 图(하)(自) 喀血かっけつ. ¶ 결핵으로 ~다 結核けっかくで喀血する.
갤러리{gallery} 图 ギャラリー, 画廊がろう.
갤런{gallon} 困 ガロン(ヤードポンド法ほうの容積せきの単位たんい).
갭{gap} 图 ギャップ. ¶ ~을 메우다 ギャップをうめる.
갯-가 图 ①浜辺はまべ, 海辺うみべ. ②流ながれのほとり. ¶ ~의 외딴집 流れのほとり一軒家いっけんや.
갯-둑 图 海辺に築きずいた堤防ていぼう.
갯-마을 图 海辺の村むら, 漁村ぎょそん.
갯-바람 图 浜風はまかぜ, 潮風しおかぜ.
갯-벌 图 干潟ひがた, 砂州さす.
갯-솜 图 海綿かいめん動物ぶつの総称.
갯-지렁이 图(動) ゴカイ.
갱{坑} 图 [鑛] 坑こう. ① ⇒ 구덩이 ②「갱도(坑道)」の縮約形. ③砂金鉱さきんこうで汲くみ出だした水みずを流ながすために作つくった溝みぞ.
갱{羹} 图(祭祀さいしに使つかう)大根だいこんや昆布こんぶなどで作つくった汁物しるもの.
갱{gang} 图 ギャング. ¶ 은행 ~ 銀行ぎんこうギャング.

갱내{坑内} 图 [鑛] 坑内こうない. ¶ ~ 작업 坑内作業さぎょう.
갱내-부{-夫} 图 坑内夫こうないふ.
갱-년기{更年期} 图 更年期こうねんき. ¶ ~ 장애 更年期障害しょうがい.
갱도{坑道} 图 ①地下ちかにつくった通路つうろ. ②[鑛] 坑道こうどう. ② 갱(坑)
갱부{坑夫} 图 坑夫こうふ. ⑨ 광부(鑛夫)
갱:생{更生} 图(하)(自他)(自) 更生こうせい. ¶ 자력 ~ 自力じりき更生/ 가사 상태에서 ~하다 仮死かし状態じょうたいから生いき返かえる.
갱:생 보:호{-保護} 图 更生保護ほご. ¶ ~법 更生保護法ほう.
갱:생 시:설{-施設} 图 更生施設しせつ.
갱:신{更新} 图(하)(自他)(自) 更新こうしん. ¶ 세계 기록의 ~ 世界せかい記録きろくの更新/ 계약을 ~하다 契約けいやくを更新する.
갱신 图(하)(自他) 《おもに否定の表現とともに用いられて》身動みうごき, 身じろぎ. ¶ 너무 피곤해서 ~도 못하다 あまりに疲つかれて身動きもできない.
갱:지{更紙} 图 ざら紙がみ, わら半紙ばんし.
갸륵-하다 邢(中) (行動こうどうが)けなげだ, 殊勝しゅしょうだ, 奇特きとくだ, 感心かんしんだ. ¶ 갸륵한 마음씨 けなげな心づかい. 갸륵-히 副 けなげに, 奇特にも. ¶ 효성을 ~ 여기다 孝心こうしんをけなげに思う.
갸름-하다 邢(中) やや細長ほそながい, やや長ながめだ. ¶ 갸름한 얼굴 모습 面長おもながの顔かおだち.
갸우뚱 副(自他)(하)(形) (体からだ・物ものなどが)少すこし傾かたいているさま. ¶ 고개를 ~하다 首くびをちょっとかしげる. ⑧ 기우뚱
갸우뚱-갸우뚱 副(自他)(하)(形) (物ものなどが)あちこちにちょっと傾かたいているようす.
갸우뚱-거리다 自他 あちこちに傾かたける, しきりに首くびをかしげる.
갸웃 副(自他)(하)(形) (何なにかを見みようと)首くびをしげるか, または少すこしかしげているようす.
갸웃-이 副 やや傾かたけて, ややかしげて.
갸웃-갸웃 副(自他)(하)(形) しきりに首くびをかしげるようす.
갸웃-거리다 自他 しきりに首をかしげる, 首を傾かたける. ¶ 고개를 갸웃거리면서 무엇인가 생각하고 있다 首をかしげながら何なにか考かんがえている.
갹출{醵出} 图(하)(自) 醵出きょしゅつ, 金品きんぴんを出だし合あうこと. ¶ 금품을 ~하다 金品きんぴんを醵出する.
걔: 略 《「그 아이」の縮約形》その子こ. ¶ ~가 온다 その子が来くる.
걘: 略 《「그 아이는」の縮約形》その子こは. ¶ ~ 착하다 その子はいい子だ.
걜: 略 《「그 아이를」の縮約形》その子こを. ¶ ~ 데려 오렴 その子を連つれておいで.
거: 困 《「것」の縮約形》もの, こと. ¶ 가진 ~라곤 아무 것도 없다 持もっているものは何なに一ひとつない.

거² 代 ①(「ユ것」の縮約形) それ。¶ ~ 좀 다오 それちょっとくれ。②(「거기」の縮約形) そこ、そちら。¶ ~ 누구요 そちらはだれですか。

거³ 感 (「ユ것」の縮約形) それは、そりゃ、そら、それ。¶ ~ 참 잘됐네 それはよかったね。/ ~ 참 맛있다 そりゃ、本当にすばらしい。

거간[居間] 名 ①해 仲買、仲立ち、仲介、周旋。¶ 토지 ~ 土地の仲買。②「거간꾼」の縮約形。

거간-꾼 名 仲買人、仲介人、周旋屋、ブローカー。¶ 수완 좋은 ~ 腕利きの周旋屋。

거:개[擧皆] 名 ①ほとんど、大部分。¶ ~ 가 찬성으로 돌았다 ほとんどが賛成に回った。②《副詞的に》ほとんど皆、大部分。¶ 상품은 ~ 다 팔렸다 商品はほとんど全部売れた。

거:골[距骨] 名〔生〕距骨、くるぶし。圏 복사뼈。

거:구[巨軀] 名 巨軀、巨体。¶ 육척 ~ 6尺の巨軀。

거:국[擧國] 名 擧國、国全体、国民全体。¶ ~ 일치 擧国一致。

거:국-적[-的] 冠 擧国的。¶ ~인 축하 행사 国を擧げての祝賀行事。

거:금[巨金] 名 大金、巨額の金。¶ ~을 희사하다 大金を喜捨する。

거기 代 ①そこ、そちら、そこ、その点。¶ ~ 를 읽어 보렴 そこを読んでごらん。/ ~ 서 기다려 줘 そこで待っていてくれ。②《副詞的に》そこに、そこで。¶ ~ 누구 없느냐? そこにだれかいないか。

거꾸러-뜨리다 他 倒す。①(うつむけに)ひっくり返す、つんのめらせる。¶ 발을 걸어 ~ 足をかけて倒す。②打倒する、やっつけ負かす、覆えす。¶ 정권을 ~ 政権を打倒する。③殺す。

거꾸러-지다 自 倒れる。①(うつむけに)つんのめる、ひっくり返る。¶ 돌부리에 걸려 ~ 石につまずいて倒れる。②負ける、滅びる。¶ 왕정이 ~ 王政が倒れる。③(俗)死ぬ、くたばる。

거꾸로 副 ①逆、逆さまに、あべこべに、裏腹に、裏返しに、反対に。¶ ~ 말하다 逆さまにいう。/ ~ 매달다 逆さまにつるす。/ 나사를 ~ 돌리다 ネジを逆さまに回す。圏 가꾸로。
慣用 거꾸로 박히다 逆さまに落ちる、逆さに墜落する。

거꿀-가랑이표[-標] 名[版] 不等号。

거꿀-삼각점[-三-點] 名[版] 理由を示す符号。

거나 助 …でも、…であれ。圏 이거나。

-거나 語尾 ① …ろうが、…ても、…くても。¶ 크~ 작~ 값은 같다 大きくても小さくても値段は同じだ。② …するか、…か、乗のか。¶ 빨리 타~ 내리~ 하세요 早いく乗るか降りるかしてください。③ …したり。¶ 텔레비전을 보~ 라디오를 듣~ 한다 テレビを見たりラジオを聽いたりする。④ …としようとも、…であろうとも。¶ 무엇을 먹~ 네가 상관할 바 아니다 何を食べようとお前までのかんがい知るところではない。

거나-하다 形여 ほろ酔い機嫌である、一杯機嫌だ。¶ 거나하게 취해서 돌아갔다 ほろ酔い機嫌で帰った。

거:년[去年] 名 去年、昨年。圏 작년

거년-스럽다 形ㅂ みすぼらしい、大変困っているらしい、貧乏ったらしい。

거느리다 他 ①(目下の者を)率いる、従しえる、引き連れる。¶ 부하를 ~ 部下を率いる。②(負担になるものを)抱かえる。¶ 많은 가족을 거느리고 있다 多くの家族を抱えている。

-거늘 語尾 ① …であるからには、…である以上に、…なるゆえに、…するので。¶ 허락을 받아 놓았~ 주저할 일이 뭐냐 許下を得ておいたからには、ためらうこともあるまい。② …であるにもかかわらず、…であるのに。¶ 새도 집을 찾~ 하물며 사람에 있어서랴 鳥すらねぐらへ戻るのにまして人間においてをや。③ …したのに。¶ 일찍 돌아오라고 일렀~ 왜 늦었느냐? 早めく帰るって来いと言ったのになぜ遅くなったのか。

거니 助 …だもの、…だろうと。圏 이거니

-거니 語尾①《連結語尾として》㉠ …だもの。¶ 우리는 젊었~ 이 정도가 무거우랴 われらは若いんだもの、これくらいのものが重いものか。㉡ …だろう。¶ 언젠가는 돌아오겠~ 하고 기다렸다오 いつかは返ってくるだろうと待っていたのです。㉢ …たり、…だの。¶ 술잔을 주~ 받~ 끝이 없다 杯をやりとりして盡きない。②《終結語尾として》…したものだ。¶ 이래뵈도 젊어서는 미남으로 불렸~ これでも若いときは美男子だしといわれたものだ。

거니와 助 …であるが、…だが。圏 이거니와

-거니와 語尾 …だが、…が、…けれども。¶ 산도 좋~ 바다는 더 좋다 山もよいが海もなおよい。

거:닐다 自 ぶらつく、徘徊する、散歩する。¶ 바닷가를 ~ 海辺をぶらつく。

거:담[祛痰・去痰] 名해自 去痰。¶ ~제 去痰剤。

거:당[擧黨] 名 擧党。¶ ~ 일치 擧党一致。/ ~ 체제 擧党体制。

거:당-적[-的] 冠 擧党的。¶ ~으로 반대하다 党を擧げて反対する。

거:대[巨大] 名해形 巨大だ。¶ ~ 자본 巨大資本。/ ~ 한 도시 巨大な都市。

거:대-증[-症] 名[醫] 巨大症。

거덜거덜-하다 形여 (暮らしむき・事業などが)危なない、つぶれそうだ。¶ 회사가 ~ 会社がもつぶれそうだ。

거덜-나다 自 ①倒れる、つぶれる、倒産する

**거동**

る、破産はする。¶ 살림이 ~ 身代しんがつぶれる。②台無だいしになる、破綻たんする。¶ 계획이 ~ 計画けいかくが台無しになる。

**거:동**【擧動】图하더 挙動きょう、立たち居振舞ふるい。¶ ~이 수상한 사나이 挙動不審しんな男おとこ。

**거:두**【巨頭】图 巨頭きょ、重要じゅうな人物じんぶつ。¶ 재계의 ~ 財界ざいかいの巨頭。

**거두다** 他 ①(散ちらかっているものを) 取とり入れる、取り込こむ。¶ 빨래를 ~ 洗濯物せんたくを取り込む。②(結果けっか・収穫しゅうかくなどを)得える、立派りっぱな成果せいかを収める。¶ 훌륭한 성과를 ~ りっぱな成果を収める。③(金品きんぴんなどを)取り立てる、徴収ちょうしゅうする。¶ 세금을 ~ 税金ぜいきんを徴収する。④(身みのまわりを)ととのえる、切り回まわす、片付かたづける。¶ 집안 일을 알뜰히 ~ 家計かけいをこまめに切り回す。⑤育そだてる、飼かう、手入ていれする。¶ 가축을 ~ 家畜かちくを飼う。⑥(生活せいかつ・事業じぎょう)などを)たたむ、整理せいりする、おさめる。¶ 객지 살림을 거두고 고향으로 돌아가다 異郷いきょうの暮くらしをたたんで故郷こきょうに帰る。⑦(涙なみだ・笑わらいなどを)やめる。¶ 눈물을 ~ 泣なくのをやめる。⑧(武器ぶきをおさめる。¶ 칼을 ~ 剣けんをおさめる。⑨(息いきを)引ひき取る。¶ 끝내 숨을 거두었다 とうとう息を引き取った。⑩(命令めいれいなどを)取り下さげる、撤回てっかいする。¶ 그 분부만은 거두어 주십시오 その命令だけはご容赦ようしゃください。

**거두어-들이다** 他 (収穫しゅうかくしたものを)取とり入いれる、刈かり入れる。¶ 벼를 ~ 稲いねを取り入れる。

**거:두-절:미**【去頭截尾】图하다 (頭あたまと尾おを切きる意いで)細こまかいことは省いて要点ようてんだけを述のべること。¶ ~하고 요점만 말하라 短刀直入たんとうちょくにゅうに要点だけを述べる。

**거드럭-거리다** 直 いばる、もったいぶる、偉えらぶる、横柄おうへいにふるまう。

**거:드름** 图 傲慢ごうまんな態度たいど、尊大そんだいな態度。

**거:드름-피우다** 自 ごうまんな態度をとる、尊大ぶる、いばる、気取きどる。¶ 거드름피우는 남자 気取った男おとこ。

**거든** 助 ⇒ 이거든

**-거든** 語尾 ①《連結語尾として》㉠…たら、…すれば、…なら。¶ 비가 그치~ 가자 雨あめが止やんだら行こう。㉡…から、…からには。¶ 개도 은혜를 갚~ 하물며 사람에 있어서야 犬いぬできえ恩おんを返かえすのにまして人間にんげんにおいておや。②《終結語尾として》㉠…だよ、…さ。¶ 싸움을 걸어오는데 가만히 있을 수 만은 없~ けんかを売うってくるのにじっとしていることなんか出来でくないんだよ。㉡…だもの。¶ 아무리 생각해도 알 수 없~ いくら考かんがえても分わからないんだよ。

**거든-하다** 形団 見みかけより軽かるい、軽快けいかいだ。**거든-히** 副 軽く、身軽く。¶ ~ 들어올리다 軽く持もち上あげる。㉗ 거뜬하다

**거:들【girdle】**图 ガードル。

**거:들다** 他 ①手伝てつだう、手助てだけする。¶ 집안 일을 ~ 家事かじを手伝う。②口添くちぞえする、介入かいにゅうする。¶ 한 마디 거들다 一言いちげん口添えする。

**거들떠-보다** 他 (関心かんしんをもって) 目めを向むける、ちょっと目をくれる。

**慣用** 거들떠보지도 않다 見向みむきもしない、無視むしする。

**-거들랑** 語尾 (「거든」과 「을랑」이 結合けつごうしてできた語ご)…ならば、…たら、…すれば、…だったら。¶ 이 근처에 오~ 내게 놀러 오너라 この近ちかくに来きたら私わたしのところに遊あそびにおいで。

**거들먹-거리다** 自 いばり散ちらす、しきりに偉えらぶる。¶ 칭찬 좀 받았다고 거들먹거리는 꼴이라니 ちょっと褒ほめられたからっていばり散らすざまったら。

**거들먹-거들먹** 副하더 調子ちょうしにのっていばり散ちらすさま。

**거듭** 副하他 重かさねて、さらに、繰くり返かえし。¶ ~ 부탁드립니다 重ねてお願おねがいいたします。/ 잘못은 ~ 하지 말아야 한다 誤あやまりは繰り返してはならない。

**거듭-거듭** 副 重かさね重ね、くれぐれも、返かえす返す、幾重いくえにも。¶ ~ 당부하네 くれぐれも頼たのむんだよ。

**거듭-나다** 自〔基〕 (宗教的しゅうきょうてきに悟さとって)生うまれ変かわる。

**거듭-되다** 自 重かさなる、繰くり返かえす、繰り返される、度重たびなる。¶ 거듭되는 요청 度重なる要請よう。

**거듭-제곱** 图하他〔数〕果乗るい、冪べ。

**거뜬-하다** 形団 (「거든하다」의 強調語きょうちょうご)見みかけより軽かるい、身軽みがるい、手軽てがるだ、気軽きがるだ。¶ 몸도 마음도 ~ 身みも心こころも軽い。㉘ 가뜬하다 **거뜬-히** 副 軽く、身軽く、軽々かるがると。¶ ~ 해치우다 軽々とやってのける。

**거뜬-거뜬** 副하形 すべて軽いさま。

**-거라** 語尾 「가다・자다」などの動詞の語幹につついて)…なさい、…しろ、…せよ。¶ 가~ 가きなさい。/ 그만 자~ もう寝ねろ。

**거란**【―契丹】图〔史〕契丹族たんぞく。

**거:래**【去来】图하他 取とり引ひく。¶ 은행 ~ 銀行ぎんこう取引 / 정치적 ~ 政治的せいじてき取り引き / ~를 트다 取り引きを始はじめる。

**거:래-소**【―所】图 取引所とりひきじょ。¶ 증권 ~ 証券しょうけん取引所。

**거:래-처**【―處】图 取引先とりひきさき、(店みせの)得意先とくい。

**거:론**【擧論】图하他 直自 (ある事項じこうを)とりあげて論ろんずること。

**거:룩-하다** 形団 神々こうごうしい、神聖しんだ、尊とうとい、偉大いだいである。¶ 거룩한 신전 神々しい神殿しんでん。

**거룻-배** 图 伝馬船てんません、はしけ。¶ ~로 건너다 はしけで渡わたる。㉘ 거루

**거류**【居留】图하더 居留きょりゅう。¶ ~민 居留民/ ~지 居留地。

**거류민-단**【―民團】图 居留民団みんだん。㉘ 민단

(民團)

**거르다**¹ 他五 (液体えきを)濾過ろかすること、濾す。¶ 술을 체에 ~ 酒をふるいでこす。

**거르다**² 他五 (順序じゅんを)とばす、ぬく、欠かかす、おく。¶ 점심을 ~ 昼飯ひるを欠かかす。/ 한 줄 걸러서 쓰다 一行ぎょうおきに書かく。

**거름** 名 肥こやし、肥料ひりょう。¶ 밑~ 元肥もとごえ/ ~을 주다 肥やしをやる。

**거름-구덩이** 名 肥やしだめ、肥溜こえだめ。

**거름-더미** 名 肥やしの山、堆肥たいひの山。

**거름-발** 名 肥料の効きき目め。¶ ~을 받아 잘 자라다 肥料の効き目あってよく育そだつ。

**거름-통**¹[-桶] 名 肥桶こえおけ、肥えたご。

**거름-하다** 自여 ①肥やしをやる、施肥せひする。②肥やしにする。

**거름-종이** 名 濾こし紙がみ、濾紙ろし、濾過紙ろかし。

**거름-통**²[-桶] 名 濾過ろかした液体えきたいを溜ためる桶おけ。

**거리**¹ 名 (「길거리」の縮約形)街まち、町まち、市街しがい、通とおり、ちまた。¶ 번화한 ~ にぎやかな町/ ~에는 고층 빌딩이 숲을 이루다 町には高層ビルが立たち並ならんでいる。

**거리-거리** 副 ①街まちごとに。¶ ~ 늘어선 가로수 街ごとに立たち並ならんだ並木なみ。②〈名詞的に〉町中まちじゅう。¶ ~를 청소하다 町中ちゅうを掃除そうする。

**거리**² 名 ①(料理りょうなどの)材料ざいりょう。¶ 찬~ おかずの材料。②(行動こうどうや感情表現ひょうげんの)種たね、ぐさ。¶ 관심~ 関心事かんしんじ/ 이야깃~가 떨어지다 話の種が切きれる。/ 웃음~가 되다 笑わらいぐさになる。

**거리**³ きゅうり・なすなどの50個ごをひとまとめにして数かぞえる単位たん。¶ 오이 두 ~ きゅうり100個びゃっ。

**거:리**[距離] 名 距離きょり。①道みちのり、間隔かんかく。¶ 장~ 長ちょう距離/ ~가 가깝다 距離きょりが近ちかい。②(数学すうがくで)二点にてんを結むすぶ線分せんぶんの長ながさ。③(間柄あいだがら)へだたり、隔へだ。¶ ~를 두고 사귀다 へだたりを置おいて付つき合あう。④(一定いっていの基準きじゅんによる)へだたり、差異さい。¶ 기대와는 상당한 ~가 있다 期待きたいとはかなりのへだたりがある。

**거:리-표**[-標] 名 ①(鉄道てつどうの)起点きてんからの距離きょを表あらわす標識ひょう。②里程票りていひょう。

**거리끼다** 自五 ①気きにかかる、気にさわる。¶ 양심에 거리끼는 일은 하지 않다 良心りょうしんに恥はじることはしない。②じゃまになる、差さし支つかえる。¶ 일을 시작하자니 이것저것 거리끼는 일이 많다 仕事しごとを始はじめようとしたらあれやこれやとじゃまになることが多おおい。

**거리낌-없다** 気きにかけることがない、はばかりがない。 **거리낌-없이** 副 気にかけることなく、気にさわりなく。¶ ~ 말하다 はばかりなく言いう。

**-거리다** 接尾 (擬音語ぎおんご・擬態語ぎたいごについて同おなじ動作どうを繰くりかえすことを表あらわす) (しきりに)…する、…めく、…がる、…ぶ。¶ 흔들~ ゆらゆらする。/ 허둥~ あわ

てふためく。/ 소곤~ ささやく。

**거마**[車馬] 名 車馬しゃば、車くるまと馬うま。

**거마-비**[-費] 名 車馬代だい、足代あしだい、車代くるまだい、交通費こうつうひ。

**거:-만**[巨萬・鉅萬] 名 巨万まん。¶ ~의 부를 남기다 巨万の富とみを残のこす。

**거:만**[倨慢] 名하形 倨慢きょまん、傲慢ごうまん、高慢こうまん、横柄へいりん。¶ ~한 태도 傲慢な態度たいど/ ~하게 굴다 傲慢にふるまう。

**거:만-스럽다** 形비 傲慢だ、横柄だ。¶ 거만스럽게 말하다 横柄な口くちをきく。

**거:머리** 名 ①動 ヒル。②比 しつこくつきまとう人ひと。

**거머-잡다** 他 ぎゅっとつかみ取とる、引ひっつかむ。¶ 목덜미를 ~ 首筋くびすじを引っつかむ。

**거머-쥐다** 他 ぎゅっと握にぎる、ぐっと握りしめる。¶ 멱살을 ~ 胸ならぐらをつかむ。

**거:-멀못** かすがい。

**거:멀-장식**[-装飾] 名 かすがいになる金具かなの装飾しょく。

**거:멓다** 形ㅎ まっ黒くろい、黒くろっぽい、非常ひじょうに黒い。 가맣다 껴 꺼멓다

**거:-메지다** 自 色いろが黒くなる。¶ 얼굴이 ~ 顔かおが黒くなる。 가매지다 꺼매지다

**거:목**[巨木] 名 巨木きょぼく。①大おおきな木、巨樹きょじゅ。②比 大物おおもの、大立者おおだてもの、偉大いだいな人物じんぶつ。¶ 재계의 ~ 財界ざいかいの大物。

**거무데데-하다** 形여 うすぎたなく黒くずんでいる。 가무대대하다 꺼무데데하다

**거무레-하다** 形여 薄黒うすぐろい、黒くろみがかっている。 가무레하다 꺼무레하다

**거무스름-하다** 形여 やや黒くろい、浅黒あさぐろい。¶ 거무스름한 얼굴 浅黒い顔かお。 거뭇하다 꺼 가무스름하다

**거무죽죽-하다** 形여 黒くろくて澄すんでいない、くすんで黒い。

**거무칙칙-하다** 形여 黒くろみがかっていてうす汚きたい。 꺼무칙칙하다

**거무튀튀-하다** 形여 薄黒うすぐろくどんよりしている。

**거문고**[音] コムンゴ(韓国かんこくの琴こと)。¶ ~를 타다 コムンゴを弾ひく。

**거:-물**[巨物] 名 ①巨大きょだいな物もの。②大物おおもの、大立物おおだてもの。¶ 정계의 ~ 政界せいかいの大物。

**거뭇-하다** 形여「거무스름하다」の縮約形。 가뭇하다 꺼뭇하다

**거뭇-거뭇** 副하形 所どころどころ黒くろくなっているさま。 가뭇가뭇 꺼뭇꺼뭇

**거미** 名動 クモ。¶ ~가 줄을 치다 クモが巣すをかける。

속담 **거미도 줄을 쳐야 벌레를 잡는다** クモも巣すをかけてこそ虫むしが捕とれる。《どんなことをするにもあらかじめ充分じゅうぶんな準備じゅんびがなければならないこと》

**거미-발** 名 (指輪ゆびわなどの宝石ほうせきをはめこむための)台座だい、つめ。

**거미-줄** 名 ①クモの糸いと、クモの巣すう。¶ ~에 걸리다 クモの糸にかかる。②(オンドル工事こうじで)オンドル石いしのすきまを粘土ねんどで塗ぬ

거반(居半) 副 (「거지반(居之半)의 縮約形」) ほとんど、ほぼ、おおよそ、大部分。¶～다 잊다 ほとんど忘れてしまった。
거볍다 形ㅂ ①軽い。¶저것이 더 ～ あれがもっと軽い。②軽率だ。¶언동이 ～ 言動が軽率だ。③大したことではない、つまらない。④身軽だ、気軽だ。 困 가볍다
거벼-이 副 軽く、軽々しく、軽率に、身軽に。
거:병(擧兵) 名(하自) 挙兵。
거:보(巨步) 名 ①大きなまたで歩くこと、力強いあゆみ。¶～를 내딛다 巨歩を踏み出す。②大きな功績。¶우주 개발에 ～를 남기다 宇宙開発に巨歩をしるす。
거-봐 感「거봐라」의 縮約形。
거-봐라 感 (「그것 보아라」의 縮約形) それみろ、それごらん、それ見たことか。¶～, 내가 말한 대로지 それみろ、わたしの言った通りだろう。
거:부(巨富) 名 巨富、大変な金持ち。
거:부(拒否) 名(하他自) 拒否する。¶답변을 완강히～하다 返答を頑強に拒否する。
거:부-권(-權) 名 拒否権。¶～을 행사하다 拒否権を行使する。
거:부 반응(-反應) 名(醫) 拒否反応、拒絶反応。
거북 名(動) カメ。
거북-딱지 名 カメの甲。
거북-점(-占) 名 亀卜。
거북살-스럽다 形ㅂ 大変窮屈だ、いかにも気まずい、非常に心地悪い。
거북-선(-船) 名(史) 亀甲船(文祿・慶長のとき李舜臣提督スンシンが建造させて用いた亀形の鉄甲船。
거북-스럽다 形ㅂ どうも気まずい、大変窮屈だ、具合が悪いようだ。¶여자 앞에 앉으니 ～ 女の前に座ると窮屈だ。
거북-스레 副 気まずく、窮屈に。
거북-하다 形여 ①窮屈だ、にくい。¶입기 거북한 옷 着にくい服。②気まずい、気詰まりだ。¶거북한 자리 気詰まりな席。③具合が悪い、苦しい。¶거북한 입장에 몰리다 苦しい立場に追い込まれる。/속이 좀 ～ 腹の具合がちょっと悪い。
거뿐-하다 形여 かなり軽い。¶몸이 ～ 身が軽い。거뿐-히 副 軽く、軽やかに。
거뿐-거뿐 副(하形) みなかなり軽いさま。 困 가뿐가뿐
거:사(擧事) 名(하自) 大事を起こすこと、旗揚げだ。¶～의 선봉 旗揚げの先陣。
거:산(巨山) 名 巨山。
거:상(巨商) 名 巨商、豪商。
거상(居喪) 名(하自) ①喪中、忌服。¶망부의 ～ 중 亡父の喪中。②(俗) 喪服。¶～을 입다 喪服を着る。

거:석(巨石) 名 巨石、大きな石。¶～ 신앙 巨石信仰。
거:석 문화(-文化) 名 巨石文化。
거:선(巨船) 名 巨船、大きな船。
거:성(巨星) 名 巨星。¶①大きな星。②(比)大人物、大物。¶문단의 ～ 文壇の巨星。
거:성(去聲) 名 去声、きょしょう(漢字の四声の一つ)。
거:세(去勢) 名(하他自) ①去勢。¶～된 말 去勢された馬。②勢いをそぐこと。반대 세력을 ～하다 反対勢力を取り除く。
거세다 形 あらくて強い、荒い、激しい。¶거센 바람 激しい風/파도가 ～ 波なが荒い。
거센-말 名(言) 強勢語。
거센-소리 名(言) 激音、(破裂音はれつのうち)破裂音の直後に呼気がもれるもの(「ヲ・ㅌ・ㅍ・ㅊ」など)。
거:수(擧手) 名(하自) 挙手。¶～ 가결 挙手可決/～로 결정하다 挙手で決定する。
거:수 경:례(-敬禮) 名 挙手敬礼、挙手の礼。
거스리미 名 逆むけ、ささくれ。¶손끝에 ～가 일다 指先がささくれる。
거스러-지다 自 ①(性質이)荒くなる。②(細い毛などが)けばだつ、ささくれだつ。困 가스러지다
거스르다 他르 ①(命令이など에)逆らう、(人의 機嫌を)損なう。¶어른의 말을 ～ 大人のことばに逆らう。②(道理・天理に)逆らう、はずれる、背く。¶천리를 ～ 天理に背く。③(勢いや流れに)逆らう。¶역사의 흐름을 ～ 歴史の流れに逆らう。¶お釣りをはらう、釣り銭を出す。¶삼천원을 거슬러 받았다 3千ウォンのお釣りをもらった。
慣用 거슬러 오르다 (川上かみへ)さかのぼる。¶강을 거슬러 오르는 배 川をさかのぼる船 거슬러 올라가다 (過去に)さかのぼる。¶옛날로 거슬러 올라가 생각해 보자 昔にさかのぼって考えて見よう。
거스름 名 「거스름돈」의 縮約形。
거스름-돈 名 釣り銭、お釣り。¶～을 내주다 お釣りを渡す。
거슬-거슬 副(하形) ①(性質などが)がさがさ。②(皮膚・物の表面が)ざらざら、かさかさ。¶～한 종이 ざらざらした紙。困 가슬가슬
거슬리다 自 (感情・感覚に)障る、触れる。¶비위에 ～ 気に障る。/눈에 거슬리는 행동 目障りな行動。
거슴츠레-하다 形여 (ねむ気がさして)目に精気がない、目がとろんとしている。¶거슴츠레한 눈 とろんとした目。 옴 게슴츠레하다 困 가슴츠레하다

거시기 [代] ①《人ひと·事物じぶつなどの名前なまえがすぐに思おもい出だせないときその代かわりに用もちいる語ご》ええとその、あのうなには~、~어디 갔지? ええとさ、どこへ行いったの。②《感歎詞的かんたんしてきに》ええと、あのう。¶ ~、뭐라고 했더라 あのう、何なんと言いっったっけ。
거:시-적 [巨視的] [冠名] 巨視的きょしてき、マクロ。¶ ~ 분석 巨視的きょしてきの分析ぶんせき ⊕ 미시적(微視的)
거실 [居室] [名] 居室きょしつ、居間いま。
거:액 [巨額] [名·하他] 巨額きょがく、大金たいきん。¶ ~의 자금 巨額きょがくの資金しきん。
거:역 [拒逆] [名·하他] (命令めいれいなどに)逆さからうこと、背そむくこと。¶ 어명을 ~하다 王様おうさまの命令めいれいに背そむく。
거연-히 [居然-] [副] ひそかに、こっそり。¶ ~ 떠나다 こっそり立たち去さる。
거연-히 [遽然-] [副] にわかに、急きゅうに、突然とつぜん。¶ 그리운 모습이 ~ 생각나다 なつかしい面影おもかげが突然とつぜん思おもい出だされる。
거울 [名] ①鏡かがみ。¶ 손 ~ 手鏡てかがみ/ ~에 비추어 보다 鏡かがみに映うつしてみる。②鑑かがみ、亀鑑きかん、手本てほん、模範もはん、教訓きょうくん。¶ 실패를 ~로 삼다 失敗しっぱいを教訓きょうくんとする。
거웃 [名] 恥毛ちもう、陰毛いんもう。
거위¹ [名] ガチョウ。
거위-걸음 [名] (ガチョウのように)よたよたした歩あゆみ。
거위² [名·動] 回虫かいちゅう。⊕ 회충
거위-배 [名] 回虫かいちゅうによる腹痛ふくつう、虫腹むしばら。
거의 [副] ほとんど、ほぼ、おおよそ、大抵たいてい。¶ ~ 끝났다 ほぼ終おわった。/ 병은 ~ 나았다 病気びょうきはほとんど治なおった。
거의-거의 [副]《「거의」の強調形きょうちょうけい》ほとんど全部ぜんぶ。¶ ~ 다 되었다 ほとんど全部ぜんぶできあがった。
거:인 [巨人] [名] 巨人きょじん。①巨大きょだいな人間にんげん、大男おおおとこ。②非凡ひぼんな人ひと、偉人いじん。¶ 문단의 ~ 文壇ぶんだんの巨人きょじん。
거:장 [巨匠] [名] 巨匠きょしょう、大家たいか。¶ ~의 작품 巨匠きょしょうの作品さくひん。
거저 [副] ①ただで、無料むりょうで。¶ ~나 마찬가지다 ただも同然どうぜんだ。②手てぶらで、素手すでで。¶ 문병을 가는데 ~ 가다니 病気びょうき見舞みまいに手てぶらで行いくとは。
거저-먹다 [他] たやすくする、朝飯前あさめしまえ。¶ 이 정도는 ~다 それぐらいは朝飯前あさめしまえだ。⊕ 식은 죽 먹기
거저먹다 [他] ①(努力どりょくをせずに)ただで得える [手てに入いれる]。¶ 남의 재산을 거저 먹으려 든다 人ひとの財産ざいさんをただで手てに入いれようとする。②たやすくできる。¶ 거저먹는 일 朝飯前あさめしまえのこと。
거적 [名] むしろ、こも。¶ ~을 깔다 むしろを敷しく。
거적-때기 [名] 一枚いちまいのむしろ、むしろの切きれ端はし。
거적-문 [-門] [名] 戸とのかわりにむしろを垂らした門もん。
속담 거적문에 돌쩌귀 垂たれむしろにちょうつがい、「釣つり合あいがとれないこと、乞食こじきにお膳ぜん
거:절 [拒絶] [名·하他] 拒絶きょぜつ、拒否きょひ。¶ 요구를 ~하다 要求ようきゅうを拒絶きょぜつする。
거:점 [據點] [名] 拠点きょてん、足場あしば。¶ ~을 구축하다 拠点きょてんを築きずく。
거:족 [巨足] [名] (発展はってんなどの)顕著けんちょな足跡あしあと、長足ちょうそく。¶ ~의 진보 長足ちょうそくの進歩しんぽ。
거:족 [擧族] [名] 挙族きょぞく、民族ぜんみんぞく全体ぜんたい。¶ ~적인 항일 운동 民族みんぞくを挙あげての抗日こうにち運動うんどう。
거주 [居住] [名·하自] 居住きょじゅう。¶ ~자 居住者きょじゅうしゃ/ 교외에 ~하다 郊外こうがいに住すむ。
거주-민 [-民] [名] 居住民きょじゅうみん、住人じゅうにん。
거주-지 [-地] [名] 居住地きょじゅうち。
거죽 [名] 表おもて、表面ひょうめん、表皮ひょうひ、外面がいめん。¶ ~감 表地おもてじ/ ~이 번들번들하다 表面ひょうめんがつるつるしている。
거:즈 [gauze] [名] ガーゼ。⊕ 가제
거:증 [擧證] [名·하自] 挙証きょしょう、立証りっしょう。¶ ~책임 立証りっしょうの責任せきにん。
거:지 [名] ①乞食こじき、ものごい、ものもらい。¶ ~가 되다 乞食こじきになる。②(卑) 人ひとをさげすんで言いう悪口わるくち。¶ 이 ~야 この下種者げすもの。
속담 거지 옷 해 입힌 셈 乞食に着物きものを仕立したててやるさま。《返かえしてもらうとか報むくいを期待きたいすることなしに施ほどこすという意い》
거:지-같다 [形] つまらない、くだらない、ろくでもない。¶ 거지 같은 자식 くだらぬ奴やつ。
거지같-이 [副] ①つまらなく、くだらなく。②《感歎詞的かんたんしてきに》ああ、ちえっ、ちぇっ。¶ ~、이게 뭐람 ちえっ、なんだこのざまは。
거:지-꼴 [名] みすぼらしい格好かっこう。¶ ~이 되다 みすぼらしい格好かっこうになる。
거지-반 [居之半] [副] ほとんど、ほぼ、おおよそ、大半たいはん。¶ 일이 ~ 끝났다 仕事しごとがほとんど終おわった。
거:짓 [名] ①嘘うそ、偽いつわり、虚偽きょぎ。¶ ~없는 증언 偽いつわりのない証言しょうげん/ ~이 탄로나다 嘘うそがばれる。②《副詞的ふくしてきに》偽いつわって、だまして。¶ ~ 꾸미다 でっち上あげる。
거:짓-없다 [形] 偽いつわりがない、隠かくし立たてをしない、率直そっちょくだ。¶ ~ 고백 つらすぎる告白こくはく。거짓없-이 [副] 偽いつわりがなく、隠かくさず、率直そっちょくに。¶ ~ 말하겠습니다 率直そっちょくに申もうし上あげます。
거:짓-말 [名·하自] うそ、虚言きょげん。¶ 새빨간 ~ 真まっ赤かな嘘うそ/ 천연덕스럽게 ~을 하다 もっともらしくうそをつく。
거:짓말-쟁이 [名] うそつき、ほらふき。
거:짓말 탐지기 [-探知機] [名] 嘘うそ発見機はっけんき、ポリグラフ。
거:짓말-투성이 [名] 嘘八百うそはっぴゃく。
거찰 [巨刹] [名] 巨刹きょさつ、大おおきな寺てら。⊕ 대찰
거:-참 [感]《「그것 참」の縮約形しゅくやくけい》いやはや、はてさて、それはそれは、それは実じつに。

거창

잘 됐다 いやはや実際にうまくいった。/ ~ 어떻게 하면 좋지 はてさて、どうすればいいんだね。

**거:창**[巨創] 名 하形 ㅅ形 雄大なこと、巨大なこと、おおげさなこと。¶ ~ 한 구상 雄大な構想を / ~ 하게 말하다 おおげさにいう。

**거처**[居處] 名하自 一定の所で暮らしていること、居場所、住所、住居。¶ ~ 를 옮기다 住居を移す。/ ~ 를 알 수 없다 居所がわからない。

**거쳐-가다** 他 (ある所を)経て行く、立ち寄って行く、経由する。

**거쳐-오다** 他 (ある所に)立ち寄って来る、経て来る。

**거:추장-스럽다** 形비 ①面倒だ、厄介だ、手にあまる、足手まといだ、わずらわしい。¶ 거추장스러운 문제 厄介な問題。② (扱うに)やっかいだ、しにくい。¶ 거추장스러운 옷 着にくい服。**거추장-스레** 副 面倒そうに、厄介そうに。

**거:취**[去就] 名 去就、進退、身の振り方。¶ ~ 를 분명히 하다 去就を明らかにする。

**거치**[据置] 名하他 据え置き。¶ 5년 ~ 10년 상환 5年据え置き10年払いの償還。

**거치다** 自他 ①(何かに)ふれる、すれる、遮る。¶ 거칠 것 없는 탄탄 대로 遮るもののない大通り。②立ち寄る、経る、経由する。¶ 파리를 거쳐 귀국하다 パリを経て帰国する。③(手続きなどを)経る、経験する。¶ 수많은 고난을 ~ 幾多の苦難を経る。

**거치적-거리다** 自 邪魔になる、うるさくまつわりつく、足手まといになる。¶ 거치적거리는 것은 모두 없애버려라 邪魔になるものはみんな取り除け。㊦ 가치작거리다 ㊨ 거치적거리다

**거치적-거치적** 副하自 まつわりついたり邪魔になったりするさま。

**거칠다** 形 ①(粒々・目などが)粗い。¶ 거칠게 빻은 가루 粗くひいた粉을 / 올이 ~ 織りの目が粗い。②(肌などが)粗い、ざらざらしている。¶ 손이 농사 일로 ~ 手が野良仕事でざらざらしている。③雑だ、そんざいだ。¶ 만듦새가 ~ つくりが粗雑だ。④(性格・言葉などが)粗暴だ、荒い。¶ 성질이 ~ 気性が荒い。⑤(田畑などが)荒れている、荒れ果てる。¶ 거칠어진 농토 荒れ果てた農地。⑥(波・風・天気などが)荒い、激しい。¶ 바람이 ~ 風が激しい。⑦(手癖などが)悪い。¶ 손버릇이 거친 소년 手癖の悪い少年。⑧(食物などが)粗い、粗末だ。¶ 거친 음식 粗末な食物。

**거:칠-하다** 形여 (肌・毛などが)かさかさだ、がさがさだ。¶ 살결이 거칠해졌다 肌がかさかさになった。㊦ 가칠하다 ㊨ 꺼칠하다

**거칠-거칠** 副하自 かさかさ、がさがさ。¶ ~ 한 손 がさがさの手。㊦ 가칠가칠 ㊨ 꺼칠꺼칠

**거침-없다** 形 ①差し障りがない、よどみない。②気遣うことがない、はばかりがない。¶ 거침없는 언행 遠慮なく会釈のない言動。**거침없-이** 副 ①よどみなくすらすら。¶ 공사가 ~ 진척되다 工事がすらすらはかどる。②はばかることなく。¶ 의견을 ~ 토로하다 意見をはばかりなく口にする。

**거:포**[巨砲] 名 巨砲。

**거푸** 副 続けざまに、重ねて。¶ 술을 ~ 석 잔을 마셨다 酒を続けざまに3杯飲んだ。

**거푸-거푸** 副하自 重ねて、立て続けに。¶ ~ 실패했다 立て続けに失敗した。

**거푸-집** 名 鋳型。

**거풀-거리다** 自 (物体の一部が風に)大きくはためく、ばたばたする。

**거풀-거풀** 副하自 はたはた、ばたばた、ぱたぱた。

**거품** 名 泡、気泡、あぶく。¶ 비누 ~ せっけんの泡 / ~ 유리 気泡ガラス / ~ 이 일다 泡が立つ。
관용〉 거품(을) 치다 (冷たい空気などに当り)泡をなくす。

**거품 경기**[-景氣] 名 泡沫景気、バブル景気。

**거:-하다** 形여 (山などが)雄大で樹木が茂っている。¶ 산세가 거한 산 山の形勢が雄大で樹木がうっそうとした山。

**거:한**[巨漢] 名 巨漢、大男。

**거:함**[巨艦] 名 巨艦。

**거:행**[擧行] 名하他 挙行。①(命令に従って)行なうこと。¶ 분부대로 ~ 하겠습니다 仰せのとおりに致します。②(儀式などを)執り行なうこと。¶ 결혼식을 ~ 하다 結婚式を挙行する。

**걱정** 名하自他 되自 心配、気遣い、気がかり、憂い。¶ 쓸데없는 ~ 無用の気遣い / ~ 을 끼치다 心配をかける。/ 병자의 상태가 ~ 되다 病人の容態が気になる。②叱ること、小言。¶ ~ 을 듣다 小言を食う、叱られる。

속담〉 걱정도 팔자다 心配症も定め。《隣の痴呆さんを頭痛む病む》 걱정이 태산같다 心配事が山積みだ。《克服しなければならない難事が大きくけわしい》

**걱정-거리** 名 心配事。¶ ~ 가 많다 心配事が多い。

**걱정-꾸러기** 名 ①心配が絶えない人、心配屋。②いつも人に心配をかける人、心配の種になる人。

**걱정-듣다** 自己 叱られる、小言を食う。

**걱정-스럽다** 形ㅂ 心配だ、気遣わしい、気になる。¶ 걱정스러운 나머지 잠을 이루지 못하다 心配のあまり寝付かれない。 **걱정-스레** 副 心配そうに、気づかわしげに。¶ ~ 기다리다 気づかわしげに待つ。

**건** [略] ①(「것은」의 縮約形) …의는, …것은, …것은, …것은. ¶ 내 ~ 이것이다 わたしのはこれだ。②(「그것은」의 縮約形) 그것은. ¶ 잘못된 일이다 それは間違ったことだ。

**건**[巾] [名] ①(布巾などで作った)かぶる物、フード。②「두건(頭巾)」의 縮約形。

**건**[件] I [名] 件け、事件け、案件あんけん。¶ 의뢰하신 ~ 御依頼けの件。II [依] 件け。¶ 사고 두 ~ 発生 事故じこ2件けん発生はっせい。

**건**[腱] [名][生] 腱け。¶ 아킬레스~ アキレス腱。

**건**[鍵] [名] (ピアノ・タイプライターなどの)鍵け、鍵盤けんばん、キー。

**건-**[乾] [接頭] ①乾いた・干した・乾かしたの意を表わす。¶ ~포도 干しブドウ。②液体たきを使わずの意を表わす。¶ ~전지 乾電池でんち。③内容ないの ない・理由りゅうのない・上うの空そら の意を表わす語。¶ ~주정 酔っぱらったふり。

**-건** [語尾] ①(「-거나」의 縮約形) …でも、…であろうが、…しようと、…ようが。¶ 가~ 말~ 行こうが行くまいが/ 우유~ 물이~ 마실 것을 자네 牛乳ぎゅうでも水みずでも飲のみ物ものをくれ。②(「-거든」의 縮約形) …ならば、…ければ、…すれば。¶ 싫~ 그만둬 嫌いやならやめなさい。

**건-각**[健脚] [名] 健脚けんきゃく。¶ ~을 자랑하다 健脚を誇る。

**건-강**[健康] [名][하形] 健康けんこう、元気げんきで丈夫じょうぶなこと。¶ 한 몸 丈夫な体からだ/ ~을 해치다 健康を損そこなう。 **건강-히** [副] 健康に、丈夫に。¶ ~ 지내고 있습니다 元気に過ごしています。

**건강-미**[-美] [名] 健康美びᅩ
**건강 식품**[-食品] [名] 健康食品しょくひん。
**건강 진단**[-診斷] [名][醫] 健康診断しんだん。

**건건찝찔-하다** [形여] ①少し塩辛しおからい、やや しょっぱい。②遠えんい親戚しんせきやあまり親しくない間柄あいがらをあざけって言う語。¶ 그저 건건찝찔한 사이다 ただ遠い親戚せきというだけの間柄あいがらだ。

**건건-하다** [形여] やや塩辛しおからい、しょっぱい。② 간간하다 **건건-히** [副] やや塩辛く。

**건계**[乾季] [名][地] 乾季かん。
**건곤**[乾坤] [名] 乾坤けん。①天地てん。②陰陽いん。③(方向ほうこうで)北西ほくと南西なん。
**건곤 일척**[--一擲] [名] 乾坤一擲いってき。
**건과**[乾菓] [名] 乾菓子かんし、乾燥菓子かんそうがし。
**건-괘**[乾卦] [名] 乾けん(八卦け의 하나). ③ 건(乾)。
**건-국**[建國] [名][하他] 建国けん、立国こく。¶ ~ 신화 建国の神話しんわ。
**건국 훈장**[-勳章] [名] 建国勳章くんしょう。
**건기**[乾期] [名] (「건조기(乾燥期)」의 縮約形) 乾期かん。④ 우기
**건너** [名] 向こう、向かい側。¶ ~편 向かい側/ 강 ~에서 산다 川向こうに住んでいる。

**건너다** [自他] ①(向こう側に)渡わたる、越こす、越こえる、横切よこぎる。¶ 다리를 ~ 橋を渡る。/ 길을 ~ 道を横切る。②(食事じょくを)順番じゅんなどを抜ぬく、とばす。¶ 두 끼를 ~ 二度めの食事を抜く。③(一定の周期しゅうを)経へる、経たつ、置おく。¶ 하루 건너 한 번씩 들르다 一日ひとにちおきに一度いちどずつ立たち寄よる。④(口くち・手てなどによって)伝える、伝わる、伝えられる。¶ 소문은 사람들의 입을 건너 퍼져 나갔다 うわさは口から口へ伝えられ広まっていった。

**건너다-보다** [他] ①(向こう側にあるものを)見渡す、…の方を見る。¶ 강 저편 마을을 ~ 川向こうの村の方を見る。②(人のものを)物欲しそうに見る、むやみに欲しがる。¶ 남의 재산을 ~ 人の財産ざいを欲しがる。

**건너-뛰다** [他] ①跳とび越える、跳び越す。¶ 도랑을 ~ 溝みぞを跳び越える。②(順番じゅんなどを)とばす、抜ぬかす。¶ 순서를 ~ 順序じょを とばす。

**건너-오다** [他] 渡わたって来くる、渡来とらいする、横切きって来る。¶ 강을 ~ 川を渡って来る。

**건너-지르다** [自他三] (長ながいものを)かけ渡す、差し渡す。¶ 장대를 ~ 竿さおを差し渡す。/ 개천에 통나무를 ~ 溝に丸太まるたを差し渡す。

**건너-짚다** [他] ①物越ものごしにつかむ、手てをのばしてつかむ。②当あてて推量すいりょうする、推察すいさつする、かまをかける。¶ 알지도 못하면서 건너짚어 말하지 마라 知りもしないくせに当て推量で言うな。

**건너-편**[-便] [名] 向こう側、向かい側。¶ ~ 집 向こう側の家いえ。

**건넌-방**[-房] [名] (韓国式かんこく家屋かおくで)「안방」の向かいにある部屋へや。

**건널-목** [名] 踏み切り。¶ ~을 건너다 踏み切りを渡る。②渡し場ば、渡し。③横断歩道おうだんほどう。

**건:네다** [他] ①(「건너다의 使役」) 渡わたらせる、渡わたす。¶ 나룻배로 사람을 ~ 渡し舟ぶねで人を渡す。②(言葉こ とばを)かける。¶ 모르는 사람에게 말을 ~ 見知らぬ人に言葉をかける。③(金品きんぴん・權利けんりなどを)渡わたす、手渡わたす。¶ 계약금을 ~ 手付つけ金を渡す。

**건네-주다** [他] 渡わたす、渡してやる。¶ 나룻배로 사람을 ~ 渡し舟で人を渡してやる。

**건달**[乾達] [名] ①(定職じょく を持たない)遊ぎょう人、なまけもの、やくざ。¶ ~ 생활をしたり 遊び人の生活せいをを送る。②(元もとをそっくり取られた)すっからかん、すかんぴん、一文いちもんなし。¶ 사업에 실패하여 하루 아침에 ~이 되었다 事業じぎょうをしくじり一朝いっちょうにしてすかんぴんになった。

**건달-꾼** [名] 遊あそび人、よたもの、やくざ。
**건달-패**[-牌] [名] よたものの輩やから、やくざ連中れんちゅう。

**건답**[乾畓] [名] 乾田かん、乾きかやすい田だ。

**-건대** [語尾] …れば、…すると、…するに。¶ 바라 ~ 願ねがわくは/ 비유하~ たとえていえば/ 생각해 보~ 考えてみると。

**건-대구**【乾大口】(名) 干ほしたら、干鱈たら。

**건더기** (名) ①汁しるの実み、具ぐ。 ②液体えきたいに浮ういているかたまり。 ③俗(ものごとの)中身なかみ、種たね、値打ねうち、根拠こんきょ。 ¶ 말할 ~가 없다 取とり立たてて言いうことがない。

**건데** (副)(《"그런데"の縮約形》ところで、ところが。

**건-독**【乾dock】(名) 乾船渠せんきょ、乾ドック。 ㊤ 건선거(乾船渠)

**건둥-하다** (形ロ) きちんと片かたづいている、きれいに整頓せいとんしてある。 ¶ 책상 설합이 ~ 机の引きだしの中がきちんと片かたづいている。 ㉑ 간동하다 **건둥-히** (副) きちんと整頓されて、きれいに片づいて。

**건둥-건둥** (副)(하他) きちんと片かたづけて、きれいに整頓して。

**건둥-그리다** (他) きれいに片づける、きちんと整頓する、取とりまとめてる。 ㉑ 간동그리다

**건드러-지다** (形) (声こえ・態度たいどが)粋いきであたっぽい、うっとりさせる。 ¶ 건드러지게 한 곡조 뽑다 うっとりするような声こえで一曲きょくを歌うたう。 ㉑ 간드러지다

**건드리다** (他) ①触さわる、触ふれる。 ¶ 촛불을 건드려 넘어뜨리다 ろうそくに触れて倒す。 ②(感情かんじょうなどを)傷きづつける、刺激しげきする。 ¶ 남의 비위를 ~ 人ひとの機嫌きげんを損そこねる。 ③(ある事ごとに)手てをつける。 ¶ 이것 저것 건드려 놓은 일이 많다 あれこれと手をつけた仕事しごとが多おおい。 ④俗 (女おんなに)手てを出だす。 ¶ 여자를 ~ 女に手を出す。

**건들-거리다** (自他) ①ゆらゆらと動うごく、揺ゆらめく。 ¶ 촛불이 ~ ろうそくの火ひが揺れめく。 ②(風かぜが)そよそよ吹ふく。 ③ぶらぶらする、のらりくらりする。 ㉑ 간들거리다

**건들-건들** (副)(하)(自他) ①ゆらゆら。 ②そよそよ。 ③ぶらぶら、のらりくらり。 ¶ ~ 세월을 보내다 ぶらぶらと日ひを送おくる。

**건들-바람** (名) ①初秋しょしゅうのさわやかな風かぜ。 ②そよそよと吹ふく風。

**건류**【乾溜】(名)(하他)(化) 乾留かんりゅう。 ¶ 석탄을 ~ 하다 石炭せきたんを乾留する。

**건:립**【建立】(名)(하他)(自 建立こんりゅう。 ¶ 동상 銅像どうぞう~ / 도서관을 ~ 하다 図書館としょかんを建たてる。

**-건마는** (語尾) 《語幹および補助語幹について逆接の意いを表あらわす》…だが、…だけれども、…ものの。 ¶ 열심히 공부해~ 불합격됐다 一生懸命いっしょうけんめいに勉強べんきょうしたが不合格ふごうかくした。 ¶ 봄이라고 하~ 아직은 춥다 春はるとはいうもののまだ寒さむい。

**건:망**【健忘】(名) 健忘症けんぼうしょう。

　**건:망-증**【-症】(名) 健忘症けんぼうしょう、物忘ものわれ。 ¶ ~ 이 심하다 物忘れがひどい。

**건면**【乾麵】(名) ①乾麵かんめん。 ②ゆでただけ出だし汁しるをかけていない麵類めんるい。

**건명**【件名】(名) 件名けんめい。 ¶ ~ 을 전하다 件名を伝つたえる。

**건-명태**【乾明太】(名) 干ほしたスケトウダラ。 ㊤ 북어

**건목** (名) 大おおざっぱに造つくること、粗製品そせいひん。
　**건목-치다** (他) ①大おおざっぱに造る、粗製そせいする。 ②ざっと見積みつもる。

**건목**【乾木】(名) よく乾かんかした材木ざいもく。

**건:물**【建物】(名) 建物たてもの。 ¶ 석조 ~ 石造せきぞうづくりの建物 / ~ 을 개축하다 建物を改築かいちくする。

**건물**【乾物】(名) 乾物かんぶつ・もの、干ほし物もの。 ¶ ~ 상 乾物屋かんぶつや。

**건반**【鍵盤】(名) 鍵盤けんばん、キー。 ¶ ~ 악기 鍵盤楽器がっき。

**건방** (名) 生意気なまいきな態度たいど、横柄おうへいな態度。 (慣用) **건방(을) 떨다** 生意気な態度をとる。 **건방(을) 부리다** 生意気なふるまう。 **건방(을) 피우다** 生意気なふるまいをする。

**건방-지다** (形) 生意気だ、横柄だ。 ¶ 건방진 소리를 하다 生意気な口くちをきく。 / 건방지게 굴다 横柄にふるまう。

**건배**【乾杯】(名)(하自) 乾杯かんぱい。 ¶ ~ 를 선창하다 乾杯の音頭おんどをとる。

**건-빵**【乾-】(名) 乾かんパン。

**건사** (名)(하他) ①(人ひとに)仕事しごとを周旋しゅうせんしてやること。 ②(うまく)処理しょりすること、取とり仕切しきること。 ¶ 집안 일을 잘 ~ 하다 家事かじをうまく切きり回まわす。 ③(よくまとめて)保存ほぞんすること、保管ほかんすること。 ¶ 썩지 않게 잘 ~ 하다 腐くさらないようによく保管する。

**건삼**【乾蔘】(名) 髭人参ひげにんじんをとり除のぞき皮かわをむいて乾かわかした高麗こうらい人参にんじん。

**건선**【乾癬】(名)(医) 乾癬かんせん。 ㊤ 마른버짐

**건:설**【建設】(名)(하他)(自) 建設けんせつ。 ¶ 복지 국가의 ~ 福祉ふくし国家こっかの建設 / 고층 빌딩을 ~ 하다 高層こうそうビルを建設する。

　**건:설-업**【-業】(名) 建設業ぎょう。
　**건:설-적**【-的】(冠名) 建設的できの。 ¶ ~ 인 제안 建設的な提案ていあん。

**건성** (名) うわの空そら。 ¶ ~ 으로 대답 生返事なまへんじ / ~ 으로 이야기를 듣다 うわの空で話はなしを聞きく。

**건성-건성** (副) いい加減かげんにするさま、うわの空で、適当てきとうに。 ¶ 일을 ~ 해치우다 仕事しごとをいい加減に片付かたづける。

**건성**【乾性】(名) 乾性かんせい。 ¶ ~ 피부 乾性皮膚ひふ。 ㊦ 습성(湿性)

**건성-유**【-油】(名) 乾性油かんせいゆ。

**건수**【件數】(名) 件数けんすう。 ¶ 교통 사고 ~ 交通事故こうつうじこの件数。

**건습**【乾濕】(名) 乾湿かんしつ、乾かきと湿しめりけ。 ¶ ~ 계 乾湿計けい。

**건:승**【健勝】(名)(하形) 健勝けんしょう。 ¶ ~ 을 빕니다 ご健勝を祈いのります。

**건시**【乾柹】(名) 干ほし柿かき。 ㊤ 곶감

**건식**【乾式】(名)(하他) 乾式かんしき。 ㊦ 습식(湿式)

**건:실**【健實】(名)(하形) 堅実けんじつなこと、手堅てがたいこと。 ¶ ~ 한 생활 堅実な生活せいかつ。 **건실-히** (副) 堅実に、手堅く。

**건:아**【健兒】(名) 健児けんじ。

**건어**【乾魚】(名) "건어물"の縮約形。

**건-어물**【-物】(名) 干物ほしもの、干ほし魚うお。

건:원【建元】【名】【하자】《建国して年号を定めること》建元。

건:위【健胃】【名】健胃。¶ ~제 健胃剤。

건:의【建議】【名】【하타】建議。¶ ~안 建議案/ 당국에 ~하다 当局に建議する。

건:의-서〔-書〕【名】建議書。

건:장【名】【하形】壮健。¶ ~한 사나이 壮健な男。

건:재【建材】【名】建材、建築材料。

건:재-상〔-商〕【名】建材店。

건:재【健在】【名】양친은 아직 ~하십니다 両親は今なお健在です。

건재【乾材】【漢】調合していない薬材、生薬。

건재 약국〔-藥局〕【名】漢方の生薬を売る商店。

건:전【健全】【名】【하形】健全。¶ ~한 재정 健全な財政/ 사상이 ~하다 思想が健全である。건전-히【副】健全に、健やかに。

건-전지〔乾電池〕【名】乾電池。

건져-내다【他】(水の中から)引き上げる、救い出す。¶ 해저에서 보물을 ~ 海底から宝物を引き上げる。/ 물에 빠진 아이를 ~ 溺れた子供を救い出す。

건:조【建造】【名】【하타】【되타】建造。¶ 군함을 ~하다 軍艦を建造する。

건:조-물〔-物〕【名】建造物。

건조【乾燥】【名】【하자타】【되자】【하形】乾燥。①乾き、乾くこと、乾かすこと。¶ ~한 공기 乾燥した空気/ ~가 빠르다 乾きが早い。/목재를 햇볕에 ~하다 木材を日光に乾かす。(2)(余裕がなく)干からびているさま。¶ 무미 ~한 문장 無味乾燥な文章。

건조-기〔-期〕【名】乾燥期。

건조-식품〔-食品〕【名】乾燥食品。

건조-체〔-體〕【名】【文】乾燥体。

건지【名】(水深を測る)石の錘りを結びつけた綱、測鉛線。

건지다【他】(1)(液体の中から)すくう、取り出す、引き上げる。¶ 그물로 금붕어를 ~ 網で金魚をすくう。/ 침몰선을 ~ 沈没船を引き上げる。(2)(苦境などから)すくう、救い出す。¶ 사람을 죄악에서 ~ 人を罪悪からすくう。/ 목숨을 ~ 命拾いをする。(3)(投資したのを)取り戻す〔返す〕。¶ 본전을 ~ 元手を取り返す。

건채【乾菜】【名】乾菜、干し菜。

건초【乾草】【名】乾草、干し草。

건:축【建築】【名】【하타】【되타】建築。¶ 목조 ~ 木造建築/ ~비 建築費/ 아파트를 ~하다 アパートを建築する。

건:축-면:적〔-面積〕【名】建築面積、建坪。

건:축-물〔-物〕【名】建築物、建物。

건:축 설계〔-設計〕【名】建築設計。

건:축-업〔-業〕【名】建築業。¶ ~자 建築業者。

건:축-재〔-材〕【名】建築材、建材。

건:투【健闘】【名】【하자】健闘。¶ ~를 빌다 健闘を祈る。

건판【乾板】【名】乾板。

건:평【建坪】【名】建坪。¶ ~50평의 집 建坪50坪の家。

건:폐-율【建蔽率】【名】【建】建蔽率。

건포【乾布】【名】乾布、乾いた手ぬぐい。¶ ~ 마찰 乾布摩擦。

건-포도〔乾葡萄〕【名】干しブドウ。

걷다¹【自他】(1)まくる、巻き上げる、たくしあげる。¶ 소매를 ~ 袖をまくる。(2)片だづける、折り畳む、打ち切る。¶ 자리를 ~ 座席を片づける。/ 벌여 놓은 사업을 모두 걷어 버리다 手をつけて来きた事業をみんな畳んでしょう。(3)(金品などを)取り立てる、集める。¶ 세금을 ~ 税金を取り立てる。(4)(成果などを)収める、得る。¶ 승리를 ~ 勝利を収める。(5)(雲을・霧を)晴れる、明ける。¶ 장마가 걷기 시작했다 梅雨が明け始めた。

걷:다²【自他ㄷ】(1)歩くく。¶ 산길을 터벅터벅 ~ 山道をとぼとぼ歩く。(2)歩む、進む。¶ 고난의 길을 ~ 苦難の道を歩む。
[속담] 걷기도 전에 뛰려고 한다 歩きもしないうちに走ろうとする。《やさしいこともできないくせにむずかしいことをしようとする》

걷어-내다【他】取りはらう。¶ 텐트를 ~ テントを取りはらう。

걷어-들다【他】(1)(垂れているものを)取り上げる、たくし上げる。¶ 웃자락을 ~ 裾をたくし上げる。(2)(散らかったものを)集めて持ち上げる。

걷어-붙이다【他】(そで・ズボンなどを)たくし上げる、まくる、まくり上げる。¶ 소매를 ~ 袖をたくし上げる。

걷어-잡다【他】(ずり落ちるものを)ずり上げる、たくし上げる、つり上げる。¶ 치맛자락을 ~ チマのすそをたくし上げる。

걷어-쥐다【他】巻き上げたりまくし上げたりして握る。

걷어-지르다【他】(1)(衣服・カーテンなどを)まくり上げ差しこむ。(2)けとばす。

걷어-차다【他】(1)強くける、けとばす。¶ 정강이를 ~ 向こうずねをけとばす。(2)見捨てる。¶ 사람을 실컷 이용해 먹고 ~ 人をさんざん利用してから見捨てる。

걷어-차이다【自】「걷어차다」の受動。

걷어-치우다【他】(1)片付ける、取り込む、取りり払う。¶ 이부자리를 ~ ふとんを片付ける。(2)中止する、中断する、引き払う。¶ 학업을 ~ 学業を中断する。/ 가게를 ~ 店を畳む。

-걷이〔接尾〕取り入れ、刈り入れ。¶ 가을 ~ 秋の取り入れ。

걷:잡다【他】(1)(倒れかけたものを)押さえる、食い止める。(2)(ある事態に)対して)手を打つ、手をほどこす。
[관용] 걷잡을 수 없다 手をほどこしようもな

걷히다

い、手でつけようもない、抑えがたい。¶ 사태는 걷잡을 수 없이 커져만 갔다 事態には手のつけようもなく拡大していった。

**걷히다** 自 「걷다」の受動。①(雲などが)晴れる。¶ 안개가 ~ 霧が晴れる。②(金品・穀類などが)集まる、取り立てられる。¶ 세금을 잘 걷히지 않는다 税金がうまく取り立てがうまくはかどらない。

**걸** 略 (「것을」の縮約形) …のを、…ことを、…ものを。¶ 그~ 가져와라 それをもってこい。/ 아는 ~ 말해 보아라 知っていることを話してみろ。/ 그런 ~ 어디서 구했니? そんなものをどこで手に入れたんだ。

**걸:걸** 副하다 《体面などをかえりみず食べ物などをむさぼるよう》がつがつ。¶ 굶주려서 ~ 한다 飢えてがつがつしている。❷ 갈갈

**걸:걸-거리다** 自 がつがつする。

**걸걸-하다** 形여 (声がしわがれて)がらがらして力強からい。

**걸걸-하다**[傑傑-] 形여 快活からでてきぱきしている、こせつかない。

**걸근거리다** 自 ①(食べ物などに)しきりにがつがつする、むさぼる、がっつく。②(喉に痰がからんで)ぜいぜいする。❷ 갈근거리다

**걸근-걸근** 副하다 ①がつがつ。②ぜいぜい。❷ 갈근갈근

**걸:다** 他 ①掛ける、吊るす。¶ 간판을 ~ 看板を掛ける。②(錠などを)掛ける、下ろす。¶ 빗장을 ~ かんぬきを掛ける。③(使えるように)用意する、掛ける、据える。¶ 솥을 ~ 釜をすえる。/ 윤전기에 ~ 輪転機にかける。④(契約·かけの担保として)かける。¶ 목숨을 ~ 命をかける。/ 현상금을 ~ 懸賞金をかける。⑤(会議などに)かける、上程する。¶ 안건을 회의에 ~ 案件を会議に上程する。⑥(期待·希望などを)かける。¶ 큰 기대를 ~ 大きな期待をかける。⑦(ことば·けんかを)かける、仕掛ける。¶ 말을 ~ 話しかける。/ 싸움을 ~ けんかを吹っかける。⑧(エンジンなどを)かける、始動させる。¶ 브레이크를 ~ ブレーキをかける。⑨(相手に)ある行動をとる。¶ 최면술을 ~ 催眠術をかける。⑩揭揚する、揭げる。¶ 국기를 ~ 国旗を揭げる。⑪(電話を)かける。¶ 친구에게 전화를 ~ 友だちに電話をかける。⑫(裁判に)かける、訴える。¶ 소송을 ~ 訴訟を起こす。

**걸-다**² 形 ①(土地が)肥えている、肥沃だ。¶ 땅이 ~ 土地が肥えている。㈘ 메마르다 ②(液体が)濃い、どろっとしている。¶ 죽을 걸게 쑤다 かゆをどろっと炊く。③(献立などが)豪勢だ、豊富だ、見事だ。¶ 잔칫상이 ~ 祝宴の献立が豪勢だ。④口汚ない、口ぎたない。¶ 입이 ~ 口汚ない。

**걸랑** 助 (「거들랑」の縮約形) …だったら、…す

れば。¶ 학교가 파하~ 곧장 돌아오너라 学校が終わったらすぐ帰って来なさい。

**걸러** 副 (時間·順序などを)おいて、おきに。¶ 하루 ~ 1日おきに。

**걸러-뛰다** 他 (順序を)飛ばす、ぬかす。¶ 번호를 ~ 番号を飛ばす。

**걸러-내기** 名 排泄。㋥ 배설

**걸레** 名 雑巾。¶ 복도를 ~로 훔치다 廊下を雑巾で拭く。

**걸레-질** 名하다 雑巾がけ、ふき掃除。

**걸레질-치다** 他 雑巾をかける、ふき掃除をする。

**걸려-들다** 自 ①(網などに)ひっかかる、かかる。¶ 그물에 ~ 網にひっかかる。②(計略などに)ひっかかる、かかる、はまる。¶ 사기에 ~ 詐欺にひっかかる。/ 쥐가 덫에 ~ ねずみがわなにかかる。

**걸로** 略 (「것으로」の縮約形) …ものを、…ことを、…のと、…もので、…ことで。¶ 큰 ~ 골라라 大きいのを選びなさい。/ 그~ 빨리 닦아라 それで早くふきなさい。

**걸리다**¹ 自 ①かかる、ぶら下がる。¶ 풍경이 처마 끝에 걸려 있다 風鈴が軒先きにさがっている。②ひっかかる、つまずく、つかえる。¶ 돌에 걸려서 넘어지다 石につまずいて転ぶ。/ 음식이 목구멍에 ~ 食物がのどにつかえる。③(網·わななどに)かかる、ひっかかる。¶ 고기가 그물에 ~ 魚が網にひっかかる。④(計略などに)ひっかかる、はまる、陷おちいる。¶ 검열에 ~ 検閲にひっかかる。/ 그에게 걸리면 못당한다 彼れにかかっちゃかなわない。⑤(病気に)かかる。¶ 감기에 ~ かぜを引く。⑥(時間が)かかる、要る。¶ 2년이 걸리는 대공사 2年にがかりの大工事。⑦気になる。¶ 마음에 ~ 気にかかる。/ 양심에 걸리는 행위 良心にそむく行為。⑧(太陽·月などが空に)かかる。¶ 달이 중천에 ~ 月が中天にかかる。⑨(錠などが)かかる、下りる。¶ 빗장이 걸려 있다 かんぬきがかっている。⑩(賞金などが)かかる。¶ 현상금이 ~ 懸賞金がかかる。⑪(電話などが)かかる。¶ 전화가 걸려 왔다 電話がかかって来た。⑫(エンジンなどが)かかる。¶ 자동차의 발동이 ~ 自動車のエンジンがかかる。

**걸리다²** 他 「걷다²」の使役。①歩かせる。¶ 아이를 ~ 子供を歩かせる。②[野] 打者を一塁まで歩かせる。

**걸림-돌** 名 (何などをするのに)さまたげになるのや人、障害物。

**걸:-망**[-網] 名 網状の背嚢。

**걸-맞다** 形 似合う、釣り合う、ふさわしい、相応する。¶ 수입에 걸맞은 생활 収入に釣り合った生活 / 신분에 걸맞지 않은 행동 身分不相応な行動。

**걸머-지다** 他 背負う。①(ひもをかけて肩に)担ぐ。¶ 짐을 ~ 荷物を背負う。②(借

걸[金] · 罪[つみ]などを)引っかぶる、引き受ける、負う。¶ 죄를 혼자 ~ 罪を一人で引っかぶる。¶ (責任[せきにん]などを)担う、引き受ける。¶ 무거운 책임을 ~ 重い責任を背負う。

걸물[傑物] 名 傑物、傑出した人物。

걸-상[-床] 名 ①長椅子、ベンチ。②腰かけ、椅子。

걸-쇠 名 ①コ字形の掛け金。②(タイプライターの)シフトキー。

걸식[乞食] 名하自 物乞い、乞食。¶ ~ 하며 살다 物乞いをして暮らす。

걸신[乞神] 名 食い意地。

걸신-들리다 食い意地が張る、がつつく。¶ 걸신들린 듯 먹다 がつがつ食う。

걸신-쟁이 名 食いしんぼう、大食い。

걸어-가다 自 ①歩いて行く、徒歩で行く。¶ 천천히 ~ ゆっくり歩いて行く。②目標[もく]に向かって歩く、歩む。¶ 학자의 길을 ~ 学者の道を歩む。

걸어-오다 自 ①歩いて来る、徒歩で来る。¶ 먼 길을 ~ 遠路歩いて来る。②歩んでくる。¶ 가시밭길을 걸어왔다 いばらの道を歩んで来た。

걸어-총[-銃] 名 叉銃、またその号令。

걸음 名 歩み、歩き、足、足どり。¶ 가벼운 발 ~ 軽い足取り / ~ 을 멈추다 歩みを止める。/ ~ 을 재촉하다 足を速める。②《形式名詞的に》…歩。¶ 한 ~ 후퇴하다 一歩[いっぽ]後退[こうたい]する。
관용 걸음아 날 살려라 三十六計逃げるに如かず。

걸음-걸이 歩き方、歩きぶり、足取り、歩調。¶ 무거운 ~로 걷다 重い足取りで歩く。

걸음-마 名 ①幼児のよちよち歩き、あんよ。②((感嘆詞的に)幼児を始めて歩かせるときにあやす語》あんよあんよ。¶ ~ 찍찍 あんよあんよ。

걸음-새 歩き方、歩きぶり、足取り。
⇒ 걸음걸이

걸이 名[相撲] 足がらみ、内掛け。

-걸이 接尾 《(物をかけておく器具を)》…掛け。¶ 옷 ~ えもん掛け / 팔 ~ ひじ掛け。

걸인[乞人] 名 乞食、物乞い。

걸인[傑人] 名 傑人、傑物。

걸작[傑作] 名 傑作。①すぐれた作品、名作。¶ 불후의 ~ 不朽の傑作。②(人が)奇妙でこっけいなこと。¶ 저 녀석 정말 ~이야 あいつは実にこっけいな奴だなあ。

걸-짜[傑-] 名俗 奇妙でこっけいな人、変なやつ。

걸쩍지근-하다 形여 口汚さない。¶食い意地が張っている、がつがつする。¶ 걸쩍지근하게 잘도 먹는다 がつがつとよく食べる。②口のきき方が卑しい。¶ 걸쩍지근하게 욕을 퍼붓다 口汚なく悪口を浴びせる。

걸쭉-하다 形여 (液体が)どろどろしている。¶ 걸쭉한 국물 どろどろした汁。④ 갈쭉하다 걸쭉-히 副 どろどろ、どろりと。

걸쳐-두다 他 ①(長い物を)掛けておく。②(ある事件に)手をつけたままほうっておく。

걸출[傑出] 名하形 傑出。¶ ~한 인물 傑出した人物。

걸치다[1] 自 ①(両端に)掛かる。¶ 나뭇가지에 장대가 걸쳐 있다 木の枝に竿がかかっている。②(太陽 · 月などが)山にかかる。¶ 달이 서산에 걸쳐 있다 月が西の山にかかっている。③(時間的に)かかる、わたる。¶ 3세기간에 걸친 회의 3時間にわたる会議。④(空間的に)及ぶ、またがる、ゆきわたる。¶ 각 방면에 걸친 사업 各方面にまたがる事業 / 독감이 전국에 걸쳐 번지고 있다 インフルエンザが全国にかけてはやっている。

걸-치다[2] 他 ①(両端に)掛ける、渡す。¶ 사다리를 ~ はしごをかける。②かける、ひっかける。¶ 수건을 어깨에 ~ 手ぬぐいを肩にかける。③(衣服などを)まとう、着る、引っかける。¶ 누더기를 ~ ぼろを引っかける。④(酒を)引っかける。¶ 한 잔 ~ 一杯引っかける。

걸터-앉다 自 腰かける、腰を下ろす。¶ 벤치에 ~ ベンチに腰を下ろす。

걸터-타다 自 (牛 · 馬などに)横乗りする、またがって乗る。

걸핏-하면 副 どうかすると、ともすると、ややもすれば、何かにつけて。¶ ~ 운다 どうかすると泣き出す。/ ~ 늦는다 ややもすればおくれる。

검:[劍] 名 劍、つるぎ、長刀。¶ ~을 차다 剣を帯びる。

검:[劍客] 名 剣客、剣士。

검거[檢擧] 名하他自 検挙。¶ 일제 一斉검挙 / 용의자를 ~하다 容疑者を検挙する。

검:거 선풍[-旋風] 名 検挙旋風。

검:뇨[檢尿] 名하自醫 検尿、尿検査。¶ ~기 検尿器。

검-누렇다 形ㅎ やや黒みがかって黄色い。

검:다 名 ①(色)が黒い。¶ 검은 옷 黒い服 / 검게 칠하다 黒く塗る。②(腹が)黒い。¶ 뱃속이 검은 정치가 腹の黒い政治家。
관용 검은 머리 파뿌리 되도록 黒髪がネギの根のように白くなるまで、白髪になるまで。

검댕 名 煤。¶ ~을 떨다 煤を払らう。

검:도[劍道] 名 剣道。

검둥-개 名 黒い犬、黒犬。

검둥-이 名 ①(黒犬の愛称)くろ。②肌の黒い人。③俗 黒人。

검:다-검다 形 非常に黒い、真っ黒だ。

검:량[檢量] 名하他 積荷の量 · 重さを検査すること。

검:량-인[-人] 名 荷の量 · 重さを検査する人。

する 人ひと.
검:류【検流】 名[하타][物] 検流けんりゅう. ¶ ～계 検流計けい
검:맥【検脈】 名[하타][漢] 脈みゃくを取とること、見脈みゃく、診脈しんみゃく.
검무【剣舞】 名 剣舞けんぶ. ㉗ 칼춤
검:문【検問】 名[하타] 検問けんもん. ¶ 불심 ~ 不審尋問ふしんじんもん/ ～에 걸리다 検問にひっかかる.
검:문-소【-所】 名 検問所けんもんじょ.
검-버섯 名 老人ろうじんの肌はだにできる黒くろいしみ・斑点はんてん. ¶ 얼굴에 ～이 피다 顔かおに黒いしみができる.
검법【剣法】 名 剣法けんぽう、剣術けんじゅつ.
검봉【剣鋒】 名 剣鋒けんぽう、剣けんの先さき.
검부-나무 名 (焚たき付つけ用ようの)枯かれ葉は・干ほし草くさなど.
검부러기 名 枯かれ葉・干し草くさのくず.
검불 名 干し草くさ・枯かれ葉・わらくずなどの総称.
검불-덤불 副 (見分みわけがつかないほどこんがらかっているさま) ごちゃごちゃに、めちゃくちゃに、ごっちゃに.
검:-붉다 形 赤黒あかぐろい. ¶ 검붉은 얼굴 赤黒い顔かお.
검:사【剣士】 名 剣士けんし. ㉗ 검객(剣客)
검:사【検事】 名 検事けんじ. ¶ ～장 検事長けんじちょう
검:사 항:소【-抗訴】 名[法] 検事控訴こうそ.
검:사【検査】 名[하타][되자] 検査けんさ. ¶ 품질 ～ 品質ひんしつ検査/ 징병 ～ 徴兵ちょうへい検査/ 자동차의 정비 상태를 ～하다 車くるまの整備せいび状態じょうたいを検査する.
검:사-소【-所】 名 検査所けんさじょ.
검:사-필【-畢】 名 検査済けんさずみ.
검:산【検算】 名[하타] 検算けんさん、験算けんさん、試ためし算ざん. ¶ ～해서 확인하다 検算して確かめる.
검:색【検索】 名[하타] ①検索けんさく、調しらべて探さがすこと. ¶ 정보 ～ 情報じょうほう検索. ②家宅かたく捜索そうさくをすること.
검:소【検素】 名[하타][形] 質素しっそ、つつましやかなこと. ¶ ～한 생활 質素な暮くらし.
검:수【検水】 名[하타] 検水けんすい、水質すいしつを検査けんさすること. ¶ ～기 検水器けんすいき
검:수【検数】 名[하타] 検数けんすう、数量すうりょうを検査けんさすること.
검:술【剣術】 名 剣術けんじゅつ、剣法けんぽう. ¶ ～을 배우다 剣術を学まなぶ.
검:술-사【-師】 名 剣術けんじゅつ使つかい.
검:시【検屍】 名[하타] 検屍けんし.
검:시-관【-官】 名 検死官けんしかん.
검:시【検視】 名[하타] ①検視けんし、事実じじつの取とり調しらべをすること. ②検眼けんがん. ③[法] 検視、検死けんし.
검:시 조서【-調書】 名 検視調書ちょうしょ.
검실-거리다 自 (遠とおくで)しきりにちらちらする、ちらつく.
검:실-검실¹ 副[하타] ちらちら、ちらほら. ㉔ 감실감실¹
검:실-검실² [하타][形] (まばらに生はえた毛けが黒くろみがかっているさま)ところどころ黒々くろぐろく、うっすらと黒くろく. ㉔ 감실감실²
검:안【検案】 名[하타] 検案けんあん. ¶ ～서 検案書しょ.
검:안【検眼】 名[하타] 検眼けんがん.
검:안-경【-鏡】 名 検眼鏡けんがんきょう.
검-약【倹約】 名[하타] 倹約けんやく、節約せつやく. ¶ 비용을 ～하다 費用ひようを倹約する.
검:약-가【-家】 名 倹約家か、節約家.
검:역【検疫】 名[하타] 検疫けんえき. ¶ ～ 전염병 検疫伝染病でんせんびょう/ ～을 통과하다 検疫を通とおる.
검:역-관【-官】 名 検疫官かん.
검:역-소【-所】 名 検疫所しょ.
검:열【検閲】 名[하타][되자] 検閲けんえつ. ¶ ～ 제도 検閲制度せいど/ ～에 걸리다 検閲に引ひっかかる. / 신문을 ～하다 新聞しんぶんを検閲する.
검:열-관【-官】 名 検閲官かん.
검:온【検温】 名[하타] 検温けんおん.
검:온-기【-器】 名 検温器けんおんき、体温計たいおんけい.
검은-깨 名 黒胡麻くろごま.
검은-빛 名 黒くろい色いろ.
검은-손 名 黒くろい手て、魔手ましゅ. ¶ ～을 뻗치다 魔手を伸のばす.
검은-약【-薬】 名 ①[隠] 阿片あへん. ② ⇨ 고약
검은-엿 名 黒飴くろあめ.
검은-자위 名 (眼球がんきゅうの)黒目くろめ、瞳ひとみ.
검은-콩 名 黒豆くろまめ. ㉗ 흑태
검은-팥 名 黒小豆くろしょうず.
검:인【検印】 名[하타] 検印けんいん. ¶ ～을 찍다 検印を押おす.
검:인-증【-證】 名 検印証しょう.
검:인【検認】 名[하타][法] 検認けんにん.
검:-인정【検認定】 名[하타] (教育部きょういくぶの教科書きょうかしょ査閲さえつで)検定けんていすることと認定にんていすること.
검:인정 교:과서【-教科書】 名 検定けんてい教科書きょうかしょと認定にんてい教科書.
검:인정-필【-畢】 名 検定および認定済すみ.
검-자【検字】 名 検字けんじ(字典じてんの索引さくいんで漢字を総画数順そうかくすうじゅんに配列はいれつしたもの).
검적-검적 副[하타][形] (黒くろい斑点はんてんがあちこち散ちらばっているさま)点々てんてんと、ぽつぽつと. ㉔ 감작감작 ㉘ 껌적껌적.
검:전-기【検電器】 名 検電器けんでんき.
검정 名 黒くろ、黒色こくしょく、黒い染料せんりょう. ㉔ 감장 ㉘ 껌정
검정-말 名 黒くろい馬うま、黒馬くろうま.
검정-빛 名 黒色こくしょく.
검정-이 名 黒い物もの.
검:정【検定】 名[하타] 検定てい. ¶ ～료 検定料りょう/ 자격 ～ 資格しかく～検定.
검:정 고:시【-考試】 名 検定試験けん.
검:정 교:과서【-教科書】 名 検定教科書きょうか.
검:정-필【-畢】 名 検定済すみ.
검정-말²【-】 名[植] 黒藻くろも.
검:증【検證】 名[하타][되자] 検証しょう. ¶ 현장 ～을 하다 現場げんば検証を行おこなう.
검:증-물【-物】 名 検証物ぶつ.
검:지【-指】 名 人差ひとさし指ゆび. ㉗ 집게손가락

검:진[檢診] 图[하]他] 檢診ぱ。¶ 정기 ~을 받다 定期ぱの検診を受ける。

검:-질기다 [形] (性質ぱ・行動窍が)非常ぱにしつこい、執拗ぱだ。¶ 검질기게 물고 늘어지다 執拗に食くいついて離ぱれない。

검:차[檢車] 图[하]他] 檢車ぱ。車びの検査ぱ。¶ ~계 検車係がか。

검:찰[檢察] 图[하]自]他] 檢察ぱ。¶ ~측 즉인 檢察側が証人ぱ。

검:찰-관[-官] 图 檢察官ぱ。

검:찰-청[-廳] 图 檢察庁ぱ。¶ 지방 地方ぱの検察庁。

검:출[檢出] 图[하]他][되]自] 檢出ぱ。¶ 식품에서 균이 ~되다 食品ぱから菌ぱが検出される。

검측-하다 [形] 陰険ぱで洋洋ぱしい、腹黒ぱい。

검:치다 他 ①(布地ぱのなどの緣ぱを)合あわせ折おる。②(物ぱの端や全体ぱを)重かさね合あわせる、ひっかける。

검:침[檢針] 图[하]他] 檢針ぱ。¶ 정기 ~ 定期ぱ検針。

검침-하다[黔沈-] [形이] 腹黒ぱくい、陰険ぱである。¶ 검침한 수단을 쓰다 陰険な手段ぱを使ぱう。

검:토[檢討] 图[하]他][되]自] 檢討ぱ。¶ 재 ~ 再検討/ 내용을 철저히 ~하다 内容ぱを徹底的ぱに検討する。

검:파[檢波] 图[하]他][되]自] 檢波ぱ。¶ ~기 検波器ぱ。

검:표[檢票] 图[하]他][되]自] 檢札ぱ。¶ ~구 検札口ぱ。

검:-푸르다 [形ㄹ] 黒味ぱがかって青あい、青黒ぱい、紺碧ぱだ。¶ 검푸른 바다 紺碧の海ぱ。

검:푸르죽죽-하다 [形어] 青みがかって黒ぱっぽい。

겁[劫] 图[佛] 劫ぱ、きわめて長ぱい時間ぱ。

겁[怯] 图 おじけ、恐ぱろしさ、怖ぱがり、気おくれ。¶ ~이 많다 臆病おぱだ。/ ~에 질린 목소리 おびえた声ぱ。/ 몹시 ~을 먹다 ひどく怖がる。/ 잔뜩 ~을 집어먹다 すっかりおじけづく。

관용 겁(도) 없이 恐ぱれ気もなく、向ぱこう見ぱずに。겁(에) 질리다 おびえる。겁(이) 없다 物ぱのおじけがない、怖がらない。

겁-결[怯-] 图 怯ぱづいて、怖がって、恐ぱれのあまり。¶ ~에 소리를 지르다 怖ぱづいて声を張ぱりあげる。

겁기[怯氣] 图 ① (窮ぱした人ぱの顔ぱにあらわれる)おじけ、びくびくした気配ぱ。②深くて険ぱしい山ぱの精気ぱ。

겁-꾸러기[怯-] 图 臆病者おぱ、怖がり屋ぱ。

겁-나다[怯-] 国 怖がる、怖くなる、気怯おぱづく。¶ 겁나서 말도 못했다 怖くてものも言いえなかった。

겁-내다[怯-] 他 恐ぱれる、怖がる、びくびくする、臆ぱする。¶ 조금도 겁내는 기색이 없다 ちっとも怖ぱがる気色しょくがない。

겁-먹다[怯-] 圄 怖ぱがる、おじけづく、おじける、ものおじする。¶ 겁먹고 도망치다 怖がって逃ぱげる。

겁-보[怯-] 图 臆病者おぱ、怖ぱがり屋や、弱虫ぱ。

겁-쟁이[怯-] 图 臆病者おぱ、怖ぱがり屋や、弱虫ぱ、いくじなし。(동) 겁꾸러기・겁보

겁-주다[怯-] 国 脅ぱかす、怖ぱがらせる。¶ 겁주어 쫓아버리다 脅かして追ぱい払はう。

겁탈[劫奪] 图[하]他][되]自] 劫奪ぱ、強奪ぱ。② 強姦ぱ。¶ 여자를 ~하다 女ぱを強姦する。

것 依 ①もの、こと、…の。¶ 내 ~ わたしのもの/ 좀 나은 ~을 주시오 少ぱしましなのをください。②者ぱ、やつ。¶ 네까짓 ~이 오 前ぱのようなやつが/ 젊은 ~이 버릇이 없군 若かい者ぱが不作法ぱだな。③ ~の、こと。¶ 서두를 ~은 없 다 急ぐことはない。/ 출발하는 ~을 늦추다 発つのを延ばす。④つもり。¶ 기어이 해내고야 말 ~이다 必かならずやりとげてしまうつもりだ。⑤ ~だろう、~はずだ、~でしょう。¶ 지금쯤 비가 내릴 ~이다 今ごろ雨ぱが降るだろう。⑥こと。¶ 내일까지 준비할 ~ 明日まで用意ぱすること。

-것다 語尾 ① …だね、…だな。¶ 분명히 네가 그랬 ~ 確ぱかに君ぱがそう言いったのだね。② …ものだ、…だろう。¶ 지금쯤은 벚꽃이 한창이 ~ 今ごろには桜さくが真っ盛りだろう。③ …し、…だし。¶ 아직 젊 ~ 건강하 ~ 무엇이 걱정인가? まだ若いし、健康ぱだし、何ぱが心配ぱいかね。

경그레 (蒸ぱし釜ぱの底そに敷しく)簀すの子。

경둥-거리다 国 ①軽かくひょいひょいと跳とびまわる。②軽率けいぱにふるまう。(강) 강둥거리다 (센) 껑뚱거리다

경둥-경둥 副[하]他] ①ひょいひょい、ぴょんぴょん。②軽かはずみに、いい加減げんに。(강) 강둥강둥 (센) 껑뚱껑뚱

경둥-하다 [形이] (服ぱのすそが)短みぢかめだ、つんつるてんだ。(센) 껑뚱하다

경중-거리다 国 長ぱい足ぱで飛ぱび上あがるように歩ぱく。

경중-경중 副[하]他] ひょいひょい、ぴょんぴょん。¶ 뛰어다니다 ぴょんぴょん飛び回まはる。

겉¹ 图 表おも、表面ぱ、外面がい、上ぱえ、みかけ。¶ ~쪽 表側ぱ/ ~만 꾸미다 外面だけを飾かる。~으로는 태연한 체하다 上えは平然へぱを装よそおう。

관용 겉 다르고 속 다르다 表と裏うぱが異なる、表裏ぱうが一致ぱしない。

겉² 接頭 ①表面ぱだけを見ぱて推量ぱうする意いを表おもす。¶ ~짐작 当ぱて推量ぱう。② 中身なかはそうでないが外見がいだけがそうであるという意を表わす。¶ ~늙다 年ぱのわりに老おけて見ぱえる。/ ~마르다 生乾はぱきになることを表わす。¶ ~보리 殻麦かぱ。③皮ぱをむかない・殻ぱがついたままになることを表わす。

겉-감 图 (衣類ぱや布団とんなどの)表地おぱて。

겉-겨 图 (穀物ぱの)粗糠ぱ、籾糠ぱう。

겉-곡식[-穀-] 图 殻ぱをむいていない穀物こぱ。

겉-귀 [名] 外耳。㋥ 외이 (外耳)
겉-꺼풀 [名] 外皮、外側の皮 (殻・膜)。
겉-껍데기 [名] 外皮、外殻、粗皮・皮。
겉껍질 [名] ①外皮、外側の皮。②表皮。
겉-꾸미다 [自他] うわべだけ飾る、外面だけをつくろう。
겉-날리다 [他] (仕事を)ぞんざいにする、いい加減にする、おざなりにする。¶ 귀찮다고 해서 일을 겉날려서는 안된다 面倒なので仕事の手を抜いてはいけない。
겉-놀다 [自] ①(交わりが)しっくりしない、(不和で)別々にふるまう。②(釘・ねじなどが)ぴったり合わない、ばかになっている。
겉눈-감다 [自] 目をつぶったふりをする、うす目をあける。¶ 겉눈감고 다 보고 있다 うす目をあけてすべてを見ている。
겉-눈썹 [名] 眉毛、眉。
겉-늙다 [自] 年のわりに老ける、老けて見える。¶ 고생해서 겉늙어 보인다 くたびれて年より老けて見える。
겉-돌다 [自] ①(二つの物が)混じり合わない。¶ 물에 기름이 ~ 水うに油が溶けとけわない。②(友達たちの間が)しっくりいかない、仲間はずれになる。¶ 혼자 ~ 独りぼっちになる。③(機械・行動などが)空回りする。¶ 진창에 빠진 차 바퀴가 ~ ぬかるみにはまった車輪が空回りする。
겉-똑똑이 [名] 知ったかぶりをする人。
겉-마르다 [自他] 外側だけ乾く、生乾きになる。¶ 벼이삭이 아직 겉말랐다 稲穂がまだ生乾きまだき。
겉-말 [名] 空世辞、口先ばかりのことば、おべんちゃら。¶ ~만 늘어놓다 空世辞ばかり並々立てる。
겉-맞추다 [他] うわべだけでうまく調子を合わせる。
겉-면 [-面] [名] 外面、表面、表も。
겉-모양 [-貌樣-模樣] [名] 外貌、外見、外観、見かけ。¶ ~을 꾸미다 外観を取り繕う。
겉-물 [名] 上澄み。
겉물-돌다 [自] 上澄みができる。
겉-바르다 [他] うわべを繕う、取り繕う。
겉-발림 [名] 上べだけを取りつくろうこと。¶ ~으로 하는 말에 속지 마라 上べだけのお世辞にだまされるな。
겉-보기 [名] 見かけ、外観、外見、うわべ。¶ ~와는 딴판이다 見かけとはまったく違う。
겉-보리 [名] ①[植] オオムギ。②殻麦から。
[속담] 겉보리 서 말만 있으면 처가살이 하랴 殻麦三斗さえあれば妻の実家で暮らすものか。¶ ごくわずかでも財物があるならば婿入りせずに独立するして一家を立てよう。
겉-봉 [-封] [名] ① ⇨ 겉봉투 ②封筒。③封筒の表紙。
겉-봉투 [-封套] [名] 二重封筒の外側の封筒。

겉씨-식물 [-植物] [名] 裸子植物。㋥ 속씨 식물
겉-옷 [名] 外衣、上着。
겉-웃음 [名] つくり笑い、そら笑い。
겉-자락 [名] (チマ・チョゴリなどを着たとき)外側に出る裾。
겉-잠 [名] ①たぬき寝入り、そら寝。②うたた寝、仮寝。¶ ~이 들다 うたた寝をする。
겉-장 [-張] [名] ①(重ねねた紙の)一番上表もの紙。②表紙、カバー。
겉저고리 [名] (重ねね着をするとき)外側に着る上着。㋥ 속저고리
겉-절이 [名] (ハツカダイコン・白菜などの)浅漬けつけ。
겉-절이다 [他] (野菜を)浅漬けにする。
겉-짐작 [名] [하他] あてずっぽう、当てで推量、おおよその見当。
겉-치레 [名] [하他] 見せ掛け、見え、虚飾。¶ ~뿐인 친절 見せかけの親切 / ~를 하다 見えを張る。
겉-치마 [名] (重ねね着をするとき)外側に着るチマ。㋥ 속치마
겉-치장 [-治粧] [名] [하自他] ①外側の装飾、外装。¶ 건물의 ~ 建物たちの外装。②うわべだけの飾りり、見せかけ。¶ ~만 하다 うわべだけを飾る。

게:¹ [名] [動] カニ。¶ ~의 집게발 カニのはさみ / ~에게 손가락을 물리다 カニに指を挟まれる。
[속담] 게도 구럭도 다 잃었다 カニも縄網の袋ももみな失った。《元も子もなくした》
[관용] 게 눈 감추듯 (カニが目を隠すように)食べ物を瞬たく間にぺろりと平らげるようす。

게² [代] ①(「거기」の縮約形) そこ。¶ ~ 앉아라 そこに座りなさい。②(相手を見さげて言う語) お前、君。¶ ~가 뭘 안다고 그래? お前が何を知っているというのだ。

게³ [助] ((「에게」の縮約形))…に。¶ 네~ 주겠다 お前にやろう。

게⁴ [略] (「것이」の縮約形)…ものが、…ことが、…が。¶ 그게 뉘 ~냐? それはだれのものか。/ 내가 알 ~ 뭐야 僕の知ったことじゃないよ。

-게 [語尾] ①((命令形語尾で))…しなさい、…せよ。¶ 빨리 오~ 早く来なさい。/ 좀 조용히 하~ 少し静かにしろよ。②((疑問形語尾で))…のか、…だ。¶ 벌써 가~? もう帰るのか。③((「-도록」の意」を表わす従属的連語尾))…(する)ように、…に、…するほど。¶ 다 알아들~ 큰 소리로 읽어라 みんなが聞き取れるように大声で読みなさい。④((內容・程度を表わす補助的連結語尾))…に、…く。¶ 멋지~ 해내다 スマートにやってのける。/ 꽃이 아름답~ 피다 花が美しく咲く。

게:-거품 名 ①カニが吹き出す泡。②口もとの泡。¶ ~을 물다 口角にあわを飛ばす。
게걸 名 食い意地。¶ ~이 들다 食い意地が張る。
게걸-거리다 自 ①しきりにがつがつする。②しきりに不平を鳴らす。
게걸-게걸 副(하다) ①不平がましく、ぶつぶつ。②(食べ物に)がつがつう。
게걸-들리다 自 食い意地が張る、がつがつと意地汚なくなる。
게걸-스럽다 形(ㅂ) 食い意地汚い、がつがつしている。¶ 게걸스럽게 먹다 がつがつと食べる。게걸-스레 副 がつがつと。
게:-걸음 名 カニの横ばい、横あるき。
관용 게걸음(을) 치다 ①(カニのように)横あるきする、横ばいする。②(仕事などが)はかどらない、はかばかしくない。
게게 副 (よだれや鼻水などをぶざまにしちゅう垂たらしているさま) だらり。¶ 침을 ~ 흘리다 よだれをだらだらと垂らす。
게꽁지만-하다 形(여) (知識・才能などがカニのしっぽほどに)極めて乏ししい、取るに足らない、ちっぽけだ。
-게끔 語尾 …するように。¶ 감기 들지 않~ 조심하세요 風邪をひかないようにお気をつけください。
-게나 語尾 …なさい、…しろよ、…しなよ。¶ 놀러 오~ 遊びに来なさいね。/ 어서 오~ 早く来いよ。
게:나-예나 副(「거기나 여기나」の縮約形)そこもここも、そこにもここにも、いずこも。¶ ~ 사람 살기는 마찬가지다 そこもここも人の暮らしに変わりはない。
게:-네 代「그네들」をやや見下げていう語。彼ら、やつら、あいつら。¶ ~가 나쁘다 やつらが悪い。
게:-눈 名 カニの目。
속담 게눈 감추듯 하다 カニが目を隠すようだ。《食べ物を非常に早く食べてしまうこと》
게다가 副 ①(「거기에다가」の縮約形)そこに、そこへ。¶ 짐은 두어라 荷物はそこに 置きなさい。②それに、その上、おまけに、更に。¶ 추위도 심해지고 ~ 비까지 심하게 내렸다 寒さが厳しくなりその上雨まで激しく降ってきた。
게:-딱지 名 カニの甲羅。
게딱지만-하다 形(여) (家などが)非常に小さい、ちっぽけだ。¶ 게딱지만한 판자집 ちっぽけなバラック。
게라[←galley] 名(版) ゲラ。
게라-쇄[-刷] 名 ゲラ刷り、校正刷り。
게:르다 形「게으르다」の縮約形。
게:름 名「게으름」の縮約形。
게:름-뱅이 名「게으름뱅이」の縮約形。
게:름-피우다 自「게으름피우다」の縮約形。
게릴라[guerrilla] 名 ゲリラ、遊撃。¶ ~전 ゲリラ戦。

게릴라-전:술[-戰術] 名 ゲリラ戦術、遊撃戦法。¶ ~로 싸우다 ゲリラ戦術で戦う。
게:-살 名 カニ肉、カニの肉を乾かしたもの。
게:서 名(「거기에서」の縮約形)そこで、そこから。¶ ~ 놀아라 そこで遊べ。
게스트[guest] 名 ゲスト。¶ ~ 싱어 ゲストシンガー。
게슴츠레-하다 形(여) ⇨ 거슴츠레하다
게:시[揭示] 名(하다)(되다) 掲示。¶ 명단을 ~ 하다 名簿を掲示する。
게:시-판[-板] 名 掲示板。
게:양[揭揚] 名(하다)(되다) 掲揚。¶ 국기를 ~ 하다 国旗を掲揚する。
게:양-대[-臺] 名 掲揚台。
게염 名 うらやんで欲しがること。
게염-스럽다 形(ㅂ) 欲張りだ、貪欲だ。게염-스레 副 欲張って、貪欲に。
게우다 他 ①吐く、吐き出す、もどす。¶ 먹은 것을 ~ 食べた物を吐く。②(不正に得た金品などを)吐き出す。¶ 뇌물을 게워 내다 賄賂を吐き出す。
게으르다 形(르) 怠けている、怠惰だ、怠慢だ、無精だ。¶ 게으른 성품 怠惰な気性/ 게을러서 아무 것도 하지 않는다 無精で何もしない。⑳ 게르다 ㉞ 개으르다
속담 게으른 놈 밭고랑 세듯 怠け者が畑の畝の数を数えるように。《仕事のほうはおろそかにして早じまいすることばかり考えること》
게으름 名 怠惰、怠慢、無精。
게으름-뱅이 名 怠け者、無精者、のらくら者。¶ 타고난 ~ 生まれつきの怠け者。
게으름-부리다 自 怠ける、ずるける、おこたる。¶ 게으름부리지 말고 열심히 일해라 怠けずに一生懸命に働け。
게으름-쟁이 名 怠け者、無精者、のらくら者。⑳ 게으름뱅이
게으름-피우다 自 怠ける、おこたる、ずるける。
게을러-빠지다 形 ひどく怠けている、きわめて無精だ、非常に怠惰だ。⑳ 갤러빠지다 ㉞ 개을러빠지다
게을러-터지다 形 ⇨ 게을러빠지다
게을리 副 怠けて、怠だって。¶ 경계를 ~ 해서는 안된다 警戒を怠ってはいけない。
게을리-하다 他(여) 怠ける、怠だる。¶ 공부를 ~ 勉強を怠ける。
게이트[gate] 名 ゲート、門。
게이트-볼:[일 -+ball] 名 ゲートボール。
게임[game] 名 ゲーム。¶ 빅 ~ ビッグゲーム/ ~ 세트 ゲームセット。
게:-장[-醬] 名 ①醤油に漬けたカニ。②カニを漬けた醤油。③めすガニのこうらにある黄色いかにみそ。
게:재[揭載] 名(하다)(되다) 掲載。¶ 잡지에 ~ 하다 雑誌に掲載する。
게:-젓 名 カニの醤油漬け。

게:-트림 图㈲ 大げさなげっぷ、わざとするおくび。

겐 略 ①(「거기는・거기에는」의 縮約形) そこは、そこには。¶ ~ 사정이 어떻더냐? そこは都合がどうだったか。②(「에게는」의 縮約形)…には、…(に)とっては。¶ 내~ 너무 작다 わたしには小さすぎる。

-겐 略 (語尾「게」と助詞「는」が結合한 縮約形)…くは、…(のところ)には。¶ 우리~ 그런 풍습은 없다 私たちのところにはそんな風習はない。/ 마음이 어떨지는 몰라도 예쁘~ 생겼다 気だてはどうか知らないが美しくはある。

겔[독 Gel] 图 ゲル。㈰ 졸。
겔:러-빠지다 圈「게을러빠지다」의 縮約形。

겨 图 糠、もみがら。
㈣ 겨 주고 겨 바꾼다 糠をやって糠と換える《無駄なことを繰り返すこと》

겨:냥 图 ①㈭ ねらい、照準を合わせること。¶ ~이 빗나가다 ねらいが外れる。②見本。③見当、推量。
㈇ 겨냥을 내다 寸法를 合わせる。겨냥(을) 대다 ①(的に)ねらいを定める。②見当をつける。겨냥(을) 보다 ①(的に)ねらいを定める、照準する。②(実物と)比べて見る。

겨:냥-도[-圖] 图 見取り図。

겨누다 他 ①ねらう、ねらいをつける。¶ 범인을 겨누고 쏘다 犯人をねらって撃つ。②(標準となるものと)比べ合わせる、比べて見る。

겨눠-보다 他 ①見つめる、凝視する。②(標準となるものと)見比べる、比べ合わせる。

겨드랑 图「겨드랑이」의 縮約形。

겨드랑이 图 ①(体の)脇、腋下。¶ ~에 땀이 나다 わきに汗をかく。②(衣服の)わきの部分。¶ 셔츠의 ~가 터지다 シャツのわきがほころびる。

겨레 图 はらから、同胞、同族。
겨레-말 图 同族の言語。
겨레-붙이 图 はらから、同族の人。

겨루다 他 競う、争う、張り合う、比べる。¶ 솜씨를 ~ 腕を競う。/ 승부를 ~ 勝負を争う。

겨를 图 暇、間、余暇、余裕。¶ 쉴 ~도 없다 休む間もない。/ 바빠서 책을 읽을 ~도 없다 忙しくて本を読む暇もない。

겨우 副 ①やっと、ようやく、辛うじて。¶ 시간에 대다 ようやく間に合う。/ ~ 완성했다 ようやく完成した。②わずか、せいぜい、たった。¶ ~ 만 원 わずか1万ウォン/ 하나밖에 없다 たった一つしかない。
겨우-겨우 副 やっとのことで、辛うじて。

겨우-내 副 冬の間ずっと、冬じゅう。¶ ~ 방에만 틀어박혀 있다 冬じゅう部屋にとじこもっている。

겨우-살이¹ 图 ①冬着、冬物。②㈲ 冬を越すこと、越冬。¶ ~ 준비에 바쁘다 冬支度でいそがしい。

겨우-살이² 图[植] ヤドリギ。

겨울 图 冬。¶ 한~ 真冬/ ~옷 冬服/~을 나다 冬を越す。
㈣ 겨울이 다 되어야 솔이 푸른 줄을 안다 冬が深まって、はじめて松の青さを知る。《危急存亡의 秋になってはじめて偉い人物が目立つ》

겨울-바람 图 冬の風。
㈣ 겨울바람이 봄바람 보고 춥다 한다 冬の風が春風に向かって寒さを言う。《自分の過ちは棚に上げて人の小さい過ちをとがめる》

겨울-방학[-放學] 图 冬休み。
겨울-잠 图 冬眠。

겨워-하다 他印 手に負えない、力に余れる、持て余す。¶ 힘에 겨워하는 벅찬 일 力に余れるきつい仕事。

겨자 图 ①[植] カラシナ。②からし。¶ ~가 너무 많이 들어가다 からしがはいり過ぎる。
겨자-씨 图 ①カラシナの種。②(比) 非常に小さいもの。

격[格] 图 ①格、格式、人格、資格、身分、等級。¶ ~이 높다 格が高い。/ ~이 떨어진다 格が落ちる。/ 여기서는 내가 주인인 ~이지 ここではわたしが主人格だね。②(文法上の)格。¶ 목적~ 目的格。③(用言・名詞に付いて)…こと、…のようなもの。말타면 경마 잡히고 싶다는 ~이다 おんぶすりやだっこという ことだ。

격감[激減] 图㈲㈲ 激減。¶ 매상이 ~하다 売り上げが激減する。

격납-고[格納庫] 图 格納庫。

격년[隔年] 图㈲ 隔年、一年おき。¶ 대회를 ~으로 개최하다 大会を一年おきに催す。

격노[激怒] 图㈲ 激怒。¶ 무례한 태도에 ~하다 無礼な態度に激怒する。

격돌[激突] 图㈲ 激突。¶ 우승 후보와 ~하다 優勝候補と激突する。

격동[激動] 图㈲㈲ 激動。¶ ~기 激動期/~하는 국내 정세 激動する国内情勢。

격랑[激浪] 图㈲ 激浪、荒波。¶ ~에 휩쓸리다 激浪にのまれる/ 인생의 ~을 이겨 내다 人生の荒波に打ち勝つ。

격려[激勵] 图㈲㈲ 激励。¶ 선수들을 ~하다 選手たちを激励する。
격려-문[-文] 图 激励文。
격려-사[-辭] 图 激励のことば。

격렬[激烈] 图㈲ 激烈、激しいさま。¶ ~한 논쟁 激烈な論争。격렬-히 激烈に、激しく。¶ ~ 비난하다 激しく非難する。

격론[激論] 图㈲ 激論。¶ ~을 벌이다 激論を交わす。

격류[激流] 图 激流、奔流。¶ 바위에 부딪치는 ~ 岩にぶつかる激流。

**격리**[隔離] 名 하自他 되自 隔離。¶ ~ 병동 隔離病棟/ 환자를 ~하다 患者を隔離する。
　**격리-실**[-室] 名 隔離室。
　**격리 처:분**[-處分] 名 隔離処分。
**격막**[膈膜] 名 生 膈膜。
**격무**[激務] 名 激務。¶ ~에 쫓기다 激務に追われる。
**격발**[擊發] 名 하自他 擊發。¶ ~ 장치 激発装置。
**격발**[激發] 名 하自他 激発。¶ 감정이 ~하다 感情が激発する。
**격변**[激變] 名 하自 激変。¶ ~하는 세계 激変する世界。
**격-변화**[格變化] 名 文法 格変化。
**격분**[激憤] 名 하自 激憤、憤慨。¶ ~을 달래다 激憤をなだめる。
**격분**[激奮] 名 하自 激しく興奮すること、いきり立つこと。
**격상**[格上] 名 하自他 되自 格上げ、昇格。¶ 독립 기구로 ~되다 独立の機構に格上げされる。(대) 격하
**격세**[隔世] 名 하自 隔世。¶ ~ 유전 隔世遺伝。
　**격세지-감**[-之感] 名 隔世の感。¶ ~을 금할 수 없다 隔世の感を禁じえない。
**격식**[格式] 名 格式。¶ ~에 얽매이다 格式にこだわる。
　관용 격식을 차리다 格式張る、改まる。
**격심**[激甚] 名 形 激甚、激しいこと、甚大なこと、甚だしいこと。¶ 피해가 ~하다 被害が甚だしい。
**격앙**[激昂] 名 하自 激昂。¶ ~된 말투 激昂した口調。
**격언**[格言] 名 格言、金言。
**격월**[隔月] 名 하自 隔月、ひと月おき。¶ ~로 발행하다 隔月に発行する。
　**격월-간**[-刊] 名 隔月刊。
**격의**[隔意] 名 隔意、隔心、打ち解けない心、よそよそしい気持ち。¶ ~ 없이 대화를 나누다 隔意なく話し合う。
**격일**[隔日] 名 하自 隔日、一日おき。¶ ~제로 근무하다 隔日制で勤務する。
**격자**[格子] 名 ①冠のひもを通した竹の管の間の玉。②격子 , 縦横に一定の間をおいて組んだものや模様。¶ ~ 격자 문격子戸。③物 結晶격자、回折격자。
　**격자-무늬** 名 格子縞。
**격전**[激戰] 名 하自 激戦。¶ ~을 벌이다 激戦を繰り広げる。
　**격전-지**[-地] 名 激戦地。
**격정**[激情] 名 激情。¶ ~에 사로잡히다 激情に駆られる。
**격조**[格調] 名 하自 格調。¶ ~ 높은 문장 格調の高い文章。
**격조**[隔阻] 名 하自 ①互いに遠く離れていて通じないこと。②便りが久しくなく途絶える。¶ 오랫동안 ~했습니다 長らくごぶさたいたしました。
**격-조사**[格助詞] 名 文法 格助詞。
**격주**[隔週] 名 하自 隔週。¶ ~ 발행의 잡지 隔週発行の雑誌。
**격증**[激增] 名 하自 激増。¶ 인구가 ~하다 人口が激増する。
**격차**[隔差] 名 ①(水準、数量などの)格差、隔たり。②소득의 ~ 所得の格差/ ~가 생기다 隔たりができる。
**격찬**[激讚] 名 하自他 激賞、絶賛。¶ ~을 받다 激賞を浴びる。
**격추**[擊墜] 名 하自他 되自 擊墜。¶ 적기를 ~시키다 敵機を擊墜する。
**격침**[擊沈] 名 하자타 擊沈。¶ 어뢰로 ~하다 魚雷で擊沈する。
**격퇴**[擊退] 名 하자타 擊退。¶ 적군을 ~하다 敵軍を擊退する。
**격투**[格鬪] 名 하自 格鬪。¶ ~기 格鬪技。
**격투**[激鬪] 名 하自 激鬪。¶ 양군이 ~를 벌이다 両軍が激鬪する。
**격파**[擊破] 名 하자타 擊破。¶ 주력 부대를 ~하다 主力部隊を擊破する。
**격하**[格下] 名 하자타 되자 格下げ、降格。¶ 병졸로 ~되다 兵卒に格下げされる。(대) 격상(格上)
**격-하다**[激-] 自여 (感情などが)激する、激しく興奮する、怒る。¶ 말이 격해지다 ことばが激して来る。
**격-하다**[激-] 形여 (性質、性格などが)激しい。¶ 격한 성격 激しい性格。
**격-하다**[隔-] 他여 (時間、空間的に)隔てる。¶ 테이블을 격하고 마주보다 テーブルを隔てて向かい合う。
**격화**[激化] 名 하자타 激化。¶ 전투가 ~하다 戰鬪が激化する。
**격화-소양**[隔靴搔痒] 名 隔靴搔痒、もどかしくはがゆいこと、じれったいこと。
**겪다** 他 ①(苦難などを)経験する、経る、(辛苦を)なめる、味わう。¶ 수많은 시련을 ~ 幾多の試練を経る。②つきあう、接すること。¶ 겪어 보니 좋은 사람이었다 つきあってみたらいい人だった。③(客を)もてなす。¶ 귀한 손님을 ~ 大切なお客をもてなす。
**견갑-골**[肩胛骨] 名 生 肩甲骨。
**견강-부회**[牽強附會] 名 하자타 牽強付会、無理に理屈をこじつけること。¶ ~한 설 牽強付会の説。
**견고**[堅固] 名 形 堅固、堅かいこと。¶ ~ 무비 堅固無比/ ~한 수비 堅固な守り。**견고-히** 副 堅固に、堅く。¶ 진지를 ~ 지키다 陣地を堅く守る。
**견과**[堅果] 名 堅果。
**견디다** 自他 ①(困難、つらさに)耐える、堪える、我慢する。¶ 고통을 견디어 내다 苦痛に耐え抜く。②(物などが)持つ、長もちする。¶ 밧줄이 끊어지지 않고 견디다 ロープが切れないで持つ。③(辛苦

**견마**

じて)暮らしていく、生計をたてる。¶ 어렵지만 그럭저럭 견디어 나간다 苦しいけれど、まあまあどうにか暮らしていく。

**견딜-성**[-性]圏 忍耐性、忍耐強さ。

**견딜-힘** 圏 忍耐力。

**견마**[犬馬]圏 犬馬。①犬と馬。②(目上の人に対して)自分を謙遜していう語。¶ ~의 지성 犬馬の誠を。

**견마지-로**[-之勞]圏 犬馬の勞、(目上の人・國家に對して)自分の苦勞を謙遜していう語。¶ ~를 다하다 犬馬の勞を盡くす。

**견마지-심**[-之心]圏 犬馬の心ろ、忠誠心。

**견문**[見聞]圏하他 見聞、見聞き。¶ ~을 넓히다 見聞を廣める。

**견:물-생심**[見物生心]圏 物を見ると欲が生じること。

**견:본**[見本]圏 見本、サンプル。¶ 상품의 ~ 商品の見本/ ~을 보여 주십시오 サンプルを見せてください。

**견:본-쇄**[-刷]圏版 見本刷り。

**견:본-시**[-市]圏 (「견본 시장」の縮約形) 見本市。

**견:본-시장**[-市場]圏 見本市。

**견비**[肩臂]圏 肩と肘と。

**견비-통**[-痛]圏漢 肩から肘にかけての神経痛。

**견사**[絹絲]圏 絹糸・きぬいと。¶ 인조 ~ 人造絹糸。

**견:습**[見習]圏 見習い。¶ ~ 기간 見習い期間/ ~ 사원 見習い社員。

**견:습-공**[-工]圏 見習工。

**견:습-생**[-生]圏 見習生。

**견:식**[見識]圏 見識、識見。¶ 높은 ~ 高い見識/ ~이 넓다 識見が廣い。

**견실**[堅實]圏 堅實。¶ ~한 투자 堅實な投資。**견실-히** 副 堅實に。¶ ~ 살아가다 堅實に暮らす。

**견우**[牽牛]圏①天 (「견우성」の縮約形)牽牛星。植 アサガオ。

**견우-성**[-星]圏天 牽牛星、ひこぼし。

**견우 직녀**[-織女]圏 牽牛織女、牽牛星と織女星。

**견원**[犬猿]圏 犬猿。

**견원지-간**[-之間]圏 犬猿の仲、(犬と猿の間のように)仲のわるい關係。

**견유**[犬儒]圏 犬儒、犬儒學派の人。

**견유-학파**[-學派]圏哲 犬儒學派、キニク學派。

**견인**[牽引]圏하他圏 牽引。¶ ~력 牽引力。

**견인-차**[-車]圏 牽引車。

**견장**[肩章]圏 肩章。¶ ~을 달다 肩章をつける。

**견:적**[見積]圏하他 見積り。¶ ~ 가격 見積價格 /공사의 ~을 뽑아 보다 工事の見積を出してみる。

**견:적-서**[-書]圏 見積書。

**견제**[牽制]圏하他되自 牽制。¶ ~ 공격 牽制攻擊/ ~ 주자 ~하며 던지다 走者を牽制しながら投げる。

**견제-구**[-球]圏野 牽制球。¶ ~에 걸리다 牽制球にひっかかる。

**견주다** 他①(二つ以上のものを)比較する、比べる、にらみ合わせる。¶ 실물과 견주어 보다 實物と比べて見る。②競う、張り合う。¶ 재주를 ~ 技を競う。

**견:지**[見地]圏 見地。¶ 교육적인 ~ 教育的な見地。

**견지**[堅持]圏하他 堅持。¶ 종래의 주장을 ~하다 從來の主張を堅持する。

**견직**[絹織]圏「견직물」の縮約形。

**견직-물**[-物]圏 絹織物。

**견진**[堅振]圏「견진 성사」の縮約形。

**견진-성:사**[-聖事]圏カ 堅信式、堅信禮。

**견:질 어음**[見質-]圏 見返り擔保としてさし出された手形。

**견책**[譴責]圏하他 譴責。¶ ~ 처분을 받다 譴責處分を受ける。

**견:학**[見學]圏하他 見學。¶ 공장을 ~하다 工場を見學する。

**견:해**[見解]圏 見解。¶ ~ 차이 見解の相違/ ~를 말하다 見解を述べる。

**겯:다¹** 自他ㄷ ①(汗・脂氣などが)染みこむ、染み入る。¶ 땀에 결은 옷 汗染みた服。②手慣れる、慣れる、身につく。¶ 손에 결은 연장 手になじんだ道具。③(油氣を)染みこませる。¶ 장판지를 ~ オンドル用の油紙に油を染み込ます。

**겯:다²** 他ㄷ ①(竹などで)編む。¶ 대바구니 ~ 竹籠を編む。②(糸を)筋交いに卷く。¶ 실꾸리를 ~ 糸をまるく卷く。③(物が倒れないように)筋交いに組む。¶ 비계를 ~ 足場を組む。④(肩を)組む。¶ 둘이서 어깨를 ~ 二人で肩を組む。

**결¹**圏 (木・石・肌などの)きめ、目。¶ 나뭇・木目이/살~ 肌のきめ/ ~이 고운 비단 きめの細かい絹織物。
〔慣用〕결이 배다 目〔きめ〕がつんでいる。결이 세다 目〔きめ〕が粗い。

**결²**圏①「성결」の縮約形。¶ ~이 고운 아가씨 氣立てのやさしい娘。②「결기」の縮約形。¶ ~을 내다 腹を立てる。
〔慣用〕결이 바르다 氣立てがやさしい、性質がまっすぐで正しい。결이 삭다 怒りが收まる、勢いが和らぐ。결이 세다 性質が荒々しい。

**결³**依 うち、…ついでに、…の間、…の際、すがら。¶ ~에 가버렸다 いつの間にか行ってしまった。/ 꿈~에 들었다 夢うつつで聞いた。

**결**[缺]圏 欠けていること、欠員。¶ 20에 하나 ~ 20중에 하나 빠짐.

**-결** 接尾 (息・波などの)動き、勢い。¶

숨~이 거칠다 息づかいが荒い。
**결강**【缺講】[名][自] 欠講けっこう、講義こうぎを欠かくこと、休講にすること。
**결격**【缺格】[名][自] 欠格けっかく。¶ ~ 사유 欠格事由じゆう。(⊕) 적격(適格)
**결과**【結果】[名] 結果かか。¶ 좋은 ~ 를 가져오다 よい結果をもたらす。/ 게으름을 피운 ~ 낙제했다 息ぎをサった結果、落第らくだいした。
**결과-론**【-論】[名] 結果論けっかろん。
**결과-적**【-的】[冠][名] 結果的でき。¶ ~으로는 성공했다 結果的に成功せいこうした。
**결구**【結句】[名] 結句けっく。
**결구**【結球】[名][自][農] 結球けっきゅう。¶ ~ 배추 結球白菜はくさい。
**결국**【結局】[名] 結局けっきょく。①結末けつ、終おわり、事とのおしまい。¶ ~은 마찬가지다 結局は同おなじことだ。②(副詞的に)ついに、とうとう、いずれ、とどのつまり。¶ ~ 성공했다 結局成功せいこうした。
**결근**【缺勤】[名][自] 欠勤けっきん。¶ 무단 ~ 無断だん欠勤。
**결근-계**【-届】[名] 欠勤届とどけ。
**결단**【決斷】[名] 決斷けつだん。¶ ~력 決斷力りょく/ ~을 내리다 決斷を下くだす。
**결단-코**【決斷-】[副] 決けっして、斷だじて、絶対ぜったいに。¶ ~ 그렇지 않다 決してそうじゃない。
**결단**【結團】[名][自] 結團けつだん。¶ ~ 선수단 - 식 選手団せんしゅだんの結団式しき。
**결당**【結黨】[名][他] (政党せいとうなどの)結党とう。¶ ~ 대회 結党大会たいかい。
**결딴** 台無だいなしになること、全まったく駄目だめになること、丸まるつぶれ。
[慣用] **결딴(을) 내다** 台無しにする、壊こわす、つぶす。¶ 가산을 ~ 身代しんだいをつぶす。**결딴(이) 나다** ①(物事ものごとが)台無しになる、駄目になる。¶ 자동차가 ~ 車くるまが台無しになる。②(家いえなどが)つぶれる、没落ぼつらくする。¶ 집안이 ~ 家庭かていが破綻はたんする。
**결렬**【決裂】[名][自][自] 決裂けつ、物別ものわかれ。¶ 회담이 ~되다 会談かいだんが決裂する。
**결례**【缺禮】[名][自] 欠礼れい。¶ ~ 를 용서하십시오 欠礼をお許ゆるしください。
**결로**【結露】[名][自] 結露けつろ。¶ ~ 현상 結露現象げんしょう。
**결론**【決論】[名][他] 議論ぎろんの可否かひ・是非ぜひをただして決定けっていすること、またその決定された議論。
**결론**【結論】[名][他][自] 結論けつろん。¶ ~이 나다 結論が出でる。/ ~에 도달하다 結論に到達とうたつする。
**결론-짓다**[他人] 結論づける、結論を下くだす。
**결리다**[自] ①(体からだの一部ぶが)うずく、ずきずきと痛いたむ、凝こる。¶ 어깨가 ~ 肩凝かたこりがする。②(なんとなく)気後きおくれする、けおされてひるむ。¶ 선생님 앞에서는 결려서 말을 못한다 先生せんせいの前まえでは気後れしてものが言いえない。
**결막**【結膜】[名][生] 結膜けつまく。¶ ~염 結膜炎えん。

**결말**【結末】[名] 結末けつまつ、けり、決きまり、くぎり、締しめくくり。¶ 사건의 ~ 事件じけんの結末/ ~이 나지 않다 けりがつかない。
**결말-나다**[自] けりがつく、結末がつく、決着ちゃくがつく。
**결말-내다**[他] 結末をつける、けりをつける、締めくくる、片付かたづける。
**결말-짓다**[他人] 結末をつける、締めくくる。
**결맹**【結盟】[名] 結盟けつめい。
**결명-자**【決明子】[名][植] はぶ草そうの種たね。
**결명-차**【決明茶】[名] はぶ茶ちゃ。
**결문**【結文】[名] 結文けつぶん、結びの文ぶん。
**결미**【結尾】[名] 結尾けつび、むすび、結末けつまつ。
**결박**【結縛】[名][他] 体からだ・両手りょうてなどを縛しばること。¶ 뒷짐 - 하다 後うしろ手に縛る。
**결박-짓다**[他人] (両手を)縛しばり上あげる。
**결발**【結髮】[名][他] 結髪けっぱつ。
**결발-부부**【-夫婦】[名] 初婚しょこんの夫婦ふうふ。
**결백**【潔白】[名][自] 潔白けっぱく。¶ ~을 증명하다 潔白を証明しょうめいする。
**결번**【缺番】[名][自] 欠番けつばん。¶ 3번을 영구 ~으로 하다 3番ばんを永久えいきゅう欠番とする。
**결벽**【潔癖】[名][自] 潔癖けっぺき。¶ ~한 성격 潔癖な性格せいかく。
**결벽-성**【-性】[名] 潔癖性しょう。
**결별**【訣別】[名][自] 訣別けつべつ、訣別けつべつ、別わかれ。¶ ~을 고하다 別れを告つげる。
**결별-사**【-辭】[名] 訣別の辞じ、別れのことば。
**결본**【缺本】[名] 欠本ほん、闕本ほん。
**결부**【結付】[名][他] 結びつけること。¶ 차원이 다른 것을 ~시켜 생각하다 次元じげんの異ことなるものを結びつけて考かんがえる。
**결빙**【結氷】[名][自] 結氷けつひょう、氷結ひょう。¶ 호수가 ~되다 湖みずうみが結氷する。
**결빙-기**【-期】[名] 結氷期き。
**결빙-점**【-點】[名][物] 氷点ひょう。
**결사**【決死】[名][自] 決死けっし。¶ ~의 각오 決死の覚悟かくご/ ~적으로 싸우다 死しを決けっしてたたかう。
**결사-대**【-隊】[名] 決死隊たい。
**결사 반:대**【-反對】[名] 決死の反対はんたい。
**결사**【結社】[名][他] 結社けっしゃ。¶ 비밀 ~ 秘密みつ結社。
**결산**【決算】[名][他] 決算けっさん、仕切しきり、帳締ちょうじめ。¶ ~표 決算表ひょう/ 월말에 ~ 하다 月末げつまつで仕切る。
**결산 보:고**【-報告】[名][他] 決算報告ほうこく。
**결산-서**【-書】[名] 決算書しょ。
**결석**【缺席】[名][自] 欠席けっせき。¶ 무단 ~ 無断だん欠席/ 감기로 ~하다 かぜで欠席する。
**결석 신고**【-申告】[名] 欠席届とどけ。
**결석 재판**【-裁判】[名][法] 欠席裁判ばん。
**결석**【結石】[名][醫] 結石せき。¶ 신장 ~ 腎臓じんぞう結石。
**결선**【決選】[名][他] ①決選けっせん。¶ ~ 투표 決選投票とうひょう。②本選ほんせん。¶ ~에 오르다 本選に入はいる。
**결성**【結成】[名][他][自] 結成けっせい。¶ 대표팀을 ~

하다 代表チームを結成する。
**결속**[結束] 名하他 結束する。¶ 회원의 ~을 다지다 会員かいんの結束を固める。
**결손**[缺損] 名 欠損。①欠けて一部がなくなること。¶ ~ 가정 欠損家庭。②金銭上の損失、赤字、差損。¶ ~을 메우다 欠損を埋める。
**결손-금**[-金] 名 欠損金、差損金。
**결승**[決勝] 名하自 決勝。¶ 준~ 準決勝/ ~전에서 패하다 決勝戦に負ける。
**결승-선**[-線] 名 決勝線、ゴールライン。
**결승-점**[-點] 名 決勝点、ゴール。
**결승**[結繩] 名 結縄(むかし縄の結び方で文字の代わりとしたこと)。¶ ~ 문자 結縄文字。
**결시**[缺試] 名하自 試験に欠席すること。¶ ~생 試験の欠席者。
**결식**[缺食] 名하自 欠食。¶ ~ 아동 欠食児童。
**결실**[結實] 名하自 結実、実のり、実入り。¶ ~의 계절 実りの季節/ ~이 늦다 実入りが遅い。/ 노력이 ~을 맺다 努力が結実する。
**결실-기**[-期] 名 結実期。
**결심**[決心] 名하他 決心、決意。¶ 중대~ 重大な決心/ ~이 흔들리다 決心がぐらつく。
〈관용〉**결심(이) 서다** 決心がつく。¶ 좀처럼 결심이 서지 않다 なかなか決心がつかない。
**결심**[結審] 名하他法 結審。¶ ~ 공판 結審公判。
**결어**[結語] 名 結語、結びの言葉。
**결여**[缺如] 名하形 欠如。¶ 상상력의 ~ 想像力の欠如/ 신뢰가 ~되어 있다 信頼が欠けている。
**결연**[結緣] 名하自 ①縁結び、縁組み。¶ 양자~ 養子縁組。②佛 結縁。
**결연-하다**[決然-] 形여 決然としている、きっぱりしてある。¶ 결연한 태도 決然たる態度。 **결연-히** 副 決然と、きっぱりと。¶ 요구를 ~ 물리쳤다 要求をきっぱりと退けた。
**결원**[缺員] 名하自 欠員。¶ ~을 보충하다 欠員を補充する。
**결의**[決意] 名하他 決意、決心。¶ 굳은 ~를 보이다 固い決意を表わす。
**결의**[決議] 名하他 決議。¶ 국회의 ~ 国会の決議。
**결의-안**[-案] 名 決議案。
**결의**[結義] 名 義理で兄弟などの関係を結ぶこと。
**결의 형제**[-兄弟] 名 義兄弟になること、またその兄弟。
**결자-해:지**[結者解之] 名 (結んだ者がそれを解くべきの意から) 自らやったことは自分で解決しなければならないこと。
**결장**[缺場] 名하自 欠場。¶ 부상 때문에 ~하다 けがのため欠場する。

**결장**[結腸] 名生 結腸。¶ ~염 結腸炎。
**결재**[決裁] 名하他 決裁、裁決。¶ 미~決裁/ ~필 決裁済み/ ~를 보류하다 決裁を保留する。
**결재-권**[-權] 名 決裁権。
**결전**[決戰] 名하自 決戦。¶ 최후의 ~을 벌였다 最後の決戦を繰り広げた。
**결점**[缺點] 名 欠点、短所。¶ ~을 고치다 欠点を直す。
**결정**[決定] 名하他되自 決定。¶ ~을 내리다 決定を下す。/ 태도를 ~하다 態度を決める。/ 후임자가 ~되다 後任者が決まる。
**결정-권**[-權] 名 決定権。¶ ~을 쥐다 決定権を握る。
**결정-적**[-的] 冠名 決定的。¶ ~인 증거 決定的な証拠。
**결정-판**[-版] 名 決定版。
**결정**[結晶] 名하自 結晶。¶ 노력의 ~ 努力の結晶。
**결정-도**[-度] 名鑛 結晶度。
**결정-체**[-體] 名 結晶体。
**결정-형**[-形] 名 結晶形。
**결제**[決濟] 名하他되自 決済。¶ 어음의 ~ 手形の決済/ 현금으로 ~하다 現金で決済する。
**결제-금**[-金] 名 決済金。
**결집**[結集] 名하他되自 結集。¶ 총력을 ~하다 総力を結集する。
**결착**[決着·結着] 名하自되自 決着。¶ ~을 보다 決着を見る。
**결초-보:은**[結草報恩] 名 受けた恩を命にかけて報いること。
**결코**[決-] 副 (《결단코의 縮約形》) 決して、絶対に、断じて。¶ ~ 용서할 수 없다 断じて容赦できない。
**결탁**[結託] 名하自되自 結託。¶ 재벌과 ~하다 財閥と結託する。
**결투**[決鬪] 名하自되自 決闘、果たし合い。¶ ~를 신청하다 決闘を申し込む。
**결판**[決判] 名하自 勝敗·是非等をわきまえて判定すること、けりをつけること。
**결판-나다** 自 決着がつく、けりがつく。
**결판-내다** 他 決着をつける、けりをつける。¶ 담판으로 ~ 談判で決着をつける。
**결핍**[缺乏] 名하自되自 欠乏。¶ 물자의 ~ 物資の欠乏。
**결-하다**[缺-] 形여 ①(そろっているはずのものが) 欠ける、足りない、不足する。②(動詞的に) 欠かす、欠く。¶ 연습을 ~ 練習を欠かす。
**결함**[缺陷] 名 欠陥、欠点。¶ 품질에 ~이 있다 品質に欠陥がある。
**결합**[結合] 名하他되自 結合。¶ 분자가 ~하다 分子が結合する。
**결합 조직**[-組織] 名生 結合組織、結締組織。
**결항**[缺航] 名하自 欠航。¶ 태풍으로 연락

결핵[結核] 名[醫] 結核. ¶ 폐~ 肺に結核/ ~을 앓다 結核を病でむ.
결핵-균[-菌] 名[醫] 結核菌.
결행[決行] 名[하][되][自] 決行, 敢行. ¶ 파업을 ~하다 ストを決行する.
결혼[結婚] 名[하][되][自] 結婚. ¶ ~ 반지 結婚指輪/ 중매 ~ 見合い結婚/ ~을 신청하다 結婚を申し込む.
결혼 기념일[-記念日] 名 結婚記念日.
결혼 상담소[-相談所] 名 結婚相談所.
결혼-식[-式] 名 結婚式. ¶ ~을 올리다 結婚式を挙げる.
결혼 적령기[-適齡期] 名 結婚適齡期.
결혼 행진곡[-行進曲] 名 結婚行進曲, ウェディングマーチ.
겸[兼] 名 ①《二つの事をかねること》兼ね, 兼ねること. ¶ 강당 ~ 체육관 講堂兼体育館/ 아침 ~ 점심 식사 朝食昼食をかねた昼食. ②《二つ以上の行為·動作を同時にすること》かたがた, …がてら, …ついでに. ¶ 인사 드릴 ~ 찾아뵙겠습니다 ご挨拶かたがたお伺いいたします.
겸비[兼備] 名[하][타][自] 兼備. ¶ 재색 ~ 才色兼備/ 지혜와 용기를 ~하다 知恵と勇気を兼ね備える.
겸사[謙辭] 名 ①謙辭, 謙遜した言葉. ②[하][自] 謙遜하여 遠慮すること.
겸사-말 名[文法] 謙讓語.
겸사-겸사[兼事兼事] 副 兼ねて, …かたがた, …がてら, …ついでに. ¶ 놀기도 하고 쉬기도 하려고 ~ 시골로 간다 遊びと休養を兼ねて田舍へ行いく.
겸손[謙遜] 名[하][形] 謙遜, へりくだること. ¶ ~한 태도 謙遜な態度. ⓐ 거만(倨慢)
겸손-히 副 へりくだって.
겸양[謙讓] 名[하][自] 謙讓. ¶ ~의 미덕 謙讓の美德.
겸양-어[-語] 名[文法] 謙讓語. ⓣ 겸사말
겸업[兼業] 名[하][타][自] 兼業. ¶ ~ 농가 兼業農家.
겸연-쩍다[慊然-] 形 照れくさい, ばつが悪い, 気恥ずかしい. ¶ 겸연쩍은 듯 얼굴을 붉혔다 照れくさそうに顔を赤らめた.
겸용[兼用] 名[하][타] 兼用. ¶ 서재 ~의 객실 書齋兼用の客室.
겸임[兼任] 名[하][타] 兼任, 掛け持ち. ¶ 많은 직책을 ~하고 있다 多くの役目を兼任している.
겸임-지[-地] 名 (官吏의) 兼任地.
겸하다[兼-] [타] ①兼ねる, 兼任する. ¶ 회장과 사장을 ~ 会長兼社長を兼ねる. ②兼ね備えて持つ, 兼ね備える, 兼備する. ¶ 문무를 ~ 文武を兼ね備える.
겸허[謙虛] 名[하][形] 謙虛. ¶ ~한 태도 謙虛な態度. 겸허-히 副 謙虛に. ¶ 귀를 기울이다 謙虛に耳を傾ける.
겹 名 ①重ね, あわせ. ¶ ~실 あわせ糸/ ~

치마 袷チマ. ②物事が重なること. ¶ ~살림 二重ぢゅうな生活. ③《形式名詞的に》…重. ¶ 두 ~ 세 ~로 포개놓다 二重三重に重ねておく.
겹-겹 名 幾重に, 十重二十重. ¶ ~으로 싸다 幾重にもつつむ. 겹겹-이 副 幾重にも, 重なり合って. ¶ ~ 쌓아 올리다 幾重にも積み上げる.
겹-글자 名 (「ㄲ·ㄸ·ㅃ·ㅆ·ㅉ」,「多·林」など) 同じ字じを重ね合わせた文字.
겹-꽃 名[植] 重弁花.
겹낫-표[-標] 名 二重かぎ括弧(『 』のしるし).
겹-눈 名[動] 複眼.
겹:-다 形[ㅂ] ①力に余る, 手に負えない. ¶ 힘에 겨운 일 手に余る仕事. ②(こみ上げる感情から)抑えられない, あふれ出る, …の余り. 흥에 겨워 야단을 피다 興じる余りに乗って騷ぎたてる.
-겹다 接尾《一部の名詞に付いて形容詞化する》抑えがたい·手に負えない狀態を表わす. ¶ 눈물~ 涙ぐましい. / 힘~ 手に余る.
겹-말 名 重言, 同じ意味の語が重なってできた語.
겹-바지 名 裏をつけて縫ったパジ〔ズボン〕.
겹-벚꽃 名 八重桜.
겹-사돈[-査頓] 名 婚姻関係にある人と同士が更に婚姻関係を結んだこと, またその間柄.
겹-손톱묶음표[-標] 名 二重括弧(《 》のしるし).
겹-옷 名 袷, 裏地のついた着物.
겹-이불 名 綿を入れずに裏地だけをつけた掛布団.
겹-잎 名[植] 複葉.
겹-저고리 名 袷チョゴリ, 綿を入れずに裏をつけたチョゴリ.
겹-질리다 自 (関節などが)くじける, 捻挫する.
겹-창[-窓] 名 二重窓.
겹치-다 自 重なる, 折り重なる, 重ねられる. ¶ 지난 일들이 겹쳐져 떠올랐다 過去のことが重なりあって思い浮かぶ.
겹-치기 名 《二つ以上の仕事を》引き受けること, 掛け持ち. ¶ 두 편의 드라마에 ~로 출연하다 二篇のドラマに掛け持ちで出演する.
겹-치다 自他 ①重なる, かち合う. ¶ 재앙이 ~ 災難が重なる. / 경축일이 일요일과 ~ 祝日が日曜日に重なる. ②重ねる, 折り重ねる, 折り畳む. ¶ 신문지를 ~ 新聞紙を折り畳む. / 스웨터를 겹쳐 입다 セーターを重ねて着る.
겹-치마 名 袷チマ, 裏をつけたチマ.
겹-혼인[-婚姻] 名 姻戚の関係にある同士が結ぶ婚姻, 重縁.
겻-불 名 糠を燃やした火.

**경** 图 ①[史] 盗人などを罰する厳しい刑罰の一つ。②[比] ひどく叱ること、叱りとばされること。
관용 경을 치다 ひどい目にあう、散々にこらしめられる。¶ 경을 칠 놈 ひどい目にあわせるべき奴。

**경**[庚] 图 庚の、十干の7番目。

**경**[更] 图 更。一夜を五つに分けた時間の単位。¶ 초~ 初更。

**경**[景] 依 景。演劇などでの一まとまりの場面。¶ 1막 3~ 第一幕第三景。

**경**[經] 图 経。①「경서(經書)」の縮約形。②[佛] 経、お経。③盲人や易者などがとなえるべき経文や呪文。

**경²**[經] 图 経。①[織物の]縦糸。[対] 위(緯)。②「경도(經度)¹」の縮約形。¶ 동~ 東経。③「경선(經線)」の縮約形。

**경**[境] 图 境。①(人との)身の上、立場。②一定の場所、地域。¶ 무인지~ 無人の境。③(心ごの)状態、境地。¶ 무아지~ 無我の境。

**경**[京] 数 京、兆。一万倍。

**경-**[輕] 接頭 軽…。¶ ~음악 軽音楽／~공업 軽工業。

**-경**[頃] 接尾 (時間・日付などの名詞に付いて) …頃、…あたり。¶ 한 시 ~ 一時ごろ／내달 ~ 来月あたり。

**경-가극**[輕歌劇] 图[音] 軽歌劇、オペレッタ。¶ ~을 상연하다 オペレッタを上演する。

**경각**[頃刻] 图 寸刻、寸時、一刻。¶ 목숨이 ~에 달렸다 旦夕に迫る。

**경:각-심**[警覺心] 图 戒めて覚醒させる心がけ。

**경감**[輕減] 图[하](自) 軽減。¶ 세 부담을 ~하다 税負担を軽減する。

**경:감**[警監] 图 警察官の階級の一つ(「경정」の下、「경위」の上)。

**경거**[輕擧] 图[하](自) 軽挙、軽率な行動。

**경거-망동**[輕擧妄動] 图 軽挙妄動。¶ ~을 훈계하다 軽挙妄動を戒める。

**경:건**[敬虔] 图[하](形) 敬虔。¶ ~한 마음 敬虔な心。**경건-히** 副 敬虔に。¶ ~ 기도하다 敬虔に祈る。

**경:건-주의**[-主義] 图[宗] 敬虔主義。

**경계**[境界] 图 ①境界、境目。¶ ~싸움 境界争い／종교와 철학과의 ~ 宗教と哲学との境界。②[佛] 境界。

**경계-석**[-石] 图 境界石。

**경계-선**[-線] 图 境界線。

**경:계**[警戒] 图[하](自他) ①警戒、前もって注意を払うこと。¶ 비상 ~ 非常警戒／단단히 ~하다 しっかり警戒する。／~를 강화하다 警戒を強める。②前もって戒しめる。¶ 사치에 물들지 않도록 ~하다 奢侈に流されないように戒める。

**경:계 경:보**[-警報] 图 警戒警報。

**경:계-망**[-網] 图 警戒網。¶ ~을 펴다 警戒網を張る。

**경:계-색**[-色] 图[動] 警戒色、警告色。

**경:계-선**[-線] 图 警戒線。¶ ~을 넘다 警戒線を越える。

**경:계-심**[-心] 图 警戒心。¶ ~이 강하다 警戒心が強い。

**경:고**[警告] 图[하](他) 警告。¶ ~를 받다 警告を受ける／위험 ~를 무시하다 危険警告を無視する。

**경:고-장**[-狀] 图 警告状。

**경골**[脛骨] 图[生] 脛骨、すねの骨。

**경골**[硬骨] 图 硬骨。¶ ~한 硬骨漢。

**경골 어류**[-魚類] 图[動] 硬骨魚類。

**경-공업**[輕工業] 图 軽工業。

**경과**[經過] 图[하](自) 経過、成り行き。¶ ~시간 経過時間／수술 후의 ~ 手術後の経過／이력서로 3년이 ~했다 どうにかこうにか三年が経過した。

**경과 규정**[-規定] 图[法] 経過規定。

**경과-법**[-法] 图[法] 経過法。

**경과 보:고**[-報告] 图 経過報告。

**경관**[景觀] 图 景観、眺め。¶ 웅대한 ~ 雄大な景観。

**경:관**[警官] 图 (「경찰관」の縮約形) 警官、警察官。

**경구**[經口] 图 経口。¶ ~투약 経口投薬。

**경구 감:염**[-感染] 图[醫] 経口感染。

**경구 피:임약**[-避妊藥] 图 経口避妊薬。

**경:구**[警句] 图 警句、エピグラム。

**경:구법**[-法] 图[文] 警句法。

**경구개**[硬口蓋] 图[生] 硬口蓋。

**경구개-음**[-音] 图[言] 硬口蓋音。

**경국**[傾國] 图 「경국지색」の縮約形。

**경국지-색**[-之色] 图 傾国の美人。

**경국**[經國] 图 経国。¶ ~의 대업 経国の大業。

**경국지-사**[-之士] 图 経国の士。

**경극**[京劇] 图 (中国の)京劇。

**경-금속**[輕金屬] 图 軽金属。

**경기**[京畿] 图 京畿。①ソウルを中心とする近辺の土地。¶ ~지방 京畿地方。②「경기도(京畿道)」の縮約形。

**경기**[景氣] 图 景気。¶ 불~ 不景気／~의 과열 景気の過熱／~가 회복되다 景気が立ち直る。

**경기 변:동**[-變動] 图 景気変動。

**경기 순환**[-循環] 图 景気循環。

**경기 지표**[-指標] 图 景気指標。

**경:기**[競技] 图[하](自) 競技。¶ ~종목 競技種目／육상 ~ 陸上競技。

**경:기 대:회**[-大會] 图 競技大会。

**경:기-장**[-場] 图 競技場。

**경기**[驚氣] 图[醫] 驚風。[俗] 경풍(驚風)。

**경-기관총**[輕機關銃] 图[軍] 軽機関銃。

**경내**[境內] 图 境内。¶ 절의 ~ 寺の境内。

**경:단**[瓊團] 图 もち米などで作った団子。

**경:대**[鏡臺] 图 鏡台。

**경도**【京都】 명 京きょう, 都みやこ, 首都しゅと, ソウル.
**경도**【硬度】 명 硬度こうど. ¶ ~계 硬度計けい.
**경도**¹【經度】 명[地] 経度けいど. ¶ ~와 위도 経度と緯度い.
　**경도-선**【-線】 명[地] 経線けいせん.
**경도**²【經度】 명 月経げっけい. 中 월경(月經).
**경도**【輕度】 명 軽度けいど, 軽かるい程度ていど. ¶ ~의 근시 軽度の近視きんし.
**경도**【傾倒】 명[하자][되자] 傾倒けいとう. ¶ 동양 철학에 ~되다 東洋とうよう哲学てつがくに傾倒する.
**경도**【驚倒】 명[하자][되자] 驚倒きょうとう, ひどく驚おどろくこと.
**경독**【經讀】 명[하타] 経読きょうみ, 読経どきょう.
**경동**【輕動】 명 軽率けいそつに振ふる舞まうこと.
**경락**【京洛】 명 京洛きょうらく, みやこ.
**경락**【經絡】 명[美] 経絡けいらく, (東洋とうよう医学いがくで)つぼとつぼを結むすび連つらねるすじ道みち.
**경:락**【競落】 명[하타] 競落きょうらく, 競せり落とすこと. ¶ ~ 가격 競落価格かかく.
　**경:락-인**【-人】 명 競落人にん.
**경략**【經略】 명[하타] 経略りゃく. ¶ 천하를 ~하다 天下てんかを経略する.
**경량**【輕量】 명 軽量けいりょう, 目方めかたが軽かるいこと.
　**경량-급**【-級】 명 軽量級きゅう. ¶ ~ 선수 軽量級選手せんしゅ.
**경력**【經歷】 명[하타] 経歷けいれき, 履歷りれき. ¶ ~을 알아보다 経歷を調しらべる.
　**경력-자**【-者】 명 経歷者しゃ.
**경련**【痙攣】 명 痙攣けいれん. ¶ ~을 일으키다 痙攣を起おこす.
　**경련-증**【-症】 명[醫] 痙攣症しょう.
**경:례**【敬禮】 명[하자] 敬礼けいれい. ¶ 국기에 대한 ~ 国旗こっきに対たいする敬礼.
**경로**【經路】 명 経路けいろ. ¶ 범행 ~를 더듬다 犯行はんこう経路をたどる.
**경:로**【敬老】 명[하자] 敬老けいろう. ¶ ~ 사상 敬老思想そう.
　**경:로-당**【-堂】 명 老人ろうじんたちの憩いこいの家いえ.
**경륜**【經綸】 명 経綸けいりん. ¶ ~가 経綸家か / 국가 ~ 国家こっかの経綸.
　**경륜지-사**【-之士】 명 経綸の士し.
**경:륜**【競輪】 명 競輪けいりん, 自転車じてんしゃ競走きょうそう. ¶ ~ 선수 競輪選手せんしゅ.
**경리**【經理】 명 ①経理けいり. ¶ ~부 経理部ぶ. ②(中国ちゅうごくで)支配人しはいにん.
**경마**【(人ひとの乗のった馬うまの)手綱つな】.
　**경마-잡다** 자 馬の手綱を取とって引ひく.
　**경마-잡히다** 자 馬の手綱を取とらせる.
**경:마**【競馬】 명[하자] 競馬けいば. ¶ ~로 한몫 벌다 競馬で大儲おおもうけをあてる.
　**경:마-장**【-場】 명 競馬場じょう.
**경망**【輕妄】 명[하자][스형] (言動げんどうが)軽率けいそつでそそっかしいこと, 軽かるはずみ. **경망-히** 부 軽率に, 軽はずみに. ¶ ~ 지껄이다 軽はずみにしゃべる.
**경:매**【競買】 명[하타][되자] 競買きょうばい·けいばい, 競せり買かい. ¶ 강제 ~ 強制きょうせい競売 / ~에 부치

다 競売にかける. / 가구를 ~하다 家具かぐを競り売りする.
　**경:매-인**【-人】 명 競売人にん.
　**경:매 조:서**【-調書】 명[法] 競売調書ちょうしょ.
**경멸**【輕蔑】 명[하타] 軽蔑けいべつ. ¶ ~의 눈초리 軽蔑のまなざし.
**경:모**【敬慕】 명[하타] 敬慕けいぼ. ¶ ~심 敬慕の念ねん.
**경모**【輕侮】 명[하타] 軽侮けいぶ, 軽蔑けいべつ. ¶ ~의 눈초리로 보다 軽侮の目つきで見みる.
**경묘**【輕妙】 명[하자] 軽妙けいみょう. ¶ ~한 필치 軽妙な筆致ひっち. **경묘-히** 부 軽妙に.
**경무관**【警務官】 명 警察官けいさつかんの階級きゅうの一つ(「치안감」の下した, 「총경」の上うえ).
**경문**【經文】 명 経文きょうもん, 経典きょうてんの文章ぶんしょう. ¶ ~을 외다 経文を唱となえる.
**경미**【輕微】 명[하형] 軽微けいび, わずかなこと. ¶ ~한 손해 軽微な損害そんがい.
**경박**【輕薄】 명[하형] 軽薄けいはく. ¶ ~한 생각 軽薄な考かんがえ.
　**경박-부허**【-浮虛】 명[하형] 軽兆けいちょう浮薄ふはく. 中 경조부박.
　**경박-재자**【-才子】 명 軽薄才子さいし.
**경:배**【敬拜】 명[하자] 敬拜けいはい, うやうやしく拝おがむこと.
**경범**【輕犯】 명 「경범죄」の縮約形.
　**경-범죄**【-罪】 명[法] 軽犯罪けいはんざい.
**경변증**【硬變症】 명[醫] 硬変症こうへん. ¶ 간~ 肝かん硬変症.
**경:보**【競步】 명[하자] 競歩けいほ.
**경:보**【警報】 명 警報けいほう. ¶ 경계 ~ 警戒けいかい警報 / ~를 발하다 警報を発はっする.
　**경:보-기**【-器】 명 警報器き.
**경:복**【慶福】 명 慶福けいふく, めでたいこと.
**경부**【頸部】 명 頸部けいぶ. ①頭あたまと胴どうをつなぐ部分ぶん, 首くび. ¶ ~ 임파선 頸部淋巴腺リンパせん. ②(首の)に細長ほそながくなっている部分. 자궁~ 子宮しきゅう頸部.
**경비**【經費】 명[하타] 経費けいひ. ¶ ~의 절감 経費の節減せつげん / ~가 늘어나다 経費がかさむ.
**경:비**【警備】 명[하타] 警備けいび. ¶ ~원 警備員いん / ~를 풀다 警備を解とく. / 국경 ~를 강화하다 国境こっきょう警備を強化きょうかする.
　**경:비-대**【-隊】 명 警備隊たい. ¶ 국방 ~ 国防こくぼう警備隊.
　**경:비-망**【-網】 명 警備網もう. ¶ ~을 펴다 警備網をしく.
　**경:비-병**【-兵】 명 警備兵へい. ¶ ~을 배치하다 警備兵を配置はいちする.
**경사**【傾斜】 명[하자] 傾斜けいしゃ, 傾かたむき. ¶ ~진 비탈길 傾斜した坂道さかみち.
　**경사-도**【-度】 명 傾斜度ど.
　**경사-면**【-面】 명 傾斜面めん.
　**경사 습곡**【-褶曲】 명[地] 傾斜褶曲しゅうきょく.
　**경사-지**【-地】 명 傾斜地ち.
**경:사**【慶事】 명 慶事けいじ, おめでたいこと, 喜よろこばしいこと, 祝いわいごと. ¶ 집안에 ~가 나다 身内みうちに祝いごとが生しょうじる.

경:사-스럽다【形】(ㅂ) 喜ばしい、めでたい。¶ 경사스러운 일 めでたいこと。 경사-스레【副】喜ばしく、めでたく。

경:사【警査】【名】警察官の階級の一つ。

경산-부【經產婦】【名】経産婦、以前に子供を生んだことのある産婦さん。

경상【經常】【名】経常。¶ ~ 거래 経常取引。 (対) 임시(臨時)

경상-비【-費】【名】経常費。

경상 수지【-收支】【名】経常収支。

경상【輕傷】【名】軽傷、軽いけが。¶ ~자 軽傷者/~을 입다 軽傷を負う。

경색【梗塞】【名】(하)(自) 梗塞。¶ 심근 ~ 心筋梗塞/~된 정국 梗塞した政局。

경서【經書】【名】経書。

경석【輕石】【名】軽石。 (俗) 속돌

경선【經線】【名】【地】経線、子午線。 (対) 위선(緯線)

경선【鯨船】【名】捕鯨船。

경선【競選】【名】(하)(他) 複数の候補者を立ててその中から選ぶこと。

경성【京城】【名】京城。①みやこ。②ソウルの旧称。

경성【硬性】【名】硬性。 (対) 연성(軟性)

경성 헌:법【-憲法】【名】硬性憲法。

경세【經世】【名】経世家。

경세 제:민【-濟民】【名】経世済民。

경-소리【經-】【名】読経する声。

경솔【輕率】【名】(하形) 軽率。¶ ~한 행동을 삼가다 軽率な行動を慎む。 경솔-히【副】軽率に、軽はずみに。¶ ~ 덤빌 일이 아니다 軽率に飛びつくことではない。

경수【硬水】【名】硬水。 (俗) 센물 (対) 연수(軟水)

경수【輕水】【名】軽水、普通の水。

경수로【-爐】【原】軽水炉。

경승【景勝】【名】景勝。¶ ~지 景勝の地。

경시【輕視】【名】(하)(他) 軽視。¶ 인명 ~ 人命軽視/남을 ~하다 人をかろんじる。

경식【硬式】【名】硬式。¶ ~ 야구 硬式野球。 (対) 연식(軟式)

경신【更新】【名】(하)(他) 更新。¶ 기록 ~ 記録の更新/면허증을 ~하다 免許証を更新する。

경악【驚愕】【名】(하)(自) 驚愕。¶ ~을 금치 못하다 驚愕を禁じ得ない。

경:애【敬愛】【名】(하)(他) 敬愛。¶ ~하는 인물 敬愛する人物。

경-양식【輕洋食】【名】簡単な洋食。

경:어【敬語】【名】敬語、尊敬語。¶ ~법 敬語法。

경:연【慶宴】【名】慶祝の宴。

경:연【競演】【名】(하)(自) 競演。¶ 음악 ~ 大会 音楽コンクール。

경:염【競艶】【名】(하)(自) (女たちが)美しさを競うこと。

경영【經營】【名】(하)(他)(로自) 経営。¶ ~ 합리화 経営合理化/국가의 ~ 国家の経営/사업을 ~하다 事業を営む。

경영-권【-權】【名】経営権。

경영-난【-難】【名】経営難。¶ ~에 허덕이다 経営難にあえぐ。

경영-자【-者】【名】経営者。

경영-주【-主】【名】経営主。

경영-학【-學】【名】経営学。

경:영【競泳】【名】(하)(自) 競泳。¶ ~ 종목 競泳種目。

경옥고【瓊玉膏】【名】【漢】精力と補血を助ける強壮済の一種。

경외【敬畏】【名】(하)(他) 敬畏、畏敬。

경우【境遇】【名】場合、事情、状況、立場。¶ 만일의 ~에 대비하다 万一の場合に備える。/이것과는 아주 ~가 다르다 これとはまったく事情が違う。

경운【耕耘】【名】(하)(他) 耕耘。

경운-기【-機】【名】耕耘機。

경:원【敬遠】【名】(하)(他) 敬遠。¶ 육체 노동을 ~하다 肉体労働を敬遠する。/서로 ~하는 사이 お互いに敬遠する間柄。

경위【涇渭】【名】物事のわきまえ、是非の見分け。¶ ~ 밝은 사람 是非の分別が明らかな人。

경위【經緯】【名】経緯。①たて糸ととよこ糸。②「경위도(經緯度)・경위선(經緯線)」の縮約形。③いきさつ。¶ 사건의 ~를 설명하다 事件のいきさつを説明する。

경위-도【-度】【名】【地】経緯度、経度と緯度。

경위-서【-書】【名】経緯書。

경위-선【-線】【名】経緯線、経線と緯線。

경:위【警衛】【名】①警察官の階級の一つ(「경감」の下、「경사」の上)。②(하)(他) 警衛する、警戒し護衛すること。

경유【經由】【名】(하)(他) 経由。¶ 서울을 ~하여 미국으로 가다 ソウルを経由してアメリカへ行く。

경유【輕油】【名】軽油。¶ ~를 연료로 쓰다 軽油を燃料に使う。

경음【硬音】【名】【言】濃音の一つ(ハングルの「ㄲ・ㄸ・ㅃ・ㅆ・ㅉ」など)。 (同) 된소리

경의【更衣】【名】(하)(自) 更衣、着がえること。

경의-실【-室】【名】更衣室、着がえ室。

경:의【敬意】【名】敬意。¶ ~를 표하다 敬意を表する。

경이【輕易】【名】(하形) 軽易、たやすいこと。¶ ~한 문제 軽易な問題。

경이【驚異】【名】驚異。¶ 자연계의 ~ 自然界の驚異/~의 눈으로 보다 驚異の目で見る。

경이-롭다【形】(ㅂ) 驚くべきだ、驚異的だ。

경이-적【-的】【冠】驚異的。¶ ~인 기록 驚異的な記録。

경:이원지【敬而遠之】【名】(하)(他) 尊敬はするが近よらないこと、敬遠すること。

경인【京仁】【名】京仁(キョンイン)、ソウルと仁川(インチョン)。¶ ~ 지방 京仁地方。

**경작**[耕作] 名他 耕作する。¶ ~자 耕作者/ 밭을 ~하다 畑を耕作する。
　**경작-권**[-權] 名 耕作権。
　**경작-지**[-地] 名 耕作地。
**경:장**[警長] 名 警察官の階級の一つ(「경사」の下で、「순경」の上)。
**경쟁**[競爭] 名自 競争、張り合い、競うこと。¶ ~시험 競争試験/ 생존 ~ 生存競争/ ~을 피하다 競争を避ける。/ 우승배를 차지하기 위해 서로 ~하다 優勝杯獲得のため競り合う。
　**경쟁-률**[-率] 名 競争率。¶ 극심한 ~ 激しい競争率。
　**경쟁-심**[-心] 名 競争心。¶ ~을 부채질하다 競争心をあおる。
　**경쟁-입찰**[-入札] 名法 競争入札。¶ ~에 부치다 競争入札に付する。
　**경쟁-자**[-者] 名 競争者。¶ ~를 물리치다 競争者を退ける。
**경:적**[警笛] 名 警笛。¶ ~을 울리다 警笛を鳴らす。
**경전**[經典] 名 ①経典、経書。¶ 유교 ~ 儒教の経典。②経典。¶ 불교 ~ 仏教の経典。
**경:절**[慶節] 名 祝日、旗日。
**경정**[更正] 名他 更正。¶ ~ 결정 更正決定。
　**경정-예:산**[-豫算] 名 更正予算。
**경정**[更訂] 名他自 更訂、(書物などの内容を)改めて正すこと。
**경:정**[警正] 名 警察官の階級の一つ(「총경」の下で、「경감」の上)。
**경제**[經濟] 名 経済。¶ ~ 림 経済林/ ~봉쇄 経済封鎖/ ~수역 経済水域/ 자본주의 ~ 資本主義経済/ 자립 ~ 를 지향하다 自立経済を目指す。
　**경제 개발**[-開發] 名 経済開発。
　**경제-계**[-界] 名 経済界。¶ ~의 거물 経済界の大物。
　**경제 공:황**[-恐慌] 名 経済恐慌、パニック。
　**경제 관념**[-觀念] 名 経済観念。¶ ~이 전혀 없다 経済観念が全くない。
　**경제-난**[-難] 名 経済難。¶ ~을 극복하다 経済難を乗り切る。
　**경제-력**[-力] 名 経済力。
　**경제-면**[-面] 名 経済面。①経済に関する方面。②(新聞の)経済の記事を載せた紙面。
　**경제 백서**[-白書] 名 経済白書。
　**경제 사:범**[-事犯] 名 経済事犯、経済犯。
　**경제 사:회 이:사회**[-社會理事會] 名 (国連の)経済社会理事会。
　**경제-성**[-性] 名 経済性。¶ ~이 없는 광산 経済性のない鉱山。
　**경제 성장**[-成長] 名 経済成長。¶ ~률 経済成長率。
　**경제-인**[-人] 名 経済人。¶ 전국 ~ 연합회 全国経済人連合会。
　**경제-적**[-的] 冠名 経済的。¶ ~인 설계 経済的な設計/ ~으로 곤란하다 経済的に困る。
　**경제-학**[-學] 名 経済学。
**경:조**[敬弔] 名他 敬弔。
**경조**[輕佻] 名形 軽佻。
　**경조-부박**[-浮薄] 軽佻浮薄。¶ ~한 세태 軽佻浮薄な世相。
**경:조**[慶弔] 名他 慶弔。¶ ~전보 慶弔電報/ ~비 慶弔費。
**경:조**[競漕] 名 競漕、ボートレース。¶ ~용 보트 競漕用のボート。
**경:종**[警鐘] 名 警鐘。¶ 현대 문명에 대한 ~ 現代文明への警鐘。
　[관용] 경종(을) 울리다 警鐘を鳴らす〔打つ〕。
**경죄**[輕罪] 名 軽罪、軽い罪。
**경주**[傾注] 名他自 傾注。¶ 전력을 ~하다 全力を傾注する。
**경:주**[競走] 名自 競走。¶ 백 미터 ~ 100メートル競走/ ~에 지다 競走に負ける。
　**경:주-로**[-路] 名 競走路、トラック。
**경중**[輕重] 名 軽重。¶ 일의 ~을 가리다 事の軽重をわきまえる。
**경증**[輕症] 名 軽症。¶ ~의 환자 軽症の患者。
**경지**[耕地] 名 耕地、耕作地。¶ ~면적 耕地面積/ ~를 정리하다 耕地を整理する。
**경지**[境地] 名 ①ある境界内の土地。②境地、境遇。¶ 무아의 ~ 無我の境地/ 새로운 ~를 열다 新しい境地を開く。/ 곤란한 ~에 놓이다 困難な立場に置かれている。
**경직**[硬直] 名自 硬直。¶ 사후 ~ 死後硬直/ ~된 분위기 硬直した雰囲気。
**경:진**[競進] 名自 競進、共進。¶ ~대회 競進大会。
**경질**[更迭] 名他自 更迭。¶ 각료를 ~하다 閣僚を更迭する。
**경질**[硬質] 名 硬質。¶ ~유리 硬質ガラス。
**경:찰**[警察] 名 ①警察。¶ ~국가 警察国家/ ~비밀 秘密の警察/ ~에 연행되다 警察に連行される。②「경찰서・경찰관」の縮約形。
　**경:찰-견**[-犬] 名 警察犬。
　**경:찰-관**[-官] 名 警察官、警官。¶ 사복 ~ 私服の警官。
　**경:찰-권**[-權] 名 警察権。¶ ~을 발동하다 警察権を発動する。
　**경:찰-서**[-署] 名 警察署。
　**경:찰-청**[-廳] 名 警察庁、警視庁。
**경:천**[敬天] 名他 敬天、神を敬うこと。
　**경:천-애인**[-愛人] 名 敬天愛人、天を敬い民を愛すること。
**경천-동지**[驚天動地] 名 驚天動地。¶ ~의 대사건 驚天動地の大事件。
**경첩** 名 ちょうつがい。¶ 문에 ~을 달다 戸と

にちょうつがいを付つける。
**경청**〔傾聽〕 图 他サ 傾聽ちょう。¶ ~할 만한 의견 傾聽に値あたいする意見けん。
**경:축**〔慶祝〕 图 他サ 慶祝しゅく。¶ ~ 행사 慶祝行事ぎょうじ。
**경:축-일**〔-日〕图 慶祝日び。
**경치**〔景致〕图 景色しき、風景ふうけい。¶ 빼어난 ~ すばらしい景色/ ~가 좋은 곳 景色のよい所ところ。
**경-치다** 自 ① 하도한 刑罰けいばつを受うける。② 하도한 目めに遭あう。
**경칩**〔驚蟄〕图 啓蟄けいちつ(二十四節氣にじゅうしせっきの一つ)。㊥ 계칩(啓蟄)
**경:칭**〔敬稱〕图 敬稱しょう。¶ ~을 붙이다 敬稱をつける。
**경쾌**〔輕快〕图 ナ形 輕快かい。¶ ~한 동작 輕快な動作どうさ。**경쾌-히** 副 輕快に、軽かろやかに、身輕みがるに。
**경탄**〔驚歎〕图 他サ 驚嘆きょうたん。¶ ~해 마지않다 驚歎して止やまない。
**경:품**〔景品〕图 景品けいひん、おまけ。¶ ~권 景品券けん。
**경풍**〔驚風〕图 漢 驚風きょうふう、ひきつけ。¶ ~을 일으키다 ひきつけをおこす。
**경:하**〔慶賀〕图 他サ 慶賀がが、祝賀しゅく。¶ ~하여 마지않다 慶賀にたえない。
**경-하다**〔輕-〕形ヨ 輕かるい。¶ ① 重おもくない。¶ 짐이 ~ 荷物にもつが軽い。②(程度ていどが)大たいしたものでない。¶ 병세가 ~ 病狀びょうじょうが軽い。③(責任せきにんなどが)重くない。¶ 부담이 ~ 負担ふたんが軽い。④(言行げんこうが)軽率けいそつだ、軽はずみだ。¶ 사람됨이 좀 ~ 人ひとなりがちょっと軽はずみだ。⑤(事態じたいが)重大じゅうだいでない、重要じゅうようでない。
**경:합**〔競合〕图 他サ 競合きょうごう、競せり合あい。¶ ~범 競合犯/ 서로 ~을 벌이다 お互たがいに競り合う。
**경-합금**〔輕合金〕图 輕合金ごうきん。
**경향**〔京郷〕图 都みやこ〔ソウル〕と地方ちほう。¶ 각지 全國ぜんこく各地ち。
**경향**〔傾向〕图 傾向けいこう。¶ 보수적인 ~ 保守的てきな傾向/ 증가하는 ~이 있다 增加ぞうかの傾向がある。
**경향 문학**〔-文學〕图 文 傾向文學ぶん。
**경험**〔經驗〕图 他サ 經驗けん。¶ 첫 ~ 初はじめての經驗/ 좋은 ~이 되다 いい經驗になる。/ 풍부한 ~을 쌓다 豐ゆたかな經驗を積つむ。
**경험-담**〔-談〕图 經驗談だん。
**경험-론**〔-論〕图 哲 經驗論ろん。
**경험-자**〔-者〕图 經驗者しゃ。
**경험-적**〔-的〕冠名 經驗的てき。¶ ~ 개념 經驗的概念ねん。
**경험-주의**〔-主義〕图 哲 經驗主義ぎ。
**경험 철학**〔-哲學〕图 哲 經驗哲學がく。
**경혈**〔經穴〕图 漢 經穴けつ、(灸きゅうをすえたり鍼はりを打うつ)つぼ。
**경협**〔經協〕图 《「경제협력」의 縮約形》 經濟けいざい協力きょうりょく。

**경:호**〔警護〕图 他サ 警護ご。¶ ~원 警護員いん/ 요인을 ~하다 要人じんを警護する。
**경화**〔硬化〕图 他サ 自サ 硬化か。¶ 동맥 ~ 動脈みゃく硬化/ 야당의 주장이 ~되다 野党やとうの主張しゅちょうが硬化する。
**경화-유**〔-油〕图 硬化油ゆ。
**경화**〔硬貨〕图 硬貨か、コイン。
**경환**〔輕患〕图 輕患けいかん、軽かるい病氣びょうき。¶ ~자 軽い患者かんじゃ。
**경황**〔景況〕图 (余裕よゆうがあって) 興味きょうの持もてる狀況じょう〔ゆとり〕、暇ひま。¶ 집안이 이지경인데 무슨 ~으로 놀러 가겠나 家内かないがこんな状態じょうたいなのにどんな暇ひまがあって遊あそびに行いけるかね。
**경황-없다**〔-〕形 ①おもしろみがない、興味がわかない。②(忙いそがしくて)暇ひまがない、余裕よゆうがない。¶ 일에 쫓겨 가정을 돌볼 경황이 없다 仕事しごとに追おわれて家庭かていを顧かえりみる余裕がない。**경황없-이** 副 暇なく、余裕なく、忙いそがしく。¶ ~ 세월을 보내고 있다 忙しく時ときを過すごしている。

**곁** 图 ① 그처럼、わき、傍かたわらから、橫よこ。¶ ~에 앉다 そばに座すわる。/ ~에서 말참견하다 傍らから口くちを出だす。② もと、ひざもと。¶ 부모 ~을 떠나다 親おやのもとを離はなれる。
慣用 **곁(을) 비우다** その場ばを離れる、手てを離はなす。**곁(을) 주다** 心こころ〔気き〕を許ゆるす、打うち解とける、すきを与あたえる。**곁(이) 비다** 世話せわをしてくれる人ひとがいない。
**곁-** 接頭 わき〔横よこ〕の…、(そこから)分わかれた…。¶ ~방의 부서や/ ~가지 小枝えだ。
**곁-가닥** 图 橫よこに分わかれて出でた筋すじ。
**곁-가지** 图 (橫よこに生はえた) 小枝こえだ。¶ ~를 치다 小枝を切きる、剪定せんていする。
**곁-길** 图 わき道みち、橫道よこみち、枝道えだみち。¶ ~로 들어서다 横道に入はいり込こむ。
**곁-꾼** 图 わきで助たすける人ひと、助手じょしゅ。
**곁-눈** 图 橫目よこめ、わき目め。¶ ~으로 보다 横目で見みる。
慣用 **곁눈(을) 주다** ①目めで合圖あいずする。② 流ながし目を使つかう、秋波しゅうはをおくる。**곁눈(을) 팔다** わき見みをする、よそ見をする。
**곁눈질** 图 他サ 橫目め、よそ見み、わき見み、流ながし目め。¶ ~을 하다 流し目で見る。
**곁-다리** 图 付つけたり、付屬ふぞくした物もの〔人ひと〕。
慣用 **곁다리(를) 들다** (当事者とうじしゃでない) まわりの者ものがくちばしをはさむ。
**곁-두리** 图 小晝ひる‐じる、おやつ。㊥ 참・샛밥。
**곁-들다** 他 ① そばで抱かかえて持もつ。② そばで助たすける、手助てだすけする。
**곁-들이다** 他 ① 添そえる、あしらう、盛もり合あわせる。¶ 경품을 ~ 景品を添える。/ 장미에 안개꽃을 ~ バラにかすみ草くさをあしらう。/ 고기 요리에 채소를 ~ 肉料理りょうりに野菜やさいを盛り合わせる。②(一人ひとりがいろいろな仕事しごとを)兼かねてする。
**곁-땀** 图 ① 脇わきから出でる汗あせ。② 脇から汗の出る病氣びょうき。

결-말[結末]【名】遠回とおまわしにたとえていう言葉ことば。
결-방[-房]【名】①(奥おくの間まに)付属ふぞくした部屋や、わきの部屋。②間借まり部屋。
　결방-살이【名】【自】間借り住まい、間借り暮らし。
결-뿌리【名】【植】(根ねの)主軸しゅじくから分かれて出た根、支根しこん。
결-쇠【名】合あい鍵かぎ。
결-잠【名】添そい寝ね。¶ 아이를 달래며 ~을 자다 子供こどもをあやしながら添い寝する。
계:[戒・誡]【名】①戒いましめ、訓戒くんかい。②【佛】戒律かいりつ。③【文】漢文かんぶん文体ぶんたいのひとつ(訓戒を目的もくてきとして作つくった文)。
계:[計]【名】Ⅰ ①合計ごうけい、総計そうけい。¶ ~를 내다 合計を出だす。②はかりごと。Ⅱ【接尾】…計けい。¶ 체온~ 体温計たいおんけい。
계:[係]【名】係かかり。¶ 출납~ 出納係すいとうがかり。
계:[癸]【名】癸みずのと(十千じっかんの10番目ばんめ)。
계:[契]【名】①韓国かんこく古来こらいの講こうのひとつ。②頼母子講たのもしこう。
-계[系]【接尾】…系けい。¶ 문과~ 文科系ぶんかけい／ 태양~ 太陽系たいようけい。
-계[界]【接尾】…界かい。¶ 경제~ 経済界けいざいかい。
-계[屆]【接尾】…届とどけ。¶ 결석~ 欠席届けっせきとどけ。
계:간[季刊]【名】季刊きかん。¶ ~ 잡지 季刊きかん雑誌ざっし。
계:간-지[-誌]【名】季刊誌きかんし。
계:고[戒告]【名】【他】【法】戒告かいこく。¶ ~ 처분하다 戒告処分しょぶんする。
계:고-장[-狀]【名】【法】戒告状かいこくじょう。
계곡[溪谷]【名】渓谷けいこく、谷間たにま、谷たに。
계:관[桂冠]【名】桂冠けいかん。¶ ~ 시인 桂冠詩人けいかんしじん。㊉월계관
계:관[鷄冠]【名】①鶏冠けいかん、とさか。②【植】ケイトウ。㊉ 맨드라미
계:교[計巧]【名】計略けいりゃく、もくろみ、企くわだて。¶ ~를 꾸미다 計略をめぐらす。
계급[階級]【名】階級かいきゅう。¶ 지식~ 知識ちしき階級／ ~ 사회 階級社会しゃかい／ 한 ~ 승진하다 一階級昇進しょうしんする。
　계급 의:식[-意識]【名】階級意識いしき。
　계급-장[-章]【名】階級章かいきゅうしょう。¶ ~을 달다 階級章をつける。
　계급 투쟁[-鬪爭]【名】【他】階級闘争とうそう。
계:기[計器]【名】計器けいき、メータ。¶ ~ 비행 計器飛行ひこう。
　계:기-반[-盤]【名】計器盤けいきばん。
계:기[契機]【名】契機けいき、きっかけ、動機どうき。¶ 사건의 ~ 事件じけんのきっかけ／ ~를 잡다 契機をつかむ。
계단[階段]【名】階段かいだん。¶ 비상 ~ 非常ひじょう階段／ 출세로의 ~ 出世しゅっせへの階段／ ~을 오르내리다 階段を上のぼり下おりする。
　계단 교:실[-敎室]【名】階段教室きょうしつ。
　계단 농업[-農業]【名】階段農業のうぎょう。
　계단-참[-站]【名】(階段の)踊おどり場ば。
계:도[系圖]【名】系図けいず。¶ ~ 소설 系図小説しょうせつ／ ~를 조사하다 系図を調しらべる。

계:도[啓導]【名】【他】悟さとらせて導みちびくこと。
계란[鷄卵]【名】鶏卵けいらん、鶏にわとりの卵たまご。¶ 날~ 生卵なまたまご／ ~덮밥 卵どんぶり／ ~을 깨다 卵を割わる。
계:략[計略]【名】計略けいりゃく、もくろみ、はかりごと、策略さくりゃく。¶ 온갖 ~을 꾸미다 あらゆる計略をめぐらす。
계:량[計量]【名】【他】計量けいりょう。¶ ~ 경제학 計量経済学がく。
　계:량-기[-器]【名】計量器き。
계류[溪流・谿流]【名】渓流けいりゅう、谷川たにがわ。
계:류[繫留]【名】【自】【自】繫留けいりゅう、係留りゅう。¶ ~ 중인 사건 繫留中ちゅうの事件じけん／ 배를 물가에 ~하다 船ふねを岸きしに係留する。
　계:류-기구[-氣球]【名】係留気球ききゅう。
　계:류-선[-船]【名】係留船せん。
계륵[鷄肋]【名】鶏肋けいろく。①(鶏にわとりのあばら骨ほねのように)大たいして役やくに立たたないが捨すてるには惜おしいもの。②虚弱きょじゃくな体だ。
계:리[計理]【名】【他】計理り。
　계:리-사[-士]【名】計理士し。
계:면[界面]【名】①【物】界面かいめん。¶ ~ 활성제 界面活性剤かっせいざい。②【音】「계면조(界面調)」の縮約形。
　계:면-조[-調]【名】【音】(韓国かんこく固有こゆうの俗楽ぞくがくで)哀調あいちょうを帯おびている曲調きょくちょう。
계면-쩍다【形】⇒ 겸연쩍다
계:명[戒名]【名】【佛】戒名かいみょう、法名ほうみょう。
계:명[階名]【名】①階級かいきゅう・位階いの名称めいしょう。②【音】階名かいめい。
계:명[誡命]【名】【宗】戒か、戒律かいりつ。¶ 십~ 十戒かい。
계:모[繼母]【名】継母けいぼ、まま母はは。
계:몽[啓蒙]【名】【他】【自】啓蒙けいもう。¶ ~ 운동 啓蒙運動うんどう／ 문맹자를 ~하다 文盲者もんもうしゃを啓蒙する。
　계:몽 사상[-思想]【名】啓蒙思想しそう。
　계:몽-주의[-主義]【名】啓蒙主義しゅぎ。
계:발[啓發]【名】【他】【自】啓発けいはつ。¶ 소질을 ~하다 素質そしつを啓発する。
계:보[系譜]【名】系譜けいふ。¶ ~를 더듬다 系譜をたどる。
계:보[季報]【名】季刊誌きかんし。
계:부[繼父]【名】継父けいふ、まま父ちち。
계:-부모[繼父母]【名】継父母けいふぼ、まま親おや。
계:사[鷄舍]【名】鶏舎けいしゃ、鳥小屋とりごや。㊉ 닭장
계:산[計算]【名】【他】【自】①計算けいさん。¶ 분수의 ~ 分数ぶんすうの計算／ ~에 넣다 計算に入いれる。/ ~이 맞지 않다 計算が合あわない。/ ~를 착오를 하다 計算違ちがいをする。②勘定かんじょう。¶ ~을 치르고 떠나다 勘定を済すまして発たつ。
　계:산-기[-器]【名】計算器けいさんき、計算機き。¶ 전자 ~ 電子でんし計算機。
　계:산-서[-書]【名】計算書けいさんしょ、勘定書かんじょうしょ。
계:상[計上]【名】【他】計上けいじょう。¶ 예산에 ~하다 予算よさんに計上する。
계:선[繫船]【名】【自】繫船けいせん、係船せん。
　계:선-거[-渠]【名】繫船渠きょ。

계:선 부표[-浮標] 图 繋船浮標ょう、ブイ。
계:속[繼續] 图[하자][되자] 継続けぞ、続くこと、続けること、引き続つき。¶ ~ 변이 継続変異へん / ~ 서 있다 立たち続けている。가뭄이 ~되다 日照りが続く。/ 이야기를 ~하다 話はを続ける。
계:속 심:의[-審議] 图 継続審議しん。
계:속-적[-的] 冠 継続的ぞ。¶ ~인 노력 継続的な努力どょく。
계:수[季嫂] 图 弟おとの妻つま。
계:수[係數] 图 係数けす。¶ 엥겔~ エンゲル係数 / 마찰 ~ 摩擦ぞ係数。
계:수[計數] 图[하자] 計数けす。
계:수-기[-器] 图 計数器きす。
계:수-나무[桂樹] 图 ①[植] カツラ。②月つきに生はえているというカツラの木き、月桂げつ。
계승[階乗] 图[数] 階乗じょう。
계:승[繼承] 图[하자] 継承じょう。¶ 왕위 ~ 王位い継承 / 문화 유산을 ~ 발전시키다 文化遺産ぶんを継承し発展はってんさせる。
계:승-자[-者] 图 継承者しゃ。
계:시[癸時] 图 24時じの2番目ばんめ(午前ぜん0時半はんから1時半いちじはんまでの間あいだ)。
계:시[啓示] 图[하자] 啓示けい。¶ 신의 ~를 받다 神かみの啓示を受うける。
계:시다[自](《있다[1]の尊敬語》)いらっしゃる、居おられる。¶ 선생님은 교실에 계신다 先生せんは部屋へやにいらっしゃる。
계:시다[2] 助動 (《있다[2]の尊敬語》)(…して)いらっしゃる、(…して)居おられる。¶ 책을 읽고 ~ 本ほんを読よんでいらっしゃる。
계:시다[3] 助形 (《있다[3]の尊敬語》)(…して)いらっしゃる、(…して)おいでだ。¶ 침대에 누워 ~ ベッドに寝ねていらっしゃる。
계:씨[季氏] 图 《他人たにんの弟おとの尊敬語》弟おとさん。
계:약[契約] 图[하자] 契約けい。¶ 구두 口頭こう 契約 / 하청 下請したうけ契約 / 불이행 契約不履行ふりこう / ~을 맺다 契約を結むすぶ。
계:약-금[-金] 图 契約金きん。¶ ~을 걸다 契約金を掛かける。
계:약-서[-書] 图 契約書しょ。¶ ~를 주고받다 契約書を取とり交かわす。
계:약 위반[-違反] 图 契約違反はん。
계:엄[戒嚴] 图 戒厳げん。¶ ~ 사령관 戒厳司令官かん。
계:엄-령[-令] 图 戒厳令れい。¶ ~을 해제하다 戒厳令を解とく。
계:열[系列] 图 系列れつ。¶ ~ 회사 系列会社しゃ / 같은 ~에 속한다 同おなじ系列に属ぞくする。
계:열 융자[-融資] 图 系列融資ゆう。
계:열-화[-化] 图[하자][되자] 系列化か。¶ 기업의 ~ 企業ぎょうの系列化。
계:영[繼泳] 图[하자] 継泳けい、水泳すいのリレー。¶ 400미터 ~ 400メートルリレー。
계:원[係員] 图 係員かかり、係かかり。¶ 접수 ~ 受うけ付つけ係かかり。
계:원[契員] 图 「계(契)」の構成員こうせい、頼母子講たのもしのメンバー。
계육[鷄肉] 图 鶏肉にく、鶏にわとりの肉にく。
계:율[戒律] 图[佛] 戒律りつ。¶ ~을 지키다 戒律を守まもる。
계:전기[繼電器] 图[電] 継電器けいでん。
계:절[季節] 图 季節せつ、時季じき、時節じせつ、シーズン。¶ 신록의 ~ 新緑しんりょくの季節 / ~이 바뀌다 季節が変かわる。
계:절 노동[-勞動] 图 季節労働ろう。¶ ~자 季節労働者しゃ。
계:절-병[-病] 图 季節病びょう。
계:절-적[-的] 冠图 季節的てき。¶ ~적인 변화 季節的な変化か。
계:절-풍[-風] 图 季節風ふう、モンスーン。¶ ~ 기후 季節風気候こう。
계:정[計定] 图 勘定じょう。¶ 손익 ~ 損益そんえき勘定。
계:정 과목[-科目] 图 勘定科目もく。
계제[階梯] 图 ①階梯てい、段階だん、順序じゅん。¶ ~를 밟다 階梯を踏ふむ。②折おり、よい機会かい、チャンス。¶ 이 ~에 この機会に / ~가 좋지 않다 時機じきがよくない。
계:좌[計座] 图 口座こう。¶ ~를 개설하다 口座を開ひらく。
계:주[契主] 图 「계(契)」を組織そしきして主観かんする責任者にんしゃ、頼母子講の親おや。
계:주[繼走] 图[하자] (《「계주 경기」の縮約形》)継走けい、リレー。
계:주 경:기[-競技] 图 継走競技きょう、リレー、リレーレース。
계:집 图 ①(俗) 女おなん。¶ ~에게 미치다 女に狂くるう。②(卑) 妻つま、女房ぼう、かかあ。¶ ~과 서방 女房と亭主てい。
[속담] 계집 때린 날 장모 온다 女房ぼうをなぐった日に女房の母が来る。《折おりあしく不都合ふつごうなことが重かさなってあわてること》
계:집-년 图(卑) あま、尼あまっこ。
계:집-아이 图 女おなの子こ、女児じょ、娘じょう。
계:집-애 图 「계집아이」の縮約形。
계:집-질 图[하자] 女遊おんなあそびをすること。
계:책[計策] 图 計策さく、はかりごと、計略りゃく。¶ ~을 꾸미다 はかりごとを巡めぐらす。
계:측[計測] 图[하자] 計側がる。
계층[階層] 图 階層そう。¶ 사회 ~ 社会しゃかい階層。
계:-타다[契-] 图 頼母子講たのもしの順番じゅんばんにお金かねを受うけ取とる。
계:통[系統] 图 系統とう。¶ 명령 ~ 命令めいれい系統 / ~을 달리하다 系統を異ことにする。
계:통-도[-圖] 图 系統図ず。
계:통 발생[-發生] 图[生] 系統発生はっ。
계:통 분류[-分類] 图[生] 系統分類ぶん。
계:투[繼投] 图[하자][野] 継投とう、リリーフ。
계피[桂皮] 图[漢] 桂皮かい、ニッケイの樹皮ひ。
계:획[計劃] 图[하자][되자] 計画かく、企くわだて、もくろみ。¶ ~표 計画表ひょう / 도시 ~ 都市とし計画 / ~을 세우다 計画を立たてる。
계:획 경제[-經濟] 图 計画経済けい。
계:획-성[-性] 图 計画性せい。¶ ~이 있는 사

람 計劃性のある人と。
**계:획〔-劃〕**图 計画案を。¶ ~을 세우다 計画案を立たてる。
**계:획-적〔-的〕**冠 計画的を。¶ ~인 범행 計画的な犯行はん。
**곗:날〔契-〕**图 頼母子講たのもしこうの会合かいごうの日ひ。
**곗:돈〔契-〕**图 ①頼母子講たのもしこうの掛かけ金きん。②頼母子講が当あたって受うけ取とる金かね。
**고**冠 ①(すでに述のべて事柄ことがら・了解りょうかいしている事柄を指さして)その、あの。¶ ~녀석 あいつめ/ 겨우 ~ 정도냐? やっとその程度ていどかね。②(聞きき手ての近ちかくにある事物じぶつを指して)その。¶ ~ 근처 そのあたり。
**고〔苦〕**图 苦く、苦くるしみ。
**고〔庫〕**图 庫く、倉庫そうこ。
**고〔鼓〕**图[音] 鼓こ、つづみ、太鼓たいこ。
**고:〔故〕**冠 故こ。¶ ~ 안중근 故安重根アンジュングン。
**고:〔高〕**Ⅰ图 高たかいこと。Ⅱ接頭 高たかい…。¶ ~소득 高所得しょとく。Ⅲ接尾 …高だか。¶ 생산 ~ 生産高せいさんだか。
**고:-〔古〕**接頭 古こ…。¶ ~문서 古文書こもんじょ。
**-고**語尾 ①(接続語尾)○(二ふたつ以上いじょうの動作どう・性質せい・状態じょうなどを並列へいれつしたり対照たいしょうに続つけて表あらわす) …て、…で、…たり、…し。¶ 싸ー 좋은 물건 安やすくていい品物しなものを 먹ー 마시ー 하다 食べたり飲のんだりする。○(後うしろに続つづく動作の方法ほうほうを表わす)…(し)て、…で、…に。¶ 버스를 타~ 간다 バスに乗のっていく。○(前まえの事実じつが後の事実に先行せんこうする条件じょうけんであることを表わす)…(し)てから、…(し)て。¶ 밥을 먹~ 떠나자 飯を食べてから出でかけよう。②次つぎの事実の原因げん・理由りゆうとなることを表わす。¶ 상한 음식을 먹~ 배탈이 났다 傷んだ食べ物を食べて腹をこわした。②(「-고…ㄴ(은)」の形で使われて) ○動詞の後で行動どうの反復はんぷくを表わす。¶ 생각하~ 생각한 끝에 考かんがえかんがえた末すえ。○形容詞の後で性質・状態・状況じょうきょうを強調きょうする。¶ 길~ 긴 여름 長ながい長い夏なつ。③(相反はんする事実ことに対称的たいしょうてきに表わす) …ㅁ ~ ㄴ 크ㄴ 작은 물건들 大小だいしょうさまざまな物もの。④(終結語尾) ○(「-고지고・-고지라」など古風ふるうな形で使われて)念願ねんがんの意を表わす。¶ 천년 만년 살고지ー 千年せんねん万年ばんねんも生いきていたいものだ。○(「質問しつもん・抗弁こうべんなどの意を表わす)…のか、…だ。¶ 남은 일은 누가 하ー 残のこった仕事は誰だれがするのだ。⑤(「-고 있다・-고 나다・-고 싶다・-고 보다」などの形で使われて) 動作の進行しんこう・終了しゅうりょうや状態に対する欲望よくぼう・動作を試みすことを表わす。¶ 원고를 쓰ー 있다 原稿げんこうを書かいている。/ 자ー 싶다 眠ねむりたい。/ 우선 먹ー 보다 先まず食べてからみる。
**고:가〔古家〕**图 古ふるい家いえ、古家こか。
**고:가〔古歌〕**图 古歌こか、昔むかしの歌うた。
**고:가〔故家〕**图 旧家きゅうか。
**고가〔高架〕**图 高架こうか。¶ ~교 高架橋きょう。

**고가 도:로〔-道路〕**图 高架道路どうろ。
**고가〔高價〕**图 高価こうか。¶ ~품 高価品ひん。
**고갈〔枯渴〕**图自 枯渇こかつ。¶ 자원의 ~ 資源げんの枯渇/ 자금이 ~되다 資金しきんが枯渇する。
**고개¹**图 ①峠とうげ、坂さか。¶ 가파른 고갯길 急きゅうな坂道さかみち。②(物事ものごとの)絶頂ぜっちょう、盛さかり、峠。¶ 추위도 ~를 넘은 것 같다 寒さむさも峠を越こえたようだ。③(年齢ねんれいの)一区切ひとくぎり、坂。¶ 오십 ~에 접어들다 50ごじゅうの坂にさしかかる。
**고개-너머**图 峠の向むこう。
**고갯-마루**图 峠を登のぼりつめた所ところ。¶ ~의 찻집 峠の茶屋ちゃや。㋰ 고개턱。
**고개²**图 ①首筋くびすじ、えりくび、うなじ。¶ ~가 아프다 首筋が痛いたい。②首くび、こうべ、あたま、かしら。¶ ~를 끄덕이다 首を縦たてに振ふる。/ ~를 숙이다 こうべを垂たれる。/ ~를 흔들다 かしらを振る。
**관용 고개(를) 갸우뚱하다** 首をかしげる、首をひねる。**고개(를) 들다** 頭をもたげる。①(考かんがえなどが)浮うかび上あがる。②(ようやく勢力せいりょくを)もり上げる、台頭たいとうする。**고개(를) 숙이다** 頭を下げる。①おじぎをする。②屈服くっぷくする、降参する。**고개(를) 젓다**(反対たい・拒絶ぜつ・否定ていの意)で首を横よこに振る。**고개 하나 까딱 않다** びくともしない、身じろぎもしない、ちっとも驚おどろかない。
**고갯 장단〔-長短〕**图 首を動うごかして取とる拍子びょうし。
**고갯-짓**图[하다] 首を振ふったりうなずいたりする動作どう。¶ ~으로 찬성의 뜻을 나타내다 うなずいて賛成さんせいの意を表わす。
**고객〔顧客〕**图 顧客きゃく、お客きゃく、お得意とく、なじみの客きゃく。¶ 오랜 ~ 長ながいお得意。
**고갱이**图 ①草木くさきの髄ずい、芯しん。¶ 배추 ~ 白菜はくさいの芯。②物事ものごとの核心かくしん、かなめ。
**고-건**略(「고것은」の縮約形) それは。¶ ~ 안 된다 それはいけない。
**고-걸**略(「고것을」の縮約形) それを、そいつを。¶ ~ 보여 주게 それを見せてくれ。
**고검〔高檢〕**图(「고등 검찰청」の縮約形) 高検けん。
**고-것**代 ①それ。¶ ~도 모르느냐? それも知らないのか。②(見みくびったりかわいがって言いう語) それ、あいつ。¶ ~ 참 귀엽군 そいつはほんとうにかわいいんだ。
**고견〔高見〕**图 高見けん、ご意見けん、卓見たく。¶ ~을 듣고 싶습니다 ご高見をお聞ききしたく存ぞんじます。
**고결〔高潔〕**图[하다]形 高潔けつ。¶ ~한 인격 高潔な人格じん。
**고:-고〔考古〕**图[하다]他 考古こう。¶ ~학 考古学がく。
**고고〔呱呱〕**图 呱々ここ、赤あかん坊ぼうの最初しょの鳴なき声ごえ、うぶ声。¶ ~성을 울리다 呱々の声ごえをあげる。
**고고〔孤高〕**图[하다]形 孤高ここう。¶ ~한 정신 孤高の精神じん。
**고공〔高空〕**图 高空こうくう。¶ ~ 비행 高空飛行ひこう/

~ 낙하 高空落下か.
**고공-병**[-病] 名[醫] 高空病こう, 高度病こうどびょう.
**고과**[考課] 名[하他] 考課こう. ¶ 인사 ~ 人事じん考課.
**고과-표**[-表] 名 考課表ひょう.
**고관**[高官] 名 高官かん.
**고관 대:작**[-大爵] 名 高たかく尊とうい職位しょく[人じん], 高官顯僚しょく.
**고-관절**[股關節] 名[生] 股關節かんせつ. ¶ ~ 탈구 股關節脫臼だっきゅう.
**고교**[高校] 名(《「고등학교」의 縮約形》高校こう. ¶ ~생 高校生.
**고구려**[高句麗] 名 高句麗こうくり(古代だい, 朝鮮ちょうせん三國時代だいの一國こく).
**고:-구마**[藷] 名 サツマイモ. ¶ ~ 덩굴 サツマイモの蔓つる.
**고:구마-엿** 名 サツマイモでつくった飴あめ.
**고:국**[故國] 名 故國こく. ¶ ~ 산천 故國の山河/ ~ 땅을 밟다 故國の土を踏む.
**고군**[孤軍] 名 孤軍ぐん.
**고군 분:투**[-奮鬪] 名[하他] 孤軍奮鬪ふんとう.
**고:궁**[古宮·故宮] 名 古宮きゅう, 昔むかしの宮殿でん.
**고귀-하다**[高貴-] 形여 高貴きだ. ¶ 고귀한 가문 高貴な家柄がら.
**고:금**[古今] 名 古今こん. ¶ 동서 ~ 古今東西ざい/ ~에 예가 없다 古今に例れいをみない.
**고:금-독보**[-獨步] 名 古今獨步ぽ.
**고:금-천지**[-天地] 名 ①昔むかしから今いまに至いたるまでの世よの中なか. ②((副詞的に)) 昔も今も, 今まで, これまで.
**고-금리**[高金利] 名 高金利きんり. 固 고리(高利)
**고급**[高級] 名 高級きゅう, 上級じょう, 上等とう. ¶ ~품 高級品ひん / 관료 高級官僚かん.
**고기**[1] 名 ①(食用ようとする動物どうの肉にく. ¶ 쇠 ~ 牛肉ぎゅう/ ~가 연하다 肉がやわらかい. ②(《「물고기」의 縮約形》)魚さかな. ¶ ~ 떼 魚の群むれ/ 민물~ 川魚かわ.
속담〉고기는 씹어야 맛이요 말은 해야 맛이다 肉はかんでこそ味あじが出で, 話はなしてこそ味がある. 《言いうべきことはためらわずにはっきりさせておいた方ほうがよいとの意い》 고기도 먹어본 사람이 많이 먹는다 肉も食たべたことのある人が多おおく食べる. 《何事なにごともいつもしている人がよくできる》 고기도 저 놀던 물이 좋다 魚も自分じぶんの泳およぎなれた水みずのほうがよい. 《不慣ふなれな土地とちよりなじんだ故郷きょうのほうがずっとよい》
**고기-밥** 名 ①魚のえさ. ②釣餌つり.
관용〉고기밥이 되다 魚のえさになる, 溺死できしする.
**고기-잡이** 名 ①[하自] 漁りょう, 漁勞ぎょろう. ¶ ~배 漁船ぎょせん. ②漁夫ぎょふ, 漁師りょうし.
**고깃-간**[-間] 名 肉屋にくや. 固 푸줏간
**고깃-덩어리** 名 ①(動物どうの)肉のかたまり. ②(俗)(人間にんげんの)肉體にく.
**고깃-배** 名 漁船せん.
**고깃-점**[-點] 名 肉片にく, 肉片にくぎれ.
**고기**[2] 代 ①そこ, それ. ¶ ~까지는 나도 안다

そこまでは僕ぼくも知しっている. ②((副詞的に)) そこに. ¶ ~ 서라 そこに止とまれ.
**고-기압**[高氣壓] 名 高氣壓あつ. ¶ 이동성 ~ 移動性せい高氣壓.
**고깃-거리다** 他 (紙かみ·布ぬのなどを)くしゃくしゃにする, しわくちゃにする. 固 구깃거리다 (世) 꼬깃거리다
**고깃-고깃** 副[하여] くしゃくしゃ, しわくちゃ.
**고-까짓** 冠 それしきの, それぐらいの. ¶ ~ 일로 それぐらいのことで/ ~ 고통도 못 참느냐? それしきの苦痛つうも辛抱しんぼうできないのか. 固 그까짓
**고깔** 名 僧侶そう·尼僧にそうなどがかぶる山形やまがたの頭巾ずきん.
**고깝다** 形비 そっけない, うらめしい, つれない, 不快かいだ. ¶ 고깝게 여기다 不快に思おもう. / 고까운 말을 하다 そっけないことを言いう.
**고꾸라-뜨리다** 他 ①打うちのめす, 前まえにぶっ倒たおす. ¶ 일격에 ~ 一擊げきに打ちのめす. ②(俗) 殺ころす, くたばらせる.
**고꾸라-지다** 自 ①(前まえの方ほうへうつむいて) 倒れる, のめる. ¶ 앞으로 푹 ~ 前向まえむきにつんのめる. ②(俗) 死しぬ, くたばる.
**고난**[苦難] 名 苦難なん. ¶ ~의 역사 苦難の歷史れきし/ ~을 극복하다 苦難を乘のり越こえる.
**고-난도**[高難度] 名 高たかい難度たん. ¶ ~ 종목 難度の高い種目しゅもく.
**고냥** 副 ①そのまま. ¶ 고기에 ~ 두어라 そこへそのまま置おきなさい. ②ずっと續つづけて. 固 그냥
**고뇌**[苦惱] 名[하他] 苦惱のう, 惱なやみ. ¶ ~에 찬 얼굴 苦惱に滿みちた顔かお.
**고누** 名 はさみ將棋しょうぎに似にた遊戱ゆうぎの一つ.
**-고는** 語尾 ((「-고」の強調語》…(し)ては, …してからは. ¶ 책을 읽~ 있지만 마음은 딴 데에 있다 本ほんを讀よんではいるが, 心は上うわの空そらだ. / 여행을 하~ 싶지만 돈이 없다 旅行りょこうには行いきたいがお金かねがない.
**고니** 名[動] 白鳥はくちょう.
**고:다** 他 ①煮込にむ. ¶ 고기를 푹 ~ 肉にくを十分じゅうぶんに煮込む. ②煮詰につめる. ¶ 엿을 ~ 飴あめを煮詰める. ③釀かもす, 釀造じょうする. ¶ 소주를 ~ 燒酎しょうちゅうを釀造する.
**고단**[高段] 名 高段だん. ¶ ~자 高段者しゃ.
**고단-하다** 形여 疲つかれてだるい, くたびれている. ¶ 쉬지 않고 일을 해서 몹시 고단했다 働はたらきづめでとても疲れた.
**고단해-지다** 自 疲つかれ果はてる.
**고달파-지다** 自 疲つかれ切きってだるくなる, 疲れて苦くるしくなる.
**고달프다** 形 非常ひじょうに疲つかれてだるい, 辛つらい, しんどい, きつい. ¶ 고달픈 인생 つらい人生じん/ 몸이 ~ 體からだが疲れてだるい.
**고담**[高談] 名 高談だん. ¶ ~을 경청하였습니다 ご高談を拜聽はいちょういたしました.
**고담-준:론**[-峻論] 名 高談峻論しゅん, 高尚こう で峻嚴げんな議論ぎろん.

고답[高踏] 图 高踏こうとう。
  고답-적[-的] 冠图 高踏的てき。¶ ~인 태도 高踏的な態度たいど。
  고답-파[-派] 图[文] 高踏派こうとうは、パルナシアン。
고대 副 ①たった今いま、今しがた。¶ ~ 잠들었다 今しがたねた寝入ねいった。②すぐ、すぐさま。
고:대[古代] 图 古代こだい。¶ ~ 사 古代史こだいし/ ~ 사회 古代社会こだいしゃかい。
고:대 국가[-國家] 图 古代国家こっか。
고대[苦待] 图하動 待まちこがれること、待まちわびること。¶ 학수 ~하다 首くびを長ながくして待ちわびる。
고대[高臺] 图 ①高台たかだい。②高たかく積つんだ台だい。
  고대-광:실[-廣室] 图 非常ひじょうに大おおきくて立派りっぱな屋敷やしき。
고-대로 副 そのまま、そっくり。¶ 책을 ~ 베끼다 本ほんをそっくりそのまま書かき写うつす。
고:도[古都] 图 古都こと。¶ ~의 자취 古都の跡あと。
고도[孤島] 图 孤島ことう、離はなれ島じま。¶ 절해 ~ 絶海ぜっかいの孤島。
고도[高度] 图 高度こうど。①高たかさの度合どあい。¶ 비행 ~ 飛行ひこう高度/ ~를 낮추다 高度を下さげる。②天体てんたいに対たいする仰角ぎょうかくが高たかいこと。③ものごとの程度ていどが高いこと。¶ ~의 경제 성장 高度の経済けいざい成長せいちょう。
  고도-계[-計] 图 高度計こうどけい。
  고도-화[-化] 图하動 高度化こうどか。¶ ~ 된 문명 高度化した文明ぶんめい。
-고도 語尾 …しても、…であって。¶ 가깝~ 먼 나라 近ちかくて遠とおい隣国りんごく。
고독[孤獨] 图 孤独こどく、寂さびしいさま。¶ ~한 신세 孤独な身み/ ~하게 살다 寂しく暮くらす。
고동 图 ①(物事ものごとの)要点ようてん、かなめ。¶ 지금 바빠니~만 말해라 今いま忙いそがしいから要点だけ話はなせ。②(機械きかいの)スイッチ、栓せん。¶ 수도의 ~ 水道すいどうの栓。③汽笛きてき、サイレン。¶ ~을 울리다 汽笛を鳴ならす。
고동[鼓動] 图하自他 鼓動こどう。¶ 심장의 ~ 心臟しんぞうの鼓動。
  고동-치다 自 ①(心臟が)鼓動する。②(希望きぼう・理想りそうなどで)躍動やくどうする。
고동색[古銅色] 图 ①やや黒くろみがかった黄色きいろ。②赤褐色せっかっしょく。
고되다 形 (手てに余あまって)つらい、きつい、苦くるしい。¶ 고된 일 つらい仕事しごと/ 살아가기가 ~ 生いきていくのが苦しい。
고두밥 图 ①こわいご飯はん。②強飯きょうはん、おこわ。
고동 图[動] 巻まき貝がいの総称そうしょう。
고드름 图 つらら、氷柱ひょうちゅう。¶ ~이 매달려 있다 つららがぶら下さがっている。
고들-고들 副하形 ご飯はんが水気みずけが少すくなくかたいようす、かちかち、こちこち。㊇ 구들구들
고들-빼기 图[植] イヌヤフシソウ。
고등[高等] 图하形 高等こうとう。¶ ~ 수학 高等数学すうがく。㊄ 하등

고등 고:시[-考試] 图 高等試験けん。
고등 교:육[-教育] 图 高等教育きょういく。¶ ~을 받다 高等教育を受うける。
고등 동:물[-動物] 图 高等動物どうぶつ。
고등 법원[-法院] 图 高等裁判所さいばんしょ。
고등 식:물[-植物] 图 高等植物しょくぶつ。
고등 학교[-學校] 图 高等学校がっこう。㊄ 고교
고등어 图[動] サバ。¶ 자반 ~ 塩しおサバ。
고딕[Gothic] 图 ゴシック。①[活字かつじの]字体じたいの一ひとつ。¶ ~ 활자 ゴシック活字。②ゴシック式しき。¶ ~ 건축 ゴシック建築けんちく。
고라니 图[動] キバノロの亜種あしゅ。
고락[苦樂] 图 苦楽くらく。¶ ~을 같이하다 苦楽を共ともにする。
  고락간-에[-間-] 苦くるしくても楽たのしくても。
고:랑¹ 畝間うねま。¶ 밭-에 거름을 주다 畝間に肥こやしをやる。
고:랑² 「쇠고랑」の縮約形。
고래¹ 图 ①[動] クジラ。¶ ~ 수염 鯨髭くじらひげ。②[俗] 大酒飲おおざけのみ、のんべえ、うわばみ。
  (俗) 고래 싸움에 새우 등 터진다 鯨くじらのけんかでエビの背中せなかが裂さける。《強者きょうどうしの争あらいで弱よわい者ものがとばっちりを受うけること》
  고래등 같다 形 家いえが非常ひじょうに大おおきくて広壯こうそうだ。
  고래-잡이 图하動 捕鯨ほげい、鯨取くじらとり。
고래² 图 「방고래」の縮約形。
고:래[古來] 图 ①古来こらいから、昔むかしから今いままで。②「자고이래(自古以來)」の縮約形。
고:래-로 副 昔から、古ふるくから。
고래-고래 副《大声おおごえでわめきちらしたりどなったりするさま》わあわあ、わいわい、ぎゃあぎゃあ。¶ ~ 고함을 지르다 わあわあ大声でわめき立たてる。
고래서 副 ①《接続詞的に》そんなわけで。②それで、そうして。
고량[高粱] 图[植] コーリャン。¶ ~ 주 高粱酒しゅ。㊇ 수수
고량[膏粱] 图 「고량진미」の縮約形。
  고량-진미[-珍味] 图 脂あぶらぎった肉にくと穀物こくもつで作つくったおいしい食たべ物もの。
고러다가 略 《「고렇게 하다가」の縮約形》そんなことをしていては、そんなありきさする。¶ ~ 다칠라 そんなことしたらけがするぞ。㊇ 그러다가
고려-하다 形四 そうだ、そのとおりだ。¶ 네 의견이 ~면 내게도 생각이 있다 お前まえの意見けんがそうなら、こっちにも考かんがえがある。㊇ 그러하다
고려[考慮] 图하他 考慮こうりょ。¶ ~ 할 여지가 없다 考慮の余地よちがない。
고려[苦慮] 图하自 苦慮くりょ、苦心くしん。
고려[高麗] 图[史] 高麗こうらい(韓国かんこく中世ちゅうせいの王朝おうちょう)。¶ ~ 자기 高麗磁器じき。
  고려-인삼[-人蔘] 图 高麗人参にんじん。
  고려-장[-葬] 图 高麗時代じだいに老衰ろうすいした者ものを墓室ぼしつに移うつし死後しごそのまま葬ほうむった

**고령**[高齡] 图 ①高齢ホミ、高年ホミ。¶ ~에 달하다 高齢に達タッする。②年寄ホミり。

**고령-자**[-者] 图 高齢者シャ。

**고령-화**[-化] 图ㅎ재图 高齢化ネッ。¶ ~ 사회 高齢化社会シャホィ。

**고령-토**[高嶺土] 图[鑛] カオリン。

**고:로**[古老] 图 古老ロゥ。¶ 마을의 ~에게 묻다 村ロネの古老に尋タッねる。

**고:로**[高爐] 图[工] 高炉ロ。

**고-로**[故-] 副 ゆえに、したがって、だから、ために。¶ 그런 ~ 인간은 존재한다 それゆえに人間が存在する。/ 나는 생각한다. ~ 나는 존재한다 我れ思う、ゆえに我あり。④ 그러므로

**고로롱-고로롱** 副自 絶たえず病気ピキゥがちであるさま。

**고로쇠-나무** 图[植] イタヤカエデ、トキワカエデ、ツタモミジ。

**고롭다**[苦-] 形ㅂ 苦しい、つらい、骨ホホホが折ホれる。

**고롱-고롱** 图하자 「고로롱고로롱」の縮約形。

**고료**[稿料] 图《「원고료」の縮約形》稿料ゴウリョゥ、原稿料ゲッコッ。

**고루** 均等キットゥに、おしなべて、等ヒトしく、一様ョゥに。¶ ~ 부담하다 等しく負担ランする。

**고루-고루** 副 等しく、均等に。¶ 세 사람에게 ~ 나누다 三人ンンに均等に分ヮける。

**고루**[固陋] 图하形 固陋ロゥだ。¶ ~한 노인 固陋な年寄ヨミり。

**고:르다**[1] 他コ 選ェらぶ、選択タッする、選えびだす。¶ 좋은 물건을 ~ よい品物のを選ぶ。

**고르다**[2] 他コ ならす、水平スペにする。¶ 땅을 ~ 土地ヅを ならす。

**고르다**[3] 形コ ①均等キッナゥだ、平等ビッドゥだ、均一キッィッだ、そろっている。¶ 生活 수준이 ~ 生活水準ガンジュッが均等だ。②穏やかだ、順調ジュッだ。¶ 고르지 못한 날씨 不順ジュっな天気テッキ。

**고름**[1] 图「옷고름」の縮約形。

**고름**[2] 图 うみ、膿ナゥ、膿汁ウテッシ。¶ ~을 짜내다 うみをしぼり出だす。

**고리**[1] 图 ①輪ネ・り、環カシ、輪状リッのもの。②(ドアの)取ェっ手テ。

**고리**[2] 图 ①皮カをむいた柳ャギの枝ェた。②行李コゥッ。④ 고리짝

**고리-짝** 图 ① ⇒ 고리[2]②行李の一ェっ一ェっ。

**고리**[高利] 图 高利コヮ。¶ 월 5푼의 ~ 月ガッ五分クゥの高利。

**고리 대:금**[-貸金] 图 ①高タォい利子ッッで貸カォす金ネ。②高利貸シュし。¶ ~업 高利貸し業ギョゥ。

**고리-채**[-債] 图 高利の借金シャヮネン。

**고리다** 形 ①(腐ォった卵タネゥ・足指ネシミネェェの間ネーのくさみのように)いやなにおいがする、臭タォい。¶ 발에서 고린 냄새가 난다 足アシからいやなにおいがする。②けちくさい、きたない、卑劣レッでいくに。¶ ~ 하는 짓거리가 ~ 仕草クミがきたない。

**고리타분-하다** 形어 ①いやなにおいがする、

腐ったにおいで不快カイだ。②偏狭ヘンヘッで古くさい、陳腐チンッだ。¶ 고리타분한 이야기 古くさい話ハシ。

**고리탑탑-하다** 形어 ①いやなにおいがしてすごく臭クォい、腐クォった臭気ヘネゥでひどく不快カイだ。②あまりにも古くさくてつまらない、ひどく陳腐チンッだ。

**고린-내** 图 (物モの)腐クォったにおい、臭気シェゥで不快ネィなにおい。

**고릴라**[gorilla] 图[動] ゴリラ。

**고립**[孤立] 图하자 孤立ッッ。¶ ~ 정책 孤立政策ネギ／동료로부터 ~시키다 仲間ネクゥから孤立させる。

**고립-무원**[-無援] 图 孤立無援ェッ。

**고립-어**[-語] 图[言] 孤立語ゴ。

**고립-주의**[-主義] 图 孤立主義シュギ。

**고릿-적**[← 高麗-] 图 ずっと昔ネカシ。¶ 그런 이야기는 집어치워라 그런 옛날 이야기 話ハネシなんかやめろ。

**고마움** 图 ありがたさ。¶ 부모님의 ~ 親ネャのありがたさ。

**고마워하다** 自여 ありがたがる、感謝カンッャしている。¶ 원조를 ~ 援助ェッを ありがたがる。

**고막** 图[動] ハイガイ。

**고막**[鼓膜] 图[生] 鼓膜マク。¶ ~이 터지다 鼓膜が破れる。

**고만**[1] 冠《「고만한」の縮約形》それくらいの、それしきの、その程度ティの。¶ ~ 일에 성을 내다니 それくらいのことで怒ォッるとは。④ 그만

**고만**[2] 副 ①その程度で、それくらいに。¶ 일은 ~ 하고 집에 가자 仕事ネェはそれくらいにして家ェに帰カネろう。②そのまま、これで。¶ 시간이 없어서 ~ 가겠습니다 時間がないのでこれで失礼ミッします。④ 그만[2]

**고만고만-하다** 形어 似たり寄ョったりだ、まあまあだ。¶ 키가 모두 ~ 背丈タゥがみな似たりよったりだ。④ 그만고만하다

**고만-두다** 他 止ャめる、よす、中止ストットする。¶ 장난은 고만두어라 いたずらはよせ。/ 辞ャめる、退シゥク。¶ 회사를 ~ 会社カィシャを辞める。

**고만-이다** 形 ①おしまいだ、それだけだ。¶ 편지 한 장 보내더니 그것으로 ~ 手紙ネィ一通ソッッよこしただけでそれっきりだ。②満足ッッだ、充分ジェッだ。¶ 돈만 있으면 고만인 줄 아나? お金ネキさえ持ᆻっていればそれで充分だと思ネッっているのか。③一番ネマシだ、最上ッャゥだ。¶ 그 일에는 그 사람이 ~ その仕事とには彼ェが一番だ。④ 그만이다

**고만-하다** 形어 ①まあまあだ、そこそこだ。¶ 생활은 그저 ~ 暮らしはまあまあだ。②それくらいだ、その程度だ。¶ 상처가 고만하길 다행이다 傷ネネがそれくらいでよかった。④ 그만하다

**-고말고** 語尾《相手ィテの質問ッッに肯定コッテイしたり自分ッの意志ジを強調キッョッする終結語尾》…ますとも、…だとも。¶ 아, 좋~ ああ、いいとも。/ 그야 가~요 そりゃ行ィきますとも。

**고맘-때** 图 その頃、ちょうどその時。¶ 어제 ~ 昨日のそのころ。圖 그맘때

**고:맙다** 形回 有り難い、ありがとう、感謝する。¶ 고마우신 말씀 有難いお言葉/ 여러 가지로 고맙습니다 いろいろとありがとうございます。

**고매**〔高邁〕图하形 高邁。¶ ~한 인격 高邁な人格。

**고명** 图 (料理の上に添える)薬味をかねた飾り物。

**고명-딸** 图 息子の多い家の一人娘。

**고명**〔高名〕图 高名。¶ ~한 작가 高名な作家。

**고모**〔姑母〕图 父の姉妹、おば。

**고모-부**〔-夫〕图 父の姉妹の夫、おじ。

**고:목**〔古木〕图 古木、老木、老樹。

**고목**〔枯木〕图 枯れ木。

**고무**〔鼓舞〕图하他 鼓舞。¶ 사기를 ~하다 士気を鼓舞する。

**고무**〔프 gomme〕图 ゴム。¶ ~공 ゴムまり/~ 밴드 ゴム輪/생~ 生なゴム。

**고무-나무** 图植 ゴムの木。

**고무-신** 图 ゴム靴。

**고무-장갑**〔-掌匣〕图 ゴム手袋。

**고무 장화**〔-長靴〕图 ゴム長。

**고무-줄** 图 ゴム紐。¶ ~이 늘어나다 ゴム紐が緩む。

**고무-지우개** 图 ゴム消し、消しゴム。

**고무-풍선**〔-風船〕图 ゴム風船。

**고무락-거리다** 自他 体をもぞもぞとしきりに動かす。¶ 발가락을 ~ 足指をもぞもぞと動かす。郞 꼬무락거리다

**고무락-고무락** 副하自他 もぞもぞ。¶ 벌레가 ~ 움직이다 虫がもぞもぞと動く。

**고무래** 图 えぶり、さらい。

**고:문**〔古文〕图 古文。

**고문**〔拷問〕图하他 拷問。¶ 심한 ~ ひどい拷問/~ 받다 拷問を受ける。

**고문 치:사**〔-致死〕图하他 拷問致死、拷問して人を死なせること。

**고문**〔顧問〕图 顧問。¶ ~ 변호사 顧問弁護士。

**고문-관**〔-官〕图 顧問官。¶ 군사 ~ 軍事顧問官。

**고물**¹ 图 とも、船尾。

**고물**² 图 (餅などの)まぶし粉。¶ 콩~을 묻힌 떡 きな粉をまぶす。

**고:물**〔古物〕图 古物もの、ぼろ。

**고:물-상**〔-商〕图 古物商、古物屋。

**고:물-차**〔-車〕图 ぼろ車、ぽんこつ車。

**고물-거리다** 自 (体を)もぞもぞする、ぐずぐずする。郞 꼬물거리다

**고물-고물** 副하自 もぞもぞ、ぐずぐず。

**고미** 图建 塗り天井。

**고미-다락** 图建 屋根裏の部屋。

**고민**〔苦悶〕图하自 苦悶、悩み、煩い。¶ ~하는 표정 苦悶の表情/ 성적 부진으로 ~하다 成績不振に悩む。

**고:발**〔告發〕图하他自 告発。¶ ~장 告発状/ 기업의 내부 ~ 企業の内部告発。

**고:발-인**〔-人〕图法 告発人、告発者。

**고:발-장**〔-狀〕图法 告発状。

**고배**〔苦杯〕图 苦杯。
  [관용] **고배를 들다**〔마시다〕苦杯を嘗める。¶ 낙선의 ~ 落選の苦杯をなめる。

**고:백**〔告白〕图하他 告白。¶ ~ 문학 告白文学/ 죄를 ~하다 罪を告白する。

**고:백-록**〔-錄〕图 告白録。

**고:백 성:사**〔-聖事〕图가 ゆるしの秘跡。

**고법**〔高法〕图 (「고등 법원」의 縮約形) 高裁。

**고:별**〔告別〕图하他 告別。¶ ~식 告別式/ 친구에게 ~하다 友達に別れを告げる。

**고:별-사**〔-辭〕图 告別の辞。

**고:본**〔古本〕图 古本。

**고봉**〔高峰〕图 高峰、たかね。

**고봉 준:령**〔-峻嶺〕图 高峰峻嶺。

**고봉**〔高捧〕图 山盛り、大盛り。¶ ~ 밥을 ~으로 담다 めしを山盛りにする。

**고봉-밥** 图 山盛りによそったご飯。

**고부**〔姑婦〕图 嫁と姑。

**고부-간**〔-間〕图 姑と嫁の間柄。¶ ~에 의가 좋다 姑と嫁の仲がよい。

**고부라-지다** 自 曲がる、折れ曲がる。¶ 고부라진 길 曲がった道。圖 구부러지다

**고부랑-하다** 形어 やや曲がっている。圖 구부렁하다 郞 꼬부랑하다

**고부랑-고부랑** 副하形 くねくね、うねうね。¶ ~한 산길 くねくね曲がった山道。

**고부리다** 他 (内側に)曲げる。¶ 몸을 ~ 体を折り曲げる。

**고부장-하다** 形어 ① やや曲がっている。② (心が) ややひねくれている、いじけている。圖 구부정하다 郞 꼬부장하다

**고부장-고부장** 副하形 《曲がっているさま》くねくね。

**고:분**〔古墳〕图 古墳。¶ ~을 발굴하다 古墳を発掘する。

**고분-고분** 副하形 素直に、従順に、おとなしく。¶ ~한 태도 従順な態度/ 말을 ~ 잘 듣는다 いいつけを素直によくきく。

**고-분자**〔高分子〕图 高分子。¶ ~ 화학 高分子化学。

**고분자 화:합물**〔-化合物〕图化 高分子化合物。

**고불-고불** 副하自形 《曲がりくねったさま》くねくね、うねうね。

**고불탕-하다** 形어 ゆるやかに曲がっている。圖 구불탕하다 郞 꼬불탕하다

**고비**¹ 图植 ゼンマイ。¶ ~ 나물 ゼンマイのナムル。

**고비**² 图 (ものごとの)峠、やま、さかり、絶頂。¶ 추위도 지금이 ~다 寒さも今が峠だ。/ 병이 ~를 넘기다 病気が峠を越える。

**고빗-사위** 图 瀬戸ぎわ、土壇場。¶ 생

**고삐**

사의 ~에 서다 生死の瀬戸ぎわに立つ。

**고삐** 名 風邪な、感冒かん。¶ ~이 들다 風邪をひく。㊀ 감기(感氣)

**고삐** 名 手綱な。¶ ~를 당기다 手綱を引く。
〔관용〕**고삐 놓은 말** 手綱を外された馬な。《自由な身になったこと》 **고삐를 늦추다** 手綱をゆるめる、注意ちゅう・見張みはりをゆるめる。

**고:사**〔古史〕 名 古史こ。

**고:사**〔考查〕 名 ⦗하他⦘ 考査こう、試験しけん。¶ 기말~ 期末きまつ考査。

**고:사**〔告祀〕 名 ⦗하自⦘ 災厄さいやくを除のぞき幸運こううんをもたらす祭祀さいし。
**고사-지내다** 他 祈願きがんの祭祀さいしを行おこなう。

**고사**〔固辭〕 名 ⦗하他⦘ 固辞こじ。¶ 출마 권유를 ~하다 出馬しゅつばの勧すすめを固辞する。

**고사**〔枯死〕 名 ⦗하自⦘ 枯死こし。¶ 노목이 ~하다 老木ろうぼくが枯死する。

**고:사**〔古事・故事〕 名 故事こじ。¶ ~ 성어 故事成語せいご。

**고:사 내력**〔-來歷〕 名 故事来歴らいれき。

**고사**〔高射〕 名 高射こうしゃ。¶ ~포 高射砲ほう。

**고사리** 名 〔植〕 ワラビ。¶ ~를 꺾다 ワラビを摘つむ。/ ~ 같은 손 ワラビのような手て。(幼児ようじのかわいい手の形容けいよう)

**고사-하고**〔姑捨-〕 副 …おろか、…さておき、…ともかく。¶ 이익은 ~ 현상 유지나 되었으면 좋겠는데 利益りえきはさておき現状維持いじでもできればいいんだが。

**고산**〔高山〕 名 高山こうざん。¶ ~ 기후 高山気候きこう/ ~ 식물 高山植物しょくぶつ。

**고산-대**〔-帶〕 名 高山帯たい。

**고산-병**〔-病〕 名 高山病びょう。

**고상**〔高尙〕 名 ⦗하形⦘ 高尚こうしょう、上品じょうひん。¶ ~한 취미 高尚な趣味しゅみ。

**고살** 名 ①村の路地ろじ。②狭せまい谷間たにま。

**고살-길** 名 村の路地。

**고-새**(「고사이」の縮約形) その間ま・だ、その後あと。¶ ~가 버렸다 その間あいだに行いってしまった。㊁ 그새

**고:색**〔古色〕 名 古色こしょく。

**고:색 창연**〔-蒼然〕 名 ⦗하形⦘ 古色蒼然そうぜん。¶ ~한 건물 古色蒼然たる建物たてもの。

**고생**〔苦生〕 名 ⦗하自⦘ ①苦労くろう、骨折ほねおり、苦くるしみ、難儀なんぎ。¶ 갖은 ~을 다 겪다 ありとあらゆる苦労をなめる。②貧苦ひんく、貧まずしくて生活せいかつが苦くるしいこと。

〔속담〕**고생 끝에 낙이 있다** 苦労の末すえに楽がある。㊀「苦くるしあれば楽らくあり」

**고생-고생** 副 いろいろと苦労を重かさねつつ。¶ ~하며 살아 왔다 いろいろと苦労を重ねつつ暮らしてきた。

**고생-길**〔辛苦〕 名 苦しい生活せいかつ、いばらの道みち。¶ ~에 들어서다 いばらの道へ入はいる。

**고생-문**〔-門〕 名 苦労すべき運命うんめい、いばらの道。¶ ~이 훤하다 いばらの道がはっきり見みえる。

**고생-스럽다** 形ㅂ 苦しい、つらい、骨ほねが折おれる。**고생-스레** 副 苦しく、つらく。

**고:-생대**〔古生代〕 名 古生代こせいだい。

**고:-생물**〔古生物〕 名 古生物せいぶつ。

**고:서**〔古書〕 名 古書こしょ、古本ふるほん。

**-고서** 語尾 〔動詞の語幹につく接続語尾〕…してから、…して。¶ 밥이나 먹~ 합시다 飯めしでも食たべてからしましょう。

**고:-서적**〔古書籍〕 名 古書こしょ、古ふるい書籍しょせき。

**고:-서화**〔古書畵〕 名 古ふるい書画しょが。

**고:성**〔古城〕 名 古城こじょう。

**고성**〔高聲〕 名 高声こうせい。¶ ~ 방가 高声放歌ほうか。

**고-성능**〔高性能〕 名 高性能せいのう。¶ ~ 폭탄 高性能爆弾ばくだん。

**고:소**〔告訴〕 名 ⦗하他⦘⦗되自⦘〔法〕告訴こくそ。¶ ~를 취하하다 告訴を取とり下さげる。
**고:소-인**〔-人〕 名 告訴人にん。
**고:소-장**〔-狀〕 名 〔法〕告訴状じょう。

**고소**〔苦笑〕 名 ⦗하自⦘ 苦笑くしょう、苦笑にがわらい。¶ ~를 금할 수 없다 苦笑いを禁きんじえない。

**고소**〔高所〕 名 高所こうしょ、高たかいところ。

**고소공포증**〔-恐怖症〕 名 〔醫〕高所恐怖症きょうふしょう。

**고-소득**〔高所得〕 名 高所得しょとく。

**고소-하다** 形여 ①(いり胡麻ごまの味あじや香かおりのように)香こうばしい。¶ 고소한 냄새 香ばしいにおい。②〔俗〕いい気味きみだ、小気味こきみよい。¶ 그 녀석이 얻어 맞았다니 ~ あいつが殴なぐられたとはいい気味だ。

**고속**〔高速〕 名 高速こうそく。¶ ~ 버스 高速バス。
**고속 도:로**〔-道路〕 名 高速道路どうろ。
**고속 철도**〔-鐵道〕 名 高速鉄道てつどう。

**고-속도**〔高速度〕 名 高速度そくど。
**고속도 촬영**〔-撮影〕 名 高速度撮影さつえい。

**고수**〔固守〕 名 ⦗하他⦘ 固守こしゅ。¶ 진지를 ~하다 陣地じんちを固守する。

**고수**〔高手〕 名 高段こうだん、高段者こうだんしゃ。¶ 무예의 ~ 武芸ぶげいの高段者。

**고수**〔鼓手〕 名 鼓手こしゅ。

**고수레** 名 (巫女みこが厄払やくばらいをするとき、または野外やがいで食事しょくじするとき)食たべ物ものを少すこしちぎって撒まきながら唱となえる言葉ことば、またその動作どうさ。

**고수-머리** 名 縮ちぢれ毛げ、縮れ毛の人ひと。

**고수-부지**〔高水敷地〕 名 河川敷かせんしき。

**고스란-하다** 形여 そっくりそのままだ、手てつかずのままだ。**고스란-히** 副 そっくりそのまま、手つかずのままに、余あますところなく。¶ 월급을 ~ 아내에게 건네다 給料きゅうりょうをそっくりそのまま妻つまに渡わたす。

**고슬-고슬** 副⦗하形⦘(ご飯はんがちょうどよい具合あいに炊たけているさま)ふんわり、ふっくら。¶ ~한 밥 ふっくらと炊いたご飯。㊁ 구슬구슬

**고슴도치** 名 〔動〕ハリネズミ。

**고습**〔高濕〕 名 ⦗하形⦘ 高湿こうしつ、多湿たしつ。¶ 고온 ~ 高温こうおん高湿。

**고승**〔高僧〕 名 〔佛〕高僧こうそう。

**고:시**〔考試〕 名 ⦗하他⦘ 考試こうし、国家試験こっかしけん。

**고:시**〔告示〕 名 ⦗하他⦘⦗되自⦘ 告示こくじ。¶ ~ 가격 告示価格かかく。

**고시**〔高試〕 名 「고등 고시」の縮約形。

**고시랑-거리다** 〖자〗 小言(こごと)を繰(く)り返(かえ)す、ぶつぶつ言(い)う。 〖큰〗 구시렁거리다
  **고시랑-고시랑** 〖부〗〖하자〗 がみがみ、ぶつぶつ。 ¶ ~ 잔소리를 하다 がみがみと小言を言う。
**고식**〖姑息〗〖명〗姑息(こそく)。 ¶ ~책 姑息策(さく)。
  **고식-적**〖-的〗〖관〗姑息的(てき)。 ¶ ~인 수단을 쓰다 姑息な手段(しゅだん)を使(つか)う。
**고심**〖苦心〗〖명〗〖하자〗苦(くる)しむ、腐心(ふしん)。 ¶ 식량 문제로 ~하다 食料(しょくりょう)問題(もんだい)で苦心する。 / ~한 흔적이 보이다 苦心の跡(あと)が見(み)える。
  **고심 참담**〖-惨憺〗〖명〗〖하자〗苦心惨憺(さんたん)。
**고:아**〖古雅〗〖명〗〖형〗古雅(こが)。 ¶ ~한 정취 古雅の趣(おもむき)。
**고아**〖孤児〗〖명〗孤児(こじ)、みなしご。 ¶ 천애 ~ 天涯(てんがい)の孤児/ ~가 되다 みなしごになる。
  **고아-원**〖-院〗〖명〗孤児院(いん)。
**고아**〖高雅〗〖명〗〖하자〗高雅(こうが)。 ¶ ~한 인품 高雅な人品(じんぴん)。
**고안**〖考案〗〖명〗〖하타〗〖되자〗考案(こうあん)。 ¶ 새로운 방법을 ~하다 新(あたら)しい方法(ほうほう)を考案する。
**고압**〖高圧〗〖명〗高圧(こうあつ)。 ¶ ~ 가스 高圧ガス/ ~ 전류 高圧の電流(でんりゅう)。
  **고압-계**〖-計〗〖명〗高圧計(けい)。
  **고압-선**〖-線〗〖명〗〖전〗高圧線(せん)。
  **고압-적**〖-的〗〖관〗高圧的(てき)。 ¶ ~인 태도로 나오다 高圧的な態度(たいど)にでる。
**고액**〖高額〗〖명〗高額(こうがく)。 ¶ ~ 납세자 高額納税者(のうぜいしゃ)。
  **고액-권**〖-券〗〖명〗高額紙幣(しへい)。
**-고야**〖어미〗(〖意〗を強調(きょうちょう)する連結語尾(ごび)) ①…でしてどうして、…したので。 ¶ 그렇게 놀기만 하~ 어떻게 하지? そんなに遊(あそ)んでばかりしてどうするつもり。 ②(「~말다」の形(かたち)で完了(かんりょう)を表(あらわ)す) ¶ 끝내 지~ 말았다 ついに負(ま)けてしまった。 ③(「~말겠다」の形で決意(けつい)を表わす) …してみせる。 ¶ 꼭 이기~ 말겠다 必(かなら)ず勝(か)ってみせる。
**고약**〖膏藥〗〖명〗膏薬(こうやく)、ねり薬(ぐすり)。 ¶ 종기에 ~을 붙이다 腫(は)れ物(もの)に膏薬を貼(は)る。
**고:약-스럽다** 〖형〗〖ㅂ〗 非常(ひじょう)に悪(わる)い、不快(ふかい)だ、醜(みにく)い、めんどうだ。
**고:약-하다** 〖형〗〖여〗①(味(あじ)・においなどが)悪(わる)い、不快(ふかい)だ。 ¶ 고약한 냄새가 난다 いやなにおいがする。 ②(性質(せいしつ)・言動(げんどう)などが)悪い、ふとどきだ、気難(きむずか)しい。 ¶ 고약한 버릇 悪い癖(くせ)。 ③(仕事(しごと)などが)厄介(やっかい)だ、わずらわしい、めんどうだ。 ¶ 고약한 일을 맡다 厄介な仕事を引(ひ)き受(う)ける。 ④(天候(てんこう)が)悪(わる)い、不順(ふじゅん)だ。 ¶ 날씨가 고약해서 감기들기 쉽겠다 天候が不順で風邪(かぜ)を引(ひ)きやすい。 ⑤(容貌(ようぼう)・人相(にんそう)などが)醜(みにく)い、険(けわ)しい。 ¶ 고약한 눈매 険しい目付(めつ)き。
**고안**〖관〗(「고약한」の縮約形(しゅくやくけい))ふとどきな、汚(きたな)い、けしからん。 ¶ ~놈 けしからんやつ。
**고양**〖高揚〗〖명〗〖하타〗〖되자〗高揚(こうよう)。 ¶ 사기를 ~하다 士気(しき)を高揚する。
**고양이** 〖명〗〖동〗猫(ねこ)。 ¶ 도둑 ~ 野良(のら)猫。

〖속담〗 고양이 낯짝만 하다 猫の顔(かお)ぐらいだ。《猫の額(ひたい)》 고양이 목에 방울 달기 猫の首(くび)に鈴(すず)をつけること。《なかなか出来(でき)そうもないことをいつまでも論(ろん)ずること》 고양이 보고 반찬 가게 지키라고 한다 猫に総菜屋(そうざいや)の番(ばん)をしろという。《猫に鰹節(かつおぶし)》 고양이 앞에 쥐 猫の前(まえ)のネズミ。《ヘビににらまれたカエル》 고양이 쥐 생각하듯 猫のネズミを思(おも)いやるごとく。《内心(ないしん)の悪意(あくい)を隠(かく)して表面(めん)はさも同情(どうじょう)しているようにふるまうこと》
**고:어**〖古語〗〖명〗古語(こご)。
**고언**〖苦言〗〖명〗苦言(くげん)。 ¶ ~을 드리다 苦言を呈(てい)する。
**고역**〖苦役〗〖명〗苦役(くえき)、苦(くる)しい仕事(しごと)。 ¶ ~에 시달리다 苦役にさいなまれる。
  〖관용〗 고역을 치르다 ①苦役に服(ふく)する。 ②さんざんな目(め)にあう。
**고열**〖高熱〗〖명〗高熱(こうねつ)。 ¶ ~을 내다 高熱を発(はっ)する。
**고엽**〖枯葉〗〖명〗枯(か)れ葉(は)。 ¶ ~제 枯れ葉剤(ざい)。
**고옥**〖古屋〗〖명〗古(ふる)い家(いえ)。
**고온**〖高温〗〖명〗高温(こうおん)。 ¶ ~ 다습한 기후 高温多湿(たしつ)な気候(きこう)。
**고요** 〖명〗①静(しず)けさ、静寂(せいじゃく)。 ¶ 폭풍 전의 아무런 前(まえ)의 静(しず)き/ 밤의 ~를 깨다 夜(よる)の静寂を破(やぶ)る。 ②〖기〗風力(ふうりょく)階級(かいきゅう)のゼロ級(きゅう)に当(あ)たる風(かぜ)、静穏(せいおん)。
  **고요-하다** 〖형〗①(ひっそりと)静(しず)かだ、穏(おだ)やかだ。 ¶ 고요한 산촌 静かな山里(やまざと)。 ②平和(へいわ)だ、安(やす)らかだ。 ¶ 고요한 가정 平和な家庭(かてい)。 **고요-히** 〖부〗静かに。
**고욤** 〖명〗〖식〗マメガキ。
**고용**〖雇用〗〖명〗〖하타〗〖되자〗雇用(こよう)、人(ひと)を雇(やと)うこと。 ¶ 노무자를 ~하다 労務者(ろうむしゃ)を雇う。
  **고용-인**〖-人〗〖명〗雇用者(しゃ)、使用者(しようしゃ)。
  **고용-주**〖-主〗〖명〗雇用主(しゅ)、雇(やと)い主(ぬし)。
**고용**〖雇傭〗〖명〗雇傭(こよう)、人に雇(やと)われること。 ¶ ~ 계약 雇傭契約(けいやく)。
  **고용-살이** 〖명〗〖하자〗①しもべ暮(ぐ)らし。 ②雇(やと)われ生活(せいかつ)。
  **고용-인**〖-人〗〖명〗雇傭者(しゃ)、雇(やと)い人(にん)、使用人(しょう)。
**고:운때** 〖명〗うっすらとついている汚(よご)れ、少(すこ)し付(つ)いた垢(あか)。 ¶ ~가 묻다 少しばかり手垢(てあか)が付(つ)く。
**고원**〖高原〗〖명〗〖지〗高原(こうげん)。 ¶ ~ 지대 高原地帯(ちたい)。
**고위**〖高位〗〖명〗高位(こうい)。 ¶ ~ 고관 高位高官(こうかん)。
  **고위-층**〖-層〗〖명〗高位階層(かいそう)、地位(ちい)の高(たか)い人(ひと)たち。
**고유**〖固有〗〖명〗〖하자〗固有(こゆう)。 ¶ ~한 성질 固有の性質(せいしつ)/ 민족 ~의 신앙 民族(みんぞく)固有の信仰(しんこう)。
  **고유 명사**〖-名詞〗〖명〗〖문법〗固有名詞(めいし)。
  **고유 문화**〖-文化〗〖명〗固有文化(ぶんか)。
  **고유-성**〖-性〗〖명〗固有性(せい)。
  **고유-어**〖-語〗〖명〗〖언〗固有語(ご)。

**고육**[苦肉] 图 苦肉にく。¶ ~지책 苦肉の策さく。

**고율**[高率] 图 高率こうりつ。¶ ~의 이율 高率の利回まわり。

**고을** 图 ①(行政ぎょう区域上くいきじょうの)郡ぐんにあたる地域いき。¶ 우리 ~ 사람 我わが郡ぐんの人ひと。 ② 【史】朝鮮ちょうせん時代じだいの州しゅう・府ふ・郡ぐん・県けんなどの総称そうしょう。 ③(むかし)郡役所ぐんやくしょの所在地しょざいち。

**고을-고을** 图 ①いくつかの郡、各郡かくぐん。 ②《副詞的に》郡ごとに。

**고음**[高音] 图 高音おん。¶ ~을 내다 高音を発はっする。

**고음부기호**[-部記號] 图[音] 高音部記号きごう、ト音おん記号。㊉ 높은음자리표

**고:의**[故意] 图 故意こい。 ㉠ 미필적 ~ 未必みひつの故意/ 결코 ~는 아니다 決けっして故意ではない。 ㉣ 과실(過失)

**고:의-로** 副 故意に、わざと。¶ ~ 져 주다 わざと負まけてやる。㊉ 일부러

**고:의-범**[-犯] 图[法] 故意犯はん。

**고:이** 副 ①きれいに、美うつくしく。¶ ~ 단장하다 きれいによそおう。 ②大事だいじに、大切たいせつに。¶ ~ 간직하다 大事にしまっておく。 ③そっくりそのまま、無事ぶじに。¶ ~ 돌려 드리다 そっくりそのまま返かえしてあげる。 ④安やすらかに、静しずかに。¶ 친구여, ~ 잠들라 友よ、安らかに眠ねむれ。

**고:이-고이** 副「고이」の強調語ごう。

**고:인**[故人] 图 故人こじん。¶ ~의 명복을 빌다 故人の冥福めいふくを祈いのる。

**고인-돌** 图[史] ドルメン。㊉ 지석(支石)

**고:자**[告者] 图 告つげ口ぐちする人ひと。

**고:자-질** 图[하自他] 告げ口すること、言いいつけること。¶ 선생님께 ~하다 先生せんせいに告げ口する。

**고자**[鼓子] 图 生殖器せいしょくきの不完全ふかんぜんな男おとこ、宦官かんがん。

**-고자** 語尾《望のぞみ・目的もくてきを表わす接続語尾》…しようと、…したいと。¶ 가~ 한다 行こうとする。/ 더 있~ 하나 시간이 없다 もっといたいと思おもうが時間じかんがない。

**고-자세**[高姿勢] 图 高姿勢こうしせい、高飛車たかびしゃ。¶ ~로 나오다 高飛車に出でる。

**고작** 副 ①せいぜい、たかだか、やっと、たかが。¶ ~ 천 원 정도이다 せいぜい千セン ウォンくらいだ。 / ~ 한다는 소리가 그 정도인가? やっとその程度ていどしか言いえないのか。 ②《名詞的に》すべて、精一杯せいいっぱいであること、全部ぜんぶ。¶ 자기 혼자 먹고 사는 게 ~이다 自分じぶんひとり食たべていくのが精一杯だ。

**고장** 图 ①(人々ひとびとが集あつまって住すんでいる)一定いっていの地方ちほう、地元じもと。¶ 낯선 ~ 不慣ふなれな地方。 ②ふるさと、故郷こきょう。¶ 내 ~ 사람들 わたしのふるさとの人々。 ③(物ものの)産地さんち、本場ほんば。¶ 사과의 ~ りんごの産地。

**고:장**[故障] 图 故障こしょう。 브레이크 ~ ブレーキの故障/ ~난 자동차 故障した車くるま。

**고쟁이** 图 股またの下したが広ひろいズボン様ようの女おんなの下着したの一種いっしゅ。

**고저**[高低] 图 高低こうてい。¶ 토지의 ~ 土地とちの高低。

**고저 장단**[-長短] 图 高低長短ちょうたん。

**고:적**[古蹟・古跡] 图 古跡こせき、旧跡きゅうせき。¶ 명승 ~ 名所めいしょ旧跡。

**고적**[孤寂] 图[하形] 孤独こどくで寂しいこと。¶ ~한 생활 孤独で寂しい暮くらし。

**고적-대**[鼓笛隊] 图 鼓笛隊こてきたい。

**고:전**[古典] 图 古典こてん。¶ 동서의 ~ 東西とうざいの古典/ ~ 연구 古典の研究けんきゅう。

**고:전-미**[-美] 图 古典美び。

**고:전 음악**[-音樂] 图 古典音楽おんがく。

**고:전-적**[-的] 冠 古典的てき。¶ ~인 수법 を쓴다 古典的な手法しゅほうを用もちいる。

**고:전-주의**[-主義] 图 古典主義しゅぎ。

**고전**[苦戰] 图[하自] 苦戦くせん、苦闘くとう。¶ ~ 끝에 이기다 苦戦のすえに勝かつ。

**고정**[固定] 图[하自他][回自] 固定こてい。¶ ~ 자산 固定資産しさん/ ~된 독자층 固定した読者層どくしゃそう。

**고정 관념**[-觀念] 图 固定観念かんねん。¶ ~에 사로잡히다 固定観念にとらわれる。

**고정-급**[-給] 图 固定給きゅう。

**고정-비**[-費] 图[經] 固定費ひ。

**고정 자본**[-資本] 图[經] 固定資本ほん。

**고정-적**[-的] 冠 固定的てき。¶ ~인 수입 固定的な収入しゅうにゅう。

**고정-하다** 自他《「고정하시다」の形で》目上うえの人ひとが興奮こうふんや怒いかりを静しずめること。¶ 이제 그만 ~하십시오 まあまあここいらでどうぞお気きを取とりなおしてください。

**고정 환율제**[-換率制] 图[經] 固定為替かわせ相場制そうばせい。

**고조**[高祖] 图 高祖そ。①祖父そふの祖父母そふぼ。 ②「고조부」の縮約形しゅくやくけい。

**고조**[高調] 图[하自他][回自] 高調こうちょう。¶ ~된 분위기 高調した雰囲気ふんいき/ 사기를 ~시키다 士気しきを高こうめる。

**고조**[高潮] 图 高潮こうちょう。¶ 감정이 ~에 달하다 感情かんじょうが高潮に達たっする。

**고-조모**[高祖母] 图 高祖母ぼ、祖父そふの祖母そぼ。

**고-조부**[高祖父] 图 高祖父ふ、祖父そふの祖父そふ。

**고졸**[高卒] 图《「고등학교 졸업」の縮約形》高卒こうそつ。¶ ~자 高卒者しゃ。

**고종**[姑從] 图「고종 사촌」の縮約形。

**고종 사:촌**[-四寸] 图 父ちちの姉妹しまいの子こ、いとこ。

**고주**[苦酒] 图 ①きつい酒さけ。 ②粗酒そしゅ。

**고주-망태** 图 へべれけ、酔よいどれ。¶ ~가 되도록 마시다 へべれけになるまで飲のむ。

**고주알-미주알** 副 根ねほり葉はほり、何なにから何まで、こまごまと。¶ ~ 캐어 묻다 ねほりはほり聞ききただす。

**고-주파**[高周波] 图[物] 高周波しゅうは。¶ ~ 전류 高周波電流でんりゅう。

**고즈넉-하다** 形[여] ①ひっそりとして寂さびしい、黙だまりこくっている。¶ 고즈넉한 정적이 흐르다 うらさびしい静しずけさが漂ただよう。 ②静

**고증**〖考證〗图㊅㊋ 考証こうしょう。¶ 문헌 ~ 文献ぶんけん考証。

**고증-학**〖-學〗图 考証学がく。

**고지**¹ 图 (かぼちゃ·なすなどの)切きり干ほし。

**고지**² 图 こうじ·みそこうじなどを入いれて固かためるための木型ぎがた。

**고지**³ 图 田植たうえから草取くさとりを終おえるまでの農作業のうさぎょうを請うけ負おうとき前払まえばらいでもらう賃金ちんきん、またその仕事しごと。
 [관용] **고지(를) 먹다**「고지³」の賃金を前払いしてもらう。

**고지-논** 图「고지³」の賃金を前払いしてもらって耕たがされる田た。

**고:지**〖告知〗图㊅㊋ 告知こくち。¶ 수태 ~ 受胎じゅたい告知/ 납세 기일을 ~ 하다 納税のうぜい期日きじつを告知する。
 **고지-서**〖-書〗图 告知書しょ。

**고지**〖高地〗图 ①高地ちゅうち。¶ ~ 를 점령하다 高地こうちを占領せんりょうする。 ②(達成たっせいすべき)目標もくひょう。¶ 100억불 수출의 ~ 100億おくドル輸出しゅつの目標。

**고-지대**〖高地帶〗图 高地帯こうちたい、高台たかだい。

**고지식-하다** 图 生きまじめだ、くそまじめだ。¶ 고지식한 사람 生まじめな人。

**고진-감래**〖苦盡甘來〗图 苦くるしみが尽つきれば喜よろこびが訪おとずれること、苦くあれば楽らくあり。

**고질-감래**〖痼疾〗图 痼疾こしつ。①持病じびょう。¶ 오랜 ~ 에 시달리다 年々ねんねんの痼疾に悩まされる。 ②長ながく続つづいてなかなか直なおらない悪わるい癖くせ。¶ ~ 이 된 주벽 痼疾となった酒癖さけぐせ。

**고집**〖固執〗图㊅㊋ 固執こしつ・しゅう、我が、意地いじ。¶ ~ 이 세다 我が強い。
 [관용] **고집을 세우다** 我を張はる。

**고집-불통**〖-不通〗图 頑固がんこ一徹いってつで融通ゆうずうのないこと、¶ ~ 인 영감 頑固一徹なおやじ。

**고집-스럽다** 图ㅂ 意地っ張はりだ、強情ごうじょっ張りだ、頑固がんこだ。

**고집-쟁이** 图 意地っ張り、強情っぱり。

**고차**〖高次〗图⓪ 高次こうじ。¶ ~ 방정식 方程式ほうていしき。
 **고차 언어**〖-言語〗图〔言〕高次言語げんご、メタ言語。

**고-차원**〖高次元〗图 高次元こうじげん。¶ ~ 적인 문제 高次元の問題もんだい。

**고착**〖固着〗图㊅㊋㊌ 固着こちゃく。¶ ~ 생활 固着生活せいかつ/ 접착제로 ~ 하다 接着剤せっちゃくざいで固着する。
 **고착 관념**〖-觀念〗图〔心〕固着観念かんねん。
 **고착-제**〖-劑〗图㊌ 固着剤ざい。

**고:찰**〖古刹〗图 古刹こさつ、古寺こじ。

**고찰**〖考察〗图㊅㊋㊌ 考察こうさつ。¶ 원인을 ~ 하다 原因げんいんを考察する。

**고:참**〖古參〗图 古参こさん、古株ふるかぶ、古顔ふるがお。¶ ~ 사원 古参社員しゃいん/ ~ 이 되다 古株になる。

---

**고:참-병**〖-兵〗图 古参兵へい。

**고:철**〖古鐵〗图 古鉄ふるてつ、屑鉄くずてつ。¶ ~ 상 屑鉄屋や。

**고체**〖固體〗图 固体こたい。¶ 연료 固体こたい燃料ねんりょう。

**고체-화**〖-化〗图㊅㊋㊌ 固体化か。

**고초**〖苦楚〗图 苦楚くそ、辛苦しんく、苦難なん。¶ 갖은 ~ 을 겪다 さまざまな苦難を経へる。

**고추** 图 トウガラシ。⊕ 당초(唐椒)
 [속담] **고추는 작아도 맵다** トウガラシは小ちいさくても辛からい。《さんしょうは小粒こつぶでぴりりと辛い》
 **고추-장**〖-醬〗图 トウガラシみそ(トウガラシの粉こなと塩しおを加くわえ発酵はっこうさせたみそ)。
 **고추-가루** 图 トウガラシの粉こな。

**고추-냉이** 图〔植〕ワサビ。

**고추-잠자리** 图〔動〕赤あかトンボ。

**고충**〖苦衷〗图 苦衷くちゅう。¶ ~ 을 털어놓다 苦衷を打うち明あける。

**고취**〖鼓吹〗图㊅㊋㊌ 鼓吹こすい。¶ 사기를 ~ 하다 士気しきを鼓吹する。

**고층**〖高層〗图 高層こうそう。¶ ~ 빌딩 高層ビル。
 **고층 기류**〖-氣流〗图 高層気流きりゅう。
 **고층-운**〖-雲〗图 高層雲うん。

**고치** 图 繭まゆ。¶ ~ 에서 실을 뽑다 繭まゆから糸いとを繰くる。

**고치다** 他 ①直なおす、繕つくろう、修理しゅうりする、修繕しゅうぜんする。¶ 시계를 ~ 時計どけいを直す。 ②(病気びょうきを)治なおす、治療ちりょうする。¶ 위장병을 ~ 胃腸病いちょうびょうを治す。 ③(心持こころもち・間違まちがったことを)直す、改あらためる、正ただす。¶ 버릇을 ~ 癖くせを直す。/ 잘못을 ~ 誤あやまりを正す。 ④変かえる、変更へんこうする。¶ 이름을 ~ 名前なまえを変える。 ⑤もとのようにする、正ただす、直す。¶ 앉음새를 ~ 居ずまいを正す。/ 복장을 ~ 服装ふくそうを直す。 ⑥(形式けいしきなどを)変かえる、訳やくす、換算かんさんする、直す。¶ 일본어를 한국어로 ~ 日本語にほんごを韓国語かんこくごに訳す。

**고:택**〖古宅〗图 古屋ふるや、古ふるくなった家いえ。

**고통**〖苦痛〗图 苦痛くつう、苦くるしみ、苦労くろう。¶ ~ 을 견디다 苦痛に耐たえる。/ 온갖 ~ 을 다 겪다 ありとあらゆる苦労を経験けいけんする。
 **고통-스럽다** 图ㅂ 苦くるしい、辛つらい。¶ 목이 아파서 ~ のどが痛いたくて苦しい。

**고투**〖苦鬪〗图㊅㊋ 苦闘くとう、苦戦せん。¶ 악전 ~ 하다 悪戦あくせん苦闘する。

**고:풍**〖古風〗图 古風こふう。¶ ~ 이 남아 있다 古風なところが残のこっている。
 **고:풍-스럽다** 图ㅂ 古ふるめかしい、古風である。¶ 고풍스러운 사찰 古めかしい寺てら。

**고프다** 图 (腹はらが)減へっている、ひもじい、空腹くうふくだ。¶ 배가 몹시 ~ 腹がぺこぺこだ。

**고하**〖高下〗图 高下げ。¶ 지위의 ~ 를 막론하고 地位ちいの上下じょうげを問とわず。
 **고하-간에**〖-間-〗副 (値段ねだんの)高下にかかわらず。¶ 값은 ~ 사 놓고 보자 値段にかかわらず買かっておこう。

고하다

고:하다[告-] 他여 ①申しあげる。¶ 아버님께 사실대로 ~ お父さまにありのままを申しあげる。 ②告げる、知らせる。¶ 작별을 ~ 別れを告げる。/ 종말을 ~ 終末を告げる。 ③告っげ口する、言いつける。¶ 잘못을 고해 바치다 過ちを告げ口する。

고학[苦學] 名하自 苦学する。¶ ~으로 대학을 졸업하다 苦学して大学を卒業する。

고학-생[-生] 名 苦学生。

고-학년[高學年] 名 高学年。

고함[高喊] 名 大きな叫び声、大声。¶ ~소리 叫び声。

고함-지르다 自 大声で叫ぶ、わめく。

고함-치다 自 怒鳴る。¶ 아무리 고함쳐도 소용없다 いくら怒鳴っても仕様がない。

고해[苦海] 名 佛 苦海。¶ 인생은 ~다 人生は苦海である。

고:해 성:사[告解聖事] 名가 (「고백 성사」の旧称)告解、ゆるしの秘跡。

고행[苦行] 名하自 苦行。¶ ~을 거듭하다 苦行を重ねる。

고향[故鄕] 名 故郷、ふるさと。¶ 마음의 ~ 心のふるさと / ~을 떠나다 故郷を離れる。

고혈[孤孑] 名하形 孤独なこと。

고혈-단신[-單身] 名 身よりのないひとり身、ひとりぼっち。

고혈[膏血] 名 膏血。¶ 백성의 ~을 짜다 人民の膏血を絞る。

고-혈압[高血壓] 名 医 高血圧。

고형[固形] 名 固形。¶ ~ 사료 固形飼料 / ~ 식량 固形食糧。

고형-물[-物] 名 固形物。

고혹[蠱惑] 名하他 蠱惑。¶ ~적인 눈빛 蠱惑的なまなざし。

고환[睾丸] 名 睾丸、きんたま。俗 불알。

고황[膏肓] 名 膏肓。¶ 병이 ~에 들다 病が膏肓に入る。

고:희[古稀] 名 古希、七十歳。

고:희-연[-宴] 名 古希の祝宴。

곡[曲] I 名 (「곡조(曲調)」の縮約形) 曲、調べ。¶ 아름다운 ~ 美しい曲 / 한 부르다 一曲歌う。 II 接尾 …曲。¶ 행진~ 行進曲。

곡[哭] 名하自 哭、哭泣。

곡괭이 名 つるはし。

곡기[穀氣] 名 穀物で作った食べ物を少量食べること。
관용 곡기를 끊다 食と絶つ、食べ物は何も口にしない。

곡류[穀類] 名 穀類、穀物類。

곡마[曲馬] 名 曲馬。¶ ~사 曲馬師。

곡마-단[-團] 名 曲馬団、サーカス。

곡면[曲面] 名 数 曲面。¶ ~ 인쇄 曲面印刷。

곡면-체[-體] 名 数 曲面体。

곡목[曲目] 名 音 曲目。¶ 연주 ~ 演奏曲目。

곡물[穀物] 名 穀物。¶ ~ 건조기 穀物乾燥機。俗 곡식。

곡물-상[-商] 名 穀物商。

곡사[曲射] 名하他 曲射。¶ ~ 포 曲射砲。

곡선[曲線] 名 曲線。¶ ~ 운동 曲線運動 / ~을 그리다 曲線を描く。

곡선-미[-美] 名 曲線美。

곡선-자[-] 名 曲線定規、雲形定規。

곡성[哭聲] 名 哭声、泣き叫ぶ声。

곡식[穀-] 名 穀物。俗 곡물。

곡예[曲藝] 名 ①曲芸、軽業、離れわざ。¶ ~를 하다 曲芸をやる。 ②ちょっとした技能。

곡예-단[-團] 名 曲芸団。

곡예 비행[-飛行] 名 曲芸飛行、アクロバット飛行。

곡예-사[-師] 名 曲芸師、軽業師。

곡우[穀雨] 名 穀雨(二十四節気の一つ)。

곡절[曲折] 名 ①曲折。¶ 우여 ~ 紆余曲折。 ②理由、訳け、子細。¶ ~을 알 수 없다 訳がわからない。

곡조[曲調] 名 曲調、調べ、節回し。¶ 애절한 ~ 哀切な曲調。

곡주[穀酒] 名 穀類で作った酒。

곡직[曲直] 名 曲直。¶ 시비 ~을 가리다 是非を明らかにする。

곡차[穀茶・曲茶] 名 佛 酒、般若湯。

곡창[穀倉] 名 穀倉。¶ ~ 지대 穀倉地帯。

곡척[曲尺] 名 曲尺、曲がり尺、曲がり金。俗 곱자。

곡학[曲學] 名 曲学。¶ 真理を曲解した学問。

곡학-아세[-阿世] 名하自 曲学阿世。

곡해[曲解] 名하他 曲解。¶ 사실을 ~하다 事実を曲解する。

-곤¹ 語尾 (同じ動作を繰り返すことを表わす接続語尾) …たり、よく…する。¶ 생각날 때마다 사진을 보~ 한다 思い出す度に写真を見たりする。

-곤² 語尾 (「-고는」の縮約形) ① …とは。¶ 그 사람~ 안 간다 彼とは行かない。 ② …では、…しては、…ってはいるが。¶ 이것만 가지~ 살 수 없다 これだけでは生きられない。/ 책을 읽~ 있지만 마음은 딴 데 있다 本は読んでいるが心は上の空だ。

곤:경[困境] 名 苦境。¶ ~에 처하다 苦境に立たつ。

곤:고[困苦] 名하形 困苦。¶ ~를 겪다 困苦をなめる。

곤:궁[困窮] 名하形 困窮、貧困。¶ 생활이 ~하다 生活に困窮する。곤궁-히 副 困窮して、まずしく。

곤두박-질 名하自 真っ逆さまに落ちること。¶ 비행기가 ~하여 추락하다 飛行機がまっさかさまに墜落する。
관용 곤두박질(을) 치다 急にまっさかさまに落ちる。

**곤두-서다** 自 ①逆立ちかつ。¶ 곤두서서 걷다 逆立ちして歩く。/ 머리카락이 ~ 髪の毛が逆立つ。②(神経が)いらだつ、尖る、気が立つ。¶ 신경이 ~ 気が立つ。

**곤두-세우다** 他 ①逆立てる。¶ 머리카락을 ~ 髪の毛を逆立てる。②(神経を)尖らす。¶ 신경을 ~ 神経を尖らせる。

**곤드레-만드레** 副(하自) 酒・眠りに酔って正体なくなったよう、ぐでんぐでんに、べろべろ、べろんべろん、へべれけ(に)。¶ ~ 취하다 ぐでんぐでんに酔っ払う。

**곤:란**[困難] 名(하形) ①困難、難儀。¶ 호흡 ~ 呼吸困難/ ~이 따르다 困難を伴う。/ ~을 겪다 困難を経る。②(生計計り)苦しいこと。¶ 생활이 ~하다 生活が苦しい。③苦しいこと、困ること。¶ 남이 알면 ~한 문제 人に知られては困る問題。

**곤란-히**[困難-] 副 困難に、苦しく。

**곤:룡-포**[袞龍袍] 名 袞竜の御衣。

**곤봉**[棍棒] 名 棍棒。¶ ~으로 때리다 棍棒で殴る。

**곤봉 체조**[-體操] 名(体) 棍棒体操。

**곤약**[崑蒻] 名 コンニャク。
 **곤약-판**[-版] 名(版) 蒟蒻版。

**곤:욕**[困辱] 名 困辱、ひどい侮辱。¶ ~을 치르다 ひどい侮辱を受ける、ひどい目にあう。

**곤이**[鯤鮞] 名 ①魚の卵、はららご。②魚の子。

**곤장**[棍杖] 名(史) (むかし罪人の尻を打つ刑具の一つで)柳などで作った平たい棍棒。¶ ~을 맞다 棍棒を打たれる。
 관용 곤장을 내다 うんと叩きつぶす。

**곤쟁이** 名(動) アミ。

**곤전**[坤殿] 名 王后、中宮 ㊔ 중전。

**곤죽**[-粥] 名 ①どろどろになった地面、どろんこ。¶ 비로 길이 ~ 이 되다 雨で道がどろんこになる。②物事がもつれて手のつけようのないこと、めちゃくちゃ。¶ 일을 ~으로 만들어 놓았다 仕事を台無しにしてしまった。③(疲れきったり酔っぱらったりして)ぐったりしていること、へとへとになること。¶ 술을 ~이 되도록 마셨다 ぐでんぐでんになるまで酒を飲んだ。

**곤지** 名 (伝統的でんとうな婚礼에서) 花嫁の額につける紅。

**곤지-곤지** 名(動) 赤ん坊がまねるように左手ひだりの手の平을 右手우측의 人差指집게손가락으로 突っつくしぐさ、またそのときの掛け声。

**곤충**[昆蟲] 名 昆虫。¶ ~을 채집하다 昆虫を採集する。

**곤:-하다**[困-] 形① ①疲れてけだるい、ぐったりしている。¶ 몹시 ~ ひどく疲れている。②(眠くなったりして)ぼうっとしている。**곤-히** 副 ぐっすり。¶ ~ 자고 있다 疲れてぐっすり寝ている。

**곤:혹**[困惑] 名(하自)(스) 困惑する。¶ ~스런 표정 困惑した表情。

**곧** 副 ①すぐ、ただちに、早速、即時。¶ ~ 가겠다 すぐ行くよ。/ ~ 출발하다 ただちに出発ゆっぱっする。②もうすぐ、間もなく、やがて、そのうち、遠からず、近々ちかぢか。¶ ~ 한 시다 もうすぐ一時だ。/ ~ 봄이 온다 間もなく春が来る。③すなわち、つまり。¶ 민심이 ~ 천심이다 民心がすなわち天意てんいである。

**곧다** 形 真っ直ぐだ。①曲がっていない。¶ 쭉 곧은 선 すっとまっすぐな線。②まっすぐで正しい、正直だ。¶ 곧은 사람 正直な人。
 속담 곧은 나무 쉬 꺾인다 まっすぐな木が折れやすい。《出でる杭くいは打たれる》

**곧-바로** 副 ①すぐに、すぐさま、即座に、まっすぐに。¶ 편지를 받고 ~ 답장을 썼다 手紙を受け取ってすぐ返事を書いた。/ 집으로 ~ 돌아가다 家にまっすぐに帰る。②ありのままに。¶ ~ 말씀 드려라 ありのままに申し上げなさい。

**곧이-곧대로** 副 ①ありのままに、率直に。¶ ~ 말하다 ありのままに話す。②気ままに、何のはばかりもなく。¶ ~ 일을 하다 気ままに仕事をする。

**곧이-듣다** 他 真.に受ける、本気にする。¶ 남의 말을 ~ 人の話を真に受ける。

**곧잘** 副 ①かなりよく、かなり上手に、なかなか。¶ 운동도 ~ 한다 運動もかなりよくできる。②たびたび、よく。¶ ~ 여행을 간다 よく旅行に行く。

**곧장** 副 ①まっすぐ。¶ 이 길로 ~ 가시오 その道をまっすぐ行きなさい。②(時間的じかんてきに) 直ちに、すぐに。¶ ~ 돌아가라 直ちに帰れ。③(休まないで)ずっと、続けざまに。¶ ~ 달려왔더니 숨이 가쁘다 ずっと走りっぱなしで息が切れる。

**곧추** 副 まっすぐ、垂直すいちょくに、直立ちょくりつさせて。¶ ~ 서다 まっすぐに立つ。

**곧추-뜨다** 他 ①まっすぐ上に[垂直に]浮く。②目をむく。¶ 눈을 곧추뜨고 따지다 目をむいてなじる。

**곧추세우다** 他 まっすぐに立てる、直立させる。¶ 쓰러져가는 기둥을 ~ 倒れかけの柱をまっすぐに立てる。

**골**¹ 名 ①(生) 骨髄こつずい。②(「머릿골」の縮約形) (生) 脳髄のうずい、脳。③ 큰 ~ 大脳だい。㊜ 脳みそ、頭。¶ ~이 아프다 頭が痛い。
 관용 골을 앓다 頭を悩ます、気をもむ。
 골(이) 비다 頭が空っぽだ、ぼけている。골(이) 빠지다 ひどく骨が折れる。

**골**² 名 怒り。¶ ~을 올리다 怒らせる。
 관용 골을 내다 腹を立てる、怒る。골(이) 나다 腹が立つ、怒る。

**골**³ 名 (靴などの)型。¶ 구둣 ~ 靴型。

**골:**⁴ 名 ①(「골짜기」の縮約形) 谷、谷間。¶ ~이 깊다 谷が深い。②(「고랑」の縮約形) 溝、畝間。¶ ~이 지다 溝ができる。/ ~을 타다 畝を打つ。③深い穴。

골

〖관용〗 **골로 가다** 死ぬ、くたばる。

**골**⁵ Ⅰ[名] 「고을」の縮約形。Ⅱ[接尾] 部落・村・里等の意を表わす。¶ 배나무~ ナシの木の村。

**골:**[goal][名] ゴール。¶ ~ 라인 ゴールライン。

**골격**[骨格][名] 骨格、骨組はみ。¶ 튼튼한 ~ がっしりした骨格/ 빌딩의 ~이 다 되였다 ビルの骨組みが出来上がった。

**골계**[滑稽][名] 滑稽。¶ ~본 滑稽本。㊥ 익살

　**골계-미**[-味][名] 滑稽味、滑稽な味わい。
　**골계 소:설**[-小說][名] 滑稽小説。

**골고루**[副] (「고루고루」の縮約形) 等しく、均等しく、ことごとく。¶ ~ 나누어 주다 均等に分けくれる。

**골:-골**¹ [副][하다] ①体が弱く病気がちなさま。¶ ~ 하는 마누라 病気がちの妻。②(長い患いで)病勢が一進一退するさま。
　**골:골-거리다**¹ [自] ①よく病気になる、病気がちである。②病勢が一進一退する。

**골:-골**² [副][하다] (めんどりが卵を産むときの鳴き声) コッコッ。
　**골:골-거리다**² [自] めんどりが卵を産もうとしてしきりに鳴␣く。

**골:다**[他] (いびきを)かく。¶ 쿨쿨 코를 ~ ぐうぐういびきをかく。

**골동**[骨董][名] 骨董。¶ ~품 骨董品。

**골똘-하다**[形여] 夢中だ、没頭している、熱心だ。¶ 연구에 ~ 研究に没頭している。 **골똘-히**[副] 夢中に、熱心に、十分に。¶ ~ 생각하다 よくよく考かんがえる。

**골:-라내다**[他] 選びだす、選り抜く、選りだす、取りだす。¶ 불량품을 ~ 不良品を選りだす。

**골:-라잡다**[他] 選り取る、選び取る。¶ 좋은 것으로 ~ いいものを選び取る。

**골마지**[名] (酒・醬油などに生える) かび。

**골-머리**[名]㊌ 脳のみそ、頭。¶ ~가 아프다 頭が痛い。
　〖관용〗 **골머리(를) 앓다** 頭を悩ます、困りきる。

**골:목**[名] 路地、小路、橫町。¶ 막다른 ~ 袋小路/ 어귀 路地口。
　**골:-목목**[名] 路地ごとに。
　**골:-목길**[名] 小路、横町、小道。¶ 차가 ~로 들어가다 車が橫町に入る。
　**골:-목-대장**[-大將][名] 餓鬼大将。

**골몰**[汩沒][名][하다] (ひとつのことに)没頭すること、熱中すること、凝ること。¶ 독서에 ~하다 讀書に没頭する。

**골무**[名] 指ぬき。¶ ~를 끼다 指ぬきをはめる/ ~를 빼다 指ぬきをはずす。

**골반**[骨盤][名][生] 骨盤。

**골:-방**[-房][名] (居間などに付属した物置)きなどに使う) わき部屋、小部屋。

**골-백번**[-百番][名] 何百回でも、何度でも。¶ ~ 얘기해도 소용이 없다 何度くりかえして言っても効き目がない。

**골-병**[-病][名] (表面に現われない) 治りにくい病気、重病。
　**골병-들다**[自] 病気が膏肓に入る、重病にかかる。

**골-생원**[-生員][名] ①固陋で頑固な人。②(病気がちな人をからかっていう語)ひよわな人、青びょうたん。

**골수**[骨髓][名] 骨髓。¶ 원한이 ~에 사무치다 恨み骨髓に徹する。
　**골수-분자**[-分子][名] (組織で) 核心となる人物。
　**골수-염**[-炎][名][醫] 骨髓炎。

**골육**[骨肉][名] 骨肉。¶ ~의 정을 느끼다 骨肉の情を感じる。
　**골육-상잔**[-相殘][名][하다] 骨肉相食む、骨肉の争い。
　**골육지-친**[-之親][名] 親子・兄弟などの近い身内、肉親。

**골자**[骨子][名] 骨子、要点。¶ ~만 말하시오 要点だけ言いなさい。

**골재**[骨材][名] 骨材。

**골절**[骨折][名][하다] 骨折。¶ 늑골을 ~하다 肋骨を骨折する。

**골짜기**[名] 谷、谷間、渓谷。¶ ~에 부는 바람 谷間に吹く風。

**골짝**[名] (「골짜기」の縮約形) 谷、谷間。¶ 깊은 산 ~ 深い山の谷間。

**골-초**[-草][名] ①質の悪いタバコ。②(俗)ヘビースモーカー。

**골치**[名](俗)脳みそ、頭。
　〖관용〗 **골치(가) 아프다** 頭が痛い、頭が重い、面倒だうるさい。 **골치(를) 앓다** 頭を痛める、頭を悩ます。

**골칫-거리**[名] 困り者、厄介者、頭痛の種。¶ 집안의 ~ 一家の困り者/ 나에게는 수학이 ~다 僕にとって数学は頭痛の種だ。

**골탕**[名](俗) 思わぬ痛手で・困難で、煮え湯。
　**골탕-먹다**[自] ひどい目に遭う、煮え湯を飲まされる。
　**골탕-먹이다**[他] ひどい目に遭わせる、痛手を負わせる。

**골통**[名](俗) 頭。¶ ~이 빈 놈 頭の空っぽなやつ。

**골:-판지**[-板紙][名] 段ボール。

**골패**[骨牌][名] 骨牌。

**골품**[骨品][名][史] 骨品(新羅時代の血統による社会的身分制度)。

**골프**[golf][名] ゴルフ。

**곪:-다**[自] ①膿む、化膿する。¶ 곪은 데를 도려내다 膿んだ所をえぐり取る。②(比)腐る、腐敗する。¶ 곪을 대로 곪은 사회 腐りきった社会。

**곪다**¹ [他] ①(中身が)腐る、傷む。¶ 곪은 달걀 腐った卵。②(人知れず)痛手を受ける、損をする、被害をこうむる。

傷きつく。¶ 주가가 폭락해서 곯았다 株価かぶが暴落ぼうらくして被害をこうむった。

**곯다²** [他] (腹を)空かせる、十分に食たべられない。¶ 배를 ~ 腹をすかす。

**곯리다¹** [他] (「곯다」의 使役)(1)(中身なかみを)腐らす。(2)(知しらぬまに)損害そんがいを与あたえる、痛手いたでを負おわせる、こらしめる。¶ 남을 ~ 人ひとをこらしめる。

**곯리다²** [他] (「곯다」의 使役)(腹はらを)空すかせる。¶ 양식 부족으로 배를 ~ 食糧りょう不足ぶそくで腹をすかせる。

**곯아-떨어지다** [自] (疲つかれたり酔よったりして)正体たいもなく眠ねむりこける。¶ 술에 ~ 酒さけに酔よいつぶれる。

**곰:** [名] (1)[動] クマ。¶ ~ 쓸개 クマの胆い。(2)愚鈍ぐどんな人ひと、のろま、とんま。

**곰:-곰(이)** [副] じっくり、つくづく、よくよく。¶ 생각하고 ~ 思おもって考かんがえる。

**곰:-국** [名] 牛うしの骨ほねと牛肉ぎゅうにくを煮詰につめた汁しる。

**곰방-대** [名] 管くだの短みじかいキセル。

**곰배팔-이** [名] 腕うでが曲まがっていて屈伸くっしんのできない人ひと。

**곰:-보** [名] あばた、あばた面づらの人ひと。

**곰:-보-딱지** [名] あばたづら。

**곰:-삭다** [自] (1)(着物きものが)着古きふるしてすり切きれたり質しつが落おちたりする。(2)(塩しおからなどが)よく漬つかっておいしくなる。

**곰:-살곶다** [形] 気きさくで優やさしい、優しくて情なさけ深ぶかい。

**곰실-거리다** [自] (虫むしなどが)もぞもぞとうごめく。@ 굼실거리다

**곰실-곰실** [副][하다] もぞもぞ、もそもそ。@ 굼실굼실 ⑭ 꼼실꼼실

**곰:-지락** [副] (動うごきがのろいさま)ぐずぐず、のろのろ。@ 굼지럭 ⑭ 꼼지락

**곰지락-거리다** [自] ぐずぐずする。¶ 무얼 곰지락거리고 있는 거야 何なにをぐずぐずしているのだ。

**곰지락-곰지락** [副][하다][自] のろのろと、ぐずぐずと。

**곰:-탕[-湯]** [名] コムタン(牛うしの骨ほねと牛肉ぎゅうにくを煮込にこんだ汁しるにご飯はんを入いれた料理りょう)。

**곰:-팡** [名] (「곰팡이」의 縮約形) 黴かび。

**곰:팡-나다** かびが生はえる。¶ 곰팡난 빵 かびの生えたパン。

**곰:팡-슬다** かびが生はえる。

**곰:팡-피다** (一面いちめんに)かびが生はえる、かびる。

**곰:-팡내** [名] (1)かび臭くさいにおい。(2)(行動こうどう・考かんがえなどが)古臭ふるくさいこと。

[慣用] 곰팡내(가) 나다 (1)かび臭いにおいがする。(2)(考えなどが)古臭さくて陳腐ちんぷだ。

**곰:-팡이** [名] 黴かび。¶ 옷에 ~ 슬었다 着物ものにかびが生えた。

**곱¹** [名] (「곱절」의 縮約形) 倍ばい。¶ 세 ~ 3倍さん/4는 2의 ~ 이다 4は2の倍である。

**곱²** [名] (1)できもの・傷口きずぐちにたまる粘液状ねんえきじょうの脂あぶら。¶ ~ 이 끼다 脂がたまる。(2)(赤痢患者せきりかんじゃなどの)白しろっぽい下痢便げりべん、血ちの混まじった粘液便ねんえきべん。¶ ~ 똥 粘液便。

**곱다** [形] (1)(酸すっぱいものを食たべて)歯はが浮うく。(2)(寒さむさのため手足てあしが)かじかむ、しびれる、凍こえる。¶ 추워서 손끝이 ~ 寒さむくで指先ゆびさきがかじかむ。

**곱:다²** [形] (1)美うつくしい、きれいだ。¶ 빛깔이 ~ 色彩しきさいが美しい。(2)やさしい。¶ 마음씨가 ~ 気立きだてがやさしい。(3)(肌はだが)こまかい、柔やわらかい、なめらかだ。¶ 살결이 ~ 肌がきれいだ。(4)(粒つぶ・織おり目めなどが)細かい、きめ細かい。¶ 고운 모래 細かい砂すな/올이 ~ 織り目が細かい。(5)(声こえ・言葉ことばが)心地ごこちよく美しい、きれいだ。¶ 고운 목소리 きれいな声。(6)(「곱게・고이」의 形)㉠安やすらかに。¶ 고이 잠들다 安らかに眠ねむる。㉡大事だいじに。¶ 곱게 간직하다 大事に保管ほかんする。㉢無事ぶじに、すなおに、まっすぐに。¶ 고이 자라다 すなおに育そだつ。

**곱:-다랗다** [形][ㅎ] (1)とてもきれいだ。¶ 곱다랗게 생긴 처녀 とてもきれいな娘むすめ。(2)元もとのままに保たもたれている。¶ 옛 모습이 곱다랗게 그냥 남아 있다 昔むかしの面影おもかげがそっくりそのまま残のこっている。@ 곱닿다

**곱:디-곱다** [形][ㅂ] (1)とてもきれいだ、非常ひじょうに美しい。¶ 곱디고운 비단 とても美しいにしき。(2)(きめなどが)とても細かい。

**곱-똥** [名] 粘液ねんえきのまじった大便だいべん。

**곱-빼기** [名] (1)(食たべ物ものなどの)二人前にんにんまえを一ひとつの器うつわに盛もったもの、山盛やまり。¶ 짜장면 ~ 二人前のジャジャン麺めん。(2)二度にくり返かえすこと。

**곱사** [名] (1)「곱사등」의 縮約形。(2)「곱사등이」의 縮約形。

**곱사-등** [名] くる病びょうにかかって曲まがった背中せなか。

**곱사등-이** [名] 佝僂病くるびょう、背中の曲がった人ひと。

**곱:-살-하다** [形여] (顔かお・気立きだてが)優やさしくきれいだ、おだやかで美うつくしい。

**곱-셈** [副][하다][他][数] 掛かけ算ざん。⑳ 나눗셈

**곱슬곱슬-하다** [形여] (髪かみなどが)縮ちぢれている。¶ 머리털이 ~ 髪が縮れている。@ 굽슬굽슬하다

**곱슬-머리** [名] 縮ちぢれ髪がみ、縮れ髪の人ひと。

**곱-씹다** [他] (1)(食たべ物ものを)十分じゅうぶんにかむ。(2)(ことば・考かんがえなどを)くどくどと繰くり返かえす。¶ 곱씹어 생각할수록 분하다 考えれば考えるほど腹はらが立たつ。(3)念ねんを押おす、駄目だめを押おす。¶ 곱씹어 물어 보다 念を押して聞きいてみる。

**곱-자** [名] 曲尺かねじゃく、曲差きょくさし、曲まがり尺じゃく。

**곱절** [名][하다] 倍ばい。¶ ~ 이 되다 倍になる。/몇 ~ 이나 값이 올랐다 何倍なんばいも値段だんが上あがった。

**곱-창** [名] 牛うしの小腸しょうちょう。

**곱-하다** [他여] 掛かける、乗じょうじる。¶ 5에 3을 ~ 5に3を掛ける。

**곱-하기** [副] 掛かけ算ざん。⑤ 곱셈

곳[名] 所ところ, 場所ばしょ, 場ば。¶ 밝은 ~ 明あかるい所ところ/ 표 파는 ~ 切符きっぷ売うり場ば/ ~에 따라 다르다 場所ばしょによって違ちがう。
곳간[庫間][名] 蔵くら, 倉くら, 物置ものおき, 倉庫そうこ。¶ 쌀~ 米蔵こめぐら。
곳곳[名] ところどころ, あちこち, 至いたる所ところ, 方々ほうぼう。¶ ~에서 사고가 발생하다 あちこちで事故じこが起おこる。 곳곳-이[副] どこもかしこも, 至る所。¶ ~ 상처투성이다 どこもかしこも傷きずだらけだ。

공[名] ①球たま, まり, ボール。¶ 농구 ~ バスケットボールの球たま/ ~을 던지다 ボールを投なげる。②(ビリヤードの)たま。

공[公] I [名] 公おおやけ, 公おおやけてき。¶ ~과 사의 구별 公私こうしの区別くべつ。 ㉺ 사(私) ②「공작(公爵)」의 縮約形しゅくやくけい。II [代] 《男子だんしへの尊敬語そんけいご》公こう。¶ 귀 ~ 貴公きこう。III [接尾] …公こう。¶ 원저 ~ ウインザー公こう。

공[功][名] ①(「공로(功勞)」의 縮約形) 功こう, 功名こうみょう, 手柄てがら。¶ ~을 세우다 手柄てがらを立たてる。②「공력(功力)」의 縮約形。¶ ~을 들이다 精魂せいこんをうち込こむ。

공[空][名] ①空そら, 空虚くうきょ。¶ ~병 空あきびん/ ~수표 空手形からてがた。②[佛] 空くう。¶ 색즉시공 色即是空しきそくぜくう。③(数字すうじの)零れい, ゼロ。

공[gong][名] ゴング。¶ ~이 울리다 ゴングが鳴なる。

-공[工][接尾] …工こう。¶ 기능 ~ 技能工ぎのうこう。

공간[空間][名] 空間くうかん。¶ 개념 空間概念がいねん/ 우주 ~ 宇宙ちゅうう空間/ 넓은 ~을 이용하다 広ひろい空間を利用りようする。
　공간-미[-美][名] 空間美くうかんび。¶ ~를 살리다 空間美くうかんびを生いかす。
　공간 예:술[-藝術][名] 空間芸術くうかんげいじゅつ。
　공간-적[-的][冠名] 空間的くうかんてき。

공:갈[恐喝][名][하他] ①恐喝きょうかつ, 脅おどし, ゆすり。¶ ~하여 돈을 빼앗다 恐喝きょうかつして金かねを奪うばう。②[俗] 嘘うそ。¶ ~다 ~이다 みんな嘘うそだ。
　공:갈-죄[-罪][名][法] 恐喝罪きょうかつざい。
　공:갈-치다[自][俗] ①恐喝きょうかつする, 脅おどす, 脅おどかす。②嘘うそをつく。

공:감[共感][名][하他][되自] 共感きょうかん, 同感どうかん。¶ ~을 느끼다 共感きょうかんを覚おぼえる。

공개[公開][名][하他][되自] 公開こうかい。¶ ~ 선거 公開選挙せんきょ/ ~ 석상에서 비난하다 公開こうかいの席せきで非難ひなんする。/ 사건의 진상을 ~하다 事件じけんの真相しんそうを公開こうかいする。
　공개 방:송[-放送][名] 公開放送ほうそう。
　공개 재판[-裁判][名] 公開裁判さいばん。
　공개-적[-的][冠名] 公開的こうかいてき。
　공개 투표[-投票][名] 公開投票とうひょう。

공-것[空-][名] ただ, ただの物もの, 労ろうせずして得えたもの。¶ 세상에 ~이란 없다 世よの中なかにただだというものはない。
[속담] 공것이라면 양잿물도 먹는다 ただの物ものなら灰汁あくでも飲のむ。《ただのものならなんでも喜よろこぶ》

공:격[攻擊][名][하他] 攻撃こうげき。¶ ~ 명령 攻撃命令めいれい/ 인신 ~ 人身じんしん攻撃/ 적군을 ~하다 敵軍てきぐんを攻せめる。
　공:격-력[-力][名] 攻撃力こうげきりょく。
　공:격-수[-手][名] 攻撃手こうげきしゅ。
　공:격-적[-的][冠名] 攻撃的こうげきてき。¶ ~인 태도 攻撃的こうげきてきな態度たいど。

공경[恭敬][名][하他] 恭敬きょう, 慎つつみ敬うやまうこと。¶ 어른을 ~하다 目上めうえの人ひとを敬うやまう。

공고[工高][名] (「공업 고등 학교」의 縮約形) 工高こうこう。

공고[公告][名][하他][되自] 公告こうこく。¶ 모집 ~ 募集ぼしゅう公告/ 선거일을 ~하다 選挙日せんきょびを公告こうこくする。
　공고-문[-文][名] 公告文こうこくぶん。

공고[鞏固][名][하形] 強固きょうこだ。¶ 공고한 의지 強固きょうこな意志いし。 공고-히[副] 強固きょうこに。¶ 지위를 ~ 하다 地位ちいを強固きょうこにする。

공공[公共][名] 公共こうきょう。¶ ~ 방송 公共放送ほうそう/ ~ 시설 公共施設しせつ/ ~의 이익을 도모하다 公共の利益りえきを図はかる。
　공공 단체[-團體][名] 公共団体だんたい。
　공공-물[-物][名] 公共物ぶつ。
　공공 복지[-福祉][名] 公共福祉ふくし。
　공공 요금[-料金][名] 公共料金りょうきん。

공공연-하다[公公然-][形] 公然こうぜんだ, おおっぴらだ。¶ 공공연한 비밀 公然の秘密ひみつ。 공연-히[副] 公然と, おおっぴらに。¶ ~ 반대하다 おおっぴらに反対はんたいする。

공과[工科][名] 工科こうか。
　공과 대학[-大學][名] 工科大学だいがく, 工学部こうがくぶ。

공과[公課][名] 公課こうか。¶ ~금 公課金きん。

공과[功過][名] 功過こうか, 功罪こうざい。

공과 상반[-相半][名][하形] 功過が半々はんはんであること, 功過相半あいなかばす。

공관[公館][名] 公館こうかん。¶ 재외 ~ 在外ざいがい公館。

공교-롭다[工巧-][形ㅂ] ①意外いがいだ, 偶然ぐうぜんだ, 思おもいがけない。¶ 친구를 길에서 공교롭게 만나다 友人ゆうじんに路上ろじょうでばったり出会であった。②具合ぐあいわるい。¶ 공교롭게도 비가 오기 시작했다 折悪おりあしく雨あめが降ふりはじめた。 공교로-이[副] ①偶然ぐうぜんに。②具合ぐあいわるく, 折りあしく, あいにく。

공교-하다[工巧-][形ㅅ] ①巧たくみだ, 巧妙こうみょうだ, 精妙せいみょうだ。¶ 공교한 솜씨 巧たくみな手並てなみ。②意外いがいだ, 偶然ぐうぜんだ, 思おもいがけない。¶ 공교하게도 그를 만났다 偶然ぐうぜんにも彼かれに会あった。③具合ぐあいわるい。 공교-히[副] ①巧たくみに, 巧妙こうみょうに。②意外いがいに, 偶然ぐうぜんに。③具合ぐあいわるく, 折りあしく, あいにく。

공구[工具][名] 工具こうぐ。

공군[空軍][名][軍] 空軍くうぐん。¶ ~ 사관 학교 空軍士官学校しかんがっこう。
　공군-기[-機][名] 空軍機き。
　공군 본부[-本部][名] 空軍本部ほんぶ。

공권[公權][名][法] 公権こうけん。¶ ~을 박탈당하다 公権を剥奪はくだつされる。
　공권-력[-力][名] 公権力りょく。

공그르기[名] くけ縫ぬい。

공그르다 [他三] くける、くけ縫いをする。
공글리다 [他] ①(地面などを)固める。 ②はっきりけじめを付ける。
공금 [公金] [名] 公金。 ¶ ~을 유용하다 公金を流用する。
　공금 횡령 [-橫領] [名] 公金横領。 ¶ ~죄 公金横領罪。
공급 [供給] [名][하他][되自] 供給。 ¶ 식량을 ~하다 食糧を供給する。 [대] 수요(需要)
공:급 과:잉 [-過剩] [名] 供給過剩。
공:급-원 [-源] [名] 供給源。 ¶ 원료의 ~ 原料の供給源。
공:기 [名] ①お手玉。 ②お手玉に使う石。 [관용] 공기 놀리듯 하다 手玉に取る、(人を)もて遊ぶ。
　공:기-놀이 [名] お手玉遊び。
　공:깃-돌 [名] 手玉石。
공기 [公器] [名] 公器。 ¶ 신문은 사회의 ~다 新聞は社会の公器である。
공기 [空氣] [名] 空氣。 ①大気。 ¶ 압축 圧縮空気/ ~가 빠진 타이어 空気の抜けたタイヤ/ ~가 맑다 空気が澄んでいる。 ②(その場の)雰囲気。 ¶ 어색한 ~ 気まずい空気。
　공기-압 [-壓] [名] 空気圧、気圧。
　공기-욕 [-浴] [名] 空気浴。
　공기 전염 [-傳染] [名] 空気伝染。
　공기 제:동기 [-制動機] [名] 空気制動機、エアブレーキ。
　공기-주머니 [動] 気嚢。
　공기-총 [-銃] [名] 空気銃、エアライフル。
공기 [空器] [名] ①空の器。 ②茶碗、椀。 ¶ 밥 ~가 너무 작다 茶碗が小さ過ぎる。
공-기업 [公企業] [名] 公企業。
공납금 [公納金] [名] ①官庁などに義務的に納める金。 ②学生が学校に納める金。
공:노 [共怒] [名][하自] 共に怒ること。 ¶ 천인 ~할 만행 天人共に怒るべき蛮行。
공단 [工團] [名] 「공업 단지」の縮約形。工団、工業団地。
공단 [公團] [名] 公団。 ¶ 의료 보험 ~ 医療保険公団。
공대 [工大] [名] 「공과 대학」の縮約形。工科大学、工学部。
공대 [恭待] [名][하他] ①丁寧にもてなすこと、恭うしく接待すること。 ②相手に敬語を使うこと。 ¶ 서로 ~를 하다 互いに敬語を使う。
　공대-말 [名] 敬語。 [동] 높임말 [대] 예삿말
공덕 [公德] [名] 公德。 ¶ ~심 公徳心。
공덕 [功德] [名] ①功徳。 ¶ ~을 기리다 功德を誉め称える。 ②[佛] 功徳、善根。 ¶ ~을 베풀다 功徳を施す。
공:동 [共同] [名] 共同。 ¶ ~ 생활 共同生活/ ~ 주택 共同住宅/ 농기구를 ~으로 쓰다 農機具を共同で使う。
　공:동 목욕탕 [-沐浴湯] [名] 共同浴場、銭湯、風呂屋。 ¶ ~에 가다 銭湯に行く。

공:동 모의 [-謀議] [名][法] 共同謀議。
공:동 묘:지 [-墓地] [名] 共同墓地。
공:동 변소 [-便所] [名] 公衆便所。
공:동 사:회 [-社會] [名][社] 共同社会。
공:동 성명 [-聲明] [名] 共同聲明。 ¶ 남북 ~을 내다 南北共同聲明を出す。
공:동 전:선 [-戰線] [名] 共同戰線。 ¶ ~을 펴다 共同戦線を張る。
공:동-체 [-體] [名] 共同体。 ¶ 운명 ~ 運命共同体。
공:동 판매 [-販賣] [名][하他] 共同販売。 ¶ ~ 카르텔 共同販売カルテル。 [동] 공판
공동 [空洞] [名] 空洞。 ¶ 폐에 ~이 생기다 肺に空洞ができる。
공든-탑 [功-塔] [名] ①念を入れてつくり上げた塔が崩れるものか。 ②(比) 誠意を尽くして成し遂げた事。 [속담] 공든 탑이 무너지랴 念を入れてつくった塔が崩れる事が無駄に終わるようなことはない。《誠意を尽くして成し遂げた事が無駄に終わるようなことはない》
공-들다 [功-] [自] 誠意がこもる、念が入る。
공-들이다 [功-] [自] 誠意を尽くす、精魂込める、真心をこめて骨折はる。 ¶ 공들여 만든 작품 真心込めてつくった作品。
공-뜨다 [空-] [自] ①宙に浮く、宙ぶらりんになる。 ¶ 만 원이 ~ 1万ウォンが宙に浮く。 ②(混じらずに)浮く。 ¶ 물 위에 기름이 ~ 水の上に油が浮く。 ③(うわさなどが)根拠もなく広まる。 ¶ 공든 소문 根も葉もないうわさ。 ④(心が)浮つく、そわそわする。 ¶ 공떠서 돌아다니다 浮ついて歩き回る。
공란 [空欄] [名] 空欄。 ¶ ~에 기입하다 空欄に記入する。
공:람 [供覽] [名][하他] 供覽。 ¶ 사업 계획서를 ~하다 事業計画書を供覽する。
공:략 [攻略] [名][하他][되自] 攻略。 ¶ 성을 ~하다 城を攻略する。
공력 [功力] [名] ①功力、努力。 ¶ 많은 ~이 들다 多くの努力を要する。 [동] 공(功) ②[佛] 功力、功徳の力。
공로 [功勞] [名] 功勞、手柄。 ¶ ~에 보답하다 功勞に報いる。/ ~를 세우다 手柄を立てる。 [동] 공(功)
　공로-상 [-賞] [名] 功勞賞。
　공로-자 [-者] [名] 功勞者。
공로 [空路] [名] 空路。 ①「항공로」の縮約形。 ②航空便。 ¶ ~로 귀국하다 空路で帰国する。
공론 [公論] [名] 公論。 ①世間一般の興論、世論。 ¶ ~에 따르다 公論に従う。 [대] 사론(私論) ②公平な議論。 ③ [하他][되自] 大勢で議論すること。
공론 [空論] [名] 空論。 ¶ 탁상 ~ 机上の空論。
　공론공담 [-空談] [名] 空論空談、無駄話。
공:룡 [恐龍] [名][地] 恐龍。
공리 [公理] [名] 公理。 ¶ 수학의 ~ 数学の

공리 公理こう。

공리【功利】 图 功利こう。¶ ~성 功利性せい。
　공리-적【-的】冠名 功利的てき。¶ ~적인 방법 功利的な方法ほう。
　공리-주의【-主義】 图 功利主義しゅぎ。

공리【空理】 图 空理くう。実際じっさいとかけ離はなれた理論りろん。¶ ~ 공론 空理空論くうろん。

공립【公立】 图 公立こう。¶ ~ 학교 公立こうりつ学校がっこう。団 사립(私立)

공매【公賣】 图하他 公売こうばい。¶ 부동산을 ~에 부치다 不動産ふどうさんを公売に付ふする。
　공매 처:분【-處分】图[法] 公売処分しょぶん。

공:-맹【孔孟】 图 孔孟こうもう、孔子こうしと孟子もうし。¶ ~의 가르침 孔孟の教おしえ。

공명【公明】图하形 公明こうめい。¶ ~ 선거 公明選挙せんきょ。
　공명 정:대【-正大】하形 公明正大こうめいせいだい。¶ ~한 처사 公明正大な措置そち。

공명【功名】 图하他 功名こうみょう。¶ ~을 다투다 功名を争あらそう。
　공명-심【-心】 图 功名心しん。¶ 부질없는 ~ つまらない功名心。

공:명【共鳴】 图하自 共鳴きょうめい。¶ 음차가 ~하다 音叉おんさが共鳴する。
　공:명관【-管】图[物] 共鳴管かん。
　공:명 상자【-箱子】图[物] 共鳴箱ばこ。

공모【公募】 图하他 公募こうぼ。¶ ~전 公募展てん/ 사원을 ~하다 社員しゃいんを公募する。
　공모-주【-株】 图 公募株かぶ。

공:모【共謀】 图하他 共謀きょうぼう。¶ ~해서 탈옥하다 共謀して脱獄だつごくする。
　공:모범【-犯】图[法] 共謀犯はん。 영 공범
　공:모자【-者】 图 共謀者しゃ。

공무【公務】 图 公務こうむ。¶ ~로 출장가다 公務で出張しゅっちょうする。
　공무-원【-員】 图 公務員いん。¶ 국가 ~ 国家こっか公務員。
　공무 집행【-執行】 图 公務執行こう。¶ ~ 방해죄 公務執行妨害罪ぼうがいざい。

공문【公文】 图 公文こうぶん。¶ ~을 발송하다 公文を発送はっそうする。
　공문-서【-書】 图 公文書しょ。¶ 위조 公文書偽造ぎぞう。

공:물【供物】 图 供物もつ、供そなえ物もの。

공:물【貢物】 图 貢物もつ、貢みつぎ物もの。¶ ~을 바치다 貢ぎ物を納おさめる。

공민【公民】 图 公民こう。¶ ~ 학교 公民学校がっこう。
　공민-권【-權】 图 公民権けん。

공:박【攻駁】 图하他 (人ひとの過あやまちを)なじり責せめること。¶ 상대의 잘못을 ~하다 相手あいての過ちを責めたてる。

공-밥【空-】 图 ただ飯めし、ただで食くう飯めし。
　관용 공밥(을) 먹다 ただ食くいをする、何なにもしないで俸給ほうきゅうを取とる。

공:방【攻防】 图하他 攻防こうぼう。¶ 필사의 ~을 벌이다 必死ひっしの攻防が繰くり広ひろげられる。
　공:방-전【-戰】 图 攻防戦せん。¶ ~을 되풀이하다 攻防戦を繰り返かえす。

공-배수【公倍數】图[數] 公倍数こうばいすう。¶ 최소 ~ 最小さいしょう公倍数。영 공약수

공백【空白】 图 空白くうはく。¶ ~ 기간이 길었다 空白期間きかんが長ながかった。/ ~을 메우다 空白を埋うめる。
　공백-기【-期】 图 空白期き。

공:범【共犯】 图 共犯きょうはん。¶ ~ 죄 共犯罪ざい。
　공:범-자【-者】 图 共犯者しゃ。¶ ~와 대질시키다 共犯者と対質たいしつさせる。

공법【工法】 图 工法こうほう。

공법【公法】 图 公法こうほう。¶ 국제 ~ 国際こくさい公法。영 사법

공병【工兵】 图 工兵こうへい。¶ ~단 工兵団だん/ 장교 工兵将校しょうこう。
　공병-대【-隊】 图 工兵隊たい。

공병【空瓶】 图 空あき瓶びん。

공복【公僕】 图 公僕こうぼく。¶ 국민의 ~ 国民こくみんの公僕。

공복【空腹】 图 空腹くうふく、空すきっ腹ぱら。¶ ~을 호소하다 空腹を訴うったえる。
　공복-감【-感】 图 空腹感かん。

공부【工夫】 图하自他回 勉強べんきょう。¶ ~ 벌레 勉強の虫むし/ 벼락치기 ~ にわか勉強/ 착실히 ~하다 こつこつ勉強する。
　공부-방【-房】 图 勉強部屋べや。

공분【公憤】 图 公憤こうふん。¶ ~을 느끼다 公憤を覚おぼえる。

공:비【共匪】 图하自 共匪きょうひ。¶ ~ 토벌 共匪討伐とうばつ。

공사【工事】 图하自 工事こうじ。¶ ~장 工事場ば/ 신축 ~ 新築しんちく工事/ 지금 ~중이다 今いま工事中ちゅうだ。
　공사-비【-費】 图 工事費ひ。
　공사-판【-】图 工事場ば、工事現場げんば。

공사【公私】 图 公私こうし。¶ ~를 구분하다 公私を区分くぶんする。

공사【公使】 图 公使こうし。¶ 주일 ~ 駐日ちゅうにち公使。
　공사-관【-館】 图 公使館かん。

공사【空士】 图《「공군 사관 학교」의 縮約形》空軍くんぐん士官しかん学校こう。

공산【公算】 图 公算こうさん。¶ 낙제할 ~이 크다 落第らくだいする公算が大おおきい。

공:산【共産】 图 共産きょうさん。¶ ~권 共産圏けん/ ~ 국가 共産国家こっか。
　공:산-당【-黨】 图 共産党とう。
　공:산-주의【-主義】 图 共産主義しゅぎ。

공산-품【工産品】 图 工産品ひん。

공상【工商】 图 工商こうしょう。¶ 사농 ~ 士農しのう工商。

공상【空想】 图하他 空想くう。¶ ~에 잠기다 空想にふける。
　공상-가【-家】 图 空想家か。
　공상 과학 소:설【-科學小說】 图 空想科学小説しょうせつ。
　공상-적【-的】冠名 空想的てき。¶ ~ 사회주의 空想的社会主義しゃかいしゅぎ。

공:생【共生】 图하他 共生きょうせい。¶ ~ 관계 共生関係かんけい/ ~ 공사하다 生死せいしを共ともにする。

공:생 식물[-植物] 名[植] 共生植物きょうせいしょくぶつ。
공석[公席] 名 ①公務こうを執とる席せき。②公務こうで集あつまった席せき。(対) 사석(私席)。
공석[空席] 名 空席くうせき。①空あいている席せき。¶ ~이 눈에 띄다 空席が目立めだつ。②空位くらい、欠員けついん。¶ ~을 메우다 空席を埋うめる。
공설[公設] 名 公設こうせつ。¶ ~ 시장 公設市場こうせついちば。(対) 사설(私設)。
공성 名 熟達じゅくたつすること、慣なれること。
(관용) 공성이 나다 經驗けいけんを積つんで熟達じゅくたつする、慣なれる。
공:세[攻勢] 名 攻勢こうせい。¶ 선전 ~로 나오다 宣伝せんでん攻勢に出でる。
공소[公訴] 名 하他 [法] 公訴こうそ。¶ ~를 제기하다 公訴を提起ていきする。
  공소-권[-權] 名 [法] 公訴權こうそけん。
  공소 기:각[-棄却] 名 [法] 公訴棄却こうそききゃく。
  공소 시효[-時效] 名 [法] 公訴時效こうそじこう。
  공소-장[-狀] 名 [法] 公訴狀こうそじょう。¶ ~을 제출하다 公訴狀を提出ていしゅつする。
공손[恭遜] 名 하形 丁寧ていねい、丁重ていちょう、恭うやうやしいこと。¶ ~한 인사 丁寧な挨拶あいさつ。공손-히 副 丁寧に、丁重に、恭しく。¶ ~ 대답하다 丁重に返事へんじする。
공수 名 (巫女ふじょの)口寄くちよせ。
(관용) 공수(를) 받다 口寄せを聞きく。공수(를) 주다 口寄せをする。
공:수[攻守] 名 攻守こうしゅ。¶ ~의 전환이 빠르다 攻守の切きり替かえが早はやい。
공수[空手] 名 空手からで、素手すで、手てぶら。
공수[空輸] 名 하他 (「항공 수송(航空輸送)」의 縮約形しゅくやくけい) 空輸くうゆ。¶ 구호 물자를 ~하다 救援きゅうえん物資ぶっしを空輸する。
  공수 부대[-部隊] 名 空輸部隊くうゆぶたい。
공수래 공수거[空手來空手去] 名 하自 [佛] (人間にんげんはこの世よに素手すでで来きて素手すでで去さるものであるの意い)で人ひとの世よははかない。
공:수-병[恐水病] 名 [醫] 恐水病きょうすいびょう。(仝) 광견병(狂犬病)。
공-수표[空手票] 名 空手形からてがた。①不渡ふわたり小切手こぎって。②(比) 実行じっこうの伴ともなわない約束やくそく。¶ ~로 끝나다 空手形に終おわる。
공순[恭順] 名 하形 恭順きょうじゅん。¶ ~의 뜻을 표하다 恭順の意いを表ひょうする。공순-히 副 恭順に、慎つつしみ深ぶかく。
공술[-] 名 ただ酒さけ、振舞ふるまい酒さけ。¶ ~을 마시다 振舞い酒を飲のむ。
공:술[公述] 名 [法] (「진술(陳述)」의 旧称きゅうしょう) 公述こうじゅつ。¶ ~서 公述書こうじゅつしょ。
공습[空襲] 名 하他 空襲くうしゅう。¶ 야간 ~을 당하다 夜間やかん空襲を受うける。
  공습 경:보[-警報] 名 空襲警報くうしゅうけいほう。¶ 야간 ~을 당하다 空襲警報を発はっする。
공시[公示] 名 하他 되自 公示こうじ。¶ 지가의 ~ 地価ちかの公示。
  공시 송:달[-送達] 名 [法] 公示送達こうじそうたつ。
  공시 최고[-催告] 名 [法] 公示催告こうじさいこく。
공식[公式] 名 公式こうしき。①正式せいしき。¶ ~ 회담

公式会談かいだん/ ~으로 발표하다 公式に発表はっぴょうする。②[數] 公式。¶ ~에 대입하다 公式に代入だいにゅうする。
  공식-적[-的] 冠名 公式的てき。¶ ~인 견해 公式的な見解けんかい。
  공식-화[-化] 名 하他 되自 公式化か。
공신[公信] 名 公信こうしん。①公共こうきょうの信用しんよう。②公的こうてきに与あたえる信用。
  공신-력[-力] 名 [法] 公信力りょく。
공신[功臣] 名 功臣こうしん。¶ 일등 ~ 一等いっとう功臣。
공실[空室] 名 空室くうしつ、空あき部屋べや。
공안[公安] 名 公安こうあん、公共こうきょうの安寧あんねい。¶ ~을 해치다 公安を害がいする。
공약[公約] 名 하他 公約こうやく。¶ 선거 ~을 지키다 選擧せんきょ公約を守まもる。
공약[空約] 名 하他 空あきの約束やくそく。
공-약수[公約數] 名 [數] 公約數こうやくすう。¶ 최대 ~ 最大さいだい公約數。
공:양[供養] 名 하他 ①目上めうえの人ひとに食たべ物ものをもてなすこと。②[佛] 供養くよう。¶ 추선 ~ 追善ついぜん供養。
(관용) 공양(을) 드리다 供養くようするの尊敬語そんけいご。
공:양-미[-米] 名 供米きょうまい。
공언[公言] 名 하他 되自 公言こうげん。¶ 거리낌없이 ~하다 公言してはばからない。
공업[工業] 名 工業こうぎょう。¶ 경— 軽けい工業/ ~입지 工業立地りっち/ ~ 폐수 工業廃水はいすい。
  공업-계[-界] 名 工業界かい。
  공업 규격[-規格] 名 工業規格きかく。
  공업 단지[-團地] 名 工業団地だんち。(仝) 공단(工團)
  공업-용[-用] 名 工業用よう。¶ ~ 알콜 工業用アルコール。
  공업 용:수[-用水] 名 工業用水よう。
  공업 표준[-標準] 名 工業標準ひょうじゅん。¶ ~ 규격 工業標準規格きかく。
  공업-화[-化] 名 하他 되自 工業化か。
공:역[共譯] 名 하他 共訳きょうやく。¶ 소설을 ~하다 小説しょうせつを共訳する。
공연[公演] 名 하他 公演こうえん。¶ 위문 ~ 慰問いもん公演。
공연-하다[公然-] 形이 公然こうぜんとしている、おおっぴらだ。¶ 공연한 비밀 公然の秘密ひみつ。
  공연-히 副 公然と、おおっぴらに。¶ ~ 알려진 사실 公然と知しられている事実じじつ。
공연-하다[空然-] 形이 無駄むだだ、つまらない、しなくてもよい、空むなしい。¶ 공연한 수고를 하다 無駄な骨折ほねおりをする。공연-히 副 むだに、何なんの効こうもなく、むなしく、なんとなく。¶ ~ 화를 내다 わけもなく腹はらを立たてる。
공-염불[空念佛] 名 하自 空念仏からねんぶつ。¶ ~로 끝나다 空念仏に終おわる。
공영[公營] 名 하他 公営こうえい。¶ ~ 주택 公営住宅じゅうたく。(対) 사영(私營)。
  공영 방:송[-放送] 名 公営放送ほうそう。
공:영[共榮] 名 하自 共栄きょうえい。¶ 공존 ~의 길 共存きょうぞん共栄の道みち。
공:영[共營] 名 하他 共営きょうえい、共同きょうどう経営けいえい。

공예〔工藝〕 图 工芸こうげい。 ¶ ~ 작물 工芸作物さくもつ/ 민속 ~ 民俗みんぞく工芸。
　공예-가〔-家〕 图 工芸家か。
　공예-품〔-品〕 图 工芸品ひん。
공용〔公用〕 图 하타 되자 公用こうよう。 ¶ ~ 재산 公用財産ざい/ ~으로 쓰다 公用に使つかう。
　공용-물〔-物〕 图 公用物ぶつ。
　공용-어〔-語〕 图 公用語ご。
공:용〔共用〕 图 하타 되자 共用きょうよう。 ¶ 남녀 ~ 男女だんじょ共用。 反 전용(專用)
공원〔公園〕 图 公園こうえん。 ¶ 국립 ~ 国立こくりつ公園。
　공원 묘:지〔-墓地〕 图 公園墓地ぼち。
공유〔公有〕 图 公有こうゆう。 ¶ ~ 재산 公有財産ざい。 反 사유(私有)
　공유-림〔-林〕 图 公有林りん。
　공유-물〔-物〕 图 公有物ぶつ。
　공유 수면〔-水面〕 图 公有水面すいめん。
　공유-지〔-地〕 图 公有地ち。
공:유〔共有〕 图 하타 共有きょうゆう。 ¶ 재산을 ~ 하다 財産ざいを ~ する。
　공:유 결합〔-結合〕 化 共有結合けつごう。
　공:유-지〔-地〕 图 共有地ち。
공-으로〔空-〕 副 ただで、無料むりょうで。 ¶ ~ 얻은 책 ただでもらった本ほん。
공익〔公益〕 图 公益こうえき、公共の利益えきの。 ¶ ~ 사업 公益事業じぎょう/ ~을 지키다 公益を守まもる。
　공익 단체〔-團體〕 图 法 公益団体だんたい。
　공익 법인〔-法人〕 图 法 公益法人じん。
　공익 신:탁〔-信託〕 图 法 公益信託しんたく。
공:익〔共益〕 图 共益きょうえき、共同きょうどうの利益えき。 ¶ ~ 비용 共益費用ひよう。
　공:익-권〔-權〕 图 法 共益権けん。
공인〔公人〕 图 公人じん。 ¶ ~의 입장 公人の立場たち。 反 사인(私人)
공인〔公認〕 图 하타 되자 公認こうにん。 ¶ ~을 받다 公認を受うける。
　공인 회:계사〔-會計士〕 图 公認会計士かいけいし。
공-일〔空-〕 图 ①ただ働ばたらき、賃金ちんをもらわずにする仕事しごと。 ②むだな仕事、徒労ろう。
공일〔空日〕 图 日曜日にちようび。 ¶ ~날 日曜日。
공임〔工賃〕 图 工賃ちん。 ¶ ~을 올리다 工賃を上あげる。
공작〔工作〕 图 하타 工作こうさく。①器物きぶつを作つくること。 ¶ ~ 기계 工作機械かい。 ②目的もくてき達成のため前まえもって働はたらきかけること。 ¶ 정치 ~ 政治じ工作/ 이면 ~을 하다 裏面りめん工作をする。
　공작-금〔-金〕 图 工作金きん。
　공작-대〔-隊〕 图 工作隊たい。
　공작-물〔-物〕 图 工作物ぶつ。
　공작-원〔-員〕 图 工作員いん。 ¶ ~을 파견하다 工作員を派遣はけんする。
공작〔公爵〕 图 公爵じゃく。
공:작〔孔雀〕 图 動 クジャク。
　공:작-석〔-石〕 图 鑛 孔雀石くじゃくせき。
공장〔工場〕 图 工場こうじょう・こうば。 ¶ ~ 폐수 工場廃水はい/ 제조 ~ 製造せいぞう工場/ ~에 다니다 工場に通かよう。
　공장-도〔-渡〕 图 工場渡こうじょうわたし。 ¶ ~ 가격 工場渡し価格かかく。
　공장-장〔-長〕 图 工場長ちょう。
　공장 폐:쇄〔-閉鎖〕 图 工場閉鎖へい、ロックアウト。
　공장-화〔-化〕 图 하타 되자 工場化か。
공:저〔共著〕 图 하타 共著きょうちょ。 ¶ ~자 共著者しゃ。
공적〔公的〕 冠 公的てき。 ¶ ~ 기관 公的機関かん/ ~인 입장 公的な立場たち。
　공적 부조〔-扶助〕 图 公的扶助ふじょ。
공적〔功績〕 图 功績こうせき、手柄てがら、功労こうろう。 ¶ 큰 ~을 남기다 大おおきな功績を残のこす。
공전〔工專〕 图 《「공업 전문 대학」의 縮約形》 工業こうぎょう短期たんき大学がく。
공전〔工錢〕 图 工銭せん、工賃ちん。
공전〔公轉〕 图 하타 되자 公転こうてん。 ¶ 지구의 ~ 운동 地球ちきゅうの公転運動うんどう。
　공전 주기〔-週期〕 图 天 公転周期しゅうき。
공전〔空轉〕 图 하타 되자 空転くうてん。①から回まわり。 ¶ 차바퀴가 ~하다 車輪しゃりんがから回りする。 ②(事態じたいが進展しんてんせず)むだに事ことが行おこなわれること、から回り。 ¶ 회담이 ~을 거듭하다 会談かいだんがから回りを繰くり返かえす。
공정〔工程〕 图 工程てい。 ¶ 제조 ~ 製造せいぞう工程。
　공정 관:리〔-管理〕 图 工程管理かん。
공정〔公正〕 图 하형 公正こうせい。 ¶ ~한 판단 公正な判断だん。 공정-히 副 公正に。
　공정 가격〔-價格〕 图 公正価格かかく。
　공정 거:래〔-去來〕 图 公正取引ひき。 ¶ ~ 위원회 公正取引委員会いいんかい。
　공정-성〔-性〕 图 公正性せい。
공정〔公定〕 图 하타 公定てい。 ¶ ~ 가격 公定価格かかく。
　공정 금리〔-金利〕 图 公定金利きん。
　공정 환:율〔-換率〕 图 經 公定為替相場かわせそうば、公定為替レート。
공:제〔共濟〕 图 하타 共済きょうさい。 ¶ ~ 조합 共済組合くみあい。
공:제〔控除〕 图 하타 되자 控除こうじょ。 ¶ ~ 금액 控除金額きんがく/ 기초 ~ 基礎控除きそ。 ②(碁ごで)込こみ。 ¶ 흑 5호 반 ~ 黒くろ5目半もくはんの込み。
　공:제-액〔-額〕 图 控除額がく。
공:조〔共助〕 图 하타 共助きょうじょ。 ¶ ~ 수사 共助捜査そうさ。
공:존〔共存〕 图 하타 되자 共存きょうぞん。 ¶ ~ 정책 共存政策せいさく/ 평화 ~ 平和へいわ共存。
　공: 존 공:영〔-共榮〕 图 共存共栄きょうえい。
공주〔公主〕 图 公主こうしゅ、王女おうじょ。
공중〔公衆〕 图 公衆こうしゅう。 ¶ 일반 ~ 一般いっぱん公衆/ ~의 편의를 도모하다 公衆の便益べんえきをはかる。
　공중 도:덕〔-道德〕 图 公衆道徳どうとく。 ¶ ~을 지키다 公衆道徳を守もる。
　공중 변소〔-便所〕 图 公衆便所べんじょ。
　공중 위생〔-衛生〕 图 公衆衛生えいせい。
　공중 전:화〔-電話〕 图 公衆電話でん。

**공중**〔空中〕 图 空中ちゅう、宙ちゅ、空そら。¶ ~전 空中戦せん/ ~ 보급 空中補給ほきゅう/ ~ 높이 날다 空中高たかく飛とぶ。
**공중 급유**〔-給油〕 图 空中給油きゅう。
**공중 누각**〔-樓閣〕 图 空中楼閣ろうかく。
**공중 분해**〔-分解〕 图自 空中分解ぶん。¶ 회사가 ~되다 会社かいしゃが空中分解する。
**공중-선**〔-線〕 图 空中線せん、アンテナ。
**공중 수송**〔-輸送〕 图 空中輸送きゅう。参 공수(空輸)
**공중-제비** 图 宙返ちゅうがえり、とんぼ返がえり。¶ ~를 넘다 とんぼ返りをする。
**공증**〔公證〕 图他自 公証こう。¶ ~ 문서 公証文書ぶんしょ。
**공증-인**〔-人〕 图〔法〕 公証人にん。
**공지**〔公知〕 图他 公知こう。¶ ~ 사항 公知事項こう。
**공지**〔空地〕 图 空地くう。①空あき地ち。②空そらと地上ちじょう。
**공직**〔公職〕 图 公職こうしょく。¶ ~에 취임하다 公職に就つく。
**공직 추방**〔-追放〕 图 公職追放ついほう。
**공짜**〔空-〕 图 ただで得えること、ただで得たもの、無料りょう。¶ ~ 구경 無料見物けんぶつ/ ~나 다름없는 값 ただも同様どうような値段ねだん。**공짜-로** 圖 ただで、無料で、ロハで。¶ ~ 얻다 ただでもらう。
**공차**〔空車〕 图 空車くう。①空からの車くるま。②ただ乗のりの車、無賃乗車むちん。¶ ~를 타다 ただ乗りをする。
**공채**〔公債〕 图①公債さい。②国くにが負おう債務さいむ。③ ⇒ 공채무(公債務)
**공-채무**〔公債務〕 图 公金こうきん流用りゅうようや公課金こうか未納みのうなどの債務さい。
**공책**〔空冊〕 图 ノート、帳面ちょうめん、筆記帳ひっき。
**공처가**〔恐妻家〕 图 恐妻家きょうさいか。
**공천**〔公薦〕 图他自 補者こうほを公式こうしきに推薦すいせんすること。¶ 정당의 ~을 받다 政党の公式こうしき推薦を受うける。
**공청-회**〔公聽會〕 图 公聴会こうちょうかい。¶ ~를 열다 公聴会を開ひらく。
**공:-출**〔供出〕 图他 供出しゅつ。
**공:-출미**〔-米〕 图 供出米べい。
**공:-치기** 图 球技きゅう。
**공-치다**〔空-〕 自①(仕事しごとで)所得しょとくを得えることができずに徒労とろうに終おわる、(仕事に)あぶれる。¶ 비가 와서 오늘도 공쳤다 雨あめが降ふって今日きょうもあぶれた。②(客きゃくがなくて)お茶ちゃをひく。③(印しるしとして)丸まるを付つける、丸印まるをかく。
**공-치사**〔功致辭〕 图他自 自分じぶんの功こうを人前ひとまえで自賛じさんすること。
**공-치사**〔空致辭〕 图他 空世辞からせじ、上辺うわべだけでお祝いわいを述のべること。
**공:탁**〔供託〕 图他自〔法〕 供託きょう。¶ 보증금을 ~하다 保証金ほしょうきんを供託する。
**공:탁-금**〔-金〕 图〔法〕 供託金きん。
**공:탁-물**〔-物〕 图〔法〕 供託物ぶつ。

**공터**〔空-〕 图 空あき地ち。
**공:통**〔共通〕 图他自形 共通つう。¶ ~의 이해 관계 共通の利害りがい関係かんけい。
**공:-통성**〔-性〕 图 共通性せい。
**공:-통어**〔-語〕 图〔言〕 共通語ご。¶ 세계 ~ 世界せかいの共通語。
**공:-통점**〔-點〕 图 共通点てん。¶ ~을 찾아내다 共通点を見いだす。
**공판**〔公判〕 图他自 公判はん。¶ ~이 열리다 公判が開ひらかれる。
**공판-정**〔-廷〕 图 公判廷てい。
**공평**〔公平〕 图他形 公平こう。¶ ~한 판결 公平な判決はん/ ~을 기하다 公平を期きする。**공평-히** 圖 公平に。¶ ~ 다루다 公平に扱あつかう。
**공평-무사**〔-無私〕 图 公平無私し。¶ ~한 태도 公平無私な態度たい。
**공포**〔公布〕 图他自 公布こう。¶ 법률을 ~하다 法律りつを公布する。
**공포**〔空砲〕 图 空砲ほう。¶ ~ 사격 空砲射撃しゃげき。関用 공포를 놓다 ①空砲を撃うつ。②恐喝きょうかつする、おどかす。
**공:포**〔恐怖〕 图 恐怖ふ。¶ ~에 떨다 恐おそれおののく。/ ~를 자아내다 恐怖をかもす。
**공:포-감**〔-感〕 图 恐怖感かん。¶ ~에 사로잡히다 恐怖感にとらわれる。
**공:포-심**〔-心〕 图 恐怖心しん。
**공:포 정치**〔-政治〕 图 恐怖政治せい。
**공:포-증**〔-症〕 图 恐怖症しょう。¶ 대인 ~ 対人たいじん恐怖症。
**공표**〔公表〕 图他自 公表ひょう。¶ 결과를 ~하다 結果かを公表する。
**공표**〔空標〕 图 丸印まるいん。
**공학**〔工學〕 图 工学こう。¶ ~부 工学部ぶ/ 전기 ~ 電気でん工学。
**공:-학**〔共學〕 图他自 共学がく。¶ 남녀 ~ 男女だん共学。
**공한지**〔空閑地〕 图①空あき地ち。②空閑地くうかん、遊あそんでいる土地とち。¶ ~세 空閑地税ぜい。
**공항**〔空港〕 图 空港こう、エアポート。¶ 국제 ~ 国際こく空港。
**공해**〔公害〕 图 公害がい。¶ ~ 문제 公害問題もんだい/ 자동차 ~ 自動車じどう公害。
**공해-병**〔-病〕 图 公害病びょう。
**공해**〔公海〕 图 公海かい。¶ ~ 어업 公海漁業ぎょう。
**공허**〔空虛〕 图他形 空虚くう、むなしいこと、うつろなこと。¶ ~한 이론 空虚な理論りろん/ ~한 마음 うつろな気持きち。
**공허-감**〔-感〕 图 空虚感かん。
**공:헌**〔貢獻〕 图他自 貢献けん。¶ 사회에 ~하다 社会しゃかいに貢献する。
**공:화**〔共和〕 图他 共和きょう。¶ ~ 정치 共和政治せい。
**공:화-국**〔-堂〕 图 共和国こく。
**공:화-제**〔-制〕 图 共和制せい。
**공:황**〔恐慌〕 图 恐慌きょう。①恐おそれ慌あわてること。②「経済 공황」の縮約形。
**공회**〔公會〕 图 公会こうかい。
**공회-당**〔-堂〕 图 公会堂どう。

**공휴**【公休】图「공휴일」의 縮約形.
　**공휴-일**[-日] 图 公休日.
**공-히**【共-】副 共に. ¶ 명실 ~ 名実共に.
**-곶**【地名に付いて】岬. ¶ 장산 ~ 長山岬.
**곶-감** 图 串柿, 干し柿.
　속담 곶감 꼬치에서 곶감 빼 먹듯 串しから干し柿を抜いて食うみたいな.《苦労して蓄えた財産を少しずつ使ってしまうこと》
**과** 勔 ①《比較の対象を表わす》…と, …の. ¶ 옛날 ~ 다르다 昔と違う. / 다음 ~ 같은 문제 次のような問題も. ②《相手をとなる対象を表わす》…と. ¶ 형 ~ 같이 놀다 兄といっしょに遊ぶ. ③《並列の意を表わす》…と. ¶ 하늘 ~ 땅 天と地や/현실 ~ 이상 現実と理想と.
**과**【果】图 果か. ①木きの実み, 果実. ②結果けっ. ③【佛】因縁いんから出るいっさいの法ほう. ④【佛】仏果か.
**과**【科】图 科か. ①【生】生物の分類上の一単位(目と属との中間). ②学科, 科目. ¶ 영문 ~ 英文科/ ~ 외 外科.
**과**【課】图 課か. ①(教科書などの)内容ないの区分の一つ. ¶ 제일 ~ 第一課だいいっ. ②(会社, 官庁などの)組織きの一単位. ¶ 영업 ~ 営業課えいぎょう.
**과-**【過】接頭 ①《度を越した・過度の意を表わす》過か…. ¶ ~ 보호 過保護. ②【化】過か…. ¶ ~ 황산 過硫酸.
**과감**【果敢】图 ㄹ形 果敢. ¶ 용맹 勇猛과 ~ 果敢/ ~ 한 개혁 果敢な改革. **과감-히** 副 果敢に. ¶ ~ 반격하다 果敢に反撃する.
**과거**【科擧】图〔史〕科擧. ¶ ~ 에 급제하다 科擧に及第する.
　**과거-보다** 冠 科擧の試験を受ける.
　**과거-하다** 冠 科擧の試験に及第する.
**과:거**【過去】图 過去. ¶ ~ 를 청산하다 過去を清算する.
　**과:거 분사**[-分詞] 图〔文法〕過去分詞.
　**과:거사**[-事] 图 過去の事, 過ぎ去った事.
　**과:거 완료**[-完了] 图〔文法〕過去完了.
**과격**【過激】图 ㄹ形 過激. ¶ ~ 분자 過激分子/ ~ 한 행동 過激な行動. **과격-히** 副 過激に, 激しく.
　**과:격-파**[-派] 图 過激派.
**과-꽃** 图[柿] エゾギク.
**과:녁** 图 的, 標的. ¶ ~ 을 맞히다 的に当たる.
**과:년**【過年】图 ㄹ形《女性の婚期が過ぎること》. ¶ ~ 한 처녀 婚期の過ぎた娘.
**과:다**【過多】图 ㄹ形 過多な, 多すぎるさま. ¶ 영양 ~ 栄養過多/ 공급이 ~ 하다 供給が多すぎる. **과다-히** 副 過多に.
　**과:다-증**[-症] 图〔医〕過多症. ¶ 위산 ~ 胃酸過多症.
**과단**【果斷】图 ㄹ他 果斷. ¶ ~ 성 있는 태도 果斷な態度.

**과:당**【過當】图 ㄹ形 過当. ¶ ~ 경쟁 過当競争.
**과:대**【過大】图 ㄹ形 過大. ¶ ~ 한 손실 過大な損失. 倒 과소(過小).
　**과:대 평:가**[-評價] 图 ㄹ他 過大評価. ¶ 실력을 ~ 하다 実力を過大評価する.
**과:대**【誇大】图 ㄹ形 誇大, おおぎょう, 大おげさ. ¶ ~ 선전 誇大宣伝.
　**과:대 망:상**[-妄想] 图 誇大妄想. ¶ ~ 증 誇大妄想症.
**과:도**【過度】图 ㄹ形 過度. ¶ ~ 한 지출 過度の支出. **과도-히** 副 過度に, 度を越して.
**과:도**【過渡】图 過渡. ¶ ~ 시대 過渡時代.
　**과:도-기**[-期] 图 過渡期.
　**과:도-적**[-的] 图 ㄹ形 過渡的. ¶ ~ 인 현상 過渡的な現象.
**과:두**【寡頭】图 寡頭. ¶ ~ 정치 寡頭政治.
**과:로**【過勞】图 ㄹ自 過労. ¶ ~ 로 쓰러지다 過労で倒れる.
　**과:로-사**[-死] 图 過労死.
**과립**【顆粒】图 顆粒. ¶ ~ 상 顆粒状.
**과목**【科目】图 科目. ¶ 전공 ~ 専攻科目.
　**과목-별**[-別] 图 科目別. ¶ ~ 로 분류하다 科目別に分類する.
**과:묵**【寡默】图 ㄹ形 寡默. ¶ ~ 한 사람 寡默な人. **과묵-히** 副 寡默に.
**과:민**【過敏】图 ㄹ形 過敏. ¶ 신경 ~ 神経過敏/ ~ 한 반응 過敏な反応.
　**과:민-성**[-性] 图 過敏性. ¶ ~ 체질 過敏性体質.
**과:밀**【過密】图 ㄹ形 過密. ¶ 인구 ~ 지대 人口過密地帯.
**과:반-수**【過半數】图 過半数. ¶ ~ 를 차지하다 過半数を占める.
**과:부**【寡婦】图 寡婦, やもめ, 後家, 未亡人. ¶ 청상 ~ 若後家/ ~ 로 수절하다 後家で通す.
　속담 과부 사정은 과부가 안다 後家の事情は後家が知る.《同病相憐れむ》
**과:-부족**【過不足】图 過不足. ¶ ~ 없이 나누다 過不足なく分ける.
**과:-부하**【過負荷】图 過負荷. ¶ ~ 전류 過負荷電流.
**과:분**【過分】图 ㄹ形 過分, 勿体ない. ¶ ~ 한 칭찬을 받다 過分なお褒めにあずかる. **과분-히** 副 過分に.
**과:-산화**【過酸化】图〔化〕過酸化. ¶ ~ 물 過酸化物.
　**과:-산화-망간**[-mangan] 图〔化〕過酸化マンガン. ⑫ 이산화망간.
　**과:-산화-나:트륨**[-soda] 图〔化〕過酸化ナトリウム.
　**과:-산화-수소**[-水素] 图〔化〕過酸化水素.
**과세**【課稅】图 ㄹ自 課税. ¶ ~ 가격 課税価格/ 누진 ~ 累進課税.
　**과세 소:득**[-所得] 图 課税所得.
　**과세-율**[-率] 图 課税率, 税率.

**과세 표준**〔-標準〕图 課税標準。

**과:소**〔過小〕图[하형] 過小。떤 과대(過大)

**과:소 평:가**〔-評價〕图[하타] 過小評価。

**과:소**〔過少〕图[하형] 過少。¶ ~ 인구 過少人口。떤 과다(過多)

**과:소**〔過疎〕图[하형] 過疎。떤 과밀(過密)

**과속**〔過速〕图 制限속도以上の速度。

**과:수원**〔果樹園〕图 果樹園。

**과:시**〔誇示〕图[하타] 誇示。¶ 재력을 ~하다 財力を誇示する。

**과:식**〔過食〕图[하타] 過食、食べ過ぎること。¶ ~하여 병이 났다 食べすぎて病気になった。

**과:신**〔過信〕图[하타] 過信。¶ 능력을 ~하다 能力を過信する。

**과:실**〔果實〕图 果実。①果物。¶ ~ 주 果実酒。②元物から生じる収益。¶ 송금 果実の送金。

**과:실**〔過失〕图 過失、過ち。¶ ~ 책임 過失責任/~을 범하다 過ちを犯す。

**과:실-범**〔-犯〕图[法] 過失犯。

**과:실 치:사**〔-致死〕图[法] 過失致死。¶ ~죄 過失致死罪。

**과:언**〔過言〕图[하형] 過言、言い過ぎ。¶ 천재라 해도 ~ 은 아니다 天才といっても過言ではない。

**과:연**〔果然〕囝 果然、さすが、やっぱり、果たして、なるほど、思ったとおり。¶ ~ 잘한다 なるほどうまい。/~ 진실일까? 果たして真実だろうか。/~ 뽐낼 만하다 さすが誇るに足る。

**과:열**〔過熱〕图[하타] 過熱。¶ ~로 인한 화재 過熱による火事。

**과:오**〔過誤〕图 過誤、過ち。¶ ~를 범하다 過ちを犯す。

**과외**〔課外〕图 課外。¶ ~ 수업 課外授業/~ 활동 課外活動。

**과:욕**〔過慾〕图 欲張り。¶ ~이 화근이다 欲張りが災いの元だ。

**과:육**〔果肉〕图 ①果肉。②果物と肉と。

**과:음**〔過飲〕图[하타] 過飲、飲みすぎ。¶ ~해서 건강을 해치다 飲みすぎて体を壊す。

**과:일**〔果物〕图 果物、フルーツ。

**과:잉**〔過剰〕图[하형] 過剰。¶ 인구 ~ 人口が過剰。

**과:잉 방위**〔-防衛〕图 過剰防衛。

**과:잉 생산**〔-生産〕图 過剰生産。

**과:잉 투자**〔-投資〕图 過剰投資。

**과자**〔菓子〕图 菓子、ケーキ。¶ 생~ 生菓子。/~점 菓子店。

**과:장**〔誇張〕图[하타] 誇張。¶ ~된 표현 誇張された表現/사실을 ~해서 말하다 事実じょうを誇張して言う。

**과:장-법**〔-法〕图[表] 誇張法。

**과장**〔課長〕图 課長。¶ 영업 ~ 営業課長。

**과:정**〔過程〕图 過程、プロセス。¶ 성립 ~ 成立過程。

**과정**〔課程〕图 課程。①課業の程度。¶ 교육 ~ 教育課程。②教科課程。¶ 2학년 ~ 二年生の課程。

**과제**〔課題〕图 課題。¶ 당면한 ~ 当面の課題/~를 내다 課題を出す。

**과:중**〔過重〕图[하형] 過重。¶ ~한 부담 過重な負担。/과중하다 過重に耐える。

**과:즙**〔果汁〕图 果汁、ジュース。

**과징-금**〔課徴金〕图 課徴金。

**과:찬**〔過讚〕图[하타] 過賞、ほめ過ぎ、過奨。¶ ~의 말씀 過賞のお言葉。

**과:태**〔過怠〕图 過怠、怠り、怠慢。

**과:태-료**〔-料〕图[法] 過料。

**과-하다**〔科-〕[하타] 科する。¶ 벌금을 ~ 罰金を科する。

**과-하다**〔課-〕[하타] 課する。¶ 세금을 ~ 税金を課する。

**과:-하다**〔過-〕[형여] 過度だ、度を超している、あんまりだ。¶ 술이 ~ 度を超して酒を飲む。 **과:히** 囝 あんまり、あまり。①過度に。¶ ~ 염려하지 마십시오 あまり心配しないでください。②《否定の表現とともに用いられて》それほど、さほど、たいして。¶ ~ 크지 않다 あまり大きくない。/~ 어렵지 않다 それほど難しくない。

**과학**〔科學〕图 科学。¶ 자연 ~ 自然科学/~의 진보 科学の進歩。

**과학 만:능**〔-萬能〕图 科学万能。¶ ~주의 科学万能主義。

**과학-자**〔-者〕图 科学者。

**과학-적**〔-的〕冠名 科学的。¶ ~인 근거 科学的な根拠。

**과학-화**〔-化〕图[하자타] 科学化。

**곽란**〔霍亂〕图[漢] 霍乱。¶ 토사 ~ 吐瀉霍乱。

**관**〔官〕Ⅰ 图 官。①官庁、政府、国家。②官吏、役人。Ⅱ 接尾 …官。¶ 경찰~ 警察官。

**관**〔冠〕图 冠。

**관**〔棺〕图 棺、ひつぎ。

**관**〔管〕图 管。¶ 수도 ~ 水道管。

**관**〔貫〕依 貫、重さの単位(一貫は3.75kg)。

**-관**〔館〕接尾 …館。¶ 대사 ~ 大使館。

**-관**〔觀〕接尾 …観。¶ 인생 ~ 人生観。

**관:개**〔灌漑〕图[하타] 灌漑。¶ ~ 시설 灌漑施設。

**관:개 용:수**〔-用水〕图 灌漑用水。

**관객**〔觀客〕图 観客。¶ ~석 観客席/수많은 ~을 동원하다 多数の観客を動員する。

**관건**〔關鍵〕图 関鍵。①かんぬき。②かなめ、かぎ、キーポイント。¶ 해결의 ~을 쥐다 解決のかぎを握っている。

**관계**〔官界〕图 官界。¶ ~로 진출하다 官界に進出する。

**관계**〔關係〕图[하자타] 関係。①関わり、関連、関与、間柄。¶ 우호 ~ 友好関係/사건에 ~하다 事件に関係する。

관공서

②分野ぶんや・部門ぶもん・方面ほうめん。¶ 무역 ~의 일 貿易ぼうえき関係の仕事しごと。③男女だんじょの性的せいてき交渉こうしょう。¶ 유부녀와 ~를 갖다 人妻ひとづまと関係をもつ。④影響えいきょうすること。¶ 날씨~로 그만두다 天気てんきの都合つごうでやめる。

**관계-없다** [形] ①関係ない。¶ 그 일과는 ~ 그 事こととは関係ない。 ②構かまわない、心配無用しんぱいむようだ。¶ 누가 뭐라 해도 ~ 誰だれが何なんと言いおうと構かまわない。**관계없-이** [副] 関係なく、かかわらず。¶ 날씨에 ~ 출발한다 天候てんこうにかかわらず出発しゅっぱつする。

**관계-자** [-者] [名] 関係者かんけいしゃ。

**관-공서** [官公署] [名] 官公署かんこうしょ、役所やくしょ。

**관광** [観光] [名][하他] 観光かんこう。¶ ~단 観光団かんこうだん/ ~ 여행 観光旅行かんこうりょこう。

**관광-객** [-客] [名] 観光客かんこうきゃく。¶ ~을 유치하다 観光客を誘致ゆうちする。

**관광 산:업** [-産業] [名] 観光産業かんこうさんぎょう。
**관광 자:원** [-資源] [名] 観光資源かんこうしげん。
**관광-지** [-地] [名] 観光地かんこうち。

**관권** [官権] [名] 官権かんけん。¶ ~을 행사하다 官権を行使こうしする。

**관-내** [管内] [名] 管内かんない。¶ ~를 순시하다 管内を巡視じゅんしする。

**관념** [観念] [名] 観念かんねん。¶ 고정 ~ 固定こてい観念/ 시간~이 없다 時間じかんの観念がない。

**관념-론** [-論] [名] 観念論かんねんろん。

**관념-적** [-的] [冠名] 観念的かんねんてき。¶ ~인 표현 観念的な表現ひょうげん。

**관능** [官能] [名] 官能かんのう。¶ ~을 자극하다 官能を刺激しげきする。

**관능-미** [-美] [名] 官能美かんのうび。

**관능-적** [-的] [冠名] 官能的かんのうてき。¶ ~인 쾌락 官能的な快楽かいらく。

**관대** [寛大] [名][하形] 寛大かんだい。¶ ~한 처분 寛大な処分しょぶん。 **관대-히** [副] 寛大に。¶ ~ 용서하다 寛大に許ゆるす。

**-관데** [語尾] (理由りゆう・根拠こんきょをたずねる接続語尾) …した(から)といって、…て。¶ 무엇을 보았~ 그리 놀라는고 何なにを見みたといって、そのようにおどろくのか。

**관동** [関東] [名][地] 大関嶺だいかんれい(대관령) 以東いとうの江原道こうげんどう(강원도) 地域ちいき。

**관동 팔경** [-八景] [名][地] 「관동」地方ちほうにある八ヶ所やっかしょの名勝地めいしょうち。

**관:-두다** [他] (「고만두다」の縮約形しゅくやくけい) 止やめる、思おもいとどまる。¶ 싫으면 관둬요 いやなら止やめなさい。

**관등** [観燈] [名][하自][佛] 陰暦いんれき4月がつ8日ようかの釈迦しゃかの誕生日たんじょうびに堤灯ちょうちんを点ともして祝いわうこと。

**관등-놀이** [名] 陰暦4月8日の夜よるに行おこなわれる堤灯遊ちょうちんあそび。

**관람** [観覧] [名][하他] 観覧かんらん、見物けんぶつ。¶ ~ 석 観覧席かんらんせき/ 영화를 ~ 하다 映画えいがを見みる。
**관람-객** [-客] [名] 観客かんきゃく、見物人けんぶつにん。
**관람-료** [-料] [名] 観覧料かんらんりょう。

**관련** [関聯] [名][하他][되自] 関連かんれん、連関れんかん、かかわり。¶ ~ 산업 関連産業かんれんさんぎょう/ 아무런 ~도 없다 なんのかかわりもない。

**관련-성** [-性] [名] 関連性かんれんせい。

**관례** [慣例] [名] 慣例かんれい、しきたり、習ならわし。¶ ~에 따르다 慣例に従したがう。

**관례-법** [-法] [名][法] 慣例法かんれいほう、慣習法かんしゅうほう。

**관:-록** [貫祿] [名] 貫祿かんろく。¶ ~이 붙다 貫祿がつく。

**관료** [官僚] [名] 官僚かんりょう。¶ ~주의 官僚主義かんりょうしゅぎ。

**관료-적** [-的] [冠名] 官僚的かんりょうてき。¶ ~인 조직 官僚的な組織そしき。

**관료-제** [-制] [名] 官僚制かんりょうせい。

**관류** [貫流] [名][하他] 貫流かんりゅう。¶ 평야를 ~하는 강 平野へいやを貫流する川かわ。

**관리** [官吏] [名] 官吏かんり、役人やくにん。

**관리** [管理] [名][하他][되自] 管理かんり。¶ ~ 능력 管理能力かんりのうりょく/ 품질 ~ 品質ひんしつ管理。

**관리-권** [-權] [名] 管理権かんりけん。

**관리-인** [-人] [名] 管理人かんりにん。¶ 재산 ~ 財産ざいさん管理人。

**관리-직** [-職] [名] 管理職かんりしょく。

**관립** [官立] [名] 官立かんりつ。¶ ~ 학교 官立学校かんりつがっこう。

**관망** [観望] [名][하他] 観望かんぼう。¶ 형세를 ~ 하다 形勢けいせいを観望する。

**관:-목** [灌木] [名][植] 灌木かんぼく、低木ていぼく。¶ ~대 灌木帯かんぼくたい。

**관문** [關門] [名][하他] 関門かんもん。¶ 입시의 ~ 入試にゅうしの関門。

**관민** [官民] [名] 官民かんみん、官吏かんりと民間人みんかんじん。¶ ~ 일치 官民一致いっち。

**관병** [観兵] [名] 観兵かんぺい。¶ ~식 観兵式かんぺいしき。

**관복** [官服] [名] 官服かんぷく。¶ ~을 지급하다 官服を支給しきゅうする。

**관비** [官費] [名] 官費かんぴ。¶ ~ 유학생 官費留学生りゅうがくせい。

**관사** [官舍] [名] 官舍かんしゃ。

**관사** [冠詞] [名][文法] 冠詞かんし。

**관상** [觀相] [名][하他] 人相にんそう。¶ ~학 觀相学にんそうがく/ ~이 좋다 人相がいい。

**관상-가** [-家] [名] 觀相家にんそうか、人相見にんそうみ。

**관상-쟁이** [名][俗] ⇨ 관상가

**관상** [觀賞] [名][하他] 観賞かんしょう。¶ 화초를 ~ 하다 草花くさばなを観賞する。

**관상-수** [-樹] [名] 観賞樹かんしょうじゅ。

**관상-용** [-用] [名] 観賞用かんしょうよう。

**관상-대** [觀象臺] [名] 「기상대」の旧称きゅうしょう。

**관상 동:맥** [冠狀動脈] [名][生] 冠状動脈かんじょうどうみゃく。

**관선** [官選] [名][하他] 官選かんせん。

**관성** [慣性] [名][物] 慣性かんせい。¶ ~의 법칙 慣性の法則ほうそく。

**관세** [關稅] [名] 関税かんぜい。¶ 보호 ~ 保護ほご関税/ ~가 붙다 関税がかかる。

**관세-율** [-率] [名] 関税率かんぜいりつ。

**관세 장벽** [-障壁] [名] 関税障壁かんぜいしょうへき。

**관세 조약** [-條約] [名] 関税条約かんぜいじょうやく。

**관세음보살** [觀世音菩薩] [名][佛] 観世音菩薩かんぜおんぼさつ。

**관:-솔** [名] たいまつにする松まつやにのついた枝えだ。

**관:-솔-불** [名] たいまつの明あかり。

**관습**〔慣習〕 [名] 慣習、習わし。¶ 사회적 ~에 따르다 社会的慣習に従う。
　**관습-법**〔-法〕 [名]〔法〕 慣習法。
**관심**〔關心〕 [名][하自他] 関心。¶ ~을 끌다 関心を引く。
　**관심 거리** [名] 関心の対象、関心事。
　**관심-사**〔-事〕 [名] 関心事。¶ 최대의 ~ 最大の関心事。
**관ː악**〔管樂〕 [名] 管楽、吹奏楽。
　**관ː악-기**〔-器〕 [名] 管楽器。
**관여**〔關與〕 [名][하自] 関与。¶ 사건에 ~하다 事件に関与する。
**관엽 식물**〔觀葉植物〕 [名] 観葉植物。
**관영**〔官營〕 [名] 官営。¶ ~ 사업 官営事業。
**관용**〔官用〕 [名] 官用。¶ ~차 官用車。
**관용**〔慣用〕 [名][하他][되自] 慣用。¶ ~적으로 쓰이다 慣用的に使われる。
　**관용-구**〔-句〕 [名] 慣用句。
　**관용-어**〔-語〕 [名] 慣用語。
　**관용-음**〔-音〕 [名] 慣用音。
**관용**〔寬容〕 [名][하他] 寛容。¶ ~의 정신 寛容の精神。
**관운**〔官運〕 [名] 官職に恵まれる運。¶ ~이 트이다 官職の運が開ける。
**관음**〔觀音〕 [名]〔佛〕《「관세음보살」の縮約形》観音。¶ ~상 観音像。
　**관음-경**〔-經〕 [名]〔佛〕 観音経。
　**관음-보살**〔-菩薩〕 [名]〔佛〕《「관세음보살」の縮約形》観音菩薩。
**관인**〔官印〕 [名] 官印。
**관인**〔官認〕 [名][하他] 官庁で認定すること。
**관인**〔寬仁〕 [名][하形] 寛仁。¶ ~ 대도 寛仁大度。
**관장**〔管掌〕 [名][하他] 管掌。¶ 업무를 ~하다 業務を管掌する。
**관장**〔灌腸〕 [名][하自]〔醫〕 灌腸、浣腸。¶ 약물 ~ 薬物浣腸。
**관재**〔官災〕 [名] 官から被る災厄。¶ ~가 따를 운수 官からの災厄を被る運勢。
**관저**〔官邸〕 [名] 官邸。¶ 대통령 ~ 大統領官邸。[대] 사저(私邸)
**관전**〔觀戰〕 [名] 観戦。¶ 경기를 ~하다 競技を観戦する。
　**관전-평**〔-評〕 [名] 観戦評。
**관절**〔關節〕 [名]〔生〕 関節。¶ ~을 삐다 関節が外れる。
　**관절-염**〔-炎〕 [名] 関節炎。
**관점**〔觀點〕 [名] 観点、見地。¶ ~의 차이 観点の相違/ ~을 바꾸어 생각하다 観点を変えて考える。
**관제**〔官製〕 [名][하他] 官製。¶ ~ 엽서 官製葉書。
　**관제-품**〔-品〕 [名] 官製品。
**관제**〔管制〕 [名][하他] 管制。¶ 등화 ~ 灯火管制。
　**관제-탑**〔-塔〕 [名] 管制塔。
**관조**〔觀照〕 [名][하他] 観照。¶ 인생을 ~하다 人生を観照する。
**관중**〔觀衆〕 [名] 観衆。¶ ~석 観衆席/ ~이 운집하다 観衆が雲集する。
**관직**〔官職〕 [名] 官職。¶ ~에 오르다 官職につく。
**관찰**〔觀察〕 [名][하他][되自] 観察。¶ 생태를 ~하다 生態を観察する。
　**관찰-력**〔-力〕 [名] 観察力。¶ ~이 날카롭다 観察力が鋭い。
**관철**〔貫徹〕 [名][하他][되自] 貫徹。¶ 초지를 ~하다 初志を貫徹する。
**관청**〔官廳〕 [名] 官庁、役所。¶ 중앙 ~ 中央官庁。
**관측**〔觀測〕 [名][하他][되自] 観測。¶ 기상 ~ 気象観測。
　**관측 기구**〔-氣球〕 [名] 観測気球。
　**관측-소**〔-所〕 [名] 観測所。
　**관측-통**〔-通〕 [名] 観測筋。
**관통**〔貫通〕 [名][하他][되自] 貫通。¶ 터널이 ~되다 トンネルが貫通する。
　**관통-상**〔-傷〕 [名] 貫通傷。
**관할**〔管轄〕 [名][하他] 管轄、所轄。¶ 시에서 ~하는 지역 市が管轄する地域。
　**관할-권**〔-權〕 [名] 管轄権。
　**관할 법원**〔-法院〕 [名] 管轄裁判所。
**관행**〔慣行〕 [名] 慣行。¶ ~을 깨다 慣行を破る。
　**관행-범**〔-權〕 [名] 慣行犯。
**관허**〔官許〕 [名][하他] 官許。¶ ~를 얻다 官許を得る。
**관헌**〔官憲〕 [名] 官憲。¶ ~에게 붙들리다 官憲に捕まる。
**관현악**〔管絃樂〕 [名] 管弦楽。¶ ~단 管弦楽団。
**관형-사**〔冠形詞〕 [名]〔文法〕 冠形詞、(日本語の)連体詞。
　**관형사-형**〔-形〕 [名]〔文法〕 冠形詞形、連体形。
**관-혼-상-제**〔冠婚喪祭〕 [名] 冠婚葬祭。
**괄괄-하다** [形][여] ①(性質が)荒っぽくせっかちだ。¶ 괄괄한 성격 荒々しい性格。②(声が)太く力強い。¶ 괄괄한 목소리 太くて力強く響く声。③(糊が)ききすぎている、ごわごわだ。
**괄대**〔恝待〕 [名][하他] 冷遇、蔑視、軽視、ないがしろ。[유] 괄시
**괄목**〔刮目〕 [名][하自] 刮目。¶ ~할 만하다 刮目に価する。
　**괄목-상대**〔-相對〕 [名][하自] 目を見張って見なおすこと。
**괄시**〔恝視〕 [名][하他] 蔑視、軽視、冷遇、見下げること、ないがしろにすること。
**괄약근**〔括約筋〕 [名]〔生〕 括約筋。
**괄호**〔括弧〕 [名] 括弧。¶ ~로 묶다 括弧でくくる。
**광ː** [名] 物置き、納屋、倉庫、倉。¶ ~에다 간수하다 物置きにしまう。
　[속담] **광에서 인심 난다** 倉から人情が出る。《生活にゆとりがあれば人情も豊かに

광

なるとのこと》
광¹[光] 图 ①[物] 光り. ¶ ~속도 光速度/~의 굴절 光の屈折. 20点скに, 光わり物も.
광²[光] 图 光りか, 光沢こう, つや. ¶ ~을 내다 つやを出す.
광:[廣] 图 ①広さ, 面積めん. ㊁ 넓이 幅はば. ¶ ~이 넓은 피륙 幅の広い反物. ㊂ 너비
광:[鑛] 图 坑こう, 鉱坑こう. ㊂ 갱
-광[狂] 尾 狂きょう, …マニア, …気違きが. ¶ 독서~ 読書狂どくしょ/ 낚시~ 釣りマニア.
광견-병[狂犬病] 图 [醫] 狂犬病きょうけん, 恐水病きょう.
광경[光景] 图 光景けい, シーン. ¶ 비참한 ~ 悲惨ざんな光景.
광:고[廣告] 图 ―하他 広告こう, 宣伝せん. ¶ 구인~ 求人きゅうじん広告/ 신문에 ~를 내다 新聞しんぶんに広告を出す. / 대대적으로 ~하다 大々的だいだいてきに宣伝する.
광:고-란[-欄] 图 広告欄らん.
광:고 매체[-媒體] 图 広告媒体ばいたい.
광:고-지[-紙] 图 散ちらし, ビラ. ¶ ~를 돌리다 散らしを配くばる.
광:-공업[鑛工業] 图 鉱工業こうぎょう.
광:궤[廣軌] 图 広軌こう. ¶ ~ 철도 広軌鉄道どう. ㊂ 헙궤
광기[狂氣] 图 狂気きょう. ¶ ~가 서린 눈 狂気の漂ただっている目.
광:-내다[光―] 他 光りを出だす, つやを出す. ¶ 구두를 닦아 ~ 靴くつを磨がいてつやを出す.
광년[光年] 图 [天] 光年ねん. ¶ 백 ~ 100光年.
광:대[廣大] 图 ―하形動 広大だい. ¶ ~한 대륙 広大な大陸りく. 광대-히 副 広大に.
광:대 무변[-無邊] 图 ―하自 広大無辺へん.
광:대 图 ①(人形劇にんぎょう・仮面劇かめん・綱渡つなり・「판소리」などの)芸人にん, 役者やく. ②役者が顔かおに舞台ぶたい化粧けしょうをすること. ③仮面めん, 面めん. ㊂ 탈
광:대-뼈 图 頬骨ほお, 顴骨かん. ¶ ~가 튀어나오다 頬骨が出でっ張ばる.
광도[光度] 图 [物] 光度こう. ¶ ~계 光度計けい.
광란[狂亂] 图 ―하自 狂乱らん. ¶ ~ 상태 狂乱状態じょう.
광:막[廣漠] 图 ―하形動 広漠ばく. ¶ ~한 초원 広漠たる草原げん. 광막-히 副 広漠と, 広々ひろと. ~ 펼쳐지다 広漠と広がる.
광맥[鑛脈] 图 鉱脈みゃく. ¶ ~의 탐사 鉱脈の探査たん.
광명[光明] 图 光明みょう. ¶ ~한 천지 明かるい天地てん/ 앞날에 ~이 비치다 前途ぜんとに光明が差さす. ㊃ 암흑(暗黑)
광:목[廣木] 图 幅の広い木綿めん.
광:물[鑛物] 图 鉱物ぶつ. ¶ ~성 섬유 鉱物性せい繊維せん.
광:범[廣範] 图 ―하形動 広範はん. ¶ ~한 조사 広範な調査さ. 광범-히 副 広範に.
광:-범위[廣範圍] 图 ―하形動 広範囲はんい. ¶ ~ 에 걸치다 広範囲にわたる.

광:복[光復] 图 ―하他 ㊁自 失うしなった国権こっけんを回復ふくすること.
광복-군[-軍] 图 光復軍クワンボク (日帝時代だいに中国ちゅうに亡命ぼうした大韓民国だいかんみんこく臨時政府せいの抗日こうにち軍隊たい).
광복-절[-節] 图 光復節クワンボク(1945年8月15日, 韓国かんが日本にっの支配はいから解放かいされたことを記念きねんする日ひ).
광:부[鑛夫] 图 鉱夫ふ.
광분[狂奔] 图 ―하自 狂奔ほん. ¶ 자금 변통에 ~하다 資金繰きんぐりに狂奔する.
광-분해[光分解] 图 [物] 光分解ぶんかい.
광:산[鑛山] 图 鉱山ざん.
광상-곡[狂想曲] 图 [音] 狂想曲きょうきょく, カプリッチオ.
광:석[鑛石] 图 鉱石せき. ¶ ~을 캐내다 鉱石を掘ほり出す.
광선[光線] 图 光線せん. ¶ 가시 ~ 可視かし光線.
광선-총[-銃] 图 光線銃じゅう.
광속[光束] 图 [物] 光束そく, 光りの束たば.
광속[光速] 图 [物] (「광속도」の縮約形) 光速こう.
광-속도[-度] 图 [物] 光速度ど.
광시-곡[狂詩曲] 图 [音] 狂詩曲きょうしきょく, ラプソディー.
광신[狂信] 图 ―하他 狂信しん. ¶ ~자 狂信者しゃ.
광신-적[-的] 冠 狂信的てき.
광:야[曠野] 图 広野や. ¶ 끝없는 ~ 果はてしない広野.
광:야[曠野] 图 曠野や.
어[廣魚] 图 [動] ヒラメ. ㊂ 넙치
광:업[鑛業] 图 鉱業ぎょう. ¶ ~권 鉱業権けん.
광:역[廣域] 图 広域いき. ¶ ~에 걸쳐 수사하다 広域にわたって捜査する.
광:역 경제[-經濟] 图 広域経済けい.
광:역-시[-市] 图 広域市し.
광:역-화[-化] 图 ―하自他 広域化か.
광열[光熱] 图 光熱ねつ.
광열-비[-費] 图 光熱費ひ.
광원[光源] 图 [物] 光源げん. ¶ ~체 光源体たい.
광음[光陰] 图 光陰いん, 歳月けつ, 時間かん.
광:의[廣義] 图 広義ぎ. ¶ ~로 해석하다 広義に解釈かいする.
광자[光子] 图 [物] 光子こう, 光量子りょうし.
광:장[廣場] 图 広場ひろ. ¶ 역전 ~ 駅前えきまえ広場.
광적[狂的] 冠 狂的きょう. ¶ ~인 집착 狂的な執着しゅう.
광-전자[光電子] 图 [物] 光電子でんし.
광주리 图 竹たけ・萩はぎ・柳やなぎなどで編あんだ籠かご.
광채[光彩] 图 光彩さい. ¶ ~를 내다 光彩を放はなつ.
광택[光澤] 图 光沢たく, つや. ¶ 비단 같은 ~ 絹きぬのような光沢/ ~이 나다 つやが出でる.
광포[狂暴] 图 ―하形動 狂暴ぼう. ¶ ~한 행동 狂暴な行動どう.
광:폭[廣幅] 图 広幅はば. ¶ ~ 타이어 広幅のタイヤ.
광학[光學] 图 光学がく. ¶ ~ 기계 光学機械

**광-합성**〔光合成〕图〔植〕光合成ごうせい。

**광-화학**〔光化學〕图 光化学かがく。¶ ~ 반응 光化学反応はんのう。

**광ː활**〔廣闊〕图形 広闊こう、広々ひろとしていること、広大こうだい。¶ ~한 벌판 広闊な原野げんや。

**괘**〔卦〕图 ①卦け。¶ 팔~ 八卦はっけ。②「점괘」の縮約形。

**괘ː념**〔掛念〕图自他 懸念けねん、気がかり、心配しんぱい。¶ 그 일에 대해서는 ~ 마십시오 その事に関かんしては心配なさらないでください。

**괘ː도**〔掛圖〕图 掛かけ図ず。¶ ~를 걸다 掛け図を掛ける。

**괘사** 图 おどけた言動げんどう、こっけい、しゃれ。

**괘사-떨다** 自 おどける、しゃれを飛とばす。

**괘사-스럽다** 形ㅂ おどけている、ひょうきんだ、こっけいだ。

**괘씸-하다** 形ㅕ けしからん、ふらちだ、不届とどきだ、不都合つごうだ。¶ 괘씸하게 굴다 うちに振舞ふるまう。 **괘씸-히** 副 けしからんと、ふらちに、不届に。¶ 늘 ~ 여겨 오던 놈이 다 いつもけしからんと思わってきたやつだ。

**괘ː종**〔掛鍾〕图 掛かけ時計どけい、柱時計はしらどけい。¶ ~이 울리다 掛け時計が鳴る。

**괜-스레** 副 いたずらに、わけもなく、むだに。¶ ~ 눈물이 난다 わけもなく涙なみだが出でる。

**괜-찮다** 形 ①悪わるくない、結構けっこうだ、なかなかいい、まあまあだ。¶ 생김새가 ~ 顔付かおつきが悪くない。②間まに合う、十分じゅうぶんだ。¶ 그런대로 ~ どうにか間に合う。③差さし支つかえない、構かまわない、大丈夫だいじょうぶだ。¶ 몸은 이제 ~ 体からだはもう大丈夫だ。/ 가도 ~ 行いっても構わない。

**괜ː-하다** 形ㅕ (「공연하다」の縮約形。「괜한」の形で)よけいな、つまらない、無駄むだな、やたらな。¶ 괜한 참견이다 よけいなお世話だ。 **괜-히** 副 むなしく、いたずらに、やたらに、無性むしょうに。¶ ~ 화가 나다 無性に腹はらが立たつ。¶ ~ 시끄럽게 굴다 いたずらに騒さわぐ。

**괭이**¹ 图 くわ。¶ ~로 파다 くわで掘ほる。

**괭이**² 图動 (「고양이」の縮約形)ネコ。

**괭ː-이-잠** 图 うたた寝ね、仮寝かりね。

**괴괴-하다** 形ㅕ 静しずまり返かえっている。¶ 집이 텅 비어 ~ 家いえががらんどうで静まり返っている。 **괴괴-히** 副 ひっそりと、しんと。¶ ~ 깊어가는 밤이 더욱더 더욱ふける夜よ。

**괴ː기**〔怪奇〕图形 怪奇かいき。¶ ~한 사건 怪奇な事件じけん。

**괴ː기 소ː설**〔-小說〕图 怪奇小説しょうせつ。

**괴나리** 图 「괴나리봇짐」の縮約形。

**괴나리 봇짐**〔-褓-〕图 旅行りょこうするとき背負せおって歩あるく小ちいさな包つつみ。

**괴ː다**¹ 自 (液体えきたいが)溜たまる、澱よどむ。¶ 빗물이 ~ 雨水が溜まる。

**괴ː다**² 他 ①(物ものの下したを)支ささえる、当あてる。¶ 쓰러져가는 벽을 기둥으로 ~ 倒たおれかけている壁を柱はしらで支える。/ 손으로 턱을 ~ 手で顎あごに当てる、頬杖ほおづえをつく。②(接물건을 그릇에)盛もる、積つみ重かさねる。¶ 시에 떡을 ~ 皿さらに餅もちを盛る。

**괴ː담**〔怪談〕图 怪談かいだん。¶ ~ 집 怪談集しゅう。

**괴ː력**〔怪力〕图 怪力かいりき。¶ ~을 발휘하다 怪力を発揮はっきする。

**괴로움** 图 苦くるしみ、苦痛くつう、悩なやみ、煩わずらい。¶ 이별의 ~ 別れの辛さつらさ / ~을 견디다 苦しみに耐たえる。/ 남에게 ~을 끼치다 人ひとを悩ませる。

**괴로워-하다** 自ㅕ 苦くるしむ、悩なやむ、煩わずらう。¶ 병으로 ~ 病気びょうきで苦しむ。/ 성적 부진으로 ~ 成績不振せいせきふしんに悩む。

**괴롭다** 形ㅂ ①苦くるしい、つらい。¶ 숨쉬기가 ~ 息いきが苦しい。②きつくて難むずかしい、困難こんなんだ、苦しい。¶ 실직하여 생활이 ~ 職しょくを失うしなって生活せいかつが苦しい。③面倒めんどうくさい、うるさい、煩わずらわしい。¶ 괴로운 일을 떠맡다 面倒くさい仕事しごとをしょい込こむ。 **괴로-이** 副 苦しく、つらく、煩わずらく。

**괴롭-히다** 他 苦しめる、悩ませる、苛いじめる、煩わずらわす。¶ 부모를 ~ 親おやを苦しめる。/ 마음을 ~ 心こころを煩わす。

**괴ː뢰**〔傀儡〕图 傀儡かいらい。¶ ~ 정권 傀儡政権せいけん。

**괴리**〔乖離〕图する自 乖離かいり。¶ 현실과 이상의 ~ 現実げんじつと理想りそうとの乖離。

**괴ː물**〔怪物〕他 怪物かいぶつ。¶ ~을 퇴치하다 怪物を退治たいじする。

**괴ː발-개발** 副 字じをめちゃくちゃに書かき殴なぐったようす。下手な字は ~ 써 놓아 읽기 어렵다 君きみは字をめちゃくちゃに書き殴ったので読よみにくい。

**괴ː상**〔怪常〕图形ㅕㅆ形 奇怪きかいなこと、奇異きいなこと、奇妙きみょうなこと。¶ ~한 차림새 奇異な風体ふうてい。

**괴ː상-망측**〔-罔測〕图形ㅕ 奇怪千万きかいせんばんなようす。

**괴ː상-야릇하다** 形ㅕ とても奇妙だ、きてれつだ。¶ 괴상야릇한 사건 奇妙な事件じけん。

**괴ː석**〔怪石〕图 怪石かいせき。¶ 기암~이 많은 산 奇岩きがん怪石の多おおい山やま。

**괴ː이**〔怪異〕图形ㅕㅆ形 怪異かいなこと、怪あやしいこと。¶ ~한 사건 怪しい事件じけん。

**괴ː이-쩍다** 形 どうも怪しい、怪異かいな感かんじがする。¶ 괴이쩍은 데가 있다 どうも怪しいところがある。

**괴ː질**〔怪疾〕图 ①原因げんいん不明ふめいの病気びょうき。②〔俗〕コレラ。

**괴ː짜**〔怪-〕图 変人へんじん、奇人きじん、変わり者もの、物好ものずき。¶ ~로 통하고 있다 変人で通つうっている。

**괴팍**〔←乖愎〕图形ㅕㅆ形 気きむずかしいこと、偏屈へんくつ。¶ ~한 성미 偏屈な性質せいしつ。

**괴ː한**〔怪漢〕图 怪漢かいかん、挙動不審きょどうふしんの男おとこ。

**괴ː혈-병**〔壞血病〕图〔醫〕壊血病かいけつびょう。

**굄**¹ 图 寵愛ちょうあい。¶ ~을 받다 寵愛を受ける。

**굄**² 图 支ささえること、支え。

**굄ː-돌** 图 支ささえ石いし、滑すべり止どめ、輪留わどめ。

**굄ː-목**〔-木〕图 支え木き、滑り止め、輪留わどめ。

**굉음**〔轟音〕名 轟音ごうおん。¶ ~을 내다 轟音を立てる。

**굉장-하다**〔宏壯-〕形容 ①宏壯こうそうだ、広壯こうそうだ。¶ 굉장한 저택 広壯な邸宅ていたく。②すばらしい、ものすごい、すごい。¶ 굉장한 미인 すごい美人びじん。 **굉장-히**副 すばらしく、ものすごく、すごく、めっぽう。¶ ~ 빠르다 すばらしく速はやい。

**-교**〔橋〕接尾 …橋きょう。¶ 육~ 陸橋りっきょう。

**교:가**〔校歌〕名 校歌こうか。¶ ~를 제창하다 校歌を齊唱せいしょうする。

**교감**〔交感〕名 하自 交感こうかん。¶ ~ 신경 交感神経しんけい。

**교:감**〔校監〕名 教頭きょうとう。

**교:과**〔敎科〕名 教科きょうか。¶ ~ 과정 教科課程かてい。

**교:과-서**〔-書〕名 教科書しょ。¶ 국정 ~ 国定こくてい教科書。

**교:교-하다**〔皎皎-〕形容 皓々こうこうたり。¶ 교교한 달빛 皓々たる月光げっこう。 **교교-히**副 皓々と。

**교구**〔敎具〕名 教具きょうぐ。

**교구**〔敎區〕名 宗 教区きょうく。¶ ~ 신부 教区神父しんぷ。

**교군**〔轎軍〕名 ①かご、こし。②하自 かごを担かつぐこと。③「교군꾼」の縮約形。
 **교군-꾼**名 かごや、かごかき。

**교:권**〔敎權〕名 教権きょうけん。¶ ~을 확립하다 教権を確立かくりつする。

**교:내**〔校内〕名 校内こうない。¶ ~ 방송 校内放送そう。

**교:단**〔敎團〕名 宗 教団だん。¶ 예수회 ~ ジェズイット教団。

**교:단**〔敎壇〕名 教壇だん。¶ ~에 서다 教壇に立たつ。

**교대**〔交代〕名 하自他 交代たい、交替たい。¶ ~ 시간 交代時間じかん/ 선수를 ~하다 選手しゅを交代する。
 **교대 작용**〔-作用〕名 鉱 交代作用さよう。
 **교대-제**〔-制〕名 交代制せい。

**교:대**〔敎大〕名 (「교육 대학」の縮約形)教育きょういく大学だいがく。

**교:도**〔敎徒〕名 教徒きょうと、信徒しんと。¶ 가톨릭 ~ カトリック教徒。 参 신자(信者)。

**교도-관**〔矯導官〕名 《矯正職きょうせいしょく公務員こうむいんの総称そうしょう》看守かんしゅ。

**교도-소**〔矯導所〕名 刑務所けいむしょ。

**교두-보**〔橋頭堡〕名 軍 橋頭堡きょうとうほ。¶ ~를 구축하다 橋頭堡を築きずく。

**교란**〔攪亂〕名 하他 되自 攪亂かくらん。¶ ~ 전술 攪亂戰術せんじゅつ/ 사회 질서를 ~하다 社会しゃかい秩序ちつじょを攪亂する。

**교량**〔橋梁〕名 橋梁きょうりょう、橋はし。¶ ~을 설계하다 橋梁を設計せっけいする。

**교:련**〔敎練〕名 하他 教練きょうれん。¶ ~을 받다 教練を受うける。

**교:료**〔校了〕名 하自 되自 校了こうりょう。¶ 책임 ~ 責任せきにん校了。

**교류**〔交流〕名 交流こうりゅう。①電 周期的しゅうきてきに交互こうごに流ながれる電流りゅう。¶ ~ 발전기 交流発電機はつでんき。②하自 《文化ぶんか・人ひとなどが》互たがいに相交あいまじわること。¶ 인사 ~ 人事じんじの交流/ 문화 ~를 도모하다 文化ぶんかの交流を図はかる。

**교:리**〔敎理〕名 教理きょうり。

**교:리 문답**〔-問答〕名 宗 教理問答もんどう。

**교만**〔驕慢〕名 形容 스形 驕慢まん。¶ ~한 태도 驕慢な態度たいど。
 慣用 교만을 부리다 驕慢にふるまう、おごりたかぶる。

**교:명**〔校名〕名 校名こうめい。

**교:모**〔校帽〕名 校帽こうぼう。参 학생모。

**교목**〔喬木〕名 植 喬木きょうぼく、高木ほく。

**교묘**〔巧妙〕名 形容 巧妙こうみょう。¶ ~한 방법 巧妙な方法ほうほう。 **교묘-히**副 ①巧妙に、巧たくみに。¶ ~ 남을 속이다 巧みに人ひとをだます。

**교:무**〔敎務〕名 教務きょうむ。¶ ~실 教務室しつ。

**교:문**〔校門〕名 校門こうもん。
 慣用 교문을 나서다 校門を出でる、学校がっこうを卒業そつぎょうする。

**교미**〔交尾〕名 하自 生 交尾こうび。参 さかり

**교미-기**〔-期〕名 交尾期き。

**교민**〔僑民〕名 僑民きょみん。¶ ~회 僑民会。

**교배**〔交配〕名 하自他 生 交配はい、掛合かけあわせ、交雑こうざつ。
 **교배-종**〔-種〕名 生 交配種しゅ。

**교:복**〔校服〕名 校服ふく。

**교:본**〔敎本〕名 教本ほん、教則本きょうそくぼん。¶ 피아노 ~ ピアノ教本。

**교부**〔交付〕名 하他 되自 交付こうふ。¶ 비자를 ~하다 ビザを交付する。

**교분**〔交分〕名 交分ぶん、交まじわり、よしみ。¶ ~이 두텁다 交わりがあつい。

**교:사**〔校舍〕名 校舍こうしゃ。¶ 신축 ~ 新築しんちく校舍。

**교:사**〔敎師〕名 教師きょうし、教員きょういん。¶ 가정 ~ 家庭かてい教師。

**교:사**〔敎唆〕名 하他 教唆きょうさ。¶ 살인을 ~하다 殺人じんを教唆する。
 **교:사-범**〔-犯〕名 法 教唆犯はん。

**교살**〔絞殺〕名 하他 되自 絞殺こうさつ。

**교:생**〔敎生〕名 (「教育 実習生」の縮約形)教生きょう、教育きょういく実習生じっしゅうせい。

**교:서**〔敎書〕名 教書きょうしょ。¶ 대통령의 연두 ~ 大統領だいとうりょうの年頭ねんとう教書。

**교섭**〔交涉〕名 하自他 交涉こうしょう、話はなし合あい、掛かけ合あい。¶ 사전 ~ 事前じぜん交涉/ ~이 결렬되다 交涉が決裂けつれつする。

**교섭 단체**〔-團體〕名 政 交涉団体だんたい。

**교:성**〔嬌聲〕名 嬌聲きょうせい。¶ ~을 지르다 嬌聲をあげる。

**교:세**〔敎勢〕名 宗教しゅうきょうの勢力せいりょく。

**교:수**〔敎授〕名 教授きょうじゅ。①(大学だいがくの)教員きょういん。¶ 조~ 助じょ教授。②하他 教おしえること、教え授さずけること。¶ 개인 ~ 個人こじん教授。
 **교수-단**〔-團〕名 教授団だん。
 **교수-진**〔-陣〕名 教授陣じん。

교수[絞首] 图[하][他] 絞首しゅ。
　교수-대[-臺] 图 絞首台だい。¶ ~의 이슬로 사라지다 絞首台の露つゆと消きえる。
　교수-형[-刑] 图 絞首刑けい。¶ ~에 처하다 絞首刑に処しょする。
교습[敎習] 图[하][他] 敎習きょう。¶ 자동차 ~소 自動車どうしゃ~所じょ。
교신[交信] 图[하][自] 交信しん。¶ ~이 두절되다 交信がとだえる。
교:실[敎室] 图 敎室きょう。¶ 콩나물 ~ すし詰づめの敎室。
교:양[敎養] 图[하][自] 敎養きょう。¶ ~이 풍부하다 敎養が豊ゆたかだ。/ ~을 쌓다 敎養を積つむ。
　교:양 과목[-科目] 图 敎養科目かもく。
　교:양 학부[-學部] 图 敎養学部がくぶ。
교:언[巧言] 图[하][他] 巧言げん、巧たくみなことば。¶ ~으로 꾀어 승낙시키다 巧言でそのかせて承諾だくさせる。
　교:언-영색[-令色] 图 巧言令色れいしょく。
교역[交易] 图[하][他] 交易えき。¶ 외국과 ~하다 外国がいと交易する。
교:열[校閱] 图[하][他] 校閲えつ。¶ 원고를 ~하다 原稿げんを校閲する。
교외[郊外] 图 郊外がい。¶ ~에서 살다 郊外に住すむ。/ ~로 나가다 郊外に出でる。
교:외[校外] 图 校外がい。¶ 학생의 ~지도 学生がくの~指導しどう。
교:우[交友] 图[하][自] 交友ゆう。¶ ~관계 交友関係かんけい/ ~범위가 넓다 交友範囲はんいが広ひろい。
교:우[校友] 图 校友ゆう。¶ ~회 校友会かい。
교:원[敎員] 图 敎員いん、敎師しょ。 ⓒ 교사
교:육[敎育] 图[하][他] 敎育いく。¶ ~수준 敎育水準じゅん/ 가정 ~ 家庭かてい敎育/ 의무 ~을 받다 義務ぎむ敎育を受うける。
　교:육-계[-界] 图 敎育界かい。
　교:육-부[-部] 图 敎育部ぶ(日本ほんの文部省しょうに当あたる)。
　교:육-세[-稅] 图 敎育税ぜい。
　교:육 실습생[-實習生] 图 敎育実習生じっしゅう。 ⓒ 교생(敎生)
　교:육-열[-熱] 图 敎育熱ねつ。
　교:육-자[-者] 图 敎育者しゃ。
　교:육-적[-的] 冠图 敎育的てき。¶ ~인 배려 敎育的な配慮はい。
교:의[敎義] 图 敎義ぎ、敎理り。¶ 기독교 ~ キリスト敎きょうの敎義。
교:인[敎人] 图[宗] 敎徒と。
교:장[校長] 图 校長ちょう。¶ ~선생님의 훈시 校長先生せんの訓示くん。
교:재[敎材] 图 敎材ざい。¶ ~비 敎材費ひ/ 시청각 ~ 視聴覚しちょうかく敎材。
교전[交戰] 图[하][自] 交戰せん。¶ 적군과 ~하다 敵軍ぐんと交戰する。
　교전-국[-國] 图 交戰国こく。
교:정[校正] 图[하][回他] 校正せい。¶ 교정쇄를 ~하다 ゲラ刷ずりを校正する。
　교:정-쇄[-刷] 图[版] 校正刷ずり、ゲラ刷ずり、ゲラ。

교:정[校訂] 图[하][回他] 校訂てい。¶ ~본 校訂本ぼん。
교:정[校庭] 图 校庭てい。¶ ~에 모이다 校庭で集つどうまる。
교정[矯正] 图[하][回他] 矯正せい。¶ 치열을 ~하다 歯列れつを矯正する。
　교정 시:력[-視力] 图 矯正視力りょく。
교제[交際] 图[하][自] 交際さい、交まじわり、付つき合あい。¶ ~술 交際術じゅつ/ 남녀간의 ~ 男女間だんじょの交際/ ~가 깊다 交わりが深ふかい。
　교제-비[-費] 图 交際費ひ。¶ ~가 많이 들다 交際費が多おおくかかる。
교:주[敎主] 图[宗] ①宗敎団体しゅうきょうだんたいの代表者だいひょう。②敎主しょ、敎祖そ。
교:지[校誌] 图 校内誌こうないし、校友誌こうゆうし。
교:지[敎旨] 图 敎旨し。
교:직[敎職] 图 敎職しょく。¶ ~ 과목 敎職科目かもく/ ~에 종사하고 있다 敎職に従事じゅうしている。
　교:직 과정[-課程] 图 敎職過程てい。
　교:직-원[-員] 图 敎職員いん。
교차[交叉] 图[하][回自] 交差さ。¶ 입체 ~ 立体りつ交差/ 도로가 ~하다 道路どうろが交差する。
　교차-로[-路] 图 交差路ろ。
　교차-점[-點] 图 交差点てん。
교차[較差] 图 較差さ・かくさ。¶ 기온의 ~ 気温おんの較差/ 일~가 크다 日較差にちが大おおきい。
교착[膠着] 图[하][回自] 膠着ちゃく。¶ 양국 회담은 ~ 상태에 빠졌다 両国こくの会談だんが膠着状態じょうたいに陥おちいった。
　교착-어[-語] 图[言] 膠着語ご。
교체[交替] 图[하][回他] 交替たい、入いれ替かえ、入いれ替かわり。¶ 세대 ~ 世代だい交替/ 임원을 ~하다 役員いんを入れ替える。
교:칙[校則] 图 校則そく。¶ ~을 지키다 校則を守まもる。
교:탁[敎卓] 图 敎卓たく。
교태[嬌態] 图 嬌態たい、こび。¶ ~를 부리다 こびを売うる。
교통[交通] 图 交通つう。¶ ~ 경찰 交通警察けいさつ/ ~ 지옥 交通地獄じごく/ ~이 아주 편리하다 交通がすごく便利べんりだ。
　교통-난[-難] 图 交通難なん。¶ ~을 해소하다 交通難を解消しょうする。
　교통-량[-量] 图 交通量りょう。¶ ~이 많다 交通量が多おおい。
　교통-망[-網] 图 交通網もう。
　교통-비[-費] 图 交通費ひ、足代あしだい。¶ ~가 들다 交通費がかかる。
　교통 사:고[-事故] 图 交通事故こ。¶ ~를 일으키기 쉽다 交通事故を起おこしやすい。
　교통 신:호[-信號] 图 交通信号ごう。
교:편[敎鞭] 图 敎鞭べん。
　[관용] 교편을 잡다 敎鞭を執とる、敎師きょうしになって学生せいを敎おしえる。
교포[僑胞] 图 海外がい同胞どうほう。¶ 재일 ~ 在日にち同胞。

교향-악[交響樂] 名 交響楽こうきょう。¶ ~단 交響楽団だん。

교:화[教化] 名 하타 되자 ① 教化きょうか。¶ 불량 소년을 ~하다 不良ふりょう少年しょうねんを教化する。② 【佛】 教化きょうけ。

교환[交換] 名 하타 되자 交換こうかん。¶ ~ 수단 交換手段しゅだん/ 물물 ~ 物々交換ぶつぶつこうかん/ 인사를 ~하다 あいさつを交かわす。

　교환 가치[-價値] 名 【經】 交換価値かち。

　교환 교:수[-教授] 名 交換教授きょうじゅ。

　교환-원[-員] 名 《《'전화 교환원'의 縮約形》》交換手こうかんしゅ。

교환[交歡] 名 하자 交歡こうかん。¶ ~ 경기 交歡競技きょうぎ。

교활[狡猾] 名 하형 狡猾こうかつ。¶ ~한 수단 狡猾な手段だん。

교:황[教皇] 名 (가) 教皇きょうこう、法皇ほうおう。¶ ~ 사절 教皇使節しせつ。

　교:황-청[-廳] 名 (가) 教皇庁ちょう、法皇庁。

교:회[教會] 名 教会きょうかい、教会堂どう。¶ 일요일에는 ~에 간다 日曜日にちようびには教会に行いく。

교:훈[教訓] 名 하타 教訓きょうくん。¶ 역사의 ~ 歴史れきしの教訓/ ~으로 삼다 教訓とする。

구[句] 名 句く。① 두개 이상じょうの 単語たんごが 集あつまり 節せつや 文章ぶんしょうの 一部いちぶになるもの。② 詩歌しいかの短句たんく。 ⇒ 上じょうの句。 ③ ⇨ 구절(句節)

구[球] 名 ① 球体きゅうたい。 ② 【數】球きゅう。

구[區] 名 区く。¶ 선거~ 選挙せんきょ区。

구[九] 数 九きゅう・く。¶ ~월 九月がつ/ 분의 일 九分ぶんの一いち。

구:-[舊] 接頭 旧きゅう…。¶ ~식 旧式きゅうしき/ ~시가지 旧市街地しがいち。

-구[口] 接尾 …口ぐち。¶ 출입~ 出入口でいりぐち。

-구[具] 接尾 …具ぐ。¶ 문방~ 文房具ぶんぼうぐ。

구가[謳歌] 名 하타 謳歌おうか。¶ 청춘을 ~하다 青春せいしゅんを謳歌する。

구간[區間] 名 区間くかん。¶ 승차 ~ 乗車じょうしゃ区間/ ~ 요금 区間料金りょうきん。

구:강[口腔] 名 【生】口腔こうこう。¶ ~ 위생 口腔衛生えいせい。

　구:강-염[-炎] 名 【醫】口腔炎えん。

구:개[口蓋] 名 口蓋こうがい。¶ ~음 口蓋音おん。

구걸[求乞] 名 하타 物乞ものごい。¶ 집집마다 구걸하고 다니다 家いえごとに物乞いして歩あるく。

구겨-지다 自 《《'구기다'의 受動》》 しわが寄よる、しわくちゃになる、もみくちゃになる。¶ 옷이 ~ 服ふくがしわくちゃになる。 / 구겨진 종이 しわくちゃになった紙かみ。

구:경 名 하타 見物けんぶつ、観覧かんらん、物見ものみ。¶ 벚꽃 ~ 桜さくら見物/ 영화 ~을 가다 映画えいが~を見みに行いく。

　구:경-거리 名 見みもの、見世物みせもの。¶ 남의 ~가 되다 人ひとの見世物になる。

　구:경-꾼 名 見物人にん、物見客きゃく、野次馬やじうま。

　구:경-나다 自 見物が現あらわれる、いい見物もある。

구:경[口徑] 名 口径こうけい。¶ ~이 큰 대포 口径の大おおきい大砲たいほう。

구공-탄[九孔炭] 名 ① 穴あながいくつもあいている練炭れんたん。 ②'십구공탄'의 縮約形。

구:관[舊官] 名 前官ぜんかん、前任者ぜんにんしゃ。
　속담 구관이 명관이다 前官が名官かんだ。《本木もとにまさる末木すえきは無なし》

구:교[舊教] 名 旧教きゅうきょう、カトリック教きょう。¶ ~도 旧教徒と。

구구[九九] 名 数 '구구법'의 縮約形。

　구구-법[-法] 名 数 九九くく。¶ ~을 외다 九九を唱となえる。

구구[區區] 名 하형 区々くく。① まちまち。¶ 학설이 ~하다 学説がくせつがまちまちだ。 ② (物事ものごとが)つまらないこと、くだらないこと。¶ ~한 문제 区々たる問題もんだい。 ③ くだくだしいこと、くどくどしいこと。¶ ~한 변명 くどくどしい弁解べんかい。 구구-히 副 くだくだしく、くどくどと。¶ ~말하다 くどくどと言いう。

구구-절절이[句句節節-] 副 一句いっく一句すべて、一言ひとこと一句ずつ、文節ぶんせつごとに。¶ ~ 옳은 말이다 一言一句悉ことごとく尤もっともな言葉ことばだ。

구:국[救國] 名 하자 救国きゅうこく。¶ ~의 영웅 救国の英雄えいゆう。

　구:국 투쟁[-鬪爭] 名 救国闘争とうそう。

구균[球菌] 名 【植】球菌きゅうきん。¶ 포도상 ~ 葡萄状ぶどうじょう球菌。

구근[球根] 名 【植】球根きゅうこん。¶ ~ 식물 球根植物しょくぶつ。 ⇒ 알뿌리

　구-근류[-類] 名 【植】球根類。

구금[拘禁] 名 하타 되자 拘禁こうきん、拘留こうりゅう。¶ 용의자를 ~하다 容疑者ようぎしゃを拘禁する。

구:급[救急] 名 救急きゅうきゅう、応急おうきゅう。¶ ~ 처치 救急処置しょち。

　구:급-법[-法] 名 救急法ほう。

　구:급 상자[-箱子] 名 救急箱ばこ。

　구:급-약[-藥] 名 救急薬やく。

　구:급-차[-車] 名 救急車しゃ。

구기[球技] 名 球技きゅうぎ。

구기다 自他 (布ぬの・紙かみなどに)しわが寄よる、しわくちゃになる。¶ 종이를 ~ 紙をしわくちゃにする。

구김 名 '구김살'의 縮約形。

　구김-살 名 ① しわ。¶ ~을 펴다 しわを伸のばす。 ② (心こころ・顔色かおいろに映うつった)暗くらい影かげ。¶ ~ 없이 밝은 표정 暗い影のない明あかるい表情ひょうじょう。 ③ ひび。¶ 우호 관계에 ~이 지다 友好ゆうこう関係かんけいにひびが入はいる。

구깃-구깃 副 하타 하형 しわがよってしわだらけなようす、しわくちゃ、くちゃくちゃ、しゃしゃ。¶ 종이를 ~ 구기다 紙をしわくちゃにする。

-구나 接尾 《《感嘆かんたんの意いを表あらわす終結語尾》》…ね、…だね、…だなあ。¶ 맛이 있~ おいしいね。 / 달이 밝~ 月つきが明あかるいなあ。

구내[構内] 名 構内こうない。¶ ~ 매점 構内の売店てん/ ~ 역 ~ 駅えきの構内。

　구내-선[-線] 名 構内線せん。

**구내 전:화**[-電話] 图 構内電話。

**구:내-염**[口內炎] 图[醫] 口内炎。

**구단**[球團] 图 (プロ野球などの)球団。¶ ~주 球団主。

**구더기** 图[動] ウジ。¶ ~가 끓다 ウジがわく。
[속담] **구더기 무서워 장 못 담글까** ウジがわくのを恐れてみそが仕込めないのか。《多少の障害があっても為すべきことは為すべきである》

**구덕-구덕** 副形 水気のある物の表面が少し乾いているよう。

**구덩이** 图 ① くぼみ、穴、へこみ。¶ ~에 빠지다 くぼみに落ちる。 ②[鑛] 坑。㊆ 갱。

**구도**[求道] 图하[佛] 求道・ぐどう。¶ ~심 求道心、道念。

**구도-자**[-者] 图 求道者。

**구도**[構圖] 图[美] 構図。¶ ~가 좋다 構図がよい。

**구독**[購讀] 图하 購読。¶ ~료 購読料/정기 ~ 定期購読。

**구독-자**[-者] 图 購読者。

**구두** 图 靴。¶ ~장이 靴屋/ ~를 신다 靴を履いて。

**구두끈** 图 靴紐。¶ ~을 매다 靴紐を結ぶ。

**구두-닦이** 图 靴磨き。

**구두-약**[-藥] 图 靴クリーム、靴墨。

**구두-창** 图 靴底。

**구둣-발** 图 靴を履いた足、土足。¶ ~로 방에 들어가다 土足で部屋に入る。

**구둣-주걱** 图 靴べら。

**구:두**[口頭] 图 口頭。¶ ~로 전달하다 口頭で伝達する。

**구:두 계:약**[-契約] 图 口頭契約。

**구:두 시험**[-試驗] 图 口頭試問、口述試験。

**구:두 약속**[-約束] 图 口約束。

**구두-법**[句讀法] 图 句読法。

**구두-쇠** 图 けちん坊、しみったれ。¶ 지독한 ~다 ひどいしみったれだ。

**구두-점**[句讀點] 图 句読点。¶ ~을 찍다 句読点をつける。

**구들** 图 (《방구들》の縮約形) オンドル。

**구들-장** 图 オンドル石。¶ ~을 놓다 オンドル石を敷く。
[관용] **구들장(을) 지다** ① オンドル部屋に横になる。② 病気で寝ている。③ 死ぬ。

**구라파**[歐羅巴] 图 欧州、ヨーロッパ。¶ ~풍 ヨーロッパ風。

**구라파 전:쟁**[-戰爭] 图 ① 欧州戦争。② [比]戦たい、もめごと、いさかい。

**구럭** 图 縄で編んだ目の粗いかご・袋。

**구렁** 图 ① くぼみ、深み。¶ ~에 빠지다 くぼみにはまる。② [比] 奈落、どん底。¶ 불행의 ~ 속에 빠져 있다 不幸のどん底に落ち込んでいる。

**구렁이** 图 ① 大蛇、青大将。② [比] 腹ぐろい人。
[속담] **구렁이 담 넘어가듯** 大蛇が塀を越えるよう。《物事をこっそりと処理してしまう》

**구렁-텅이** 图 ① 深い穴。② [比] 淵、どん底。¶ 절망의 ~에 빠지다 絶望のどん底に陥る。

**구레-나룻** 图 頬ひげ。

**-구려** 語尾 ① 《感歎や新たに確認したい気持ちを表わす》 …ね、 …なあ。¶ 참 덥~ ほんとに暑いね。 ② 《軽く要求したり命令したりする意を表わす》 …なさいよ、 …なさいな。¶ 빨리 가~ 早く行きなさいよ。

**구령**[口令] 图하他 号令。¶ ~을 붙이다 号令をかける。

**구류**[拘留] 图하他自[法] 拘留。¶ ~처분 拘留処分。

**구:르다**¹ 自五 転がる、転ぶ。¶ 공이 ~ ボールが転がる。
[속담] **구르는 돌에 이끼가 안 낀다** 転石苔を生ぜず。 **굴러 온 돌이 박힌 돌 뺀다** 転がって来た石がはまりこんだ石を抜く。《新米が古顔を追い出す》 **굴러 온 복을 발로 차다** 転がり込んだ福を足で蹴る。《愚挙を笑わう語》 **굴러 온 호박** 転がり込んだカボチャ。《棚からぼた餅》

**구:르다**² 他五 踏みならす。¶ 발을 동동 구르며 울다 じだんだを踏みながら泣く。

**구름** 图 雲。¶ 먹~ 黒雲/ ~이 걷히다 雲が晴れる。/ 하늘엔 ~ 한 점 없다 空には一点雲もない。
[관용] **구름을 잡다** 雲をつかむ。《漠然としてとらえどころがない》

**구름-다리** 图 陸橋、高架橋。

**구름-바다** 图 雲海。

**구름-판**[-板] 图 (跳躍競技で) 踏切板。

**구릉**[丘陵] 图 丘陵、丘。¶ ~에 오르다 丘に登る。

**구릉-지**[-地] 图 丘陵地。

**구리** 图 銅、あかがね。¶ ~ 냄비 あかがべ。

**구리-철사**[-鐵絲] 图 銅線、銅の針金。

**구릿-빛** 图 赤銅色。

**구리다** 形 ① 臭い。¶ 구린 냄새 臭いにおい。② (やりくちが) 汚ない、いやらしい。¶ 근성이 ~ 根性が汚い。③ (言動が) 怪ましい、疑がわしい、うさんくさい。¶ 구린 데가 있다 うさんくさいところがある。

**구린-내** 图 悪臭、臭いにおい。
[관용] **구린내(가) 나다** ① 臭いにおいがする。② 臭いところがある、怪しげである。

**구매**[購買] 图하他 購買、買うこと。¶ ~조합 購買組合/ 충동 ~ 衝動買い。

**구매-력**[-力] 图 購買力。

**구멍** 图 ① 穴。¶ ~을 뚫다 穴を開ける。② 抜け道、逃げ道。¶ 미리 빠져나갈 ~을 준비하다 前もって逃げ道を用意する。③ 欠点、欠陥、損失、つまずき。¶ ~투성이다 欠点だらけだ。

구면

**관용** **구멍(이) 나다** ①穴があく。②つまずく、(途中で)支障をきたす。

**구멍-가게** 〖名〗 小店舗、ちっぽけな店、小規模の雑貨屋。

**구면**〖球面〗〖名〗 球面。¶ ~ 기하학 球面幾何学。

**구면-경**〖-鏡〗〖名〗〖物〗 球面鏡。

**구면 수차**〖-收差〗〖名〗〖物〗 球面収差。

**구:면**〖舊面〗〖名〗 旧知、昔なじみ、顔なじみ。¶ ~인 사이 旧知の間柄。

**구:명**〖救命〗〖名〗〖하他〗〖되自〗 救命。¶ ~ 운동 救命運動。

**구:명-동의**〖-胴衣〗〖名〗 救命胴衣、ライフジャケット。

**구:명-부표**〖-浮標〗〖名〗 救命ブイ、浮き袋。

**구:명-정**〖-艇〗〖名〗 救命艇、救命ボート。

**구무럭-구무럭** 〖副〗〖하他〗 のろのろ、ぐずぐず。¶ ~ 걸어 가다 のろのろ歩きして行く。

**구:문**〖口文〗〖名〗 口銭、手数料。¶ ~을 받다 手数料を取る。

**구:문**〖舊聞〗〖名〗 旧聞。¶ 그건 이미 ~이다 それはもう古い話だ。

**구물-거리다** 〖自他〗 ぐずぐずする、のろのろする。 〖센〗 꾸물거리다

**구:미**〖口味〗〖名〗①食欲、食い気、口当たり。¶ ~에 맞는 음식 口に合う食べ物。②興味、興。¶ ~를 잃다 興味を失う。③趣味、好み。

**관용** **구미가 당기다〔돌다〕**①食欲が生じる。②興味がわく。**구미가 동하다**①食欲がわく。②欲が出る。**구미를 돋구다〔돋우다〕**①食欲をそそる。②興味をそそる、欲を起こさせる。

**구미**〖歐美〗〖名〗 欧米。¶ ~ 제국의 복지 정책 欧米諸国の福祉政策。

**구박**〖驅迫〗〖名〗〖하他〗 虐待、いじめること、いびること。¶ ~을 받다 いじめられる、いびられる。/ 며느리를 ~하다 嫁をいじめる。

**구:변**〖口辯〗〖名〗 口弁、弁舌、弁才。¶ ~이 없다 口下手だ。/ ~ 좋게 늘어놓다 弁舌さわやかにのべる。

**구별**〖區別〗〖名〗〖하他〗〖되自〗 区別。¶ 남녀의 ~ 男女の区別/ 공사를 ~하다 公私のけじめを付ける。

**구보**〖驅步〗〖名〗〖하自〗 駆け足。¶ ~로 뛰어가다 駆け足で走って行く。

**구부러-지다** 〖自〗 (一方に) 曲がる。¶ 길이 ~ 道が曲がる。

**구부렁-하다** 〖自〗 やや曲がっている、ひん曲がっている。

**구부렁-구부렁** 〖副〗〖形〗 曲がりくねっているうす、くねくね、ぐねぐね。

**구부리다** 〖他〗 曲げる、かがむ、かがめる、屈っする。¶ 팔을 ~ 腕を曲げる。

**구부정-하다** 〖形〗 やや曲がっている、少しかがんでいる。¶ 구부정한 자세 へっぴり腰。〖센〗 꾸부정하다

**구분**〖區分〗〖名〗〖하他〗〖되自〗 区分、区分け、けじめ。¶ 시대 ~ 時代区分/ 공사를 ~하다 公私のけじめをつける。

**구불-구불** 〖副〗〖하自〗〖形〗 (曲がりくねっているさま) くねくね。¶ ~한 산길 くねくねとした山道。

**구비**〖口碑〗〖名〗 口碑、口承。¶ ~ 문학 口碑文学。

**구비**〖具備〗〖名〗〖하他〗〖되自〗 具備。¶ 조건을 ~하다 条件を具備する。

**구사**〖驅使〗〖名〗〖하他〗〖되自〗 駆使。¶ 영어를 자유로이 ~하다 英語を自由にこなす。

**구사-일생**〖九死一生〗〖名〗〖하自〗 九死に一生を得ること、命拾い。

**구상**〖求償〗〖名〗〖하他〗 求償。¶ ~권을 주장하다 求償権を主張する。

**구상 무:역**〖-貿易〗〖名〗 求償貿易、バーター貿易。

**구상**〖具象〗〖名〗 具象。¶ ~ 예술 具象芸術。〖대〗 추상(抽象)

**구상-화**〖-畵〗〖名〗〖美〗 具象画。

**구상**〖構想〗〖名〗〖하他〗 構想。¶ ~이 웅대하다 構想が雄大だ。

**구색**〖具色〗〖名〗 各種の品物をもれなく取りそろえること、取りそろえ、取り合わせ。¶ ~을 갖추다 いろいろ品物を取りそろえる。

**구석** 〖名〗①隅っこ、片隅。¶ 방한 ~에 앉다 部屋の片隅に座る。②表面に現われない奥まった所、一隅。¶ 시골 ~에서 살다 片田舎の中で暮らす。

**구석-구석** 〖副〗 隅々まで、隅ごとに、くまなく。¶ ~ 잘 닦다 隅々までよく磨く。

**구석-지다** 〖形〗①奥まっている。¶ 구석진 방 奥まった部屋。②人里離れている、へんぴだ。¶ 구석진 산골 へんぴな山奥だ。

**구:-석기**〖舊石器〗〖名〗〖史〗 旧石器。¶ ~ 시대 旧石器時代。

**구:설**〖口舌〗〖名〗 非難、悪口、そしり。¶ 남의 ~을 듣다 人のそしりを受ける。

**구:설-수**〖-數〗〖名〗 (世間の) 非難・そしりを受ける悪運。¶ ~에 오르다 世間のうわさになる。

**구성**〖構成〗〖名〗〖하他〗〖되自〗 構成。¶ ~ 요소 構成要素/ 문장 ~ 文章の構成/ 위원회를 ~하다 委員会を構成する。

**구성-원**〖-員〗〖名〗 構成員。

**구성-지다** 〖形〗 自然さに趣がある、情味がある、渋い。¶ 구성진 노랫소리 渋くて趣のある歌声。

**구:세-군**〖救世軍〗〖名〗〖基〗 救世軍。

**구:세-주**〖救世主〗〖名〗〖基〗 救世主、救い主、メシア。

**구속**〖拘束〗〖名〗〖하他〗〖되自〗 拘束。¶ 자유를 ~하다 自由を拘束する。/ 누구에게도 ~되지 않고 행동하다 誰にも拘束されずに行動する。

**구속-력**〖-力〗〖名〗 拘束力。

**구속 영장**〖-令狀〗〖名〗〖法〗 逮捕状。

**구수**〖鳩首〗〖名〗 鳩首。¶ ~ 회의 鳩首会議。

**구수-하다** [形여] ①(味·香り가)こうばしい、風味がある。¶ 구수한 된장국 냄새 風味のあるみそ汁のにおい。②(心)を引きつける)味わいがある、おもしろみがある。¶ 구수한 이야기 おもしろい話。

**구:술** [口述] [名][他] 口述する。¶ ~서를 쓰다 口述書を書く。

**구:술 시험** [-試驗] [名] 口述試驗、口頭試問。

**구슬** [名] 玉。①宝石、真珠。¶ ~을 갈다 玉を磨く。¶ ~을 가지고 놀다 ビー玉をもって遊ぶ。③[比]玉。¶ ~ 같은 물방울 玉のようなしずく。

[속담] **구슬이 서 말이라도 꿰어야 보배라** 玉が三斗並べてあってもつないでいてこそ宝だ。《玉磨かざれば光なし》

**구슬-땀** [名] 玉の汗。¶ ~을 흘리며 일하다 玉の汗を流しながら働く。

**구슬리다** [他] うまく説き伏せる、口説き落とす、丸め込む。¶ 살살 구슬려 끌어들이다 うまく口説き落として引き入れる。

**구슬려-내다** [他] 甘言で人をおびき出す。

**구슬려-대다** しきりに甘言で相手の心を動かす。

**구슬려-삶다** [他] 甘言で丸め込む、口説き落とす。

**구슬프다** [形] もの悲しい、うら悲しい。¶ 구슬픈 피리 소리 もの悲しい笛の音。

**구슬-피** [副] もの悲しく、うら悲しく、あわれに。¶ ~ 우는 벌레 소리 もの悲しく鳴く虫の音。

**구:습** [舊習] [名] 旧習、昔じかからの習わし。¶ ~을 타파하다 旧習を打破する。

**구:-시대** [舊時代] [名] 旧時代。

**구시렁-거리다** [自] しきりに小言を並びたてる、くどくどとけちをつける。

**구시렁-구시렁** [副][하自] くどくどと、ぶつくさ、ぶつぶつと。

**구-시월** [-九十月] [名] 九月と十月。

**구:식** [舊式] [名] 旧式。¶ ~ 자동차 旧式自動車／~인 이론 旧式な理論。

**구실** [名] ①[当然な果たすべき]役割、役目、本分、務め。¶ 제 ~를 다하다 自分の役目を果たす。②[史] 官庁の職務。③[史] いろいろな租税の総称。

**구실-아치** [名][史] (むかし) 各官庁の官吏の下にいた下級な官員。

**구:실** [口實] [名] 口実、言い訳、理屈。¶ 병을 ~ 삼아 결석하다 病気を口実にして欠席する。

**구심** [球審] [名][野] 球審、アンパイア。

**구심-력** [求心力] [名] 求心力。

**구십** [九十] [名] 九十。⑩ 아흔

**구악** [舊惡] [名] 旧悪。¶ ~이 드러나다 旧悪がばれる。

**구애** [求愛] [名][하自] 求愛。¶ ~의 편지 求愛の手紙。

**구애** [拘礙] [名][하自][되自] 拘泥、拘だり。¶ 형식에 ~받지 말고… 形式にこだわらず…／사소한 일에 ~되다 些事に拘る。

**구:약** [舊約] [名] 旧約。

**구:약-성서** [-聖書] [名][基] 旧約聖書。

**구:어** [口語] [名] 口語、口頭語。¶ ~문 口語文。

**구:어-체** [-體] [名] 口語体。

**구역** [區域] [名] 区域。¶ 담당 ~ 受け持ちの区域。

**구역** [嘔逆] [名] 吐き気、むかつき、へど。

**구역-질** [嘔逆-] [名] 吐き気がする、へどを吐くこと、げろを吐くこと、嘔吐。¶ ~이 나다 吐き気を催す。

**구:연** [口演] [名][하他] 口演。¶ 동화를 ~하다 童話を口演する。

**구완** [←救援] [名][하他] (病気・出産などの)世話や介抱をすること、看護、看病。⑩ 手伝い。¶ 병 ~ 看病。

**구우-일모** [九牛一毛] [名] 九牛の一毛、多のなかでほんのわずかなもの。

**구운-밤** [名] 焼き栗。⑩ 군밤

**구워-삶다** [他] (相手を)丸め込む、うまく説き落とす。¶ 친구를 ~ 友達を丸め込む。

**구:원** [久遠] [名][하形] 久遠。¶ ~한 평화 久遠の平和。

**구:원** [救援] [名][하他][되自] 救援。¶ ~대 救援隊／~을 청하다 救援を求める。

**구:원-병** [-兵] [名] 救援兵。¶ ~을 보내다 救援兵を送る。

**구:원 투수** [-投手] [名][野] 救援投手、リリーフ。

**구:원** [舊怨] [名] 旧怨。¶ ~을 풀다 旧怨を晴らす。

**구월** [九月] [名] 九月。

**구유** [名] 飼い葉桶、まぐさ桶。

**구이** [名] 焼き物、焼き。¶ 생선 ~ 焼き魚／소금 ~ 塩焼き。

**구인** [求人] [名][하自] 求人。¶ ~ 광고 를 내다 求人広告を出す。

**구인-난** [-難] [名] 求人難。

**구인-란** [-欄] [名] (新聞の)求人欄。

**구인** [拘引] [名][하他][되自] 拘引。

**구인-장** [-狀] [名][法] 拘引状。

**구입** [購入] [名][하他] 購入、仕入れ、買い入れ。¶ 일괄 ~ 一括購入。

**구장** [球場] [名] 球場。

**구저분-하다** [形여] 汚きたらしい、だらしない。¶ 구저분한 셔츠 きたならしいシャツ。

**구:전** [口傳] [名][하自他] 口伝、口伝え。¶ ~ 민요 口伝民謡。

**구:전** [口錢] [名] 口銭、手数料。¶ ~을 떼다 口銭をはねる。

**구장** [球場] [名] 重箱に8種類の具と餠米でできた煎餠を入れた料理。

**구:정** [舊正] [名] ①陰暦の元旦。②陰暦の一月。

**구정-물** [名] 汚水、下水。

**구:제** [救濟] [名][하他][되自] 救済、救い。

구제
~ 사업 救済事業じぎょう/ 빈민을 ~하다 貧民ひんみんを救済する。
구:제-책[-策] 图 救済策きゅうさいさく。¶ ~을 강구하다 救済策を講じる。
구:제-품[-品] 图 救済品ひん。
구제[驅除] 图[하他][되自] 駆除じょ。¶ 기생충 ~ 寄生虫きせいちゅうの駆除。
구:조[救助] 图[하他][되自] 救助きゅうじょ。¶ ~를 요청하다 救助を求もとめる。/ 인명을 ~하다 人命じんめいを救助する。
구:조-대[-隊] 图 救助隊きゅうじょたい。
구:조-선[-船] 图 救助船きゅうじょせん。
구조[構造] 图 構造こうぞう、構かまえ、つくり、仕組しくみ。¶ ~ 역학 構造力学りきがき/ 사회 ~ 社会しゃかい構造/ ~상의 결함 構造上じょうの欠陥けっかん。
구조-물[-物] 图 構造物ぶつ。
구조-적[-的] 冠名 構造的てき。¶ ~ 실업 構造的失業しつぎょう。
구조-주의[-主義] 图 構造主義しゅぎ。
구주[歐洲] 图 欧州おうしゅう、ヨーロッパ。
구직[求職] 图[되自] 求職きゅうしょく。¶ ~ 광고 求職広告こうこく/ ~난 求職難なん。
구직-자[-者] 图 求職者しゃ。
구질-구질 副[하形]①《複雑ふくざつで不潔ふけつなようす》汚きたらしいこと、だらしないこと。¶ ~한 골목길 汚らしい路地ろじ。②《意地いじきたなく振ふる舞まうようす》ねちねち、しつこく。¶ ~하게 따라다니다 しつこく付つきまとう。③《雨あめ・雪ゆきなどが降ふってきたならしいようす》じめじめ、しめっぽく、ぐずついている。¶ ~한 날씨 じめじめした天気てんき。
구:차-하다[苟且-] 形어 ①《生活せいかつが》非常ひじょうに貧まずしい、苦くるしい。¶ 살림이 ~ 暮くらしが貧しい。②取とるに足たりない、つまらない、くだらない。¶ 구차한 변명을 늘어놓다 くだらない言いい訳わけを並ならべたてる。구차-히 副 貧しく。
구청[區廳] 图 区役所やくしょ。
구체[具體] 图 具体ぐたい、具象ぐしょう。¶ ~안 具体案あん。 반 추상(抽象)
구체-성[-性] 图 具体性せい。
구체-적[-的] 冠名 具体的てき。¶ ~인 설명 具体的な説明せつめい。
구체-화[-化] 图[하自他][되自] 具体化か。¶ 계획을 ~하다 計画けいかくを具体化する。
구축[構築] 图[하他] 構築こうちく。¶ 진지를 ~하다 陣地じんちを構築する。
구축[驅逐] 图[하他][되自] 駆逐くちく。¶ 반대 세력을 ~하다 反対勢力せいりょくを駆逐する。
구축-함[-艦] 图[軍] 駆逐艦かん。
구:출[救出] 图[하他][되自] 救出きゅうしゅつ。¶ ~ 작전 救出作戦さくせん/ 인질을 ~하다 人質ひとじちを救い出だす。
구충-제[驅蟲劑] 图 駆虫剤くちゅうざい、虫下むしくだし。
구치[拘置] 图[하他][되自] 拘置こうち。¶ 피고인을 ~하다 被告人ひこくにんを拘置する。
구치-소[-所] 图【法】 拘置所しょ。
구타[毆打] 图[하他] 殴打おうだ。¶ 집단 ~ 集団しゅうだん殴打。

구:태[舊態] 图 旧態きゅうたい。¶ ~를 벗어나다 旧態を抜ぬけ出だす。
구:태 의연[-依然] 冠形 旧態依然きゅうたいいぜん。¶ ~한 제도 旧態依然たる制度せいど。
구태(여) 副 わざわざ、強しいて、敢あえて。¶ ~ 그렇게 할 필요는 없다 わざわざそんなにする必要ひつようはない。/ ~ 반대는 않겠다 敢えて反対はしない。
구토[嘔吐] 图[하他][되自] 嘔吐おうと。
구토-증[-症] 图 嘔吐の症状しょうじょう、むかつき。¶ ~이 나다 吐はき気けがする。
구-하다[求-] 他어 ①《必要ひつようなものを》求もとめる、さがす、手てに入いれる。¶ 양해를 ~ 了解りょうかいを求める。/ 약을 ~ 薬くすりを手に入れる。②望のぞむ、願ねがう。¶ 행복을 ~ 幸福こうふくを願う。③買かう。¶ 헌책방에서 구한 사전 古本屋ふるほんやで買かい求めた辞書じしょ。
구:-하다[救-] 他어 ①救すくう、助たすける、救助きゅうじょする。¶ 조난자를 ~ 遭難者そうなんしゃを救う。/ 궁지에서 구해 내다 窮地きゅうちから救すくい出だす。②(病気びょうきを)治なおす。
구현[具現] 图[하他][되自] 具現ぐげん。¶ 이상을 ~하다 理想りそうを具現する。
구형[求刑] 图[하他][되自] 求刑きゅうけい。¶ 사형을 ~하다 死刑しけいを求刑する。
구형[球形] 图 球形きゅうけい、毬形まりがた。
구:형[舊形] 图 旧型きゅうがた、旧式きゅうしきな型かた、古ふるい型。
구호[口號] 图 ①(軍隊ぐんたいの)暗号あんごう、合あい言葉ことば。②標語ひょうご、スローガン、モットー。¶ 깨끗한 정치를 ~로 삼다 クリーンな政治せいじをスローガンにする。③掛かけ声ごえ、呼よび掛かけ。¶ ~를 외치다 掛け声を掛ける。④即興そっきょうで詩しをつくって吟ぎんずること。
구:호[救護] 图[하他] 救護きゅうご。¶ ~ 사업 救護事業じぎょう/ 이재민을 ~하다 罹災者りさいしゃを救護する。
구:호-금[-金] 图 救護金きん、義援金ぎえんきん。
구:호 양곡[-糧穀] 图 救護食糧しょくりょう。
구혼[求婚] 图[하他] 求婚きゅうこん。¶ ~을 승락하다 求婚を承諾しょうだくする。 반 청혼
구혼-자[-者] 图 求婚者しゃ。
구황[救荒] 图[하他] 救荒きゅうこう。¶ ~ 대책 救荒対策たいさく。
구황 작물[-作物] 图 救荒作物さくもつ。
구획[區劃] 图[하他][되自] 区画かく、仕切しきり。¶ 행정 ~ 行政ぎょうせい区画。
구획 정:리[-整理] 图 区画整理せいり。
국 图 ①汁しる、つゆ、あつもの、吸すい物もの。 된장 ~ みそ汁/ ~을 먹다 吸い物を吸う。②「국물」の縮約形。
속담 국에 덴 놈 물 보고도 분다 おつゆでやけどをした者ものが水みずを見てても息いきを吹ふきかける。《あつものに懲こりて膾なますを吹く》
국[局] 图 局きょく。①官庁かんちょう・会社かいしゃなどの部署ぶしょの一ひとつ。¶ 편집 ~ 編集へんしゅう局。②《形式名詞的に》囲碁いご・将棋しょうぎなどの対局たいきょく。

¶ 제 1~ 第 1 局いっきょく.

-국(國) 接尾 …国こく、国に。 ¶ 공화~ 共和きょう国.

국가(國家) 名 国家こっか。 ¶ ~ 공무원 国家公務員こっかこうむいん/ 민주 ~ 民主みんしゅ国家.

국가 고:시(-考試) 名 国家試験しけん.

국가 보:안법(-保安法) 名 国家保安法ほあんほう.

국가 비상 사:태(-非常事態) 名 国家非常じょう事態じたい.

국가적(-的) 冠名 国家的てき。 ¶ ~인 사업 国家的な事業じぎょう.

국가(國歌) 名 国歌こっか。 ¶ ~를 연주하다 国歌を演奏えんそうする.

국경(國境) 名 国境こっきょう。 ¶ ~ 분쟁 国境紛争ふんそう/ ~을 넘다 国境を越こえる.

국경-선(-線) 名 国境線せん.

국경-일(國慶日) 名 (法律りつで定さだめた)国民こくみんの祝日しゅくじつ, 旗日はたび.

국고(國庫) 名 国庫こっこ。 ¶ ~에서 지출하다 国庫から支出しゅつする.

국고-금(-金) 名 国庫金きん.

국고 보:조(-補助) 名 国庫補助ほじょ。 ¶ ~를 받다 国庫補助を受うける.

국교(國交) 名 国交こっこう。 ¶ ~ 정상화 国交正常化せいじょうか/ ~를 맺다 国交を結むすぶ.

국교(國敎) 名 国教こっきょう.

국군(國軍) 名 国軍こくぐん, 国家こっかの軍隊ぐんたい。 국군의 날 国軍こくぐんの日ひ(韓国軍かんこくぐん創設そうせつを記念日きねんびで10月がつ1日ついたち).

국권(國權) 名 国権こっけん。 ¶ ~을 신장하다 国権を伸長しんちょうする.

국권 상실(-喪失) 名 国権喪失そうしつ.

국권 회복(-回復) 名 国権回復かいふく.

국-그릇 名 汁椀しるわん.

국기(國技) 名 国技こくぎ.

국기(國旗) 名 国旗こっき。 ¶ ~를 게양하다 国旗を掲かかげる.

국난(國難) 名 国難こくなん。 ¶ ~을 타개하다 国難を打開だかいする.

국내(國內) 名 国内ないない。 ¶ ~ 우편 国内郵便ゆうびん/ ~ 총생산 国内総生産そうせいさん.

국내-법(-法) 名 国内法ほう.

국내-선(-線) 名 国内線せん. 凷 국제선(國際線).

국-내외(國內外) 名 国内外ないがい, 国内ないと国外こく。 ¶ ~ 정세 国内外の情勢じょうせい.

국도(國道) 名 国道こくどう.

국란(國亂) 名 国乱.

국력(國力) 名 国力こくりょく。 ¶ ~이 신장되다 国力が伸のびる.

국련(國聯) 名《「국제 연합」의 縮約形》国連こくれん.

국론(國論) 名 国論こくろん。 ¶ ~이 분열되다 国論が分わかれる.

국리(國利) 名 国利, 国益こくえき.

국리 민복(-民福) 名 国利民福みんぷく, 国こくの利益えきと国民こくみんの幸福こうふく.

국립(國立) 名 国立こくりつ。 ¶ ~ 극장 国立劇場げきじょう/ ~ 묘지 国立墓地ぼち.

국립 공원(-公園) 名 国立公園こうえん.

국립 대학(-大學) 名 国立大学だいがく.

국립 박물관(-博物館) 名 国立博物館はくぶつかん.

국면(局面) 名 局面きょくめん。 ¶ 새로운 ~을 맞이하다 新あたらしい局面を迎むかえる.

국무(國務) 名 国務こくむ。 ¶ ~에 종사하다 国務に携たずさわる.

국무-성(-省) 名 国務省しょう.

국무 총:리(-總理) 名 国務総理そうり.

국문(國文) 名 ①国文ぶん, 邦文ほうぶん。 ②《「국문학」의 縮約形》国文学ぶんがく.

국-문법(國文法) 名《「국어 문법」의 縮約形》国文法ぶんぽう.

국-문학(國文學) 名 国文学ぶんがく. 凷 국문.

국-물 名 ①汁しる, おつゆ, 出だし, 出だし汁じる。 ¶ ~ 요리 汁物しるもの。 ②(俗) 余得よとく, 役得やくとく, うまみ, おこぼれ。 ¶ ~이 생기는 일 役得のある仕事しごと.

국민(國民) 名 国民こくみん, 民たみ。 ¶ ~ 교육 国民教育きょういく/ ~의 의무 国民の義務ぎむ/ ~을 계몽하다 国民を啓蒙けいもうする.

국민 개병(-皆兵) 名 国民皆兵かいへい。 ¶ ~ 주의 国民皆兵主義しゅぎ.

국민-성(-性) 名 国民性せい.

국민 소득(-所得) 名 国民所得とく.

국민 의례(-儀禮) 名 国民儀礼れい.

국민 총:생산(-總生産) 名 国民総生産そうせいさん, ジーエヌピー.

국민 투표(-投票) 名 国民投票とうひょう。 ¶ ~에 붙이다 国民投票に付ふする.

국민 학교(-學校) 名《「초등 학교」의 旧称》小学校しょうがっこう。 ¶ ~ 학생 小学生がくせい.

국밥 名 汁しるご飯はん.

국방(國防) 名 国防ぼう。 ¶ ~의 의무 国防の義務ぎむ.

국방-부(-部) 名 国防部ぶ(日本にほんの防衛庁ぼうえいちょうに当あたる).

국방-비(-費) 名 国防費ひ.

국번(局番) 名「국번호」의 縮約形.

국-번호(-號) 名 (電話局でんわきょくの)局番きょくばん.

국법(國法) 名 国法こくほう。 ¶ ~을 준수하다 国法を遵守じゅんしゅする.

국보(國寶) 名 国宝こくほう。 ¶ ~로 지정하다 国宝に指定してする.

국부(局部) 名 局部きょくぶ。 ①局所しょ。 ¶ ~ 조명 局部照明しょうめい。 ②陰部いんぶ.

국부-마취(-痲醉) 名〔醫〕局部麻酔ますい.

국부(國富) 名 国富, 国くにの富とみ.

국부-론(-論) 名 国富論ろん.

국비(國費) 名 国費こくひ, 官費かんぴ。 ¶ ~ 유학생 国費留学生りゅうがくせい.

국비-생(-生) 名 国費生せい.

국빈(國賓) 名 国賓こくひん。 ¶ ~으로 대우하다 国賓として待遇たいぐうする.

국사(國史) 名 国史こくし, 国くにの歴史れきし.

국사(國事) 名 国事こくじ, 国くにの重大事じゅうだいじ。 ¶ ~ 다난 国事多難たなん/ ~에 다망하다 国事に多忙たぼうである.

국사-범(-犯) 名 国事犯, 政治犯せいじはん.

국산(國産) 名 国産こくさん。 ¶ ~ 차 国産車しゃ/ ~

장려 国産奨励장려.

**국산-품**[-品] 名 国産品. ¶ ~을 애용하다 国産品を愛用する.

**국상**[國喪] 名 国葬, 大葬.

**국새**[國璽] 名 国璽.

**국선**[國選] 名하타 国選.

**국선 변:호인**[-辯護人] 名 [法] 国選弁護人.

**국세**[國稅] 名 国税. ¶ ~를 징수하다 国税を徴収する.

**국세-청**[-廳] 名 国税庁.

**국세**[國勢] 名 国勢. ¶ ~ 조사 国勢調査.

**국소**[局部] 名 局所, 局部.

**국소-마취**[-痲醉] 名 [醫] 局所麻酔. ㊤ 국부 마취

**국솥** 名 吸い物用の釜.

**국수** 名 《そば・うどんなどの麺類の総称》 麺. ¶ ~를 말다 麺に汁をかける. 관용 국수(를) 먹다 麺を食べる.《結婚式を挙げることの意》

**국수**[國手] 名 国手, 国内の名人.

**국수**[國粹] 名 国粋. ¶ ~주의 国粋主義.

**국악**[國樂] 名 国楽.

**국어**[國語] 名 国語. ¶ ~ 교육 国語教育/ ~ 사전 国語辞典.

**국어 문법**[-文法] 名 国語文法.

**국어-학**[-學] 名 国語学.

**국역**[國譯] 名하타自 国訳, 邦訳.

**국역-본**[-本] 名 国訳本.

**국영**[國營] 名하타 国営. ¶ ~ 기업체 国営企業体.

**국영 방:송**[-放送] 名 国営放送.

**국왕**[國王] 名 国王.

**국외**[局外] 名 局外, 部外. ¶ ~ 중립 局外中立.

**국외-자**[-者] 名 局外者, 部外者, アウトサイダー.

**국외**[國外] 名 国外. ¶ ~로 추방하다 国外に追放する.

**국외 주권**[-主權] 名 [法] 国外主権.

**국운**[國運] 名 国運. ¶ ~을 걸다 国運をかける.

**국위**[國威] 名 国威. ¶ ~ 선양 国威宣揚/ 해외에 ~를 떨치다 海外に国威をとどろかす.

**국유**[國有] 名 国有. ¶ ~ 재산 国有財産/ ~ 철도 国有鉄道.

**국유-림**[-林] 名 国有林.

**국유-지**[-地] 名 国有地.

**국유-화**[-化] 名하타自 国有化.

**국-으로** 副 ありのまま, 黙って, 分をわきまえて. ¶ ~ 가만히 있거나 해라 黙って引っ込んでいなさい.

**국익**[國益] 名 国益. ¶ ~에 따르다 国益に沿う.

**국자** 名 ひしゃく, 杓子. ¶ ~로 국을 뜨다 杓子で汁を掬う.

**국장**[國葬] 名하타 国葬.

**국적**[國籍] 名 国籍. ¶ 이중 ~ 二重国籍/ ~ 불명 国籍不明/ ~을 취득하다 国籍を取得する.

**국적-법**[-法] 名 [法] 国籍法.

**국적 상실**[-喪失] 名 [法] 国籍喪失.

**국적 회복**[-回復] 名 [法] 国籍回復, 再帰化.

**국정**[國定] 名하타 国定. ¶ ~ 가격 国定価格.

**국정 교:과서**[-敎科書] 名 国定教科書.

**국정**[國政] 名 国政. ¶ ~의 쇄신 国政の刷新/ ~에 참여하다 国政に参与する.

**국정 감사**[-監査] 名 [法] 国政監査. ¶ ~권 国政監査権.

**국정**[國情] 名 国情. ¶ ~ 불안 国情の不安.

**국제**[國際] 名 国際. ¶ ~ 분쟁 国際紛争/ ~ 정세 国際情勢.

**국제-간**[-間] 名 国際間. ¶ ~의 친선 国際間の親善.

**국제 결혼**[-結婚] 名 国際結婚.

**국제 노동 기구**[-勞動機構] 名 国際労働機構.

**국제 사법 재판소**[-司法裁判所] 名 国際司法裁判所.

**국제-색**[-色] 名 国際色. ¶ ~이 짙은 도시 国際色豊かな都市.

**국제-선**[-線] 名 国際線. ㊥ 국내선

**국제 연맹**[-聯盟] 名 国際連盟.

**국제 연합**[-聯合] 名 国際連合, 国連. ¶ ~군 国際連合軍.

**국제-적**[-的] 冠 国際的. ¶ ~인 명성 国際的な名声.

**국제-화**[-化] 名하타自 国際化.

**국지**[局地] 名 局地. ¶ ~전 局地戦.

**국지-적**[-的] 冠 局地的.

**국채**[國債] 名 国債. ¶ ~를 발행하다 国債を発行する.

**국철**[國鐵] 名 《「국유 철도」の縮約形》 国鉄. ¶ ~선 国鉄線.

**국토**[國土] 名 国土, 邦土. ¶ ~ 종합 개발 国土総合開発.

**국토 계:획**[-計劃] 名 国土計画.

**국토 방위**[-防衛] 名 国土防衛.

**국판**[菊版] 名 [版] 菊判.

**국학**[國學] 名 国学. ¶ ~자 国学者.

**국한**[局限] 名하타自 局限. ¶ ~된 지역 局限された地域.

**국-한문**[國漢文] 名 国漢文. ¶ ~ 혼용 国漢文混用.

**국헌**[國憲] 名 国憲, 憲法.

**국화**[菊花] 名 [植] キク. ¶ 들~ 野菊.

**국화-빵** 名 菊模様の型に焼いたパン.

**국화**[國花] 名 国花.

**국회**[國會] 名 国会. ¶ 임시 ~ 臨時国会/ ~가 열리다 国会が開かれる.

**국회 의사당**[-議事堂] 名 国会議事堂.

**국회 의원**[-議員] 名 国会議員, 代議士.

군:[君] 图 ①君ঘ. ¶ 그것은 ~의 짓인가? 그것은 君の仕業ぎょうかね。②《形式名詞的に》君ঘ. ¶ 김 ~ 金君ঘ.
군:[軍] 图 軍ঘ. ¶ ①「군부(軍部)」의 縮約形. ②「군대(軍隊)」의 縮約形. ③陸軍ঘ의 最高ঘ編成ঘ單位ঘ. ¶ ~ 사령부 軍司令部ঘ.
군:[郡] 图 郡ঘ, 地方ঘ 行政ঘ 区域ঘ의 하나 (道ঘ의 下ঘ, 邑·面ঘ의 上ঘ). ¶ 신안~ 新安ঘ郡.
-군 語尾《「-구나」의 縮約形》…な(あ)、…ね。 ¶ 잘 됐~ よかったなあ。/ 정말 좋~ ほんとうにいいね。
군:- 接頭 必要ঘ의 없는·無駄ঘ·よけいなの 意ঘ를 表ঘ한다. ¶ ~살 贅肉ঘ/ ~소리 無駄口ঘ/ ~식구 食客ঘ.
군가[軍歌] 图 軍歌ঘ.
군:것-질 图ঘ自 おやつ、買かい食ঘি. ¶ ~하는 버릇 買かい食ঘいする癖ঘ. 倣 주전부리.
군견[軍犬] 图《「군용견(軍用犬)」의 縮約形》軍犬ঘ, 軍用犬ঘ.
군경[軍警] 图 軍隊ঘ と 警察ঘ. ¶ ~ 합동 훈련 軍隊と警察の合同訓練ঘ.
군계[群鷄] 图 鷄ঘ의 群ঘ. ¶ ~ 일학 鷄群の一鶴ঘ, はきだめに鶴ঘ.
군:-고구마 燒やきいも.
군국-주의[軍國主義] 图 軍國主義ঘ.
군담[軍談] 图 軍談ঘ, 戰ঘばなし。¶ ~ 소설 軍記物ঘ.
군대[軍隊] 图 軍隊ঘ. ¶ ~에 입대하다 軍隊に入隊ঘ する.
군:-더더기 图 ①余計ঘ なもの、むだなもの、蛇足ঘ. ¶ 말에 ~가 많다 話ঘに むだが多ঘい. ②理由ঘ もなくつきまとう者ঘ.
군데 图 箇所ঘ. ¶ 몇 ~ 数ঘ か所ঘ.
군데-군데 副 ところどころ、あちらこちら、節々ঘ. ¶ ~ 구멍이 나 있다 あちこちに穴ঘがあいている.
군도[群島] 图 群島ঘ. ¶ 말레이 ~ マレー群島ঘ.
군락[群落] 图 群落ঘ. 식물 ~ 植物ঘ群落.
군량[軍糧] 图 軍糧ঘ, 兵糧ঘ. ¶ ~이 떨어지다 兵糧ঘ が尽ঘきる.
 군량-미[-米] 图 軍糧米ঘ, 兵糧米ঘ.
군림[君臨] 图ঘ自 君臨ঘ. ¶ 제일인자로 ~ 하다 第一人者ঘとして君臨する.
군:-말 图ঘ自 むだ口ঘ, 贅言ঘ. ¶ 말고 따라와라 むだ口をたたかないでついてこい.
군:-밤 图《「구운밤」의 縮約形》燒やき栗ঘ.
군번[軍番] 图 ①(軍人ঘ의) 認識ঘ 番号ঘ. ②認識表ঘ.
군법[軍法] 图 軍法ঘ, 軍ঘの法律ঘ〔規律ঘ〕.
 군법 회의[-會議] 图 軍法会議ঘ.
군복[軍服] 图 軍服ঘ.
 慣用 군복을 벗다 軍服を脱ঘ ぐ, 除隊ঘする. 군복을 입다 軍服を着ঘ る, 入隊ঘ する.
군부[軍部] 图 軍部ঘ. ¶ ~의 동향 軍部の動向ঘ.
군:-불 图 暖房用ঘ に焚ঘ く火ঘ.

慣用 군불을 때다 ①焚ঘ き口ঘに火をくべる. ②《俗》タバコを吸ঘ う.
군비[軍備] 图 軍備ঘ. ¶ ~를 갖추다 軍備を整ঘ とえる.
 군비 축소[-縮小] 图 軍備縮小ঘ, 軍縮ঘ. 倣 군축.
 군비 확장[-擴張] 图 軍備擴張ঘ, 軍擴ঘ. 倣 군확.
군사[軍事] 图 軍事ঘ. ¶ ~ 기지 軍事基地ঘ/ ~ 우편 軍事郵便ঘ/ ~ 원조를 받다 軍事援助ঘを受ঘ ける.
 군사-력[-力] 图 軍事力ঘ.
 군사-비[-費] 图 軍事費ঘ. 倣 군비.
 군사 재판[-裁判] 图 軍事裁判ঘ.
 군사-적[-的] 冠图 軍事的ঘ. ¶ ~ 비밀 軍事的秘密ঘ.
 군사 혁명[-革命] 图 軍事革命ঘ.
군:-살 图 贅肉ঘ. ¶ ~이 찌다 贅肉がつく.
군상[群像] 图 群像ঘ.
군색[窘塞] 图ঘ 하다形 ①(暮ঘ らしが) 貧ঘ しい, 貧困ঘだ. ¶ ~한 살림살이 貧しい暮ঘ らし向ঘ き. ②(事ঘ が思ঘ うとおりにならず) 苦ঘ しい, つらい. ¶ ~한 변명 苦しい弁明ঘ.
군생[群生] 图ঘ自 群生ঘ. ¶ 고산 식물이 ~하다 高山ঘ植物ঘ が群生する.
군서[群棲] 图ঘ自 群棲ঘ, 群居ঘ.
군세[軍勢] 图 軍勢ঘ. ¶ 엄청난 ~를 자랑하다 おびただしい軍勢を誇ঘ る.
군소[群小] 图 群小ঘ. ¶ ~ 정당 群小ঘ政黨ঘ.
군:-소리 图ঘ自 ①無駄口ঘ, つまらない話ঘ. ¶ ~가 많다 無駄口が多ঘ い. 倣 군말. ②うわごと, 寝言ঘ. 倣 헛소리.
군수[軍需] 图 軍需ঘ. ¶ ~ 경기 軍需景気ঘ/ ~ 물자 軍需物資ঘ.
 군수 산:업[-産業] 图 軍需産業ঘ.
 군수-품[-品] 图 軍需品ঘ.
군:-식구[-食口] 图 食客ঘ, 居候ঘ.
군신[君臣] 图 君臣ঘ, 君主ঘと臣下ঘ.
 군신 유:의[-有義] 图 (五倫ঘの一ঘ つで) 君臣の間ঘ の道理ঘは義ঘにあるということ.
군악[軍樂] 图 軍樂ঘ. ¶ ~대 軍樂隊ঘ.
군용[軍用] 图 軍用ঘ. ¶ ~선 軍用船ঘ/ ~ 도로 軍用道路ঘ/ ~ 수표 軍票ঘ.
 군용-견[-犬] 图 軍用犬ঘ.
 군용-기[-機] 图 軍用機ঘ.
 군용-차[-車] 图 軍用車ঘ.
군웅[群雄] 图 群雄ঘ. ¶ ~ 할거 群雄割拠ঘ.
군의-관[軍醫官] 图 軍医官ঘ, 軍医ঘ.
군인[軍人] 图 軍人ঘ. ¶ ~ 정신 軍人精神ঘ/ 상이 ~ 傷痍ঘ軍人.
군:-입 图 ①寝覚ঘ めの口ঘ. ②間食ঘ をとったあとの口ঘ. ③何ঘ でも食ঘ べてない口ঘ.
 慣用 군입(을) 다시다 ①おやつを食べる, 間食ঘ を食べる. ②何かを食べたくて舌鼓ঘ をうつ.
군자[君子] 图 君子ঘ. ¶ 성인 ~ 聖人ঘ 君子.
군자연-하다[-然-] 图ঘ自 君子ぶる, 君子を気ঘ

군자-금【軍資金】 图 軍資金ポォ。¶ ~을 조달하다 軍資金を調達ホォぅする。
군장【軍裝】 图 軍裝ホォ。
군정【軍政】 图 軍政ホォ。¶ ~ 시대 軍政時代ホィ/ ~ 을 펴다 軍政を敷シく。
군정-관【-官】 图 軍政官ホッ。
군정-청【-廳】 图 軍政庁ホォッ。
군졸【軍卒】 图 軍卒ホッ、兵卒ホォッ。
군주【君主】 图 君主ホッ。¶ ~ 정치 君主政治ホッ/ 봉건 ~ 封建ホッ君主。
군주-국【-國】 图 君主国ホッ。
군주-제【-制】 图 君主制ホッ。
군중【群衆】 图 群衆ホッ。¶ ~을 헤치고 나아가다 群衆をかき分けて進すむ。
군중 심리【-心理】 图 群衆心理ホッ。
군집【群集】 图 自 群集ホッシォ、群ホがり集ホまること。
군청【群青】 图 群青ホッ、あざやかな濃コい青色ホホ。¶ ~색 群青色ホッショキ。
군축【軍縮】 图 《「軍備 축소」의 縮約形》軍縮ホッシォ。 ¶ ~ 회담 軍縮会談ホッダン。
군:-침 图 生ホつば、生つばき、よだれ。¶ ~ 을 흘리다 よだれを垂タらす。
관용〉군침(을) 삼키다 ①《食ホべたくて》舌シオなめずりをする。②《利益ホォ・財産ホホを》非常ホォゥに欲ホしがる。군침(이) 돌다 ①食欲ショッが生ホォじる。②《利益ホォなどへの》欲ホが出デる。
군:-턱 图 二重ホォぁご。¶ ~이 지다 二重ホォぁごになる。
군함【軍艦】 图 軍艦ホッ。¶ ~기 軍艦旗ホ。
군항【軍港】 图 軍港ホォ。¶ 요새로서의 ~ 要塞ホォイとしての軍港。
군호【軍號】 图 合ホい言葉ホト、軍隊ホッタィの暗号ホッ。
군화【軍靴】 图 軍靴ホッ。
군확【軍擴】 图 《「軍備 확장」의 縮約形》軍拡ホッ。
굳건-하다 刑動 《人ビト・意志ホッ등이》堅固ホッであるこ、しっかりしている、ぐらつかない。¶ 굳건한 정신 しっかりした精神ホッ。굳건-히 副 しっかりと、堅固ホッに、確タシかに。
굳기름 图 脂ホォ、脂肪ホォ。
굳다¹ 自 ①《物ホェが》固カたくなる、固カたまる。¶ 반죽이 굳었다 練ホり粉ホが固かまった。②《やらかいものが》固かまる、凝コる、凝結ホッシする。¶ 굳기름이 ~ 脂ホォが固かまる。③《身ホについて》習慣ホッカンになる、癖ホになる。¶ 말버릇이 ~ 口癖ホセェになる。④《身体ホタイが》硬カたくなる、硬直ホッヵする、こわばる。¶ 손발이 굳어 있다 手足ホォが こわばっている。⑤《言葉ホトバが》どもる、口ホごもる。¶ 긴장하면 말이 ~ 緊張ホッシォッしてどもる。⑥《お金カネが》たまる。¶ 용돈을 아꼈더니 돈이 굳었다 小遣オュカいを節約ホッカクしたのでお金がたまった。
굳다² 刑 かたい。《物ホェが》固ホカい、硬ホたい。¶ 굳은 떡 固ホい餅モチ。②《志ミ゙ョシ・団結ジダシなどが》ぐらつかない、堅ホたい。¶ 굳게 결심하다 堅ホたく決心ミッシンする。③《守リまりなどが》堅ホい、堅固ホッだ。¶ 성문을 굳게 지키다 城門ジョォモンを堅ホたく守マる。④《態度タイなどが》こわばっている。¶ 굳은 표정 こわばった顔カォつき。⑤《お金カネ・財物ザィなどに》しまりがある、財物ザィなどにけちだ。
속담〉굳은 땅에 물이 고인다 固ホい地面ホメンに水ミがたまる。《節約ホッヵクしなければお金カネはたまらない》
굳-세다 刑 ①《意志ィシが》強ッョぃ、強固ホョゥだ、不屈ホッだ、力強ホォラ゙ッい。¶ 굳센 의지 強固ホョウな意志ィシ/ 굳세게 살아가다 力強ヵラ゙ッく生ィきて行ュく。②《体カォが》逞タクましい、頑健ガンだ、頑丈ガッジョゥだ。¶ 굳센 몸 頑健ガンな体。
굳어-지다 自 固カたくなる、固カたまる、こわばる。¶ 땅이 ~ 地面ジメンが固かまる。/ 표정이 ~ 表情ジョヴがこわばる。
굳은-살【-】 图《手テ・足ホシなどの》たこ。¶ 손에 ~ 이 박히다 手にたこができる。
굳이 副 ①固カたく、頑固ガンに。¶ ~ 사양하다 かたく断コトホる。②しいて、あえて、無理ムリに、わざと。¶ ~ 해석한다면 しいて解釈カィシャクすれば/ ~ 그렇게 할 필요는 없다 無理ムリにそうする必要ホッョウはない。
굳-히다 他 固ホためる、固ホたくする。¶ 결심을 ~ 決心ケッシンを固める。
굴 图 ①動 カキ。¶ ~ 양식 カキの養殖ョウシォ。②カキの身。③「굴조개」의 縮約形。
굴:【窟】 图 ①穴ホt、洞穴ホォライ゙ッ、洞窟ホゥッ。¶ 산중턱에 있는 ~ 山服ホンフクにある洞穴ヒッケツ。②トンネル。¶ 기차가 ~ 속으로 들어간다 汽車キッヤがトンネルの中ナカに入イる。③獣ケモノの住スむ穴ホナ。¶ 너구리 ~ タヌキの穴。④「소굴〔巢窟〕」의 縮約形。
굴곡【屈曲】 图 自 ①屈曲ホッキョク、曲マがりくねっていること。¶ ~ 이 심하다 屈曲が激ハゲしい。②比 起伏ホフク。¶ ~ 많은 인생 起伏に富トんだ人生シセイ。
굴:다 助動《…のように》振舞ホルマぅ、する。¶ 성가시게 ~ うるさく振舞う。/ 심하게 ~ ひどいことをする。
굴:-뚝 图 煙突ホシモッ。¶ ~ 을 청소하다 煙突を掃除ソウジする。
관용〉굴뚝 같다《何ナニかを》やりたくてたまらない。¶ 가고 싶은 마음은 굴뚝 같지만 行ィきたいのはやまやまだが。
굴:러-가다 自 転コpがって行ュく。
굴:러-다니다 自《物ホメがあちこちへ》転コpがり回マゎる、転がっている、散チっかっている。
굴:러-들다 自 転コpがり込コpむ。¶ 행운이 ~ 幸運ワゥンが転がり込む。
굴:러-먹다 自 俗 ほうぼうを転々テンテンとしながら卑カラしく暮クらす。¶ 어디서 굴러먹던 녀석이냐? どこの馬ウマの骨ホネだ?
굴렁-쇠 图 輪回ワッわしの輪、フープ。
굴레 图 ①《牛馬ギュゥバの》面ホッがい。②比 絆ホズナ、束縛ッノバク、拘束ッウ。¶ 인습의 ~에서 벗어나다 因習ィッシゥの束縛ッノバクから抜ヌけ出タす。
관용〉굴레 벗은 말 面ホッがいを外ハズされた馬ウマ。《束縛されていない自由ジュウな身ミ、荒アラっぽく振舞マう人》

**굴:리다** 他 ①転がす、転ばす。¶ 공을 ~ ボールを転がす。②ほったらかしておく。¶ 소중한 물건을 함부로 굴리다 大切なものをやたらにほったらかしておく。③(利息리을)とってお金가을) 貸す、回転회전させる。¶ 고리로 돈을 ~ 高利고리で金を貸す。④(車차을)持っている、運転운전する、転がす。¶ 자가용을 ~ 自家用車자가용차を転がす。⑤(木切きれの角각을) 削ぎ落とす、削る。

**굴복**[屈服] 名[하다自] 屈服굴복、屈従굴종。¶ 권력에 ~하다 権力권력に屈する。

**굴비** 名 (塩漬소금절けした) イシモチの干物もの。

**굴신**[屈伸] 名[하다他] 屈伸굴신。¶ ~ 운동 屈伸運動굴신운동。

**굴욕**[屈辱] 名 屈辱굴욕。¶ ~을 참지 못하다 屈辱に耐えられない。

**굴욕-감**[-感] 名 屈辱感굴욕감。

**굴욕-적**[-的] 冠名 屈辱的굴욕적。¶ ~인 외교 屈辱的外交굴욕적외교。

**굴절**[屈折] 名[하다自] 屈折굴절。¶ ~ 망원경 折望遠鏡/ 빛의 ~ 光빛의の屈折。

**굴절-각**[-角] 名[物] 屈折角굴절각。
**굴절-률**[-率] 名[物] 屈折率굴절률。
**굴절-어**[-語] 名[言] 屈折語굴절어。

**굴-젓** 名 カキの塩辛소금절。

**굴-조개** 名[動] マガキ。

**굴지**[屈指] 名[하다] 屈指굴지、指折유비ゆび り。¶ 국내 ~의 기업 国内국내屈指の企業굴지의기업。

**굴착**[掘鑿] 名[하다他] 掘削굴삭。¶ ~기 掘削機굴삭기。

**굴-하다** 名[自他] ①(体몸を) 曲まげる、かがめる。②(意志의지が)くじける、屈服굴복する、服従복종する、めげる。¶ 어떠한 시련에도 굴하지 않는다 いかなる試練시련にも屈服しない。

**굵다** 形 ①(長길いものが) 太쉽い。¶ 굵은 철사 太い針金바늘。②(粒알が)大크きい。¶ 굵은 밤 粒の大きい栗밤。③(布地천지などの目눈이が) 粗あらい。¶ 발이 굵은 체 粗目あらめの篩ふるい。④太웃っ腹배だ、大胆대담だ。¶ 선이 굵은 사나이 線선의 太い男사나이。⑤(声소리が) 低낮いながら大크きい、太い。¶ 사내다운 굵은 목소리 男사내らしい太い声소리。

**굵어-지다** 自 太굻くなる。¶ 다리가 ~ 足다리が太くなる。

**굵직-하다** 形이 かなり太쑴い、(粒알이)かなり大쑴きい。¶ 굵직한 통나무 かなり太い丸太마루타。

**굵직-굵직** 副形이 すべてが太く、すべてが大きく。¶ ~하게 썰다 大きめに刻刻む。

**굶기다** 他(「굶다の使役」) 飢주えさせる。¶ 처자를 ~ 妻子처자를 飢えさせる。

**굶다** 自他 ①飢주える、腹배をすかせる。¶ 굶어 죽다 飢え死死にする。②食しょくはぐれる、食사事를 먹으려고 아침밥을 ~ 薬약すを飲むために朝食조식を抜く。

俗담 **굶기를 밥 먹듯 한다** 毎日매일の食事식사を欠かすことが多많い。

**굶-주리다** 自 飢える。¶ (腹배を)空すかす、ひもじい思思いをする。¶ 굶주린 사람들 飢えた

人々사람들。②(不足부족して)渇望갈망する。¶ 부모의 애정에 ~ 親부의 愛情애정に飢える。

**굶-주림** 名 飢うえ、飢餓기아、ひもじさ。¶ ~을 면하다 飢えを免까れる。

**굼:-뜨다** 形 (動作동작・進行진행などが)のろい、まだるっこい。¶ 걸음이 ~ 歩みがのろい。

**굼:벵이** 名 ①[動] セミの幼虫유충。②[比]のろい人사람、のろま、ぐず。¶ ~ 같은 놈 のろまなやつ。

**굼지럭** 副 (のろのろと動うごくさま)のろのろ、ぐずぐず、もぞもぞ。

**굼지럭-거리다** 自 のろのろ動く、のろのろする、ぐずぐずする、もぞもぞする。

**굼지럭-굼지럭** 副[하다自] のろのろ、ぐずぐず、もぞもぞ。

**굼틀-거리다** 自他 くねくねする、ぴくぴくする、のたりたりする。¶ 벌레가 ~ 虫が くねくねする。

**굼틀-굼틀** 副[하다自他] くねくね、ぴくぴく、のたりたり、にょろにょろ。¶ ~ 기어가다 にょろにょろと這う。

**굽** 名 ①(牛소・馬말などの)蹄ひづめ。¶ 말 발-소리 馬の蹄の音소리。②(靴화の)かかと、きびす、ヒール。¶ ~을 갈다 かかとを取り替える。③(器기 などの)糸底いとぞこ。¶ 찻잔의 ~ 茶碗ちゃわんの糸底。

**굽:다**[1] 他[ㅂ] ①(食物식물を) 焼やく、あぶる。¶ 생선을 ~ 魚さかなを焼く。/ 김을 불에 ~ 海苔のり を火であぶる。②(炭석탄・煉瓦연와などを) 焼く。¶ 도자기를 ~ 陶磁器도자기を焼く。/ 숯을 구워 살아가다 炭を焼いて暮らす。③(写真사진을) 焼き付つける。

**굽다**[2] 自 曲まがっている、たわんでいる、うねっている。¶ 등이 ~ 背中이 曲がっている。

慣用 **굽도 젖도 할 수 없다** 曲げることも反그らすこともできない、進退じんたいきわまる。

**굽-뒤축** 名 (牛馬우마の)蹄ひづめのかかと。

**굽실거리다** 自他 ぺこぺこする、へいこらする。¶ 상사에게 ~ 上役じょうやくにぺこぺこする。

**굽실-굽실** 副[하다自他] ぺこぺこ、へいこら。¶ ~ 머리를 숙이다 ぺこぺこと頭あたまを下げる。

**굽어-보다** 他 ①見下ろす、俯瞰ふかんする。¶ 산꼭대기에서 ~ 山頂さんちょうから見下ろす。②(目下눈아래の者자を)思いやる、察さっする。

**굽어-살피다** 他 察さっする、思いやる、照覧しょうらんする、ご覧になる。¶ 민정을 ~ 民情민정을 視察시찰する。/ 신이여, 굽어살피소서! 神神よ、照覧あれ。

**굽이** 名 曲がり角かど、曲がっている所ところ、カーブ。¶ ~마다 曲がり角ごとに。

**굽이-굽이** 副 ①曲まがり角ごとに。¶ 골짜기 ~ 자욱한 안개 谷たにあいごとに立ち込めたもや。②(曲がって流れるさま)くねくね、うねうね。¶ ~ 흐르는 강물 うねうねと流れる川かわ。

**굽이-치다** 自 曲がりくねる、うねる。¶ 강이 굽이쳐 흐르다 川이 曲がりくねって流ながれる。

**굽히다** 他 曲まげる、かがめる。¶ 몸을 ~ 体からだ

굿 图(하다) ①巫女らが供物を供え神霊に祈り願ねがう儀式。②見ºもの、見ºせもの。
〔속담〕 굿이나 보고 떡이나 먹지 よその巫女の儀式を見物けんぶつして餅もでも貰える。《人ひとの事ことに立たち入いらず実利じつりを計はかる方ほうがよい》

궁¹〔宮〕图 ①宮ºう、宮殿きゅうでん。②(将棋しょうぎで)王将おうしょう。

궁²〔宮〕图〔音〕宮きゅう、東洋とうよう音楽おんがくの5音ごんの第一音だいいち。

궁궐〔宮闕〕图 宮闕きゅうけつ、宮殿きゅうでん。¶ 구중 ~ 奥おくふかい宮殿。㊤ 대궐

궁극〔窮極〕图(하다) 究極きゅうきょく。¶ ~의 목적 究極の目的。㊤ 구극

궁금-증〔-症〕图 気がかり、気遣きづかい。¶ ~이 풀리다 気がかりなことがなくなる。

궁금-하다 形 ①気きがかりだ、気遣きづかわしい、気になる、心配しんぱいである。¶ 결과가 어떻게 되었는지 ~ 結果けっかがどうなったか気がかりだ。②空腹くうふくで何なにか食たべたい。

궁기〔窮氣〕图 困窮こんきゅうしたさま。¶ 얼굴에 ~ 가 흐르다 顔かおに困窮の相そうが浮うかんでいる。

궁녀〔宮女〕图 宮女きゅうじょ、女官にょかん。

궁도〔弓道〕图 弓道きゅうどう、弓術きゅうじゅつ。

궁둥이 图 ①尻しり、臀部でんぶ。¶ ~ 가 평퍼짐하다 尻しりが平たいらべってでかい。②衣類いるいの尻の部分ぶぶん。¶ 바지 ~에 구멍이 나다 ズボンの尻が抜ぬける。
〔속담〕 궁둥이에서 비파 소리가 난다 尻から琵琶びわの音おとが出でる。《忙いそがしく立たち回まわり休やすむ暇ひまもないこと》
〔관용〕 궁둥이가 가볍다 尻が軽かるい、ひと所ところにじっとしていない。궁둥이가 무겁다 尻が重おもい、さっさと動うごかない。궁둥이가 질기다 尻が長ながい、長居ながいをする。궁둥이를 붙이다 ①尻を床ゆかにつける。②尻しりをすえる、腰こしを落おち着つける。

궁리〔窮理〕图(하다) ①究理きゅうり。②思案しあんすること、工夫くふうすること、思おもいめぐらすこと、知恵ちえをしぼること。¶ 이리저리 ~하다 あれこれと思案する。

궁상〔窮状〕图 窮状きゅうじょう。¶ ~을 호소하다 窮状を訴うったえる。

궁상-떨다 動 あからさまに窮状を訴える、貧乏びんぼうたらしく振ふる舞まう。

궁상-맞다 形 貧乏びんぼうたらしい、貧乏びんぼう臭くさい。¶ 궁상맞은 얼굴 貧乏たらしい顔かお。

궁색〔窮塞〕图(하다) 貧窮ひんきゅう。¶ 살림이 ~하다 暮くらしがひどく貧しい。

궁수〔弓手〕图 弓ゆみを射いる人ひと、射手しゃしゅ。

궁술〔弓術〕图 弓術きゅうじゅつ、弓道きゅうどう。

궁여지-책〔窮餘之策〕图 窮余きゅうよの一策いっさく、苦くるしまぎれに考かんがえついた一策。

궁전〔宮殿〕图 宮殿きゅうでん。

궁정〔宮廷〕图 宮廷きゅうてい。¶ ~ 문학 宮廷文学ぶんがく。

궁정-악〔-樂〕图〔音〕宮廷音楽おんがく、宮中きゅうちゅうで演奏えんそうする音楽。

궁중〔宮中〕图 宮中きゅうちゅう、禁中きんちゅう。

궁중-어〔-語〕图〔文法〕宮中語ご、宮中で使つかう言葉ことば。

궁지〔窮地〕图 窮地きゅうち、窮境きゅうきょう、苦境くきょう。¶ ~에 빠지다 窮地に陥おちいる。/ ~를 벗어나다 窮地を脱だっする。

궁핍〔窮乏〕图〔하다〕窮乏きゅうぼう。¶ ~한 생활 窮乏生活せいかつ。

궁-하다〔窮-〕形 窮きゅうする。①ひどく貧まずしい、貧乏びんぼうだ。¶ 궁한 살림 貧しい暮くらし。②(不十分じゅうぶんで)困こまっている、欠乏けつぼうしている。¶ 용돈이 ~ 小遣こづかいに困っている。③行ゆき詰つまっている、困り切きっている。¶ 대답이 ~ 返事へんじに窮する。④切せっぱつまっている、追おいつめられている。¶ 궁하면 통한다 窮すれば通つうじる。

궁합〔宮合〕图 (男女だんじょの)相性しょう。¶ ~이 맞는다 相性がよい。
〔관용〕 궁합(을) 보다 相性の善よし悪あしを見みる。

궂다 形 ①(雨あめ・雪ゆきで)天気てんきが悪わるい。¶ 궂은 날씨가 계속되다 うっとうしい日ひが続つづく。②(物事ものごとが)いやだ、気きに食くわない。¶ 궂은 말 いやなことば。③不吉ふきつだ、不幸ふこうだ。

궂은-비 图 じめじめと降ふり続つづく雨あめ。

궂은-살 图 こくみ、こぶ・おできなどの盛もり上あがった贅肉ぜいにく。

궂은-일 图 ①不吉ふきつなこと、いやなこと、気きにかかること。¶ ~도 마다 않고 열심히 한다 不浄ふじょうな仕事しごともいとわずに熱心ねっしんにする。②人ひとの死しにかかわること、死体したいを取とり扱あつかう仕事しごと。

권〔卷〕I 依 ①(本ほんを数かぞえる単位たんい)冊さつ。¶ 참고서 한 ~ 参考書さんこうしょ一冊いっさつ。②(《全集ぜんしゅう》などの順序じゅんじょを表あらわす語ご)巻かん。¶ 제3 ~ 第3巻だいさんかん。③白紙はくしを20枚にじゅうまい単位で数える語。④(映画えいがのフィルムの長ながさの単位で)巻。II〔接尾〕…券けん、…札さつ。¶ 입장 ~ 入場券にゅうじょうけん / 천 원 ~ 千ちウォン札。

-권〔圈〕〔接尾〕…圏けん。¶ 합격 ~ 合格圏ごうかくけん。

-권〔權〕〔接尾〕…権けん。¶ 참정 ~ 参政権さんせいけん。

권:고〔勸告〕图(하다) 勧告かんこく、勧すすめ。¶ ~ 사직 勧告辞職じしょく / ~를 받다 勧告を受うける。

권:내〔圏内〕图 圏内けんない。¶ 우승 ~에 들다 優勝ゆうしょう圏内に入はいる。

권능〔權能〕图 権能けんのう。¶ 신의 ~ 神かみの権能。

권:두〔卷頭〕图 巻頭かんとう、巻首かんしゅ。¶ ~에 실린 논설 巻頭に載のせられた論説ろんせつ。㊤ 권말

권:두-언〔-言〕图 巻頭言げん。㊤ 머리말

권력〔權力〕图 権力けんりょく。¶ ~ 다툼 権力争あらそい / ~ 지배 ~ 支配しはい 権力 / ~을 휘두르다 権力を振ふるう。

권력-자〔-者〕图 権力者しゃ。

권력 투쟁〔-鬪爭〕图 権力闘争とうそう。

권리〔權利〕图 権利けんり。¶ ~ 침해 権利侵害しんがい / ~의 남용 権利の濫用らんよう / ~를 행사하다 権利を行使こうしする。

권리-금〔-金〕图 権利金きん。

권리 능력〔-能力〕图〔法〕権利能力りょく。

권리-락[-落] 图[經] 権利落おち。
권리-부[-附] 图[經] 権利付つき。
권리-증[-證] 图 権利書しょ, (不動産どうさんの) 登記済証とうきずみしょう。
권:말[卷末] 图 巻末かん。¶ ~ 부록 巻末付録ふろく。団 권두
권모 술수[權謀術數] 图 権謀術数けんぼうじゅっすう。¶ ~에 능하다 権謀術数に長たけている。
권문[權門] 图 (「권문 세가」의 縮約形) 権門もん。¶ ~자제 権門の子弟てい。
권문 세:가[-勢家] 图 権勢せいのある家柄がら、権門けん。
권:선 징악[勸善懲惡] 图 勧善懲悪ちょうあく。¶ ~소설 勧善懲悪の小説しょう。
권세[權勢] 图 権勢せい。¶ ~욕 権勢欲よく。
관용 권세(를) 부리다[피우다] 権勢を振ふるう。
권:외[圈外] 图 圈外がい。¶ ~로 밀려나다 圈外に押おし出だされる。
권위[權威] 图 権威けん。¶ ~있는 사전 権威のある辞典てん/ ~가 실추되다 権威が失墜しっついする。
권위-자[-者] 图 権威, 権威者しゃ, オーソリティー。¶ 학계의 ~ 学界がっの権威。
권위-주의[-主義] 图 権威主義しゅぎ。
권:유[勸誘] 图[他] 勧誘ゆう。¶ 가입을 ~하다 加入にゅうを勧誘かんゆうする。
권익[權益] 图 権益えき。¶ ~을 옹호하다 権益を擁護ようごする。
권:장[勸獎] 图[他] 勧奨しょう。¶ 저축을 ~하다 貯蓄ちょを勧奨する。
권:주-가[勸酒歌] 图 (宴会えんかいなどで) 酒さけを勧めすすめる時にうたう歌。
권:총[拳銃] 图 拳銃じゅう, ピストル。¶ ~강도 拳銃強盗ごう/ ~을 들이대다 拳銃を突つきつける。
권:태[倦怠] 图 倦怠たい。¶ 생활에 ~를 느끼다 生活せいかつに倦怠を覚おぼえる。
권:태-감[-感] 图 倦怠感かん。
권:태-기[-期] 图 倦怠期き。¶ ~에 접어들다 倦怠期に差さし掛かかる。
권:투[拳鬪] 图 拳闘けん, ボクシング。¶ ~경기 ボクシング試合あい。
권:-하다[勸-] 他 勧すすめる, 勧告こくする, 勧誘ゆうする。¶ 술을 ~ 酒を勧める。/ 회원이 되라고 ~ 会員かいいんになるように勧める。
권한[權限] 图 権限げん。¶ ~을 부여ふよする。
권한-외[-外] 图 権限外がい。¶ 그것은 ~의 일이다 それは権限外のことだ。
궐[闕] 图 闕けつ, 宮城じょう, 宮殿でん。
궐기[蹶起] 图[自] 決起けっ。¶ ~대회 決起大会たいかい/ 지금이야말로 ~할 때이다 今いまこそ決起する時ときだ。
궐:련 图 巻まきタバコ, シガレット。
궐석[闕席] 图[自] 「결석(缺席)」의 旧称。
궤[櫃] 图 櫃ひつ, 箱はこ。
궤:도[軌道] 图 軌道どう。¶ 전차의 ~ 電車でんしゃの軌道/ 사업이 ~에 오르다 事業じぎょうが軌道に乗のる。

궤:도-차[-車] 图 軌道車しゃ。
궤:멸[潰滅] 图 壊滅かい。¶ 적을 ~시키다 敵てきを壊滅させる。
궤:변[詭辯] 图 詭弁べん。¶ ~가 詭弁家か/ ~을 늘어놓다 詭弁を弄ろうする。
궤:변-학파[-學派] 图[哲] 詭弁学派がく, ソフィスト。
궤:양[潰瘍] 图[醫] 潰瘍よう。¶ 위 ~ 胃い潰瘍。
궤:-짝[櫃-] 图 櫃ひつ。
귀 图 ①耳みみ。¶ ~울음 耳鳴みみなり/ ~를 막다 耳をふさぐ。②(「귓바퀴」의 縮約形) 耳介かい, 耳殻かく, 耳たぶ。¶ ~가 크다 耳が大おおきい。③(「귀때」의 縮約形) (やかんなどの) 注つぎ口ぐち。④(針はりの) 穴あな, 針目はり。¶ 바늘 ~를 꿰다 針の穴に糸いとを通とおす。⑤(角立かどだった物ものの) 角かど, 端はし, 隅すみ。¶ 네 ~가 반듯하다 四よっつの角が歪ゆがんでいない。⑥(平らたいな物の) 耳, 端, 縁ふち。¶ 이불의 ~ 布団ふとんの端。⑦(トゥルマギの) わき明あけ。⑧(チョゴリなどの) おくみの端。⑨(「불귀」의 縮約形) 火口ぐち。¶ 화승총의 ~ 火縄銃ひなわじゅうの火口。⑩(碁盤ごばんの四よっつの) 隅。¶ ~에서 겨우 살았다 隅でやっと生いきた。⑪(金額きんがくの余あまり, 端数はすう, はした金きん) ¶ 10만원에 ~가 달리다 10万じゅうマンウォンにはした金がつく。
《속담》귀가 보배다 耳が宝だからだ。《耳学問みみがくもんをふざけて言いう語》 귀에 걸면 귀걸이, 코에 걸면 코걸이 耳に掛かけたら耳輪みみ, 鼻はなに掛けたら鼻輪はな。《言いい様ようによってどのようにでもなるという意い》
《관용》귀가 가렵다 だれかがわたしのことをしゃべっているようだ。 귀가 번쩍 뜨이다 (ふさがった耳があくように) うまい話はなしにはっとしてに耳をそばだてる。 귀가 솔깃하다 (耳よりな話に) 心こころが引ひかれる。 귀가 어둡다 ①耳が遠とおい。②(うわさ・情報じょうほうなどに) うとい。③のみこみが遅おそい。 귀가 여리다 (人どの言いうことを) 真まに受うけやすい, だまされやすい。 귀를 기울이다 耳を傾かたける, 耳を澄すます。 귀를 의심하다 耳を疑うたがう。 귀에 거슬리다 (人の言うことが) 耳障みみざわりだ。 귀에 들어가다 耳に入はいる。 귀에 못이 박히다 耳にたこができる, いやになるほど聞きかされる。 귀에 익다 耳慣みみなれる。
귀:-[貴] [接頭] 貴き…。①尊敬そんけいの意いを表あらわす。¶ ~국 貴国こく。②めずらしい・貴とうとい の意を表わす。¶ ~금속 貴金属きんぞく。
귀가[歸家] 图[自] 帰宅たくする。¶ ~가 늦어지다 帰宅が遅れる。
귀감[龜鑑] 图 亀鑑かん, かがみ, 手本ほん, 模範はん。¶ 그녀는 교육자의 ~이다 彼女かのじょは教育者きょういくしゃの亀鑑である。
귀갑[龜甲] 图 ①亀甲こう。¶ ~형 亀甲形だ。②[漢] 亀かめの甲こう。
귀-걸이 图 ①耳当みみあて, 耳掛みみかけ, 耳袋みみぶくろ。②耳輪みみ, 耳飾みみかざり, イヤリング。
귀결[歸結] 图[自][됨] 帰結けつ。¶ 당연한 ~

이다 それは当然の帰結である。
관용 귀결(을) 짓다 結末をつける、結論を出す。

**귀경**〔歸京〕명하자 帰京。

**귀-고리** 명 耳輪、耳飾り、イヤリング。

**귀:-공자**〔貴公子〕명 貴公子。

**귀**〔貴國〕명 貴國。

**귀국**〔歸國〕명하자 帰国。¶ ~ 길에 오르다 帰国の途につく。

**귀:-금속**〔貴金屬〕명 貴金属。

**귀-기울이다** 耳を傾ける、耳を澄ます、注意して聞く。¶ 귀기울여 듣다 耳を傾けて聞く。

**귀납**〔歸納〕명하타 帰納。¶ ~ 논리학 帰納論理学／~ 연역 (演繹)

**귀납법**〔-法〕명논 帰納法。

**귀납-적**〔-的〕관형 帰納的。¶ ~ 추리 帰納的推理。

**귀농**〔歸農〕명하자 帰農。¶ ~ 현상 帰農現象。 (대) 이농 (離農)。

**귀-담다** 耳に留める、相手の話などに注意をする。

**귀담아듣다** 타트 注意深く聞く、傾聴する、心して聞く。

**귀:-댁**〔貴宅〕명 貴宅、貴家、お宅。

**귀때** 명 (やかんなどの) 注ぎ口、飲み口。

**귀-때기** 명 ①俗 耳。②頰、ほっぺた。¶ ~를 후려갈기다 ほっぺたを張り飛ばす。

**귀-동냥**〔-動〕명하타 耳学問がくもん、聞き覚え。¶ ~ 으로 배우다 耳学問で覚える。

**귀-떨어지다** 자 (平たい物の) 縁が欠ける。

**귀뚜라미** 명동 コオロギ。

**귀뚤-귀뚤** 부 (コオロギの鳴き声) ころころ、ちっちっ。¶ 귀뚜라미가 ~ 울다 コオロギがころころと鳴く。

**귀-띔** 명하타 耳打ち、ほのめかすこと。¶ 피하라고 살짝 ~ 해 주었다 逃げるようにそっと知らせてあげた。

**귀로**〔歸路〕명 帰路、帰途、帰り道。¶ ~ 에 오르다 帰路につく。

**귀:-리** 명식 エンバク、オート麦。

**귀-머거리** 명 耳の聞こえない人、つんぼ、聴覚障害者。
속담 귀머거리 삼 년이요 벙어리 삼 년이라 つんぼになって三年、唖になって三年。《嫁入りとして聞きいても聞かぬふりをし言いたいことも口をつぐんでいなければならないという嫁の辛さをたとえて言う語》

**귀-먹다** 자 ①耳が聞こえなくなる。②人の言うことが理解できない。③ (器に) ひびが入って純ない音がする。

**귀-밑** 명 耳の下 (の頰)、耳元。¶ ~이 빨개지다 耳の下が赤くなる。

**귀-밝다** 형 ①耳がいい、聴覚がいい。②耳が早い、耳ざとい。

**귀:-부인**〔貴婦人〕명 貴婦人、身分の高い婦人。

**귀:-빈**〔貴賓〕명 貴賓。¶ ~ 으로 맞이하다 貴賓として迎える。

**귀:-빈-석**〔-席〕명 貴賓席。

**귀-빠지다** 자俗 生まれる、誕生する。¶ 귀빠진 날 誕生日。

**귀:-사**〔貴社〕명 《相手の会社の尊敬語》貴社。¶ ~ 의 발전을 빕니다 貴社の発展をお祈りします。

**귀성**〔歸省〕명하자 帰省。¶ ~ 버스를 타다 帰省バスに乗る。

**귀성-객**〔-客〕명 帰省客。

**귀소-성**〔歸巢性〕명동 帰巣性、帰家性。¶ ~이 강하다 帰巣性が強い。

**귀속**〔歸屬〕명하자되 帰属。¶ ~ 의식 帰属意識／국고에 ~ 되다 国庫に帰属する。

**귀속 재산**〔-財産〕명법 帰属財産。

**귀순**〔歸順〕명하자 帰順、帰服。¶ ~ 의 뜻을 비치다 帰順の意を表する。

**귀순-병**〔-兵〕명 帰順兵。

**귀:-신**〔鬼神〕명 鬼神。①死者の霊、幽霊、亡霊。¶ ~ 이 나오다 幽霊が出る。②人に福・災わいをもたらすといわれる精霊、神。¶ ~ 에게 홀리다 鬼に魅入られる。③ (容貌が見っともない人をたとえて言う語) お化け。¶ ~ 같은 몰골 お化けのようなかっこう。④《特別な才能のある人をたとえて言う語》鬼さん、~ 神様。¶ 운동에는 ~이다 運動の神様だ。
속담 귀신이 곡할 노릇이다 鬼でも哭かずにはいられない。《やり方がとても信じられないほど不可思議なようだ》
관용 귀신 같다 鬼神のようだ、さながら神業だ。귀신도 모르게 鬼神も知らぬうちに、こっそりと、ひそかに。귀신이 들리다 神がかりになる、物の怪に取りつかれる。

**귀-싸대기** 명俗 横っ面、ほっぺた。¶ ~를 갈기다 横っ面を張る。

**귀-아프다** 형 耳にたこができる、聞き飽きた。¶ 귀아프도록 들었다 耳にたこができるほど聞かされた。

**귀양**〔一歸鄉〕명史 流刑、流罪、流配、島流し。
관용 귀양(을) 가다 島流しになった行く。귀양(을) 보내다 流罪に処する、流す。

**귀양-살이** 명하자 ①島流しの生活。②比 へんぴな片田舎で世俗とかけ離れて暮らすこと。

**귀에지** 명 耳あか、耳くそ。

**귀엣-말** 명 耳打ち、耳語り。¶ 소곤소곤 ~을 하다 こそこそ耳打ちする。

**귀여겨-듣다** 타트 耳を澄まして聞く、注意してよく聞く。¶ 선생님의 말씀을 ~ 先生のお言葉を耳を澄まして聞く。

**귀:-여워-하다** 타여 かわいがる、いとおしむ、慈しむ。¶ 막내를 ~ 末っ子をかわいがる。

**귀:염** 명 かわいがること、寵愛。¶ ~을 독차지하다 寵愛を一身に集める。

**귀:염-둥이** 명 とてもかわいらしい子、かわ

**귀:염-성**[-性] 图 かわいらしさ。¶ ~ 있는 얼굴 かわいらしい顔つき。

**귀:엽다** 围 かわいい、かわいらしい、愛らしい、いとしい。¶ 귀여운 강아지 かわいい小犬。

**귀-울음** 图 耳鳴り。⊕ 이명

**귀의**[歸依] 图 帝自 帰依。¶ 불문에 ~하다 仏門に帰依する。

**귀이개** 图 耳かき。

**귀:인**[貴人] 图 貴人。

**귀일**[歸一] 图 帝自 帰一、(分かれている物が)一つに帰すること。¶ 모든 문제는 그 점에 귀일된다 すべての問題はその点に帰一する。

**귀-잠** 图 深い眠り、熟睡。
〈관용〉 귀잠(이) 들다 深い眠りに陥る、ぐっすり眠る、熟睡する。

**귀:재**[鬼才] 图 鬼才。¶ 문단의 ~ 文壇の鬼才。

**귀:족**[貴族] 图 貴族。¶ ~ 예술 貴族芸術／그녀는 ~ 태생이다 彼女は貴族の生まれだ。

**귀:족 계급**[-階級] 图 貴族階級。

**귀:족-적**[-的] 冠 貴族的。¶ ~인 풍모 貴族的な風貌。

**귀:중**[貴中] 图 御中。¶ 문부성 ~ 文部省御中。

**귀:중**[貴重] 图 帝 貴重。¶ ~품 貴重品／한 시간을 할애하다 貴重な時間を割く。
**귀중-히** 副 貴重に、大切に。¶ 인명을 ~ 여기다 人命を大切に思う。

**귀:지** 图 (「귀에지」의 縮約形) 耳あか、耳くそ。

**귀:지**[貴紙] 图 (「相手옆이」의 新聞紙의 尊敬語) 貴紙。¶ ~의 보도 貴紙の報道。

**귀착**[歸着] 图 帝自 帰着、帰結。¶ 결국 돈 문제에 ~된다 結局金の問題に帰着する。

**귀착-점**[-點] 图 帰着点。¶ 논의의 ~ 議論의 帰着点。

**귀-찮다** 围 厄介だ、面倒だ、うるさい、わずらわしい。¶ 귀찮은 이야기 厄介な話だ／귀찮게 따라 다니다 うるさく付きまとう。／다시 하는 것은 ~ 야 다시 하는 것은 ~ 야り直すのは面倒だ。

**귀책**[歸責] 图 法 帰責。¶ ~ 사유 帰責事由。

**귀:천**[貴賤] 图 貴賤。¶ 직업에 ~은 없다 職業に貴賎はない。

**귀-청**[鼓膜] 图 鼓膜。¶ ~이 터질 듯한 폭음 鼓膜が破れそうな爆音。

**귀추**[歸趨] 图 帰趨、行き着くところ。¶ ~가 주목된다 帰趨が注目される。

**귀:축**[鬼畜] 图 鬼畜。¶ ~만도 못한 소행 鬼畜にも劣る所行。

**귀퉁이** 图 ① 耳のあたり、耳元。② (物의) 角、隅。¶ 방 ~ 部屋の隅／책상의 네 ~ 机의 四つの角。

**귀:하**[貴下] Ⅰ 代 貴下、貴殿。¶ ~의 말씀에 동의합니다 貴殿のおことばに同意します。Ⅱ 依 《手紙の名のあて名の下に付ける敬称》様。

**귀:-하다**[貴-] 围 어 ① (身分・地位が)高い、尊い、高貴だ。¶ 귀하신 몸 尊い御身。② (価値が)高い、貴い、大事だ。¶ ~ 생명은 무엇보다도 ~ 生命はなによりも貴い。③ かわいらしい。¶ 귀한 자식 매로 키워라 かわいい子はむちで育てよ。④ 珍しい、稀だ。¶ 귀한 선물 珍しいおみやげ。**귀-히** 副 尊く、貴く、珍しく、かわいらしく。

**귀항**[歸航] 图 帝自 帰航、復航。

**귀항**[歸港] 图 帝自 帰港。

**귀향**[歸鄕] 图 帝自 帰郷。¶ 10년만에 ~했다 10年ぶりに帰郷した。

**귀화**[歸化] 图 帝自 帰化。¶ 한국에 ~하다 韓国に帰化する。

**귀화 식물**[-植物] 图 帝自 植 帰化植物。

**귀화-인**[-人] 图 帰化人。

**귀화-종**[-種] 图 生 帰化種。

**귀환**[歸還] 图 帝自 帰還。¶ 본국에 무사히 ~하다 本国に無事に帰還する。

**귀환-병**[-兵] 图 帰還兵。

**귀휴**[歸休] 图 帝自 帰休。¶ 일시 ~ 一時帰休。

**귓-가** 图 耳のふち、耳のあたり、耳元。¶ ~에 속삭이다 耳元でささやく。
〈관용〉 귓가로 듣다 うわの空で聞く、聞き流す。

**귓-결에** 副 ふと耳にして、小耳にはさんで。¶ ~ 들은 소문 小耳にはさんだうわさ。

**귓-구멍** 图 耳の穴。¶ ~을 후비다 耳の穴をほじくる。
〈관용〉 귓구멍이 넓다 (人の話を)素直に聞く、だまされやすい。

**귓-등** 图 耳の外側。
〈관용〉 귓등으로 듣다 うわの空で聞く、聞き流す。

**귓-바퀴** 图 耳介、耳殻。

**귓-밥** 图 耳たぶの厚さ。

**귓-불** 图 耳たぶ。

**귓-속** 图 耳の中、耳の内部。
**귓속-말** 图 耳打ち、ないしょ話。¶ ~을 주고 받다 互いに耳打ちし合う。

**귓-전** 图 耳の周り、耳元。¶ ~을 스치는 바람 耳元をかすめる風。
〈관용〉 귓전으로 듣다 うわの空で聞く、聞き流す。

**규격**[規格] 图 規格。¶ ~판 規格判／~에 맞지 않다 規格に合わない。

**규격-품**[-品] 图 規格品。

**규격-화**[-化] 图 帝他自 規格化。

**규명**[糾明] 图 帝他自 糾明。¶ 진상을 ~하다 真相을 糾明する。

**규모**[規模] 图 ① 規模。¶ 방대한 ~ 膨大な規模。② (財物등을 쓰는데 있어서의) 計画性、節度。¶ ~ 있는 살림 つ

규방[閨房] 名 閨房ほう、(特に)女性じょの寝室しつ。¶ ~ 문학 閨房文学ぶんがく。
규범[規範] 名 規範はん。¶ 사회 ~에 따르다 社会しゃの規範に従したがう。
규사[硅砂] 名[鑛] 硅砂けいしゃ、珪砂けいしゃ。
규산[硅酸] 名[化] 硅酸けいさん、珪酸けいさん。
규산-나트륨[-natrium] 名[化] 珪酸ナトリウム。
규산-염[-鹽] 名[化] 珪酸塩えん。
규소[硅素] 名[化] 硅素そ、珪素そ。
규소 수지[-樹脂] 名[化] 珪素樹脂じゅ、シリコーン。
규수[閨秀] 名 ①《他人だんの婚期こんきに達たっした娘むすめの雅称がしょう》お嬢じょうさん。②閨秀しゅう。¶ ~ 작가 閨秀作家か。
규약[規約] 名 規約やく。¶ ~을 만들다 規約を設もうける。
규율[規律] 名 規律りつ。¶ ~이 문란해지다 規律が乱みだれる。
규정[規定] 名[하](되)目 規定てい。①規則そく、決きまり、おきて、定さだめ。¶ ~ 타석 規定打席せき/~에 따라다 規定にしたがう。②《化》溶液ようえきの濃度のうを表わす単位たんい。
규정 명:제[-命題] 名[論] 規定命題だい。
규정-액[-液] 名[化] 規定液えき。
규정[規程] 名 規程てい。¶ 복무 ~ 服務ふく規程。
규제[規制] 名[하](되)目 規制せい。¶ 수입을 ~하다 輸入にゅうを規制する。
규조[硅藻] 名[植] ケイソウ。
규조-석[-石] 名[鑛] ケイソウ石せき。
규조-토[-土] 名[鑛] ケイソウ土ど。
규준[規準] 名 規準じゅん。도덕의 ~ 道徳どうの規準。
규중[閨中] 名 閨中けいちゅう。
규중 처:녀[-處女] 名 箱入はこいり娘むすめ。
규칙[規則] 名 規則そく。¶ ~을 위반하다 規則を違反はんする。/교통 ~을 지키다 交通こうつう規則を守まもる。
규칙-적[-的] 冠名 規則的てき。¶ ~인 생활 規則的な生活かつ。
규탄[糾彈] 名[하](되)目 糾弾だん。¶ 당국을 ~하다 当局とうきょくを糾弾する。
규합[糾合] 名[하](되)目 糾合ごう。¶ 동지를 ~하다 同志を糾合する。
규환[叫喚] 名[하](되)目 叫喚かん。¶ 아비 ~ 阿鼻あび叫喚。
균[菌] 名 菌きん、病菌びょう、細菌さいきん。¶ 상처에 ~이 침입하다 傷口きずぐちを細菌が冒おかす。
균등[均等] 名[하]形 均等とう。¶ 기회 ~ 機会きかい均等。 균등-히 副 均等に、等しく。¶ ~ 분배하다 均等に分配ぶんぱいする。
균분[均分] 名[하]他 均分ぶん、等分とうぶん。¶ ~ 상속 均分相続ぞく。
균열[龜裂] 名[하](되)目 亀裂れつ、ひび割れわれ。¶ 벽에 ~이 생겼다 壁かべに亀裂ができた。
균일[均一] 名[하]形 均一いつ。¶ ~한 값 均一の値段だん。
균형[均衡] 名 均衡こう、平衡こう、釣り合あい、バランス。¶ ~ 재정 均衡財政さい/~이 잡히다 均衡がとれる。/~을 유지하다 釣り合いを保たもつ。
균형 예:산[-豫算] 名 均衡予算よさん。
균형-타[-舵] 名 (船ふねの)平衡舵だ。
귤[橘] 名[植] ミカン。¶ ~ 껍질을 까다 ミカンの皮かわをむく。

그¹ 代 ①《「그이」의 縮約形》彼かれ、その人ひと。¶ ~와는 동기생이다 彼とは同期生どうきせいだ。②《「그것」의 縮約形》それ。¶ ~와 같은 물건 それと同じく品物しなもの。

그² 冠 ①《話はなし手てからすこしはなれているものを指して》その。¶ ~ 책 その本ほん。②《すでに話したことや知しっているものごとを指して》その、あの。¶ ~ 다음 それの次つぎ/~ 문제는 어떻게 되었지? あの問題だいはどうなった。③《はっきりしないこと・はっきり言いたくないときに用もちいる語》あの、あれ、その。¶ ~ 얼마 전에 있었던 일 あのいくらか前まえにあったこと。

그-간[-間] 名 その間あいだ。¶ ~의 사정 その間の事情じょう。

그-거 代《「그것」의 縮約形》それ。¶ ~ 큰일이군 それは大変たいへんだな。

그-건 略《「그것은」의 縮約形》それは。¶ ~ 헛소문이다 それは根ねも葉はもないうわさだ。

그-걸 略《「그것을」의 縮約形》それを。¶ ~ 가지고 오너라 それを持もって来きなさい。

그-것 代 ①《話はなし手てが相手あいての近ちかくにあるものを指す語》それ。¶ ~은 무엇입니까? それは何なんですか。②《すでに話したり知しっているものごとを指す語》それ、あれ。¶ ~ 뿐이다 それだけだ。③《「그 사람」을 낮추어 말하는 말》やつ、あいつ、きつ。¶ ~ 그런 말을 하던가 あいつがそんなことを言ったかね。④《「그 아이」를 いかにもかわいいというふうに言う語》その子こ、その坊ぼうや。¶ ~ 참 귀엽군 その坊やはほんとにかわいいね。

그-게 略《「그것이」의 縮約形》それが、それは。¶ ~ 정말인가? それは本当ほんとうかね。

그-곳 代 そこ、そちら。¶ ~에서 만납시다 そこで会あいましょう。

그-글피 名 しあさっての次つぎの日ひ、4日よっか後の日。

그-까지로 副 そのくらいで、それしきのことで。¶ ~ 놀라지 마라 それくらいのことで驚おどろくな。

그-까짓 冠 それくらいの、それしきの、たったその程度ていどの。¶ ~ 일로 화를 내다니 それしきのことで怒おこるとは。 ㊧ 그깟・까짓

그-끄러께 名 さきおととし。

그-끄저께 名 さきおととい、さきおとつい。

그-끄제 名 「그끄저께」의 縮約形。

그-나마 副 ①それさえも、それだけでも。¶ ~ 많기나 했으면 좋겠는데 그것だけでもたくさんあればまだいいんだが。②その上うえにまた、あまつさえ。¶ 값도 비싼데다 ~ 구하기도 힘들다 値段だんも高たかいうえ手てに入いれる

のも難ずかしい。

**그-날** 图 その日, 当日とう。¶ 〜 중으로 처리하다 その日のうちに処理しょりする。

**그날-그날** 图 その日その日, 毎日まい。¶ 〜이 괴롭다 毎日が辛つらい。

**그냥** 副 ①そのまま, ありのまま, ただ。¶ 〜 두지 않겠다 ただではおかない。②そのままずっと, 続ずっけて。¶ 〜 잠만 자고 있다 ずっと寝ねてばかりいる。③ただで, 無料むりょうで。¶ 그 책은 〜 드리겠습니다 その本はんはただで差さしあげます。

**그네** 图 ぶらんこ。¶ 〜를 뛰다 ぶらんこに乗のる。

 **그네-뛰기** 图 ぶらんこ乗のり。

**그-녀**[-女] 囮 彼女かのじょ, その女おんな。

**그-놈** 囮 ①《男性だんせいをののしる語ご》そいつ, あいつ。¶ 〜이 배반하다니 そいつが裏切うらぎるとは。②《話題わだいのものをぞんざいに言いう語》そいつ。¶ 〜이 더 좋을 것 같다 そいつのほうがよさそうだ。

**그늘** 图 陰かげ。①日陰ひかげ, 物陰ものかげ。¶ 나무 〜 木陰こかげ。②(社会的しゃかいてきに)陽ひの当あたらない場所しょ, 不遇ふぐうな境遇きょうぐう。¶ 〜에서 살아온 일생 日陰ひかげの一生いっしょう。③(表情ひょうじょう・雰囲気ふんいきなどの)かげり。¶ 〜이 있는 표정 かげりのある表情。④(父母ふぼなどの)庇護ひごの下した, 膝元ひざもと, おかげ。¶ 부모의 〜 밑에서 자랐다 親おやのひざもとで育そだった。

 **그늘-지다** 圁 ①陰になる, 陰ができる, 陰かげる。그늘진 길 陰った道みち。②表立おもてだたない, 表面ひょうめんにあらわれない。③(性質せいしつなどが)陰のある, 陰がさす。¶ 그늘진 얼굴 陰かげりのある顔かお。

**그-다지** 副 ①そんなに(まで)。¶ 내 마음을 몰라 주느냐? わたしの気持きもちをそんなに分わかってもらえないのか。②《否定ひていの表現ひょうげんとともに用もちいられて》それほど, さほど, 大たいして, あまり。¶ 〜 싫지는 않다 それほどいやではない。

**그-대** 囮 ①《友人ゆうじんや目下めしたの人を丁重ていちょうに呼よぶ語ご》君きみ, あなた, そなた, なんじ。¶ 〜와 나는 동지다 君と僕ぼくは同志どうしだ。②《恋人こいびとどうしの間柄あいだがらで用もちいられる語》君。¶ 사랑하는 〜여! いとしの君よ。

**그-대로** 副 ①ありのまま, そのまま, その通とおりに。¶ 〜 두다 そのままにしておく。/ 사실을 있는 〜 이야기하다 事実じじつをありのままに話はなす。②知しらんふりをして, 見みないふりをして。¶ 보고도 〜 지나치다 見ても知らんふりをしてすりちがう。

**그득** 副 いっぱい(に), ぎっしり, なみなみ(と)。¶ 〜 채우다 いっぱいに詰つめる。/ 술을 〜 따르다 酒さけをなみなみとつぐ。

 **그득-그득** 副|形|形|(器うつわごとに)みないっぱい(に)。뒤주마다 쌀이 〜 차 있다 米櫃こめびつごとに米こめがいっぱいだ。

 **그득-하다** 形여 満みちている, なみなみである, いっぱいだ。¶ 학생이 운동장에 〜 学生がくが運動場うんどうじょうにいっぱいだ。②(おなかが)ぷくっとしてもたれる。¶ 속이 〜 ぷくっと腹はらにもたれる。**그득-히** 副 いっぱいに, ぎっしりと, なみなみと。

**그-들** 囮 彼かれら, それら。¶ 모두 〜의 소행이다 みな彼らのしわざだ。

**그들먹-하다** 形여 ほとんどいっぱいだ。¶ 강당을 그들먹하게 메우다 講堂こうどうをほとんどいっぱいに満みたす。

**그-따위** 冠图 そんな, そんな類たぐい(の), そんな物もの(の)。¶ 〜 버릇은 고쳐라 そんな癖くせは直なおせ。/ 〜는 본 적이 없다 そんな物は見みたことがない。

**그-때** 图 その時とき, あの時とき, その折おり, そのせつ。¶ 〜 약속을 잊었는가? あの時の約束やくそくを忘われたのか。

 **그때-그때** 图副 その時その時, そのときどき, そのつど。¶ 〜 처리하다 そのときそのときに処理する。

**그래**[1] 副 ①(「그리하여」의 縮約形) そして, そうして, それで。¶ 〜 어떻게 되었나? そうしてどうなったか。②(「그러하여」의 縮約形) そのようにして, そんなふうに。¶ 〜 가지고서야 어찌 성공을 바라겠느냐? そんなふうでどうして成功せいこうが望のぞめようか。

**그래**[2] 感 ①《友人ゆうじんや目下めしたの人に答こたえるときの語ご》うん, ああ, そう。¶ 〜, 그렇게 해라 ああ, そうしなさい。②《問といただしたり強調きょうちょうしたりする時に言いう語》それで, なんだ。¶ 〜, 그것도 모른단 말이냐? なんだ, それも分からないというのか。③《終結語尾しゅうけつごびにつけて》…なんだよ, …だな。¶ 그 영화는 참 재미있더군 〜 あの映画えいがはほんとに面白おもしろかったんだよ。

 **그래-그래** 感 《同輩どうはいまたは目下めしたの者ものに同意どういを表あらわして》そうそう, うんそう。¶ 〜, 네 말이 옳다 そうそう, 君の言いう通とおりだ。

**그래도** 略 ①(「그리하여도」의 縮約形) そのようにしても。¶ 〜 좋다 そのようにしてもよい。②(「그러하여도」의 縮約形) それでも, でも。¶ 〜 싫다면 할 수 없다 それでも嫌いやなら仕方しかたがない。

**그래서** 略 ①(「그리하여서」의 縮約形) それで, そして, だから。¶ 〜 싸웠다는 얘기군 それでけんかをしたと言いうわけだな。②(「그러하여서」의 縮約形) それでも 〜 되겠느냐? 学生がくせいがそうして(も)いいのか。

**그래야** 略 ①(「그리하여야」의 縮約形) それでこそ, そうしてこそ。¶ 〜 훌륭한 후계자다 それでこそりっぱな後継者こうけいしゃだ。②(「그러하여야」의 縮約形) それでも…せいぜい, そうしてみたところで, そうしても。¶ 〜 이익은 2할은 불과하다 それでも利益りえきはせいぜい2割にしか過すぎない。

**그래프**[graph] 图 グラフ。막대 〜 棒ぼうグラフ。

**그램**[gram] 依 グラム。¶ 〜 당량 グラム当量とうりょう。/ 〜 중 グラム重じゅう。

**그러고** 副 (「그리하고」의 縮約形) そうして, そ

**그러그러하다** れでも、そんなに、すると。¶ ~ 보니 범인은 너로구나 そうすると犯人はんにんはおまえだな。

**그러그러-하다** [形OH] 似たりよったりだ、まあまあだ、そこそこだ。¶ 모두 그러그러한 친구들뿐이구나 みな似たりよったりの連中れんちゅうばかりだね。

**그러기-에** [副] (「그러하기 때문에」의 縮約形) だから、それで。¶ ~ 조심하라고 일렀잖나 だから気きをつけろと言いったじゃないか。

**그러께** [名] おととし、一昨年いっさくねん。

**그러나** [副] (「그러하나·그러하지만」의 縮約形) しかし、ところが、だが、けれども。¶ ~ 말입니다 ところがですね。

**그러나-저러나** [副] (「그러하나 저러하나·그리하나 저리하나」의 縮約形) いずれにしても、とにかく、ともかく、どっちみち。¶ ~ 해보자 とにかくやってみよう。/ ~ 돈이 있어야 장사를 하지 いずれにしても金かねがあってこそ商売しょうばいもできるんじゃないか。

**그러니** [副] (「그러하니」의 縮約形) だから。¶ ~ 나더러 어쩌라는 거야 だから僕ぼくにどうしろというんだ。

**그러니까** [접] (「그러하니까」의 縮約形) だから、そうだから。¶ ~ 내 말대로 해라 だから僕ぼくの言いうとおりにしなさい。

**그러니-저러니** [副] (「그러하다느니 저러하다느니」의 縮約形) なんのかの、なんだかんだと、ああだこうだ。¶ ~ 말도 많다 なんのかのと口くちうるさいことだ。

**그러다** [접] (「그러게 하다(가)」의 縮約形) そうする(と)、そのようにする(と)。¶ ~ 혼난다 そうしたら大目玉おおめだまを食くうぞ。

**그러다가** [접] (「그러하게 하다가」의 縮約形) そうこうするうちに、そのようにして。¶ ~ 떨어지면 어쩌냐? そんなことして落おちたらどうするかね。

**그러면** [副] それなら、そうすると、そうすれば、それでは、では、さあ、じゃあ、しからば。¶ ~ 이야기는 간단하다 それなら話はなしは簡単かんたんだ。/ ~ 내일 오겠습니다 それでは明日あすに来きます。/ 구하라、 얻을 것이오 求もとむれば、しからば与あたえられん。

**그러면서** [副] (「그러하게 하면서」의 縮約形) そうしながら、それなのに、そのくせ。¶ ~ 너는 남을 비난할 수 있느냐? そのくせお前まえが人ひとを謗そしることができるのか。

**그러-모으다** [他] かき集あつめる、取とり合あわせる。¶ 낙엽을 ~ 落おち葉ばをかき集める。

**그러므로** [副] (「그러하므로·그렇게 하므로」의 縮約形) それゆえに、それだから。¶ ~ 열심히 노력해야 한다 だから一生懸命いっしょうけんめい努力どりょくしなければならない。

**그러자** [副] (「그러하자」의 縮約形) すると。¶ ~ 두말없이 되돌아갔다 そうすると一言ひとこともなく帰かえって行いった。

**그러-하다** [形여] そうだ、そのようだ、その通とおりだ。¶ 그러한 경우에 대비하다 そのような場合ばあいに備そなえる。㊣ 그렇다

**그러한-즉** [副] そういうわけで、ですから、それゆえに。

**그럭-저럭** [副][하自] ①そうこうするうちに、かれこれ、いつの間まにか。¶ ~ 저음되고 있어 돌아갈 시간이 되었다 そうこうするうちに帰かえる時間じかんになった。 ②どうにか、どうにかこうにか、なんとかかんとか、どうやら。¶ 덕분에 ~ 지내고 있습니다 おかげ様さまでどうにかこうにかやっております。

**그런** [冠] (「그러한」의 縮約形) そんな。¶ ~ 말을 한 적이 없다 そんなことは言いった覚おぼえがない。

**그런-대로** [副] (「그러한 대로」의 縮約形) それなりに、まあまあ。¶ ~ 재미있다 それなりにおもしろい。/ 처음치고는 ~ 쓸만하다 始はじめてにしてはまあまあの出来できだ。

**그런데** [副] (「그러한데」의 縮約形) ところで、ところが、さて、だが、しかし。¶ ~ 자네 생각은 어때? ところで、君きみの考かんがえはどうなんだ。

**그런-즉** [副] (「그러한즉」의 縮約形) そういうわけで、だから、それゆえに、すると。¶ 사정이 ~ 앞으로 더 열심히 해라 そういう事情じじょうだから、これからもっと熱心ねっしんにやれ。

**그럴-듯하다** [形여] ①(言動げんどうが) もっともらしい、まことしやかだ。¶ 그럴듯한 변명 もっともらしい言いい訳わけ。 ②(格好かっこうが) 似合にあう、すばらしい、なかなか立派りっぱだ、なかなか素敵すてきだ。¶ 그럴듯한 차림새 なかなかすてきな身みなり。 ③そうらしい、そんな気きがする。¶ 그것이 정답이지, 그럴듯하군 それが正解せいかいだな、そんな気きがする。

**그럼**[1] [副] (「그러면」의 縮約形) それなら、それでは、では、じゃ。¶ ~ 잘가거라, 아베요 / ~ 실례합니다 では失礼しつれいいたします。

**그럼**[2] [感] (同意どういをあらわす答こたえ) そうだ、そうだとも、もちろん。¶ ~ 자네 말이 옳네 そうだとも、君きみの言いう通とおりだ。

**그렁-그렁** [하形] ①(液体えきたいが器うつわに溢あふれそうなようす) なみなみ。 ②(目めに涙なみだがこぼれんばかりにたまるさま) 눈물이 ~ 하다 涙なみだが溢あふれそうだ。 ③(汁しるなどが実みは少すくなく汁しるが多おおいようす。 ④(水みずなどを飲のみ過すぎて腹はらがだぶつくようす) だぶだぶ。¶ 뱃속이 ~ 하다 おなかがだぶだぶだ。

**그렁-저렁** [副][하自] 知しらないうちに、どうにかこうにか、とかくするうちに。¶ ~ 일이 몸에 배었다 知らず知しらず仕事しごとが身みについた。

**그렇게** [副] (「그러게」의 縮約形) そのように、そんなに、それほど、あんなに、あれほど、さほど。¶ ~ 좋으냐? そんなにいいのか。/ ~ 예쁜 여자는 본 적이 없다 あんなに美うつくしい女おんなは見みたことがない。

**그렇고-말고** [感] (「그러고말고」의 縮約形) うとも、そうだとも。

**그렇다** [形ㅂ] (「그러하다」의 縮約形) そうだ、そのとおりだ。¶ 그건 ~ そりゃそうだ。/ 반

드시 ~고는 할 수 없다 必ずしもそうとは言えない。
**그렇지** 感 ①そうだとも、そうとも。②(やっぱり)思ったとおりだ。
**그렇지-마는** 副 (「그러하지마는」의 縮約形) そうだけれども、だが、しかしながら、でも。¶ ~ 그건 너무 지나쳤다 だがそれはやりすぎだった。
**그렇지-만** 副 (「그렇지마는」의 縮約形) そうだけれども、だが、しかしながら、でも。¶ ~ 넌 가야 해 でも、お前は行かなければならない。
**그려** 助 《終結語尾에 붙어서 強調·感嘆을 表わす助詞》…だね、…ですね、…しましょうよ。¶ 갑시다 ~ 行きましょうよ。/ 참 잘하네 ~ 実に上手だね。
**그루** I 名 (木·作物 등의) 株、根元、根의 부분。¶ 벼 ~ 稲의 根元。II 依 ①《樹木 등을 세는 단위다》…本、株。¶ 한 ~ 의 감나무 一本のカキの木。②(年間의 作付의 回数를 表わわして)…毛作。¶ 한 ~ 농사 一毛作。
**그루-갈이** 名 하他 農 二毛作、二期作。
**그루-터기** 名 切り株、刈り株、株。¶ 소나무 ~ 에 걸터앉다 松の切り株に腰を下ろす。
**그르다** 形르 ①正しくない、間違っている、誤っている。¶ 품행이 ~ 品行が正しくない。②よくない、悪い、まずい。¶ 안색이 ~ 顔色が悪い。③見込みがない、駄目になる。¶ 회복기는 글렀다 回復の見込みがない。
**그르렁-거리다** 自 (痰이 차서) 喉がぜいぜいする、ごろごろさせる。¶ 목에서 담 끓는 소리가 ~ 喉に痰がからんでぜいぜいする。
**그르치다** 他 誤る、し損なう、しくじる。¶ 신세를 ~ 身を誤る。/ 사업을 ~ 事業をしくじる。
**그릇¹** 名 器。①入れ物、容器。¶ 밥 ~ 食器。/ ~ 에 담다 容器に入れる。②人となり、器量、度量。¶ 지도자로서의 ~ 이 작다 指導者としての度量が小さい。
**그릇²** 副 하他 間違って、誤って。¶ ~ 생각하다 誤って考える。/ 계산을 ~ 하다 計算を間違える。
  **그릇-되다** 自 まずくなる、間違う、誤る。¶ 그릇된 생각 間違った考え。
**그리¹** 副 ①そう、そのように、そんなに。¶ ~ 생각합니다 そう思います。②それほど、そんなに、さほど、あまり。¶ ~ 멀지 않다 それほど遠くない。
**그리²** 副 そこに、そちらへ。¶ ~ 가겠습니다 そちらへ出向きます。
**그리고** 副 (「그리하고」의 縮約形) そして、それから、それに、また。¶ 겨울이 가고, ~ 봄이 온다 冬が去り、そして春が来る。/ ~ 또 무엇이 있느냐? それから他にどにういうものがあるか。

**그:리다¹** 他 描く。①(絵など)をかく。¶ 풍경화를 ~ 風景画を描く。②(文章·音楽など)描写する、表現する。¶ 세태를 ~ 世相を描写する。③(心に)思い浮かべる、想像する。¶ 머릿속에 ~ 頭の中に描く。
**그리다²** 他 ①しのぶ、懐かしく思う、懐かしむ。¶ 고향을 ~ 故郷をしのぶ。②恋しがる、恋い慕う、恋慕する。¶ 헤어진 연인을 ~ 別れた恋人を恋しがる。
**그리-도** 副 それほど、そんなに、それくらい。¶ ~ 싫으냐? それほど嫌いかね。
**그리-로** 副 そちらへ、そっちへ。¶ 이걸 ~ 보낼까요? これをそちらへ送りましょうか。
**그리움** 名 恋しさ、慕わしさ、懐かしさ。¶ 사무치는 ~ 은 견딜 수 없다 身にしみる恋しさに耐えられない。
**그리워-지다** 自 恋しくなる、懐かしくなる、しのばれる。¶ 돌아가신 어머니가 ~ 亡き母がしのばれる。
**그리워-하다** 他여 恋しがる、懐かしがる、慕う、しのぶ。¶ 옛 애인을 ~ 昔の恋人を恋しがる。
**그리-하다** 自여 そうする、そのようにする。¶ 그리하면 성과를 얻을 것이다 そのようにすれば成果を得るだろう。
**그:림** 名 絵、絵画、図。¶ ~ 본 絵の手本 / ~ 을 그리다 絵を描く。/ ~ 으로 나타내다 図に示す。
  **俗** 그림의 떡 絵にかいた餅、画餅。
**그:림 물감** 名 絵の具、顔料。
**그:림 엽서** [-葉書] 名 絵葉書。
**그:림 일기** [-日記] 名 絵日記、絵入りの日記帳。
**그:림-책** [-冊] 名 絵本。
**그림자** 名 影。①(光を遮ることによってできる)影、影法師。¶ 나무 ~ 木影 / ~ 처럼 따라다니다 影のように付きまとう。②(鏡·水面などに映った)姿、影、映像。¶ 호수에 드리운 산 ~ 湖水に落とされた山の影。③跡形もない、人影もない。¶ 어디로 갔는지 ~ 도 볼 수 없다 どこへ行ったのか影さえ見えない。④(顔に現われた不安·心配などの)かげり。¶ 얼굴에 어두운 ~ 가 있다 顔に暗い影がある。
  **慣用** 그림자 하나 얼씬하지 않는다 姿が一つ見せない。그림자를 감추다 影を潜める、跡形もをなくす。
**그림자-놀이** 名 影絵、影絵遊び。
**그림자-밟기** 名 影踏み、鬼になった子が他の子の影を踏む遊び。
**그립다** 形ㅂ 恋しい、懐かしい、慕わしい。¶ 그리운 사람 恋しい人 / 고향이 ~ 故郷が懐かしい。

**그만** 冠 (「그만한」의 縮約形) それくらいの、それしきの、その程度の。¶ ~ 일은 누구나 할 수 있다 それくらいのことはだれでもできる。

**그만²** 副 ①それくらいに(して)、その程度で。¶ ~ 자거라 もう寝なさい。/ ~ 먹어라 그 程度で食べるのはよせ。②そのまま、…(すると)で、直ちに。¶ 그 소식을 듣자마자 ~ 얼굴이 창백해졌다 その知らせを聞くやいなや顔が真っ青になった。③つい、思わず、うっかり、やむなく。¶ ~ 웃어버렸다 つい笑い出してしまった。

**그만그만-하다** 形動 似たり寄ったりだ、まあまあだ、(みんな)ほぼ同じだ。¶ 그만그만한 성적 似たり寄ったりの成績。

**그만-두다** 他 ①やめる、取りやめる、中止する。¶ 비로 여행을 ~ 雨で旅行をやめる。②(職・地位などを)辞める。¶ 회사를 ~ 会社をやめる。

**그만-이다** 形 ①申し分ない、最高だ。¶ 맛이 ~ 味は申し分ない。②十分だ、満足だ。¶ 돈만 있으면 ~ お金さえあれば不足はない。③終わりである、おしまいだ、それっきりだ。¶ 죽으면 ~ 死んだらおしまいだ。

**그만-저만** 副·形 ①それくらいで、その程度で。¶ 성적이 ~하다 成績がまあまあだ。②普通に。¶ ~ 어렵지 않았다 並大抵の難しさではなかった。

**그-만큼** 副 それくらい、その程度で、それだけ。¶ ~ 기뻤다 それほどうれしかった。/ 일하면 ~ 수입이 는다 働けばそれだけ収入が増える。

**그만-하다** 形 ①(量·大きさが)それくらいだ、その程度だ。¶ 사고가 그만하기 다행이다 事故がその程度でよかった。②(「그저 그만하다」の形で)まずまずというところだ、まあまあだ。¶ 병세가 그저 ~ 病状がまずまずというところだ。③(「그만한」の形で)それ相当の、それだけの。¶ 그만한 이유가 있다 それだけの理由がある。

**그맘-때** 名 その時分、その頃。¶ 어머니도 ~는 무척 미인이었다 母親もその時分はずいぶん美人だった。

**그물** 名 網。①(魚・鳥などを捕らえるために)糸などで編んで作った道具。¶ ~을 치다 網を打つ。②糸·針金などで編んだものの総称。쇠~ 金網。冠 망(網) ③(犯人にかける)非常線。¶ ~에 걸리다 犯人が非常線にかかる。④(比)(他人を陥れるための)わな。
[俗談] 그물에 든 고기 網にかかった魚。《捕らわれの身になって逃げられぬ身、袋のねずみ》

**그물-눈** 名 網の目。
**그물-코** 名 網目、網の目。¶ ~가 성기다 網目が粗い。冠 그물눈
**그믐** 名 (「그믐날」の縮約形) 晦日。¶ ~께 晦日ごろ/ 섣달 ~ 大晦日。
**그믐-날** 名 月の末日、晦日、つごもり。
**그믐-달** 名 月末ごろの月。
**그믐-밤** 名 晦日の夜、月が出でなく真っ暗な夜。

**그-사이** 名 その間·あい。¶ ~ 무슨 일이 있었어요? その間なにか変わったことでもありましたか。

**그-새** 名 「그사이」の縮約形。

**그슬리다¹** 自 (火に)あぶられる、焦げる、表面だけ焼かれる、くすぶる。¶ 연기에 그슬린 천장 煙にくすぶった天井。

**그슬리다²** 他 (火で)あぶる、焦がす、表面だけ焼く。¶ 숯불에 생선을 ~ 炭火で魚をあぶる。

**그야** 副 (「그것이야」の縮約形) それは、そりゃ。¶ ~ 물론이지 それは勿論だ。/ 그렇지 そりゃそうだ。

**그야말로** 副 ①まさに、本当に、実に、まったく。¶ ~ 일석이조다 まさに一石二鳥だ。②(「그것이야말로」の縮約形)それこそ。¶ ~ 내가 원했던 것이다 それこそわたしが願ったものだ。

**그예** 副 ついに、とうとう、結局は。¶ ~ 실패하고 말았다 とうとう失敗してしまった。

**그윽-하다** 形 ①奧深くして静かだ。¶ 그윽한 골짜기의 정적 奥深い谷間だの静寂さ。②(趣などが)奥ゆかしい。¶ 그윽한 정취 奥ゆかしい趣。③(香りなどが)ほのかだ、ほんのりとしている。¶ 그윽한 국화 향기 はのかな菊の香り。

**그을다** 自 ①(火·煙りに)くすぶる、すすける、すすばむ。¶ 연기에 천장이 ~ 煙で天井がすすばむ。②日焼けする、焦げる。¶ 햇볕에 살갗이 ~ 肌が日焼けする。

**그을음** 名 煤。①煙煙。②煤ぼこり。¶ ~을 털다 煤を払う。

**그을리다** 自 (「그을다」の受動) ①くすぶる、すすける。②日焼けする。¶ 피부가 ~ 肌が日焼けする。

**그-이** 代 その人、その方、彼れ、彼氏。¶ 내의 사랑하는 ~ 私たちの愛するその方/ ~는 대단한 인물이다 彼は大した人物だ。

**그-자[-者]** 代 《その人のぞんざいな言い方》そいつ、そやつ。¶ ~의 직업이 무엇이냐? そいつの職業は何だかね。

**그저** 副 ①ただ、ひたすら。¶ ~ 울고만 있다 ただ泣いてばかりいる。②(いまだに)そのまま、相変わらず、今まで。¶ 비는 ~ 계속 내리고 있다 雨はは相変わらず降り続うっている。③(珍らしさがなく)まあまあ、まずまず、(大したものでなく)ほんの。¶ ~ 그만한 성적이다 まあまあの成績だ。/ ~ 성의 표시입니다 ほんのお礼のしるしです。④ただ、単に、何となく。¶ ~ 나 개인의 의견이다 単に私個人の意見である。⑤(わけもなく)ただ、無条件に。¶ ~ 잘못했습니다 ただただ悪うございました。⑥どうか、なにとぞ、とにかく。¶ ~ 살려 주십시오 どうかお助けください。⑦ただで、無料で。¶ ~ 얻은 물건이다 ただでもらったものだ。冠 거저

그저께 [名] おととい、おとつい、一昨日。¶ ~밤 おとといの晩。⑳ 그제

그-전 [-前] [名] ①以前、もと、この前。¶ ~엔 그도 부자였다 以前は彼がも金持ちだった。②ずっと前、むかし。¶ 모든 것이 ~하고는 다르다 すべてが昔とは違う。③(ある時期に・知っていることの)その前。¶ 나가실 때는 ~에 알려주세요 お出かけになるときにはその前に知らせてください。

그-제야 [副] その時になって始めて、ようやく、やっと。¶ ~ 입을 열기 시작했다 その時になってやっと話を切り出した。

그-중¹ [-中] [名] その中。¶ ~에서 골라라 その中から選べ。

그-중² [-中] 副 なかでも、なかんずく、とりわけ。¶ 이게 ~ 낫다 これがなかでもましだ。

그지-없다 [形] ①限りない、果てしない、はかり知れない、この上ない。¶ 그지없는 영광 この上ない栄光。②言い尽くせない、(…)に堪えない。¶ 기쁨기 ~ 喜びに堪えない。 그지없-이 [副] 限りなく、果てしなく、この上なく。¶ ~ 감사하다 限りなく感謝しまする。

그치다 [自] ①止む、止まる、終わる。¶ 소란이 ~ 騒ぎが止む。②(ある状態に)止まる。¶ 구호에 그쳐서는 안된다 掛け声だけに終わってはならない。

그치다 [他] 止める、中止する。¶ 울음을 ~ 泣き止む。

그토록 [副] (「그러하도록」の縮約形) それほど、あれほど、そのように、そんなに、そうまで。¶ ~ 말했는데도 あれほど言ったのに。

극 [極] [名] 極。①[地] 南極と北極。¶ ~지방 極地方。⑭ 陽極ミュウと陰極シュセタ。②極きみ、果て、極端。¶ 사치 풍조가 ~에 달하다 奢侈の風潮が極まる。

극 [劇] [名] 劇、ドラマ。¶ 방송 ~ 放送劇。

극구 [極口] [名]阿他 口をきわめること、言葉を尽くすこと。②(副詞的に) 口を極めて、言葉を尽くして。¶ ~ 칭찬하다 口を極めて褒めたたえる。/ ~ 만류하다 言葉を尽くして引きとめる。

극기 [克己] [名]阿自 克己。¶ ~심 克己心。

극단 [極端] [名] 極端。¶ ~적인 예 極端な例。/ ~으로 흐르다 極端に走る。

극단-론 [-論] [名] 極端論。¶ ~자 極端論者。

극단 [劇団] [名] 劇団。¶ 지방 순회 ~ 地方巡回劇団。

극대 [極大] [名] 極大。⑭ 극소 (極小)

극댓-값 [名][数] 極大値。⑰ 극대치 (極大値)

극도 [極度] [名] 極度。¶ ~의 피로 極度の疲労。/ 긴장이 ~에 달하다 緊張が極度に達する。 극도-로 [副] 極度に。¶ 난해하다 極度に難解である。

극독 [劇毒] [名] 劇毒、猛毒。¶ ~약 劇毒薬。

극동 [極東] [名] 極東。¶ ~ 지방 極東地方。

극락 [極楽] [名] 極楽。①[佛] 「극락 정토」の縮約形。⑭ 지옥(地獄) ②[比] 安楽で苦労のない境遇。

극락 왕-생 [-往生] [名]阿自 [佛] 極楽往生。¶ ~하다 極楽往生を遂げる。

극락 정토 [-淨土] [名][佛] 極楽浄土。

극력 [極力] [副] 極力、精一杯。¶ ~ 반대하다 極力反対する。

극렬 · 격렬 [極烈 · 激烈] [名]阿形 極めて激しいこと、激烈。¶ ~한 경쟁 激烈な競争。 극렬-히 [副] 激烈に。

극렬 분자 [-分子] [名] 激烈分子。

극복 [克服] [名]阿他回 克服。¶ 위기를 ~하다 危機を克服する。

극본 [劇本] [名] 脚本、シナリオ。

극비 [極秘] [名] 極秘。¶ ~ 사항 極秘事項 / ~에 부치다 極秘に付する。

극비-리 [-裡] [名] 極秘のうちに。¶ ~에 진행하다 極秘に進める。

극빈 [極貧] [名]阿形 極貧、赤貧。¶ ~에 허덕이다 極貧にあえぐ。

극빈-자 [-者] [名] 極めて貧しい人。

극상 [極上] [名] 極上。¶ ~품 極上品。

극성 [極盛] [名] ①(勢いが)きわめて盛んなこと、すさまじいこと。②(性質などが)ひどく過激なこと。

〈관용〉 극성(을) 부리다 〔떨다〕①過激にふるまう、押しを利かそうとする。②(ある勢いが) 猛烈さを極める。

극성-스럽다 [形]回 ①過激だ、押しが強い。②猛烈だ、積極的だ、がめつい。 극성-스레 [副] 過激に、猛烈に、しつこく。

극소 [極小] [名]阿形 極小。⑭ 극대 (極大)

극솟-값 [名][数] 極小値。

극소 [極少] [名] 極少。

극-소량 [極少量] [名] 極少量。

극-소수 [極少数] [名] 極少数。¶ ~의 청중 極少数の聴衆。

극심 [極甚 · 劇甚] [名]阿形 [스形] 激甚、極めて甚だしいこと。¶ ~한 피해를 입다 激甚な被害を被る。

극악 [極悪] [名]阿形 極悪。¶ ~ 무도한 행위 極悪非道の振る舞い。

극약 [劇薬] [名] 劇薬。

극언 [極言] [名]阿他 極言。¶ 반역자라고 ~하다 反逆者だと極言する。

극우 [極右] [名] 極右。¶ ~ 단체 極右団体。

극작 [劇作] [名]阿他 劇作。¶ ~가 劇作家。

극장 [劇場] [名] 劇場、映画館。¶ 국립 ~ 国立の劇場。

극적 [劇的] [冠] 劇的。¶ ~인 재회 劇的な再会。

극점 [極点] [名] 極点。①行き詰まり、究極の点、果て。②[地] 南極点と北極点。¶ ~에 서다 極点に立つ。

극좌 [極左] [名] 極左。¶ ~파 極左派 / ~

세력 極左勢力<sup>せいりょく</sup>。

**극-중**〔劇中〕 名 劇中<sup>げきちゅう</sup>。¶ ~ 인물 劇中の人物<sup>じんぶつ</sup>。

**극지**〔極地〕 名 極地<sup>きょくち</sup>。¶ ~ 탐험 極地探険<sup>たんけん</sup>。

**극-지방**〔極地方〕 名 極地方<sup>きょくちほう</sup>、極地<sup>きょくち</sup>。

**극진**〔極盡〕 名 (ハ形) とても真心<sup>まごころ</sup>がこもっていること、手厚<sup>てあつ</sup>いこと、至<sup>いた</sup>れり尽<sup>つ</sup>くせり。¶ ~ 한 접대 至れり尽せりの接待<sup>せったい</sup>。 **극진-히** 副 手厚く。¶ 손님을 ~ 대접하다 客<sup>きゃく</sup>を手厚くもてなす。

**극찬**〔極讚〕 名 (ハ他) 激賞<sup>げきしょう</sup>、激賞<sup>げきしょう</sup>。¶ 입을 모아 ~하다 口<sup>くち</sup>をそろえて激賞する。

**극치**〔極致〕 名 極致<sup>きょくち</sup>。¶ 자연미의 ~ 自然美<sup>び</sup>の極致。

**극한**〔極限〕 名 極限<sup>きょくげん</sup>。¶ ~에 달하다 極限に達<sup>たっ</sup>する。

**극한-값**〔-〕 名 (数) 極限値<sup>ち</sup>。

**극한 상황**〔-狀況〕 名 極限状況<sup>じょうきょう</sup>。

**극형**〔極刑〕 名 極刑<sup>きょっけい</sup>、死刑<sup>しけい</sup>。¶ ~에 처하다 極刑に処<sup>しょ</sup>する。

**극-히**〔極-〕 副 極<sup>きわ</sup>めて、ごく、とても。¶ ~ 드문 일 極めてまれなこと。

**근**〔斤〕 依 (尺貫法<sup>しゃっかんほう</sup>の重量<sup>じゅうりょう</sup>の単位<sup>たんい</sup>) 斤<sup>きん</sup>。

**근:**〔近〕 冠 (数量<sup>すうりょう</sup>・時間<sup>じかん</sup>を表<sup>あらわ</sup>す語<sup>ご</sup>について) ほぼ、およそ、…近<sup>ちか</sup>く。¶ ~ 한 시간 ほぼ一時間<sup>いちじかん</sup>。

**근:간**〔近間〕 名 ①近頃<sup>ちかごろ</sup>。¶ ~의 경제 동향 近ごろの経済<sup>けいざい</sup>動向<sup>どうこう</sup>。②(副詞的<sup>ふくしてき</sup>に) 近いうち、近々<sup>ちかぢか</sup>、いずれ。¶ ~ 찾아뵙겠습니다 近々<sup>ちかぢか</sup>お伺<sup>うかが</sup>いします。

**근간**〔根幹〕 名 根幹<sup>こんかん</sup>。¶ 사상의 ~을 이루다 思想<sup>しそう</sup>の根幹を成<sup>な</sup>す。

**근거**〔根據〕 名 根拠<sup>こんきょ</sup>。①よりどころ。¶ 생활의 ~를 잃다 生活<sup>せいかつ</sup>のよりどころを失<sup>うしな</sup>う。②本拠<sup>ほんきょ</sup>、根城<sup>ねじろ</sup>。¶ ~ 없는 이야기 根拠のない話<sup>はなし</sup>。

**근거-지**〔-地〕 名 根拠地<sup>ち</sup>、根城<sup>ねじろ</sup>。¶ 적의 ~ 敵<sup>てき</sup>の根城。

**근:-거리**〔近距離〕 名 近距離<sup>きんきょり</sup>。

**근검**〔勤儉〕 名 (ハ形) 勤倹<sup>きんけん</sup>。¶ ~ 절약 勤倹節約<sup>せつやく</sup>。

**근:교**〔近郊〕 名 近郊<sup>きんこう</sup>。¶ 도시 ~에 살다 都市<sup>とし</sup>の近郊に住<sup>す</sup>む。

**근:근**〔僅僅〕 副 僅々<sup>きんきん</sup>、やっと、かろうじて、わずか。

**근:근-이** 副 辛<sup>から</sup>くも、やっと、かろうじて、わずかに。¶ ~ 살아가다 かろうじて暮<sup>く</sup>らしていく。

**근기**〔根氣〕 名 ①根気<sup>こんき</sup>。¶ ~ 있게 기다리다 根気よく待<sup>ま</sup>つ。②根本<sup>こんぽん</sup>となる力<sup>ちから</sup>。

**근:년**〔近年〕 名 近年<sup>きんねん</sup>、近ごろ。¶ ~에 보기 드문 풍작 近年まれな豊作<sup>ほうさく</sup>。

**근대** 名 (植) フダンソウ、トウヂサ。

**근:대**〔近代〕 名 近代<sup>きんだい</sup>。¶ ~ 국가 近代国家<sup>こっか</sup>/ ~ 사회 近代社会<sup>しゃかい</sup>。

**근:대-사**〔-史〕 名 近代史<sup>し</sup>。

**근:대-적**〔-的〕 冠 近代的<sup>てき</sup>。¶ ~인 설비 近代的な設備<sup>せつび</sup>。

**근:대-화**〔-化〕 名 (ハ自他) (되다) 近代化<sup>か</sup>。¶ ~ 과정 近代化過程<sup>かてい</sup>。

**근데** 副 (「그런데」の縮約形) ところで、ところが、さて。¶ ~ 말이야 ところがね。

**근:동**〔近東〕 名 近東<sup>きんとう</sup>。¶ ~의 여러 나라 近東諸国<sup>しょこく</sup>。

**근들-거리다** 自 ぐらつく、がたがたする。¶ 이가 ~ 歯<sup>は</sup>がぐらつく。

**근들-근들** 副 (ハ自) ぐらぐら、がくがく、がたがた。

**근:래**〔近來〕 名 近来<sup>きんらい</sup>、近ごろ。¶ ~에 보기 드문 사건 近来まれに見<sup>み</sup>る事件<sup>じけん</sup>。

**근량**〔斤量〕 名 斤目<sup>きんめ</sup>、目方<sup>めかた</sup>。¶ ~이 모자라다 目方が切<sup>き</sup>れる。

**근력**〔筋力〕 名 ①筋力<sup>きんりょく</sup>。¶ ~ 측정 筋力測定<sup>そくてい</sup>。②気力<sup>きりょく</sup>、元気<sup>げんき</sup>。¶ 나이에 비해 ~이 좋다 年<sup>とし</sup>の割<sup>わり</sup>に元気<sup>げんき</sup>だ。

**근로**〔勤勞〕 名 (ハ自) 勤労<sup>きんろう</sup>。¶ ~ 봉사 勤労奉仕<sup>ほうし</sup>/ ~ 의욕 勤労意欲<sup>いよく</sup>。

**근로-권**〔-權〕 名 (法) 勤労権<sup>けん</sup>、労働権<sup>ろうどうけん</sup>。

**근로 기준법**〔-基準法〕 名 勤労基準法<sup>ほう</sup>、労働基準法。

**근로 소:득**〔-所得〕 名 勤労所得<sup>とく</sup>。¶ ~세 勤労所得税<sup>ぜい</sup>。

**근로-자**〔-者〕 名 勤労者<sup>しゃ</sup>。

**근:린**〔近隣〕 名 近隣<sup>きんりん</sup>。①隣近所<sup>となりきんじょ</sup>。②近いところ。¶ ~의 여러 나라 近隣諸国<sup>しょこく</sup>。

**근면**〔勤勉〕 名 (ハ形) 勤勉<sup>きんべん</sup>。¶ ~가 勤勉家<sup>か</sup>/ ~한 사람 勤勉な人<sup>ひと</sup>/ ~은 성공의 어머니 勤勉は成功<sup>せいこう</sup>の母<sup>はは</sup>。

**근무**〔勤務〕 名 (ハ自) 勤務<sup>きんむ</sup>、勤<sup>つと</sup>め。¶ ~ 처 勤務先<sup>さき</sup>/ 야간 ~ 夜間勤務。

**근:방**〔近方・近傍〕 名 あたり、近く、近所<sup>きんじょ</sup>、近辺<sup>きんぺん</sup>。¶ 서울 ~ ソウル近郊/ 이 ~은 경치가 좋다 このあたりは景色<sup>けしき</sup>がよい。

**근본**〔根本〕 名 ①草木<sup>くさき</sup>の根<sup>ね</sup>、根元<sup>ねもと</sup>。②根本<sup>こんぽん</sup>、根底<sup>こんてい</sup>。¶ ~ 문제 根本問題<sup>もんだい</sup>。③(人<sup>ひと</sup>の)生<sup>お</sup>い立<sup>た</sup>ち、家柄<sup>いえがら</sup>。¶ ~도 모르는 사람 素性<sup>すじょう</sup>も知<sup>し</sup>れない人<sup>ひと</sup>。

**근본-적**〔-的〕 冠 根本的<sup>てき</sup>。¶ ~인 개혁 根本的な改革<sup>かいかく</sup>。

**근:사**〔近似〕 名 (ハ形) ①近似<sup>きんじ</sup>、よく似<sup>に</sup>ていること。¶ ~값 近似値<sup>ち</sup>。②格好<sup>かっこう</sup>がいいこと、すてきなこと、いかすこと。¶ ~한 디자인의 의상 すてきなデザインの衣装<sup>いしょう</sup>。

**근성**〔根性〕 名 根性<sup>こんじょう</sup>、性根<sup>しょうね</sup>。¶ 거지 ~ 乞食<sup>こじき</sup>根性/ ~이 없다 根性がない。

**근:세**〔近世〕 名 近世<sup>きんせい</sup>。¶ ~사 近世史。

**근:소**〔僅少〕 名 (ハ形) 僅少<sup>きんしょう</sup>、わずか。¶ ~한 차로 이기다 わずかの差<sup>さ</sup>で勝<sup>か</sup>つ。

**근속**〔勤續〕 名 (ハ自) 勤続<sup>きんぞく</sup>。¶ 장기 ~ 표창 永年<sup>えいねん</sup>勤続表彰<sup>ひょうしょう</sup>。

**근수**〔斤數〕 名 目方<sup>めかた</sup>、斤目<sup>きんめ</sup>、斤量<sup>きんりょう</sup>。¶ ~가 모자라다 目方가 切<sup>き</sup>れる。

**근:시**〔近視〕 名 近視<sup>きんし</sup>、近眼<sup>きんがん</sup>。¶ ~경 近視鏡<sup>きょう</sup>。 四 원시(遠視)

**근:시-안**[-眼] 图 近視眼しん、近眼がん。¶ ~적인 정책 近視眼的てきな政策せいさく。

**근:신**[謹慎] 图하目 謹慎きんしん。¶ ~ 처분을 받다 謹慎処分しょぶんを受うける。

**근심** 图하自他 心配しんぱい、気掛きがかり、懸念けねん。¶ 쓸데없는 ~ よけいな心配/ ~ 이 되다 心配になる。/ ~ 이 끊이지 않다 心配が絶たえない。

**근심-거리** 图 心配事しんぱいごと、悩なやみの種たね。

**근심-스럽다** 形ㅂ 心配しんぱいそうだ、気掛きがかりだ。

**근:엄**[謹嚴] 图하形 謹厳きんげん。¶ ~한 표정 謹厳な表情ひょうじょう。

**근원**[根源] 图 ①源みなもと、水源すいげん。¶ 한강의 ~ 漢江カンがンの源。②根源こんげん、根本こんぽん。¶ ~을 캐다 根源を探さぐり出だす。/ 악의 ~을 근절하다 悪あくの根源を根絶こんぜつやしにする。

**근원-지**[-地] 图 根源地こんげんち。¶ 폭동의 ~ 暴動ぼうどうの根源地。

**근:위**[近衛] 图 近衛このえ。¶ ~병 近衛兵へい。

**근:위-대**[-隊] 图 近衛隊たい。

**근육**[筋肉] 图 筋肉きんにく。¶ ~주사 筋肉注射ちゅうしゃ/ ~이 발달하다 筋肉が発達はったつする。

**근육 노동**[-勞動] 图 筋肉労働ろうどう、肉体にくたい労働。

**근육-질**[-質] 图 筋肉質しつ。

**근:일**[近日] 图 近日きんじつ、近ちかごろ、最近さいきん。¶ ~ 발매 近日発売はつばい。

**근:일-점**[-點] 图(天) 近日点てん、近点きんてん。

**근:자**[近者] 图 근래, 요즘, 최근きん、요사이。¶ ~에 와서 일반화되었다 近ちかごろになって一般化いっぱんかしてきた。

**근저**[根底] 图 根底こんてい。¶ ~에 있는 사상 根底にある思想しそう。

**근-저당**[根抵當] 图하他(法) 根抵当こんていとう。

**근절**[根絶] 图하他自 根絶こんぜつ、根絶ねだやし。¶ 악폐를 ~하다 悪弊あくへいを根絶する。

**근:접**[近接] 图하自 近接きんせつ、接近せっきん。¶ ~ 사격 近接射撃しゃげき/ 도시에 ~한 농촌 都市としに近接した農村のうそん。

**근조**[謹弔] 图하他 謹つつしんで弔とむらうこと。

**근지럽다** 形ㅂ くすぐったい、むずがゆい。¶ 등이 ~ 背中せなかがむずがゆい。②何なにかしたくてたまらない、もどかしくてむずむずする。¶ 싸우고 싶어서 손이 ~ けんかがしたくて腕うでがむずむずする。

**근질-거리다** 自 ①(体からだが) むずむずする、むずがゆい。②何なにかしたくてたまらない、もどかしくてむずむずする。

**근질-근질** 副하自 むずむず。¶ 온몸이 ~하다 全身ぜんしんがむずむずする。

**근:처**[近處] 图 近所きんじょ、付近ふきん、あたり、近辺きんぺん。¶ ~의 학교 近所の学校がっこう/ ~ 付近を散歩さんぽする/ 이 ~는 경치가 좋다 このあたりは景色けしきがいい。

慣用 **근처에도 못 간다** 比くらべものにならない、足たもとにも及およばない。

**근:친**[近親] 图 近親きんしん、近ちかい親族しんぞく。¶ ~상간 近親相姦そうかん。

**근:친-혼**[-婚] 图 近親婚、近親結婚けっこん。

**근:하**[謹賀] 图하他 謹賀きんが。¶ ~ 신년 謹賀新年しんねん。

**근:해**[近海] 图 近海きんかい。¶ ~ 어업 近海漁業ぎょう/ ~를 순항하다 近海を巡航じゅんこうする。

**근:황**[近況] 图 近況きんきょう。¶ ~을 알리다 近況を知しらせる。

**글** 图 ①文ぶん、文章ぶんしょう。¶ ~을 읽다 文を読よむ。/ ~재주가 있다 文才ぶんさいがある。②文字もじ。¶ ~을 모르다 文字を知しらない。③学問がくもん、学識がくしき。¶ ~이 깊다 学識が深ふかい。

**글-공부**[-工夫] 图하自 学問がくもん、学習がくしゅう、勉強べんきょう。

**글-귀**[一句] 图(詩し・文章中ちゅうの)文句もんく、句節くせつ。

**글라스**[glass] 图 ①ガラス。②(ガラス製せいの)グラス、コップ。

**글러-지다** 自 ①(ものごとが)だめになる、悪わるくなる。¶ 계획이 ~ 計画けいかくがおじゃんになる。②(病状びょうじょうが) 悪化あっかする、こじれる。

**글-방**[-房] 图 漢文かんぶんを教おしえた私塾しじゅく、寺子屋てらこや。参 서당(堂)

**글방 물림** 图 世情せじょうに疎うとい人ひとをからかって言いう語ご。

**글썽-하다** 形内 (目めに)涙なみだをうかべている、涙ぐんでいる。

**글썽-거리다** 自他 (目に)涙をうかべている、涙ぐむ。¶ 감격한 나머지 눈물을 ~ 感激かんげきのあまり涙ぐむ。

**글썽-글썽** 副하形 涙なみだぐむさま。

**글쎄** 感 ①(相手あいての質問しつもん・要求ようきゅうに対たいしはっきり断定だんていできないときに出だす語ご) はて、さあ、きて、まあ。¶ ~, 어떻게 하지 さあ、どうしよう。/ ~, 누굴까? はて、だれだろう。②((自分じぶんの気持きもちを強調きょうちょうしたり確認かくにんするときに出す語)) だから(こそ)、いったい。¶ ~ 가기 싫다니까 だから行いきたくないと言いっているのに。

**글쎄-다** 感 ((もっともらしいが決きめかねるとき目下したの者に)) そうだね、さあね。¶ ~, 언제 가면 좋을까? そうだね、いつ行いったらいいかな。

**글쎄-요** 感 ((目上めうえの人ひとや初対面しょたいめんの人の質問しつもん・要求ようきゅうにはっきりした返事へんじをためらう時ときに)) そうですね。¶ ~, 저도 그렇게 생각합니다 そうですね、僕ぼくもそう思おもいます。

**글-쓰다** 文章ぶんしょうを書かく、文字もじを書く。¶ 글쓰는 사람 物書ものかき。

**글씨** 图 ①字じ、文字もじ。¶ ~를 쓰다 字を書かく。②書かかれた字。¶ 잘 쓴 ~ きれいに書かかれた字。

**글씨-본**[-本] 图 習字しゅうじの手本てほん。

**글-자**[-字] 图 字じ、文字もじ。¶ ~를 새기다 文字を刻きざむ。参 문자

慣用 **글자 그대로** 文字どおり。¶ ~ 새파랗게 질렸다 文字どおり真まっ青あおになった。

**글-재주**[-才-] 图 文才ぶんさい。¶ ~가 있다 文才がある。

**글-줄** 图 ①(文字もじの)行ぎょう、くだり。¶ ~을 바

**글-짓기** 꾸다 行을 改あらためる。 ②《軽蔑的に》若干じゃっかんの学問もん、ほんの少しの知識しき。

**글-짓기** 图 作文さく、つづり方かた。

**긁다** 他 ①(つめなどで)搔かく。¶ 등을 ~ 背中なかを搔く。 ②(熊手くまでなどで)かき集あつめる。¶ 낙엽을 긁어 모으다 落おち葉ばをかき集める。 ③こそげる、そぎ取とる、削けずり取る。¶ 누룽지를 ~ お焦こげをそぎ取る。 ④(感情かんじょう・気分ぶんを)傷きずつける、じらす、こねる。¶ 남의 비위를 ~ 人ひとの気分をそこねる。 ⑤(他人たんを)そしる、けなす、なじる、こき下おろす。¶ 남을 ~ 他人をこき下ろす。 ⑥(弱よわい者ものから財産ざいなどを)あくせくとかき集める、しぼり取とる。¶ 재물을 마구 긁어 들이다 財物ざいをやたらにかき集める。
〔속담〕 긁어 부스럼 搔いてできた腫はれ物もの。《やぶをつついて蛇へびを出だす、やぶ蛇》

**긁어-내다** 他 ①かき出だす。 ②(金品きんぴんなどを)しぼり取とる、搾取さくする。

**긁어-모으다** 他 ①かき寄よせる。 ②(財産ざいなどを)かき集める。

**긁적-거리다** 自 (搔かゆいところを)しきりに搔かく。¶ 머리를 ~ 頭あたまをぽりぽりかく。

**긁적-긁적** 副他 《しきりにかくさま》ぽりぽり。

**긁히다** 自 (「긁다」の受動) 搔かかれる、引ひっかかれる。¶ 얼굴을 ~ 顔かおをひっかかれる。

**금¹** 图 ①折おり目め、ひだ、線せん。 ②割われ目め、裂さけ目、ひび。
〔관용〕 금을 긋다 ①線を引ひく。 ②限度げん・限界げんを決きめる、けじめをつける。 금이 가다 ひびが入はいる。 ①ひび割われる。¶ 벽에 ~ 壁かべにひびが入る。 ②仲なかたがいする。¶ 결혼 생활에 ~ 結婚生活けっこんにひびが入る。

**금²** 图 値あたい、値段ねだん、価格かかく、相場そうば。¶ ~을 매기다 値ねをつける。/~이 오르다 相場が上あがる。
〔속담〕 금도 모르고 싸다 한다 値段も知しらずに安やすいと言いう。《内容ないを知らずに知ったかぶりをする》
〔관용〕 금을 놓다 (売うり手で・買かい手が)値ねをつける。 금을 맞추다 (同種どうの物ものとの)値を合あわせる。 금을 치다 値をつける、値踏ねぶみする。 금이 나다 値段が決きまる、値がつく。 금이 낮다 値段が安やすい、廉価れんかだ。 금이 높다 値段が高たかい、高価こうかだ。 금이 닿다 (取とり引ひきで)手てごろな値段になる。

**금{金} I** 图 金きん。 ①黄金おうごん、こがね。¶ ~반지 金の指輪ゆびわ。 ②金銀、金銭せん。¶ 일봉 금 일봉 金一封いっぷう。 ③[音] 銅鑼どら、鉦しょう。 ④五行ぎょうの一つ。 ⑤「금요일」の縮約形。 **II** 接尾 …金きん。 ①金の純度じゅんどを表あらわす単位たん。¶ 24・24金にじゅう。 ②金を表わす語ご。¶ 계약~ 契約金けいやく。
〔관용〕 금이야 옥이야 非常ひじょうに大事だいにしてかわいがるさま。《蝶ちょうよ花はなよ》¶ ~ 하고 키우다 蝶よ花よと育そだてる。

**금-메달**[-medal] 图 金きんメダル。¶ ~을 따다 金メダルを取とる。

**금-**[今] 接頭 今こん…、今なの。¶ ~주 今週こんしゅう/~년도 今年度ねんど。

**금-**[禁] 接頭 禁きん…。¶ ~주 禁酒きん/~연 禁煙えん。

**-금** 接尾 語ごの意味みを強調きょうちょうする語ご。¶ 다시 ~ 再ふたたび/ 이따 ~ 時ときどき。

**금-값**[金-] 图 ①金の値段だん、金の相場そうば。 ②最高こうの値段。¶ 생선값이 ~이다 魚さかなの値段が非常に高い。

**금강**{金剛} 图 金剛こん。 ①金剛石せき。 ②〔佛〕金剛界かい。 ③きわめて堅固けんなこと。 ④「금강산」の縮約形。

**금강-경**[-經] 图〔佛〕金剛経きょう。㊀ 금강 반야 바라밀경

**금강-산**[-山] 图 金剛山クムガン。
〔속담〕 금강산도 식후경 金剛山も食後ごの見物けん。《花はなより団子だん》

**금강-석**[-石] 图〔鑛〕金剛石せき、ダイヤモンド。

**금고**{金庫} 图 金庫きん。 ①現金げんきんなどをしまっておく金属製きんぞくの箱はこ。¶ ~털이 金庫破やぶり。 ②金融機関きんゆうの一つ。¶ 신용 ~ 信用金庫。

**금:고**[禁錮] 图 禁固きん。¶ ~형 禁固刑けい。

**금과-옥조**[金科玉條] 图 金科きん玉条ぎょく。¶ ~로 삼다 金科玉条とする。

**금관**{金冠} 图 金冠かん。 ①金きんの冠かん。 ②歯はにかぶせる金きんの覆おおい。

**금관 악기**[金管樂器] 图〔音〕金管楽器がっき。

**금광**{金鑛} 图〔鑛〕金鉱こう。¶ ~석 金鉱石せき。

**금괴**{金塊} 图 金塊きん。¶ ~밀수 金塊密輸みつ。

**금권**{金權} 图 金権きん。¶ ~선거 金権選挙せん。

**금권 만:능**[-萬能] 图 金権万能のう。¶ 요즈음은 ~의 세상이다 近ちかごろは金権万能の世の中だ。

**금권 정치**[-政治] 图 金権政治せい。

**금귤**{金橘} 图〔植〕キンカン。

**금-긋다** 自入 ①線せんを引ひく。 ②限度げん・限界げんを決きめる。

**금:기**[禁忌] 图[해] 禁忌きん。¶ ~ 약품 禁忌薬品やく/~를 깨다 禁忌を破やぶる。

**금:남**[禁男] 图[해] 禁男きん、男子だん禁制きん。

**금년**{今年} 图 今年とし、こんねん。¶ ~은 비가 많이 왔다 今年としは雨がたくさん降ふった。

**금년-도**[-度] 图 今年度ねん。¶ ~의 목표 今年度の目標もく。

**금년-생**[-生] 图 今年とし生うまれ、今年度産こんねんど。

**금-니**[金-] 图 金歯きん。¶ ~를 해넣다 金歯をいれる。

**금:단**[禁斷] 图[해] 禁断だん。¶ ~의 열매 禁断の木この実み。

**금:단 증:상**[-症狀] 图 禁断症状じょう。

**금-덩이**[金-] 图 金塊きん。

**금-도금**[金鍍金] 图[해] 金きんめっき。

**금-딱지**[金-] 图 (時計けいなどの)金側がわ。¶ ~ 시계 金側時計。

**금:렵**[禁猟] 图 因他 禁猟ﾘｮｳ。¶ ~ 구역 禁猟区域ｸｲｷ。
**금:렵-기**[-期] 图 禁猟期ｷ。
**금리**[金利] 图 金利ﾘ。¶ ~를 인하하다 金利を引ﾋき下ｻげる。
**금리 생활자**[-生活者] 图 金利生活者ｾｲｶﾂｼｬ。
**금명-간**[今明間] 图 今明日ｺﾝﾐｮｳ中ﾁｭｳ、一両日ｲﾁﾘｮｳｼﾞﾂの間ｱｲﾀﾞ。¶ ~에 해결될 것이다 一両日中ｼﾞｭｳに解決ｶｲｹﾂがつくだろう。
**금명-년**[今明年] 图 今明年ﾈﾝ、今年ｺﾄｼと来年ﾗｲﾈﾝ、今年か来年。
**금명-일**[今明日] 图 今明日ｺﾝﾐｮｳ、今日ｷｮｳと明日ｱｽ、今日か明日。
**금:물**[禁物] 图 禁物ﾓﾂ。¶ 과욕은 절대 ~이다 欲ﾖｸばりは絶対ﾀﾞｲに禁物だ。
**금박**[金箔] 图 金箔ﾊｸ。¶ ~을 입히다 金箔を張ﾊる。/ ~이 벗겨지다 金箔がはげる。
**금-반지**[金斑指] 图 金ｷﾝの指輪ﾕﾋﾞﾜ。
**금발**[金髪] 图 金髪ﾊﾟﾂ、ブロンド。¶ ~ 미인 金髪美人ﾋﾞｼﾞﾝ。
**금방**[今方] 副 今ｲﾏ、今すぐ、今し方ｶﾞﾀ、たった今、すぐ。¶ ~ 옵니다 今すぐ来ｷます。/ ~ 끝납니다 すぐ終ｵﾜります。/ ~이라 울 듯하다 今にも泣ﾅき出ﾀﾞしそうになる。
**금방-금방** 副 続ﾂﾂﾞけざまに早ﾊﾔく、ひっきりなしに。
**금번**[今番] 图 今度ﾄﾞ、この度ﾀﾋ、今回ｶｲ。¶ ~ 선거 今回の選挙ｾﾝｷｮ。
**금-본위**[金本位] 图 径 金本位ﾎﾝｲ。¶ ~ 제도 金本位制度ﾄﾞ。
**금-붕어**[金-] 图 動 金魚ｷﾞｮ。
**금-비녀**[金-] 图 金ｷﾝのかんざし。
**금-빛**[金-] 图 金色ｷﾝｲﾛ、黄金色ｺｶﾞﾈｲﾛ。
**금:상 첨화**[錦上添花] 图 錦上ｷﾝｼﾞｮｳに花ﾊﾅを添ｿえること、よいものにさらによいものを添えること。
**금:서**[禁書] 图 禁書ｼｮ。¶ ~ 목록 禁書目録ﾓｸﾛｸ。
**금석**[今昔] 图 今昔ｾｷ、今と昔ﾑｶｼ。
**금석지-감**[-之感] 图 今昔の感ｶﾝ。¶ ~을 금할 수 없다 今昔の感に堪ﾀえない。
**금석**[金石] 图 金石ｾｷ。①金属ｿﾞｸと岩石ｶﾞﾝｾｷ。②金属器ｷﾞｮｳｿﾞｸと石器ｷ。- 병용기 金石併用期ﾍｲﾖｳｷ。③文字ｼﾞの刻ｷｻﾞまれた石ｲｼや金属。¶ ~ 학 金石学ｶﾞｸ。④(比) 非常ﾋｼﾞｮｳに堅ｶﾀいもの。¶ ~ 맹약 金石の盟約ﾒｲﾔｸ。⑤金ｷﾝが含ﾌｸまれている鉱石ｺｳｾｷ。
慣用 **금석(과) 같다** (約束ﾔｸｿｸ・友情ﾕｳｼﾞｮｳなどが) 固ｶﾀく変ｶわらない。
**금석 문자**[-文字] 图 金石文字ﾓｼﾞ。 金石文ﾌﾞﾝ.
**금석지-교**[-之交] 图 金石の交ﾏｼﾞわり。
**금석지-약**[-之約] 图 金石の契ﾁｷﾞり。
**금성**[金星] 图 天 金星ｾｲ、ビーナス。
**금세** 副 (「금시(今時)에」의 縮約形) たちまち、すぐに、ただちに。¶ ~ 다 팔리다 たちまち売ｳり切ｷれる。/ ~ 돌아오다 すぐに帰ｶｴって来ｸる。
**금속**[金屬] 图 金属ｿﾞｸ。¶ 귀 ~ 貴ｷ金属。/ ~ 제품 金属製品ｾｲﾋﾟﾝ。

**금속 공예**[-工藝] 图 金属工芸ｺﾞｳｹﾞｲ。
**금속-성**[-性] 图 金属性ｾｲ。¶ ~의 광택 金属性の光沢ｺｳ。
**금속 원소**[-元素] 图 化 金属元素ｹﾞﾝｿ。
**금속 활자**[-活字] 图 阪 金属活字ｼﾞ。
**금:수**[禁輸] 图 他 禁輸ﾕ、輸出入ﾕｼｭﾂﾆｭｳ止ｼ。
**금:수-품**[-品] 图 禁輸品ﾋﾟﾝ。
**금수**[禽獸] 图 禽獣ｼﾞｭｳ、けだもの。¶ ~ 만도 못한 인간 禽獣にも劣ｵﾄる人間ｹﾞﾝ。
慣用 **금수 같다** 禽獣に等ﾋﾄしい、禽獣同然ﾄﾞｳｾﾞﾝだ、恩ｵﾝも道理ﾄﾞｳﾘも知ｼらず無礼ﾌﾞﾚｲで醜悪ｼｭｳｱｸな行動ｺｳﾄﾞｳをする。
**금:수-강산**[錦繡江山] 图 ①錦繡ｷﾝｼｭｳのように美ｳﾂｸしい自然ｾﾞﾝ。②韓国ｶﾝｺｸの別称ﾍﾞｯｼｮｳ。
**금슬**[琴瑟] 图 琴瑟ｼﾂ。①琴ｺﾄと瑟ｼﾂ。②「금실」のもとの語ｺﾞ。
**금시**[今時] 图 いま、今時ｼﾞ。¶ ~라도 달려가고 싶다 いまにも駆ｶけつけたい。②(副詞的に)すぐ、すぐさま、直ﾀﾞちに。¶ 오자마자 ~ 떠났다 着ﾂいてからすぐ発ﾀった。
**금시 초문**[今始初聞] 图 初耳ﾊﾂﾐﾐ。¶ 그건 ~이다 それは初耳だ。
**금:식**[禁食] 图 他自 断食ｼﾞｷ。¶ ~ 수행 断食の行ｷﾞｮｳ。
**금실**[-琴瑟] 图 (「금실지락」의 縮約形) 琴瑟ｼﾂ。
慣用 **금실이 좋다** 琴瑟相ｱｲ和ﾜす、夫婦ﾌｳﾌの仲ﾅｶがむつまじい。
**금실지-락**[-之樂] 图 夫婦の仲のよいこと。
**금-싸라기**[金-] 图 (黄金ｵｳｺﾞﾝの粒ﾂﾌﾞの意ｲで)貴重ｷﾁｮｳなもの。¶ ~ 같은 땅 非常ﾋﾞｮｳに高価ｺｳｶな土地ﾄﾁ。
**금액**[金額] 图 金額ｶﾞｸ、金高ﾀﾞｶ。¶ 투자 ~ 投資ｼの金額 / ~이 많아지다 金額が張る。
**금:어**[禁漁] 图 他自 禁漁ｷﾞｮ。¶ ~구 禁漁区ｸ。
**금:어-기**[-期] 图 禁漁期ｷ。
**금언**[金言] 图 金言ｹﾞﾝ。①金句ｸ、格言ｶｸｹﾞﾝ。¶ ~ 집 金言集ｼｭｳ。②仏 仏ﾎﾄｹの金口ｷﾝｺｳから出ﾃﾞた不滅ﾌﾒﾂの法語ﾎｳ、金言ｹﾞﾝ。
**금:연**[禁煙] 图 他自 禁煙ｴﾝ。¶ ~석 禁煙席ｾｷ / 장내 - 場内ﾅｲでは禁煙。
**금 요일**[金曜日] 图 金曜日ｷﾝﾖｳ。
**금:욕**[禁慾] 图 他自 禁欲ﾖｸ。¶ ~ 생활을 하다 禁欲生活ｾｲｶﾂをする。
**금:욕-주의**[-主義] 图 禁欲主義ｷﾞ。
**금월**[今月] 图 今月ｹﾞﾂ。¶ ~ 말까지 돌아온다 今月末ﾏﾂまでに帰ｶｴってくる。
**금융**[金融] 图 金融ﾕｳ。¶ ~ 시장 金融市場ｼﾞｮｳ / ~ 자본 金融資本ﾎﾝ。
**금융 기관**[-機關] 图 金融機関ｷｶﾝ。
**금융-업**[-業] 图 金融業ｷﾞｮｳ。
**금융 채:권**[-債券] 图 金融債券ｻｲ、金融債ｻｲ。
**금은**[金銀] 图 金銀ｷﾞﾝ。
**금은-방**[-房] 图 金銀ｷﾞﾝを加工ｶｺｳし売買ﾊﾞｲする店ﾐｾ。
**금은 세:공**[-細工] 图 金銀細工ｻｲｸ。
**금은-화**[-貨] 图 金銀貨ｶ、金貨ｶと銀貨ｶ。
**금:의-환향**[錦衣還郷] 图 他自 故郷ｺｷｮｳに錦ﾆｼｷを

금일【今日】 图 今日にち、本日じつ。¶ ~ 휴업 本日休業ぎょう/ ~에 이르다 今日に至いたる。
금-일봉【金一封】 图 金一封いっぷう。¶ ~을 보내다 金一封を贈おくる。
금자-탑【金字塔】 图 金字塔とう。¶ 불멸의 ~을 세우다 不滅ふめつの金字塔をたてる。
금-잔디【金-】 图 ①〔植〕コウライシバ。 ②手入ていれの行ゆきとどいた芝し。
금전【金錢】 图 ①硬貨こうか。 ②金貨きんか。 ③金銭せん、お金かね。 ¶ ~상의 문제 金銭上じょうの問題もんだい。
금전 신:탁【-信託】 图 金銭信託しんたく。
금전 출납부【-出納簿】 图 金銭出納簿すいとうぼ。
금:-족【禁足】 图 禁足そく、足止あしどめ。 ¶ ~을 당하다 足止めを食くう。
금:족-령【-令】 图 禁足令れい。
금주【今週】 图 今週しゅう。 ¶ ~ 내에 끝내다 今週中ちゅうに終おえる。
금:주【禁酒】 图 阿囲 禁酒しゅ。 ¶ ~법 禁酒法ほう/~ 운동 禁酒キャンペーン。
금-줄【金-】 图 ①(懐中時計とけいなどの)金きんの鎖くさり。 ②金糸きんしのひも。 ③金色いろの線せん。
금-줄【禁-】 图〔民〕(子供こどもが産うまれた家いえで不浄じょうを避さけるために)人ひとが立たち入はいらないように門前もんぜんに張はり渡わたす縄なわ。
금:지【禁止】 图 阿囲 禁止きんし、差さし止とめ。 ¶ 출입 ~ 구역 立たち入いり禁止区域くいき/ 통행을 ~하다 通行こうを禁止する。
금:지-법【-法】 图 禁止法ほう。 ¶ 독점 ~ 独占せん禁止法。
금:지 처:분【-處分】 图 禁止処分しょぶん。
금:지-품【-品】 图 禁止品ひん。
금지-옥엽【金枝玉葉】 图 ①金枝きんし玉葉ぎょくよう、王族おうぞく。 ¶ ~의 몸 金枝玉葉の御身おんみ。 ②大切たいせつな子孫しそん。
금:-치산【禁治産】 图 禁治産ちさん。
금:치산-자【-者】 图 禁治産者しゃ。
금:침【衾枕】 图 布団ふとんと枕まくら、夜具やぐ、寝具しんぐ。
금-테【金-】 图 金縁きんぶち。 ¶ ~ 안경 金縁眼鏡がね。
금품【金品】 图 金品ひん。 ¶ ~을 받다 金品を受うけ取とる。
금:-하다【禁-】 他団 ①禁きんずる、禁止きんしする。 ¶ 출입을 ~ 出入でいりを禁ずる。 ②耐たえる、抑おさえる。 ¶ 분노를 금할 길 없다 怒いかりを抑えるすべがない。
〖慣用〗 금할 수(가) 없다 禁き得えない、抑えがたい。 ¶ 실소를 ~ 失笑しっしょうを禁じ得ない。
금형【金型】 图 金型がた、金属製せいの鋳型いがた。
금혼-식【金婚式】 图 金婚式きんこんしき。
금화【金貨】 图 金貨きんか。
금화 본위 제:도【-本位制度】 图〔経〕金貨本位制度ほんいせいど。
금환-식【金環蝕】 图〔天〕金環食きんかん。
금회【今回】 图 今回かい、今度こんど、このたび。
금후【今後】 图 今後ご、以後ご。 ¶ ~의 계획 今後の計画かく。
급【級】 I 图 級きゅう。 ①学級がっ・階級きゅうなどを表あらわす語ご。 ¶ ~이 오르다 級が上あがる。 ② (武道ぶどう・碁ごなどの)技術ぎじゅつによる等級とう。 ¶ 같은 ~의 선수 同級どうきゅうの選手せんしゅ。 ③段階かい、程度ど。 ¶ 1만 톤 ~의 상선 一万いちまんトン級の商船しょうせん。 II 接尾《技術ぎじゅつ・水準じゅん・等級などの程度ていを表あらわす語》... 級きゅう。 ¶ 밴텀 ~ バンタム級/ 대사~ 회담 大使級かいだん会談だん。
급-【急】 接頭 急きゅう…。 ¶ ~정거 急停車ていしゃ/ ~환자 急患きゅうかん。
급감【急減】 图 阿囲 急減げん。 ¶ 인구가 ~하다 人口じんこうが急減する。
급-강하【急降下】 图 阿囲 急降下こうか。 ¶ ~ 폭격 急降下爆撃ばくげき/ 기온이 ~하다 気温きおんが急きゅうに下さがる。
급거【急遽】 圖 急遽きょう、急いで、にわかに。 ¶ ~ 귀국하다 急遽帰国きこくする。
급격【急激】 图 阿形 急激げき。 ¶ ~한 변화 急激な変化へんか。 급격-히 圖 急激に。 ¶ 기온이 ~ 내려가다 気温が急激に下さがる。
급-경사【急傾斜】 图 急傾斜けいしゃ、急勾配こうばい。 ¶ ~진 언덕 急勾配の坂さか。
급구【急求】 图 阿囲 急いそぎで求もとめること、急募きゅうぼ。 ¶ 종업원 ~ 従業員じゅうぎょういん急募。
급급-하다【汲汲-】 形図 汲々きゅうきゅうとしている、あくせくとしている。 ¶ 돈벌이에 ~ 金儲かねもうけに汲々としている。
급기야【及其也】 圖 ついに、あげくの果はてに、とうとう、結局けっきょく、とどのつまり。 ¶ 탈진하여 ~ 쓰러지고 말았다 疲つかれ果はててついに倒たおれてしまった。 / ~ 두 사람은 헤어지고 말았다 結局二人ふたりは別わかれてしまった。
급등【急騰】 图 阿囲 急騰とう。 ¶ 쌀값이 ~하다 米価べいかが急騰する。 ⥀ 급락(急落)
급등-세【-勢】 图 (物価ぶっか・相場そうばなどの)急きゅうな騰勢とうせい。
급락【急落】 图 阿囲 急落らく。 ¶ 주가가 ~하다 株価かぶかが急落する。 ⥀ 급등(急騰)
급료【給料】 图 給料りょう、給与きゅうよ、サラリー。 ¶ ~를 주다 給料を払はらう。
급류【急流】 图 阿囲 急流りゅう、早瀬はやせ。 ¶ ~에 휩쓸리다 急流にのまれる。
급매【急賣】 图 阿囲 (品物しなものを)急いで売うること、売うり急いそぐこと。
급모【急募】 图 阿囲 急募ぼ。 ¶ 사원을 ~하다 社員しゃいんを急募する。
급박-하다【急迫-】 形図 急迫はくしている、切迫はくしている、差さし迫せまっている。 ¶ 급박한 사태 急迫した事態じたい。
급변【急變】 图 阿囲 急変へん、激変げき。 ¶ 정세가 ~하다 情勢じょうせいが急変する。/ ~을 알리다 急変を知しらせる。
급보【急報】 图 阿囲 急報ほう。 ¶ ~가 들어오다 急報が入はいる。
급부【給付】 图 阿囲 給付ふ。 ¶ 반대 ~ 反対たい給付。
급비【給費】 图 阿囲 給費ひ。 ¶ ~생 給費生せい。
급사【急死】 图 阿囲 急死し。 ¶ 객지에서 ~하다 旅先たびさきで急死する。

급살[急煞][名] ①[民] 最<sub>もっと</sub>も忌<sub>い</sub>まわしいとされる星<sub>ほし</sub>、不吉<sub>きっ</sub>な星、凶星<sub>きょうせい</sub>。②にわかに訪<sub>おとず</sub>れた災難<sub>さいなん</sub>。
　급살-맞다 [自] にわかに死<sub>し</sub>ぬ、急死<sub>きゅうし</sub>する、ぽっくりいく。¶ 급살맞을 놈아 くたばっちまえ。
급-상승[急上昇][名][하自] 急上昇<sub>きゅうじょうしょう</sub>。¶ 인기가 ~ 하다 人気<sub>にんき</sub>が急上昇する。[對] 급강하(急降下)
급-선무[急先務][名] (真<sub>ま</sub>っ先<sub>さき</sub>にしなければならない)急務<sub>きゅうむ</sub>。¶ 실업 대책이 ~이다 失業対策<sub>しつぎょうたいさく</sub>が急務である。
급-선봉[急先鋒][名] 急先鋒<sub>きゅうせんぽう</sub>。¶ ~에 서다 急先鋒に立<sub>た</sub>つ。
급-선회[急旋回][名][하自] 急旋回<sub>きゅうせんかい</sub>。¶ 항공기가 ~ 하다 航空機<sub>こうくうき</sub>が急旋回する。
급성[急性][名] 急性<sub>きゅうせい</sub>。
　급성 전염병[-傳染病][名] 急性伝染病<sub>きゅうせいでんせんびょう</sub>。
급소[急所][名] ①(体<sub>からだ</sub>の)命<sub>いのち</sub>にかかわる大事<sub>だいじ</sub>な所<sub>ところ</sub>。¶ ~를 때리다 急所を殴<sub>なぐ</sub>る。②(ものごとの)要<sub>かなめ</sub>、要点<sub>ようてん</sub>。¶ ~를 찌른 비평 急所を突<sub>つ</sub>いた批評<sub>ひひょう</sub>。
급속[急速][名][하形] 急速<sub>きゅうそく</sub>。¶ ~한 경제 성장 急速な経済成長<sub>けいざいせいちょう</sub>。급속-히[副] 急速に。¶ ~ 발전하다 急速に発展<sub>はってん</sub>する。
급-속도[急速度][名] 急速度<sub>きゅうそくど</sub>。
급수[級數][名] ①[數] 級数<sub>きゅうすう</sub>。¶ 기하 ~ 幾何級数<sub>きかきゅうすう</sub>。②(囲碁<sub>いご</sub>・珠算<sub>しゅざん</sub>などの)級<sub>きゅう</sub>、等級<sub>とうきゅう</sub>。
급수[給水][名][하自][되自] 給水<sub>きゅうすい</sub>。¶ ~ 장치 給水装置<sub>きゅうすいそうち</sub>/제한 ~ 制限<sub>せいげん</sub>給水。
　급수-차[-車][名] 給水車<sub>きゅうすいしゃ</sub>。
　급수-탑[-塔][名] 給水塔<sub>きゅうすいとう</sub>。
급습[急襲][名][하自][되自] 急襲<sub>きゅうしゅう</sub>。¶ 적을 ~ 하다 敵を急襲する。
급식[給食][名][하自] 給食<sub>きゅうしょく</sub>。¶ 학교 ~ 学校<sub>がっこう</sub>給食。
급여[給與][名] 給与<sub>きゅうよ</sub>。①給料<sub>きゅうりょう</sub>、サラリー。¶ ~금 給与金<sub>きん</sub>。②[하他][되自] (金品<sub>きんぴん</sub>を)与<sub>あた</sub>えること。¶ 작업복을 ~ 하다 作業衣<sub>さぎょうい</sub>を給与する。
　급여 소:득[-所得][名] 給与所得<sub>きゅうよしょとく</sub>。
급용[急用][名] ①急用<sub>きゅうよう</sub>、緊急<sub>きんきゅう</sub>の用事<sub>ようじ</sub>。②急<sub>きゅう</sub>に必要<sub>ひつよう</sub>なこと。
급우[級友][名] 級友<sub>きゅうゆう</sub>、同級生<sub>どうきゅうせい</sub>、クラスメート。
급유[給油][名][하自] 給油<sub>きゅうゆ</sub>。¶ 항공기에 ~ 하다 航空機<sub>こうくうき</sub>に給油する。
　급유-기[-機][名] 給油機<sub>きゅうゆき</sub>。
　급유-소[-所][名] 給油所<sub>きゅうゆじょ</sub>。[同] 주유소
급작-스럽다[形B] 急<sub>きゅう</sub>だ、突然<sub>とつぜん</sub>である、出<sub>だ</sub>し抜<sub>ぬ</sub>けだ。¶ 급작스러운 일 突然の出来事<sub>できごと</sub>。급작-스레[副] 突然、にわかに。¶ 소나기가 퍼부었다 夕立<sub>ゆうだち</sub>がにわかに降<sub>ふ</sub>り注<sub>そそ</sub>いだ。
급전[急電][名] 急電<sub>きゅうでん</sub>、至急<sub>しきゅう</sub>電報<sub>でんぽう</sub>、ウナ電<sub>でん</sub>。¶ ~을 치다 急電を打<sub>う</sub>つ。
급전[急錢][名] 急<sub>きゅう</sub>に必要<sub>ひつよう</sub>な金<sub>かね</sub>、急<sub>いそ</sub>ぎの金<sub>かね</sub>。¶ ~을 변통하다 急ぎの金を工面<sub>くめん</sub>する。
급전[急轉][名][하自他] 急転<sub>きゅうてん</sub>。¶ 정세가 ~ 하다 情勢<sub>じょうせい</sub>が急転する。
　급전-직하[-直下][名][하自] 急転直下<sub>きゅうてんちょっか</sub>。¶ ~로 해결되다 急転直下に解決<sub>かいけつ</sub>する。
급-정거[急停車][名][하自他] 急停車<sub>きゅうていしゃ</sub>。
급제[及第][名][하自] 及第<sub>きゅうだい</sub>。¶ ~ 점 及第点<sub>てん</sub>。②試験<sub>しけん</sub>に合格<sub>ごうかく</sub>すること。
급조[急造][名][하他][되自] 急造<sub>きゅうぞう</sub>、急<sub>きゅう</sub>ごしらえ、にわか造<sub>づく</sub>り。¶ ~된 무대 急造の舞台<sub>ぶたい</sub>。
급증[急增][名][하自] 急増<sub>きゅうぞう</sub>。¶ 인구가 ~ 하다 人口<sub>じんこう</sub>が急増する。
급진[急進][名][하自] 急進<sub>きゅうしん</sub>。¶ ~ 사상 急進思想<sub>しそう</sub>/~파 急進派<sub>は</sub>。
　급진-적[-的][冠][名] 急進的<sub>きゅうしんてき</sub>。¶ ~인 사고 방식 急進的な考<sub>かんが</sub>え方<sub>かた</sub>。
　급진-주의[-主義][名] 急進主義<sub>きゅうしんしゅぎ</sub>。
급-진전[急進展][名][하自] 急進展<sub>きゅうしんてん</sub>。¶ 수사가 ~을 보이다 捜査<sub>そうさ</sub>が急進展を示<sub>しめ</sub>す。
급파[急派][名][하自][되自] 急派<sub>きゅうは</sub>。¶ 특사를 ~ 하다 特使<sub>とくし</sub>を急派する。
급-하다[急-][形D] 急<sub>きゅう</sub>だ。㉠急<sub>いそ</sub>いでいる、速<sub>はや</sub>い。¶ 급한 걸음 急ぎ足<sub>あし</sub>。㉡(事情<sub>じじょう</sub>・状況<sub>じょうきょう</sub>などが)差<sub>さ</sub>し迫<sub>せま</sub>っている、急を要<sub>よう</sub>する、逼迫<sub>ひっぱく</sub>している。¶ 급한 용건이 생기다 急な用件<sub>ようけん</sub>が出来<sub>でき</sub>る。㉢(傾斜<sub>けいしゃ</sub>が)きつい。¶ 급한 비탈길 急な坂道<sub>さかみち</sub>。②(暮<sub>く</sub>らし向<sub>む</sub>きが)非常<sub>ひじょう</sub>に苦<sub>くる</sub>しい、窮迫<sub>きゅうはく</sub>している。¶ 재정이 ~ 財政<sub>ざいせい</sub>が窮迫している。③(気持<sub>きも</sub>ちが)じれったい、いらいらする、はやる。¶ 급한 마음 じれったい気持ち。④(性格<sub>せいかく</sub>などが)せっかちである、気短<sub>きみじか</sub>だ、性急<sub>せいきゅう</sub>だ。¶ 성미가 ~ 気<sub>き</sub>が短<sub>みじか</sub>い。⑤(病気<sub>びょうき</sub>などが)危篤<sub>きとく</sub>な、危険<sub>きけん</sub>な状態<sub>じょうたい</sub>である。¶ 병세가 ~ 容態<sub>ようだい</sub>が危篤だ。⑥(仕事<sub>しごと</sub>に)追<sub>お</sub>われている。급-히[副] 急いで、速<sub>はや</sub>く、急に。¶ ~ 달려가다 急いで駆<sub>か</sub>けつける。/ ~ 멈추다 急に止<sub>と</sub>まる。
〔俗談〕 급하면 바늘 허리에 실 매어 쓸까 急<sub>いそ</sub>ぐからといって針<sub>はり</sub>の棒<sub>ぼう</sub>に糸<sub>いと</sub>を結<sub>むす</sub>んで使<sub>つか</sub>えようか。《いくら急いでも踏<sub>ふ</sub>むべき手順<sub>てじゅん</sub>はちゃんと踏まなければならない》 급히 먹는 밥이 목이 멘다 急いで食<sub>た</sub>べるご飯<sub>はん</sub>は喉<sub>のど</sub>につかえる。《急<sub>せ</sub>いては事<sub>こと</sub>をし損<sub>そこ</sub>じる》
〔慣用〕 급한 불을 끄다 さし迫<sub>せま</sub>った急務<sub>きゅうむ</sub>を片<sub>かた</sub>づける。
급행[急行][名] 急行<sub>きゅうこう</sub>。①「급행 열차」의 縮約形。¶ ~을 타다 急行に乗<sub>の</sub>る。②[하自] 急<sub>いそ</sub>いで行<sub>い</sub>くこと。¶ 사건 현장에 ~ 하다 事件<sub>じけん</sub>の現場<sub>げんば</sub>へ急行する。
　급행 열차[-列車][名] 急行列車<sub>きゅうこうれっしゃ</sub>。
급환[急患][名] 急患<sub>きゅうかん</sub>、急病<sub>きゅうびょう</sub>の患者<sub>かんじゃ</sub>。
굿:다¹[自][人] ①雨<sub>あめ</sub>がしばらく止<sub>や</sub>む。¶ 비가 점심때쯤 그었다 雨が昼<sub>ひる</sub>ごろ止んだ。②雨宿<sub>あまやど</sub>りする。¶ 처마 밑에서 비를 ~ 軒下<sub>のきした</sub>で雨宿りする。
굿:다²[他][人] ①(線<sub>せん</sub>を)引<sub>ひ</sub>く。¶ 자를 대고 선을 ~ 物差<sub>ものさ</sub>しで線を引く。②(マッチを)す

긍긍하다

る。¶ 성냥을 ~ マッチをする。③(俗)(通い帳ちょうに)つける。¶ 긋고 한 잔 마시다 つけで一杯いっぱい飲のむ。④(心しんに)決きめる。¶ 책임의 한계를 ~ 責任せきにんの限界げんかいを決める。

**긍:긍-하다**[兢兢-] 自四 兢々きょうきょうとする、びくびくする。¶ 전전~ 戦々せんせん兢々とする。

**긍:정**[肯定] 名하他 肯定こうてい。¶ 그의 주장을 ~하다 彼ぁの主張しゅちょうを肯定する。団 부정(否定)

**긍:정-문**[-文] 名[文法] 肯定文ぶん。

**긍:정-적**[-的] 冠名 肯定的こうていてき。¶ ~인 태도 肯定的な態度たいど。

**긍:지**[矜持] 名 矜持きょうじ、プライド。¶ ~를 가지다 矜持を持もつ。

**긍휼-히**[矜恤-] 副 哀あわれに、かわいそうに。¶ ~ 여기다 哀れに思う。

**기**[氣] 名 気き。①(東洋とうようの哲学てつがくで)万物ばんぶつ生成せいの根源こんげんとなる気。②気力きりょく、生気せいき、元気げんき、意気込いきごみ。¶ ~를 꺾다 気をくじく。③息いき、気息きそく。¶ ~가 막히다 息がつまる。④感かんじられる気色きしょく、気配けはい、雰囲気ふんいき。¶ 살벌한 ~가 돈다 殺伐さつばつとした気配が漂ただよう。⑤ありったけの力ちから、全力ぜんりょく。¶ ~를 쓰다 気負きおい立たつ。

〈관용〉**기(가) 꺾이다** 気がくじける、ひるむ。**기(가) 등등하다** 威勢いせいがよい、意気軒昂いきけんこうだ。**기(가) 죽다** 気がめいる、意気消沈いきしょうちんする。**기(가) 차다** あきれる、唖然あぜんとする。

**기(를) 펴다** ①(苦境くきょうから脱だっして)一安心ひとあんしんする、気が楽らくになる。②晴はれ晴れした気持ちになる、羽根はねを伸のばす。

**기**[基] 依《立たてて置おくものを数かぞえる語ご》 基き。¶ 비석 1~ 碑石せきひ1基き。

**기**[旗] 依 名 旗き、はた。¶ ~를 게양하다 旗を掲揚けいようする。

**기**[騎] 依《馬うまに乗のった人ひとを数かぞえる語ご》 騎き。¶ 일~당천 一騎いっき当千とうせん。

**-기**[紀] 接尾《地質時代ちしつじだいの区分くぶんの一単位たんい》…紀き。¶ 쥐라~ ジュラ紀。

**-기**[記] 接尾 …記き。¶ 일대 一代いちだい記。

**-기**[期] 接尾 …期き。¶ 개화~ 開化期かいかき/ 사춘~ 思春期ししゅんき。

**-기**[器] 接尾 …器き。¶ 소화 ~ 消火器しょうかき。

**-기**[機] 接尾 …機き。①機械きかい・仕掛しかけの意いを表あらわす。¶ 세탁 ~ 洗濯機せんたくき。②航空機こうくうきを表わす。¶ 제트 ~ ジェット機。

**-기** 接尾 ①用言の語幹に付いて名詞化する語尾。¶ 크~ 大おおきさ/ 쓰~ 書かき方かた。②語幹に付いて名詞節をつくる語尾。¶ 읽~ 쉬운 글 読よみやすい文ぶん。

**기각**[棄却] 名하他(되)自 棄却ききゃく。¶ 공소 ~ 控訴こうそ棄却。

**기간**[基幹] 名 基幹きかん、根本こんぽんとなるもの。¶ ~ 단체 基幹団体だんたい。

　**기간 산:업**[-産業] 名 基幹産業さんぎょう。

　**기간 요원**[-要員] 名 基幹要員ようい。

**기간**[期間] 名 期間きかん。¶ 유효 ~ 有効ゆうこう期間/ ~을 정하다 期間を限かぎる。

**기갈**[飢渇] 名 飢渇きかつ、飢うえと渇かわき。¶ ~을 면하다 飢渇を免まぬかれる。

〈관용〉**기갈(이) 들다** 非常ひじょうに飢えている。

**기강**[紀綱] 名 紀綱きこう。¶ ~이 문란하다 紀綱が乱みだれている。

**기개**[氣槪] 名 気概きがい。¶ ~ 있는 사람 気概のある人ひと。

**기거**[起居] 名하他 起居ききょ。¶ ~를 같이하다 起居を共ともにする。

　**기거 동:작**[-動作] 名 立たち居い振ふる舞まい、身みのこなし。

**기겁** 名하自 びっくり仰天ぎょうてんすること。¶ ~을 하고 울다 びっくりして泣なく。

**기결**[旣決] 名하他(되)自 既決きけつ。¶ ~안 既決案あん。団 미결(未決)

　**기결-수**[-囚] 名 既決囚しゅう。

**기계**[器械] 名 器械きかい。¶ 광학 ~ 光学こうがく器械。

　**기계 체조**[-體操] 名 器械体操たいそう。

**기계**[機械] 名 機械きかい。¶ ~ 문명 機械文明ぶんめい/ ~을 조작하다 機械きかいを操作そうさする。

　**기계 공업**[-工業] 名 機械工業こうぎょう。

　**기계-론**[-論] 名[哲] 機械論ろん。

　**기계-적**[-的] 冠 機械的きかいてき。¶ ~인 사고 방식 機械的な考かんがえ方かた/ ~으로 암기하다 機械的に暗記あんきする。

　**기계-화**[-化] 名하他(되)自 機械化か。¶ 공정을 ~하다 工程こうていを機械化する。

**기고**[起稿] 名하他(되)自 起稿きこう。¶ 논문을 ~하다 論文ろんぶんを起稿する。

**기고**[寄稿] 名하自他 寄稿きこう。¶ 잡지에 ~하다 雑誌ざっしに寄稿する。

**기고-만장**[氣高萬丈] 名하形 ①得意とくいの絶頂ぜっちょうにあること。¶ 승자의 ~한 태도 勝者しょうしゃの得意絶頂にある態度たいど。②激はげしく怒いかること。¶ ~하여 소리를 지르다 激しく怒って声こえを張はり上あげる。

**기골**[氣骨] 名 ①気血きけつと骨格こっかく、体格たいかく。¶ ~이 장대하다 体格が大おおきく逞たくましい。②気骨きこつ、気概きがい。¶ ~이 있는 사람 気骨のある人ひと。

**기공**[起工] 名하他 起工きこう、着工ちゃっこう。¶ ~식 起工式しき。

**기공**[氣孔] 名 ①[動] 気門もん。②[植] 気孔こう。

**기관**[機關] 名 機関きかん。①原動機げんどうき、エンジン。¶ ~실 機関室しつ/ 증기 ~ 蒸気じょうき機関。②(ある目的もくてきのために設もうけた)組織そしき。¶ ~장 機関長ちょう/ 교육 ~ 教育きょういく機関/ 의결 ~ 議決機関。

　**기관-사**[-士] 名 機関士し。

　**기관-지**[-紙] 名 機関紙し。¶ 정부 ~ 政府せいふ機関紙。

　**기관-차**[-車] 名 機関車しゃ。¶ 디젤 ~ ディーゼル機関車。

　**기관-총**[-銃] 名[軍] 機関銃じゅう、マシンガン。

**기관-지**[氣管支] 名[生] 気管支きかんし。¶ ~염 気管支炎えん。

**기괴**[奇怪] 名하形 奇怪きかい。¶ ~한 행동 奇怪な行動こうどう。

**기괴 망측**[-罔測] 名하形 きわめて奇怪なこと。

기괴 천만(-千萬) 名하形 奇怪千万.

기:교(技巧) 名 技巧、テクニック。¶ 세련된 ~ 洗練された技巧。

기:교-파(-派) 名 技巧派は。

기구(氣球) 名 気球。¶ 열~ 熱ら気球/~를 띄우다 気球を揚げる。

기구(崎嶇) 名하形 ①(山路など)険しいこと。②(人生じんが)つらく苦しいこと、数奇さ。¶ ~한 운명 数奇な運命。

기구(器具) 名 器具。¶ 전기 電気器具。

기구(機構) 名 機構は((機械などの)仕組み。②組織をなしている構造的な体系。¶ ~ 개혁 機構改革/ 세계 보건 ~ 世界保健機構。

기권(棄權) 名하自 棄権。¶ 경기를 ~하다 試合を棄権する。

기근(飢饉・饑饉) 名 飢饉。¶ 물~ 水飢饉/~이 들다 飢饉に見舞われる。

기금(基金) 名 基金。¶ 자선 ~ 慈善基金/~을 적립하다 基金を積み立てる。

기기(奇奇) 名하形 非常に奇怪なこと。

기기 괴괴(-怪怪) 名하形 奇々怪々かいかいなこと。¶ ~한 이야기 奇々怪々な話。

기기 묘묘(-妙妙) 名하形 奇々妙妙なこと。¶ ~한 술책 奇々妙妙なる術策。

기기(器機) 名 機器。¶ 관측 ~ 観測機器。

기꺼워-하다 自他 嬉しく、喜ぶ。¶ 소식을 듣고 ~ 知らせを聞いて喜ぶ。

기꺼-이 副 喜んで、快く、好んで。¶ 승낙하다 喜んで承諾する。/ ~ 도와주다 快く手伝う。

기-껏 副 精一杯、力の限り、あらん限り。¶ ~ 일을 하고도 보수 못 받았나 精一杯働いたが報酬をもらえなかった。②せっかく、わざわざ。¶ ~ 모은 걸 다 써 버리다 せっかくの蓄えを使いはたす。③たかが、せいぜい。¶ ~ 한다는 짓이 그 모양이다 一生懸命やるということがせいぜいそんな程度か。

기껏-해야 副 せいぜい、たかだか、たかが。¶ ~ 천 원 정도다 せいぜい千ウォンくらいだ。/ ~ 상대는 세 사람이다 たかだか相手は三人さんだ。

기:나-긴 冠 非常に長ない、長々などと続づいた。¶ ~ 겨울 밤 長い長い冬ながの夜。

기내(機內) 名 機内。¶ ~식 機内食/~ 방송 機内の放送。

기념(紀念・記念) 名하他 旦 記念。¶ ~ 사진 記念写真/ ~식 記念式/ 졸업 ~ 卒業記念。

기념-물(-物) 名 記念物。¶ 천연 ~ 天然記念物。

기념-비(-碑) 名 記念碑。

기념-일(-日) 名 記念日。¶ 결혼 ~ 結婚記念日。

기념-탑(-塔) 名 記念塔。¶ 전승 ~ 戦勝記念塔。

기념-품(-品) 名 記念品。¶ 증정 記念

품 贈呈。

기:능(技能) 名 技能。¶ ~을 닦다 技能を磨く。

기:능-공(-工) 名 技能工。

기능(機能) 名 機能。¶ 소화 ~ 消化機能/ ~이 마비되다 機能が麻痺する。

기능-주의(-主義)

기다 這う。¶ 배를 깔고 ~ 腹這いになって進む。 아기가 ~ 赤ちゃん坊が這う。②(権力などに)這いつくばる、ぺこぺこする。¶ 상사 앞에서는 설설 긴다 上役の前ではぺこぺこする。

[속담] 기는 놈 위에 나는 놈이 있다 這う者の上に飛ぶ者あり。《上には上がある》

기:다랗다 形 非常に長ない、思ったより長い。¶ 기다란 장대 長い竿。

기다리다 他 ①待つ。¶ 차례를 ~ 順番を待つ。②(期限を)延ばす、ずらす、延期する。¶ 하루만 더 기다려 주시오 一日だけ延ばしてください。

기대(期待) 名하他 旦 期待。¶ ~에 어긋남 期待外れ/ ~을 걸다 期待を寄せる。

기:대다 ①(物に)もたれる、寄り掛かる。¶ 기둥에 ~ 壁にもたれる。②(人に)頼る、頼みにする。¶ 부모에게 기대어 살아가다 親に頼って暮らす。

기도(企圖) 名하他 企図、企って、企み。¶ 자살 ~하다 自殺くを企てる。

기도(祈禱) 名하自 祈祷、祈り。¶ ~를 올리다 祈りを捧げる。

기독-교(基督教) 名 キリスト教。¶ ~도 キリスト教徒。

기동(起動) 名하自 起動する。①身動きすること。¶ ~을 못 하는 환자 身動きできない思者。②「기거 동작」の縮約形。③(機械の)始動。¶ ~기 起動機。

기동(機動) 名 機動。¶ ~대 機動隊/ ~훈련 機動訓練。

기동-력(-力) 名 機動力。¶ ~을 발휘하다 機動力を発揮する。

기동-성(-性) 名 機動性。¶ ~을 갖추다 機動性を備える。

기-둥 名 ①(建物などの)柱。¶ ~을 세우다 柱を立てる。②(ものの)支え、支柱、つっかい。¶ 천막의 ~ テントの柱。③(比)頼りとなる人、大黒柱。¶ 한 집안의 ~ 一家の柱。④(たんすなどの)四隅の縦の木。

기둥-감 名 ①柱となる材。②(比)(家族や国家の)支えとなりうる人、頼りとなる人。

기둥-서방(-書房) 名 芸者などを働かせて金をまき上げている情夫、ひも。

기득(既得) 名하他 既得。

기득-권(-權) 名 既得権。¶ ~을 主張する 既得権を主張する。

기라-성(綺羅星) 名 綺羅星。¶ ~처럼 늘어서다 綺羅星のごとく居並ぶ。

기:량(技倆・伎倆) 名 技量、技倆、腕

**기량** 前ぶれ。¶ ~을 겨루다 技をきそう。
**기량**〔器量〕图 器量ばい。¶ 지도자로서의 ~이 부족하다 指導者としての器量に欠ける。
**기러기** 图(動) ガン、カリ。
**기력**〔氣力〕图 気力きょく、精力むく、元気げん。¶ ~을 북돋우다 元気づける。
**기로**〔岐路〕图 岐路きろ、境さか、分かれ道みち。¶ 인생의 ~에 서다 人生じんせいの岐路に立つ。
**기록**〔記錄〕图(하)(他)(되)(自) 記録きろく。①書かき記しすこと。¶ ~에 남기다 記録に残のこす。②(競技きょうぎなどの)成績せいき、最高さいこうのレコード。¶ 세계 ~ 보유자 世界せかい記録保持者ほじしゃ/~을 갱신하다 記録を更新こうしんする。
　**기록-계**〔-計〕图 記録計けい、記録計器けいき。
　**기록 영화**〔-映畵〕图 記録映画えいが。
**기뢰**〔機雷〕图(軍) 機雷きらい。¶ 탐지기 機雷探知機たんちき。
**기류**〔氣流〕图 気流きりゅう。¶ 제트 ~ ジェット気流。
**기르다** 他(르) ①(動植物どうしょくぶつを)飼かう、養やしなう、育そだてる。¶ 강아지를 ~ 小犬こいぬを飼う。/ 화초를 ~ 草花くさばなを育てる。②(精神せいしん・体力たいりょくなどを)養う、培つちかう。¶ 체력을 ~ 体力を養う。③(人材じんざいを)養成ようせいする、育てる。¶ 제자를 ~ 弟子でしを育てる。④(技術ぎじゅつ・癖くせなどを)身みにつける。¶ 일찍 일어나는 습관을 ~ 早起はやおきの習慣しゅうかんをつける。⑤(病気びょうきなどを)悪化あっかさせる、こじらせる、長ながびかせる。¶ 병을 ~ 病気をこじらせる。⑥(髪かみ・ひげなどを)生はやす、伸のばす、蓄たくわえる。¶ 턱수염을 ~ あごひげを伸ばす。
**기르-스름하다** 形(여) やや長ながい、長目ながめだ。¶ 얼굴이 ~ 面長おもながだ。
**기름** 图 ①油あぶら、脂あぶら、脂肪しぼう。¶ ~에 튀기다 油で揚あげる / 얼굴에 ~이 돌다 顔かおに脂が浮うく。②石油せきゆ、ガソリン。¶ 차에 ~을 넣다 車くるまにガソリンを入いれる。
　〔관용〕**기름을 짜다** ①(ゴマ・ダイズなどの)油を絞しぼる。②〈俗〉搾取さくしゅする。③〈比〉多おくの人ひとが狭せまい場所ばしょで押おしつ押されつもみ合あう。**기름을 치다** ①(機械きかいなどに)潤滑油じゅんかつゆをさす。②〈俗〉賄賂わいろをつかう、袖そでの下したをつかう。
　**기름-기**〔-氣〕图 ①脂身あぶらみ。②油気あぶらけ、脂気あぶらけ。¶ ~가 도는 얼굴 脂ぎった顔かお。
　**기름-때** 图 脂垢あぶらあか、油汚あぶらよごれ。
　**기름-종이** 图 油紙あぶらがみ。
　**기름-지다** 形 ①油あぶらっこい。¶ 기름진 요리 油っこい料理りょうり。②(太ふとって)脂肪がつく。③(土地とちが)肥こえている、肥沃ひよくだ。¶ 기름진 논밭 肥沃な田畑たはた。
**기름-하다** 形(여) 長ながめである。¶ 기름한 스커트 長めのスカート。
**기리다** 他 称たたえる、ほめたたえる、賛辞さんじを呈ていする。¶ 덕을 ~ 徳とくを称える。
**기린**〔麒麟〕图 ①キリン、ジラフ。②麒麟きりん(中国ちゅうごくの想像上そうぞうじょうの動物どうぶつ)。

**기린-아**〔-兒〕图 麒麟児きりんじ。¶ 야구계의 ~ 球界きゅうかいの麒麟児。
**기립**〔起立〕图(하)(自) 起立きりつ。¶ ~ 투표 起立投票とうひょう/ 전원 ~하다 全員ぜんいん起立する。
**기마**〔騎馬〕图(하)(自) 騎馬きば。¶ ~전 騎馬戦せん。
　**기마-대**〔-隊〕图 騎馬隊たい。
　**기마-병**〔-兵〕图 騎馬兵へい。
**기-막히다**〔氣-〕形 ①(あまりのことに)あきれる、ぼうぜんとする。¶ 기막힌 일 あきれた事こと。②(非常ひじょうに)すばらしい、ものすごい。¶ 기막히게 아름답다 ものすごく美うつくしい。
**기만**〔欺瞞〕图(하)(他) 欺瞞まん。¶ ~적인 행위 欺瞞的てきな行為こうい。
**기맥**〔氣脈〕图 気脈きゃく。①(漢) 気血けっと脈絡みゃくらく。②気持きもちのつながり、気配けはい。¶ ~을 통하다 気脈を通つうじる。
**기명**〔記名〕图(하)(自) 記名きめい。¶ ~ 날인하다 記名捺印なついんする。
　**기명-식**〔-式〕图 記名式しき。¶ ~ 어음 記名式手形てがた。
　**기명 채:권**〔-債券〕图 記名債券さいけん。
　**기명 투표**〔-投票〕图 記名投票とうひょう。(대) 무기명 투표。
**기묘**〔奇妙〕图(하)形 奇妙きみょう。¶ ~한 이야기 奇妙な話はなし / ~한 복장을 하고 있다 風変ふうがわりな服装ふくそうをしている。**기묘-히** 副 奇妙に、変へんなふうに。
**기문**〔氣門〕图(動) 気門きもん。
**기물**〔器物〕图 器物きぶつ、うつわ。¶ ~을 파손하다 器物を破損はそんする。
**기미** 图 (肌はだの)しみ。
　〔관용〕**기미가 끼다** (顔かおに)しみができる。
**기미**〔機微・幾微〕图 気配けはい、兆きざし、気色けしき、気味きみ、様子ようす。¶ 이상한 ~가 보인다 変へんな気配がする。/ 비가 올 듯한 ~다 雨あめが降ふりそうな様子だ。(준) 낌새。
　〔관용〕**기미(를) 채다** 兆きざしや気配けはいを感かんじる、気きづく。
**기밀**〔氣密〕图(하)形 気密きみつ。¶ ~ 구조 気密構造こうぞう。
　**기밀-실**〔-室〕图 気密室しつ。
**기밀**〔機密〕图(하)形 機密きみつ。¶ 군사 ~ 軍事ぐんじ機密 / ~을 누설하다 機密を漏もらす。
　**기밀-비**〔-費〕图 機密費ひ。
**기박-하다**〔奇薄-〕形(여) 数奇すうきだ、不遇ふぐうだ、薄幸はっこうだ。¶ ~한 신세 不遇な身みの上うえ。
**기반**〔基盤〕图 基盤きばん、土台どだい。¶ ~을 다지다 基盤を固かためる。
**기발**〔奇拔〕图(하)形 奇抜きばつ。¶ ~한 아이디어 奇抜なアイデア。
**기백**〔氣魄〕图(하)形 気迫きはく。¶ 상대방의 ~에 압도당하다 相手あいての気迫に圧倒あっとうされる。
**기:법**〔技法〕图 技法ぎほう。¶ 소설 ~ 小説しょうせつの技法。
**기별**〔奇別・寄別〕图(하)他 便たより、知しらせ、通知つうち。¶ ~이 닿다 知らせが届とどく。/ 아무런 ~도 없다 何なんの便りもない。
**기병**〔騎兵〕图 騎兵きへい。¶ ~대 騎兵隊たい。

**기복**〔起伏〕 ⟨名⟩⟨하⟩⟨自⟩ 起伏きふく。①起おきたり伏ふせたりすること。②(土地とちが) 高たかくなったり低ひくくなったりすること。③심한 땅 起伏의 甚はなはだしい土地。③(勢力せいりょくなどが) 盛さかんになったり衰おとえたりすること。¶ ~이 많은 인생 起伏に富とんだ人生じんせい。

**기본**〔基本〕 ⟨名⟩ 基本きほん、もと。¶ ~형 基本形けい/ ~ 방침 基本方針ほうしん。

**기본-권**〔-權〕 ⟨名⟩ 基本權けん。

**기본-급**〔-給〕 ⟨名⟩ 基本給きほん、本俸ほんぽう。

**기본-적**〔-的〕 ⟨冠⟩ 基本的きほんてき。¶ ~인 인권 基本的人權じんけん。

**기부**〔寄附〕 ⟨名⟩⟨하⟩⟨他⟩ 寄付きふ、寄附きふ。¶ ~ 행위 寄付行為こうい/ ~를 모으다 寄付をつのる。

**기부-금**〔-金〕 ⟨名⟩ 寄付金きふきん。¶ ~을 내다 寄付金を出だす。

**기분**〔氣分〕 ⟨名⟩ ①気分きぶん、気持きもち、機嫌きげん、心持こころもち。¶ ~을 바꾸다 気分を変かえる。②雰囲気ふんいき、感かんじ、気分。¶ 봄 ~이 난다 春はるの感じがする。③(漢) (血氣けっきに対たいして) 元気げんき。

**기분-파**〔-派〕 ⟨名⟩ 気分屋や、お天気屋てんきや。

**기뻐-하다** ⟨自⟩⟨他⟩ 喜よろこぶ、うれしがる。¶ 합격을 ~ 合格ごうかくを喜ぶ。

**기쁘다** ⟨形⟩ うれしい、喜よろこばしい、楽たのしい。¶ 일이 잘 되어 ~ うまくことが運はこんでうれしい。/ 기쁘기 한량없다 喜ばしい限かぎりだ。

**기쁨** ⟨名⟩ 喜よろこび、うれしさ。¶ ~의 눈물 うれし涙なみだ/ ~이 넘치다 喜びがわく。

**기사**〔技師〕 ⟨名⟩ 技師ぎし、エンジニア。¶ 토목 ~ 土木どぼく技師。

**기사**〔記事〕 ⟨名⟩ 記事きじ。¶ 톱 ~ トップ記事/ 일면에 ~가 실리다 一面いちめんに記事が載のる。

**기사-문**〔-文〕 ⟨名⟩⟨文⟩ 記事文ぶん。

**기사**〔騎士〕 ⟨名⟩ 騎士きし、ナイト。

**기사-도**〔-道〕 ⟨名⟩ 騎士道どう。

**기사-회생**〔起死回生〕 ⟨名⟩⟨하⟩⟨自⟩ 起死回生きしかいせい。

**기상**〔起床〕 ⟨名⟩⟨하⟩⟨自⟩ 起床きしょう。¶ ~ 시간 起床時間じかん。

**기상**〔氣象〕 ⟨名⟩ 気象きしょう。①〔氣〕 天気てんき。¶ ~ 위성 気象衛星えいせい/ ~을 관측하다 気象を観測かんそくする。②気性きしょう、気質きしつ。¶ 진취적인 ~ 進取しんしゅの気象。

**기상 경보**〔-警報〕 ⟨名⟩ 気象警報けいほう。

**기상-대**〔-臺〕 ⟨名⟩⟨氣⟩ 気象台だい。

**기상-도**〔-圖〕 ⟨名⟩⟨氣⟩ 天気図ず。

**기상**〔機上〕 ⟨名⟩ 機上きじょう。¶ ~에서 내려다보다 機上から見下みおろす。

**기상-천외**〔奇想天外〕 ⟨名⟩⟨하⟩⟨形⟩ 奇想天外きそうてんがい。¶ ~한 사건 奇想天外なできごと。

**기색**〔氣色〕 ⟨名⟩ 気色けしょく、素振そぶり。¶ ~을 살피다 気色をうかがう。/ 서먹서먹한 ~을 보이다 よそよそしい素振りを見みせる。

**기:생**〔妓生〕 ⟨名⟩ 妓生キーセン、芸者げいしゃ。⟨日⟩ 기녀。

**기:생 오라비** ⟨名⟩ 着飾きかざって歩ある き回まわる男おとこ。

**기생**〔寄生〕 ⟨名⟩⟨하⟩⟨自⟩ 寄生きせい。¶ 인체에 ~하다 人体じんたいに寄生する。

**기생 식물**〔-植物〕 ⟨名⟩ 寄生植物しょくぶつ。

**기생-충**〔-蟲〕 ⟨名⟩ 寄生虫ちゅう。¶ ~같은 존재 寄生虫のような存在そんざい。

**기생 화:산**〔-火山〕 ⟨名⟩ 寄生火山かざん。

**기선**〔機先〕 ⟨名⟩ 機先きせん。¶ ~을 제압하다 機先を制せいする。

**기성**〔既成〕 ⟨名⟩ 既成きせい。¶ ~세대 既成世代せだい。

**기성-복**〔-服〕 ⟨名⟩ 既製服きせいふく、レディーメード。

**기성-품**〔-品〕 ⟨名⟩ 既製品きせいひん。

**기성-회**〔期成會〕 ⟨名⟩ 期成会きせいかい。

**기세**〔氣勢〕 ⟨名⟩ ①気勢きせい、勢いきおい、いきごみ。¶ ~가 오르다 気勢が揚あがる。/ ~가 등등하다 勢いが激はげしい。②形勢けいせい、情勢じょうせい。

⟨관용⟩ **기세(를) 부리다**〔피우다〕 自分じぶんの力ちからをひけらかす、威張いばる。

**기소**〔起訴〕 ⟨名⟩⟨하⟩⟨他⟩⟨법⟩ 起訴きそ。¶ 상해죄로 ~하다 傷害罪しょうがいざいで起訴する。

**기소 유예**〔-猶豫〕 ⟨名⟩⟨法⟩ 起訴猶予ゆうよ。

**기소-장**〔-狀〕 ⟨法⟩ 起訴状じょう。

**기수**〔奇數〕 ⟨名⟩ 奇数きすう。⟨日⟩ 홀수。

**기수**〔既遂〕 ⟨名⟩⟨하⟩⟨他⟩ 既遂きすい。¶ ~범 既遂犯はん。⟨대⟩ 미수(未遂)。

**기수**〔旗手〕 ⟨名⟩ 旗手きしゅ。¶ 반전 운동의 ~ 反戦運動はんせんうんどうの旗手。

**기수**〔機首〕 ⟨名⟩ 機首きしゅ。¶ ~를 남쪽으로 돌리다 機首を南みなみに向むける。

**기수**〔騎手〕 ⟨名⟩ 騎手きしゅ。

**기숙**〔寄宿〕 ⟨名⟩⟨하⟩⟨自⟩ 寄宿きしゅく。¶ 선생님 댁에서 ~하고 있다 先生せんせいの家いえに寄宿している。

**기숙-사**〔-舍〕 ⟨名⟩ 寄宿舎しゃ、寮りょう。¶ ~ 생활 寄宿生活せいかつ。

**기숙-생**〔-生〕 ⟨名⟩ 寄宿生せい、寮生りょうせい。

**기:술**〔技術〕 ⟨名⟩ 技術ぎじゅつ。¶ ~ 제휴 技術提携ていけい/ 과학 ~의 진보 科学かがくの技術の進歩しんぽ/ ~을 연마하다 技術を磨みがく。

**기:술 도:입**〔-導入〕 ⟨名⟩ 技術導入どうにゅう。

**기:술-자**〔-者〕 ⟨名⟩ 技術者しゃ。

**기:술-적**〔-的〕 ⟨冠⟩ 技術的てき。¶ ~인 문제 技術的な問題もんだい。

**기:술 혁신**〔-革新〕 ⟨名⟩ 技術革新かくしん。¶ ~ 운동 技術革新運動うんどう。

**기술**〔記述〕 ⟨名⟩⟨하⟩⟨他⟩ 記述きじゅつ。¶ 있는 그대로 ~하다 ありのままに記述する。

**기술**〔既述〕 ⟨名⟩⟨하⟩⟨他⟩ 既述きじゅつ。¶ ~한 바와 같이 既述のように。

**기슭** ⟨名⟩ ①(斜面しゃめんになっている所ところの) 下部かぶ、麓ふもと。¶ 산~ 山やまの麓、山麓さんろく。②(川かわ、海うみなどの) 岸きし。¶ 강~ 川岸かわぎし。

**기습**〔奇襲〕 ⟨名⟩⟨하⟩⟨他⟩ 奇襲きしゅう、不意打ふいうち。¶ ~ 공격 奇襲攻撃こうげき。

**기승**〔氣勝〕 ⟨名⟩⟨하⟩⟨形⟩ 勝かち気き、負まけん気、利きかん気。¶ ~스런 아이 勝ち気な子こ、利かん坊ぼう。

⟨관용⟩ **기승(을) 떨다** 勝ち気な行動こうどうをする。

⟨관용⟩ **기승(을) 부리다**〔피우다〕 ①勝ち気に振ふる舞まう。②(悪天候あくてんこうなどが) 猛威もういをふるう。

**기식**〔寄食〕 ⟨名⟩⟨하⟩⟨自⟩ 寄食きしょく、居候いそうろう。¶ 친척집에 ~하다 親戚せんせきの家いえに寄食している。

**기실**〔其實〕 ⟨副⟩ その実じつ、本当ほんとうは、実際じっさいは。

¶ ~ 별 손해는 없다 その実たいした損はない。

**기십**[幾十] 冠 幾十じゅう。㊊ 몇십

**기-쓰다**[氣-] 自 やっきになる、全力ぜんりょくを尽くす。¶ 기쓰고 반격하다 やっきになって反撃はんげきする。

**기아**[棄兒] 名|自他 子こを捨すてること、捨すて子ご。

**기아**[飢餓・饑餓] 名 飢餓きが、飢うえ。¶ ~를 면하다 飢うえを免まぬかれる。

**기아-선상**[-線上] 名 飢餓線上きがせんじょう。¶ ~에서 허덕이다 飢餓線上きがせんじょうに苦くるしむ。

**기아 수출**[-輸出] 名|経 飢餓輸出きがゆしゅつ。

**기악**[器樂] 名 器楽きがく。¶ ~곡 器楽曲きがくきょく。

**기안**[起案] 名|自他 起案きあん、起草きそう。¶ 공문을 ~하다 公文こうぶんを起案きあんする。

**기암**[奇岩] 名 奇岩きがん。¶ 괴석 奇岩怪石きがんかいせき。

**기압**[氣壓] 名|物|気 気圧きあつ。¶ 고~ 高こう気圧あつ/ 배치 気圧配置きあつはいち。

  **기압-계**[-計] 名 気圧計きあつけい。

  **기압-골** 名|気 気圧きあつの谷たに。

**기약**[期約] 名|自他 (時期じきをきめて)約束やくそくすること、期きすること。¶ 성공을 ~ 成功せいこうを期きする。

**기어-가다** 自 這はう、這はって行いく。

**기어-들다** 自 ①そっと入はいる、忍しのび込こむ。②縮ちぢこまる、すくむ、(声こえなどに)消きえ入いりそうになる。¶ 기어드는 목소리로 말하다 消きえ入いりそうな声こえで話はなす。

**기어-오르다** 自 ①這はい登のぼる、這はい上あがる。¶ 암벽을 ~ 岩壁がんぺきを這はい登のぼる。②付つけ上あがる。¶ 귀여워했더니 금방 기어오른다 かわいがってやったらすぐ付つけ上あがる。

**기어-이**[期於-] 副 ①きっと、必かならずや、是非ぜひとも、どうしても。~ 해내다 是非ぜひともやり通とおす。②とうとう、ついに、結局けっきょく。¶ ~ 합격했다 ついに合格ごうかくした。/ ~ 만나지 못했다 とうとう会あえなかった。㊊ 기어코

**기억**[記憶] 名|自他|自 記憶きおく、覚おぼえ。¶ ~ 상실 記憶喪失きおくそうしつ/ ~을 더듬다 記憶きおくをたどる。/ 잘 ~해 두시오 よく覚おぼえておきなさい。

  **기억력**[-力] 名 記憶力きおくりょく、もの覚おぼえ。¶ ~이 좋다 もの覚おぼえがいい。

  **기억 소:자**[-素子] 名|電 記憶素子きおくそし。

**기업**[企業] 名 企業きぎょう。¶ ~ 경영 企業経営きぎょうけいえい/ 중소 ~ 中小ちゅうしょう企業きぎょう。

  **기업-가**[-家] 名 企業家きぎょうか。

  **기업 연합**[-聯合] 名|経 企業連合きぎょうれんごう、カルテル。

  **기업-체**[-體] 名 企業体きぎょうたい。

  **기업 합동**[-合同] 名|経 企業合同きぎょうごうどう、トラスト。

  **기업-화**[-化] 名|自他|自 企業化きぎょうか。

**-기에** 語尾 ①(原因げんいん・理由りゆうを表あらわす)…ので、…だから。¶ 책이 싸 한 권 샀다 本ほんが安やすかったので1冊さつ買かった。②(原因・理由を問といただす)…というからには、どうして、なぜ。¶ 뭐가 그리 서러워 울고만 있느냐? 何なにがそんなに悲かなしくて泣ないてばかりいたのか。

**-기에-망정이지** 語尾 《(原因げんいん・理由りゆうを挙あげて「幸さいわいそれでよかった」の意いを表あらわす)…したからよかったものの。¶ 불을 껐~ 큰일날 뻔했다 火ひを消けしたのでよかったものの大変たいへんなことになるところだった。

**기여**[寄與] 名|自 寄与きよ。¶ 국가 발전에 ~하다 国家こっかの発展はってんに寄与きよする。

**기역-니은** 名 ①「ㄱ」と「ㄴ」。②ハングル。¶ ~도 모른다 ハングルも知しらない。

**기연**[奇緣] 名 奇縁きえん、不思議ふしぎな縁えん。

**기염**[氣焰] 名 気炎きえん。¶ ~을 토하다 気炎きえんを吐はく。

  **기염-만장**[-萬丈] 名|自形 気炎万丈きえんばんじょう、意気いきが盛さかんなこと。

**기예**[技藝] 名 技芸ぎげい。¶ ~를 닦다 技芸ぎげいを磨みがく。

**기예**[氣銳] 名 気鋭きえい。¶ 신진 ~의 학자 新進しんしん気鋭きえいの学者がくしゃ。

**기온**[氣溫] 名 気温きおん。¶ ~의 차 気温きおんの差さ/ 최고 ~ 最高さいこう気温きおん/ ~이 올라가다 気温きおんが上あがる。

  **기온 편차**[-偏差] 名|気 気温偏差きおんへんさ。

**기와** 名 瓦かわら。¶ ~ 지붕 瓦屋根かわらやね/ ~를 이다 瓦かわらを葺ふく。

  **기와-집**[-] 名 瓦屋かわらや、瓦葺かわらぶきの家いえ。

  **기왓-장**[-張] 名 一枚いちまい一枚いちまいの瓦かわら。

**기왕**[既往] 名 ①既往きおう、過去かこ、以前いぜん。¶ ~의 일은 묻지 않다 過去かこのことは問とわない。②(副詞的に)どうせ、(もう)既すでに。¶ ~ 가려면 빨리 가거라 どうせ行いくならすぐに行いきなさい。

  **기왕-에** 副 どうせ、既すでに。㊊ 이왕에

  **기왕-이면** 副 どうせするなら、どうせやるなら、同おなじ事ことなら。¶ ~ 큰 것이 낫다 どうせなら大おおきいのがいい。㊊ 이왕이면

**기용**[起用] 名|他|自 起用きよう。¶ 신인을 ~하다 新人しんじんを起用きようする。

**기우**[杞憂] 名 杞憂きゆう、取とり越こし苦労くろう、無用むようの心配しんぱい。¶ 자네 걱정은 ~에 불과하다 君きみの心配しんぱいは杞憂きゆうに過すぎない。

**기우**[祈雨] 名 祈雨きう、雨乞あまごい。

  **기우-제**[-祭] 名 雨乞あまごいの祭まつり。

**기우뚱-거리다** 自他 揺ゆらぐ、ぐらつく、傾かたける、かしげる。¶ 배가 ~ 船ふねが揺ゆらぐ。/ 고개를 ~ 首くびをかしげる。

  **기우뚱-기우뚱** 副|自他|自形 ぐらぐら。

**기운** 名 ①(万物生成ばんぶつせいせいの根本こんぽんとなる)気き、精気せいき。②元気げんき、生気せいき、活気かっき。¶ ~이 나다 元気げんきが出でる。③(肉体的にくたいてきな)力ちから、気力きりょく。¶ ~이 세다 力ちからが強つよい。/ ~을 되찾다 気力きりょくを取とり戻もどす。④気き、気配けはい、気味きみ、勢いきおい。¶ 찬 ~ 冷つめたい気き/ 봄 ~ 春はるの気配けはい/ 감기 ~ 風邪かぜの気味きみ。

**기운**[氣運] 名 気運きうん。¶ 부흥의 ~ 復興ふっこうの気運きうん。

**기운**[機運] 名 機運きうん、時機じき。¶ 화해의 ~이 무르익다 和解わかいの機運きうんが熟じゅくする。

**기울** 图 麩ふす。

**기울기** 图 傾かたむき、勾配こうばい。

**기울다**¹ 自 ①傾かたむく。¶ 저울대가 ~ 秤竿はかりざおが傾く。②(日ひが)暮くれる。¶ 해가 ~ 太陽たいようが傾く。③(形勢けいせいが)衰おとろえる。¶ 대세가 ~ 大勢たいせいが傾く。④(ある傾向けいこうを)帯おびる、かたよる。¶ 사상이 좌익으로 ~ 思想しそうが左翼さよくに傾く。⑤(月つきなどが)欠かける。¶ 달도 차면 기운다 月も満みちれば欠ける。

**기울다**² 形 傾かたむいている。¶ 집이 한쪽으로 기울었다 家いえが一方いっぽうに傾いている。

**기울-이다** 他 (「기울다」の使役) 傾かたむける。①斜ななめにする、(ある方向ほうこうに)向むける。¶ 몸을 앞으로 ~ 体からだを前まえに傾ける。②(力ちから・精神せいしんなどを)集中しゅうちゅうする、注そそぐ。¶ 귀를 ~ 耳みみを傾ける。/ 심혈을 ~ 心血しんけつを注ぐ。③(杯さかずきを)傾ける。

**기웃-거리다** 自他 しきりにのぞく、あっちこっちのぞき込こむ。¶ 옆방을 ~ 隣となりの部屋へやをしきりにのぞく。

**기웃-기웃** 副 하自他 しきりにのぞくさま。

**기원**{紀元} 图 紀元きげん。¶ ~ 전 元前きげんぜん。

**기원**{祈願} 图 하他 祈願きがん、祈いのること。¶ 합격을 ~ 하다 合格ごうかくを祈る。

**기원**{起源·起原} 图 起源きげん、おこり。¶ 종의 ~ 種しゅの起源。

**기원**{棋院·碁院} 图 棋院きいん、碁会所ごかいしょ。

**기이**{奇異} 图 하形 奇異きい。¶ ~ 한 사건 奇異な事件じけん/ ~ 하게 생각하다 奇異に思おもう。

**기인**{奇人} 图 奇人きじん。

**기인**{起因} 图 하自 되自 起因きいん。¶ 평소의 태만에서 ~ 하다 日ひごろの怠慢たいまんに起因する。

**기일**{忌日} 图 忌日きじつ、命日めいにち。¶ 아버지의 ~ 父ちちの命日。

**기일**{期日} 图 期日きじつ、日限にちげん、期限きげん。¶ 반제 ~ 이 닥치다 返済へんさいの期日が迫せまる。

**기입**{記入} 图 하他 되自 記入きにゅう、書かき入いれ、書かき込こみ。¶ 주소 성명을 ~ 하다 住所じゅうしょ氏名しめいを記入する。

**기자**{記者} 图 記者きしゃ。¶ ~ 회견 記者会見きしゃかいけん/ ~ 신문 ~ 新聞しんぶん記者。

**기자-단**{-團} 图 記者団きしゃだん。

**기장** (衣服いふくの)丈たけ。¶ ~ 을 줄이다 丈をつめる。

**기장** 图 植 キビ。

**기장**{記章} 图 (《「기념장」の縮約形》記章きしょう、記章きしょう、メダル。¶ ~ 을 달다 記章をつける。

**기재**{記載} 图 하他 記載きさい。¶ 장부에 ~ 하다 帳簿ちょうぼに記載する。

**기저귀** 图 おむつ、おしめ、むつき。¶ ~ 를 채우다 おむつを当あてる。

**기적**{汽笛} 图 汽笛きてき。¶ ~ 을 울리다 汽笛をならす。

**기적**{奇跡} 图 奇跡きせき。¶ ~ 의 생환 奇跡の生還せいかん/ ~ 을 낳다 奇跡を生うむ。

**기적-적**{-的} 冠 奇跡的きせきてき。¶ ~ 으로 살아나다 奇跡的に助たすかる。

**기전**{紀傳} 图 紀伝きでん。¶ ~ 체 紀伝体だい。

**기전**{起電} 图 하自 起電きでん。¶ ~ 기 起電機きでんき。

**기절**{氣絶} 图 하自 気絶きぜつ、失神しっしん。¶ 놀란 나머지 ~ 했다 驚おどろきのあまり気絶した。

**기절 초풍**{-風} 图 하自 びっくり仰天ぎょうてん。¶ 그 소식을 듣고 ~ 하다 その知しらせを聞きいてびっくり仰天する。

**기점**{起點} 图 起点きてん。¶ 철도의 ~ 鉄道てつどうの起点。凹 종점(終點)。

**기점**{基點} 图 基点きてん。¶ 역을 ~ 으로 하여 반경 1킬로미터 이내 駅えきを基点として半径はんけい1キロ以内いない。

**기정**{既定} 图 既定きてい。¶ ~ 사실 既定の事実じじつ/ ~ 방침대로 既定の方針ほうしんどおり。

**기정 예:산**{-豫算} 图 既定予算よさん。

**기조**{基調} 图 基調きちょう。¶ ~ 색 基調色しょく/ ~ 연설 基調演説えんぜつ。

**기존**{既存} 图 하他 既存きそん。¶ ~ 시설 既存の施設しせつ。

**기준**{基準} 图 基準きじゅん。¶ 건축 ~ 建築けんちく基準/ ~ 에 달하다 基準に達たっする。

**기준-량**{-量} 图 基準量りょう。

**기준-선**{-線} 图 ①基準線せん。②基線きせん。

**기중-기**{起重機} 图 起重機きじゅうき、クレーン。

**기증**{寄贈} 图 하他 寄贈きぞう、贈呈ていい。¶ ~ 자 寄贈者しゃ/ 모교에 장서를 ~ 하다 母校ぼこうに蔵書ぞうしょを寄贈する。

**기증-품**{-品} 图 寄贈品ひん。

**기지**{基地} 图 基地きち。¶ 공군 ~ 空軍くうぐん基地。

**기지**{機智} 图 機知きち、機転きてん、ウイット。¶ ~ 를 발휘하다 機知を働はたらかす。

**기:지개** 图 하自 伸のび。¶ ~ 를 켜다 伸びをする。

**기진**{氣盡} 图 하自 気力きりょくが尽つきること。¶ ~ 하여 쓰러지다 気力が尽きて倒たおれる。

**기진-맥진**{-脈盡} 图 하自 気力が尽きてへとへとになること、疲労ひろう困憊こんぱい。

**기질**{氣質} 图 気質きしつ。①気性きしょう、気きだて。¶ 난폭한 ~ 荒あっぽい気質きしつ。②(集団しゅうだんに特有とくゆうな)気質かた。¶ 장인 ~ 職人しょくにん気質かた。③心 (性格せいかくの基礎きそをなす)感情かんじょうの傾向けいこう。

**기차**{汽車} 图 汽車きしゃ、列車れっしゃ。¶ ~ 삯 汽車賃ちん/ ~ 로 통학하다 汽車で通学つうがくする。

**기찻-길** 图 (汽車の)線路せんろ、レール。

**기-차다**{氣-} 形 ①あきれかえる、あぜんとする。¶ 하도 기차서 말도 안 나온다 あまりあきれかえってものも言いえない、すごい。②(俗) すばらしい、すごい。¶ 기차게 잘 달린다 すごくよく走はしる。

**기척** 图 気配けはい、様子ようす、あとかた。¶ 인 ~ 人ひとの気配、人気ひとけ/ 아무 ~ 도 없다 何なんの気配もしない。

**기체**{氣體} 图 物 気体きたい。¶ ~ 전지 気体電池でん。

**기체 연료**{-燃料} 图 気体燃料ねんりょう。

**기체-화**{-化} 图 하自他 되自 気体化か。

**기체**{機體} 图 機体きたい。¶ ~ 가 파손되다 機体

が破損はそんする。
**기초**〔基礎〕 图 基礎きそ。¶ ~ 공사 基礎工事こうじ/ ~를 다지다 基礎を固かためる。/ ~가 튼튼하다 基礎がしっかりしている。
**기초 공:제**〔-控除〕 图 基礎控除こうじょ。
**기초 대:사**〔-代謝〕 图 基礎代謝たいしゃ。¶ ~량 基礎代謝量りょう。
**기초-적**〔-的〕 冠图 基礎的てき。¶ ~인 지식 基礎的な知識しき。
**기초 체온**〔-體溫〕 图 基礎体温たいおん。
**기총**〔機銃〕 图 (「기관총」의 縮約形) 機銃きじゅう、機関銃きかんじゅう。
**기총 소:사**〔-掃射〕 图 機銃掃射そうしゃ。
**기층**〔氣層〕 图 大気たいきの層そう。
**기치**〔旗幟〕 图 旗幟きし、旗印はたじるし。¶ ~를 선명하게 하다 旗幟を鮮明せんめいにする。
**기침** 图 咳せき、しわぶき。¶ ~하다 咳払せきばらいする。/ ~이 나다 咳せきが出でる。
**기침**〔起寢〕 图 하다 起床きしょう。
**기타**〔其他〕 图 その他た・ほか、それ以外いがい。¶ ~ 여러 사람 その他の大勢おおぜい。
**기타:**〔guitar〕 图 ギター。¶ ~를 치다 ギターを弾ひく。
**기탁**〔寄託〕 图 하타 寄託きたく。¶ ~금 寄託金きん。
**기탄**〔忌憚〕 图 忌憚きたん。¶ ~없는 의견 忌憚のない意見いけん。
**기특-하다**〔奇特-〕 冠어 奇特きとくだ、感心かんしんだ、殊勝しゅしょうだ、けなげだ。¶ 기특한 마음가짐 奇特なこころがけ。**기특-히** 副 奇特に、殊勝に、けなげに。
**기틀** 图 〔物事ものごとの〕 最もっとも重要じゅうなかなめ、基礎きそ、基盤きばん。¶ 조직의 ~이 잡히다 組織そしきの基礎ができあがる。
**기포**〔氣泡〕 图 気泡きほう、泡あわ。¶ ~ 유리 気泡ガラス。
**기폭**〔起爆〕 图 起爆きばく。¶ ~제 起爆剤ざい。
**기품**〔氣品〕 图 気品きひん、品格ひんかく。¶ ~이 있는 용모 気品のある容貌ぼう。
**기풍**〔氣風〕 图 気風きふう。¶ 호방한 ~ 豪放ごうほうな気風。
**기피**〔忌避〕 图 하타 忌避きひ。¶ 병역 ~ 兵役へいえき忌避。
**기필-코**〔期必-〕 副 必かならず、きっと、間違まちがいなく。¶ 정의는 ~ 승리한다 正義せいぎは必ず勝利しょうりする。
**기하**〔幾何〕 图 ①いくら、いくばく。②〔數〕(「기하학」의 縮約形) 幾何きか。¶ ~학적 무늬 幾何学的模様もよう、幾何柄がら。
**기하 급수**〔-級數〕 图〔數〕幾何級数きゅうすう。¶ ~적으로 늘어나다 幾何級数的に増ふえる。
**기하-학**〔-學〕 图〔數〕幾何学がく。
**기-하다**〔期-〕他어 期きする。①期限きげんを定さだめする。②후일을 기하고 헤어지다 後日こうじつを期して別わかれる。②あらかじめあることを期待きたいする、決心けっしんする。¶ 신중을 ~ 慎重しんちょうを期する。
**기한**〔期限〕 图 期限きげん。¶ 무 ~ 無期限きげん/ 유효 ~ 有効ゆうこう期限/ ~ 이 다 되었다 日限にちげんが

切きれた。
**기한-부**〔-附〕 图 期限付つき、日切ひぎり。¶ 2년 ~로 빌리다 2年ねんの期限付きで借りる。
**기합**〔氣合〕 图 気合きあい。①気きが合あうこと。¶ ~을 맞추다 呼吸こきゅうを合わせる。②精神せいしんを集中しゅうちゅうさせ力ちからを込こめた勢いきおい、またそれを引ひきだす掛かけ声ごえ。¶ ~을 지르다 気合を掛かける。③〔俗〕〔団体だんたい生活せいかつなどで〕罰ばつをあたえること。¶ ~을 넣다 気合いを入いれる。
**기행**〔紀行〕 图 紀行きこう。¶ ~문 紀行文ぶん。
**기형**〔畸形・奇型〕 图 奇形きけい。
**기형-아**〔-兒〕 图 奇形児じ。
**기형-적**〔-的〕 图 奇形的てき。
**기호**〔記號〕 图 記号きごう、マーク。¶ 발음 ~ 発音記号おんきごう/ ~를 붙이다 記号を付つける。
**기호**〔嗜好〕 图 하타 嗜好しこう、好このみ。¶ ~에 맞다 好みに合ごう。
**기호-품**〔-品〕 图 嗜好品ひん。
**기혼**〔既婚〕 图 하타 既婚きこん。¶ ~ 여성 既婚女性じょせい。
**기화**〔氣化〕 图 하타〔物〕 気化きか。¶ 물이 ~하다 水みずが気化する。
**기화-기**〔-器〕 图 〔機〕 気化器き。
**기화-열**〔-熱〕 图 気化熱ねつ。
**기회**〔機會〕 图 機会きかい、おり、チャンス。¶ 균등 機会均等きんとう/ 절호의 ~를 놓치다 絶好ぜっこうの機会を逃のがす。
**기회-범**〔-犯〕 图 機会犯はん、偶発犯ぐうはつはん。
**기회-주의**〔-主義〕 图 日和見ひよりみ主義しゅぎ。¶ ~자 日和見主義者しゃ。
**기획**〔企劃〕 图 하타 企画きかく、企くわだて。¶ 새로운 사업을 ~하다 新あたらしい事業じぎょうを企てる。
**기후**〔氣候〕 图 気候きこう。¶ 열대 ~ 熱帯ねったい気候/ 온화한 ~ 温和おんわな気候/ ~가 좋은 지방 気候きこうがよい地方ちほう。
**기후-대**〔-帶〕 图 気候帯たい。
**기흉**〔氣胸〕 图〔醫〕 気胸きょう。
**기흉 요법**〔-療法〕 图〔醫〕 気胸療法りょう、人工じんこう気胸術じゅつ。
**긴가-민가**〔其否〕 冠 そうなのかどうかはっきりしない、そうかそうでないかはっきりしないさま。¶ ~하여 다시 물어보았다 はっきりしないのでもう一度いちど聞いてみた。
**긴급**〔緊急〕 图 緊急きんきゅう。¶ ~ 사태 緊急事態じたい。/ ~한 대책이 필요하다 緊急な対策たいさくが必要ひつようだ。**긴급-히** 副 緊急に。¶ ~ 처리하다 緊急に処理しょりする。
**긴급 구속**〔-拘束〕 图 하타〔法〕 緊急拘束こうそく。
**긴급 동:의**〔-動議〕 图 하타 緊急動議どうぎ。
**긴급 조치**〔-措置〕 图〔法〕 緊急措置そち。
**긴급 피:난**〔-避難〕 图 緊急避難ひなん。
**긴:-긴** 冠 非常ひじょうに長ながい、長々ながながしい。
**긴:긴-날** 图 長ながい日ひ、(日ひが暮くれるのが遅おそいことから)夏なつの日、日長ひなが。
**긴:긴-낮** 图 長ながい昼ひる、(日が暮れるのが遅いことから)夏の昼、日長。
**긴:긴-밤** 图 長ながい夜よ、(夜よが明あけるのが

遅ぃことから)冬の夜、夜長。

긴:-말 [名][하다] 長話、長ったらしい話。¶ ~ 그만하고 어서 가자 長話は切り上げて早めに行こう。

긴밀[緊密] [名][하다形] 緊密。¶ ~한 관계를 맺다 緊密な関係を結ぶ。 긴밀-히 [副] 緊密に。¶ ~ 제휴하여 緊密に提携しゆうする。

긴박[緊迫] [名][하다形] 緊迫。¶ ~한 정세 緊迫した情勢/ 사태가 ~하다 事態が緊迫している。

긴박-감[-感] [名] 緊迫感。

긴:-병[-病] [名] 長患い、長病。
[속담] 긴병에 효자 없다 長患いに親も孝行つくせぬ《何ごとも長引かげばその事にうち込む誠意が薄らぐものだ》

긴요[緊要] [名][하다形] 緊要、肝要。¶ 가장 ~한 문제 もっとも緊要な問題。 긴요-히 [副] 緊要に、大切に。

긴장[緊張] [名][하다自][되다] 緊張。¶ ~ 완화 緊張緩和/ ~이 풀리다 緊張が解ける。

긴축[緊縮] [名][하다形] 緊縮。¶ ~ 재정 緊縮財政/ ~ 생활을 하다 切り詰めた生活をする。

긴축 예:산[-豫算] [名][經] 緊縮予算。

긴-하다[緊-] [形여] 緊要である、大切なことに欠かせない、いる物に欠くことのできない品物。긴-히 [副] 折り入って。¶ ~ 부탁할 일이 있다 折り入ってお願いしたいことがある。

긷:다 [他ㄷ] (井戸水などを)汲む、汲み上げる、汲み出す、汲み取る。¶ 두레박으로 물을 ~ つるべで水を汲む。

길[1] [名] 道。①道路、道路。¶ 골목 ~ 路地/ ~을 잃다 道に迷う。②途中。¶ ~ 가는 ~에 들르다 行く途中に立ち寄る。③道のり、旅程、行程、道程。¶ 갈 ~이 아직도 멀다 道のりがまだまだ遠い。④(人의 守るべき) 道理、道徳。¶ 자식으로서의 ~ 子としての道理。⑤(目標に至る) 進路、経路、過程。¶ 나아갈 ~ 進むべき道。⑥方法、すべ、手段。¶ 해결의 ~을 트다 解決への道を開く。⑦(専門的な)方面、分野。¶ 그 ~로 성공하게 その分野で成功しなさい。⑧[基] 天国에 召される信仰。¶ ~ 잃은 죄인 道に背いた罪人。
[관용] 길을 뚫다 ①道をつける。②方法をきがし出す。길을 재촉하다 道を急ぐ。길이 없다 方法がない、方法がない。길이 열리다 道が開ける、解決の方法が見つかる。

길[2] [名] (1)(手入れによる)光沢、つや、(道具が)使い慣れること。¶ 만년필이 ~이 들었다 万年筆が使い慣れた。(2)(動物を) なつかせること、飼い慣らすこと。¶ ~ 들인 소 飼い慣らした牛。(3)熟練すること、手慣れること。¶ 그 일에는 ~이 났다 その仕事には熟練している。

길[3] [名] (品質の) 等級。¶ 윗~ 上等。

길[4] [名] (衣服의) 身ごろ。¶ 앞~ 前身ごろ。

길[5] [依] ①(人의 背丈くらいの長さ) 尋。②(長さの単位으로) 8尺または10尺。

길-가 [名] 道端、路辺、路傍。¶ ~에 피는 꽃 道端に咲く花。

길-거리 [名] 通り、街頭、路頭。¶ 번화한 ~ にぎやかな通り/ ~를 헤매다 路頭にさまよう。 ⓒ 거리

길-길이 [副] ①かなり高く、うずたかく、丈高く。¶ ~ 자란 잡초 高く伸びた雑草/ 눈이 ~ 쌓이다 雪がうずたかく積もる。②(怒って) 地団太を踏む。¶ 화가 나서 ~ 뛰다 腹が立って地団太を踏む。

길-눈 [名] (一度가 본 적이 있는) 道を覚える記憶力、道筋などの覚え。¶ ~이 밝다 道筋の覚えがよい。

길:다 [形] ①(物이) 長い。¶ 긴 머리 長い髪。②(時間이) 長い。¶ 긴 세월 長い年月/ 밤이 길어지다 夜が長くなる。
[속담] 길고 짧은 것은 대어 보아야 안다 長い短いは比べて見てこそわかる。《ものの優劣・勝負などは実際にきそい合ってみなければわからない》

길-동무 [名][하다自] 道連れ。¶ 달을 ~ 삼아 다 月を道連れにして行く。

길-들다 [自] ①(動物이) なつく。¶ 잘 길든 망아지 よくなついた小馬。②手入れがいき届いてつやが出る。¶ 잘 길든 세간 手入れがいき届いた所帯。③熟達らくする。¶ 길든 일이라서 어렵지 않다 手慣れた仕事なので難しくない。

길-들이다 [他] 《「길들다」의 使役》 ①(動物을) 飼い馴らす、手なずける。¶ 개를 ~ 犬을 手なずける。②(道具 などの) 手入れをよくして使いよくする。③熟達させる、手慣らす。

길:-디길다 [形] 非常に長い、長々しい。

길-떠나다 [自] (遠い目的地へ向かって)出発する、旅立つ。

길마 [名] (牛의) 鞍、荷鞍。¶ ~를 지우다 荷鞍をのせる。

길-모퉁이 [名] 町角。¶ ~에 잠시 멈춰서다 町角にたたずむ。

길목 [名] ①道의 要所。¶ ~을 지키다 道の要所を守る。②大通りから路地に入る入口、町角。

길-바닥 [名] ①道路の表面、路面。¶ ~을 고르다 路面をならす。②道の上、路上、通り。¶ ~에서 서성거리다 路上でうろつく。

길-벗 [名] 道連れ。ⓒ 길동무

길보[吉報] [名] 吉報、よい知らせ。¶ ~가 오다 吉報が舞い込む。

길-섶 [名] 道ばた、路辺、路傍。¶ ~에 주저앉다 道ばたに座り込む。

길-손 [名] 낯선 道のりの旅人。

길쌈 [名][하다自] 機織り。¶ ~하는 여자 機織り女。

**길-앞잡이** 名 ①道案内をする人。㊥ 길잡이 ②【動】⇨ 가뢰

**길이¹** 名 ①(物の)長さ。¶ 재목의 ~ 材木の長さ。②(時間的な)長さ。¶ 낮의 ~ 가 짧아지다 昼の長さが短くなる。

**길이²** 副 いつまでも、長く、永遠に。¶ ~ 행복하세요 末長くお幸せに。/청사에 이름을 ~ 남기다 青史に名を永遠に残す。

**길일**【吉日】名 吉日、めでたい日。¶ ~ 을 택하다 吉日を選ぶ。

**길-잡이** 名 ①道案内をする人。②道しるべ、手びき。¶ 일본어의 ~ 日本語の手びき。

**길조**【吉兆】名 吉兆、縁起さのよい兆ぎ。

**길조**【吉鳥】名 人に吉事があることを予告こくするという鳥。

**길-짐승** 名 地上を這う動物の総称。

**길쭉-하다**【吉-】形動 やや長めである。¶ 길쭉한 얼굴 面長な顔。**길쭉-이** 副 やや長めに。

**길쭉-길쭉** 副【形動】みなそろって長めなさま。

**길-하다**【吉-】形動 めでたい、縁起がよい。¶ 길한 일 めでたいこと。

**길항**【拮抗】名【하自】拮抗。¶ ~ 작용 拮抗作用。

**길항-근**【-筋】名【生】拮抗筋。

**길흉**【吉凶】名 吉凶。¶ ~ 을 점치다 吉凶を占う。

**길흉 화:복**【-禍福】名 吉凶禍福。

**김:¹** 名【植】海苔。¶ ~ 밥 のりまき、巻きずし/ ~ 을 굽다 のりを焼く。㊥ 해태(海苔)

**김:²** 名 田畑の雑草。¶ ~ 매기 田畑の草取り。

**김:³** 名 ①水蒸気、蒸気、湯気。¶ ~ 이 나다 湯気が立つ。②息、吐き出す気き、呼気。¶ 입~이 부옇다 息が白い。③(飲食物の)香り、味。¶ ~ 빠진 맥주 気の抜けたビール。

**김:-빠지다** 自 ①湯気・蒸気が抜ける。②(飲食物の)香り・味がなくなる。③(話しなどが)間が抜けている。④意欲がなくなる。

**김:-새다** 自 ①蒸気・空気が抜ける。②《俗》興がさめる、白ける。③《俗》熱意がうすれる。

**김장**【-】名【하他】越冬用のキムチの漬っけ込み、またその漬け物。

**김장-감** 名 越冬用のキムチの材料。㊥ 김장거리

**김장-철** 名 (立冬の前後の)越冬用のキムチを漬ける時期。㊥ 김장때

**김치** 名 キムチ。

**김치-찌개** 名 キムチと肉などを入れてつくる鍋もの。

**깁:다** 他 繕う、継ぎを当てる、継ぎ合わせる。¶ 찢긴 곳을 ~ かぎ裂きを繕う。

**깁스**【독 Gips】名 ①石膏。②(「깁스 붕대」の縮約形)ギプス。

**깁스 붕대**【-繃帶】名【醫】ギプス包帯。

**깃¹** 名 (家畜などの)寝藁、敷きわら。¶ 외양간에 ~ 을 깔다 馬屋に寝藁を敷く。

**깃²** 名 ①(鳥の)羽、はね、羽毛。¶ ~ 을 치다 羽ばたく。②(矢につけた)羽、矢羽根。¶ 화살에 ~ 을 달다 矢に羽を付ける。

**깃³** 名 ①(「옷깃」の縮約形)(衣服の)襟。¶ ~ 을 여미다 襟を正たす。②(布団の)襟。

**깃-대**【旗-】名 ①旗竿さお。¶ ~ 를 세우다 旗竿を立てる。②《俗》旗。

**깃-들이다** 自 ①(鳥・けものが)巣をつくる、巣をかける、巣くう。¶ 제비가 처마 끝에 ~ ツバメが軒下に巣くう。②宿する、こもる、留まる。¶ 건전한 정신은 건강한 신체에 깃들인다 健全なる精神は健全な身体に宿る。

**깃-발**【旗-】名 ①旗の地の部分、旗地。¶ ~ 을 올리다 旗を揚げる。②旗の末端の部分、旗脚たし。

**깃-털** 名 ①鳥の羽と獣の毛げ。②鳥の羽、はね、羽毛。

**깊다** 形 深い。①(底・奥行きが)浅くない。¶ 깊은 바다 深い海。②(心が)落ち着いていてしっかりしている、あさはかでない。¶ 생각이 ~ 考えが深い。③(情けなどが)厚い。¶ 깊은 애정 深い愛情。④(学問に・知識に)深い。¶ 문학에 조예가 ~ 文学園に造詣が深い。⑤(季節・夜などが)深い。¶ 가을도 어지간히 깊었다 秋もかなり深まった。⑥(程度が)強い、重い。¶ 깊은 잠이 들다 深い眠りにつく。

【속담】깊고 얕은 것은 건너 보아야 안다 深いか浅いかは渡ってみなければわからない。《人には深うてみよ、馬には乗ってみよ》

**깊숙-하다** 形動 奥深い、奥まっている。¶ 동굴이 ~ 洞窟が奥深い。

**깊이¹** 名 ①深さ。¶ ~ 를 재다 深さを測る。②深み、重み。¶ ~ 있는 작품 深みのある作品。

**깊이²** 副 深く。¶ 땅을 ~ 파다 土を深く掘る。②よく、詳しく。¶ 내용은 ~ 모릅니다 内容は詳しくわかりません。

**까까** 名《幼》菓子。

**까까-머리** 名 坊主頭ぼうず、丸坊主まる。

**까까-중** 名 ①坊主頭、丸坊主。②坊主の僧。

**까끄라기** 名 (稲・麦などの)芒のぎ。

**까-놓다** 他 ①(隠さずに)ありのまま打ち明ける、あけすけに語る。¶ 까놓고 말하다 ざっくばらんに話す。②(外皮を)むいておく。

**까다** 他 ①(皮を)むく。¶ 콩을 ~ 豆をむく。②(卵を)孵かす。¶ 암탉이 병아리를 ~ めんどりがひなを孵す。③《俗》(子を)産む。④(俗)(人を)蹴る、傷つける。¶ 정강이를 ~ 脛を蹴る。⑤《俗》(人の欠点を)ばく、非難する、けなす。¶ 실책을 사정없이 ~ 失策を容赦なくけなす。⑥(目を)むく。¶ 눈을 까고 덤벼들다 目をひんむいてくってかかる。⑦(財産を)減す。

す。⑧(計算ばから)差さし引ひく。¶ 원금에서 이자를 ~ 元金ばから利子じを差し引く。⑨《俗》(中身なかがなく)口先ばだけでしゃべる。¶ 입만 깠지 실속은 없다 口先ばかりで中身はない。

**까:다롭다** 形ㅂ ①(性質せいなどが)気難きずかしい、やかましい、うるさい。¶ 성미가 ~ 性格が気難かしい、複雑ざだ。②ややこしい、難むずかしい。¶ 까다로운 절차 ややこしい手続つき。 **까다로-이** 副 ややこしく、気難しく、やかましく。

**까닥** 하他 首を縦にに軽るく動うごかすさま。

**까닥-거리다** 自他 首を縦に軽しきりに動かす、こくりとうなずく。

**까닥까닥** 副하他 こくりこくり。

**까닭** 名 ①理由ゆう、原因げん、わけ。¶ ~ 모를 눈물 わけのわからない涙なみだ。②経緯けい、いきさつ、事情じょう、いわく、わけ。¶ 깊은 이 있다 深ふかいわけがある。③(「~에」の形で)(…の)ために、(…の)ゆえ。¶ 그 ~ 그것 그래서 、それゆえに。

**까딱¹** 하他 (首を縦にちょっと動うごかすようす)こくりっ。

**까딱²** 副하自 ①ひょっと、うっかり、ややもすれば、ともすれば、すんでに、危あやうく。¶ ~ 잘못하면 큰일난다 ひょっとしくじれば大変たなことになる。②(否定の表現とともに用いられて)微動びどうするさま、一度いちどちょっと動うごくさま。¶ 손가락 하나 ~하지 않다 指一本いっぽん動かさない。

**까딱-없다** 形 びくともしない、平気へいきだ。¶ 그만한 일에는 ~ そんなことにはびくともしない。 **까딱없-이** 副 びくともせず、平気に。¶ 어떠한 역경에 처해도 ~ 견디어 내다 どんな逆境ぎょうにあってもびくともせずに耐た抜ぬく。

**까라-지다** 自 (気力ちからをすっかり失なって)ぐったりする。¶ 까라지는 몸을 일으키다 ぐったりした体からだを起おこす。

**까르르** 副하自 《女おんなや子供こどもなどがどっと笑わい転ころげるさままたその声こえ》きゃっきゃっ。¶ ~ 웃음을 터뜨리다 きゃっきゃっと笑い転げる。

**까마귀** 名 ①《動》カラス。②《比》真っ黒いもの。¶ ~손 真っ黒い手で。
〔속담〕 **까마귀 날자 배 떨어진다** 烏からが飛び立つや梨なしが落おちる。《瓜田かんに履くつを納いれず》
〔관용〕 **까마귀 밥이 되다** (烏からのえさになる意)引き取とる人ひとのない死体したいになって捨てられる。

**까마득-하다** 形여 (「까마아득하다」の縮約形)はるかに遠とおい。¶ 까마득한 옛날 はるか昔むかし。

**까마득-히** 副 (「까마아득히」の縮約形)はるかに。¶ ~ 멀다 はるかに遠とおい。

**까막눈** 名 (無学むがくで文字の読めない)無学がくの人ひと、文盲もん。

**까막눈-이** 名 ①無学がくで文字の読めない人ひと、無学の人、文盲もん。②ある部門ぶんでは無知ちな人ひと。

**까-말다** 形ㅎ 「가맣다」の強調語。¶ 까만 눈동자 黒くろい瞳ひとみ。
〔관용〕 **까맣게 모르다** まったく知しらない。 **까맣게 잊다** ど忘わすれする、とんと忘れる。

**까-먹다** 他 ①皮かわをむいて食べる、殻からを割って[取とって]食べる。¶ 밤을 ~ 栗くりをむいて食べる。②(財産ざん・金銭きんなどを)使つかい果たす、無くす、無駄むだづかいする。¶ 이익은 커녕 밑천까지 다 ~ 利益えきどころか元手もとまでつかい使はたす。③覚えていたものを忘わすれてしまう、ど忘れする。¶ 약속을 ~ 約束ぐをど忘れする。

**까-뭉개다** 他 (高たかい部分ぶんを)切きり取る、切り崩す、掘ほり下さげる。¶ 언덕을 까뭉개어 운동장을 만들다 坂の部分を切り崩して運動場じょうを作る。

**까-바치다** 他 《俗》告口ぐちする、密告みこくする、秘密みつを暴露ばくろする。¶ 남의 잘못을 ~ 人ひとの過あやまちを告げ口する。

**까부르다** 他ㄹ ①(箕みやふるいなどで)ふるってより分わける、ふるって殻からやごみをよりわける。¶ 키로 콩을 ~ 箕みで豆まめをふるう。②(箕でふるうように)上下じょうにゆする。¶ 우는 아이를 어르며 ~ 泣なく子こをゆすってあやす。 ⇒ 까불다

**까불다** 自他 ①「까부르다」の縮約形。②上下じょうにゆれる、上下にゆり動うごく。¶ 쪽배가 물결로 몹시 ~ 小船ぶねが波でひどくゆれる。③ふざける、軽薄ぱくにふるまう。¶ 까불면 혼난다 ふざけたら酷ひどい目めに逢あうぞ。

**까불-이** 名 ふざけ者もの、軽薄はいな人ひと、いたずら者、いたずらっ子こ。

**까지** 助 ①《動作どうやある状態じょうの終ぉわる限界げんの意》まで。¶ 합격할 때~ 노력하겠다 合格かくするまで努力りょくする。②《時間かんや空間かんの及およぶ限度げんの意》まで。¶ 8시 ~ 일하다 8時まで働はたらく。③《現在げんの状態じょうや程度ていにつけ加くわえて》さらに加えて、その上うえにまた。¶ 바쁜데 차~ 고장났다 忙いそがしいのに車くまでエンコした。

**까-지다¹** 自 ①(皮かわなどが)むける。¶ 무릎이 ~ 膝ひざがすりむける。②(財産ざんなどが)減へる。¶ 재산이 많이 ~ 財産がずいぶん減る。③(肉にくが)落おちる、やせる。¶ 근심거리가 많아서 살이 많이 가졌다 心配事しんぱいごとが多おくてげっそりと肉が落ちた。

**까:-지다²** 形 (性質せい・態度どなどが)ませている、小賢ざかしい、こましゃくれている。¶ 저 아이는 몹시 까졌다 あの子はとてもませている。

**-까짓** 接尾 (「이・그・저・요・네」などに付いて、取とるにたらない의 意味みをあらわす)…くらい、…ぐらい、…ほどの。¶ 이~ 돈 これしきの金かね/ 그~ 것을 가지고 뽐내느냐? それぐらいのことでいばるのか。

**까:-치** 名《動》カササギ。

**깍듯-하다** 形여 礼儀ぎ正しい、折おり目め正し

**깍쟁이** ［名］ けちで利己的な人。すれからし、悪がしこい人。¶ 서울 ~ ソウルのすれからし。

**깍지** ［名］ (実のない)莢。¶ 콩~ 豆がら。

**깎다** ［他］ ①(物を)削る、そぐ、切る。¶ 손톱을 ~ つめを切る。②(髪・芝などを)刈る、剃る。¶ 수염을 ~ ひげを剃る。/ 풀을 ~ 草を刈かる。③(数量・金額などを)値切る、削る、減らす。¶ 물건 값을 ~ 品物を値切る。④(面目・名誉などを)損なう、傷つける、けなす。¶ 체면을 ~ 体面を傷つける。/ 남의 작품을 ~ 人の作品をけなす。⑤(ボールを打ったり蹴ったりするとき)ひねる。¶ 탁구공을 깎아 치다 ピンポン球をひねって打う。

**깎아-지르다** ［他三］ まっすぐに切り立つ〔切り立てる〕。

**깎이다** ［自］ (「깎다」の受動) 刈り取られる、削げられる、切られる、剃られる。¶ 월급이 ~ 月給が削られる。/ 체면이 ~ 体面が損なわれる。

**깐깐-하다** ［形四］ ①かたくて粘り強い。②(行動・性格が)きちょう面だ、気難かしい、頑固だ。¶ 성질이 ~ 性格が気難しい［頑固だ］。

**깔개** ［名］ (寝るときや座るときの)敷物。¶ ~ 를 깔다 敷物を敷く。

**깔깔** ［副］ (高らかに笑う声やまたはそのようす)けらけら、からから。¶ ~ 웃다 からから笑う。

**깔깔-거리다** ［自］ からから笑う。

**깔깔-하다** ［形四］ ①(ものの表面などが)かさかさしている、ざらざらしている、粗い。¶ 피부가 ~ 肌がかさかさしている。②ざらざらして滑らかでない。¶ 입안이 깔깔해서 밥맛이 없다 口の中がかさかさしてご飯がおいしくない。③(性質が)とげとげしい、こちこちしている。¶ 성미가 깔깔해서 아침을 모른다 となりがまっすぐでへつらいを知らない。

**깔끔-하다** ［形四］ ①こぎれいですっきりしている、さっぱりしている、すかっとしている。¶ 바느질 솜씨가 ~ お針子の手並みがあざやかだ。②(性質などが)きっちりしている、几帳面だ ¶ 깔끔한 성격 几帳面な性格。**깔끔-히** ［副］ さっぱりと、スマートに。¶ ~ 차리고 나서다 スマートに身じしらえして出かける。

**깔다** ［他］ ①のべ広げる、敷く。¶ 자리를 ~ ござを敷く。/ 방석을 깔고 앉다 ざぶとんを敷いて座る。②(金品などを)あちこちに貸したり掛け売りしたりする、ばらまく。¶ 돈을 여기저기 깔아 놓다 金をあちこちばらまいておく。③(物を)散らす、ばらまく。¶ 낙엽이 깔린 오솔길 落ち葉が散らばっている細道。④視線を落とす、目を伏せる。¶ 소녀는 눈을 다소곳이 깔았다 少女はしとやかに目を伏せた。⑤押腹えつける、抑圧する、組く見敷く。¶ 남편을 깔고 앉다 亭主を尻に敷く。

**깔때기** ［名］ じょうご、ろうと。

**깔리다** ［自］ (「깔다」の受動) 轢かれる、敷かれる。¶ 차에 ~ 車に轢かれる。/ 밑에 깔려 움직일 수가 없다 組み敷かれて身動きができない。②散らばる、敷かれる、一面に張る。¶ 낙엽이 ~ 落ち葉が散らばる。/ 공원에 깔린 낙엽 公園に散らばった落ち葉。

**깔-보다** ［他］ 見下す、侮る、見くびる。¶ 실력이 없다 ~ 実力がないのと見くびる。

**깜깜** ［副］［하形］ ①非常に暗いさま、まっ暗なさま。¶ ~ 한 방 まっ暗な部屋。②(「감감」の強調語)何も知らない状態。¶ 소식이 ~ 이군! 便たよりがまったくないなあ。

**깜깜-하다** ［形四］ ①非常に暗い、まっ暗だ。¶ ~ 한 밤 まっ暗な夜。②なにも知らない、まったく知らない。¶ 그는 한문에는 ~ 彼は漢文にかけては明き盲だ。③応答さえ便たりがまったくない、なしのつぶてである、どうなったのか知るすべがない。¶ 소식이 ~ まったく便たりがない。

**깜박** ［副］ ①(明かりや星の光などが一瞬消えたり点滅したりするさま)ぽっ、ぼっと、ちらっ、ちらり。¶ 촛불이 바람에 ~ 하다 ろうそくの火が風にちらっとする。②(まばたきするさま)ぱちり、ぱちっ、ぱちぼち。¶ 눈을 ~ 할 사이에 まばたきする間に。③(意識・記憶などが瞬間的にうすれるさま) すうっと、ど忘れがして、うっかり。¶ ~ 졸았다 ちょっとまどろんだ。

**깜박-거리다** ［自他］ ①(明かりや星の光などが)しきりに消えかかってはちらつく。②目をしきりにしばたく。

**깜짝** ［副］ (ぎっくりと・はっと驚くさま) びっくり。¶ 갑자기 소리를 질러서 ~ 놀랐다 にわかに叫び声をあげたのでびっくりした。

**깜짝-깜짝** ［副］［하形］ びっくり、びくっと、びくびくっと。¶ 천둥 소리에 ~ 놀라다 雷かみの音にびくっと驚く。

**깜찍-하다** ［形四］ (年の割りに)ませている、小利口にった、小さかしい、ちゃっかりしている。¶ 깜찍한 계집애 小ざかしい女の子。

**깝죽-거리다** ［自他］ 得意気に[いい気に]なってしきりに軽々しくふるまう。

**깡그리** ［副］ 残らずみな、ひとつも余さずに、全部、すっかり、そっくり、みんな、あらいざらい。¶ ~ 잊어버리다 すっかり忘れてしまう。/ 상품을 ~ 팔아 버리다 商品をあらいざらい売ってしまう。

**깡다구** ［名］ 強情っぱり、しぶとい勝ち気。｟慣用｠ 깡다구(를) 부리다 しぶとくたて突く。

**깡-마르다** ［形三］ ひどくやせている、やせほそっ

**깡총-하다** [形여] 背丈(せたけ)が低(ひく)く脚(あし)が長(なが)い。

**깡충** [副][하다] 《短(みじか)い足(あし)で勢(いきお)いよく跳(は)ね上(あ)がるさま》ぴょん(と)。¶ 도랑을 뛰어넘다 溝(みぞ)をぴょんと跳(と)び越(こ)える。

**깡충-깡충** [副][하다] ぴょんぴょん。¶ ~ 뛰어다니다 ぴょんぴょん跳(は)び回(まわ)る。

**깡통** [名] ①(缶詰(かんづめ)などの)缶(かん)。¶ 빈 ~ 空(あ)き缶。②(俗) 頭(あたま)のからっぽな人(ひと)。¶ 이 ~ 아, 그것도 몰라 このとんま者(もの)、それも知(し)らんのか。
[관용] **깡통(을) 차다** (缶を腰(こし)につって)乞食(こじき)をする、乞食になる。

**깡패** [名] ごろつき、よた者(もの)、ぐれん隊(たい)、やくざ。¶ 정치 ~ 政治(せいじ)ごろ。

**깨** [名][植] ゴマ。¶ ~소금 ゴマ塩(しお)/ ~를 볶다 ゴマを炒(い)る。/ ~를 빻다 ゴマをする。
[관용] **깨가 쏟아지다** (特(とく)に夫婦(ふうふ)の仲(なか)が)むつまじい。

**깨끗-하다** [形여] ①清潔(せいけつ)だ、きれいだ。¶ 깨끗한 교실 清潔(せいけつ)な教室(きょうしつ)/ 옷을 깨끗하게 빨다 着物(きもの)をきれいに洗濯(せんたく)する。②(汚(よご)れがなく)清(きよ)らかだ、澄(す)んでいる。¶ 이곳의 공기는 ~ ここの空気(くうき)は澄(す)んでいる。③(混(ま)じりものがなく)清(きよ)い、きれいだ、さっぱりしている。¶ 정신이 ~ 精神(せいしん)が清(きよ)らかだ。④いさぎよい、やましくない、潔白(けっぱく)だ、後(うし)ろ暗(ぐら)くない。¶ 깨끗한 승부 いさぎよい勝負(しょうぶ)。⑤(残(のこ)らずみな)すっかりなくなった、きれいだ。¶ 깨끗하게 병이 나았다 病気(びょうき)がきれいに治(なお)った。**깨끗-이** [副] ①きれいに、清潔(せいけつ)に。¶ 손을 ~ 씻어라 手(て)をきれいに洗(あら)いなさい。②きれいに、あっさり、すっかり、さっぱり。¶ ~ 잊다 きれいに忘(わす)れる。

**-깨나** [接尾] 「ある程度(ていど)の・いくらかの・ちょっとした」の意(い)。¶ 돈푼 ~ 있겠다 小金(こがね)ぐらいはありそうだ。

**깨나른-하다** [形여] (仕事(しごと)などに)心(こころ)が進(すす)まず体(からだ)がだるい、億劫(おっくう)だ。¶ 몸이 ~ 体(からだ)がだるい。

**깨:다¹** [自他] ①(酔(よ)い・麻酔(ますい)・物思(ものおも)いなどから)覚(さ)める。¶ 술이 ~ 酔(よ)いが覚(さ)める。/ 흥분에서 ~ 興奮(こうふん)から覚(さ)める。②(知恵(ちえ)や経験(けいけん)などに)開(ひら)ける。¶ 머리가 깬 사람 視野(しや)の広(ひろ)い人、考(かんが)えの開(ひら)けた人。③目(め)を覚(さ)ます。¶ 시끄러운 소리에 잠을 ~ 騒(さわ)がしい音(おと)に目を覚ます。

**깨:다²** [自他] ①(「까다¹」の受動)(体(からだ)の肉(にく)が)落(お)ちる、やつれる。¶ 앓고 나더니 살이 많이 깨었다 患(わずら)ったので肉(にく)が落(お)ちた。②(財産(ざいさん)が)減(へ)る、なくなる。③(「까다²」の受動)(ひなに)かえす。¶ 병아리를 ~ ひなをかえす。④(「까다²」の使役)(卵(たまご)を)孵(かえ)す。¶ 알을 ~ 卵を孵す。

**깨:다³** [他] ①(かたい物(もの)を)壊(こわ)す、砕(くだ)く、割(わ)る。¶ 접시를 ~ 皿(さら)を割る。②(物事(ものごと)を)邪魔(じゃま)して)だめにする、破壊(はかい)する、破(やぶ)る。¶ 흥을 ~ 興(きょう)をさます。③(衝突(しょうとつ)などで)傷(きず)つける。¶ 이마를 ~ 額(ひたい)を傷つける。④(約束(やくそく)・計画(けいかく)・予定(よてい)などを)破(やぶ)る。¶ 약속을 ~ 約束を破る。⑤(記録(きろく)・旧習(きゅうしゅう)などを)破る。¶ 3년만에 드디어 기록을 깼다 3年目(さんねんめ)についに記録(きろく)を破った。

**깨닫다** [他ㄷ] ①心霊(しんれい)が天地(てんち)の理(ことわり)に通(つう)じること。②(真理(しんり)・道理(どうり)などを)悟(さと)る、明(あき)らかに知(し)る、理解(りかい)する。¶ 진리를 ~ 真理(しんり)を悟る。/ 그녀의 진심을 ~ 彼女(かのじょ)の真心(まごころ)を悟る。③(知(し)らなかった事実(じじつ)を)知(し)る、自覚(じかく)する。¶ 그는 위험이 닥쳐오는 것을 깨달았다 彼(かれ)は危険(きけん)の迫(せま)ってくるのに気(き)づいた。④感(かん)じて知(し)る。¶ 가슴이 떨려움을 ~ 胸(むね)がときめくのを覚(おぼ)える。

**깨-뜨리다** [他] (「깨다」の強調語)壊(こわ)す、壊(こわ)してしまう。

**깨물다** [他] ①かむ、かみ砕(くだ)く、かみつく。¶ 혀를 ~ 舌(した)をかむ。②(上下(じょうげ)の歯(は)を)かみしめる、かむ。¶ 어금니를 깨물고 아픔을 참았다 奥歯(おくば)をかみしめて痛(いた)みをこらえた。

**깨-소금** [名] ゴマ塩(しお)。

**깨알-같다** [形] ゴマ粒(つぶ)のように非常(ひじょう)に小(ちい)さい(細(こま)かい)。¶ 깨알같은 글씨 細かい文字(もじ)。

**깨어-나다** [自] ①(ねむり・夢(ゆめ)・ねむけなどから)覚(さ)める。¶ 꿈에서 ~ 夢(ゆめ)から覚める。②(酒(さけ)・薬品(やくひん)などに酔(よ)った状態(じょうたい)から)正気(しょうき)にかえる、立(た)ち直(なお)る、覚(さ)める。¶ 취기에서 ~ 酔いから覚める。/ 마취에서 ~ 麻酔(ますい)から覚める。③(失神(しっしん)状態(じょうたい)から)正気(しょうき)にかえる、立ち直る。¶ 까무라쳐 있다가 깨어났다 気絶(きぜつ)から正気(しょうき)にかえった。④(ある事(こと)にふかく陥(おちい)った精神(せいしん)状態(じょうたい)から)正常(せいじょう)に立(た)ち直る、覚める。¶ 환상에서 ~ 幻想(げんそう)から覚める。⑤(未開(みかい)の状態(じょうたい)から文明(ぶんめい)の状態(じょうたい)に)開(ひら)ける、発達(はったつ)する。¶ 인지가 ~ 人知(じんち)が開ける。

**깨우다** [他] (「깨다」の使役)(ねむっているのを)起(お)こす、目(め)を覚(さ)まさせる。¶ 늦잠자는 아이를 ~ 寝坊(ねぼう)する子(こ)を起(お)こす。

**깨우치다** [他] 悟(さと)らせる、わからせる、教(おし)える。¶ 진리를 ~ 真理(しんり)を悟(さと)らせる。

**깨:-지다** [自] ①(かたい物(もの)が)壊(こわ)れる、割(わ)れる、砕(くだ)ける。¶ 유리병이 ~ ガラス瓶(びん)が割れる。②(ぶつかって)傷(きず)つく、ひび割(わ)れる。¶ 이마가 ~ 額(ひたい)が傷(きず)ついた。③(ものごとが)駄目(だめ)になる、つぶれる、気(き)まずくなる、(記録(きろく)などが)破(やぶ)れる、破(やぶ)られる。¶ 회담이 ~ 会談(かいだん)が駄目になる。

**깨치다** [他] (知(し)らなかったことを)理解(りかい)する、悟(さと)る、わかるようになる。¶ 도리를 ~ 道理(どうり)を悟(さと)る。

**깩-소리** [名] (「없다・못하다」などと共(とも)に使(つか)われて)最小限(さいしょうげん)の反論(はんろん)、言(い)い返(かえ)す言葉(ことば)、ぐうの音(ね)。¶ 그 사람 앞에서는 ~ 못한다 あの人(ひと)の前(まえ)ではぐうの音(ね)も出(で)ない。

**깻-묵** [名] ①胡麻(ごま)のあぶらかす、かす。②豆(まめ)・

깽깽거리다

唐辛子$_{とうがらし}$の種$_{たね}$などの絞$_{しぼ}$りかす。
깽깽-거리다 直 小犬$_{こいぬ}$がしきりに鳴$_{な}$く、きゃんきゃんと鳴く。
꺼:-내다 他 ①取$_{と}$り出す、引$_{ひ}$き出す。¶ 서랍에서 서류를 ~ 引$_{ひ}$き出しから書類$_{しょるい}$を取り出す。②(話$_{はなし}$などを)切$_{き}$り出す、始$_{はじ}$める。¶ 재미있는 이야기를 ~ 面白$_{おもしろ}$い話しを持$_{も}$ち出す。
꺼:-뜨리다 他 (過$_{あやま}$って)火$_{ひ}$を切$_{き}$らす。¶ 불씨를 ~ 火種$_{ひだね}$を切らす。
꺼:리다 他 いやがる、はばかる、嫌$_{きら}$う、忌$_{い}$む、しぶる、避$_{さ}$ける。¶ 사진 찍기를 ~ 写真$_{しゃしん}$を撮$_{と}$るのをいやがる。/ 세상의 이목을 ~ 世間$_{せけん}$の耳目$_{じもく}$を避ける。
꺼림칙-하다 形 なんとなく気$_{き}$になる、少し気にかかる、嫌気$_{いやけ}$がさす、忌$_{い}$まわしい。¶ 냄새가 싫어서 먹기가 ~ 臭$_{くさ}$いが嫌$_{きら}$いで食べるのが気にかかる。
꺼:병-하다 形 体$_{からだ}$つきは大$_{おお}$きいが締$_{し}$まりがない、大柄$_{おおがら}$でだらしない、ぼんやりしている。¶ 겉으로는 꺼벙해 보이나 마음은 단단하다 見かけはぼんやりしているが心$_{こころ}$はしっかりしている。
꺼지다[1] 自 ①(火$_{ひ}$・泡$_{あわ}$などが)消$_{き}$える。¶ 전등불이 ~ 電灯火が消える。②(俗) 息$_{いき}$が絶える、死$_{し}$ぬ。③(俗) (目$_{め}$の前$_{まえ}$から)消え失$_{う}$せる。¶ 잔말 말고 빨리 꺼져라 つべこべ言$_{い}$わずにとっとと消え失せろ。
꺼지다[2] 自 ①(地面$_{じめん}$・氷$_{こおり}$などの表面$_{ひょうめん}$が割$_{わ}$れて)落$_{お}$ち込$_{こ}$む、くぼむ、へこむ。¶ 얼음이 ~ 氷$_{こおり}$が割れる。②(目$_{め}$・腹$_{はら}$などが)くぼむ、へる。¶ 눈이 ~ 目がくぼむ。
꺼칠-하다 形(여)((거칠하다の強調語)) ざらざらしている、ごつごつしている。
꺼풀 名 ①皮$_{かわ}$、外皮$_{がいひ}$、膜$_{まく}$、殻$_{から}$の層$_{そう}$。¶ ~이 두껍다 外皮が厚い。②(形式名詞的に)外皮の層さを数$_{かぞ}$える単位$_{たんい}$。¶ 한 ~ 벗기다 ひと皮$_{かわ}$むく。㉑ 까풀
꺾-꽂이 名하자他 挿$_{さ}$し木$_{き}$。
꺾다 他 ①(木$_{き}$の枝$_{えだ}$などを)折$_{お}$る、手折$_{たお}$る。¶ 나뭇가지를 ~ 枝$_{えだ}$を折る。②(方向$_{ほうこう}$を)横$_{よこ}$に変$_{か}$える。¶ 왼편으로 ~ 左$_{ひだり}$に折れる(向$_{む}$きを変える)。③(体$_{からだ}$のある部位$_{ぶい}$を)かがめる。¶ 허리를 꺾어 정중히 인사하다 腰$_{こし}$をかがめて丁重$_{ていちょう}$におじぎする。④(士気$_{しき}$・我意$_{がい}$・意欲$_{いよく}$などを)挫$_{くじ}$く、折$_{お}$る。¶ 사기를 ~ 士気を挫く。⑤(声音$_{せいおん}$・調子$_{ちょうし}$をいったん高$_{たか}$めた状態$_{じょうたい}$から)にわかに低$_{ひく}$める、落$_{お}$とす。¶ 목청을 ~ 声音をにわかに落す。⑥(運動$_{うんどう}$競技$_{きょうぎ}$・賭$_{か}$けごとなどで)負$_{ま}$かす。¶ 상대편을 꺾고 우승하다 相手方$_{あいてがた}$を負かして優勝$_{ゆうしょう}$する。
껄껄 副 (高$_{たか}$らかに笑$_{わら}$う声$_{こえ}$) からから、あっはっは。¶ 호탕하게 ~ 웃다 あっはっはと豪傑$_{ごうけつ}$らしく笑いをする。
껄껄-거리다 自 からから、あっはっはと笑$_{わら}$う。

껄끄럽다 形(ㅂ) ①(芒$_{のぎ}$などがついて)ちくちく刺$_{さ}$す感$_{かん}$じた。②ごつごつした感じた、ざらざらして滑$_{なめ}$らかでない。③気難$_{きむずか}$しくてつこい。
껄렁껄렁-하다 形(여) 非常$_{ひじょう}$にぐうたらだ、しだらだ、だらしない、そろいもそろってぐうたらだ。¶ 껄렁껄렁한 차림새를 하고 있다 だらしない身$_{み}$なりをしている。
껄렁-하다 形(여) ぐうたらだ、ふしだらだ、だらしない。
껌 [gum] 名 チューインガム、ガム。¶ ~을 씹다 ガムをかむ。
껌껌-하다 形(여) ①非常$_{ひじょう}$に暗$_{くら}$い、まっ暗だ。¶ 달도 없는 껌껌한 밤月$_{つき}$も出$_{で}$ないまっ暗な夜$_{よる}$。②心$_{こころ}$が黒$_{くろ}$い、腹黒$_{はらぐろ}$い、性格$_{せいかく}$がよくない。¶ 심보가 껌껌한 사람 腹黒い人$_{ひと}$。㉑ 깜깜하다
껍데기 名 (栗$_{くり}$・卵$_{たまご}$・貝$_{かい}$などの)殻$_{から}$。¶ 조개 ~ 貝殻$_{かいがら}$。②(中身$_{なかみ}$を包$_{つつ}$んだ外表$_{がいひょう}$)カバー。¶ 이불 ~ ふとんカバー。③(俗) 衣服$_{いふく}$。④花札ガルタ〔花札$_{はなふだ}$〕の点数$_{てんすう}$のない札$_{ふだ}$、かす。
껍적-거리다 自他 (知$_{し}$ったかぶりをして)生意気$_{なまいき}$にふるまい続$_{つづ}$ける、出$_{で}$しゃばり続ける。¶ 잘 알지도 못하면서 ~ よく知りもせぬくせに出しゃばり続ける。
껍질 名 (動植物$_{どうしょくぶつ}$などの)皮$_{かわ}$、表皮$_{ひょうひ}$、殻$_{から}$。¶ 바나나 ~ バナナの皮。
-껏 接尾 (「最$_{もっと}$も高$_{たか}$い限度$_{げんど}$に至$_{いた}$るまで」との意$_{い}$をあらわす) …の限$_{かぎ}$り、…いっぱい、ありったけ、とことん。¶ 힘 ~ 일하다 力$_{ちから}$の限$_{かぎ}$り働$_{はたら}$く。/ 한 ~ 힘내서 精$_{せい}$いっぱいがんばる。
껑충 副 ①(長$_{なが}$い脚$_{あし}$で力$_{ちから}$いっぱい跳$_{と}$びあがるよう) ぴょんと、ひょいっと。¶ 도랑을 ~ 뛰어 건너다 溝$_{みぞ}$をぴょんと跳$_{と}$びわたる。②(不格好$_{ぶかっこう}$などで背$_{せ}$が高$_{たか}$くて脚$_{あし}$の長$_{なが}$いようす) ひょろっと、ひょろりと。¶ 키만 ~ 크다 背丈$_{せたけ}$ばかりがひょろっと高$_{たか}$い。
껑충-껑충 副(하자)自 ぴょんぴょん。
껑충-하다 形(여) (不格好なほど)背が高く脚がひょろ長い。
께[1] (「에게」の尊敬語) …に。¶ 선생님~ 드리다 先生$_{せんせい}$に差$_{さ}$し上$_{あ}$げる。
-께[2] 接尾 …ごろ、…ごろに、…あたり、…付近$_{ふきん}$。¶ 다음 달 열흘 ~ 来月$_{らいげつ}$10日ごろ。
께느른-하다 形(여) けだるい、気$_{き}$がすすまない、物憂$_{ものう}$い、体$_{からだ}$が重$_{おも}$い。¶ 아침부터 몸이 ~ 朝$_{あさ}$から体$_{からだ}$がけだるい。
께름칙-하다 形(여) 気にかかる、気になる、心$_{こころ}$にひっかかる。
께서 助 (主格「가・이」の尊敬語) …が、…は、…におかれましては。¶ 선생님 ~ 지시하셨습니다 先生$_{せんせい}$がご指示$_{しじ}$をなさいました。
껴-안다 他 ①抱$_{かか}$え込$_{こ}$む、抱擁$_{ほうよう}$する、抱$_{だ}$きしめる。¶ 힘껏 ~ しっかり抱きしめる。②(多$_{おお}$くの仕事$_{しごと}$を)一手$_{いって}$に引$_{ひ}$き受$_{う}$ける、抱$_{かか}$え込$_{こ}$む。

껴-입다 他 着物をを重ねて着る、何枚も着込む。¶ 너무 추워서 옷을 껴입었다 あまり寒いので服を重ね着した。
꼬:까 名 ①(幼)べべ。㊥ 때때 ②「꼬까옷」の縮約形。
꼬:까-옷 名 子供の晴れ着。
꼬꼬 I 名 (幼)鶏、コッコ。II 副 (雌鶏の鳴き声)。
꼬꼬댁 副 (鶏が驚いたり卵を生んだりするときの鳴き声)コッコッコ。
꼬끼오 副 하自 (雄鶏の鳴き声)コケコッコー。
꼬:다 他 ①(糸などを)よる、より合わす、なう、あざなう。¶ 밤마다 새끼를 ~ 夜毎に縄なをなう。②(体から・手足などを)ひねる、曲げる、よじる、ねじる。¶ 다리를 꼬고 앉다 足を組んで座る。③(「비꼬다」の縮約形)皮肉にる、あてこする。
꼬드기다 他 ①唆そのかす、扇動せんどうする、おだてる。¶ 순진한 사람을 자꾸 ~ 純真な人をしきりに唆す。②(たこを高くあげるために糸を)はじく、ぐいと外へ、たぐる。
꼬락서니 名 (俗)ざま、面、格好だ。¶ 네 ~ 보기도 싫다 お前なんか見たくもない。/ 그 ~ 가 뭐냐? なんと言うざまだ。
꼬르륵 副 ①(腹がすいたときなどに鳴る音)ぐうぐう、ごろごろ。②(鶏が驚いたときの鳴き声)コケコッコッコ。③(水が小さい管たや穴から少しずつ流れ出る音)ごぼごぼ、ごぼごぼ。
꼬리 名 (動物などの)尾、しっぽ。¶ 무의 ~ 大根のしっぽ/ 개가 ~를 흔들다 犬が尾を振る。
속담 꼬리가 길면 밟힌다 しっぽが長ければ踏まれる。《悪い事が長くつづくと必ずばれるものだ》
관용 꼬리(가) 길다 尾が長ない。①事が長びくこと。②尾は出ままって戸が完全かんに閉じまらないことから)戸をきちんと閉めない人のこと。꼬리(를) 감추다 しっぽを隠す、姿を隠す、消え去る。 꼬리(를) 치다 しっぽを振る、へつらう、機嫌をとる、媚を売る。
꼬리-표 [-票] 名 荷札に。¶ ~를 달다 荷札を付つける。
관용 꼬리표(가) 붙다 札付つきになる、よくない評判がつきまわる。
꼬마 名 ①小さい物、小型。¶ ~ 전구 豆電球でんきゅう。②(「꼬마둥이」の縮約形)ちび、ちびっこ、おちびちゃん。¶ 이리 오너라 おちびちゃん、こっちへおいで。
꼬박 「꼬박이」の縮約形。
꼬박-이 副 ずっと待ち続けたり一晩中ひとばんじゅう徹夜てつやするよう、すっかり、すっかり、ぶっとおしで、まる、たっぷり。¶ ~ 한 시간을 기다렸다 たっぷり一時間じかん待った。/ 이틀을 ~ 굶었다 まる二日間ふつかをなにも食べなかった。

꼬박-꼬박 副 ①(命令・期日などをよく守るさま)きちんと、まじめに、忠実に。¶ 집세를 ~ 내다 家賃をきちんきちんと納める。②待ち遠しげに、切りに、ずうっと。¶ 1년을 ~ 기다렸다 1年間ずうっと待った。③もれなく、欠かさず。¶ 하루도 거르지 않고 일기를 쓰다 一日も欠かさずに日記を。
꼬부라-지다 自 ①(一方方向に)曲がる。¶ 허리가 ~ 腰が曲がる。②(性格などが)ゆがむ、ねじける。¶ 마음이 꼬부라진 사람 心がのゆがんだ人。
꼬부랑-길 名 曲がりくねった道。
꼬부랑-꼬부랑 副 하形 (曲がりくねっているようす)くねくね。¶ ~ 굽은 길 くねくねと曲がりくねった道。
꼬이다 自 ①(物事などが)こじれる、狂う。¶ 일이 꼬여서 아주 난처하다 ことがこじれて実に困ったことになった。②(心・情緒が)ひねくれる、ねじける。¶ 속이 비비 心がすっかりひねくれる。
꼬장꼬장-하다 形㉔ ①細長はくまっすぐなさま。¶ 꼬장꼬장한 회초리 細長くまっすぐな鞭。②(老人が腰も曲がらずに)しゃんとしているさま、かくしゃくとしたさま。¶ 꼬장꼬장한 늙은이 かくしゃくとしている老人。③人となりが潔癖すぎて融通ゆうずうのきかないさま、片意地なさま。¶ 성질이 ~ 性質が片意地に融通がきかない。
꼬질-꼬질 副 하形 ①(育ちが悪くて)曲がりくねったさま。②(なりなどが)しわくちゃに、くちゃくちゃ。¶ ~ 땟국이 흐르는 옷 しわくちゃで垢だらけの服。
꼬집다 他 ①(指やつめで)つねる。¶ 팔을 ~ 腕をつねる。②(人の弱み・秘密などを)鋭するどく突く。¶ 남의 약점을 ~ 人の弱点をつく。③(人の感情・気分を)皮肉にく、害がするように言う。
꼬챙이 名 串。¶ ~에 꿰다 串に刺す。
꼬치-꼬치 副 ①(体のやせこけたさま)がりがり。¶ ~ 야위다 がりがりにやせ衰える。②(いちいち問いただすさま)根ほり葉ほり。¶ 남의 집안 일을 ~ 캐묻다 人の家庭の問題を根ほり葉ほり尋ねる。
꼭 副 ①(つよく押したり締めるさま)ぎゅっと、しっかり、ぐっと、かたく、固く。¶ ~ 매다 しっかりと結ぶ。/ 눈을 ~ 감다 目を固く瞑る。②(かなしみ・苦痛などを精せいっぱい堪えるさま)じっと、ぐっと。¶ ~ 참다 じっと耐える。③じっと隠れたりとじこもるさま。¶ 숨어서 ~ 나타나지 않다 じっと隠れて出て来ない。④必ずならず、きっと、まちがいなく。¶ 시간을 ~ 지켜라 時間を必ず守られ。/ 성공하겠다 必ず成功する。⑤ちょうど、ぴったり、きっちり、まるで、まさに。¶ ~ 세시간 ちょうど3時間じかん。/ 신이 발에 ~ 맞는다 靴が足にぴったり合う。

**꼭대기** 图 ①頂上、いただき、てっぺん、最上部、いちばん上。¶ 산 ~ 山の頂上。②かしら、首領、頭目。

**꼭두-각시** 图 ①韓国の人形劇に出てくるさまざまな仮面をかぶったあやつり人形。②韓国のあやつり人形劇に出てくる若い女性の人形。③人の手先になって使われる人、傀儡など。¶ 남의 ~ 노릇을 하다 人の手先になって動きまわる。

**꼭두-새벽** 图 夜明け、明け方、早暁、あさっぱら。¶ ~에 일어나다 明けがたに起きる。

**꼭지** 图 ①器のふたの取っ手、つまみ。¶ 냄비 ~ なべのふたの取っ手。②(くだもの・野菜などの)へた、がく、軸。¶ 사과・링고의 축/감 ~를 따다 柿のへたを取る。③たこの上部の中央につけたマーク。④(乞食などの)かしら。⑤からさおの先にくっつけて竿がまわるようにした仕掛け、かなめ。

**꼴**¹ 图 《ものごとの状態・形・なりふりなどに否定的な評価・判断をくだして》ありさま、ざま、格好。¶ ~이 좋다 なんてざまだ、いいつらの皮だ。

**꼴**² 图 まぐさ、飼い葉。¶ ~을 베다 まぐさを刈る。

**꼴깍** 副하자 ①(液体が喉や狭い穴などを一気に通過する音を)ごくり、ごくごく。¶ 침을 ~ 삼켰다 つばをごくりと飲み込んだ。②(怒りをこらえるさま)ぐっと。

**꼴뚜기** 图動 イイダコ。

**꼴-불견**[-不見] 图 (格好・することがぶざまで)見ていられないこと、みっともないこと。

**꼴찌** 图 びり、しんがり、いちばん終わり、どんじり、最後、ラスト。¶ ~로 합격하다 びりで合格する。

**꼼꼼-하다** 形여 几帳面だ、手抜かりがなく、用心深い、注意深い、細心だ。¶ 무엇이든지 꼼꼼히 한다 何事にも手抜かりなく行なう。

**꼼짝** 副하자타 《ちょっと動くようす》ぴくっと、ぴくっと、身じろぎ。¶ ~ 말고 앉아 있다 身じろぎもせず座っている。/거기서 ~ 마라 そこから動くな。

〈관용〉**꼼짝(도) 아니하다** 身じろぎもしない、ぴくともしない。¶ 손가락 하나 ~ 指ひとつ動かさない。

**꼼짝-못하다** 自不 ①身動きができない、少しも動けない、首が回らない。¶ 아파서 ~ 痛くて身動きができない。/빚 때문에 ~ 借金のために首が回らない。②(権力などに押さえられて)どうすることもできない、何でも言いなりになる、なすがままになる。¶ 주인 앞에서는 ~ 主人の前では何もできず言いなりになる。

**꼼짝없-이** 副 なすすべもなく、どうすることもできなく。¶ ~ 잡혀버렸다 なすすべもなく捕らえられてしまった。

**꼽다** 他 (数えるため)指を折る、数える、指折りして数える。¶ 첫손에 꼽는 부자 いの一番に数えられる金持ち。

**꼿꼿-하다** 形여 ①真っ直ぐだ。¶ 꼿꼿한 대나무 まっすぐな竹。②(性質などが)真っ直ぐだ、剛直だ。¶ 꼿꼿한 기상 剛直な気性。**꼿꼿-이** 副 真っ直ぐに、剛直に。

**꽁꽁** 副 ①《固く凍りついたようす》かちんかちん、かちかち。¶ 땅이 ~ 얼었다 地面が固く凍りついた。②《見つからないようにうまく隠れるようす》しっかりと。¶ ~ 숨어라, 머리카락 보인다 しっかり隠れろ、髪の毛が見えるぞ。③《堅く縛ったり包んだりするようす》堅く、しっかりと。¶ ~ 묶다 しっかりと縛る。

**꽁무니** 图 ①尻、しっぽ、けつ。¶ ~가 빠지게 달아나다 尻に帆をかける。②最後、びり、どんじり。¶ 행렬의 ~에 붙다 行列のどんじりにつく。

〈관용〉**꽁무니(를) 따라다니다** 尻を追い回す。**꽁무니(를) 빼다** 身を引く、逃げる。**꽁무니(를) 사리다** しっぽをまく、こっそり逃げ出だそうとする。

**꽁보리-밥** 图 麦だけのご飯、麦飯。

**꽁-생원**[-生員] 图 度量が狭くて人の言葉などを根に持つ人をあざけっていう語。

**꽁지** 图 鳥の尾。

〈속담〉**꽁지 빠진 새 같다** 尾の抜けた鳥のようだ。《みじめななりのたとえ》

**꽁초**[-草] 图 (「담배 꽁초」의 縮約形) (タバコの)吸い殻、吸いさし。

**꽁치** 图動 サンマ。

**꽂다** 他 ①突っ き差す、差し込む、差す。¶ 소켓을 ~ ソケットを差し込む。②刺す、挿す、さし込む。¶ 책을 책꽂이에 ~ 本を本立てにさし込む。/꽃을 병에 ~ 花を瓶に挿す。

**꽃** 图 ①[植] 花。¶ ~이 피다 花が咲く。②[比] 美しいもの、嬉しいものごと、貴いものごと。¶ 얼굴에 ~이 피다 顔に嬉しい表情が浮かぶ。③女性は、美人、花形、スター。¶ 연극계의 ~ 演劇界のスター。④(はしかの)発疹。¶ ~이 돋다 発疹が出る。

〈관용〉**꽃(을) 피우다** ①(あることに)花を咲かせる。¶ 밤새도록 이야기의 ~ 夜もすがら話に花を咲かせる。②(ある現象を)隆盛にさせる。

**꽃-가게** 图 花屋。

**꽃-가루** 图 花粉。¶ 벌이 ~를 나르다 蜂が花粉を運ぶ。

**꽃-구경** 图하자 花見。¶ ~을 가다 花見に行く。

**꽃-꽂이** 图자 生け花、華道。¶ ~를 배우다 生け花を習う。

**꽃-놀이** 图하자 花見。¶ 곧 ~철이 온다 間も

**꽃-다발** 图 花束はな、ブーケ。¶ ~을 보내다 花束を贈おくる。
**꽃-밭** 图 ①花畑はな、花壇かだん。②《俗》若わかい女性じょの多おおく集あつまる所ところ。
**꽃-병**[-瓶] 图 花瓶かびん。㊥ 화병
**꽃-봉오리** 图 ①つぼみ。¶ ~가 피다 つぼみがほころぶ。②《比》前途ぜんとが期待きたいされる若わかい世代だい。
**꽃샘-바람** 图 花はなあらし。
**꽃샘-추위** 图 花冷はなびえ。
**꽃-송이** 图 花房はなぶさ。
**꽃-술** 图 蕊しべ、花蕊かずい、雄蕊おしべと雌蕊しべ。
**꽃-씨** 图 花の種たね。
**꽃-잎** 图 花はなびら、花弁かべん。
**꽃-피다** 图 花はなが咲さく、もっとも華はなやかな状態じょうたいになる。¶ 젊음이 꽃피는 시절 青春せいしゅんの花咲はなさく時代じだい。

**꽉** 副 ①《物ものが詰つまっているようす》ぎっしり、いっぱい。¶ 강당에 사람이 ~ 차 있다 講堂こうどうに人ひとがいっぱいだ。②《強つよく押おしつけたり握にぎったり縛しばりあげるようす》ぎゅっと、しっかり、ひしと。¶ 누르다 ぎゅっと押さえつける。③《苦くるしみなどに耐たえるようす、ぐっと》じっと。¶ 아픔을 ~ 참다 痛いたみをじっとこらえる。

**꽝** 图 (くじ引びきや宝たからくじなどで)空からくじになること、空から、はずれ。¶ 복권이 모두 ~이다 宝たからくじがみんな空からだ。

**꽤** 副 ①かなり、よほど、なかなか、ずい分ぶん、大分だいぶ。¶ ~ 큰 건물 ずい分大おおきい建物たてもの。②わりに、わりあいに、比較的ひかくてき、やや。¶ ~ 어려운 문제 わりあい難むずかしい問題もんだい。

**꾀** 图 知恵ちえ、知謀ちぼう、たくらみ、計略けいりゃく。¶ 얕은 ~ 浅知恵あさぢえ。

**꾀:다** 图 (虫むしなどが)たかる、集あつまる、わく、群むらがる。¶ 구더기가 ~ うじがわく。/ 개미가 ~ 蟻ありがたかる。

**꾀-병**[-病] 图 仮病けびょう、いつわりの病気びょうき。¶ ~을 부리고 회사를 쉬다 仮病を使つかって会社かいしゃを休やすむ。

**꾀-부리다** 图 ずるける、さぼる。

**꾀어-내다** 他 誘さそい出だす、おびき出だす。¶ 감언으로 ~ 甘あまい言葉ことばで誘い出す。

**꾀죄죄-하다** 形 汚きたなくみすぼらしい、薄汚うすよごれている。¶ 꾀죄죄한 옷차림 薄汚い身みなり。

**꾐:** 图 誘さそい、誘惑ゆうわく、そそのかし、わな、口車くちぐるま。¶ ~에 빠지다 誘いに乗のる。

**꾸다¹** 他 (夢ゆめを)見みる。¶ 마치 꿈을 꾸는 기분이었다 まるで夢を見ているような気分きぶんだった。

**꾸다²** 他 (金銭きんせんなどを)借かりる。¶ 남의 돈을 ~ 人ひとのお金かねを借りる。

속담 **꾸어 온 보릿자루** 借りて来きた麦袋むぎぶくろ 《皆みながはしゃいでいるのに独ひとり黙だまっている人ひとをあざけていう語ご》

**-꾸러기** 接尾 そのような性質せいしつ・癖くせのある人ひとの意いを表あらわす語ご。¶ 잠 ~ 寝坊ねぼう。

**꾸러미** 图 ①包つつみ、束たば。¶ 열쇠 ~ 鍵束かぎたば。②卵たまご10個こを包つつんだわらづと。

**꾸리다** 他 ①(荷物にもつなどを)包つつむ、まとめて括くくる、荷造にづくりする。¶ 이삿짐을 ~ 引ひっ越こし荷物にもつをまとめる。②(ものなどを)処理しょりする、やって行いく、やりくりする、切きり回まわす。¶ 살림을 꾸려 나가다 家事かじを切り盛もりする。③(場所ばしょ・建物たてものなどを)手入ていれする、整ととのえる。¶ 집을 ~ 家いえを手入れをする。

**꾸며-내다** 他 つくり上あげる、でっち上あげる。¶ 꾸며낸 이야기 でっち上げた話はなし。

**꾸물-거리다** 自他 《「구물거리다」의 強調形》①(虫むしが)うごめく。②(人ひとが)ぐずつく、ぐずぐずする。¶ 거기서 뭘 꾸물거리고 있느냐? そこで何なにをぐずぐずしているのか。

**꾸미다** 他 ①作つくる、作つくりあげる、構かまえる、仕立たてる。¶ 정원을 ~ 庭園ていえんを作る。②企くわだてる、たくらむ、謀はかる。¶ 일을 ~ ことを謀る。③(書類しょるいなどを)作つくる、作成さくせいする。¶ 서류를 두 통 ~ 書類を2通つうに作る。④(見掛みかけを)よくする、飾かざる、作つくり立たてる。¶ 겉을 ~ 上辺うわべを飾る。⑤(本当ほんとうらしく)でっちあげる、作つくりあげる。¶ 그것은 꾸며낸 이야기다 それはでっちあげた話はなしだ。⑥(針仕事はりしごとなどで)こしらえる、作つくる、縫ぬい上あげる。¶ 이불을 ~ 掛かけ布団ぶとんを縫い上げる。

**꾸밈** 图 ①見掛みかけをつくろうこと、外見がいけんの飾かざり、装よそい。②本当ほんとうらしく見みせかけること、言葉ことばを飾かざること、装よそうこと。
관용 **꾸밈이 없다** ①飾かざり気けがない、装よそわない。②言動げんどうが率直そっちょくである。

**꾸벅-꾸벅** 副自他 こっくりこっくり、ぺこぺこ。¶ ~ 졸다 こっくりこっくりと居眠いねむりをする。

**꾸역-꾸역** 副 ①《多おおくの物ものや人ひとが一所いっしょに押おし寄よせたり一所ところから出でてくるようす》どっと、ぞくぞくと。¶ 사람들이 ~ 모여 들다 人々ひとびとがぞくぞくと押し寄せる。②《貪欲どんよくさなどがむくむくと起おこるさま》むくむくと、ぎゅうぎゅうと、どんどん。¶ ~ 욕심이 생기다 むくむくと欲が起きる。

**꾸준-하다** 形 ①粘ねばり強つよい、しんぼう強づよい、根気こんきがある、終始一貫しゅうしいっかんしている。¶ 너는 언제나 ~ 君きみはいつもしんぼう強い。②着実ちゃくじつだ、手堅てがたい、堅実けんじつである。¶ 꾸준한 성격 堅実な性格せいかく。**꾸준-히** 副 うまずたゆまず、勤勉きんべんに、根気強づよく。¶ ~ 노력하다 うまずたゆまず努力どりょくする。

**꾸중** 图 他 《「꾸지람」의 尊敬語》お叱しかり。¶ 크게 ~ 듣다 大目玉おおめだまをくう。

**꾸지람** 图 他 お叱しかり、叱しかること。

**꾸짖다** 他 叱しかる、咎とがめる。¶ 큰소리로 ~ 大声おおごえで叱る、怒鳴どなる。

**꾹** 副 ①《強つよく押おしたり締しめつけたりまたはかたく結むすぶようす》ぎゅっと、ぐっと、きつく。¶ 입을 ~ 다물다 口くちを堅かたくつぐむ。

-꾼 ②《苦しみなどを堪えしのぶようす》じっと、ぐっと。¶ 모욕을 ~ 참다 侮辱をじっと堪えしのぶ。㉔ 꼭

-꾼 接尾 ①その事を専門の・習慣のにする人を表わす語。¶ 나무~ 木こり。②そこに集まる人を表わす。¶ 구경~ 現物人ぶつ。

꿀 名 蜜っ、蜂蜜はちみつ。¶ ~처럼 달다 蜜のように甘い。
속담 꿀먹은 벙어리 蜜をなめた唖。《知っていながら何もしゃべらない人をあざけていう語》

꿀꺽 副 自他 ①《液体を一気に飲みこむ音》ごくり、ごっくり、ぐっと。¶ 물을 ~ 마시다 水をごくりと飲む。②《怒り・興奮などをこらえるようす》ぐっと、じっと。¶ 분을 ~ 참다 怒りをじっとこらえる。

꿀-단지 名 蜂蜜はちみつのつぼ。
꿀-떡 名 ①もち米に栗・なつめ・松の実などを混ぜ、蜜で味をつけて蒸した餅。②蜜で味をつけた餅の総称。
꿀-밤 名 自他 (愛らしさやいたずらで) 軽くげんこつでこづくこと。
꿀-벌 名 自他 ミツバチ。¶ ~을 치다 蜜蜂はちみつを飼う。
꿇다 他 ひざまずく。¶ 부처님 앞에 무릎을 ~ 仏前にひざまずく。
꿇어-앉다 自 膝をついて座る、ひざまずく。
꿈 名 夢。①《寝るあいだに見る》夢。¶ 좋은 ~ いい夢。②《将来の希望・期待を示す》夢。¶ 젊은 시절의 ~ 若いときの夢。③《非現実的な考え・希望を示す》夢。¶ 인가 생시인가 夢か現うつか。④《「꿈에도」の形で否定語とともに》夢にも(…ない)、全く、少しも、全然。¶ ~에도 몰랐다 夢にも知らなかった。
속담 꿈보다 해몽 夢より夢占うらない。《事実はさほどでもないのに解釈しだいがいかにももっともらしいこと》

꿈-같다 形 夢のようだ。¶ 꿈같은 이야기 夢のような話。
꿈-길 名 夢路。¶ ~을 더듬다 夢路をたどる。
꿈-꾸다 自他 夢見る。①夢を見る。②《理想を》えがく、志す。¶ 미래를 ~ 未来を夢見る。
꿈-나라 名 夢の国。①眠り。¶ ~로 가다 深く入眠る。②《理想・幻想》夢の世界。
꿈-자리 名 夢見。¶ ~가 매우 사납다 夢見がすごく悪い。
꿈틀-거리다 自 くねくね[にょろにょろ]と動く、のたくる。
꿋꿋-하다 形 ①かたい、しっかりしている、強い、屈しない。¶ 꿋꿋한 청년 腹のすわったしっかりした青年。②《物の芯が》強い、固い。¶ 꿋꿋한 나뭇가지 芯が強い木の枝。꿋꿋-이 副 屈せず、ひるまず。
꿍:-하다 形 不機嫌でむっつりしている、仏頂面をしている。

꿩 名 自他 キジ。
속담 꿩 먹고 알 먹는다 雉も食べ卵も食べる。《一挙両得、一石二鳥》

꿰:다 他 ①《穴に》通す。¶ 바늘에 실을 ~ 針に糸を通す。②くし刺しにする、つき通す。¶ 고기를 꼬챙이에 꿰어서 굽다 肉を串焼きにする。③《衣類を》着る、(履物を)履く、引っ掛ける。¶ 바지를 ~ ズボンをはく。
꿰-뚫다 他 ①貫つらく、突つき通す、突つき抜く、貫通する。¶ 총알이 몸을 ~ 鉄砲の弾が体を貫通する。/ 화살이 과녁을 ~ 矢が的を貫く。②(ものごとや事情を)見抜ける、見透かせる。¶ 남의 마음을 속속들이 ~ 人の心をすみずみまで見抜く。
꿰:-매다 他 ①縫う、繕う、つぎを当てる。¶ 옷을 ~ 着物を繕う。②収拾する、取りつくろう、丸くおさめる。
꿰:-차다 他 ①紐を通して腰にさげる。②《俗》自分の物にする。¶ 여자를 ~ 女を自分のものにする。
뀌:다 他 屁をひる、おならをする。¶ 방귀를 ~ 屁をひる、おならをする。
끄나-풀 名 ①紐の切れ端。②手先、犬。¶ 경찰의 ~ 警察の手先。
끄다 他 ①(火を)消す。¶ 촛불을 ~ ろうそくの火を消す。②(スイッチをひねって)消す。¶ 전등을 ~ 電灯を消す。③(借金を)返す、返済する。¶ 빚을 깨끗이 ~ 借金をきれいに返す。
끄덕-이다 自他 うなずく、(頭を)こっくりさせる。¶ 고개를 ~ 首を縦に振る。
끄떡없-다 形 びくともしない、微動だにしない、平気だ。¶ 아무리 위협해도 ~ どんなに脅かしてもびくともしない。끄떡없이 副 びくともせず、微動だにせず、平気で。
끄르다 他 ①解く、ほどく。¶ 보따리를 ~ 風呂敷包みを解く。②外す、開ける。¶ 단추를 ~ ボタンを外す。
끄집어-내다 他 引き出す。①(中のものを)引っぱり出す、取り出す、つかみ出す。¶ 주머니에서 지갑을 ~ ポケットから財布を取り出す。②(話を)切り出す、持ち出す、(人の欠点・過ちなどを)ほじくり出す、そしる。¶ 결혼 애기를 ~ 結婚話だしを切り出す。
끄트머리 名 ①(ものごとの)終わりの部分、端は、末端、しんがり。¶ 맨 ~에 서다 一番しんがりに立つ、端っこに立つ。②(ものごとの)いとぐち、端緒。¶ 사건의 ~ 事件のいとぐち。
끈 名 ①紐、緒。¶ ~을 매다 紐を結ぶ。②金儲けの手段、生計の道、稼ぎ。¶ ~이 없어서 살아갈 길이 막막하다 稼ぎが無くて生計が漠然としている。③頼みの綱、頼より、手蔓、コネ。¶ 유력한 ~ 有力なコネ。

**끈-기**[-氣] 名 ①粘り、粘り気。¶ ~있는 밥 粘り気の多いご飯。 ②根気。¶ ~있게 계속하다 根気よく続ける。

**끈끈-하다** 形여 ①べたべたする。¶ 셔츠가 땀으로 ~ シャツが汗でべたべたする。 ②ねばねばする、粘っこい。¶ 끈끈한 풀 ねばねばした糊。 ③性格が ~ 性格がしつよい。

**끈덕-지다** 形 根気がある、粘り強い、しつこい。¶ 끈덕진 사람 粘り強い人。

**끈적-거리다** 自 ①ねばつく、べとつく、ねちねちする。¶ 땀으로 손이 ~ 汗で手がべたつく。 ②しつこくする、しつこくねだる。

**끈적-끈적** 副하自 ねばねば、べたべた、ねちねち。¶ ~한 약을 바르다 ねっとりした薬を塗る。

**끈-질기다** 形 粘り強い、しつこい。¶ 끈질긴 질문 しつこい質問/ 끈질기게 물고 늘어지다 粘り強く食い下がる。

**끊다** 他 ①(物を)切断する、切る。¶ 철사를 ~ 針金を切る。 ②(電話などを)切る。¶ 도중에 전화를 ~ 途中で電話を切る。 ③(関係などを)断つ、切断する。¶ 친구와의 교제를 ~ 友人との交際を断つ。 ④(酒・たばこなどを)やめる、断つ。¶ 담배를 ~ たばこをやめる。 ⑤(切符などを)買う。¶ 옷감을 ~ 生地を買う。 ⑥(命を)斷つ、死ぬ。¶ 스스로 목숨을 ~ 自ら命を断つ。 ⑦(手形・小切手などを)振り出す。¶ 수표를 ~ 小切手を振り出す。 ⑧(道を)斷ち切る、さえぎる。¶ 퇴로를 ~ 退路を断つ。

**끊어-지다** 自 ①(物が)切れる、断ち切れる。¶ 전기줄이 ~ 電線が切れる。 ②(関係が)断ち切れる。¶ 인연이 ~ 縁が切れる。 ③(息が)絶える。¶ 숨이 끊어졌다 息が絶えた。 ④絶える、とぎれる、切れる。¶ 소식이 ~ 便りがとだえる。/ 이야기가 도중에 끊어졌다 話しなかが途中で切れた。

**끌:다** 他 ①引く、曳く、引っ張る。¶ 그물을 ~ 網を引っぱる。 ②引きずる、引く。¶ 치맛자락을 ~ チマのすそを引きずる。 ③(時間を)延ばす、長引かせる。¶ 날짜를 ~ 日ちを延ばす。 ④(人気·注意などを)引きつける、引く。¶ 남의 눈을 ~ 人目を引く。 ⑤(人を)さそう、引く、引き入れる。¶ 손님을 ~ 客を引く。 ⑥(線·管などを)引く、架設する。¶ 수도를 ~ 水道を引く。 ⑦(声などを)長引かせる、長く引きのばす。¶ 목소리를 길게 ~ 声を長々と引っぱる。 ⑧(牛馬車を·馬車を)などを引く。¶ 마차를 ~ 馬車を引く。 ⑨(乗り物を)乗りまわす、運転する。¶ 자가용차를 끌고 다니다 自家用車を乗りまわす。 ⑩(「이끌다」の縮約形》導く。

**끌:어-내다** 他 引っぱり出す、引きずり出す、引き出す。¶ 밖으로 ~ 表おもてへ引っぱり出す。

**끌:어-대다** 他 ①(金などを)かき集める、工面する、金をやり繰りする。¶ 장사 밑천을 ~ 商売の元手を工面する。 ②引用する、引き合わせる。¶ 전례를 ~ 前例を引き合わせる。

**끓다** 自 ①(水などが)沸く、沸き返る。¶ 물이 ~ 湯が沸く。 ②(温度·体温が)熱くなる。¶ 머리가 절절 ~ 頭がかっかと熱い。 ③(ある感情が)沸く、興奮する。¶ 젊은 피가 ~ 若い血がたぎる。 ④(腹が立って)腸が煮えくり返る。¶ 화가 나서 속이 부글부글 ~ 癇かっで腹の底が煮えくり返る。 ⑤(腹の調子が悪くて)ごろごろ鳴る。¶ 배가 ~ 腹がごろごろ鳴る。 ⑥(痰がのどにつかえて)ぜいぜいする。¶ 가래가 가랑가랑 ~ 痰がかからんでぜいぜいする。 ⑦(虫などが)わく、たかる、群がる。¶ 구더기가 ~ うじがわく。/ 쓰레기에 파리가 ~ ごみにはえが群がる。

**끓이다** 他 ①沸かす。¶ 물을 ~ お湯を沸かす。 ②煮る、作る、料理りょうする。¶ 라면을 ~ ラーメンを作る。 ③気に病む、苦しめる。¶ 하찮은 일로 속을 ~ 大したことでもないのを気に病む。

**끔찍-하다** 形여 ①ぞっとする、むごたらしい、物すごい、ひどい。¶ 끔찍한 광경 むごい光景。 ②(量·大きさが)驚くほどだ、ものすごく大きすい。¶ 끔찍하게 춥다 ひどく寒い。 ③(誠意·愛情などが)このうえなく深い、ねんごろだ。¶ 부하를 끔찍하게 아끼다 部下を非常に大事にする。 **끔찍-이** 副 このうえなく、非常に。¶ 자식을 ~ 위하다 息子を非常に大事にする。

**끗-발**[-] (かけごとで)付っいている、よい点数てんが続いて出ること。
慣用 **끗발(이) 세다** ①(かけごとで)付っきがよい、引き続きよい点数が出る。 ②羽振はぶりをきかせる、権勢けんせいを振るっている。

**끗-수**[-數] 名 ①点数すう、点て。 ②(花札はなどで)稼かいだ点数、得点数てんすう。

**끙끙** 副하自 《呻うめいたり力ちからむ声え》うんうん。¶ 밤새도록 ~ 앓았다 一晩中ひとばんじゅううんうん苦くるしんだ。

**끙끙-거리다** 自 うんうんめく。

**끝** 名 ①(時間·空間·物事などの)終わり、果はて、おしまい、最後さいご。¶ 땅 ~까지 地ちの果はてまで。 ②(細長ほそながいものの)先さき、端はし、末すえ、先端せんたん。¶ 칼~이 무디다 太刀先さきが鈍い。 ③(立っているものの)上うえ、てっぺん。¶ 머리 ~에서 발 ~까지 頭あたまのてっぺんからつま先まで。 ④(ものごと·事態たいの)終わり、結末けつまつ、けり。¶ 회의의 ~ 会議の終わり。 ⑤結果か、決着ちゃくく。¶ 시작보다 ~이 좋아야지 始めよりその結果が重要じゅうようだ。 ⑥(ある物事の)末すえ、果は

**끝-나다** 自 ①(ものごとの)けりがつく、終わる、済む。¶ 공사가 ~ 工事が終わる。②(時間的·空間的に)終わる、おしまいになる、尽きる、済む、切れる、明ける。¶ 휴가가 ~ 休暇が終わる。/ 계약이 ~ 契約が切れる。

**끝-내** 副 とうとう、ついに、ずっと。¶ ~ 그 말을 못하고 말았다 とうとうその話はできなかった。/ 오랜 고생 끝에 ~ 성공했다 長い苦労の末についに成功した。

**끝-내다** 他 終える、済ませる、けりをつける。¶ 일을 ~ 仕事を終える。

**끝-마감** 名하他 (物事の)仕上げ、締めくくり、締め切り。¶ 일의 ~이닷꾿이 합시다 仕事の仕上げなんだからきれいにしましょう。

**끝-마치다** 他 終える、済ます、おしまいにする。¶ 숙제를 ~ 宿題を済ます。

**끝-손질** 名하自他 (仕事の)仕上げ。

**끝-없다** 形 切りがない、果てしない。¶ 끝없는 바다 果てしない海。**끝-없이** 副 限りなく、果てしなく。¶ ~ 이어지는 길 果てしなく続く道。

**끝-장** 名 ①終わり、お仕舞い、果て、けり、結末。、締めくくり。¶ ~을 보다 終わりを告げる。②死、失敗、失望。
**끝장-나다** 自 終わる、お仕舞いになる、けりがつく、果てる。
**끝장-내다** 他 終える、結末をつける、けりをつける、仕上げる。

**끼** 依 ((朝·昼·夕方の食事等の回数を表わす語))食。¶ 하루 세 ~ 1日に3食食う。/ 한 ~를 거르다 1食を抜く。

**끼니** 名 きまった食事。¶ ~때 食事どき。/ ~를 거르다 食事を抜く。/ 겨우 ~는 이어간다 やっと食をつなぐ。

**끼:다**¹ 自 ①(水蒸気·煙りなどが)立ちこめる、かかる、煙る、こもる。¶ 안개가 ~ 霧りがかかる。/ 방에 연기가 ~ 部屋に煙が立ちこめる。②(垢·埃などが)つく、たまる。¶ 책상에 먼지가 ~ 机上にほこりがたまる。③(苔·さびが)生える。¶ 이끼 긴 돌담 苔むした石垣。④(顔·声にある感情が)こもる、漂だう、帯びる。¶ 얼굴에 수심이 ~ 顔色に憂いが漂う。

**끼:다**² 自 (「끼이다」の縮約形) 挟まる、加わる、列する。¶ 손이 문틈에 ~ 手で戸のすき間に挟まる。

**끼-다**³ 他 ①挟む、差し込む、抱える。¶ 보청기를 귀에 ~ 補聴器を耳に差し込む。②組む。¶ 팔짱을 ~ 腕を組む。③はめる、はめこむ。¶ 장갑을 ~ 手袋をはめる。/ 안경을 ~ 眼鏡をかける。④(権力 등을)背景に持つ、笠に着る。¶ 권력을 끼고 치부하다 権力を後ろだてにして財を築く。⑤浴びて行く、浴そう。¶ 강을 끼고 내려가다 川筋に浴びてくだる。

**-끼리** 接尾 ((仲間2·連れなどの意を表わす語))…同士2、…だけ。¶ 친구들 ~ 놀자 友達どうし同士で遊ぶ。/ 우리들 ~ 가자 わたしたちだけで行こう。

**끼리-끼리** 副 似たもの同士、仲間な同士で。¶ ~ 모이다 仲間同士が集まる。

**끼얹다** 他 振りかける、振りまく、浴びせる、ぶっかける。¶ 머리에 물을 ~ 頭に水を浴びせかける。

**끼우다** 他 ①挟む、はめる、はめ込む、差し込む、入れる。¶ 사진을 책갈피에 ~ 写真を本にはさむ。②はめる、はめ込む。¶ 유리를 ~ ガラスをはめる。③挿入する、入れる。¶ 군데군데 삽화를 ~ ところどころに挿絵を挿入する。

**끼이다**¹ 自 ①挟まる。¶ 이 사이에 ~ 歯の間に挟まる。②加わる、列する、混まじる。¶ 친구들 틈에 ~ 友達たちに仲間入なかりする。

**끼이다**² 自 (「끼다」の受動形) はめられる、差しこまれる。

**끼치다**¹ 自 ①(鳥肌等が)立つ、(身の毛が)よだつ。¶ 소름이 ~ 身の毛がよだつ。②吹きつける、(身に)かかる。¶ 냄새가 확 ~ 臭いがぶんと鼻につく。

**끼치다**² 他 ①(面倒·迷惑などを)かける。¶ 걱정을 ~ 心配をかける。②(影響을)及ぼす、与える、(後世に)残す、及ぼす。¶ 자손 만대에 누를 ~ 子孫万代に累を及ぼす。

**끽-소리** 名 (ほんの小さな)反論2、ぐうの音2。¶ ~도 못하게 만들다 ぐうの音もでないようにする。

**끽연[喫煙]** 名하自 喫煙。¶ ~실 喫煙室。

**낄낄** 副하自 (込み上げてくる笑いを抑えてしのんで笑う声) くすくすと、くっくっと。¶ 학생들이 ~ 웃기 시작했다 学生たちがくすくす笑いだした。

**낌새** 名 兆きし、徴候、気色、気配。¶ ~를 엿보다 気色をうかがう。/ 그런 ~는 조금도 없다 そのような気配は少しもない。**관용** 낌새(를) 보다 顔色をうかがう、ようすを探る、気配を察する。낌새(를) 채다 かぎつける、感づく、気づく、気配を察する。

**낑** ①((病気や力仕事などでうめいたりするようす)) うん、ううん。②((幼児2がしきりにものをねだってむずかる声)) ぐずぐず。
**낑-낑** うんうん、ぐずぐず。
**낑낑-거리다** 自 ①しきりにうんうんとうなる。¶ 무거운 짐을 들고 ~ 重い荷物を持ってうんうんと力んでいる。②ぐずぐずいう、しきりにきゃんきゃんと鳴く。¶ 강아지가 ~ 小犬がきゃんきゃん鳴く。

# ㄴ

**ㄴ¹** ハングル字母の第2番目の字.

**ㄴ²** 助 (「는」の縮約形)…は, …では, …じゃ. ¶ 난 가오 わたしは行くよ. / 조용하진 않다 静かではない.

**-ㄴ가** 語尾 (母音で終わる形容詞や体言の語幹につく終結語尾. 疑問を表わす) …か, …のか. ¶ 그게 누군가? そいつは誰だか. / 얼마나 큰가? どのくらい大きいのか. 웹 -는가
　慣用 -ㄴ가 보다 《推測の意を表わす》…らしい, …のようだ, …みたいだ. ¶ 밖은 추운가 보다 外는 寒いようだ.

**-ㄴ걸** 語尾 「-ㄴ 것을」の縮約形. ①《過去の事実に感動したりそれを相手に知らせる意味などを表わす》…たよ, …たなあ. ¶ 이제까지 계신걸 たった今までおられたよ. ②《前のことばが後のことばの理由・前提になることを表わす》…のを, …だから. ¶ 큰걸 놓쳤다 大きいのを取りとり逃がした. 웹 -는걸

**-ㄴ다고** 語尾 (「-ㄴ다 하고」の縮約形) …であると, …といって. ¶ 사랑한다고 말해다오 愛していると言ってくれ. 웹 -는다고

**-ㄴ다느니** 語尾 《こうすると言ったり, ああすると言ったりする意味を表わす》…たり…たり, …とか…とか. ¶ 산다느니 안 산다느니 변덕이 죽 끓듯 했다 買うたり買うたり言わないと言ったりむら気がひどすぎる. 웹 -는다느니 · -다느니

**-ㄴ다는** 語尾 (「-ㄴ다고 하는」の縮約形. 聞いたり経験したりしたことを表わす意味と言う》…たという, …との. ¶ 꼭 온다는 약속은 없었다 必ず来るという約束はなかった. 웹 -는다는 · -다는

**-ㄴ다니까** 語尾 ①(「-ㄴ다고 하니까」の縮約形) …というから, …というので. ¶ 떠난다니까 서운한 모양이다 発つというので名残惜しいらしい. ②…といったはずだ. ¶ 틀림없이 한다니까 必ずするといったはずだ. 웹 -는다니까 · -다니까

**-ㄴ다마는** 語尾 《語尾 「-ㄴ다」に助詞 「마는」がついたもの. 前の事柄を認めながらも後の事柄がそれに拘束されないことを表わす》…することはするが, …にしても, …だけれど. ¶ 읽기는 읽는다마는 재미는 없다 読むことは読んでいるけれどもおもしろくない. 웹 -는다마는 · -다마는

**-ㄴ다면서** 語尾 ①(「-ㄴ다고 하면서」の縮約形. 人のことばを引用してそれが次の事柄の前提・理由になることを表わす》…といいながら, …といって. ¶ 친구를 만난다면서 나갔다 友だちに会うといって出かけた. ②《聞き返すか皮肉る意を表わす》…するのか, …だって. ¶ 약속을 밥 먹듯 어긴다면서? 約束をしょっちゅうほごにするんだって. 웹 -는다면서 · -다면서

**-ㄴ단다** 語尾 (「-ㄴ다고 한다」の縮約形. 人のことばを引用する意を表わす》…という, …だそうだ. ¶ 오늘 서울을 떠난단다 今日ソウルをたつという. 웹 -는단다

**-ㄴ담** 語尾 《「-단 말인가」の意で, 軽い感嘆をこめた疑問を表わす》…するのか, …するのだ. ¶ 무엇하러 간담 何だしに行くんだ. / 이 일을 어찌한담 これをどうすればいいのかね. 웹 -는담

**-ㄴ답니까** 語尾 (「-ㄴ다고 합니까」の縮約形. 問い返す意を表わす》…と言うんですか. ¶ 몇 시에 온답니까? 何時に来ると言うんですか. 웹 -는답니까

**-ㄴ답니다** 語尾 (「-ㄴ다고 합니다」の縮約形. 伝え聞いた内容を丁重に述べる意を表わす》…ということです, …だそうです. ¶ 그 사람은 모른답니다 彼は知らないそうです. 웹 -는답니다

**-ㄴ답시고** 語尾 (「-ㄴ다고 하여」の意を表わす) …といって, …とかいって. ¶ 공부를 한답시고 책만 끼고 다닌단 勉強하는んだとかいって本을 持ち歩いているだけだ. 웹 -는답시고

**-ㄴ대도** 語尾 (「-ㄴ다고 하여도」의 縮約形) …としても, …といいても. 웹 -는대도

**-ㄴ대서** 語尾 (「-ㄴ다고 하여서」の縮約形. 前の事柄が後の事柄の原因・理由であることを表わす》…というので, …といって, …というから, …だから. ¶ 네가 온대서 얼마나 기다렸는지 아니? おまえが来るというのでどれほど待っていたかわかるかい. 웹 -는대서

**-ㄴ대서야** 語尾 (「-ㄴ다고 하여서야」の縮約形. 反語的な問いかけの前に使われる》…とは, …なんて. ¶ 학생이 그걸 모른대서야 말이 되냐? 学生がそれを知らないとは話にならない. 웹 -는대서야

**-ㄴ데** 語尾 ①《後の事柄が期待に反するものであることを表わす》…のに, …が. ¶ 값은 싼데 맛이 없다 値段은 安いが味がない. ②《相手の反応をうかがいながら軽い感嘆の意を表わす》…(だ)な, …(だ)ね. ¶ 꽤 큰데 相当大きいな. / 굉장히 예쁜데 とてもきれいだね. 웹 -는데

**-ㄴ즉** 語尾 《前の事柄が後の事柄の理由・原因・条件となることを表わす》…(する)と, …(する)に, …(する)ので, …(する)から, …(し)たら. ¶ 이야기를 듣고 본즉 그럴 것 같군 話を聞いてみるとそのようだな. / 밥을 많이 먹은즉 배가 아프다 ご

-ㄴ지

飯をたくさん食べたからお腹が痛い。

-ㄴ지 [語尾] 《漠然とした疑問を表わす》…か、…かどうか、…なのか、…かもしれない。¶ 비싼지 어떤지 묻다 高いかどうか尋ねる。/ 밖은 추운지 모르겠다 外は寒いかもしれない。 ㉺ -는지

나 I [名] ①私、自分、己れ、我。¶ ~ 만 아는 욕심꾸러기 自分のことだけを考える欲張り / 대의를 위하여 ~를 버리다 大義のために私を捨てる。②[心] 自我、エゴ。 II [代] (単数形の1人称で) わたし、私たち、僕、おれ。¶ ~는 학생입니다 わたしは学生です。/ ~ 라면 그런 짓은 하지 않습니다 僕ならそんなことはしません。

나- [接頭] "外への動き"を表わす。¶ ~오다 出て来る、出る。

나-가다 [自] ①(外へ)出る、出て行く、出でかける、出向く。¶ 밖으로 ~ 外へ出る。/ 거리에 ~ 街に出かける。②(組織などから)出て行く、辞める、退く。¶ 회사에서 ~ 会社を辞める。③出勤する、出席する、勤どめる、出る、参加する、出場する。¶ 결승전에 ~ 決勝戦に出る。④(ある方面に)進出する。¶ 정계에 ~ 政界に進出する。⑤広どまる、知れわたる。¶ 말이 밖으로 나가지 하다 話などが外部へ漏れないようにする。⑥持ちこたえる、堅持する。¶ 강경한 태도로 ~ 強硬な態度を堅持する。⑦(金品などが)支払われる、支給される、出る。¶ 수당이 ~ 手当てが支給される。⑧(商品・出版物などが)売れる、さばける、はける。¶ 가장 잘 나가는 책 最もよく売れる本。⑨(費用などが)かかる、出る、かさむ、使われる。¶ 비용이 만 원 정도 나갔다 費用が1万ウォンぐらいかかった。⑩(電気が・ヒューズなどが)消える、切れる、停電である。¶ 불이 나가서 촛불을 켜고 공부했다 明かりが消えたので、ろうそくをともして勉強した。⑪(数値・重さなどが)…になる、…に相当する、…の重さがある。¶ 이것은 5파운드나 나간다 これは重さが5ポンドもある。⑫進む、前進する、進み出る。¶ 앞으로 나가자 前へ進もう。⑬だめになる、擦り切れる、破れる、裂ける。¶ 귀청이 ~ 鼓膜が破れる。⑭(意識・気などが)抜ける、なくなる。¶ 넋이 ~ 魂が抜ける。

나가-떨어지다 [自] ①なげ飛ばされる、ぶっ倒れる、ひっくり返る。¶ 발길에 차여 ~ 蹴飛ばされてひっくり返る。②(疲れ・酔いなどで)のびる、へとへとになる、へなへなになる。¶ 사흘 밤을 새고 나가떨어져 3日間徹夜してへとへとになった。

나가-자빠지다 [自] ①のけぞって倒れる、あお向けに倒される。②金品を借りたまま返さないですます。¶ 빚을 지고 ~ 借金を借りて倒れる。㉺ 나자빠지다

나그네 [名] ①旅人、旅行者。¶ 정처없는 ~ さまよう旅人 / ~길을 떠나다 旅路につく。②よそ者、客人、きゃく。

나긋-나긋 [副] [形] ①(食べ物が)軟らかい。¶ 고기가 ~하고 맛있다 肉が軟らかくておいしい。②(態度が)柔らかい、親切で優しい、人当たりがいい。¶ 한 태도 も柔らかな態度。③(体が)しなやかだ、柔らかい。¶ 몸매가 나긋나긋한 여자 体つきがしなやかな女性。④(ことば・文章などに)味わいがある、味わいがある。¶ ~한 말씨 味わいのあることば遣い。

나날 [名] 毎日、日々、日ごと、一日一日。¶ 보람찬 ~을 보내다 有意義な毎日を送る。 나날-이 日ごとに、日に日に。¶ ~ 봄다워지다 日ごとに春めく。

나누다 [他] ①分ける、分割する。¶ 사과를 둘로 ~ りんごを二つに分ける。②分ける、分類する、区分する、区別する。¶ 종류별로 ~ 種類別に分ける。③分ける、分かつ、分配する、配る。¶ 답안지를 나누어 주다 答案用紙を配る。④(食事などを)共にする。¶ 술이나 한 잔 나눕시다 お酒でも一杯やりましょう。⑤(話・あいさつを) 交わす、やりとりする。¶ 이야기를 ~ 対話する。/ 악수를 ~ 握手を交わす。⑥苦楽を共にする。¶ 슬픔을 서로 ~ 悲しみを分かちあう。⑦(血を)分ける。¶ 피를 나눈 형제 血を分けた兄弟だ。⑧(数を)割る、割り算をする。¶ 나눌 수 없는 수 割れない数字 / 열을 둘로 ~ 10を2で割る。

나누어-지다 [自] 別々になる、分かれる。¶ 나라가 둘로 ~ 国が二つに分かれる。

나눗-셈 [名] [自他] 割り算、除算。

나다¹ [自] ①(表面・外に)出る、生える、生じる。¶ 눈물이 ~ 涙が出る。/ 이가 ~ 歯が生える。②(人・動物などが)生まれる。¶ 어제 난 강아지 きのう生まれた子犬。③(ある事象が)生じる、できる、起こる、発生する。¶ 배탈이 ~ 腹をこわす。/ 야단이 ~ 騒ぎが起こる。④(感情・気持ちなどにある変化が) あらわれる、わく、起こる、出る。¶ 화가 ~ 腹が立つ。/ 기억이 ~ 思い出す。⑤生産される。¶ 이 지방에서는 포도가 많이 난다 この地方ではブドウが多く産出される。⑥(新商品などが世に)出る、出回る。¶ 시장에 햅쌀이 ~ 市場に新米が出回る。⑦(人物などが)輩出する、世にでる。¶ 이 고장에서 많은 학자가 났다 この村で多くの学者が輩出した。⑧(決着が・結果が)つく、出てる。¶ 끝장이 ~ けりがつく。⑨広く知られる。¶ 이름이 ~ 有名になる。/ 소문이 ~ うわさが立つ。⑩(様子・味などから)らしくなる、…感じがする、…っぽい、よくなる。¶ 처녀 티가 ~ 娘っぽくなる。/ 냄

새가 ~ においがする。 ⑪《使用されずある期間》空く。¶ 자리가 ~ 席ᠲᡠが空く。/ 곧 방이 납니다 すぐ部屋ᠲᡠが空きます。 ⑫《求められたものが》現ᠲᡠれる。¶ 취직 자리가 ~ 勤ᠲᡠめ口ᠲᡠが見つかる。 ⑬《容貌ᠲᡠ·人品ᠲᡠが》すぐれている、ぬきんでている。¶ 난 여자 뉘긴어뎌 素晴ᠲᡠらしい女ᠲᡠ。 ⑭《年齢ᠲᡠをあらわす語ᠲᡠと共ᠲᡠに》…になる。¶ 다섯 살 난 딸 5歳ᠲᡠになった娘ᠲᡠ。 ⑮《他動詞的に》㉠《ある季節ᠲᡠを》過ᠲᡠごす。¶ 겨울을 ~ 冬ᠲᡠを過ごす。 ㉡《結婚ᠲᡠして》世帯ᠲᡠを持つ、分家ᠲᡠする。¶ 장가를 들어 살림을 ~ 嫁ᠲᡠをもらって世帯を持つ。

**나다²** [自動] ①《動詞の語尾「아·어」について》その動作行為ᠲᡠの進行ᠲᡠを強調ᠲᡠする。¶ 피어 ~ 咲ᠲᡠき出る。 ②《動詞の語尾「고」について》その動作ᠲᡠの完了ᠲᡠを意味ᠲᡠする。¶ 숙제를 하고 나서 놀러 가거라 宿題ᠲᡠをやり終えてから遊ᠲᡠびなさい。

**나-다니다** [自] 出歩ᠲᡠく。 볼일도 없이 여기저기 ~ 用事ᠲᡠもないのにあちこち出歩く。

**나다분-하다** [形여] 取ᠲᡠり散ᠲᡠらかっている、乱雑ᠲᡠである、ごたごたしている。

**나달-거리다** [自] 《垂ᠲᡠれ下ᠲᡠがったものが》ぶらぶらする、ゆらゆらする。¶ 옷소매가 ~ 着物ᠲᡠの袖ᠲᡠがぶらぶらする。  너덜거리다

**나-대다** [自] 軽ᠲᡠはずみに行動ᠲᡠする。 철없이 ~ わきまえもなく軽はずみにふるまう。

**나-돌다** [自] ①《「나돌아다니다」の縮約形》出歩ᠲᡠく、歩ᠲᡠき回ᠲᡠる、ほっつき回ᠲᡠる。¶ 공부는 하지 않고 나돌기만 한다 勉強ᠲᡠはしないでほっつき回ってばかりいる。 ②《うわさなどが》広ᠲᡠまる。¶ 헛소문이 ~ 根も葉もないうわさが広まる。 ③あちこちで目ᠲᡠにつく、出回ᠲᡠる。¶ 항간에 나도는 위조 지폐 巷ᠲᡠに出回る偽造紙幣ᠲᡠ。 ④《気力ᠲᡠ·生気ᠲᡠが》あふれる、浮ᠲᡠかぶ。

**나-뒹굴다** [自] ①あちこち転ᠲᡠげ回ᠲᡠる。 ②あちこち散ᠲᡠらばっている。¶ 잡지가 마루에 ~ 雑誌ᠲᡠが床に散らばっている。

**나들이** [名][하되] ①外出ᠲᡠ、よそ行ᠲᡠき、出ᠲᡠかけること。¶ 봄 ~ 春ᠲᡠにぶらりと出かけること。 ②出ᠲᡠたり入ᠲᡠったりすること、出入ᠲᡠり。¶ 요사이 사람의 ~가 많아졌다 最近ᠲᡠ人ᠲᡠの出入りが増えた。

**나들이-옷** [名] 晴ᠲᡠれ着、外出着ᠲᡠ、よそ行ᠲᡠき。¶ ~을 입다 外出着を着る。

**나라** [名] 国ᠲᡠ。①国家ᠲᡠ。¶ 이웃 ~ 隣ᠲᡠの国/ ~를 세우다 国を建てる。/ 이 나라의 장래는 어깨에 걸머지고 있다 国の将来を双肩ᠲᡠに担ᠲᡠう。 ②地域ᠲᡠ、地方ᠲᡠ。¶ 남쪽 ~ 南ᠲᡠの国。 ②《接尾語的に》世界ᠲᡠ。¶ 꿈 ~ 夢ᠲᡠの世界/ 달 ~ 月世界ᠲᡠ。

**나라-꽃** [名] 国の花ᠲᡠ、国花ᠲᡠ。

**나라-말** [名] 国語ᠲᡠ。

**나락** [奈落·那落] [名] 奈落ᠲᡠ。①[佛] 地獄ᠲᡠ。 ②どん底ᠲᡠ。 절망의 ~에 빠지다 絶望ᠲᡠのどん底に落ᠲᡠちる。

**나란-하다** [形여] きちんと並ᠲᡠんでいる、そろっている。  **나란-히** [副] 並ᠲᡠんで、まっすぐ、きちんと座ᠲᡠる。¶ 우로 ~! 右ᠲᡠへならえ/ ~ 앉다 並ᠲᡠんで座る。

**나루** [名] 渡ᠲᡠし、渡ᠲᡠし場ᠲᡠ。¶ ~에 배를 대다 渡し場に船ᠲᡠを着ᠲᡠける。
 **나루-터** [名] 渡ᠲᡠし場、渡船場ᠲᡠ。
 **나룻-배** [名] 渡ᠲᡠし船ᠲᡠ。¶ ~로 강을 건너다 渡し船で川ᠲᡠを渡る。

**나룻** [名] ひげ。¶ 구레~ 頬ᠲᡠひげ。

**나르다** [他三] 運ᠲᡠぶ、運搬ᠲᡠする、運送ᠲᡠする。¶ 짐을 ~ 荷物ᠲᡠを運ぶ。

**나른-하다** [形여] ①だるい、けだるい。¶ 더워서 몸이 ~ 暑ᠲᡠくて体ᠲᡠがだるい。 ②《布ᠲᡠに糊ᠲᡠけがなく》柔ᠲᡠらかい、しなやかでよわよわしい、なよやか。

**나름** [依] …次第ᠲᡠ、…なり。¶ 자기 ~의 생각 自分ᠲᡠなりの考ᠲᡠえ/ 사람 ~이다 人物ᠲᡠ次第である。

**나리¹** [名][植] ①ユリ。¶ ~꽃 ユリの花ᠲᡠ。 ②「참나리」の縮約形。

**나:리²** [名] 《ある地位ᠲᡠ·権勢ᠲᡠを持ᠲᡠつ人ᠲᡠを呼ᠲᡠぶときの尊敬語》旦那ᠲᡠ、さま。¶ 군수 ~ 郡守ᠲᡠさま。

**-나마** [語尾] 《「-지만」の意で前ᠲᡠの事柄ᠲᡠに拘束ᠲᡠされないことを表ᠲᡠわす》…でも、…ではあるが、…だが、…けれど。¶ 변변치 못하 ~ 좀 드십시오 つまらないものですがちょっとお上ᠲᡠがりください。

**-나마나** [接尾] 《「そうしようがしないだろうが」の意を表ᠲᡠわす》¶ 보~ 합격이다 合格ᠲᡠはきまりきっている。

**나막-신** [名] 《雨ᠲᡠのときに履ᠲᡠく》木靴ᠲᡠ、木履ᠲᡠ。¶ ~을 신다 木靴を履ᠲᡠく。

**나머지** [名] ①余ᠲᡠり、余分ᠲᡠ、残ᠲᡠり。¶ ~돈 残りの金ᠲᡠ/ ~는 내일 합시다 残りは明日ᠲᡠしましょう。 ②…の余ᠲᡠり、…(した)あげく、…のすえ、…の結果ᠲᡠ。¶ 분한 ~ 悔ᠲᡠしさのあまり/ 심사 숙고한 ~ 단념하기로 하였다 じっくり考ᠲᡠえたあげく諦ᠲᡠめることにした。 ③[数] 《引ᠲᡠき算ᠲᡠでの》残ᠲᡠり。¶ 10에서 4를 빼면 ~는 6이다 10から4を引くと残りは6だ。

**나무** [名] ①木ᠲᡠ、樹木ᠲᡠ。¶ 어린 ~ 若木ᠲᡠ/ ~가지 木の枝ᠲᡠ/ ~를 심다 木を植ᠲᡠえる。 ②材木ᠲᡠ、木材ᠲᡠ、木ᠲᡠ。¶ ~로 만들다 木で作ᠲᡠる。 ③薪ᠲᡠ、まき。¶ ~를 하러 가다 薪を取ᠲᡠりに行く。

〈답〉 나무에 오르라 하고 흔드는 격 木に登ᠲᡠらせて揺ᠲᡠさぶるようだ。《甘ᠲᡠいことばで誘ᠲᡠってから人ᠲᡠを困難ᠲᡠな立場ᠲᡠに立ᠲᡠたせる》

**나무-꾼** [名] 木ᠲᡠこり、たきぎを集ᠲᡠめる人。
**나무-못** [名] 木釘ᠲᡠ、木製ᠲᡠの釘ᠲᡠ。
**나무-장수** [名] 薪売ᠲᡠり、薪屋ᠲᡠ。
**나무-젓가락** [名] 木ᠲᡠの箸ᠲᡠ、割ᠲᡠり箸ᠲᡠ。
**나뭇-가지** [名] 《木ᠲᡠの》枝ᠲᡠ。
**나뭇-결** [名] きめ、木目ᠲᡠ、木理ᠲᡠ。¶ ~이 곱다 木目が細ᠲᡠかい。

나뭇-잎 图 木の葉。
나무라다 他 ①叱る、責める、詰る、とがめる、戒しめる。¶ 장난꾸러기를 ~ いたずらっ子を叱る。／엄하게 ~ 厳きしく戒める。②けちをつける、あら捜しをする。
慣用 나무랄 데 없다 非の打ち所がない、申し分ない、結構だ。¶ 어느 한 가지 나무랄 데 없는 처녀 何一つ非の打ち所のない娘よ。
나물 图 ①(食用の)青菜、青いもの、菜っ葉。¶ 산~을 뜯다 山菜を摘む。②[料] 青菜のおひたし、野菜のあえもの。
나박-김치 图 四角に薄く切り刻んだ大根を主材にした汁の多いキムチ。
나발 [←喇叭] 图 ①[音]喇叭ラッパ。②…も何とも、…なんて。¶ 구경이고 ~이고 아무 흥미가 없다 見物であれ何であれ何の興味もない。
慣用 나발(을) 불다 ①吹聴する、言いふらすこと。②ほらを吹ふく。
나방 图[动] ガ。¶ 불 ~ ヒトリガ。
나:병 [癩病] 图 [医] ハンセン病、癩病、レプラ。
나부끼다 他 (風に)ひるがえる、はためく、なびく、揺れる、揺れ動く。¶ 바람에 깃발이 나부끼고 있다 風に旗がはためいている。
나부대대-하다 形 (顔色が)丸るく平たい、のっぺりしている。
나부랭이 图 ①(紙ふ・布きれなどの)切れ端、屑、¶ 종이 ~ 紙の切れ端。②端はしれ、末輩、つまらないもの。¶ 공무원 ~ 公務員の端くれ。
나부죽-이 副 ①(おもむろに頭を下げたりひれ伏ぶしたりするよう)深々と、しずしずと。¶ ~ 엎드리다 深々とひれ伏す。②やや平たく、平らに、平べったく。¶ ~ 생긴 얼굴 平べったい顔。
나붓-거리다 自 ゆらゆら揺れ動く、ひらひらする、ひらめく、はためく。¶ 버들가지가 바람에 ~ 柳の枝が風にゆらゆら揺れる。
나-붙다 自 (広告などが)張り出される。¶ 명단이 게시판에 ~ 名簿が掲示板に張り出される。
나비¹ 图 [动] チョウ。
나비-넥타이 [-necktie] 图 蝶ネクタイ、ボータイ。
나비-매듭 蝶結び。
나비² 图 (布地・反物などの)幅、横幅。¶ 천의 ~ 布の幅。
나빠-지다 自 悪くなる、こじれる。¶ 건강이 ~ 健康が衰える。
나쁘다 形 ①(道徳・倫理的に)悪い、良くない、いけない。¶ 나쁜 버릇 悪い癖。¶ 나쁜 짓은 곧 배운다 悪い行ないはすぐ覚える。②(出来上がり・品質などが)悪い、まずい。¶ 나쁜 물건 悪い品物。/ 성적이 ~ 成績が悪い。③良くない、害になる、有害だ。¶ 과음은 몸에 ~ 飲みすぎは体に良くない。

나사 [螺絲] 图 ①ネジ。¶ 암~ 雌ねじ／~를 죄다 ねじを締める。②「나사못」の縮約形。
나사-못 [-］图 ねじ釘、木ねじ。
나사-산 [-山] 图 ねじ山。
나사 [羅紗] 图 ラシャ。¶ ~지 ラシャ紙。
나서다 自 ①出る、進み出る、前に出る。¶ 한 걸음 앞으로 ~ 1歩前に出る。②出かける、出向く。¶ 여행 길에 ~ 旅行に出る。③現われる、出て来る、見つかる。¶ 취직 자리가 ~ 就職の口が見つかる。④出る、乗り出す、現われる、登場する。¶ 실업계에 ~ 実業界に乗り出す。⑤立ち入る、口を出す、手を出す、関わる。¶ 네가 나설 자리가 아니다 おまえの出る幕じゃない。⑥(道路が)通じる、(道に)出る。¶ 이 길로 가면 큰길이 나선다 この道を行けば大通りに出る。⑦立ち上がる、乗り出す。¶ 사태 수습에 ~ 事態収拾に乗り出す。
나선 [螺旋] 图 螺旋。¶ ~ 계단 螺旋階段。
나선-형 [-形] 图 螺旋形。
나슨-하다 形 ①緩んでいる、たるんでいる、緩い、締まりがない。¶ 나슨해진 끈을 졸라매다 緩んだひもを結びなおす。②(気が)だらけている、たるんでいる、緩んでいる、締まりがない。¶ 마음이 좀 나슨해진 것 같다 気持ちが少したるんでいるようだ。
느슨하다
나-신 [裸身] 图 裸身、裸体、裸。¶ ~ 상 裸身像。
나아-가다 自 ①進む、前進する、出る。¶ 한 걸음 ~ 一歩進む。/ 힘차게 ~ 元気いっぱい進む。②(目標に向かって)乗り出す、進出する。¶ 사회로 ~ 社会に進む。/ 결승전에 ~ 決勝戦に進出する。③(事が)捗る、よくなる、好転する。¶ 점차 병이 나아가고 있다 だんだん病気が快方に向かっている。
나아-지다 自 よくなる、うまくなる、改まる。¶ 건강이 ~ 健康になる。/ 영어 발음이 훨씬 나아졌다 英語の発音がかなりよくなる。
나:약 [懦弱] 图形 惰弱、柔弱。¶ ~한 정신 惰弱な精神／~한 소리를 하다 弱音を吐くゥ。
나열 [羅列] 图 他自 羅列る。¶ 통계 숫자를 ~하다 統計的数字を羅列する。
나-오다 自 ①(中から外へ)出る、出て来る。¶ 교실에서 ~ 教室から出る。②(前方へ)出る、踏み出す。¶ 한 걸음으로 ~ 一歩まえへ出る。③わき出る、流れ出る、現われる。¶ 상처에서 피가 나오고 있다 傷口から血が出ている。④態度を取る、構える。¶ 강경하게 ~ 強気に出る。⑤離脱する、退職する、辞める。¶ 병으로 회사를 나왔다 病気で会社を辞めた。⑥(言葉が・声などが)出

る、発はっする、生しょうじる。¶ ユ 말이 누구한테서 나왔는가? その話には誰だれから出でたのか。/ 불만의 소리가 ～ 不満ふまんの声こえが出でせる。⑦現げんれる、出場しゅつじょうする、姿すがたを見みせる。¶ 동창회에 ～ 同窓会どうそうかいに顔かおを出だす。⑧出でる、生産せいさんされる、生うまれる、出回でまわる、出版しゅっぱんされる。¶ 사과가 시장에 ～ りんごが市場しじょうに出回でまわる。¶ 최근에 나온 잡지 最近さいきん出でた雑誌ざっし。⑨突つき出でる、出でっ張ばる。¶ 배가 ～ 腹はらが出でる。⑩(結果けっかが)出でる、くだる、発表はっぴょうされる。¶ 토의한 끝에 결론이 ～ 討議とうぎの末すえに結論けつろんが出でる。⑪登場とうじょうする、進出しんしゅつする。¶ 정계에 ～ 政界せいかいに進出しんしゅつする。⑫出でる、下おりる、支給しきゅうされる。¶ 허가가 ～ 許可きょかが下おりる。⑬《他動詞的に》卒業そつぎょうする、出でる、終おえる。¶ 작년에 대학을 나왔다 昨年さくねん大学だいがくを出でた。

**나위** 图 申もうし分ぶん、この上うえ。¶ 더할 ～ 없이 행복하다 このうえなく幸福こうふくだ。/ 말할 ～ 없다 言いうまでもない、申もうし分ぶんない。

**나이** 图 年とし、年齢ねんれい。¶ ～ 순서로 年齢順ねんれいじゅんに／～를 먹다 年としを取とる。/ ～에 비해 젊다 年としの割わりには若わかい。
관용 ▷ 나이가 아깝다 (言動げんどうが)年としの割わりには幼稚ようちで、ねうちもない。나이가 차다 (女性じょせいが)年としごろになる、婚期こんきを迎むかえる。

**나이-대접** [-待接] 图 해他 年長者ねんちょうしゃに対たいする礼遇れいぐう。

**나잇-값** 图 《「年齢ねんれいにふさわしい言葉ことば・行動こうどう」をたとえて言いう語ご》年甲斐としがい。¶ ～도 못하다 年としがいもない。

**나잇-살** 图 《年としを取とった人ひとを侮あなどって言いう語ご》いい年とし、かなりの年とし。¶ ～이나 먹은 사람이 저 무슨 짓이오! いい年としをした者ものがそのざまはなんだ。

**나이트**[night] 图 ナイト、夜よる。
 **나이트-가운**[-gown] 图 ナイトガウン。
 **나이트-클럽**[-club] 图 ナイトクラブ。
**나이팅게일**[nightingale] 图《動》ナイチンゲール。
**나이프**[knife] 图 ナイフ。
**나전**[螺鈿] 图 螺鈿らでん。¶ ～ 세공 螺鈿細工らでんざいく。
**-나절** 接尾 昼間ひるまの半分はんぶん、半日はんにちの半分はんぶん。¶ 반～ 昼間ひるまの約やく2時間じかん。②昼間ひるまのあるひととき。¶ 아침～ 午前中ごぜんちゅう、朝方あさがた。
**나:중** 图 ①あと、のち、のちほど。¶ ～에 다시 만납시다 後あとでまた会あいましょう。②《名詞的に》後あと。¶ ～의 일 後あとのこと。
**나지막-하다** 形04 かなり低ひくい、低ひくめである。¶ 나지막한 소리 かなり低ひくい声こえ。
**나체**[裸體] 图 裸体らたい、裸身らしん、はだか、ヌード。¶ ～ 사진 ヌード写真しゃしん。
 **나체-화**[-畵] 图《美》裸体画らたいが。
**나침**[羅針] 图 羅針らしん。
 **나침-반**[-盤] 图 羅針盤らしんばん、コンパス。
**나타-나다** 圄 現あらわれる。①出でる、出でてくる、明あきらかになる、出現しゅつげんする。¶ 현장에 ～ 現場げんばに現あらわれる。/ 성과가 나타났다 成果せいかが現あらわれた。②見みえる、浮うかぶ、暴あばかれる。¶ 본성이 ～ 本性ほんしょうが現あらわれる。/ 고민의 빛이 얼굴에 ～ 苦悩くのうの色いろが顔かおに浮うかぶ。③(無なかったものが)生しょうじる、発生はっせいする、登場とうじょうする、知しられる。¶ 처음으로 에이즈 환자가 나타났다 始はじめてエイズ患者かんじゃが発生はっせいした。

**나타-내:다** 他 《「나타나다」의 사역》①現あらわす、示しめす、見みせる。¶ 두각을 ～ 頭角とうかくを現あらわす。②すっかり現あらわす、さらけ出だす。¶ 정체를 ～ 正体しょうたいを現あらわす。③(思想しそう・感情かんじょうなどを)表現ひょうげんする、浮うかべる、表あらわす。¶ 경의를 ～ 敬意けいいを表あらわす。④(記号ごう・表象ひょうしょうとして)表あらわす、意味いみする。¶ 이 기호는 금지를 나타낸다 この記号きごうは禁止きんしを意味いみします。

**나:태**[懶怠] 图 해形 怠惰たいだ、怠おこたり。¶ ～한 생활 怠惰たいだな生活せいかつ。

**나트륨**[독 Natrium] 图《化》ナトリウム。¶ 염화 ～ 塩化えんかナトリウム。

**나팔**[喇叭] 图 ラッパ。¶ 기상 ～ 起床きしょうラッパ／～을 불다 ラッパを吹ふく。
 **나팔-관**[-管] 图《生》ラッパ管かん、卵管らんかん。¶ ～ 임신 ラッパ管妊娠かんにんしん。
 **나팔-꽃**[喇叭-] 图《植》アサガオ。
**나:포**[拿捕] 图 拿捕だほ。¶ 선박이 ～ 되다 船舶せんぱくが拿捕だほされる。
**나풀-거리다** 圄 《風かぜに》絶たえ間まなくはためく、ひらひらする。 큰 너풀거리다
**나프탈렌**[naphthalene] 图《化》ナフタレン、ナフタリン。
**나흘** 图 4日よっか。①4日間かかん。¶ ～간의 여행 4日間かかんの旅たび。②《「초사흗날·나흗날」의 縮約形》月つきの4番目ばんめの日ひ。

**낙**[樂] 图 楽たのしみ、慰なぐさみ、楽らく。¶ 고생 끝에 ～이 있다 苦くるしければ楽らくあり。

**낙관**[落款] 图 해他 落款らっかん。¶ ～을 찍다 落款らっかんを押おす。
**낙관**[樂觀] 图 해他 楽観らっかん。¶ 사태를 ～하다 事態じたいを楽観らっかんする。
 **낙관-론**[-論] 图 楽観論らっかんろん。
 **낙관-적**[-的] 图 冠形 楽観的らっかんてき。¶ ～인 전망 楽観的らっかんてきな見通みとおし。
**낙낙-하다** 形04 (大おおきさ·数量すうりょうなどが)ゆとりがある、ゆったりしている、十分じゅうぶんである。¶ 낙낙한 옷 ゆったりした服ふく。 큰 넉넉하다
**낙농**[酪農] 图 酪農らくのう。¶ ～업 酪農業らくのうぎょう。
 **낙농-품**[-品] 图 酪農品らくのうひん。
**낙담**[落膽] 图 해自 落胆らくたん。¶ 모처럼 왔는데 친구가 여행가서 ～했다 せっかく来きたのに友人ゆうじんが旅行中りょこうちゅうでがっかりした。
**낙담-상혼**[-喪魂] 图 해自 ひどくがっかりして気きを失うしなうこと。
**낙도**[落島] 图 離島りとう、離はなれ島じま。
**낙락-장송**[落落長松] 图 枝えだの垂たれ下さがった高たかい松まつの木き。
**낙뢰**[落雷] 图 해自 落雷らくらい。¶ ～를 맞다 落雷らくらい

にあう。㊥ 벼락
낙루【落淚】图하자 落涙らく。
낙마【落馬】图하자 落馬ば。
낙망【落望】图하자 気落ぎおち、落胆らくたん、失望しつぼう。¶ 시험 결과를 보고 ~했다 試験結果しけんけっかを見みて落胆した。
낙방【落榜】图하자 試験けんに落おちること、落第だい。¶ 대학 입시에 ~하다 大学だいがく入試にゅうしに落ちる。
낙법【落法】图 (柔道じゅうどうなどで) 受うけ身み。
낙상【落傷】图하자 (落おちたり転ころんだりして) 怪我けがすること、またその傷きず。¶ 할머니가 계단에서 ~하셨다 おばあさんが階段かいだんから落ちて怪我をされた。
낙서【落書】图하자 落書らくき。①벽에 ~하다 壁かべに落書きする。②字じを抜ぬかして書くこと。
낙석【落石】图하자 落石らく、山やまから石いしが落おちること、その石。¶ ~ 사고 落石事故じこ。
낙선【落選】图하자재 落選らく。①選挙せんきょに落おちること。¶ ~ 의원 落選議員ぎいん。②(作品ひんの審査しんさなどで) 選えらにもれること。¶ ~작 落選作さく。
낙수【落水】图 雨垂あまだれ。
　낙숫-물 雨垂あまだれ。¶ ~이 댓돌을 뚫는다 雨垂れ石いしを穿うがつ。
낙심【落心】图하자재 気落ぎおち、落胆らくたん、がっかりすること。¶ ~ 말고 기운을 내시오 気きを落おとさず元気げんきを出だしなさい。
낙양【落陽】图 落陽らくよう、落日じつ、夕日ゆうひ、入いり日ひ。
낙양【洛陽】图 洛陽らくよう(中国ちゅうごくの古都こと)。¶ ~의 지가를 올리다 洛陽の紙価しかを高たかめる。
낙엽【落葉】图 落葉らくよう、落おち葉ば。¶ ~색 落ち葉色いろ/ ~이 지다 葉が散ちる。/ ~이 쌓이다 落ち葉が積つもる。
　낙엽-수【-樹】图 落葉樹らくようじゅ。
　낙엽-송【落葉松】图植 カラマツ。
낙오【落伍】图하자재 落伍らくご、落伍ご。¶ 행군 중에 ~하다 行軍中こうぐんちゅうに落後する。
　낙오-자【-者】图 落後者しゃ。¶ 인생의 ~ 人生じんせいの落後者。
낙원【樂園】图 楽園らくえん、パラダイス。¶ 지상 ~ 地上ちじょうの楽園。
낙인【烙印】图하자 烙印らくいん。¶ 배반자라는 ~ 찍히다 裏切うらぎり者ものの烙印を押おされる。
낙장【落張】图하자 落丁らくちょう。¶ ~이 있는 책 落丁のある本ほん。
　낙장-본【-本】图 落丁本ぼん。
낙점【落點】图 ①砲弾ほうだんなどの) 落下点らっかてん。②하타 多おくの候補者こうほしゃの中なかから適任者てきにんしゃを指名しめいすること。
낙제【落第】图하자재 落第らくだい、不合格ふごうかく。¶ ~하다 落第する。/ 간신히 ~를 면했다 辛かろうじて落第を免まぬがれた。
　낙제-생【-生】图 落第生せい。
　낙제-점【-點】图 落第点てん。¶ ~을 받다 落第点をとる。

낙조【落照】图 落照らくしょう、落日らくじつ、夕日ゆうひ、入いり日ひ。
낙지【落地】图動 テナガダコ。
낙차【落差】图 落差らくさ。¶ ~가 크다 落差が大おおきい。
낙착【落着】图하자재 落着らくちゃく、決着ちゃく、けり。¶ 사건이 ~되다 事件じけんが落着する。/ 아직 ~이 안 났다 まだけりがついていない。
낙찰【落札】图하자재 落札らく。¶ ~ 가격 落札価格かかく、落札値ね。
낙천【落薦】图하자재 推薦すいせんされず選せんに漏もれること。
낙천【樂天】图 楽天らくてん。¶ ~가 楽天家か。
　낙천-적【-的】冠名 楽天的てき。¶ ~으로 살다 楽天的に生いきる。
　낙천-주의【-主義】图 楽天主義しゅぎ。¶ ~자 楽天主義者しゃ。
낙타【駱駝】图動 ラクダ。¶ 쌍봉 ~ ふたこぶラクダ。
낙타-지【-地】图 ラクダの毛けからつくった織物おりもの。
낙태【落胎】图하자타재 堕胎だたい、人工じんこう流産りゅうざん。¶ ~ 시키다 人工流産させる。
낙하【落下】图하자 落下らっか。¶ 수직으로 ~다 垂直すいちょくに落下する。
　낙하산【-傘】图 落下傘らっかさん、パラシュート。¶ ~식 인사 天下くだり人事じんじ/ ~으로 내리다 落下傘で降おりる。
낙향【落鄕】图하자 都とかいから田舎いなかにうつること、都落みやこおち。¶ 관직에서 물러나 ~하다 官職かんしょくから退しりぞいて都落ちする。
낙화【落花】图하자재 落花らっか、花はなが散ちること。
　낙화 유수【-流水】图 落花流水りゅうすい。①散ちる花はなと流ながれる水みず。②男女だんじょには恋こい慕したう情じょうがあること。¶ ~의 정 落花流水の情。
　낙화생【落花生】图植 落花生らっかせい、ナンキンマメ。㊥ 땅콩
낙후【落後】图하자재 (経済けいざい・社会しゃかいなどで) 立たち遅おくれること。¶ 기술이 ~되다 技術ぎじゅつが立ち遅れる。
　낙후-감【-感】图 落後感らくごかん。他たより後おくれていると感かんじる焦あせりの感情じょう。
낚다 他 ①(魚さかなを)釣つる。¶ 잉어를 ~ 鯉こいを釣る。②(金かねなどで人ひとを)釣つる、おびく、引ひっ掛かける。¶ 달콤한 말로 여자를 ~ 甘あまいことばで女おんなを引っ掛ける。③(望のぞむものを)得える。¶ 기회를 ~ チャンスを得る。
낚시 图 ①釣つり針ばり。¶ ~에 고기가 걸리다 釣り針に魚さかながかかる。②釣つり。¶ ~ 도구 釣り道具ぐ/ ~하러 가다 釣りに行いく。③(比) えさ、わな。
　낚시-꾼 图 釣つり師し、釣り人びと。
　낚시-질 图 釣つること、釣り。¶ ~하러 가다 釣りに行く。
　낚시-터 图 釣つり場ば。
　낚싯-대 图 釣つり竿ざお。¶ ~가 휘어지다 釣り竿がしなう。
　낚싯-밥 图 ①(釣つりの)えさ。②(比) (人ひとを

誘さい込(ご むためのえさ。¶ ~으로 사람을 꼬시다 えさで人を誘い込む。
**낚•줄** 图 釣っり糸。
**낚아-채다** 他 ひったくる。¶ 가방을 ~ かばんをひったくる。
**낚이다** 自(「낚다」の受動) 釣られる、かかる。¶ 고기가 잘 ~ 魚がよくかかる。
**난**[蘭] 图 [植] ラン。⊕ 난초(蘭草)
**난**[欄] 图 欄。¶ 투고~ 投稿欄/ 아래 ~에 기입하다 下の欄に記入する。
**난-**[難] 接頭(「難しい」の意を表わす)…難。¶ ~공사 難工事。
**-난**[難] 接尾(「難しい」の意を表わす)…難。¶ 자금~ 資金難。
**난간**[欄干・欄杆] 图 欄干、手すり。¶ ~에 기대다 欄干にもたれる。
**난감-하다**[難堪-] 形 ①耐え難い、辛抱しがたい。②困り果てる、厄介である、苦しい。¶ 난감한 처지 苦しい立場/ 길을 잃어 몹시 ~ 道に迷い困り果てる。
**난공-불락**[難攻不落] 图 難攻不落。¶ ~의 요새 難攻不落の要塞。
**난-공사**[難工事] 图 難工事。
**난:-관**[卵管] 图 卵管、輸卵管。
**난관**[難關] 图 難関。¶ ~에 부닥치다 難関にぶつかる。/ ~을 타개하다 難関を打開する。
**난국**[難局] 图 難局。¶ ~을 벗어나다 難局を脱する。
**난다긴다-하다** 形(手際などが)ずばぬけている、並みはずれている。¶ 난다긴다하는 사람 ずばぬけている人。
**난:데-없다** 形 だしぬけだ、思いがけない、突然である、不意である。¶ 난데없는 총소리 突然の銃声。**난데없-이** 副 突然に、不意に、にわかに、いきなり、だしぬけに。¶ ~ 나타나다 突然現われる。/ ~ 그게 무슨 소리냐? いきなり何を言うのだ。
**난:도-질**[亂刀-] 图 他 めった切り、乱切り。¶ ~을 당하다 めった切りにされる。
**난:-동**[暖冬] 图 暖冬。¶ 이상 ~ 異常暖冬。
**난:-동**[亂動] 图 乱暴な振る舞いをすること、荒っぽい行動、狼藉。¶ ~을 부리다 狼藉を働かす。
**난:-로**[煖爐] 图 煖炉、暖炉、ストーブ。¶ 전기~ 電気ストーブ/ ~를 쬐다 ストーブにあたる。
**난:-류**[暖流] 图 暖流。
**난:-리**[亂離] 图 ①乱、戦乱、戦争、動乱。¶ ~를 피해 피난하다 戦乱を避けて避難する。②騒ぎ、騒動、混乱。¶ 물~ 洪水/ 집안에 ~가 났다 その知らせを聞いて家中が大騒ぎになった。
**난:-립**[亂立] 图 自 乱立する。¶ 후보자가 ~ 候補者が乱立する。
**난:-마**[亂麻] 图 乱麻、世の中が乱れたようす。¶ 쾌도 ~ 快刀乱麻。

**난:-만**[爛漫] 图 形 爛漫。¶ 백화 ~ 百花爛漫。
**난망**[難忘] 图 忘れられないこと、忘れ難いこと。¶ 이 은혜는 백골 ~이로소이다 ご恩は死んでも忘れられません。
**난:-무**[亂舞] 图 乱舞。¶ ①入りみだれて舞うこと。②まかりとおること、横行、跳梁。¶ 폭력이 ~하고 있다 暴力が横行している。
**난문**[難問] 图 難問、難題。¶ ~과 씨름하다 難問を取り組む。
**난민**[難民] 图 難民。¶ ~ 구제 難民救済/ ~ 수용소 難民収容所。
**난-바다** 图 沖、沖合、沖合い。¶ ~에 떠 있는 배 沖に浮かんでいる船。
**난:-반사**[亂反射] 图 自 [物] 乱反射。
**난:-발**[亂發] 图 他 乱発。¶ 부도 수표를 ~하다 不渡りの小切手を乱発する。
**난:-방**[煖房・暖房] 图 暖房。¶ ~ 장치 暖房装置/ ~이 잘 된 방 暖房がよく効いた部屋。⊕ 냉방(冷房)
**난:-백**[卵白] 图 卵白。
**난봉** 图 放蕩、道楽。¶ ~으로 패가 망신하다 放蕩で身代をつぶし身を滅ぼす。
**난봉-꾼** 图 放蕩者、道楽者、遊蕩児、女たらし。
**난봉-나다** 自 放蕩するようになる、道楽をする。
**난봉-피우다** 自 放蕩の限りを尽くす、道楽をする。
**난:-사**[亂射] 图 他 乱射。¶ 기관총을 ~하다 機関銃を乱射する。
**난-사람** 图 優れた人、ずば抜けた人。
**난산**[難産] 图 自他 難産。¶ ~ 끝에 아이를 낳았다 難産のあげく子を産んだ。
**난색**[難色] 图 難色。¶ ~을 보이다 難色を示す。
**난:-생**[卵生] 图 自 [動] 卵生。¶ ~ 동물 卵生動物。
**난:-생-처음**[-生-] 图 生まれて初めて。¶ ~ 보는 꽃 生まれて初めて見る花。
**난:-세**[亂世] 图 乱世。¶ ~의 영웅 乱世の英雄。
**난:-소**[卵巢] 图 [生] 卵巣。¶ 암 ~ 卵巣癌。
**난:소 호르몬**[-hormone] 图 [生] 卵巣ホルモン。
**난:-수-표**[亂數表] 图 乱数表。
**난:-시**[亂視] 图 [醫] 乱視。¶ ~ 안경 乱視の眼鏡。
**난:-신**[亂臣] 图 乱臣。
**난:신 적자**[-賊子] 图 乱臣賊子。
**난언**[難言] 图 言いづらい言葉。
**난언지-지**[-之地] 图 言いづらい立場。
**난역**[難役] 图 難役。¶ ~을 무리없이 해내다 むずかしい配役を難なくやりとげる。
**난외**[欄外] 图 ①欄外。¶ ~에 써 넣다 欄外に書き込む。②欄干の外。
**난이**[難易] 图 難易。¶ 일의 ~에 따라 다르

난이-도[-度]【名】難易度난이도。¶ 문제의 ~ 問題もんだいの難易度。

난:입【亂入】【名】【하自】乱入らんにゅう。¶ 불법 ~ 不法ふほう乱入/ 폭도가 ~했다 暴徒ぼうとが乱入した。

난:자【卵子】【名】【生】卵子らんし。

난:잡【亂雜】【名】【하形】【스形】乱雑らんざつ。¶ ~한 행동 乱雑な行動こうどう/ 책상 위가 ~하다 机つくえの上うえが乱雑だ。

난:장【亂場】【名】(「난장판」의 縮約形) 多おおくの人ひとが騒さわぐこと、大騒おおぎ、大騒動だいそうどう、騒乱そうらん。¶ ~을 치다 やたらに騒さわぎ立たてる。

난:장-판【名】大騒おおぎ、大騒動だいそうどう、騒乱そうらん。

난쟁-이【名】小人こびと、一寸法師いっすんぼうし。¶ ~ 나라 小人の国くに。

난점【難點】【名】難点なんてん。¶ 이 계획에는 ~이 많다 この計画けいかくには難点が多おおい。

난제【難題】【名】難題なんだい。¶ 많은 ~를 안고 있다 多おおくの難題を抱かかえている。

난:조【亂調】【名】乱調らんちょう。¶ 주가의 ~가 계속되다 株価かぶかの乱調がつづく。

난:중【亂中】【名】戦乱せんらんの最中さいちゅう、騒乱そうらんのさなか。

난-중-일기【-日記】【名】(李舜臣イスンシン将軍しょうぐんの)陣中じんちゅう日記にっき。

난처-하다【難處-】【形여】(立場たちばが)苦くるしい、困こまっている、まずい、処理しょりし難がたい。¶ 난처한 입장에 놓여 있다 苦しい立場に置おかれている。¶ 사정이 난처하게 되다 事情じじょうが困ったことになる。

난청【難聽】【名】難聴なんちょう。¶ ~ 지역 難聴地域ちいき。

난초【蘭草】【名】【植】ラン。

난치【難治】【名】【하形】難治なんち。

난치-병[-病]【名】難治の病気びょうき。

난:타【亂打】【名】【하他】乱打らんだ、めった打うち。¶ ~전 乱打戦/ 북을 ~하다 太鼓たいこを乱打する。

난:투【亂鬪】【名】【하自】乱闘らんとう。¶ ~를 벌이다 乱闘を演えんじる。

난:투-극[-劇]【名】乱闘の場面ばめん、乱闘騒さわぎ。

난파【難破】【名】【하自】難破なんぱ。¶ 암초에 부딪쳐 ~하다 暗礁あんしょうにぶつかって難破する。

난파-선[-船]【名】難破船なんぱせん、難船なんせん。

난:폭【亂暴】【名】【하形】乱暴らんぼう。¶ ~한 짓을 하다 乱暴なまねをする。

난:필【亂筆】【名】乱筆らんぴつ。¶ ~을 용서해 주십시오 乱筆のほどお許ゆるしください。

난:-하다【亂-】【形여】①派手はでだ、けばけばしい。¶ 무늬가 좀 ~ 模様もようがすこしけばけばしい。¶ 粗野そやである、下品げひんだ、乱暴だ。¶ 난한 짓을 삼가다 粗野な振ふる舞まいをつつしむ。③(書体しょたいが)乱暴である、乱雑らんざつである、めちゃくちゃだ。

난항【難航】【名】【하自】難航なんこう。¶ 회의는 ~을 거듭하고 있다 会議かいぎは難航を重かさねている。

난해【難解】【名】【하形】難解なんかい。¶ ~한 글 難解な文章ぶんしょう。

난형-난제【難兄難弟】【名】兄あにたり難がたく弟おとうとたり難し、優劣ゆうれつをきめがたいこと、伯仲はくちゅう、互角ごかく。¶ 양 팀의 전력은 ~였다 両りょうチームの戦力せんりょくは互角だった。

날:-가리【名】刈かり取った稲いね・麦むぎなどを束たばにして積つみ上あげたもの。

날:-알【名】①穀物こくもつの粒つぶ。②米粒こめつぶ。③飯粒めしつぶ。

날¹【名】①日ひ、日にち、一日にち、一昼夜いっちゅうや。¶ 운이 좋은 ~ 運うんのいい日、ついている日。②昼ひる、昼間ひるま。¶ ~이 저물다 日が暮くれる。③天気てんき、日和ひより。¶ ~이 사납다 天気が悪わるい。④日日ひにち、日取ひどり、日付ひづけ。¶ ~을 잡다 日取りを決きめる。⑤ある特定とくていの日。¶ 어린이 ~ 子供こどもの日。⑥時期じき、時代じだい、時とき。¶ 젊은 ~의 추억 若わかき日の思おもい出で。

【관용】날에 날마다 日に日に、日ごとに。날(을) 가리다【받다】日取りを決める。날(이) 들다 (雨あめなどが止やんで)天気がよくなる、晴はれ上あがる。

날²【名】刃は、やいば。¶ 대팻~ 鉋かんなの刃/ ~이 무딘 식칼 刃の鈍にぶい包丁ほうちょう。

【속담】날 잡은 놈이 자루 잡은 놈을 당하랴 刃を握にぎった者ものは柄えを握った者に勝かてない。《有利ゆうりな立場たちばに立たつ者ものには手向てむかっても勝てない》

날³【名】経たて、(織物おりものなどの)縦糸たていと。¶ ~을 고르다 縦糸をならす。

날⁴【略】(「나를」의 縮約形) わたしを、わたしに。¶ ~ 봐라 わたしを見みよ。

날-【接頭】生なまの、加工かこうしていない、未熟みじゅくな、自然しぜんのままの。¶ ~것 生なまもの/ ~밤 生栗なまぐり。

날-강도[-强盜]【名】凶悪きょうあくような強盗ごうとう。¶ ~ 같은 놈 凶悪な強盗みたいな野郎やろう。

날개【名】①羽はね・は、翼つばさ。¶ 독수리의 ~ 鷲わしの翼/ ~를 펴다 羽を広ひろげる。②(飛行機ひこうきの)翼つばさ。¶ 꼬리 ~ 尾翼びよく。③(機械きかいなどの)羽は。¶ 선풍기의 ~ 扇風機せんぷうきの羽。

【관용】날개(가) 돋친 듯 羽が生はえたように、飛とぶように。¶ ~ 팔리다 羽が生えたように売うれる。

날갯-죽지【名】羽の付つけ根ね。

날갯-짓【名】羽はばたき。

날-것【名】生物なまもの。

날다¹【自】①飛とぶ、翔かける。¶ 하늘을 ~ 空そらを飛ぶ。/ 공이 멀리까지 날아갔다 ボールが遠とおくまで飛んで行いった。②飛ぶように速はやく行いく。¶ 나는 듯이 달려갔다 飛ぶようにかけて行った。③(色いろが)褪あせる、落おちる。¶ 햇볕을 쬔 데는 색이 날아가 버렸다 日ひに当あたった所ところは色があせてしまった。④(液体えきたいが)蒸発じょうはつする、無なくなる。¶ 물기가 다 날아가 버렸다 水気みずけがすっかり蒸発してしまった。⑤逃にげる、高跳たかとびする。¶ 범인은 국외로 날았다 犯人はんにんは国外こくがいに高跳びした。

날다²【他】①(糸を)紡つむぐ。¶ 가마니 날을 ~ か

**날-뛰다** 目 ①暴れる、暴れ回る、荒れ狂う。¶ 미친듯이 ~ 狂ったように暴れ回る。②飛び上がる、小躍りする、飛び回る。¶ 기뻐 ~ うれしくて小躍りする。③のさばる、横行する、跳梁する、横行する。¶ 불량배가 ~ ぐれん隊がのさばる。

**날라리** 名[音] チャルメラ。㋐ 태평소

**날래다** 形 すばやい、すばしっこい、手早い。¶ 날랜 동작 すばやい動作。

**날려-보내다** 他 ①放つ、放なしてやる。¶ 비둘기를 ~ 鳩を放してやる。②吹き飛ばす¶ 바람에 모자를 날려보냈다 風に帽子を吹き飛ばされた。③(元手・財産などを)つぶす、無なくす、失う。¶ 난봉으로 가산을 ~ 放蕩で身代をつぶす。

**날:렵-하다** 形[여] ①軽やかですばやい、敏捷だ。¶ 제비처럼 날렵하게 날아갔다 燕のようにすばやく飛んで行った。②すんなりしている、すらっとしている。¶ 날렵한 몸매 すらっとした体つき。

**날로**[1] 副 日増しに、ますます、日ごとに。¶ ~ 더하다 日増しにひどくなる。

**날로**[2] 副 生のまま、生で。¶ 생선을 ~ 먹다 魚を生で食べる。

**날름** 副 ①ぺろりと、ぺろっと。¶ 혀를 ~ 내밀다 舌をぺろりと出す。②さっと。¶ ~ 받아서 집어 넣다 さっと受けてしまいこむ。

**날름-거리다** 自他 ぺろぺろする、ちょろちょろさせる。¶ 뱀이 혀를 날름거리고 있다 蛇が舌をちょろちょろと出す。

**날리다**[1] 自 ①(「날다[1]」の受動) (空中に)飛ばされる。¶ 재가 바람에 ~ 灰が風に飛ばされる。②(風に)ひるがえる、ひらめく。¶ 깃발이 ~ 旗がひるがえる。

**날리다**[2] 自他 名声が広まる、名声を馳せる、名を揚げる。¶ 세계적으로 이름을 ~ 世界的に名を揚げる。

**날리다**[3] 他 「날다[1]」の使役。①(空中へ)飛ばす、(たこなどを)揚げる。¶ 연을 ~ 凧を揚げる。②(鳥などを)放つ、放なしてやる。¶ 새를 날려 주었다 鳥を放してやった。③(元手・財産などを)つぶす、振る、ふいにする。¶ 도박으로 재산을 ~ 賭博などで身代をつぶす。④(仕事などで)手を抜く、いい加減にする。¶ 무슨 일이든 날리지 않는다 何事にもいい加減にはしない。

**날림** 名 やっつけ仕事、雑ざつな仕事、またそうして出来あがったもの。¶ ~으로 지은 집 雑な造りの家。

**날림 공사**[-工事] 名 やっつけ仕事、ずさんな工事。

**날-마다** 名副 毎日、日ごと、日々に。¶ ~의 노력 毎日の努力/ ~ 비가 온다 毎日雨が降る。

**날-밤**[1] 名 寝つけない夜、いたずらに〔ぼんやり〕明かす夜。

관용 날밤(을) 새우다 寝つけず徹夜する、ぼんやりと夜を明かす。

**날-밤**[2] 名 生栗。

**날-벼락** 名 青天の霹靂。①突然の雷。②思いがけない災難。¶ ~을 맞다 思いがけない災難をこうむる。

**날-숨** 名 呼気、叶はき出す息。㋐ 들숨

**날-실**[1] 名 縦糸、経糸。¶ ~과 씨실 たて糸とよこ糸。㋐ 씨실

**날-실**[2] 名 生糸、練られていない糸。

**날쌔다** 形 すばやい、すばしっこい、敏捷だ、手っ取りばやい。¶ 날쌘 동작 すばやい動作。

**날씨** 名 天気、空模様、天候、日和。¶ 변덕스러운 ~ 変わりやすい天気/ ~가 이상하다 空模様がおかしい。/ 당장이라도 비가 올 듯한 ~다 今にも雨が降りそうな天気。

**날씬-하다** 形[여] すんなりしている、すらりとしている、ほっそりしている。¶ 날씬한 몸매 すらりとした体つき。

**날아-가다** 目 ①飛んで行く。¶ 새가 ~ 鳥が飛んで行く。②吹っ飛ぶ、飛び去る。¶ 태풍으로 지붕이 날아갔다 台風で屋根が吹っ飛んだ。③(持ちっていたものが)すっかりなくなる。¶ 저축한 돈이 하룻밤 사이에 날아갔다 貯蓄していた金が一晩ですっかりなくなった。④解雇される、くびになる。¶ 사원 삭감으로 목이 ~ 社員削減でくびになる。

**날염**[捺染] 名[하여] 捺染、おしぞめ、プリント。¶ 아름답게 ~하다 美しく捺染する。

**날인**[捺印] 名[하여] 捺印、押印。¶ 계약서에 서명 ~하다 契約書に署名捺印する。

**날조**[捏造] 名[하여][되] 捏造、でっち上げ。¶ ~된 사건 捏造された事件/ ~하다 アリバイをでっち上げる。

**날-짐승** 名 鳥類。

**날짜**[1] 名 ①日数、日にち。¶ 아직 ~가 남아 있다 まだ日取りが残っている。②(定まった)日、日取り、期日。¶ 마감 ~ 締め切りの日/ ~를 정하다 日取りを決める。③日付。¶ 어제 ~로 부친 편지 きのうの日付で出した手紙。

**날짜**[2] 名 ①素人、新米、青二才。②生なもの。¶ ~로 먹다 生なで食べる。

**날짱-거리다** 目 だらだらする、のらりくらりする。¶ 날짱거리지 말고 일해라 だらだらせずに仕事をしなさい。

**날치** 名[動] トビウオ。

**날-치기** 名[하여] かっぱらい、ひったくり。¶ 가방을 ~하다 ガバンをひったくる。/ ~를 잡다 かっぱらいを捕つかまえる。

**날카롭다** 形[비] 鋭する。①(刃などが)鋭利だ、よく切れる。¶ 날카로운 비수 鋭い匕首。②(感覚などが)鋭敏だ。¶ 날

**날탕** 카로운 관찰력 鋭い観察力/ 머리가 ~ 頭が切れる。③ (勢いなどが) 激しい、厳しい。¶ 날카롭게 비평하다 鋭く批評する。④ (声が) 切り裂くようだ、金切り声だ。¶ 날카로운 비명 切り裂くような悲鳴。

**날탕** 名 (財産·能力など) なにも持っていない人。

**날-품** 名 日雇い、日雇い仕事。
  <u>관용</u> **날품(을) 팔다** 日雇い仕事をする。
**날품-팔이** 名 自 ① 日雇い。② 日雇い労働者。

**낡다** 形 古い。① 古くさい、古ぼけている。¶ 낡은 건물 古い建物。② 旧式だ、時代おくれだ。¶ 낡은 사고 방식 時代おくれの考え方/ 그 수법은 이미 낡았다 その手はもう古い。

**낡아-빠지다** 形 古びて使えなくなる、古ぼけている、古くさい。¶ 낡아빠진 가구 古びた家具。

**남** 名 ① (自分以外の) 人、他人。¶ ~을 깔보다 人を見下げる。/ ~의 눈에 띄는 곳 人の目につく所。② (親戚以外の) 他人。¶ ~보다는 친척 他人よりは親戚/ 이혼했으니 이젠 ~이다 離婚したから今はもう他人だ。② <u>[対]</u> 非自己。
  <u>관용</u> **남의 말** 人の話、人のうわさ。¶ ~ 하기를 좋아한다 人のうわさをしたがる。**남의 속** 人の気持ち。¶ ~도 모르고 人の気も知らないで。**남의 손** 他人の手、人手。¶ ~에 넘어가다 人手に渡る。**남의 집(을) 살다** 住み込みで働く。

**남**[男] 名 男、男性。
**남**[南] 名 ① 舳先を ~으로 돌리다 船首を南に向ける。④ 북(北)
**남국**[南國] 名 南国、南の国。
**남극**[南極] 名 南極。¶ ~ 대륙 南極大陸/ ~ 탐험 南極探検。
**남극-점**[-點] 名 南極点。
**남극-해**[-海] 名 地 南極海。
**남근**[男根] 名 男根。
**남기다** 他 「남다」の使役。① 残す、余す。¶ 발자국을 ~ 足跡を残す。/ 빚을 남기고 죽다 借金を残して死ぬ。② 利益を得る、設ける、得をする。¶ 백만 원을 ~ 百万ウォンをもうける。

**남김-없이** 副 残らず、余すところなく、ありったけ。¶ ~ 먹어 치웠다 残らず食べてしまった。/ 실력을 ~ 발휘하다 実力を余すところなく発揮する。

**남-남** 赤の他人。
**남남-북녀**[南男北女] 名 南部地方では男が 北部地方では女が美しいという語 (日本でいう東男に京女の類)。

**남녀**[男女] 名 男女、男と女。¶ ~ 공학 男女共学/ ~를 불문하고 男女を問わず。

**남녀-노소**[-老少] 名 老若男女。
**남:다** 自 ① 余る、残る、浮く。¶ 기억에 記憶に残る。/ 먹다 남은 밥 食べ残したご飯/ 얼마 남지 않은 인생 余命いくばくもない人生。② 残る、とどまる、残留する。¶ 늦게까지 회사에 ~ 遅くまで会社に残る。③ (後世に) 伝わる。¶ 선생님의 명성은 길이 남을 것이다 先生の名声は末ながく伝わるであろう。④ もうかる、利益がある。¶ 남는 장사 もうかる商売。

**남-다르다** 形 人と違っている、風変わりだ、特別だである。¶ 그는 남다른 데가 다 彼は一風変わったところがある。

**남-달리** 副 人と違って、人並みはずれて、特に。¶ ~ 뛰어난 재주 人並みはずれて秀でた才能。

**남-대문**[南大門] 名 南大門 (ソウルの崇礼門の別称)。

**남-동생**[男同生] 名 弟。
**남:-루**[襤褸] 名 ① ぼろ、ぼろきれ。¶ ~를 걸치다 ぼろをまとう。② <u>하形</u> (服などが) ぼろぼろで垢染みている。¶ ~한 옷차림 みすぼらしい身なり。

**남매**[男妹] 名 兄と妹。¶ ~ 간 兄と妹の間柄。

**남모르다** 自르 (主に「남모르는·남모르게」の形で使われて) 人知れず、ひそかに。¶ 남모르는 고생 人知れぬ苦労。

**남-몰래** 副 人知れず。¶ ~ 마음을 두다 ひそかに思いを寄せる。

**남미**[南美] 名 南米、南アメリカ。
**남:발**[濫發] 名 하他 自르 乱発、濫発。¶ 부도 수표를 ~하다 不渡り小切手を乱発する。

**남방**[南方] 名 南方、南の方、南の地方。
**남방-셔츠**[-shirts] 名 開襟シャツ。
**남:벌**[濫伐] 名 하他 自르 乱伐、濫伐。¶ 산림의 ~ 山林の乱伐。

**남부**[南部] 名 南部。¶ ~ 지방 南部地方。
**남-부끄럽다** 形 ㅂ 人目に恥ずかしい。
**남-부럽다** 形 ㅂ うらやましい。
**남-부럽잖다** 形 (「남부럽지 아니하다」の縮約形) (他人が) ちっともうらやましくない。¶ 남부럽잖게 지내다 人をうらやましく思わない暮らしをしている。

**남북**[南北] 名 南北、南と北。¶ ~ 통일 南北統一/ ~으로 흐르다 南北に流れる。
  <u>관용</u> **남북(이) 나다** ① 頭の前後が突き出ている、さいづち頭である。② (異常に) 一部が突き出ている。

**남-사당**[南-] 名 (むかし) 歌や踊りを見せものにして各地を回った男の芸人。
**남상**[男相] 名 (女の) 男のような顔つき。
**남색**[藍色] 名 あい色。
**남생이** 名 動 クサガメ。
**남성**[男性] 名 男性。¶ ~미 男性美/ ~ 호르몬 男性ホルモン。

**남성-적**〔-的〕冠 男性的。¶ ~인 산 男性的な山。

**남성**〔男聲〕名 男声。¶ 사중창 男声四重唱。

**남실-거리다**自 ①(さざ波のように)ひたひた寄せる、(小さな波が)ゆらゆら揺れる。②(もの欲しそうに)のぞき込む。

**남아**〔男兒〕名 男児。①男子。¶ ~ 일언중천금 男子の一言は千金よりも重し。②男の子。¶ ~를 출산하다 男の子を出産する。⑤ 땀남

**남아-돌다**自 有り余る。¶ 돈이 남아돌 만큼 있다 お金が有り余るほどある。

**남양**〔南洋〕名 南洋。¶ ~ 군도 南洋群島。

**남:용**〔濫用〕名 하他 濫用、乱用。¶ 직권을 ~하다 職権を乱用する。

**남우**〔男優〕名 男優。

**남-우세**名 人のもの笑いになること、嘲笑されること。

**남우세-스럽다**形ㅂ もの笑いにされそうだ。

**남위**〔南緯〕名〔地〕南緯。¶ ~ 20도 南緯20度。⑤ 북위

**남의-눈**名 人目、よそ目、はた目。¶ ~을 꺼리다 人目をはばかる。/ ~이 무섭다 人目が怖い。

**남의-일**名 人ごと、他人事だ。¶ 같지 않다 人ごととは思えない。

**남자**〔男子〕名 男子、男、男性。¶ 멋진 ~ いい男/ ~용 가방 男物のカバン/ ~ 체면을 세우다 男振をあげる。⑤ 땀녀

**남자-답다**形ㅂ 男らしい、男前だ。¶ 남자다운 행동 男らしい行動。

**남작**〔男爵〕名 男爵、バロン。

**남장**〔男裝〕名 하自 男装。¶ ~ 미인 男装の麗人。

**남존-여비**〔男尊女卑〕名 男尊女卑。

**남종**〔南宗〕名 南宗。

**남종-화**〔-畫〕名 南宗画、南画。

**남중-일색**〔男中一色〕名 容貌の秀でた男、美男子、ハンサムボーイ。

**남짓**依(重さ・数量などの)少し余ること、やや多目であること、余げり、余り。¶ 1년 ~ 1年あまり/ 100명 ~한 학생 100名あまりの学生。

**남창**〔男娼〕名 男娼、おかま。

**남측**〔南側〕名 南側。

**남침**〔南侵〕名 하自 南侵、南を侵略すること。

**남탕**〔男湯〕名 (銭湯などの)男湯、男風呂。

**남파**〔南派〕名 하他 南に派遣すること。¶ 간첩을 ~하다 スパイを南に放つ。

**남편**〔男便〕名 夫、亭主、主人。¶ ~을 잃다 夫を失う〔死ぬ〕/ ~이 있는 여자 亭主のある女。

**남포**名 導火線を装置したダイナマイト。

**남포-질**名 하他 (ダイナマイトを仕掛けて)爆破すること、発破。

**남포**〔← lamp〕名 ランプ。¶ 석유 ~ 石油ランプ。

**남포-불**名 ランプの火。¶ ~을 돋우다 ランプの火を大きくする。

**남풍**〔南風〕名 南風、南の風。

**남해**〔南海〕名 南海。

**남행**〔南行〕名 하自 南行。¶ ~ 열차 南行の列車。

**남향**〔南向〕名 하自 南向。¶ ~집 南向きの家。

**남-회귀선**〔南回歸線〕名 南回帰線。

**남:획**〔濫獲〕名 하他 濫獲、乱獲。¶ 치어의 ~ 稚魚の濫獲。

**납**〔←〕名 鉛。¶ ~ 중독 鉛中毒。

**납**〔蠟〕名 蠟。①蜜蠟。②白蠟。¶ ~ 인형 ろう人形。

**납**〔鑞〕名 鑞、はんだ。¶ ~ 땜질 はんだ付。⑤ 땜납

**납골**〔納骨〕名 하他 納骨。

**납골-당**〔-堂〕名 納骨堂。

**납관**〔納棺〕名 하自 納棺、入棺。

**납기**〔納期〕名 納期。¶ ~가 다가오다 納期が迫る。

**납-덩이**名 鉛の塊。
관용 납덩이 같다 ①顔色が鉛玉のように青白い。②疲れて体が重くだるい。¶ 몸이 ~ 体が重くだるい。③(気持ち・雰囲気などが)重苦しい。¶ 납덩이 같은 침묵이 흐르다 鉛のように重苦しい沈黙が流れる。

**납득**〔納得〕名 하他自 納得。¶ ~이 안 가다 納得できない。/ ~하기 어렵다 納得しにくい。

**납-땜**〔鑞-〕名 하他 はんだづけ。

**납땜-인두**名 はんだごて。

**납량**〔納涼〕名 하自 納涼、涼すみ。¶ ~ 영화 納涼映画。

**납부**〔納付〕名 하他自 納付、払い込み。¶ 세금을 ~하다 税金を納める。

**납북**〔拉北〕名 하他自 北韓へ拉致して行くこと。

**납세**〔納税〕名 하自 納税。¶ ~ 의무 納税の義務/ ~를 잘하다 きちんと納税する。

**납세 고:지서**〔-告知書〕名 納税告知書。

**납세필-증**〔-畢證〕名 納税済み証明書。

**납입**〔納入〕名 하他自 納入、納付。¶ 회비를 ~하다 会費を納める。

**납입-금**〔-金〕名 納入金。

**납작**副 ①ぱくっと、ぱくり(と)、すかさず。¶ 개가 고기 조각을 ~ 받아먹다 犬が肉切れをぱくっと食べる。②ぱたっと、べたっと。¶ 바닥에 ~ 엎드리다 床にべたっと伏す。⑤ 넙적

**납작-납작**副 ぱくぱく、がぶりと。

**납작-코**名 平ったい鼻、あぐら鼻。

**납작-하다**形 平ったい、平べったい、ぺちゃんこだ。¶ 납작한 얼굴 平べったい顔/ 차가 납작해졌다 車がぺちゃんこになった。

**납-중독**【-中毒】 ② 鉛中毒なまりちゅうどく.

**납치**【拉致】 ② ᄒᆞ他 ᄃᆡ自 拉致らち・らっち. ¶ 요인을 ~하다 要人ようじんを拉致らちする.

**납품**【納品】 ② ᄒᆞ他 納品のうひん. ¶ ~ 기한 納品期限のうひんきげん.

**낫** ② 鎌かま. ¶ ~자루 鎌かまの柄え/ ~으로 벼를 배다 鎌かまで稲いねを刈かる.
[속담] **낫 놓고 기역자도 모른다** 目めに一丁字いっていもない, いろはのいの字じも知しらない.

**낫:다**[¹] 自ᄉ (病気びょうきが)治なおる, 癒いえる. ¶ 병이 다 나았다 病気びょうきがすっかり治なおった.

**낫:다**[²] 形ᄉ (他たのものより)勝まさる, 優すぐれている, ましである, よい. ¶ 없는 것보다 ~ 無ないよりはましだ. / 보다 나은 성적 より よい成績せいせき.

**낭:독**【朗讀】 ② ᄒᆞ他 ᄃᆡ自 朗読ろうどく. ¶ 시를 ~하다 詩しを朗読ろうどくする.

**낭-떠러지** 絶壁ぜっぺき, 断崖だんがい. ¶ ~에서 떨어지다 断崖だんがいから落おちる.

**낭:랑**【朗朗】 ② ᄒᆞ形 朗々ろうろう. ¶ 한 목소리 朗々ろうろうたる声こえ/ ~하게 읽어 나가다 朗々ろうろうと読よみ上あげる.

**낭:만**【浪漫】 ② 浪漫ろうまん. ¶ ~파 浪漫派ろうまんは.
**낭:만-적**[-的] 冠 浪漫的ろうまんてき, ロマンチック.
**낭:만-주의**[-主義] ② 浪漫主義ろうまんしゅぎ, ロマンチシズム.

**낭:보**【朗報】 ② 朗報ろうほう. ¶ 승리의 ~에 접하다 勝利しょうりの朗報ろうほうに接せっする.

**낭:비**【浪費】 ② ᄒᆞ他 浪費ろうひ, むだづかい. ¶ ~가 심하다 むだづかいが甚はなはだしい. / 시간을 ~하다 時間じかんを浪費ろうひする.
**낭:비-벽**[-癖] ② 浪費癖ろうひへき, 浪費ろうひぐせ.

**낭:설**【浪說】 ② 流言りゅうげん, デマ. ¶ ~을 퍼뜨리다 デマを飛とばす.

**낭:송**【朗誦】 ② ᄒᆞ他 朗誦ろうしょう, 朗唱ろうしょう. ¶ ~시 ~ 詩しの朗誦ろうしょう.

**낭자**【娘子】 ② (良家りょうかの娘むすめに対たいするむかしの尊敬語そんけいご) 娘子じょうし, お嬢じょうさん.

**낭:자**【狼藉】 ② ᄒᆞ形 狼藉ろうぜき, 乱雑らんざつなこと, 取とり散ちらかすこと. ¶ 유혈이 ~하다 血ちが飛とび散ちる.

**낭:패**【狼狽】 ② ᄒᆞ他 ᄃᆡ自 ろうばい, うろたえ騒さわぐこと, あわてふためくこと. ¶ ~한 기색을 보이다 ろうばいの色いろを見みせる.
[관용] **낭패(를) 보다** 慌あわてる, うろたえる, 不覚ふかくを取とる.

**낮** ② 昼ひる, 昼間ひるま, 日ひ, 日中にっちゅう. ¶ 밤이나 ~이나 夜よも昼ひるも/ 밤ばんを가리지 않고 昼夜ちゅうやをわかたず…. ¶ 이 길다 日ひが長ながい.

**낮다** 形 ① (高たかさなどが)低ひくい. ¶ 낮은 곳 低ひくい所ところ/ 제비가 낮게 날고 있다 ツバメが低ひくく飛とんでいる. ② (地位ちい・水準すいじゅんなどが)低ひくい, 劣おとっている. ¶ 신분이 ~ 身分みぶんが低ひくい. / 문화 수준이 ~ 文化ぶんかの水準すいじゅんが低ひくい. ③ (品質ひんしつなどが)劣おとっている. ¶ 질이 낮은 제품 質しつの悪わるい製品せいひん. ④ (声こえなどが)低ひくい, 小ちいさい. ¶ 낮은 소리로 속삭이다 低ひくい声こえでささやく. ⑤ (温度おんど・湿度しつどなどが)低ひくい. ¶ 기온이 ~ 気温きおんが低ひくい.

**낮-도깨비** ② ① 昼ひるに現あらわれるという化ばけ物もの. ② 恥知はじしらず, 厚顔こうがん無知むちの者もの.

**낮-술** ② ① 昼間ひるまに飲のむ酒さけ. ② 昼売ひるうる酒さけ.

**낮은 음자리표**[-音-標] ② 【音】 低音部ていおんぶ記号きごう, へ音記号おんきごう.

**낮-잠** ② 昼寝ひるね, 午睡ごすい. ¶ ~을 자다 昼寝ひるねをする.

**낮추다** 他 ① 低ひくくする, 低ひくめる, 下さげる, 落おとす. ¶ 허리를 ~ 腰こしを低ひくめる. / 값을 ~ 値段ねだんを下さげる. / 목소리를 ~ 声こえを落おとす. ② (人ひとに対たいして)自分じぶんを低ひくくする, 卑下ひげする. ¶ 자신을 ~ 自分じぶんを卑下ひげする. ③ 人ひとを低ひくく見みる, 見下みさげる. ④ (目下めしたに対たいして)言葉ことばづかいをぞんざいに言いう. ¶ 말을 ~ 言葉ことばをぞんざいに言いう.

**낯** ② 顔かお. ① 顔面がんめん, 面おもて. ¶ ~을 붉히다 顔かおを赤あからめる. ② 体面たいめん, 面目めんぼく・めんもく. ¶ ~이 뜨겁다 顔かおがほてる. / 볼 ~이 없다 合あわす顔かおがない.

**낯-가리다** 自 人見知ひとみしりする, 人怖ひとおじする. ¶ 이 아이는 낯가리지 않는다 この子こは人見知ひとみしりしない.

**낯-가림** ② ᄒᆞ自他 人見知ひとみしり, 人怖ひとおじ.

**낯-가죽** ② 面つらの皮かわ.
[관용] **낯가죽(이) 두껍다** 面つらの皮かわが厚あつい, 厚かましい, 鉄面皮てつめんぴだ.

**낯-간지럽다** 形ㅂ きまりがわるい, 面映おもはゆい, 照てれくさい, 尻しりこそばゆい. ¶ 너무 칭찬을 받아 ~ あまりにも褒ほめられて面映おもはゆい.

**낯-깎이다** 自 顔かおがつぶれる, 面目めんぼくを失うしなう.

**낯-내다** 他 ① 顔かおを立たてる, 面目めんぼくを立たてる. ② 恩おんに着きせる, 恩着おんきせがましくふるまう.

**낯-두껍다** 形ㅂ 厚あつかましい, 面おもの皮かわが厚あつい, ずうずうしい. ¶ 낯두꺼운 요구 厚あつかましい要求ようきゅう.

**낯-뜨겁다** 形ㅂ 顔かおがほてる, 恥はずかしい, 面映おもはゆい. ¶ 칭찬을 받으면 오히려 ~ 褒ほめられるとかえって恥はずかしい.

**낯-붉히다** 他 顔かおを赤あからめる, 赤面せきめんする. ¶ 부끄러워 ~ 恥はずかしくて顔かおを赤あからめる.

**낯-빛** ② 顔色かおいろ. ¶ ~이 달라지다 顔色かおいろが変かわる.

**낯-설다** 形 見慣みなれない, 不慣ふなれだ, 面識めんしきがない. ¶ 낯선 사람 見知みしらぬ人ひと/ 낯선 땅 不慣ふなれな土地とち.

**낯-익다** 形 顔かおなじみだ, 見知みしっている, 見慣みなれている. ¶ 낯익은 풍경 見慣みなれた風景ふうけい/ 그녀와는 낯익은 사이다 彼女かのじょとは顔かおなじみである.

**낯-짝** ② [俗] 面つら, 面おもの皮かわ. ¶ ~이 두껍다 面つらの皮かわがあつい.

**낱**: I ② (数かぞえられるものの) 一ひとつ一ひとつ. ¶ ~으로 팔다 ばらで売うる. II 接頭 «単位たんいを表あらわす名詞めいしの前まえについて» (別べつの) 一ひとつ. ¶ ~개一個いっこ/ ~개비 一本いっぽん一本いっぽん.

**낱:-개** ② (いくつもあるものの中なかの) 一個いっこ

一ひとつずつ、ばら。¶ ~로 떼어서 팔다 ばらにして売る。

**낱:낱** 图 一ひとつ一ひとつ。

**낱:낱-이** 副 ①一ひとつ一ひとつ。¶ 물건을 ~ 세다 品物しなものを一つ一つ数かぞえる。②いちいち。¶ ~ 간섭하다 いちいち干渉かんしょうする。③一つ残のこらず。¶ ~ 말씀 드리겠습니다 残のこらず申もうし上あげます。

**낱:-말** 图 単語たんご。¶ 영어의 ~을 외다 英語えいごの単語を覚おぼえる。㊀ 단어

**낳다**¹ 他 ①産うむ。¶ 아들을 낳았다 男おとこの子こを産んだ。②(ある物事ものごと・結果けっかを)生うむ、生しょうじる、もたらす。¶ 예상치 않은 결과를 낳았다 予想よそうしなかった結果を生んだ。/ 독일이 낳은 음악가 ドイツが生んだ音楽家おんがくか。

**낳다**² 他 ①紡つむぐ。¶ 무명실을 ~ 綿糸めんしを紡ぐ。②織おる。¶ 길쌈을 ~ 機はたを織る。

**내**¹ 图 ①(「냄새」의 縮約形)におい。¶ 비린~ 生臭なまぐさいにおい/ 탄 ~가 나다 焦こげたにおいがする。②煙けむり。¶ ~가 자욱하다 煙がたちこめる。

**내**² 图 川かわ、小川おがわ、流ながれ。¶ ~를 건너다 川を渡わたる。

**내**³ 代 私わたし、僕ぼく、おれ、自分じぶん。¶ ~가 하마 가지요/ ~가 알 바 아니지 僕の知しったことじゃない。

**내**⁴ 冠 (「나의」의 縮約形)私わたしの、僕ぼくの、わが。¶ ~ 것 私のもの/ ~ 고향 わがふるさと。

**내:[內]** 图 (空間くうかん・時間じかんなどの)中なか、うち、内ない、以内いない。¶ ~ 외 内外ないがい/ 기한 ~ 期限内きげんない。

**내:-** 頭 ①「外そとの方ほうに向むかって」の意い。¶ ~보내다 出だす/ ~걸다 掲かげる。②「力強ちからづよく」の意を表あらわす。¶ ~차다 蹴飛けとばす。/ ~던지다 投なげつける。

**-내** 接尾 「始はじめから終おわりまで」の意を表わす」~中じゅう。¶ 일년 ~ 一年中いちねんじゅう/ 바람이 아침 ~ 분다 風かぜが午前中ごぜんちゅうずっと吹ふく。

**내:각[內閣]** 图 内閣ないかく。¶ 연립 ~ 連立れんりつ内閣/ ~의 경질 内閣の更迭こうてつ。

**내:각 책임제[-責任制]** 图 内閣責任制ないかくせきにんせい。

**내객[來客]** 图 来客らいきゃく、訪問客ほうもんきゃく。¶ ~이 그칠 새가 없다 来客の絶たえる間まがない。

**내:걸다** 他 ①(旗はたなどを)掲かげる。¶ 국기를 ~ 国旗こっきを掲げる。②(要求ようきゅう・主張しゅちょうなどを)掲げる、持もち出だす、引ひっ提さげる。¶ 슬로건을 ~ スローガンを掲げる。③(生命せいめい・財産ざいさんなどを)懸かける。¶ 목숨을 내걸고 싸우다 命いのちを懸けて戦たたかう。

**내:과[內科]** 图 内科ないか。¶ ~ 의사 内科医ないかい。

**내:구[耐久]** 图 耐 耐久たいきゅう。¶ ~ 소비재 耐久消費財たいきゅうしょうひざい。

**내:구-력[-力]** 图 耐久力たいきゅうりょく。¶ ~을 시험하다 耐久力を試験しけんする。

**내:구-성[-性]** 图 耐久性たいきゅうせい。

**내:국[內國]** 图 内国ないこく、国内こくない。¶ ~세 内国税ぜい/ ~ 항로 内国航路こうろ。

**내:국-법[-法]** 图 法 内国法ないこくほう、国内法。

**내:국-인[-人]** 图 内国人ないこくじん。

**내:근[內勤]** 图 自他 内勤ないきん。¶ ~ 사원 内勤社員いん。㊃ 외근(外勤)

**내:기** 图 自他 賭かけ、賭かけごと。¶ ~ 바둑 賭け碁ご/ ~에 지다 賭けに負まける。

**-내기** 接尾 ①…出身しゅっしん、…生うまれ。¶ 시골 ~ 田舎者いなかもの。②「その程度ていどの人ひと」の意い。¶ 여간~가 아니다 ただ者ものではない。

**내:내** 副 始終しじゅう、(始はじめから終おわりまで)ずっと。¶ 일년 ~ 一年中いちねんじゅう/ ~ 기다리고 있었다 ずっと待まっていた。/ 지금까지 ~ 1위를 차지했다 今いままでずっと一位いちを占しめてきた。

**내:-놓다** 他 「내어놓다」의 縮約形。①出だす、出だしておく、差さし出だす、持もち出だす。¶ 이 삿짐을 ~ 引ひっ越こしの荷物にもつを出しておく。②(持もち物ものなどを)出だす、差し出す、(職しょく・地位ちいなどを)退しりぞく。¶ 기부금을 ~ 寄付金きふきんを出す。③(隠かくれているものを)さらけ出す、暴あばく、ばらす。¶ 죄상을 ~ 罪状ざいじょうを暴く。④(作品さくひんなどを)出だす、発表ひょうする。¶ 걸작을 ~ 傑作けっさくを出す。⑤(意見いけん・問題もんだいなどを)出だす、提出ていしゅつする。¶ 조건을 ~ 条件じょうけんを出す。⑥(囲かこっていたものを)放はなしてやる、自由じゆうにする。¶ 소를 내놓고 기르다 牛うしを放し飼かいにする。⑦除のぞく、除外じょがいする。¶ 나만 내놓고 모두 부자다 わたしだけ除いて残のこりは金持かねもちだ。⑧売うりに出だす。¶ 집을 팔려고 ~ 家いえを売りに出す。⑨賭かける、投なげ出だす。¶ 목숨을 내놓고 덤비다 命いのちを投げ出して挑いどむ。⑩(「내놓고」의 形けいで)あけすけに。¶ 내놓고 비난하다 あけすけに非難ひなんする。

**내:다**¹ 他 ①(金かねなどを)出だす、払はらう、支払しはらう、納おさめる、寄付きふする。¶ 회비를 ~ 会費かいひを出す。/ 집세를 ~ 家賃やちんを払う。②(手紙てがみなどを)出だす、差し出す、送おくる。¶ 안내장을 ~ 案内状あんないじょうを出す。③(書類るい・問題もんだいなどを)出だす、提出ていしゅつする、出品しゅっぴんする。¶ 원서를 ~ 願書がんしょを出す。/ 전람회에 작품을 ~ 展覧会てんらんかいに作品ひんを出品する。④(穀物こくもつを市場しじょうに)出だす、売うる。¶ 쌀을 시장에 ~ 米こめを市場に出す。⑤(食事しょくじなどを)もてなす、おごる、接待せったいする。¶ 친구들에게 한 잔 ~ 友達ともだちに一杯いっぱいおごる。⑥(記事きじなどを)載のせる、(出版物しゅっぱんぶつなどを)発行はっこうする、出版する。¶ 시집을 ~ 詩集ししゅうを出す。⑦(金かねを)借かりる、借金しゃっきんする、(許可きょかを)得える。¶ 허가를 ~ 許可を得る。/ 빚을 내어 장사를 하다 借金して商売しょうばいをする。⑧(列車れっしゃ・船ふねなどを)出だす、運行うんこうさせる、出航こうさせる。¶ 임시 열차를 ~ 臨時りん列車を出す。⑨(店みせなどを)出だす、始はじめる、(所帯しょたいを)持もつ。¶ 새살림을 ~ 新所帯しんじょたいを持つ。⑩(苗なえなどを)植うえる、移

내:다² 他 「나다」의 使役. ①(外へ)出す ¶ 짐을 밖으로 ~ 荷物を外に出す. ②(事故などを)出す、起こす、発 する、生じる. ¶ 교통사고를 ~ 交通事故を起こす. ③口外する、口に出す、漏らす、立てる. ¶ 이 비밀은 입밖에 내지 마라 この秘密は口外するな. ④(道を新しく)つける、開く、通す、つくる. ¶ 길을 ~ 道をつける. ⑤(感情などを)表わす、出す、立てる、発する、加える. ¶ 용기를 ~ 勇気を出す. / 성을 ~ 腹を立てる. / 속도를 ~ 速度を出す. ⑥ある状態にする、させる. ¶ 박살을 ~ こなごなにする. ⑦(穴などを)あける、うがつ. ¶ 구멍을 ~ 穴をあける. ⑧(時間・座席などを)空ける. ¶ 방을 ~ 部屋を空ける. / 틈을 ~ 暇をつくる. ⑨(新聞に)出す、載せる. ¶ 광고를 대문짝만하게 ~ 広告を大見出しで出す. ⑩(윷놀이で)開け上がりにする. ⑪(「티를 ~」の形で)気取る、…ぶる、吹かす. ¶ 학자 티를 ~ 学者ぶる.

내:다³ 助動 (動詞の語尾「-아-·-어-·-여」について)…し切る、…し抜く、…し尽くす、…し通す. ¶ 이겨 ~ 勝ち抜く / 버티어 ~ がんばり通す.

내:다-보다 他 ①(外を)見る、見渡す、眺める. ¶ 창 밖을 ~ 窓の外を眺める. ②(先きのことを)見通す、見越す、見込む. ¶ 앞날을 ~ 将来を見通す.

내:-던지다 自〔ㅌ〕突っ走る、ひた走る、(いきなり)飛び出す、力強くつき進する.

내:닫이-창 名 はりだしまど、出窓.

내-달【來-】 名 来月.

내:-던지다 他 ①ほうり投げる、投げつける. ¶ 돌을 ~ 石を投げつける. ②投げ出す、なげうつ、投げ捨てる、ほうり出す. ¶ 목숨을 ~ 命を投げうつ. / 하던 일을 ~ していた仕事を投げうつ.

내도【來到】 名 하동 到来、到着、来着. ¶ 신용장이 ~하다 信用状が到来する.

내:-돌리다 他 (むやみに物を持ち出して)人々の手から手へと渡す、手渡して回る.

내동【來同】 名 하자 来て集まること.

내:-동댕이치다 他 ①投げ付ける、投げ飛ばす、たたきつける、ほっぽりだす. ¶ 가방을 마룻바닥에 ~ かばんを床の上に投げ付ける. ②振り捨てる、見捨てる、ほったらかしておく. ¶ 하던 일을 ~ やりかけの仕事をほったらかしておく.

내:-디디다 他 踏み出す. ①(歩みを)進める. ¶ 한 발 ~ 一歩踏み出す. ②(事業などに)着手する、始める、踏み込む. ¶ 정계에 첫발을 ~ 政界に第一歩を踏み出す.

내:란【内亂】 名 内乱. ¶ ~을 일으키다 内乱を起こす.

내려-가다 自 ①(高いところから)降りる、下る. ¶ 산에서 ~ 山から降りる. ②(都会から田舎へ)下る、帰る、都落ちする. ¶ 내려가는 열차 下り列車. ③(値段・成績・温度などが)下がる、落ちる. ¶ 성적이 ~ 成績が落ちる. / 어제보다 기온이 ~ 昨日のより気温が下がる. ④(食物が)消化される、こなれる. ¶ 아침에 먹은 것이 내려가지 않는다 朝食べた物がこなれない.

내려-놓다 他 ①下ろす、下に置く. ¶ 짐을 땅바닥에 ~ 荷物を地面に下ろす. ②(車・船などから)降ろす ¶ 승객을 ~ 乗客を降ろす. ③(受話器などを)外しておく. ¶ 수화기를 ~ 受話器を外しておく.

내려다-보다 他 ①見下ろす. ¶ 산에서 ~ 山から見下ろす. ②見下げる、見下す、侮る. ¶ 남을 ~ 人を見下げる.

내려-보내다 他 ①下ろす. ¶ 2층에서 아래로 ~ 二階から階下へ下ろす. ②(地方などへ)送sur届ける.

내려-서다 自 下り立つ、降り立つ. ¶ 공항에 ~ 空港に降り立つ.

내려-앉다 自 ①降りる、着陸する. ¶ 비행기가 활주로에 ~ 飛行機が滑走路に着陸する. ②(地位・座などが)落ちる、下げる、左遷される. ¶ 한직으로 ~ 閑職にまわされる. ③(建物が・山などが)崩れ落ちる. ¶ 천정이 ~ 天井が崩れ落ちる.

내려-오다 自 ①降りて来る、下りる、下る. ¶ 비행기에서 ~ 飛行機から降りて来る. / 2층에서 ~ 2階から降りる. ②(都会から)下って来る. ¶ 서울에서 ~ ソウルから下る. ③(むかしから)伝わってくる、伝わる. ¶ 예로부터 전해 내려오는 전설 むかしから伝わって来た伝説. ④(系統を通じて)下がって来る、下りる、下る. ¶ 명령이 ~ 命令が下る. ⑤(他動詞的に)(物を)下ろす. ¶ 차에서 짐을 ~ 車から荷物を下ろす.

내력【來歷】 名 来歴、由来、ゆいしょ、経緯、いきさつ. ¶ 그 절의 ~ その寺の由来/ 사건의 ~을 조사하다 事件のいきさつを調査する.

내:륙【内陸】 名 内陸. ¶ ~성 기후 内陸性気候.

내:륙 지방 [-地方] 名 内陸地方.

내리-깎다 他 ①ひどく値切る、値切り倒す. ②(人の体面などを)すごくけなす、こきお

내리다¹ 自 ①下りる、下る. ¶ 막이 ~ 幕が

が下りる。②(乗のり物ものから)降おりる。¶ 버스에서 ~ バスから降りる。③(雨あめなどが)降ふる、(霜しもなどが)降おりる。¶ 비가 내리기 시작했다 雨あめが降り出した。④(値段ねだん・成績せいせきなどが)下さがる。¶ 물가가 ~ 物価ぶっかが下がる。⑤(温度おんどなどが)下さがる。¶ 열이 ~ 熱ねつが下がる。⑥消化しょうかされる、こなれる。¶ 음식이 잘 내리지 않는다 食たべ物ものがよく消化しない。⑦(腫はれが)引ひく。¶ 부기가 ~ はれが引く。⑧(肉にくが)落おちる、やせる、減へる。¶ 살이 좀 내렸다 肉が少し落ちた。⑨(悪霊あくりょうが)とりつく、乗のり移うつる、神がかりになる。¶ 신령이 ~ 神霊しんれいが乗り移る。⑩根ねづく、根ねを下おろす。¶ 나무가 뿌리를 내렸다 木きが根ねが張はる。⑩(許可きょか・命令めいれいなどが)下くだる、下おりる。¶ 판결이 ~ 判決はんけつが下くだる。

내리다 他 ①(物ものを)下おろす。¶ 차에서 짐을 ~ 車くるまから荷物にもつを下ろす。②(幕まくなどを)下おろす。¶ 셔터를 ~ シャッターを下ろす。③(命令めいれい・決定けっていなどを)下くだす。¶ 결론을 ~ 結論けつろんを下す。④(賞しょう・割わり当あてなどを)与あたえる、賜たまう、取とらせる。¶ 벼슬을 官位かんいを賜う。⑤(値段ねだんを)引ひき下さげる、下さげる。¶ 임금을 ~ 賃金ちんぎんを引き下げる。⑥(地位ちい・程度ていどなどを)落おとす、下さげる、引ひき下さげる。¶ 한 급을 ~ 一階級いっかいきゅう引き下げる。

내리-닫이[1] 名 [建] 上あげ下さげ窓まど。
내리-닫이[2] 名 上下じょうげがつながっていて後うしろ開あきの幼児服ようじふく、コンビネーション。
내리-뜨다 他 (目めを)伏ふせる、伏ふし目めにする。¶ 부끄러운 듯이 눈을 ~ 恥はずかしそうに目めを伏せる。
내리막 名 下くだり坂ざか、落おち目め。¶ ~길 下くだり坂/경기가 ~에 접어들다 景気けいきが下り坂に入はいる。他 오르막
내리-사랑 名 下した対たいする親おやの愛情あいじょう。②兄弟うちのうち下したの子こへと移うつっていく親の愛情。他 치사랑
[속담] 내리사랑은 있어도 치사랑은 없다 親おやの子こに対たいする愛情じょうほどに子こは親おやを愛あいきない。
내리-쬐다 自 (陽ひが)照てりつける。¶ 햇볕이 쨍쨍 ~ 日ひの光ひかりがかんかん照りつける。
내리-치다 他 ①打うち下おろす、切きり下ろす、たたきつける、殴なりつける。¶ 칼로 ~ 刀かたなで切り下ろす。②(雨あめなどが)吹ふき降ふる、吹きすさぶ。¶ 찬바람이 내리치는 겨울 밤 寒風かんぷう吹きすさぶ冬ふゆの夜よる。
내리-퍼붓다 自他 ①(雨あめなどが)降ふり注そぐ、降ふりしきる。¶ 비가 ~ 雨あめが降り注ぐ。②(水みずなどを)降ふりかける、ぶっかける。
내림 名 遺伝的いでんてきな特質とくしつ、血筋ちすじ。¶ 성질이 급한 것은 그 집안의 ~이다 気きが短みじかいのはその家いえの血筋。
내림-굿 名 [民] 巫女ふじょになろうとする時ときの神懸かみがかりの祈いのり。

내:-막[内幕] 名 内幕うちまく、内情ないじょう。¶ 정계의 ~ 政界せいかいの内幕/~을 폭로하다 内幕を暴あばく。
내:-면[内面] 名 内面ないめん。¶ 묘사 内面描写びょうしゃ/인간의 ~ 생활 人間にんげんの内面生活せいかつ。
내:면 세:계[-世界] 名 内面世界せかい。
내:면-적[-的] 冠名 内面的てき。¶ ~인 고찰 内面的な考察こうさつ。
내:-몰다 他 ①追放ついほうする、追おい出だす、追おい払はらう。¶ 국외로 ~ 国外がいに追放する。②駆かける、飛とばす。¶ 차를 ~ 車くるまを飛ばす。③追おい立たてる、急せき立たてる。¶ 일터로 ~ 職場しょくばへせき立てる。
내:-몰리다 自 (「내몰다」の受動) 追おい立たてられる、追おい出だされる、駆かり立たてられる。
내:-무[内務] 名 内務ないむ。¶ ~반 内務班はん。
내:무-부[-部] 名 内務部ぶ(日本にほんの内務省しょうにあたる)。
내:-밀다 自 ①突つき出でる、張はり出だす、出でっ張はる。¶ 바다로 내민 곶 海うみに突き出ている岬みさき。②(つぼみが)ほころびる。¶ 새싹이 ~ 芽めがほころびる。
내:-밀다[2] 他 ①(前まえの外そとへ)出だす、押おし出だす、突つき出だす、差さし出だす。¶ 가슴을 ~ 胸むねを突き出す。/ 머리를 불쑥 ~ 頭あたまをぬっと突き出す。②押おし出す、追おい払はらう、退しりぞける、追おいやる。¶ 기자를 문밖으로 내밀었다 記者しゃたちを門外もんがいに押し出した。③姿すがたを見みせる、顔かおを出だす。¶ 머처럼 동창회에 얼굴을 ~ ひさしぶりに同窓会どうそうかいに顔を出す。④差さし延のべる、突つきつける。¶ 구원의 손길을 ~ 救すくいの手てを差し延べる。⑤(屈くっせずに)押おし通とおす、押おし切きる。¶ 배짱을 ~ 無理むりに押し通す。
내:-밀리다 自 (「내밀다[2]」の受動) 押おし出だされる、追おいやられる。¶ 한직으로 ~ 閑職かんしょくに追いやられる。
내:-발리다 自 心こころの底そこが見みえ透すく。¶ 내발린 말을 하다 底の見え透いたことを言う。
내:-뱉다 他 ①吐はき出だす。¶ 가래침을 ~ 痰たんを吐き出す。②言いい捨すてる、言いい放はなつ。¶ 한 마디 툭 ~ 一言ひとことぽと言い捨てる。
내:버려-두다 他 ほったらかす、ほうっておく、捨すておく、見捨みすてる、放置ほうちする。¶ 일을 ~ 仕事しごとをほったらかす。/ 무례한 행동을 내버려둘 수 없다 無礼ぶれいな振ふる舞まいを捨ておくわけにはいかない。
내:-버리다 他 捨すてる、投なげ捨すてる。¶ 쓰레기를 ~ がらくたを捨てる。
내:-벽[内壁] 名 内壁ないへき、壁かべの内側うちがわ。
내:-보내다 他 ①(中なかから外そとへ)出だす、出でて行ゆかせる、追おい出だす。¶ 개를 밖으로 ~ 犬いぬを外そとに出す。②参加さんかさせる、出だす、送おくり出だす。¶ 경기에 선수를 ~ 競技きょうぎに選手せんしゅを出す。③首くびにする、追おい出だす、辞やめさせる、解雇かいこする。¶ 종업원을 ~ 従業員じゅうぎょういんを辞めさせる。
내:-복[内服] 名 下着したぎ、肌着はだぎ。他 속옷

내:복²[內服] 명하타 内服ない, 内用ようよう。
내:복-약[-藥] 명 内服薬やく, 飲のみ薬ぐすり。
내:부[內部] 명 内部ないぶ。①内側うちがわの部分ぶぶん。¶ ~ 수리 内部修理しゅうり。②内輪うちわ。¶ ~
내:분[內紛] 명 内紛ないふん, 内輪うちわもめ, いざこざ, 内訌ないこう。¶ ~에 휘말려 들다 内紛に巻まき込こまれる。
내:-분비[內分泌] 명生 内分泌ぶんぴつ。¶ ~기관 内分泌器官きかん。
내:분비-물[-物] 명生 内分泌物ぶつ, ホルモン。
내:-붙이다 타 張はり出だす。¶ 벽보를 ~ はり紙がみを張り出す。
내빈[來賓] 명 来賓らいひん。¶ ~의 축사 来賓の祝辞じ。
 내빈-석[-席] 명 来賓席せき。
내:-빼다 자他俗 逃にげる, ずらかる。¶ 국외로 ~ 国外こくがいに逃げる。
내:-뿜다 타 噴ふき出だす, 吹ふき上あげる, ほとばしる。¶ 연기를 ~ 煙けむりを噴き出す。
내:사[內査] 명 하타 자 内査ないさ, 内々ないないの調査ちょうさ, 内偵ない てい。
내:색[-色] 명 하자 気振きぶり, そぶり。¶ ~도 하지 않다 気振りにも見みせない。/ 싫은 ~을 보이다 嫌いやなそぶりを見せる。
내:성[內省] 명 하타 ①内省ないせい。②心 内観ないかん。
 내:성-적[-的] 관 内省的ないせいてき。¶ ~인 기질 内省的な気質きしつ。
내:성[耐性] 명 耐性たいせい。¶ ~이 생기다 耐性が出来できる。
내세[來世] 명佛 来世らいせい, 後生ごしょう。
내:-세우다 타 ①(前まえや表おもてに)立たたせる, 立たてる。¶ 학생을 칠판 앞에 ~ 学生がくせいを黒板こくばんに立たせる。②(…として)立たたせる, 立たてる。¶ 대표자로 ~ 代表者だいひょうしゃとして立てる。③ひけらかす。¶ 학력을 ~ 学歴がくれきをひけらかす。④(主張しゅちょう・方針ほうしんなどを)唱となえる, 打うち出だす。¶ 새로운 방침을 ~ 新あたらしい方針ほうしんを打ち出す。⑤(目立めだつように)出だす, 立てる, 掲かかげる。¶ 사전의 표제어로 ~ 辞典じてんの見出みだし語ごとして掲げる。
내:수[內需] 명 内需ないじゅ, 国内こくないの需要じゅよう。
내:수[耐水] 명 하자 耐水たいすい。
 내:수-성[-性] 명 耐水性せい。
내:숭 명 하타 ㅅ형 うわべはおとなしそうに見えるが腹はらの中なかでは陰険いんけんであること。¶ ~스러운 사람 猫ねこをかぶった人ひと。
 내:숭-떨다 자 (おとなしそうにつくろいながら)猫ねこをかぶる。
내:-쉬다 타 (息いきを)吐はく, つく。¶ 한숨을 ~ ため息をつく。
내습[來襲] 명 하자 来襲らいしゅう。¶ 적기의 ~ 敵機てきの来襲。
내:습[耐濕] 명 耐湿たいしつ。¶ ~성 耐湿性せい。
내:시[內侍] 명 ①史 宦官かんがん, 宦者かんじゃ。②俗 去勢きょせいされた男おとこ。
 내:시-경[內視鏡] 명 内視鏡ないしきょう。

내:실[內實] 명 하형 内実ないじつ, 内的ないてき充実じゅうじつ。¶ ~을 기하다 内的充実を期きする。
내:심[內心] 명 内心ないしん。①心中しんちゅう, 心こころのなか, 胸中きょうちゅう。¶ ~을 털어놓다 心中を打うちあける。¶ ~기뻐하고 있다 内心喜よろこんでいる。
내:압[耐壓] 명 耐圧たいあつ。¶ ~력 耐圧力りょく。
내:야[內野] 명野 内野ないや, インフィールド。¶ ~ 플라이 内野フライ。
 내:야-수[-手] 명野 内野手しゅ。
내:역[內譯] 명 内訳うちわけ。¶ ~을 밝히다 内訳を明あきらかにする。
내:연[內緣] 명 内縁ないえん。¶ ~의 관계 内縁の関係かんけい。
내연[來演] 명 하자 来演らいえん。¶ 극단이 ~하다 劇団げきだんが来演する。
내:열[耐熱] 명 耐熱ねつ。¶ ~유리 耐熱ガラス。
내:-오다 타 (内うちから外そとへ)持もって出でる, 持ち出す。¶ 의자를 마당으로 ~ 椅子いすを庭にわに持ち出す。
내:외¹[內外] 명 ①内外ないがい, 内うちと外そと。¶ ~의 정세 内外の情勢じょうせい。②内外, ぐらい。¶ 열 명 ~ 十名めい内外。③夫婦ふうふ, 夫妻ふさい。¶ 김씨 ~ 金きむさん夫婦 / ~ 금슬이 좋다 夫婦の仲なかがよい。
 [속담] 내외간 싸움은 칼로 물 베기 夫婦ふうふげんかは長続ながつづきせずやがては仲直なかなおりするものだ。《夫婦げんかは犬いぬも食くわない》
내:외²[內外] 명 하자 (儒教的じゅきょうてきな礼儀上れいぎじょう)婦女ふじょがよその男性だんせいと直接ちょくせつ顔かおを合あわすのを避さけること。
내:용[內容] 명 内容ないよう, なかみ。¶ ~과 형식 内容と形式けいしき / ~이 없는 토론 なかみのない討論ろん。
 내:용-물[-物] 명 内容物ぶつ。
 내:용 증명 우편[-證明郵便] 명法 内容証明郵便ゆうびん。
내:용[耐用] 명 耐用よう。¶ ~ 연수 耐用年数ねんすう。
내:우[內憂] 명 内憂ないゆう, 内患ないかん。
 내:우-외:환[-外患] 명 内憂外患がいかん。¶ ~이 겹치다 内憂外患が重かさなる。
내월[來月] 명 来月らいげつ。 🖙 내달
내:유-외:강[內柔外剛] 명 内柔ないじゅう外剛がいごう。
내:의[內衣] 명 下着したぎ, 肌着はだぎ。
내일[來日] 명 ①明日あす・あした・みょうにち。¶ 아침 ~ 明日あしたの朝あさ, 明朝みょうちょう / ~ 만납시다 あす会あいましょう。②未来みらい, 将来しょうらい。¶ ~을 짊어질 젊은이 あすを担にのう若人わこうど。
내:자[內子] 명 《他人たにんに対たいしての自分じぶんの妻つまを言いう語ご》女房にょうぼう, 家内かない。
내:장[內裝・內粧] 명 하타 内装ないそう, インテリア。¶ ~공사 内装工事こうじ。
내:장[內藏] 명 하타 자 内蔵ないぞう。¶ 플래시~ 되어 있는 카메라 フラッシュが内蔵されているカメラ。
내:장[內臟] 명 内臓ないぞう。①生 ぞうふ。¶ ~질환 内臓疾患しっかん。②(食用しょくようにする動物どうぶつの)もつ。¶ ~ 구이 もつ焼やき。

내:재【內在】 [名][하自] 内在ない。¶ 조직에 ~하는 불안 요소 組織そしきに内在する不安要素ようそ。
내:재-율【-律】 [名][文](自由詩じゆうしの)内在律りつ。
내:재-적【-的】 [冠][名] 内在的てき。¶ 사물의 ~ 가치 事物じぶつの内在的価値かち。
내:적【内的】 [冠][名] 内的てき。¶ ~인 요인 内的な要因いんいん。
내:전【內戰】 [名] 内戦ない、内乱らん。¶ ~이 끊이지 않다 内戦が絶たえない。
내전【來電】 [名][하自] ①来電らいでん、電報でんぽうが来くること。¶ 서울로부터의 ~ ソウルからの来電。②電話でんわがかかってくること、かかってきた電話。
내점【來店】 [名][하自] 来店らい。¶ ~하신 많은 손님 来店の多おくのお客きゃく。
내:접【內接】 [名][하自][數] 内接せつ。¶ ~ 다각형 内接多角形かくけい。
내:접-원【-圓】 [名][數] 内接円えん。
내:정【內定】 [名][하他][되自] 内定てい。¶ 채용이 거의 ~되다 採用さいようがほぼ内定した。
내:정【內政】 [名] 内政せい。
내:정 간섭【-干涉】 [名][하他] 内政干渉かんしょう。
내:조【內助】 [名][하他] 内助じょ。¶ ~의 공 内助の功こう。
내:종【內從】 [名]「내종 사촌」의 縮約形。
내:종-사:촌【-四寸】 [名] 父ちちの姉妹しまいの子女じょ、いとこ。
내주【來週】 [名] 来週らいしゅう。¶ ~ 금요일 来週の金曜日きんようび。
내:-주다【他】①(金品きんぴんを)出だしてやる、渡わしてやる。¶ 여권을 ~ パスポートを渡してやる。②(地位ちい・場所ばしょなどを)明あけ渡す、譲ゆずる。¶ 집을 ~ 家いえを明け渡す。
내:지【乃至】 [副] 乃至ないし。¶ 한 달 ~ 두 달 一月ひとつきないし二月ふた。②または、あるいは。¶ 한국 ~ 일본의 풍습 韓国かんこくまたは日本にほんの風習ふうしゅう。
내:진【內診】 [名] 内診しん、宅診たく。
내:진【耐震】 [名] 耐震しん。¶ ~ 가옥 耐震家屋かおく。
내:-쫓기다【自】(「내쫓다」의 受動)追おい出だされる、締しめ出される、食たべて行くう。¶ 방에서 ~ 部屋へやから追い出される。
내:-쫓다【他】追おい出だす、追おい立たてる、追おい払はらう、首くびにする。¶ 국외로 ~ 国外こくがいに追放ついほうする。
내:처 ①ずっと、(休やすまずに)引ひっ続つづき、続いて。¶ ~ 자 버렸다 ずっと眠ねむってしまった。②(一定いっていの動作どうさに続いて)すぐ、ついでに。¶ 일을 하던 김에 ~ 하자 仕事ことをついでに最後さいごまでやろう。
내춘【來春】 [名] 来春らいしゅん。
내:-출혈【內出血】 [名][醫] 内出血しゅっけつ。
내:측【內側】 [名] 内側うちがわ。
내:-치다【他】①(ものを)投なげ捨すてる、投げ出す。¶ 쓰레기를 ~ ゴミを投なげ捨てる。②突つき放なす、はねつける、突っ撥ねる。¶ 냉담하게 ~ 冷淡れいたんに突き放す。
내:친-걸음 やり出だしたこと、ことのついで、行ゆきがかり、乗のりかかった船ふね。¶ 기왕에 ~이니 가는 데까지 가자 どうせ乗りかかった船だから行ける所ところまで行こう。
내:친-김에 [副](何なにかを)やりかけたついでに、行ゆきがかり上じょう。¶ ~ 거기도 들렀다 가자 行きがかり上そこにも寄よって行こう。
내:친-말 [名] 既すでに言いい出した話はな、いったん切きり出した話。
내:키다【自】気きが向むく、気乗ぎのりする、乗のり気きになる。¶ 마음이 내키는 대로 気の向くまま。
내:탐【內探】 [名][하他] 内探たん、内偵てい。¶ 적국의 동정을 ~하다 敵国てっこくの動静どうせいをひそかに探さぐる。
내:통【內通】 [名][하自他][되自] 内通つう、密通みっつう。¶ 적과 ~하다 敵てきと通通する。
내:-팽개치다 ①投なげつける、投げ捨てる、叩たきつける。¶ 홧김에 땅바닥에 ~ かっとなって地面じめんに叩たきつける。②ほうりだす、かなぐり捨てる。¶ 공부는 내팽개치고 놀기만 한다 勉強べんきょうはほうりだして遊あそんでばかりいる。
내:포¹【內包】 [名] (食用しょくようにする動物どうぶつの)内臓ぞう、臓物もつ、もつ。
내:포²【內包】 [名][하他][되自] 内包ほう。¶ 여러가지 문제를 ~하고 있다 いろいろな問題もんだいを内包している。
내:폭-제【耐爆劑】 [名] 耐爆剤たいばく、アンチノック剤ざい。
내:핍【耐乏】 [名][하自] 耐乏たい。¶ ~ 생활 耐乏生活せいかつ。
내:한【耐寒】 [名][하自] 耐寒かん。¶ ~ 시험 耐寒試験しけん。
내한【來韓】 [名][하自] 来韓らいかん、韓国かんこくに来くること。¶ ~을 환영하다 来韓を歓迎かんげいする。
내:항【內航】 [名] 内航こう。¶ ~선 内航船せん。
내:항【內項】 [名][數] 内項こう。
내:해【內海】 [名] 内海ない、うち。
내:향【內向】 [名][하自] ①内向こう。¶ ~적인 성향 内向的な性向せいこう。②【醫】内攻こう。
내:향-성【-性】 [名] 内向性せい。
내:홍【內訌】 [名] 内訌こう、内紛ふん、内輪うちもめ。
내:화【耐火】 [名] 耐火か。¶ ~ 벽돌 耐火煉瓦れんが/ ~ 장치를 하다 耐火装置そうちを施ほどこす。
내:화 구조【-構造】 [名] 耐火構造こうぞう。
내:화-도【-度】 [名] 耐火度ど。
내:환【內患】 [名] ①内患かん、内憂ゆう。¶ ~ 외우 内患外憂がいゆう。②妻つまの病気びょう。
내:-후:년【來後年】 [名] 再来年さらいねん、明後年みょうごねん。
내:훈【內訓】 [名] 内訓くん。
냄비 [名] 鍋なべ。¶ ~ 요리 鍋料理りょうり/ ~에 끓이다 鍋に煮にる。
냄:새 [名] ①におい。¶ 구린 ~ 臭くさいにおい/ ~가 코를 찌르다 においが鼻はなをつく。②雰囲気ふんいき、気配けはい、感かんじ、におい。¶ 수상한 ~를 풍기다 怪あやしい感じがする。
[관용] 냄새(가) 나다 ①においがする、におう。②《(職業しょくぎょうに関する名詞について)》(その気配

**냅다** [形日] 煙ったい、煙い。¶ 연기가 나서 ~ 煙りが出て煙たい。

**냅다**² [副] ①一気に、激しく、強く。¶ ~ 달리다 一気に走る。②いきなり、にわかに、ふいに。¶ ~ 걷어차다 いきなり蹴飛ばす。

**냅킨** [napkin] [名] ナプキン。

**냇:-가** [名] 川のほとり、川辺、川端。¶ ~ 에서 빨래하다 川辺で洗濯をする。

**냇:-물** [名] 川水の水、川水、流れ。¶ ~을 길어 오다 川の水を汲んで来る。

**냉:**¹ [冷] [名] [漢] ①冷え症、冷え。②しけ、おりもの。

**냉:**² [冷] [接頭] ひやし…、冷や…。¶ ~ 커피 アイスコーヒー。

**냉:-가슴** [冷-] [名] ①[漢] 体を冷やしたために生じる胸の病気。②人知れず悩み苦しむこと、表にも出さず独りで悩みもむこと。¶ 벙어리 ~ 앓듯 唖がひとりでやきもきしているよう / ~ 만 앓고 있다 くよくよ独りで悩んでいる。

**냉:각** [冷却] [名] [하타][되자] 冷却。¶ ~ 장치 冷却装置。

**냉:각 기간** [-期間] [名] [社] 冷却期間。¶ ~을 두다 冷却期間を置く。

**냉:각수** [-水] [名] 冷却水。

**냉:과** [冷菓] [名] 冷菓子、氷菓子。

**냉:-국** [冷-] [名] 冷やしたすまし汁。

**냉:기** [冷氣] [名] 冷気、冷たさ。¶ 새벽 ~가 몸에 스미다 明け方の冷気が身にしみる。

**냉:-난방** [冷暖房] [名] 冷暖房。¶ ~ 완비 冷暖房完備。

**냉:담** [冷淡] [名] [하타] 冷淡。¶ ~ 한 태도 冷ややかな態度 / ~ 하게 뿌리치다 冷淡に突っ放す。

**냉:대** [冷待] [名] [하타] ひややかにあしらうこと、冷遇。¶ ~ 하다 客を冷遇する。

**냉:동** [冷凍] [名] [하타][되자] 冷凍。¶ ~기 冷凍機 / ~ 하여 보존하다 冷凍して保存する。

**냉:동 건조** [-乾燥] [名] 冷凍乾燥、フリーズドライ。

**냉:동 식품** [-食品] [名] 冷凍食品。

**냉:랭-하다** [冷冷-] [形더] ①冷え冷えして寒い、冷え切る。¶ 냉랭한 공기 冷え冷えした空気。②(態度が)冷ややかだ、つれない。¶ 냉랭한 말 つれない言葉 / 냉랭하게 대하다 冷ややかに対する。

**냉:면** [冷麵] [名] 冷麵。

**냉:방** [冷房] [名] ①冷房。¶ ~병 冷房病。②火の気のない部屋。

**냉:방 장치** [-裝置] [名] 冷房装置、クーラー。

**냉:소** [冷笑] [名] [하타] 冷笑、せせら笑い、あざ笑い。¶ ~를 띄우다 冷笑を浮かべる。

**냉:수** [冷水] [名] ①冷水。¶ ~ 마찰 冷水摩擦。②冷や水、お冷や。¶ ~ 한 잔 주시오 お冷や一杯ください。③(湯に対して)水、生水。¶ ~를 마시지 마라 生水を飲むな。

[속담] 냉수 먹고 이 쑤시기 冷水を飲んで歯をほじる。《何もないのにあるようなふりをする》

[관용] 냉수 먹고 속차려라 お冷やを飲んでしゃきっとしろ。《非常識なことや身のほどを知らないことをする人にいう》

**냉:수-욕** [-浴] [名] [하자] 冷水浴。

**냉:습** [冷濕] [名] ①[醫] 冷えと湿気のために起こる病症。②[하形] 冷えて湿気があること、冷気と湿気。

**냉:엄** [冷嚴] [名] [하形] 冷厳。¶ ~한 현실 冷厳な現実。

**냉이** [植] ナズナ、ペンペングサ。

**냉:장** [冷藏] [名] [하타] 冷藏。¶ ~ 수송 冷藏輸送 / ~ 온도 冷藏温度。

**냉:장-고** [-庫] [名] 冷藏庫。

**냉:전** [冷戰] [名] 冷戦、冷たい戦争。¶ ~ 상태가 계속되다 冷戦状態が続く。

**냉:점** [冷點] [名] [生] 冷点。

**냉:정** [冷情] [名] [하形][二漢] 冷淡、薄情で冷たいこと、つれないこと、冷ややかなさま。¶ ~한 태도 冷たい態度。**냉정-히** [副] 冷淡に、つれなく、冷ややかに。¶ ~ 거절하다 つれなく拒絶する。

**냉:정** [冷靜] [名] [하形] 冷静、落ち着いていること。¶ ~을 되찾다 冷静さを取り戻す。**냉정-히** [副] 冷静に、落ち着いて。¶ ~ 판단하다 冷静に判断する。

**냉:증** [冷症] [名] 冷え症。②こしけ。

**냉:차** [冷茶] [名] 冷やし茶。

**냉:채** [冷菜] [名] 氷水で冷たくした野菜、サラダ、冷やし物にした野菜あえもの。

**냉:철** [冷徹] [名] [하形] 冷徹。¶ ~한 판단 冷徹な判断。

**냉큼** [副] すぐ、ただちに、さっさと、素早く。¶ ~ 승낙하다 すぐ承諾する。/ ~ 대답하다 さっくと答える。/ ~ 일어서다 素早く立ち上がる。

**냉:탕** [冷湯] [名] 水風呂。

**냉:풍** [冷風] [名] 冷風。

**냉:-하다** [冷-] [形더] ①冷気がある、冷たい。②[漢] (病気で下腹などが)冷えて冷たい。¶ 냉한 체질の사람 冷え症の人。③[漢] (業せきの性質が)冷たい。

**냉:한** [冷汗] [名] 冷汗、冷や汗。

**냉:해** [冷害] [名] 冷害。¶ ~를 입다 冷害をこうむる。

**냉:혈** [冷血] [名] 冷血。

**냉:혈 동:물** [-動物] [名] ①[動] 冷血動物。②[比] 冷血漢。

**냉:혈-한** [-漢] [名] 冷血漢。

**냉:혹** [冷酷] [名] [하形] 冷酷。¶ ~한 처사 冷酷な仕打ち。

-나 語尾 《目下の者に対して疑問の意を表わす終結語尾》…の、…か。¶ 얼마나 나 느냐? どれぐらい大きいか。

-냐고 語尾 《「-냐 하고」の縮約形。質問の引用を表わす連結語尾》…かと。¶ 누구~ 묻다 誰かと尋ねる。

-냐는 語尾 《「-냐 하는」の縮約形。質問の引用を表わす》…かという…。¶ 그것이 무엇이~ 질문을 했다 それが何かという質問をした。=느냐는

-난 語尾 ①《「-냐고 한」の縮約形》…かといった。¶ 웬 말이 그리 많으~ 꾸중을 듣다 どうしてそう口数が多いんだと叱られる。②《「-냐고 하는」の縮約形》…かという…。¶ 누가 그러드~ 말이야 誰がそうしたかと言うんだ。

냠냠 副(하)(自) 《子供が舌鼓をうつ音》ぴちゃぴちゃ。

냠냠-이 名(幼) 食べ物の、おやつ。

냥[兩] 依 両。①《むかしの貨幣の単位》百文。¶ 한 ~ 1両。②《金銀の重さの単位》十匁。¶ 금 한 ~ 金10匁。

너¹ 代 君、お前。¶ ~와 나 君と僕/ 이젠 ~도 어린애가 아니다 もうお前も子供ではない。

너² 冠 《数冠形詞の「네」が「ㄱ・ㄷ・ㄹ・ㅂ・ㅍ・ㅎ」で始まる単位を示す語の前で用いられて》よん、よっつ、し。¶ ~ 말 4斗/ ~ 쌀 ~되 米 4升しょう。

너구리 名(動) タヌキ。
慣用 너구리 같다 (タヌキのように)ずる賢い、腹黒い。

너그럽다 形(ㅂ) 寛大だ、度量が大きい。¶ 너그러운 처분 寛大な処分。너그러-이 副 寛大に、大目に。¶ ~ 용서하다 寛大に許す。

너끈-하다 形(여) 余裕がある、充分である。¶ 천 원이면 ~ 千ウォンあれば充分だ。

너나-들이 名(하)(自) おれおまえの仲、心安こころやすい間柄。¶ 그와는 ~ 하는 사이다 彼とはおれおまえの仲。

너나-없이 副 誰彼なしに、だれそれとなく、誰しもが。¶ ~ 다 나쁘다 誰彼なしにみんな悪い。☞ 너나할것없이

너더분-하다 形(여) ごたごたしている、散らかっている、乱雑だ。¶ 책을 너더분하게 쌓아놓다 本をごたごたと積んでおく。

너덕-너덕 副(하)形 べたべた(と)、つぎはぎだらけに、つぎはぎで。¶ 벽보를 ~ 붙이다 張り紙をべたべた張りつける。/ ~ 기운 옷 つぎはぎの服。

너덜-거리다 自 (ずたずたになって垂れ下がり)ゆらゆらする、ぶらぶらする。

너덜-너덜 副(하)(自) 《ぼろなどが揺れるさま》ゆらゆら、ぶらぶら。

-너라 接尾 《動詞「오다」などの語幹につく命令形の終結語尾》…しろ、…なさい。¶ 빨리 오~ 早く来い。

너머 名 《山・垣などの》向こう、向こうがわ、…越し。¶ 산 ~ 마을 山の向こうの村/ 창 ~로 보다 窓越しに見る。

너무 副 あまり、あまりに、ひどく、…し過ぎて。¶ ~ 심하다 あまりにひどい。/ ~ 젊다 あまりにも若い。/ 이 책은 ~ 어렵다 この本は難がしすぎる。

너무-나 副 《「너무」の強調形》あまりに、あまりにも。¶ ~ 커서 놀랐다 あまりにも大きいのでびっくりした。

너무-하다 形(여) あんまりだ、ひどい。¶ 그런 말을 하다니 그건 ~ そんなことを言うなんてそりゃあんまりだ。

너부렁이 名 ①《糸・紙・布地などの》切れくず。¶ 종이 ~ 紙屑。②つまらぬもの、下っっ端者、端くれ。¶ 공무원 ~ 下っ端役人。

너부죽-하다 形(여) 《顔などが》平べったい、平たく広い。

너불-거리다 自 しきりに軽く揺れる、ひらひらする、ゆらゆらする。

너비 名 幅。¶ 강의 ~ 川の幅/ ~를 넓히다 幅を広げる。

너비아니 名 薄く切って薬味をきかせて焼いた牛肉。

너스레 名 《下心のある》冗談、皮肉なこと、ふざけた言い方。
慣用 너스레(를) 떨다 ずるいふざけた言い方をする、わざと冗談口をたたく。

너:와-집 名 屋根を薄い木切れで葺いた家。

너울¹ 名 《むかし婦女子が外出するとき》頭から垂らして被った黒い薄絹のベール。

너울² 名 《海の》大波、うねり。

너울-거리다 自他 ①大波がうねる、波打つ。②《草・木の葉などが》ゆれ動く、ゆらめく、波打つ。¶ 긴 머리가 바람에 너울거린다 長い髪が風にゆらめいている。

너울-너울¹ 副(하)(自) ①うねうね。②ゆらゆら、のたりのたり。

너울-너울² 副(하)(他) ひらひら。¶ 나비가 ~ 춤추다 蝶がひらひらと舞う。

너저분-하다 形(여) 乱雑に散らばっている、ごちゃごちゃだ、ごたごたしている。¶ 방안이 ~ 部屋の中がごたごたしている。

너절-하다 形(여) ①みすぼらしい、だらしない、むさくるしい。¶ 너절한 옷차림 むさくるしい身なり。②くだらない、つまらない、品がない。¶ 사람이 좀 ~ 人となりがちょっと下品だ。

너털-거리다 自 ①《ぼろぼろになったものなどが》垂れて)ぶらぶらする、ゆれ動く。②大声で笑う、げらげら笑う。

너털-웃음 名 豪傑笑すけつわらい、大笑おおわらい、高笑たかわらい。¶ ~을 웃다 豪傑笑いをする。

너트[nut] 名(機) ナット。対 볼트

**너풀-거리다** 〔自〕 激しくはためく、激しくゆらゆらする。¶ 깃발이 바람에 ~ 旗が風にはためく。¶ 나풀거리다

**너풀-너풀** 〔副〕〔하自〕 ゆらゆら、はたはた、ひらひら。

**너희** 〔代〕(「너」の複数形) 君たち、お前ら、お前たち。¶ ~끼리만 먹느냐? お前たちだけ食べるのか。

**너희-들** 〔代〕 君たち、お前ら、お前たち、諸君たち。¶ ~은 이 나라의 기둥이다 諸君はこの国の柱である。

**넉:** 〔冠〕(数詞の「넷」が「ㄹ·ㄷ·ㅅ」などで始まる単位を表わす語の前で用いられて) よん、四、よつの。¶ ~ 달 4か月／~ 장 4枚よ。

**넉넉-잡다** 〔他〕 十分に余裕を見ておく、やや多めに見積もる、余裕をたっぷり取る。¶ 넉넉잡아 한 달이다 長らく見て1か月だ。

**넉넉-하다** 〔形여〕 ①十分である、間に合う、足りる。¶ 시간은 ~ 時間は十分だ。②豊かだ、裕福だ、事欠かない。¶ 생활이 ~ 生活が豊かだ。**넉넉-히** 〔副〕 十分に、たっぷり、豊かに。¶ 돈은 ~ 가지고 가는 것이 좋다 お金会は十分に持って行くのがよい。

**넉살** 〔名〕 ずうずうしさ、図太いしさ、ふてぶてしさ、厚かましさ。¶ ~을 부리다 ずうずうしくふるまう。

**넉살-좋다** 〔形〕 ずぶとい、虫がいい、臆面もない、しゃあしゃあしている。

**넋** 〔名〕 魂。①霊。¶ ~을 위로하다 霊を慰める。②精神、気、心、意識。¶ ~ 빠진 사람 魂が抜かれた人。
〔慣用〕 **넋(을)잃다** 気を失う、気を取られる、我を忘れる。¶ 넋을 잃고 바라보다 我を忘れて見とれる。**넋(이)나가다** (びっくり仰天して) 魂が抜ける、気を失う、ぼんやりする。

**넋-두리** 〔名〕〔하自〕 ①愚痴、泣き言、不平。¶ ~를 늘어놓다 愚痴を並べ立てる。②〔民〕(巫女たちの) 口寄せ。

**넋-없이** 〔副〕 われを忘れて、ぼんやり、茫然と。¶ ~ 서 있다 ぼんやり立っている。

**넌더리** 〔名〕 うんざりすること、懲りること、閉口、いや気。
〔慣用〕 **넌더리(가) 나다** ひどく嫌になる、うんざりする、懲り懲りする、あきあきする。¶ 생각만 해도 넌더리가 난다 考えるだけもうんざりする。

**넌지시** 〔副〕 そっと、それとなく、こっそり、遠回しに。¶ ~ 엿보다 そっとのぞく。／~ 떠보다 それとなく探る。

**널:다** 〔他〕(陽や風に) 広げて干す、干し物をする、広げてさらす、広げて当てる。¶ 이부자리를 ~ 布団を風に当てる。

**널-따랗다** 〔形여〕 広い、広々としている、だだっ広い。¶ 널따란 마당 だだっ広い庭。

**널:-뛰기** 〔名〕〔하自〕 板跳び(正月に女性が長い板を踏みつけながら交互に跳びあがる遊び)。

**널름** 〔副〕〔하自〕 ①(すばやく舌を出したり引っこめたりするようす) ぺろりと、ぺろっ。¶ ~ 먹다 ぺろりと食べる。②(手をすばやく出して取るようす) さっと。¶ ~ 집다 さっと取る。③(炎が燃え立って消えるようす) さっと。

**널리** 〔副〕 ①広く、広範囲に、あまねく。¶ ~ 배포하다 広く配布する。寛大だに。¶ ~ 용서를 빌다 ご寛恕ほどを願おう。

**널리다¹** 〔自〕 ①散らばる。¶ 휴지 조각이 널려 있다 紙くずが散らばっている。②(「널다」の受動) 干される。¶ 햇볕에 널린 빨래 日光に干された洗濯物もの。

**널리다²** 〔他〕 広くする、広げる、広める。¶ 방을 크게 ~ 部屋を大きく広げる。

**널:-빤지** 〔名〕 板張りの床。

**널:-빤지** 〔名〕 板、板材。

**널찍-하다** 〔形여〕 かなり広い、手広い、広めである、広々としている。¶ 널찍한 방 広めの部屋。

**넓다** 〔形〕 ①広い。¶ 넓은 사무실 広い事務室。②(幅が) 広い。¶ 넓은 길로 나오다 広い道路へ出る。③(心が) 広い、寛大である。④(範囲が) 広い、大きい。¶ 교제 범위가 ~ 交際範囲が広い。

**넓디-넓다** 〔形〕 非常に広い、広々としている、広大である。

**넓이** 〔名〕 ①広さ、面積。¶ 운동장의 ~ 運動場の面積。②幅。
**넓이-뛰기** 〔名〕〔하自〕 幅跳び。〔甲〕 幅跳び。

**넓적-다리** 〔名〕〔動〕 太もも、大腿。¶ ~를 드러내다 太ももをむき出す。

**넓적-부리** 〔名〕〔動〕 ハシビロガモ。

**넓적-하다** 〔形여〕 平たい、平べったい。¶ 넓적한 얼굴 平べったい顔。〔他〕 圧迫する。

**넓죽-이** 〔名〕 顔の平たい人をあざけっていう語。

**넓죽-하다** 〔形여〕 平たく細長である。

**넓히다** 〔他〕 広くする、広げる、広める、拡張する。¶ 길을 ~ 道を広げる。／경험을 ~ 経験を広げる。

**넘겨다-보다** 〔他〕 ①(人の物を) 不当に欲しがる、目をつける。¶ 남의 재산을 ~ 人の財産に目をつける。②のぞき見る、越しに見る。¶ 담 너머로 집안을 ~ 垣根越しに家の中をのぞき見る。

**넘겨-잡다** 〔他〕 当てて推量する、見当をつける、あてずっぽうに言う。¶ 함부로 넘겨잡고 이야기를 하다 いいかげんに当て推量をするな。

**넘겨-짚다** 〔他〕 当てて推量する、憶測する、推測する、鎌をかける。¶ 넘겨짚고 이야기하다 当てずっぽうで話をする。

**넘:고-처지다** 〔自〕(過ぎたり及ばなかったりして) 釣り合わない、中途半端だ、どっちつかずだ、帯に短かしたすきに長なし。

**넘기다¹** 他 ①(高たい所ところを)越こして渡わたす。¶ 공을 담 너머로 ~ ボールを塀へいごしに渡す。 ②(権利けんり・責任せきにんなどを)讓ゆずる、引ひき continues。¶ 재산을 아들에게 넘겨 주다 財産ざいさんを息子むすこに讓ゆずり渡わたす。 ③倒たおす。¶ 나무를 베어 ~ 木きを切きり倒たおす。 ④(ページなどを)めくる、繰くる。¶ 달력을 ~ カレンダーをめくる。 ⑤(書類しょるいなどを)回まわす、回付かいふする、渡わたす。¶ 서류를 담당 부서에 넘기시오 書類しょるいを担当たんとう部署ぶしょに回まわして下ください。 ⑥(時間じかん・期限きげんなどを)越こす。¶ 해를 ~ 年としを越こす。/ 지불 기일을 ~ 支払しはらい期日きじつを越こす。 ⑦[經] 繰くり越こす、持もち越こす。¶ 잔액을 다음 회계 연도로 ~ 残額ざんがくを次つぎの会計年度かいけいねんどに繰くり越こす。 ⑧(困難こんなんなどを)切きり抜ぬける、乗のり切きる、越こす。¶ 어려운 고비를 ~ 急場きゅうばを乗のり切きる。 ⑨(順序じゅんなどを)飛とばす、抜ぬかす。¶ 책의 첫머리를 넘기고 읽다 本ほんの頭あたまを飛とばして読よむ。 ⑩(動詞どうしの連用形れんようけいについて)動作どうさを表あらわす語ごの語勢ごせいを強つよめる語ご。¶ 팔아 ~ 売うり飛とばす。/ 사람을 속여 ~ 人ひとをだまし込こむ。

**넘기다²** 他(「넘다」の使役)越こえさせる、あふれさせる、過すぎさせる。¶ 수돗물을 ~ 水道すいどうの水みずをあふれさせる。

**넘기다³** 他(「넘어가다」の使役)(喉のどを)通とおらせる。¶ 약을 겨우 ~ 薬くすりをやっと喉のどに流ながしこむ。

**넘:나-들다** 自他(頻繁ひんぱんに)出入でいりする、行いき来きする。¶ 자주 국경을 ~ 頻繁に国境こっきょうを行いき来きする。

**넘:다** 自他 ①(一定いっていの数量すうりょうを)超こえる、超過ちょうかする。¶ 관객이 5만 명이 넘었다 観客かんきゃくが5万人まんにんを超えた。 ②あふれる。¶ 물이 ~ 水みずがあふれる。 ③(時間じかんなどが)過すぎる、越こす。¶ 12시가 넘었다 12時じを過すぎた。 ④(山やまなどを)越こえる、越こす。¶ 고개를 ~ 峠とうげを越える。 ⑤(ある範囲はんいなどを)超こえる、超過ちょうかする。¶ 예산을 넘지 않는 범위 내에서… 予算よさんを超過ちょうかしない範囲はんい内ないで…。 ⑥(困難こんなんなどを)切きり抜ぬける、越こす、乗のり切きる。¶ 숱한 고비를 ~ 数多かずおおくの難関なんかんを越える。 ⑦(あるものの上うえを)越こえる、またぐ。¶ 돌담을 뛰어 ~ 石垣いしがきを跳とび越える。

**넘버** 【number】 名 ナンバー。¶ 차량 ~ 車くるまのナンバー。

**넘버-원** 【- one】 名 ナンバーワン。

**넘:-보다** 他 見下みさげる、見下みくびる、見下みおろす。¶ 상대를 ~ 相手あいてを見下みくびる。

**넘실-거리다** 自 ①(波なみが)うねる。¶ 푸른 파도가 크게 ~ 青波あおなみが大おおきくうねる。 ②きょろきょろのぞき見みる。 ③(容器ようきの)水みずがあふれそうだ。

**넘어-가다** 自他 ①倒たおれる。¶ 바람에 울타리가 ~ 風かぜで垣かきが倒たおれる。 ②つぶれる、倒たおれる、倒産とうさんする。¶ 회사는 마침내 넘어갔다 会社かいしゃはとうとう倒産とうさんした。 ③(時じ・期限きげんが)過すぎる、超こえる、経過けいかする。¶ 계약 날짜가 ~ 契約期日けいやくきじつが過ぎる。 ④越こえて行いく、越こす。¶ 경계선을 ~ 境界線きょうかいせんを越える。 ⑤(権利けんり・責任せきにんなどが)移うつる、渡わたる。¶ 재산은 상속인에게 넘어갔다 財産ざいさんは相続人そうぞくにんに渡った。 ⑥(書類しょるいなどが)回付かいふされる、移管いかんされる、引ひき渡わたされる。¶ 서류는 다른 과로 넘어갔다 書類しょるいは外ほかの課かに回かいされた。 ⑦(次つぎに)移うつる、入はいる。¶ 본론으로 ~ 本論ほんろんに移うつる。 ⑧(日ひ・月つきが)沈しずむ。¶ 서산으로 해가 ~ 西にしの山やまに日ひが沈しずむ。 ⑨(喉のどを)通とおる。¶ 목이 메어서 음식이 잘 넘어가지 않는다 喉のどが詰つまって通とおらない。 ⑩(甘言かんげんに)乗のせられる、だまされる、(計略けいりゃくなどに)かかる、ひっかかる。¶ 감쪽같이 속아 ~ まんまとだまされる。 ⑪(節回ふしまわしが)うまい、よく回まわる。¶ 노래가 잘 ~ 歌うたの節回ふしまわしがうまい。

**넘어다-보다** 他 物越ものごしに見みる、…越こしにのぞく。¶ 어깨 너머로 ~ 肩越かたごしにのぞく。

**넘어-뜨리다** 他 ①勢いきおいよく倒たおす、ひっくり返かえす。¶ 다리를 걸어 ~ 足あしをかけて倒たおす。 ②(政権せいけん・組織そしきなどを)倒たおす、打倒だとうする、転覆てんぷくする。¶ 독재 정권을 ~ 独裁どくさい政権せいけんを倒たおす。

**넘어-서다** 他 ①(ある限界げんかいを)越こえる、通とおり越こす。¶ 언덕을 ~ 丘おかを越える。 ②(難関かんなんなどを)越こえる、切きり抜ぬける。¶ 어려운 고비를 ~ 険けわしい峠とうげを越す。

**넘어-지다** 自 ①倒たおれる、転ころぶ。¶ 돌부리에 채어 ~ 石いしにつまずいて転ぶ。 ②倒産とうさんする、滅ほろびる、つぶれる。¶ 불황으로 회사가 ~ 不況ふきょうで会社かいしゃが倒たおれる。

**넘:-치다** 自 ①(液体えきたいなどが)あふれる、みなぎる、氾濫はんらんする、こぼれる。¶ 물이 ~ 水みずがあふれる。 ②(感情かんじょうなどが)あふれる。¶ 기쁨에 넘치는 가슴 喜よろこびにあふれる胸むね。 ③(ある基準きじゅんに)過すぎる、余あまる。¶ 분수에 넘치는 영광 身みに余あまる光栄こうえい。

**넙적** 副 ①(口くちを大おおきくすばっと開あけて閉とじるさま)さっと、ぱっと、ぱくりと、ぱくっと。¶ 주면 주는 대로 ~ 받아 먹는다 やったらやるだけみんなさっともらって食たべる。 ②(体からだをぺたっと伏ふせるさま)ぺたっと、ばったりと。¶ ~ 엎드리다 ぺたっとひれふす。 @ 납작

**넙치** 名[動] ヒラメ。

**넝마** 名 ぼろ、ぼろぼろの衣服いふく、くず物もの、お払はらい物もの。¶ ~ 같은 옷 おんぼろの服ふく。

**넝마-장수** 名 くず屋や、ぼろ屋。

**넝마-주이** 名 くず拾ひろい、ばた屋や、くず屋、ぼろ屋。

**넝마-쪽** 名 ぼろ切きれ。

**넝쿨** 名 蔓つる。⑲ 덩굴

**넣:다¹** 他 ①(中なかに)入いれる。¶ 서랍에 서류를 ~ 引ひき出だしに書類しょるいを入れる。 ②(金きんを)入いれる、入金にゅうきんする、預あずける、納おさめる。

¶ 은행에 돈을 ~ 銀行に金を預ける。③ 含める、入れる、込める。¶ 이자를 넣어서 10만 원이다 利子を入れて10万ウォンだ。④ (団体・学校などに)入れる、加入させる。¶ 아이를 유치원에 ~ 子供を幼稚園に入れる。⑤ 入れる、収容じゅうする、収めおさめる。¶ 유치장에 ~ 留置場りゅうじょうに入れる。⑥ (第三者だいさんを)介入かいにゅうさせる、入れる。¶ 중간에 사람을 ~ 間に人を介入させる。⑦ (物ものを)はめ込こむ、挟はさむ、差さし挟む。¶ 금니를 해 ~ 金歯きんばをいれる。⑧ (力ちから・感情かんじょうなどを)込こめる、加くわえる、入れる。¶ 기합을 ~ 気合きあいを入れる。⑨ (手てに)入れる、ものにする。

넣:다² 動 「…の中なかに入いれる」の意を表あらわす。¶ 던져 ~ 投なげ入れる。/ 사람을 잡아 ~ 人をを押おし込こめる。/ 수첩에 적어 ~ 手帳ちょうに書かき込こむ。

네¹ Ⅰ 代 (主格しゅかく助詞じょしに「가」がつくときの「너」の変形へんけい) 君きみ、お前まえ。¶ ~가 해 보아라 君がやってみろ。/ ~가 알 바가 아니다 お前の知しったことじゃない。Ⅱ 略 (「너의」の縮約形しゅくやくけい) 君の、お前の。¶ ~ 이름 お前の名前なまえ/ 말이 옳다 君のいうことが正ただしい。

네:² 冠 四よっつ、よん、よん。¶ ~ 마리 4匹ひき/ ~ 번 4回ぶん/ ~ 사람 4人にん。

네³ 感 ① (目上めうえの人ひとに返事へんじするときのことば) はい、え、ええ。¶ ~、알겠습니다 はい、わかりました。② (目上の人に反問はんもんするときのことば) え、えっ。¶ ~、뭐라고요? え、なんですって。

-네¹ 接尾 ① (同類どうるいの人々ひとびとを表あらわす語) …たち、…ら。¶ 부인 ~ 婦人ふじんたち/ 우리 ~ われわれ。② (ある家庭かてい・家族かぞく全体ぜんたいを表わす語) …のところ、…の家族、…の家いえ。¶ 누나 ~ 집 姉ねえの家。

-네² 接尾 ① (用言ようげんの語幹ごかん・体言たいげんなどにつく終結語尾しゅうけつごび) …(だ)よ。¶ 눈이 오 ~ 雪ゆきが降ふるよ。② (感嘆かんたんを表わす終結語尾) …(だ)ね、…(だ)なあ。¶ 큰일났 ~ 大変たいへんだなあ。

네:-거리 名 十字路じゅうじろ、四よつ辻つじ、四つ角かど。¶ ~를 오른쪽으로 돌아가다 四つ角を右みぎに曲まがって行いく。

네-까짓 冠 お前まえのような、お前みたいな、お前なんぞ。¶ ~ 녀석 お前のようなやつ。

네:-다리 名 ⓒ 手足てあし、四肢しし。¶ ~를 뻗고 자다 大だいの字じになって寝ねる。

네:-모 名 四角しかく。¶ ~ 기둥 四角柱ちゅう/ ~로 자르다 四角に切きる。

네:모-꼴 名 四角形しかくけい。

네:모-나다 形 四角張しかくばっている、四角い。¶ 네모난 얼굴 四角い顔かお。

네:모-반듯하다 形 ⓒ 真四角ましかくだ。¶ 네모 반듯한 상자 真四角な箱はこ。

네:모-지다 形 四角張しかくばっている、四角い。

네온 [neon] 名 ⓒ ネオン。¶ ~ 사인 ネオンサイン。

네임 [name] 名 ネーム。

네임-밸류 [– value] 名 ネームバリュー、名声めいせい。¶ ~가 있는 정치가 ネームバリューのある政治家せいじか。

네트 [net] 名 ネット。① 網あみ。② (テニスなどで)コートの中央ちゅうおうに張はる網。③「ヘアネット」の縮約形。

네트 워:크 [–work] 名 ネットワーク、放送網ほうそうもう。

네트 터치 [– touch] 名 ⓒ ネットタッチ、タッチネット。

네트 플레이 [– play] 名 ⓒ ネットプレー。

네:-활개 名 ⓒ 広ひろげた手足てあし。¶ ~를 벌리고 자다 手足を広げて寝る。/ ~를 치다 大手おおでを振ぶって歩あるく。

넥-타이 [necktie] 名 ネクタイ。¶ ~를 매다 ネクタイを締しめる。

넷: 数 四よっつ、四よ、よん。¶ 하나 둘 셋 ~ ひとつ、ふたつ、みっつ、よっつ/ ~으로 나누다 四つに分わける。

녀석 名 ① (卑) やつ、野郎やろう。¶ 몹쓸 ~ 悪わるいやつ/ ユ ~의 짓이다 奴やつの仕業しわざだ。② (男だんの子この愛称あいしょう) 坊ぼうや、やつ、子こ。¶ 귀여운 ~ かわいいやつ。

년 名 ① (卑) あま、あまっこ。¶ 이 ~ このあま。② (女じょの子この愛称あいしょう) お嬢じょうちゃま、~ 娘むすめ児じめ。

년 [年] 依 …年ねん。¶ 서기 이천 ~ 西暦せいれき2000年/ 십 ~ 후 10年後じゅうねんご。

-년 接尾 ① (ある方向ほう・地域ちいきを表わす語) …方、…の側がわ。¶ 동 ~ 東方ほう/ 아랫 ~ 下方。② (ある時間帯じかんたいを表わす語) …頃ごろ、…方た。¶ 새벽 ~ 明あけ方がた/ 해질 ~ 日没ぼつ方。

노 [櫓] 名 櫓ろ、櫂かい。¶ ~를 젓다 櫓を漕こぐ。

노:- [老] 接頭 老ろう…。¶ ~대가 老大家たいか/ ~신사 老紳士しんし。

노고 [劳苦] 名 労苦ろうく、骨折ほねおり、苦労くろう。¶ ~에 보답하다 労苦に報むくいる。

노고지리 名動 (「종다리」の古ふるめかしい語) ヒバリ。

노곤 [勞困] 名 ⓒ形 疲つかれること、くたびれること、気きだるくなること。¶ ~한 봄 けだるい春はる。

노골 [露骨] 名 露骨ろこつ、むきだし、あけすけ、あらわなこと。

노골-적 [-的] 冠名 露骨的ろこつてきの、むきだしの、あからさまな、あけすけな。¶ ~인 표현 露骨的な表現/ ~으로 말하다 あからさまに話はなす。

노:-구 [老軀] 名 老軀ろうく、老体ろうたい。¶ ~를 이끌고 출정하다 老軀をおして出征しゅっせいする。

노글-노글 副 ⓒ形 (十分じゅうぶんに熟じゅくして) 柔やわらかいさま。㊀ 누글누글。

노기 [怒氣] 名 怒気どき。¶ ~를 띠다 怒気を帯おびる。

노:기 충전 [-衝天] 名 ⓒ形 怒いかり天てんを衝つくこと。

노-끈 名 紐ひも。¶ ~으로 동이다 紐でくくる。

노:년 [老年] 名 ⓒ 老年ろうねん。

**노:년-기**[-期] 名 老年期。¶ ~에 접어들다 老年期に入る。

**노느다** 他 分ける、分配する。¶ 똑같이 ~ 等しく分ける。

**노:-닐다** 自 ぶらぶらと遊び歩く、遊び回る、逍遥する。

**노다지** 名 ①(鑛) 豊富な鉱脈。¶ ~를 캐내다 豊富な鉱脈を掘り出す。 ②大当たり、ぼろもうけ、やま、幸運。¶ ~를 잡다 やまを当てる。

**노닥-거리다** 自 つまらないことをぺちゃくちゃしゃべりふざける。¶ 모여서 노닥거리고만 있다 集まってぺちゃくちゃしゃべってばかりいる。

**노:-대가**[老大家] 名 老大家。¶ 문단의 ~ 文壇の老大家。

**노:도**[怒濤] 名 怒濤。¶ 질풍 ~ 疾風怒濤/ 적군이 ~처럼 밀려오다 敵軍が怒濤のごとく押し寄せる。

**노:독**[路毒] 名 長旅の疲れ。¶ ~을 풀다 旅の疲れをいやす。

**노동**[勞動] 名 하자 労働。¶ 정신 ~ 精神労働/ ~ 시간을 단축하다 労働時間を短縮する。

**노동-권**[-權] 名 労働権。
**노동-력**[-力] 名 労働力。¶ ~의 부족 労働力の不足。
**노동-법**[-法] 名 (法) 労働法。
**노동-자**[-者] 名 労働者。¶ ~ 계급 労働者階級。
**노동 쟁의**[-爭議] 名 (社) 労働争議。¶ ~ 조정법 労働争議調整法。
**노동 조합**[-組合] 名 労働組合。

**-노라** 語尾 《(意味)を強める文語体の終結語尾》》 ①《自分の動作を勿体ぶって言う》…するぞ、…だよ、…だわ。¶ 내가 했~ われなせり。 ②《なにかを重々しく知らせる》…するであろう、…するぞ。¶ 목숨이 다하도록 지키겠~ 命の尽きるまで守るであろう。

**-노라고** 語尾 《「…노라 하고」の意を表わす連結語尾》…だと、…であろうと、…すると。¶ 잘 했~ 뽐내지 마오 よくやっただろうといばりなさんな。

**-노라면** 語尾 《「(계속)…하다가 보면」の意を表わす連結語尾》…していたら、…し続けるならば。¶ 사는 좋은 날도 오겠지 生きていたら、いつかいい日もあるだろう。

**노랑** 名 黄、黄色。¶ ~ 꽃 黄色い花。 누렁
**노랑-이** 名 ①黄色の物。②黄色の小犬。③けちん坊、けち、しみったれ。

**노:랗다** 形 ①黄色い。¶ 노란 나비 黄色い蝶/ 잎이 노랗게 시들다 葉が黄色くしおれる。 ②(俗) (見込みが) 立たない。¶ 싹수가 ~ 見込みがない。

**노래** 名 ①하자他 歌、歌曲。¶ ~를 잘하다 歌がうまい。/ 작은 소리로 ~하다 小さい声で歌う。 ②詩、詩歌。
**노래-부르다** 自他 ①歌を歌う。 ②(詩歌などを) 吟じる、朗詠する。
**노래 자랑** 名 のど自慢。
**노랫-가락** 名 ①歌の曲調、メロディー。 ②京畿民謡の一つ。
**노랫-소리** 名 歌声。¶ ~가 드높다 歌声が大きい。

**노래기** 名 (動) ヤスデ。

**노:래-지다** 自 ①黄色くなる。 ②(不安・病気などで) 血の気が引いて、真っ青になる。¶ 갑자기 얼굴이 노래졌다 急に顔が真っ青になった。 누레지다

**노략**[擄掠] 名 하자他 群れをなして略奪すること。
**노략-질** 名 하자自 (集団的な) 略奪行為。

**노려-보다** 他 (鋭い目つきで) にらむ、にらみつける。¶ 무서운 눈초리로 ~ 凄まじい目つきでにらむ。

**노력**[努力] 名 하자自 努力。¶ 끊임없는 ~ たゆまぬ努力/ ~ 을 아끼지 않다 努力を惜しまない。/ ~한 보람이 있다 努力したかいがある。

**노:련**[老練・老鍊] 名 하자形 老練、老巧、熟練。¶ ~한 정치가 老練な政治家。

**노:령**[老齢] 名 老齢、老年、高齢。¶ ~화 사회 老齢化社会。

**노루** 名 (動) ノル、ノロ。
〔俗談〕노루가 제 방귀에 놀란다 ノロが自分のおならにびっくりする。《臆病者が何でもないことにもよく驚くこと》 노루 피하니 범이 온다 ノロを避けるとトラが出てくる。《一難去ってまた一難》
**노루-꼬리** 名 ①ノロのしっぽ。 ②(比) 非常に短いもの。

**노:류-장화**[路柳墻花] 名 (誰でも折り取れる「道端などの柳すなや垣根きの花」という意で) 遊女、女郎。

**노르-스름하다** 形 黄みを帯びている、浅黄色ぎみだ。¶ 노르스름한 참외 浅黄色のまくわうり。 누르스름하다

**노른-자** 名 「노른자위」の縮約形。
**노른-자위** 名 ①卵黄の身、卵黄。 ②最も重要な部分、要な、中心な。¶ ~ 를 차지하다 重要な部分を占有する。

**노름** 名 하자 ばくち、賭博、賭け。¶ ~으로 패가 망신하다 ばくちで身代をつぶす。
**노름-꾼** 名 ばくち打ち。
**노름-판** 名 賭博場、賭場、ばくち場。

**노릇** 名 ①(俗) 《職業・身分・職責などを表わす名詞について》》…業、…屋、…稼業、…職。¶ 선생 ~ 을 하다 教師などの職を勤める。 ②役割、役目、本分。¶ 아버지 ~ 父としての役割/ 자식 ~ 息子としての本分。 ③事。¶ 참 기막힐 ~ 이로군 全くあきれたことだ。

**노리개** 名 ①婦人のチョゴリの結び紐やチ

**노리다**

マの帯に飾る装身具. ②慰みもの、なぶりもの、おもちゃ。¶ 사내의 ~가 되다 男の慰みものになる。

**노리다¹** 他 ①にらむ、にらみつける。¶ 무서운 눈으로 노려보다 凄い目でにらみつける。 ②(目標などを) 狙う、窺う、目ざす。¶ 기회를 ~ 機会をうかがう。/ 우승을 노리고 연습하다 優勝をめざして練習する。

**노리다²** 形 ①(毛が燃えるにおいやヤスデのにおいのように)くさい臭いがする。 ②けちだ、けちくさい。

**노린-내** 名 (ヤスデ・狐などの) 臭気、動物の毛の燃える臭い。

**노:망** [老妄] 名 하自 もうろく、ぼけ。¶ 늙어서 ~ 을 부리다 老いてもうろくする。
　**노:망-나다** 自 もうろくする、ぼける、老いぼれる。
　**노:망-들다** 自 もうろくする、ぼける。

**노:면** [路面] 名 路面。¶ 울퉁불퉁한 ~ でこぼこな路面/~ 을 개수하다 路面を改修する。
　**노:면 전:차** [-電車] 名 路面電車。

**노:모** [老母] 名 老母。¶ ~ 를 봉양하다 老母に仕え養う。

**노:목** [老木] 名 老木、老樹。

**노무** [勞務] 名 労務。¶ ~ 자 労務者/ ~ 를 제공하다 労務を提供する。
　**노무 관:리** [-管理] 名 労務管理。

**노-박이다** 自 ①(一所に)じっとしている、引きこもる、閉じこもる。 ②(一つのことに)没頭する、熱中する。

**노박이-로** 副 ずっと、ひっきりなしに、引き続き。¶ 비를 맞아가며 일하다 ずっと雨にあたりながら働く。

**노:반** [路盤] 名 路盤、床。¶ 호우로 ~ 이 약해지다 大雨で路盤がゆるむ。

**노:발-대:발** [怒發大發] 名 하自 激しく怒ること、激怒。¶ ~ 하여 큰소리로 고함쳤다 激怒して大声で怒鳴った。

**노:방** [路傍] 名 路傍、みちばた。¶ ~ 에 핀 꽃 路傍に咲いた花。

**노:벨-상** [Nobel 賞] 名 ノーベル賞。

**노:변** [路邊] 名 路辺、道端、路傍。¶ ~ 에 핀 들국화 道端に咲いた野菊。

**노:병** [老兵] 名 老兵。

**노:병** [老病] 名 老病。¶ ~ 으로 죽다 老病で死ぬ。 圈 노환(老患)

**노:-부모** [老父母] 名 老父母。¶ ~ 를 섬기다 老父母に仕える。

**노사** [勞使] 名 労使、労働者と使用者。¶ ~ 협의 労使の話合い。
　**노사 분쟁** [-紛爭] 名 労使紛争。

**노상** 副 いつも、常に、しょっちゅう。¶ ~ 책만 읽고 있다 いつも本ばかり読んでいる。/ ~ 잔소리만 한다 しょっちゅう小言ばかり言う。

**노:상** [路上] 名 路上、道の上、途中。¶

~ 에 주차하다 路上に駐車する。

**노:상 강:도** [-强盜] 名 つじ強盜、追いはぎ。¶ ~ 를 만나다 追いはぎに遭う。

**노새** 名 動 ラバ。

**노:색** [老色] 名 (服地などの灰色など)年寄じみた向きの地味な色。

**노:색** [怒色] 名 怒った顔色。¶ 얼굴에 ~ 을 띠다 顔に怒気を帯びる。

**노:선** [路線] 名 路線。¶ ~ 변경 路線変更/강경 ~ 을 취하다 強硬路線をとる。

**노:소** [老少] 名 老少、老若。¶ ~ 를 막론하고 老若を問わず。

**노:송** [老松] 名 老松、おいまつ。

**노:송-나무** [老松-] 名 植 ヒノキ。

**노:쇠** [老衰] 名 하形 老衰。¶ ~ 하여 죽다 老衰して死ぬ。

**노:숙** [老熟] 名 하形 老熟。¶ ~ 한 경지에 달하다 老熟した境地に達する。

**노숙** [露宿] 名 하自 露宿、野宿。¶ 길을 잃고 ~ 하다 道に迷って野宿する。

**노:승** [老僧] 名 老僧。

**노심-초사** [勞心焦思] 名 하自 気をもみ心を焦がすこと。

**노:안** [老眼] 名 老眼、老視。
　**노:안-경** [-鏡] 名 老眼鏡。¶ ~ 을 쓰다 老眼鏡をかける。

**노:약** [老弱] 名 하形 老弱。¶ ~ 자를 보살피다 老弱をいたわる。

**노어** [露語] 名 ロシア語。

**노:여움** 名 怒り、憤り。¶ ~ 을 참다 怒りをこらえる。 圈 노염

**노:여워-하다** 自여 腹を立てる、腹立たしく思う、むっとする、怒る、憤る。¶ 시시한 일에 너무 노여워하지 마시오 つまらないことにあまり腹を立てなさんな。

**노:역** [老役] 名 老け役。¶ ~ 을 맡아 하다 老け役を演じる。

**노역** [勞役] 名 하自 労役。¶ ~ 에 종사하다 労役に服する。

**노:염** 名 怒り、憤り。¶ ~ 을 이기지 못하다 怒りを抑えきれない。
　慣用 **노염(을) 사다** 怒りを買う。 **노염(을) 쓰다** 怒りをあらわにする、かんかんに怒る。 **노염(을) 타다** ちょっとのことで腹を立てる、怒りっぽい。 **노염(을) 풀다** 怒りを静める、怒りをおさめる。 **노염(이) 나다** 腹が立つ、怒る。

**노:염** [老炎] 名 残暑。 圈 늦더위

**노:엽다** 形ㅂ 腹だたしい、くやしい。¶ 노여운 기색이 떠오르다 腹だたしさがこみ上げる。

**노예** [奴隷] 名 奴隷。¶ ~ 매매 奴隷売買/ ~ 처럼 일하다 奴隷のように働く。/ 돈의 ~ 가 되다 金の奴隷になる。
　**노예 근성** [-根性] 名 奴隷根性。
　**노예 무:역** [-貿易] 名 奴隷貿易。
　**노예 제:도** [-制度] 名 奴隷制度。
　**노예 해:방** [-解放] 名 奴隷解放。

**노:욕** [老慾] 名 年寄りの欲望。

노을 图 (朝夕の)焼やけ、映はえ。¶ 저녁 ~ 夕焼ゆうけ/ 아침 ~이 지다 朝焼あさやけになる。¶ 놀¹

노이로제【독 Neurose】图 ノイローゼ。

노-익장【老益壯】图 老いてますます盛んなこと。

노:인【老人】图 老人ろうじん、年寄としより。¶ ~병 老人病ろうじんびょう/ ~을 공경하다 老人を敬うやまう。
  노:인성 치매【-性痴呆】图【醫】老人性ろうじんせい痴呆ちほう、ぼけ。
  노:인-정【-亭】图 村むらの老人たちの憩いこいの場ばとして立たてられたあずまや。

노-일【露日】图 露日ろにち、ロシアと日本にほん。
  노일 전:쟁【-戰爭】图 日露にちろ戦争せんそう。

노임【勞賃】图 労賃ろうちん、賃金ちんぎん。¶ ~ 인상 賃金の引ひき上あげ/ ~을 지급하다 賃金を支給しきゅうする。¶ 품삯

노:자【路資】图 旅費りょひ、路用ろよう、路銀ろぎん。¶ ~가 부족하다 旅費が足たりない。

노작지근-하다 形 (ひどくくたびれて)ぐったりしている、へとへとだ、くたふらだ。

노:장【老莊】图 老荘ろうそう、老子ろうしと荘子そうし。
  노:장 사상【-思想】图 老荘思想そう。

노:장【老將】图 老将ろうしょう。¶ 백전 ~ 百戦ひゃくせんの老将。

노:적【露積】图【해타】露積ろうせき、(特とくに穀物こくもつなどの)野積のづみ。
  노:적-가리 图 (うずたかく積つみ重かさねた)稲いなむら、堆たい。

노점【露店】图 露店ろてん。¶ ~ 상인 露店商人しょうにん/ ~을 벌이다 露店を開ひらく。

노:정【路程】图 路呈ろてい、道みちのり、行程こうてい。¶ 하루 50리의 ~을 가다 一日いちにちに5里りの道のりをこなす。

노정【露呈】图【해타】【되자】露呈ろてい、現あらわれること。¶ 내분이 ~되다 内輪うちわもめが露呈する。

노조【勞組】图 労組ろうそ、労働組合ろうどうくみあいの略りゃく 労組員。

노지【露地】图 露地ろじ。
  노지 재:배【-栽培】图 露地栽培さいばい。

노:처녀【老處女】图 老嬢ろうじょう、オールドミス。

노:천【露天】图 露天ろてん。¶ ~ 시장 青空あおぞら市場いちば/ ~ 채굴 露天採掘さいくつ。
  노:천 극장【-劇場】图 野外やがい劇場げきじょう。

노총【勞總】图 (「노동 조합 총연합회(労働組合総連合會)」の縮約形) 労総ろうそう。

노:-총각【老總角】图 婚期こんきを過すぎた未婚みこんの男おとこ。

노출【露出】图【해타】【되자】露出ろしゅつ。¶ ~ 부족 露出不足ぶそく/ 살갗을 ~하다 肌はだを露出する。/ 위험에 몸을 ~시키다 危険きけんに身みをさらす。
  노출-증【-症】图【醫】露出症しょう。

노:친【老親】图 ①老親ろうしん、年としとった父母ふぼ。②「老人ろうじん」の尊敬語そんけいご。

노: 코멘트【no comment】图 ノーコメント。

노크【knock】图 ①(ドアの)ノック。②野のノック、打うつこと。

노:퇴【老退】图【해자】年老としいて官職かんしょくを退しりぞくこと。

노:트【note】图 ノート。①「노트북」の縮約形。②覚おぼえ書がき、注釈ちゅうしゃく。③【해타】書かきとめること、筆記ひっき。¶ 요점을 ~하다 要点ようてんをノートする。
  노:트-북【notebook】图 ノートブック。

노:티【老-】图 老いけて見みえる様子ようす、年寄としよりじみたふり。¶ ~가 나다 年寄りじみる。

노:파【老婆】图 老婆ろうば、老女ろうじょ。
  노:파-심【-心】图 老婆心ろうばしん。¶ ~에서 한마디 하겠소 老婆心から一言ひとことと話はなしたい。

노:폐【老廢】图【해타】【形】老廃ろうはい。¶ ~선 老廃船ろうはいせん。
  노:폐-물【-物】图 老廃物ろうはいぶつ。

노:-하다【怒-】圆目 怒いかる・きる、腹はらを立たてる、いきどおる。¶ 불같이 ~ かんかんに怒る。

노:-하우【know-how】图 ノーハウ。

노:형【老兄】代 《たいして親したしくない間柄あいだがらでの相互そうごの呼称こしょう》老兄ろうけい、あなた、あなた様さま。

노:화【老化】图【해타】【되자】老化ろうか。¶ ~ 현상 老化現象げんしょう/ 고무가 ~하다 ゴムが老化する。

노:회【老獪】图【해타】【形】老獪ろうかい。¶ ~한 사람 老獪な人ひと。

노획【鹵獲】图【해타】【되자】鹵獲ろかく、捕獲ほかく。¶ ~ 물자 鹵獲物資ぶっし。
  노획-품【-品】图 鹵獲品ひん、分捕ぶんどり品ひん。

노:후【老朽】图【해타】【形】老朽ろうきゅう。¶ ~ 시설 老朽施設しせつ。

노:후【老後】图 老後ろうご。¶ ~의 생활 老後の暮くらし。

녹【祿】图 (「녹봉(祿俸)」の縮約形) 禄ろく、俸禄ろく、扶持ふち。¶ 하는 일 없이 ~을 먹다 なすことなく禄を食はむ。

녹【綠】图 ①(金属きんぞくの)錆さび。¶ ~을 벗기다 さびを取とる。②(「동록(銅綠)」の縮約形) 緑青ろくしょう。
  녹-나다 圓 さびる、さびつく。
  녹-물 图 さびの染しみ。

녹-슬다 圓 ①さびる、さびつく。¶ 녹슨 기찻길 さびた線路せんろ。②(機能きのう・手並てなみなどが)鈍にぶる、さびつく。¶ 그의 솜씨도 이젠 녹슬었다 彼かれの腕うでももうさびついた。

녹각【鹿角】图 鹿角ろっかく、鹿しかの角つの。

녹-나무【楠】图 クスノキ。

녹-내장【綠內障】图【醫】緑内障りょくないしょう、青あおそこひ。

녹다 圓 ①(熱ねつに)熔とける、溶とける、解とける。¶ 쇠가 ~ 鉄てつが溶ける。/ 봄이 되어 얼음이 ~ 春はるになって氷こおりが解ける。②(液体えきたいの中なかで)溶とける、溶解ようかいする。¶ 설탕이 물에 ~ 砂糖さとうが水みずにとける。③(凍こえた体からだが)温あたたまる、ぬくまる。¶ 얼었던 손이 ~ 凍こえた手てがぬくまる。④(酒色しゅしょくなどに)おぼれる、くたくたになる、参まいる。¶ 여자에 녹아 가정을 돌보지 않는 남자 女おんなにおぼれて家庭かていをかえりみない。⑤(失敗しっぱいして)参まいる、ひどい目めにあう。¶ 불경기에 완전히 녹

녹-다운【knock-down】 图 (ボクシングで)ノックダウン.
녹두【綠豆】 图【植】リョクトウ、リョクズ.
　녹두-묵 图 綠豆で作ったところてん状の食品.
녹록-하다【碌碌-, 錄錄-】 形ወ よるに足りない、つまらない、平凡である. ¶ 녹록한 인물 取るに足りない人物/ 녹록지 않은 적수 でょうない敵.
녹말【綠末】 图 澱粉. ¶ ~ 가루 澱粉.
녹색【綠色】 图 綠色、綠色どり、りょくしょく.
　녹색 조류【-藻類】 图【植】綠色藻類. ⑮ 녹조류
녹신-하다 形ወ しっとり柔らかい、ぐにゃぐにゃしている. ⑮ 눅신하다
녹십자【綠十字】 图 綠十字. ¶ ~ 운동 綠十字運動.
녹용【鹿茸】 图【醫】鹿茸、鹿の若角.
녹음【綠陰】 图 綠陰. ¶ ~의 계절 綠陰の季節.
녹음【錄音】 图하他되自 錄音. ¶ ~ 방송 錄音放送/ 동시 ~ 同時錄音/ 테이프에 ~ 하다 テープに錄音する.
　녹음-기【-器】 图 錄音器、テープレコーダー.
녹이다 他 (「녹다」의 사역) ①(熱で)熔かす、溶かす、解かす. ¶ 얼음을 ~ 氷を解かす. ②(液体등의 中에서)溶かす、溶解する. ¶ 설탕을 물에 ~ 砂糖を水に溶かす. ③(凍えた体등을)溫める、ぬくめる. ¶ 발을 ~ 足をぬくめる. ④(人등の心を)とろけさせる、參らせる、おぼれさせる. ¶ 남자를 녹이는 여자 男をとろけさす女. ⑤負かす、參らせる、ひどい目にあわせる.
녹지【綠地】 图 綠地. ¶ ~를 조성하다 綠地を造成する.
　녹지-대【-帶】 图 綠地帶、グリーンベルト.
녹차【綠茶】 图 綠茶.
녹초 图 ①(疲れきって)へとへとになった状態. ¶ 피곤해서 ~가 되다 疲れてへとへとになる. ②(ものが古くなって)全たく使いものにならなくなったこと.
녹화【綠化】 图하他되自 綠化. ¶ 산림 ~ 운동 山林綠化運動.
녹화【錄畵】 图하他되自 錄畵. ¶ 실황을 ~ 하다 實況を錄畵する.
　녹화 방:송【-放送】 图 錄畵放送.
녹황-색【綠黃色】 图 綠黃色.
논 图 田、水田、たんぼ. ¶ ~ 농사 田作り/ ~을 매다 田の草取りをする.
　논-갈이 图하他 田を耕すこと.
논거【論據】 图 論據. ¶ ~가 확실하다 論據がはっきりしている.
논고【論告】 图하他되自【法】論告. ¶ 준엄한 ~ 峻嚴な論告.
논공【論功】 图하他 論功. ¶ ~ 행상 論功行賞.

논급【論及】 图하他되自 論及. ¶ 사생활에까지 ~ 하다 私生活にまで論及する.
논-길 图 畔道、たんぼ道.
논-농사【-農事】 图 田作り、稲作.
논단【論壇】 图 論壇. ¶ ~을 떠들썩하게 하다 論壇をにぎわす.
논단【論斷】 图하他되自 論斷. ¶ 간단히 ~ 할 수는 없는 문제 簡單に論斷することのできない問題.
논-도랑 图 田の溝.
논-두렁 图 田の畔.
논-둑 图 田の周りまりの堤、畔.
논란【↓論難】 图하他 論難. ¶ ~을 불러일으키다 論難を招く.
논리【論理】 图 論理. ¶ 정연한 ~ 整然たる論理/ ~에 맞지 않다 論理に合わない.
　논리-적【-的】 冠图 論理的. ¶ ~인 사고 방식 論理的な考え方.
　논리-학【-學】 图【論】論理學. ¶ 기호 ~ 記號論理學.
논-마지기 图 わずかな田、かなりの田. ¶ ~깨나 있는 농부 かなりの田を持っている農夫.
논-매기 图하自 田の草取り.
논문【論文】 图 論文. ¶ 졸업 ~ 卒業論文/ ~ 을 제출하다 論文を提出する.
논-문서【-文書】 图 田の所有權證明文書.
논박【論駁】 图하他되自 論駁. ¶ 상대방의 주장을 ~ 하다 相手方の主張を論駁する.
논-밭 图 田畑、田畠. ¶ ~을 갈다 田畑を耕す.
논법【論法】 图 論法. ¶ 그 ~으로 말하자면 その論法でいえば/ 삼단 ~ 三段論法.
논설【論說】 图하他 論說. ¶ 신문의 ~ 란 新聞の論說欄.
　논설-문【-文】 图 論說文.
논술【論述】 图하他되自 論述. ¶ ~ 시험 論述試驗/ 금융 정책에 대해 ~ 하다 金融政策について論述する.
논-스톱【nonstop】 图 ノンストップ. ¶ ~ 운행 ノンストップ運行.
논어【論語】 图 論語.
논외【論外】 图 論外. ¶ ~의 문제 論外の問題.
논의【論議】 图하他되自 論議、議論. ¶ ~ 를 불러일으키다 論議を呼ぶ. / 격렬하게 ~ 하다 激しく議論する. ⑮ 의논
논쟁【論爭】 图하自 論爭. ¶ ~을 벌이다 論爭を展開する.
논제【論題】 图 論題. ¶ 논문의 ~ 論文の論題.
논증【論證】 图하他되自 論證. ¶ 설득력 있는 ~ 說得力ある論證.
논지【論旨】 图 論旨. ¶ ~가 명쾌하다 論旨が明快だ.
논진【論陣】 图 論陣. ¶ 당당한 ~을 펴다 堂々たる論陣を張る.

**논평**【論評】图他 論評ひょう。¶ 예리하게 ~하다 鋭するく論評する。

**논-픽션**【nonfiction】图 ノンフィクション。

**논-하다**【論-】他 論じる。¶ 시비를 ~ 是非を論じる。/ 논할 가치가 없다 論じるに足りない。

**놀**:¹ 图 (('노을」의 縮約形)) (朝夕の)焼やけ。¶ 아침 ~ 朝焼あさけ。

**놀**:² 图 (船乗のりのことばで)大波おおなみ、荒波あらなみ。¶ 산더미 같은 ~ 山やまのような大波。

**놀놀-하다** 形 (毛げ・草くさの芽めなどが)やや黄ばんでいる、ほんのりと黄色きいろい。

**놀:다**¹ 形 ①遊あそぶ、戯たわむれる。¶ 놀러 가다 遊びに行く。/ 소꿉장난을 하며 ~ ままごとをして遊ぶ。 ②遊びまわる、失業しつぎょうする。¶ 실직해서 놀고 지내다 失業してぶらぶらしている。 ③(勤つとめを)休やすむ。¶ 내일은 노는 날이다 明日あすは休みだ。 ④(金きん・施設しせつなどが)遊置ゆうちされる。¶ 놀고 있는 땅 耕たがやしていない土地。 ⑤(固定こていされたものなどが)緩ゆるむ、ゆるんで動うごく、甘あまい。¶ 핸들이 놀고 있다 ハンドルが緩んでいる。 ⑥(お腹なかの子こが)動うごく、うごめく。¶ 뱃속의 아이가 ~ お腹なかの子が動く。 ⑦(あちこと)動うごき回まわる。¶ 물속에서 금붕어가 ~ 水中すいちゅうで金魚きんぎょが泳およぎ回る。 ⑧(人ひとに)動うごかされる、踊おどらされる、口車くちぐるまに乗のる。¶ 남의 장단에 ~ 人ひとの口車に乗る。 ⑨(俗)(勝手かってに)振ふる舞まう。¶ 놀고 있네 ふざけてやがる。

**놀:다**² 他 ①(勝負しょうごとやゲームを)する。¶ 주사위를 ~ さいころを振ふる。 ②(演技えんぎなどを)する、演えんじる。¶ 곡예를 ~ 曲芸きょくげいをする。 ③ある作用さよう・役割やくわりなどをする。¶ 훼방을 ~ 邪魔じゃまをする。

**놀:라다** 自 ①驚おどく、びっくりする、たまげる、仰天ぎょうてんする。¶ 총소리에 깜짝 ~ 銃声じゅうせいにはっとびっくりする。 ②驚嘆きょうたんする。¶ 눈부신 발전에 ~ 目覚めざましい発展はってんに驚嘆する。

**놀:라움** 图 驚おどき、驚嘆きょうたん。¶ ~을 금치 못하다 驚きを禁きんじえない。

**놀:랍다** 形ㅂ ①驚おどくべきだ。¶ 놀라운 사건 驚くべき事件じけん。 ②目覚めざましい、素晴すばらしい、見事みごとだ、驚嘆きょうたんに値あたいする。¶ 그 선수의 우승은 정말 ~ その選手せんしゅの優勝ゆうしょうはまことに驚嘆に値する。

**놀래다** 他 (('놀라다」の使役)) びっくりさせる、驚おどかす。¶ 너를 놀래 줄 일이 있다 君きみをびっくりさせることがある。

**놀리다** 他 ①「놀다」の使役。②遊あそばせる。¶ 애들을 방안에서 ~ 子供こどもたちを部屋へやの中なかで遊ばせる。 ⓛ休やすませる、遊ばせておく。¶ 공장을 ~ 工場こうじょうを遊ばせる。/ 점원들을 하루 ~ 店員てんいんたちを一日いちにち休ませる。 ⓔ芸げいをさせる、操あやつる。¶ 원숭이를 ~ 猿さるに芸をさせる。/ 인형을 ~ 人形にんぎょうを操る。 ⓒ動うごかす。¶ 몸을 ~ 体からだを動かす。 ②からかう、冷ひやかす、やじる。¶ 사람을 놀리는 것도 분수가 있지 人ひとをからかうにもほどがある。 ③無駄口むだぐちをたたく、みだりにしゃべる。¶ 입을 잘못 ~ 間違まちがって口くちを滑すべらす。 ④お金かねを貸かす。¶ 5푼 이자로 돈을 ~ 五分ごぶの利子りしで金を貸す。

**놀림** 图 からかい、冷ひやかし。¶ ~을 받고 화를 내다 嘲弄ちょうろうされて怒おこる。

**놀림-감** 图 物笑ものわらいの種たね、笑わらいぐさ、からかいの対象たいしょうとなるもの、なぶりもの。¶ 남의 ~이 되다 人の笑いぐさになる。

**놀림-거리** 图 物笑ものわらいの種たね、笑わらいぐさ。

**놀림-조** 图 からかうような調子ちょうし。

**놀아나다** 自 ①遊あそびだす、浮気うわきする、放蕩ほうとうしだす。¶ 놀아난 남자 遊びだした男おとこ。 ②(人ひとに)乗のせられる、釣つられる、浮うかされてふらふらする。¶ 남의 말에 잘 ~ 人ひとの言葉ことばによく釣られる。

**놀음** 图 他 「놀음놀이」の縮約形。

**놀음-놀이** 图 他 集あつまって楽たのしく遊あそぶこと、遊あそびごと、行楽こうらく。 ® 놀음・놀이

**놀이** 图 他 ①遊あそび、ゲーム、…ごっこ、遊戯ゆうぎ。¶ 뱃 ~ 船ふな遊び/ 전쟁 ~ 兵隊へいたいごっこ/ ~ 시간 遊戯時間じかん。 ②「놀음놀이」の縮約形。

**놀이-터** 图 遊あそび場ば、遊園地ゆうえんち、行楽地こうらくち。

**놈** Ⅰ 图 ①やつ、野郎やろう。¶ 나쁜 ~ 悪わるいやつ/ 이 ~, 게 섰거라 この野郎、待まちやがれ。 ②男おとこの子こを可愛かわいがっている語ご。¶ 이 ~이 제 막내아들입니다 こいつがわたしの末すえっ子です。 Ⅱ 依 (動物どうぶつ・物ものを指さして)もの、やつ。¶ 암~ 雌めす/ 큰 ~을 골라서 사다 大おおきいのを選えらんで買かう。

**놈-팡이** 图 ①(('ぶらぶらしている男おとこをさげすんでいう語ご)) やつ、野郎やろう、宿六やどろく、ルンペン。 ②(卑) ジゴロ、ひも。

**놋-쇠** 图 真鍮しんちゅう。

**농:**【弄】图 他 ①いたずら、悪わるいふざけ、悪さ、戯たわむれ。¶ ~이 지나치다 いたずらが過すぎる。 ②冗談じょうだん、からかい。¶ ~을 좋아하다 冗談を好このむ。

**농**【膿】图 膿うみ、うみ。㊥ 고름

**농**【籠】图 ①つづら、行李こうり。 ②(('장롱(欌籠)」の縮約形)) たんす。

**농가**【農家】图 農家のうか。

**농:간**【弄奸】图 奸計かんけい、策略さくりゃく。¶ ~에 넘어가다 奸計にひっかかる。

**농경**【農耕】图 他 農耕のうこう。¶ ~ 민족 農耕民族みんぞく/ ~ 생활 農耕生活せいかつ。

**농경-지**【-地】图 農耕地ち。

**농-공업**【農工業】图 農工業のうこうぎょう。

**농구**【農具】图 農具のうぐ、農機具のうきぐ。

**농구**【籠球】图 籠球ろうきゅう、バスケットボール。

**농기구**【農機具】图 農機具のうきぐ。

**농노**【農奴】图 史 農奴のうど。¶ ~ 해방 農奴解放かいほう。

**농:담**【弄談】图 他 冗談じょうだん。¶ 반 ~으로 冗談半分はんぶんで/ ~을 걸다 冗談をたたく。/ ~

농대

이 지나치다 冗談が過ぎる。
**농대**〔農大〕图《「농과 대학(農科大學)」의 縮約形》農学部の略。
**농도**〔濃度〕图 濃度。¶ 약품의 ~ 薬品の濃度。
**농땡이** 图 ①サボること、怠けること、ずるけること。¶ 걸핏하면 ~를 치다 何かにつけサボる。②のろま、のらくら者、怠け者。
**농락**〔籠絡〕图하他되自 籠絡、うまくたぶらかすこと。¶ 사기꾼에게 ~당하다 詐欺師にたぶらかされる。
**농림**〔農林〕图 農林。¶ ~ 사업 農林事業。
**농무**〔濃霧〕图 濃霧。¶ ~에 싸이다 濃霧に包まれる。
**농민**〔農民〕图 農民。¶ ~ 봉기 農民蜂起/ ~ 운동 農民運動。
**농번-기**〔農繁期〕图 農繁期。
**농부**〔農夫〕图 農夫、農民、百姓。
**농부-가**〔-歌〕图 農夫・農村の生活を内容とする歌。
**농사**〔農事〕图 農業のこと、農事。¶ 벼~ 稲作/ ~ 일 農作業。
**농사-꾼**〔農事-〕图 農夫、農民、百姓。
**농사-짓다** 自(ㅅ) 農業を営む、農作業する、耕作する。
**농사-철**〔農事-〕图 農繁期、農期。
**농산**〔農産〕图 農産。¶ ~ 가공품 農産加工品。
**농산-물**〔-物〕图 農産物。¶ ~의 집산지 農産物の集散地。
**농성**〔籠城〕图하自 籠城。①城に立ちこもること。¶ ~군 籠城軍。②座り込み。처우 개선을 요구하여 ~하다 待遇改善を要求して座り込む。
**농-수산**〔農水産〕图 水産と農業、農業と水産業。¶ ~물 農水産物。
**농아**〔聾啞〕图 聾啞。
**농아-학교**〔聾啞學校〕图 聾啞学校。
**농악**〔農樂〕图[音] 農楽の(農村で笛・太鼓・鉦・ドラなどをはやしながら踊る韓国の民族音楽)。
**농악-대**〔-隊〕图 農楽隊。
**농약**〔農藥〕图 農薬。¶ ~을 살포하다 農薬を散布する。
**농어** 图[動] スズキ。
**농어-촌**〔農漁村〕图 農漁村。
**농업**〔農業〕图 農業。¶ 집약 ~ 集約農業/ ~에 종사하다 農業に従事する。
**농업 용:수**〔-用水〕图 農業用水。
**농업 협동 조합**〔-協同組合〕图 農業協同組合。
**농염**〔濃艶〕图하形 濃艶、あでやかで美っしいこと。¶ ~한 모습의 여성 濃艶な姿だの女性。
**농우**〔農牛〕图 農耕用の牛。
**농원**〔農園〕图 農園。¶ ~을 경영하다 農園を経営する。
**농자**〔農者〕图 「農夫・農事・農業」の意を表わす言葉。

[관용] **농자 천하지대본**(農者天下之大本)農業は国の根本である。
**농작**〔農作〕图하他 農作、耕作。
**농작-물**〔-物〕图 農作物、作物。¶ ~을 해치다 農作物をいためる。
**농장**〔農場〕图 農場、農園。¶ ~주 農場主/ ~ 집단 集団農場/ ~을 경영하다 農場を経営する。
**농지**〔農地〕图 農地。¶ ~를 개간하다 農地を開墾する。
**농지 개:혁**〔-改革〕图 農地改革。
**농:-지거리**〔弄-〕图하自 ひどい冗談、どぎつい冗談。¶ ~를 하다 ひどい冗談を言う。
**농촌**〔農村〕图 農村。¶ ~의 생활 農村の生活/ 한가한 ~ 풍경 のんびりとした農村の風景。
**농축**〔濃縮〕图하他 濃縮。¶ ~ 우라늄 濃縮ウラン。
**농토**〔農土〕图 農地、耕作地。¶ 메마른 ~ 不毛の農地。
**농:-하다**〔弄-〕自(여) ①弄する、もてあそぶ。¶ 궤변을 ~ 詭弁を弄する。②ふざける、冗談を言う。
**농학**〔農學〕图 農学。¶ ~자 農学者。
**농한-기**〔農閑期〕图 農閑期。¶ ~에 도시로 돈벌러 가다 農閑期に都市へ出稼ぎに行く。
**농협**〔農協〕图《「농업 협동 조합」의 縮約形》農協。
**농후**〔濃厚〕图하形 濃厚。¶ ~한 용액 濃厚な溶液/ 패색이 ~하다 敗色が濃厚だ。
**높-낮이** 图 高低。¶ 소리의 ~ 声の高低/ ~가 없이 고르게 하다 高低がないように平らに均す。
**높다** 形 ①(高さが)高い。¶ 높은 빌딩 高いビル。②(地位が・水準じゅんなどが)高い、高貴だ、尊びぶい、偉い。¶ 덕망이 높으신 분 徳の高いお方が/ 생활 수준이 ~ 生活水準が高い。③(値段が)高い。¶ 물가가 ~ 物価が高い。④(声・音などが)高い、大きい。¶ 웃음소리가 ~ 笑い声が高い。⑤(比率が・数値が)大きい。¶ 높은 합격률 高い合格率/ 열이 ~ 熱が高い。⑥(名声が・評判などが)高い、知れ渡っている。¶ 효자로 평판이 ~ 親孝行で評判が高い。⑦(勢いなどが)あがる、高ぶる。¶ 사기가 ~ 士気が高い。/ 파도가 ~ 波が高い。⑧(歳を)召している、年寄りだ。¶ 연세가 ~ お年を召していらっしゃる。
**높-다랗다** 形(ㅎ) すごく高ない。
**높새** 图(船乗り語で)北東の風。
**높아-지다** 自 高まる、高なくなる。¶ 지위가 점점 ~ 地位がだんだん高くなる。
**높은 음자리표**〔-音-標〕图[音] 高音部記号、ト音記号。
**높이** 图 高さ、高度。¶ ~를 재다 高さをはかる。

**높이**² 圖 高たく、高らかに。¶ ~ 평가하다 高く評価ひょうかする。/ 하늘 ~ 날다 空高く飛ぶ。/ 소리 ~ 노래하다 声高らかに歌うたう。

**높이-뛰기** 名［體］高跳たかび、走り高跳たかび。

**높이다** 他 ①高たかめる、高くする、上げる。¶ 품질을 ~ 品質ひんしつを高める。/ 목소리를 ~ 声を高める。/ 지위를 ~ 地位を上げる。②敬うやまう、尊敬そんけいする、崇あがめる。¶ 어른일 줄 안다 大人おとなを敬うことを知っている。③尊敬語そんけいごを使つかう。¶ 높이어 말하다 尊敬語で話はなす。

**높임** 名 ①高たかめること、高くすること、上げること。②尊敬語そんけいごを使つかうこと。

**높임-말** 名 敬語けいご、尊敬語そんけいご。¶ ~을 쓰다 敬語を使う。

**놓다**¹ 他 ①(ものをある位置いちに)置おく、移うつす。¶ 책상 위에 책을 ~ 机つくえのうえに本ほんを置く。②(持もって・握にぎっていたものを)放はなす。¶ 손을 잡았다가 ~ 手てをつかんで放す。/ 새를 놓아 주다 鳥とりを放してやる。③放はなつ、放任ほうにんする。¶ 소를 놓아 기르다 牛うしを放し飼かいにする。/ 아이를 놓아 기르다 子供こどもを放任して育そだてる。④(継続けいぞくしていた動作どうさなどを)やめる、中止ちゅうしする、置おく。¶ 붓을 ~ 筆ふでを置く。/ 일손을 ~ していた仕事しごとをやめる。⑤(不安ふあん・心配しんぱいなどを)解とく、なくす、解消かいしょうする。¶ 마음을 ~ 安心あんしんする。⑥(施設しせつ・装置そうちなどを)設もうける、設置せっちする、架かける、架設かせつする、引ひく。¶ 전화를 ~ 電話でんわを引く。/ 다리를 ~ 橋はしを架ける。⑦(獣けものを捕とらえるわななどを)仕掛しかける。¶ 덫을 ~ わなを仕掛ける。⑧(火ひを)つける、放火ほうかする。¶ 산에 불을 ~ 山やまに火をつける。/ 모깃불을 ~ 蚊かやり火びをたく。⑨(弾丸だんがんなどを)放はなつ、撃うつ、発射はっしゃする。¶ 총을 ~ 銃じゅうを撃つ。⑩(鍼はり・針はりを)打うつ、刺さす。¶ 예방 주사를 ~ 予防注射ちゅうしゃを打つ。⑪(ある目的もくてきのために)差さし向むける、放はなつ。¶ 경찰을 놓아서 범인을 수색하다 警官けいかんを放って犯人はんにんを捜索そうさくする。⑫(模様もようを)入いれる、刺繍ししゅうをする。¶ 수를 ~ 刺繍をする。⑬(布団ふとん・服ふくなどに綿わたなどを)入いれる、詰つめる。¶ 솜을 두툼하게 놓은 옷 綿を厚あつめに詰めた服。⑭(ご飯はんに豆まめや小豆あずきなどを)入れる、混まぜ入れる。¶ 콩을 놓은 밥 豆まめを入れたご飯。⑮(ウリ・スイカなどを)심다、種たねを蒔まく。¶ 밭에 수박 씨를 ~ 畑はたにスイカの種を蒔く。⑯(そろばんなどで)計算けいさんする、置おく。¶ 주판을 ~ そろばんを置く。⑰(買かい値ねを)つける。¶ 값을 ~ 値段ねだんをつける。⑱(家いえ・物ものなどを)賃貸ちんたいする、貸かす。¶ 고리로 돈을 ~ 高利こうりで金かねを貸す。⑲(碁ごで何目なんもくかを)置おいて打うつ。¶ 석점을 놓고 두다 3目もくを置いて打つ。⑳ある行為こういをする。¶ 훼방을 ~ 邪魔じゃまをする。㉑(力ちからなどを)加くわえる、出だす。¶ 속도를 ~ スピードを出す。㉒ぞんざいな言葉ことばづかいをする、ごく親したしく話はなす。¶ 서로 놓고 지내다 きみぼくの間柄あいだがらでごく親しくつきあっている。㉓(仲なかを)立たてる。㉔(「…을 놓고」の形かたちで)…(に)ついて。¶ 그 문제를 놓고 토론하다 その問題もんだいについて討論とうろんする。

**놓다**² 助動 ①(動作どうさを終えたこと、あるいは状態じょうたいがそのままであることを表あらわす)…(して)おく。¶ 미리 사 ~ 前まえもって買かっておく。/ 책을 펼쳐 ~ 本ほんを開ひらいておく。②(その動作・状態が既すでにそうなってしまったことを表わす)…(して)しまう。¶ 잠 못자게 해 ~ 眠ねむれなくしてしまう。

**놓아-두다** 他 ①置おいておく、置おく。¶ 짐을 여기 놓아두고 들어가시오 荷にをここに置いて入はいりなさい。②ほうっておく、そのままにしておく。¶ 이놈들, 그냥 놓아두지 않겠다 こいつら、そのままにしてはおかんぞ。/ 마음대로 놓아두어라 好すきなようにさせておけ。

**놓아-주다** 他 放はなしてやる、釈放しゃくほうする、逃にがしてやる。¶ 잡은 새를 ~ 捕とらえた鳥とりを放してやる。/ 경찰이 피의자를 ~ 警察けいさつが被疑者ひぎしゃを釈放する。

**놓여-지다** 自 置おかれる。¶ 꽃병은 현관에 놓여져 있다 花瓶かびんは玄関げんかんに置かれた。

**놓이다** 自 (「놓다¹」の受動) ①置おかれる、置いてある。¶ 곤란한 처지에 ~ 困難こんなんな境遇きょうぐうに置おかれる。②気きが安やすまる、安心あんしんする。¶ 그 소식을 듣고 마음이 ~ その知らせを聞きいて安心する。

**놓치다** 他 ①(手てに持もっていたものを)落おとす、取とり落とす。¶ 그릇을 ~ 器うつわを落とす。②(得えたものや持もっていたものを)失うしなう、なくす、落とす、逃にがす。¶ 빚에 몰려 아끼던 그림도 다 놓쳤다 借金しゃっきんに追おわれて大事だいじにしていた絵えも手放てばなした。③(チャンスなどを)逃のがす・がす、失うしなう、なくす・する、はぐれる。¶ 기회를 ~ チャンスを逃がす。/ 일행을 ~ 一行いっこうにはぐれる。④(乗のりものに)乗のり損そんなう、乗り遅おくれる、乗りはぐれる。¶ 기차를 ~ 汽車きしゃに乗り遅れる。⑤聞きき漏もらす。¶ 한 마디도 놓치지 않도록 주의해서 듣다 一言ひとことも聞き漏らさないように注意ちゅういして聞きく。

[속담] **놓친 고기가 더 크다** 逃にがした魚さかなは大おおきい。

**뇌**[腦] 名 ①[生] 脳のう、脳髄のうずい。¶ ~ 신경 脳神経しんけい。②頭脳ずのう。¶ ~의 작용 頭脳の働はたらき。

**뇌관**[雷管] 名 雷管らいかん。¶ ~ 장치 雷管装置そうち。

**뇌까리다** 他 ①(小言こごと・愚痴ぐちを)くどくどとこぼす。¶ 자꾸 ~ しきりにくだくだと愚痴をこぼす。②やたらにしゃべる、出でまかせにしゃべる。

**뇌:다** 他 (同おなじことを)くどくど言いう、繰くり返かえし言う。

**뇌동**[雷同] 名 하自 雷同らいどう。¶ 부화 ~하다 付和雷同ふわらいどうする。

**뇌리**〔腦裡〕图 脳裏のう。¶ ~에서 사라지지 않다 脳裏から消える。

**뇌막**〔腦膜〕图[生] 脳膜のう。¶ ~염 脳膜炎のう。

**뇌물**〔賂物〕图 賄賂わい、袖その下した。¶ ~ 수회 賄賂収賄しゅう/ ~이 통하지 않다 賄賂がきかない。/ ~을 쓰다 袖の下を使う。

**뇌빈혈**〔腦貧血〕图 脳貧血のうひんけつ。¶ ~로 쓰러지다 脳貧血で倒れる。

**뇌사**〔腦死〕图[醫] 脳死のう。

**뇌성**〔雷聲〕图 雷声らい、雷鳴らい、雷の音おと。¶ ~ 같은 소리 雷のような声。

**뇌성-벽력**〔-霹靂〕图 雷鳴らいと落雷らく、耳みをつんざくような轟ごうき。

**뇌쇄**〔惱殺〕图 悩殺のうきつ。¶ ~ 하는 눈길 悩殺する目つき。

**뇌염**〔腦炎〕图[醫] 脳炎のう。¶ 일본 ~ 日本にほん脳炎。

**뇌-일혈**〔腦溢血〕图[醫] 脳溢血のういっけつ。

**뇌-졸중**〔腦卒中〕图[醫] 脳卒中のうそっちゅう。

**뇌-종양**〔腦腫瘍〕图[醫] 脳腫瘍のうしゅよう。

**뇌진-탕**〔腦震盪〕图 脳震盪のうしんとう。¶ ~을 일으키다 脳震盪を起おこす。

**뇌-출혈**〔腦出血〕图[醫] 脳出血のうしゅっけつ。¶ ~로 쓰러지다 脳出血で倒れる。

**뇌파**〔腦波〕图[生] 脳波のう。¶ ~ 검사 脳波のう検査けん。

**누**¹ 代 (「누구」の縮約形) 誰だれ、誰か。¶ ~가 그러더냐? 誰がそう言ったか。/ ~가 찾아왔다 誰が訪ねて来ていた。

**누**²〔累〕图 累るい、迷惑めい、巻まき添え。¶ ~를 끼치다 累を及およぼす。/ ~를 입다 巻まき添えを食う。

**누:가**〔累加〕图[해][自]되[目] 累加るい。¶ 차입금이 ~되다 借入金かりいれが累加する。

**누:가 배당**〔-配當〕图 (生命せい保険ほけんの)累加配当はいとう。

**누각**〔樓閣〕图 楼閣ろう、高殿たかどの。¶ 사상 ~ 砂上さじょうの楼閣。

**누:계**〔累計〕图[해][他]되[自] 累計けい。¶ ~ 100만원에 달하다 累計100万ひゃくウォンに達たする。

**누구** 代 ①誰だれ、どんな人ひと。¶ 여보세요, ~십니까 (電話でんわで)もしもし、どなたですか/ ~를 위하여 종은 울리나 誰たれがために鐘かねが鳴なる。 ②誰か、ある人ひと。¶ 사원이나 ~ 적당한 사람 없을까 ? 社員しゃいんとして誰か適当てきとうな人がいないかな。 ③誰でも、みんな。¶ ~나 다 알고 있다 誰でも知しっている。 콤 누구

**누구-누구** (「누구」の複数形) 誰々だれ、誰彼かれ。¶ ~ 왔나? 誰々来きたか。/ ~할 것 없이 다 나쁘다 誰彼の区別くべつなくみんな悪わるい。

**누그러-지다** 自 ①(感情かんじょう・病勢びょうせいなどが)和らぐ、穏やかになる、ほぐれる、和なごむ、薄らうすれる、軽かるくなる。¶ 성미가 ~ 気性きしょうが 穏やかになる。/ 슬픔도 시간이 지남에 따라 ~ 悲しみも時しがたつにつれて薄れる。 ②(寒さむさ・暑あつさが)和らぐ。¶ 추위가 ~ 寒さが和らぐ。

**누글-누글** 副[하]形 ①(湿しり気けがあって非常ひじょうに柔らかいようす)やわやわ、ぐにゃぐにゃ。②(性格せいかくなどが)大おらかだ、おだやかだ。 콤 노글노글

**누글누글-하다** 形여 ①煮にすぎたりして非常ひじょうに柔らかい。②(体からだが)柔軟じゅうなんだ。 ③(性格せいかくが)非常におとなしい。

**누긋-하다** 形여 ①(湿しり気けがあって)柔らかい。②(性格せいかくなどが)ゆったりしている、のんびりしている、柔和にゅうわだ、悠長ゆうちょうだ。¶ 누긋하게 마음먹다 悠長に構える。

**누:기**〔漏氣〕图 湿しり気け、湿気しっけ、湿しり。¶ ~를 없애다 湿気を取り除のぞく。
(관용) 누기가 차다 湿り気が多い、じめじめしている。 누기가 치다 湿気を帯おびている、じめじめしてくる、湿っぽくなる。

**누:-나**〔男子なんの子こが姉を親したしんでいう語ご〕姉ねえさん、お姉ねえちゃん。¶ 너희 ~ 君きみのお姉さん/ ~하고 같이 갈테야 お姉ちゃんといっしょに行いきたいよ。

**누:누-이**〔屢屢-·屢度〕副 縷々るると、繰くり返えし、幾度いくども、何度なんども、しきりに。¶ ~ 설명하다 縷々と説明めいする。/ ~ 타이르다 何度も言いい聞きかせる。

**누:-님**〔男子なんの子こが姉を敬うやまい親したしんでいう語〕お姉ねえさん、姉ねえさま。

**누다** 他 (大小便だいしょうべんを)する、垂たれる、排泄はいせつする。¶ 소변을 ~ 小便しょうべんをする。

**누:-대**〔累代·屢代〕图 累代るい、代々だい。¶ ~로 이곳에 살고 있다 代々ここに住すんでいる。

**누더기** 图 つぎはぎの衣服いふく、ぼろ、ぼろぼろの服ふく、ぼろ切きれ。¶ ~를 걸치다 ぼろをまとう。

**누덕-누덕** 副[하]形 つぎはぎだらけに、つぎはぎして。¶ ~ 한 옷 つぎはぎだらけの着物きもの。 콤 노닥노닥

**누:-드**〔nude〕图 ヌード。¶ ~ 사진 ヌード写真しゃしん。

**누:-락**〔漏落〕图[해][他]되[自] (書類しょるい·名簿めいぼなどから)抜ぬけ落おちること、漏もれること、脱落だつらくすること、抜ぬけること。¶ 기입 ~ 記入にゅう漏もれ/ 이름이 ~되어 있다 名前なまえが抜けている。

**누:-란**〔累卵〕图 累卵るいらん、不安定ふあんていで危険きけんな状態じょうたい。¶ ~의 위기에 처하다 累卵の危機ききにおかれる。

**누:래-지다** 自 黄色きいろくなる、黄金色こがねになる。¶ 벼가 익어서 ~ 稲いねが実みのって黄金色になる。

**누:렇다** 形ㅎ (濃こいめに)黄色きいろい、黄金色こがねである。¶ 보리가 누렇게 익었다 麦むぎが黄色く実みのった。 콤 노랗다

**누룩** 图 麴こうじ。¶ ~을 띄우다 麴を発酵はっこうさせる。

**누룩-곰팡이** 图[植] 麴黴こうじかび。

**누룽지** 图 お焦こげ。

**누르-기** 图 (柔道じゅうどうの)押おさえこみ。

누:르다¹ 他[르] ①(力を加えて)押す、押さえる、押さえつける。¶ 상처를 꼭 ~ 傷口をしっかり押さえる。/ 도장을 ~ はんこを押す。②(重しなどで)押さえる、押さえて置く。¶ 서진으로 종이를 ~ 文鎮で紙を押さえる。③(スイッチ・ボタンなどを)押す。¶ 초인종을 ~ 呼び鈴を押す。/ 셔터를 ~ シャッターを押す。④(感情などを)抑える、こらえる。¶ 충동을 ~ 衝動を抑える。⑤(自由などを)抑えつける、抑圧をする。¶ 반대파를 ~ 反対派を抑えつける。⑥(うどんなどを機械で)押し出して作る。¶ 국수를 ~ うどんを押し出す。

누:르다² 形[르] 黄色い。¶ 누른 빛 黄色/ 은행 잎은 ~ 銀杏の葉は黄色い。

누르스름-하다 形어 やや黄色い、黄色みがかっている。受 노르스름하다

누름-적[-炙] 名 牛肉・桔梗の根などを串刺しにして卵をつけ油でいためた食べ物。

누릇-누릇 副形 (ところどころ)黄色く、黄色みがかって。¶ 벼가 ~ 익기 시작하다 稲が黄色く実りはじめる。受 노릇노릇

누리다¹ 他 (富貴さ・楽しみなどを)楽しむ、享受する、享有する。¶ 부귀 영화를 ~ 富貴栄華を享受する。

누리다² 形 ①動物の毛が焼けるいやなにおいがする。②(肉などが)脂臭い。

누린-내 名 ①動物の毛が焼けるいやなにおい。②(肉の)脂臭いにおい。¶ ~가 나는 고기 脂臭いにおいがする肉。

누:만금[累萬金] 名 非常に多額のお金、巨額なお金。¶ ~을 준다 해도… 巨額の金をくれるといっても…

누:명[陋名] 名 ①汚名、不名誉。②ぬれぎぬ、無実の罪。
[관용] 누명(을) 벗다 汚名をそそぐ、ぬれぎぬを晴らす。 누명(을) 쓰다 ぬれぎぬを着せられる。¶ 반역자의 누명을 씌우다 反逆者のぬれぎぬを着せる。

누비 名 刺し縫い、刺し子。

누비-옷 名 刺し縫いの服。

누비다 他 ①刺し子に縫う、刺し縫いをする。¶ 유도복을 ~ 柔道着を刺し子に縫う。②縫うように進すむ、縫って行く。¶ 인파 속을 누비고 가다 人波の中を縫って行く。③かけずり回る、立ち回る。¶ 정계를 ~ 政界を立ち回る。

누:설[漏泄] 名하自他回 漏洩、漏泄する、漏れること、漏らすこと。¶ 기밀을 ~하다 機密を漏らす。

누:수[漏水] 名 漏水、水漏れする。¶ 물탱크의 ~ タンクの水漏れ。

누:습[陋習] 名 陋習、悪い風習。¶ ~을 타파하다 陋習を打破する。

누에 名動 蚕。¶ ~를 치다 蚕を飼う。

누에-고치 名 繭。¶ ~를 짓다 繭をつくる。

누에-농사[-農事] 名 養蚕。

누에-섶 名 まぶし、えびら、蚕籠、蚕のづされ。

누이 名 姉、妹。¶ ~와 동생의 사이가 좋다 姉と弟の仲がいい。
[속담] 누이 좋고 매부 좋다 姉にも妹にもよくその夫にもよい、両方ともよい、すべてがよい。

누이-동생[-同生] 名 (兄からみて)妹。

누이다¹ 他「눕다」の使役。①(体を・長いものを)寝かす、寝かせる、横たえる。¶ 아기를 ~ 赤ちゃん坊やを寝かせる。②(利子だけを取って元金を)据え置く。¶ 원금을 ~ 元金を据え置く。③(織物類を灰汁でさらす、練る、漂白ひょうはくする。¶ 명주를 ~ 絹を練る。

누이다² 他 (「누다」の使役) 大小便をさせる、おしっこさせる。

누임-질 名하自他 織物類などを練ること、その仕事。

누:적[累積] 名하自他回 累積、積み[積もり]重なること。¶ ~된 피로 積もり積もった疲労/ 적자가 ~되다 赤字が累積する。

누:전[漏電] 名하自他回 漏電。¶ ~에 의한 화재 漏電による火災。

누:진[累進] 名하自他回 累進。¶ ~을 거듭하다 累進を重ねる。

누:진 과세[-課稅] 名法 累進課税。

누:진-세[-稅] 名法 累進税。¶ ~율 累進税率。

누:차[累次・屢次] 名副 累次、しばしば、たびたび、何度も。¶ ~에 걸쳐 경고를 받다 幾たびにわたって警告を受ける。/ ~ 말하다 たびたび話す。/ ~ 주의를 해 두었다 何度も注意をしておいた。

누:추[陋醜] 名 薄汚うすぎたないこと、むさくるしいさま。¶ ~한 옷차림 薄汚ない身なり。②「自分の家(部屋)」などをへりくだっていう語。¶ ~한 집입니다만 むさくるしい家ですが。

누:출[漏出] 名하自他回 漏出、漏れること、漏れ出ること。¶ 가스 ~로 인한 사고 ガス漏れによる事故。

누:탈[漏脫] 名하自他回 漏脱、漏れ落ちていること、漏れてぬけること。

눅눅-하다 形어 湿っぽい、湿っぽくてやわらかい。¶ 눅눅한 옷 湿っぽい衣服。受 녹녹하다

눅다 形 ①(練り子などが)柔らかい、水っぽくて緩い。¶ 반죽이 너무 ~ 練りがやわらかすぎる。②(固いものが)湿ってやわらかい、ふにゃふにゃの。¶ 과자가 눅어서 맛이 없다 菓子が湿ってまずい。③(性質が)おだやかだ、ゆったりしている、大らかだ、和やかだ。¶ 성미가 눅은 사람 気性のおだやかな人。④(天候が)暖かい、おだやかだ。¶ 날씨가 눅

눅신하다

어졌다 天候が暖かくなった。 ⑤(値段ゲダンが)
安ヤスい。¶ 눅게 사다 安く買カう。
눅신-하다 形04 柔ヤワらかい。¶ 열을 가했더니
고무가 눅신해졌다 熱ネツに当アてたらゴムが柔
らかくなった。 翻 녹신하다
눅지다 自 ①(練ネりなどが)柔ヤワらかくなる。 ②
(日和ヒヨリ・気性キショウなどが)和ヤワらぐ。
눅진-하다 形04 (物体ブッタイ・性質セイシツが)粘ネバり気ケが
あってやわらかい、柔軟ジュウナンである、粘ネバり強ヅヨ
い。¶ 눅진한 찹쌀떡 腰コシがあって柔らかい
餅モチ/ 눅진한 태도를 보이다 柔軟性ジュウナンセイの
ある態度タイドを見セせる。 翻 녹진하다
눈¹ 名 目メ。①眼マナこ。¶ 눈물 어린 ~ 涙ナミダぐん
だ目メ/ ~을 감다 目を閉トじる。/ ~을 크게
뜨다 目を丸マルくする。 ②視力リョク。¶ ~이
나쁘다 目が悪ワルい。 ③視界シカイ、視野シヤ。¶ 넓
은 ~으로 보다 広ヒロい目で見ミる。 ④認識ニンシキ・
判断ハンダンする力チカラ、眼識ガンシキ、眼力ガンリキ。¶ 전문
가의 ~ 専門家の目/ 보는 ~이 있다 見ミる目
がある。 ⑤観点カンテン、見解ケンカイ、見方ミカタ。¶ 공
평한 ~으로 보다 公平コウヘイな目で見る。 ⑥
注目チュウモク、注意チュウイ、関心カンシン、視線シセン。¶ ~
이 미치다 目が行ユき届トドく。 / 남의 ~을 끌
다 人ヒトの目をひく。 ⑦表情ヒョウジョウ、目メつき。¶
부러운 ~으로 보다 うらやましそうな目で見
る。 ⑧心ココロ、意中イチュウ。¶ ~에 거슬리다 目
に障サワる。 ⑨自覚ジカク。¶ ~을 뜨다 目が覚サ
める、目覚メザめる。
[俗談] 눈 가리고 아웅 目をつぶってニャーオ
と鳴ナく。 / 耳ミミをふさいで鐘カネを盗ヌすむ》 눈 뜨
고 도둑 맞는다 目を開アけているのに盗ヌスまれ
る。《分ワかっていてみすみす損ソンをする》
[관용] 눈 깜짝할 사이에 あっという間マに、瞬マタタ
く間マに。 눈 밖에 나다 (信任シンニンを失ウシナって)
憎ニクまれる。 눈에 들다 気キに入イる、心ココロに
かなう。 눈에 불을 켜다 目を光ヒカらせる。 눈
에 선하다 目に鮮アザやかだ。 눈을 부라리다 目
をすごませて脅オドかす、脅オドかして目をむく。
눈이 맞다 (男女ダンジョの)愛情アイジョウが通カヨじ合アう、
なれあう。 눈이 멀다 ①目がつぶれる、め
くらになる。 ②目がくらむ、理性リセイを失ウシナ
う。 눈이 시퍼렇다 (生いきていて)ぴんぴんと
している。 눈이 어둡다 (あるものに心を
奪ウバわれて)目がくらむ。 눈이 캄캄하다 ①
目の前マエが真マっ暗クラだ。 ②無知ムチだ。
눈² 名[植] (木キ・草クサなどの)芽メ。¶ ~이 나오다 芽
が出デる。
[관용] 눈이 트다 芽メが出る、芽生メバえる、芽
吹フく。
눈³ 名 (ものさし・はかりなどの)目メ、目盛メモ
り。¶ 저울 ~을 속이다 はかりの目盛りを
ごまかす。
눈⁴ 名 (碁盤ゴバン・網アミなどの)目メ。¶ 그물 ~ 網アミ
の目/ ~이 성긴 채 目メの粗アラい篩フルイ。
눈:⁵ 名 雪ユキ。¶ 첫 ~ 初雪ハツユキ/ 싸라기 ~ あられ/
함박 ~ ぼたん雪 / 싸움 雪合戦ユキガッセン/ ~이
평펑 오다 雪がこんこんと降フる。 / ~을 치
다 雪をかく[片付カタづける]。

눈-가 名 目尻メジリ、目のふち。¶ ~에 주름이
잡히다 目尻にしわが寄ヨる。
눈-가늠 名 目分量メブンリョウ、目積メヅもり、目測モクソクする。
¶ ~이 틀리다 目測を誤アヤマる。
눈-가림 名[하다] 人ヒトの目をだますこと、見ミせ
かけ、欺アザむくこと。¶ ~으로 하는 일 見せ
かけにする仕事シゴト。
눈-감다 自 ①目をとじる、目をつぶる。 ②死シ
ぬ。 ③(人ヒトの過アヤマち・欠点ケッテンに)目をつぶ
る、見ミて見ぬふりをする。
[속담] 눈감으면 코 베어 먹을 세상 目をつぶれ
ば鼻ハナをくいちぎる世ヨの中ナカ。《生イき馬ウマの目
を抜ヌく世の中》
눈감아-주다 他 (人ヒトの過アヤマち・欠点テンに)大目オオ
に見ミる、見逃ミノガしてやる、黙認モクニンする。¶
이번만은 눈감아 줄께 今度コンドだけは見逃して
やろう。
눈결-에 副 瞬マタタく間マに、あっという間に、瞬
間的テキに。¶ ~ 언뜻 보다 瞬間的にちら
っと見ミる。
눈-곱 名 目脂メヤニ、目糞メクソ。¶ ~이 끼다 目やに
がたまる。
[관용] 눈곱만큼도 爪ツメの垢アカほども、スズメの
涙ナミダほども、かけらも。
눈곱만-하다 形종 きわめて小チイさい[少スクない]、
スズメの涙ナミダほどだ。¶ 눈곱만한 양심도 없
다 良心リョウシンのかけらもない。
눈-금 名 (ものさし・はかりなどの)目メ、目盛モり、度盛ドモり。¶ ~을 읽다 目盛りを読ヨむ。 /
~을 속이다 目盛りをごまかす。
눈-길¹ 名 視線シセン、人目ヒトメ。¶ 따뜻한 ~ 暖アタタ
かい視線/ ~을 피하다 人目を避サける。
[관용] 눈길을 끌다 人目ヒトメを引ヒく。 눈길을 모
으다 ①人目を集アツめる、注目チュウモクの対象ショウに
なる。 ②目を凝コらす、視線を集中シュウチュウす
る。 눈길이 닿다 視線が行ユく、目線モクセンが
届トドく。
눈:-길² 名 雪ユキの積ツもった道ミチ、雪道ユキミチ。
눈-까풀 名 まぶた。 翻 눈꺼풀
눈꼴 名 《目メつきなどをさげすんでいう語ゴ》目
つき、目メづかい、まなざし。¶ ~이 고약하
다 目つきが悪ワルい。
눈꼴-사납다 形 ①(態度タイド・行動コウドウなどが)
目障メザワりだ、目に余アマる、みっともない、見ミ
ただけでも気キに障サワる。¶ 거드럭거리는 것
이 몹시 ~ 傲慢ゴウマンなところがとても気に障
る。 ②目つきが悪い。
눈꼴-시다 形 (行動コウドウなどが生意気ナマイキで)見ミ
ただけでも気分キブンが悪ワルくなる、目にさわ
る、目に余アマる。¶ 눈꼴시어 못 보겠다 目ざ
わりになって見ミていられない。
눈-대중 名[하다] 目分量ブンリョウ、目安メヤス、目測モクソク。
눈-덩이 名 雪ユキの塊カタマリ。¶ ~를 굴리듯이 불어
나다 雪の塊を転コロがすように増フえる。
눈-독 名 ①物欲ブツヨクのしげな目付メツき、目星メボシ。 ②
目の毒ドク。
눈독-들이다 他 欲ホしそうに見ミる、目を凝コ
らす、目星ホシをつける、狙ネラう。¶ 진작부터

재산에 눈독들이고 있다 前々から財産に目をつけている。
**눈-동자**[-瞳子] 图 瞳、瞳孔。¶ 검은 ~ 黒い~。
**눈-두덩** 图 上まぶた。¶ ~이 붓다 まぶたがはれる。
**눈-뜨다** 圓 ①目をあける。¶ 차마 눈뜨고 볼 수 없다 とても見るに忍びない。②悟る、目が開く、目が見えるようになる。③目を覚ます、目覚める。¶ 현실에 ~ 現実に目覚める。
**눈뜬-장님** 图 字の読めない人、文盲。
**눈-망울** 图 眼球、目玉。¶ ~을 굴리다 目玉をくりくりさせる。
**눈-매** 图 目の格好、目つき、目もと。¶ ~가 곱다 目もとが美しい。
**눈-물**[1] 图 ①涙。¶ 감격의 ~ 感激の涙/~이 돌다 涙が浮かぶ。/ ~을 흘리다 涙を流す。②(比)同情心、思いやりの心、情け。¶ 피도 ~도 없는 사람 血も涙もない人。
관용 눈물을 거두다 涙を抑える。눈물을 삼키다 涙をのむ、悲しさやくやしさなどをこらえる。눈물(을) 짓다 涙する、涙を浮かべる。눈물(을) 짜다 ①涙をながして泣く。②涙を無理やりにしぼる。눈물이 앞을 가리다 涙が遮える、涙で前まが見えない。눈물(이) 없다 思いやりがない、血も涙もない。눈물(이) 지다 涙を流れる、涙があふれる。
**눈물-겹다** 圈 涙ぐましい、涙を誘う。¶ 눈물겨운 이야기 涙ぐましい話など。
**눈-물**[2] 图 雪解け水。
**눈-발** 图 すじをひいて地ちに落ちる雪、降りしきる雪。¶ ~이 서다 雪がしきりに降り出す。
**눈-방울** 图 ①(精気にあふれた)生き生きした眼。②(卑)目玉。
**눈병**[-病] 图 眼病、眼疾。¶ ~이 나다 眼病になる。
**눈:-보라** 图 吹雪。¶ ~가 휘몰아치다 吹雪が荒れ狂う。
**눈-부시다** 圈 ①眩しい、まばゆい。¶ 햇살이 ~ 日差しがまぶしい。/ 눈부시게 희다 まばゆいばかりに白い。②目覚ましい、すばらしい、華々しい。¶ 눈부신 활약 すばらしい業績。
**눈-붙이다** 圓 まどろむ、ちょっと眠る。
**눈:-비** 图 ①雪と雨。②みぞれ。㊀ 진눈깨비
**눈:-빛**[1] 图 ①目の色、目つき。¶ 성난~怒った目の色/ ~이 달라지다 目つきが変わる。②目の輝き、眼光。¶ ~이 날카롭다 眼光が鋭い。
**눈:-빛**[2] 图 雪の色、まっ白い色。
**눈:-사람** 图 雪だるま。
**눈:-사태**[-沙汰] 图 雪崩だ。
**눈-살** 图 眉間の皺。
관용 눈살(을) 찌푸리다 眉をひそめる。
**눈:-석임** 图하自 雪解けと。¶ ~물 雪解け水。

**눈-속임** 图하他 目を欺くこと、ごまかし。
**눈:-송이** 图 雪片。¶ ~가 바람에 날리다 雪片が風になり舞う。
**눈-시울** 图 目頭。¶ ~이 뜨거워지다 目頭が熱くなる。
**눈-싸움**[1] 图하自 にらめっこ、にらみくら。
**눈:-싸움**[2] 图 雪合戦、雪投げ。
**눈-썰미** 图 (目先がよく利いて)すぐまねる手並み、見まね。¶ ~가 있다 見まねが上手ずだ。
**눈썹** 图 眉、眉毛。¶ 가는 ~ 細まゆ。
관용 눈썹 하나 까딱하지 않다 眉ひとつ動かさない。《驚いたり怖がったりする気配が少しもしない、泰然としている》
**눈-앞** 图 ①目の前、目先、目前、眼前。¶ ~에 나타나다 目の前に現れる。②近い将来、目先、目前。¶ ~에 닥쳐온 행사 目前に迫った行事/ ~의 이익에 얽매이다 目先の利益にとらわれる。③(人の)面前、目の前。¶ 사람들 ~에서 창피를 당하다 人前でではずかしい目にあう。
관용 눈앞에 두다 目前に控える。눈앞이 캄캄하다 ①何も見えない。②途方にくれる、お先まっくら。
**눈-약**[-薬] 图 目薬。¶ ~을 넣다 目薬を差す。㊀ 안약
**눈-어둡다** 圈 ①視力が弱い。②(あるものに心を奪われて)目がくらむ。
**눈-어림** 图하他 目分量、目測、目算。
**눈엣-가시** 图 ①目の上のこぶ、目の敵、目障りな人。
**눈여겨-보다** 他 目を凝らして見る、見つめる、注視する、注目する。¶ 적의 움직임을 눈여겨 보고 있다 敵の動きに注目している。
**눈-요기**[-療飢] 图하自 目を楽しませること、目のなぐさめ、目の保養。¶ ~가 되다 目の保養になる。
**눈-웃음** 图 目で軽く笑うこと、目笑。
**눈웃음-치다** 自 目でこっそり笑う。
**눈-익다** 圈 見慣れている、見慣れている。¶ 눈익은 거리 見慣れた街。
**눈-인사**[-人事] 图하自 目礼。¶ ~으로 알리다 目礼を交わす。
**눈-자위** 图 眼球の縁、眼球の周り。
관용 눈자위가 꺼지다 (人が死ぬと眼球が落ち込むことから)死ぬ。
**눈-짐작** 图하他 目分量、目測。
**눈-짓** 图하自 目配せ、目顔つき。¶ ~으로 알리다 目配せで知らせる。
**눈-초리** 图 ①目じり、まなじり。¶ ~가 처지다 目じりが下がる。②目つき、視線。¶ 매서운 ~ 鋭どい目つき。
**눈-총** 图 にらみつける目つき、毒々しい眼差し。¶ 누구에게서나 ~을 맞다 誰からも憎まれる。
**눈치** 图 ①気のきくこと、直感、機転、勘、センス。¶ ~가 빠르다 目ざとい、機

눈코
転がきく、勘がいい。②表情ひょう、顔かおつき、そぶり、様子ようす、態度たいど。¶ 좋아하는 ~를 보이다 好すきだというそぶりを見みせる。③(人ひとの)顔色かお、機嫌きげん。¶ 남의 ~를 보다 人の顔色をうかがう。④[他] (人ひとが自分じぶんを)いやがる気配けはい・気色きしょく。¶ ~가 보이다 いやがる気配が見みえる。

눈치-보다 [自] 人ひとの顔色かおをうかがう、人ひとの機嫌きげんをうかがう。

눈치-채다 [他] 気きづく、感かんじ取とる、嗅かぎつける、気配けはいをさとる。¶ 비밀을 ~ 秘密ひみつをかぎつける。/ 남에게 눈치채이지 않게 주의하다 人ひとに気きづかれないように注意ちゅういする。

눈치-코치 [名]「눈치」の強調形。
[관용] 눈치코치도 모른다 他人たにんがどのように考かんえているのか全まったく分わからない、目めつきも鼻はなつきもわからない、ひどく勘かんが鈍にぶい。

눈칫-밥 [名] 気きがねしながら食たべるご飯はん、居候いそうろうの食事しょくじ。¶ ~을 먹다 (居候などが)気きがねしながら食事しょくじをする。

눈-코 [名] 目めと鼻はな。
[관용] 눈코 뜰 사이[새] 없다 目も鼻も開あける間まがない、とても忙いそがしい。

눋-다 [自] [ㄷ] 焦こげる、焦こげつく。¶ 밥이 솥바닥에 눌어 붙었다 ご飯はんが釜かまの底そこに焦こげついた。

눌-러 [副] ①寛大かんだいに、寛容かんように、大目おおめに、少々しょうしょうのことには目めをつぶって。¶ 잘못된 점이 있어도 ~ 봐주시오 間違まちがった点てんがあっても大目に見みてください。②引ひき続つづき、続つづけて。¶ 서울에 3년을 ~ 머물다 ソウルに三年さんねんを続けて留とどまる。

눌러-듣다 [他] ①寛大かんだいに聞きく。②そのまま引ひき続つづき聞きく。

눌러-보다 [他] ①大目に見みる。¶ 이번만은 눌러보아 주마 今度こんどだけは大目に見てやろう。②そのまま引ひき続つづき見る。

눌러-앉다 [自] (そこに)引ひき続つづき留とどまる。

눌러-쓰다 [他] (帽子ぼうしなどを)目めぶかにかぶる。

눌리다[1] [「누르다」の受動。①押おさえられる、押おさえつけられる、抑圧よくあつされる。¶ 상자가 눌려서 납작해지다 箱はこが押おさえつけられてぺっちゃんこになる。②圧倒あっとうされる、押おされる。¶ 위엄에 ~ 威厳いげんに圧倒される。

눌리다[2] [他] (「눋다」の使役) 焦こがす。¶ 밥을 ~ ご飯はんを焦がす。

눕-다 [自] [ㅂ] ①横よこたわる、横になる、寝ねそべる。¶ 풀 위에 ~ 草くさの上うえに寝そべった。②(病床びょうしょうに)臥ふす。¶ 병석에 누워 있다 病床に臥している。③(植物しょくぶつが)這はう、背丈せたけが低ひくい。¶ 줄기가 누워서 옆으로 뻗는다 茎くきがはいながら横に伸のびる。
[속담] 누울 자리 보고 발 뻗어라 寝ねる場所ばしょを見みて足あしを伸のばせ。《時ときと場所ばしょをわきまえよ》누워서 떡 먹기 寝て餠もちを食たべる。《たやすいこと、朝飯前あさめしまえ》누워서 침 뱉기 寝てつばを吐はく。《天てんを仰あおぎて唾つばする、天に

向むかって唾する》

눕히다 [他] (「누이다」のもとの語ご) 寝かす、寝かせる、横たえる、倒たおす。¶ 침대에 ~ 寝台しんだいに寝かせる。/ 도전자를 때려 ~ 挑戦者ちょうせんしゃを打うちのめす。

뉘[1] [名] 白米はくまいの中なかに混まじっている籾米もみごめ。¶ 밥에 ~가 섞여 있다 ご飯はんに籾米が混じっている。

뉘[2] [代] ①(「누구」の縮約形) 誰だれ。¶ 댁은 ~시오? あなたは誰かね。②(「누구의」の縮約形) 誰だれの。¶ ~ 짓이냐 誰の仕業しわざか。

뉘엿-거리다 [自] ①夕日ゆうひがまさに沈しずもうとする。②吐はき気けがする、胸むねがむかつく。

뉘엿-뉘엿 [副] [하다] ①夕日ゆうひがまさに沈しずもうとするようす。¶ 해가 ~ 저물어 간다 日ひがだんだん暮くれていく。②(しきりに吐はき気けを催もよおすようす) むかむか。

뉘우치다 [他] 悔くいる、悔やむ、後悔こうかいする、悔い改あらためる、反省はんせいする。¶ 자기 잘못을 ~ 自分じぶんの過あやちを悔いる。/ 뉘우치는 빛이 없이 반성하는 기색이 없다 反省する兆きざしがない。

뉘우침 [名] 悔くい、後悔こうかい、反省はんせい。¶ 때늦은 ~ 時ときおくれた後悔。

뉴-스[news] [名] ニュース。¶ ~ 속보 ニュース速報そくほう。

느글-거리다 [自] (消化不良しょうかふりょうで)むかつく、吐はき気けを催もよおす、むかむかする。¶ 속이 ~ 胸むねがむかむかする。

느긋-하다 [形여] (心こころが)満みち足たりている、ゆったりしている、のんきだ。¶ 느긋한 마음 ゆったりとした気持きもち。느긋-이 [副] ゆったり。¶ 마음을 ~ 먹다 心をゆったり構かまえる。

느끼다[1] [自] (悲かなしさに)むせび泣なく、すすり泣く。¶ 흑흑 느껴 울다 しくしくむせび泣く。

느끼다[2] [他] 感かんじる。①(感覚器官かんかくきかんを通つうじて)覚おぼえる。¶ 더위를 ~ 暑さを感じる。/ 공복을 ~ 空腹くうふくをおぼえる。②(心こころに)覚おぼえる、催もよおす、思おもう、悟さとる、感動かんどうする。¶ 기쁨을 ~ 喜よろこびを感じる。/ 책임을 ~ 責任せきにんを感じる。

느끼-하다 [形여] (食たべ物ものが)しつこい、脂あぶらこい。¶ 느끼한 요리 脂こい料理りょうり。

느낌 [名] 感かんじ、気持きもち、感想かんそう、感触かんしょく、印象いんしょう。¶ ~을 말하다 感想を述のべる。/ 부드러운 ~을 주다 柔やわらかい感じを与あたえる。/ 이상한 ~이 들다 変へんな感じがする。

느낌-표[-標] [名] [文法] 感嘆符かんたんふ、感嘆符号ごう。

-느냐 [語尾] 《疑問ぎもんの意いを表あらわす》…(する)か、…(する)のか。¶ 무엇을 하~? 何なにをするか。/ 왜 울고 있~? どうして泣ないているのか。

-느냐고 [語尾] ①(「-느냐 하고」の縮約形。疑問ぎもんの引用形語尾ご) …のかと。¶ 언제 왔~ 물었다 いつ来きたのかと聞きいた。②(《質問しつもんに対たいする確認かくにんを示しめす終結しゅうけつ語尾ご) …かだと、…かだって。¶ 어디 가~? どこへ行いっているのかだって?

のかだって。㊗ -냐고

-느니¹ 語尾 ①((経験을 基로 하여 ある事実을 言い聞かせる意を表わす終結語尾))…(する)ものだ。¶ 그렇게 하다가는 실패하~ 그렇게 하고 있다가는 결국에는 失敗하는 것이야. ②(主に「-느니…느니」の形で)ある事実을 이어서 인용하는 意를 表わす連結語尾)…だの…だの、…の…の、…とか…とか。¶ 가~ 안 가~ 야단이다 行くの行かないの大騒ぎだ。/ 온다~ 안 온다~ 의견이 구구하다 来るとか来ないとか意見がまちまちだ。

-느니² 語尾 ((前のより後の方を採るのがあたりまえだとの意を表わす終結語尾))…するより(は)。¶ 죽~보다 그래도 사는 편이 낫지 死ぬよりそれでも生きる方がましだ。

느닷-없다 形 だしぬけだ、突然だ、不意다である、思いがけない。 느닷없는 명령 突然の命令. 느닷-없이 副 不意に、だしぬけに、いきなり、突然、とっさに。¶~ 찾아오다 不意に訪ねて来る。

-느라고 語尾 ((理由・原因을 表わす連結語尾))…のために、…するのに、…ので、…で。¶ 이사하~ 바빴다 引っ越しをするのに忙しかった。

느루-먹이다 他 食いつなぐ、食い延ばす、長持ちさせて食べる。¶ 다음 배급까지 쌀을 ~ 次の配給まで米を食い延ばす。

느른-하다 形 ①(疲れて)くたくたである、ぐったりしている。¶ 느른해서 일하기가 싫다 くたくたで仕事をするのがいやだ。㊗ 나른하다 ②(物が)ぐにゃぐにゃと軟らかい。 느른-히 副 ①くたくたに、ぐったりと。②ぐにゃぐにゃと、ふにゃふにゃと。

느릅-나무 名[植] ニレ。

느리다 形 ①(動作・仕事などが)のろい、遅い。¶ 느린 동작 のろい動作/ 일손이 ~ 仕事の手が遅い。②(性質が)おっとりしている、大らかだ、しまりがない、ルーズだ。¶ 느린 성미 おっとりとした性質。③(織りなどが)粗らい、緩やか。¶ 새끼를 느리게 꼬다 縄を緩くなう。 ④(曲のテンポなどが)ゆっくりしている、のろい。⑤(流れ・傾斜などが)緩やかだ、緩慢だ、緩い。¶ 느린 커브 緩やかなカーブ。

느림-보 名 のろま。

느릿-하다 形 ややのろい、のっそりしている、のろい感じだ。¶ 동작이 ~ 動作がややのろい。

느릿-느릿 副形 のろのろ、のそのそ、のっそり。¶ 느릿느릿 のろのろ步く。

느물-거리다 自 ねちねちと しつこくふるまう、ずるい話し振りをする。

느슨-하다 形 ①緩んでいる、緩い、たるんでいる、だらりとしている。¶ 느슨한 매듭 緩い結び目。②締まりがない、たるんで

いる。¶ 성격이 느슨한 사람 締まりのない人。 느슨-히 副 緩く、たるんで、だらりと。¶~ 묶다 緩くくくる。

느지감-치 副 遅めに、ゆっくりと。¶~ 돌아오다 かなり遅く帰って来る。

느지막-하다 形 かなり遅れている、やや遅れている。¶ 느지막한 시각에 도착했다 かなり遅い時刻に到着した。 느지막-이 副 かなり遅く、やや遅めに、ゆったりと、ゆっくり。¶ 처음부터 기한을 ~ 잡다 初めから期限をゆったりと取る。

느타리-버섯 名[植] ヒラタケ。

느티-나무 名[植] ケヤキ。

늑골[肋骨] 名[生] 肋骨。

늑대 名[動] チョウセンオオカミ、ヌクテ。

늑막[肋膜] 名[生] 肋膜。
늑막-염[~炎] 名[醫] 肋膜炎。

늑장 名 ぐずぐずすること、もたもたすること、わざと手間をとること。

늑장-부리다 自 ぐずつく、ぐずぐずする。¶~가 기회를 놓치다 ぐずぐずしていてチャンスをのがす。

는 助 ((母音で終わる語「に」つく助詞))①(主題를 示한다)…は。¶ 나~ 학생입니다 わたしは学生です。/ 담배는 건강에 나쁘다 たばこは健康によくない。②((否定文の中で部分否定をつくる))…は。¶ 반드시 성공한다고~ 할 수 없다 必ずしも成功するとは言えない。③(強調を表わす)…は。¶ 다시~ 안 온다 二度とは来ない。/ 그렇게~ 생각치 않는다 そんなには思っていない。④(条件を示す)…(して)は、…(であって)は。¶ 사회를 떠나서~ 살 수 없다 社会を離れては生きることができない。

-는 語尾 ((ある動作・状態が現在進行中であることを表わす))…している…、…する…。¶ 흐르~ 강물 流れる川の水/ 웃고 있~ 사진 笑っている写真。

-는걸 語尾 ((「-는 것을」の縮約形。ある動作・状態に対する詠嘆을 表わす))…(する)ね、…(だ)なあ、…よ。¶ 잘 읽~ よく読むなあ。/ 내일은 꽤 덥겠~ 明日はかなり暑くなりそうだな。

-는구나 語尾 ((現在時制의 感嘆の意을 表わす))…(する)んだなあ、…(する)ね。¶ 공부를 잘 하~ よく勉強するんだなあ。/ 일찍 나가~ 早めに出かけるんだなあ。㊗ -는군

-는군 語尾 「-는구나」의 縮約形。

-는다고 語尾 ((「-는다 하고」의 縮約形。前의 事柄이 後의 事柄의 理由・前提임을 表わす))…(する)として、…(する)と いって、…していると。¶ 뭐든지 잘 먹~ 칭찬받았다 なんでもよく食べるといってほめられた。㊗ -ㄴ다고

-는다느냐 語尾 ((「-는다고 하느냐」의 縮約形。聞いた事実に対する問いを表わす))…するというのか、…だというのか(ね)。¶ 제

-는다느니
시간에 온~? 定刻に来るというのか。㉘ -ㄴ다느냐·-다느냐
-는다느니 語尾 《並列的な連結語尾》…とか、…とか。¶ 읽~ 못 읽~하며 야단들이다 読めるとか読めないとか言って大騒ぎだ。㉘ -ㄴ다느니·-다느니
-는다는 語尾 《「-는다고 하는」の縮約形》…(する)という、…との。¶ 그가 집을 새로 짓~ 얘기를 들었다 彼が家を新たに建てるという話を聞いた。㉘ -는단 ㉘ -ㄴ다는·-는다는
-는다면서 語尾 ①《「-는다고 하면서」の縮約形》…(する)と言いながら、…(する)と言って。¶ 통장을 찾~ 수선을 떨다 通帳のさがすと言って騒ぎたてる。②《聞いた事柄を確認したり皮肉って反問する意を表わす》…(するん)だってね。¶ 요즘 마음 편하게 놀고 먹~? このごろは左うちわのご身分なんだってね。㉘ -ㄴ다면서·-다면서
-는단 語尾 ①《「-는다고 한다」の縮約形》…というよ、…するそうだ。¶ 그는 매일 아침 빵을 먹~ 彼だけは毎朝パンを食べるそうだ。②《経験などによって会得したことを話して聞かせる意を表わす》…だよ、…するんだよ。¶ 과로하면 건강을 잃~ 過労すれば健康を損なうんだってね。㉘ -ㄴ단다
-는답니까 語尾 《「-는다고 합니까」の縮約形。質問し・疑問を表わす》…(する)と言っていますか、…というのですか。¶ 밭에 무얼 심~? 畑に何を植えるというのですか。/문은 몇 시에 닫~? 門限は何時というのですか。㉘ -ㄴ답니까
-는답니다 語尾 《「-는다고 합니다」の縮約形。伝聞を表わす》…(する)そうです、…(する)と言っています、…(する)というのです。¶ 마당에 나무를 심~ 庭に木を植えるそうです。㉘ -ㄴ답니다
-는대 語尾 《「-는다고 해」の縮約形。伝聞を表わす》…(する)と言う、…(する)そうだ、…するって。¶ 그가 그 일을 자꾸 묻~ 彼がそのことをしきりに尋ねるんだって。㉘ -ㄴ대
-는대도 語尾 《「-는다고 하여도」の縮約形。前の事柄が後の事柄に拘束されない意を表わす》…(する)と言っても、…(する)にしても。¶ 내가 죽~ 눈도 깜짝 안 할 사람이다 わたしが死ぬと言ったってとても思わない人だ。㉘ -ㄴ대도
-는대서야 語尾 《「-는다고 하여서야」の縮約形。多く反語的な問いの前提になることを表わす》…(する)と言っては、…(する)なんて、…としては。¶ 그만 일을 못 참~ 쓰나 それぐらいのことが我慢できなくていけない。㉘ -ㄴ대서야
-는데 語尾 ①《前置きを表わす》…だが、…だじゃら、~すると。¶ 작년 여름은 더웠~ 금년 어떻른지요? 昨年の夏は暑かったのですが今年はどうでしょう。②《逆接を表わす》…のに、…(する)が、…のだが。¶ 비가 오~ 밖으로 나섰다 雨が降るのに外へ出て行った。③《婉曲・余韻を表わす》…(する)んだが、…なんだが。¶ 잘 모르겠~요 よく知らないんですが。④《感嘆を表わす》…(だ)ね、…(た)なあ。¶ 공사가 잘 되였~ 工事がうまくいったなあ。
-는지 語尾 ①《漠然たる疑問の意を表わす》…(する)やら、…のか、…かどうか、…のかして。¶ 오늘은 비가 그칠~? 今日は雨がやむのやら。/ 비가 오~ 안 오~ 모르겠다 彼が来るのか来ないのかわからない。②《「-는지도」の形で》…するかも。¶ 내일은 비가 올~도 몰라 明日は雨が降るかも知れない。-ㄴ지
-는지라 語尾 《次に続くことばに対する理由・原因であることを表わす》…(する)ので、…なので、…(である)から、…(する)のだから。¶ 찾아갔다가 없~ 그대로 돌아왔다 訪ねて行ったがいないのでそのまま帰る。-ㄴ지라
-는커녕 《「커녕」の強調語》…どころか、…はおろか、…するどころか。¶ 도와주기~ 내가 도움을 받을 처지다 助けてあげるどころか私こそが助けられる立場だ。
늘 副 いつも、常に、始終、絶えず、ずっと、しょっちゅう。¶ ~하는 말 いつも言うこと/부모에게 ~ 걱정만 끼친다 父母にいつも心配ばかりかけている。
늘그막 名 老年、老境、晚年。¶ ~에 고생한다 晩年に苦労をする。
늘다 自 ①(長さが)伸びる。¶ 고무줄이 ~ ゴムひもが伸びる。②(数量などが)増える、増す、増加する、伸びる。¶ 두 배로 ~ 2倍に伸びる。/체중이 ~ 体重が増える。③広くなる、増える、増す。¶ 간척사업으로 농토가 ~ 干拓した工事で農地が増える。④(生活などが)よくなる、豊かになる。¶ 살림이 ~ 暮らしが豊かになる。⑤(学問的・才能などが)上達する、うまくなる、伸びる、上がる、力がつける。¶ 솜씨가 ~ 腕が上がる。⑥(期間・期限などが)長くなる、延びる。¶ 평균 수명이 ~ 平均寿命が延びる。
늘리다 他 ①(数量・財産などを)増やす、殖やす、増す、伸ばす、増加させる。¶ 인원을 ~ 人員を増やす。/저축을 ~ 貯蓄を殖やす。②(幅などを)広げる、拡張する、大きくする、太くする。¶ 도로를 4차선으로 ~ 道路を4車線に広げる。③伸ばす。¶ 고무를 ~ ゴムを伸ばす。
늘보 名 のろま、怠け者。
늘비-하다 形 ①ずらっと並んでいる、ずらりと並べられている。¶ 자동차가 늘비하게 있다 自動車がずらっと止まっている。②(ふぞろいに)ばらばらと散らばっている、ばらばらに置いてある。

**늘씬-하다** [形여] ①すらりとしている。¶ 늘씬한 몸매 すらりとした体つき。㉔ 날씬하다 ②(「늘씬하게」の形で) ぐったりになるほど、ひどく。¶ 늘씬하게 패주다 ぐったりになるほど殴る。

**늘어-가다** [自] ①(数量が)少しずつ増える、殖えていく、多くなる、増加する。¶ 생산량이 ~ 生産量が増えていく。/ 범죄가 ~ 犯罪が増加する。②(技術・能力などが)だんだん向上していく、伸びる、伸ばす。¶ 영어 실력이 ~ 英語の実力が伸びる。

**늘어-나다** [自] ①伸びる、延びていく、長くなる。¶ 고무줄이 늘어나 있다 ゴムひもが伸びている。②増える、殖えていく、増加する、増大する。¶ 체중이 ~ 体重が増える。/ 인구가 ~ 人口が増加する。③(生活が)豊かになる。¶ 살림이 ~ 暮らしが豊かになる。

**늘어-놓다** [他] ①(物を)ずらりと並べる、配列する。¶ 길가에 한 줄로 ~ 道端に一列に並べる。②散らかしておく、ばらばらに広げる。¶ 책상 위에 책을 ~ 机の上に本を散らかしておく。③(店などを数ヵ所に)広げておく、出しておく。¶ 장사를 여러 방면으로 ~ 商売をいろいろな方面に広げておく。④言い並べる、並べ立てる、あれこれしゃべる。¶ 장황하게 불평을 ~ くどくどと不平を並べ立てる。

**늘어-뜨리다** [他] 垂らす、垂たれる、ぶら下げる。¶ 커튼을 ~ カーテンを垂らす。/ 팔을 축 ~ 腕をだらりと垂れる。

**늘어-붙다** [自] ①べたりとくっつく、吸いつく。②一ヵ所にとどまる、閉じこもっている。¶ 온종일 집 안에만 ~ 一日中家の中にばかり閉じこもっている。

**늘어-서다** [自] (列をなして)並ぶ、立ち並ぶ。¶ 두 줄로 ~ 2列に並ぶ。/ 즐비하게 늘어선 노점상 すきまなく立ち並んだ露店。

**늘어-지다** [自] ①長くなる、伸びる。¶ 늘어진 고무줄 伸びたゴムひも。②垂れる、垂れ下がる、ぶら下がる。¶ 막이 ~ 幕が垂れ下がる。③(疲れたりして)伸びる、ぐったりする、へたばる。¶ 피곤해서 축 늘어져 버리다 疲れてぐたっと伸びてしまう。④(生活などが)楽になる。¶ 늘어지게 잘 살다 楽に豊かに暮らす。⑤(時間が)長引く、延びる、延期になる。¶ 체재가 며칠 늘어졌다 滞在が数日長く延びた。

**늘이다** [他] ①(「늘다」の使役) ㉠伸ばす、延ばす、長くする。¶ 수명을 ~ 寿命を延ばす。㉡(数量・期間などを)増やす、増す、延ばす。¶ 직원을 ~ 職員を増やす。㉢(範囲を)広げる、拡大する。¶ 경계망을 ~ 警戒網を広げる。②垂らす、垂れ下げる。¶ 발을 ~ すだれを垂らす。③(人を)あちこちに派遣する、する。

**늘쩡-거리다** [自] (仕事などを)のらりくらりする、ぐずつく、のろのろする。

**늘컹-하다** [形여] 脆くて柔らかい、(果物などが) ぐにゃりとしている。

**늘푸른-나무** [名] [植] 常緑樹。㉔ 상록수

**늙다** [自] ①(人間や動物が)年を取る、老いる、老ける。¶ 늙은 말 年取った馬 / 나이보다 늙어 보이다 年齢よりも老けて見える。②年寄じみる。¶ (植物が)どうが立つ、年数がたつ。¶ 늙은 호박 熟したカボチャ。④(婚期を)逸する、過ぎる。¶ 늙은 처녀 婚期を過ぎた娘。⑤(物が)古びる、古くなる、古ぼける。¶ 그 기계도 늙었다 その機械もくたびれた。

**늙수그레-하다** [形여] かなり老けて見える。

**늙어-빠지다** [自] 老いほれる、すっかり老けこむ、老いさらばえる。¶ 늙어빠진 노인 すっかり老け込んだ老人。

**늙은-이** [名] 年寄り、老人。¶ ~의 망령 年寄りのもうろく / ~를 돌보다 年寄りの世話をする。

**늠:름-하다**[凜凜-] [形여] 凜々としている、堂々としている、勇ましい。¶ 늠름한 기상 凜とした気性。**늠름-히** [副] 凜々と、堂々と。¶ ~ 행진하다 堂々と行進する。

**늠실-거리다** [自] 腹ぐろい目つきで様子をさぐる、きょろきょろする、ちらと見る。

**능**[陵] [名] 陵、陵墓、ご陵、みささぎ。

**능가**[凌駕] [名][하여] 凌駕、しのぐこと。¶ 젊은이를 ~하다 若者をしのぐ。

**능갈-맞다** [形] ずるい、こすい。

**능-구렁이** [名] ①[動] アカマダラヘビ。②[比] 陰険な人、ずる賢い人、古狸。

**능글-능글** [副][하여形] ずうずうしく、ふてぶてしく。¶ ~하게 웃기만 한다 ふてぶてしく笑っているだけだ。

**능글-맞다** [形] ずうずうしい、ふてぶてしい、あつかましい。

**능금** [名] [植] チョウセンリンゴ、リンゴ。¶ ~처럼 빨간 볼 リンゴのように赤い頬。

**능동**[能動] [名] 能動。㉔ 피동
  **능동-적**[-的] [冠][名] 能動的。¶ ~인 태도 能動的な態度だ。

**능란-하다**[能爛-] [形여] 熟達している、手慣れている、非常に上手だ、巧みだ。¶ 능란한 솜씨 手慣れた腕前 / 사람을 능란하게 다루다 人を巧みに扱かう。

**능력**[能力] [名] 能力。¶ ~에 따라 보수를 정하다 能力に応じてペイを決める。
  **능력-급**[-級] [名] 能力給。㉔ 능률급

**능률**[能率] [名] 能率。¶ ~을 올리다 能率を上げる。/ 생산 ~이 떨어지다 生産能率が落ちる。
  **능률-급**[-級] [名] 能率給。㉔ 능력급
  **능률-적**[-的] [冠][名] 能率的。¶ 사무를 ~로 처리하다 事務を能率的に処理する。

**능멸**[凌蔑・陵蔑] [名][하여] 軽んじること、ないがしろにすること、あなどりさげすむこと。

**능변**[能辯] [名][하여形] 能弁の。¶ 타고난 ~가 生

まれつきの能弁家か。
**능사**【能事】图 能事のう、自分じぶんの得意とくとすること、なすべきこと。¶ 돈을 버는 것만이 ~는 아니다 金かねをもうけることだけがなすべきことではない。
**능선**【稜線】图 稜線りょう、尾根おね。¶ ~을 타고 봉우리를 타넘다 尾根つたいに峰を越える。
**능소-능대**【能小能大】图[하다] 万事ばんじに手際てぎわのよいこと、口八丁ちょう手八丁はっちょうだ。¶ ~한 수완가 口八丁手八丁のやりて。 ②人びととのつきあいが上手じょうずなこと。
**능수-버들**图[植] コウライシダレヤナギ。
**능숙-하다**【能熟-】形[여] 熟練じゅくしている、巧みである、上手じょうずだ、達者たっしゃだ。¶ 능숙한 솜씨 熟練しゅくした腕前うで/ 손님 접대가 ~ 客きゃくの接待せったいが上手だ。**능숙-히** 副 巧みに、上手に。
**능욕**【凌辱・陵辱】图[하다] 陵辱りょう。¶ 폭한에게 ~ 당하다 暴漢ぼうかんに犯おかされる。
**능-지기**【陵-】图 陵りょうの番人ばんにん。 ㊌ 능참봉
**능지-처참**【陵遲處斬】图[史](頭あたま・胴体どうたい・手・足あしを切きり離はなして殺ころした)大逆だいぎゃく罪人ざいにんに科かした極刑きょっけい。
**능직**【綾織】图 綾織あやり。
**능-참봉**【陵參奉】图[史] 陵りょうを管理かんりした従九品じゅうきゅうほんの官職かんしょく。
**능청** 图 もっともらしく白しろをきること、しらじらしいこと、ずうずうしくとぼけること。¶ ~을 부리다 ずうずうしく白しろをきる。
**능청-맞다** 形 知しらぬ顔かおをして空そらとぼけている、しらじらしい、しらばくれている。
**능청-스럽다** 形[ㅂ] しらじらしい、ずうずうしくそらとぼけている。
**능통**【能通】图[하다](物事ものごとに)精通せいつうしている、通つうじる、熟達じゅくたつする、詳くわしい。¶ 외국어에 ~하다 外国語がいこくごに精通している。
**능-하다**【能-】形[여] うまい、長ちょうじている、たけている、巧たくみだ、詳くわしい。¶ 문장에 ~ 文章ぶんしょうにたけている。/ 처세에 ~ 世渡よわたりがうまい。**능-히** 副 よく、巧みに、十分じゅうぶんに、うまく。¶ 제 힘으로 ~ 해 낼 수 있습니다 私わたしの力ちからで十分になし遂とげられます。
**늦-** 接頭《一部いちぶの名詞・動詞の前まえについて》「遅おそい・老おいて・年取としって」の意いを表あらわす。¶ ~가을 晩秋ばんしゅう/ ~더위 残暑ざんしょ/ ~서리 遅霜おそじも。
**늦-깎이** 图 ①年としとって僧侶そうりょになった人ひと。 ②年としとって職人しょくにんになった人。 ③物分ものわかりのおくれた人。 ④晩学ばんがくの人。 ⑤(果物くだもの・野菜やさいなどの)晩生ばんせい、遅おそなり。
**늦다** 形 ①(時期的じきてきに)遅おそい。¶ 늦은 가을 晩秋しゅう/ 이제 와서 후회해도 이미 ~ 今いまになって後悔こうかいしてももう遅い。 ②(速度そくどが)遅おそい、のろい。¶ 이 기차는 늦구나 この汽車きしゃはのろいなあ。 ③(夜よが)更ふける。¶ 밤 늦도록 안 자다 夜遅よおそくまで眠ねむらない。 ④(自動詞的じてきに)遅おくれる、遅おそくなる、遅刻ちこくする、間まに合あわない。¶ 이 시계는 5분 ~ この時計とけいは五分ぶん遅れている。/ 늦어서 미안합니다 遅れてすみません。/ 기차 시간에 늦었다 汽車の時間じかんに遅れた。
**늦-더위** 图 残暑ざんしょ。
**늦-되다** 自 ①(果物くだもの・穀物こくもつなどが)ふつうより遅おくれて熟じゅくする、晩熟ばんじゅくする。¶ 늦되는 과실 晩生おくての果物。 ②(人ひとの)育そだちが遅れる、奥手おくてだ。
**늦-둥이** 图 ①年老としおいて生うんだ子こ。 ②ぼんやりしていてきはきしない者もの、のろま。
**늦-바람** 图 ①夕方ゆうがたおそく吹ふく風かぜ、夜風よかぜ。 ②年取としってからの浮気うわき、老おいらくの恋こい。 ③(船乗ふなのりのことばで)そよ風かぜ。
[관용] **늦바람(이) 나다** 年取としってから浮気うわきをする。
**늦-벼** 图 晩稲おくて。
**늦-복**【-福】图 晩年ばんねんの幸しあわせ。
**늦-잠** 图 朝寝あさね、朝寝坊ぼう。¶ ~을 자다 朝寝坊ねぼうをする。
**늦-장마** 图 雨期うきを過すぎての長雨ながあめ。
**늦추다** 他 ①緩ゆるめる、緩ゆるくする。¶ 허리띠를 ~ 帯おびを緩める。/ 경계를 ~ 警戒かいを緩める。 ②(期限きげん・時間じかんを)延のばす、延ずらせる。¶ 마감 날짜를 ~ 締しめ切きり日を延ばす。 ③(程度ていどなどを)緩ゆるめる、落おとす。¶ 속도를 ~ 速度そくどを落とす。
**늦-추위** 图 時節じせつおくれの寒さむさ、余寒よかん。
**늪** 图 沼ぬま。¶ ~에 빠지다 沼にはまる。
**삘리리** 副《笛ふえ・ラッパなど管楽器かんがっきの音ねをもじったのり》ぴいぴい、ぴいぴい。
**-니**[1] 語尾《目下めしたの者ものに対たいする疑問を表あらわす》…(する)の、…のか。¶ 어디 가~? どこへ行いくの。/ 무엇 하~? なにしているの。
**-니**[2] 語尾 ①《次つぎに述のべる事柄ことがらに対たいする原因げんいん・理由りゆうを表あらわす》…ので、…(だ)から。¶ 너무 작으~ 바꿔 주시오 小ちいさ過ぎますから取とり替かえてください。 ②《前後ぜんごの事柄ことがらを結むすびつける》…(する)と、…したら。¶ 집에 돌아오~ 편지가 와있었다 家いえに帰かると手紙てがみが来ていた。 ③《主おもに「-니…니」の形で使つかわれて》…の…の、…とか…とか。¶ 좋으~ 나쁘~ 하며 트집을 잡다 良いの悪わるいのとけちをつける。
**-니까** 語尾《「-니[2]」の強調語》① …だから、…なので。¶ 봄이 오~ 꽃이 핀다 春はるが来くるから花はなが咲さく。 ②…すると、…したが、…したら。¶ 찾아가~ 아무도 없었다 訪たずねて行いくと誰だれもいなかった。
**니스**【日 ニス】图 ニス、ワニス。
**니켈**【nickel】图[化] ニッケル。¶ ~ 도금 ニッケルめっき。
**님** 图 恋人こいびと、いとしい人ひと。
**-님** 接尾 …さん、…様さま、…殿どの。¶ 누~ お姉さん/ 선생~ 先生せんせい/ 하느~ 神様かみさま。
**닢** 依《葉は・硬貨こうかなど薄うすくて平たいものを数えらる単位たんい》…枚まい。¶ 동전 한 ~ 銅貨どうか1枚いちまい/ 낙엽이 한 ~ 두 ~ 지다 落おち葉ばが1枚2枚に、散ちる。

# ㄷ

**ㄷ** ハングル字母의 第3番目의 字.

**다:** 副 ①すべて、みな、全部분、すっかり、残のらず。¶ ~ 끝났다 すっかり終わった。②ほとんど、ほぼ。¶ 거의 ~ 되어간다 ほとんどできかけている。③いずれも、どれも。¶ 둘 ~ 좋다 二つともよい。④《不快한 感情・嘲笑・強調 등의 意를 表하는 語》…なんて。¶ 참 별꼴 ~ 보겠네 実に変なことを見るものだな。⑤《名詞的に用いられて》㉠みな、全部。¶ 이게 ~ 냐? これで全部か。㉡おしまい、それっきり。¶ 또 実敗하면 그걸로 ~ 야 もう一度失敗したらそれでおしまいさ。

**다-**[多] 接頭《名詞 앞에 붙어 많다는 것을 나타내는 말》多…。¶ ~ 수 多数 / ~ 목적 多目的 ¶ ~ 방면 多方面 등.

**-다** 語尾 ①用言의 基本形을 表하는 語尾。¶ 먹~ 食べる。/ 크~ 大きい。/ 높~ 高い。②《形容詞・体言 등의 語幹에 붙어 叙述 등의 意를 表하는 語》…だ、…である、…い。¶ 좋은 날씨 ~ いい天気だ。/ 일본은 지진이 많~ 日本には地震が多い。③《「-다가」의 縮約形》…しかけて、…する 途中에。¶ 집에 오~ 그를 만났다 家に帰る途中で彼に会った。④《「-다고」의 縮約形》…だと、…と、…そうだ。¶ 간~ 하더라 行くと言う。

**-다가** 語尾 ①《ある動作이 中断되어서 すぐ 他의 動作에 移る것을 表하는 語》…しかけ て、…する途中で、…しながら。¶ 숙제를 하~ 말았다 宿題だけをやりかけてやめた。②《前例와 逆의 動作이 行われたり あと 動作의 根拠를 表하는 語》…してから、…たが、…だったが、…であったが。¶ 조용헸~ 다시 시끄러워졌다 静かだったがまた騒がしくなった。

**다가가다** 自 近寄る、近づく。¶ 목적지에 점점 ~ 目的地にだんだん近づく。

**-다가는** 語尾 ①《「-다가」의 強調語》…しては、…してから。¶ 책방에 잠간 들렀~ 바로 돌아오다 本屋にちょっと立ち寄ってからすぐ帰る。②《あとのよくない結果를 予想して 述べる 連結語尾》…し(ていれ)は、…したら。¶ 잠만 자~ 낙제한다 眠ってばかりいては落第する。

**다가서다** 自 そばへ近づく、近寄る、近寄って立つ。¶ 좀더 이쪽으로 다가서 주십시오 もう少しこちらに近寄ってください。

**다가앉다** 自 近寄って座る、詰めて座る。¶ 혼잡하오니 다가앉아 주십시오 混雑していますから詰めて座ってください。

**다각**[多角] 名 多角의。①[數] 角의 많이 있는 것、多くの角。¶ ~ 형 多角形。②多方面にわたること。¶ ~ 경영 多角経営。

**다각-도**[-度] 名 ①多角度。②《「-로」의 形で副詞的に》多方面に、多角的に。¶ ~ 로 조사하다 多角的に調査する。

**다갈-색**[茶褐色] 名 茶褐色、鳶色。

**다감**[多感] 名한 多感。¶ 다정 ~ 한 여인 多情多感な女など。

**-다고** 語尾 ①《「-다 하고・-다 라고」의 縮約形》…と言って、…だと、…だそうだ。¶ 잘 했 ~ 한다 よくやったという。②《思っていたことと事実이 違う場合나, または相手의 ことばを反問할 때 사용》…なのに、…からといって、…だって。¶ 밖에 비가 온~ 外설는 雨だって。

**다과**[多寡] 名 多寡、多少。¶ 돈의 ~ 를 불문하고 お金의 多寡를 問わず。

**다과**[茶菓] 名 茶、茶菓子。¶ ~ 를 대접하다 茶菓をもてなす。

**다국적 기업**[多國籍企業] 名 多国籍企業。

**다그치다** 他 ①せき立てる、催促する、急がせる、拍車をかける。¶ 빨리 하라고 ~ 早くしろとせき立てる。②せまる、たたみかける。¶ 다그쳐 심문하다 たたみかけて尋問する。

**다급-하다** 形여 差し迫っている、せっぱつまる、緊急だ。¶ 다급한 문제 差し迫った問題。

**다기-지다**[多氣-] 形 (見かけより)気丈である、気骨がある、大胆だ、気が強い。¶ 다기진 사람 気丈な人。

**다난**[多難] 名한形 多難だ。¶ 다사 ~ 多事多難 / 전도는 ~하다 前途는 多難だ。

**다녀-가다** 自 (ある所에)立ち寄る、立ち寄って行く。¶ 그가 여길 다녀갔다 彼がここに寄って行った。

**다녀-오다** 自 (ある所에)行って来る、立ち寄って来る。¶ 다녀오겠습니다 行って参ります。/ 친정에 다녀왔다 里帰へ行って来た。

**다년**[多年] 名 ①多年、長年。②「다년간(多年間)」의 縮約形。

**다년-간**[-間] 名 多年間、長年の間。¶ ~ 의 노력 長年の努力가。

**다년-생**[-生] 名 多年生。¶ ~ 식물 多年生植物.

**-다느니** 語尾 …(だ)とか、…(だ)とか。¶ 크작 ~ 잔말이 많다 大きいとか小さいとか文句が多い。 ㅡㄴ다느니・는다느니

**-다니** 語尾 ①《不審・驚嘆 등・不服 등의 感情을 表하는 語》…だとは、…だなんて。¶ 그가 죽~ 彼가 死ぬなんて。②…というか、…というので、…だそうだから。¶ 자네

-**다니까** 가 좋~ 나도 기쁘다 君がいいというから僕もうれしい。③(「-다고 하니」の縮約形)…だというのか。¶ 어디로 가겠~? どこへ行くというのか。㉗ーㄴ다니

-**다니까** 語尾 ①(「-다고 하니까」の縮約形)…だというから、…だというので、…だそうだから。¶ 맛있~ 먹어 보자 おいしいそうだから食べてみよう。②…だよ、…だってば。¶ 여기 없~ ここにはいないってば。/ 분명히 보았~ 確かに見たんだよ。㉗ーㄴ다니까・-ㄴ다니까

**다니다** 自 ①通う。㉠(一定の場所を)往来する、行って来る。¶ 한길에는 자동차가 끊일 사이 없이 다닌다 大通りには自動車などが絶える間もなく行き来している。㉡(職場などに)通勤する、通学する、勤める。¶ 회사에 ~ 会社に勤めている。/ 그는 학교에 걸어서 다닌다 彼は学校に歩いて通っている。㉢しばしば行く、出入りする。¶ 늘 다니는 술집 行きつけの飲み屋。②(ある所を)寄る、立ち寄る。¶ 오는 길에 책방에 다녀 오다 帰りがけに本屋に寄ってくる。③里帰りする。¶ 시집간 딸이 다니러 왔다 嫁らいだ娘が里帰りした。④(他動詞的に用いられて)(ある目的で)行く、…して回る。¶ 사냥 다니기를 좋아한다 狩猟に行くのが好きだ。/ 인사차 ~ あいさつに回る。

**다다르다** 自 (目的地・基準などに)至る、着く、到達する、達する、届ける。¶ 목적지에 ~ 目的地に着く。/ 표준에 ~ 標準に達する。

**다닥-다닥** 副(하形) (多くのものがくっついているように)鈴なりに、ふさふさ(と)、ぎっしり、びっしり。¶ 감나무에 감이 ~ 열렸다 柿の木に柿が鈴なりになっている。/ 집이 ~ 붙어 있다 家がびっしりくっついている。

**다닥-치다** 自 ①ぶつかる、ぶつかり合う。②差し迫る。¶ 위기가 눈앞에 ~ 危機が目前に迫る。

**다달-이** [月々] 副 月每に、毎月、毎月毎月。¶ ~ 찾아오는 사람 月々訪ねて来る人。/ 한 번씩 모이자 毎月1回に集まろう。

**다도** [茶道] 名 茶道。

**다독** [多読] 名 多読。

**다독-거리다** 他 ①(寝つかせる時または労わりながら)軽くたたく。¶ 아기를 다독거려 재우다 赤ちゃん坊を軽くたたいて寝つかせる。②(もろくて壊れそうなものや散らばりやすいものを)軽くたたいて押さえつける、取りまとめる、整える。

**다독-다독** 副(하用) ①とんとん、ぽんぽん。②ぽんぽんと。

**다:-되다** 形 ①完成されている、完璧されている。¶ 밥이 다 되었다 ご飯が炊けた。②みんな無くなっている、終わりになっている、底をついている。¶ 술도 안주도 다 되었다 酒もさかなも底をついた。

**다듬다** 他 ①(身なりなどを)整える、きれいにする、手入れする、装う、(文章などを)練る、推敲する。¶ 문장을 ~ 文章を練る。②(野菜を)切り[刈り]取ってきれいにする、(草木の)端をつんで整える。¶ 잘 다듬어진 잔디 よく刈り取った芝生。/ (鳥が羽を)繕う、そろえる。④(彫刻を・工作を)仕上げる、整える、磨きをかける。¶ 이 조각품은 잘 다듬어진 것입니다 この彫刻品はよく仕上げられたものです。⑤(地面を)ならす。¶ 집터를 ~ 敷地をならす。⑥砧を打つ。¶ 잘 다듬은 명주 よく砧打ちされた絹。

**다듬-이** 名 ①「다듬이질」の縮約形。②「다듬잇감」の縮約形。
  **다듬이-질** 名(하用) 砧打ち。¶ ~을 곱게 하다 きれいに砧打ちする。
  **다듬잇-감** 名 砧打ちにする布·衣服。
  **다듬잇-감** 名 砧石、砧石。

**다락** 名 ①屋根裏。②高殿式の家。
  **다락-방** [-房] 名 屋根裏部屋。

**다락-같다** 形 ①(値段などが)非常に高い。¶ 물가가 다락같이 뛰었다 物価がうなぎ登りに高くなった。②非常に大きい、ばかでかい。

**다람-쥐** 名(動) シマリス。
  〔俗談〕 다람쥐 쳇바퀴 돌듯 りすが篩のまるい枠を回るようだ。《堂々巡り》

**다:랍다** 形(비) ①ひどく汚れた、汚らしい。¶ 그 다랍은 손으로 만지지 마라 その汚い手でさわるな。②けちくさい、みみっちい、しみったれた。¶ 먹을 것에 다랍게 군다 食べ物にいじけたない。㉗ 더럽다

**다랑-어** [-魚] 名(動) マグロ。

-**다랗다** 接尾 《形容詞の語幹について》その意味をはっきりと表わす語。¶ 가느~ ほっそりしている。/ 커다란 개 非常に大きい犬。

**다래**[1] 名 サルナシの実。
**다래**[2] 名 綿のまだ開いていない実。
**다래끼**[1] 名 (竹·は ぎなどで編んだ)口が小さく底が広がったかご。
**다래끼**[2] 名 物もらい、麦粒腫。¶ 눈에 ~가 나다 目にものもらいができる。

**다량** [多量] 名 多量だ、大量だ。¶ 농산물을 ~으로 수입하다 農産物を大量に輸入する。

**다루다** 他 ①(物事を・事件などを)扱う、取り扱う、処理する、操作する、さばく。¶ 큰 돈을 ~ 大金を扱う。/ 기계를 ~ 機械を操作する。②(人を)扱う、操りする、待遇する、もてなす、扱う。¶ 환자를 함부로 ~ 患者をぞんざいに扱う。③(皮を)なめる。¶ 가죽을 ~ 皮をなめる。

**다르다** 形(르) ①異なる、違う、同じでない。¶ 성격이 ~ 性格が異なる。/ 의견이

意見が違う。/ 배가 다른 형제 腹違いの兄弟。 ②(「다른」의 形で) ほかの、別の。¶ 전혀 다른 문제 全まったく別の問題 / 다른 방법을 찾아 보아라 ほかの方法をさがしてみなさい。

**다름-아니라** 副 ほかでもない、実じつは。¶ ~ 부탁할 것이 하나 있어서 왔네 ほかでもない一つお願いみたいことがあって来たんです。

**다름-없다** 形 違いがない、異なるところがない、変わりない、同然だ、同様だ、同じだ。¶ 이긴 거나 ~ 勝かったも同然だ。/ 형제나 다름없는 사이로 지내다 兄弟のように変わりない付き合いをしている。 **다름-없이** 副 変わりなく、同然に、同様に、同じように。¶ 내 일이나 ~ 기쁘다 自分のことのようにうれしい。

**다리**¹ 名 ①(人ひと・動物どうぶつの) 脚あし、足あし。¶ 굵은 ~ 太い脚、~를 구부리다 足を曲げる。 ②(物ものの) 脚あし。¶ 상 ~ お膳の脚 / 책상 ~ 机つくえの脚。③(めがねの) つる。¶ 안경 ~가 부러지다 めがねのつるが折れる。
慣用 **다리(를) 뻗고 자다** 脚を伸ばして寝る、枕まくらを高くして寝る、安心して寝る。

**다리**² 名 ①橋はし。¶ 외나무 ~ 一本橋いっぽんばし、丸木橋まるきばし / ~를 건너가다 橋を渡っていく。/ 강에 ~를 놓다 川に橋をかける。②仲立なかち、仲介ちゅうかい、橋渡はしわたし。¶ 몇 ~를 거쳐서 소개받다 何人なんにんかの仲立ちを経て紹介してもらう。

**다리**³ 名 入いれ髪がみ、かもじ、添え髪がみ。¶ ~를 넣다 かもじを入れる。

**다리다** 他 アイロンをかける、火ひのしを当てる。¶ 셔츠를 ~ シャツにアイロンをかける。

**다리미** 名 アイロン、火ひのし。¶ 전기 ~ 電気アイロン。
**다리미-질** 名하他 アイロンかけ。

**-다마는** 語尾 …だけれども、…だが、…であるが。¶ 먹었~ 그저 그렇다 食べたけれどもまあまあだ。

**다:만** 副 ①ただ、単たんに、もっぱら。¶ ~ 죽음이 있을 뿐 ただ死しあるのみ。②ただし、ただ、しかし。¶ 좋은 아이지、~ 멋대로 구는 것이 흠이다 いい子だよ、ただわがままなのが欠点だ。

**-다만** 語尾 (「-다마는」의 縮約形) …けれども、…けど、…が。¶ 향기는 좋~ 값이 비싸다 いいことはいいが値段が高かい。

**다망**【多忙】名하形 多忙ぼう。¶ 공사 ~하신데도 불구하고 公私こうし多忙にもかかわらず。

**다매**【多賣】名하他 多売ばい。¶ 박리 ~ 薄利はくり多売。

**다면**【多面】名 多面めん。①數 多くの平面めん。¶ ~체 多面体たい。②多くの方面めん、多方面めん。¶ ~적인 활약 多面的な活躍やく。

**-다면** 語尾 (「-다고 하면」의 縮約形) …と言うなら (ば)、…とするなら (ば)、…ければ。¶ 자네가 간~ 나도 가지 君が行くなら僕も行こう。

**-다면서** 語尾 ①(「-다고 하면서」의 縮約形) …といいながら、…といいつつ。¶ 가정 ~ 왜 안 가나? 行くといったくせになぜ行かないだ。②…(した) そうだね、…(した) ってね。¶ 입원했다고 그러~ 入院にゅういんしたそうだね。㊥ -다며 ⑳ -ㄴ다면서・-는다면서

**다모-작**【多毛作】名하自【農】多毛作さく。

**다목적**【多目的】名 多目的てき。¶ ~ 댐 多目的ダム。

**다문-다문** 副하形 ①ときたま、時おり、時々どき。¶ ~ 소식을 전해 오다 時たま便りをよこす。②まばらに、飛び飛びに。¶ 소나무가 ~ 서 있는 모래 사장 松まつがまばらに立っている砂浜すなはま。

**다물다** 他 (口くちを) つぐむ、閉とじる。¶ 입을 ~ 口をつぐむ。/ 입을 다물고 씹어라 口を閉じてかみなさい。

**다반-사**【茶飯事】名 (「항다반사 (恒茶飯事)」의 縮約形) 茶飯事さはんじ。

**다발** 名 ①束たば、そく。¶ 꽃 ~ 花束はなたば / ~로 묶다 束に結ぶ。②(形式名詞的に) 束、くぐり、把わ。¶ 배추 한 ~ 白菜はくさい一束。

**다발**【多發】名하自 多発はつ。¶ 교통 사고 ~ 지역 交通事故多発地域ちいき。
**다발-성**【-性】名 多発性せい。¶ ~ 신경염 多発性神経炎しんけいえん。

**다방**【茶房】名 喫茶店きっさてん。¶ ~에서 친구를 만나다 喫茶店で友達ともだちに会う。

**다방면**【多方面】名 多方面めん。¶ ~에 걸쳐 검토하다 多方面にわたって検討とうする。

**다변-화**【多邊化】名하自他 多辺化へん。¶ 수출국의 ~ 輸出国の多辺化。

**다병**【多病】名하形 多病びょう、病気がちなこと。¶ 재자 ~ 才子多病。

**다보-탑**【多寶塔】名 多宝塔とう。

**다복**【多福】名하스形 多福ふく、多幸だい、幸せ。¶ ~한 가정 多福な家庭かてい。

**다부지다** 形 ①(体からだが) がっしりしている、たくましい。¶ 다부진 몸매 がっしりした体つき。②(手でに余る仕事ごとをやり抜ぬく) 根気こんき強づよい、気丈じょうだ、性根しょうねがすわっている。¶ 다부지게 일하다 根気強く仕事をする。③骨ほねが折れる、きつい。

**다분-히**【多分】副 多分ぶんに、ずいぶん、相当そうに。¶ 그런 경향이 ~ 있다 そういう傾向けいこうが多分にある。

**다붓-하다** 形여 (二ふたつの物ものの間があいだが) くっ付いて見えるほど近ちかい。

**다뿍** 副 (入いれ物のからはみ出でるくらいに) たっぷり、山盛やまもりに、いっぱい、なみなみと。

**다사**【多事】名 ①多事じ、事ごとが多いこと。¶ ~ 다단 多事多端たん。②多忙ぼう、忙いそがしいこと。③おせっかいなこと。

**다사-다난**【多事多難】名하形 多事多難なん。¶ ~한 생애 多事多難な生涯しょうがい。

**다사-다망**【-多忙】名하形 多事多忙ぼう。

**다사-롭다** 形ㅂ 暖あたたかい、温和おんだ。¶ 다사로운 봄날 暖かい春はるの日。

다산

**다산**[多産] 名 하他 多産さん。¶ ~부 多産さんの女な。
　**다산-형**[-型] 名 多産型がた。
**다색**[多色] 名 多色たしょく。¶ ~성 多色性せい。
　**다색 인쇄**[-印刷] 名 版 多色印刷たしょくいんさつ、多色刷ずり。
**다섯** 数 五いつつ、五ご。¶ ~번째 五番目ごばんめ/ 저 아이는 ~ 살이다 あの子こは五ついつだ。
**다-세대**[多世帯] 名 (一ひとつの建物たてものに住すむ)多おくの世帯せたい、たくさんの所帯しょたい。¶ ~ 주택 多世帯住宅たせたいじゅうたく。
**다소**[多少] 多少たしょう。①(分量ぶんりょう・程度ていどの)多寡たか。¶ 양の ~에 관계없이 量りょうの多少にかかわらず/ ~의 잘못이 있다 多少の誤あやまりがある。②(副詞的ふくしてきに用もちいられて)すこし、いくらか、いくぶん、若干じゃっかん。¶ 모은 돈이 ~ 있다 貯たくわえが多少ある。
　**다소-간**[-間] 名 多少、いくぶんか、いくらか、多少かれ少すくなかれ。¶ ~의 차이는 있게 마련이다 いくぶんかの差異さいはあるものだ。
**다소곳-하다** 形여 ①(黙だまって)うなだれている。②従順じゅうじゅんだ、おとなしい。¶ 다소곳한 태도 おとなしい態度たいど。　**다소곳-이** 副 うなだれて、うつむいて、おとなしく。¶ ~ 남の 말을 듣다 うなだれて人ひとの話はなしを聞きく。
**다수**[多數] 名 多数たすう。¶ ~ 의견 多数意見いけん/ 절대 ~를 차지하다 絶対的たいてき多数を占しめる。
　**다수-결**[-決] 名 多数決けつ。¶ ~에 따르다 多数決に従したがう。
　**다수 정당제**[-政黨制] 名 多数政党制せいとう。
　**다수-파**[-派] 名 多数派は。
**다수확**[多收穫] 名 多収穫しゅうかく。
　**다수확 작물**[-作物] 名 多収穫作物さくもつ。
**다:스**[← dozen] 名 ダース。①十二個じゅうにこのものの一組ひとくみ。¶ ~로 사다 ダースで買かう。②(形式名詞的けいしきめいしてきに)ダース。¶ 연필 두 ~ 鉛筆えんぴつ二ダース。
**다스리다** 他 ①(国家こっか・社会しゃかいなどを)治おさめる、統治とうちする、統率とうそつする。¶ 국민을 ~ 国民こくみんを治める。②(病気びょうきなどを)治なおす、治療ちりょうする、いやす。¶ 병을 ~ 病気を治す。/ 환자를 ~ 患者かんじゃを治療する。③(紛争ふんそうを)収拾しゅうしゅうする、鎮しずめる、収おさめる。¶ 난을 ~ 乱らんを鎮める。④(罪人ざいにんを)罰ばっする、裁さばく。¶ 법으로 죄인을 ~ 法ほうによって罪人を裁く。⑤(学問がくもん・技芸ぎげいなどを)修おさめる、学修する。¶ 학문을 ~ 学問を修める。⑥(ある目的もくてきで)整ととのえる、整備せいびする、手入ていれする。¶ 길을 잘 ~ 道路どうろをよく整備する。
**다스-하다** 形여 ほの暖あたたかい、ぽかぽかする、ぬくい。¶ 다스한 봄바람 暖かい春風はるかぜ。例 따스하다。
**다슬기** 名 動 カワニナ。
**다습**[多濕] 名 하形 多湿しつ。¶ 고온 ~ 高温こうおん多湿しつ。
**다시** 副 ①(繰くり返かえして)もう一度いちど、さらに。¶ ~ 한 번 해라 もう一度やりなさい。②また、この次つぎにまた。¶ 내일 ~ 만납시다 あしたまた会あいましょう。③新あらたに、改あらためて。¶ ~ 만들어라 新たに作つくれ。④再再ふたたび。¶ ~ 봄은 왔건만 再び春はるは来こたけれど。⑤(やめていたものを)続つづけて、継続けいぞくして。¶ 공사를 ~ 시작하다 工事こうじを続けてやり始める。⑥そのほかにまた。¶ 이 세상에 ~ 없는 인재 この世よに二人ふたりといない人材じんざい。

**다시다** 他 舌鼓したつづみを打うつ、舌したを鳴ならす、舌打したうちする。¶ 맛있는 듯이 입맛을 ~ おいしそうに舌鼓を打つ。
**다시마** 名 植 コンブ。
**다시-없다** 形 またとない、二度にどとない、この上うえない、最高さいこうだ。¶ 다시없는 영광 この上ない光栄こうえい/ 이런 좋은 기회는 ~ こんなよい機会きかいはまたとない。　**다시-없이** 副 この上なく、またとなく。¶ ~ 좋은 사람 この上ない人ひと。
**-다시피** 語尾 …の通とおり、…のごとく、…のように。¶ 아시 ~ ご存ぞんじの通り/ 그 책을 외 ~ 읽었다 その本ほんを暗記あんきしたように読よんだ。
**다식**[多食] 名 多食たしょく、大食たいしょく。¶ ~가 多食家か、大食漢かん。
**다식**[多識] 名 하形 多識たしき、博識はくしき。¶ 박학 ~ 博学はくがく多識。
**다신-교**[多神敎] 名 宗 多神教たしんきょう。
**다양**[多樣] 名 하形 多様たよう、いろいろ、さまざま、種々しゅじゅ、雑多ざった。¶ 다종 ~ 多種多様/ ~한 인종 雑多な人種じんしゅ。
　**다양-성**[-性] 名 多様性せい、バラエティー。¶ ~이 있다 バラエティーに富とむ。
**다:오** 他 ①(…を)くれ。¶ 물 좀 ~ ちょっと水みずをくれ。②(動詞の連用形れんようけいに付ついて)…してくれ、…ちょうだい。¶ 나를 도와 ~ 僕ぼくを助たすけてくれ。
**-다오** 語尾 …ですよ、…ですね。¶ 그렇지 않 ~ そうでないんですよ。
**다우**[多雨] 名 多雨う。¶ 고온 ~ 지대 高温こうおん多雨地帯ちたい。
**다운**[down] 名 하自他 ダウン。①下さげること、下さがること。¶ 코스트 ~ コストダウン。②(ボクシングで)リングに倒たおされること、ノックダウン。¶ 도전자를 ~시키다 挑戦者ちょうせんしゃをダウンさせる。③ 野 アウト。④ 俗 へたばること。
**다원**[多元] 名 多元げん。¶ ~ 방송 多元放送ほうそう。
　**다원-론**[-論] 名 多元論ろん。
**다음** 名 ①(ある順序じゅんじょなどの)次つぎ、次つぎの。¶ ~ 정거장 次の停車場ていしゃば/ ~ 사람은 누구에요 次の人は誰だれですか。②(時間的じかんてきに)のち、後のち。¶ ~에 다시 만납시다 あとでまた会いましょう。/ 읽으신 ~에 돌려주시오 お読よみになった後で返かえしてください。③あるものの次つぎの地位ちい、あるものに次つぐもの、二番目にばんめ。¶ 그는 차장 ~의 지위에 있습니다 彼かれは次長じちょうに次ぐ地位にあります。
**다음-가다** 自 次つぐ、続つづく、二番目にばんめであ

**다음-날**【名】①次の日、明くる日、翌日。¶ ~ 아침 다음날의 아침、明くる朝。¶ ~ 의 날、別の日、後日。他日。¶ ~ 다시 만납시다 後日またお会いしましょう。
**다음-다음**【名】次の次、翌々日。¶ ~ 달 再来月。¶ ~ 이 네 차례다 次の次が君의 번이다。
**다음-달**【名】次の月、明くる月、翌月、来月。¶ ~ 초하룻날 来月の一日。
**다음-해**【名】次の年、明くる年、翌年、翌々。¶ 귀국한 ~ 에 이사했다 帰国した翌年に引っ越した。
**다이내믹**【dynamic】【名】【形】ダイナミック。¶ ~ 한 율동 ダイナミックな律動。
**다이너마이트**【dynamite】【名】ダイナマイト。
**다이아몬드**【diamond】【名】ダイヤモンド。
**다이어트**【diet】【名】ダイエット。
**다이얼**【dial】【名】ダイヤル。¶ 전화 ~ 을 돌리다 電話のダイヤルを回す。
**다작**【多作】【名】【他】多作。¶ ~ 가 多作家。
**다잡다**【他】①ぐっとつかむ、しっかり保つ。¶ 쓰러진 그를 다잡아 세웠다 倒れた彼女を引き起こした。②厳しく締め付ける、締め上げる、取り締まる。¶ 일꾼들을 다잡아서 일을 시키다 人夫たちをきつく締め上げて仕事をさせる。③(気持ちを)引き締める、落ち付かせる。¶ 마음을 다잡고 시험 공부를 하다 気を引き締めて試験勉強をする。
**다재**【多才】【名】【形】多才。¶ ~ 다능 多才多能。
**다정**【多情】【名】【形】【△形】①多情、優しいこと、思いやりのあること、情が深いこと。¶ ~ 하게 말을 건네다 優しく言葉をかける。②親しいこと、気心の知れていること。¶ ~ 한 친구 親しい友。
**다정-다감**【-多感】【名】【形】多情多感。¶ ~ 한 선생님 多情多感な先生。
**다족-류**【多足類】【名】【動】多足類。
**다종**【多種】【名】【形】多種。¶ 내용이 ~ 다양 한 책 内容が多種多様な本。
**다죄다**【他】厳しく引き締める、ぴんと張らせる。¶ 짐끈을 바싹 ~ 荷縄をぎゅっと締める。
**다중**【多重】【名】多重。¶ ~ 식 多重式／음성 ~ 방송 音声多重放送。
**다중 통신**【-通信】【名】多重通信。
**다지기**【名】(肉・野菜 などを)細かく切ること、みじん切り。
**다지다**【他】①念を押す、確かめる。¶ 그에게 꼭 전화하라고 다졌다 彼にぜひ電話するように念を押した。②押し堅める、踏み固める。¶ 땅을 ~ 地面を固める。/기반을 굳게 ~ 基盤を堅く固める。③(野菜・肉などを)みじん切りにする、切りきざむ。¶ 마늘을 곱게 ~ ニンニクを細かく刻む。④(決意などを)堅くする、心

에 誓う、刻む。¶ 끝까지 싸우기로 결의를 ~ 闘かい抜くことに決意を固める。⑤(つけものなどに)薬味 などを加えて軽く押さえこすり。
**다지르다**【他】【念を押す、確かめる。¶ 꼭 나오도록 ~ 間違いなく出てくるように念を押す。
**다짐**【名】【形】①念を押すこと、(さらに)確かめること。¶ 약속 시간을 재차 ~ 하다 約束の時間をもう1度確かめる。②確約、誓い、約束する。¶ 굳게 ~ 하다 固く誓う。③(基礎などを)固めること。
〔慣用〕**다짐(을) 두다** ①確約する。②念書を書く。**다짐(을) 받다** ①念を押す、確約させる。②念書を書かせる。
**다짜-고짜**【副】いきなり、不意に、出し抜けに、ぶっつけに。¶ ~ 때리다 いきなり殴りつける。
**다채-롭다**【多彩-】【形】【ㅂ】多彩である、にぎやかである、きらびやかである。¶ 다채로운 행사 多彩な行事。
**다처**【多妻】【名】多妻。¶ 일부 ~ 제 一夫多妻制。
**다치다**【自他】①けがをする、傷つく、痛める、負傷する。¶ 다친 다리 けがをした足／칼에 손을 ~ ナイフで手をを傷つける。②(手で)触る、触れる、触って傷つける。¶ 진열품을 다치지 마세요 陳列品に触らないでください。③手をつける、手を出す。¶ 남의 재산을 ~ 人の財産に手をつける。
**다큐멘터리**【documentary】【名】ドキュメンタリー。
**다투다**【自他】争う。①けんかする、言い争う、論争する。¶ 아이들이 ~ 子供たちがけんかをする。②(地位・勝負などを)競う、競い合う、競争する、戦う。¶ 주도권을 ~ 主導権を争う。/ 서로 수위를 ~ 首位を競い合っている。③(時間・空間を表わす名詞とともに用いて)遅らせることができない、持っていられない。¶ 일분 일초를 다투는 생명의 문제 1分1秒を争う生命の問題。
**다툼**【名】【形】争う、戦いう、けんか、もめ事。¶ 말-口論 ~、舌戦 ~、口げんか、言い争い／자리 ~ 席争い、地位争い。
**다:-하다** Ⅰ 【自】①終わる、すむ。¶ 이제 겨우 다 했다 今やっと終わった。②尽きる、果てる、切れる。¶ 힘이 ~ 力が尽きる。/시간이 ~ 時間が切れる。Ⅱ 【他】①終える、すます。¶ 일을 ~ 仕事を終える。②尽くす、果たす、すます、全うする。¶ 최선을 ~ 最善を尽くす。/ 각자의 책임을 ~ おのおのの責任を果たす。
**다항-식**【多項式】【名】【数】多項式。
**다행**【多幸】【名】【形】【△形】運がいいこと、幸い、好運、しあわせ。¶ 불행중 ~ 不幸中の幸い／지갑을 찾은 것은 ~ 이었다 財布を取り戻ししたのは好運だった。다

**다혈질**

**행-히** 副 幸いに、運よく。¶ ~ 목숨을 건졌다 運よく命を取りとめた。
**다혈-질**〔多血質〕 图〔心〕多血質。
**다홍**〔-紅〕 图 紅、まっか、深紅色。
　**다홍-색**〔-色〕 图 紅色、深紅色。
**닥-나무** 图〔植〕コウゾ。
**닥-뜨리다** 自 ①(迫まって来ることに)直面する、ぶっつかる。¶ 난관에 ~ 難関にぶっつかる。②《他動詞的に》やたらにせきたてる。
**닥지-닥지** 副(하)形《(垢や埃などが多くへばりついているようす》べたべた、べっとり。
　图 덕지덕지
**닥치다** 自 近寄る、近づく、迫まる、切迫する。¶ 겨울이 ~ 冬が迫る。/ 시험이 눈앞에 ~ 試験が目前に迫る。
**닥터**〔doctor〕 图 ドクター。
**닦다** 他 ①磨かく、つやを出す。¶ 잘 닦은 구두 よい磨いた靴/ 이를 ~ 歯を磨く。②ぬぐう、ふく、ふきとる。¶ 눈물을 ~ 涙をぬぐう。/ 걸레로 마루를 ~ ぞうきんで床をふく。③ならす、平らにする。¶ 잘 닦아진 길 よくならしてある道。④(学問などを)修める、練る、磨く、修得する。¶ 심신을 ~ 心身myを修める。/ 외국에서 학업을 ~ 外国で学業を修める。⑤(基礎などを)固める、築く、切り開らく。¶ 건물의 기초를 ~ 建物の基礎を固める。
**닦달** 图(하) せきたてること、駆かり立てること、厳しく責め立てること。¶ 빚을 갚으라고 ~ 하다 借金を返せとせきたてる。
**닦아-세우다** 他 ひどく責めつける、なじる、とがめる。¶ 부하를 ~ 部下を責めつける。
**단¹ I** 图 (野菜·薪などの)束たば。¶ 짚~ わら束/ ~으로 팔다 束で売る。 **II** 依 《野菜などの束を数える単位》…束。¶ 무두 ~ だいこん二束。
**단²** 图 「옷단」의 縮約形。
**단**〔段〕 **I** 图 段。①階段。②印刷物の紙面の区切り。¶ ~을 갈라 짜다 段を分けて組む。③柔道·柔道などの等級。¶ ~을 따다 段を取る。 **II** 依 ①《土地などの面積の単位》…反。②《碁·柔道などの等級を表わす語》…段。¶ 유도 3 ~ 柔道3段。
**단**〔壇〕 图 壇。①(土を盛り上げて作った)祭壇。②いちだん高くなっている台。¶ 교~ 教壇/ ~에 오르다 壇に上がる。③特定の社会場を指す語。¶ 화~ 画壇
**단**〔單〕 冠 単に、ただ、たった、わずか。¶ ~ 하나 ただ一つ/ ~ 100원도 없다 わずか100ウォンもない。
**단**〔但〕 接 但し、しかし。¶ 외출은 자유다. ~ 저녁 식사때까지는 돌아와야 한다 外出は自由だ。ただし夕飯時までに帰らなければならない。
**-단**〔團〕 接尾《団体団の意を表わす》…団。¶ 대표~ 代表団。

**-단** 語尾《「-다는·-다고 하는」의 縮約形》…という。¶ 그녀를 보았~ 말인가? 彼女を見たというのか。
**단가**〔單價〕 图 単価。¶ 생산 ~ 生産単価/ ~를 매기다 単価を決める。
**단-감** 图 あま柿、きざわし。
**단:-거리**〔短距離〕 图 短距離。¶ ~ 수송 短距離輸送。
　**단:거리 선:수**〔-選手〕 图 短距離選手。
**단걸음-에**〔單-〕 副 一気に、一息に、一度に、一挙に。¶ ~ 다녀왔다 一息に行って来た。 参 단숨에
**단:-검**〔短劍〕 图 短剣。¶ ~을 차다 短剣を差す。
**단-것** 图 甘いもの、甘物。
**단결**〔團結〕 图(하)自〔史〕団結。¶ 일치 ~ 一致団結/ ~하여 대항하다 団結して対抗する。
　**단결-권**〔-權〕 图〔法〕団結権。
　**단결-력**〔-力〕 图 団結力。¶ ~을 발휘하다 団結力を発揮する。
**단계**〔段階〕 图 段階。¶ ~를 밟다 段階を踏む。/ 마무리 ~에 있다 仕上げの段階にある。
**단골** 图 ①得意、お得意先、常連、なじみ、ひいき。¶ ~ 손님 常連の客/ ~ 책방 行きつけの本屋/ ~이 많다 得意先が多い。②「단골 무당」の縮約形。③「단골집」の縮約形。
　**단골 무:당** ひいきにしている巫女。
　**단골-집** 图 行きつけの店。
**단과 대학**〔單科大學〕 图 単科大学、(総合大学に対しての)学部。
**단:교**〔斷交〕 图(하)自 断交。¶ 양국은 ~를 선언했다 両国は断交を宣言した。
**단군**〔檀君〕 图 檀君クン(韓国の開国神)。
　**단군 기원**〔-紀元〕 图 檀君紀元(BC2333年を元年とする)。 参 단기(檀紀)
**단궤**〔單軌〕 图 単線、単線軌道。¶ ~ 철도 単線鉄道。
**단근-질** 图(하)(史) 焼きごてをあてる拷問や刑罰。 参 낙형(烙刑)
**단:기**〔短期〕 图《「단기간」의 縮約形》短期。¶ ~ 강습 短期講習。
　**단:-기간**〔-間〕 图 短期間。¶ ~에 완성하다 短期間に仕上げる。
　**단:기 금리**〔-金利〕 图〔経〕短期金利。
　**단:기 청산 거:래**〔-清算去來〕 图〔経〕短期清算取引。
**단:김-에** 一気に、一息に。¶ ~ 책 한 권을 읽었다 一息に1冊の本を読んだ。
**단-꿈** 图 甘い夢。¶ ~을 꾸다 甘い夢を見る。/ ~을 꾸며 자다 甘い夢を見ながらねる。
**단-내** 图 ①焦げるにおい、焦げ臭いにおい。¶ ~가 나다 焦げ臭いにおいがする。②高熱のとき鼻から出る熱っぽい息。
**단:-념**〔斷念〕 图(하)他 断念、あきらめること。¶ 아직 ~하기에는 이르다 まだあきらめる

のは早はい。
**단단-하다**〖形〗堅固けんだ。①固かたい、硬かたい。¶ 단단한 기초 堅固な基礎/ 단단해서 깨지지 않는다 かたくて割れやすい。②強こわい、がっちりしている、頑丈がんじょうである、丈夫じょうぶである。¶ 단단한 몸매 がっしりした体からつき。③固かたい、しっかりしている、充実じゅうじつしている、堅実けんじつである。¶ 단단한 회사 しっかりした会社がいしゃ/ 살림이 ~ 生活せいかつが充実している。④(結むすびなどが)かたい、きつい、厳きびしい。¶ 짐을 단단하게 묶다 荷にをきつくしばる。⑤(心こころ・信念しんねん・意志いしなどが)堅かたい、強固きょうだ。¶ 단단한 결심 堅かたい決心けっしん/ 그는 의지가 ~ 彼かれは意志いしが堅固けんごだ。 **단단-히**〖副〗①しっかりと、固かたく、堅かたく、ぎゅっと。¶ ~ 동여매다 しっかりとくくりつける。②厳重げんじゅうに。¶ 문단속을 ~ 하다 戸締とじまりを厳重にする。③強つよく、ひどく。¶ 장사로 ~ 재미보다 商売で大おおもうけする。
〖속담〗**단단한 땅에 물이 괸다** 固い地面じめんに水みずがたまる。《意志いしが堅かたくなければ財産ざいさんはたまらない》
**단:도**〖短刀〗〖名〗短刀たんとう、短みじかい刀かたな。¶ ~로 찌르다 短刀で刺さす。
**단도-직입**〖單刀直入〗〖名〗単刀たんとう直入ちょくにゅう。¶ 적으로 묻자 単刀直入に聞きく〖問とう〗。
**단독**〖單獨〗〖名〗単独たんどく、ただ一つひとつ、ただ一人ひとり。¶ ~ 비행 単独飛行ひこう/ ~ 행동 単独行動こうどう/ ~으로 처리하다 単独で処理しょりする。
**단독-범**〖-犯〗〖名〗〖法〗単独犯たんどくはん。
**단독 주:택**〖-住宅〗1戸建こだての家いえ。
**단독 회:견**〖-會見〗〖名〗単独会見かいけん。¶ 기자와의 ~ 記者きしゃとの単独会見。
**단-돈**〖冠〗わずか…、たった…、ほんの…。¶ ~ 1000원도 없다 ほんの1000ウォンもない。
**단:두-대**〖斷頭臺〗〖名〗断頭台だんとうだい。¶ ~의 이슬로 사라지다 断頭台の露つゆと消きえる。
**단-둘**〖名〗ただ二人ふたり、たった二人、二人きり、二人だけ。¶ 우리 ~만 가자 僕ぼくたち二人だけで行いこう。
**단-둘이**〖副〗二人ふたりきりで、二人だけで。¶ ~ 살다 二人きりで暮くらす。
**단락**〖段落〗〖名〗段落だんらく。①(物事ものごとの)切きり、区切きり、けじめ。¶ 사건의 ~을 짓다 事件じけんの区切りをつける。②(長ながい文章ぶんしょうの)大おおきな切きれ目め。¶ 작문은 두 ~으로 되어 있다 作文さくぶんは二ふたつの段落からなっている。
**단란**〖團欒〗〖名〗〖하다自〗団欒だんらん、集あつまって睦むつみあうこと。¶ 일가 ~의 즐거움 一家いっかの団欒の楽たのしみ。
**단련**〖鍛鍊〗〖名〗〖하다他〗〖되다自〗鍛錬たんれん、鍛錬れん。¶ 칼을 ~하다 刀かたなを鍛錬する。/ 심신을 ~하다 心身しんしんを鍛きたえる。
**단막-극**〖單幕劇〗〖名〗一幕物ひとまくもの。
**단말**〖端末〗〖名〗端末たんまつ。¶ ~ 장치 端末装置そうち。
**단말-기**〖-機〗〖名〗端末機き。
**단:-말마**〖斷末魔〗〖名〗〖하다〗断末魔だんまつま。¶ ~의 외침 断末魔の叫さけび。

**단-맛**〖名〗甘あまみ、甘味かん。¶ ~이 나다 甘みがある。
〖속담〗**단맛 쓴맛 다 보았다** 甘あまみも苦にがみもなめ尽つくした。《世間せけんの甘辛かんからをなめ尽くす、海千山千うみせんやません》
**단:면**〖斷面〗〖名〗断面だんめん。¶ 수평 ~ 水平すいへい断面/ 현대 사회의 한 ~ 現代げんだい社会しゃかいの一ひとつの断面。
**단:면-도**〖-圖〗〖名〗断面図ず。
**단:명**〖短命〗〖名〗〖하다〗短命たんめい。¶ 재자 ~ 才子さいし短命/ ~한 작가 短命の作家さっか。
**단-모음**〖單母音〗〖名〗単母音たんぼいん(ハングルでは「ㅏ・ㅐ・ㅓ・ㅔ・ㅗ・ㅚ・ㅜ・ㅟ・ㅡ・ㅣ」など)。
**단-무지**〖名〗たくあん。
**단-물**〖名〗①淡水たんすい、まみず。②〖化〗軟水なんすい。③(実利じつりの部分ぶぶんの意)甘あまい汁しる。¶ ~만 빨아먹다 甘い汁だけ吸すう。
**단박(-에)**〖副〗一息ひとに、一気いっきに、一挙いっきょに、立たち所どころに、たちまち。¶ ~ 마셔 치우다 一息に飲のんでしまう/ 구두가 ~ 해지다 靴くつがたちまちすり減へる。
**단발**〖單發〗〖名〗単発たんぱつ。①発はつの発射しゃ。¶ ~에 명중했다 1発で命中めいちゅうした。②「단발총」の縮約形。③一ひとつの発動機はつどうきで。¶ ~ 비행기 単発飛行機ひこうき。④〖野〗単発安打あんだ。
**단발-성**〖-性〗〖名〗単発性せい。
**단발-총**〖-銃〗〖名〗単発銃じゅう。
**단:-발**〖斷髮〗〖名〗〖하다自他〗断髪だんぱつ。
**단:발 머리**〖(女じょの髪形かみがたの)おかっぱ、またそんな髪形の女性じょせい。¶ ~ 소녀 おかっぱ娘むすめ。
**단방**〖單放〗〖名〗(射撃しゃげきの)一発いっぱつ。¶ ~에 잡다 一発でしとめる。
**단:백**〖蛋白〗〖名〗蛋白たんぱく。
**단:백-질**〖-質〗〖名〗蛋白質しつ。
**단번**〖單番〗〖名〗一度いちど、ただ一度、一回いっかい、ただいっぺん。
**단번-에**〖副〗一度に、ただいっぺんで、一挙いっきょに、たちまち、即座そくざに。¶ ~ 합격하다 一度に合格ごうかくする。/ ~ 결정하다 即座に決定けっていする。
**단벌**〖單-〗〖名〗①ただ一つひとつの物もの。②一着いっちゃくきりの服ふく、一張羅いっちょうら、一枚看板いちまいかんばん。¶ ~ 신사 着きた切きり雀すずめ/ ~ 옷을 입고 외출하다 一張羅を着きて出でかける。
**단-봇짐**〖單褓-〗〖名〗簡単かんたんなふろしき包つつみの荷物もつ。
**단봉-낙타**〖單峯駱駝〗〖名〗〖動〗ヒトコブラクダ。
**단비**〖名〗ちょうどいい雨あめ、恵めぐみの雨、甘雨かんう、慈雨じう。¶ 가뭄에 내린 ~ 干天かんてんの慈雨/ ~가 촉촉이 내리다 恵みの雨がしとしと降ふる。
**단-비례**〖單比例〗〖名〗〖数〗単比例ひれい。⑪ 복비례(複比例)
**단:산**〖斷産〗〖名〗〖하다自〗①子供こどもが生うめなくなること。②出産しゅっさんを断たつこと。
**단상**〖壇上〗〖名〗壇上だんじょう。¶ ~에 서서 한마디 하다 壇上に立たって一席せきぶつ。
**단:상**〖斷想〗〖名〗①思おもいを断たつこと。②断想だんそう、断片的だんぺんてきな考かんがえ。¶ ~을 적다 断想を

단색[單色] 名 単色.

단:서[但書] 名 但し書き. ¶ ~를 붙이다 但し書をつける.

단서[端緒] 名 端緒, 糸口, 手がかり. ¶ ~를 찾다 端緒をさがす. / 사건의 ~를 잡다 事件の手がかりをつかむ.

단선[單線] 名 単線. ① 一本の線. ②「단선 궤도」의 縮約形.

단선 궤:도[-軌道] 名 単線軌道.

단-세포[-細胞] 名[生] 単細胞.

단세포 생물[-生物] 名[生] 単細胞生物.

단:소[短所] 名 短所, 欠点.

단:소[短簫] 名[音] 短簫, 細くく短かい竹笛.

단속[團束] 名하他自 取り締まり, 管理, 監督, 統制. ¶ ~의 강화 取り締まりの強化/ 교통 위반을 ~ 하다 交通違反を取り締まる. / 문-을 엄중히 하다 戸締りを厳重にする.

단:속[斷續] 名하他自 断続. ¶ 비가 ~적으로 오고 있다 雨が断続的に降っている.

단:속-음[-音] 名 断続音. ¶ 기관총의 ~ 機関銃の断続音.

단수[段數] 名 ①(碁·柔道 などの) 段, 段位の数. ¶ ~가 다르다 段が違う. ② 人あしらいの手段, 手際. ¶ ~가 높다 人あしらいがうまい.

단수[單數] 名 単数. 삼인칭 三人称単数.

단수[端數] 名 ①端数, はしたの数, はした, 半端. ¶ ~를 잘라 버리다 端数を切り捨てる. ②釣り銭, お釣り.

단:수[斷水] 名하他自 断水. ¶ 수도가 ~되다 水道が断水になる.

단순[單純] 名하形 単純. ¶ ~ 노동 単純労働/ 기계 구조가 ~하다 機械の構造が単純だ. / ~히 생각할 문제가 아니다 単純に考えるべき問題ではない.

단순 개:념[-概念] 名[哲] 単純概念.

단순-화[-化] 名하自他自 単純化. ¶ 공정이 ~되다 工程が単純化される.

단-술 名 甘酒.

단숨-에[單-] 副 一気に, 一息に. ¶ ~ 달리다 一気に走る. / ~ 마셔 버리다 一息に飲み干す.

단:-시일[短時日] 名 短時日. ¶ ~에 이루어지는 것은 아니다 短時日に成されるものではない.

단식[單式] 名 単式. ① 単純な方式. ② [数] 一つの項からなる数式.

단식 경:기[-競技] 名 (テニスなどの) 単式競技を, シングルス.

단:식[斷食] 名하自 断食. ¶ ~ 요법 断食療法/ 3일간 ~하다 3日間断食する.

단:식 투쟁[-鬪爭] 名 断食闘争, ハンガーストライキ, ハンスト. ¶ ~을 하다 ハンストをする.

단신[單身] 名 単身, 身ひとつ. ¶ ~ 부임하다 単身赴任する.

단심[丹心] 名 丹心, 真心, 丹誠, 赤誠. ¶ 일편 ~으로 기원하다 真心こめて祈る.

단아[端雅] 名하形 端雅, 端麗. ¶ ~한 용모 端麗な容貌.

단:안[斷案] 名 断案. ¶ ~을 내리다 断案を下す.

단어[單語] 名 単語. ¶ 기본 ~ 基本単語/ 영어 ~를 외우다 英語単語を暗記する.

단:언[斷言] 名하他 断言, はっきりと言い切ること. ¶ 틀림없다고 ~하다 間違いないと断言する.

단역[端役] 名 端役. ¶ 극에서 ~을 맡다 劇で端役を受け持つ.

단:연[斷然] 副 断然. ①きっぱりと, 決然と, 断固として, 断じて, 絶対に. ¶ ~ 거절하다 きっぱりと断る. / ~ 성공시키겠다 断じて成功させる. ②際立つ, 目立つ, ずっと. ¶ ~ 우세한 적 際立って優勢な敵.

단:연-코 副 断然に, 断固と(して). ¶ 그는 그 요구를 ~ 거부했다 彼はその要求を断固として拒んだ.

단:열[斷熱] 名 断熱. ¶ ~ 효과가 있다 断熱効果がある.

단:열-재[-材] 名 断熱材.

단엽[單葉] 名 単葉. ① [植] 一重一枚の花びら. ②一枚の葉身よりなる葉. ③(「단엽기」의 縮約形) 単葉飛行機.

단오[端午] 名[民] 端午 (陰暦5月が5日に).

단오-절[-節] 名 端午の節句.

단원[單元] 名 単元. ①学習の単位, 教材の一分節, ユニット. ¶ 교과 ~ 教科単元. ②[哲] 単一の根源.

단원-론[-論] 名 単元論, 一元論.

단원-제[單院制] 名[政] 単院制, 一院制. ¶ ~ 의회 一院制議会.

단위[單位] 名 単位. ①物事の計算の基準となるもの. ¶ 길이의 ~ 長さの単位. ②組織の基本的な部署. ¶ 가족 ~ 家族の単位. ③学習量を測定する基準となるもの. ¶ 학습 ~ 学習単位.

단:음[短音] 名 短音.

단:음[斷音] 名 断音. ①하他自 音を断つこと. ②[音] スタッカート.

단일[單一] 名하形 単一. ¶ ~ 후보 単一候補/ ~ 행동을 취하다 単一行動をとる.

단일 민족[-民族] 名 単一民族.

단일-화[-化] 名하自他自 単一化.

단:자[短資] 名[經] 短資, コール (マネー).

단:자 회:사[-會社] 名 短資会社.

단자[端子] 名[電] 端子, ターミナル. ¶ ~판 端子板.

단-자엽[單子葉] 名[植] 単子葉. 俗 외떡잎.

단:작-스럽다[形曰] (態度 · 行動が) いやしくて汚らしい, みみっちい, しみったれる.

**단-잠** 【名】 ぐっすり眠ること、深い眠り、熟睡する。/ ~을 자다 ぐっすり眠る、熟睡する。/ ~을 깨다 深い眠りから覚める。

**단장**【丹粧】【名】【하自他】【되自】 ①(顔・身なりなどを)めかすこと。¶ 곱게 ~하고 외출하다 きれいにめかして出かける。②(建物などを きれいに美彩しく装飾する)すること、装そうこと。¶ 새로 ~한 박물관 新装なった博物館。

**단장**【團長】【名】 団長。¶ 선수단의 ~ 選手団の団長。

**단적**【端的】【冠】【名】端的な。¶ ~인 표현 端的な表現/ ¶ ~인 예를 들다 端的な例をあげる。
**단적-으로** 【副】 端的に。¶ ~ 말하면 端的に言えば/ ~ 묻다 端的に聞く。

**단전**【丹田】【名】 丹田。¶ ~에 힘을 주다 丹田に力を入れる。

**단:전**【斷電】【名】【하自】 送電を止めること、電気を切ること、休電。¶ ~으로 인한 피해 休電による被害。

**단:절**【斷絶】【名】【하他】【되自】断絶。¶ 통신이 ~되다 通信が断絶する。

**단:점**【短點】【名】 短所、欠点。¶ ~을 고치다 欠点を改める。/ 사람은 누구나 ~이 있다 人間は誰にでも短所がある。

**단정**【端正】【名】【하形】 端正だ。¶ 행실이 ~하다 ふるまいが端正だ。/ 옷차림이 ~치 못하다 身なりがきちんとしていない。

**단정**【端整】【名】【하形】 端整だ。¶ 이목구비가 ~하다 目鼻立ちが整っている。

**단:정**【斷定】【名】【하他】 断定。¶ ~을 내리다 断定を下す。/ 범인이라고 ~하다 犯人だと断定する。

**단조**【單調】【名】【하形】 単調。¶ ~한 음색 単調な音色。
**단조-롭다** 【形ㅂ】 単調だ。¶ 단조로운 생활을 보내다 単調な生活を送る。

**단:조**【短調】【名】【音】 短調、モール、マイナー。㈃ 장조(長調)

**단좌**【端坐】【名】【하自】 端座、正座。¶ ~하여 설법을 듣다 端座して説法を聞く。

**단지**【團地】【名】 団地。¶ 주택 ~를 조성하다 住宅団地を造成する。

**단:지**【但只】【副】 ただ、単に、たった、専ら。¶ 그것은 ~ 소문에 불과하다 それはただのうわさに過ぎない。

**단짝** 【名】 大の仲よし、親友。

**단체**【團體】【名】 団体。¶ ~ 경기 団体競技/ ~ 생활 団体生活/ 협력 ~를 결성하다 協力団体を結成する。
**단체 교섭**【-交涉】【名】【하他】 団体交渉。¶ ~권 団体交渉権。
**단체-전**【-戰】【名】 団体戦。㈃ 개인전
**단체 행동**【-行動】【名】【하自】 団体行動。¶ ~을 취하다 団体行動を取る。
**단체 협약**【-協約】【名】【社】 団体協約。

**단:총**【短銃】【名】 短銃。①銃身の短い銃。¶ 기관 ~ 機関短銃。②拳銃、ピストル。

**단추** 【名】 ボタン。¶ 초인종의 누름 ~ 呼び鈴の押しボタン/ ~를 채우다 ボタンをはめる〔かける〕。~를 끄르다 ボタンをはずす。
**단추-구멍** 【名】 ボタンホール、ボタン穴。¶ ~을 내다 ボタンホールをつける。

**단:축**【短縮】【名】【하他】【되自】 短縮。¶ 조업 ~ 操業短縮/ 여름 방학이 ~되다 夏休みが短縮される。

**단출-하다** 【形여】 ①(家族や成員が少なくて)こぢんまりしている、身軽だ、気軽だ。¶ 단출한 식구 こぢんまりとした家族。②(服装などが)身軽だ、簡便である、つつましい。¶ 단출한 옷차림 身軽な服装である。**단출-히** 【副】 こぢんまりと、身軽に、簡便に。

**단층**【單層】【名】 単層。①ひとつだけの層、一階。②「단층집」の縮約形。
**단층-집** 【名】 一階建いっかいての家、平家ひらや。

**단:층**【斷層】【名】 断層。¶ ~ 지진 断層地震。
**단:층-면**【-面】【名】【地】 断層面。
**단:층 촬영**【-撮影】【名】【醫】 断層撮影。

**단-칸**【單-】【名】 ①一間、一室。②「단칸방」の縮約形。
**단칸-방**【-房】【名】 一間の部屋。

**단-칼**【單-】【名】 ①一太刀、一振り。¶ ~로 목을 베다 一太刀で首を斬る。
**단칼-에** 【副】 一刀の下に、一太刀で、一振りで。¶ ~ 베어 버리다 一刀の下に切り捨てる。

**단:파**【短波】【名】 短波。¶ ~ 방송 短波放送/ 초~ 超短波。㈃ 중파・장파

**단-팥죽** 【名】 汁粉、ぜんざい。

**단:편**【短篇】【名】 短篇。¶ ~ 영화 短篇映画。
**단:편 소:설**【-小說】【名】 短篇小説。

**단:편**【斷片】【名】 断片。¶ ~적인 묘사 断片的な描写。

**단풍**【丹楓】【名】 ①「단풍나무」の縮約形。②紅葉。¶ ~ 든 산 もみじの山/ ~이 한창이다 もみじが見ごろだ。
**단풍-나무**【-【木】】【名】 カエデ、モミジ。
**단풍-놀이** 【名】【하自】 紅葉狩り。¶ 산으로 ~를 가다 山に紅葉狩りに行く。
**단풍-잎** 【名】 ①紅葉した葉。②カエデの葉。

**단합**【團合】【名】【하自】 団結。

**단항-식**【單項式】【名】【數】 単項式。㈃ 다항식(多項式)

**단:행**【斷行】【名】【하他】【되自】 断行。¶ 예정대로 ~하다 予定どおりに断行する。
**단행-본**【單行本】【名】 単行本。

**단:호-하다**【斷乎-】【形여】 断固としている、断然としている。¶ 단호한 조치를 취하다 断固たる処置を取る。단호-히 【副】 断固として、断然と。¶ ~ 결행하다 断固として決行する。

**단:화**【短靴】【名】 短靴。㈃ 장화(長靴)

**닫다**¹ 【自ㄷ】 駆ける、走る。¶ 전속력으로 ~

달다

全速力(ぜんそくりょく)で駆(か)ける.
[속담] **닫는 말에도 채찍한다** 駆(か)けている馬(うま)にも鞭(むち)を打(う)つ. 《油断(ゆだん)しないでますます努力(どりょく)することのたとえ》

**닫다² 他** (戸(と)·引(ひ)き出(だ)しなどを)閉(し)める, ふさぐ, 閉(と)ざす, 閉(と)じる. ¶ 뚜껑을 ~ 蓋(ふた)を閉(し)める. ②(集会(しゅうかい)·営業(えいぎょう)などを)閉(し)める, 閉(と)じる, 終(お)える, 仕舞(しま)う. ¶ 가게를 닫는 시간은 언제나 9시다 店(みせ)を閉(し)める時間(じかん)はいつも9時(じ)だ. ③(商売(しょうばい)·作業(さぎょう)などを)やめる, 廃業(はいぎょう)する. ¶ 회사를 ~ 会社(かいしゃ)を廃業(はいぎょう)する. ④(口(くち)を)つぐむ, 閉(と)じる, 黙(だま)る. ¶ 입을 닫고 말이 없다 口(くち)をつぐんで黙(だま)っている.

**닫히다 自** (「닫다²」の受動) 閉(し)まる, 閉(と)ざされる, 閉(と)じる, 塞(ふさ)がる. ¶ 바람에 문이 ~ 風(かぜ)で戸(と)が閉(し)まる.

**달¹ 名** 月(つき). ¶ 보름 ~ 満月(まんげつ)/ ~밤 月夜(つきよ)/ ~이 뜨다 月が出(で)る. / ~이 가리어지다 月が雲(くも)に隠(かく)れる.
[속담] **달도 차면 기운다** 月も満(み)つれば欠(か)ける. 《あらゆることが盛(さか)んになり過(す)ぎれば衰(おとろ)える, 栄枯盛衰(えいこせいすい)は世(よ)の習(なら)い》

**달² I 名** ①(暦(こよみ)の)月(つき). ¶ 다음 ~ 来月(らいげつ)/ ~이 바뀌다 月が変(か)わる. ②(妊娠(にんしん)期間(きかん)の)月, 産(う)み月, 生(う)み月, 臨月(りんげつ). **II 依** (暦(こよみ)の上(うえ)の月(つき)を数(かぞ)える単位(たんい)) 月(つき). ¶ 한 ~ 만에 찾아오다 一(いっ)ヵ月(げつ)ぶりにやって来(く)る.
[관용] **달(이) 차다** (妊娠(にんしん)の)月(つき)が満(み)ちる, 臨月(りんげつ)になる. ¶ 달이 차서 순산하다 月が満(み)ちて安産(あんざん)する.

**달가닥 副하自他** (かたくて小(ちい)さい物(もの)がぶつかり合(あ)う音(おと)), ことり, こと. ¶ 부엌에서 ~ 소리가 났다 台所(だいどころ)でことりと音(おと)がした.

**달가닥-거리다 自他** かたかたする, ことことする, かちゃかちゃ鳴(な)る. ¶ 바람에 창문이 ~ 風(かぜ)で窓(まど)がかたかたと鳴(な)る.

**달갑다 形ㅂ** ①(気(き)に入(い)って)満足(まんぞく)だ, 願(ねが)わしい, うれしい, 有(あ)り難(がた)い. ¶ 달갑지 않은 친절 有難(ありがた)迷惑(めいわく). ②(「달갑게」の形(かたち)で) 甘(あま)んじて, 厭(いと)わず. ¶ 어떤 처벌이라도 달갑게 받겠다 どんな処罰(しょばつ)でも甘(あま)んじて受(う)けよう.

**달개비 名植** ツユクサ.

**달걀 名** (鶏(にわとり)の)卵(たまご). ¶ ~ 껍질 卵(たまご)の殻(から) / 삶은 ~ ゆで卵 / ~을 까다 卵(たまご)をかえす. / ~을 품다 卵(たまご)を抱(いだ)く.

**달걀-노른자 名** ①卵(たまご)の黄身(きみ), 卵黄(らんおう). ②物事(ものごと)の重要(じゅうよう)な部分(ぶぶん).

**달걀-흰자 名** 卵(たまご)の白身(しろみ), 卵白(らんぱく).

**달관[達觀] 名하他** 達観(たっかん). ¶ 인생을 ~하다 人生(じんせい)を達観(たっかん)する.

**달구다 他** ①(火(ひ)で)熱(ねっ)する, 焼(や)く, 温(あたた)める. ¶ 부젓가락을 ~ 火箸(ひばし)を焼(や)く. ②(焚(た)き口(ぐち)に火(ひ)をたいてオンドルを)熱(ねっ)くする.

**달구지 名** 牛車(ぎっしゃ)·馬車(ばしゃ).

**달그락 副하自他** (固(かた)くて小(ちい)さい物(もの)が軽(かる)くぶつかったりする時(とき)の音(おと)) がちゃ, ことり, がたっ. ¶ ~ 소리가 난다 がちゃと音(おと)がする.

**달그랑 副하自他** (固(かた)くて小(ちい)さい金属性(きんぞくせい)の物(もの)が触(ふ)れ合(あ)ったりして出(で)る音(おと)) かちゃん, がちゃん, ちゃりん.

**달-나라 名** 月世界(せかい).

**달-님 名** お月(つき)さま.

**달:다¹ 自** ①(汁(しる)などが)煮詰(につ)まる, 煮(に)え過(す)ぎる. ¶ 된장국이 ~ みそ汁(しる)が煮詰(につ)まる. ②非常(ひじょう)に熱(あつ)くなる, 熱(ねっ)して赤(あか)くなる, 焼(や)ける, ほてる. ¶ 얼굴이 ~ 顔(かお)がほてる. / 난로가 벌겋게 ~ ストーブがまっかに熱(ねっ)する. ③気(き)がいらだつ, いらいらする, やきもきする, あせる. ¶ 마음이 달아 올랐다 気(き)がいらだった. ④(皮膚(ひふ)が)あかぎれする, 腫(は)れてひびわれる. ¶ 손이 달아서 쓰리다 手(て)がひび割(わ)れてひりひりする.

**달다² 他** ①つるす, 垂(た)らす, 下(さ)げる, ぶらさげる, かける, 掲(かか)げる. ¶ 국기를 ~ 国旗(こっき)を掲(かか)げる. / 문에 발을 ~ 戸(と)にすだれを垂(た)らす. ②つける, 取(と)りつける, 縫(ぬ)いつける, 連結(れんけつ)する, 架設(かせつ)する, 設置(せっち)する. ¶ 단추를 ~ ボタンをつける. / 전기를 ~ 電気(でんき)を引(ひ)く. / 차에 스테레오를 ~ 車(くるま)にステレオを取(と)りつける. / 기관차에 객차를 ~ 機関車(きかんしゃ)に客車(きゃくしゃ)を連結(れんけつ)する. ③(題目(だいもく)·注釈(ちゅうしゃく)などを)つける. ¶ 문장에 주를 ~ 文章(ぶんしょう)に注(ちゅう)をつける. ④(出納(すいとう)簿(ぼ)などに)記(しる)す, 記入(きにゅう)する, つける. ¶ 대금은 달아 두게 代金(だいきん)は付(つ)けにしておいてくれ. ⑤(目方(めかた)を)量(はか)る. ¶ 몸무게를 ~ 体重(たいじゅう)をはかる. ⑥(ユンノリで駒(こま)を)最初(さいしょ)に置(お)く. ¶ 말을 ~ 駒(こま)を最初(さいしょ)に置(お)く. ⑦(花婿(はなむこ)を)つるし上(あ)げる, いびる. ¶ 신랑을 ~ 花婿(はなむこ)をつるし上(あ)げる.

**달:다³ 他** (人(ひと)に何(なに)かを)請(こ)う, くれる, 与(あた)える. ¶ 자유를 다오 自由(じゆう)を与(あた)えよ.

**달다⁴ 形** ①甘(あま)い. ¶ 단것 甘(あま)もの/ 단 맛(あじ)이 나다 甘(あま)い味(あじ)がする. ②(食欲(しょくよく)があって)おいしい, うまい, 食欲(しょくよく)をそそる. ¶ 달게 먹다 うまそうに食(た)べる. ③(気(き)に入(い)って)快(こころよ)い, 満足(まんぞく)だ, 楽(たの)しい. ¶ 달게 자다 十分(じゅうぶん)に眠(ねむ)る, 熟睡(じゅくすい)する. ④(「달게」の形(かたち)で) 甘(あま)んじて, 慎(つつ)しんで, ありがたく. ¶ 충고를 달게 받아들이다 忠告(ちゅうこく)をありがたく受(う)ける.
[속담] **달면 삼키고 쓰면 뱉는다** 甘(あま)ければ飲(の)み込(こ)み苦(にが)ければ吐(は)き出(だ)す. 《自分(じぶん)の利害(りがい)のみを考(かんが)える態度(たいど)》
[관용] **달다 쓰다 말이 없다** 甘(あま)いとか苦(にが)いとか意見(いけん)を言(い)わない. 《口(くち)をつぐんで一切(いっさい)の意見(いけん)を言(い)わない》

**달달 副** ①(寒(さむ)さ·恐怖(きょうふ)などで震(ふる)えるようす) ぶるぶる, わなわな, がたがた. ¶ 추워서 ~ 떨고 있다 寒(さむ)くてがたがた震(ふる)えている. ②(車輪(しゃりん)などが地面(じめん)を転(ころ)がる音(おと)) ごろごろ, がらがら. ¶ 마차가 ~ 굴러간다 馬車(ばしゃ)ががらがら進(すす)んで行(い)く. ③ 덜덜

달달² 副 ①(豆·胡麻などをかきまぜながらいるようす)ざらざら、がらがら、ころころ。¶ 깨를 ~ 볶다 ゴマをざらざらと煎る。②(うるさくつきまとったり ねだったり いびったりするようす)ねちねち、じりじり。¶ 아이를 ~ 들볶다 子供をねちねちいびる。③(あちこちひっかきまわして物をさがすようす)かさこそ、ごそごそ。¶ 서랍 속을 ~ 뒤지다 引き出しの中をごそごそ捜す。

달-뜨다 自 (心이) 浮つく、そわそわする。落ち着つかない。¶ 마음이 달떠 일이 손에 잡히지 않는다 心が浮ついて仕事が手につかない。圏 들뜨다

달-라 (不完全動詞「달라³」の目下の者に対して使う命令形(…を)くれ、よこせ、与えよ。¶ 나에게 자유를、 아니면 죽음을 ~ 我れに自由を、然らずんば死を与えよ。

달라-붙다 自 ①ぴったりとくっつく、ひっつく、へばりつく。¶ 껌이 ~ ガムがくっつく。②挑む、挑戦する、くってかかる。¶ 지면서도 자꾸 ~ やられながらも何度も挑みかかる。③熱中する、没頭する、夢中になる、かじりつく。¶ 책상에 달라붙어 열심히 공부한다 机にかじりついて熱心に勉強している。

달라-지다 自 変わる、変化する。¶ 세상이 ~ 世の中が変わる。/ 조금도 달라진 데가 없다 少しも変わったところがない。

달랑 副自他 ①(小さい鈴などが一度鳴る音)ちりん、ちりりん、りん。②(小さなものがつるされているようす)ぶらりと。¶ 호박이 ~ 매달려 있다 カボチャがぶらりと垂れ下がっている。③(落ち着かずそっかしいようす)ちょこちょこ。④(多くのものから取り残されたようす)ぽつんと、ぽつりと。¶ 커다란 방에 ~ 혼자 남았다 大きい部屋に一人だけがぽつんと取り残された。⑤(持ち物などが少なく身軽なようす)ただそれだけ。¶ 가방 하나만 ~ 들고 나서서 カバンひとつだけさげて出かける。

달랑-달랑 副自他 ①ちりんちりん。②そっかしく。

달랑달랑-하다 形(金·食糧などが)いくらも残っていない、底が見えている、尽きかけている、残り少ない。¶ 식량이 ~ 食糧が尽きかけている。

달래 名 植 ヒメニラ、ヒメビル。

달래다 他 ①(怒り·興奮などを)慰める、なだめる、紛らす、和らげる。¶ 향수를 ~ ホームシックを慰める。/ 술로 슬픔을 ~ 酒で悲しみを紛らす。②なだめすかす、あやす、うまく説き伏せる。¶ 우는 애를 ~ 泣く子をあやす。

달러[dollar] 名 ドル。¶ ~로 지불하다 ドルで支払う。

달러 박스[-box] 名 ドル箱、金をもうけてくれる物や人。

달려-가다 自 駆けつける、駆けて行く、走って行く。¶ 사건 현장에 ~ 事件現場に駆けつける。

달려-들다 自 ①飛びかかる、飛びつく、食いつく、向かう。¶ 개가 사람에게 ~ 犬が人に飛びかかる。②(仕事などに)取りかかる、加わる、仲間に入りする。¶ 세 사람이 달려들어 일을 끝냈다 3人が加わって仕事を終えた。

달력[-暦] 名 暦、カレンダー。¶ ~을 걸다 カレンダーをかける。/ ~을 들쳐 보다 暦をめくって見る。

달리 副 ほかに、別に、反対して、違って。¶ ~ 방법이 없다 ほかに方法が無い。
　달리-하다 他 異にする。¶ 의견을 ~ 意見を異にする。

달리기 名 競走、駆けっこ、駆けくらべ。¶ 100미터 ~ 100メートル競走。

달리다¹ I 自 走る、駆ける。¶ 의사에게 달려 가다 医者に駆けつける。II 他 (車馬などを)走らせる、駆る、飛ばす。¶ 말을 ~ 馬を走らせる。/ 차를 전속력으로 ~ 車を全速力で飛ばす。
　(俗談) 달리는 말에 채찍질 走る馬に鞭を打つ(うまくいっていることをさらによくするように励ます)

달리다² 自 ①(力が)及ばない、足りない、手に余る。¶ 혼자 하기에는 힘이 달릴 것 같다 ひとりでするには手に余りそうだ。②不足する、足りない。¶ 자금이 ~ 資金が足りない。

달리다³ 自 「달다²」の受動。①ぶら下がる、垂れ掛かる、ぶら下がる、つり下がる。¶ 처마 끝에 고드름이 달려 있다 軒下につららがぶらさがっている。②付いている、架設されている。¶ 에어컨이 달린 사무실 エアコンがついている事務室。③ …(いかんに)よる、左右される、かかる。¶ 성공 여부는 자네의 노력에 달려 있다 成否は君の努力にかかっている。④(秤などで)量られる。¶ 저울에 달리는 대로 값을 매기다 はかられる重さによって値をつける。

달리다⁴ 自 ①(疲れて)だるい、気力がない。¶ 몸이 ~ 体がだるい。②(疲れて)目がたるむ。

달·리아[dahlia] 名 植 ダリア。

달-맞이 名 月見つき、観月。

달맞이-꽃 名 植 ツキミソウ。

달-무리 名 月の暈、月暈つき。¶ ~가 서다 月暈がかかる。

달-밤 名 月夜。

달-변[-邊] 名 月利。¶ ~ 3푼 月利3分。

달변[達辯] 名 達弁、口達者、能弁。¶ 그의 말은 ~은 아니다 彼の話は雄弁ではない。

달-빛 名 月光、月明かり、月の光。¶ ~이 뜰에 비치다 月の光が庭を照らす。

**달성**〔達成〕名하他되自 達成たっせい、果はたすこと。¶ 목표를 ~하다 目標もくひょうを達成する。

**달싹-거리다** 自他 ①(軽かるい物ものが)しきりに上あがったり下さがったりする、しきりに上下じょうにゆり動うごく〔動うごかす〕。②(心こころが)浮うき浮うきする、(心こころ、尻しりなどが)軽かるく上下じょうにに動うごく。③(肩かた・尻しりなどが)軽かるく上下じょうにゆする。@ 들썩거리다

**달아-나다** 自 ①逃走とうそうする、逃にげる、走はしり去さる。¶ 쏜살같이 ~ 矢やのように走はしり去さる。/ 달아나는 적을 추격하다 逃にげる敵てきを追撃ついげきする。②(考かんがえなどが)なくなる、落おちる、吹ふっ飛とぶ、消きえ去さる。¶ 잠이 ~ ねむりが吹っ飛ぶ。/ 입맛이 달아나버려 다 食欲しょくよくがなくなってしまった。

**달아-매다** 他 ①(高たかい所ところに)つるす、ぶら下さげる。¶ 거꾸로 ~ さかさにつるす。②縛しばりつける、しばりつける、つなぐ。¶ 기둥에 ~ 柱はしらに縛しばりつける。

**달아-보다** 他 ①(秤はかりで)計はかってみる。¶ 체중을 ~ 体重たいじゅうを計はかってみる。②(人柄ひとがらを)試ためしてみる。¶ 인격을 ~ 人格じんかくを試ためす。

**달아-오르다** 自 ①(金属きんぞくなどが)熱あつくなる、焼やける。¶ 시뻘겋게 달아오른 철판 真まっ赤あかに焼やけた鉄板てっぱん。②(顔かおが)ほてる、赤あかくなる。¶ 부끄러움에 얼굴이 달아올라 恥はずかしさで顔かおがほてった。

**달음박-질** 名하自 駆かけ足あし、走はしること。¶ ~로 언덕길을 내려오다 駆かけ足あしで坂道さかみちを降おりてくる。

**달음-질** 名 ①駆かけ比くらべ、かけっこ。②하自 「달음박질」의 縮約形しゅくやくけい。

**달음질-치다** 自 (力ちからいっぱい)走はしる、駆かけだす、駆かけつこする。

**달이다** 他 ①煮詰につめる、煮出にだす。¶ 간장을 달이다 醤油しょうゆを煮つめる。②煎せんじる。¶ 한약을 ~ 漢方薬かんぽうやくを煎じる。

**달인**〔達人〕名 達人たつじん、達者たっしゃ。¶ 서도의 ~ 書道しょどうの達人。

**달짝지근-하다** 形여 少すこし甘味あまみがある、やや甘あまい。@ 들쩍지근하다 @ 달작지근하다

**달카닥** 副하自他 《固かたい物ものがぶつかって出でる音おと》かちゃん、かたん、ことん。¶ ~하고 수화기를 놓다 かちゃんと受話器じゅわきを置おく。@ 덜커덕

**달콤새콤-하다** 形여 甘酸あまずっぱい。¶ 살구 맛이 ~ アンズの味あじは甘酸っぱい。

**달콤-하다** 形여 ①(味覚みかくの面めんに)甘あまったるい、甘あまくておいしい。¶ 감이 잘 익어서 ~ 柿かきがよく熟うれて甘あまったるい。②(情緒じょうちょに)甘あまい、甘あまったるい、甘美かんびである。¶ 달콤한 말로 상대를 유혹하다 甘あまい言葉ことばで相手あいてを誘惑ゆうわくする。

**달팽이** 名動 蝸牛かぎゅう、でんでん虫むし。¶ 식용 ~ 食用しょくようかたつむり / ~ 걸음의 느린 걸음ぶみ。

**달-포** 名 月余つきよ、1ひとヶ月がつ余あまり。¶ 헤어진 지 ~가 되도록 소식이 없다 別わかれて1ヵ月かげつ余あまりも便たよりがない。

**달필**〔達筆〕名 達筆たっぴつ。¶ ~을 휘두르다 達筆をふるう。

**달-하다**〔達-〕自他 達たっする。①(一定いっていの程度ていど・数量すうりょうに)至いたる、及およぶ。¶ 피해자가 천 명에 달했다 被害者ひがいしゃが千名せんめいに達した。②(ある場所ばしょ・状態じょうたいに)至いたる、到達とうたつする、つく。¶ 산꼭대기에 ~ 山頂さんちょうに達する。/ 위험 수위에 ~ 危険きけん水位すいいに達する。③(目的もくてきなどを)達成たっせいする、果はたす。¶ 오랜 소원을 ~ 長年ながねんの願ねがいを達する。

**닭** 名動 鶏にわとり、とり。¶ ~고기 鶏肉けいにく / ~치다 鶏を飼かう。

속담〉 닭 잡아먹고 오리 발 내놓기 鶏をつぶして食たべたベアヒルの足あしを差さし出だす。《悪事あくじがばれそうになると浅知恵あさぢえで人ひとをだまそうとする》 닭 쫓던 개 지붕 쳐다보듯 鶏を追おいかけていた犬いぬが屋根やねを見上みあげるように。《どうすることもできないこと》

관용〉 닭똥 같은 눈물 鶏糞けいふんのような涙なみだの意いで)たいへん悲かなしくてはらはらと落おちる大粒おおつぶの涙。

**닭-싸움** 名 ①闘鶏とうけい。②膝相撲ひざずもう。

**닭-장**〔-欌〕名 鶏小屋とりごや、鶏舎けいしゃ。

**닮다** 他 ①似にる、似通にかよう。¶ 저 애는 엄마를 꼭 닮았다 あの子こは母親ははおやにそっくりしている。②(何なにかを真似まねてそれと)似通にかよっていく、近ちかくなる、あやかる。¶ 서양 풍속을 닮아 가다 西洋せいようの風俗ふうぞくに似にっつある。

**닳고-닳다** 自 ①擦すり減へる、すり切きれる。②世間せけんずれする、人ひとずれする、すれっからしである。¶ 세파에 ~ 世間せけんにすれる。

**닳다** 自 ①擦すり減へる、すり切きれる、ちびる、磨滅まめつする。¶ 닳아 빠진 바지すり切きれたズボン / ~을 두르다 靴くつの底そこがすり減へる。②(液体えきたいなどが)煮につまる。¶ 된장국이 닳아 버렸다 味噌汁みそしるが煮つまってしまった。

**담** 名 塀へい、垣かき。¶ 토~ 土塀どべい / ~을 쌓다 垣をつくる。/ ~을 두르다 塀を巡めぐらす。

**담:**〔痰〕名 ①痰たん。¶ ~이 목에 걸리다 痰が喉のどに絡からむ。②〔醫〕分泌液ぶんぴつえきの循環じゅんかん障害しょうがいから起おこる一種いっしゅの神経痛しんけいつう、さしこみ、しゃく。¶ ~이 걸리다 さしこみがする。

**담:**〔膽〕名 ①胆たん、胆嚢たんのう。¶ ~결석 胆石たんせき。②胆力たんりょく、肝きも、肝きもっ玉たま。¶ ~이 크다 肝っ玉が大きい。

**담:-**〔淡〕接頭 淡たん…。¶ ~갈색 淡褐色たんかっしょく。

**-담**〔談〕接尾 …談だん。¶ 경험~ 経験談けいけんだん。

**-담** 語尾 《('-단 말인고」の意い)》…のかね、…だと言いうのか、…のなのか。¶ 뭐가 그리 우습~ 何なにがそんなにおかしいのかね。

**담그다** 他 ①(液体えきたいの中なかに)漬つける、浸ひたす。¶ 따뜻한 물에 발을 ~ 湯ゆに足あしをひたす。②(漬物つけものなどを)漬つける、漬つけ込こむ。¶ 김치를 ~ キムチを漬ける。③(酒さけ・醤油しょうゆなどを)醸かもす、仕込しこむ、醸造じょうぞうする。¶ 술

담기다 [自] ①(《「담다」の受動》(器)うつに盛られる、される。¶ 그릇에 물이 담겨 있다 器に水が入っている。②(情)などが)こもる。¶ 정성이 담긴 선물 真心のこもった贈り物。
담:낭 [膽囊] [名] [生] 胆嚢。
담:다 [他] ①(器)に盛る、よそう、入れる。¶ 상자에 ~ 箱に入れる。/ 밥을 ~ ご飯をよそう。②(感情などを)こめる、含む、見せる、漂わす。¶ 웃음을 담은 얼굴 笑みを含んだ顔。③(うわさ・悪口などを)口にする、言い口に出す。¶ 그런 말은 입에 담지도 마라 そんな言葉は口にもするな。④(考えなどを)表わす、表現する、盛り込む。¶ 조국애를 담은 작품 祖国愛を盛り込んだ作品。
담:담-하다 [淡淡-] [形] ①(水・光などが)澄んでいる、淡い、清い。¶ 담담한 호수 澄んだ湖/ 담담한 불빛 淡い灯火の色。②(感情が)あっさりしている、薄味である、さっぱりしている。¶ 담담한 음식을 먹다 さっぱりした食事をする。③(心・感情が)淡々としている、あっさりしている。¶ 담담한 태도로 임하다 淡々たる態度で臨む。④(水の流れが)とうとうとしている、ゆったりしている。
담당 [擔當] [名] [하動] 担当、受け持ち。¶ ~자 担当者/ 경리를 ~하다 経理を受け持つ。
담:대 [膽大] [名] [하形] 胆大、大胆、豪胆。¶ ~하게 행동하다 大胆に行動する。
담:력 [膽力] [名] 胆力、度胸。¶ ~을 시험하다 度胸を試す。
담론 [談論] [名] [하自他] 談論。¶ ~을 즐기다 談論を楽しむ。
담배 [名] タバコ、煙草。¶ ~ 한 갑 タバコ1箱/ ~를 피우다 タバコを吸う。/ ~가 독하다 タバコがきつい。
　담배-꽁초 [-草] [名] タバコの吸い殻、タバコの燃えかす。
　담배-쌈지 [名] タバコ入れ。
　담:뱃-값 [名] ①タバコの値段。②タバコ銭、タバコ代。¶ ~도 넉넉치 못하다 タバコ銭にも事欠く。③ (俗) わずかばかりの謝礼金、チップ。
　담:뱃-대 [名] キセル。
　담:뱃-불 [名] タバコの火。①タバコにつける火。¶ ~ 좀 빌립시다 タバコの火をちょっと貸してください。②タバコにつけた火。¶ ~을 비벼 끄다 タバコの火をもみ消す。
담:백 [淡白] [名] 淡泊、淡白。¶ ~하다(性格が)淡々としていること、あっさりしていること。¶ 솔직 ~한 태도 率直で淡々とした態度。②(食物の味が)薄い。¶ ~한 맛 淡泊な味。
담보 [擔保] [名] [하動] 担保。¶ ~로 잡다 担保に取る。/ ~없이 돈을 빌리다 担保なしで金を借りる。
　담보-물 [-物] [名] 担保物。
담비 [名] [動] 貂。
담뿍 [副] ①(器などに物が満ちあふれるようす)たっぷり、いっぱい、山盛りに、なみなみと。¶ 밥을 ~ 담다 ご飯を山盛りに盛る。②((筆)に墨汁を十分に含ませるよう)どっぷり、たっぷり。¶ 붓에 먹을 ~ 먹이다 筆に墨をたっぷりつける。
담:석 [膽石] [名] 胆石。
　담:석-증 [-症] [醫] 胆石症。
담소 [談笑] [名] [하自] 談笑。¶ 정답게 ~하다 親しげに談笑する。
담:수 [淡水] [名] 淡水、まみず。¶ ~호 淡水湖。 ⑭ 단물・민물
　담:수-어 [-魚] [名] 淡水魚。 ⑭ 민물고기
담-쌓다 [自] ①垣を築く。②交際を断つ、関係を断つ、縁を切る。¶ 그와는 이젠 담쌓았다 彼とはもう交際を断った。/ 술하고는 아주 담쌓기로 했다 酒とはすっかり縁を切ることにした。
담:-요 [名] 毛布、ブランケット。¶ ~를 덮다 毛布をかぶる。
담임 [擔任] [名] [하動] 担任、受け持ち。¶ ~ 선생 担任の先生/ 6학년을 ~하다 6年生を受け持つ。
담쟁이-덩굴 [名] [植] ツタ。¶ ~이 덮인 집 ツタで覆われた家。
담:즙 [膽汁] [名] 胆汁、胆液。¶ ~질 胆汁質。 ⑭ 쓸개즙
담:-차다 [形] 大胆だ、豪胆だ。¶ 담차게 행동하다 大胆に行動する。
담판 [談判] [名] [하自他] 談判、かけあい。¶ 직접 ~하다 直談判する。
담합 [談合] [名] [하自他] ①談合、話し合い。¶ ~하여 결정하다 話し合って取り決める。②[法] 談合だん行為。¶ 업자간의 ~ 業者間の談合。
담화 [談話] [名] [하自] 談話。¶ 대통령의 특별 ~ 大統領の特別な談話。
답 [答] [名] [하自] 答え。①「대답(對答)」の縮約形。¶ 묻는 말에 ~하시오 質問に答えなさい。②「해답(解答)」の縮約形。¶ 문제의 ~을 내다 問題の答えを出す。③「회답(回答)의 縮約形」返事、回答。¶ 아무리 기다려도 ~이 없다 いくら待っても返事がない。
-답니까 [語尾] (「-다고 합니까」の縮約形》…(と)言っていますか、…(と)いいましたか。¶ 언제 오겠~? いつ来ると言っていますか。
-답니다 [語尾] (「-다고 합니다」の縮約形》…(と)いっています、…(と)いいました、…(だ)そうです。¶ 합격했~ 合格したといっています。/ 아주 재미있었~ とても面白かったそうです。
-답다 [接尾] …らしい、…にふさわしい、…値打ちがある。¶ 남자다운 태도 男らしい

답답하다

態度/ 학생답지 않은 행동 学生にふさわしくない行動。

**답답-하다** [形ㅇㅕ] ①(気分・雰囲気が)重苦しい、ゆううつだ、うっとうしい。¶ 답답한 날씨 うっとうしい天気/ 답답한 분위기 重苦しい雰囲気。②気がかりだ、心配したのもどかしい、じれったい、いらいらする。¶ 소식이 없어서 ~ 便りがなくて気がかりだ。③息苦しい、息が詰まる、狭苦しい。¶ 집이 좁아서 ~ 家が狭くて息苦しい。/ 옷이 꼭 끼어서 ~ 服がきつくて苦しい。④頑固だ、融通がきかない、もの分かりが悪い。¶ 답답한 사람 もの分かりの悪い人。

**답례** [答禮] [名ㅎㅏ自] 答礼、返礼、お返し、お礼。¶ ~ 방문 答礼訪問/ 호의에 ~하다 好意にお礼をする。

**답변** [答辯] [名ㅎㅏ自] 答弁、返答、返事。¶ ~을 요구하다 答弁を求める。/ 질문에 ~하다 質問に答える。

**답보** [踏步] [名ㅎㅏ自] 足踏み。¶ ~ 상태 足踏みの状態。㉿ 제자리 걸음

**답사** [答辭] [名] 答辞。¶ ~를 읽다 答辞を読む。

**답사** [踏査] [名ㅎㅏ他] 踏査。¶ 현지를 ~하다 現地を踏査する。

**답삭** [副] (急히 가볍게 손으로 받거나 취하거나 하는 모양) ぱっと、さっと。¶ 손을 ~ 잡다 手をきっと握える。

**답습** [踏襲] [名ㅎㅏ他] 踏襲。¶ 전례를 ~하다 前例를 踏襲する。

**-답시고** [語尾] (「-다고 ·-다고 하여」의 뜻으로 皮肉즉っていうときに使う語) …したと、…するからって、…だからといって。¶ 돈 좀 있 ~ 거들거리다 少々お金持だからといっておごる。

**답신** [答申] [名ㅎㅏ自] 答申。¶ ~서 答申書。

**답신** [答信] [名ㅎㅏ自] 返信、辺書。

**답안** [答案] [名] 答案。¶ ~지 答案用紙/ ~을 쓰다 答案を書く。

**답작-거리다** [自] お節介をする、余計な世話をやく、よく口出しをする。¶ 남의 일에 답작거리기 좋아하다 人のことにお節介をしたがる。

**답장** [答狀] [名ㅎㅏ他] 返事、返信、返書。¶ ~을 내다 返事を出す。

**답지-하다** [遝至-] [自ㅇㅕ] (ものやお金などがひっとっとに)集うまる、殺到する。¶ 주문이 ~ 注文が殺到する。

**답파** [踏破] [名ㅎㅏ他] 踏破。¶ 에베레스트를 ~하다 エベレストを踏破する。

**닷새** [名] ①五日間。¶ ~마다 장이 선다 5日ごとに市が立つ。②「초닷샛날」의 縮約形。¶ 정월 ~ 正月5日。

**당** [糖] [名] 糖。¶ 소변에서 ~이 검출되다 尿から糖が検出される。

**당** [黨] [名] 党。①集団、なかま、ともがら、群れ。②親族と姻戚。③(「정당」의 縮約形) 政党。¶ ~의 규약 党の規約/ ~에서 탈퇴하다 党から脱退する。④(「붕당」의 縮約形) 朋党。

**당-** [當] [接頭] 当…。①その、この、今の、まさにその。¶ ~사 当社/ ~일 当日。②そのときの年齢を表わす。¶ ~18세 当年18歳。

**-당** [當] [接尾] …当たり。¶ 1인 ~ 1人当たり/ 평 ~ 10만엔 坪当り10万円。

**당-고모** [堂姑母] [名] 父親의 従姉妹。

**당구** [撞球] [名] 玉突き、ビリヤード、球を、撞球。¶ ~를 치다 玉突きをする。

**당국** [當局] [名] 当局。¶ 관계 ~의 허가를 얻다 関係当局の許可をもらう。

**당권** [黨權] [名] 党の主導権。¶ ~ 투쟁 党の主導権争い。

**당근** [名植] ニンジン。

**당기** [當期] [名] 当期。¶ ~의 결산 当期의 決算。

**당기다** Ⅰ [自] ①(心が)動く、動かされる、引かれる、気が傾いる。¶ 마음이 ~ 心が傾向る。②(食欲이)出る、そそられる。¶ 입맛이 당기는 음식 食欲をそそられる食べ物。③(火가) 燃え移る、延焼する。Ⅱ [他] ①引く、引っ張る、引き寄せる、引きつける。¶ 밧줄을 ~ 綱を引っ張る。②(弦などを)張る、引っ張る。¶ 활시위를 힘껏 ~ 弓の弦を力いっぱい張る。③(期日・時間などを) 繰り上げる、早める。¶ 날짜를 이틀 ~ 日付を二日が繰り上げる。④(火를) つける、とも・す、移す。¶ 성냥불을 ~ マッチに火をつける。⑤(食欲·気持などを)そそる、引く。¶ 흥미를 당기는 놀이 興味を引く遊び。

**당-나귀** [唐-] [名動] ロバ。

**당년** [當年] [名] 当年。①その年。¶ ~ 농사 その年の農事。②この年、今年。③年齢。¶ ~ 18세 当年18歳。③往年。¶ ~의 기력을 잃지 않고 있다 往年の気力を失う・せないでいる。

**당년-초** [-草] [名] ①[植] 一年草。②[比] 一年限りしかもたないもの。

**당뇨** [糖尿] [名生] 糖尿。

**당뇨-병** [-病] [名] 糖尿病。

**당당-하다** [堂堂-] [形ㅇㅕ] 堂々としている。①(姿·形勢などが) 立派だ、すさまじい。¶ 당당한 태도 堂々たる態度/ 위풍 ~ 威風堂々としている。②正々堂々としている、公明正大である。¶ 정정 당당하게 싸우다 正々堂々と戦たう。

**당대** [當代] [名] ①その時、その時代。¶ ~의 명필 当代の名筆。②一生にう、一代。¶ ~에 모은 재산 一生かかってためた財産。

**당도** [當到] [名ㅎㅏ自] 到着、到達。¶ 무사히 목적지에 ~했다 無事に目的地に到着した。

**당돌-하다** [唐突-] [形ㅇㅕ] ①大胆だ、向こ

**당락**[當落] 图 当落とう。¶ ~이 결정되다 当落が決まる。

**당략**[黨略] 图 党略りゃく。¶ 당리 ~ 党利とう党略。

**당론**[黨論] 图 党論ろん、政党せいとうの意見けん・論議ぎ。¶ ~이 반대로 기울다 党論が反対たいに傾かたむく。

**당면**[唐麵] 图 じゃがいもの澱粉でんぷんで作つくった乾かわいた麺めん。はるさめ。

**당면**[當面] 图[하][自他] 当面めん。¶ ~ 과제 当面の課題だい。

**당목**[撞木] 图 撞木しゅ、かねたたき。

**당무**[黨務] 图 党務とう。

**당번**[當番] 图[하][自他] 当番ばん。¶ 청소 ~ 掃除そうじ当番/매주 한 번씩 ~이 되다 毎週しゅう一回かいずつ当番に当たる。

**당부**[當付] 图[하][自他] 頼たのむこと、頼たのみ。¶ 선생님의 ~ 先生せんせいの頼み/신신 ~하다 くれぐれも頼む。

**당분**[糖分] 图 糖分ぶん、甘あまみ。

**당분-간**[當分間] 图 ①当分ぶん、当分の間あいだ。¶ ~은 돈이 없어도 지낼 수 있다 当分の間は金かねがなくてもやっていける。②《副詞的に》しばらくの間が、ここしばらく。¶ ~ 그대로 두어라 しばらくはそのままにしておけ。

**당비**[黨費] 图 党費ひ。

**당사**[當事] 图[하] 当事じ、事ことに当あたること。

**당사-국**[-國] 图 当事国こく。

**당사-자**[-者] 图 当事者しゃ。¶ 사건의 ~ 事件けんの当事者。

**당선**[當選] 图[하][자] 当選せん。¶ ~자 当選者しゃ/신춘 문예에 ~되다 新春しゅん文芸ぶんに当選する。

**당선-권**[-圈] 图 当選圏けん。¶ ~내에 들다 当選圏内ないに入はいる。

**당선-작**[-作] 图 当選作さく。

**당세**[當世] 图 当世せい、その時代だい。¶ ~의 영웅 当世の英雄ゆう。

**당세-풍**[-風] 图 当世風ふう、当世の風潮ちょう。

**당수**[唐手] 图 唐手て、空手から。

**당수**[黨首] 图 党首しゅ。

**당숙**[堂叔] 图 父ちちの従兄弟いと。

**당시**[唐詩] 图 唐詩し。

**당시**[當時] 图 当時じ、その時と、そのころ。¶ ~의 수상 当時の首相しょう/그 ~를 회상하다 その当時を回想そうする。

**당신**[當身] 代 ①《夫婦ふうふの間あいだで》あなた、あんた。¶ ~이 그랬잖아요 あなたがそう言いったじゃないの。②《第二人称だいににんしょう代名詞めいしとして》あなた、あんた、お前まえさん。¶ ~에게 부탁이 있습니다 あなたにお願ねがいがあります。③《対等たいとうな相手あいてやけんかの相手に対たいして》あんた、お前。¶ 잠깐 나 좀 봅시다 あんたちょっと顔かおかして。④《目上めうえの人ひとを敬うやまって言いう語ご》ご自分ぶん、ご自身じん。¶ ~께서 직접 하시었답니다 ご自身が直接ちょくせつなさるのです。⑤《広告文こうこくぶんなどで》あなた。¶ ~을 아름답게 해주는 화장품 あなたを美うつくしくする化粧品ひん。

**당연지-사**[當然之事] 当然ぜんのこと、あたりまえのこと、もっともなこと。

**당연-하다**[當然-] 形 ①当然ぜんだ、あたりまえだ、もっともである。¶ 당연한 결과 当然の結果けっか/그가 그렇게 말하는 것은 ~ 彼かれがそう言いうのはあたりまえだ。**당연-히** 副 当然。¶ ~ 그래야 된다 当然そうすべきだ。

**당원**[黨員] 图 党員いん。¶ 평 ~ 平党員ひらとういん。

**당위**[當爲] 图[哲] 当為い。

**당위-성**[-性] 图 当為性せい。

**당일**[當日] 图 当日じつ、その日ひ。¶ 발행 ~ 発行こう当日/~로 다녀 오다 その日に行いって帰かえって来くる。

**당일-치기**[當日-] 图[하][自他] その日1日にちで終えてしまうこと。¶ ~ 여행 日帰り旅行りょこう/시험 공부를 ~로 하다 試験勉強べんきょうを一夜漬づけでする。

**당장**[當場] 图 ①(何なにかが起おこった)その場ば、その時ときに、即座ざに、今いますぐに。¶ ~의 이익만 생각하다 その場の利益えきだけを考かんがえる。/~은 이것으로 된다 今のところはこれで間まに合あう。②《副詞的に》その場ですぐ、直たちに、即刻こく。¶ ~ 떠나라 直ちに出発しゅっぱつせよ。/지금 ~ 돈을 갚아라 今すぐに金を返かえせ。

**당쟁**[黨爭] 图[하][자] 党争そう。¶ ~을 일삼다 党争に明あけ暮くれる。

**당좌**[當座] 图《「당좌 예금」의 縮約形》》当座ざ。¶ ~ 대월 当座貸かし越こし/~를 트다 当座を開ひらく。

**당좌 수표**[-手票] 图 当座小切手ぎって。

**당좌 예:금**[-預金] 图 当座預金きん。

**당직**[當直] 图[하][자] 当直ちょく。¶ ~자 当直者しゃ/~일지 当直日誌し。

**당질**[堂姪] 图 父ちちの従兄弟いとの息子こ。

**당차다** 形 ①(年齢ねんのわりに)性格せいかく・言動げんどうが)しっかりしている、がっちりしている。¶ 당차게 생긴 사람 がっちりしている人。②(体格たいかくが)小柄がらでがっしりしている。

**당착**[撞着] 图[하][자] 撞着ちゃく、突つき当あたること、矛盾じゅん。¶ 자가 ~ 自家じか撞着。

**당첨**[當籤] 图[하][自他][自] 当籤せん、くじに当たること。¶ 복권에 ~되다 宝たからくじに当たる。

**당초**[當初] 图 当初しょ、はじめ、最初しょ。¶ ~의 계획 当初の計画かく/~는 그렇지 않았다 はじめはそうじゃなかった。

**당초-에** 副 当初に、最初に。¶ ~ 잘못이다 はじめから間違まちがいだ。②《否定ていの語ごとともに》全然ぜん、とうてい、全まったく。¶ 네가 하는 말은 ~ 이해할 수가 없다 君きみの言うことは全然理解りかいできない。

**당치-않다**[當-] 形《「당치 아니하다」의 縮約形》

**당파**[黨派] 图 党派とう。¶ ~ 싸움 党争とう／／~를 초월하다 党派を超越ちょうえつする。

**당-하다**¹[當] I 自五 ①(一定いっていの時期じ・ことに)当面めんする、直面ちょくめんする、当あたる、ぶつかる、出会であう。¶ 난국에 ~ 難局なんきょくに直面する。②やられる、だまされる。¶ 꼼짝없이 당했다 どうしようもなくやられた。II 他五 ①勝かち抜ぬく、匹敵ひってきする、適かなう。¶ 그를 당할 사람은 없다 彼かれに匹敵するものはない。②(事故じこなどに)遭あう、出でくわす、経へる。¶ 교통 사고를 ~ 交通こうつう事故にあう。／ 창피를 ~ 恥はじをかかされる。③やり抜ぬく、耐たえる。¶ 큰 책임을 당해 내다 大おおきな責任せきにんを耐え抜く。④めんどうなどを見みてやる、世話せわをする、賄まかなう。¶ 비용을 어떻게 당하라는 말이냐 費用ひようをどうやって工面くめんしろというのか。

**당-하다**²[當] 形 道理どうりに適かなう、妥当だとうだ、もっともだ、ぴったりだ。¶ 사리에 당한 말을 하다 道理にかなったことを言いう。

**-당하다**[當-] 接尾 …される、受うける、会あう。¶ 거부 ~ 拒否きょひされる。／ 모욕・侮辱じょくを受ける。／ 조롱 ~ からかわれる。／ 참패 ~ 慘敗ざんぱいを喫きっする。

**당혹**[當惑] 图 ハ自 当惑とうわく、困惑こんわく。¶ ~한 표정 当惑の表情ひょうじょう／ 갑작스런 질문에 ~ 하다 突然とつぜんな質問しつもんに当惑する。

**당황-하다**[唐慌-・唐惶-] 自五 うろたえる、慌あわてる、慌あわてく、面くらう、狼狽ろうばいする、まごつく。¶ 급보를 받고 ~ 急報きゅうほうを受うけてうろたえる。／ 조금도 당황하지 않고 대답하다 少すこしも慌てずに答こたえる。

**닻** 图 錨いかり。¶ ~줄 錨綱いかりづな／ ~을 내리다 錨を下おろす。
관용 닻(을) 감다[올리다] ①錨を上あげる。②やっていた 事ことをやめて断念だんねんする。

**닿다** 自五 ①触ふれる、接せっする、接触せっしょくする、さわる。¶ 손에 무엇인가가 ~ 手てに何なにかが触れる。②届とどく、及およぶ。¶ 힘 닿는 데까지 해 보자 力ちからの及ぶ限かぎりやってみよう。③(目的地もくてきちに)着つく、届とどく、至いたる、到着とうちゃくする。¶ 배가 물가에 ~ 船ふねが岸きしに着く。④(互たがいに関係かんけいが)つく、結むすばれる、縁えんやコネなどがある。¶ 연락이 ~ 連絡れんらくがつく。／ 그 회사와 줄이 닿아 취직했다 その会社かいしゃにコネがあって就職しゅうしょくした。

**닿-소리** 图 [文法] 子音しいん、しいん。 同 자음

**대** 图 ①(植物しょくぶつの)茎くき。¶ 수수 ~ キビの茎。②軸じく、心棒しんぼう、棒ぼう、竿さお。¶ 굴대 車しゃの心棒／ 펜 ~ ペン軸／ ~가 부러지다 棒が折おれる。③「담뱃대」의 縮約形しゅくやくけい。④心こころの中枢ちゅうすう、核心かくしん、芯しん。¶ ~가 센 사람 しっかりした人ひと。⑤人ひととなり、人柄ひとがら、気きだて。¶ ~가 바르다 人柄がいい。

**대** 图 [竹] タケ。¶ ~바구니 竹かご／ ~를 쪼개다 竹を割わる。

**대** 依 ①《タバコを吸すう回数かいすうを数かぞえる語ご》服ぷく。담배 한 ~ 피우자 タバコを一服いっぷくしよう。②《注射ちゅうしゃ・針はりを打うつ回数を数える語》本ほん。¶ 주사 한 ~ 注射ちゅうしゃを一本いっぽん。③《殴なぐったり小突こづく回数を数える語》本ほん、度ど、回かい。¶ 두 세 ~ 쥐어박다 二に、三度さんど小突こづく。④《長ながくまっすぐな物ものを数える語》本ほん。¶ 꽃 줄기 두 ~ 花はなの茎くき二本にほん。

**대:**[大] I 图 大だい、大おおきいもの。¶ ~를 살리고 소를 죽이다 大を生いかして小しょうを殺ころす。II 接頭 「大おおきい・すぐれた・偉大いだいな」などの意いを表あらわす」大だい…。¶ ~가족 大家族ぞく／ ~학자 大学者がくしゃ。

**대:**[代] I 图 ①「대신」의 縮約形しゅくやくけい。②(伝承でんしょうされる)代だい、家系かけいの跡あと、跡継あとつぎ。¶ ~가 끊기다 跡が絶たえる。③(継承けいしょうの順番じゅんばん・期間きかんを表あらわす)代だい、御代みよ、治世ちせい。¶ 선왕의 ~ 先王せんおうの御代。II 接尾 …代だい。①10年ねんを単位たんいとする年齢層ねんれいそう。¶ 10~의 청소년 10代じゅうの青少年しょうねん。②10年単位たんいの時代だい、区分ぶん。¶ 90년대 후반 90年代ねんだいの後半こうはん。③歴史的れきしてき時代区分。¶ 고~ 古代こだい。④代金きん。¶ 양복 ~ 洋服代ふくだい。

**대:**[對] 图 ①(対等たいとうな関係かんけいの)対たい、組くみ。¶ ~를 이루다 対をなす。②《数量すうりょうなどの比率ひりつ・割合あいをあらわす語》対たい。¶ 우리 팀이 4 ─ 3으로 이겼다 우リ팀がチームが4対3で勝かった。③(対立たいりつ関係の)対たい。¶ 자본주의 ~ 공산주의 資本主義しほんしゅぎ対共産主義しゅぎ。

**대**[臺] I 依 《乗のり物もの・機械きかいなどを数かぞえる単位たんい》台だい。¶ 차 10~ 車しゃ10台じゅうだい。II 接尾 …台だい。¶ 기상 ~ 気象台きしょうだい。

**-대** 語尾 《「-다고 해」의 縮約形しゅくやくけい》…だって、…という、…(した)そうだ。¶ 책이 없~ 本ほんがないって。／ 내일 도착한~ 明日あすと到着とうちゃくするそうだ。

**대:가**[大家] 图 大家たいか。①大おおきな家え。②⇨ 대갓집 ③その道みちに特とくにすぐれた人ひと、巨匠きょしょう。¶ 그 분야의 ~ その道の大家／ ~ 연하다 大家ぶる。

**대:갓-집** 图 大家たいか、名家めいか、名門もんのお嬢じょうさん。

**대:가**[代價] 图 代価だいか。①代金だいきん。②あるものを犠牲ぎせいにして得えた結果か。¶ 노력의 努力どりょくの代価／ ~를 치르다 代価を支払しはらう。

**대:가**[對價] 图 対価たいか。¶ 노동의 ~ 労働どうの対価。

**대가리** 图 ①〔俗〕(人間にんげんの)頭あたま。¶ 돌 ~ 石頭いしあたま。②(動物どうぶつの)頭あたま、かしら。¶ 뱀이 ~ 처들다 蛇へびがかまくびをもたげる。③(長ながい物ものの)頭部ぶにあたる部分ぶぶん。¶ 못 ~ 釘くぎの頭あたま。

**대:-가족**[大家族] 图 大家族だいかぞく。¶ ~ 제도 大家族制度せいど。

대:각〔對角〕 名 數 対角たい。
대:각-선〔-線〕 名 數 対角線たいかくせん。
대:감〔大監〕 名 ①〔史〕(朝鮮ちょうせん時代じだい) 正二位いじょう以上の官員かんの尊称そんしょう。②巫女みこが神を呼ぶときの尊称。
대:강〔大綱〕 名 ①(「대강령(大綱領)」の縮約形しゅくやくけい) 大綱たい、あらまし、大要たいよう。¶ 정책의 ~을 정하다 政策の大綱を定める。②《副詞的に》大概たいがい、ほぼ、ほとんど、およそ、ざっと、大おまかに、大体だい。¶ ~ 어림하다 おおよそ見積もる。/ 신문을 ~ 훑어 보다 新聞にざっと目を通す。
대:강-대:강 副 大体だい、あらまし、ざっと、大おまかに。¶ 읽다 大まかに読む。
대:-강당〔大講堂〕 名 大講堂だいこうどう。
대:-강령〔大綱領〕 名 大綱たい、大要たい、大本おおもと。¶ 규약의 ~을 정하다 規約きゃくの大綱を決める。
대: 대강
대:개〔大槪〕 名 大概たい ①大部分だいぶぶん、ほとんど、大抵たいてい。¶ ~의 사람은 차를 갖고 있다 大抵の人は車を持っている。②概要がいよう、あらまし、大筋おおすじ。¶ 작품의 ~ 作品ひんの大筋。③《副詞的に》たいがい、大体たい、おおかた、おおよそ、大まかに、大抵たい。¶ 나는 ~ 아침 6시에 일어난다 わたしはたいてい朝6時に起きる。
대:-거〔大擧〕 名 他 大挙たい、一度にたくさん。¶ 행사에 ~ 참여하다 行事ぎょうじに大挙して参加さんかする。
대:검〔大劍〕 名 大剣けん。
대:-검찰청〔大檢察廳〕 名 大検察庁だいけんさつちょう (日本ほんの最高さいこう検察庁けんさつちょうに当たる)。
대견-하다 形口 ①満足まんぞくだ、満み足りだ、ほめるべきだ、殊勝しゅしょうだ、感心かんしんだ。¶ 대견한 듯한 표정을 짓다 満ち足りた表情ひょうじょうをする。②きわめて重要じゅうようだ、はなはだ大切たいせつだ。¶ 독자라고 대견하게 여긴다 独り息子だからと非常ひじょうに大事だいじに思っている。
대:-결〔對決〕 名 他 対決たいけつ。¶ 숙적과 ~하다 宿敵しゅくてきと対決する。
대:경〔大驚〕 名 他 大いに驚おどろくこと。
대:경 실색〔-失色〕 名 他 びっくり仰天ぎょうてんして色を失しつうこと。
대:계〔大系〕 名 大系たいけい。¶ 세계사 ~ 世界史せかいし大系。
대:계〔大計〕 名 大計たいけい。¶ 백년 ~를 세우다 百年ひゃくねんの大計を立てる。
대:-공〔對共〕 名 対共きょう、共産主義者きょうさんしゅぎしゃ・共産主義に対たいすること。¶ ~ 사찰 対共査察きつ。
대:-공〔對空〕 名 対空たいくう。¶ ~ 포화를 퍼붓다 対空砲火ほうかを浴びせる。
대:-공 미사일〔-missile〕 名 対空ミサイル。
대:-공 방어〔-防禦〕 名 対空防御ぎょ。
대:-공-포〔-砲〕 名 対空砲たいくうほう。
대:과〔大過〕 名 大過たいか、大きな過失かしつ。¶ ~ 없이 지내다 大過なく過ごす。
대:관〔大官〕 名 大官たいかん、高官こうかん。

대:관〔大觀〕 名 他 大観たいかん。¶ 시국을 ~하다 時局じきょくを大観する。
대:관-식〔戴冠式〕 名 戴冠式たいかんしき。
대:-관절〔大關節〕 副 一体いったい、一体全体ぜんたい。¶ ~ 자네는 누군가? 一体君は誰だ。/ ~ 어찌 된 일이냐? 一体全体どうなってるんだ。
대:괄호〔大括弧〕 名 大括弧だいかっこ。
대구〔大口〕 名 動 タラ。¶ 알 たらこ。
대:-구〔對句〕 名 文 対句ついく。¶ ~법 対句法ほう。
대구루루 副 他《小さくて固かたいものが転ころがるようすやその音》ころころ。¶ 공이 ~ 구르다 玉ながころころと転がる。
대:-국〔大局〕 名 大局たいきょく。¶ ~에 입각하여 판단하다 大局に立って判断はんだんする。
대:-국-적〔-的〕 冠 名 大局的。¶ ~으로 내다보다 大局的に見通みとおす。
대:국〔大國〕 名 大国だいこく。
대:-국〔對局〕 名 他 対局たいきょく。¶ 바둑의 ~ 碁ごの対局。
대:-군〔大軍〕 名 大軍たいぐん。¶ ~을 거느리다 大軍を率ひきいる。
대굴-대굴 副《小さくて固かたいものが続つづけて転ころがるようす》ころころ。¶ 공이 ~ 굴러간다 ボールがころころと転がる。
대:-권〔大權〕 名 大権たいけん。¶ ~을 장악하다 大権を掌握しょうあくする。
대:-궐〔大闕〕 名 宮殿きゅうでん、宮廷きゅうてい、御殿ごてん。¶ ~ 같은 집 御殿のような屋敷やしき。
대그락 副 他《小さくて固かたい物がぶつかり合う音》ことり、かたり。 デョ 대그럭
대:-금〔-音〕 名 韓国かんこく固有こゆうの横笛よこぶえのひとつ。
대:-금〔代金〕 名 代金だいきん、代だい、代価だいか。¶ ~을 지불하다 代金を支払しはらう。
대:-금〔貸金〕 名 貸かし金きん。¶ ~을 회수하다 貸し金を回収かいしゅうする。
대:-금-업〔-業〕 名 金貸かしがし業ぎょう。¶ 고리 ~자 高利貸こうりがしぎょうし。
대:-기〔大氣〕 名 大気たいき、空気くうき。¶ ~의 압력 大気の圧力あつりょく。
대:-기-권〔-圈〕 名 大気圏だいきけん。¶ ~을 벗어나다 大気圏をはずれる。
대:-기 오:염〔-汚染〕 名 大気汚染おせん。
대:-기〔大器〕 名 大器たいき。¶ 미완의 ~ 未完みかんの大器。
대:-기 만:성〔-晩成〕 名 大器晩成ばんせい。
대:-기〔待機〕 名 他 待機たいき。①ある時と・機会が来るのを待まつこと。¶ ~ 태세 待機態勢たいせい/ 자택에서 ~하다 自宅じたくで待機する。②(公務員こうむいんの) 待命たいめいの処分しょぶん。¶ ~ 휴직 待命休職きゅうしょく。
대:-기 명:령〔-命令〕 名 待機命令めいれい。
대:-기-실〔-室〕 名 待機室しつ、控ひかえ室、待合室まちあいしつ。
대:-길〔大吉〕 名 形 大吉だいきち。¶ 입춘 ~ 立春りっしゅん大吉。
대:꾼-하다 形口 (長なく病やんだりして元気げんきがなく) 目が落おちくぼんでいる。¶ 눈이 ~ 目が落ちくぼんでだるくみえる。

**대-나무** 〖名〗竹た。¶ ~ 숲 竹やぶ。
**대-낚시** 〖名〗竿釣さおり。¶ ~ 로 붕어를 낚다 竿釣りでフナを釣つる。
**대:남**〖對南〗〖名〗対南たい、南方なん〔方釣〕に対たいすること。¶ ~ 방송 対南放送ほうそう。
**대:납**〖代納〗〖名〗〖하他〗代納だい。¶ 세금을 ~ 하다 税金きんを代納する。
**대:-낮** 〖名〗真昼まひる、白昼はくちゅう。¶ ~ 같이 밝다 真昼のように明るい。
**대:내**〖對內〗〖名〗対内たい。¶ ~ 정책 対内政策せいさく。
**대:내-적**〖-的〗〖冠〗対内的。
**대:농**〖大農〗〖名〗大農だい、豪農ごうのう。
**대:뇌**〖大腦〗〖名〗〖生〗大脳だい。¶ ~ 피질 大脳皮質ひしつ。

**대:다¹** 〖自〗(時間じかんに)間まに合あう、遅おくれない。¶ 간신히 마감 날짜에 ~ やっと締しめ切きり日びに間に合う。

**대:다²** 〖他〗①当あてる、触ふれる、付つける、さわる。¶ 옷에 형겊을 ~ 服ふくにつぎを当てる。/ 항구에 배를 ~ 港みなとに船ふねをつける。/ 진열품에 손 대지 마세요 陳列品ちんれつひんに手てを触れないでください。②比くらべる、比較ひかくする、対比たいひする。¶ 어느 것이 더 큰가 대어 보다 どちらが大おおきいか比べてみる。③つなぐ、連結れんけつする、連絡れんらくをつける、対面たいめんさせる。¶ 김선생님을 좀 대 주십시오 金先生きんにちょっと電話でんわをつないでください。④(賭博とばくなどで)懸かける、出だす。¶ 만 원을 ~ 一万いちウォンを懸ける。⑤口くちにする、食たべる。¶ 음식을 입에 대지 않다 食べ物を口にしない。⑥(「-에 대고」の形で) …に向むかって、…に対たいして、…目めがけて。¶ 누구에게 대고 한 말이요? 誰だれに向かって言いっているのか。

**대:다³** 〖他〗①(田畑たはたに水みずを)引ひく、引き入いれる。¶ 논에 물을 ~ 田たに水を引く。②(金品きんぴんを)出だしてやる、援助えんじょする。¶ 자본을 대어 주다 資本しほんを出してやる。③供給きょうきゅうする、取とり付つける。¶ 단골집에 물건을 ~ 得意先とくいさきに品物しなものを供給する。④雇やとう、雇用こようする、依頼いらいする、付つける。¶ 변호사를 ~ 弁護士べんごしに依頼する。

**대:다⁴** 〖他〗①話はなす、言いう、教おしえる、告つげる、知しらせる。¶ 아는 대로 ~ 知っているとおりに話す。②(ある名詞とともに用いて) …する。¶ 성화를 ~ を気きをもむ。/ 핑계를 ~ 言いい訳わけをする。

**대:다⁵** 〖助動〗…し続つづける、…したてる、…し散ちらす、…し尽つくす。¶ 떠들어 ~ 騒さわぎたてる。/ 마구 먹어 ~ 食くい散らす。/ 기적이 울어 ~ 汽笛きてきがしきりに鳴なり続ける。

**대:-다수**〖大多數〗〖名〗大多数たすう。¶ ~ 를 차지하다 大多数を占しめる。

**대:-단원**〖大團圓〗〖名〗大団円だいえん、大尾だい、大詰おおづめ。¶ ~ 의 막이 내리다 大団円の幕まくが降おりる。

**대:단-찮다** 〖形〗(「대단하지 아니하다」の縮約形) 大したことはない、つまらない、取とるに足たりない、重大じゅうでない。¶ 대단찮은 사건 取るに足りない事件じけん/ 손해가 ~ 損害そんがいが大したことはない。

**대:단-하다** 〖形〗①甚はなはだしい。가뭄이 일일照ひでりが甚だしい。②すばらしい、たいへんだ、凄すごい、重要じゅうだ、大だいしたものだ。¶ 대단한 미인 すごい美人びじん/ 별로 대단한 일은 아니네 さほど重要なことではないよ。③(病気びょうきなどが)非常ひじょうに重おもい。¶ 병세가 ~ 病気が非常に重い。

**대:단-히** 〖副〗非常ひじょうに、大変たいへん、とても、きわめて、まことに、すごく、ひどく、ずいぶん。¶ ~ 중요한 일 非常に重要じゅうようなこと/ ~ 감사합니다 どうもありがとうございます。/ ~ 죄송합니다 まことに申もうし訳わけございません。

**대:담**〖大膽〗〖名〗〖하形〗〖스漢〗大胆だいたん。¶ ~ 무쌍한 용사 大胆不敵ふてきな勇士ゆうし。

**대:담**〖對談〗〖名〗〖하自〗対談だいたん。¶ ~ 기사 対談記事きじ/ 기자와 ~ 하다 記者きしゃと対談する。

**대:답**〖對答〗〖名〗〖하自〗①(質問しつもんなどに対たいする) 答こたえ、返事へんじ。¶ 애매한 ~ あいまいな返事。②(呼よびかけられて) 相手あいてに応おうじること、応答おうとう、答え、返事。¶ 큰 소리로 ~ 하다 大声おおごえで返事する。

**대:대**〖代代〗〖名〗代々だい、歴代れきだい、世々よよ。¶ 선조의 묘지 先祖代々せんぞだいの墓はか。

**대:대-손손**〖-孫孫〗〖名〗子々孫々しそんそん。¶ ~ 에 전하다 子々孫々に伝つたえる。

**대:도**〖大盜〗〖名〗大盗だいとう、おおどろぼう。

**대:도**〖大道〗〖名〗大道だい。①大路おおじ、大通おおどおり。¶ 천하의 ~ 天下てんかの大道。②根本ほんの道徳とく、正しい道みち。

**대:-도시**〖大都市〗〖名〗大都市だいとし、大都会だいとかい。

**대:동¹**〖大同〗〖名〗〖하自〗大同だい、多おおくの者ものがひとつにまとまること。

**대:동 단결**〖-團結〗〖名〗〖하自〗大同団結だんけつ。¶ 온국민의 ~ 全国民ぜんこくみんが大同団結。

**대:동²**〖大同〗〖名〗〖하形〗大同だい、(少すこしの差さはあっても)大体だいたい同おなじであること。

**대:동-소:이**〖-小異〗〖名〗〖하形〗大同小異しょうい。¶ ~ 한 실력 大同小異な実力じつりょく。

**대:-동맥**〖大動脈〗〖名〗大動脈どうみゃく。¶ 고속 도로는 나라의 ~ 이다 高速こうそく道路どうろは国くにの大動脈である。

**대:두**〖大豆〗〖名〗大豆だいず。〖俗〗コング.

**대두**〖擡頭〗〖名〗〖하自〗〖되自〗台頭とう。¶ 민주주의의 ~ 民主主義だんしゅしゅぎの台頭。

**대:-들다** 〖自〗食くって掛かかる、突つっかかる、はむかう、立たち向むかう、挑いどむ。¶ 어른에게 바락바락 ~ 大人おとなにかっかと食ってかかる。

**대:-들보**〖大-〗〖名〗①〖地〗大梁おおはり。②〖比〗(国家こっか・一家いっかなどの)中心ちゅうしんとなるもの、大黒柱だいこくばしら。¶ 집안의 ~ 를 잃다 一家の大黒柱を失うしなう。

**대:등**〖對等〗〖名〗〖하形〗対等とう。¶ ~ 한 처지에서 일하다 対等の立場たちで働はたらいている。

**대:략**〖大略〗〖名〗大略りゃく。①大おおきい計略けい、

すぐれた知略ゃく。②概略ゃく、概要ょう、あらまし。¶ ～を言う 大略を述べる。/ ～を把握する 概略を把握する。③《副詞的に》大体だい、おおよそ、約ゃく。¶ 백명은 들어간다 おおよそ百人にんは入はいる。/ 내용은 ～ 다음과 같다 内容ようは大体次つぎの通とおりだ。

**대:량**[大量] 名 大量たい。¶ ～ 주문 大量注文ちゅうもん/ ～ 득점하다 大量に得点とくする。②大おおきい度量ど、大度たい。

**대:량 생산**[-生産] 名 해他 大量生産さん。

**대:령**[大領] 名《軍》大領たい、大佐たい。

**대:로**[大路] 名 大路たい、大通おどり、大道どう。¶ 탄탄 ～를 걷다 坦々たんたんたる大路を歩あるく。

**대로** Ⅰ 依 ① …とおり、…のままに、…(する)ように。¶ 말씀하신 ～ 했습니다 おっしゃるとおりしました。/ 시키는 대로 해라 言いわれたようにせよ。② …したらすぐ、次第し。¶ 도착하는 ～ 전화를 해라 到着とうちゃくしたらすぐ電話でんしなさい。/ 용무가 끝나는 ～ 돌아오시오 用事ようじが終おわり次第帰かえって来きなさい。③ …する度たびごとに、…することに。¶ 시험을 치는 ～ 합격하다 試験けんを受うけるごとに合格こうかくする。Ⅱ 助 ① …(の)とおり、…のままに)、…のように、…の従したがって。¶ 종전～ 시행하다 従前ぜん通どおり施行こうする。/ 하고 싶은 ～ 하다 したいようにせよ。② 별々ベっに、…なり(に)。¶ 너는 너～ 해라 君きみは君なりにしろ。

**대롱** 名 細ほそい竹筒ちくづつ、筒つつ。

**대롱-거리다** 自 《ぶらさがった小ちいさいものが》軽かるく動うごく、ぶらぶら揺ゆれる。

**대롱-대롱** 副 自 《ぶらさがった小ちいさいものが軽かるく揺ゆれるようす》ぶらぶら。¶ 사과가 가지에 ～ 달려 있다 りんごが枝えだにぶらんぶらんなっている。

**대:류**[對流] 名《物》対流りゅう。

**대:류-권**[-圈] 名《氣》対流圏けん。

**대:륙**[大陸] 名 大陸りく。¶ ～ 횡단 여행 大陸横断おうだん旅行りょう。

**대:륙간 탄:도 유도탄**[-間彈道誘導彈] 名《軍》大陸間弾道弾だんどうだん、アイシービーエム。

**대:륙-붕**[-棚] 名《地》大陸棚だな。

**대:륙-성**[-性] 名 大陸性せい。¶ ～ 기후 大陸性気候きこう。

**대:리**[代理] 名 해他 代理だい。¶ 부장 ～ 部長ちょう代理/ ～로 보내다 代理として送おくる。

**대:리-모**[-母] 名 代理母はは。

**대:리-인**[-人] 名《法》代理人にん。

**대:리-점**[-店] 名《商》代理店てん、エージェンシー。¶ ～을 열다 代理店をオープンする。

**대:리-석**[大理石] 名《鑛》大理石せき。¶ 인조 ～ 人造じんぞう大理石。

**대:립**[對立] 名 해他 自 対立たい。¶ 의견이 ～하다 意見けんが対立する。/ 노사간의 ～ 労使間かんの対立。

**대:마**[大麻] 名《植》大麻たい、麻あさ。

**대:마-초**[-草] 名 大麻、マリファナ。

**대만**[臺灣] 名《地》台湾たいわん。

**대:-만원**[大滿員] 名 超満員ちょうまんいん、大入おおいり満員まんいん。¶ 야구장이 ～이다 野球場じょうが超満員だ。

**대:망**[大望] 名 大望たい・だい、大志たい。¶ ～을 이루다 大望を成なし遂とげる。

**대:망**[待望] 名 해他 待望ぼう。¶ ～하던 비가 내리다 待望の雨あめが降ふる。

**대:-매출**[大賣出] 名 해他 大売おおり出だし。¶ 연말 ～ 年末ねんまつ大売り出し。

**대:-머리** [大頭] 名 禿はげ頭あたまの人ひと。¶ ～가 되다 頭がはげる、はげ頭になる。

**대:면**[對面] 名 해他 自他 対面めん。¶ 첫 ～ 初対面だいめん/ 이산 가족이 10년 만에 ～했다 離散家族かぞくが10年ねんぶりに対面した。

**대:명**[大命] 名 大命めい、勅命ちょく、天命てん。¶ ～을 내리다 勅命を下くだす。

**대:-명사**[代名詞] 名《文法》代名詞めいし。¶ 인칭 ～ 人称にんしょう代名詞。

**대:명-천지**[大明天地] 名 非常ひじょうに明あかるい世よの中なか。

**대목** 名 ① 《商売しょうの》書かき入いれ時どき、もうかる時どき、やま場ば、大詰おおづめ、正念場しょうねんば。¶ 설달 ～ 大晦日おおみそかの書き入れ時。② 《文ぶ・物語中ものがたりの》一区切ひとくぎり、一節せつ。¶ 슬픈 ～ 悲かなしい一区切り。

**대:-못** 名 大おおきな釘くぎ、五寸釘ごすんくぎ。

**대:문**[大門] 名 大門もん、表門おもて、正門もん、門もん。¶ ～ 채 門のある棟むね/ ～을 두드리다 門をたたく。

**대:-문자**[大文字] 名 ① 雄大ゆうだいな文章ぶんしょう。② 《アルファベットの》大文字じ。

**대:물**[對物] 名 対物ぶつ。¶ ～ 렌즈 対物レンズ。

**대:-물리다**[代-] 他 《財産ざいや物ものなどを》子孫そんに伝つたえる、伝え遺のこす、代々よよに伝える。¶ 대물린 책 代々伝わってきた本ほん。

**대:미**[對美] 名 対米たい。¶ ～ 외교 対米外交がいこう/ ～ 통상 対米通商つうしょう。

**대:-바구니** 名 竹たけかご。

**대:-바늘** 名 竹針たけばり。

**대:-받다** 他 《反抗的はんこうてきに》言いい返かえす、口答くちごたえする、たて突つく。¶ 어른 말을 ～ 大人おとなの言うことに口答えする。

**대번에** 副 立たちどころに、すぐに、一気いっきに、いっぺんに、直ただちに。¶ ～ 얼굴이 붉어졌다 すぐに顔が赤あかくなった/ 일을 ～ 해 버리다 仕事ごとを一気にしてしまう。

**대:범**[大凡] 副 おおよそ、おお方かた、概がいして、大体たい。

**대:범-하다**[大泛-] 形動 大様おおような、おおらかだ、大おまかだ、度量じょうが大おおきい。¶ 대범한 인품 大様な人柄ひとがら。

**대:법원**[大法院] 名 最高さいこう裁判所さいばんしょ、最高裁さい。

**대:법원 판사**[-判事] 名 最高裁判所さいばんしょ判事じ。

**대:법회**[大法會] 名《佛》大法会ほうえ、大規模きぼな法会え。

**대:변**[大便] 名 大便べん、くそ。¶ ～을 보다 大

대:변【代辯】 名 하他 自 代弁、代辯。
　대:변-인【-人】 名 代弁人、スポークスマン。 ¶ 정부 ～ 政府のスポークスマン。
　대:변-자【-者】 名 代弁者。
대:-보다 他 比べて見る、比較して見る、対照してみる、当ててみる。 ¶ 키를 ～ 背を比べて見る。/ 길고 짧은 것은 대보아야 안다 長短かいか短かいかは比べてみて初めてわかる。
대:-보름날【大-】 名 上元(陰暦の正月15日)。
대:복【大福】 名 大福、大きな福運。
대:본【大本】 名 大本、大もと。 ¶ 농사 천하지 ～ 農うは天下このの大本ほんだ。
대본【臺本】 名 ①(演劇・映画の)台本、脚本、シナリオ。 ¶ ～을 읽다 台本を読む。 ②(原稿などの)土台となる本、低本、たねほん。
대:부【代父】 名 가 名付け親、教父、ゴッドファーザー。
대:부【貸付・貸附】 名 하他 自 貸かし付つけ。 ¶ 은행 ～를 받다 銀行の貸し付けを受ける。
　대:부-금【-金】 名 貸付金。
대:-부분【大部分】 名 ①大部分、ほとんど。 ¶ 참가자의 ～은 대학생이었다 参加者の大部分は大学生だった。 ②(副詞的に)ほとんど、たいてい、おおかた。 ¶ 예상이 ～ 적중했다 予想がおおかた大部分当たった。
대:-분수【帶分數】 名 帯分数。
대:비【對比】 名 하他 自 対比。 ¶ 이상과 현실의 ～ 理想と現実の対比。
대:비【對備】 名 하他 備え、備えること。 ¶ 만전의 ～ 万全の備え/ 적의 침략에 ～하다 敵の侵略に備える。
대:사【大事】 名 ①大事だい。 ¶ 국가의 ～ 国家の大事。 ②大礼だい、婚礼。 ¶ 혼인은 인륜 ～다 婚姻は人倫の大礼である。
대:사【大使】 名 大使だい(特命全権大使の通称)。 ¶ 주미 ～ 駐米大使/ ～를 소환하다 大使を召還する。
　대:사-관【-館】 名 大使館。
대:사【大師】 名 大師だい。 ①仏・菩薩の尊敬語。 ②(高麗・朝鮮時代で)朝廷から高僧に賜わった尊称。 ¶ 사명 ～ 四溟大師。 ③僧侶の尊敬語。
대사【臺詞】 名 台詞、せりふ。 ¶ ～를 외다 せりふを覚える。
대:상【大賞】 名 大賞、グランプリ。
대:상【對象】 名 対象、目当て、的。 ¶ 공격의 ～ 攻撃の対象/ 어린이 ～의 프로그램 子供向けの番組/ 선망의 ～이 되다 羨望の的になる。
대:서【大書】 名 하他 大書。
　대:서 특필【-特筆】 名 하他 特筆大書。 ¶ 신문에 ～하다 新聞に特筆大書する。
대:서【大暑】 名 ①大暑(二十四節気のひとつ)。 ②酷暑、ひどい暑さ。
대:서【代書】 名 하他 代書。 ①(官公署に提出する)書類などを本人に代わって書くこと。 ② ⇨ 대필(代筆)
　대:서-소【-所】 名 代書人事務所。
　대:서-인【-人】 名 代書人。
-대서 語尾 《「-다고 하여서」의 縮約形》 …ので、…のゆえに、…だというので、…だというから。 ¶ 힘이 세～ 장사라 불린다 力が強いので力持ちと呼ばれる。
-대서야 語尾 《「-다고 하여서야」의 縮約形》 …(など)といっては。 ¶ 학교에 가는 것이 싫～ 되나? 学校へ行くのがいやだなどといってはいけない。
대:서-양【大西洋】 名 地 大西洋。
대:-선거구【大選擧區】 名 大選挙区。
대:설【大雪】 名 ①大雪(二十四節気のひとつ)。 ②大雪、はげしく降る雪、多おく積もった雪。 ¶ ～ 주의보 大雪注意報。
대:성【大成】 名 하自他 大成。 ¶ 정계에서 ～하다 政界で大成する。
대:성【大聲】 名 大声、おおごえ。 ¶ ～ 일갈 大声一喝。
　대:성 통-곡【-痛哭】 名 하他 声を張り上げて泣き叫ぶこと。
대:-성공【大成功】 名 하自 大成功。
대:성황【大盛況】 名 大盛況。 ¶ 음악회는 ～이었다 音楽会は大盛況だった。
대:세【大勢】 名 ①大勢、形勢、趨勢。 ¶ ～가 결정되다 大勢が決まる。/ ～를 좇다 大勢に従う。 ②大きな勢力、権力。 ¶ ～를 장악하다 大きな勢力をつかむ。
대:소【大小】 名 大小。 ¶ 일의 ～를 불문하고… 事の大小を問わず…。
대:소【大笑】 名 하自 大笑、おおわらい。 ¶ 가가 ～ 呵々大笑。
대:-소동【大騷動】 名 大騒動、大騒ぎ。 ¶ ～이 일어나다 大騒動が起こる。
대:-소변【大小便】 名 大小便。
대:-소사【大小事】 名 大小の事柄。
대:수【代數】 名 數 代数。 ¶ ～식 代数式。
대:수-롭다【一大事】 形 ㅂ 大したことだ、大切だ、重要だ、たいへんだ。 ¶ 병세에 대수로운 변화는 없다 病状に大した変化はない。 ¶ (否定の表現とともに用いられて) 大したことない、取るに足りない、重要でない。 ¶ 충고를 대수롭지 않게 여기다 忠告を取るに足りないと思う。　대수로이 副 大切に、たいそうに、ぎょうさんに。
대:-수술【大手術】 名 하他 大手術。
대:숲 名 竹やぶ。
대:승【大乘】 名 佛 大乗。
　대:승 불교【-佛敎】 名 佛 大乗仏教。
　대:승-적【-的】 冠名 大乗的。 ¶ ～ 견지 大乗的見地。
대:승【大勝】 名 하自 大勝。 ¶ 10대 0으로 ～했다 10対ゼロで大勝した。

대:식(大食) 名他 大食だいしょく, 大食おおぐい. ¶ ～으로 배탈이 나다 大食で腹はらをこわす.
대:식-가(一家) 名 大食家か, 健啖家けんたんか.
대신(大臣) 名 大臣だいじん.
대:신(代身) 名自他 ①代理だいり, 代わり, 代用だいよう, 代行だいこう. ¶ 사장을 ～하여 참석하다 社長しゃちょうの代理で参加さんかする. / 밥으로 빵을 먹었다 ご飯はんの代わりにパンを食たべた. ②(副詞的に)代かわって, 代わりに. ¶ ～ 말하다 代わりに話はなす. / 값이 비싼 ～ 오래 간다 値ねが高たかい代わりに長持ながもちがする.
대:악(大惡) 名 大惡だいあく, 極惡ごくあく.
대:악-무도(一無道) 名形 大惡無道だいあくむどう, 極惡非道ひどう.
대:안(代案) 名 代案だいあん. ¶ ～을 제시하다 代案を提示ていじする.
대:안(對岸) 名 対岸たいがん, 向むこう岸ぎし. ¶ ～의 불 対岸の火事か.
대:안 렌즈(對眼 lens) 名物 接眼せつがんレンズ.
대야 洗面器せんめんき, 洗面用せんめんようのたらい.
-대야 語尾 (「다고 하여야」의 縮約形) ①(前まえのことばが後ちに起おこる条件じょうけんとなることを表あらわす)…してこそ, …いってこそ, …というなら, …といわなければ. ¶ 공부를 한～ 책을 사 주지 勉強べんきょうをするというなら本ほんを買かってやる. ②(《程度ていど・限度げんどが大だいしたものでないことを表あらわす》)…と言いっても, …とて. ¶ 제가 잘났～ 얼마나 잘났겠어 あんなもの偉えらぶったとて知しれたものだ.
대:양(大洋) 名地 大洋たいよう, 大海たいかい. ¶ ～을 항해하다 大洋を航海こうかいする.
대:양-주(一洲) 名地 大洋洲たいようしゅう, オセアニア.
대:어(大魚) 名 大魚たいぎょ, 大おおきな魚さかな.
대:어(大漁) 名 大漁たいりょう, 豊漁ほうりょう.
대:언(大言) 名自他 大言たいげん, 豪語ごうご.
대:언-장담(一壯談) 名自他 大言壯語たいげんそうご.
대:업(大業) 名 大業たいぎょう, 大事業だいじぎょう. ¶ ～을 성취하다 大業を成就じょうじゅする.
대:여(貸與) 名他 貸与たいよ. ¶ 무상으로 ～하다 無償むしょうで貸与する.
대:-여섯 數 5・6ろく, 五つつか六むっつ. ¶ ～ 사람 5・6人にん.
대:역(大役) 名 大役たいやく, 大任たいにん. ¶ ～을 맡다 大役を引ひき受うける.
대:역(大逆) 名 大逆たいぎゃく. ¶ ～ 죄인 大逆の罪人ざいにん. / ～ 무도 大逆無道むどう.
대:역-죄(一罪) 名 大逆罪たいぎゃくざい.
대:역(代役) 名自他 代役だいやく. ¶ ～을 하다 代役を務つとめる.
대:열(隊列) 名 隊列たいれつ. ¶ ～을 짜다 隊列を組くむ. / ～에서 이탈하다 隊列を離はなれる.
대:엿-새 名 5・6日ごろ. ¶ ～ 동안 기다리다 5・6日の間あいだ待まつ.
대:-오다 自 (ある時間じかんに)間まに合あわせて来くる, ちょうどに来くる. ¶ 약속 시간에 ～ 約束やくそくの時間に間に合わせて来る.
대:왕(大王) 名 ①先代せんだいの王おうの尊敬語そんけいご. ②特とくにすぐれた王の尊敬語. ¶ 알렉산더 ～ アレキサンダー大王.
대:외(對外) 名 対外たいがい. ¶ ～ 정책 対外政策せいさく.
대:요(大要) 名 大要たいよう, 要点ようてん, あらまし. ¶ 강연의 ～ 講演こうえんのあらまし / ～를 설명하다 大要を説明せつめいする.
대:용(代用) 名他 되自 代用だいよう. ¶ ～식 代用食しょく / 항아리를 화병 ～으로 쓰다 壺つぼを花瓶かびんの代用につかう.
대:용 작물(一作物) 名 代用作物さくもつ.
대:용-품(一品) 名 代用品ひん. ¶ ～으로 때우다 代用品に間まに合あわす.
대:우(待遇) 名他 待遇たいぐう. ¶ 부장 ～ 部長ぶちょう待遇 / 극진한 ～를 받다 至いたれり尽つくせりのもてなしを受うける.
대:-우주(大宇宙) 名 大宇宙だいうちゅう, マクロコスモス.
대:운(大運) 名 大おおきな幸運こううん. ¶ 대운(이) 트이다 大きな幸運が開ひらける.
대:웅-전(大雄殿) 名 金堂こんどう, 本堂ほんどう.
대:원(大願) 名 大願たいがん. ¶ ～이 이루어지다 大願がかなう.
대:원 성취(一成就) 名他 大願成就じょうじゅ.
대원(隊員) 名 隊員たいいん. ¶ 탐험 ～ 探検たんけん隊員.
대:월(貸越) 名他 經 貸かし越こし, 当座とうざ貸し越し.
대:월-금(一金) 名 經 貸越金かしこしきん.
대:위(大尉) 名 軍 大尉たいい.
대위-법(對位法) 名 音 対位法たいいほう.
대:은(大恩) 名 大恩だいおん, 厚恩こうおん. ¶ 주인의 ～ 主人しゅじんの大恩.
대:응(對應) 名自 되自 対応たいおう. ¶ 시국에 ～하다 時局じきょくに対応する.
대:응-책(一策) 名 対応策さく. ¶ ～을 강구하다 対応策を講こうずる.
대:의(大意) 名 大意だいい, 要旨ようし, 概略がいりゃく. ¶ ～를 파악하다 大意をつかむ.
대:의(大義) 名 大義たいぎ. ¶ ～에 어긋나는 행동 大義にそむく行動こうどう.
대:의-명분(一名分) 名 大義名分めいぶん. ¶ ～을 내세우다 大義名分をふりかざす.
대:의(代議) 名 代議だいぎ. ¶ ～ 정치 代議政治せいじ.
대:의-원(一員) 名 代議員だいぎいん. ¶ ～을 선출하다 代議員を選出せんしゅつする.
대:인(大人) 名 ①おとな, 成人せいじん. ②「대인군자(大人君子)」의 縮約形. ③巨人きょじん.
대:인-군자(一君子) 名 大人君子たいじんくんし, 度量どりょうが広ひろく徳とくの高たかい人ひと.
대:인(對人) 名自 対人たいじん. ¶ ～ 관계 対人関係かんけい.
대:인 공포증(一恐怖症) 名 対人恐怖症きょうふしょう.
대:-인기(大人氣) 名 大人気にんき, 大持おおもて. ¶ ～를 끌다 大持てに持てる.
대:일(對日) 名 対日にち. ¶ ～ 감정 対日感情かんじょう.
대:입(代入) 名他 되自 代入だいにゅう.
대:입-법(一法) 名 數 代入法にゅうほう.
대:자(代子) 名 カ 代子だいし, 名付なづけ子こ.
대:자-대:비(大慈大悲) 名 大慈だいじ大悲だいひ.

대:-자연(大自然)〖名〗 大自然だいしぜん。¶ 아름다운 ~의 신비 美うつくしい大自然の神秘しんぴ。

대:작(大作)〖名〗 大作たいさく。¶ 전쟁을 소재로 한 ~ 戦争せんそうを素材そざいとした大作。

대:작(對酌)〖名〗〖自他〗 対酌しゃく、対飲たいいん。

대:장〖名〗「대장장이」의 縮約形。

　대:장-간(-間)〖名〗 鍛冶屋かじや。
　대:장-일(-〖日〗)〖名〗〖自〗 鍛冶屋かじやの仕事しごと。
　대:장-장이〖名〗 鍛冶屋かじや、鍛冶しょく職人にん。

대:장(大將)〖名〗① 〖史〗 將軍しょうぐん、將軍たいしょう。② 〖軍〗 大將たいしょう。③ ある集団しゅうだんの頭かしら、親分おやぶん、頭目とうもく。¶ 골목 ~ 餓鬼がき大將たいしょう。④《名詞について》…大將たいしょう、…がうまい者もの。¶ 싸움 ~ けんか大将。

대:장(大腸)〖名〗〖生〗 大腸だいちょう。¶ ~염 大腸炎えん。

　대:장-균(-菌)〖名〗〖生〗 大腸菌だいちょうきん。

대장(隊長)〖名〗 隊長たいちょう。¶ 소방 ~ 消防しょうぼう隊長。

대장(臺帳)〖名〗 台帳だいちょう。¶ 토지 ~ 土地とち台帳。

대:-장부(大丈夫)〖名〗 大丈夫だいじょうぶ、ますらお、りっぱな男子だんし。

대:저(大抵)〖副〗 たいてい、おおよそ、そもそも、大体だいたい。

대:적(對敵)〖名〗〖自他〗 対敵てき。¶ ~ 행동 対敵行動こうどう/ ~할 사람이 없다 渡わたり合あう相手あいてがいない。

대:전(大全)〖名〗 大全ぜん。¶ 경제학 ~ 経済学けいざいがく大全。

대:전(大戰)〖名〗 大戰たいせん。¶ 제2차 세계 ~ 第二次だいにじ世界せかい大戰。

대:전(對戰)〖名〗〖自他〗 対戰せん。¶ 최강팀과 ~하다 最強さいきょうチームと対戦する。

대:-전제(大前提)〖名〗〖論〗 大前提ぜんてい。

대:절(貸切)〖名〗〖他〗 貸かし切きり。¶ ~차 貸し切り車ぐるま。㊈ 전세。

대:접[1](大楪)Ⅰ〖名〗 平鉢ひらばち、（汁物しるものなどを入いれる）浅あく平ひらべったいどんぶり状じょうの食器しょっき。Ⅱ〖依〗《平鉢を数かぞえる語ご》…杯はい。¶ 국 한 ~ 汁一杯いっぱい。

대:접[2]〖名〗 牛うしの後足あとあしの内うちももの肉にく。

대:접(待接)〖名〗〖他〗 ① （食事しょくじなどの）もてなし、接待せったい。¶ 손님을 따뜻하게 ~하다 客きゃくを温あたたかくもてなす。② （当然とうぜんうけるべき）扱あつかい、扱あつかわれ、待遇たいぐう、処遇しょぐう。¶ 사람 ~을 못 받다 人間にんげん扱いにされない。

대:정맥(大靜脈)〖名〗〖生〗 大静脈だいじょうみゃく。

대:-제전(大祭典)〖名〗 大祭典さいてん。

대:조(對照)〖名〗〖他〗 対照たいしょう、照てらし合あわせ。¶ 원문과 ~하다 原文げんぶんと照らし合わせる。/ 주위와 뚜렷한 대조를 이루고 있다 周まわりと際立きわだった対照をなしている。

　대:조-법(-法)〖名〗〖文〗 対照法ほう。
　대:조-적(-的)〖冠名〗 対照的てき。¶ ~인 현상 対照的な現象げんしょう。

대:졸(大卒)〖名〗《「대학 졸업」의 縮約形》大卒たいそつ、大学だいがく卒業そつぎょう。¶ ~ 학력 大卒の学歴がくれき。

대:좌(對坐)〖名〗〖自他〗 対座たいざ、差さし向むかい。¶ 손님과 ~하다 客きゃくと対座する。

대:죄(大罪)〖名〗 大罪だいざい、重罪じゅうざい。¶ ~를 범하다 大罪を犯おかす。

대:-주가(大酒家)〖名〗 大酒家たいしゅか、大酒飲おおざけのみ。

대:-주교(大主教)〖名〗〖カ〗 大司教だいしきょう。

대:-주다〖他〗「대어 주다」의 縮約形。① （つづけて）出だしてやる、供給きょうきゅうする、あてがう。¶ 생활비를 ~ 生活費せいかつひを出してやる。/ 공장에 물건을 ~ 工場こうじょうに品物しなものを供給する。② （くわしく）教おしえてやる、指さし示しめす、告つげる。¶ 전화 번호를 ~ 電話番号でんわばんごうを教える。③ （電話でんわなどで）つなぐ。¶ 김 선생을 대주시오 金先生につないでください。④ 当あててやる、添そえてやる、あてがう。¶ 환자의 입에 컵을 ~ 患者かんじゃの口くちにコップを当ててやる。

대중〖名〗〖他〗 ① （おおよその）見当けんとう、見積みつもり、予測よそく、目当めあて、当あて推量すいりょう。¶ 눈~ 目分量めぶんりょう/ 전연 ~을 잡지 못하다 全然ぜんぜん見当がつかない。② 基準きじゅん、標準ひょうじゅん。

대중-삼다〖他〗 目安めやすにする、見当をつける、目当てにする、目印めじるしにする。¶ 불빛을 대중삼아 가다 火ひの明あかりを目印にして行ゆく。

대중-없:다〖形〗 ① （言動げんどうなどが）でたらめだ、予測できない、見当もつかない、とてつもない。¶ 대중없는 말을 하다 とてつもないことを言いう。② 基準きじゅんがない、一定いっていでない。¶ 요즘 귀가 시간이 ~ 最近さいきん帰宅きたくの時間じかんが一定でない。 대중-없:이〖副〗 でたらめに、区別くべつなく、基準もなく。¶ 큰 것 작은 것이 ~ 섞여 있다 大おおきいのも小ちいさいのも区別なく混まじっている。

대:중(大衆)〖名〗 ① 大衆たいしゅう、民衆みんしゅう、多おおくの人ひと。¶ ~ 운동 大衆運動うんどう/ ~ 잡지 大衆雜誌ざっし/ ~의 지지를 얻다 大衆の支持しじを得える。② 〖佛〗 大衆たいしゅう、多くの僧侶そうりょ。

대:중가요(-歌謠)〖名〗 大衆歌謠かよう、歌謠曲かようきょく、流行歌りゅうこうか。

대:-중 매체(-媒體)〖名〗 マスメディア。

대:-중 문학(-文學)〖名〗 大衆たいしゅう文学ぶんがく。

대:중-적(-的)〖冠名〗 大衆的てき。¶ ~인 지반 大衆的な地盤じばん。

대:중-화(-化)〖名〗〖自他〗〖되自〗 大衆化たいしゅうか。¶ 과학의 ~ 科學かがくの大衆化。

대:증(對症)〖名〗 対症しょう。¶ ~ 요법 対症療法りょうほう。

대:지(大地)〖名〗 大地だいち。¶ 광활한 ~ 広々ひろびろとした大地。

대:지(大志)〖名〗 大志たいし。¶ ~를 품다 大志を抱いだく。

대지(垈地)〖名〗 敷地しきち、宅地たくち。¶ 백 평의 ~ 百坪ひゃくつぼの敷地。

대:-지주(大地主)〖名〗 大地主おおじぬし。

대:진(對陣)〖名〗〖自他〗 対陣たいじん、対峙たいじ。¶ 양군이 ~하고 있다 両軍りょうぐんが対陣している。

대:질(對質)〖名〗〖自他〗 対質たいしつ、突つき合あわせ。¶ 범인을 ~시키다 犯人にんを突き合わせる。

　대:질 심문(-審問)〖名〗 対質審問しん。

대:짜(大-)〖名〗（同種類どうしゅるいの中なかでの）大物おおもの、

대ː-하다

대ː きいもの。¶ ~를 골라 사다 大きいのをよって買う。

대-쪽 图 竹片の細割ほそり、竹切たれ。¶ ~ 같은 성미 竹を割わったような性格だ。

대ː차【大差】图 大差だい。¶ ~로 이기다 大差で勝かつ。

대ː차【貸借】图 貸借しゃく。¶ ~ 관계 貸借関係けい。

대ː차 대ː조표[-對照表] 图 貸借対照表しょう。

대ː책【對策】图 対策さく。¶ ~을 강구하다 対策を講ずる。

대ː처【帶妻】图하자 妻帶きたい。

대ː처-승[-僧] 图 妻帶僧そう、所帶持しょたいちの僧そう。

대ː처【對處】图하자타 対処しょ。¶ 난국에 ~하다 難局なんに対処する。

대ː청【大廳】图 (家いえの中央ちゅうにある)広い板の間ま。

대ː-청소【大清掃】图 大掃除おそう。

대ː체【大體】图 ①大体だい、おおよそ、あらまし。¶ 사건의 ~를 파악하다 事件じんのあらましをつかむ。②《副詞的に》一体たいに。¶ ~ 어떻게 된 셈이냐 一体どうなっているのだい。

대ː체-로 副 大体だい、概がいして、おおよそ、総じて、おおむね。¶ ~ 성공이었다 大体成功せいだった。/ ~ 양호한 편이다 おおよそ良好こうなほうだ。

대ː체【代替】图하자타돼 代替だい、取とり替かえ、代かわり。¶ 새것으로 ~하다 新あたらしい物に取り替える。

대ː체-품[-品] 图 代替品ひん。

대ː체【對替】图하타【經】振替ふり替かえ。¶ ~ 계정 振替勘定じょう。

대ː-초원【大草原】图 大草原そうげん。

대ː추 图 ナツメ。

대ː추-나무 图【柏】ナツメの木き。

[속담] 대추나무에 연 걸리듯 ナツメの木に凧たこが引っかかったようだ。《あちこちに借金しゃっきんが多くて首が回まわらないこと》

대ː출【貸出】图하자 貸かし出だし。¶ ~금 貸し出し金きん。

대충 副 大体だい、おおよそ、おおまかに、ざっと、大おおざっぱに。¶ ~ 말하면… おおざっぱに言いえば…/ ~ 백 명 가량의 사람이 모이다 大体百名くらいの人が集まる。/ 책을 ~ 읽다 本ほんをざっと読よむ。

대충-대충 副 ざっと、おおまかに、おおざっぱに。¶ ~ 치우다 大ざっぱにかたづける。

대ː취【大醉】图하자 大醉だい、大いに酔ようこと。¶ ~해서 귀가하다 ひどく酔って帰宅たくする。

대ː치【代置】图하자돼 代置だい、代わりに置くこと。

대ː치【對峙】图하자돼 対峙だい。¶ 경찰과 데모대가 ~하다 警察けいとデモ隊だいが対峙する。

대ː칭【對稱】图 対称しょう。¶ ~형 対称形/ 좌우 ~ 左右ゆう対称。

대ː타【代打】图하자【野】代打だい。¶ ~자 代打者しゃ、ピンチヒッター。

대ː통【大通】图하자 運うんが大いに開けること、開運うん。¶ 운수 ~이다 運が向かってきた。

대ː통【大統】图 大統とう、王位おうを継承しょうする系統とう。¶ ~을 잇다 大統を継つぐ。

대ː-통령【大統領】图 大統領とうりょう。

대ː퇴【大腿】图【生】大腿だい、ふともも。¶ ~부 大腿部ぶ。

대ː-투매【大投賣】图하자 大投売おげうり。

대ː파【大破】图하자타돼 大破だい。¶ 상대 팀을 ~하다 相手ての チームを大破する。

대ː판【大-】图 ①「대판거리」의 縮約形。②《副詞的に》大掛おおがかりに。¶ ~ 소동이 일어나다 一大いち騷動どうが起こる。

대ː판-거리 图 大掛おおがかりなこと、大おおごと。¶ ~로 싸우다 大おおげんかをする。

대ː패 图 かんな。¶ ~로 나무를 깎다 かんなで木きを削けずる。

대ː패-질 图하자타 かんな掛け。¶ ~을 하다 かんなを掛ける。

대ː팻-밥 图 かんな屑くず。

대ː패【大敗】图하자 ①大失敗だいぱい。②大敗だい、慘敗ぱい。¶ 선거에서 ~하다 選挙せんで大敗する。

대ː-평원【大平原】图 大平原へいげん。

대포 图 ①大きな杯さかずき、大杯たいで飲むこと。¶ ~로 한 잔 하다 大杯で一杯ぱいする。② ⇒ 대폿술。

대폿-술 图 肴さかなしに大杯だいで飲のむ酒さけ、茶碗酒ちゃわん。

대폿-집 图 一杯飲いっぱいみ屋や、居酒屋ざかや。

대ː포【大砲】图 ①大砲ほう。¶ ~를 쏘다 大砲を撃つ。②嘘うそ、ほら、でたらめ。¶ ~를 놓다 ほらを吹く、うそをつく。

대ː포-알 图 大砲の弾たま、砲弾ほうだん。

대ː포-쟁이 图 うそつき、ほら吹ふき。

대ː폭【大幅】图 ①大幅だい、(布地ぬのなどの)広幅ひろ。②《副詞的に》大幅おおに、ぐんと。¶ 가격이 ~ 인상되다 価格かが大幅に引上あげられる。

대ː표【代表】图하타 代表ひょう。¶ ~작 代表作さく/ 내빈을 ~하여 축사를 하다 来賓らいを代表して祝辞じゅくを述のべる。

대ː표-단 [-團] 图 代表団だん。¶ 정부 ~ 政府ふ代表団。

대ː표 이ː사 [-理事] 图 代表取締役とりしまり。

대ː표-자 [-者] 图 代表者しゃ。¶ ~를 보내다 代表者を送る。

대ː풍【大豊】图하자 大豊作だいほうねん、大豊作ぼうさく。¶ ~이 들다 大豊作になる。

대ː피【待避】图하자 待避たい。¶ ~소 待避所じょ/ 지하실로 ~시키다 地下室ちかしつに待避させる。

대ː필【代筆】图하자 代筆ひつ。¶ 어머니의 편지를 ~하다 お母かあさんの手紙がみを代筆する。

대ː하【大河】图 大河たいが。¶ ~ 소설 大河小説しょう。

대ː하【大蝦】图【動】コウライエビ。

대ː-하다【對-】图하타【野】対たいする。①向むかい合あう、向き合う。¶ 밥상을 ~ 食膳ぜんに向か

かう。/ 마주 대하고 앉다 向かい合って座る。②《人に》接する、相手にする、応対にする、接待にする、もてなす。¶ 아내에게 심하게 ~ 妻につらく当たる。/ 손님을 공손히 ~ 客を丁重にもてなす。③対抗にする、敵対にする。¶ 강적에게 완강하게 ~ 強敵に頑強に対抗する。④《主に「(…에) 대한・대하여」の形で》㋐《人・問題などに》対して、ついて、関にする。¶ 정치에 대해서 큰 관심을 갖고 있다 政治に対して大きな関心を持っている。㋑《物事が》相対にする、対照にする、比べる。¶ 투자에 대한 수익 投資に対する収益。

대학¹【大學】图 大学。¶ 의과 ~ 医科大学/ ~ 교수 大学教授。
 대학병[-원]【-病院】图 大学病院。
대:학²【大學】图 大学『四書』のひとつ)。
대-학교【大學校】图 総合大学。
대:-학자【大學者】图 大学者。
대:한【大寒】图 大寒(二十四節気のひとつ)。
대:한【大韓】图 ①大韓民国、韓国。②〔史〕「대한제국」の縮約形』大韓帝国。
대:-합실【待合室】图 待合室。¶ ~ 에서 기다리다 待合室で待つ。
대:-항【對抗】图〔하다他〕対抗。¶ 전 対抗戦/ 적에 ~ 하다 敵に立ち向かう。
대:해【大海】图 大海、大洋、大海原。¶ 망망~ 茫々たる大海。
대:-행【代行】图〔하다他〕代行。¶ 업무를 ~ 하다 業務を代行する。
대:-헌장【大憲章】图〔史〕大憲章、マグナカルタ。
대:-혁명【大革命】图〔하다他〕大革命。①大きな革命。②〔史〕フランス革命。
대:-형【大形・大型】图 大形、大型。¶ ~ 트럭 大型トラック。
대:-화【對話】图 対話。¶ 부모와 자식 간의 ~ 親子間の対話/ ~ 를 통해 해결하다 対話を通じて解決する。
대:-환영【大歡迎】图〔하다他〕大歓迎。
대:회【大會】图 大会。¶ 체육 ~ 를 열다 体育大会を開く。
댁【宅】I 图《他人の家・家庭の尊敬語》お宅。¶ 선생님 ~ 先生のお宅/ 찾아 뵙겠습니다 お宅に伺います。II 依 ①《夫の姓・職位などにつけてその人の妻であることを示し》…の奥さん、…夫人。¶ 강씨 ~ カンさんの奥さん/ 김사장 ~ 金社長夫人。②《女性の実家の地名につけて》その地方から嫁いできた人であることを示す。¶ 서울 ~ ソウルから嫁いできた夫人。III 代 お宅、あなた、そちら。¶ ~ 은 뉘시오? お宅はどちら様ですか。
댁내【宅内】图 お宅の皆様、ご家族ご一同。¶ ~ 두루 평안하십니까? お宅の皆様お元気ですか。

댁-대구루루 副《小さくて固い物が早く転がるようすや音》ころころ。¶ 구슬이 ~ 굴러가 玉がころころと転がって行く。
댄서【dancer】图 ダンサー、踊り子、舞姫。
댄스【dance】图 ダンス。¶ 사교 ~ 社交ダンス/ ~ 파티를 열다 ダンスパーティーを開く。
댐【dam】图 ダム、堰堤。¶ 다목적 ~ 多目的ダム。
댓:〔數〕五つほどの、五つぐらいの。¶ ~ 사람 5人ほど/ 스물 ~ 밖에 안 되어 보인다 25ぐらいにしか見えない。
댓-바람 图《「댓바람에・댓바람으로」の形で》すぐに、直ちに、いきなり、急に。¶ ~ 에 때려 눕히다 いきなりはり倒す。
댓:새 图 5日間ぐらい、5日間ぐらい。¶ 입사한 지 ~ 밖에 안 된다 入社して5日しか経っていない。
-댔자 語尾《「-다고 하였자」の縮約形》…したところで。¶ 해 보았~ 별수 없다 やってみたところでしようがない。
댕강¹ 副〔하다自〕《小さな金属製の物がぶつかりつくときの音》ちん(と)。
댕강² 副〔하다自〕《細目の小柄のな物がもろく折れたり切り落とされたりするようす》ぽきり、ぽっきり。¶ 낚싯대가 ~ 부러지다 釣り竿がぽっきり折れる。
댕그랑 副〔하다他〕《鈴・風鈴などの鳴る音》ちりん。
댕기 图 テンギ(お下げ髪の先につけるリボン)。¶ ~ 를 들이다 テンギをつける。
댕기다 自他 (火が)付く、燃え移る、ともす、点火する。¶ 마른 나무에는 불이 잘 댕긴다 乾いた木には火がつきやすい。
더 副 ①《ある程度以上に》もっと、更に、より。¶ ~ 깊다 もっと深い。②《主に動詞の前に使われて》もっと、更に。¶ ~ 먹어라 もっと食べなさい。③(それ以上に)続けて)もっと。¶ ~ 참을 수가 없다 もう我慢ができない。
더구나 副《「더군다나」の縮約形》なお、そのうえに、おまけに、ばかりに。¶ 학식도 없지만 ~ 돈도 없다 学識もないがおまけに金もない。
더군다나 副 そのうえ(に)、なお。
더껑이 图 こってりした液体の表面ににこりついた皮。
-더냐 語尾 …だった(の)か、…していたのか。¶ 그녀가 그렇게 좋~? 彼女がそんなによかったのか。
-더니¹ 語尾《「-더냐」の縮約形》…だった(の)か、…していたのか。¶ 몸 건강히 지내~? 健康に暮らしていたのか。
-더니² 語尾 ①…ので、…のため、…だったので。¶ 놀기만 하~ 결국 낙제했다 遊んでばかりいたから結局落第した。②…だった(のに)な、…だったけれどね、…していたのにな。¶ 예전에는 참 아름답~ むかしは実らに美しかったのにね。

**더덕** 名(植) ツルニンジン。
**더덕-더덕** 副(하)形 《ポスターなどがところかまわずはりついていたり集うまっているようす》 ごてごて、べたべた、ぺたぺた。¶ 광고지가 ~ 붙은 벽 ビラがべたべたはってある壁。
**더덩실** 副《軽く浮かび上がるようす》 ふんわりと。¶ 하늘에는 구름이 ~ 떠 있다 空には雲がふんわりと浮いている。
**더듬-거리다** 自他 探る。①手探りする。¶ 성냥을 더듬거려 찾다 マッチを手探りで探す。②(道などを)尋ねばそのまま、たどる。¶ 눈길을 ~ 雪道をたどる。/ 더듬거려 목적지에 닿다 目的地にたどり着く。③口ごもる、言いよどむ、どもる、たどたどしく読む。¶ 선생님 앞에서는 말이 잘 안나와 더듬거린다 先生の前ではよくしゃべれなくてつかえる。
**더듬다** 他 ①手探りする。¶ 장롱속을 ~ たんすの底を手探る。/ 더듬어서 스위치를 찾다 手探りしてスイッチを探す。②(道・記憶などを)たどる。¶ 옛날 기억을 ~ 昔の記憶をたどる。③口ごもる、どもる、言いよどむ。¶ 더듬으면서 말하다 どもりながら言う。
**더듬-이¹** 名「말더듬이」の縮約形。
**더듬-이²** 名(生) 触角。⑪ 촉각(觸角)
**더디다** 形 遅い、のろい、鈍い。¶ 일이 ~ 仕事がのろい。/ 머리 회전이 ~ 頭の回転が鈍い。
**-더라** 語尾 ①…だったよ、…したんだよ、…していたんだよ。¶ 어젯밤은 무척 춥- 昨夜はとても寒かったよ。②(「…한다더라」の形で)…(する)そうだ、と言っていたよ。¶ 그는 내일 여행한다고 하- 彼はあす旅行すると言っていたよ。
**-더라도** 語尾 …(し)ても、…(する)とも。¶ 비가 오- 가겠어요 雨が降っても行きます。/ 일이 고되- 참자 仕事がつらくてもがまんしよう。
**-더라면** 語尾 …(し)たならば、…(し)たら。¶ 당신도 갔- 좋았을 것을… あなたも行ったらよかったものを…
**-더라손** 語尾 …であっても、…としても。¶ 아무리 그렇- 치더라도 네가 참아야지 いくらそうだとしても君가가我慢すしなくちゃね。
**더러¹** 副 ①いくらか、多少と、少しは、若干。¶ 사람이 ~ 모였더라 人がいくらか集まっていたよ。/ 좋은 것도 ~ 섞여 있다 いいものも少しは混ざっている。②たまに、ときどき、時おり、まれに。¶ 그들은 ~ 싸우기도 한다 彼らはときどきけんかもする。
**더러²** 助 (主に目下の者)に、…に対して。¶ 누구- 가라느냐? 誰にむかって行けというのか。
**더:러움** 名 汚れ、汚れ。¶ ~을 타다 汚されやすい。
**더:러워-지다** 自 ①(物が)汚くなる、汚れる、垢がつく。¶ 옷이 ~ 服が汚れる。②(心が)曲がる、卑しくなる、汚れる。¶ 마음이 ~ 心が卑しくなる。③醜くなる、きたなくなる。④(名誉などが)けがされる、傷つけられる。¶ 가문의 명예가 ~ 家門の名誉がけがされる。
**더럭** 副《恐怖・怒り・疑い・おじけなどがにわかに起こるようす》 にわかに、どっと、途端に、いっぺんに、急に。¶ ~ 겁이 났다 急に怖くなった。
**더:럽다** 形(ㅂ) 汚い。①不潔だ、汚れている、垢がついている。¶ 더러운 손 汚い手で。②下品だ、汚らしい、卑猥だ。¶ 더러운 인간 汚い人間だ。③非常にくさい。¶ 더럽게 노린구나 けちくさい行動をする。
**더:럽히다** 他 汚す。①汚す、不潔にする。¶ 옷을 ~ 服をよごす。②(名誉を)傷つける、辱がめる、そこなう。¶ 체면을 ~ 体面をそこなう。/ 학교의 이름을 ~ 学校の名をけがす。③(貞操を)奪う、犯す。¶ 여자를 ~ 女を犯す。
**더미** 名 大きな堆積が、積み重ね、山。¶ 빚 ~ 莫大な負債。
**더미-씌우다** 他 (責任・罪などを)おっかぶせる、なすりつける。
**더벅-머리** 名 ぼうぼうとした髪(の人)。
**더부룩-하다** 形(여) ①(草木・ひげや髪などが)ぼうぼうしている。¶ 잡초가 더부룩하게 자랐다 雑草がぼうぼうと生えている。②(消化不良で)胃がもたれ気味だ。¶ 배가 ~ 腹がもたれ気味だ。
**더부살이** 名(하)自 住み込み奉公(人)。¶ ~를 살다 住み込み奉公をする。
**더불어** 副 ①いっしょに、共に。¶ 그녀와 ~ 살다 彼女といっしょに住む。/ ~ 즐기다 共に楽しむ。②相手にして(して)。¶ 그와 씨름을 하다 彼を相手に相撲をとる。③伴って、共に。¶ 산업화와 ~ 자연 파괴가 일어나다 産業化と共に自然の破壊が起こる。
**더블**【double】 名 ダブル。⑭ 싱글
**더블유-티:-오:**【WTO】 名 ダブリューティーオー、世界貿易機構。
**더빙**【dubbing】 名(映) ダビング。
**더-없이** 副 この上なく、またとなく、何よ り。¶ ~ 좋은 기회 またとないよい機会。
**더욱** 副 もっと、さらに、なお、一層。¶ ~ 빨리 해라 もっと早くしなさい。/ ~ 열심히 공부하다 もっと熱心に勉強する。
**더욱-이** 副 なおかつ、さらに、その上に、なお。¶ ~ 곤란한 일로는 … その上困ったことには…。
**더욱이-나** 副 ①ましてや、その上。¶ 몸도 불편한데 ~ 노동을 하다니 体も不自由なのに、ましてや労働するとは…。②「더욱이」の強調語。
**더운-물** 名 温水、お湯、温めた水。

**더운-찜질** 图 熱っい湿布ふ。

**더워-하다** 自四 暑がる。¶ 갓난애가 더워하는 것 같아 赤ちゃん坊がが暑がるようだ。

**더위** 图 ①暑さ。¶ 타는 듯한 ~ 焼けつくような暑さ/ 숨막히는 ~ 息苦しいような暑さ。②漢 暑気ょあたり、夏ばて、夏負け。

**더위-먹다** 自四 暑気あたりする、夏ばてする。

**더위-타다** 自四 暑さに負ける、暑さに弱い。¶ 그는 몹시 더위탄다 彼はひどい暑がり屋だ。

**더치다** 自四 (病状が)再たび悪化あっかする、ぶり返す。¶ 찬바람을 쐬어 감기가 더쳤다 冷たい風に当あたってかぜがぶり返した。

**더펄-거리다** 自四 ①(髪の毛などが)風に揺ゆれる、そよぐ、なびく。¶ 머리카락을 더펄거리며 달려가다 髪の毛をなびかせながら駆けて行く。②浮ういて軽々かるがるしく行動こうどうする。

**더-하기** 图해他 ①(数・式などに)足たすこと、足たし算ん、加くわえ算ん。②《足たし算で「+」を読ょみ上ぁげる言葉ことば》足たす。¶ 3＋4는 7 3足す4は7。

**더-하다¹** 自他四 ①(以前ぜんより)ひどくなる、激はげしくなる、重おもくなる、つのる。¶ 병세가 ~ 病気びょうがひどくなる。/ 그리움이 더해지다 懐なつかしさがつのる。②(以前よんり)もっと精せいを出だす、より多おおくする、より大おおきくなる。¶ 공부를 ~ 勉強きょうに一層そう精を出す。③《数字を》加くわえる、加算かさんする。¶ 둘에 셋을 ~ 2に3を加える。

**관용** 더할 나위 없다 この上ない、これ以上はない、最高だ、極上ごくじょうだ。

**더-하다²** 形四 (一方ほうが他方ほうより)ひどい、より大きい、より重い、より多い。¶ 게으르기로 말하면 그가 ~ 怠なけ者ものの点では彼かがよりひどい。

**더-한층** [一層] 图 なお一層そう。¶ ~ 노력하라 なお一層努力どりょくしなさい。

**덕** [德] 图 徳どく。①身みについた道徳どうとくの品性せい。¶ ~을 기리다 徳をたたえる。②恵めぐみ、恩恵けい、おかげ。¶ 오늘의 성공은 부모의 ~이다 今日の成功は親のおかげだ。③(「공덕(功德)」의 縮約形) 功徳どく。¶ 선행으로 ~을 쌓다 善行ぜんによって功徳を積つむ。④利益えき、もうけ。

**덕담** [德談] 图해他 相手あの幸しあわせなどを望のぞむあいさつの言葉ことば。

**덕망** [德望] 图 德望ぼう。¶ ~이 높은 인격자 徳望の高い人格者じんかく。

**덕목** [德目] 图 德目もく。¶ 용기도 ~의 하나다 勇気ゆうきも徳目のひとつである。

**덕분** [德分] 图 おかげ、加護かご、力添ちからぞえ。¶ 자네 ~으로 성공했다 君きのおかげで成功せいこうした。

**덕-스럽다** [德—] 形田 徳が備そなわっているように見える。

**덕용** [德用] 图 徳用とく。¶ ~ 포장 徳用包装ほうそう。

**덕지-덕지** 副해形 《垢あかなどがたくさんこびりついているようす》べっとり、べたべた。¶ 때가 ~ 끼었다 垢あかがべっとり付ついている。

**덕택** [德澤] 图 おかげ、恩恵けい、めぐみ。¶ 염려해 주신 ~으로… 心配はいしてくださったおかげで…

**덕행** [德行] 图 徳行こう。¶ ~으로 알려지다 徳行で知られている。

**-던** 語尾 …(して)いた、…だった。¶ 내가 살~ 고향 わたしが住すんでいた故郷きょう。

**-던가** 語尾 ①《過去を回想かいそうしながら自問もんたり反省はんせいしたりする》…したのかな、…だったかな。¶ 그게 누구~? あれは誰だったかな。/ 그런 일이 있었~? そんなことあったかな。②《過去を回想して前後せんごを連結れんけつすることを表わす》…だったかどうか、したかどうか。¶ 책이 몇권이나 있~ 모르겠다 本が何冊ぐらいあったのかな(はっきりしない)。

**-던걸** 語尾 「-던 것을」の縮約形。①《経験けいんした結果を、新たしい事実を知るようになる意を表わす》…だったのにねえ、…したよ。¶ 피곤해서 쉬겠다고 하~ 疲れて休むと言っていたよ。②《すでにあった事実を主張しながら相手の意見に対したして軽い疑問ぎもんを表わす》…したのに、…だったよ。¶ 병이라더니, 아주 건강하~ 病気だって、ものすごくぴんぴんしていたよ。

**-던데** 語尾 ①《次の語を引ひき出だすためにそれと関係けいのある事実を先ず回想かいそうして話はなす連結れんけつ語尾ご》…(した)のに、…(していた)ところが。¶ 아까는 자고 있~ 내가 온 것을 어떻게 알았지? さっきは眠んむっていたのに僕が来たのをどうしてわかったのかね。②《人の意見を聞きこうとする態度たいどで過去のことに対たいする自分じぶんの感想かんそうを述のべる》…だったよ、…だったな。¶ 집이 참 예쁘~ 家がほんとにきれいだったよ。

**-던들** 語尾 《過去の事実と反対はんたいのことを仮定かていすることを表わす》…(して)いたら、…(してい)たなら。¶ 더 공부했~ 합격했을 것을 もっと勉強べんきょう(てい)たなら合格かくしたんだが。

**던:적-스럽다** 形田 汚きたならしい、卑しい、さもしい。¶ 던적스러운 마음 さもしい心ころ/ 던적스럽게 굴다 けち臭くふるまう。

**-던지** 語尾 ①《過去の事を回想かいそうして漠然ばくとした推測すいそく・仮定かていの意を表わす》…(した)のかな。¶ 거기서 뭘 샀~ 생각이 안 난다 そこで何を買かったのか思いい出だせない。②《主に「어찌나 -던지」の形で用もちいられ 過去の回想かいそうが他のことを起こす原因げんん・根拠きょになることを表わす》どんなに…、あまりにも…(し)たので。¶ 어찌나 춥~ 말할 수도 없었다 あまりにも寒さむかったので口くちをきけなかった。

**던지다** 他四 ①(物を)投なげる、投げ飛とばす、ほうる。¶ 돌을 ~ 石いしを投げる。②(身を)投なげる、投じる、身投みなげする、飛とび込こむ。¶ 강물에 몸을 ~ 川に身を投げる。/ 교육계에 몸을 ~ 教育界きょういくに身を投じる。/

る。③(笑いなどを)投げかける、かける、おくる。¶ 추파를 ~ 秋波を送る。/ 화제를 ~ 話題を投げかける。④あきらめる、放棄する、見捨てる、(途中で)やめる。¶ 붓을 ~ 筆をなげる。⑤投票する、投じる。¶ 깨끗한 한 표를 ~ きれいな一票を投じる。⑥(ある目的のために)体を捧げる、またはそこに身を置く。¶ 나라를 위하여 목숨을 ~ 国のために身命をなげうつ。

**덜:** 副 ①((おもに形容詞・副詞の前に付いてある限度に満たない意をあらわす))少なく、少なめに。¶ 아직 ~ 밝은 하늘 いまだ明けやらぬ空/ 어제보다는 ~ 덥네요 昨日ほどは暑うありませんね。②((おもに動詞の前について))まだ…(し)ない。¶ 잠이 ~ 깼다 眠りからまだ覚めていない。/ 아직 한 시가 ~ 됐다 まだ一時になっていない。③(不充分を)…ない。¶ ~ 익은 사과 十分に熟していないリンゴ/ ~ 삶다 煮にが足りない。

**덜거덕** 副하自 ((堅くて厚みのある物がぶつかる音が))がたん、がたり、ごとっ(と)。¶ 부엌에서 ~ 소리가 나다 台所でがたんと音がする。

**덜걱** 副하自 ((堅くて厚みのある物がぶつかり合うか、引っかかる音が))がたん。

**덜그렁** 副하自 ((うすくて大きな金物が軽くぶつかる音が))がちゃん

**덜:다** 他 ①(数量を)減らす、少なくする、差し引く。¶ 무게를 ~ 重さを減らす。②(一部を)分ける、分担する。¶ 간식을 덜어 주다 おやつを分けてやる。③(負担を)軽減する、軽くする、減らす、和らげる、なくす。¶ 고통을 ~ 苦痛を和らげる。/ 정신적 부담을 ~ 精神的負担を軽くする。

**덜덜** 副 ①((寒さ・恐怖などでふるえるよう))ぶるぶる、がたがた、がくがく。¶ 너무도 추워서 몸이 ~ 떨리다 あまりにも寒くて体がぶるぶる震える。②((堅くい地面に車などが転ぶる音が))がらがら、ごとごと。¶ 수레가 ~ 굴러간다 荷車がごとごとと進んで行く。

**덜:-되다** 形 ①完成していない、でき上がっていない。¶ 수속이 ~ 手続きがまだだ。/ 밥이 아직 덜되었다 ご飯がまだ炊き上がっていない。②間抜けである、(頭が)少し足りない、軽率そうだ。¶ 덜된 녀석 間抜けな奴。

**덜링** 副하自 ①((大きな鈴などが一度にゆれて鳴る音が))がらん。②((少し大きい物がぶらさがっているさま))ぶらり(と)、だらり(と)。¶ 천장에 전등이 ~ 매달려 있다 天井に電灯がだらりとぶら下がっている。③((そそっかしく振る舞うようす))そそっかしく、軽はずみに。¶ ~ 혼자 결정해 버렸다 軽はずみに一人で決めてしまった。

**덜미** 名 「뒷덜미・목덜미」の縮約形。
[관용] 덜미(를) 잡히다 ①襟首をつかまれる、(悪事などが)ばれる。②ままにならない悪い状態にはまる、泥沼式にはまる。

**덜어-내:다** 他 (多いものの中なかから一部を)減らす、取り出す、分ける。¶ 너무 많으니 조금만 덜어냅시다 あまり多過ぎるから少しばかり減らしましょう。

**덜커덕** 副하自 ①(大きくて固いものがぶつかり合ってでる音が)がたん(と)、ごとん(と)。¶ 문이 ~ 닫혔다 戸ががたんとしまった。②(機械などが故障を起こしたりして止まるときの音)がたん、がたっ。

**덜컥¹** 副하自 ((「덜커덕」の縮約形))がたん、がたっ。

**덜컥²** 副하自 ①(驚いたり怖じけついたりして胸にこたえるようす)どきっ、ぎくっ、ぎくり。¶ 놀라서 가슴이 ~하다 驚いて胸がどきっとする。②(にわかに押さえつけられたりさえぎられたりするようす)ぐっと。¶ 목덜미를 ~ 잡히다 首筋をぐっとつかまれる。③(俗)つかまれる。¶ ~ 했구나 つかまえられれる。

**덜:-하다¹** 副 他 여 ①弱くなる、少なくなる、減る、和らぐ。¶ 기침이 ~ 咳が和らぐ。/ 어제보다 오늘 열이 ~ 昨日よりの熱がが下がった。②(前より)少なくする、減らす、減ずる。¶ 일을 ~ 仕事を少なくする。/ 식사를 ~ 食事を減らす。

**덜:-하다²** 形 여 少ない、足りない、それ程でない。¶ 단맛이 ~ 甘みが少ない。

**덤** 名 ①おまけ、景品。¶ ~ 으로 좀더 주시오 おまけにもう少しください。②(碁で)込み。¶ ~ 을 내고도 흑이 이겼다 込みを出しても黒が勝った。

**덤덤-하다** 副 ①(感情を表わさず)知らん顔をしている、押し黙っている。¶ 그는 덤덤한 표정을 지었다 彼は知らん顔をした。②(味が)薄い、味気がない、水っぽい。¶ 국 맛이 ~ 汁の味が水っぽい。

**덤벙** 副 (大きくて重たい物が水中に落ちる音やありさま)どぶん。¶ 아이들이 물 속으로 ~ 뛰어들다 子供たちが水の中にどぶんと飛び込む。

**덤벙-거리다** 自 ①(水の中で)手足をばたばたさせる、ぱちゃぱちゃする。¶ 발을 물에 담그고 ~ 足を水につけてぱちゃぱちゃする。②浮つく、せかせかする、そそっかしく振る舞う。¶ 아무 일에나 ~ 何ごとにもせかせかする。

**덤불** 名 草むら、藪が、茂み。¶ 가시 ~ いばらの茂み。

**덤비다** 自 ①飛びかかる、つっかかる、はむかう。¶ 개가 ~ 犬が飛びかかる。/ 갑자기 ~ いきなりつっかかる。②急ぐ、あわてる。¶ 덤비지 마라 あわてるな。③お節介する、でしゃばる。¶ 아무 일에나 ~ 何ごとにもでしゃばる。

**덤비어-들다** 自 つっかかる、食ってかかる、たてつく。¶ 어른에게 ~ 大人につっかかる。

**덤터기** 名 (人に押しつけたりしょい込んだりする)心配事といい、無実じっの疑ぎい。

**덤터기-쓰다** 他 ①(人の心配事ごとや・無実じっの疑ぎいを)しょい込む。¶ 남의 빚을 ~ 人の負債をしょい込む。②濡れ衣を着る、(覚えのない)疑いをかけられる。

**덤프 트럭**【dump truck】 名 ダンプカー、ダンプ。

**덤핑**【dumping】 名하他 ダンピング、投げ売り。¶ ~ 값으로 팔다 投げ売り値で売る。

**덥:다** 形自 ①暑い。¶ 찌는 듯이 ~ 蒸し暑い。②(体温だが)高い、熱がある、熱い。¶ 감기로 몸이 ~ 風邪で体が熱い。③温かい、暖かい。¶ 더운 밥 温かいご飯。

**덥석** 副 ((すばやくつかむようす))むずと、勢いよく、激しく、がぶりと。¶ ~ 팔을 잡다 むずと腕をつかむ。

**덧-** 接頭 ((名詞・用言に付いてさらに重ねる・加えるの意を表わす))つけ…、重ね…、うわ…。¶ ~ 문 雨戸まど/ ~ 붙이다 つけ加える。

**덧-가지** 名 よけいな枝。

**덧-나다** 自 ①(傷や病気などが)こじれる、ぶり返する、悪化あっかする。¶ 상처가 ~ 傷口きずが悪化する。②(気分や・感情を)損ねる、悪くする。¶ 그 말을 듣고 감정이 덧났다 その話を聞いて気分を悪くした。③(正常の状態じょうを)失う。¶ 입맛이 ~ 食欲よくがなくなる。

**덧-나다²** 自 二重じゅうに生はえる。¶ 이가 ~ 八重歯やえばが生える。

**덧-니** 名 八重歯やえば、添そい歯ば。

**덧-바지** 名 重ねて着きるパジ。

**덧-버선** 名 上足袋だび、重ね足袋だび。

**덧-붙이다** 他 「덧붙다」の使役。①重ねてつける。②(話などに)付け加える、付け足す。¶ 덧붙여서 말하다 付け加えて話す。

**덧-셈** 名하他 足し算ざん、寄せ算ざん。

**덧-신** 名 上靴くつ、オーバーシューズ。

**덧-없다** 形 ①(歳月の流れが)むなしいほど速い、つかの間まである。¶ 덧없는 세월 つかの間の歳月。②はかない、無常である。¶ 덧없는 인생 はかない人生。

**덩굴** 名〔植〕蔓つる。¶ ~이 뻗다 つるがのびる。

**덩그렇다** 形自 ①高くそびえている、堂々とそびえ立っている。¶ 덩그렇게 큰 건물 高くそびえる建物。②(大きな建物などの中ががらんとしてさびしい。¶ 강당 안이 덩그렇게 비었다 講堂の中がらんと空いている。

**덩달다** 自 尻馬しりに乗のる、付和雷同ふわらいどうする。¶ 남이 하니 덩달아 떠들다 人の尻馬に乗って騒ぐ。

**덩더-꿍** 副하自 ((太鼓の音))どんどん。

**덩실** 副 興きに乗のって大きく手足を動かすようす。

**덩실-거리다** 自 興に乗って踊るように大きく手足を動かす。¶ 몹시 기뻐서 덩실거리며 춤을 추다 嬉しさのあまり興に乗って踊る。

**덩어리** 名 ①(物の)塊かたり。¶ 얼음 ~ 氷こおりの塊/ 욕심 ~ 欲のかたまり。②((多くの人が心を合わせて集まったグループ))かたまり。¶ 가족이 한 ~가 되다 家族がひとかたまりになる。

**덩어리-지다** 自 塊かたまりになる、固まる。¶ 단단히 ~ 堅く固まる。

**덩치** 名 図体ずうたい、体格たい、なり。¶ ~만 컸지 아직 어린애입니다 ずうたいばかり大きくてまだ子供です。

**덫** 名 わな。¶ 쥐 ~ ねずみ取り。

**덮개** 名 ①蓋ふた。②掛かけ布団ふとん・毛布もうなど。③覆おい、カバー。

**덮다** 他 ①(上から)覆う、かぶせる。¶ 이불을 ~ 布団をかぶせる。/ 담요로 발을 ~ 毛布で足を覆う。②蓋をする、蓋をかぶせる。¶ 솥에 뚜껑을 ~ 釜にふたをする。③(本・蓋などを)閉じる、閉める。¶ 책을 ~ 本を閉じる。④覆い隠す、包み隠す、一面に広がる。¶ 온 하늘を덮은 구름 空一面を覆った雲。⑤秘密ひみつにする、公表ひょうしない、黙認する、見逃す。¶ 허물을 ~ 過ちを見逃す。

**덮밥** 名 どんぶり物の。

**덮어-놓고** 副 やたらに、むやみに、向こう見ずに、めくら滅法ほうに。¶ ~ 굽실거리다 やたらにぺこぺこする。

**덮어-두다** 他 ①とがめない、不問ぶんに付する、黙認する。¶ 잘못을 ~ あやまちを不問に付する。②秘密にする、伏せておく。¶ 그 일은 덮어둡시다 その事は伏せて置きましょう。

**덮어-씌우다** 他 ①(罪などを人に)なすり付ける、被せる、引っかぶせる。¶ 죄를 남에게 ~ 罪を人になすり付ける。②(蓋と・帽子ぼうなどを)かぶせる、覆いかぶせる。¶ 상자를 천으로 ~ 箱を布で覆いかぶせる。

**덮치다** 自他 ①押さえつける、押さえてつかまえる、ひっつかまえる。¶ 토끼를 덮쳐서 잡다 兎をひっつかまえる。②(物事が)折り重なる、(いろんな事が)降りかかる。¶ 여기 저기서 일이 한꺼번에 ~ あちこちで事件が一度に起こる。③(不意に)襲う、踏み込む。¶ 경찰이 도박판을 ~ 警察が賭場をを襲う。

**데¹** 名 ①所ろ、場所じょ、部分ぶん。¶ 그가 있는 ~로 가자 彼のいる所に行こう。②場合あい、時、際さい。¶ 아픈 ~ 먹는 약 痛いとき飲む薬。③((「…하는 데」の形で))…するのに、…(する)ことに就ついて。¶ 영어를 배우는 ~ 시간이 걸린다 英語を習うのに時間がかかる。

**데굴-데굴** 副 ((大きな物が続けて転がるようす))ごろごろ。¶ ~ 구르다 ごろごろ転がる。㊃ 대굴대굴 ㊂ 떼구루 떼굴

데:꾼-하다 [形여] (疲れきって目が)落ちくぼんでいる。¶ 데꾼한 눈 落ちくぼんだ目。㉟ 대꾼하다 ㉞ 때꾼하다

데:다¹ [自] やけどをする、焼やける。¶ 덴 데 やけどをした所/ 끓는 물에 ~ 煮え湯にやけどする。②懲りる、こりごりだ、手を焼く。¶ 그 일엔 정말 데었다 そのことには本当に懲りた。

데:다² [他] 「데우다」の縮約形。

데려-가다 [他] 連れて行く、連行する。¶ 학생을 ~ 学生たちを連れて行く。

데리다 [他] 連れる、引き連れる、伴う、抱える。¶ 데리러 가다 連れに行く。/ 데리고 오다 連れて来る。/ 개를 데리고 다니다 犬を連れて歩く。

데릴-사위 [名] 婿養子、入り婿。

데면데면-하다 [形여] ①(性質が)きちょうめんでない、軽率だ、軽々かるしい、そそっかしい。②(態度が)よそよそしい、気まずい、他人行儀だ。¶ 데면데면하게 대하다 よそよそしくあしらう

데모 [←demonstration] [名] デモ、デモンストレーション。¶ ~ 행진 デモ行進。

데뷔 [프 début] [名][하自] デビュー。¶ 문단에 ~ 하다 文壇にデビューする。

데스크 [desk] [名] デスク。

데우다 [他] (冷たい液体などを)温める、沸かす。¶ 목욕물을 ~ 風呂を沸かす。

데이터 [data] [名] データ。¶ ~ 뱅크 データバンク。

데이터 통신 [-通信] [名] データ通信。

데이트 [date] [名][하自] デート。¶ ~ 약속을 하다 デートの約束/ 그녀와 ~ 하다 彼女とデートする。

데:치다 [他] 湯がく、ゆでる。¶ 시금치를 살짝 ~ ほうれん草をさっと湯がく。

데통-스럽다 [形여] 頓狂だ。¶ 그 여자는 ~ あの女性は頓狂だ。

덴겁-하다 [自여] (意外なことに出会って)慌てふためく。

뎅그렁 [副] (大きな鈴や鐘などが揺れながら出す音)がらん。㉟ 댕그랑

도 [助] ①(同じような物事がほかにもあることを表わす)…も。¶ 네가 가면 나~ 가겠다 君が行けばわたしも行く。②(「…-도」の形で同じような物事をならべて述べるのに使う)…も…も。¶ 너~ 나~ 모두 행복하다 君も僕もみな幸福こうふくだ。③((ある特別な場合を取り上げてほかの場合にももちろんという意を表わす))…も、…さえも。¶ 원숭이~ 나무에서 떨어진다 猿も木から落ちる。④((後にも否定の語を伴なって強調する意))…さえも。¶ 그는 돈 ~ 없다 彼は金もない。⑤(否定・疑問を表わす語について「全部」の意を表わす)…も。¶ 아무 ~ 가지 않았다 誰も行かなかった。⑥「ひとつ」を表わす語について「ぜんぜん…ない」の意を表わす。¶ 한 사람~ 출석하지 않았다 一人も出席しなかった。⑦数を表わす語について それを強める気持ちを表わす。¶ 20살~ 되기 전에 결혼했다 20歳にもならないうちに結婚した。⑧(感嘆の意を表わす)…も。¶ 오늘 밤은 달~ 밝구나 今夜는 月도 明るいねえ。⑨「…기도 하다」の形で感嘆の意を表わす。¶ 이 꽃 참 곱기~ 하다 この花はほんとうに美しいな。

도:¹ [道] [名] ①道理。¶ ~를 지키다 道理を守る。②宗旨、悟り。¶ ~를 깨닫다 悟りを開く。③技芸、(武術など)専門の技術。¶ 무술에 ~가 트다 武術の極意に達する。④道路、道。

도:² [道] [名] 道(韓国の行政区域のひとつ)。

도[度] I [名] 度、程度、ほど。¶ 그의 장난은 ~가 지나치다 彼のいたずらは度が過ぎる。II [依] 度。①角度の単位。¶ 5~ 의 각 5度の角。②温度の単位。¶ 섭씨 25~ 摂氏で25度にじゅうご。③回数、たび。¶ 2~ 인쇄 2度に刷り。④[地] 経度けい・緯度いの単位。¶ 북위 38~ 北緯は38度さんじゅうはち。⑤[音] 音程の単位。¶ 완전 4~ 完全4度。⑥アルコール含有度の単位。¶ 25~ 의 소주 25度の焼酎しょうちゅう。III [接尾] (年度を表わす)…度。¶ 금년 ~ 今年度こんねんど。

-도 [島] [接尾] …島。¶ 무인 ~ 無人島。

-도 [圖] [接尾] …図。¶ 설계 ~ 設計図。

도가니¹ [名] 牛の膝皿の骨と肉。

도가니-탕 [-湯] [名] 牛の膝皿の骨と肉を煮た汁。

도가니² [名] るつぼ。¶ 열광의 ~로 변했다 熱狂のるつぼと化した。

도감 [圖鑑] [名] 図鑑。¶ 동물 ~ 動物図鑑。

도:강 [渡江] [名][하自] 渡河。¶ 적전 ~을 감행하다 敵前渡河を敢行する。

도검 [刀劍] [名] 刀剣。

도:구 [道具] [名] 道具。¶ 가재 ~ 家財道具。

도굴 [盜掘] [名][하他] 盗掘。¶ 고분을 ~ 하다 古墳を盗掘する。

도:금 [鍍金] [名][하自他] 鍍金、めっき。¶ ~ 이 벗겨지다 めっきがはげる。

도급 [都給] [名][하他] 請負。¶ 공사를 ~ 으로 주다 工事を請負でやらせる。

도기 [陶器] [名] 陶器。¶ ~ 제 陶器製せい。

도깨비 [名] 化け物、お化け、鬼。¶ ~에 홀리다 お化けに化かされる。

도깨비-불 [名] ①鬼火、人魂、火の玉、きつね火。¶ 묘지에 ~ 이 날고 있다 墓地で鬼火が飛んでいる。②原因不明の火事。

도:끼 [斧] [名] 斧。¶ ~ 로 장작을 패다 斧で薪を割る。

도난 [盜難] [名] 盗難。¶ ~ 신고 盗難届け/ ~ 당하다 盗難にあう。

도다리 [名][動] メイタガレイ。

도:달【到達】 名하动 到達とう。¶ 결론에 ~하다 結論けつろんに達たっする。

도담-스럽다 形口 (幼児ようじが) ぽってりと愛らくるしい。

도당【徒黨】 名 徒党とう。¶ ~을 짓다 徒党を組くむ。

도-대체【都大體】 副 一体いったい、一体全体ぜんたい。¶ ~무슨 일이 생겼나? 一体どんな事ことが起おこったんだ。

도:덕【道德】 名 道徳どう。¶ 교통 ~을 지키다 交通こうつう道徳を守まもる。
　도:덕 관념【-觀念】 名 道徳観念かんねん。
　도:덕 군자【-君子】 名 道徳君子くんし。
　도:덕-심【-心】 名 道徳心しん。¶ ~을 기르다 道徳心を養やしなう。
　도:덕-적【-的】 冠名 道徳的てき。

도:도-하다 形口 傲慢ごうまんだ、横柄おうへいだ、えらぶる。¶ 돈푼깨나 있다고 도도하게 굴다 お金かねが少すこしばかりあるといってえらぶる。

도도-하다【滔滔-】 形口 滔々とうとうとしている。¶ 강물이 도도하게 흐르고 있다 川かわがとうとうと流ながれている。

도독-하다 形口 ①やや厚あつい、やや太ふとい。¶ 도독한 손가락 やや太めの指ゆび。 ②小ちいさく盛もり上あがっている。 粵 두둑하다

도두-보이다 自 見栄みばえがする、引ひき立たつ。¶ 새옷을 입으니 한결 도두보인다 新あたらしい服ふくを着きるとひときわ引き立つ。

도둑 名 泥棒どろぼう、ぬすびと、盗ぬすみ、窃盗せっとう。¶ ~이 들다 泥棒どろぼうが入はいる。
　도둑-고양이 名 野良猫のらねこ、泥棒猫どろぼうねこ。
　도둑-장가 名 世間せけんに知しらせずひそかに嫁よめを迎むかえること。
　도둑-질 名 盗ぬすみ。
　〔속담〕도둑질도 손이 맞아야 한다 泥棒どろぼうも手てが合あわなければできない。《互たがいに協力きょうりょくしなければなにごとも成なし得えない》

도라지 名植 キキョウ、キキョウの根ね。

도란-거리다 自 小声こごえでむつまじく話はなし合あう、ささやき合う、ひそひそと話はなし合う。¶ 사이 좋게 도란거리고 있다 仲良なかよくささやき合っている。 粵 두런거리다

도랑 名 小川おがわ、溝みぞ、用水路ようすいろ、水路すいろ。¶ ~을 파다 溝を掘ほる。
　도랑-창 名 不潔ふけつな小川おがわ、溝みぞ、どぶ。

도:래【到來】 名하动 到来とうらい。¶ 기한이 ~하다 期限きげんが到来する。

도:량【度量】 名 度量どりょう。¶ ~이 넓다 度量が広ひろい。

도려-내다 他 えぐる、くり抜ぬく。¶ 상처를 ~ 傷口きずぐちをえぐる。

도련-님 名 ①坊ぼっちゃん、若旦那わかだんな。 ②「夫おっとの未婚みこんの弟おとうと」の尊敬語そんけいご。

도:로【道路】 名 道路どうろ。¶ 고가 ~ 高架こうか道路／고속 ~ 高速こうそく道路。
　도:로 표지【-標識】 名 道路標識ひょうしき。

도로 副 ①元もとに、元をどおりに。¶ 펜을 ~ 제자리에 놓다 ペンをもと通どおりに置おく。 ②引ひき返かえして。¶ 가던 길을 ~ 돌아오다 行いきかけた道みちを引き返す。 ③再ふたたび。¶ 증세가 ~ 나빠졌다 症状しょうじょうが再び悪化あっかした。

-도록 語尾 ①《物事ものごとの限界げん・程度ていを表あらわす》…するまで、…するほど、(ことが)ないように。¶ 목이 쉬~ 울다 声こえがかれるまで泣なく。 ②《目標もくひょう・希望きぼうなどを表あらわすようにする、することが出来できるように。¶ 빨리 출발하~ 하시오 早はやく出発しゅっぱつするようにしなさい。

도료【塗料】 名 塗料とりょう。¶ ~를 칠하다 塗料を塗ぬる。

도루【盗墨】 名하动 野 盗塁とうるい、スチール。¶ 2루로 ~했다 2塁るいへ盗塁とうるいした。

도루-묵 名動 ハタハタ。

도르르 副 ①《巻まき物ものなどが解とかれたり巻まかれたりするようす音おと》くるりと、くるくる。¶ 필름이 ~ 말리다 フィルムがくるくると巻かれる。 ②《水滴すいてきなどがころがるようす音》ちょろり、ころり。¶ 이슬 방울이 ~ 굴러 떨어지다 露玉つゆだまがころりところがり落おちる。 粵 두르르

도:리【道理】 名 ①道理どうり、本分ほんぶん、務つとめ。¶ 자식으로서의 ~를 다하다 息子むすことしての本分を尽つくす。 ②方途ほうと、方法ほうほう、すべ。¶ 어찌할 ~가 없다 どうにもしようがない、なすすべがない。

도리깨 名 殻竿からざお。
　도리깨-질 名하自 殻竿打からざおうち。

도리다 他 ①えぐる、くり抜ぬく。¶ 사과의 상한 부분을 도려내다 りんごの傷いたんだ部分ぶぶんをえぐり取とる。 ②(文章ぶんしょう・帳簿ちょうぼなどにバツ印じるしをしたあとで)削除さくじょする。

도리-도리 感 《赤あかん坊ぼうが頭あたまを左右さゆうに振ふるようにあやす語》いやいや、おかぶりおかぶり。

도리어 副 むしろ、かえって、反対はんたいに、逆ぎゃくに。¶ ~ 죽는 편이 좋을 것 같다 むしろ死んだほうがよさそうだ。／걷는 편이 ~ 빠르겠다 歩あるくほうがかえって速はやそうだ。

도리-질 名하自他 かぶりかぶり、いやいや。

도:립【道立】 名 道立どうりつ(日本にほんの県立けんりつに当あたる)。¶ ~ 병원 道立病院びょういん。

도마 名 まな板いた。
　〔속담〕도마 위에 오른 고기 まな板の上うえの魚うお。《運命うんめいが相手あいての意いのままになっている身みの上うえ》

도마-뱀 名動 トカゲ。

도막 名 切きれ、切れはし、断片だんぺん。¶ 나무 ~ 棒切ぼうきれ。

도:망【逃亡】 名하动 逃亡とうぼう、逃にげること、逃走とうそう。¶ ~자 逃亡者しゃ／범인은 해외로 ~ 중입니다 犯人はんにんは海外かいがいに逃亡中ちゅうです。
　도망-치다 自 逃にげる、逃にげ出だす、逃走とうそうする。¶ 도망칠 구멍을 찾고 있다 逃にげ口ぐちをさがしている。

도-맡다 他 (全部ぜんぶ)引ひき受うける。¶ 가게 일을 ~ 店みせの仕事しごとを引き受ける。

도매[都賣] 명 하타 卸おろし、卸売おろしり。¶ ~ 가격 卸値おろし。

도면[圖面] 명 図面めん。¶ 설계 ~ 設計せっけい図面。

도모[圖謀] 명 하타 企図きと、企くわだて。¶ 재기를 ~하다 再起きを図はかる。

도무지 부 《否定的ひていてき事実じつの結果けつを表あらわす語ごの前まえについて》どうしても、さっぱり、全まったく、一向いっこうに、まるっきり、とんと、皆目かいもく。¶ 무슨 영문인지 ~ 알 수 없다 どういう訳わけかさっぱり分わからない。

도:미 명 [蜩] タイ。

도:미[渡美] 명 하자 渡米べい。¶ ~ 유학 渡米留学がく。

도:민[道民] 명 道民どう民(日本にほんの県民けんに当あたる)。

도박[賭博] 명 賭博ばく、ばくち、かけごと。¶ ~에 빠지다 かけごとにふける。

도발[挑發] 명 하타 挑発はつ。¶ 전쟁을 ~하다 戦争そうを挑発する。

도배[徒輩] 명 徒輩はい、ともがら、やから、一味み。¶ 불량 ~ ならず者のやから。

도배[塗褙] 명 하타 上張うわばり。¶ 방을 새로 ~하다 部屋やを新あたらしく上張りする。

도배-지[-紙] 명 壁紙かみ、上張うわばり紙がみ。

도벌[盜伐] 명 하타 盗伐ばつ。

도범[盜犯] 명 盗犯はん、窃盗せっとうなどの盗ぬすみの行為い。¶ ~방지 盗犯防止ぼうし。

도벽[盜癖] 명 盗癖へき、盗ぬすみ癖くせ、手長てなが。¶ ~이 있는 사람 盗み癖のある人ひと。

도보[徒步] 명 徒歩ほ。¶ ~로 여행하다 徒歩で旅行こうする。

도:복[道服] 명 ①道服ふく、道士どうしのきる服ふく。②道服ふく、袈裟けさの異称しょう。③稽古着けいこぎ。

도:부[到付] 명 行商しょうすること。

도:부-장수 명 行商人しょうにん。

도:사[道士] 명 ①道士どうし、道人じん、道を修おさめる人ひと。②仏ほとけの道を悟さとった人ひと。③(その道みちに通達たつしている)ベテラン。¶ 노름에는 ~지 賭事かけごとではベテランさ。

도사리다 자타 ①膝ひざをかかえてうずくまる、ひそむ、隠かくれる。¶ 도사리고 앉다 膝をかかえてしゃがむ。②(心を)静しずめる。¶ 들뜬 마음을 도사리고 일을 시작하다 浮うき立だった気持きもちを静めて仕事ごとを始はじめる。③うずくまる、こもる、潜ひそむ、わだかまる、とぐろを巻まく。¶ 마음 속에 도사린 불신 心このなるの底そこに潜ひそんでいる不信しん。

도:산[倒産] 명 하자 倒産さん、破産さん。¶ 불경기로 ~하다 不景気きのために倒産する。

도살[屠殺] 명 하타 屠殺と。¶ ~장 屠殺場じょう。

도상[途上] 명 途上じょう。①道みちの上うえ、路上じょう。②(目的もくてきの場所ばしょ・状態たいなどに向むかう)途中ちゅう。¶ 개발 ~국 開発途上国こく。

도상[圖上] 명 図上じょう、地図ちずの上うえ。¶ ~ 작전 図上作戦さくせん。

도색[桃色] 명 ①桃色もも、ピンク。②色事いろごと・情事じょうじに関かんする事柄ことがら。

도색 잡지[-雜誌] 명 エロ雑誌ざっし、ポルノ雑誌ざっし。¶ ~의 발행자 ポルノ雑誌の発行はっこう。

도서[島嶼] 명 島嶼とうしょ、(ある海域かいいきにある)大小しょうの島々しま。

도서[圖書] 명 図書としょ、書籍せき、本ほん。¶ ~ 대출 図書の貸かし出だし。

도서-관[-館] 명 図書館かん。¶ 순회 ~ 巡回じゅんかい図書館。

도:-서다 자 ①(道を)引ひき返かえす、戻もどる。¶ 가던 길을 도서서 오다 行ゆきがけの道を戻ってくる。②(風が)方向ほうを変かえる。¶ 바람이 서쪽으로 도섰다 風が西向しきに変かわる。③(出産さんのとき胎児じが)回まわり始はじめる。④(出産後ごしゅっさん乳にゅうが)出始める。⑤(はれものの膿うみなどのとまり傷きずが)ややふさがる、かさかさになる。

도성[都城] 명 都城じょう。①都みやこに巡めぐらした城郭じょう、城郭都市とし。②首都と。

도성-지[-址] 명 都城址し、都城の跡あと。

도:수[度數] 명 度数すう。①回数かいすう。¶ 외출 ~가 지나치다 外出しゅつの回数がひんぱん過ぎる。②(角度かくど・視力しりょくなどの)度ど。¶ 안경의 ~를 높이다 眼鏡めがねの度を強つよくする。③度と、程度てい、度合どうあい。¶ ~를 지나치다 度を越こす。

도:술[道術] 명 道術じゅつ、方術ほうじゅつ、仙術せんじゅつ。

도스[DOS: disk operating system] 명 ドス、ディスクオペレーティングシステム。

도스르다 타 (目的もくを成なし遂とげようと)心こころを引ひきしめる。¶ 난관에 부닥칠수록 더욱 마음을 ~ 難関かんにぶつかるほど一層いっそう心を引きしめる。

도:승[道僧] 명 道を極きわめた僧そう。

도:시[都市] 명 都市と。¶ 소비 ~ 消費しょう都市/~ 계획 都市計画けい。

도시 국가[-國家] 명 [史] 都市国家か。

도시-인[-人] 명 都会人とかい。

도시-화[-化] 명 都市化か。

도시[都是] 부 《否定ひていの語ごを伴ともなって》まったく、まるっきり、さっぱり、全然ぜん。¶ 그것은 ~ 이해할 수 없다 それはまったく理解かいできない。

도시락 명 弁当べん。¶ 역에서 파는 ~ 駅弁えん/~을 싸다 弁当を用意よういする〔包つつむ〕。②弁当箱ばこ。

도식[徒食] 명 하자 徒食しょく。¶ 무위 ~ 無為い徒食。

도심[都心] 명 都心しん。¶ ~지 都心地ち。

도안[圖案] 명 図案あん、デザイン。¶ ~가 図案家か/~을 그리다 図案を描かく。

도야[陶冶] 명 하타 陶冶や。¶ 인격을 ~하다 人格かくを陶冶する。

도약[跳躍] 명 하자 跳躍やく、ジャンプ。¶ ~ 경기 跳躍競技ぎ。

도열[堵列] 명 하자 堵列れつ、並なび立たつこと。¶ 길 양쪽에 ~하다 道の両側がわに並び立つ。

도열-병[稻熱病] 명 하자 [農] 稲熱病いもちびょうが、いもち病びょう。

도예[陶藝] 명 陶芸とうげい。¶ ~전 陶芸展てん。

**도와주다** 他 助けてやる, 手伝う, 援助する. ¶ 숙제를 ~ 宿題を手伝う. / 가난한 사람을 ~ 貧しい人を助ける.

**도:외-시**[度外視] 名 他 度外視. ¶ 비용을 ~한 행사 費用を度外視した行事.

**도요**[陶窯] 名 陶窯, 陶器を焼く窯.

**도요-지**[-址] 名 (むかし)陶器を焼いた窯の跡.

**도요-새** 名 動 シギ.

**도용**[盗用] 名 他 盗用. ¶ 상표를 ~하다 商標を~する.

**도움** 名 助け, 助力. ¶ ~을 청하다 助けを請う. / 친구의 ~을 받다 友人の助けを借りる.

**도움-닫기**[-] 名 (陸上,競技などで)助走.

**도읍**[都邑] 名 首都, 都や. ¶ ~을 옮기다 都を移す.

**도읍-지**[-地] 名 都と定められた地.

**도:의**[道義] 名 道義. ¶ ~를 중히 여기다 道義を重んじる.

**도:의-적**[-的] 冠名 道義的. ¶ ~인 책임 道義的な責任.

**도:입**[導入] 名 他 導入, 取り入れること. ¶ 외자를 ~ 外資を導入する.

**도자-기**[陶瓷器・陶磁器] 名 陶磁器.

**도작**[盗作] 名 他 盗作, 剽窃. ¶ 남의 작품을 ~하다 他人の作品を盗作する.

**도:장**[道場] 名 道場, 練武場. ¶ 유도 ~ 柔道の道場.

**도장**[塗装] 名 他自 塗装. ¶ 차를 ~하다 車を塗装する.

**도장**[図章] 名 印, 印章, はんこ. ¶ ~을 찍다 はんこを押す.

**도장-밥** 名 印肉, 朱肉.

**도:저-하다**[到底-] 形 (学問などが)深く徹底している.

**도:저-히**[到底-] 副 到底, とても, とうしても. ¶ ~ 그것은 이해할 수 없다 到底それは理解できない.

**도적**[盗賊] 名 盗賊, 泥棒.

**도전**[挑戦] 名 自 挑戦. ¶ ~에 응하다 挑戦に応じる. / 겨울산에 ~하다 冬山に挑戦する.

**도전-장**[-状] 名 挑戦状. ¶ ~를 들이다 挑戦状を突き付ける.

**도전-적**[-的] 冠名 挑戦的. ¶ ~인 태도를 취하다 挑戦的な態度をとる.

**도정**[搗精] 名 他 搗精. ¶ 현미를 ~하다 玄米を搗精する.

**도정-료**[-料] 名 搗精料.

**도주**[逃走] 名 自 逃走. ¶ 흩어져 ~하다 散らばって逃走する. 傍 도망(逃亡).

**도:중**[途中] 名 途中, 中途. ¶ ~에 그만두다 中途でやめる. / 학교 가는 ~에 잠깐 들르다 学校へ行く途中ちょっと立ち寄る.

**도:중-하차**[-下車] 名 他 途中下車.

**도:지다** 自 ①(病気が再発し)ぶり返す, 再発する, もどる, 悪化する. ¶ 감기가 ~ 風邪がぶり返す. ②(一度は静まった怒りなどが)逆もどりする.

**도:-지사**[道知事] 名 道知事, 県知事.

**도:착**[到着] 名 自 到着. ¶ 무사히 목적지에 ~하다 無事に目的地に到着する.

**도:착**[倒錯] 名 自 倒錯. ¶ 성적 ~ 性的倒錯.

**도:처**[到処] 名 至る所, あらゆる所, 行く先々. ¶ ~에 지점이 있다 至る所に支店がある. / ~에서 환영을 받다 行く先々で歓迎を受ける.

**도청**[盗聴] 名 他 盗聴, 盗み聞き. ¶ ~ 장치 盗聴装置 / 전화를 ~하다 電話を盗聴する.

**도청-기**[-器] 名 盗聴器. ¶ ~를 설치하다 盗聴器を仕掛ける.

**도:청**[道庁] 名 道庁, 県庁.

**도:체**[導体] 名 物 導体. ¶ 반~ 半導体.

**도축**[屠畜] 名 他 屠殺. ¶ ~장 屠殺場.

**도취**[陶酔] 名 自 陶酔. ¶ 음악에 ~하다 音楽に陶酔する.

**도:치**[倒置] 名 自他 倒置. ¶ ~문 倒置文.

**도:치-법**[-法] 名 倒置法.

**도큐먼트**[document] 名 ドキュメント.

**도탄**[塗炭] 名 塗炭. ¶ ~에 빠지다 塗炭の苦しみを味わう.

**도탑다** 形 (人情・愛情などが)厚い, 深い. ¶ 도타운 우정 厚い友情.

**도태**[淘汰] 名 自 淘汰. ¶ 자연 ~ 自然淘汰 / 낡은 것이 ~되다 古いものが淘汰される.

**도토리** 名 植 ドングリ.

**도토리-묵** 名 ドングリの澱粉で作った寒天状の食品.

**도톨-도톨** 副 形 (物の表面がでこぼこして滑らかでないようす)でこぼこ, ざらざら.

**도톰-하다** 形 やや厚めだ, やや分厚い, 厚手である. ¶ 도톰한 입술 やや分厚い唇.

**도통**[都統] 名 他 ①みんな, 合計. ¶ 계산은 ~ 얼마나 돼요? 計算は合計いくらですか. 傍 도합(都合) ②(副詞的に)全く, さっぱり. ¶ ~ 영문을 모르겠다 まったくわけが分からない.

**도:통**[道通] 名 他 精通, 熟知. ¶ 그 일에 ~한 사람 そのことに精通している人.

**도판**[図版] 名 図版. ¶ 색~을 넣다 カラーの図版を入れる.

**도포**[塗布] 名 他 塗布. ¶ 환부에 연고를 ~하다 患部に軟膏を塗布する.

**도포-제**[-剤] 名 塗布剤.

**도표**[図表] 名 図表, (数学등で)グラフ. ¶ ~로 나타내다 図表で表わす.

**도피**[逃避] 名 自 逃避. ¶ ~처 逃げ場 / 현실에서 ~하다 現実から逃避する.

**도피-행**[-行] 名 逃避行.

**도:핑**[doping] 名 ドーピング. ¶ ~ 테스트

ドーピングテスト。

도:학[道學] 名 道学ざ。¶ ~자 道学者しゃ。

도합[都合] 名 ①他 全部ぜん、合計ごう、総計けい。¶ ~해서 백 사람이다 全部で100人ひとである。⑦ 도통(都統) ②((副詞的に用いられて)) 都合ごう、ひっくるめて、まとめて、全部ぶ合わせて。¶ 이것 저것 ~ 얼마냐? あれこれひっくるめていくらか。

도:항[渡航] 名自 渡航とう。¶ ~ 허가 渡航許可きょ。

도해[圖解] 名他 図解ずい。¶ 인체 ~ 人体じん図解/ ~하면 다음과 같다 図解すると次つぎのようである。

도형[圖形] 名 図形けい。¶ ~으로 나타내다 図形で表あらわす。

도화[圖畵] 名 図画が。¶ ~ 용구 図画用具よう/ ~를 그리다 図画をかく。

도화-지[-紙] 名 図画用紙よう。

도:화[導火] 名 導火ど。¶ ~관 導火管かん。

도:화-선[-線] 名 導火線せん。¶ 분쟁의 ~이 되었다 紛争ふんの導火線となった。

도회[都會] 名 (「도회지」의 縮約形) 都会とかい。¶ ~ 풍 都会風ふう。

도회-지[-地] 名 都会とかい。

독 名 甕かめ。¶ 물 ~ 水かめ/ 김치를 ~에 넣다 キムチをかめに入いれる。

〔속담〕 독 안에 든 쥐 袋ぶくろのねずみ。

〔관용〕 독 안에 들다 (甕の中なかに入はいったの意い)ですでに捕とらえたのと同おなじだ。

독[毒] 名 ①毒どく。¶ ~이 있는 버섯 毒のあるキノコ/ ~을 마시다 毒を飲のむ。②(顔かつき・口くちぶりの)毒々ぎしさ、毒気どっ、殺気さっ。¶ ~을 부리며 말하다 毒々しげに言いう。

〔관용〕 독(이) 오르다 ①殺気立さっきだつ、悪意あくがわく。②(とうがらしなどが)赤あかづいて辛からくなる。

독-가스[毒gas] 名化 毒どくガス。

독감[毒感] 名 流行性こうせい感目かん、流感りゅう、インフルエンザ。¶ ~에 걸리다 流感にかかる。

독경[讀經] 名自 仏 読経きょう。¶ ~ 소리 読経の声こえ。

독-과점[獨寡占] 名自 独占せんと寡占かせん。

독-극물[毒劇物] 名 毒劇物ぶつ。

독기[毒氣] 名 毒気どっ・き、悪気わる、毒どく。¶ ~를 품은 눈 毒気を含ふくんだ目め/ ~를 띠다 毒気を帯おびる。

독-나방[毒-] 名動 ドクガ。

독단[獨斷] 名他 独断だん。¶ 경솔한 ~ 軽率けいそつな独断/ ~으로 결정하다 独断で決定けっていする。

독대[獨對] 名自他史 臣下しんかが独り王왕におまみえて政治せいじに関かんする意見けんを上奏そうすること。

독려[督勵] 名他 督励どく。¶ 부하를 ~하다 部下しゅかを督励する。

독립[獨立] 名自 独立どく、自立じつ、独り立だち。¶ ~ 정신 独立精神せい/ ~하여 생계를 꾸려가다 独立して生計せいを立ててていく。/ 이제 ~할 나이다 もう独り立ちすべき年だ。

독립 가옥[-家屋] 名 独立家屋かおく、一戸建いっこだての家いえ、一軒屋いっけんや。

독립 독행[-獨行] 名自 独立独行どう、独立独歩ぽ。¶ ~의 의지 独立独行の意志し。

독립 선언[-宣言] 名 独立宣言げん。

독립-심[-心] 名 独立心いん、自立心しん。¶ ~이 강한 사람 独立心が強つよい人ひと。

독립 운:동[-運動] 名 独立運動どう。

독-무대[獨舞臺] 名 独り舞台ぶたい、独擅場どくせん、独壇場じょう。¶ 그 분야는 그의 ~다 その分野やは彼かれの独り舞台だ。

독방[獨房] 名 ①(ホテルなどの)個室こっ、一人用ひとりの部屋や。②(刑務所けいむの)独房どく。¶ ~에 감금하다 独房に監禁きんする。

독백[獨白] 名自 独白はく。①劇 一人ひとりで言いうせりふ、モノローグ。¶ 햄릿의 ~ ハムレットの独白。②独り言ごと。

독-버섯[毒-] 名 毒キノコ。

독-벌레[毒-] 名 毒虫どく・むし。

독보[獨步] 名自 独歩どっ、一人歩ひとりき。¶ ~적인 존재 独歩的な存在ざい。

독불장군[獨不將軍] 名 ①「独りでは将軍しょうになれない」との意い。で人ひとと協力きょうりょくしなければならないこと。②何事なにごとも独断だんで処理しょりする人。③除のけ者ものにされた人。

독사[毒蛇] 名 毒蛇じゃ・だく。

독-사진[獨寫眞] 名 一人ひとりうつしの写真しん。

독살[毒殺] 名他 毒殺さつ。¶ ~ 사건 毒殺事件けん。

독살[毒煞・毒殺] 名 毒々どくしさ、毒気どく・き、殺気さっき、悪意あくい。

독살-스럽다[形ㅂ] 毒々ぎしい、意地いじのわるい、殺気立さっきだっている。

독-살림[獨-] 名自 独立所帯しょたい、独り暮らし。¶ 부모를 떠나 ~하다 父母ふぼを離はなれて独り暮らしをする。

독상[獨床] 名 一人ひとり向むけの食膳しょくぜん。

독서[讀書] 名自 読書しょ。¶ ~하기 좋은 계절 読書するのによい季節せつ/ 밤 늦게까지 ~하다 夜よる遅おそくまで読書する。

독서-삼매[-三昧] 名 読書三昧まい。¶ ~에 빠지다 読書三昧にふける。

독선[獨善] 名 独善ぜん、独りよがり。¶ ~에 빠져 있다 独善に陥おちいっている。

독선-적[-的] 冠名 独善的ぜん、独りよがりの。¶ 인 행동 独善的な行動どう。

독-선생[獨先生] 名 個人こじん指導どうの先生せん。

〔관용〕 독선생(을) 앉히다 個人指導の先生を置おく。

독설[毒舌] 名 毒舌ぜつ。¶ ~을 퍼붓다 毒舌を浴びせる。

독성[毒性] 名 毒性せい。¶ ~이 강하다 毒性が強い。

독소[毒素] 名 毒素そ。

독수[毒手] 名 毒手しゅ、毒牙どく。¶ ~에 걸리다 毒手にかかる。

독수-공방[獨守空房] 名自 女おんなが夫おっとなしに独りで寝ねること。

독-수리[禿-] 图[動] ハゲワシ。
독순-술[讀脣術] 图 読脣術じゅつ。
독식[獨食] 图[하다] (利益えき·分配ぶんを) 独ひとり占しめすること、独占どくする。¶ 이익을 ~하다 利益えきを独占どくする。
독신[獨身] 图 ①独身どくしん、独ひとり身み。¶ ~ 생활 独身生活せいかつ。②兄弟きょうだい·姉妹しまいのない身み、ひとりご。
독신-주의[-主義] 图 独身主義しゅぎ。
독실[獨室] 图 一人ひとりで使つかう部屋へや、一人用ひとりようの部屋へや。
독실[篤實] 图[하다][形] 篤実とくじつ。¶ ~한 신자 篤実な信者しんじゃ。
독심-술[讀心術] 图 読心術どくしんじゅつ。
독야청청[獨也靑靑] ①(松まつの木きのように冬ふゆでも)独ひとり青々あおあおとしている。¶ 백설이 만건곤할 제 ~하리라 白雪しらゆきが天地てんちを覆おおうとき独ひとり青々あおあおとしていようぞ。②(比) 孤高ここうの節操せっそうを守まもること。
독약[毒薬] 图 毒薬どくやく。¶ ~을 들이켜다 毒薬やくをあおる。
독어¹[獨語] 图[하다][自] 独ひとり言ごと。
독어²[獨語] 图 ドイツ語ご。
독일[獨逸] 图 ドイツ。¶ ~인 ドイツ人じん。
독자[獨子] 图 一人ひとり息子むすこ。¶ 삼대 ~ 三代だい続つづきの一人息子むすこ。
독자[獨自] 图 独自どくじ。¶ ~ 노선 独自路線ろせん。
　독자-성[-性] 图 独自性せい。¶ ~을 발휘하다 独自性せいを発揮はっきする。
　독자-적[-的][冠] 独自的てき。¶ ~인 운동 독自の運動うんどう/ ~으로 운영하다 独力どくりょくで運営えいする。
독자[讀者] 图 読者どくしゃ、読よみ手て。¶ 두터운 층 厚あつい読者層そう。
　독자-란[-欄] 图 読者欄らん。¶ 잡지의 ~ 雜誌ざっしの読者欄。
독작[獨酌] 图[하다][自] 独酌どくしゃく、手酌てじゃく、独ひとり飲のみ。¶ ~으로는 술 맛이 없다 手酌しゃくでは酒さけの味あじが出でない。回 대작(對酌)
독재[獨裁] 图 独裁どくさい。¶ ~자 独裁者しゃ/ ~ 정치 独裁政治せいじ。
독점[獨占] 图[하다][他] 独占どくせん、独ひとり占じめ。¶ ~ 사업 独占事業じぎょう/ 국내 시장을 ~하다 国内市場しじょうを独占する。
　독점 가격[-價格] 图 独占価格かかく。
　독점 자본[-資本] 图 独占資本しほん。¶ ~가 独占資本家か。
독존[獨尊] 图[하다][形] 独尊そん、自尊じそん。¶ 유아 ~ 唯我ゆいが独尊。
독종[毒種] 图 ①性質せいしつの悪わるい人ひと。②(動植物ぶつの)性質せいしつの悪わるい品種ひんしゅ。
독주[獨走] 图[하다][自] 独走どくそう。¶ ~를 전제하다 独走そうを牽制けんせいする。
독주[獨奏] 图[하다][音] 独奏そう、ソロ。¶ 피아노를 ~하다 ピアノを独奏する。
독지[篤志] 图 篤志とくし、篤あつい志こころ。
　독지-가[-家] 图 篤志家か。
독-차지[獨-] 图[하다][他] 独占どくせん、独ひとり占じめ。¶ 이익을 ~하다 利益えきを独占する。回 독점(獨占)

독창[獨唱] 图[하다][他] 独唱どくしょう、ソロ。¶ ~회 独唱会かい/ ~곡 独唱曲きょく。
독창[獨創] 图[하다][他] 独創どくそう。¶ ~성 独創性せい。
　독창-력[-力] 图 独創力りょく。¶ ~을 기르다 独創力りょくを養やしなう。
　독창-적[-的][冠] 独創的てき。¶ ~인 발상 独創的な発想はっそう。
독초[毒草] 图 ①毒どくのある草くさ、毒草どくそう。②非常ひじょうにきついタバコ。
독촉[督促] 图[하다][他] 督促そく、催促さいそく。¶ 성화 같은 ~ 火ひのような督促/ 빚을 갚으라고 ~하다 借金しゃっきんの返済へんさいを督促する。
　독촉-장[-状] 图 督促状じょう。
독충[毒蟲] 图 毒虫どくちゅう·むし。¶ ~에 쐬다 毒虫むしにさされる。
독침[毒針] 图 毒針どくしん·ばり。¶ 벌의 ~ 蜂はちの毒針。
독탕[獨湯] 图 (温泉おんせん·風呂屋ふろやの)一人用ひとりようの浴室よくしつ。
독특[獨特] 图[하다][形] 独特とくとく。¶ ~한 맛이 있다 独特な味あじがある。
독파[讀破] 图[하다][自] 読破どくは、読了りょう。¶ 소설을 단숨에 ~하다 小説しょうせつを一気いっきに読破する。
독-하다[毒-][形] ①毒気どっけがある、有毒ゆうどくだ。¶ 독한 풀 毒草そう/ 독한 가스 毒のあるガス。②(味あじ·においなどが)きつい、度どが強つよい、ひどい。¶ 독한 술 きつい酒さけ/ 독한 냄새 ひどいにおい。③(気き·心こころが)悪意あくをふくんでいる、毒々どくしい、悪辣あくらつだ。¶ 독한 인간 悪辣な人間にんげん。④不屈ふくつだ、意志しが強つよい、我慢強がまんしい。¶ 마음을 독하게 먹다 気きを強つよく持もつ。
독학[獨學] 图[하다][自他] 独学どくがく。¶ 일본어를 ~하다 日本語にほんごを独学する。
독해[讀解] 图[하다][他] 読解どっかい。¶ ~할 수 없다 読み取とることができない。
　독해-력[-力] 图 読解力りょく。¶ ~이 뛰어나다 読解力にすぐれている。
독후-감[讀後感] 图 読後感どくごかん。¶ ~을 쓰다 読後感を書かく。
돈:¹ 图 ①お金かね、銭ぜに、金銭きんせん、貨幣かへい。¶ ~을 벌다 お金を儲もうける。/ ~이 달리다 お金が足たりない。/ ~에 눈이 멀다 金かねに目めがくらむ。②(品物しなものの)値ね、値段ねだん、価格かかく、代金だいきん。¶ ~을 치르다 代金を支払しはらう。③財産ざいさん。¶ 먹고 살 만한 ~은 있다 食たべていけるだけの財産はある。
　[속담] 돈만 있으면 귀신도 부릴 수 있다 地獄じごくの沙汰さたも金かね次第しだい。
　[관용] 돈방석에 앉다 金持かねもちになる、成金なりきんになる。돈벼락(을) 맞다 急きゅうに莫大ばくだいなお金をもうける、一躍いちやく成金なりきんになる。돈(을) 뿌리다 お金を無駄遣むだづかいする。
돈:² 图[依] (貴金属ききんぞく·漢方薬かんぽうやくなどの重おもさの単位たんい) 匁もんめ。¶ 한 ~짜리 금반지 一匁いちもんめの金きんの指輪ゆびわ。

**돈:-궤**[-櫃] 图 金箱かね、金櫃かね。
**돈:-내기** 图 ①賭かけ事ごと。②賭博とばく。
**돈:-놀이** 图[하自] 金貸かねかし、金貸かねかし業ぎょう。
**돈독**[敦篤] 图[하自] 敦厚とんこう、篤実とくじつで情なさけ深ふかいこと。
**돈:-독**[-毒] 图 お金かねに執着しゅうちゃくする傾向けいこう。¶ ~이 오르다 お金に目がくらむ。
**돈:-맛** 图 お金かねの味あじ。¶ ~을 알다 お金かねの味を知る。
**돈:-벌이** 图 金かねもうけ、稼かせぎ。¶ 좋은 ~ いい金もうけ/ 부지런히 ~하다 せっせと金をもうけをする。
**돈사**[豚舎] 图 豚舎とんしゃ、ぶたごや。
**돈:-절**[頓絶] 图[하自] (便たよりなどが)にわかにまたは全まったく絶たえること。
**돈:-줄** 图 金かねづる。¶ ~을 잡다 金づるをつかむ。/ 좋은 ~이 생기다 いい金づるができる。
**돈:-쭝**[-重] 图 (金きん・銀ぎんなどの重おもさを量はかる単位たんい) 匁もんめ。¶ 백금 닷 ~ 白金はっきん5匁ごもんめ。
**돈:-타령**[-打令] 图[하自] 金かねの事ことばかり並ならべ立てること。
**돈:-푼** 图 はした金かね、小銭ぜに、少すこしばかりの金かね。¶ ~이나 벌었다고 거만을 떨다 少しの金をもうけたといって偉えぶる。
**돈피**[豚皮] 图 豚ぶたの皮かわ。
**돋구다** 他 ①(度数どすうを)高たかめる、上あげる。¶ 안경 도수를 ~ 眼鏡めがねの度数を上げる。②(食欲しょく・興味きょうみなどを)高たかめる、そそる、添そえる。¶ 식욕을 ~ 食欲しょくを高める。/ 흥을 ~ 興きょうを添える。
**돋다**[1] 自 ①(日ひが)昇のぼる、(月つきが)出でる。¶ 해가 ~ 日が昇る。②(芽めなどが)生はえる、芽生めばえる。¶ 새싹이 ~ 新芽しんめが生える。/ 수염이 ~ ひげが生える。③(吹ふき出物ものなどが)出でる、できる、吹ふき出でる。¶ 땀띠가 ~ あせもが出る。/ 여드름이 ~ にきびができる。④(食欲しょくよく・元気げんきなどが)出でる、わく。¶ 구미가 ~ 食欲しょくが出る、興味きょうみがわく。
**돋다**[2] 他 「돋우다」の縮約形しゅくやくけい。
**돋-보기** 图 ①老眼鏡ろうがんきょう。¶ ~를 쓰다 老眼鏡をかける。②虫眼鏡むしめがね、拡大鏡かくだいきょう、ルーペ。¶ ~로 보다 虫眼鏡で見る。
**돋-보이다** 自 (「도두보이다」の縮約形しゅくやくけい) 実際じっさいよりよく見みえる、ひき立たって見みえる、見栄ばえがする、目立めだつ。¶ 새옷을 입으니 한결 돋보인다 新あたらしい服ふくを着きるとひときわ見栄ばえがする。
**돋아-나다** 自 ①芽生めばえる、芽めぐむ、芽吹めぶく。¶ 새싹이 일찍 돋아난다 新芽しんめが早はやく芽生えた。②(できものなどが)吹ふき出でる、できる。¶ 얼굴에 여드름이 ~ 顔かおににきびが吹き出る。
**돋우다** 他 ①(芯しんなどを)上あげる、引ひき上あげる。¶ 심지를 ~ 芯を上げる。②(気持きもち・意欲いよくなどを刺激しげきして)奮ふるい立たせる、起おこさせる、出ださせる。¶ 용기를 ~ 勇気ゆうきを奮い立たせる。/ 남의 신경을 ~ 人ひとの神経しんけいをいらだたせる。③高たかくする、上あげる、(声こえを)張はり上あげる。¶ 땅을 ~ 土つちを盛もって土地とちを高くする。/ 목청을 ~ 声を張り上げる。④(食欲しょくよくなどを)そそる。¶ 입맛을 돋우는 요리 食欲をそそる料理りょうり。⑤(元気げんきを)出でさせる、鼓舞こぶする、つける、励はげます。¶ 원기를 ~ 元気をつける。⑥(けんかを)けしかける、唆そそのかす。¶ 싸움을 ~ けんかをけしかける。㉘ 돋다
**돋치다** 自 「돋다」の強調語きょうちょうご。①(生はえて)突つき出でる。¶ 가시 돋친 말 刺とげのある言葉ことば。②(値段だんが)上あがる。¶ 값이 곱절로 ~ 値段が倍にに上がる。
**돌**[1] 图 ①(「첫돌」の縮約形しゅくやくけい) 初誕生日はつたんじょうび、満まん一年いちねんになる日ひ。¶ 아직 ~이 안되었어요 生うまれてまだ一年いちねんになっていません。②(形式名詞的けいしきめいしてきに)…周年しゅうねん。¶ 해방된지 예순 ~이 되었다 解放かいほうされ60周年になった。/ (매년まいねんめぐってくる)誕生日たんじょうび。¶ 두 ~이 지난 아이 二歳にさいの子供こども。
**돌**[2] 图 ①石いし、小石こいし。¶ ~담 石垣いしがき/ 큰 ~ 大おおきい石/ ~에 새기다 石に刻きざむ。/ ~을 깔다 石材いしを敷しく。②石材いしざい。¶ ~을 깎다 石を切きる。③(「바둑돌」の縮約形しゅくやくけい) 碁石ごいし。¶ ~을 놓다 石を置おく。④(比ひ) 固かたいもの、冷つめたいもの。¶ ~대가리 石頭いしあたま/ ~처럼 무정하다 石のように無情むじょうだ。⑤(体内たいないにできる)胆石たんせき、結石けっせき。
**돌:-개-바람** 图 ①颶風ぐふう。② ⇨ 회오리바람
**돌격**[突撃] 图[하自] 突撃とつげき。¶ 적진에 ~하다 敵陣てきじんに突撃する。
**돌격-대**[-隊] 图 突撃隊とつげきたい。
**돌-고래** 图[動] イルカ。
**돌관**[突貫] 图[하自] 突貫とっかん。¶ ~ 공사 突貫工事こうじ。
**돌기**[突起] 图[하自] ①突起とっき。¶ 충양 ~ 虫様突起ちゅうようとっき。②突発とっぱつ。
**돌-기둥** 图 石いしの柱はしら、石柱せきちゅう。
**돌-김**[-苔] 图 岩海苔いわのり。
**돌:-다** 自 ①(物ものが)回まわる、回転かいてんする。¶ 팽이가 ~ こまが回る。/ 풍차가 빙빙 돌고 있다 風車ふうしゃがぐるぐる回っている。②迂回うかいする、回まわり道みちをする。¶ 먼길로 ~ 遠とおい道を迂回する。③(うわさ・伝染病でんせんびょうなどが)広ひろがる、出回でまわる。¶ 소문이 ~ うわさが広がる。④(順番じゅんばんが)くる、(順番)に回まわる。¶ 당번이 돌아오다 当番とうばんが回ってくる。⑤(回覧かいらんなどが)回まわる、順々じゅんじゅんに回る。¶ 회람이 돌고 있다 回覧が回っている。⑥(頭あたまが)よく回る、知恵ちえが働はたらく。¶ 머리가 잘 ~ 頭がよく回る。⑦(他ほかの方向ほうこうに)変かわる、回まわる。¶ 왼쪽으로 ~ 左側ひだりがわに回る。⑧(あまりいそがしくて)目めが回まわる。¶ 바빠서 눈이 핑핑 돈다 いそがしくて目がくるくる回る。⑨(金かね・物資ぶっしなどが)流通りゅうつうされる。¶ 돈이 잘 ~ 金回かねまわりがよい。⑩(生気せいきが)蘇よみがえる、漂ただよう、現あらわれる。¶ 얼굴에 생기가 ~ 顔かおに生気がよみ

돌다

がえる。⑪(酒・薬)などが效く、回る。¶ 약기운이 돌기 시작하다 薬が效きはじめる。⑫(機械などが)動く、稼働する、動く。¶ 공장이 돌아가다 工場が稼働する。/ 혈관에 피가 ~ 血管に血が流れる。⑬(目や頭などが)回る、おかしくなる。¶ 머리가 ~ 頭が変になる。⑭(食べたくて)つばが出る、で回る。¶ 군침이 ~ (食欲が)出て生つばが出る。

돌:다² 卣 ①(あっちこっち)巡る、歩き回る、巡視する。¶ 전국을 ~ 全国を巡回する。/ 경찰이 관내를 ~ 警察が管内を巡察する。②(一ヵ所を)くるくる回る。¶ 공원을 한 바퀴 ~ 公園を一回りする。③(一点を)中心に回る。¶ 지구가 태양 둘레를 ~ 地球が太陽の周囲を回る。

돌:-다리 图 石橋。
(속담) 돌다리도 두드려 보고 건너라 石橋もたたいて渡れ。

돌:-담 图 石垣。
돌:-덩이 图 大きな石ころ。
돌:-도끼 图 (石器時代の)石斧。
돌돌¹ 副 《軽く幾重にも巻くさま》くるくる。¶ ~ 말리다 くるくる巻きつく。
돌돌² 副 《軽かく小さいものが転がるさま》ころころ。②《小川などの流れるさま》ちょろちょろ、さらさら。
돌-떡 图 初誕生日の祝い餠。
돌라-막다 他 囲む、周囲を取り囲んでふさぐ。圍 둘러막다。
돌라-싸다 他 円く包み囲む。圍 둘러싸다。
돌려-놓다 他 向きを変えておく。
돌려-보내다 他 ①(もとの所へ)送り返す、返送する、帰す、帰らせる。¶ 아내를 친정에 ~ 妻を実家に帰す。②もんぜん払いをする。¶ 심부름꾼을 ~ 使いをもんぜん払いする。
돌려-보다 他 回し読みする、回覧する。¶ 책을 ~ 本を回し読みする。
돌려-쓰다 他 ①(金品を)やりくりして〔都合して〕使う。¶ 돈을 ~ 金をやりくりして使う。②いろいろと用途を変えて使う、あれこれに利用する。
돌려-주다 他 ①返す。¶ 빌린 책을 ~ 借りた本を返す。②(お金を)融通してやる、都合してやる、回してやる。¶ 당분간 돈을 ~ 当分間金を都合してやる。
돌리다¹ 卣「도르다」の受動。①仲間はずれにされる、孤立さされる、のけ者にされる。②(もっともらしい話にに)欺かれる、だまされる。¶ 감언에 ~ 甘言にのせられる。
圍 속다
돌리다² 卣他 ①(病気が)とうげを越す。¶ 우선 위급한 병세를 돌리고 봅시다 まず危険な病状を脱するようにしてみましょう。②(気力が)回復する、ほっとする、取り直す、取り戻す。¶ 한숨 ~ ほっと一息つく。③(怒りが)しずまる、和らぐ、しずめる、和らげる。¶ 어머니의 노여움을 ~ 母親の怒りを和らげる。④(お金などを)都合がつく、融通する、やりくりする。¶ 돈을 ~ お金を借りる。/ 자금을 ~ 資金を融通する。

돌리다³ 他《「돌다」의 使役》回す。①(軸を中心にして)回す、回転させる。¶ 나사를 ~ ねじを回す。/ 모터를 ~ モーターを回す。②(方向·話題を)変える、向ける、回す、転じる。¶ 화제를 ~ 話題を変える。/ 시선을 ~ 視線を向ける。③(あちこちに)送る、届ける、配る、配達する。¶ 신문을 ~ 新聞を配る。④迂回させる。¶ 버스노선을 역 쪽으로 ~ バス路線を駅の方へ迂回させる。⑤(心·関心などを)替える、転換する、思い直す、向ける、向けさせる。¶ 마음을 ~ 心を入れかえる。/ 관심을 그쪽으로 ~ 関心をそちらに向けさせる。⑥(工場などを)経営する、営む、動かす、稼働させる。¶ 공장을 ~ 工場を動かす。⑦遠回しに言う、婉曲に言う。¶ 그렇게 돌려서 말하지 말고 솔직하게 말하세요 そう遠回しに言わないで率直に言ってください。⑧(次の番など)に渡す、回す、回付する。¶ 잔을 ~ 杯を回す。/ 서류를 담당에 ~ 書類を係かりへ向ける。⑨(責任·手柄などを他人に)転嫁する、負わせる、なすりつける。¶ 죄를 남에게 ~ 罪を他人に転嫁する。⑩(「-(으)로 돌리다」의 形で)(時期などを)延ばす、延期する。그것은 뒤로 돌리고 이것부터 해라 それはあと回しにして、こちらからしなさい。⑪転用する、振り向ける。¶ 예산을 ~ 予算を振り向ける。⑫(「…을-(으)로 돌리다」의 形으로)(…と)考える、受け取る、見なす。¶ 모든 일을 백지로 돌립시다 すべてのことを白紙とみなしましょう。

돌림 图 ①順々に回転すること。¶ 친구끼리 ~ 으로 한턱내다 友だちどうしで順番におごる。②돌림병의 縮約形。
돌림-병【-病】图 流行病、はやりやまい、伝染病。圍 유행병
돌:-멩이 图 小石、石ころ。
돌:-멩이-질 图 石投げ、つぶて打ち。
돌발【突發】图自他 突発。¶ 사건이 ~ 하다 事件が突発する。
돌발-적【-的】图 突発的。¶ ~ 으로 일어난 사고 突発的に起こった事故。
돌변【突變】图自他 急変。¶ 사태가 ~ 하다 事態が急変する。
돌:-보다 他 世話をする、面倒を見る、保護する、いたわる。¶ 아이를 ~ 子供の世話をする。/ 환자를 ~ 病人の看護をする。
돌:-부리 图 石の地上につき出た部分、石の角。¶ ~ 에 걸려 넘어지다 石につま

ずいて転ぶ。

**돌:-부처** 圀 いしぼとけ。①石仏。②(比) 鈍感で頑固な人。

**돌:-산**[-山] 圀 岩山、石山。

**돌:-소금** 圀 岩塩。

**돌:-솥** 圀 (主に炊飯用の)石の釜。

**돌아-가다** 囼 ①(元の状態・場所に)帰る、返る、還る、戻る。¶ 동심으로 ~ 童心に返る。/ 집으로 ~ 家へ帰る。②(軸を中心に)回る、回転する。¶ 바퀴가 천천히 ~ 車輪がゆっくり回る。③遠回りする、回り道をする、迂回する。¶ 먼 길로 ~ 道を遠回りする。④(角などを)曲がって行く、回って行く、向きを変えて行く。¶ 모퉁이를 ~ 角を曲がって行く。⑤(顔·口が)ゆがむ、曲がる。¶ 중풍으로 입이 ~ 中風で口がゆがむ。⑥(仕事·情勢などが)はかどる、進行していく、変動show。¶ 일은 잘 돌아가고 있습니까? 仕事ははかどっていますか。⑦割当てられる、配分される。¶ 배당금이 ~ 配当金が配分される。⑧(…に)帰する、終わる。¶ 수포로 ~ 水泡に帰する。⑨(順番に)なる、手にに入る、回って行く。¶ 차례가 ~ 順番が回っていく。⑩(機械などが)稼動する、動く。¶ 공장이 ~ 工場じょうがよく稼動する。⑪(資金などが)回る。¶ 자금이 순조롭게 ~ 資金が順調に回転する。⑫《「죽다」の尊敬語》亡くなる、死ぬ。¶ 선생님은 작년에 돌아가셨다 先生は昨年亡くなった。

**돌아-눕다** 囼囘 ①寝返りを打つ。②(寝床で)背を向ける。

**돌아-다니다** 囼 ①歩き回る、巡る、うろつく、徘徊する。¶ 명승지를 두루 ~ 名勝地をくまなく巡る。②(病気·うわさなどが)広まる、はやる。¶ 전염병이 ~ 伝染病がはやる。

**돌아-보다** 阻 ①振り返る、振り向く、振り向いて見る。¶ 뒤를 ~ うしろを振り返る。②顧みる、反省する、省みる。¶ 과거를 ~ 過去を顧みる。③見回る、巡視する。¶ 관내를 ~ 管内を巡視する。

**돌아-서다** 囼 ①(体ごと)振り返る、後ろ向きになる、背を向ける。¶ 돌아서서 말도 하지 않다 背を向けて口もきかない。②仲違いする、背く、裏切る。¶ 언제 돌아설지 모를 사람 いつ裏切るかわからない人。③(勢いが)快方にむかう、持ち直す、回復する。¶ 병이 조금 ~ 病気がなおりかける。

**돌아-오다** 囼 ①(元の状態・所へ)返る、帰る、戻る、帰って来る。¶ 집에 ~ 家へ帰る。/ 잃었던 물건이 ~ 忘れ物が返る。/ 제 정신으로 ~ 気を取り戻す。②(順番が)回ってくる、巡ってく

る。¶ 내 차례가 ~ 僕の番が回ってくる。③回り道をする、遠回りする、迂回する。¶ 돌아오느라고 늦었다 回り道をして遅くなった。

**돌연**[突然] 圖ᅳ形 ①突然に、だしぬけに、にわかに、急に。¶ ~ 비가 오기 시작하다 突然雨が降り始める。②《名詞的に》突然。¶ ~의 사고 突然の事故。**돌연-히** 圖 突然に、にわかに、急に。¶ ~ 나타나다 にわかに現れる。

**돌연 변:이**[-變異] 圀(生) 突然変異。

**돌이켜-보다** 阻 振り返って見る、顧みる。¶ 역사를 ~ 歴史を顧みる。/ 자기 행위를 ~ 自己の行為を振り返って見る。

**돌이키다** 阻 ①振り返る、振り向く、向きを変える。¶ 몸을 ~ 体を振り向ける。②(過去を)振り返る、顧みる、反省する。¶ 학창 시절을 돌이켜 생각하니… 学生時代を振り返ると…。③(もとへ)取り戻す、挽回する、取り返す。¶ 돌이킬 수 없는 실패 取り返しのつかない失敗/ 명예를 ~ 名誉を挽回する。④(心を)入れかえる、思い直す、改める。¶ 마음을 돌이켜라 心を改めなさい。

**돌입**[突入] 圀ᅳ하自 突入。¶ 적진에 ~ 하다 敵陣に突入する。

**돌-잔치** 圀 初誕生日のお祝いの宴。

**돌:-절구** 圀 石臼。
〚속담〛돌절구도 밑 빠질 때가 있다 石臼でも底が抜けるときがある。《いくら丈夫なものでも長年ながが使うとこわれるものだ》

**돌진**[突進] 圀ᅳ하自 突進。¶ 적을 향해 ~ 하다 敵に向かって突進する。

**돌출**[突出] 圀ᅳ하自 突出、突き出ること。¶ ~부 突出部/ 거리에 ~한 간판 通りに突き出た看板。

**돌-층계**[-層階] 圀 石段。

**돌:-탑**[-塔] 圀 石塔。

**돌파**[突破] 圀ᅳ하뎌他 突破。¶ 적진을 ~ 敵陣を突破する。/ 인구가 4000만을 ~ 했다 人口が4000万を突破した。

**돌파-구**[-口] 圀 突破口。¶ ~를 찾다 突破口をさがす。

**돌:-팔매** 圀 つぶて。¶ ~를 던지다 つぶてを投げる。

**돌:-팔이** 圀 (品物・技術・学識などを売って歩く)旅稼ぎ、行商人。¶ ~ 무당 旅稼ぎの巫女。

**돌:-팔이 선생**[-先生] 圀 ①粗末な寺子屋の先生。②いかさま先生。

**돌:-팔이 의사**[-醫師] 圀 藪医者。

**돌풍**[突風] 圀 突風。

**돕:다** 阻 ①手伝う、助力する、援助する、扶助する。¶ 가사를 ~ 家事を手伝う。/ 생활비를 ~ 生活費を援助する。②救う、助け出す、救済する、救助する。¶ 위험에서 ~ 危険から救う。/ 이재민을 ~ 被災者を救済

**돗자리** 〖名〗 ござ、むしろ。

**동:**〖洞〗〖名〗 ① 洞ほら(行政ぎょうせい区域くいきの単位たんいで「子」の下したに位置いちし、日本ほんの町ちょう・村そんにあたる)。 ②「동사무소(洞事務所)」의 縮約形。

**동**〖銅〗〖名〗〖鑛〗銅どう。¶ ~메달 銅メダル／ ~을 함유한 광물 銅を含有がんゆうした鉱物こうぶつ。 ⑤ 구리

**동**〖棟〗〖依〗①《家屋かおくを数かぞえる単位たんい》軒けん、棟むね。¶ 가옥 2~이 전소했다 家屋かおく2棟むねが全燒ぜんしょうした。 ②《数詞について》(アパートなどの)···棟むね。¶ 2~ 503호에 살고 있습니다 第2棟どう503戶こ503ごうしつに住すんでいます。

**동가식-서가숙**〖東家食西家宿〗〖하〗〖自〗住居じゅうきょが一定いっていせずあちこち居候いそうろうして回まわる生活せいかつ、このような生活をする人ひと。

**동감**〖同感〗〖名〗〖하〗〖自〗同感どうかん。¶ 너의 의견에 나도 ~이다 君きみの考かんがえに僕ぼくも同感だ。

**동갑**〖同甲〗〖名〗同おない年どし(同おない年どし)(の人ひと)、同齢どうれい(の人)。¶ 두 사람은 ~이다 二人ふたりは同い年だ。

**동강**〖名〗(長ながいものを使つかい残のこした)切きれ、切れ端はし、かけら。¶ 연필 — 鉛筆えんぴつのかけら／나뭇~을 줍다 木きの切れ端を拾ひろう。

**동강-나다**〖自〗(長ながいものが)切きれる、折おれる、切断せつだんされる。¶ 두 ~ 二ふたつに切れる。

**동강-내다**〖他〗(長ながいものを)切きる、ぶった切きる、切断せつだんする。

**동강-동강**〖副〗《一ひとつのものをいくつにも切きるようす》切きれ切きれに、ぶつぶつ。¶ ~ 자르다 ぶつぶつ切る。

**동거**〖同居〗〖名〗〖하〗〖自〗同居どうきょ、同棲どうせい。¶ ~인 同居人どうきょにん。

**동격**〖同格〗〖名〗同格どうかく。

**동:결**〖凍結〗〖名〗〖하〗〖自〗〖他〗凍結とうけつ。¶ 자산 ~을 해제하다 資産しさんの凍結を解除かいじょする。

**동경**〖東經〗〖名〗〖地〗東経とうけい。¶ ~ 135도 東経135度ど。

**동:경**〖憧憬〗〖名〗〖하〗〖他〗憧憬どうけい、あこがれ。¶ ~의 대상 憧憬の的まと／도회지 생활을 ~하다 都会とかいの生活せいかつにあこがれる。

**동:계**〖冬季〗〖名〗冬季とうき。¶ ~ 올림픽 冬季オリンピック。

**동고**〖同苦〗〖名〗〖하〗〖自〗苦労くろうを共ともにすること。

**동고 동락**〖-同樂〗〖名〗〖하〗〖自〗苦楽くらくを共ともにすること。¶ ~한 친구 苦楽を共にした友とも。

**동:공**〖瞳孔〗〖名〗〖生〗瞳孔どうこう、瞳ひとみ。¶ ~ 확대 瞳孔拡大かくだい。

**동:공 반:사**〖-反射〗〖名〗瞳孔反射はんしゃ。

**동:굴**〖洞窟〗〖名〗洞窟どうくつ、ほら穴あな。¶ ~을 탐험하다 洞窟を探検たんけんする。

**동:굴 주:거지**〖-住居地〗〖名〗〖人〗洞窟住居地じゅうきょち。

**동권**〖同權〗〖名〗同権どうけん。¶ 남녀 ~ 男女だんじょ同権。

**동그라미**〖名〗①円えん、丸まる、円形えんけい。¶ ~를 그리다 円をえがく。 ②(「동그라미표」의 縮約形)丸印まるじるし、丸まる。¶ 맞는 글에 ~를 쳐라 正ただしい文ぶんに丸をつけよ。 ③(文章ぶんしょうで用もちいる)句点くてん、丸まる。¶ ~가 없다 句点を打うつ。 ④《俗》金かね、おあし。¶ ~가 없다 金がない。

**동그랗다**〖形〗〖어〗真まん丸まるい、丸まるい、円形えんけいである、球形きゅうけいである。¶ 달이 ~ である 月つきがまんまるい。／동그랗게 구부리다 丸く曲まげる。

**동그래-지다**〖自〗丸まるくなる。¶ 깜짝 놀라 눈이 ~ びっくりして目めがまるくなる。

**동글납작-하다**〖形〗〖어〗丸まるくて平ひらべったい。¶ 동글납작한 얼굴 丸くて平べったい顔かお。

**동글리다**〖他〗丸まるくする、まるめる。¶ 모서리를 ~ 角かどをまるくする。／찰흙을 손바닥으로 ~ 粘土ねんどを手てのひらでまるめる。

**동급**〖同級〗〖名〗同級どうきゅう。¶ 품질이 ~이다 品質ひんしつが同級だ。

**동급-생**〖-生〗〖名〗同級生せい。¶ ~의 모임 同級生のつどい。

**동기**〖同氣〗〖名〗兄弟きょうだい姉妹しまい。

**동기-간**〖-間〗〖名〗兄弟姉妹の間柄あいだがら。

**동:기**〖動機〗〖名〗①動機どうき。¶ ~를 계기로 ~を契機けいきに、きっかけ。¶ 범행의 ~ 犯行はんこうの動機。 ②〖音〗モチーフ。

**동-나다**〖自〗(商品しょうひんなどが)品切しなぎれになる、すっかりなくなる、底そこをつく。¶ 그 물건은 불과 하루 사이에 동났다 その品物しなものはわずか一日いちにちで底をついた。

**동남**〖東南〗〖名〗東南とうなん。¶ ~향 東南向むき。

**동남 아시아**〖-Asia〗〖名〗東南アジア。

**동냥**〖名〗〖하〗〖他〗物貰ものもらい(すること)、物乞ものごい(すること)。¶ 젖~ もらい乳ちち／~을 다니다 物ごいをして回まわる。

**동:냥-아치**〖名〗物乞ものごい、乞食こじき。

**동:냥-자루**〖名〗もらい袋ぶくろ、ずだ袋。

**동:네**〖洞-〗〖名〗村むら、町まち、部落ぶらく。¶ ~ 사람 村の人ひと／온 ~에 소문이 나다 村中むらじゅうにうわさが広ひろがる。

〖俗談〗 **동네 북** 村むらの太鼓たいこ。《多おおくのものからやたらにいじめられる人ひと》

**동:네-방네**〖洞-坊-〗〖名〗村中むらじゅう、あの村この村。¶ ~ 돌아다니다 あちこちの村を出歩であるく。

**동녘**〖東-〗〖名〗東ひがし、東方とうほう。¶ ~ 하늘 東の空そら。

**동동**[1]〖副〗《小鼓こつづみを続つづけざまに打うち鳴ならす音おと》とんとん、どんどん。

**동동**[2]〖副〗《地面じめんを踏ふむようす》とんとん、どんどん、ばたばた。¶ 발을 ~ 구르며 안타까와한다 足あしをばたばたさせながらじれったがる。

**동동-거리다**〖自〗〖他〗①(寒さむさ・くやしさ・あせりなどのために)地団太じだんだを踏ふむ、足あしをとんとん踏み鳴ならす。¶ 너무 추워서 발을 공동거린다 あまり寒くて足をどんどんと踏み鳴らす。 ②じりじりして気きをもむ。

**동동**[3]〖副〗《小ちいさくて軽かるいものが浮ういているようす》ふわふわ、ぷかぷか。

**동동-주**〖-酒〗〖名〗飯粒めしつぶの浮ういている濁にご

동성

り酒け。
동등(同等) 图(하形) 同等どう。¶ ~한 자격 同等の資格かく。
동-떨어지다 動 遠とく離はれる、かけ離はれる、隔たる。¶ 마을에서 동떨어진 곳 村むらから遠く離れた所ところ/ 실력이 너무 동떨어져 있다 実力じつりょくがあまりに隔たっている。
동락(同樂) 图(하自) 同楽どう。¶ 동고 ~하다 苦楽くらくを共ともにする。
동:란(動亂) 图 動乱どうらん。¶ ~을 일으키다 動乱を起おこす。⑪ 난리
동:력(動力) 图 動力どうりょく。¶ ~을 공급하다 動乱を供給きょうする。
동:력 자:원(-資源) 图 動力資源げん。
동렬(同列) 图 同列どう。¶ ~에 놓다 同列に置おく。
동료(同僚) 图 同僚どうりょう、仲間なかま。¶ ~ 의식 仲間意識しき。
동류(同類) 图 同類どう、同おなじ仲間なかま。¶ ~로 취급되다 同類とみなされる。 / ~끼리 모였다 同類どうしが集あつまった。
동:맥(動脈) 图 動脈どう。¶ ~ 주사 動脈注射しゃ/ 고속 도로는 나라의 ~이다 高速こうそく道路ろは国くにの動脈である。
동:맥 경화(-硬化) 图(醫) 動脈硬化こう。¶ ~ 증 動脈硬化症しょう。
동:맥-류(-瘤) 图(醫) 動脈瘤りゅう。
동맹(同盟) 图(하自) 同盟どうめい。¶ 군사 ~ 軍事ぐんじ同盟/ ~을 맺다 同盟を結むすぶ。
동맹-국(-國) 图 同盟国こく。
동맹 파:업(-罷業) 图(하自) ストライキ。¶ ~에 들어갔다 ストライキに入はいった。
동맹 휴교(-休校) 图 同盟休校きょう。
동-메달(銅 medal) 图 銅どうメダル。
동:면(冬眠) 图(하自) 冬眠どう、冬籠ふゆごもり。¶ 곰의 ~ クマの冬眠。
동명(同名) 图 同名おい・みょう。¶ 동성 ~ 同姓同名どうみょう。
동명 이:인(-異人) 图 同名どう異人いじん。
동무 图 ①友ともだち、友とも、親友しんゆう、同志どうし。¶ 동네 ~ 村むらの友だち/ 오랫만에 ~를 만났다 久ひさしぶりに旧友きゅうに会あった。②連つれ、仲間なかま。¶ 말 ~ 話はなし相手あいて/ 길 ~ 하다 道連みちづれになる。 / 낚시 ~가 많다 釣つり仲間が多おおい。
동문(同文) 图 同文どう。¶ 이하 ~ 以下いか同文。
동문(同門) 图 ①《「동문생(同門生)」의 縮約形》同門もん、同窓どう。¶ 그와는 대학 ~이다 彼かれとは大学だいがくの同門だ。②같은 宗派しゅうはに 속한 사람.
동문 수학(-修學) 图(하自) 同おなじ師しの下もとでいっしょに学まなぶこと。
동문-서답(東問西答) 图(하自他) 的まとはずれの答こたえ、とんちんかんな答こたえ。¶ 한눈 팔다가 ~ 하다 よそ見みをしていてとんちんかんな答えをする。
동:물(動物) 图 動物どう。¶ 포유 ~ 哺乳ほにゅう動物/ ~을 길들이다 動物を手てなずける。 / 애완 ~을 기르다 愛玩あい動物を飼かう。
동:물-성(-性) 图 動物性せい。¶ ~ 식품 動物性食品ひん。
동:물-원(-園) 图 動物園えん。
동:물-적(-的) 冠名 動物的てき。¶ ~인 욕망 動物的な欲望よく。
동반(同伴) 图(하自他)(하自) 同伴どう。¶ 부부 ~으로 축석하다 夫婦ふうふ同伴で出席しゅっせきする。
동반-자(-者) 图 同伴者しゃ。
동반 자살(-自殺) 图(하自) 心中しんじゅう、集団しゅうだん自殺さつ。
동방(東方) 图 東方ほう。
동방 예:의지국(-禮儀之國) 图 東方の礼儀れいぎの国くに。
동:방(洞房) 图(床入とこいりの部屋へや。② 寝室しんしつ。
동:방-화촉(-華燭) 图 (新婚しんこん初夜しょの)床入とこいり。
동백(冬柏) 图(植) ツバキの実み、椿つばき。¶ ~ 기름 椿油つばきあぶら。
동병-상련(同病相憐) 图(하自) 同病どうびょう相憐あわれみこと。
동:복(冬服) 图 冬服ふゆ、冬着ふゆぎ、冬物ふゆもの。
동봉(同封) 图(하他) 同封どう。¶ 이력서를 ~ 하다 履歴書りれきを同封する。
동-부인(同夫人) 图(하自) 夫婦連ふうふづれ、夫人じん同伴どう。¶ ~ 해서 와 주십시오 夫人同伴でおでましください。
동분-서주(東奔西走) 图(하自) 東奔西走せいそう。¶ 돈을 구하려고 ~ 하다 金策きんさくのため東奔西走する。
동:사(凍死) 图(하自) 凍死とうし、凍こえ死じに。¶ 눈 속에서 ~ 하다 雪ゆきの中なかで凍え死にする。
동:사(動詞) 图(文法) 動詞どう。
동:-사무소(洞事務所) 图(行政ぎょうせい区域くいきの)洞どうの役所やくしょ。
동산 图 ①(家いえの近ちかくにある)小山こやま、丘おか。② 뒷 ~ 裏山うらや。 ②築山つきやまのある庭園ていえん。¶ 꽃 ~을 만들다 花園はなぞのを造つくる。
동:-산(動産) 图 動産どう。¶ ~ 압류 動産差押さしおさえ。
동:상(凍傷) 图 凍傷とう、霜焼しもやけ。¶ ~에 걸리다 凍傷にかかる。
동상(銅像) 图 銅像どう。¶ ~을 세우다 銅像を建たてる。
동생(同生) 图 弟おとうと、妹いもうと。¶ 남 ~ 弟おとうと/ 막내 ~ 末すえの弟(妹)。
동서(同壻) 图 ①相婿あいむこ。②相嫁あいよめ。
동서(東西) 图 東西とう。①東ひがしと西にし。¶ 이 강은 ~로 흐른다 この川かわは東西に流ながれる。② 東洋とうようと西洋せい。③共産圏きょうさんけんと自由じゅう陣営じん。¶ ~간의 긴장 완화 東西間かんの緊張緩和かんわ。
동서-고:금(-古今) 图 古今こきん東西。
동서-남북(-南北) 图 東西南北なん。
동-서양(東西洋) 图 東洋ようと西洋よう。
동석(同席) 图(하自) 同席せき。¶ 좌담회에 그녀와 ~ 헸다 座談会ざだんかいで彼女かのじょと同席した。
동성(同性) 图 同性せい、同おなじ性せい。

**동성애**【-愛】 图 同性愛.
**동성**【同姓】 图 同姓, 同じ姓.
　**동성 동본**【-同本】 图 姓も同じで本貫も同じこと.
　**동성-불혼**【-不婚】 图 同姓は婚姻せず(父系・血族間の結婚を避けること).
**동성**【同聲】 图 同声, 同音. ¶ 이구 ~ 로 외치다 異口同音に叫ぶ.
**동승**【同乘】 图 ㊌ 同乗, 同車. ¶ 버스에 ~ 하다 バスに同乗する.
**동시**【同時】 图 同時. ¶ ~ 녹음 同時録音/ 도착과 ~에 발차하다 到着と同時に発車する. / 시인인 ~에 철학자이기도 했다 詩人であると同時に哲学者でもあった.
　**동시 통역**【-通譯】 图 同時通訳.
**동-시**【童詩】 图 童詩.
**동-식물**【動植物】 图 動植物.
**동-심**【童心】 图 童心, 子供の心. ¶ ~ 으로 돌아가다 童心に返る.
**동아-줄** 图 太い綱.
**동안** 图 (時間的な)間, ま. 期間. ¶ 오랫~ 長らい間が/ 자고 있는 ~에 비가 왔다 寝ているうちに雨が降った.
**동-안**【童顔】 图 童顔.
**동양**【東洋】 图 東洋. ¶ ~화 東洋画/ ~ 문명 東洋文明.
**동업**【同業】 图 同業. ①同じ職業や営業. ¶ ~ 조합 同業組合. ② ㊌ 共同経営. ¶ 그와 ~하다 彼と同業する.
　**동업-자**【-者】 图 ①同業者. ②共同経営者.
**동여-매다** 他 縛り付ける, 縛り上げる.
**동요**【動搖】 图 ㊌ ㊉ 動揺. ¶ 민심이 ~ 하고 있다 民心が動揺している.
**동-요**【童謠】 图 童謡.
**동-원**【動員】 图 ㊌ ㊉ 動員. ¶ 인력을 ~하다 人力を動員する.
**동위**【同位】 图 同位. ¶ ~각 同位角.
　**동위 원소**【-元素】 图 ㊎ 同位元素, アイソトープ. ¶ 방사성 ~ 放射性同位元素.
**동음**【同音】 图 同音. ¶ ~ 이의 同音異義.
　**동음-어**【-語】 图 同音語.
**동의**【同義】 图 同義. ¶ ~어 同義語.
**동의**【同意】 图 ㊌ 同意, 賛成する. ¶ 계약 조건에 ~하다 契約条件に同意する.
**동-의**【動議】 图 ㊌ ㊉ 動議. ¶ 긴급 ~ 緊急動議/ ~가 성립되다 動議が成立する.
**동인**【同人】 图 同人. ①同じ人, 同じ人, その人, 当人. ②同好者, 仲間. ¶ 문예 ~ 文芸同人. ③同門の人.
　**동인-지**【-誌】 图 同人雑誌.
**동일**【同一】 图 ㊌ 同一, 同じであること, 等しいこと. ¶ ~한 주장 同一の主張/ 상황이 ~하다 状況が同じだ. / ~하게 취급하다 同じく取りあつかう.
　**동일 개념**【-概念】 图 同一概念.
　**동일-시**【-視】 图 ㊌ ㊉ 同一視し, 区別せず

ず同一にみなすこと.
**동-자**【童子】 图 童子, 男の子.
**동-자-승**【-僧】 图 幼ない僧.
**동-작**【動作】 图 ㊌ 動作, 動き. ¶ ~이 느리다 動作がのろい. ②㊉ 作動. ¶ 컴퓨터가 ~하다 コンピューターが作動する.
**동-장**【洞長】 图 洞の長.
**동-장군**【冬將軍】 图 冬将軍, 酷寒.
**동-적**【動的】 图 動的, 活動的. ¶ ~ 인 묘사 動的な描写.
**동전**【銅錢】 图 銅銭, コイン, 銅貨. ¶ ~ 한 푼도 없다 銅銭一文もない.
**동점**【同點】 图 同点. ¶ ~이 되었다 同点になった.
**동정**【同情】 图 ㊌ 同情, 思い遺り. ¶ ~을 끌다 同情を引く. / ~해 주는 사람도 없었다 同情してくれる人もなかった.
　**동정-심**【-心】 图 同情心. ¶ ~에 호소하다 同情心に訴える.
　**동정 파업**【-罷業】 图 同情罷業, 同情ストライキ.
**동-정**【動靜】 图 動静, 動き. ¶ 적의 ~을 살피다 敵の動きを見守る.
**동-정**【童貞】 图 童貞. ¶ ~을 잃다 童貞を失う.
**동조**【同調】 图 ㊌ 同調. ¶ 남에게 ~하다 他人に同調する.
　**동조-자**【-者】 图 同調者.
**동족**【同族】 图 同族. ¶ ~애 同族愛.
　**동족 상잔**【-相殘】 图 ㊌ 同族が互いに争い殺し合うこと.
**동지**【冬至】 图 冬至(二十四節気の一つ).
　**동지 섣달**【-】 图 陰暦の11月と12月.
**동지**【同志】 图 同志, 同じ仲間. ¶ ~를 규합하다 同志を糾合する.
**동질**【同質】 图 同質.
**동-쪽**【東-】 图 東, 東方, 東の方.
**동참**【同參】 图 ㊌ (式·集会などに)共に参加すること.
**동창**【同窓】 图 同窓, 同学. ¶ 동기 ~ 同期 同窓/ ~생 同窓生.
　**동창-회**【-會】 图 同窓会. ¶ ~를 열다 同窓会を開く.
**동체**【胴體】 图 ①同体, 同じ体. ¶ 일심~ 一心同体. ②同じ物体.
**동체**【胴體】 图 胴体. ¶ ~ 착륙 胴体着陸.
**동-치미** 图 トンチミ(キムチの一種で香辛料などを入れて大根を薄い塩水などに漬けたもの).
**동침**【同寢】 图 ㊌ 共寝, 同衾.
**동-태**【凍太】 图 冷凍スケトウダラ[明太].
**동-태**【動態】 图 動態, 様子. 動き. ¶ 적의 ~를 살피다 敵の動態を探る.
**동-토**【凍土】 图 凍土.
　**동-토-대**【-帶】 图 ㊍ 凍土帯, ツンドラ.
**동-트다**【東-】 自 東の空が明るくなる, 夜が明ける.

**동:파**(凍破) 명하자 凍って破裂すること。¶ 수도 파이프가 ~했다 水道のパイプが凍って破裂した。

**동판**(銅版) 명(版) 銅版。¶ ~ 인쇄 銅版印刷。
　**동판-화**(-畵) 명 銅版画。

**동포**(同胞) 명 同胞、はらから。¶ 재미 ~ 在米同胞。

**동풍**(東風) 명 東風、東の風、こち。¶ 마이 ~ 馬耳東風。

**동:-하다**(動-) 자여 ①動じる、心が動揺する。¶ 마음이 ~ 心が動揺する。②ある感情が湧く、そそられる。¶ 구미가 ~ 食欲がそそられる。

**동학**(東學) 명(宗) 東学(現在の天道教の前身)。
　**동학 혁명**(-革命) 명 東学革命。

**동:항**(凍港) 명 凍港。 ↔ 부동항(不凍港)。

**동-해:안**(東海岸) 명 ①東の海岸。②(地) 東海の沿岸。

**동행**(同行) 명하자 同行、道連れ。¶ 도중에 ~이 되다 途中で道連れになる。

**동:향**(動向) 명 動向、動き。¶ 새론의 ~을 살피다 世論の動向をさぐる。

**동:혈**(洞穴) 명 洞穴、洞窟。

**동호**(同好) 명 同好。¶ ~회 同好会。

**동화**(同化) 명하자타되자 同化。¶ 이민족을 ~시키다 異民族を同化させる。
　**동화 작용**(-作用) 명 同化作用。

**동화**(同和) 명하자 同和、ひとつに和合すること。

**동:화**(動畵) 명 動画、アニメーション。

**동:화**(童話) 명 童話。¶ ~책 童話の本。

**동-활자**(銅活字) 명 銅活字。

**돛** 명 帆。¶ ~을 올리다 帆を上げる。/ 순풍에 ~ 단 듯 順風に帆をかけたように。
　**돛단-배** 명 帆船、帆掛け船。
　**돛-대** 명 帆柱、マスト。

**돼-먹다** 자(「되어먹다」の縮約形) なる。¶ 돼먹지 못한 놈 なっていない奴。

**돼:지** 명 ①(動) ブタ。¶ ~ 우리 豚小屋 / ~를 기르다 豚を飼う。②(俗) 欲張りや、愚鈍な人。¶ ~ 같은 녀석 豚のような欲張りめ。
　**돼:지-고기** 명 豚肉。
　**돼:지-꿈** 명 豚の夢、縁起のいい夢。
　**돼:지-띠** 명 亥の年の生まれ。

**되**¹ Ⅰ 명 升。¶ 한 홉들이 ~ 一合升。Ⅱ 의(穀物などをはかる単位)…升。¶ 쌀 한 ~ 米1升。

**되:**² 명 ①(むかし)豆満江トゥマンガン一帯に住んだ異民族。② ⇨ 오랑캐。

**되-** 接頭 (おもに用言について次のような意を表わす) かえって、むしろ、更に、逆に。¶ ~묻다 聞き返す。/ 기억이 ~살아나다 記憶が生きかえる。

**-되** 語尾 《用言の語幹につく接続語尾》①《前句に条件をつける意を表わして》…が、…が、…けれども。¶ 술은 마시~ 알맞게 마셔라 酒は飲んでも程よく飲みなさい。②《前句を是認としながら後句に前句の事実でが互いにかかわり合いがないことを表わして》…だが、…が、…けれども、…ではあるが。¶ 크기는 하~ 무르다 大ききはあるが脆い。

**되-걸리다** 자 ①(病気が)再発する、ぶり返す。②逆方向に引っかかる、逆にやり返される、逆手に取られる。

**되:게** 副 ひどく、たいへん、とても、ずいぶん、凄く。¶ ~ 무섭다 とても恐ろしい。/ 값이 ~ 비싸다 値段がすごく高い。㉠ 몹시・매우。

**되-깔다** 타 再たたび敷しく、敷きかえる。

**되:-놈** 명(卑) 中国人。

**되-뇌다** 자 くどくど言う、繰り返して言う、重ねて言う。¶ 같은 말을 수없이 ~ 同じ言葉を何回も繰り返す。

**되다**¹ 자 ①(ある状態に)なる、変わる、変化がちになる。¶ 갑자기 부자가 ~ にわかに金持ちになる。/ 눈이 와서 은세계가 되었다 雪が降って銀世界になった。②できる、出来上がる、仕上がる。¶ 밥이 다 ~ ご飯ができ上がる。③(ものごとが)運ぶ、育つ、よく成育する。¶ 벼가 잘 ~ 稲がよく育つ。/ 만사가 다 잘 되어가고 있다 万事が好都合らうに運んでいる。④(ある数量に)及ぶ、なる、達する、至る。¶ 성년이 ~ 成年になる。/ 얼마 되지 않는 밑천 いくらにもならない元手。⑤(…しても)いい、かまわない、大丈夫だ。¶ 믿어도 뒤니까? 信じてもいいですか。⑥(…で)できている、成る、構成される。¶ 가죽으로 되어 있다 皮でできている。/ 물은 산소와 수소로 되어 있다 水は酸素と水素からなっている。⑦《(「…하게 되다」の形で》…するようになる。¶ 그를 좋아하게 ~ 彼を好きになる。/ 빨갛게 ~ 赤くなる。⑧役をする、役になる、用を足す。¶ 영화에서 주역이 ~ 映画で主役になる。/ 약이 ~ くすりになる。⑨《(「어떻게 되다」の形で)どんな状態だ。¶ 가족은 어떻게 돼요? 家族は何人ですか。⑩(…に)該当する、当たる、なる、関係にある。¶ 먼 친척 뻘이 되다 遠い親戚に当たる。⑪(必要な要素が)備わっている、徳がある、よく出来る。¶ 사람이 ~ 人間性ができている。

**되다**² 타 (升などで) 計る。¶ 쌀을 되로 ~ 米を升で計る。

**되:다**³ 形 ①(水分が少なくて)固い、強い、濃い。¶ 밥이 되어서 못먹겠다 ご飯が固くて食べられない。②張りすぎている。¶ 밧줄이 너무 ~ 綱が張り過ぎている。③きつい、ひどい、力に余る。¶ 일이 되어서 못하겠다 仕事とがあまりきつくてやりきれない。④(「되게」の形で) はなはだ、

ひどく。¶ 되게 덥다 ひどく暑い。

-**되다** [接尾] ①(動作性名詞について自動詞・受動動詞をつくる)…になる、…される。¶ 시작~ 始まる。/ 걱정~ 心配になる。②(状態・性質を示す名詞・副詞について形容詞をつくる)…だ、…い。¶ 속~ 俗っぽい。/ 참~ 真実だ。

**되도록** [副] なるべく、なるたけ、出来るだけ。¶ ~ 빨리 오너라 できるだけ早く来い。/ ~이면 그쪽이 좋다 なるべくならその方がいい。

**되-돌리다** [他] 逆転させる、反対の方向に回す。¶ 시계 바늘을 되돌려 놓았다 時計の針を逆戻しせた。

**되-돌아가다** [自他] (来た道を)戻る、引き返す、戻って行く。¶ 오던 길을 ~ 来た道を引き返す。

**되-돌아보다** [自他] 振り向く、振り返る、返り見る、思い返す。¶ 인생을 ~ 人生を振り返る。

**되-돌아가다** [自] また戻って来る、引き返して来る、舞戻りする、帰る。¶ 갔던 길을 ~ 行った道を引き返して来る。

**되룽-거리다** [自] (軽い物体がぶらさがって)ゆらゆらする、ぶらぶらする。

**되-묻다¹** [他] (掘り出した植木などを)元の場所に植え付ける。

**되-묻다²** [他] ①問い返す、聞き返す、聞き直す、もう一度尋ねる。¶ 두 번이나 二度にも聞き返す。②反問をする。

**되-바라지다** [形] ①浅はかで深みがない、すれからしだ。②心が狭い、包容力がない、せせこましい。¶ 행동이 ~ 行動がせせこましい。③(器の底が)浅はい。¶ 되바라진 접시 底の浅い皿。④小賢しい、ちゃっかりしている、こましゃくれている。¶ 되바라진 아이 こましゃくれた子供。

**되-받다** [他] ①(叱られてかえって)言い返す、口答えする、はむかう。¶ 한마디도 지지 않고 ~ 一言とも言い負かされずに言い返す。②言い返してもらう、受け戻しする。

**되-살다** [自] ①(死にかかったものが)生き返る、蘇生する、よみがえる。¶ 싱싱하게 되살아난 나무 生き生きと生き返った木。②(食べた物が)胃にもたれる。③(一度別れた夫婦が)よりを戻す、再たび一緒になる。

**되-살아나다** [自] ①生き返る、蘇生する、よみがえる。¶ 죽은 사람이 되살아났다 死人が生き返った。②(記憶・感情などが)よみがえる、回復する。¶ 기억이 ~ 記憶がよみがえる。

**되-새기다** [他] ①繰り返して考える、再考する。¶ 선생님의 말씀을 ~ 先生のお話を繰り返して考える。②反芻する。③(満腹・食欲不振で食べ物を)繰り返しして噛む。

**되새김-질** [名] [自他] 反芻する。¶ 소는 ~을 하는 동물이다 牛は反芻する動物だ。

**되-씹다** [他] ①(同じことを)繰り返して言う。② ⇨ 되새기다

**되어-가다** [自] なっていく。①(事が)完成しかけている、仕上がりつつある、成りつつある。¶ 일이 잘 되어 갑니까? 仕事がうまくいっていますか。②(時期や季節などが)近づく、やってくる。¶ 봄이 ~ 春が近づく。歓 돼가다

**되지-못하다** [形] ①(人となりが)なっていない、人間らしくない、礼儀にはずれている。¶ 되지 못한 녀석 なっていない奴。②出来が悪い、まずい。¶ 잘 되지 못한 작품 できの悪い作品。

**되직-하다** [形] (ご飯・粥などが水気が少なくて)少し固めである、やや濃いめである。¶ 밥이 좀 되직한 것 같다 ご飯がやや固めのようだ。

**되-질** [名] [自他] (穀物を)一升ますで計ること。

**되-짚어** [副] すぐに、直ちに、すぐ引き返して、すぐその場で、折り返し。¶ ~ 오다 すぐ戻ってくる。/ ~ 가다 すぐ引き返していく。

**되-찾다** [他] もう一度捜す、取り戻す、取り返す。¶ 건강을 ~ 健康を取り戻す。

**되-팔다** [他] 転売する。

**되-풀이** [名] [自他] [되日] (同じこと・行動の)繰り返し、反復。¶ 잘못을 ~하다 過ちを繰り返す。

**되-풀이²** [名] [自他] ①升単位で穀物を売ること。②升単位で穀物を計ること。

**된:-밥** [名] ①強いご飯、固めに炊いたご飯。②水分・汁などをかけていないご飯。

**된:-서리** [名] ①ひどい霜に、晩秋の大霜に。②[比] ひどい打撃を。
관용 된서리(를) 맞다 ①ひどい霜に当たる。②ひどい災難に・打撃を受ける、ひどい目にあう。¶ 불경기로 ~ 不景気で大きな打撃を受ける。

**된:-소리** [名] [文法] (「ㄲ・ㄸ・ㅃ・ㅆ・ㅉ」など)強く発音される子音。歓 경음(硬音)

**된:-장[-醬]** [名] 味噌。¶ ~국 味噌汁/ ~을 담그다 味噌をつくる。
**된:-장 찌개** [名] [料] 味噌チゲ(野菜・肉などの味噌煮込み)。

**된:-통** [副] ひどく、甚だしく、大変に。¶ ~ 얻어맞다 ひどく殴られる。

**될성-부르다** [形] (しようとすることが)できそうだ、見込みがある。
속담 될성부른 나무는 떡잎부터 알아본다 せん壇は双葉より芳がし。

**됨됨-이** [名] ①人柄、人となり、風采。¶ 사람 ~가 믿음직하다 人となりが頼もしい。/ ~가 변변치 못하다 風采が上がらない。②(物事の)出来ぐあい、出来ばえ、仕上がり。¶ 물건 ~가 잘 되었다 品物の出来がうまくいった。

**됨직-하다** 〖形어〗見込みがある、出来そうだ。

**됫-박** 〖名〗〖俗〗①ます。②一升ますの代わりに用いるふくべ。

**두:** 〖冠〗二つの…、ふた…、二に…。¶ ~ 갈래 二筋/ ~ 다리 両足の/ ~ 배 두배の/ ~ 사람 분의 식사 二人前の食事。

**두각** 〖頭角〗〖名〗頭角。
〖관용〗두각(을) 나타내다 頭角を現わす。

**두개** 〖頭蓋〗〖名〗頭蓋。
두개-골 [-骨] 〖名〗頭蓋骨。

**두건** 〖頭巾〗〖名〗喪中にかぶる男子の頭巾。
〖참〗건(巾)。

**두고-두고** 〖副〗①くどくどと、返えす返えす、だらだらと。¶ 잘못한 것을 ~ 나무라다 しくじりをくどくどととがめる。②いつまでも、長らく、永久えいきゅうに、永遠えいに。¶ 은혜는 ~ 잊지 않겠습니다 この恩はいつまでも忘れません。

**두근-거리다** 〖自他〗(胸が) どきどきする、わくわくする。¶ 그 소식을 듣고 가슴이 두근거렸다 その知らせを聞いて胸がどきどきした。

**두글-두글** 〖副〗《大きくて重むいものがつづけてころがるさまやその音》ごろりごろり、ごろごろ。¶ 큰 돌이 ~ 굴러떨어지다 大きな石がごろごろころがり落ちる。

**두꺼비** 〖名〗〖動〗ヒキガエル、ガマ。
〖속담〗두꺼비 파리 잡아먹듯 ヒキガエルが蠅を捕って食べるように。《手当たり次第に食べてしまうこと》

**두꺼비-집** 〖名〗〖俗〗(電気の) 安全ま開閉器。

**두껍다** 〖形ㅂ〗厚い、厚みがある。¶ 옷감이 ~ 生地が厚い。/ 두꺼운 책을 읽다 厚い本を読む。

**두께** 〖名〗厚さ、厚み。¶ ~ 3센티의 판자 厚さ3センチの板。

**두남-두다** 〖他〗①味方になる、肩を持つ、ひいきする、かばってやる。②(哀れに思もって) 助けてやる。

**두뇌** 〖頭腦〗〖名〗頭脳。¶ ~ 유출 頭脳流出/ ~가 명석한 사람 頭脳明晰な人。

**두다** 〖他〗①(一定の場所に)置く、しまう。¶ 책을 책상 위에 ~ 本を机の上に置く。②(一定の時間)置く、及ぶ、わたる。¶ 여유를 두고 생각하다 ゆとりをもって考かんがえる。③(人を) 置く、雇こう、取とる、泊とめる。¶ 비서를 ~ 秘書を置く。/ 하숙생을 ~ 下宿人を置く。④(間隔を) 置く。¶ 일 미터의 간격을 1メートルの間隔を置く。⑤設置する、設ける、置ます。¶ 안내소를 ~ 案内所を設置する。⑥(心に) 留める、置く、抱く、持つ、寄せる。¶ 염두에 ~ 念頭に置く。⑦(ご飯などにほかの物を)入いれる、混ぜる。¶ 콩을 둔 밥 豆を混ぜたご飯。⑧(布団、衣服、などに綿などを)入いれる。⑨(子供などを) もつ。¶ 양자를 ~ 養子をもらう。/ 좋은 아들을 두었다 よい息子をもった。⑩ (碁・将棋を) 打つ、指す。¶ 바둑을 ~ 碁を打つ。⑪離なしておく、残す。¶ 처자를 두고 떠나од다 妻子を残して出て来る。⑫とり止める、中止する。¶ 이쯤해 ~ これぐらいにしておく。⑬そのままにしておく、ほうっておく、顧かえりみない。¶ 까불면 가만 안 두겠어 ふざけたまねをしたらただではおかないぞ。

**두다²** 〖助動〗(…して)おく。¶ 예약해 ~ 予約しておく。/ 많이 먹어 ~ たくさん食べておく。/ 잘 봐 두게 よく見ておけ。

**두더지** 〖名〗〖動〗モグラ。
〖속담〗두더지 혼인 같다 モグラの婚姻のようだ。《身分不相応な希望きぼうを抱いだくことのたとえ》

**두덩** 〖名〗うね、あぜ、小高だかく盛り上がった部分。¶ 밭 ~ / 눈 ~ まぶた。
〖속담〗두덩에 누운 소 あぜに寝そべった牛。《気楽に過ごせる身分のたとえ》

**두두룩-하다** 〖形어〗小高く盛り上がっている、ふっくらと膨らんでいる。¶ 두두룩한 가슴 ふっくら盛り上がった胸。〖名〗두두룩하다
두두룩-이 〖副〗ふっくらと、うず高く、山盛もりに。

**두둑-하다** 〖形어〗①非常に厚い、分厚い。¶ 배짱이 ~ 太っ腹だ。②豊かである、豊富である。¶ 주머니가 ~ 懐が暖かい。두둑-이 〖副〗分厚く、豊かに、十分に、ふんだくに。

**두둔-하다** 〖名하自他〗味方みして庇うこと、肩を持つこと、えこひいきすること、庇護。¶ 제 아이만 ~하다 自分の子ばかり庇う。

**두-둥실** 〖名〗(水上・空中に浮かぶさま) ふんわりと、ふわふわと、ぽっかり。¶ ~ 떠 있는 구름 ぽっかり浮かんでいる雲。

**두드러기** 〖名〗〖醫〗蕁麻疹。¶ 온몸에 ~가 돋다 全身에 蕁麻疹が出る。

**두드러-지다** 〖形〗①目立っている、はっきりしている、突き出ている、ずば抜けている。¶ 두드러진 특징 目立った特徴/ 두드러지게 성적이 좋다 ずば抜けて成績がよい。②(自動的に) 突き出る、突出する、表面化してはっきりする。¶ 사건이 두드러지기 시작했다 事件が表面化し始めた。〖名〗도드라지다

**두드리다** 〖他〗叩く、打つ。¶ 화가 나서 책상을 ~ 腹が立って机をたたく。

**두들기다** 〖他〗(やたらに) 叩く、(むやみに) 打つ、殴る、殴りつける。¶ 문을 쾅쾅 두들기다 戸をどんどん叩く。/ 두들겨 패다 殴り倒す。

**두런거리다** 〖自〗ひそひそと話し合う。¶ 두런거리는 소리가 들려왔다 ひそひそと話す声が聞こえてきた。〖名〗도란거리다

**두렁** 〖名〗畦あぜ、畦道。¶ 논 ~ 田のあぜ。

**두레¹** 〖名〗《農繁期のさいに互いに協力するための) 農民の組織、結。

**두레²** 〖名〗投釣瓶つるべ。

**두레-박** 名 つるべ、つるべおけ。¶ ~으로 물을 긷다 つるべで水を汲む。

**두려움** 名 ①怖さ、恐ろしさ、恐怖。¶ ~으로 부들부들 떨고 있다 恐ろしさにぶるぶる震えている。 ②不安、心配、懸念。¶ 실패할지도 모른다는 ~ 失敗するかもしれないという不安。 ③畏れ、畏敬。¶ 신에 대한 ~ 神への畏敬の念。

**두려워-하다** 他⑩ ①恐れる、怖がる。¶ 죽음을 ~ 死を恐れる。 ②気遣う、心配する、懸念する。¶ 실패하지 않을까 ~ 失敗しないかと不安がる。 ③畏れる、畏敬する、敬い畏れる。¶ 신을 두려워하지 않는 행위 神をも畏れぬ行為。

**두렵다** 形ㅂ ①怖い、恐ろしい。¶ 두려워서 꼼짝을 못했다 恐ろしくて身動きできなかった。 ②不安だ、心配だ、気掛かりだ。¶ 비밀이 탄로나지 않을까 ~ 秘密がばれはしないか気掛かりだ。 ③恐れ多い、敬いおそれている、恐れ入る。¶ 두려워서 고개도 못든다 恐れ多くて頭だが上がげられない。

**두령**[頭領] 名 頭、頭領、親分、ボス。¶ 도적의 ~ 盗賊の頭。

**두루** あまねく、満遍なく、漏れなく。¶ 전국을 ~ 돌아다니다 全国をあまねく歩き回る。

**두루-마기** 名 トゥルマギ(外套のような韓国特有の着物)。

**두루-마리** 名 ①巻物、巻き紙。 ②版 巻き取り紙。

**두루뭉실-하다** 形⑩ ①角張らず丸みを帯びている。 ②(言行が)性格などが)あいまいである、はっきりしない、どっち付かずだ。¶ 두루뭉실한 태도 どっち付かずの態度。

**두루미** 名[動] タンチョウ。

**두루-춘풍**[-春風] 名 八方美人。

**두르다** 他⑤ ①(チマ・襟巻きなどを)巻く、巻き付ける、まとう。¶ 목도리를~ マフラーを巻く。/ 앞치마를 ~ エプロンをかける。 ②(垣などを)巡らす、囲む。¶ 뜰에 울타리를 ~ 庭にに垣を巡らす。 ③(旗などを)振り回す、回す。¶ 깃발을 휘위 ~ 旗を振り回す。 ④(機械などを)回す。¶ 재봉틀을 ~ ミシンを回す。 ⑤(油などを)引く。¶ 프라이팬에 기름을 ~ フライパンに油を引く。 ⑥(金などを)工面する、都合つう。¶ 돈을 두르러 나간다 金を工面しに出かける。 ⑦遠回りする。¶ 둘러 가다 遠回りして行く。 ⑧(もっともらしく)人をあざむく。¶ 그럴 듯하게 둘러대다 もっともらしく言いつくろう。

**두르르**¹ 副 《巻き物などがのびてからまた元に巻かれるようす》くるくる。㊄ 도르르。

**두르르**² 副 《車輪などが転がるさまやその音》ごろごろ、がらがら。㊄ 뚜르르。

**두름** 依 ①《干し魚20마리を藁で編みつないだものを数える単位》…さし。¶ 굴비한 ~ 干しイシモチ一ひさし。 ②《山菜10把くらいの量を束ねたものを数える単位》…束。¶ 고사리 한 ~ わらび一束だ。

**두릅** 名 たらの木の若芽、たらぼ。

**두리-둥실** 副 《物が浮かんで漂だようす》ふわふわ、ふんわり。¶ ~ 구름이 떠돈다 ふわふわと雲が浮うき まわる。

**두리번-거리다** 自他 きょろきょろ見回す。¶ 주위를 ~ きょろきょろと辺りを見回す。

**두:-말** 名 하自 《(主に否定文の中に用いて)》二言、無駄口だ、文句ん。¶ ~하지 않다 二言はない。

[慣用] 두말 말고 とやかく言わないで、文句をつけないで。¶ ~ 내가 하라는 대로 해라 文句を言わずに僕の言う通りにしろ。

**두메** 名 山里、山奥、片田舎、僻村ぇ。

**두메 산골**[-山-] 名 深い山奥、僻地、奥地。

**두목**[頭目] 名 頭目、頭、首領、ボス。¶ 산적의 ~ 山賊の頭目。

**두문-불출**[杜門不出] 名 하自 家に閉じこもって外出しっしないこと。

**두발**[頭髮] 名 頭髮、髮の毛。

**두부**[豆腐] 名 豆腐。¶ ~ 장수 豆腐屋や/ 한 모 豆腐一丁ちょう。

[俗談] 두부 먹다 이 빠진다 豆腐を食べていて歯が抜ける。《どんなときでも油断は大敵》

**두서** [書] 名 序文、前書。

**두서**[頭緖] 名 ①(物事の)糸口、端緖、手がかり。 ②(話などの)筋道、つじつま、条理。

[慣用] 두서(가) 없다 (話の)筋が通っていない、つじつまが合わない。¶ 두서가 없는 말을 하다 つじつまが合わないことを言う。

**두-서넛** 数 二つか三つか四つつ、いくつか、数個。

**두-세** 冠 二つか三つの、2・3。¶ ~ 가지 물건 二つか三つの品物。

**두-셋** 数 二つか三つ。¶ ~ 갖고 있다 二つ三つ持っている。

**두:-손** 名 両手。

**두:손-들다** 自 ①両手を挙げる。¶ 두손들고 나오라 両手を挙げて出て来い。 ②降服する、放棄する、断念する。

**두엄** 名 積み肥、堆肥。¶ 밭에 ~을 주다 畑に堆肥をやる。㊄ 퇴비。

**두엄-더미** 名 積み肥の山。

**두유**[豆油] 名 大豆油。

**두유**[豆乳] 名 豆乳。

**두음**[頭音] 名 [文法] 頭音、音節の最初の子音。

**두음 법칙**[-法則] 名 [文法] 頭音法則。

**두:-이레** 名 出産後14日目の日。

**두절**[杜絕] 名 하自 とだえること、途絕。¶ 통신 ~ 通信途絕/ 눈으로 교통이 ~ 되었다 雪で交通がとだえた。

**두:-쪽** 名 ①二切れ。 ②両側、両方。

双方(そうほう)。¶ ～ 다 나쁘다 両方とも悪い。
**두텁다** [形][ㅂ] 厚い。(1)(情(じょう)・信仰心(しんこうしん)などが)深(ふか)い、固(かた)い、篤(あつ)い。¶ 두터운 우정 篤(あつ)い友情(ゆうじょう) / 그는 인정이 ～ 彼(かれ)は人情(にんじょう)が深い。(2)(厚(あつ)みが)分厚(ぶあつ)い。¶ 두터운 입술 分厚い唇(くちびる)。
**두통** [頭痛][名] 頭痛(ずつう)。¶ ～이 나다 頭痛がする。
  **두통-거리** [名] 頭痛の種(たね)、厄介(やっかい)なこと、面倒(めんどう)なこと、またそのような人(ひと)。
**두툼-하다** [形][여] (1)やや厚(あつ)みがある、分厚い。¶ 두툼한 책 分厚い本(ほん)。(2)余裕(よゆう)がある、裕福(ゆうふく)だ。¶ 주머니가 ～ 懐(ふところ)が温(あたた)かい。
**둑** [名] 堤防(ていぼう)、堤(つつみ)、土手(どて)。¶ ～을 쌓다 堤防を築(きず)く。
  **둑-길** [名] 土手路(どてみち)。
**둔:-각** [鈍角] [名][数] 鈍角(どんかく)。
  **둔:각 삼각형** [－三角形] [名] 鈍角三角形(どんかくさんかくけい)。
**둔:-감** [鈍感] [名][하形] 鈍感(どんかん)。¶ ～ 한 사람 鈍感な人。
**둔:-갑** [遁甲] [名][自][民] 化(ば)けること。¶ 여우가 사람으로 ～하다 狐(きつね)が人間(にんげん)に化ける。
  **둔:갑-술** [－術] [名][民] 遁術(とんじゅつ)、変身術(へんしんじゅつ)、身(み)を隠(かく)す術。
**둔:-기** [鈍器] [名] 鈍器(どんき)。(1)鋭(するど)くない刃物(はもの)。(2)刃物以外(いがい)の凶器(きょうき)。¶ ～로 때리다 鈍器で殴(なぐ)る。
**둔덕** [名] 丘(おか)、塚(つか)。
  **둔덕-지다** [形] 地面(じめん)が丘のように盛(も)り上(あ)がっている、小高(こだか)くなっている。
**둔부** [臀部] [名] 臀部(でんぶ)、しり。
**둔:-재** [鈍才] [名] 鈍才(どんさい)。
**둔:-탁** [鈍濁] [名][하形] (1)(性質(せいしつ)が)鈍(にぶ)くてはっきりしないこと、愚鈍(ぐどん)だ。(2)(音(おと)が)濁(にご)って鈍(にぶ)いこと。¶ ～ 한 소리 濁って鈍い音。
**둔:-하다** [鈍－] [形][여] 鈍(にぶ)い。(1)(頭(あたま)・感覚(かんかく)が)よく働(はたら)かない、悪(わる)い。¶ 머리가 둔한 사람 頭の鈍い人。(2)(行動(こうどう)が)のろい、鈍い。¶ 동작이 ～ 動作が鈍い。(3)(音などが)はっきりしない、澄(す)んでいない。¶ 나무 넘어지는 둔한 소리가 났다 木(き)が倒(たお)れる鈍い音がした。(4)(刃物(はもの)などの)刃(は)が鈍い、切(き)れない。¶ 칼날이 ～ 刀(かたな)の刃が鈍い。
**둘:** [数] 二(に)、二(ふた)つ、二人(ふたり)。¶ ～로 나누다 二つに分(わ)ける。/ ～ 다 가거라 二人とも行(い)け。
  [속담] 둘이 먹다가 하나가 죽어도 모르겠다 二人で食(た)べていて一人(ひとり)が死(し)んでもわからない。《非常(ひじょう)においしいこと》
  [관용] 둘도 없다 二つとない、またとない、この上(うえ)なく貴重(きちょう)だ。¶ 둘도 없이 좋은 선생님 このうえなくいい先生(せんせい)。
**둘둘** [副] (紙(かみ)・むしろなどを巻(ま)くようす) ぐるぐる、くるくる。¶ 꾸러미를 끈으로 ～ 말다 包(つつ)みをひもでぐるぐる巻(ま)く。
**둘러-놓다** [他] (1)円(まる)く並(なら)べる、まるく囲(かこ)んで並べる。¶ 의자를 빙 ～ 椅子(いす)をぐるっとまるく並べる。(2)向(む)きを換(か)える、方向(ほうこう)をかえておく。

**둘러-대다** [略] (1)(お金(かね)を)遣(や)り繰(く)りする、融通(ゆうずう)する、都合(つごう)する。¶ 장사 밑천을 ～ 商売(しょうばい)の元手(もとで)を融通する。(2)うまく言い繕(つくろ)う、言い抜(ぬ)ける。¶ 늦게 온 이유를 그럴듯하게 ～ 遅(おく)れて来たわけをもっともらしく言い繕う。
**둘러-메다** [他] 担(かつ)ぐ、担(にな)う、背負(せお)う。¶ 가방을 어깨에 ～ かばんを肩(かた)にひょいとかつぐ。
**둘러-보다** [他] (1)見(み)まわす、見渡(みわた)す。¶ 주변을 ～ 辺(あた)りを見まわす。(2)(警備(けいび)・検査(けんさ)のため)見回(みまわ)る、巡視(じゅんし)する。¶ 근무 상황을 ～ 働(はたら)きぶりを見回る。
**둘러-싸다** [他] 囲(かこ)む、取(と)り囲む、取り巻(ま)く、巡(めぐ)らす。¶ 적군이 성을 ～ 敵軍(てきぐん)が城(しろ)を取り囲む。
**둘러-쌓다** [他] 積(つ)みめぐらす。¶ 성을 ～ 城(しろ)を築(きず)きめぐらす。
**둘러-쓰다** [他] (1)(頭(あたま)から)引(ひ)っかぶる。¶ 이불을 ～ 布団(ふとん)を引っかぶる。(2)(お金(かね)を)遣り繰りをする、工面(くめん)して使(つか)う。
**둘러-앉다** [自] 円座(えんざ)する、車座(くるまざ)になって座(すわ)る。¶ 화로가에 ～ 火鉢(ひばち)の周(まわ)りに囲んで座る。
**둘러-엎다** [他] (1)ひっくり返(かえ)す、転覆(てんぷく)させる。¶ 술상을 ～ 酒(さけ)の膳(ぜん)をひっくり返す。(2)(仕事(しごと)などを)ほうり出(だ)す、投(な)げ出す。¶ 살림을 ～ 生活(せいかつ)を投げ出す。
**둘러-치다**[1] [他] (屏風(びょうぶ)・網(あみ)などを)巡(めぐ)らす、張(は)り巡らうす、取(と)り囲(かこ)む。¶ 철조망을 ～ 鉄条網(てつじょうもう)を張りめぐらす。
**둘러-치다**[2] [他] (1)投(な)げ倒(たお)す、投げ飛(と)ばす、抛(ほう)り投(な)げる。¶ 사람을 땅바닥에 ～ 人(ひと)を地面(じめん)に投げ飛ばす。(2)(棒(ぼう)などで)なぐる、打(う)ちのめす、打ちすえる。
  [속담] 둘러치나 메어치나 일반이지 抛り投げるもふりなげるも同じだ。《どっちみち結果(けっか)は同じであるとのこと》
**둘레** [名] (1)周辺(しゅうへん)、周囲(しゅうい)、周(まわ)り、ぐるり。¶ 가슴 ～ 胸囲(きょうい) / 섬 ～ 島(しま)の周り / 집 ～ 에 나무를 심다 家(いえ)のぐるりに木(き)を植(う)える。(2)縁(ふち)、へり。
**둘:-째** [数] 二番目(にばんめ)、二(ふた)つ目(め)。¶ 앞에서 ～ 줄 前(まえ)から二番目の列(れつ)。
  [관용] 둘째 가라면 서럽다 二番目といわれたら悲(かな)しい。《その道(みち)の第(だい)一人者(いちにんじゃ)である》
**둘:-째-치고** [副] 二(に)の次(つぎ)にして、さておいて。¶ 지고 이기고는 ～ 우선 참가해야 한다 勝(か)ち負(ま)けはさておいてまず参加(さんか)すべきだ。
**둥** [依] (連体形(れんたいけい)の後(あと)に繰(く)り返(かえ)し用いられて) 『(「なんのかのと・ああだとかこうだとか」などを表(あらわ)す)…とか、…のか。¶ 네가 옳다는 ～ 내가 옳다는 ～ 끝이 없었다 君(きみ)が正(ただ)しいとか僕(ぼく)が正しいとか言(い)ってきりがない。(2)…のか、…のやら、…もそこそこに。¶ 인사를 하는 ～ 마는 ～ 하고 헤어지다 挨拶(あいさつ)もそこそこに別(わか)れる。
**둥그래-지다** [自] 丸(まる)くなる。¶ 놀라서 눈이 ～ 驚(おどろ)いて目が丸くなる。

**둥그렇다** 形ハ (大きくて)丸まい。¶ 둥그런 식탁 丸い食卓。

**둥그스름-하다** 形ヨ 丸みがある、丸みを帯びている。¶ 둥그스름한 얼굴 丸みをおびている顔立ち。

**둥글다** 形 ①丸まい。¶ 쟁반같이 둥근 달 お盆のように丸い月。②(性格が)円満まんだ。

**둥글리다** 他 丸まくする、丸める。

**둥당-거리다** 自他 (太鼓を)どんどんと打ち鳴ならす。

**둥둥**[1] 副 《太鼓を続けて打つ音》どんどん、どんどこ。¶ 북을 ~ 울리다 太鼓をどんどんと鳴らす。

**둥둥**[2] 副 《物が水の上・空中などに浮かんで動くようす》ぷかぷか、ふわふわ、ふんわり。¶ 물에 ~ 떠있다 水にぷかぷかと浮いている。

**둥둥**[3] 感 《赤ちゃん坊やをあやす声》よいよい、よしよし。

**둥실** 副 《大きい物体だいが軽く浮いているようす》ふわり、ふわっと。¶ 보름달이 ~ 떠오르는 십오야의 달 十五夜の月がふわりと昇る。

**둥실-둥실** 副 《物が軽々と浮いているようす》ふわふわ、ぽっかり。

**둥실둥실-하다** 形ヨ まるまる肥えている、ぽっちゃりしている。

**둥우리** 名 ①萩や藁わなどで編んだ籠。②ひよこなどを飼う巣箱みたいな檻。

**-둥이**[←童] 接尾 《一部の名詞に付いて その名詞が意味する特徴をもつ人であることを表わす》…坊、…子、…者。¶ 막내~ 末っ子/ 바람~ 浮気者もの。

**둥지** 名 (鳥などの)巣。¶ ~를 틀다 巣を作る。⑨ 보금자리

**뒤:** 名 ①(空間的な)後ろ、後部、後方。¶ 집 ~에 숨다 家の後ろに隠れる。②(時間的な)後、のち、将来。¶ 일을 ~로 미루다 仕事を後回しにする。③後継ぎ、後、代。¶ ~를 잇다 後を継ぐ。④後のこと、残り。¶ ~가 걱정이다 後が心配だ。¶ ~는 내가 맡겠다 後のことは私が引き受ける。⑤(順序の)後。¶ ~로 돌리다 後に回す。/ 성적이 남의 ~로 처진 적이 없다 成績が人の後に下さがったことがない。⑥跡、痕跡。¶ 남의 ~를 밟다 人の跡をつける。⑦(比)背後、裏、陰。¶ ~에서 조종하는 사람 背後で操っている人。⑧(比)後援、後押し、後見。¶ ~가 든든하다 後ろだてがしっかりしている。⑨(感情の)しこり、わだかまり。¶ 화를 잘 내지만 ~는 없는 사람이다 怒りっぽいがしこりを残さずあっさりした人だ。⑩(婉曲に)大便。¶ ~를 보다 大便をする。⑪(婉曲に)尻、臀部。

〔俗〕 뒤로 호박씨 깐다 尻でカボチャの種をむく。《猫をかぶっている》

〔慣用〕 뒤(가) 구리다 後ろ暗い、後ろめたい。

뒤(가) 꿀리다 気が引ける、気後れする。

뒤(가) 없다 後ぐされがない、さっぱりしている。

뒤(가) 켕기다 後ろ暗いところがあって気がひける、気がとがめる。

뒤(를) 대다 後ろだてになって資金を援助する。

뒤(를) 밟다 跡をつける、尾行する。

뒤(를) 보아주다 後押しする、後ろだてになる。

뒤(를) 캐다 あらをさがす。

**뒤-** 接頭 《おもに動詞について》①ひどく、しきりに、やたらに、甚だしく。¶ ~몰다 やたらに追う。/ ~섞다 かき混ぜる。②反対に、逆に。¶ ~엎다 ひっくり返す。/ ~바꾸다 あべこべにする。③全部、すべて、残らず、一面に。¶ ~덮다 覆い被せる。

**뒤:-곁** 裏庭、後庭。

**뒤:-꿈치** 名 「발뒤꿈치」の縮約形。

**뒤-끓다** 自 ①(人・虫などが)ごった返す、うじゃうじゃする。¶ 많은 인파가 뒤끓고 있다 多くの人波がごった返していた。②(湯が)沸かき立つ、煮えたぎる、煮えくり返る。

**뒤:-끝** 名 (ものごとの)結末、結び、しめくくり。¶ ~이 깨끗해야 한다 後始末がすっきりしなくてはならない。

**뒤:-늦다** 形 (非常に)遅い、立ち遅れだ。¶ 뒤늦게 오다 遅れて来る。

**뒤-덮이다** 自 「뒤덮다」の受身。覆われる、覆い被せられる。¶ 산이 백설로 ~ 山が白雪に覆われる。¶ 一杯になる。¶ 운동장은 학생들로 뒤덮여 있었다 運動場は学生で一杯だった。

**뒤:-돌아보다** 自 ①振り返る。②顧みる、追想おそうする。

**뒤-뚱그러지다** 自 ①歪む、反る。②ひがむ、ひねくれる。

**뒤:-따라오다** 他 後からついて来る、後をつけて来る。

**뒤:-따르다** 他 ①後に従う、後を付ける、後について行く。¶ 선생님을 ~ 先生の後について行く。②(事業・志などの)後を継ぐ、従う、随従する。¶ 그를 뒤따르는 학자들 彼を随従する学者たち。③《自動詞的に》伴う。¶ 권리에는 책임이 뒤따른다 権利には責任が伴う。

**뒤:-떨어지다** 自 ①後れる、遅れる、立ち後れる。¶ 그보다 뒤떨어져 걷다 彼より遅れて歩く。②後に残る、取り残される。¶ 혼자 뒤떨어져서 집을 지키다 一人で残って留守をする。③劣る、後れをとる。¶ 수학이 남보다 ~ 数学が人より劣る。④(時代・流行などに)後れる。¶ 시대에 뒤떨어진 생각 時代遅れの考えん/ 유행에 ~ 流行に後れる。

**뒤뚱** 副 《物体が重心を失って一方に傾くようす》ぐらぐら(と)、ぐらっと(と)、よろよろ(と)。

**뒤:-뜰** 名 後庭、裏庭。

**뒤룩-거리다** 自他 ①(目玉を)ぎょろぎょろする、ぎょろつかせる。 ②(太った体を)のろのろ動かす、よたよた歩く。¶ 몸을 뒤룩거리며 걷다 体をよたよたさせながら歩く。③(怒って)ぷりぷりする。

**뒤룩-뒤룩** 副ㅎㅏ自他 ①(目玉を)ぎょろぎょろ。②(太った体を)のろのろ、よたよた。③ぷりぷり、ぷんぷん。

**뒤-바뀌다** 自(「뒤바꾸다」の受動)あべこべになる、後先が狂う、取り違える。¶ 입장이 ~ 立場はあべこべになる。

**뒤:-밟다** 他 (ひそかに)跡をつける、尾行する。¶ 범인의 뒤를 밟다 犯人を尾行する。

**뒤-범벅** 名 ごちゃ混ぜ、ごったまぜ、めちゃくちゃ。¶ ~ 을 만들다 ごちゃ混ぜにする。/ ~이 되어 뭐가 뭔지 모르겠다 めちゃくちゃになって何が何やらわからない。

**뒤-섞다** 他 ①(人・物を)掻き混ぜる、取り混ぜる、混合する。②秩序を乱す。

**뒤숭숭-하다** 形ロ ①(心配や・気がかりで)そわそわしている、落ち着かない、心が乱れている。¶ 마음이 ~ 気分が落ち着かない、心がそわそわしている。/ 뒤숭숭해서 공부할 수가 없다 心が乱れて勉強することができない。②(物が)散らかっている、散乱している。③(世の中が)騒がしい。¶ 요즘은 세상이 ~ このごろは世の中が物騒だ。

**뒤스럭-거리다** 自他 ①気忙しく立ち回る。②手でもそもそと動かす。¶ 손을 뒤스럭거리지 말고 얌전히 앉아 있어라 もぞもぞと手を動かさずにじっと座っていなさい。

**뒤안길** 名 裏道。①(裏庭への)道、裏通り。②(比)裏街道、小路。¶ 인생의 ~ 을 걷다 人生の裏街道を歩く。

**뒤-얽히다** 自 絡みつく、絡まり合う、巻きつかれる。¶ 덩굴이 뒤얽혀 있다 つるが絡み合っている。

**뒤-엎다** 他 ひっくり返す、覆す。¶ 밥상을 ~ お膳をひっくり返す。/ 학설을 ~ 学説を覆す。

**뒤웅-박** 名 (割らずに中子を抉り出した)ふくべ。

**뒤적-거리다** 他 しきりにさがす、いじくり回す、(本などを)ざっと見る。¶ 그는 신문만 뒤적거리고 있다 彼は新聞ばかりいじくっている。

 **뒤적-뒤적** 副ㅎㅏ《掻きまわしたり手探りするさま》ごそごそ、がさがさ。

**뒤져-보다** 他 くまなく探さしてみる。

**뒤:-좇아-가다** 他 ①後を追って行く、追いかける、跡について行く。②つき従う、随従する、お供をする。

**뒤주** 名 米櫃。

**뒤죽-박죽** 副ㅎㅏ《多くの物が乱雑に入り混じっているようす》ごちゃごちゃ。¶ 일이 ~이 되다 事がごちゃごちゃになった。

**뒤:-지다¹** 自 遅れる、立ち後れる、引けを取る。¶ 유행에 ~ 流行りに遅れる。

②(ある程度に)達しない、及ばない。¶ 평균 수준에도 ~ 平均水準にも及ぶ。

**뒤지다²** 他 ①くまなく捜す、漁る。¶ 호주머니를 ~ ポケットをくまなく捜す。 ②(本・書類などを)めくる、いじくる。¶ 사진첩을 ~ アルバムをめくる。

**뒤-집다** 他 ①表と裏を逆さにする、裏返しする。¶ 옷을 뒤집어 입다 衣服を裏返して着る。②逆さにする、ひっくり返す。¶ 서랍을 ~ 引き出しをひっくり返す。③(順序などを)逆にする、あべこべにする。¶ 차례를 뒤집어 부르다 順序をあべこべに呼ぶ。④まったく変えてしまう、覆す、(ことばを)翻がえす、破る。¶ 결정을 ~ 決定を覆す。/ 약속을 ~ 約束を破る。⑤騒然とさせる。¶ 세상을 발칵 ~ 世を騒然とさせる。⑥むく、見開かす。¶ 눈을 뒤집고 찾다 目を皿にしてさがす。⑦(形勢を)逆転させる。¶ 9회 말에 승부를 ~ 9回裏うら回かいでゲームを逆転させる。

**뒤집어-쓰다** 他 ①(帽子などを)かぶる。¶ 털모자를 ~ 毛の帽子をかぶる。②(全身に)引っかぶる。¶ 이불을 ~ ふとんをひっかぶる。③(人の罪・責任などを)かぶる、負わされる、押し付けられる。¶ 죄를 ~ 罪をかぶる。④(液体や・粉などを)体にかぶる、浴びる。¶ 흙탕물을 ~ 泥水を引っかぶる。

**뒤집어-씌우다** 他 「뒤집어쓰다」の使役。①(物を)覆いかぶせる、すっぽりとかぶせる。②(責任・罪などを)おっかぶせる、なすり付ける、負わせる。¶ 누명을 ~ ぬれぎぬを着せる。③(水などを)浴びせる、かぶせる。¶ 물을 ~ 水をかぶせる。

**뒤-집히다** 自 「뒤집다」の受動。①ひっくり返る、返る。¶ 배가 뒤집혀서 船がひっくり返った。②大騒ぎになる。¶ 회사가 발칵 ~ 会社がてんやわんやの大騒ぎになる。③(ある政権・制度などを)覆される、打倒される。¶ 정권이 ~ 政権がひっくり返る。

**뒤:-쫓다** 他 追いかける、後を追う、跡をつける、追撃する。¶ 범인을 ~ 犯人を追いかける。

**뒤:-채** 名 (母屋の後方にある)はなれ、裏の棟。

**뒤:-처리**〔-處理〕 名ㅎㅏ他 自 後始末。

**뒤척이다** 他 (何かを探そうとして)掻きまわす、あちこちほじくり回す。

**뒤척-거리다** 他 寝たまま体をもぞもぞ動かす、しきりに寝がえりを打つ。

**뒤-축** 名 (靴などの)踵。¶ ~이 높은 구두 かかとの高さい靴。

**뒤:-치다꺼리** 名ㅎㅏ他 ①後始末、尻拭い。②世話、後ろ見。

**뒤:-통수** 名 後頭、後頭部。 관용 뒤통수를 치다 ①(願っていたことが駄

**뒤틀다** 目がになり)ひどくがっかるする、すっかり気落ぢする。②不意打ぢを食わせる。

**뒤-틀다** 他 ①ねじる、ひねる、よじる。¶ 몸을 뒤틀며 괴로워하다 体をひねりながら苦しむ。②こじらせる、もつれさせる。¶ 흥정을 ~ 取引の交渉をこじらせる。

**뒤-틀리다** 自 「뒤틀다」の受動。①ゆがむ、ねじれる、反そる。②(順調だったことが)こじれる、つまずく。¶ 일이 ~ 仕事がこじれる。③(感情・気分が)ひねくれる、悪くなる。¶ 기분이 ~ 気分が悪くなる。

**뒤-흔들다** 他 ①激しくゆさぶる。¶ 나무를 ~ 木をゆさぶる。②(世間を)揺さぶる、波紋を起こす。¶ 그 사건은 정계를 뒤흔들었다 その事件は政界を揺さぶった。③ひっかき回す。¶ 회사 일을 혼자서 ~ 会社の仕事を一人でひっかき回す。

**뒷:-간**[-間] 名 便所、はばかり、厠。
[속담] 뒷간에 갈 적 맘 다르고 올 적 맘 다르다 便所に行くときと帰るときの心は異なる。《用ある時の地蔵顔 用なき時の閻魔顔》

**뒷:-걸음** 名하自 ①後ずさり、しり込み。②後退する、退歩する。
[관용] 뒷걸음(을) 치다 ①後ずさりする。②後退する、退歩する。

**뒷:걸음-질** 名하自 ①後ずさりすること。¶ ~ 치며 물러섰다 後ずさりしながら引き下がった。②後退する、退歩する。

**뒷:-골목** 名 裏道、裏通り、路地裏。

**뒷:-공론**[-公論] 名하自 ①(事後の)無用な議論、後の取り沙汰。¶ ~이 시끄럽다 もうすんでしまったのにああだこうだとうるさい。②陰口。¶ 일은 하지 않고 ~만 하고 있다 仕事はしないで陰口ばかりたいている。

**뒷:-구멍** 名 ①裏口、裏工作、陰のやりとり。¶ ~으로 입학하다 裏口入学がする。②(俗) 肛門。

**뒷:-날** 名 ①次の日、翌日。②将来、他日、後日、いつか。¶ ~을 기약하다 後日を期する。

**뒷:-다리** 名 後ろ足、後脚。
[관용] 뒷다리(를) 잡히다 (相手に)弱点を握られる。

**뒷:-덜미** 名 襟首、うなじ、くびすじ。¶ ~를 잡다 襟首をつかむ。

**뒷:-돈** 名 (商売上・賭博)での元手以外の予備の資金。¶ ~을 대다 資金を続けて出す。

**뒷:-동산** 名 (村家の)裏手の小山[丘]。

**뒷:-말** 名 ①後の話、話の続き。¶ ~을 잇다 話の続きをする。②(事)がおわってからの)後の取りざた、異議、不満。¶ ~이 없도록 잘 처리하다 後でごたごた言われないようにうまく処理する。

**뒷:-맛** 名 ①(食後に)のあと味、あと口。¶ 이 약은 ~이 쓰다 この薬はあと口が苦い。②(事)が終わったあとの)気分、感じ、あと味。¶ 싸운 뒤의 개운치 않은 ~ けんかした後のすっきりしないあと味。

**뒷:-모습** 名 後ろ姿、後ろ影。¶ 아이의 ~이 보였다 子供の後ろ姿が見えた。

**뒷:-문**[-門] 名 裏門、裏口。

**뒷:-바라지** 名하自他 (人の)面倒を見ること、世話。¶ 자식을 ~하고 있다 子供たちの面倒を見ている。

**뒷:-받침** 名하自他 国有 後押し、後援、また その人・提供 ~された金品。

**뒷:-발** 名 (動物の)後足。

**뒷:발-질** 名하自 後足で蹴ること。

**뒷:-북** 名 (事)がすでにおわってからの)騒ぎ、騒ぎ立てること。
[관용] 뒷북(을) 치다 後の祭りになってから騒ぎ立てる。

**뒷:-산**[-山] 名 裏山。

**뒷:-생각** 名 事後のことに対する配慮。

**뒷:-소리** 名하自 (事)が終わってからの)不平・不満、後の取りざた。

**뒷:-수습**[-收拾] 名하自 事後の処理、後始末。¶ ~을 깨끗이 하다 後始末をきれいに処理する。

**뒷:-심** 名 ①後ろ盾、背後の力。¶ ~을 믿다 後ろ盾をたよる。②底力、頑張り通す力。¶ ~이 있다 底力がある。

**뒷:-일** 名 後のこと、後事。¶ ~을 부탁하다 あとを頼む。/ ~이야 누가 알 수 있나 あとのことは誰にも分からない。

**뒷:-자락** 名 後ろすそ。

**뒷:-전** 名 ①後ろ、後部。¶ ~으로 물러나다 後ろの方に引き下がる、第一線から退く。②(冷遇されて)後回しにされること、なおざり。¶ ~으로 밀리다 後回しにされる。③陰、裏面、背後。¶ ~에서 남을 헐뜯지 마라 陰で人を非難してはいけない。④船縁の後部。

**뒷:-정리**[-整理] 名하他 後始末、最後の仕上げ。

**뒷:-조사**[-調査] 名하他 内密の調査、内査。

**뒷:-지느러미** 名[動] 尻びれ。

**뒷:-짐** 名 後ろ手。

**뒷:-짐-지다** 他 後ろ手に組む。

**뒹굴다** 自 ①寝ころぶ、寝ねころがる。¶ 잔디밭에 ~ 芝生に寝ころぶ。②ごろごろして怠ける。¶ 여기서 뒹굴지 말고 공부해라 こごでごろごろしていないで勉強しなさい。③(物)があちこちに散らばっている。④横倒しに転ぶ、横転する。¶ 자동차가 길에서 뒹굴었다 自動車が道路で横転した。

**드나-들다** 自 ①出入りする。¶ 사람이 많이 ~ 人の出入りが多い。②通う。¶ 술집에 ~ 飲み屋に通う。③入れかわる。¶ 종업원이 자주 ~ 従業員がよく入れかわる。

드-높다 [形] 非常に高い、（声が）高らかだ。¶ 드높은 산 ぐんと高い山。

드디어 [副] ついに、とうとう、結局では、しまいに、いよいよ。¶ ～ 성공했다 ついに成功した。/ ～ 비가 오기 시작했다 とうとう雨になった。

드라마【drama】 [名] ドラマ。¶ 라디오 ～ ラジオドラマ。

드라마틱【dramatic】 [名·形動] ドラマチック、劇的。¶ ～한 표현 ドラマチックな表現。

드라이【dry】 [名] ドライ。¶ 밀크 드라이 ミルク / ～ 클리닝 ドライクリーニング。

드라이 아이스【-ice】 [名] 〖化〗 ドライアイス。

드라이버【driver】 [名] ドライバー。① ねじ回し。② 運転者うんてん、運転手。③ （ゴルフの） 一番ウッド。

드라이브【drive】 [名·하自他] ドライブ。¶ ～ 웨이 ドライブウェー。

드러-나다 [自] 現れる、表われる。① 見えなかったものが見えてくる、露出する。¶ 웃으면 이가 ～ 笑うと歯が見える。② （隠れていたことが）ばれる、発覚する、露顕する、割れる。¶ 정체가 ～ 正体があらわれる。

드러-눕다 [自一] ① 横になる、横たわる、寝そべる。¶ 잔디 위에 ～ 芝生の上に寝そべる。② （病気で）床につく。

드럼【drum】 [名] ① 〖音〗 ドラム。② ドラム缶。

드럼-통【-桶】 [名] ① ドラム缶。② （背が低く太った人のことをさして）でぶ。

드렁-거리다 [自他] （いびきを）ぐうぐうかく。

드레 [名] （人柄などの）重みと威厳、気品。¶ ～ 진 인품 気品のある人柄。

드레스【dress】 [名] ドレス。

드르렁 [副] （いびきの音）ぐうぐう。¶ 코를 ～ 거리며 자고 있다 ぐうぐういびきをかいて寝ている。

드르륵 [副] ① （引き戸をがらりと開けるようすやその音）がらがら、がらり（と）。¶ 문을 ～ 열다 戸をがらりと開ける。② （小刻みに震動するようすやその音）びりびり、びりっと。¶ 지진으로 유리창이 ～ 흔들리다 地震でガラス窓がびりびりと震える。③ （機関銃などを撃ちまくる音）ダダダッ。

드릉-거리다 [自他] ① ぶるんぶるんと音を出す。¶ 모터 소리가 ～ モーターの音がぶるんぶるんする。② ぐうぐういびきをかく。

드리다¹ [他] ① （物を）差し上げる、上げる。¶ 선물을 ～ 贈り物を差し上げる。/ 무엇을 드릴까요? 何をさし上げましょうか。② （（神仏などに祈りを）上げる、ささげる、真心をこめる。¶ 불공을 ～ 仏にお供養する。¶ （目上の人に）申し上げる、挨拶する。¶ 드리고 싶은 말씀이 있습니다 申し上げたいことがあります。

드리다² [他] （部屋·窓などに）つける、設ける、つくる、継ぎ足す、据えつける。¶ 방을 하나 더 ～ 部屋をもう一つつける。

드리다³ [他] （糸·縄などを）縒る、なう、編む。¶ 밧줄을 ～ ロープを縒る。

드리다⁴ [他] （店を）畳たむ、閉める、閉店する。¶ 7시에 가게를 ～ 7時に店を閉める。

드리다⁵ [他] （穀物などを）吹き分ける。

드리다⁶ [他] 「드리우다」の縮約形。

드리다⁷ [助] 「目上の人に何かを上げる」の意を表わす。¶ 책을 빌려 ～ 本を貸して上げる。

드리우다¹ [他] ① （カーテンなどを）垂れる、垂らす、垂れ下げる、かける。¶ 발을 ～ すだれを垂れ下げる。② （名を）残す、伝える。¶ 이름을 후세에 ～ 名を後世に残す。③ （訓示などを）与える、垂れる。¶ 교훈을 ～ 教訓を垂れる。

드리우다² [自] 懸かる。¶ 절벽에 드리운 하얀 폭포 絶壁に懸かる白いたき。

드-맑다 [形] さえ返える、澄み切っている。¶ 드맑은 가을 하늘 澄み渡った秋空。

드문-드문 [副·하形] ① （時間的に）間をおいて、ときどき、たまに、時たま。¶ ～ 찾아오다 ときどき訪ねて来くる。② （空間的に）まばらに、ところどころ、ちらほら、ぽつりぽつり。¶ 집이 ～ 서 있다 家がところどころに建っている。

드물다 [形] ① （物事が）めったにない、稀だ、ごく少ない。¶ 그런 예는 ～ そんな例は稀だ。② （回数が）少ない、繁くない。¶ 사람의 왕래가 ～ 人との往来が少ない。③ （空間的に）まばらだ。¶ 산에는 나무가 ～ 山には木がまばらだ。

드세다 [形] ① （勢力などが）非常に強い、強力だ、手でごわい。② （気性が）激しい、強情だ、頑固だ、荒い。¶ 고집이 ～ 意地っ張りだ。/ 바람이 ～ 風が激しい。③ （家の敷地などが）縁起が悪い。¶ 집터가 ～ 敷地の縁起が悪い。

드습다 [形] 程よく温かい。¶ 방바닥이 ～ オンドルの床があったかい。

드시다 [他] （「들다」の尊敬語） 召し上がる。

득【得】 [名] 得、利益。¶ ～을 보다 得をする。② 「소득」の縮約形。

득남【得男】 [名·하自] 男の子をもうけること。

득달-같이 [副] 間髪を入れず、すぐ、直ちに、じきに。¶ 소식이 오자 ～ 달려갔다 知らせが届くと直ちに駆けつけた。

득도【得道】 [名·하自] ① 〖佛〗 得道、悟道。② 真理をも悟ることる。

득세【得勢】 [名·하自] 勢力を得ること、優勢になること。¶ 야당이 ～하다 野党が勢力を得る。

득시글-거리다 [自] うようよする、うじゃうじゃする、群がりうごめく。¶ 벌레가 ～ 虫がうようよする。

득실【得失】 [名] 得失、利益と損失。¶ 이해 ～ 利害。득失。

득실-거리다 [自] 「득시글거리다」の縮約形。

**득의【得意】**[名][하다自] 得意とく。¶ ~ 만면 得意満面めん/ ~에 찬 얼굴 得意な顔かお。

**득의 양양【-揚揚】**[名][하다自] 意気揚々よう。¶ ~하게 집으로 돌아갔다 意気揚々として家いえに帰かえった。

**득점【得點】**[名][하다自] 得点とく。¶ 대량 ~하다 大量りょう得点する。

**득점-타【-打】**[名][野] 得点打だ、タイムリーヒット。

**득표【得票】**[名][하다自] 得票ひょう。¶ ~율이 높다 得票率りつが高い。

**득효【得效】**[名][自](薬くすりなどの) 効ききめがあること、効力りょくの、のあること。

**든**[助]((「든지」の縮約形))…であれ、…であろうと、…でも。¶ 무어~ 할 수 있다 なんでもできる。

**-든**[語尾]((「-든지」の縮約形))…(し)ようと、…(し)ようが。¶ 눈이 오~ 말~ 나는 간다 雪ゆきが降ふろうが降るまいとわたしは行く。

**든든-하다**[形四] ①(土台どだい、支ささえなどが)しっかりしている。 ②(体からだが)強つよい、頑固がんだ、丈夫じょうである。¶ 다리가 ~ 足あしが丈夫だ。 ③心強うよい、安心あんだ、頼たのもしい。¶ 그 사람의 언행은 참으로 ~ その人の言行こうは本当ほんとうに頼たのもしい。 ④(生活せいかつなどが)安定あんていしている、余裕よゆうがありそうだ。¶ 자금은 든든합니다 資金きんは十分じゅうぶんです。 ⑤十分に着込きこんでいる。 ⑥(腹はらが)ひもじくない、腹はいっぱいだ。¶ 배고프지 않도록 든든하게 먹어두고 ひもじくないように腹ごしらえをしておく。

**-든지**[語尾]…(し)ようが、…(し)ようと、…(し)ても、…なりと。¶ 무엇을 하~ 상관없이 何なにをしようと構かまわない。縮-든

**든직-하다**[形四](人ひととなりが)重おもみがある、どっしりしている。

**듣기**[名] 聞きき方かた、リスニング。

**듣다¹**[自](雨あめのしずくなどが)したたる。¶ 빗물이 ~ 雨水あまみずがしたたる。 ②(涙なみだ・涙なみだなどが)こぼれる、落おちる、こぼれ落おちる、ぱらつく。

**듣다²**[形] 効きく。 ①効きき目めがある。¶ 이 약은 기침에 잘 듣는다 この薬くすりは咳せきによく効く。 ②十分じゅうぶんな働はたらきをする。¶ 브레이크가 듣지 않는다 ブレーキが利かない。

**듣다³**[他] 聞きく。 ①(音おと・話はなしを)傾聴けいちょうする。¶ 음악을 ~ 音楽おんがくを聞く。/제 이야기를 잘 들어 보세요 私の話はなしをよく聞いてみてください。 ②(うわさなどを)伝聞ぶんする、耳みみにする。¶ 풍문으로 ~ 風かぜのたよりに聞く。 ③(小言ごと・賞賛しょうさんなどを)受うける、言いわれる。¶ 잔소리를 ~ 小言を言われる。 ④(目上うえの)言いいつけに従したがう。¶ 선생님의 말을 잘 ~ 先生の言いいつけをよく聞く。 ⑤(意見けん・要求きゅうなどを)聞きき入いれる、耳を傾かたむける。¶ 남의 부탁을 잘 들어 주다 人ひとの頼たのみをよく聞いてやる。

**듣다-못해**[副] 聞ききかねて、聞くに忍しのびず。¶ ~ 귀를 들어막다 聞きかねて耳みみをふさぐ。

**들:¹**[名] ①野原のはら、野の、平野へいや。¶ 넓은 ~ 広ひろい野原。 ②田畑はた、野良のら。¶ ~일 野良仕事ごと/ ~에 나가 일하다 野良に出でて働はたらく。

**들²**[依]((二つ以上の事物じょうを列挙きょするときに最後さいごの語について))…など、…ら。¶ 소・돼지・닭 ~를 가축이라고 한다 牛うし・豚ぶた・鶏とりなどを家畜ちくという。

**들-¹**[接頭]((用言について))はげしく…、しきりに、むやみに、ひどく…、無理りに…。¶ ~끓다 沸ふき上がる/ ~까불다 しきりにふざける/ ~머리를 ~볶다 嫁よめをいびる。

**들-²**[接頭] 野性せいの、品質ひんの劣おとる。¶ ~짐승 野獣じゅう。

**-들**[接尾]((名詞めい・代名詞について「複数すう」の意味を表あらわす))…たち、…等ら。¶ 아이~ 子供こどもたち/ 우리~ わたしたち、我等われ、我々われ。 ②(語尾び・副詞について副詞的に用いられる) 皆みないっしょに、みんなそれぞれ。¶ 다~ 떠났다 皆いっしょに出発ぱつした。/ 안녕히~ 가십시오 皆さんきようなら。/ 아직 자고~ 있다 まだみんな眠ねむっている。

**들:-개**[名] 野犬けん、野良犬ぬ。 ②(俗) あてもなくうろつき回まわる人ひと。

**들:-것**[名] 担架たん。¶ ~에 싣다 担架に載のせる。/ 환자를 ~으로 나르다 患者じゃを担架で運はこぶ。

**들고-나다**[自] ①出でたり入はいったりする。 ②立たち入いる、出しゃばる、干渉しょうする。 ③(家からある物ものを売うろうとして)持もち出だす、持って出る。

**들고-일어나다**[自] (対抗ほうして)立たち上あがる、決起けっきする、行動どうを開始かいしする。¶ 나라를 지키기 위해 일제히 들고일어났다 国くにを守まもるために一斉せいに決起した。

**들고-파다**[他](ひとつのことに)傾倒けいとうする、没頭ぼっとうする。

**들:-국화【-菊花】**[名] 野菊のぎく。

**들:-기름**[名] 荏胡麻ごまの油あぶら、荏油のあぶら。

**들:-꽃**[名] 野のの花はな、野花か。

**들:-꾀다**[自] たかる、群むらがる。

**들-끓다**[自] ①(感情じょうなどが)沸ふき立たつ、沸わき返かえる、熱狂ねっきょうする。¶ 여론이 들끓고 있다 世論よろんが沸き立っている。 ②(大勢おぜいの人ひとが)込こみ合あう、ごった返かえす。¶ 차내가 승객으로 ~ 車内ないが乗客きゃくで込み合う。

**들-날리다**[自他] (勢力りょく・名声せいが)とどろく、広ひろまる、(勢力・名声を)広ひろめる、あげる、とどろかす。

**들:-녘**[名] 野原はらのある所ところ、広ひろい野原。

**들:-놀이**[名] 野遊あそび、ピクニック。¶ ~를 가다 野遊びに行く。

**들다¹**[自] (刃物はものなどが)よく切きれる、切れ味あじがよい。¶ 잘 드는 칼 よく切れる刀かたな。

**들다²**[自] ①(くずれた天気てんきが)晴はれる、(雨あめが)上あがる。¶ 오래간만에 날이 들었다 ひさしぶりに晴れた。 ②(汗あせが)止とまる、ひく。¶ 땀이 안 든다 汗が止まらない。

들다³ 自 (年とが)寄よる、(年とを)取とる。¶ 나이든 노인 年取った老人ぅん。

들다⁴ 自 ①(家いえ・宿やどなどに)入はる、入居にゅうする、落おち着つく。¶ 새 집에 ~ 新居しんきょに落ち着く。②(外そとから内なかへ)入はいる。¶ 잠자리에 ~ 床とこにつく。/ 도둑이 ~ どろぼうが入る。③(中なかに)入はいっている、ある。¶ 명함이 들어 있는 지갑 名刺めいしが入っている財布さいふ。④(ある団体だん・組織そしきなどに)入はる、加くわる、加入かにゅうする、入門にゅうもんする。¶ 독서회에 ~ 読書会どくしょかいに加わる。/ 보험에 ~ 保険ほけんに加入する。⑤(光ひかりなどが)差さす、当あたる。¶ 볕이 잘 드는 방 日当ひあたりのよい部屋へや。⑥(ある時期じきに)なる、始はじまる、巡めぐってくる。¶ 흉년이 ~ 凶作きょうさくになる。/ 장마가 들었다 梅雨つゆに入った。⑦入はいる、含ふくむ、含ふくまれる。¶ 콩에는 단백질이 많이 들어 있다 豆には蛋白質たんぱくしつが多く含まれている。⑧(内容ないよう・中身なかみが)入はいる。¶ 책이 들어 있는 가방 本ほんが入っているかばん。⑨(ある状態じょうたいに)入はいる、陥おちいる。¶ 잠이 ~ 眠ねむりにつく。⑩(色いろに)染そまる、(影響えいきょうを)受うける。¶ 빨간 물이 ~ 赤あかい色に染まる。⑪(費用ひよう・労力ろうりょくなどが)要いる、かかる、必要ひつようである。¶ 돈이 많이 ~ 金かねが多おおくかかる。⑫(気きに)入いる、心こころに適かなう。¶ 마음에 들지 않아 気に入らない。⑬(病やまいに)かかる、病気びょうきになる。¶ 감기가 ~ かぜを引ひく。⑭(習慣しゅうかんなどが)つく、慣なれる。¶ 못된 버릇이 ~ 悪わるい癖くせがつく。⑮(味あじが)付つく、出でる。¶ 김치 맛이 ~ キムチの味がつく。⑯(学校がっこう・試験しけんなどに)合格ごうかくする、受うかる。¶ 입학 시험에 ~ 入学にゅうがく試験に合格する。⑰(考かんえ・感かんじなどが)起おこる、生しょうじる、湧わく。¶ 의심이 ~ 疑うたがいが起こる。⑱(正気しょうき・物心ものごころなどが)付つく、生しょうじる、備そなわる。¶ 철이 ~ 物心が付つく。⑲(「…를 들다」の形で)(…)を)する、(を)行おこなう。¶ 역성을 ~ 味方みかたをする。/ 장가를 ~ 妻つまをめとる。⑳(連用形に付ついて)…し込こむ、…し入いる。¶ 끼어 ~ 入いり込む。/ 스며 ~ 染しみ込む。

속담 드는 정은 몰라도 나는 정은 안다 湧わく情じょうは分わからないが去さる情は分かる。《人ひとが好すきになるのは気きづかないが嫌きらいになったときはよく分かる》드는 줄은 몰라도 나는 줄은 안다 入るのは分わからないが出でていくのは分かる。《財産ざいさん・家族かぞくの増ふえるのは分かりにくいが減へるのはよく分かるものだ》

들다⁵ 他 ①(手てに)持もつ、取とる。¶ 가방을 들고 가다 かばんを持って行いく。②(物ものを)上あげる、持もち上あげる、挙あげる、揭かかげる。¶ 얼굴을 ~ 顔かおをもたげる。/ 깃발을 높이 ~ 旗はたを高たかく揭げる。③(事実じじつ・例れいなどを)挙あげる、取とる。¶ 실례를 들어 말하다 実例れいを挙げて言いう。

들다⁶ 他 《「먹다」の美化語》召めし上あがる、お食たべになる、いただく。¶ 먼저 들게! 先さきにお上あがりなさい。

들들 副 ①(豆まめなどを炒いったりひいたりするために掻かき回まわすようす》からから、じりじり。②(ひどくいびるようす》さんざん、じりじり、くどくど。

들들-볶다 他 ①(豆まめなどを)掻かきまわしながら炒いる。¶ 콩을 ~ 豆を掻き回しながら炒る。②さんざんいびる、いじめる、小突こづき回まわす。¶ 며느리를 ~ 嫁よめをさんざんいびる。

들-뜨다 自 ①(貼はったものが)浮うく、浮き上あがる、遊離ゆうりする。¶ 벽지가 ~ 壁紙かべがみがふくれ上がる。②(心こころが)そわそわする、浮うき浮うきする、浮き立だつ。¶ 들뜬 기분 浮き浮きした気持ち。③(皮膚ひふが)むくむ。¶ 누렇게 들뜬 얼굴 黄色きいろくむくんだ顔かお。

들락-거리다 自 ⇨ 들랑거리다

들락-날락 副自 しきりに出入でいりするようす、出でたり入はいったり。

들랑-거리다 自 しきりに出入でいりする、出でたり入はいったりする。

들러리 名 ①(花婿はなむこ・花嫁はなよめの)付つき添ぞい。②わき役やく。

관용 들러리(를) 서다 ①(結婚式けっこんしきで)付つき添ぞいになる、付き添う。②わき役を務つとめる。

들러-붙다 自 ①くっつく、粘着ねんちゃくする、付着ふちゃくする。¶ 셔츠가 몸에 찰싹 ~ シャツが体からだにべたっとくっつく。②(比)すがりつく、しがみつく、纏まとみつく。¶ 사장한테 들러붙어 아첨한다 社長しゃちょうにこびりついておもねっている。㉔ 달라붙다

들려-주다 他 (音おと・声こえを)聞きかせる。¶ 음악을 ~ 音楽を聞かせる。

들르다 自 立たち寄よる。¶ 지나는 길에 ~ 通とおり掛かかりに立ち寄る。

들리다¹ I 自 (「들다³」の受動)。①聞きこえる、耳みにする。¶ 새 소리가 들려 온다 鳥とりの声こえが聞こえてくる。②(うわさを)聞きく、耳みにする、一般いっぱんに知しれる。¶ 결혼했다는 소문이 들렸다 結婚けっこんしたといううわさを耳にした。③(ある感かんじに)響ひびく、意味いみに聞きかれる。¶ 빈정대는 투로 ~ 皮肉ひにくに聞こえる。II 他(「들다³」の使役)聞きかせる、耳みに入いれる、言いい聞きかせる。¶ 좋은 노래를 들려 주다 いい歌うたを聞かせる。

들리다² 自 ①(病気びょうきに)かかる、なる。¶ 감기가 ~ 風邪かぜをひく。②(亡霊ぼうれいなどに)取とりつかれる、つかれる。¶ 신들린 여자 神がかりの女おんな。

들리다³ I 他 (「들다⁵」の使役)持もたす、持もたせる。¶ 가방을 ~ カバンを持たせる。II 自 (「들다⁵」の受動)持もち上あげられる。¶ 이 짐은 쉽게 들린다 この荷物にもつはたやすく持ち上げられる。

들먹-들먹 副自他 ぐらぐら、そわそわ、むずむず。

들먹-이다 I 自 ①(重おもみのある物ものが)上下じょうげに揺ゆれる、ぐらつく、がたつく。¶ 바위가

들배지기

~ 岩がぐらぐらする。②(興奮して)そわそわする、動揺する、どきどきする、むずむずする。¶ 달리고 싶어 다리가 들먹였다 走りたくて足がむずむずした。③(肩・尻などが)上下に揺れ動く。¶ 흥에 겨워 엉덩이가 ~ 興に乗って尻が揺れる。④(物価などが)変動する、動揺する。¶ 공공 요금까지 들먹이기 시작했다 公共料金までも変動を見せた。Ⅱ 他 ①(重みのある物を)上下に揺り動かす。¶ 짐짝을 ~ 荷づくりした荷物を揺り動かす。②そそのかす。¶ 근로자를 들먹여 파업을 시키다 労働者をそそのかしてストライキをやらせる。③(肩・尻などを)上下に揺り動かす、震わせる。¶ 어깨를 들먹이며 울다 肩を震わせながら泣く。④(他人のことを)悪くいう、陰口をたたく。¶ 남의 사생활을 들먹일 필요도 없다 人の私生活を悪くいう必要はない。

들-배지기 名 (相撲で)相手を持ち上げてよじり倒す技。

들-볶다 他 ①いじめる、いびる。¶ 시어머니가 며느리를 ~ 姑が嫁をいびる。②ひどくこき使う、酷使する。¶ 종업원을 ~ 従業員をこき使う。

들:-소 名動 野牛、バイソン。

들썩-이다 Ⅰ 自 ①(軽い物が)上下に動く、かたかた揺れる。¶ 주전자 뚜껑이 ~ やかんの蓋がかたかたする。②(心が)うきうきする、そわそわする。③(肩・尻などが)上下に揺れる。¶ 흥겨운 음악에 어깨가 ~ 陽気な音楽に肩が揺れる。㉔ 달싹거리다 Ⅱ 他 ①(軽い物を)上下に動かす。¶ 돌을 들썩이며 가재를 잡다 石を動かしながらザリガニを捕る。②そそのかす。¶ 양쪽을 들썩여서 싸움을 붙였다 両方をそそのかしてけんかをさせた。③(肩・尻などを)上下に揺り動かす、振る。¶ 어깨를 들썩이며 춤을 추다 肩を振り動かしながら踊る。

들썩-하다 形여 ①「떠들썩하다」의 縮約形。②もっともらしい。¶ 들썩한 거짓말 もっともらしい嘘。㉔ 달싹하다

들-쑤시다 他 「들이쑤시다」의 縮約形。

들어-가다 自 ①(外から中に)入る、もぐり込む。¶ 방으로 ~ 部屋へ入る。/ 바다로 흘러 ~ 海へ流され込む。②(組織・団体などに)入る、加わる、加入する、参加する。¶ 회사에 ~ 会社に入る。③(穴・틈새에)挟まる、入る。¶ 손가락이 문틈에 들어갔다 指が戸に挟まった。④(経費・努力 などが)かかる、要る。¶ 비용이 많이 들어갔다 費用が多くかかった。⑤(말이나 문장의 내용 등이)頭に入る、分かる、理解される。¶ 공부를 시작했으나 하나도 머리에 들어가지 않았다 勉強を始めたが一つも頭に入らなかった。⑥(ある時期・状態などに)なる、

始まる、移る、入る。¶ 장마철에 ~ 梅雨に入る。/ 여름 방학에 들어갔다 夏休みが始まった。⑦(表面が)落ち込む、くぼむ。¶ 눈이 쑥 ~ 目が落ち込む。⑧受容力・能力がある、入る。¶ 이 교실에 모두는 못 들어갑니다 この教室に全員は入れません。⑨(ある所に)含まれる、属する。¶ 비용은 계산에 들어가 있다 費用が勘定に含まれている。⑩(職場に)外出先から家に帰る、帰っていく。¶ 집에 빨리 돌아가세요 家に早くお帰りください。

들어-내다 他 ①持ち出す、運び出す。¶ 이삿짐을 ~ 引っ越し荷物を運び出す。②(人を)追い出す、追い払う。¶ 저 자를 들어내라 あいつを追い出せ。

들어-맞다 自 ①(寸法・型などが)ぴったり合う、嵌まる。¶ 구두가 발에 꼭 ~ 靴が足にぴったり合う。②(内容などが)一致する、合う。¶ 계산이 꼭 들어맞았다 計算がぴったり合った。③(予想・꿈などが)的中する、当たる。¶ 계획의 예상대로 들어맞았다 計画が予想どおり的中した。④(状況などに)当てはまる、相応する。¶ 이것은 모든 경우에 들어맞는다 これはすべての場合によく当てはまる。

들어-먹다 他 ①(資金・財産などを)使い果たす、食いつぶす。¶ 도박으로 재산을 ~ 賭博で身代をつぶす。②着服する、横取りする、横領する、だまし取る。¶ 공금을 ~ 公金を横領する。③(相手の話を)のみこむ、聞き入れる。¶ 그 녀석은 내 말을 잘 들어먹지 않는다 あいつは俺の言うことなんかがよく分からない。

들어-붓다 他ㅅ ①(液体などを)注ぐ、注ぎ込む。¶ 주전자에 물을 ~ やかんに水を注ぎ込む。②(酒を)がぶ飲みする、がぶがぶ飲む。¶ 술을 ~ 酒を一息に飲む。③(資金などを)注ぎこむ。④(自動詞的に)(雨が)激しく降る、どしゃ降りにふる、降りそそぐ。

들어-서다 自 ①(外から内へ)入る、入り込む、立ち入る。¶ 구내에 ~ 構内に立ち入る。/ 문학의 길로 ~ 文学の道に入る。②(ある範囲内に)入っている、立ちつまる、詰まっている。¶ 새 집들이 즐비하게 ~ 新しい家がずらりと立ち並ぶ。③(ある系統・位置などに)就く、落ち着く、なる、入る。¶ 신내각이 ~ 新内閣ができる。④(ある時期に)入る、なる。¶ 장마철에 ~ 梅雨になる。⑤(一定の数量に)達する、数がそろう。¶ 목표한 수량에 ~ 目標の数量に達する。⑥(人에)はむかう、食ってかかる、立ち向かう、たてつく。¶ 선생님께 ~ 先生に食ってかかる。

들어-앉다 自 ①(内側へ)寄って座る、詰めて座る、寄る。¶ 좀 안으로 들어앉으세

들어-**오다** 自 (中なかへ) 入はる、入はって来くる。¶ 교실로 ~ 教室きょうに入る。(2)(ある機関きかん・団体だんに) 入はる、加くわわる。¶ 사원이 새로 ~ 社員しゃいんが新あたらしく入社にゅうしゃする。(3)(収入しゅうにゅうが)ある、入はいってくる。¶ 생각지 않은 돈이 ~ 思おもいがけないお金かねがある。(4)(話などが頭あたまに) 入はいる、分わかる、残のこる。¶ 하나도 머리에 들어오지 않는다 一ひとつも頭あたまにいらない。(5)(外国がいこくから) 流入りゅうにゅうする、伝来でんらいする。¶ 외국 자본이 ~ 外資がいしが入る。(6)(ある時期じき・状態じょうに) 入はいる、始はじまる、なる。¶ 금년에 들어와서… 今年ことしに入って…。(7)敷設ふせつされる。¶ 전기가 ~ 電気でんきが引ひかれる。

들어-**올리다** 他 (重おもいものを)持もち上あげる。¶ 쌀 한 가마니를 번쩍 ~ 米こめひとかますを軽かると持も上あげる。

들어-**주다**¹ 他 (人ひとの荷物にもつなどを) 代かわりに持もってやる。¶ 손님의 짐을 ~ お客きゃくさんの荷物にもつを持ってやる。

들어-**주다**² 他 聞きき入いれる、聞きいてやる、取とり入いれる。¶ 친구의 청을 ~ 友達ともだちの頼たのみを聞き入れる。

들어-**차다** 自 いっぱいになる、ぎっしり詰つまる、すし詰づめになる、立たて込こむ。¶ 사람이 꽉 들어찬 전차 人ひとがぎっしり詰まった電車でんしゃ。

들여-**가다** 他 (1)(外そとにあるものを内うちへ)持もち込こむ、運はこび入いれる。¶ 짐을 차 안으로 ~ 荷物にもつを車内しゃないに持ち込む。(2)買かい入いれる、買って帰かえる。¶ 좀 들여가시지요 ちょっと買って帰ってください。

들여다-**보다** 他 (1)(外そとから内部ないぶを)のぞく、のぞき見みる、のぞき込こむ、うかがう。¶ 창문으로 ~ 窓まどからのぞく。(2)(じっと)見みつめる、見入はいる。¶ 얼굴을 빤히 ~ 顔かおをじっと見つめる。(3)(ちょっと)立たち寄よる、のぞいて見みる。¶ 지나는 길에 잠깐 ~ 通とおりがかりにちょっと立ち寄る。(4)(細こまかく内容ないようを)調しらべてみる、うかがう。¶ 상대편 마음을 ~ 相手あいての心こころをうかがう。

들여다-**보이다** 自 (「들여다보다」の受動) (内部ぶが)透すけて見みえる、見えすく。¶ 속이 들여다 보이는 거짓말 見え透いた嘘うそ。/ 속살이 훤히 ~ 肌はだが丸見まるみえだ。

들여-**보내다** 他 (1)(中なかへ) 入いれる、入はいらせる、引ひき入いれる、通とおす。¶ 손님을 객실로 ~ 客きゃくを客室きゃくしつに通す。(2)(職場しょくばなどに)

들여-**앉히다** 他 「들어앉다」の使役。(1)(中なかへ)座すわらせる、座にすわにつかせる。¶ 손님을 방으로 ~ お客きゃくを部屋へやに座らせる。(2)(女性じょせいを職場しょくばをやめさせて)家いえに入はいらせる、落おち着つかせる。¶ 아내를 ~ 妻つまを家に落ち着かせる。(3)(ある地位ちい・職しょくに)就つかせる、据すえる。¶ 부장으로 ~ 部長ぶちょうにつかせる。(4)(妾めかけを)囲かこう。¶ 기생을 첩으로 ~ 芸者げいしゃを妾として囲う。(5)(ものを内側うちがわへ)寄よせておく、寄よせる。

들은-**풍월**[-風月] 名 受うけ売うり、耳学問みみがくもん、聞きき覚おぼえ。¶ ~로 익힌 노래 聞き覚えた歌うた。

-**들이** [接尾] (器うつわの容量ようを表あらわす語ご)…入いり、…詰づめ。¶ 한 되 ~ 一升いっしょう入り。

들이-**굽다** 自 内側うちがわに曲まがる。例 내굽다

들이다¹ 他 「들다」の使役。(1)(中なかへ)入いれる、入いらせる。¶ 손님을 객실로 ~ お客きゃくを客間きゃくまに入れる。(2)(資金しきん・人力じんりょくなどを)投入とうにゅうする、かける、費ついやす、尽つくす。¶ 많은 비용을 ~ 多おおくの費用ひようをかける。/ 온갖 정성을 ~ あらゆる誠意せいを尽くす。(3)(人ひとを)雇やとう、入いれる。¶ 식모를 ~ お手伝てつだいさんを雇う。(4)(味あじを)覚おぼえる、占しめる、感かんじる。¶ 술에 맛을 ~ 酒さけの味あじを覚える。(5)染そめる。¶ 까만 물을 ~ 黒色くろいろに染める。(6)寝入ねいらせる、寝付ねつかせる、眠ねむらせる。¶ 아기를 잠 ~ 赤あかん坊ぼうを寝入らせる。(7)(動物どうぶつを)馴ならす、懐なつける。¶ 개를 길 ~ 犬いぬを飼かい馴らす。

들이다² 他 (汗あせを)乾かわかす、引ひかせる、冷ひやす。¶ 나무 그늘에서 땀을 ~ 木陰こかげで汗を乾かす。

들이-**닥치다** 自 (1)(不意ふいに)訪おとずれる、押おし寄よせる。¶ 손님이 여럿 ~ お客きゃくが大勢おおぜい押し寄せる。(2)切迫せっぱくする、差さし迫せまる。¶ 시험이 눈앞에 ~ 試験しけんが差し迫る。

들이-**대다** 他 (1)(物もの・証拠しょうこなどを)突つきつける、突き出だす。¶ 증거를 ~ 証拠を突きつける。/ 가슴에 단도를 ~ 胸むねに短刀たんとうを突きつける。(2)(激はげしい言動げんどうで)詰つめ寄よる、はむかう、食くってかかる。¶ 사장에게 ~ 社長しゃちょうに食ってかかる。(3)(金品きんぴんを)出だしてやる、供給きょうきゅうする、後押あとおしをする。¶ 학비를 ~ 学費がくひを出してやる。(4)(水みずを)引ひき入いれる。¶ 논에 물을 ~ 田たに水を引き入れる。

들이-**덤비다** 自 (1)やたらに食くってかかる、むやみに挑いどむ、突つっかかる。¶ 윗사람에게 ~ 目上めうえの人ひとに食ってかかる。(2)むやみに急いそぐ、急ぎすぎる。¶ 들이덤벼서 실패했다 急ぎすぎて失敗しっぱいした。

들이-**마시다** 他 (1)(空気くうきを)吸すい込こむ、吸すう。¶ 공기를 ~ 空気くうきを吸い込む。(2)(水みずなどを)がぶがぶ飲のむ、飲のみこむ。¶ 냉수를 벌컥벌컥 ~ 冷つめたい水をがぶがぶと飲む。

들이-**밀다** 他 (1)(内うちの方ほうに向むかって)押おす、

**들이받다**

押<sup>お</sup>し込<sup>こ</sup>む、突<sup>つ</sup>っ込<sup>こ</sup>む。¶ 머리를 ~ 頭<sup>あたま</sup>を突っ込む。 (2)(みだりに)押<sup>お</sup>し込<sup>こ</sup>む、強<sup>つよ</sup>く押<sup>お</sup>す。¶ 배를 삿대로 ~ 舟<sup>ふね</sup>を竿<sup>さお</sup>で強く押す。 (3)(金品<sup>きんぴん</sup>を)無駄<sup>むだ</sup>に使<sup>つか</sup>う、浪費<sup>ろうひ</sup>する、注<sup>つ</sup>ぎ込<sup>こ</sup>む。¶ 노름에 돈을 모조리 ~ 博打<sup>ばくち</sup>で金<sup>かね</sup>をすっかり使い果<sup>は</sup>たす。 (4)(問題<sup>もんだい</sup>を)提出<sup>ていしゅつ</sup>する、たたきつける、つきつける。

**들이-받다** 他 (1)(頭<sup>あたま</sup>・角<sup>つの</sup>で)突<sup>つ</sup>く。¶ 소가 뿔로 ~ 牛<sup>うし</sup>が角で突く。 (2)ぶつける、突<sup>つ</sup>き当<sup>あ</sup>たる、衝突<sup>しょうとつ</sup>する。¶ 차가 가로수를 ~ 車<sup>くるま</sup>が街路樹<sup>がいろじゅ</sup>に衝突する。

**들이-부수다** 他 (乱暴<sup>らんぼう</sup>に)ぶち壊<sup>こわ</sup>す。

**들이-불다** 自 (1)(風<sup>かぜ</sup>が内側<sup>うちがわ</sup>に)吹<sup>ふ</sup>き込<sup>こ</sup>む。¶ 방 안으로 들이부는 바람 部屋<sup>へや</sup>の中<sup>なか</sup>に吹き込む風。 (2)(風が)激<sup>はげ</sup>しく吹<sup>ふ</sup>く、吹<sup>ふ</sup>きまくる、吹きすさぶ。¶ 바람이 ~ 風が吹きまくる。

**들이-붓다** 自 (袋<sup>ふくろ</sup>・器<sup>うつわ</sup>の中<sup>なか</sup>に)注<sup>つ</sup>ぎ込<sup>こ</sup>む、注ぎ入<sup>い</sup>れる。¶ 독에 물을 ~ 甕<sup>かめ</sup>に水<sup>みず</sup>を注ぎ込む。

**들이-쉬다** 他 (息<sup>いき</sup>を)吸<sup>す</sup>い込<sup>こ</sup>む。¶ 신선한 공기를 ~ 新鮮<sup>しんせん</sup>な空気<sup>くうき</sup>を吸い込む。

**들이-쏘다** 他 (1)内<sup>うち</sup>に向<sup>む</sup>けて撃<sup>う</sup>つ〔射<sup>い</sup>る〕。 (2)たて続<sup>つづ</sup>けに撃つ〔射る〕、撃<sup>う</sup>ちまくる。

**들이-쑤시다 I** 自 (ひどく)うずく、ずきずき痛<sup>いた</sup>む。¶ 썩은 이가 ~ 虫歯<sup>むしば</sup>がひどくうずく。 ㉔ 들쑤시다 **II** 他 (1)(人<sup>ひと</sup>を)そそのかす、扇動<sup>せんどう</sup>する、しきりにつつく。¶ 들이쑤셔서 싸움을 붙이다 そそのかして争<sup>あらそ</sup>わせる。 (2)(捜<sup>さが</sup>すために)引<sup>ひ</sup>っ掻<sup>か</sup>き回<sup>まわ</sup>す、ほじくる。¶ 책상 속을 ~ 机<sup>つくえ</sup>の中<sup>なか</sup>を引っ掻き回す。

**들이-지르다** 他 (1)(飛<sup>と</sup>びかかりざまに)強<sup>つよ</sup>く突<sup>つ</sup>く、ぶん殴<sup>なぐ</sup>る、蹴<sup>け</sup>る。¶ 옆구리를 ~ 横腹<sup>よこばら</sup>を蹴る。 (2)大声<sup>おおごえ</sup>でどなる、叫<sup>さけ</sup>ぶ。¶ 목청이 쉬도록 ~ 喉<sup>のど</sup>が張<sup>は</sup>り裂<sup>さ</sup>けんばかりに叫ぶ。

**들이-치다¹** 自 (雨<sup>あめ</sup>・風<sup>かぜ</sup>が激<sup>はげ</sup>しく)降<sup>ふ</sup>りこむ、吹<sup>ふ</sup>き込<sup>こ</sup>む。¶ 바람이 마구 ~ 風が激しく吹き込む。

**들이-치다²** 自 急襲<sup>きゅうしゅう</sup>する、強<sup>つよ</sup>く攻撃<sup>こうげき</sup>する。¶ 적진을 ~ 敵陣<sup>てきじん</sup>を急襲する。

**들이-켜다** 他 (1)(酒<sup>さけ</sup>などを)引<sup>ひ</sup>っ掛<sup>か</sup>ける、あおる、飲<sup>の</sup>み干<sup>ほ</sup>す、がぶ飲<sup>の</sup>みする。¶ 술을 단숨에 ~ 酒<sup>さけ</sup>を一息<sup>ひといき</sup>にあおる。 (2)(鋸<sup>のこ</sup>などで)力強<sup>ちからづよ</sup>く挽<sup>ひ</sup>く。

**들이-퍼붓다 I** 自 (雨<sup>あめ</sup>・雪<sup>ゆき</sup>などが)激<sup>はげ</sup>しく降<sup>ふ</sup>る、降<sup>ふ</sup>りしきる、どしゃ降<sup>ぶ</sup>りになる。¶ 비가 ~ 雨が降りしきる。 **II** 他 (1)(液体<sup>えきたい</sup>を器<sup>うつわ</sup>に)やたらに流<sup>なが</sup>しこむ、そそぎこむ。 (2)(悪口<sup>わるぐち</sup>などを)浴<sup>あ</sup>びせる。

**들:-장미** [-薔薇] 名 野<sup>の</sup>ばら。

**들:-짐승** 名 野獣<sup>やじゅう</sup>、野生<sup>やせい</sup>の動物<sup>どうぶつ</sup>。

**들쩍지근-하다** 形여 少<sup>すこ</sup>し甘<sup>あま</sup>い、やや甘味<sup>あまみ</sup>がある。㉔ 달짝지근하다

**들쭉-날쭉** 副하形 (平<sup>たい</sup>らでないようす) でこぼこ、ぎざぎざ。¶ ~ 한 해안선 出入<sup>でい</sup>りのはげしい海岸線<sup>かいがんせん</sup>。

**들-창** [-窓] 名 (1)明<sup>あ</sup>かり窓<sup>まど</sup>、明かり取<sup>と</sup>り。 (2)突<sup>つ</sup>き上<sup>あ</sup>げ窓<sup>まど</sup>、揚<sup>あ</sup>げ窓。

**들창-코** 名 獅子鼻<sup>ししばな</sup>、またはその人<sup>ひと</sup>。

**들추다** 他 (1)掻<sup>か</sup>き回<sup>まわ</sup>す、探<sup>さぐ</sup>る、捜<sup>さが</sup>す。¶ 호주머니를 ~ ポケットを探る。 (2)(書類<sup>しょるい</sup>・辞書<sup>じしょ</sup>などを)調<sup>しら</sup>べる。¶ 서류를 ~ 書類を調べる。 (3)(隠<sup>かく</sup>されているものを)暴<sup>あば</sup>く、暴露<sup>ばくろ</sup>する、さらけ出<sup>だ</sup>す。¶ 남의 비밀을 ~ 人<sup>ひと</sup>の秘密<sup>ひみつ</sup>を暴露する。

**들-치기** 名하여 こそ泥<sup>どろ</sup>、万引<sup>まんび</sup>き。¶ 가방을 ~ 하다 かばんを万引きする。

**들치다** 他 (物<sup>もの</sup>の片端<sup>かたはし</sup>を)持<sup>も</sup>ち上<sup>あ</sup>げる、めくる。¶ 페이지를 한 장 한 장 ~ ページを一枚<sup>いちまい</sup>ずつめくる。

**들큼-하다** 形여 甘<sup>あま</sup>ったるい。㉔ 달큼하다

**들키다** 自 見<sup>み</sup>つかる、ばれる。¶ 커닝을 하다가 ~ カンニングしているところを見つかる。

**들통** 名 隠<sup>かく</sup>していたことがばれる形勢<sup>けいせい</sup>。

**들통-나다** 自 隠<sup>かく</sup>していたことがばれる、見つかる。¶ 계획이 ~ 計画<sup>けいかく</sup>がばれる。

**들-통** [-桶] 名 取<sup>と</sup>っ手<sup>て</sup>のついた桶<sup>おけ</sup>。

**들:-판** 名 野原<sup>のはら</sup>、平野<sup>へいや</sup>、原<sup>はら</sup>っぱ。¶ 넓은 ~ 広<sup>ひろ</sup>い平野。

**듬뿍** 副 たっぷり、どっぷり、どっさり、たんまり、いっぱい、なみなみと。¶ 밥을 그릇에 ~ 담다 飯<sup>めし</sup>をおわんにたっぷり盛<sup>も</sup>る。/ 팁을 ~ 받다 チップをたんまり貰<sup>もら</sup>う。/ 붓에 먹을 ~ 묻히다 筆<sup>ふで</sup>に墨<sup>すみ</sup>をどっぷりとつける。

**듬뿍-듬뿍** 副하形 たっぷり、どっさり、いっぱい、なみなみと。¶ 밥을 ~ 먹었다 ご飯<sup>はん</sup>をたっぷり食<sup>た</sup>べた。

**듬성-듬성** 副하形 まばらに、ちらほら、ぽつぽつと。¶ ~ 보이다 まばらに見<sup>み</sup>える。/ 나무가 ~ 나 있다 木<sup>き</sup>がぽつぽつと生<sup>は</sup>えている。

**듯¹** 依 (「듯이」の縮約形) (1)(連体形について)…(の)ように、…そうに。¶ 자못 아픈 ~ 얼굴을 찌푸렸다 さも痛<sup>いた</sup>そうに顔<sup>かお</sup>をしかめた。 (2)(連体形の後に「듯 만 듯 하다」の形で)…うでもあり…ないようでもある、…そうでもあり…なさそうでもある。¶ 들릴 ~ 말 한 소리 聞<sup>き</sup>こえるか聞こえないくらいの声<sup>こえ</sup>。/ 본 ~ 만 ~ 하다 見<sup>み</sup>たようでもあり、見ていないようでもある。

**-듯²** 語尾 (「-듯이」の縮約形) …のように、…(する)かのように、…(する)がごとく。¶ 술을 물 마시 ~ 한다 酒<sup>さけ</sup>を水<sup>みず</sup>のように飲<sup>の</sup>む。

**듯이** 依 (連体形について推測<sup>すいそく</sup>を表<sup>あらわ</sup>す) …(の)ように、…そうに。¶ 때릴 ~ 주먹을 쥔다 殴<sup>なぐ</sup>らんばかりに拳<sup>こぶし</sup>を握<sup>にぎ</sup>りしめる。

**-듯이** 語尾 (あたかも)…のように、…(する)かのように、…(する)がごとく。¶ 눈물이 비오 ~ 흘러 내리다 涙<sup>なみだ</sup>が雨<sup>あめ</sup>のように流<sup>なが</sup>れ落<sup>お</sup>ちる。

**듯-하다** 助動여 …のようだ、…そうだ、…らしい。¶ 밖에 누가 온 ~ 外<sup>そと</sup>にだれかが来<sup>き</sup>たらしい。

**등** 名 (1)背<sup>せ</sup>、背中<sup>せなか</sup>。¶ ~에 짐을 지다 背中に荷<sup>に</sup>を負<sup>お</sup>う。/ 적에게 ~을 보이다 敵<sup>てき</sup>に

背을 見せる。 ②(物の)背に当たる部分ぶぶん、背面はいめん、後ろ側がわ。¶ 손~ 手しゅ の甲こう。/ 칼~ 刀かたなの背。

[관용] **등을 돌리다** ①背を向むける、顔かおをそむける。 ②決別けつべつする、わかれる。 ③背せく、裏切うらぎる、排斥はいせきする。 **등(을) 쳐먹다** 狡猾こうかつな方法ほうほうで人の財物ざいぶつを奪うばい取とる。 **등(이) 달다** 気きが焦あせる、気きが気でない、やきもきする、いらいらする。 **등(이) 터지다** (背中が裂さけるの意いから)大おおきな被害ひがいと打撃だげきを受うける。

등:¹[等] 等とう、等級とうきゅう。¶ 1~품 1等品いっとうひん/ ~ 안에 들다 等級に入はいる。
등:²[等] 因 等とう、など。¶ 개나 고양이 ~을 기르고 있다 犬いぬや猫ねこなどを飼かっている。
등[燈] 名 灯台とうだい、灯とう・び、ランプ、明あかり。¶ ~을 켜다 明かりをつける。
등-가구[藤家具] 名 藤家具とうかぐ。
등-가죽 名 背中せなかの皮かわ。
등-갓[燈-] 名 ランプの笠かさ。¶ ~을 씌우다 ランプの笠をかける。
등걸 名 (木きの)切きり株かぶ。¶ 소나무 ~ 松まつの切り株。
등걸-불 名 ①切きり株かぶを焼やす火ひ。 ②残のこり火び、燃もえさし。
등겨 名 もみ殻がら、粗糠あらぬか、ぬか。
등-고선[等高線] 名 地 等高線とうこうせん。
등-골¹[-骨] 名 ①背骨せぼね。 ②脊髄せきずい。
[관용] **등골(을) 빼먹다** 人ひとから搾取さくしゅする、だまし取とる。 **등골(이) 빠지다** 耐たえがたいほどに苦労くろうする、骨身ほねみを削けずる。¶ 등골이 빠지게 일을 하다 骨身をけずって働はたらく。
등-골²[-] 名 背筋せすじ。¶ ~이 오싹해지다 背筋が寒さむくなる、ぞっとする。
등교[登校] 名 하자 登校とうこう。¶ ~ 시간 登校時間じかん/ 오전 9시까지 ~하다 午前ごぜん9時じまでに登校する。
등귀[騰貴] 名 하자 騰貴とうき。¶ 물가가 ~하다 物価ぶっかが騰貴する。
등극[登極] 名 하자 登極とうきょく、王位おういにつくこと、即位そくい。
등-급[等級] 名 等級とうきゅう、ランク。¶ ~을 정하다 等級を定さだめる。/ ~이 오르다 等級が上あがる。
등기[登記] 名 하자 登記とうき。¶ 부동산 ~ 不動産ふどうさん登記。 ②((「등기 우편」의 縮約形》書留かきとめ。
등기-부[-簿] 名 登記簿ぼ。¶ ~ 열람 登記簿閲覧えつらん。
등기-소[-所] 名 登記所しょ。
등기 우편[-郵便] 名 書留ゆうびん郵便、書留かきとめ。
등-나무[藤-] 名 植 フジ。
등단[登壇] 名 하자 登壇だん。
등대[燈臺] 名 灯台とうだい。¶ 깜박거리는 ~의 불빛 ちかちかする灯台の火ひ。
등대-지기 名 灯台守もり。
등-덜미 名 背せの上部じょうぶ、首筋くびすじ、うなじ。
등-뒤 名 背中せなかの後うしろ、背後はいご。¶ ~로 다

가서다 背中の後ろに近寄ちかよって立たつ。
등:등[等等] 名 等々とうとう、など、などなど。¶ 주소・성명 ~을 기입하다 住所じゅうしょ・姓名せいめいなどを記入きにゅうする。
등등-하다[騰騰-] 形여 すごいけんまくだ、鼻息はないきが荒あらい、(ひどく)いきり立たっている。¶ 살기가 ~ 殺気さっきがみなぎる。
등락[騰落] 名 하자 騰落とうらく。¶ 주가의 ~ 株価かぶかの騰落。
등록[登錄] 名 하자 登録とうろく。¶ ~세 登録税ぜい/ 주민 ~ 住民じゅうみん登録/ 재산을 ~하다 財産を登録する。
등록-금[-金] 名 大学だいがくの授業料じゅぎょうりょう。
등록 상표[-商標] 名 法 登録商標しょうひょう。
등록 의:장[-意匠] 名 法 登録意匠いしょう。
등명[燈明] 名 登録とうろく。¶ ~을 올리다 財産ざいさんを登録する。
등반[登攀] 名 하자 登攀とうはん。¶ 알프스를 ~하다 アルプスを登攀する。
등반-대[-隊] 名 登攀隊たい。
등:-변[等邊] 名 數 等辺とうへん。
등:-변삼각형[三角形] 名 數 等辺三角形さんかくけい。㊀ 정삼각형
등본[謄本] 名 謄本とうほん。¶ 호적 ~ 戸籍こせき謄本。
등:-분[等分] 名 하자 等分とうぶん。¶ 이익을 ~하다 利益りえきを等分する。
등-불[燈-] 名 灯火とうか・とも、明あかり。¶ 바람 앞의 ~ 風前ふうぜんのともしび/ ~이 켜지다 灯火がつく。/ ~을 끄다 明かりを消けす。
등사[謄寫] 名 하자 謄写しゃ。
등사-기[-機] 名 謄写版ばん。
등사-판[-版] 名 版 謄写版はん、がり版ばん。
등산[登山] 名 하자 登山さん、山登やまのぼり。¶ ~ 객 登山客きゃく/ ~을 가다 登山に行いく。
등산-로[-路] 名 登山道どう。
등산 철도[-鐵道] 名 登山鉄道てつどう。
등산-화[-靴] 名 登山靴ぐつ。
등성이 名 ①(人じんの・動物どうぶつの)背筋せすじ。 ②((「산등성이」의 縮約形》尾根おね。
등:-속[等速] 名 等速そく。¶ ~ 운동 等速運動うんどう。
등:-속[等屬] 因 …など、…の類たぐい。¶ 배・사과 ~의 과일 なし・りんごなどの果物くだもの。
등-솔기 名 背縫せぬいの縫ぬい目め。
등:-수[等數] 名 等級とうきゅうの順位じゅんい。¶ ~를 매기다 等級の順位をつける。
등:-식[等式] 名 數 等式とうしき。
등:-신[等身] 名 等身しん。¶ ~불 等身仏ぶつ。
등:-신[等神] 名 愚おろか者もの、ばか、とんま、間抜まぬけ、のろま。¶ ~같은 소리 하지 마라 ばかみたいなことを言いうな。
등심[-心] 名 (牛ぎゅうの)ロース。
등:-심선[等深線] 名 地 等深線とうしんせん。
등쌀 名 非常ひじょうにうるさくつきまとうこと、うるさくせがむこと、悩なやますこと。¶ 아이들 ~에 못 견디겠다 子供こどもたちがうるさくて我慢がまんできない。
등:-압선[等壓線] 名 氣 等圧線とうあつせん。
등에 名 動 アブ。

**등:온**(等溫) 图 等温(とうおん)。
　**등:온 동:물**(-動物) 图 等温動物(とうおんどうぶつ)。㊂ 정온동물
　**등:온-선**(-線) 图(氣) 等温線(とうおんせん)。
**등:외**(等外) 图 等外(とうがい)。¶ ~로 처지다 等外に落(お)ちる。
　**등외-품**(-品) 图 等外品(とうがいひん)。
**등용**(登用・登庸) 图(하他)(되自) 登用(とうよう)。¶ 인재를 ~하다 人材(じんざい)を登用する。
**등-용문**(登龍門) 图 登竜門(とうりゅうもん)。¶ 문단에의 ~ 文壇(ぶんだん)への登竜門。
**등원**(登院) 图(하自) 登院(とういん)。¶ 첫~ 初登院(はつとういん)。
**등유**(燈油) 图 灯油(とうゆ)、石油(せきゆ)。
**등-의자**(藤椅子) 图 藤椅子(とういす)。
**등잔**(燈盞) 图 灯盞(とうさん)、油皿(あぶらざら)。
　속담 **등잔 밑이 어둡다** 油皿のすぐ下(した)は暗(くら)い。《灯台(とうだい)もと暗(くら)し》
　**등잔-불**(燈盞-) 图 灯火(とうか)、ともしび。
**등장**(登場) 图(하自) 登場(とうじょう)。¶ 주인공이 ~하다 主人公(しゅじんこう)が登場する。
　**등장 인물**(-人物) 图 登場人物(とうじょうじんぶつ)。
**등정**(登頂) 图(하自) 登頂(とうちょう)。¶ 알프스 ~ アルプス登頂。
**등-줄기** 图(生) 背筋(せすじ)。
**등-지느러미** 图(魚(うお)の)背(せ)びれ。
**등-지다** 国他 ①仲(なか)たがいする、仲(なか)が悪(わる)くなる。¶ 친구와 ~ 親友(しんゆう)と仲たがいする。 ②背(せ)むく、背(せ)を向(む)ける、離(はな)れる、捨(す)てる。¶ 세상을 ~ 世間(せけん)に背を向ける。 ③(なにかを)背(せ)にする、背をもたれる。¶ 벽을 지고 앉다 壁(かべ)を背にして座(すわ)る。
**등짐** 图 ①背負(せお)った荷(に)。 ②荷物(にもつ)を背負(せお)って運(はこ)ぶ仕事(しごと)。
　**등짐-장수** 图 担(かつ)ぎ屋(や)、品物(しなもの)をかついで行商(ぎょうしょう)する人(ひと)。
**등:-차**(等差) 图 等差(とうさ)。¶ ~수열 等差数列(とうさすうれつ)。
**등종**(-瘡) 图(醫) 背中(せなか)の腫(は)れもの。
**등천**(登天) 图(하自) 登天(とうてん)、昇天(しょうてん)。
**등청**(登廳) 图(하自) 登庁(とうちょう)。
**등촉**(燈燭) 图 灯燭(とうしょく)。
**등-치다** 他 ①(脅(おど)して)ゆすりとる、ゆする、たかる。¶ 약점을 잡아 남을 ~ 弱(よわ)みにつけこんで人(ひと)をゆする。 ②背中(せなか)をたたく。
　속담 **등치고 간 내먹다** 背中をたたいて肝(きも)を取(と)り出(だ)して食(く)う。《見(み)かけはいたわるようだが実際(じっさい)には害(がい)を与(あた)える》
**등하**(燈下) 图 灯下(とうか)、ともしびの下(した)。
　**등하-불명**(-不明) 图 灯下不明(とうかふめい)、灯台(とうだい)もと暗(くら)し。
**등-한시**(等閑視・等閑視) 图(하他)(되自) 等閑視(とうかん)し、なおざりにすること、おろそかにすること、軽視(けいし)。¶ 문제를 ~하다 問題(もんだい)をなおざりにする。
**등-한하다**(等閑-、等閑-) 形ヨ なおざりだ、おろそかだ、いいかげんだ。 **등한-히** 副 なおざりに、おろそかに、軽(かる)く。¶ ~ 여기지 말아라 軽々(かるがる)しく考(かんが)えるな。
**등-헤엄** 图 背泳(はいえい)、背泳(せおよ)ぎ。

**등화**(燈火) 图 灯火(とうか)、明(あか)かり、ともしび。
　**등화 관:제**(-管制) 图 灯火管制(とうかかんせい)。
**-디**¹ 語尾 ①(形容詞の語幹について)語意を強(つよ)める連結語尾(ごび)。¶ 굵~ 굵다 非常(ひじょう)に太(ふと)い。/ 희~ 희다 真(ま)っ白(しろ)い。 ②(「-더냐・-더니」の縮約形。語幹につく疑問(ぎもん)を表(あら)わす終結語尾)…たか。¶ 얼마나 크~? どのくらい大(おお)きかったか。/ 누가 그런 말을 하~? 誰(だれ)がそんなこと言(い)ったか。
**디너**(dinner) 图 ディナー。¶ ~파티 ディナーパーティー。
**디:디:티:**(DDT ← dichloro-diphenyl-trichloroethane) 图(藥) ディーディーティー。
**디디다** 他 (地面(じめん)・床(ゆか)などを)踏(ふ)む、踏(ふ)みしめる、踏(ふ)みつける。¶ 땅을 디디고 서다 地面を踏みしめて立(た)つ。
**디딜-방아** 图 踏(ふ)み臼(うす)、唐臼(からうす)。
**디딤-돌** 图 踏(ふ)み石(いし)。
**디-밀다** 他 「들이밀다」の縮約形。
**디스-인플레이션**(disinflation) 图(經) ディスインフレーション。
**디스켓**(diskette) 图 ディスケット。
**디스크**(disk) 图 ディスク。①円盤(えんばん)。 ②レコード、音盤(おんばん)。 ③(醫)(俗) 椎間板(ついかんばん)ヘルニア。¶ ~에 걸리다 椎間板ヘルニアにかかる。 ④(컴) フロッピィディスク。
　**디스크 자키**(-jockey) 图 ディスクジョッキー、ディージェー(DJ)。㊂ 디제이
**디스토마**(distoma) 图(動) ジストマ。
**디자이너**(designer) 图 デザイナー。
**디자인**(design) 图 デザイン。
**디저:트**(dessert) 图 (食後(しょくご)の)デザート。¶ ~코스 デザートコース。
**디:젤**(Diesel) 图(機) ディーゼル。¶ ~기관차 ディーゼル機関車(きかんしゃ)。
**디지털**(digital) 图 デジタル、ディジタル。¶ ~시계 デジタル時計(とけい)。
**디프레션**(depression) 图(經) デプレッション、不景気(ふけいき)、不況(ふきょう)。
**디프테리아**(diphtheria) 图(醫) ジフテリア。
**딜레마**(라 dilemma) 图 ジレンマ。¶ ~에 빠지다 ジレンマに陥(おちい)る。
**따갑다** 形ㅂ ①(非常(ひじょう)に)熱(あつ)い、暑(あつ)い、強(つよ)い、焼(や)けつくようだ。¶ 여름 해가 ~ 夏(なつ)の陽射(ひざ)しが熱い。 ②(刺(さ)すように)痛(いた)い、ひりひり痛(いた)む、ちくちく痛む。¶ 상처가 ~ 傷口(きずぐち)がひりひり痛い。 ③(忠告(ちゅうこく)・批判(ひはん)などが)鋭(するど)い、手厳(てきび)しい。¶ 그런 말은 귀가 따갑도록 들었다 そんな話(はなし)は耳(みみ)にたこができるぐらい聞(き)いた。㊂ 뜨겁다
**따개** 图 栓抜(せんぬ)き、口抜(くちぬ)き、缶切(かんき)り。
**따:귀** 图 (「뺨따귀」の縮約形) 横(よこ)つ面(つら)、ほっぺた。¶ ~를 때리다 横っ面を張(は)る。
**따끈-하다** 形ㄴ (飲食物(いんしょくぶつ)などが)温(あたた)かい、ほかほかだ、熱(あつ)い。¶ 갓 지은 따끈한 밥 炊(た)き立(た)てでほかほかの飯(めし)。㊂ 뜨끈하다 **따끈-히** 副 あったかく、ほかほかと。¶ 술을 ~ 데우다 熱(あつ)めに燗(かん)をつける。

**따끔-하다** 形動 ①(とげや針などに刺されて)ちくっとする、ひりっとする。¶ 가시에 찔린 데가 ~ とげに刺されたところがちくっと痛む。②きびしい、痛い目にあう。¶ 따끔한 맛을 보여주다 痛い目にあわせる。

**따끔-따끔** 副 ちくちく、ひりひり。¶ 까진 무릎이 ~ 아프다 すりむけた膝がひりひりと痛いむ。

**따님** 名 《他人の娘の尊敬語》お嬢様、お嬢さん、令嬢、娘さん。

**따다**[1] 他 ①(花・実などを)取る、摘む、もぎ、ちぎる、摘み取る。¶ 꽃을 ~ 花を摘む。/ 미역을 ~ わかめを取る。②(蓋・栓などを)開ける、抜く。¶ 통조림을 ~ かんづめを開ける。③(資格・成績などを)取る、得る、もらう。¶ 운전 면허를 ~ 運転免許を取る。④(文章などから)引用する、抜粋する、抜き취る。¶ 성서에서 따온 말 聖書から引用した言葉。⑤(賭事などで金を)手にいれる、もうける。¶ 노름에서 딴 돈 博打でもうけた金。⑥(出来物などを)切開ちする、つぶす。¶ 물집을 ~ 水ぶくれを切開する。

**따다**[2] 他 ①(来客などに)居留守をつかう。¶ 손님을 ~ 客に居留守をつかう。②除け者にのものにする、締しめ出す。

**따-돌리다** 他 ①除け者にする、仲間はずれにする、弾き出す、締め出す。¶ 친구를 ~ 友を除け者にする。②(連れを)はぐらかす、まく。¶ 따라오는 동생을 ~ 追って来る弟をまいた。

**따-따-따** 副 ラッパを吹く音。

**따뜻-하다** 形動 ①(気候・温度などが)暖たたかい、(食べ物などが)温かい。¶ 따뜻한 밥 温かい飯 / 방 안이 ~ 部屋の中が暖かい。②(心・雰囲気などが)温かい、思いやりがある。¶ 따뜻하게 대접하다 温かくもてなす。

**따라** 助 …に限って。¶ 오늘 ~ 유별나게 덥다 今日に限って特に暑い。

**따라-가다** 他 ①(後に・ものごとに遅れないように)付いて行く、沿って行く、一緒に行く。¶ 길을 ~ 道に付いて行く。②(教えなどに)従う。¶ 선생님의 가르침을 ~ 先生の教えに従う。

**따라-다니다** 他 付いて回る、付きまとう、追い回る、後をつける、尾行する。¶ 여자 뒤를 ~ 女の尻を追い回す。

**따라서** 副 従だって、それで、だから、故に、それ故に。¶ 명령에 ~ 행동하다 命令に従って行動する。/ 품질이 좋으니까 ~ 값도 비싸다 品質がよいから従って値段も高い。

**따라-잡다** 他 追い付く。

**따라지** 名 ①(ばくちで)一点。②しがない存在、情けない存在。¶ ~ 신세 可憐んな身の上。③矮小ちいさい人。

**따로** 副 ①離して、別に、離れて、別れて。¶ 하나하나 ~ 포장하다 ひとつひとつ別に包装する。②ほかに、別途に、余分に。¶ ~ 수입이 있다 別途の収入がある。

**따로-서다** 自 ①離れて立たつ。②(幼児が)独りで立たつ。

**따르다** 自他 ①(後に)従う、ついていく、追う。¶ 나를 따르라 わたしについて来い。②(時勢などに)ついて行く、追う。¶ 유행을 ~ 流行を追う。③服従する、従う。¶ 리더의 명령에 ~ リーダーの命令に従う。④伴う、並行する。¶ 성공에는 고생이 따른다 成功には苦労が伴う。⑤倣う、手本にする。¶ 전례에 ~ 前例にならう。⑥懐く、なじむ、慕う。¶ 어린이가 잘 ~ 子供がよくなつく。⑦沿う。¶ 강을 따라 길이 뻗어 있다 川に沿って道がのびている。

**따르다**[2] 他 (液体などを)注ぐ、注ぐ、差す。¶ 술을 ~ 酒を注ぐ。

**따르릉** 副自 《ベルなどの鳴る音》ちりりん。

**따름** 依 …だけ、…ばかり、…のみ。¶ 의무를 다할 ~ 입니다 義務を果たすだけです。

**따:리** 名 へつらい、おべっか、おべんちゃら。**慣用** 따리(를) 붙이다 おべっかを使う。¶ 상관에게 ~ 上役におべっかを使う。

**따-먹다** 他 ①(果実などを木に)もいで食べる。②(碁・将棋などで)相手の駒〔石〕を取る。

**따발-총** [-銃] 名 ソ連製の機関短銃。

**따분-하다** 形動 ①退屈な、味気ない、嫌気が差す。¶ 따분한 이야기 退屈な話。②困っている、どうしようもない、当惑する。¶ 뭐라고 대답해야 할지 ~ なんと答えたらよいか当惑する。③(疲れて)へとへとだ、ぐったりとなる。¶ 피로해서 몸이 ~ 疲れて体がぐったりとなる。

**따오기** 名 動 トキ。

**따위** 依 ①《例を挙げて その例が代表ちょうするものであることを表あらわす語》…など、…のようなもの、…のたぐい。¶ 쌀, 보리 ~ 가 곡식이다 米、大麦などが穀物である。②《人・物事などを軽蔑っしって》…みたいなやつ、…のようなやつ〔もの〕、…なんか、…なぞ、…の如ごとき。¶ 너 ~ 는 상대도 안된다 お前なんかは相手にならん。

**따지다** 他 ①(是非を)問う、問いただす、問い詰める。¶ 잘잘못을 ~ 是非を問う。/ 배후 관계를 ~ 背後関係を問い詰める。②(ひとつひとつ具体的に)計算する、勘定する。¶ 이자를 ~ 利息を計算する。③(綿密に)調べる、検討する。¶ 잘 따져 보고 결정하자 くわしく検討してから定めよう。

**딱**[1] 副 ①《固い物がぶつかる音》ぽかっと、こつん、がつん、がん(と)。¶ 막대기로 머리를 ~ 때리다 棒で頭をぽかっと打つ。②《固い物が折れる音》またそのよう、ぽきっと、ぽきんと、ぽきり、ぶつりと。

¶ 사다리가 ~ 부러지다 ほしごがぽきっと
折おれる。
**딱²** 副 ①《完全かんに塞ふさがったり すきまなく閉と
じたようす》ぎっしり、ぴたっと、ぐっと。
¶ 문이 ~ 닫히다 戸とがぴたっと閉とざされ
る。②《いっぱい開ひらいたようす》あんぐり、
ぽっかり。¶ 입을 ~ 벌리고 자다 口くちを大おお
きく開あけて寝ねる。③《的中てきちゅうするようす》
ぴったり。¶ 예상이 ~ 들어맞다 予想よそうが
ぴったり的中てきちゅうする。④かたく、ぎゅっと、
じっと、ぴったり、しっかり。¶ 손을 ~ 쥐
다 手てをぎゅっと握にぎる。/ 눈을 ~ 감다 目め
をじっとつぶる。⑤《力強ちからづよく頑張がんばるよう
す》しっかり(と)、がっしり。 ~ 버티고
서다 がっしりと立たつ。⑥《継続けいぞくしたこ
とがにわかにやむようす》ぴたっと。¶ 웃음 소
리가 ~ 그치다 笑わらい声こえがぴたっとやむ。
**딱³** 副 ①《決然けつぜんときめるようす》きっぱりと、
すっぱりと。¶ ~ 잘라 말하다 きっぱりと
言いい切きる。②ぴったり、かっきり、きっち
り。¶ ~ 만 엔밖에 없다 かっきり1万円いちまんえん
しかない。
**딱딱-거리다** 自 がみがみ言いう、がなりたてる、
怒鳴どなりたてる。¶ 노상 아내에게 딱딱거린
다 いつも妻つまがみがみ言う。
**딱딱-하다** 形[ヨ] ①堅かたい、固かたい、こちこちであ
る。¶ 돌멩이처럼 딱딱해졌다 石いしころのよ
うに固かたくなった。②《態度たいど・雰囲気ふんいきなど
が》堅苦かたくるしい、重おもい。¶ 딱딱한 분위기 堅
苦くるしい雰囲気ふんいき。
**딱-성냥** 名 黄燐おうりんマッチ、摩擦まさつマッチ。
**딱정-벌레** 名[動] カブトムシ。
**딱지¹** 名 ①かさぶた。¶ 상처에 ~ 가 앉다 傷
口ぐちにかさぶたができる。②(紙かみの)染し み。
③(蟹かになどの)甲羅こうら。¶ 게 ~ 蟹の甲羅。
④(懐中かいちゅう時計とけい・腕時計うでどけいなどの) 蓋ふた、
ケース。¶ 금시계 金側きんがわの時計とけい。
慣用〉 **딱지가 덜 떨어지다** 子供こどもっぽさが抜ぬ
けていない、乳臭ちちくさい、幼稚ようちだ。
**딱지²** 名 はね付つけ、ひじ鉄砲てっぽう。
**딱지-맞다** 自 拒絶きょぜつされる、ひじ鉄砲てっぽうを食く
らう、返品へんぴんされる。
**딱지[-紙]** 名 ①俗 紙切かみぎれ、紙片しへん、切手きって、
レッテル、ラベル、札ふだ。¶ ~ 가 붙은 상품
レッテルの付ついた商品しょうひん。②面子めんつ。③
(比) 人ひとに対たいする格付かくづけ、レッテル。¶ 위
험 인물이라는 ~가 붙다 危険人物きけんじんぶつのレッ
テルが張はられる。
**딱지-치기** 名[ヨ] 面子めんつあそび。
**딱-총[-銃]** 名 (おもちゃの)かんしゃく玉だま、お
もちゃの銃じゅう。
**딱-하다** 形[ヨ] ①気きの毒どくだ、不憫ふびんだ、かわい
そうだ、哀あわれだ。¶ 딱한 사정 気の毒な事
情じょう。/ 자식들이 ~ 子供こどもたちがかわいそ
うだ。②苦くるしい、難むずかしい、困こまる。¶ 딱
한 변명 苦しい言いい訳わけ/ 거절하기가 참 ~
断ことわるのが本当ほんとうに難むずかしい。
**딴¹** 因《人称にんしょう代名詞だいめいしの後うしろに用もちいられて》つ

もり、なり、考かんがえ。¶ 내 ~에는 노력했다
わたしなりには努力どりょくした。
**딴²** 冠 別べつの、他ほかの、ほかの。 ¶ 그것과는 전
혀 ~ 문제다 それとは全まったく別の問題もんだいだ。
**딴-마음** 名 ①別べつの考かんがえ、他意たい。②異心いしん、
二心にしん・ふたごころ、そむく心こころ。¶ ~을 품다 二
心を抱いだく。
**딴-말** 名[ヨ] とんでもない話はな、たわ言ごと、別べつ
の話、関係かんけいのないはなし。¶ ~ 만 늘어놓
다 関係のないはなしばかり並ならべてる。
**딴-머리** 名 (女性用じょせいようの)かもじ、入い れ髪がみ、
入いれ毛げ。
**딴-사람** 名 ほかの人ひと、別人べつじん。¶ ~처럼 보
인다 別人のように見みえる。
慣用〉 **딴사람(이) 되다** ①(心こころをいれかえて)
人ひとが生うまれ変かわる、真人間にんげんになる。
②身分みぶんが変かわる。
**딴-살림** 名[ヨ] 別所帯べっしょたい。¶ ~을 차리다 別
所帯を持もつ。
**딴-생각** 名[ヨ] ①ほかの考かんがえ。¶ 바빠서 ~
할 틈도 없다 忙いそがしくてほかのことを考える
暇ひまもない。②とんでもない考かんがえ、他意たい、
異心いしん。¶ ~을 품다 異心を抱いだく。/ ~을
먹지 마라 とんでもないことを考かんがえるな。
**딴-전** 名 とぼけること、しらばっくれること。
慣用〉 **딴전(을) 부리다** そらとぼける、知しらな
いふりをする。
**딴-판** 名 ①(見聞みききや予想よそうなどと) 全まったく違ちが
うようす、相当そうとうな違ちがい。¶ 생각과는 아주
~이다 考かんがえていたのとはまったく違う。②全
然ぜんちがう局面きょくめん、一変いっぺんした情勢じょうせい。
¶ 하룻밤 사이에 정세가 ~으로 변했다 一
夜やにして情勢が一変した。
**딸** 名 (親子おやこ関係かんけいにおける)娘むすめ。 ¶ 외동
독신むすめ/ 나는 ~이 둘 있다 私わたしは娘が二
人ふたりいる。
**딸-기** 名[植] イチゴ。
**딸꾹** 名 しゃっくりの音おと。
**딸꾹-질** 名[ヨ] しゃっくり。¶ ~이 나다
しゃっくりが出でる。
**딸리다** 自 ①つく、付属ふぞくする、付ついている。
¶ 욕실이 딸린 방 風呂付ふろつきの部屋へや。②
付つき添そう、仕つかえる。¶ 간호부가 딸려 있
다 看護婦かんごふが付き添っている。
**땀¹** 名 汗あせ。¶ ~이 나다 汗が出る。/ ~투성
이가 되다 汗だくになる。/ 손에 ~을 쥐다
手てに汗を握にぎる。
**땀²** 名 (縫ぬい目めの)ひと縫ぬい、ひと目、ひと
針ばり。¶ 바늘~이 곱다 縫い目がきれいだ。
**땀-구멍** 名 汗孔あせあな。
**땀-내다** 自 ①(病気びょうきを治なおすため)汗を出だ
す、汗を流ながす。②非常ひじょうに努力どりょくする。
**땀띠** 名[医] 汗疹あせも。¶ ~가 나다 汗疹ができる。
**땀-방울** 名 汗あせのしずく。
**땅¹** 名 土地とち。①土つち、地面じめん、陸地りくち、地ち。
¶ 하늘과 ~ 天てんと地/ 좁은 ~ 狭せまい土地。
②領土りょうど、領地りょうち。¶ ~도 넓고 자원도
풍부하다 領土も広ひろいが資源げんも豊富ほうふな

③農地ᴺᵒᵘ、土壌ᴶᵒᵘ、土質ˢʰⁱᵗˢᵘ。¶ 기름진 ~ 肥ᴷᵒえた土地/ ~을 갈다 土地を耕ᵗᵃᵍᵃやす。④ 敷地ˢʰⁱᵏⁱᶜʰⁱ。¶ 공장을 지을 ~ 工場ᴷᵒᵘᵈʲᵒᵘを たてる敷地。⑤地方ᶜʰⁱʰᵒᵘ、地域ᶜʰⁱⁱᵏⁱ、境ˢᵃᵏᵃⁱ。 ¶ 고향 ~에 돌아오다 故郷ᴷᵒᵏʸᵒᵘの地ᶜʰⁱに帰ᵏᵃえる。
**속담** 땅 짚고 헤엄치기 水底ᴹⁱⁿᵃˢᵒᵏᵒに手ᵀᵉをついて泳ᵒʸᵒᵍᵘぐ。《朝飯前ᴬˢᵃʰᵃⁿᵐᵃᵉ》
**관용** 땅에 떨어지다 (権威ᴷᵉⁿⁱ・名声ᴹᵉⁱˢᵉⁱなどが)地ᶜʰⁱに落ᴼᵗᵒちる。 땅(을) 파먹다 (俗) 農業ᴺᵒᵘᵍʸᵒᵘで暮ᴷᵘらしていく。 땅(이) 꺼지게 (ため息ⁱᵏⁱをまるで地面ᴶⁱᵐᵉⁿがへこむかのように)非常ᴴⁱᵈʲᵒᵘに大ᴼᵒきく深ᶠᵘᵏᵃく。¶ ~ 한숨을 쉬다 地面がへこまんばかりに大きなため息をつく。

**땅²** 副하다 ①(銃砲ᴶᵘᵘᴴᵒᵘの発射音ᴴᵃˢˢʰᵃᴼⁿ)ずどん。②(金属類ᴷⁱⁿᶻᵒᵏᵘᴿᵘⁱを強ᵀˢᵘʸᵒく打ᵁち鳴ᴺᵃらす音ᴼᵗᵒ) かあん。③ 탕²

**땅-거미¹** 名 夕ʸᵘᵘやみ、夕暮ʸᵘᵘᵍᵘれ、薄暮ᴴᵃᵏᵘᴮᵒ、黄昏ᴷᵒᵘᴷᵒⁿ。¶ ~가 질 무렵 夕やみが迫ˢᵉᵐᵃるころ。
**땅-거미²** 名 動 ジグモ。
**땅-굴**[-窟] 名 ①穴蔵ᴬⁿᵃᵍᵘʳᵃ。②地下ᶜʰⁱᵏᵃ通路ᵀˢᵘᵘʳᵒ。
**땅기다** 自 ①(皮膚ᴴⁱᶠᵘなどが)つる、引ᴴⁱきつる。¶ 다리의 근육이 ~ 足ᴬˢʰⁱの筋肉ᴷⁱⁿⁿⁱᵏᵘがひきつる。②引ᴴⁱっ張ᴴᵃる。¶ 줄을 ~ 綱ᵀˢᵘⁿᵃを引っ張る。 ④ 당기다
**땅-꾼** 名 蛇ᴴᵉᵇⁱを捕ᵀᵒって売ᵁる人ᴴⁱᵗᵒ。
**땅-내** 名 土ᵀˢᵘᶜʰⁱのにおい。
**관용** 땅내(를) 맡다 ①(移植ⁱˢʰᵒᵏᵘされた植物ˢʰᵒᵏᵘᵇᵘᵗˢᵘが)根ᴺᵉを張ᴴᵃる、根付ᴺᵉᵛᵁく。②動物ᴰᵒᵘᵇᵘᵗˢᵘがその土地ᵀᵒᶜʰⁱに巣食ˢᵁᵏᵁう。

**땅딸막-하다** 形四 (背ˢᴱが低ᴴⁱᵏᵁくて)ずんぐりしている。¶ 땅딸막한 남자 ずんぐりした男ᴼᵀᴼᴷᴼ。
**땅딸-보** 名 (俗) 背が低くてでっぷりした人ᴴⁱᵀᴼ、でぶっちょ。

**땅-땅¹** 副 (銃砲ᴶᵁᵁᴴᴼᵁを打ᵁつ音ᴼᵀᴼ) ずどんずどん。
**땅땅²** 副 ①大言ᵀᴬⁱᴳᴱᴺ壮語ˢᴼᵁᴳᴼするさま。②いばりながら息巻ⁱᴷⁱᴹᴬくさま。
**땅땅-거리다** 自 ①(勢力ˢᴱⁱᴿʸᴼᴷᵁ・財産ᶻᴬⁱˢᴬᴺがあって)豪華ᴳᴼᵁᴷᴬな生活ˢᴱⁱᴷᴬᵀˢᵁをする、威勢ⁱˢᴱⁱを張る、威張ⁱᴮᴬる。②大ᴼᴼきなことを言ⁱうう、大言壮語ᵀᴬⁱᴳᴱᴺˢᴼᵁᴳᴼする、威勢ⁱˢᴱⁱを張る。

**땅-문서**[-文書] 名 土地ᵀᴼᶜʰⁱの権利書ᴷᴱᴺᴿⁱˢʰᴼ。
**땅-바닥** 名 地面ᴶⁱᴹᴱᴺ、地ᶜʰⁱべた。¶ ~에 앉다 地べたに座ˢᵁᵂᴬる。
**땅-속** 名 地下ᶜʰⁱᴷᴬ、地中ᶜʰⁱᶜʰᵁᵁ。¶ ~에 묻다 地中に埋ᵁめる。
**땅-콩** 名 ナンキンマメ、落花生ᴿᴬᴷᴷᴬˢᴱⁱ、ピーナッツ。

**땋다** 他 (髪ᴷᴬᴹⁱを)編ᴬむ、結ʸᵁう、(紐ᴴⁱᴹᴼなどを)なう、よる。¶ 머리를 ~ 髪を編む。

**때¹** 名 ①時刻ᴶⁱᴷᴼᴷᵁ、時間ᴶⁱᴷᴬᴺ。¶ 점심 ~ お昼時ᴴⁱᴿᵁ。¶ ~를 어기지 않고 時間をたがえずに。②時機ᴶⁱᴷⁱ、時分ᴶⁱᴮᵁᴺ、折ᴼりⁱ、機会ᴷⁱᴷᴬⁱ。¶ 좋은 ~를 만나다 いい機会を得ᴱる。/~가 오면 알게 된다 時機が来ᴷⁱればわかる。③《連体形について》…する場合ᴮᴬᴬⁱも、…するとき、…であるとき、おり。¶ 성공했을 ~에는 成功ˢᴱⁱᴷᴼᵁした場合は/괴로울 ~도 많았다 苦ᴷᵁᴿᵁしいときも多ᴼᴼᴷᵁかった。④時節ᴶⁱˢᴱᵀˢᵁ、時代ᴶⁱᴰᴬⁱ、頃ᴷᴼᴿᴼ、その当時ᵀᴼᵁᴶⁱ。처녀 ~ 娘ᴹᵁˢᵁᴹᴱ時代/작년 이맘 ~와는 아주 다르다 去年ᴷʸᴼᴺᴱᴺの今ごろはまったく異ᴷᴼᵀᴼなる。⑤ご飯ᴴᴬᴺ、食事ˢʰᴼᴷᵁᴶⁱ。¶ 하루 세 ~를 먹다 一日ⁱᶜʰⁱᴺⁱᶜʰⁱに3食ˢʰᴼᴷᵁ食ᵀᴬべる。

**때²** 名 ①垢ᴬᴷᴬ。¶ ~가 끼다 垢がつく。/~를 밀다 垢をこする。②不名誉ᶠᵁᴹᴱⁱʸᴼ、汚名ᴼᴹᴱⁱ。¶ 도둑의 ~를 벗다 泥棒ᴰᴼᴿᴼᴮᴼᵁの汚名をぬぐう。③やぼったいこと、子供ᴷᴼᴰᴼᴹᴼくさいこと、田舎ⁱᴺᴬᴷᴬくさいこと。¶ ~를 벗은 여자 垢抜ᴬᴷᴬᴺᴜけした女ᴼᴺᴺᴬ/아직도 어린 ~가 남아 있다 まだ子供っぽいところが残ᴺᴼᴷᴼっている。④けちくさいこと、みみっちいこと。

**때깔** 名 (果物ᴷᵁᴰᴬᴹᴼɴᴼ・布地ᴺᵁɴᴼᴶⁱなどの)色彩ˢʰⁱᴷⁱや柄ᴳᴬᴿᴬ、色ⁱᴿᴼあい、見ᴹⁱかけ。

**때:다** 他 (燃料ᴺᴱᴺᴿʸᴼᵁなどを)焚ᵀᴬく。¶ 불을 ~ 火ᴴⁱをたく。/난로를 ~ ストーブをたく。

**때때-로** 副 時々ᵀᴼᴷⁱᴅᴼᴷⁱ、時ᵀᴼᴷⁱたま、時折ᵀᴼᴷⁱᴼᴿⁱ、折々ᴼᴿⁱᴼᴿⁱ、たびたび。¶ ~ 들르다 ときどき立ᵀᴬち寄ʸᴼる。/방문하다 時折訪問ᴴᴼᵁᴹᴼᴺする。

**때때-옷** 名 (色ⁱᴿᴼとりどりに仕立ˢʰⁱᵀᴬてた)子供ᴷᴼᴰᴼᴹᴼの晴ᴴᴬれ着ᴳⁱ。

**때려-눕히다** 他 殴ᴺᴬᴳᴜり倒ᵀᴬᴼすㆍ
**때려-부수다** 他 たたき壊ᴷᴼᵂᴬす、ぶちこわす。
**때려-잡다** 他 ①打ᵁち殺ᴷᴼᴿᴼす。②打ᵁちのめす、打ち倒して再起ˢᴬⁱᴷⁱ不能ᶠᵁɴᴼᵁにする。
**때려-치우다** 他 (俗) 止ʸᴬめる、(店ᴹⁱˢᴱなどを)畳ᵀᴬᵀᴬむ。¶ 장사를 ~ 商売ˢʰᴼᵁᴮᴬⁱをやめる。

**때리다** 他 ①(人ᴴⁱᵀᴼ・物ᴹᴼɴᴼなどを)打つ、殴る、たたく、ぶつ、張ᴴᴬる。¶ 창문을 때리는 세찬 비 窓ᴹᴬᴅᴼに打ちつける激ᴴᴀɢᴇしい雨ᴬᴹᴇ/사람을 막대로 ~ 人を棒ᴮᴼᵁで殴る。②方㈠訪ᴴᴼᵁᴹᴼᴺ㈡。¶ 가슴을 때리는 말 胸ᴹᵁɴᴇを強ᵀˢᵁʸᴼく打つ言葉ᴷᴼᵀᴼᴮᴬ。③(人のあやまちを)批判ᴴⁱʜᴬɴする、やっつける、たたく。¶ 신문이 정부를 때리기 시작했다 新聞ˢʰⁱɴᴮᵁɴが政府ˢᴇⁱᶠᵁを攻撃ᴷᴼᵁɢᴇᴷⁱし始めた。④言ⁱい当ᴬてる、打つ。¶ 정답을 때려 맞추다 正解ˢᴇⁱᴋᴀⁱを言い当てる。⑤(俗) 値ᴺᴇをたたく、値段ᴺᴇᴅᴀɴを安ʸᴀˢᵁくつける。¶ 물건 값을 싸게 ~ 品物ˢʰⁱɴᴀᴍᴏɴᴏの値をたたく。

**때-마침** 副 ちょうどその時ᵀᴏᴋⁱ、折ᴼᴿⁱよく、都合ᵀˢᵁɢᴏᵁよく。¶ ~ 비가 멎었다 折よく雨がやんだ。/기다리던 참에 ~ 잘 왔구나 待ᴹᴀっていた折りちょうどよく来ᴷⁱた。

**때-맞추다** 自 時機ᴶⁱᴋⁱに合ᴀわせる、都合のよい時に合わせる、時宜ᴶⁱɢⁱを得る。

**때문** 依 …の(ため)、…の(わけ)、…の(せい)、故ʸᵁᴇに、…から。¶ 감기 ~에 출석하지 못했다 風邪ᴋᴀᴢᴇのために出席ˢʰᵁᵀᵀˢᴇᴋⁱできなかった。/이렇게 된 것은 모두 너 ~이다 こうなったのはすべてお前ᴹᴀᴇのせいだ。

**때-묻다** 自 ①垢ᴬᴋᴀじみる、垢がつく。¶ 때묻은 옷 垢じみた服ᶠᵁᴋᵁ。②(心ᴋᴏᴋᴏʀᴏが)汚ʏᴏɢᴏれる、する。¶ 때묻은 정치꾼 汚れた政治屋ˢᴇⁱᴊⁱʏᴀ。

**때-밀이** 名 (銭湯ˢᴇɴᵀᴏᵁの)三助ˢᴀɴˢᵁᴋᴇ。

**때-아닌** 冠 時ならぬ、時期を外ʰᴀᶻᴜれの。¶ ~ 눈이 쏟아졌다 時ならぬ雪ʏᵁᴋⁱが降ᶠᵁり注ˢᴏˢᴏいだ。

**때우다** 他 ①継ᵀˢᵁぎ合ᴀわせる、鋳掛ⁱᴋᴀけをする、修理ˢʰᵁᵁʀⁱする、繕ᵀˢᵁᴋᴜʀᴏう、直ɴᴀᴏす。¶ 바지의 해진 곳을 ~ ズボンの破ʏᴀᴮᴜれを繕う。②(他の

**때타다** 物で)済ます、間に合わせる、代用する。¶ 점심을 라면으로 ~ 昼飯をラーメンで済ます。③償う。¶ 돈 대신에 노동으로 ~ お金のかわりに労働で償う。④(時間を)つぶす。

**때-타다** 自 垢が付きやすい、(布などが)よく垢がつく。

**땔-감** 名 燃料、焚き物。

**땜:-질** 名 하他 ①半田づけ、鋳掛け(の仕事)。②(衣服などの破れを)継ぎ当て、継ぎはぎ、一部分だけ繕うこと。

**땜:-통** 名 傷跡の多い子供の頭。

**땟물**¹ 名 風采、身なり。¶ ~이 훤하다 風采が立派だ。

**땟물**² 名 ①垢を洗い落とした水、垢の水、汚水。②汗まみれになった垢。¶ ~에 젖은 옷 じめじめと垢のついた服。

**땡-감** 名 渋柿、生柿。

**땡글-땡글** 副하形 丸々とひきしまっているようす。

**땡땡** 副 ふくれ上がって表面が張っているようす、ぱんぱん。¶ 과식해서 배가 ~하다 食べ過ぎて腹がぱんぱんだ。한 탱탱.

**떠-가다** 自 (水面·空中に)浮かんで行く、漂う、流れる。¶ 구름이 ~ 雲が流れる。

**떠꺼-머리** 名 婚期の過ぎた男女のたらした下げ髪か。

**떠나-가다** 自 ①立ち去る、去り行く。¶ 말없이 ~ 黙まって立ち去る。②(大きい声·音に)吹き飛ばされる、割れる。¶ 장내가 떠나갈 듯이 박수를 치다 場内が割れんばかりに拍手をする。

**떠나다** 自他 ①(ある場所を)発つ、離れる、去る、出る、移っていく。¶ 고향을 ~ 故郷を去る。/ 서울로 ~ ソウルに発つ。②(関係などを)断つ、やめる、離れる。¶ 직책을 ~ 職責から離れる。/ 이해 관계를 떠나서 의논하다 利害関係りがいかんけいを離れて相談そうだんする。③死ぬ、死去する。¶ 이 세상을 ~ この世を去る。④なくなる、消える、尽つきる。¶ 걱정이 떠나지 않는다 心配事しんぱいごとが尽きない。

**떠-내다** 他 ①(液体を)すくう、しゃくる、汲み出す。¶ 국자로 국을 ~ しゃくしで汁をすくう。②(草木を土ごと)掘り取る、切り取る、切り出す。¶ 뗏장을 ~ 芝生を土ごと掘り取る。③(肉や個体の一部を)切り取る、切り出す。¶ 쇠고기를 ~ 牛肉を切り取る。

**떠-내려가다** 自 ①(水面に)浮かんで流れる。②押し流される。¶ 홍수로 다리가 떠내려갔다 洪水で橋が押し流された。

**떠-넘기다** 他 (責任などを)押しつける、背負わせる、転嫁する。¶ 잘못을 부하에게 ~ 過ちを部下に押しつける。

**떠-놓다** 他 (水などを)汲み取っておく、すくっておく、(神仏に)供える。¶ 정화수를 ~ 清水を供える。

**떠다-밀다** 他 ①(強く)押す、押しのける。¶ 대문을 ~ 門を強く押す。②(仕事·責任などを)人になすりつける、押しつける、転嫁する。¶ 자기 책임을 남에게 떠밀지 마라 自分の責任を人に押しつけるな。

**떠-돌다** 自 ①(空中·水面などを)漂う、流れる。¶ 물결에 따라 이리저리 떠도는 배 波にまかせてあちこち漂う船。②(うわさなどが)広まる、広がる、流れる。¶ 요즘 이상한 소문이 떠돌고 있다 近ごろ変なうわさが広まっている。③(雰囲気が)漂う、(表情が)現れる、浮かぶ。¶ 공포스런 분위기가 ~ 恐ろしい雰囲気が漂う。④さすらう、さまよう、放浪する、流れ歩く。¶ 객지를 ~ 他郷をさまよう。

**떠돌-이** 名 放浪者、さすらい者、流れ者。

**떠:들다**¹ 自 ①騒ぐ、やかましくする、(大声で)叫ぶ。¶ 떠들지 마시오 騒がないでください。②(秘密などを)あばく、ばらす、言い触らす。¶ 비밀을 떠들고 돌아다니다 秘密を言い触らして回る。③(世論などが)騒ぎ立つ、騒ぎ立しい。¶ 신문에 ~ 新聞に騒ぎ立てる。④ざわつく、ざわめく、どよめく。¶ 배상을 요구하며 ~ 賠償を要求しながらどよめく。

**떠:들다**² 他 (覆いかぶせたものの一部を)少し持ち上げる、まくり上げる。¶ 뚜껑을 ~ 蓋を少し持ち上げる。

**떠들썩-하다**¹ 形여 ①(大勢が騒ぎ立てて)騒々しい、騒がしい、やかましい。¶ 떠들썩한 거리 騒がしい街。②(うわさ·世論が)湧き立つ、評判である。¶ 온 동네가 떠들썩한 소문 村中で持ちきりのうわさ。

**떠들썩-하다**² 形여 ①(蓋がよく閉まらないで)まくれている、持ち上がっている。②(張りつけた物の一部が)少し剥がれている。

**떠듬-거리다** 自他 「더듬거리다」の強調語。

**떠듬-떠듬** 副하自他 (「더듬더듬」の強調語)どもりがちに、たどたどしく。

**떠름-하다** 形여 ①(味が)やや渋しい、少し渋い。¶ 이 감은 ~ この柿はやや渋い。②気が乗らない、気が進まない、気が入らない。¶ 그는 떠름한 얼굴로 대답했다 彼は気に入らないという表情で答えた。③気が重い、気がかりだ。¶ 어쩐지 그 일 때문에 마음이 ~ どうもそのことで気が重い。

**떠-맡기다** 他 (仕事などを人に)押しつける。¶ 자기 일을 남에게 ~ 自分の仕事を人に押し付ける。

**떠-맡다** 他 (人の仕事を自分が)引き受ける、引き取る、しょい込む、負担する。¶ 직무를 ~ 職務を引き受ける。/ 귀찮은 일을 ~ やっかいな役をしょいこむ。

**떠-먹다** 他 すくって食べる[飲む]。

**떠-받들다** 他 ①持ち上げる。②重んじる、崇める、もてはやす。¶ 부모처럼 ~ 父母の如く崇める。

**떠버리** 名 ほら吹き。

**떠-벌리다** 他 ①大おおげさに騒さわぎ立てる、ほらを吹ふく。¶ 시시한 걸 가지고 ~ つまらないことを大げさに言う。②(事ことを)大げさに構かまえる、企くわだてる、設もうける。¶ 사업을 크게 ~ 事業じぎょうを大げさに企てる。

**떠-보다** 他 ①(秤はかりで)量はかってみる、量はかる。②(意向いこう・腹はらの中なかを)探さぐりを入いれる、当あたってみる。¶ 할 생각이 있는지 ~ やる気きがあるかどうか探りを入れる。③(人柄ひとがら・能力のうりょくなどを)推すいしはかってみる、評価ひょうかしてみる。

**떠-오르다** 自 ①(沈しずんだものが)浮うかび上あがる、浮うかぶ。¶ 물고기가 ~ 魚さかなが浮うかび上がる。②(日ひ・月つきなどが)昇のぼる、出でる。¶ 해가 ~ 日ひが昇のぼる。③(考かんがえ・記憶きおくなどが)浮うかぶ、思おもいつく、よみがえる。¶ 좋은 생각이 ~ いい考かんがえが浮かぶ。/ 입いりゃに미소가 ~ 口くちもとに微笑びしょうが浮かぶ。

**떡**[1] 名 餅もち。¶ ~을 치다 餅を搗つく。②《俗》お人ひとよし。
  속담 떡 본 김에 제사지낸다 餅を見みたついでに祭祀さいしを行おこなう。《しようとしたことを偶然ぐうぜんの好機こうきに乗じょうじてする》떡 줄 사람은 생각지도 않는데 김칫국부터 마신다 餅をくれようともしないのに、あらかじめキムチの汁しるを吸すう。《相手あいての気きも知しらずに前まえもって当あて込こむことのたとえ》
  관용 떡(이) 되다 ①(ものごとが)台無だいなしになる。②(面目めんぼくが)丸まるつぶれになる。떡 주무르듯 하다 (餅をいじるように)自分じぶんの思おもいどおりに扱あつかう。

**떡**[2] 副 ①《口くちなどを大おおきく開ひらいているようす》ぽっと、ぽかんと、ぽっかり(と)、あんぐり(と)。¶ 입을 ~ 벌리다 あんぐりと口を開あける。②《物もののよく合あうようす》ぴったり、きちっと、きっちり。¶ 계산が ~ 들어맞다 計算けいさんがぴったり合う。/ 예언이 ~ 들어맞다 予言よげんがぴったり当あたる。③《しっかり支ささえるようす》ぐっと、じっと、がんとして。¶ ~ 노려보고 있다 じっとにらみつけている。/ 길을 ~ 가로막고 움직이지 않다 道みちをふさいでがんとして動うごかない。④《態度たいどなどが》堂々どうどうと、どっしりと、大様おおように。¶ ~ 서 있는 모습 堂々と立っている姿すがた。/ ~ 앉다 どっしりと坐すわる。

**떡-가래** 名 棒状ぼうじょうの白しろい餅もちの一本いっぽん。

**떡갈-나무** 名 植 カシワ。

**떡-값** 名 物前ものまえの特別とくべつ手当あて。

**떡-고물** 名 餅もちのまぶし粉こ。

**떡-국** 名 料 雑煮ぞうに。
  관용 떡국(을) 먹다 (正月しょうがつを迎むかえて)一ひとつ年としをとる。떡국(을) 먹이다 年内ねんないにやり終おえるべき仕事しごとを翌年よくねんに繰くり越こす。

**떡-보** 名 餅もちが大好だいすきでよく食たべる人ひと、大餅食おおもちぐらい。

**떡-볶이** 名 料 餅もちの小切こぎれに肉にく・野菜やさい・薬味やくみを加くわえて炒いためたもの。

**떡-심** 名 ①強靱きょうじんな筋肉きんにく。¶ ~이 세다 筋肉が強靱だ。②頑固がんこでしぶとい人ひと、強情ごうじょう。¶ ~을 부리다 強情を張はる。

**떡-쌀** 名 餅用もちようの米こめ。¶ ~을 담그다 餅用の米を浸ひたす。

**떡-잎** 名 植 双葉ふたば、子葉しよう。¶ 될성부른 나무는 ~ 부터 알아본다 見込みこみのある木きは子葉からわかる、せんだんは双葉ふたばより芳かんばしい。

**떨구다** 他 (頭あたま・視線しせんなどを)垂たれる、うなだれる。¶ 시선을 ~ 目めを伏ふせる。

**떨기** 名 (花はなや草木くさきの)むら、房ふさ。¶ 국화 한 ~ 菊きくの一ひとむら。

**떨:다**[1] 自 ①(小ちいさく)揺ゆれる、そよぐ、震ふるえる。¶ 바람에 문풍지가 ~ 風かぜにめばりが震える。②(金銭きんせんなどを)出だし渋しぶる、けちけちする。¶ 단돈 100원에도 벌벌 ~ たったの100ウォンさえも出し渋る。③怖こわがる、恐おそれる、おびえる。¶ 불안에 ~ 不安あんにおののく。 Ⅱ 他 ①(寒さむさなどで)震ふるわせる、身震みぶるいする。¶ 추위로 몸을 ~ 寒さで身震いする。/ 입술을 바르르 ~ 唇くちびるをぶるぶる震わせる。②(声こえを)震ふるわせる。¶ 너무 화가 나서 목소리를 ~ 非常ひじょうに腹はらを立たてて声を震わせる。③軽々かるがるしくふるまう。¶ 수다를 ~ しゃべり散ちらす。/ 허풍을 ~ ほらを吹ふく。

**떨:다**[2] 他 ①(付ついているものを)落おとす、払はう、ふるい落おとす、はたく。¶ 옷의 먼지를 ~ 服ふくの塵ちりをはたく。②(一部いちぶを)取とり除のぞく、差さし引ひく、天引てんびきする。¶ 세금을 떨고 받다 税金ぜいきんを差し引いて受うけ取とる。③(ポケットや財布さいふの底そこを)はたく。¶ 지갑을 떨어서 사다 財布をはたいて買かう。④(売うれ残のこりを安価あんかで)売うり払はう、すっかり買かい取とる。¶ 재고품을 떨어 팔다 在庫品ざいこひんを売り払う。

**떨떠름-하다** 形 ①(味あじが)非常ひじょうに渋しぶい。¶ 이 감은 ~ この柿かきは非常に渋い。②気きが進すすまない、気が乗のらない、気にかかる、気乗きのりがしない。¶ 그 일이 마음에 ~ その事ことがどうも気にかかる。

**떨떨-하다** 形 ①(服装ふくそう・身みなりが)不格好ぶかっこうだ、ぶざまだ、だらしない。¶ 떨떨한 옷차림 だらしのない身なり。②少すこし物足ものたりない、気きが進すすまない、気に入いらない。¶ 그 음식은 먹기가 ~ その食物しょくもつは食たべる気がしない。

**떨리다**[1] 自 《떨다[2]の受動》震ふるえる、おののく、わななく。¶ 떨리는 목소리로 말하다 震える声こえで話はなす。

**떨리다**[2] 自 《떨다》の受動。①(ついていた所ところから)払はい落おとされる、振ふり落とされる、取とり除のぞかれる。②(財産ざいさん・持もち金かねなどを)はたかれる。¶ 애들에게 지갑을 떨었다 子供こどもたちに財布をはたかれた。③(団体だんたい・職場しょくばなどから)辞やめさせられる、追おい出だされる、首くびになる。¶ 구조 조정으로 삼백 명이 떨려났다 構造こうぞう改革かいかくで300名めいが首になった。

**떨어내다**

**떨어-내:다** 他 打うち払はう、払はい落おとす、はたき落おとす。¶ 옷의 먼지를 ~ 着物きものの ちりを払い落とす。

**떨어-뜨리다** 他 ①(高たかい所ところから)落おとす、打うち落おとす、落下らっかさせる。¶ 폭탄을 ~ 爆弾だんを落とす。/ 컵을 떨어뜨려서 깼다 コップを落として割った。②(間隔かんかくを)あける、切きり離はなす、引ひき離す、すきをあける。¶ 2 등을 떨어뜨리고 일등으로 골인했다 2等とうを引き離して1等とうでゴールインした。③(物ものを)落おとす、落おとし物ものをする。¶ 지갑을 떨어뜨렸다 財布さいふを落とした。④(価値かち・程度ていどなどを)下落げらくさせる、下さげる。¶ 속도를 ~ 速度そくどを落とす。⑤(衣服いふく・はき物ものなどを)すり切きらす、すり減へらす、ぼろぼろにする。¶ 많이 걸어서 구두를 떨어뜨렸다 多おくあるいて靴くつをすり減らした。⑥(使つかい果はたす、切きらす。¶ 식량을 ~ 食糧しょくりょうを切らす。⑦(試験しけん・選挙せんきょなどで)落おとす、ふるい落とす、不合格ふごうかくにする。¶ 반수 가까이를 떨어뜨렸다 半数はんすう近ちかくをふるい落とした。⑧(名誉めいよ・威信いしんなどを)落おとす、きずつける、失墜しっついさせる。¶ 신용을 ~ 信用しんようをきずつける。⑨(頭あたま・首くびを)うなだれる、垂たれる。¶ 고개를 ~ 首くびをうなだれる、垂たれる。¶ 고개를 ~ 首くびをたれる。⑩(苦境くきょうに)おとし入いれる、困難こんなんな立場たちばにする。

**떨어-지다** 自 ①(上うえから)落おちる、落下らっかする、滴したる、散ちる。¶ 2층에서 ~ 2階かいから落ちる。/ 꽃이 ~ 花はなが散る。/ 물방울이 ~ 水滴すいてきが滴る。②離はなれる、別わかれる、隔へだたる。¶ 가족과 ~ 家族かぞくと別れる。/ 떨어져서 앉다 離れて座る。③(ついていたものが)取とれる。¶ 단추가 ~ ボタンが取れる。④(値段ねだん・価値かち・温度おんどなどが)下さがる、落おちる。¶ 기온이 ~ 気温きおんが下がる。/ 쌀값이 ~ 米価べいかが下がる。⑤(能力のうりょく・程度ていどなどが)落おちる、低ひくまる。¶ 성적이 ~ 成績せいせきが落ちる。⑥(試験しけんに)落おちる、すべる、失敗しっぱいする。¶ 입학 시험에 ~ 入学がく試験しけんに落ちる。⑦(利益りえきなどが)手てに入はいる、もうかる。¶ 본전을 빼고 10만 원이 떨어졌다 元手もとでを除のぞいて10万ウォンもうかった。⑧(指示しじ・命令めいれいなどが)下くだる、落おちる、のしかかる。¶ 귀국 명령이 떨어졌다 帰国きこく命令めいれいが下った。⑨(衣服いふく・はきものなどが)擦すり切きれる、破やぶれる、着古きふるされる。¶ 양말이 ~ 靴下くつしたが破れる。/ 구두가 ~ 靴くつが擦り切れる。⑩(金品きんぴんなどが)切きれる、なくなる、尽つきる。¶ 용돈이 ~ 小遣こづかいが切れる。/ 식량이 ~ 食糧しょくりょうが尽きる。⑪(病気びょうき・癖くせなどが)治なおる、よくなる、取とれる、抜ぬける。¶ 감기가 ~ 風邪かぜが治る。⑫(計略けいりゃくなどに)陥おちいる、落おち込こむ、はまる、ひっかかる。¶ 역경에 ~ 逆境ぎゃっきょうに陥る。/ 남의 계략에 ~ 人ひとの計略けいりゃくにはまる。⑬(妊娠にんしんした子こが)流産りゅうざんする、流ながれる。¶ 깜짝 놀라는 바람에 아이가 떨어질 뻔 했다 びっくりした拍子ひょうしに流産するところだった。⑭(割わり算ざんで)割わり切きれる。⑮(陣地じんちなどが)陥落かんらくする、落ちる、落とされる、占領せんりょうされる。¶ 요새가 적군에게 떨어져서 要塞ようさいが敵軍てきぐんに占領された。⑯抜ぬける、抜ぬけ落おちる。¶ 명단에 이름이 떨어져 있다 名簿めいぼから名前まえが抜け落ちている。

**떨이** 名 하되 ①(売うれ残のこりの)安売やすり、投なげ売うり。¶ ~로 팔다 投げ売りする。②売うれ残のこり、投なげ売うりするもの、売れ残っているしなざらえ。

**떨쳐-버리다** 他 振ふり捨すてる、振り落おとす、振り切きる、振り払はらう、見捨みすてる。¶ 미련을 ~ 未練みれんを振り捨てる。

**떨:치다¹** I 自 (威勢いせい・名声めいせいなどに)鳴なる、鳴なり響ひびく、轟とどく。¶ 나라의 위세가 이웃 나라에까지 ~ 国くにの威勢が隣国りんごくまでとどろく、鳴なり響く。II 他 (威勢せい・名声めいせいなどを)轟とどろかす、鳴ならす。¶ 명성을 천하에 ~ 名声めいせいを天下てんかに轟かす。

**떨:치다²** 他 振ふり落おとす、揺ゆさぶり落とす、振り放はなす、振り切る。¶ 잡념을 ~ 雑念ざつねんを振り落とす。

**떫:다** 形 ①渋しぶい。¶ 감이 ~ 柿かきが渋い。②未熟みじゅくだ、幼おさない。¶ 떫은 수작이랑 그만 두게 幼稚ようちなまねはやめろ。

**떳떳-하다** 形여 堂々どうどうとしている、潔いさぎよい、やましくない、公正こうせいである。¶ 내 양심은 ~ 私わたしの心こころはびくともしない。

**떵** 副하自 ((厚あつい金物ものを強つよく打うつ音おと))があん。¶ ~ 땅²

**떼¹** 名 (人ひと・動物どうぶつの)群むれ、集団しゅうだん。¶ 양 ~ 羊ひつじの群れ/ ~거지 乞食こじきの群れ。
관용 떼(를) 짓다 群れをなす、群むらがる。¶ 사람들이 떼지어 몰려오다 人々ひとびとが群れをなして押おし寄よせる。

**떼²** 名 (土つちとともに根ねごと掘ほり出だした)芝しば。¶ 무덤에 ~ 를 입히다 墓はかに芝しばを植うえる。

**떼³** 名 (主おもに目上めうえの人ひとに対たいする)駄々だだ、がまま、意地いじ、やんちゃ。
관용 떼(를) 쓰다 駄々だだをこねる、我がをはる、言いい張はる、やんちゃを言いう。

**떼⁴** 名 筏いかだ。¶ ~ 를 엮다 筏を編あむ。

**떼-거리¹** 名 ((俗)) 群むれ、集団しゅうだん。

**떼-거리²** 名 ((俗)) 駄々だだ、わがまま、意地いじ、やんちゃ。

**떼-거지** 名 ①乞食こじきの群むれ。②(戦争せんそう・災害さいがいなどによる)にわか乞食、罹災者りさいしゃ。

**떼구루루** 副하自 ((「데구루루」の強調語きょうちょうご)) ころころ、ごろごろ。¶ 볼링공이 ~ 구른다 ボウリングのボールがごろごろと転ころがる。 떼구루루

**떼:다¹** 他 ①(元もとの所ところから)取とる、取とりはずす、離はなす、取とり去さる、剝はがす。¶ 앨범에서 사진을 ~ アルバムから写真しゃしんをはがす。/ 잎을 떼어 버리다 葉はを取ってしまう。②(封ふうを)切きる。¶ 편지의 겉봉을 ~ 手紙てがみの封を切る。③(間あいだを)空あける

る、(間合まあいを)取とる、離はなす。¶ 책상과 벽 사이를 ~ 机つくえと壁かべの間あいだを空あける。 ④(目めを)離はなす。¶ 그녀의 얼굴에서 눈을 떼지 않았다 彼女かのじょの顔かおから目めを離はなさない。 ⑤(手形てがた・伝票でんぴょうなどを)振ふり出だす、切きる、発行はっこうする。¶ 수표를 ~ 小切手こぎってを切きる。 ⑥(全体ぜんたいから一部いちぶを)差さし引ひく、天引てんびきする。¶ 월급에서 세금을 ~ 月給げっきゅうから税金ぜいきんを差さし引ひく。 ⑦(口くちを)開ひらく、切きる。¶ 말 머리를 ~ 話はなしの口くちを切きる。/ 그가 먼저 입을 떼었다 彼かれが先さきに口くちを開ひらいた。 ⑧(病気びょうき・癖くせなどを)治なおす、除のぞく。¶ 학질을 ~ マラリアを治なおす。 ⑨踏ふみ出だす。¶ 대학 생활의 첫걸음을 ~ 大学だいがく生活せいかつの第一歩だいいっぽを踏ふみ出だす。 ⑩(学問がくもんなどを)終おえる、修おさめる、すます。¶ 독학으로 영어를 떼었다 独学どくがくで英語えいごを修おさめる。 ⑪(胎兒たいじなどを)おろす、除のぞく、堕だす。¶ 아이를 ~ 子こをおろす。 ⑫(しらを)切きる。¶ 시치미를 ~ しらばくれる、猫ねこばばをきめる。 ⑬(関係かんけいを)切きる、なくす、(手てを)引ひく、やめる。¶ 때려야 뗄 수 없는 사이 切きっても切きれない仲なか/ 노름에서 손을 ~ とばくから手てを切きる。
[관용] 떼어 논 당상 間違まちがいないこと、請うけ合あい。¶ 우승은 ~이다 優勝ゆうしょうは間違まちがいない。

떼:다² (貸かし金きんなどを)踏ふみ倒たおされる。
떼-도둑 圖 群盗ぐんとう。
떼-돈 圖 (にわか儲もうけの)大金たいきん。¶ ~을 벌다 大金たいきんをつかむ。
떼:-먹다 他 「떼어먹다」の縮約形しゅくやくけい。①ちぎり食たべる、もぎ取とって食たべる。¶ 떡을 한입 ~ 餅もちを一口ひとくちちぎって食たべる。 ②(借金しゃっきん・代金だいきんなどを)踏ふみ倒たおす、返かえさない。¶ 술값을 ~ 酒代さかだいを踏ふみ倒たおす。 ③横領おうりょうする、着服ちゃくふくする、(一部いちぶを)ピンはねする。¶ 공금을 ~ 公金こうきんを横領おうりょうする。
떼어-놓다 他 ①残のこしておく、離はなしておく、取とり残のこす。¶ 아이를 외가에 ~ 子供こどもを母ははの里さとに残のこす。 ②引ひき離はなす、引ひっ裂さく、取とっておく、隔へだてる。¶ 부모 자식 사이를 ~ 親子おやこの間あいだを引ひっ裂さく。
떼어-먹다 他 ①(借金しゃっきんなどを)踏ふみ倒たおす、返かえさない。 ②横領おうりょうする、着服ちゃくふくする。
떼어-버리다 他 (ついているものを)取とり除のぞく、取とり去さる、取とり外はずす、剝はがす。¶ 간판을 ~ 看板かんばんを取とり外はずす。 ②(不必要ふひつようなものを)取とり捨すてる、切きり捨すてる。 ③(人ひとを)振ふり捨すてる、振ふり放はなす。¶ 애인을 ~ 恋人こいびとを振ふり捨すてる。 ④(尾行者びこうしゃを)まく。¶ 따라오는 형사를 떼어버렸다 追おってくる刑事けいじをまいた。
떼-죽음 圖 (人ひと・獣けものなどが)一いっか所しょに固かたまって死しぬこと、集団死しゅうだんし。
뗏-목 [-木] 圖 筏いかだ、筏いかだに組くんだ材木ざいもく。
뗑-뗑 副 ≪どら・鐘かねなどを打うつ音おと≫ かんかん、がんがん、ごんごん。¶ 종을 ~ 치다 鐘かねをかんかんならす。

또 副 ①また、再ふたたび、再度さいど、もう一度いちど。¶ ~ 불이 났다 また火事かじが起おこった。/ 한 번 해보자 もう一度いちどやってみよう。 ②また、更さらに、その上うえに、まだ。¶ 재미도 있고 ~ 유익하기도 하다 面白おもしろくもありました為ためにもなる。 ③それでも、そうでも。¶ 아이의 짓이라면 ~ 몰라도 子供こどもの事ことならいざ知しらず。 ④ …(も)また、同おなじく、同様どうように。¶ 내일도 ~ 쉽니까? 明日あすもまた休やすみますか。
또는 副 または、あるいは、もしくは、それとも。¶ 연필 ~ 볼펜을 지참하여 주십시오 鉛筆えんぴつまたはボールペンを持参じさんしてください。
또닥-거리다 自他 (手てで)軽かるくたたく。¶ 어린애를 또닥거려 재우다 子供こどもを軽かるくたたいて寝ねかせる。
또랑또랑-하다 形여 (目め・声こえなどが)はきはきしている、はっきりしている、明あかるく澄すんでいる。¶ 또랑또랑한 목소리로 대답하다 はきはきした声こえで答こたえる。
또래 圖 ①同おなじ年としごろの者もの、同年配どうねんぱい。¶ 같은 ~의 아이들 同おなじ年としごろの子供こどもたち。 ②(質しつ・大おおきさなどが)同おなじ程度ていどのもの。¶ 그런 ~면 얼마나 하나? それくらいのものだったらいくらくらいするか。
또렷-하다 形여 ①はっきりしている、明あきらかだ、あざやかだ。¶ 또렷하게 대답하다 はっきりと答こたえる。 ②くっきりしている。¶ 눈 위에 또렷하게 난 발자국 雪ゆきの上うえにくっきりと残のこっている足跡あしあと。 圖 뚜렷하다
또르르 副 ①≪巻まき物ものなどがひとりでに巻まかれるようす≫ くるくる、くるっと。¶ 필름이 ~ 말리다 フィルムがくるくると巻まかれる。 ②(小ちいさくて丸まるいものが早はやくころがるようす・その音おと) ころころと、ころりと。¶ 구슬이 ~ 구르다 玉たまがころころころがる。 圖 뚜르르¹
또박-거리다 自 とことこと歩あるく。 圖 뚜벅거리다
또박-또박¹ 副|하円 (一歩いっぽ一歩いっぽ踏ふみしめて歩あるくようす・その音おと) とことこ、こつこつと。 圖 뚜벅뚜벅
또박-또박² 副 ①하形 (一語いちご一語はっきり話はなしたり読よんだり書かいたりするようす) はっきりと、きちんきちんと、正確せいかくに。¶ 글씨를 ~ 써라 字じを一字いちじ一字はっきりと書かきなさい。 ②(ある規則きそく・順序じゅんじょをたがえずに)ちゃんと、きちんと。¶ 이자를 ~ 물다 利子りしをきちんと支払しはらう。
또아리 圖 ①(頭あたまに荷物にもつを載のせて運はこぶときに頭上ずじょうに置おく)わらや布ぬのなどでつくった輪状わじょうの敷物しきもの。 ②とぐろ。¶ 뱀이 ~를 틀다 ヘビがとぐろを巻まく。 圖 똬리

똑¹ 副 ①≪やや小ちいさいものが落おちるようす・またその音おと≫ ことんと、ぽたり、ぽとりと、ぽつりと、ぶつりと。¶ 빗방울이 ~ 떨어지다 雨垂あまだれがぽとりと落おちる。 ②≪固かたくて

やや小さいものが折れるようす・またその音》ぽきっと、ぽっきり、ぷっつり。¶ 바늘이 ~ 부러지다 針がぽきっと折れる。③《かたいものを軽く一度たたく音》こつんと、とん、ことん。¶ 머리를 ~ 때리다 頭をこつんとたたく。④《えんりょなく摘んだり取ったりするようす》ぽつんと、ぽっと。¶ 가지에서 꽃을 ~ 따다 枝から花をぽつんともぎ取る。㉔ 둑¹

똑² 副《続いていたものがにわかに止まるようす》ぴたっと、すっかり。¶ 돈이 ~ 떨어지다 お金がすっかりなくなる。

똑³ 副 そっくり、ちょうど、ぴったり、全く、まるで。¶ ~ 닮았다 そっくり似ている。/ ~ 제시간에 대오다 ぴったりと定刻に合わせて来る。

똑-같다 形 そっくりだ、全く同じだ、ちょうど同じだ。¶ 둘은 얼굴이 ~ 二人は顔がそっくりだ。/ 굵기가 ~ 太さが全く同じだ。똑같-이 副 そっくり、全く同じように、一様に、公平に。¶ ~ 분배하다 全く同じように[公平に]分配する。

똑딱¹ 副 ①《固い物を軽くたたく音》かちかち、ことこと、かちん、とん。②《振り子・時計などが出す音》かちかち。③《ぽんぽん船などが出す音》ぽんぽん。

똑딱² 하다他 ①《えんりょなく摘んだり取ったりするようす》ぽつんと、ぽっと。②すばやく仕上げるようすをやってのけるさま。

똑딱-단추 名 (ボタンの一種で) スナップ、ホック。¶ ~를 채우다 スナップをとめる。

똑딱-선[-船] 名 小型発動機船、ぽんぽん船。

똑-떨어지다 自 ちょうど合う、きっちり合う、的確である。

똑똑-하다 形여 ①(物事が)はっきりしている、明らかだ、明瞭だ。¶ 발음이 똑똑하지 않다 発音がはっきりしていない。②(性格・言動が)しっかりしている、賢い、利発だ、利口だ、頭がよい。¶ 똑똑한 소년 利発な少年とは。

똑-바로 副 ①一直線に、真っ直ぐ(に)、きちんと、まともに。¶ ~ 앞을 보다 まっすぐに前を見る。/ 넥타이를 ~ 매다 ネクタイをきちんと結ぶ。/ ~ 상대의 얼굴을 보다 まともに相手の顔を見る。②正直に、ありのままに、間違いなく、偽りなく、正直に。¶ ~ 자백해! 正直に白状しろ!

똑-바르다 形르 ①曲がっていない、真っすぐである。¶ 똑바른 길 真っすぐな道。②正しい、埋にかなっている、正直だ。¶ 똑바르게 살아가다 正しく生きて行く。

똘똘-하다 形여 利口である、利発である、はきはきしている。

똘마니 名 ちんぴら、下っ端。

똥 名 ①うんこ、くそ、糞、大便、便。¶ ~이 마렵다 便意を催す、大便がしたい。②(硯に残った)墨汁の滓。

똥-값 名 二束三文、捨て値、ただ同様な安値。¶ ~으로 팔다 二束三文でたたき売る。

똥-개 名 雑犬、駄犬。

똥그랗다 形「동그랗다」の強調語。

똥똥-하다 形여 ぽっちゃりする、太っている。¶ 몸집이 똥똥한 사람 体からつきがぽっちゃりした人。

똥-배 名 太鼓腹、ほてい腹。¶ ~가 나오다 腹がぽってり出ている。

똥-싸개 名 糞をよく垂らす人、くそ垂れ。

똥-오줌 名 大小便、糞尿。

똥-줄 名 ①勢いよく出てる便、またはその勢い。②便の出口、肛門。관용 똥줄(이) 빠지다 ①ひどい目に会う。②びっくりして逃げ出す、慌てて逃げ出す。똥줄(이) 타다 気をもむ、いても立ってもいられない、いらいらする。

똥-칠[-漆] 名하다 ①糞を塗りつけること。②(比) 恥辱を受けること、面目をつぶし、泥を塗ること。¶ 얼굴에 ~을 하다 顔に泥を塗る。

똥-통[-桶] 名 ①溜桶、肥桶。②(比) つまらないもの、古ぼけたもの、おんぼろ。

똥-파리 名動 キンバエ。

똬-리 名「또아리」の縮約形。

뙤약-볕 名《夏の》焼けつくような日差し、真夏の直射日光。¶ ~을 받으며 걷다 焼けつくような日差しを受けつて歩く。

뚜껑 名 ①(器物の)蓋、被せ蓋。¶ 냄비 鍋の蓋/ ~이 달린 상자 ふたのついた箱/ ~을 열어 보아야 안다 蓋をあけてみないと分からない。②(紛) 帽子、キャップ。¶ 만년필 ~ 万年筆のキャップ。관용 뚜껑(을) 덮다 ①ふたをする、ふたを閉める。②真相を隠す。뚜껑(을) 열다 ①ふたを開ける。②事の実情・結果などを見る。

뚜덜-거리다 自 («두덜거리다»の強調語) ぶつぶつ言う、不平を鳴らす、ぐちをこぼす、つぶやく。¶ 뚜덜거리는 버릇 ぐちをこぼす癖。

뚜드리다 他 («두드리다»の強調語) (軽く)叩く。¶ 어깨를 ~ 肩をたたく。

뚜렷-하다 形여 ①曖昧なところがなく)はっきりしている、明白である、明らかだ。¶ 뚜렷한 증거 明白な証拠/ 뚜렷한 인상을 남기다 はっきりした印象を残る。②くっきりしている、著しい、目立っている、際立っている。¶ 뚜렷한 특징 著しい特徴/ 윤곽이 뚜렷한 얼굴 彫りの深い顔。

뚜르르¹ 副《巻きぐせのついた紙などが再び巻かれるようす》くるり(と)、くるっ(と)、くるくる。¶ 종이가 ~ 말리다 紙がくるっと巻かれる。㉔ 또르르

뚜르르² 副 車輪などの転がるようす。

**뚜벅-거리다** 自 こつこつと鳴る, のしのしと歩く. ¶ 뚜벅거리는 구둣소리가 들려온다 こつこつという靴音がが聞こえてくる.

**뚜-쟁이** 名 (売春婦の) 客引き, ぽん引き, 女衒. ¶ ～ 노릇을 하다 ぽん引きをする.

**뚝**[1] 副 ①《大きいものががたんと落ちるようすやまたその音》どしん(と), どすん(と), がたんと. ¶ 감이 땅에 ～ 떨어지다 柿が地面にどすんと落ちる. ②《固いものが急に折れる音》ぽきっと, ぽきん. ¶ 나뭇가지가 ～ 부러지다 木の枝がぽきっと折れる. ③《やや固いものを一度たたくときの音》ごつん, ごん, とん. ¶ ～하고 벽에 부딪히다 ごつんと壁にぶつかる. ㉖ 딱[1]

**뚝**[2] 副 하다 ①《続いていたものが急に切れたりとだえたりするようす》ぷっつり(と), ぴたっと, ひたと, ぱったり(と). ¶ 빗소리가 ～ 그치다 雨の音がぴたっとやむ. / 소식이 ～ 끊어지다 便りがぷっつりとだえる. ②《距離が隔たっているようす》はるかに. ¶ ～ 떨어진 섬 はるかに遠く離れた島. ③《人気・値段などが急に落ちるようす》がたっと, ぐんと, ぐっと. ¶ 성적이 ～ 떨어지다 成績ががたっと落ちる. / 주가가 ～ 떨어지다 株かががたっと下さがる. ④《ためらわず断固として行なうようす》てきぱき(と), ずばり(と), きっぱり(と). ¶ 모르는 일이라고 ～ 잡아떼다 知らない事だときっぱりと断じる.

**뚝딱** 副 하다 自他 ①《固い物を打ち叩たく音》とんとん. ②《物事を手ぎわよくやってのけるようす》てきぱきと, さっさと, さっと. ¶ 숙제를 ～ 해치우다 宿題をさっと片づけた. / 밥 한 그릇을 ～ 먹어 치우다 飯一杯をさっと平らげてしまう.

**뚝배기** 名 (鉢に似た) 土焼きの食器.
[속담] 뚝배기 깨지는 소리를 내다 どら声を張り上げる. 뚝배기보다 장맛이 좋다 見かけよりみそのの味がよい. 《見かけよりは中身がよいとのたとえ》

**뚝-심** 名 ①粘る力, 粘り, 頑張る力, 根気. ¶ ～이 세다 ねばり強い, 根気が強い. ②くそ力, ばか力. ¶ ～을 쓰다 くそ力を出す.

**뚤뚤** 副《'둘둘'の強調語. 紙·反物などを幾重にも巻くさま》くるくる.

**뚫다** 他 ①(穴を)開ける, 穿つ, 貫つらく, 貫通する. ¶ 단추 구멍을 ～ ボタンの穴を開ける. / 총알이 벽을 ～ 弾丸が壁を貫く. ②(道·ふさがっているものを)通す, 貫く, 開ける, 突き抜く. ¶ 산길을 ～ 山道を切り開く. / 굴뚝을 ～ 煙突を通す. ③(困難などを)切り抜かる, 突破する, くぐる, かき分ける. ¶ 난관을 ～ 難関を切り抜ける. / 인파를 뚫고 나가다 人波をかきわけて行く. ④(方法などを)見つける, さがす, 探し出す. ¶ 일 자리를 ～ 職場を見つける. ⑤(人の心を)などを) 読み取る. ¶ 남의 마음 속을 뚫어 보다 人の心を読み取る.

**뚫리다** 自 (「뚫다」の受動) ①(穴が)開く, あけられる, 貫かれる. ¶ 구멍이 ～ 穴が開く. ②(道などが)通じる. ¶ 길이 ～ 道が通じる. ③(深い境地に)至る, 精通する. ¶ 학문의 이치가 ～ 学問の真理がみいだされる. ④(方法·策などが)見つかる, 見いだされる. ¶ 돈 벌 길이 ～ 金をもうける方法が見つかる.

**뚫어-지다** 自 ①(穴などが)開く, できる. ¶ 신발에 구멍이 ～ 靴らに穴が開く. ②(道などが)通じる, 開かれる. ③(方法などが)見つかる, 探し出す.
[관용] 뚫어지게 보다 (穴のあくほど) まじまじ見つめる, 凝視する.

**뚱딴지**[1] 名 ①愚鈍で頑固な人, むっつり屋. ②途方もないこと, とんでもないこと. ¶ ～ 같은 소리를 하다 とんでもないことを言う.

**뚱딴지**[2] 名 植 キクイモ.

**뚱땅-거리다** 自他 ①いろんな楽器を鳴らしてはやし立てる, どんちゃん鳴らす. ②どんちゃん騒ぎをする. ¶ 밤새도록 ～ 一晩中どんちゃん騒ぎをする.

**뚱땅-뚱땅** 副 하다 自他 ①《鼓などを打つ音》どんちゃんどんちゃん. ②どんちゃん騒ぎをするようす.

**뚱뚱-보** 名 丸々まると太った人, でぶ, 太っちょ.

**뚱뚱-하다** 形 ①太っている, でぶである. ②ふくれている.

**뚱:-하다** 形 ①無口である, むっつりしている. ¶ 뚱한 사람 むっつり屋. ②機嫌が悪い, ぶすっとしている, ふてくされている. ¶ 뚱해서 말도 않고 앉아 있다 ぶすっとして一言ひともしゃべらずず座っている.

**뛰-놀다** 自 跳ねね回る, はしゃぎ回る. ¶ 아이들이 공원에서 ～ 子供たちが公園で跳ね回って遊ぶ.

**뛰다** 自 ①走る, 駆ける. ¶ 백 미터를 힘껏 ～ 100メートルを一生懸命に走る. ②跳ぶ, 跳躍する, 跳ねる, 弾む. ¶ 물고기가 펄떡펄떡 ～ 魚がぴちぴちと跳ねる. ③(物価·相場が)跳ね上がる. ¶ 물가가 ～ 物価が跳ね上がる. ④(順序を)飛ばす, (間を)抜かす, 飛び越す. ¶ 5페이지를 뛰어서 읽다 5ページ飛ばして読む. ⑤(俗) 逃げる, 高飛びする, ずらかる. ⑥(胸が)踊る, どきどきする, 弾む, ときめく. ¶ 기쁨으로 가슴이 ～ 喜びに胸が踊る. ⑦《'펄쩍·펄쩍 뛰다'の形で》㉠とんでもないと腹を立てる, 腹を立てながら拒絶する. ㉡飛び上がるほど驚く. ⑧(他動詞的に)ぶらんこに乗る. ¶ 그네를 ～ ぶらんこに乗りる.
[속담] 뛰는 놈 위에 나는 놈이 있다 走るもの

**뛰어나다** 上うえに飛とぶものがある。《上うえには上がある》

**뛰어-나다** 形 優すぐれている、秀ひいでている、抜ぬきんでている、卓越たくえつしている、ずば抜ぬけている。¶ 뛰어난 재주 卓越した才能さいのう/ 남보다 ~ 他人たにんより優れている。

**뛰어-나오다** 自 飛とび出だす、飛とび出でる、走はしり出でる。¶ 방에서 ~ 部屋へやから飛び出す。

**뛰어-내리다** 自 飛とび降おりる。¶ 2층에서 ~ 二階にかいから飛び降りる。

**뛰어-넘다** 他 ①飛とび越こえる、飛び越こす、乗のり越える。¶ 개울을 ~ 小川おがわを飛び越える。/ 난관을 ~ 難関なんかんを乗り越える。②(順番じゅんばんなどを)飛とばす、抜ぬかす、途中とちゅうを省はぶく。¶ 서론은 뛰어넘기로 한다 序論じょろんは飛ばすことにする。

**뛰어-다니다** 自 走はしり回まわる、飛とび回る、駆かけ回る、奔走ほんそうする。¶ 운동장을 ~ 運動場うんどうじょうを走り回る。/ 선거 운동을 위해 ~ 選挙せんきょ運動うんどうのため飛び回る。

**뛰어-들다** 自 ①(身みをおどらせて)飛とび込こむ、飛び入いる、乗のり込む、身を投なげる、駆かけ込む、転ころがり込む。¶ 강물에 ~ 川かわに飛びこむ。/ 철길에 ~ 線路せんろに身を投げる。/ 치한에게 쫓겨서 집으로 ~ 痴漢ちかんに追おわれて家いえに転げ込む。②身みを投とうじる、(事件じけんに)立たち入いる、関かかわる、割わりこむ、口くちを入いれる。¶ 정계에 ~ 政界せいかいに身を投じる。/ 이야기에 ~ 話はなしに割りこむ。

**뛰어-오르다** 自也 ①飛とび上あがる、躍おどり上あがる、飛び乗のる。¶ 계단을 ~ 階段かいだんを飛び上がる。/ 열차에 ~ 列車れっしゃに飛び乗る。②(程度ていど・成績せいせきなどが)ぐっと上うえになる、のし上がる、躍おどり出でる。¶ 일등으로 ~ 首位しゅいに躍り出る。③(値段ねだん・相場そうばが)跳はね上あがる、飛とぶ。¶ 환율이 ~ 為替かわせ相場そうばが跳ね上がる。

**뜀-뛰다** 自 (両足りょうあしをそろえて)跳はねる、飛とび上がる。

**뜀박-질** 名하자 駆かけっこ、かけ足あし。

**뜀-틀** 名 (体操たいそうの)跳とび箱ばこ。

**뜨개-질** 名하자 編あむこと、編あみ仕事しごと、編あみ物もの。

**뜨개질-바늘** 名 編あみ針ばり、編み棒ぼう。

**뜨거워-지다** 自 熱あつくなる。¶ 엔진이 ~ エンジンが熱くなる。

**뜨겁다** 形ㅂ 熱あつい。①(温度おんど・体温たいおんが)高たかい、暑あつい、熱ねつがある。¶ 뜨거운 날씨 暑い天気てんき/ 몸이 ~ 体からだが熱い。②(恋愛れんあい関係かんけいが)熱烈ねつれつだ、熱々あつあつだ。¶ 뜨거운 사랑 熱烈な愛あい。③(恥はずかしくて顔かおが)ほてる。¶ 낯이 ~ 顔がほてる。④(動作どうさ・言葉ことばなどが)激はげしい、激烈げきれつだ、熱烈だ。¶ 뜨거운 성원 熱烈な声援せいえん/ 뜨거운 논쟁을 벌이다 激しい論争ろんそうを交かわす。

慣> 뜨거운 맛을 보다 ひどい苦痛くつうを伴ともう試練しれんを受うける。

**-뜨기** 接尾 (名詞について)人ひとを嘲あざける語ご。¶ 촌~ 田舎いなかっぺい/ 얼~ 間抜まぬけ。

**뜨끈-하다** 形ヨ ①(触ふれられた感かんじが)とても熱あつい。¶ 뜨거운 국물 熱いお汁しる。②(顔かおが)ほてる。㉔ 따끈하다

**뜨끔-하다** 形ヨ ①(ちくっと痛いたい、ひりりとする。¶ 벌에 쏘여 ~ 蜂はちに刺さされてちくりと痛い。②(良心りょうし・胸むねにこたえて)ぎくりとする、ちくりとする。¶ 그 한마디에 가슴이 뜨끔했다 その一言ひとことで胸がぎくっとした。㉔ 따끔하다

**뜨-내기** 名 ①流ながれ物もの、放浪者ほうろうしゃ、旅たびがらす。②時ときたまする仕事しごと。

**뜨내기-손님** 名 時ときたま来くる客きゃく、通とおりがかりの客、一見客いっけんきゃく、ふりの客きゃく。

**뜨다**¹ 自 ①(水面すいめん・空そらに)浮うく、浮うかぶ。¶ 하늘에 떠 있는 흰 구름 空に浮かんでいる白雲はくうん/ 배가 물에 떠 있다 舟ふねが水すいに浮いている。②(月つき・日ひなどが)出でる、上あがる、昇のぼる、掛かかる。¶ 달이 ~ 月が出る。/ 무지개가 ~ 虹にじがかかる。③(密着みっちゃくしていたものが)浮うき上あがる、(すき間まが)あく、透すく。¶ 벽지가 ~ 壁紙かべがみが浮く。/ 마루청이 ~ 床板ゆかいたにすき間がある。④(間柄あいだがらが)疎うとい、親むつましくない、親密しんみつでない、疎遠そえんだ、しっくりしない。¶ 부부 사이가 ~ 夫婦ふうふの間あいだがしっくり行いかない。⑤(時間的じかんてき・空間的くうかんてきに)離はなれる、隔へだたる。¶ 편지 왕래가 ~ 手紙てがみのやりとりが疎遠そえんだ。⑥(心こころ・態度たいどが)浮うつく。¶ 마음이 떠서 잠이 오지 않다 心がうわついて寝ねつかない。⑦(貸かした金かねを)踏ふみ倒たおされる。¶ 빌려 준 돈이 ~ 貸かしてやったお金が返かえってもらえなくなる。⑧(手てを)離はなれる、飛とび去さる。¶ 연줄이 끊어져서 연이 떠 버리다 凧たこの糸いとが切きれてたこが吹き流ながされる。

**뜨다**² 自 ①蒸むれる、発酵はっこうする。¶ 메주가 잘 떴다 味噌みそ麹こうじがよく発酵した。②(顔かおが)むくむ、浮うく。¶ 얼굴이 누렇게 ~ 顔かおが黄色きいろくむくむ。

**뜨다**³ 他 去さる。①(席せきを)空あける、外はずす、立たつ、離はなれる。¶ 자리를 ~ 席を外す。②(いる所ところを)離れる、引ひき払はらう、去さる、出でる。¶ 고향을 ~ 故郷こきょうを離れる。/ 직장을 ~ 職場しょくばを去る。③死しぬ。¶ 이 세상을 ~ この世よを去る、死ぬ。

**뜨다**⁴ 他 ①(液体えきたいを)汲くむ、掬すくう。¶ 사발로 물을 ~ 鉢はちで水みずを汲む。②(さじで食たべ物ものをすくって)食たべる。¶ 점심을 한 술 ~ 昼食ちゅうしょくをほんのひと口くち食べる。③(紙かみなどを)すく。¶ 김을 ~ 海苔のりをすく。④(切きり売うりの反物たんものを)買かう。¶ 옷 한 감을 ~ 服地ふくじ一着いっちゃく分ぶんを買う。⑤(「각뜨다」の形かたちで)(死しんだ獣けものを)切きり分わける、ばらす。¶ 소를 다섯 각으로 떠다 牛うしを五いつつの部分ぶぶんにばらす。⑥(肉にく・魚さかななどを)薄切うすぎりにする。⑦(本体ほんたいから一部いちぶを)切きり出だす、切きり取とる。¶ 뗏장을 ~ 芝しばを切り取る。

뜨다⁵ 他 ①(目を)開ける、視力を取り戻す、目覚める。¶ 살며시 눈을 ~ そっと目を開ける。/ 이성에 눈을 ~ 異性に目覚める。 ②(耳音が)聞こえるようになる、(聞いて)分かるようになる。¶ 아기가 귀를 ~ 赤ちゃんの耳が聞こえるようになる。

뜨다⁶ 他 ①(網物·セーターなどを)編む。¶ 털실로 장갑을 ~ 毛糸で手袋をあむ。 ②(一針一針)縫う、刺し縫いをする。¶ 터진 셔츠를 바늘로 ~ 針で縫綻びたシャツを縫う。

뜨다⁷ 他 (灸を)据える。

뜨다⁸ 他 (型を)とる、写つす。¶ 드레스의 본을 ~ ドレスの型をとる。

뜨다⁹ 形 ①(動作·発育·感情が)鈍い、のろい、遅い。¶ 말이 ~ 話がのろい。/ 속도가 ~ 速度が遅い。/ 눈치가 ~ 勘が鈍い。 ②口が重い、口数が少ない。¶ 입이 뜬 사람 口の重い人。 ③(刃物が)よく切れない、鈍い。¶ 낫이 떠서 베어지지 않는te 鎌が鈍くて刈れない。 ④(金属などが)たやすく熱ろくならない。¶ 다리미가 ~ アイロンが熱くならない。 ⑤(勾配などが)緩ゆる。

뜨뜻미지근-하다 形 ①(温度が)生温まい。¶ 목욕물이 ~ 風呂の湯が生温い。 ②(やり方が·態度などが)煮えきらない、生ぬるい、手ぬるい。¶ 그는 뜨뜻미지근하게 대답했다 彼は煮え切らない返事をした。

뜨뜻-하다 形(「뜨듯하다」の強調語) 程よく熱い、暖かだかい。¶ 뜨뜻한 방 あったかい部屋や。 ⇒ 따뜻하다

-뜨리다 接尾《動詞の語尾「-아·-어」についてその動作を強調する役割をする》...してしまう。¶ 떨어 ~ 落としてしまう。/ 자빠 ~ 倒してしまう。

뜨악-하다 形 気乗りしない、気が進すすまない、気が向かない。¶ 거기에 가는 것이 어쩐지 마음이 ~ そこへ行くのがなんとなく気が進まない。

뜨음-하다 形 (度合いの激しかったものが)とだえている、たまにしかない、小止みになっている。¶ 비가 뜨음해지다 雨が小止みになる。

뜨이다 自「뜨다⁵」の受動。①(目が)開あく、覚ざめる、目覚める。¶ 아침 일찍 눈이 ~ 朝早く目が覚める。 ②(目に)付つく、入はいる、触ふれる。¶ 아버지 눈에 ~ 父の目に触れる。 ③(うまい話などに)思わずのる、悟さとる。¶ 귀가 번쩍 뜨이는 이야기 耳ききみよりな話だ。

뜬-구름 名 ①浮うき雲くも。 ②(比) はかない世よの中なか、浮うき世よ。¶ 인생은 ~ 같은 것이다 人生とは浮き雲のようなものである。

뜬-눈 名 あけたままの目、覚さめている目、眠ねむられない目。¶ ~으로 밤을 새우다 まんじりともせずに夜を明かす。

뜬-소문【-所聞】名 根も葉はもないうわさ、根拠のないうわさ、流言りゅう、デマ。¶ ~이 퍼지다 根も葉もないうわさが広がる。

뜯기다 I 自「뜯다」の受動。①(付いていたものが)取り離される。 ②(蚊·蚤のみなどに)刺さされる、食くわれる。¶ 밤새도록 빈대에 ~ 一晩中ナンキンムシに食われる。 ③(わずかな金などを)取られる、奪われる、(博打で)金かねを失なう。¶ 돈을 ~ お金を奪われる。 ④(家屋おくなどを)取り壊される、取り払はわれる。 II《「뜯다」の使役》(牛馬に)草を食はませる。¶ 소에게 풀을 뜯기러 가다 牛に草を食わせに行く。

뜯다 他 ①(付ついているものを)取とる、切き取とる、ちぎる、むしる、むしり取る、摘つむ、破破る、はぐ、食はむ、はぎ取る、ほどく。¶ 쑥을 ~ 蓬よもぎを摘む。/ 빵을 뜯어서 먹다 パンをちぎって食べる。/ 소가 풀을 ~ 牛が草を食む。/ 솔기를 ~ 縫い目をほどく。 ②(金品きんなどを)巻上げる、ねだり取る、せびり取る、ゆする。¶ 술값을 ~ 酒代だいをせびる。 ③捲る、剝がす、(封じたものを)開ける、切る。¶ 달력을 ~ カレンダーをめくる。/ 편지 봉투를 ~ 手紙の封を切る。 ④(弦楽器げんの弦を)つまびく、弾ひく、かなでる。¶ 거문고를 ~ 琴を奏でる。 ⑤(機械·設備などを)ばらす、分解ぶんする、取り外す。¶ 기계를 ~ 機械をばらす。 ⑥(歯はで)かみ取とる、かじる、嚙かみ切る。¶ 갈비를 ~ (焼いた)あばら肉をかじる。 ⑦(蚊·蚤などが)刺しする、食はむ。¶ 모기가 뜯어서 가렵다 蚊がかんでかゆい。

뜯어-고치다 他 ①(根本的こんぽんに)改あらためる、改正かいせいする、直す。¶ 직제를 ~ 職制を改める。 ②(機械などを)直す、修理する、繕う。¶ 자동차를 ~ 自動車を修理する。

뜯어-내다 他 ①(付ついているものを)取とる、はがす、剝はぎ取とる、ちぎり取る。¶ 포스터를 ~ ポスターをはぎ取る。 ②(設備などを)分解する、取り外す、ばらす。¶ 기계를 ~ 機械を分解する。/ 지붕을 ~ 屋根をめくる。 ③(金品きんなどを)せびり取る、ねだる、巻き上げる。¶ 형에게서 용돈을 ~ 兄から小遣こづかいをせびり取る。 ④(手てで)もぎ取る、ちぎり取る、むしり取る。¶ 마당의 잡초를 ~ 庭の雑草をむしり取る。

뜯어-말리다 他 (けんかなどを)引ひき分わける、引き離はす、止やめさせる、仲裁ちゅうさいする。¶ 싸움을 ~ けんかを止めさせる。

뜯어-먹다 他 ①(歯はで)かみ切って食べる、むしって食べる。¶ 갈비를 ~ あばら肉をむしって食べる。 ②(牛馬가 草を)食はむ、(野獣やじゅうが獲物ものを)咬かみ切って食べる。¶ 소가 풀을 ~ 牛が草をはむ。 ③(手てで)ちぎって食べる、取って食べる。 ④(金品きんなどを)せびり取とる、ゆすり取る。¶

**뜯어보다**

남의 돈을 ~ 人の金をゆすり取る。⑤(生活の手段として)依っている、依存している。¶ 이 동네 사람들은 산을 뜯어먹고 산다 この村の人たちは山を生活の手段としている。

**뜯어-보다** 他 ①(封じたものを)開けて見る、開いて見てみる、切って見る。¶ 포장을 ~ 包みを開いて見る。②よく見る、くまなく調べる、じっくりと観察する。¶ 자세히 뜯어보니 다른 사람이었다 よく見てみると他の人だった。

**뜰** 名 庭。¶ 뒤~ 裏庭/ ~을 손질하다 庭の手入れをする。

**뜰먹-거리다** 自他 ①(重い物が)上がったり下がったりする、ぐらぐらする。②(心が)しきりに揺れる。③(肩・尻などが)軽く上下にに揺れ動く、上下に震える。④しきりにうわさする。

**뜸**¹ 名 とま。¶ ~으로 지붕을 이다 とまで屋根を葺く。

**뜸**² 名 (ご飯などを)蒸らすこと、蒸れること、蒸らし。¶ 밥을 ~들이다 ご飯を蒸らす。

**뜸**³ 名漢 灸。¶ ~을 뜨다 灸を据える。

**뜸부기** 名動 ヒクイナ。

**뜸직-하다** 形여 (言行が)重々しく頼もしい。¶ 나이에 비해 뜸직한 데가 있다 年の割りに落ち着いたところがある。

**뜸-질** 名하自漢 灸を据えること。

**뜸:-하다** 形여 (「뜨음하다의 縮約形」)(頻繁だったものが)とだえている、たまにしかない。¶ 손님의 발길이 ~ 客足がとおのく。

**뜻** 名 ①意味、訳、内容。¶ 무슨 ~인지 모르겠다 どういう意味なとか分からない。②(しようとする)志、意志、気持ち、思い、意向。¶ 큰 ~을 품다 大志を抱く。/ 일이 ~대로 잘 되다 事が思いどおりにうまくいく。③意義、価値。¶ ~ 깊은 일 意義深いこと。

慣用 **뜻에 맞다** 意にかなう、気に入る。

**뜻을 두다** 志をおこす、志をいだく。¶ 외교관에 ~ 外交官に志す。**뜻을 받다** (人の)意志を受けつぐ、意志を受けつぐ。**뜻을 세우다** 志を立てる、目標を立てる。

**뜻-밖** 名 予想外、意外、思いの外、思いがけないこと。¶ 그건 참 ~이군 それは実に意外だ。

**뜻밖-에** 副 予想外に、意外に、思いがけず、不意に。¶ ~ 그녀를 만나다 思いがけず彼女に会う。

**뜻-하다** 他여 ①(ある事を)志す、もくろむ、意図する、考える。¶ 뜻한 바 있어 … 思うところあって…。②意味する。¶ 무엇을 뜻하는지 알겠다 何を意味するかわかる。③(「뜻하지 않은」의 形태로)考えもしない、思いもよらない、予想もしない、意外な。¶ 뜻하지 않은 일을 저질러 다 思いもよらないことをしでかした。

**띄:다** 自他 (「뜨이다의 縮約形」)(目に)つく、

入る。¶ 눈에 잘 띄지 않는 부분 あまり目につかない部分。

**띄어-쓰기** 名文法 分かち書き。

**띄엄-띄엄** 副(まばらなさま) ぽつりぽつり、点々と、ちらほら。¶ 집들이 ~ 서 있다 家がまばらに建っている。②(間をおくよう) ぽつりぽつり、とぎれとぎれに。¶ 책을 ~ 읽다 本をとぎれとぎれに読む。

**띄우다** 他 「뜨다¹-²」의 使役。①(水面・空中などに)浮かべる、上げる、浮かす、飛ばす。¶ 비행기를 ~ 飛行機を飛ばす。¶ 배를 ~ 船を浮かべる。/ 연을 ~ たこを上げる。②(麴・みそ豆などを)発酵させる、寝かす。¶ 누룩을 ~ こうじを発酵させる。/ 메주를 ~ みそ豆を寝かす。③(時間的・空間的に)間を置く、空ける、隔てる。¶ 두 줄씩 ~ 二行ずつあける。④(表情などを)浮かべる、漂わせる、たたえる。¶ 입가에 슬픈 기색을 ~ 口元に悲しみの色を浮かべる。⑤(手紙を)出だす、送る、打つ。¶ 편지를 고향으로 ~ 手紙を故郷に出す。

**띠**¹ 名 ①帯、帯のひも、ベルト、バンド。¶ 허리 ~ 腰のひも、腰帯/ ~를 매다 帯を結ぶ。②(細長い)布のひも、(子供を背負うときの帯状の)細布、負いひも。¶ ~를 띠다 負いひもを結ぶ。③帯状のもの、帯封。④帯紙、(本)腰巻こし。⑤(花札など)短冊札、短。

**띠**² 名植 チガヤ。

**띠**³ 名 (十二支の) …年、…生まれ、またその年の生まれ。¶ 소 ~ うし年、うし年の生まれ/ 무슨 ~예요? 何年ですか。

**띠다** 他 ①(腰帯などを)結ぶ、締める。¶ 허리띠를 ~ 帯を締める。②(ある物を)身につける、携帯する、携える。¶ 허리에 띠고 있는 곤봉 腰につけている棍棒。③(使命・任務などを)受ける、委任される、帯びる。¶ 중요한 사명을 ~ 重要な使命を帯びる。④(色彩などを)帯びる、たたえる。¶ 보랏빛을 띤 꽃 紫らがかった花。⑤(表情などを)帯びる、含わす、呈する、浮かべる。¶ 노기를 띤 눈빛 怒気を帯びたまなざし。

**띠앗** 名 兄弟間の誼、兄弟仲がよいこと、友愛。¶ ~이 없다 思いやりがない。

**띳-장** 名 ①建 板塀などに横に渡す当て木。②坑道の両側の支柱の上に渡してある横木。

**띵띵** 副하自 (ぴんと張ってふくれているよう) ぴんと、ぴんぴん、ぱんぱん。¶ 다리가 ~ 붓다 足がぴんと腫れ上がる。

**띵-하다** 形여 ①(頭が)がんがんと痛い、じいんと痛い。¶ 숙취로 골이 ~ 二日酔で頭がんがんと痛い。②(頭が)ぼうっとしている、ぼんやりする。¶ 밤샘서 머리가 ~ 徹夜して頭がぼうっとする。

# ㄹ

- **ㄹ¹** ハングル字母の第4番目の字。
- **ㄹ²** 助 (「를」の縮約形) …を、…に、…へ。¶ 뭘 먹을까? 何を食べようか。/ 날 따라 와 おれについてこい。/ 어딜 가냐? どこへ行くのか。
- **-ㄹ걸** 語尾「-ㄹ것을」の縮約形。①《確かでない推測を表わす》…だろう。¶ 이것으로 충분할걸 これで十分だろう。②《後悔・未練の念を表わす》…すればよかったのに。¶ 공부를 더 해 둘걸 もっと勉強をしておけばよかったのに。
- **-ㄹ게** 語尾《母音で終わる動詞の語幹についてある行動に対する意志と同時に相手に対する約束の意を表わす》…するからね、…するよ。¶ 곧 전화할게 すぐ電話するからね。/ 내가 도와줄게 私が手伝ってやるよ。
- **-ㄹ까** 語尾 ①《推測・疑念・可能性を表わす》…だろうか、…かしら、…か。¶ 그게 무엇일까? あれは何なだろうか。/ 그녀는 어떤 사람일까? 彼女かのはどんな人ひとかしら。②《話し手の意志を表わす》…しようか。¶ 내 솜씨를 보여줄까? おれの腕前を見せてやろうか。
  慣用 -ㄹ까 보냐《強い否定を反語的に言う語》…するものか、…なはずがない。¶ 네게 질까 보냐 君きに負けるものか。-ㄹ까 보다 ①《過去や未来の推量を表わす》…そうだ、…ようだ、…かも知れない。¶ 눈이 올까 보다 雪が降りそうだ。②《不確かな自分の意志を表わす》…しようかな。¶ 나 혼자 먹을까 보다 私た一人で食べてやろうか。
- **-ㄹ까말까** 語尾 ①《ある行動をためらう意を表わす》…しようかやめようか、…しようかどうしようか。¶ 편지를 띄울까말까 手紙を出そうかやめよう。②《ある一定の数量やそこそこの意を表わす》…になるかならないか、…そこそこだ。¶ 백만 엔이 될까말까 하다 百万円くなるかならないかだ。
- **-ㄹ꼬** 語尾 ①《疑問の推測の意を表わす》…かな、…だろうか、…かしら。¶ 어찌 이리 늦을꼬? どうしてこんなに遅れるのだろう。②《自らの意思を表わす》…か、…かな。¶ 무슨 일부터 할꼬? どの仕事からしようか。③《疑いや可能性の意を表わす》…かな、…だろうか。¶ 벅찬 일을 그가 어찌 해낼꼬? 手に負えない仕事を彼が

はどうやってゆくのかな。
- **-ㄹ는지** 語尾 ①《推量を表わす》…かな、…だろうか。¶ 내일은 비가 오는지 明日は 雨が 降るかな。②《可能性を表わす》…だろうか、…かも。¶ 그런 일이 가능할는지 そんな事が可能のうだろうか。
- **-ㄹ라¹** 語尾《危惧の念を表わす》…しないように、…するよ、(もし…したら) …するぞ、…かも知れない。¶ 이리 오너라. 떨어질라 こっちへおいで、落ちるぞ。
- **-ㄹ라²** 語尾 (「…-ㄹ라…-ㄹ라」の形で用いられ意図を表わす) …やら…やら、…したり…したり。¶ 아이를 볼라 공부를 할라 매우 바쁘다 子守りをしたり仕事をしたり大変忙しいそがしい。
- **-ㄹ라고** 語尾《ある事実に疑念を持ちつつ相手に問い返す意を表わす》…だろうか、…であるはずがない。¶ 설마 그럴라고? まさかそんなことあるはずがない。
- **-ㄹ라치면** 語尾《あとの事実を前提とした仮定的な条件を表わす》…ともなれば、…となると、…にすると。¶ 장마 때가 될라치면 온 집안이 물바다가 된다 雨期ともなると家じゅう水浸しになる。
- **-ㄹ락-말락** 語尾 ①《あることが成りそうで成らないことを表わすばかりに》、(今にも) …しそうに、…するばかりに。¶ 술이 넘칠락말락 가득 차 있다 酒がにあふれんばかりにいっぱい満ちている。②《自動詞・形容詞的に》今にも…しそうだ、…するばかりだ。¶ 필락말락한 벚꽃 今にも咲きそうな桜の花は。
- **-ㄹ래** 語尾《自分の意志をはっきり言ったり相手の意志を尋ねたりする意を表わす》…しようか、…するか。¶ 내가 먼저 먹을래 私たが先に食べるわ。
- **-ㄹ망정** 語尾《譲歩の意を表わす》…としても、…けれども、(たとえ) …であっても。¶ 실패할망정 또 한번 해보자 失敗する망정であってももう一度やってみよう。/ 가난할망정 마음은 올곧다 貧しいけれども心は真直ぐだ。
- **-ㄹ밖에** 語尾…するより仕方がない、…するしかない、…するのが当たり前だ。¶ 돈이 없으니 빚을 낼밖에 金がないのだから借金するより仕方ない。/ 시간이 없으니 돌아갈밖에 時間がないので帰るしかない。
- **-ㄹ뿐더러** 語尾…だけでなく、…のみならず。¶ 바람이 불뿐더러 비까지 쏟아진다 風が吹くだけでなく雨まで降りやまず。
- **-ㄹ세라** 語尾《あることが生じるのではないかと心配する意を表わす》…ではあるまいかと、…してはと、…しゃしないかと。¶ 빼앗길세라 꼭 움켜 쥐고 있다 奪われてはないかとしっかり握っている。/ 모처럼의 기회를 놓칠세라 서두르고 있다 せっかくの機会を逃してはと慌てふためいている。
- **-ㄹ수록** 語尾…であればあるほど、…すればするほど。¶ 빠르면 빠를수록 좋다 早ければ

-ㄹ지 早이고도よい。/ 갈수록 태산이다 行くほどに泰山なんだ、一難なん去ってまた一難。

-ㄹ지 語尾 《間接疑問かんせつ·不審ふしん·疑念ぎねんを表あらわす》 …するか、…だろうか、…できるだろうか、…するかも。¶ 언제 갈지 의문이다 いつ行くが疑問ぎもんだ。/ 이 기쁨을 어떻게 표현해야 할지 この喜よろこびをどう表ひょう現げんしたらいいのだろうか。/ 비가 내릴지 모르겠소 雨あめが降ふるかもしれません。

-ㄹ지니라 語尾 …なるべきである、…すべきである。¶ 부모에게 효도할지니라 父母ふぼに孝行こうこうすべきである。

-ㄹ지라도 語尾 《讓步的じょうほてき仮定かていの意いを表あらわす》《(たとえ)…しても、…とも、…であっても、…したとて。¶ 결과가 어찌될지라도 최선을 다해야지 結果けっかがどうなろうともベストをつくすべきだ。/ 어떤 일이 생길지라도 떠나겠소 どんなことが起おころうとも出発しゅっぱつします。

-ㄹ지언정 語尾 《讓步的仮定かていの意いを表あらわす》《(たとえ)…することがあっても、…であっても。¶ 가난할지언정 구걸은 안 한다 貧まずしくとも物ものごいしない。

라 助 ①《「라고」の縮約形しゅくやくけい》…と(言い)う、…だと、…であると。¶ 그와 같은 사람을 천재~ 한다 彼かれのような人ひとを天才てんさいと言いう。②《「라서」の縮約形しゅくやくけい》…なので、…だから。¶ 아직 어린애~ 세상 물정을 모른다 まだ子供こどもなので世よの中なかがわからない。

-라¹ 語尾 ①《「아니다」の語幹にごかんにつく連結れんけつ語尾ごび》…(で)なくて。¶ 밤이 아니~ 마치 대낮 같다 夜よるでなくてあたかも真昼まひるのようだ。②《敍述じょじゅつの意いを表あらわす》。¶ 신사의 할 짓이 아니~ 紳士しんしのすべきことではない。③《勸告かんこく·命令めいれいの意を表わす》…せよ、…しろ。¶ 일어나~ 起おきろ。/ 곧 오~ すぐ来こい。/ 조국에 영광 있으~ 祖国そこくに栄光えいこうあれ。

-라² 語尾 ①《「-라고」の縮約形しゅくやくけい》…しろと、…せよと。¶ 두 번 다시 오지 말~ 일러라 二度にどと来くるなと告つげなさい。②《「-라서」の縮約形しゅくやくけい》…なので、…だけあって、…。¶ 칭찬이 아니~ 서운했다 褒ほめるのでなくて物足ものたりなかった。

-라고 語尾 ①《引用いんようを表あらわす》…(だ)と。¶ 어디~ 말할까? どこだと言いおうか。②《理由りゆう·根拠こんきょを表あらわす》…だからと、…だけあって。¶ 아이~ 이 정도 일을 못할 리 없다 子供こどもだといってこれくらいのことができないはずがない。③《命令めいれい·指示しじ·希望きぼうなどを示しめす》…せよと、…しなさいと。¶ 곧 오~ 전해라 すぐ来こいと伝つたえろ。④《反問はんもんの意いを表わす》…だって、…だって。¶ 그게 대답이~? それが返事へんじだって。⑤《間違まちがって認識にんしきした事実じじつを回顧かいこして》…だと思おもっていたね。¶ 난 또 그게 강아지~ 僕ぼくはまたあれは小犬こいぬだと思っていた。

-라느냐 語尾 …だと言いうのか、…しろというのか。¶ 언제 또 오~? いつまた来こいと言うのか。

-라느니 語尾 ①…だとか。¶ 정말이~ 아니~ 말들이 많다 ほんとであるだとかそうでないとかすごく口くちうるさい。②…しろとか。¶ 하~ 그만두~ 도무지 종잡을 수가 없다 しろとかするなとか皆目かいもく見当けんとうがつかない。

-라는 語尾 《「-라고 하는」의 縮約形》①…だという。¶ 이것은 장미~ 꽃이다 これはばらという花はなだ。②…せよという、…しろという命令めいれいの。¶ 출두하~ 명령이다 出頭しゅっとうせよという命令めいれいだ。/ 곧 오라는 연락이 왔다 すぐに来こいという連絡れんらくがきた。

-라니 語尾「-라고 하니」の縮約形しゅくやくけい。①…だというのか、…だというのか、…せよというのは。¶ 그가 대표~ 彼かれが代表だいひょうだというのか。②《疑うたがわしい内容ないようを反問はんもんしたり不満ふまんなどを表あらわす》…だって、…だと、…だとは、…なんて。¶ 낙제~, 그럴리 없는데 落第らくだいだって、そんなはずがないのに。③…しろと言いうので、…しろというからには。¶ 빨리 오~ 가야지 早はやく来こいというから行かなくちゃ。

-라니까 語尾 ①《理由りゆう·条件じょうけんを表あらわす》…というから、…と言いったら。¶ 집으로 가~ 모두 좋아했다 家いえに帰かれと言ったらみんな喜よろこんだ。②《指示しじ·否定ていなどを強調きょうちょうする》…だぞ、…だよ、…なの。¶ 그게 아니~ 그런 게 아니야。/ 빨리 하~ 早はやくするんだ。

-라도 語尾 《「아니다」の語幹ごかんにつく連結れんけつ語尾ごび》…(でなく)ても、…(でない)としても。¶ 비싼 것이 아니~ 충분히 쓸 수 있다 高たかいのでなくても結構けっこう使つかえる。

-라든지 語尾 《「-라고 하든지」の縮約形しゅくやくけい》…せよとか、…せよと言いうとか。¶ 오~ 가~ 확실하게 말씀이나 해주시오 来こいとか行いけとかはっきりとおっしゃってください。

라디오 [radio] 名 ラジオ。¶ ~를 끄다 ラジオを切きる。

라면 [중←拉麵·老麵] 名 ラーメン。

-라면 語尾 《「-라고 하면」の縮約形しゅくやくけい》…ならば、…であれば、…と言いったら。¶ 가~ 가야지 行いけといえば行くさ。

-라서 語尾 《「아니다」の語幹ごかんにつく従属的じゅうぞくてき連結ごびれんけつ語尾ごび》…(でない)ので、…でなくて。¶ 프로가 아니~ 못한다 プロでないので出来できない。

라운드 [round] 名 ラウンド。¶ 마지막 ~ 最終さいしゅうラウンド。

라운지 [lounge] 名 ラウンジ。¶ 스카이 ~ スカイラウンジ。

라이벌 [rival] 名 ライバル、好敵手こうてきしゅ。¶ ~ 의식 ライバル意識いしき。

라이터 [lighter] 名 ライター。¶ 가스 ~ ガスライター。

라이트 [light] 名 ライト。①光ひかり、光線こうせん。②照明しょうめい、灯火とうか。¶ 룸 ~ ルームライト。③ヘッドライト。¶ 자동차의 ~ 車くるまのヘッ

ドライト。
**라이트-급**[-級] 图 (ボクシングなどで)ライト級。¶ ~ 선수 ライト級の選手。
**라이트**[right] 图 ライト。①正しいこと、正義。②権利。③右、右側。④野 右翼、右翼手。⑤右翼、保守的な立場。
**라이프**[life] 图 ライフ。①生命。¶ ~ 보트 ライフボート、救命艇。②生活。③人生、生涯、伝記。
**라이프-워:크**[-work] 图 ライフワーク、畢生の事業、一生をかけた研究。
**라이프-재킷**[-jacket] 图 ライフジャケット、救命胴衣。
**라인**[line] 图 ライン。①線、筋。¶ 파울 ~ ファウルライン。②行き、行列。③(航空機・船舶の)航路。¶ 에어 ~ エアライン。④系統的にする仕事との過程。¶ 생산 ~ 을 움직이다 生産ラインを動かす。⑤(企業などの組織の)管理系列。
**라일락**[lilac] 图(植) ライラック。
**-라지** 語尾 ①(「-라고 하지」の縮約形。間接的な命令・勧告を表わす)…すればよい、…せよと言え。¶ 하기 싫으면 좀 쉬~ したくなければちょっと休めと言え。②(気の向くままにせよの意を表わす)…しろってただ。¶ 먹을 테면 먹으~ 食べるなら食べろってんだ。
**라켓**[racket] 图 ラケット。
**라틴**[Latin] 图(地) ラテン。¶ ~ 아메리카 ラテンアメリカ/ ~ 음악 ラテン音楽。
**-락** 語尾 (ある動作・状態が交互に生ずることを表わす)…たり。¶ 얼굴이 붉으~ 푸르~한다 顔が赤くなったり青くなったりする。
**-락말락** 語尾 ①(ある動作・作用が続いたり止んだりする意を表わす)…したりやめたり、…したりしなかったり。¶ 눈이 오~하다 雪が降ったり止んだりする。②ある状況・程度が一定の水準に達したり満たなかったりするようすを表わす。¶ 쌀 한 되가 되~ 안 할 米一升になるかならないかの量。
**-란**[亂] 接尾 乱、…役。¶ 임진왜~ 壬辰倭乱、文禄の役・慶長の役。
**-란**[欄] 接尾 欄。¶ 광고~ 広告欄。
**-란** 語尾 ①(「-라고 하는」の縮約形)…と言う。¶ 김이~ 학생을 만났습니까? 金という学生に会いましたか。②(「-라고 하는 것은」の縮約形)…というものは、…だということは。¶ 어린애~ 좀 줄게 길러야 한다 子供というのは少し薄着で育てなければならない。
**-란** 語尾 (「-라고 하는・-라고 한」の縮約形。命令・確認の意を表わす)…せよという、…しろという。¶ 먹으~ 말을 누가 했어? 食べろべろということを誰が言った。
**-란다** 語尾 ①(「-라고 한다」の縮約形。命令

を伝える意を表わす)…しろと言う、…しろと言っている、…しろってさ。¶ 빨리 오~ 早く来いっと言っている。②(ある事実を親しみをこめてさとす意を表わす)…だよ、…だと言う、…だといわれている。¶ 이건 진짜가 아니~ これは本物ではないんだよ。
**-랄** 語尾 (「-라고 할」の縮約形)…だという、…しろという。¶ 더이상 참으~ 수야 없지 これ以上は参我慢ができるとはいえない。
**-랍니다** 語尾 ①(「-라고 합니다」の縮約形)…しろと言っています、…しろと言われています。¶ 빨리 하~ 早くしろと言っています。②(ある事実を親しみをこめてさとす意を表わす)…なんです。¶ 여기가 우리 학교~ ここが私たちの学校なんです。
**-랍시고** 語尾 (気にくわないことを皮肉って表わす)…だからといって、…と気取って、…ぶって。¶ 사장이~ 이래저래 잔소리를 한다 社長ぶってあれこれ口出しする。
**랑데-부**[프 rendez-vous] 图(하自) ランデブー、逢い引き。
**-래** 語尾 「-라고 해」の縮約形。①(命令を伝えることを表わす)…しろってよ、…しろだって。¶ 학교에 가~ 学校だって行けってよ。/ 조금만 더 참으~ もう少ししがまんしろって。②(伝聞を表わす)…だって、…だとさ。¶ 저 사람이 선생이~ あの人が先生だって。
**-래서** 語尾 (「-라고 하여서」の縮約形)…と言うので、…言うから、…と言って。¶ 언니가 오~ 왔다 姉が来いっと言うので来ました。
**-래야** 語尾 (「-라고 하여야」の縮約形)…でこそ、…だと言ってこそ、…してこそ、…せよと言ったら、…しろと言わなければ。¶ 유에게 곧 출발하~ 되겠다 彼にすぐに出発しろと言わなければならない。
**-래요** 語尾 (「-라고 하여요」の縮約形)…せよと言っています、…せよってよ、…って。¶ 들어 오시~ お入りなりくださいって言っていますよ。/ 좀더 가까이 오시~ もう少し近寄ちかりなさいって。
**랜턴**[lantern] 图 ランタン、角灯。
**램: random access memory** 图(컴) ラム、コンピューターのランダムアクセスの可能な記憶素子。
**랩**[lap] 图 ラップ。①(競走路の一周。②(水泳などで)プールの一往復。③「랩타임」の縮約形。
**랩 타임**[-time] 图(體) ラップタイム。
**랭크**[rank] 图(하他)(되自) ランク、順位、等級。¶ 제1위에 ~되어 있다 第1位にランクされている。
**랭킹**[ranking] 图 ランキング、順位づけ。¶ 세계~ 제1위 世界ランキング第1位。
**-랴** 語尾 ①(反語・詠嘆的にどうしてそうであろうかの意を表わす)…であろう

か、…しようか、…するものか、…と言おうか。¶ 이 이상 무엇을 바라~ これ以上に何を望もうか。②《自分のしようとすることに対する相手の意向を問うことを表わす》…しようか、…してやろうか、…するか、…のか。¶ 도와 주~? 手伝ってやろうか。

**량**[輛] 依《車両の数をかぞえる単位》…両。¶ 화차 5~ 貨車5両。

**-량**[量] 接尾 …量。¶ 생산~ 生産量。

**-러** 語尾《ある動作の目的を表わす》…しに、…するために。¶ 책을 사~ 가다 本を買いに行く。/ 뭘 하~ 왔어요? 何をしにきたの。

**러닝**[running] 名 ランニング。①走ること、競走。② 「러닝 셔츠」の縮約形。
러닝 메이트[-mate] 名政 ランニングメート。
러닝 셔츠[-shirts] 名 ランニングシャツ。

**러브**[love] 名 ラブ。①愛、恋愛。¶ ~ 레터 ラブレター。②（テニス競技などで）得点のないこと。¶ ~ 게임 ラブゲーム。

**러시**[rush] 名自 ラッシュ、殺到。

**러시 아워**[-hour] 名 ラッシュアワー。¶ 아침 저녁의 ~ 朝夕のラッシュアワー。

**러시아**[Russia] 名 ロシア。¶ ~ 혁명 ロシア革命。

**러키**[lucky] 名 ラッキー、幸運。¶ ~ 세븐 ラッキーセブン。

**럭비**[rugby] 名體 ラグビー。¶ ~ 풋볼 ラグビーフットボール。

**레드**[red] 名 レッド、赤、赤色。

**레디**[ready] 名 レディー。¶ ~ 메이드 レディーメード、既成品。

**레몬**[lemon] 名植 レモン。¶ ~ 티 レモンティー。

**레미콘**[remicon: ready mixed concrete] 名 レミコン、生コンクリート。

**레벨**[level] 名 レベル。¶ ~이 높다 レベルが高い。

**레스토랑**[프 restaurant] 名 レストラン。

**레슨**[lesson] 名 レッスン。¶ 피아노 ~을 받다 ピアノのレッスンを受ける。

**레슬링**[wrestling] 名 レスリング。

**레이더**[radar] 名 レーダー、電波探知機。¶ ~ 망 レーダー網。

**레이디**[lady] 名 レディー。¶ 퍼스트 ~ ファーストレディー。

**레이스**[lace] 名 （編み物の）レース。¶ ~ 뜨기 レース編み。

**레이스**[race] 名 レース、競走。¶ 요트 ~ ヨットレース。

**레이싱 카**[racing car] 名 レーシングカー。

**레이저**[laser] 名物 レーザー。¶ ~ 프린터 レーザープリンター / ~ 광선 レーザー光線。
레이저 통신[-通信] 名情 レーザー通信、光通信。

**레인지**[range] 名 レンジ。¶ 가스 ~ ガスレンジ。

**레인코트**[raincoat] 名 レーンコート。

**레일**[rail] 名 レール。¶ ~을 깔다 レールを敷く。

**레저**[leisure] 名 レジャー、余暇、行楽。¶ ~ 산업 レジャー産業。

**레즈비언**[lesbian] 名 レスビアン、レズ。

**레지스탕스**[프 résistance] 名 レジスタンス。¶ ~ 활동 レジスタンス活動。

**레코드**[record] 名 レコード。¶ ~ 음악 レコード音楽 / ~에 취입하다 レコードに吹き込む。

**레크리에이션**[recreation] 名 レクリエーション。¶ ~ 센터 レクリエーションセンター。

**레퍼토리**[repertory] 名 レパートリ。¶ ~가 풍부하다 レパートリが豊富だ。

**레프트**[left] 名 レフト。①左、左側。②野 左翼、左翼手。¶ ~ 필드 レフトフィールダー。③急進的・社会主義的な立場、左派。↔ 라이트。
레프트 윙[-wing] 名體 （サッカーなどで）レフトウィング。

**렌즈**[lens] 名物 レンズ。¶ 볼록 ~ 凸レンズ / 오목 ~ 凹レンズ。

**렌터카**[rent-a-car] 名 レンタカー。

**-려거든** 語尾《「-려고 하거든」의 縮約形》…しようとするなら、…するんだったら、…するつもりなら。¶ 가~ 지금 떠나라 行くつもりなら今発てろ。

**-려고** 語尾《近い未来にしようとする意図を表わす》…しようと、…せんと、…しそうで。¶ 출발하~ 한다 出発しようとする。/ 비가 오~ 한다 雨が降りそうだ。

**-려기에** 語尾《「-려고 하기에」의 縮約形》…しようとするので。¶ 자꾸만 집에 가~ 보내주었다 しきりに家に帰ろうとするので帰してやった。

**-려는** 語尾《「-려고 하는」의 縮約形》…しようとする。¶ 자네 일에 간섭하~ 의사는 전혀 없다 君の事に干渉しようとする考えは毛頭ない。

**-려는데** 語尾《「-려고 하는데」의 縮約形》…しようとすると、…しようとするのに、…しようとするところが[へ]。¶ 집을 나서~ 비가 오기 시작했다 家を出ようとしたところが雨が降ってきた。/ 외출하~ 손님이 찾아왔다 出掛けようとするとき客が訪ねてきた。

**-려는지** 語尾《「-려고 하는지」의 縮約形》…しようとするのか、…することやら、…するつもりなのか。¶ 언제나 오시~ いつごろいらっしゃるのやら。/ 그가 직접 오~ 모르겠다 彼が直接やって来るつもりなのか分からない。

**-려니** 語尾 ①《推測する意を表わす》…だろうと。¶ 내일은 오~ 생각했다 明日は来るだろうと思っていた。②《「-려고 하니」의 縮約形》…しようとすると、…しようとしたが、…しようとするけれども。¶ 혼자 내~ 마음이 안 놓인다 一人で行かせようとするけれど気になる。

**-려다가** 語尾《「-려고 하다가」의 縮約形》…しよ

うとして、…しようとしたが、…しかけたが。¶ 말을 하~ 맙았다 話しかけてやめた。/ 따지~ 참았다 なじろうとしたが我慢した。

-려더니 語尾 《「-려고 하더니」의 縮約形》…しようとしていたが、…しようとしていて、…するつもりのようだったが、…すると思っていたが。¶ 책을 읽으~ 잠들어 버렸다 本を読もうとしたが眠ってしまった。

-려면 語尾 《「-려고 하면」의 縮約形》…しようとすれば、…しようと思うなら、…しようとするなら。¶ 자~ 빨리 자라 寝たければ早く寝ろ。/ 합격하~ 남보다 더 공부해야 한다 合格しようと思うのなら人一倍勉強しなくてはならない。

-려무나 語尾 《目下の者に対し許諾・軽い命令の意を表わす》…しろよ、…してもよいよ、…しなよ、…しなさい、…せよ。¶ 가려거든 빨리 가~ 行くつもりなら早く行けよ。/ 편지 좀 하~ 手紙ぐらいでもよこせよ。⑥ -렴

-력[力] 接尾 《能力・力などの意を表わす》…力だ。¶ 경제~ 経済力。

-련다 語尾 《「-려고 한다」의 縮約形》…しようとする、…しようと思う、…するつもりだ。¶ 나는 자~ 私は寝るつもりだ。/ 내일 떠나~ 明日出発しようと思う。

-련마는 語尾 …するであろうに、…だろうが、…するはずだが、…になあ、…ものを。¶ 지금쯤은 오~ もうそろそろ来るはずだが(また来ない)。/ 비가 오지 않아야 좋으~ 雨が降らなきゃいいのになあ。

-렴 語尾 《「-려무나」의 縮約形》…するようにしろよ、…しなさい。¶ 마음대로 해보~ 思いどおりにして見なさい。

-렵니다 語尾 《「-려고 합니다」의 縮約形》…するつもりです、…しようと思います。¶ 나는 돌아가~ 私は帰ろうかと思う。

-령[領] 接尾 《その国の領土であることを表わす》…領だ。¶ 프랑스~ フランス領。

로 助 ①《方向を表わす》…へ、…に。¶ 뒤~ 물러서다 後ろに退ぞく。/ 학교~ 가는 길 学校へ行く道。②《材料・手段などを表わす》…で、…から。¶ 나무로 만들다 木で作る。/ 물~ 씻는다 水で洗う。③《原因・理由を表わす》…で、…のために、…によって。¶ 감기~ 며칠 쉬었다 風邪で数日休んだ。④《時間を区切ることを表わす》…に、…まで、…で。¶ 마감을 내일~ 연기한다 締切りを明日に延期する。⑤《身分・資格を表わす》…に、…として。¶ 대표~ 선출되었다 代表に選出された。⑥《行動の結果を表わす》…に、…と、…として。¶ 떠나기~ 결정하다 出発することに決める。⑦《基準を表わす》…で、…でもって。¶ 쇠고기를 킬로~ 판다 牛肉はキロで売る。⑧《根拠を表わす》…で、…から。¶ 신문 보도~ 알았다 新聞の報道で知った。

-로[路] 接尾 …路。¶ 교차~ 交差路 / 항공~ 航空路。

-로구나 語尾 《感嘆を表わす》…だなあ、…だね、…であることよ。¶ 벌써 열 두시~ もう12時だなあ。/ 진짜가 아니~ 本物でないのだな。

로는 …には、…では、…としては、…でもっては、…からは。¶ 거실~ 좁다 居間には狭い。/ 영어~ 무엇이라고 합니까? 英語ではなんといいますか。

-로다 語尾 《感嘆を表わす》…だなあ、…であることよ、…なるかな。¶ 과연 애국자~ いかにも愛国者だなあ。/ 도리가 아니~ 道理ではないなあ。

로도 助 …で(で)も、…にも、…へも、…としても。¶ 자동차~ 갈 수 없다 自動車でも行けない。/ 기계~ 이틀 걸린다 機械でも二日かかる。/ 이 길은 학교~ 통해 있다 この道は学校へも通じている。

로:드[road] 名 ロード、道、道路。¶ 실크~ シルクロード。

-로라 語尾 《話し手が自分の動作を意識的に強調することを表わす》…だと。¶ 제법 내~하고 뽐내다 いかにも自分だといばる。

로:마[Roma] 名 ローマ。¶ ~ 숫자 ローマ数字。
　로:마자[-字] 名 ローマ字。
　로:마 카톨릭교[-Catholic教] 名《宗》ローマカトリック教会。

로마네스크[프 Romanesque] 名 ロマネスク。¶ ~식 건축 ロマネスク式の建築。

로맨스[romance] 名 ロマンス。¶ ~ 그레이 ロマンスグレー。

로맨틱[romantic] 名 形動 ロマンチック。¶ ~한 사랑 ロマンチックな恋。

-로밖에 助 …としか、…にしか、…でしか、…からしか。¶ 거짓말~ 들리지 않다 うそにしか聞こえない。

로봇[robot] 名 ロボット。¶ ~을 조종하다 ロボットを操縦する。

로-부터 助 …から、…より、…の方から、…に。¶ 친구~ 빌린 책 友より借りた本 / 아버지~ 물려받은 가업 父から受けついた家業。

로비[lobby] 名 ロビー。¶ ~ 활동 ロビー活動。

로서 助 《資格・身分を表わす》…として、…であって。¶ 나~는 갈 수밖에 없었다 わたしとしては行く外はなかった。

로:션[lotion] 名 ローション。¶ 스킨 ~ スキンローション。

로스[loss] 名 形他 ロス、損失、浪費。¶ ~ 타임 ロスタイム。

로:스트[roast] 名 ロースト。¶ ~ 비프 ローストビーフ。

로써 助 …で、…をもって、…によって。¶ 용기~ 난관을 극복하다 勇気をもって難関

로:열티[royalty] 名 ロイヤルティー。¶ ~를 지불하다 ロイヤルティーを支払う。

로:컬[local] 名 ローカル。¶ ~ 뉴스 ローカルニュース。

로케이션[location] 名［映］ロケーション、ロケ。¶ 해외 ~ 海外ロケ。

로켓[rocket] 名 ロケット。¶ ~포 ロケット砲。

로:테이션[rotation] 名（野球・バレーボルで）ローテーション。

로:프[rope] 名 ロープ、綱。

로:프-웨이[-way] 名 ロープウェー、空中ケーブル。

-론 助《「로는」의 縮約形》…では、…には、…からは。¶ 내 견해~ 私たちの見解には/ 겉으~ 나타내지 않는다 表だてには出さない。

-록[錄] 接尾 …録。¶ 회의~ 会議録。

-론[論] 接尾 …論。¶ 진화~ 進化論。

롤:러[roller] 名 ローラー。¶ ~ 스케이트 ローラースケート。

롬[ROM: read only memory] 名［컴］ロム、（読み出し専用の）半導体記憶素子。

-롭다 接尾［ㅂ］（一部의 名詞・連体詞에 붙어 形容詞를 만듦）…い、…だ。¶ 새~ 新しい。/ 단조~ 単調だ。

-료[料] 接尾 …料。¶ 수업~ 授業料。

루:머[rumour] 名 うわさ、風説、流言。

루:비[ruby] 名 ①［鑛］ルビー、紅玉。¶ ~색 ルビー色。②［版］ルビ。

룰:[rule] 名 ルール。¶ ~을 정하다 ルールを決める。

룸:[room] 名 ルーム、部屋。¶ 베드~ ベッドルーム。

룸:-메이트[-mate] 名 ルームメイト。

룸: 서비스[- service] 名 ルームサービス。

-류[類] 接尾 …類。¶ 파충~ 爬虫類/ 금속~ 金属類。

류:머티즘[rheumatism] 名［醫］リューマチ、リューマチスム。¶ ~으로 고생하다 リューマチに悩む。

륙색[rucksack] 名 リュックサック、ルックザック。¶ ~을 메다 リュックサックを背負う。

-률[律] 接尾 …律。¶ 황금~ 黄金律。

-률[率] 接尾 …率。¶ 출생~ 出生率。

르네상:스[프 Renaissance] 名 ルネッサンス。

르포[「르포르타이즈」의 縮約形] ルポ。¶ 현지~ 現地ルポ。

르포르타:즈[프 reportage] 名 ルポルタージュ。

를 助（動作이나 作用의 対象이나・目的物을 表わす）…を、…に。¶ 그~ 사랑한다 彼を愛する。/ 버스~ 타다 バスに乗る。

리 依（理由나・道理를 表わす）はず、わけ。¶ 그럴 ~ 가 없다 そんなはずがない。/ 이 정도의 일을 못할 ~는 없다 これしきのことが出来ないわけがない。

-리[裡・裏] 接尾 …裏で、…裡で、…うちに、…の間에。¶ 비밀~ 秘密のうちに/ 성황~ 에 끝나다 盛況裏に終わる。

-리 語尾 ①《「-리요」의 縮約形》…しようか、…であろうか。¶ 누구를 탓하~ 誰をとがめようか。②《「-리라」의 縮約形》…だろう、…しよう、…するぞ。¶ 자유의 투사가 되~ 自由の闘士にならん。

리:더[leader] 名 リーダー。

리:더-십[-ship] 名 リーダーシップ。

리듬[rhythm] 名 リズム。¶ 재즈의 ~ ジャズのリズム/ ~을 타다 リズムに乗る。

-리라 語尾 ①《（推測을 表わす）》…だろう、…であろう。¶ 그 소식을 들었으~ その知らせを聞いたであろう。②《（意志를 表わす）》しよう、…するつもりだ、…してやるぞ。¶ 내가 안내하~ 私が案内しましょう。

리바이벌[revival] 名［映］回 リバイバル。¶ ~ 붐 リバイバルブーム。

리본[ribbon] 名 リボン。¶ ~을 달다 リボンをつける。

리사이틀[recital] 名 リサイタル、独唱会、独奏会。¶ 피아노 ~을 열다 ピアノリサイタルを開く。

리서:치[research] 名 リサーチ、調査、研究。¶ 마케팅 ~ マーケティングリサーチ。

리:스[lease] 名 リース、（機械・設備などの）長期間の賃貸し。

리스트[list] 名 リスト、目録、名簿。¶ 블랙 ~ ブラックリスト/ ~에 올리다 リストに載せる。

리시:브[receive] 名［해他］（テニス・卓球などで）レシーブ。団 サーブ

리어-카:[일 rear car] 名 リヤカー。

-리요 語尾《（自問・反語的인 問い返しの意를 表わす）》…せん、…しようか。¶ 누굴 탓하~ 誰をか恨もうか。

리코:더[recoder] 名 レコーダー。¶ 테이프 ~ テープレコーダー。

리터[liter] 名（容量의 単位）リットル。

리포:트[report] 名 レポート、リポート、報告書。

리프트[lift] 名 リフト。¶ 스키 ~ スキーリフト。

리허:설[rehearsal] 名［해自］リハーサル、試演、下稽古。

린스[rinse] 名 リンス。¶ 헤어 ~ ヘアリンス。

린치[lynch] 名 リンチ、私刑。¶ ~를 가하다 リンチを加える。

릴:[reel] 名 リール。¶ ~ 낚시 リール釣り。

릴레이[relay] 名 リレー。①中継。②［電］継電器。③リレーレース、継走。¶ 사백 미터 ~ 400メートルリレー。

림프[lymph] 名［生］リンパ。¶ ~선 リンパ腺。

링[ring] 名 リング。¶ ~에 오르다 リングに上がる。

링거[독 Ringer] 名［藥］《「링거액」의 縮約形》リンゲル。¶ ~ 주사 リンゲル注射。

링거-액[-液] 名［藥］リンゲル液。

링크[rink] 名 リンク、アイスリンク、スケート場。¶ 스케이트 ~ スケートリンク。

ㅁ ハングル字母の第5番目.

**-ㅁ** 接尾 《母音・「ㄹ」で終わる語根について それを名詞化する》…すること、…であること。¶ 기쁨 喜び/ 잠 眠り/ 기다림 無実であることが確かだ。

**-ㅁ에도** 語尾 …(する)にも。¶ 밤이 늦었음에도 불구하고 떠났다 夜遅よるおそいにもかかわらず出発しゅっぱつした。

**마** 名(植) ナガイモ。
**마**[麻] 名(植) 麻あさ。⑰ 삼
**마**[魔] I 名 魔ま。¶ ~의 삼각 지대 魔の三角地帯ちたい。 II 接尾 …魔。¶ 병~에 시달리다 病魔びょうまに苛さいなまれる。/살인~ 殺人さつじん魔。
慣用 마가 끼다〔들다〕 魔がさす、けちが付く。¶ 마가 끼었는지 되는 일이 없다 魔がさしたのか事ごとごとにうまくいかない。

**-마** 語尾 《動詞の語幹について》…してやろう、…しよう。¶ 도와주~ 助たすけてあげよう。/내가 하~ おれがしよう。

**마가린**[margarine] 名 マーガリン。
**마:각**[馬脚] 名 馬脚ばきゃく。
慣用 마각이 드러나다 馬脚が現あらわれる、包つつみ隠かくしていた事が現れる、化ばけの皮かわがはがれる。

**마감** 하他 自 締しめ切きり、しまい、終おえること。¶ ~ 날짜 締め切り日び/접수를 ~하다 受付うけつけを締め切る。

**마개** 名 (瓶びんなどの)栓せん、ふた。¶ 병~ 瓶の栓/~를 따다 栓を抜ぬく。

**마개-뽑이** 名 栓抜せんぬき、口抜くちぬき。

**마구** 副 ①やたらに、むやみに、前後ぜんごをわきまえず。¶ ~ 떠들다 やたらに騒さわぐ。/돈을 ~ 쓰다 お金をむやみに使つかう。②ひどく、どんどん、しきりに、勢いきおいよく。¶ ~ 달려가다 勢いよく駆かけて行いく。③ぞんざいに、いいかげんに、でたらめに。¶ 일을 ~ 하다 でたらめに仕事しごとをする。

**마구-잡이** 名 ①向むこう見みずな振ふる舞まい。②(副詞的に)手当てあたり次第しだいに、がむしゃらに、めちゃくちゃに。¶ 세간을 ~로 부수다 家具かぐを手あたり次第に壊こわす。

**마:구간**[馬廐間] 名 馬屋うまや、馬小屋うまごや。
**마:권**[馬券] 名 馬券ばけん。¶ 경마의 ~ 競馬けいばの馬券/~을 사다 馬券を買かう。

**마귀**[魔鬼] 名 ①悪鬼あっき、妖怪ようかい、悪魔あくま。¶ ~ 같은… 悪魔のような…/~를 내쫓다 悪魔を追お い払はらう。⑧ サタン。

**마:나-님** 名 《老婦人ろうふじんの敬称》大奥様おおおくさま。

**마그네슘**[magnesium] 名(化) マグネシウム。
**마그마**[magma] 名(地) マグマ、岩漿がんしょう。
**마냥** 副 ①ひたすら、専もっぱら、ただ、全まったく。¶ ~ 밉기만 한 사람 全く憎にくたらしい人ひと/~ 놀기만 한다 専ら遊あそんでばかりいる。②心こころゆくまで、思おもいきり、十分じゅうぶんに。¶ ~ 즐기다 心ゆくまで楽たのしむ。/분해서 ~ 울었다 悔くやしくて思いきり泣ないた。③ただだらだらと、ただぶらぶら。¶ ~ 먹었다 ただぶらぶらと歩あるく。

**마네킹**[mannequin] 名 マネキン。
**마녀**[魔女] 名 魔女まじょ。
**마:누라** 名 ①《「妻つま」をへだたりなく言いう語ご》家内かない、女房にょうぼう、かみさん、かかあ。¶ 우리집 ~ うちの家内。②《中年ちゅうねんの女なんを指さして》おばさん。¶ 주인집 ~ 主人じんのおばさん。

**마늘** 名(植) ニンニク。¶ ~장아찌 ニンニクの漬物つけもの。

**마:님** 名 《むかし貴人きじんの妻つまに対たいして使つかわれた尊敬語》奥様おくさま、奥方おくがた、令夫人れいふじん。

**-마:님** 接尾 《むかし貴人きじんに対する尊称》…さま。¶ 영감~ 御主人様ごしゅじんさま。

**마다** 助 …毎ごとに、…度どに、…の都度つどに。¶ 해~ 毎年まいとし/가는 곳~ 行く先さき先/만날 때~ 인사를 하다 逢あう毎にあいさつをする。

**마:다-하다** 他四 嫌いやだという。¶ 돈을 마다할 사람이 있을까? お金を嫌だという人がいるだろうか。

**마담**[프 madame] 名 マダム、夫人ふじん、おかみ、ママ。¶ 유한 ~ 有閑ゆうかんマダム。

**마당** I 名 《家いえなどの》庭にわ。¶ 뒷~ 裏庭うらにわ/~을 쓸다 庭を掃はく。 II 依 ①(何なにかを催もよおす)場ば、場所ばしょ、舞台ぶたい。¶ 놀이 ~ 遊あそびの場。②(何事なにごとかが起おこった)時とき、場合ばあい。¶ 이 급한 ~에 그 무슨 소리냐? この差さし迫せまったときになんということを言うのだ。③《パンソリの一段落だんらくを数かぞえる単位たんい》場ば。¶ 판소리 열두 ~ パンソリの十二場じょうに。

**마디** 名 ①(竹たけ・木きの)節ふし。¶ ~가 굵은 대나무 節の太ふとい竹。②(動物どうぶつの骨ほねの)節ふし、関節かんせつ。¶ 손가락 ~가 아프다 指の節が痛いたい。③(糸いと・ひもなどの)結むすび目め、もつれ目、継つぎ目。¶ ~를 풀다 もつれ目を解とく。④せつ、段落だんらく。⑤言いごと、こ とば。¶ 농담한 ~ 冗談じょうだん一言ひとこと。⑥(歌うたの)節ふし、小節しょうせつ。¶ 한 ~ 부르게 一曲いっきょく歌えよ。

**마디-마디** 名 節々ふしぶしに、節ふしごとに。¶ 몸의 ~가 쑤시다 体からだの節々が痛む。

**마디다** 形 持もちがよい、長持ながもちがする。¶ 살림이 ~ 所帯しょたい持ちがよい。/연필이 ~ 鉛筆えんぴつが長持ちする。②成長せいちょうが遅おそい。¶ 마디게 자라다 なかなか遅い大きさ。

**마땅-찮다** 形 《「마땅하지 아니하다」の縮約形》不当ふとうだ、気きにくわない、ふさわしくな

마땅하다

い。¶ 마땅찮은 짓 ふさわしくない行い／마땅찮은 얼굴을 하고 있다 気にくわない顔をしている。

**마땅-하다** [形容] ①適当だ、ふさわしい、似つかわしい。¶ 마땅한 물건 手ごろな品。②当然だ、当たり前だだ、…に値する、当然…すべきだ。¶ 벌받아 ~ 罰せられて当然だ。

**마라톤** [marathon] [名] マラソン。¶ ~ 경주 マラソン競走。

**마력**[馬力] [名][物] 馬力。¶ 10 ~의 모터 10馬力のモーター。

**마력**[魔力] [名] 魔力。

**마련** [名][하他][되自] ①準備、用意、支度、備え、工面。¶ 선물을 ~하다 お土産を用意する。／학비를 ~하다 学費の工面をする。②工夫、思案、計画、積もり。¶ 제 딴으로는 무슨 ~이 있겠지 自分なりには何か思案があるだろう。③《語尾「-게・-기」などの後に続いて》…することになっている、…するに決まっている、…するはずだ。¶ 여름은 덥기 ~이다 夏分は暑いものと決っている。

**마렵다** [形容] (便意を)催す。(大小便が)したい。¶ 오줌이 ~ 小便がしたい。

**마루¹** [名] マル、板の間、床、縁側。¶ ~ 밑 縁の下／~를 깔다 床を張る。

**마루²** [名] ①山の頂き、尾根、峠。¶ 고개~峠の頂。②(屋根の)棟、②(物事の)絶頂、最盛期、やま。
**마루-터기** [名] 屋根の棟、山の峰、峠の頂。

**마르다¹** [自] ①(水分または水気が)なくなる、枯れる、乾く、渇く。¶ 마른 나무 枯れ木／샘이 ~ 泉が乾く。／목이 ~ のどが渇く。②(体が)やせる。¶ 비쩍 마른 사람 げっそりやせた人。③使ってなくなる、切れる、尽きる、絶える。¶ 주머니에 돈이 ~ ふところがからっぽだ。

**마르다²** [他] 裁つ、裁断する。¶ 옷감을 ~ 布地を裁つ。

**마르크** [도 Mark] [依] (ドイツの貨幣単位) マルク。

**마른-걸레** [名] 乾いた雑巾。¶ ~질을 하다 からぶきをする。

**마른-반찬** [一飯饌] [名] 汁気のないおかず。

**마른-버짐** [名][漢] 乾癬。

**마른-안주** [一按酒] [名] 水気のない酒のの肴、つまみ。

**마른-입** [名] ①汁気なしで食べること。¶ ~에는 밥이 잘 넘어가지 않는다 汁物なしではご飯がよく通らない。②客とて何らのもてなしもしないこと。③(朝起きて寝起きのままの)何も食べていない口。

**마른-자리** [名] 湿り気ばかり乾かいた場所、乾いた敷物。¶ 진자리 ~ 가려 눕다 寝心地のよい場所を、えらばせる。

**마른-풀** [名] 干し草、枯れ草。

**마른-행주** [名] 水気のない布巾。

**마리** [依] 《けもの・鳥・魚・虫などを数える語》匹、羽、頭、尾。¶ 닭 열 ~ 鶏五10羽／말 세 ~ 馬三頭／개미 한 ~ 도 없다 アリ1匹もいない。

**마멸**[磨滅・摩滅] [名][하自] 摩滅、磨減、すり減ってなくなること。¶ 기계가 ~하다 機械がが摩滅する。

**마모**[磨耗] [名][하自][되自] 摩耗、磨滅。¶ 타이어가 ~되다 タイヤが摩耗する。

**마무르다** [他] ①へりを取る、端じを結ぶ。②(物事を)仕上げる、締めくくる。¶ 공사를 잘 ~ 工事をうまく仕上げる。／이야기를 매끄럽게 ~ 話じをうまく締め括る。

**마무리** [名][하自][되自] 仕上げ、締めくくり、けり、決着、後始末。¶ 일을 잘 ~하다 仕事を うまく仕上げる。／만사 ~가 중요하다 万事が締めくくりが大切だった。

**마법**[魔法] [名] 魔法、魔術。¶ ~을 쓰다 魔法を使う。

**마:부**[馬夫] [名] 御者、馬子き、馬丁。

**마:분**[馬糞] [名] 馬糞。
**마:분-지** [一紙] [名] 馬糞紙、ボール紙、藁紙。

**마비** [痲痺・麻痺] [名][하自][되自] 麻痺、しびれ。¶ 심장 ~ 心臓麻痺／교통이 ~되다 交通が麻痺する。

**마사** [麻糸] [名] 麻糸。

**마:사:지** [massage] [名] マッサージ。

**마석** [磨石] [名] ①[하自] 石じの表面をなめらかに磨くこと。②挽き臼。

**마소** [名] 牛と馬、牛馬。¶ ~를 먹이다 牛馬を飼う。／~처럼 혹사하다 牛馬の如く酷使する。

**마수** [名] ①(最初の売れ方からみた)その日の商売の運、さい先の良さ悪さ。¶ ~가 좋다 さい先がいい。②[하自他]「마수걸이」の縮約形。
**마수-걸이** [名][하自他] ①初売り、初めて売ること、初取引。¶ ~니까 싸게 드리겠습니다 初売りから安くして上げましょう。②初めて得たもうけ・お客さん。¶ ~손님 口開けのお客。

**마수**[魔手] [名] 魔手。¶ ~에 걸리다 魔手にかかる。

**마:술**[馬術] [名] 馬術。¶ 종합 ~ 경기 総合乗馬術競技。

**마술**[魔術] [名] 魔術、魔法、妖術。¶ ~사 魔術師／~을 걸다 魔術をかける。

**마스코트** [mascot] [名] マスコット。

**마스크** [mask] [名] マスク。¶ 방독 ~ 防毒マスク／~를 쓰다 マスクをかける。

**마스터** [master] [名][하他] マスター。¶ 일본어를 ~하다 日本語をマスターする。
**마스터 키** [-key] [名] マスターキー、親かぎ。
**마스터 플랜** [-plan] [名] マスタープラン。

**마시다** [他] ①(水などを)飲む。¶ 술을 홀짝홀짝 ~ 酒をちびりちびり飲む。②(空気

などを)吸い込む、吸う。¶ 신선한 공기를 ～ 新鮮な空気を吸う。

**마약**〔痲藥·麻藥〕名 麻薬。¶ ～ 중독 麻薬中毒。

**마요네:즈**〔프 mayonnaise〕名 マヨネーズ。

**마우스**〔mouse〕名 マウス。①〔컴〕位置入力装置の一つ。②〔動〕ハツカネズミ。

**마운드**〔mound〕名〔野〕マウンド。¶ ～를 밟다 マウンドを踏む。

**마을** 名 ①村、村落、里。¶ 이웃 ～ 隣村。②近所へ遊びに行くこと。¶ ～만 다니고 있다 遊び回ってばかりいる。

관용〉**마을 가다** 隣近所へ遊びに行く。

**마음** 名 ①心、精神。¶ ～의 준비 心の準備 / ～속으로 결심하다 心の中で決心する。②(…する)気、考え、思い、意図、意向。¶ ～만 앞서다 気ばかり先に立つ。/ 갑자기 ～이 변하다 急に心が変わる。③気持ち、気分、心情。¶ ～이 아프다 心が痛む。/ ～이 가볍다 気分が軽い。④愛情。¶ 그녀에게 ～을 두다 彼女に愛情を抱く。⑤まごころ、誠、誠意。¶ ～을 다하다 誠を尽くす。

속담〉**마음에 없는 염불** 心にもない念仏、空念仏。《いやいやながらし方なくすることの意》

관용〉**마음에 걸리다** 気になる、気にかかる。**마음에 들다** 気に入る。**마음에 맺히다** 心にこびりつく、(忘れなく)しこりが残る。**마음에 차다** 心にかなう。**마음은 굴뚝 같다** やりたい気持ちは山々だ、したくてたまらない。**마음(을) 먹다** 決心する。**마음을 잡다** 心を入れ替える。**마음(을) 졸이다** 気をもむ、いらいらする。**마음(이) 달다** (事が思うようにならなくて)気が焦る、いらだつ。**마음(이) 돌아서다** 気分がほぐれる。**마음(이) 들뜨다** (心が)浮き立つ。**마음(이) 쓰이다** 気にかかる。

**마음-가짐** 名 ①心がけ、心もち、心構え。¶ 평소의 ～이 좋다 ふだんの心がけがよい。②決心。¶ ～을 굳히다 決心を固める。

**마음-껏** 副 ①思う存分、思いきり、心ゆくまで。¶ ～ 즐기다 思う存分楽しむ。②精一杯、真心をつくして、誠意をもって。¶ ～ 대접하다 精一杯もてなす。

**마음-대로** 副 思うがままに、思いどおりに、好きなように、気の向くままに、勝手に。¶ ～ 되지 않는다 思いどおりにならない。/ 그렇다면 ～ 해라 じゃあ勝手にしろ。

**마음-보** 名 性根、根性、気性。¶ ～가 고약한 사람 性根の悪い人。

**마음-씨** 名 心がけ、気だて。¶ ～가 착하다 気だてが善良だ。

**마음-내키다** 自 気が向く、気が進む。¶ 마음내키지 않으면 그만 두세요 気が向かなければおやめなさい。

**마음-놓다** 自他 安心する、ほっとする。

**마음-먹다** 自他 ①…しようと思う、その気になる、やりたい気持ちになる。¶ 만사가 마음먹은 대로 됐다 すべてが思ったとおりになった。②決心する、心にきめる。¶ 굳게 ～ 固く決心する。

**마음-붙이다** 自 ①専念する。¶ 가사에 ～ 家事に専念する。②心を寄せる。

**마음-쓰다** 自 ①考える、頭を使う。②気遣う、気にする、心配する。③思いやる、同情する。

**마음-잡다** 自 (心を引き締めて)落ち着く、心を入れ替える。

**마음-졸이다** 自 気をもむ、いらいらする、はらはらする。¶ 결과가 어떨까 해서 ～ 結果がどうだろうかと思ってはらはらする。

**마이너스**〔minus〕名 マイナス。㊐ 플러스

**마:이-동풍**〔馬耳東風〕名 馬耳東風、馬の耳に念仏。

**마이크**〔← microphone〕名 マイク、マイクロホン。¶ ～ 앞에 서다 マイクの前に立つ。

**마이크로-**〔micro〕接頭 マイクロ。①微少の。¶ ～ 필름 マイクロフィルム。②100万分の1の。¶ ～ 그램 マイクログラム。

**마이크로-파**〔-波〕名〔物〕マイクロ波、マイクロウェーブ。

**마일**〔mile〕依 マイル。

**마저**[1] 副 残りなくすべて、ことごとく、全部、みんな。¶ ～ 팔아치웠다 残らず売り尽くした。/ 이것도 ～ 먹어라 これもみんな食べよ。

**마저**[2] 助 …までも、…さえ、…すら。¶ 비～ 오는구나 雨までふりだしたな。/ 식량～ 떨어졌다 食料さえも底をついた。

**마:적**〔馬賊〕名 馬賊。

**마제**〔磨製〕名 磨製。¶ ～ 석기 磨製石器。

**마주** 副 ①向かい合って。¶ ～ 서다 向かい合って立つ。②向かって、(…に)対して。¶ 책상과 ～ 앉다 机と向かう。③まともに、真正面から、まっすぐに。¶ 바람을 ～ 받다 風をまともに受ける。④《動詞とともに用いられて》…し合う。¶ 손을 ～ 잡다 手を握り合う。

**마주-보다** 自他 向かい合う、合見る、差し向かう、見合わす。¶ 테이블을 사이에 두고 ～ テーブルをはさんで向かい合う。

**마주-앉다** 自 向かい合って座る、向かい合わせに座る、対座する。¶ 형제가 ～ 兄弟が向かい合って座る。/ 마주앉아서 대화하다 対座して話し合う。

**마주-잡다** 他 ①(手を)取り合う、握り合う。¶ 손에 손을 마주잡고… 手に手を取って…。②(物を)向かい合って持つ。¶ 짐을 마주잡고 나르다 荷物を向かい合わせに持って運ぶ。③〔比〕(互いに)協力する、相携える。

**마주-치다** 自 ①(正面から)ぶつかる、突き当たる、衝突する。¶ 자전거와 마주쳐 넘어졌다 自転車とぶつかって倒れた。

마중

②出くわす、出会う、突き合わす。¶ 길에서 옛 친구와 딱 마주쳤다 道で昔の友人にばったり出会った。③睨み合う。
**마중** [名] [하] 出迎え、迎えること。¶ 손님을 ~하러 가다 客を出迎えに行く。
　**마중-물** [名] (ポンプの)呼び水。¶ ~을 붓다 呼び水を注ぐ。
**마지기** [依] (田畑の面積の単位) 一斗分の種を播くぐらいの広さ。
**마지막** [名] ①最後、最終、終わり、(お)仕舞い。¶ ~수단 最後の手段/ ~까지 보다 終わりまで見る。/ ~으로 이렇게 말했다 最後にこう言った。②死、最期、終焉。
**마:지-못하다** [形여] やむを得ない、仕方がない、致し方ない。¶ 마지못해 승낙했다 やむを得ず承諾した。
**마직-물** [麻織物] [名] 麻織物。
**마:진** [margin] [名] マージン。¶ ~을 붙이다 マージンをつける。
**마:차** [馬車] [名] 馬車。¶ ~역 駅馬車/ ~로 운반하다 荷馬車で運ぶ。
**마찬가지** [名] 同じこと、同様、同然、等しいこと。¶ 둘 다 ~다 二つとも同じだ。/ 그것은 ~다 それは新品と同様だ。
**마찰** [摩擦] [名] [하] 摩擦。¶ 냉수 ~ 冷水摩擦/ 이웃간에 ~이 일어나다 隣同士にもめごとが起きる。
　**마찰력** [-力] [名] [物] 摩擦力。
**마천-루** [摩天樓] [名] 摩天楼。
**마취** [痲醉] [名] [하] [自] 麻酔。¶ 국부 ~ 局部麻酔/~에서 깨어나다 麻酔から覚める。
　**마취-약** [-藥] [名] 麻酔薬。
**마치¹** [名] 金づち、ハンマ。㉠ 망치
**마치²** [副] まるで、さながら、ちょうど、恰も。¶ ~ 꿈같다 まるで夢のようだ。/ ~ 주인인양 행동하다 あたかも主人のようにふるまう。
**마치다¹** [自] ①(釘などを打つとき)何かが突き当たる。¶ 못 끝에 돌이 ~ くぎの先に石が突き当たる。②(体のある部分が)凝る、痛む。¶ 어깨가 ~ 肩たかがずきずき痛む。
**마치다²** [他] 終える、済ます。¶ 일생을 ~ 一生を終える。/ 임무를 마치고 귀국하다 任務を終えて帰国した。
**마침** [副] ①ちょうど、折りよく、程よく、いいあんばいに、うってつけに。¶ ~ 잘 왔네 ちょうどよいところに来た。②偶然ながら、たまたま、あいにく。¶ ~ 갖고 있는 돈이 없다 あいにく持合わせがない。③折りしも。¶ ~ 일요일이라서 갈 수 있었다 折しも日曜日だったので行くことができた。
**마침-내** [副] ついに、とうとう、結局。¶ ~ 성공했다 ついに成功した。/ 두 사람은 결혼했다 とうとう二人が結婚した。
**마침-표** [-標] [名] [文法] 終止符、ピリオド。
**마:케팅** [marketing] [名] [經] マーケティング。¶

~ 리서치 マーケティングリサーチ。
**마:크** [mark] [名] マーク。①しるし、記号、商標。¶ 심벌 ~ シンボルマーク。②[하] [自] ①記録すること。¶ 1위를 ~하다 1位をマークする。㉡ねらって注意すること。¶ 공격수를 ~하다 攻撃手をマークする。
**마-파람** [名] 南風、はえ。
　[속담] 마파람에 게 눈 감추듯 南風にカニが目を引っ込めるように。《食べ物をすばやく平らげること》
**마:패** [馬牌] [名] [史] (官吏が地方へ出張のとき)駅馬を徴発できる証明として与えた札。
**마하** [도 Mach] [依] マッハ(高速飛行体の速度を示する単位)。
**마호메트-교** [Mahomet敎] [名] [宗] イスラム教。㉠ 이슬람교
**마흔** [數] 四十。¶ ~ 살 40歳。
**막¹** [副] ①たった今、今しがた、今しも。¶ 지금 ~ 도착했다 たった今着いた。②まさに、ちょうど(そのとき)。¶ ~ 집을 나가려니까 비가 오기 시작했다 ちょうど家を出ようとしたら雨が降り始めた。
**막²** [副] 「마구」の縮約形。①やたらに、むやみに、めちゃくちゃに。¶ ~ 소리를 지르다 やたらに声を張り上げる。②取り留めもなく。¶ 눈물이 ~ 쏟아지다 涙がとりとめもなく溢れてくる。
**막** [幕] [名] Ⅰ ①仮小屋。¶ ~을 짓다 仮小屋を建てる。②幕、仕切り、とばり。¶ ~을 둘러치다 とばりをめぐらす。③(舞台の)幕。¶ ~이 오르다 幕が上がる。Ⅱ [依] [劇] (一段落を数える単位)幕。¶ 3～5장 3幕5場に。
　[관용] 막을 내리다 幕を下ろす。①(舞台の出し物が)終わる。②(事件・行事などが)終わる。 막을 올리다 幕を上げる。①(舞台の出し物が)始まる。②(事件・行事などが)始まる。
**막** [膜] [名] 膜。①器官を包んだり隔てたりしている薄い層。¶ 세포 ~ 細胞膜。②物の表面を覆う薄い皮。¶ 물에 기름 ~이 생기다 水面に油の膜ができる。
**막-** [接頭] ①「荒っい・手当たり次第」などの意を表わす。¶ ~일 荒仕事。②「粗末・粗製」の意を表わす。¶ ~치 粗製品。③「末・終わり」の意を表わす。¶ ~동이 末っ子。
**막간** [幕間] [名] ①[劇] 幕間。¶ ~극 幕間劇。②(物事の)切れ目、合間。¶ ~에 여흥을 하다 合間に余興を入れる。
**막강** [莫强] [形] 非常に強いこと、屈強、強力。¶ ~한 군대 強力な軍隊。
**막-걸리** [名] どぶろく、濁り酒。¶ 찹쌀 ~ もち米のどぶろく。
**막내** [名] 末っ子、末、末子。¶ ~딸 末の娘。

**막다** 他 ①(すきま・通路などを)塞ぐ、遮る、詰める、封鎖する。¶ 구멍을 ~ 穴を塞ぐ。/ 큰 나무가 길을 ~ 大きな木が道を遮る。②(動うごき・言動などを) 遮る、妨害する、止める。¶ 행진을 ~ 行進を止める。/ 상대방의 말을 ~ 相手の言葉をさえぎる。③(部屋などを)仕切る、区切る、隔てる。¶ 간을 ~ 間を仕切る。④(視界などを)遮断する、遮る。¶ 전망을 ~ 眺めを遮る。⑤(守って)防ぐ、阻止する、食い止める。¶ 적의 침공을 ~ 敵の侵攻を阻止する。⑥(川などを)せき止める。¶ 둑을 쌓아 강물을 ~ 堤防を築いて川の水をせき止める。⑦囲う。¶ 울타리를 ~ 垣根を囲う。

**막-다르다** 形 行き詰まる。①(道などが)行き止まる、突き当たる、袋小路ろになる。¶ 막다른 길 行き止まりの道。②見込みのない局面になる。¶ 막다른 지경에 이르다 窮地に陥る。
[관용] **막다른 골목** ①行き止まり、袋小路。②行き詰まり、どん詰まり、窮地。

**막대** 名 (「막대기」の縮約形) 棒、棒切れ。

**막대** [莫大] 名 하形 莫大だ。¶ ~한 손해를 입다 莫大な損害を受ける。

**막-동이** 名 ①末っ子。¶ ~로 태어나다 末っ子に生まれる。②身の回りの雑用をさせる小さい子。

**막-되다** 形 無作法だ、粗暴だ、無法だ。¶ 막된 녀석 ぞんざいな言葉つき。

**막된-놈** 名 ならず者、無法者、乱暴者。

**막론** [莫論] 名 하他 (主に「막론하고」の形で)…(を)問わず、…(に)かかわらず、…(に)関係ないく。¶ 누구를 ~하고 출입을 금한다 誰彼を問わず出入りを禁んずる。

**막막-하다** [寞寞] 形여 ①寞々としている、静かでさびしい。¶ 막막한 심산 유곡 寞々たる深山幽谷。②頼るべきところがなくて孤独である。¶ 막막한 인생 頼るところのない孤独な人生。③漠然としている、見通しがきかない、途方に暮れる。¶ 앞일이 ~ 先の見通しがきかない。

**막막-하다** [漠漠] 形여 漠々としている、広々として果てしない。¶ 막막한 광야 漠々たる広野。

**막-말** 名 (後のことを構わずに)出任せにしゃべること、放言、捨てぜりふ。

**막무가내** [莫無可奈] 名 ①どうしようもできないこと、手のつけようのないこと。¶ 아무리 설득해도 ~ だ いくら説得しても全然聞いてくれない。②(副詞的に)頑として、頑なに、どうしても。¶ ~로 고집을 부리다 頑なに意地を張る。

**막-바지** 名 하形 ①行き止まり。②(物事の)終わり、最後の段階、どん詰まり。¶ 더위도 이제 ~에 접어 들었다 暑さもやっと峠を越した。

**막-벌이** 名 日雇い、荒稼ぎ。¶ ~꾼 日雇い人夫。

**막사** [幕舍] 名 ①幕舍、バラック。②[軍] 海兵隊の部隊ない単位の一つ。

**막상** 副 하自 いざ、実際に、事ごとに当たって。¶ ~ 만나고 보니… いざ会ってみると…/ ~ 해보면 생각보다 쉽다 実際にやってみれば思ったより易い。

**막상** [莫上] 名 極上。
**막상-막하** [-莫下] 伯仲、互角。¶ ~의 승부 互角の勝負。

**막심** [莫甚] 名 하形 このうえなく甚だしいこと、甚大。¶ 손해 = 損害甚大/ 피해가 ~하다 被害が莫大である。

**막아-내다** 他 防ぎ止める、食い止める、受け止める。¶ 적의 공격을 ~ 敵の攻撃を食い止める。

**막역** [莫逆] 名 하形 莫逆ばく、極めて親しいこと。¶ ~한 친구 極めて親しい友人。

**막연** [漠然・邈然] 名 하形 漠然と、ぼんやりとしてはっきりしないようす。¶ 살길이 ~하다 生活のめどがはっきりしない。

**막-일** [-日] 名 荒仕事、(手当たり次第にやる)力仕事、肉体しごと労働。

**막중** [莫重] 名 하形 非常に重いこと、重大なこと。¶ 책임이 ~하다 責任が非常に重い。

**막-차** [-車] 名 終車、終列車、終発。¶ ~를 놓치다 終列車を逃す。

**막-판** 名 ①終局、終盤、土壇場、最後の瞬間。¶ 전쟁도 ~에 접어능 있다 戦争도の終局に近付かている。②めちゃくちゃの状態、でたらめ。

**막히다** 自 (「막다」の受動) 塞がる、つかえる、詰まる、手詰まる。¶ 하수구가 ~ どぶが詰まる。/ 기가 ~ あっけにとられる、あきれる。

**만¹** 依 (時日の経過の程度をあらわす語)…目、振り。¶ 3년 ~에 돌아오다 3年ぶりに帰る。

**만²** 助 ①《それに限定する意を表わす》…だけ、…ばかり、…のみ。¶ 텔레비전 ~ 보고 있다 テレビばかり見ている。②《強調の意を表わす》…さえ、…だけ。¶ 돈 ~ 있으면 무엇이든 할 수 있다 お金さえあれば何でもできる。③《程度を比べる意を表わす》…ぐらい、…ほど、…より(も)。¶ 내 키 ~ 하다 私の背ほどだ。/ 이 ~ 부탁도 안 들어주나? これぐらいの頼みも聞いてくれないのか。

**만³** 助 (「마는」の縮約形) …が、…けれども、…けど。¶ 좋은 날씨지 ~ 바람이 차다 いい天気だが風が冷たい。

**만** [滿] 名 まる、まる…。¶ ~ 세 살 満 三歳 ~ 이틀이나 걸렸다 まる二日かかった。②(おもに「만으로」の形で) 満で。¶ ~으로 몇 살인가요? 満で何歳ですか。

**만** [灣] 名 湾、入り江。¶ ~의 입구 湾の入り口。

만:〔萬〕[數] 万、一万。¶ ~대 万代。
만:감〔萬感〕[名] 万感。¶ ~이 교차하다 万感こもごも至る。
만:개〔滿開〕[名][하自] 満開。[유] 만발(滿發)
만:경〔萬頃〕[名] 万頃、地面や水面の非常に広いこと。
 만:경 창파〔−滄波〕[名] 果てしなく広々とした青海原。
만:고〔萬古〕[名] 万古。①遠い昔。②大昔から今に至るまで。③《「만고의」の形で》めったに出会うことがないこと。¶ ~의 효녀 万古に類なき孝行娘。
 만:고 강산〔−江山〕[名] 万古に変わらぬ山河、万古不易の山河。
 만:고 불멸〔−不滅〕[名] 万古不滅。
 만:고 풍상〔−風霜〕[名] ながい間なめてきたつらい経験。
만곡〔灣曲〕[名][하形] 湾曲、弓なりに曲がること。¶ ~부 湾曲部/ ~한 해안선 湾曲した海岸線。
만:국〔萬國〕[名] 万国、すべての国。
 만:국 박람회〔−博覽會〕[名] 万国博覧会、万国博、万博。
만:기〔滿期〕[名] 満期、期限に達すること。¶ ~ 어음 満期手形/ 정기 예금이 ~가 되다 定期預金が満期になる。
만:끽〔滿喫〕[名][하他] 満喫。①十分に飲み食いすること。¶ 산해 진미를 ~하다 山海の珍味を満喫する。②十分に楽しむこと。¶ 아름다운 경치를 ~하다 美しい景色を満喫する。
만나다 [自他] あう。①(人に)出会う、でくわす、対面する。¶ 몰래 ~ こっそりあう。/ 친구를 만나러 가다 友達に会いに行く。②相接する、合う。¶ 선과 선이 ~ 線と線が出会う。③(事件・現象などに)遭う、見舞われる、遭遇する。¶ 산에서 소나기를 ~ 山で夕立に遭う。/ 불황을 ~ 不況に見舞われる。④(何かの因縁で)めぐり合う。¶ 행운을 ~ 幸運にめぐり合う。⑤(ある時期を)迎える、得る。¶ 시운을 ~ 時を得る。
만-날 [副] 何時も、常に。¶ ~ 놀고만 있다 何時も遊んでばかりいる。
만:년〔晩年〕[名] 晩年、老年。¶ ~을 고독하게 보내다 晩年を孤独に過ごす。
만:년〔萬年〕[名] 万年、長い年月。¶ ~ 소년 万年少年/ 천년 ~ 살고지고 千年も万年も生きたい。
 만:년-설〔−雪〕[名] 万年雪。
만:능〔萬能〕[名][하形] 万能。①何でもできること、あらゆることにすぐれていること。¶ ~ 선수 万能選手。②すべてに効力があること、またその効力。¶ 황금 ~ 시대 黄金万能の時代。
만:담〔漫談〕[名] 漫談。
만돌린〔mandolin〕[名][音] マンドリン。
만두〔饅頭〕[名] 饅頭、ギョーザ、パオズ。¶ 고기 ~ 肉ギョーザ。
만들다[1] [他] つくる、こしらえる。①作る、造る、製造する、制作する。¶ 제품을 ~ 製品をつくる。/ 댐을 ~ ダムをつくる。②(本を)編集する。¶ 사전을 ~ 辞書をつくる。③(団体・会社などを)設ける、設立する、組織する。¶ 정당을 ~ 政党を組織する。④(法律・規則などを)つくる、制定する。¶ 규정을 ~ 規定をつくる。⑤(財産・借金を)つくる、用意する、整える。¶ 사업 자금을 ~ 事業の資金を調達する。⑥(時間・労力をかけて)つくり上げる、仕立てる。¶ 단란한 가정을 ~ だんらんな家庭をつくり上げる。⑦(時間・機会などを)生みだす。¶ 짬을 ~ 暇をつくる。⑧(もめごとを)ひきおこす、計る。¶ 공연한 문제를 ~ つまらない問題をひきおこす。⑨(傷などを)つくる、生じさせる。¶ 본의 아니게 상처를 ~ 不本意ながらきずつくようにする。⑩(無いものをあるように)つくり出す。¶ 만들어 낸 이야기 つくり出した話。
만들다[2] [助動] 《用言の語尾「-게・-도록」について その動作・状態が成り立つようにする》…(するように・なるように)させる、…せしめる、…する。¶ 피아노를 연주하게 ~ ピアノを演奏するようにさせる。/ 방을 따뜻하게 ~ 部屋を暖かくする。
만:료〔滿了〕[名][하他][되自] 満了。¶ 임기 ~ 任期満了。
만:루〔滿壘〕[名][野] 満塁、フルベース。¶ ~ 홈런 満塁ホームラン。
만류〔挽留〕[名][하他] 引き止めること、思いとどまらせること。¶ 사직을 ~하다 辞職を思いとどまらせる。
만:리〔萬里〕[名] 万里、非常に遠いきょり。¶ ~ 타향 万里の他郷。
 만:리-장성〔−長城〕[名] 万里の長城。
만만-찮다 [形] (物事の程度・人の能力などが)ばかにできない、侮れない、したたかだ、見くびられない、手強い。¶ 만만찮은 금액 ばかにできない金額/ 만만찮은 사람 手強い人、したたか者。
만만-하다 [形][여] ①柔らかい、しなやかだ。②くみしやすい、手強くない、甘い。¶ 그를 만만하게 보지마라 彼を甘く見るな。
만:면〔滿面〕[名] 満面。¶ ~에 웃음을 띄우다 満面に笑みをたたえる。
만:무〔萬無〕[名][하形] 全然無いこと、絶対に有り得ないこと。¶ 그가 모를 리가 ~하다 彼が知らないはずがない。
만:물〔萬物〕[名] 万物。¶ 인간은 ~의 영장이다 人間は万物の霊長である。
만:반〔萬般〕[名] 万般。¶ ~의 준비를 해 놓다 万般の準備をしておく。
만:발〔滿發〕[名][하自] 満開。¶ 벚꽃이 ~하다 桜の花が満開になる。

만:방(萬方) [名] 万方、方々、あらゆる方面、諸方。

만:병(萬病) [名] 万病。¶ 감기는 ~의 근원 かぜは万病のもと。

만:병통치(-通治) [名] ①ある薬があらゆる病気にきくこと。~ 약 万能の神薬。②(比) ある物事があらゆる方面に効き目をあらわすこと。

만:-부당(萬不當) [名] [하形] 不合理きわまりもはなはだしいこと、あまりにもばかげていること。¶ ~한 소리 とんでもない話。

만:-부득이(萬不得已) [副] 万やむをえず、どうしようもなく。¶ ~한 사정으로 출석하지 못하다 万やむをえない事情で出席できない。

만:사(萬事) [名] 万事、すべてのこと。¶ 세상 - 浮き世の万事/ ~가 잘 되어갔다 万事うまくいった。

만:사 태평(-太平) [名] [하形] ①万事うまくいって心が安らかであること。②万事憂いなくのんきであること。

만:사 형통(-亨通) [名] [하自] 万事が思い通りになること。

만:삭(滿朔) [名] [하自] 産み月になること、またその月、臨月。¶ ~의 몸 産み月になった身。

만:상(萬象) [名] 万象。¶ 삼라 ~ 森羅万象。

만:석(萬石) [名] ①(稲の収穫高として) 一万石。②非常に多くいる穀物。

만:석-꾼(-꾼) [名] (稲の収穫高の) 大地主、金持ち。

만:선(滿船) [名] [하自] 満船。

만:성(晩成) [名] [하自他] 晩成。¶ 대기 ~ 大器晩成。

만성(慢性) [名] 慢性。¶ ~적인 일손 부족 慢性的な人手不足/ 인플레가 ~화하다 インフレが慢性化する。

만성 간염(-肝炎) [名] 慢性肝炎。

만:세¹(萬歲) [名] ①万歳、万年、長ない年月。~ 。②万世、代々に、永遠に。¶ 역 만세불역/ ~에 전해지다 万世に伝えられる。

만:세²(萬歲) [感] (祝福しゃくして唱えることば) 万歳。¶ ~를 부르다 万歳を唱える。

만:수(萬壽) [名] 万寿。

만:수 무강(-無疆) [名] 万寿無窮、寿命の長ないこと、ご安泰。¶ ~을 빌다 ご安泰を祈る、長寿を祈る。

만:수(滿水) [名] [하自] 満水。¶ 저수지가 ~가 되다 貯水池が満水になる。

만:신(滿身) [名] 満身。

만:신-창이(-創痍) [名] 満身創痍。

만:약(萬若) [名][副] 万一、若し(も)。¶ ~의 경우 もしもの場合は/ ~ 비가 오면 もし雨が降ったら 万一。

만연(蔓延・蔓衍) [名] [하自][되] 蔓延、はびこり広がること。¶ 전염병의 ~ 伝染病の蔓延。

만:연-하다(漫然-) [形여] 漫然としている。

만용(蠻勇) [名] 蛮勇。¶ ~을 부리다 蛮勇をふるう。

만:우-절(萬愚節) [名] エープリルフール。

만:원(滿員) [名] 満員。¶ 어느 버스나 ~이었다 どのバスも満員であった。

만:유(萬有) [名] 万有。

만:유 인력(-引力) [名][物] 万有引力。

만:인(萬人) [名] 万人、すべての人。¶ 그의 공적은 ~이 인정하는 바다 彼の功績は万人の認めるところだ。

만:일(萬一) [名] 万一。①若しもの場合、まさかのとき。¶ ~의 때에 대비하다 万一の場合に備える。②(副詞的に) 若し(も)、仮りに。¶ ~ 실패하면 어쩔 테냐? もしも失敗したらどうするつもりだ。

만:장(萬丈) [名] 万丈。¶ 파란 ~한 생애 波乱万丈の生涯。

만:장(滿場) [名] 満場。¶ ~의 갈채를 받다 満場の喝采を浴びる。

만:장 일치(-一致) [名] 満場一致。¶ ~로 가결하다 満場一致で可決する。

만:전(萬全) [名] [하形] 万全。¶ ~의 대책을 강구하다 万全の対策を講じる。

만점(滿點) [名] 満点。¶ 효과 ~ 効果満点/ 시험에서 ~을 맞다 試験で満点をとる。

만조(滿潮) [名] 満潮、満ち潮、上げ潮。¶ ~가 되다 満ち潮になる。

만족(滿足) [名] [하形][스形] 満足。¶ ~한 표정 満足な表情/ 결과에 ~하다 結果に満足する。 만족-히 [副] 満足に。

만족-감(-感) [名] 満足感。¶ ~을 표시하다 満足感を表わす。

만족-스레 [副] 満足に、満足げに。¶ ~ 여기다 満足に思う。

만:종(晩鐘) [名] 晩鐘。¶ 밀레의 ~ ミレーの晩鐘/ ~이 울리다 晩鐘が鳴る。

만지다 [他] いじる、触る、(手で) 触れる、さする、なでる、(軽く) もむ。¶ 수염을 ~ ひげをなでる。/ 만지지 마시오 触れないでください。

만지작-거리다 [他] しきりにいじる、弄じりまわす、まさぐる。¶ 손수건을 ~ ハンカチを弄りまわす。

만:찬(晩餐) [名] 晩餐。¶ 최후의 ~ 最後の晩餐。

만:-천하(滿天下) [名] 満天下、全世界。¶ 그 사실은 ~에 알려져 있다 その事実は満天下に知られている。

만:추(晩秋) [名] 晩秋。

만:취(滿醉・漫醉) [名] [하自][되] 泥酔、すっかり酔っ払うこと、沈醉。¶ ~하여 제정신이 아니다 泥酔して正気でない。

만큼¹ [依] ①(ある程度・限度を表わす)…くらい、…程。¶ 물을 ~ 먹었다 水を飲めるほど食べた。/ 그런 것을 믿을 ~ 어리석지 않다 そんなことを信じるほど愚かではない。

만큼 ②《原因・根拠になることを表わす》…から、…ので。¶ 그가 간 ~ 잘 되겠지 彼が行ったのでうまくいくでしょう。③《…できる)だけ、十分にする。¶ 가질 ~ 가져라 持てるだけ持ちなさい。

만큼 助《体言について一定の程度・限度を表わす》…ほど、…くらい。¶ 어느 ~ 도/ 오늘은 어제~ 춥지 않다 今日はどのくらい/ 今日は昨日ほど寒くない。

만:태(萬態) 名 万態、千姿万態。

만판 副 ①存分に、十分に、心ゆくまで、思う存分。¶ ~ 먹다 たらふく食べる。 ②もっぱら、しょっちゅう。¶ ~ 노닥거리고 있다 しょっちゅうしゃべりふざけている。

만:평(漫評) 名 漫評、気ままな批評。¶ 시사 ~ 時事漫評。

만-하다 助形 《動作・状態などがある程度に及んだことを表わす》…に適する、…に値する、…にほどよい、…にごたえのある、十分に…できる。¶ 꽤 볼 ~ 가리 見ごたえがある。/ 그 책은 읽을 ~ 本책은 読む価値がある。/ 그 정도면 쓸 ~ その程度なら十分に使える。

-만하다 接尾《その程度に》であることを表わす》…くらいだ、…ほどだ。¶ 주먹만한 감자 拳くらいのじゃがいも。/ 크기가 이것 ~ 大きさがこれくらいだ。

만:학(晩學) 名 晚学。¶ ~자 晚学者。

만행(蠻行) 名 蛮行。¶ 용서할 수 없는 ~ 許しがたい蛮行。

만:혼(晩婚) 名自 晚婚。↔ 조혼(早婚)

만:화(漫畫) 名 漫画。¶ ~ 영화 漫画映画。

만회(挽回) 名他自 挽回。¶ 인기를 ~하다 人気を挽回する。

많:다 形 ①《数・量・回数などが》多い、たくさんだ。¶ 할 일이 ~ 仕事が多い。/ 경험이 많은 사람 経験が多い人。②《程度が標準より》上回る、深い、多い。¶ 말이 ~ 口数が多い、うるさい。/ 유난히 정이 ~ 格別情に情が深い。 많-이 副 たくさん、よく、しばしば、うんと。¶ 돈을 ~ 벌다 お金をたくさん稼ぐ。/ ~ 쓰이는 단어 よく使われる単語/ ~ 먹어라 うんとお食べ。

맏- 接頭 ①《兄弟姉妹の生まれた順序の中で》一番目、一番上、長ち…。¶ ~누이 一番上の姉。②《その年の農産物などの》初物だの意。

맏-딸 名 長女、総領娘。↔ 큰딸

맏-물 名 《季節の》初物、走り、初生はつ。¶ ~호박 初生りのカボチャ。

맏-사위 名 長女の婿。

맏상제 [-喪制] 名 葬儀に当たった長男、喪主。

맏-손자 [-孫子] 名 長男の長男。

맏-형 [-兄] 名 長兄、いちばん上の兄、伯兄。

말¹ 名 動 馬。¶ 짐 ~ 駄馬。/ ~을 타다 馬に乗る。/ ~을 매다 馬をつなぐ。
속담 말 타면 경마 잡히고 싶다 馬に乗ると馬子が欲しくなる。《人間の欲は限りがない、隴を得て蜀を望むむ》

말² 名 《穀物・液体を量る》一斗、升。¶ ~로 되다 升目で量る。

말³ 名 ①《将棋などで》駒。②将棋のこまのひとつ、馬。

말⁴ 植 ①藻、藻草。②ヤナギモ。

말:⁵ 名 ①言葉、言語、語、話、言い方。¶ 표준 ~ 標準語/ ~이 통하다 言葉が通じる。/ ~을 나누다 話をやり取りする。~ 버릇이 거칠다 ことば遣いが荒い。②うわさ、噂話、評判。¶ ~이 돌다 うわさになる。③小言、文句、不平。¶ 그는 언제나 ~이 많다 彼はいつも文句が多い。④ことば、ことばかず。¶ ~이 많은 사람 口数の多い人。⑤挨拶、ことづて、伝言、言い分、言うこと。¶ 양쪽 ~을 듣다 双方の言い分を聞く。/ 내 ~ 좀 들어라 僕の言うことをちょっと聞け。⑥《「말이다」の形で語調を整える》…だけどね、…ですがね、…さ、…よ。¶ 그런데 ~이야 ところでね。/ 글쎄 ~이에요 そうなんですよ。⑦《「-ㄴ 말인가・-ㄴ 말일세」などの形で前述の事柄を確認にしたり強調する意》を表わす》…というわけだ。¶ 이렇게 끝났단 ~ 일세 こう終わったというわけだよ。⑧《「-니・-에・-야 말이지」の形で逆接の確定の条件を表わす》…したらばこそ、…だから良かったものの(さもなければ)。¶ 부모가 계시니 ~이지… 父母さがが居られればこそ…。
관용 말(을) 꺼내다 話[ことば]を引き出す、話しはじめる。말(을) 놓다 《尊敬語を使わず》くだけた言い方をする。말(을) 듣다 ①言うことをよくきく。②小言を聞く。③《機械などが》よく作動する。말(을) 비치다 《それとなく》ほのめかす。말(을) 옮기다 他言たする、口外する。말(이) 나다 ①うわさが立つ。②話題にのぼる。말(이) 아니다 《話にならない程》苦しい、あまりにもひどい、みじめだ。말(이) 통하다 話が通じる。말(이) 퍼지다 うわさが広まる。

말:⁶ 名 「마을」の縮約形。

말⁷ 依 《穀物・液体を量る単位だん》…斗。¶ 다섯 ~의 쌀 五斗の米。

-말 [末] 接尾 《ある期間の終わりを表わす》末、末期。¶ 주~ 週末/ 학기~ 학기 학기말/ 학년말.② 《粉末であることを表わす》末。¶ 분~ 粉末末。

말-갈기 名 馬のたてがみ。

말:갛다 形 ①澄んでいる、透き通っている、清らか。¶ 냇물이 ~ 川の水が澄んでいる。②《精神が》はっきりする。¶ 머리가 ~ 頭がはっきりする。

말:고 助 …でなくて、…ではなくて。¶ 이것 ~

말: -고삐 图 手綱なづ。¶ ~를 당기다 手綱を引く。
말-괄량이 图 お転婆でん、おきゃん。
말-굽 图 馬うまの蹄ひづめ、馬蹄ばてい。
　말굽 자석 [-磁石] 图 馬蹄形ばていけいの磁石じしゃく、馬蹄磁石。
말: -귀 [ー-句] 图 言葉ことばの意味いみ。¶ ~를 못 알아듣는다 言葉の意味をよくのみこめない。
말: -귀 图 ものを聞ききわける勘かん、呑のみ込こみ。¶ ~가 어둡다 勘が鈍にぶい、理解りかいが遅おそい。
말: -꼬리 图 言葉ことばじり。¶ ~를 얼버무리다 言葉ことばじりをはぐらかす。
　〈관용〉 말꼬리(를) 잡다 言葉じりを捕とらえる、揚あげ足あしを取とる。
말끄러미 副《一点てんを見みつめるようす》じっと、しげしげと、まじまじと。¶ ~ 쳐다보다 じっと見上みあげる。⑲ 물끄러미
말끔-하다 [形ㅇ] きれいに整ととのっている、きちんとしている、すっきりしている、さっぱりしている。¶ 말끔한 방 きちんとしている部屋へや。
　말끔-히 副 きちんと。¶ すっかり、さっぱり、すっきりきちんと。¶ 얼굴을 ~ 씻다 顔かおをきれいに洗あらう。
말다¹ 他 ①(紙かみ・反物たんものなどを) 巻まく、まるくたたむ。¶ 멍석을 ~ むしろを巻く。②(中なかになにかを入いれて) 巻まく。¶ 김밥을 ~ のりまきを巻く。
말다² 他 (ご飯はん・そばなどに) 湯ゆや汁しるをかける。¶ 밥을 ~ ご飯に汁をかける。
말:다³ 他 ①(していることを) 中断ちゅうだんする、止やめる。¶ 피다 만 담배 吸すいさしのタバコ。②(しようとすることを) やめることにする、止よすことにする。¶ 그곳에는 가지 말기로 했다 そこには行いかないことにした。
말:다⁴ 助動 ①(《...(하)지 말고》の形でその動作どうさをやめることの意いを表あらわす)...しないで...。¶ 떠나지 말고 기다려 주게 出発しゅっぱつしないで待まってくれ。②(《...(하)지 말아라》の形で使つかわれて命令形めいれいけいになる)...するな。¶ 먹지 말아라 食たべるな。/ 말란다 말란다 말란다고 말다고 말다고 ¶ 気きの毒どくでならない。③(《...(하)고 말다》の形で動作の完了かんりょうを表わす)...してしまう。¶ 기차는 떠나고 말았다 汽車きしゃは出発しゅっぱつしてしまった。
말: -다툼 图ぁ他 言いい合あい、言いい争あらそい、口くちげんか、口論こうろん。¶ 친구와 ~하다 友達ともだちと言い争う。
말단 [末端] 图 末端たん。¶ ~ 사원 末端の社員いん、平社員ひらしゃいん。
말: -대꾸 图ぁ他 言いい返かえし、口答くちごたえ、口返答へんとう。¶ 어른에게 ~하다 大人おとなに向むかって口答える。
말-더듬이 图 吃音者きつおんしゃ、どもり。
말: -동무 图 話はな相手あいて。¶ ~가 되다 話し相手になる。⑲ 말벗
말똥 图 馬糞ばふん、〜ぐそ。
말똥-말똥 副ぁ形 ①(《澄すんだ目めを大おおきく開ひらいて見みるようす》) まじまじ、じろじろ。¶ 얼굴을 ~ 쳐다보다 顔かおをまじまじと見上あげる。②(《目めがさえるようす》) ぱっちり。
말뚝 图 棒杭ぼうぐい、杭くい。¶ ~을 박다 杭を打うつ。
말: -뜻 图 語意ごい、言葉ことばの意味みい・内容ないよう・ニュアンス。¶ ~을 이해이かい 할 수 없다 言葉の意味を理解りかいすることができない。
말-띠 图 馬年うまどし生うまれの称しょう。
말라-깽이 图 やせっぽち。¶ 뚱뚱이와 ~ ふとっちょとやせっぽち。
말라리아 [malaria] 图 [醫] マラリア。¶ ~에 걸리다 マラリアにかかる。⑲ 학질 (虐疾)
말라-붙다 自 (水田すいでん・池いけなどが) 干上ひあがる、干からびる、かれる、枯渇こかつする。¶ 저수지가 말라붙었다 貯水池ちょすいちが干からびた。
말라-빠지다 自 痩やせこける、痩やせ細ほそる。¶ 말라빠져서 뼈와 가죽만 남았다 やせ衰おとろえて骨ほねと皮かわばかりになった。
말랑-하다 [形ㅇ] ①(果物くだもの・パンなどが) 柔やわらかい。②(性質せいしつなどが) 脆もろい、ふにゃにゃだ、与くみしやすい。⑳ 물렁하다
　말랑-말랑 副ぁ形 《やわらかいさま》 ふにゃふにゃ、ふかふか。¶ ~한 빵 ふかふかとしたパン。
말려-들다 自 巻まき込こむ。①巻まかれて中なかに入はいる。¶ 기계에 옷자락이 ~ 機械きかいに裾すそが巻き込まれる。②掛かかり合あう。¶ 사건けんに ~ 事件に巻き込まれる。
말로 [末路] 图 末路まつろ。¶ 비참한 ~ 悲惨ひさんな末路。
말리다¹ 自 「말다」の受動。①(紙かみ・布ぬのなどが) くるくると巻まかれる。¶ 종이가 ~ 紙が巻かれる。②巻き込まれる。¶ 차바퀴에 ~ 車輪しゃりんに巻き込まれる。
말리다² 他 (人ひとがしようとすることを) 止とめる、やめさせる、引ひき止とめる、留とめ立たてをする、思おもいとどまらせる、仲裁ちゅうさいする。¶ 싸움을 ~ けんかをやめさせる。/ 아무리 말려도 듣지 않는다 いくら留めてもきかない。
말리다³ 他 ①乾かかす、干ほす。¶ 빨래를 ~ 洗濯物せんたくものを乾かす。/ 이불을 햇볕에 ~ ふとんを日干ひぼしする。②枯からす。¶ 우물을 ~ 井戸いどの水みずをからす。
말: -많다 [形] ①口くちうるさい、口数くちかずが多おおい、文句もんくが多い。②理屈りくつっぽい。
말: -머리 图 ①話はなしの糸口いとぐち。¶ ~를 꺼내다 話を切きりだす。②話はなしの方向ほうこう、話題だい。¶ ~를 돌리다 話題を変かえる。
말: -못하다《主おもに「말못할...」の形で》口くちで言いえない、打ちち明あけられない。¶ 말 못할 사정 打ち明けられない事情じょう。
말: -문 [-門] 图 ①(話はなすための) 口くち。¶ ~을 떼다 口をひらく。②話はなしの糸口いとぐち。¶ ~을 찾지 못하다 話の糸口が見みつからない。
말미 图 休暇きゅうか、暇ひま、ひま、猶予ゆうよ。¶ ~를 주다 猶予を与あたえる。/ ~를 받고 고향에 돌아가다 休暇をとって田舎いなかに帰かえる。
말미 [末尾] 图 末尾まつび。①(文章ぶんしょう・本ほんの) 終お

말미암다

わりの部分。②末端。
**말미암다** 自 ①(…に)原因する、よる、由来する、帰する。¶부주의로 말미암은 사고 不注意による事故。②(「-로 말미암아」の形で)…によって、…のために。¶비로 말미암아 오지 못했다 雨のため来られなかった。
**말:-발** 名 ことばの権威、またその影響力。 慣用 **말발(이) 서다** ことばに影響力がある、おしがきく。¶도무지 말발이 서지 않는다 一向に権威がない。
**말:-버릇** 名 口癖、話し方。¶～이 되다 口癖になる。/ ～을 고치다 話し方を直さす。
**말:-벗** 名 話し相手。¶～이 없다 話し相手がない。
**말복**[末伏] 名 末伏(立秋後の最初の庚の日)。
**말살**[抹殺] 名他(する)自) 抹殺。¶기록을 ～하다 記録を抹殺する。
**말:상**[-相] 名 馬面、顔の長ない人を指していう語。
**말세**[末世] 名 末世。¶～적 현상 末世的現象。
**말소**[抹消] 名他(する)自) 抹消。¶～ 등기 抹消登記 / 서류를 ～하다 書類を抹消する。
**말:-소리** 名 ①話し声、話す声。¶～를 낮추다 話し声を低くめる。②[言] 音声。
**말:-솜씨** 名 話術、話し方、話し振り。¶～가 좋다 話術がうまい。
**말:-수** 名 口数、ことば数。¶～가 적은 사람 口数が少ない人。
**말:-술** 名 一斗の酒、斗酒。~을 사양하지 않는다 斗酒なお辞せず。
**말:-실수**[-失手] 名他(する) 言いあやまり、言い損ない、失言。
**말썽** 名 めんどう、厄介、悶着、もめ事、問題、物議、紛争、トラブル。¶많은 사건 問題가 많은 事件だ。/ ～을 피우다 厄介をかける。/ ～을 일으키다 めんどうを起こす。
    **말썽-꾼** 名 厄介者、よく問題を起こす人、困り者。
**말쑥-하다** 形 こぎれいだ、すっきりしている、こざっぱりしている。¶말쑥한 얼굴 こすっきりした顔。
**말씀**[言] 名他(する)自他 ①《(尊敬語として)》お話しし、お言葉、おっしゃること、仰せられること。¶부모 ～에 따르다 親の仰せに従う。/ 옳은 ～입니다 おっしゃるとおりです。②《謙譲語として》話し、ことば。¶드릴 ～이 있어서 왔습니다 申し上げたいことがあって参りました。
**말:-씨** 名 ①なまり、弁。¶서울 ～ ソウル弁。②語調。¶～가 부드럽다 語調が軟らかい。③言葉遣い、言い方。¶～가 공손하다 言葉遣いがていねいだ。
**말-없이** 副 ①何も言わず(に)、黙って、黙々と。¶～가 버리다 何も言わずに立

ち去る。/ ～ 앉아 있다 黙って座っている。②もめ事なく、無事に。¶～ 잘 지내고 있다 無事にくらしている。
**말엽**[末葉] 名 末葉。¶20세기 ～ 20世紀の末葉。
**말일**[末日] 名 末日。¶이 달 ～에 지불한다 今月の末日に支払う。
**말:-재주**[-才-] 名 話術、話しの才能、弁舌の才能、弁舌の才。¶～를 부리다 弁舌の才をひけらかす。
**말:-조심**[-操心] 名(する) 言葉遣いに注意することと、口を慎むこと。
**말:-주변** 名 言い回し、弁ぺん、口巧。¶～이 좋다 言い回しがうまい。
**말직**[末職] 名 最下位しの職。
**말짱-하다** 形 ①きれいだ、きちんとしている、(天気などから)からりとしている。¶날이 말짱하게 개었다 天気がからりと晴れた。②まともだ、損傷がない、欠点がない、完全だ。¶이 차는 아직 ～ この車はまだ大丈夫だそうだ。③(精神や状態が)はっきりしている、正気だ。¶말짱한 정신으로 그런 말을 하고 있는 거냐? 正気でそんなことを言っているのか。④でたらめだ、とんでもない、ばかげている。¶말짱한 허풍 とんでもないほら。
**말:-참견**[-参見] 名他(する) 口出し、差し出口。¶곁에서 ～ 하다 横から口出しする。
**말초**[末梢] 名 末梢。¶～ 신경 末梢神経 / ～적인 문제 末梢的な問題。
**말-총** 名 馬のたてがみと尾の毛。
**말:-치레** 名他(する) (内容のない)言葉を飾ること、おせじ、うわべばかりの言いぐさ。¶～는 그럴 듯하다 おせじはうまい。
**말:-투**[-套] 名 口ぶり、言葉づき、話しぶり。¶～가 건방지다 話しぶりが生意気だ。
**말:-하다** 自他 言う。①(ことば・考えなどを)話す、述べる、語る。¶의견을 ～ 意見を言う。¶말하기 곤란하다 話しにくい。②知らせる、伝える。¶그 사실을 그에게 말해 줘 その事実を彼に知らせてくれ。③頼む、依頼する。¶친구에게 한 번 말해 보아라 友達に一度頼んでみろ。④評する、評価する、論じる。¶남의 일을 듣기 좋게 ～ 人のことを聞きよいように言う。⑤たしなめる、言い聞かせる。¶엄하게 ～ 厳しくたしなめる。⑥(言葉で)表現する。¶이 기쁨을 어떻게 말해야 할지 모르겠다 この喜びを何と言ってよいのか分からない。⑦指す、語たる、物語る。¶현장은 사고의 참상을 말해주고 있다 現場は事故の惨状を物語っている。

慣用 **말할 것도 없다** 言うまでもない、もちろんのことだ。**말할 수 없이** この上なく、なんとも言えないほど、途方もなく。
**말-하자면** 副 いわば、言うならば、言ってみれば、例えて言えば。

**맑다** [形] ①(水·空気などが)清い、澄んでいる、きれいだ。¶ 연못의 물이 ~ 池の水が澄んでいる。②(心ご·頭あたまが)すっきりしている、さえている、さわやかだ。¶ 커피를 마셨더니 머리가 맑아졌다 コーヒーを飲んだら頭がさえてきた。③(音声·色などが)冴えてきている、澄んでいる。¶ 맑고 고운 목소리 澄んできれいな声。④(天気が)晴れている。¶ 맑은 하늘 晴れ渡った空。

**맑디-맑다** [形] 非常に清らかだ、澄みきっている。¶ 맑디맑은 가을 하늘 澄みきった秋空。

**맑은-장국**[-醬-] [名] (牛肉を材料につかった)澄まし汁。

**맛** [名] ①(食物の)味、味わい、おいしさ。¶ ~좋은 음식 味のよい食べ物。/ 매운 ~ 辛い味。②(事物の)持ち味、面白み、妙味。¶ 원문의 ~을 내다 原文の持ち味を出す。③(経験して分かる)感じ、気持ち、雰囲気。¶ 따끔한 ~을 보여 주마 こっぴどい目にあわせてやるよ。/ 돈을 버니 살 ~이 난다 金を儲けたら生きがいを感ずる。

**맛-들다** [自] 味が付く、持ち味が出る、おいしくなる。¶ 포도주가 ~ 葡萄酒の味が付く。

**맛-들이다**¹ [他] (「맛들다」の使役) 味をつける。

**맛-들이다**² [自] (ある事に)味を占める、興味を覚える。¶ 낚시에 ~ 釣りに興味をおぼえる。/ 술에 맛들인 모양이구나 酒の味をおぼえたようだ。

**맛-보다** [他] ①味見をする、味を試みる、すこし食べてみる。¶ 김치를 ~ 漬物の味見をする。②味わう、体験する、経験する。¶ 인생의 쓴맛 단맛 다 ~ 人生の酸いも甘いもみな味わう。

**맛-소금** [名] 味付け食塩。

**맛-없다** [形] ①(味が)まずい、おいしくない。¶ 맛없는 음식 まずい食べ物。②おもしろくない、味気ない。¶ 농담도 두 번 이상 들으면 맛없어진다 冗談も二回以上言えばおもしろくなくなる。③趣がない、無粋だ、やぼくさい。

**맛-있다** [形] ①うまい、おいしい。¶ 맛있는 음식 おいしい食べ物。②おもしろい、おもしろみがある。

**망:**[望] [名] 動静を探ること、見張りなり、監視かん。¶ ~을 보다 見張りをする。

**망** [名] (物を入れて持ち歩くための)縄で編んだ網状の袋。

**망**[網] Ⅰ[名] 網。¶ 저인~ 底引き網/ ~을 치다 網を打つ。Ⅱ[接尾] (網のような組織·体系の意味に) …網、…ネット。¶ 방송·방송망 放送網/ 수사~ 捜査網。

**망가-뜨리다** [他] 壊す、駄目にする、破損する。¶ 장난감을 ~ おもちゃを壊す。

**망가-지다** [自] 壊れる、駄目になる。¶ 우산이 ~ 傘が壊れる。

**망각**[忘却] [名][하他] 忘却。¶ 본분을 ~하고 있다 本分を忘れている。

**망고**[mango] [名][植] マンゴー。

**망국**[亡国] [名] 亡国。①[하他] 国を滅ぼすこと。¶ 사치 ~론 奢侈亡国論。②滅びた国に。¶ ~민 亡国の民。

**망국지-탄**[-之歎] [名] 亡国の嘆き。

**망나니** [名] ①ならず者、与太者。②[史] 太刀取、首切り。

**망년**[忘年] [名] 忘年。¶ ~회 忘年会。

**망:동**[妄動] [名][하他] 妄動。¶ 경거 ~을 삼가라 軽挙妄動を慎め。

**망-둥이** [名][動] ハゼ。

**망라**[網羅] [名][하他] 網羅。¶ 모든 사실을 ~하다 あらゆる事実を網羅する。

**망령**[亡靈] [名] 亡霊。

**망:령**[妄靈] [名] 老いぼれること、もうろく、ぼけ。¶ ~을 부리다 老いぼれてばかげた行動をする。

**망:령-되다** [形] ばかげている、途方もない。¶ 앞으로 망령된 말 하지 마라 これからばかげたことをいうな。

**망:령-들다** [自] 老いぼれる、もうろくする、ぼける。¶ 망령든 노인 もうろくじいさん。

**망막**[茫漠] [名][하形] 茫漠。¶ ~한 사막 茫漠たる砂漠が/ 앞길이 ~하다 先きの見通しがつかない。

**망막**[網膜] [名][生] 網膜。¶ ~염 網膜炎。

**망명**[亡命] [名] 亡命。¶ ~정부 亡命政府/ 외국으로 ~하다 外国に亡命する。

**망명-자**[-者] [名] 亡命者。

**망:발**[妄發] [名][하他] ①口から出でまかせのことば、妄言、暴言。②自分や祖先名をはずかしめること、またその言葉や行動。ⓐ 망언。

**망부**[亡父] [名] 亡父、亡き父。

**망부**[亡夫] [名] 亡夫、亡き夫。

**망:부-석**[望夫石] [名] 望夫石。

**망사**[網紗] [名] 網のように目を粗くして織った紗。

**망:상**[妄想] [名] 妄想。¶ 과대 ~ 誇大妄想/ 피해 ~에 사로잡히다 被害妄想にとらわれる。

**망상-스럽다** [形] (言行·考えなどが)悪賢だしこい、厚ずうずうしい。

**망설-거리다** [自] もじもじする、尻込みする、しきりにためらう。¶ 어찌 하면 좋을지 망설거리고 있다 どうしたらいいのかためらっている。

**망설-망설** [副][하自] もじもじ、ぐずぐず。

**망설-이다** [自] ためらう、躊躇する、もじもじする、迷まよう、尻込みする。¶ 대답을 못하고 ~ 答えられずにもじもじする。

**망신**[亡身] [名][하他][ㅅ形] 恥さらし、面汚し、恥、恥辱、あやまった言動で地位や名誉を傷すつけること。¶ ~을 당하다 恥をかく。/ 저런 놈이 있다니 집안 ~이다 あんな奴がいるとは一家の恥さらしだ。

망신-스럽다 [形ㅂ] 恥ずかしい。¶ 망신스러운 꼴 恥ずかしいさま。
망신-시키다 [他] 恥をかかせる、はずかしめる。¶ 집안을 ~ 家族に恥をかかせる。
망아지 [名] 子馬。
망:언[妄言] [名] 妄言、出でまかせのことば。¶ 그런 ~을 하다니… そんな妄言を吐くとは…。
망연[茫然] [名][하形] 茫然。¶ ~하게 바라보고 있다 茫然と眺めている。 망연-히 [副] 茫然と。¶ ~ 서 있을 뿐… 茫然と立っているだけ…。
망연-자실[-自失] [名][하形] 茫然自失。
망울 [名] ①(牛乳・のりなどの)小さい塊、凝り固まり、だま。¶ ~이 지다 塊ができる。②リンパ腺腫脹、ぐりぐり。¶ 유방에 ~이 서다 乳房にぐりぐりができる。③《「꽃망울」の縮約形》花のつぼみ。④《「눈망울」の縮約形》眼球。
망:원-경[望遠鏡] [名] 望遠鏡。
망은[忘恩] [名][하形] 忘恩、恩を忘れること、恩知らず。
망자[亡者] [名] 亡者、死んだ人。
망정 [依] (「-기에 [-니・야] 망정이지」の形で) …だからよかったものの、…さもなければ。¶ 미리 준비를 해 놓았으니 ~이지 큰일 날 뻔했다 あらかじめ準備をしておいたからよかったものの大変なことになるところだった。
망:제[望祭] [名] 他鄕で祖先の墓のある方を望んで行なう祭祀。
망조[亡兆] [名] 滅びる兆し、衰退の兆し。¶ ~가 들다 滅びる兆しがある。
망종[亡種] [名] ならず者、人間の屑。
망중[忙中] [名] 忙中、多忙中。¶ ~에도 불구하고… 多忙中にかかわらず…。
망중-한[-閑] [名] 忙中の閑。
망측[罔測] [名][하形] 非常識であること、えげつないこと、あきれるばかりであること、口にするのも面倒がゆいこと。¶ ~한 이야기 えげつない話/ 아이, ~해라 まあ、えげつない。
망치 [名] (大きな)金槌、ハンマー。¶ ~로 박다 金槌で打つ。
망치다 [他] ①(事を)台無しにする、駄目にする、つぶす、めちゃくちゃにする。¶ 농작물을 ~ 農作物を駄目にする/ 남의 일을 망쳐 버리다 他人の仕事を台なしにしてしまう。②(国・家・身などを)滅ぼす、つぶす。¶ 술로 신세를 ~ 酒で身を滅ぼす。
망태기[網-] [名] 縄や紐で編んだ袋。
망토[프 manteau] [名] マント。
망-하다¹[亡-] [自여] 滅びる、滅亡する、つぶれる。¶ 나라가 ~ 国が滅びる/ 회사가 ~ 会社がつぶれる。
망-하다²[亡-] [形여] 非常に悪い、ひどい、(物がこわれて)使えなくなっている。¶ 망할 놈 けしからん奴。
망:향[望鄕] [名][하形] 望鄕。¶ ~의 마음 望鄕の心/ ~가 望鄕の歌。
맞-고소[-告訴] [名] 被告人が告訴人を告訴すること。
맞다¹ [自] ①当たる。¶ 공이 머리에 ~ ボールが頭に当たる。②(予想などが)当たる、的中する。¶ 내 짐작이 맞았다 僕の勘が当たった。
맞다² [自] ①(大きさ・寸法などが)合う。¶ 구두가 발에 꼭 ~ 靴が足にぴったり合う。②(状態・程度などが)似合う、適合する、ふさわしい。¶ 분수에 맞는 생활을 하다 身分に相応しような生活をしている。③(互いに)一致する、調子が合う。¶ 뜻이 맞는 친구 志を同じくする友人/ 말과 행동이 맞지 않다 言うことと行なうことが一致していない。④(心・口などに)合う、ちょうどよい。¶ 입에 맞는 음식 口に合う食べ物。⑤(損得が)引き合う、つり合う、損にならない。¶ 채산이 ~ 採算がつり合う。
맞다³ [他] ①打たれる、殴られる。¶ 매를 ~ 鞭で打たれる/ 공에 얼굴을 ~ ボールに顔を殴られる。②(雨・雪・風などに)当たる、受ける、遭う。¶ 소나기를 맞아 흠뻑 젖었다 夕立ちにあってびしょぬれになった。③(鉄砲・矢などに)当たる、撃たれる。¶ 화살을 ~ 矢に当たる。④(注射・はんこなどを)打ってもらう、押してもらう。¶ 주사를 ~ 注射を打ってもらう。⑤(成績の評点などを)取る、得る。¶ 시험에서 만점을 ~ 試験で満点を取る。⑥(承諾・許可などを)受ける、得る。¶ 검사를 ~ 検査を受ける/ 허가를 ~ 許可を得る。⑦(ある物事に)当面どうする、遭う、…される、…被られる。¶ 도둑을 ~ 泥棒に遭う、盗まれる/ 퇴짜를 ~ 拒絶される。
맞다⁴ [他] ①(来る人を)迎える。¶ 손님을 반가이 ~ 客を喜んで迎える。②(一員として)迎える、迎え入れる、もらう。¶ 며느리를 ~ 嫁を迎え入れる。③(年・季節・記念日などを)迎える。¶ 새해를 ~ 新年を迎える。
맞다⁵ [形] 合っている。①正しい、違わない。¶ 답이 ~ 答えが合っている/ 그의 말이 ~ 彼の言うことが正しい。②当てはまる、一致する。¶ 이치에 ~ 理屈に合う。
-맞다 [接尾] 《体言について その語を形容詞に変える語》…くさい、…しい、…っぽい。¶ 궁상 ~ 貧乏くさい/ 방정 ~ 軽率はずみだ、軽率だ。
맞-닥뜨리다 [自] 出くわす、かち合う、ぶつかる。¶ 친구와 거리에서 ~ 道で友人にでくわす。
맞-담배 [名] (同輩の間柄で)向かい合って吸うタバコ。

**맞-닿다** 自 触ふれ合あう、相接あいせつする。¶ 바다와 맞닿은 하늘 海うみと接せつした空そら。

**맞-대다** 他 ①突つき合あわせる、くっつける。¶ 얼굴을 ~ 顔かおを突き合わせる。②対面たいめんする、面めんと向むかう、顔かおを合あわせる。¶ 맞대 놓고 말하다 面と向かって言いう。

**맞-대:면**[-對面] 名-하다 (当事者とうじしゃどうしが)対面たいめんすること。

**맞-두다** 他 (将棋しょうぎ・碁ごなどを)平手ひらてでさす、相碁あいごを打うつ。

**맞-들다** 自 ①二人ふたりで持もち上あげる。¶ 책상을 ~ 机つくえをいっしょに持ち上げる。②力ちからを合あわせる、協力きょうりょくする。¶ 일을 맞들어 하다 仕事しごとを力を合わせてする。

**맞-먹다** 自 (数量すうりょう・程度ていどが)互角ごかくだ、五分五分ごぶごぶだ、似にたり寄よったりだ、匹敵ひってきする。¶ 두 선수의 실력이 ~ 二人ふたりの選手せんしゅの実力じつりょくは五分五分だ。

**맞-물리다** 自 (「맞물다」の受動) かみ合あう、食くい合あう。¶ 톱니바퀴가 ~ 歯車はぐるまがかみ合う。

**맞-바꾸다** 他 (ねだんを問とわず)一対一いちたいいちで交換こうかんする、取とり替かえる。

**맞-벌이** 名-하다 共稼ともかせぎ、共働ともばたらき。¶ ~ 부부 共稼ともかせぎ夫婦ふうふ。

**맞-부딪치다** 自 ぶつかり合あう、ぶつけ合わせる、正面しょうめん衝突しょうとつする。¶ 버스와 트럭이 ~ バスとトラックが正面衝突する。

**맞-불** ①向むかい火ひ。¶ 산에 ~ 을 놓다 山やまに向かい火を放はなつ。②(銃砲じゅうほうによる)応戦おうせん、応射おうしゃ。

**맞-붙다** 自 競きそり合あう、取組とりくむ。¶ 맞붙어 싸우다 取とっ組くみ合あって戦たたかう。

**맞-상대**[-相對] 名-하다 互たがいに相手あいてにすること〔状態じょうたい〕。¶ 내가 ~ 해 주겠다 俺おれが相手あいてになってやろう。

**맞-서다** 自 ①向むかい合あって立たつ。②歯向はむかう、対立たいりつする、張はり合う。¶ 의견이 ~ 意見けんが対立する。/ 상사에 ~ 上役うわやくに歯向かう。

**맞-선** 名 (結婚けっこんの)見合みあい。¶ ~ 을 보다 見合いをする。

**맞-수**[-手] 名 《「맞적수」の縮約形》互角ごかくの相手あいて、好敵手こうてきしゅ、ライバル。

**맞아-떨어지다** 自 (数値すうち・予想よそうなどが)ぴったり合あう、的中てきちゅうする。¶ 계산이 ~ 計算けいさんがぴったり合う。

**맞은-편**[-便] 名 ①向むかい側がわ。¶ ~ 집 向かい側の家いえ/ ~ 에 서다 向かい側に立たつ。②相手方あいてがた。¶ ~ 팀 相手側あいてがわのチーム。

**맞이** 名-하다 迎むかえること、迎むかえ。①(来くる人ひとを)出迎でむかえること、待まち受うけること。¶ 외국 손님을 ~ 하다 外国がいこくのお客きゃくさんを迎える。②(一員いちいんとして)迎むかえ入いれること。¶ 아내를 ~ 하다 妻つまを迎える。③(ある時期じき・状態じょうたいに)至いたる、迎える。¶ 아이의 생일을 ~ 하다 子供こどもの誕生日たんじょうびを迎える。④(ある事柄ことがらを)迎えて楽たのしむこ

と。¶ 달 ~ 가다 月見つきみに行いく。

**맞-장구**[←一長鼓] 名 相あいづち。
  **慣用 맞장구(를) 치다** 相あいづちを打うつ。

**맞-절** 名-하다 (互たがいに同等どうとうの礼れいを守まもって)同時どうじにお辞儀じぎを交かわすこと。

**맞추다** 他 ①(基準きじゅん・標準ひょうじゅんなどに)合あわせる、一致いっちする。¶ 박자를 ~ 拍子ひょうしを合わせる。②(二ふたつのものを)ぴったりさせる。¶ 입을 ~ 唇くちびるを合わせる。③調和ちょうわ・適合てきごうするようにする。¶ 핸드백을 옷에 맞추어 선택하다 ハンドバックを服ふくに合わせて選えらぶ。④(機械きかいなどを)調整ちょうせいする。¶ 시계를 정확한 시각에 ~ 時計とけいを正ただしい時刻じこくに合わせる。¶ 뜯었던 기계를 다시 ~ ばらした機械を再ふたたび組くみ合わせる。⑥(答こたえなどを)正ただしく当あてる、解とく。¶ 정답을 ~ 正しい答を当てる。⑦(品物しなものを)あつらえる、注文ちゅうもんする。¶ 양복을 ~ 洋服ようふくをあつらえる。/ 떡을 ~ 餅もちを注文する。⑧(全部ぜんぶを集あつめて)整然せいぜんたるようにする、そろえる。¶ 순서를 ~ 順序じゅんじょを整ととのえる。⑨(状況じょうきょうに)適応てきおうさせる。¶ 실정에 맞추어 조절하다 実情じつじょうに適応させて調節ちょうせつする。/ 비위를 ~ きげんを取とる。

**맞춤-법**[-法] 名〔文법〕(ハングルの)綴つづりの法則ほうそく、綴字法つづりじほう、正書法せいしょほう。

**맞히다**[1] 他 (正ただしい答こたえを)当あてる、解とく、言いい当てる。¶ 답을 알아 ~ 答こたえを言い当てる。

**맞히다**[2] 他 「맞다」の使役。①(目標もくひょうなどに)当あてる、的中てきちゅうさせる、命中めいちゅうさせる。¶ 화살을 과녁에 ~ 矢やを的まとに命中させる。②(雨あめ・雪ゆきなどに)当てる、さらす。¶ 비를 맞힌 화분 雨にさらした植木鉢うえきばち。③(鞭むち・針はりなどを)打たせる。¶ 주사를 ~ 注射ちゅうしゃをうたせる。

**맡기다** 他 任まかせる。①(人ひとに)委ゆだねる、委託いたくする。¶ 어려운 일을 과장에게 ~ 難むずかしい仕事しごとを課長かちょうに委ねる。②なすがままにする。¶ 운을 하늘에 ~ 運うんを天てんに任せる。③(金品きんぴんを)預あずける、保管ほかんを頼たのむ。¶ 보석을 은행 금고에 ~ 宝石ほうせきを銀行ぎんこうの金庫きんこに預ける。④(人ひとに)世話せわを頼たのむ。¶ 아이를 탁아소에 ~ 子供こどもを託児所たくじしょに預ける。

**맡다**[1] 他 ①(責任せきにんなどを)引ひき受うける、受うけ持もつ、担当たんとうする。¶ 공사를 ~ 工事こうじを引き受ける。/ 집안 살림을 ~ 家事かじを受け持つ。②(金品きんぴんを)預あずかる、保管ほかんを引き受ける。¶ 귀중품을 ~ 貴重品きちょうひんを預かる。③引ひき受うけて世話せわをする。¶ 아이 다섯을 맡고 있다 子供こどもを五人ごにん預あずかっている。④(注文ちゅうもん・許可きょかなどを)受うけている、取とる、得える。¶ 주문을 ~ 注文を取る。/ 승낙을 ~ 承諾しょうだくを得る。⑤(時間じかん・場所しょなどを)取とる、予約よやくする、先さきに占有せんゆうする。¶ 자리를 맡아 놓다 席せきをあらかじめ

맡다
取っておく。

맡다² 他 ① (においを)かぐ。¶ 꽃 향기를 ~ 花の香りをかぐ。②(気配を)かぎ付ける、感じる、気付く。¶ 수상한 낌새를 ~ 怪しい気配をかぎつける。

매¹ 名 鞭だち、鞭打ち。¶ ~를 맞다 鞭で打たれる。

매² 名[動] タカ。¶ ~ 사냥 鷹狩り。

매³ 副 (羊・山羊の鳴き声) めえー。

매:-[每] 接頭 (「…のたびに・一つ一つ」の意をあらわす語) 毎…、…ごと。¶ -번 每度 / ~년 毎年。

-매 接尾 (「身なり・姿態・様子」の意をあらわす語) …付き。¶ 눈~ 目付き/ 몸~ 体付き。

매:가[賣價] 名 売価、売値。

매:각[賣却] 名[하他][되自] 売却。¶ ~ 조건 売却条件。

매개[媒介] 名[하他] 媒介。¶ 전염병을 ~하는 파리 伝染病を媒介するはえ。

매:국[賣國] 名[하自] 売国。¶ ~노 売国奴 / ~적 행위 売国的行為。

매:기[買氣] 名 買い気、(将来値が上がると見て)買おうとする傾向。¶ ~가 없다 買い気がない。

매기다 他 (値段・等級・順序などを)つける、きめる。¶ 정가를 ~ 定価をつける。/ 답안지에 점수를 ~ 答案用紙に点数をつける。

매끄럽다 形ㅂ ①滑らかだ、滑りっこい、すべすべしている。¶ 매끄러운 살결 なめらかな肌 / 길이 ~ 道が滑りっこい。②(人となりが)抜け目がない、小ざかしい。 ⓒ 미끄럽다

매끈-하다 形여 ①すべすべしている。②(傷・欠点が)なくきちんとしている、すんなりしている。③(顔・姿態が)整っている、スマートだ。¶ 몸매가 ~ 体つきがすんなりしている。

매너[manner] 名 マナー。¶ ~가 나쁜 사람 マナーのよくない人。

매니저[manager] 名 マネージャー。

매니큐어[manicure] 名 マニキュア。

매다¹ 他 ①(紐などを)結ぶ、締める。¶ 넥타이를 ~ ネクタイを結ぶ。/ 벨트를 졸라 ~ ベルトを引き締める。②関係がなくなる。¶ 회사에 매인 몸 会社にしばられた身。③(紐で)巻き付けて結びる、くくる。¶ 책을 끈으로 ~ 本を紐でくくる。④(動物などを)つなぐ、縛りつける。¶ 개를 기둥에 ~ 犬を柱につなぐ。⑤(綱などを空中に)渡す、取りつける。¶ 밧줄을 ~ 綱を渡す。/ 그네를 ~ ぶらんこを取りつける。⑥(物を)作る。¶ 붓을 ~ 筆を作る。

매:다² 他 草取りをする、除草する。¶ 김을 ~ 雑草を取る。

매:-달[每-] 名 毎月。¶ ~ 이자를 물다 毎月利子を支払う。

매:-달다 他 つる、つるす、ぶら下げる。¶ 귀걸이를 ~ 耳輪をぶら下げる。

매:-달리다 自 ①ぶら下がる、垂れ下がる。¶ 철봉에 ~ 鉄棒にぶら下がる。②(離れないように堅くに)しがみつく、すがりつく。¶ 뒤집힌 보트에 転覆したボートにしがみつく。③(信頼して)依存する、頼る。¶ 부모에 매달려 살다 親に頼って生きる。④そばにいる、付く。¶ 환자에 간호사가 한 사람씩 ~ 患者に看護婦が一人ずつ付く。⑤(仕事などに)しがみ付く、熱中する、没頭する。¶ 연구에 ~ 研究ばかりに没頭する。

매:도[罵倒] 名[하他][되自] 罵倒。¶ 파렴치한 행위를 ~하다 破廉恥な行為を罵倒する。

매:도[賣渡] 名[하他][되自] 売り渡し。

매독[梅毒] 名 梅毒。

매듭¹ 名 ①(糸や紐などの)結び目、結び。¶ ~을 맺다 結び目をつくる。/ ~을 풀다 結び目を解く。②(物事の)区切り、けじめ、けり、めど。¶ 일에 ~을 짓다 仕事に区切りをつける。

매듭² 名 装飾な結び。

매력[魅力] 名 魅力。¶ ~적인 목소리 魅力的な声。/ ~을 느끼다 魅力を覚える。

매료[魅了] 名[하他][되自] 魅了。¶ 관객을 ~하다 観客を魅了する。

매립[埋立] 名 埋め立て。¶ ~지 埋め立て地 / 호수를 ~하다 湖を埋め立てる。

매-만지다 他 ①手入れをする、取り繕う。¶ 머리를 ~ 髪の手入れをする。②撫でつける、いじる。¶ 넥타이를 ~ ネクタイをいじる。

매-맞다 自 (鞭などで)打たれる、殴られる。¶ 매맞고 기절했다 殴られて気絶した。

매매[賣買] 名[하他][되自] 売買。

매몰[埋沒] 名[하自他][되自] 埋没。¶ 산사태로 집이 ~되었다 山崩れで家が埋没した。

매몰-스럽다 形 (見るからに)冷酷だ、冷たい感じだ、薄情そうだ。¶ 매몰스럽게 대답했다 冷たく答えた。

매몰-차다 形 (性格・態度などが)非常に冷淡か、むごく思いやりがない。¶ 매몰찬 성격 非常に冷たい性格。

매무새 名 衣服を着こなした様子、身なり。¶ ~가 곱다 身なりがきれいだ。

매:물[賣物] 名 売り物。¶ ~로 내놓다 売り物に出す。

매:번[每番] 副 毎度、たびたび。¶ ~ 신세만 지고 있습니다 毎度お世話になっています。

매복[埋伏] 名[하他] 埋伏。①隠れること。②待ち伏せすること。¶ ~하여 적을 기다리다 埋伏して敵を待つ。

매부[妹夫] 名 姉妹の夫、妹らの夫、義兄、義弟。

매:-부리¹ 名 鷹匠、鷹飼い。

매:-부리² 名 鷹のくちばし。

매:부리-코【-鼻】 图 鷲鼻わし、鉤鼻かぎ。
매:사【毎事】 图 事ごと、事あるたびに。¶ ~에 부지런하다 万事ばんじに勤勉きんだ。/ ~에 참견하다 事ごとに出しゃばる。
매:상【売上】 图 売うり上あげ、売うれ行ゆき。¶ ~이 늘다 売り上げが伸のびる。
매:상-고〔-高〕 图 売うり上げ高だか。
매:석【買惜】 图 売り惜しみ。¶ 매점-매석かい占しめ売り惜しみ。
매섭다 [形]① ①(気性・顔つきなどが)冷たく険しい、鋭するどい。¶ 눈초리가 ~ 目めつきが鋭い。②(寒さ・風などが)厳きびしい、激はげしい。¶ 매서운 추위 厳しい寒さ。
매:수【買収】 图他自 買収ばいしゅう。 뇌물로 ~하다 賄賂わいろで買収する。
매스 게임【mass game】 图 マスゲーム。
매스 미:디어【mass media】 图 マスメディア。
매스-컴【←mass communication】 图 マスコミ、マスコミュニケーション。
매슥-거리다 自 しきりに吐き気がする、むかむかする。¶ 속이 매슥거려 먹을 수가 없다 むかむかして食べられない。
매실【梅實】 图 梅うめの実み。
매암-매암 [副] (蝉せみの鳴く声ごえ) ミーンミーン。
매:-양【毎一】 [副] いつも、相変あいかわらず。¶ ~ 놀기만 하다 いつも遊あそんでばかりいる。
매연【煤煙】 图 煤煙ばいえん。
매우 [副] 非常ひじょうに、たいへん、とても、至いたって、ずいぶん、うんと。¶ 오늘은 ~ 춥다 今日きょうはとても寒さむい。
매운-탕〔-湯〕图 (魚さかな・豆腐とうふ・野菜やさいなどを材料ざいりょうにした) 辛味からみのある食たべ物もの。
매:-월【毎月】 图 毎月まいげつ。¶ 이자를 ~ 물다 利子ししを月々つきづきに支払しはらうことだ。
매:음【売淫】 图他 売淫ばいいん。
매이다 自 (「매다」の受動) 縛しばりつけられる。①(柱・杭などに)つながれる。¶ 말뚝에 매인 염소 杭につながれたヤギ。②(人・仕事などに)つながれる、縛られる、束縛そくばくされる。¶ 일에 ~ 仕事に縛られる。
[관용] 매인 목숨 (人ひとに)縛られて暮くらす身みの上うえ、自由じゆうのきかない身の上。
매:일【毎日】 图 毎日まいにち、日ひごと。
매-일반【毎一般】 图 同おなじこと、変わりのないこと、同一どういつ。¶ 어느 길을 가도 ~이다 どの道みちを行いっても同じことだ。
매:입【買入】 图他自 買かい入いれ。
매장【埋葬】 图他自 埋葬まいそう、葬ほうむること。¶ 학계에서 ~되다 学界がっかいから葬られる。
매장【埋蔵】 图他 埋蔵まいぞう。¶ ~물 埋蔵物ぶつ。
매:점【買占】 图他 買かい占しめ。
매:점-매:석〔-賣惜〕 图 買い占め売り惜しみ。¶ ~ 행위 商品しょうひんを買い占めて売り惜しむ行為こうい。
매:점【売店】 图 売店ばいてん。
매정-하다 [形] 4] 薄情はくじょうだ、つれない、すげない、素そっ気ない、つめたい。¶ 매정한 남편 つれない夫おっと。

매제【妹弟】 图 妹いもうとの夫おっと、義弟ぎてい。
매:주【毎週】 图 毎週まいしゅう。
매:진【売盡】 图他自 売うり切きれ。¶ 입장권은 ~되었습니다 入場券にゅうじょうけんは売り切れました。
매:진【邁進】 图他 邁進まいしん。¶ 일로 ~하다 一路いちろ邁進する。
매:질 图他 鞭打むちうつこと、殴打おうだ、鞭撻べんたつ。
매질【媒質】 图物 媒質ばいしつ。
매체【媒體】 图 媒体ばいたい。
매:춘【売春】 图 売春ばいしゅん。
매:출【売出】 图他 売うり出だし、売うり上あげ。¶ ~금 売上金うりあげきん。
매치【match】 图 マッチ。①試合しあい、競技きょうぎ。②他自 一致いっちすること、調和ちょうわすること。¶ 양복에 ~되는 넥타이 洋服ようふくにマッチしたネクタイ。
매캐-하다 [形] かび臭くさい、煙けむたい。
매콤-하다 [形] やや辛からい、辛い感かんじがある。
매크로-【macro】[接頭] マクロ。[대] 마이크로-
매큼-하다 [形] 辛からいにおいがある。
매트【mat】 图 マット。
매트리스【mattress】 图 マットレス。
매파【媒婆】 图 仲人なこうど、媒婆ばあさん。
매:판【買辦】 图 買弁ばいべん。
매:표【売票】 图自 出札しゅっさつ。
매-한가지 图 同おなじこと、同一どういつであること。
매형【妹兄】 图 姉あねの夫おっと、義兄ぎけい。
매혹【魅惑】 图他自 魅惑みわく。¶ 아름다움에 ~되다 美うつくしさに魅惑される。
매화【梅花】 图 梅うめ。①梅の花はな。②梅の木き。
매:회【毎回】 图 毎回まいかい。
맥【脈】 图 脈みゃく。¶ ~을 짚다 脈を取とる。
[관용] 맥(을) 못 추다 ①(力ちからが抜けて) 弱よわり、耐たえられない。¶ 맥을 못 추고 무너지다 力ちからなく崩くずれる。②冷静れいせいさを失うしなう。¶ 그는 여자라면 맥을 못 춘다 彼は女おんなには極ごくめて弱い。
맥-빠지다 自 気きが抜けける、がっかりする、意欲いよくがなくなる、力ちからが抜ける。¶ 맥빠진 경기 気の抜けた競技きょうぎ。
맥-없이 [形] 元気げんきがなく、ぐったりと、しょんぼりと、しおれて。¶ ~ 떠나가다 しおれて立ち去る。②わけもなく、たやすく。¶ ~ 화를 내다 わけもなく腹をたてる。/ ~지다 ころりと負ける。
맥락【脈絡】 图 脈絡みゃくらく。¶ 전후의 ~ 前後ぜんごの脈絡/ ~이 끊기다 脈絡が途切とぎれる。/ ~이 없는 이야기 脈絡のない話はなし。
맥맥-하다 [形] ①鼻はながつまって息苦いきぐるしい。¶ 감기에 걸렸는지 코가 ~ 風邪かぜをひいたのか鼻がつまって息苦しい。②(頭あたまが働はたらかず) よい考かんがえが浮うかばない。¶ 앞일이 도무지 ~ 行ゆく末すえが漠然ばくぜんとしてよい考えが浮かばない。
맥박【脈搏】 图 脈搏みゃくはく、脈みゃく。
맥시멈【maximum】 图 マキシマム。[대] 미니멈

**맥아**[麥芽] 名 麦芽ばくが。¶ ~당 麦芽糖ばくがとう。
**맥주**[麥酒] 名 ビール、ビヤ。
　**맥주-병**[-甁] 名 ①ビール瓶びん。②(俗) 泳およげない人ひと、かなづち。
**맥-풀리다**[脈-] 自 気き〔力ちから〕が抜ぬける、拍子ひょうし抜ぬけする。
**맨**[1] 冠 《名詞の前まえについて》みな…ばかり、すべて、全部ぜんぶ、ことごとく。¶ ~ 외국 서적뿐이다 ことごとく外国がいこくの書籍しょせきばかりだ。/ ~ 서점뿐이다 みな本屋ほんやばかりだ。
**맨**[2] 冠 いちばん、最もっとも、最さい。¶ ~ 꼭대기 いちばん上うえ、頂上ちょうじょう。/ ~ 먼저 먹다 真先まさきにたべる。
**맨-** 接頭 《「何なにも加くわえたり混まぜたりしない・ありのままの」の意いを表あらわす》素す…。¶ ~손 素手すで。/ ~발 素足すあし。
**맨드라미** 名(植) ケイトウ。
**맨-땅** 名 ①何なにも敷しいていない地面じめん。¶ ~에 그냥 앉다 地面にじかに座すわる。②(肥料ひりょうを)やっていない土地とち。
**맨-몸** 名 ①丸裸まるはだか、素裸すはだか、真まっ裸ぱだか。②手てぶら、素手すで。¶ ~으로 돌아오다 手ぶらで戻もどる。
**맨-발** 名 素足すあし、跣はだし。¶ ~로 걷다 はだしで歩あるく。
**맨발-벗다** 自 素足すあしになる、はだしになる。
　**관용** 맨발벗고 나서다 (何なにかの事ことに) 積極的せっきょくてきに関与かんよする。
**맨-밥** 名 おかずなしのご飯はん。
**맨-살** 名 素肌すはだ。
**맨션**[mansion] 名 マンション。
**맨-손** 名 手てぶら、素手すで、徒手としゅ、赤手せきしゅ。¶ ~으로 대항하다 素手すでで対抗たいこうする。/ ~으로 방문하다 手ぶらで訪問ほうもんする。
**맨-입** 名 ①何なにも食たべていない口くち、空腹くうふく。¶ ~으로 떠나다 何も食べずに出発しゅっぱつする。②(俗) 賄賂わいろ、もてなし。¶ ~으로 됩니까 ただでできますか。
**맨송맨송-하다** 形여 ①酒さけを飲のんでも酔よわない、飲のみごたえがない、素面しらふだ。¶ 아무리 술을 마셔도 ~ 酒をいくら飲んでも素面だ。②(毛け が) 生はえていない、つるつるだ、すべすべしている。③(山やまに草木くさきなく) 禿はげている。④手持てもち無沙汰ぶさたで気味きみない、所在しょざいない。⑤ 믿合하다
**맨-주먹** 名 ①素手すで、空拳くうけん、徒手としゅ。¶ ~으로 적과 싸우다 素手で敵てきと戦たたかう。②(資本ほんなどが何もない) 赤手せきしゅ、無一文むいちもん。¶ ~으로 장사를 시작했다 無一文で商売しょうばいを始はじめた。
**맵다** 形ㅂ ①辛からい。¶ 이 김치는 너무 ~ このキムチは辛すぎる。②(寒さむさが) きびしい、はげしい、刺さすような。¶ 날씨가 몹시 ~ 天気てんきが刺すように寒さむい。③(性格せいかくが) きつい、とげとげしい、けわしい。¶ 성미가 몹시 ~ 性格が非常ひじょうにきつい。
**맵시** 名 着きこなし、格好かっこう、身なり、きれいなこと、すっきりしていること、美うつくしいこと。¶ 옷 입은 ~가 좋다 身なりがよい。
**맵쌀** 名 むして乾かわかしたそばを搗ついて皮かわをむいたもの。
**맷-돌** 名 挽ひき臼うす。¶ ~로 팥을 갈다 挽き臼で小豆あずきをひく。
**맷-집** 名 鞭むちに打うたれてもびくともしない体からだつき。
　**관용** 맷집(이) 좋다 ひどく殴なぐられてもびくともしないほど体つきが丈夫じょうぶである。
**맹:-견**[猛犬] 名 猛犬もうけん。
**맹:-공**[猛攻] 名(하他) (「맹공격」の縮約形) 猛攻もうこう。
　**맹:-공격**[-擊] 名 猛攻撃もうこうげき。
**맹-꽁이** 名 ①(動) ジムグリガエル。②わからずや、あほう、強情ごうじょう張ばり。③背せが低ひくく腹はらの突でた人ひと。④手detekuchou手練しゅれん。
**맹랑-하다**[孟浪-] 形이 ①(予想外よそうがいに)あっけない、途方とほうもない、でたらめだ、とんでもない。¶ 맹랑한 이야기를 하다 とんでもないことをいう。②やっかいだ、面倒めんどうだ。③油断ゆだんがならない、抜ぬけ目めがなくちゃっかりしている。¶ 맹랑한 아이 抜け目のない子。
**맹:-렬**[猛烈] 名(하形) 猛烈もうれつ。¶ ~한 훈련 猛烈な訓練くんれん。
**맹-목**[盲目] 名 盲目もうもく。¶ 사랑은 ~적이다 恋こいは盲目である。
**맹-물** 名 ①(何なにも入はいっていない)ただの水みず、真水まみず。②味気あじけない人ひと、くだらない人。
**맹-세**[←盟誓] 名(하自他) 誓約せいやく、誓ちかい。¶ 굳게 ~하다 固かたく誓う。
**맹:-수**[猛獸] 名 猛獣もうじゅう。¶ ~를 길들이다 猛獣を馴ならす。
**맹신**[盲信] 名(하他) 盲信もうしん、是非ぜひのわきまえもなくむやみに信じること。
**맹아**[盲啞] 名 盲啞もうあ。
　**맹아 학교**[-學校] 名 盲啞学校がっこう。
**맹인**[盲人] 名 盲人もうじん、めくら、盲者もうしゃ・もうじゃ。
**맹장**[盲腸] 名(生) 盲腸もうちょう。
　**맹장-염**[-炎] 名(醫) 盲腸炎もうちょうえん、虫垂炎ちゅうすいえん。
**맹종**[盲從] 名(하自他) 盲従もうじゅう。¶ 권위けんいに ~하다 権威に盲従する。
**맹추** 名 機転きてんの利きかない人、とんまな人。¶ 이 ~야, 그것도 몰라? この馬鹿ばかめ、それも知しらんのか。
**맹탕** 名 ①塩気しおけのない汁しる、水みずっぽいこと。¶ 이 국은 ~이다 この汁しるは水っぽい。②味気あじけない人ひと、くだらない人。
**맹:-활약**[猛活躍] 名(하自) 猛活動もうかつどう。
**맹:-훈련**[猛訓練] 名(하他) 猛訓練もうくんれん。
**맺다** 他ㄷ ①(糸いと・紐ひもなどを) 結むすぶ、つなぐ、むすび目めをつくる。¶ 끈을 ~ ひもを結ぶ。②(つぼみ・実みを) 結むすぶ、つける。¶ 나무가 열매를 ~ 木きが実を結ぶ。③(関係かんけいを) 結ぶ、持もつ。¶ 의형제를 ~ 義兄弟ぎけいていの縁えんを結ぶ。④(恨うらみを) 持つ、抱いだく。¶ 가슴에 원한을 ~ 胸むねに恨みを抱く。⑤(仕事しごとを)やり遂とげる、仕上しあげる、締しめくくる。¶ 일을 끝~ 仕事の締めくくりをする。

〖慣用〗**맺고 끊은 듯이** はっきりと、明らかに、瞭然と、てきぱきと。¶ 〜 일을 처리한다 てきぱきと仕事を処理する。

**맺히다¹** 〔自〕①(物事が・人どなりが)しっかりしている、きちんとしている、ちゃっかりしている。¶ 빈틈없이 맺힌 사람 一分の隙もなくきちんとしている人。②(恨みを)持つ、忘れられずに心に残る、胸底にこびりつく。¶ 한이 〜 恨みを持つ。

**맺히다²** 〔自〕(「맺다」の受動)結ばれる、宿る、浮かぶ。¶ 눈물이 〜 涙を浮かべる。/ 풀잎에 맺힌 이슬 草の葉に宿った露。

**머금다** 〔他〕①(口の中に)含む、入れる。¶ 약을 입에 머금은 채 삼키지 않는다 薬を口に含んだままのみくだせない。②(感情だとか・考えなどを)抱く、持つ。¶ 앙심을 〜 恨みを抱く。③(涙み・笑いなどを)含む、帯びる、浮かべる、ただよわす。¶ 눈물 머금고 되돌아서다 涙ぐんで振り返る。④(水分だを)含む、宿す、帯びる。¶ 비를 머금은 구름 雨を帯びた雲。

**머루** 〔名〕〔植〕ヤマブドウ。

**머리¹** 〔名〕①頭、頭部、こうべ。¶ 〜를 숙이다 頭を下げる。②髪、頭髪。¶ 〜를 기르다 髪を伸ばす。③頭脳、思考力。¶ 〜가 좋다 頭がいい。④(組織だ・団体だの)かしら、首領、頭目、ボス。⑤(ある物の)頂上、てっぺん、頂点。¶ 산〜가 눈에 덮이다 山のてっぺんが雪で覆われる。⑥(ある事どの)始めに、始めの。¶ 〜도 없고 끝도 없는 글 始めもなく終わりもない文。⑦(前後がある物体だの)前部、前えの方。¶ 배의 〜 부분 船の前部、へさき。

〖慣用〗**머리가 가볍다** 頭が軽かい、気分がさわやかだ。**머리가 굳다** ①頭が固かい、頑固だ。②頭が鈍い。**머리가 돌다** 頭が狂う、気がふれる。**머리(가) 아프다** 頭が痛い、(心配などで)心がすまらない。**머리가 크다** 大人になる、成長する。**머리를 식히다** 頭を冷やす。①冷静にする。②休息する。**머리를 얹다** ①娘のかみを結う、②お嫁に行く、嫁ぐ。③半玉が年ごろになってまげをゆい上げる。**머리를 짜다** 頭をひねる、知恵をしぼる。**머리를 흔들다** 首を振る、拒絶する、否定する。**머리에 서리가 앉다** 髪が白くなる。

**머리-글** 〔名〕序文、序言、はしがき、まえがき。¶ 〜을 쓰다 まえがきを書かく。

**머리-띠** 〔名〕鉢巻き、ヘアバンド。

**머리-맡** 〔名〕枕元、枕頭。¶ 〜에 두고 자다 枕元に置いて寝る。

**머리-카락** 〔名〕髪の毛。

**머리-통** 〔名〕①頭のまわり。②(俗) 頭。

**머릿-수** 〔−数〕〔名〕①人数、頭かず。¶ 〜가 늘어나다 人数が増える。②金額、金高。¶ 돈 〜를 채우다 金額をそろえる。

**머릿-수건** 〔−手巾〕〔名〕頭にかぶる手ぬぐい。

**머무르다** 〔自ㄹ〕①(暫く)止まる、停止する、停泊する。¶ 기차가 플랫폼에 잠시 〜 汽車がプラットホームでしばらく止まる。②とどまる、居残る、動かない。¶ 현직에 〜 現職にとどまる。③泊まる、滞在している。¶ 호텔에 〜 ホテルで泊まる。④(ある範囲・限界に)とどまる、終わる。¶ 계획에만 머물러서는 안된다 計画だけにとどまってはいけない。

**머무적-거리다** 〔自〕ためらう、もじもじする、躊躇する。

**머뭇-거리다** 〔自〕(「머무적거리다」の縮約形) ためらう、もじもじする、まごまごする、うろうろする、躊躇する。¶ 머뭇거리지 말고 어서 말하시오 もじもじせずに早くお言いなさい。

**머뭇-머뭇** 〔副〕〔하自〕もじもじ。

**머슴** 〔作男〕。¶ 〜을 살다 作男に雇われる。

**머슴-살이** 〔名〕〔하自〕作男暮らし。

**머쓱-하다** 〔形ㅇ〕①(いやに背丈が高たく)ひょろひょろで頼りない、しまりがなく頼りない。¶ 머쓱하게 키만 자랐구나 ひょろひょろと背だけ伸びたなあ。②(面目が立たず)しょげる、きまりが悪い、気後れする。¶ 판잔을 받고 머쓱해졌다 とがめられて気まずくなった。

**머:큐로크롬** 〔mercurochrome〕〔名〕〔薬〕マーキュロクローム、赤かチン。

**머플러** 〔muffler〕〔名〕マフラー。①首巻、襟巻。②〔機〕消音器。

**먹** 〔名〕①墨。¶ 〜을 갈다 墨をする。②(「먹물」の縮約形)墨汁。¶ 〜으로 쓴 편지 墨汁で書いた手紙。

**먹-구름** 〔名〕黒雲、雨雲。¶ 〜이 하늘을 덮다 黒雲が空をおおう。

**먹다¹** 〔自〕①(鉋・のこ・뀰などが)よく切れる、削れる、すれる、利く。¶ 대패가 잘 먹는다 鉋がよく削れる。②(染料・のり・化粧品だが)染まる、つく、のる、ひろがる。¶ 화장이 잘 먹는다 化粧ののりがよい。③話だの効果がある、利く、効き目がある。¶ 말이 잘 먹어 들어가다 話の効き目がある。④(金・努力などが)掛かる、要する、入り用だ。¶ 돈이 많이 먹었다 金がたくさん掛かった。⑤(果物などを) 虫が食う、むしばむ。¶ 벌레 먹은 이 虫食いした歯、虫歯。⑥(耳가が) 遠くなる、聞こえない。¶ 귀가 〜 耳が遠くなる。

**먹다²** 〔他〕①食べる、食くう。¶ 밥을 배불리 〜 ご飯を腹を一杯に食べる。②(水・薬・乳などを)飲む、吸う。¶ 술을 〜 酒を飲む。/ 우유를 〜 ミルクを飲む。③(タバコ・煙などを)吸う、吸い込む。¶ 담배를 한 대 〜 タバコを一服吸う。④(人の財物などを) 着服する、横領する、取る。¶ 공금을 〜 公金を横領する。/ 구문

을 ～ 口銭ｾﾝを取る。⑤(祿ﾛｸを)取ﾄる、はむ。¶ 녹을 ～ 祿をはむ。⑥(穀物ｺｸﾓﾂなどを)収穫ｼｭｳｶｸする、取ﾄりいれる。¶ 석 섬 ～ 三石ｻﾞﾝｺｸ収穫する。⑦(考ｶﾝｶﾞえ・感情ｶﾝｼﾞｮｳを)抱ｲﾀく、持ﾓつ、感ｶﾝじる。¶ 겁을 ～ 恐ｵｿれる、怖ｺﾜがる。/ 진학하기로 마음 먹었습니다 進学ｼﾝｶﾞｸすることに決心ｹｯｼﾝしました。⑧(ある年齢ﾈﾝﾚｲに)なる、至ｲﾀる、取ﾄる。¶ 나이를 ～ 年ﾄｼを取る。⑨(生計ｾｲｹｲを)維持ｲｼﾞする。¶ 그럭저럭 먹고 산다 なんとか生ｲきてゆく。⑩(試合ｼｱｲで点数ﾃﾝｽｳを)取ﾄられる、失ｳｼﾅう。¶ 농구에서 연달아 다섯 점 먹었다 バスケットボールで五点ｺﾞﾃﾝ取ﾄられた。⑪(競争ｷｮｳｿｳなどで資格ｼｶｸを)得ｴる、取ﾄる。¶ 1등을 ～ 1等ﾄｳを取る。⑫(油ｱﾌﾞﾗ・糊ﾉﾘなどが)染ｼﾐる、吸ｽい込ｺむ、つく。¶ 옷에 풀이 잘 먹는다 服ﾌｸにのりがよくつく。⑬(小言ｺｺﾞﾄ・悪口ﾜﾙｸﾁなどを)言ｲわれる、食ｸらう。¶ 남에게 욕을 ～ 人ﾋﾄに悪口を言われる。⑭(暑ｱﾂさに)当ｱたる。¶ 더위를 ～ 暑さ負ﾏけする、夏ﾅﾂばてする。⑮㊌性交ｾｲｺｳする。⑯(特定の名詞とともに用いてその動作ﾄﾞｳｻを受ｳける)…される。¶ 꾸지람을 ～ 叱ｼｶられる。/ 한 대 ～ 一発ｲｯﾊﾟﾂ食ｸらう。

먹다³ 動詞 《動詞の語尾の「-아・-어」について》…てしまう。¶ 깜빡 잊어 ～ うっかり忘れてしまう。

먹-물 名 ①墨汁ﾎﾞｸｼﾞｭｳ。②(墨ｽﾐのように)黒ｸﾛい水ﾐｽﾞ。
먹-보 名 食ｸいしん坊ﾎﾞｳ。㊅ 식충이
먹성[-性] 名 ①食ﾀべ物ﾓﾉをえり好ｺﾞﾉみしないでよく食ﾀべる性質ｾｲｼﾂ。¶ ～이 좋다 選ｴり好みしないでよく食べる。②食ﾀべる量ﾘｮｳ。
먹음직-스럽다 形ⓑ おいしそうに見ﾐえる、うまそうだ。¶ 이 요리는 보기에도 ～ この料理ﾘｮｳﾘは見ﾐるからにおいしそうだ。
먹이 名 ①食ﾀべ物ﾓﾉ、食糧ｼｮｸﾘｮｳ。②(家畜ｶﾁｸの)餌ｴｻ、飼料ｼﾘｮｳ。¶ ～를 주다 えさをやる。③(餌食ｴｼﾞｷ、犠牲ｷﾞｾｲ。¶ 사기꾼의 ～가 되다 詐欺師ｻｷﾞｼの餌食になる。
먹이다 他 「먹다」の使役ｼｴｷ。①食ﾀべさせる、食ｸわす、飲ﾉます。¶ 젖을 ～ 乳ﾁﾁを飲ませる。/ 약을 ～ 薬ｸｽﾘを飲ませる。②(家畜ｶﾁｸを)飼ｶう。¶ 소를 ～ 牛ｳｼを飼う。③(人ﾋﾄを)育ｿﾀﾞてる、養ﾔｼﾅう。¶ 5인 가족을 ～ 五人家族ｺﾞﾆﾝｶｿﾞｸを養う。④(金品ｷﾝﾋﾟﾝを)受ｳけ取ﾄらせる、やる、与ｱﾀえる。¶ 뇌물을 ～ 賄賂ﾜｲﾛをやる、袖ｿﾃﾞの下ｼﾀを使ﾂｶう。⑤(お金ｶﾈをかける、費ﾂｲやす。¶ 수리에 많은 돈을 ～ 修理ｼｭｳﾘに多ｵｵくの金ｶﾈを費ﾂｲやす。⑥打ｳつ、殴ﾅｸる、食ｸらわす。¶ 주먹으로 한 대 ～ げんこつで一発ｲｯﾊﾟﾂ食ｸらわす。⑦(染料ｾﾝﾘｮｳ・のりなどに)染ｼみ込ｺませる、きかせる。¶ 옷에 풀을 ～ 着物ｷﾓﾉにのりをにつけさせる。⑧ 아이에게 겁을 ～ 子供ｺﾄﾞﾓをこわがらせる。⑨(恥ﾊｼﾞを)かかせる。¶ 부모에게 욕을 ～ 親ｵﾔに恥をかかせる。⑩(綿繰ﾜﾀｸﾘ・白ﾊｸなどに材料ｻﾞｲﾘｮｳを)入ｲれる、差ｻし込ｺむ。⑪(歌ｳﾀなどの)音頭ｵﾝﾄﾞをとる。⑫(矢ﾔを)つがえる。¶

활에 화살을 ～ 弓ﾕﾐに矢をつがえる。

먹-통[-桶] 名 ①墨壺ｽﾐﾂﾎﾞを入ｲれるつぼ。②馬鹿ﾊﾞｶ、阿呆ｱﾎｳ、間抜ﾏﾇけ、とんま。
먹히다¹ 自 食ﾀべられる、食ｼｮｸが進ｽｽむ。¶ 시장한 탓인지 밥이 잘 ～ おなかがすいたせいか食がよく進む。
먹히다² 自 「먹다」の受動。①食ﾀわれる、飲ﾉまれる。¶ 개구리가 뱀에게 ～ 蛙ｶｴﾙが蛇ﾍﾋﾞにのまれる。②(金ｶﾈなどが)かかる。¶ 노임이 비싸게 ～ 労賃ﾛｳﾁﾝが高ﾀｶくつく。③(金ｶﾈを)取ﾄられる、奪ｳﾊﾞわれる、踏ﾌみ倒ﾀﾞｵされる。¶ 빌려준 돈을 ～ 貸ｶしたお金を取ﾄられる。

먼-:눈¹ 名 盲目ﾓｳﾓｸ、失明ｼﾂﾒｲした目。
먼-:눈² 名 遠ﾄｵいところを見ﾐる目、遠目ﾄｵﾒ。¶ ～이 밝다 遠目が利ｷく。
慣用 먼눈(을) 팔다 (ぼんやりと遠くへ視線ｼｾﾝをやって)よそ見ﾐする、わき見する。
먼-동 名 夜明ﾖｱけ、明ｱけ方ｶﾞﾀ、暁ｱｶﾂｷ、あけぼの、黎明ﾚｲﾒｲ。
慣用 먼동(이) 트다 夜明けになる、夜ﾖが明ｱける。
먼-발치 名 すこし隔ﾍﾀﾞたった所ﾄｺﾛ。¶ ～에서 바라보다 すこし隔たった所から眺ﾅｶﾞめる。
먼저 副 先ｻｷに、先ｻｷだって、まず、はじめに、前ﾏｴに。¶ ～ 가다 先に行ｲく。/ ～ 실례합니다 お先に失礼ｼﾂﾚｲします。/ 돈을 ～ 치르다 お金を前もって払ﾊﾗう。/ ～ 빚을 갚아야겠다 まず借金ｼｬｯｷﾝを返ｶｴさねばならない。
먼지 名 ほこり、ごみ、ちり。¶ 모래 ～ 砂ｽﾅぼこり / ～투성이가 되다 ほこりだらけになる。/ 내 눈에 ～가 들어가기 전에는 わたしの目ﾒに埃ﾎｺりがはいる前には(死ｼﾇまでは)。
먼지-떨이 名 はたき、塵払ﾁﾘﾊﾗい。
멀거니 副 茫然ﾎﾞｳｾﾞﾝと、ぽかんと。¶ ～ 생각에 잠기다 ぼんやりと考ｶﾝｶﾞえこむ。
멀-겋다 形ⓗ ①濁ﾆｺﾞり気味ｷﾞﾐだ、やや澄ｽんでいる。¶ 물이 ～ 水ﾐｽﾞが濁り気味だ。⇔말갛다 ②水ﾐｽﾞっぽい。¶ 멀건 국 水っぽい汁ｼﾙ。
멀끔-하다 形ⓔ さっぱりとしてきれいだ。¶ 차림새가 멀끔한 사람 身ﾐなりのさっぱりとした人ﾋﾄ。㊅ 말끔하다
멀-다¹ 自 ①目ﾒが見ﾐえなくなる、視力ｼﾘｮｸを失ｼﾂする。¶ 눈이 먼 사람 目の見えない人ﾋﾄ。②くらむ、分別ﾌﾝﾍﾞﾂがつかなくなる。¶ 돈에 눈이 ～ 金ｶﾈに目がくらむ。
멀-다² 形 遠ﾄｵい。①(距離ｷｮﾘが)離ﾊﾅれている、はるかだ。¶ 먼 곳에서 오다 遠い所から来ｸる。②(時間的ｼﾞｶﾝﾃｷに)隔ﾍﾀﾞたりが大ｵｵきい、はるかだ、果ﾊﾃしない。¶ 먼 장래 遠い将来ｼｮｳﾗｲ。③(関係ｶﾝｹｲが)親ｼﾀしくない。¶ 먼 친척 遠い親戚ｼﾝｾｷ。④(音ｵﾄ・声ｺｴなどが)聞ｷこえにくい。¶ 전화의 감이 ～ 電話ﾃﾞﾝﾜが遠い。/ 귀가 ～ 耳ﾐﾐが遠い。⑤(類似性ﾙｲｼﾞｾｲなどが)薄ｳｽい。¶ 천재라고 하기엔 거리가 ～ 天才ﾃﾝｻｲというにはほど遠い。
멀뚱-거리다 他 きょとんとした目ﾒであたりを見回ﾐﾏﾜす。

멀뚱-멀뚱 [副][하形] ①《目を大きくひらきぼうぜんと眺めるようす》きょとんと、ぽかんと¶ ~ 쳐다보다 きょとんと見上げる。②《お汁などの実が少なく水っぽいようす》しゃぶしゃぶ、さらさら。

멀:리 [副] 遠く、はるかに。¶ ~ 떨어지다 遠く離れる。/ ~ 보이는 산 はるか遠くに見える山。

멀:리-뛰기 [名]〔體〕走り幅跳び。

멀:리-하다 [他][여] 遠ざける、退ける、避ける。¶ 나쁜 친구를 ~ 悪友を避ける。

멀미 [名][하自] ①(乗り物の)酔い、吐き気。¶ 뱃~ 船酔い/ 차만 타면 ~를 한다 車に乗ると必ず酔ってしまう。②(身震いする程の)嫌気・いや気、うんざりすること。¶ ~를 내다 嫌気を起こす。

멀쑥-하다 [形][여] ①さっぱりしている、すっきりしている。¶ 멀쑥한 신사 すっきりと端正な紳士。②(背が)いやに高い、ひょろ長い。[작] 말쑥하다

멀쩡-하다 [形][여] ①欠けた所がない、完全だ、無傷だ。¶ 멀쩡한 그릇이 하나도 없다 欠けたところのない器が一つもない。②(体・精神が)健全である、健康だ、丈夫だ。¶ 사지가 ~ 身体が丈夫だ。③厚かましい、ずうずうしい。¶ 멀쩡한 놈이로군 ずうずうしい奴だな。④(言うことが)見えすいている、白々しい。¶ 멀쩡한 거짓말 見えすいたうそ。

멀찌감치 [副] かなり遠くに、ややかけ離れて。¶ ~ 떨어진 곳 かなり離れた所。

멈추다 [自他] ①(雨・雪などが)止む、上がる。¶ 소나기가 멈췄다 夕立がやんだ。②(動き・進行などを)止める、一時中止する、休める。¶ 일손을 ~ 仕事の手を休める。/ 현관 앞에서 차를 멈추었다 玄関の前で車を止めた。③(視線などを)すえる、とどめる。¶ 눈을 ~ 目をすえる。

멈칫 [副][하自他]《動作などをにわかに中止するようす》はっと、ぴたっと、ぎくりと、ぎょっと。¶ 놀라서 ~ 섰다 はっと驚いて止まった。/ 그를 보자 ~했다 彼を見てぎくりとした。

멋 [名] ①粋、伊達、しゃれ。¶ ~쟁이 しゃれもの/ ~으로 안경을 쓰다 しゃれで眼鏡をかける。②風雅、風流、趣、味わい。¶ 이 정원은 ~이 있다 この庭園は趣がある。③(物事の)妙味、味、味わい。¶ 인생의 ~을 알다 人生の妙味を知る。④(物事の)理、わけ。¶ ~도 모르고 떠들다 わけもわからずに騒ぎ立てる。

멋-대가리 [名]《俗》⇨ 멋

멋-대로 [副] 思うがままに、勝手に、気ままに。¶ ~ 지껄이다 勝手にしゃべる。/ ~ 해라 勝手にしろ。

멋-들어지다 [形] しゃれている、いかす、すてきだ。¶ 멋들어진 차림새 すてきな身なり/ 멋들어진 노랫소리 なかなかいかす歌声。

멋-없다 [形] 不格好だ、不粋だ、野暮だ、味気ない。¶ 멋없는 사람이다 不粋な人だ。

멋-쟁이 [名] しゃれもの、おしゃれな人、粋な人、おしゃれ屋。

멋-지다 [形] すばらしい、すてきだ、見事だ。¶ 멋진 자동차 すてきな自動車。

멋-쩍다 [形] ①(する事や身なりが)格に合わない、野暮ったい。②ぎこちない、照れ臭い、きまりが悪い。¶ 혼자 가기는 좀 ~ 一人で行くのはちとばつが悪い。

멍 [名] ①あざ。¶ 시퍼런 ~ 青あざ。②(物事の内部に生じる)障害、損害、打撃。

멍게 [名]〔動〕ホヤ。

멍-들다 [自] ①あざが出来る。②打撃を受ける、いたむ、むしばむ。¶ 동심을 멍들게 하다 童心をむしばむ。

멍멍 [副][하自]《犬のほえる声》わんわん。

멍멍-하다 [形][여] ①(頭が)ぼうっとする。¶ 멍멍한 머리 ぼうっとした頭。②耳鳴りがしてよく聞こえない。¶ 폭음에 귀가 ~ 爆音で耳がよく聞こえない。

멍석 [名] むしろ、わらごも、わらむしろ。

멍석-말이 [名][하他] 人をむしろで巻いてから棒でたたく私刑。

멍에 [名] ①頸木。¶ 소에게 ~를 메우다 牛にくびきを掛ける。②《比》枷、首かせ、鎖、束縛。¶ ~에서 해방되다 鎖から解放される。

[관용] 멍에를 메다〔쓰다〕①(牛馬などが)くびきを掛けられる。②自由を束縛される、首かせをはめられる。

멍울 [名] ①(牛乳・糊などの)かたまり、凝り、だま。②〔醫〕リンパ腺腫、ぐりぐり。[작] 망울

멍청-이 [名] 馬鹿、愚か者、あほう、間抜け、ぼんくら。¶ ~ 같은 놈 馬鹿者。

멍청-하다 [形][여] 馬鹿だ、あほうだ、ぼかんとしている、間が抜けている。¶ 멍청한 짓 間抜けた事。

멍:-하다 [形][여] ぼやっとしている、ぼんやりしている。¶ 멍한 얼굴을 하고 쳐다보다 ぼんやりした顔をして見上げる。 멍-하니 [副] ぼんやりと、ぽかんと、ぼうっと、茫然と。¶ ~ 밖을 내다보고 있었다 ぼんやりと外を眺めていた。

멎다 [自] ①(降っていた雨・雪などが)止む。¶ 비가 ~ 雨がやむ。②(動いていたものが)止まる。¶ 심장이 ~ 心臓が止まる。

메:기 [名]〔動〕ナマズ。

메:기-입 [名] ナマズの口、ずばぬけて口の大きい人。

메뉴〔menu〕[名] メニュー、献立。

메:다[1] [自] 塞がる、詰まる。¶ 코 멘 소리 鼻のつまった声/ 목이 ~ 息が詰まる。

메:다[2] [他] 担ぐ、担う。¶ 총을 ~ 銃を担

메달

ぐ。/ 짐을 어깨에 ~ 荷を肩に担う。

메달【medal】 名 メダル。¶ 금 ~ 金メダル/ ~ 을 타다 メダルを取る。

메들리【medley】 名 メドレー。¶ 샹송 ~ シャンソンメドレー。

메뚜기 名動 バッタ。
[속담] 메뚜기도 유월이 한 철이다 バッタも六月が盛りだ。《なんでも全盛期は短いものだ》

메-마르다 形Ⅰ ①(土地が)干からびている、やせている、不毛だ。¶ 메마른 땅 やせ地、不毛の地。 ②(皮膚などが)かさかさしている、乾いている。¶ 메마른 살갗 かさかさした皮膚。 ③(人情に)潤いがない、ゆとりがない。¶ 메마른 세상 せちがらい世情。

메모【memo】 名하他 メモ。¶ 요점을 ~하다 要点をメモする。

메밀 名[植] 蕎麦。¶ ~ 국수 そば。

메스껍다 形Ⅰ 吐き気を催おす、むかつく、むかむかする。¶ 뱃멀미가 나서 속이 ~ 船酔いして胸がむかつく。

메슥-메슥 副하自 むかつくさま、むかむか。¶ 듣기만 해도 ~하다 聞いただけでもむかむかする。

메시지【message】 名 メッセージ。¶ ~를 보내다 メッセージを送る。

메아리 名 こだま、山びこ。¶ 노랫소리가 골짜기에 ~치다 歌声が谷間にこだまする。

메어-치다 他 肩越しに地面にたたきつける。¶ 상대를 마룻바닥에 ~ 相手を床に投げつける。

메우다¹ 他 埋める、ふさぐ、補う。¶ 여백을 ~ 余白を埋める。/ 구멍을 ~ 穴をふさぐ。/ 결손을 ~ 欠損を補う。

메우다² 他 ①(桶などにたがを)はめる。¶ 통에 테를 ~ 桶にたがをはめる。 ②(篩に) 鼓づつなどに網やなどを)張る。 ③(牛·馬등にくびきを)掛ける、つける。 ④(弓につるを)張る。

메주 名 (味噌·醬油づくり用の)大豆の麴。

메케-하다 形Ⅰ ①煙たい。 ②かび臭い。 ⑳ 매캐하다

메틸-알코올【methyl alcohol】 名[化] メチルアルコール。

멜로-드라마【melodrama】 名 メロドラマ。

멜로디【melody】 名 メロディー、旋律、ふし。¶ 감미로운 ~ 甘いメロディー。

멜론【melon】 名[植] メロン。

멜빵 名 ①(荷物を背負うとき両肩にかける)背負い紐。 ②(小銃などの)肩かけ、ズボンつり、サスペンダー。

멤버【member】 名 メンバー。¶ 베스트 ~로 짜인 팀 ベストメンバーで組まれたチーム。

멤버-십【membership】 名 メンバーシップ。

멥쌀 名 粳米、粳。

멧-돼지 名動 イノシシ、ノジシ。

며 助 …や、…やら、…であれ。¶ 고기 ~ 생선이 ~ 많이 먹었다 肉や魚をたくさん食べた。 여자 ~ 남자 ~ 전부 왔다 女であれ男であれ全部来きた。

며느리 名 息子の妻、嫁。¶ 손자 ~ 孫の嫁/ ~를 맞아 들이다 嫁を迎える。

며칠-날 名 (その月の)何日、いつ。¶ 생일이 이달 ~이지? 誕生日は今月の何日なの。

며칠 名 ①(「며칠날」の縮約形)(その月の)何日、いつ。¶ 결혼식은 ~이냐 結婚式はいつなの。 ②何日、幾日、数日。¶ ~ 걸립니까? 何日かかりますか。

멱 名 首の前の方、のどくび、のど。¶ ~ 을 따다 のどくびを突き刺す。

멱-살 名 ①のどくびの肉。 ②胸倉。¶ ~ 을 잡다 胸倉をつかむ。

면:¹【面】 名 ①表面。¶ 거울 ~처럼 잔잔한 호수 鏡の面のように静かな湖水。 ②平面。¶ 입방체의 여섯 ~ 立方体の六つの面。 ③側面、一面、分野、部分。¶ 긍정적인 ~ 肯定的な面。 ④方、方面、方向。¶ 삼 ~이 바다로 둘러싸여 있다 三方が海で囲まれている。 ⑤紙面、ページ。¶ 제1~에 실린 기사 第一面に載った記事。

면:²【面】 名 ①顔、顔面、つら。¶ ~을 가리다 顔を覆う。 ②面目、体面。 ③(剣道用の防具呼の)面。

면:³【面】 名 (行政区画の一つ) 面。¶ ~사무소 面事務所。

면【綿】 名 木綿。

면【麵】 名 麵、うどん、そば。⊙ 국수

-면 語尾 もし…と、もし…ば、…たら、…なら。¶ 가을이 오~ 좋겠다 秋が来ればいいなあ。/ 만일 비가 오~ 못 간다 もし雨が降ったら行けない。¶ 너무 많이 사~ 안된다 あまりたくさん買うと駄目だ。

면:-구【面灸】 名하他 ⋻形 (人と顔を合わすのが)面映ゆいこと、気恥ずかしいこと、きまりわるいこと、てれ臭いこと。¶ ~스러운 생각이 들다 てれくさい気きがする。

면:-담【面談】 名하他 面談。¶ ~을 요청하다 面談を要請する。

면:-도【面刀】 名하他 ①ひげを剃ること。¶ ~ 자국 剃り跡/ 깨끗이 ~한 얼굴 きれいにそった顔。 ②(《면도칼」の縮約形)剃刀。¶ ~로 수염을 밀다 剃刀でひげをそる。

면:-도기【-器】 名 かみそり。¶ 안전 ~ 安全かみそり。

면:-도칼 名 剃刀。

면면-하다【綿綿-】 形Ⅰ 綿々としている。¶ ~하게 이어 온 전통 綿々と続いてきた伝統。 면면-히 副 綿々と。

면:-모【面貌】 名 ①面貌、顔かたち、顔つき。¶ 아름다운 ~ 美しい面貌。 ②ようす、様相、状態。¶ ~를 일신하다 面相を一新する。

면:목【面目】[名] 面目(めんぼく)。¶ ~이 서다 面目が立(た)つ。/ ~을 잃다 面目を失(うしな)う。
면:목-없다【面目-】[形] 面目(めんぼく)ない、人(ひと)に合(あ)わせる顔(かお)がない。
면밀【綿密】[名][하形] 綿密(めんみつ)。¶ ~한 계획 綿密な計画(けいかく)。
면:박【面駁】[名][하他] 面(めん)と向(む)かって非難(ひなん)すること、面詰(めんきつ)。¶ ~을 당하다 面とむかって非難を受(う)ける。
면:분【面分】[名] (顔(かお)を知(し)る程度(ていど)の)つきあい、顔見知(かおみし)り。¶ ~이 있는 사이 顔見知りの仲(なか)。
면:사-포【面紗布】[名] (花嫁(はなよめ)の)ベール。¶ ~을 쓰다 (花嫁が)ベールをかぶる。
면:상【面上】[名] 顔面(がんめん)、つら。¶ ~을 후려갈기다 顔面を張(は)りとばす。
면:상【面相】[名] 面相(めんそう)、顔(かお)つき、容貌(ようぼう)、人相(にんそう)。¶ 용모
-면서【語尾】①《動作(どうさ)・状態(じょうたい)の同時性(どうじせい)を表(あらわ)す》…(し)ながら、…(し)つつ。¶ 화를 내(ー) 이야기하다 腹(はら)を立(た)てながら話(はな)す。②《逆接(ぎゃくせつ)を表(あらわ)す》…(する)のに、…でありながら。¶ 알(-) 묻다 知(し)っていながら聞(き)く。③《伝聞(でんぶん)を相手(あいて)に確認(かくにん)することを表(あらわ)す》…するんだって。¶ 내일 출발한다~? 明日(あした)出発(しゅっぱつ)するんだってね。
면:세【免税】[名][하他][되自] 免税(めんぜい)。¶ ~점 免税店(てん)、~품 免税品(ひん)。
면:식【面識】[名] 面識(めんしき)、顔見知(かおみし)り、知(し)り合(あ)い。¶ 일~도 없는 사람 一面識(いちめんしき)もない人(ひと)。
면:식-범【-犯】[名] 面識犯(めんしきはん)、被害者(ひがいしゃ)と顔見知(かおみし)りの犯人(はんにん)。
면실【棉實】[名] 綿(めん)の実(み)。
면실-유【-油】[名] 綿実油(めんじつゆ)。
면:역【免役】[名][하他][되自] 免役(めんえき)、免除(めんじょ)。¶ 병역이 ~되다 兵役(へいえき)が免除される。
면:역【免疫】[名][하他][되自] 免疫(めんえき)。¶ 병균에 대한 ~ 病菌(びょうきん)に対(たい)する免疫/ 어머니의 잔소리에는 ~이 되었다 母(はは)の小言(こごと)には免疫になっています。
면:역-체【-體】[名][醫] 免疫体(めんえきたい)。㊒ 항체
-면은【語尾】(《「-면」の強調語(きょうちょうご)》)だったら、…したら、…ならば、…であれば。¶ 만일 눈이 오(-) 모 눈이 내(ふ)ったら/ 사려 사거라 買(か)いたければ買いなさい。
면:장【免狀】[名] 免状(めんじょう)。
면:적【面積】[名] 面積(めんせき)、広(ひろ)さ。¶ ~이 넓다 面積が広い。㊒ 넓이
면:전【面前】[名] 面前(めんぜん)。¶ ~에서 창피를 당하다 面前で恥(はじ)をかく。
면:접【面接】[名][하他] 面接(めんせつ)。¶ ~시험을 치다 面接試験(しけん)を受(う)ける。
면:제【免除】[名][하他][되自] 免除(めんじょ)。¶ 병역~ 兵役(へいえき)免除。
면제-품【綿製品】[名] 綿製品(めんせいひん)。
면:죄【免罪】[名][하他][되自] 免罪(めんざい)。¶ ~부 免罪符(ふ)。

면:직【免職】[名][하他][되自] 免職(めんしょく)。¶ 직무 태만으로 ~당하다 職務怠慢(しょくむたいまん)で免職される。
면:책【免責】[名][하他][되自] 免責(めんせき)。¶ ~ 특권 免責特権(とっけん)。
면:천【免賤】[名][하他][되自] (むかし)賤民(せんみん)の身分(ぶん)を免(まぬが)れて平民(へいみん)に格上(かくあ)げされたこと。
면:-하다【免-】免(まぬが)れる。①《責任(せきにん)・義務(ぎむ)などが》免除(めんじょ)される、免(めん)じる。¶ 면치 못할 책임 免れたれない責任。②(災厄(さいやく)などを)逃(のが)れる、避(さ)ける。¶ 간신히 죽음은 — 辛(かろ)うじて死(し)は免れた。③(ある立場(たちば)・状況(じょうきょう)から)抜(ぬ)け出(で)る。¶ 낙제를 면하여 진급하다 落第(らくだい)を免れて進級(しんきゅう)する。
면:-하다【面-】向(む)かう、向(む)く、臨(のぞ)む。¶ 호수에 면한 집 湖(みずうみ)に面した家(いえ)/ 위기에 ~ 危機(きき)に臨む。
면:학【勉學】[名][하他] 勉学(べんがく)。¶ ~에 힘쓰다 勉学に励(はげ)む。
면:허【免許】[名][하他][되自] 免許(めんきょ)。¶ 무~ 운전 無(む)免許運転(うんてん)/ ~를 따다 免許を取(と)る。
면:허-장【-狀】[名] 免許状(めんきょじょう)。¶ ~을 받다 免許状をもらう。
면:허-증【-證】[名] 免許証(めんきょしょう)。
면화【棉花】[名][植] ワタ。㊒ 목화(木花)
면:회【面會】[名][하自] 面会(めんかい)。¶ ~를 신청하다 面会を申請(しんせい)する。
멸공【滅共】[名][하他] 共産(きょうさん)主義(しゅぎ)(者(しゃ))を滅亡(めつぼう)させること。
멸균【滅菌】[名][하他][되自] 滅菌(めっきん)。¶ ~실 滅菌室(しつ)。
멸망【滅亡】[名][하自][되自] 滅亡(めつぼう)。¶ ~의 길을 걷다 滅亡の道(みち)を歩(あゆ)む。
멸시【蔑視】[名][하他][되自] 蔑視(べっし)。¶ ~를 받으며 살아 왔다 蔑視を受(う)けて生(い)きて来(き)た。
멸족【滅族】[名][하自][되自] 一族(いちぞく)・一門(いちもん)が滅(ほろ)びること、一族・一門が滅亡(めつぼう)されること。
멸종【滅種】[名] 種(しゅ)の絶滅(ぜつめつ)。
멸치【名][動] カラクチイワシ。¶ ~젓 カラクチイワシの塩辛(しおから)。
명:【命】[名] 命(めい)。①命(いのち)、生命(せいめい)、寿命(じゅみょう)。¶ ~이 길다 命(いのち)が長(なが)い。②「운명(運命)」の縮約形(しゅくやくけい)。¶ 생사에는 ~이 있다 死生(しせい)命あり。③「명령(命令)」の縮約形。¶ 천자의 ~을 기다리다 天子(てんし)の命を待(ま)つ。④「임명(任命)」の縮約形。
명【名】Ⅰ[依](人数(にんずう)を数(かぞ)える語(ご))名(めい)、人(にん)。¶ 다섯 ~ 5名(めい)、5人(にん)。Ⅱ[接頭](「すぐれた・有名(ゆうめい)な」の意(い)を表(あらわ)す)名(めい)…。¶ ~선수 名選手(めいせんしゅ)/ ~재판 名裁判(めいさいばん)。Ⅲ[接尾](名前(なまえ)・名称(めいしょう)を表(あらわ)す)…名(めい)。¶ ~단체 団体名(だんたいめい)/ ~학 学名(がくめい)。
명검【名劍】[名] 名剣(めいけん)、名刀(めいとう)。
명견【名犬】[名] 名犬(めいけん)。
명곡【名曲】[名] 名曲(めいきょく)。¶ ~ 감상 名曲鑑賞(めいきょくかんしょう)。
명과【銘菓】[名] 銘菓(めいか)。
명관【名官】[名] 名高(なだか)い官吏(かんり)。
명궁【名弓】[名]①弓(ゆみ)の名手(めいしゅ)。②有名(ゆうめい)な弓、

**명단**[名單] 名 名簿ぼ、リスト。¶ 회원 ~에 올리다 会員かいん名簿に載のせる。

**명답**[名答] 名 名答めい、優すぐれた答こたえ。¶ 바로 그것이 ~이군요 まさにそれがご名答ですね。

**명답**[明答] 名[하타] 明答めい、はっきりした答たえ。¶ 의문의 여지가 없는 ~ 疑問もんの余地よちがない明答。

**명당**[明堂] 名 ①(風水説ふうすいせつで)地相ちそうからみて素敵すてきな敷地しきち。②墓はかの真ま ん前まえの平地へいち。③(人相にんそうで)人ひとの額ひたい。④帝王ていおうが朝見ちょうけんを受うけた正堂せいどう。⑤気持きもちにぴったりする場所ばしょ。

**명당자리** 名 ①地相ちそうからみて吉祥きっしょうの地ち。②(比)非常ひじょうによい場所ばしょ・位置いち。

**명란**[明卵] 名 たらこ、すけとうだらの腹子はらご。¶ ~젓 たらこの塩辛しおから。

**명랑**[明朗] 名[하形] 明朗めいろう、ほがらかなこと、陽気ようきなこと。¶ ~한 사람 明朗な人ひと。

**명:령**[命令] 名[하타] 命令れい。¶ ~을 내리다 命令をくだす。

**명료**[明瞭] 名[하形] 明瞭めいりょう。¶ 간단 ~하다 簡単かんたん明瞭だ。

**명마**[名馬] 名 名馬ば。

**명망**[名望] 名 名望ぼう、名声せいと人望じん。¶ ~이 높다 名望が高たかい。

**명:맥**[命脈] 名 命脈みゃく。¶ ~을 유지하다 命脈を保たもつ。

**명멸**[明滅] 名[하자] 明滅めつ。¶ ~하는 등불 明滅する明あかり。

**명:명**[命名] 名[하타][되자] 命名めい、名付なづけること。¶ ~식 命名式しき。

**명명**[明明] 名 明明めい。

**명명-백백**[-白白] 名[하形] 明々白々はくはく。¶ 한 증거 明々白々たる証拠しょうこ。

**명목**[名目] 名 名目めい・もく。¶ ~뿐인 사장 名目のみの社長ちょう。

**명문**[名門] 名 名門もん。①名家めい、名族ぞく。¶ ~의 자녀 名門の子女じょ。②「명문교(名門校)」の縮約形。¶ 사학의 ~ 私学しがくの名門。

**명물**[名物] 名 名物さん。¶ 대구-인 사과 大丘テグ名物のリンゴ。

**명민**[明敏] 名[하形] 明敏めい。¶ ~한 두뇌 明敏な頭脳のう。

**명백**[明白] 名[하形] 明白はく。¶ ~한 사실 明白な事実じつ。

**명복**[冥福] 名 冥福ふく、死後しごの幸福こうふく。¶ 고인의 ~을 빌다 亡なき人ひとの冥福を祈いのる。

**명부**[名簿] 名 名簿ぼ。¶ 선거인 ~ 選挙人せんきょにん名簿。

**명분**[名分] 名 名分ぶん。¶ 대의 ~ 大義たいぎ名分/ ~이 서지 않다 名分が立たたない。

**명사**[名士] 名 名士し。¶ ~의 모임 名士の集つどまり。

**명사**[名詞] 名[文法] 名詞し。

**명산**[名山] 名 名山ざん。¶ 한국에는 ~이 많다 韓国かんこくには名山が多おおい。

**명산**[名産] 名《「명산물」의 縮約形》名産さん。

~물 名産物ぶつ、名物めい。

**명산-지**[-地] 名 名産地ち。¶ 사과의 ~ リンゴの名産地。

**명상**[瞑想・冥想] 名[하타] 瞑想めいそう。¶ ~에 잠기다 瞑想にふける。

**명색**[名色] 名 (ある類類ふいにひっくるめて言いう)名目めい、資格かく、名なぞ。¶ ~이 학생인데 놀기만 한다 かりそめにも学生がくせいの身みで遊あそんでばがりいる。

**명석**[明晳] 名[하形] 明晳せき。¶ ~한 두뇌 明晰な頭脳のう。

**명성**[名声] 名 名声せい。¶ 세계적인 ~을 얻다 世界的せかいてきな名声を得える。

**명세**[明細] 名 明細めい。¶ ~서 明細書がき。

**명소**[名所] 名 名所しょ。¶ 관광 ~ 안내 観光かん名所の案内あんない。

**명승**[名勝] 名 名勝しょう。¶ ~지 名勝地ち/ ~ 고적 名勝古跡こせき。

**명시**[明示] 名[하타][되자] 明示めい。¶ 내용을 ~하다 内容ようを明示する。

**명실**[名實] 名 名実じつ。

**명실-공히**[-共-] 副 名実共ともに。¶ ~ 제일 인자가 되다 名実共に第一人者だいいちにんしゃとなる。

**명실 상부**[-相符] 名[하타] 名実相伴ともなうこと。

**명심**[銘心] 名[하타] 心こころに刻きざんでおくこと、銘肝かん、銘記きめ。¶ 말씀 ~하겠습니다 お言葉ことばは肝きもに命めいじておきます。

**명암**[明暗] 名 明暗あん。¶ 인생의 ~ 人生じんせいの明暗。

**명약관화**[明若観火] 名[하形] 火ひを見みるよりも明あきらかであること。¶ ~한 사실 火を見るよりも明らかな事実じつ。

**명언**[名言] 名 名言げん。

**명예**[名譽] 名 名誉よ。¶ ~ 박사 名誉博士はくし/ ~ 회복 名誉回復かいふく/ ~가 손상되다 名誉が傷きずつく。

**명예-롭다** 形 名誉めいよある、誉ほまれ高たかい、栄さかえをある。¶ 명예로운 상을 받다 名誉な賞しょうをもらう。

**명예-욕**[-慾] 名 名誉欲よく。¶ ~이 강하다 名誉欲が強つよい。

**명예 훼:손**[-毁損] 名 名誉毀損きそん。¶ ~죄 名誉毀損罪ざい。

**명월**[明月] 名 明月げつ。①明あかるい月つき。¶ 청풍 ~ 清風せいふうと明月。②(陰暦いんれき8月はちがつの) 十五夜じゅうごやの月。

**명의**[名義] 名 名義ぎ。¶ ~인 名義人にん/ 타인 ~의 재산 他人たにん名義の財産ざいさん。

**명의 변:경**[-變更] 名[하타][法] 名義変更こう、名義書かき換かえ。

**명의**[名醫] 名 名医い。

**명인**[名人] 名 名人じん。¶ ~전 名人伝でん。

**명일**[明日] 名 明日たち、あす。㊎ 내일

**명작**[名作] 名 名作さく。¶ 불후의 ~ 不朽ふきゅうの名作。

**명장**[名匠] 名 名匠しょう、名工こう。

**명절**[名節] 名 ①伝統的でんとうてきな祝日しゅく、節句く、節日にち。¶ 단오 ~ 端午たんごの節句/ ~

명주【明紬】명 絹織物、絹糸、紬。¶ ～실 絹糸きぬ・けん。
명:중【命中】명하자동 命中ちゅう。¶ ～탄 命中弾/ 과녁에 ～하다 的に命中する。
명찰【名札】명 名札なふだ。¶ ～을 달다 名札をつける。
명찰【名刹】명 名刹めいさつ、有名めいな寺。
명창【名唱】명 ①すぐれた歌い手、名歌手。②上手に歌われる歌。
명:치 명 みぞおち。
명칭【名稱】명 名称、名前、名。¶ 정식 ～ 正式な名称。
명-콤비【一名 combination】명 名コンビ。
명쾌【明快】명하자형 明快。¶ ～한 답변 明快な答弁。
명태【明太】명하동 明太、スケトウダラ。
명패【名牌】명 ①名前や職名を記した机の上に置く札。②名札。
명품【名品】명 名品。
명필【名筆】명 名筆。¶ ～가 名筆家。
명:-하다【命一】타여 ①命ずる、命令する。¶ 퇴장을 ～ 退場を命ずる。②任命する。¶ 부장에 ～ 部長に任命する。③命名する。
명함【名銜・名啣】명 ①名刺。¶ ～을 내놓다 名刺を差し出す。②《他人の姓名の尊敬語》お名前。
명함-판【-判】명 名刺判。¶ ～ 사진 名刺判写真。
명화【名畫】명 名画。①名高い絵。¶ ～를 전시하다 名画を展示する。②有名な映画。¶ ～ 감상 名画鑑賞。
명확【明確】명하자형 明確。¶ ～한 태도 明確な態度。

몇 I 수 《はっきりしない数量》いくつ、どのくらい。¶ 올해 ～이나 됩니까? 今年いくつになりますか。/ 여기 ～이 있다 ここにいくつかあるよ。II 관 《体言の前について確かでない数量を表わす語》何、幾、幾つの、いくつの。¶ ～ 시간 何時間。¶ ～ 번이나 묻다 幾度となく聞く。¶ ～ 사람이나 왔습니까? 何人くらい来ましたか。

모¹ 명 ①(稲の)苗。¶ ～를 심다 田植えをする。/ ～를 찌다 (苗代から)苗を引き抜く。②苗木。 (윤) 모종。

모² 명 ①(物の)角。¶ ～가 난 기둥 角の立った柱。(性質上の)角。¶ ～가 난 말을 하다 角立つことを言う。③(物事の)側面、角度。¶ 여러 ～로 검토하다 いろいろな角度から検討する。④수 세·꼴 三角形さんかく。
(속담) 모난 돌이 정 맞는 법 角ばった石のみで打つれる。《出るくいは打たれる》
(관용) 모(가) 나다 ①角張る、とがる。②(言動に)角がある、とげとげしい。③(金品の使い方が)有効ようだ。 모(가) 서다 角立つ、角張る、とがる。

모³ 의 《豆腐などを数える語》丁。¶ 두부 한 ～ 豆腐一丁。
모:【母】명 母は。
모:【某】명 某なにぼう、ある。¶ ～ 처 某所/김～의 집 金なにがしの家 /～ 회사의 ～ 사장 ある会社の某社長。
모가지 명 ①(俗) 首、素首。¶ 기린은 ～가 길다 キリンは首が長い。②(比)(俗) くび、解雇、罷免。¶ ～를 자르다 首を切る、解雇する。
모갯-돈 명 まとまった金、かなりの金。¶ 푼돈 모아 ～을 만들다 はした金をためてまとまったかねをつくる。
모:계【母系】명 母系。¶ ～ 사회 母系社会。(반) 부계。
모골【毛骨】명 毛と骨、毛髪と骨髄。
(관용) 모골이 송연하다 ぞっとして身の毛がよだつ。
모공【毛孔】명 毛穴。
모:-과【↓木瓜】명(植) カリンの実。
모:교【母校】명 母校。¶ ～를 방문하다 母校を訪問する。
모:국【母國】명 母国。¶ ～어 母国語。
모:권【母權】명 母権。¶ ～제 사회 母権制社会。
모금【募金】명하자타 募金。¶ 가두 街頭募金。
모금 의 입에 含む一回分の量。¶ 한 ～의 물 一口ひとくちの水 / 담배 한 ～ 피우다 タバコ一服を吸う。
모:기 명하동 蚊。¶ ～장 蚊帳か /～에게 물리다 蚊にかまれる。
모:기-향【-香】명 蚊取なとりの線香。
모:깃-불 명 蚊遣り火、蚊いぶし。¶ ～을 피우다 蚊遣り火をたく。
모:깃-소리 명 ①(蚊の飛ぶ音)。②(比)非常にかすかな声。¶ ～만하게 말하다 聞きとれないほどのかすかな声で話す。
모-나다¹ 자 ①(物の面に)角ができる。②目立つ。
모-나다² 형 ①角がある。②角が立つ、とげとげしい。¶ 성격이 ～ 性格が円満でない。③有用ようだ、かいがある。¶ 돈을 모나게 쓰다 金を有利に使う。
모-내기 명하자 田植え。
모:-녀【母女】명 母と娘、母娘。¶ 돈을 모나게 쓰다 母娘が同行する。
모노-드라마【monodrama】명 モノドラマ。
모니터【monitor】명 モニター。¶ ～제 モニター制。
모닥-불 명 たき火。¶ ～을 쬐다 たき火に当たる。/ ～을 피우다 たき火をたく。
모던【modern】명하자형 モダン。¶ ～ 아트 モダンアート/ ～ 댄스 モダンダンス。
모델【model】명 モデル。¶ 패션 ～ ファッションモデル。

**모:독**【冒瀆】 名 하他 冒涜ぼうとく。¶ 신을 ~하다 神を冒涜する。

**모두** 副 ①皆みな、全部ぜんぶ、すべて。¶ 그들은 ~ 학생이다 彼らはみな学生がくせいだ。/ 일은 ~ 잘 됐다 仕事ことはすべてうまくいった。/ 그것은 ~ 알고 있다 それは全部知っている。②(名詞的に) すべての人、みんな、全体ぜんたい。¶ ~가 반대하고 있다 すべての人が反対はんたいしている。

**모둠-발** 名 跳躍ちょうやくするために両足りょうあしをそろえ合わせること。

**모:든** 冠 すべての、あらゆる、ありったけの、あらん限かぎりの。¶ ~ 사람들 あらゆるひとびと / ~ 문제가 해결되었다 すべての問題だいが解決かいけつした。

**모락-모락** 副 ①(小ちいさい物ものが順調じゅんちょうに伸のびるようす) すくすく。¶ 모가 ~ 자라다 苗なえがすくすくと伸のびる。②(煙けむりや湯気ゆげなどが少すこしずつ立たちのぼるようす) ゆらゆら。¶ 김이 ~ 오르다 湯気ゆげがゆらゆらと立たちのぼる。

**모래** 名 砂すな。¶ ~ 사장 砂場すなば / ~ 장난을 하다 砂遊すなあそびをする。/ ~가 눈에 들어갔다 砂が目めに入はいった。

**모래-시계**【-時計】 名 砂時計すなどけい、砂漏すなもう。

**모래-찜질** 名 하他 太陽熱たいようねつによる砂湯すなゆをすること。

**모래-무지** 名 動 スナモグリ、カマツカ。

**모래-집**【-集】 名 羊膜ようまく。

**모래집-물**【-물】 名 羊水ようすい。

**모략**【謀略】 名 하他 謀略ぼうりゃく、策略さくりゃく、わな。¶ 중상~ 中傷ちゅうしょう謀略 / ~에 걸리다 策略にかかる、わなにかかる。

**모:레** 名 あさって、明後日みょうごにち。

**모:로** 副 ①斜ななめに、はすかいに。¶ ~ 자르다 斜めに切きる。②横よこに、横向よこむきに。¶ ~ 눕다 横向きに寝ねる。/ 게가 ~ 가다 かにが横這よこばいする。
　속담 모로 가도 서울만 가면 된다 横向きで行いってもソウルに着つきさえすればいい。《手段しゅだん・方法ほうほうはともかく目的もくてきを達成たっせいすればいい》

**모르다** 他⊇ ①知しらない、気きづかない、感かんづかない、覚おぼえがない、経験けいけんがない。¶ 모르는 사람 知らない人 / 부끄러움을 ~ 恥を知らない。/ 모르고 한 일이다 知らずにやったことだ。②分わからない、理解りかいできない、悟さとらない、わきまえない。¶ 분수를 ~ 身みのほどを知らない。/ 말 뜻을 모르겠다 言葉ことばの意味いみがわからない。③かかわりがない、関知かんちしない、責任せきにんを感かんじない。¶ 앞으로의 일은 나도 모르겠다 これからのことはぼくも知らんよ。④(「어찌 -지 모르다」の形で) どんなに…わからない。¶ 어찌나 기쁜지 몰랐다 どんなにうれしいかわからなかった。⑤(「-ㄹ[일] 지(도) 모르다」の形で) …かも知れない。¶ 비가 올지 모른다 雨あめが降ふるかも知れない。
　속담 모르는 게 약이요 아는 게 병 知しらなければ薬くすり、知れば病やまい。《知しらぬが仏ほとけ》
　관용 모르면 모르되 [몰라도] 恐おそらく、確たしかに、十中八九じっちゅうはっく。

**모르핀**【morphine】 名 化 モルヒネ。¶ ~ 중독 モルヒネ中毒ちゅうどく。

**모른-체** 名 하他 知しらぬふり、知しらん振ぶり、知らん顔がお、白しらばくれること。¶ ~하고 딴전만 부리다 知らぬふりしてそらとぼけてばかりいる。

**모름지기** 副 すべからく、当然とうぜん、なすべきこととして。¶ 학생은 공부해야 한다 すべからく学생がくせいは勉強べんきょうすべきだ。

**모면**【謀免】 名 하他 되自 (苦境くきょうを) 免まぬかれること、抜ぬけ出だすこと、逃のがれること。¶ 위기를 ~ 하다 危機ききを免れる。

**모:멸**【侮蔑】 名 하他 侮蔑ぶべつ、軽蔑けいべつ。¶ ~하는 태도를 보이다 侮蔑の態度たいどを示しめす。

**모반**【謀反・謀叛】 名 하他 되自 謀反ほん。¶ ~을 꾀하다 謀反を企くわだむ。

**모발**【毛髮】 名 ①体からだの毛けの総称そうしょう。②毛髪もうはつ、髪かみの毛け。¶ ~이 빠지다 髪の毛が抜ぬける。

**모방**【模倣・摸倣】 名 하他 模倣もほう、まねること、似にせること。¶ 남의 것을 ~ 하다 人ひとのものをまねる。
　모방 본능【-本能】 名 心 模倣本能ほんのう。

**모범**【模範】 名 模範もはん。¶ ~ 생 模範生せい / ~이 되다 模範になる。/ ~을 보이다 模範を示しめす。

**모:빌**【mobile】 名 美 モビール。

**모사**【模寫】 名 하他 模写しゃ。¶ 명화를 ~ 하다 名画めいがを模写する。

**모살**【謀殺】 名 하他 되自 謀殺ぼうさつ。

**모:색**【暮色】 名 暮色ぼしょく、日暮ひぐれの色いろ。

**모색**【摸索】 名 하他 模索もさく。¶ 암중 ~하다 暗中あんちゅう模索する。

**모서리** 名 (物体ぶったいの) 角かど、ふち、端はし。¶ 책상 ~ 机つくえの角。

**모:성**【母性】 名 母性ぼせい。¶ ~ 보호 母性保護ほご / ~ 본능 母性本能ほんのう。
　모:성-애【-愛】 名 母性愛ぼせいあい。

**모세-관**【毛細管】 名 物 生 毛細管もうさいかん。
　모세관 현:상【-現象】 名 物 毛細管現象げんしょう。

**모세-혈관**【毛細血管】 名 生 毛細もうさい血管けっかん。

**모:션**【motion】 名 モーション。¶ 슬로 ~ スローモーション。

**모순**【矛盾】 名 되自 矛盾じゅん。¶ ~투성이의 이론 矛盾だらけの理論ろん。
　모순 당착【-撞着】 名 自家じか撞着どうちゃく、自己じこ矛盾。㊐ 자가 당착

**모습** 名 容貌ようぼう、姿すがた、面影おもかげ。¶ 뒷 ~이 눈에 선하다 後うしろ姿が目めに焼やき付ついている。/ 옛 ~은 조금도 없다 昔むかしの面影は少すこしもない。

**모시** 名 ①苧からむし。②「모시풀」の縮約形しゅくやくけい。

**모:시다** 他 ①(目上めうえの人ひとに) 仕つかえる、はべる、かしずく、お世話せわをする。¶ 부모를 ~ 父母ふぼに仕える。②(目上の人を) ご案内あんないする、お供ともする、お招まねきする。¶ 손님을 방으로 ~ 客きゃくを部屋へやにご案内する。③押

모-심기【‐】图하타 田植ぇ、植ぇ付ゖ。
모양【模様・貌様】图 ①模様ょぅ、形がた、さま、なり。¶ 갓가지 ~의 돌 いろいろな形の石/머리 ~을 바꾸다 髪がの形を変ぇる。②おしゃれ、格好なり、身なり。¶ ~이 좋다 格好がよい。/ ~을 내다 おしゃれをする。③(物事のごと)の成り行ゅき、ありさま、様子よぅ、事情じょぅ、状態たぃ。¶ 사는 ~ 暮くらしの模様/일이 돼가는 ~을 보다 事ことの成り行ゅく様子ようを見みる。④体面たぃ、面目めん。¶ 내은 뭐가 되잖나 僕ぼくの面目はどうなるんだ。⑤(徴候ちょぅ・推測すぃぉなどの意ぃで)…のようであること、…らしいこと。¶ 비가 오는 ~이다 雨ぁめが降ふるようだ。
모양-내다 图 めかす、おしゃれをする、着飾ぎる、格好かっをつける。
모여-들다 图 集あつまって来くる、集あつまる。¶ 학생들이 ~ 学生がくたちが集あつまって来くる。
모:욕【侮辱】图하타되자 侮辱じょく。¶ ~을 당하다 侮辱される。
모:욕-감【‐感】图 侮辱感かん。
모:월【某月】图 某月ぼぅ、ある月つき。¶ ~ 모일 某月某日ぼぅじっ。
모:유【母乳】图 母乳にゅぅ。¶ ~로 키우다 母乳で育そだてる。
모으다 他 ①集あつめる、まとめる。¶ 쓰레기를 한데 ~ ごみをひと所ところに集める。②募ぼる、募集する、招しぉく。¶ 관광객을 ~ 観光客かんこうを募る。③集中しゅぅさせる、集める。¶ 일반의 관심을 ~ 一般ぱんの関心かんを集める。④(財産ぎんなどを)ためる、積っむ、たくわえる。¶ 막대한 재산을 ~ 巨万きょまんの富とみを築きずく。⑤収集しゅぅする、ためる。¶ 우표를 ~ 切手きっを収集する。
모:음【母音】图【文法】母音ぼん。
모의【模擬】图하타 模擬ぼぅ。¶ ~ 국회 模擬国会こっ/ ~ 재판 模擬裁判さぃばん。
모의【謀議】图하타 謀議ぼぅ。¶ ~에 가담하다 謀議に加くわわる。
모이 图 餌ぇ、飼料しりょぅ。¶ 닭에게 ~를 주다 鶏にわに餌をやる。
모이다 图 ①集あつまる、集合ごぅする、寄ょって来くる。¶ 한 달에 한번 ~ 月つきに一度ぃちど集まる。②たまる。¶ 돈이 ~ 金かねがたまる。
모임 图 集あつまり、集会しゅぅ、会合ごぅ。¶ ~에 참석하다 集まりに参加さんする。
모:자【母子】图 母子はは、母ははと子こ。
모:자 가정【‐家庭】图 (父親ちちのない) 母はと息子むすだけの家庭かてぃ。
모자【帽子】图 ①帽子ぼぅ。¶ 밀짚~ 麦わら帽子/ ~를 쓰다 帽子をかぶる。/ ~를 벗기다 帽子を脱ぬがせる。②「갓모자」の縮約形。③(碁ごで)帽子ぼぅ。

모:자라다 图形 ①足たりない、不足ぶそくである、乏とぼしい、及およばない。¶ 자금이 ~ 資金きんが足りない。/ 잠이 ~ 睡眠すぃが不足する。②(頭あたまの働はたきが)普通ふつぅ以下ぃ下である、足りない、うす馬鹿ばかである。¶ 저 모자란 놈 あのうす馬鹿。③(数量すぅなどが)不足ぶそくする、足りない。¶ 화물의 수량이 ~ 貨物もっの数量が足りない。
모자이크【mosaic】图 モザイク。
모:정【母情】图 (子こにたいする) 母はの情じょぅ、母情。
모:정【慕情】图 慕情じょぅ。¶ ~을 품다 慕情をいだく。
모조【模造】图하타 模造ぼぅ。¶ ~품 模造品ひん。
모조리 圖 (ひとつも残のこさず) すべて、全部ぜん、皆みな、ことごとく、すっかり、そっくり。¶ ~ 베끼다 そっくり写うつす。/ ~ 팔아 치우다 すっかり売ぅり払ぼう。/ 화재로 ~ 불타 버리다 火事ごで全部焼ゃけてしまった。
모종 图하타 (稲いねの苗ゃぇ以外ぃ外の) 苗なえ、苗木なぇ。¶ ~ 삽 移植しょく ごて/ 수박 ~을 내다 スイカの苗を移植する。
모:종【某種】图 某種ぼぅ、ある種類しゅ。¶ ~의 사건 某種の事件けん/ ~의 혐의가 걸려 있다 某種の嫌疑しゅぃがかかっている。
모:주-망태 图 大酒おぉさけのみ、のみすけ、のんだくれ、のんべえ。
모지라-지다 图 ちびる、先さきがすり切きれる。¶ 모지라진 붓 ちびた筆ふで。
모직【毛織】图 毛織おり。
모:질다 形 ①(性格せぃが) むごい、きつい、ひどい、非情じょぅだ。¶ 모진 말을 하다 むごいことを言ぅ。②粘ねばり強つょい、根気こんづよい、よく耐たぇる、我慢強がまんい。¶ 마음을 모질게 먹다 心ころを鬼おににする。③(程度ぃで)がきつい、きびしい、激はげしい。¶ 모진 바람 激しい風かぜ。
【관용】모진 목숨 死しにきれなくて生ぃきている命いのち、死ぬに死なれない命。
모집【募集】图하타 募集ぼぅ。¶ ~에 응하다 募集に応ずる。/ 회원을 ~하다 会員いんを募集する。
모쪼록 圖 なにとぞ、どうか、なるべく。¶ ~ 잘 부탁드립니다 なにとぞよろしくお願ねがい致ぃたします。
모책【謀策】图하자타 謀策ぼぅ。
모:처【某處】图 某処しょ、某所しょ、ある所ところ。¶ ~에서 만나다 某処である。
모처럼 圖 ①やっと、久ひさしぶりに、久久ひさに。¶ ~ 오셨는데 쉬었다 가시지요 久しぶりに来こられたのだから休やすんで行いかれたら。②ようやく、やっと、始はじめて。¶ ~ 지어 입은 양복 ようやくあつらえた洋服ふく。③せっかく、わざわざ。¶ ~ 주시는 것이니 받겠습니다 せっかく下くださるのだから頂ぃただきます。④(「모처럼의」の形で名詞的に) せっかくの、久久ひさの。¶ ~의 좋은 날씨 久久の

よい 天気(てんき)だ/ ~의 초대를 거절하다 せっかくの招待(しょうたい)を断(ことわ)る.

**모체**(母體) 图 母体(ぼたい). ¶ ~의 안전을 도모하다 母体の安全(あんぜん)を図(はか)る.

**모:친**(母親) 图 母親(ははおや), 母(はは).

**모:태**(母胎) 图 母胎(ぼたい). ¶ 그 회사의 ~는 구멍가게였다 その会社(かいしゃ)の母胎は小店(こみせ)であった.

**모:터**(motor) 图 モーター. ¶ ~ 사이클 モーターサイクル.

**모토**(motto) 图 モットー, 信条(しんじょう), 標語(ひょうご). ¶ 근면을 ~로 하다 勤勉(きんべん)をモットーとする.

**모퉁이** 图 ①(道(みち)·建物(たてもの)などの)角(かど), 曲(ま)がり角(かど). ¶ 길 ~ 道の曲がり角, 町角(まちかど)/ ~를 돌아가다 角を曲がる. ②(広場(ひろば)·室内(しつない)などの)隅(すみ). ¶ 한쪽 ~에 쭈그리고 앉다 片隅(かたすみ)にちぢこまって座(すわ)る.

**모포**(毛布) 图 毛布(もうふ). ㉿ 담요

**모피**(毛皮) 图 毛皮(けがわ).

**모함**(謀陷) 图[하타] 計略(けいりゃく)を使(つか)って人(ひと)をおとし入(い)れること, わなにかけること. ¶ ~에 빠지다 計略(けいりゃく)にかかる.

**모:험**(冒險) 图[하자타] 冒險(ぼうけん). ¶ ~가 冒険家(ぼうけんか)/ ~을 무릅쓰다 冒険をおかす.

**모형**(模型) 图 模型(もけい), ひながた. ¶ ~ 비행기 模型飛行機(ひこうき).

**모형-도**(-圖) 图 模型図(ず).

**모호-하다**(模糊-) 形여 模糊(もこ)としている, 曖昧(あいまい)だ, はっきりしていない. ¶ 모호한 태도를 취하다 あいまいな態度(たいど)をとる.

**모:-회사**(母會社) 图[經] 親会社(おやがいしゃ).

**목**[1] 图 ①首(くび). ¶ ~을 매다 首をつる. / ~이 빠지게 기다리다 首を長(なが)くして待(ま)つ. ②(《목구멍의 縮約形》)のど. ③(物(もの)の首に当たる部分(ぶぶん). ¶ 손~ 手(て)くび/ 병의 ~ 瓶(びん)のくび. ④(道(みち)の)かなめ, 要所(ようしょ). ¶ 집으로 가는 길~을 지키다 帰(かえ)り道のかなめを守(まも)る. ⑤(「목소리」의 縮約形) 声(こえ), のど. ¶ ~이 좋은 のどがいい. ⑥[比] 職(しょく), 命(いのち), 首(くび). ¶ ~이 달아나다 首が飛(と)ぶ, 免職(めんしょく)される. / ~을 걸고 맹세하다 首(くび)をかけて誓(ちか)う.

[관용] 목에 핏대(를) 세우다 首に青筋(あおすじ)を立(た)てる. 《感情(かんじょう)が激(はげ)しいことのたとえ》목을 걸다 ①いのちをかけて賭(か)けや勝負(しょうぶ)をする. ②危険(きけん)を冒(おか)して事(こと)に当たる. 목(을) 축이다 水(みず)などを少(すこ)し飲(の)む, のどをうるおす. 목이 간들간들하다 ①命(いのち)にかかわる危機(きき)のせとぎわに立(た)っている. ②いつくびになるか知(し)れない切迫(せっぱく)した立場(たちば)に置(お)かれている. 목이 메다 ①(感激(かんげき)して)のどがつまる. ②(食(た)べ物(もの)などの)のどにつかえる. 목이 타다 ①のどが非常(ひじょう)にかわく. ②切(せつ)にのぞむ.

**목**[2] 图 (鉱山(こうざん)で)選鉱(せんこう)のとき鉛(なまり)·銀(ぎん)などが混(ま)ざっている粉(こな)のような鉱石(こうせき).

**목**-[木] 接頭 「木製(もくせい)·木綿製(もめんせい)の」の意(い)を表(あらわ)す. ¶ ~도장 木製(もくせい)の印章(いんしょう).

**목가**(牧歌) 图 牧歌(ぼっか). ¶ ~적인 풍경 牧歌的(ぼっかてき)な風景(ふうけい).

**목각**[木刻] 图[하자] 木彫(きぼ)り. ¶ ~ 불상 木彫りの仏像(ぶつぞう). ②「목각화·목각 활자」의 縮約形.

**목-걸이** 图 ①首飾(くびかざ)り, ネックレス. ¶ 다이아몬드 ~ ダイヤモンドの首飾り. ②首巻(くびま)き, 襟巻(えりま)き.

**목-검**[木劍] 图 木劍(ぼっけん), 木刀(ぼくとう).

**목격**[目擊] 图[하자] 目擊(もくげき). ¶ ~담 目擊談(だん)/ 범행을 ~하다 犯行(はんこう)を目擊する.

**목격-자**[-者] 图 目擊者(しゃ). ¶ ~의 이야기 目擊者の話(はなし).

**목공**[木工] 图 ①木工(もっこう). ¶ ~소 木工所(しょ). ②大工(だいく).

**목관**[木棺] 图 木製(もくせい)の棺(かん).

**목관 악기**[木管樂器] 图[音] 木管(もっかん)楽器(がっき).

**목-구멍** 图 喉(のど). ¶ ~에 풀칠하다 喉に糊(のり)をつける, どうにか食(た)べていく. / ~의 때를 벗긴다 喉の垢(あか)をとる, 久(ひさ)しぶりにたらふく食(た)べる.

[속담] 목구멍이 포도청 喉が捕盗廳(ほとうちょう). 《食(く)うためには悪(わる)いこともせざるを得(え)ない》

**목기**[木器] 图 木器(もっき), 木製(もくせい)の器(うつわ).

**목-놓다** 图 大声(おおごえ)をはりあげて泣(な)く. ¶ 목놓아 울다 声をはりあげて泣く.

**목-덜미** 图 襟首(えりくび), 首筋(くびすじ), うなじ. ¶ ~를 잡히다 えりくびをつかまれる. ㉿ 덜미

**목-도리** 图 襟巻(えりま)き, 首巻(くびま)き, マフラー.

**목도장**[木圖章] 图 木印(きいん), 木製(もくせい)のはんこ.

**목돈** 图 ①まとまった金(かね), かなりの金額(きんがく). ¶ ~을 만들다 まとまった金をつくる. ②厄払(やくばら)いのとき, 巫女(みこ)に与(あた)える前金(まえきん).

**목동**[牧童] 图 牧童(ぼくどう).

**목련**[木蓮] 图[植] モクレン.

**목례**[目禮] 图[하자] 目礼(もくれい). ¶ ~를 나누다 目礼を交(かわ)す.

**목로**[木壚] 图 居酒屋(いざかや)の台(だい).

**목로 술집** 居酒屋(いざかや), 一杯(いっぱい)飲み屋(や).

**목록**[目錄] 图 ①目錄(もくろく), カタログ. ¶ 도서 ~ 図書(としょ)目録/ ~에 올리다 目録に載(の)せる. ②(書物(しょもつ)の)目次(もくじ).

**목마**[木馬] 图 ①木馬(もくば). ¶ 회전 ~ 回転(かいてん)木馬. ②(建築場(けんちくじょう)などでの)踏(ふ)み台(だい).

**목-마르다** 形르 ①喉(のど)がかわく. ¶ 땀을 많이 흘렸더니 몹시 ~ 汗(あせ)をうんと流(なが)したのでひどくのどがかわく. ②(なにかを)切望(せつぼう)している, 渴望(かつぼう)する, 飢(う)えている. ¶ 사랑에 ~ 愛(あい)に飢える.

[속담] 목마른 사람이 우물 판다 喉のかわいた者(もの)が井戸(いど)を掘(ほ)る. 《切実(せつじつ)に欲(ほ)しがる者が仕事(しごと)を急(いそ)ぐ》

**목-말** 图 肩車(かたぐるま). ¶ ~을 타다 肩車に乗(の)る. / ~을 태우다 肩車に乗せる.

**목-매달다** 图[자타] 首(くび)をつる.

**목-메다** 图 ①(悲(かな)しみ·感動(かんどう)などで)のどがつまる, むせぶ. ¶ 목메어 울다 むせび泣(な)く. ②(食(た)べ物(もの)などが)喉(のど)にふさがる, つまる. ¶ 목메어 물을 마셨다 のどがつまって

て水ずを飲のんだ。

[속담] **목멘 개 겨 탐하듯** 喉ののつまった犬が糠かをほしがるように。《やり遂とげる能力りょくもないくせに欲張よくばること》

**목면**[木綿・木棉] 名 ①木綿もめん。 ②綿わた。

**목-발**[木-] 名 (俗) 松葉杖まつばづえ。

**목-불인견**[目不忍見] 名 (あまりかわいそうで) 見みるに忍しのびないこと。

**목-뼈** 名 頸骨けいこつ。

**목사**[牧師] 名 牧師ぼくし。

**목석**[木石] 名 ①木きと石いし。 ②(比) 人情にんじょうを解かときない人ひと。¶ ~ 같은 사나이 木石のような〔感情かんじょうが鈍にぶい〕男おと。

**목성**[木星] 名 (天) 木星せい。

**목-소리** 名 ①声こえ、音声おん。¶ 맑은 ~ 澄すんだ 声こえ/~가 크다 声が大おおきい。/ ~가 좋다 声がよい。 ②世論せろん、意見けん。¶ 민중의 ~에 귀를 기울이다 民衆みんしゅうの声に耳みみを傾かたける。

**목수**[木手] 名 大工だい。¶ 서투른 ~ たたき大工/ ~ 일을 하다 大工仕事しごとをする。

**목숨** 名 命いのち、生命せいめい、寿命じゅみょう。¶ ~을 잃다 命を失しつう。/ ~을 이어가다 生いき延のびる。

**목-쉬다** 自 喉のどがしわがれる、声がかれる。¶ 목쉰 소리 しわがれ声ごえ。

**목요-일**[木曜日] 名 木曜日もくようび。

**목욕**[沐浴] 名 (하다自) 沐浴もくよく、風呂ふろ、入浴にゅうよく。¶ 재계 斎戒さいかい 沐浴/~을 하다 風呂ふろに入はいる、湯浴ゆあみする。

**목욕-물** 名 風呂の湯ゆ、風呂場ば。¶ ~을 데우다 風呂を沸わかす。

**목욕-탕**[-湯] 名 風呂、風呂場ば。¶ 대중 ~ 銭湯せんとう。

**목우**[牧牛] 名 (하다自) 牧牛ぼくぎゅう。

**목-자르다** 自他 名 ①首くびを切きる。 ②(俗) くびにする、解雇かいこする。¶ 부정 공무원을 ~ 不正官吏かんりをくびにする。

**목-잠기다** 自 喉のどがかすれる、のどがしわがれる、声がかれる。

**목장**[牧場] 名 牧場ぼくじょう、まき。

**목재**[木材] 名 木材もくざい、材木もく。

**목적**[目的] 名 (하다他) 目的もくてき。¶ ~ 의식 目的意識しき/~을 달성하다 目的を遂とげる。

**목적-어**[-語] 名 (文法) 目的語ご、客語きゃく。

**목적-지**[-地] 名 目的地ち。¶ ~에 도착하다 目的地に着つく。

**목전**[目前] 名 目前もくぜん、目先さき。¶ ~의 이익 目先の利益りえき/ ~에 닥치다 目前に迫せまる。

**목-젖** 名 喉のどちんこ、口蓋垂こうがいすい。

(관용) **목젖(이) 떨어지다** のどがなる、食欲しょくよくにかられる。

**목제**[木製] 名 木製もくせい。¶ ~품 木製品ひん。

**목조**[木造] 名 木造もくぞう、きづくり。¶ ~ 건축 木造建築けん。

**목차**[目次] 名 目次もくじ。㊥ 차례

**목청** 名 ①声こえ。¶ ~이 좋다 声がいい。/ ~을 자랑하다 のどを自慢じまんする。 ②(生) 声帯せいたい。

(관용) **목청(을) 돋우다** 声を高たかめる、大おおきな声を出だす。

**목청-껏** 副 あらん限かぎりの声こえ。¶ ~ 응원을 하다 あらん限りの声で応援おうえんする。

**목축**[牧畜] 名 (하다自) 牧畜ちく。¶ ~업을 경영하다 牧畜業ぎょうを営いとなむ。

**목침**[木枕] 名 木枕まくら、箱枕はこ。

**목-타다** 自 ①のどがひどく渇かわく。 ②心こころがこがれる、いらいらする。¶ 목타게 기다리다 待まちこがれる。

**목탁**[木鐸] 名 ①(佛) 木魚ぼくぎょ。 ②(比) 木鐸ぼくたく、先達せんだつ。¶ 신문은 사회의 ~이다 新聞しんぶんは社会しゃかいの木鐸だ。

**목탄**[木炭] 名 木炭もくたん。

**목판**[木版・木板] 名 木版はん。¶ ~ 인쇄 木版印刷いんさつ。

**목판-화**[-畫] 名 木版画が。

**목표**[目標] 名 目標、目印じるし、目当あてて。¶ ~액 目標額がく/ 공격 ~ 攻撃こうげきの目標/ ~에 달하다 目標に達たっする。

**목하**[目下] 名 副 目下もっか、ただいま、現在げんざい。¶ ~의 국제 정세 現在の国際こくさい情勢じょうせい/ 검토 중이다 目下検討中ちゅうだ。

**목화**[木花] 名 (植) ワタ、綿めん。¶ ~를 따다 綿をつむ。

**목회**[牧會] 名 (하다自)(基) 牧師ぼくしが信者しんじゃの信仰しんこう生活せいかつを指導しどうすること。

**몫** 名 ①分ぶん、分わけ前まえ、取とり分ぶん、割わり当あて、配当はいとう。¶ 세 사람 ~ 三人分さんにんぶん/~을 나누다 分け前を分ける。 ②おのおのの任務にんむ、役割やく。¶ 자기 ~를 다하다 自分じぶんの任務を果はたす。 ③(数) 割わり算ざんの値あたい、商しょう。¶ 9 나누기 3의 ~은 3이다 9割る3の値は3だ。

**몰-**[沒] 接頭 没ぼつ…。¶ ~가치 没価値ぼつかち/ ~상식 没常識ぼうじょうしき。

**몰골** 名 みすぼらしい顔かおや格好かっこう、不格好。¶ ~ 사나운 차림새 不格好な身みなり/ ~이 말이 아니군 大変たいへんな格好だね。

**몰:다** 他 ①(牛うし・馬うまなどを)追おう、追いやる、追おい込こむ。¶ 소를 ~ 牛うしを追う。 ②(自動車どうしゃなどを)運転うんてんする、駆かる。¶ 차를 ~ 車くるまを駆る。 ③(一いっか所しょに)集あつめる、一緒いっしょにする。¶ 한데 몰아서 사다 一ひとまとめにして買かう。 ④(罪つみを)かぶせる、着きせる、でっちあげる。¶ 살인죄로 ~ 殺人罪ざいを着せる。 ⑤(群衆ぐんしゅうなどを)駆かり立たてる、扇動せんどうする。

**몰두**[沒頭] 名 (하다自) 没頭ぼっとう。¶ 연구에 ~하다 研究けんきゅうに没頭する。

**몰:라보다** 他 ①見忘みわすれる、見違みちがえる、見みそれる。¶ 시가는 몰라볼 만큼 변했다 市街しがいは見違えるほど変かわった。 ②(目上うえの人ひとに)礼儀れいぎをわきまえない。¶ 어른몰라보는 놈 目上の人に礼儀もわきまえないやつ。

**몰락**[沒落] 名 (하다自) 没落ぼつらく。¶ ~할 운명에 있다 没落の運命うんめいにある。

**몰랑-하다** 形어 ①(柿かきや桃ももなどがよく熟うれて水気みずけたっぷりに)柔やわらかいさま。 ②(体格

**몰래**

たいや気質(きしつ)などが) 柔弱(じゅうじゃく)だ。③ 물렁하다

**몰:래** 副 ひそかに、こっそり、内緒(ないしょ)で。¶ ~ 만나다 ひそかに泣(な)く。/ ~ 빠져나가다 こっそり抜(ぬ)け出(だ)す。/ 남~ 걱정하다 人知(ひとし)れず心配(しんぱい)する。

**몰려-가다** 自 ①群(む)れをなして行(い)く、大勢(おおぜい)が押(お)しかけて行(い)く、押(お)し寄(よ)せる。¶ 회의장으로 우르르 ~ 会議場(かいぎじょう)にどっと押(お)し寄(よ)せる。②追(お)われる、追(お)いやられる。¶ 개에게 몰려가는 양떼 犬(いぬ)に追(お)いやられる羊(ひつじ)の群(む)れ。

**몰려-다니다** 自 ①追(お)い回(まわ)される。¶ 적에게 ~ 敵(てき)に追(お)い回(まわ)される。②群(む)れをなして歩(ある)き回(まわ)る。¶ 친구들과 밤늦게까지 ~ 友人(ゆうじん)たちと夜遅(よるおそ)くまで群(む)れをなして歩(ある)き回(まわ)る。

**몰려-들다** 自 ①(なにかに)追(お)われて入(はい)って来(く)る、追(お)い回(まわ)される。②群(む)がり集(あつ)まる、押(お)しよせる、寄(よ)り集(あつ)まる。¶ 아이들이 ~ 子供(こども)らが寄り集まる。

**몰리다¹** 自 ①(仕事(しごと)などに)追(お)われる、窮(きゅう)する、困(こま)る。¶ 자금에 ~ 資金(しきん)に困(こま)る。/ 일에 몰려서 잘 시간도 없다 仕事(しごと)に追(お)われて眠(ねむ)る時間(じかん)もない。②(多(おお)くの人(ひと)が)一度(いちど)に押(お)し寄(よ)せる。¶ 손님이 한꺼번에 몰리다 お客(きゃく)さんが一度に押し寄せる。

**몰리다²** 自 (「몰다」の受動) 追(お)われる、追(お)いこまれる。¶ 여우가 개한테 ~ 狐(きつね)が犬(いぬ)に追(お)われる。

**몰사[沒死]** 名 하動 全部(ぜんぶ)死(し)ぬこと。¶ 버스 사고로 승객이 ~ 했다 バス事故(じこ)で乗客(じょうきゃく)が全員(ぜんいん)死(し)んだ。

**몰살[沒殺]** 名 하動 되動 皆殺(みなごろ)し、全滅(ぜんめつ)させること。¶ 가족을 ~ 하다 一家(いっか)皆殺(みなごろ)しにする。

**몰-상식[沒常識]** 名 하形 没常識(ぼつじょうしき)、非常識(ひじょうしき)な人(ひと)。

**몰수[沒收]** 名 하動 되動 没収(ぼっしゅう)。¶ 재산을 ~ 하다 財産(ざいさん)を没収(ぼっしゅう)する。

**몰씬-하다** 形動 (よく熟(じゅく)したものや煮(に)えたものが) 柔(やわ)らかい、ふにゃふにゃする、ふかふかする、ぶよぶよする。③ 물씬하다

**몰아[沒我]** 名 没我(ぼつが)。¶ ~의 경지에 이르다 没我の境地(きょうち)に至(いた)る。

**몰아** 副 一概(いちがい)に、ひっくるめて、まとめて。¶ ~ 사다 一(ひと)まとめに買(か)う。/ ~ (서) 질문하다 まとめて質問(しつもん)する。

**몰아-내:다** 他 追(お)い出(だ)す、追(お)いはらう。¶ 방에서 ~ 部屋(へや)から追(お)い出(だ)す。/ 사장 자리에서 ~ 社長(しゃちょう)の地位(ちい)からを追いはらう。

**몰아-넣다** 他 ①追(お)い込(こ)む、入(い)れる。¶ 궁지에 ~ 窮地(きゅうち)に追(お)い込(こ)む。②押(お)し込(こ)む、つめ込(こ)む。¶ 가방에 다 ~ カバンに全部(ぜんぶ)つめ込む。

**몰아-들이다** 他 取(と)り入(い)れる、追(お)い入(い)れる、中(なか)に追(お)い込(こ)む。¶ 닭을 닭장으로 ~ 鶏(にわとり)を鶏舎(けいしゃ)に追(お)い込む。

**몰아-붙이다** 他 ①(一方(いっぽう)に)押(お)しやる、寄(よ)せつける、(ひと所(ところ)に)方寄(かたよ)せておく。¶ 책을 한 쪽으로 ~ 本(ほん)を片方(かたほう)に押しやる。

②責(せ)め立(た)てる。¶ 부하를 심하게 ~ 部下(ぶか)をひどく責(せ)め立(た)てる。

**몰아-세우다** 他 はげしく責(せ)め立(た)てる、頭(あたま)ごなしに叱(しか)る。¶ 빚을 갚으라고 ~ 借金(しゃっきん)を返(かえ)せと責め立てる。

**몰아-오다** 自他 ①のこらずさらって来(く)る、掻(か)き集(あつ)めて来(く)る。②一度(いちど)に押(お)し寄(よ)せて来(く)る。¶ 큰 파도가 ~ 大(おお)きい波(なみ)がどっと押し寄せて来る。③追(お)って来(く)る。¶ 양 떼를 ~ 羊(ひつじ)の群(む)れを追(お)って来る。

**몰아-치다** 他 ①(一所(いっしょ)に)追(お)い込(こ)む、吹(ふ)きつける。¶ 비바람이 ~ 雨風(あめかぜ)が吹きつける。②(仕事(しごと)などを)いっぺんに片(かた)づける、急(いそ)いでする。¶ 밀린 일을 ~ つかえている仕事を一気(いっき)に片づける。③やり込める、責めたてる。

**몰-염치[沒廉恥]** 名 하形 破廉恥(はれんち)、恥知(はじし)らず、厚(あつ)かましいこと。

**몰이** 名 (獸(けもの)・魚(さかな)を捕(と)るとき)一所(いっしょ)に追(お)い込(こ)むこと、駆(か)り立(た)て。

**몰-인정[沒人情]** 名 하形 不人情(ふにんじょう)、情(なさ)け知(し)らず、薄情(はくじょう)。¶ ~ 한 처사 不人情な仕打(しう)ち。

**몰입[沒入]** 名 하動自他 되動 ①没入(ぼつにゅう)。¶ 연구에 ~ 하다 研究(けんきゅう)に没入(ぼつにゅう)する。②(むかし) 官庁(かんちょう)が罪人(ざいにん)の財産(ざいさん)などを取(と)り上(あ)げたこと。

**몰-지각[沒知覺]** 名 하形 分別(ふんべつ)のないこと、知覚(ちかく)をわきまえないこと。¶ ~ 한 행동 知覚のない行動(こうどう)。

**몰캉-하다** 形動 (熟(う)れすぎて) 軟(やわ)らかい、ぐにゃぐにゃしている、ぶよぶよしている。¶ 몰캉한 복숭아 ぐにゃぐにゃにした桃(もも)。

**몸** 名 ①体(からだ)、身体(したい)、身(み)。¶ 약한 ~ 弱(よわ)い体(からだ)/ ~을 사리다 体(からだ)を気(き)づかう。/ 온~이 떨린다 全身(ぜんしん)が震(ふる)える。②(手足(てあし)・頭(あたま)を除(のぞ)いた) 胴(どう)、胴部(どうぶ)、胴体(どうたい)。¶ 다리는 짧고 ~은 길다 足(あし)は短(みじか)く胴は長(なが)い。③分際(ぶんざい)、身分(みぶん)、方(かた)。¶ 천한 ~ 卑(いや)しい身(み)。④(物(もの)の)本体(ほんたい)。¶ ~ 채 母屋(おもや)/ 만 남은 자동차 本体(ほんたい)だけ残(のこ)った自動車(じどうしゃ)。⑤(「몸에짓」の縮約形) 月経(げっけい)。⑥(陶磁器(とうじき)の) 胎土(たいど)。

慣用 몸(에) 배다 身(み)につく、板(いた)につく。몸(을) 더럽히다 貞操(ていそう)を奪(うば)われる、体(からだ)を汚(よご)される。몸을 바치다 ①しのために犠牲(ぎせい)になる。②身をささげる。③体を許(ゆる)す。몸(을) 팔다 身を売(う)る、売春(ばいしゅん)する。몸(이) 나다 体が太(ふと)くなる、肉付(にくづ)きがよくなる。

**몸-가짐** 名 身持(みも)ち、身嗜(みだしな)み、態度(たいど)、挙動(きょどう)、ふるまい、立(た)ち居(い)ふるまい、物腰(ものごし)、行儀(ぎょうぎ)。¶ ~ 이 나쁘다 身持ちが悪(わる)い。/ ~ 을 삼가다 身嗜みを慎(つつし)む。

**몸-놀림** 名 体(からだ)の動(うご)き、身(み)のこなし。¶ ~ 이 가볍다 身のこなしが軽(かろ)やかだ。

**몸-단장[丹粧]** 名 하動 (髪(かみ)・身(み)なりなどの) 手入(てい)れ、身支度(みじたく)、身(み)づくろい、身(み)ごしらえ。¶ ~ 에 시간이 걸리다

몸-달다 回 気゙がせく、はやる、いらだつ、焦゙る、じれる、やっきになる。¶ 빨리 만나고 싶어 ~ 早゙く会゙いたくて気゙がせく。

몸-담다 回 (ある団体だん・組織しきに) 所属ぞくする、勤ごめる、従事じゅうする、携たずさわる。¶ 몸담고 있는 회사 勤゙めている会社かいしゃ。

몸-두다 回 ①身゙を置゙く、勤゙める、従事じゅうする。¶ 회사에 ~ 会社がいしゃに勤゙める。②身゙を寄よせる、寄宿きしゅくする。¶ 친척 집에 ~ 親戚せきの家゙に身゙を寄せる。
慣用 몸둘 바를 모르다 身゙の置゙き所どこを知゙らない。¶ 부끄러워서 ~ 恥゙ずかしくて身゙の置゙き所゙を知゙らない。

몸뚱이 图 体゙から、体軀たい。

몸-매 图 格好かっ、体゙つき、スタイル。¶ 날씬한 ~ すんなりとした体つき。

몸-무게 图 体重たい。¶ ~를 달다 体重を量はかる。 / ~를 줄이다 体重を減゙らす。

몸부림 图 刯動 ①身゙もだえ、もがき、あがき。¶ 살려는 ~ 生゙きようとするあがき。②寝゙がえり。

몸부림-치다 回 身゙もだえする、のたうつ、あがく。¶ 괴로운 나머지 ~ 苦゙しみのあまり身もだえする。 / 아무리 몸부림쳐 봐도 소용없다 いくらあがってもしようがない。

몸살 图 ひどい疲労゙から来゙る病気びょう、つかれ病やま。
몸살-나다 回 ①疲゙れの病気にかかる。②(あることが)したくてたまらない、…したがる。

몸서리 图 ①身震ぶるい。②嫌気いや、うんざりすること。¶ 이제 그 일엔 ~가 난다 もうその仕事゙にはうんざりする。
몸서리-나다 回 ぞっとする、身゙の毛゙がよだつ。¶ 몸서리나는 광경 身゙の毛のよだつような光景けい。
몸서리-치다 回 ①身震ぶるいする、ぞっとする、身゙の毛がよだつ。¶ 보기만 해도 ~ みるだけでもぞっとする。②嫌気いやがさす。

몸소 副 自゙ら、自分で、親゙しく、じきじきに。¶ ~ 지휘하다 自ら指揮きする。 / ~ 지도하다 親しく指導どうする。

몸-수색[-捜索] 图 刯動 体゙からを検索けんさくすること、ボディーチェック。

몸엣-것[-] 图 ①月経 げっけい。②月経血けつ。

몸져-눕다 回 回 病気びょうで寝付つく、病床じょうにつく。¶ 과로로 ~ 過労ろうで倒゙れる。

몸-조리[-調理] 图 刯動 養生じょう、摂生せい、保養よう、(産後さんごの)肥ひだち。¶ 큰병을 치른 후에는 ~가 중요하다 大病を患゙った後゙は養生が肝心かんだ。

몸-종 图 小間使こぞう。

몸-집 图 体軀たい、体゙つき、柄゙、体格かく、なり。¶ ~이 큰 아이 柄の大゙きい子供゙。

몸-짓 图 刯動 身振゙り。¶ 야단스러운 ~ 大゙げさな身゙ぶり。

몸-풀다 回 ①分娩ぶんする。②(疲゙れなどを)いやす。③体゙からをほぐす。

몹:시 副 ひどく、すごく、とても、大変たいへん、大層そう、非常じょうに、厳゙しく、いやに。¶ ~ 추운 날 ひどく寒さむい日゙ / ~ 바쁘다 とても忙いそがしい。 / ~ 가난하다 大変貧゙しい。

몹쓸 冠 ①(言動げんが)よくない、悪゙い、たちの悪い。¶ ~ 놈 よくない奴゙。②(刑゙・病気びょうなどの)重゙い。¶ ~ 병 悪性せいの病気゙。

못¹ 图 釘くぎ。¶ ~을 박다 釘゙を打゙つ。

못² 图 たこ。¶ 귀에 ~이 박히도록 듣다 耳゙にたこができるほど聞゙く。

못³ 图 池いけ、淵ふち。¶ ~에서 잉어가 논다 池゙に鯉こいが泳゙ぐ。

못:⁴ 副 (動詞の前゙について禁止きん・不可能かのうなどの意゙を表あらわす語゙) …できない、…してはいけない、…してはならない。¶ ~ 살겠다 生゙きていけない。 / 절대로 ~ 간다 絶対たいに行゙ってはならない。
慣用 못 하는 소리가 없다 ①(時゙と場所゙をわきまえずに)やたらにしゃべり散゙らす。②(幼゙い子゙が)上手じょうずに話゙をする。

못:-나다 回 ①愚゙かだ、馬鹿ばかだ、(頭あたまが)足゙たりない。¶ 못난 짓 하지 마라 ばかな真似まねするな。②(顔かお・姿すがたが)みにくい、ぶかっこうだ、不細工さいくだ、不出来でだ、不器量りょうだ。¶ 못난 얼굴 不器量な顔立かおち。

못:-내 副 ①忘わすれずにいつまでも、ずっと、あきらめ切゙れずに。¶ ~ 그리워하다 あきらめ切れずに慕したう。②限かぎりなく、果゙てしなく。¶ ~ 서러워하다 果てしなく悲゙しむ。

못:-되다 回 ①(性質せい・行゙ないが)悪゙い、あくどい、なっていない。¶ 못된 짓 悪い行゙ない。②不出来でき、出来できそこない。¶ 못된 작물 不出来の作物ぶつ。③(数゙・量りょうが)満゙たない、達たっしない、足たらない、不足だ。¶ 한 되가 ~ 一升゙しょうに足らない。

못:-마땅하다 形動 気゙にくわない、不満まんだ、心゙に染゙まない。¶ 그 사람됨이 ~ 彼゙の人゙となりが気゙にくわない。

못:-박다 回 ①釘゙を打゙つ、釘づけにする。②(人゙の心゙を)傷きずつける。¶ 부모 가슴에 못박는 자식 親゙の心を傷つける息子゙。③断定だんして言゙う、念゙を押おす。

못:-박이다 回 ①たこができる。¶ 귀에 못박히도록 들었다 耳゙にたこができるほど聞゙いた。②(手゙や足゙の平゙・足゙の裏゙などに)たこができる。③(恨゙み・悲゙しみなどが)深゙く心゙に刻きざまれる。¶ 가슴속에 못박인 원한 心゙に刻まれた恨゙み。

못-뽑이 图 釘抜゙き。

못:-살다 回 ①貧まずしく暮゙らす。¶ 못사는 사람들 貧゙しい人゙たち。②((「못살게」の形゙に))気゙がかりでくじける、いじめられる。¶ 약자를 못살게 굴다 弱よわい者゙をいじめる。

못:-생기다 形 ①(顔゙が)醜みにくい、不器量りょうだ、出来具合ぐあいが悪゙い、不細工さいくだ。¶ 못생긴 여자 ぶ女゙ぁん、不器量な女゙。②(人゙となりや行゙ないが)愚゙かだ、かしこくない。

¶ 못생긴 짓 愚かな行為。

못:-쓰다 自 ①(ある行動を)してはいけない。¶ 장난질하면 못써 いたずらをしてはいけない。②使えなくなる、故障になる。¶ 기계가 녹이 슬어 못쓰게 되다 機械がさびついて使えなくなる。③健康が悪くなる。¶ 자네 얼굴이 못쓰게 되었네 君の顔色が悪くなったね。

못-자리 名 ①苗代、苗床など。②하自 苗代に種をまくこと。

못:지-않다 形 劣らない、遜色ない。¶ 남 못지 않은 성적 人に劣らぬ成績。

못:-하다¹ 助動他 (動詞の連結語尾「-지」について) ①…できない、なし得ない。¶ 술을 먹지 — 酒は飲めない。¶ 인사 하나 — あいさつ一つできない。②…してはいけない。¶ 그 곳에는 가지 못한다 そこに行ってはならない。

못:-하다² 形他 ①(「-만・-보다」の後について) (程度・質が)劣る、低い、悪い、及ばない。¶ 아우만도 — 弟にも及ばない。②(「못해도」の形で副詞的に)少なくとも、内輪に見積もっても。¶ 거기까지는 못해도 한 달은 걸린다 そこまでは少なくとも一ヵ月はかかる。

못:-하다³ 助動他 ①(形容詞の語尾「-지」の後について) …でない。¶ 아름답지 — 美しくない。②(「고프다・아프다・춥다」などの形容詞の次에「못하여」の形で) …のあまり、…すぎて。¶ 배가 고프다 못하여 속이 쓰리다 おなかが空き過ぎて腹がきりきり痛む。

몽고【蒙古】 名地 蒙古、モンゴル。

몽그작-거리다 自他 (すわったままその場で)ぐずつく、ぐずぐずする、もぞもぞする。

몽글-거리다 自 (柔らかく凝り固まって)くりくりした触りが感じられる。

몽니 名 (性質が)意地悪いで強欲なこと。

몽달-귀[-鬼] 名 未婚のままで死んだ男の亡霊。

몽당-연필[-鉛筆] 名 使いはたして短くなった鉛筆。

몽둥이 名 棒、棍棒。¶ ~로 때리다 棍棒で殴る。

몽둥이 세:례[-洗禮] 名 棍棒でさんざん打つこと。

몽땅 副 ①全部、すべて、みんな、ねこそぎ、すっかり。¶ ~ 먹어 치우다 みんな食べてしまう。/ 돈을 ~ 써버리다 金をすっかり使い果たす。②ばっさり、ばさっと、ずばっと。¶ 긴 머리를 ~ 자르다 長い髪をばっさり切る。

몽롱【朦朧】 名하形 朦朧。¶ 의식이 ~하다 意識が朦朧としている。

몽매【蒙昧】 名하形 蒙昧。¶ 무지 ~한 무리 無知蒙昧の輩。

몽:상【夢想】 名하他 夢想。¶ ~가 夢想家。/ ~에 잠기다 夢想にふける。

몽실-몽실 副하形 (まるまる太って柔らかい感じのするようす) ぽちゃぽちゃ、まるまる、ふくよかに、ほってり、ふっくら(と)。¶ ~ 살찐 강아지 まるまると太った小犬。

몽우리 名 小さなつぼみ。

몽:-유병【夢遊病】 名 夢遊病。

몽:-정【夢精】 名하自 夢精。

몽클-하다 形他 ①(食べた物が)もたれ気味で息苦しくなし、胸がつかえる。②(悲しみや憤りなどで)胸がつまる。¶ 신세 타령에 가슴이 ~ 身の上話に胸がつまる。③(リンパ腺などが)ぐりぐりしている。自 뭉클하다

몽타:주[フ montage] 名 モンタージュ。¶ ~ 사진 モンタージュ写真。

몽탕 副 ①全部、ごっそり、すっかり。¶ ~ 집어가다 ごっそり取って行く。②(一度に切る(切れる)ようす)ばさっと、ばっさり、ずばりと。

뫼¹ 名 墓、墓地。㊥ 묘
관용〉 뫼(를) 쓰다 墓を設ける、墓地を定めて埋葬する。

묘:【卯】 名 卯(十二支じゅうにしの第四番目)。

묘:-기【妙技】 名 妙技。¶ ~를 보이다 妙技を見せる。

묘:-령【妙齢】 名 妙齢、(女の若かい)年ごろ。¶ ~의 처녀 妙齢の娘。

묘:-목【苗木】 名 苗木、苗。¶ ~을 심다 苗木を植える。

묘:-미【妙味】 名 妙味。¶ ~를 맛보다 妙味を味わう。

묘:-비【墓碑】 名 墓碑、墓石。¶ ~명 墓碑銘。/ ~를 세우다 墓碑を立てる。

묘:-사【描寫】 名하他 描写。¶ 사실적인 ~ 写実的な描写。

묘:-수【妙手】 名 妙手。¶ 바둑에서 ~를 두다 碁で妙手を打つ。

묘:-시【卯時】 名 卯の刻(午前5時から午前7時までの2時間)。

묘:-안【妙案】 名 妙案。¶ ~이 떠오르다 妙案が浮かぶ。

묘:-약【妙藥】 名 妙薬。¶ 사랑의 ~ 愛の妙薬。

묘:-연【杳然】 名하形 杳然、はるかであること、はっきりしないようす。¶ 행방이 ~하다 行方が分からない。/ 소식이 ~하다 音沙汰さたがない。

묘:-지【墓地】 名 墓地、墓場。¶ 공동 ~ 共同墓地。

묘:-지기【墓-】 名 墓守り。

묘:-책【妙策】 名 妙策、妙計、妙案。¶ ~이 떠오르다 妙策が浮かぶ。

묘:-판【苗板】 名 苗代。

묘:-하다【妙-】 形他 ①妙だ、奇妙だ。¶ 묘한 사람 奇妙な人。②すばらしい、すぐれて巧みだ、妙になる。¶ 운필이 ~ 運筆がすばらしい。③変だ、おかしい、不思議だ、神秘だ。¶ 묘한 소리를 하다 変なことを言う。

무: 图(植) 大根。¶ ~를 잘게 썰다 大根をこまかく切る。

무: 图(戊) 戊、つちのえ(十干の第五番目)。

무(無) Ⅰ 图 無。¶ ~로 돌아가다 無に帰す。 Ⅱ 接頭(「無い」の意をあらわす)無…。¶ ~관심 無関心/ ~조건 無条件。

무-감각(無感覚) 图(하形) ①無感覚。¶ 추위로 손가락이 ~해졌다 寒さのため指が無感覚になった。 ②無ија심、無頓着。¶ 유행에 ~하다 流行に無頓着。

무개 화:차(無蓋貨車) 图 無蓋貨車。

무거리 图 穀物などをふるいにかけて残った後のかす。

무겁다 形ㅂ ①(重さが)重い。¶ 무거운 짐 重荷/ 쇠는 물보다 ~ 鉄は水より重い。 ②(言行などが)慎重だ。¶ 입이 ~ 口が重い。 ③(病気や罪などが)重い、事態가、はなはだしい。¶ 무거운 죄 重罪/ 무거운 벌을 받다 重い罰を受ける。 ④(動作が)重い、鈍い。¶ 발걸음이 ~ 足どりが重い。 ⑤(気分・雰囲気などが)重い、沈んでいる、はればれしない。¶ 마음이 ~ 心が重い。 ⑥(負担・責任などが)重い、重大だ。¶ 세금이 ~ 税金が重い。 ⑦(価値・比重などが)重い、大きい。¶ 정계에서 무거운 비중을 차지하다 政界で大きい比重を占める。

무게 图 ①(物の)重さ、目方、重み。¶ ~를 달다 重さを量る。/ ~가 나가다 目方がある。 ②(作品・出来事などの)重み、価値、値打ち、重大性。¶ ~ 있는 기사 重みのある記事。 ③(人物としての)重み、威厳。¶ ~가 있는 태도 威厳のある態度。

무결(無欠) 图 無欠。¶ 완전 ~ 完全無欠。

무계(無稽) 图 無稽。¶ 황당 ~ 한 발상 荒唐無稽な発想。

무-계획(無計劃) 图(하形) 無計画。

무고(無故) 图(하形) ①何等の縁故もないこと、無縁故。 ②事故がなく無事く平穏であること、平安、無事。¶ 댁내 여러분께서는 ~ 하십니까? お宅の皆様にはお変わりございませんか。

무고(無辜) 图(하形) 無辜、罪のないこと。¶ ~ 한 백성 無辜の民。

무-고(誣告) 图(하形) 誣告。¶ ~죄 誣告罪。

무-공(武功) 图 武功、武勲。¶ ~을 세우다 武功を立てる。

무:관(武官) 图 武官。 반 문관(文官)。

무관(無關) 图(하形) 無関係。¶ 그 사건과는 ~하다 その事件とは関係がない。

무-관심(無關心) 图(하形) 無関心。¶ 정치에는 ~하다 政治には無関心だ。

무-교양(無教養) 图 教養のないこと。

무구(無垢) 图(하形) 無垢。¶ 순진 ~ 한 소녀 純真無垢な少女。

무-국적(無國籍) 图 無国籍。¶ ~자 無国籍者。

무궁(無窮) 图(하形) 無窮、無限、永遠。¶ ~ 한 발전을 빌다 無窮の発展を祈る。

무궁-무진(無窮無盡) 图(하形) 無窮無尽、限りのないさま、無尽蔵。

무궁-화(無窮花) 图(植) ムクゲ。

무-궤도(無軌道) 图 無軌道。¶ ~ 한 생활 無軌道な生活。

무균(無菌) 图 無菌。¶ ~실 無菌室。

무근(無根) 图(하形) 無根。¶ 그 보도는 사실 ~이다 その報道は事実に無根である。

무-급(無給) 图 無給。¶ ~으로 일하다 無給で働く。

무:-기(武器) 图 武器、兵器。¶ ~를 지니고 있다 武器を持っている。

무기(無期) 图(「무기한」의 縮約形) 無期。¶ ~수 無期囚/ ~정학 無期停学。

무-기한(-限) 图 無期限。 반 무기(無期)。

무기(無機) 图 無機。¶ ~물 無機物/ ~비료 無機質肥料。

무기 화:학(-化學) 图(化) 無機化学。

무-기력(無氣力) 图(하形) 無気力。¶ ~ 한 생활 無気力な生活/ ~에 빠지다 無気力に陥る。

무-기명(無記名) 图 無記名。¶ ~ 투표 無記名投票。

무난-하다(無難-) 形여 無難だ。①難しくない、たやすい。¶ 무난하게 처리하다 たやすく処理する。 ②非難される点がない、これという欠点がない。¶ 무난한 작품 これという欠点がない作品。

무남(無男) 图 ①男の子がないこと。 ②男がいないこと。

무남-독녀(-獨女) 图 (息子のない家の)一人娘。

무너-뜨리다 他 壊す、崩す、倒す。¶ 담을 ~ 塀を壊す。/ 정권을 ~ 政権を打倒する。

무너-지다 自 ①(建物などが)崩れる、壊れる、倒れる。¶ 담이 ~ 塀が崩れる。/ 무너져 가는 집 倒れかかった家。 ②(制度・体制などが)崩壊する、倒れる、崩れる。¶ 사회 질서가 ~ 社会の秩序が崩壊する。 ③(計画が・構想するなどが)つぶれる、駄目になる。¶ 모처럼의 계획이 ~ せっかくの計画がつぶれる。 ④(防御陣などが)崩れる、突破される。¶ 방어선이 ~ 防御線が突破される。

무념(無念) 图(하形) 無念。①なんの思いもないこと。 ②(佛)無我の境地に達して私心や妄念がないこと。

무념-무상(-無想) 图 無念無想。

무능(無能) 图(하形) 無能。¶ ~ 한 정권 無能な政権/ ~을 드러내다 無能をさらけ出す。

무-능력(無能力) 图(하形) 無能力。¶ ~ 무 無能力者。

무늬 图 模様、柄、紋、綾、図柄。¶ 꽃

**무단**[無斷] 名 無断だん。¶ ~ 외출 無断外出しゅつ/ 자주~ 결근을 하다 よく無断欠勤きんする。

**무단-히**[無端-] 副 なんのわけもなく、なんら理由りゅうもなしに、いわれなく。¶ ~ 싫어하다 なんら理由もなしに嫌がる。

**무-담보**[無擔保] 名 無担保たんぽ。¶ ~ 대출 無担保貸かし出だし。

**무:당** 名 巫女みこ、神子こ。

**무:당-벌레** 名[動] テントウムシ。

**무:대**[舞臺] 名 舞台ぶたい。¶ ~ 장치 舞台装置そうち/ ~에 서다 舞台に立たつ。/ 첫~를 밟다 初舞台はつぶたいを踏ふむ。/ 세계를 ~로 활동하다 世界せかいを舞台に活動かつどうする。

**무:대 효:과**[-效果] 名 舞台効果こうか。

**무더기** 名 ①(積つみ重かさねたものの)山やま、盛もり、堆積たいせき。¶ ~로 돈을 벌다 山と金かねをもうける。/ 희망자는 ~로 있다 希望者きぼうしゃはわんさといる。②(形式名詞的に)山やま、盛もり。¶ 한~ 천 원 하는 딸기 一山ひとやま千せんウォンのイチゴ。

**무-더위** 名 蒸むし暑あつさ、暑気しょき。¶ ~에 지치다 蒸し暑さにへたばる。

**무던-하다** 形[여] ①(程度ていどなどが)程よい、適当とうである、まあまあである。¶ 월급 100만 원이면 ~ 月給げっきゅう100万まんウォンなら適当である。②(性格せいかくが)寛容かんようである、着実ちゃくじつで信しんじるに足たる、無難ぶなんだ。¶ 무던한 성격 無難な性格。**무던-히** 副 ①無難に、差さし障さわりなく。②よほど、かなり、ずいぶん。¶ ~ 애를 먹이다 かなりてこずらせる。

**무덤** 名 墓はか、墳墓ふんぼ、塚つか。¶ ~을 파다 墓を掘る。

**무덥다** 形[ㅂ] 蒸むし暑あつい、蒸むす。¶ 무더운 날씨 蒸し暑い天気てんき。

**무:도**[武道] 名 武道ぶどう。

**무도**[無道] 名 無道ぶどう、非道ひどう。¶ 극악 ~한 처사 極悪ごくあく非道な仕打しうち。

**무:도**[舞蹈] 名[하자] 舞踏ぶとう、ダンス。¶ ~장 舞踏場ぶとうじょう。

**무독**[無毒] 名[하形] 無毒どく。¶ 무해 ~ 無害ぶがい 無毒。

**무-두질** 名[하자] ①皮かわをなめすこと、皮かわなめし。②(空腹くうふく・病気びょうきのため)お腹なかがきりきり痛いたむこと。

**무-득점**[無得點] 名 無得点とくてん。¶ 경기가 ~으로 끝나다 競技きょうぎが無得点に終わる。

**무디다** 形 ①(刃は・先さきなどが)鈍にぶい、よく切きれない、切きれ味あじが悪わるい。¶ 무딘 칼 鈍にぶい刀かたな。②(感覚かんかくなどが)鈍にぶい、鈍感どんかんだ。¶ 신경이 무딘 사람 神経しんけいが鈍い人ひと/ 동작이 ~ 動作どうさがのろい。③(言葉ことばつきが)ゆっくりだ、はきはきしていない、のろい。¶ 말이 너무 무디어 답답하다 話はなしがあまりのろくてもどかしい。

**무뚝뚝-하다** 形[여] 無愛想ぶあいそうだ、ぶっきらぼうだ、むっつりしている。¶ 무뚝뚝한 대답 ぶっきらぼうな返事へんじ。

**무량**[無量] 名[하形] 無量りょう。¶ 감개가 ~하다 感慨かんがい無量である。

**무럭-무럭** 副 ①(勢いきおいよくすくすくと伸のびる育そだつようす)すくすく、めきめき、伸のび伸のび。¶ 아이가 ~ 자라다 子供こどもがすくすく育そだつ。②(湯気ゆげ・煙けむりなどが立たち上あがるようす)ぽっぽ(と)、むくむく、もくもく。¶ ~ 김이 오르다 ぽっぽと湯気を立たてる。

**무려**¹[無慮] 名[하形] 無慮りょ、心配しんぱいのないこと、まったくないこと。

**무려**²[無慮] 副 ((数かず・金額きんがくの多おおさに驚おどろいて))実じつに、なんと。¶ 화재로 ~ 100명이나 다쳤다 火事かじでなんと100名めいも負傷ふしょうした。

**무:력**[武力] 名 武力ぶりょく。¶ ~ 투쟁 武力闘争とうそう/ ~에 호소하다 武力に訴うったえる。

**무력**[無力] 名[하形] 無力りょく。¶ 적의 공세에 완전히 ~하다 敵てきの攻勢こうせいに全まったく無力だ。

**무력-증**[-症] 名[醫] 無力症しょう。

**무렵** 名 頃ころ、時分じぶん、折おり。¶ 꽃 필 ~ 花はなの咲さくころ/ 해질 ~ 日暮ひぐれ時どき。

**무례**[無禮] 名[하形] 無礼ぶれい、無作法ぶさほう。¶ ~한 말을 하다 無礼なことを言いう。

**무뢰-한**[無賴漢] 名 無頼漢ぶらいかん。

**무료**[無料] 名[하形] 無料りょう。¶ ~ 입장 無料入場にゅうじょう/ ~로 제공되다 無料で提供きょうされる。

**무료**[無聊] 名[하形] ①無聊ぶりょう、退屈たいくつ、手持てもちぶさた、つれづれ。¶ ~한 얼굴을 하다 退屈な顔かおをしている/ 독서로 ~함을 달래다 読書どくしょで手持ちぶさたをまぎらす。②きまりの悪わるいさま、照てれくさいこと。¶ ~한 생각이 들었다 照れくさい気持きもちがした。

**무르다**¹ 自[르] (熟じゅくしたり煮にえたりして)軟やわらかくなる。¶ 감자가 아직 무르지 않았다 ジャガイモがまだ軟らかくなっていない。

**무르다**² 他[르] ①(買かった物ものを)返かえしてもらう、返品ぺんぴんする。¶ 물건이 마음에 안들어 ~ 品物しなものが気きに入いらなくて返品する。②(やったことを)元もとへ戻もどす、取とり消けす、取とり返かえす。¶ 약혼을 물렀다 婚約こんやくを取り消した。③(碁ご・将棋しょうぎなどで)待まったをして打うち直なおす。¶ 바둑에 한 수 ~ 碁を一手いってを打ち直す。

**무르다**³ 形[르] ①(地盤じばん・物ものが)やわらかい、固かたくない、もろい。¶ 무른 땅을 다지다 もろい地面じめんを固める。②(質しつが粗あらくて)もろい、砕くだけやすい。¶ 모르타르가 ~ モルタルがもろい。③(体からだ・心こころなどが)弱よわい、柔軟じゅうなんだ、もろい、甘あまい。¶ 여자에게 ~ 女おんなに弱い。

**무르-익다** 自 ①(果物くだもの・穀物こくもつが)熟じゅくす、よく実みのる、熟うれる。¶ 무르익은 벼 よく実った稲いね/ 과일이 무르익다 果物が無르익었다 桃ももが熟うれた。②(事こと・時期じきが)熟じゅくす、頃合ころあいになる、盛さかりになる。¶ 기회가 ~ 機が熟す/ 봄이 ~ 春はるが盛りとなる。

**무르팍** 名(俗) 膝小僧ひざこぞう。

**무릅쓰다** 他 (困難こんなん・恥はじなどを)耐たえ忍しのぶ、

押し切る、冒す、ものともしない。¶ 반대를 무릅쓰고 강행하다 反対を押し切ってやり通す。

**무릇** 副 おおよそ、およそ、大体、概して。¶ ~ 사람이란 성실해야 한다 おおよそ人たるものは誠実でなげればならない。

**무릎** 名 膝、小膝、膝頭。¶ ~이 까지다 ひざが擦り剝ける。/ ~을 치며 기뻐하다 膝をたたいて喜ぶ。

**무릎-꿇림** 名[하他] (むかし)罪人を高手小手に縛ってひざまずかせたこと。

**무릎-장단**[-長短] 名 膝拍子。

**무리**¹ 名 群れ、集ろまり、連中、やから。¶ ~를 지어 날아가다 群れをなして飛んでいく。

**무리**² 名 (野菜や、魚類などの)旬、出盛り、時期。¶ 오징어 ~ イカの出盛り。

**무리**³ 名 水にふやかした米をひきうすで挽きこして沈澱させた澱。

**무리**⁴ 名 (太陽・月の)暈。¶ 달 ~ 月暈。

**무리**[無理] 名[하形] ①無理、¶ ~한 부탁 無理な頼み/ 그 일은 내게는 ~다 その仕事は私には無理だ。

**무:마**[撫摩] 名[하他][自] 人をなだめること、なだめすかすこと。¶ 잘 ~시켜 데리고 가다 うまくなだめすかして連れていく。

**무:-말랭이** 名 (大根の)切干し。

**무-면허**[無免許] 名 無免許。¶ ~ 운전 無免許運転。

**무명** 名 木綿。¶ ~실 綿糸。

**무명**[無名] 名 無名。¶ ~의 신인 無名の新人/ 용사의 무덤 無名勇士の墓。

**무명-씨**[-氏] 名 《「姓名のわからない人」をたかめて言う語》名無氏。

**무명-지**[-指] 名 無名指、薬指。

**무명-초**[-草] 名 名のない草、または知られていない草。

**무모**[無毛] 名[하形] 無毛。¶ ~증 無毛症。

**무모**[無謀] 名[하形] 無謀、無鉄砲、向こう見ず。¶ ~한 시도 無謀な試み。

**무미**[無味] 名[하形] 無味。¶ ~ 건조 無味乾燥/ ~ 무취 無味無臭。

**무방**[無妨] 名[하形] 差し支えのないこと、かまわないこと。¶ 늦어도 ~하다 遅れてもかまわない。

**무-방비**[無防備] 名 無防備。¶ ~ 상태 無防備状態。

**무법**[無法] 名 無法。¶ ~자 無法者の/ ~지대 無法地帯。

  **무법 천지**[-天地] 名 ①法のないような世の中。②秩序が無く乱暴が横行する社会。

**무-변리**[無邊利] 名 無利息、無利子。

**무병**[無病] 名[하形] 無病。

  **무병 장수**[-長壽] 名[하自] 無病長寿。

**무-보수**[無報酬] 名 無給、報酬のないこと。¶ ~ 강사 無給講師。

**무-분별**[無分別] 名[하形] 無分別。¶ ~한 언동 無分別な言動。

**무-비판**[無批判] 名 無批判。¶ ~으로 받아들이다 無批判に受け入れる。

**무:사**[武士] 名 武士。¶ ~도 武士道。

**무사**[無事] 名[하形] 無事。¶ ~하기를 빌다 無事を祈る。 **무사-히** 副 無事に、つつがなく。¶ ~ 지내다 無事に過ごす。

  **무사 태평**[-泰平] 名[하形] ①平穏な無事、事無きこと。②のんきなこと。¶ ~한 사나이 のんきな男。

**무-사고**[無事故] 名 無事故。¶ ~ 운전 無事故運転。

**무산**[無産] 名 無産。

  **무산 계급**[-階級] 名 無産階級。

**무:산**[霧散] 名[하自][回] 霧散、跡形ともなく消え去ること。¶ 모처럼의 계획이 ~되다 せっかくの計画が霧散する。

**무상**[無常] 名[하形] ①無常、はかなさ。¶ 인생 ~ 人生無常。②定まった時がないこと、いつでも。

  **무상 출입**[-出入] 名 いつでも自由に出入りすること。

**무상**[無想] 名[하形] 無想。

  **무상-무념**[-無念][佛] 無想無念、無念無想。

**무상**[無償] 名 無償。¶ ~ 원조 無償援助/ ~으로 배부하다 無償で配付する。

**무색** 名 染めた色、染色。

**무색**[無色] 名[하形] ①無色のないこと。¶ ~ 투명한 유리 無色透明なガラス。②[하形] 大層恥ずかしいこと、会わす顔がないこと、顔負けすること。¶ 어른도 무색할 정도다 大人も顔負けする程だ。/

**무-생물**[無生物] 名 無生物。

**무-서리** 名 薄い初霜。¶ ~가 내리다 初霜が降りる。

**무서움** 名 恐ろしさ、怖さ、恐怖、おじけ。¶ ~을 타다 怖がる、おじけづく。

**무선**[無線] 名 無線。¶ ~ 전화 無線電話。

**무섭다** [하形] 恐ろしい。①怖い。¶ 무서운 장면 恐ろしい場面/ 무서워서 죽을 뻔했다 怖くて死にそうだった。②(程度が)甚だしい、すごい、すさまじい、驚くほどだ、ひどい。¶ 무서운 기세로 돌진하다 恐ろしい勢いで突進する。③心配だ、気にかかる。¶ 병이 날까 ~ 病気になりやすないか心配だ。④…してからすぐ、~するや否ゃ。¶ 종이 울리기가 무섭게 교실을 뛰어나갔다 鐘が鳴るやいなや教室を飛び出した。

**무:성**[茂盛] 名[하形] 繁茂、生い茂っているよう。¶ 잡초가 ~하다 雑草がはびこっている。

**무성**[無聲] 名 無声。¶ ~ 영화 無声映画。

**무-성의**[無誠意] 名 誠意のないこと。¶ ~한 대답 誠意のない返答。

**무소** 名[動] サイ。

**무-소득**[無所得] 名[하形] 無所得。

**무-소속**[無所屬] 图 無所属。¶ ~ 의원 無所属議員。

**무-소식**[無消息] 图하形 消息のないこと、便りがないこと、無沙汰きた。¶ 영 ~ 이다 全くたより便りがない、なしのつぶてだ。
[속담] 무소식이 희소식 便りのないのはよい便り。

**무-속**[巫俗] 图 巫女の風習。

**무쇠** 图[鐵] 鋳鉄、鉄鉄。¶ ~ 같은 의지 鉄のような意志。

**무수**[無數] 图하形 無数。¶ 밤하늘에 빛나는 ~ 한 별 夜空に輝く無数の星。

**무숙**[無宿] 图 無宿。¶ ~ 자 無宿者。

**무:술**[巫術] 图 巫術、シャマニズム。

**무:술**[武術] 图 武術。

**무슨** 冠 ① どんな、なんの、どういう、何の。¶ ~ 일이 있었습니까 どんなことがあったんですか/ ~ 소용이 있는가? なんの役に立つんだ。 ② 《不特定なくていな事を指して》なにか。¶ ~ 방법이 없을까? なにか方法はないかな。 ③ 《意外なことであることを強調する言葉ばだ》なんと(いう)、どうして。¶ ~ 날이 이렇게 덥지? なんと暑い日なんだ。
[관용] 무슨 바람이 불어서 どういう風の吹き回しで。《意外いがいだと言う意味ゆう》무슨 뾰족한 수 있나 何らかの妙策さくがあるのか。《非常じょうに困こっている》

**무-승부**[無勝負] 图 無勝負、引き分け。¶ ~ 가 되다 引き分けになる。

**무시**[無時] 图 一定の時がないこと。
**무시-로** 副 随時に、いつでも。¶ ~ 드나들다 いつでも出入りする。

**무시**[無視] 图하他自 無視。¶ ~ 를 당하다 無視される、軽蔑される。/ 경고를 ~ 하다 警告こくを無視する。

**무시무시-하다** 形여 恐ろしい、ぞっとする、すさまじい、身の毛がよだつ。¶ 무시무시한 광경 身の毛がよだつ光景。

**무식**[無識] 图하形 無学、無知。¶ ~ 한 소리 말아라 無知な事言うな。/ 자신의 ~ 을 드러내다 自分の無知をさらけ出す。
**무식-쟁이** 图 無学者、学のない者。

**무:신**[武臣] 图 武臣。

**무-신경**[無神經] 图하自 無神経。¶ ~ 한 사람 無神経な人。

**무신-론**[無神論] 图 無神論。¶ ~ 자 無神論者。

**무실**[無實] 图하形 無実。¶ 유명 ~ 有名無実。

**무심**[無心] 图하形 ① 無心、何の考えもないこと。¶ ~ 한 구름 無心な雲。② 感情なのないこと、無情なこと。¶ ~ 한 사람 無情な人。③ 無関心、気にかけないこと。¶ ~ 하다 事業ぎょうに無関心すぎる。④ 《佛》妄念ねんから離れた境地。

**무심-결**[무심결에] の形で》思わず、われしらず、うっかり、何気なしに。¶ ~ 에 입 밖에 내다 思わず口をすべらす。

**무심-코** 副 何気なく、思わず、うっかり。¶ ~ 한 짓 何気なくしたこと/ ~ 비밀을 누설하다 うっかり秘密をもらす。

**무쌍**[無雙] 图 無双、無二。¶ 용감 ~ 勇敢무敢無双/ 천하 ~ 의 영웅 天下てんか無双の英雄。

**무아**[無我] 图 無我。¶ ~ 경 無我の境。

**무안**[無顔] 图하形 会わせる顔がないこと、恥ずかしいこと、照れくさいこと。¶ 그에게 ~ 을 주다 彼女に恥をかかせる。

**무언**[無言] 图 無言。¶ ~ 극 無言劇、パントマイム/ ~ 의 항거 無言の抗拒。

**무언-중**[-中] 图 無言のうち(に)。¶ ~ 에 통하는 마음 無言のうちに通じ合う心。

**무엄**[無嚴] 图하形 無礼、不作法。¶ ~ 한 놈 不作法な奴。

**무엇** 代 なに、なんの。¶ ~ 보다도 우선 何よりも先ず/ 그건 ~ 입니까? それは何ですか。/ ~ 을 드릴까요? なにを差し上げましょうか。

**무엇-하다** 形여 《はっきり言うのがはばかられることに用いられて》どうかと、なんだ。¶ 무엇하면 그렇게 하는 것이 좋다 何ならそうした方がいい。/ 빈손으로 가기는 좀 무엇하지만… 手ぶらで行くのはちょっとなんですが…。

**무:역**[貿易] 图하自他 貿易。¶ ~ 업 貿易業/ 대미 ~ 対米貿易/ 보호 ~ 保護貿易/ 중국과 ~ 하다 中国と貿易する。
**무:역 수지**[-收支] 图 貿易収支。
**무:역-항**[-港] 图 貿易港、商港。
**무:역 협정**[-協定] 图 貿易協定。

**무영**[無影] 图 影のないこと。¶ ~ 탑 無影塔。

**무:예**[武藝] 图 武芸。¶ ~ 를 겨루다 武芸をきそう。

**무욕**[無慾] 图하形 無欲。

**무:용**[武勇] 图 武勇。¶ ~ 담 武勇談/ ~ 을 떨치다 武勇をとどろかす。

**무용**[無用] 图하形 無用。
**무용지-물**[-之物] 图 無用の物、またはそのような人。

**무:용**[舞踊] 图하自 舞踊。¶ ~ 가 舞踊家/ 민속 ~ 民俗舞踊。

**무:운**[武運] 图 武運。¶ ~ 을 빌다 武運を祈る。

**무위**[無為] 图 無為。¶ ~ 로 세월을 보내다 無為に日々を送る。
**무위-도식**[-徒食] 图하自 無為徒食。

**무의-무탁**[無依無托] 图 寄るべのないこと。¶ ~ 의 고아 寄る辺のない孤児。

**무-의미**[無意味] 图하形 無意味。¶ ~ 한 일 無意味なこと。

**무-의식**[無意識] 图하自 無意識。¶ ~ 세계 無意識の世界。
**무의식-적**[-的] 冠图 無意識的。¶ ~ 인 동작 無意識的な動作。

**무의-촌**[無醫村] 图 無医村。¶ ~ 을 순회 진

무참

료하다 無医村を巡回じゅん診療しんりょうする。
**무이**[無二]【名】【形】無二に。¶ 유일 ~ 唯一ゆいつ無二
**무-이자**[-利子]【名】無利息りそく、無利子むりし。
**무익**[無益]【名】【形】無益むえき。¶ 백해 ~ 하다 百害ひゃくがいあって一利いちりなし。
**무인**[無人]【名】無人むじん·にん。¶ ~ 비행기 無人むじん飛行機ひこうき。
**무인-도**[-島]【名】無人島むじんとう。¶ ~ 로 낚시하러 가다 無人島むじんとうに釣つりに行いく。
**무인지-경**[-之境]【名】無人の境さかい、人ひとがまずったくいない土地とち。
**무-일푼**[無一-]【名】無一文いちもん、文なし。¶ ~ 이 되다 無一文いちもんになる。
**무임**[無賃]【名】無賃むちん。
**무임 승차**[-乗車]【名】無賃乗車じょうしゃ、只乗ただのり。¶ ~ 권 無賃乗車券じょうしゃけん。
**무임-소**[無任所]【名】無任所むにんじょ。¶ ~ 장관 無任所長官ちょうかん。
**무자**[無子]【名】【形】「무자식」の縮約形。
**무-자식**[-息]【名】【形】子このないこと、子こなし。¶ ~ 이 상팔자다 子こなしが一番いちばんの果報者かほうものだ。
**무-자격**[無資格]【名】【形】無資格むしかく。
**무-자비**[無慈悲]【名】【形】無慈悲むじひ、情なさけないこと、惨むごいこと。¶ ~ 한 처사 無慈悲むじひな仕打しうち。
**무-작위**[無作為]【名】無作為むさくい。¶ ~ 추출법 無作為抽出法ちゅうしゅつほう。
**무-작정**[無酌定]【名】【形】①見通みとおしのないこと、無計画むけいかく。¶ ~ 으로 시작하다 見通みとおしもつけずに始はじめる。②《副詞的に》むやみに、むやみやたらに、やたら、無差別むさべつに、無計画に、当あてもなく。¶ 나무라기만 한다 むやみやたらに叱しかってばかりいる。/ ~ 상경하다 当あてもなく上京じょうきょうする。
**무:-장**[武將]【名】武将ぶしょう。
**무:-장**[武裝]【名】【形】【自他】【되】【自】武装ぶそう。¶ 완전 ~ 完全かんぜん武装。
**무재**[無才]【名】【形】無才むさい。¶ 무학 ~ 無学むがく無才。
**무-저항**[無抵抗]【名】無抵抗むていこう。¶ ~ 주의 無抵抗主義しゅぎ。
**무적**[無敵]【名】【形】無敵むてき。¶ 천하 ~ 이다 天下てんか無敵だ。
**무적**[無籍]【名】【形】無籍むせき。¶ ~ 자 無籍者もの。
**무전**[無電]【名】無電むでん。¶ ~ 기 無電機き/ ~ 을 도청하다 無電を盗聴とうちょうする。
**무전**[無錢]【名】無銭むせん。¶ ~ 여행 無銭旅行りょこう/ ~ 취식 無銭飲食いんしょく、ただ食ぐい。
**무-절제**[無節制]【名】【形】無節制むせっせい。¶ ~ 한 생활 節制のない生活せいかつ。
**무정**[無情]【名】【形】無情むじょう、つれないこと。¶ ~ 한 말을 하다 つれないことを言いう。
**무정-란**[無精卵]【生】無精卵むせいらん。
**무-정부**[無政府]【名】【形】無政府むせいふ。¶ ~ 주의자 無政府主義者しゅぎしゃ、アナーキスト。
**무제**[無題]【名】無題むだい。

**무-제한**[無制限]【名】【形】無制限むせいげん。¶ ~ 으로 입장시킨다 無制限に入場にゅうじょうさせる。
**무-조건**[無條件]【名】【形】①無条件じょうけん。¶ ~ 항복 無条件降伏こうふく/ ~ 승낙하다 無条件承諾しょうだくする。②《副詞的に》とにかく、むやみに、何なにはともあれ。¶ ~ 가자고 조른다 むやみに行いこうとせきたてる。
**무좀**【名】水虫むしむ。¶ ~ 이 생기다 水虫ができる。
**무죄**[無罪]【名】【形】無罪むざい。¶ ~ 선고 無罪の宣告せんこく/ ~ 석방되다 無罪釈放しゃくほうされる。
**무:-중**[霧中]【名】霧中むちゅう。¶ 오리 ~ 五里ごり霧中。
**무-중:력**[無重力]【名】無重力じゅうりょく。¶ ~ 상태 無重力状態じょうたい。
**무:-즙**[-汁]【名】大根だいこんおろし。
**무지**[無地]【名】無地むじ。¶ ~ 의 옷감 無地の布地ぬのじ。
**무지**[無知]【名】【形】①無知むち、知しらないこと。¶ ~ 한 탓 無知のせい/ 자기의 ~ 를 드러내다 自分じぶんの無知を暴露ばくろする。②《言行げんこうなどが》愚おろかで荒あらあらしいこと、粗暴そぼうなこと。¶ ~ 하게 굴다 粗暴に振ふる舞まう。
**무지-막지**[-莫知]【名】【形】非常ひじょうに無知で荒あらあらしい。
**무지-스럽다**【形】①無知である、愚おろかだ。②粗暴ほぼうだ。
**무-지각**[無知覺]【名】無自覚じかく、無分別ぶんべつ、非常識じょうしき。¶ ~ 한 행동 無分別な行ない。
**무지개**【名】虹にじ。¶ ~ 가 서다 虹が立たつ。
**무지근-하다**【形】①便通べんつうが悪わるく気分きぶんがさっぱりしない。②《気分きぶん·頭あたまが》重おもい、重苦おもくるしい。③ 무직하다
**무지렁이**【名】①古ふるくなったり擦すりきれて不用ふようになったもの。②「愚おろか者もの·粗野そやなばか者もの」をあざけって言いう語ご。¶ 시골 ~ 無骨むこつな田舎者いなかもの。
**무지무지-하다**【形】驚おどくほどすごい、ものすごい。¶ 무지무지하게 돈이 많이 들다 ものすごく多おおくの金かねがかかる。
**무직**[無職]【名】無職むしょく。¶ ~ 자 無職者しゃ。
**무진**[無盡]【名】【形】①無尽むじん、尽つきることのないこと。¶ ~ 한 자원 無尽蔵むじんぞうの地下資源しげん。②《副詞的に》非常ひじょうに、ずいぶん。¶ ~ 고생을 하다 苦労くろうの限かぎりをつくす。
**무진-장**[-藏]【名】【形】無尽蔵むじんぞう。¶ ~ 묻혀 있는 석유 無尽蔵埋うまっている石油せきゆ。
**무-질서**[無秩序]【名】【形】無秩序ちつじょ。
**무:-쪽-같다**【形】はなはだ不器量ぶきりょう。
**무찌르다**【他】①打うち破やぶる、拉ひしぐ、攻せめ込こむ。¶ 적군을 ~ 敵軍てきぐんを打ち破る。②手当てあたり次第しだいに殺ころす。
**무-차별**[無差別]【名】【形】無差別むさべつ。¶ ~ 로 폭격하다 無差別に爆撃ばくげきする。
**무-착륙**[無着陸]【名】【自】無着陸むちゃくりく。¶ ~ 횡단 비행 無着陸横断飛行ひこう。
**무참**[無慘]【名】【形】無惨むざん、無残むざん、むごたらしいこと。¶ ~ 하게도 無残にも/ ~ 한 짓을 하다 残酷ざんこくな事ことをする。**무참-히**【副】無残

**무참**〔無慙〕(名)(ハ形) 言いようもなく恥ずかしいこと、無慙さ。

**무책**〔無策〕(名)(ハ形) 無策だ、策のないこと。¶속수 ~ 無為無策。

**무-책임**〔無責任〕(名)(ハ形) 無責任だ。¶ ~한 발언 無責任な発言/ ~한 사나이 いい加減な男だ。

**무척** (副) 非常に、大層、大変、とても。¶ ~ 좋은 사람 とてもいい人/ ~ 많다 とても多い。/ ~ 키가 크다 大変背が高ない。

**무척추-동물**〔無脊椎動物〕(名)(動) 無脊椎動物。

**무:-청** (名) 大根の(茎と)葉。

**무취**〔無臭〕(名)(ハ形) 無臭だ。¶무색 ~ 無色無臭。

**무-취미**〔無趣味〕(名)(ハ形) 無趣味だ。

**무치**〔無恥〕(名) 無恥だ。¶후안 ~ 厚顔無恥だ。

**무치다** (他) (青菜などを)調味して和える。¶시금치를 ~ ほうれん草をあえる。

**무턱-대고** (副) むやみに、向こう見ずに、無鉄砲に、やたらに。¶ ~ 때리다 むやみになぐる。/ ~ 사업을 시작하다 向こう見ずに事業を始める。

**무-테**〔無-〕(名) 縁・たが・枠などのないこと、縁なし。¶ ~ 안경 縁なし眼鏡。

**무통 분만**〔無痛分娩〕(名) 無痛分娩。

**무퇴**〔無退〕(名)(ハ形) 後退しないこと、退かないこと。¶임전 ~하다 戦いに臨んで後退しない。

**무-투표**〔無投票〕(名) ¶ ~ 당선 無投票当選。

**무패**〔無敗〕(名) 無敗だ。¶ ~의 성적 無敗の成績。

**무편**〔無片〕(名) 「무편삼」の縮約形。

**무편-삼**〔-蔘〕(名) きわめて小さい高麗人参。(名) 무편(無片)。

**무-표정**〔無表情〕(名) 無表情だ。¶ ~한 얼굴 無表情な顔だ。

**무풍**〔無風〕(名) 無風だ。¶ ~ 지대 無風地帯。

**무학**〔無學〕(名) 無学だ、学問がないこと。

**무한**〔無限〕(名)(ハ形) 無限だ、無量だ。¶ ~한 가능성 無限の可能性/ ~한 즐거움을 주다 無上の喜びを与える。

**무한 궤:도**〔-軌道〕(名) 無限軌道だ、キャタピラ。

**무한-대**〔-大〕(名) 無限大だ。

**무-한:정**〔無限定〕(名)(ハ形) 無限だ、限定のないこと。¶ ~ 기다릴 수는 없다 いつまでも待つことはできない。

**무:-함**〔誣陷〕(名)(ハ他) うそ偽りで人をわなに陥れること。

**무해**〔無害〕(名)(ハ形) 無害だ。¶약간의 술은 ~하다 少量の酒は無害だ。

**무해-무득**〔-無得〕(名) 無害無得だ、害もなく益もないこと。

**무-허가**〔無許可〕(名) 無許可だ。¶ ~ 영업 無許可営業だ。

**무혈**〔無血〕(名) 無血だ。¶ ~ 쿠데타 無血クーデター/ ~하다 점령をする 無血占領をする。

**무-혐의**〔無嫌疑〕(名)(ハ形) 無嫌疑だ、嫌疑のないこと。

**무형**〔無形〕(名)(ハ形) 無形だ。¶ ~ 문화재 無形文化財だ/ ~의 재산 無形の財産だ。

**무화-과**〔無花果〕(名) イチジクの実。

**무효**〔無效〕(名)(ハ形) 無効だ。¶협정을 ~로 하다 協定を ~ に無効とする。/ 백약이 ~하다 どんな薬もて 効き目がない。

**무:-훈**〔武勳〕(名) 武勲だ、武功だ。¶ ~을 세우다 武勲を立てる。(敬) 무공(武功)。

**무휴**〔無休〕(名) 無休だ。¶연중 ~ 年中無休だ。

**무:-희**〔舞姬〕(名) 舞姫、舞子、踊り子。

**묵** (名) そば・녹두・どんぐりなどの粉末をゼリー状に煮かためした食品だ。

**묵계**〔黙契〕(名)(ハ形) 黙契だ。¶두 사람 사이에 ~가 성립하다 二人の間に黙契が成立する。

**묵과**〔黙過〕(名)(ハ他)(回自) 黙過だ、黙って見過ごすこと。¶부정을 ~할 수는 없다 不正を黙過することはできない。

**묵념**〔黙念〕(名) ①黙念だ、だまって考え込むこと。②黙祷だ、순국 선열에 대한 ~ 殉国先烈に対する黙祷だ。

**묵다** (自) ①(宿などに)泊まる、泊まり込む、宿泊する。¶여관에 하룻밤 ~ 旅館に一晩泊まり込む。②古くなる、廃れる。¶묵은 쌀 古米。③(元の位置に)とどまる。¶1년 더 묵고 시험을 보겠다 もう1年残ってとまって試験を受ける。④(機械が・土地などが利用されずに)ほうっておかれる、放置される。¶묵은 밭 ほうっておかれた畑。

**묵독**〔黙讀〕(名)(ハ他) 黙読だ。

**묵례**〔黙禮〕(名)(ハ自) 黙礼だ。¶ ~를 나누다 黙礼をかわす。

**묵묵**〔黙黙〕(名)(ハ形) 黙々だ。¶ ~히 행진하다 黙々と行進しつづける。

**묵묵-부답**〔-不答〕(名) 黙だりこくって返事をしないこと。

**묵비**〔黙秘〕(名)(ハ他) 黙秘だ。

**묵비-권**〔-權〕(名) 黙秘権だ。¶ ~을 행사하다 黙秘権を行使する。

**묵비 의:무**〔-義務〕(名)(法) 守秘義務だ。

**묵-사발**〔-沙鉢〕(名) ①「묵」を盛る鉢。②(俗)(ひどい打撃を受けて)潰されたり壊れること、だめになること。¶가구가 ~이 났다 家具がひどく壊れた。
〈慣用〉**묵사발(이) 되다** ((俗)) ひどくなぐられる、こてんこてんにやられる。

**묵살**〔黙殺〕(名)(ハ自他)(回自) 黙殺だ。¶발언을 ~하다 発言を黙殺する。

**묵시**〔黙示〕(名)(ハ他) 黙示だ。¶ ~록 黙示録。

**묵은-해** (名) 旧年だ。

**묵인**〔黙認〕(名)(ハ自他) 黙認だ。¶부정을 ~

하다 不正(부정)을 黙認(묵인)する.

**묵주**[默珠] 名[가] ロザリオ.

**묵직-하다** 形[어] ①(物(もの)が)かなり重(おも)い, 重(おも)たい, ずっしり重い. ¶ 묵직한 가방 重たいカバン. ②(人(ひと)となりや言葉(ことば)づかいなどが)重(おも)みがある, 重々(おもおも)しい. ¶ 묵직한 소리로 발언하다 重みのある声(こえ)で発言(はつげん)する.

**묵화**[墨畫] 名 墨画(ぼくが), 墨絵(すみえ).

**묵히다** 他 「묵다」の使役. ①(土地(とち)·資本(しほん)などを)使(つか)わずにおく, 捨(す)てておく, ほうっておく, 休(やす)ませておく, 寝(ね)かす. ¶ 밭을 ~ 畑(はたけ)を捨てておく. ②(そのままに)とどめる, とどまらす. ¶ 1년 더 ~ もう一年(ねん)とどまらす. ③(人(ひと)を)泊(と)まらせる, 泊(と)める. ¶ 하룻밤 묵혀 주다 一晩(ばん)泊めてやる.

**묶다** 他 ①(物(もの)を)束(たば)ねる, 束(たば)ねて縛(しば)る, 結(むす)わえる, くくる. ¶ 볏단을 ~ 稲束(いなたば)を束ねて結わえる. / 머리를 ~ 髪(かみ)を結わえる. ②(動(うご)けないように)縛(しば)る, くくる. ¶ 범인을 ~ 犯人(はんにん)を縛る. ③(ひとつに)まとめる, くくる. ¶ 괄호로 ~ 括弧(かっこ)でくくる.

**문**¹[門] 名 ①門(もん), 戸(と), 扉(とびら). ¶ 뒷~ 裏門(うらもん) / ~을 열다 戸を開(あ)ける. ②(物(もの)の)出入(でいり)口(ぐち). ¶ 수~ 水門(すいもん). ③(物事(ものごと)が経由(けいゆ)しなければならぬ)門(もん). ¶ 입학의 ~은 좁다 入学(にゅうがく)の門は狭(せま)い. ④(生物分類(せいぶつぶんるい)で)門(もん). ¶ 척추동물 ~ 脊椎動物(せきついどうぶつ)門. ⑤《氏族(しぞく)を区別(くべつ)してその家門(かもん)を指(さ)す語》家(け), 家門(かもん), 門中(もんちゅう), 一族(いちぞく).

**문**²[門] 依 《大砲(たいほう)などを数(かぞ)える単位(たんい)》門(もん). ¶ 대포 3~ 大砲(たいほう)三門(さんもん).

**-문**[文] 接尾 《文章(ぶんしょう)·文体(ぶんたい)·文書(ぶんしょ)を意味(いみ)する》…文(ぶん). ¶ 감상~ 感想文(かんそうぶん).

**문고**[文庫] 名 文庫(ぶんこ). ¶ ~ 판 文庫版(ばん).

**문과**¹[文科] 名 文科(ぶんか). ¶ ~ 대학 文科大学(だいがく).

**문과**²[文科] 名 史 (むかし文官(ぶんかん)を選抜(せんばつ)した科挙(かきょ)の)文科(ぶんか).

**문교**[文教] 名 文教(ぶんきょう).

**문구**[文句] 名 文句(もんく), 語句(ごく). ¶ 멋진 ~ しゃれた文句.

**문단**[文壇] 名 文壇(ぶんだん). ¶ ~에 등장하다 文壇に登場(とうじょう)する.

**문-단속**[門團束] 名 하다 戸締(とじ)まり, 締(し)まり. ¶ ~을 단단히 하다 戸締りをしっかりする.

**문-닫다**[門-] 自 ①その日(ひ)の営業(えいぎょう)を終(お)える, 閉店(へいてん)する. ②事業(じぎょう)などをやめる, たたむ, 廃業(はいぎょう)する.

**문:답**[問答] 名 問答(もんどう). ¶ 선~ 禅(ぜん)問答 / ~식 학습 問答式学習(しゅう).

**문둥-병**[-病] 名 医 ハンセン病(びょう).

**문드러-지다** 自 (腐(くさ)ったり熟(う)れ過(す)ぎて)くずれ落(お)ちる, ぐちゃぐちゃになる. ¶ 감이 ~ 柿(かき)が熟れ過ぎてぐちゃぐちゃになる.

**문득** 副 ふと, はっと, 不意(ふい)に, 突然(とつぜん). ¶ ~ 생각나다 ふと思(おも)い出(だ)す. / ~ 뒤를 돌아다보다 ふと後(うし)ろを振(ふ)り返(かえ)って見(み)る.

**문:란**[紊亂] 名 하다 形 紊乱(びんらん). ¶ 풍기 ~ 風紀(ふうき) 紊乱 / 질서가 ~하다 秩序(ちつじょ)が乱(みだ)れている.

**문리**[文理] 名 文理(ぶんり).

**문맥**[文脈] 名 文脈(ぶんみゃく). ¶ ~이 닿다 文脈(ぶんみゃく)が通(つう)ずる.

**문맹**[文盲] 名 文盲(もんもう). ¶ ~ 퇴치 文盲退治(たいじ) / ~율이 높다 文盲率(りつ)が高(たか)い.

**문명**[文明] 名 ①하다 形 文章(ぶんしょう)にあやがあってはっきりしていること. ②文明(ぶんめい). ¶ 물질 ~ 物質(ぶっしつ)文明 / ~의 이기 文明の利器(りき) / ~이 발달하다 文明が発達(はったつ)する.

**문묘**[文廟] 名 文廟(ぶんびょう).

**문무**[文武] 名 文武(ぶんぶ). ¶ ~ 백관을 거느리다 文武百官(ひゃっかん)を従(したが)える.

**문물**[文物] 名 文物(ぶんぶつ). ¶ 서양 ~을 받아들이다 西洋(せいよう)の文物を受(う)け入(い)れる.

**문방-구**[文房具] 名 文具(ぶんぐ), 文房具(ぶんぼうぐ). ¶ ~점 文房具屋(や).

**문벌**[門閥] 名 門閥(もんばつ). ¶ ~이 좋은 집 자식 門閥のよい家(いえ)の息子(むすこ).

**문법**[文法] 名 文法(ぶんぽう).

**문:병**[問病] 名 하다 自他 病気(びょうき)見舞(みま)い. ¶ 환자를 ~하다 病人(びょうにん)を見舞う.

**문-살**[門-] 名 (戸(と)と·障子(しょうじ)の)桟(さん), ほね.

**문:상**[問喪] 名 하다 自他 弔問(ちょうもん), 悔(く)やみ. ¶ ~객 弔客(ちょうきゃく).

**문서**[文書] 名 ①文書(ぶんしょ). ¶ ~를 작성하다 文書を作成(さくせい)する. ②土地(とち)·家屋(かおく)などの権利書(りしょ). ¶ 집~ 家(いえ)の権利書.
**문서 위조**[-僞造] 名 法 文書偽造(ぎぞう).
**문서-화**[-化] 名 하다 되다 自 文書化(か).

**문-소리**[門-] 名 門(もん)や扉(とびら)を開(あ)けたり閉(し)めたりするときの音(おと).

**문신**[文身] 名 하다 自 入(い)れ墨(ずみ).

**문실-문실** 副 《草木(くさき)などが勢(いきお)いよく伸(の)びるようす》すくすく, 伸(の)び伸(の)び. ¶ ~ 잘 자라는 나무 すくすくとよく伸(の)びる木(き).

**문안**[文案] 名 文案(ぶんあん). ¶ ~을 작성하다 文案を作(つく)る.

**문:안**[問安] 名 하다 自他 (目上(めうえ)の人(ひと)の)安否(あんぴ)を尋(たず)ねること, 御機嫌伺(ごきげんうかが)い, (お)見舞(みま)い. ¶ ~ 편지 見舞い状(じょう).
慣用〉문안(을) 드리다 御機嫌(ごきげん)を伺(うかが)う.

**문양**[紋様] 名 模様(もよう), 柄(がら). 俗 무늬.

**문어**[文魚] 名 動 ミズダコ.

**문어**[文語] 名 言 文語(ぶんご). ¶ ~체 文語体(たい).

**문예**[文藝] 名 文芸(ぶんげい). ¶ ~란 文芸欄(らん) / ~ 작품 文芸作品(さくひん).
**문예 부흥**[-復興] 名 史 文芸復興(ふっこう), ルネッサンス.

**문외-한**[門外漢] 名 門外漢(もんがいかん). ¶ ~의 의견 門外漢の意見(けん).

**문:의**[問議] 名 하다 他 問(と)い合(あ)わせること. ¶ 전화로 ~하다 電話(でんわ)で問い合わせる.

**문인**[文人] 名 文人(ぶんじん). ¶ ~화 文人画(ぶんじんが).

**문자**¹[文字] 名 文字(もじ). ¶ ~ 그대로 해석하다 文字どおり解釈(かいしゃく)する.
**문자 언어**[-言語] 名 言 文字言語(げんご).

**문자**²[文字] 名 ①難(むずか)しい語句(ごく), 漢文(かんぶん)の熟語(じゅくご)·格言(かくげん)·成句(せいく). ②俗 学識(がくしき), 학

문장

問がく。¶ ~깨나 들었다고 으스댄다 少々しょうの学ががあることを鼻はなにかけていばりちらしている。
관용 문자(를) 쓰다 (知しったかぶりをして)漢文かんの難むずかしい語句ごくを使つかう。
문장【文章】 图 ①文章ぶんしょう、文ぶん。¶ 어려운 ~難むずかしい文章ぶん / ~을 짓다 文章を作つくる。② '문장가'의 縮約形。
　문장-가【-家】 图 文章家か。
문장【紋章】 图 紋章しょう。
문적 副하自 《腐くさったり熟うれすぎたりしてもろく切きれたりくずれたりするようす》ぽろりと、ぽろっと。¶ 마른 가지를 잡았더니 ~ 부러졌다 枯かれた枝えだを手てに取とるとぽろりと折おれた。
　문적-문적 副하自 ぽろぽろ(と)、ぶよぶよ、ぐじゃぐじゃ。¶ 상해서 ~한 귤 腐くさってぶよぶよするみかん。
문전【門前】 图 門前ぜん。¶ ~ 박대를 당하다 門前払ばらいを食くう。
　문전 걸식【-乞食】图 あの家この家と歩あるき回まわって食たべ物ものをもらうこと、もらい食ぐいすること。
　문전 성시【-成市】 图 門前市もんぜんを成なす。
　문전 옥답【-沃畓】图 門前ぜんにある肥沃よくな水田でん。
문:제【問題】 图 問題だい。¶ ~의식 問題意識しき/ ~를 내다 問題を出だす。/ 겨듭 ~를 일으키다 繰くり返かえし問題を起おこす。/ 취직 ~로 고민하다 就職しょくしょく問題で悩なやむ。
문:제-시【-視】 图하他되自 問題視し。¶ 사건을 ~하다 事件じんを問題視する。
문:제-아【-兒】 图 問題児じ。
문:제-없다【問題-】 形 問題ない、造作ぞうない、訳わけない。¶ 우승은 — 優勝ゆうしょうは問題ない。문제없-이 副 問題なく、造作なく。
문:제-점【-點】图 問題点てん。¶ ~을 지적하다 問題点を指摘する。
문주-란【文珠蘭】图【植】ハマユウ。
문중【門中】 图 門中ちゅう、一族ぞくの者もの。
문-지기【門-】 图 門番ばん、門衛もんえい。
문지르다 他 こする、こすりつける、さする、もむ。¶ 물린 데를 ~ 刺さされた所ところをこする。/ 문질러 바르다 こすってはりつける。
문진【文鎭】 图 文鎭ちん。
문집【文集】 图 文集しゅう。¶ 학급 ~을 엮다 クラス文集を編あむ。
문-짝【門-】 图 (戸と・窓まどなどの)扉とびら。¶ ~을 열어 젖히다 扉を開あけ開ひろげて放はなつ。
문:책【問責】图하他 問責せき、問とい責せめること。¶ 책임자를 ~하다 責任者しゃを問責する。
문체【文體】 图 文体ぶん。¶ ~론 文体論ろん / 간결한 — 簡潔けつな文体。
문:초【問招】图하他 罪人ざいを審問しんもんすること。
문치적-거리다 自 (仕事しごとなどをすみやかに締めくくらずに)ぐずぐずする、ためらう。¶ 문치적거리지 말고 빨리 해치워라 ぐずぐず

しないでさっさと仕事しごとを片付かたづけなさい。
문-턱【門-】 图 ①敷居しきい。¶ ~을 넘다 敷居をまたぐ。②[比] (ある事ことが)間近まぢかいこと。¶ 봄이 ~에 왔다 春はるが間近に来きている。
　관용 문턱이 높다 敷居が高たかい。①(銀行ぎんこうなどでの)融通ゆうずうがきかない。②人ひとに寄よりつきにくい、なかなか会あいにくい、入はいりにくい。 문턱이 닳다 足あしげく通かよう。
문-틈【門-】 图 (閉とじられた)戸とのすき間ま。¶ ~에 손을 끼었다 戸のすきまに手てを挟はさまれた。
문패【門牌】 图 表札ひょうさつ、門札もんさつ。¶ ~를 달다 門札をかける。
문-풍지【門風紙】 图 目張めばり。
문필【文筆】 图 ①文筆ひつ。¶ ~가 文筆家か / ~에 종사하다 文筆に携たずさわる。②文と字じ、文字じ。
문하【門下】 图 門下生せい。①師しの下した、師の家いえ。¶ 스승의 ~에서 배우다 師の下で学まなぶ。②門人じんの出入でいりする権勢せいのある家いえ。
　문하-생【-生】图 門下生せい、門弟てい、弟子でし、門人じん、門弟子ていし。
문학【文學】 图 文学がく。¶ 대중 ~ 大衆たいしゅう文学 / ~ 잡지 文学雑誌ざっし / ~에 뜻을 두다 文学を志こころざす。
　문학-가【-家】图 文学家、文学者しゃ。
　문학-적【-的】冠名 文学的てき。¶ ~인 재능 文学的な才能のう。
　문학 청년【-青年】 图 文学青年せい。
문헌【文獻】 图 文獻ぶん。¶ 역사적 ~ 歴史的れきしてき文献 / ~을 조사하다 文献を調しらべる。
문호【文豪】 图 文豪ごう。¶ 세계적 ~ 世界的せかいてき文豪。
문호【門戸】 图 門戸こ。¶ ~를 개방하다 門戸を開放かいほうする。
문화【文化】 图 文化ぶん。¶ 찬란한 ~ 유산 輝かがやかしい文化遺産さん / ~ 수준이 높은 나라 文化水準じゅんの高たかい国くに / ~가 발달하다 文化が発達はったつする。
　문화-권【-圈】图 文化圈けん。¶ 한자 ~ 漢字かん文化圏。
　문화-재【-財】图 文化財ざい。
　문화 혁명【-革命】图【史】文化革命めい。
묻다¹ 自 (水みず・汚れなどが)付つく、くっつく、ひっつく。¶ 때가 ~ 垢あかがつく。/ 바지에 진흙이 ~ ズボンに泥どろがくっつく。
묻다² 他 ①(物ものを)埋うめる、埋うずめる。¶ 시체를 — 死体たいを埋葬まいそうする。②(事ことを)隠かくす、葬ほうむる。¶ 사건을 비밀로 묻어 두다 事件けんを闇やみに葬る。
묻:다³ 他 ①聞きく、問とう、尋たずねる、質ただす。¶ 책임을 ~ 責任せきを問う。②伺うかがう、見舞みまいする、尋ねる。¶ 안부를 ~ 安否あんぴを尋ねる。
묻히다¹ 自 (「묻다²」の受動) 埋うまる、埋うずもれる。¶ 시골에 묻혀 있다 田舎いなかにうずもれている。
묻히:다² 他 (「묻다¹」の使役) 付つける、くっつける、まぶす。¶ 손에 잉크를 ~ 手てにインクを付ける。/ 밀가루를 묻혀 부치다 小麦

粉をまぶして焼く。

**물**[1] 图 ①水。①飲み水・湯の総称。¶ 더운 ~ お湯 / 물을 마시다 水を飲む。/ 꽃에 ~ 을 주다 花に水をやる。②水気。水分。¶ 이 과일은 ~이 많다 この果物は水分が多い。③洪水。¶ ~이 들어 오다 洪水が出る。④川・湖・海などの総称。¶ ~ 가 건너온 상품 海を渡ってきた商品。⑤満ち潮・引き潮の総称。¶ ~이 들어 오다 潮が満ちてくる。
〔속담〕물에 물 탄것 같다 水を水で割ったようだ。《言動がしまりがない》물에 빠지면 짚이라도 잡는다 おぼれる者はわらをもつかむ。물이 맑으면 고기가 안 논다 水清ければ魚すまず。물 본 기러기 水を見た雁。《恋は盲目》
〔관용〕물과 불 (水と火の意）で）相いれないものどうし、水と油。 물 위의 기름 (水の上の油の意）で）のけ者にされた人。 물 쓰듯 하다 湯水のように使う。물을 끼얹은 듯 水を打ったようだ。¶ 장내는 ~ 조용해졌다 場内は水を打ったように静まりかえった。

**물**[2] 图 ①(物についた)色、よごれ、染め、しみ。¶ 옷에 검은 ~이 들어 着物なのに黒いしみがつく。②(「물감」の縮約形）染料の色。¶ ~을 들이다 色を染める。③(比)(悪い思想・行動などの)影響、感化。¶ 퇴폐 사상에 ~이 들었다 退廃した思想に染まる。

**물**[3] 图 (魚などの)鮮度、生い。¶ 이 생선은 ~이 좋다 この魚は生きがいい。

**물**[4] 依 ①衣服の洗濯をした度数を表わす語。¶ 두 ~ 빨은 옷 二度に洗濯した着物。②果物・魚類などの出盛りの時期を表わす語。¶ 시장에 첫 ~ 수박이 나왔다 市場にはしりの西瓜でがわまった。

**-물**[物] 接尾 (物・物質などを表わす)…物。¶ 건축 ~ 建築物 / 액션 ~ アクション物 / 화 ~ 貨物。

**물-가** 图 水辺、水際、岸辺、(水の)ほとり、波打ち際。¶ ~에서 놀다 水辺であそぶ。

**물가**[物價] 图 物価。¶ ~의 변동 物価の変動 / ~가 내리다 物価が下がる。
**물가-고**[-高] 图 物価高、高物価。
**물가 지수**[-指数] 图 物価指数。

**물-갈퀴** 图 ①(水鳥・蛙などの)水掻き。②(スポーツ用）の足にはめる足ひれ。

**물-감** 图 ①染料、染め粉。②絵の具。
**물-개** 图〔動〕オットセイ。
**물-거품** 图 水泡。¶ 그간의 노력이 ~이 되다 その間の努力が水の泡となる。
**물건**[1][物件] 图 ①物、物品。¶ ~이 좋다 品物がよい。/ 비싼 ~을 사다 高い品物を買う。②(俗)性器。
**물건**[2][物件] 图〔法〕物件。¶ 증거 ~ 証拠物件。

**물-걸레** 图 濡れ雑巾、水ぞうきん。
**물걸레-질** 图 他 濡れ雑巾で拭うこと。
**물결** 图 ①波。②波浪、荒波 / 구경꾼의 ~ 見物人の波 / ~이 일다 波が立つ。/ 유행의 ~을 타다 流行の波に乗る。
**물결-치다** 自 波打つ、波立つ。
**물-고기** 图 魚類の総称、魚。¶ 작은 ~ 小魚。
〔속담〕물고기는 물을 떠나 살 수 없다 魚は水を離れては生きられない。《水魚の交わり》
〔관용〕물고기 밥이 되다 水におぼれて死ぬ。
**물고-늘어지다** 他 食い下がる、噛みついて放さない。¶ 개가 옷자락을 ~ 犬がすそに噛みついて放さない。
**물구나무-서기** 图 逆立ち。
**물-구덩이** 图 水溜まり。
**물권**[物權] 图〔法〕物権。¶ 담보 ~ 担保物権。
**물-귀신**[-鬼神] 图 ①水中にいるといわれる鬼神、悪霊。②(比)自分が窮地に陥ったときに他人まで引き込もうとする者。
〔관용〕물귀신(이) 되다 水におぼれて死ぬ。
**물-기**[-氣] 图 水気、汁気、水分。¶ ~가 많다 水分っぽい。
**물-기둥** 图 水柱。¶ ~이 솟다 水柱が上がる。
**물-꼬** 图 (水田の)水の出入り口。
**물끄러미** 副 ぽかんと、じっと、何気なく。¶ ~ 바라보다 ぼんやりと眺める。
**물-난리**[-亂離] 图 洪水、水飢饉。
**물납**[物納] 图 他 物納。
**물-다**[1] 自 ①(暑さ・湿気）によって) 傷む、腐る。②蒸れる。
**물다**[2] 他 ①払う、支払う、納める。¶ 집세를 ~ 家賃を納める。②償う、弁償する。¶ 손해를 ~ 損害を弁償する。
**물다**[3] 他 ①くわえる。¶ 여송연を물고 있다 葉巻をくわえている。②噛みつく、食いつく。¶ 개가 ~ 犬がかみつく。③(虫などが)刺す、かむ。¶ 모기가 ~ 蚊が刺す。④(利用し）つかむ、手に入れる。¶ 봉을 ~ いいカモをつかむ。
**물덤벙-술덤벙** 副 自 やたらに、むやみやたらに、ゆきあたりばったりに。¶ ~ 아무 데나 참견하다 むやみやたらにどこにでも首を突っこむ。
**물-독** 图 水がめ。
**물-들다** 自 染まる。①色がつく、色づく。¶ 산이 단풍으로 ~ 山が紅葉で染まる。②感化される、かぶれる。¶ 서양 풍습에 ~ 西洋の風習にかぶれる。
**물-때**[1] 图 ①潮時。②満ち潮の時間。
**물-때**[2] 图 ①水垢、湯垢。¶ 주전자에 ~ 가 끼다 やかんに湯垢がつく。
**물-떼새** 图〔動〕カワチドリ。
**물량**[物量] 图 物量。¶ ~으로 압도하다 物量で圧倒する。
**물러-가다** 自 ①後ずさりする、尻込みする。

**물러나다** ¶ 한 발자국 물러나 주십시오 一歩<sub>いっぽ</sub>後<sub>あと</sub>ずさりしてください。 ②後退<sub>こうたい</sub>する、退<sub>しりぞ</sub>く、立<sub>た</sub>ち去<sub>さ</sub>る、立ち去る。 ¶ 적군이 후방으로 ~ 敵軍<sub>てきぐん</sub>が後方<sub>こうほう</sub>へ退く。 ③(目上の人<sub>ひと</sub>の前<sub>まえ</sub>から) 引<sub>ひ</sub>き下<sub>さ</sub>がる、退<sub>しりぞ</sub>く。 ¶ 그만 물러가겠습니다 これでお暇<sub>いとま</sub>いたします。 ④(仕事<sub>しごと</sub>・職位<sub>しょくい</sub>などから) 退<sub>しりぞ</sub>く、引退<sub>いんたい</sub>する。 ¶ 정계에서 ~ 政界<sub>せいかい</sub>から退く。 ⑤(ある 現象<sub>げんしょう</sub>などが) なくなる、消<sub>き</sub>える、去<sub>さ</sub>る。 ¶ 불경기가 ~ 不景気<sub>ふけいき</sub>が去る。

**물러-나다** 自 ①(地位<sub>ちい</sub>・職位<sub>しょくい</sub>から) 退<sub>しりぞ</sub>く、引退<sub>いんたい</sub>する、身<sub>み</sub>を引<sub>ひ</sub>く。 ¶ 정계에서 ~ 政界<sub>せいかい</sub>から身を引く。 ②(目上の人<sub>ひと</sub>の前<sub>まえ</sub>から) 退<sub>しりぞ</sub>く、引<sub>ひ</sub>き下<sub>さ</sub>がる。 ¶ 한 마디 변명도 못하고 一語<sub>いちご</sub>の弁解<sub>べんかい</sub>もできずに引き下がる。 ③(締<sub>し</sub>まっている物<sub>もの</sub>が) ゆるむ。 ¶ 문틀이 ~ 戸<sub>と</sub>の枠<sub>わく</sub>がゆるくなる。 ④後退<sub>こうたい</sub>する、退<sub>しりぞ</sub>く、下<sub>さ</sub>がる。 ¶ 조금 뒤로 물러나 주십시오 少し後<sub>うし</sub>ろへさがってください。

**물러-서다** 自 ①退<sub>しりぞ</sub>く、後退<sub>こうたい</sub>する。 상대가 ~ 相手<sub>あいて</sub>が退く。 ②(進<sub>すす</sub>めていたことを) やめる。 ¶ 추진하던 사업에서 ~ 進<sub>すす</sub>めていた事業<sub>じぎょう</sub>をやめる。 ③(地位<sub>ちい</sub>などから) 身<sub>み</sub>を引<sub>ひ</sub>く。

**물러-오다** 自 (買<sub>か</sub>ったものを返<sub>かえ</sub>して) お金<sub>かね</sub>を取<sub>と</sub>り戻<sub>もど</sub>して来<sub>く</sub>る。

**물러-지다** 自 ①軟<sub>やわ</sub>らかくなる。 ②(気<sub>き</sub>が) 和<sub>やわ</sub>らぐ、ほぐれる、緩<sub>ゆる</sub>む。

**물렁-뼈** 名 軟骨<sub>なんこつ</sub>。 ⑨ 연골
**물렁-하다** 形 ①柔<sub>やわ</sub>らかだ、ふにゃふにゃしている。 ②腰<sub>こし</sub>が弱<sub>よわ</sub>く優柔<sub>ゆうじゅう</sub>不断<sub>ふだん</sub>である。

**물레** 名 ①糸繰<sub>いとく</sub>り車<sub>ぐるま</sub>。 ②ろくろ台<sub>だい</sub>。
**물레방앗-간[―間]** 名 水車<sub>すいしゃ</sub>小屋<sub>ごや</sub>。
**물레-질** 名・ハダ 糸繰<sub>いとく</sub>り、糸車<sub>いとぐるま</sub>を回<sub>まわ</sub>して糸を繰<sub>く</sub>ること。

**물려-받다** 他 (財産<sub>ざいさん</sub>・地位<sub>ちい</sub>などを) 譲<sub>ゆず</sub>り受<sub>う</sub>ける、引<sub>ひ</sub>き継<sub>つ</sub>ぐ、伝承<sub>でんしょう</sub>する。 ¶ 부모로부터 물려받은 재능 親譲<sub>おやゆず</sub>りの才能<sub>さいのう</sub>/ 사업을 ~ 事業<sub>じぎょう</sub>を引き継ぐ。

**물려-주다** 他 譲<sub>ゆず</sub>る、伝<sub>つた</sub>える、引<sub>ひ</sub>き継<sub>つ</sub>がせる、譲<sub>ゆず</sub>り渡<sub>わた</sub>す。 ¶ 가보를 ~ 家宝<sub>かほう</sub>を伝える。

**물론[勿論]** 名・副 もちろん、無論<sub>むろん</sub>、言<sub>い</sub>うまでもなく。 ¶ ~ 가고 말고 もちろん行<sub>い</sub>くとも/ 그가 기뻐한 것은 ~이다 彼<sub>かれ</sub>が喜<sub>よろこ</sub>んだことは言うまでもない。

**물리[物理]** 名 物理<sub>ぶつり</sub>。 ¶ ~ 요법 物理療法<sub>りょうほう</sub>。
**물리다¹** 自 飽<sub>あ</sub>きる、いや気<sub>け</sub>がさす、飽き飽きする。 ¶ 물리도록 마시다 飽きるほど飲<sub>の</sub>む。
**물리다²** 他 (「물다³」受動) かまれる、挟<sub>はさ</sub>まれる。 ¶ 개한테 ~ 犬<sub>いぬ</sub>にかまれる。
**물리다³** 他 (「물다³」使役) かませる、含<sub>ふく</sub>ませる。 ¶ 젖꼭지를 ~ 乳首<sub>ちくび</sub>を含ませる。
**물리다⁴** 他 煮<sub>に</sub>て軟<sub>やわ</sub>らかくする、うんと煮<sub>に</sub>る。
**물리다⁵** 他 ①延期<sub>えんき</sub>する、延<sub>の</sub>ばす、ずらす。 ¶ 지불일을 하루 ~ 支払<sub>しはら</sub>いの日<sub>ひ</sub>を一日<sub>いちにち</sub>ずらす。 ②(権利<sub>けんり</sub>・財産<sub>ざいさん</sub>などを) 譲<sub>ゆず</sub>る、伝<sub>つた</sub>える、伝承<sub>でんしょう</sub>する。 ¶ 재산을 ~ 財産<sub>ざいさん</sub>を譲る。/ 소유권을 ~ 所有権<sub>けん</sub>を譲渡する。 ③(場所<sub>ばしょ</sub>を) 移<sub>うつ</sub>す、ずらす、移動<sub>いどう</sub>する。 ¶ 책장을 벽쪽으로 ~ 本棚<sub>ほんだな</sub>を壁<sub>かべ</sub>ぎわに移す。 ④(供<sub>そな</sub>え物<sub>もの</sub>・膳<sub>ぜん</sub>などを) 下<sub>さ</sub>げる、片<sub>かた</sub>づける。 ¶ 밥상을 ~ 膳を下げる。 ⑤(買<sub>か</sub>った物<sub>もの</sub>を) 返品<sub>へんぴん</sub>する、返<sub>かえ</sub>す。

**물리다⁶** 他 (悪霊<sub>あくりょう</sub>などを) 追<sub>お</sub>い払<sub>はら</sub>う、厄払<sub>やくばら</sub>いをする、魔除<sub>まよ</sub>けする。
**물리다⁷** 他 (「물다²」使役) 弁償<sub>べんしょう</sub>させる、払<sub>はら</sub>わせる。 ¶ 이 손해는 그에게 물리겠다 この損害<sub>そんがい</sub>は彼<sub>かれ</sub>に弁償させよう。

**물리-치다** 他 ①はねつける、拒<sub>こば</sub>む、拒絶<sub>きょぜつ</sub>する。 ¶ 요구를 ~ 要求<sub>ようきゅう</sub>をはねつける。 ②(敵<sub>てき</sub>などを) 撃退<sub>げきたい</sub>する、追<sub>お</sub>い払<sub>はら</sub>う。 ¶ 적군을 ~ 敵軍<sub>てきぐん</sub>を撃退する。

**물망[物望]** 名 名望<sub>めいぼう</sub>、名声<sub>めいせい</sub>、人望<sub>じんぼう</sub>。
〈慣用〉 물망에 오르다 (人選<sub>じんせん</sub>などで) 有力<sub>ゆうりょく</sub>な候補<sub>こうほ</sub>に上<sub>のぼ</sub>る。

**물망-초[勿忘草]** 名[植] ワスレナグサ。
**물매¹** 名 袋叩<sub>ふくろだた</sub>き。 ¶ 깡패들에게 ~를 맞다 与太者<sub>よたもの</sub>たちに袋叩きにされる。
**물매²** 名 (屋根<sub>やね</sub>・稲<sub>いな</sub>むらなどの) 勾配<sub>こうばい</sub>、傾斜<sub>けいしゃ</sub>。 ¶ ~가 뜨다 傾斜が緩<sub>ゆる</sub>やかだ。
**물-먹다** 自 ①水<sub>みず</sub>を飲<sub>の</sub>む。 ②(植物<sub>しょくぶつ</sub>などが養分<sub>ようぶん</sub>として) 水を吸<sub>す</sub>い上<sub>あ</sub>げる。 ③(紙<sub>かみ</sub>・布<sub>ぬの</sub>などに) 水が滲<sub>し</sub>む。 ¶ 물먹은 종이 湿<sub>しめ</sub>った紙。

**물물 교환[物物交換]** 名 物々<sub>ぶつぶつ</sub>交換<sub>こうかん</sub>。
**물-밀듯이** 副 (波<sub>なみ</sub>の押<sub>お</sub>し寄<sub>よ</sub>せるように) 一度<sub>いちど</sub>にどっと、ひたひたと。 ¶ 대군이 ~ 밀어여 치다 大軍<sub>たいぐん</sub>がひたひたと押し寄る。
**물-밑** 名 ①水底<sub>みなそこ</sub>。 ②[建] 地面<sub>じめん</sub>・材木<sub>ざいもく</sub>の水平面<sub>すいへいめん</sub>より下<sub>した</sub>の部分<sub>ぶぶん</sub>。 ③[比] 人目<sub>ひとめ</sub>につかない所<sub>ところ</sub>、陰<sub>かげ</sub>。
**물-바다** 名 (洪水<sub>こうずい</sub>などによる) 一面<sub>いちめん</sub>水浸<sub>みずびた</sub>しの状態<sub>じょうたい</sub>。 ¶ 온 마을이 ~가 되었다 村中<sub>むらじゅう</sub>一面水浸しになった。
**물-받이** 名 樋<sub>とい</sub>。
**물-방개** 名[動] ゲンゴロウ。
**물-방울** 名 水玉<sub>みずたま</sub>、水滴<sub>すいてき</sub>、水<sub>みず</sub>の滴<sub>しずく</sub>。 ¶ ~ 무늬 水玉模様<sub>もよう</sub>/ ~이 뚝뚝 떨어지다 水の滴<sub>しずく</sub>がぽとぽとと落<sub>お</sub>ちる。
**물-벼락** 名 いきなり激<sub>はげ</sub>しく水<sub>みず</sub>をぶっかけられること。
**물-벼룩** 名[動] ミジンコ。
**물-보라** 名 水煙<sub>みずけむり</sub>、水<sub>みず</sub>のしぶき、飛沫<sub>ひまつ</sub>。
〈慣用〉 물보라(가) 치다 水煙<sub>みずけむり</sub>をあげる、しぶきをあげる。
**물-불** 名 水<sub>みず</sub>と火<sub>ひ</sub>、水<sub>みず</sub>と火<sub>ひ</sub>。
〈慣用〉 물불을 가리지 않다 水火<sub>すいか</sub>も辞<sub>じ</sub>さない、どんな困難<sub>こんなん</sub>にも恐<sub>おそ</sub>れない。
**물-비누** 名 水<sub>みず</sub>せっけん。
**물-빛** 名 水色<sub>みずいろ</sub>。
**물-빨래** 名 水洗<sub>みずあら</sub>い。
**물-빼:다** 他 ①水<sub>みず</sub>を抜<sub>ぬ</sub>く。 ②脱色<sub>だっしょく</sub>する。
**물-뿌리개** 名 じょうろ。
**물-살** 名 水<sub>みず</sub>の流<sub>なが</sub>れ、水流<sub>すいりゅう</sub>。 ¶ ~이 빠르다 流れが速<sub>はや</sub>い。

물색[物色] 名 ①物の色。②하他 物色ぶっしょく。¶ 후임을 ~하다 後任にんを物色する。③事情じょう、状況じょう、条理じょう、訳わけ。¶ ~도 모르고 좋아한다 訳もわからずに喜ぶ。

물색-없:다 形 条理じょうに合わない。

물샐틈-없:다 水みずの漏もれるすき間まもない、完全かんぜんに塞ふさがっている。¶ 물샐틈 없는 경계 水も漏らさぬ警戒けいかい。

물-소 名動 水牛すいぎゅう。

물-수건[-手巾] 名 ①(食堂しょくどうなどの)おしぼり。②ぬれ手拭てぬぐい。

물-시계[-時計] 名 水時計みずどけい、漏刻ろうこく。

물심[物心] 名 物心ぶっしん。¶ ~ 양면으로 돕다 物心両面りょうめんで助たすける。

물쌍-하다 形어 (性質せいしつ・体質たいしつが)柔弱じゅうじゃくで意気地いくじなしに見みえる。

물-쓰듯 副하他 (金かね・物ものを)惜おしみなく消費ひするようす。¶ 돈을 ~하다 お金かねを湯水ゆみずのように使つかう。

물씬 副 ((においが鼻はなをつくようす))ぷうん、むっと。¶ 향수 냄새를 ~ 풍기다 香水こうすいのにおいをぷんと鼻はなにつける。

물씬-하다 形어 非常ひじょうに軟やわらかい、ぶよぶよしている、ぐにゃぐにゃしている。¶ 쇠고기를 물씬하도록 삶다 牛肉ぎゅうにくを軟やわらかくなるまで煮にる。

물-안경[-眼鏡] 名 水眼鏡みずめがね。

물-약[-薬] 名 水薬みずぐすり。¶ ~과 가루약 水薬と粉薬こなぐすり。

물어-내다 他 ①弁償べんしょうする、償つぐなう。¶ 책값을 ~ 本ほんの代金だいきんを弁償する。②(内輪話うちわばなしを)外そとに言いいふらす。③物ものをこっそり持もち出だす。

물어-뜯다 他 かみちぎる、かみつく。¶ 개가 옷자락을 ~ 犬いぬが着物もののすそをかみちぎる。

물-엿 名 水飴みずあめ。

물-오르다 自己 ①(春はるに)草木くさきが水分すいぶんを吸すい上あげる、みずみずしくなる、芽めぐむ。②暮くらし向むきがよくなる。

물-오리 名動 マガモ。

물-오징어 名 生なまいか。

물욕[物慾] 名 物欲ぶつよく。

물음 名 問とい、質問しつもん。¶ 다음 ~에 답하시오 次つぎの問いに答こたえなさい。

물음-표[-標] 名[文法] 疑問符ぎもんふ、クエスチョンマーク。

물의[物議] 名 物議ぶつぎ、世間せけんの評判ひょうばん。¶ ~를 빚다 物議をかもす。

물자[物資] 名 物資ぶっし。¶ ~를 동원하다 物資を動員どういんする。

물-장구 名 ①ばた足あし。②水みずを入いれた水甕みずがめなどにバカジを伏ふせてたたくこと。

물장구-치다 自 ①ばた足あしをつきながら泳およぐ。②水みずに伏ふせたバカジをたたく。

물-장난 名 ①하他 水遊みずあそび。②水害すいがい。

물-장사 名 ①水みずを汲くんで道端みちばたで売うったり家いえに供給きょうきゅうする営業えいぎょうすること。②(酒さけなどを売うる)水商売みずしょうばい。

물적[物的] 冠名 物的てき。¶ ~ 담보 物的担保たんぽ/ ~ 증거 物的証拠しょうこ。

물정[物情] 名 物情ぶつじょう、世情せじょう。¶ 세상 ~에 어둡다 世事せじにうとい。

물주[物主] 名 ①(商売しょうばいなどで)元手もとでを出だす人ひと、資金主しきんぬし、金穴きんけつ。②(博打ばくちで)親おや、胴元どうもと、胴親どうおや、胴取どうとり。

물증[物證] 名 物証ぶっしょう、物的証拠しょうこ。¶ 범죄의 ~을 잡다 犯罪はんざいの物証を押おさえる。

물질[物質] 名 物質ぶっしつ。¶ ~ 문명 物質文明ぶんめい/ ~주의 物質主義しゅぎ。

물질-적[-的] 冠名 物質的てき。¶ ~인 욕망 物質の欲望よくぼう。

물-집¹ 名 水みずぶくれ、水疱すいほう、豆まめ。¶ 발에 ~이 생기다 足あしに豆まめが出来できる。

물-집² 染そめ物屋ものの、紺屋こうや。

물쩍지근-하다 形어 (ある状態じょうたい・態度たいどが)退屈たいくつで、優柔ゆうじゅう不断ふだんな、単調たんちょうな。

물쩡-하다 形어 (性質せいしつが)優柔ゆうじゅう不断ふだんである、柔弱じゅうじゃくである、柔弱でみしやすい。

물체[物體] 名 物体ぶったい。¶ ~의 운동 物体の運動どう。

물-총[-銃] 名 水鉄砲みずでっぽう。¶ ~을 가지고 놀다 水鉄砲であそぶ。

물컥 副하他 ((匂においが鼻はなをつくように激はげしくにおうようす))ぷんと。¶ 곰팡내가 ~ 나다 かびくさいにおいがぷんと出でる。

물컹-하다 形어 柔やわらか過すぎてつぶれそうだ、ぐにゃぐにゃしている、ぐちゃぐちゃだ。¶ 물컹한 감 ぐちゃぐちゃの柿かき。

물-켜다 自 水みずをがぶ飲のみする、水を大量たいりょうに飲のむ。

물크러-지다 自 (腐くさったり熟うれすぎたりして)くずれる、どろどろになる。

물-통[-桶] 名 ①水槽すいそう、水桶みずおけ。②水汲みずくみ用ようの桶おけ。

물-퍼붓듯 副하他 (話はなしをよどみなくするように)よどみなく、すらすらと、ぺらぺらと。

물품[物品] 名 物品ぶっぴん、品物しなもの、品しな。¶ 귀중한 ~/ 貴重きちょうな品物/ ~을 발송하다 品物を発送はっそうする。

물품-세[-税] 名 物品税ぶっぴんぜい。¶ ~를 물다 物品税を納おさめる。

묽다 形 ①薄うすい、水みずっぽい、緩ゆるい。¶ 묽은 죽 ゆるい粥かゆ/ 물감을 묽게 타다 絵えの具ぐを薄めに溶とかす。②(人ひとが)ひよわい、締しまりがなく脆もろい。

뭇-매 名 袋叩ふくろだたき。¶ ~를 맞다 袋叩きにされる。

뭇-사람 名 多おおくの人ひと、大勢おおぜい、衆人しゅうじん。¶ ~의 입에 오르다 衆人の口くちに乗のる。/ ~ 앞에서 창피를 당하다 大勢の人の前まえで恥はじをかいた。

뭇-입 名 大勢おおぜいの人ひとの非難ひなん、衆口しゅうこう。

뭉개다 他 ①(物ものを)強つよくこねる、こねまわす、ねり潰つぶす、すり潰つぶす。¶ 진흙을 ~ 粘土ねんどをこねる。②(悪わるいことやうわさなどを)もみ消けす、押おさえ隠かくす。¶ 사건을 ~ 事件じけんをもみ消す。③ぐずぐずする、もしもし

**뭉게구름** 名 入道雲、積雲。

**뭉게-뭉게** 副《雲や煙などが盛んに湧き上がるようす》むくむく、もくもく。¶연기가 ~ 피어 오르다 煙がもくもくと立ち上がる。

**뭉그러-지다** 自 崩れる、壊れる。¶흙담이 호우에 ~ 土塀が大雨で崩れる。

**뭉그적-거리다** 自他《同じ所で》ぐずぐずする、もじもじする。¶방안에서 ~ 部屋でぐずぐずしている。

**뭉글-거리다** 自 ①ぬるぬるする。②(食べたものが)つかえる、むかつく。

**뭉기다** 他 ①垂れ下げる、垂れ込める。②崩す、崩壊させる、つぶす。

**뭉떵** 副《大まかにざっくっと断ち切るようす》大きめに、厚さめに、ざっくり、ばっさり。¶무를 ~자르다 大根をざっくり切る。

**뭉뚝** 副形 ①先がちびて鈍くなったようす。¶~한 연필 ちびた鉛筆。②見目が太くて短がいさま。

**뭉실-뭉실** 副形 ①(肉づきがよくて柔らかそうなようす)むっちり、丸まる(と)。¶~살찐 아기 丸々と太った赤ちゃん。②(煙・雲などが固まって浮かんでいるようす)むくむく。¶검은 구름이 ~떠 온다 黒い雲がむくむくやってくる。(敬) 뭉실뭉실

**뭉치** 名 塊り、束、包み。¶쇠 ~ 鉄の塊/종이 ~ 紙束だ。

**뭉칫-돈** 名 ①束にした多額の金。②まとまった金。(敬) 목돈

**뭉치다** Ⅰ 自 ①かたまりになる、固まる。¶피가 ~ 血が固まる。②一つつになる、団結する。¶한 마음으로 뭉쳤다 心を一つにして団結した。 Ⅱ 他 一つに固める、一まとめにする、束ねる。¶눈을 ~ 雪を固める。

**뭉크러-지다** 自 (腐ったりして)つぶれる、ぐしゃぐしゃになる、ずるずるになる。¶썩어서 뭉크러진 귤 腐ってつぶれたミカン。

**뭉클-하다** 形 ①(食べた物がつかえて)もたれ気味である。②(強く感動して胸が)つまる、締め付けられる、じんとくる。¶가슴이 뭉클해지는 이야기 胸にじんとくる話。(敬) 몽클하다

**뭍** 名 陸、陸。¶~에 오르다 陸に上がる。(敬) 육지(陸地)

**뭍-사람** 名 陸地に住む人。

**뮤:지컬[musical]** 名 ミュージカル。

**미:[米]** 名 米、お米。¶~가 米価。

**미:[未]** 名 未(十二支の第8番目)。

**미:[美] Ⅰ** 名 美。¶자연의 ~ 自然の美/~를 창조하다 美を創造する。 Ⅱ 接尾 美。¶건강~ 健康美。

**미²[美]** 名《「미국(美國)」の縮約形》米、アメリカ。¶~육군 アメリカ陸軍。

**미-[未]** 接頭《「いまだ…でない…まだ…し ない」などの意を表わす》未…。¶~성년 未成年/~완성 未完成。

**미각[味覺]** 名 味覚。¶~을 돋구다 味覚をそそる。

**미간[眉間]** 名《「양미간」の縮約形》眉間。

**미:개[未開]** 名形 未開。¶~인 未開人/~한 땅 未開の地。

**미:개간-지[未開墾地]** 名 未開墾地。

**미:-개발[未開發]** 名形 未開発。¶~지역 未開発の地域。

**미:-개척[未開拓]** 名形 未開拓。¶~의 시장 未開拓の市場。

**미:거-하다[未擧-]** 形 事理に暗く分別がない、不束だ。¶미거한 사람입니다만 不束な者ながです。

**미:결[未決]** 名形他 未決。¶~사항 未決事項/아직 ~인 채로 있다 まだ未決のままである。

**미:결-수[-囚]** 名【法】未決囚。

**미:결-안[-案]** 名 未決案。

**미곡[米穀]** 名 米穀。¶~상 米穀商、米屋。

**미:관[美觀]** 名 美観。¶~상 좋지 않다 美観上よくない。/~을 해치다 美観をそこねる。

**미관[微官]** 名 微官。

**미관-말직[-未職]** 名 地位がいたって低い官職。

**미:-구에[未久-]** 副 遠からず、まもなく、やがて。¶~좋은 소식이 있을 것 같다 遠からず吉報が届くだろう。

**미국[美國]** 名 米国、アメリカ、アメリカ合衆国。¶~사람 アメリカ人。

**미궁[迷宮]** 名 迷宮。¶사건이 ~에 빠지다 事件が迷宮入りになる。

**미:급-하다[未及-]** 自 まだ及ばない。¶거기까지는 아직 ~ まだそこまでには及ばない。

**미꾸라지** 名【動】ドジョウ。¶~같은 놈 (逃げ口上がうまくて)当てにならない奴。

**미끄러-뜨리다** 他 滑らせる。

**미끄러워-지다** 自 滑りやすくなる、滑りっこくなる。

**미끄러-지다** 自 ①滑る、滑りたおれる、滑って転ぶ。¶발이 미끄러져 떨어졌다 足が滑って落ちた。②(試験などに)落ちる、落第らくする、しくじる。¶입학 시험에 ~ 入学試験にしくじる。③(地位から)下がる。¶부장 자리에서 미끄러졌다 部長の座から滑り落ちた。

**미끄럼** 名 雪や氷の上を滑ること、滑り台で滑ること。

**미끄럼-틀** 名 滑り台。

**미끄럽다** 形 ①すべっこい、滑りやすい、つるつるする。¶눈길이 ~ 雪道がすべっこい。②つるりとしてつかみにくい。¶장어는 미끄러워서 붙들기 힘들다 うなぎはつるつるしてつかみにくい。

**미끈-거리다** 自 (粘液状のものが)つるつる

미비

する、すべすべする、ぬらぬらする、ぬるぬるする。¶ 접시가 기름으로 ~ 皿が油でつるつるする。

미끈-하다 [形ㅇ] すんなりしている、すらりとしている、すっきりしている、ハンサムだ、滑らかだ。¶ 다리가 ~ 脚がすらりとしている。

미끼 [名] 餌。①(釣りの)えさ。¶ 산 ~ 生き餌/ 바늘에 ~를 꿰다 釣り針にえさをつける。②(比)人を誘い寄せる手段、だし。¶ 아이를 ~로 협박하다 子供をだしにして脅かす。

미나리 [名][植] セリ。

미:남[美男] [名] 《「미남자」의 縮約形》美男。

미:남자[-子] [名] 美男子。

미:납[未納] [名][하他][되自] 未納。¶ 세금을 ~하다 税金を未納する。

미네랄[mineral] [名] ミネラル。¶ ~ 워터 ミネラルウォーター。

미:녀[美女] [名] 美女、美人。¶ 절세의 ~ 絶世の美女/ 제법 ~다 なかなかの玉だ。

미뉴에트[minuet] [名][音] ミヌエット。

미니[mini] [名] ミニ。①小さいこと。¶ ~ 카 ミニカー。②「미니 스커트」의 縮約形。

미니 스커:트[-skirt] [名] ミニスカート。

미:-닫이 [名] 引っ戸、遣り戸、障子。ふすま。¶ ~를 열다 障子を開ける。

미:달[未達] [名][하自][되自] (一定の目標・量に)達しないこと、足りないしていること、未満。¶ 정원 ~ 定員足りない/ 목표액에 ~하다 目標額に達していない。

미:담[美談] [名] 美談、佳話。¶ 훈훈한 ~ 心温まる美談。

미-대다 [他] ①(いやな事や過失の責任など を)人に)押し付ける、転嫁する。¶ 자기 잘못을 남에게 ~ 自分の過ちを人に転嫁する。②(仕事を)引き延ばす、ずるずると長引かせる。

미:덕[美德] [名] 美德。¶ 겸양의 ~ 謙譲の美德。

미덥다 [形ㅂ] 頼もしい、信用がおける。¶ 미덥지 못한 사람 頼りない人間/ 그 사람의 약속은 ~ 彼の約束は信用がおける。

미:동[微動] [名][하自] 微動。¶ ~도 하지 않다 微動だにしない。

미들-급[middle級] [名][스포] (ボクシングなどで)ミドル級。

미:등[尾燈] [名] 尾灯、テールライト。

미:디어[media] [名] メディア。¶ 매스 ~ マスメディア。

미:래[未來] [名] 未来。¶ 양양한 ~ 洋々たる未来/ ~를 짊어질 청년 未来を担う青年。

미:래-파[-派] [名][美] 未来派。

미:량[微量] [名] 微量。¶ ~의 염분 微量の塩分。

미량 분석[-分析] [名][化] 微量分析。

미:려[美麗] [名][하形] 美麗、美しくしやかで。¶ ~한 자태 美麗な姿態。

미:력[微力] [名][하形] 微力。¶ 부족하나마 ~을 다하겠소 不足ながら微力を尽くしましょう。

미:련 [名][하形][스型] 愚鈍、ばかさ、愚かさ。¶ ~한 짓 愚鈍な仕業。

미련-퉁이 [名] 愚鈍な人、大ばか者。

미:련[未練] [名][하形] 未練。¶ ~을 버리다 未練を捨てる。/ 아무런 ~도 없다 何らの未練もない。

미:로[迷路] [名] ①迷路。¶ ~에 빠지다 迷路に入り込む。②[醫] 内耳。

미:료[未了] [名][하他] 未了。¶ 심의 ~인 채로 폐회하다 審議未了のまま閉会する。

미루다 [他] ①(期日・일・仕事などを)延ばす、延期する、持ち越す、後回しにする。¶ 일을 내일로 ~ 仕事を明日に延ばす。②(責任・일・仕事などを人に)押し付ける、人のせいにする、転嫁する。¶ 책임을 남에게 ~ 責任を人に押し付ける。③推し量る、推測する、推察する。¶ 나머지는 미루어 알 수 있다 残りは推して知ることができる。

미리 [副] あらかじめ、前もって。¶ ~ 알리다 前もって知らせる。/ ~ 의논하다 あらかじめ相談をする。

미-립자[微粒子] [名][物] 微粒子。

미:만[未滿] [名] 未滿。¶ 다섯 살 ~의 어린이 5歳未満の子供。

미:망-인[未亡人] [名] 未亡人。

미:명[美名] [名] 美名。¶ 개발이란 ~하에 자연을 파괴하다 開発などの美名の下に自然を破壊する。

미:모[美貌] [名] 美貌。¶ ~의 여인 美貌の女/ ~를 자랑하다 美貌を誇る。

미:목[眉目] [名] 眉目、顔だち、容貌。¶ ~이 수려한 젊은이 眉目秀麗な若者。

미:묘[美妙] [名][하形] 美妙。¶ ~한 음악 美妙な音楽。

미:묘[微妙] [名][하形] 微妙、デリケート。¶ ~한 관계 微妙な関係/ 그 문제는 좀 ~하다 その問題は少し微妙だ。

미:문[未聞] [名][하他] 未聞。¶ 전대 ~의 사건 前代未聞の事件。

미물[微物] [名] ①ごく小さくて取るに足りないもの。②(虫など)ごく小さな生物。③(比)ふがいない人。

미미-하다[微微-] [形ㅇ] 微々たるものだ、取るに足りない、かすかだ、わずかだ。¶ 미미한 존재 微々たる存在/ 미미한 수입에 불과하다 微々たる収入に過ぎない。

미:복[微服] [名][하自] 微服、身分の高い人の人目などを忍んだ服装。

미복 잠행[-潛行] [名][하自他] 身なりをやつして密かに巡察すること。

미:봉[彌縫] [名][하他] 弥縫。¶ ~책에 불과하다 弥縫策に過ぎない。

미:분[微分] [名][數] 微分。

미:비[未備] [名][하形] 不備。¶ ~한 준비 不備

**미쁘다**

な準備じゅん。/ ~한 점을 시정하다 不備な点を是正せいする.

**미쁘다** [形] ①頼たのもしい。¶ 미쁜신 아버지 頼もしい父ちち。⑰ 미덥다 ②誠実せいじつだ、真実しんじつである。

**미:사**[美辞] [名] 美辞び。

**미:사-여구**[-麗句] [名] 美辞麗句びじれいく。¶ ~를 늘어놓다 美辞麗句を並ならべる。

**미사일**[missile] [名][軍] ミサイル、誘導弾ゆうどうだん。¶ ~ 기지 ミサイル基地き。

**미삼**[尾蔘] [名] 髭人参ひげにんじん、高麗こうらい人参にんじんの細ほそい根ね。

**미:상**[未詳] [名][形] 未詳みしょう、不詳ふしょう。¶ 작자 ~ 作者さくしゃ未詳.

**미:색**[美色] [名] 美色びしょく。①美うつくしい色いろ。②美しい女性じょせい、美人びじん。¶ ~에 빠지다 美色に溺おぼれる。

**미-생물**[微生物] [名] 微生物びせいぶつ。¶ ~학 微生物学がく.

**미:성**[未成] [名][形] 未成みせい。①未完成みかんせい。¶ ~ 작품 未完成作品さくひん。②未成年ねん.

**미:성**[美聲] [名] 美声びせい。¶ 천부의 ~ 天賦てんぷの美声.

**미:성년**[未成年] [名] 未成年みせいねん.

**미:성년-자**[-者] [名] 未成年者しゃ。¶ ~의 입장을 금한다 未成年者の入場にゅうじょうを禁きんずる。

**미세**[微細] [名][形] 微細びさい、非常ひじょうに細こまかいこと。¶ ~한 차이 微細な差さ。

**미션**[mission] [名] ミッション。¶ ~ 스쿨 ミッションスクール。

**미-소**[美蘇] [名] 米べい·ソ、米国べいこくとソ連れん.

**미소**[微笑] [名] 微笑びしょう、ほほえみ。¶ 가벼운 ~ かすかな微笑び/ ~를 띠우다 微笑を浮うかべる。/ 방긋이 ~ 짓다 にっこりとほほえむ.

**미:-소년**[美少年] [名] 美少年びしょうねん。

**미:속**[美俗] [名] 美俗びぞく、美風びふう。¶ 양풍醇風じゅんぷう美俗.

**미:수**[未收] [名][形他] 未収みしゅう、まだ取とり入いれていないこと、また徴収ちょうしゅうしていないこと。¶ ~금 未収金きん.

**미:수**[未遂] [名][形他] 未遂みすい。¶ 살인 ~ 殺人さつじん未遂/ ~로 끝나다 未遂に終おわる。

**미:수-범**[-犯] [名][法] 未遂犯はん.

**미수**[米壽] [名] 米寿べいじゅ、88歳はっじゅうはっさい。¶ ~연 米寿の祝宴しゅくえん.

**미:숙**[未熟] [名] 未熟みじゅく。①よく熟じゅくしていないこと。¶ ~한 과일 未熟な果物くだもの。②[形] 熟達じゅくたつしていないこと。¶ ~한 연기 未熟な演技えんぎ/ 솜씨가 ~하다 腕前うでまえが未熟だ.

**미:숙-아**[-兒] [名] 未熟児じ.

**미:술**[美術] [名] 美術びじゅつ。¶ 서양 ~ 西洋せいよう美術/ ~ 전람회 美術びじゅつ展覧会てんらんかい.

**미:술-가**[-家] [名] 美術家か.

**미:술-품**[-品] [名] 美術品ひん.

**미숫-가루** [名] もち米ごめ·麦むぎなどの炒いり粉こ.

**미스**[miss] [名][形自] ミス。¶ 서브 ~를 범하다 サーブミスを犯おかす。

**미스**[Miss] [名] ミス、…嬢じょう、…さん。¶ ~ 코리아 ミスコリア/ ~ 김 金きんさん.

**미스터리**[mystery] [名] ミステリー.

**미:식**[美食] [名][形] 美食びしょく。¶ ~가 美食家か/ ~에 싫증이 나다 美食に飽あきる.

**미신**[迷信] [名] 迷信めいしん。¶ ~가 迷信家か/ ~에 빠지다 迷信に陥おちいる.

**미:심**[未審] [名][形] [三形] ①確実かくじつでないので気きにかかること、疑うたがわしい、不審しん。¶ ~한 생각이 들다 疑わしく思おもわれる。②詳くわしく知しらないこと.

**미:심-쩍다** [形] いぶかしい、疑うたがわしい、不審ふしんだ、確実かくじつでないので気きにかかる。¶ 미심쩍은 데가 있다 不審な点てんがある.

**미아**[迷兒] [名] 迷子まいご。¶ ~를 보호하다 迷子を保護ほごする.

**미:안**[未安] [名][形][三形] ①(人ひとに迷惑めいわくをかけて)恐おそれ入いること、すまないこと、申もうしわけないこと。¶ 대단히 ~합니다 どうもすみません。/ 기다리시게 해서 ~합니다 お待またせ致いたしまして恐れ入ります。②(人ひとに対たいするのが)気恥きはずかしくちょっときまりが悪わるいこと。¶ 만나기가 ~해서 망설여지다 顔かおを合あわせるのがちょっと気恥ずかしくてためらう。③(「미안하지만」の形で)すみませんが、申もうしわけないけど。¶ ~하지만 창문 좀 열어 주시겠어요 すみませんが窓まどをちょっとあけてくれませんか.

**미약**[微弱] [名][形] 微弱びじゃく、かよわいこと。¶ ~한 반응 微弱な反応はんのうが/ ~한 여자의 몸 かよわい女おんなの身み.

**미어-지다** [自] ①(張はりきった紙かみ·革かわなどが)古ふるびて穴あながあく、破やぶれる。¶ 장지가 ~ ふすまが破れる。②(胸むねが張はり裂さける程ほどに)つらい痛いたみや悲かなしみを感かんじる。¶ 가슴이 미어지는 듯ような痛み張り裂けそうだ.

**미역¹** [名] 水浴みずあび、水浴すいよくすること。¶ 냉수로 ~을 감다 冷水浴れいすいよくをする.

**미역²**[榆] [名] ワカメ。¶ ~을 따다 ワカメを取とる。[慣用] **미역국(을) 먹다** ①解雇かいこされる、首くびになる。②(試験しけんなどで)落おちる.

**미:연**[未然] [名] 未然みぜん。¶ 사고를 ~에 방지하다 事故じこを未然に防ふせぐ.

**미열**[微熱] [名] 微熱びねつ。¶ ~이 있다 微熱がある。/ ~이 계속되다 微熱が続つづく.

**미온**[微溫] [名] 微温びおん.

**미온-적**[-的] [冠] 微温的びおんてき。¶ ~인 태도 微温的な態度たいど.

**미:완**[未完] [名][形] ((「미완성」の縮約形)) 未完みかん、未完成みかんせい。¶ 이것은 ~으로 끝난 소설이다 これは未完で終おわった小説しょうせつだ.

**미:-완성**[-成] [名][形] 未完成みかんせい。¶ ~ 교향곡 未完成交響曲こうきょうきょく.

**미:용**[美容] [名][形] 美容びよう。¶ ~식 美容食しょく/ ~ 체조 美容体操たいそう.

**미:용-사**[-師] [名] 美容師し.

**미욱-하다** [形여] (人ひととなりが)愚鈍ぐどんだ、間抜まぬ

미움【憎】【名】憎さ、憎しみ、憎悪ぞう。¶ ～을 받다 憎まれる。/ 친구로부터 ～을 사다 友ともに憎にくまれる。

미워-하다【他四】憎にくむ、憎悪ぞうする。¶ 까닭도 없이 ～ 訳わけもなく憎む。

미음【米飲】【名】重湯おも。¶ ～을 쑤다 重湯を炊たく。

미:-의식【美意識】【名】美意識びいしき。

미:인¹【美人】【名】美人びじん。¶ 절세의 ～ 絶世ぜつせいの美人。

미인²【美人】【名】アメリカ人じん。¶ ～ 회화 アメリカ人による英会話えいかいわ。

미-일【美日】【名】米日べいにち、アメリカと日本にほん。¶ ～ 안보 조약 米日安保あんぽ条約じょうやく。

미:장【美粧】【名】【하】美粧びしょう、美うつくしい装よそおうこと。

미:장-원【-院】【名】美容院びよういん。

미:적【美的】【冠】美的びてきな。¶ ～ 감각 美的感覚かんかく / ～ 관념 美的観念かんねん。

미적-거리다【他】①(重おもいものを)少しずつ前まえにおし出だす。②ためらう、尻込じごみする。

미적지근-하다【形四】生なまぬるい。①ぬるい。¶ 차가 ～이 미적지근하다 お茶ちゃがぬるい。②(態度だい・言行げんが)微温的おんてきだ、煮にえ切きらない。¶ 미적지근한 태도 煮え切らない態度/ 하는 짓이 노상 ～ することがいつも生ぬるい。

미:정【未定】【名】【하】未定みてい。¶ 행선지는 ～입니다 行ゆく先さきは未定です。

미:제【未濟】【名】未済みさい、まだすんでいないこと。¶ ～ 사건 未済事件じけん。

미제【美製】【名】米国製べいこくせい。

미주【美州】【名】【地】アメリカ州しゅう。

미주알【名】肛門こうもんに続つづく直腸ちょくちょうの下端かたん、内肛門こうもん括約筋かつやくきん。

미주알-고주알【根掘ねほり葉掘はほり、あれやこれやと、隅すみから隅まで。¶ ～ 캐묻다 根掘り葉掘りききただす。

미:지【未知】【名】【하】未知みち。¶ ～의 세계 未知の世界せかい。

미:지-수【-數】【名】未知数みちすう。¶ 승패는 ～다 勝敗しょうはいは未知数だ。

미지근-하다【形四】①生なまぬるい、ぬるい、いくらか温あたたかい。¶ 미지근한 물 生ぬるい水みず。②消極的しょうきょくてきだ、厳きびしくない、手てぬるい。¶ 반응이 ～ 反応はんのうが手ぬるい。

미:-지급【未支給】【名】【하】未払みはらい。

미:진【未盡】【名】【하】【形】いまだ尽つきないこと。¶ ～한 이야기 尽きない話はなし。

미진【微塵】【名】微塵みじん。①細こまかい塵ちり。②つまらないもの、取とるに足たりないもの。

미진【微震】【名】【地】微震びしん。

미처【副】《ある時間じかん・場所ばしょ・段階だんかいにまだ至いたらないようすを表あらわす》まだ、いまだ、かつて、そこまでは あらかじめ、いまだ。¶ ～ 상상도 못했다 あらかじめ想像そうぞうもしなかった。/ 거기까지는 ～ 생각이 미치지 못했다 そこまではいまだ考かんがえが及およばなかった。

미천【微賤】【名】【하】【形】微賤びせん。¶ ～한 신분 微賤な身分みぶん。

미:-취학【未就學】【名】【하】【自】未就学しゅうがく。¶ ～ 아동 就学がく前まえの児童じどう。

미치-광이【名】①【狂人きょう】。¶ ～ 취급 狂人扱あつかい。②《名詞について》…マニア、熱狂者ねっきょうしゃ。¶ ～ 취급 釣つりマニア。

미치다¹【自】狂くるう。①気きちがう、気がふれる、発狂はっきょうする。미친 사람 狂人きょう/ 미친 짓을 하다 狂ったようなことをする。/ 개가 미친듯이 짖다 犬いぬが狂くるったようにほえる。②(ある事ことに)溺おぼれる、夢中むちゅうになる、熱狂ねっきょうする。¶ 노름에 미쳤다 博打ばくちに狂った。/ 낚시에 ～ 釣りに夢中になる。

미치다²【他】①(ある場所ばしょに)至いたる、届とどく、着つく。¶ 손이 미치지 않는다 手てが届かない。②(話はな・생각などが)及およぶ。¶ 거기까지는 미처 생각이 미치지 못했다 そこまではついに考え及ばない。③(影響えいきょう・作用さようが)及ぶ、達たっする、迫せまる。¶ 사업에 영향이 ～ 事業じぎょうに影響が及ぶ。

미친-개【名】①狂犬きょうけん。¶ ～를 때려죽이다 狂犬を撲殺ぼくさつする。②(卑) 言動げんどうが気違きちがいじみた者もの。

[속담] 미친개 눈엔 몽둥이만 보인다 狂犬きょうけんの目めには棒ぼうだけ見みえる。《ひとつの物事ものごとに熱中ねっちゅうすれば凡すべてがそれと同おなじ物ものに見みえるとの意い》

미:터【meter】Ⅰ【名】(ガス・タクシーなどの)メーター。¶ ～를 검침하다 メーターを検針けんしんする。Ⅱ【依】(長ながさの単位たんい)メートル。¶ 백 ～ 경주 100ひゃくメートル競走きょうそう。

미:터-법【-法】【名】【数】メートル法ほう。

미:팅【meeting】【名】ミーティング。①【自】【俗】男女だんじょが集団しゅうだんで行おこなうデート。②会合ごうごう、会議かいぎ。

미:풍【美風】【名】美風びふう。

미:풍 양속【-良俗】【名】美風良俗びふうりょうぞく。

미풍【微風】【名】微風びふう、そよ風かぜ。¶ ～이 분다 そよ風が吹ふく。

미:필【未畢】【名】【하】未了みりょう、まだ終おえないこと。¶ 병역 ～자 兵役えきを終えていない者もの。

미행【尾行】【名】【하】【他】尾行びこう。¶ ～을 따돌리다 尾行を追おい払はらう。/ 범인을 ～ 犯人はんにんを尾行する。

미행【微行】【名】【하】【他】微行びこう、忍しのびで歩あるき。¶ 변장하고 ～하다 変装そうして微行する。

미혹【迷惑】【名】【하】【自】【他】惑まどわされること、惑まどい、眩惑げんわく。¶ 인심을 ～하다 人心じんしんを惑わせる。

미:혼【未婚】【名】未婚みこん。¶ ～ 여성 未婚の女性じょせい。

미:혼-모【-母】【名】未婚の母はは。

미:화【美化】【名】【하】【自】【他】美化びか。¶ ～ 운동 美化運動どう/ 거리～에 힘쓰다 町まちの美化に努つとめる。

미화【美貨】 名 米貨、アメリカドル。
미:-확인【未確認】 名 未確認。¶ ~ 비행물체 未確認飛行物体。
미:흡【未治】 名形動 まだ十分でないこと、及ばないこと。¶ ~한 생각 不十分な考え/ 그의 실력으로는 아직 ~하다 彼の実力ではまだ及ばない。
민- 接頭 「何もつけ加えずありのまま」の意を表わす語。¶ ~물 淡水、真水。
민가【民家】 名 民家。¶ ~를 습격하다 民家を襲撃する。
민간【民間】 名 民間。¶ ~ 외교 民間外交/ ~에서 뽑은 대표 民間から選んだ代表/ ~에 맡기다 民間に任せる。
　민간 요:법【-療法】 民間療法。
　민간-인【-人】 名 民間人。
민감【敏感】 名形動 敏感。¶ 유행에 ~하다 流行に敏感だ。
민권【民權】 名 民権。¶ ~ 운동 民権運動。
민-낯 名 化粧しない顔が、素顔、地顔。
민단【民團】 名 《「거류민단(居留民團)」の縮約形》 民団、居留民団。
민둥민둥-하다 形動 (山が)つるつるしている、禿げている、草木がほとんど生えていない。
민둥-산【-山】 名 禿げ山、裸山。
민들레 名 植 タンポポ。
민망【憫忙】 名形動 残念に思うこと、心苦しいこと、しのびないこと、きまりが悪いこと。¶ 차마 보기가 ~하여 얼굴을 돌렸다 見るにしのびず顔をそむけた。/ 친구들 앞에서 꾸중을 들어서 ~했다 友人の前で叱られてきまり悪かった。
민-며느리 名 将来、嫁にするために幼いときから家に入れてしつけをする養女。
민-물 名 淡水、まみず。¶ ~ 고기 淡水魚、川魚。
민민-하다【憫憫-】 形動 きまり悪い、気の毒だ、憐われだ。
민박【民泊】 名形動 民泊。
민-방위【民防衛】 名 民間で行なう防衛活動。
민법【民法】 名 民法。
민사【民事】 名 民事。¶ ~ 사건 民事事件。
민생【民生】 名 民生。¶ ~ 문제 民生問題。
　민생-고【-苦】 一般に国民の生活苦。
민선【民選】 名形動 民選。¶ ~ 의원 民選議員。
민속【民俗】 名 民俗。¶ ~ 공예품 民俗工芸品/ ~학 民俗学。
　민속 놀이【-】 (各地方の風俗が反映されて伝わる)民俗行事。
민숭민숭-하다 形動 ①(毛髪がほとんどはげて)つるつるしている、すべすべしている。 ②(山が)はげている。 ③(酔いが回らないで)しゃんとしている、けろりとしている。
민심【民心】 名 民心。¶ ~ 수습 民心収拾/ ~을 잃다 民心を背く。
민영【民營】 名 民営。¶ ~화 民営化/ ~ 철도 民営鉄道。
민예【民藝】 名 民芸。¶ ~품 民芸品。
민완【敏腕】 名 敏腕、腕利き。¶ ~ 형사 腕利きの刑事/ ~을 떨치다 敏腕を振るう。
민요【民謠】 名 民謡。
민원【民願】 名 国民の望み・請願。¶ ~ 서류 国民の請願書類。
민유【民有】 名 民有。¶ ~림 民有林。対 국유(國有)
민의【民意】 名 民意。¶ ~를 반영하다 民意を反映する。
민정【民政】 名 民政。¶ ~으로 이관하다 民政に移管する。
민족【民族】 名 民族。¶ ~성 民族性/ 유목 ~ 遊牧の民族。
　민족 의:식【-意識】 名 民族意識。¶ 높아져 가는 ~ 高まりて行く民族意識。
　민족 자결【-自決】 名 政 民族自決。¶ ~권 民族自決権。
　민족-적【-的】 冠名 民族的。¶ ~ 자부심 民族的自負心。
민주【民主】 名 民主。¶ ~ 정치 民主政治/ ~화 운동 民主化運動。
　민주 공:화국【-共和國】 名 民主共和国。
　민주-주의【-主義】 名 民主主義、デモクラシー。
민중【民衆】 名 民衆。¶ ~의 지지를 얻다 民衆の支持を得る。
　민중 예:술【-藝術】 名 民衆芸術。
민첩【敏捷】 名形動 敏捷。¶ ~한 행동 敏捷な行動。
민치【民治】 名 民治、民衆を治めること。
민틋-하다 形動 (凸凹がなく)平らたで滑らかだ、なだらかだ。
민폐【民弊】 名 (官吏の)国民に及ぼす弊害、迷惑がり。
민-하다 形動 ちょっと愚かだ、愚かしい。
민화【民話】 名 民話、民間の説話。
민활【敏活】 名形動 敏活。¶ ~한 조치를 취하다 敏活な措置を取る。
믿다 他 信じる。①信用する。¶ 믿을 수 없는 말 信じられない話だ/ 믿어 의심치 않고 믿고 疑わない。 ②頼る、信頼する、当てにする。¶ 남의 힘을 믿지 마라 他人の力を頼るな/ 믿을 사람이 당てに する 人이 없다. ③確信する。¶ 성공하리라 굳게 ~ 成功すると固く信じる。 ④ 信仰する。¶ 하느님을 ~ 神さまを信仰する。
믿음 名 ①信用、信頼。¶ 지도자에 대한 ~ 指導者に対する信頼。 ②信心、信仰。¶ ~이 깊은 사람 信心深い人。 ③信念、確信。
　믿음직-스럽다 形動 信頼できる、頼もしいところがある。
밀:[1] 名 蜜蠟、蠟。
밀[2] 名 植 コムギ。
밀:[3] 名 鑛 砂金などをふるいにかけた砂と小石。

**밀-가루** 图 小麦粉こむぎ、メリケン粉こ。¶ ~를 반죽하다 小麦粉をこねる。

**밀감**【蜜柑】图【植】ミカン。

**밀고**【密告】图[하타] 密告こく。¶ 경찰에 ~하다 警察けいさつに密告する。

**밀-국수** 图 小麦粉こむぎで作った麺めん、うどん。

**밀-기울** 图 麸ふす、麦ぬくず。

**밀:다** [他] ①(物ものを)押おす、押おし進すすめる、押おしつける。¶ 수레를 ~ 車くるまを押す。②(削けずったり押おさえたりして)平たいらにする、こする、取とり去さる。¶ 대패로 ~ かんなで削けずる。/ 때를 ~ 垢あかを落おとす。/ 머리를 ~ 髪かみを剃そる。/ 가루 반죽을 얇게 ~ こね粉を薄うすくのばす。③(印刷機いんさつき·謄写版とうしゃばんなどで)刷する。¶ 등사기로 ~ 謄写とうしゃする。④推すい薦せんする。¶ 그를 회장으로 밀어주자 彼かれを会長かいちょうに推おそう。⑤「미루다」の縮約形。

**밀담**【密談】图[하자] 密談だん。

**밀:-대** 图 麺棒めんぼう。

**밀도**【密度】图 ①密度ど。¶ 인구 ~ 人口じんこう密度ど。②内容ないようの充実性じゅうじつせい。¶ ~ 짙은 이야기 内容の濃こい話はなし。

**밀-도살**【密屠殺】图[하타] 密殺さつ。¶ 소를 ~하다 牛うしを密殺する。

**밀랍**【蜜蠟】图 蜜蠟みつろう、蠟ろう。

**밀려-가다** 围 ①押おし掛かける、大勢おおぜいで押おしかけて行いく。¶ 유세장으로 ~ 遊説場ゆうぜいじょうに押しかける。②押おし流ながされる。¶ 시류에 ~ 時流じりゅうに押し流される。

**밀려-나다** 围 ①押おし出だされる。¶ 밖으로 ~ 外そとへ押し出される。②(仲間なかまから)外はずれる、(ある座ざから)追おい出だされる。¶ 공직에서 ~ 公職こうしょくから追放ついほうされる。

**밀려-나오다** 围 ①(後うしろから)押おし出だされる。②(ある勢力せいりょくに押おされてその座ざから)追おい出だされる。(大勢おおぜいが)一時いちじにどっと出でてくる。¶ 극장에서 관객이 ~ 劇場げきじょうから観客かんきゃくがどっと出てくる。

**밀려-오다** 围 押おし寄よせる。¶ 파도가 ~ 波なみが押し寄せる。/ 적군이 ~ 敵軍てきぐんが押し寄せる。

**밀렵**【密獵】图[하타] 密猟りょう。¶ 곰을 ~하다 熊くまを密猟する。

**밀리다¹** 围 ①たまる、滞とどこおる。¶ 지불이 ~ 支払しはらいが滞る。②(物事ものごとなどが)順調じゅんちょうに進すすまない、つかえる、たまる、滞とどこおる。¶ 일이 ~ 仕事しごとがたまる。/ 차가 밀려서 나갈 수가 없다 車くるまがつかえて先さきに進すすめない。

**밀리다²** 围 「밀다」の受動。①押おされる。¶ 상대방의 힘에 ~ 相手あいての勢いきおいに押される。②(職場しょくば·仲間なかまから)外はずされる、追おい出だされる。¶ 공직에서 ~ 公職こうしょくから追おい出される。③(垢あかなどが)落おとされる、落おちる。¶ 때가 잘 ~ 垢がよく落ちる。④(こねた 粉こが麺棒めんぼうで)伸のびる。¶ 밀가루 반죽이 얇게 잘 ~ こねた小麦粉こむぎこが薄うすくよく伸びる。

**밀림**【密林】图 密林みつりん、ジャングル。

**밀매**【密賣】图[하타][되자] 密売ばい。¶ 마약을 ~하다 麻薬まやくを密売する。

**밀-무역**【密貿易】图[하타] 密貿易ぼうえき。

**밀:-물** 图 満みち潮しお、上あげ潮しお、さし潮しお。

**밀-보리** 图 ①小麦こむぎと大麦おおむぎ。②【植】ハダカムギ。⑪ 쌀보리

**밀봉**【密封】图[하타][되자] 密封ふう。¶ ~한 서류 密封した書類しょるい。

**밀사**【密使】图 密使し。¶ ~를 보내다 密使を立てる。

**밀생**【密生】图[하자] 密生せい、すきまなく生はえること。¶ 대나무가 ~하다 竹たけが密生する。

**밀서**【密書】图 密書しょ。①ひそかに送おくる手紙てがみ。②秘密ひみつ文書ぶんしょ。¶ ~를 휴대하다 密書を携けいたいする。

**밀송**【密送】图[하타][되자] 密送そう。¶ 극비 문서를 ~하다 極秘ごくひ文書を密送する。

**밀수**【密輸】图[하타][되자] 密輸ゆ。¶ ~ 조직 密輸組織そしき/ 마약을 ~하다 麻薬を密輸する。

**밀수-품**【-品】图 密輸品ひん。

**밀실**【密室】图 密室しつ。¶ ~의 살인 사건 密室の殺人さつじん事件じけん。

**밀어**【密語】图 密語ご、ひそかにささやくこと。¶ ~를 주고받다 密語を交かわす。

**밀어**【蜜語】图 蜜語みつご、甘あまい言葉ことば。¶ ~를 속삭이다 蜜語をささやく。

**밀어-붙이다** [他] ①押おして隅すみに置おく、(片隅かたすみに)押おしやる。¶ 가구를 구석으로 ~ 家具かぐを隅に押しやる。②一方いっぽうに力ちからを強つよく押おしつける。¶ 불도저가 흙을 한 쪽으로 ~ ブルドーザーが土つちを一方に押しつける。③気きをゆるめずに一気いっきに追おいこむ。

**밀월**【蜜月】图 蜜月げつ、ハネムーン。¶ ~ 여행 蜜月旅行りょこう/ ~의 단꿈에 취하다 ハネムーンの甘あまい夢ゆめに酔よう。

**밀-입국**【密入國】图 密入国にゅうこく。¶ 간첩을 ~시키다 スパイを密入国させる。

**밀입국-자**【-者】图 密入国者しゃ。¶ ~가 늘다 密入国者が増ふえる。

**밀접**【密接】图[하혐] 密接せつ。¶ ~한 관계 密接な関係かんけい/ 연락을 ~히 하다 連絡れんらくを密接にする。

**밀정**【密偵】图 密偵てい。

**밀조**【密造】图[하타] 密造ぞう。¶ 위조품을 ~하다 偽物にせものを密造する。

**밀주**【密酒】图 密造酒みつぞうしゅ。

**밀집**【密集】图[하자][되자] 密集しゅう。¶ 상점이 ~해 있다 商店しょうてんが密集している。

**밀-짚** 图 麦藁むぎわら、ストロー。¶ ~ 모자 麦藁帽子ぼうし。

**밀착**【密着】图[하자][되자] 密着ちゃく。¶ ~제 密着剤ざい。

**밀착 인화**【-印畫】图 (写真しゃしんで)密着印画いんが、べた焼やき。

**밀:치다** [他] 強つよく押おす、押おしつける、押おしのける。¶ 밀치고 나아가다 押しのけて進すすむ。/ 문을 밀치고 들어가다 戸とを押して入はいる。

**밀:치락-달치락** 副하자 押おし合あいへしあい、押おしたり引ひいたり。¶ 출입구에서 ~하다 出入口でいりぐちで押しあいへしあいする。

**밀크**[milk] 名 ミルク、牛乳ぎゅうにゅう。¶ ~ 셰이크 ミルクセーキ。

**밀탐**[密探] 名하타 ひそかに探さぐること。¶ 상대의 전력을 ~하다 相手あいての戦力せんりょくをひそかに探る。

**밀통**[密通] 名하자타 密通みっつう、内通ないつう、私通しつう。¶ 적과 ~하다 敵てきに内通する。/ 남녀가 ~하다 男女だんじょが密通する。

**밀폐**[密閉] 名하자타 密閉みっぺい。¶ ~된 방 密閉された部屋へや。

**밀항**[密航] 名하자자 密航みっこう。¶ ~선 密航船みっこうせん/ ~을 기도하다 密航をくわだてる。

**밀회**[密会] 名하자자 密会みっかい。¶ 남녀가 ~하다 男女だんじょが密会する。

**밉다** 形ㅂ ①憎にくい、憎にくらしい。 미워 죽겠다 憎くてたまらぬ。/ 밉게 굴다 憎らしくふるまう。②(顔かおつき・身なりが) 醜みにくい。¶ 발모양이 ~ 足あしの格好かっこうが醜い。③(言いうことなどが) 気きにくわない、好すかない。¶ 주는 것 없이 ~ なんとなく虫むしが好かない。
[속담] 미운 아이 떡 하나 더 준다 憎にくい子こには餅もちを一もうつやる。《憎い子ほどうわべだけでもかわいがるべきだ》

**밉살-스럽다** 形ㅂ 憎にくらしい、憎にくたらしい、憎々にくにくしい、醜みにくい。¶ 밉살스러운 말투 憎らしい物ものの言いい方かた。

**밉-상**[-相] 名 憎にくらしい顔かお、憎にくらしい人ひと。

**밋밋-하다** 形여 ①ほっそりしている、すらりとしている。②(でこぼこがなく) のっぺりしている、平たいらべったい。¶ 밋밋한 가슴 のっぺりとした胸むね。③単調たんちょうだ。

**밍밍-하다** 形여 ①(塩気しおけが少すくなく味あじが) 薄うすい、水みずっぽい。②(酒さけ・タバコなどの味が) 薄い、水臭みずくさい、軽かるすぎる。¶ 담배 맛이 ~ タバコの味が軽すぎる。

**밍크**[mink] 名動 ミンク。

**및** 副 及および、並ならびに、まだ、さらに。¶ 노동자 ~ 농민 대표 労働者ろうどうしゃおよび農民のうみんの代表だいひょう。

**밑** 名 ①(物体ぶったいの) 下した、下方かほう。¶ 책상 ~ 机つくえの下/ ~에서 올려다 보다 下から見上みあげる。②底そこ。¶ 강 ~ 川かわの底/ 통 ~이 빠졌다 桶おけの底が抜ぬけた。(地位ちい・年齢ねんれい・等級とうきゅうなどの) 下した、下位かい、下部かぶ。¶ ~으로부터의 비판 下からの批判ひはん/ 제일 ~의 동생 一番いちばん下したの弟おとうと〔妹いもうと〕/ 남의 ~에서 일하다 人ひとの下で働はたらく。④(物事ものごとの根本こんぽん・基礎きそ)。¶ ~이 든든하다 基礎きそがかりしている。⑤(ある条件じょうけん・環境かんきょうなどの) 下した、もと。¶ 그 일은 면밀한 계획 ~에 추진되었다 その仕事ことは綿密めんみつな計画けいかくのもとに推進すいしんされた。⑥「밑구멍・밑동・밑절미」の縮約形やくけい。

**밑-거름** 名 ①原肥げんぴ、基肥もとごえ。¶ ~을 주다 基肥を施ほどこす。②(比) 元もと、礎いしずえ、捨すて石いし。¶ 성공의 ~이 되다 成功せいこうの元になった。

**밑-구멍** 名 ①底穴そこあな、底に開ひらいた穴あな。②卑 肛門こうもん、陰門いんもん。③ 卑 밑。

**밑-그림** 名 下絵したえ、下図したず。¶ ~을 그리다 下絵を描く。

**밑-넓이** 名 底面積ていめんせき。

**밑도 끝도-없다** 形 ①根ねも葉はもない、筋すじが通とおらない。 밑도 끝도 없는 소문 根も葉もないうわさ。②(わけのわからないことをだしぬけに言いいだして) 分別ふんべつがつかない。

**밑-돌다** 他 (ある基準きじゅんよりも) 下回したまわる。¶ 평균점을 ~ 平均点へいきんてんを下回る。/ 수확량이 평년작을 밑돌고 있다 収穫量しゅうかくりょうが平年作へいねんさくを下回っている。

**밑동** 名 ①(草木くさきなどの) 根元ねもと。¶ 나무를 ~에서 자르다 木きを根元から切る。②(大根だいこん・ハクサイなどの) 根ね。③(柱はしら・棒ぼうなどの) 基部きぶ、底そこ、尻しり。¶ 병 ~ 瓶びんの底。④ 밑。

**밑-들다** 目 ①(大根だいこん・ジャガイモなどの) 根が太ふとる。②(たこ揚あげ競技きょうぎで) 相手あいてのたこの下敷したきになる。

**밑-면**[-面] 名 底面ていめん。

**밑-바닥** 名 底そこ。①物体ぶったいの底面ていめん。¶ 구두 ~ 靴くつの底/ 냄비 ~에 구멍이 나다 鍋なべの底に穴あなが開あく。②(比) 心こころの奥おく、下心したごころ、底意そこい。¶ ~이 드러나는 수작 見みえすいたしぐさ/ 마음 ~까지 꿰뚫어 보다 心の底まで見透みすかす。③(比) 最悪さいあくの状態じょうたい。¶ ~ 생활 どん底ぞこの生活せいかつ。

**밑-반찬**[-飯饌] 名 (塩辛しおから・漬物つけものなど) 長く保存ほぞんがきき、またいつでもたやすく食べられるようにつくられたおかず。

**밑-받침** 名 ①支ささえる物もの、支柱しちゅう、土台どだい。¶ ~이 튼튼하다 支えが丈夫じょうぶだ。/ 발전의 ~이 되다 発展はってんの土台となる。②下敷したき。

**밑-변**[-邊] 名 数 底辺ていへん。

**밑-줄** 名 下線かせん、アンダーライン。¶ ~을 치다 アンダーラインを引ひく。

**밑-지다** 自 損そんをする。¶ 만 원 ~ 10000ウォン損をする。
[관용] 밑져야 본전이다 損しても〔失敗しっぱいしても〕元々もともとだ。

**밑-창** 名 ①靴くつの底そこ。¶ ~을 갈다 靴の底をかえる。②(俗) 船ふね・器うつわの底そこ。③(比) どん底そこ。¶ ~에서부터 올라가다 どん底からはい上あがる。

**밑-천** 名 元手もとで、元金もときん。①資本金しほんきん、資金しきん。¶ 장사 ~을 대다 商売しょうばいの元手を出だす。②元値もとね、原価げんか。¶ ~이 빠지지 않는다 元値が取とれない。漢 본전(本銭) ③利益りえきの元になるもの、種たね。¶ 미모가 그녀의 ~이다 美貌びぼうが彼女かのじょの元手だ。
[관용] 밑천도 못 찾다 元手も子こもなくなる。
**밑천(이) 짧다** 元手が少すくない、資本しほん・基礎知識きそちしきが足りない。

# ㅂ

ㅂ ハングル字母の第6番目ぬくばんめの字じ。

-ㅂ 接尾《動詞の語幹 について》形容詞化させる役割やくわりをする。¶ 그립다 なつかしい、恋しい。/ 놀랍다 すばらしい。

-ㅂ니까 語尾《丁寧ていねいな問といを表あらわす終結語尾》…ますか、…ですか。¶ 들립니까? 聞こえますか。/ 그는 대학생입니까? 彼は大学生ですか。

-ㅂ니다 語尾《動作どうさ・状態じょうたいを叙述じょじゅつする敬語体の語尾》…ます、…です。¶ 곧 갑니다 すぐ行いきます。/ 몹시 기쁩니다 とてもうれしいです。

-ㅂ시다 語尾《ある行動をすすめる意を表わす語尾》…(し)ましょう。¶ 열심히 합시다 熱心ねっしんにしましょう。

바 依《連体形に付いて》「ところ・こと・方法ほうほう」の意いで使つかわれる語ご。¶ 내가 아는 ~로는… わたしの知しるところでは…。/ 네가 알 ~가 아니다 君きみの知しった事ことじゃない。

바가지 图 ①ふくべを二ふたつに割わり中身なかみをくり抜ぬいて乾燥かんそうさせて作つくった容器ようき。②料金りょうきんをふっかけること、その料金。③妻つまが夫おっとに並ならべ立たてる不満まん・愚痴ぐち。
　바가지-긁다 他《妻つまが夫おっとに》愚痴ぐちをこぼす、不満まんをならべる、がみがみ言いう。
　바가지-쓰다 自《料金りょうきんを》ぶったくられる、ぼられる。
　바가지-씌우다 他《料金りょうきんを》ぶったくる、ぼる、鴨かもにする。¶ 손님에게 ~ 客きゃくを鴨にする。

바구니 图 籠かご、ざる。

바:구미 图 動 コクゾウムシ。

바글-거리다 自 ①《湯ゆなどが》ぐらぐら沸わき立たつ、ぶくぶく泡あわが立つ。¶ 주전자의 물이 ~ やかんの水みずがぐらぐら沸き立つ。②《人ひとで》ごった返かえす。③《ちいさな虫むしなどが一いっか所しょに集あつまって》うようよする、うごめく、うじゃうじゃする。¶ 구더기가 ~ うじむしがうじゃうじゃする。

바깥 图 ①外そと、外側がわ、表おもて。¶ ~은 날씨가 차다 外は寒さむい。/ ~에 나가다 表へ出でる。②夫おっと。¶ ~에서 하는 일이라 저는 모릅니다 夫のすることでわたしは知しりません。
　바깥-문[-門] 图 ①表門おもてもん。②別棟べつむねの門もん。
　바깥-소문[-所聞] 图 世間せけんのうわさ。
　바깥-손님 图 男おとこの客きゃく。

바꾸다 他 ①換かえる、交換こうかんする、取とり替かえる、両替りょうがえする。¶ 쌀과 보리를 ~ 米こめと麦むぎを取り替える。/ 원화를 엔화로 ~ ウォンを円えんに両替える。②変かえる、変更へんこうする、代かえる、替かえる、切きり替かえる。¶ 화제를 ~ 話題わだいは変える。/ 새 옷으로 바꾸어 입다 新あたらしい服ふくに着替きがえる。/ 점장을 ~ 店長てんちょうを替える。③(場所ばしょなどを)移うつす。¶ 자리를 ~ 席せきを移す。④(反物たんものを)買かう。
바꿔-치다 他 すり替かえる、こっそり取とり替える。¶ 상품을 ~ 商品しょうひんをすり替える。

바나나[banana] 图 バナナ。

바늘 图《編あみ物もの・時計とけい・釣つりなどの》針はり。
　속담 바늘 가는 데 실 간다 釣つりの行いく所ところに糸いともついて行く。《影かげの形かたちに添そうが如ごとし》
　바늘-방석[-方席] 图 (比) 釣りの筵むしろ、(その場ばに座すわっているのが)非常ひじょうに心苦こころぐるしいこと。

바다 图 海うみ。①海うみ、海洋かいよう。¶ 바닷가 海辺うみべ、浜はまべ/ ~가 거칠다 海が荒あれている。②(比) 液体えきたいの多おおいこと、広大こうだいなこと。¶ 눈물 ~ 涙なみだの海/ 피~를 이루다 血ちの海になる。
바다-거북 图 動 ウミガメ。
바다-표범[-豹-] 图 動 フイリアザラシ。

바닥 图 ①《物体ぶったいの平たいらな》表面ひょうめん、平面めん、床ゆか、地面じめん/ 손~ 手ての(ひら)/ 방~ 部屋へやの床。②底そこ。¶ ~이 두꺼운 냄비 底の厚あつい鍋なべ/ 물이 ~까지 맑다 水みずが底まで澄すんでいる。③(生地きじの)織おり目め。¶ ~이 거친 천 織り目の粗あらい生地。④《《一部いちぶの名詞について》混雑こんざつした所ところ、地域ちいき、巷ちまた。¶ 시장 ~에서 장사하며 살아가고 있다 市場いちば~で商売しょうばいしながら暮くらしている。⑤(金品きんぴんなどの)底をつくこと、品切しなぎれ。¶ 밑천이 ~이 나다 元手もとでが底をつく。

바동-거리다 自他 しきりに手足てあしをばたつく、じたばたする、もがく。¶ 두 다리를 바동거리다 両足りょうあしをばたばたさせる。

바둑 图 碁ご、囲碁いご。¶ ~ 돌 碁石いし/ ~ 판 碁盤ばん/ ~을 두다 碁を打うつ。
　바둑-무늬 图 (白黒しろくろの)まだら模様もよう、ぶち模様。

바드득 副 하自他《堅かたい物ものなどを強つよくこすり合あわせるときの音おと》ぎりぎり。¶ 이를 ~ 갈다 ぎりぎり歯はぎしりする。

바득-바득 副 ①強しいて我がを張はるようす。¶ 제가 옳다고 ~ 우기다 自分じぶんが正ただしいとしつこく言いい張る。②しつこくねだるようす。¶ 돈을 빌려 달라고 ~ 조르다 金かねをかしてくれとしつこくねだる。

바들-거리다 自他 体からだをぶるぶる震ふるわせる。
바들-바들 副 하自他《怒いかり・寒さむさなどで体からだを震わせるようす》ぶるぶる、がたがた。¶ 추워서 ~ 떨고 있다 寒さむくてぶるぶる震えている。

바듯-하다 形容 ①(ぴったり合あって)ゆとりがない、ぴったりだ、きちきちだ、きっちりだ。

바디

¶ 구두가 발에 ~ 靴$_{く}$が足$_{あし}$にきっちり合う。②やっと 間$_{ま}$に 合$_{あ}$う、ぎりぎりだ。¶ 시간에 바듯하게 대다 時間$_{じかん}$にぎりぎり間に合う。

**바디** 名 筬$_{おさ}$。

**바라-건대** 副 願$_{ねが}$わくは。¶ ~ 용기를 주소서 願$_{ねが}$わくは勇気$_{ゆうき}$を与$_{あた}$え賜$_{たま}$え。

**바:라기** 名 (磁器製$_{じきせい}$の)小皿$_{こざら}$、小鉢$_{こばち}$。

**바라다** 他 願$_{ねが}$う、期待$_{きたい}$する、請$_{こ}$う、欲$_{ほっ}$する。¶ 그의 사업이 성취되기를 바란다 彼$_{かれ}$の事業$_{じぎょう}$が成就$_{じょうじゅ}$することを願う。/ 그는 소설가가 되기를 바라고 있다 彼は小説家$_{しょうせつか}$になりたがっている。

**바라-보다** 他 眺$_{なが}$める、見晴$_{みは}$らす、望$_{のぞ}$む、見渡$_{みわた}$す。¶ 별을 ~ 星$_{ほし}$を眺める。②傍観$_{ぼうかん}$する、見守$_{みまも}$る。¶ 옆에서 바라보고만 있다 側$_{そば}$で見$_{み}$てばかりいる。③期待$_{きたい}$する、待$_{ま}$ち望$_{のぞ}$む、望む、願$_{ねが}$う。¶ 사장 자리를 ~ 社長$_{しゃちょう}$の椅子$_{いす}$を待ち望む。④(ある年齢$_{ねんれい}$に)手$_{て}$が届$_{とど}$く、さしかかる。¶ 나이 70을 ~ 70歳$_{ななじっさい}$に手が届く。

**바라-보이다** 自 目$_{め}$に入$_{はい}$る、眺$_{なが}$められる。

**바:라-지다** 形 ①(肩$_{かた}$や胸幅$_{むねはば}$が)広$_{ひろ}$い、ずんぐりしている。¶ 가슴이 딱 바라지다 胸幅がしっかりしている。②(器$_{うつわ}$が)平$_{ひら}$べったい。¶ 바라진 대접 浅$_{あさ}$くて平べったい皿$_{さら}$。③(年$_{とし}$に似合$_{にあ}$わず)こましゃくれている、悪$_{わる}$ずれしている。¶ 너무 바라진 계집애 とてもこましゃくれている娘$_{むすめ}$/ 나이에 비해 바라진 데가 있다 年$_{とし}$の割$_{わり}$にはちょっと悪ずれしている。

**바라크 [barrack]** 名 バラック。

**바락** 副 (急$_{きゅう}$に怒$_{いか}$り出$_{だ}$すか大声$_{おおごえ}$を出すようす)かっと。¶ ~ 소리를 지르다 かっとなって声$_{こえ}$を張$_{は}$り上げる。

**바람**[1] 名 ①風$_{かぜ}$。¶ 산들~ そよ風/ 시원한 ~ 涼$_{すず}$しい風/ ~이 일다 風が起$_{お}$こる。/ ~이 자다 風がおさまる。②空気$_{くうき}$。¶ ~이 빠진 공 空気の抜$_{ぬ}$けたボール/ 타이어에 ~을 넣다 タイヤに空気を入$_{い}$れる。③(何$_{なに}$かにひかれて)うわついた心$_{こころ}$・言動$_{げんどう}$、浮気$_{うわき}$。¶ 난 계집애 浮気娘$_{うわきむすめ}$/ ~을 피우다 浮気をする。④旋風$_{せんぷう}$、ブーム。¶ 해외 여행 ~이 분다 海外旅行$_{かいがいりょこう}$ブームが起こる。

**바람-결** 名 ①風$_{かぜ}$のたより、風聞$_{ふうぶん}$。¶ ~에 들은 이야기 風のたよりに聞いた話$_{はなし}$。②風$_{かぜ}$の力$_{ちから}$、風の勢$_{いきお}$い。¶ ~이 세다 風の勢いがはげしい。

**바람-둥이** 名 ①遊$_{あそ}$び人$_{にん}$、浮気者$_{うわきもの}$。②法螺吹$_{ほらふ}$き。

**바람-막이** 名 [하며他] [되다自] 風$_{かぜ}$よけ。

**바람**[2] 依名 ①(身$_{み}$なりをつくろわずに出$_{で}$ること)…のまま。¶ 속옷 ~으로 뛰어 나가다 肌着$_{はだぎ}$のままで飛$_{と}$び出$_{だ}$す。②(「…바람에」の形で)…するはずみに、…ひょうで、…なので、…のために。¶ 달라는 ~에 주었다 しきりにねだるのでくれてやった。

**바람**[3] 名 願$_{ねが}$い、望$_{のぞ}$み、念願$_{ねんがん}$、希望$_{きぼう}$。¶ 우리의 ~은 통일이다 わたしたちの望みは統一$_{とういつ}$です。

**바람-들다** 自 ①(大根$_{だいこん}$などに)すが立$_{た}$つ。¶ 바람든 무 すが立った大根。②浮気$_{うわき}$心$_{ごころ}$をおこす。③(仕事$_{しごと}$などに)邪魔$_{じゃま}$が入$_{はい}$る。

**바람-맞다** 自 ①中風$_{ちゅうぶう}$にかかる。②(心$_{こころ}$が)ひどく浮$_{うわ}$つく。③約束$_{やくそく}$をすっぽかされる、待$_{ま}$ちぼうけを食$_{く}$らう。¶ 친구한테 ~ 友達$_{ともだち}$にすっぽかしを食った。④(異性$_{いせい}$に)振$_{ふ}$られる。¶ 여자한테 또 바람을 맞았나? 女$_{おんな}$にまたふられたのかい。

**바람-잡다** 自 ①浮$_{うわ}$かれて遊$_{あそ}$びまわる。②途方$_{とほう}$もないことを企$_{くわだ}$てやる。

**바:랑** 名 僧侶$_{そうりょ}$が背負$_{せお}$って歩$_{ある}$く袋$_{ふくろ}$。

**바:래다**[1] Ⅰ 自 (色$_{いろ}$などが)褪$_{あ}$せる、さめる、退色$_{たいしょく}$する。¶ 빛이 바랜 옷 色の褪せる服$_{ふく}$。Ⅱ 他 (日光$_{にっこう}$・薬物$_{やくぶつ}$などにさらす、漂白$_{ひょうはく}$する。¶ 옷감을 볕에 ~ 布地$_{ぬのじ}$を日光にさらす。

**바래다**[2] 他 見送$_{みおく}$る。¶ 집까지 ~ 家$_{いえ}$まで見送ってやる。

**바로** 副 ①まっすぐ、一直線$_{いっちょくせん}$に。¶ 이 길을 ~ 가면 된다 この道をまっすぐ行$_{い}$けばよい。②正$_{ただ}$しく、直$_{ちょく}$に。¶ 마음を 가져라 心$_{こころ}$を正しく持ちなさい。③(物事$_{ものごと}$を)正しく、きちんと、行儀$_{ぎょうぎ}$よく、ちゃんと。¶ 옷을 ~ 입다 服$_{ふく}$をきちんと着$_{き}$る。/ ~ 읽어라 正しく読$_{よ}$みなさい。④(時$_{とき}$をおかず)すぐ、直ちに、早速$_{さっそく}$。¶ 지금 ~ 가거라 今$_{いま}$すぐ行きなさい。/ 앉자마자 ~ 그 이야기를 꺼냈다 座$_{すわ}$るとすぐにあの話$_{はなし}$を切$_{き}$り出した。⑤間違$_{まちが}$いなく、まさに、ほかならない、ちょうど。¶ ~ 내가 말한 대로다 まさに私$_{わたし}$の言$_{い}$ったとおりだ。/ ~ 내일이 형의 생일이다 ほかならない明日$_{あした}$が兄$_{あに}$の誕生日$_{たんじょうび}$です。⑥すぐ、間近$_{まぢか}$に、すぐそこ。¶ ~ 거기에 있다 すぐそこにある。

**바로미터 [barometer]** 名 バロメーター。

**바로-잡다** 他 ①(曲$_{ま}$がったものを)まっすぐに伸$_{の}$ばす、直$_{なお}$す。¶ 비뚤어진 창틀을 ~ ゆがんだ窓枠$_{まどわく}$を直す。②(誤$_{あやま}$りなどを)正す、矯正$_{きょうせい}$する、訂正$_{ていせい}$する。¶ 글을 ~ 文$_{ぶん}$を直す。/ 잘못을 ~ 誤りを正す。/ 비뚤어진 성격을 ~ ゆがんだ性格$_{せいかく}$を矯正する。③立$_{た}$て直す。¶ 질서를 ~ 秩序$_{ちつじょ}$を立て直す。

**바르다**[1] 他 張$_{は}$る。¶ 장지를 ~ 障子$_{しょうじ}$を張る。②塗$_{ぬ}$る、つける。¶ 분을 ~ おしろいをつける。/ 상처에 약을 ~ 傷口$_{きずぐち}$に薬$_{くすり}$をつける。

**바르다**[2] 他 ①(骨$_{ほね}$についた身$_{み}$などを)こそげ取$_{と}$る、剥$_{は}$ぐ。¶ 생선의 살을 ~ 魚$_{さかな}$の身を取る。②(皮$_{かわ}$・殻$_{から}$を)むく、開$_{ひら}$く、剥ぐ。¶ 밤송이를 ~ 栗$_{くり}$のいがをむく。

**바르다**[3] 形 ①正$_{ただ}$しい。¶ 바른 대답 正しい答$_{こた}$え。②(ゆがんだりしないで)まっすぐだ、正しい。¶ 바른 자세로 공부하다 正しい姿勢$_{しせい}$で勉強$_{べんきょう}$する。/ 선을 바르게 긋다 線$_{せん}$をまっすぐに引$_{ひ}$く。③正直$_{しょうじき}$だ。

천성이 바른 사람 根が正直な人。

**바르르** 副(하다) ①《水が急きゅうに煮にえ立たつよう す、その音》ぐらぐら、ぐつぐつ。②《かっと怒おこったり逆上じょうするようす》かっと。¶ ~ 화를 내다 かっと腹はらを立たてる。③《薄うすくて軽かるいものがふるえるようす》ぶるぶる。¶ 가지가 바람에 ~ 떨고 있다 枝えだが風かぜに吹ふかれてぶるぶるふるえている。

**바른-길** 名 ①真まっすぐな道みち。②道徳どうとく・道理どうりにかなう道みち、正道どう。¶ ~로 이끌다 正道どうに導みちびく。

**바른-말** 名 正当とうな言葉ことば、道理どうりにかなった話はなし。

**바리캉**〔프 bariquand〕 名 バリカン。

**바리케이드**〔barricade〕 名 バリケード。¶ ~를 치다 バリケードを築きずく。

**바리톤**〔baritone〕 名〔音〕バリトン。

**바:바리**〔Burberry〕 名『바바리 코트』의 縮約形 バーバリ、バーバリコート。

**바:보** 名 ばか、あほう、うすのろ、とんま、ぽんくら。¶ ~ 같은 놈 ばかみたいなやつ / ~ 같은 짓은 그만 둬라 ばかなことはやめろ。

**바:비큐**〔barbecue〕 名 バーベキュー。

**바쁘다** 形 ①忙いそがしい、暇ひまがない、せわしい、多忙ぼうだ。¶ 마감 전이라 몹시 ~ 締しめきり前まえで非常ひじょうに忙いそがしい。②急いそぎだ、さし迫せまっている、急迫きゅうはくしている、はやる。¶ 바쁜 마음 はやる心こころ。

**바삐** 副 ①忙いそがしく、せわしく、慌あわただしく。¶ ~ 일하다 忙いそがしく働はたらく。②早はやく、すばやく、急いそいで。¶ ~ 먹다 早はやく食たべる。/ 뛰어가다 急いそいで走はしって行いく。

**바삭** 副(하다)(自他) ①《枯かれた葉はなどを踏ふむときの音》ばさっと、かさっと。¶ ~하는 소리 かさっという音おと。②《固かたいものをかむときの音》ぱりっ、かりっ。¶ 사탕을 ~ 깨물다 あめ玉だまをかりっとかむ。

**바삭-거리다** 自他 ①かさつく、ばさつく、ばさばさと音おとをたてる、かさかさ音おとがする。②ぱりぱりする。

**바수다** 他(細こまかく)砕くだく。¶ 돌을 ~ 石いしを砕くだく。㊀ 부수다

**바스-대다** 自他 ①(じっとしていないで)しきりに体からだをごそごそさせる、がさつく。¶ 바스대는 아이들 しきりにがさつく子供こどもたち。②しきりにかさかさ音おとを出だす。

**바스라기** 名 屑くず、かけら、きれっぱし。¶ 과자 ~ 菓子がし屑くず。

**바스러-지다**[1] 自 ①かたまりがくずれて細こまかくなる。②こなごなに砕くだける。㊀ 부스러지다

**바스러-지다**[2] 自 (顔かおが年としに似合にあわず)がやつれる、顔かおがやつれる。¶ 곱던 얼굴이 바스러졌다 きれいだった顔かおがやつれた。

**바스켓-볼:**〔basketball〕 名 バスケットボール。

**바싹** 副 ①《干ほからびたようす》からから、ばさばさ、かさかさ。¶ 빨래가 ~ 마르다 洗濯物せんたくものがからからに乾かわく。②《すき間まなくついているようす》ぴったり、べたっと。¶ 그의 뒤를 ~ 따라다다 彼かれの後あとにぴったりついて行いく。③《短みじかいようす》短みじかく。¶ 머리를 깎다 髪かみを短みじかく切きる。④《ひどく緊張きんちょうするようす》ぐっと。¶ 정신을 ~ 차리다 心こころをぐっと引ひきしめる。⑤《帯おびなどを強つよく締しめるようす》ぎゅっと、きり。¶ 허리띠를 ~ 졸라매다 帯おびをぎゅっと締しめる。⑥《ひどくやせているようす》げっそりと。¶ 몸이 ~ 마르다 体からだがげっそりとやせる。⑦《増ふえたり減へったりするようす》ぐんと、ぐっと、すっかり。¶ 저수지의 물이 ~ 줄었다 貯水池ちょすいちの水みずがぐっと減へった。

**바야흐로** 副 今いまや、今いまこそ、まさに。¶ 때는 ~ 봄이다 時ときはまさに春はるだ。

**바위** 名 ①岩いわ。¶ ~가 많은 산 岩いわの多おおい山やま。②(じゃんけんで)石いし、ぐう。

**바위-옷** 名(岩石がんせきの)苔こけ。

**바위-틈** 名 岩いわの裂さけ目め。

**바이브레이션**〔vibration〕 名 バイブレーション。¶ 振動しんどう。②震ふるわせて出だす声こえ。

**바이블**〔Bible〕 名 バイブル。①聖書せいしょ。②(比)権威けんいのある本ほん。¶ 수험생의 ~ 受験生じゅけんせいのバイブル。

**바이시클**〔bicycle〕 名 バイシクル、自転車じてんしゃ。

**바이어**〔buyer〕 名 バイヤー、買かい主ぬし。

**바이오-리듬**〔biorhythm〕 名 バイオリズム。

**바이올렛**〔violet〕 名 バイオレット。

**바이올린**〔violin〕 名 バイオリン。¶ ~을 켜다 バイオリンを弾ひく。

**바이탤리티**〔vitality〕 名 バイタリティー、活動力かつどうりょく、活力かつりょく。

**바이-패스**〔bypass〕 名 バイパス、迂回道路うかいどうろ。

**바지** 名 ①男性だんせいが用もちいるズボン状じょうのはかま、パジ。②チマの下したに着つける女性じょせいの下着した。③(『양복바지』의 縮約形)ズボン。¶ ~를 걷다 ズボンをまくり上あげる。

**바지-저고리** 名 ①パジとチョゴリ。②(比)木偶でくの坊ぼう、能力のうりょく・実能けんのない人ひと。

**바지-가랑이** 名 パジの股下またした。

**바지락** 名(動)アサリ。

**바지런-하다** 形여 まめだ、こまめだ、まめまめしい、かいがいしい、勤勉きんべんだ。¶ 무슨 일에나 ~ 何事なにごとにもまめまめしい。**바지런-히** 副 まめに、かいがいしく。¶ ~ 일하다 かいがいしく働はたらく。

**바치다**[1] 他 ①(神かみ・目上うえの人ひとに)あげる、供そなえる、捧ささげる。¶ 신전에 공물을 ~ 神前しんぜんに供物くもつを供そなえる。②(心身しんしんを)なげうつ、ささげる、尽つくす。¶ 자유를 위해 목숨을 ~ 自由じゆうのため命いのちをささげる。③(税金ぜいきん・月謝げっしゃなどを)納おさめる。¶ 세금을 ~ 税金ぜいきんを納おさめる。

**바치다**[2] 他 (度どを越こす程ほどに)好このむ、耽ふける。¶ 색을 ~ 色いろを好このむ。

**바캉스**〔프 vacance〕 名 バカンス、休暇きゅうか。

**바: 코:드**〔bar code〕 名 バーコード。

**바퀴** 名 輪わ、車輪しゃりん。¶ 자동차의 ~ 自動車じどう

바탕 の車輪/ ~가 굴러가다 車輪が転がる。
바탕 [名] ①(人の)育ち、生い立ち、毛なみ。¶ ~이 좋은 사람 育ちのいい人。②(人の)本来の性質、素質、根、(体質の)たち。¶ ~이 착한 사람 根がおとなしい人/ 그에게는 성악가가 될 ~이 있다 彼には声楽家になる素質がある。③(物の)材料、品質。¶ ~의 결이 곱다 材料のきめがこまかい。④(織り物の)地、色。¶ 푸른 ~(의 천) 青地に/~이 얇은 직물 地薄な織物。⑤(ある物事の現象の)根本、基礎。¶ 이 일은 현실에 ~을 두고 있다 これは現実に基づいている。

바:터 [barter] [名][하動][經] バーター。¶ ~제 バーター制。

바:-텐더 [bartender] [名] バーテンダー。

바투 [副] ①間を詰めて、間近。¶ 더 ~ 앉아주십시오 もっと詰めてお座りください。②(時間・距離・長さなどを)短かく、近く。¶ 날짜를 ~ 잡다 日程を近くに決める。③(水を)少なく、少なめに。¶ 국물을 ~ 붓다 汁を少なめに入れる。

박 [名][植] 夕顔、ふくべ。

박 [箔] [名] 箔。¶ 금~ 金箔。

박격-포 [迫擊砲] [名][軍] 迫擊砲。

박다¹ [他] ①打ち込む、さし込む、はめ込む、打つ。¶ 벽에 못을 ~ 壁に釘を打つ。②(餅・ギョーザなどに)具[あん]を入れる。¶ 만두에 소를 ~ ギョーザに具を入れる。③(型を)とる。¶ 자매는 판에 박은 듯이 닮았다 姉妹は瓜二つだ。④(植物が)根を張る、根をおろす。¶ 땅 속 깊이 뿌리를 ~ 土の中の深くに根をおろす。⑤(密偵などを)送りこむ。¶ 간첩을 적지에 박아 두다 スパイを敵地に送りこむ。

박다² [他] (写真を)写す、(印刷物を)刷す。¶ 사진을 ~ 写真をうつす。

박다³ [他] 縫いものをする、返し縫いする。¶ 재봉틀로 ~ ミシンで縫う。

박대 [薄待] [名][하動] 冷遇。¶ 푸대접

박두 [迫頭] [名][하動] (期日・時間が)さし迫る。¶ 마감 날짜가 ~하다 締め切りの日がさし迫る。

박람 [博覽] [名][하他] 博覽。¶ ~회 博覽会。

박력 [迫力] [名] 迫力。¶ ~있는 연기 迫力のある演技。

박리 [薄利] [名] 薄利。¶ ~다매 주의 薄利多売主義。

박멸 [撲滅] [名][하他][되自] 撲滅。¶ 해충을 ~하다 害虫を撲滅する。

박명 [薄命] [名][하形] 薄命。¶ 미인 ~ 美人薄命。

박물 [博物] [名] 博物。①自然界のさまざまな事物。②「박물학」の縮約形。
  박물-관 [-館] [名] 博物館。
  박물-학 [-學] [名] 博物学。

박하¹ [副] ひどく我を張るさま。¶ 혼자서 ~ 우기다 一人であくまでも我を張る。

박박² [副] ①(物をひっかいたりこすったりするようす・その音)がりがり、ばりばり、ぽりぽり。¶ 머리를 ~ 頭ちをかきむしって掻く。②(紙などを引き裂く音)びりびり。¶ 신문지를 ~ 찢다 新聞紙をびりびりと引き裂く。③(気をもむようす)じりじり、いらいら。¶ 애가 ~ 타다 じりじりと気をもむ。

박박³ [副] ①(顔がひどくあばたになっているようす)でこぼこ、ぽこぽこ。¶ 얽은 얼굴 ~ ひどいあばたの顔。②(髪を短じく刈ったようす)くりくり。¶ 머리를 ~ 깎다 髪をくりくりに刈る。

박복 [薄福] [名] 薄幸、不幸しあわせ。¶ ~한 신세 ふしあわせな身の上。

박봉 [薄俸] [名] 薄給、安月給。¶ ~으로 생활하다 安月給で生活する。

박사 [博士] [名] 博士。¶ 만물 ~ 物知り博士/ ~ 학위를 받다 博士の学位を受ける。

박살-내다 [他] こなごなにこわしてしまう、めちゃくちゃにしてしまう。

박색 [薄色] [名] 醜女、醜い顔の女。

박수 [拍手] [名][하自] 拍手。¶ ~ 갈채 拍手喝采/ ~로 맞이하여 拍手で迎える。

박스 [box] [名] ボックス、箱、入れもの。¶ 아이스 ~ アイスボックス。

박아-내다 [他] 印刷する、刷り込む、写し出す。¶ 달력을 ~ 暦を刷り込む。/ 신문을 ~ 新聞を印刷する。

박약 [薄弱] [名][하形] 薄弱。¶ 심신이 모두 ~하다 心身ともに薄弱だ。/ 그 학설은 근거가 ~하다 その学説は根拠が薄弱だ。

박은-이 [名] 印刷者、印刷人。

박음-질 [名][하自] 返えし縫い、返えし針。

박이다 [自] ①くっつく、突き刺さる、はめ込まれる、立つ。¶ 가시가 목에 ~ とげがのどに刺さる。②(習慣・考え・においなどが)こびりつく、染みつく、身につく。¶ 자기 전에 책 읽는 버릇이 ~ 寝る前に本を読む癖が身につく。/ 향수 냄새가 몸에 ~ 香水のにおいが体に染みつく。③(手足に)たこやまめができる。¶ 손바닥에 못이 ~ 手のひらにたこができる。④(形に)はまる、こびりつく。¶ 틀에 박인 생활을 하다 形にはまった生活をする。

박이 부정 [博而不精] [名][하形] 物知りではあるが精通していないこと。

박자 [拍子] [名] 拍子。¶ 발로 ~를 맞추다 足で拍子を取る。

박장 [拍掌] [名][하自] 手のひらを打ち鳴らすこと。

박장 대:소 [-大笑] [名][하自] 手を打って大笑いすること。

박절-하다 [迫切-] [形여] 薄情だ、つれない、冷淡だ、不人情で冷たい。¶ 박절하게 거절하다 冷淡に断とる。 박절-히 [副] つれなく、薄情に、不人情に。

**박제**【剝製】(名)(하自)(되自) 剝製。¶ ~한 사슴 剝製の鹿。

**박**:쥐(名)(動) コウモリ。

**박진**【迫眞】(名)(하形) 迫眞。¶ ~감이 넘치는 연기 迫眞あふれる演技。

**박차**【拍車】(名) 拍車。¶ ~를 가하다 拍車をかける。

**박-차다** (他) ① 蹴る、蹴飛ばす、蹴立てる。¶ 자리를 박차고 떠나다 席を蹴って立ちさる。② (困難 などを) 乗りこえる、押しのける、押し切る。¶ 모든 장애를 박차고 나아가다 あらゆる障害を押しのけて進む。③ はねつける、拒絶する、しりぞける。¶ 부당한 요구를 ~ 不当な要求をはねつける。

**박치기**(名)(하自他) (人・ボールなどを) 頭で突くこと、ヘッディング。

**박탈**【剝奪】(名)(하自)(되自) 剝奪。¶ 권리를 ~하다 権利を剝奪する。

**박테리아**【bacteria】(名)(生) バクテリア。

**박피**【剝皮】(名) 皮をむくこと。

**박하**【薄荷】(名)(植) ペパーミント。

**박-하다**【薄-】(形B) ① 薄情だ、冷たい、けちだ、辛い。¶ 평점이 ~ 評点が辛い。/ 대접이 ~ 待遇が冷たい。② (利益・所得に) 少ない、取るに足りない。¶ 월급이 ~ 月給が少ない。

**박해**【迫害】(名)(하他) 迫害。¶ ~를 가하다 迫害を加える。¶ ~를 받다 迫害を受ける。

**밖**[1](名) ① (塀・壁などで囲まれた場所の) 外、外部、外側、屋外。¶ ~은 춥다 外は寒い。/ 집 ~으로 나가다 家の外に出る。/ ~에서 놀다 外で遊ぶ。② (内に対して) 外、外面、表、表面立つ。¶ 불만을 ~으로 드러내다 不満を表に表わす。③ (一定の人・物事以外の) 以外、ほか。¶ 그 ~의 문제는 내가 알바 아니다 その他の問題は私の知ったことではない。 ④ (自分の家以外の) 外、外部。¶ ~에서 저녁 식사를 하다 外で夕飯を食べる。 ⑤ (家の中の女などに対して) 男、夫、主人。

**밖**[2](依) (ある限界や範囲の) ほか、外。¶ 그것은 상상 ~의 사건이다 それは想像外そうぞうの事件だ。

**밖에**(助) (「ただそれだけ」の意味を表わす) …しか、…きり、…外に、…ぽっち。¶ 하나~ 없는 아들 一人しかいない息子だ/ 기다리는 ~ 없다 待ちつづり外はない。

**반**【半】(名) 半。① (量の) 半分、二分の一。¶ ~은 내 몫이다 半分はわたしの分だ。② (時間・空間) などの半分、半、なか ば。¶ 시작이 ~ はじまりが事の半分/ 목적지까지 ~ 쯤 왔다 目的地への半分くらいまで来た。

**반**【班】(名) 班。① (一定の目的のために組織された)組み、グループ。¶ 연극 ~ 演劇班劇。② 一つの「統(統)」を分けた行政区域の最小単位。¶ ~장 班長。③ (学校などの) クラス、組。¶ 6학년 1 ~ 6年1組。④ (兵営内などの部屋の一つ) 分隊。¶ 내무 ~ 内務班。

**반**-:【反】(接頭) 反…。¶ ~혁명 反革命。

**반가워-하다**(自여) 懐かしがる、よろこぶ、うれしがる。¶ 연락을 받고 ~ 連絡をもらって懐かしがる。

**반:감**【反感】(名) 反感。¶ ~을 가지다 反感を持つ。

**반갑다**(形日) 懐かしい、うれしい、よろこばしい。¶ 반가운 손님 懐かしい客/ 그 놈이 온다니 ~ あいつが来るとはうれしい。 **반가-이**(副) 懐かしく、うれしく、よろこんで。¶ ~ 맞이하다 よろこんで迎える。

**반:격**【反擊】(名)(하自)(되自) 反擊、反攻。¶ ~을 가하다 反擊を加える。/ ~을 당하다 反擊に会う。

**반-공일**【半空日】(名) 半ドン、半休日。¶ 토요일은 ~이다 土曜日は半休だ。

**반:구**【半句】(名) 半句。¶ 일언 ~도 못 했다 一言半句も言えなかった。

**반:구**【半球】(名) 半球。¶ 북~ 北半球。

**반:기**【反旗・叛旗】(名) 反旗、叛旗。 **관용** 반기(를) 들다 反旗を翻す、むほんを起こす。

**반:-나절**【半-】(名) 半日の半分、昼間の約4分の1。

**반:-나체**【半裸體】(名) 半裸体、半裸。¶ ~의 여자 半裸の女。

**반:납**【返納】(名)(하他)(되自) 返納。¶ 도서관에 책을 ~하다 図書館に本を返納する。

**반:-달**【半-】(名) ① 半月、弦月、半円形の月、弓張りの月。¶ ~이 중천에 걸려 있다 半月が中天にかかっている。② 半月。¶ 이리 온지도 벌써 ~이 지났다 ここへ来てからもう半月が過ぎた。

**반:대**【反對】(名)(하自)(되自) 反対。① (意見などの) 対立。¶ ~ 신문 反対尋問/ 그 제안에 ~ 할 이유가 없다 その提案に反対する理由がない。② (位置的に) 逆、向こう側。¶ ~ 방향으로 가다 反対の方向へ行く。 **반대-로**(副) 反対に、逆に、うらはらに。¶ 형과는 ~ 동생은 돈이 많다 兄とは反対に弟は金持ちだ。

**반:대-말**【名】反対語。

**반:대-쪽**(名) 反対側、向こう側。

**반:도**【半島】(名)(地) 半島。¶ 발칸 ~ バルカン半島。

**반:-도체**【半導體】(名) 半導体。

**반:동**【反動】(名) 反動。¶ ~ 사상 反動思想/ 급정거의 ~으로 쓰러졌다 急停車の反動で倒れた。

**반둥-거리다**(自) (決まった仕事などがなく) ぶらぶらする、のらくらしている、なまける。¶ 공부는 않고 반둥거리기만 한다 勉強

반드럽다

はせずになまけてばかりいる。
반드럽다 [形어] ①つやがあってなめらかだ、すべすべしている。¶ 반드러운 천 なめらかな布地の。②(人となりが)ちゃっかりして抜け目がない。¶ 반드러운 사람 抜け目のない人。
반드시 [副] 必かならず、必かずや、必ずしも、きっと、絶対ぜったい、確たしかに、決きまって。¶ 약속한 일은 ~ 지킨다 約束やくそくしたことは必ず守まもる。/ 그는 ~ 성공할 것이다 彼かれはきっと成功せいこうするだろう。/ ~ 그렇지는 않다 必ずしもそうではない。
반들-거리다 [自] ①つるつるする、すべすべする。¶ 반들거리는 마루 つるつるしている床ゆか。 ②抜ぬけ目なく振ふる舞まう、ずるける。¶ 일은 안하고 반들거리기만 한다 仕事しごとはせずにずるけるばかりだ。③ 번들거리다
반듯-하다 [形어] ①(曲まがったりゆがんだりせず)まっすぐだ。¶ 네모 반듯한 방 正方形せいほうけいの部屋へや/ 가슴을 펴고 자세를 반듯하게 하다 胸むねを張はって姿勢しせいを正ただす。②(顔がお・容姿ようしなどが)整ととのっている、端正たんせいだ、器量きりょうがよい。¶ 이목구비가 ~ 目鼻めはなだちが整っている。반듯-이 [副] まっすぐに、しゃんと。¶ 허리를 ~ 펴다 腰こしをしゃんと伸のばす。
반:-등 [反騰] [名][하자][經] 反騰はんとう。¶ 주가가 ~ 하다 株価かぶかが反騰する。
반딧-불 [名] 蛍ほたるの光ひかり、蛍光けいこう。¶ 어둠 속에서 ~이 반짝인다 暗闇くらやみで蛍の光がちらちらする。
반딧-불이 [名][動] ホタル。
반:-란 [叛亂・反亂] [名][하자] 反乱はんらん、叛乱はんらん、謀反むほん。¶ ~ 죄 反乱罪ざい/ ~을 일으키다 反乱を起こす。
반려 [伴侶] [名] 伴侶はんりょ、道連みちづれ、連つれ。¶ 일생의 좋은 ~ 一生いっしょうのよき伴侶。
반려-자 [-者] [名] 伴侶となる人ひと、道連づれ。
반:-론 [反論] [名][하자] 反論はんろん。¶ ~을 제기하다 反論を提起ていきする。
반:-만년 [半萬年] [名] 五千年ごせんねん。¶ ~ 역사 五千年の歴史れきし。
반:-말 [半-] [名][하자] 対等たいとうあるいは目下めしたの者に対たいする言葉遣ことばづかい、ぞんざいな言葉こば。
반:-면 [反面] [名] (…する)反面。¶ 열에 강한 ~ 습기에는 약하다 熱ねつに強つよい反面湿気しっけには弱よわい。
반:-문 [反問] [名][하자] 反問はんもん、問とい返かえすこと。¶ 건방진 태도로 ~ 하다 生意気なまいきな態度たいどで問い返す。
반문 [斑文・斑紋] [名] 斑紋はんもん、まだら。
반:-미치광이 [半-] [名] 半気違はんきちがい。
반:-민족 [反民族] [名] 反民族はんみんぞく。¶ ~적 행위 反民族的ぞくてきな行為こうい。
반:-박 [反駁] [名][하자] 反駁はんばく、反論ろん、論駁ろんばく。¶ 그 학설을 ~ 하다 その学説がくせつを反駁する。
반:-반 [半半] [名] 半々はんはん、半分はんぶんずつ。¶ ~ 씩 나누다 半分ずつ分ける/ 소금과 설탕을 ~ 씩 넣다 塩しおと砂糖さとうを半分ずつ入いれる。

반반-하다 [形어] ①(平面へいめんが)平たいらだ、平坦たんだ、なだらかだ。¶ 길이 ~ 道みちがなだらかだ。/ 운동장을 반반하게 고르다 運動場うんどうじょうを平らにならす。②(物ものが)まあまあよい、整ととのっている。¶ 반반한 옷가지 まあまあの服ふく。③(顔かおかたちが)整っている、端正だ。¶ 반반한 얼굴 整った顔立かおだち。④(家柄いえがらなどが)立派りっぱだ、相当そうとうである。¶ 반반한 집의 자손이다 相当な家柄の子孫こそんだ。
반:-발 [反撥] [名][하자] 反発はんぱつ。¶ 부당한 처사에 ~하다 不当ふとうな処置しょちに反発する。
반:-백 [半白] [名] 半白はくぱく、ごましお頭あたま。¶ ~의 머리털 半白の頭髪とうはつ。
반:-벙어리 [半-] [名] 舌したらず。
반:-복 [反復] [名][하자][타] 反復はんぷく、繰くり返かえし。¶ ~ 하여 읽다 反復して読よむ。/ 역사는 ~ 한다 歴史れきしは繰り返す。
반:-복 [反覆] [名][하자] ①言行げんこうが一定いっていせずしばしば変かわること。②考かんがえが変わること。
반:-복 무쌍 [-無雙] [名] 言行こうが常つねに変わって見当けんとうがつかないこと。
반:-비례 [反比例] [名][자] 反比例はんぴれい。
반:-사 [反射] [名][자타][되자] 反射はんしゃ。¶ ~ 경 反射鏡きょう/ 빛이 거울에 ~ 하다 光ひかりが鏡かがみに反射する。
반:-상-낙하 [半上落下] [名] 初はじめはひじょうな熱意ねついでとりかかったものが中途半端ちゅうとはんぱに終おわること。
반색 [名][하자] 大変たいへんうれしがること、非常ひじょうによろこぶこと、とてもなつかしがること。¶ ~하여 남편을 맞았다 大おおよろこびで夫おっとを迎むかえる。
반:-생 [半生] [名] ①半生はんせい。¶ 예술에 ~ 을 바치다 芸術げいじゅつに半生を捧ささげる。②半生はんしょう。¶ ~ 반사의 몽롱한 상태 半死はんし半生のもうろうとした状態じょうたい。
반석 [磐石・盤石] [名] 盤石ばんじゃく、磐石ばんじゃく。¶ ~ 같은 태세 盤石の構かまえ。
반:-성 [反省] [名][하자] 反省はんせい、省かえりみること。¶ ~ 을 촉구하다 反省を促うながす。
반:-세상 [半世上] [名] 半生はんせい。
반:-소경 [半-] [名] ①片目かため、めっかち。②視力りょくが弱よわい人。③文盲もんもう。
반:-소매 [半-] [名] 半袖はんそで。¶ ~ 셔츠 半袖のシャツ。
반:-송 [返送] [名][하자][되자] 返送へんそう。
반:-송장 [半-] [名][比] (老衰ろうすい・病気びょうきなどで)今いまにも死しにそうな状態じょうたいにある人。
반:-수 [半數] [名] 半数はんすう。¶ ~ 이상이 찬성한다 半数以上いじょうが賛成さんせいする。
반:-숙 [半熟] [名] 半熟はんじゅく、なまにえ、なまゆで。¶ 계란 ~ 卵たまごの半熟。
반:숙련공 [半熟練工] [名] 半熟練工はんじゅくれんこう。
반:-시 [半時] [名] ①一時間いちじかんの半分はんぶん。②非常ひじょうに短みじかい間あいだ、一時じ。¶ 아이들은 ~도 가만있지 못한다 子どもたちは一時ひとときもじっとしていられない。

반:신[半身] 图 半身はん。¶ 상~ 上半身じょう。

반:신-불수[-不隨] 图[醫] 半身不随ふずい。¶ ~가 되다 半身不随になった。

반:신-반:의[-半疑] 图[하他] 半信半疑はんぎ。¶ 그는 ~하는 표정이었다 彼かれは半信半疑といった表情ひょうじょうだった。

반:신[返信] 图 返信へん、返書へんしょ。

반:액[半額] 图 半額はん、半金きん、半値はんね。¶ ~만 갚다 半金だけ返かえす。/ ~으로 드리지요 半値で差さし上あげましょう。

반야[般若] 图[佛] 般若はんにゃ。

반야-심경[-心經] 图[佛] 般若心経しんぎょう。

반:역[叛逆·反逆] 图[하他] 反逆ぎゃく。¶ ~을 꾀하다 反逆をたくらむ。

반:영[反映] 图[하自他][自] 反映えい。¶ 여론의 ~ 世論よろんの反映 / 저녁놀이 수면에 ~되다 夕焼ゆうやけが水面に反映する。

반:-영구[半永久] 图 半永久えいきゅう。

반:-올림[半-] 图[하自他] 四捨五入ししゃごにゅう。

반:-원[半圓] 图[數] 半円えん。

반:-음정[半音程] 图 半音はんおん。

반:응[反應] 图[하自] 反応はんのう、手てごたえ。¶ 민감한 ~을 보이다 敏感びんかんにてごたえする。/ 화학적인 ~을 일으키다 化学的かがくな反応を起おこす。

반:의[叛意] 图 叛意はん、叛心はん。¶ ~를 품다 叛意を抱いだく。

반:의-반[半-半] 图 半分ぶんの半分、4分ぶんの1。

반:일[反日] 图 反日にち、排日はい。

반입[搬入] 图[하他][自] 搬入にゅう。¶ 전시품을 ~하다 展示品てんじひんを搬入する。

반작 副[하自他] 《ひかり輝かがくようす、またひらめく・ひらめかすようす》きらっと、ちらっと、きらりと。

반작-거리다 [自他] つづけざまにひらめく、ちらつく、ひめかす。¶ 멀리서 반작거리는 불빛 遠とおくでちらつく明あかり。

반:-작용[反作用] 图[物] 反作用よう。¶ ~을 일으키다 反作用を起おこす。

반장[班長] 图 ①班長はんちょう。¶ 조사 ~ 調査ちょうさ班長。②学級がっきゅう委員いいん、級長きゅうちょう。

반:전[反戰] 图 反戦はん。¶ ~ 운동 反戦運動うん。

반:전[反轉] 图[하自他][自] 反転はん。¶ 국면이 ~되다 局面が反転する。

반:-점[半點] 图 ①一点いってんの半分はん。②半時間はんじかん。③ほんの少すこし、わずか、いささか。④文章符号ぶんしょうふごうのひとつ(よこがきの文ぶんで「,」の印じるし)。

반:-정부[反政府] 图 反政府はん。

반:제[半製] 图 半製はん。¶ ~품 半製品ひん。

반주[伴奏] 图[하他][音] 伴奏そう。¶ 피아노 ~ ピアノ伴奏。

반주[飯酒] 图[하自] 晩酌ばんしゃく。¶ 저녁 ~로 한 잔하다 晩酌に一杯ぱいやる。

반죽 图[하他] 練ねりこねた物もの、練ねり、こねること、練ねること。¶ 밀가루의 ~이 묵다 メリケンコの練りがやわらかい。

반:-죽음[-1] 图[하自] 半死はんし、半殺はんごろしになること。¶ ~을 당하다 半殺しの目めにあう。

반죽-좋다[하] 気恥きはずかしくない、臆面おくめんもない、人をおじしない。

반지[班指] 图 指輪ゆびわ、指環かん、リング。¶ 약혼 ~ 婚約こんやく指輪 / ~를 끼다 指輪をはめる。

반지르르 副[하形] ①油気あぶらけがあってすべすべしてつやがある、つるつるしている、つやつやしている。¶ ~ 윤이 나는 머리털 つややかな髪かみの毛け。②うわべだけを立派りっぱに飾かざることを言う。¶ 말만 ~ 하게 하다 言葉ことばだけ聞ききよいことを言う。

반:-지름[半-] 图[數] 半径はんけい。

반짇-고리 图 裁縫道具さいほうどうぐの箱はこ。

반짝 副 ①《少すこし重おもみのある物ものを軽かるやかに持もち上あげるようす》さっと。¶ 아기를 들어올리다 赤ちゃん坊ぼうをさっと持ち上げる。②《顔かおなどを素早すばやくもたげるようす》ひょいと。¶ 얼굴을 ~ 쳐들다 顔をひょいともたげる。③《急きゅうに目めを開あけるようす》ぱっちり、はっと。¶ 눈을 ~ 뜨다 目をぱっちりと開ける。④《突然とつぜん気きがつくようす》はっと。¶ 귀가 ~ 뜨이다 はっと聞きき耳みみを立てる。

반:-쪽[半-] 图 ①(一ひとつを二ふたつに分わけた)片方ほう、半分はん。¶ 사과 ~ リンゴの半分。②《ひどくやせ衰おとろえたことを言う語》げっそり。¶ 얼굴이 ~이 되다 げっそりと頬ほほがこける。

반찬[飯饌] 图 おかず、お菜さい、惣菜そうざい、菜さい。¶ 맛있는 ~ おいしいおかず/~이 변변치 않습니다만… 粗菜そさいで、ございますが…。

반창-고[絆瘡膏] 图 絆創膏ばんそうこう。

반:-체제[反體制] 图 反体制たいせい。¶ ~ 운동 反体制運動うん。

반출[搬出] 图[하他][自] 搬出しゅつ。¶ 짐을 ~하다 荷物にもつを搬出する。

반:칙[反則] 图[하自] 反則はん。¶ ~을 범하다 反則を犯おかす。

반:-투명[半透明] 图 半透明とうめい。

반:-푼[-一分] 图 ①半文もん、ごくわずかの金きん。¶ ~어치의 가치도 없다 半文の値打ねうちもない。②一分ぶんの長ながさの半分はん。③「반푼쭝」의 縮約形。

반:-푼-쭝[-重] 图 半匁もんめの重さ。

반:품[返品] 图[하他][自] 返品ひん。¶ 불량품을 ~하다 不良品ふりょうひんを返品する。

반:-하다[하][여] ほれる、ほれ込こむ、魅惑みわくされる。¶ 미모에 ~ 美貌ぼうにひかれる。/ 그의 인품에 ~ 彼かれの人柄ひとがらにほれ込む。/ 아름다운 경치에 ~ 美うつしい景色けしきに魅せられる。

반:-하다[하][여] (「…에 반하여」의 形으로) …に反はんして。¶ 일이 바빠진 데에 반하여 수입이 줄었다 仕事しごとが忙いそがしくなったのに反して収入しゅうにゅうが減へった。

반:항[反抗] 图[하自] 反抗こう、逆さからうこと。¶ 부모에게 ~하다 親おやに反抗する。

**반:-허락**【半許諾】 图[하][自他] ある程度だい承諾しょうすること。

**반:호**【半戸】 图 ①(むかし)税金ぜいきん・費用ひようなどが半分はんぶんぐらいわり当あてられた家いえ。 ②囲碁いごの半目はん。

**반:환**【返還】 图[하他][되自] 返還かん、折おり返かえすこと。¶ ~点 折り返し点てん/図書館としょかんに本ほんを返還する。

**반:-휴일**【半休日】 图 半休日はんきゅうじつ。

**받다¹** Ⅰ[他] ①受うける、もらう、受うけ取とる、いただく、収おさめる。¶ 돈을 ~ お金かねを受け取る。/ 선물을 ~ 贈おくり物ものをもらう。/ 주문을 ~ 注文ちゅうもんを受ける。 ②(書類しょるい・届とどけなどを)受うけ付つける、受け取とる。¶ 입학원서를 ~ 入学願書がんしょを受け付ける。 ③(税金ぜいきんなどを)取とり立たてる、取とる、受うけ取る。¶ 세금을 ~ 税金を受ける。 ④(水みずなどを)受うける、汲くむ。¶ 우물물을 대야에 받아두다 井戸いどの水みずをたらいに汲んでおく。 ⑤(手てに)受うけ止とめる。¶ 공을 ~ ボールを受け止める。 ⑥(何なんかの作用さようを)受うける、こうむる。¶ 영향을 ~ 影響えいきょうを受ける。/ 벌을 ~ 罰ばつを受ける。/ 질문을 ~ 質問しつもんを受ける。 ⑦(風かぜ・日ひなどに)当あてる。¶ 햇볕을 ~ 日ひに当てる。/ 바람을 ~ 風かぜに当てる。⑧(傘かさなどを)差さす、かざす。¶ 양산을 ~ 日傘ひがさをさす。 ⑨(品物しなものなどを)仕入しいれる。¶ 시장에서 과일을 받아 팔다 市場いちばで果物くだものを仕入しいれて売うる。 ⑩(子こを)取とり上あげる、助産じょさんする。¶ 아기를 ~ 赤子あかごを取り上げる。 ⑪(客きゃくなどを)迎むかえる、取とる。¶ 손님을 ~ 客きゃくを取る。 ⑫受うけ答こたえする、受ける。¶ 전화를 ~ 電話でんわを受ける。⑬(うたがいなどを)受うける。¶ 의심을 ~ うたがわれる。 ⑭(血筋ちすじなどを)受うける。¶ 아버지의 피를 받아서 영리하다 父ちちの血筋ちすじを受けて利口りこうだ。 Ⅱ[自] 食くちがすすむ、(酒さけなどが)行いける、飲のめる。¶ 오늘은 술이 잘 받는다 今日きょうは酒さけがなかなかいける。/ 양식은 입에 안 받는다 洋食ようしょくは口くちに合あわない。

**받다²**[他] (頭あたまや角つのなどで)突つく、突つき当あたる。¶ 어두워서 전봇대를 받을 뻔했다 暗くらくて電信柱でんしんばしらに突き当たるところだった。

**-받다**[接尾]「…される、られる」など受動じゅどうの意い を表あらわす。¶ 사랑 ~ 愛あいされる。/ 귀염 ~ かわいがられる。

**받-들다**[他] 奉たてまつる。①敬うやまう、崇あがめる、仰あおぐ。¶ 부모를 잘 ~ 父母ふぼをよく敬う。 ②まつる。¶ 충신의 얼을 ~ 忠臣ちゅうしんのみたまをまつる。 ③戴いただく、推戴すいたいする。¶ 총재로 ~ 総裁そうさいに推戴する。 ④(教おしえ・命令めいれいなどを)奉ほうじる、つつしんで従したがう、つつしんで承うけたまわる。¶ 명을 받들어 시행하다 命めいを奉じて施行しこうする。

**받아-넘기다**[他] (質問もん・攻撃こうげきなどを)受うけ流ながす、軽かるくかわす、いなす。¶ 질문을 가볍게 ~ 質問しつもんを軽く受け流す。

**받아-들이다**[他] ①受うけ入いれる、取とり入いれる、取り寄よせる。¶ 난민을 ~ 難民なんみんを受け入れる。 ②(頼たのみなどを)聞ききき入いれる、承諾しょうする、受うけ付つける。¶ 그의 부탁을 ~ 彼かれの頼たのみを聞き入れる。 ③(物ものを)受うけ取とる。¶ 물건을 ~ ものを受け取る。

**받아-쓰기**[图][하他] 書かき取とり。¶ ~를 시키다 書き取りをさせる。

**받침**[图] ①支ささえ、下敷したき、台だい、まくら。¶ 화병 ~ 花瓶かびんの下敷き。 ②[文法](ハングルで)音節末おんせつまつに来くる子音しいん。

**발¹**[图] ①(人間にんげんやけだものの)足あし。¶ ~을 뻗다 足を伸のばす。/ ~에 꼭 맞는 구두 足にぴったり合あう靴くつ。 ②(家具かぐなどの)脚あし。¶ 세 ~ 달린 자전거 三本さんぼんの脚のついた自転車じてんしゃ。 ③歩あゆみ、行ゆき来き。¶ ~이 빠르다 歩みが速はやい。/ ~이 뜨다 行き来がまばらである。

[속담] **발 없는 말이 천 리 간다** 足あしのない言葉ことばが千里せんりを行ゆく。《ささやき千里》

[관용] **발 벗고 나서다** 一肌ひとはだ脱ぬぐ、積極的せっきょくてきに関係かんけいする。 **발이 끊다** 絶交ぜっこうする、関係を断たつ。 **발이 넓다** 顔かおが広ひろい、知しり合あいが多おおい。 **발(이) 묶이다** 足止あしどめをくう。 **발(이) 저리다** 足がしびれる、気きおくれがする、心こころがひるむ。

**발²**[图] 簾すだれ。¶ ~을 치다 簾を掛かける。

**발³**[图] ①生地きじの織おり目め。¶ ~이 거칠다 織り目があらい。 ②そば・うどんなどの太ふとさの程度ていど。

**발-가락**[图] 足あしの指ゆび。¶ 새끼 ~ 足の小指ゆび。

**발가-벗다**[自] ①裸はだかになる。¶ 발가벗고 수영을 하다 すっ裸はだかになって水泳すいえいをする。 ②山やまの地肌じはだが見みえるほどになる、はげる。¶ 발가벗은 산 はげた山。

**발각**【發覺】 图[하他][되自] 発覚はっかく。¶ 음모가 ~되다 陰謀いんぼうがばれる。

**발간**【發刊】 图[하他] 発刊かん。¶ 도서를 ~하다 図書としょを発刊する。

**발-걸음**[图] 足あし、足取あしどり、歩調ほちょう、歩あゆみ、歩ほ。¶ 가벼운 ~ 軽かるい足取り/ ~이 빠르다 足が速はやい。/ ~을 맞추다 歩調を合あわせる。

[관용] **발걸음(을) 끊다** 一切いっさい行ゆき来きをしない。 **발걸음(을) 재촉하다** 足あしを速はやめる、急いそいで行く。

**발견**【發見】 图[하他][되自] 発見けん。¶ 획기적인~ 画期的かっきてきな発見/ 신기술을 ~하다 新技術しんぎじゅつを発見する。

**발광**【發光】 图[하自] 発光はっこう、光ひかりを発はっすること。¶ ~ 도료 発光塗料とりょう。

**발광**【發狂】 图[하自] ①発狂はっきょう、気きが狂くるうこと。 ②気きが狂くるったように暴あばれること。¶ 전쟁 준비에 ~하다 戦争準備せんそうじゅんびにやっきになる。

**발굴**【發掘】 图[하他][되自] 発掘くつ。¶ 고분을 ~하다 古墳こふんを発掘する。

**발그레-하다**[形여] うす赤あかい。

**발급**【發給】 图[하他][되自] 発給きゅう。¶ 여권을

하다 旅券を発給する。
**발기**〔勃起〕图词词词 勃起。
**발기**〔發起〕图词词词 発起。¶ 학교의 설립을 ～하다 学校の設立を発起する。
**발깍** 副 ①急にひっくり返ったり大騒ぎになったるするよう。¶ 온 동네가 ～ 뒤집히다 村中が蜂の巣をついたようになる。②《出し抜けに力をこめるよう》ぱっと。¶ 문을 ～ 열다 戸をぱっと開ける。③《いきなり腹を立てるよう》かっと、さっと。¶ 화를 내면서 대들다 いきなりかっと腹を立てて食ってかかる。
**발-꿈치** 图 かかと、きびす。
**발단**〔發端〕图词词词 発端、糸口。¶ 사건의 ～ 事件の発端。
**발달**〔發達〕图词词词 発達。¶ 교통이 ～하다 交通が発達する。
**발-돋음** 图 ①背伸び、爪先立つこと、爪立ち。¶ ～을 해도 손이 닿지 않는다 背伸びをしても手が届かない。②踏み台、足継ぎ。
**발동**〔發動〕图词词词 発動。¶ 엔진을 ～시키다 エンジンを発動させる。
**발동-기**〔-機〕图 発動機、モーター。
**발-등** 图 足の甲。¶ 남의 ～을 밟다 人の足の甲を踏む。
관용 발등에 불이 떨어지다 足の甲に火が落ちる。《足元に火がつく、事態が切迫している》 발등(을) 찍히다 裏切られる。
**발라 내:다** 他 ①(殻やいがなどを)むく、むいて実を取り出す。¶ 조갯살을 ～ 貝の中身を取り出す。②(必要なものだけを)より出す、選び出す。¶ 생선의 살을 ～ さかなの身をより出す。
**발라드**〔프 ballade〕图 バラード。
**발랄**〔潑剌〕图词词 潑剌。¶ ～한 아가씨 きびきびしたお嬢さん。
**발레**〔프 ballet〕图 バレー。
**발령**〔發令〕图词词他词词 発令、辞令。¶ ～일 発令日 / 부장으로 ～되다 部長に発令される。
**발로**〔發露〕图词词词 発露、現われ。¶ 애국심의 ～ 愛国心の現われ。
**발론**〔發論〕图词词词 発論、議論を起こすこと。¶ 요구 사항을 ～하다 要求事項を持ち出す。
**발름-거리다** 自词《弾力性のあるものが大きく開いたり閉じたりするよう》ぴくぴくする〔させる〕、ひくひくする〔させる〕。¶ 코를 ～ 鼻をひくひくさせる。
**발매**〔發賣〕图词词他词词 発売。¶ ～중 発売中 / ～ 중지 発売中止。
**발명**〔發明〕图词词词 発明。¶ 필요는 ～의 어머니 必要は発明の母は。
  **발명-가**〔-家〕图 発明家。
**발-목** 图 足首。¶ ～을 삐다 足首をくじく。
  **발목-잡히다** 自 ①(ある事柄に)縛られる、

脱け出せなくなる、枷をかけられる。②弱点を握られる、つけこまれる。
**발-묶이다** 自 足をしばられる、足止めを食う、動きがとれなくなる。
**발-밑** 图 足下、足元、足許。¶ ～에도 못 미친다 足下にも寄り付けない。
**발발**〔勃發〕图词词词 勃発。¶ 전쟁이 ～하다 戦争が勃発する。
**발:발** 副 ①《寒さ・怖さなどでふるえるよう》ぶるぶる。¶ ～ 떨면서 서 있다 ぶるぶるふるえながら立っている。②《物惜しみをするよう》けちけち、こせこせ、びくびく。¶ 몇 푼 안되는 돈에 ～ 떨지 마라 わずかのお金などでびくびくするな。③ 벌벌
**발버둥이-치다** 自 ①じたばたする、じだんだを踏む、足をばたばたさせる。¶ 아기가 발버둥이치면서 울다 赤ちゃん坊やが足をばたばたさせて泣く。②《何をかをやり遂げようと》あくせくする、あがく、もがく。¶ 발버둥이쳐도 소용없다 あがいても駄目だ。
**발버둥-질** 图词词 じたばたすること、もがくこと、あがくこと、地団駄をふむこと。
**발-벗다** 自 ①(靴などを脱いで)素足になる、はだしになる。②ありったけの才能・力を発揮する。
관용 발벗고 나서다 一肌脱ぐ、積極的に取りかかる。
**발-병**〔-病〕图词词词 足の痛み。¶ 십 리도 못 가서 ～ 난다 1里も行かないうちに足が痛みだす。
**발병**〔發病〕图词词词 発病。¶ 피로가 겹쳐 ～하다 疲労が積もって発病する。
**발부**〔發付〕图词词他词词 発付。¶ 영장을 ～하다 令状を発付する。
**발부**〔髮膚〕图 髪膚。¶ 신체 - 身体と髪膚。
**발-뺌** 图词词词 逃げ口上、言い逃れ、言い抜け、言い訳。¶ 교묘하게 ～하다 巧みに言い逃れる。/ ～해도 소용없다 言い訳しても仕方がない。
**발사**〔發射〕图词词他词词 発射。¶ 대포를 ～하다 大砲をぶっ放す。
**발산**〔發散〕图词词词 発散。¶ 스트레스를 ～시키다 ストレスを発散させる。
**발상**〔發祥〕图词词 発祥。¶ 문명의 ～지 文明의 発祥地。
**발상**〔發想〕图词词 発想。¶ 기발한 ～ 奇抜な発想。
**발생**〔發生〕图词词词 発生。¶ 사고가 ～하다 事故が発生する。
**발설**〔發說〕图词词词 口に出すこと、口外すること、公表。¶ 비밀을 ～하다 秘密を口外する。
**발성**〔發聲〕图词词词 発声。¶ ～ 기관 発声器官。
**발송**〔發送〕图词词他词词 発送。¶ 화물의 ～인 貨物의 発送人に〔送り手〕。
**발신**〔發信〕图词词他词词 発信。¶ ～국 発信局。

**발아**〔發芽〕[名][하][되自][植] 発芽、芽生え。¶ 가뭄으로 ~가 늦어지다 ひでりで発芽がおくれる。

**발악**〔發惡〕[名][하自] あがき、もがき、悪態をつくこと、前後の見境もなく暴れること。¶ 최후의 ~ 最後のあがき。

**발암**〔發癌〕[名][하自] 発癌。¶ ~ 물질 発癌物質。

**발언**〔發言〕[名][하自] 発言。¶ ~할 기회를 잃다 発言の機会を失う。

**발열**〔發熱〕[名][하自] 発熱。¶ 감기로 ~하다 風邪で熱が出る。

**발육**〔發育〕[名][하自][되自] 発育、成長。¶ ~ 부전 発育不全／~이 좋다 発育がいい。

**발음**〔發音〕[名][하他] 発音。¶ ~이 또렷하다 発音がはっきりしている。

**발-자국**[名] 足跡、踏み跡。¶ ~을 쫓다 足跡を追う。

**발-자취**[名] 足跡・足跡。¶ ~를 더듬어 가다 足跡をたどって行く。／위대한 ~를 남기다 偉大な足跡を残す。

**발작**〔發作〕[名][하自] 発作。¶ ~을 일으키다 発作を起こす。

**발전**〔發展〕[名][하自][되自] 発展。¶ ~성 있는 산업 発展性のある産業／그 도시는 눈부시게 ~했다 その都市は目覚ましく発展した。

**발전**〔發電〕[名][하自] 発電。¶ 화력 ~소 火力発電所。

**발정**〔發情〕[名][하自] 発情。¶ ~기 発情期。

**발족**〔發足〕[名][하自][되自] 発足。¶ 위원회가 ~하다 委員会が発足する。

**발주**〔發注〕[名][하他] 発注。¶ 부품을 ~하다 部品を発注する。

**발진**〔發疹〕[名][하自] 発疹。

**발진-티푸스**[-typhus] [名][醫] 発疹チフス。

**발짓**〔發-〕[名][하自] 足を動かす動作、足の動き。¶ 손짓 ~으로 의사를 나타내다 身振り手振りで意思を表現する。

**발차**〔發車〕[名][하自] 発車。¶ ~ 신호 発車信号／~ 시간을 알리다 発車時間を知らせる。

**발취**〔拔取〕[名][하他][되自] 抜き取ること、抜き取り。

**발코니**[balcony] [名][建] バルコニー、露台。

**발탁**〔拔擢〕[名][하他] 抜擢。¶ 주역으로 ~되다 主役に抜擢される。

**발톱**[名] 足の爪。¶ ~으로 할퀴다 爪で引っ掻く。

**발-판**[-板][名] ①足場、足掛かり。¶ ~을 놓다 足場をかける。②(自動車などの)乗降口、踏み段、ステップ。③(跳躍などの)運動場・水泳場の)はね板、飛び板、跳躍板。④(目的を達成するための)踏み台、てだて、足掛かり、土台。¶ 재계 진출의 ~ 財界進出の足掛かり。

**발포**〔發布〕[名][하他] 発布。¶ 헌법을 ~하다 憲法を発布する。

**발포**〔發砲〕[名][하自] 発砲。¶ ~ 명령을 내리다 発砲命令を下る。

**발표**〔發表〕[名][하他] 発表。¶ 신곡을 ~하다 新曲を発表する。

**발행**〔發行〕[名][하他][되自] 発行。¶ 매월 잡지를 ~하다 毎月雑誌を発行する。

**발화**〔發火〕[名][하自] 発火、出火。¶ ~ 장치 点火装置／자연 ~ 自然発火／~하기 쉽다 発火しやすい。

**발효**〔發效〕[名][하自] 発効。¶ 법률이 ~되다 法律が発効する。

**발휘**〔發揮〕[名][하他][되自] 発揮。¶ 실력을 ~하다 実力を発揮する。

**밝다¹**[形] ①(光·色彩などが)明るい。¶ 불을 커서 방안을 밝게 하다 灯りをつけて部屋を明るくする。②(視力·聴力が)非常によい、鋭い、さとい、しっかりしている。¶ 귀가 ~ 耳がさとい。／그 노인은 눈이 ~ その老人は視力が良い。③(物事に)通じている、詳しい、明るい。¶ 이 근처의 지리에 ~ このあたりの地理に明るい。④(雰囲気·性格などが)明るい、明朗かだ。¶ 밝은 표정 明るい表情／직장의 분위기가 ~ 職場の雰囲気が明るい。⑤(見通しなどが)明るい。¶ 무역의 전망은 ~ 貿易の展望は明るい。⑥公正だ、公明だ、明るい、清い。¶ 밝고 깨끗한 정치를 바라다 公正できれいな政治を望むむ。

**밝다²**[自] (夜·年などが)明ける。¶ 날이 ~ 가 밝는다／새해가 밝아 온다 新年が明けてくる。

**밝아-지다**[自] ①明るくなる。②(夜·年などが)明けてくる。

**밝히다**[他] ①(「밝다」の使役)(電灯などを)つける、明るくする、照らす。¶ 불을 ~ 明かりをつける。②(原因·正邪などを)明らかにする、はっきりさせる、明かす。¶ 사리를 ~ ものごとの筋道をはっきりさせる。／자신의 결백을 ~ 身の潔白を明かす／비밀을 ~ 秘密を明かす。③(夜を)明かす、徹夜する。¶ 독서로 밤을 ~ 読書で夜を明かす。④(女·金などを)好む。¶ 여자를 ~ 女好きだ。／술을 지나치게 ~ 酒をひどく好む。

**밟다**[他] ①(足で)踏む、踏みしめる。¶ 자전거의 페달을 ~ 自転車のペダルを踏む。②踏む、歩く、あるところへ行く。¶ 고향땅을 ~ 故郷の土を踏む。③(手続きを)踏む、順序に従って行ていく。¶ 출국 수속을 ~ 出国手続きをする。④以前に倣う、踏襲する。¶ 전철을 ~ 前轍を踏む。⑤(人の)後をつける、尾行する。¶ 용의자의 뒤를 ~ 容疑者の後をつける。

**밤¹**[名] 夜、晩。¶ 오늘 ~ 今夜、今晩／~을 지새우다 夜を明かす。／~ 늦게까지 일을 하다 夜遅くまで仕事をする。

◁속담▷ 밤 말은 쥐가 듣고 낮 말은 새가 듣는다 夜の言葉はねずみが聞き昼の言葉は鳥らが聞く。《壁に耳あり》

밤:² 名 栗、栗の実。¶ ~송이 いがぐり/~날을 먹다 生栗などを食べる。

밤-낮 名 ①夜と昼、昼夜、日夜。¶ ~의 길이가 같다 夜と昼の長さが等しい。②《副詞的に》夜も昼も、朝も夕も、いつも、日夜。¶ ~ 공부만 하고 있다 いつも勉学ばかりしている。
◁관용▷ 밤낮을 가리지 않다 昼夜を分けない、休まずに継続けいぞくする。

밤-마다 副 夜ごとに、毎夜、毎晩、夜な夜な。¶ ~ 무서운 꿈을 꾸다 夜ごと恐ろしい夢を見る。

밤-바람 名 夜風。¶ ~을 쐬다 夜風に当たる。

밤-사이 名 夜の間、夜間、夜来。¶ ~ 한숨도 자지 못했다 一晩中一睡もできなかった。

밤-새 名 (「밤사이」の縮約形) 夜の間、夜間、夜中。¶ ~ 비가 내렸다 夜の間に雨が降った。

밤새-껏 副 夜が明けるまで、夜通し、一晩中。¶ ~ 마시다 夜を通して飲む。

밤-새우다 自 夜明かしする、徹夜する、夜を通す。¶ 밤새워 일을 했다 夜通しで仕事をした。

밤-소경 名 夜盲症、鳥目の人。

밤-손님 名《俗》泥棒。¶ 어젯밤 ~이 들었다 昨夜泥棒が入った。

밤-재우다 他 一晩寝かせておく、一晩経へるようにする。

밤-중 [-中] 名 夜中、夜分、夜更よけ。¶ ~에 돌아다니지 말아라 夜中に出歩るくな。/ ~까지 공부했다 夜更けまで勉強した。

밤-참 [-站] 名 夜食。¶ ~을 들다 夜食を取とる。

밤:-톨 名 栗の実。
◁관용▷ 밤톨만하다 ①栗の実ぐらいの大きさだ。②体からつきの小さい人をさげすんで言う語。¶ 밤톨만한 녀석이 까불다 ちっぽけなやつがあばれる。

밥 名 ①ご飯、飯。¶ 팥~ 赤飯/ ~이 설다 飯が生なにえだ。/ ~을 푸다 ごはんをよそう。②食事。¶ 아침~ 朝飯、朝ごはん。/ ~때가 되어 飯どきになった。③(動物どうの)えさ、餌食ぐさ。¶ 개~ 犬のえさ/ 늑대의 ~이 되다 狼の餌食となる。④分け前。¶ 제 ~도 못 찾아 먹다 自分の分け前にもありつけない。
◁속담▷ 밥 먹을 때는 개도 안 때린다 ご飯を食べていることは犬でも殴ならない。
◁관용▷ 밥 먹듯 하다 (ご飯を食べるように)いつもする、日常茶飯事じょうしやすい。밥(을) 주다 ①食事を与たえる。②時計の、ぜんまいを巻く。

밥-값 名 食代、食事代、食費。

밥-그릇 名 飯茶碗、食器。

밥-맛 名 ①御飯の味。②食欲。¶ ~을 잃다 食欲をなくす。

밥-벌레 名 ごくつぶし、無為徒食の徒。¶ 이~야 このごくつぶし。

밥-벌이 名(하자) ①やっと食べていける程度の稼ぎ。¶ ~는 된다 やっと食べてはいける。②生活のための稼ぎ。¶ ~를 하다 暮らしを立てる。

밥-술 名 ①いく匙かの少ないご飯。¶ ~ 언어 먹기도 어렵다 食うにもこと欠かく。②(ご飯を)すくって食べる匙。

밥-줄 名 ①《俗》(食い繋いでいくための)職業、生業。¶ ~을 잡다 職を得る。②《生》食道。
◁관용▷ 밥줄이 끊어지다 職を失う、飯の食い上げになる。

밥-짓다 自(ㅅ入) 飯を炊たく。

밥-투정 名(하자) (食事の時などの)むずかり。

밧-줄 名 綱、荒縄、ロープ。¶ ~로 묶다 綱で縛る。/ ~을 치다 綱を張る。

방【房】名 部屋、室、間。¶ 빈 ~ 空あき部屋/ ~을 빌리다 部屋を借りる。

방:【歌】名(하자) 放歌。¶ 고성 ~를 금하다 高声 ~を禁ずる。

방갈로【bungalow】名 バンガロー。

방계【傍系】名 傍系。¶ ~ 회사 傍系会社/ ~ 혈족 傍系血族。

방공【防共】名(하자) 防共。¶ ~ 정책 防共政策。

방공【防空】名(하자) 防空。¶ ~ 훈련 防空訓練。

방:과【放課】名 放課。¶ ~ 후의 특별 활동 放課後の特別活動。

방관【傍観】名(하자) 傍観する。¶ 수수 ~하다 手をこまぬいて傍観する。

방광【膀胱】名《生》膀胱。¶ ~염 膀胱炎。

방-구석【房-】名 ①部屋の隅。②《俗》部屋の中。¶ 언제나 ~에 들어박혀 있다 いつも部屋に閉じ込もっている。

방:귀 名 屁、おなら。¶ ~를 뀌다 屁をひる。
◁속담▷ 방귀가 잦으면 똥 싸기 쉽다 おならがよく出るとくそを出だしやすい。《物事ものごとはその前兆前兆があれば実現実現しやすい》방귀 뀐놈이 성낸다 おならをした者が怒りだす。《自分のあやまちなのに他人たんに向かって腹を立てる》

방그레 副《声を出ださずにほほえむようす》にっこり(と)。¶ ~ 웃다 にっこりと笑う。

방금【方今】副 今、ただいま。¶ ~ 도착했습니다 ただいま到着いたしました。

방년【芳年】名 芳紀、妙齢。¶ ~18세 芳紀18歳。

방:뇨【放尿】名(하자) 放尿。¶ 아무 곳에서나 ~하다 ところ構わず放尿する。

방:대【厖大】名(하形) 厖大。¶ ~한 예산 厖大な予算。방대-히 副 厖大に。

방독【防毒】名(하자) 防毒。¶ ~ 마스크 防毒マスク、防毒面。

**방:랑**〔放浪〕 名 하自 放浪ほう、流浪るろう、さすらい。¶ ~ 생활을 하다 放浪生活せいをする。/ 세계를 ~ 하다 世界せかいを放浪する。

**방:류**〔放流〕 名 하他 放流ほうりゅう。¶ 치어를 ~ 하다 稚魚ちぎょを放流する。

**방망이** 名 ①たたき棒、棒ぼう。⑪ 빨랫- 洗濯せんたく棒。②棍棒こんぼう。⑪ 곤봉

**방면**〔方面〕 名 方面ほうめん。①(ある地域ちいきの)方向ほうこう、(…の)方ほう。¶ 서울 ~으로 향하다 ソウル方面に向かう。②ある分野ぶんや、道みち。¶ 그 ~의 베테랑이다 その道のベテランである。/ 어떤 ~의 일을 하고 계십니까 どんな方面の仕事ごとをしていらっしゃいますか。

**방:면**〔放免〕 名 하他 회自 放免ほうめん。¶ 무죄 ~ 無罪むざい放免。

**방명**〔芳名〕 名 芳名ほうめい。¶ ~을 써 주십시오 芳名を書かいてください。

**방명-록**〔-錄〕 名 芳名録ほうめいろく。

**방:목**〔放牧〕 名 하他 회自 放牧ほうぼく。¶ 소를 ~하다 牛うしを放牧する。

**방문**〔房門〕 名 部屋へやの戸と、ドア。¶ ~을 열다 戸をあける。

**방:문**〔訪問〕 名 하他 회自 訪問ほうもん、訪おとずねること。¶ ~객 訪問客きゃく/ 가정 ~ 家庭かてい訪問/ 내일 당신네 집을 ~하겠습니다 明日あしたあなたの家いえを訪ねるつもりです。

**방물** 名 (女性用じょせいようの)こまごました品物しなもの、小間物こまもの。

**방물 장사** 名 하他 小間物こまものの行商ぎょうしょう。

**방물 장수** 名 小間物こまものの行商ぎょうしょうをする女おんな。

**방방 곡곡**〔坊坊曲曲〕 名 全国ぜんこく至いたる所ところ、津々つ浦々うらうら。¶ ~에 알려지다 津々浦々に知れわたる。

**방법**〔方法〕 名 方法ほうほう、仕方しかた、やり方かた、手てだて、仕様しよう、すべ。¶ 최선의 ~ 最善さいぜんの方法/ 달리 ~이 없다 ほかに仕方がない。/ 부정한 ~으로 돈을 벌었다 不正ふせいな方法で金かねを儲もうける。

**방부**〔防腐〕 名 하他 防腐ぼうふ。¶ ~ 처리를 하다 防腐処理しょりをする。

**방부-제**〔-劑〕 名 防腐剤ざい。¶ ~를 넣은 빵 防腐剤を入いれたパン。

**방비**〔防備〕 名 하他 防備ぼうび、守まもり、備そなえ。¶ 허술한 ~ 手薄てうすな防備/ 수도를 ~하다 首都しゅとを守る。

**방:사**〔放飼〕 名 하他 (家畜かちくの)放はなし飼がい。

**방:사능**〔放射能〕 名 物 放射能ほうしゃのう。¶ ~ 병기 放射能兵器へいき/ ~에 오염되다 放射能に汚染おせんされる。

**방:사-선**〔放射線〕 名 物 放射線ほうしゃせん。¶ ~ 요법 放射線療法りょうほう/ 진단 ~과 診断しんだん放射線科か。

**방:생**〔放生〕 名 하他 佛 放生ほうじょう。¶ 물고기를 ~하다 魚うおを放生する。

**방석**〔方席〕 名 座布団ざぶとん。¶ ~을 깔다 座布団を敷しく。/ 손님에게 ~을 권하다 お客きゃくに座布団を勧すすめる。

**방:성**〔放聲〕 名 하他 大声おおごえを上あげること、またその大声おおごえ。

**방:성 통곡**〔痛哭〕 名 하自 大声おおごえで悲かなしみ泣なくこと、慟哭どうこく。¶ 비보를 듣고 ~하다 悲報ほうに接せっして慟哭する。

**방세**〔房貰〕 名 部屋代へやだい、家賃ちん、間代まだい。¶ ~가 밀리다 間代が溜たまる。

**방:송**〔放送〕 名 하他 회自 放送ほうそう。¶ ~극 放送劇げき/ 생 ~ 生放送/ 전국에 중계 ~하다 全国ぜんこくに中継ちゅうけい放送する。

**방:송-국**〔-局〕 名 放送局きょく。

**방:송-망**〔-網〕 名 放送網ほうそうもう、ネットワーク。

**방수**〔防水〕 名 하他 회自 防水ぼうすい。¶ ~복 防水着ぎ/ ~ 가공 防水加工こう。

**방습**〔防濕〕 名 하自 防湿ぼうしつ。¶ ~제 防湿剤ざい。

**방식**〔方式〕 名 方式ほうしき、様式しき。¶ 경기競技ぎの方式/ 생활 ~ 生活せいかつ様式/ 일정한 ~에 따르다 一定いっていの方式に従したがう。

**방:심**〔放心〕 名 하他 회自 ①油断ゆだん。¶ ~은 금물이다 油断は禁物きんもつだ。/ ~을 틈타다 すきにつけこむ。②安心あんしん、放念ねん。¶ 겨우 ~하게 되었다 やっと安心するようになった。③放心ほうしん、呆然ぼうぜんとすること。¶ ~ 상태에 빠지다 放心状態じょうたいに陥おちいる。

**방아** 穀物こくもつを搗つく臼うすなどの総称。¶ ~간 精米所せいまいじょ/ 물레~ 水車すいしゃ/ 디딜~ 踏ふみ臼うす。

**방아 타령**〔-打令〕 名 (韓国かんこくの民謡みんようの一ひとつで)臼搗うすつきの歌うた。

**방아-깨비** 名 動 コメツキバッタ、ショウリョウバッタ。

**방아-쇠** 名 (銃じゅうの)引ひき金がね。¶ ~를 당기다 引き金を引ひく。

**방안**〔方案〕 名 方案ほうあん、方法ほうほうについての考かんがえ、もくろみ。¶ ~을 세우다 方案を立たてる。

**방어**〔防禦〕 名 하他 防禦ぼうぎょ。¶ ~ 태세를 취하다 防御態勢たいせいをとる。

**방어-율**〔-率〕 名 野 防御率りつ。

**방언**〔方言〕 名 方言ほうげん、なまり。⑪ 사투리

**방:언**〔放言〕 名 하自 放言ほうげん。¶ 수상의 ~이 문제가 되다 首相しゅしょうの放言が問題もんだいになる。

**방역**〔防疫〕 名 하他 防疫ぼうえき。¶ ~에 만전을 기하다 防疫に万全ばんぜんを期きす。

**방:영**〔放映〕 名 하他 회自 放映ほうえい。¶ 텔레비전의 ~ テレビの放映。

**방울**¹ 名 鈴すず。¶ ~ 소리 鈴の音ね/ ~을 울리다 鈴を鳴らす。

**방울**² 名 水滴てき、しずく、玉たま。¶ 이슬 ~ 露つゆの玉/ 비가 한 ~도 내리지 않다 雨あめが一滴いってきも降ふらない。

**방울-뱀** 名 動 ガラガラヘビ。

**방위**〔防衛〕 名 하他 防衛ぼうえい。¶ ~비 防衛費ひ/ 정당 ~ 正当ぼう防衛。

**방위 산:업**〔-産業〕 名 防衛産業さんぎょう。

**방음**〔防音〕 名 하自 회自 防音ぼうおん。¶ ~ 장치 防音装置そうち。

**방임**〔放任〕 名 하他 放任ほうにん。¶ 자유 ~ 自由じゆう放任。

**방:자**〔放恣〕 名 하形 放恣ほうし、横柄おうへい。¶ ~ 한 생활 放恣な生活せいかつ/ 말버릇이 ~하다 横柄な

口(くち)のきき方(かた)をする。

**방장**〖房帳〗图 ①(部屋(へや)の)帳(とば)、カーテン。②蚊帳(かちょう)。

**방적**〖紡績〗图 紡績(ぼうせき)。¶ 〜사 紡績糸(と)/ 〜공장 紡績工場(こうじょう)。

**방:전**〖放電〗图(하자) 放電(ほうでん)。¶ 진공 〜 真空(しんくう)放電/ 〜 전류 放電電流(でんりゅう)。

**방점**〖傍點〗图 傍点(ぼうてん)。¶ 〜을 찍다 傍点を打(う)つ。

**방정** 图 軽(かる)はずみでそそっかしい言動(げんどう)、軽率(けいそつ)なこと、おっちょこちょい。

**방정-맞다** 圈 ①軽(かる)はずみでそそっかしい。②縁起(えんぎ)でもない。¶ 방정맞은 소리를 하다 縁起(えんぎ)でもないことを言(い)う。

**방정**〖方正〗图(하형) 方正(ほうせい)。¶ 품행이 〜하다 品行(ひんこう)が方正だ。

**방정-식**〖方程式〗图(数) 方程式(ほうていしき)。¶ 이차 〜 二次(にじ)方程式。

**방조**〖幇助〗图(하자) 幇助(ほうじょ)。¶ 살인 〜죄 殺人(さつじん)幇助罪(ざい)。

**방죽**〖放-〗图 堤防(ていぼう)、土手(どて)、堤(つつみ)。¶ 〜을 쌓다 堤防を築(きず)く。

**방지**〖防止〗图(하자) 防止(ぼうし)。¶ 사고를 미연에 〜하다 事故(じこ)を未然(みぜん)に防(ふせ)ぐ。

**방지-책**〖-策〗图 防止策(さく)。¶ 인플레 〜 インフレ防止策。

**방책**〖方策〗图 方策(ほうさく)、方略(ほうりゃく)、策(さく)。¶ 〜을 세우다 方策を立(た)てる。

**방천**〖防川〗图(하자) 土手(どて)をきずいて水(みず)の氾濫(はんらん)を防(ふせ)ぐこと、またその土手(どて)。

**방청**〖傍聽〗图(하자) 傍聴(ぼうちょう)。¶ 〜석 傍聴席(せき)/ 공판을 〜하다 公判(こうはん)を傍聴する。

**방청-객**〖-客〗图 傍聴客(きゃく)。

**방초**〖芳草〗图 ①芳草(ほうそう)、かおりのよい草(くさ)。②春(はる)のみずみずしい草(くさ)。

**방추**〖方錐〗图 方錐(ほうすい)。①四(よ)つ目(め)ぎり。②《「방추형(方錐形)」の縮約形》方錐形(けい)。

**방축**〖防縮〗图(하자) 防縮(ぼうしゅく)。¶ 〜 가공 防縮加工(こう)。

**방:축**〖放逐〗图(하자)(자) 放逐(ほうちく)、追(お)い出(だ)すこと。

**방:출**〖放出〗图(하자)(자) 放出(ほうしゅつ)。¶ 〜미 放出米(まい)/ 에너지 〜 エネルギーの放出。

**방충**〖防蟲〗图(하자) 防虫(ぼうちゅう)、虫(むし)よけ。¶ 〜제 防虫剤(ざい)。

**방:치**〖放置〗图(하자)(자) 放置(ほうち)。¶ 병자를 〜하다 病人(びょうにん)を放置する。

**방침**〖方針〗图 方針(ほうしん)。¶ 회사의 경영 〜 会社(かいしゃ)の経営(けいえい)方針/ 시정 〜을 정하다 施政(しせい)方針を定(さだ)める。

**방:탕**〖放蕩〗图(하형) 放蕩(ほうとう)。¶ 〜한 생활을 하다 放蕩な生活(せいかつ)をする。

**방파-제**〖防波堤〗图 防波堤(ぼうはてい)。¶ 〜를 쌓다 防波堤を築(きず)く。

**방패**〖防牌〗图 盾(たて)。¶ 법률을 〜로 삼다 法律(ほうりつ)を盾にする。

**방패-막이**〖-막이〗图(하자) ①なにかを楯(たて)に取(と)って自分(じぶん)の立場(たちば)を守(まも)る手段(しゅだん)、予防線(よぼうせん)を張(は)ること。②方策(ほうさく)を使(つか)って防(ふせ)ぐこと、ごまかすこと、はぐらかすこと。

**방풍**〖防風〗图 防風(ぼうふう)。¶ 〜림 防風林(りん)。

**방:학**〖放學〗图(하자) (学校(がっこう)の長期(ちょうき)の)休(やす)み、休暇(きゅうか)。¶ 여름 〜 夏休(なつやす)み。

**방한**〖防寒〗图(하자) 防寒(ぼうかん)。¶ 〜복을 준비하다 防寒服(ふく)の用意(ようい)をする。

**방해**〖妨害〗图(하자)(자) 妨害(ぼうがい)、邪魔(じゃま)。¶ 〜자 妨害者(しゃ)/ 안면 〜 安眠(あんみん)妨害。

(관용) **방해(를) 놓다** 邪魔(じゃま)だてをする。

**방향**〖方向〗图 方向(ほうこう)、向(む)き、方位(ほうい)、方角(ほうがく)。¶ 〜타 方向舵(だ)/ 〜을 정하다 方向を決(き)める。/ 〜을 바꾸다 方向を変(か)える。

**방향 탐지기**〖-探知機〗图(物) 方向探知器(たんちき)。

**방화**〖邦貨〗图 邦貨(ほうか)、自国(じこく)の貨幣(かへい)。¶ 〜로 환산하다 邦貨(ほうか)に換算(かんさん)する。

**방화**〖邦畵〗图 邦画(ほうが)、自国(じこく)の映画(えいが)。¶ 〜관 邦画館(かん)。

**방:화**〖放火〗图(하자) 放火(ほうか)、付(つ)け火(び)。¶ 〜범 放火犯(はん)。

**방황**〖彷徨〗图(하자) 彷徨(ほうこう)、さまようこと、すらうこと。¶ 거리를 〜하다 町中(まちじゅう)をさまよう。

**밭** 图 ①畑(はた)。¶ 무 〜 大根畑(だいこんばたけ)/ 〜을 갈다 畑を耕(たがや)す。②植物(しょくぶつ)が茂(しげ)っている所(ところ)。¶ 꽃 〜 花畑(はなばた)/ 솔 〜 松林(まつばやし)。③ある物(もの)がいっぱいに広(ひろ)がっている所(ところ)。¶ 모래 〜 砂原(すなはら)。

**밭-고랑** 图 畑(はた)の畝(うね)と畝の間(あいだ)、畝間(うねま)。

**밭-농사**〖-農事〗图 畑作(はたさく)。

**밭다**[他] 濾(こ)す、濾過(ろか)する。¶ 체로 술을 〜 ふるいで酒(さけ)を濾す。

**밭다²** ①(時間(じかん)・距離(きょり)が)とても近(ちか)い、さし迫(せま)っている、切迫(せっぱく)している、せっぱ詰(つ)まっている。¶ 떠날 날짜가 〜 出発(しゅっぱつ)の日(ひ)がさしせまっている。②(長(なが)さが)短(みじか)い。¶ 목이 밭은 사람 首(くび)が短い人(ひと)。③(人(ひと)が)けちだ、けちくさい。¶ 사람이 〜 人がけちだ。④(息(いき)づかいが)せわしい。¶ 밭은 숨을 쉬다 せわしくあえぐ。

**밭-매기** 图(하자) 畑(はた)の除草(じょそう)。

**밭장-다리** 图 外(そと)またの足(あし)、外股(そとまた)。

**배¹** 〖腹〗图。①(人(ひと)・動物(どうぶつ)の)腹(はら)、おなか、胃腸(いちょう)。¶ 〜가 고프다 腹がへった。/ 〜를 채우다 腹を満(み)たす。②胎内(たいない)。¶ 다른 형제 腹違(はらちが)いの兄弟(きょうだい)。③(物体(ぶったい)の中央(ちゅうおう)の)部分(ぶぶん)、胴(どう)。¶ 〜가 부른 독 胴が膨(ふく)らんだかめ。

(속담) **배보다 배꼽이 더 크다** 腹(はら)よりへそが大(おお)きい。《堤灯(ちょうちん)より柄(え)が太(ふと)い》

(관용) **배가 맞다** ①(男女(だんじょ)が)情(じょう)を通(つう)じる。②(よくないことをするのに)気(き)が合(あ)う、ぐるになる。 **배가 부르다** ①腹(はら)がいっぱいだ。②腹が出(で)ている、腹が膨(ふく)らんでいる。 **배가 아프다** ①腹が痛(いた)む。②ねたむ、嫉妬(しっと)する。 **배(를) 곯다** 飢(う)える。

배² 名 船ふね, 舟ふね。¶ 나룻~ 渡わたし船ぶね/ ~를 타다 船ふねに乗のる。

배³ 名 ナシ。¶ ~나무 梨なしの木き。

배:[倍] 名 倍ばい。¶ ~가 되다 倍になる。/ 물가가 두 ~로 올랐다 物価ぶっかが二倍にばいに上あがった。

배겨-내다 他 耐たえ忍しのぶ、耐たえ抜ぬく、堪こらえ抜ぬく。¶ 중노동을 ~ 重労働じゅうろうどうを耐たえ抜ぬく。

배격[排擊] 名 하 他 排擊はいげき。¶ 단호히 ~하다 断乎だんことして排擊する。

배:경[背景] 名 背景はいけい。①後景こうけい。¶ ~의 경치 背景の景色けしき。②(舞台ぶたいの)書かき割わり。③背後はいごの勢力せいりょく、バック。¶ 정치적 ~ 政治的せいじてきバック。④背後はいごの事情じじょう。¶ 사건의 ~을 살피다 事件じけんの~を探さぐる。

배-고프다 形 腹はらがへる、腹はらが空すく、ひもじい。¶ 춥고 ~ 寒さむくてひもじい。

배-곯다 自 腹はらをすかす、飢うえる。

배:관[配管] 名 하 自 配管はいかん。¶ ~ 공사 配管工事こうじ。

배구[排球] 名 體 排球はいきゅう、バレーボール。

배:급[配給] 名 하 他 되 自 配給はいきゅう。¶ 무상 ~ 無償むしょう配給/ 식량 ~이 줄었다 食糧しょくりょうの配給が減へった。

배기[排氣] 名 하 自 排氣はいき。¶ ~ 가스 排氣ガス/~량 排氣量りょう。

배기다¹ 自 (下敷したじきが固かたくて身みに)こたえる、ごつごつする、痛いたむ。¶ 엉덩이가 ~ 尻しりがこたえる。

배기다² 自 耐たえ忍しのぶ、堪こらえる、やりぬく。¶ 힘든 훈련을 배겨 내지 못했다 つらい訓練くんれんを耐たえ切きれなかった。

배꼽 名 ①臍へそ・ほぞ。¶ ~이 빠지게 웃다 へそが抜ぬけるほど笑わらう。②(果実かじつで)がくの付ついていたところ。¶ ~이 나온 외 へそが出でたまくわうり。③牛うしの胸むねのあたりの肉にく。
 冠用 배꼽(을) 빼다 大笑おおわらいする、おかしくてたまらない。배꼽(을) 쥐다 腹はらをかかえて大笑おおわらいする。배꼽이 웃다 おかしくてたまらない、ばかばかしい。

배:낭[背囊] 名 背囊のう、リュックサック。

배:내- 接頭「胎兒たいじのときからのもの」の意いを表あらわす語ご。¶ ~옷 むつぎ、うぶぎ。

배:냇-병신[-病身] 名 生うまれつきの[生來せいらいの]障害しょうがい。

배:냇-짓 名 하 自 赤子あかごが眠ねむりながら笑わらった顔かおをしかめたりするしぐさ。

배뇨[排尿] 名 하 他 排尿はいにょう。

배:다¹ 自 ①(液体えきたいが)しみこむ、しみつく、染しみる、滲にじむ。¶ 옷에 땀이 ~ 服ふくに汗あせがしみついている。②身みに付つく、慣なれる、くせになる。¶ 손에 밴 일 手慣てなれた仕事ごと/ 입에 ~ 口癖くちぐせになる。

배:다² 他 ①(胎兒たいじ・卵たまごなどを)はらむ、みごもる、宿やどす、妊娠にんしんする。¶ 아기를 ~ みごもる。②(植物しょくぶつが)穗ほをはらむ。

배:다³ 形 ①詰つまっている、すき間まがない、ぎっしりしている、目めが細こまかい。¶ 무를 배게 심다 大根だいこんをぎっしり詰つめて植うえる。②(度量どりょう・考かんがえなどが)狹せまい、狹量きょうである。¶ 속이 밴 사람 心こころの狹せまい人ひと。

배-다르다 形르 腹はらちがいである。¶ 배다른 형제 腹はらちがいの兄弟きょうだい。

배:달[配達] 名 하 他 配達はいたつ。¶ 우편 ~ 郵便ゆうびん配達。

배:달 민족[倍達民族] 名 韓民族かんみんぞくの古風こふうな名称めいしょう。

배:당[配當] 名 하 他 되 自 配當はいとう、割わり当あて。¶ 이익의 ~ 利益りえきの配當/ 일에 시간을 ~하다 仕事ごとに時間じかんを割わり当あてる。

배:당-금[-金] 名 經 配當金きん。

배-돌다 自 仲間なかまに加くわわらない、仲間なかまから外はずれる、一匹狼いっぴきおおかみになる。

배드민턴[badminton] 名 體 バドミントン。

배딱-하다 形여 (物体ぶったいが)少すこし傾かたむいている。¶ 고개가 ~ 首くびがやや傾かたむいている。 큰 비딱하다

배뚤다 形 ①斜ななめだ、傾かたむいている。②(心こころや性格せいかくなどが)ゆがんでいる、ひねくれている。 큰 비뚤다

배란[排卵] 名 하 自 生 排卵はいらん。¶ ~기 排卵期き。

배:려[配慮] 名 하 他 配慮はいりょ、心遣こころづかい。¶ 세심한 ~ 細心さいしんの配慮/ 각별히 ~하다 格別かくべつに配慮する。

배리-배리 副 하 形 (非常ひじょうにやつれたようす)ほっそり、がりがり、ひょろひょろ。¶ ~ 야위다 がりがりにやせた。 큰 비리비리

배:반[背反・背叛] 名 하 他 背反はいはん、背叛はいはん、裏切うらぎり。¶ 이율 ~ 二律にりつ背反/ 신뢰를 ~하다 信頼しんらいに裏切る。

배변[排便] 名 하 自 排便はいべん。

배:부[配付] 名 하 他 配付はいふ。¶ 무상 ~ 無償むしょう配付。

배-부르다 形르 滿服まんぷくである、腹はらがふくらんでいる。¶ 배부르게 먹었습니다 腹はらいっぱい食たべました。

배:분[配分] 名 하 他 自 配分はいぶん。¶ 비례 ~ 比例ひれい配分。

배-불뚝이 名 太鼓腹たいこばらの人ひと。

배:상[賠償] 名 하 他 賠償ばいしょう。¶ ~금 賠償金きん/ 피해를 ~하다 被害ひがいを賠償する。

배:서[背書] 名 하 他 裏書うらがき。

배:서-양:도[-讓渡] 名 裏書讓渡じょうと。

배:선[配線] 名 하 他 配線はいせん。¶ 실내의 ~ 공사 室内しつないの配線工事こうじ。

배:선-도[-圖] 名 配線圖ず。

배:선-반[-盤] 名 配線盤ばん。

배설[排泄] 名 하 他 되 自 排泄はいせつ。¶ ~물 排泄物ぶつ/ 오줌을 ~하다 尿にょうを排泄する。

배:속[配屬] 名 하 他 되 自 配屬はいぞく。¶ ~을 정하다 配屬をきめる。

배:송[配送] 名 하 他 配送はいそう。

배:수[背水] 名 背水はいすい、水みずのある場所ばしょを背せにすること。

배:수-진[-陣] 名 背水はいすいの陣じん。¶ ~을 치

**배:수**[配水] 〖名〗〖하〗〖타〗 配水はい。¶ ~관 配水管かん/ ~탑 配水塔とう。

**배:수**[倍數] 〖名〗 倍数ばいすう。¶ 9는 3의 ~다 9は3の倍数である。

**배수**[排水] 〖名〗〖하〗〖되〗〖타〗 排水はい、水捌みずはけ。¶ ~관 排水管かん/~가 잘 되는 토지 水捌けのよい土地とち。

**배스듬-하다** 〖形여〗 やや斜ななめになっている。¶ 지붕이 ~ 屋根やねがやや斜めだ。〖촘〗 비스듬하다 **배스듬-히** 〖副〗 やや斜めに。¶ 모자를 ~쓰다 帽子ぼうしをやや斜めにかぶる。

**배:식**[培植] 〖名〗〖하〗〖타〗 植物しょくぶつを栽培さいばいすること。

**배:신**[背信] 〖名〗〖하〗〖자〗〖타〗 背信はいしん、裏切うらぎり。¶ ~행위 裏切り行為こうい。

**배:심**[陪審] 〖名〗〖하〗〖타〗 陪審ばいしん。¶ ~원 陪審員いん/ ~제도 陪審制度せいど。

**배알** 〖名〗①〖俗〗 はらわた。¶ 물고기의 ~ 魚さかなのはらわた。②〖俗〗 心情しんじょう、感情かんじょう。
〖관용〗 **배알이 꼴리다**(気きに食わないので)心中しんちゅうおだやかでない。

**배:알**[拜謁] 〖名〗〖하〗〖타〗 拝謁はいえつ、目通めどおり。¶ 교황을 ~하다 法皇ほうおうに拝謁する。

**배-앓이** 〖名〗 腹痛ふくつう、¶ 妬ねたみ、嫉そねみ。

**배:양**[培養] 〖名〗〖하〗〖되〗〖타〗 培養ばいよう。¶ ~토 培養土ど/ 세균을 ~하다 細菌さいきんを培養する。

**배어-들다** 〖自〗 染し み込こむ。¶ 땀이 속옷까지 배어들었다 汗あせが肌着はだぎにまで染み込んだ。

**배:역**[配役] 〖名〗〖하〗〖타〗 配役はいやく、役やく。¶ ~이 정해졌다 配役が決きまった。

**배열**[配列・排列] 〖名〗〖하〗〖되〗〖자〗 配列はいれつ、並ならべること。¶ ~순서 配列順序じゅんじょ/ 글자의 ~이 나쁘다 字並じならびが悪い。

**배:우**[配偶] 〖名〗 配偶はいぐう、つれあい。〖준〗 배필

**배:우-자**[-者] 〖名〗 配偶者しゃ、つれあい。

**배우**[俳優] 〖名〗① 俳優はいゆう、役者やくしゃ。¶ 주연 ~ 主演しゅえん俳優。② ⇒ 광대

**배우다** 〖他〗① 習ならう、修おさめる、学まなぶ。¶ 보고 ~ 見習みならう。/ 영어를 ~ 英語えいごを学ぶ。② 覚おぼえる、習得しゅうとくする。¶ 술을 ~ 酒さけを覚える。③ 教おそわる、教えを受うける。¶ 선배로부터 일을 ~ 先輩せんぱいに仕事しごとを教わる。

**배움-터** 〖名〗 学まなびの場ば、学びの庭にわ、学び舎や、学校がっこう。

**배웅** 〖名〗〖하〗〖타〗 見送みおくり。¶ ~ 가다 見送みおくりに行いく。/ 아버지를 역까지 ~하다 父ちちを駅えきまで見送る。

**배:율**[倍率] 〖名〗 倍率ばいりつ。¶ ~이 높은 망원경 倍率の高たかい望遠鏡ぼうえんきょう。

**배:은**[背恩] 〖名〗〖하〗 背恩はいおん、恩おんを裏切うらぎること。

**배:은-망덕**[-忘德] 〖名〗〖하〗 恩知おんしらず、忘恩ぼうおん。¶ 이 ~한 놈아 この恩知らずめ。

**배일**[排日] 〖名〗〖하〗〖타〗 排日はいにち。¶ ~ 사상 排日思想そう。

**배:임**[背任] 〖名〗〖하〗〖자〗〖타〗 背任はいにん。¶ ~ 행위 背任行為こうい/ 업무상 ~죄 業務上ぎょうむじょう の背任罪ざい。

**배:전**[配電] 〖名〗〖하〗〖타〗 配電はいでん。¶ ~선 配電線せん/ ~반 配電盤ばん。

**배:정**[配定] 〖名〗〖하〗〖되〗〖타〗 割わり当あてを決きめること、割り振ふり。¶ 역할을 ~하다 役目やくめを割り振る。

**배젖**[胚-] 〖名〗〖植〗 胚乳はいにゅう。

**배제**[排除] 〖名〗〖하〗〖되〗〖타〗 排除はいじょ。¶ 폭력을 ~하다 暴力ぼうりょくを排除する。

**배-지느러미** 〖名〗〖動〗〖魚〗の腹びれ。

**배-짱** 〖名〗①(心こころの中なかで考かんがえていることの意い で)腹はら、腹の中なか、腹の底そこ、心中しんちゅう、つもり。¶ ~이 시커멓다 腹が黒くろい。/ 돈을 떼어먹을 ~이냐? 金かねを踏ふみ倒たおすつもりか。②度胸どきょう、図太ずぶとさ、太だっ腹ぱら。¶ ~이 좋다 度胸がいい。
〖관용〗 **배짱(을) 내밀다** 図太ずぶとくふるまう、押おしが強つよい。 **배짱(을) 퉁기다** (人ひとの要求ようきゅうなどを)突つっぱねる、押し通とおしする。

**배:차**[配車] 〖名〗〖하〗〖되〗〖타〗 配車はいしゃ。¶ ~계 配車係がかり/ 5분 간격으로 ~하다 5分ぷん間隔かんかくで配車する。

**배척**[排斥] 〖名〗〖하〗〖되〗〖타〗 排斥はいせき。¶ ~ 운동 排斥運動うんどう。

**배척-거리다** 〖自〗〖他〗 よたよた歩あるく、千鳥足ちどりあしで歩く。〖촘〗 비척거리다

**배:추**[排菜] 〖名〗〖植〗 白菜はくさい。¶ ~ 김치를 담다 白菜のキムチを漬つける。

**배출**[排出] 〖名〗〖하〗〖되〗〖타〗 排出しゅつ。¶ 유해 가스를 ~하다 有害ゆうがいガスを排出する。

**배:출**[輩出] 〖名〗〖하〗〖되〗〖타〗 輩出はい。¶ 신인 작가가 ~되다 新人しんじん作家さっかが輩出される。

**배:치**[背馳] 〖名〗〖하〗〖되〗〖자〗 背馳はいち。¶ 이론과 ~되는 행동 理論りろんと背馳する行動こうどう。

**배:치**[配置] 〖名〗〖하〗〖되〗〖타〗 配置はいち。¶ 적재 적소에 ~하다 適材てきざい適所てきしょに配置する。

**배타**[排他] 〖名〗〖하〗〖되〗〖타〗 排他はいた。¶ ~주의 排他主義しゅぎ/ ~심 排他心しん。

**배타-적**[-的] 〖名〗〖冠〗 排他的てき。¶ ~인 성질 排他的な性質せいしつ。

**배-탈** 〖名〗 腹痛ふくつう・はら痛いた、腹をこわし、食くいあたり、下痢げり。
〖관용〗 **배탈(이) 나다** 腹痛ふくつうを起おこす、おなか〖腹はらを〗こわす。

**배터**[batter] 〖名〗〖野〗 バッター、打者だしゃ。

**배터리**[battery] 〖名〗 バッテリー。¶ 電池でんち、蓄電池ちくでんち。②〖野〗 投手とうしゅと捕手ほしゅ。

**배턴**[baton] 〖名〗 バトン。¶ ~ 터치 バトンタッチ/ ~을 넘기다 バトンを渡わたす。

**배틀-거리다** 〖自〗 よろめく、よろよろ歩あるく。¶ 힘없이 배틀거리며 걷다 力ちからなくよろろしながら歩く。

**배:틀다** 〖他〗 ねじる、よじる。〖촘〗 비틀다

**배-편**[-便] 〖名〗 船便ふなびん。¶ ~으로 보내다 船便で送おくる。

**배:포**[配布] 〖名〗〖하〗〖되〗〖타〗 配布はいふ。¶ 전단을 ~하다 散ちらしを配くばる。

**배포**[排布・排鋪] 〖名〗〖하〗〖타〗 ①(工夫くふうして物事ものごとを)要領ようりょうよく図はからうこと。②肝きもったま、度胸きょう、胆力たんりょく、考かんがえ、思慮しりょ。¶ 가슴

**배:필**〔配匹〕 图 配偶者(はいぐうしゃ)、つれあい。¶ 좋은 ~을 만나다 よい配偶者にめぐまれる。

**배:합**〔配合〕图 他 配合(はいごう)する、組(く)み合(あ)わせ、取(と)り合わせる。¶ ~ 사료 配合飼料(はいごうしりょう)/ 색의 ~ 色(いろ)の配合。

**배:행**〔陪行〕图 他 ①目上(めうえ)の人(ひと)に随行(ずいこう)すること。¶ 사장을 ~하다 社長(しゃちょう)に随行する。②見送(みおく)り。¶ 친구를 ~하다 友人(ゆうじん)を見送る。⑦ 배웅

**배회**〔徘徊〕图 自他 徘徊(はいかい)、ぶらつき、うろつくこと、さまよること。¶ 밤거리를 ~하다 夜(よる)の街(まち)をうろつく。

**배:후**〔背後〕图 背後(はいご)。①後(うし)ろ。¶ 적의 ~ 敵(てき)の背後。②(物事(ものごと)の)裏(うら)、陰(かげ)。¶ ~ 관계 背後関係(かんけい) / 사건의 ~에는 음모가 있다 事件(じけん)の陰には陰謀(いんぼう)がいる。

**백**〔白〕图 白(しろ)。①白色(はくしょく)。②(囲碁(いご)などの)白石(しろいし)。¶ ~을 쥐다 白を執(と)る。

**백**〔百〕 数 百(ひゃく)。¶ ~년 百年(ひゃくねん) / ~ 번 듣는 것이 한 번 보는 것만 못하다 百聞(ひゃくぶん)は一見(いっけん)に如(し)かず。

**백**〔bag〕图 バッグ、かばん。¶ 핸드~ ハンドバッグ。

**백골**〔白骨〕图 ①白骨(はっこつ)。¶ ~이 되다 白骨になる。②(漆(うるし)を塗(ぬ)る前(まえ)の)白木(しらき)。

**백골-난망**〔白骨難忘〕图 他 死(し)して白骨(はっこつ)と化(か)しても恩(おん)を忘(わす)れないこと。

**백-곰**〔白-〕图 動 シロクマ、北極熊(ほっきょくぐま)。

**백과**〔百科〕图 百科(ひゃっか)。¶ ~ 전서 百科全書(ぜんしょ)。

**백과 사:전**〔-事典〕图 百科事典(じてん)、エンサイクロペディア。

**백구**〔白球〕图 白球(はっきゅう)、白(しろ)いボール。¶ ~의 제전 白球の祭典(さいてん)。

**백군**〔白軍〕图 白軍(はくぐん)、(競技(きょうぎ)の)白組(しろぐみ)。

**백금**〔白金〕图 化 白金(はっきん)、プラチナ。¶ ~ 반지 白金の指輪(ゆびわ)。

**백기**〔白旗〕图 白旗(はっき)。¶ ~를 들다 白旗を揚(あ)げる、降伏(こうふく)する。

**백난**〔百難〕图 百難(ひゃくなん)、万難(ばんなん)。¶ ~을 무릅쓰고 해내다 万難を排(はい)してやり抜(ぬ)く。

**백-내장**〔白內障〕图 医 白内障(はくないしょう)、しろそこひ。

**백년**〔百年〕图 百年(ひゃくねん)。①100年(ねん)。¶ ~년 후 100年後(ねんご)。②長(なが)い歳月(さいげつ)。¶ 국가 ~지계 国家(こっか)百年の計(けい)。③一生(いっしょう)、一生涯(いっしょうがい)。¶ ~ 해로 百年偕老(かいろう)。

**백년-가약**〔-佳約〕图 夫婦(ふうふ)の契(ちぎ)り。

**백동**〔白銅〕图 白銅(はくどう)。¶ ~ 전 白銅銭(せん)。

**백두**〔白頭〕图 白髪頭(しらがあたま)。

**백두-산**〔白頭山〕图 白頭山(ペクトゥサン)(朝鮮(ちょうせん)半島(はんとう)の最高峰(さいこうほう))。

**백-등유**〔白燈油〕图 白灯油(はくとうゆ)。

**백로**〔白鷺〕图 動 シラサギ、サギ。

**백마**〔白馬〕图 白馬(はくば・しろうま)。

**백만**〔百萬〕 数 百万(ひゃくまん)。¶ ~인 百万人(にん)。

**백만-장자**〔-長者〕图 百万長者(ちょうじゃ)、大金持(おおがねも)ち。

**백-목련**〔白木蓮〕图 植 ハクモクレン。

**백-무일실**〔百無一失〕 何事(なにごと)にも失敗(しっぱい)が全(まった)くないこと。

**백묵**〔白墨〕图 白墨(はくぼく)、チョーク。¶ 칠판에 ~으로 쓰다 黒板(こくばん)にチョークで書(か)く。

**백문**〔百聞〕图 百聞(ひゃくぶん)、何度(なんど)も聞(き)くこと。관용 백문이 불여일견 百聞(ひゃくぶん)は一見(いっけん)に如(し)かず。

**백미**〔白米〕图 白米(はくまい)。

**백반**〔白飯〕图 ①白米(はくまい)のご飯、白(しろ)いご飯。②(飲食店(いんしょくてん)で)ご飯・お汁(しる)・おかずをそろえた) 定食(ていしょく)。

**백발**〔白髮〕图 白髪(はくはつ・しらが)。¶ ~ 노인 白髪の老人(ろうじん)。

**백발-백중**〔百發百中〕图 百発百中(ひゃっぱつひゃくちゅう)。¶ ~의 명사수 百発百中の名射手(めいしゃしゅ)。

**백방**〔百方〕图 百方(ひゃっぽう)。¶ ~으로 손을 쓰다 百方手(て)を尽(つ)くす。

**백배**〔百倍〕图 他 百倍(ひゃくばい)。¶ 용기 ~하여 싸우다 勇気(ゆうき)百倍して戦(たたか)う。

**백병**〔白兵〕图 白兵(はくへい)。¶ ~전 白兵戦(せん)。

**백부**〔伯父〕图 伯父(はくふ)。

**백분**〔百分〕图 他 百分(ひゃくぶん)。¶ ~의 일 百分の一(いち)。

**백사**〔白沙・白砂〕图 白砂(はくしゃ・はくさ・しらすな)。

**백사-장**〔-場〕图 (海辺(うみべ)・川辺(かわべ)の)白(しろ)い砂原(すなはら)。

**백사**〔白蛇〕图 白蛇(はくじゃ)、白(しろ)い蛇(へび)。

**백삼**〔白蔘〕图 ひげ人参(にんじん)を取(と)り皮(かわ)をむいて干(ほ)した高麗人参(こうらいにんじん)。

**백색**〔白色〕图 白色(はくしょく)。¶ ~ 테러 白色テロ。

**백색 인종**〔-人種〕图 白色人種(はくしょくじんしゅ)、白人種(はくじんしゅ)。

**백서**〔白書〕图 政 白書(はくしょ)。¶ 노동 ~ 労働(ろうどう)白書。

**백선**〔百選〕图 百選(ひゃくせん)。¶ 명시 ~ 名詩(めいし)百選。

**백설**〔白雪〕图 白雪(はくせつ・しらゆき)。¶ ~ 공주 白雪姫(しらゆきひめ) / ~이 덮인 산 白雪をいただいた山(やま)。

**백-설기**〔白-〕 粳(うる)の粉(こ)を蒸(む)した餅(もち)。

**백성**〔百姓〕图 ①国民(こくみん)、人民(じんみん)。¶ 온 ~ 全国民(ぜんこくみん)。②民(たみ)、庶民(しょみん)、民衆(みんしゅう)。¶ 무고한 ~ 無辜(むこ)の民。속담 백성의 입 막기는 내 막기보다 어렵다 民衆(みんしゅう)の口(くち)をふさぐのは川(かわ)をせき止(と)めるより難(むずか)しい。

**백수**〔白壽〕图 白寿(はくじゅ)、99歳(さい)の祝(いわ)い。

**백수**〔百獸〕图 百獣(ひゃくじゅう)、すべての獣(けもの)。¶ ~의 왕 百獣の王(おう)。

**백수-건달**〔白手乾達〕图 一文無(いちもんな)しのごろつき、のらくら者(もの)。

**백숙**〔白熟〕图 他 (肉類(にくるい)を)水炊(みずた)きすること、またはその料理(りょうり)。¶ 영계 ~ 若鶏(わかどり)の水炊(みずた)き。

**백신**〔vaccine〕图 医 ワクチン。

**백악**〔白堊〕图 白亜(はくあ)、白堊(はくあ)。¶ ~기 白

**백악-관**[-館] [名] 白亜館ᵃᵏᵘ、ホワイトハウス(アメリカの大統領ᵈᵃⁱᵗᵒʳʸᵒ官邸ᵏᵃⁿᵗᵉⁱ)

**백안-시**[白眼視] [名][他] 白眼視ʰᵃᵏᵘᵍᵃⁿ、冷ᵗˢᵘᵐᵉたくみること。¶ 모두 그를 ~한다 みんな彼ᵏᵃʳᵉを白眼視する。

**백약**[百藥] [名] 百藥ʰʸᵃᵏᵘʸᵃᵏᵘ、すべての藥ᵏᵘˢᵘʳⁱ。

**백약 무효**[-無效] [名][하形] いかなる藥ᵏᵘˢᵘʳⁱも効ᵏⁱきめがないこと。

**백의**[白衣] [名] 白い羊ʰⁱᵗˢᵘʲⁱ。

**백-업**[backup] [名][體][컴] バックアップ。

**백-여우**[白-] [名] ①白狐ˢʰⁱʳᵒᵏⁱᵗˢᵘⁿᵉ・ᵇʸᵃᵏᵏᵒ。②[俗] よこしまな女ᵒⁿⁿᵃ、妖女ʸᵒᵘʲᵒ。

**백열**[白熱] [名][하自] ①[物] 白熱。¶ ~등 白熱灯ᵗᵒᵘ。②[하自] (力ᶜʰⁱᵏᵃʳᵃ・議論ᵍⁱʳᵒⁿなどが)最高潮ˢᵃⁱᵏᵒᵘᶜʰᵒᵘに達ᵗᵃᵗˢᵘすること。¶ 토론이 ~화하다 討論ᵗᵒᵘʳᵒⁿが白熱する。

**백엽-상**[百葉箱] [名][氣] 百葉箱ʰʸᵃᵏᵘʸᵒᵘᵇᵃᵏᵒ。

**백옥**[白玉] [名] 白玉ʰᵃᵏᵘᵍʸᵒᵏᵘ、しらたま。

**백의**[白衣] [名] 白衣ʰᵃᵏᵘⁱ。①白色ʰᵃᵏᵘˢʰᵒᵏᵘの衣服ⁱᶠᵘᵏᵘ。¶ ~의 천사 白衣の天使ᵗᵉⁿˢʰⁱ。②無位無官ᵐᵘⁱᵐᵘᵏᵃⁿの人、庶民ˢʰᵒᵐⁱⁿ、平民ʰᵉⁱᵐⁱⁿ。③[佛] 白衣ᵇʸᵃᵏᵘᵉ、俗人ᶻᵒᵏᵘʲⁱⁿ。

**백의-민족**[-民族] [名] 白衣ᵇʸᵃᵏᵘⁱの民族ᵐⁱⁿᶻᵒᵏᵘ、韓国民族ᵏᵃⁿᵏᵒᵏᵘᵐⁱⁿᶻᵒᵏᵘ。

**백의-종군**[-從軍] [名][하自] 平民ʰᵉⁱᵐⁱⁿの身分ᵐⁱᵇᵘⁿで従軍ʲᵘᵘᵍᵘⁿすること。

**백인**[白人] [名] 白人ʰᵃᵏᵘʲⁱⁿ。

**백일**[百日] [名] ①百日ʰʸᵃᵏᵘⁿⁱᶜʰⁱ。②子供ᵏᵒᵈᵒᵐᵒが生ᵘまれて百日目ᵐᵉの日ʰⁱ。

**백일 기도**[-祈禱] [名][하自] 百日ʰʸᵃᵏᵘᵐⁱᶜʰⁱもうで、百日間ᵏᵃⁿの祈願ᵏⁱᵍᵃⁿ。

**백일-해**[-咳] [名][醫] 百日ⁿⁱᶜʰⁱぜき。

**백자**[白瓷・白磁] [名] 白磁ʰᵃᵏᵘʲⁱ。

**백자 청화**[-青華] [名] 白磁に青色ᵃᵒⁱʳᵒで絵ᵉを入ⁱれたもの。

**백전**[白戰] [名] 白戰ʰᵃᵏᵘˢᵉⁿ。

**백전-백승**[-百勝] [名] 百戰百勝ʰʸᵃᵏᵘˢᵉⁿʰʸᵃᵏᵘˢʰᵒᵘ。¶ ~의 정예 百戰百勝の精鋭ˢᵉⁱᵉⁱ。

**백제**[百濟] [名][史] 百済ᵏᵘᵈᵃʳᵃ。

**백조**[白鳥] [名][動] 白鳥ʰᵃᵏᵘᶜʰᵒᵘ、⒡ 고니。

**백주**[白晝] [名] 白昼ʰᵃᵏᵘᶜʰᵘᵘ、真昼ᵐᵃʰⁱʳᵘ、まっぴるま。¶ ~의 강도 白昼の強盗ᵍᵒᵘᵗᵒᵘ。

**백중**[百中] [名] 百中ʰʸᵃᵏᵘᶜʰᵘᵘ。¶ 백발 ~ 百発ʰʸᵃᵏᵘʰᵃᵗˢᵘ百中。

**백중**[伯仲] [名][하形] 伯仲ʰᵃᵏᵘᶜʰᵘᵘ。¶ 실력이 ~하다 実力ʲⁱᵗˢᵘʳʸᵒᵏᵘが伯仲している。②長兄ᶜʰᵒᵘᵏᵉⁱと次兄ʲⁱᵏᵉⁱ。

**백중지-세**[-之勢] [名] 互いに優劣ʸᵘᵘʳᵉᵗˢᵘのつけにくい形勢ᵏᵉⁱˢᵉⁱ。

**백지**[白紙] [名] 白紙ʰᵃᵏᵘˢʰⁱ。①白ˢʰⁱʳᵒい紙ᵏᵃᵐⁱ。¶ ~ 답안을 내다 白紙の答案ᵗᵒᵘᵃⁿを出だす。②(ある物事ᵐᵒⁿᵒᵍᵒᵗᵒにたいして)なんの知識ᶜʰⁱˢʰⁱᵏⁱもないこと。¶ ~로 돌리다 白紙に戻もどす。

[속담] 백지 한 장도 맞들면 낫다 紙ᵏᵃᵐⁱ一枚ⁱᶜʰⁱᵐᵃⁱでも二人ᶠᵘᵗᵃʳⁱで持もち上あげると軽かるくなる。《容易ʸᵒᵘⁱなことでも共同ᵏʸᵒᵘᵈᵒᵘですればもっと能率ᵒᵘʳⁱᵗˢᵘがあがる》

**백지-장**[-張] [名] ①白紙ᵏᵘの一枚ⁱᶜʰⁱᵐᵃⁱ。②[比] 真まっ白しろいもの。¶ 얼굴이 ~같다 顔ᵏᵃᵒが真っ白。

**백출**[百出] [名][하自] 百出ʰʸᵃᵏᵘˢʰᵘᵗˢᵘ。¶ 의견이 ~하다 意見ⁱᵏᵉⁿが百出する。

**백치**[白痴・白癡] [名] 白痴ʰᵃᵏᵘᶜʰⁱ、あほう。¶ ~미 白痴美。

**백탄**[白炭] [名] 白炭ʰᵃᵏᵘᵗᵃⁿ、しろずみ、堅炭ᵏᵃᵗᵃᶻᵘᵐⁱ。

**백팔**[百八] [名] 百八ʰʸᵃᵏᵘʰᵃᶜʰⁱ。

**백팔-번뇌**[-煩惱] [名][佛] 百八煩悩ᵇᵒⁿⁿᵒᵘ。

**백-포도주**[白葡萄酒] [名] 白葡萄酒ˢʰⁱʳᵒᵇᵘᵈᵒᵘˢʰᵘ、白ˢʰⁱʳᵒワイン。

**백합**[白合] [名][植] ユリ。

**백해**[百害] [名] 百害ʰʸᵃᵏᵘᵍᵃⁱ、百害ᵍᵃⁱあって一利ⁱᶜʰⁱʳⁱなし。¶ ~하다 百害あって一利なし。

**백행**[百行] [名] 百行ᵏᵒᵘ。¶ 효는 ~의 근본 孝ᵏᵒᵘは百行の本ᵐᵒᵗᵒ。

**백-혈구**[白血球] [名][生] 白血球ʰᵃᵏᵏᵉᵗˢᵘᵏʸᵘᵘ。

**백혈-병**[白血病] [名][醫] 白血病ᵇʸᵒᵘ。

**백화**[白話] [名] 白話ʰᵃᵏᵘʷᵃ、現代ᵍᵉⁿᵈᵃⁱ中国語ᶜʰᵘᵘᵍᵒᵏᵘᵍᵒの口語ᵏᵒᵘᵍᵒ。

**백화 소:설**[-小說] [名] 白話小説ˢʰᵒᵘˢᵉᵗˢᵘ。

**백화-점**[白貨店] [名] 百貨店ʰʸᵃᵏᵏᵃᵗᵉⁿ、デパート。

**밴:덕** [名] 気紛ᵏⁱᵐᵃᵍᵘれ、移り気ᵍⁱ。② 변덕

**밴둥-거리다** [自] ぶらぶら怠ⁿᵃᵐᵃᵏᵉる、のらりくらりする。② 빈둥거리다

**밴드¹**[band] [名] バンド、ベルト、帯ᵒᵇⁱ。

**밴드²**[band] [名] 楽団ᵍᵃᵏᵘᵈᵃⁿ。

**밸** [名] (「배알」의 縮約形) はらわた。¶ ~이 꼴리다 腹ʰᵃʳᵃの虫ᵐᵘˢʰⁱが治ᵒˢᵃᵐᵃらない。

**밸브**[valve] [名] バルブ、弁ᵇᵉⁿ。¶ 안전 ~를 잠그다 安全ᵃⁿᶻᵉⁿバルブを閉しめる。

**뱀:** [名][動] 蛇へび。¶ ~이 또아리를 틀다 へびがとぐろを巻まく。

**뱀:-딸기** [名][植] ヘビイチゴ。

**뱀:-띠** [名] 巳ᵐⁱ年ᵈᵒˢʰⁱ生まれ。

**뱀:-장어**[-長魚] [名][動] ウナギ。

**뱀:-새** [名][動] ダルマエナガ、チョウセンミソサザイ。

[속담] 뱁새가 황새를 따라가면 가랑이가 찢어진다 ダルマエナガがコウノトリについて行ⁱけば股ᵐᵃᵗᵃが裂さける。《人ʰⁱᵗᵒのまねをして自分ʲⁱᵇᵘⁿの能力ⁿᵒᵘʳʸᵒᵏᵘ以上ⁱʲᵒᵘのことをするとひどい目ᵐᵉに合ᵃう》

**뱁:새-눈** [名] 細ʰᵒˢᵒく裂さけた小ᶜʰⁱⁱˢᵃい目ᵐᵉ。

**뱃-고동** [名] (船ᶠᵘⁿᵉの)汽笛ᵏⁱᵗᵉᵏⁱ。¶ ~이 울리다 汽笛が鳴なる。

**뱃-길** [名] 船路ᶠᵘⁿᵃʲⁱ、航路ᵏᵒᵘʳᵒ。

**뱃-노래** [名] 舟唄ᶠᵘⁿᵃᵘᵗᵃ、船歌ᶠᵘⁿᵃᵘᵗᵃ。

**뱃-놀이** [名][하自] 船遊ᶠᵘⁿᵃᵃˢᵒび。

**뱃-머리** [名] 船首ˢᵉⁿˢʰᵘ、へさき。¶ 동쪽으로 ~를 돌리다 東ʰⁱᵍᵃˢʰⁱへさきを向むける。

**뱃-멀미** [名][하自] 船酔ᶠᵘⁿᵃʸᵒい。¶ ~가 나다 船酔いする。

**뱃-사공** [名] 船頭ˢᵉⁿᵈᵒᵘ、船方ᶠᵘⁿᵃᵏᵃᵗᵃ。

**뱃-사공** [名] 船乗ᶠᵘⁿᵃⁿᵒり、船員ˢᵉⁿⁱⁿ。

**뱃-삯** [名] 船賃ᶠᵘⁿᵃᶜʰⁱⁿ。¶ ~을 내다 船賃を払はらう。

**뱃-살** 名 腹筋㌠・㌸㌨㌩。¶ ~을 잡고 웃다 腹㌎を抱㌎えて笑㌎う。

**뱃-속** 名 ①腹㌎の中㌎、おなか。¶ ~의 아이 お中㌎の子㌎/ ~이 좋지 않다 腹㌎具合㌎が悪㌎い。②(俗) 心㌎の中㌎、腹㌎。¶ 시커먼 ~ 真㌎っ黒㌎い腹の中。
관용〉 뱃속에 능구렁이가 들어 있다 腹に一物㌎がある。 **뱃속이 검다** 腹黒㌎い。

**뱃-심** 名 度胸㌎、図太㌎さ、厚㌎かましさ。¶ ~이 두둑한 사람 図太い人間㌎。

**뱃-전** 名 船㌎べり、船㌎ばた、舷㌎。¶ ~에 걸터 앉다 船べりに腰㌎かける。

**뱅그래** 副 にっこり、にこっと。¶ ~ 웃다 にこっと笑㌎う。類〉 빙그레

**뱅그르르** 副 《小㌎さいものが軽㌎やかに回㌎るようす》くるりと、くるっと。¶ 자전거가 한 바퀴 ~ 돌다 自転車㌎がくるりとひと回㌎りする。

**뱅-뱅** 副 ①《小㌎さいものがつづけて回㌎るようす》くるくる、ぐるぐる。②《めまいがするようす》くらくら。¶ 때때로 머리가 ~ 돈다 時㌎たまくらくらとめまいがする。

**뱅:어**[-魚] 名[動] シラウオ。

**뱅:어-포**[-脯] 名 シラウオの干㌎もの。

**-뱅이** 接尾 ある習慣㌎・性質㌎・外見㌎のものをさげすんで言㌎う語㌎。¶ 주정 ~ 酒癖㌎の悪㌎い人㌎。

**뱉:다** 他 ①《口㌎の中㌎のものを》吐㌎く。¶ 침을 ~ 唾㌎を吐く。②《言葉㌎を》やたらに吐㌎き、吐㌎き出す。¶ 말을 마구 ~ しゃべりまくる。③《横領㌎したものなどを》吐㌎き出㌎す、元㌎へ返す。¶ 착복한 돈을 ~ 着服㌎した金㌎を吐き出す。

**버걱** 副하自他 《堅㌎くて大㌎きい物㌎が軋㌎る音㌎》ぎしっ、かりっ、きいっ。

**버겁다** 形ㅂ ①手㌎に余る。¶ 그 집은 내 힘으론 ~ その荷物㌎は僕㌎の力㌎には手に余る。②手ごわい。¶ 그 놈은 버거운 상대다 あいつは手ごわい相手㌎だ。

**버글-거리다** 自 ①ぐらぐら煮㌎え立㌎つ。¶ 물 ~ お湯㌎がぐらぐら煮え立つ。②ぶくぶく泡立㌎つ。③《人㌎・虫㌎などが》うようよする。類〉 바글거리다

**버금** 名 次㌎の、次㌎の番㌎、2番目㌎。¶ 사장에 ~가는 지위 社長㌎につぐ地位㌎。

**버:너**[burner] 名 バーナー。¶ 가스 ~ ガスバーナー。

**버둥-거리다** 自他 ①《手足㌎を》しきりにばたつかせる、ばたばたする。¶ 손발을 버둥거리며 울다 手足をしきりにばたつかせながら泣㌎く。②もがく、あがく。¶ 살아가려고 ~ 生計㌎のためにあくせくと動㌎く。

**버둥-버둥** 副하自他 ばたばた、じたばた。

**버드-나무** 名[植] ヤナギ。

**버들** 名 ヤナギ。¶ ~가지 柳㌎の枝㌎。

**버럭** 副 《いきなり怒㌎ったり大声㌎を出㌎したりするようす》かっと。¶ ~ 소리를 지르다 かっと声を張㌎り上㌎げる。

**버르장-머리** 名《俗》癖㌎、行儀㌎、しつけ。¶ ~가 없다 行儀が悪㌎い。類〉 버릇

**버릇** 名 ①癖㌎、習性㌎、習癖㌎、習慣㌎。¶ 나쁜 ~ 悪㌎い癖/ 말을 더듬는 ~이 있다 どもる癖がある。/ 아침 일찍 일어나는 ~을 들여라 早起㌎きの習慣をつけなさい。②行儀㌎、作法㌎、しつけ。¶ ~이 없다 行儀が悪㌎い。

**버리다¹** 他 ①《物㌎を》捨㌎てる、ほかす、ほうる。¶ 쓰레기를 ~ ごみを捨てる。②捨㌎てる、見捨てる、見放㌎す、顧㌎みない。¶ 처자를 ~ 妻子㌎を見捨てる。/ 조국을 위해 목숨을 ~ 祖国㌎のために命㌎を捨てる。③駄目㌎になる、台㌎なしにする、壊㌎す、そこなう。¶ 과로로 몸을 ~ 過労㌎で体㌎をこわす。④《職場㌎・職業㌎などを》やめる。¶ 직장을 ~ 職場をやめる。⑤《服㌎などを》汚㌎す。¶ 옷을 버리지 않도록 하렴 服を汚さないようにしなさい。⑥省略㌎する、切り捨㌎てる。¶ 원 단위 이하는 ~ ウォン単位以下㌎は切り捨てる。

**버리다²** 助動 その動作㌎を「…てしまう」の意㌎を表㌎わす。¶ 울어 ~ 泣㌎いてしまう。/ 깜박 잊어 ~ うっかり忘㌎れてしまう。

**버림-받다** 自 捨㌎てられる、見捨㌎てられる。¶ 부모에 버림받은 아이 両親㌎に見捨てられた子供㌎。

**버무리다** 他 まぜあわす、和㌎える。¶ 산나물을 된장에 ~ 山菜㌎を味噌㌎で和える。

**버석** 副하自他 ①《枯㌎れ葉㌎などを踏㌎んだときの音㌎》がさっと。②《かさかさに乾㌎いたものが壊㌎れる音》がさがさと。

**버선** 名 ポソン、韓国㌎の固有㌎の足袋㌎。

**버섯** 名[植] キノコ、タケ。¶ ~을 따러 가다 茸狩㌎りに行く。

**버스**[bus] 名 バス。¶ ~ 정류장 バス停㌎/ ~를 놓치다 バスに乗り遅れる。

**버스럭** 副하自他 《枯㌎れ葉㌎・紙㌎などが触㌎れ合うときに出㌎る音㌎》ばさっと、がさごそ。類〉 바스락

**버젓-하다** 形하 堂々㌎としている、おくするところがない、れっきとしている、立派㌎だ。¶ 버젓한 신분 れっきとした身分㌎。

**버짐** 名 疥㌎。¶ ~이 생기다 はたけができる。

**버찌** 名 サクランボ。

**버터**[butter] 名 バター。¶ ~ 나이프 バターナイフ/ ~를 바르다 バターを塗㌎る。

**버티다 I** 自 ①持㌎ちこたえる、こらえる、耐㌎え忍㌎ぶ。¶ 끝까지 ~ 最後㌎までこらえる。/ 갖은 곤란을 버티어 나가다 さまざまな困難㌎に耐えて行㌎く。②対抗㌎する、頑張㌎る、言い張㌎る。¶ 자기 생각이 옳다고 서로 버티고 있다 自分の意見㌎が正しいと互㌎いに言い張っている。 **II** 他 支㌎える。¶ 통나무로 기둥을 ~ 丸太㌎で柱㌎を支える。

**버팀-목**[-木] 名 支柱㌎、つっかい(棒㌎)、つっぱり、心張㌎り棒㌎。¶ 문에 ~을 괴다

戸ﾄに心張ﾝり棒を支ｻｻえる。

**벅차다** [形] ①手てに余あまる, 手強ｺﾞﾜい, 手てに負ぉえない, 手一杯いっぱいである。¶ 벅찬 일 手に余る仕事だ。 ②一杯いっぱいだ, 溢ぁふれそうだ。¶ 가슴ᄋᆞ ~ 胸むねが一杯だ。

**번**【番】[依]《順序じゅん・番号ばんごう・回数かいの意ぃを表ぁらわす》番ばん, 回かい, 度ど。¶ 세 ~ 3回さんかい。

**번-갈아**【番─】[副] 代かわる代がわる, 交替こうたいに, かわり番ばんこに。¶ ~ 근무하다 代わる代わる勤務きんむする。

**번갈아-가다** [自] (順番じゅんばんを)交代こうたいしてゆく, 代わる代わるする。

**번갈아-들이다** [他] 順じゅんぐりに入いれかえさせる, 交替こうたいさせる。

**번개** 稲光いなびかり, 稲妻いなずま。¶ ~가 치다 稲妻がする。

[속담] **번갯불에 콩 볶아 먹겠다** 稲光でと豆まぁをいって食く´う。《動作ど´さ・行動こ´うがが速はやい》

**번개-같다** [形] 稲妻いなずまのようだ, (動作ど´さが)非常ひじょうに速はやい, 稲妻ぃな´ずまのような素早ばやい手ぎわ。

**번거-롭다** [形ㅂ]わずらわしい, 厄介やっかいだ, 複雑ふくざつだ, 回まわりくどい。¶ 수속ᄋᆞ 너무 ~ 手続てっづきがあまり複雑だ。 ②騒々ぞうぞうしい。

**번뇌**【煩悩】[名][하][自] 煩悩ぼんの´う。 ①悩なやみ煩わずらうこと。 ②心身ᄉᆞﾝを悩ませる一切いっさいの欲望よくぼう。¶ ~ 번뇌 百八ひゃくはち 煩悩。

**번데기** [名][動] サナギ。

**번득** [副][하][自][他]《瞬間的しゅんかんてきにひらめくようす》ぴかっと, ぴかっと。

**번득-거리다** [自][他] ぴかぴかする, ぴかぴかさせる。¶ 눈을 번득거리며 노려보다 目ぁを光ひからしてにらむ。

**번득-이다** [自][他] ①閃ひらめかせる, 閃ひらめく, 光ひからせる。 ②(眼光がんこ´うが)きらきらする, 光ひか´る, 光ひからせる。

**번듯-하다** [形어] まっすぐだ, 端正たんせいだ。 [재] 반듯하다 **번듯-이** [副] まっすぐに, 端正に, きちんと。

**번민**【煩悶】[名][하][自] 煩悶ぼんもん。¶ 남몰래 ~하다 人知じんしれず煩悶する。

**번번-이**【番番─】[副] 毎度まいど, そのつど, いつも。¶ ~ 실패하다 毎度しくじる。

**번번-하다** [形어] ①平たいらだ, なめらかだ。¶ 판자가 ~ 板ぃが平ひらたい。 ②(顔かお´つきや外観がいかんなどが)きれいだ, 端正たんせいだ, 立派りっぱだ。¶ 여하튼 외모만은 ~ ともかく見掛みかけだけは立派だ。 ③(身分ぶ´ん・家柄いえがらが)人並ひとなみ以上いじょうだ。¶ 번번한 집안의 자손이다 相当そうとうな家柄の子孫しそんだ。 ④(品物しなものなどが)かなり立派りっぱだ。¶ 번번한 세간 하나 없다 ろくな所帯道具しょたいどう´ぐひとつない。**번번-히** [副] ①なめらかに。 ②きれいに。

**번복**【飜覆】[名][하][自] 翻覆はんぷく, しばしばひるがえすこと。¶ 증언을 ~하다 証言しょうげんをひるがえす。

**번성**【繁盛】[名][하][自] 繁盛はんじょう, 繁昌はんじょう。¶ 장사가 ~하다 商売しょうばいが繁盛する。

**번식**【繁殖・蕃殖】[名][하][自][되][自] 繁殖はんしょく。¶ ~기 繁殖期き。

**번역**【飜譯】[名][하][他][되][自] 翻訳ほんや´く。¶ ~ 소설 翻訳小説しょう´せつ。

**번영**【繁榮】[名][하][自] 繁栄はんえい。¶ 기업의 ~ 企業きぎょうの繁栄。

**번잡**【煩雜】[名][하][形] 煩雑はんざつ, 繁雑はんざつ。¶ ~한 절차 わずらわしい手続つづき。

**번잡-스럽다** [形ㅂ] 煩雑はんざつだ, 込ｺ´み入いってわずらわしい。

**번적** [副][하][自]《光ひかりなどがひらめくようす》ぴかっと, きらっと。

**번적-거리다** [自] きらめく, ぴかぴかする。

**번죽-거리다** [自] いやみなどを並ならべ立てる, ねちねちと言う。

**번지**【番地】[名] 番地ばんち。¶ ~가 틀린 편지 番地が間違まちがっている手紙てがみ。

**번:지다** [自] ①(液体えきたいなどが)にじむ, 散ちる, 染しみる。¶ 옷에 잉크가 ~ 着物きもの´のにインクが染みる。 ②広ひろがる, 広まる。¶ 소문이 ~ うわさが広がる。 ③広大だいする。 ④事ことが広ひろがる前まえに処理しょりする。 ④(皮膚病ひふびょう・傷きずなどが)広がり大おおきくなる。¶ 부스럼이 ~ できものが大きくなる。

**번쩍[1]** [副] ①(軽かるくとすばやく持ち上あげるようす) さっと。¶ 물동이를 ~ 들어올렸다 水瓶かめ´をさっと持ち上げた。 ②《うつむいていた顔を急きゅうに上あげるようす》さっと。¶ 고개를 ~ 들었다 頭あたまをさっと上げた。 ③(つぶっていた目めを急きゅうに開あけるようす)ぱっと。¶ 눈을 ~ 떴다 目をぱっと開けた。 ④《急きゅうに思おもいついたり気付きづくようす》はっと, ふと, ひょいと。¶ ~ 명안이 떠올랐다 ひょいと名案があんが浮う´かび上ぁがた。

**번쩍²** [副][하][自][他] ぴかっと。¶ 번갯불이 ~ 빛ひ´かなた ぴかっと光ひかる。 [재] 반짝

**번호**【番號】[名] 番号ばんご´う, ナンバー。¶ ~표 番号票ひょう / 전화 ~ 電話でんわ番号 / ~를 매기다 番号をつける。

**번화**【繁華】[名][하][形] 繁華はんか, にぎやかなこと。¶ ~한 거리 にぎやかな通とお´り。

**번화-가**【─街】[名] 繁華街がい。

**벋다** [自] ①(枝ゅ´え・つるなどが)伸のびる, (根ねが)張る。 ②(道みちなどが)延のびる, 長ながくなる。 ③(勢力せ´いり´ょく・影響えいきょうが)及およぶ, 伸のびる。¶ 힘이 거기까지 ~ 力ちからがそこまで及ぶ。 [재] 뻗다

**벋-대다 Ⅰ** [自] 意地いじを張はる, 逆らう, 抵抗ていこうする, つっぱる。¶ 벋대지 말고 말을 들어라 意地を張らずに言うことを聞け。 **Ⅱ** [他](力ちからを入いれて)支ささえる, 突つっ張る。

**벋정-다리** [名] ①屈伸くっしんの出来でき´ない脚ぁし, 棒ぼうのような足ぁし。 ②硬直こうちょくして曲まげることのできないもの。

**벋쳐-오르다** [自][으] (水みずなどが)噴ふき上ぁがる, いきおいよくあがる。

**벌¹** [名] ①(衣服いふく・器物きぶ´つなどの)そろい, 一

**벌** 式しき、セット。¶ 한 ~로 된 옷 対つの着物きもの/ ~을 갖추다 一式いっしきをそろえる。 ②《形式名詞的にそろいをかぞえる語》そろい、具ぐ。¶ 옷 한 ~ 着物ものの一着いっちゃく/ 양복 한 ~을 사다 洋服ようふくを一着いっちゃくあつらえる。

**벌²** 名動 ハチ。¶ ~집 ハチの巣す/ ~에 쏘이다 ハチに刺さされる。

**벌**〖罰〗名하他 罰ばつ。¶ ~을 받다 罰ばつを受うける。/ ~을 서다 罰ばつで立たたされる。/ 천~이 내리다 天罰てんばつが下くだる。

**벌개-지다** 自 赤あかくなる。¶ 부끄러워서 얼굴이 ~ 恥はずかしくて顔かおが赤あかくなる。

**벌거-벗다** 自 ①裸はだかになる。 ②(山やまに草木くさきが)無なくなる、はげる。¶ ~ 산 はげ山やま。

**벌거-숭이** 名 ①裸はだか、真まっ裸はだか。¶ ~ 산 禿はげ山やま/ ~가 되어 헤엄치다 裸はだかになって泳およぐ。 ②まる裸はだか、一文いちもんなし。

**벌겋다** 形여 うす赤あかい、赤あかみを帯おびている。¶ 벌건 얼굴 赤あかみを帯おびた顔かお。

**벌금**〖罰金〗名 罰金ばっきん。¶ 10만 원의 ~에 처하다 10万まんウォンの罰金ばっきんに処しょする。

**벌:다** 他 ①稼かせぐ、儲もうける。¶ 생활비를 ~ 生活費せいかつひを稼かせぐ。/ 땅으로 큰돈을 ~ 土地とちで大金たいきんを儲もうける。 ②(時間じかんを)稼かせぐ、引ひきのばす。¶ 이유를 들어 시간을 ~ 理由りゆうをあげ時間じかんを稼かせぐ。 ③(悪わるいことをして罰ばつを自みずから)招まねく、叱しかられる。¶ 욕을 ~ 悪わるく言いわれる。

**벌떡** 副 いきなり立たち上あがるようす、がばと、ぱっと、すっくと。¶ 놀라서 ~ 일어났다 驚おどろいてがばとはねおきた。

**벌:-떼** 名 蜂はちの群むれ。

**벌렁** 副 《力ちからなくあおむけに倒たおれるようす》ごろり、ばたっと、ばたり。¶ ~ 드러눕다 ごろりと横よこになる。

**벌렁-거리다** 自 せかせかする。

**벌렁-코** 名 ししっぱな、しっぽな。

**벌레** 名 ①虫むし、虫けら、昆虫こんちゅう。¶ ~ 소리 虫むしの音ね。 ②(物事ものごとに熱中ねっちゅうする人ひと。¶ 공부 ~ 勉強べんきょう虫むし。

**벌름-거리다** 自 ひくひくする〔させる〕。¶ 코를 ~ 鼻はなをひくひくさせる。

**벌름-벌름** 副自他 ぱたぱた、ひくひく。

**벌:리다** 他 ①(袋ふくろの口くちなどを)あける、開ひらく。¶ 자루를 ~ 袋ふくろをあける。 ②(手足てあしなどを)広ひろげる。¶ 다리를 ~ 脚あしを広ひろげる。 ③(間隔かんかくを)開あける、広ひろくする。¶ 책상 사이를 ~ 机つくえの間あいだを広ひろくする。 ④(口くちや 手ての平ひらを)開ひらく、開あける。¶ 입을 벌리고 있다 口くちを開あけている。 ⑤(店みせなどを)開ひらく、出だす、開店かいてんする。¶ 가게를 ~ 店みせを出だす。 ⑥(賭場とばを)開ひらく、開帳かいちょうする。¶ 노름판을 ~ 賭場とばを開帳かいちょうする。

**벌:벌** 副 ①《しきりに震ふるえるようす》ぶるぶる、おどおど、びくびく。¶ 추워서 ~ 떨다 寒さむくてぶるぶる震ふるえる。¶《物惜ものおしみするようす》けちけちする。¶ 푼돈에 ~ 떨고 はした金かねにけちけちする。

**벌:-새** 名動 ハチドリ。

**벌-술**〖罰-〗名 罰酒ばつしゅ。

**벌써** 副 ①《事ことが既すでに終おわっていることを表あらわす》もう、既すでに、とっくに、とうに。¶ 그 소식은 ~ 들어 알고 있다 その便たよりはすでに聞きいて知しっている。 ②《既すでにそうなっていることを表あらわす》もはや、いつのまにか、もう。¶ ~ 가을이 되었다 いつのまにか秋あきになった。 ③今いまとなっては、もはや、もう。¶ ~ 늦었다 もはや手遅ておくれだ、既すでに遅おそい。

**벌:어-들이다** 自他 稼かせいで来くる。

**벌:어-지다** 自 ①すき間まができる。¶ 벽에 틈이 ~ 壁かべにすき間まができる。 ②(遮さえぎるものなく)広ひろがる。¶ 눈 앞에 벌어진 경치 目めの前まえに広ひろがった景色けしき。 ③(仲なかが)ひびが入はいる、疎うとくなる。¶ 두 사람 사이가 ~ 二人ふたりの仲なかが疎うとくなる。 ④(体からだが)横よこに張はる。¶ 알맞게 벌어진 어깨 程ほどよく張はった肩かた。 ⑤(事ことが繰くり広ひろげられる、起おきる。¶ 싸움이 ~ 喧嘩けんかが起おきる。 ⑥(実みが熟じゅくして)開ひらける、裂さける。¶ 밤송이가 ~ 栗くりのいがが裂さける。

**벌:이다** 他 ①(仕事しごとなどを)始はじめる、手てをつける、着手ちゃくしゅする。¶ 공사를 ~ 工事こうじを始はじめる。 ②(店みせを)開ひらく、~ 가게를 ひらく。 ③(物ものを)陳列ちんれつする、並ならべる。¶ 신제품을 벌여 놓다 新製品しんせいひんを並ならべておく。 ④繰くり広ひろげる、展開てんかいする。

**벌점**〖罰點〗名 罰点ばってん。

**벌주**〖罰酒〗名 罰酒ばっしゅ。

**벌:-집** 名 ハチの巣す。
〖慣〗 벌집을 쑤신 것 같다 ハチの巣すをつついたようだ。

**벌채**〖伐採〗名하他 伐採ばっさい。¶ ~한 나무 伐採ばっさいした木き。

**벌책**〖罰責〗名하他 過あやまちを叱しかって軽かるく罰ばっすること。

**벌초**〖伐草〗名自 墓はかの雑草ざっそうを刈かってきれいにすること、墓薙はかなぎ。

**벌충** 名하他 補充ほじゅう、埋うめ合あわせ、補おぎない。¶ 손해를 ~했다 損害そんがいを埋うめ合あわせた。

**벌칙**〖罰則〗名 罰則ばっそく。¶ ~을 정하다 罰則ばっそくを決きめる。

**벌컥** 副 ①《にわかに怒いかるようす》かっと。¶ ~ 성을 내다 かっと怒おこる。 ②にわかに大騒おおさわぎになるようす。¶ 사내가 ~ 뒤집혔다 社内しゃないが大騒おおさわぎになった。

**벌컥-거리다** 他 ①(水みずなどを)がぶがぶと飲のむ。 ②(酒さけなどが)ぶつぶつと発酵はっこうする。

**벌컥-벌컥** 副自他 ①《飲のみ物ものを勢いきおいよく飲のみこむようす》がぶがぶ、ごくごく。¶ 냉수를 ~ 마시다 お冷ひやをがぶがぶと飲のむ。 ②《泡あわが出でるようすやまたはその音おと》ぶくぶく、ぽこぽこ。 ③《洗濯物せんたくものを煮にるときに出でる音おと》ぶくぶく、ぽこぽこ。

**벌판** 名 広ひろい野原のはら、原野げんや。¶ 황량한 ~ 荒涼こうりょうとした原野げんや。

범: 名動 虎ら。¶ ~의 가죽 虎の皮ゎ。
속담 범 굴에 들어가야 범을 잡는다 虎穴に入らずんば虎を得ず。

범: 犯 (刑罰を受けた回数を表わす語)…犯は。¶ 전과 5 ~ 前科5犯。

범:-띠 寅年の生まれ。

범:람[氾濫·汎濫] 名自 氾濫。¶ 큰 비로 하천이 ~ 하다 大雨で川ゎが氾濫する。

범벅 名 ①穀物の粉に南瓜などを混ぜて作ったごった煮。②ごたまぜ、ごちゃまぜ。¶ ~이 되다 ごちゃまぜになる。

범:법[犯法] 名自 犯法。法ゎを犯すこと。¶ ~ 행위 犯法行爲。

범상[凡常] 名形動 大したことでないこと、尋常ゎ、普通。¶ ~ 한 일이 아니다 尋常なことでない。범상-히 副 簡單に、やすやすと。

범:선[帆船] 名 帆船、帆かけ船。

범:위[範圍] 名 範圍。¶ ~ 가 넓다 範圍が廣い。

범:인[犯人] 名 犯人。¶ ~ 은닉죄 犯人隱匿罪/ ~ 을 체포하다 犯人を逮捕する。

범절[凡節] 名 (日常生活の)あらゆる作法。¶ 예의 ~ 禮儀作法。

범:접[犯接] 名自 やたらに近づいて觸れること。¶ ~ 을 못하게 하다 やたらに近づかないようにする。

범:죄[犯罪] 名 犯罪。¶ 완전 ~ 安全犯罪/ ~ 가 늘어나다 犯罪が增える。
  범:죄-자[-者] 名 犯罪者。
  범:죄 행위[-行爲] 名 犯罪行爲。

범:주[範疇] 名 範疇、カテゴリー。¶ 같은 ~ 에 들다 同じ範疇に入る。

범:태평양[汎太平洋] 汎太平洋。

범퍼[bumper] 名 (自動車の)バンパー。

범:-하다[犯-] 他 犯す。¶ 과오를 ~ 過ちを犯す。/ 여자를 ~ 女性を犯す。

범:행[犯行] 名 犯行。¶ ~ 일체를 자백하다 犯行のいっさいを自白する。

법[法] 名 法。①法律。¶ ~ 을 어기다 法に背く。②作法、道理ゎ、(世間·個人の)ならゎし。¶ 아버지는 화내는 ~ 이 없다 父は腹を立てるようなことはない。③方法ゎ、方式ゎ、仕方、樣式。¶ 표기 ~ 表記法/ 말하는 ~ 話し方/ 공부하는 ~ 勉强の仕方。④(「…(하)는 법이다」の形で)…するものだ。¶ 무슨 일에도 때가 있는 ~ 이다 何事にも時があるものだ。⑤佛 三寶の一つ。
  속담 법은 멀고 주먹은 가깝다 法は遠くて拳こぶしは近い。《理非ゎをただすことなくすぐ腕力をふるうこと》
  관용 법 없이 살다 正しくて善良で法律の規制せきがなくとも惡い事はしない。

법과[法科] 名 法科。¶ 그는 ~ 출신이다 彼は法科出身しんだ。
  법과 대학[-大學] 名 法科大學、法學部。

법관[法官] 名 法官、裁判官。

법규[法規] 名 法規。¶ ~ 에 따라 처벌하다 法規に因って處罰する。

법당[法堂] 名 佛 法堂、講堂。

법랑[琺瑯] 名 琺瑯、エナメル。¶ ~ 질 琺瑯質。

법률[法律] 名 法律。¶ ~ 의 제정 法律の制定/ ~ 에 어긋나다 法律に背く。
  법률 사:무소[-事務所] 法律事務所。
  법률-안[-案] 名 法律案、法案。¶ ~ 을 심의하다 法律案を審議する。

법무[法務] 名 法務。①法律に關する事務。②佛 仏事に關する事務。
  법무 행정[-行政] 法務行政。

법석 名自 大騷ぎ、騷動、わいわい騷ぎ立てること。¶ 왜 이리 ~ 을 떠느냐? なぜこんなに騷ぎ立てるんだ。

법안[法案] 名 法案。¶ ~ 을 제출하다 法案を提出する。

법원[法院] 名 裁判所。¶ 가정 ~ 家庭裁判所。

법의[法衣] 名 佛 法衣、僧衣。

법-의학[法醫學] 名 法醫學。

법인[法人] 名 法 法人。¶ 재단 ~ 財團法人。
  법인-세[-稅] 名 法人稅。

법적[法的] 名 ~ 제재 法的制裁/ ~ 인 근거 法的な根據。

법정[法廷] 名 法廷。¶ ~ 투쟁 法廷闘爭/ ~ 에 출두하다 法廷に出頭する。
  법정 모:욕죄[-侮辱罪] 名 法 法廷侮辱罪。

법정[法定] 名他 法定。¶ ~ 상속인 法定相續人。
  법정 가:격[-價格] 名 法定價格。
  법정 공휴일[-公休日] 名 法定休日。
  법정 이:율[-利率] 名 法定利率。
  법정 전염병[-傳染病] 名 法定傳染病。

법-제자[法弟子] 名 佛 仏弟子。

법-질서[法秩序] 名 法秩序。¶ ~ 를 지키다 法秩序を守る。

법치[法治] 名 法治。¶ ~ 국가 法治國家/ ~ 주의 法治主義。

법칙[法則] 名 法則。¶ 만유 인력의 ~ 萬有引力の法則。

법학[法學] 名 法學、法律學。
  법학 개:론[-槪論] 名 法學槪論。

법화-경[法華經] 名 佛 法華經。

벗 名 友、友達、友人。¶ 오랜 ~ 古くからの友人/ 자연을 ~ 삼아 살다 自然を友として生きる。
  속담 벗 따라 강남 간다 友について江南へ行く。《友といっしょなら遠い所へも行く》

벗겨-지다 自 ①(帽子などが)脱げる。¶ 신이 커서 ~ 靴が大きくて脱げる。②(皮ゎ·表皮などが)剝げる。¶ 엎어져서 무릎이 ~ 倒れて膝がすり剝ける。③(顔色などが)剝げる、はげ落ちる。¶ 페인트가 ~ ペンキが剝げる。④(掛けられたものが)外

**벗기다**

れる。¶ 바퀴의 벨트가 ~ 車のベルトが外れる。⑤(頭が)禿げる。¶ 머리가 ~ 頭がはげる。

**벗기다** 他 「벗다」の使役。①(服・帽子などを)脱がせる、脱がす。¶ 내의를 ~ 肌着を脱がせる。②(果物の皮などを)むく、はぐ。¶ 사과 껍질을 ~ リンゴの皮をむく。③(物の表面を)こすり落とす。¶ 녹을 ~ 錆を落とす。④(布団などを)はぐる、めくる、取る。¶ 이불을 ~ 掛け布団をはぐる。⑤(張りつけたものを)はがす。¶ 벽보를 ~ 張り紙をはがす。⑥(掛けてあるものを)外す、取る。¶ 문의 빗장을 ~ 門のかんぬきを外す。

**벗-나가다** 自 (一定の範囲から)それる、外れる、出る、はみ出る。¶ 벗나간 행동 常軌を外れた行動。

**벗다** 他 ①(身につけたものを)脱ぐ、取る、外す。¶ 저고리를 ~ 上着を脱ぐ。②(背負ったものを)外す、下ろす。¶ 무거운 짐을 ~ 重い荷物を下ろす。③(蛇・虫などが)脱皮する。¶ 뱀이 허물을 ~ 蛇が脱皮する。④(義務・責任などを)逃がれる、免かれる、脱する。¶ 책임을 ~ 責任を免れる。⑤(汚名などを)すすぐ、そそぐ。¶ 누명을 ~ 汚名をすすぐ。

**벗-삼:다** 他 友とする。¶ 풍월을 ~ 風月を友とする。

**벗어-나다** 自他 ①(標的・範囲などから)外れる、抜ける、逸脱する、それる。¶ 포탄이 표적에서 ~ 弾丸が的からそれる。②(ある状態から)抜け出す、免がれる、脱する、逃がれる、解放される。¶ 생활고에서 ~ 生活難から脱する。③(人から)疎まれる、見放される。¶ 아버지의 눈에 ~ 父親から見放される。④(道理などに)外れる、逸れる、逸する、悖る。¶ 인륜에 ~ 人倫に悖る。/ 예의에 ~ 礼儀にはずれる。⑤はみ出す、はずれる、それる。¶ 궤도에서 ~ 軌道からそれる。

**벗어-던지다** 他 ①(身につけたものを)脱ぎ捨てる。②(因習じゅうなどを)捨てる。

**벙거지** 名 ①(むかし)兵卒・卑しい者がかぶった毛の帽子。②俗 帽子。

**벙글-거리다** 自 にこにこする。 한 방글거리다

**벙글-벙글** 副

**벙벙-하다** 形動 ①呆然とする、ぽかんとする。¶ 어안이 ~ あきれてものが言えない。②(水みが)一面に広がっている。¶ 부엌 바닥에 물이 ~ 台所の床が一面水浸したしになる。

**벙실-벙실** 副하다 にこにこ。¶ ~ 웃으며 들어오다 にこにこ笑いながら入ってくる。

**벙어리**[1] 名 ものの言えない人、唖。

**벙어리**[2] 名 (陶器製とうきせいの)貯金箱。

**벙어리-장갑**[-掌甲] 名 二またの手袋、ミトン。

**벚-꽃** 名 桜、桜の花。

**벚-나무** 名 [植] ザクラ、桜の木。

**베** 名 ①(糸で織った)布地。¶ ~를 짜다 機を織る。②「삼베」の縮約形。

**베개** 名 枕。¶ 팔~를 베다 腕枕をする。

**베갯-머리** 名 枕元、枕頭。¶ ~에 시계를 놓다 枕元に時計をおく。

**베갯밑-공사**[-公事] 名 寝床で妻が夫に願出る事をささやくこと。

**베끼다** 他 写す、書き写す、書き取る。¶ 책을 ~ 本を写す。/ 보고 ~ 見取る。

**베니어**[veneer] 名 ベニヤ。¶ ~ 합판 ベニヤ板。

**베:다**[1] 他 (刃物で)切る、刈る、断たつ。¶ 손가락을 ~ 指を切る。/ 낫으로 풀을 ~ 鎌で草を刈る。②首にする、解雇する、辞職させる。

**베:다**[2] 他 まくらをする。

**베드**[bed] 名 ベッド。¶ ~룸 ベッドルーム。

**베드-신**[- scene] 名 ベッドシーン。

**베란다**[veranda] 名 [建] ベランダ。

**베레**[프 béret] 名 ベレー。¶ ~모를 쓰다 ベレー帽をかぶる。

**베리베리**[beriberi] 名 [医] 脚気。

**베스트**[best] 名 ベスト。¶ ~ 멤버 ベッドメンバー。

**베스트 셀러**[- seller] 名 ベストセラー。

**베어-내다** 他 切り取る、切り分ける、切り出す、刈り取る。¶ 나뭇가지를 ~ 枝を切り取る。/ 풀을 ~ 草を刈り取る。

**베어링**[bearing] 名 [機] ベアリング、軸受じく。

**베이비**[baby] 名 ベビー、赤ん坊。¶ ~복 ベビー服。

**베이스**[base] 名 [野] ベース、塁。¶ ~를 밟다 ベースを踏む。

**베이지**[프 beige] 名 ベージュ。

**베이컨**[bacon] 名 ベーコン。

**베이킹 파우더**[baking powder] 名 ベーキングパウダー、ふくらし粉。

**베일**[veil] 名 ベール。¶ ~을 벗기다 ベールをはがす。

**베짱이** 名 [動] ウマオイムシ。

**베테랑**[veteran] 名 ベテラン。¶ 업계의 ~ 業界のベテラン。

**베풀다** 他 ①(宴席などを)設ける、催す、張る。¶ 주연을 ~ 酒宴を設ける。②(金品・恩恵などを)恵む、施す、与える。¶ 자선을 ~ 慈善を施す。/ 선정을 ~ 善政を敷く。

**벤치**[bench] 名 ベンチ。¶ ~ 워머 ベンチウオーマー。/ ~에 앉다 ベンチにかける。

**벨**[bell] 名 ベル。¶ 비상 ~ 非常ベル / ~이 울리다 ベルが鳴る。

**벨트**[belt] 名 ベルト。①バンド。¶ ~를 매다 ベルトをしめる。②[機] 調べ帯。¶ ~ 컨베이어 ベルトコンベア。③地帯。¶ 그린 ~ グリーンベルト。

**벼** 名 [植] 稲。¶ ~ 농사 稲作 / ~ 이삭 稲穂 / ~를 베다 稲を刈る。

**벼락** 名 ①雷かみなり、落雷らくらい。¶ ~이 떨어지다 雷が落おちる。②稲妻いなずま、稲光いなびかり。③(比)急きゅうにうける打撃げき。¶ 물 ~을 맞다 水みずを浴あびせかけられる。④(比)(目上めうえの人ひとの)ひどく叱しかること、大目玉おおめだま。⑤(比)にわか仕立じたて、にわかづくり。¶ ~ 잔치를 하다 にわかづくりの祝宴しゅくえんをはる。⑥(比)素早すばやく行動こうどうしたり片付かたづけたりすること。¶ ~으로 해치우다 またたく間まにやってしまう。

**속담 벼락 치는 하늘도 속인다** 雷かみなりを落おとす天てんをもだます。《騙だまそうと思おもえば人間にんげんは何なんでも騙だませることのたとえ》

**관용 벼락(을) 맞다** ①雷かみなりに打うたれる。②罰ばつが当あたる。**벼락이 내리다** ①雷かみなりが落おちる。②大目玉おおめだまを食くらう。③異変いへんが起おこる。

**벼락-감투** にわかに身分みぶん不相応ふそうおうな地位ちいを得えること。

**벼락-공부**[-工夫] 名 (해당他) (試験しけんのまえの)にわか勉強べんきょう、一夜漬いちやづけの勉強。

**벼락-닫이** 名 上あげ下おろし式しきの窓まど。

**벼락-부자**[-富者] 名 にわか成金なりきん、にわか分限ぶんげん、にわか大尽だいじん。¶ ~티를 내다 成金風かぜを吹ふかせる。

**벼락-불** ①稲妻いなずま、稲光いなびかり。②(比) きびしい命令めいれい。

**벼락-치다** 自 雷かみなりが落おちる。

**벼락-치기** 名 (さしせまってからの)にわか勉強べんきょう(仕事しごと)、どろなわ。¶ ~로 공사를 하다 やっつけ工事こうじをやる。

**벼랑** 名 崖がけ、断崖だんがい、絶壁ぜっぺき、切きり岸ぎし。¶ 깎아지른 듯한 ~ 切きり立たった崖。

**벼랑-길** 名 崖道がけみち、がけっぷちの道みち。

**벼루** 名 硯すずり。

**벼룩** 名 動 ノミ、蚤のみ。¶ ~에 물리다 蚤に食くわれる。

**속담 벼룩도 낯짝이 있다** ノミにもメンツがある。《ひどく図々ずうずうしい者もののたとえ》**벼룩의 간을 내어 먹는다** ノミの肝きもを取とり出だして食くう。《とても浅あさましい、ひどくけちだ》

**벼룩-시장**[-市場] 名 蚤のみの市いち、古物市ふるものいち。

**벼르다**¹ (何なにかをしようともくろむ、決心けっしんする、(機会きかいを)ねらう、待まて構かまえる。¶ 반격할 기회를 ~ 反撃はんげきの機会きかいをねらう。

**속담 벼르던 아기 눈이 먼다** 期待きたいをかけた子この目めが見みえなくなる。

**벼르다**² 配分はいぶんする、分配ぶんぱいする、取とり分わけける。¶ 감을 세 몫으로 ~ 柿かきを3人にんに分配する。

**벼리다** 他 ①(刃物はものを)焼やきを入いれ直なおす、鍛きたえる、焼やき直なおして研とぐ。¶ 날을 ~ 刃はを鍛きたえて鋭するどくする。②(神経しんけいを)とがらす、気きを引ひき締しめる。

**벼슬** 名 (하자) 官職かんしょく、官位かんい。¶ 큰 ~을 하다 高たかい官職につく。

**벼-쭉정이** 名 秕しいな、中身みのないもみ。

**벽**[壁] 名 ①壁かべ。¶ ~지 壁紙かべがみ/ ~을 바르다 壁を塗ぬる。/ ~에 기대다 壁に寄よりかかる。②障壁しょうへき、障害物しょうがいぶつ。¶ 계획이 ~에 부딪혔다 計画けいかくは壁に突つき当あたった。

**관용 벽(을) 쌓다** ①壁かべを築きずく。②互たがいに付つき合あいを断たって不仲ふなかになる。

**-벽**[癖] 接尾 …癖へき・ぐせ。¶ 도~ 盗癖とうへき/ 주~ 酒癖さけぐせ。

**벽-난로**[壁煖爐] 名 壁付かべつきの暖炉だんろ、ペーチカ。

**벽두**[劈頭] 名 劈頭へきとう、冒頭ぼうとう、はじめ。¶ 개회 ~부터 혼란에 빠지다 開会かいかいの冒頭から混乱こんらんに陥おちいる。

**벽보**[壁報] 名 壁新聞かべしんぶん、張はり紙がみ、張はり札ふだ。¶ ~를 내붙이다 張はり札を出だす。

**벽-시계**[壁時計] 名 柱時計はしらどけい、掛かけ時計どけい、振ふり時計どけい。

**벽안**[碧眼] 名 碧眼へきがん、青あおい目め。

**벽오동**[碧梧桐] 名 (植) アオギリ。

**벽장**[壁欌] 名 はめ込こみの押おし入いれ、壁付かべつきの戸棚とだな。

**벽지**[僻地] 名 僻地へきち、片田舎かたいなか。¶ 산간 ~ 山間さんかん僻地。

**벽지**[壁紙] 名 壁紙かべがみ。¶ ~를 바르다 壁紙をはる。

**벽창-우**[碧昌牛] 名 ①平安北道(평안북도)の碧潼(벽동)・昌城(창성)地方産ちほうさんの頑丈がんじょうな牛うし。②「벽창호」のこと。

**벽창-호**[←碧昌牛] 名 頑固がんこでぶっきらぼうな人ひと、朴念仁ぼくねんじん、わからず屋や。

**벽화**[壁畫] 名 壁画へきが。

**변**[變] 名 変へん。¶ 갑자기 ~을 당했다 不意ふいにひどい羽目はめに陥おちいる。

**-변**[邊] 接尾 …あたり、…ほとり、ふち、へり、端はし・ばた。¶ 도로~ 道路みちばた。

**변경**[變更] 名 (해당他) (変更へんこう、変改へんかい。¶ 계획을 ~하다 計画けいかくを変更する。

**변고**[變故] 名 不慮ふりょの事故じこ、災難さいなん。¶ ~를 당하다 不慮の事故にあう。

**변기**[便器] 名 便器べんき、おまる、おかわ。

**변덕**[變德] 名 気きまぐれ、むら気き、移うつり気き、心変こころがわり。¶ ~이 심하다 ひどく気まぐれだ。

**속담 변덕이 죽 끓듯 하다** 移うつり気きが粥かゆがたぎるようだ。《気きまぐれがはげしいこと》

**변:덕-꾸러기** むら気きな人ひと、移うつり気きな人、気紛きふれ者もの。

**변:덕-부리다** 自 むら気きを起おこす、気きまぐれだ。

**변:동**[變動] 名 (해당他) (変動へんどう。¶ 사회의 ~ 社会しゃかいの変動。

**변:동 환율제**[-換率制] 名 (經) 変動為替相場制せいどそうばせい。

**변-두리**[邊-] 名 場末ばすえ、町はずれ、出外でばずれ。¶ 서울 ~에 살다 ソウルの町はずれに住すむ。

**변:론**[辯論] 名 (해당他) 弁論べんろん。¶ 피고를 위해 ~하다 被告ひこくのために弁論する。

**변:리**[辨理] 名 弁理べんり。

**변:리-사**【-士】【名】【法】 弁理士.

**변:명**【變名】【名】【自他】 変名.

**변:명**【辯明】【名】【하다他】 弁明, 弁解, 言い訳. ¶그럴 듯한 ~ もっともらしい言いわけ/ 상대방의 ~을 요구하다 相手の弁明を求める.

**변:모**【變貌】【名】【하다自】【되自】 変貌, 面変わり. ¶눈부신 ~ 目覚ましい変貌.

**변:박**【辨駁・辯駁】【名】【하다他】 弁駁, 論駁.

**변방**【邊方】【名】 辺境. ¶~의 수비를 든든히 하다 辺境の守備を固める.

**변변-찮다**【形】(出来映えなどが)ぱっとしない, 取るに足らない, つまらない, 粗末だ. ¶변변찮은 대접 粗末なもてなし.

**변변-하다**【形여】かなりよい. ①(人となり・格好などが)よい, ひけを取らない, (物事などが)もともある. ¶변변한 그릇 하나 없다 もともな食器がひとつもない. ②(身分・暮らしなどが)人に劣らない. ¶변변한 집안 人に劣らない家柄. ③立派だ, 十分だ. ¶변변한 대접도 못해 드리고… 十分なおもてなしもいたしませんで….

**변:복**【變服】【名】【하다自】 変装. ¶늙은이로 ~하다 老人に変装する.

**변비**【便秘】【名】 便秘. ¶~로 고생하다 便秘で苦しむ.

**변:사**【變死】【名】【하다自】 変死. ¶~체 変死体.

**변:상**【辨償】【名】【하다他】 ①弁済, 返済. ¶빚을 ~하다 借金を返済する. ②弁償, 賠償. ¶손해를 돈으로 ~하다 損害を金で弁償する.

**변:색**【變色】【名】【하다自他】【되自】 変色. ①色が変わること. ¶~한 옷 変色した着物. ②(怒ったり驚いたりして)顔色が変わること.

**변:설**【辯舌】【名】 弁舌. ¶유창한 ~ よどみない弁舌.

**변:성**【變成】【名】【하다自】【되自】 変成. ¶~암 変成岩.

**변:성**【變聲】【名】【하다自】 変声, 声変わり. ¶~기 変声期.

**변소**【便所】【名】 便所, お手洗い, かわや, はばかり, トイレ. ¶공중 ~ 公衆便所/ ~에 가다 トイレに行く.

**변:속**【變速】【名】【하다他】 変速. ¶~ 장치 変速装置.

**변:신**【變身】【名】【하다自】 変身. ¶화려하게 ~하다 華やかに変身する.

**변:심**【變心】【名】【하다自】 変心, 心変わり, 気変わり, 心移り. ¶~한 애인 心変わりした恋人.

**변:압**【變壓】【名】【하다他】 変圧. ¶~기 変圧器, トランス.

**변:온 동-물**【變溫動物】【名】【動】 変温動物, 冷血動物.

**변:이**【變異】【名】【±】 変異. ¶돌연 ~ 突然変異.

**변:장**【變裝】【名】【하다他】 変装. ¶~술 変装術/ 어부로 ~하다 漁師に変装する.

**변:전-소**【變電所】【名】 変電所.

**변:절**【變節】【名】【하다自】 変節. ①節義が変わること. ②従来の主義をかえること. ¶~자 変節漢.

**변:조**【變造】【名】【하다他】【되自】 変造. ¶여권을 ~하다 旅券を変造する.

**변:주**【變奏】【名】【하다他】 変奏.

**변:주-곡**【-曲】【名】【音】 変奏曲.

**변:증-법**【辨證法】【名】【哲】 弁証法.

**변:증법적 유물론**【-的唯物論】【名】【哲】 弁証法的唯物論, 唯物弁証法.

**변:질**【變質】【名】【하다自】【되自】 変質. ①質が変わること. ¶쌀이 묵어 ~하다 米がふける. ②病的な性質・性格. ¶~성 정신병 変質性精神病.

**변:천**【變遷】【名】【하다自】 変遷, 変転. ¶시대의 ~ 時代の変遷.

**변:칙**【變則】【名】 変則. ¶~적인 운영 変則的な運営.

**변:태**【變態】【名】 変態. ¶~성 変態性.

**변:통**【變通】【名】【하다他】【되自】 変通, 都合, やり繰り, 工面, 融通. ¶임시 ~의 답변 その場逃れの答弁.

**변:-하다**【變-】【自여】 (性質・様子などが)変わる, 変化する, あらたまる. ¶마음이 ~ 気が変わる. / 시대가 ~ 時代が変わる.

**변:형**【變形】【名】【하다自他】【되自】 変形. ¶~ 자재 変形自在.

**변:호**【辯護】【名】【하다他】 弁護. ¶~인 弁護人/ 자기 ~ 自己弁護/ 피고인의 ~를 맡다 被告人の弁護を引き受ける.

**변:호-사**【-士】【名】 弁護士. ¶고문 ~ 顧問弁護士.

**변:화**【變化】【名】【하다自】 変化. ¶유행의 ~가 심하다 はやりすたりが激しい.

**변:화-구**【-球】【名】【野】 変化球.

**변:화 무상**【-無常】【名】【하다自】 変化無常. 変化が多くて見当がつかないこと.

**별**【名】①星. ¶~이 총총한 밤 星のきらめく夜/ ~이 뜨다 星が出る. ②星の形をしているもの. ¶~ 표 星印. ③将官の肩章, 将官の階級. ¶~을 달다 将官になる. ④【俗】前科.

**별거**【別居】【名】【하다自】 別居. ¶~생활 別居生活.

**별-걱정**【別-】【名】 いらぬ心配, 取り越し苦労. ¶~을 다 하고 있네 いらぬ心配をしているね.

**별고**【別故】【名】 ①特別な事故と, 変わったこと, 別条. ¶~ 없으십니까? お変わりはありませんか. ②別の理由. ¶~ 없으면 승낙하겠다 別の理由がなかったら承諾しよう.

**별-꼴**【別-】【名】 無様なふるまい, 目障りなこと. ¶~ 다 보겠다 なんという無様だ.

**별-나다**【別-】【形】 (並べのものと)変わっている,

**별납**[別納] 名·他サ 別納のう。¶ 요금 ~ 料金りょうきん別納。

**별도**[別途] 名 別途べつと。¶ 지급 ~ 지급 別途支給しきゅう/ ~로 취급하다 別途に扱あつかっている。

**별-도리**[別道理] 名 別べつの方法ほうほう、これといった方法、ほどこす術すべ、なす術すべ。¶ 이젠 ~ 없다 もはやほどこす術がない。

**별:똥-별** 名[天] 流星りゅうせい。⇨ 유성

**별-로**[別-] 副《不定ていの表現ひょうげんとともに用もちいられて》別べつに、さほど、特別とくに、たいして、それほど、あまり。¶ ~ 춥지 않다 別に寒くない。/ ~ 많지 않다 たいして多おくない。

**별명**[別名] 名 別名べつめい。①別称しょう、異名いみょう。②あだ名な、ニックネーム。¶ ~을 붙이다 あだ名をつける。

**별-문제**[別問題] 名 ①別問題もんだい。¶ 그것과 이것은 ~다 それとこれとは別問題だ。②何なんかの差さし障さわり。¶ ~ 없이 공사가 무사히 끝났다 これと言いった問題もんだいもなく工事こうじが無事ぶじに終わった。

**별미**[別味] 名 変かわった味あじ、独特どくの味あじ、珍味ちんみ。¶ 이건 참 ~로군 これは本当ほんとうに珍味だね。

**별별**[別別] 冠 いろいろな、ありとあらゆる。¶ ~ 사람이 다 모였다 いろいろな人ひとがみんな集あつまった。

**별세**[別世] 名·他サ《「죽음」의 尊敬語》逝去せいきょ。

**별-세계**[別世界] 名 別世界せかい、別天地てんち。¶ ~의 인간 別世界の人間にんげん。

**별식**[別食] 名 (ふだんは口くちにしない)変かわった食たべ物もの、特別とくのおいしい食たべ物もの。

**별안-간**[瞥眼間] 副 突然とつぜん、出だし抜ぬけに、にわかに、いきなり。¶ ~ 울기 시작했다 いきなり泣なき出だした。/ ~ 나타났다 突然とつぜん現れた。

**별의-별**[別-別] 冠 ありとあらゆる。¶ ~ 고생을 다 했다 ありとあらゆる苦労くろうをなめ尽つくした。

**별-일**[別-] 名 別事べつじ、変かわった事こと。¶ ~ 없이 지내다 無事ぶじに暮くらす。

**별-자리** 名[天] 星座せい。

**별장**[別莊] 名 別莊べっそう、別邸べってい。

**별장-지기**[別莊-] 名 別莊べっそうの管理人かんりにん。

**별종**[別種] 名 別種べっしゅ。①別べつの種類しゅるい。②別の種子たね。¶ ~ 헨하こな人ひと。

**별주**[別酒] 名 ①特別とくな方法ほうほうで仕込しこんだ酒さけ。②別わかれを惜おしんで飲のむ酒さけ。

**별지**[別紙] 名 別紙べっし。¶ 해답은 ~에 쓰시오 解答とうは別紙にお書かきなさい。

**별-채**[別-] 名 別べつの棟むね、離はなれ。¶ ~에서 기거하다 離れで起居ききょする。

**별책**[別冊] 名 別冊べっさつ。¶ ~ 부록 別冊付録ふろく/ ~으로 출판하다 別冊として出版しゅっぱんする。

**별-표**[-標] 名 星印ほしじるし。¶ ~ 참조 別表参照さんしょう。

**별표**[別表] 名 別表べっぴょう。¶ ~ 참조 別表参照さんしょう。

**볍-씨** 名 種もみ、稲いねの種たね。

**볏**¹ 名 とさか、鶏冠けいかん。¶ 닭의 ~ 鶏にわとりのとさか。

**볏**² 名 犂すきのへら。

**병**[兵] 名 ①兵士へいし。②(軍隊ぐんたいの)兵卒へいそつ。③(韓国かんこくで将棋しょうぎの)卒そつ。

**병**[病] 名 ①病気びょうき、病やまい、患わずらい。¶ 불치의 ~ 不治ふちの病/ ~에 걸리다 病気にかかる。/ ~이 낫다 病気が治なおる。②悪わるい癖くせ、欠点けってん。¶ 예의 나쁜 ~이 시작되었다 例の悪い癖が始はじまった。③(機械きかいなどの)故障こしょう/ トラブル。
【숙】**병 주고 약 준다** 病気をあたえて薬くすりをあたえる。《害がいを及およぼしてから助たすけるふりをする》
【관용】**병(을) 내다** ①病気びょうきにかからせる。②故障こしょうを起おこす、故障させる。**병(이) 들다** ①病気にかかる。②(精神せいしんも)患わずらう。

**병**[瓶] Ⅰ 名 瓶びん。¶ 꽃 ~ 花瓶かびん/ 마개 瓶の栓せん/ ~ 이 깨지다 瓶が割われる。Ⅱ 名《瓶を数かぞえる語ご》本ほん。¶ 맥주 한 ~ 갖다 주세요 ビール１本ぽん持もってきてください。

**병가**[兵家] 名 兵家か。

**병가-상사**[-常事] 名《戦争せんそうでの勝かち負まけは》兵家の常じょう。

**병:가**[病暇] 名 病暇びょうか。

**병:-간호**[病看護] 名·自サ 看病かんびょう。

**병:고**[病苦] 名 病苦びょうく。¶ 오랜 ~에 시달리다 長患ながわずらいに苦くるしむ。

**병과**[兵科] 名[軍] 兵科か。

**병기**[兵器] 名 兵器へいき。

**병:-나다**[病-] 自 ①病気びょうきになる。¶ 과로해서 ~ 過労ろうで病気になる。②故障こしょうが起おこる。

**병-나발**[←瓶喇叭] 名 らっぱ飲のみ。¶ 맥주를 ~로 마시다 ビールをらっぱ飲みする。

**병력**[兵力] 名 兵力りょく。¶ ~ 증강 兵力増強ぞうきょう/ 소수 ~을 거느리다 少数すう兵力を率ひきいる。

**병:력**[病歷] 名 病歷びょうれき。¶ 환자의 ~을 묻다 患者かんじゃの病歷を聞きく。

**병:리**[病理] 名 病理びょうり。¶ ~ 해부학 病理解剖学かいぼうがく。

**병:마**[病魔] 名 病魔びょうま。¶ ~에 시달리다 病魔に苦くるしめられる。

**병무**[兵務] 名 兵務へいむ、軍務ぐんむ。

**병무 소집**[-召集] 名[軍] 現役げんえきを終えた者ものに対たいする再教育きょういくのための召集しょうしゅう。

**병무-청**[-廳] 名 兵務行政ぎょうせいをうけもつ中央官庁かんちょうの一ひとつ。

**병법**[兵法] 名 兵法ほう、兵術へいじゅつ。¶ 손자 ~ 孫子そんしの兵法。

**병사**[兵士] 名 兵士へいし。

**병:사**[病死] 名·自サ 病死びょうし、病没びょうぼつ。¶ 오랜 투병 생활 끝에 ~했다 長ながい闘病びょう生活かつの末すえに病死した。

**병:상**[病床] 名 病床びょうしょう。¶ ~에 눕다 病床につく。

병:색【病色】 名 病人の顔色、病人のような顔色。

병:설【竝設·倂設】 名 하形 되自 倂設。 ¶ 중학교 併設中學校。

병:세【病勢】 名 病勢、病状、容体。 ¶ ~가 악화하다 病勢が悪化する。/ ~가 급변하다 病状が急変する。

병:-시중【病-】 名 하形他 病人の看護・世話をすること。

병:신【病身】 名 ①障害者。 ¶ 교통 사고로 ~이 되다 交通事故で不具になる。 ②病身、病気の身。 ¶ ~을 무릅쓰고 참석하다 病軀を押して出席する。 ③(卑) ばか、まぬけ、阿呆。¶ ~같으니라고! この碌でなしめ! ④〔器物などの〕傷物。半端。

병아리 名 ①ひよこ、鶏のひな。 ¶ ~를 까다 ひよこをかえす。 ②(比) 未熟な者、青二才、ひよっこ。 ¶ 너 같은 햇~는 상대하지 않는다 お前のような青二才は相手にしない。
관용 병아리 눈물 만큼 ひよこの涙ほど。《量が非常に少ない、雀の涙》

병:약【病弱】 名 하形 病弱。 ¶ ~한 아이 病弱な子。

병어【-魚】 名 動 マナガツオ。

병역【兵役】 名 兵役。 ¶ ~에 복무하다 兵役に服する。

병:원【病院】 名 病院。 ¶ ~선 病院船/ 종합 ~ 總合病院/ ~에 다니다 病院に通う。

병장【兵長】 名 軍 兵長(韓国軍の兵卒の階級の一つ)。

병:적【病的】 冠 病的。 ¶ ~인 흥분 상태 病的な興奮状態。

병정【兵丁】 名 兵隊、軍人。 ¶ ~ 놀이 兵隊ごっこ。

병-조림【瓶-】 名 하形他 瓶詰め。

병:존【倂存】 名 하自 倂存、共存。 ¶ 전통과 과학의 ~ 伝統と科学の倂存。

병참【兵站】 名 兵站。 ¶ ~로 兵站路/ ~선을 확보하다 兵站線を確保する。
병참 기지【-基地】 名 軍 兵站基地。
병참-부【-部】 名 軍 兵站部。

병:창【竝唱】 名 하形他 ①(国楽で) 二人が声をあわせて歌うこと。 ②楽器を演奏しながら自分でそれに合わせ歌うこと。

병:충-해【病蟲害】 名 病虫害。

병:폐【病弊】 名 病弊。 ¶ ~가 심하다 病弊がはなはだしい。

병풍【屛風】 名 屛風。 ¶ ~을 치다 屛風を立てる。

병:행【竝行】 名 하自他 되 並行。 ¶ 두 가지를 ~하다 二つを並行する。

병:환【病患】 名 (「병」の尊敬語) ご病気。 ¶ ~으로 누워 계십니다 病気で寝わております。

볕 ①(「햇볕」の縮約形) 日ざし。 ¶ ~이 따갑다 日差しが強い。 ②日向、日当たり。 ¶ ~에 널다 日当たりに干す。/ 이 방은 ~이 잘 든다 この部屋は日当たりがいい。

보:【步】 依 (歩数を数える語) …歩。 ¶ 이 ~ 앞으로 二步前へ。

-보 接尾 《ある特定の好み·性向をもっている人をからかって言う語》…好き。¶ 떡~ 餅好き/ 울~ 泣き虫。

-보【補】 接尾 《正式の職につく前の資格を表わす語》…補。 ¶ 판사~ 判事補。

보:강【補强】 名 하形他 되 補强。 ¶ 선수를 ~하다 選手を補强する。

보:건【保健】 名 保健。 ¶ ~소 保健所/ ~ 위생 保健衛生。
보:건 복지부【-福祉部】 名 保健福祉部。

보:결【補缺】 名 補欠。
보:결-생【-生】 名 補欠生、補欠で選ばれた学生。

보:고【報告】 名 하形他 되 報告、レポート。 ¶ 중간 ~ 中間報告/ 경과를 ~하다 経過を報告する。

보고 助 (言動の相手を示す) …に、…に向かって。 ¶ 너~ 가랬어? お前に行けと言ったの。/ 누구~ 하는 소리냐? 誰に向かって言うことばだ。

보:관【保管】 名 하形他 되 保管。 ¶ ~증 保管證/ ~을 의뢰하다 保管を依頼する。

보:궐【補闕】 名 하形他 補欠。 ¶ ~ 선수 補欠選手。
보:궐 선:거【-選擧】 名 補欠選挙。

보:균【保菌】 名 하形他 保菌。
보:균-자【-者】 名 保菌者。

보그르르 副 하自 ①(少量の湯が沸き立つようすやまたはその音) ぐらぐら、ぶくぶく、ぶつぶつ。 ¶ 냄비の물이 ~ 끓다 なべの水がぐらぐら沸く。 ②(小さな泡が一度に立つようすやまたはその音) ぶくぶく、ぽこぽこ。

보금-자리 名 ①(鳥の) 巣。 ¶ 새들이 ~로 돌아가다 鳥が巣に帰って行く。 ②(比) (住み心地のよい) すみか、巣、スイートホーム。 ¶ 사랑의 ~를 꾸미다 愛の巣を築く。

보:급【普及】 名 하形他 되 普及。 ¶ ~률 普及率/ 컴퓨터를 널리 ~시키다 コンピューターを広く普及される。
보:급-판【-版】 名 普及版。

보:급【補給】 名 하形他 되 補給。 ¶ 식량을 ~하다 食糧を補給する。
보:급-망【-網】 名 補給網。
보:급-품【-品】 名 補給品。

보기 名 《「본보기」の縮約形》例、実例、見本、手本。 ¶ ~를 들다 例を挙げる。

보나-마나 副 하形 見なくとも、見るまでもなく、明らかに、間違いなく。 ¶ ~ 結果는 뻔하다 見るまでもなく結果は明らかだ。

보내다 他 ①(物を) 送る、届ける、贈る、(手紙を) 出す。 ¶ 답장을 ~ 返事を出す。/ 선물을 ~のプレゼントを贈る。 ②供給する、提供する。 ¶ 수도물을 ~ 水道を供給する。 ③(人を一定の場所に

で) 行かせる、通わせる、派遣する。¶ 선수단을 ~ 選手団を派遣する。/ 딸을 대학에 ~ 娘を大学校へ通わせる。④(人を)送る、見送る。¶ 손님을 ~ 客を見送る。⑤(結婚・養子などを)縁組ませる、やる。¶ 아들을 양자로 ~ 息子分を養子にやる。/ 딸을 시집 ~ 娘を嫁にやる。⑥(人を)失なう、死別する。¶ 외아들을 교통 사고로 ~ 一人息子を交通事故で失う。¶ (時間などを)送る、過ごす。¶ 독서로 나날을 ~ 読書で日々を送る。⑧(声援・拍手などを)送る。¶ 신호를 ~ 合図を送る。⑨(視線を)注ぐ、向かう。¶ 문쪽으로 시선을 ~ ドアの方に視線を注ぐ。

**보:너스**【bonus】图 ボーナス。

**보다**[1] 他 ①(目で)見る、眺める、見物する、目撃する。¶ 언뜻 ~ ふと見る。/ 사고를 ~ 事故を目撃する。②読む、目を通す。¶ 신문을 ~ 新聞を読む。③調べる、点検する、診断する。¶ 환자를 ~ 患者さんを診る。④(ようすなどを)見る、うかがう。¶ 기회를 보아 만나러 가겠네 機会を見て会いにいくよ。⑤(家・店などを)番をする、守る。¶ 아이를 ~ 子守りをする。/ 집을 ~ 留守番をする。⑥(事務を)取る。¶ 사무를 ~ 事務を取る。⑦(用事があって)会う、出会う。¶ 돌아가기 전에 날 좀 보고 가시오 帰りを見がてら、ちょっとわたしに会ってください。⑧(損・得を)受ける、被る。¶ 손해를 ~ 損をする。/ 이익을 ~ 利益を得る。⑨(子供などが)生まれる、(婿を・嫁を取る)迎える入れる。¶ 사위를 ~ 婿を取る。⑩(ある結末を)見る、得る。¶ 일의 끝장을 ~ 事の結末を見る。⑪(試験などを)受ける。¶ 입사 시험을 ~ 入社試験を受ける、経験する。⑫(好ましくないことを)身に受ける、経験する。¶ 따끔한 맛을 ~ 痛い目を見る。⑬(大小便などを)する。¶ 소변을 ~ 便しょうをする。⑭장거리 장을 보러 가다 市場に買い物に行く。⑮判断する、評価する。¶ 내가 보기에는 그리 나쁘지 않다 わたしの見るところでは悪くないな。⑯(お膳の)支度をする。¶ 상을 ~ 膳立てをする。⑰(吉凶などを)占う。¶ 관상을 ~ 人相を見る。

*속담* **보기 좋은 떡이 먹기도 좋다** 見かけのよい餅もは食べたくなる。《見かけよければ中身もよい》

*관용* **볼 낯(이) 없다** 合わせる顔がない、面ぼくがない。

**보다**[2] 助動 (《「試こころみる」の意をあらわす》…して)みる。¶ 먹어 ~ 食べてみる。/ 해 ~ やってみる。

**보다**[3] 助形 (《推量・意志・婉曲をあらわる》…ようだ、…らしい、…みたいだ。¶ 자신이 있는가 ~ 自信があるようだ。/ 비가 왔나 ~ 雨が降ったらしい。/ 누가 왔나 ~ 誰か来たみたいだ。

**보다**[4] I 助 (《比較などする対象を表わす》…より(も)。¶ 이것이 저것이 좋다 これよりあれがよい。/ 누구~도 튼튼하다 誰よりも丈夫だ。II 副《程度がより増すようす》より、より一層、もっと、更さらに。¶ ~ 좋은 조건 より良い条件を。

**보다-못해** 見かねて、見るにしのびず。¶ ~ 야단쳤다 見るに見かねて叱りつけた。

**보:답**【報答】图 他サ 報答、報いること。¶ 은혜에 ~하다 恩返しすること。

**보:도**【歩道】图 歩道、人道。¶ 횡단 ~ 横断歩道。

**보:도**【報道】图 他サ 自サ 報道。¶ 이미 ~된 바와 같이 すでに報道されたとおりに/ 사실을 ~하다 事実を報道する。

**보:도 관:제**【-管制】图 報道管制。

**보:도-진**【-陣】图 報道陣。¶ ~이 둘러싸다 報道陣が取り囲む。

**보드랍다** 形ㅂ ①(触れた感じが)柔らかい、なよやかだ。¶ 보드라운 살결 柔らかい肌。②(粉・砂などの)目が細かい、きれいだ。¶ 보드라운 흙 目が細かい土。③(気立て・態度が)優しい。④(動きが)しなやかだ。¶ 팔의 움직임이 매우 ~ 腕の動きが非常にしなやかだ。

**보디**【body】图 ボディー。¶ ~ 가드 ボディーガード。

**보-따리** 图 ふろしき包み。¶ ~를 끄르다 ふろしき包みをほどく。
*관용* **보따리를 싸다** ①包みをくるむ。②(関係している事から)手を引く、商売をやめる、店を畳む。

**보라** 图 紫、むらさき色。

**보라-매** 图 動 (その年にかえしたひなを馴らして) 狩りに使う若鷹。

**보람** 图 ①甲斐、やりがい、効き目、効果。¶ 아무런 ~도 없다 何らの効き目もない。/ 일에 ~을 느끼다 仕事にやりがいを感じる。/ 약 쓴 ~이 나타났다 薬の効果が現われてきた。②(区別などをするための)目印、印。¶ ~이 남아 있다 しるしが残っている。

**보람-차다** 形 やりがいがある、張合いがある。¶ 보람찬 일 やりがいのある仕事。

**보로통-하다** 形ㅇ ①腫れている、ふくらんでいる。¶ 모기에 물린 곳이 보로통하게 부어 올랐다 蚊に刺されたところがはれ上がっている。②(怒り・不満などで)ふくれている、むっとしている、ふくれっつらだ。¶ 화가 나서 보로통한 얼굴 怒ってむっとした顔つき、怒ったふくれっ面。

**보:류**【保留】图 他サ 自サ 保留。¶ 발표를 ~하다 発表すること保留。

**보름** 图 ①十五日間。②「보름날」の縮約形。③⇨ 대보름날

**보리** 〖名〗〖植〗麦、大麦、¶ ~ 농사 麦作/ ~밥 麦飯/ ~를 찧다 麦を搗く。
**보리-밟기** 〖名〗〖하다〗麦踏み。
**보리-밭** 〖名〗麦畑。
**보리-쌀** 〖名〗精麦、精白した麦。
**보리-차**〖-茶〗〖名〗麦茶、麦湯。
**보리-타작**〖-打作〗〖名〗〖하다〗①麦落としと、麦打ち。②〖比〗鞭でひどく打たれること。
**보릿-고개** 春の端境期、春窮期。
**보릿-짚** 〖名〗麦わら。
**보:모**〖保姆〗〖名〗保母。
**보:무**〖步武〗〖名〗步武、足どり。
**보:무 당당**〖-堂堂〗〖名〗步武堂々と。
**보:물**〖寶物〗〖名〗宝、宝物。財宝。¶ ~ 단지 宝箱/ ~ 찾기 宝探し/ 둘도 없는 ~ 無二の宝。
**보:배**〖←寶貝〗〖名〗(金・銀・珠玉など)貴重なもの、財宝。¶ 어린이는 나라의 ~ 다 子供らは国の宝だ。
**보:병**〖步兵〗〖名〗〖軍〗步兵。¶ ~ 중대 步兵中隊。
**보:복**〖報復〗〖名〗〖하다〗報復、仕返し、しっぺ返し、復讐。¶ ~ 수단 報復手段/ 반드시 ~ 하겠다 必ず仕返しをしてやる。
**보:복 관세**〖-關稅〗〖名〗〖經〗報復関税。
**보:부상**〖褓負商〗〖名〗(むかし)ふろしき包みを背負った行商人、かつぎ。
**보살**〖菩薩〗〖名〗①〖佛〗菩薩。②〖佛〗年老いた信心深い女信徒。③占い師の別称。
**보-살피다** 〖他〗世話をする、面倒を見る、見守る、看る、後見する。¶ 환자를 ~ 患者の世話をする。
**보:상**〖報償〗〖名〗〖하다〗報償。¶ ~ 금 報償金/ 유족에게 ~ 하다 遺族に報償する。
**보:상**〖補償〗〖名〗〖하다〗補償。¶ 손해를 ~ 하다 損害を補償する。
**보:석**〖保釋〗〖名〗〖하다〗〖法〗保釋。¶ ~ 금 保釋金/ ~ 으로 석방되다 保釋で釋放する。
**보:석**〖寶石〗〖名〗宝石、宝玉。¶ ~ 반지 宝石の指輪/ ~ 을 박다 宝石をはめこむ。
**보:세**〖保稅〗〖名〗保稅。¶ ~ 화물 保稅貨物/ ~ 창고 保稅倉庫。
**보:세 가공**〖-加工〗〖名〗保稅加工。¶ ~ 무역 保稅加工貿易。
**보송-보송** 〖副〗〖하形〗①〖水気がなくなめらかなようす〗かさかさ、ばさばさ。¶ 빨래가 잘 말랐다 洗濯物がばさばさによく乾いた。②〖顔・肌がやわらかくなめらかなようす〗すべすべ。¶ 얼굴의 피부가 ~ 하다 顔の皮膚がすべすべしている。
**보:수**〖保守〗〖名〗〖하다〗保守。¶ ~ 정당 保守政党/ ~ 주의 保守主義。
**보:수적**〖-的〗〖冠〗保守的。¶ ~ 인 사상 保守的な思想。
**보:수-파**〖-派〗〖名〗保守派。
**보:수**〖補修〗〖名〗〖하다〗補修、手入れ。¶ ~ 공사 補修工事/ 다리는 지금 ~ 중이다 橋は今は補修中だ。
**보:수**〖報酬〗〖名〗〖하다〗報酬。¶ ~ 를 받다 報酬を受ける。
**보스**〖boss〗〖名〗ボス、親分。
**보스락** 〖副〗〖하自他〗(枯れ葉などを踏んだり触ったりしたときに出る音)かさりと、かさかさ。〖큰〗부스럭。
**보스락-거리다** 〖自他〗がさつく、落ち着つきのない態度なをとる。
**보스락-장난** 〖名〗こそこそとするいたずら。
**보슬-보슬** 〖副〗①(雨・雪などが静かに降るようす)しとしと(と)、しんしん(と)。¶ 봄비가 ~ 내린다 春雨がしとしとと降る。②〖하形〗(小さな粒などがもろく崩れるようす)ほろほろ、ばらばら、さらさら。〖큰〗부슬부슬。
**보슬-비** 〖名〗小雨、霧雨、こぬか雨。
**보:신**〖保身〗〖名〗〖하다〗保身。¶ ~ 에 급하다 保身に汲々きゅうきゅうする。
**보:신**〖補身〗〖名〗補薬・栄養食品などを摂って元気げんきを補うこと。
**보:신-탕**〖-湯〗〖名〗犬の肉の汁物。
**보쌈-김치**〖褓-〗〖名〗程よく切った白菜と大根にいろいろな薬味を入れ白菜の葉で包んだキムチ。
**보아-주다** 〖他〗①世話をする、面倒を見る。¶ 고아들을 ~ 孤児たちの面倒を見てやる。②(欠点と・過ちなを)大目に見る、目をつぶる、見逃のがしてやる。¶ 이번만 보아주십시오 今度だけ大目にみてください。
**보아하니** 〖副〗見たところ、察するに、一見したところ、思うに。¶ ~ 학생인 듯한데 그래서 되겠소? 見たところ学生のようだがそれでよろしいですか。
**보:안**〖保安〗〖名〗〖하다〗保安。¶ ~ 조치 保安処置。
**보:안-관**〖-官〗〖名〗保安官。
**보:안**〖保眼〗〖名〗〖하다〗眼を保護すること。
**보:약**〖補藥〗〖名〗補藥、強壮剤。
**보:얗다** 〖形〗(霧がかかったように)うっすらと白い、白くかすんでいる、ぼやけている。¶ 먼지가 보얗게 일어나다 ほこりが白っぽく起こる。
**보:온**〖保溫〗〖名〗〖하다〗保溫。¶ ~ 재 保溫材。
**보:온-병**〖-甁〗〖名〗魔法瓶。
**보:온-성**〖-性〗〖名〗保溫性。
**보:완**〖補完〗〖名〗〖하다〗補完。¶ 자료를 ~ 하다 資料を補完する。
**보:완-책**〖-策〗〖名〗補完策。¶ ~ 을 강구하다 補完策を講ずる。
**보:유**〖保有〗〖名〗〖하다〗保有。¶ ~ 미 保有米/ 기능을 ~ 하다 機能を保有する。
**보:유-자**〖-者〗〖名〗保持者。¶ 세계 기록 ~ 世界記錄保持者。
**보:육**〖保育〗〖名〗〖하다〗保育。
**보:육-원**〖-院〗〖名〗保育院、孤児院。
**보:은**〖報恩〗〖名〗〖하다〗報恩、恩返し。

**보이다**¹ 自(「보다」의 受動) 見える。①(目に)映る、付く、とまる。¶ 눈에 ~ 目に見える。/ 얼굴 ~ ちらっと目につく。¶ 보이지 않도록 감추다 見えないように隠す。②見つかる。¶ 내 가방이 보이지 않는다 僕のかばんが見つからない。③伺える。¶ 노력의 흔적이 보인다 努力のあとが伺える。

**보이다**² 他(「보다」의 使役) 見せる。①示す、展示する、見せる。¶ 모범을 ~ 模範を示す。/ 사진좀 보여 주세요 写真をちょっと見せてください。②診察してもらう。¶ 아이를 의사에게 ~ 子供を医者に見せる。

**보이다**³ 助動 ①(推測의 意味를 나타냄) 見える。¶ 건강해 보인다 健康そうに見える。②어떤 動作를 남에게 보이다。¶ 손짓해 ~ 手招きして見せる。③(話し手의 強한 意志를 表わす) ¶ 기필코 성공해 보이겠다 必ず成功してみせる。

**보일락말락** 副自(見えがくれするようす) ちらっと、ちらちら。

**보일러**[boiler] 名 ボイラー、汽缶。

**보자기**[褓-] 名 風呂敷。¶ 짐을 ~로 싸다 荷物をふろしきで包む。

**보잘것-없다** 形 見るにたりない、つまらない。¶ 시설이 ~ 施設が見るにたりない。

**보:장**[保障] 名하他되自 保障。¶ 사회 ~ 社会保障。

**보:전**[保全] 名하他되自 保全。¶ 문화재를 ~하다 文化財を保全する。

**보:조**[步調] 名 歩調。¶ ~를 맞추다 歩調を合わせる。

**보:조**[補助] 名하他 ¶ ~금 補助金/ 자금을 ~하다 資金を補助する。

**보:조 형용사**[-形容詞] 名[文法] 動詞・形容詞について補助的に用いられる形容詞(「즐겁지 아니하다」의「아니하다」など)。

**보조개** 名 えくぼ。¶ 웃으면 ~가 생긴다 笑うとえくぼができる。

**보:-조사**[補助詞] 名[文法] 体言・副詞・用言語尾などに付いて特定의 意味를 添える助詞(「도・은・만・마저」など)。

**보:존**[保存] 名하他되自 保存。¶ 영구히 ~하다 永久に保存する。

**보:좌**[補佐・輔佐] 名하他 補佐。

**보:증**[保證] 名하他되自 保証。¶ 신원 ~ 身元保証。
관용 보증을 서다 保証人になる。

**보:직**[補職] 名하他 補職。

**보채다** 自 ①(子供이) うるさくむずかる、だだをこねる、ねだる。¶ 보채는 아기를 달래다 むずかる赤ん坊をあやす。②(何かを要求したりして)うるさくねだる、せがむ。¶ 허락을 해 달라고 許しをくれといってうるさくせがむ。

**보:청-기**[補聽器] 名 補聴器。¶ ~를 귀에 끼다 補聴器を耳にとりつける。

**보:초**[步哨] 名 歩哨。¶ ~를 서다 歩哨に立つ。

**보:충**[補充] 名하他되自 補充。¶ 연료를 ~하다 燃料を補充する。

**보태다** 他 加える、添える、足す。¶ 힘을 ~ 力を添える。

**보:통**[普通] 名 ①普通、並。②(副詞的に用いられて) ふつう、一般的に。¶ 나는 ~ 일곱 시에 일어난다 僕はふだん7時ごろに起きる。
 **보:통-내기**[-내기] 名 ただ者も、普通の人。¶ ~가 아니다 ただ者ではない。

**보:트**[boat] 名 ボート。

**보:편**[普遍] 名 普遍。¶ ~성 普遍性/ ~의 원리 普遍の原理。
 **보:편-화**[-化] 名하自되自 普遍化が、一般化。

**보:폭**[步幅] 名 歩幅。¶ ~이 넓다 步幅が広い。

**보푸라기** 名 毛羽立ち。¶ ~가 일다 毛羽立つ。

**보:합**[保合] 名[經] 保ち合い、横ばい。¶ 시세는 ~ 상태이다 相場は横ばいだ。
 **보:합-세**[-勢] 名[經] 横ばい相場、保ち合い相場。

**보:행**[步行] 名하他되自 歩行。¶ ~자 歩行者/ ~이 곤란하다 歩行が困難だ。

**보:험**[保險] 名 保険。¶ ~에 들다 保険に加入する。
 **보:험 증:서**[-證書] 名 保険証書。

**보:호**[保護] 名하他 保護。¶ ~자 保護者/ 경찰의 ~를 받다 警察の保護を受ける。
 **보:호 관세**[-關稅] 名[經] 保護関税。
 **보:호-색**[-色] 名[生] 保護色。

**복**[動] フグ。¶ ~에 중독되다 フグにあたる。㊄ 복어

**복**[伏] 「복날」의 縮約形。

**복**[福] 名 福、幸い、幸せ、恵み。¶ 새해 ~ 많이 받으세요 新年おめでとうございます。

**복개**[覆蓋] 名하他 ①蓋をすること、またそのふた。②(水路・河川などを)コンクリートなどで覆うこと。

**복걸**[伏乞] 名하他 伏して乞うこと、ねんごろに乞い願うこと。

**복고**[復古] 名하他 復古。¶ 왕정 ~ 王政復古。

**복구**[復舊] 名하他되自 復旧。¶ ~ 작업 復旧作業/ 철교는 ~되었다 鉄橋は復旧された。

**복권**[復權] 名하他되自[法] 復権。¶ 재심 결과 ~시켰다 再審の結果が復権させた。

**복권**[福券] 名 宝籤、富籤。¶ ~이 당첨되다 宝くじが当たる。

**복귀**[復歸] 名하他되自 復帰。¶ 정계에 ~하다 政界に復帰する。

**복대**[腹帶] 名 (妊婦인의)腹帯、岩田帯。¶ ~를 감다 腹帯を巻く。

**복대기다** 自 ①(多くの人が)込み合う、雑踏する。¶ 복대기는 시장 込み合う市

**복더위** 場ば。②せきたてられる。¶ 빚쟁이에게 ~借金取やっきんとりにせきたてられる。③《客きゃくなどに》押おし寄ょせる。

**복-더위**[伏-]名「삼복 더위」의 縮約形しゅくやくけい。

**복덕-방**[福德房]名 不動産ふどうさん周旋屋しゅうせんや。

**복도**[複道]名 廊下ろうか。¶ ~를 따라 욕실에 가다 廊下伝ろうかづたいに湯殿ゆどのへ行ゆく。

**복리**[福利]名 福利ふくり。¶ 国民의 ~를 증진시키다 国民こくみんの福利を増進ぞうしんさせる。

**복리 시:설**[-施設]名 福利施設しせつ。

**복막**[腹膜]名《生》腹膜ふくまく。~염 腹膜炎えん。

**복면**[覆面]名《하自》覆面ふくめん。¶ ~한 강도 覆面の強盗ごうとう。

**복무**[服務]名《하自》服務ふくむ。¶ 병역에 ~하다 兵役へいえきに服する。

**복-받치다**自 ①《中속から》盛もり上あがる。②《力ちから・涙なみだなどが》あふれ出でる、わき上あがる、ふき出でる。¶ 눈물이 ~ 涙なみだがあふれ出る。/ 힘이 ~ 力ちからがわき上がる。③《感情かんじょうなどが》込こみ上あがる。¶ 슬픔이 복받쳐 오르다 悲かなしみがこみ上げてくる。他 북받치다

**복병**[伏兵]名 伏兵ふくへい。¶ 숨겨놓은 ~ かくしておいた伏兵/ ~을 만나다 伏兵を遭遇そうぐうする。

**복-복**副 ①《柔やわらかいものを磨みがいたりひっかいたりするよう》ごしごしと、かりかり、ぽりぽりと、ぼりぼりと。¶ 등을 ~ 긁다 背中せなかをかりかりと搔かく。②《やや分厚ぶあつく柔やわらかいものを引ひき裂さくさまや音おと》ばりばりと、びりびりと。¶ 편지를 봉투째 ~ 찢다 手紙てがみを封筒ふうとうのままばりばりと引き裂く。

**복부**[腹部]名 腹部ふくぶ。①腹はらの部分ぶぶん。¶ ~운동 腹部運動うんどう/ ~가 냉하다 腹部が冷ひえる。②物の中なほどの部分。

**복-부인**[福夫人]名《俗》半ば는 職業的しょくぎょうてきに不動産ふどうさんの投機とうきをする家庭婦人かていふじん。

**복사**[複寫]名《하他》《되自》複写ふくしゃ、コピー。¶ 서류를 ~하다 書類しょるいをコピーする。

**복사-기**[-器]名 複写器ふくしゃき。

**복사-꽃**名 桃もも花はな。

**복사-뼈**名《生》くるぶし。

**복상-사**[腹上死]名《하自》腹上死ふくじょうし、性交中ちゅうの男おとこが頓死とんしすること。

**복서**[boxer]名 ボクサー。

**복선**[伏線]名 伏線ふくせん。¶ ~이 드러나다 伏線が浮うきでる。

**복선**[複線]名 複線ふくせん。¶ 철도를 ~화하다 鉄道てつどうを複線化かする。対 단선(單線)

**복성**[複姓]名 複姓ふくせい。(「선우(鮮于)·남궁(南宮)」など二字にじからなる姓せい)

**복속**[服屬]名《하自》服属ふくぞく。¶ 대국에 ~하다 大国たいこくに服属する。

**복수**[復讐]名《하他》《되自》復讐ふくしゅう、あだ討うち、仕返かえし。¶ ~를 맹세하다 復讐しゅうを誓ちかう。

**복수**[腹水]名《醫》腹水ふくすい。¶ ~가 차다 腹水がたまる。

**복수**[複數]名 複数ふくすう。

**복숭아**名 桃もも。

**복-스럽다**[福-]形口 ふくぶくしい、ふくよかだ。¶ 복스러운 얼굴 ふくよかな顔かおつき。

**복습**[復習]名《하他》復習ふくしゅう、おさらい。¶ ~이 모자라다 復習が足たりない。/ 영어를 ~하다 英語えいごの復習をする。

**복식**[複式]名 複式ふくしき。~ 경기 複式試合しあい、ダブルス。

**복식 호흡**[腹式呼吸]名 腹式呼吸こきゅう。

**복싱**[boxing]名《貦》ボクシング、拳闘けんとう。

**복-어**[-魚]名《動》フグ。⦿ 복

**복역**[服役]名《하自》服役ふくえきすること。¶ 공군으로 ~하다 空軍くうぐんとして服役する。②懲役ちょうえきに服すること。¶ ~ 기간 服役期間きかん。

**복용**[服用]名《하他》服用ふくよう、服薬ふくやく。¶ 하루에 세 번 ~하다 1日にちに3回かい服用する。

**복원**[復元·復原]名《하自他》《되自》復元ふくげんする。¶ 절을 ~하다 寺てらを復元する。

**복위**[復位]名 復位ふくい。¶ 쫓겨났던 왕이 ~다 追おわれた王おうが復位する。

**복음**[福音]名《基》福音ふくいん。¶ ~을 전하다 福音を伝つたえる。

**복작-거리다**自《大勢おおぜいが集つまって》ざわめく、ごった返かえす、混雑こんざつする、込こみ合あう。¶ 크게 복작거리는 상가 복작대는 混雑する商店街しょうてんがい/ 대기실은 몹시 복작거렸다 待機室たいきしつはひどく込こみ合あった。

**복잡-하다**[複雜-]形① 複雑ふくざつだ。¶ ~한 구조 複雑な構造ぞうう。②混雑こんざつしている。¶ 백화점 안이 매우 ~ デパートの中なかがたいへん混雑している。③《頭あたまの中なかが》混乱こんらんしている。¶ 나는 지금 머리가 복잡해요 わたしは今頭が混乱しています。

**복장**名 ①胸むねの真中まなか、胸倉むなぐら。¶ ~을 치며 한탄하다 胸むねをたたいて嘆なげく。②心こころの奥底おくそこ、心中しんちゅう、胸中きょうちゅう、腹はら。¶ 이 검다 腹が黒くろい。

**복장**[服裝]名 服装ふくそう。¶ 단정한 ~ 端正たんせいな服装。

**복제**[複製]名《하他》《되自》複製ふくせい。¶ 그림을 ~하다 絵えを複製する。

**복종**[服從]名《하自》服従ふくじゅう。¶ 명령에 ~하다 命令めいれいに服従する。

**복지**[福祉]名 福祉ふくし。¶ ~ 시설 福祉施設しせつ/ ~ 사회의 건설 福祉社会しゃかいの建設けんせつ。

**복직**[復職]名《하自》《되自》復職ふくしょく。¶ 휴직이 끝나 ~했다 休職きゅうしょくが終わって復職した。

**복창**[復唱]名《하他》復唱ふくしょう。¶ 명령을 ~하라 命令れいを復唱せよ。

**복통**[腹痛]名 ①腹痛ふくつう。¶ ~을 앓다 腹はらを病やむ。/ ~으로 괴로워하다 腹痛ふくつうで苦くるしむ。②ひどく悔くやしかったりあきれ返かえったりすること。¶ ~할 노릇이다 実じつに悔しいことだ。

**복판**名 まん中なか、中央ちゅうおう。¶ 길 ~을 걸어가다 道みちのまん中を歩あるいて行ゆく。

**복학**[復學]名《하自》《되自》復学ふくがく、復校ふっこう。¶ ~을 허가하다 復学を許可きょかする。

복합[複合] 图 하自他 되自 複合ごう。¶ ~ 비료 複合肥料りょう/ 다수 민족이 ~된 국가 多數の民族が複合した國家。

볶다 他 ①(豆などを) 煎いる、炒る。¶ 깨를 ~ ゴマを炒る。②(小量しょうの水・油あぶらを入いれて)いためる。¶ 쇠고기를 ~ 牛肉をいためる。③(人を)いじめる、いびる、苦しめる、せがむ、ねだる。¶ 며느리를 들들 ~ 嫁をすごくいびる。

본¹[本] 图 ①手本ほん、模範はん。¶ 형의 ~을 받다 兄のを見習ならう。②「본보기」の縮約形。③型紙かた。

본²[本] 图 (「본관(本貫)」の縮約形) 本貫がん。¶ 성은 같으나 ~이 다르다 姓は同じだが本貫がちがう。

본가[本家] 图 ①本家ほん。②実家じっ、里さと。㊂친정(親庭)。

본건[本件] 图 本件けん、この件けん。¶ ~에 대하여 本件に対して。

본격[本格] 图 本格かく。

본격-적[-的] 冠名 本格的ほんかくてき。¶ ~으로 시작되다 本格的に始まる。

본-고장[本-] 图 本場ほん。¶ 제주도는 귤의 ~이다 済州島チェジュドはみかんの本場である。

본과[本科] 图 本科かん。¶ ~를 졸업하다 本科を卒業そつぎょうする。

본관[本貫] 图 本貫がん。¶ ~이 다르다 本貫がちがう。

본교[本校] 图 本校こう。

본국[本國] 图 本国こく。¶ ~으로 압송되다 本国へ押送おうそうする。

본-궤도[本軌道] 图 (物事ごとの)本格的ほんかくてきな段階かい、本調子ほんちょうし。¶ 일이 ~에 오르다 仕事ごとが本調子に乗のる。

본능[本能] 图 本能のう。¶ 귀소 ~ 帰巣そう本能/ ~대로 행동하다 本能のままに行動どうする。

본-데 图 (日ごろの)たしなみ、しつけ、礼儀れい作法ほう。¶ ~가 있는 사람 礼儀作法の正ただしい人ひと。

본-동사[本動詞] 图 文法 本動詞どうし、補助じょ用言げんの助たすけを受うける動詞どう。

본드[bond] 图 ボンド。

본디 图 ①本来ほん、元来がん、元もと。¶ ~는 착한 사람이다 根はいい人ひとだ。②(副詞的に用もちいられて)もともと。¶ ~ 아는 사람이다 もともと知しっていた人ひとだ。

본때 图 ①これよと見みせびらかすことの出来でる代物しろ、見栄ばえ。¶ 아무리 보아도 ~가 없다 どう見ても見栄えがしない。②見せしめ。¶ ~를 보여주다 みせしめにこらしめてやる。

본-뜨다[本-] 他 ①見習ならう、手本ほんとする、模範はんとする、ならう。¶ 선생의 솜씨를 ~ 先生せんせいの手並なみを手本とする。②型を取と る、模する、まねる。¶ 서체를 ~ 書体たいを模する。

본-뜻[本-] 图 ①本来ほんらいの意味いみ。②根本ほんとなる意味。③本心しん。

본론[本論] 图 本論ろん。¶ ~으로 들어가다 本論に入はいる。

본명[本名] 图 本名ほん、実名じつ・みょう。¶ ~을 기재하다 本名を記載きさいする。

본문[本文] 图 ①(序文じょ・跋文ばつに対して)本文もん。¶ 조약의 ~ 約款やっかんの本文。②(翻訳ほんやくに対して)原文げん。¶ ~의 필자 原文の筆者ひつ。

본-바탕[本-] 图 本質ほん、本性しょう、生地き、生まれつき。¶ ~은 좋은 사람이다 根はいい人ひとだ。

본봉[本俸] 图 本俸ほう、本給きゅう。¶ ~보다 수당을 많이 준다 本俸より手当あてを多おおくやる。

본부[本部] 图 本部ぶ。¶ ~를 설치하다 捜査そうさ本部を設置せっちする。

본분[本分] 图 本分ぶん。¶ 학생의 ~ 学生がくの本分。

본사[本社] 图 ①本社しゃ。¶ ~에서 근무하게 되다 本社勤つとめになる。②(自分ぶんがいる)この会社しゃ、当社しゃ。

본색[本色] 图 本色しょく、本性しょう。¶ ~을 드러내다 本性をあらわす。

본선[本選] 图 本選せん。¶ ~에 진출하다 本選に進すすむ。

본숭-만숭 副하自他 見みて見ぬ振ふりをするよう。¶ 왜 ~ 하나? なぜ知しらん顔かおをするのだ。

본시[本是] 图 副 もともと、もとから、はじめから、本来らい、元来らい。¶ 그는 ~ 몸이 약했나 彼ははもともと体からだが弱よわかった。

본업[本業] 图 本業ぎょう、本職しょく。¶ 의사가 그의 ~이다 医者じゃが彼かれの本職だ。

본연[本然] 图 本然ぜん。¶ 인간 ~의 모습 人間げんの本然の姿すがた。

본-예산[本豫算] 图 本予算ほん。¶ ~이 국회를 통과하다 本予算が国会こっかいを通過つうかする。

본의[本意] 图 本意ほん、本心しん。¶ 그것은 내 ~다 それはわたしの本心だ。

본인[本人] 图 ①本人にん、当人とう、当事者とうじしゃ。¶ ~에게 물어 보아라 当人に聞きいてみろ。②私わたし。¶ ~의 생각으로는… 私自身じしんの考かんえでは…。

본적[本籍] 图 本籍せき。

본전[本錢] 图 ①元手もと、資本金きん。¶ ~까지 날렸다 元手まで無くした。②(貸した)金かねの)元金きん。¶ 그래서는 ~도 안 나온다 それでは元もと取とれない。③元値ね、原価か。¶ ~으로 팔다 元値で売うる。慣用 본전도 못 찾다 元も子こもない。《したことがかえってむだになる》

본점[本店] 图 本店てん。¶ ~에서 근무하다 本店で勤務きんむする。

본-정신[本精神] 图 まともな精神しん、正気しょうき。¶ 하는 짓을 보니 ~이 아니다 ふるまいを見みていると正気じゃない。

본제[本題] 图 本題だい。¶ ~에 들어가다 本題に入はいる。

본지[本旨] 图 本旨ほん、本義ほん。¶ 교육의 ~에 어긋나다 教育きょうの本旨に悖もとる。

**본질**【本質】② 本質ほん。¶ 문제의 ~을 파헤치다 問題だいの本質を掘ほり下さげる。

**본체**【本體】② 本体たい、本質しつ、正体とう。¶ ~를 알 수 없다 正体がつかめない。

**본토**【本土】② ①《ある地名めいにつけて》自分じぶんの住すんでいる土地ち、生うまれ故郷きょう。¶ 서울 ~ 사람 ソウル地方の人ひと。②本土ほん、中心ちゅうとなる国土こくど。¶ 영국 ~ 英国えいの本土。

**볼**¹ ② 頬ほお、ほっぺた。¶ ~을 붉히다 頬を赤あからめる。/ ~이 훌쭉해지다 頬がこける。[관용] 볼이 붓다 (ほっぺたが腫はれるの意味いみで)怒おこる、張はる。

**볼**² ② ①(細長ほそながい物ものの)幅はば。¶ ~이 넓은 발 はばの広ひろい足裏うら。②「버선(韓国のタビ)」の足裏の部分ぶんを丈夫じょうにするために当あてる布切きれ、それを当てること。

**볼:**〔ball〕② ボール、球たま。¶ 테니스 ~ テニスボール。

**불가지다** ⑪ ①(表面ひょうめんが)ふくれ上あがる、ふくらむ、腫はれる。②突つき出でる、はみ出る、飛とび出す。¶ 눈알이 톡 불가진 금붕어 目めが飛とび出でた金魚ぎょ。③(隠かくれていたものが)あらわになる、ばれる、あばかれる、むき出だしになる。¶ 자질구레한 일이 여기저기서 ~ こまごました用事ようじがあちこちで持もち上あがる。② 불거지다

**볼-거리**〔②醫〕流行性りゅうこうせい耳下腺炎じかせんえん、お多福風邪たふくかぜ。

**볼그레-하다** ⑫ 程ほどよく赤あかい、ほの赤い。¶ 볼그레한 뺨 ほの赤い頬ほお。

**볼근-볼근** ⑪⑪⑪《固かたい肉にくなどを口くちにいれて噛かむようす》もぐもぐ。

**볼:기** ② 尻しり、臀部でん。¶ ~살 尻肉にく/ ~를 맞다 尻を打うたれる。

**볼꼴** ② (人ひとの目めに映うつった)格好かっこう、外観かん、見様ざま、見みた目。¶ ~이 말이 아니다 格好がきわめて不様ぶざまだ。

**볼꼴-사납다** ⑫国 無様ざまだ、みっともない、不格好かっこうだ、見みづらい。¶ 볼꼴사나운 옷차림 不格好な身なり。

**볼끈** ⑪ ①(急きゅうに浮うかび上あがったり突つき出でたりするよう)ぬっと、むくっと、ぽかっと。¶ 그 말을 듣고 불쾌한 감정이 ~ 솟았다 その話はしを聞きいて不快かいな感情じょうがぬっとわき上あがった。②《突然とつぜん怒おこるようす》かっと、むっと、¶ ~ 화를 내다 かっと怒る。③《こぶしをかたくにぎるようす》ぎゅっと、ぐっと。¶ 주먹을 ~ 쥐다 こぶしをぐっと握にぎる。② 불끈

**볼락** ②⑪ メバル。

**볼록-거울** ②〔物〕凸面鏡とつめんきょう。⑪ 오목거울

**볼록-렌즈**〔-lens〕②〔物〕凸とつレンズ。

**볼록-하다** ⑫國 (物ものの表面ひょうめんが)膨ふくらんでいる、ふくれている、盛もり上あがっている。¶ 볼록 볼 ふっくらとした頬/ 무엇이 들었는지 주머니가 ~ 何なにが入はいっているのかポケットがふくらんでいる。② 볼록하다

**볼륨**〔volume〕② ボリューム、音量りょう。¶ 라디오의 ~을 높이다 ラジオのボリュームを上あげる。

**볼:링**〔bowling〕② ボーリング。

**볼만-하다** ⑫國 見物ものだ、見みる値打ねうちがある、見みるに足たりる、見応ごたえがある。¶ 요즘은 볼만한 프로가 없다 近ちかごろは見るべき番組ぐみがない。

**볼-메다** ⑫ むっとしている、ふくれている、不機嫌きげんだ。¶ 꾸지람을 들으면 이내 볼멘 얼굴을 한다 叱しかられるとすぐふくれっ面づらをする。

**볼모** ② ①かた、担保たん、抵当てい。②人質ひとじち。¶ 적국에 ~로 남아 있다 敵てきの国くにに人質として残のこっている。[속담] 볼모로 앉아 있다 まるで人質のように座すわっている。《仕事ごとはせずにじっと座ってばかりいること》[관용] 볼모로 잡히다 人質〔担保〕に取とられる。볼모를 잡다 人質〔担保〕に取って置おく。

**볼-연지**〔-臙脂〕② 頬紅ほおべに。

**볼:-일** ② 用事よう、所用しょ、用件けん、用よう。¶ ~을 보다 用事をすませる。/ ~로 외출하다 用事で外出しゅつする。

**볼-작시면** ⑪ 見みれば、見たところ、察さっするに、思おうに。¶ 그 내용을 ~ 그 내용ようを察するに/ 그 자리의 분위기를 ~ 매우 험했다 その場の様子ようを見たところ実じつに険けんしかった。

**볼장** ② しなければならないこと、しようとすること、用事よう。[관용] 볼장 다 보다 ①万事ばんじ休きゅうす、おしまいだ。②事ことが思おもいどおりにならない、意のままにならない。

**볼각-거리다** ⑪ (泥どろなどを)こねる、ぐちゃぐちゃ踏ふみつける。

**볼각-볼각** ⑪⑪⑪⑪ ぐちゃぐちゃ。¶ 진흙 길을 ~ 걸어가다 ぬかるみをぐちゃぐちゃ音おとをたてながら歩あるく。

**볼통-하다** ⑫國 丸まるく盛もり上あがっている、出でっ張ばっている。¶ 볼통하게 내민 앞가슴 丸く盛り上がった乳房ぶさ。

**볼통-볼통** ⑪⑪⑪《物ものの表面ひょうめんが所々どころ小ちいさく膨ふくれ上あがったり突つき出でたようす》ぼこぼこ、でこぼこ。¶ ~ 튀어나온 바위 でこぼこと突き出た岩いわ。

**볼트**〔bolt〕②ボルト。¶ ~로 죄다 ボルトで締しめる。

**볼트**〔volt〕②〔電〕(電圧でんあつの単位たん)ボルト。

**볼:-펜**〔←ballpoint pen〕②ボールペン。

**봄** ② 春はる。¶ ~ 소식 春のおとずれ。

**봄-기운** ② 春の気配はい。

**봄-꿈** ② ①春の夢ゆめ。②(比)甘あまい夢。¶ ~에 부푼 가슴 甘い夢に膨ふくらんだわれわれの胸むね。③(比)はかない人生じんせい。

**봄-누에** ② 春蚕はるご・はる・しゅんさん。

**봄-눈** ② 春雪せつ、春の雪ゆき。[속담] 봄눈 녹듯 하다 春雪しゅんせつがとけるようだ。《①何事なにごとも長持ながもちせずすぐなくなるこ

봄-맞이【名】[하](自) 春を迎えること、春の遊び。¶ ~ 가다 春を迎えて遊びに行く。
봄-바람【名】春風、東風。
봄-볕【名】春の日差し、春陽。¶ ~에 타다 春の日差しに日やけする。
봄-추위【名】春寒、春先の寒さ。
봇-물【洑-】【名】堰堤の水。
봇-짐【褓-】【名】包み(物)、ふろしき包み。¶ ~ 장수 担かつぎ、行商人。
봉:【名】①(「봉황(鳳凰)」の縮約形) 鳳凰。②鳳凰の雄、鳳。③騙されやすい相手、鴨。¶ ~으로 삼다 鴨にする。
봉건【封建】【名】封建。¶ ~ 시대 封建時代/ ~주의 封建主義。
봉건-적【-的】【冠】【名】封建的。¶ ~인 사고 방식 封建的な考え方。
봉곳-하다【形여】①(丘ㆍ山などが)やや高く突き出ている。¶ 언덕이 ~ 丘が小高く突き出ている。②(器に盛ったものが)やや盛り上がっている、こんもり盛られている。¶ 밥을 봉곳하게 피라 ご飯盛を山盛りにつぐ。③(はり合わせた紙などが)幾分ふくれている。④(腹が)たくさん食べて膨らんでいる。 봉곳-이【副】小高たかく。
봉:급【俸給】【名】俸給される、給料、サラリー。¶ ~ 생활자 俸給生活者/ ~을 올리다 給料を上げる。
봉당【封堂】【名】【建】居間(안방)と向かいの部屋(건넌방)の間に位置する板敷の間、土間。〖속담〗봉당을 빌려 주니 안방까지 달랜다 土間を貸すと居間まで明けろと言う。《ひさしを貸して母屋をとられる》
봉돌【名】釣糸につける重もり。
봉두 난발【蓬頭亂髮】【名】【하形】ぼさぼさに乱れた頭髮。
봉변【逢變】【名】【하自】①(人から)辱めをうけること。¶ 이게 무슨 ~인가 これはまた何をる恥だ。②意外な災難にあうこと。¶ 교통 사고로 ~을 당했다 交通事故でひどい目にあった。
봉분【封墳】【名】【하他】土を盛り上げて墓をつくること、またその盛り上げた部分。
봉:사【奉仕】【名】【하他】奉仕、サービス。¶ 사회에 ~ 하다 社会に奉仕する。/ ~ 가격으로 드립니다 奉仕価格で上げます。
봉:사【奉事】【名】目の不自由な人、盲人。
봉산 탈:춤【鳳山-】【名】韓国の西北地方に伝えられる仮面舞踊の一つ。
봉:선화【鳳仙花】【名】【植】ホウセンカ。
봉쇄【封鎖】【名】【하他】【되自】封鎖する。¶ ~ 작전 封鎖作戰/ 국경을 ~하다 国境を封鎖する。
봉:양【奉養】【名】【하他】奉養する。¶ 부모님을 ~하다 父母를奉養する。
봉제【縫製】【名】【하他】縫製する、縫って衣服などを作ること。¶ ~ 품 縫製品。
봉지【封紙】【名】紙袋、袋。¶ 비닐 ~ ビニール袋。
봉착【逢着】【名】【하自】【되自】逢着する、直面する、出でくわすこと。¶ 위기에 ~하다 危機に直面する。
봉:창【奉唱】【名】【하他】奉唱する。¶ 애국가 ~ 愛国歌奉唱。
봉:축【奉祝】【名】【하他】奉祝する。¶ ~ 행사 奉祝行事。
봉치【名】【民】結納。
봉투【封套】【名】封筒、状袋、袋。¶ 편지 ~ 手紙入れの封筒。
봉-하다【封-】【他】①(封筒を)封じる、緘する。¶ 봉하지 않은 편지 封じていない手紙。②(口を)とじる、緘する。¶ 입을 ~ 口をつぐむ。③(窓戸などを開けけないように)封印する、貼りつける。¶ 창문을 ~ 窓を貼りつける。④〘史〙(臣下に)領地を与えたて封じる。⑤爵位にをあたえる。
봉함【封緘】【名】【하他】封緘する。¶ ~ 엽서 封緘葉書/ 편지를 ~ 하다 手紙を封じる。
봉화【烽火】【名】烽火、のろし。
뵈:다【他】目上の人にに会う、伺う、お目にかかる。¶ 선생님을 만나 ~ 先生にお目にかかる。/ 다음 주에 가 뵙겠습니다 来週お伺いいたします。
뵙:다【他】お目にかかる、伺う、お伺いする、まみえる。¶ 처음 뵙겠습니다 始めてお目にかかります、始めまして。
부【父】【名】父、ちち。
부【夫】I【名】夫、おっと。II【接尾】…夫。¶ 청소 ~ 掃除夫。
부:【否】【名】否、な。¶ 가냐 ~냐? 可か否か否か。
부【部】I【依】【名】発行部数が万に部を超えた。II【接尾】…部。¶ 외무 ~ 外務部。
부-【不】【接頭】《否定の意味を表わす》不…。¶ ~자유 不自由。
부:-【副】【接頭】副…。¶ ~사장 副社長/ ~산물 副産物。
-부【附】【接尾】①《日付けを表わす》…付け。¶ 5월 2일 ~ 発令 5月2日付け発令。②《所属を表わす》…付。¶ 대사관~ 무관 大使館付き武官。
-부【婦】【接尾】…婦。¶ 파출 ~ 派出婦、お手伝いさん。
-부【簿】【接尾】…簿。¶ 출석 ~ 出席簿。
부:가【附加】【名】【하他】【되自】付加、付加加える。¶ 더는 ~할 것이 없다 これ以上つけ加えるべきものがない。
부:가 가치세【-價値稅】【名】【經】付加価値税。
부:강【富强】【名】【하形】富强。¶ ~한 나라를 건설하다 富强な国家を建設する。
부걱【副】【하自】《酒などが発酵するとき大きな泡などが浮き上がるようす》ぶくっ、ぼこっ。
부:검【剖檢】【名】【하他】剖検する。¶ 시체를 ~하다 死体を剖検する。
부:결【否決】【名】【하他】【되自】否決する。¶ 예산안이

~되었다 予算案ょさんが否決された。

**부계**[父系] 图 父系ふけい、父方ちちかた。

**부:고**[訃告] 图 하団 訃告ふこく、訃報ふほう、訃音ふいん。¶ ~에 접하다 訃報に接ﾁする。

**부:과**[賦課] 图 하団 団団 賦課ふか。¶ 소득세를 ~ 所得税しょとくぜいを賦課する。

**부:교감 신경**[副交感神經] 图 生 副交感さくこうかん神経しんけい。

**부:-교수**[副教授] 图 （大学だいがくの）教授きょうじゅと助教授じょきょうじゅのなかの地位ちぃ。

**부:국**[富國] 图 富国ふこく。
　**부:국 강병**[-强兵] 图 富国強兵ふこくきょうへい。

**부권**[父權] 图 父権ふけん、父ちちとしての権利けんり。

**부권**[夫權] 图 法 夫権ふけん、夫おっととしての権利けんり。

**부권**[婦權] 图 婦権ふけん、女性じょせいとしての権利けんり。

**부:귀**[富貴] 图 하形 富貴ふうき。¶ ~ 영화 富貴栄華えいが。

**부그르르** 副 하目 ①《液体えきたいが沸わき上ぁがるようす・その音おと》ぐらぐら、ふつふつ。¶ 국이 ~ 끓다 汁しるがぐらぐら沸わく。②《大おぉきな泡ぁゎが急きゅうに泡あゎだつようす・その音》ぶくぶく。

**부:근**[附近] 图 付近ふきん、近所きんじょ、あたり、ほとり。¶ 역 ~에서 만나다 駅えきの附近である。/ 은행은 저 ~에 있다 銀行ぎんこうはあのあたりにある。

**부글-거리다** 自 ①（しきりに）沸ゎき上ぁがる、ぐらぐら沸わき立たつ。¶ 주전자의 물이 ~ やかんの水みずがぐらぐら沸わく。②ぶくぶく泡あゎだつ。¶ 부글거리는 진흙탕 ぶくぶくと泡ぁゎだつ泥沼どろぬま。

**부글-부글** 副 하自 ①《液体えきたいがぐらぐらと煮えたぎるようす》ぐらぐら。¶ 국이 ~ 끓다 汁しるがぐらぐらと煮に立たつ。②《水みずなどが泡立ぁゎだつようす》ぶくぶく。③《気きが重ぉもったり思おもいなやんだりして機嫌きげんがおだやかでないようす》いらいら、むしゃくしゃ。¶ 속이 ~ 끓는다 腹はらが煮にえくりかえる。

**부:금**[賦金] 图 賦金ふきん。①[賦課金ふかきん。②掛ゕけ金ぎん。¶ ~을 붓다 掛け金を払はらう。

**부기**[附記] 图 하他 付記ふき。

**부기**[簿記] 图 簿記ぼき。¶ 단식 ~ 単式たんしき簿記 / ~를 하다 簿記をつける。

**부기**[浮氣] 图 むくみ、ふくれ。¶ 얼굴의 ~ 가 빠지다 顔ぉゎのむくみが引ひく。

**부끄러움** 图 恥はじらい、はにかみ、恥はずかしさ。¶ ~을 무릎쓰고 말하다 恥じをしのんで話はなす。

**부끄러워-하다** 自他여 恥はずかしがる、恥はじらう、きまり悪ゎぁがる、きまり悪ゎぁく思ぉもう、はにかむ、照てれる。¶ 새색시처럼 ~ 花嫁はなよめさんのように恥はずかしがる。

**부끄럽다** 形日 恥はずかしい、顔向かぉむけできない、面目めんもくない、みっともない。¶ 부끄러워서 얼굴이 빨개지다 恥はずかしくて顔ぉゎが赤ぁゕくなる。/ 남자로서 부끄러운 일이다 男ぉとことして恥じずべきことだ。

**부낭**[浮囊] 图 浮うき袋ぶくろ。¶ 구명용 ~ 救命袋きゅうめいたい。

**부녀**[婦女] 图 婦女ふじょ、女性じょせい。

**부:농**[富農] 图 富農ふのう。¶ ~의 집에 태어나다 富農の家いぇに生うまれる。

**부닥-뜨리다** 自 出でくわす、ぶつかる、突っき当ぁたる。¶ 난관에 ~ 困難こんなんにぶつかる。

**부닥치다** 自 ぶつかる、突っきあたる。¶ 배가 바위에 ~ 船ふねが岩いゎにぶつかる。/ 여하튼 상대방과 부닥쳐 보자 とにかく先方せんぽうに当ぁたってみよう。

**부단**[不斷] 图 하形 不断ふだん。①絶たえ間ま�ないこと。¶ ~한 노력 不断の努力どりょく。②決断力けつだんりょくがないこと。¶ 우유 ~ 優柔ゆうじゅう不断。　부단-히 副 不断に、いつも。

**부:담**[負擔] 图 하他 団団 負担ふたん。¶ 경제적인 ~이 크다 経済的けいざいてきな負担が大ぉぉきい。

**부:당**[不當] 图 하形 不当ふとう。¶ ~한 요구 不当な要求ょうきゅう。　부당-히 副 不当に、むちゃに。

**부:대**[附帶] 图 하他 付帯ふたい、附帯たい。¶ ~ 조건 付帯条件じょうけん。

**부대**[部隊] 图 部隊ぶたい。¶ 전투 ~ 戦闘せんとう部隊。

**부대끼다** 自 もまれる、さいなまれる、なやまされる。¶ 만원 버스에 ~ 満員まんいんバスにもまれる。/ 성화에 ~ せがみなどになやまされる。

**부덕**[不德] 图 하形 不徳ふとく。¶ 이번 일은 제 ~의 소치입니다 今回こんかいのことは私ゎたしの不徳のいたすところであります。

**부덕**[婦德] 图 婦徳ふとく。¶ 미모와 ~을 겸비하다 美貌びぼうと婦徳を兼備けんびする。

**부도**[不渡] 图 不渡ふわたり。¶ ~를 내다 不渡りを出ぉす。
　**부도 수표**[-手票] 图 不渡り小切手ぁぎって。

**부:도**[附圖] 图 付図ふず。¶ 지리 ~ 地理ちり付図。

**부:도덕**[不道德] 图 하形 不道徳ふどうとく、不徳ふとく。¶ ~ 한 행위 不道徳な行為こうい。

**부동**[不動] 图 하自 ①不動ふどう。¶ ~ 자세 不動の姿勢しせい。②動ぅごかされないこと、ゆるがないこと。¶ ~의 신념 ゆるがない信念しんねん。

**부-동산**[不動産] 图 不動産ふどうさん。¶ ~ 보험 不動産保険ほけん。

**부동-액**[不凍液] 图 不凍液ふとうえき。

**부두**[埠頭] 图 埠頭ふとう、波止場はとば。¶ ~에 계류된 배 波止場につながれた船ふね。

**부둥켜-안다** 他 抱だき締しめる、抱だき込こむ。¶ 서로 ~ しっかり抱き合ぁう。

**부드득** 副 하自 《固かたい物ものを強つよくこするときの音おと》がりがり、ぎりぎり、ごりごり。¶ 분해서 이를 ~ 갈다 くやしくて歯はをぎりぎりときしる。

**부드럽다** 形日 ①柔ゃゎらかい、触ざゎりがよい。¶ 부드런 살결 やゎらかい肌はだ / 촉감이 ~ 触感しょっかんがやわらかい。②《性格せぃかく・態度たいどなどが》なごやかだ、優ゃさしい、和ゎゃかだ、やわらかい、柔軟じゅうなんだ。¶ 부드러운 분위기 和ゎやかな雰囲気ふんいき / 부드럽게 접대하다 優ゃさしくもてなす。

**부득이**[不得已] 副 하形 止ゃむなく、仕方しかたなく、余儀ょぎなく、せん方ほうなく、せんなく。¶ ~한 이유로 やむを得ぇない理由ゅぅで。

**부들-부들** 副하自他 《寒さ・恐怖などのために震えるようす》ぶるぶると、わなわなと、がくがくと。¶ 추위서 ~ 떨다 寒くてわなわなと震えさせる。

**부들부들-하다** 形04 《感触が非常によいようす》柔らかい、なめらかだ、すべすべする。¶ 부들부들한 손 柔らかい手。

**부등**[不等] 名하形 不等。¶ ~식 不等式。

**부:디** 副 《願い・頼みの意を表わして》どうか、是非に、どうぞ、よしくも、きっと。¶ ~ 잘 부탁합니다 どうぞよろしくお願いします。/ ~ 몸조심 하십시오 くれぐれもお体を大事に。

**부딪다** 他 強くぶつける〔ぶつける〕、強く打ちつける、突き当たる。¶ 벽에 머리를 ~ 壁に頭を強くぶつける。

**부딪-치다** 自他 ① 強くぶつかる〔ぶつける〕、強く突き当たる、強く打ちつける。¶ 벽에 ~ 壁に突き当たる。/ 차에 사람이 부딪쳤다 車に人がぶつかった。② 出くわす、ぶつかり合う。¶ 길에서 그녀와 뜻밖에 부딪쳤다 道で彼女がと思いがけなく出くわした。③ 直面する。¶ 냉엄한 현실에 ~ 冷厳なる現実に直面する。

**부뚜막** 名 かまど、へっつい。
〈속담〉 부뚜막의 소금도 집어 넣어야 짜다 かまどの塩も振りかけてこそ用を足す。《手をこまぬいていては何事もなし得ないことのたとえ》

**부라리다** 他 《目を》怒らす、ぎょろつかせる、剥く。¶ 눈을 부라리며 소리를 지르다 目を怒らして大声をあげる。

**부락**[部落] 名 部落、村、㊷ 존락(村落)。

**부랑**[浮浪] 名하自 浮浪、さまよい歩くこと、さすらうこと。¶ ~자 浮浪者/ 각지를 ~하다 各地を浮浪する。

**부랑-배**[-輩] 名 浮浪者の群れ、ごろつき、愚連隊。

**부랴-부랴** 副 大急ぎで、あたふたと、取るものも取りあえず、草々に。¶ 급보를 받고 ~ 달려왔다 急報に接してあたふたと駆けつけて来た。

**부러-뜨리다** 他 折る、へし折る、折って壊す。¶ 연필을 ~ 鉛筆を折る。/ 가지를 ~ 枝をへし折る。

**부:럼** 名〔民〕陰暦の正月の十五日の早朝に食べる栗、くるみなど。

**부럽다** 形B うらやましい、欲しい、ねたましい。¶ 조금도 부럽지 않다 ちょっともうらやましくない。/ 부러운 것이 없다 欲しいものがない。

**부레** 名 ① 魚類の体内にある浮き袋。② 「부레풀」의 縮約形。
　**부레-풀** 名 にべにかわ、にべ。

**부려-먹다** 他 こき使う、酷使する。¶ 직원을 실컷 ~ 職員をさんざんこき使う。

**부력**[浮力] 名〔物〕浮力。¶ ~의 작용 浮力の作用。

**부:록**[附錄] 名 付録、附録。¶ 별책 ~ 別冊付録。

**부루퉁-하다** 形04 ① ふくれ上がっている、腫れ上がっている、盛り上がっている。¶ 부루퉁한 손 腫れ上がった手。② 《表情が》ふくれている、ふきげんそうだ、おかんむりだ。¶ 무슨 일로 그렇게 부루퉁하게 있는 거야? 何でそんなにふくれているのだ。

**부류**[部類] 名 部類。¶ 같은 ~에 속하다 同じ部類に属する。

**부르다¹** 他三 ① 《言葉こと・手まねで》呼ぶ、招く、招待する。¶ 구급차를 ~ 救急車を呼ぶ。/ 손님을 ~ 客を招く。② 《名前・文章などを》読む、唱える、呼ぶ。¶ 명부대로 이름을 ~ 名簿どおりに名前を読み上げる。③ 《歌を》歌う、口ずさむ。¶ 유행가를 ~ 流行歌を歌う。④ 《大声で》叫ぶ、呼ばわる。¶ 만세를 ~ 万歳を叫ぶ。⑤ 呼ぶ、称する、名づける、言う。¶ 그녀를 언니라고 ~ 彼女を姉さんと呼ぶ。⑥ 《値段を》呼ぶ、値をつける。¶ 비싼 값을 ~ 高値を呼ぶ。⑦ 《ある定まった方向へ》ついて来させる、導く、呼ぶ。¶ 정의가 학생을 ~ 正義が学生を呼ぶ。

**부르다²** 形三 ① 《腹が》一杯だ。¶ 배부르게 먹다 腹一杯食べる。② ふくれている、大きい。¶ 가방이 부르도록 쑤셔 넣다 カバンがふくれるまでつめこむ。

**부르릉** 副하自 《自動車・飛行機などのエンジンのかかる音》ぶるるん、ぶるん、ぶうん。¶ ~하고 차의 발동이 걸렸다 ぶるんと音がして車のエンジンがかかった。

**부르-짖다** 自 ① 《大声で》叫ぶ、わめく。¶ 울며 ~ 泣きわめく。② 《主張などを》唱える、主張する、叫ぶ。¶ 민주주의를 ~ 民主主義を唱える。

**부르-트다** 自 ① 《皮膚に》水ぶくれができる、水ぶくれになる、豆ができる。¶ 발이 ~ 足に豆ができる。/ 피곤해서 입술이 ~ 疲れて唇にも水ぶくれができる。② 《虫などにかまれて》腫れ上がる。¶ 벌에 쏘인 데가 ~ 蜂にさされたところが腫れ上がる。

**부리** 名 ① くちばし。 독수리의 ~ 鷲のくちばし。② 《物の》先端のとがった部分。¶ 총~ 銃口、筒先。③ 《瓶などの》口の先。

**부리다** 他 ① こき使う、働かせる。¶ 부하를 ~ 部下をこき使う。② 《牛・馬などを》使う、つかいこなす。¶ 소를 부려 밭을 갈다 牛を使って畑を耕す。③ 《機械などを》操る、動かす、操作する。¶ 기계를 ~ 機械を操作する。④ 《権力などを》振るう、張る、行使する。¶ 권세를 ~ 権勢を振るう。⑤ 《計略などを》弄する、働かせる。¶ 수단을 ~ 手段を講ずる。/ 계책을 ~ 計略を弄する。⑥ 《芸》をこなす、(魔術などを)使う。¶ 요술을 ~ 魔術

を使う。/ 원숭이가 재주를 ~ 猿が芸をこなす。⑦(ある行動を)はたらく、振るまう、演じる、張る。¶ 고집을 ~ 我を張る。/ 행패를 ~ 乱暴をはたらく。

**부모**〔父母〕图 父母も、親や、両親りょう。

**부문**〔部門〕图 部門もん。¶ ~별로 나누어서 수상하다 部門別ごとに分かれて受賞じょうする。

**부:보**〔訃報〕图 訃報ほう、訃音いん、訃ふ。¶ ~를 알리다 訃報を知らせる。

**부:본**〔副本〕图 副書ふくしょ、原本ぼんの控え。

**부부**〔夫婦〕图 夫婦ふう、夫妻さい、めおと。¶ 신혼 ~ 新婚しんこん夫婦。

**부분**〔部分〕图 部分ぶん。¶ ~으로 나누다 部分に分ける。

**부분 일식**〔-日蝕〕图 部分日食しょく。

**부:사**〔副詞〕图〔文法〕副詞し。

**부산-하다** 形①あわただしい、気ぜわしい。¶ 귀국을 앞두고 여러 가지로 ~ 帰国をひかえて何だにかと気ぜわしい。②騒々しい、騒がしい、やかましい。¶ 교실이 몹시 ~ 教室きょうがとても騒々しい。
[관용] 부산(을) 떨다 せわしなく騒ぐ。부산(을) 피우다 せわしなく騒ぎ立てる。

**부:상**〔負傷〕图〔하다他 負傷しょう、けが。¶ ~자 負傷者/ 큰 ~ 大けが/ 다리에 ~을 입다 足を負傷する。

**부:상**〔副賞〕图 副賞しょう。¶ ~으로 500만 원을 주다 副賞として500万ウォンを与える。

**부서**〔部署〕图 部署ぶ、持ち場。¶ 자기 ~로 돌아가다 自分ぶんの部署にかえる。

**부서-뜨리다** 他 取りこわす、破壊はいする、破損そんさせる。¶ 장난감을 부서뜨려 버렸다 おもちゃを壊してしまった。

**부서-지다** 自 ①こわれる、砕ける。¶ 의자가 부서졌다 椅子がこわれた。②(希望ぼう・期待たいなどが)破れる、崩れる。¶ 꿈이 ~ 夢が破れる。

**부석-부석** 副形《肌はが少しむくんでいるようす》ぶよぶよ、ぶくぶく。¶ 과로로 얼굴이 ~하다 過労ろうで顔がが少しむくんでいる。

**부:설**〔附設〕图 하다他 付設せつ。¶ 대학 ~ 연구소 大学の付設研究所きゅうじょ。

**부성**〔父性〕图 父性せい。¶ ~애 父性愛あい。

**부:속**〔附屬〕图 하다自 付属ぞく。¶ 대학 병원 ~ 大学の付属病院いん。

**부수**〔部數〕图 部数すう。¶ 발행 ~를 늘리다 発行ぶ部数を増やす。

**부수다** 他 壊す、つぶす、砕だく、破る。¶ 담장을 ~ へいをこわす。/ 문을 부수고 들어갔다 ドアを破って入った。

**부:-수입**〔副收入〕图 副収入しゅう、役得とく、余得とく。¶ ~이 전혀 없다 役得がまったくない。

**부스러기** 图 屑ず、残りかす、端きれ。¶ 과자 ~ 菓子のかけら。

**부스럭** 副하다自 《枯かれ葉はなどを踏ふんだりかきまわしたりする音》ばさっ、かさかさ。¶ 고엽이 ~ 소리를 낸다 枯かれ葉がかさかさと音をだす。

**부스럼** 图 腫はれもの、できもの、おでき。¶ 긁어 ~ 만든다 搔いて腫れものを成すす、藪やぶをつついて蛇じゃを出だす。

**부스스** 副 ①《ゆっくりと静しずかに起き上がるようす》やおら、おもむろに。¶ 잠자리에서 ~ 일어나다 寝床からやおら起き上がる。②하다《髪の毛などがひどく乱みだれたようす》もじゃもじゃ、ぼうぼう、くしゃくしゃ。¶ 머리가 ~하다 髪の毛がもじゃもじゃしている。③《屑らがもろくずれちらばるようす》ぽろぽろ、ばらばら。¶ 빵 부스러기가 ~ 부서지다 パンの屑がぽろぽろくずれる。

**부슬-부슬**[1] 副《雪ゆき・雨あめがまばらに降ふるようす》さらさら、しとしと、しょぼしょぼ。¶ 봄비가 ~ 내리다 春雨あめがしとしとと降る。

**부슬-부슬**[2] 副하다形《小さな塊・粉末ふんなどが水気がなくてかさかさしているようす》ばらばら、かさかさ、ぽろぽろ。¶ 떡이 말라서 ~하다 餅が乾いてかさかさしている。

**부시다**[1] 他 (器うつなどを)すすぐ、ゆすぐ。¶ 식기를 ~ 食器をすすぐ。

**부시다**[2] 形 眩まぶしい、まばゆい。¶ 눈이 ~ 目が眩しい。

**부:식**〔副食〕图「부식물(副食物)」の縮約形。**부:식물**〔-物〕图 副食物ぶっ、おかず。

**부:식**〔腐植〕图 하다自 腐植しょく。**부:식-토**〔-土〕图 腐植土ど。

**부실**〔不實〕图 하다形 不実じつ。①誠実でないこと。¶ ~한 사람 誠実でない人じん。②(内容などが)充実じつしていないこと。¶ ~한 경영 不実な経営/ 이 공사는 ~하다 この工事こうは手を抜いたものだ。③(体からが)ひ弱じわいこと、不健康こうなこと。¶ 몸이 ~해서 걱정이다 体がひよわくて心配しんだ。④(穀物らが)よく実のっていないこと。

**부실 기업**〔-企業〕图 不実企業ぎょう。

**부:심**〔腐心〕图 하다自 腐心しん。¶ 회사 재건에 ~하다 会社かいの再建けんに腐心する。

**부썩** 副 ①我を張るようす。¶ 꼭 하겠다고 ~ 졸라댄다 どうしてもやるんだといってしつこくせがむ。②《(ものごとが真直ぎ途切れなく進んだりにわかに増減げんするようす》大いに、ぐっと、ぐんと。¶ 실력이 ~ 늘었다 実力じょくがぐんとのびた。/ 요새 ~ 여위었구나 近頃きょっとやせましたね。

**부아** 图 ①肺臓ぞう。②怒り、腹立はらち、かんしゃく、しゃく。
[관용] 부아(가) 치밀다 しゃくにさわる。부아(를) 돋우다 怒りをあおる。

**부양**〔扶養〕图 하다他 扶養よう。¶ 가족을 ~하다 家族ぞくを扶養する。

**부업**〔父業〕图 ①父の職業ぎょう・事業。②祖先伝来でんらいの職業、家業ぎょう。¶ ~을 이어받다 家業を継ぐ。

**부:업**〔副業〕图 副業ぎょう、内職しょく。¶ ~으로 생계를 이어가다 内職でやっと生計せいをたてている。

**부엉-부엉** 副 《ミミズクの鳴き声》ほうほう。
**부엉이** 名動 ミミズク、コノハズク。
**부엌** 名 台所どころ、炊事場すいじば、厨房ちゅうぼう。¶ ~문 勝手口かってぐち/ ~에서 일하다 台所で仕事をする。
 **부엌-데기** 名 おさんどん、飯炊たきき女おんな。
**부엌-일** 名 台所どころの仕事しごと、水仕仕事しごと。
**부:여**〔附與〕名他サ変自他サ変 付与ふよ、附与ふよ。¶ 권리를 ~하다 権利けんりを付与する。
**부:여**〔賦與〕名他サ変自他サ変 賦与ふよ。¶ 자격을 ~하다 資格しかくを賦与する。
**부여-안다** 他 (両腕りょうに)だきしめる。¶ 내 자식을 ~ わが子をだきしめる。
**부여-잡다** 他 つかむ、握にぎりしめる。¶ 두 손을 ~ 両手りょうてを握りしめる。
**부:역**〔負役〕名 国民こくみんが負おう公役こうえきの義務ぎむ。
**부:역**〔賦役〕名 賦役ふやく・ぶえき。¶ 과다한 ~ 多おおすぎる賦役。
**부:연**〔敷衍〕名自他サ変自他サ変 敷衍ふえん。¶ ~해서 설명하다 敷衍して説明せつめいする。
**부:옇다** 形ㅎ変 (鮮明せんめいでなく)白しろみがかっている、ぼやけている。
**부:예-지다** 自 白しろく濁にごる、乳色ちちいろになる、うす明あかるくなる。¶ 연못의 물이 ~ 池いけの水みずが白く濁る。/ 하늘이 ~ 空そらがうす明かるくなる。
**부왕**〔父王〕名 父王ふおう。
**부:용**〔附庸〕名 附庸ふよう、属国ぞっこく。
**부용**〔芙蓉〕名植 芙蓉ふよう。
**부유**〔浮遊・浮游〕名自サ変自サ変 浮遊ふゆう、浮游ふゆう。¶ 물속에서 ~하다 水中すいちゅうに浮遊する。
**부:유**〔富裕〕名ハナ形 富裕ふゆう、裕福ゆうふく。¶ ~한 생활 裕福な生活せいかつ。
**부:응**〔副應〕名自サ変 (期待きたいなどに)添そって応おうじること、添そうこと。¶ 기대에 ~하다 期待きたいに添う。
**부:의**〔附議〕名他サ変 付議ふぎ、附議ふぎ。¶ 임시회의에 ~하다 臨時会議りんじかいぎにかける。
**부:의**〔賻儀〕名 香典こうでん、香奠こうでん、香料こうりょう。
**부:-의장**〔副議長〕名 副議長ふくぎちょう。
**부:익부**〔富益富〕名 金持かねもちはますます金持ちになること。反 빈익빈 (貧益貧)
**부인**〔夫人〕名 《他人たにんの妻つまの尊敬語そんけいご》夫人ふじん、奥様おくさま、奥おくさん。¶ 영~ 令夫人れいふじん/ ~을 동반해 주십시오 夫人を同伴どうはんしてください。
**부:인**〔否認〕名他サ変自他サ変 否認ひにん。¶ 범행을 ~하다 犯行はんこうを否認する。
**부인**〔婦人〕名 婦人ふじん。¶ ~회 婦人会ふじんかい。
**부:임**〔赴任〕名自サ変 赴任ふにん。¶ 홀몸으로 ~하다 単身たんしん赴任する。
**부자**〔父子〕名 父子ふし、父ちちと子こ。
 **부자-유친**〔-有親〕名 父子ふし親しんあり(儒教じゅきょうで説とく五倫ごりんの一ひとつ)。
**부:자**〔富者〕名 金持かねもち。¶ 벼락 ~ にわか成なり金きん。
 속담 **부자는 망해도 삼 년 먹을 것은 있다** 金持ちは落おちぶれても3年ねんは食くえる。**부잣집 맏며느리 같다** 金持かねもちの総領嫁そうりょうよめのよう
だ。《顔付かおつきの福福ふくふくしいむすめを言いう》
**부-자연**〔不自然〕名ハナ形 不自然ふしぜん。¶ ~한 태도 不自然な態度たいど。
 **부자연-스럽다** 形ㅂ変 不自然だ、わざとらしい。¶ 언행이 ~ 言動げんどうがわざとらしい。
**부-자유**〔不自由〕名ハナ形 不自由ふじゆう。¶ ~한 것 없이 지내다 不自由なく過すごす。
**부자유-스럽다** 形ㅂ変 不自由ふじゆうだ。¶ 보행이 ~ 歩行ほこうが不自由だ。
**부:-작용**〔副作用〕名 副作用ふくさよう。¶ ~을 일으키다 副作用を起おこす。
**부장**〔部長〕名 部長ぶちょう。
**부:장**〔副葬〕名他サ変 副葬ふくそう。¶ 유품을 ~하다 遺品いひんを副葬する。
 **부:장-품**〔-品〕名 副葬品ふくそうひん。
**부재**〔不在〕名ハナ形 不在ふざい、留守るす。¶ 유품을 ~하다 遺品いひんを副葬する。
 **부재-자**〔-者〕名 不在者ふざいしゃ。
 **부재자 투표**〔-投票〕名 不在者ふざいしゃ投票とうひょう、不在投票ふざいとうひょう。
**부적**〔不適〕名ハナ形 「부적당」の縮約形。
 **부-적당**〔-當〕名ハナ形 不適当ふてきとう。¶ ~한 설명 不適当な説明せつめい。
**부:적**〔符籍〕名 呪符じゅふ、御札おふだ、護符ごふ、まじないの札ふだ、お守まもり。¶ ~을 몸에 지니다 お守りを身みにつける。
**부-적응**〔不適應〕名自サ変 不適応ふてきおう。
**부전**〔不全〕名ハナ形 不全ふぜん。¶ 발육 ~ 発育はついく不全。
**부전**〔不戰〕名 不戦ふせん。¶ ~승 不戦勝ふせんしょう。
**부전-자전**〔父傳子傳〕名 父子相伝ふしそうでん。
**부절**〔不絶〕名ハナ形 絶たえないこと。¶ 연락이 ~하다 連絡れんらくが絶えない。
**부-절제**〔不節制〕名ハナ形 不節制ふせっせい。¶ ~한 생활 不節制な生活せいかつ。
**부정**〔不正〕名ハナ形 不正ふせい。¶ ~ 부패 不正腐敗ふはい/ ~하게 축재하다 不正に蓄財ちくざいする。/ ~한 방법으로 이기다 不正な方法ほうほうで勝かつ。
 **부정 선:거**〔-選擧〕名 不正選挙ふせいせんきょ。
 **부정 투표**〔-投票〕名 不正投票ふせいとうひょう。
**부정**〔不定〕名ハナ形 不定ふてい。¶ 주소 ~ 住所じゅうしょ不定。
**부정**〔不貞〕名ハナ形 不貞ふてい。¶ ~한 아내 不貞な妻つま。
**부정**〔不淨〕名 ①不潔ふけつ。②不浄ふじょう、けがれ。③巫女みこの厄払やくばらいなどの儀式ぎしきでその最初さいしょの場面ばめん。
 慣 **부정(을) 타다** けがれのために祟たたる。
**부:정**〔否定〕名他サ変 否定ひてい。¶ ~하기 어려운 사실 否定しにくい事実じじつ。
 **부:정-문**〔-文〕名文法 否定語ひていご。
 **부:정-어**〔-語〕名文法 否定文ひていぶん。
 **부:정-적**〔-的〕冠 否定的ひていてき。¶ ~인 반응 否定的な反応はんのう。
**부정-맥**〔不整脈〕名医 不整脈ふせいみゃく。
**부-정확**〔不正確〕名ハナ形 不正確ふせいかく。¶ ~한 정보 不正確な情報じょうほう。
**부조**〔扶助〕名他サ変 ①扶助ふじょ。¶ 상호 ~하다

相互扶助する。②祝儀、香典。

**부-조리**〔不條理〕[名][하形] 不条理。¶ 사회의 ~ 社会の不条理。

**부-조화**〔不調和〕[名][하自] 不調和。

**부족**〔不足〕[名][하形] 不足。①足りないこと、乏しいこと。¶ 수면 ~ 睡眠不足/ 일손이 ~하다 人手が足りない。②満足できないこと。¶ ~한 생활 不満足な生活/ 어딘가 ~한 점이 있다 どこか物足りない点がある。

**부족**〔部族〕[名] 部族。¶ ~ 국가의 성립 部族国家の成立。

**부종**〔浮腫〕[名] 浮腫、むくみ。

**부주**[1] [名] 子孫に遺伝する素質・性癖。¶ 병약한 것은 그 집안의 ~다 病弱なのはその家の遺伝だ。[유] 내림

**부주**[2] [名]「부조(扶助)」の変形。

**부줏-술** [名] 冠婚葬祭のときにやりとりする酒。

**부줏-일** [名] 冠婚葬祭のときその家へ行って手伝ってやること。

**부-주의**〔不注意〕[名][하自] 不注意、手落ち。¶ ~로 인한 교통 사고 不注意による交通事故。

**부지**〔不知〕[名][하他] 不知。

**부지-기수**〔-其數〕[名] (数えきれないほど)非常に多いこと、無数。¶ 약속을 어긴 일이 ~다 約束を破ったことは数えきれないほどだ。

**부지**〔扶支・扶持〕[名][하他][되自] 苦労を堪え忍ぶこと、艱難をこらえぬくこと。¶ 목숨만을 겨우 ~하다 命だけをようやく持ちこたえる。

**부지**〔敷地〕[名] 敷地。¶ 아파트 건축 ~ アパートの建築敷地。

**부지깽이** [名] (木の棒の)火掻き。

**부지런** [名][하形] 勤勉、まめまめしいこと。
[관용] **부지런(을) 피우다** わざと忙しそうに立ちまわる、わざとまめに動きまわる。

**부지직** [副][하自] ①《焼けた鉄などに水気のあるものが触れたとき出る音・ようす》じゅっ。②《丈夫な布などが少しずつ裂けるときの音・ようす》ばりばり。

**부진**〔不振〕[名][하形] 不振。¶ 식욕 ~ 食欲不振/ 업적이 ~하다 業績が不振だ。

**부진**〔不進〕[名][하自] 前進しないこと。¶ 지지~하다 遅々として進まない。

**부질-없다** [形] つまらない、しがない、無駄だ、余計だ。¶ 부질없는 생각 つまらない考え/ 부질없는 걱정이다 いらぬ心配だ。

**부쩍** [副] ①《水気がぎりぎりに煮詰まるか乾き上がるようす》ぐっと。¶ 국이 ~ 졸아들다 汁がぐっと煮詰まる。②《すぐ目のまえにぐっと迫るようす》ぐっと、ぐんと。③《ものごとがにわかに増減したり勢いよく動くようす》ぐっと、ぐんと、うんと。¶ 강물이 ~ 줄었다 川の水がぐんと減った。④《我を押し通したり片意地を張るようす》かたくなに、一徹に。

**부:착**〔附着・付着〕[名][하自][되自] 付着、附着。¶ ~물 付着物/ 벽에 선반을 ~시키다 壁に棚を取りつける。

**부창-부수**〔夫唱婦隨〕[名] 夫唱婦随。¶ ~의 가풍 夫唱婦随の家風。

**부채** [名] 扇、うちわ、扇子。¶ ~로 부치다 扇であおぐ。

**부채-꼴** [名] 扇形。

**부채-질** [名][하自] ①扇であおぐこと。②[比] あおりたてること、煽動すること、そそのかすこと。¶ 군중을 ~하다 群衆を煽動する。/ 경쟁심을 ~ 競争心をあおる。

**부:채**〔負債〕[名] 負債、借金、負い目。¶ ~를 상환하다 負債を償還する。

**부처** [名][佛] 仏。①釈迦、釈迦牟尼。¶ ~님의 가르침 お釈迦さまの教え。②仏像。③[比] お人好し。¶ ~님 같은 사람 仏様みたいなお人好し。

**부:촌**〔富村〕[名] 暮らしが豊かな村。

**부:-총리**〔副總理〕[名] 副総理。

**부:추** [名][植] ニラ。

**부:추기다** [他] そそのかす、けしかける、焚きつける、煽動する。¶ 가만히 있는 사람을 ~ じっとしている人をけしかける。

**부:축** [名][하他] (手足の不自由な人に)手や肩をかすこと。¶ ~해서 노인을 일으키다 肩をかして年寄りを起こす。

**부:츠**〔boots〕[名] ブーツ。

**부치다**[1] [自] 《「힘에 부치다」の形で》手に余る、力に余る、手に負えない。¶ 이 일은 내 힘에 부친다 この仕事は私の手に余る。

**부치다**[2] [他] (手紙・物などを)送る、とどける、出す。¶ 편지를 ~ 手紙を送る。

**부치다**[3] [他] (フライパンなどに油を引いて)焼く。¶ 적을 ~ 串し焼きを焼く。

**부치다**[4] [他] ①付す、回す。¶ 사건을 불문에 ~ 事件を不問に付す。②なぞらえる、寄せる、託する。¶ 졸업생에게 부치는 글 卒業生に寄せる文。

**부치다**[5] [他] 耕す、耕作する。¶ 밭을 ~ 畑を耕す。

**부:칙**〔附則〕[名] 付則。

**부친**〔父親〕[名] 父親、父上、お父様。

**부침-개** [名] (フライパンなどに油を引いて焼いた)お好み焼きの一種。

**부:케**〔프 bouquet〕[名] ブーケ、花束。

**부:탁**〔付託〕[名][하他] 頼み、願い、要請、依頼。¶ 잘 ~합니다 よろしくお願いします。/ 취직을 ~하다 就職を頼む。

**부터** [助] ①《時間的な始発点を表わす》…から、…より。¶ 젊어서~ 若いころから/ 열 시~ 시작합니다 10時から始めます。②《順番・順序の始発点を表わす》…から。¶ 너~ 해라 おまえからしろ。③《場所の始発点を表わす》…から、…より。¶ 우리 영해는 여기~ 이다 わが国の領海はここからがである。④(ある人)…から、

…より。¶ 친구로~ 온 편지 友達から来た手紙。
**부:통령**[副統領] 名 副大統領。
**부:패**[腐敗] 名[하自][되自] 腐敗。¶ ~한 정치 腐敗した政治。
**부평-초**[浮萍草] 名[植] ウキクサ。
**부푸리기** 名 毛羽の一つ一つ。¶ ~가 일다 毛羽が立つ。㉘ 보푸라기
**부풀다** 自 ①かさが張る、ふくれる、ふくらむ。¶ 반죽이 잘 부풀었다 粉をこねたものがよくふくれ上がった。②(紙・布などが)毛羽立つ。¶ 옷감이 ~ 布地が毛羽立つ。③(皮膚などが)腫れ上がる、膨れる。¶ 불에 덴 자리가 ~ やけどの傷が膨れる。④(希望などで)胸がわくわくする、満ちる。¶ 기대감에 ~ 期待感に満ちあふれる。
**부피** 名 かさ、体積、容積。¶ ~가 크다 かさが張る。
**부하**[部下] 名 部下、手下、子分。¶ ~직원 部下の職員/ ~들을 거느리다 手下たちを引っ連れる。
**부:-하다**[富-] 形ㅇ ①暮らしが裕福だ、富裕だ。¶ 부한 생활 裕福な暮らし。②肉付きがよく太っている。¶ 몸이 ~ 体が太っている。
**부:합**[符合] 名[하自][되自] 符合。¶ 의견이 ~하다 意見が符合する。
**부형**[父兄] 名 父兄。
**부:호**[符號] 名 符号。¶ 모스 ~ モールス符号。
**부:호**[富豪] 名 富豪、大金持ち、金満家。¶ ~가 되다 富豪となる。
**부:화**[附和] 名[하自] 付和。**부:화-뇌동**[-雷同] 名[하自] 付和雷同。
**부화**[孵化] 名[하自他][되自] 孵化。¶ 인공 ~ 人工孵化。
**부:활**[復活] 名[하自][되自] 復活。¶ 그리스도의 ~ キリストの復活。**부:활-절**[-節] 名[基] 復活節、復活祭。
**부황**[浮黃] 名[漢] 飢えて皮膚が黄色にむくむ病気。
**부:-회장**[副會長] 名 副会長。
**북**[1] 名 ①(織機の)杼、梭。②(ミシンの下糸などを巻く)ボビン。
**북**[2] 名[音] 太鼓、鼓。¶ 큰~ 大太鼓/ ~을 치다 太鼓を打つ。/ ~을 메우다 鼓をつくる。
**북**[3] 名 草木の根元の土。¶ ~을 주다 土寄せをする。
**북**[4] 副 ①《柔らかい物の表面を強くこすったり掻いたりする音》がりっと、ぼりっ、ごしっ、ぎいっ。②《厚くてもろい物を一気に裂く音》ばりっ。¶ 종이를 ~ 찢다 紙をばりっと裂く。
**북**[北] 名 北。¶ ~극 北極/ ~으로 가는 행렬 北にに行く行列。
**북극**[北極] 名 北極。¶ ~ 탐험대 北極探

검대。
**북극-광**[-光] 名[地] 北極光、オーロラ。
**북극-성**[-星] 名 北極星。
**북-녘**[北-] 名 北の方、北方。¶ ~ 하늘 北方の空。
**북-돋우다** 他 ①(植物の根元に)土寄せをする。②励ます、鼓舞する。¶ 사기를 ~ 士気を鼓舞する。
**북두**[北斗] 名 「북두칠성」の縮約形。
**북두-칠성**[-七星] 名[天] 北斗七星。
**북로**[北路] 名 ①北に通じる道。②ソウルから咸鏡道(함경도)に通じる道。
**북망-산**[北邙山] 名 ①(中国の河南省の)北邙山。②墓地。
**북-받치다** 自 ①(感情などが)こみ上げる、沸き返る、燃え上がる。¶ 북받치는 슬픔 こみ上げる悲しみ/ 분노가 ~ 怒りがこみ上げる。②(底・下から)突っき上がる、湧きあがる、あふれる、こみ上げる。¶ 눈물이 ~ 涙がこみ上げる。
**북벌**[北伐] 名[하自][되自] 北伐、北方の敵を征伐すること。
**북:-북** 副 ①《物をしきりに強くこする音》ごしごし、ぼりぼり、がりがり。¶ 허벅지를 ~ 긁다 股をがりがり引っ搔く。②《ぶ厚い紙や布などを続けざまに裂く音》ばりばり。¶ 종이를 ~ 찢다 紙をばりばりと裂く。
**북-북동**[北北東] 名 北北東。
**북-북서**[北北西] 名 北北西。
**북상**[北上] 名[하自][되自] 北上。¶ 태풍이 ~중에 있다 颱風が北上しつつある。
**북새** 名 大勢が寄り集まってこみ合いながら騒ぎ立てること、ごったがえし。
**북새-통** 名 大騒ぎ、騒ぎの最中、どさくさ。¶ 시장은 온통 ~이다 市場はすっかりごった返している。
**북서**[北西] 名 北西。¶ ~풍 北西風。
**북어**[北魚] 名 スケトウダラの干し物、干し明太。
**북위**[北緯] 名 北緯。¶ ~ 38도 北緯38度。
**북-잡이** 名 太鼓叩き、鼓手、ドラマー。
**북적-거리다** 自 ①(大勢がより集まって)ごった返す、がやがや騒いでいる、込み合っている。¶ 장내가 매우 ~ 場内はすごくごった返す。②(酒などが)発酵してぶくぶく泡が立つ。
**북-춤** 名 太鼓踊り。
**북향**[北向] 名 北向き。¶ ~으로 낸 대문 北向きの正門。
**북-회귀선**[北回歸線] 名 北回帰線。
**분** 依 ①《人を敬うって言う語》方、様。¶ 여자 ~ 女の方/ 어느 ~이십니까? どなた様ですか。②《人を数えるときの尊敬語(尊敬語)》人、人様、…名様。¶ 손님 두 ~ お客さまお二人/ 몇 ~이세요? 何名様ですか。
**분**[分] I 依《「분수(分數)[1]」の縮約形》分。¶

분

~에 넘치는 영광 分に余る光栄。Ⅱ 依 ①《時間の単位》分·ふん·ぷん。¶ 3시 5~전 3時5分前。②《数》《小数의単位》分。③《角度·緯経度의単位》分。Ⅲ 接尾 …分。①全体をいくつかに分けた部分。¶ 2~의 1 2分の1。②分け前의分量。¶ 3인~3人分さんにん、3人前。③物質の成分。¶ 알코올~ アルコール分。

분:〔憤·忿〕名《「분심(忿心)」의 縮約形》腹立ち、憤り、くやしい心。¶ ~을 참지 못하다 憤りを抑えきれない。

분〔盆〕名 盆、鉢、植木鉢。¶ ~에 심다 鉢に植える。

분〔粉〕名 ①粉、粉末。②おしろい。¶ ~이 잘 먹다 おしろいが乗る。

분가〔分家〕名 하자 分家。¶ ~하여 독립하다 分家して独立する。

분간〔分揀〕名 하타 되자 見分け、分別、見て区別すること、見境。¶ 선악을 ~못하다 善悪をも見分けられない。

분:개〔憤慨〕名 하자타 憤慨。¶ 부하의 배신에 ~하다 部下の背信に憤慨する。

분:격〔憤激〕名 하자타 憤激。¶ 무례한 언동에 ~하다 無礼な言動に憤激する。

분결-같다〔粉-〕形 《肌が》白くて美しい。¶ 분결같은 살결 白く美しい肌。

분계〔分界〕名 分界。¶ 군사 ~ 선 軍事分界線。

분골-쇄신〔粉骨碎身〕名 하타 粉骨砕身。¶ ~하여 은혜에 보답하다 粉骨砕身で恩に報いる。

분과〔分科〕名 하타 分科。¶ ~위원회 分科委員会。

분교〔分校〕名《教》分校。¶ 벽지의 ~ 僻地の分校。

분-교:장〔分教場〕名《教》分教場。

분권〔分權〕名 하자 分権。¶ 지방 ~ 地方分権。

분규〔紛糾〕名 하자 紛糾、ごたごた、もめ事。¶ ~를 일으키다 紛糾を引き起こす。/ ~를 원만히 해결하다 もめ事をまるく収める。

분기〔分岐〕名 하자 分岐。
 분기-점〔-點〕名 分岐点、分かれ目。¶ 손익의 ~ 損益の分岐点。

분-꽃〔粉-〕名《植》オシロイバナ。

분납〔分納〕名 하타 分納。¶ 수업료를 ~하다 授業料を分納する。

분:노〔忿怒·憤怒〕名 하자타 憤怒、怒り。¶ 치미는 ~ こみ上げる憤怒。

분뇨〔糞尿〕名 糞尿。¶ ~를 수거하다 糞尿を汲み取る。

분단〔分段〕名 하타 分段階。①物事をいくつかの段階に分けること、またその段階。②文章をいくつかの段落に分けること、またその段落。

분단〔分斷〕名 하타 分断。¶ 나라가 남북으로 ~되다 国が南北に分断される。

분-단장〔粉丹粧〕名 하자타 化粧。

분담〔分擔〕名 하타 되자 分担。¶ 비용을 ~하다 費用を分担する。

분대〔分隊〕名 하자 分隊。¶ ~장 分隊長。

분도-기〔分度器〕名 分度器。

분란〔紛亂〕名 하자 紛乱。¶ ~을 틈타 도망치다 紛乱に乗じて逃走する。

분-량〔分量〕名 分量、量。¶ 막대한 ~ 莫大な分量/ ~을 늘리다 分量を増やす。

분류〔分流〕名 하자 分流、支流。¶ 강은 이곳에서 ~한다 川はここで分流する。

분류〔分類〕名 하타 되자 分類。¶ ~법 分類法/색에 따라 ~하다 色によって分ける。

분리〔分離〕名 하타 되자 分離。¶ ~ 과세 分離課税/ 원료 물질을 ~하다 原料から物質を分離する。
 분리-기〔-器〕名 分離器、セパレーター。

분립〔分立〕名 하타 되자 分立。¶ 삼권 ~ 三権分立。

분만〔分娩〕名 하자타 分娩、出産。¶ ~휴가 出産休暇/ ~실 産休室。

분말〔粉末〕名 粉末、粉。¶ ~ 주스 粉末ジュース。
 분말-약〔-藥〕名 粉薬。

분망〔奔忙〕名 하자 奔忙。¶ ~한 나날을 보내다 奔忙な日々を送る。

분명〔分明〕名 하형 分明、明白。¶ 기억이 ~하다 記憶がはっきりしている。

분모〔分母〕名 分母。¶ 공통 ~ 共通分母。

분묘〔墳墓〕名 墳墓、墓。

분:무〔噴霧〕名 하타 噴霧。¶ 살충제를 ~하다 殺虫剤を吹きかける。
 분:무-기〔-器〕名 噴霧器、霧吹き、スプレー。

분-바르다〔粉-〕自르 ①おしろいをつける。②うわべを飾る。

분:발〔奮發〕名 하자타 奮発、気力をふるい起こすこと。¶ 더욱 ~해야 한다 一層奮発しなければならない。

분방〔奔放〕名 하자형 奔放。¶ 자유 ~한 생활을 하다 自由奔放な生活をする。

분배〔分配〕名 하타 되자 分配、配分。¶ 이익을 ~하다 利益を分配する。

분별〔分別〕名 하타 ①分別、見分け、区別。¶ 흑백을 ~하다 黒白をわきまえる。②分別。¶ ~을 잃다 分別を失う。

분:복〔分福〕名 うまれつきの福、天福。¶ ~대로 살다 身の程に生きる。

분부〔分付·吩咐〕名 하타 《目上の人からの》申し付け、仰せ、ご用命、言い付け。¶ 지당하신 ~입니다 ごもっともな仰せです。

분분-하다〔紛紛-〕形 하 ①物騒でさわがしい。¶ 세상이 ~ 世の中が物騒だ。②意見がまちまちだ、紛紛としている。¶ 의견이 ~ 意見がまちまちだ。

분비〔分泌〕名 하타 되자 分泌。¶ ~물 分泌物/ 위액의 ~ 胃液の分泌。

분:사【噴射】 名 하他 되自 噴射ふんしゃ。 ¶ ~ 기관 噴射機關きかん。
분산【分散】 名 하他 되自 分散ぶんさん。 ¶ 군중이 ~하다 群衆ぐんしゅうが分散する。
분석【分析】 名 하他 되自 分析ぶんせき。 ¶ 원인을 ~하다 原因げんいんを分析する。
분쇄【粉碎】 名 하他 되自 粉碎ふんさい。 ¶ 바위를 ~하다 岩いわを粉碎する。
분:수¹【分數】 名 ①身みのほど、分際ぶんさい、程ほど、分ぶん。 ¶ ~에 맞는 생활 分に見合みあう生活せいかつ。 ②分別ふんべつ、見境みさかい。 ¶ ~도 없이 날뛴다 見境もなく出でしゃばる。
　분:수-없다 形 ①身みのほどをわきまえない。 ②分別ふんべつがない。 ¶ 분수없는 생각 分別のない思おもわく。
분수²【分數】 名 數 分數ぶんすう。 ¶ ~식 分數式しき。
분:수【噴水】 名 하自 되自 噴水ふんすい。 ¶ ~가 치솟다 噴水が吹ふき上あがる。
분식【粉食】 名 하自 ¶ ~으로 점심을 때우다 粉食で昼食ちゅうしょくをすます。
분식【粉飾】 名 하他 되自 粉飾ふんしょく。 ¶ ~ 결산 粉飾決算けっさん。
분신【分身】 名 分身ぶんしん。 ¶ 자기의 ~인 아이 自己じこの分身である子供こども。
분신【焚身】 名 하自 焼身しょうしん。 ¶ ~ 자살 焼身自殺じさつ。
분실【紛失】 名 하他 되自 紛失ふんしつ。 ¶ 서류를 ~하다 書類しょるいを紛失する。
분심【分心】 名 하自 雜念ざつねんが起おこること、心こころが乱みだれること。
분야【分野】 名 分野ぶんや、領域りょういき。 ¶ 전문 ~ 專門せんもん分野/ ~가 다르다 分野が違ちがう。
분양【分讓】 名 하他 되自 分讓ぶんじょう。 ¶ ~지 分讓地ち/ 주택을 ~하다 住宅じゅうたくを分讓する。
분업【分業】 名 하他 되自 分業ぶんぎょう。 ¶ 의약 ~ 醫藥いやく分業/ ~에 의해 생산성을 올리다 分業によって生産性せいさんせいをあげる。
분:연【奮然】 名 하形 奮然ふんぜんと。 분:연-히 副 奮然と。 ¶ ~ 자리를 뜨다 奮然と退席たいせきする。
분열【分列】 名 하自 되自 分列ぶんれつ。 ¶ ~ 행진 分列行進こうしん。
분열【分裂】 名 하自 되自 分裂ぶんれつ。 ¶ 세포 ~ 細胞さいぼう分裂/ ~된 세력 分裂した勢力せいりょく。
분위-기【雰圍氣】 名 雰圍氣ふんいき。 ¶ 단란한 ~ だんらんな雰圍氣/ 따뜻한 ~ 에 젖다 あたたかい雰圍氣に浸ひたる。
분유【粉乳】 名 粉乳ふんにゅう、粉こなミルク。 ¶ 탈지 ~ 脫脂だっし粉乳。
분임【分任】 名 하他 分任ぶんにん。
분자【分子】 名 分子ぶんし。 ¶ 분모와 ~ 分母ぶんぼと分子/ 열성 ~ 熱誠ねっせい分子。
분잡【紛雜】 名 하形 紛雜ふんざつ、混雜こんざつ。 ¶ ~ 한 시장 골목 混雜する市場しじょうの路地ろじ。
분장【扮裝】 名 하自 扮裝ふんそう/ 학자로 ~하다 學者がくしゃに扮ふんする。
분재【盆栽】 名 하他 盆栽ぼんさい。 ¶ ~를 가꾸다 盆栽を作つくる。
분쟁【紛爭】 名 하自 紛爭ふんそう。 ¶ 국제간의 ~ 國際間こくさいかんの紛爭。

분:전【奮戰】 名 하自 奮戰ふんせん。 ¶ 최후까지 ~하다 最後さいごまで奮戰する。
분점【分店】 名 하他 分店ぶんてん。 ¶ 각지에 ~을 차리다 各地かくちに分店を設もうける。
분주【奔走】 名 하形 스形 ひどく忙いそがしいこと、せわしいこと。 ¶ ~한 나날을 보내다 せわしいこと每日まいにちを過すごしている。
분지【盆地】 名 盆地ぼんち。
분지【粉脂】 名 白粉おしろいと紅べに、脂粉ふん。
분철【分綴】 名 하他 되自 (書類しょるい・新聞しんぶんなどを)分ふけて綴とじること。
분첩【分貼】 名 하他 薬剤やくざいを調合ちょうごうして紙包かみづつみにすること、またその紙包み。
분첩【粉貼】 名 ①白粉おしろいのたたき、パフ。 ②折おり本ほんにした厚紙あつがみに油あぶらでねったおしろいを染しみこませた物もの。
분초【分秒】 名 分秒ふんびょう、寸刻すんこく。 ¶ ~를 다투다 寸刻を爭あらそう。
분:출【噴出】 名 하自 되自 噴出ふんしゅつ。 ¶ 가스가 ~하다 ガスが噴出する。
분침【分針】 名 (時計とけいの)分針ふんしん。 ¶ ~은 5분을 가리키고 있다 分針は5分を示しめしている。
분:통【憤痛】 名 하形 痛憤つうふん、激憤げきふん。
　관용 분통(이) 터지다 憤いきどおりが爆発ばくはつする。
분:투【奮鬪】 名 하自 奮鬪ふんとう。 ¶ 고군 ~하다 孤軍こぐん奮鬪する。
분:패【憤敗】 名 하自 惜敗せきはい。 ¶ 10대 9로 ~하다 10対じ9で惜敗する。
분포【分布】 名 하自 分布ぶんぷ。 ¶ 동물의 ~ 상태 動物どうぶつの分布狀態じょうたい。
분:-풀이【忿-・憤-】 名 하自 鬱憤晴うっぷんばらし、腹癒はらいせ。 ¶ 엉뚱한 사람에게 ~하다 とんでもない人ひとに腹癒せをする。
분필【粉筆】 名 白墨はくぼく、チョーク。
분:-하다【忿-・憤-】 形 여 くやしい、残念ざんねんだ、腹はらだたしい。 ¶ 모욕을 당해서 정말 ~ 侮辱ぶじょくされて実じつにくやしい。
분할【分割】 名 하他 되自 分割ぶんかつ。 ¶ ~하여 지불하다 分割して支払しはらう。
분해【分解】 名 하自他 되自 分解ぶんかい。 ¶ 엔진을 ~하다 エンジンを分解する。
분향【焚香】 名 하自 焼香しょうこう。
분:홍【粉紅】 名 「분홍빛」の縮約形。
　분:홍-빛 桃色ももいろ、薄紅うすべに、ピンク。
분화【噴火】 名 하自 噴火ふんか。 ¶ 맹렬히 ~하다 猛烈もうれつに噴火する。
분:화-구【-口】 名 地 噴火口ふんかこう。
분:다 自되 ①水みずぶくれになる、ふくれる、ふやける、ほとびる。 ¶ 떡쌀이 ~ もち米ごめがふやける。 ②増ふえる、かさむ、増ます。 ¶ 빚이 불어나다 借金しゃっきんがかさむ。
불 名 火ひ。 ①炎ほのお。 ¶ 숯 ~ 炭火すみび/ ~을 지피다 火を焚たく。 ②灯ひ、光ひかり、明あかり、ともしび、灯火とうか。 ¶ 전등 ~ 電灯でんとう/ ~을 켜다 明かりをつける。 ③火災かさい、火事かじ。 ¶ ~이 삽시간에 번졌다 火事がまたたく間まに広ひろがった。 ④光ひかりのようなもの。 ¶ 번갯 ~ 稻

妻ぞ/ ～ 鬼火おに, 狐火きつね.

〈속담〉불 난 데 부채질[풀무질]한다 火事場かじばでたらでたる ふいごを踏ふむ. 《火ひに油あぶらを注そそぐ》 불 안 땐 굴뚝에 연기 날까 火を焚たかない煙突えんとつに煙けむりが出でようか. 《物ものがなければ影かげささず, まかぬ種たねは生はえぬ》

**불**[佛]《「불란서」の縮約形》仏ふつ, フランス. ¶ ～문학 仏文学ぶんがく.

**불**[弗] 名 ドル. ¶ 10만 ～ 10万じゅうまんドル.

**불**[不] 接頭《否定ていする意いを表あらわす》不ふ・ぶ. ¶ ～공평 不公平ふこうへい.

**불가**[不可] 名 不可ふか. ¶ 주차 ～ 駐車ちゅうしゃしてはいけない.

**불가부득**[-不得] 名 する形 やむを得えず. ¶ ～ 참석해야 할 모임이다 やむを得ず参加さんかしなければならない集あつまりだ.

**불가분**[-分] 名 不可分ふかぶん. ¶ ～의 관계 不可分の関係かんけい.

**불가-불**[-不] 副 どうしても, 必かならず, 当然とうぜん. ¶ 내일 ～ 떠나야 한다 どうしても明日あす発たたなければならない.

**불가사의**[-思議] 名 不思議ふしぎ, 不思議ぎ, 謎なぞ. ¶ ～한 사건 不可思議な事件じけん.

**불-가능**[不可能] 名 する形 不可能ふかのう. ¶ 실현 ～한 계획 実現じつげん不可能な計画けいかく.

**불가사리** 名 ヒトデ.

**불가시 광선**[不可視光線] 名 不可視ふかし光線こうせん.

**불가-침**[不可侵] 名 不可侵ふかしん. ¶ ～ 조약 不可侵条約じょうやく.

**불가-피**[不可避] 名 する形 不可避ふかひ, 避さけられないこと. ¶ ～한 상황 避けられぬ状況じょうきょう.

**불가항-력**[不可抗力] 名 不可抗力ふかこうりょく. ¶ 그 해난 사고는 ～이었다 その海難かいなん事故じこは不可抗力であった.

**불가-해**[不可解] 名 する形 不可解ふかい. ¶ ～한 그의 행동 不可解な彼かれの行動こうどう.

**불감**[不敢] 名 する形 敢あえてできないこと, 思おもいもよらないこと.

〈관용〉**불감청이언정 고소원**(固所願)**이라** 敢えて請こわずとも もとより願ねがうところなり.

**불감**[不感] 名 する形 不感ふかん.

**불-개미** 名 アカヤマアリ.

**불거-지다** 自 ①ふくれる, はれあがる, こぶができる. ¶ 기둥에 부딪쳐 이마가 불거졌다 柱はしらにぶつかって額ひたいがはれあがった. ②はみ出でる, 突つき出でる, 出でばる. ¶ 돌이 불거진 산길 石いしが出っぱった山道さんみち. ③《隠かくされたものが》ばれる, 暴露ばくろする, あらわになる. ¶ 비밀이 ～ 秘密ひみつがばれる.

**불국-거리다** 自 ①《固かたいものを口くちいっぱいにふくんで》しきりにもぐもぐかむ. ¶ 사탕을 입에 물고 ～ 飴玉あめだまを口にいれてもぐもぐとかむ. ②《洗濯物せんたくものを》ごしごし擦こする.

**불-건전**[不健全] 名 する形 不健全ふけんぜん. ¶ ～한 사상 不健全な思想しそう.

**불결**[不潔] 名 する形 不潔ふけつ. ¶ ～한 환경 不潔な環境かんきょう.

**불경**[佛經] 名 仏経ぶっきょう, 経典きょうてん. ¶ ～을 큰 소리로 읽다 読経どきょうする.

**불-경기**[不景気] 名 不景気ふけいき. ¶ ～로 파산하다 不景気で破産はさんする.

**불경-하다**[不敬-] 形 不敬ふけいだ, 無礼ぶれいだ. ¶ 불경한 태도 不敬な態度たいど.

**불계**[不計] 名 する他 ①物事ものごとの是非ぜひや利害りがいにとらわれないこと. ②事情じじょうにこだわらないこと. ③《碁ごで勝負しょうぶがきまり》目数めかずをかぞえないこと, 中押ちゅうおしで勝かつこと.

**불계-승**[-勝] 名 する自 《碁で》中押おしし勝がち.

**불-고기** 名 焼やき肉にく, ローストビーフ.

**불-곰** 名 ヒグマ.

**불공**[佛供] 名 する自《佛》供養くよう.

〈관용〉**불공**(을) **드리다** 仏ほとけを供養くようする.

**불-공정**[不公正] 名 する形 不公正ふこうせい. ¶ ～ 거래 不公正取引とりひき.

**불-공평**[不公平] 名 する形 不公平ふこうへい. ¶ ～한 조치 不公平な措置そち.

**불과**[不過] 副《その程度ていどに過すぎないことを表あらわす語ご》ほんの, 僅わずか, ものの, …過すぎない. ¶ ～ 십 분도 안 걸립니다 ものの十分じゅっぷんもかかりません. / 그것은 추측에 ～하다 それは推測すいそくに過ぎない.

**불교**[佛教] 名 仏教ぶっきょう.

**불구**[不具] 名 不具ふぐ. ①かたわ. ¶ ～의 몸으로 일을 하다 不具の身みで仕事しごとをする. ②《手紙てがみの末尾まつびに書かく語ご》不備, 敬具けいぐ.

**불구**[不拘] 名 こだわらないこと, かかわらないこと.

〈관용〉**불구하고**《「拘泥こうでいしないで」の意味いみを表あらわす》…にかかわらず, …にもこだわらず. ¶ 강한 반대에도 ～ 強つよい反対はんたいにも…

**불-구속**[不拘束] 名 する他 する自 不拘束ふこうそく. ¶ ～으로 조사하다 拘束こうそくしないで調査ちょうさする.

**불굴**[不屈] 名 不屈ふくつ. ¶ 불요 ～의 정신 不撓ふとう不屈の精神せいしん.

**불궤**[不軌] 名 不軌ふき. ¶ ～를 꾀하다 不軌をたくらむ, 謀反むほんをくわだてる.

**불귀**[不歸] 名 不帰ふき. ¶ ～의 객이 되다 不帰の客きゃくとなる.

**불-규칙**[不規則] 名 する形 不規則ふきそく. ¶ ～한 생활 不規則な生活せいかつ.

**불규칙 용:언**[-用言] 名《文法》不規則用言げん, 変格活用かつようの用言.

**불-균형**[不均衡] 名 する形 不均衡ふきんこう, アンバランス. ¶ 계층간의 ～ 階層間かいそうかんの不均衡.

**불그레-하다** 形 ほどよく赤あかみがかっている, ほんのりと赤い.

**불급**[不及] 名 する形 不及ふきゅう. ¶ 평년작에도 ～하다 平年作へいねんさくにも及およばない.

**불-기둥** 名 火柱ひばしら. ¶ ～이 솟구치다 火柱が噴ふき上あがる.

**불-기소**[不起訴] 名 不起訴ふきそ. ¶ ～ 처분 不起訴処分しょぶん.

**불-길** 名 炎ほのお, 火ひ, 火の手て. ¶ ～을 잡다 火を消けす, 鎮火ちんかをする.

**불길**[不吉] 名 する形 不吉ふきつ. ¶ ～한 예감 不吉

な予感かん。
**불-꽃** 名 ①炎ほのお、火炎かえん、花火はなび。¶ ～이 이글거리다 炎があかあかと燃もえ盛さかる。②火花ひばな、スパーク。¶ ～이 튀다 火花が散ちる。
**불꽃-같다** 名《物事ものごとの起おこるようすが》炎が燃もえ上あがるように盛さかんである。
**불꽃-놀이** 名 花火はなび遊あそび、打うち上あげ花火はなび。
**불끈** 副 ①《急きゅうに怒いかるようす》かっと、むかっと。¶ ～ 화를 내다 かっと腹はらを立たてる。②《拳こぶしをつよく握にぎるようす》ぐっと。¶ 주먹을 ～ 쥐고 일어섰다 拳をぐっと握にぎりしめて立たち上あがった。③《にわかに浮うかび上あがったり突つき出でたり高たかくそそり立たつようす》にゅっと、ぽっと、ぬっと、ぱっと。¶ 아침 해가 ～ 솟아 오른다 朝日あさひがぬっと浮かび出でる。
**불-나다** 自 火ひが出でる、出火しゅっかする、火事かじになる、火災かさいが起おこる。¶ 불난 집 火災にあった家いえ。
**불-난리** 名 火事騒かじさわぎ。
**불납**[不納] 名 하他 不納のう。¶ 세금을 ～ 하다 税金ぜいきんを納おさめない。
**불능**[不能] 名 하形 不能のう。¶ 재기 ～ 再起さいき不能。
**불:다**[1] 自《風かぜが》吹ふく。¶ 바람이 ～ 風が吹く。/ 눈보라가 ～ 吹雪ふぶきが吹く。
**불:다**[2] 他 ①《息いきを》吹ふきかける、吹く。¶ 풍선을 ～ 風船ふうせんに息を吹き込こむ。②《管楽器かんがっきなどを》吹ふく、演奏えんそうする。¶ 색소폰을 ～ サキソホンを吹ふく / 휘파람을 불며 걸어가다 口笛くちぶえを吹きながら歩あるく。③《罪つみなどを》吐はく、白状はくじょうする、泥どろを吐はく。¶ 죄를 ～ 罪つみを白状する。④《ふいごで》風かぜを起おこす、風を送おくる、吹ふく。¶ 풀무를 불며 대장일을 하다 ふいごを吹ふきながら鍛冶かじ仕事しごとをする。
**불-더위** 名 酷暑こくしょ、炎熱えんねつ。
**불-덩어리** 名 熾火おき、おき。¶ 몸이 ～같이 뜨겁다 体からだが熾火のようにあつい。
**불도**[佛道] 名 仏道ぶつどう。¶ ～를 닦다 仏道を修おさめる。
**불도저**[bulldozer] 名 ブルドーザー。
**불-똥** 名 ①灯心とうしんの燃もえかす。②火花ひばな。¶ ～을 튀기다 火花を散ちらす。
관용 **불똥(이) 튀다** 《事件じけんなどの》とばっちりを食くう、巻まき添ぞえを食くう。
**불란**[不亂] 名 하形 不乱らん。¶ 일사 ～ 一糸いっし不乱。
**불란서**[佛蘭西] 名「フランス」の音訳おんやく。
**불량**[不良] 名 하形 不良りょう。¶ ～ 청소년 不良少年せいねん。
**불량-배**[-輩] 名 不良りょう、ならず者もの、ごろつき、与太者よたもの、やくざ、ぐれん隊たい。¶ ～에게 강탈당하다 ごろつきにたかられる。
**불러-내:다** 他 呼よび出だす。¶ 친구를 전화로 ～ 友達ともだちを電話でんわで呼よび出だす。
**불러-들이다** 他 呼よび入いれる、呼び寄よせる、呼び込こむ、呼び付つける。¶ 방안으로 ～ 部屋へやに呼び入れる。
**불러-오다** 他 呼よんで来くる、呼びつける。¶ 친구를 ～ 友達ともだちを呼んで来る。
**불러-일으키다** 他 ①呼よび起おこす、呼び覚さます。¶ 자는 아이를 ～ 眠ねむっている子供こどもを呼び起こす。②《感動かんどう・興味きょうみなどを》呼よび起おこす、引ひき起こす。¶ 호기심을 ～ 好奇心こうきしんを引き起こす。
**불로**[不老] 名 하自 不老ろう。
**불로 장생**[-長生] 名 하自 不老長寿ちょうじゅ。¶ ～의 비결 不老長寿の秘訣ひけつ。
**불로**[不勞] 名 하自 不勞ろう。
**불로 소:득**[-所得] 名 不勞所得しょとく。
**불룩-하다** 形여 ふくらんでいる、ふくれている、盛もり上あがっている。¶ 배가 ～ 腹はらがふくらんでいる。
**불륜**[不倫] 名 하形 不倫りん。¶ ～의 사랑 道みちならぬ恋こい / ～의 관계를 맺다 不倫の関係かんけいを結むすぶ。
**불리**[不利] 名 하形 不利り。¶ ～한 입장 不利な立場たちば。
**불리다**[1] 自《「불다」の受動》《風かぜに》吹ふかれる。¶ 낙엽이 바람에 불리어 날아가다 落おち葉ばが風に吹かれて飛とんでいく。
**불리다**[2] 自《「부르다」の受動》呼よばれる。¶ 선생이라 ～ 先生せんせいと呼ばれる。
**불리다**[3] 他《腹はらを》みたす。¶ 물로 배를 ～ 水で腹をみたす。
**불리다**[4] 他「붇다」の使役。①ふやかす。¶ 콩을 물에 ～ 豆まめを水みずでふやかす。②殖ふやす。¶ 재산을 ～ 財産ざいさんを殖やす。
**불리다**[5] 他 ①《金属きんぞくを》錬ねる、鍛きたえる、焼やきを入いれる。¶ 쇠를 불려서 칼을 만들다 鉄てつを鍛えて刀かたなを作つくる。②《穀物こくもつを》ひる。
**불만**[不滿] 名 하形 ㅅ形 不満まん。¶ ～을 품다 不満を抱いだく。
**불-만족**[不滿足] 名 하形 ㅅ形 不満足まんぞく。¶ ～스러운 표정을 짓고 있다 不満足な顔かおをしている。
**불매**[不買] 名 하他 不買ばい。¶ ～ 운동 不買運動どう。
**불면**[不眠] 名 不眠みん。¶ ～에 시달리다 不眠に悩なやむ。
**불면-증**[-症] 名 不眠症しょう。
**불멸**[不滅] 名 하自 不滅めつ。¶ ～의 업적을 남기다 不滅の業績ぎょうせきを残のこす。
**불명**[不明] 名 하形 不明めい。①はっきりしないこと、明あきらかでないこと。¶ 생사 ～ 生死せいし不明 / 국적 ～의 비행기 国籍こくせき不明の飛行機ひこうき。②物事ものごとの道理どうりに暗くらいこと、愚おろかであること。¶ 모두가 내 ～의 탓이다 すべてがわたしの愚おろかさのせいだ。
**불-명예**[不名譽] 名 不名誉めいよ、名折なおれ。¶ 씻을 수 없는 ～ ぬぐい切きれない不名誉。
**불-명확**[不明確] 名 하形 不確たしか。¶ ～한 정보 不確かな情報じょうほう。
**불모**[不毛] 名 不毛もう。¶ ～지 不毛の地ち。
**불문**[不問] 名 하他 不問もん。¶ 남녀를 ～하고

男女だんを問とわずに。

**불문-곡직**〔-曲直〕 名他 是非ぜひを問とわぬこと、遠慮えんりょもなくすること。¶ ~하고 멱살을 잡다 遠慮会釈もなく胸倉むなぐらをつかむ。

**불미**〔不美〕名形(ㅅ形) ①やましいこと、正当せいとうでないこと、はしたないこと。¶ ~한 행동 はしたない行動こう。②かんばしくないこと。¶ ~한 사건 かんばしくない事件じけん。

**불민**〔不敏〕名他 不敏ふびん。¶ ~해서 기회를 놓치다 不敏にして機会きかいをのがす。

**불-바다**〔名比〕火ひの海うみ。¶ 삽시간에 사방은 ~가 되었다 あっという間まに一面いちめんは火の海と化かした。

**불발**〔不發〕名自 不発ふはつ、爆発ばくはつしないこと。¶ ~탄 不発弾だん/ 혁명은 ~에 그치다 革命かくめいは不発に終おわる。

**불법**〔不法〕名形 不法ふほう。¶ ~ 행위 不法行為こうい/ 무기 ~ 소지 武器ぶきの不法所持しょじ。

**불법**〔佛法〕名仏 仏法ぶっぽう、仏ほとけの教おしえ。

**불-벼락**〔名比〕激はげしい叱責しっせき、大目玉おおめだま。¶ 그 일로 할아버지의 ~이 떨어졌다 そのことで祖父そふの雷かみなりが落おちた。

**불변**〔不變〕名形自他 不変ふへん。¶ 영구 ~ 永久えいきゅう不変。

**불-볕**〔名〕かんかんと照てりつける日差ひざし、焼やけつくような日差し。¶ ~ 아래에서 훈련을 받다 焼けつくような日差の下もとで訓練くんれんをうける。

**불복**〔不服〕名自他 不服ふふく、従したがわないこと。¶ 상사의 명령에 ~하다 上司じょうしの命令めいれいに服従ふくじゅうしない。

**불분-상하**〔不分上下〕名 上下じょうげの区別くべつができないこと。

**불-붙다**自 ①火ひが付つく、燃もえ始はじめる。¶ 마른 나무에 불붙어 산불이 일어났다 枯かれ木きに火が付いて山火事やまかじがおこった。②激はげしくなる、燃もえる。¶ 여당과 야당의 공방이 불붙기 시작했다 与党よとうと野党やとうの攻防こうぼうが燃えあがり始めた。

**불비**〔不備〕名形 不備ふび。¶ 계획의 ~ 計画けいかくの不備。

**불-빛**〔名〕①火ひの光ひかり。②灯ひの光ひかり。

**불사**〔不仕〕名自 官職かんしょくをすすめても仕つかえないこと。

**불사**〔不死〕名自 不死ふし。¶ 장생 ~ 長寿ちょうじゅ不死。

**불사**〔不辭〕名他 辞じさないこと、辞退じたいしないこと。¶ 경우에 따라서는 죽음도 ~하겠다 場合ばあいによっては死しをも辞さない。

**불-사르다**他 燃もやす。¶ 문서를 ~ 文書ぶんしょを燃やす。

**불-사리**〔佛舎利〕名 仏舎利ぶっしゃり。

**불상**〔不祥〕名形 不祥ふしょう、不吉ふきつ。
　**불상-사**〔-事〕名 不祥事じ。¶ ~가 돌발하다 不祥事が突発とっぱつする。

**불상**〔不詳〕名形 不詳ふしょう。¶ 작자 ~ 作者さく不詳。

**불-상견**〔不相見〕名自他 (お互たがいの気きが合あわ ないので) 会あわないこと。

**불생-불멸**〔不生不滅〕名仏 不生しょう不滅めつ。

**불석**〔不惜〕名他 惜おしまないこと。

**불-성실**〔不誠實〕名形 不誠実せいじつ、ふまじめ。¶ ~한 태도 不誠実な態度たいど。

**불-세출**〔不世出〕名形 不世出せいしゅつ。¶ ~의 영웅 不世出の英雄えいゆう。

**불소**〔弗素〕名化 弗素ふっそ。

**불-소급**〔不遡及〕名法 不遡及そきゅう。¶ ~의 원칙 不遡及の原則げんそく。

**불속**〔名〕火中かちゅう、火ひの中なか。¶ ~에 뛰어들다 火の中に飛とび入いる。

**불손**〔不遜〕名形 不遜ふそん。¶ 오만 ~ 한 태도 傲慢ごうまん不遜な態度たいど。

**불수**〔不隨〕名自 不随ふずい。¶ 반신 ~ 半身はんしん不随。

**불-수의**〔不隨意〕名 不随意ずいい、思おもうようにできないこと。¶ ~ 작용 不随意作用さよう。

**불순**〔不純〕名形他 不純じゅん。¶ ~한 생각 不純な考かんがえ。

**불순**〔不順〕名形 ①不順じゅん。¶ 생리 ~ 生理り不順/ 일기 ~ 天候こうこう不順。②従順じゅうじゅんではない。¶ ~한 행동 従順でない行動こう。

**불시**〔不時〕名 不時じ、思いがけない時とき。¶ ~의 방문객 不時の訪問客ほうもんきゃく。

**불식**〔拂拭〕名他 払拭ふっしょく。¶ 악습을 ~하다 悪習あくしゅうをすっかり取とり除のぞく。

**불신**〔不信〕名他 不信ふしん。¶ ~하는 생각을 품다 不信の念ねんを抱いだく。

**불-신임**〔不信任〕名他 不信任にん。¶ 내각을 ~하다 内閣ないかくを不信任する。

**불심**〔不審〕名形 不審ふしん。
　**불심 검:문**〔-檢問〕名 職務質問しつもん。

**불쌍-하다**形(여) かわいそうだ、気きの毒どくだ、あわれだ。¶ 내 신세가 ~ 自分じぶんの身みの上うえがあわれだ。

**불-쏘다**自 ①(的まとを) 射いそこなう、(矢やが) 逸それる。②(目的もくてきを) 達たっし得えない、失敗しっぱいする。

**불-쏘시개**〔名〕焚たき付つけ、付つけ木き、燃もえ種たね。¶ 신문지를 ~로 하다 新聞紙しんぶんしを焚き付けにする。

**불쑥**副 ①(だしぬけに現あらわれたり突つき出でたりするようす) ぬっと、にゅっと。¶ 어둠 속에서 사람이 ~ 나타났다 暗くらがりから人ひとがにゅっと現われた。②(出でまかせにしゃべるようす) いきなり、だしぬけに、出放題ほうだいに。¶ ~ 그런 말을 꺼내면 곤란하다 だしぬけにそんな事ことを言いい出しては困こまる。

**불-씨**〔名〕種火だねび、種火ひ。¶ ~를 잘 간수하다 火種をよく保たもつ。②(比) (争あらそいごと・事件じけんなどの) 原因げんいん、種たね、きっかけ。¶ 분쟁의 ~가 되다 紛争ふんそうの種になる。

**불안**〔不安〕名形 不安ふあん。¶ ~스러운 표정을 짓다 不安そうな顔かおをする。
　**불안-감**〔-感〕名 不安感かん。

**불-안전**〔不安全〕名形 不安全あんぜん。¶ ~한 시설 不安全な施設しせつ。

**불-안정**〔不安定〕名形 不安定あんてい。¶ ~한

불

생활을 하다 不安定な生活をする。
**불-알** [名] 睾丸, きんたま。
**불야-성** [不夜城] [名] 不夜城。¶ ~을 이룬 번화가 不夜城を成す繁華街。
**불어-나다** [自] 増す, 増える, 増加する。¶ 강물이 ~ 川の水がふえる。/ 인구가 ~ 人口がふえる。
**불어-넣다** [他] ①(空気・息などを)吹き入れる, 吹き込む。¶ 풍선에 바람을 ~ 風船に空気を吹き込む。¶ 앞으로 가르치고 ~ 前もって教ぜこむ, 吹き込む。¶ 새로운 사상을 ~ 新しい思想を吹き込む。
**불어-오다** [自] 吹いて来る。¶ 봄바람이 ~ 春かぜが吹いて来る。
**불언** [不言] [名][하自] 不言。
**불언-가상** [-可想] [名] 言わなくても推しはかることができること。
**불-여우** [名] ①非常にわるがしこい狐。②(比) わるがしこい女。
**불역** [不易] [名][하自他] 不易。¶ 만고 ~의 진리 万古不易の真理。
**불연** [不然] [名] そうでないこと, 然らず。¶ 자유를 달라, ~이면 죽음을 달라 自由を与えよ, 然らずんば死を与えよ。
**불-연속** [不連續] [名] 不連続。
**불온** [不穩] [名][하形] 不穩。¶ 사상이 ~ 하다 思想が不穩だ。
**불-완전** [不完全] [名][하形] 不完全。¶ ~ 연소 不完全燃燒。
**불완전 동:사** [-動詞] [名][文法] 語尾の活用が不完全な動詞。
**불요** [不要] [名][하形] 不要。¶ ~ 불급의 공사 不要不急の工事。
**불요** [不撓] [名][하形] 不撓。
**불요-불굴** [-不屈] [名] 不撓不屈。¶ ~ 불굴의 정신 不撓不屈の精神。
**불우** [不遇] [名][하形] 不遇。¶ 한 생애 不遇な生涯。
**불운** [不運] [名][하形] 不運。¶ ~이 겹치다 不運が重なる。
**불원** [不遠] [名][하形] (距離・時間が)遠くないこと。¶ 약속의 날이 ~하다 約束の日が遠くない。
**불원-간** [-間] [副] 遠からず, 近いうちに。¶ 그것은 ~ 해결될 것이다 それは遠からず解決するだろう。
**불-유쾌** [不愉快] [名][하形] 不愉快。¶ 그의 행동이 참으로 ~하다 彼の行動が実らに不愉快だ。
**불응** [不應] [名][하自] 応じないこと。¶ 명령에 ~한 자 命令に応じない者。
**불의** [不意] [名] 不意, 思いがけないこと。¶ ~의 습격을 받다 不意打ちを食らう。
**불의** [不義] [名] 不義。¶ ~에 항거하다 不義に抗する。
**불-이익** [不利益] [名][하形] 不利益。¶ ~을 감수하다 不利益を甘んじて受ける。
**불-이행** [不履行] [名][하他] 不履行。¶ 계약 ~

契約の不履行。
**불인** [不忍] [名] するに忍びないこと。
**불인-견** [-見] [名] 見るに忍びないこと。
**불인-문** [-聞] [名] 聞くに忍びないこと。
**불-인가** [不認可] [名][하他] 不認可, 認可にん。
**불-인정** [不人情] [名][하形] 不人情。¶ ~한 사람 不人情な人間。
**불-일치** [不一致] [名][하形] 不一致。¶ 의견의 ~ 意見の不一致。
**불임** [不妊・不姙] [名][하自] 不妊。¶ ~증 不妊症/ ~ 수술 不妊手術。
**불입** [拂入] [名][하他][되自] 払い込み, 納入。¶ ~금 払い込み金/ 등록금을 ~하다 登錄金を払い込む。⑳ 납부(納付)
**불자** [佛子] [名] 仏子, 仏の弟子。
**불-자동차** [-自動車] [名] 消防自動車。
**불-장난** [名][하自] ①(子供などの)火遊び。②(比)男女の無分別な付き合い。¶ 한때의 ~ 一時の火遊び。
**불전** [佛前] [名] 仏前。①仏様の前。¶ ~에 바치다 仏前に供える。②釈迦の生まれる前。
**불-제자** [佛弟子] [名] 仏弟子。
**불-조심** [-操心] [名] 火の用心。
**불-지르다** 火を放つこと, 放火する。
**불-지피다** [自] (かまどなどに)火を付ける, 焚き付ける。
**불-질** [名][하自] ①(かまどなどに)火をたくこと。②(銃などを)発射はっすること。
**불-집** ①(石燈籠などの)火をともして入れる部分。②(比)危険性のある所。~ 요모と, 火のもと。
[慣用] **불집을 건드리다** ①火のもとをいじくる〔つつく〕。②自ら危険を招く。
**불착** [不着] [名][하自] 不着。
**불찰** [不察] [名] 手落ち, 失策, 不注意。¶ 이번 일은 저의 ~이었습니다 今度のことは私の手落ちでした。
**불참** [不參] [名][하自] 不參, 不参加。¶ 회의에 ~하다 会議に参加しない。
**불철-주야** [不撤晝夜] [名][하自] 昼夜を分かたずつくすこと。¶ ~로 열심히 일하다 昼夜なく熱心に働く。
**불청-객** [不請客] [名] 招かざる客, 勝手に来た客。¶ ~이 오다 招かざる客が来る。
**불초** [不肖] Ⅰ[하形] 不肖。¶ ~한 자식 不肖の子。Ⅱ[代] 《親に対する自称》不肖私, 不肖わたくし/ ~ 제가 말씀드리… 不肖私が申し上げて…。
**불초-남** [-男] [名] 《息子の親に対する自身の謙称》不肖の息子。
**불초-녀** [-女] [名] 《娘の親に対する自身の謙称》不肖の娘。
**불초-손** [-孫] [名] 《祖父母に対する自身の謙称》不肖の孫。
**불출** [不出] [名][하自] 不出, 出でて行かないこと, 外出しないこと。¶ 두문 ~ 家

**불출** に引っ込んでばかりいて出歩かない。

**불출²**〖不出〗图하形 愚かなこと、愚か者の、出来損こそない。¶ 사람이 좀 ~이야 人間がちょっと足りないんだよ。

**불-출마**〖不出馬〗图하自 出馬しないこと。

**불-충분**〖不充分〗图하形 不十分じゅうぶん、不充分ふじゅうぶん。¶ 증거 ~ 証拠しょうこ不充分ふじゅうぶん。

**불측지-변**〖不測之變〗图 不測ふそくの変へん、思いがけない変、不慮ふりょの変。

**불-친절**〖不親切〗图하形 不親切ふしんせつ。¶ ~한 대접 不親切なもてなし。

**불-침**〖-鍼〗图 ①焼やけた鉄てつの串くし。②マッチの燃もえかすの軸じくを眠ねむっている人の腕うでなどに据すえて驚おどかすいたずら。
관용 **불침을 놓다**〔-〕(いたずらでマッチの燃えかすの軸を)眠っている人の腕などに据える。

**불침-번**〖不寢番〗图 不寝番ふしんばん。¶ ~을 서다 寝ないでする番ばんに立つ。

**불쾌**〖不快〗图하形 不快ふかい。¶ ~한 일 不快な事/ 그를 만나면 언제나 ~하다 彼とに会うといつも不愉快ふゆかいだ。

**불쾌 지수**〖-指數〗图 不快指数ふかいしすう。

**불통**〖不通〗图하自하自 不通ふつう。①(通信つうしんが)通じないこと。¶ 전화가 ~이다 電話でんわが不通だ。②(意思いし、話はなしなどが)通じないこと。¶ 의사가 서로 ~이다 意思がお互たがいに通じない。③(世間せけんに)疎うといこと。¶ 세상 일에 ~이다 世間せけんのことに疎い。

**불-투명**〖不透明〗图하形 不透明ふとうめい。①透すき通っていないこと。¶ ~한 유리 不透明なガラス。②はっきりしないこと、見通みとおしがつかないこと。¶ ~한 태도 はっきりしない態度たいど。

**불퉁-불퉁** 副하自 《ぶっきらぼうな口くちをきくようす》ぶつぶつ。¶ ~ 함부로 지껄이다 ぶっきらぼうで乱暴らんぼうな口をきく。②《表面ひょうめんあちこちに物が突つき出ているようす》でこぼこ。¶ 바위가 ~ 나와 있다 岩がでこぼこに突き出ている。

**불퉁-스럽다** 形티 (言いい方かたが)ぶっきらぼうだ、無愛想あいそうだ、角かどがたつようだ。¶ 불퉁스럽게 말하지 마라 角がたつような言い方たをするな。

**불-특정**〖不特定〗图 不特定ふとくてい。¶ ~ 다수 不特定多数すう。

**불-티** 图 火ひの粉、小ちいさい火花ひばな。

**불티-나다** 自 ①品物しなものが飛とぶように売うれる。②(かまどがこすれて火ひが起おこるほどに)盛さかんに出入でいりする。

**불패**〖不敗〗图하自 不敗ふはい。¶ ~의 기록 不敗の記録きろく。

**불편**〖不便〗图하自스形 ①不便ふべん。¶ 교통이 ~하다 交通こうつうが不便である。②(体からだの)具合ぐあいが悪わるいこと、調子ちょうしが悪いこと。¶ ~한 곳은 없으십니까? 具合の悪いところはありませんか。

**불평**〖不平〗图하自하形 不平へい、不満まん、愚痴ぐち、文句もんく、こぼすこと。¶ ~거리 不平の種/ ~을 늘어놓다 不平を並ならべる。

**불-평등**〖不平等〗图하形 不平等びょうどう。¶ ~ 조약 不平等条約やく。

**불-포화**〖不飽和〗图하自 不飽和ほうわ。¶ ~ 용액 不飽和溶液ようえき。

**불-필요**〖不必要〗图하形 不必要ひつよう。¶ ~한 경비 不必要な経費けいひ。

**불하**〖不下〗图하自하形 ①ある数量りょうより少なくないこと。②あるものに比くらべて劣おとらないこと。③降伏ごうふくしないこと。

**불하**〖拂下〗图하他 払はらい下さげ。¶ ~한 땅 払い下げた土地とち。

**불하-품**〔-品〕图 払い下げ品ひん、お下さがり、お古ふる。

**불학**〖不學〗图 不学がく、無学がく。

**불학 무식**〖-無識〗图 不学無識しき。

**불한-당**〖不汗黨〗图 ①(かつて)群むれをなして横行おうこうしていた群盗ぐんとう。②盗ぬすみや暴行ぼうこうなどあらゆる悪事あくじをなす一味いちみ。

**불-합격**〖不合格〗图하形하自 不合格ごうかく、落第らくだい。¶ ~자 不合格者しゃ。

**불-합리**〖不合理〗图하形 不合理ごうり。¶ ~한 제도 不合理な制度せいど。

**불행**〖不幸〗图하形 不幸ふこう、ふしあわせ。¶ ~한 일생을 마치다 不幸な一生いっしょうを終おえる。
관용 **불행중 다행** 不幸中ちゅうの幸さいわい。

**불허**〖不許〗图하他 不許きょ。¶ 입국을 ~하다 入国にゅうこくを許可きょかしない。

**불현-듯이** 副 《にわかに思おもい付ついたことでいたたまれなくなるようす》にわかに、ふと、いきなり、突然とつぜん。¶ ~ 그녀가 보고 싶어졌다 ふと彼女かのじょに会あいたくなった。

**불협화-음**〖不協和音〗图 不協和音ふきょうわおん。¶ 양국 관계에 ~이 생기다 両国りょうこくの関係かんけいに不協和音が生しょうじる。

**불-호령**〖-號令〗图 ①激はげしい叱責しっせき。¶ 아버지의 ~이 떨어지다 父親ちちおやの雷かみなりがおちる。②突然とつぜんどなりつける容赦ようしゃない号令ごうれい。

**불혹**〖不惑〗图 不惑わく、不惑の年とし。

**불화**〖不和〗图하形 不和ふわ。¶ 부부간의 ~ 夫婦間ふうふかんの不和。

**불화**〖弗貨〗图 ドル貨か、米貨べいか。

**불-확실**〖不確實〗图하形 不確実かくじつ。¶ ~한 정보 不確実な情報じょうほう。

**불황**〖不況〗图〔經〕不況ふきょう、不景気けいき。¶ ~을 극복하다 不況を乗り切きる。

**불효**〖不孝〗图하自하形 不孝ふこう。¶ ~ 자식 不孝息子むすこ/ 부모에게 ~해서는 안된다 親おやに不孝をしてはいけない。

**불후**〖不朽〗图하自 不朽ふきゅう。¶ ~의 명작을 남기다 不朽の名作めいさくを残のこす。

**붉다** 形 ①赤あかい。¶ 붉은 잉크 赤インク/ 붉게 물들이다 赤く染そめる。②真心まごころがこもっている、誠実せいじつだ。

**붉으락-푸르락** 副하形 (怒おこったり興奮こうふんしたりしたとき)顔色かおいろが赤あかくなったり青あおくなったりするさま。

**붉은-팥** 图 赤小豆あずき、赤あか。¶ ~밥 赤飯せきはん、おこわ。

**붐** [boom] 图 ブーム。¶ 재테크~ 財ざいテクブーム／관광 ~이 일다 観光かんこうブームが起おこる。

**붐비다** 厖 込こむ、込こみ合あう、立たて込こむ、雑踏ざっとうする。¶ 버스 안이 ~ バスの中なかが込こみ合う。

**붓** 图 ①筆ふで。¶ ~통 筆筒ふでづつ／~을 들다 筆ふでを執とる。②鉛筆えんぴつ・万年筆まんねんひつ・ペンなどの総称そうしょう。¶ ~을 쓰다 筆ふでを用もちいる。③文字もじ、文章ぶんしょう。¶ ~으로 생활하다 文筆ぶんぴつで生活せいかつする。
<관용> 붓을 꺾다 筆ふでを折おる、筆ふでを絶たつ、文筆活動ぶんぴつかつどうをやめる。

**붓다**[1] 自人 ①(皮膚ひふが)腫はれる、むくむ。¶ 발이 ~ 足あしがむくむ。／울어서 눈이 ~ 泣ないて目めが腫はれる。②(怒おこって)ふくれる、むくれる、ふてくされる。¶ 골이 나서 ~ 怒おこってふくれる。

**붓다**[2] 他人 ①(容器ようきに)注そそぐ、つぐ、差さす。¶ 항아리에 물을 ~ 甕かめに水みずをそそぐ。②(種たねなどを)すき間まなく播まくこと。¶ 무씨를 ~ 大根だいこんの種たねを播まく。③(掛かけ金きん・保険料ほけんりょうなどを)払はらい込こむ。¶ 적금을 ~ 積立金つみたてきんを払はらい込こむ。④(溶とけた金属きんぞくなどを型かたに)流ながし込こむ。

**붓-대** 图 筆軸ふでじく、筆柄ふでえ。

**붕** 副 ①《詰つまっていたガスや空気くうきなどが一度に出でる音おと》ぷすっと、ぶすっと。¶ ~ 하고 방귀를 뀌다 ぷうっと屁へをひる。②《飛行機ひこうき・蜂はちなどが飛とぶ音おと》ぶうん、ぶう。③《自動車じどうしゃが警笛けいてきを一度鳴ならす音》ぶう、ぶん、ぶ。¶ ~ 하고 기적이 울린다 ぶうっと汽笛きてきが鳴なる。

**붕**[2] 副 ①突然とつぜん宙ちゅうに浮うき上あがるよう。②(興奮こうふんなどで胸むねが)一杯いっぱいになるよう。

**붕괴**[崩壊] 图 해디 崩壊ほうかい。¶ 지진으로 제방이 ~하다 地震じしんで堤防ていぼうが崩壊する。

**붕긋-붕긋** 副하형 ①あちこちが盛もり上あがっているよう。②くっついていたものがはがれて浮ういているようす。

**붕대**[繃帯] 图 包帯ほうたい、繃帯ほうたい。¶ ~를 풀다 包帯を解とく。

**붕산**[硼酸] 图《化》硼酸ほうさん。

**붕:어** 图《動》フナ。

**붕우**[朋友] 图 朋友ほうゆう、友とも、友人ゆうじん。

**붕우-유신**[-有信] 图 朋友信ほうゆうしんあり。

**붕:-장어**[-長魚] 图《動》アナゴ。

**붙다** 自 ①つく、くっつく、張はりつく。¶ 구두에 껌이 ~ 靴くつにガムがくっつく。②従したう、追従ついじゅうする。¶ 다수파에 ~ 多数派たすうはにつく。③(癖くせなどが)生しょうじる。¶ 나쁜 습관이 ~ 悪わるい習慣しゅうかんがつく。④(怨霊おんりょうなどに)とりつかれる。¶ 귀신이 ~ 怨霊おんりょうにとりつかれる。⑤(試験しけんなどに)合格ごうかくする、受うかる。¶ 시험에 ~ 試験しけんに受かる。⑥(火ひなどが)燃もえる。¶ 지붕에 불이 ~ 屋根やねに火ひがつく。⑦付設ふせつされている。¶ 욕실이 붙어 있는 방 浴室よくつきの部屋へや。⑧増ふえる。¶ 살이 ~ 肉にくがつく。⑨親したしく付つき合あう。¶ 두 사람은 늘 붙어 다니는 사이다 二人ふたりはいつも連つれ合あって歩あるく間柄あいだだ。⑩(一定いっていの場所ばしょに)居いつく、じっとしている。¶ 한 직장에 오래 못 붙어 있다 一ひとつの職場しょくばに続つづけて長ながく居おられない。⑪(利子りしなどが)つけ加くわわる。⑫(興味きょうみ・感情かんじょうなどが)起おこる、生しょうじる、わく。¶ 정이 ~ 情じょうがわく。

**붙-들다** 他 ①つかむ。¶ 손목을 ~ 手首てくびをつかむ。②捕とらえる、つかまえる。¶ 범인을 ~ 犯人はんにんをつかまえる。③支ささえる、手助てだすけする。¶ 그 노인을 좀 붙들어 주시어요 その老人ろうじんをちょっと支えてさしあげなさい。④引ひきとめる。¶ 손님을 ~ 客きゃくを引きとめる。

**붙-박이** 图 ①据すえつけ、作つくりつけ、釘くぎづけ。¶ ~ 장롱 すえつけのたんす。②一ひとつ所ところに決きまっていること。¶ 그 가게로만 ~로 다닌다 その店みせにだけもっぱら通かよう。

**-붙이**[腰尾] 同族どうぞく・同系どうけいの意いを表あらわす。¶ 피 ~ 血族けつぞく。

**붙이다** 他 貼はりつける、くっつける、貼る。¶ 우표를 ~ 封筒ふうとうに切手きってを貼る。②(意見いけん・条件じょうけんなどを)つける。¶ 까다로운 조건을 ~ ややこしい条件じょうけんをつける。③(火ひを)付つける、点火てんかする。¶ 촛불을 ~ ろうそくに火をつける。④とり持もつ。¶ 화해를 ~ 和解わかいをとり持つ。⑤従したわせる。¶ 비서를 ~ 秘書ひしょをつける。⑥(名前なまえを)つける、命名めいめいする。¶ 별명을 ~ あだなをつける。⑦(心こころ・趣味しゅみなどを)持もつ、寄よせる。¶ 공부에 재미를 ~ 勉強べんきょうに味あじをしめる。⑧付つける、寄よせる。¶ 차를 담장에 붙여 대다 車くるまを塀際へいぎわに寄せる。⑨(言葉ことばを)かける。¶ 낯선 사람에게 말을 ~ 見知みしらぬ人ひとに話はなしかける。⑩(뺨を)張はる、たたく、打うつ。¶ 따귀를 올려 ~ びんたをくらわす。⑪交尾こうびさせる。

**붙임-성**[-性] 图 愛想あいそのよい性質せいしつ、人づきあいのよい性質、人当ひとあたりの良よさ。¶ ~이 있다 愛想が良よい。

**붙잡아-주다** 他 ①(倒たおれないように)支ささえてやる、支える。¶ 노인을 ~ 年寄としよりを支えてやる。②力ちからをかしてやる、助たすける。¶ 자포자기 하지 않도록 ~ やけくそにならぬよう力をかしてやる。

**뷔페**[프 buffet] 图 ビュッフェ。

**브라보**[이 bravo] 感 ブラボー。

**브라운**[brown] 图 ブラウン、褐色かっしょく。

**브라운-관**[Braun管] 图《物》ブラウン管かん。

**브래지어**[brassiere] 图 ブラジャー。

**브랜드**[brand] 图 ブランド、商標しょうひょう。

**브러시**[brush] 图 ブラシ、ブラッシュ。

**브레이크**[brake] 图 ブレーキ。¶ ~를 걸다 ブレーキをかける。

**브레인**[brain] 图 ブレーン、頭脳ずのう。¶ ~ 트

리스트 ブレーントラスト。
브로-치(brooch) 名 ブローチ。
브리-핑(briefing) 名[하자] ブリーフィング。
브이-아이-피(V.I.P.: very important person) 名 ビップ、ブイアイピー。
블라우스(blouse) 名 ブラウス。
블라인드(blind) 名 ブラインド、日よけ。
블랙(black) 名 ブラック。¶ ～ 커피 ブラックコーヒー。
　블랙-리스트[-list] 名 ブラックリスト。
　블랙 박스[-box] 名 ブラックボックス。
　블랙 마:켓[-market] 名 ブラックマーケット、闇市。
블록(block) 名 ブロック。①(コンクリートなどの)かたまり。¶ ～ 담 ブロック塀。②(市街地などの)一区画。
블루-진:(blue jeans) 名 ブルージーンズ。
블루-칼라(blue collar) 名 ブルーカラー。対 화이트 칼라。
비¹ 名 ほうき。¶ ～로 쓸다 ほうきで掃く。
비² 名 雨。¶ 가랑 ～ 小雨／～가 오다 雨が降る。／～를 맞으며 걷다다 雨に打たれて歩く。
　俗談 비 온 뒤에 땅이 굳어진다 雨降って地固まる。
비:³ 名 碑。¶ ～를 세우다 碑を立てる。
비-(非) 接頭 《否定の意を表わす》非…。¶ ～논리적 非論理的。
-비(費) 接尾 《費用の意を表わす》…費。¶ 접대～ 接待費。
비가(悲歌) 名 悲歌、エレジー。
비걱 副[하자] 《固いものが摩擦するとき出す音》ぎいっと。¶ ～하고 대문이 열리다 ぎいっと門が開く。
　비걱-거리다 自他 きいきいと音をたてる。¶ 마차의 바퀴가 ～ 馬車の車輪がきいきいときしむ。
비:겁(卑怯) 名[하자] 卑怯。¶ ～하게 도망을 치다 卑怯にも逃げる。
비:견(比肩) 名[하자][되자] 比肩、肩を並べること、同等なこと。¶ ～할 만한 자가 없다 比肩する者がない。
비:결(秘訣) 名 秘訣。¶ 성공의 ～ 成功の秘訣。
비계(豚などの)脂身、脂肉。
비:고(備考) 名 備考。¶ ～란을 참조하다 備考欄を参照する。
비-공개(非公開) 名 非公開。¶ ～ 회의 非公開会議。
비-공식(非公式) 名 非公式。¶ ～ 방문 非公式訪問。
비관(悲観) 名[하자] 悲観。¶ 앞날을 ～하다 前途を悲観する。
비:교(比較) 名[하자][되자] 比較。¶ 꼼꼼히 ～하다 丹念に比較する。
비구(比丘) 名[仏] 比丘。
　비구-니[-尼] 名[仏] 比丘尼、尼。
비-구름 名 雨雲、乱層雲。

비:굴(卑屈) 名[하자][스자] 卑屈。¶ ～한 근성 卑屈な根性。
비극(悲劇) 名 悲劇。¶ 셰익스피어의 ～을 상연하다 シェークスピアの悲劇を上演する。
　비극-적[-的] 冠名 悲劇的。¶ ～인 사건 悲劇的な事件。
비:근(卑近) 名[하자] 卑近。¶ ～한 예를 들다 卑近な例を挙げる。
비기다¹ 自 ①比べる、比較する、比肩する。¶ 형한테 비기면 어림도 없다 兄に比べたらはるかに及ばないよ。②たとえる、なぞらえる。¶ 인생을 항해에 ～ 人生を航海にたとえる。
비기다² 自他 ①引き分けになる。¶ 결승에서 ～ 決勝戦で引き分けになる。②相殺する、互いに帳消しにする。
비-꼬다 他 ①(紐などを)なう、縒よる、ねじる、ひねる、よじる。¶ 끈을 ～ ひもをよる。②皮肉る、あてつける、あてこする。¶ 비꼬는 말투 皮肉な言い回し。
비-꼬이다 自 《「비꼬다」の受動》ねじれる、ひねられる、よじれる。¶ 넥타이가 ～ ネクタイがよじれる。
비끗 副[하자] ①(箱などがねじれたりはずれたりしてよくかみ合わないようす)ちぐはぐ、がたぴし。¶ 찬장의 문이 ～하다 食器棚の戸とがぴしだ。②(物事がうまく行かずに)食い違うようす、手はずが狂うようす。¶ 장사도 다소 ～하는 모양이다 商売もあまりうまく行かないらしい。
비난(非難) 名[하자] 非難、とがめ、責め。¶ ～을 받다 非難を受ける。
비녀 名 簪かんざし。
비뇨-기(泌尿器) 名 泌尿器。¶ ～ 질병 泌尿器の病気。
비누 名 石鹸、シャボン。¶ ～ 거품 石鹸の泡。
비늘 名 鱗うろこ。¶ 생선의 ～을 벗기다 魚のうろこを落とす。
비-능률적(非能率的) 冠名 非能率的。¶ ～인 방식 非能率的な方式。
비닐(vinyl) 名 ビニール。
비:다¹ 他 「비우다」の縮約形。
비:다² 自 ①(中が)空である、すいている、空いている。¶ 뱃속이 ～ おなかがすく。／병이 ～ 瓶が空になる。②(席が)空く、空席である。¶ 좌석이 ～ 席が空く。③手ぶらである、(手などが)空いている。¶ 빈손으로 돌아가다 手ぶらで帰る。④(数量・金額などが)足りない、不足する、欠ける。¶ 정원에서 세 사람이 ～ 定員より3人足りない。⑤内容がない、空虚である。¶ 마음 이 텅 빈 것 같다 心の中がうつろになったようだ。⑥人などがいない、空である。¶ 빈집 空き家。
비:단(緋緞) 名 絹糸、絹織物、錦。¶ ～ 이불 絹布団。

〔속담〕비단옷 입고 밤길 가기 錦のきものを着て夜道を行く。《念をこらしてもそのかいがない》
〔관용〕비단결 같다 (気立てや肌などが)なめらかで美しい。
비단[非但] 副 ただ、単に。¶ ~ 개인만의 문제에 그치지 않는다 単に個人のみの問題にとどまらない。
비:대[肥大] 名[하形] 肥大。¶ 몸집이 ~하다 体つきが太って大きい。
비-동맹국[非同盟國] 名 非同盟国。¶ ~ 회의 非同盟国会議。
비:둔-하다[肥鈍-] 形 ①体が肥って動作がにぶい。②着ぶくれして体が自由に動かない。
비둘기 名[動] ハト。
비듬 名 ふけ。¶ ~ 투성이의 머리 ふけだらけの頭。
비:등[比等] 名[하形] 似通っていること、ほぼ同じ程度であること。¶ 실력이 ~하다 実力が同じ程度だ。
비디오[video] 名 ビデオ。¶ ~ 테이프 ビデオテープ/~ 카메라 ビデオカメラ。
비딱-하다 形 (一方に)傾いている。¶ 모자를 비딱하게 쓰고 있다 帽子をななめにかぶっている。
비뚜로 副 少し傾いて、少し斜めに。¶ 세상을 ~ 보다 世間を斜めに見る。
비뚤다 形 曲がっている、ゆがんでいる。¶ 선이 ~ 線が曲がっている。
비뚤어-지다 自 ゆがむ、曲がる。①一方に傾く。¶ 얼굴이 ~ 顔がゆがむ。②ひねくれる、ひがむ、ねじける。¶ 비뚤어진 성격 ひねくれた性格。③すねる、むくれる、つむじを曲げる。
비럭-질 名[하動] 物乞い。
비렁-뱅이 名 乞食、物もらい。
〔속담〕비렁뱅이가 하늘을 불쌍히 여긴다 乞食が天を哀れむ。《身のほどもわきまえずとんでもないことを心配する》
비련[悲戀] 名 悲恋。¶ ~의 주인공 悲恋の主人公/~ 에 울다 悲恋に泣く。
비:례[比例] 名[하自] 比例。¶ 정 ~ 正比例/수입에 ~하다 収入に比例する。
비로소 副 はじめて、ようやく、やっと。¶ 며칠 지나서야 ~ 그 사실을 알았다 数日たってはじめてその事実を知った。
비록 副 たとえ、仮に、よしんば。¶ ~ 그 말이 사실이라 해도 그 말이 사실이라 해도 たとえその話が本当だとしても。
비롯-하다 自他[여] ①(「-를 비롯하여」の形で)…を初めとして。¶ 아버지를 비롯하여 아들까지 お父さんを初めとして息子まで。②始まる。¶ 그 일은 어제 오늘에 비롯한 일이 아니다 そのことは昨日今日に始まったことではない。
비:료[肥料] 名 肥料。¶ 배합 ~ 配合肥料/~를 주다 肥料を施す。

비름 名[植] ヒユ。
비리[非理] 名 非理。¶ 사회의 ~를 파헤치다 社会の非理を暴く。
비리다 形 ①生臭い、青臭い。¶ 이 생선은 몹시 ~ この魚はひどく生臭い。②みみっちい、けち臭い、しみったれている。¶ 비린 선물 しみったれた贈り物。
비리-비리 副[하形] やせこけているようす。¶ ~한 아이 やせこけている子供。
비:만[肥滿] 名[하形] 肥満。¶ 아 肥満児/~증 肥満症。
비:망[備忘] 名 備忘。忘れたときの備え。¶ ~록 備忘録、メモ。
비매-품[非賣品] 名 非売品。
비:명[非命] 名 非命、横死。¶ ~의 죽음 非業の死。
비명 횡사[-橫死] 名[하自] 非命、横死、変死、非業の死。
비:명[悲鳴] 名 悲鳴。¶ ~을 지르다 悲鳴をあげる。
비:명[碑銘] 名 碑銘。¶ ~을 새기다 碑銘を彫る。
비:-목어[比目魚] 名[動] ヒラメ。
비몽-사몽[非夢似夢] 名 夢うつつ。¶ ~간 夢うつつの間。
비-무장[非武裝] 名 非武装。¶ ~ 지대 非武装地帯。
비:밀[秘密] 名 秘密。¶ ~ 문서 秘密文書/~을 지키다 秘密を守る。/~이 누설되다 秘密が洩れる。
비-바람 名 風雨。¶ 온종일 ~이 심했다 一日中風雨がひどかった。
비바리 名 (結婚前の)海女。
비:방[秘方] 名 秘方。¶ ~ 약 秘方薬。
비방[誹謗] 名[하他] 誹謗、そしり。¶ 남을 ~ 하는 사람を誹謗する。
비:번[非番] 名 非番。¶ 오늘은 ~이다 今日は非番だ。
비범[非凡] 名[하形] 非凡。¶ ~한 솜씨 非凡な腕前。
비:법[秘法] 名 秘法。¶ ~을 전수받다 秘法を授かる。
비:보[悲報] 名 悲報。¶ ~에 접하다 悲報に接する。
비:봉[秘封] 名[하他] 人に見られないようにしっかり封をすること、またそのようにしたもの。
비:비-꼬다 他 ①(紐などを)何度もよる、なう。¶ 끈을 ~ ひもを何度もよる。②(体を)くねらせる。③皮肉る、あてこする。¶ 비비꼬아서 말하다 皮肉って言う。
비:비-꼬이다 他「비비꼬다」の受動。①何度もよれる、ねじれる、よじれる、きりきりと縒じれる。¶ 그넷줄이 ~ ブランコのつなが縒じれる。②(物事が)もつれる、こじれる、うまくいかない。¶ 하는 일마다 비비꼬인다 することなすことがみなもつれる。
비비다 他 ①擦する、こする、もむ。¶ 두 손을

비비틀다

~ 両手りょうをこする。/ 빨래를 비벼 빤다 洗濯物せんたくをもみ洗あらいする。②(手てのひらで)丸まるめる。¶ 경단을 ~ だんごを丸める。③(ご飯を)混まぜ合あわせる。¶ 밥을 ~ ご飯を混ぜ合わせる。④縒よる、なう。¶ 심지를 ~ 灯心とうしんをよる。

비:비-틀다 他 何度なんもよじる。

비빔 名 【料】(御飯ごはん・そばなどに)肉にく・ナムル・コチュジャンなどを混まぜこむこと。¶ ~ 밥 ビビンバ。

비상[非常] 名[하形] 非常じょう。¶ ~ 사태 非常事態たい。/ ~ 수단을 취하다 非常手段を取とる。
비상-계:엄[-戒嚴] 名【法】非常戒厳げん。
비상-구[-口] 名 非常口ぐち。
비상-시[-時] 名 非常時じ。

비상[飛翔] 名[하自] 飛翔しょう。¶ 하늘 높이 ~ 하다 空そら高たかく翔かける。

비-상근[非常勤] 名 非常勤ひじょうきん。¶ ~ 직원 非常勤職員しょくいん。

비-상식적[非常識的] 冠名 非常識的ひじょうしき。¶ ~인 짓을 하다 非常識的なことをする。

비상임 이:사국[非常任理事國] 名 (国連こくれんの)非常任じょうにん理事国こく。

비-생산적[非生産的] 冠名 非生産的ひせいさん。¶ ~인 논쟁 非生産的な論争そう。

비:서[秘書] 名 秘書しょ。¶ ~실 秘書室しつ/ 사장 ~ 社長しゃちょう秘書。

비:소[砒素] 名【化】砒素そ。

비:속[卑俗] 名 卑俗ぞく、下品げひん。¶ ~한 말씨 卑俗な言葉ことばづかい。

비:속[卑屬] 名 卑属ぞく。¶ 직계 ~ 直系けい卑属。⇔ 존속 (尊屬)。

비:수[匕首] 名 匕首しゅ。あいくち。¶ ~를 들이대다 あいくちをつきつける。

비수[悲愁] 名 悲愁しゅう。¶ ~에 잠기다 悲愁にくれる。

비스듬-하다 形어 やや傾かたむいている。¶ 기둥이 한쪽으로 ~ 柱はしらが一方ほうに傾いている。

비스름-하다 形어 ほとんど似にている。¶ 얼굴이 ~ 顔かおが似かよっている。

비스킷[biscuit] 名 ビスケット。

비슬-거리다 自 よろめく、よろける、ふらつく。¶ 술에 취해 비슬거리며 걸어가다 酒さけに酔よってよろめきながら歩く。

비슷-하다 形어 似にている、似通にかよっている。¶ 그 소녀는 자기 아버지와 생김생김이 ~ その少女しょうじょは父親ちちおやと顔かおが似ている。

비싸다 形 値段だんが高たかい、値が張はる、高値だかだ。¶ 값이 ~ 値段が高い。
[慣用] 비싸게 굴다 尊大そんだいにふるまう、お高たかくとまる。

비싼-흥정 名[하자] ①高たかくついた駆かけ引ひき。②分ぶんが悪わるい駆け引き。¶ 약점이 잡혀서 ~이 되었다 弱みを握にぎられて分の悪い駆け引きとなった。

비아냥-거리다 自 (憎にくらしく)当あてこする、にくまれ口ぐちをきく、皮肉ひにくる。

비악 副 ((ひよこの鳴なき声)) ぴよ。

비악-비악 副 ぴよぴよ。

비애[悲哀] 名 悲哀あい。¶ 인생의 ~ 人生じんせいの悲哀。

비약[飛躍] 名[하自] 飛躍やく。¶ 선진국으로 ~ 하다 先進国せんしんこくに飛躍する。

비:어[卑語・鄙語] 名 卑語ご。

비어[蜚語・飛語] 名 蜚語ひご、蜚語。¶ 유언 ~ 流言りゅう飛語。

비:열[卑劣・鄙劣] 名[하形] 卑劣れつ、下劣げれつ。¶ ~ 한 수단 卑劣な手段だん。

비:염[鼻炎] 名【醫】鼻炎びえん、鼻びカタル。

비:옥[肥沃] 名[하形] 肥沃よく。¶ ~한 땅 肥沃な土地ち。

비:옷[雨着] 名 雨着あまぎ、レインコート、雨あまガッパ。

비:용[費用] 名 費用よう、入費にゅうひ、ものいり。¶ 여행 ~ 旅行りょこうの費用。

비우다 他 (「비다」の使役) ①(中身なかを)空からにする、空あける。¶ 양동이의 물을 ~ バケツの水みずを空ける。②(ある所ところを)留守るすにする、(席せきを)外はずす、離はなれる。¶ 집을 ~ 家いえを留守にする。/ 비상 상태니까 자리를 비우지 마라 非常じょう状態たいだから席を外すな。③(家いえなどを)明あけ渡わたす。¶ 다음 달까지 방을 비워주세요 来月らいげつまでに部屋へやを空けてください。

비웃:다 他 あざ笑わらう、あざける、嘲笑ちょうしょうる。¶ 남을 ~ 人ひとをあざ笑う。

비:원[秘苑] 名 ①禁苑きん、禁園えん。②秘苑ひえん(昌徳宮チャンドックンにある宮苑えん)。

비:위[脾胃] 名 ①【生】脾臓ぞうと胃い。②(食たべ物もの・物事ものごとなどに対たいする)好きき嫌きらい、機嫌げん、好このみ。¶ ~를 맞추다 機嫌を取とる。/ 음식이 ~에 맞는다 食たべ物が好かみに合あう。③(不快かいなことに対する)堪たえ性しょう。¶ 창피한 줄도 모르고 ~ 게 앉아 있다 恥はじも知しらずでんと腰こしをすえている。
[慣用] 비위(가) 당기다 気きに入いっている、心こころがひかれる。비위(가) 상하다 ①反吐へどが出でるほどむかつく。②しゃくに障さわる。비위(가) 좋다 ①食たべ物ものなど好き嫌きらいがない。②神経けいが太ふとい。비위를 건드리다 他人たにんの気を損そこねる。비위(를) 맞추다 機嫌げんを取とる、取り入いる。비위(에) 거슬리다 気に食くわない、虫むしが好すかない。

비-위생적[非衛生的] 冠名 非衛生的ひえいせい。¶ ~인 환경 非衛生的な環境きょう。

비:유[譬喩・比喩] 名[하形][되自] 比喩ひゆ、たとえること。¶ ~법 比喩法ほう/ ~해서 말하다 たとえて言いう。

비:율[比率] 名 比率りつ、割合わりあい。¶ 남녀의 ~ 男女じょの比率/ ~이 높다 比率が高たかい。

비:음[鼻音] 名 鼻音おん。

비-인간[非人間] 名 ①(性格かく・行動どうなどが)人間にんげんらしくない人ひと、ひとでなし。②(非常じょうに美うつくしい景色けしきのよい)仙境せんきょう。

비-인도적[非人道的] 冠名 人道じんどうでないこと。¶ ~인 만행 人道に反はんする蛮行ばんこう。

비일-비재【非一非再】图卿形 ① 一度や二度でないこと、一再でないこと。¶ 불쾌한 일이 ~하다 不快なことが一度や二度でない。 ②数多多くあること。¶ 그런 예는 ~하다 そんな例はいくらでもある。

비자【visa】图 ビザ、査証。

비:장【秘藏】图卿形 秘蔵。¶ ~의 무기 秘蔵の武器。

비장【悲壯】图卿形 悲壮。¶ ~한 각오 悲壮な覚悟。

비:장【脾臟】图【生】脾臓。

비적-비적 副 包んであるものがところどころにみ出ているようす。

비:전【秘傳】图卿形 秘伝。¶ ~을 전수하다 秘伝を伝授する。

비전【vision】图 ビジョン。¶ 확고한 ~을 지니다 確固たるビジョンを抱く。

비정【非情】图卿形 非情。¶ ~한 처사 非情なしうち。

비-정상【非正常】图 正常でないこと。¶ 지능의 발달이 ~이다 知能の発達が正常でない。

비조【飛鳥】图 飛鳥、飛ぶ鳥。¶ ~와 같은 날랜 솜씨 飛鳥のような早業。

비:-좁다 形 ひどく狭い、狭苦しい、手狭だ、窮屈だ。¶ 교실이 ~ 教室が狭苦しい。

비죽¹ 副卿自他 ①(一瞬ちょっと現われるようす)ちらっと、ひょっと、ちょっと。¶ 이따금 얼굴만 ― 내민다 ときたまちょっと顔を出す。 ②(気に食わないときや人をあざ笑うとき口をとがらすようす)つんと、にゅっと。¶ 입을 ~ 내밀다 口をとがらす。

비죽-거리다 自他 (不満があったりまたは笑いや泣くかするとき)唇がぴくぴくする、唇をぴくぴくさせる。

비죽² 副卿形《物の一部が突き出ているようす》にょきっと。¶ 큰 못이 ~나 있다 大きい釘がにょきっと突き出ている。

비:준【批准】图卿形回自 批准。¶ 조약을 ~하다 条約を批准する。

비:준-서【-書】图 批准書。

비:중【比重】图 比重。¶ 학력보다 경력에 ~을 두다 学歴よりも経歴に比重をおく。

비:중-계【-計】图【物】比重計。

비즈니스【business】图 ビジネス。¶ ~맨 ビジネスマン。

비지 图 おから、卯の花。¶ ~떡 おから入りお焼です。

비지-땀 图 脂汗。

비:-질 图卿他 ほうきで掃くこと。¶ 매일 아침 마당을 ~하다 毎朝庭を掃く。

비:집다 他 ①こじあける、ねじあける。¶ 문을 비집어 열다 門をこじあける。 ②かきわけて入る、割り込む。¶ 만원 버스에 비집고 들어가다 満員バスに割り込む。

비참【悲慘】图卿形 悲惨。¶ ~한 생활 惨めな生活。

비:천【卑賤】图卿形 卑賤。¶ ~한 몸 卑賤の身/ 출신이 ~하다 出身が卑賤だ。

비철 금속【非鐵金屬】图 非鉄金属。

비추다 他 ①照らす。¶ 달빛이 연못을 ~ 月光が池を照らす。 ②(水面・鏡などに)映す。¶ 거울에 얼굴을 ~ 鏡に顔を映す。 ③そっと仄めかす、暗示する、においわせる。¶ 속마음을 ~ 意中をにおわせる。 ④比べる、照らし合わせる、鑑みる。¶ 양심에 비추어 보아라 良心に照らしてみよ。

비:축【備蓄】图卿形回自 備蓄、蓄える。¶ 군수품을 ~하다 軍需品を備蓄する。

비:축-미【-米】图 備蓄米。¶ ~를 방출하다 備蓄米を放出する。

비:취【翡翠】图【鑛】翡翠。¶ ~색 翡翠色。

비:치【備置】图 備えること。¶ 도서를 ~하다 図書を備える。

비치다 自 ①(光が)差す、射す、照る。¶ 달이 ~ 月が照る。/해가 ~ 日が射す。 ②映る、映し出される。¶ 창문에 비친 그림자 窓に映った影。 ③透けて見える、透ける。¶ 속살이 환히 비치는 셔츠 肌が透けて見えるシャツ。 ④(ある表情・気持ちなどの)気配が見える。¶ 싫어하는 눈치가 ~ 嫌がる気配が見える。

비키니【bikini】图 ビキニ。

비:키다 自 ①(身を)避ける、かわす、どく、よける、身をかわして逃がれる。¶ 한쪽으로 ~ 片方に避ける。 ②(邪魔にならないように)少しのける、よける、取り除く。¶ 의자를 비켜 놓다 いすをのけておく。 ③(避けて方向を)少し変える、よける。¶ 진창을 비켜서 걸어가다 泥沼をよけて歩いていく。

비타민【vitamin】图 ビタミン。¶ ~ 결핍증 ビタミン欠乏症。

비-타협적【非妥協的】冠图 非妥協的。¶ ~인 태도 非妥協的な態度。

비탄【悲歎・悲嘆】图卿他 悲嘆。¶ ~에 잠기다 悲嘆にくれる。

비탈 图 斜面、傾斜、勾配。¶ 완만한 ~ ゆるやかな斜面/ 이 고개는 ~이 가파르다 この峠は傾斜が急うだ。

비탈-길 图 坂、坂道。¶ ~에서 구르다 坂道で転ぶ。/ ~을 오르다 坂道を登る。

비탈-지다 形 坂になっている、傾斜している、勾配がある。

비통【悲痛】图卿形 悲痛。¶ ~한 목소리로 외치다 悲痛な声で叫ぶ。

비틀 副卿自《力が抜けたりめまいがしたりしていまにも倒されそうなようす》よろよろ、ふらふら。¶ 이리 ~ 저리 ~하다 あっちへよろりこっちへよろりとする。

비:틀다 他 ねじる、ひねる、よじる、ねじ曲げる。¶ 허리를 ~ 腰をひねる。/ 병마개를 비틀어 열다 びんの栓をねじ開ける。

**비:틀어-지다** 〖自〗 ① ねじれる、ねじ曲がる。¶ 비틀어진 소나무 ねじれた松の木。 ②(物事が)うまくいかない、めんどうになる、ややこしくなる、もつれる、こじれる。¶ 일마다 비틀어지다 事ごとにこじれる。 ③(関係・間柄が)こじれる、もつれる、仲が悪ぐなる。¶ 두 사람 사이가 ~ 二人の中がこじれる。

**비틈-하다** 〖形어〗 遠回しである、暗示的である。

**비:판**〔批判〕 〖名〗〖하自〗〖되〗 批判。¶ ~ 할 여지가 없다 批判する余地がない。/ 신랄하게 ~하다 辛辣に批判する。

**비:평**〔批評〕 〖名〗〖하自〗〖되〗 批評。¶ 문예 ~ 文芸批評。

**비:평-가**〔-家〕 〖名〗 批評家。

**비:품**〔備品〕 〖名〗 備品。¶ 사무실의 ~ 事務室などの備品。/ 대장 備品台帳。

**비:프-스테이크**〔beefsteak〕 〖名〗〖料〗 ビーフステーキ、ビフテキ。

**비:하**〔卑下〕 〖名〗 ① 〖하自〗 地面が低いこと。 ② 〖하形〗 地位が低いこと。 ③ 〖하他〗 卑下、自分がへりくだること、人を見くびること。¶ ~해서 하는 말 卑下して言うことば。

**비:-하다**〔比-〕 〖他어〗 比べる、比較する。¶ 이것에 비하면 훨씬 예쁘다 これに比べるとずっときれいだ。

**비-합리**〔非合理〕 〖名〗〖하形〗 非合理。¶ ~ 주의 非合理主義。

**비합리-적**〔-的〕 〖冠〗 非合理的。

**비-합법**〔非合法〕 〖名〗 非合法。¶ ~ 운동 非合法運動。

**비합법-적**〔-的〕 〖冠〗 非合法的。¶ ~으로 활동하다 非合法的に活動する。

**비행**〔非行〕 〖名〗 非行。¶ ~ 소년 非行少年。/ ~이 드러나다 非行がばれる。

**비행**〔飛行〕 〖名〗 飛行。¶ ~ 물체 飛行物体。/ 우주 ~ 宇宙飛行。

**비행-기**〔-機〕 〖名〗 飛行機。¶ ~표 航空チケット、飛行機の切符。/ ~를 타다 飛行機に乗る。
〖관용〗 **비행기(를) 태우다** 飛行機に乗せる。①(他人を)おだて上げる、持ち上げる、おべっかを使う。 ②(俗) 空中につり下げて拷問にかける。

**비행-사**〔-士〕 〖名〗 飛行士、パイロット。

**비행 접시** 〖名〗 空飛ぶ円盤、ユーエフオー。

**비-현실적**〔非現實的〕 〖冠〗 非現実的。¶ ~인 계획 非現実的な計画。

**비:호**〔庇護〕 〖名〗〖하他〗 庇護、かばい守ること。¶ 특정인을 ~하다 特定の人を庇護する。

**비호**〔飛虎〕 〖名〗 ①飛ぶように走る虎。 ②(比)(動作が)素早く勇猛なこと。¶ ~같이 덤벼들다 すばやく飛びかかる。

**비화**〔飛火〕 〖名〗〖하自〗 飛び火、とばっちり。¶ 사건이 의외의 방향으로 ~하다 事件が意外な方向に飛び火する。

**비:화**〔秘話〕 〖名〗 秘話。¶ 종전 ~ 終戦秘話。/ 외교 ~ 外交秘話。

**비:황**〔備荒〕 〖名〗〖하自〗 備荒。¶ ~ 작물 備荒作物。

**비:후**〔肥厚〕 〖名〗〖하形〗 肥厚、(体からつきが)太って厚いこと。

**비희**〔悲喜〕 〖名〗 悲喜、悲しみと喜び。¶ ~가 갈마들다 悲喜交々である。

**빅토리**〔victory〕 〖名〗〖感〗 ビクトリー。

**빈객**〔賓客〕 〖名〗 賓客、大事な客。

**빈곤**〔貧困〕 〖名〗〖하形〗 貧困。¶ ~한 집안 貧しい家。/ 화제가 ~하다 話題が乏しがる。

**빈농**〔貧農〕 〖名〗 貧農。¶ ~의 아들로 태어나다 貧農の子に生まれる。

**빈뇨-증**〔頻尿症〕 〖名〗〖醫〗 頻尿症。

**빈대** 〖名〗〖動〗 南京虫など。
〖관용〗 **빈대 붙다** (ナンキンムシのように他のものについて)働かずに甘い汁を吸う、ただで分け前にあずかる。

**빈대-떡** 〖名〗〖料〗 ふやかした緑豆をひき臼で挽きそれに豚肉だ・ねぎ・もやしなどを入れて油で平たく焼き上げたもの。

**빈도**〔頻度〕 〖名〗 頻度。¶ 사용 ~가 높다 使用頻度が高い。

**빈둥-거리다** 〖自〗 ぶらぶらする、のらりくらりする、ごろごろする。¶ 집안에서 ~ 家の中でごろごろしている。

**빈둥-빈둥** 〖副〗〖하自〗((何もせず怠けて暮らすようす)) ぶらぶら、のらくら、ぐずぐず、ごろごろ。¶ ~ 놀고만 있다 のらくら遊んでばかりいる。

**빈:-말** 〖名〗〖하自〗 空言、空世辞、口先だけの言葉。¶ ~로 칭찬하다 空世辞でほめる。

**빈민**〔貧民〕 〖名〗 貧民。¶ ~굴 貧民窟。/ ~을 구제하다 貧民を救済する。

**빈민-가**〔-街〕 〖名〗 貧民街、スラム街。

**빈발**〔頻發〕 〖名〗〖하自〗 頻発。¶ 교통 사고가 ~하다 交通事故が頻発する。

**빈:-방**〔-房〕 〖名〗 空き間、空き部屋。¶ ~은 있습니까? 空き部屋はありますか。

**빈번**〔頻繁・頻煩〕 〖名〗〖하形〗 頻繁、ひっきりなしに。¶ ~한 왕래 頻繁な往来。/ 차량의 출입이 ~하다 車輛の出入りが激しい。

**빈부**〔貧富〕 〖名〗 貧富。¶ ~의 차가 심하다 貧富の差がはなはだしい。

**빈사**〔瀕死〕 〖名〗 瀕死。¶ ~ 상태에 빠지다 瀕死状態に陥る。

**빈상**〔貧相〕 〖名〗 貧相。¶ 얼굴이 ~이다 顔が貧相だ。

**빈소**〔殯所〕 〖名〗 (葬式の日まで)遺体を棺に納めたまま安置する所、喪屋。

**빈:-속** 〖名〗 ふき腹、空腹。¶ ~에 술을 마시다 ふき腹に酒を飲む。

**빈:-손** 〖名〗 手ぶら、徒手、素手。¶ ~으로 방문하다 手ぶらで訪問する。/ ~으로 시작하다 無一物で始める。
〖관용〗 **빈손(을) 쥐다** することがなく手持ちぶさただ。 **빈손(을) 털다** (注ぎ込んだ金銭・努力などが) 徒労に終わる、すっからか

**빈약**[貧弱] 名하形 貧弱ひんじゃく. ¶ 내용이 ~하다 内容ないようが貧弱だ。

**빈**:-**자리** 名 あいている座席ざせき、空席くうせき. ¶ 열차가 붐벼서 ~가 없다 列車れっしゃが込こんでいて空席がない。②欠員けついん、空位くうい. ¶ ~를 채우다 欠員を補充ほじゅうする。

**빈**:-**주먹** 名 ①素手すで、徒手とし、空拳くうけん. ¶ ~으로 싸우다 素手で戦たたかう。②無一物むいちもつ、裸一貫はだかいっかん. ¶ ~으로 일어나다 無一物から立たち上あがる。

**빈지** 名(「널빈지」의 縮約形) 繰くり戸ど、雨戸あまど. ¶ ~를 열다 繰り戸を開あける。

**빈지-문**[-門] 名 建 繰り戸ど、雨戸あまど。

**빈천**[貧賤] 名하形 貧しく貧乏びんぼうで身分みぶんが低ひくいこと. ¶ ~한 신분 貧賤な身分。

**빈천지-교**[-之交] 名 貧まずしいときの交まじわり、またその友とも。

**빈촌**[貧村] 名 貧村ひんそん。

**빈축**[嚬蹙] 名 顰蹙ひんしゅく. ¶ 주위의 ~을 사다 周囲しゅういの顰蹙を買かう。

**빈**:-**터** 名 空あき地ち. ¶ ~에서 놀다 空き地で遊あそぶ。

**빈**:-**털터리** 名 一文いちもんなし、すっかんぴん、すっからかん. ¶ 화재로 ~가 되다 火事かじで一文なしになる。

**빈**:-**틈** 名 ①すきま、間隙かんげき. ¶ ~으로 바람이 들어 오다 すきまから風かぜが入はいってくる。②隙すき、油断ゆだん、抜ぬけ目め、手抜てぬかり. ¶ 경비에 조금도 ~이 없다 警備けいびりに少すこしの隙もない。

**빈한-하다**[貧寒-] 名하形 貧まずしくて寒々さむざむとしている. ¶ 빈한한 생활 貧寒ひんかんな生活せいかつ。

**빈혈**[貧血] 名 貧血ひんけつ. ¶ 악성 ~ 悪性あくせい貧血. / ~로 쓰러지다 貧血で倒たおれる。

**빌**:-**다** 他 ①(神仏しんぶつに)祈いのる、願ねがう、乞こう. ¶ 행운을 빕니다 幸運こううんを祈ります。/ 하느님의 자비를 ~ 神様かみさまの慈悲じひを乞う。②謝あやまる、わびる、請こう. ¶ 손이 닳도록 ~ 平謝へいあやまりに謝る。③物乞ものごいをする. ¶ 빌어서 먹고 살다 乞食こじきをして生いきている。

**빌딩**[building] 名 ビルディング、ビル。

**빌라**[villa] 名 ビラ、別荘べっそう、郊外こうがいの住宅じゅうたく。

**빌리다** 他 ①(金かねを)借かりる、借用しゃくようする. ¶ 돈을 ~ 金を借りる、借金しゃっきんする。②(物品ぶっぴんを)借りる、貸かす、貸与たいよする. ¶ 도서관에서 책을 ~ 図書館としょかんで本ほんを借りる。③(力ちからなどを)与あたえる、貸かす、助たすけを受うける. ¶ 이름을 ~ 名前なまえを貸す。/ 선배의 힘을 ~ 先輩せんぱいの力を借りる。

**빌미** 名 不幸ふこうの原因げん、たたり、呪のろい. ¶ ~를 잡다 たたりのせいにする。

**빌**:-**붙다** 自 へつらう、こびる、おべっかをつかう、取とり入いる. ¶ 권력자에게 빌붙어 지내다 権力者けんりょくしゃにへつらって過すごす。

**빌어-먹다** 自他 乞食こじきをする、物乞ものごいして暮くらす。

**빌어-먹을** 冠感 ((なにかが思おもいどおりにならないときや癪しゃくにさわるときなどに言いう語ご)) 糞くそ、畜生ちくしょう、こん畜生、ちぇっ、いまいましい. ¶ ~ 놈 こん畜生め/ ~ , 또 비가 오네 くそ、また雨あめだ。

**빔**: 名 晴はれ着ぎ、またそれを身みにつけること. ¶ 설 ~ お正月しょうがつの晴れ着。

**빗** 名 櫛くし. ¶ ~으로 머리를 빗다 櫛で髪かみをすく。

**빗**-接頭((動詞の語幹について))「真直まっすぐでない・斜ななめに・傾かたむいて・誤あやまって・間違まちがって」などの意を表わす. ¶ ~나가다 外はずれる、それる. / ~놓다 やや斜ななめに置おく。

**빗-금** 名 斜線しゃせん. ㊂ 사선

**빗기다** 他 (人ひとの髪かみを)櫛くしですいてやる、くしけずってやる. ¶ 딸의 머리를 빗겨 주다 娘むすめの髪をすいてやる。

**빗-나가다** 自 ①(矢や・弾丸だんがんなどが)それる、はずれる. ¶ 화살이 표적을 ~ 矢が的まとをはずれる。②(予測よそくなどが)はずれる. ¶ 예상이 ~ 予想よそうがはずれる。③(本道ほんどうから)それる、ぐれる、堕落だらくする、脱線だっせんする. ¶ 전차가 궤도에서 ~ 電車でんしゃが脱線する。

**빗-대다** 他 ①ほのめかす、遠回とおまわしに言いう、当あてこする. ¶ 알아차리도록 빗대어 말하다 気付きづくように遠回しに言う。②はぐらかす. ¶ 빗대지 말고 바로 대라 はぐらかさずにちゃんと答こたえろ。③(事実じつを)曲まげて言う。

**빗-디디다** 他 踏ふみ外はずす、踏み損そこなう. ¶ 빗디디어 발을 삐다 踏み外して足をくじく。

**빗-뜨다** 他 横目よこめでにらむ。

**빗-맞다** 自 ①(的まと・目標もくひょうに)それる、はずれる. ¶ 총알이 ~ 弾丸だんがんがはずれる、失敗しっぱいする。②(予想よそう・当あてが)はずれる、失敗しっぱいする. ¶ 예상이 완전히 빗맞았다 予想が完全かんぜんにはずれた。

**빗-물** 名 雨水あまみず. ¶ ~이 고이다 雨水がたまる。

**빗-발** 名 雨脚あまあし、雨足あまあし. ¶ ~이 굵어지다 雨脚が激はげしくなる。

**빗발-치다** 自 ①雨あめが激はげしく降ふる. ¶ 빗발치는 소나기 激しく降るにわか雨. ②(弾丸だんがんなどが)雨霰あめあられと降ふりそそぐ. ¶ 총알이 ~ 弾が雨霰と降る。③(催促さいそく・非難ひなんなどが)非常ひじょうに厳きびしい. ¶ 빚 독촉이 ~ 借金しゃっきんの催促が矢やのようだ。

**빗발-치듯** 副하形 激はげしく降ふる雨あめのように. ¶ ~ 한 항의 전화가 왔다 雨あられのような抗議こうぎの電話でんわが来た。

**빗-방울** 名 雨粒あめつぶ、雨垂あまだれ、雨しずく. ¶ ~이 듣다 雨しずくがぽたぽた落おちる。

**빗-살** 名 櫛くしの歯は. ¶ ~ 무늬 櫛目文くしめもん。

**빗살무늬 토기**[-土器] 名 櫛目文くしめもん土器どき。

**빗살-창**[-窓] 名 細こまかい桟さんをはすかいに組くんでつくった窓まど。

**빗-속** 名 雨あめの降ふる中なか、雨中うちゅう。

**빗-자루** 名 ほうき、ほうきの柄え。

**빗장** 名 (門もん・戸との)閂かんぬき. ¶ ~을 지르다 閂を渡わたす。

빗접
빗장-뼈 [名] [生] 鎖骨.
빗-접 [名] くし箱.
빗-줄기 [名] 雨脚.
빗-질 [名] [하다] 髪をすくこと、くしけずること。¶ ~한 머리 くしけずった髪/ 머리를 곱게 ~하다 髪をきれいにすく。
빙: [副] ①《一回りするようす》ぐるりと。¶ 운동장을 한 바퀴 ~ 돌다 運動場をぐるりと一周する。②《周りを取り囲むようす》ぐるりと。¶ ~ 둘러앉다 ぐるりと輪になって座る。③《めまいがしたり頭がくらくらするようす》くらっと、くらくら。¶ 급히 밝은 곳에 나왔더니 머리가 ~ 돌았다 急に明るい所へ出て目がくらっとした。④《急に涙がわいてくるようす》じいんと。¶ 눈물이 ~ 돌다 涙がじいんとわく。

빙가 [聘家] [名] 妻の実家.
빙결 [氷結] [名] [하다自] 氷結. ¶ 강이 ~하다 川が凍りつく。
빙고 [氷庫] [名] 氷室, 氷を貯蔵しておく倉庫.
빙과 [氷菓] [名] 氷菓子.
빙괴 [氷塊] [名] 氷の塊, 氷塊.
빙구 [氷球] [名] [體] アイスホッケー。
빙그레 [副] ①《口もとをほころばせ声を立てずに笑うようす》にっこり, にこっと。¶ ~ 웃다 にっこり笑う。
빙그르르 [副] 《滑らかに一回りするようす》くるっと、くるんと、するっと。모델이 많은 관중 앞에서 ~ 돌다 モデルが多くの見物人の前でくるっと身を回す。
빙긋 [副] [하다自] 《声を立てずにそっと笑うようす》にっこり, にこっと。
빙긋-거리다 [自] にこにこ笑うひ。
빙모 [聘母] [名] 妻の母. ⑰ 장모(丈母)
빙벽 [氷壁] [名] 氷壁. ¶ ~을 오르다 氷壁をよじ登る。
빙부 [聘父] [名] 妻の父. ⑰ 장인(丈人)
빙-빙 [副] ①《しきりに回るようす》ぐるぐる。¶ 팔랑개비가 ~ 돌다 風車がぐるぐる回る。②《めまいがためにか頭がくらくら, ふらふら。¶ 눈앞이 ~ 돈다 眼の前がくらくらする。
빙산 [氷山] [名] 氷山. ¶ ~의 일각에 지나지 않는다 氷山の一角に過ぎない。②(比) (火の気のない)さむい部屋.
빙상 [氷上] [名] 氷上, 氷の上。¶ ~ 경기 氷上競技。
빙설 [氷雪] [名] 氷雪, 氷と雪と。¶ ~에 덮힌 산 氷雪におおわれた山/ ~에 갇히다 氷雪に閉ざされる。
빙수 [氷水] [名] 氷水, かき氷. ¶ 팥~ 氷あずき。
빙실-빙실 [副] [하다自] 《声をださないで笑うようす》にこにこ。¶ ~ 웃다 にこにこ笑う。
빙어 [名] [動] ワカサギ。
빙원 [氷原] [名] 氷原. ¶ 북극의 ~ 北極の氷原.

빙자 [憑藉] [名] [하다他] ①(権勢などに) 笠に着ていばりちらすこと。¶ 권력을 ~하여 큰소리치다 権力を笠に着て大言壮語をはく。②かこつける, 事寄せる, 口実にする。¶ 병을 ~하여 결근하다 病気にかこつけて欠勤する。
빙점 [氷點] [名] [物] 氷点. ¶ ~ 하 삼십도 氷点下30度.
빙:충-맞다 [形] 愚かだ, 愚かで恥ずかしがってばかりいる.
빙판 [氷板] [名] 一面に氷の張ったところ, 凍りついた道端.
빙탄 [氷炭] [名] 氷炭. ¶ ~ 불상용 氷炭相入れれずです.
빙탄-간 [-間] [名] 互いに調和できない間柄.
빙하 [氷河] [名] 氷河. ¶ ~ 시대 氷河時代/ 대륙 ~ 大陸氷河.
빙하 계류 [-溪流] [名] [地] 氷河によってできた渓流.
빙하-곡 [-谷] [名] [地] 氷河によってできた谷.
빙해 [氷海] [名] 氷海, 一面に凍った海.
빙해 [氷解] [名] 氷解, 疑惑などがすっかり解けること.

빚 [名] ①借り, 借金, 借財, 負債. ¶ ~을 얻다 借金をする。/ ~을 갚다 借金を返す。⑰ 부채(負債) ②(精神的な)負い目. ¶ 평생의 ~이 되다 一生の負い目となる。
[속담] 빚 보증하는 자식은 낳지도 마라 人の借金の保証人になるような息子は生みもするな。《他人の借金の保証人になることは非常に危険であると戒しめること》
[관용] 빚(을) 물다 借金を肩代りして返す。
빚(을) 주다 [利子付きで] 金めを貸す。 빚(을) 지다 ①借金をする, 負債を負う。②(俗) 他人の世話になる。
빚-꾸러기 借金だらけの人.
빚-내다 [自] 金を借かりる, 借金をする. ¶ 빚낸 돈으로 장사를 시작하다 借かりた金で商売にとりかかる.
빚-놓다 [自] (利子をとる目的で人に) 金を貸す. ¶ 비싼 이자로 ~ 高い利子で金を貸す。
빚다 [他] ①(酒を)醸す. ¶ 술을 ~ 酒を醸す。②(粉を捏ねて餅・陶磁器などを)つくる, こしらえる. ¶ 만두를 ~ 饅頭をこしらえる。③(ある結果を)つくり出す, もたらす, 醸す。¶ 물의를 ~ 物議をかもす。
빚-쟁이 借金取り, 債鬼. ¶ ~의 성화 같은 독촉 借金取りの矢の催促/ ~에게 시달리다 債鬼に責められる。
빛 [名] ①[物] 光, 光線. ¶ 달 ~ 月光/ ~이 비치다 光がさす。②色, 色あい, 色彩. ¶ 누런 ~ 黄色/ ~ 좋은 옷감 色のきれいな服地. ③顔色, 気色,

配はいの。¶ 피로한 ~을 나타내다 疲労ひろうの色を表あらす。④光沢こうたく、つや。¶ ~이 나도록 타다 つやが出でるまでに磨みがく。⑤希望きぼう、光明こうみょう、栄光えい、輝かがやき。¶ 희망의 ~ 希望の光ひかり／~이 비치다 栄えある勲章くんに公開こうかいされる。⑥色いろ、様子ようす。¶ 가을 ~이 짙어가다 秋あきに公開こうかいされる。

〔속〕 빛 좋은 개살구 色いろのよいマンシュウアンズ、見みかけだおし。

〔관용〕 빛(을) 보다 ①人ひとに知しられる。②世せに公開こうかいされる。

**빛-깔** 图 色彩しきさい、色いろ、いろどり。¶ ~이 산뜻하지 못하다 色いろが鮮あざやかでない。

**빛-나다** 自 ①光ひかる、映はえる。¶ 별이 반짝반짝 ~ 星ほしがきらきら光ひかる。②つやが出でる、光ひかる、輝かがやく。¶ 복도가 번쩍번쩍 ~ 廊下ろうかがつやつやと光ひかる。③(名声めいせい・栄光えいこうに)輝かがやく。¶ 빛나는 업적을 남기다 輝かがやかしい業績ぎょうせきを残のこす。

**빠개:다** 他 ①(小ちいさく固かたい物ものを)いくつかに割わる、裂さく。¶ 장작을 잘게 ~ 薪まきを小ちいさく割わる。②(仕事しごとなどを)台だいなしにする、ぶちこわす。¶ 다 된 일을 빠개 버리는 격이다 仕上しあげかけたところをぶちこわしてしまう。③(うれしくて)口くちもとをほころばす。¶ 좋다고 빠개지 마라 有頂天うちょうてんになって笑わらうんじゃない。

**빠개-지다** 自 ①(固かたい物ものが)割われる、裂さける。¶ 머리가 빠개질 듯이 아프다 頭あたまが割われるように痛いたい。②(仕事しごとなどが)ぶち壊こわしになる、台だいなしになる。¶ 일이 빠개지고 말았다 仕事しごとが台だいなしになってしまった。

**빠그라-뜨리다** 自 壊こわす。¶ 병사들이 성문을 ~ 兵士へいしたちが城門じょうもんを壊こわす。

**빠그라-지다** 自 割われてしまう、こわれてしまう。¶ 걸상이 빠그라져 못쓰게 되다 椅子いすがこわれてしまって使つかえなくなる。

**빠근-하다** 形動 ①(体からだが)だるい、けだるい、(筋肉きんにくが)凝こる。¶ 어깨가 ~ 肩かたが凝こる。②手てにおえない。

**빠글-거리다** 自 ぐらぐら沸わく、ぶくぶく泡立あわだつ。¶ 냄비의 물이 ~ なべの水みずがぐらぐら沸わく。

**빠글-빠글** 副하自 ぐらぐらと、ぶくぶくと。¶ ~ 끓는 주전자 ぐらぐらと煮にえたっているやかん。

**빠금-거리다** 自 ①(담배를)스빠스빠 吸すう。②(魚さかなが)口くちをぱくぱくする。

**빠금-빠금** 副하自 ①(たばこを続つづけて勢いきおいよく吸すうようす)すぱすぱと。②(魚さかなが口くちを大おおきく開閉かいへいするようす)ぱくぱくと。

**빠끔-하다** 自 (すき間ま・穴あななどが)ぽっかりあいている。¶ 상처가 ~ 벌어졌다 傷口きずぐちがぱっくりあいた。

**빠닥-빠닥** 副하形 《水気みずけがなくて乾かわき切きっているようす》かさかさ、ぱさぱさ。¶ 너무 ~해서 먹을 수가 없다 あんまりかさかさして食たべられない。

**빠드득** 副하自他 ①(固かたい物ものが摩すれ合あって出だす音おと)きりきりと、ぎりっと。¶ ~이를 갈다 ぎりぎりと歯はぎしりする。②(軟やわらかい便べんを力ちからでだす音)ぴちぴち、びちびち、ぷちゃ。

**빠득-빠득** 副하自 頑固がんなようす、頑がんとして、こちこち。¶ 먹지 말라고 해도 ~ 먹겠다고 우긴다 食たべるなと言いったのにしつこく食たべると言いい張はる。

**빠듯-하다** 形動 「바듯하다」の強調語。①(物事ものの程度ていが)ぎりぎりだ、精一杯せいいっぱいだ。¶ 여비가 ~ 旅費りょひがぎりぎりだ。②(すき間まなく)ぎっちりだ、ぴったりだ、きちきちだ。¶ 강당에는 학생들이 빠듯하게 들어 있다 講堂こうどうには学生がくせいがぎゅうぎゅう入はいっている。**빠듯-이** 副 きっちりと、きちきちに、ぎりぎりに。¶ ~ 시간에 대다 時間じかんぎりぎりに間まに合あう。

**빠-뜨리다** 他 ①(水中すいちゅうなどに)落おとす、投なげる。¶ 공을 강에 ~ ボールを川かわに落おとす。②(危険きけんなどに陥おとしれる、投なげ込こむ。¶ 남을 함정에 ~ 人ひとをわなに陥おとしいれる。③見落みおとす、抜ぬかす、漏もらす、取とり落おとす。¶ 중요한 말을 빠뜨렸다 大切たいせつなことを言いい忘わすれた。¶ 글자를 빠뜨리고 쓰다 字じを抜ぬかして書かく。④(持もち物ものを)失うしなう、잊다、落おとす。¶ 지갑을 ~ 財布さいふを落おとす。

**빠르기** 图 速度そくど、速力そくりょく。¶ 빛의 ~ 光ひかりの速度そくど、光速こうそく／차의 ~ 車くるまの速力そくりょく。

**빠르다** 形 ①速はやい、すみやかだ、迅速じんそくだ。¶ 빠른 성장 速はやい成長せいちょう／동작이 ~ 動作どうさが速はやい。／이해가 ~ 理解りかいが速はやい。②(作用さようが)速はやい。¶ 약효가 ~ 薬くすりの効きき目めが速はやい。③(時刻じこく・時期じきが)早はやい。¶ 일어나기에는 아직 ~ 起おきるにはまだ早はやい。④(時間じかんが)短みじかい、短期間たんきかんだ。¶ 빠른 시일 내에 일을 끝내다 短期間たんきかんで仕事しごとを終おえる。⑤(順序じゅんじょが)早はやい、先さきだ、前まえだ。¶ 입학은 내가 일년 ~ 入学にゅうがくはわたしが一年いちねん早はやい。

**빠르작-거리다** 自他 もがく。¶ 아무리 빠르작거려 봤자 소용없다 いくらもがいて見みたって追おいつかない。

**빠스락** 副하自他 (薄うすくて乾かわいた物ものがふれあって出でる音おとが)がさっと、ばさっと。

**빠스락-거리다** 自他 がさがさと音おとを立たてる。¶ 낙엽을 밟고 빠스락거리며 걸어가다 落おち葉はを踏ふんでがさがさと音おとを立たてながら歩あるいていく。

**빠스락-빠스락** 副하自他 がさがさと、ばさばさと。

**빠이-빠이** [←bye-bye] 感俗 バイバイ、さようなら。歯 바이바이

**빠:지다**¹ 自 ①(水みずなどに)おぼれる。¶ 강물에 ~ 川かわにおぼれる。②(ある状態じょうたいに)陥おちいる、ふける、おぼれる。¶ 독서 삼매에 ~ 読

빠지다

書どく三昧ざんまいに陥る。/ 사랑에 ~ 愛あいにおぼれる。③落おちこむ、はまる。¶ 수렁에 ~ 泥沼どろぬまにはまる。/ 함정에 ~ おとし穴あなに落おちこむ。④抜ぬける、とれる、なくなる、無なくなる。¶ 김빠진 맥주 気きの抜ぬけたビール/ 명단에서 ~ 名簿めいぼから抜ぬけ落おちる。⑤(染しみなどが)落おちる、とれる、なくなる。¶ 때가 ~ 垢あかが落おちる。⑥(組織そしきから)抜ぬける、抜ぬけ出でる、離脱りだつする、欠席けっせきする。¶ 조직에서 ~ 組織そしきから抜ぬける。/ 강의에 ~ 講義こうぎをサボる。⑦通とおり抜ぬける、それる。¶ 옆길로 ~ 横道よこみちにそれる。/ 터널을 빠져나가다 トンネルを通とおり抜ぬける。⑧劣おとる、及およばない。¶ 성적이 남에게 빠지지 않는다 成績せいせきは人ひとに劣おとらない。⑨(器うつわの底そこが)抜ぬける。¶ 밑 빠진 독 底そこがぬけたかめ。⑩(肉にくが)落おちる、減へる、すんなりしている。¶ 체중이 많이 빠졌다 体重たいじゅうがずいぶん減へった。⑪(品ひん)スタイルがよい。¶ 몸매가 잘 빠졌다 とてもスタイルがいい。⑫(「눈이 빠지게」の形で)非常ひじょうに待まちわびる、待ちくたびれる。¶ 그가 오기를 눈이 빠지게 기다렸지 彼かれが来くるのをくたびれ果はてるまで待まった。

빠:지다² 助動《程度ていどの甚はなはだしいことをあらわす》…し切きれる、…し果はてる。¶ 썩어 ~ 腐くさり果はてる。/ 늙어 ~ 老おいぼれる。

빠:짐-없이 副 漏もれ無なく。¶ 전원 ~ 집합하다 全員ぜんいん漏もれなく集合しゅうごうする。

빡빡¹ 副《顔かおがひどくあばたになったようす》ぼこぼこ。②《頭あたまを坊主刈ぼうずがりにしたようす》くりくり。¶ 머리를 ~ 깎다 髪かみをくりくりに刈かる。

빡빡² 副《タバコをしきりに吸すうようす》すぱすぱ。¶ 담배만 ~ 피우고 있다 タバコばかりすぱすぱ吸すっている。㈁ 빽빽

빡빡-하다 形①(水気みずけが少すくなく)かさかさだ、ぼそぼそする、強こわい。¶ 밥이 ~ 飯めしがこわい。②ぴったりと窮屈きゅうくつだ、きちきちだ。¶ 신발이 ~ 履物はきものがぴったりして窮屈くっくつだ。③(時間的じかんてき・経済的けいざいてきに)ぎりぎりだ、かつかつだ。¶ 마감 날짜가 ~ 締切しめきりが迫せまっている。/ 돈이 ~ お金かねがぎりぎりだ。④(機械きかいなどが滑なめらかに回まわらないで)ぎしぎしする、固かたい。⑤どろっとしている。¶ 국이 ~ 汁しるがどろっとしている。⑥つっけんどんだ、融通ゆうずうがきかない、ゆとりがない。¶ 너무 빡빡하게 굴지 마라 そんなにつっけんどんにふるまうな。

빡작지근-하다 形① (筋肉きんにくが)凝こる、つっぱっている。¶ 어깨가 ~ 肩かたが凝こる。

빤둥-거리다 自《「반둥거리다」の強調語》ぶらぶら怠なまける、ぶらぶらのらくらする。

뻔뻔-스럽다 形团 ずうずうしい、厚かましい。¶ 뻔뻔스러운 놈이다 ずうずうしい奴やつだ。㈁ 뻔뻔스럽다

빤작 副自他《「반작」の強調語》ちらっと、きらっと、ぴかっと。

빤작-거리다 自他 きらきらときめく、ぴかぴか光ひかる。

빤질-거리다 自①(物体ぶったいが)すべすべしてつやがある、すべすべする、つるつるする。②(人ひとが)抜ぬけ目めなくふるまう、ずる賢がしこく行動こうどうする。¶ 빤질거리는 사나이 抜ぬけ目めなく行動する男おとこ。③(仕事しごとを)ずるける。

빤짝 副自他《「반작」の強調語》きらっと、ぴかっと、ぴかりと。

빤짝-거리다 自他 きらきらときめく、ぴかぴか光ひかる。

빤짝-빤짝 副自他 きらきら、ぴかぴか。

빤:-하다 形日 ①ほの明あかるい。¶ 빤한 불빛이 반작이고 있다 ほの明あかるい火灯ひともしがちらちらしている。②(忙いそがしい中なかにも)少すこし暇ひまがある。¶ 오늘은 빤한 틈도 없다 今日きょうは少しの暇もない。③見みえ透すいている、わかり切きっている。¶ 그것은 빤한 거짓말이다 それは見え透いていた嘘うそである。④(病気びょうきが)少しよくなる。¶ 병이 좀 ~ 病気びょうきが少しよくなる。빤:-히 副 ①はっきり、明あきらかに。¶ 그녀의 속셈이 ~ 들여다보인다 彼女かのじょの意図いとがはっきり見みえる。②じっと、じろじろ。¶ 남의 얼굴을 ~ 쳐다보고 있다 人ひとの顔かおをじっと見みつめている。

빨가-벗기다 他 ①(体からだを)まる裸はだかにする。¶ 아이를 빨가벗겨 열을 식히다 子供こどもをはだかにして熱ねつをさます。②(人ひとの財産ざいさんを)すっかり奪うばいとって)一文いちもんなしにする。

빨가-벗다 自 ①すっ裸はだかになる、まる裸はだかにする。¶ 빨가벗은 아이 すっ裸はだかの子供。②一文いちもんなしになる、まる裸はだかになる。③山やまの地肌じはだが見みえるほどになる。¶ 빨가벗은 산 はげ山。

빨가-숭이 名 ①まっぱだか、すっ裸はだか。¶ ~가 되다 まっぱだかになる。②一文いちもんなし。¶ 이번 화재로 ~가 되었다 今回こんかいの火災さいで一文なしになった。

빨강 名 赤あか、赤色あかいろ。¶ ~ 머리 赤毛あかげ。

빨갛다 形団 赤あかい、真まっ赤あかだ。¶ 빨간 입술 赤い唇くちびる/ 얼굴이 빨갛게 물들었다 顔かおが真まっ赤に染そまった。

빨개-지다 自 赤あかくなる、あからむ、焼やける。¶ 술을 마셔서 얼굴이 ~ 酒さけを飲のんで顔かおが赤くなる。

빨갱이 名㈠俗 赤あか、共産主義者きょうさんしゅぎしゃのこと。¶ 그는 ~다 彼かれは赤だ。

빨깍 副 ①(急きゅうに怒おこったり力ちからをいれたりするようす)ぐっと、かっと。¶ ~ 화를 내다 かっと怒おこる。②(急に沸わき返かえるようす)どっと、わっと、わあっと。¶ 그 일로 집안이 ~ 뒤집혔다 そのことで家いえの中なかがわあっと大騒おおさわぎになった。

빨끈 副自他 ①(急きゅうに怒おこるようす)かっと。¶ ~ 성을 내다 かっと腹はらを立たてる。②《物ものが急に反そり返かえったり起おき上あがったりするようす》にゅっと、すっと、がばっと。¶ 그는 ~ 일어서서 방을 나갔다 彼れはがばっと

ぎりぎりである。¶ 지금 월급으로는 생활이 ~ 今の月給では生活するのにぎりぎりだ。

**빵**【포 pão】图 パン。¶ 식~ 食パン/ ~을 굽다 パンを焼く。

**빵** 副 ①《何かが急に破裂する音》ぱん、ぽん。¶ 타이어가 ~ 터지다 タイヤがぱんと破れる。②《ボールを強くけるようす・その音》ぱん、ぽん。¶ 공을 ~ 차다 ボールをぱんとける。③《小さい穴があくようす・その音》ぽかんとける。¶ 판자에 구멍이 ~ 뚫렸다 板に穴がぽかんとあいた。④《自動車どうのクラクションの音》ぷう、ぷっぷう。¶ 클랙슨을 ~ 울리다 クラクションをぷっぷうと鳴らす。

**빵긋** 副〖하自〗にこり、にっこり、にこっと。¶ ~ 웃으며 눈인사를 하다 にっこりとほほえみ目礼をする。

**빵꾸**【←puncture】图《俗》①パンク。¶ ~를 때우다 パンクを直す。②《事が》中途で失敗すること。③《衣服・靴下などに》穴があくこと、その穴。④《秘密が》ばれること。

〖관용〗 **빵꾸(가) 나다** ①パンクする。②《物事が》失敗に終わる、手違いが起こる。③《衣服・靴下などに》穴があく。④《秘密が》ばれる。

**빵빵** 副 ①《小さな穴が方々に開くようす・その音》ぷすぷす、ぽこぽこ。¶ 구멍이 ~ 뚫려 있다 穴がぽこぽこあいている。②《続けざまに破裂する音》ぱんぱん、ぽんぽん。¶ 권총을 ~ 쏘아 댔다 拳銃をぱんぱんと撃ちまくった。③《自動車どうなどの警笛けいてきを鳴らす音》ぷうぷう、ぷう。¶ 클랙슨을 ~ 울리다 クラクションをぱんぱんと鳴らす。

**빵-점**【-點】图《俗》(試験などで)零点、ゼロ。¶ 영어 시험에서 ~을 받았다 英語の試験で零点をもらった。

**빵-집** 图 パン屋。

**빻:다** 他 ついて粉にする、砕く、ひく。¶ 곡물을 ~ 穀物をひく。

**빼:-기** 图〖数〗引き算、減法。

**빼:-내다** 他 ①抜く、抜き取る、抜き出す。¶ 가시를 ~ とげを抜き取る。②《多くのうちから》選び出す、えり抜く、抜き取る。¶ 좋은 것을 ~ よいものを選び出す。③《人のものを》盗む、くすねる。¶ 서랍에서 돈을 빼내다 しからね金をくすねる。④《他に属している者を》引き抜く、スカウトする。¶ 기술자를 ~ エンジニアを引き抜く。⑤請け出す、救い出す。¶ 돈을 물러주고 기생을 ~ 金を払って芸者を請け出す。

**빼:-놓다** 他 ①除く、除外する、漏らす、締め切る。¶ 1페이지를 빼놓고 읽다 一ページを飛ばして読む。②《打ち込まれていた物を》抜いておく、引き抜いてお

**빼다** く。¶ 말뚝을 ~ 杭を引き抜いておく。③(多くの中から)選び出す、より抜く、抜き取る。¶ 값진 것을 따로 ~ 高価なものを別に選んで置く。

**빼:다** 他 ①抜く、出す。¶ 칼을 ~ 刀を抜く。/ 호주머니에서 손을 ~ ポケットから手を出す。②(しみ・汚れなどを)落とす、とる、抜かす。¶ 잉크의 얼룩을 ~ インキのしみをぬく。③(ある物の中から一部を)えり抜く、差し引く、除く。¶ 여기서 두 사람 몫을 ~ ここから二人分だけを除く。④(力を)出す、抜かす。¶ 어깨 힘을 좀 빼라 肩の力をちょっと抜きなさい。⑤長くする。¶ 목을 길게 빼고 기다리다 首を長くして待つ。¶ 목청을 길게 ~ 声を長く引っぱる。⑦(着物などで)おしゃれをする、めかしこむ、着こなす。¶ 새 옷으로 쫙 ~ 新しい服でおしゃれをする。⑧(責任などから)身を引く、逃げ腰になる。¶ 꽁무니를 ~ 逃げ腰になる。⑨(水分などを)なくす、切る。¶ 물기를 ~ 水分を切る。⑩(「발을 ~」の形で)手を引く、足を洗う。¶ 깡패 사회에서 발을 빼라 不良の社会から足を洗った。⑪(おもに「얌전・점잔」とともに用いられて)勿体ぶる、気取る、すます。¶ 점잔을 ~ もったいぶる。
〈관용〉**빼도 박도 못하다** 抜き差しならない、にっちもさっちもいかない、進退きわまる。

**빼:-돌리다** 他 (物を・人を)こっそり引き抜いて隠す、おびき出してよそへ送る。

**빼:먹다** 他 ①(串ざしのものを)抜きとって食べる。¶ 곶감 빼먹듯 한다 くしざしの干し柿を抜きとって食べるみたいだ。②(語句などを)漏らす、抜かす、飛ばす。¶ 빼먹지 않고 다 노트하다 漏らさずみなノートする。③(授業などを)さぼる、ずる休みする、怠ける。¶ 학교를 ~ 学校をさぼる。④かすめ取る、抜き取る。¶ 공금을 ~ 金をかすめ取る。

**빼빼**¹ 副 《やせけたようす》がりがり。¶ 몸이 ~ 마르다 体ががりがりにやせる。

**빼빼**² 名 やせけた人、やせっぽち。⑦ 말라깽이

**빼:-앗다** 他 ①(人のものを)奪う、取り上げる、とり上げる、ぶんどる、乗っとる。¶ 남의 재산을 ~ 人の財産を奪う。/ 왕좌를 ~ 王座を奪う。②(心・目などを)ひきつける、捕らえる、魅了する。¶ 그녀의 마음을 ~ 彼女の心を魅了する。③(男が女の肉体に)犯す。¶ 정조를 ~ 貞操を奪う。

**빼어-나다** 形 秀でる、ぬきんでる、ずば抜ける。¶ 인물이 ~ 人物がずばぬきに秀でる。

**빼쪽-하다** 形여 先がとがっている、鋭い。¶ 송곳 끝이 ~ 錐の先がとがっている。

**빽빽-하다** 形여 ①ぎっしりだ、びっしりだ、稠密だ。¶ 차가 빽빽하게 주차해 있다 車がぎっしり駐車している。②(せ

い、窮屈だ。¶ 신발이 ~ 靴がきつい。③(性格が)こちこちだ、融通性がない。¶ 소갈머리가 빽빽한 남자 心のこちこちした男と。④(時間的に)余裕がない、ぎりぎりだ。¶ 날짜가 ~ 日取りがぎりぎりだ。

**뺑소니** 名 ①にげること、ずらかること。¶ 자동차로 ~를 쳤다 自動車でずらかった。②ひき逃げ、当て逃げ。¶ ~ 운전자 ひき逃げ運転手。
**뺑소니-치다** 自 逃げ去る、ずらかる。¶ 사람을 치고 ~ ひき逃げする。

**빠드득** 副自他 《物のきしる鋭い音を表わす語》ぎいぎい、ぎりぎり。

**뺨** 名 頬。¶ 사과처럼 붉은 ~ リンゴのように赤い頬/ ~을 때리다 頬をたたく。/ ~을 붉히다 頬を赤らめる。

**뺨-치다** 自 ①びんたを食らわす。②劣らない、顔負けさせる。¶ 가수를 뺨치는 노래 솜씨 歌手を顔負けさせる歌いっぷり。

**뻐개다** 他 ①(固いものを)割る、裂く、断ち割る。¶ 장작을 ~ 薪を割る。②台無しにする、ぶちこわす。¶ 뻐개진 상담 ぶちこわされた商談。③(俗)(うれしくて)口をほころばす。

**뻐개-지다** 自 ①(固いものが)割れる、裂ける。¶ 장작이 잘 ~ 薪がよく割れる。②物事が駄目になる。¶ 상대방 농간 때문에 계획이 뻐개졌다 相手方のたくらみのため計画がぶちこわしになった。③(俗)(うれしくて)口がほころびる。

**뻐근-하다** 形여 ①(体が)けだるい、凝る。¶ 어깨가 ~ 肩が凝る。②(ある感情で)胸がいっぱいだ。¶ 감격해서 가슴이 ~ 感激して胸がいっぱいだ。

**뻐:기다** 自 いばる、得意がる、えらぶる、高ぶる。¶ 친구들 앞에서 ~ 友達の前でいばる。

**뻐꾸기** 名 [動] カッコウ。
**뻐꾹** 副 《カッコウの鳴く声》カッコウ。
**뻐꾹-시계** 名 カッコウ時計。
**뻐꾹-새** 名 [動] カッコウ。

**뻐끔-거리다** 自 ①(タバコなどを)すぱすぱ吸う。②(魚が)口をぱくぱくする。¶ 금붕어가 입을 뻐끔거리고 있다 金魚が口をぱくぱくしている。

**뻐끔-뻐끔** 副自他 ①すぱすぱ、ぷかぷか。¶ 담배를 ~ 빨다 タバコをすぱすぱ吸う。②《魚が口を開けたり閉じたりするようす》ぱくぱく。

**뻐끔-하다** 形여 ①(すき間・穴などが)ぽっかり開いている。¶ 벽에 구멍이 뻐끔하게 뚫려 있다 壁に穴がぽっかり開いている。②(病気などで目が)落ちくぼんでいる、落ち込んでいる。¶ 눈이 뻐끔한 환자 目が落ちくぼんでいる患者。

**뻐덕-뻐덕** 副自形 《水気がなくこちこちになっているようす》かさかさ。

**뻐덕뻐덕-하다** [形ㅁ] かさかさしている、滑らかさがない。¶ 손발이 ~ 手足ゎがかさかさしている。

**뻐드렁-니** [名] 反そっ歯、出っ歯。

**뻑뻑** [副] ①ぷかぷか、すぱすぱ。¶ 담배만 ~ 피우다 タバコばかりぷかぷかと吹ゕす。②ばりばりと。¶ 신문지를 ~ 찢다 新聞紙しんぶんしをばりばりと裂さく。③ごしごし、ぼりぼり。¶ 몇 번이고 ~ 문지르다 何度なんもごしごしする。④むやみやたらに我がを張はる。¶ ~ 우기다むやみやたらに我を張る。

**뻑뻑-하다** [形ㅁ] ①(粥かゆ汁しるものの具ぐが多おく水気みずがなくて)どろっとしている、かさかさしている。②(物ものがすき間まなく入はいっていて)きっちりだ、ぴったりだ、きちきちだ、ゆとりがなくきつい。¶ 뻑뻑해서 잘 빠지지 않다 きちきちでうまく抜ぬけない。③(融通ゆうずうの利きかない質たちで)こちこちだ、かちかちだ。¶ 너무 뻑뻑한 성질 すごくこちこちな質。

**뻑적지근-하다** [形ㅁ] (筋肉きんにくなどが)張はって締しめつけられるようだ、ぐったりする。¶ 온몸이 ~ 全身ぜんしんがぐったりする。

**뻔뻔-스럽다** [形ㅁ] ずうずうしい、厚ぁつかましい、ふてぶてしい、横着ぉぅちゃくだ、恥知はじしらずだ。¶ 염치도 없이 뻔뻔스러운 소리만 한다 恥じも外聞がいぶんもなく厚かましいことばかり言う。

**뻔질-나게** [副] 頻繁ひんぱんに、ひっきりなしに、足しげく、しげしげと。¶ ~ 드나들다 頻繁に出入でいりする。/ ~ 돌아다니다 足しげく歩ぁるき回まる。/ 온종일 ~ 전화가 걸려 온다 一日中じゅうひっきりなしに電話でんゎがかかってくる。

**뻔질-뻔질** [副][하다形] ①(脂ぁぶらぎっているようす)てかてかと。②ぬけぬけと。

**뻔쩍** [副][하다自他] (光ひかり姿すがたがひらめくようす)ちらっと、ぴかっと。¶ 번개가 ~ 빛나다 いなびかりがぴかっとひらめく。

**뻔쩍-거리다** [自他] ひらめく、ひらめかせる、ぴかぴかする。

**뻔쩍-뻔쩍** [副][하다自他] ちらちらと、ぴかぴかと。

**뻔쩍-하면** ややもすれば、ともすると、どうかすると。¶ ~ 말썽을 피운다 ともすればトラブルを起ぉこす。

**뻔:-하다** [形ㅁ] ①言ぃゎずと知しれている、決きまりきっている、当然とうぜんである。¶ 뻔한 것을 질문하다 決まりきったことを質問しっもんする。②高たかが知しれている。¶ 그의 작품이라면 ~ 彼ゕれの作品さくひんなら高が知れている。**뻔-히** [副] ①ほんのりと。②確ゎるに、ちゃんと。

**뻔-하다²** [助動詞] (「-ㄹ[을] 뻔했다の形で) (危ゃうく)…しそうになる、…するところだった。¶ 죽을 뻔했다 危うく死ぬところだった。/ 하마터면 차에 치일 뻔했다 まかり間違ぁちえば車くるまにはねられるところだった。

**뻗다** [自他] ①伸のびる、延のびる、伸ばす、成長せいちょうする。(根ねなどが)張はる。¶ 나뭇 가지가 ~ 木きの枝えだが伸びる。/ 다리를 뻗고 앉으세요 足を伸ばしてお座ずわりください。②(力ちゃら

及ぉよぶ。③(手でなどを)差さし出だす、差し伸の べる。¶ 구원의 손길을 ~ 救援きゅうえんの手を差し伸べる。④[俗] 死しぬ、くたばる。¶ 그 놈은 뻗었다 あいつはくたばった。

**뻘** [名] 干潟ひがた、干潟地ひがたち。

**-뻘** [接尾] 親戚同士しんせきどうしの序列じょれつ・間柄ぁいだがらを表ぁらわす語ご。¶ 그는 내 조카 ~이다 彼ゕれはわたしの甥ぉいに当ぁたる。

**뻘뻘** [副] ((ひどく汗ぁせを流ながすようす))だらだら。¶ 땀을 ~ 흘리다 汗をだらだら流す。

**뻣뻣-하다** [形ㅁ] ①こちこちと、こわばっている、こわい、硬直こうちょくしている。¶ 두 다리가 ~ 両足りょうぁしがこちこちだ。②(布ぬのが糊気のりけで)ぱりぱりしている。¶ 풀이 빳빳한 옷 糊気がぱりぱりの服。③(態度たいどが)柔順じゅうじゅんでない、かちかちだ。¶ 어른한테 뻣뻣하게 대들다 目上ぬうぇの人ひとにこわばったものの言ぃい方ゕたをする。

**뻣-세다** [形] 強っょばって荒ぁらい。

**뻥-까다** [自][俗] うそをつく、ほらをふく。

**뼈** [名] ①骨ほね。¶ ~가 부러지다 骨ほねが折ぉれる。/ 생선 ~를 바르다 魚さかなの骨を抜ぬく。②お骨、遺骨いこつ。¶ ~를 묻다 骨を埋うめる。③(物事ものごとの)骨子こっし、核心ゕくしん。¶ ~만 추려서 말씀드리면… 核心のみをかいつまんで申もぅしあげますと…。④気概きがい、気骨きこつ、骨ほねっぽし。¶ ~가 있는 사나이 気骨のある男ぉとこ。⑤底意そこい、下心したごころ、わけ。¶ ~ 있는 말 底意のあることば。
|관용| **뼈도 못 추리다** (死後にしごに)骨ほねもかき集ぁつめられない。《ばらばらになる、さんざんな目ぁにあう、こてんこてんにやられる》 **뼈를 갈다** 骨身ほねみをけずる。《一生懸命いっしょうけんめい努力どりょくする》 **뼈에 사무치다** (恨うらみや苦痛くつうなどが)骨ほねにしみる、骨に徹てっする。

**뼈-다귀** [名] ①[俗] 骨ほね。②個々こにの骨、骨片こっぺん、骨片ほねかけら。

**뼈-대** [名] ①骨格こっかく、骨組ほねぐみ。¶ ~가 실하다 骨組みがしっかりしている。②(家柄いえがら血統けっとうなどの)伝統でんとう。¶ ~가 있는 집안 伝統のある家柄ぃえがら、名門めいもん。

**뼈-마디** [名] ①骨ほねっ節ぶし。¶ ~가 쑤신다 骨っぷしがずきずきする。

**뼈-저리다** [形] 骨髄こっずいにしみる、痛切っうせつに感かんじる。¶ ~게 느끼다 痛く身みにしみる。

**뼘:** [名] 指尺ゆびじゃく。¶ 길이를 ~으로 재다 長ながさを指尺で測はかる。

**뼛-골** [名] 骨髄こっずい。
|관용| **뼛골에 사무치다** 骨髄こっずいに徹てっする。

**뽐-내다** Ⅰ [自] 威張いばる、えらぶる、勿体もったいぶる。¶ 성적이 좋다고 ~ 成績せいせきが良ょいといばる。Ⅱ [他] 誇ほこる、自慢じまんする。¶ 자기의 재능을 ~ 自分じぶんの才能さいのうを自慢する。

**뽑다** [他] ①抜ぬく、引ひき抜く、抜き取とる。¶ 못을 ~ 釘くぎを抜く。/ 제비를 ~ くじを引ひく。②(多おくの中なかから)募集ぼしゅうする、募っのる。¶ 국회 의원을 ~ 代議士だいぎしを選ぇらぶ。/ 청강생을 ~ 聴講生ちょうこうせいを募る。

③(원금을) 取る、取り戻す。¶ 밑천을 ~ 元金を取り戻す。④(液体・気体などを) 抜く、抜き出して、外に出す。¶ 온천수를 뿜아 올리다 温泉水を吸い上げる。⑤長くする、伸ばす。¶ 목을 길게 뽑고 기다리다 首を長くして待つ。⑥歌う、歌いあげる。¶ 민요 한 가락을 멋지게 ~ 民謡みん一曲いっを見事みごとに歌い上げる。

**뽕** 名 ①〔植〕クワ、桑の木。¶ ~을 심다 桑を植える。②(「뽕잎」の縮約形)桑の葉。¶ ~을 따다 桑の葉を摘む。

**뽕-밭** 名 桑畑、桑田。

**뽕-빠:지다** 自 ①すっからかんになる、一文無しになる。②(力が)すっかり抜ける、へとへとになる。

**뽕-뽕** 副 ①(続けざまにひどい屁へをひる音)ぶうぶう。②(自動車の警笛けいが続けざまに鳴なる音)ぶうぶう。

**뽕-잎** 名 桑の葉。

**뽀로통-하다** 形여 つんとしている、ふくれっ面をしている、口を尖らせている。¶ 뽀로통한 얼굴 ふくれっ面。

**뽀루지** 名 吹き出物、できもの、おでき。

**뽀족-구두** 名 ハイヒール。

**뽀족-하다** 形여 (先さきが)とがっている、突き出ている。¶ 이 연필은 ~ この鉛筆は先がとがっている。

**뿌덕뿌덕-하다** 形여 ①やや渋味がある、渋くてすっきりしない。②(洗濯物ものなどが)かさかさしている。

**뿌리** 名 ①〔植物の〕根。¶ ~를 내리다 根を下ろす。/ ~째 뽑아 버리다 根こそぎ抜きすてる。②(物の)根元こん。¶ 기둥 ~ 柱の根元。③(物事ごとの)根本ほん、根、根拠もと、根拠こん。¶ 가문의 ~ 家柄の根本。

**뿌리-박다** 自 ①根をおろす、根付く、根差す。¶ 나무가 ~ 木が根をおろす。②定着する。¶ 농촌에 뿌리박고 살다 農村に根をおろして住む。

**뿌리다 I** 自 (雨・雪などが)降る、ばらつく、ぱらつく。¶ 가랑비가 ~ 小雨がばらつく。**II** 他 ①(水・物などを) 撒く、振り掛ける。¶ 마당에 물을 ~ 庭に水を撒く。②(金を)ばらまく、やたらにつかう、まき散らす。¶ 물쓰듯이 돈을 ~ 湯水ゆのように金をばらまく。③(悲しみで涙を)落とす。④(光などを) 放つ。

**뿌리-치다** 他 ①振り切る、振り払う、振りはなす、払い除ける。¶ 손을 ~ 手を振り切る。②拒む、拒絶きょする。¶ 유혹을 ~ 誘惑を拒む。

**뿐 I** 依 《体言について限定げんの意を表わす》…だけ、…のみ、…ばかり、…まで。¶ 들었을 ~이다 聞いただけだ。/ 그저 싸울 ~이다 ただ戦たたかうばかりだ。/ 명령에 따랐을 ~이다 命令めいに従ったまでだ。**II** 助 …だけ、…のみ、…それきり。¶ 우리가 의지하는 건 너~이다 ぼくらが頼っているのはお前だけだ。

**뿐더러** 助 (「それ以外にも」の意を表わす)…のみならず、…ぞろえて、…ばかりでなく。¶ 유・스포츠도 잘 한다 そればかりでなくスポーツもよくできる。

**뿐만 아니라** 副 …だけでなく、…のみならず。¶ 나 ~ 모두들 기뻐했다 私だけでなくみんなが喜んだ。

**뿔** 名 ①角つの。¶ ~에 받히다 角に突つかれる。②(物の)突出部とっしゅつ、突起とっ。

**뿔-다귀** 名〔俗〕角の。
〔慣用〕뿔다귀(가) 나다 腹はが立つ、しゃくにさわる、かんしゃくを起こす。

**뿔뿔이** 副 ばらばら、散り散り、わかれわかれ、はなればなれ。¶ 사방으로 ~ 헤어졌다 四方ほうに散り散りに別れた。

**뿜다** 他 ①吹き出す、吹く、噴ふく、吐く。¶ 연기를 ~ 煙けむを吐き出す。②(水などを) 吹きかける、霧きを吹く。¶ 세탁물에 물을 뿜아 다리다 洗濯物に霧を吹いてアイロンを掛ける。

**삐:다** 他 挫く、筋違すじちがいする。¶ 발목을 ~ 足首を挫く。

**삐뚜로** 副 (「비뚜로」の強調語) 斜めに、ゆがめて、曲まがって。¶ 모자를 ~ 쓰다 帽子を斜めにかぶる。

**삐라** [←bill] 名 ビラ、ちらし。¶ ~를 뿌리다 ビラをまく。

**삐:치다¹** 自 すねる。

**삐:치다²** 自《書法の一つで》筆を はねる。¶ 획을 길게 ~ 字画を長くはねる。

**삔둥-거리다** 自 ぶらぶら怠ける、のらくらする。¶ 삔둥거리며 놀기만 한다 のらくら遊んでばかりいる。

**삔둥-삔둥** 副《何だもせずなまけて暮らすようす》ぶらぶら、のらくら。

**삔들-거리다** 自 ずうずうしくのらくらする。

**삔들-삔들** 副여자 のらりくらり。

**삥** 副 ①(取り囲んだようす) ぐるりと。②(一回まりするようす) ぐるっと、くるりと。¶ ~ 한 바퀴 돌다 一回転かいてんする。③(急にめまいがするようす) くらっと。¶ 머리가 ~ 해지다 頭あたがくらっとする。④(急に涙ぐむようす)。

**삥그레** 副여자《声を立てずに笑うようす》にっこり。~ 웃다 にっこり笑う。

**삥그르르** 副《滑らかに一回転いってんするようす》ぐるりと、くるりと。

**삥글-삥글** 副《続けざまに滑らかに回るようす》ぐるぐる。¶ 수차가 ~ 돌다 水車がぐるぐる回る。

**삥긋** 副여자《一度ほど軽くほほえむようす》にこっと。

**삥긋-거리다** 自他 にこにこする。

**삥긋-삥긋** 副여자 にこにこと。

**삥땅** 名〔俗〕ちょろまかすこと、ねこばば。¶ 요금을 ~치다 料金りょうの一部いっをごまかす。

**삥-삥** 副《物のが続けて回るようす》ぐるぐる。

# ㅅ

ㅅ ハングル字母の第7番目の字。
사 [名]〔音〕《洋楽の八音階で五番目の音名》ト。¶ ～ 장조 ト長調。
사:〔死〕[名] 死。¶ 생～의 갈림길 生～の境目。[대] 생(生)
사〔私〕[名] 私・わたくし。①私事。¶ 공과 ～ 公と私。[대] 공(公) ②私心、私情。¶ ～가 없는 사람 私のない人物。
사:〔社〕[名] 社。¶ 신문～ 新聞社/ 우리 ～의 영업 방침 わが社の営業方針。
사〔砂〕[名] 砂・すな。
사〔紗〕[名] 紗・さ、薄絹。
사:〔四〕[數] 四・よん、四つ。¶ ～방 四方/ ～형제 四人兄弟。[유] 넷
-사〔士〕[接尾] …士。¶ 계리～ 計理士/ 변호～ 弁護士。
-사〔史〕[接尾] …史。¶ 세계～ 世界史/ 음악～ 音楽史。
-사〔寺〕[接尾] …寺。¶ 불국～ 仏国寺。
-사〔事〕[接尾] …事。¶ 관심～ 関心事/ 중대～ 重大な事。
-사〔師〕[接尾] …師。¶ 목～ 牧師/ 이발～ 理髪師。
-사〔辭〕[接尾] …辞。¶ 개회～를 말하다 開会の辞をのべる。
사:각〔四角〕[名] 四角。¶ ～ 기둥 四角柱/ ～ 모자 角帽。[유] 네모
사:각-형〔-形〕[名]〔數〕四角形。
사:각〔死角〕[名] 死角。¶ ～ 지대 死角地帯。
사각〔斜角〕[名]〔數〕斜角。
사각-거리다 [自] (果物などをかむ音が) さくさくする、かさかさする。[큰] 서걱거리다
사각-사각 [副][하自] さくさく、かさかさ。
사감〔舍監〕[名] ①舎監、寮長。②〔史〕王家の田畑を管理した人。
사:거〔死去〕[名][하自] 死去、死亡。¶ 어젯밤 ～했다 昨夜死去した。
사:-거리〔四-〕[名] 十字路、四つ辻。
사:건〔事件〕[名] 事件。¶ 살인 ～ 殺人事件/ ～에 말려 들다 事件に巻き込まれる。
사격〔射擊〕[名][하他] 射撃。¶ ～술 射撃術/ 집중 ～을 퍼붓다 集中射撃を浴びせかける。
사격 경:기〔-競技〕[名] 射撃競技。
사견〔私見〕[名] 私見。¶ ～입니다만 私見ですが/ ～을 말하다 私見を述べる。
사:경〔死境〕[名] 死境、死地。¶ ～을 헤매다 死境をさまよう。
사:계〔四季〕[名] 四季。
사계〔斯界〕[名] 斯界。¶ ～의 대가이다 斯界の大家である。
사:고〔四顧〕[名][하自] 四顧。¶ ～ 무인 四顧に人影を見ない。
사:고-무친〔-無親〕[名][하形] たよるべき人の全然ないこと。
사고〔社告〕[名] 社告。¶ 신문에 ～를 내다 新聞に社告を出す。
사:고〔事故〕[名] 事故。¶ 교통 ～ 交通事故/ ～를 내다 事故を起こす。
사고〔思考〕[名][하他] 思考。¶ ～력 思考力。
사고 방식〔-方式〕[名] 思考方式、考え方。¶ 낡은 ～ 古くさい考え方。
사:골〔四骨〕[名] (煮汁などに使う)牛の四つ脚の骨。
사공〔沙工〕[名]《「뱃사공」の縮約形》船頭、船方。¶ 노 젓는 ～ ろをこぐ船頭。
[속담] **사공이 많으면 배가 산으로 올라간다** 船頭多くして船山に登る。
사과〔沙果〕[名] リンゴ。¶ 빨간 ～ 赤いリンゴ/ ～를 깎다 リンゴの皮をむく。
사:과〔謝過〕[名][하他] (過ちを)謝ること、謝罪、おわび。¶ 잘못을 ～하다 あやまちを詫びる。/ 울며 불며 ～하다 泣き泣きあやまる。
사:관〔士官〕[名] 士官、将校。¶ ～ 학교 士官学校。
사:관〔史官〕[名]〔史〕史官、歴史を編修する官吏。
사:관〔史觀〕[名] 史観。¶ 유물 ～ 唯物史観。
사교〔社交〕[名][하自] 社交。¶ ～성 社交性/ ～적인 사람 社交的な人。
사:구〔死球〕[名]〔野〕死球、デッドボール。
사:-군자〔四君子〕[名]〔美〕四君子、(東洋画で)梅・菊・蘭・竹の称。
사귀다 [自][他] 付き合う、交際する、交わる、親しくなる、知り合いになる。¶ 사귀기 어려운 사람 付き合いにくい人/ 나쁜 친구와 ～ 悪友と交わる。
사그라-뜨리다 [他] ①(怒り・腫れ物などを) なだめる、静める、散らす。¶ 울분을 ～ 鬱憤を静める。/ 종기를 ～ 腫れ物を散らす。②(金属などを) さびたり、朽ちたりさせてなくす。
사:극〔史劇〕[名]《「역사극」の縮約形》史劇、歴史劇。
사근사근-하다 [形][여] ①(気立てが)やさしく愛想がよい、気さくだ、すなおだ、さっぱりしている。¶ 사근사근한 태도로 대하다 気さくな態度で応対する。②(リンゴ・ナシなどをかむ音が) さくさくする、柔らかい。[큰] 서근서근하다
사글사글-하다 [形][여] (性質・顔付きが)やさしくおだやかだ。¶ 사글사글한 눈매 優しい目付き。[큰] 서글서글하다
사글-세〔←朔月貰〕[名] 家・部屋などを月ぎ

**사금**

めで 借りること.
**사글세-방**[-房] 图 月ぎめで借りる部屋や、貸間や.
**사금**[砂金] 图[鑛] 砂金きん. ¶ ~광 金鉱.
**사금-파리** 图 陶器のかけら.
**사:기**[士気] 图 士気き、意気き. ¶ ~ 왕성한 병사 士気盛んな兵士/ ~를 꺾다 士気をくじく.
**사:기**[史記] 图 史記し. ④ 사서(史書)
**사기**[沙器・砂器] 图 磁器き、瀬戸物もの. ¶ ~ 인형 瀬戸物の人形にん.
 **사기-대접** 图 瀬戸物の平鉢ばち.
**사기**[詐欺] 图[하다 詐欺さ、ぺてん. ¶ ~를 치다 詐欺をはたらく. / ~를 당하다 詐欺にかかる、だまされる.
 **사기-꾼** 图 詐欺師し、山師やま、ぺてん師し.
**사나이** 图 男おとこ. ¶ ~ 중의 ~ 男の中の男/ ~의 체면이 떨어지다 男がすたる.
 **사나이-답다** 形⑥ 男おとこらしい、雄々おしい.
**사:납다** 形⑥ ①(性質しつ・行動どうなどが)荒あらい、荒々あらしい、荒々あらしい、たけだけしい. ¶ 사나운 성품 たけだけしい性質/ 성질이 ~ 気性きょが荒い. ②(顔かおつきが)けわしい、(人相にんが)悪わるい. ¶ 사나운 얼굴로 노려보다 けわしい顔かおつきでにらみつける. ③(雨あめ・風かぜなどが)激はげしい、ひどい、荒あれている. ¶ 사나운 파도 荒あれ狂くるう波なみ/ 날씨가 ~ 天気てんが悪わるい. ④(人情にんじょうなどが)つれない、せちからい、きびしい、冷ひやたい. ¶ 사나운 인심 つれない人情にん. ⑤(運うん・縁起えんぎなどが)ひどく悪わるい、不運ふんである. ¶ 오늘은 일진이 ~ 今日きょうは日柄ひがらが悪わるい.
**사내** 图 ①(「사나이」の縮約形)男おとこ. ②[紛] 情夫じょう. ¶ 그 여자에겐 ~가 있다 あの女おんなには男がいる. ③「사내아이」の縮約形.
 **사내-대장부**[-大丈夫] 图 ますらお、男おとこ一匹ぴき、大丈夫じょう.
 **사내-아이** 图 男おとこの子こ、少年しょう.
**사:내**[社内] 图 社内しゃ. ¶ ~보 社内報ほう/ ~의 사정 社内の事情じょう.
**사냥** 图[하다 狩かり、狩猟りょう. ¶ 매 ~ たか狩がり/ ~하러 가다 狩りに行いく.
 **사냥-개** 图 ①猟犬けん. ¶ ~를 기르다 猟犬を飼かう. ②[比] まわしもの、いぬ、スパイ. ¶ 적의 ~ 노릇을 하다 敵てきのスパイをする.
**사느랗다** 形⑥ ①(気温きおんなどが)少こし冷つめたい、少々しょう冷ひえる. ¶ 새벽에는 ~ 夜明よけがたには少し冷える. ②(急きゅうに驚おどいたり怖こわくなったりして)ぞっとする. ¶ 사느랗게 느껴지는 분위기 ひやっとする雰囲気きい. ③(態度たいどなどが)冷つめたい、ひややかだ. ¶ 사느란 눈매로 바라보다 冷たい目つきで見つめる. ④ 싸느랗다
**사늘-하다** 形⑥ ①ひんやりしている、冷つめたい、冷ひえ冷ひえする. ¶ 바깥 공기가 ~ 外そとの空気きがひんやりしている. ②(驚おどいて)冷ひやっとする、ぞっとする. ¶ 등골이 ~ 背筋せすじが冷やっとする. ③(顔付かおつき・態度たいどなどが)冷つめたい、冷淡れいたいである、よそよそしい. ¶ 사늘한 태도로 맞이하다 冷たい態度で迎むかえる. ④ 서늘하다 ④ 싸늘하다
**사다** 他 ①(品物しなものを)買かう、購入こうにゅうする、あがなう. ¶ 빵을 ~ パンを買う. ②(反感はん・恨うらみなどを)買かう、受うける、招まねく. ¶ 상사의 노여움을 ~ 上役うえやくの怒いかりを買う. / 환심을 ~ 歓心かんを買う. ③(価値かちを)認みとめる、尊重そんちょうする、買かう. ¶ 그의 노력을 높이 ~ 彼かれの努力どりょくを高たかく買う. ④(人ひとを)雇やとう. ¶ 노무자를 ~ 労働者どうしゃを雇う. ⑤(物ものを売うって)金かねに換かえる. ¶ 쌀을 사아서 돈을 샀다 米こめを売って金にかえた.
**사다리** 图(「사다리다리」の縮約形)はしご. ¶ ~차 はしご車しゃ/ ~를 오르다 はしごを登のぼる.
 **사다리-꼴** 图[數] 梯形けい.
**사:단**[社団] 图[法] 社団だん.
 **사:단 법인**[-法人] 图[法] 社団法人ほう.
**사:당**[民] 群れをなして各地かくちを廻まわりながら歌うたと舞まいで生計せいを立たてる女おんな芸人げいにん、またその連中じゅう.
**사당**[私党] 图 私党とう. ¶ ~을 만들다 私党を組織そしきする.
**사당**[祠堂] 图 祠堂どう、位牌堂はい、ほこら、やしろ.
**사대**[私大] 图(「사립 대학」の縮約形)私大.
**사:대**[事大] 图[하다 事大だい.
 **사:대-주의**[-主義] 图 事大主義ぎ.
**사대**[師大] 图「사범 대학」の縮約形.
**사:-대문**[四大門] 图(ソウルにあった)四よっつの大おきな城門じょう.
**사:-대부**[士大夫] 图(両班ぱんの一般的いっぱんな称しょう)士大夫たいふ.
**사돈**[査頓] 图 ①(結婚けっによってできた)姻戚いん. ②結婚によって結ばれた両家りょうの人々ひとが互たがいに呼よび合あう称しょう.
 **사돈-댁**[-宅] 图 相舅あいやけの家、縁家えん.
 [속담] 사돈집과 뒷간은 멀어야 한다 縁家えんと便所じょは遠とおくなくてはいけない. 《いざこざが生しょうじやすい家やにおいのする便所べんじょはどちらも遠い.》
 [관용] 사돈의 팔촌 他人たんとかわりないほど遠とおい姻戚せき、余より親したしくない間柄あいだがらの他人.
**사들-사들** 副⑥形(ややしおれるようすやまたはしなびたようす)しなしな. ④ 시들시들
**사들이다** 他 買かい入いれる、買い込こむ、仕入しいれる、(商人にんが商品ひんを)仕込しこむ. ¶ 가구를 ~ 家具ぐを買い込む. / 상품을 싸게 ~ 商品を安くく仕込む.
**사:-등분**[四等分] 图[하다 回[自] 四等分とうぶん.
**사라지다** 自 なくなる、消きえる、消えうせる、去さる. ¶ 아픔이 ~ 痛いたみが去る. / 번개같이 ~ あっという間まに消えうせる.
**사:람** 图 ①人ひと、人間にん、者もの. ¶ 어떤 ~ ある人ひと/ ~은 누구나 다 평등하다 人間は誰だれもみな平等びょうだ. ②(ある集団だんの)構成員せいいんとして)人ひと、人間にん. ¶ 이 회사 ~ この会社しゃの人. ③(一定いっていの地域ちいきの)…

**사람** ①…出身の人。¶ 미국 ~ 米国人/ 시골 ~ 田舎者。 ④人品、人柄。 무던한 ~이다 無難な人柄だ。 ⑤(りっぱな·道徳的な)人間。人物。¶ 훌륭한 ~이다 りっぱな人物。 ⑥(能力·実力による)人。人材。¶ ~을 기르다 人材を養う。 ¶ 남 앞에서 말하다 人々の前で話す。 ⑧ (自分の妻の謙称として)家内、妻。 ¶ 우리 집 ~ うちの家内。 ⑨(相手側の対象として)の自分、わたし、僕。 왜 ~을 못살게 구는 거야 なぜ僕にうるさくふるまうのか。 ⑩『이·그』などについて親しい友をさす語》おい、お前、君。¶ 야, 이 ~아 やあ君。

[속담] 사람 위에 사람 없고 사람 밑에 사람 없다 人の上に人なく人の下に人無し。《人はみんな平等だ》 사람은 죽으면 이름을 남기고 범은 죽으면 가죽을 남긴다 人は死んで名を残し虎は死んで皮を残す。

[관용] 사람(을) 버리다 よくない人になる、廃たり者になる。 사람(을) 잡다 ①人を殺す。 ②人を窮地に追い込む、ひどく困らせる。

**사랑** [名][하][他] 愛。 ①(一般的な)愛情、かわいがり、いつくしみ、いたわりの心。¶ ~과 미움 愛と憎しみ/ 아이에 대한 ~ 子どもへの愛。 ②(男女間の)恋、恋情、愛情、恋人。¶ 짝 ~ 片思い/ 내 ~ わたしの恋人/ ~에 빠지다 恋に落ちる。 ③愛好、大切にすること、好むこと。¶ 음악을 ~하다 音楽を愛する。 ④[基] 博愛、慈悲。¶ ~이 충만하신 하느님 愛に満ちたもう神。

**사랑-니** [名] 親知らず、知恵歯。

**사랑-스럽다** [形][ㅂ] 愛らしい、かわいらしい、愛くるしい。¶ 사랑스러운 아이 かわいらしい子供。

**사랑-싸움** [名][自](男女間の)痴話げんか、愛のいさかい。

**사:례** [名] (飲食物などが気管に入って)むせること、むせぶこと。

[관용] 사례(가) 들리다 むせる、むせぶ、息がつまる。 급히 마시려다 ~ 急いで飲もうとしてむせぶ。

**사려** [思慮] [名][하][他] 思慮。¶ ~ 있는 행동 思慮ある行動/ ~가 깊다 思慮深い。

**사:력** [死力] [名] 死力、ありったけの力。¶ ~을 다하다 死力を尽くす。

**사령** [司令] [名] 司令。

**사:례** [事例] [名] 事例、ケース。¶ 성공 ~ 成功の事例/ 이 같은 ~는 드물다 このような ケースは珍しい。

**사:례 연:구** [-研究] [名] 事例研究、ケーススタディー。

**사:례** [謝禮] [名][하][自] 謝礼、お礼。¶ ~를 하다 謝礼をする。

**사로-잡다** [他] ①生け捕る、捕虜にする。 ¶ 곰을 ~ 熊を生け捕る。 ②(心などを)引きつける、とらえる、魅惑する、奪う。¶ 남자의 마음을 ~ 男性の心をとらえる。

**사료** [飼料] [名] 飼料。¶ 혼합 ~ 混合飼料/ 작물 飼料作物。

**사르다¹** [他][르] (箕などで殻·ごみを)ひる、ふるう、ひり分ける。¶ 곡식을 키로 ~ 穀物を箕でひり分ける。

**사르다²** [他][르] ①燃やす、焼却する、焼いてなくす。¶ 낙엽을 ~ 落ち葉を焼却する。 ②(焚き口などに)火を付ける、起こす。¶ 아궁이에 불을 ~ 焚き口に火を起こす。

**사르르** [副] ①《結び目·もつれなどがひとりでに解けるようす》するりと、するっ、するする。¶ 매듭이 ~ 풀리다 結び目がするりと解ける。 ②《目を軽くつぶったり細く開けるようす》そろりと、そっと。¶ 졸려서 눈을 ~ 감다 眠くて目をそろりと閉じる。 ③《雪·氷などがいつのまにか溶けてなくなるようす》そろりと、とろり、とろっ。¶ 설탕이 ~ 녹다 砂糖がとろっと溶ける。 ④《感情がひとりでになくなるようす》うっと。¶ 노여움이 ~ 풀리다 怒りがすうっとほぐれる。 ⑤《動作などが静かなようす》そっと、すうっと、するする。¶ 자리에서 ~ 일어서다 席からそっと立ち上がる。 ⑥ 스르르

**사리** [名] (麵類·縄·糸などをとぐろ巻きにした)一巻すき、束なせ、玉。¶ 국수한 ~를 더 먹다 うどん玉をもうひとつ食べる。

**사리** [私利] [名] 私利。¶ ~만 추구하다 私利ばかり追求する。 ⑩ 공리(公利)

**사리-사욕** [-私慾] [名] 私利私欲。

**사:리** [事理] [名] 事理、道理、わけ。¶ ~는 명백하다 事理は明白である。/ ~에 맞지 않다 道理に合わない。

**사리** [舍利·奢利] [名] ①[佛] 舎利。¶ ~ 탑 舎利塔。 ②火葬して残った骨。

**사리다** [他] ①(糸·縄などをからまないように)巻く、ぐるぐる巻く、とぐろ巻きにする、玉にする。¶ 국수를 삶아 ~ 麵をゆでて玉にする。 ②(蛇などが)とぐろを巻く。¶ 뱀이 사리고 있다 蛇がとぐろを巻いている。 ③(骨·身を)惜しむ、入れない。¶ 결정적인 순간에 몸을 사렸다 決定的な瞬間に骨を惜しんだ。 ④(獣がしっぽを)巻き入れる。¶ 꼬리를 ~ しっぽを巻く。 ⑤(突き出た釘などの先を)折りまげて打ちつける。

**사립** [私立] [名] 私立。¶ ~ 학교 私立学校。 ⑩ 공립·국립

**사:마귀¹** [名] いぼ。¶ ~가 나다 いぼができる。

**사:마귀²** [名][動] カマキリ。

**사막** [沙漠·砂漠] [名] 砂漠。¶ 사하라 ~ サハラ砂漠/ ~ 지대 砂漠地帯。

**사:망** [死亡] [名][하][自] 死亡。¶ ~율 死亡率/

사면

~ 통지 死亡通知/ 교통 사고로 ~하다 交通事故で死亡する。
**사:망 신고**〔-申告〕图 死亡届け。
**사:망 진:단서**〔-診斷書〕图 死亡診断書。
**사:면**〔四面〕图 四面。¶ ~이 산으로 둘러싸인 마을 四面が山に囲まれた村。
**사:면-체**〔-體〕图数 四面体。
**사:명**〔使命〕图 使命。¶ 중대한 ~ 重大な使命/ ~을 다하다 使命を全うする。
**사모**〔思慕〕图하他 ①思慕、懐しく思うこと、恋い慕うこと。¶ ~하는 마음 思慕の念/ 그를 ~하게 되었다 彼を恋い慕うようになった。②仰ぎ見ること、敬い慕うこと。¶ 스승의 덕을 ~하다 師の徳を仰ぎ見る。
**사모**〔師母〕图 先生の夫人。
**사모-님**图 ①「사모(師母)」의 尊敬語。②《目上の人の夫人に対する尊敬語》奥様、奥さま。
**사:무**〔事務〕图 事務。¶ ~용품 事務用品/ ~를 보다 事務を取る。
**사:무-실**〔-室〕图 事務室。
**사:무-적**〔-的〕冠 事務的。¶ ~으로 말하다 事務的に話す。
**사무치다**自《身に》染みる、しみ通る、《心に》徹する、胸が痛める。¶ 추위가 뼈에 ~ 寒さが身にしみる。/ 그 일이 가슴에 사무쳐서 잠을 잘 수 없다 そのことで胸が痛んで眠れない。
**사문**〔査問〕图하他 査問。¶ ~에 부치다 査問に付する。
**사-문서**〔私文書〕图 私文書。¶ ~ 위조죄 私文書偽造罪。↔ 공문서(公文書)
**사:물**〔四物〕图 ①[音]《農楽에 用いられる》かね(꽹과리)・どら(징)・太鼓(북)・チャング(장구)의 총칭。②「사물놀이」의 縮約形。
**사:물-놀이**图 かね(꽹과리)・どら(징)・太鼓(북)・チャング(장구)를 用いて行なう農楽の。
**사:물**〔事物〕图 事物。¶ ~의 이치를 깨우치다 事の道理を悟る。
**사:박자**〔四拍子〕图[音] 四拍子。
**사발**〔沙鉢〕图《陶器의》鉢、どんぶり。¶ ~에 국을 담다 どんぶりに吸い物をつぐ。
**사:방**〔四方〕图 四方。¶ ~이 꽉 막히다 四方がすっかりふさがれる。
**사:방-팔방**〔-八方〕图 四方八方、あらゆる方向。¶ ~으로 통해 있다 四方八方に通じている。
**사:범**〔事犯〕图 事犯、刑罰に処すべき行為。¶ 선거 ~ 選挙事犯。
**사범**〔師範〕图 師範。¶ 유도 ~ 柔道師範。
**사범 대학**〔-大學〕图 師範大学。
**사법**〔司法〕图[法] 司法。¶ ~ 기관 司法機関/ ~ 제도 司法制度。
**사법-권**〔-權〕图[法] 司法権。
**사:변**〔事變〕图 事変。¶ 만주 ~ 満州事変。

**사:별**〔死別〕图하自 死別。¶ 아내와 ~하다 妻に死別する。
**사:병**〔士兵〕图 兵士、兵卒。
**사보**〔社報〕图 社報、社内報。
**사보타:주**〔프 sabotage〕图하自他 サボタージュ、怠業。
**사복**〔私服〕图 私服、平服、ふだん着。¶ ~ 형사 私服刑事/ ~으로 갈아입다 ふだんぎに着替える。
**사복**〔私腹〕图 私腹。¶ ~을 채우다 私腹を肥やす。
**사:본**〔寫本〕图하他 写本。¶ 원본과 ~ 原本と写本。
**사-부인**〔査夫人〕图 「사돈댁」의 夫人의 尊敬語。
**사부작-사부작**副《力を入れずに続けてそっと行動するようす》こそこそ、こっそり、ひそひそ。
**사분-거리다**自 ①しきりにひそひそおしゃべりをする。②ときおり冗談を交えながらひっきりなしにいじめる。
**사분사분-하다**形여 優しく愛想がいい。사분사분한 처녀 愛想がいい娘さん。③ 서분분하다
**사비**〔私費〕图 私費。¶ ~로 유학하다 私費で留学する。↔ 관비(官費)
**사뿐**副《音をさせずに軽く踏み出すようす、またその音》そっと、または、ひらりと、軽やかに(と)。¶ ~ 뛰어내리다 ひらりと飛び下りる。② 서뿐
**사뿐-하다**形여《心身が共に》軽くさわやかだ、さっぱりする。
**사사**〔私事〕图 私事、わたくしごと。¶ ~에 간섭하다 私事に干渉する。
**사:사**〔事事〕图 ことごと、すべてのこと。
**사:사 건:건**〔-件件〕图 ①すべてのこと、あらゆること。②《副詞的に》事ごとに、事ある毎に。¶ ~ 반대한다 事ごとに反対する。
**사사**〔師事〕图하他 師事。¶ 김교수에게 ~하다 金教授に師事する。
**사사-롭다**〔私私-〕形ㅂ 私的である。¶ 사사로운 일에 참견 말아라 私的なことにおせっかいするな。
**사:사오입**〔四捨五入〕图하他数 四捨五入。圓 반올림。
**사:산**〔死産〕图하自되自[醫] 死産。
**사:산-아**〔-兒〕图[醫] 死産児。
**사:살**〔射殺〕图하他되自 射殺。¶ 범인은 ~되었다 犯人は射殺された。
**사:상**〔史上〕图 史上。¶ ~ 최초의 발견 史上最初の発見。
**사:상**〔死傷〕图하自 死傷。
**사:상-자**〔-者〕图 死傷者。¶ 많은 ~를 내다 多くの死傷者を出す。
**사상**〔思想〕图 思想。¶ 봉건 ~ 封建思想/ ~의 빈곤 思想の貧困。
**사상-누각**〔砂上樓閣〕图 砂上の楼閣。
**사:색**〔死色〕图 死色。¶ 얼굴이 ~으로 변하다 顔色が死色に変わる。

**사색**[思索] 團閉自他 思索사く. ¶ ~에 잠기다 思索にふける.

**사:생**[死生] 團 死生せい, 生死せいし. ¶ ~을 초월하다 生死を超越ちょうえつする.

**사:생-결단**[-決斷] 團閉自他 生死せいしをかえり見みず決斷けつだんすること, 命いのちがけで決着けっちゃくをつけること. ¶ ~하고 대들다 命をかけて手向むかう.

**사-생활**[私生活] 私生活せいかつ. ¶ ~에 간섭하다 私生活に干渉かんしょうする.

**사서**[司書] 團 ①(図書館としょかんの)司書しょ. ¶ ~관 司書官かん. ②[史](朝鮮時代ちょうせんじだい)侍講院しこうで経史けいしと道義どうぎを講義こうぎした官職かんしょく.

**사서**[私書] 團 私書しょ.
**사서-함**[-函] 團 (郵便局ゆうびんきょくの)私書箱ばこ.

**사서**[辭書] 團 辭書しょ. ⓒ 사전(辭典)

**사석**[私席] 團 私的してきな場所ばしょ, 個人的こじんてきな席せき. ¶ ~에서 한 말이다 私的できな席せきで話はなしたことだ. ⓓ 공석(公席)

**사:선**[死線] 團 死線せん. ¶ ~을 넘다 死線を超こえる. / ~을 헤매다 死線をさまよう.

**사선**[私選] 團 私選せん. ¶ ~ 변호인 私選辯護人べんごにん.

**사선**[斜線] 團 斜線せん.

**사설**[私設] 團閉自 私設せつ. ¶ ~ 철도 私設鉄道どう.

**사설**[社說] 團 社說せつ. ¶ 신문의 ~ 新聞しんぶんの社說.

**사소**[些少] 團閉形 些少しょう, 些細ささい, わずか, つまらぬこと. ¶ ~한 일에 화를 내다 つまらぬことに腹はらを立たてる.

**사-소설**[私小說] 團[文] 私小說しょうせつ.

**사:수**[死守] 團閉他 死守しゅ. ¶ 진지를 ~하다 陣地じんちを死守する.

**사수**[射手] 團 射手しゅ. ¶ 명 ~ 名めい射手.

**사슴** 團[動] シカ.

**사:시**[四時] 團 四時じ.
**사:시 가절**[-佳節] 團 四時佳節かせつ, 四時の節日せつじつ.

**사시**[斜視] 團[醫] 斜視し. ¶ ~안 斜視眼がん.

**사식**[私食] 團 (刑務所けいむしょなどでの)差さし入いれの食事しょく.

**사:신**[使臣] 團 使臣しん. ¶ ~을 보내다 使臣をつかわす.

**사:실**[事實] 團 事實じつ. ①実際じっさいにあるか, またはあったこと. 動うごきようもない ~ 動うごかすことのできない事實じつ/ ~을 왜곡하다 事實を歪曲わいきょくする. ②《副詞的に》実際じっさいに, ほんとうに. ¶ 그 점에 대해서는 나도 놀랐다 実際その点については僕ぼくも驚おどろいた.

**사:실 무근**[-無根] 團閉形 事實無根じつむこん. ¶ ~한 소문 事實無根のうわさ.

**사:실**[寫實] 團閉他 写実じつ. ¶ ~주의 写実主義ぎ, リアリズム.
**사:실-적**[-的] 冠 写実的じつてきの. ¶ ~으로 묘사하다 写実的に描写びょうしゃする.

**사심**[私心] 團 私心しん. ¶ ~을 버리다 私心を捨すてる.

**사심**[邪心] 團 邪心じゃしん, 不正ふせいな心こころ, よこしまな心こころ. ¶ ~을 품다 邪心をいだく.

**사:십구-일**[四十九日] 團[佛] 四十九日にち, しちしちにち, なななぬか. ⓒ 칠칠일(七七日)

**사악**[邪惡] 團閉形 邪惡あく. ¶ ~한 사람 邪惡な人ひと.

**사:약**[死藥] 團 飲のむと死しぬ毒藥どくやく.

**사양**[斜陽] 團 斜陽しゃよう. ¶ ~ 산업 斜陽産業さんぎょう/ ~길에 들어섰다 斜陽化かしつつある.

**사양**[辭讓] 團閉他 辭讓じょう, 辭退たい, 遠慮えんりょ. ¶ 초대를 ~하다 招待しょうたいを辭退する. / ~치 말고 편히 하시오 遠慮しないで楽らくにしなさい.

**사:업**[事業] 團閉自他 事業ぎょう. ¶ ~가 事業家か/ ~을 확장하다 事業を拡張かくちょうする.

**사:연**[事緣] 團 事由じゆう, 理由りゆう, いきさつ, てんまつ, 訳わけ, 前後ぜんごの事情じじょう. ¶ ~을 말하다 事由を話はなす. / 무엇인가 ~이 있는 것 같다 何だか訳がありそうだ.

**사열**[査閱] 團閉他 査閱えつ. ¶ 부대를 ~하다 部隊たいを査閱する.

**사욕**[私慾] 團 私欲よく. ¶ 사리 ~ 私利しり私欲.

**사:용**[使用] 團閉他 使用よう. ¶ ~자 使用者しゃ/ ~을 금하다 使用を禁きんじる. / 폭력을 ~하다 暴力ぼうりょくを用もちいる.
**사:용-료**[-料] 團 使用料りょう.
**사:용-인**[-人] 團 使用人にん.

**사우나**[팬 sauna] 團 サウナ.

**사운**[社運] 團 社運うん. ¶ ~이 기울다 社運が傾かたむく.

**사원**[社員] 團 社員いん. ¶ 신입 ~ 新入しんにゅう社員.

**사:월**[四月] 團 四月がつ.

**사위** 團 婿むこ, 娘むすめの夫おっと, 女婿じょせい. ¶ 데릴 ~ 婿養子ようし, 入いり婿.

**사유**[私有] 團閉他 私有ゆう. ¶ ~지 私有地ち/ ~ 재산 私有財産さん. ⓓ 공유(公有)·국유(國有)

**사:유**[事由] 團 事由じゆう, 理由りゆう, わけ. ¶ 어떤 ~가 있더라도 いかなる事由があろうとも/ ~를 묻다 事由を問とう.

**사육**[飼育] 團閉他 飼育いく, 飼養よう. ¶ 가축을 ~하다 家畜かちくを飼育する(飼かう).

**사:-육신**[死六臣] 團[史] 端宗たんそうの復位ふくいを謀はかったために処刑しょけいされた六人にんの忠臣ちゅうしん.

**사:은**[謝恩] 團閉自 謝恩おん.
**사:은-회**[-會] 團 謝恩会かい.

**사:의**[謝意] 團 謝意い. ¶ ~를 표명하다 謝意を表明ひょうめいする.

**사의**[辭意] 團 辭意い. ¶ ~를 철회하다 辭意を撤回てっかいする.

**사이** 團 ①(空間くうかんな)間あい, 間隔かんかく, 隔へだたり. ¶ 너와 나 ~에 君きみと私わたしとの間に/ 일정한 ~를 두다 一定いっていの間隔を置おく. ②(時間的じかんてきな)間あい, 間ま, 間隔かんかく. ¶ 잠깐 ~ しばらくの間/ 밖에 나간 ~에 그가 찾아왔다 外そとに出でている間に彼かれが訪たずねてきた. ③(人間関係にんげんかんけいでの)間柄あいだがら, 仲なか. ¶ 부부 ~ 夫婦ふうふの間柄/ ~가 벌어지다 仲が疎

くなる。④暇ひま、余裕よゆう。¶ 신문 볼 ~도 없다 新聞しんぶんを読むよ暇ひまもない。⑤すき間ま、すき。¶ 기둥과 벽 ~가 벌어지다 柱はしらと壁かべにすき間まができる。

관용 사이(가) 뜨다 ①(距離きょりが)かけ離はなれている。②(時間的じかんてきに)久ひさしい。③(親したしい仲なかが)疎うとくなる。

사이-사이 名副 ①(空間的くうかんてきな)あいだあいだ、すきますきま、合間あいま合間あいま。¶ 책갈피 ~에 메모를 끼워 두다 本ほんのページのあいだあいだにメモを挟はさんでおく。②(時間的じかんてきな)暇ひまひまに、合間あいま合間あいまに。¶ 일하는 ~에 쉬기도 한다 仕事しごとの合間あいまに休やすみもする。

사이다【cider】名 サイダ。

사이드【side】名 サイド、側がわ、側面そくめん。¶ ~ 라인 サイドライン。

사이렌【siren】名 サイレン。¶ ~을 울리다 サイレンを鳴ならす。

사:이비【似而非】名 似而非えせ、似非えせ。¶ ~ 의사 えせ医師いし。

사이즈【size】名 サイズ。¶ ~가 크다 サイズが大おおきい。

사이클【cycle】名 サイクル。¶ ~ 레이스 サイクルレース。

사:인【死因】名 死因しいん。¶ ~을 규명하다 死因しいんを糾明きゅうめいする。

사인【sign】名하自 サイン、署名しょめい。¶ ~ 북 サインブック/ 수표에 ~하다 小切手こぎってにサインする。

사일로【silo】名 サイロ。¶ 시멘트 ~ セメントサイロ。

사임【辞任】名하自他 辞任じにん、辞職じしょく。¶ 관직을 ~하다 官職かんしょくを辞任じにんする。

사:자【死者】名 死者ししゃ、死人しにん。

사:자【使者】名 使者ししゃ。¶ ~를 보내다 使者ししゃを立たてる。

사자【獅子】名 獅子しし、ライオン。¶ ~가 포효하다 獅子ししがほえる。

사자-자리 名 天 獅子座ししざ。

사:장【死蔵】名하他 死蔵しぞう。¶ 재물을 ~하다 財物ざいぶつを死蔵しぞうする。

사장【私蔵】名하他 되自 私蔵しぞう。¶ 자기를 ~하다 磁器じきを私蔵しぞうする。

사장【社長】名 社長しゃちょう。

사재【私財】名 私財しざい、私産しさん。¶ ~를 털어서 빈민을 구제하다 私財しざいを投とうじて貧民ひんみんを救済きゅうさいする。

사-재기 名하他 買かい溜だめ、買かい占しめ。

사:적【史蹟】名 史跡しせき。¶ ~을 찾다 史跡しせきを訪たずねる。

사적【私的】冠 私的してき。¶ ~인 문제 私的してきな問題もんだい。

사전【私田】名 私田してん。

사:전【事典】名 事典じてん。¶ 백과 ~ 百科ひゃっか事典じてん。

사:전【事前】名 事前じぜん。¶ ~ 협의 事前じぜん協議きょうぎ/ 음모가 ~에 발각되다 陰謀いんぼうが事前じぜんに発覚はっかくされる。

사전【辞典】名 辞典じてん、辞書じしょ。¶ ~을 찾다 辞典じてんを引ひく。

사:절【使節】名 使節しせつ。¶ ~단 使節団しせつだん/ 외교 ~ 外交がいこう使節しせつ。

사:절【謝絶】名하他 謝絶しゃぜつ。¶ 면회 ~ 面会めんかい謝絶しゃぜつ。

사:정【事情】名 事情じじょう。①わけ、理由りゆう。¶ ~이 있어 결석했다 事情じじょうがあって欠席けっせきした。②都合つごう、具合ぐあい、様子ようす。¶ 자기만 생각해서는 안된다 自分じぶんの都合つごうばかり考かんがえてはいけない。③하 事情じじょうを訴うったえる、頼たのむ、懇願こんがんする。¶ 아무리 ~해도 들어주지 않다 いくら事情じじょうを訴うったえても聞きいてくれない。

사:정-사:정 副하自 頼たのみ願ねがって、懇願こんがんして、拝おがみ倒たおして。¶ ~해서 승락을 받다 懇願こんがんして承諾しょうだくを得える。

사:정-없다 形 無情むじょうである、容赦ようしゃない。¶ 인정 사정없는 처사 情じょう容赦ようしゃないの仕打しうち。 사정-없이 副 思おもいやりなく、無情むじょうに、容赦ようしゃなく、薄情はくじょうに。¶ ~ 비판하다 容赦ようしゃなく批判ひはんする。

사:정【射程】名 射程しゃてい。¶ ~ 거리에 들다 射程距離しゃていきょりに入はいる。

사:정【射精】名하自 射精しゃせい。

사제【私製】名하他 私製しせい。¶ ~ 폭탄 私製爆弾しせいばくだん。

사제【師弟】名 師弟してい。¶ ~ 관계를 맺다 師弟してい関係かんけいを結むすぶ。

사:족【四足】名 四足しそく。¶ ~이 성하다 体からだが健康けんこうである。

관용 사족(을) 못쓰다 手足てあしがきかない、(何なにかに)魅みせられる、夢中むちゅうになる、ぞっこんになる。

사족【蛇足】名 蛇足だそく。¶ ~을 달다 蛇足だそくを加くわえる。

사:죄【謝罪】名하自他 謝罪しゃざい、詫わび、謝あやまり。¶ ~의 말 お詫わびのことば/ ~할 마음은 없다 謝罪しゃざいする気きはない。

사:주【四柱】名 人ひとの生うまれた年とし・月つき・日ひ・時ときの四よっつの干支えと。¶ ~가 좋다 運勢うんせいが良よい。

관용 사주(를) 보다 生うまれた年月日時ねんがっぴじの干支えと(四柱しちゅう)によって運勢うんせいを占うらなう。

사:주-팔자【-八字】名 ①生年月日時せいねんがっぴじの干支えとの八やっつの字じ。②もちまえの運命うんめい、星回ほしまわり、定さだめ。¶ ~로 생각하고 단념하다 運命うんめいと思おもってあきらめる。

사:주【使嗾】名하他 使嗾しそう。¶ 배후에서 ~하다 背後はいごで~する、そそのかす。

사:중【四重】名 四重しじゅう。

사:중-주【-奏】名 音 四重奏しじゅうそう。¶ 현악 ~ 弦楽げんがく四重奏しじゅうそう。

사증【査證】名하他 査証さしょう、ビザ。¶ 입국 ~ 入国にゅうこくビザ/ ~이 나오다 ビザがおりる。

사:지【四肢】名 四肢しし。¶ ~가 떨리다 手足てあしがふるえる。

사:지【死地】名 死地しち。¶ ~로 가다 死地しちにお

もむく。

**사직**[司直] 图 司直ちょく。¶ ~ 당국에 고발하다 司直当局とうきょくに告発こくはつする。

**사직**[辭職] 图自他 辭職しょく、退職たいしょく。¶ 회사를 ~ 하다 会社かいしゃを辞職する。

**사진**[寫眞] 图 写真しゃしん。¶ 졸업 ~ 卒業そつぎょう写真/ ~ 발이 좋다 写真うつりがいい。

　**사진-기**[-機] 图 写真機しゃしんき、カメラ。

　**사진-첩**[-帖] 图 写真帳しゃしんちょう、アルバム。

**사:차 방정식**[四次方程式] 图 [数] 四次しじ方程式ほうていしき。

**사:-차원**[四次元] 图 四次元じげん。¶ ~ 세계 四次元世界せかい。

**사찰**[寺刹] 图 寺刹じさつ、寺じ、寺院じいん。 절

**사찰**[査察] 图 他 査察ささつ。¶ 핵 ~ 核かく査察。

**사창**[私娼] 图 私娼しょう。

　**사창-가**[-街] 图 私娼の多おおい街まち。

**사채**[私債] 图 私債しさい。¶ ~ 를 쓰다 私債を使つかう。

**사채**[社債] 图 [法] 社債しゃさい。¶ ~ 를 발행하다 社債を発行はっこうする。

**사:-철**[四-] 图 ①(春夏秋冬しゅんかしゅうとう의) 四季しき。¶ ~의 경치 四季の景色けしき。②(副詞的ふくしてきに) 常つねに、いつも、ふだん。¶ 정원에는 ~ 꽃이 피어 있다 庭園ていえんにはいつも花はなが咲さいている。

　**사:철-나무** 图 [植] マサキ。

**사:체**[死體] 图 死体したい、屍体したい、死骸しがい。¶ ~ 유기 死体遺棄いき/ ~의 신원을 알 수 없다 死体の身元みもとがわからない。

**사:촌**[四寸] 图 ①(寸法すんぽう의) 四寸よんすん。②父ちちの兄弟きょうだいの子こ、いとこ。 ~ 동생 年下としたのいとこ/ 이웃 ~ 親したしい近隣きんりんの人ひと。

　**俗談** 사촌이 땅을 사면 배가 아프다 いとこが土地とちを買かえば腹はらが痛いたむ。《人ひとの幸運こううんを見みてやきもちを焼やくこと》

**사춘기**[思春期] 图 思春期ししゅんき。¶ ~에 접어들다 思春期に入はいる。

**사취**[詐取] 图 他 詐取さしゅ、だまし取とること。¶ 금품을 ~ 하다 金品きんぴんをだまし取る。

**사치**[奢侈] 图 奢侈しゃし。①おごること、ぜいたくをすること。¶ ~를 조장하다 ぜいたくを助長じょちょうする。②他形 ス変 奢侈しゃしだ、ぜいたくだ。¶ 생활이 너무도 ~하다 生活せいかつがあまりにもぜいたくだ。

　**사치-품**[-品] 图 奢侈品しゃしひん。

**사친**[師親] 图 教師きょうしと生徒せいとの父母ふぼ。

　**사친-회**[-會] 图 [教] ピーティーエー(P.T.A.)。

**사칭**[詐稱] 图 他 詐称さしょう。¶ 신분을 ~ 하다 身分みぶんを詐称する。

**사카린**[saccharine] 图 [化] サッカリン。

**사커**[soccer] 图 [體] サッカー、蹴球しゅうきゅう。

**사타구니** 图 股またぐら。图 살

**사탄**[ユ satan] 图 [基] サタン。

**사탑**[斜塔] 图 斜塔しゃとう。¶ 피사의 ~ ピサの斜塔。

**사탕**[砂糖] 图 ①(「사탕과자」의 縮約形しゅくやくけい)あめ玉たま、ドロップ、キャンデー。¶ 눈깔 ~ あめ玉。②砂糖さとう、しょとう。¶ 얼음 ~ 氷こおり砂糖とう。

**사탕-발림**[砂糖-] 图 他 甘言かんげん、お世辞せじ、ごますり、おべんちゃら。¶ ~으로 꾀어내다 甘言で誘さそい出だす。

**사탕-수수**[砂糖-] 图 [植] サトウキビ、カンショー。

**사태**[沙汰] 图 ①地滑じすべり、なだれ、山崩やまくずれ、土砂崩どしゃくずれ。¶ 산 ~ 山崩やまくずれ/ 눈 ~ 雪崩なだれ。②(比) 人ひと・品物しなものなどが一度いちどにどっとなだれこむこと、雪崩のごとき、…の波なみ、…の山やま、…の群むれ。¶ 사람 ~ 人ひとの雪崩なだれ/ 과일 ~ 果物くだものの山。

**사:태**[事態] 图 事態じたい。¶ 최악의 ~ 最悪さいあくの事態/ ~를 수습하다 事態を収拾しゅうしゅうする。

**사택**[舍宅] 图 官舎かんしゃ。¶ 교장 ~ 校長こうちょう官舎。

**사택**[社宅] 图 社宅しゃたく。¶ ~에서 살다 社宅に住すむ。

**사토**[沙土・砂土] 图 砂土さど・しゃど、砂地すなち・すな。

**사:통**[四通] 图 他自 四通しつう。

　**사:통-팔달**[-八達] 图 他自 四通八達はったつ。¶ ~로 교통이 편리한 곳 四通八達で交通こうつうの便利べんりなところ。

**사퇴**[辭退] 图 他自他 辞退じたい。¶ 입후보를 ~ 하다 立候補りっこうほを辞退する。

**사:투**[死鬪] 图 死闘しとう。¶ ~를 벌이다 死闘を繰くり広ひろげる。

**사:투리** 图 なまり、方言ほうげん。¶ ~로 말하다 なまりで話はす。 圀 표준어(標準語)

**사파이어**[sapphire] 图 サファイア。

**사:팔-뜨기** 图 (軽蔑的けいべつてきに) 斜視しゃしの人ひと。

**사포**[砂布] 图 紙かみやすり、サンドペーパー。¶ ~로 닦다 紙やすりで磨みがく。

**사표**[師表] 图 師表しひょう。¶ 세상의 ~가 되다 世よの師表となる。

**사표**[辭表] 图 辞表じひょう。¶ ~를 내다 辞表を出だす。

**사푼** 副 《音おとのしないように足あしを軽かるく踏ふみ出だしたりするようす》そっと、すっと、静しずかに。¶ 발을 ~ 내디디다 足あしをそっと踏ふみ出す。 图 서푼

**사푼-사푼** 副 《軽かろやかに踏ふむようす》すっすっと、さっきっと。¶ ~ 걸어가다 すっすっと軽やかに歩あるいて行いく。

**사:필귀정**[事必歸正] 图 万事ばんじは必かならず正ただしきに帰きするということ、不正ふせいは長続ながつづきしないこと。

**사:-하다**[赦-] 他어 (過あやち・罪つみなどを) 許ゆるす。¶ 죄를 ~ 罪を許す。

**사:-하다**[賜-] 他어 下賜かしする、賜たまわる。¶ 작위를 ~ 爵位しゃくいを下賜する。

**사:학**[史學] 图 (「역사학」의 縮約形しゅくやくけい) 史学しがく、歴史学れきしがく。

　**사:학-과**[-科] 图 史学科しがくか。

**사:항**[事項] 图 事項じこう、事柄ことがら。¶ 요망 ~ 要望ようぼう事項/ ~이 미묘하다 事柄が微妙びみょうだ。

**사:해**[四海] 图 四海しかい、世界せかいじゅう。¶ 명성이 ~에 떨치다 名声めいせいが四海にとどろく。

사:해 형제【-兄弟】名 四海兄弟ていけい。
사:해【死海】名[地] 死海かい。
사행【射倖】名自 射幸とう。¶ ~심을 부채질하다 射幸心しんをあおる。
사:행-시【四行詩】名[文] 四行詩よんぎょう、一節せつが四行からなる詩し。
사:향-노루【麝香-】名 ジャコウジカ。
사:형【死刑】名自他 死刑けい、死罪ざい、仕置おき。¶ ~을 집행하다 死刑を執行とうする。
사:형-수【-囚】名 死刑囚しゅう。
사:형-장【-場】名 刑場けいじょう、仕置しき場ば。¶ ~의 이슬로 사라지다 刑場の露つゆと消える。
사형【舎兄】名 舎兄けい。①《自分じぶんの兄を指す謙称けんしょう》家兄けい。②弟おとうとに対する兄の自称しょう。
사:화【史禍】名 ①史書しょに関連かんれんする筆禍ひっか。②史筆ひっによる大獄たいごく。
사:-화산【死火山】名[地] 死火山かざん。対 활화산(活火山)
사:환【使喚】名 用務員むいん、使つかい走ばしり。
사:활【死活】名 死活かつ。¶ 회사의 ~에 관계되는 사업 会社かいしゃの死活にかかわる事業じぎょう。
사회【司會】名 司会かい。①会の進行しんこうをつかさどること。¶ ~를 보다 司会をつとめる。②《「사회자」의 축약형》司会者しゃ。
사:회【社會】名 社会しゃかい。¶ 복지 社会福祉ふくし / 지역 ~ 地域ちいき社会 / ~에 공헌하다 社会に貢献こうけんする。②同類どうるいの集あつまり。¶ 상류 ~ 上流じょうりゅう社会。
사:회 과학【-科學】名 社会科学かがく。
사:회-면【-面】名《新聞しんぶんなどの》社会面めん。
사:회 사업【-事業】名 社会事業じぎょう。
사:회-적【-的】冠 社会的てき。¶ ~인 지위 社会的な地位。
사:회-주의【-主義】名 社会主義しゅぎ。
사:회-화【-化】名自他 社会化か。
사:후【死後】名 死後ご、没後ご。¶ ~세계 死後の世界せかい / ~를 부탁하고 죽었다 死後を託たくして死んだ。
사:후 강직【-强直】名[生] 死後硬直こうちょく。
慣用 사후 약방문 死後どの処方箋しょほうせん、後悔こうかい先さきに立たたず。
사:후【事後】名 事後ご。¶ ~ 처리 事後処理しょり / ~의 승인하다 事後に承認しょうにんする。
사:후 승낙【-承諾】名 事後承諾しょうだく。
사흘 名 ①三日みっか(間か)。¶ ~ 동안 三日間かん / ~에 한 번 가다 三日に一度どに行く。②《「사흘날·초사흘」의 축약형》(月つきの)三日。
俗談 사흘 굶어 도둑질 아니 할 놈 없다 三日みっか飢うえてぬすみをしない者ものはいない。《飢うえた犬いぬは棒ぼうをおそれず》
삭 副 ①《「紙が·布ぬのなどを鋏はさみや刀かたなで一気いっきに切きるよう·その音おと》ばさっと、ちょきんと。¶ 가위로 종이를 ~ 자르다 はさみで紙かみをちょきんと切きる。②《「一気いっきに押おすか掃はくようす》さっと。¶ 낙엽을 ~ 쓸어 모으다 落おち葉ばをさっと搔かき集あつめる。③《「余よすところなく、きれいに、すっかり。¶ ~ 치

우다 すっかりかたづける。/ ~ 없어졌다 きれいになくなった。④《責任せきにんを回避かいひしたり全然ぜんぜん知しらないふりをするようす》さっと。¶ 얼굴을 돌리다 さっと顔かおをそむける。 縮 싹
삭【朔】依《月数げっすうを表あらわす語ご》朔さく、(か)月げつ。¶ 수삼 ~ 二、三個月かげつ。
삭감【削減】名自他 削減げん。¶ 예산을 ~하다 予算よさんを削減する。
삭다 自 ①古ふるくて腐くさったようになる、すりきれる、ぼろぼろになる、よれよれになる、朽くちる。¶ 천이 ~ 生地きじがぼろぼろになる。②《濃こいものが》腐くさる、糖化とうかする、柔やわらかくなる。¶ 죽이 ~ かゆが水みずっぽくなる。③《食たべた物ものが》消化しょうかされる、こなれる。¶ 먹은 것이 아직 삭지 않았다 食べたのがまだこなれなかった。④《興奮こうふん・怒いかりなどが》和やわらぐ、静しずまる、冷ひえる、おさまる。¶ 분이 좀 삭았다 少しし怒りがおさまった。⑤《塩辛しおからさ・キムチなどが》よく発酵はっこうする、漬つかる、熟じゅくする、味あじがつく。¶ 술이 잘 삭았다 酒さけが十分に発酵した。
삭도【索道】名 索道どう。⑦ 가공(架空) 삭도
삭둑 副《物ものをはさみなどで断たち切きるようす·その音おと》ちょきんと、すぱっと、すぱりと。¶ 무를 ~ 자르다 大根だいこんをすぱっと切きる。 縮 싹둑
삭막【索莫·索寞·索漠】名形動 索漠ばく、索莫ばく、索寞ばく。①忘わすれてよく思おもい出だせないようす。②荒あれはててものさびしいようす。¶ ~한 겨울 풍경 索漠たる冬景色ふゆげしき。
삭발【削髮】名自他 削髮はつ、剃髮はつ。¶ ~하고 절에 들어갔다 髮かみをそり落おとして仏門ぶつもんに入はいった。
삭-삭¹ 副 ①《物ものを鋏はさみで続つづけざまに切きるようす·その音おと》ちょきちょき、しゃきしゃき。¶ 종이를 가위로 ~ 자르다 紙かみをはさみでちょきちょきと切きる。②《軽かるく掃はいたりこすったりするようす·その音おと》さっさっと、すっすっと。¶ 비로 ~ 쓸다 ほうきでさっさっと掃はく。③《すっかり、きれいに。¶ ~ 긁어모으다 全部ぜんぶかき集あつめる。
삭-삭² 副 ①《謝あやまったり哀願あいがんしたりするときに手てをすり合あわせてこするようす》平ひらに、せつに。¶ 잘못했다고 ~ 빌다 間違まちがっていたと手をすり合わせて謝あやまる。②《何なにかを軽かるくこするようす·その音おと》ごしごし。¶ 흙을 ~ 비벼 털다 泥どろをこすって振ふるい落おとす。
삭신 名《体からだの》筋肉きんにくと骨ほね、全身ぜんしん。¶ ~이 쑤시고 아프다 体の節々ふしぶしがずきずきと痛いたむ。
삭이다 他 ①《食たべた物ものを》消化しょうかさせる、こなす。②《憤怒ふんぬ·興奮こうふんを》静しずめる、和やわらげる。¶ 분을 삭일 길이 없다 怒いかりをしずめるすべがない。
삭정-이 名《生いきた木きの》枯かれ枝えだ。¶ ~를 줍다 枯れ枝だを拾ひろう。

**삭제**〖削除〗图⑩他回 削除さく。¶ 명부에서 ~하다 名簿めいから削除する。

**삭풍**〖朔風〗图 北風きた。

**삭히다**他 発酵はっさせる、消化しょうさせる、こなす。¶ 감주를 ~ 甘酒あまざけを発酵させる。

**삯**图 ①賃金ちんきん、労賃ろうちん、報酬ほうしゅう。¶ 품ー 労賃/ ~을 받고 일하다 賃金をもらって仕事をする。②代金だいきん、料金りょうきん、代だい、賃ちん。¶ 차~ 車代くるまだい、車賃しゃちん。

**삯-바느질**图⑩自 賃金ちんきんをもらってする針しごと仕事ごと。

**산**〖山〗图 ①山やま、山岳さんがく。¶ ~ 꼭대기 山の頂いただき/ ~에 오르다 山に登のぼる。②《「산소(山所)」의 縮約形》墓はか、墓場はかば。
[속담] 산에 가야 범을 잡지 虎穴こけつに入いらずんば虎子こじを得えず。산 넘어 산 山やままた山、一難いちなん去さってまた一難。

**산:**〖酸〗图⑭ 酸さん。回 염기(鹽基)

**산-**〖産〗接尾 …産さん。¶ 한국- 韓国産かんこく。

**산간**〖山間〗图 山間さんかん、山やまあい。¶ ~ 벽지 山間の僻地へきち。㊦ 산골

**산경**〖山景〗图 山景さんけい、山やまの景色けしき。¶ 아름다운 ~ 美うつくしい山景。

**산:고**〖産苦〗图 出産しゅっさんの苦痛くつう。

**산골**〖山-〗图 山奥やまおく、山里さとやま。¶ ~ 사람 山里やまびと/ ~에서 살다 山奥に住すむ。

**산-골짜기**〖山-〗图 谷だに、谷間たにあい、山峡さんきょう。¶ ~의 경치 山峡の景色けしき。

**산:과**〖産科〗图⑨ 産科さんか。¶ ~ 병원 産科病院びょういん。

**산-국화**〖山菊花〗图〔植〕アブラギク。

**산:기**〖産氣〗图 産気さんけ、出産しゅっさんの気配けはい。¶ ~가 있다 産気がある。

**산-기슭**〖山-〗图 山やますそ、山やまのふもと。¶ ~에 있는 마을 山すその村むら。

**산-길**〖山-〗图 山道やまみち、山路じ、山径さんけい。¶ ~을 걷다 山道を歩あるく。/ ~을 올라가다 山路を登のぼる。

**산-꼭대기**〖山-〗图 山頂さんちょう、山やまの頂いただき。¶ ~의 잔설 山頂の残雪ざんせつ/ ~까지 오르다 山頂に登のぼり詰つめる。

**산-나물**〖山-〗图 山采さんさい。

**산-너머**〖山-〗图 山やまの向むこう。

**산:달**〖産-〗图 産月うみづき、産うみ月つき。¶ ~이 가까워졌다 産月が近ちかづいた。

**산-더미**〖山-〗图〔比〕《物事ものごとが》山やまのようにたくさんあること。¶ 물건이 ~같이 쌓였다 品物しなもの が山のように積つまれている。

**산:도**〖産道〗图 産道さんどう。

**산드르-지다**形《態度たいど·身腰みごし》がすんなりとしてしなやかである、軽快かるやかでさっぱりしている。

**산들-거리다**自 ①《さわやかな風かぜが》そよそよと吹ふく、そよぐ。¶ 나뭇잎이 바람에 산들거리고 있다 木このはが風にそよいでいる。②《言動げんどうが》さっぱりして愛想あいそがよい。㊦ 선들거리다

**산들-산들**副⑩自 そよそよ、爽々さわさわ。¶ 봄바람이 불다 春風はるかぜがさわさわと吹く。

**산들-바람** そよ風かぜ、軟風なんぷう、微風びふう。㊦ 선들바람

**산-등성**〖山-〗图 「산등성이」의 縮約形。
**산-등성이**图 尾根おね、山やまの背せ、稜線りょうせん。¶ ~를 타고 올라가다 尾根伝おねづたいに登のぼる。

**산뜻-하다**形⑬ ①《風かぜなどの働はたらきが》軽かるく速はやくさわやかだ。¶ 산뜻한 바람이 분다 さわやかな風が吹ふく。②《気分きぶん·感じかんじが》すがすがしい。¶ 산뜻한 기분이 되었다 すがすがしい気持きもちになった。③《身みなりなどが》こざっぱりしている。¶ 산뜻한 옷차림 こざっぱりした身なり。④《味あじなどが》さっぱりしている。

**산:란**〖産卵〗图⑩他 産卵さんらん。¶ ~기 産卵期き。

**산:란**〖散亂〗图⑩形 散乱さんらん。¶ 정신이 ~해지다 心こころが散らり乱みだれる。

**산록**〖山麓〗图 山麓さんろく。㊦ 산기슭

**산림**〖山林〗图 ①山林さんりん、山やまと林はやし。¶ ~을 보호하다 山林を保護ほごする。②《むかし》山里さとやまに隠居いんきょしている学徳がくとくの高たかい隠士いんし。③〔佛〕安居あんご。
**산림 녹화**〖-綠化〗图 山林緑化さんりんりょっか。

**산-마루**〖山-〗图《「산등성마루」의 縮約形》山やまの背せ。

**산-마루터기**〖山-〗图 山やまの端はしの突出部とっしゅつぶ。

**산막**〖山幕〗图 山小屋やまごや。

**산:만**〖散漫〗图⑩形 散漫さんまん。¶ 주의력이 ~하다 注意力が散漫だ。

**산:망-스럽다**形回《言動げんどうが》軽率けいそつでこせこせしている、そそっかしい。¶ ~하는 짓이 ふるまいがそそっかしい。**산망-스레**副 そこっかしく、軽率に。

**산:매**〖散賣〗图⑩他 小売うり、ばら売り。¶ ~상 小売商しょう。
**산:매-점**〖-店〗图 小売店こうりてん。

**산맥**〖山脈〗图〔地〕山脈さんみゃく、山並やまなみ。¶ 알프스 ~ アルプス山脈。

**산:모**〖産母〗图 産婦さんぷ、産後さんごまもない婦人ふじん。¶ ~는 건강하다 産婦は健康だ。

**산-모퉁이**〖山-〗图 山やますその突つきでた角かど。

**산:-목숨**图 生いきている命いのち、生命せいめい。¶ ~을 겨우 이어가다 辛かろうじて生命をつないでいく。

**산문**〖山門〗图 ①山やまの登のぼり口くち。②寺てら、寺の正門せいもん。

**산:문**〖散文〗图 散文さんぶん。¶ ~시 散文詩し。

**산:물**〖産物〗图 ①《ある地方ちほうの生産物せいさんぶつ》¶ 그 고장의 ~ その地方ちほうの産物。②成果せいか、たまもの。¶ 노력의 ~ 努力どりょくの産物。

**산:미**〖酸味〗图 酸味さんみ、酸すっぱい味あじ。¶ ~를 띠다 酸味を帯おびる。

**산-바람**〖山-〗图 山風やまかぜ、山やまおろし。

**산:발**〖散發〗图⑩他 散発さんぱつ。¶ 데모가 ~하다 デモが散発する。
**산:발-적**〖-的〗冠 散発的てき。¶ 사고가 ~으로 일어나다 事故じこが散発的に起おこる。

**산ː발**〔散髮〕 ⓝ ⓗⓘ ちらし髮が、乱れ髮が。 ¶ ~을 한 여인 乱れ髮の女か。

**산ː보**〔散步〕 ⓝ ⓗⓘ 散步さん。 ¶ 건강을 위해 ~하다 健康のため散步する。

**산ː-부인과**〔産婦人科〕 ⓝ 産婦人科さんふじんか。

**산-불**〔山-〕 ⓝ 山火事やまかじ、山火さんか。 ¶ ~ 조심 山火事注意。

**산-비탈**〔山-〕 ⓝ 山やますその急傾斜面きゅうけいしゃめん、山岸やまぎし、がけ。

**산사**〔山寺〕 ⓝ 山寺やまでら。

**산-사람**〔山人〕 ⓝ 山人やまびと、山やまに住すむ人ひと。

**산산-이**〔散散-〕 ⓐⓓⓥ 散々さんさんに、こっぱみじんに、散り散りに、こなごなに。 ¶ ~ 흩어지다 ちりぢりばらばらになる。 / 희망이 ~ 부서지다 希望きぼうが散々に破られる。

**산산-조각**〔散散-〕 ⓝ こっぱみじん、散り散りばらばら、ばらばら、こなごな。 ¶ ~으로 깨어지다 こっぱみじんに砕くだける。

**산산-하다** ⓐⓓⓙ ㉠(空氣くうきが)やや冷ひえている、ひんやりする。 ¶ 늦가을 바람에 ~ 晚秋ばんしゅうの風かぜがひんやりする。 ㉡ 선선하다

**산삼**〔山蔘〕 ⓝ 山奥やまおくに野生やせいする高麗こうらい人蔘にんじん。

**산상**〔山上〕 ⓝ ①山上さんじょう、山やまの上うえ。 ②墓はかを造つくる仕事場しごとば。

**산상-수훈**〔山上垂訓〕 ⓝ 〔基〕 山上の垂訓すいくん。

**산성**〔山城〕 ⓝ 山城やまじろ、山やまに築きずいた城郭じょうかく。

**산ː성**〔酸性〕 ⓝ 〔化〕 酸性さんせい。 ¶ ~ 식품 酸性食品しょくひん / ~ 토양 酸性土壤どじょう

**산ː성-비**〔-雨〕 ⓝ 〔氣〕 酸性雨さんせいう。

**산세**〔山勢〕 ⓝ 山勢さんせい。 ¶ ~가 험하다 山勢が険けわしい。

**산소**〔山所〕 ⓝ ①(「무덤」의 尊敬語) お墓はか。 ¶ ~에 가다 お墓参はかまいりに行いく。 ②墓地ぼちのある所ところ、墓地、墓場はかば。 ㉡ 산(山)

**산ː소**〔酸素〕 ⓝ 〔化〕 酸素さんそ。 ¶ ~ 흡입기 酸素吸入器きゅうにゅうき。

**산ː소 마스크**〔-mask〕 ⓝ 酸素マスク。

**산-속**〔山-〕 ⓝ 山中やまなか・やまちゅう、山奥やまおく。

**산-송장** ⓝ 生いける屍しかばね、廃人はいじん。 ¶ ~이나 다름없이 되다 生ける屍と変かわりなくなる、廃人になる。

**산수**〔山水〕 ⓝ 山水さんすい。 ¶ ~가 아름답다 山水が美うつくしい。

**산수-화**〔-畫〕 ⓝ 〔美〕 山水畫が。

**산ː수**〔算數〕 ⓝ 算數さんすう。

**산ː술**〔算術〕 ⓝ 算術さんじゅつ、算法さんぽう。 ¶ ~ 급수 算術級數きゅうすう。

**산신**〔山神〕 ⓝ 〔民〕 山神さんしん、山やまの神かみ。

**산신-제**〔-祭〕 ⓝ 〔民〕 山祭やままつり。

**산-신령**〔山神靈〕 ⓝ 〔民〕 山神しんしん、山やまの神かみ、山の精霊せいれい。

**산ː실**〔産室〕 ⓝ 産室さんしつ。 ①産所さんじょ、うぶや。 ②(比) あるものを産うみ出だす所ところ。 ¶ 개혁의 ~ 改革かいかくの産室。

**산ː아**〔産兒〕 ⓝ ⓗⓘ 産兒さんじ。

**산ː아 제ː한**〔-制限〕 ⓝ 産兒制限せいげん。

---

**산악**〔山岳・山嶽〕 ⓝ 山岳さんがく。 ¶ ~ 기후 山岳気候きこう。

**산악-회**〔-會〕 ⓝ 山岳會かい。

**산야**〔山野〕 ⓝ 山野さんや。 ¶ 넓은 ~ 広ひろい山野。

**산양**〔山羊〕 ⓝ ⓥ ①山羊やぎ。 ㉡ 염소 ②カモシカ。 ㉡ 영양(羚羊)

**산언덕**〔山-〕 ⓝ 山やまになっている丘おか、平地へいちよりやや高たかい地帶ちたい。

**산ː업**〔産業〕 ⓝ 産業さんぎょう。 ¶ 수출 ~ 輸出しゅつ産業 / 공해 産業公害こうがい / 박람회 産業博覽會はくらんかい / ~이 발달하다 産業が発達はったつする。

**산ː업 디자인**〔-design〕 ⓝ 産業デザイン。

**산ː업 예ː비군**〔-豫備軍〕 ⓝ 産業預備軍よびぐん。

**산ː업 폐ː기물**〔-廢棄物〕 ⓝ 産業廃棄物はいきぶつ。

**산ː업 혁명**〔-革命〕 ⓝ 〔史〕 産業革命かくめい。

**산ː업-화**〔-化〕 ⓝ ⓗⓘ ⓗⓣ 産業化か。 ¶ ~ 과정 産業化の過程かてい。

**산ː욕**〔産褥〕 ⓝ 産褥じょく。 ¶ ~에 눕다 産褥につく。

**산ː욕-열**〔-熱〕 ⓝ 〔醫〕 産褥熱ねつ。

**산-울림**〔山-〕 ⓝ ⓗⓘ ①山やまびこ、こだま。 ②山鳴やまなり。

**산-울타리** ⓝ 生いけ垣がき、まがき。

**산ː월**〔産月〕 ⓝ 産うみ月づき、臨月りんげつ。

**산ː입**〔算入〕 ⓝ ⓗⓘ ⓗⓣ 算入さんにゅう。 ¶ 예산에 ~하다 予算よさんに算入する。

**산ː-자전**〔-字典〕 ⓝ 生いき字引じびき、物知ものしり。 ¶ 저이는 어학의 ~이다 あの方かたは語学ごがくの生き字引きだ。

**산장**〔山莊〕 ⓝ 山莊さんそう。

**산ː재**〔散在〕 ⓝ ⓗⓘ 散在さんざい、點在てんざい。 ¶ 전국에 ~해 있다 全國ぜんこくに散在している。

**산ː재**〔散災〕 ⓝ (「産業 災害」의 縮約形) 産業さんぎょう災害がい。

**산적**〔山賊〕 ⓝ 山賊さんぞく。 ¶ ~의 소굴 山賊の巢窟そうくつ / ~을 만나다 山賊に遭あう。

**산적**〔山積〕 ⓝ ⓗⓘ ⓐⓓⓙ 山積さんせき。 ¶ ~한 화물 山積みの荷物にもつ / 일이 ~해 있다 仕事しごとが山積している。

**산ː적**〔散炙〕 ⓝ 〔料〕 串焼くしやき、田樂燒でんがくやき。

**산전**〔山戰〕 ⓝ 山岳戰さんがくせん。

**산전-수전**〔-水戰〕 ⓝ 海千山千うみせんやません、海千河千かわせん。 ¶ ~ 다 겪은 사람 つぶさに辛苦しんくをなめ尽つくした人ひと、老練ろうれんな人。

**산ː전**〔産前〕 ⓝ 産前さんぜん、出産前しゅっさんまえ。 ¶ ~의 휴가 産前の休暇きゅうか。

**산정**〔山頂〕 ⓝ 山頂さんちょう。

**산ː정**〔算定〕 ⓝ ⓗⓘ ⓗⓣ 算定さんてい。 ¶ 가격 ~ 價格かかく算定 / ~된 운임 算定された賃金ちんぎん。

**산조**〔散調〕 ⓝ 〔音〕 「가야금・대금」 などの独奏曲どくそうきょく形式けいしきのひとつ。

**산중**〔山中〕 ⓝ 山中さんちゅう・やまなか、山奥やまおく。 ¶ 인가가 드문 ~ 人家じんかのまれな山中 / 깊은 ~에 숨어 있다 深ふかい山奥にかくれている。

**산ː지**〔産地〕 ⓝ 産地さんち。 ①出場所しゅつじょうしょ。 ¶ 사과의 ~ リンゴの産地。 ②出生所しゅっせい。

**산-지기**〔山-〕 ⓝ ①山守やまもり、山番やまばん、山林さんりん監視人かんしにん。 ②墓守はかもり。 ㉡ 산직(山直)

**산:지-사방**[散之四方] 图 ①四方八方に散らばること。¶ ~으로 흩어지다 四方八方に散らばる。②《副詞的に》あちこちに、四方八方に。¶ ~ 헤매고 다니다 あちこちにさまよい歩く。

**산:-지식**[-知識] 图 生きた知識、実用的な知識。

**산:-지옥**[-地獄] 图 生き地獄。

**산-짐승**[山-] 图 野獣、山の獣。

**산채**[山菜] 图 山菜。¶ ~ 요리 山菜料理。

**산채**[山砦・山寨] 图 山塞、山砦。

**산:책**[散策] 图 하자 散策、散歩。¶ 공원을 ~하다 公園を散策する。

**산천**[山川] 图 山川、山河、山と川。¶ 고향 ~ 故郷の山河。

**산-철쭉**[山-] 图 植 チョウセンヤマツツジ。

**산초**[山椒] 图 植 サンショウの実。

**산촌**[山村] 图 山村、山里。¶ ~에 살고 싶다 山里に住みたい。

**산:출**[産出] 图 하타 자 産出。¶ ~고 産出高 / 석탄을 ~하다 石炭を産出する。

**산:출**[算出] 图 하타 자 算出、割り出し。¶ 원가를 ~해내다 原価を割り出す。

**산타 클로스**[Santa Claus] 图 サンタクロース、サンタ。

**산:탄**[散弾] 图 散弾、霰弾。¶ ~총 散弾銃。

**산-토끼**[山-] 图 動 ノウサギ。

**산:통**[産痛] 图 医 産痛、陣痛。

**산:통**[算筒] 图 (盲人が占らいに使う) 算木を入れる筒。
⟨관용⟩ 산통(을) 깨다 (ある事が成り立たないように) 妨げる、おじゃんにする。

**산:파**[産婆] 图 産婆、助産婦。

**산패**[酸敗] 图 하타 자 酸敗。

**산패-유**[-乳] 图 酸敗乳。

**산:포**[散布] 图 하타 자 散布。¶ 농약을 ~하다 農薬を散布する。

**산-포도**[山葡萄] 图 植 ヤマブドウ。郷 머루。

**산하**[山河] 图 山河、山と河。¶ 조국의 ~ 祖国の山河。

**산하**[傘下] 图 傘下。¶ ~ 단체 傘下団体。

**산:학**[産學] 图 産学。

**산:학 협동**[-協同] 图 産学協同。

**산해**[山海] 图 山海。

**산해-진미**[-珍味] 图 山海の珍味。¶ ~로 대접하다 山海の珍味でもなす。

**산행**[山行] 图 하타 자 山行き、山歩き。

**산-허리**[山-] 图 ①山腹、山腰、山の中腹。②尾根のくぼんだ所、鞍部。

**산혈**[山穴] 图 ①山の洞穴。②民 山の精気が集まっている墓場。

**산호**[珊瑚] 图 珊瑚。
⟨속담⟩ 산호 기둥에 호박 주추 珊瑚の柱に琥珀の礎石。《はなはだぜいたくで豪華な生活》。

**산호-초**[-礁] 图 珊瑚礁。

**산:화**[散華] 图 하타 자 散華、戦死。¶ 조국을 위하여 ~하다 祖国のために散華する。

**산:화**[酸化] 图 하타 자 자 化 酸化。¶ ~ 작용 酸化作用。

**산:화-물**[-物] 图 化 酸化物。

**산:화 방지제**[-防止劑] 图 酸化防止剤。

**산:회**[散會] 图 하타 자 散会。¶ 위원회는 6시에 ~했다 委員会は六時に散会した。

**산:-후**[産後] 图 産後。¶ ~ 몸조리 産後の肥立ち。

**살¹** 图 ①(人間・動物などの) 肉、身。¶ ~이 빠지다 肉が落ちる。/ ~이 찌다 肉がつく、太る。②(かに・貝などの) むきみ、中身。¶ 조갯 ~ 貝のむきみ。③(果実の) 肉、果肉。¶ 그 복숭아는 ~이 많다 その桃は肉が厚い。④肌、皮膚。¶ ~빛 肌色、肉色 / ~이 희다 肌が白い。
⟨관용⟩ 살로 가다 (食べたものが) 肉になる、身になる。《栄養分になる》살을 깎다 身を削る。《非常に努力する[苦労する]》살을 붙이다 補足する、肉付けする、尾ひれをつける。살을 에이다 身を切るようだ。

**살²** 图 ①(戸などの) 桟、格子、(うちわ・扇・傘などの) 骨、(車輪などの) 輻。¶ 부챗 ~ 扇子の骨。②(櫛の) 目、歯。¶ 빗 ~ 櫛目。③(着物の) しわ。¶ 바지에 ~이 잡히다 ズボンにしわがよる。④(光か・水かなどの) 勢い。¶ 햇~을 받다 日差しを受ける。⑤餅型でつけた模様。¶ 떡에 ~을 박다 餅にあやを打ち出す。⑥蜂の針。⑦(「어살」の縮約形) やな。⑧(「화살」の縮約形) 矢。¶ ~을 먹이다 弓なを引き絞る。

**살³** 图 ①(年齢を数える語) 歳。¶ 한 ~ 1歳。②(蚕の) 齢。¶ 두 ~ 第二に齢。

**살** [煞] 图 民 ①(人・物を害する) 妖気、ものの怪、悪鬼のしわざ、たたり、悪い星まわり。¶ ~을 풀다 厄払いをする。②(親類などのいがみ合い、憎しみ。¶ 저 집 형제는 ~이 세다 あの家の兄弟はいがみ合いがひどい[仲がよくない]。
⟨관용⟩ 살을 맞다 たたりを受ける、妖気に取りつかれる。《喪門살을 맞て喪家にとりまとう悪鬼のたたりを受ける》。살(이) 끼다 妖気が作用する、悪い星まわりに出会う。

**살-가죽** 图 皮膚。

**살갑다** 形 ①(家・家具の内部が) 見掛けより広い。②(度量が) 広くて優しい。

**살강-거리다** 自 (半煮えの豆や栗などが) かりかりする。≒설강거리다

**살강-살강** 副 하자 《半煮えの豆などをかむときに出る音・その感じ》かりかり。

**살갗** 图 肌、皮膚。¶ ~이 곱다 肌がきれいだ。/ ~이 벗겨지다 皮がむける。

**살-같이** 副 矢の如く、矢のように。¶ 세월은 ~ 빠르다 歳月は矢のように速い。

**살-결** 图 肌のきめ。¶ ~이 거칠어지다 肌のきめか荒れる。

**살구** 名(植) アンズ(の実)。¶ ~씨 杏仁。
**살균**[殺菌] 名(하)(自) 殺菌。¶ ~법 殺菌法。
   **살균-력**[-力] 名 殺菌力。¶ ~이 강하다 殺菌力が強い。
**살그머니** 副 密かに、こっそり、そっと。¶ ~ 숨어들다 ひそかに忍び込む。/ 회의 도중 ~ 빠져나왔다 会議の途中こっそり抜け出てきた。
**살근-거리다** 自 (物がしきりに)軽く擦れ合う。⇨ 슬근거리다
   **살근-살근** 副(하)(自) 《軽く擦れ合うようす》かさかさ、さらさら。
**살금-살금** 副 《人の目を盗んでひそかにするようす》こっそり、こそこそ、ひそかに。¶ ~ 다가서다 忍び足でそっと近づく。/ 도망치다 こそこそ逃げ出す。⇨ 슬근거리다
**살기**[殺氣] 名 殺気。¶ ~를 띠다 殺気を帯びる、殺気立つ。
   **살기 등등**[-騰騰] 名(하)(自) 殺気がみなぎること、殺気立っていること。¶ ~한 군중 殺気立った群衆。
**살-길** 名 生活上の手段・方法、活路。¶ ~을 찾다 活路をみいだす。
**살-날** 名 ①余命。¶ ~이 얼마 남지 않았다 余命いくばくもない。②裕福に暮らせる日、日の目を見る日。¶ 반드시 ~이 있을 것이다 必ずゆたかに暮らせる日があるだろう。
**살-내** 名 体のにおい、体臭。
**살-내리다** 自 肉が落ちる。
**살:다**[1] 自 ①生きる、生存する。¶ 백 살까지 ~ 百歳まで生きる。②暮らす、生活する。¶ 검소하게 ~ 約やかに暮す。③住む、棲む。¶ 시내에 살고 있다 市内に住んでいる。/ 새가 둥지를 틀고 ~ 鳥が巣をつくって棲む。④引き立つ、生き生きする。¶ 살아 있는 문장 生きた文章。⑤(碁の石と将棋の駒などが)生きる、相手に取られない。¶ (바둑에서) 돌이 ~ 石が生きる。⑥効力がある、役に立つ。¶ 그 약속은 아직 살아 있다 その約束はまだ効力がある。⑦(火がついている、燃えている。¶ 연탄불이 살아 있다 練炭の火がついている。⑧(記憶の中に)生ている、残る、よみがえる。¶ 의식은 아직 살아 있다 意識はまだ残っている。⑨(時計、機械)動く。¶ 시계가 아직 살아 있다 時計がまだ動いている。
   [속담] 산 사람 입에 거미줄 치랴 生きている人の口にクモの巣が張ろうか。《生活がいくら苦しくてもなんとか食べていけるものだ》
**살:다**[2] 他 ①(ある地位・役目を)務める、従事する。¶ 벼슬을 ~ 官職に就く。②(一定の刑期を)過ごす、服役する。¶ 징역을 ~ 懲役刑に服す。
**살:다**[3] 形 (ある基準より・標準より)やや超えている、多めである、…強である。¶ 근수를 좀 살게 달아 주시오 目方を多めにしてください。
**살-덩어리** 名 肉の塊、肉塊。
**살뜰-하다** 形(여) 勤倹だ、質素である、倹しい、まじめで着実だ、愛情が深く細やかだ。¶ 살뜰한 아내 愛情細やかな妻。
**살랑** 副 《風が軽く吹くようす》そよそよ、そよ(と)。¶ ~ 불어 오는 봄바람 そよと吹いてくる春風。
   **살랑-거리다** 自 ①(涼しい風が)そよそよと吹く、さらさらと吹く、さやさやと吹く。②軽く両手を振りながら歩く。
   **살랑-살랑** 副(하)(自) ①そよそよ、さらさら、さやさや。②《軽く振って歩くようす》さっさと。⇨ 설렁설렁
**살랑살랑-하다** 形(여) 寒気がする、肌寒い、ひえびえしている。¶ 사무실이 ~ 事務室がひんやりしている。⇨ 설렁설렁하다
**살랑-하다** 形(여) ①薄ら寒い、ややひえびえしている。¶ 살랑한 날씨 肌寒い日和。②(急に驚いて)ひやっとする、ぞっとする。¶ 가슴이 ~ 胸がぞっとする。⇨ 설렁하다
**살래-살래** 副 (頭などを)軽く横に振るようす。¶ 고개를 ~ 젓다 頭を軽く横に振る。⇨ 설레설레
**살려-내다** 他 ①救い出す、助ける。¶ 물에 빠진 사람을 ~ 水に溺れた人を救い出す。②生き返らせる、蘇生させる。
**살리다**[1] 他 生かす。①(ある部分を)そのままにして置くか少し足lesする。¶ 원줄기는 살리고 잔가지를 치다 幹はそのままにしておき小枝だけを切り取る。②活用する。¶ 재능을 ~ 才能を生かす。
**살리다**[2] 他 「살다」の使役。①蘇生させる、生き返らせる。¶ 인공 호흡으로 ~ 人工呼吸によって生き返らせる。②助かる、救う、生かす。¶ 목숨을 ~ 命を助ける。③(家族を)養う、食わす。¶ 가족을 먹여 ~ 家族を食わしていく。
**살림** 名(하)(自) 暮らし、①生活、所帯。¶ ~을 차리다 所帯を持つ。②暮らし向き、家計、生計、財産。¶ ~이 가난하다 暮らしが貧しい。/ ~을 잘 꾸려 가다 生活をうまく切り盛りしていく。③家事、勝手な仕事。¶ ~ 잘하는 며느리 家事のやりくりのうまい嫁。④所帯道具。¶ ~을 마련하다 所帯道具を揃える。
   [관용] **살림(을) 나다** 新たに所帯を持つ、分家をして独立する。**살림(을) 맡다** 家事を切り盛りする。
**살-맛**[1] 名 ①(他人との肌はだと)触れ合う感じ。②性行為の楽しみ。
**살:-맛**[2] 名 生きゆく楽しみ、暮らしの楽しみ、生き甲斐。¶ ~이 나다 生きがいを感じる。
**살-맞다**[煞-] 自 (喪家などに行ったことが

**살캉거리다**

崇たって) 悪鬼に取り付かれ病気などになる。 暮らして行く。

**살며시** 副 そっと、こっそり(と)、密かに。¶ ~ 자리를 뜨다 そっと席を立つ。

**살무사** 名動 マムシ。

**살-문**[-門] 名建 格子戸。

**살-바람** 名 ①冷たい隙間風。 ②春の冷たい風。

**살벌**[殺伐] 名하形 殺伐。¶ ~한 분위기 殺伐な雰囲気/ 인심이 ~해지다 人心が殺伐になる。

**살-붙이** 名 ①肉親、血族、身内。¶ ~의 정 肉親の情。 ②(骨のついていない)動物の肉。、余身分。

**살-빛** 名 肌色、肉色。

**살살**¹ 副 ①《人目を忍ぶようす》そっと、こっそり、ひそかに、こそこそ。¶ 뒤를 밟다 気付かれぬよう足をつける。 ②《軽く目めで笑うようす》にっこり、にこにこ(と)。¶ 눈웃음을 ~ 치다 にっこりと目で笑う。 ③《人をなだめたりだましたりするようす》巧みに、うまく、やんわり。¶ ~ 구슬리다 たくみに丸めこむ。 ④《風が軽く吹くようす》そよそよ、さやさや。¶ ~ 부는 봄바람 そよそよと吹く春風。 ⑤《雪や砂糖などが知らないうちに溶けるようす》さらり、さらさら。¶ 엿이 ~ 녹는다 飴がさらさらと溶ける。

**살살**² 副 ①《少量の液体がゆっくりと湧くようす》ふつふつ、ぽこぽこ。¶ 주전자의 물이 ~ 끓다 やかんの水がぽこぽこ湧く。 ②《オンドルの床がおもむろに温まるようす》おもむろに、だんだん。¶ 온돌 바닥이 ~ 따뜻해지기 시작했다 オンドルの床がおもむろに温かくなってきた。

**살살**³ 副 ①《頭を振るようす》いやいや。¶ 머리를 ~ 흔들다 かぶりをふる。 ②《小さい虫じが這い回るようす》もぞもぞ。¶ 바퀴벌레가 ~ 기어다닌다 ゴキブリがもぞもぞと這いまわる。

**살살**⁴ 副 《腹が少しずつ痛むようす》しくしく。¶ 배가 ~ 아프다 腹がしくしくと痛む。

**살살-이** 名 ずるいお調子者、おべっか使い。

**살살-하다** 形여 ①ずるくて邪まだ。 ②か弱い、弱々おしい。 ③華奢じて、繊細じだ。 ④危ない所をやっと逃がれた状態である、ひやひやする。

**살상**[殺傷] 名하他 殺傷。¶ 인마를 ~하다 人馬を殺傷する。

**살생**[殺生] 名하自他 殺生。¶ 무익한 ~ 無益な殺生。

**살신-성인**[殺身成仁] 名하自 身を殺して仁を成なすこと。

**살아-가다** 自 ①生きて行く、生き抜く、世を渡る。¶ 파란 만장한 인생을 ~ 波乱万丈の人生を生きて行く。/ 배짱으로 ~ 度胸で世を渡る。 ②暮らして行く、¶ 精一杯、やりくりする。¶ 빠듯하게 ~ 精一杯

**살아-나다** 自 ①生き返る、蘇生する、蘇みがえる、息を吹き返す。¶ 기절한 사람이 ~ 気絶した人が息を吹き返す。 ②(困難な局面から)助かる、切り抜ける、免まぬれる。¶ 곤경에서 ~ 苦境を切り抜ける。 ③(消えかけた火が)再たび燃え上がる。¶ 불이 ~ 火が再び燃え上がる。 ④(記憶などが)よみがえる、思いうかぶ。¶ 추억이 ~ 思い出がよみがえる。 ⑤(勢いが)よみがえる、盛り返す。 쇠했던 세력이 ~ 衰えていた勢力が盛り返える。 ⑥引き立つ。 ⑦(へこんだ所が)元どおりになる。

**살아생전**[-生前] 名《「생전」の強調語》生前、生きている間に、命あるうち。¶ 어머님 ~의 효도 お母さんのの孝行。

**살아-오다** 自 ①暮らして来る。 ②(死なずに)生きて帰る、生還する。 ③(苦境を)乗り超えて来る。

**살-얼음** 名 薄氷。¶ 강에 ~이 얼었다 川에 薄氷が張った。
관용 살얼음을 밟듯이 薄氷を踏むように。

**살얼음-판** 名 ①薄氷の張った所。 ②(比) 非常に危うい局面。

**살-여울** 名 早瀬。

**살의**[殺意] 名 殺意。¶ ~를 품다 殺意をいだく。

**-살이** 接尾 …住ずまい、…暮らし。¶ 감옥~ 監獄暮らし/ 셋방~ 貸間暮らし、間借り生活。

**살인**[殺人] 名하他 殺人、人殺し。¶ ~ 미수 殺人未遂/ ~ 사건이 나다 殺人事件が起こる。

**살인-범**[-犯] 名 殺人犯。

**살인-적**[-的] 冠名 殺人的。¶ ~인 더위 殺人的な暑さ。

**살점**[-點] 名 (大きな塊から切り取った)肉片。

**살-집** 名 肉付き。¶ ~이 좋은 사나이 肉付きのよい男。

**살짝** 副 すばやく、そっと、こっそり。¶ 다가가다 そっと忍び寄る。 ②たやすく、軽く、うまく、巧みに。¶ ~ 들어올리다 たやすく持ち上げる。 ③かすかに、ちょっと、ちらっと。¶ ~ 얼굴을 붉히다 かすかに顔を赤らめる。

**살짝-곰보** 名 軽いあばた、またその人。

**살쩍** 名 鬢、揉み上げ、(女の)後れ毛。

**살-찌다** 自 肥える、太る、肉がつく。¶ 살 쩐 아기 太った赤んちゃん坊。

**살-찌우다** 他《「살찌다」の使役》肥やす、太らす。¶ 가축을 ~ 家畜を肥やす。

**살충**[殺虫] 名 殺虫。

**살충-제**[-劑] 名 殺虫剤。

**살캉-거리다** 自《生煮えの栗やいもなどをかむときの音や・その感じ》ざくざくする、ごりごりする。

**살캉-살캉** 副하自 ざくざく、ごりごり、ぼり

ぼり。㉣ 설킹설킹

**살-코기** 图 精肉ﾆｸ。

**살-쾡이** 图 ヤマネコ。

**살팍-지다** 圈 肉付ﾂｷがよくて締ｼまっている、がっしりしている。

**살:판-나다** 圓 ①(よい事ｺﾄや金ｶﾈができて)暮ｸらし向ﾑﾎがよくなる。¶ 복권이 당첨되어 일시에 ~ 宝ﾀｶらくじが当ｱﾀたって一気ｷﾞに暮ｸらしがよくなる。②気楽ｷﾗｸに暮ｸらせるようになる、気兼ｷﾞﾈねすることがない。

**살펴-보다** 佃 注意ﾁｭｳしてよく見ﾐる、見回ﾐﾏﾜす、探ｻｸる。¶ 주위를 샅샅이 ~ あたりをくまなく見回ﾐﾏﾜす。

**살포**〖撒布〗图[ﾊ也][ｼ白] 撒布ｻﾂﾌﾟ、散布ｻﾝﾌﾟ。¶ 농약을 ~ 하다 農薬ﾉｳﾔｸを散布ｻﾝﾌﾟする。

**살-풀이**〖煞~〗图[ﾐﾝ] ①[ﾊ也] 悪運ｱｸｳﾝを避ｻけるために行ｵｺなう厄払ﾔｸﾊﾗい。②巫女ﾐｺの舞楽ﾌﾞｶﾞｸの一ｲﾂつ。③②から派生ﾊｾｲした民俗舞踊ﾐﾝｿﾞｸﾌﾞﾖｳの一ｲﾂつ。

**살-풍경**〖殺風景〗图[ﾊ形] 殺風景ｻｯﾌｳｹｲ。¶ ~ 한 경치 殺風景ｻｯﾌｳｹｲな景色ｹｼｷ。

**살피다** 佃 ①注意ﾁｭｳしてよく見ﾐる、うかがう、見回ﾐﾏﾜす、調ｼﾗべる。¶ 눈치를 ~ 顔色ｶｵｲﾛをうかがう。②観察ｶﾝｻﾂする、推察ｽｲｻﾂする、探ｻｸる。¶ 정세를 ~ 情勢ｼﾞｮｳｾｲを探ｻｸる。

**살핏-하다** 圈[ﾖ] (織物ｵﾘﾓﾉ・編ｱみ物ﾓﾉが)薄ｳｽくてやや粗ｱﾗい感ｶﾝじだ。㉣ 설핏하다

**살해**〖殺害〗图[ﾊ也][ｼ白] 殺害ｻﾂｶﾞｲ。¶ 정부 요인을 ~ 하다 政府ｾｲﾌの要人ﾖｳｼﾞﾝを殺害ｻﾂｶﾞｲする。

**삶:** 图 ①生ｲきること、生ｾｲ、人生ｼﾞﾝｾｲ。¶ 나의 ~ わたしの人生ｼﾞﾝｾｲ / ~을 즐기다 生ｾｲを楽ﾀﾉしむ。②生活ｾｲｶﾂ、暮ｸらし。¶ 고달픈 ~ 苦ｸﾙしい生活ｾｲｶﾂ。③命ｲﾉﾁ、生命ｾｲﾒｲ。¶ 덧없는 ~ はかない命ｲﾉﾁ。

**삶:다** 佃 ①煮ﾆる、ゆでる、蒸ﾑす。¶ 달걀을 ~ 卵ﾀﾏｺﾞをゆでる。②説ﾄき伏ﾌせる、丸ﾏﾙめ込ｺむ、取ﾄり込ｺむ。¶ 누나를 삶아서 용돈을 타다 姉ｱﾈさんにうまくとりこんで小遣ｺﾂﾞｶいをせしめる。③(田畑ﾀﾊﾀの土ﾂﾁを)耕ﾀｶﾞｬしならす、代掻ｼﾛｶきする。

**삼** 〖枲〗アサ、大麻ﾀｲﾏ。

**삼** 〖蔘〗图[ﾌ直] 高麗人参ｺｳﾗｲﾆﾝｼﾞﾝ。

**삼**〖三〗[敟] 三ｻﾝ、三ﾐｯつ。¶ ~ 개월 三ｶ月ｹﾞﾂ。

**삼가** 圖 謹ﾂﾂﾞﾑんで。¶ ~ 명복을 빕니다 謹ﾂﾂﾞんで御冥福ｺﾞﾒｲﾌｸをお祈ｲﾉりいたします。

**삼가다** 佃 慎ﾂﾂｼむ、遠慮ｴﾝﾘｮする、控ﾋｶえる、謹ﾂﾂｼむ。¶ 말을 ~ 言葉ｺﾄﾊﾞをつつしむ。/ 담배를 삼가시오 たばこを遠慮ｴﾝﾘｮしてください。

**삼가-하다** 佃 慎ﾂﾂｼむ、慎重ｼﾝﾁｮｳにする。¶ 언행을 ~ 言動ｹﾞﾝﾄﾞｳを慎重ｼﾝﾁｮｳにする。㊟ 삼가다

**삼각**〖三角〗图 ①三角ｻﾝｶｸ。¶ ~ 뿔 三角錐ｻﾝｶｸｽｲ/ ~ 관계 三角関係ｶﾝｹｲ。②「삼각형」의 縮約形。

**삼각-자** 〖~尺規〗图[ｼ地] 三角定規ｼﾞｮｳｷﾞ。

**삼각-주** 〖~洲〗图[ｼ地] 三角州ｽ、デルタ。

**삼각-형** 〖~形〗图[敟] 三角形ｹｲ。

**삼강** 〖三綱〗图 (儒教道徳ｼﾞｭｷｮｳﾄﾞｳﾄｸの)三綱ｺｳ。

**삼강 오:륜** 〖~五倫〗图 三綱五倫ｺｳｺﾞﾘﾝ。

**삼-거리** 〖~二〗图 三叉路ｻﾝｻﾛ、丁字路ﾃｲｼﾞﾛ。

**삼겹-살** 〖三~〗图 (豚ﾌﾞﾀの)ばら肉ﾆｸ。

**삼계-탕** 〖参鶏湯〗图[料] 若鶏ﾜｶﾄﾞﾘに高麗人参ｺｳﾗｲﾆﾝｼﾞﾝ・マツメ・もち米ｺﾞﾒを詰ﾂめて煮込ﾆｺんだ料理ﾘｮｳﾘ。

**삼고** 〖三顧〗图 三顧ｺの礼ﾚｲ。

**삼고-초려** 〖-草廬〗图 三顧ｺの礼ﾚｲ。

**삼관-왕** 〖三冠王〗图 三冠王ｻﾝｶﾝｵｳ。¶ ~을 차지하다 三冠王ｵｳを占ｼめる。

**삼국** 〖三國〗图 三国ｺｸ。①三ﾐｯつの国ｸﾆ。②〖史〗新羅ｼﾗｷﾞ・百済ｸﾀﾞﾗ・高句麗ｺｳｸﾘの三国。③〖史〗(中国ﾁｭｳｺﾞｸで)後漢末ｺﾞｶﾝﾏﾂの魏ｷﾞ・呉ｺﾞ・蜀ｼｮｸ。¶ ~ 시대 三国時代ｼﾞﾀﾞｲ。

**삼국 동맹** 〖-同盟〗图〖史〗三国同盟ﾄﾞｳﾒｲ。

**삼권** 〖三權〗图 三権ｹﾝ。

**삼권 분립** 〖-分立〗图〖法〗三権分立ｼﾞﾘﾂ。

**삼극** 〖三極〗图 三極ｷｮｸ。¶ ~ 진공관 三極真空管ｼﾝｸｳｶﾝ。

**삼-끈** 图 麻紐ｱｻﾋﾓ、麻縄ｱｻﾅﾜ。

**삼년** 〖三年〗图 ①三年ﾈﾝ、三歳ﾄｾ。②(学校ｶﾞｯｺｳなどの)三学年ｶﾞｸﾈﾝ。

**삼년-상** 〖-喪〗图 三年ﾈﾝの喪ﾓ、忌服ｷﾌﾞｸ三年。

**삼다** 〖三多〗图 ①三多ﾀ。②(済州島ﾁｪｼﾞｭで)風ｶｾﾞ・石ｲｼ・女ｵﾝﾅの多ｵｵいこと。

**삼다-도** 〖-島〗图 済州島ﾁｪｼﾞｭの異称ｲｼｮｳ。

**삼:다**[1] 佃 ①(ある関係ｶﾝｹｲに)…する。¶ 사위로 ~ 婿ﾑｺにする。②(…を…に[と])する、見なす。¶ 책을 벗 삼아 살아가다 本ﾎﾝを友ﾄﾓとして生ｲきて行ｲく。③〘接尾辞的に〙…なるようにする。¶ 겨울 ~ 亀鑑ｷｶﾞﾝとする。

**삼:다**[2] 佃 ①(ぞうりなどを)編ｱむ、こしらえる、つくる。¶ 짚신을 ~ わらじをつくる。②(麻ｱｻなどの繊維ｾﾝｲを)よりつなぐ。

**삼-단:** 图 麻ｱｻの束ﾀﾊﾞ。¶ ~ 같은 머리 ふさふさとした長ﾅｶﾞい髪ｶﾐ。

**삼단** 〖三段〗图 三段ﾀﾞﾝ。①三種ｼｭの区分ｸﾌﾞﾝ。②(階段ｶｲﾀﾞﾝ・順序ｼﾞｭﾝｼﾞｮの)三ﾐｯつ目ﾒの段ﾀﾞﾝ。③(柔道ｼﾞｭｳﾄﾞｳ・碁ｺﾞなどで)実力ｼﾞﾂﾘｮｸ区分ｸﾌﾞﾝの三番目ﾊﾞﾝﾒの段ﾀﾞﾝ。¶ 유도 ~의 솜씨 柔道ｼﾞｭｳﾄﾞｳ三段の腕前ｳﾃﾞﾏｴ。

**삼대** 〖三代〗图 三代ﾀﾞｲ。¶ 한 집에서 ~가 살다 一軒ｹﾝの家ｲｴに三代が住ｽむ。

**삼대 독자** 〖-獨子〗图 三代引ﾋき続ﾂﾂﾞきのひとりご。

**삼등** 〖三等〗图 三等ﾄｳ。¶ ~석 三等席ｾｷ。

**삼-등분** 〖三等分〗图[ﾊ也] 三等分ﾌﾞﾝ。¶ 이익을 ~ 하다 利益ﾘｴｷを三等分する。

**삼라** 〖森羅〗图[ﾊ形] 森羅ｼﾝ。

**삼라 만상** 〖-萬象〗图 森羅万象ﾊﾞﾝｼｮｳ。

**삼루** 〖三壘〗图[野] 三塁ｻﾝ、サードベース。

**삼루-타** 〖-打〗图[野] 三塁打ﾀﾞ、サードベースヒット。

**삼류** 〖三流〗图 三流ｻﾝ。¶ ~ 대학 三流大学ﾀﾞｲｶﾞｸ。

**삼림** 〖森林〗图 森林ﾘﾝ、森ﾓﾘ、林ﾊﾔｼ。¶ ~을 도벌하다 森林を盗伐ﾄｳﾊﾞﾂする。

**삼림-욕** 〖-浴〗图 森林浴ﾖｸ。

**삼매** 〖三昧〗图 ①〖佛〗三昧ｻﾞﾝﾏｲ。¶ 염불 ~ 念仏ﾈﾝﾌﾞﾂの三昧。②〘(他ﾀの名詞ﾒｲｼについて)〙三昧ｻﾞﾝﾏｲ、熱中ﾈｯﾁｭｳして余念ﾖﾈﾝのないこと。¶ 독서 ~을 보내다 読書ﾄﾞｸｼｮ三昧で日ﾋを送ｵｸる。

**삼매-경**〔-境〕名〔佛〕三昧境き。

**삼면**〔三面〕名 三面さん。①三みっつの方面ほうめん。¶ ~이 바다로 둘러 싸여 있다 三面が海みに囲かこまれている。②数 三面体さんめんたい。¶ ~체 三面体さんめんたい。③(新聞しんぶんの) 社会面しゃかいめん。¶ ~ 기사 三面記事きじ。

**삼모-작**〔三毛作〕名自他〔農〕三毛作さんもうさく。

**삼민-주의**〔三民主義〕名〔政〕三民主義さんみんしゅぎ。

**삼바**〔samba〕名〔音〕サンバ。

**삼박-거리다**自 (目めが・肌はだが) 軽かるく刺されされるように感かんずる。

**삼박-삼박**副自 うずうず、むずむず。

**삼-발**名 ①麻畑あさばたけ。②人参にんじんを栽培さいばいする畑はたけ。

**삼배**〔三拜〕名自他 ①三拝さんぱい。②〔佛〕三度さんどひざまずいて礼拝れいはいすること。

**삼-베**〔三-〕 麻布あさぬの。¶ ~ 옷 麻布の衣服いふく。

**삼복**〔三伏〕名 三伏さんぷく。初伏しょふく・中伏ちゅうふく・末伏まっぷく。②(夏なつの) 酷暑こくしょの期間きかん。

  **삼복 더위** 三伏の暑あつさ。

**삼분**〔三分〕名自他自 三分ぶん。¶ ~의 일 三分の一いち。 천하를 ~하다 天下てんかを三分する。

**삼분-오열**〔-五裂〕名自他自自 四分五裂しぶんごれつ、ちりぢりばらばらになること。

**삼-불혹**〔三不惑〕名 三不惑ふわく、酒さけ・女おんな・金銭せんに惑まどわないこと。

**삼사**〔三四〕数 三・四さん、三みっつか四よっつ。冠 서넛・서너

  **삼사-월**〔-月〕名 三・四月さんしがつ、三月がつと四月がつ。¶ ~ 긴긴 해 三・四月の長ながい日ひ。

**삼사-하다**形여 似合にあわない、釣つり合あわない、ぞくわない。¶ 그런 빛깔은 중년에겐 ~ そんな色いろつきは中年ちゅうねんには似合にあわない。

**삼삼-오오**〔三三五五〕 三三五五ごご。¶ ~ 때를 지어 가다 三々五々連つれ立だって行いく。

**삼삼-하다**形여 ①(食たべ物ものの味あじが) 薄うすい〔甘まい〕ながらもおいしい。翻 심심하다¹ ②目めの前まえにちらつく、ありありと目に浮うかぶ。¶ 그때의 광경이 눈에 ~ あのときの光景こうけいが鮮あざやかに目に浮うかぶ。

**삼색**〔三色〕名 三色さんしょく・さんしき、三みっつの色いろ。

  **삼색 과:실**〔-果實〕名 祭祀さいしのときに用もちいる三種さんしゅの果物くだもの。

  **삼색-기**〔-旗〕名 三色旗さんしょくき。

**삼-서다**自 目めに星ほしができる、星目ほしめになる。

**삼선**〔三選〕名自他 三選さん。¶ ~ 의원 三選議員いん。

**삼성**〔三省〕名自他 三省せい。¶ 일일 一日いちにち三省。

**삼-세번**〔三一番〕名 ちょうど三度さん、かっきり三回さん。¶ ~만에 성공하다 かっきり三度目めに成功せいこうする。

**삼-세판**〔三-〕名 三度さんきりの勝負しょうぶ、三回さん勝負しょうぶ。¶ 결승전은 ~이다 決勝戦けっしょうせんは三回勝負だ。

**삼식**〔三食〕名 三食しょく。¶ 하루에 ~을 하다 一日いちにちに三食を取とる。

**삼심 제:도**〔三審制度〕名〔法〕三審制度せいど。

**삼십**〔三十・參拾〕数 ①三十さん。¶ ~개 三十個/ 섭씨 ~도 摂氏せっし30度ど。②(名詞的めいしてきに) 三十歳さい。冠 서른

**삼십육-계**〔三十六計〕名 ①当あてた者ものに賭かけた金きんの三十六倍さんじゅうろくばいを払はらう賭かけ事ごと。②三十六計じゅうろっけい、多おおくの計略けいりゃく。③(形勢けいせいが不利ふりな時ときに) 逃にげること。

  俗談 **삼십육계에 줄행랑이 제일** 三十六計じゅうろっけい逃にげるに如しかず。

**삼언-시**〔三言詩〕名〔文〕三言詩さんごん (一句いっくが三言さんごんからなる古体詩ごていし)。

**삼엄**〔森嚴〕名形自 極きわめて厳きびしいさま、物物ものものしいさま。¶ ~한 경계 きびしい警戒けいかい。

**삼엽-충**〔三葉蟲〕名〔動〕三葉虫さんよう。

**삼우-제**〔三虞祭〕名 葬式後そうしきごに三回目かいめの祭祀さいし。

**삼-원색**〔三原色〕名 三原色さんしょく。

**삼월**〔三月〕名 三月がつ。

**삼위 일체**〔三位一體〕名〔基〕三位一体さんみいったい。

**삼-인칭**〔三人稱〕名〔文法〕三人称さんにんしょう。

  **삼인칭 소:설**〔-小說〕名 三人称小説しょうせつ。

**삼일-절**〔三一節〕名 三一さん独立運動どくりつうんどうを記念きねんする祝日しゅくじつ (3月がつ1日にち)。

**삼일-천하**〔三日天下〕名 三日天下みっかてんか。

**삼-자승**〔三自乘〕名 数 《「세제곱」の旧称》 三乗じょう。

**삼족**〔三族〕名 三族ぞく。¶ ~을 멸하다 三族を滅めっする。

**삼존**〔三尊〕名 三尊そん。①〔佛〕三尊仏ぶつ。②君くん・師し・父ふの三人にん。

**삼중**〔三重〕名 三重じゅう。¶ ~고 三重苦く/ ~충돌 三重衝突しょうとつ。

  **삼중 결합**〔-結合〕名〔化〕三重結合けつごう。

  **삼중-주**〔-奏〕名〔音〕三重奏じゅうそう、トリオ。

**삼지-사방**〔-四方〕名 四方八方しほうはっぽう、あらゆる所ところ。¶ ~에 널려 있다 四方八方に散ちらばっている。

**삼지-창**〔三枝槍〕名 ①先さきが三みっつに分わかれた槍やり。②(食たべる道具どうぐの) フォーク。

**삼진**〔三振〕名〔野〕三振しん、ストライクアウト。¶ ~을 빼앗다 三振を奪うばう。

**삼진-날**〔三-〕名 上巳じょうし・じょうみ、陰暦れきの三月さん三日みっか。冠 삼월 삼질

**삼차**〔三叉〕名 三叉さんさ、みつまた。

  **삼차 신경**〔-神經〕名〔生〕三叉神経しんけい。

**삼차**〔三次〕名 三次さんじ。¶ ~에 걸친 선거 三次にわたる選挙きょ。

  **삼차 방정식**〔-方程式〕名〔数〕三次方程式ほうていしき。

  **삼차 산:업**〔-産業〕名 三次産業さんぎょう。

**삼차원**〔三次元〕名 三次元じげん。¶ ~ 영화 三次元映画えいが。

  **삼차원 세:계**〔-世界〕名〔物〕三次元世界かい。

**삼창**〔三唱〕名自他 三唱しょう。¶ 만세 ~ 万歳ばんざい三唱。

**삼척**〔三尺〕名 三尺さんじゃく。¶ ~검 三尺の剣けん。

  **삼척-동자**〔-童子〕名 三尺の童子どうじ、分別ふんべつのつかない子供こども、無知むちな者もの。

**삼천**〔三遷〕名自他 三遷せん。¶ 맹모 ~ 孟母もう

**삼천** 三遷.
**삼천지-교**〔-之敎〕图 三遷さんの教え、孟母もう三遷.
**삼천**〔三千〕數 三千さん。①千せんの三倍さん。¶ ~매 三千枚まい。②〔比〕〔冠形詞的に〕多おくの数量りょうを表あらわす語ご。¶ 백발 ~장 白髪はく三千丈じょう。
**삼천리**〔-里〕图 ①(日本にっぽんでの)三百里さんびゃく。②韓国かんこくの別称。¶ ~ 강산 韓国の山川せん、韓国の全土ぜん。
**삼촌**〔三寸〕图 ①三寸さん。②叔父じ、伯父じ。
**삼촌-댁**〔-宅〕图 ①叔母ば。②おじの家いえ。
**삼추**〔三秋〕图 三秋さん。¶ 하루가 ~ 같다 一日ひとひが三秋の思おもいだ。
**삼출**〔滲出〕图하団自 滲出しゅっ、にじみでること。¶ ~물 滲出物ぶつ。
**삼출-액**〔-液〕图 滲出液えき。
**삼층-장**〔三層欌〕图 三段だんづくりのたんす。
**삼치** 图魚 サワラ。
**삼칠-일**〔三七日〕图 三七日さんしち、出産後しゅっさん二十一日目にちめの日ひ。⑰ 세이레
**삼키다** 他 ①飲のみ下くだす、飲み込こむ、飲のむ。¶ 약을 ~ 薬くすりを飲み下す。/ 통째로 ~ 丸呑のみにする。②(人ひとの物ものを)横取よこどりする、横領おうりょうする、着服ちゃくふくする。¶ 공금을 ~ 公金きんを横領する。
**삼태기** 图 畚あじ。
**삼투**〔滲透〕图하団自[物] 浸透しん、滲透しん。¶ ~성이 강하다 浸透性が強つよい。/ 용매를 ~시키다 溶媒ばいを浸透させる。
**삼투-압**〔-壓〕图[物] 浸透圧あつ。
**삼판 양:승**〔三一兩勝〕图하団自 三番勝負しょうぶで二勝しょうすること。
**삼팔-선**〔三八線〕图 三十八度線さんじゅうはち、南北なんに分わかれた韓国かんこくの境界線きょうかいせんの称しょう。
**삼한-사온**〔三寒四溫〕图 三寒四溫さんかん。¶ ~의 기후 三寒四溫の気候きこう。
**삼할미**〔三─〕图 助産じょさんをする老婆ろうば。
**삼항-식**〔三項式〕图[数] 三みっつの項こうを持もつ整式しき。
**삼-회장**〔三回裝〕图 (女おんなの)チョゴリの襟えり・袖そで・脇わきにあてる縫ぬい飾かざり。
**삽** 图 シャベル、スコップ。¶ ~으로 땅을 파다 シャベルで土つちを掘ほる。
**삽-질** 图하団自 シャベルですくうこと。
**삽목**〔挿木〕图 挿さし木ぎ。⑰ 꺾꽃이
**삽살-개** 图 むく犬いぬ。
**삽시간**〔霎時間〕图 (《삽시간에》の形で)またたく間まに、あっという間に、たちまちのうちに、一瞬いっしゅんに。¶ 돈이 ~에 사라졌다 金かねがまたたく間に消きえた。
**삽입**〔挿入〕图하団 挿入にゅう。¶ 어구를 ~하다 語句ごくを挿入する。
**삽입-문**〔-文〕图 挿入文ぶん。
**삽지**〔挿紙〕图[版] 手挿てざし、挿さしつけ。
**삽화**〔挿花〕图하団[版] 挿さし花ばな、生いけ花ばな。⑰ 꽃꽂이
**삽화**〔挿話〕图 挿話そう、逸話いつ、エピソード。

**삽화**〔挿畵〕图 挿画さつが、挿絵さし、イラスト。¶ ~를 그리다 さしえを描かく。/ ~를 넣다 さしえを入いれる。
**삿-갓**图 ①(竹たけ・蘆あしで粗あらく編あんだ)笠かさ。¶ 도롱이를 입고 ~을 쓰다 蓑笠みのかさをつける。②[植] 菌傘きん、キノコのかさ。
**삿대** 图 (《상앗대》の縮約形) 竿さお。
**삿대-질** 图하団自 ①《상앗대질》の縮約形。~로 배를 다루다 竿さおをさして舟ふねをあやつる。②(口論こうろんしたり争あらそったりするとき)相手あいに向むかって拳こぶし・指ゆび・棒切ぼうぎれなどを突つき付つけること。
**상:**〔上〕I 图 ①(《상감(上監)》の縮約形)王様さま。②上うえ、上部ぶ。¶ ~급 반 上のクラス/ ~급자 上にたつ者もの。③上うえ、最もっとも秀ひいでていること。¶ ~등품 上等品ひん。⑭ 하(下)。II 接尾 (価値かち・位置いちが高たかいことを表あらわす)…上じょう。¶ 편의 ~ 便宜上じょう。
**상**〔床〕图 膳ぜん、机つくえ、牀几しょうぎなどの総称そうしょう。¶ ~을 차리다 お膳をととのえる。/ (책) ~을 저리 치워라 机をあちらにのけ。
**상**〔相〕图 相そう。①面相めんそう、人相にんそう。¶ 귀인의 ~ 貴人きじんの相。②(物事ものごとの)ありさま、事情じじょう。¶ 사회 ~ 社会相そう。③顔かお、面おも、表情ひょうじょう。¶ 우는 ~ 泣なきっ面。
**상**〔喪〕图 喪も。①「거상(居喪)」の縮約形。¶ ~중 服喪ふくもする。②親類しんるいの死後に一定いっていの期間中ちゅう謹慎きんしんすること。¶ ~을 입다 喪にふくする。
**상**〔像〕图 像ぞう。①(物)(実像ぞう・虚像きょぞうなどの)像、¶ 초점에 ~이 맺히다 焦点しょうてんに像が結むすばれる。②(彫刻ちょうこく・絵えなどの)形体けいたい。¶ 부처의 ~ 仏ぶつの像。
**상**〔賞〕图 賞しょう、褒美ほうび。¶ ~을 타다 褒美をもらう。/ 우등~을 주다 優等賞しょうを与あたえる。
**-상**〔狀〕接尾 (《すがた・ありさま・形かたの意いを表あらわす》…状じょう。¶ 포도 ~ 구균 葡萄状ぶどう球菌きゅう。
**-상**〔商〕接尾 (《あきない・あきんどの意いを表あらわす》)…商しょう。¶ 소매~ 小売商こう。
**상가**〔商街〕图 商店街しょうてん。¶ ~를 거닐다 商店街を歩あるく。
**상가**〔喪家〕图 喪家そう。①喪中ちゅうの家いえ。②喪主もの家いえ。
**상간**〔相姦〕图하団自 相姦かん。¶ 근친 ~ 近親きんしん相姦。
**상:감**〔上監〕图 (《왕》の尊敬語ご)王様さま。
**상감**〔象嵌〕图 象眼がん、象嵌がん。
**상감 청자**〔-靑瓷〕图 象眼細工ざいくをほどこした青磁じ。
**상강**〔霜降〕图 霜降こう(二十四気にじゅうしのひとつ)。
**상-거래**〔商去來〕图 商取引とりひき。¶ 공정한 ~를 하다 公正な商取引を行おこなう。
**상견**〔相見〕图하団自 相見けん、あい見みること。
**상견-례**〔-禮〕图 ①公式こうしきに見合みあう礼れい。②向むかいあって御辞儀じぎを交かわすこと。¶ 신랑 신부의 ~ 新郎新婦しんろうしんぷ相見の礼。

**상:경**〔上京〕 图 하目 上京じょう。¶ ～하시면 들르십시오 上京の折にはお寄りください。

**상:계**〔上界〕 图〔佛〕上界かい。

**상계**〔相計〕 图 하他 相殺さい。

**상:고**〔上古〕 图 上古じょう。①上代じょう、大昔おおむかし。②〔史〕歴史上れきしじょうの時代区分じだいくぶんの一つ。

**상:고-사**〔-史〕图 上古史し。

**상:고 시대**〔-時代〕图 上古時代だい。

**상:고**〔上告〕 图 하自他 ①上の人ひとに告つげること。②〔法〕上告じょうこく。¶ 판결에 불복하여 ～ 하다 判決はんけつに不服ふふくして上告する。

**상:고 기각**〔-棄却〕 图 上告棄却きゃく。

**상:고-심**〔-審〕 图 上告審しん。

**상고**〔商高〕图《「상업 고등학교」의 縮約形》商高こう。

**상고-머리** 图 角刈かくがり。

**상:공**〔上空〕图 上空じょう。¶ 서울 ～ ソウルの上空。

**상공**〔商工〕图《「상공업」의 縮約形》商工こう。

**상-공업**〔-業〕图 商工業ぎょう。¶ ～이 발달하다 商工業が発達はったつする。

**상공 회:의소**〔-會議所〕图 商工会議所かいぎしょ。

**상과**〔商科〕图 商科か、商学科しょうがっか。¶ ～ 출신의 수재 商科出しゅっの秀才しゅうさい。

**상:관**〔上官〕图 上官かん、上役やく。¶ ～의 명령 上官の命令めいれい/ ～에게 아첨하다 上役の気嫌きげんを取とる。

**상관**〔相關〕图 하自他 되自 ①相関かん。②人ひとの事ことに干渉かんしょうすること。¶ 앞으로는 ～ 마라 これからは干渉するな。③男女だんじょが交合こうごうすること。

**상관-없다** 图 ①互たがいに関係かんけいがない。¶ 나와는 상관없는 일이다 僕ぼくとはかかわりのないことだ。②心配無用しんぱいむようだ、差し支つかえない、かまわない。¶ 어떤 일이라도 ～ どんな事ことでもかまわない。**상관-없이** 圖 関係なく、構かまわず、差さし支つかえなく。

**상:권**〔上卷〕图 書物しょもつの上巻じょう。

**상권**〔商權〕图 商権けん。¶ ～을 장악하다 商権を掌握しょうあくする。

**상궤**〔常軌〕图 常軌じょう。¶ ～를 벗어나다 常軌を逸いっする。

**상극**〔相剋〕图 相克こく、相剋こく。¶ 현실과 이상과의 ～ 現実げんじつと理想りそうとの相剋/ 불과 물은 ～이다 火と水みずは相あいいれない関係かんけいにある。

**상근**〔常勤〕图 하自 常勤じょう。

**상글-거리다** 图 親したしげにほほえむ、にこにこする。¶ 상글거리며 다가오다 にこにこしながら近寄ちかよる。

**상글-상글** 副 하自 にこにこ。¶ ～ 웃다 にこにこ笑わらう。

**상금**〔賞金〕 图 賞金きん。

**상:급**〔上級〕图 上級じょう。¶ ～품 上級品ひん/ ～ 학교 上級学校がっこう。

**상:급 법원**〔-法院〕图 上級裁判所さいばんしょ。

**상:기**〔上記〕图 하他 上記じょう。¶ ～한 바와 같이 上記のように。

**상:기**〔上氣〕 图 하自 되自 上気じょう、のぼせること。¶ 붉게 ～ 한 얼굴 赤あかく上気した顔かお/ 몹시 ～ 하다 ひどく のぼせ上あがる。

**상기**〔詳記〕图 하他 詳記しょう。¶ 사건의 전말을 ～하다 事件じけんの顛末てんまつを詳記する。

**상:기**〔想起〕图 하他 想起そう、浮うかべること、思おもい出だすこと。¶ 옛날 일을 ～하다 昔むかしのことを思おもい出す。

**상깃-하다** 图(?) (間まが) やや隔へだたっているようだ、少すこしまばらなようだ。

**상끗** 副《やさしくかるく笑わらうようす》にこっと、にっこり。

**상:납**〔上納〕图 하自他 上納のう。

**상냥-하다** 图(?) 優やさしい、柔和にゅうわだ、にこやかだ。¶ 상냥한 얼굴 にこやかな顔かおつき。**상냥-히** 副 やさしく、にこやかに。¶ ～ 미소를 짓다 やさしくほほえむ。

**상:년**〔常〕 图〔卑〕①〈身分ぶんの低ひくい女おんなに対たいする卑称ひしょう〉女郎ろう。②〈無作法ぶさほうな女をののしる語ご〉ふしだら女。

**상:념**〔想念〕图 想念ねん、思おもい、考かんがえ。¶ 갖가지 ～이 떠오르다 さまざまな想念が浮うかび上あがる。

**상:놈**〔常〕图〔卑〕①〈身分ぶんの低ひくい男おとこなどに対たいする卑称ひしょう〉下郎ろう、下衆げす。②〈男性だんせいをののしる語ご〉ならず者もの、野郎やろう、やつ。¶ 이 ～아! この野郎。

**상-다리**〔床-〕图 膳ぜんの脚あし、食膳しょく。¶ ～가 부러지도록 음식을 차리다 お膳の脚が折おれるほどたくさんご馳走ちそうを整ととのえる。

**상:단**〔上段〕图 上段じょう。¶ 침대차의 ～ 寝台車しんだいしゃの上段。

**상:달**〔上達〕图 하自 上達たつ。¶ 하의 ～ 下意かの上達。

**상담**〔相談〕图 하自他 相談そう。¶ 인생 ～ 人生じんせい相談/ ～에 응하다 相談に乗のる。

**상담-소**〔-所〕图 相談所じょ。¶ 무료 ～ 無料むりょう相談所。

**상:답**〔上畓〕图 上田じょうでん。

**상당**〔相當〕图 相当とう。①하自 相応そうおうすること、値あたいすること、当あてはなること、つりあうこと。¶ 지위에 ～ 하는 예우 地位ちいに相応する礼遇れいぐう。②하他 かなりだ、よほど。¶ ～한 비용 かなりの費用ひよう。**상당-히** 副 相当に、かなり、だいぶ、よほど。¶ ～ 멀다 かなり遠とおい。/ 성적은 ～ 좋아졌다 成績せいせきは大分だいぶ良よくなった。

**상대**〔相對〕图 ①하自 되自 相対たいすること、向むかい合あわせ。¶ ～ 하여 앉다 向かい合って座すわる。②相手あいて、相手方あいてがた、敵手てき。¶ 좋은 결혼 ～ よい結婚けっこん相手/ ～가 안된다 相手にならない。

**상대-방**〔-方〕图 相手方あいて、向むこう側がわ、先方せんぽう。¶ ～의 처지를 생각하다 先方の立場たちばを考かんがえる。

**상대-성**〔-性〕图〔哲〕相手性せい。¶ ～ 이론 相対性理論りろん。

**상대-적**〔-的〕冠图 相手的てき。¶ ～ 진리 相

상대

**상대-편**[-便] 图 相手方(あいてがた), 相手側(あいてがわ)。 ⇨ 상대방

**상대**[商大] 图 (「상과 대학」의 縮約形) 商大(しょうだい)。¶ ~ 출신 商大出(しゅつ)。

**상도**[常道] 图 常道(じょうどう)。¶ ~를 가다 常道をいく。/ ~에서 벗어나다 常道から外(はず)れる。

**상도**[商道] 图 商道(しょうどう), 商道徳(しょうどうとく)。¶ ~가 땅에 떨어졌다 商道が地(ち)に落(お)ちた。

**상:동**[上同] 图 同上(どうじょう)。

**상동**[相同] 图 ᅠ᤹形᤺ ①相等(そうとう)しい, あい等(ひと)しいこと。②[生] 相同(そうどう)。¶ ~ 기관 相同器官(きかん)。

**상두**[喪-] 图 ᤸ俗᤺ ①喪輿(そうよ), 柩車(きゅうしゃ)。
 **상두-꾼** 图 ᤸ俗᤺ 喪輿をかつぐ人(ひと)。

**상:등**[上等] 图 上等(じょうとう)。¶ ~품 上等品(ひん)。

**상:등-석**[-席] 图 上等席(せき)。

**상등**[相等] 图 ᠋᤹形᤺ 相等(そうとう), 相等(あいひと)しいこと。

**상:량**[上樑] 图 ᠋᤹他᤺[建] 棟上(むねあ)げ, 上棟(じょうとう), 建(た)て前(まえ)。¶ ~이 끝나다 棟上げが終(お)わる。

**상련**[相憐] 图 ᠋᤹自᤺ あい憐(あわ)れみ同情(どうじょう)すること。¶ 동병 ~ 同病(どうびょう)相憐(あわ)れむ。

**상:례**[上例] 图 上例(じょうれい)。¶ ~와 같이 上例のように。

**상례**[喪禮] 图 喪礼(そうれい), 喪中(もちゅう)の礼法(れいほう)。

**상록**[常緑] 图 常緑(じょうりょく)。¶ ~ 교목 常緑喬木(きょうぼく)。

**상록-수**[-樹] 图 常緑樹(じゅ)。

**상:류**[上流] 图 上流(じょうりゅう)。①川上(かわかみ), 上手(かみて)。¶ ~로 거슬러 올라가다 上流に遡(さかのぼ)る。②身分(みぶん)・地位(ちい)・生活(せいかつ)の程度(ていど)が高(たか)いこと。¶ ~ 사회 上流社会(しゃかい)。④ 하류(下流)

**상:륙**[上陸] 图 ᠋᤹自᤺ 上陸(じょうりく), 揚陸(ようりく)。¶ ~ 작전 上陸作戦(さくせん)/ 적전에 ~하다 敵前(てきぜん)に上陸する。

**상막-하다** ᠋᤹形여᤺ (記憶(きおく)などが)はっきりしない, おぼろげだ。¶ 기억이 ~ 記憶(きおく)がおぼろげだ。

**상-말**[常-] 图 ᠋᤹하自᤺ ①下品(げひん)な言葉(ことば)。②俗言(ぞくげん), 俚言(りげん), 下世話(げせわ)。

**상-머리**[床-] 图 お膳(ぜん)のわきや前(まえ)。¶ ~에 앉다 お膳の前に坐(すわ)る。

**상면**[相面] 图 ᠋᤹自᤺ ①対面(たいめん)。¶ ~해서 이야기하다 対面して話(はな)す。②初対面(しょたいめん)のあいさつをすること。¶ 오늘 처음으로 ~하다 今日(きょう)初対面のあいさつをする。

**상무**[常務] 图 ①常務(じょうむ), 日常(にちじょう)の業務(ぎょうむ)。②常務委員(いいん), 常務理事(りじ)。

**상무**[商務] 图 商務(しょうむ)。¶ ~에 쫓기다 商務に追(お)われる。
 **상무-관**[-官] 图 [法] 商務官(かん)。

**상:미**[嘗味] 图 ᠋᤹하他᤺ 嘗味(しょうみ), 味見(あじみ)すること, 試食(ししょく)すること。

**상미**[賞美] 图 賞美(しょうび), ほめたたえること。¶ 경치를 ~하다 景色(けしき)を賞美する。

**상민**[常民] 图 常民(じょうみん), 平民(へいみん), 庶民(しょみん)。

**상:박**[上膊] 图 [生] 上膊(じょうはく), 二(に)の腕(うで)。¶ ~ 근 上膊筋(きん)。

**상:박-골**[-骨] 图 [生] 上膊骨(こつ)。

**상:박 동:맥**[-動脈] 图 [生] 上膊動脈(どうみゃく)。

**상박**[相撲] 图 ᠋᤹自᤺ 相撲(あいすもう)とること。¶ 용호하다 竜虎(りゅうこ)相撲(す)う。

**상:반**[上半] 图 上半(じょうはん)。

**상:-반신**[上半身] 图 上半身(じょうはんしん)。

**상반**[相反] 图 ᠋᤹自᤺ ᠋᤹回自᤺ 相反(そうはん), 相反(あいはん)すること。¶ 一回로 相反回路(かいろ)/ 서로 ~ 된 의견 互(たが)いに相反(あいはん)した意見(いけん)。

**상반**[相半] 图 ᠋᤹하形᤺ 相半(あいなか)ばすること。¶ 이해가 ~하다 利害(りがい)相半ばする。

**상:-반기**[上半期] 图 上半期(じょうはんき)。¶ ~ 결산 上半期の決算(けっさん)。

**상-밥**[床-] 图 一膳飯(いちぜんめし), 膳立(ぜんだ)てにして売(う)る食事(しょくじ)。

**상:배**[喪配] 图 ᠋᤹하自᤺ 喪室(そうしつ), 妻(つま)の喪(も)にあること。

**상배**[賞盃・賞杯] 图 賞杯(しょうはい), 賞盃(しょうはい), カップ, トロフィー。¶ ~가 수여되다 賞杯が贈(おく)られる。

**상:벌**[賞罰] 图 賞罰(しょうばつ)。¶ ~없음 賞罰なし/ ~을 분명히 하다 賞罰を明(あき)らかにする。

**상법**[商法] 图 ①商売(しょうばい)の仕方(しかた)。②[法] 商事(しょうじ)について規定(きてい)した法(ほう)。

**상:병**[上兵] 图 [軍] (「상등병(上等兵)」의 縮約形) 上等兵(じょうとうへい)。

**상병**[傷兵] 图 傷兵(しょうへい), 負傷兵(ふしょうへい)。

**상-보**[床褓] 图 ①お膳(ぜん)かけ, 卓布(たくふ)。②(礼式用(れいしきよう)の) テーブル掛(か)け, テーブルクロース。

**상보**[詳報] 图 ᠋᤹하他᤺ 詳報(しょうほう), 細報(さいほう)。¶ 현지에서 ~가 도착하다 現地(げんち)からの詳報が届(とど)く。

**상-보다**[床-] 图 膳立(ぜんだ)てをする, お膳(ぜん)の支度(したく)をする。

**상-보다**[相-] 图 相(そう)を見(み)る, (地勢(ちせい)などをみて)その吉凶(きっきょう)・運命(うんめい)をうらなう。

**상복**[常服] 图 常服(じょうふく), ふだん着(ぎ)。

**상복**[喪服] 图 喪服(もふく・も-ぶく)。¶ ~을 입다 喪服(もふく)を着(き)る。⇨ 소복(素服)

**상봉**[相逢] 图 ᠋᤹自᤺ 対面(たいめん), 互(たが)いに逢(あ)うこと。¶ 이산 가족의 ~ 離散(りさん)家族(かぞく)の対面。

**상:부**[上部] 图 ①上部(じょうぶ)の部分(ぶぶん)。②上(うえ)の地位(ちい)にある官庁(かんちょう)・人(ひと)。¶ ~의 지시를 기다리다 上(うえ)からの指示(しじ)を待(ま)つ。

**상:부 구조**[-構造] 图 上部構造(こうぞう)。

**상부**[相扶] 图 ᠋᤹自᤺ 相扶(そうふ)。
 **상부 상조**[-相助] 图 相互(そうご)扶助(ふじょ)。¶ ~의 정신 相互扶助の精神(せいしん)。

**상비**[常備] 图 ᠋᤹하他᤺ 常備(じょうび)。¶ ~금 常備金(きん)。

**상비-약**[-藥] 图 常備薬(やく)。¶ 가정 ~ 家庭(かてい)常備薬。

**상:사**[上司] 图 上司(じょうし)。①上役(うわやく)。¶ ~의 명령 上司の命令(めいれい)/ ~의 기분을 맞추다 上役の機嫌(きげん)をとる。②上級(じょうきゅう)の官庁(かんちょう)・機関(きかん)。

**상사**[相思] 图 ᠋᤹自᤺ 相思(そうし), 互(たが)いに恋(こい)い慕(した)うこと, 相愛(そうあい)。

**상사-병**[-病] 图 恋病(こいやまい), 恋(こい)やみ, 恋煩(こいわずら)い。¶ ~으로 여위다 恋煩いでやつれる。

**상사**[商社] 图 商社。¶ ~와 거래하다 商社と取り引きする。

**상사**[常事] 图 商事、常。¶ 승패는 병가의 ~ 勝敗は兵家の常。

**상사디야** 國 歌のはやしことばの一つ。

**상:상**[上上] 图 上々、最上。¶ ~의 날씨 上々の天気。

**상:상**[想像] 图 하타 想像。¶ ~력 想像力 / ~도 못하다 想像もできない。/ ~의 날개를 펴다 想像の翼を広げる。

**상:상 임:신**[-妊娠] 图 医 想像妊娠。

**상:서**[上書] 图 하자 目上の人に書状をあげること、またその書状、上書。

**상서**[祥瑞] 图 祥瑞。

　**상서-롭다** 形日 めでたいことがありそうだ、縁起がよさそうだ、幸先がよい。**상서-로이** 副 祥瑞に、めでたく。

**상:석**[上席] 图 上席、上座。¶ 손님을 ~에 안내하다 お客さまを上席に案内する。

**상석**[床石] 图 墓前に供え物を並べる石の台。

**상석**[象石] 图 陵園に立てる石像。

**상선**[商船] 图 商船。¶ ~ 회사 商船会社。

　**상선 학교**[-學校] 图 商船学校。

**상설**[常設] 图 하타 常設。¶ ~ 위원회 常設委員会。

　**상설-관**[-館] 图 常設館。

**상세-하다**[詳細-] 形ㅁ 詳細だ、事細かだ、詳しい。¶ 상세한 보도 詳細な報道。

　**상세-히** 副 詳細に、事細かに、詳しく。¶ 사건을 ~ 이야기하다 事件を詳しく話す。

**상:소**[上疏] 图 하자 上疏、上書。

**상:소**[上訴] 图 하자 上訴。¶ ~권 上訴権 / 판결에 불복하여 ~하다 判決を不服として上訴する。

　**상:소 법원**[-法院] 图 法 上訴裁判所。

　**상:소심**[-審] 图 法 上訴審。

**상:소리**[常-] 图 ①卑語、卑俗な言葉、下品な言葉。 센 쌍소리 ②俗謠、卑俗な歌。

**상속**[相續] 图 하타 相続。¶ ~ 재산 相続財産 / 유산을 ~하다 遺産を相続する。

　**상속-권**[-權] 图 法 相続権。

　**상속-세**[-稅] 图 法 相続税。

　**상속-인**[-人] 图 相続人、家継ぎ、跡目。

**상쇄**[相殺] 图 하타 相殺。¶ 대차를 ~하다 貸し借りを相殺する。

　**상쇄 계:정**[-計定] 图 相殺勘定。

　**상쇄 관세**[-關稅] 图 相殺関税。

**상:쇠**[上-] 图 民 (農楽隊などで)銅鑼の打ち手のなかでその楽隊を指揮する音頭取り。

**상:수**[上手] 图 上手、うでき。¶ 명인 ~ 名人上手。

**상:수**[上水] 图 上水。¶ ~ 검사 上水検査。

**상:수-도**[-道] 图 上水道、水道。 団 하수도(下水道)

**상수**[常數] 图 数 定数、常数。

**상:수리** 图 クヌギの実、どんぐり。

**상:순**[上旬] 图 上旬、初旬。

**상-술**[床-] 图 肴を添えて売る酒。

**상:술**[上述] 图 하타 上述。¶ ~한 바와 같이 上述の通り。

**상술**[商術] 图 商術。¶ ~이 좋다 商術にたけている。

**상술**[詳述] 图 하타 詳述、詳説。¶ 경위를 ~하다 いきさつを詳述する。

**상-스럽다**[常-] 形日 言行が卑しい、下品だ、端にない。¶ 상스러운 행동 하지 않다 振る舞い / 말하는 것이 ~ 言葉づかいが下品だ。

**상습**[常習] 图 常習。¶ 마약을 ~하다 麻薬を常習する。

　**상습-범**[-犯] 图 法 常習犯。¶ 소매치기 ~ スリの常習犯。

　**상습-적**[-的] 冠图 常習的。¶ ~인 거짓말쟁이 常習的な嘘つき。

**상:승**[上昇] 图 하자 上昇。¶ 물가 ~ 物価の上昇 / 기온이 ~하다 気温が上昇する。

**상:승 기류**[-氣流] 图 気 上昇気流。

**상:승-력**[-力] 图 上昇力。

**상:승**[相乘] 图 하타 相乗。

　**상승 작용**[-作用] 图 相乗作用。

　**상승 효:과**[-效果] 图 相乗効果。

**상승**[常勝] 图 하자 常勝。¶ ~ 가도를 달리다 常勝街道を走る。

　**상승-군**[-軍] 图 常勝軍。

**상:식**[上食] 图 (喪家で朝夕)霊前に供える食事、上食。¶ ~을 올리다 上食を供える。

**상식**[常食] 图 하타 常食。¶ 쌀을 ~으로 하다 米を常食にする。

**상식**[常識] 图 常識。¶ ~을 벗어난 행위 常識外れの行動 / ~이 풍부하다 常識に富んでいる。

　**상식-적**[-的] 冠图 常識的。¶ ~으로 생각해 보다 常識的に考えてみる。

**상:신**[上申] 图 하타 上申、上告。¶ ~서 上申書 / 장관에게 ~하다 長官に上申する。

**상실**[喪失] 图 하타 喪失。¶ 기억 ~ 記憶喪失 / 자격을 ~하다 資格を喪失する。

**상심**[傷心] 图 하자 傷心、傷神、心をいためること。¶ ~한 끝에 傷心の余り / 너무 ~하지 마라 あまり気を落とすな。

**상아**[象牙] 图 象牙。

　**상아-질**[-質] 图 生 象牙質。

　**상아-탑**[-塔] 图 象牙の塔。

**상앗-대** 图 竿、棹。

　**상앗대-질** 图 하자 竿差で漕ぐこと。

**상어** 图 動 サメ(鮫)、フカ(鱶)。

**상업**[商業] 图 商業。¶ ~ 거래 商取引き / ~ 자본 商業資本 / ~적인 수완이 있다 商業的な手腕がある。

　**상업 고등 학교**[-高等學校] 图 商業高等

**상업 금융**[-金融] 名 商業金融きんゆう。
**상업 미:술**[-美術] 名 商業美術びじゅつ。
**상여**[喪輿] 名 (遺体たいをのせて墓地ぼちまで運はこぶ) 喪輿そうよ、ひつぎを乗のせる輿こし、柩車きゅうしゃ。
**상여-꾼** 名 喪輿そうよかつぎの人ひと。
**상엿-소리** 名 喪輿かつぎの唱となう晩歌ばんか。
**상엿-집** 名 喪輿そう・葬具そうぐなどを入いれておく小屋こや。
**상여**[賞與] 名自他 賞与しょうよ。
**상여-금**[-金] 名 賞与金きん、ボーナス。
**상:연**[上演] 名自他 上演えん。¶ 오페라가 ~되다 オペラが上演される。
**상:영**[上映] 名自他 上映えい。¶ 명화를 ~하다 名画めいがを上映する。
**상온**[常温] 名 常温じょう、恒温こう。¶ ~ 동물 常温動物どうぶつ。
**상온-층**[-層] 名[地] 常温層そう。
**상용**[常用] 名自他 常用じょう。¶ ~하는 만년필 常用の万年筆まんねんひつ/ 마약을 ~하다 麻薬まやくを常用する。
**상용-어**[-語] 名 常用語ご、話はなし言葉ことば。
**상용-자**[-者] 名 常用者しゃ。
**상용**[商用] 名 商用よう。¶ ~ 서식 商用書式しょしき/ ~으로 상경하다 商用で上京じょうきょうする。
**상용-문**[-文] 名 商用文ぶん。
**상용-어**[-語] 名 商用語ご。
**상운**[祥雲] 名 祥雲しょう、瑞雲ずい。
**상운**[商運] 名 商運うん。¶ ~이 트이다 商運に恵まれる。
**상:원**[上院] 名 上院いん。¶ ~ 의원 上院議員ぎいん。
**상:위**[上位] 名 上位じょう。¶ ~권 上位圏けん/ ~를 차지하다 上位を占しめる。
**상:위 개:념**[-概念] 名[論] 上位概念がいねん。
**상위**[相違] 名自他 相違そう、違ちがい。¶ 사실과 ~하다 事実じじつと相違する。
**상응**[相應] 名自他 相応そう、ふさわしいこと、釣つり合あうこと。¶ 신분에 ~한 생활을 하다 身分みぶんに相応な暮くらしをする。
**상:의**[上衣] 名 上衣じょう。①上着うわぎ。②チョゴリ。
**상의**[相議] 名自他 相談だん、商議しょうぎ、協議きょうぎ。¶ 변호사와 ~하다 弁護士べんごしに相談する。
**상이**[相異] 名自他形 相違そう。¶ 의견이 ~하다 意見いけんが相違する。
**상이-점**[-點] 名 相違点そうい。
**상이**[傷痍] 名 傷痍しょう、きず、けが。¶ ~ 군인 傷痍軍人ぐんじん。
**상인**[商人] 名 商人しょう、あきんど。¶ ~ 근성 商人根性こんじょう/ 가두 ~ つじ商人にん。
**상임**[常任] 名自他 常任にん。¶ ~ 고문 常任顧問こもん。
**상임 위원회**[-委員會] 名 常任委員会いいんかい。
**상임 이:사**[-理事] 名 常任理事じ。
**상자**[箱子] 名 箱はこ、ケース。¶ ~들이 箱づめ/ ~에서 꺼내다 箱から出だす。/ 귤~에 담다 蜜柑箱みかんばこにつめる。
**상잔**[相殘] 名自他 互たがいに争あらそい害がいするこ

と。¶ 동족 ~하다 同族どうぞく相争あいそう。
**상:장**[上場] 名自他[經] 上場じょう。¶ ~ 회사 上場会社がいしゃ/ 주식을 ~하다 株式かぶしきを上場する。
**상:장-주**[-株] 名[經] 上場株しょう。
**상장**[喪章] 名 喪章しょう。¶ ~을 달다 喪章を付つける。
**상장**[賞狀] 名 賞状じょう。¶ 우등 ~ 優等ゆうとう賞状/ ~을 수여하다 賞状を授与じゅよする。
**상재**[商才] 名 商才さい。¶ ~가 뛰어난 사람 商才に長たけた人。
**상재**[霜災] 名 霜害がい、(作物さくもつが) 霜枯しもがれること。
**상쟁**[相爭] 名自他 互たがいに争あらそうこと。¶ 골육 ~ 骨肉こつにく相争あいそうこと。
**상:전**[上典] 名 (奴婢ぬひに対たいして) 主人しゅじん。
**상:전**[桑田] 名 桑田そう、桑くわばたけ。
**상:전 벽해**[-碧海] 名 桑田碧海そうでん、桑くわばたけが青あお海うみになること、世よの中なかがすっかり変かってしまうこと。
**상:전**[上田] 名 上田でん。
**상:전 옥답**[-沃畓] 名 収穫しゅうかくの多おおい畑はたと肥こえた田た。
**상점**[商店] 名 商店てん、店みせ。¶ 단골 ~ 行いきつけの店/ ~을 열다 店を開ひらく。
**상접**[相接] 名自他 相接せっすること、互たがいにくっついていること。¶ 피골이 ~하다 骨ほねと皮かわばかりにやせている。
**상:정**[上程] 名自他 上程てい。¶ 법안을 ~하다 法案ほうあんを上程する。
**상정**[常情] 名 常情じょう。¶ 그것이야말로 인지 ~이다 それこそ人情にんじょうの常だ。
**상:정**[想定] 名自他 想定てい。¶ …라는 ~하에 という想定のもとに。
**상제**[喪制] 名 ①父母ふぼや祖父母そふぼをなくして喪中もちゅうにある人ひと。②喪中もちゅうの服制ふくせい。
**상제**[喪祭] 名 喪祭さい、喪礼れいと祭礼さいれい。¶ 관혼 ~ 冠婚かん喪祭。
**상:조**[尙早] 名 尚早そう。¶ 시기 ~의 감이 있다 時期じきに尚早の感かんがある。
**상조**[相助] 名自他 互助ごじょ、助たすけ合あうこと。¶ ~의 정신 互助の精神せいしん。
**상종**[相從] 名自他 親したしく交まじわること、仲なかよく付つき合あうこと。¶ 저런 사람과는 ~하지 말아라 あんな人ひととは付き合うな。
**상주**[常住] 名自他 常住じゅう、常つねに住すむこと。¶ ~ 인구 常住人口じんこう。
**상주**[常駐] 名自他 常駐ちゅう。¶ 군대가 ~하다 軍隊ぐんたいが常駐する。
**상주**[喪主] 名 喪主しゅ。
**상주**[賞酒] 名 賞しょうとして与あたえる酒さけ。
**상-주다**[賞-] 名他 賞しょうを与あたえる。
**상:-중-하:**[上中下] 名 上中下じょうちゅうか。¶ ~로 나누다 上中下に分わける。
**상:지**[上旨] 名 上旨じょう、上意じょう。
**상:지**[上枝] 名 上枝えだ・うわ、極枝はつ、上枝はつ。
**상:지**[上肢] 名 上肢じょう。
**상:지-근**[-筋] 名 上肢筋きん。
**상질**[上質] 名 上質しつ。¶ ~지 上質の紙かみ。

**상징**〔象徵〕⦗名⦘⦗하他⦘象徵しょう、表象ひょう、シンボル。¶ 비둘기는 평화의 ~이다 ハトは平和わの象徴だ。

**상징-시**〔-詩〕⦗名⦘⦗文⦘象徵詩し。

**상징-적**〔-的〕⦗冠⦘⦗名⦘象徵的てき。¶ ~인 표현 象徵的な表現ひょうげん。

**상징-주의**〔-主義〕⦗名⦘象徵主義しゅぎ、シンボリズム。

**상징-파**〔-派〕⦗名⦘象徵派は。

**상:찬**〔賞讚〕⦗名⦘非常ひじょうに良よいおかず。

**상:책**〔上策〕⦗名⦘上策じょう。¶ 그것이 가장 ~이다 それが最上さいじょうの策だ。

**상:처**〔喪妻〕⦗名⦘⦗하自⦘妻つまを亡なくすこと。⊕ 상배〔喪配〕

**상처**〔傷處〕⦗名⦘傷きず、傷口きずぐち、痛手いたで。¶ 마음의 ~ 心ごころの傷/~가 나다 傷がつく

**상:체**〔上體〕⦗名⦘上体たい、上半身はんしん。¶ ~ 운동 上体の運動どう/ ~를 좌우로 흔들다 上体を左右さゆうに揺うごり動うごかす。⊕ 하체〔下體〕

**상추**⦗名⦘〔植〕チサ、チシャ、レタス。

**상추-쌈**⦗名⦘チシャの葉はにごはんと味噌みそなどを包つつんで食たべること。

**상춘**〔賞春〕⦗名⦘⦗하他⦘春はるをほめ味あじわうこと、春をめでること。

**상춘-객**〔-客〕⦗名⦘春を愛あいでる行楽こうらくの人と、花見客はなみきゃく。

**상충**〔相衝〕⦗名⦘⦗하自⦘相あいいれないこと、食くいちがうこと、互たがいに衝突しょうとつすること、相反あいはんすること。¶ 서로의 의견이 ~하다 お互たがいの意見が相反する。

**상:층**〔上層〕⦗名⦘上層じょう。¶ ~부 上層部ぶ/ 대기의 ~ 大気たいきの上層。

**상:층 구조**〔-構造〕⦗名⦘⦗哲⦘上層構造こうぞう。

**상:층 사:회**〔-社會〕⦗名⦘上層社会しゃかい。

**상치**〔相馳〕⦗名⦘⦗하自⦘(事柄ことがらや志こころざしが) 相反あいはんすること、相あいいれないこと、食くいちがい。¶ 의견이 ~하다 意見が相反する。

**상치**〔常置〕⦗名⦘⦗하他⦘常置じょう。¶ ~ 신호기 常置信号機しんごうき。

**상친**〔相親〕⦗名⦘⦗하自⦘互たがいに親したしくすること。

**상친-간**〔-間〕⦗名⦘互たがいに親したしい仲なか。

**상칭**〔相稱〕⦗名⦘⦗하形⦘相称しょう。¶ 좌우 ~ 左右さゆう相称。

**상:쾌**〔爽快〕⦗名⦘⦗하形⦘爽快そう、さわやか、心地ここちよいこと、すがすがしいこと。¶ 상쾌한 아침 爽快な朝あさ/ 상쾌한 바람이 불어 온다 すがすがしい風かぜが吹ふいてくる。

**상큼**⦗副⦘足あしを軽かるく動うごかして歩あるくようす、さっと。⊕ 성큼

**상큼-상큼**⦗副⦘《濶步かっぽするようす》さっさと、すたすたと。¶ ~ 걸어오다 さっさと歩あるいてくる。

**상큼-하다**⦗形⦘①(着物きものを着きた格好かっこうが) つんつるてんだ。②(上体じょうたうが)下半身はんしんとつりあわず長ながめである。⊕ 성큼하다

**상-타다**〔賞-〕⦗自⦘賞しょうを受うける、受賞じゅしょうする。

**상-탁하:부정**〔上濁下不淨〕⦗名⦘上流じょうが濁にごれば下流かりゅうも清きよくないこと。

**상태**〔狀態〕⦗名⦘状態じょう、ようす、調子ちょうし、具合ぐあい。¶ 무방비 ~ 無防備ぼうび状態/ 몸의 ~가 좋지 않다 体からだの具合が悪わるい。/ 엔진 ~가 좋다 エンジンの調子がよい。

**상태**〔常態〕⦗名⦘常態じょう、正常じょう。¶ ~로 복귀되다 常態に復ふくする。

**상:토**〔上土〕⦗名⦘真土つち、耕作こうさくにもっとも適てきした土壌じょう。

**상통**〔相-〕⦗名⦘⦗俗⦘面付めんつき、面構つらがまえ、顔かつき、顔面つら。¶ ~이 괴상한 사나이 変へんな面をした男おとこ。

**상통**〔相通〕⦗名⦘⦗하自⦘相通あいつうじること。¶ 일맥 ~하다 一脈いちみゃく相通じる。

**상통**〔傷痛〕⦗名⦘⦗하形⦘ひどく心こころが傷きずつき痛いたむこと。

**상투**(むかし 結婚けっこんした男おとこが結ゆい上あげた)まげ。

⦗관용⦘ **상투(를) 틀다** まげを結ゆいあげる、男おとこが妻つまをめとって大人おとなになる。**상투 위에 올라앉다** まげの上うえに乗のっかる、相手あいてを甘あまく見みて尻しりにしこうとする。

**상투**〔常套〕⦗名⦘常套とう、お決きまり。¶ ~ 수단 常套じょう手段しゅだん。

**상투-어**〔-語〕⦗名⦘常套語ご、決きまり文句もん。

**상투-적**〔-的〕⦗冠⦘⦗名⦘常套的てき、お決きまり。¶ ~인 인사말 決きまりの文句のあいさつ。

**상판**〔相-〕⦗名⦘⦗俗⦘「상판때기」の縮約形。

**상-판때기**⦗名⦘⦗卑⦘つら、面構つらがまえ、顔かおつき。¶ 보기 싫은 ~다 醜みにくい顔つきだ。

**상:팔자**〔上八字〕⦗名⦘非常ひじょうによい運命うんめい、幸運こううんに恵めぐまれること〔まれた人〕。

**상패**〔賞牌〕⦗名⦘賞牌しょう。¶ ~를 받다 賞牌を授じゅかる。

**상:편**〔上篇〕⦗名⦘上篇じょう。¶ ~과 하편 두 권으로 되어 있다 上篇と下篇かの二冊ふたさつでなっている。

**상포**〔喪布〕⦗名⦘葬式用そうしきようの反物たんもの。

**상포-계:**〔-契〕⦗名⦘葬式費そうしきひを出だし合あうための賴母子講たのもしこう。

**상표**〔商標〕⦗名⦘商標ひょう、トレードマーク。¶ 등록 ~ 登録とうろく商標/ ~를 도용하다 商標を盜用とうようする。

**상표-권**〔-權〕⦗名⦘⦗法⦘商標権けん。¶ ~을 침해하다 商標権を侵害しんがいする。

**상:품**〔上品〕⦗名⦘上品じょう、上等じょうな品しな。¶ 저 가게는 ~만 팔고 있다 あの店みせは上品だけを売うっている。②⦗佛⦘上品ぼん。

**상품**〔商品〕⦗名⦘商品しょう、品しな。¶ ~견본 商品の見本みほん/ ~을 사다 商品を買かう。

**상품-권**〔-券〕⦗名⦘商品券けん、商品切手きって。

**상품-화**〔-化〕⦗名⦘⦗하自他⦘⦗되自⦘商品化か。

**상품**〔賞品〕⦗名⦘賞品ひん。¶ ~을 타다 賞品をもらう。

**상:피**〔上皮〕⦗名⦘⦗生⦘上皮じょう。

**상:피 세:포**〔-細胞〕⦗名⦘⦗生⦘上皮細胞ぼう。

**상:피 조직**〔-組織〕⦗名⦘⦗生⦘上皮組織しき。

**상피**〔相避〕⦗名⦘⦗하自⦘①親族しんぞく関係かんけいにあるなどの理由りゆうから同おなじ任地にんちでの官職かんしょく・試

官・聴聞などを互いに避けること。②近親相姦。
[관용] 상피(가) 나다 近親相姦事件が起こる。
상피-붙다 [自] 近親の男女が相姦する。
**상:-하**[上下] [名] ①(空間・人間関係・品質などの)上下・・。¶ ~의 구별 없이 上下の区別なく/ ~로 움직이다 上下に動く。/ 품질의 ~를 판별하다 品質のよしあしを判別する。②上り下り、上がり下がり。¶ 물가의 ~ 변동 物価の上下変動。
**상-하다**[傷-] [自][他][여] ①(体に)傷を負う、傷つく。¶ 상한 손 傷ついた手。②傷む、壊れる、破損する。¶ 옷이 ~ 服が傷む。③(食べ物が)傷む、腐る。¶ 과일이 ~ 果物が傷む。④(心・気持ちが)痛む、損なう、害する。¶ 자존심이 ~ プライドを害する。⑤やせ衰える、やつれる。¶ 얼굴이 많이 상했다 ずいぶん顔がやつれた。
**상:한**[上限] [名] 上限。¶ ~선 上限線/ ~가격 上限価格。[대] 하한(下限)
**상해**[傷害] [名][하他] 傷害。¶ ~ 보상 傷害補償/ ~를 입히다 傷害を与える。
상해 보:험[-保險] [名] 傷害保険。
상해-죄[-罪] [名][法] 傷害罪。
상해 치:사[-致死] [名][하他][法] 傷害致死。
**상해**[詳解] [名][하他] 詳解、詳しく解釈すること。
**상해**[霜害] [名] 霜害、霜による農作物の被害。
**상:행**[上行] [名] ①[하自] 上の方に上ること、地方から上京すること。②「상행 열차」の縮約形。[대] 하행(下行)
상:행 열차[-列車] [名] 上り列車。
**상-행위**[商行爲] [名] 商行為。¶ ~로 간주하다 商行為と見做す。
**상:향**[上向] [名][하自] 上向き。¶ 가격을 ~ 조정하다 価格を上向きに調整する。[대] 하향(下向)
**상:현**[上弦] [名] 上弦。
상:현-달 [名] 上弦の月。
**상형**[象形] [名] 象形。
상형 문자[-文字] [名] 象形文字。
**상호**[相互] [名] 相互、交互。¶ ~간의 이익 相互間の利益/ ~ 견제하다 互いに牽制する。
상호 관계[-關係] [名] 相互関係。
상호 신:용 금고[-信用金庫] [名] 相互信用金庫。
상호 안정 보:장[-安全保障] [名] 相互安全保障。
**상호**[商號] [名] 商号。
**상혼**[商魂] [名] 商魂。¶ 억척스런 ~ たくましい商魂。
**상환**[相換] [名][하他][되自] 引き換えること。¶ 현금과 ~하다 現金と引き換える。
**상환**[償還] [名][하他][되自] 償還。¶ 부채를 ~하다 負債を償還する。
상환 공채[-公債] [名][經] 償還公債。
**상황**[狀況] [名] 状況、様子、ありさま。¶ ~ 판단 状況判断/ ~을 파악하다 状況を把握する。
**상:회**[上廻] [名][하他] 上回ること。¶ 예상을 ~하다 予想を上回る。
**상흔**[傷痕] [名] 傷痕、傷あと。¶ ~을 남기다 傷あとを残す。
**샅-바** [名] (「씨름」で)太ももに結んで四つに組むときのつかみ所とする細い帯。
**샅샅-이** [副] ①すきまごとに、いちいち。¶ 틈을 ~ 막다 隙間をいちいちふさぐ。②くまなく、漏れなく、すみずみまで。¶ ~ 조사하다 もれなく調べる。
**새**[1] [名] カヤ・ススキなどの総称。¶ ~로 지붕을 이다 かやで屋根をふく。
**새**[2] [名]《「사이」の縮約形》間、すき間。¶ 눈 깜작할 ~ またたく間/ ~가 뜨다 間が離れている。
**새:**[3] [名] ①鳥、小鳥。¶ 철~ 渡り鳥/ ~가 지저귀다 小鳥がさえずる。②すずめ。
[속담] 새 까먹는 소리 鳥のついばむ音。《根も葉もないうわさ》 새발의 피 鳥の足の血。《蚊の涙、雀の涙、無視してもよい位の少量をたとえていう語》
**새**[4] [冠] 新しい…、新…、ニュー。¶ ~ 옷 新しい着物/ ~ 해 新年。
[관용] 새 술은 새 부대에 新しい酒は新しい皮袋に盛れ。《新しい内容は新しい形式・制度などに入れよ》
**새-**[1] [接頭]《一部の名詞の前について》新しい、新しいものであること。¶ ~신랑 新郎、花婿。
**새-**[2] [接頭]《色が一層鮮やかで濃いことを表わす語》真っ…。¶ ~파란 真っ青な
**-새** [接尾]《出来ばえ・格好・程度などの意を表わす語》さま、ざま、…ぶり。¶ 생김~ 出来ぐあい、顔つき/ 쓰임~ 使いっぷり。
**새:-가슴** [名] 鳩胸。
**새겨-듣다** [他][ㄷ] 心に刻みつける。¶ 충고를 ~ 忠告を心に刻みつける。
**새:-고기** [名] ①鳥肉。②雀の肉。
**새곰-하다** [形][여] ややすっぱい。¶ 귤맛이 ~ みかんの味がややすっぱい。
**새:-그물** [名] 鳥網、霞網、雀羅。¶ ~을 치다 鳥網を張る。
**새근-거리다** [自] ①息をはずませる、息づく、息せく、あえぐ。②(子供が)ぐっすり寝入ってすやすやと呼吸する。③骨っ節がずきずきする。¶ 삔 발목이 ~ くじいた足首がずきずきする。
**새근-발딱** [副][하自]《息が切れてひどくあえぐようす》はあはあ。¶ ~ 달려오다 はあはあ息を切らして駆けて来る。
**새근-하다** [形][여] 骨っ節がややずきずきする。

¶ 발목이 ~ 足首がずきずきする。

**새금-하다** [形動] ややすっぱい、少し酸味がある。¶ 김치 맛이 ~ 漬物の味がややすっぱい。

**새기다**¹ [他] ①刻む、彫る、彫りつける、彫り込む、切りつける。¶ 나무에 글자를 ~ 木に文字を彫り付ける。¶ (心に)刻みつける、記す、銘じる。¶ 선생님의 가르침을 마음에 ~ 先生の教えを心に刻む。
<관용> 새기어 듣다 ①言葉どの意味を噛みこなす。②忘れないように注意を傾ける、心に刻む。

**새기다**² [他] ①(ことば・文の意味を)分かりやすく解釈する、かみくだく、かみこなす。¶ 원서의 내용을 ~ 原書の内容をかみこなす。②翻訳する、訳する。¶ 외국어를 ~ 外国語を翻訳する。

**새기다**³ [他] (牛・羊などが)反芻する。¶ 소가 먹은 것을 새기고 있다 牛が食べたものを反芻している。

**새-까맣다** [形H] ①真っ黒だ。¶ 새까만 머리 真っ黒い髪。②(距離的・時間的に)非常に遠く離れている、はるかだ。¶ 새까만 후배 はるかな後輩/갈 길이 ~ 道が非常に遠い。③(ある分野について)暗い、うとい。¶ 그 분야에 대해서는 ~ その分野についてはまったく知らない。④全然が記憶にない、すっかり忘れてしまっている。¶ 약속을 새까맣게 잊고 있었다 約束をすっかり忘れていた。

**새까매-지다** [自] 真っ黒になる。¶ 햇볕에 타서 ~ 日に焼けて真っ黒になる。

**새끼**¹ [名] 縄。¶ ~를 꼬다 なわを綯う。

**새끼-줄** [名] 縄、縄手。¶ ~에 발이 걸리다 なわに足をとられる。

**새끼**² [名] ①(動物の)子。¶ ~를 배다 子をはらむ。/ ~를 낳다 子を産む。②(俗) 小供ども、坊や、息子等。¶ 오, 내 ~ わが子よ。③(卑) 野郎ども、奴ら。¶ 저 ~ あの野郎。④(俗) (元金に対応する)利子、子。¶ 돈이 ~를 치다 金に利子がつく。
<관용> 새끼(를) 치다 (動物が)子を産んで繁殖する。

**새끼-발가락** [名] (足の) 小指。
**새끼-손가락** [名] (手の) 小指。
**새끼-손톱** [名] (手の) 小指の爪。
**새끼-집** (動物の) 子袋、子宮。

**새:-나다** [自] (秘密などが)ばれる、漏れる。¶ 기밀이 ~ 機密が漏れる。

**새:다**¹ [自] ①漏れる、流れ出る。¶ 불빛이 ~ 明かりが漏れる。②(会合・群衆などから)そっと抜け出る。¶ 대열에서 ~ 隊列から抜け出る。③(秘密などが)ばれる、漏れる。¶ 정보가 ~ 情報が漏れる。

**새:다**² [自] (夜が)明ける。¶ 어느새 날이 ~ いつのまにか夜が明ける。

**새:다**³ [他] (夜を)明かす。¶ 뜬눈으로 밤을 ~ まんじりともせず夜を明かす。

**새-댁**[-宅] [名] ①(「새집」の尊敬語) 新居。②(「새색시」の尊敬語) 新妻。¶ 옆집의 ~ 隣のの新妻。

**새-되다** [形] (声が) 甲高かん、高く鋭い。¶ 새된 소리를 내다 金切り声を立てる。

**새득-새득** [副][形] (やや枯れて萎びたようす) ざらざら、がさがさ。¶ 참외가 ~ 말랐다 真桑瓜がこちこちになった。

**새들-새들** [副][形] (少しずつ萎れる(萎びる)ようす・またはしおれたようす) くなくな、しなしな。¶ 새싹이 ~ 해지다 新芽がしなびている。

**새:-때** [名] 食事どくと食事の間の時間、おやつの時。

**새:-뜨다** [形] ①間隔がある、疎らである。②疎遠だ、疎い。

**새뜻-하다** [形] さっぱりしている、すがすがしい、新鮮である。¶ 새뜻한 아침 すがすがしい朝。

**새로** [副] 新しく、新たに。¶ ~ 연 가게 新しく開店した店/ ~ 시작하다 新たに始める。

**새록-새록** [副] ①(続いて新しいことが起こるようす) 続々と、次々と、相次いで、ひっきりなし。¶ 새로운 생각들이 떠오른다 次々に新しい考えが浮かぶ。②(更さらに新たしさを感じるようす) ますます、いよいよ、しみじみ(と)。¶ ~ 고향이 그립다 ますますふるさとがしのばれる。

**새롭다** [形B] ①新たしい、初めてだ。¶ 새로운 기술 新しい技術/ 전혀 새로운 경험이다 まったく初めての経験だ。②なお新たしく感じられる、なお鮮やかだ。¶ 아직도 기억에 ~ いまだ記憶に新しい。③必要だ、欲しい、要る。¶ 단돈 만 원이 ~ たった10,000ウォンの金でも今は大事だ。**새로-이** [副] 新たに、更に。¶ ~ 시작하자 改めて始めよう。初めて、新しく、新たに。¶ ~ 밝혀진 사실 初めて明らかになった事実。

**새롱-거리다** [自] ①しきりにぺちゃくちゃしゃべる、むだ口をたたく。¶ 경솔하게 ~ 軽率けいにぺちゃくちゃしゃべる。②(男女が)ふざける、戯れる、いちゃつく。¶ 여자와 ~ 女と戯れる。

**새-말** [名] 新語、新造語。
**새-말갛다** [形H] 真白しろて清い。

**새무룩-하다** [形動] むっつりしている、ふくれっつら面をする、すねている。¶ 새무룩하게 앉아있다 ふくれっつらをして座っている。<비> 시무룩하다 ②(天気が)どんより曇っている。¶ 새무룩한 하늘 どんよりした空。

**새벽** [名] 夜明け、明け方、暁。¶ ~ 빛 明け方の光/ ~ 전에 집을 떠났다 夜明け前に家を去った。

**새벽-같이** [副] 朝早く、朝っぱらから、明け方早く。¶ ~ 일어나다 朝早く起きる。

**새벽-녘** [名] 暁(の頃)、夜明け頃、明け

새벽-달 图 残月ざんげつ、夜明よあけの月つき、暁あかつきの月つき.
새벽-잠 图 夜明よあけ頃ごろに寝入ねいるふかい眠ねむり。¶ 왠 ~이 그리도 많으냐? どうしてこうも明あけ方がたによく眠ねむるのかね。
새-봄 图 新あらたにむかえる新春しんしゅん、初春はる.
새-빨갛다 圈 真まっ赤あかだ。¶ 새빨간 장미 真まっ赤あかなバラ。관 시뻘겋다
관용 새빨간 거짓말 真まっ赤あかな嘘うそ。
새-빨개지다 圓 真まっ赤あかになる。¶ 부끄러워서 얼굴이 새빨개졌다 恥はずかしくて顔かおが真まっ赤あかになった。
새-사람 图 ①新人しんじん、新参さんじん。¶ ~이 많이 모이다 新人しんじんが大勢おおぜい集あつまる。②新婦しんぷ、花嫁はなよめ。¶ ~이 들어오다 新婦しんぷが嫁よめいりして来くる。③(生活態度せいかつたいどを改あらためて)生うまれ変かわった人ひと。¶ ~이 되다 人ひとが生うまれ変かわる。④(基)霊的れいてきに生うまれ変かわった人ひと。
새-살 图 肉芽にくが(組織そしき)。¶ ~이 돋아나다 肉芽にくがが盛もり上あがる.
새살-거리다 自 にこにこしながらおもしろげにしゃべる。朗ほがらかに話はなす。¶ 친구들과 새살거리고 있다 友達ともだちと朗ほがらかにおしゃべりしている。관 새실거리다
새-살림 图하자 新所帯しんしょたい。¶ ~을 차리다 新所帯しんしょたいを持もつ.
새삼-스럽다 圈ㅂ ①今更いまさらのようだ、事新ことあたらしい。¶ 그의 우정이 새삼스럽게 고마웠다 彼かれの友情ゆうじょうが今更いまさらのように有難ありがたかった。②事新ことあたらしい、今更いまさらでもない。¶ 새삼스럽게 말할 것까지 없다 事新ことあたらしく言いうまでもない。새삼-스레 圖 今更いまさら、今更いまさらのように、事新ことあたらしく.
새-새 あいまあいま、ひまひま、すきますきま。¶ 배추밭 ~에 무를 심다 白菜畑はくさいばたけの合間あいま合間あいまに大根だいこんを植うえる.
새새-거리다 圓 やたらにしゃぎながらふざける.
새-색(:시) 图 新婦しんぷ、花嫁はなよめ。관 신부
새-서방[-書房] 图(俗) ①新郎しんろう、花婿はなむこ。②新あらたに迎むかえた夫おっと.
새:-소리 图 鳥とりの鳴なき声こえ.
새-순[-筍] 图 新芽しんめ、若芽わかめ。¶ ~이 나다 新芽しんめが出でる[吹ふく]。관 새싹
새시[sash] 图 サッシ、サッシュ。¶ 알루미늄 ~ アルミサッシ.
새-신랑[-新郎] 图 新郎しんろう、花婿はなむこ.
새실-거리다 圓 しきりににこにこしながらはしゃぐ。관 새살거리다
새실-새실 圖하자 軽かるはずみに笑わらいふざけるさま。관 새살새살
새-싹 图 ①新芽しんめ、若芽わかめ。¶ ~이 나다 若芽わかめが出でる。/ ~을 따다 若芽わかめを摘つむ。②(比)物事ものごとを支ささえとなるものの芽生めばえ。¶ 어린이는 나라의 ~ 子供こどもは国くにの若芽わかめ.
새-아기 图 しゅうとが新婚しんこんの嫁よめを言いう語ご.
새:-알 图 ①鳥とりの卵たまご。②雀すずめの卵たまご.
새앙 [根] 生姜[生薑]しょうが。관 생
새앙-쥐 图(動) 二十日鼠はつかねずみ.

새옹[塞翁] 图 塞翁さいおう.
새옹지-마[-之馬] 图 塞翁さいおうが馬うま。¶ 인간 만사 ~ 人間万事にんげんばんじ塞翁さいおうが馬うま.
새우 图(動) エビ.
속담 새우 싸움에 고래등 터진다 エビのけんかに鯨くじらの背せが裂さける。《目下めしたの者ものが犯おかした過あやまちで目上めうえの者ものが被害ひがいをこうむる》
새우-등 图 ①エビ腰ごし。②猫背ねこぜ。¶ ~이 지다 猫背ねこぜになる.
새우-잠 图 (エビのように)背中せなかを丸まるくして寝ねること.
새우-젓 图 小こエビの塩辛しおから.
새우다 阻 (夜よを)明あかす。¶ 숙제를 하느라고 밤을 ~ 宿題しゅくだいをするために夜よを明あかす.
새우다 阻 妬ねたむ、嫉そねむ、焼やきもちをやく、嫉妬しっとする.
새:-중간[-中間] 图 (「중간」の強調型) ちょうど中間ちゅうかん。¶ 두 사람의 ~에 들어서 화해를 시켰다 二人ふたりの間あいだに入はいって仲直なかなおりをさせた.
새-집¹ 图 新居しんきょ。①新築しんちくした家いえ、新宅しんたく。②新あらたに縁えんを結むすんだあいやけの家いえ。③花嫁はなよめをなじんで言いう称しょう.
새:-집² 图 鳥とりの巣す、ねぐら.
새:-참 图 (「사이참」の縮約形) 間食かんしょく.
새:-총[-銃] 图 ①鳥打とりうち用ようの空気銃くうきじゅう。②(おもちゃの)ぱちんこ.
새:-치 图 若白髪わかしらが.
새:-치기 图하자 ①割わり込こみ、横取よこどり。줄을 서지 않고 – 하다 並ならばないで列れつに割わり込こむ。②本業ほんぎょうのあいまあいまに他たの仕事しごとをすること.
새치름-하다 圈阻 ①何食なにくわぬ顔かおをする。②取とり澄すましている、おとなしいふりをする。새치름-히 圖 つんと、素知そしらぬ顔かおで.¶ ~ 돌아서다 つんとして背せを向むける。관 시치름하다
새치-부리다 阻 遠慮えんりょするふりをする、謙遜けんそんぶる、とりすます.
새침-데기 图 澄すまし屋や、かまとと、気取きどり屋や。¶ 아가씨 すましやのお嬢じょうさん.
새침-하다 圈 つんと澄すましている。¶ 새침한 아이 つんと澄すました子供こども.
새-카맣다 圈 真まっ黒くろだ。¶ 새카만 머리털 真まっ黒くろな髪かみの毛け。관 시커멓다
새콤-하다 圈 やや酸すっぱい。¶ 사과가 リンゴがやや酸すっぱい。관 시큼하다
새큰-거리다 圓 (骨節ほねぶしが痺しびれて)しきりにうずく.
새큰-새큰 圖하자 (骨節ほねぶしがうずき続つづけるようす) ずきずき。¶ 뼈마디가 ~ 아프다 関節かんせつがずきずきと痛いたい.
새큰-하다 圈阻 骨ほねっ節ぶしがずきんと痛いたい。관 시큰하다
새큼달큼-하다 圈阻 ややすっぱいながらもほどよく甘あまい.
새:-털 图 鳥とりのはね、羽毛うもう.
새-파랗다 圈阻 ①真まっ青あおだ。¶ 새파란 가

하늘 真っ青な秋の空。 ②非常に若い、まだ幼い。¶ 아직 새파랗게 젊은 주제에 まだ青二才のくせに。 ③(顔色が)真っ青だ、蒼白だ。¶ 공포로 얼굴이 새파랗게 되다 恐怖のため顔が真っ青になる。㉣ 시퍼렇다

새-하얗다 [形] 真っ白だ。¶ 새하얀 눈 真っ白な雪。

새-해 [名] 新年。¶ ~ 벽두 新春早々/ ~를 맞이하다 新年を迎える。

색 [色] [名] ①色。¶ 다갈~ 茶褐色/ 바탕~ 下色/ ~이 옅다 色が浅い。/ ~을 맞추다 色を合わせる。 ②女色、色事、情事。¶ 영웅 호~ 英雄色を好む。/ ~에 빠지다 色におぼれる。

색감 [色感] [名] 色感。

색골 [色骨] [名] 好色漢、すけべえ。

색깔 [色-] [名] 色、色彩。¶ ~이 곱다 色がきれいだ。

색-다르다 [色-] [形ㄹ] 種類が違う、おもむきが異となる、風変わりだ、目新たらしい。¶ 색다른 취미 趣きの異なった趣味/ 색다른 사람 風変わりな人。

색-동 [色-] [名] 色々に縞を入れた子供服の袖地で。

색동-저고리 [名] 袖さに「색동」をあてた子供のチョゴリ。

색떡 [色-] [名] 色とりどりにそめて作った餅。

색맹 [色盲] [名] [醫] 色盲。

색목-인 [色目人] [名] 色目人。

색사 [色事] [名] [하여] 色事、情事。

색상 [色相] [名] 色相、色あい。¶ 화려한 ~ はなやかな色あい。

색색 [色色] [名] 色とりどり、さまざまな色、各種の色。¶ ~으로 꾸미다 色とりどりに飾る。 ②色々、さまざま、種々。¶ 물건을 ~으로 갖추어 놓다 品物を色々取りそろえておく。 **색색-이** いろいろに[と]、色とりどりに。¶ ~ 물들이다 色とりどりに染める。

색색 [副] [하여] ①《眠るとき静かに呼吸をするようす・その音》すうすう、すやすや。¶ 아기가 ~ 잘 잔다 赤ちゃん坊がすやすやとよく眠る。 ②《少し荒く息をするようす・その音》はあはあ、ふうふう。¶ ~거리며 달려오다 はあはあと息を切らして駆けてくる。㉞ 쌕쌕

색소 [色素] [名] 色素。¶ ~ 세포 色素細胞。

색소 결핍증 [-缺乏症] [名] [醫] 色素欠乏症。

색소-체 [-體] [名] 色素体。

색소폰: [saxophone] [名] [音] サキソフォン、サックス。

색:시 [名] ①(未婚의) 処女다、乙女おと、娘。¶ 참한 ~ 気立てのよい娘。 ②(酒場がなどの) 酌婦、ホステス。 ③(「새색시」の縮約形) 新婦、花嫁妻。¶ ~를 얻다 嫁をもらう。

색-실: [色-] [名] 色染めの糸、色糸。

색-쓰다 [色-] [①性交する、射精する。 ②(俗) 嬌態を示す。

색-안경 [色眼鏡] [名] 色眼鏡。 ①サングラス。¶ ~을 쓰다 サングラスをかける。 ②(比) 偏見、先入観。¶ ~을 쓰고 보다 色眼鏡で見る。

색-연필 [色鉛筆] [名] 色鉛筆。

색욕 [色慾·色欲] [名] 色欲。①色情、情欲。 ②色と欲、情欲と利欲。

색-유리 [色琉璃] [名] 色ガラス。

색인 [索引] [名] 索引。¶ ~을 붙이다 索引をつける。

색정 [色情] [名] 色情、情欲。¶ ~에 빠지다 色恋にうき身をやつす。

색정-광 [-狂] [名] 色情狂、色気違い。

색조 [色調] [名] 色調、色い合い、色相そう。¶ 부드러운 ~ 柔らかい色調。

색-종이 [色-] [名] 色紙。㉒ 색지(色紙)

색주-가 [色酒家] [名] 売春をかねた飲み屋や、その店の女。

색즉시:공 [色卽是空] [佛] 色卽是空。

색채 [色彩] [名] 色彩。 ①いろどり。¶ 화려한 ~ 華はなやかな色彩。 ②傾向。¶ 야당적 ~가 짙다 野党的な色彩が濃い。

색채 감:각 [-感覺] [名] 色彩感覚。

색채 조절 [-調節] [名] 色彩調節。

색출 [索出] [名] [하여] [되여] 捜索、探さし出すこと、くまなく探すこと。¶ 범인을 ~하다 犯人を探し出す。

색칠 [色漆] [名] [하여] 色を塗ること、色塗り。¶ 벽을 노란색으로 ~하다 壁を黄色に塗る。

샌:-님 [名] ①「생원님」の縮約形。 ②おとなしい人の別称。 ③保守的で頑固な人、堅物。

샌드-백 [sandbag] [名] サンドバッグ。

샌드위치 [sandwich] [名] ①[料] サンドイッチ。 ②(比) 間にに挟まれた状態。

샌들 [sandal] [名] サンダル。

샐그러-뜨리다 [他] (一方に) 傾かせる、ゆがませる、ゆがめる。

샐러드 [salad] [名] サラダ。¶ ~ 드레싱 サラダドレッシング/ 야채 ~ 野菜サラダ。

샐러드-유 [-油] [名] サラダ油、サラダオイル。

샐러리-맨 [←salaried man] [名] サラリーマン。

샐룩 [副] [하여] [되여] 《筋肉の一部がぴくつるように動くようす》ぴくっ、ぴくり

샐룩-거리다 [自他] しきりにぴくぴくする、ぴくぴくさせる。¶ 입술을 ~ 唇をぴくぴくさせる。

샐-샐 [副] 《ふざけながらしきりにこそこそ笑うようす》へらへら、こそこそ。¶ 얄밉게 ~ 웃다 小憎らしくこそこそ笑う。

샐쭉-하다 [形여] ①拗ねる、いやな顔をする、ふくれっ面をする。¶ 입술을 ~ 口ちを尖らす。 ②一方にやや傾いている。

샘: [泉] [名] 泉。¶ 이야기의 ~ 話の泉/ 이솟다 泉が湧く。

샘:² 名[生] 腺ᡧ。¶ 땀 — 汗腺ᡧ。 ⊕ 선(腺)
샘:³ 名[해他] うらやみねたむこと、嫉妬ᢛ、やきもち。¶ ~이 나다 ねたましくなる。/ ~을 내다 妬む。/ ~이 많은 사람 嫉妬深い人ᠵ。
샘:-나다 自 妬ましくなる、やける。¶ 너무 예뻐서 ~ あまり美ᠠしいのでやける。
샘:-물 名 ①泉ᡠの水ᡠ。②泉水ᡧ。
샘:-솟다 自 ①泉ᡠが湧く。②(力ᡠ・勇気ᡠなどが)沸き立つ。¶ 새로운 힘이 ~ 新ᡠしい力ᡠが沸き立つ。
샘:-터 名 ①泉ᡠのある場所ᡠ。②泉ᡠのほとりの洗濯場ᡧ。
샘플[sample] 名 サンプル、見本ᡠ。
샘플링[sampling] 名 サンプリング。¶ ~ 조사 サンプリング調査ᡠ。
샛:-강[-江] 名 大ᡠきな川ᡠが途中ᡠで分ᠠかれて中間ᡠに島ᡠを造ᡠり下流ᡠでまた合流ᠠするᡠ支流ᠠ。
샛:-길 名 抜ᡠけ道、脇道ᡧ、間道ᡧ。¶ ~로 가다 抜け道を通ᡠる。
샛:-까맣다 形 真ᡧ黑だ、真ᡧ黑い。
샛:-눈 名 薄目ᡠ。¶ ~으로 훔쳐보다 うす目ᡠをあけて盗ᡠみ見ᡠる。
샛:-바람 名 《船乗ᡠりの語ᡠで》東風ᡠ。
샛:-별 名 明けの明星ᡠ、啓明ᡧ、金星ᡧ。⊕ 계명성
샛:-빨갛다 形 真ᡧ赤だ、真紅ᡧだ。
샛:-서방[-書房] 名 間男ᡧ、情夫ᡧ、間夫ᡧ。¶ ~을 두다 間男をこしらえる。
생[生] 名 生ᡧ。①生命ᡧ。¶ ~의 기쁨 生の喜びᡧ/ ~을 받다 生をうける。②生ᡠきていること。¶ ~과 사 生と死ᡠ。
생-[生] 接頭 ①《熟ᠠしていないのや乾ᡠいていないものを表ᡠす語ᡠ》生ᡠ…。¶ ~ 밤 生栗ᡠ。②《生ᡠのままや加工ᡠしていないのを表ᡠす語》生ᡠ…。¶ ~ 고기 生肉ᡧ/ ~ 가죽 生皮ᡠ。¶ ~ 명주 生絹ᡠ。③無理ᡠやり・不必要ᡠ・曖昧ᡧの意ᡠを表ᡠす語。¶ ~ 트집 無理な言ᡠいがかり。⑤生ᡠきていて出会ᡠう不幸ᡧ。/ ~ 이별 生ᡠき別ᡠれ。⑥直接ᡧに生ᡠんだことを表ᡠす語。¶ ~ 모 生母ᡠ。
-생[生] 接尾 ①《姓ᡧに付ᡠいて若ᡠい人ᡠであることを表ᡠわす》…生ᡧ。¶ 이(李) ~ 李生ᡧ。②《干支ᡠ・年数ᠠなどに付ᡠけて》…生ᡠまれ。¶ 7월 ~ 七月生ᠠ生ᡠまれ。
생가[生家] 名 生家ᡧ、実家ᡧ、親里ᡠ。
생-가슴[生-] 名 よけいな心配ᡧ、取ᡠり越ᡠし苦労ᠠ。
관용 생가슴(을) 앓다 取ᡠり越ᡠし苦労ᠠをする。
생각 名[해自他] ①考ᡠえ、思ᡠい、分別ᠠ、意見ᡧ、見解ᡧ。¶ 좋은 ~이 떠오르다 いい 考えが浮ᡠかぶ。/ ~ 없이 무모한 짓 分別のない無謀ᡠな行動ᡠ。/ ~ 한 것 보다 쉬웠다 思ったよりやさしかった。②関心ᡧ、欲望ᡧ、気持ᡠち。¶ 별로 ~이 없다 別ᠠに欲ᡠしくない。③ 意図ᠠ、つもり。¶ 회사를 그만둘 ~이다 会社ᠠをやめるつもりだ。④ 思ᡠい出ᡠ。

¶ 고향 ~ 故郷ᠠをしのぶ心ᠠ/ 어머니를 ~ 하다 母上を思う。⑤心配ᡧ、配慮ᡧ、考慮ᠠ。¶ ~이 미치다 配慮が及ᡠぶ。⑥思想ᠠ、考ᡠえ方ᠠ。
관용 생각이 꿀떡 같다 なにかを欲ᡠする思ᡠいが切ᡧである。 생각(이) 나다 ①考ᡠえつく、思ᡠいつく。②思ᡠい出ᡠす。 생각이 들다 気ᠠがする。
생강[生薑] 名[植] ショウガ。
생-걱정[生-] 名[해自他] いらぬ心配ᡧ。
생-것[生-] 名 生ᠠの物ᠠ、生物ᠠ。
생계[生計] 名 生計ᠠ、暮ᡠらし。¶ ~를 꾸리다 暮らしを立てる。/ ~가 막연하다 生計が漠然ᠠとしている。
생-고생[生苦生] 名[해自] よけいな苦労ᠠ。
생-고집[生固執] 名 えこじ、片意地ᡧ。
생고집-부리다 自 片意地ᡧを張る。¶ 쓸데 없는 ~ 無用ᠠな片意地を張る。
생-과부[生寡婦] 名 夫ᠠと別居中ᠠの女。
생-과자[生菓子] 名 生菓子ᠠ。
생-굴 名 生牡蠣ᠠ。
생글 副 《声ᠠを出ᡠさないでにこやかに笑うようす》にっこり、にっと。¶ 소녀는 ~ 웃었다 少女ᠠはにっこり笑った。
생글-거리다 自 にこにこする、にこやかに笑ᠠう。¶ 생글거리는 얼굴 にこやかな顔ᠠ。
생기[生氣] 名 生気ᠠ、活気ᠠ。¶ ~가 없는 눈 どんよりした目ᠠ。/ ~가 넘치다 生気があふれる。
생기다 自 ①できる、生ᡠじる。¶ 여드름이 ~ にきびができる。/ 근심이 ~ 心配ᡧが生じる。/ 버릇이 ~ 癖ᡠがつく。②(手ᠠに)入ᡠる、得る。¶ 돈이 ~ 金ᡠが入る。/ 생기는 것이 없다 利得ᠠがない。③発生ᡧする、起ᡠこる。¶ 사건이 ~ 事件ᡧが起こる。④(容貌ᠠ・形ᠠなどが)…である、…のように見ᠠえる。¶ 잘 생긴 여자 顔だちの整ᠠった女ᠠ/ 맛있게 생긴 케이크 おいしそうなケーキ。
생김-새 名 ①様態ᠠ、出来具合ᠠ。②顔付ᠠき、顔立ᡠちᠠ、見かけ。¶ ~가 사내답다 顔かたちが男ᡠらしい。
생-김치[生-] 名 漬ᡠけたばかりのキムチ、若ᠠい青菜ᠠで漬ᡠけたキムチ。
생-나무[生-] 名 生木ᠠ。¶ ~를 때다 生木を焚ᡠく。
생남[生男] 名[해自] 男ᠠの子ᠠを生ᡠむこと。⊕ 득남(得男)
생녀[生女] 名[해自] 女ᠠの子ᠠを生ᡠむこと。⊕ 득녀(得女)
생-년월일[生年月日] 名 生年月日ᡧ。
생니[生-] 名 丈夫ᠠな歯ᡠ。
생-담[生-] 名 吸ᠠいさしのタバコ、火ᠠをつけたまま吸ᡠわずに置ᡠいてあるタバコ。
생도[生徒] 名 生徒ᠠ。
생-돈[生-] 名 無駄金ᠠ。¶ ~을 쓰다 無駄金を使ᠠう。
생동[生動] 名[해自] 生動ᠠ、生ᡠき生ᡠきしてい

ること。¶ ~감이 넘친다 生動感があふれている。

**생때-같다**[生-] 形 とても丈夫そうだ、元気だ、達者だ。¶ 생때같은 자식이 죽었다 あたら元気な息子が死んだ。

**생-떼**[生-] 名 理不尽な要求、無理押し、横車。
〈관용〉**생떼(를) 쓰다** 理不尽な要求をする、無理押しをする、横車を押す、我意を張る。

**생략**[省略] 名他サ 省略。¶ 이하 ~/ 以下は省略/ 자세한 설명을 ~하다 詳しい説明を省く。

**생략-법**[-法] 名 省略法。

**생-로병-사**[生老病死] 名《佛》(生・老・病・死)の)四苦。

**생리**[生理] 名 生理。①(生物の)生理。¶ ~ 작용 生理作用。 ②月経。¶ ~ 휴가 生理休暇。

**생리-일**[-日] 名 生理日。

**생리-적**[-的] 冠 生理的。¶ ~인 현상 生理的な現象。

**생리-통**[-痛] 名 月経痛。

**생리-학**[-學] 名 生理学。

**생-매장**[生埋葬] 名他サ ①生き埋め。 ②(比)社会的に葬ほうること。

**생-맥주**[生麥酒] 名 生ビール。

**생면**[生面] 名 ①初対面。㉠ 생면목(生面目) ②他サ 面目が立つこと。

**생면-부지**[-不知] 名 一度とも会ったことのない人、全たく見知らぬ人。

**생멸**[生滅] 名他サ《佛》生滅いたる。

**생명**[生命] 名 生命。①命、寿命。¶ ~을 지키다 生命を守る。/ 이 기계는 ~이 길다 この機械は寿命が長い。 ②(物事の)核心、神髄。¶ 시계의 ~은 정확성에 있다 時計の生命は正確さにある。/ 신용은 은행의 ~이다 信用は銀行の生命だ。 ③ある分野で活動する期間。¶ 정치가로서의 ~이 끝나다 政治家としての生命が終わる。
〈관용〉**생명(을) 걸다** 命をかける。¶ ~을 걸고 싸우다 命をかけて戦たかう。

**생명 공학**[-工學] 名 生命工学、バイオテクノロジー。

**생명 보:험**[-保險] 名 生命保険。

**생명-수**[-水] 名 生命の水。

**생-명주**[生明紬] 名 生絹、すずし。

**생모**[生母] 名 生母、うみの母、実母。

**생목**[生-] 名 (消化されず)吐き戻した口の中なの食べ物。

**생-목숨**[生-] 名 ①生きている命。 ②(罪のない)無実の人の命。¶ ~을 빼앗다 無実の人の命を奪い取る。

**생몰**[生沒] 名 生没。¶ ~년 生没年。

**생-무지**[生-] 名 (ずぶの)素人。

**생물**[生物] 名 生物、いきもの。¶ ~계 生物界/ ~ 무기 生物兵器。

**생물-체**[-體] 名 生物体。

**생물-학**[-學] 名 生物学。

**생물 화:학**[-化學] 名 生物化学、生化学。

**생-밤**[生-] 名 生栗。

**생-방:송**[-放送] 名 生放送。㉠ 날방

**생-벼락**[生-] 名 ①なんの罪もなく落雷(ばち)にあたること。 ②思いわぬ災難、青天の霹靂。㉠ 날벼락
〈관용〉**생벼락(을) 맞다** 思いがけない災いをこうむる。

**생병**[生病] 名 過労ろう・心配事などでおこる病気じょう。¶ 밤을 일삼더니 ~이 났다 しょっちゅう徹夜をしたので過労で倒れた。

**생사**[生死] 名 生死じょう。①生と死と。¶ ~가 불명하다 生死が不明である。 ②生まれることと死ぬこと。

**생사**[生絲] 名 生糸、蠶糸。

**생-사람**[生-] 名 ①無辜の人、無実の人。 ②なんの関係もない人。¶ ~을 붙잡고 하소연하다 なんの関係もない人をつかまえて哀願する。
〈관용〉**생사람(을) 잡다** 無辜の人に濡れぎぬを着せせて苦しめる。

**생산**[生産] 名他サ ①生産。¶ ~력 生産力/ 대량 ~ 大量生産/ 쌀을 ~하다 米を生産する。 ②出産、子を生むこと。

**생산 가격**[-價格] 名《經》生産価格。

**생산 과:잉**[-過剩] 名 生産過剰。

**생산-비**[-費] 名《經》生産費。

**생산-성**[-性] 名《經》生産性。¶ ~을 향상시키다 生産性を向上させる。

**생-살**[生-] 名 ①肉芽。¶ ~이 돋아나다 肉芽が盛り上がる。 ②(患部以外の)健康な皮膚。¶ ~을 도려내는 아品み 身をえぐる様な辛さ。

**생색**[生色] 名 (人に何かを恩に着せて)面目が立つこと、手柄顔、得意顔。

**생색-나다** 自 面目が立つつ、体面が保たれる。

**생색-내다** 他 自分の手柄にする、顔を立てる、恩着せがましくふるまう。

**생생-하다**[生生-] 形ヨ 生々しい、生き生きしている。¶ 생생한 기억 生々しい記憶/ 세태를 생생하게 그려내다 世相を活写する。**생생-히** 副 生々しく、生き生きと。

**생선**[生鮮] 名 魚、生魚、鮮魚。¶ 싱싱한 ~ 生きのよい魚/ ~ 가게 魚屋/ ~을 굽다 鮮魚を焼く。

**생선-회**[-膾] 名 刺身、お作り。

**생성**[生成] 名 生成。¶ ~되다 新しい物質が生成する。

**생소**[生疎] 名他サ 疎いこと。①見知らぬこと、疎遠。¶ ~한 얼굴 見知らぬ顔。 ②不慣れだ、不案内。¶ ~한 업무/ 이 방면에는 전혀 ~합니다 この方面ではずぶの素人です。

**생-손** 名 (「생인손」의 縮約形) ひょうそ。

**생수**[生水] 名 ①生水、沸かしたり消毒

생시 ... したりしない清い泉。②[基]生命の水。
생시[生時][名]①生まれた時。②生きている間。③寝ていない間。¶ 꿈이냐 ~냐 夢かうつつか。
생식[生食][名][他]生食。㈘화식(火食)
생식[生殖][名][他]生殖。¶ ~ 기능 生殖機能。
생식-기[-器][名][生]生殖器。
생식 세:포[-細胞][名][生]生殖細胞。
생신[生辰][名]誕生日。¶ ~을 축하하다 誕生日を祝う。
생애[生涯][名]生涯、一生(の間)。¶ 교육자로서의 ~ 教育者としての生涯。
생업[生業][名]生業。¶ ~에 힘쓰다 生業に精出す。
생-우유[生牛乳][名]生牛乳。
생-으로[生-][副]①生で、生のままで。¶ ~ 먹다 生のままで食べる。②無理じいに、理由もなく。¶ ~ 사람을 잡다 わけもなく人をおとし入れる。
생-이별[生離別][名][他]生き別れ。¶ 부모와 ~하다 親と生き別れになる。
생인-손[名]指先にできるはれもの、ひょうそ。¶ ~으로 고생하다 ひょうそで苦しむ。
생일[生日][名]誕生日。
생일-날[名]誕生日。
생일 잔치[名]誕生祝い、誕生パーティー。
생장[生長][名][自]成長、生まれて育つこと、伸びそだつこと。¶ 벼가 ~하다 稲が成長する。
생장-점[-點][名][植]成長点。
생전[生前][名]生前、生きている間。¶ 살아 ~의 모습 在りし日の面影/~에 거처하던 방 生前に暮らしていた部屋。
생전[生前][副]①いくらやっても、決っして、全然。¶ ~ 해봐도 헛일이다 いくらやってみても無駄なことだ。②生まれてこのかた。¶ ~ 처음이다 生まれて初めてだ。
생존[生存][名][自]生存、生きていること、生き残ること。¶ ~자 生存者/그는 아직 ~하고 있다 彼はまだ生きている。
생존 경:쟁[-競爭][名]生存競争。
생존-권[-權][名][法]生存権。
생-죽음[生-][名][自]非命、[非業]の死。
생:-쥐[名]ハツカネズミ。
생즙[生汁][名](果物などなどを)すり潰して搾り出した液体汁。
생지[生紙][名]生紙。
생-지옥[生地獄][名]生き地獄。
생질[甥姪][名]姉妹のむすこ、甥。
생질-녀[-女][名]姉妹の娘、姪。
생-째[生-][名]生のもの。
생채[生菜][名]青菜。
생채기[名]掻かき傷、擦すり傷。¶ ~가 나다 擦り傷がつく。
생체[生體][名]生体。¶ ~ 실험 生体実験。
생체 반:응[-反應][名]生体反応。
생태[生態][名]生態。¶ 개미의 ~를 관찰하다 アリの生態を観察する。
생태-계[-系][名][生]生態系。
생태-학[-學][名][生]生態学。
생-트집[生-][名]訳もなくやたらにけちをつけること、言いがかり、無理難題なんだい、むちゃな難癖なん。¶ ~을 잡다 無理難題をふっかける。
생-판[生-][名]①まったく知らないこと、またその人。¶ 거기에 대해서는 완전히 ~이다 それに関しては全く知らない。②(副詞的に)全然、全まったく、むやみに。¶ ~ 낯선 사람 全然見たことのない人/~ 다르다 まったく違う。
생포[生捕][名][他][自]生け捕どること。¶ 적을 ~하다 敵を生け捕る。
생필-품[生必品][名]「생활 필수품」の縮約形。
생화[生花][名]生花、自然のままの花。
생환[生還][名][自]生還。¶ ~자 生還者/무사히 ~하다 無事ぶじに生還する。
생활[生活][名][自]生活、暮らし。¶ ~ 수준 生活水準/사치스러운 ~ ぜいたくな生活/~이 곤란하다 暮らしに困る。
생활-고[-苦][名]生活苦。¶ ~에 시달리다 生活苦に悩まされる。
생활-력[-力][名]生活力。¶ ~이 강하다 生活力が強い。
생활 방식[-方式][名]生活方式。
생활-비[-費][名]生活費。¶ ~가 많이 든다 生活費が多おくかかる。
생활 필수품[-必需品][名]生活必需品。
생후[生後][名]生後、出生後、生まれて以来。¶ 3개월된 아기 生後三か月の赤ちゃん坊や。
샤:머니즘[shamanism][名]シャーマニズム。
샤워[shower][名]シャワー。
샤:프[sharp][名]シャープ。①「샤프 펜슬」の縮約形。②[音]要記号だっごう。③[形]鋭えいこと。¶ 선배는 머리가 ~하다 先輩せんぱいは頭あたまがシャープだ。
샤:프 펜슬[-pencil][名]シャープペンシル。
샴페인[프 champagne][名]シャンペン。
샴푸[shampoo][名]シャンプー。①[他]洗髪せんぱつ。②洗髪剤ざい。
상송[프 chanson][名][音]シャンソン。
서[西][名]西にし。㊀ 서쪽。
서:[署][名]署。①경찰署、②警察署けいさつ、税務署などの縮約形。
서가[書架][名]書架。¶ 책을 ~에 꽂아두다 本を書架にさしておく。
서간[書簡・書柬][名]書簡、手紙。
서간-문[-文][名]書簡文。
서간-체[-體][名]書簡体。
서:거[逝去][名][自]逝去。¶ 국왕이 ~하시다 国王が逝去される。
서고[書庫][名]書庫、文庫、書物もうぐら。¶ ~에 책을 넣다 書庫に本を入れる。
서:광[曙光][名]曙光。¶ ~이 비치다 曙光がさす。

**서구**[西歐] 图 西欧せいおう。
　**서구 문화**[-文化] 图 西欧文化ぶんか。

**서근서근-하다** 形여 ①愛想あいそよく親切しんせつでやさしい、人当ひとあたりがよい。②(りんごやなしをかじるように)しゃきしゃきする、さくさくする。②1 사근사근하다。

**서글서글-하다** 形여 度量どりょうが広ひろく優やさしい、寛大かんだいで愛想あいそがよい。¶ 서글서글한 성품 ゆったりしてやさしい気性きしょう/ 서글서글한 눈매 優やさしい目差まなざし。

**서글프다** 形 ①悲かなしくわびしい、もの悲がなしい。¶ 서글픈 계절 わびしい季節きせつ。②やるせない、さびしくなごりおしい。¶ 서글픈 표정 やるせない表情ひょうじょう。

**서기**[西紀] 图 世紀せいき。
**서:기**[暑氣] 图 暑気しょき。
**서:기**[瑞氣] 图 瑞気ずいき。¶ ~가 어리다 瑞気がただよう。

**서까래** 图 垂木たるき。

**서남**[西南] 图 西南なん。
　**서남-간**[-間] 图 西にしと南みなみとの方位ほうい。
　**서남-쪽** 图 西南なんの方ほう。
　**서남-풍**[-風] 图 西南の風かぜ。

**서늘-하다** 形여 ①やや冷つめたい、冷ひえ気味ぎみだ、涼すずしい。¶ 새벽 바람이 ~ 明あけ方がたの風かぜがやや冷つめたい。②(心こころ・雰囲気ふんいきが)ひやりと寒気さむけがする。¶ 분위기가 서늘해지다 雰囲気ふんいきが冷ひえ気味ぎみになる。

**서다** 自 ①立たつ。¶ 똑바로 ~ まっすぐに立たつ。②建たつ、建設けんせつされる。¶ 동상이 ~ 銅像どうぞうが建たつ。/ 빌딩이 ~ ビルが建たつ。③(国こく・機関きかんなどが)建たつ、設立せつりつされる、樹立じゅりつされる。¶ 정부가 ~ 政府せいふが樹立される。④(動うごいているものが)止とまる、停止ていしする。¶ 열차가 ~ 列車れっしゃが止まる。⑤開ひらかれる、開設かいせつされる。¶ 5일마다 장이 ~ 5日毎いつかごとに市しが立たつ。⑥(筋道すじみちが)通とおる。¶ 이치가 ~ 筋道が立つ。⑦(秩序ちつじょ・面目めんぼくなどが)守まもられる、保たもたれる。¶ 명령이 ~ 命令めいれいが守られる。/ 체면이 ~ 体面たいめんが保たもたれる。⑧(刃はなどが)鋭するどくなる、とがる。¶ 칼날이 ~ 刀かたなの刃はが鋭くなる。⑨(虹にじなどが)かかる、現あらわれる。¶ 무지개가 ~ 虹がかかる。⑩(青筋あおすじ・血管けっかんが)立つ。¶ 핏발이 선 눈 血走ちばしった目め。⑪妊娠にんしんする、こどもができる、身ごもる。¶ 아이가 서나 보다 こどもができたようだ。⑫(『…에 다』の形かたちで)(…に)立つ、つく、つく。¶ 선두에 ~ 先頭せんとうに立つ。⑬(他動詞てきに)…をする、…に立つ。¶ 보증을 ~ 保証ほしょうする。

**서당**[書堂] 图 むかし漢文かんぶんを教おしえた私塾しじゅく、寺子屋てらこや。
　[속담] **서당 개 삼 년에 풍월한다** 熟どくの犬いぬ三年さんねんに詩しを吟ぎんずる。《門前もんぜんの小僧こぞう習ならわぬ経きょうをよむ》

**서도**[書道] 图 書道しょどう。¶ ~의 대가가 되다 書道の大家たいかになる。

**서:두**[序頭] 图 前口上まえこうじょう、冒頭ぼうとう、書かき出だし。¶ 연설의 ~ 演説えんぜつの冒頭/ ~가 길다 前口上が長ながい。

**서두르다** 他르 急いそぐ、急せく、急せき立たてる、あせる。¶ 서두르면 실패하기 쉽다 あせれば失敗しっぱいしやすい。

**서랍**[←舌盒] 图 引ひき出だし。¶ 책상 ~을 열다 机つくえの引きだしを開あける。

**서:러워-하다** 他여 悲かなしむ、嘆なげく。¶ 아들을 잃고 ~ 息子むすこを失うしなって悲しむ。

**서로** 副 ①互たがいに、共ともに、一緒いっしょに。¶ ~ 돕다 互いに助たすけ合あう。/ ~ 마주 보다 互いを向むかい合あう。②(《名詞的めいしてきに》)相互そうご、お互い。¶ ~의 이익 お互いの利益りえき/ ~를 아끼다 お互いを大切たいせつにし合う。

**서로서로** 副 互たがいに、共々ともに、一緒いっしょに。

**서:론**[序論] 图 序論じょろん、文書ぶんしょ、序説じょせつ。

**서류**[書類] 图 書類しょるい。¶ 한 묶음 書類一綴ひとつづり/ 당국에 ~를 제출하다 当局とうきょくに書類を提出ていしゅつする。

**서른** 数 三十さんじゅう、みそ。¶ ~ 살이 되다 三十歳さいになる。

**서름-하다** 形여 ①(対人関係たいじんかんけいなどが)親したしくない、疎うとい、よそよそしい。¶ 서름한 사이 疎うとい仲なか。②(物事ものごとに不慣ふなれだ、下手へただ、未熟みじゅくだ。

**서리¹** 图 ①霜しも。¶ 첫 ~ 初霜はつしも/ ~가 내리다 霜が降ふりる。②(比ひ) ひどい被害ひがい、打撃だげき。¶ ~ 된 ~를 맞다 ひどい打撃を受うける。③(比) 白髪はく・しらが。¶ 머리에 ~를 이다 白髪しらがになる。
　**서릿-발** 图 ①霜柱しもばしら。¶ ~이 서다 霜柱が立つ。②(断罪だんざい・権威けんいなどの)きびしく、おごそかなこと。¶ ~ 같은 호령 秋霜しゅうそうの如ごとき号令ごうれい。

**서리²** 图여 群むれをなして他人たにんの(スイカなどの)もの盗ぬすみ取とるいたずら。
　[관용] **서리(를) 맞다** 畑はたなどを荒あらされて被害を被こうむる。
　**서리-꾼** 图 他人たにんの畑などを荒あらす人。

**서리³** 图 (『何なにかたくさん集あつまっている状態じょうたい』) 群むれ、山積やまづみ。¶ 사람 ~ 人ひとの群れ。

**서:리**[署理] 图여 代理だいり、職務しょくむ代理だいり。¶ 국무총리 ~ 国務総理こくむそうり代理。

**서리다¹** 自 ①(水蒸気すいじょうき・霜しもなどが)立たちこめる、漂ただよう。¶ 안개가 ~ 霧きりが立ちこめる。②(細ほそい線状せんじょうのものが)絡からまる、もつれる。¶ 거미줄이 ~ クモの糸いとが絡まる。③(胸むね・心こころの中なかに)潜ひそむ、秘ひめられる、こもる。¶ 그리움이 서린 눈빛 恋こいしさを秘めたまなざし。

**서리다²** 他 (長ながいものを渦状うずじょうに)巻まく、巻きくるめる。¶ 뱀이 몸을 ~ 蛇へびがとぐろを巻く。

**서:막**[序幕] 图 序幕じょまく。¶ ~이 오르다 序幕があがる。

**서머**[summer] 图 サマー、サンマー、夏なつ。
　**서머 스쿨:**[-school] 图 サマースクール。

서머 타임[-time] 名 サマータイム。

서먹서먹-하다 形и 疎々しい、気まずい、よそよそしい、ぎこちない。¶ 서먹서먹한 사이 気まずい仲。

서면[書面] 名 書面。¶ ~으로 보고하다 書面で報告する。

서면 계:약[-契約] 名 書面契約。

서면 심:리[-審理] 名[法] 書面審理。

서:명[署名] 名[하自] 署名、サイン。¶ ~ 운동 署名運動/ 계약서에 ~하다 契約書に署名する。

서명 날인[-捺印] 名[하自] 署名捺印。

서명 대:리[-代理] 名[法] 署名代理。

서:모[庶母] 名 庶母、父親の妾。

서:민[庶民] 名 庶民、平民。¶ ~층 庶民層/ 일반 ~ 一般庶民/ ~의 목소리 庶民の声。

서:민 계급[-階級] 名 庶民階級。

서:민-적[-的] 冠名 庶民的。¶ ~인 취미 庶民的な趣味。

서-반-구[西半球] 名[地] 西半球。

서방[西方] 名 西方。①西の地方。②西側、西にヨーロッパ諸国。③「서방극락」の縮約形。

서방 극락[-極樂] 名[佛] 西方極樂。

서방 정토[-淨土] 名[佛] 西方浄土。

서방[書房] I 名〈俗〉夫。¶ ~을 얻다 夫を得る。 II 官職のない人の名字について呼ぶ語。¶ 김 ~ 金さん。

서방-질 名[하自] 間男と密通すること、姦通。

서벅-거리다 自他 ①りんご・梨などをかむような音をたてる。②砂地を歩くような音をたてる。

서부[西部] 名 西部、(ある地方から)西の方。¶ ~ 지역 西部地域。

서부-극[-劇] 名 西部劇。

서부 영:화[-映畵] 名 西部映画。

서분서분-하다 形и (性格が)優しくて親切だ、あいそがよい。¶ 사람됨이 ~ 人となりがあいそがよい。副 서분서분하다

서:브[serve] 名[하自] サーブ。

서브[sub] 名 サブ。

서브-웨이[-way] 名 サブウェー、地下鉄。

서브-타이틀[-title] 名 サブタイトル。①副題。②(映画の)補助字幕。

서:비스[service] 名[하自他] サービス。¶ ~ 상품 サービス品/ ~가 좋은 가게 サービスのいい店。

서:비스산:업[-産業] 名 サービス産業。

서:비스-업[-業] 名 サービス業。

서뿐 副〈軽い音がしないように踏み出すようす・その音〉そっと、すっと。¶ ~ 방안으로 걸어 들어오다 そっと部屋の中へ入ってくる。㉲ 사뿐

서:사[敍事・叙事] 名[하自他] 敍事。¶ ~문 敍事文。

서:사-시[-詩] 名[文] 敍事詩。

서:사-체[-體] 名[文] 敍事体。

서산[西山] 名 西山、西の山。

서:-생원[鼠生員] 名 鼠を擬人化して呼ぶ語。

서:서-히[徐徐-] 副 徐々に、ゆっくり、おもむろに、やおら、じわじわと。¶ ~ 움직이다 徐々に動く。/ ~ 물이 불어나다 徐々に水かさが増す。

서:설[序說] 名 序説。

서:설[瑞雪] 名 瑞雪、めでたい雪。

서성-거리다 自 ぶらつく、うろつく、ぶらぶらする、うろうろする。¶ 극장 앞에서 서성거리고 있다 映画館の前でうろうろしている。

서:술[敍述] 名[하自他] 叙述。¶ 사건을 상세히 ~하다 事件を詳しく叙述する。

서스펜스[suspense] 名 サスペンス。

서슬 名 ①刃物などの鋭い部分、刃。¶ ~이 푸른 칼날 鋭い刃先。②剣幕、気勢。¶ ~이 시퍼렇다 凄い剣幕だ。

서슴다 自他 ためらう、躊躇する。¶ 서슴지 않고 말을 걸어 왔다 ためらわず話しかけてきた。

서슴-없다 形 躊躇しない、ためらわない。¶ 서슴없는 태도 躊躇しない態度。 서슴없이 副 躊躇しないで、ためらいなく、ずけずけと。¶ ~ 말하다 ためらわずに話す。

서:시[序詩] 名 序詩。

서식[書式] 名 書式。¶ ~에 맞추어 쓰다 書式に合わせて書く。

서신[書信] 名 書信、手紙、便り。¶ ~을 받다 書信を受け取る。

서안[書案] 名 書案。①机。②文書を下書かせる。

서:약[誓約] 名[하自他] 誓約。¶ 비밀을 지키겠다고 ~하다 秘密を守ると誓約する。

서:약-서[-書] 名 誓約書、誓書。

서양[西洋] 名 西洋。¶ ~ 사람 西洋人/ ~ 문명 西洋文明/ ~ 음악 西洋音楽。

서양-사[-史] 名 西洋史。

서양-식[-式] 名 西洋式、洋式。¶ ~ 건축 西洋式建築。

서양 요리[-料理] 名 西洋料理。

서양-화[-畵] 名 西洋画、洋画。

서역[西域] 名 西域。

서:열[序列] 名 序列。¶ 연공 ~ 年功序列/ ~이 위다 序列が上である。/ ~을 매기다 序列をつける。

서예[書藝] 名 書道。¶ ~를 배우다 書道を習う。

서예-가[-家] 名 書道家、書家。

서운-하다 形и ①なんとなく寂しい、物足りない、名残惜しい、残念だ。¶ 서운한 느낌이 들다 名残惜しい気がする。/ 그를 보지 못해서 ~ 彼らに会えなくて寂しい。 ②(待遇などが)冷たい、不当だ。¶ 서운한 대접 冷たいもてなし。

서울 名 ①[地] ソウル。②都、首都、京。¶ ~로 올라가다 都に上る。

**[속담]** 서울 가서 김서방 찾기 ソウルに行って金さん探し。《当てもなく探すことをたとえて言う語》

**서울-깍쟁이** 图 ソウル住まいの人の抜け目ないようすをいう言葉。

**서울-내기** 图 ソウル生まれ、ソウルっ子。

**서-유럽**[西-] 图 西ヨーロッパ。

**서:자**[庶子] 图 庶子、妾腹の子。¶ ~로 입적하다 庶子として入籍する。

**서:장**[誓狀] 图 誓状、誓約書。

**서:장**[署長] 图 ①署長。②「경찰서장(警察署長)」の縮約形。

**서재**[書齋] 图 書斎。¶ ~에 틀어박히다 書斎に籠もる。

**서적**[書籍] 图 書籍、書物、本。¶ 목록 ~ 書籍目録 / 신간 ~ 新刊書籍。

**서점**[書店] 图 書店、本屋。

**서:정**[抒情・叙情] 图 [하自] 抒情、叙情。

**서:정-시**[-詩] 图 [文] 叙情詩。

**서:정-주의**[-主義] 图 [文] 叙情主義、リリシズム。

**서:제**[序題] 图 序文、序言。

**서증**[書證] 图 書証。

**서지**[書誌] 图 書誌。

**서지-학**[-學] 图 書誌学。

**서-쪽**[西-] 图 西方、西の方、西側。¶ ~에서 불어오는 바람 西の方から吹いてくる風 / 해가 ~으로 지다 日が西に沈む。

**[속담]** 서쪽에서 해가 뜨다 西の方から日が昇る。《絶対に不可能なことやあり得ないこと》

**서찰**[書札] 图 書札、書きつけ、書状、手紙。

**서체**[書體] 图 書体。

**서:출**[庶出] 图 庶出、妾腹、妾、妾の子。

**서:커스**[circus] 图 サーカス。¶ ~단 サーカス団。

**서:클**[circle] 图 サークル。¶ ~ 활동 サークル活動 / 독서 ~ 読書サークル。

**서:투르다** 图 ①下手だ、不得手だ、不慣れだ、未熟だ、まずい、つたない、不器用だ。¶ 서투른 일 不慣れな仕事 / 서투른 영어로 말하다 下手な英語で話す。②よく知らない、面識が薄い、疎い、ぎこちない。¶ 일본 사정에 ~ 日本事情に疎い。③《「서투르게」の形で》下手に、うかつに。¶ 서투르게 행동하다가는 실패하기 쉽다 うかつに行動すると失敗を犯しやすい。

**서표**[書標] 图 しおり、挟み紙。¶ 책에 ~를 끼우다 本にしおりを挟む。

**서:-푼**[←-分] 图 三文。①一文しない三倍だ。②いささかの値打ちもない取るに足りないもの。¶ ~어치도 안 되는 물건 三文の値打ちもない品物。

**서푼** 副《足音がしないように軽く踏み出すようす》そっと、すっと、すっと。

**서:품-식**[叙品式] 图 [가] 叙階式。

**서풍**[西風] 图 西風。¶ ~이 불다 西風が吹く。

**서:핑**[surfing] 图 サーフィン、波乗り。

**서한**[書翰] 图 書翰、書簡、手紙。

**서한-문**[-文] 图 書簡文。

**서한-체**[-體] 图 書簡体。

**서해**[西海] 图 ①西海、西の海。②黄海を指す語。

**서:행**[徐行] 图 [하自] 徐行。¶ ~ 운전 徐行運転 / 건널목 앞에서 ~하다 踏切の前で徐行する。

**서:행 구간**[-區間] 图 徐行区間。

**서향**[西向] 图 [하自] 西向き。

**서향-집**[西-] 图 西向きの家。

**서화**[書畵] 图 書画。

**서화 골동**[-骨董] 图 書画骨董。

**서화-상**[-商] 图 書画などを専門に売買する人。

**석**[石] 依 石。¶ 쌀 백 ~ 米百石。冠 섬。

**-석**[席] 接尾 …席。¶ 관람 ~ 観覧席 / 내빈 ~ 来賓席。

**석가**[釋迦] 图 [佛] 釈迦。

**석가-모니**[-牟尼] 图 [佛] 釈迦牟尼。

**석가 여래**[-如來] 图 [佛] 釈迦如来。

**석가-탑**[-塔] 图 [佛] 釈迦塔。

**석간**[夕刊] 图 《「석간 신문」の縮約形》夕刊。

**석간 신문**[-新聞] 图 夕刊新聞。

**석간-수**[石間水] 图 石清水、岩清水。

**석고**[石膏] 图 石膏。¶ ~ 상 石膏像。

**석고 붕대**[-繃帶] 图 [醫] ギプス。

**석고-대죄**[席藁待罪] 图 [하自] わらむしろの上に座って処罰を待つこと。

**석공**[石工] 图 ①石工、石大工。②「석공업(石工業)」の縮約形。

**석공-업**[-業] 图 石・コンクリートなどを扱う作業。

**석관**[石棺] 图 石で造った棺、石棺。

**석굴**[石窟] 图 石窟、岩窟、いわや。¶ ~ 사원 石窟寺院。

**석권**[席卷・席捲] 图 [하他] 席巻。¶ 세계를 ~하다 世界を席巻する。

**석기**[石器] 图 石器。

**석기 시대**[-時代] 图 石器時代。

**석녀**[石女] 图 石女、子供のできない女。

**석-달** 图 三個月。

**석둑** 副《少し大きい物を一気に断ち切るようす》ざくっ、ざくり。

**석등**[石燈] 图 石灯籠。

**석랍**[石蠟] 图 [化] 石蠟、パラフィン。

**석류**[石榴] 图 ①[植] ザクロの実。②[漢] ザクロの皮。③飾り餅の一種。

**석면**[石綿] 图 石綿。

**석면-사**[-絲] 图 石綿糸。

**석물**[石物] 图 墓の前にある石づくりの飾りもの(石人・石獸など)。

**석방**[釋放] 图 [하他] [법] 釈放。¶ 무죄로 ~되다 無罪により釈放される。

**석별**〔惜別〕 图[하]自他 惜別する。¶ ~의 정 惜別の情じょう。
　**석별-연**〔-宴〕 图 惜別せきべつの宴えん。
**석사**〔碩士〕 图 ①修士しゅうし。 ②(むかし)官職かんしょくのない儒者じゅしゃをたかめていう語ご。
**석:삼년**〔三年〕 图 (三度さんど重かさなる三年さんねんすなわち)九年ねん、長ながい歳月さいげつ。
**석상**〔石像〕 图 石像ぞう。¶ ~을 조각하다 石像ぞうを彫ほる。
**석상**〔席上〕 图 席上じょう。¶ 회의 ~에서 발언하다 会議かいぎの席上じょうで発言はつげんする。
**석석** 副 ①《軽かるくこすり合あわせたり 掃はいたりするようす・その音おと》さっさっ、ざっざっ。¶ 마룻바닥을 ~ 문지르다 床板ゆかいたをきっさとふく。 ②《紙かみ・布ぬのなどを一気いっきに軽かるく切きっていくようす・その音おと》さくさく、じょきじょき。¶ 종이를 ~ 자르다 紙をじょきじょき切きる。
**석쇠** 图《肉にくなどを焼やく》焼やき網あみ。
**석수**〔石手〕 图 石屋いしや、石工いしく。
　**석수-장이**〔俗〕 图 石屋いしや。
**석순**〔石筍〕 图[鑛] 石筍じゅん。
**석실**〔石室〕 图 石室せきしつ・いしむろ。
　**석실-분**〔-墳〕 图[考古] 石室しつ、石室古墳こふん。
**석양**〔夕陽〕 图 夕陽ひ、夕日ひ、洛陽ようく、入いり日ひ。¶ ~이 비친 창가 夕日の射さす窓際まどぎわ。 ②夕ゆうぐれ、夕方がた、夕刻こく。¶ ~에 돌아오다 夕方に帰かえる。 ③〈比〉老年ろうねん、たそがれ(どき)。¶ 인생의 ~ 人生じんせいのたそがれ。
　**석양-녘** 图 夕暮ゆうぐれ(時どき)、日暮ひぐれ(時どき)、夕方がた、夕刻こく。
**석연-하다**〔釋然-〕 形回 釋然しゃくぜんとしている、割わり切きれる、すっきりする。¶ 석연치 않은 설명 釋然としない説明せつめい。
**석영**〔石英〕 图[鑛] 石英せきえい。
**석유**〔石油〕 图 石油せきゆ。¶ ~ 난로 石油ストーブ／~ 산업 石油産業さんぎょう／~를 정제하다 石油を精製せいせいする。
　**석유 기관**〔-機關〕 图[機] 石油機関きかん、オイルエンジン。
　**석유 탐사**〔-探査〕 图 石油探査たんさ。
　**석유 화:학 공업**〔-化學工業〕 图 石油化学かがく工業こうぎょう。
**석재**〔石材〕 图 石材せきざい。¶ ~상 石材商しょう。
**석조**〔石造〕 图 石造ぞう、石造いしづくり。¶ ~ 건물 石造り建物たてもの。
　**석조-전**〔-殿〕 图 石造の宮殿きゅうでん。
**석주**〔石柱〕 图 石柱せきちゅう・いしばしら。
**석죽**〔石竹〕 图[植] セキチク、カラナデシコ。⇨ 패랭이꽃
**석차**〔席次〕 图 席次せきじ。①座席ざせきの順じゅん、席順じゅん。¶ ~를 정하다 席順を決きめる。 ②成績せいせきの順位じゅんい。¶ ~가 많이 올라갔다 席次がぐんと上あがった。
**석천**〔石泉〕 图 石泉せきせん、岩清水いわしみず。
**석탄**〔石炭〕 图[鑛] 石炭たん。¶ ~ 광 石炭鉱こう／~을 채굴하다 石炭を採掘さいくつする。⇨ 탄(炭)

**석탄 가스**〔-gas〕 图[化] 石炭ガス。
**석탄-산**〔-酸〕 图[化] 石炭酸さん。¶ ~ 수지 石炭酸樹脂じゅし。
**석탄-층**〔-層〕 图[地] 石炭層そう。
**석탑**〔石塔〕 图 石塔せきとう。
**석패**〔惜敗〕 图[하]自 惜敗せきはい。¶ 한 점 차로 ~하다 一点いってんの差さで惜敗する。
**석화**〔石火〕 图 石火せっか、大変たいへんすばやいこと。¶ 전광 ~ 電光でんこう石火。
**석회**〔石灰〕 图[化] 石灰せっかい・いしばい。¶ ~를 뿌리다 石灰をまく。
　**석회-동**〔-洞〕 图 石灰洞せっかい、鍾乳洞しょうにゅうどう。
　**석회 비:료**〔-肥料〕 图 石灰肥料ひりょう。
　**석회-질**〔-質〕 图 石灰質せっかいしつ。
　**석회 질소**〔-窒素〕 图[化] 石灰窒素ちっそ。
**섞-갈리다** 圁 入いり乱みだれる、もつれる。¶ 이야기가 ~ 話はがもつれる。
**섞다** 他 ①混まぜる、混まぜ合あわせる。¶ 여러 가지 재료를 ~ いろいろな材料りょうを混ぜる。 ②(ほかのものを)入いれる、交まじえる、はさむ。¶ 농담을 섞어 가며 이야기하다 冗談じょうだんを交えながら話はす。
**섞박-지** 图 大根だいこん・白菜はくさいなどを大おおきめに平ひらたく切きって いろいろな薬味やくみを加くわえて漬つけるキムチ。
**섞이다** 圁(「섞다」の受動) 混まじる、混まざる。¶ 불순물이 ~ 不純物ふじゅんぶつが混ざる。
**선:** 图 顔見かおみせ、見合みあい。¶ 신입생이 첫 ~을 보였다 新入生しんにゅうせいが顔見せをした。
　[慣用] **선을 보다** 見合みあいする、相手あいての人ひととなりを見みること。
**선**〔先〕 图[하]自 先せん。①前まえ。 ②(碁ご・将棋しょうぎなどの)先手せんて。
**선:**〔善〕 图 善ぜん。¶ ~과 악 善と悪あく。
**선**〔線〕 I 图 線せん。①筋すじ。¶ 하얀 ~을 긋다 白しろい線を引ひく。 ②ある物ものの輪郭りんかくをなす部分ぶん。¶ 이 아름답す 線が美うつくしい。 ③ある限度げんど・限界かいかい。¶ 그 ~에서 타협합시다 その線で妥協だきょうしましょう。 II [接尾] ...線せん。①(鉄道てつどう・航空こうくうの)路線せん。¶ 국제 ~ 国際線こくさいせん。 ②境界きょうかい、限界かいかい。¶ 국경 ~ 国境線こっきょうせん。
　[慣用] **선을 긋다** ①線せんを引ひく。 ②限界げんかいを決きめる。 **선을 넘다** ①境界線きょうかいせんを越こえる。 ②限度げんどを越こえる。
**선:-** [接頭] 未熟みじゅく・不慣なれ・生なまなどの意いをあらわす。¶ ~하품 生なあくび。
**-선**〔船〕 [接尾] ...船せん。¶ 여객 ~ 旅客船りょかくせん。
**선각**〔先覺〕 图 先覚せんかく。¶ 시대의 ~자 時代じだいの先覚者しゃ。
**선객**〔船客〕 图 船客せんきゃく。¶ ~ 명부 船客名簿めいぼ。
**선:거**〔選擧〕 图[하]他 選挙せんきょ。¶ 간접 ~ 間接かんせつ選挙／~ 운동 選挙運動うんどう／시장 ~에 출마하다 市長ちょうの選挙に出馬しゅつばする。
　**선:거 공약**〔-公約〕 图 選挙公約こうやく。
　**선:거 관리 위원회**〔-管理委員會〕 图[政] 選挙管理かんり委員会いいんかい。
　**선:거-법**〔-法〕 图 選挙法ほう。¶ ~을 위반하

**선:거-인**[-人] 图 選挙人ﾆﾝ。¶ ~ 명부 選挙法名簿ﾎﾞ。
**선-걸음** 图 そのまま立たち行ﾕく歩あみ、行ﾕきかけたついでに。¶ ~으로 돌아왔다 折おり返ﾚし引ﾋき戻もった。
**선견**[先見] 图 先見ｹﾝ。
　**선견지-명**[-之明] 图 先見の明ﾒｲ。¶ ~이 있다 先見の明がある。
**선결**[先決] 图 하다 되자 先決ｹﾂ。¶ ~ 문제 先決問題ﾀﾞｲ。
**선고**[宣告] 图 하다 되자 宣告ｺｸ。¶ 파산을 ~ 하다 破産ｻﾝを宣告する。
　**선고 유예**[-猶豫] 图 宣告猶予ﾖ。
　**선고**[-刑] 图[法] 宣告刑ｹｲ。
**선고**[船庫] 图 船庫ｺ、船艙な、小ちいさい船ふねを納おさめておく蔵くら。
**선:-곡**[選曲] 图 選曲ｷｮｸ。
　**선:-곡집**[-集] 图 選曲集ｼｭｳ。
**선공**[先攻] 图 하다 先攻ｺｳ、先さきに攻撃ｹﾞｷすること。¶ 상대팀이 ~하다 相手ﾃﾞのチームが先攻する。
**선공-후:사**[先公後私] 图 私事ｼﾞ・私益ｴｷより公事ｼﾞ・公益ｴｷを重おもんずること。
**선:광**[選鑛] 图 하다 자[鑛] 選鑛ｺｳ。¶ ~ 작업 選鑛作業ｷﾞｮｳ。
　**선:-광기**[-機] 图 選鑛機ｷ。
**선교**[宣教] 图 하다 타 宣教ｷｮｳ。
　**선교-사**[-師] 图 宣教師ｼ。
**선구**[先驅] 图 하다 先駆ｸ、先駆ｶﾞけ。
　**선구-자**[-者] 图 先駆者ｼｬ、先駆ｶﾞけ、パイオニア。¶ 시대의 ~ 時代ﾀﾞｲの先駆者。
**선:국**[選局] 图 하다 選局ｷｮｸ。
**선-글라스**[←sunglasses] 图 サングラス。
**선금**[先金] 图 前金ﾏｴ・ｷﾝ。¶ ~을 받다 前金を貰もらう。
**선:남**[善男] 图 善男ﾅﾝ。①善良ﾘｮｳな男おとこ。②仏門ﾌﾞﾂに帰依ｴした男。
　**선:남-선:녀**[-善女] 图 善男善女ﾆｮ。①善良な人達たち。②仏門ﾌﾞﾂに帰依ｴした人達。
**선납**[先納] 图 하다 타 前納ﾉｳ。¶ ~금 前納金。
**선내**[船内] 图 船内ﾅｲ。
　**선내 하:역**[-荷役] 图 船内荷役ｴｷ。
**선녀**[仙女] 图 仙女ﾆｮ、天女ﾆｮ。
**선:녀**[善女] 图 ①善良ﾘｮｳな女おんな。②仏門ﾌﾞﾂに帰依ｴした女。
**선:다-형**[選多型] 图[敎] 多肢選沢法ﾎｳ、マルチョイ。¶ ~ 시험 マルチョイ。
**선단**[船団] 图 船団ﾀﾞﾝ。¶ 수송 ~ 輸送ｿｳ船団。/ ~을 짜다 船団を組くむ。
**선대**[先代] 图 先代ﾀﾞｲ、前代ﾀﾞｲ。
**선-대칭**[線對稱] 图[数] 線対称ｼｮｳ。
**선도**[善導] 图 하다 타 善導ﾄﾞｳ。¶ 불량 소년을 ~ 하다 不良少年ｼｮｳﾈﾝを善導する。
**선도**[鮮度] 图 鮮度ﾄﾞ。¶ ~가 좋은 생선 鮮度がよい魚さかな。
**선동**[煽動] 图 하다 타 扇動ﾄﾞｳ。¶ ~ 자 扇動者ｼｬ/ 민중을 ~하다 民衆ｼｭｳを扇動する。
　**선동-적**[-的] 冠 扇動的。¶ ~인 연설 扇動的の演説ｾﾂ。
**선두**[先頭] 图 先頭ﾄｳ。¶ ~ 타자 先頭打者ﾀﾞ/ ~에 서다 先頭を切きる、先立ｻｷだつ。
**선득** 副 形 (なにかにふれるか驚ｵﾄﾞいたときに身ﾐに寒気ｻﾑｹを感かんじるようす)ひやっと、ひやり。¶ 새벽의 ~한 공기 夜明ﾖあけのひやりとした空気ｷ。
**선들-거리다** 囸 ①涼すずしい風ｶｾﾞがそよそよ吹ﾌく。②(性質ｼﾂが)軽快ｶｲにでさっぱりしている。囸 산들거리다
**선들-바람** 图 そよ風ｶｾﾞ、さわやかな風ｶｾﾞ。囸 산들바람
**선뜻** 副 さっさと、すばやく、気軽ｶﾞﾙに、てきぱき(と)。¶ ~ 나서다 さっさと出でる。/ 승낙하지 않다 気軽に承諾ﾀﾞｸしない。
**선뜻-하다** 形 ①(気分ｷﾌﾞﾝ・感かんじが)さわやかである、すがすがしい。②(身ﾐなり・顔かたちが)端正ｾｲにこざっぱりしている。¶ 선뜻한 차림새 こざっぱりとした身なり。
**선:량**[善良] 图 形 善良ﾘｮｳ。¶ ~한 사람 善良な人ﾋﾄ。
**선례**[先例] 图 先例ﾚｲ、先蹤ｼｮｳ、例ﾀﾒ。¶ ~ 를 만들다 先例をひらく。/ ~에 따르다 先例にならう。
**선로**[線路] 图 線路ﾛ。¶ ~ 공사 線路工事ｼﾞ/ ~를 따라 걷다 線路伝ｿﾞｲに歩あるく。
**선:린**[善隣] 图 善隣ﾘﾝ。
　**선:린 정책**[-政策] 图 善隣政策ｻｸ。
**선:망**[羨望] 图 하다 타 羨望ﾎﾞｳ。¶ ~의 대상 羨望の的ﾏﾄ/ ~의 눈으로 바라보다 羨望のまなざしでながめる。
**선매**[先賣] 图 하다 타 先売ﾌﾞり。¶ ~ 가격 先売り価格ｶｸ/ 입도 ~ 青田売ｱｵﾀﾞうり。
**선:-머슴** 图 わんぱく、いたずら小僧ｿﾞｳ。
**선명**[宣明] 图 하다 타 宣明ﾒｲ。¶ 내외에 ~하다 内外ﾅｲに宣明する。
**선명**[鮮明] 图 形 鮮明ﾒｲ。¶ ~한 화면 鮮明な画面ﾒﾝ。
**선무**[宣撫] 图 하다 타 宣撫ﾌﾞ。
**선:-무당**[-巫-] 图 未熟ｼﾞｭｸな巫女ｺﾞ。
　[속담] 선무당이 사람 죽인다 未熟な巫女が人を殺ｺﾛす。《生兵法ﾅﾏﾋﾞｮｳﾎｳは大怪我ｵｵｹﾞのもと》
**선물**[先物] 图[經] 先物ｻｷ。
　**선물 거:래**[-去來] 图[經] 先物取引ﾋﾞｷ。
**선:물**[膳物] 图 하다 타 贈おくり物、プレゼント、お土産ﾄｻﾝ。¶ 새해 ~ お年玉ﾄｼﾀﾞﾏ/ 크리스마스 ~ クリスマスプレゼント/ ~을 받다 贈り物を受ｳける。
**선미**[船尾] 图 船尾ﾋﾞ。
　**선미-등**[-燈] 图 船尾燈ﾄｳ。
**선:민**[選民] 图 選民ﾐﾝ。¶ ~ 의식 選民意識ｼｷ。
　**선:민 사상**[-思想] 图 選民思想ｿｳ。
**선:바람-쐬다** 圎 見知ﾐｼらぬ土地ﾁに旅行ｺｳする、異郷ｷｮｳを回まわる。
**선박**[船舶] 图 船舶ﾊｸ。¶ ~의 출입을 감시하

선반 다 船舶の出入りを監視する。
**선박 보:험**〔-保險〕图 船舶保険。
**선박 신:호**〔-信號〕图 船舶信号。
**선박 억류**〔-抑留〕图 船舶抑留。
**선반**〔懸盤〕图 棚。¶ ~을 달다 棚をつる。
**선발**〔先發〕图하目 先発。¶ ~ 투수 先発投手。
  **선발-대**〔-隊〕图 先発隊。
**선:발**〔選拔〕图하他됨 選抜、選り抜き、よりぬき。¶ ~된 선수 選り抜きの選手/대표를 ~하다 代表を選抜する。
**선배**〔先輩〕图 先輩。¶ 학교 ~ 学校の先輩/~를 능가하다 先輩を凌ぐ。
**선:별**〔選別〕图하他됨 選別。¶ 불량품을 ~하다 不良品より分けて選別する。
**선:-보다** 他 見合いをする。
**선:-보이다** 他 ①はじめて公開する、披露する。¶ 신제품을 ~ 新製品を披露する。②見合いをさせる。
**선봉**〔先鋒〕图 先鋒。¶ 그는 급진파의 ~이다 彼は急進派の先鋒だ。
  **선봉 대:장**〔-大將〕图 先鋒大将。
**선분**〔線分〕图〔數〕線分。
**선:-불** 图 急所はずれの弾丸。
《속담》 **선불 맞은 호랑이 뛰듯** 急所はずれの弾に当たった虎が跳ねあばれるように。《腹を立てて暴れまわること》
**선불**〔先拂〕图하他됨 先払い、前金払い。¶ 대금은 ~이다 代金は先払いだ。
**선비** 图 ①官職につかない学者だった。②学徳をそなえた人に対する古風な敬称。③礼儀正しく温厚な人。
**선사**〔先史〕图 先史。
  **선사 시대**〔-時代〕图 先史時代。
**선산**〔先山〕图 祖先の墓地、その墓のあるところ。
**선상**〔扇狀〕图 扇状。
  **선상-지**〔-地〕图〔地〕扇状地。
**선상**〔船上〕图 船上、船の上。
**선상**〔線上〕图 線上。①線の上。②(物事とのかかれ目になる状態)。¶ 기아 ~을 헤매다 飢餓の線上をさまよう。
**선생**〔先生〕图 先生。①教師、師。¶ 음악 ~ 音楽の先生。②よく知っている人、経験などにゆたかな人。¶ 요리에는 ~이다 料理には先生だ。③《姓名・職名につけてその人に対する尊敬語》…さん。¶ 김 ~ 안녕하십니까? 金さんお元気ですか。④《《당신》의 尊敬語》あなた、貴殿。¶ ~은 어떻게 생각하십니까? あなたはどのようなお考えですか。
  **선생-님** 图〔《선생》의 尊敬語〕先生さん。
  **선생-질** 图하目〔俗〕(学校で)学生を教えること。
**선서**〔宣誓〕图하他 宣誓。¶ 취임 ~를 하다 就任宣誓を行なう。
**선선-하다** 形여①(空氣が)涼しい、すがすがしい。¶ 아침 저녁으로 제법 ~ 朝夕でなり涼しい。②(性質・態度などが)はきはきしている、さっぱりして快活だ、あっさりしている。¶ 대답이 ~ 答えがはきはきしている。선선-히 副 はきはきと、あっさりと、快く。¶ ~ 승낙하다 あっさりと承諾する。
**선-소리**[1] 图〔音〕五人六人が輪になってひとりが先きに歌おうと他の者ははやしを入れる俗謡の一つ。
**선:-소리**[2] 图하目 理にあわない話、筋ちがいの話。
**선-손**〔先-〕图 ①先手、先駆け。②先きに手出しをすること。
  《속담》**선손질 후방망이** 先きに手出しをして後でなくされる。《先に損害をあたえられた後でもっとひどい損害を受ける》
**선수**〔先手〕图 先手。①機先を制すること。¶ ~를 치다 先手を打つ。②(碁の)先番。¶ ~를 잡다 先手を取る。
**선:수**〔選手〕图 選手。¶ 야구 ~ 野球の選手/올림픽 ~로 뽑히다 オリンピック選手に選ばれる。
  **선:수-권**〔-權〕图 選手権。¶ ~자 選手権者。
**선수-금**〔先受金〕图(賃金・代金などを分割払いにきめたとき)まず最初に受け取る金。
**선술-집** 图 立ち飲み屋、居酒屋。
**선실**〔船室〕图 船室、キャビン。¶ 일등 ~ 一等キャビン。
**선:심**〔善心〕图 善心。①善良な心。②他人を助けようとする心。③金品を気前よく使って人の歓心を買うこと。¶ ~을 쓰다 気前を見せる。
**선:악**〔善惡〕图 善悪。¶ ~을 분별하다 善悪をわきまえる。
  **선:악-과**〔-果〕图〔基〕禁断の木の実。¶ 善果悪果と善果悪果。
**선약**〔先約〕图하他됨 先約。¶ ~이 있어서 사절하다 先約があるので断る。
**선양**〔宣揚〕图하他 宣揚。¶ 국위를 ~하다 国威を宣揚する。
**선어**〔鮮魚〕图 鮮魚。¶ ~ 수출 鮮魚輸出。
**선언**〔宣言〕图하他됨 宣言。¶ ~문 宣言文/개회를 ~하다 開会を宣言する。
  **선언-서**〔-書〕图 宣言書。¶ 독립 ~ 独立宣言書。
**선열**〔先烈〕图 先烈。①正義のために戦って死んだ烈士。¶ 순국 ~ 殉国の烈士。②先祖の功績。
**선영**〔先塋〕图 先塋。⇨ 선산 (先山)
**선:외**〔選外〕图 選外。¶ 아깝게도 ~가 되었다 惜しくも選外にもれた。
  **선:외 가작**〔-佳作〕图 選外佳作。
**선:용**〔善用〕图하他 善用。¶ 여가 ~ 余暇の善用。
**선:-웃음** 图 つくり笑い、お世辞笑い、から笑い。¶ ~을 치다 つくり笑いをする。

선원[船員] 图 船員せんいん、船乗ふなのり。¶ 견습 ~ 見習ならい船員。

선원 수첩[-手帖] 图 船員手帳てちょう。

선율[旋律] 图[音] 旋律せんりつ、メロディー。¶ 아름다운 ~ 美うつくしい旋律。

선:의[善意] 图 善意ぜんい。¶ ~의 경쟁 善意の競争きょうそう。

선-이:자[先利子] 图[經] 引引ひき。

선인[仙人] 图 神仙しんせん。⑰ 신선

선인[先人] 图 ①先人せんじん、亡夫ぼうふ。②昔むかしの人ひと、前代ぜんだいの人。

선인-장[仙人掌] 图[植] サボテン。

선임[先任] 图 先任にん。¶ ~자 先任者しゃ。

선:임[選任] 图[하타][되자] 選任せんにん。¶ 임원을 ~하다 役員やくいんを選任する。

선입-관[先入觀] 图 先入観せんにゅうかん。¶ ~에 사로잡히다 先入観にとらわれる。/ 그릇된 ~을 버리다 誤あやまった先入観を捨すてる。

선:-잠 图 うたた寝ね、浅あさいねむり。¶ ~을 자다 うたた寝する。

[관용] 선잠을 깨다 うたた寝から覚さめる、浅いねむりから目覚めざめる。

선장[船長] 图 船長せんちょう。¶ ~실 船長室しつ。

선적[船積] 图[하타][되자] 船積せんづみ、船積ふなづみ。¶ ~ 화물 船積み荷物にもつ。

선전[宣傳] 图 宣伝せんでん。¶ ~ 비라 宣伝ビラ / 신제품을 ~하다 新製品しんせいひんを宣伝する。

선전-술[-術] 图 宣伝術じゅつ。

선전-탑[-塔] 图 宣伝塔とう。

선전[宣戰] 图[하타][되자] 宣戦せんせん。

선전 포:고[-布告] 宣戦布告ふこく。

선:전[善戰] 图[하타][되자] 善戦ぜんせん。¶ 최후까지 ~하다 最後さいごまで善戦する。

선점[先占] 图[하타][되자] 先占せんせん。

선점 취:득[-取得] [法] 先占取得しゅとく。

선:정[善政] 图 善政ぜんせい、正ただしくよい政治せいじ。¶ ~을 펴다 善政をしく。

선정[煽情] 图 扇情せんじょう、感情かんじょう・情欲じょうよくをあおりたてること。

선정-적[-的] 冠名 扇情的てき。¶ ~인 광고 扇情的な広告こうこく。

선:정[選定] 图[하타][되자] 選定せんてい。¶ 부지를 ~하다 敷地しきちを選定する。

선제[先制] 图[하타] 先制せんせい。¶ ~ 공격 先制攻撃げき。

선조[先祖] 图 先祖せんぞ、先人じん、祖先そせん。

선:종[選種] 图[하타] 良よい種たねを選えらぶこと。

선주[船主] 图 船主ぬし。

선지[獸もののの) 鮮血せんけつ、生いき血ち。

선짓-국 图 牛うしの凝こり固かたまった血を入いれた汁しる。

선지[先知] 图 先知せんち。

선지-자[-者] 图[基] 預言者よげんしゃ。

선진[先進] 图 先進しん。¶ ~ 사회 先進社会しゃかい。

선진-국[-國] 图 先進国こく。

선착[先着] 图[하타][자] 先着せんちゃく。

선착-순[-順] 图 先着順じゅん。¶ ~으로 접수하다 先着順に受うけ付つける。

선착[船着] 图[하타][자] 船ふねが着つくこと。

선착-장[-場] 图 船着ふなつき場ば。

선창[先唱] 图[하타][자] 先唱せんしょうすること。②音頭おんど、まっさきに唱となえること。¶ 만세를 ~하다 万歳ばんざいの音頭を取とる。

선창[船艙] 图 埠頭ふとう、船着ふなつき場ば、桟橋さんばし。¶ 배를 ~에 대다 船ふねを桟橋に着つける。

선:처[善處] 图[하타][되자] 善処ぜんしょ。¶ 적극적으로 ~하다 前向まえむきに善処する。

선천[先天] 图 先天せんてん。¶ ~적인 소질 先天的な素質そしつ。

선천 면:역[-免疫] 图[醫] 先天免疫めんえき。

선천-성[-性] 图 先天性せい。¶ ~ 질환 先天性疾患しっかん。

선축[先蹴] 图[하타타][體] (サッカーで)ボールを先さきにけること。

선:출[選出] 图[하타][되자] 選出せんしゅつ。¶ 대표자를 ~하다 代表者だいひょうしゃを選出する。

선취[先取] 图[하타][되자] 先取せんしゅ、先取さきどり。¶ 1점을 ~하다 1点てんを先取する。

선취-점[-點] 图 先取点てん。¶ ~을 올리다 先取点をあげる。

선친[先親] 图 《自分じぶんの死しんだ父ちちをいう語ご》 亡父ぼうふ、先考せんこう。

선:택[選擇] 图[하타][되자] 選択せんたく、選えらぶこと。¶ 취사 ~ 取捨しゅしゃ選択 / ~의 여지가 없다 選択の余地よちがない。/ 일본어를 ~하다 日本語にほんごを選ぶ。

선:택 과목[-科目] 图 選択科目かもく。

선:택-권[-權] 图 選択権けん。

선편[船便] 图 船便びん。¶ ~으로 보내다 船便で送おくる。

선포[宣布] 图[하타][되자] 宣布せんぷ。¶ 계엄령을 ~하다 戒厳令かいげんれいを宣布する。

선풍[旋風] 图 旋風せんぷう。¶ ~을 일으키다 旋風を巻まき起おこす。

선풍-적[-的] 冠名 旋風的てき。¶ ~인 유행 旋風的な流行りゅうこう。

선풍-기[扇風機] 图 扇風機せんぷうき。

선하[船荷] 图 船荷ふなに。

선하 증권[-證券] 图[法] 船荷証券しょうけん。

선:-하다 形[動] (あざやかに)目めにちらつく、思おもい浮うかぶ、耳みみにこびりついている。¶ 고향 산천이 눈에 ~ 故郷こきょうの山川さんせんが目に浮かぶ。/ 어머니의 목소리가 귀에 ~ 母はほの声こえが耳にこびりついている。

선:-하다[善-] 形 善良ぜんりょうだ、おとなしい。

선행[先行] 图[하타][자] 先行せんこう。①先さきに立たって行ゆくこと。¶ 시대에 ~하다 時代じだいに先行する。②他より先さきだって行なうこと。¶ 말보다 실행이 ~되어야 한다 言葉ことばより実行こうが先立さきだたなければならない。

선행 조건[-條件] 图 先行条件じょうけん。

선:행[善行] 图 善行こう。¶ ~을 표창하다 善行を表彰ひょうしょうする。

선험-론[先驗論] 图[哲] 先験論せんけんろん。

선혈[鮮血] 图 鮮血せんけつ。¶ ~이 낭자하다 血の海うみである。

**선형**[線形] 名 線形せん。
　**선형 동물**[-動物] 名動 線形動物どう。
**선:호**[選好] 名他 選好せん、選り好このみ。¶ 아들을 ～하다 男おとの子こを選好する。
**선홍-색**[鮮紅色] 名 鮮紅色せんこう。
**선회**[旋回] 名하다 旋回せんかい。¶ 급～ 急旋回きゅうせんかい／～運動 旋回運動うんどう。
**선-후배**[先後輩] 名 先輩せんぱいと後輩こうはい。
**섣-달** 名 陰暦いんれきの十二月じゅうにがつ、師走しわす。¶ ～ 그믐 大晦日おおみそか。
**섣:-부르다** 形 (腕うでが)未熟じゅくだ、おぼつかない、下手へただ、不器用ぶきようだ。¶ 섣부른 솜씨로는 그 일을 해내기가 무리다 おぼつかない手つきではその仕事しごとをやり遂とげるのは無理むりだ。
**섣-불리** 副 下手へたに、おろそかに、いたずらに、なまじっか、うかつに。¶ ～ 손대지 마라 下手に手を出すな。
**설** 名 ①正月しょう、元旦がん、元日がん。¶ ～을 쇠다 正月を過すごす。②正月がつの初旬しょじゅん、年頭ねんとう。
**설**[說] 名 説せつ。①見解けんかい、主張しゅちょう、学説がくせつ。¶ 뉴턴의 ～ ニュートンの学説／그와는 ～을 달리한다 彼かれとは見解を異ことにする。②うわさ、風説ふうせつ。¶ ～이 나돌다 風説が流ながれる。
**설-**[接頭] 〈"不充分ぶじゅうぶん・未熟みじゅく"などの意いを表あらわす語ご〉 生なま…。¶ ～ 구워진 고기 生焼なまやけの肉にく／～익다 半生はんなまだ。
**설**[舌] 名 舌した。¶ ～화 舌禍ぜっか。
**설거지** 名하다 ①(食事しょくじの)後片あとかたづけ、皿洗さらあらい。¶ 저녁 ～를 하다 夕飯ゆうはんの後片づけをする。②あちこち散ちらかっているのを片かたづけること。¶ 마당 ～ 庭にわのかたづけ。③'비설거지'の縮約形。
**설겅-거리다** 自 (生煮なまにえの栗くり・豆まめなどをかむ音おとが)こりこりする、がりがりする。
**설경**[雪景] 名 雪景ゆきげしき、雪景色げしき。
**설계**[設計] 名하다되자 設計せっけい。¶ 건축～建築けんちく設計／미래를 ～하다 未来みらいを設計する。
**설교**[設教] 名하다 ①説教せっきょう。¶ 목사의 ～ 牧師ぼくしの説教。②小言こごと、訓戒くんかい。¶ ～를 듣다 小言を聞きく。
**설:-날** 名 元旦がん、元日がん。
**설:다**[1] 自 ①生煮なまえだ、半熟はんじゅくする。¶ 선밥 生煮えのご飯はん／과일이 ～ 果物くだものが未熟だ。②(眠ねむりが)不足ふそくする、眠ねむりが浅あさい。¶ 잠이 ～ 寝不足ねぶそくだ。
**설:다**[2] 下手へただ、なれない、ぎこちない。¶ 낯이 ～ 顔かおなじみでない。／귀에 ～ 耳慣みみなれない。
**설-다루다** 他 おろそかに扱あつかう、下手へたに扱う。¶ 그 문제를 설다루면 큰일 난다 その問題もんだいをおろそかに扱うとたいへんなことになるぞ。
**설-데치다** 他 生茹なまゆでにする。¶ 설데친 야채 生茹での野菜やさい。
**설득**[說得] 名하다되자 説得せっとく。¶ ～하여 승낙시키다 説得して承諾しょうだくさせる。

**설득-력**[-力] 名 説得力せっとくりょく。¶ ～이 부족하다 説得力が足たりない。
**설-듣다** 他 いいかげにに聞きく、聞きかじる、十分じゅうぶんに聞きかない。
**설렁설렁-하다** 形 非常ひじょうにひんやりした感かんじがする。한 살랑살랑하다
**설렁-탕**[-湯] 名料 牛うしの頭あたま・骨ほね・ひざ肉にく・内臓ないぞうなどを煮にた汁しる。
**설렁-하다** 形 ①(空気くうきなどが)やや冷つめたい、冷ひやっとする。②(驚おどろいて)ひやりとする、ぎくっとする、ぞっとする。③(部屋へやなどが)がらんとしている。¶ 사람 하나 없이 설렁한 방 人ひとっ子こ一人ひとりといないがらんとした部屋へや。参 살랑하다 弱 썰렁하다
**설레** 自 (心こころがうろついて胸むねが)わくわくする、そわそわする、ときめく。¶ 가슴이 ～ 胸がわくわくする。②(じっとしていないで)しきりに動うごき回まわる。
**설레-설레** 副 頭あたま・尾おなどを振ふるようす。¶ 고개를 ～ 흔들다 首くびを横よこに振る。
**설령**[設令] 副 たとえ、仮かりに。¶ ～ 내가 잘못했다손 치더라도 たとえ私わたくしが誤あやまったとしても。
**설립**[設立] 名하다되자 設立せつりつ。¶ 학교를 ～ 하다 学校がっこうを設立する。
**설마** 副 まさか、よもや、いくらなんでも。¶ ～ 달아나기야 하겠나? まさか逃にげはしないだろう。
〖속담〗 설마가 사람 죽인다 まさかと思おもうことが人ひとを殺ころす。《まさかと思って安心あんしんしていたことから事故じこが起おこりやすいことのたとえ》
**설-마르다** 形 乾かききらない、生乾なまがわきである。¶ 설마른 빨래 生乾きの洗濯物せんたくもの。
**설-맞다** 自 ①的まとがはずれる。②かるく殴なぐられる。
**설명**[說明] 名하다되자 説明せつめい。¶ 사정을 ～ 하다 事情じじょうを説明する。
　**설명-문**[-文] 名 説明文ぶん。
**설문**[設問] 名하다되자 設問せつもん。¶ ～에 답하다 設問に答こたえる。
**설법**[說法] 名하다 説法ほう。¶ 주지의 ～을 듣다 住持じゅうじの説法を聞く。
**설복·설복**[說伏·說服] 名他되자 説伏せっぷく、説服せっぷく。㊀ 설득(説得)
**설비**[設備] 名하다되자 設備せつび。¶ 근대적인 ～ 近代的きんだいてきな設備／～를 개량하다 設備を改良かいりょうする。
　**설비 자:본**[-資本] 名経 設備資本ほん。
　**설비 투자**[-投資] 名経 設備投資とうし。
**설:-빔** 名하다 お正月しょうがつの晴はれ着ぎ。
**설사**[泄瀉] 名하다 下痢げり、腹はらくだし。¶ ～ 약 下痢止どめ。
**설-삶다** 他 生煮なまえにする、半熟はんじゅくにする。
**설상가상**[雪上加霜] 名比 雪上じょうに霜しもを加くわえること。¶ ～으로 비까지 오기 시작했다 さらに困こまったことに雨あめまで降ふり始はじめた。
**설:-설** 副 ①《水みずがゆっくり沸わくようす》

んしゅん(と)。¶ 물이 ~ 끓기 시작하다 水がゆっくり沸きはじめる。②《オンドル(온돌)がまんべんなく暖まっているようす》ぬくぬく、ほかほか。¶ 방이 ~ 끓는다 部屋がほかほかと暖まってくる。③《虫などがゆっくりはうようす》のそのそ、もぞもぞ。④《おびえてすなおに服従するようす》たじたじ。⑤首を横に振るようす。
【관용】설설 기다 (人の前まで)おそれてはいつくばう。
설야【雪夜】【名】雪夜。
설왕-설래【說往說來】【名】【하自】言葉のやり取り、言い争う。
설욕【雪辱】【名】【하自】雪辱。¶ ~전 雪辱戦。
설원【雪原】【名】雪原。
설:-음식【-飲食】【名】正月料理、(正月の)御節料理。
설-익다【自】生煮えになる、未熟である。¶ 설익은 과일 未熟のくだもの。
설-자리【名】①自分の立場、立たつ瀬。¶ 그렇게 되면 내 ~가 없어진다 そうなれば私の立つ瀬がなくなってしまう。②(射場で)弓を射るときに立つ位置。
설전【舌戰】【名】【하自】舌戦、口論、口争い。¶ 격한 ~을 주고받다 激しい舌戦をかわす。
설정【設定】【名】【하他】【되自】設定。¶ 목표의 ~ 目標の設定/ 저당권을 ~하다 抵当権を設定する。
설-취【-醉】【自】【어】生醉う。¶ 설취한 사람 生醉いの人。
설치【設置】【名】【하他】【되自】設置、取り付け。¶ 대학 ~ 기준 大学設置基準/ 기계를 ~하다 機械を設置する。
설-치다¹【自】暴れる、横行する、はびこる、のさばる。¶ 악이 ~ 悪がはびこる。/ 불량배가 멋대로 ~ 不良がのさばる。
설-치다²【他】充分にやり満たせないで止める、やりそこなう。¶ 잠을 ~ 寝そびれる。
설치-류【齧齒類】【名】【動】齧齒類。
설컹-거리다【自】《生煮えの栗・豆などをかむ時の音》ごりごり、がりがりする。¶ 감자가 ~ 芋がしがりがりする。
설컹-설컹【副】【하形】《生煮えの栗・豆などをかむ時の音・その感じ》ごりごり、こりこり、がりがり。
설탕【雪糖】【名】砂糖。¶ 각~ 角砂糖。
설태【舌苔】【名】【醫】舌苔。
설파【說破】【名】【하他】説破。¶ 상대방을 ~하다 相手方を説破する。
설풍【雪風】【名】雪風。
설한【雪寒】【名】雪が降るときや降った後の寒さ。¶ 눈이 ~의 降るひどく寒い冬。
설형 문자【楔形文字】【名】楔形文字。
설혹【說或】【副】たとえ、仮に。¶ ~ 그렇다 하더라도… 仮にそうだとしても…。
설화【舌禍】【名】舌禍。¶ ~를 입다 舌禍を被る。

설화【雪花・雪華】【名】雪花。①花のように降る雪。②木の枝についた雪。
설화【說話】【名】説話、物語。¶ 민간 ~ 民間説話。
설화 문학【-文學】【名】説話文学。
섧:다【形】【ㅂ】くやしく悲しい、胸が痛む、怨めしい、嘆きかわしい。¶ 섧게 울다 くやしく悲しそうに泣く。
섬¹【名】俵。¶ 쌀 ~ 米俵。【依】《穀物や・液体などの容量を表わす単位》石。
섬²【名】踏み石、石段。
섬:³【名】島。¶ 외딴 ~ 離れ島。
섬광【閃光】【名】閃光。¶ 전구 閃光電球。
섬광-등【-燈】【名】閃光灯。
섬광 신:호【-信號】【名】閃光信号。
섬기다【他】仕える。¶ 부모를 잘 ~ 父母によく仕える。
섬:-나라【名】島国。¶ ~ 근성 島国根性。
섬-돌【名】踏み石、石段、昇脱ぎ石。¶ ~에 오르다 石段に上る。
섬뜩-하다【形】【어】ひやっとする、ぎょっとする、ひやりする。¶ 이상한 소리에 섬뜩했다 奇妙な音にぎょっとした。
섬멸【殲滅】【名】【하他】【되自】殲滅。¶ 적을 ~하다 敵を殲滅する。
섬모【纖毛】【名】①纖毛。②纖維。【植】섬유
섬모 운:동【-運動】【名】【生】纖毛運動。
섬모-충【-蟲】【名】【動】纖毛虫。
섬벅【副】《大きくてやわらかい物がたやすく切れるようす》ずばりと、すぱっと、ざっくりと。¶ 고구마가 ~ 잘리다 さつまいもがずばりと切られる。
섬벅-섬벅【副】【어】《続けざまにたやすく切れるようす》ざっくりざっくり、さっくりさっくりと。
섬:-사람【名】島の住民、島民。
섬:-서하다【他】よそよそしい、親切でない。
섬세-하다【纖細】【形】【어】纖細だ、デリケートだ。¶ 섬세한 감정 纖細な感情。
섬유【纖維】【名】纖維。¶ 인조 ~ 人造纖維/ ~ 공업 纖維工業。
섬유-소【-素】【名】纖維素。
섬유 제:품【-製品】【名】纖維製品。
섬유-종【-腫】【名】纖維腫。
섬유-질【-質】【名】纖維質。
섬-지기 一石の種籾を植えるほどの田の面積。
섬쩍지근-하다【形】【어】いつまでもおそろしさが消えない、忌まわしく気にかかる。
섭렵【涉獵】【名】【하他】涉獵。¶ 널리 문헌을 ~하다 広く文献を涉獵する。
섭리【攝理】【名】【하他】①病気の養生、療養する。②摂理。¶ 신の ~에 거역하다 神の摂理に逆らう。
섭-새기다【他】【美】浮き彫りにする。
섭생【攝生】【名】【하自】摂生、養生。¶ 병후의 ~ 病後の養生/ ~에 힘쓰다 摂生に努

**섭섭-하다**[形여] ①(無[な]くしたり別[わか]れたりして)名残惜[なごりお]しい、心寂[こころざび]しい、残念[ざんねん]だ。¶ 이대로 헤어지기는 ~ このまま別[わか]れるのは名残惜しい。②(人[ひと]の態度[たいど]・もてなしが)心寂[こころさび]しい、もの足[た]りない、不満[ふまん]だ。¶ 네가 그런 말을 하다니 정말 ~ お前[まえ]がそんなことを言[い]うとは実[じつ]に心寂しい。

**섭씨**[攝氏][名][物] 摂氏[せっし]、セ氏[し]。¶ ~ 20도 摂氏二十度[にじゅうど]。

**섭씨 온도계**[-溫度計][名][物] 摂氏温度計[せっしおんどけい]、摂氏寒暖計[かんだんけい]。

**섭양**[攝養][名][自] 摂養[せつよう]、養生[ようじょう]。

**섭외**[涉外][名] 涉外[しょうがい]。¶ ~ 활동 涉外活動[かつどう]/ ~ 를 담당하다 涉外に当[あ]たる。

**섭정**[攝政][名][自] 摂政[せっしょう]。

**섭취**[攝取][名][他][俗自] 摂取[せっしゅ]。¶ 외국 문화의 ~ 外国文化[ぶんか]の摂取/ 영양을 ~ 하다 栄養[えいよう]を摂取する。

**성**[名] 怒[いか]り、憤[いきどお]り、腹立[はらだ]ち。¶ ~ 이 풀리다 怒りがおさまる。/ 갑자기 ~ 을 내다 急[きゅう]に腹[はら]を立[た]てる。

[관용] 성이 머리 끝까지 나다 怒[いか]り心頭[しんとう]に発[はっ]する。

**성:**[姓][名] 姓[せい]、名字[みょうじ]。

[관용] 성을 갈겠다 姓[せい]を変[か]える。《二度[にど]としないと約束[やくそく]したり断言[だんげん]するときの誓[ちか]いの言葉[ことば]》

**성:**[性][名] 性[せい]・[しょう]。①(人[ひと]の)天性[てんせい]、生[う]まれ付[つ]き。②(男女[だんじょ]・雌雄[しゆう]の)性[せい]、セックス。③[佛] 性[しょう]、仏性[ぶっしょう]。④(「성욕」の縮約形)性欲[せいよく]。

**성**[省][名] 省[しょう]。¶ 국무~ 国務省[こくむしょう]。

**성**[城][名] 城[しろ]・[じょう]、城郭[じょうかく]、城塞[じょうさい]。¶ ~ 을 쌓다 城[しろ]を築[きず]く。

**성:**-[聖][接頭][宗]《聖者[せいじゃ]の名[な]につき》聖[せい]…。¶ ~ 베드로 聖[せい]ペテロ。

**-성**[性][接尾] …性[せい]。¶ 민족~ 民族性[みんぞくせい]。

**성:가**[聖歌][名] 聖歌[せいか]。

**성가시다**[形] 煩[わずら]わしい、面倒[めんどう]である、うるさい。¶ 성가신 일 面倒[めんどう]なこと/ 형의 잔소리가 ~ 兄貴[あにき]の小言[こごと]がうるさい。

**성:감**[性感][名] 性感[せいかん]。

**성:감-대**[-帶][名] 性感帯[せいかんたい]。

**성:게**[名][動] ウニ。

**성:격**[性格][名] 性格[せいかく]。¶ 밝은 ~ 明[あか]るい性格/ ~ 이 맞다 性格が合[あ]う。

**성:격 묘:사**[-描寫][名][文] 性格描写[せいかくびょうしゃ]。

**성:격 배:우**[-俳優][名] 性格俳優[せいかくはいゆう]。

**성:격 이:상**[-異常][名][醫] 性格異常[いじょう]。

**성:경**[聖經][名] 聖書[せいしょ]、バイブル。

**성공**[成功][名] 成功[せいこう]。¶ ~ 을 빌다 成功を祈[いの]る。/ 대~ 을 거두다 大[だい]成功を修[おさ]める。/ 계획이 ~ 하다 計画[けいかく]が成功する。

**성공-적**[-的][冠] 成功的[せいこうてき]、成功裏[せいこうり](に)。¶ 모임은 ~ 으로 끝났다 会[かい]は成功裏に終[お]わった。

**성과**[成果][名] 成果[せいか]。¶ ~ 가 많은 연구 분야 実[みの]りの多[おお]い研究分野[けんきゅうぶんや]/ ~ 를 올리다 成果を上[あ]げる。

**성곽**[城郭・城廓][名] 城郭[じょうかく]。¶ ~ 을 구축하다 城郭を構[かま]える。

**성곽 도시**[-都市][名] 城郭都市[とし]。

**성:교**[性交][名][自] 性交[せいこう]、交合[こうごう]、交[まじ]わり。

**성:교**[聖教][名] 聖教[せいきょう]。①(聖人[せいじん]の教[おし]え、孔孟[こうもう]の教え。②カトリック教[きょう]。③仏教[ぶっきょう]、釈迦[しゃか]の教え。④王[おう]の命[めい]・命令[めいれい]。

**성:-교육**[性教育][名] 性教育[せいきょういく]。¶ ~ 을 실시하다 性教育を施[ほどこ]す。

**성:군**[聖君][名] 聖君[せいくん]。

**성균-관**[成均館][名][史](朝鮮[ちょうせん]時代[じだい]、)最高[さいこう]の国立[こくりつ]の教育[きょういく]機関[きかん]。

**성글-벙글**[副][俗自]《目[め]・口[くち]に笑[え]みを浮[う]かべて笑[わら]うよう》にこにこ。

**성금**[誠金][名] 真心[まごころ]から出[だ]す金[かね]、献金[けんきん]。¶ ~ 을 내다 献金をする。

**성급-하다**[性急-][形여] 性急[せいきゅう]だ、気早[きばや]だ、短気[たんき]だ、せっかちだ、気[き]ぜわしい。¶ 성급한 사람 せっかちな人[ひと]。**성급-히**[副] 性急に、気短[きみじか]に、気せわしく。¶ ~ 일을 추진하다 性急に事[こと]を運[はこ]ぶ。

**성:기**[性器][名] 性器[せいき]。[通] 생식기

**성기다**[形] ①きめが粗[あら]い、まばらだ、すきまが空[あ]いている。¶ 머리카락이 ~ 髪[かみ]の毛[け]が薄[うす]い。②(関係[かんけい]が)疎[うと]い、疎遠[そえん]になる、隔[へだ]たりがある。¶ 발길이 ~ 足[あし]が遠[とお]のいている。

**성:깔**[性-][名] ①きつい性格[せいかく]。¶ ~ 이 있는 사람 性格のきつい人[ひと]。②たちが悪[わる]いこと、きびしく激[はげ]しい性質[せいしつ]、一癖[ひとくせ]。¶ ~ 을 부리다 陰険[いんけん]にふるまう。/ ~ 이 있어 보인다 一癖ありそうだ。

**성:-나다**[自] ①腹[はら]が立[た]つ、怒[おこ]る。¶ 성난 군중 怒った群衆[ぐんしゅう]。②(できもの・腫[は]れ物[もの]などが)もっと赤[あか]くひどくなる、悪化[あっか]する。③(興奮[こうふん]して)気[き]が荒々[あらあら]しくなる、怒[いか]り狂[くる]う。

**성냥**[名] マッチ。¶ ~ 을 켜다 マッチをつける。

**성냥-갑**[-匣][名] マッチ箱[ばこ]。¶ ~ 같은 집 マッチ箱のような家[いえ]。

**성냥-개비**[名] マッチ軸木[じくぎ]。

**성냥-불**[名] マッチの火[ひ]。

**성:녀**[聖女][名][가] 聖女[せいじょ]。

**성년**[成年][名][法] 成年[せいねん]。¶ ~ 에 달하다 成年に達[たっ]する。

**성년-식**[-式][名] 成年式[せいねんしき]、成人式[せいじんしき]。

**성:능**[性能][名] 性能[せいのう]。¶ ~ 이 좋은 기계 性能のいい機械[きかい]。

**성:당**[聖堂][名] 聖堂[せいどう]。①[가] 教会堂[きょうかいどう]。②孔子[こうし]の廟堂[びょうどう]、文廟[ぶんびょう]。

**성:대**[盛大][名][形여] 盛大[せいだい]。¶ ~ 한 잔치 盛大な宴会[えんかい]/ 식을 ~ 하게 거행하다 式を盛大に行[おこ]なう。

**성대**[聲帶][名][生] 声帯[せいたい]。

**성대 모사**[-模寫][名] 声帯模写[せいたいもしゃ]。

**성덕**[成德][名][自] 成徳[せいとく]。

**성:도**[聖徒] 图 聖徒せいと。 ①[가] 聖人せいじん。 ② 『改新』敎会きょうかいの信徒しんと。
**성:-도착**[性倒錯] 图 性倒錯さくとう。
**성량**[聲量] 图 声量りょう。 ¶ ~이 풍부하다 声量が豊ゆたかだ。
**성:령**[聖靈] 图 『改新』 聖霊せいれい。 ¶ ~이 내리다 聖霊が降くだる。
**성례**[成禮] 图해자 ①儀式ぎしきを挙あげること。 ②結婚けっこんの儀式ぎしきを行おこなうこと。
**성루**[城樓] 图 城楼じょう、 城閣じょうかく、 城しろのものみやぐら。
**성립**[成立] 图해자되자 成立せいりつ。 ¶ 계약이 ~ 되다 契約けいやくがまとまる。
**성립 조건**[-條件] 图 成立条件じょうけん。
**성:-마르다**[性] 形 (度量どりょうが) 狭せまく性急せいきゅうだ、 気忙せわしい、せっかちだ。 ¶ 성마른 사람 せっかちな人。
**성망**[聲望] 图 声望ぼう、 名望ぼう。 ¶ ~이 높다 声望が高たかい。
**성:명**[姓名] 图 姓名せいめい、 氏名めい、 名な。 ¶ ~을 밝히다 姓名を名乗のる。
**성명**[聲明] 图해자 声明めい。 ¶ 탈당 ~을 내다 脱党とうの声明を出だす。
**성명-서**[-書] 图 声明書しょ。
**성:모**[聖母] 图 ①[가] 聖母ぼ、 マリア。 ②国母こくぼをあがめて称しょうした語。
**성:묘**[省墓] 图 墓参まいり、墓参さん。 ¶ ~ 하러 가다 墓参りに行いく。
**성문**[成文] 图해자타 成文ぶん。 ¶ ~ 율 成文律りつ。
**성문-법**[-法] 图 『法』 成文法ほう。
**성문-화**[-化] 图해자타되자 成文化か。
**성문**[城門] 图 城門じょう。
**성:미**[性味] 图 気性きしょう、 性分ぶん、 気きだて、 たち、 気質しつ。 ¶ ~가 급한 남자 気きの短みじかい男おとこ/ ~가 까다롭다 気きむずかしい。/ ~ 에 맞지 않다 気が合あわない。
관용 성미(가) 나다 腹はらが立たつ。 **성미**(를) **부리다** かんしゃくを起おこす、 当あたり散ちらす。
**성:-바지**[性-] 图 いろいろの姓せい。 ¶ 같은 ~ 同おなじ性せいの人びとたち。
**성:배**[聖杯] 图 『基』 聖杯せいはい。
**성:-범죄**[性犯罪] 图 性犯罪はんざい。
**성벽**[城壁] 图 城壁じょう。 ¶ ~을 기어오르다 城壁をよじ登のぼる。
**성:별**[性別] 图 性別べつ。 ¶ ~을 감별하다 性別を鑑別かんべつする。
**성:병**[性病] 图 『醫』 性病せいびょう。 ¶ ~에 걸리다 性病にかかる。
**성:부**[聖父] 图 『基』 父ちちなる神かみ(三位一体さんみいったいのうちの第一位だいいちい)。
**성분**[成分] 图 成分ぶん。 ¶ 약의 ~을 조사하다 薬くすりの成分を調しらべる。
**성분-비**[-比] 图 『化』 成分比ひ。
**성불**[成佛] 图 『佛』 成仏じょうぶつ。
**성-불성**[成不成] 图 (事ことの)成否せいひ。 ¶ 결과의 ~은 하늘에 맡긴다 結果けっかの成否は天てんに任まかす。
**성사**[成事] 图해자되자 成事じょう、 事ことを成なし遂とげること。 ¶ 혼인을 ~시키다 婚姻こんいんを成立させる。

**성상**[星霜] 图 星霜せいそう、 年月としげつ・ねんげつ。 ¶ 10개 ~이 흐르다 十年ねんの星霜を経へる。
**성:상**[聖像] 图 聖像せいぞう。
**성:서**[聖書] 图 聖書しょ。 ①[基] バイブル。 ¶ 신약 ~ 新約しんやく聖書。 ㉮ 성경(聖經) ②聖人せいじんの著あらわした書物しょもつ。
**성:선**[性腺] 图 『生』 性腺せん。 ¶ ~ 자극 호르몬 性腺刺激しげきホルモン。
**성:선-설**[性善說] 图 『哲』 性善説ぜん。
**성성-하다**[星星-] 形여 ごま塩頭あたまである、 白髪しらがまじりである。 ¶ 백발이 성성한 머리 白髪まじりの頭あたま。
**성:쇠**[盛衰] 图 盛衰すい、 隆替りゅうたい。 ¶ 흥망 ~ 興亡こうぼう盛衰。
**성:수**[聖水] 图 [가] (儀式ぎしきに使つかうために)祝聖しゅくした水みず。
**성:수-기**[盛需期] 图 (ある物ものを)盛さかんに用もちいる時期じき。
**성숙**[成熟] 图해자되자 成熟じゅく。 ¶ 분위기가 ~되다 雰囲気ふんいきが熟じゅくする。
**성숙-기**[-期] 图 成熟期き。
**성숙-란**[-卵] 图 成熟卵らん。
**성:-스럽다**[聖-] 形日 高潔こうけつで厳粛げんしゅくである、 神聖しんせいである、 神神こうごうしい。
**성시**[成市] 图해자 ①市いちが立たつこと。 ②人ひとが集あつまり賑にぎわうこと。
**성신**[星辰] 图 星辰しん、 星ほし。 ¶ 일월 ~ 日月にちげつ星辰。
**성:신**[聖神] 图 『基』 聖霊せいれい。
**성:신 강:림절**[-降臨節] 图 『基』 聖霊せいれい降臨節こうりんせつ、 ペンテコステ。
**성실**[誠實] 图해자 誠実せいじつ、 まじめなこと。 ¶ ~한 사람 誠実な人ひと/ ~하게 일하다 まじめに働はたらく。
**성심**[誠心] 图 誠心せいしん、 真心まごころ、 至心しししん。 ¶ ~ 성의 誠心誠意せいい。
**성심-껏**[誠心-] 副 誠心を尽つくして、 真心込こめて。 ¶ ~ 도와주다 真心込めて手伝てつだう。
**성악**[聲樂] 图 『音』 声楽せいがく。
**성악-가**[-家] 图 声楽家か。
**성:야**[聖夜] 图 聖夜せいや、 クリスマスイブ。
**성약**[成約] 图해자되자 成約せいやく、 契約けいやくが成立りつすること。
**성어**[成語] 图 成語せいご。 ¶ 고사 ~ 故事こじ成語。
**성:업**[盛業] 图 盛業ぎょう。 ¶ 목하 ~ 중 目下もっか事業中ちゅう。
**성에** 图 ①冬ふゆに窓まどガラスなどについた霜しも。 ② 「성엣장」の縮約形けい。
**성엣-장** 图 流氷ひょう。
**성:역**[聖域] 图 聖域いき。 ¶ ~ 없는 수사 聖域のない捜査そうさ。
**성:연**[盛宴] 图 盛宴えん。 ¶ ~을 베풀다 盛宴を張はる。
**성:-염색체**[性染色體] 图 『生』 性染色体しょくたい。
**성:욕**[性慾] 图 性欲よく。 ¶ ~이 일어나다 性欲が起おこる。
**성우**[聲優] 图 『放』 声優せいゆう。

**성운**[星雲] 名〔天〕星雲せいうん。

**성:웅**[聖雄] 名 偉大いだいな英雄えいゆう。

**성원**[成員] 名 成員せいいん、メンバー。¶ 미달 성원 부족인원/ 단체의 一団体だんの成員。

**성원**[聲援] 名〔他〕声援せいえん。¶ 열렬한 ~을 보내다 熱烈ねつれつな声援を送おくる。

**성:은**[聖恩] 名 聖恩せいおん。¶ ~이 망극하다 聖恩きわまりない。

**성의**[誠意] 名 誠意せいい、まごころ。¶ ~ 있는 태도 誠意ある態度たいど。

**성인**[成人] 名〔自〕成人せいじん、おとな。¶ ~이 되다 おとなになる。
　**성인-병**[-病] 名〔醫〕成人病せいじんびょう。

**성:인**[聖人] 名 ①聖人せいじん。②〔가〕聖者せいじゃ。

**성장**[成長] 名〔自他〕成長せいちょう、生長せいちょう、育そだち。¶ 경제 ~ 経済けいざい成長/ 훌륭하게 ~하다 立派りっぱに成長する。
　**성장-기**[-期] 名 成長期せいちょうき。
　**성장-점**[-點] 名〔生〕生長点せいちょうてん。
　**성장 호르몬**[-hormone] 名〔動〕生長ホルモン。

**성적**[成績] 名 成績せいせき。¶ 시원찮은 ~ かんばしくない成績/ ~을 올리다 成績を上あげる。

**성:적**[性的] 冠 性せいの。¶ ~ 충동 性的衝動せいてきしょうどう/ ~ 매력 性的魅力せいてきみりょく。

**성:전**[聖典] 名〔宗〕聖典せいてん、教理きょうりの根本こんとなる本ほん。

**성:전**[聖殿] 名 聖殿せいでん。①神聖しんせいな殿堂でんどう。②〔基〕礼拝堂れいはいどう、聖堂せいどう。

**성:전**[聖戰] 名 聖戦せいせん。¶ ~을 수행하다 聖戦を遂行すいこうする。

**성:-전환**[性轉換] 名 性転換せいてんかん。¶ ~ 수술 性転換の手術しゅじゅつ。

**성:정**[性情] 名 性情せいじょう。¶ ~을 고치다 性情を矯たわめる。

**성:-정-머리** 名〔俗〕性情せいじょう。

**성조-기**[星條旗] 名 星条旗せいじょうき、アメリカの国旗こっき。

**성좌**[星座] 名〔天〕星座せいざ。

**성좌-도**[-圖] 名〔天〕星座図ず。

**성주**[城主] 名 城主じょうしゅ。①城しろの主将しゅしょう。②一地方いちちほうの領主りょうしゅ。③祖先そせんの墓はかがある地方ちほうの長官ちょうかん。

**성:지**[聖地] 名 聖地せいち。¶ ~ 팔레스티나 聖地パレスチナ。
　**성:지 순례**[-巡禮] 名 聖地巡礼じゅんれい。

**성:직**[聖職] 名 聖職せいしょく。
　**성:직-자**[-者] 名 聖職者しゃ。

**성:질**[性質] 名 性質せいしつ。①人ひとの生うまれつきの気質きしつ、たち、気性きしょう。¶ 타고난 ~ 持もって生うまれた性質/ ~이 사납다 性質が荒あらい。②事物じぶつの特性とくせい。¶ 일의 ~이 다르다 仕事しごとの性質が違ちがう。

**성:찬**[盛饌] 名 豪華ごうかなごちそう。¶ ~을 베풀다 ごちそうする。

**성찰**[省察] 名〔他〕省察せいさつ。

**성체**[聖體] 名 聖体せいたい。①王おうの体からだ。②〔基〕キリストの体からだ。

**성충**[成蟲] 名〔動〕成虫せいちゅう。

**성취**[成就] 名〔他自回〕成就じょうじゅ。¶ 소원이 ~되다 念願ねんがんが成就する。

**성층**[成層] 名 成層せいそう。
　**성층-권**[-圏] 名〔氣〕成層圏けん。

**성크름-하다** 形〔여〕①(風かぜが)やや強つよくうすら寒さむい。②(風通かぜとおしがよいように布地ぬのじなどが)あらあらだ。

**성큼** 副 ①《闊歩かっぽするようす》のっしのっし。②《動作どうさがよどみなくはっきりしたようす》つかつか。
　**성큼-성큼** 副《大股おおまたに歩あるくようす》のっしのっし。¶ ~ 걸어오고 있다 のっしのっしと歩あるいて来くる。

**성큼-하다** 形〔여〕(不釣りあい合あいに)背せが高たかい、ひょろ長たかい。¶ 키가 성큼한 남자 背せのひょろっと高たかい男おとこ。

**성:탄**[聖誕] 名 ①聖誕せいたん、聖人せいじん・王おうの誕生たんじょう。②「성탄절」の縮約形。
　**성:탄-절**[-節] 名〔基〕聖誕祭せいたんさい、クリスマス。

**성-터**[城-] 名 城址じょうし。

**성토**[聲討] 名〔他〕人ひとが集あつまってある過あやまちを批判ひはんし糾弾きゅうだんすること。

**성패**[成敗] 名 成敗せいはい、成否せいひ。¶ ~는 시운에 달려 있다 成敗は時じの運うんにかかっている。

**성:품**[性品] 名 人ひととなり、気性きしょう、性分せいぶん。¶ 차분한 ~ 物静ものしずかな性分/ ~이 우락부락하다 気性が荒々あらあらしい。

**성:품**[性稟] 名 気きだて、人柄ひとがら。¶ ~이 온순한 아이 気だての優やさしい子こ。

**성-하다**¹ 形〔여〕①元もとのままだ、損そこなわれていない、傷きずんだところがない。¶ 성한 가방 傷んでいないかばん。②健康けんこうだ、元気げんきだ、丈夫じょうぶだ。¶ 성한 몸 丈夫な体からだ。**성-히** 副 健やかに、元気に。¶ 몸 ~ 지내다 元気に暮くらす、元気でいる。

**성-하다**² 形〔여〕①(勢いきおいが)盛さかんだ、栄さかえている。¶ 축구가 ~ サッカーが盛んだ。②(草木くさきが)生い茂しげっている。¶ 나무가 성한 산 木きが生い茂った山やま。

**성:함**[姓銜] 名《「성명(姓名)」の縮約形》お名なまえ、ご芳名ほうめい。¶ ~이 어떻게 되십니까? お名まえはなんとおっしゃいますか。

**성:행**[盛行] 名〔自回〕盛行せいこう。¶ 밀수가 ~하다 密輸みつゆが盛行する。

**성:향**[性向] 名 性向せいこう、気質きしつ。¶ 쓰기보다 저축하는 ~ 使つかうより貯蓄ちょちくする性向。

**성:현**[聖賢] 名 聖賢せいけん。¶ ~의 가르침 聖賢の教おしえ。

**성형**[成形] 名〔他〕成形せいけい。
　**성형 수술**[-手術] 名 形成手術けいせいしゅじゅつ。

**성:-호르몬**[性hormon] 名〔生〕性せいホルモン。

**성혼**[成婚] 名〔自回〕成婚せいこん。

**성화**[成火] 名〔他〕①気きをもむこと、いらいらすること、むしゃくしゃすること。¶ ~가 나다 ひどく気をもむ。②だだをこねること、うるさくまといつくこと。¶ 장난감을 사 달라고 ~를 대다 おもちゃを買かってくれとだだをこねる。

**성화**【星火】 图 ①〖大〗流星ᄼᆔᄼ。②〖比〗ものごとの急ᄼᆔ゙なこと, 取り急ᄼぐこと。③小ᄼᆞさな火花ᄼᆞな, 火の粉ᄼᆞ。

**성화-같다** 厖 非常ᄼᆌに急ᄼᆔᄛだ, 矢ᄼのようだ。¶ 성화같은 재촉 矢のような催促ᄼᆞᄼ。

**성:화**【聖火】 图 聖火ᄼᆞᆞ。¶ ~ 주자 聖火走者ᄼᆘᄼᆞ/ 올림픽의 ~ オリンピックの聖火。

**성:화-대**【-臺】 图 聖火台ᄼᆞᆞ。

**성:화**【聖畫】 图 聖画ᄼᆞᆞ, 宗教画ᄼᆔᄼᆞ。

**성:황**【盛況】 图 盛況ᄼᆔᄼ。¶ 연주회는 ~ 이었다 演奏会えんそうは盛況だった。

　**성:황-리**【-裡】 图 盛況裡ᄼᆔᄼᄼ。¶ ~에 끝나다 盛況裏に終ᄒᆞる。

**섶**¹ 图 添ᄼᆞえ木ᄼᆞ, ささえ, 手ᄒᆞて。¶ 나팔꽃에 ~을 대어주다 あさがおに添え木をする。

**섶**²（着物ᄼᆞᄼの）おくみを付ᄒᆞける。¶ ~을 대다 おくみを付ける。

**섶**³ 柴ᄼᆞば, 枯ᄒᆞれ草ᄼᆞ。
〖속담〗 섶 지고 불로 든다 柴を背負ᄼᆞ゙ᄼて火ᄒᆞの中ᄼᆞに入ᄒᆞる。《自ᄒᆞら災ᄒᆞᄼᆞを招ᄒᆞくような愚ᄒᆞかな行動ᄼᆞᄼをすること》

**섶**⁴ 魚ᄒᆞ고ば。魚ᄒᆞがが集ᄒᆞまりやすいように水ᄒᆞのの中ᄼᆞに仕掛ᄒᆞけた木ᄼᆞの枝ᄒᆞᄼのやぶ。

**세:**【貰】 图 ①借ᄒᆞり賃ᄼᆞ, 借料ᄼᆔᄼᆞ, 貸ᄒᆞし賃ᄼᆞ, 賃料ᄼᆔᄼᆞ。¶ ~를 물다 借賃料を払ᄒᆞらう。② 賃貸ᄒᆞᄼᆞし, 賃借ᄒᆞᄼᆞり。¶ ~ 낸 피아노 賃借りのピアノ。
〖관용〗 세(를) 놓다〔주다〕 賃貸ᄒᆞᄼᆞしする。¶ 방을 ~ 部屋ᄒᆞを賃貸しする。

**세**【税】 图 《「조세（租税）」의 縮約形》 税ᄒᆞᆡ。

**세**【三】 图 三ᄒᆞん, 三ᄒᆞᄼ。¶ ~ 사람 三人ᄼᆞᄼ/ ~ 살 3歳ᄼᆞᄼ。

**세-간** 图 所帯道具ᄼᆞᄼᆞᆞ。¶ ~을 갖추다 所帯道具を取ᄒᆞりそろえる。 ㉧ 살림살이

**세:간**【世間】 图 世間ᄼᆞᆞ。①世ᄒᆞの中ᄒᆞ。¶ ~의 소문 世間のうわさ。②〖佛〗人々ᄒᆞᆞがたがいに助ᄒᆞけ合ᄒᆞって生ᄒᆞきていく世ᄒᆞの中ᄒᆞ。¶ 출 ~ 出世間ᄼᆔᄼᆞ。

**세:계**【世界】 图 世界ᄼᆔᄼ。 ~ 지도 世界地図ᄼᆖ/ 곤충의 ~ 昆虫ᄼᆔᄼᆞの世界。

**세:계 대:전**【-大戰】 图 世界大戦ᄼᆞᄼᆞ。¶ 제2차 ~ 第二次ᄒᆞいじ世界大戦。

**세:계 무:대**【-舞臺】 图 世界舞台ᄼᆞᆞ。¶ ~에 진출하다 世界舞台に進出ᄒᆞᄼᆞする。

**세:계-적**【-的】 冠 世界的ᄒᆞᄒᆞ。¶ ~인 명성 世界的な名声ᄒᆔᄼᆞ。

**세:계-화**【-化】 图 〖하자〗 世界化ᄒᆞᄒᆞ, 世界的ᄒᆞᄒᆞなものになること。

**세곡**【税穀】 图 租税ᄒᆞᄒᆞとして納ᄒᆞめる穀物ᄒᆞᄒᆞ。

**세공**【細工】 图 細工ᄒᆞᄒᆞ。¶ ~品 細工品ᄒᆞᄒᆞ/ 보석 ~ 宝石ᄒᆞᄒᆞ細工。

**세:관**【税關】 图 税関ᄒᆞᄒᆞ。¶ ~의 검사를 받다 税関の検査を受ᄒᆞける。

**세:관 면:장**【-免狀】 图 〖法〗 税関免状ᄒᆞᄒᆞᄒᆞ。

**세:균**【細菌】 图 細菌ᄒᆞᄒᆞ, 菌ᄒᆞᆞ。¶ ~을 배양하다 細菌を培養ᄒᆞᄒᆞする。

**세:균-전**【-戰】 图 〖軍〗 細菌戦ᄒᆞᄒᆞ。

**세:균-학**【-學】 图 細菌学ᄒᆞᄒᆞ。

**세:금**【税金】 图 税金ᄒᆞᄒᆞ。¶ ~이 붙다 税金がかかる。/ ~을 내다 税金を納ᄒᆞめる。

**세:기**【世紀】 图 世紀ᄒᆞᆞ。¶ 반 ~ 半世紀ᄒᆞᄒᆞ/ 몇 ~에 걸쳐서 幾ᄒᆞ世紀に亘ᄒᆞって。

**세:기-말**【-末】 图 世紀末ᄒᆞᄒᆞ。¶ ~적 현상 世紀末的現象ᄒᆞᄒᆞᄒᆞ。

**세:-끼** 图 三度ᄒᆞᄒᆞの食事ᄒᆞᄒᆞ。¶ ~의 식사 三食ᄒᆞᄒᆞ。

**세:납**【税納】 图 〖하자〗 納税ᄒᆞᄒᆞ。

**세:-내:다**【貰-】 他 賃借ᄒᆞᄒᆞりする, 雇ᄒᆞう。¶ 배를 ~ 舟ᄒᆞを雇ᄒᆞう。

**세:농**【細農】 图 ①小規模ᄒᆞᄒᆞの農業ᄒᆞᄒᆞ。② 「세농가」의 縮約形。

　**세:농-가**【-家】 图 零細農家ᄒᆞᄒᆞ。

**세:뇌**【洗腦】 图 〖하자〗 洗腦ᄒᆞᄒᆞ。¶ ~ 공작 洗腦工作ᄒᆞᄒᆞ。

**세:다**¹ 围 ①（髪ᄒᆞが）白ᄒᆞくなる。¶ 머리가 ~ 髪が白くなる, 白髪ᄒᆞᄒᆞになる。②（顔ᄒᆞが）青白ᄒᆞᄒᆞくなる, 血ᄒᆞの気ᄒᆞがひく。

**세:다**² 他 数ᄒᆞえる, 計算ᄒᆞᄒᆞする。¶ 돈을 ~ 金ᄒᆞを数える。

**세:다**³ 厖 ①（力ᄒᆞᄒᆞ・技ᄒᆞᄒᆞが）強ᄒᆞい,（水準ᄒᆞᄒᆞが）上ᄒᆞᄒᆞだ。②力が強い。/ 그는 술이 굉장히 ~ 彼ᄒᆞは酒ᄒᆞがとても強い。②（性質ᄒᆞᄒᆞが）頑強ᄒᆞᄒᆞだ。¶ 고집이 ~ 我ᄒᆞが強い。③（風ᄒᆞ・水ᄒᆞが）強ᄒᆞい, 激ᄒᆞしい。¶ 바람이 ~ 風が強い。④かさかさした, 荒ᄒᆞい, こちこちで強ᄒᆞい。¶ 풀기가 ~ のり気ᄒᆞがこわい。⑤（仕事ᄒᆞᄒᆞが）きつい。¶ 일이 얼마나 센지 병이 났다 仕事ᄒᆞᄒᆞがあまりにもきつくて病気ᄒᆞᄒᆞになった。⑥（運命ᄒᆞᄒᆞ・星回ᄒᆞᄒᆞが）悪ᄒᆞい。¶ 팔자가 ~ 星回ᄒᆞᄒᆞが悪い。

**세:대**【世代】 图 世代ᄒᆞᄒᆞ。¶ 젊은 ~ 若ᄒᆞい世代/ ~가 바뀌다 世代が替ᄒᆞわる。

**세:대 교:체**【-交替】 图 世代交代ᄒᆞᄒᆞ。

**세:대**【世帶】 图 所帯ᄒᆞᄒᆞ, 世帯ᄒᆞᄒᆞ。

**세:대-주**【-主】 图 所帯主ᄒᆞᄒᆞ。

**세:도**【勢道】 图 〖하자〗 政治上ᄒᆞᄒᆞᄒᆞの権力ᄒᆞᄒᆞを握ᄒᆞること, 権勢ᄒᆞᄒᆞ。
〖관용〗 세도(를) 부리다 権勢を振ᄒᆞるう, 権力を振ᄒᆞり回ᄒᆞす。

**세:도-가**【-家】 图 政治上の権力を握ᄒᆞった人ᄒᆞ, 家門ᄒᆞᄒᆞ。

**세레나:데**〖도 Serenade〗 图 〖音〗 セレナーデ, セレナード, 小夜曲ᄒᆞᄒᆞ。

**세:력**【勢力】 图 勢力ᄒᆞᄒᆞ, 勢ᄒᆞい。¶ ~ 다툼 勢力争ᄒᆞᄒᆞい/ ~을 부리다 勢力をふるう。

**세:련**【洗練・洗鍊】 图 〖하자〗 洗練ᄒᆞᄒᆞ, あか抜ᄒᆞけすること。¶ ~된 문장 洗練された文章ᄒᆞᄒᆞ。

**세:례**【洗禮】 图 ①〖基〗 信者ᄒᆞᄒᆞになるための儀式ᄒᆞᄒᆞ。¶ ~를 받다 洗礼を受ける。②〖比〗 浴ᄒᆞびせられる非難ᄒᆞᄒᆞ・攻撃ᄒᆞᄒᆞ。¶ 주먹 ~를 퍼붓다 げんこつの洗礼を浴びせる。

**세:례-명**【-名】 图 〖基〗 洗礼名ᄒᆞᄒᆞ, クリスチャンネーム。

**세:로** Ⅰ 图 縦ᄒᆞ。¶ ~줄 縦の線ᄒᆞᄒᆞ, 縦線ᄒᆞᄒᆞ/ ~짜기 縦組ᄒᆞᄒᆞみ。Ⅱ 圖 縦に, 垂直ᄒᆞᄒᆞに。¶ ~로 줄지어 서다 縦に並ᄒᆞぶ。/ 나무를

세론

세:로-무늬【-】 图 縦模様。
세:로-쓰기【-】 图 㐧恒 縦書き。
세:론【世論】 图 世論、輿論。 ¶ ~에 귀를 기울이다 世論に耳を傾ける。
세:리【稅吏】 图 稅吏。
세:-마치 图 (金属を鍛えるとき)3人が代わる代わる打ちたたくハンマー。
세:면【洗面】 图 하자 洗面。 ¶ ~대 洗面台/간단히 ~하다 簡単に洗面する。
세:면-구【-具】 图 洗面具、洗面道具。
세:면-기【-器】 图 洗面器。
세:모 三角、三角形の三つの角。
세:모-기둥【-】 图 三角柱。
세:모-꼴【-】 图 三角形。
세:모【細毛】 图 ①細い毛。 ②[植]マフノリ。
세:모【歲暮】 图 歳暮、年末、年の瀬。 ¶ ~를 넘기다 年末を越す。
세:-모시【細-】 图 目が細かく薄い夏の麻。
세:목【細目】 图 細目。 ¶ 지출을 ~으로 나누다 支出を細目に分ける。
세:무【稅務】 图 稅務。 ¶ 조사 稅務調査。
세:무-사【-士】 图 稅理士。
세:무-서【-署】 图 稅務署。
세:-문안【歲問安】 图 하자 新年のあいさつ。
세미나【seminar】 图 ゼミナール、セミナー。
세미-콜론【semicolon】 图 [文法] セミコロン(;)。
세:밀【細密】 图 하 ? 細密だ。 ¶ 한 검사 細密な検査。 세밀-히 副 細密に、くわしく。 ¶ ~ 조사하여 조사하여 調べる。
세:-밑【歲-】 图 年との暮れ、歳末。
세:발【洗髮】 图 하자 洗髪する、髪洗み。
세:-발 자전거【-自轉車】 图 (子供用の)三輪車。
세:배【歲拜】 图 하자 新年のあいさつ、年始回り。 ¶ ~하러 다니다 年始回りをする。
세:뱃-돈 图 お年玉。
세:부【細部】 图 細部。 ¶ ~ 사항 細部事項。
세:분【細分】 图 하자 細分。 ¶ 다섯 종류로 ~하다 五種類に細分する。
세:비【歲費】 图 歲費。 ¶ ~ 인상을 가결하다 歳費の引上げを可決する。
세:상【世上】 图 ①世の中、世間、世、社会。 ¶ ~의 소문 世間のうわさ/~이 시끄럽다 世の中が騷々しい。/ 저 ~에서 다시 만납시다 あの世でまた会いましょう。 ②時代、世。 ¶ 기술자가 우대받는 ~이다 技術者が優遇される時代だ。 ③一生、生涯。 ¶ 빈곤 속에 한 ~을 살다 貧困の中に生涯を暮らす。 ④[刑務所・修道院などの中から外の世界に出る、俗世、しゃば。 ¶ ~에 나가다 しゃばに出る。 ⑤(欲ほしいままにふるまえる) 独り舞台、天下、世。 ¶ 그가 없어졌으니 이젠 우리들~이다 彼がいなくなったから今や我々の世だ。
[관용] 세상(을) 떠나다[뜨다] 世を去る、死亡する。 세상(을) 모르다 ①世情に疎い。 ②(ぐっすり眠って)何をもわからない。 세상(을) 버리다 世を捨てる、死ぬ。 세상이 바뀌다 ①時世が変わる。 ②社会の制度が変わる、改革がなされる。
세:상 만:사【-萬事】 图 世のすべての事。
세:상 물정【-物情】 图 世情、物情。 ¶ ~에 밝다 世情に通じている。
세:상-없어도 副 何事などがあっても、必ずなず、どんなことがあっても、きっと。 ¶ ~ 가겠다 何事があっても必ず行く。
세:상 천지-에【-天地-】 感《そんな事があり得るかと驚きあきれる意味で用いる語》 何とまあ、全まく、本当に。 ¶ 온ー 그럴 수가 있나 何とまあ、そんなことがあり得るだろうか。
세:세-하다【細細-】 하형 ①きわめて詳しい、細かい。 ¶ 세세한 문제 きわめて細かい問題。 ②(細ほかくて)つまらない。 ③きわめて細かい。
세:속【世俗】 图 世俗。 ¶ ~에 물들다 世俗に染まる。
세:속 오:계【-五戒】 图 [史] (新羅時代の「화랑(花郞)の五つの戒律)。
세:속-적【-的】 冠 世俗的。 ¶ ~인 사고 방식 世俗的な考え方。
세:손【世孫】 图 「왕세손」の縮約形。
세:수【洗手】 图 하자 洗顔、洗面。 ¶ ~ 건 手拭い/ ~를 끝내다 洗面を済ます。
세:습【世習】 图 世の風習、世の習い。
세:습【世襲】 图 하자 世襲。
세:습 재산【-財産】 图 世襲財産。
세:심【細心】 图 하 ? 細心。 ¶ ~한 주의가 필요하다 細心の注意が必要だ。
세:-쌍둥이【-雙-】 图 三つ子、三生児。
세:액【稅額】 图 稅額。 ¶ ~을 정하다 稅額を決める。
세:업【世業】 图 世業。 ¶ ~을 물려받다 世業を受け継ぐ。
세우다 他 ①立てる、立たせる、(倒れているものを)起こす。 ¶ 기를 ~ 旗を立てる。 ②建てる、造る。 ¶ 건물을 ~ 建物を建てる。 ③(計画・予定などを)立てる、作る、練る。 ¶ 예산을 ~ 予算を立てる。 ④(組織・学説などを)立てる、樹立する、設立する。 ¶ 나라를 ~ 国を建てる。/새로운 원칙을 ~ 新しい原則を立てる。 ⑤(功績・手柄などを)挙げる、立てる。 ¶ 공을 ~ 手柄を立てる。 ⑥(面目・体面を)保つ、立てる。 ¶ 면목을 ~ 面目を保つ。 ⑦(候補者・証人に)立てる、引き出す、擁立する。 ¶ 보증인을 ~ 保証人を立てる。 ⑧(刃を)立てる、鋭くする。 ¶ 톱날을 ~ のこぎりの目を立てる。 ⑨(動いているものを)止める。 ¶ 차를 ~ 車を止める。 ⑩(青筋を)立てる。 ¶ 핏대를 세우고 화를 내다 青筋を立てて怒る。 ⑪(意志・我を)通す。 ¶ 고집을 ~ 我を張る。

세:월【歲月】 图 ①歲月さい、年月ねん・とし。¶ 긴 ~ 長ながい歲月/ ~이 가다 年月ねんが経たつ。 ②時節せつ、時勢せい。¶ 세상의 中なか、世よの中なか。¶ 좋은 ~에 태어나다 いい時世に生うまれる。
속담 세월이 약 時ときが藥くすり。《つらいこと・悲かなしいことも時がたてば自然しぜんに忘わすれるようになる》
세:월-없다 形 ①(商賣しょうが)うまくいかない、(人氣にんきが)衰おとろえて) さっぱり奮ふるわない。②(仕事しごとなどが)遲おそくとしていつ終おわるのか見當けんとうがつかない。
세:율【稅率】 图 稅率りつ。¶ ~이 높다 稅率が高たかい。
세:-이레 图 出産後しゅっさん21日目にじゅういちのひ。
세이프【safe】 图 (野球きゅう・テニスなどで)セーフ。¶ 간신히 ~되다 危あやうくセーフになる。
세:인【世人】 图 世人じん。¶ ~을 놀라게 하다 世人を驚おどろかす。
세:일【sale】 图 セール、賣うり出だし。¶ 바겐 ~ バーゲンセール。
세일러-복【sailor 服】 图 セーラー服ふく。
세일즈-맨【salesman】 图 セールスマン。
세:입【稅入】 图 稅收入しゅうにゅう。
세:입【歲入】 图《經》歲入さいにゅう。¶ ~의 증가를 도모하다 歲入の增加ぞうかをはかる。
세:자【世子】 图 (「왕세자」의 縮約形) 王世子せいし。
세:정【世情】 图 世情じょう。¶ ~에 밝은 사람 世慣れれた人ひと/ ~에 어두운 世情に疎うとい。
세:정【洗淨】 图 하他 洗淨じょう。
세:제【洗劑】 图 洗劑ざい。¶ 합성 ~ 合成ごうせい洗劑。
세:제【稅制】 图 稅制せい。¶ ~ 개혁 稅制改革かいかく。
세:제곱 图 하他《數》三乘さんじょう。
세:제곱-근【-根】 图《數》三乘根こん。
세:-주다【貰-】 他 賃貸ちんたいする。¶ 집을 ~ 家いえを賃貸しする。
세:지【世智】 图 世知ち。¶ ~에 밝은 사람 世知にたけた人ひと。
세:진【世塵】 图 世塵じん、細こまかなちりやほこり。¶ ~을 피하다 世塵を避さける。
세:차【洗車】 图 하自他 洗車しゃ。
세:차-장【-場】 图 洗車場じょう、洗車屋や。
세:차【賃車】 图 하自他 貸かし自動車じどうしゃ、レンターカー。
세:-차다 形 强つよい、激はげしい、强烈きょうれつだ、盛さかんだ、荒あらい。¶ 빗발이 ~ 雨足あまあしが激しい。
세:척【洗滌】 图 하他 되自 洗滌じょう、洗淨せん。¶ 상처를 ~하다 傷口きずぐちを洗淨する。
세:척-기【-器】 图 洗淨器き。
세:척-제【-劑】 图 洗淨劑。
세:출【歲出】 图 歲出しゅつ。¶ 세입과 ~ 歲入にゅうと歲出。
세:칭【世稱】 图 世間せけん一般いっぱんでいうこと、いわゆる、世よにいう。¶ ~ 일류 대학을 나왔다는 자 いわゆる一流いちりゅう大學だいがくを出でたというやつ。
세컨드【second】 图 ①セカンド。②(俗) 妾めかけ。
세:탁【洗濯】 图 하他 되自 洗濯せんたく。¶ ~기 洗濯機き/ 깨끗이 ~하다 きれいに洗濯する。
세:탁-물【-物】 图 洗濯物もの。
세:탁-소【-所】 图 洗濯屋や。
세:태【世態】 图 世態たい。¶ ~를 풍자하다 世態を風刺ふうしする。
세:태 소설【-小說】 图 世態小說しょう。
세트【set】 图 セット。¶ 커피 ~ コーヒーセット/ 오픈 ~ オープンセット。
세:파【世波】 图 世よの荒波あらなみ、つらい世よの中なか。¶ ~에 시달리다 世の荒波にもまれる。
세:평【世評】 图 世評ひょう、世間の評判ひょうばん。¶ ~이 나쁘다 世間の評判が悪わるい。
세:포【細胞】 图 細胞ぼう。¶ 단~ 單細胞さいぼう。
세:포-막【-膜】 图《生》細胞膜まく。
세:포 분열【-分裂】 图《生》細胞分裂ぶん。
세:포-질【-質】 图《生》細胞質しつ。
섹스【sex】 图 セックス。
섹스 어필【-appeal】 图 セックスアピール。
섹시-하다【sexy-】 形ぁ セクシーだ。¶ 섹시한 몸매 セクシーな体からだつき。
센:-말【-】《文法》 意味いみは同おなじだが語感かんの强つよい語ご、强調語きょうちょうご。
센:-머리 图 白髮しらが。
센서【sensor】 图《機》 センサー、感知裝置かんちそうち。
센서스【census】 图 センサス、國勢こくせい調査ちょうさ。
센스【sense】 图 センス。¶ ~가 있다 センスがある。
센터【center】 图 センター。¶ 스포츠 ~ スポーツセンター。
센터 라인【-line】 图《體》センターライン。
센터 포:워드【-forward】 图《體》センターフォワード。
센터 플라이【-fly】 图《野》センターフライ。
센티멘탈【sentimental】 图 하形 センチメンタル、感傷的かんしょうてき。
센티-미터【centimeter】 依 《長ながさの單位たんい》 センチメートル。준 센티
셀프【self】 图 セルフ。¶ ~ 콘트롤 セルフコントロール。
셀프-서:비스【-service】 图 セルフサービス。
셀프-타이머【-timer】 图 セルフタイマー。
셈 图 하他 ①計算けいさん、算數さん。¶ 덧 ~ 足たし算ざん。②勘定かんじょう、算用さんよう。¶ 월말마다 ~하다 月末每げつまつに勘定する。③支拂しはらい。¶ 점심값을 ~하다 晝食代ちゅうしょくだいを支拂う。④(「셈판」의 縮約形) 理由りゆう、譯わけ、いきさつ、事ことの次第しだい。¶ 어찌 된 ~인지 그는 오지 않았다 どういう譯わけか彼かれは來こなかった。⑤(「속셈」의 縮約形) つもり、心算しんさん。¶ 그럴 ~으로 말한 것은 아니다 そんなつもりで言いったのではない。⑥判斷力はんだんりょく、分別べつ。¶ ~이 들 나이가 되었다 分別のつくごろになった。
관용 셈이 빠르다 ①計算けいさんが速はやい。②判斷だんが早はやい。
셈:-치다 I 他 計算けいさんする、數かぞえる、勘定かんじょうする。¶ 얼마나 되는지 셈쳐 보자 どれくらいあるのか數えてみよう。II 助動 《動作どうさ・

**셈판** 事実(じじつ)などをすでにしたように仮定(かてい)していう語)…(した)つもりである、…(した)事(こと)にする、¶ 먹은 셈치고 견디다 食(た)べたつもりで我慢(がまん)する。

**셈:-판** 名 物事(ものごと)の事情(じじょう)、理由(りゆう)、わけ、訳合(わけあ)い。¶ 어찌된 ~인지 통 알 수가 없다 どうしたことかさっぱりわけがわからない。

**셋** 数 三(さん)、三(みっ)つ。¶ 하나 둘 ~ 一(ひと)つ、二(ふた)つ、三(みっ)つ/ ~째 三番目(さんばんめ)。

**셋:-돈**[貰-] 名 貸(か)し賃(ちん)、借(か)り賃(ちん)。

**셋:-방**[貰房] 名 貸(か)し間(ま)、借間(しゃくま)。

**셋:-집**[貰-] 名 貸家(かしや)、借家(しゃくや)。¶ ~살이 借家住(しゃくやず)まい/ ~을 구하다 借家を探(さが)す。

**셔:츠**[shirts] 名 シャツ。

**셔터**[shutter] 名 シャッター。①よろい戸(ど)。¶ ~를 내리다 シャッターを降(お)ろす。②(カメラの)シャッター。¶ ~를 누르다 シャッターを押(お)す。

**소¹** 名 動 牛(うし)。¶ 암~ 雌牛(めうし)/ ~를 몰다 牛を追(お)う。
〔속담〕 소같이 벌어서 쥐같이 먹어라 牛(うし)のように稼(かせ)いで鼠(ねずみ)のように食(た)べろ。《苦労(くろう)して稼(かせ)ぎ、節約(せつやく)して使(つか)え》소 잃고 외양간 고친다 牛(うし)を盗(ぬす)まれてから牛舎(ぎゅうしゃ)を修繕(しゅうぜん)する。《証文(しょうもん)の出(だ)しおくれ》
〔관용〕 소 닭 보듯 닭 소 보듯 牛(うし)が鶏(にわとり)を見(み)るように鶏(にわとり)が牛(うし)を見るように。《なんの関心(かんしん)もなく知(し)らん顔(かお)をすること》

**소²** 名 ①あん、あんこ。¶ 만두~ 饅頭(まんじゅう)のあん。②(キムチの中(なか)に入(い)れる)いろいろの薬味(やくみ)。

**소**[小] Ⅰ 接 小(しょう)。¶ 대는 ~를 겸한다 大(だい)は小を兼(か)ねる。Ⅱ 接頭 …小(しょう)-、小(こ)-。¶ ~도구 小道具(こどうぐ)/ ~규모 小規模(しょうきぼ)。

**소**[沼] 名 沼(ぬま)、ぬま。

**-소**[所] 接尾 …所(しょ・じょ)。¶ 강습~ 講習所(こうしゅうじょ)/ 연구~ 研究所(けんきゅうじょ)。

**소:-가족**[小家族] 名 小家族(しょうかぞく)。

**소:가지** 名 俗 心(こころ)だて、気(き)だて、心(こころ)がら、根性(こんじょう)。¶ ~가 못됐다 心がらがよくない。

**소각**[燒却] 名 하타 焼却(しょうきゃく)。¶ 쓰레기를 ~하다 ごみを焼却する。

**소각-로**[-爐] 名 焼却炉(しょうきゃくろ)。

**소각-장**[-場] 名 焼却場(しょうきゃくじょう)、焼(や)き場(ば)。

**소:-갈머리** 名 俗 心(こころ)だて、気(き)だて、心(こころ)がら、了見(りょうけん)。¶ ~ 없는 놈 了見のせまいやつ。㊀ 소갈딱지。

**소갈-증**[消渴症] 名 漢 絶(た)えず喉(のど)が渇(かわ)いて水(みず)を欲(ほ)しがる症状(しょうじょう)、消渇症(しょうかつしょう)。

**소:감**[所感] 名 所感(しょかん)。¶ 당선 ~을 말하다 当選(とうせん)の所感を語(かた)る。

**소:강**[小康] 名 小康(しょうこう)。¶ ~ 상태를 보이다 小康状態(しょうこうじょうたい)を見(み)せる。

**소개**[紹介] 名 하타 되자 紹介(しょうかい)。¶ 새 회원을 ~하다 新(あたら)しい会員(かいいん)を紹介する。

**소개-소**[-所] 名 紹介所(しょうかいじょ)。

**소개-장**[-狀] 名 紹介状(しょうかいじょう)、添書(そえ・てんしょ)。

**소거**[消去] 名 하타 되자 消去(しょうきょ)。¶ ~법 消去法(しょうきょほう)。

**소:견**[所見] 名 所見(しょけん)。¶ 의사의 ~ 医師(いし)の所見/ ~을 묻다 所見をうかがう。

**소:견-머리** 名 俗 所見(しょけん)、考(かんが)え。

**소:경** 名 ①目(め)の不自由(ふじゆう)な人(ひと)、盲人(もうじん)。②(比) 文盲(もんもう)。¶ 눈뜬 ~ 字(じ)の読(よ)めない人。

**소:고**[小鼓] 名 小鼓(こつづみ)。

**소:곡**[小曲] 名 音 小曲(しょうきょく)。¶ ~을 연주하다 小曲を演奏(えんそう)する。

**소곤-거리다** 自他 ①(小声(こごえ)で)ささやく、ひそひそと話(はな)す。¶ 귓전에다 ~ 耳(みみ)もとでささやく。②(小声(こごえ)で)うわさする。¶ 남의 일을 뒤에서 ~ 人(ひと)の陰口(かげぐち)をきく。

**소곤-소곤** 副 하타 ひそひそ、こそこそ、ぼそぼそ。¶ ~ 이야기하다 ひそひそと話(はな)す。

**소곳-하다** 形여 ①うつむき加減(かげん)だ。②おとなしい、すなおだ。**소곳-이** 副 うつむき加減に、ねんごろに。¶ 고개를 ~ 숙이다 首(くび)をうなだれる。

**소:관**[所管] 名 하타 所管(しょかん)。¶ 구청의 ~ 업무 区役所(くやくしょ)の所管業務(ぎょうむ)。

**소:관**[所關] 名 関係(かんけい)する所(ところ)。¶ 팔자 ~ 運命(うんめい)の致(いた)す所。

**소:국**[小國] 名 小国(しょうこく)。

**소굴**[巢窟] 名 巣窟(そうくつ)。¶ 도둑놈 ~ 泥棒(どろぼう)の巣窟。

**소극**[消極] 名 消極(しょうきょく)。¶ ~책 消極策(しょうきょくさく)。㊉ 적극(積極)。

**소극-적**[-的] 冠 消極的(しょうきょくてき)。¶ ~인 대응 消極的な対応(たいおう)。

**소금** 名 塩(しお)、食塩(しょくえん)。¶ ~에 절여 저장하다 塩に漬(つ)けて貯蔵(ちょぞう)する。
〔속담〕 소금 먹은 놈이 물 켠다 塩(しお)を食(た)べた者(もの)が水(みず)をがぶ飲(の)みする。《罪(つみ)を犯(おか)した者(もの)が罰(ばつ)を受(う)けると》
〔관용〕 소금이 쉴까 塩(しお)がすえるか。《そんなことはあり得(え)ないとの意(い)》

**소금-구이** 名 하타 塩焼(しおや)き。

**소금-기**[-氣] 名 塩気(しおけ)、塩味(しおあじ)。

**소금-물** 名 塩水(しおみず)。

**소금-절이** 名 塩漬(しおづ)け。

**소급**[遡及] 名 하타 되자 遡及(そきゅう)。¶ ~하여 시행하다 遡及して施行(しこう)する。

**소:기**[所期] 名 所期(しょき)。¶ ~의 성과를 거두다 所期の成果(せいか)を収(おさ)める。

**소-기름** 名 牛脂(ぎゅうし)、ヘット。

**소꿉** 名 ままごとのおもちゃ。

**소꿉-놀이** 名 하타 ままごと遊(あそ)び、ままごと。

**소꿉-동무** 名 竹馬(ちくば)の友(とも)、幼友達(おさなともだち)、幼(おさ)なじみ。

**소꿉-질** 名 하타 ままごと遊(あそ)び、ままごと。

**소나기** 名 夕立(ゆうだち)、にわか雨(あめ)、驟雨(しゅうう)。¶ ~를 만나다 夕立にあう。

**소나기-밥** 名 (日頃(ひごろ)は小食(しょうしょく)だが)突然(とつぜん)多(おお)く食(た)べる飯(めし)。

**소-나무**[-楠] 名 松(まつ)、松の木(き)。¶ ~ 가지 松の枝(えだ)/ 어린 ~ 若松(わかまつ)。

**소:녀**[少女] 名 少女(しょうじょ)、乙女(おとめ)。¶ ~ 시절

少女時代じだい。/ 마음은 ~같다 心ここは少女のようだ。

**소:년**【少年】 图 少年期ねんき。¶ ~기 少年期/ ~잡지 少年雑誌し。

**소:년 범:죄**【-犯罪】 图【法】少年犯罪はん。

**소:년-원**【-院】 图【法】少年院いん。

**소:농**【小農】 图 小農のう。

**소:뇌**【小腦】 图【生】小脳のう。

**소:다**【soda】 图【化】ソーダ。¶ 가성 ~ 苛性かせいソーダ。

**소:-다수**【-水】 图 ソーダ水すい。

**소:-다회**【-灰】 图【化】ソーダ灰ばい。

**소달구지** 图 牛車ぎゅうしゃ・ぎゅうぎ。

**소담-하다** 形어 ①(食たべ物ものが)ゆたかでおいしそうだ。②ふくよかである、ほどよく整ととって見目みめがよい。

**소담-스럽다** 形ㅂ (見みるからに)みずみずしい、ふくよかだ、おいしそうだ。

**소:대**【小隊】 图【軍】小隊しょう。

**소:-도:구**【小道具】 图【劇】小道具どうぐ。

**소-도둑** 图 ①牛泥棒どろぼう。②〈比〉陰険いんけんで欲深よくふかい人ひと。

**소도록-하다** 形어 こんもりと盛もり上あがっていう、山盛やまもりだ、うず高たかい。 **소도록-히** 副 どっさりと、こんもりと、うずたかく。

**소독**【消毒】 图ㆍ他ㆍ되 消毒どく。¶ 일광 ~ 日光にっこう消毒。

**소독-면**【-綿】 图 消毒綿めん、脱脂綿だっしめん。

**소독-약**【-藥】 图 消毒薬やく。

**소독-저**【-箸】 图 消毒箸はし。

**소동**【騷動】 图ㆍ自ㆍ되 騒動どう、騒さわぎ。¶ ~을 일으키다 騒動を起おこす。

**소:득**【所得】 图 所得とく。¶ 불로 ~ 不労ふろう所得/ ~이 많다 実入みいりが多おおい。/ ~이 늘어나다 所得が増ふえる。

**소:득 공:제**【-控除】 图 所得控除こうじょ。

**소:득-세**【-税】 图 所得税ぜい。

**소들-소들** 副ㆍ하形 《草木くさきのひどく萎しおれて乾かわいたようす》しなくな、かさかさ。

**소등**【消燈】 图ㆍ自ㆍ되 消灯とう。¶ ~ 시간 消灯時間かん。

**소-띠** 图 牛年うしどしの生うまれ。

**소:라** 图 ①【動】サザエ。②【音】法螺貝ほらがい。

**소란**【騷亂】 图ㆍ하形ㆍ스形 騒乱らん、騒さわがしいこと。¶ 교실 안이 ~스럽다 教室内きょうしつないがそうぞうしい。

**소:량**【小量】 图 小量しょう、狭量きょう。

**소:량**【少量】 图 少量しょう、少すくない分量ぶんりょう。¶ ~의 술을 마시다 少量の酒さけを飲のむ。

**소록-소록** 副 《赤ちゃん坊ぼうが安やすらかに寝ねているようす》すやすや。¶ 아기가 ~ 잠들어 있다 赤ちゃんがやすやすと寝入ねいっている。

**소르르** 副 ①《もつれたものがよく解ほどけるようす》するすら(と)、するする(と)。¶ 얽힌 실이 ~ 풀리다 もつれた糸いとがするすると解とける。②《柔やわらかい風かぜが吹ふくようす》そよそよ。¶ 봄바람이 ~ 불다 春風はるかぜがそよそよと吹ふく。③《水みず・砂すななどが静しずかに流ながれたり

崩くずれたりするようす》さらさら。¶ 실개천의 물이 ~ 흐르다 小川おがわの水みずがさらさらと流ながれる。④《眠気ねむきがさすようす》うとうと。¶ 잠이 ~ 오다 うとうとと眠気を催もよおしてくる。

**소름** 图 粟立あわだつこと、鳥肌とりはだ。
[관용] 소름(이) 끼치다 粟立つ、鳥肌とりはだが立つ、身の毛けがよだつ、総毛立そうけだつ。

**소리** 图 ①音おと。¶ 발~ 足音あしおと/ ~를 내다 音を出だす。②(人ひと・動物どうぶつの)声こえ、鳴なき声こえ、音ね。¶ 새 우는 ~ 鳥とりの鳴なき声/ 큰~로 외치다 大声おおごえで叫さけぶ。③意見いけん、世論せろん。¶ 국민의 ~에 귀를 기울이다 国民こくみんの声こえに耳みみを傾かたむける。④ことば、話はなし。¶ 그런 ~ 하지 말게 そんなこと言いうなよ。⑤知しらせ、話はなし、うわさ。¶ 그녀가 결혼했다는 ~를 들었다 彼女かのじょが結婚けっこんしたという話はなしを聞きいた。⑥('판소리'・雑歌などの)歌うた。¶ ~를 잘 한다 歌がうまい。
[관용] 소리 소문도 없이 なんの知しらせもなく、ひそかに。¶ ~가 버렸다 なんの知しらせもなく行いってしまった。

**소리-꾼** 图 あらゆる歌うたにうまい人ひと。

**소리-쟁이** 图 歌手かしゅ、歌うたい手て。

**소리개** 图【動】トビ、トンビ。

**소:-립자**【素粒子】 图【物】素粒子そりゅうし。

**소마-소마** 副ㆍ하形 《不安ふあん・恐怖きょうふのためおびえ恐おそれるようす》びくびく、おどおど。¶ 야단이나 맞지 않을까 ~하다 叱しかられはしないかとびくびくする。

**소:망**【所望】 图ㆍ하他 願ねがい、願望がんぼう、望のぞみ。¶ ~을 이루다 望みをかなえる。

**소매** 图 《着物きもの》の袖そで。¶ ~를 당기다 袖をひく。

**소매-치기** 图ㆍ하他 すり、巾着切きんちゃくり。

**소맷-자락** 图 袖の端はし、袖口そでくち。

**소:매**【小賣】 图ㆍ하他 小売こうり。¶ ~ 물가 小売り物価ぶっか。

**소:매-상**【-商】 图 小売こうり商しょう。

**소:매-업**【-業】 图 小売り業ぎょう。

**소:맥**【小麥】 图 小麦こむぎ。¶ ~분 小麦粉こ、メリケン粉。㊅ 밀가루

**소멸**【消滅】 图ㆍ하自 消滅めつ。¶ 권리의 ~ 権利けんりの消滅。

**소멸 시효**【-時效】 图【法】消滅時効じこう。

**소:멸**【掃滅】 图ㆍ하他 掃滅めつ。¶ 적을 ~하다 敵を掃滅する。

**소멸**【燒滅】 图ㆍ하他ㆍ自 焼滅めつ。¶ 기념관이 ~했다 記念館きねんかんが焼滅した。

**소모**【消耗】 图ㆍ하他 消耗もう。¶ 물자를 ~하다 物資ぶっしを消耗する。

**소모-전**【-戰】 图 消耗戦せん。

**소모-품**【-品】 图 消耗品ひん。

**소:묘**【素描】 图【美】素描そびょう、デッサン。

**소:문**【所聞】 图 うわさ、世評せひょう、評判ひょうばん、風説ふうせつ。¶ 헛~ 根ねも葉はもないうわさ/ ~에 의하면 うわさによれば/ ~을 내다 うわさを立たてる。

소:문나다 [自] うわさが立つ、評判である。
(속담) **소문난 잔치에 먹을 것 없다** うわさの立っている宴会にうまい食べ物のない。《名物にうまいものなし》
소:-문자[小文字] [名] 小文字。
소:박[素朴] [名][形動] 素朴さ。¶ ～한 인품 素朴な人柄。
소박[疏薄・疎薄] [名][하他] 妻を冷遇したり追い出したりすること。
　**소박-데기** [名] 出戻り、夫に疎んじられ冷遇されている女。
　**소박-맞다** [自] (夫に)疎んじられる、疎まれる。
소-박이 [名] ①「오이소박이 김치」の縮約形。②餡を入れた食べ物。
소반[小盤] [名] (小さい)お膳。
소방[消防] [名][하他] 消防。¶ ～ 훈련 消防訓練。
　**소방-사**[-士] [名] 消防士、消防官。
　**소방-서**[-署] [名] 消防署。
　**소방-차**[-車] [名] 消防自動車。
소:변[小便] [名] 小便、小水、小用、おしっこ。¶ ～을 보다 小便する。/ ～이 마렵다 小便がしたい。㊥ 오줌
소:복[素服] [名][하自] 素服。①白い服。②喪服。
소복-하다 [形動] ①こんもりしている、山盛りだ、うずたかい。¶ 밥을 소복하게 담다 飯を山盛りに盛る。②(雪・ごみなどが)こんもりと積もっている。¶ 책상 위에 먼지가 ～ 机の上にごみがこんもりと積もっている。③(はれたり太ったりして)むくんでいる。¶ 발등이 소복하게 부었다 足がむくんだ。㊥ 수북하다
소비[消費] [名][하他][되自] 消費。¶ ～세 消費税/ 시간을 ～하다 時間を消費する。
　**소비 성:향**[-性向] [名] 消費性向。
　**소비자**[-者] [名] 消費者。¶ ～ 가격 消費者価格。
　**소비자 보:호 운:동**[-者保護運動] [名][社] 消費者保護運動。
　**소비 조합**[-組合] [名] 消費組合。
소:산[所産] [名] 所産。¶ 노력의 ～ 努力の所産。
　**소:산-물**[-物] [名] 所産物、産物。
소:상[小祥] [名] 小祥、一周忌。
소:-상인[小商人] [名] 小商人、小規模に商う人。
소:생[所生] [名] 実子、産みの子。¶ 본처 ～ 嫡出子の子。
소생[蘇生・甦生] [名][하自] 蘇生。¶ 만물이 ～하다 万物がいきかえる。
소:서[小暑] [名] 小暑(二十四節気の一つ)。
소:-선거구[小選擧區] [名] 小選挙区。
소:설[小雪] [名] 小雪(二十四節気の一つ)。
소:설[小說] [名] 小說。¶ 추리 ～ 推理小説/ ～로 만들다 小説化する。
　**소:설-가**[-家] [名] 小説家、作家。
　**소:설-책**[-冊] [名] 小説を書いた本。
소:성[塑性] [名][物] 塑性、可塑性。
　**소:성 가공**[-加工] [名][하他] 塑性加工。
소:소-하다[小小-] [形動] ①細々している、ささいだ、細かい。¶ 소소한 문제로 싸우다 ささいな問題で言いかわす。②粗末だ。¶ 소소한 물건이지만 받아 주십시오 粗末なものですが受け取りください。
소:속[所屬] [名][하他][되自] 所属。¶ ～ 단체 所属団体が/ 영업과에 ～하다 営業課に所属する。
소송[訴訟] [名][하他] 訴訟。¶ ～ 기록 訴訟記録/ 형사 ～ 刑事訴訟/ ～을 제기하다 訴訟を起こす。
　**소송 고:지**[-告知] [名][法] 訴訟告知。
　**소송 비:용**[-費用] [名][法] 訴訟費用。
　**소송 절차**[-節次] [名][法] 訴訟手続き。
소:수[小數] [名][數] 小数。
　**소:수-점**[-點] [名][數] 小数点。
소:수[少數] [名] 少数。¶ ～의 의견을 존중하다 少数の意見を尊重する。
　**소:수-당**[-黨] [名] 少数党。
　**소:수 민족**[-民族] [名] 少数民族。
소스[source] [名] ソース。①源泉、源もと。②出処。¶ 뉴스의 ～ ～를 밝히지 않는 기사 ソースを明かさない記事。
소스라-치다 [自他] びっくりして身をふるわせる。¶ 소스라치게 놀라다 びっくり仰天する。
소슬-하다[蕭瑟-] [形動] 薄ら寒くもの寂しい。¶ 소슬한 가을 바람 薄ら寂しい秋風。
소:승[小乘] [名][佛] 小乘。
　**소:승 불교**[-佛教] [名][佛] 小乘仏教。
소:-시민[小市民] [名] 小市民、プチブル。¶ ～적인 사고 방식 小市民的な考え方。
소:시지[sausage] [名] ソーセージ。
소식[小食] [名][하他] 小食、少食。¶ ～가 小食家/ 건강을 위해 ～하다 健康のために小食する。
소식[消息] [名] 消息。①便り、知らせ、手紙、さた、沙汰さ。¶ 꽃～ 花だよりの便り/ ～ 끊기다 消息が途絶える。②動静、事情、状況。¶ 금융계 ～ 金融界の動き。
(관용) **소식이 깜깜** まったく知らないでいる、世事にうとい。
　**소식-란**[-欄] [名] 消息欄。
　**소식 불통**[-不通] [名] 消息不通、音信不通。¶ 그 뒤로는 ～이다 その後は消息が絶えて何とも分からない。②(ある事柄を)全然知らないこと。¶ ～인 사람 無知な人。
　**소식-통**[-通] [名] 消息通。¶ ～의 말을 인용하면 消息通のことばを引用すれば。
소:신[所信] [名] 所信、信ずるところ。¶ ～을 굽히지 않다 所信をまげない。/ ～에 따라 행동하다 信ずるところにしたがって行動する。

**소:실**〔小室〕 [名] 妾、側妻。¶ ~을 두다 妾を囲う。

**소실**〔消失〕 [名][하自][되自] 消失。¶ 권리가 ~되다 権利が消失する。

**소실**〔燒失〕 [名][하自他][되自] 焼失、焼け失せること。¶ 문화재가 ~되다 文化財が焼失する。

**소:심**〔小心〕 [名][하形] 小心。¶ ~한 성격 小心な性格。

**소:아**〔小兒〕 [名] 小児。

**소:아-과**〔-科〕 [名] 小児科。¶ ~ 의사 小児科医者。

**소:아마비**〔-痲痺〕 [名]〔醫〕 小児麻痺、ポリオ。

**소:아-병**〔-病〕 [名] 小児病。¶ ~적 이상주의 小児病的理想主意。

**소:액**〔少額〕 [名] 少額、小口。¶ ~의 기부금 少額の寄付金。

**소:액 지폐**〔-紙幣〕 [名] 少額紙幣。[대] 고액지폐(高額紙幣)

**소:야-곡**〔小夜曲〕 [名]〔音〕 小夜曲、セレナーデ。

**소:양**〔素養〕 [名] 素養、嗜み、心得。¶ 음악의 ~ 音楽の素養。

**소연-하다**〔騷然-〕 [形여] 騒然だ、騒がしい。¶ 장내가 한때 소연해졌다 場内が一時騒然となった。

**소염-제**〔消炎劑〕 [名] 消炎剤。

**소외**〔疎外·疏外〕 [名][하他][되自] 疎外。¶ 인간 ~ 人間疎外/ ~감을 느끼다 疎外感を感じる。

**소:요**〔所要〕 [名][하自][되自] 所要。¶ ~ 경비 所要経費。

**소요**〔逍遙〕 [名][하自] 逍遥。¶ 숲속을 ~하다 森を逍遥する。

**소요 학파**〔-學派〕 [名]〔哲〕 逍遥学派。

**소:용**〔所用〕 [名] 所用、役に立つこと、入用、必要、使いみち。¶ ~되는 물건 入用な物/ 그것이 무슨 ~이 있나 それがなんの役に立つか。

**소:용-없다** [形] 役に立たない、必要がない、無駄だ、要らない、効き目がない。¶ 소용없는 물건을 버리다 不要な物を捨てる。/ 아무리 잔소리를 해도 ~ どんなに小言を言っても効き目がない。

**소용-돌이** [名] 渦、渦巻。¶ ~에 휘말리다 渦に巻き込まれる。

**소용돌이-치다** [自] 渦巻く。¶ 탁류가 ~ 濁流が渦巻く。

**소:-우주**〔小宇宙〕 [名] 小宇宙。

**소:원**〔所願〕 [名][하他] 所願、念願、願い、願い事、望み。¶ 간절한 ~ 切なる願い/ ~을 풀다 望みをかなえる。

**소:원 성취**〔-成就〕 [名][하他] 所願成就、願いがかなえられること。¶ ~를 빌다 所願成就を祈る。

**소원**〔疏遠·疎遠〕 [名][하形] 疎遠。¶ 그와 ~해지다 彼と疎遠になる。

**소:위**〔所謂〕 [副] いわゆる、世に言う。¶ 그는 ~ 책벌레다 彼はいわゆる本の虫だ。

**소:유**〔所有〕 [名][하他] 所有。¶ ~욕 所有欲/ 토지를 ~하다 土地を所有する。

**소:유-권**〔-權〕 [名]〔法〕 所有権。¶ ~ 침해 所有権侵害。

**소:유 대:명사**〔-代名詞〕 [名]〔文法〕 所有代名詞。

**소:유-물**〔-物〕 [名] 所有物。

**소:유-주**〔-主〕 [名] 所有者。

**소음**〔消音〕 [名][하自] 消音、音を消すこと。¶ ~ 장치 消音装置。

**소음-기**〔-器〕 [名] 消音器。[유] 머플러

**소음**〔騷音〕 [名] 騒音。¶ ~ 공해 騒音公害/ 거리의 ~에 짜증이 나다 町の騒音に苛立つ。

**소:이**〔小異〕 [名][하形] 小異、少しの違いこと。¶ 대동 ~ 大同小異。

**소:인**〔小人〕 I [名] ①小人、子供。¶ ~은 반액입니다 小人は半額です。②小人、小人物。II [代]《目上の人に対する自分の謙称》小生。¶ ~은 이만 물러가겠습니다 小生はこれで席をはずさせていただきます。

**소:인-배**〔-輩〕 [名] 小人の輩。

**소인**〔消印〕 [名][하他] 消印。¶ ~을 찍다 消印を押す。

**소인**〔燒印〕 [名] 焼き印。[유] 낙인(烙印)

**소일**〔消日〕 [名][하自] 消日。①する事なく日を過ごすこと。②ある事を楽しみにして日を暮らすこと。¶ 독서로 ~하다 読書で日を暮らす。

**소일-거리** [名] 暇つぶしの種。¶ ~가 생겼다 暇つぶしのたねができた。

**소:임**〔所任〕 [名] 任、役目、任務、与えられた職責。¶ ~을 다하다 任務を全うする。

**소:자**〔小子〕 [代]《息子の父母に対して用いる自称》小子。¶ ~도 무사히 지내고 있습니다 小子も無事に過ごしております。

**소:-자본**〔小資本〕 [名] 小資本。

**소:작**〔小作〕 [名][하他]〔農〕 小作。¶ ~농 小作農/ ~을 주다 小作させる。

**소:작-료**〔-料〕 [名] 小作料。

**소:작-인**〔-人〕 [名] 小作人。

**소:장**〔所長〕 [名] 所長。

**소:장**〔所藏〕 [名][하他][되自] 所蔵。

**소:장-품**〔-品〕 [名] 所蔵品。¶ 박물관의 ~ 博物館の所蔵品。

**소장**〔訴狀〕 [名]〔法〕 訴状。¶ ~을 제출하다 訴状を提出する。

**소:재**〔所在〕 [名] 所在、在り処。¶ 책임의 ~ 責任の所在/ 범인의 ~를 알아내다 犯人の所在をつきとめる。

**소:재-지**〔-地〕 [名] 所在地。

**소재**〔素材〕 [名] 素材。①題材、原拠。¶ 도시 생활을 ~로 한 소설 都市生活を素材とした小説。②原料。¶ 자기의 ~ 磁器の素材。

소:-전제〔小前提〕 名〔論〕 小前提しょうぜんてい。 団 대전제(大前提)

소:정〔所定〕 名 所定しょてい。 ¶ ~의 절차를 밟다 所定の手続てつづきを踏ふむ。

소:제〔掃除〕 名〔하他〕〔되自〕 掃除そうじ。 ¶ 방을 ~하다 部屋へやを掃除する。

소:조〔塑造〕 名〔하他〕 塑造ぞぞう。

소주〔燒酒·燒酎〕 名 燒酎しょうちゅう。

소:중-하다〔所重-〕 形여 きわめて大切たいせつだ、貴重きちょうだ、大事だいじだ、重要じゅうようだ。 ¶ 소중한 생명 大切な生命せいめい。 소중-히 副 大切に、大事に。 ¶ 몸을 ~ 하다 体からだを大切にする。

소:지〔所持〕 名〔하他〕 所持しょじ。 ¶ ~인 所持人にん/ 면허증을 ~하다 免許証めんきょしょうを所持する。

소:지〔素地〕 名 素地そじ、下地したじ。 ¶ 분쟁의 ~가 남아 있다 紛争ふんそうの素地が残のこっている。

소진〔燒盡〕 名〔하他〕〔되自〕 消尽しょうじん。 ¶ 기력이 ~하다 気力きりょくが消尽する。

소질〔素質〕 名 素質そしつ。 ¶ 문학에 ~이 있는 사람 文学ぶんがくに素質のある人ひと。

소집〔召集〕 名〔하他〕〔되自〕 召集しょうしゅう。 ¶ 비상 ~ 非常ひじょう召集。

소집 영장〔-令狀〕 名 召集令状しょうしゅうれいじょう。

소쩍-새〔動〕 ホトトギス、不如帰ふじょき。

소:찬〔素饌〕 名 粗膳そぜん。

소:-책자〔小冊子〕 名 小冊子しょうさっし、小冊しょうさつ、パンフレット。

소철〔蘇鐵〕 名〔植〕 ソテツ。

소:첩〔小妾〕 Ⅰ 名 若わかい妾めかけ。 Ⅱ 代《婦女ふじょらが自分じぶんを卑下ひげして言いう語ご》妾わらわ。

소:청〔所請〕 名 頼たのみ。 ¶ ~을 들어주다 頼みを聞ききき入いれる。

소:총〔小銃〕 名〔軍〕 小銃しょうじゅう。 ¶ ~ 사격 小銃射撃しゃげき。

소:치〔所致〕 名 致いたすところ、(…の)至いたり、せい、所業しょぎょう、仕業しわざ、せい、ゆえ、ため。 ¶ 부덕의 ~ 不徳ふとくの致すところ。

소침〔消沈·銷沈〕 名〔하自〕 消沈しょうちん。 ¶ 의기 ~하다 意気いき消沈する。

소켓〔socket〕 名 ソケット。 ¶ 쌍 ~ 二股ふたまたソケット。

소쿠리 名 ざる、かご。 ¶ 대~ 竹たざる。

소탈〔疏脫·疎脫〕 名〔하形〕 気きさくなこと、気どらないこと、見栄みえを張はらないこと、磊落らいらくさ。 ¶ ~한 성격 磊落な性質せいしつ。

소:-탐-대:실〔小貪大失〕 名〔하自〕 小しょうを貪むさぼって大だいを失うしなうこと。

소:탕〔掃蕩〕 名〔하他〕〔되自〕 掃蕩そうとう、掃討そうとう。 ¶ 폭력단을 ~하다 暴力団ぼうりょくだんを掃蕩する。

소:-탕-전〔-戰〕 名 掃討戦そうとうせん。

소태 名 ①「소태나무」の縮約形。 ②〔美〕 ニガキの樹皮じゅひ。

소태-나무〔植〕 ニガキ。 ㊦ 소태

소태-같다 形 (味あじが)ひどく苦にがい。 ¶ 입맛이 ~(병などで)口くちの中なかがひどく苦い。

소택〔沼澤〕 名 沼沢しょうたく。

소택-지〔-地〕 名 沼沢地しょうたくち。

소통〔疏通·疎通〕 名〔하他〕〔되自〕 疎通そつう。 ¶ 의사 ~ 意思いしの疎通/ 공기가 잘 ~되다 空気くうきがよく通つうじる。

소파〔掃爬〕 名〔하他〕〔醫〕 搔爬そうは。 소파 수술〔-手術〕 名〔醫〕 搔爬手術そうはしゅじゅつ。

소파〔sofa〕 名 ソファー。

소:포〔小包〕 名 小包こづつみ。 ①小ちいさい包つつみ。 ②「소포 우편」の縮約形。 ¶ ~를 부치다 小包を出だす。

소:포 우편〔-郵便〕 名 小包郵便こづつみゆうびん。

소:품〔小品〕 名 小品しょうひん。

소품-곡〔-曲〕 名〔音〕 小曲しょうきょく。

소풍〔逍風·消風〕 名〔하自〕 ①遠足えんそく、ハイキング、ピクニック。 ¶ 내일 ~을 간다 明日あすは遠足に行いく。 ②散歩さんぽ、散策さんさく、逍遥しょうよう。 ¶ 공원으로 ~을 나가다 公園こうえんへ散歩に出でかける。

소프라노〔이 soprano〕 名〔音〕 ソプラノ。

소프트-볼〔softball〕 名〔體〕 ソフトボール。

소프트-웨어〔software〕 名〔컴〕 ソフトウェア。

소:피〔所避〕 名〔하自〕 小便しょうべん、小用しょうよう。 ¶ ~를 보다 小用を足たす、小便する。

소:한〔小寒〕 名 小寒しょうかん、寒かんの入いり(二十四節気にじゅうしせっきの一ひとつ)。

소:행〔所行〕 名 仕業しわざ、所為しょい、所業しょぎょう、ふるまい。 ¶ 발칙한 ~ ふらちな所業/ 그의 ~임에 틀림이 없다 彼かれの仕業に間違まちがいない。

소행〔素行〕 名 素行そこう、日ひごろの行ないぎょうい。 ¶ ~이 좋지 않다 素行がよくない。

소:형〔小型〕 名 小型こがた。 ¶ ~ 자동차 小型自動車じどうしゃ。

소홀〔疏忽·疎忽〕 名〔하形〕 粗忽そこつ、疎おろかなこと、うす、いいかげんなよう、なおざりなよう、す。 ¶ 준비가 ~하다 準備じゅんびがおろそかだ。 소홀-히 副 粗忽に、疎かに、なおざりに、いいかげんに。 ¶ 공부를 ~ 하다 勉強べんきょうを疎かにする。

소화〔消火〕 名〔하自〕〔되自〕 消火しょうか。 ¶ ~ 용수 消火用水ようすい。

소화-기〔-器〕 名 消火器しょうかき。

소화-전〔-栓〕 名 消火栓しょうかせん。

소화〔消化〕 名〔하他〕〔되自〕 消化しょうか。 ¶ ~하기 쉬운 음식 消化しやすい食たべ物もの/ 외래 문화를 ~하다 外来がいらい文化ぶんかを消化する。

소화 불량〔-不良〕 名〔醫〕 消化不良しょうかふりょう。 ¶ ~에 걸리다 消化不良になる。

소화-액〔-液〕 名〔生〕 消化液しょうかえき。

소화-제〔-劑〕 名〔藥〕 消化剤しょうかざい。

소:-화물〔小貨物〕 名 小荷物こにもつ。

소환〔召喚〕 名〔하他〕〔되自〕〔法〕 召喚しょうかん。 ¶ ~에 응하다 召喚に応おうじる。/ 증인으로 ~되다 証人しょうにんとして召喚される。

소환-장〔-狀〕 名〔法〕 召喚状しょうかんじょう、召めし状じょう。

소환〔召還〕 名〔하他〕〔되自〕 召還しょうかん。 ¶ 대사를 ~하다 大使たいしを召還する。

소:회〔所懷〕 名 所懐しょかい、平素へいその思おもい、考かんがえ、所感しょかん。 ¶ ~를 말하다 所懐を述のべる。

속 名 ①中なか、内ない、内部ないぶ。 ¶ 산 ~ 山やまの中/ 주머니 ~ 懐ふところの内/ 빗~을 걸어가다 雨あめの

中を歩いて行く。②(物体の)中身、芯。¶ 호두의 ~ くるみの中身/ 사과 ~ 을 도려내다 リンゴの芯をくり抜く。③(物事の)中身のもの、内容、中身。¶ 말은 그럴 듯하나 ~이 없다 言うことはもっともらしいが内容がない。④胸のうち、腹の底、内心、心、気持ち。¶ ~이 들여다 보이다 腹の底が見える。/ ~이 상하다 気にさわる。⑤腹の具合。¶ ~이 좋지 않다 腹の具合が悪い。⑥物心、分別。¶ 아직도 ~을 못차리다 いまだに分別がない。⑦内幕、内情。
慣用 속(을) 떠보다 (相手の)心中を探る。속(을) 주다 心を許す。속(을) 태우다 気をもむ、胸を痛める。속(을) 터놓다 打ち明ける、腹を割る。속이 뒤집히다 ①吐き気がする。②しゃくにさわる、むかむかする。속이 메스껍다 むかつく、吐き気をもよおす、しゃくにさわる、むかむかする。속(이) 트이다 さばさばしている、磊落だ。속(이) 풀리다 怒りがおさまる、気が晴れる。
**속**(束) 依 束・다발。¶ 뭇・단
**속**(續) 接頭 ⟪続編を表わす語⟫続・つづ…。¶ ~세계사 続世界史
**속간**(續刊) 名他 続刊
**속개**(續開) 名他 続開。¶ 경기를 ~하다 競技を続開する。
**속결**(速決) 名自他 速決。¶ 이 안건은 ~을 요한다 この案件は速決を要する。
**속-고갱이** 名 (白菜などの)芯部分の柔らかい所。
**속공**(速攻) 名他 速攻。¶ ~으로 적을 제압하다 速攻で敵を制圧する。
**속국**(屬國) 名 属国
**속기**(速記) 名他 速記。¶ ~술 速記術
**속기-록**(-錄) 名 速記録
**속기-사**(-士) 名 速記者
**속-껍질** 名 (栗・みかんなどの)渋皮、内皮、甘皮。¶ ~을 벗기다 渋皮をむく。
**속-끓이다** 自 気をもむ、心を焦がす、頭を悩ます。
**속-내의**(-內衣) 名 下着、肌着
**속-눈** 名 (つぶったふりをして)少し開けた目、薄目
**속-눈썹** 名 睫、睫毛
**속다** 自 騙される、欺かれる、謀られる、口車に乗る。¶ 속아서 산 물건 だまされて買った品物
**속닥-거리다** 自 ささやく、ひそひそと話す、こそこそ話す。
**속단**(速斷) 名他 速断、早呑み込み、早合点。¶ 지나치게 ~하지 마라 あまりに早合点するな。/ 혼자 ~하다 独り呑み込みをする。
**속달**(速達) 名自他 速達
**속달 우편**(-郵便) 名 速達郵便
**속-달다** 自 気がもめる、やきもきする、もどかしくなる。

**속담**(俗談) 名 ①諺、俗諺。¶ ~에도 있듯이… 諺にもあるように…。②俗説、世間話
**속답**(速答) 名他 速答。¶ ~을 바랍니다 速答をお願いします。
**속-대** 名 ①野菜の芯部のやわらかい茎や葉。②竹の内側の部分
**속도**(速度) 名 速度。¶ ~가 느리다 速度がおそい。
**속도-계**(-計) 名 速度計
**속도 위반**(-違反) 名 速度違反
**속독**(速讀) 名他 速読。¶ ~술 速読術
**속-되다**(俗-) 形 ①俗っぽい、俗だ、世俗的だ。¶ ~는 말로 하면… 俗っぽい言葉で言うと…。②卑しい、下品だ。¶ 속된 표현 下品な言い方
**속등**(續騰) 名自 続騰。¶ 주가가 ~하다 株価が続騰する。(対) 속락(續落)
**속-뜻** 名 ①(心の奥に秘めている)深い考え、本意、胸中。②文の奥底に流されている意味
**속락**(續落) 名自 続落。¶ 시세가 ~하다 相場が続落する。(対) 속등(續騰)
**속력**(速力) 名 速力、スピード。¶ 제한~ 制限速力/ ~을 내다 速力を出す。
**속-마음** 名 内心、本心、胸中、奥底、下心、本意。¶ ~을 떠보다 腹中を探る。/ ~을 털어놓다 本心を打ち明ける。
**속물**(俗物) 名 俗物。¶ 근성 俗物根性
**속박**(束縛) 名他 束縛。¶ ~에서 벗어나다 束縛から脱する。
**속발**(續發) 名自 続発。¶ 사건이 ~하다 事件が続発する。
**속보**(速報) 名他 速報。¶ 개표 결과를 ~하다 開票結果を速報する。
**속보**(續報) 名自他 続報。¶ 사고 소식의 ~ 事故などのニュースの続報。
**속-보이다** 自 見え透く、腹を見抜かれる、本心が読まれる。¶ 속보이는 거짓말 見え透いたうそ
**속사**(速射) 名他 速射
**속사-포**(-砲) 名 速射砲
**속삭-거리다** 自 ささやく、ひそひそと話す。무언가 둘이서 속삭거리고 있다 何か二人たりでひそひそと話している。
**속삭-속삭** 副 ひそひそ
**속삭임** 名 ささやき、ひそひそと話し合うこと。¶ 다정한 사랑의 ~ 優しい愛のささやき。
**속산**(速算) 名他 速算
**속-살** 名 ①(衣服に隠れている)肌。¶ ~이 비쳐 보이다 肌が透けて見える。②(見かけより)詰っまった身、肉。¶ ~이 찬 게 身の詰まったカニ。③牛の口の中についている肉
慣用 속살이 찌다 (見かけによらず)太っている、中身は充実している。
**속-상하다**(-傷-) 自 ①心が痛む、気が

**속설**[俗說] 名 ①俗說속설. ¶ 그것은 ~에 불과하다 それは俗說にすぎない。 ②諺속담.

**속성**[屬性] 名 屬性속성. ¶ 여러가지 ~을 가지고 있다 いろいろな屬性を持っている。

**속세**[俗世] 名 俗世속세・속, 浮き世. ¶ ~를 떠난 사람 世捨て人/ ~를 멀리하다 俗世속세를 遠とおざける。

**속-셈** 名 自他 ①胸算用むなざんよう, 下心したごころ, 心積こころもり, 懐勘定ふところかんじょう. ¶ ~이 어긋나다 懐勘定がはずれる。/ 그녀의 ~을 알았다 彼女かのじょの下心がわかった。②暗算あんざん.
慣用句 **속셈이 있다** 下心したごころがある, (内心ないしん) 懐勘定ふところかんじょうをしている。

**속속**[續續] 副 續々ぞくぞくと, 次々つぎつぎに. ¶ 사람들이 밀려오다 人々ひとびとが続々と押おし寄よせる。

**속-속** 名 副 奥の奥まで, 隅すみから隅まで, すっかり, くまなく. ¶ 내막을 ~ 알고 있다 内幕ないまくを隅から隅まで知しっている。

**속수무책**[束手無策] 名 なすすべがないこと, 万策ばんさくきること, お手上げ. ¶ 그의 병은 의사도 ~이다 彼かれの病気びょうきは医者いしゃもお手上げだ。

**속-썩다** 自 心こころが痛いたむ, 気きがくさる。

**속-썩이다** 自 ①心こころを痛いためる, 悩なやむ, くよくよする, やきもきする。②(人ひとの心こころを) 悩なやます, いらいらさせる, 心配しんぱいをかけて苦くるしめる。¶ 어머니를 속썩이는 자식 母はゝに心配をかける息子むすこ。

**속아넘어가다** 自 (まんまと) だまされる。¶ 그의 말에 감쪽같이 ~ 彼かれの話はなしにまんまとだまされる。

**속어**[俗語] 名 俗語ぞくご。

**속:-없다** 形 ①定見ていけんがない, 中身なかみがない, 深ふかみがない。¶ 속없는 사람 深みのない人ひと。②悪意あくいがない。**속-없이** 副 ①しまりなく。②悪意なく。

**속:-옷** 名 肌着はだぎ, 下着したぎ。¶ ~을 갈아입다 下着を着替きがえる。

**속요**[俗謠] 名 俗謠ぞくよう。

**속이다** 他 だます, 欺あざむく, ごまかす。¶ 사람을 ~ 人ひとをだます。/ 물건값을 ~ 物ものの値段ねだんをごまかす。

**속인**[俗人] 名 俗人ぞくじん。

**속임-수**[-數] 名 詭計きけい, 手管てくだ, 手練てれん, ごまかし, トリック, いんちき, ぺてん。¶ ~를 쓰다 詭計をめぐらす。/ ~로 돈을 빼앗다 いんちきでお金かねをとる。

**속전-속결**[速戰速決] 名 速戰即決そくせんそっけつ。¶ ~주의 速戰即決主義そくせんそっけつしゅぎ。

**속절-없다** 形 どうしようもない, 仕方しかたない, はかない, やるせない, むなしい。¶ 속절없는 세상 はかない世よの中なか。**속절-없이** 副 どうしようもなく, 仕方なく, やるせなく, むなしく。¶ ~ 마음을 썩이다 どうしようもなく心こころを腐くさらせる。

**속죄**[贖罪] 名 自他 贖罪しょくざい, 罪滅つみほろぼし。 ¶ 죽음으로써 ~하다 死しをもって贖罪する。

**속지**[屬地] 名 屬地ぞくち。
**속지-주의**[-主義] 名 法 屬地主義ぞくちしゅぎ。

**속출**[續出] 名 自他 自 続出ぞくしゅつ. ¶ 사망자가 ~하다 死亡しぼう者が続出する。

**속:-치레** 名 自他 内部ないぶを飾かざること, 内部ないぶの裝よそい。対 겉치레。

**속:-치마** 名 下したに着きるチマ。

**속칭**[俗稱] 名 自他 俗稱ぞくしょう, 通稱つうしょう。 ¶ 폭력배를 ~ 깡패라고 한다 暴力団ぼうりょくだんを俗にやくざという。

**속:-타다** 他 (心配しんぱいで) 気きをもむ, いら立たつ, 胸むねをこがす。¶ 남의 속타는 줄도 모르고… 人ひとが気をもむのも知しらずに…

**속:-풀이** 名 自他 ①汁物しるものや迎え酒さけなどを飲んで二日酔ふつかよいの不快感ふかいかんなどをなくすこと。②鬱憤晴うっぷんばらし。

**속필**[速筆] 名 速筆そくひつ。

**속-하다**[速-] 形어 早はやい, 速はやい。¶ 효력이 ~ 効力こうりょくが速い。**속-히** 副 早く, 速く。¶ 남은 일을 ~ 끝내라 残のこった仕事しごとをはやく済ませ。

**속-하다**[屬-] 自어 屬ぞくする。¶ 소나무는 상록수에 속한다 松まつは常緑樹じょうりょくじゅに属する。

**속행**[續行] 名 自他 続行ぞっこう。¶ 심의는 내주에 ~된다 審議しんぎは来週らいしゅうに続行される。

**속행**[速行] 名 自他 速はやく行いくこと, 速く行なうこと。

**솎다** 他 間引まびきする, 間引まびく, 疎まぬく。¶ 솎아낸 채소 間引びき菜な。

**손:**[1] 名 ①(手首てくびから先さきの) 手て, 手のひら, 手の指ゆび。¶ 두 ~ 両手りょうて/ ~꼽아 기다리다 指折ゆびおりかぞえて待まつ。②(肩かたのつけ根ねから指先ゆびさきまでの) 手てと腕うで, 上肢じょうし。¶ ~을 들다 手を挙げる。③(ひきうす・綿繰わたくり車ぐるまなどの) 握にぎり, 取とって。¶ 맷돌의 ~ ひきうすの取っ手。④働はたらく手て, 人手ひとで。¶ ~이 남아돌다 人手があり余あまる。⑤手間てま, 手数てすう。¶ ~이 많이 가다 手てが多おおくかかる。⑥手段しゅだん, 手管てくだ, 策略さくりゃく。¶ 미리 ~을 쓰다 あらかじめ手てを打うつ。⑦手中しゅちゅう, 所有しょゆう。¶ 남의 ~에 넘어가다 人の手に渡わたる。⑧力量りきりょう, 技量ぎりょう, 手並なみ。¶ 죽고 사는 것은 의사의 ~에 달렸다 生死せいしは医者いしゃの手にかかっている。⑨手前てまえ, 度量どりょう, 雅量がりょう。¶ ~이 크다 気前まえがよい。⑩関係かんけい, 交際こうさい。¶ ~을 끊다 手を切きる。⑪手癖てくせ。¶ ~이 나쁘다 手癖が悪わるい。⑫手助てだすけ, 助力じょりょく, 取とり計はからい。¶ ~을 빌리다 手を借かりる。⑬殴なぐること, 打うつこと。¶ 누가 먼저 ~을 댔느냐? 誰だれが始はじめに手を出だしたのか。
俗談 **손 안 대고 코 풀기** 手てを当あてずに鼻はなをかむ。《事ことをたやすく成し遂とげること》
**손이 들이굽지 내굽나** 手は内側うちがわに曲まがるもので外側そとがわに曲がらない 《自分じぶんに近ちかい人ひとに情じょうが傾かたむいたり自分に有利ゆうりに処理しょりするのは仕方しかたのないことだ》

**손¹** 〖관용〗**손에 놀다** (人びとの)手でに乗のる。 **손에 떨어지다** (人の)手にに落おちる、所有しょゆうになる。 **손에 붙다** 手でに付つく、能率のうりつがあがる、はかどる。 **손에 익다** 手慣てなれる、熟練じゅくれんする。 **손에 잡히다** (仕事しごとなどが)手てにつく、能率のうりつがあがる。 **손을 대다** 手てを付つける。①(仕事しごとに)着手ちゃくしゅする、とりかかる。②(使つかい込こむ。¶ 공금こうきんに手を付ける。③女性じょせいと関係かんけいする。④(手で)触さわる、触ふれる。⑤手を出だす、手を染そめる、しはじめる。⑥手を加くわえる、修正しゅうせいする。⑦手出てだしする、殴なぐる。 **손을 떼다** ①手てを切きる、手を引ひく、関係かんけいを絶たつ。②(仕事しごとを)終おわる、手を置おく。 **손을 보다** 手を入いれる、手入ていれする。 **손을 뻗치다** ①手てを差さし延のばす。②勢力せいりょく・事業じぎょうを拡ひろげる。 **손을 쓰다** 手でを回まわす。①処置しょちを取とる、手を打うつ。②(物事ものごとを解決かいけつするために)手を尽つくす、手を施ほどこす、袖そでの下したをつかう。 **손을 타다** (品物しなものの一部いちぶが)しばしばなくなる、減へる。 **손(이) 맞다** 手が合あう、お互たがいに気きが合う。 **손(이) 맵다** ①手が強つよい、たたかれると痛いたい。②手振てぶりがちゃっかりしている。 **손(이) 모자라다** 人手ひとでが足たりない。

**손²** 图 客きゃく、お客きゃく。
〖관용〗**손(을) 치르다** たくさんの客きゃくをもてなす、接待せったいする。

**손³** 图〖民〗日日ひにちによって四方ほうを回まわりながら人ひとに凶事きょうじをもたらすという厄神やくじん。

**손⁴** 图 目下めしたの人ひと。¶ ユ ～ その人/ 젊은 ～ 若わかい人。

**손⁵** 图 市場いちばなどで物ものを数かぞえるときの語ご。¶ 고등어 한 ～ サバ2匹にひき/ 파 한 ～ ネギ一把ねぎいちわ。

**손⁶** 助 …とは(いっても)。¶ 아무리 재주가 있다 ～ 치더라도… いくら才能さいのうがあるとはいっても…。

**손:**〖孫〗图 ①孫まご、まご。②子孫しそん、後裔こうえい。¶ ～이 끊기다 代だいが尽つきる。

**손-가늠** 图하他 指尺ゆびしゃくで見当けんとうをつけること。

**손-가락** 图 指ゆび。¶ 엄지 ～ 親指おやゆび/ ～을 꼽아 헤아리다 指を折おって数かぞえる。
〖관용〗**손가락(을) 걸다** 指切ゆびきりする、約束やくそくする。

**손가락-질** 图하他 指差ゆびさし、後うしろ指ゆび。¶ ～을 받다 後ろ指を指さされる。

**손-가방** 图 手提てさげかばん、ハンドバッグ。

**손-거스러미** 图 指ゆびのささくれ、逆むけ。

**손-거울** 图 手鏡てかがみ。

**손-결** 图 手での肌はだざわり、手のきめ。

**손-곱다** 形 (寒さむさで)手てがこごえる、手がかじかむ。¶ 손이 곱을 정도로 춥다 手がかじかむほど寒さむい。

**손-금** 图 掌てのひらの線すじ、手筋てすじ、手相てそう。
〖관용〗**손금(을) 보다** 手相てそうを見みる。

**손-길** 图 ①(さし伸のべた)手で。¶ ～이 닿는 가까운 곳 手の届とどく近ちかい所ところ。②(比)(ある目的もくてきのために延のばした)手で。¶ 구원의 ～

을 고대하다 救援きゅうえんの手を待まちこがれる。

**손-꼽:다** 自他 ①指折ゆびおり数かぞえる。¶ 손꼽아 기다리다 指折り数えて待まつ。②屈指くっしである。¶ 손꼽는 부자 指折りの金持かねもち。

**손-끝** 图 ①指先ゆびさき、手先てさき。¶ ～이 떨리다 手先がふるえる。②手際てぎわ、手並てなみ。¶ ～이 여물다 手先が器用きようだ。③(いい加減かげんに)手でつけることで生しょうじる悪わるい結果けっか。

**손녀**〖孫女〗图 孫娘まごむすめ。

**손-님** 图 (「손²」の尊敬語そんけいご) お客きゃくさん、お客さま。¶ 단골 ～ なじみの客/ ～을 맞다 お客さんを迎むかえる。

**손-대:다** 自 ①(手でで)触さわる、触ふれる。¶ 서류에 손대지 마시오 書類しょるいに手を触れないで下さい。②(仕事しごとに)手でを付つける、着手ちゃくしゅする。¶ 두 가지 일에 ～ 二ふたつの仕事に手を付ける。③手でを出だす、関係かんけいする、手を染そめる。¶ 주식에 ～ 株式かぶしきに手を出す。④手出てだしする、殴なぐる。¶ 먼저 ～ 先さきに手出しする。

**손-대중** 图하他 手加減てかげん、手心てごころ。¶ ～을 못 하겠다 手加減がわからない。

**손-도장**〖-圖章〗图 拇印ぼいん、爪印つめいん。

**손-독**〖-毒〗图 かゆいところ・おできなどをいじりすして生しょうじた毒気どっき。
〖관용〗**손독(이) 오르다** かゆいところ・おできなどをいじって毒気どっきを生しょうじる。

**손-들:다** 自 ①手でを上あげる、降参こうさんする、参まいる。¶ 손들었습니다 降参しました、負まけました。②手でを焼やく、閉口へいこうする。

**손-등** 图 手での甲こう。

**손-때** 图 手垢てあか。¶ ～ 묻은 사전 手てあかのついた辞典てん。
〖관용〗**손때(를) 먹이다** ①使つかい慣ならす、艶つやを出だす。②手塩てしおに掛かける、手でずからいろいろと世話せわをして養育ようそくする。

**손-떼:다** 自 手でを引ひく、手を切きる、関係かんけいを断たつ。¶ 그 사건에서 손떼라 その事件じけんから手を引け。Ⅱ 他 (仕事しごとを)し終おえる、仕上しあげる。

**손-모가지** 图(俗) 手首てくび。

**손-목** 图 手首てくび。¶ ～이 굵다 手首が太ふとい。/ ～을 삐다 手首をくじく。

**손목-뼈** 图 腕骨わんこつ。

**손목 시계**〖-時計〗图 腕時計うでどけい。

**손-바꿈** 图하他 すぐれた腕前うでまえを交換こうかんして仕事しごとをすること、人手ひとでの交換。

**손-바닥** 图 手てのひら。
〖관용〗**손바닥(을) 뒤집듯 하다** 手ての平ひらを返かえすように変かわる。

**손-발** 图 手足てあし。¶ ～을 묶다 手足を縛しばる。
〖관용〗**손발(이) 되다** (人ひとの)手足てあしになる。 **손발(이) 따로 놀다** (集会しゅうかい・組織しきで)各自かくじが自分勝手じぶんかってにふるまう。 **손발(이) 맞다** 呼吸こきゅうが合あう、歩調ほちょうが合う。

**손-버릇** 图 手癖てぐせ。①手での癖くせ、手の動うごき。②盗癖とうへき。¶ ～이 나쁘다 手癖が悪わるい。

**손-보다** 图하他 ①手入ていれする。¶ 지붕을 ～

**손-부끄럽다** 屋根やねの手入ていれをする。②制裁せいさいを加くわえる、ひどい目めに会あわせる。¶ 배신자를 ~ 背信者はいしんしゃを制裁する。

**손-부끄럽다** [形] もらおうとして手てを出だしたが思おもうとおりにならず恥はずかしくなる、きまりが悪わるい。

**손뼉** [名] 手てのひら、手の裏うら。
〖관용〗 **손뼉(을) 치다** 手をたたく、拍手はくしゅする。¶ 손뼉을 쳐서 찬성하다 手をたたいて賛成さんせいする。

**손:상** [損傷] [名] [하][自][되][自] 損傷そんしょう。¶ 명예를 ~하다 名誉めいよを損傷する。

**손:색** [遜色] [名] 遜色そんしょく。¶ 외국 제품과 비교하여 조금도 ~이 없다 外国がいこく製品せいひんと比くらべて少すこしも遜色がない。

**손수** [副] 手てずから、自みずから。¶ ~ 쓴 편지 親書しんしょの手紙がみ/ ~ 집 수리를 하다 手ずから家いえの修理しゅうりをする。

**손-수건** [-手巾] [名] 手拭てぬぐい、ハンカチ。¶ ~으로 얼굴을 가리다 ハンカチで顔かおを覆おおう。

**손-수레** [名] 手車てぐるま、手押ておし車ぐるま。

**손-쉽다** [形] いともたやすい、容易ようだ。¶ 손쉽게 할 수 있는 일 たやすくできる仕事しごと。

**손:실** [損失] [名] [하][自他][되][自] 損失そんしつ、損そん。¶ ~이 크다 損失が大おおきい。

**손-쓰다** [自] ①手を回まわして、必要ひつような処置しょちをとる。손을 써서 잘 무마하다 手を回してうまく収おさめる。②(利害関係りがいかんけいのある人ひとに)心こころづけをてわたす。

**손-씻다** [自] (手を洗あらうの意い)で)関係かんけいを断たつ、手を切きる、手を引ひく。¶ 노름에서 ~ ばくちから手を引く。

**손-아귀** [名] 手の内うち、手中しゅちゅう、掌中しょうちゅう。¶ ~에 넣다 掌中におさめる。

**손-아래** [名] 目下めした、年下としした。
**손아랫-사람** [名] 目下の者もの。

**손-위** [名] 目上めうえ、年上としうえ。
**손윗-사람** [名] 目上の者。

**손:익** [損益] [名] 損益そんえき、損得そんとく。¶ ~을 생각하지 않다 損益を考かんがえない。

**손:익 계:산** [-計算] [名] 損益計算そんえきけいさん。¶ ~서 損益計算書しょ。

**손:익 계:정** [-計定] [名] 損益勘定かんじょう。

**손-익다** [形] 手慣てなれる、熟練じゅくれんしている。¶ 손익은 일 手慣れた仕事と。

**손자** [孫子] [名] 孫まご。¶ 첫 ~ 初孫ういまご/ ~를 보다 孫ができる。
**손자-며느리** [名] 孫の妻つま。〔牛〕 손부(孫婦)

**손-잡다** [自] ①手を取とり合あう、手をつなぐ。②手を握にぎる、互たがいに協力きょうりょくする。

**손-잡이** [名] ①取とっ手て、つまみ、柄え。¶ 문의 ~ ドアの取っ手。②(電車でんしゃなどの)つり革かわ。

**손-장난** [名][하][他] 手遊てあそび、手ででするつまらないいたずら。¶ ~이 심하다 手のいたずらが過すぎる。

**손-장단** [-長短] [名] 手拍子てびょうし。¶ ~ 발장단 手拍子足拍子あしびょうし/ 흥이 나서 ~을 맞추다 興きょうに乗のって手拍子を取とる。

**손-재봉틀** [-裁縫-] [名] 手回てまわしミシン。

**손:-재-수** [損財數] [名] 財物ざいぶつを失うしなう運うん。

**손-재주** [-オ-] [名] 手際てぎわ、手の器用きよう、小手先こてさきがきく。¶ ~가 있다 小手先が器用きようだ。

**손-저울** [名] 手秤てばかり、手で持もって量はかる秤はかり。

**손-전등** [-電燈] [名] 懐中電灯かいちゅうでんとう。

**손-질** [名][하][他] ①手入ていれ。¶ 문장의 ~ 文章ぶんしょうの手入れ。②手で殴なぐること。¶ 어린아이에게 ~을 하다니… 幼おさない子を殴るとは…

**손-짓작** [名] 手initiateいたずら。

**손-짓** [名][하][他] 手てぶり、手まね。¶ ~으로 알리다 手ぶりで知しらせる。

**손-찌검** [名][하][他] (相手あいてに)手出てだしをすること、手で殴ぐること。¶ 남에게 먼저 ~을 하다 他人たにんに先さきに手出しをする。

**손-크다** [形] ①気前きまえがよい、おおまかだ。¶ 손크게 돈을 쓰다 気前よく金かねを使つかう。②手利ききだ、いろいろな手段しゅだんが多おおい。

**손-타다** [自] (物ものの一部いちぶが)しばしばなくなる、減へる、盗ぬすまれる。¶ 값진 물건이라서 손타기 쉬다 高価こうかな物ものだから盗まれやすい。

**손-털:다** [自] ①(仕事しごとなどを)完全かんぜんに終おえる。②(悪事あくじから)手を引ひく、足あしを洗あらう。③(賭博とばくで)元手もとまでなくす。

**손톱** [名] (手の)爪つめ。¶ ~을 깎다 爪を切きる。/ ~으로 할퀴다 爪でひっかく。
〖관용〗 **손톱도 안 들어간다** 爪つめも入はいらない。《非常ひじょうに頑固がんこでけちなこと》

**손톱-깎이** [名] 爪切つめきり。
**손톱-자국** [名] 爪つめあと。¶ 얼굴에 ~을 내다 顔かおに爪あとをつける。

**손풍금** [-風琴] [名] 手風琴てふうきん、アコーディオン。

**손:해** [損害] [名] 損害そんがい。¶ 화재로 큰 ~를 입다 火事かじで大おおきな損害を被こうむる。
〖관용〗 **손해(가) 가다** 損そんになる、損する。**손해(가) 나다** 損害が発生はっせいする、損になる、損する。**손해(를) 보다** 損害を受うける、損になる、損する。

**손:해 배상** [-賠償] [名][하][他] 損害賠償そんがいばいしょう。

**솔¹** [名] 松まつ。¶ ~ 뿌리 松の根ね。

**솔:²** [名] 刷毛はけ、ブラシ、はけ。¶ 구둣~ 靴くつブラシ。

**솔³** [名] (《솔기》의 縮約形〉縫ぬい目め。

**솔** [이 sol] [名] [音] 《七音音階しちおんおんかいの五番目ごばんめの音おと》ソ。

**솔개** [名][動] トビ、トンビ。

**솔기** [名] (衣服いふくの)縫ぬい目め。¶ ~가 터지다 縫い目がほころびる。

**솔깃-하다** [形여] 気きが向むく、心こころが引ひかれる、興味きょうみを抱いだく。

**솔로** [이 solo] [名] ソロ。①[音] 独唱どくしょう、独奏そう。¶ 바이올린 ~ バイオリンソロ。②単独たんどくであること。¶ 홈런 ~ ホームランソロホームラン。

**솔-방울** [名] 松毬まつかさ、松笠まつかさ。

**솔-밭** [名] 松林まつばやし、松原まつばら。

**솔선** [率先] [名][하][自] 率先そっせん垂範はん/ 선생님은 ~해서 청소를 한다 先生せんせい

솔:솔 [부] ①《水分·粉末 などが少しずつ漏れ出たり流れるようす》ちょろちょろ、さらさら。②《風がさわやかに吹くようす》そよそよ、さやさや。¶ 봄바람이 ~ 분다 春風はるかぜがそよそよと吹いている。③《雨が静かに降るようす》しとしと、しょぼしょぼ。④《話がよどみのないようす》すらすら、ぺらぺら。⑤《もつれた糸などがほどけるようす》するする(と)。

솔-잎 [名] 松葉。
솔직 [率直] [名][하形] 率直。¶ ~한 대답 率直な答え。솔직-히 [副] 率直に。¶ ~ 인정하다 率直に認める。

솔:-질 [名][自他] ブラシをかけること。¶ 구두에 ~을 하다 靴にブラシをかける。

솜: [名] 綿わた、木綿。¶ ~을 타다 綿を打つ。/ 이불에 ~을 두다 かけぶとんに綿を入れる。

솜:-방망이 [名] 綿を丸めて鉄棒·針金などの先きに結び付つけたもの。

솜:-사탕 [-砂糖] [名] 綿菓子、綿飴。

솜씨 [名] 手並み、手際、手腕、腕前。¶ 뛰어난 ~ すぐれた手並み / ~있는 사람 腕利きの人/어려운 문제를 ~좋게 처리하다 難問題を手腕よく処理する。

솜:-옷 [名] 綿入れ。
솜:-털 [名] うぶ毛、綿毛。¶ 민들레의 ~ たんぽぽの綿毛。

솜:-틀 [名] 綿打ち機械。

솟구-치다 [自他] 《勢いきよく》跳ね上がる、突き上がる。¶ 불이 솟구치며 타오르다 火を噴いて燃え上がる。

솟다 [自] ①《水などが》湧わく、出でる、噴ふき上がる。¶ 샘이 ~ 泉が湧く。②出でる、噴き出る。¶ 땀이 ~ 汗を噴き出る。③そびえる、そびえ立つ。¶ 산이 우뚝 솟아 있다 山が高くそびえている。④《月·太陽などが》出でる、昇る。¶ 해가 지고 달이 ~ 日が落ちて月が出る。⑤出でる、突つき出る。¶ 구두의 못이 솟았다 靴の釘が突き出た。⑥《感情·力などが》沸わく、ほとばしる、こみ上げる、沸き上がる。¶ 기쁨이 ~ 喜びがわく。/힘이 ~ 力が沸き上がる。

솟아-나다 [自] わき出でる、噴ふき出でる。¶ 온천이 ~ 温泉がわき出る。/땀이 ~ 汗を噴き出る。

솟아-오르다 [自] 沸わき上がる、噴ふき上がる、突き上がる、ほとばしる。¶ 용기가 ~ 勇気が沸き上がる。/불길이 ~ 火の手が上がる。

솟을-대문 [-大門] [名] 両脇の屋根より高くつくった正門。

송:-가 [頌歌] [名] 頌歌。
송:-고 [送稿] [名][하自] 送稿。¶ 기사를 ~하다 記事を送稿する。

송골-송골 [副] 《汗がこまかく吹ふき出たり鳥肌が立ったりするようす》ぶつぶつ、ぶつぶつ、ぽつぽつ。

송:곳 [名] 錐きり。¶ ~으로 구멍을 뚫다 錐で穴を開ける。
〖속담〗송곳도 끝부터 들어간다 錐きも先に入にる。《何事も順序がある》
송:곳-눈 [名] 鋭い目め、鋭い目めつき。
송:곳-니 [名][生] 糸切とり歯ば、犬歯。
송:-구 [送球] [名][하自] 送球。¶ ①[하自] ボールを投げ送ること。②[體] ハンドボール。
송:-구 [悚懼] [名][하形] 恐縮しゅく、恐懼きょう、おそれ多いこと。¶ ~스럽기 그지 없습니다 恐縮の至りです。
송:-구-영신 [送舊迎新] [名][하自] 旧年を送り新年を迎えること。
송:-금 [送金] [名][하自他] 送金。¶ ~인 送金人/화물이 도착하는 즉시 ~하다 荷物が着く次第、送金する。
송금 수표 [-手票] [名] 送金小切手。
송금-환 [-換] [名] 送金為替。
송금 환:어음 [-換-] [名] 送金手形。
송:-년 [送年] [名] 送年。
송:-년-사 [-辭] [名] 送年の辞。
송:-달 [送達] [名][하他] 送達。¶ 공시 ~ 公示送達/결정 사항은 후에 ~한다 決定事項は追って送達する。
송달-리 [-吏] [名][法] 送達吏。
송당-송당 [副] ①《野菜などをやや細切りに早く刻むようす》ざくざく、すぱすぱ。②《針目を粗く縫うようす》とびとびに。
송:-덕 [頌德] [名][하自] 頌德、徳をほめたたえること。¶ ~비 頌德碑。
송두리-째 [副] 根こそぎ、全部、ことごとく、すっかり、丸まるごと。¶ ~ 없어졌다 ことごとく無くなした。/홍수로 집이 ~ 떠내려갔다 洪水で家が根こそぎ流された。
송:-료 [送料] [名] 送料。¶ 소포 ~ 小包送料。
송림 [松林] [名] 松林。
송:-문 [誦文] [名][하自] 呪文を唱えること。
송:-별 [送別] [名][하自他] 送別、見送り。¶ ~연 送別の宴。
송:별-사 [-辭] [名] 送別の辞、別辞。
송:별-회 [-會] [名] 送別会。¶ ~를 열다 送別会を開く。
송:-부 [送付] [名][하他][되自] 送付。¶ 영수증을 ~ 領収証を送付する。
송:-사 [訟事] [名][하自他] 訴訟をすること、裁判ぎた。
송:사리 [名] ①[動] メダカ。②[比] 《地位も財産もない》小者の、ちんぴら、雑魚。¶ ~만 잡다 雑魚ばかり逮捕する。
송송 [副] ①《物を細かく早く刻むようす》ざくざく。¶ 파를 ~ 썰다 ねぎをざくざく刻む。②《小さい穴がたくさん開いているようす》ぽつぽつ、ぽつぽつ。¶ 구멍이 ~ 뚫려 있다 穴がぽつぽつ開いている。
송:-수 [送水] [名][하自] 送水。¶ ~관으로 송수하다 送水管で送水する。

**송:신**[送信] 名[하]他 送信する。¶ ~소 送信機/정시에 ~하다 定時に送信する。
**송실**[松實] 名 松の実。
**송아지** 名 子牛。
〖속담〗송아지 못된 것은 엉덩이에 뿔이 난다 たちの悪い子牛は尻に角が生える。《たちの悪い者は問題だんを起こすばかりで人の言うことは聞かない》
**송알-송알** 副 ①《酒・みそなどが発酵して泡が立つようす》ぶくぶく。②《汗・水気などが玉になって吹き出しているようす》ぶつぶつ、ぽつりぽつり。
**송어**[松魚] 名〖動〗マス。
**송:연-하다**[悚然一] 形여 悚然とする、恐れてびくびくする。¶ 모골이 ~ 悚然として身震いする。
**송엽**[松葉] 名 松葉。
**송:영**[送迎] 名[하]他 送迎。①送り迎えること。¶ 오는 손님을 역까지 ~하다 来客を駅まで送迎する。②「송구영신」の縮約形。
**송:유-관**[送油管] 名 油送管。
**송이**Ⅰ 名 (花・雪・実などの)房、いが。¶ 꽃~ 花房/눈~ 雪のひら/밤~ クリのいが。Ⅱ 依《花・実などを数える語》…輪。¶ 장미 한 ~ バラ1輪。
**송이-밥**[松一] 〖植〗松茸飯。
**송이-밥**[一飯] 〖料〗松茸飯。
**송이-버섯** 名 まつたけ。¶ ~ 따기 まつたけ狩り。
**송:장** 名 屍、死骸、なきがら、死体、屍体。¶ ~이 산~ 生ける屍。
〖속담〗송장 빼놓고 장사 지낸다 なきがらはよそにして葬儀を行なう。《一番重要なことは忘れて事を進めること》
**송:장**[送狀] 名①送り状、運送状。②〖經〗インボイス。
**송:전**[送電] 名[하]自 送電。¶ 무제한 ~ 無制限送電。
**송:전-선**[一線] 名〖電〗送電線。
**송죽**[松竹] 名 松竹、松と竹。
**송죽-매**[一梅] 名 松竹梅。
**송진**[松津] 名 松脂。
**송:청**[送廳] 名[하]他〖法〗送検。¶ 범인의 신병을 ~하다 犯人の身柄を送検する。
**송:축**[頌祝] 名[하]他 慶事を祝うこと。
**송충이**[松蟲一] 名〖動〗マツケムシ。
〖속담〗송충이가 갈잎을 먹으면 떨어진다 マツケムシが柏の葉を食べると落ちる。《身分不相応なことをしたら憂き目にあうとの意》
**송:치**[送致] 名[하]他 送致。¶ 검찰청에 ~하다 検察庁に送致する。
**송편**[松一] うるち米の粉を練ってあんを入れて松葉を敷いて蒸じた餅。
**송:풍**[送風] 名[하]自 送風。¶ ~기 送風機。
**송:화**[送話] 名[하]自 送話。
**송:화-기**[一器] 名 送話器。(対) 수화기。
**송:환**[送還] 名[하]他 送還。¶ 포로의 捕虜の送還/본국에 ~되다 本国に送還される。
**솥** 名 釜。¶ 밥~ 飯釜/~을 걸다 釜をかまどにかける。/한 ~의 밥을 먹다 同じ釜の飯を食う。
**솥-귀** 名 釜の耳、釜の取っ手。
**솥-뚜껑** 名 釜の蓋。
**솨:** 副①《木の枝・物の隙間から吹き込む風の音》ひゅう、びゅう。②《風雨の音》ざあ、びゅう。③《液体が勢いよく流れる音》ざあ。¶ 물결이 ~ 밀려온다 波がざあと寄せて来る。
**솰:-솰** 副①《水が勢いよく流れるようす・音》しゃあしゃあ、ざあざあ。②《篩いから粉が盛んに落ちるようす》さらさら。③《髪・毛をすいたりブラシをかけるようす》さっさっ、すうすう。
**쇄:**[刷] 名[板] 刷り。¶ 공장에서 ~가 나오다 工場から刷りが出る。
**쇄:-골**[鎖骨] 名〖生〗鎖骨。
**쇄:골-분신**[碎骨粉身] 名[하]自 粉骨砕身。
**쇄:-국**[鎖國] 名[하]他 鎖国。
**쇄:-국 정책**[一政策] 名 鎖国政策。
**쇄:-도**[殺到] 名[하]自 殺到。¶ 주문이 ~하다 注文が殺到する。
**쇄:-신**[刷新] 名[하]他[自] 刷新。¶ 선거 제도를 ~하다 選挙制度を刷新する。
**쇠:** 名①鉄、真金。¶ ~몽둥이 鉄の棒。㉺ 철 ②《金属の総称》金、金物。¶ ~ 부스러기 金屑。③(「열쇠」の縮約形) 鍵、キー。④(「자물쇠」の縮約形) 錠、ロック。¶ ~를 채우다 錠をかける。⑤〖俗〗お金。¶ ~가 없다 お足がない。⑥〖俗〗磁石。
**쇠:-가죽** 名 牛の皮。
**쇠:-갈고리** 名 鉄の手かぎ、とび口。
**쇠:-고기** 名 牛肉。¶ ~ 전골 牛鍋。
**쇠:-고랑** 名〖俗〗手錠。¶ ~을 채우다 手錠をかける。
**쇠:-귀** 名 牛の耳。
〖속담〗쇠귀에 경 읽기 牛に経文、馬の耳に念仏。
**쇠:-기름** 名 牛脂、ヘット。
**쇠:-꼬리** 名 牛尾、牛後。¶ ~가 되지 말라 牛尾となるな。
〖속담〗쇠꼬리 보다는 닭대가리가 낫다 鶏口となるも牛後となるなかれ。
**쇠-꼬챙이** 名 串。
**쇠다**¹ 自 ①とうが立つ、葉がかたくなる。¶ 무가 ~ 大根にとうが立つ。②(病気が長引きて)悪化する、こじれる。
**쇠:다**² 他 (祝祭日などを)祝って過ごす、迎えて過ごす。¶ 설을 ~ 正月を祝う。
**쇠-달구** 名 (地固め・杭打ち用の)鉄製の胴突き、たこ。
**쇠-도끼** 名 鉄の斧。
**쇠-똥**¹ 名 (鉄を鍛えるとき飛び散る)焼け

た鉄くず。
쇠:-똥² 图 牛糞。
쇠:-똥-구리 图動 コガネ虫科の昆虫。
쇠뜨기 图植 スギナ。
쇠:-말뚝 图 鉄のくい。
쇠망[衰亡] 图하自 衰亡。¶ 국가 〜의 위기 国家〜衰亡の危機。
쇠-망치 图 金槌、ハンマー。
쇠:-먹이 图 牛の飼料、まぐさなど。
쇠-뭉치 图 鉄のかたまり。
쇠-붙이 图 ①金属。②鉄類。
쇠:-뿔 图 牛の角。
〈속담〉쇠뿔도 단김에 빼랬다 牛の角にも一息に抜けという。《善は急げの意》
쇠-사슬 图 金鎖り、鉄鎖り、鎖り。¶ 〜에 묶인 죄수 鎖につながれた囚徒。
쇠약[衰弱] 图하形 衰弱。¶ 신경 〜 神経衰弱/ 몸이 〜해지다 体が弱まる[萎える]。
쇠양배양-하다 形하 思慮分別がなく軽々しい[軽率だ]。
쇠:-여물 图 牛の飼料。
쇠운[衰運] 图 衰運。¶ 〜의 징조 衰運のきざし/ 〜의 길을 걷다 衰運をたどる。
쇠잔[衰残] 图하自 衰残。¶ 한 몸 衰残の身。
쇠-잡이 图音 農楽で銅鑼・鉦を鳴らす人。
쇠:-죽-粥 图 (刻み藁に大豆などをまぜて煮込んだ)牛の飼料。
쇠:-죽 가마 图 牛の飼料を煮る釜。
쇠-줄 图 鉄線、針金。
쇠진[衰尽] 图하自 衰えてなくなること。¶ 기력이 〜하다 気力が衰える。
쇠-창살[-窓-] 图 鉄格子。
쇠태[衰態] 图 衰えた様子、衰態。
쇠-톱 图 金挽鋸。
쇠퇴[衰退・衰頽] 图하自 衰退、衰頽。¶ 기력이 〜하다 気力が衰退する。
쇠-푼 图俗 わずかな金銭、はした金、小銭。¶ 〜이나 가진 모양이다 ちょっと小銭でも持っているようだ。
쇠-하다[衰-] 图自 衰える、(おとろえて)傾く。¶ 몸이 〜 体が衰える。
쇤:-네 (代 ⦅下男・下女が自分を低めて言った自称⦆手前、手前ども。
쇳-가루 图 鉄粉。
쇳-내 图 金臭いにおい。
쇳-소리 图 ①金属音。②金切な声。
쇳-조각 图 ①鉄片。②(比)冷たくて人情のない人。
쇳-줄 图鑛 鉱脈。
쇼[show] 图 ショー。¶ 〜 룸 ショールーム/ 패션 〜 ファッションショー。
쇼:맨-십[showmanship] 图 ショーマンシップ。
쇼: 윈도:[show window] 图 ショーウインド。
쇼크[shock] 图 ショック。¶ 〜사死/ 〜로 쓰러지다 ショックで倒れる。
〈관용〉쇼크(를) 먹다 ショックを受ける。
쇼킹[shocking] 图하形 ショッキング。¶ 한

사건 ショッキングな事件。
쇼:트[short] 图 ショート。¶ 〜 패스 ショートパス/ 전선이 〜하다 電線がショートする。
쇼:트 스톱[-stop] 图野 ショートストップ、遊撃手。
쇼:트 커트[-cut] 图 ショートカット。
쇼:트 팬츠[-pants] 图 ショートパンツ。
쇼핑[shopping] 图하自他 ショッピング、買い物。¶ 〜 백 ショッピングバッグ。
쇼핑 센터[-center] 图 ショッピングセンター。
수 图 雄、牡、おん。¶ 〜나사 雄ねじ/ 〜 닭 おんどり。
수[寿] 图 寿。こと。①하自 長生きすること、長寿。¶ 천〜를 누리다 天寿を全うする。②お年、よわい。¶ 80의 〜 八十歳の寿/ 〜를 다하다 寿命を全うする。
수[数] 图 ①運、運勢。②幸運、つき。
수:²[数] I 图 ①数、かず。¶ 학생 〜 生徒数/ 〜가 많아지다 数かずが増える。②(「숫자」の縮約形)数字。¶ 〜에 밝은 사람 数字に明るい人。③数 自然数、有理数、虚数などの総称。④「수학」の縮約形。
II 接頭 「多おくの・いくらかの意」数…。¶ 〜년간 数年間/ 〜차 만나 보다 何度か会ってみる。
수[繡] 图 繡、ぬいとり、刺繡。¶ 꽃을 〜놓은 옷 花を刺繡した着物。
수 依 ①(何なにかについての)方法、手段、仕方、仕様。¶ 좋은 〜가 있다 よい方法がある。/ 어쩔 〜 없이 仕方なしに引き受うけること。②((ある状況を表す))場合。¶ 집에 없는 〜가 많다 留守をする場合が多い。③((能力を表す))…(する)ことが出来る。¶ 아무라도 할 〜 있다 誰だにでもできる。④((可能性を表す))有り得る、有り得ない。¶ 있을 〜 없는 일이다 有り得ないことだ。
수[首] 图 ①((詩歌を数かぞえる単位))首。¶ 노래 한 〜를 짓다 歌を一首を詠む。②匹、羽。¶ 오리 5〜 あひる5匹。
-수[手] 接尾 ①((従事する人を表す))…手。¶ 〜 운전 〜 運転手。②((人である ことを表わす))…手。¶ 〜 선 〜 選手。
-수[囚] 接尾 ((囚人の意を表わす))囚。¶ 죄 〜 罪囚/ 사형 〜 死刑囚。
수-간호사[首看護師] 图 看護婦長。
수감[収監] 图하他自 収監。¶ 교도소에 〜되다 刑務所に収監される。
수갑[手匣] 图 手錠。¶ 〜을 채우다 手錠を掛けかける。
수강[受講] 图하自他 受講。¶ 〜생 受講生。
수-개[数箇・数個] 图 数個。¶ 〜의 사과 数個のりんご。
수:-개월[-月] 图 数か月間。
수거[収去] 图하他自 収去、回収。¶ 폐품을 〜하다 廃品を収去する。
수:건[手巾] 图 手ぬぐい、タオル。¶ 〜을 짜

다 手ぬぐいを絞る。/ ～으로 얼굴을 닦다 タオルで顔をふく。
수검〔受檢〕[名][하自他] 受検。
수경〔水耕〕[名][하他] 水耕。¶ ～ 재배 水耕栽培。
수경-법〔-法〕[名]〔農〕水耕法。
수:고 [名][하自] 苦労、手間、手数、めんどう。¶ ～를 끼치다 手間をかける。/ ～하십니다 御苦労さまです。/ ～스럽지만 좀 부탁합니다 手数をかけますがちょっとお願いします。
수공〔手工〕[名] 手工、手先による工芸。¶ ～품 手工品。
수공-업〔-業〕[名] 手工業。
수교〔修交〕[名][하自][되自] 修交・修好。
수교 조약〔-條約〕[名] 修交〔修好〕条約。
수구〔水球〕[名]〔體〕水球、ウォーターポロ。
수국〔水菊〕[名]〔植〕アジサイ。
수군-거리다 [自他] ささやく、ひそひそと話す。¶ 둘이서 뭔가를 수군거리고 있다 二人が何かをささやいている。
수군덕-거리다 [自他] (何人かが集まって)小声でひそひそと話す、(あれこれと)陰でうわさする。
수굿-하다 [形여] ①うつむき加減だ、やや傾いている。②興奮が少しおさまったようだ。[작] 소곳하다
수그러-지다 [自] ①下がる、垂れ下がる。¶ 벼이삭이 ～ 稲の穂が垂れ下がる。②(勢いが)弱まる、和らぐ、静まる、衰える。¶ 물가가 ～ 物価が下り坂になる。
수그리다 [他] ①下げる、垂れる。¶ 고개를 ～ 頭を下げる。②(勢いを)おさえる。
수금〔收金〕[名][하自] 収金、集金。¶ ～하러 다니다 集金に回る。
수급〔收給〕[名] 収入と支給。
수급〔需給〕[名] 需給。¶ ～을 조정하다 需給を調整する。
수긍〔首肯〕[名][하自他][되自] 首肯、うなずくこと。¶ ～할 수 있는 말 納得できる話。
수기〔手記〕[名] ①手記。¶ 생활 ～ 生活手記。②小切手。[유] 수표(手標)
수기〔手旗〕[名] 手旗。¶ ～ 신호 手旗信号。
수난〔水難〕[名] 水難。¶ ～을 당하다 水難に遭う。
수난〔受難〕[名][하自] 受難。¶ ～극 受難劇/ 민족의 ～ 民族の受難。
수난-곡〔-曲〕[名]〔音〕受難曲。
수난-절〔-節〕[名]〔基〕受難節。
수납〔收納〕[名][하他][되自] 収納。¶ ～고 収納庫/ 서고에 ～하다 書庫に収納する。
수납-장〔-帳〕[名] 収納帳。
수납〔受納〕[名][하他] 受納。¶ 위문금을 ～하다 見舞金を受納する。
수녀〔修女〕[名]〔가〕修道女。
수녀-원〔-院〕[名]〔가〕修道院、尼僧院。
수:년〔數年〕[名] 数年。¶ ～ 전 数年前/ ～ 동안 소식이 없다 数年間便りがない。
수-노루 [名] ノロの雄。
수-놈 [名] 雄。[대] 암놈
수:-놓다〔繡-〕[自] 刺繡する、ぬいとる。
수뇌〔首腦〕[名] 首脳。¶ ～진 首脳陣/ ～ 회담 首脳会談。
수뇌-부〔-部〕[名] 首脳部。
수:다 [名] 口数の多いこと、多弁、おしゃべり、無駄口。¶ ～를 늘어놓다 無駄口をたたく。
[관용] 수다(를) 떨다 (つまらないことを)ぺちゃくちゃしゃべる、しゃべりちらす。
수:다-쟁이 [名] おしゃべり(屋)。
수단〔手段〕[名] 手段、方法。¶ ～이 좋다 やり手だ。
수달〔水獺·水撻〕[名]〔動〕カワウソ。
수당〔手當〕[名] 手当。¶ 월차 ～ 月次手当。
수더분-하다 [形여] (性質が)純朴だ、素朴だ。¶ 수더분한 시골 노인 純朴な田舎の老人。
수도〔水道〕[名] 水道。¶ ～관 水道管/ ～를 놓다 水道を引く。
수도-꼭지 [名] 水道の栓、蛇口。
수돗-물 [名] 水道の水。
수도〔首都〕[名] 首都、首府、都。
수도-권〔-圈〕[名] 首都圏。
수도〔修道〕[名][하自] 修道。¶ 절에서 ～하다 寺で修道する。
수도-사〔-士〕[名]〔基〕修道士。
수도-원〔-院〕[名]〔基〕修道院。
수동〔手動〕[名] (機械などの)手動、手回し。¶ ～식 펌프 手動式ポンプ。
수동〔受動〕[名][하自] 受動。[대] 능동(能動)
수동-적〔-的〕[冠名] 受動的。¶ ～인 입장 受動的な立場。
수동-태〔-態〕[名]〔文法〕受動態。
수두〔水痘〕[名]〔醫〕水痘。
수두룩-하다 [形여] おびただしい、ありふれている、ざらにある〔いる〕。¶ 그런 인간은 ～ そんな人間はざらにいる。
수들-수들 [副][하形] (茎・根などが)萎んで生気を失ってしおれたようす。¶ ～한 무말랭이 しおれた大根の千切り。
수락〔受諾〕[名][하他] 受諾、承諾。¶ 제의를 ～하다 申し出を受諾する。
수란〔水卵〕[名]〔料〕(沸騰する湯に入れて半熟にした)落とし卵。
수:량〔數量〕[名] 数量。¶ ～이 줄다 数量が減る。
수런-거리다 [名][하自他][되自] (大勢の人が)ざわめく、騒ぎ立つ。
수렁 [名] 泥沼、ぬかるみ。¶ ～에 빠지다 泥沼にはまり込む。
수레 [名] 車。¶ 손～ 手車/ ～바퀴 車輪。
수려〔秀麗〕[名][하形] 秀麗。¶ ～한 산천 秀麗な山川。
수력〔水力〕[名] 水力。¶ ～ 발전 水力発電。
수련〔修練〕[名][하他] 修練。¶ ～ 기간 修練期間/ ～을 쌓다 修練を積む。

수렴 [收斂] 〔名〕〔하自〕〔되自〕 ①収斂しゅう。¶ 혈관의 ~ 血管かんの収斂/ 의견의 ~을 보다 意見けんの収斂を見る。②〔數〕収束しゅうそく。③収斂せんれん。

수렵 [狩獵] 〔名〕〔하他〕 狩猟しゅりょう, 狩かり。¶ ~기 狩猟期き。

**수렵 시대** [-時代] 〔名〕 狩猟時代だい。

수령 [受領] 〔名〕〔하他〕 受領じゅりょう。¶ ~자 受領人にん/ 대금을 ~하다 代金だいきんを受領する。

수령 [首領] 〔名〕 首領しゅりょう, 頭かしら。¶ ~의 명령 頭の命令めいれい/ 도적의 ~ 盗賊ぞくの首領。

수령 [樹齢] 〔名〕 樹齢じゅれい。¶ ~ 백 년의 소나무 樹齢百年ひゃくねんの松まつ。

수로 [水路] 〔名〕 水路すい。

수록 [收錄] 〔名〕〔하他〕 収録しゅうろく。¶ 전집에 ~하다 全集ぜんしゅうに収録する。

수료 [修了] 〔名〕〔하他〕 修了しゅうりょう。¶ ~증 修了証しょう/ 전과정을 ~하다 全課程かていを修了する。

수류-탄 [手榴彈] 〔名〕〔軍〕 手榴弾りゅうだん。

수륙 [水陸] 〔名〕 水陸すい。

**수륙 양:용** [-兩用] 〔名〕 水陸両用りょう。¶ ~ 전차 水陸両用戦車しゃ。

수르르 〔副〕 ①《묶은 것이나 박히어 있던 것이 풀리거나 빠지는 모양》 するする, するっと, するりと。¶ 치마가 ~ 흘러내리다 チマがするっとずれ落ちる。②《바람이 부드럽게 불어오는 모양》 そよそよ。¶ 바람이 ~ 불어오다 風がそよそよ吹いてくる。③《액체·가루 따위가 조용히 새어 나오는 모양》 すうっと, さらさらっと。¶ 밀가루가 ~ 새나오다 小麦粉こむぎこがさらさらと漏れ出る。④《졸음이 오는 모양》 とろとろ。¶ ~ 졸음이 오다 とろとろと眠けがさす。

수리 [修理] 〔名〕〔하他〕〔되自〕 修理しゅう。¶ 지금 ~ 중이다 いま修理中ちゅうだ。/ 텔레비전을 ~하러 보내다 テレビを修理に出す。

수:리 [數理] 〔名〕 数理すう。¶ ~에 밝은 사람 数理に明るい人ひと。

수:리 경제학 [-經濟學] 〔名〕 数理経済学けいざいがく。

수리-부엉이 〔名〕〔動〕 ワシミミズク。

수립 [樹立] 〔名〕〔하他〕〔되自〕 樹立じゅりつ。¶ 신기록을 ~하다 新記録しんきろくを樹立する。

수마 [水魔] 〔名〕 水魔すいま。¶ ~가 할퀸 자국 水魔が襲おそったあとかた。

수:만 [數萬] 〔數〕 数万まん。¶ ~의 군사 数万の兵士し。

수:-많다 [數-] 〔形〕 数多かずおおい, おびただしい。¶ 수많은 군중이 몰려 들었다 数多くの群衆ぐんしゅうが寄より集つまった。

수매 [收買] 〔名〕〔하他〕 収買しゅう。¶ 추곡을 ~하다 秋穀の穀物こくもつを収買する。

수맥 [水脈] 〔名〕 水脈みゃく。¶ ~을 파서 찾아내다 水脈を掘ほり当てる。

수면 [水面] 〔名〕 水面めん。¶ ~에 떠오르다 水面に浮かび上がる。

수면 [睡眠] 〔名〕〔하自〕 睡眠みん。¶ ~시간 睡眠時間じかん/ ~상태 睡眠状態たい。

**수면 부족** [-不足] 〔名〕 睡眠不足ぞく。

**수면-제** [-劑] 〔名〕〔藥〕 睡眠薬やく, ねむり薬ぐすり。

수명 [壽命] 〔名〕 寿命じゅみょう。¶ ~을 다하다 寿命を全まっとうする。

수모 [受侮] 〔名〕〔하自〕 侮辱じょくを受けること, 侮あなどられること, さげすまれること。¶ ~를 겪다 侮辱を受ける。

수목 [樹木] 〔名〕 樹木じゅ。

수몰-지 [水沒地] 〔名〕 水没地ぼつ。

수묵 [水墨] 〔名〕 水墨すい, 墨汁ぼく。

수묵-화 [-畵] 〔名〕〔美〕 水墨画が, 墨絵すみ。

수문 [守門] 〔名〕 守門もん。

수미 [秀眉] 〔名〕 秀眉しゅう。

수미 [首尾] 〔名〕 首尾しゅうび, 初はじめと終わり, 前まえと後あと, 頭あたまと尾お。

수:박 [楠] 〔名〕 スイカ。
〔속담〕 **수박 겉핥기** スイカの皮かわをなめること。《胡椒こしょうの丸呑まるのみ》

수반 [水盤] 〔名〕 水盤ばん。¶ ~에 꽃을 꽂다 水盤に花を生いける。

수반 [首班] 〔名〕 首班しゅ。¶ 내각의 ~이 되다 内閣ないかくの首班となる。

수반 [隨伴] 〔名〕〔하自〕〔되自〕 随伴ずいはん。¶ 그 문제에 ~해서 일어난 사건 その問題だいに随伴して起こった事件じけん。

수발 〔名〕〔하他〕 付つき添そって世話せわをすること。¶ 환자의 ~을 들다 病人びょうにんに付き添って面倒めんどうを見る。

수방 [水防] 〔名〕〔하自他〕 水防ぼう。¶ ~ 공사 水防工事こうじ。

수방-림 [-林] 〔名〕 水防林りん。

수배 [手配] 〔名〕〔하他〕〔되自〕 手配てはい, 手配てくばり。¶ ~자 手配者しゃ/ 지명 ~ 指名してい手配。

수:-백 [數百] 〔數〕 数百ひゃく。¶ ~의 종류 数百の種類しゅるい。

수범 [垂範] 〔名〕〔하他〕 垂範すい。¶ 솔선 ~ 率先そっせん垂範。

수법 [手法] 〔名〕 手法しゅ。①(作品さくひんなどの) 技巧こう, 技術じゅつ, 手際ぎわ, 手並なみ。¶ 사실적인 ~ 写実的しゃじつてきな手法。②手口でち, 手段しゅだん, やり方かた, 方法ほう, 手て。¶ 비슷한 ~ 似通にかよった手口/ ~을 바꾸다 やり方を変かえる。

수병 [水兵] 〔名〕 水兵へい。

수복 [收復] 〔名〕〔하他〕〔되自〕 収復しゅうふく, 失うしなった土地とちをとりもどすこと。

수북-하다 〔形여〕 ①うずたかく盛られている。¶ 수북이 쌓인 책 うずたかく積つまれた本ほん。②(まぶた・腫はれ物ものなどが) はれあがっている, むくんでいる。 **수북-이** 〔副〕 ①うずたかく, 山盛やまもりに。¶ 밥을 ~ 담다 ごはんを山盛りに盛る。②むくんでいるよう。

수분 [水分] 〔名〕 水分すい。

수분 [授粉] 〔名〕〔하他〕 授粉ふん。¶ 인공 ~ 人工こう授粉。

수비 [守備] 〔名〕〔하他〕 守備しゅ。¶ 국경을 ~하다 国境こっきょうを守備する。

수사 [捜査] 〔名〕〔하他〕 捜査そう。¶ 사건을 ~하다 事件じけんを捜査する。

**수사 본부** [-本部] 〔名〕 捜査本部ほん。

수산 [水産] 〔名〕 水産さん。¶ ~물의 수출 水産

**수산-업**〔-業〕 ⓝ 水産業ぎょう。
**수산-화**〔水酸化〕 ⓝ⦅化⦆ 水酸化さんか。
　**수산화-나트륨**〔-Natrium〕 ⓝ⦅化⦆ 水酸化ナトリウム。
**수삼**〔水蔘〕 ⓝ (掘ほり出だして)まだ乾かわかしていない高麗人参こうらいにんじん。
**수상**〔水上〕 ⓝ 水上すいじょう。¶ ~ 교통 水産交通つう。
　**수상 경:기**〔-競技〕 ⓝ 水上競技きょうぎ。
　**수상 경:찰**〔-警察〕 ⓝ 水上警察けいさつ。
　**수상 스키**〔-ski〕 ⓝ⦅體⦆ 水上スキー。
**수상**〔手相〕 ⓝ ①手ての平ひらの線せん。②手相そう。¶ ~을 보다 手相を見てもらう。
**수상**〔受像〕 ⓝ하他 受像ぞう。¶ ~기 受像機き。
**수상**〔受賞〕 ⓝ하自 受賞しょう。¶ ~식 受賞式しき/ 노벨상을 ~하다 ノーベル賞しょうを受賞する。
**수상**〔首相〕 ⓝ ①首相しゅしょう。②⦅史⦆ 王朝時代じだいの「領議政りょうぎせい」の別称。
**수상**〔殊常〕 ⓝ하形 怪あやしげなこと、怪あやしいこと、いかがわしいこと、いぶかしいこと、うたがわしいこと。¶ 거동이 ~하다 素振そぶりが怪しい。/ ~하게 여기다 怪しく思おもう。
**수상**〔隨想〕 ⓝ 随想ずいそう。
**수색**〔搜索〕 ⓝ하他 捜索そうさく。¶ 실종자를 ~하다 失踪者しっそうしゃを捜索する。
　**수색 영장**〔-令狀〕 ⓝ⦅法⦆ 捜索令状れいじょう。
**수색**〔愁色〕 ⓝ 愁色しゅうしょく。¶ ~이 짙은 얼굴 愁色が濃こい顔かお。
**수생**〔水生〕 ⓝ 水生すいせい。
　**수생 식물**〔-植物〕 ⓝ⦅植⦆ 水生植物しょくぶつ。
**수석**〔水石〕 ⓝ 水石すいせき。①水みずと石いし。②(水みずと石いしからなる)自然しぜんの景色けしき。③水中ちゅうにある石いし。④観賞用かんしょうの自然石せき、盆石ぼんせき。㉠ 수석(壽石)。
**수석**〔首席〕 ⓝ 首席しゅせき。¶ ~으로 졸업하다 首席で卒業そつぎょうする。
**수석**〔壽石〕 ⓝ 観賞用かんしょうの自然石せき、盆石ぼんせき。
**수선**〔하形 ⦅△俗⦆ 騒さわがしいこと、喧騒けんそう、気きぜわしいこと。
　⦅관용⦆ **수선(을) 떨다** 騒さわぎ立たてる、ざわつく、騒さわがしくしゃべりまくる。
**수선**〔水仙〕 ⓝ ①水みずの中なかに住すむと言いわれる神仙せん。②「수선화」の縮約形。
　**수선-화**〔-花〕 ⓝ⦅植⦆ スイセン。
**수선**〔修繕〕 ⓝ하他 修繕しゅうぜん、修理しゅうり。¶ 구두 ~ くつ直なおし/ 양복을 ~하다 洋服ようふくを修繕する。
**수성**〔水性〕 ⓝ 水性すい。¶ ~ 도료 水性塗料とりょう。
**수세**〔水洗〕 ⓝ하自 水洗すいせん。
　**수세-식**〔-式〕 ⓝ 水洗式しき。¶ ~ 변소 水洗式便所べんじょ。
**수-세공**〔手細工〕 ⓝ 手細工さいく、手てで作つくる細工さいく。¶ ~으로 만들다 手細工で作る。
**수세미** ⓝ たわし。
**수세미-외** ⓝ⦅植⦆ ヘチマ。
**수-소** ⓝ⦅植⦆ 牡牛うし、雄牛うし。
**수소**〔水素〕 ⓝ⦅化⦆ 水素すいそ。¶ 중~ 重じゅう水素。
　**수소 이온**〔-ion〕 ⓝ⦅化⦆ 水素イオン。

**수소 폭탄**〔-爆彈〕 ⓝ 水素爆弾ばくだん。
**수-소문**〔搜所聞〕 ⓝ하他 風説ふうせつをたよりに捜さがすこと。¶ 친구의 거처를 ~하다 友ともの住みかをうわさをたよりにさがす。
**수속**〔手續〕 ⓝ하他 手続つづき。¶ 입학 ~을 밟다 入学がく手続きを踏ふむ。
**수송**〔輸送〕 ⓝ하他 輸送ゆそう。¶ ~ 열차 輸送列車れっしゃ/ 식량을 ~하다 食糧しょくりょうを輸送する。
　**수송-업**〔-業〕 ⓝ 輸送業ぎょう。
**수수**〔植〕 ⓝ モロコシ、モロコシキビ、トウキビ。
　**수수-깡** ⓝ 黍きびの茎くき。
　**수수-밭** ⓝ 黍畑きびばたけ。
　**수수-엿** ⓝ 黍飴きびあめ。
**수수**〔收受〕 ⓝ하他 収受しゅうじゅ。¶ 금품을 ~하다 金品きんぴんを収受する。
**수수**〔袖手〕 ⓝ하自 袖手しゅうしゅ、腕うでを拱こまぬくこと、手てを袖そでに入いれていること。
　**수수-방관**〔-傍觀〕 ⓝ하他 袖手傍観ぼうかん。
**수수께끼** ⓝ ①なぞなぞ。②謎なぞ。¶ ~의 인물 謎の人物じんぶつ/ 영원한 ~ 永遠えいえんの謎。
**수수-료**〔手數料〕 ⓝ 手数料てすうりょう。
**수수-하다**[1] 形어 (騒々さわがしくて)心こころが乱みだされる、落おち着つかない。
**수수-하다**[2] 形어 ①(身みなり・態度たいどなどが)地味じみだ、渋しぶい、ひかえ目めだ。¶ 수수하게 차려 입고 있다 地味な服装ふくそうをしている。②(品質ひんしつが)特とくに良よくも悪わるくもない。¶ 이 정도면 ~ この程度ならまあまあだ。
**수-술** ⓝ⦅植⦆ おしべ。
**수술**〔手術〕 ⓝ하他 ⦅醫⦆ 手術じゅつ。¶ ~실 手術室しつ/ ~을 받다 手術を受うける。
**수습**〔收拾〕 ⓝ하他 収拾しゅうしゅう。¶ 민심을 ~하다 民心みんしんを~/ 그 자리를 ~하다 その場をうまく執とり成なす。
　**수습-책**〔-策〕 ⓝ 収拾策さく。
**수습**〔修習〕 ⓝ하自 修習しゅうしゅう。¶ ~ 사원 修習社員しゃいん。
**수시**〔隨時〕 ⓝ 随時ずいじ。¶ ~ 입원 随時入院にゅういん/ ~로 요구에 응하다 随時要求ようきゅうに応おうずる。
　**수시 변:통**〔-變通〕 ⓝ하他 そのときどきの事情じじょうに従したがって処理しょりすること。
**수식**〔修飾〕 ⓝ하他 修飾しゅうしょく。
　**수식-어**〔-語〕 ⓝ⦅文法⦆ 修飾語ご。
**수신**[1]〔受信〕 ⓝ하他自 受信しん。¶ ~인 불명 宛名なて不明ふめい/ 해외 방송을 ~하다 海外放送ほうそうを受信する。
　**수신-기**〔-機〕 ⓝ 受信機き。
**수신**[2]〔受信〕 ⓝ⦅經⦆ (金融機関きんゆうきかんが)預金よきんを受うけ入いれること。¶ ~ 업무 預金よきん受うけ入いれ業務ぎょうむ。㉺ 여신(與信)。
**수신**〔修身〕 ⓝ하自 修身しん。
　**수신 제가**〔-齊家〕 ⓝ하自 修身斉家せいか。
**수심**〔水深〕 ⓝ 水深しん。¶ ~을 재다 水深を測はかる。
**수심**〔愁心〕 ⓝ하自 心配しんぱい、憂うれい、愁意しゅうい、物思ものおい。¶ ~에 찬 얼굴 憂いをたたえた顔かお/ ~에 잠기다 物思いに沈しずむ。
**수심**〔獸心〕 ⓝ 獣心じゅうしん。¶ 인면 ~ 人面じんめん獣心。

**수압**[水壓] 図 水圧すいあつ。¶ ~이 세다 水圧すいあつが強つよい。

**수액**[水液] 図 水みず、液体えきたい。

**수액**[樹液] 図 樹液じゅえき。

**수양**[收養] 図[하타] 収養しゅうよう、他人たにんの子こを引ひき取とって養育よういくすること。¶ ~ 가다 養子ようしに行いく。
  **수양-딸** 図 養女じょ。
  **수양-아들** 図 養子よう、里子さと。
  **수양-아버지** 図 養父よう、里親さとおや。
  **수양-어머니** 図 養母ぼう、里親さとおや。

**수양**[修養] 図[하자] 修養しゅうよう。¶ ~을 쌓다 修養を積つめる。

**수양-버들**[垂楊-] 図[植] シダレヤナギ。

**수어지-교**[水魚之交] 図 水魚すいぎょの交まじわり、きわめて親したしい交際こうさい。

**수업**[修業] 図[하타] 修業しゅうぎょう、手習ならい。¶ ~ 연한 修業年限ねんげん/ ~에 힘쓰다 手習いに励はげむ。

**수업**[授業] 図[하타] 授業じゅぎょう。¶ ~을 빠지다 授業を抜ぬける、授業をサボる。
  **수업-료**[-料] 図 授業料りょう。

**수-없다**[數-] 図 運うんがない、運が悪わるい。

**수:-없다**[數-] 図 数かぞえきれないほど多おおい。
  **수-없이** 圓 数かぞえきれなく、数かぎりなく。

**수여**[授與] 図[하자] 授与じゅよ。¶ 학위를 ~ 하다 学位がくいを授与する。

**수역**[水域] 図 水域すいいき。¶ 위험 ~ 危険きけん水域。

**수연**[壽宴] 図 寿宴じゅえん、長寿ちょうじゅの祝いわいの宴えん。

**수염**[鬚髯] 図 ①(人ひと・動物どうぶつなどの)ひげ。¶ ~을 기르다 ひげを生はやす。 ②(稲いね・麦むぎなどの)実みに生はえる毛けのようなもの。
  〈속담〉**수염이 대 자라도 먹어야 양반** ひげが五尺でも食たべてこそ士族しぞく。《衣食いしょく足たりて礼節れいせつを知しる》

**수염-뿌리** 図[植] 髭根ひげね。

**수영**[水泳] 図[하타] 水泳すいえい。¶ ~ 선수 水泳選手しゅ/ ~을 배우다 水泳を習ならう。
  **수영-모**[-帽] 図 水泳帽ぼう。
  **수영-장**[-場] 図 水泳場じょう、プール。

**수예**[手藝] 図 手芸しゅげい。
  **수예-품**[-品] 図 手芸品ひん。

**수온**[水溫] 図 水温おん。

**수완**[手腕] 図 手腕わん。①手首てくび。 ②腕前うでまえ、才腕わん、腕うで、技量りょう。¶ ~을 발휘하다 手腕を振ふるう。
  **수완-가**[-家] 図 手腕家か、腕利うできき、利け者もの。¶ 그는 대단한 ~다 彼かれはたいした手腕家だ。

**수요**[需要] 図 需要じゅよう。¶ ~가 증가하다 需要が増加ぞうかする。 団 공급(供給)
  **수요 공:급의 법칙**[-供給-法則] 図[經] 需要供給きゅうの法則そく。

**수용**[收用] 図[하자] 収用しゅうよう。¶ 토지를 ~ 하다 土地とちを収用する。

**수용**[收容] 図[하타] 収容しゅうよう。¶ 부상자를 병원에 ~ 하다 負傷者ふしょうしゃを病院びょういんに収容する。

**수용**[受容] 図[하타] 受容じゅよう、受うけ入いれること。 외래 문화를 ~ 하다 外来がいらいの文化ぶんかを受け入れる。

**수용**[需用] 図[하타] 需用じゅ。¶ ~ 전력 需用電力りょく。
  **수용-성**[水溶性] 図[化] 水溶性せい。
  **수용-액**[水溶液] 図 水溶液えき。

**수원**[水源] 図 水源すいげん、水みずの源みなもと。¶ ~을 찾다 水源をさがす。
  **수원-지**[-地] 図 水源地ち。

**수월-하다** 圀[영] ①たやすい、容易よういだ、楽らくだ。¶ 수월찮은 일 容じゃない仕事しごと。 ②はきはきしている、気持きもちよく。¶ 수월하게 승락하다 気持ちよく承諾だくする。

**수위**[水位] 図 水位すいい。¶ 장마로 ~가 높아졌다 長雨ながあめで水位が高たかまった。

**수위**[首位] 図 首位しゅい。¶ 단연 ~를 차지하다 断然だんぜん首位を占しめる。

**수유**[授乳] 図[하자] 授乳じゅうにゅう。¶ ~ 시간 授乳時間じかん。
  **수유-기**[-期] 図 授乳期き。

**수육**[-熟肉] 図[料] 煮にた牛肉ぎゅうにく。

**수은**[水銀] 図[化] 水銀すいぎん。¶ ~ 전지 水銀電池でん。
  **수은-등**[-燈] 図 水銀灯とう。
  **수은 중독**[-中毒] 図[醫] 水銀中毒ちゅうどく。

**수은**[受恩] 図[하자] 恩おんを受うけること。
  **수은 망극**[-罔極] 図[하형] 受うけた恩おんが限かぎりがない。

**수음**[手淫] 図[하자] 淫淫じゅいん、自慰じい、オナニー、マスターベーション。

**수의**[壽衣] 図 寿衣じゅい、死しに装束そく。

**수의**[隨意] 図[하자] 随意ずい。¶ ~ 계약 随意契約やく。
  **수의-근**[-筋] 図[生] 随意筋きん。

**수의**[獸醫] 図 獣医じゅう。
  **수의-학**[-學] 図 獣医学がく。

**수익**[收益] 図[하자] 収益えき。¶ ~을 올리다 収益をあげる。
  **수익 가치**[-價値] 図 収益価値か。
  **수익 자:산**[-資産] 図 収益資産さん。

**수익**[受益] 図[하자] 受益えき。¶ ~자 受益者しゃ。
  **수익 증권**[-證券] 図 受益証券けん。

**수인**[囚人] 図 囚人しゅう。

**수:일**[數日] 図 数日じつ。¶ ~ 후에 만나다 数日後に会あう。

**수입**[收入] 図 収入しゅう。¶ ~이 많다 収入が多おおい。

**수입**[輸入] 図[하타][자] 輸入にゅう。¶ ~품 輸入品ひん/ ~쌀을 ~ 하다 米こめを輸入する。
  **수입-세**[-稅] 図 輸入税ぜい。
  **수입 신:용장**[-信用狀] 図 輸入信用状じょう。
  **수입 의존도**[-依存度] 図 輸入依存度どん。
  **수입 초과**[-超過] 図 輸入超過か。

**수-자원**[水資源] 図 水資源げん。¶ ~을 개발하다 水資源を開発はつする。

**수작**[酬酌] 図[하자] 酬酢しゅう。①言葉ことばのやりとり。¶ 두 사람의 ~을 곁에서 듣다 二人ふたりのやりとりをわきで聞きく。 ②杯さかづきを交かわすこと。 ③(人ひとの言動どうを侮あなどって)ばかげた言

動。¶ 터무니없는 ~ 途方もないばかげたまね。

**수작**(秀作)【名】秀作しゅうさく。¶ 근래 보기 드문 ~이다 近来きんらいまれに見みる秀作だ。

**수장**(水葬)【名】【하他】【되自】水葬すいそう。

**수장**(收藏)【名】【하他】收藏しゅうぞう。¶ 골동품을 ~하다 骨董品こっとうひんを収蔵する。

**수장**(首長)【名】首長しゅちょう、かしら。

**수재**(水災)【名】水災すいさい、水害すいがい、水難すいなん。¶ ~민 水害罹災民りさいみん/ ~를 입다 水害を被こうむる。

**수재**(秀才)【名】秀才しゅうさい。¶ ~들만이 들어갈 수 있는 학교 秀才のみが入はいれる学校がっこう。

**수저**【名】匙さじ、またはさじと箸はし。
　**수저-통**【-筒】【名】箸箱はしばこ。

**수전**(水田)【名】水田すいでん、田た。
　**수전 지대**【-地帯】【名】水田地帯ちたい。

**수전-노**(守錢奴)【名】守錢奴しゅせんど。

**수절**(守節)【名】【하自】守節しゅせつ。①節操せっそうを守って志こころざしをかえないこと。②女性じょせいが貞節ていせつを守まること。

**수정**(水晶)【名】【鑛】水晶すいしょう。¶ ~시계 水晶時計どけい。
　**수정 유리**【-琉璃】【名】水晶ガラス。
　**수정-체**【-體】【名】水晶体たい。

**수정**(受精)【名】【하他】【되自】【生】受精じゅせい。¶ 인공 ~ 人工じんこう受精。
　**수정-란**【-卵】【名】【生】受精卵らん。
　**수정-막**【-膜】【名】【生】受精膜まく。

**수정**(修正)【名】【하他】【되自】修正しゅうせい。¶ 궤도 ~ 軌道きどう修正/ 의안을 ~하다 議案ぎあんを修正する。
　**수정-안**【-案】【名】修正案あん。

**수정**(修訂)【名】【하他】修訂しゅうてい、校訂こうてい。

**수-정과**(水正果)【料】煎せんじた生薑汁しょうがじゅうに砂糖さとう・蜂蜜はちみつを入いれ干ほしがき・桂皮けいひを浸ひたし更さらに松まつの実みを浮うかした飲のみ物もの。

**수제**(手製)【名】手製てせい、手てづくり。¶ ~품 手製品ひん/ ~ 폭탄 手製の爆弾ばくだん。

**수제비**【名】【料】小麦粉こむぎこを水みずでこね適当てきとうの大おおきさにちぎりすまし汁じるに入いれて煮にた食たべもの、すいとん。
〈관용〉 **수제비(를) 뜨다** ①すいとんをつくる。②水切みずぎりをする。

**수-제자**(首弟子)【名】一番弟子いちばんでし。

**수조**(水槽)【名】水槽すいそう。¶ ~에 물을 저장하다 水槽に水みずをためる。

**수족**(手足)【名】①手足てあし・しゅそく。¶ ~을 놀리다 手足を動うごかす。②(比)忠実ちゅうじつに働はたらく部下ぶか。¶ ~이 되어 일하다 手足となって働はたらく。

**수족**(水族)【名】水族すいぞく、水中ちゅうにすむ動物どうぶつ。
　**수족-관**【-館】【名】水族館かん。

**수종**(水腫)【名】【醫】水腫すいしゅ。
　**수종-다리**【名】【醫】病やまいでぶくぶく腫はれ上あがった脚あし。

**수좌**(首座)【名】首座しゅざ。① ⇨ 수석(首席) ② 【佛】国師こくし。

**수준**(水準)【名】水準すいじゅん。¶ ~을 낮추다 水準を低ひくめる。/ 생활 ~이 높다 生活せいかつ水準が高たかい。/ 평균 ~ 平均へいきん水準。
　**수준-기**【-器】【名】【物】水準器き。
　**수준-의**【-儀】【名】水準儀ぎ。
　**수준 측량**【-測量】【名】水準測量そくりょう。

**수줍다**【形】はにかみ屋やだ、内気うちきだ、恥はずかしい。¶ 수줍어서 고개를 숙이다 はにかんでうつむく。

**수줍어-하다**【自어】恥はずかしがる、恥じらう、はにかむ、照てれる。

**수중**(水中)【名】水中すいちゅう。¶ ~ 탐사 水中探査たんさ/ ~에 서식하다 水中に棲息せいそくする。
　**수중 식물**【-植物】【名】水中植物しょくぶつ。
　**수중 촬영**【-撮影】【名】水中撮影さつえい。

**수중**(手中)【名】①手中しゅちゅう。¶ ~의 돈 手元てもとの金かね/ ~에 들어오다 手てに入はいる。②自分じぶんが権力けんりょくをふるうことのできる範囲はんい、手ての内うち。¶ 적의 ~에 들어가다 敵てきの手中に落おちる。

**수-증기**(水蒸氣)【名】水蒸気じょうき。¶ ~를 내다 水蒸気を発はっする。

**수종-다리**(-水腫-)【名】【醫】病やまいでぶくぶく腫はれ上あがった脚あし。

**수지**(手指)【名】手指しゅし。㊀ 손가락。

**수지**(收支)【名】収支しゅうし、出入でいり。¶ 국제 ~ 国際こくさい収支/ ~ 안 맞는 장사 引ひき合あわない商売しょうばい。
〈관용〉 **수지(가) 맞다** 収支がとれる、利益えきがある、よくもうかる。
　**수지 결산**【-決算】【名】【經】収支決算けっさん。
　**수지 계:산**【-計算】【名】収支計算さん。

**수지**(樹脂)【名】樹脂じゅし。¶ ~ 가공 樹脂加工かこう/ 합성 ~ 合成ごうせい樹脂。
　**수지 비누**【名】樹脂せっけん。

**수직**(手織)【名】【하他】手織てお。¶ ~천 手織りの布の。

**수직**(垂直)【名】垂直すいちょく。¶ ~으로 낙하하다 垂直に落下らっかする。
　**수직 거:리**【-距離】【名】垂直距離きょり。
　**수직-선**【-線】【名】【數】垂線すいせん、垂直線ちょくせん。

**수질**(水質)【名】水質すいしつ。¶ ~ 검사 水質検査けんさ。

**수집**(收集)【名】【하他】収集しゅうしゅう。¶ 폐품을 ~하다 廃品はいひんを収集する。

**수집**(蒐集)【名】【하他】蒐集しゅうしゅう、収集しゅうしゅう、コレクション。¶ 우표 ~ 切手きって収集/ 정보를 ~하다 情報じょうほうを収集する。
　**수집-광**【-狂】【名】収集狂きょう。
　**수집-벽**【-癖】【名】収集癖へき。

**수차**(水車)【名】水車すいしゃ・みずぐるま。
　**수차 발전기**【-發電機】【名】水車発電機はつでんき。

**수차**(收差)【名】【物】収差しゅうさ。¶ 이 렌즈는 ~가 적다 このレンズは収差が少すくない。

**수:차**(數次)【名】数次すうじ、数度すうど、数回すうかい、何度なんど。¶ ~에 걸쳐 독촉하다 数次にわたって督促とくそくする。

**수채**【名】下水道げすいどう、溝みぞ、流ながし。¶ ~가 막히다 溝が詰つまる。
　**수채-통**【-筒】【名】下水管かん。
　**수챗-구멍**【名】下水口げすいこう、溝口みぞぐち。

수채-화[水彩畵] 图 水彩画すいさい.
수척[瘦瘠] 图[形] やせること、やつれること、やせほそること。¶ ~한 사람 瘦やせ人/ ~해진 얼굴 やせこけた顔かお.
수첩[手帖] 图 手帳てちょう。¶ 모자 ~ 母子ぼし手帳/ ~에 메모를 하다 手帳にメモをする。
수초[水草] 图 水草すい・みずくさ。
수축[收縮] 图[自他][되] 収縮しゅく。¶ 근육이 ~하다 筋肉きんにくが収縮する。
수출[輸出] 图[하他][되] 輸出しゅつ。¶ ~ 자유 지역 輸出自由地域ちいき/ 농작물을 ~하다 農作物のうさくぶつを輸出する。
　수출 관세[-關稅] 图 輸出関税かんぜい。
　수출 송:장[-送狀] 图 輸出送おくり状じょう。
　수출 신:용장[-信用狀] 图 輸出信用状しんようじょう。
수-출입[輸出入] 图 輸出入しゅつにゅう。
　수출입 은행[-銀行] 图 輸出入銀行ぎんこう。
수취[受取] 图[하他] 受取うけとり、受うけ取とること。¶ 편지를 ~하다 手紙がみを受け取る。
　수취 어음 图 受取手形てがた。
　수취-인[-人] 图 受取人にん。
수치[羞恥] 图 羞恥しゅうち、恥はじ、恥ずべきこと、恥辱じょく。¶ ~로 알다 恥と思おもう。/ 살아서 ~를 당하다 生いき恥を晒さらす。
수:치[數値] 图[數] 数値すうち。¶ 공식에 ~를 대입하다 公式こうしきに数値を代入だいにゅうする。
수칙[守則] 图 守まもるべき規則きそく、心得こころえ。
수-캐 图 雄おすの犬いぬ。
수-컷 图 (動物どうぶつの)雄おす。
수탁[受託] 图[하他] 受託たく。¶ ~ 판매 受託販売はんばい。
　수탁-자[-者] 图 受託者しゃ。
수탈[收奪] 图[하他] 収奪だつ。¶ 토지를 ~하다 土地とちを収奪する。
수-탉 图 雄おんどり。
수태[受胎] 图[하自] 受胎じゅたい、身みごもること。¶ 인공 ~ 人工じんこう受胎。
　수태 고지[-告知] 图[基] 受胎告知こくち。
　수태 조절[-調節] 图[醫] 受胎調節ちょうせつ。
수통[水筒] 图 水筒すいとう。
수-퇘지 图 豚ぶたの雄おす。
수:-틀[繡-] 图 刺繡枠わく、刺繡台だい。
수:판[數板] 图 そろばん。
　[慣用] 수판(을) 놓다 ①そろばんをはじく、そろばんで計算けいさんする。 ②利害りがい損得そんとくを計算さんする。
수평[水平] 图 水平すいへい。¶ ~ 운동 水平運動うんどう/ ~을 유지하다 水平を保たもつ。
　수평 거:리[-距離] 图 水平距離きょり。
　수평-선[-線] 图 水平線せん。
수평아리 图 ひよこの雄おす。
수포[水泡] 图 水泡すいほう。¶ 모든 노력이 ~로 돌아갔다 あらゆる努力どりょくが水泡に帰きした。
수포[水疱] 图[醫] 水疱すい、水みずぶくれ。
　수포성 가스[-性gas] 图 水疱性せい ガス。
　수포-진[-疹] 图[醫] 水疱疹しん。
수표[手票] 图 小切手こぎって。¶ 부도 ~ 不渡わたり小切手/ ~를 발행하다 小切手を切きる[振ふり出だす]。

수풀 图 ①林はやし、森もり、森林しんりん。¶ ~ 속을 지나가다 森の中なかを通とおる。 ②数かず、茂しげみ。¶ ~을 헤쳐 나가다 数をかき分わけて進すすむ。/ ~ 속에 숨다 茂みに隠かくれる。
수:프[soup] 图 スープ。
수피[樹皮] 图 樹皮じゅひ、樹木じゅもくの外皮がいひ。
수피[獸皮] 图 獣皮じゅう、けものの皮かわ。
수필[隨筆] 图 随筆ひつ。¶ ~ 문학 随筆文学ぶんがく。
　수필-가[-家] 图 随筆家か。
　수필-집[-集] 图 随筆集しゅう。
수하[手下] 图 ①目下めした、年下としした。¶ 그는 나보다 ~일세 彼かれはわたしより年下だよ。 ②手下てした。⊕ 부하(部下)
수하[誰何] 图[하他] 誰何すいか。¶ 보초가 ~하다 步哨ほしょうが誰何する。
수-하물[手荷物] 图 手荷物にもつ。
　수하-인[受荷人] 图 荷受人にうけにん。¶ ~이 분명치 않다 荷受人がはっきりしていない。
수학[修學] 图[하自他] 修学しゅうがく、学問がくもんを修おさめること。¶ ~하기 위해 상경하다 修学のため上京じょうきょうする。
　수학 여행[-旅行] 图 修学旅行りょこう。
수:학[數學] 图 数学すうがく。¶ ~ 문제를 풀다 数学の問題もんだいを解とく。
수해[水害] 图 水害がい。¶ ~지 水害地ち/ ~를 입다 水害をこうむる。
수행[修行] 图[하他] 修行ぎょう。¶ 쓰라린 ~ つらい修業しゅうぎょう/ ~을 쌓다 修行を積つむ。
　수행-자[-者] 图[佛] 修行者じゃ。
수행[遂行] 图[하他] 遂行こう。¶ 임무를 ~하다 任務にんむを遂行する。
수행[隨行] 图[하自] 随行こう。¶ 대통령을 ~하다 大統領どうりょうに随行する。
　수행-원[-員] 图 随行員いん、随員ずいいん。
수험[受驗] 图[하自] 受験じゅけん。¶ ~의 요령 受験のこつ/ ~을 단념하다 受験を投なげる。
　수험-료[-料] 图 受験料りょう。
　수험-생[-生] 图 受験生せい。
　수험-표[-票] 图 受験票ひょう。
수혈[豎穴] 图 縦穴たてあな、竪穴あな。¶ ~ 주거 縦穴住居じゅうきょ。
수혈[輸血] 图[하自] 輸血けつ。¶ ~ 준비를 서둘다 輸血準備じゅんびを急いそぐ。
수형[受刑] 图[하自] 受刑けい、刑罰ばつを受うけること。¶ ~자 受刑者しゃ。
수혜[受惠] 图 惠めぐみを受うけること。
수호[守護] 图[하他][되] 守護ご、守まもること。¶ ~신 守護神しん、守もり神がみ/ 나라를 ~하다 国くにを守る。
수호[修好] 图[하自] 修好こう、修交こう。
　수호 조약[-條約] 图 修好条約じょうやく。
수화[手話] 图 手話しゅわ。
　수화-법[-法] 图 手話法ほう。
수화[受話] 图[하他] 受話じゅわ、電話でんわを受うけること。⊕ 송화(送話)
　수화-기[-器] 图 受話器き。¶ ~를 들다 受話器を取とる。

**수확**【收穫】 명 타 자 収穫しゅう, 取とり入いれ。刈かりいれ, 成果せいか。¶ 〜량 収穫量りょう/ 벼를 〜하다 稲いねを刈り入れる。

**수확-고**[−高] 명 収穫高だか, 収穫量りょう, 上あがり高だか。¶ 쌀 〜 米こめの収穫高。

**수확-기**[−期] 명 収穫期しゅうかくき。

**수회**【收賄】 명 자 타 収賄しゅうわい。¶ 〜 사건 収賄事件じけん。

**수회-죄**[−罪] 명【法】収賄罪ざい。

**수:효**【數爻】 명〈物事ものごとの〉数かず・すう。¶ 〜를 세다 数を数かぞえる。

**수훈**【垂訓】 명 垂訓すいくん, 後世こうせいに伝つたえる教訓くんげん。¶ 산상 〜 山上さんじょうの垂訓。

**수훈**【殊勳】 명 殊勲しゅくん。¶ 최고 〜 선수 最高さいこう殊勲選手せんしゅ/ 〜을 세우다 殊勲を立たてる。

**숙고**【熟考】 명 하 타 熟考じゅっこう。¶ 심사 〜 深思しん熟考/ 일의 성패를 〜하다 仕事ことの成否せいひを熟考する。

**숙녀**【淑女】 명 淑女しゅくじょ, レディー。¶ 신사 〜 紳士しんし淑女/ 그런 짓은 〜답지 않다 そのような事ことはレディーらしくない。

**숙달**【熟達】 명 하 자 타 熟達じゅくたつ。¶ 〜된 솜씨 熟達した手並てなみ/ 일에 〜하다 仕事ことに熟達する。

**숙덕-거리다** 자 こそこそと話はなし合あう, ひそひそと話す。¶ 이마를 맞대고 〜 額ひたいを合わせてひそひそ話す。

**숙덕-공론**[−公論] 명 하 자 타 密ひそかに交かわすうわさ話はなし・議論ぎろん。

**숙독**【熟讀】 명 하 타 熟読じゅくどく, 慣なれるまで読よむこと。

**숙련**【熟練】 명 하 자 타 熟練じゅくれん。¶ 〜된 솜씨로 熟練した手てぎわで/ 〜을 요하는 일 熟練を要ようする仕事ごと。

**숙련-공**[−工] 명 熟練工こう。

**숙맥**【菽麥】 명 菽麥しゅくばく。①豆まめと麦むぎ。②「숙맥불변」의 約略形。¶ 같은 사람 愚おろか者もの。

**숙맥-불변**[−不變] 명〈比〉〈豆まめと麦むぎの区別くべつができないの意いから〉物ものの区別くべつがつかない愚おろかな人ひと。

**숙면**【熟眠】 명 하 자 熟眠じゅくみん。¶ 〜을 취하다 ぐっすり眠ねむる。

**숙명**【宿命】 명 宿命しゅくめい。¶ 〜의 라이벌 宿命のライバル/ 〜으로 여기다 宿命と思おもう。

**숙명-적**[−的] 관 宿命的てき。¶ 〜적인 대결 宿命的な対決たいけつ。

**숙모**【叔母】 명 叔母しゅくぼ, おば。

**숙박**【宿泊】 명 하 자 宿泊しゅくはく, 泊とまること。¶ 호텔에 〜하다 ホテルに宿泊する。

**숙박-료**[−料] 명 宿泊料りょう。¶ 〜를 지불하다 宿泊料を支払しはらう。

**숙박-부**[−簿] 명 宿帳やどちょう。

**숙박-업**[−業] 명 宿泊業ぎょう。

**숙변**【宿便】 명 宿便べん, 腸内ちょうないに長ながくたまっている便べん。

**숙부**【叔父】 명 叔父しゅくふ, おじ, 父ちちの弟おとうと。

**숙사**【宿舍】 명 宿舎しゅくしゃ, 宿やどる家いえ。¶ 민가로 〜를 정하다 民家みんかを宿舎に定さだめる。

**숙사**【塾舍】 명 塾舎じゅくしゃ, 塾生じゅくせいの寄宿舎きしゅくしゃ。¶ 즐거운 〜 생활 楽たのしい塾舎生活せいかつ。

**숙성**【夙成】 명 하 형 夙成しゅくせい, 大人おとなびていること, 早熟そうじゅく。¶ 〜한 아이 早熟な子こ/ 어린 놈이 〜하다 小ちいさい者がものが夙生しゅくせいだ。

**숙성**【熟成】 명 하 자 타 熟成じゅくせい。

**숙소**【宿所】 명 宿所じゅくしょ, 宿やど。¶ 〜를 정하다 宿所を定める。/ 〜를 옮기다 宿をかえる。

**숙수**【熟手】 명 熟手じゅくしゅ, 賄まかい方かた, 板前まえ。¶ 〜의 手並なみのいい人ひと。

**숙식**【宿食】 명 하 자 ①寝ねることと食たべること, 寝食しんしょく。¶ 〜 제공 寝食提供ていきょう。②宿食しょく, 一夜いちやが過すぎても消化しょうかされない食たべ物もの。

**숙안**【宿案】 명 宿案あん, 前まえから考かんがえていた案あん。

**숙어**【熟語】 명【文法】熟語じゅくご。¶ 영어 〜를 연구하다 英語えいごの熟語を研究けんきゅうする。

**숙어-지다** 자 ①前まえに傾かたむく, 前に垂たれる, 下さがる, うつむく。¶ 고개가 〜 頭あたまが下がる。②力ちからがなくなる, 元気げんきがなくなる, 気きが弱よわる, おとろえる。¶ 불길이 〜 火ひの勢いきおいがおとろえる。

**숙연**【肅然】 명 하 형 肅然しゅくぜん。¶ 〜한 태도 肅然とした態度たいど/ 〜하여 소리도 없다 肅しゅくとして声こえもなし。

**숙영**【宿營】 명 宿営しゅくえい。¶ 야외에 〜하다 野外やがいに宿営する。

**숙영-지**[−地] 명【軍】宿営地ち。

**숙원**【宿怨】 명 宿怨しゅくえん, 積年せきねんの恨うらみ。¶ 〜을 풀다 宿怨を晴はらす。

**숙원**【宿願】 명 宿願がん。¶ 〜을 이루다 宿願がかなう。②【佛】前世ぜんせにおこした願がん。

**숙이다** 타〈「숙다」의 使役〉うつむく, うなだれる, 下さげる, 伏ふせる。¶ 머리를 숙이고 걷다 うつむいて歩あるく。

**숙적**【宿敵】 명 宿敵しゅくてき, 以前いぜんからの敵てき。¶ 〜을 쓰러뜨리다 宿敵を倒たおす。

**숙제**【宿題】 명 宿題しゅくだい。¶ 〜가 많다 宿題が多おおい。/ 〜를 마치고 놀아라 宿題を終おえて遊あそびなさい。

**숙죄**【宿罪】 명 宿罪ざい。①【佛】前世ぜんせ・過去かこに犯おかした罪過ざいか。¶ 〜를 회개하고 불문에 들어가다 宿罪を悔くいて仏門ぶつもんに入はいる。②【基】原罪げんざい。

**숙주**【宿主】 명【生】宿主しゅくしゅ, 寄主きしゅ。¶ 중간 〜 中間ちゅうかん宿主。

**숙주-나물** 명 もやし, もやしのおひたし。

**숙지**【熟知】 명 하 자 타 熟知じゅくち。¶ 사정은 〜하고 있다 事情じじょうは詳くわしく知っている。

**숙직**【宿直】 명 하 자 宿直しゅくちょく。¶ 〜실 宿直室しつ/ 나는 오늘 〜이다 私わたしは今日きょう宿直だ。/ 〜을 끝내다 宿明しゅくあけする。

**숙질**【叔姪】 명 おじ(伯父・叔父)と姪めい。

**숙청**【肅淸】 명 하 타 肅清しゅくせい。¶ 반대파를 〜하다 反対派はんたいはを粛清する。

**숙체**【宿滯】 명【韓】長ながくなった食しょくもたれ症しょう。

**숙취**【宿醉】 명 宿酔しゅくすい, 二日酔ふつかよい。¶ 〜

를 풀다 二日酔いを覚ます。/ ~로 머리가 아프다 二日酔いで頭痛がする。

**숙환**[宿患] 图 宿病、長患らい、長病み。¶ ~인 위장병 宿病である胃腸病/ ~으로 별세하다 長患いで死去する。

**순**[旬] 图 旬。①十日間、一か月の三分の一。¶ 초~ 初旬/ 하~ 下旬。②十年を一期とした称。¶ 육~ 노인 六旬の老人。

**순**[筍] 图 (木の枝や草の茎になる) 長なく伸のびた芽、筍。¶ 대~ 竹の筍、筍の子。

**순**[純] I 冠 ((全まっくの・本当にの意味に)) 全まっく、実らに、まことに。¶ ~ 거짓말 まっかなうそ。 II 接頭 ((他のが物まじらぬことを表わす)) 純…。¶ ~금 純金/ ~이익 純利益。

**-순**[順] 接尾 …順。¶ 성적~ 成績順/ 키~으로 서다 背の順に立つ。

**순간**[瞬間] 图 瞬間、つかの間。¶ 아차하는 ~ あっと思った瞬間/ 한 ~에 일어난 사건 一瞬のうちにに起こった事件/ 그 말을 들은 ~ 놀랐다 それを聞いた瞬間驚いた。

**순간-적**[-的] 冠 瞬間的。¶ ~인 쾌락 瞬間的な快楽。

**순결**[純潔] 图하形 純潔。¶ ~한 마음 純潔な心/ ~을 지키다 純潔を守る。

**순경**[巡警] 图 巡査。¶ 교통~ 交通巡査/ ~ 아저씨 おまわりさん。

**순교**[殉敎] 图자自 殉敎。¶ ~자 殉敎者。

**순국**[殉國] 图자自 殉国。¶ ~ 정신 殉国精神。

**순국 선열**[-先烈] 图 殉国の烈士。

**순대** 图料 豚の腸に米・野菜などを詰めて蒸した腸詰め。

**순도**[純度] 图 純度。¶ ~가 높은 알코올 純度の高いアルコール。

**순-두부**[-豆腐] 图 朧豆腐。

**순례**[巡禮] 图하自 宗 巡礼。¶ 성지~ 聖地巡礼/ 각지의 절을 ~하다 各地の寺を巡礼する。

**순례-자**[-者] 图 巡礼者。

**순록**[馴鹿] 图動 トナカイ。

**순:리**[順理] 图 順理。①道理に従うこと。②順当な道理。¶ ~에 벗어나다 道理に外れる。

**순:리-적**[-的] 冠图 順理的、道理にのっとったもの。

**순면**[純綿] 图 純綿。¶ ~의 속옷 純綿の肌着。

**순모**[純毛] 图 純毛。¶ ~의 양복 純毛の洋服。

**순-무** 图植 カブ。

**순-문학**[純文學] 图 純文学。¶ ~을 지향하다 純文学を指向する。

**순박**[淳朴・醇朴] 图하形 純朴、淳朴。¶ ~한 시골 노인 純朴な田舎の老人。

**순발-력**[瞬發力] 图 瞬発力。¶ ~ 있는 반격 瞬発力のある反撃。

**순방**[巡訪] 图하他 歴訪、順々に訪れること。¶ 구미 각국을 ~하다 欧米各国を歴訪する。

**순백**[純白] 图하形 純白。①混まじり気のない白色。¶ ~의 드레스 純白のドレス。②汚れもなく清らかできれいなこと。¶ ~한 마음 汚れもなく清い心。

**순백-색**[-色] 图 純白色。

**순:-번**[順番] 图 順番。¶ ~이 돌아왔다 順番がまわってきた。

**순:산**[順産] 图 安産。⤺ 난산(難産)

**순상-지**[楯狀地] 图地 盾状地。

**순:서**[順序] 图 順序、順、段取り。¶ ~에 따라서 순에따가서/ ~를 지키다 順序を守る。/ 당일의 ~를 정하다 当日の段取りをきめる。

**순:서 부동**[-不同] 图하形 順序不同。

**순수**[純粹] 图하形 純粋、生粋。¶ ~ 문학 純粋文学/ ~한 금 純粋な金/ 동기가 ~하다 動機が純粋だ。

**순수-시**[-詩] 图文 純粋詩。

**순수 이:성**[-理性] 图 純粋理性。

**순:순-하다**[順順-] 形也 ①(性質や態度が) おとなしい、温順だ、すなおである。¶ 순순한 행동 おとなしいふるまい。②(食べ物の味わが) 淡泊なである。¶ 국맛이 ~ 汁の味わが淡泊だ。 **순:순-히** 副 おとなしく、すなおに。¶ ~ 말을 듣다 すなおに言うことを聞く。

**순순-히**[諄諄-] 副 諄々と、懇ろに。¶ 학생을 ~ 타이르다 学生がくを諄々と諭さす。

**순시**[巡視] 图하他 巡視。¶ 관내를 ~하다 管内を巡視する。

**순식-간**[瞬息間] 图 瞬まく間、一瞬間。¶ ~에 사라지다 瞬く間に消え失すつ。

**순애**[純愛] 图 純愛。¶ ~를 바치다 純愛を捧げる。

**순양**[巡洋] 图하他 巡洋、海洋を巡察。¶ ~함 巡洋艦。

**순연**[順延] 图하他 順延、繰り延べること。¶ 우천 ~ 雨天順延。

**순:-위**[順位] 图 順位、順。¶ 득표 ~ 得票順位/ ~를 매기다 順をつける。

**순은**[純銀] 图 純銀。¶ ~제의 식기 純銀制の食器。

**순음**[脣音] 图文法 唇音、上下の唇の間で発音される音。

**순:-응**[順應] 图하自 順応。¶ 환경에 ~하다 環境に順応する。

**순-이익**[純利益] 图 純利益、純益、純利。¶ ~이 적다 純利益が少ない。/ 하루 십만 원의 ~을 올리다 一日に十万ウォンの純利をあげる。

**순익**[純益] 图 (「순이익」の縮約形) 純益、純利。¶ ~이 적다 純益が少ない。

**순익-금**[-金] 图 純益金。

**순전**[純全] 图하形 純粋で完全であるこ

순정 と、混じりけのないこと、純然。¶ ~한 거짓말 純然たるうそ。 **순전-히** 副 純然と、全く。¶ ~ 자력으로 하다 全く自力で行なう。

**순정**〔純情〕 名 純情。¶ ~을 바치다 純情をささげる。

**순:조**〔順調〕 名 順調。好調。

**순:조-롭다**〔順-〕 形 順調だ。¶ 경과는 ~ 順調だ。 **순조-로이** 副 順調に。¶ 일이 ~ 진행되다 事が順調に運ぶ。

**순:종**〔順從〕 名 하자 順從。おとなしく従うこと、随順。¶ 아버지의 가르침에 ~하다 父の教えに順従する。

**순종**〔純種〕 名 純血。純血種。¶ ~의 말 純血の馬。

**순증**〔純增〕 名 純增。¶ 소득의 ~ 所得の純增。

**순직**〔殉職〕 名 하자 殉職。¶ ~한 교사 殉職した教師。

**순진하다**〔純眞-〕 形 純真だ、素直だ。¶ 순진한 소녀 純真な少女。

**순:차**〔順次〕 名 順次。¶ ~적으로 발표하다 順をおって発表する。

**순찰**〔巡察〕 名 하자 巡察。¶ 관내를 ~하다 管内を巡察する。

**순찰-대**〔-隊〕 名 巡察隊。

**순치**〔脣齒〕 名 脣齒。①脣と齒。②(比)互いに密接な関係にあること。

**순치-음**〔-音〕 名〔文法〕脣齒音。

**순:탄**〔順坦〕 名 하形 ①気むずかしくないこと、おとなしいこと。¶ ~한 성품 おとなしい性質。②(道が)平坦であること。¶ ~한 길 平坦な道。③(物事が)順調であること、平穏なこと。¶ 공사가 ~하게 진척되고 있다 工事が順調に進捗している。

**순풍**〔淳風〕 名 醇風。

**순풍-미속**〔-美俗〕 名 醇風美俗。

**순:풍**〔順風〕 名 ①おだやかに吹く風、和風。②順風、追い風。¶ ~에 돛을 달다 順風に帆をあげる。

**순:-하다**〔順-〕 形이 ①(性質が)おだやかだ、すなおだ、おとなしい。¶ 순한 아이 おとなしい子。②(味が)軽い、薄い、マイルドだ。¶ 순한 담배 マイルドなタバコ。③(物事が)順調である、滑らかだ、やさしい、たやすい。¶ 일이 순하게 진행되다 事が順調に進行する。

**순항**〔巡航〕 名 하자 巡航。¶ 연안을 ~하다 沿岸を巡航する。

**순항 미사일**〔-missile〕 名〔軍〕クルーズミサイル。

**순항-선**〔-船〕 名 巡航船。

**순:행**〔順-〕

**순:행 운:동**〔-運動〕 名〔天〕順行運動。

**순화**〔純化〕 名 하자되자 純化、醇化。¶ 국어의 ~ 国語の純化/ 정신을 ~하다 精神を純化する。

**순환**〔循環〕 名 하자되자 循環。¶ 악~ 悪循環/ ~ 도로 循環道路/ 혈액 ~이 좋아지다 血液循環が良くなる。

**순환-계**〔-系〕 名〔生〕循環系。

**순환-기**〔-器〕 名〔生〕循環器。

**순환 소:수**〔-小數〕 名〔數〕循環小数。

**순회**〔巡廻〕 名 하자 巡回。¶ 각 지방을 ~하다 各地方を巡回する。

**순회 공연**〔-公演〕 名 巡回公演。

**순회 대:사**〔-大使〕 名 巡回大使。

**순회 도서관**〔-圖書館〕 名 巡回図書館。

**숟-가락** 名 匙。

〔관용〕 **숟가락(을) 놓다**《婉曲に》死ぬ。

**숟가락-질** 名 하자 匙を使うこと。

**술**[1] 名 酒。¶ 독한 ~ きつい酒/ ~에 취하다 酒に酔う。/ ~에 약하다 酒に弱い。/ ~이 살이 오르다 酒太りする。

**술:**[2] 名 總。房。¶ ~ 모양 總狀/ ~ 장식 總飾り。

**술**〔術〕 接尾 …術。¶ 최면~ 催眠術。

**술-값** 名 酒代、飲み代、酒手。

**술-고래** 名 大酒飲み、底抜け上戸、酒豪。

**술-국** 名 飲み屋で肴として出す汁物。

**술국-밥** 名 「술국」かけの飯。

**술-기운** 名 酒の勢い、酒気。¶ ~에 큰 소리를 치다 酒の勢いで大言を吐く。

**술-김** 名 酔いまぎれ、酒の上で、酔った勢い。¶ ~에 저지른 실수 酔いまぎれに犯した蹉跌。

**술-꾼** 名 酒飲み、酒好き、上戸、飲み手、辛党。

**술-내** 名 酒気、酒のにおい。¶ 입에서 ~가 풍기다 口に酒気がする。

**술-대:접**〔-待接〕 名 酒挨拶、酒のもてなし。¶ ~을 받다 酒のもてなしを受ける。

**술-독**〔-毒〕 名 酒毒、酒焼け。

**술래** 名 (鬼ごっこの)鬼。¶ 이번에 네가 ~ 다 今度はお前が鬼だよ。

**술래-잡기** 名 하자 かくれんぼ、鬼ごっこ。¶ ~를 하고 놀다 かくれんぼをして遊ぶ。

**술렁-거리다** 自 ざわめく、ざわつく、どよめく。¶ 장내가 ~ 場内がざわめく。

**술-망나니** 名 酒癖のわるい人、酔いどれ、のんだくれ。

**술명-하다** 形이 地味で格好よく似合う、ふさわしい。¶ 술명한 차림새 地味でよく似合う身なり。

**술-밥** 名 ①酒强飯。②米に酒・醤油・砂糖をまぜて炊いた飯。

**술법**〔術法〕 名 術数。

**술-병**〔-病〕 名 酒病。

**술-병**〔-瓶〕 名 酒瓶、酒壺、徳利、とっくり。

**술-상**〔-床〕 名 酒肴をそなえたお膳。⇒ 주안상(酒案床)

**술:술** 副 ①《水・粉などが続けて漏れたり流れ出たりするようす》ちょろちょろと、さらさらと。¶ 자루에서 쌀이 ~ 샌다 袋から

から米が さらさら 漏れ出る. ②《風がおだやかに吹くようす》そよそよと、さらさらと. ¶ 바람이 ~ 불어오다 風がそよそよと吹いてくる. ③《言葉・文章などがよどみなく出るようす》すらすら、ぺらぺら. ¶ 영어로 ~ 이야기하다 英語でぺらぺら話をする. ④《もつれた糸・問題などがほぐれるようす》すらすらと、するすると. ¶ 실이 ~ 풀리다 糸がするするとほごける.

**술시**〖戌時〗图 戌の刻(午後7時から9時までの間だ).

**술-자리** 图 酒席. ¶ ~를 마련하다 酒席を設ける.

**술-잔**[-盞] 图 杯, 盃, 酒杯. ¶ ~을 나누다 酒杯を交わす. / ~을 비우다 杯をほす[あける].

**술-잔치** 图 酒宴、酒盛り、宴、酒事. ¶ ~를 베풀다 酒宴を催す.

**술집** 图 飲み屋、酒屋. ¶ 선~ 居酒屋.

**술책**〖術策〗图 術策、策、策略. ¶ ~을 꾸미다 策略をめぐらす. / ~에 빠지다 術中に陥る.

**술-친구**[-親舊] 图 飲み友達、飲み仲間.

**술-타령**[-打令] 图 ¶ 눈만 뜨면 ~이다 目さえ覚ませば酒浸りだ.

**술회**〖述懷〗图(하)他 述懐. ¶ 심경을 ~하다 心境を述懐する.

**숨**: ① 息、呼吸. ¶ ~이 가쁘다 息が苦しい. / ~을 가다듬다 息を整える. ②(野菜などの)青々とした新鮮なさま. 〈관용〉 **숨(을) 죽이다** ①息を殺す、息をひそめる. ②(塩などで)野菜の青ぐささをなくす. **숨(이) 끊어지다** 息が絶える、死ぬ. **숨(이) 넘어가다** 息が絶える、息を引き取る、死ぬ. **숨(이) 턱에 닿다** 息がつまる、事態が切迫している.

**숨:-거두다** 圓 息を引き取る、死ぬ.

**숨:-결** 图 息遣い、息吹き. ¶ 거친 ~ 荒い息遣い.

**숨:-구멍** 图 息の通る穴、気孔、気管.

**숨기다** 他 《「숨다」の使役》隠す. ①(物・体だを)見えないようにする、潜める. ¶ 기둥 뒤에 몸을 숨기다 柱につの後ろに身を隠す. ②(人を)匿う. ¶ 범인을 ~ 犯人を匿う. ③(事実・心などを)包み隠す、秘める. ¶ 비밀을 ~ 秘密を隠す.

**숨김-없이** 圓 隠すことなく、ありのまま. ¶ 진상을 ~ 말하다 真相を包み隠さず話す.

**숨:다** 圓 ①隠れる、潜む. ¶ 커튼 뒤에 ~ カーテンのうしろに隠れる. ②《「숨은」の形で》隠れた…、見えない…. ¶ 숨은 공로 隠れた功績.

**숨:-돌리다** 圓 ①息切れを鎮める、呼吸を整える. ② 一息つく、息抜きをする. ¶ 숨돌릴 사이도 없는 강행군이다 息つく暇もない強行軍だ. ③ひと安心する. ¶ 수술 경과가 좋아 숨돌리게 되었다 手術の経過がよくてひと安心した.

**숨:-막히다** 圓 息詰まる、息苦しくなる. ¶ 숨막히는 침묵 息詰まるような沈黙.

**숨바꼭-질** 图(하)他 ①かくれんぼ. ¶ ~하며 놀다 かくれんぼをして遊ぶ. ②《比》何とかが隠れたり現れたりすること. ¶ 범인과 ~하다 見え隠れする犯人を追いまわす.

**숨-소리** 图 呼吸の音、息づかい. ¶ ~를 죽이다 息を殺す. / ~가 거칠다 息づかいが荒い.

**숨:-죽다** 圓 ①しおれる、萎びる. ②(塩漬けにされた野菜などが)生気を失ってぐったりする、しおれる.

**숨:-차다** 圓 息切れがする、息苦しい. ¶ 너무 빨리 달렸기 때문에 ~ あまり速く走ったので息が苦しい.

**숫-기**[-氣] 图 (はにかむことなく)快活であること.

**숫기-없다** 圈 よく恥ずかしがる、はにかんでばかりいる、はにかみ屋だ.

**숫기-좋다** 圈 恥ずかしがらない、はにかまない、快活だ. 숫기좋게 말하다 恥ずかしがらずに話す.

**숫-돌** 图 砥石. ¶ ~에 칼을 갈다 砥石で刀を研ぐ.

**숫-되다** 圈 うぶだ、世慣れしていない. ¶ 숫된 시골 처녀 うぶで田舎の娘か.

**숫:-자**〖數字〗图 数字. ¶ ~에 밝다 数字に明るい.

**숫제** 圓 ①いっそ(のこと)、かえって、むしろ. ¶ 앓느니 ~ 죽지 病やむよりはいっそのこと死んだがましだ. ②本当に. ¶ 음악을 ~ 싫어하는 사람 音楽が本当に嫌いな人.

**숫-처녀**[-處女] 图 生娘、処女.

**숫-총각**[-總角] 图 童貞の男.

**숭고**〖崇高〗图(하)形 崇高. ¶ ~한 이념 崇高な理念.

**숭굴숭굴-하다** 圈여 ①(気立てが)おおようで円満だ. ¶ 숭굴숭굴하고 털털한 성격 円満で気どらない性格. ②(顔立ちが)人懐っこく円満だ.

**숭늉** 图 おこげに水を加えてお茶のようにしたもの、おこげ湯.

**숭덩-숭덩** 圓 ①《大根などをぶつ切りにするようす》ざくざく、ぶすっぶすっ. ¶ 호박을 ~ 썰다 カボチャをぶつ切りにする. ②《針仕事などで)縫うのを粗く縫うさま. ¶ 옷을 ~ 꿰매다 着物を粗く縫い繕う.

**숭례-문**〖崇禮門〗图 南大門の正式の名称.

**숭배**〖崇拝〗图(하)他 崇拝. ¶ ~자 崇拝者 / 우상 ~ 偶像崇拝 / 내가 ~하는 인물 わたしの崇拝する人物.

**숭불**〖崇佛〗图(하)自 仏ほ・仏道をあがめ尊ぶこと.

**숭상**〖崇尚〗图(하)他 崇め尊ぶこと.

**숭숭** 圓 ①《物を手早く大きめに切るようす》ざくざく. ¶ 무를 ~ 썰다 ダイコンを

숭어 ざくざく切る。②《穴がたくさん空いているさま》ようす、ぼこぼこ。¶ 총알 자국이 ~ 뚫인 벽 弾丸のあとがぼこぼこあいている壁へき。③《汗が噴き出たり肌が泡立かつようす》ぶつぶつ。¶ 땀이 ~ 솟다 汗がぶつぶつ噴き出てる。

**숭어** 名[動] ボラ。

**숯** 名 炭すみ、木炭もくたん。¶ ~을 굽다 炭を焼く。

**숯-가마** 名 炭窯すみがま、炭焼すみやきがま。

**숯-불** 名 炭火すみび。¶ ~을 피우다 炭火をおこす。

**숯-장수** 名 ①炭屋すみや、炭を売る人ひと。②顔が黒い人、黒んぼう。

**숱** 名 髪の毛などの分量ぶんりょう。¶ 머리 ~이 많다 髪の毛が多おい。

**숱-하다** 形ヨ 《物の嵩かさ・分量ぶんりょうが》多おい、ありふれている、いくらでもある。¶ 숱한 사람이 모이다 大勢おおぜいが集まる。

**숲** 名 林はやし、森もり、茂しげみ。¶ 솔 ~ 松林まつばやし/ 관목 ~ 低木ていぼくの茂み/ ~ 속을 헤매다 森の中なかをさまよう。

**숲-길** 名 森路もりみち、森道もりみち、林道りんどう。

**쉬¹** 名 蠅はえの卵たまご。
[慣用] 쉬를 슬다 ハエが卵たまごをうみつける。

**쉬²** 感 ①《幼》《小便しょうべんさせるときに用いる語》しい、しっこ。②《「静かに・騒ぐな」の意で発はっする声こえ》しい、しっ。¶ ~ 누가 온다 しっ、誰かが来るぞ。

**쉬:다¹** 自 饐すえる、食べ物がくさって酸すっぱくなる。¶ 밥이 쉬었다 ご飯はんがすえた。

**쉬:다²** 《声こえが》かれる、しわがれる、しゃがれる、かすれる。¶ 목이 ~ のどがかれる。

**쉬:다³** 自他 ①休やすむ、憩いこう。¶ 피곤해서 잠시 ~ 疲れてしばらく休む。②寝る、眠る。¶ 편히 쉬세요 お休みなさい。③泊とまる、留まる。¶ 오늘 밤은 우리 집에서 쉬어 가세요 今晩こんばんは私のうちで泊まっていきなさい。④欠勤けっきんする、欠席けっせきする。¶ 회사를 하루 ~ 会社かいしゃを一日いちにち休む。⑤中断ちゅうだんする。¶ 쉬지 않고 비가 쏟아졌다 休やすまずに雨が降ふり注そそいだ。

**쉬:다⁴** 呼吸こきゅうする、息いきをする、息いきをつく。¶ 한숨을 ~ ため息をつく。

**쉬:-쉬-하다** 他ヨ 《物事ものごとを》内密ないみつにする、内聞ないぶんにする、もみ消す、口止くちどめする。¶ 소문이 날까 하여 ~ うわさが立つのをおそれて口止めする。

**쉬엄-쉬엄** 副 ①《休やすみながらゆっくりするようす》休み休み、休みながら。¶ ~ 해도 된다 休み休みやってもいい。②《やめたり続けたりするようす》とぎれとぎれに。¶ ~ 내리는 비 降ふったり止やんだりする雨。

**쉬이** 副 たやすく、簡単かんたんに、容易ように、わけなく。¶ 그 일은 그리 ~ 될 것 같지 않다 その仕事しごとはそう簡単にゆきそうではない。

**쉬지근하다** 形ヨ 《食物しょくもつが》腐って酸すっぱくなりかける、饐すえぎみだ、饐すえかけている。

**쉬-파리** 名[動] アオバエ。

**쉬:-하다** 自《幼》おしっこする、小便べんする。

**쉰¹** 數 五十ごじゅう。¶ ~살 五十歳ごじゅっさい。

**쉰:내** 名 すえて出てるすっぱい臭にい。

**쉴새-없이** 副 休やすみなく、絶えず、絶え間なく。¶ ~ 일을 하다 休みなく仕事しごとをする。

**쉼:-표**[-標] 名[音] 休止符きゅうしふ。

**쉽:다** 形ロ ①たやすい、容易ようだ、易しい。¶ 아예겐 쉬운 일이 아니다 子供こどもにはたやさしいことではない。/ 목적을 쉽게 달성다 目的もくてきを容易に達成たっせいする。②…する可能性かのうせいが高たかい、…し易すい、…しがちだ。¶ 유리는 깨지기 ~ ガラスは壊こわれやすい。

**쉽:-사리** 副 楽らくに、たやすく、難なんなく、むざむざと、おいそれと。¶ ~ 풀 수 있는 문제 楽々と解とける問題もんだい/ 사건이 ~ 해결되다 事件じけんがたやすく解決かいけつされる。

**슈거**[sugar] 名 シュガー、砂糖さとう。

**슈:트**[suit] 名 スーツ。

**슈-트케이스**[-case] 名 スーツケース。

**슈팅**[shooting] 名[體] シューティング。¶ 중거리 ~ 中距離ちゅうきょりシューティング。

**슈:퍼**[super] 名 スーパー。¶ ~ 스타 スーパースター。

**슈-퍼마:켓**[-market] 名 スーパーマーケット。슈파.

**슈-퍼맨**[-man] 名 スーパーマン。

**슟:**[shoot] 名[해] 他 シュート。

**스낵 바:**[snack bar] 名 スナックバー。

**스냅**[snap] 名 スナップ。¶ ~ 사진 スナップ写真しゃしん。

**스노: 타이어**[snow tire] 名 スノータイヤ。

**스님** 名 和尚おしょう・上人しょうにん・和上かじょう。①僧がその師を呼ぶ語。②僧に対する尊敬語。

**스러지다** 自 ①消え失うせる、消えてなくなる。¶ 별이 ~ 星が消え失せる。②《ある感情かんじょう・考かんがえなどが》なくなる、消える。三段 さらばえる。

**-스럽다** 接尾 …感じだ、…だ、…らしい、…気味ぎみだ。¶ 불안 ~ どうも不安あんだ。/ 사랑 ~ 愛あいらしい。

**스르르** 副 ①《結ばれたものがひとりでにほどけるようす》するりと、するする(と)。¶ 매듭이 ~ 풀리다 結び目がするすると解とける。②《氷こおり・雪ゆきが自然しぜんに解とけるようす》すうっと。③《眠気ねむけがさして目の皮ひふが緩ゆるむようす》とろとろと、うつらうつらと、とろとろと。¶ ~ 잠이 들다 うとうとと眠ねむりこむ。④《ひそかに行動こうどうするようす》そっと、すうっと。⑤《気勢きせい・感情かんじょうがひとりでに薄うすれるようす》すうっと。¶ 노여움이 ~ 풀리다 怒いかりがすうっと消える。

**스릴**[thrill] 名 スリル、戦慄せんりつ。¶ ~을 느끼다 スリルを感じる。

**스마일**[smile] 名 スマイル、ほほえみ、微笑びしょう。

**스마:트**[smart] 名[해] 形 スマート。¶ ~한 옷차림 スマートな身なり。

**스멀-거리다** 自 《肌はだが》むずむずする、むず痒かゆい、もぞもぞする。¶ 등이 ~ 背中せなかがもぞもぞする。

**스멀-스멀** 副(하)自 むずむず、もぞもぞ。

**스머-들다** 自 染 $^{そ}$ みる、染み入 $^{い}$ る、染み込 $^{こ}$ む。¶ 뼛속까지 스머드는 추위 骨 $^{ほね}$ の髄 $^{ずい}$ まで染みこむ寒 $^{さむ}$ さ。

**스모그**〖smog〗名 スモッグ。¶ ～ 공해 スモッグ公害 $^{こうがい}$ 。

**스모킹**〖smoking〗名 スモーキング。¶ ～ 룸 スモーキングルーム。

**스무** 数 二十 $^{に}$ $^{じゅう}$ 。¶ ～ 개 二十個 $^{にじっこ}$ / ～ 살 二十歳 $^{はたち}$ /～ 명 二十名 $^{にじゅうめい}$ 。

**스무-드**〖smooth〗名(하)形 スムース、スムーズ。¶ 일이 ～하게 진행되다 事 $^{こと}$ がスムースに運 $^{はこ}$ ぶ。

**스물** 数 二十 $^{に}$ $^{じゅう}$ 、はたち。¶ 아직 ～ 안짝이다 まだ二十歳 $^{はたち}$ 前 $^{まえ}$ だ。

**스미다** 自 ①(水 $^{みず}$ ・気体 $^{きたい}$ などが)染 $^{し}$ みる、たまる、にじむ、染 $^{し}$ みこむ、入 $^{い}$ り込 $^{こ}$ む。¶ 옷에 땀이 ～ 着物 $^{きもの}$ に汗 $^{あせ}$ がにじむ。②《切実 $^{せつじつ}$ に感 $^{かん}$ じられるようす》ひしひしと感 $^{かん}$ じる、にじむ。¶ 애정이 스민 눈동자 愛情 $^{あいじょう}$ がにじんでいる瞳 $^{ひとみ}$ 。

**스산-하다** 形여 ①荒 $^{あ}$ れてもの寂 $^{さび}$ しい、うら寂 $^{さび}$ しい。¶ 스산한 겨울 바다 うら寂しい冬 $^{ふゆ}$ の海 $^{うみ}$ 。②(心 $^{こころ}$ ・気分 $^{きぶん}$ が)ひどく落 $^{お}$ ち着 $^{つ}$ かない、やるせない、うらさびしい。¶ 마음이 ～ 心 $^{こころ}$ がひどく落ち着かない。

**스스럼-없다** 形 気安 $^{きやす}$ い、心安 $^{こころやす}$ い、気兼 $^{きが}$ ねしない。¶ 스스럼없는 친구 気安い友達 $^{ともだち}$ 。

**스스럼-없이** 副 気安く、心安く、気兼ねなく。¶ 그와는 ～ 지내고 있다 彼 $^{かれ}$ とは心安くつきあっている。

**스스럽다** 形日 ①打 $^{う}$ ち解 $^{と}$ けない、よそよそしい、気兼 $^{きが}$ ねがする。¶ 서로 스스럽게 지내다 互 $^{たが}$ いによそよそしく暮 $^{く}$ らす。②はじらう、はにかむ、気恥 $^{きは}$ ずかしい。¶ 혼자 찾아가기는 ～ 独 $^{ひと}$ りで訪 $^{たず}$ ねて行 $^{い}$ くのはじらう。

**스스로** 副 ①おのずから、ひとりでに、自然 $^{しぜん}$ に、自 $^{みずか}$ ら。¶ ～ 물러나다 自らしりぞく。/ 꽃은 ～ 핀다 花 $^{はな}$ はひとりでに咲 $^{さ}$ く。②自分 $^{じぶん}$ の力 $^{ちから}$ で。¶ 자기 일은 ～ 해야 한다 自分 $^{じぶん}$ の事 $^{こと}$ は自分でやらなければならない。③《名詞的 $^{めいしてき}$ に》自分 $^{じぶん}$ 自信 $^{じしん}$ 。¶ ～를 높이다 自分自信を高 $^{たか}$ める。

**스승** 名 師 $^{し}$ 、師匠 $^{ししょう}$ 、先生 $^{せんせい}$ 。¶ ～의 은혜 師 $^{し}$ の恩 $^{おん}$ 。

**스시**〖일 すし〗名 寿司 $^{すし}$ 。

**스웨터**〖sweater〗名 セーター、スエーター。¶ ～를 짜다 セーターを編 $^{あ}$ む。

**스위밍**〖swimming〗名(하)自 スイミング、水泳 $^{すいえい}$ 。

**스위밍 풀**〖-pool〗名 スイミングプール。

**스위치**〖switch〗名 スイッチ。¶ 전등 ～를 끄다 電灯 $^{でんとう}$ のスイッチを切 $^{き}$ る。

**스위치 무:역**〖-貿易〗名〖経〗スイッチ貿易 $^{ぼうえき}$ 。

**스위치 히터**〖-hitter〗名〖野〗スイッチヒッター。

**스치다** 自 ①すれすれに通 $^{とお}$ り過 $^{す}$ ぎる、かすめる、擦 $^{かす}$ れる、過 $^{す}$ ぎる。¶ 눈앞을 경비가 스치지나가다 眼前 $^{がんぜん}$ をつばめが通り過ぎる。②(考 $^{かんが}$ えなどが)かすめる、よぎる。¶ 불길한 예감이 스치고 지나갔다 不吉 $^{ふきつ}$ な予感 $^{よかん}$ が頭 $^{あたま}$ をかすめた。

**스카우트**〖scout〗名 スカウト。①ボーイスカウト、ガールスカウト。②(하)他 自団 有望 $^{ゆうぼう}$ な新人 $^{しんじん}$ をさがして引 $^{ひ}$ き抜 $^{ぬ}$ いてくること。¶ 기술자를 ～하다 技術者 $^{ぎじゅつしゃ}$ をスカウトする。

**스카이**〖sky〗名 スカイ、空 $^{そら}$ 。¶ ～ 웨이 スカイウェイ。

**스카이-다이빙**〖-diving〗名 スカイダイビング。

**스카치**〖Scotch〗名 スコッチ。¶ ～ 위스키 スコッチウィスキー。

**스카치 테이프**〖-tape〗名 スコッチテープ、セロハンテープ。

**스카:프**〖scarf〗名 スカーフ。

**스캔들**〖scandal〗名 スキャンダル、醜聞 $^{しゅうぶん}$ 。¶ 정계의 ～ 政界 $^{せいかい}$ のスキャンダル。

**스커:트**〖skirt〗名 スカート。¶ 미니 ～ ミニスカート。

**스케이트**〖skate〗名 スケート。¶ ～장 スケート場 $^{じょう}$ 。

**스케일**〖scale〗名 スケール。¶ ～이 큰 사람 スケールが大 $^{おお}$ きい人 $^{ひと}$ 。

**스케줄:**〖schedule〗名 スケジュール。¶ ～에 쫓기다 スケジュールに追 $^{お}$ われる。

**스케치**〖sketch〗名(하)他 スケッチ。¶ 풍경을 ～하다 風景 $^{ふうけい}$ をスケッチする。

**스케치-북**〖-book〗名 スケッチブック。

**스코어**〖score〗名 スコア、競技 $^{きょうぎ}$ の得点 $^{とくてん}$ 。¶ 타이 ～ タイスコア。

**스코어-보:드**〖-board〗名 スコアボード。

**스쿠:버**〖scuba〗名 スキューバ。¶ ～ 다이빙 スキューバダイビング。

**스크랩**〖scrap〗名(하)他 スクラップ、(新聞 $^{しんぶん}$ ・雑誌 $^{ざっし}$ などの)切 $^{き}$ り抜 $^{ぬ}$ き。¶ 기사를 ～하다 記事 $^{きじ}$ をスクラップする。

**스크랩-북**〖-book〗名 スクラップブック。

**스크린**〖screen〗名 スクリーン。¶ ～ 테스트 スクリーンテスト。

**스크립터**〖scripter〗名〖劇〗〖映〗スクリプター、記録係 $^{きろくがかり}$ 。¶ 현지 촬영의 ～를 맡다 現地 $^{げんち}$ ロケのスクリプターを受 $^{う}$ け持 $^{も}$ つ。

**스키:**〖ski〗名 スキー。¶ ～를 타다 スキーをする。

**스킨**〖skin〗名 スキン、肌 $^{はだ}$ 、皮膚 $^{ひふ}$ 。¶ ～ 로션 スキンローション。

**스킴 밀크**〖skim milk〗名 スキムミルク、脱脂乳 $^{だっしにゅう}$ 。

**스타:**〖star〗名 スター。¶ 인기 ～ 人気 $^{にんき}$ スター。

**스타:-덤**〖-dom〗名 スターダム。¶ ～에 오르다 スターダムにのし上 $^{あ}$ がる。

**스타: 플레이어**〖-player〗名 スタープレイヤー、花形選手 $^{はながたせんしゅ}$ 。

**스타일**〖style〗名 スタイル。¶ 최신 ～ 最新 $^{さいしん}$ スタイル/ ～을 본따다 スタイルを真似 $^{まね}$ る。

**스타킹**〖stocking〗名 ストッキング。¶ 팬티 ～ パンティーストッキング。

**스타:트**〖start〗名(하)自 スタート。¶ ～ 라인 スタートライン。

스타:팅 멤버【starting member】 名 スターティングメンバー。

스태미나【stamina】 名 スタミナ。¶ ~가 떨어지다 スタミナが切れる。

스탠드【stand】 名 スタンド。①物を立てる台。¶ ~바 スタンドバー。②露店、売店 ③運動場の観覧席。¶ ~를 가득 메운 관중 スタンドを埋めた観衆。④電気スタンド。

스탬프【stamp】 名 スタンプ。¶ ~ 잉크 スタンプインキ。

스턴트【stunt】 名 スタント。
  스턴트 맨【-man】 名 スタントマン。

스테레오【stereo】 名 ステレオ。¶ ~ 시스템 ステレオシステム。
  스테레오 방:송【-放送】 名 ステレオ放送、立体放送。
  스테레오-타이프【-type】 名〖版〗ステレオタイプ、鉛版。

스테이지【stage】 名 ステージ。¶ ~에 서다 ステージに立つ。

스테이크【steak】 名 ステーキ。¶ 비프 ~ ビーフステーキ。

스텝【step】 名 (ダンスで)ステップ。¶ ~을 밟다 ステップを踏む。

스토:리【story】 名 ストーリー。¶ 러브 ~ ラブストーリー。

스토어【store】 名 ストア。¶ 체인 ~ チェーンストア。

스튜디오【studio】 名 スタジオ。

스튜어디스【stewardess】 名 スチュワーデス。

스트라이크【strike】 名 ①ストライキ、スト、罷業。 ②〖野〗ストライク。¶ ~ 존 ストライクゾーン。③(ボウリングで)ストライク。

스트레스【stress】 名 ストレス。¶ ~를 해소하다 ストレスを解消する。

스티커【sticker】 名 ステッカー。¶ ~를 붙이다 ステッカーを貼る。

스틸:【steal】 名〖野〗スチール、盗塁。¶ 홈 ~에 성공하다 ホームスチールに成功する。

스틸:【still】 名 スチール(写真)。¶ 영화 배우의 ~ 사진 映画俳優のスチール写真。

스팀【steam】 名 スチーム。
  스팀: 엔진【-engine】 名〖工〗スチームエンジン。

스파게티【이 spaghetti】 名 スパゲッティ。

스파:링【sparring】 名 (ボクシングで)スパーリング。¶ 공개 ~을 하다 公開スパーリングをする。

스파이【spy】 名 スパイ。¶ 산업 ~ 産業スパイ。

스펀지【sponge】 名 スポンジ。

스페어【spare】 名 スペア、予備、補充用。¶ ~ 타이어 スペアタイヤ。

스페이스【space】 名 スペース、空間、余白。

스펠링【spelling】 名 スペリング、スペル、つづり。

스포:츠【sports】 名 スポーツ。¶ ~ 센터 スポーツセンター。
  스포:츠-맨【-man】 名 スポーツマン。
  스포:츠 카:【-car】 名 スポーツカー。

스포트【spot】 名 スポット。¶ ~ 뉴스 スポットニュース。
  스포트-라이트【-light】 名 スポットライト。¶ ~를 비추다 スポットライトを当てる。

스포:티【sporty】 名〖形〗スポーティー。¶ ~한 옷차림 スポーティーな身なり。

스폰서【sponsor】 名 スポンサー。

스푼:【spoon】 名 スプーン。¶ 티 ~ ティースプーン。

스프레이【spray】 名 スプレー。¶ 헤어 ~ ヘアスプレー。

스프링【spring】 名 スプリング、バネ。
  스프링-보:드【-board】 名 スプリングボード。

스피:드【speed】 名 スピード、速力、速度。¶ ~를 내다 スピードを出す。
  스피:드 스케이팅【-skating】 名〖體〗スピードスケーティング。

스피:치【speech】 名〖有自〗スピーチ、演説、談話。¶ 테이블 ~ テーブルスピーチ。

스피:커【speaker】 名 スピーカー。

슬그머니 副 ①ひとりでに。¶ ~ 화가 났다 ひとりでに腹が立った。②そっと、ひそかに、こっそりと。¶ ~ 방에서 빠져나가다 こっそりと部屋からぬけていく。

슬금-슬금 副 そっと、こそこそ、こっそり。¶ ~ 훔쳐보다 そっと盗み見る。

슬기 名 知恵、才知、知慧。¶ ~를 모으다 知恵を集める。

슬기-롭다 〖形口〗賢い、聡い、知恵がある、聡明だ、賢明だ。¶ 슬기로운 인물 聡明な人物/ 슬기롭게도 유혹을 물리쳤다 賢くも誘惑を斥けつづけた。

슬다¹ 自 ①(野菜・果物などが)しおれる、傷む、枯れる。 ②(できものなどが)消えて無くなる、いえる、治る。

슬다² 他 (虫・魚などが)卵を産みつける。¶ 벌레가 알을 ~ 虫が卵を産みつける。

슬다³ 自 ①さびつく、さびる。¶ 칼에 녹이 ~ 刀にさびがつく。②(かびが)生える。¶ 떡에 곰팡이가 ~ 餠にかびが生える。

슬다⁴ 他 (糊気のききすぎた洗濯物を)もんでやわらかくする。

슬래브【slab】 名〖建〗スラブ。¶ ~ 지붕의 이층집 スラブ屋根の二段建。

슬럼【slum】 名 スラム、貧民窟、貧民窟。¶ ~가 スラム街。

슬럼프【slump】 名 スランプ。¶ ~에 빠지다 スランプに陥る。

슬로:【slow】 名 スロー。¶ ~ 볼 スローボール。
  슬로:-모:션【-motion】 名 スローモーション。

슬로:건【slogan】 名 スローガン。¶ 멋진 ~을 내걸다 すばらしいスローガンを掲げる。

슬로:프【slope】 名 スロープ。¶ 가파른 ~를 기어오르다 けわしいスロープをよじのぼる。

슬롯 머신【slot machine】 名 スロットマシン。

슬리퍼【slipper】 名 スリッパ。

슬리:핑 백【slipping bag】 名 スリーピングバッ

グ、寝袋ねぶくろ。
**슬며시** 副 ①そっと、なにげなく、こっそりと。¶ ~ 다가가다 そっと近寄ちかる。 ②それとなく、しずかに。¶ ~ 주의를 주다 それとなく注意ちゅういをあたえる。
**슬:슬** 副 ①((ゆっくり動うごくようす))のろのろ、ゆるゆる、ぽつぽつ。¶ ~ 일을 시작하자 ぽつぽつ仕事しごとを始はじめよう。 ②((人ひとをうまく言いいくるめたり、すかしたりだましたりするようす))それとなく、うまく、巧たくみに。¶ 놀러 가자고 ~ 꾀다 遊あそびに行こうとうまく誘さそう。 ③((軽かるくこすったり掻かくようす))かるく、そろそろ。¶ 등을 ~ 긁어주다 背せなかをかるく掻かいてやる。 ④((雪ゆき・砂糖さとうなどがとけるようす))すっと。¶ ~ 눈이 녹다 雪ゆきがそろそろととける。 ⑤そっと、なにげなく、さりげなく。¶ ~ 다가가다 なにげなく近寄ちかる。 ⑥((風かぜが穏おだやかに吹ふくようす))そよそよ。
**슬쩍** 副 ①((人ひとの気付きづかないうちに))すばやく、こっそり、するりと。¶ ~ 몸을 감추다 すばやく身みを隠かくす。 ②((たやすくやってのけるさま))さっと、軽かるく。¶ ~ 건드리다 軽かるく触ふれる。 / 배추를 ~ 데치다 白菜はくさいをさっとゆがく。
**슬쩍-슬쩍** 副 (続つづけて)すばやく、こっそり、そっと、軽かるく。¶ ~ 집어가다 ちょいちょいと掠かすめて行いく。
**슬프기【--氣】** 悲しい。¶ 슬픈 이야기 悲しい知しらせ/ 그 일을 생각하면 슬퍼진다 そのことを考かんがえると悲しくなる。
**슬픔** 名 悲かなしみ、哀あわれ、悲嘆ひたん。¶ ~에 잠기다 悲しみに沈しずむ。
**슬피** 副 悲かなしく、傷いたましく。¶ ~ 흐느껴 울다 悲しくすすり泣なく。
**습격【襲擊】** 名하他 襲擊しゅうげき。¶ 적의 진지를 ~하다 敵てきの陣地じんちを襲擊しゅうげきする。
**습곡【褶曲】** 名地 褶曲しゅうきょく。
**습곡 산맥【-山脈】** 名地 褶曲山脈しゅうきょくさんみゃく。
**습관【習慣】** 名 習慣しゅうかん。¶ 일찍 일어나는 ~ 早起はやおきの習慣/ ~을 고치다 習慣を直なおす。
**습관-성【-性】** 名 習慣性しゅうかんせい。¶ ~ 유산 習慣流産しゅうかんりゅうざん。
**습관-화【-化】** 名하自他回 習慣化しゅうかんか、習慣づけること。
**습기【濕氣】** 名 湿気しっき・しっけ、湿しめり(気け)。
**-습니까** 語尾 …ですか、…ますか、…でございますか。¶ 밖은 덥습니까? 外そとは暑あついですか。/ 요즘 건강은 어떻습니까? この頃ごろ健康けんこうはいかがですか。
**-습니다** 語尾 …です、…ます、…でございます。¶ 밥은 잘 먹습니다 ご飯はんはよく食たべます。/ 방에는 아무도 없습니다 部屋へやには誰だれもいません。
**습도【濕度】** 名物 湿度しつど。¶ ~가 높다 湿度が高たかい。

**습도-계【-計】** 名物 湿度計しつどけい。
**습득【拾得】** 名하他 拾得しゅうとく、拾ひろい得えること。¶ ~물 拾得物しゅうとくぶつ。
**습득【習得】** 名하他 回自 習得しゅうとく、習ならい覚おぼえること。¶ ~이 빠르다 覚えが速はやい。/ 3개국어를 ~하다 三さんか国語こくごを習得する。
**습성【習性】** 名 習性しゅうせい。¶ 동물의 ~을 연구하다 動物どうぶつの習性を研究けんきゅうする。
**습식【濕式】** 名 湿式しっしき。¶ ~ 야금 湿式冶金しっしきやきん。 回 건식(乾式)
**습윤【濕潤】** 名하形 湿潤しつじゅん。¶ ~한 땅 湿潤の地ち/기후가 ~하다 気候きこうが湿っている。
**습자【習字】** 名하自 習字しゅうじ、手習てならい、書かき方かた。¶ ~지 習字紙しゅうじがみ、半紙はんし。
**습작【習作】** 名하他 習作しゅうさく。¶ ~을 출품하다 習作を出品しゅっぴんする。
**습지【濕地】** 名 湿地しっち。¶ ~대 湿地帯しっちたい。
**습지 식물【-植物】** 名植 湿地植物しっちしょくぶつ。
**습진【濕疹】** 名医 湿疹しっしん。
**습-하다【濕-】** 名形여 じめじめする、しめっている、しめっぽい。¶ 방안이 ~ 部屋へやの中なかがしめっぽい。
**승【僧】** 名佛 ①僧そう、僧侶そうりょ、坊主ぼうず。 ②尼あま、比丘尼びくに。
**승【升】** 名 升しょう。¶ 10~은 한 말이다 十升じっしょうは一斗いっとだ。
**승강【昇降】** 名하自 昇降しょうこう、昇のり降おり。
**승강-구【-口】** 名 昇降口しょうこうぐち。
**승강-기【-機】** 名 昇降機しょうこうき、エレベーター。
**승강【乘降】** 名하自 乗降じょうこう、乗のり降おり。
**승강-장【-場】** 名 昇降場しょうこうじょう、乗のり場ば、プラットホーム。
**승객【乘客】** 名 乗客じょうきゃく。¶ 버스의 ~ バスの乗客。
**승격【昇格】** 名하自 昇格しょうかく。¶ 사장으로 ~되다 社長しゃちょうに昇格する。
**승계【承繼】** 名하他 承継しょうけい。¶ 사업을 ~하다 事業じぎょうを承継する。
**승급【昇級・陞級】** 名하自回 昇級しょうきゅう。¶ ~이 빠르다 昇級が早はやい。
**승낙【承諾】** 名하他 承諾しょうだく。¶ ~을 얻다 承諾を得える。/ 선뜻 ~하다 快こころよく承諾する。
**승단【僧團】** 名하自 僧団そうだん。
**승려【僧侶】** 名 僧侶そうりょ。
**승-률【勝率】** 名 勝率しょうりつ。¶ ~이 높은 팀 勝率の高たかいチーム。
**승:리【勝利】** 名하自 勝利しょうり、勝かち。¶ ~자 勝利者しょうりしゃ/ ~를 거두다 勝利を収おさめる。/ 전쟁에서 ~하다 戦争せんそうで勝かつ。
**승마【乘馬】** 名하自 乗馬じょうば。
**승마-술【-術】** 名 乗馬述じょうばじゅつ。
**승무【僧舞】** 名 白しろい山形やまがたの笠かさをかぶり白い僧衣そういをつけて舞まう舞まい。
**승무-원【乘務員】** 名 乗務員じょうむいん、乗組員のりくみいん。¶ 열차 ~ 列車れっしゃの乗務員/ ~을 배치하다 乗務員を配置はいちする。
**승방【僧房】** 名 僧坊そうぼう、僧房そうぼう、室むろ。
**승병【僧兵】** 名 僧兵そうへい、衆徒しゅうと。

승복[承服] 명하자 ①承服しょう、承伏しょう。¶ ~하기 어려운 일 承服しがたい事こと。②罪つみを白状はくじょうすること。
승복[僧服] 명 僧服そうふく、法衣ほうい。
승·부[勝負] 명 勝負しょうぶ。¶ ~가 나다 勝負がきまる。/ ~를 내다 勝負をつける。
승·산[算算] 명 勝算しょうさん、勝かち目め。¶ ~이 없는 시합 勝算がない試合しあい/ ~이 희박하다 勝算が薄うすい。
승선[乘船] 명하자 乗船じょうせん。¶ 무임 ~ 하다 無賃むちん乗船する。
승선-표[-票] 명 乗船切符きっぷ。
승·세[勝勢] 명 勝勢しょうせい。¶ ~를 굳히다 勝勢をかためる。
승·소[勝訴] 명하자 勝訴しょうそ。¶ 원고측이 ~하다 原告側げんこくがわが勝訴する。
승승-장구[乘勝長驅] 戦たたかいに勝かった余勢よせいを駆かっていっきに追おいこむこと。
승용[乘用] 명하타 乗用じょうよう。
승용-차[-車] 명 乗用車しゃ。
승인[承認] 명하타 티지 承認しょうにん。¶ ~을 얻다 承認を得える。
승·자[勝者] 명 勝者しょうしゃ。 대 패자(敗者)
승적[僧籍] 명 僧籍そうせき。
승·전[勝戰] 명 戦たたかいに勝かつこと、戦勝せんしょう。
승·전-비[-碑] 명 戦勝碑せんしょうひ。
승제[乘除] 명 掛かけ算ざんと割わり算ざん。¶ 가감 ~ 加減かげん乗除。
승진[昇進・陞進] 명하자 昇進しょうしん。¶ 과장으로 ~하다 課長かちょうに昇進する。
승차[乘車] 명하자 乗車じょうしゃ。¶ ~ 거부 乗車拒否きょひ/ 무임 ~ 無賃むちん乗車。
승차-권[-券] 명 乗車券けん。
승천[昇天・陞天] 명하자 昇天しょうてん。
승·패[勝敗] 명 勝敗しょうはい。¶ ~를 결정하다 勝敗を決きめる。
승합[乘合] 명 乗のり合あい、相乗あいのり。¶ ~ 자동차 乗り合い自動車じどうしゃ。
승화[昇華] 명하자 昇華しょうか。¶ 오랜 고뇌를 신앙으로 ~시키다 長ながい間あいだの苦悩くのうを信仰しんこうに昇華させる。
승화-열[-熱] 명물 昇華熱ねつ。
시:[市] 명 ①都市とし、市街しがい。②市いち、市場いちば。¶ 야~ 夜市よいち。③「시청」의 縮約形しゅくやくけい。④地方ちほう行政ぎょうせい区域くいきのひとつ。
시:[是] 명 是ぜ。¶ ~와 비를 가리다 是と非ひを裁さばく。 대 비(非)
시:[時] 의 ①《時間じかんの単位たんい》時じ、刻こく。¶ 열두 ~ 12時じゅうにじ/ 자~ 子ねの刻。②人ひとの生うまれた時刻じこく。¶ 인~에 태어났다 虎とらの刻に生まれた。
시[詩] 명 詩し。¶ 서정 ~ 叙情詩じょじょうし。
시[이 Si] 명음 シ、長音階ちょうおんかいの一番いちばんおわりの音おと。
시-[接頭]《(色いろの濃こいことを表あらわす語ご》真ま っ…。¶ ~퍼렇다 真まっ青さおだ。
시-[媤] 接頭《嫁とついだ女性側じょせいがわから見みて》婚家こんかをさす語ご。¶ ~댁 婚家こんか/ ~어머니 夫おっとの母はは、しゅうとめ。

시:가[市街] 명 市街しがい、町まち、通とおり。¶ ~ 행진 市街行進こうしん。
시:가-전[-戰] 명 市街戦せん。
시각[時刻] 명 ①時刻じこく。¶ 발차 ~ 発車はっしゃ時刻。②短みじかい間あいだ。¶ ~을 다투다 時ときを争あらそう。
시:각[視角] 명물 視角しかく。¶ ~이 좁다 視角が狭せまい。
시:각[視覺] 명생 視覚しかく。¶ ~ 기관 視覚器官きかん/ ~을 잃다 視覚を失うしなう。
시:각 교:육[-教育] 명 視覚教育きょういく。
시:각-화[-化] 명하자 티지 視覚化か。
시간[時間] 명 時間じかん、時とき、タイム。¶ 휴식 ~ 休息きゅうそく時間/ ~의 낭비 時間の浪費ろうひ/ ~은 돈이다 時は金かねなり。
시간 강:사[-講師] 명 時間講師こうし、非常勤ひじょうきん講師。
시간-급[-給] 명 時間給きゅう。 대 시급(時給)
시간-외 근무[-外勤務] 명 時間外勤務きんむ、超過ちょうか勤務。
시간-적[-的] 관 時間的てき。¶ ~인 여유가 생기다 時間的な余裕よゆうができる。
시간-표[-表] 명 ①時間表ひょう。②(汽車きしゃなどの)時刻表じこくひょう。
시-건방지다 형 生意気なまいきだ、小こしゃくだ。¶ 시건방진 녀석 生意気なやつ。
시계[時計] 명 時計どけい。¶ 손목・腕うで時計/ ~가 자다 時計が止とまる。/ ~를 맞추다 時計を合あわせる。
시계-추[-鎚] 명 時計の振ふり子こ。
시계-탑[-塔] 명 時計塔とう、時計台だい。
시:계[視界] 명 視界しかい。¶ ~가 좁다 視界が狭せまい。 대 시야(視野)
시-고모[媤姑母] 명 夫おっとの父ちちの姉妹しまい。
시-고모부[媤姑母夫] 명 夫おっとの父ちちの姉妹しまいの夫おっと。
시골 명 ①田舎いなか、地方ちほう、村むら。¶ ~ 사람 田舎者もの/ ~에 살다 田舎に住すむ。②故郷こきょう、郷里きょうり。¶ 자네 ~은 어디인가? 君きみのお国くにはどちらか。
시골-뜨기 명 いなかっぺ、田吾作たごさく、お上おのぼりさん。
시골-말 명 田舎言葉ことば。
시골-티 명 田舎くさい身なりや態度たいど、田舎風ふう。¶ ~가 나는 옷차림 田舎びた身なり。
시:공[施工] 명하타 施工せこう・せこう。
시공[時空] 명 時空じくう。¶ ~을 초월하다 時空を超こえる。
시-구식[始球式] 명 始球式しきゅうしき。
시국[時局] 명 時局じきょく。¶ ~의 안정 時局の安定あんてい。
시굼-하다 형여 やや酸すっぱい。
시궁 명 汚水おすいの溜たまり、どぶ。
시궁-쥐 명동 ドブネズミ。
시궁-창 명 下水げすいの溜たまり、汚水おすいが淀よどんでぬかるんだところ。

**시그널**[signal] 名 シグナル。¶ ~ 뮤직 シグナルミュージック。

**시큰-거리다** 自 (しきりに息を切らして)あえぐ、息をはずませる、息ぎせく。¶ 화가 나서 ~ 腹が立たって息をはずませる。

**시근-시근**¹ 副´´自` (ひどく息切れするようす)はあはあ、ふうふう、あえぎあえぎ。

**시근-거리다**² 自 (関節などが)しきりにうずく、ずくずきする、痛むる。¶ 발목이 시근거려서 걷지 못한다 足首がずきずき痛んで歩けない。

**시근-시근**² 副´´形` 《関節などがしきりにうずくようす》ずきずき、ずきんずきん。

**시근-하다** 形動 (関節などが)うずく。¶ 손목이 약간 ~ 手首が少しうずく。

**시:금**[試金] 名`´他` 試金きん。
　**시:금-석**[-石] 名 試金石せき。

**시금떨떨-하다** 形動 (柿の実などが)ややすっぱくて渋しぶい。

**시금치** 名`´植` ホウレンソウ。

**시금털털-하다** 形動 (味あじが)すっぱくて渋しぶい。

**시급**[時急] 名´´形動` (時間が)さし迫せまっていて猶予できないこと、急きゅう。¶ 사태는 매우 ~ 한 상태이다 事態は非常に急を要する。

**시기**[時期] 名 時期き、時じ、時節せつ、期間かん。¶ 중대한 ~ 重大じゅうだいな時期/ 꽃놀이 ~ 花見時/ ~ 에 알맞지 않다 時期外はずれだ。

**시기**[時機] 名 時機き、タイミング、チャンス。¶ ~ 가 도래하다 時機が到来とうらいする。/ ~ 를 놓치다 チャンスを逸いっする。
　**시기-상조**[-尙早] 名 時機尚早そう。

**시기**[猜忌] 名`´他` 猜忌さいき、ねたみ嫌きらうこと。¶ ~ 심이 강하다 猜忌の念ねんが深ふかい。/ 남을 ~ 하다 他人をねたむ。

**시끄럽다** 形ㅂ ①やかましい、そうぞうしい、うるさい、さわがしい。¶ 주위가 ~ 周囲がさわがしい。 ②(物事ごとが)もめたり、ややこしくなる。¶ 시끄러운 문제 わずらわしい問題もんだい。

**시끌끌-하다** 形動 ①騒そうしい、騒がしい、やかましい、ごたごたしている。¶ 교실이 ~ 教室きょうしつが騒々しい。 ②(心が)乱れておだやかでない、いらいらする。

**시나리오**[scenario] 名 シナリオ、脚本きゃくほん。¶ ~ 작가 シナリオライター。

**시나브로** 副 ①知しらぬ間まに少しずつ。¶ ~ 쌓이는 눈 知らぬ間に少しずつ積もる雪ゆき。 ②ひまひまに、おりおり、あいまあいまに。¶ ~ 익혀온 솜씨 あいまあいまに仕込しこんだ手並なみ。

**시:내** 名 小川おがわ。¶ 맑은 ~ 가 흐르다 澄すんだ小川が流ながれる。
　**시:냇-가** 名 小川のほとり。
　**시:냇-물** 名 小川の水みず、渓水けいすい。

**시:내**[市內] 名 市内ない。¶ ~ 버스 市内バス/ ~ 전화 市内電話でんわ/ ~ 를 구경하다 市内を見物けんぶつする。

**시:녀**[侍女] 名 ①侍女じょ、腰元こしもと。 ②宮女きゅう

女官じょかん。

**시-누이**[媤-] 名 小姑こじゅうとめ、夫おっとの姉妹しまい。

**시늉** 名`´他` 真似まね、振ふり、まねること。¶ 우는 ~ 을 하다 泣なく振りをする。

**시다**¹ 形 ①(味あじが)酸すい、すっぱい。¶ 사과가 몹시 ~ リンゴがとてもすっぱい。 ②(目めが)まぶしい、まばゆい。¶ 강한 햇살에 눈이 ~ 強つよい日差ざしに目がまぶしい。 ③(骨ほね・関節せつなどが)うずくようように痛いたむ、ずきずきする。¶ 발목이 ~ 足首がずきずきする。 ④気きにさわる、目にあまる、嫌いやらしい。¶ 눈꼴이 시어서 볼 수가 없다 目にあまってとても見てはいられない。

**시다**² 自 (食べ物ものが)すっぱくなる。¶ 김치가 벌써 시었다 キムチがもうすっぱくなった。

**시:달**[示達] 名`´他``´回` 示達たつ。¶ 공지 사항을 ~ 하다 公知事項こうちじこうを示達する。

**시달리다** Ⅰ 自 悩なやまされる、もまれる、苦くるしめられる、苛いじめられる。¶ 시험 공부에 ~ 試験けん勉強べんきょうに苦しめられる。Ⅱ 他 悩なやます、苦しめる、苛いじめる。¶ 짓궂은 질문으로 ~ 意地悪いじわるな質問しつもんで苦しめる。

**시대**[時代] 名 時代だい、時じ、代だい。¶ ~ 정신 時代精神せいしん/ 석기 ~ 石器時代/ ~ 에 뒤떨어진 사람 時代後おくれの人ひと。
　**시대 감:각**[-感覺] 名 時代感覚かんかく。
　**시대-상**[-相] 名 時代相そう。
　**시대 착오**[-錯誤] 名 時代錯誤さくご。

**시댁**[媤宅] 名 嫁とつぎ先さきの尊敬語そんけいご。

**시답지-않다** 形 気乗りがしない、もの足たりない。¶ 시답지 않은 대답을 했다 気乗りのしない返事へんじをした。

**시:도**[市道] 名 (行政区域ぎょうせいくいきとしての)市しと道どう。

**시:도**[試圖] 名`´他``´回` 試図と、試ためし、企くわだて、試こころみにくわだてること。¶ 새로운 ~ 新あたらしい企て。

**시:동**[始動] 名`´自他` 始動どう。¶ 엔진이 ~ 하다 エンジンが始動する。
　慣用 **시동을 걸다** ①(車くるまを)始動どうさせる。 ②何かを始はじめようと行動こうどうをおこす。

**시-동생**[媤同生] 名 夫おっとの弟おとうと、義弟ぎてい。

**시드럭-시드럭** 副`´形` 《花や草くさなどがしおれて生気きのないようす》しおしお、しなくな、くなくな。

**시들다** 自 ①(草花そうかが)しおれる、しぼむ、枯かれる。¶ 꽃이 ~ 花がしぼむ。 ②(元気げんきが)無なくなる。¶ 점점 기력이 시들어가다 だんだん元気が無くなる。 ③(気勢きせい・熱意ねつい などが)衰おとろえる、すたれる、さびれる。¶ 인기가 ~ 人気にんきがすたれる。

**시들먹-하다** 形動 気きが進すすまないようである、乗のり気がしないように見える。¶ 시들먹한 분위기 乗り気がしない沈しずんだ雰囲気ふんいき。

**시들-하다** 形動 ①物足ものたりない、気乗きのりがしない、気が進すすまない、興味きょうみがない。¶ 시들한 얼굴 気乗りがしない顔かお。 ②貧弱ひんじゃくだ、もの足たりない、くだらない。¶ 시들한

이야기 くだらない話はな.
시:-디:【CD: compact disk】图〖김〗シーディー、コンパクトディスク. ¶ ~롬 シーディーロム.
시래기 图 干ほし菜な、ほした大根だいの茎ぐきと葉は. ¶ ~ 죽 干し菜の粥かゆ.
시러베-아들 图〖卑〗ろくでなし、くだらない奴やつ、でたらめな奴やつ.
시럽【syrup】图 シロップ.
시:력【視力】图 視力しりょく. ¶ ~을 잃다 視力を失うしなう.
  시:력 검:사【-檢査】图 視力検査けんさ.
시:련【試鍊·試練】图 試練しれん. ¶ 견디기 어려운 ~ 堪たえがたい試練/ ~을 이겨내다 試練を打うち勝かつ.
시:료【施療】图〖ㅎ他〗施療せりょう、無料りょうで施ほどす治療ちりょう. ¶ ~ 환자 施療患者かんじゃ.
시:료【試料】图〖化〗 試料しりょう.
시루 图 こしき、せいろう、蒸むし器き.
  〖속담〗시루에 물 붓기 こしきに水みずを注そそぐよう.《焼やけ石いしに水みず》
  시루-떡 蒸むし餅もち.
시류【時流】图 時流じりゅう. ¶ ~를 타다 時流に乗のる. / ~에 영합하다 時流に投じょうずる.
시름 图〖ㅎ他〗心配しんぱい、憂うい、愁うい、悩なやみ. ¶ 한 ~을 놓다 一つ心配が取とれる. / 술로 ~을 달래다 酒さけに悩みを紛まぎらせる.
시름-겹다 形〖ㅂ〗 憂うい満みちている、心配しんぱいでたまらない. ¶ 시름겨운 얼굴 憂いに満ちた顔かお.
시름-없다 形 ①心配しんぱいそうだ、憂うれいに満みちる. ¶ 시름없는 얼굴 心配そうな顔かお. ②ぼんやりしている、ぽかんとしている. 시름-없이 副 ①心配がありそうに、元気げんきがなく. ②ぼんやりと、ぽかんと.
시름-시름 副 (病気びょうきが)良よくも悪わるくもならず長ながびくようす. ¶ ~ 앓더니 죽었다 ぶらぶら病やみのあげく死しんだ.
시리다 形 (体からだのどこかが)冷ひえる、冷つめたく感かんじる. ¶ 무릎이 시려서 앉아 있을 수가 없다 膝ひざが冷えて座すわっていられない.
시리:즈【series】图 シリーズ. ¶ 명화 ~ 名画めいがシリーズ.
시:립【市立】图 市立しりつ. ¶ ~ 도서관 市立図書館としょかん.
시:말【始末】图 始末しまつ、始はじめと終おわり.
  시:말-서【-書】图 始末書しょ. ¶ ~를 쓰게 되다 始末書かかされる.
시멘트【cement】图 セメント. ¶ ~를 바르다 セメントを塗ぬる.
시:묘【侍墓】图〖ㅎ他〗父母ふぼの喪中もちゅうにその墓はかの傍かたわらに小屋こやを建たてて3年間さんねんかん暮くらしたこと.
시:무【始務】图〖ㅎ自〗御用始ごようはじめ、官公署かんこうしょなどで新年しんねんに始はじめて事務じむをとること. ¶ ~식 御用始めの式しき.
시무룩-하다 形〖여〗不満ふまんそうに無口むくちでいる、ふくれている、むっつりしている、ぶすっとしている、仏頂面ぶっちょうづらをしている. ¶ 시무

룩한 표정으로 말하다 ぶすっとした表情ひょうじょうで話はなす.
시문【詩文】图 詩文しぶん.
시:민【市民】图 市民しみん. ¶ 소~ 小こ市民 / ~의식 市民意識いしき.
  시:민-권【-權】图 市民権けん. ¶ ~을 얻다 市民権を得える.
  시:민 사:회【-社會】图 市民社会しゃかい.
  시:민 혁명【-革命】图 市民革命かくめい.
시:발【始發】图〖ㅎ自他〗 始発しはつ、初発しょはつ. ¶ ~ 전차 始発電車でんしゃ.
시:범【示範】图〖ㅎ他〗示範しはん、模範もはんを示しめすこと. ¶ ~ 경기 示範競技きょうぎ.
시보【時報】图 時報じほう. ¶ 정오의 ~ 正午しょうごの時報.
시:보【試補】图 試補ほ. ¶ 검사 ~ 検事けんじ試補.
시부렁-거리다 自 しゃべり散ちらす、無駄口むだぐちをたたく. ¶ 하루 종일 시부렁거리고 있다 一日中いちにちじゅうしゃべり散らしている.
시:부모【媤父母】图 舅姑しゅうときゅうと姑しゅうとめ.
시:비【是非】图 是非ぜひ. ①理非りひ、良よいことと悪わるいこと. ¶ ~를 가리다 是非をわきまえる. ②論議ろんぎは是非を論ろんじること、言いい争あらい、口論こうろん. ¶ ~를 걸다 口論をしかける.
  시:비 곡직【-曲直】图 理非曲直りひきょくちょく.
  시:비-조【-調】图 けんか腰ごし、けちをつけてけんかを売うる調子ちょうし. ¶ ~로 나오다 けんか腰になる.
시:비【施肥】图〖ㅎ自他〗〖農〗施肥せひ.
시비【詩碑】图 詩碑しひ.
시-뿌옇다 形 白しろく濁にごっている、ぼうっとかすんでいる. ¶ 하늘이 시뿌옇게 흐리다 空そらがぼうっとかすんでいる.
시쁘둥-하다 形〖여〗不満ふまんそうな顔かおをする.
시:사【示唆】图〖ㅎ他〗示唆しさ. ¶ 가능성을 ~ 하다 可能性かのうせいを示唆する.
시사【時事】图 時事じじ. ¶ ~ 해설 時事解説かいせつ.
  시사 만:평【-漫評】图 時事漫評まんぴょう.
  시사 문:제【-問題】图 時事問題もんだい.
시:사【試寫】图〖ㅎ自他〗試写しゃ. ¶ 영화의 ~ 회 映画えいがの試写会かい.
시:상【施賞】图〖ㅎ他〗授賞じゅしょう. ¶ ~식 授賞式しき.
시상【詩想】图 詩想しそう. ¶ ~을 가다듬다 詩想を整ととのえる.
시새우다 他 ①妬ねたむ、嫉そねむ、焼やく、焼やき餅もちをやく. ¶ 남의 성공을 ~ 人ひとの成功せいこうをねたむ. ②(自分じぶんより優すぐれた者ものと)競きそう、張はり合あう、競きそう. ¶ 시새워 일하다 競きそって仕事しごとをする.
시:생-대【始生代】图〖地〗始生代だい.
시:선【視線】图 視線しせん、眼差まなざし、目めの向むき. ¶ ~이 마주치다 視線が合あう. / ~을 피하다 視線をそらす.
시:설【施設】图 施設しせつ. ¶ 아동 복지 ~ 児童じどう福祉ふくし施設.
시설-거리다 自 にこにこ顔かおでおしゃべりする.
시세【時勢】图 ①時勢じせい. ¶ ~에 뒤떨어지다 時勢におくれる. ②相場そうば、市価しか、時価じか.

**시:소:**[seesaw] 图 シーソー。¶ 마당에서 ~ 놀이를 하다 庭でシーソーをする。
**시:소 게:임**[-game] 图 シーソーゲーム、一進一退の白熱戦。
**시속**[時俗] 图 時俗。¶ 성인도 ~을 좇는다 聖人も時俗に従たがう。
**시속**[時速] 图 時速。¶ ~ 100킬로로 달리다 時速100キロで走る。
**시:술**[施術] 图하自他 施術。
**시숙**[媤叔] 图 小舅、夫の兄弟。
**시스템**[system] 图 システム。¶ 온라인 ~ オンラインシステム。
**시:승**[試乘] 图하自他 試乗。¶ 새 차를 ~하다 新車を試乗する。
**시시**[時時] 图 時時、時刻ごと。
　**시시-각각**[-刻刻] 图 時々刻々、刻々。¶ ~으로 증가하다 時々刻々と増加する。
**시시-로** 圖 時々、たびたび、おりおり。¶ ~ 비가 오다 時々雨が降る。
**시시덕-거리다** 自 はしゃぐ、軽々しくふざける、浮かれてしゃべり立てる。
**시시-부지** 圖하形 ((物事をいい加減にして片付けるようす)) いい加減に、ぞんざいに。¶ ~하지 말고 깨끗이 결말을 짓게 いい加減にしないではっきりけりをつけなさい。 ②((ぐずぐずしているうちに自然になくなったりぼやけたりするようす)) うやむやに、いつのまにか。¶ 사건은 ~ 하게 끝났다 事件はうやむやのうちに終わった。
**시:시-비:비**[是是非非] 圖하形 是々非々。
**시시-콜콜** 圖하形 ①((つまらないことまでせんさくするようす)) 根掘り葉掘り。¶ ~ 캐묻다 根掘り葉掘り問いつめる。 ②陳腐んでくだらないようす。¶ ~ 한 장난 くだらない遊び。
**시시-하다** 形の つまらない、くだらない、ばかばからしい、取るに足りない。¶ 시시한 이야기 くだらない話。
**시:식**[試食] 图하他 試食。¶ ~회 試食会/ ~해 보다 試食して見る。
**시:신**[屍身] 图 屍、死体、死体。
**시:-신경**[視神經] 图生 視神経。
**시-아버지**[媤-] 图 舅、夫の父。
**시-아주버니**[媤-] 图 夫の兄。
**시:-안**[試案] 图 試案。¶ ~이 마련되다 試案ができあがる。
**시앗** 图 夫のめかけ。
　**관용 시앗(을) 보다** 夫がめかけを囲う。
**시:야**[視野] 图 視野、眼界、眼界。¶ ~가 넓은 사람 視野の広い人/ ~가 트이다 視野が開ける。
**시:약**[試藥] 图化 試薬。
**시어**[詩語] 图 詩語。
**시-어머니**[媤-] 图 姑、夫の母。
**시:-엠**[C.M.: commercial message] 图 シーエム、コマーシャル。
　**시:-엠 송**[-song] 图 シーエムソング、コマーシャルソング。
**시:연**[試演] 图하自他 試演、リハーサル。¶ ~을 하다 試演を行なう。
**시:영**[市營] 图 市営。¶ ~ 아파트 市営アパート。
**시:외**[市外] 图 市外。¶ ~ 버스 市外バス/ ~ 통화를 신청하다 市外通話を申し込む。
**시운**[時運] 图 時運、機運。¶ ~을 만나다 時運に遇う。
**시:-운전**[試運轉] 图하自他 試運転。¶ 트럭의 ~ トラックの試運転。
**시울** 图 (눈・입 따위の) ふち、へり。¶ 입시울/ 눈~이 뜨거워지다 目頭が熱くなる。
**시원섭섭-하다** 形の ほっとしながらも名残惜しい、せいせいする一方はさびしい。¶ 학교를 마치게 되니 ~ 学校を終えることとなりほっとしながらも寂しい気持ちだ。
**시원시원-하다** 形の はっきりしていて活発だ、しゃきっとしている、きびきびする。일을 시원시원하게 처리하다 事をきびきびと処理する。**시원시원-히** 圖 しゃきっと、はきはきと、さっぱりと。
**시원-찮다** 形 かんばしくない、はかばかしくない、思わしくない、さえない、すっきりしない。¶ 만들새가 ~ 出来映えがかんばしくない。
**시원-하다** 形の ①涼しい。¶ 바람이 ~ 風が涼しい。 ②(気持ちが) すっきりする、さっぱりする、清々しい。¶ 그 문제가 해결되어 ~ その問題にけりが付いてすっきりする。 ③(言行が) 明快だ、さわやかだ、はきはきしている。¶ 변설이 ~ 弁舌がさわやかだ。 ④(味が) さっぱりしている、あっさりしている。¶ 국물 맛이 ~ 汁の味がさっぱりしている。 ⑤見晴らしがよい。¶ 가리는 것이 없어서 전망이 ~ さえぎるものがなくて見晴らしがよい。
**시:위**[示威] 图하自 示威、デモ。¶ 학생~ 学生のデモ/ ~ 행진이 시가를 누비다 示威行進が市街を縫う。
　**시:위-운:동**[-運動] 图 示威運動、デモ。
**시:유**[市有] 图 市有。¶ ~지 市有地。
**시:음**[試飲] 图하他 試飲。¶ ~한 술에 취하다 聞き酒に酔う。/ 포도주를 ~하다 ワインを試飲する。
**시:-읍-면**[市邑面] 图 (行政区域の単位である) 市と邑と面。
**시:-의회**[市議會] 图 市議会。
　**시:의회 의원**[-議員] 图 市議会議員。
**시:인**[是認] 图하他 是認。¶ 잘못을 ~하다 あやまちを認める。
**시인**[詩人] 图 詩人。
**시일**[時日] 图 時日。①日時、日取り。¶ ~을 정하다 日時を定める。 ②月日、日数、期日、期限。¶ 단~ 短時日/ ~이 걸리다 期日がかかる。/ ~이 촉박하다 期日がさし迫る。

**시:작**【始作】 图 ㈲他 始めること、始め、始まり、序じょの口ち、立たち上あがり。¶ ~이 중요하다 立たち上あがりが大切たいせつだ。/ 장사를 ~ 하다 商売しょうを始める。
[속담] 시작이 반이라 始はじまってみれば半分はん成なったも同様どう。

**시작**【詩作】 图 ㈲自 詩作しさく、作詩さくし。¶ ~에 골몰하다 詩作に耽ふける。

**시:작**【試作】 图 ㈲他 試作さく。¶ ~품 試作品ひん。

**시장** 图 ㈲形 おなかがすくこと、ひもじいこと、空腹くうふく。¶ ~해서 죽을 지경이다 おなかがすいて死にそうだ。
[속담] 시장이 반찬이라 空すき腹ばらにまずいものなし。

**시장-기**[-氣] 图 空腹感かん、ひもじさ。¶ ~를 느끼다 空腹を感じる。/ ~가 돌다 だんだんひもじくなる。

**시:장**【市長】 图 市長ちょう。¶ 서울 ~ ソウル市長。

**시:장**【市場】 图 ① 市場いちば、市いち、マーケット。¶ 어 ~ 魚さかな市場 / ~에 내다 市に出だす。② 【経】市場しじょう。¶ 수출 ~ 輸出しゅつ市場 / 새로운 ~을 개척하다 新あたらしい市場を開拓かいたくする。

**시:장 가격**【-價格】 图【経】市場しじょう価格かかく、市価しか。

**시:장 가치**【-價値】 图【経】市場しじょう価値かち。

**시:장 조사**【-調査】 图【経】市場しじょう調査ちょうさ、マーケットリサーチ。

**시재**【詩才】 图 詩才さい。¶ ~를 나타내다 詩才を現あらわす。

**시적**【詩的】 冠 詩的てき。¶ ~인 표현 詩的な表現ひょうげん。

**시적 공상**[-空想] 图 詩的空想くうそう。

**시절**【時節】 图 時節せつ。① 時候こう、季節きせつ。꽃피는 ~ 花はな咲さく季節 / ~에 맞지 않다 時節に合わない。② 機会かい、時じ、時機じき。좋은 ~을 만나다 よい機会にめぐり会あう。③ 時代だい、時期じ、ころ。¶ 학창 ~ 学窓がくそう時代。

**시점**【時點】 图 時点てん。¶ 현재의 ~에서 말하다 現在ざいの時点でものを言いう。

**시:점**【視點】 图 視点てん。¶ ~을 바꾸어 생각하다 視点を変かえて考かんがえる。

**시접** 图 縫ぬい代しろ、縫ぬい込こみ。¶ ~을 많이 넣다 縫い込こみを深ふかくする。

**시:정**【市政】 图 市政せい。¶ ~ 방침 市政方針ほうしん。

**시:정**【是正】 图 ㈲他 是正せい。¶ 잘못을 ~ 하다 過あやちを是正する。

**시:정**【施政】 图 ㈲他 施政せい。¶ ~ 연설 施政演説えんぜつ。

**시:정**【詩情】 图 詩情じょう、詩心しん。¶ ~이 넘치는 편지 詩情に溢あふれる手紙がみ。

**시제**【時制】 图【文法】時制せい、テンス。

**시:제**【試製】 图 ㈲他 試製せい、試ためしに作つくって見みること。¶ ~품 試製品ひん。

**시:조**【始祖】 图 始祖そ、元祖げんそ。¶ 의학의 ~ 医学いがくの始祖。

**시:조-새** 图【地】始祖鳥ちょう。

**시:조**【時調】 图 詩調しょう (高麗末まつから発達はったつした韓国かんこく固有ゆうの定型詩ていけいし)。

**시-조모**【媤祖母】 图 ⇨ 시할머니

**시-조부**【媤祖父】 图 ⇨ 시할아버지

**시:종**【始終】 图 ① 始終しゅう。¶ 사건의 ~을 들어보다 事件の始終を聞いてみる。② ㈲他 たえず、常つねに、終始しゅうし。¶ 자기 자랑으로 ~ 하다 自分じぶんの自慢じまんに終始する。③《副詞的に》始めから終わりまで。¶ ~ 웃으면서 말했다 終始しゅう笑いながら話した。

**시:종-여일**[-如一] 图 ㈲形 始めから終わりまで変わりなく一様いちようなこと。

**시:종-일관**[-一貫] 图 ㈲自 終始しゅう一貫いっかん。¶ ~ 태도를 바꾸지 않다 終始一貫態度たいどを変かえない。

**시:종**【侍從】 图 ①【史】侍従じゅう。②【가】(ミサなどのとき)司祭さいを手伝てつだう侍者じゃ。

**시:종 무관**[-武官] 图【史】侍従じゅう武官かん。

**시:주**【施主】 图 ㈲他【佛】(僧そう・寺てらなどに金品きんぴんなどを)施ほどこし与あたえること、布施せ。

**시:주 걸립**[-乞粒] 图 托鉢僧たくはつそうがする乞食こじき、托鉢はつ。

**시주**【試走】 图 ㈲他 試走そう。¶ 마라톤 코스를 ~ 하다 マラソンコースを試走する。

**시:준**【視準】 图【物】視準じゅん。¶ ~ 오차 視準誤差ごさ。

**시:준-기**[-器] 图 視準器き、コリメーター。

**시:준-의**[-儀] 图【天】視準儀ぎ。

**시:준 화석**[示準化石] 图【地】示準じゅん化石かせき、標準じゅん化石。

**시중** 图 ㈲他 側そばでかしずくこと、面倒めんどうを見みること、世話せわ。

**시중-들다** 他 かしずく、付つき添そう、面倒めんどうを見みる、世話せわをする。¶ 노인을 ~ 老人ろうじんの面倒を見る。

**시:중**【市中】 图 市中ちゅう。¶ ~의 경기는 어떻습니까? 市中の景気けいきはいかがですか。

**시:중 은행**[-銀行] 图 市中銀行ぎんこう。

**시:즌**【season】 图 シーズン。¶ ~ 오프 シーズンオフ

**시지근-하다** 形㈲ (食たべ物ものが)少すこしすえてすっぱい、¶ 밥이 ~ ご飯はんがすえかけている。

**시:진**【視診】 图 ㈲他 視診しん。

**시집**【媤-】 图 夫おっとの家いえ、嫁入よめいり先さき。

**시집-가다** 自 嫁よめぐ、嫁入よめいる、嫁よめに行いく。

**시집-보내다** 他 嫁よめがせる、嫁入よめいりさせる、嫁よめにやる。¶ 외동딸을 ~ 一人娘ひとりむすめを嫁よめにやる。

**시집-살이** 图 ㈲自 ① 嫁入よめいり暮くらし、婚家こんかでの生活せいかつ。② (比)(他人たにんの監督かんとく・干渉かんしょうを受うける)不自由じゆうな苦くるしい生活。

**시집-오다** 自 嫁よめに来くる、嫁入よめいりする。

**시집**【詩集】 图 詩集しゅう。¶ ~을 간행하다 詩集を刊行かんこうする。

**시차**【時差】 图 時差さ。¶ 출근에 ~를 두다 出勤しゅっきんに時差をおく。

**시차-제**[-制] 图 時差制せい、時刻じこく・時間かんを差さがあるようにずらす方式ほうしき。¶ ~ 통근

時差(制) 通勤통근.
**시:차**【視差】시차.
　**시:차-운:동**【-運動】 視差運動.
**시:찰**【視察】 視察. ¶ 민정 ~ 民情視察/ 현지를 ~하다 現地를 視察하다.
　**시:찰-단**【-團】 視察團. ¶ 산업 ~ 産業視察團.
**시:책**【施策】 施策. ¶ 경기 부양을 위한 ~ 景氣浮揚을 위한 施策/ ~을 강구하다 施策을 講ずる.
**시:청**【市廳】 市役所, 市庁.
**시:청**【視聽】 視聴. ¶ ~자 視聴者/ 텔레비전 뉴스를 ~하다 テレビのニュースを視聴する.
　**시:청-각**【-覺】 視聴覚. ¶ ~ 교육 視聴覚教育.
　**시:청-료**【-料】 視聴料.
　**시:청-률**【-率】 視聴率.
**시:청**【試聽】 試聴. ¶ ~실 試聴室/ ~회를 열다 試聴会を開く.
**시:체**【屍體】 死体, 死骸. ¶ ~를 묻다 死体を葬る.
**시:초**【始初】 始め, 始まり, 起こり, 出出し. ¶ 논쟁의 ~ 論争その始まり/ 무슨 일이고 ~가 중요하다 何事でも出出しが大切だ.
**시:추**【試錐】試錐(ぎ), ボーリング.
　**~-기** 試錐機.
**시치다** 仮縫いする, 仕付け縫いをする.
**시치름-하다** しらをきってしゃあしゃあとしている, つんと取り澄ましている.
**시치미** 鷹の飼い主の住所氏名を書いて尾に結んでおく四角の札. ㉹ 시침 [관용] **시치미(를) 떼다** しらを切る, しらばくれる, 惚ける, 猫をかぶる, 取り澄ます.
**시침** ①「시치미」の縮約形. ②「시침질」の縮約形.
　**시침-바느질** 仕付け, 仮縫い.
　**시침-질** 仕付け, 仮縫い, 下縫いたい.
**시:침**【施針】(体に)針を打つこと.
**시침**【時針】(時計の)時針, 短針.
**시-커멓다** 真っ黒だ, 真っ黒い. ¶ 시커먼 구름 真っ黒い雲/ 연기가 ~ 煙りが真っ黒だ.
**시쿰-하다** すっぱい. ㉹ 시금하다
　**시쿰-시쿰** ひじょうにすっぱいようす.
**시크무레-하다** ややすっぱい.
**시큰둥-하다** (気乗りしないので言動が)おざなりだ, 誠意がない, 生意気だ, こしゃくだ, 目障りだ, さし出がましい. ¶ 시큰둥한 얼굴로 대답하다 つまらなさそうな顔つきで答える./ 시큰둥한 소리를 하다 歯の浮くようなことを言う.
　**시큰-거리다** (関節などが)ずきずきとうずく.
　**시큰-시큰** ずきずき, ずきんずきん.
　**시큰-하다** (関節などが)うずく, ずきずき痛む. ¶ 무릎 마디가 ~ ひざの関節がうずく.

うずく.
**시큼-하다** いやにすっぱい. ¶ 사과 맛이 ~ りんごの味がとてもすっぱい.
**시키다** ①させる, やらせる. ¶ 구경을 ~ 見物をさせる./ 운동을 ~ 運動をやらせる. ②命じる. ¶ 시키는 대로 하다 命じたとおりにする. ③注文する, 頼む. ¶ 무얼 시킬까요? 何を注文しましようか.
**-시키다**【接尾】(名詞について) …せる, …させる, …さす. ¶ 공부~ 勉強させる./ 고생 ~ 苦労させる.
**시퉁-하다** 生意気だ, 差出がましい, 横柄おうへい.
**시:트**【seat】 シート, 座席.
**시:트**【sheet】 シート, シーツ.
　**시:트 파일**【-pile】 シートパイル.
**시틋-하다** 嫌気がさす, 飽いてうんざりする. ¶ 이제 그 일은 ~ もうその事はうんざりだ. **시틋-이** いやに, 嫌気がさして, うんざりして.
**시:판**【市販】(「시중 판매」の縮約形) 市販. ¶ ~ 가격 市販価格/ ~하고 있는 약 市販の薬.
**시-퍼렇다** ①真っ青だ. ¶ 시퍼런 바다 真っ青な海. ②(威勢などが)この上もない, ものすごい. ¶ 서슬이 ~ ものすごい剣幕だ. ③(顔色が)真っ青だ. ¶ 시퍼렇게 질린 얼굴 真っ青になった顔. ④ぴんぴんしている, 別条ない. ¶ 고아라니, 부모가 시퍼렇게 살아 있다네 孤児だって, 親が別条なく生きているよ.
**시편**【詩篇】 詩篇, 詩編.
**시평**【時評】 時評. ¶ 문예 ~ 文芸時評/ 사회 ~ 社会時評.
**시폐**【時弊】 時弊. ¶ ~에 물들다 時弊に染まる.
**시:표**【視標】(測量の)視標.
**시풍**【詩風】 詩風. ¶ 현란한 ~ 絢爛たる詩風.
**-시피**【接尾】 …の如く, …のように, …のとおり. ¶ 아시다 ~ ご承知の如く/ 보시다 ~ ご覧のとおり/ 빌다 ~ 해서 승락을 받다 泣きつくようにして承諾を得る.
**시:피**【C.P.: Command Post】 シーピー, 戦闘指揮所.
**시:필**【試筆】 試筆. ¶ 원단 ~ 元旦試筆, かきぞめ.
**시학**【詩學】 詩学. ¶ ~의 연구 詩学の研究.
**시한**【時限】 時限. ¶ ~부 동맹 파업 時限スト/ ~ 내에 일을 끝내다 時限内に仕事を終わる.
　**시한 폭탄**【-爆彈】 時限爆弾.
**시-할머니**【媤-】 夫の祖母.
**시-할아버지**【媤-】 夫の祖父.
**시합**【試合】 試合. ¶ 친선 ~ 親善試合/ ~에 이기다 試合に勝つ.
**시:행**【施行】 施行. ¶ ~ 기한 施

시행 착오

行期限げん/ 법령을 ~하다 法令ほうを施行しこうする.
**시:행 규칙**[-規則] 名 施行規則しこうきそく.
**시:행-령**[-令] 名 施行令しこうれい.
**시:행 착오**[試行錯誤] 名 試行しこう錯誤さくご.
**시험**[試驗] 名·他 試験しけん, 試こころみ, テスト. ¶ 구두 ~ 口頭こうとう試験/ ~을 치르다 試験を受うける. / ~에 떨어지다 試験に落おちる.
**시험-관**[-管] 名[化] 試験管しけんかん. ¶ ~ 아기 試験管ベビー.
**시험-대**[-臺] 名 試験台しけんだい. ¶ ~에 오르다 試験台に上のぼる.
**시험-적**[-的] 冠·名 試験的しけんてきに, 試こころみに, 試ためしに. ¶ ~으로 해 보다 試ためしにやってみる.
**시험-지**[-紙] 名 ①(試験の)問題もんだい・答案とうあん用紙ようし. ②[化] 試験紙しけんし.
**시험 지옥**[-地獄] 名 試験地獄しけんじごく.
**시:현**[示現] 名 示現じげん.
**시:혜**[施惠] 名·하自 恩おんを施ほどこすこと.
**시호**[時好] 名 時好じこう, はやり. ¶ ~에 영합하다 時好に投とうずる.
**시호**[詩號] 名 詩人しじんの雅号がごう.
**시화**[詩話] 名 詩話しわ, 詩しに関かんする話はなし.
**시화**[詩畵] 名 詩画しが. ①詩しと絵え. ②詩を書かき入れた絵え.
**시:황**[市況] 名 市況しきょう. ¶ ~이 활기를 띠다 市況が活況かっきょうを呈ていする.
**시회**[詩會] 名 詩会しかい, 詩しを作つくる会かい.
**시효**[時效] 名 時効じこう. ¶ 정지 時効停止じこうていし/ ~에 의한 채무의 소멸 時効による債務さいむの消滅しょうめつ/ ~에 걸리다 時効にかかる.
**시효 기간**[-期間] 名 時効期間じこうきかん.
**시효 중단**[-中斷] 名 時効中断じこうちゅうだん.
**시후**[時候] 名 時候じこう. ¶ 문안 時候見舞まい.
**시흥**[詩興] 名 詩興しきょう. ¶ ~이 깨지다 詩興がさめる.
**식**[式] I 名 ①仕方しかた, やり方かた, 方式ほうしき. ¶ 하는 ~이 서툴다 やり方がまずい. / 이런 ~으로 해라 こんな風ふうにやれ. ②儀式ぎしき, 式典しきてん. ¶ ~을 올리다 式しきを挙あげる. ③数式すうしき. ¶ X를 구하는 ~을 써라 Xを求もとめる式を書かけ. II 接尾 …しき. ①方法ほうほう, 方式ほうしき. ¶ 서양~ 요리 西洋式せいようしき料理りょうり. ②儀式ぎしき, 式典しきてん. ¶ 기념~ 記念式きねんしき.
**식간**[食間] 名 食間しょっかん. ¶ ~에 복용하는 약 食間に服用ふくようする薬くすり.
**식객**[食客] 名 食客しょっかく, 居候いそうろう. ¶ 선배의 집에 ~이 되다 先輩せんぱいの家いえに食客となる.
**식-걱정**[食-] 名 日々ひびの暮くらしに対たいする心配しんぱい. ¶ ~은 안 한다 暮しの心配はしない.
**식견**[識見] 名 識見しきけん, 見識けんしき. ¶ ~이 높다 見識が高たかい.
**식경**[食頃] 名 食事しょくじをするほどの間あいだ. ¶ 한 ~이 지나서야 왔다 食事をすますほどの後あとに来きた.
**식곤-증**[食困症] 名 食後しょくごにけだるくなって眠気ねむけがさす症状しょうじょう.
**식구**[食口] 名 家族かぞく. ¶ ~ 수 家族数かぞくすう/ ~가 늘다 家族がふえる. / 대~를 거느리다 大だい家族を養やしなう.

**식권**[食券] 名 食券しょっけん.
**식기**[食器] 名 食器しょっき. ¶ 은제 ~ 銀製ぎんせいの食器.
**식다** 自 冷ひえる, さめる, 薄うすれる. ¶ 국이 ~ おつゆが冷える. / 흥이 ~ 興きょうがさめる.
**식단**[食單] 名 献立だて, メニュー. ¶ ~을 짜다 献立をつくる.
**식당**[食堂] 名 食堂しょくどう. ¶ 구내 ~ 構内こうない食堂.
**식당-차**[-車] 名 食堂車しょくどうしゃ.
**식대**[食代] 名 食事代しょくじだい, 飯代めしだい.
**식도**[食道] 名[生] 食道しょくどう. ¶ ~ 협착 食道狭窄きょうさく.
**식도-암**[-癌] 名[醫] 食道癌しょくどうがん.
**식-도락**[食道樂] 名 食くい道楽どうらく.
**식량**[食量] 名 食たべ物ものの量りょう, 食べられる分量ぶんりょう.
**식량**[食糧] 名 食糧しょくりょう. ¶ ~ 사정 食糧事情じじょう/ ~은 넉넉하다 食糧は十分じゅうぶんだ.
**식량-난**[-難] 名 食糧難しょくりょうなん. ¶ ~에 허덕이다 食糧難にあえぐ.
**식량 연도**[-年度] 名[農] 食糧年度ねんど.
**식료**[食料] 名 食料しょくりょう. ¶ ~를 공급하다 食料を供給きょうきゅうする.
**식료-품**[-品] 名 食料品しょくりょうひん.
**식료품 공업**[-品工業] 名 食料品工業しょくりょうひんこうぎょう, 食品しょくひん工業.
**식모**[食母] 名 お手伝てつだいさん, 家政婦かせいふ.
**식모**[植毛] 名·하自他[醫] 植毛しょくもう. ¶ ~술 植毛術じゅつ.
**식목**[植木] 名·하自 植樹しょくじゅ.
**식목-일**[-日] 名 植樹祭しょくじゅさい(毎年まいとし四月しがつ五日いつか).
**식물**[植物] 名 植物しょくぶつ. ¶ ~ 도감 植物図鑑ずかん/ ~ 채집 植物採集さいしゅう.
**식물-대**[-帶] 名[地] 植物帯たい.
**식물-성**[-性] 名 植物性せい. ¶ ~ 섬유 植物性繊維せんい.
**식물 인간**[-人間] 名 植物人間にんげん.
**식물-학**[-學] 名 植物学がく.
**식민**[植民·殖民] 名·하自 植民しょくみん, 殖民しょくみん. ¶ ~국 植民国こく.
**식민 정책**[-政策] 名 植民政策せいさく.
**식민-지**[-地] 名 植民地ち.
**식별**[識別] 名·하他·되自 識別しきべつ. ¶ 자웅을 ~하다 めすおすを識別する.
**식복**[食福] 名 食たべ物ものにめぐまれた幸しあわせ.
**식비**[食費] 名 食費しょくひ. ¶ 한 달 ~를 치르다 一いっヵ月分の食費を払はらう.
**식-빵**[食-] 名 食しょくパン.
**식사**[食事] 名 食事しょくじ. ¶ 아침 ~ 朝飯あさめし/ ~ 시간 食事の時間じかん/ ~에 초대하다 食事に招待しょうたいする.
**식상**[食傷] 名·하自 食傷しょくしょう. ¶ 날마다 같은 일의 되풀이로 ~하다 毎日まいにち同おなじことの繰くりかえしに食傷する.
**식-생활**[食生活] 名 食生活しょくせいかつ. ¶ ~을 개선하다 食生活を改善かいぜんする.

식성〔食性〕 图 食性しょく。(食た べ物ものに対たいする)好この み、嗜好しこう。¶ 까다로운 ~ 気難きむずかし い食性/~이 변하다 食べ物の好みが変かわる。
식솔〔食率〕 图 家族かぞく。¶ 많은 ~을 거느리고 있다 多おおくの家族を養やしなっている。
식수〔食水〕 图 飲のみ水みず、飲料水いんりょう。
식순〔式順〕 图 式次第しきしだい。¶ 졸업식은 ~대로 진행되었다 卒業式そつぎょうしきは式次第通どおりに進行しんこうされた。
식식 副하다《息いきを切きらすようす》はあはあ、ぜいぜい。
  식식-거리다 自 はあはあ喘あえぐ。¶ 식식거리 며 달려오다 はあはあと息いきを切らして駆かけて来くる。
식언〔食言〕 图 하다 食言しょくげん。¶ ~을 예사로 하다 食言を常つねにする。
식염〔食鹽〕 图 化 食塩しょくえん。
  식염-수〔-水〕 图 食塩水すい。①食塩を溶とかし た水みず。②生理的せいりてき食塩水。
  식염 주:사〔-注射〕 图 医 食塩注射ちゅうしゃ。
식욕〔食慾・食欲〕 图 食欲しょくよく。¶ ~을 잃다 食欲を失うしなう。/ ~을 돋구다 食欲をそそる。
  식욕 부진〔-不振〕 图 食欲不振ふしん。
  식욕 이:상〔-異常〕 图 医 食欲異常いじょう。
식용〔食用〕 图 하다 自他 食用しょくよう。¶ ~ 버섯 食用きのこ/ ~ 작물 食用作物さくもつ。
  식용 색소〔-色素〕 图 食用色素しきそ。
  식용-품〔-品〕 图 食料品しょくりょう。
식육〔食肉〕 图 食肉にく。¶ ~점 肉屋にくや。
식은-땀 图 ①体からだが衰弱すいじゃくして病的びょうてきに出で る汗あせ、盗汗とうかん。②冷ひや汗あせ。¶ ~을 흘리 다 冷や汗をかく。
식은-죽〔-粥〕 图 冷ひえて食たべやすくなった粥かゆ。
  속담 식은죽 먹기 冷えたかゆを食べるこ と。《容易よういなこと、朝飯前あさめしまえだ》
식음〔食飮〕 图 飲のみ食くいすること。
  관용 식음을 전폐하다 飲のみ食くいを一切いっさいしないこと。
식이〔食餌〕 图 食餌しょくじ。
  식이 요법〔-療法〕 图 医 食餌療法りょうほう。
식인〔食人〕 图 食人しょくじん。¶ ~종 食人種しゅ。
식자〔植字〕 图하다 自他 版 植字しょくじ。
  식자-공〔-工〕 图 版 植字工こう。
식자〔識字〕 图 識字しきじ。
  식자 우환〔-憂患〕 图 知識ちしきがあるためにかえって憂うれいをもたらすと言いうこと。
식자〔識者〕 图 識者しきしゃ。¶ ~의 말에 귀를 기울이다 識者のことばに耳みみを傾かたむける。
식장〔式場〕 图 式場しきじょう。¶ 결혼 ~ 結婚けっこん式場。
식재〔殖財〕 图하다 自 殖財しょくざい。
식전〔式典〕 图 式典しきてん。¶ 기념 ~ 記念きねん式典。
식전〔食前〕 图 ①食前しょくぜん。¶ ~에 약을 복용 하다 食前に薬くすりを服用ふくようする。②朝食ちょうしょく の前まえ、早朝そうちょう、明あけ方がた。¶ ~에 출발하다 早朝に出発しゅっぱつする。
  식전-바람 图 朝食ちょうしょくの前まえのとき。
  식전-잠 图 朝飯あさめし前まえに寝ねる眠ねむり。
  식전-참〔-站〕 图 起おきてから朝食をとる までの間あいだ。
식-중독〔食中毒〕 图 医 食中毒ちゅうどく、食とあたり。
식체〔食滯〕 图 漢 食滯たい、食とくもたれ。
식초〔食醋〕 图 食酢す、酢す。¶ ~로 맛을 내 다 食酢で味あじを出だす。
식충〔食蟲〕 图 ①食虫類しょくちゅうるいが昆虫こんちゅうを捕と らえて食くうこと。② ⇨ 식충이。
  식충 식물〔-植物〕 图 植 食虫植物しょくぶつ。
  식충-이 图 ①大飯食おおめしくらい、大食おおぐい。②穀潰ごくつぶし。
식-칼〔食-〕 图 包丁ほうちょう、出刃包丁でばほうちょう。¶ ~ 을 숫돌에 갈다 包丁を砥石といしで研とぐ。
식탁〔食卓〕 图 食卓しょくたく、ちゃぶ台だい、飯台はんだい。¶ ~에 앉다 食卓につく。/ ~을 치우다 ちゃぶ台をかたづける。
식탐〔食貪〕 图하다 食くい意地いじ、食たべ物ものに欲張よくばること。¶ ~을 부리다 食い意地を張はる。
식품〔食品〕 图 食品しょくひん。¶ ~ 가공 食品加工かこう/ 냉동 ~ 冷凍れいとうたべもの。
  식품 위생〔-衛生〕 图 衛生 食品衛生えいせい。
식혜〔食醯〕 图 甘酒あまざけの一種いっしゅ、もち米ごめ、糀こうじ で飯めしを炊たき麦芽粉ばくがこをこした水みずを入いれ 甘あまくして醸かもした食たべ物もの。
식후〔食後〕 图 食後しょくご。¶ ~에 복용하다 食後に服用ふくようする。
식히다 他 冷ひやす、冷さます。¶ 머리를 ~ 頭あたまを冷やす。/ 더운 물을 ~ 湯ゆを冷ます。

신¹ 履はき物もの、靴くつ。¶ 고무 ~ ゴム靴ぐつ/ ~을 벗다 靴を脱ぬぐ。/ ~을 신은 채로 들어오다 土足どそくのままで入はいる。
  속담 신 벗고 따라도 못 따른다 靴くつをぬいて追おっかけても追いつけない。《全力ぜんりょくをつ くしても及およばない》신 신고 발바닥 긁기 靴 を履はいて足あしの裏うらを掻かく。《隔靴掻痒かっかそうよう の感かん》
신² 浮うき浮うきすること、いい調子ちょうしになる こと、得意とくいになること。¶ ~이 오르다 興きょうが起こる。/ ~이 나서 이야기하다 興 に乗じょうじて話はなす。
신〔申〕 图 申さる(十二支じゅうにしの第だい9番目ばんめ)。
신〔臣〕 I 图 臣しん、臣下しんか。¶ 사직지 ~ 社稷しょく の臣。II 代《臣下しんかが王おうに対たいして自分じぶん を指さす語ご》臣、みども。
신〔辛〕 图 辛かのと(十干じっかんの第8番目ばんめ)。
신:〔信〕 图 信しん。
신〔神〕 图 神かみ。¶ ~의 가호 神の加護かご。
신:〔scene〕 图 シーン。¶ 러브 ~ ラブシーン。
신-〔新〕 接頭 《「新あたらしい・新あらたな」の意いを表あらわす》新しん。¶ ~세계 新世界せかい。
신간〔新刊〕 图하다 自他 新刊しんかん。¶ 서적 新刊書しょ。
  신간 비:평〔-批評〕 图 新刊批評ひひょう。
신격〔神格〕 图 神格しんかく。¶ ~화 神格化か。
신:경〔信經〕 图 基 信経しんきょう。¶ 사도 ~ 使徒しと 信経。
신경〔神經〕 图 神経しんけい。¶ 과민 ~ 神経過敏かびん/ ~을 쓰다 神経を使つかう。/ ~을 건드리다 神

신경지

経をさわる。 / 그런 것은 ~쓰지 않는다 そんなことは気にしない。
**신경 마비**〖-麻痺〗 名 〖醫〗 神経麻痺。
**신경 세:포**〖-細胞〗 名 〖生〗 神経細胞。
**신경 쇠약**〖-衰弱〗 名 〖醫〗 神経衰弱。¶ ~에 걸리다 神経衰弱にかかる。
**신경-질**〖-質〗 名 神経質。¶ ~이 나다 気が 立つ、いらいらする。
**신경-통**〖-痛〗 名 〖醫〗 神経痛。¶ ~으로 고생하다 神経痛になやむ。
**신-경지**〖新境地〗 名 新しい境地。¶ ~를 개척하다 新しい境地を開く。
**신-경향**〖新傾向〗 名 新しい傾向、新たしい面を開こうとする動き。¶ 문학의 ~ 文学上の新傾向。
**신고**〖申告〗 名 〖하여〗 〖되자〗 申告、届け、届け出で、届出。¶ 사망 ~ 死亡届け/ 관청에 ~하다 官庁に届け出をする。/ 소득을 ~하다 所得を申告する。
**신고 납세제**〖-納税制〗 名 申告納税の制度。
**신고**〖辛苦〗 名 〖하여〗 辛苦。¶ ~를 맛보다 辛苦を嘗める。
**신곡**〖新曲〗 名 新曲。¶ ~을 발표하다 新曲を発表する。
**신공**〖神工〗 名 神工。¶ ~의 솜씨 神工の業。
**신관**〖「얼굴」의 尊敬語〗 お顔、尊顔。¶ ~이 좋으십니다 顔色がいいですね。
**신관**〖新官〗 名 新たしく任命された役人、新しく赴任した役人。
**신관**〖新館〗 名 新館。¶ ~ 사무실에서 집무하다 新館の事務所で執務する。
**신교**〖新教〗 名 〖基〗 新教、プロテスタント。¶ ~를 믿다 新教を信ずる。
**신교-도**〖-徒〗 名 新教徒。
**신-교육**〖新教育〗 名 新教育。
**신구**〖新舊〗 名 新旧。¶ ~ 세력의 갈등 新旧勢力の葛藤。
**신-국면**〖新局面〗 名 新局面。¶ ~에 접어 들었다 新局面に入った。
**신권**〖神權〗 名 ①神権。¶ ~ 정치 神権政治。②〖宗〗 聖職者の職権。
**신규**〖新規〗 名 新規。¶ ~ 사업 新規事業/ ~로 사람을 고용하다 新規に人を雇う。
**신금**〖宸襟〗 名 宸襟。¶ ~을 괴롭히다 宸襟を煩わす。
**신기**〖神技〗 名 神技、神わざ。¶ ~에 가까운 솜씨 神技に近い腕前。
**신기**〖神奇〗 名 〖하여形〗 神奇、不思議、神妙。¶ ~한 일 不思議なこと。
**신기**〖神氣〗 名 神気。¶ ~가 감돌다 神気が漂だう。
**신기**〖新奇〗 名 〖하여形〗 新奇、珍らしいこと、目新たらしく奇異なこと。¶ ~한 물건 珍らしいもの。
**신-기록**〖新記録〗 名 新記録。¶ 세계 ~ 世界新記録/ ~을 수립하다 新記録を立てる。
**신:기-루**〖蜃氣樓〗 名 蜃気楼。¶ ~가 나타나다 蜃気楼が現われる。

**신-기원**〖新紀元〗 名 新紀元。¶ ~을 열다 新紀元を開く。
**신-나다** 自 得意になる、興がわく、浮かれる。¶ 신이 나서 얘기하다 得意になって話す。
**신-내리다**〖神-〗 自 〖民〗 (巫女などに)神霊がのり移る、神がかりになる。
**신년**〖新年〗 名 新年、年の始め。¶ ~ 인사 新年のあいさつ。
**신:념**〖信念〗 名 信念。¶ ~을 관철하다 信念を貫く。
**신다** 他 履く。¶ 신을 ~ 靴を履く。
**신당**〖新黨〗 名 新党。¶ ~의 결성 新党の結成。
**신-대륙**〖新大陸〗 名 新大陸。
**신:도**〖信徒〗 名 信徒、信者。
**신동**〖神童〗 名 神童。
**신-뒤축** 名 履物の踵。
**신디케이트**〖syndicate〗 名 〖經〗 シンジケート。
**신드롬:**〖syndrome〗 名 シンドローム、症候群。
**신-딸**〖神-〗 名 〖民〗 老巫女のあとを継ぐ若い巫女。
**신랄**〖辛辣〗 名 〖하여形〗 辛辣。¶ ~한 비판 辛辣な批判。
**신랑**〖新郞〗 名 新郎、花婿。¶ ~ 신부 新郎新婦。
**신랑-감** 名 婿がね。
**신령**〖神靈〗 名 ①神霊。¶ ~님 神様/ ~의 가호 神霊の加護。②〖하여〗〖⊆形〗いとも霊妙なこと。¶ ~한 조화 霊妙の造化。
**신록**〖新綠〗 名 新緑。¶ ~의 계절 新緑の季節。
**신:뢰**〖信賴〗 名 〖하여〗 信頼。¶ ~할 만한 사람 信頼できる人/ ~하기 어렵다 信頼し難い。
**신:망**〖信望〗 名 〖하여〗 信望。¶ ~이 두터운 사람 信望の厚い人/ ~을 얻다 信望を得る。
**신명** 名 湧き起こる興、興趣。
**신명-나다** 自 興がわく、興に乗じる、興が湧いてうきうきする。
**신명**〖神明〗 名 神明、神。¶ 천지 ~에 맹세하다 天地神明に誓う。
**신명**〖神命〗 名 ①〖가〗 霊性の生命。②神命、神の命令。
**신묘**〖神妙〗 名 〖하여形〗 神妙。
**신:문**〖訊問〗 名 〖하여〗 尋問、訊問。¶ 인정 ~ 人定尋問/ 증인으로서 ~을 받았다 証人として尋問を受けた。
**신문**〖新聞〗 名 新聞。¶ ~ 광고 新聞広告/ ~에 실리다 新聞にのる。
**신문 구독료**〖-購讀料〗 名 新聞購読料、新聞代。
**신문 기자**〖-記者〗 名 新聞記者。
**신문-사**〖-社〗 名 新聞社。
**신물** 名 ①〖生〗 むしず。¶ ~이 올라오다 むしずが走る。②こりごりして嫌気がさすこと。¶ 그 일이라면 ~이 난다 その事なら

こりごりだ。
신미【辛味】图 辛味しんみ、辛からい味あじ。
신-바람 图 興きょうがわいたり得意とくになったりするようす、得意気とくい、意気揚々ようようと。¶ ~이 나다 意気揚々となる。
신발 图 履物はきもの、靴くつ。
신방 图 新婚夫婦しんこんふうふのため新あらしに設もうけた部屋へや。¶ ~을 차리다 初夜しょやの部屋を設ける。
신변 【身邊】图 身辺しんぺん、身回みまわり。¶ ~의 안전 身辺の安全あんぜん/ ~을 정리하다 身回りを整理せいりする。
신변 잡기 【-雜記】图 身辺雑記ざっき。
신병 【身柄】图 身柄みがら。¶ ~을 인수하다 身柄を引ひき取とる。
신병 【新兵】图 新兵しんぺい。¶ ~을 훈련하다 新兵を訓練くんれんする。
신:봉 【信奉】图 [하他] 信奉しんぽう。¶ 민주주의를 ~하다 民主主義みんしゅしゅぎを信奉する。
신부 【神父】图 [가] 神父しんぷ。
신부 【新婦】图 新婦しんぷ、花嫁はなよめ、新妻にいづま。
신붓-감:【-감】图 花嫁にふさわしい人ひと。
신분 【身分】图 身分みぶん。¶ 좋은 ~ 結構けっこうな身分/ ~에 어울리는 몸가짐 身分相応そうおうのふるまい/ ~을 보증하다 身分を保証ほしょうする。
신분 증명서 【-證明書】图 身分証明書しょうめいしょ。
신-불 【神佛】图 神仏しんぶつ。¶ ~의 가호 神仏の加護かご、冥加みょうが。
신비 【神秘】图 [하形] [스形] 神秘しんぴ。¶ 우주의 ~ 宇宙うちゅうの神秘/ ~에 싸여 있다 神秘に包つつまれている。
신비-롭다 [形ㅂ] 神秘的てきだ。
신:빙 【信憑】图 [하他] 信憑しんぴょう。¶ ~성이 있다 信憑性せいがある。
신:사 【紳士】图 紳士しんし、ジェントルマン。¶ ~적인 태도 紳士的てきな態度たいど。
신:사-복 【-服】图 紳士服ふく、背広せびろ。
신:사 협약 【-協約】图 紳士協約きょうやく。
신산 【辛酸】图 [하形] 辛酸しんさん。¶ 온갖 ~을 맛보다 あらゆる辛酸を嘗なめる。
신상 【身上】图 身上しんじょう、身みの上うえ。¶ ~ 조사 身上調査ちょうさ/ ~을 걱정하다 身の上を案あんずる。
신상 명세서 【-明細書】图 身上明細書めいさいしょ。
신상 상담 【-相談】图 身上相談そうだん。
신생 【新生】图 [하自] 新生しんせい。
신생-대 【-代】图 [地] 新生代だい。
신생-아 【-兒】图 新生児じ。
신석기 시대 【新石器時代】图 新石器時代じだい。
신선 【神仙】图 神仙しんせん。
[속담] 신선 놀음에 도끼 자루 썩는 줄 모른다 神仙遊あそびに斧おのの柄えが腐くちるのも知しらない。《面白おもしろいことに心こころを奪うばわれて月日つきひのたつのも忘わすれる》
신선-로 【-爐】图 ①(食卓しょくたくの上うえで)魚さかな・肉にく・蔬菜そさいの混まぜ料理りょうりを煮にるに用もちいる器うつわ。②[料] その料理。
신선 【新鮮】图 [하形] 新鮮しんせん、フレッシュ。¶ ~한 감각 新鮮な感覚かんかく/ ~한 야채를 곁들다 新鮮な野菜やさいをそえる。
신선-도 【-度】图 鮮度せんど。¶ ~가 떨어지다 鮮度が落おちる。
신설 【新設】图 [하他] [되自] 新設しんせつ。¶ 대학을 ~하다 大学だいがくを新設する。
신성 【神聖】图 [하形] 神聖しんせい。¶ ~한 의식 神聖な儀式ぎしき。
신성 모독 【-冒瀆】图 神聖冒涜ぼうとく。
신성 불가침 【-不可侵】图 神聖不可侵ふかしん。
신성-시 【-視】图 [하他] [되自] 神聖視し。
신성 【新星】图 新星しんせい。
신세 【身世】图 ①身みの上うえ、一身いっしんの境涯きょうがい。¶ 가련한 ~ 哀あわれな身の上。②(他人たにんにかける)厄介やっかい、面倒めんどう、(他人から受うける)世話せわ。¶ ~를 지다 世話になる。
신세-타령 【-打令】图 [하] 自分じぶんの身みの上うえを愚痴ぐちがましく嘆なげくこと。
신-세대 【新世代】图 新世代せだい、新あたらしい世代。
신:속 【迅速】图 [하形] 迅速じんそく。¶ ~한 행동 迅速な行動/ ~하게 대처하다 迅速に対処たいしょする。신속-히 副 迅速に、すばやく。¶ 좀더 ~ 해라 もっと素早すばやくせよ。
신수 【身手】图 人ひとの顔かおに現あらわれる健康けんこうの度合どあい、風采ふうさい、容貌ようぼう、顔かたち、姿すがた。¶ ~가 휘하다 風采が立派りっぱだ。
신승 【辛勝】图 [하自] 辛勝しんしょう。¶ 선거에 ~하다 辛うじて選挙せんきょに勝かつ。
신식 【新式】图 新式しんしき。¶ 최 ~ 最さい新式。
신신 【申申】副 くりかえして頼たのむようす 重かさね重ねる、くれぐれも、かえすがえす。
신신-당부 【-當付】图 [하他] くりかえしてねんごろに頼たのむこと。
신:심 【信心】图 ①正ただしいと信しんじる心こころ。②信心しんじん、信仰心しんこうしん。¶ ~이 두텁다 信心が厚あつい。
신안 【新案】图 新案あん、新あたらしい考案こうあん。
신안 특허 【-特許】图 [法] 新案特許とっきょ。
신:앙 【信仰】图 [하他] 信仰しんこう。¶ ~생활 信仰生活かつ/ ~을 버리다 信仰を捨すてる。
신약 【新約】图 [基] 新約やく。
신약 성:서 【-聖書】图 [基] 新約聖書せいしょ。
신어 【新語】图 新語ご。
신어 사전 【-辭典】图 新語辞典じてん。
신-여성 【新女性】图 新女性じょせい、新式しんしきの教育きょういくを受うけている女性じょせい。
신열 【身熱】图 (病やまいなどによる)体からだの熱ねつ。¶ ~이 나다 熱が出る。
신예 【新銳】图 新鋭しんえい。¶ ~부대 新鋭部隊ぶたい/ ~를 상대해서 싸우다 新鋭を向むこうに回まわして戦たたかう。
신:용 【信用】图 [하他] 信用しんよう。¶ ~ 판매 信用販売はんばい/ ~을 잃다 信用を失うしなう。/ 상인은 ~이 생명이다 商人しょうにんは信用が生命せいめいだ。
신:용 거:래 【-去來】图 [經] 信用取引とりひき。
신:용 기관 【-機關】图 [經] 信用機関かん。
신:용 대:부 【-貸付】图 [經] 信用貸がし。
신:용-장 【-狀】图 [經] 信用状じょう。
신:용 조합 【-組合】图 [經] 信用組合くみあい。
신원 【身元】图 身元みもと。¶ ~이 확실한 사람 身

신음

元が確かな人/ ～ 조사 身元調べ/ ～을 숨기다 身元をかくす.
**신원 보:증**[-保證] 图 身元保証しょう.
**신음**[呻吟] 图[하]目 呻吟しん. ¶ 고열에 ～하다 高熱こうに呻うめく.
**신:의**[信義] 图 信義しん. ¶ ～를 지키다 信義を守まもる. / 정치가는 ～를 중히 여긴다 政治家せいは信義を重おもんじる.
**신인**[新人] 图 ① 新妻にい. ㉠ 새댁 ② 新人じん. ¶ ～ 가수 新人歌手か/ ～을 발굴하다 新人を発掘はっする.
**신:임**[信任] 图 [하]他[되]目 信任にん. ¶ ～을 얻다 信任を得える. / 사장의 ～이 두텁다 社長ちょうの覚おぼえがめでたい.
**신임**[新任] 图[하]自 新任にん. ¶ ～ 교사 新任の教師きょう.
**신입**[新入] 图[하]自 新入にゅう, 新あたらしく入はいること, 新参さん. ¶ ～ 사원 新入社員しゃいん.
**신:자**[信者] 图 信者しゃ. ¶ 불교～ 仏教ぶっきょうの信者.
**신작**[新作] 图[하]他 新作さく. ¶ ～을 발표하다 新作を発表はっする.
**신장**[身長] 图 身長ちょう, 背丈せたけ. ¶ ～을 재다 身長を測はかる.
**신장**[伸張] 图[하]自[되]目 伸張ちょう, (大きさ・勢力せいなどが)伸のびること, 伸ばすこと. ¶ 국력이 ～되다 国力りょくが伸張する.
**신장**[新裝] 图[하]他 新装そう. ¶ ～ 개업 新装開業ぎょう.
**신:장**[腎臟] 图[生] 腎臓じん. ¶ ～ 결석 腎臓結石けっ/ ～이 나쁘다 腎臓が悪わるい.
**신:장-염**[-炎] 图[醫] 腎臓炎えん, 腎炎じん.
**신전**[神殿] 图 神殿でん.
**신접**[新接] 图[하]自 ① 新あらたに所帯たいを構かまえて一家かっを成なすこと. ② 他郷たきょうから移うつり住すむこと.
**신접-살이** 图[하] 初はじめて構まえた所帯たい.
**신정**[新正] 图 新正せい. ① 陽暦ようの新年しん, 一月いちがつ. ② 陽暦のお正月しょう. ㉠ 구정.
**신:조**[信條] 图 信条じょう. ¶ 정직을 생활～로 삼다 正直しょうを生活せいかつの信条とする.
**신조**[神助] 图 神助じょ, 천우～ 天佑ゆう神助.
**신종**[新種] 图 新種しゅ. ¶ ～ 바이러스 新種のウイルス.
**신주**[神主] 图 神主ぬし, 死人にんの位牌はい, 霊牌はい. 〖관용〗 **신주 모시듯** (位牌を扱あつかうように) 極きわめて大切たいせつに扱うようす.
**신주**[新株] 图 新株かぶ, 子株こかぶ. ¶ ～를 주주에게 배분하다 新株を株主ぬしに分わける.
**신:중**[愼重] 图[하]形 慎重ちょう. ¶ ～한 태도 慎重な態度たいど/ ～을 기하다 慎重を期きする. **신중-히** 圖 慎重に. ¶ ～ 생각하다 慎重に考かんがえる.
**신진 대:사**[新陳代謝] 图[하]自 新陳代謝たい. ¶ ～를 돕다 新陳代謝を助たすける.
**신진**[新進] 图[하]自 ① 新進しん. ¶ ～ 작가 新進作家か. ② 新あらたに官職かんしょくにつくこと.
**신참**[新參] 图[하]自 新参さん, 新米まい, 新前まえ, 新入にゅうり. ¶ ～자 新参者の/ 그는 ～이야 彼

436

は新入しんりだ.
**신-천지**[新天地] 图 新天地てんち. ¶ ～를 개척하다 新天地を開拓かいたくする.
**신청**[申請] 图[하]他[되]目 申請せい, 申もうし込こみ. ¶ ～서 申し込み書か/ 허가를 ～하다 許可きょを申請する.
**신체**[身體] 图 身体たい, 体からだ. ¶ 건강한 ～ 健康けんな体/ ～ 검사 身体検査けん.
**신체 장애자**[-障碍者] 图 身体障害者しょうがい.
**신체**[新體] 图 新体たい.
**신축**[伸縮] 图[하]自他 伸縮しん.
**신축 관세**[-關稅] 图 伸縮関税かんぜい.
**신축**[新築] 图[하]自他 新築ちく. ¶ ～된 빌딩 新築されたビル.
**신춘**[新春] 图 新春しん.
**신출-귀몰**[神出鬼沒] 图[하]自 神出鬼没きぼつ. ¶ ～ 하던 怪盗 神出鬼没の怪盗とう.
**신:탁**[信託] 图[하]他 信託たく. ¶ 재산의 ～ 財産さんの信託/ ～ 업무 信託業務ぎょう/ 화물을 ～하다 貨物もつを信託する.
**신:탁 은행**[-銀行] 图 信託銀行ぎん.
**신:탁 통:치**[-統治] 图[政] 信託統治とう.
**신:탁 회:사**[-會社] 图 信託会社しゃ.
**신통**[神通] 图[하形]〖形〗 神通つう. ①(うらない・薬効やっこうなどが)効験こうあらたかなこと. ¶ ～ 한 묘약 効験あらたかな妙薬やく. ②(才能のうなどが)尋常じょうでないこと. ¶ 재주가 ～한 아이 才能がずば抜ぬけている子供ども. ③ 感心かんなこと, 満足まんぞくがゆくほどのこと. ¶ 어린 것이 참으로 ～하다 年端としはもゆかぬものが実じつに感心だ.
**신통-력**[-力] 图 神通力りき.
**신-트림** 图 すっぱい液えきの出でるげっぷ.
**신:표**[信標] 图 後日ごじつの証あかしにするため互たがいに交かわす物もの.
**신품**[新品] 图 新品ぴん.
**신하**[臣下] 图 臣下しんか, 臣しん.
**신학**[神學] 图 神学がく. ¶ ～자 神学者しゃ.
**신-학기**[新學期] 图 新学期がっき. ¶ ～를 맞이하다 新学期を迎むかえる.
**신-학문**[新學問] 图 新学問がくもん. ¶ ～을 익히다 新学問を修おさめる.
**신형**[新型] 图 新型がた. ¶ ～ 전투기 新型戦闘機き.
**신:호**[信號] 图[하]自他 信号ごう. ¶ 정지 ～ 停止し信号/ ～를 잘못 보다 信号を見誤あやまる.
**신:호-등**[-燈] 图 信号灯とう.
**신혼**[新婚] 图[하]自 新婚こん. ¶ ～ 부부 新婚夫婦ふう.
**신혼 여행**[-旅行] 图 新婚旅行こう, ハネムーン. ¶ 하와이로 ～을 가다 ハワイへ新婚旅行に行いく.
**신화**[神話] 图 神話しん. ¶ ～ 시대 神話時代だい/ 건국 ～ 建国こくの神話.
**신흥**[新興] 图[하]自 新興こう. ¶ ～ 도시 新興都市し/ ～ 세력 新興勢力りょく.
**신흥 계급**[-階級] 图 新興階級かい.
**신흥 종교**[-宗敎] 图 新興宗教しゅう.

실:다 [他ㄷ] ①(船ふね・車くるまに)積つむ、載のせる。¶ 이삿짐을 트럭에~ ひっこし荷物もつをトラックに積む。②(出版物しゅっぱんぶつに)載のせる、掲載けいさいする、出だす。¶ 기사를 신문에~ 記事きじを新聞しんぶんに載のせる。③(田たなどに)水みずを溜ためる。
실 [名] 糸いと。¶ 무명~ 木綿糸もめんいと。
실[失] [名] ①賭博場とばくじょうで負まけてなくした金かね。②損失そんしつ、損害そんがい、失うしない。득보다~이 많다 得えより失うしが多おおい。
실[實] [名] 実じつ、内容ないよう、実質じっしつ、実相じっそう。¶ 명분을 버리고~을 취하다 名なを捨すてて実じつを取とる。
실-은 [副] 実じつは、事実じじつは。¶~은 가고 싶지 않다 実じつは行いきたくない。
-실[室] [接尾] …室しつ。¶ 연구~ 研究室けんきゅうしつ。
실각[失脚] [名][하自] 失脚しっきゃく。¶ 추문으로~하다 スキャンダルで失脚しっきゃくする。
실감[實感] [名][하他] 実感じっかん。¶ 참~이 나는 이야기다 ほんとうに実感じっかんのわく話はなしだ。
실-개천 [名] 細川ほそかわ、細流さいりゅう。
실격[失格] [名][하自][되自] 失格しっかく。¶ 예선에서~하다 予選よせんで失格しっかくする。
실-고추 [名] 千切せんぎりんだ唐辛子とうがらし、唐辛子とうがらしを糸状いとじょうに刻きざんだもの。
실과[實科] [名][教] 実科じっか。
실권[失權] [名][하自][되自] 失権しっけん。¶ 실정을 거듭하여~하다 失政しっせいを重かさねて失権しっけんする。
실권[實權] [名] 実権じっけん。¶~을 쥐다 実権じっけんを握にぎる。
실그러-지다 [自] 一方いっぽうに傾かたむく、一方いっぽうに歪ゆがむ。¶ 실그러진 초가집 一方いっぽうに傾かたむいた草葺くさぶきの家いえ。
실:-금 [名] ①(器うつわなどの)細ほそいひび。¶ 접시에~이 보인다 皿さらに細ほそいひびが見みえる。②細ほそい線せん。
[관용] 실금(이) 가다 (器うつわなどに)細ほそかいひびが入はいる。
실기[實技] [名] 実技じつぎ。¶ 시험 実技試験じつぎしけん。
실기죽-샐기죽 [副][하自] (しきりにあちらこちらに傾かたむいたりして動うごくようす)ゆらゆらり。
실-꾸리 [名] 糸いとを丸まるく巻まきくるめたもの。
실-낱 [名] 糸筋いとすじ。¶~ 같은 희망 一縷いちるの望のぞみ。
실내[室內] [名] 室内しつない。
실내 장식[-裝飾] [名] 室内装飾しつないそうしょく。
실념[失念] [名][하他] 失念しつねん。
실:-눈 [名] 細目ほそめ、細長ほそながい目め、薄目うすめ。¶~을 뜨고 형편을 살피다 細目ほそめをあけて様子ようすをうかがう。
실-답다[實-] [形ㅂ] 真実しんじつらたのもしい、かざりけや偽いつわりがなく真実じつ。
실:-뜨기 [名] 糸取いととり、綾取あやとり。
실랑이 [名][하自] 「실랑이질」의 縮約形。
실랑이-질 [名][하自] ①人ひとに難癖なんくせをつけて[からんで]いじめること。②互たがいに言いい争あらうこと。
실력[實力] [名] 実力じつりょく。¶~을 발휘하다 実力じつりょくを発揮はっきする。
실례[失禮] [名][하自][되自] 失礼しつれい。¶ 요전에는~했습니다 先日せんじつは失礼しつれいしました。
실례[實例] [名] 実例じつれい。¶~를 보이다 実例じつれいを示しめす。
실-로[實-] [副] 実じつに、まさに。¶~ 놀라운 일이다 実じつに驚おどろくべきことだ。
실로폰 [xylophone] [名][音] シロホン。
실룩 [副][하自他] (筋肉きんにく・皮膚ひふの一部分いちぶぶんが小刻こきざみに震ふるえ動うごくようす)ぴくっと、ぴくぴく。
실룩-거리다 [自他] ぴくぴくする。¶ 뺨이~ 頬ほおがぴくぴくする。
실리[實利] [名] 実利じつり。¶~를 추구하다 実利じつりを追求ついきゅうする。
실리다¹ [自] 載のせられる、積つまれる。¶ 짐이 기차에~ 荷物にもつが汽車きしゃに積つまれる。
실리다² [他] (「싣다」의 使役) 載のせる、積つませる。¶ 짐을 마차에 실려서 보내다 荷物にもつを馬車ばしゃに積つませて送おくる。
실:-마리 [名] ①糸いとの端はし。②(物事ものごと・事件じけんの)端緖たんしょ、手掛てがかり、きっかけ。¶ 해결의~를 잡을 수가 없다 解決かいけつの糸口いとぐちがつかめない。
실망[失望] [名][하自] 失望しつぼう、がっかりすること。¶~의 빛을 감추지 못하다 失望しつぼうの色いろを隠かくせない。/ 날씨가 나빠~하다 天気てんきが悪わるくて失望しつぼうする。
실명[失明] [名][하自][되自] 失明しつめい。¶ 한 눈을~하다 一眼いちがんを失明しつめいする。
실명[實名] [名] 実名じつめい、本名ほんみょう。
실무[實務] [名] 実務じつむ。¶~에 종사하다 実務じつむに携たずさわる。
실물[實物] [名] 実物じつぶつ。¶~을 보여 주세요 実物じつぶつを見みせてください。
실물 거:래[-去來] [名] 実物取引じつぶつとりひき。
실물 경제[-經濟] [名] 実物経済じつぶつけいざい。
실:-바람 [名] そよ風かぜ。
실:-밥 [名] ①衣服いふくに縫ぬってある糸いと。②糸くず。¶~을 잘라내다 糸くずを切きり取とる。
실:-버들 [名] 糸柳いとやなぎ、しだれ柳やなぎ。
실비[實費] [名] 実費じっぴ。¶~ 제공 実費提供じっぴていきょう。
실상[實相] [名] 実相じっそう。¶ 사회의~을 그대로 보여주다 社会しゃかいの実相じっそうをありのまま見みせてやる。
실상[實像] [名] 実像じつぞう。¶ 스타의~ スターの実像じつぞう/~을 맺다 実像じつぞうを結むすぶ。
실색[失色] [名][하自] 驚おどろいて顔色かおいろを変かえること、色いろを失うしなうこと。¶ 아연~하다 あぜんとして色いろを失うしなう。
실-생활[實生活] [名] 実生活じっせいかつ。
실성[失性] [名][하自] 精神せいしんに異常いじょうを来きたすこと、狂くるうこと、気きが触ふれること。¶~한 사람 気きのふれた人ひと、狂人きょうじん。
실세[失勢] [名][하自] 勢力せいりょくを失うしなうこと。¶~를 만회하다 失うしった勢力せいりょくをばんかいする。
실소[失笑] [名][하自] 失笑しっしょう。¶~를 사다 失笑しっしょうを買かう。

**실-속**[實-] 圄 ①実際じっの内容ないよう、中身なかみ。¶ ~ 있는 생활 充実じゅうした生活せいかつ。②実利じつり。¶ ~ 을 차리다 実利をとる。

**실수**[失手] 圄하자 ①失策しっさく、失敗しっぱい、しくじり、エラー、へま。¶ ~ 를 저지르다 へまをしでかす。② ⇨ 실례(失禮)

**실수요-자**[實需要者] 圄 実際じっさいの需要者じゅようしゃ。

**실-수입**[實收入] 圄 実収じっしゅう、実際じっさいの収入にゅうにゅう。¶ ~ 100만 원의 일자리 実収100万えんウォンの勤ーめ口くち。

**실습**[實習] 圄하타 実習じっしゅう。¶ ~ 생 実習生せい/ 현장 ~ 現場げんばでの実習。

**실시**[實施] 圄하타 実施じっし。¶ 시험을 ~ 하다 試験しけんを実施する。

**실신**[失神] 圄하자 失神しっしん、失心しん。¶ 놀란 나머지 ~ 하다 驚おどろきのあまり失神する。

**실:실** 則 馬鹿ばかみたいににやにや笑わらったり無駄口むだぐちをきくようす。¶ 공연히 ~ 웃기만 하다 やたらににやにや笑ったばかりいる。

**실어**[失語] 圄하자 失語しつご。

**실어-증**[-症] 圄[醫] 失語症しつごしょう。

**실언**[失言] 圄하자 失言しつげん。¶ ~ 을 취소하다 失言を取とり消けす。

**실업**[失業] 圄하자 失業しつぎょう。¶ 심각한 ~ 문제 深刻しんこくな失業問題もんだい。

**실업-자**[-者] 圄 失業者しゃ。

**실업**[實業] 圄 実業じつぎょう。¶ ~가 実業家か。

**실-없다** 圏 不真面目まじめで、不実じつで、中身なかみがない。¶ 실없는 말 中身のないばかげた言葉ことば、しれごと。 **실-없이** 則 不真面目に、おどけて、ふざけて。

**실연**[失戀] 圄하자 失恋しつれん。¶ ~ 의 아픔 失恋のつらさ。

**실:-오리** 圄 糸筋いとすじ、一切ひときれ一切れの糸いと。¶ ~ 같은 희망 かすかな希望ぼう。

**실외**[室外] 圄 室外しつがい、屋外おくがい。

**실용**[實用] 圄하타 実用じつよう。¶ ~ 품 実用品ひん/ ~ 본위 実用本位ほんい/ ~ 단계에 이르다 実用の段階だんかいに至いたる。

**실용-적**[-的] 冠圄 実用的てき。¶ ~ 인 가구 実用的な家具かぐ。

**실용-주의**[-主義] 圄[哲] 実用主義しゅぎ。

**실용-화**[-化] 圄하타자 実用化か。

**실의**[失意] 圄 失意いっ。¶ ~ 에 빠지다 失意のどん底そこに陥おちいる。

**실익**[實益] 圄 実益じつえき、実利じつり。¶ 아무 ~ 이 없는 일 何なんらの実益のないこと。

**실재**[實在] 圄하자 実在じつざい。¶ ~ 의 인물 実在の人物じんぶつ。

**실적**[實績] 圄 実績じっせき。¶ ~ 을 올리다 実績を上あげる。

**실전**[實戰] 圄 実戦じっせん。¶ ~ 을 경험하다 実戦を経験けいけんする。

**실점**[失點] 圄하자 失点しってん。¶ ~ 을 만회하다 失点を挽回ばんかいする。 득점(得點)

**실정**[失政] 圄하자 失政しっせい。¶ 거듭된 ~ 重かさなる失政。

**실정**[實定] 圄하타 実定てい、実際に定さだめること。

**실정-법**[-法] 圄[法] 実定法ほう。

**실제**[實際] 圄 実際じっさい。¶ 이론과 ~ 理論りろんと実際/ ~ 로는 극히 어렵다 実際のところは極きわめて難むずかしい。

**실조**[失調] 圄 失調しっちょう。¶ 영양 ~ 栄養えいよう失調。

**실족**[失足] 圄하자 ①足あしを踏ふみはずすこと。¶ ~ 해서 도랑에 빠지다 足をふみはずして溝みぞに落おちる。②行動こうどうを誤あやまること。

**실존**[實存] 圄하자 実存じつぞん。¶ ~ 하는 인물 実存する人物じんぶつ。

**실존-주의**[-主義] 圄[哲] 実存主義しゅぎ。

**실종**[失踪] 圄하자 失踪しっそう、失跡せき。¶ ~ 선고 失踪宣告せんこく/ 공금을 가지고 ~ 하다 公金こうきんを持もって失踪する。

**실종-자**[-者] 圄 失踪者しゃ。¶ ~ 를 수색하다 失踪者を捜索そうさくする。

**실증**[實證] 圄하타되자 実証じっしょう。¶ 무죄를 ~ 하다 無罪むざいを実証する。

**실증-론**[-論] 圄[哲] 実証論ろん。

**실지**[實地] 圄 実地じっち。¶ ~ 경험 実地経験けいけん。 **실지-로** 則 実地に。¶ ~ 해 봐야 안다 実地にやって見みなければわからない。

**실직**[失職] 圄하자 失職しっしょく。¶ ~ 수당 失職手当て/ 회사가 도산해서 ~ 하다 会社かいしゃが倒産とうさんして失職する。

**실질**[實質] 圄 実質じっしつ。¶ 겉치레뿐이고 ~ 이 따르지 않다 うわべだけで実質が伴ともなわない。

**실쭉-하다** 圏여 ①むくれている、すねている。②片方かたほうにかたむいている。

**실책**[失策] 圄 失策しっさく、しくじり。¶ ~ 을 범하다 しくじりをしでかす。

**실천**[實踐] 圄하타되자 実践じっせん。¶ ~ 에 옮기다 実践に移うつす。/ 묵묵히 ~ 하다 黙々もくもくと実践する。

**실천-가**[-家] 圄 実践家か。

**실천 윤리**[-倫理] 圄[倫] 実践倫理りんり。

**실천 철학**[-哲學] 圄[哲] 実践哲学てつがく。

**실체**[實體] 圄 実体じったい。¶ ~ 를 파악하다 実体をつかむ。

**실체-법**[-法] 圄[法] 実体法ほう。

**실추**[失墜] 圄하타되자 失墜しっつい。¶ 명예가 ~ 되다 名誉めいよが失墜する。

**실컷** 則 思おう存分ぞんぶん、飽あきるほど、いやと言いうほど、たらふく、さんざん。¶ ~ 놀았다 思う存分に遊あそんだ。/ 밥을 ~ 먹었다 ご飯はんをたらふく食たべた。

**실크**[silk] 圄 シルク。¶ ~ 해트 シルクハット。

**실크 로:드**[Silk Road] 圄 シルクロード。

**실탄**[實彈] 圄 実弾じつだん。¶ ~ 을 재다 実弾を込こめる。

**실탄 사격**[-射擊] 圄하타 実弾射撃しゃげき。

**실태**[實態] 圄 実態じったい。¶ ~ 조사 実態調査ちょうさ/ ~ 를 파악하다 実態を把握はあくする。

**실토**[實吐] 圄하타 ありのままに言いうこと。¶ 심정을 ~ 하다 心情しんじょうをありのままに言う。

**실:-파** 圄[植] 細いねぎ、ワケギ。

**실팍-하다** 圏여 (人ひと・物ものが見みるからに)丈夫

だ、堅固けんごだ、頑丈がんじょうだ。

**실:-패**〔-牌〕图 糸巻いとまき。

**실패**〔失敗〕图 하他 失敗しっぱい。¶ 도전에 ~하다 挑戦ちょうせんに失敗する。

**실-하다**〔實-〕形四 ①がっちりして丈夫じょうぶだ、頑丈がんじょうだ。¶ 몸이 실하지 못하다 体からだが丈夫でない。②(財産ざいさんが)豊ゆたかだ。③まじめでいつわりがない、頼たのもしい。¶ 실한 사람 まじめで信用しんようがおける人ひと。

**실행**〔實行〕图 하他 実行じっこう。¶ 약속대로 ~하다 約束やくそくどおりに実行する。

**실향**〔失郷〕图 하自 故郷こきょうを失うしなうこと。

**실향-민**〔-民〕图 故郷を失って他郷たきょうに住むむ人達ひとたち。

**실험**〔實驗〕图 하他 実験じっけん。¶ 핵~ 核かく実験/~의 결과 実験の結果けっか。

**실험-실**〔-室〕图 実験室じっけんしつ。

**실험-적**〔-的〕冠图 実験的じっけんてき。¶ ~인 시도 実験的な試こころみ。

**실현**〔實現〕图 하自他 回自 実現じつげん。¶ 꿈이 ~되었다 夢ゆめが実現した。

**실형**〔實刑〕图 実刑じっけい。¶ ~을 선고하다 実刑を宣告せんこくする。

**실화**〔實話〕图 実話じつわ。

**실황**〔實況〕图 実況じっきょう。¶ 현지 ~을 보고하다 現地げんちの実況を報告ほうこくする。

**실황 방:송**〔-放送〕图 実況放送じっきょうほうそう。

**실효**〔失效〕图 하自 回自 失効しっこう。¶ 법률의 ~ 法律ほうりつの失効。

**실효**〔實效〕图 実効じっこう。¶ ~ 있는 조치 実効のある措置そち。

**싫다**形 ①嫌いやだ、きらいだ、好すかない、気きくわない。¶ 그런 사람은 ~ そんな人ひとは好すかない。②…したくない、気きが向むかない。¶ 먹기 ~ 食たべたくない。/ 듣기 싫은 잔소리 聞ききたくない小言こごと。

**싫어-하다**他四 ①嫌いやがる、きらう。¶ 매운 음식을 ~ 辛からい食たべ物ものをいやがる。②…したがらない、することを好このまない。¶ 약 먹기 ~ 薬くすりを飲のみたがらない。

**싫증**〔-症〕图 嫌気いやけ・いや、飽あき。

**심**〔心〕Ⅰ图 ①ろうそくの心しん。②かゆの中なかに入れるだんご。③傷口きずぐちにつめるタンポン。④野菜やさいの芯しん。⑤洋服ようふくなどの芯。⑥鉛筆えんぴつの芯。⑦木きの髄ずい。Ⅱ接尾 …しん。¶ 단결~ 団結心だんけつしん。

**심:각**〔深刻〕图 하形 深刻しんこく、切迫せっぱくし重大じゅうだいなようす。¶ ~한 문제 深刻な問題もんだい。

**심경**〔心境〕图 心境しんきょう。¶ ~의 변화 心境の変化へんか。

**심근**〔心筋〕图 心筋しんきん。

**심근 경색증**〔-梗塞症〕图医 心筋梗塞症しんきんこうそくしょう。

**심금**〔心琴〕图 心こころの琴線きんせん。¶ ~을 울리다 心の琴線に触ふれる。

**심기**〔心氣〕图 心気しんき、気持きもち、気分きぶん。¶ ~가 불편하다 気持ちがおだやかでない。

**심기**〔心機〕图 心機しんき。

**심기 일전**〔- 一轉〕图 하自 心機一転しんきいってん。¶ ~하여 다시 시작하다 心機一転して再ふたたび始はじめる。

**심:다**他 植うえる、蒔まく。¶ 나무를 ~ 木きを植える。

**심드렁-하다**形四 ①関心かんしんがなくて乗のり気きがしない。②病気びょうきなどがぐずぐず長ながびく。

**심란**〔心亂〕图 하形 心こころが乱みだれて落おち着つかないこと。

**심려**〔心慮〕图 하自他 回自 心慮しんりょ、心配しんぱいすること、気きがかり。¶ ~를 끼쳐 미안합니다 ご心配をかけましてすみません。

**심령**〔心靈〕图 心霊しんれい。¶ ~술 心霊術じゅつ。

**심리**〔心理〕图〔心〕心理しんり。¶ ~ 학 心理学がく/~ 묘사 心理描写びょうしゃ/ 그의 ~를 알 수가 없다 彼かれの心理がわからない。

**심리-극**〔-劇〕图 心理劇しんりげき、サイコドラマ。

**심리 상태**〔-狀態〕图 心理状態しんりじょうたい。

**심마니**图 深山しんざんに自生じせいする高麗人参こうらいにんじんを採さるのを業ぎょうとする人ひと。

**심문**〔審問〕图 하他 審問しんもん。¶ 증인을 ~하다 証人しょうにんを審問する。

**심미**〔審美〕图 審美しんび。

**심미-안**〔-眼〕图 審美眼しんびがん。

**심-박동**〔心搏動〕图 心臟しんぞうのはくどう。

**심방**〔心房〕图〔生〕心房しんぼう。

**심방**〔尋訪〕图 하他 訪問ほうもん、訪おとずれること。¶ 친구 집을 ~하다 友ともだちの家いえを訪問する。

**심벌**〔symbol〕图 シンボル、象徴しょうちょう。

**심-보**〔心-〕图 気立きだて、心掛こころがけ、心こころばえ、心根こころね・こころ、根性こんじょう。¶ ~가 궂은 사람 心掛けのよくない人。

**심복**〔心腹〕图 心腹しんぷく、腹心ふくしん。¶ ~ 부하 腹心の部下ぶか。

**심:부름**图 하自 (お)使つかい。¶ ~ 가다 お使いに行ゆく。/ ~을 보내다 使いをやる。

**심-부전**〔心不全〕图医 心不全しんふぜん。

**심사**〔心思〕图 ①心中しんちゅうの思おもい。②意地悪いじわるな根性こんじょう。

慣用 **심사(가) 사납다** 心こころがひねくれて意地悪いじわるだ。

**심:사**〔深思〕图 하他 深思しんし。

**심:사-숙고**〔-熟考〕图 하他 深思熟考しんしじゅっこう。

**심사**〔審査〕图 하他 審査しんさ。¶ 자격을 ~하다 資格しかくを審査する。

**심산**〔心算〕图 心算しんさん、つもり。¶ 혼자 차지하겠다는 ~이다 独ひとりじ占しめするつもりだ。

**심:산**〔深山〕图 深山しんざん、奥山おくやま。

**심:산-유곡**〔-幽谷〕图 深山幽谷しんざんゆうこく。

**심상**〔尋常〕图 하形 尋常じんじょう。

**심상-찮다**形 尋常ではない。¶ 움직임이 ~ 動うごきが尋常でない。

**심성**〔心性〕图 ①心性しんせい。¶ ~이 선량하다 心性が善良ぜんりょうだ。②〔佛〕心性しんしょう。

**심술**〔心術〕图 ①無茶むちゃに我がを張はり意地いじを通とおすこと。②意地悪いじわるく人ひとをいじめたりねたんだりする悪わるい根性こんじょう、つむじまがり。

慣用 **심술(을) 부리다** 意地悪いじわるをする、悪わるい根性こんじょうをだす。

심술-꾸러기 图 意地悪いじ、天ॡの邪鬼じゃ。
심신[心身] 图 心身しんしん。¶ ~이 상쾌하다 心身ともに爽快そうかいだ。
　심신 피로[-疲勞] 图 心身の疲労ひろう。
심:심[深甚] 图 [하形] 深甚じんなる。¶ 한 사의를 표하다 深甚なる謝意しゃいを表ひょうする。
심:심[深深] 图 [하形] 深々しんしんと、非常ひじょうに深いこと。
　심:심-산천[-山川] 图 奥深おくぶかい山川やまかわ。
심심-풀이 图 消閑しょうかん、暇ひまつぶし、退屈たいくつしのぎ。¶ ~로 글씨를 쓰다 退屈しのぎに字を書く。
심심-하다¹ [形어] (味あじが)薄うすい。¶ 국이 ~ 汁しるの味が薄い。
심심-하다² [形어] 退屈たいくつだ、無聊ぶりょうだ、暇ひまだ。¶ 심심해서 영화를 보러 가다 退屈で映画えいがを見みに行いく。
심안[心眼] 图 心眼しんがん。¶ ~이 열리다 心眼が開ひらける。
심야[深夜] 图 深夜しんや、夜更よふけ。¶ ~ 방송 深夜放送ほうそう。
심약[心弱] 图 [하形] 気きが弱よわいこと。¶ ~한 사람 気の弱い人ひと。
심:연[深淵] 图 深淵しんえん、深ふかいふち。¶ 절망의 ~ 絶望ぜつぼうの深淵。
심:오[深奧] 图 [하形] 深奥しんおう。¶ ~한 진리 深奥な真理しんり。
심의[審議] 图 [하他] 審議しんぎ。¶ 예산안을 ~하다 予算案よさんあんを審議する。
심장[心臟] 图 心臓しんぞう。¶ 인공 ~ 人工じんこう心臓/~이 튼튼하다 心臓が丈夫じょうぶだ。
　심장 마비[-麻痺] 图 [醫] 心臓麻痺まひ。
심:장[深長] 图 [하形] 深長しんちょう。¶ 의미 ~한 말 意味深長なことば。
심적[心的] 冠 [하形] 心的しんてき。¶ ~ 변화 心的変化へんか。
심전-도[心電圖] 图 心電図しんでんず。
심정[心情] 图 心情しんじょう、胸中きょうちゅう。¶ ~을 헤아리다 胸中を察さっする。
심증[心證] 图 心証しんしょう。¶ ~을 해치다 心証を害がいする。
심:지어[甚至於] 副 甚はなはだしくは、それだけでなく、その上うえに。¶ 남을 중상까지 했다 それだけでなく 人ひとを中傷ちゅうしょうまでした。
심취[心醉] 图 [하自] 心酔しんすい。¶ 클래식 음악에 ~하다 クラシック音楽おんがくに心酔する。
심:층[深層] 图 深層しんそう。¶ ~부 深層部ぶ。
심-통[心-] 图 よくない心根こころ、意地悪いじわる。¶ ~을 부리다 意地悪をする。
심:판[審判] 图 [하他自] 審判しんぱん。¶ 여론의 ~을 받다 世論せろんの審判を受うける。
심:-하다[甚-] [形어] ひどい、甚はなはだしい、激はげしい。¶ 장난이 ~ いたずらがひどい。/바람이 ~ 風かぜが激しい。심-히 副 ひどく、甚だしく、はげしく。
심:해[深海] 图 深海しんかい。
　심:해-어[-魚] 图 深海魚ぎょ。
심혈[心血] 图 心血しんけつ。¶ 작품에 ~을 기울이다 作品さくひんに心血を注そそぐ。

심:-호흡[深呼吸] 图 [하自] 深呼吸しんこきゅう。
심혼[心魂] 图 心魂しんこん、精魂せいこん。¶ ~을 기울이다 精魂を傾かたむける。
심:화[深化] 图 [하自他] [되自] 深化しんか。¶ 연구를 ~시키다 研究けんきゅうを深化させる。
심흉[心胸] 图 心胸しんきょう、胸むねのうち、胸中きょうちゅう。¶ ~을 터놓고 이야기하다 胸中を開ひらいて話はなし合あう。
십[十·拾] 数 十じゅう、とお。¶ ~ 명 十名めい。
십년[十年] 图 十年じゅうねん。
　십년-감수[-減壽] 图 [하自] (十年の命いのちが縮ちぢむの意)でひどい恐怖きょうふ·苦痛くつう·おどろきを感かんじたあとに言いう語ご。
　십년-지기[-知己] 图 長ながいつきあいの知人ちじん。
십분[十分] 副 十分じゅうぶんに。¶ 능력을 ~ 발휘하다 能力のうりょくを十分に発揮はっきする。
십이-월[十二月] 图 十二月じゅうにがつ、師走しわす。
십이지-장[十二指腸] 图 [生] 十二指腸じゅうにしちょう。
십인-십색[十人十色] 图 十人十色といろ。¶ ~의 버릇 十人十色の癖くせ。
십일-월[十一月] 图 十一月じゅういちがつ。
십자[十字] 图 十字じゅうじ。¶ ~가 十字架か。
십-자매[十姉妹] 图 [動] ジュウシマツ。
십-장생[十長生] 图 長寿ちょうじゅを象徴しょうちょうする10種しゅのもの(太陽たいよう·山やま·水みず·石いし·雲くも·松まつ·不老草ふろうそう·亀かめ·鶴つる·鹿しか)。
십중-팔구[十中八九] 图 十中八九じっちゅうはっく、おおかた、大部分ぶぶん。¶ ~는 성공한다 十中八九は成功せいこうする。
십진-법[十進法] 图 [數] 十進法じっしんほう。
십팔-금[十八金] 图 十八金じゅうはちきん。

싯-누렇다 [形日] 真まっ黄色きいろい、真っ黄色だ。
싱겁다 [形日] ①水みずっぽい、淡あわい、塩辛しおからくない、甘あまい。¶ 이 된장국은 ~ このみそしるは味あじがうすい。 ②(酒さけなどが)味あじがうすい、水みずっぽい。¶ 술 맛이 ~ 酒の味が薄うすい。 ③(言動げんどうが)くだらない、間まが抜ぬけている。¶ 싱거운 소리를 하다 つまらないことを言いう。 ④(体からだの格好かっこうがつりあいがとれていない、似合にあわない。¶ 싱겁게 키가 크다 べらぼうに背せが高たかい。
싱그럽다 [形日] 爽さわやかだ、すがすがしい。¶ 싱그러운 아침 공기 すがすがしい朝あさの空気くうき。
싱그레 副 (声こえを出だきないで表情ひょうじょうだけで和やわやかに笑わらうようす)にこっと、にっこり、にやりと。¶ ~ 웃다 にっこり笑う。
싱글[single] 图 シングル。¶ ~ 베드 シングルベッド。
싱글-거리다 [自] にこにこ笑う。¶ 혼자 ~ 一人ひとりでにこにこしている。
싱숭-생숭 图 (心こころが浮ういて落おちつかないようす)そわそわ、うきうき。¶ 마음이 ~하다 心がそわそわする。
싱싱-하다 [形어] ①生いきがよい、生いき生きしている。¶ 싱싱한 생선 生きのよい魚さかな。 ②みずみずしい、鮮あざやかである。¶ 싱싱한 젊은 몸 みずみずしい若わかい体からだ。 ③ぴんぴんしている、元気旺盛げんきおうせいだ、活発かっぱつだ、ぴん

ぴんしている。

**싱크-대**[sink 臺] 图 シンク、(台所の)流なし、流し台。

**싶다** 助形 ①…(し)たい。¶ 보고 ~ 見たい。②…ようだ、…らしい、…ではなかいと思う。¶ 좀 큰가 ~ ちょっと大きいようだ。③…で欲しい、…でもらいたい。¶ 빨리 갔으면 ~ はやく行ってほしい。

**싫어-하다** 助動 …(し)たがる。¶ 놀고 ~ 遊びたがる。

**싸개** 图 包み、覆い、風呂敷、カバー。¶ 책 ~ 本の包み紙が。

**싸고-돌다** 他 ①周りを動き回る。¶ 주인의 둘레를 싸고도는 개 主人の周りを走り回る犬。②かばう、庇護する、えこひいきする。¶ 친구를 ~ 仲間をかばう。

**싸늘-하다** 形예 冷ややかだ、冷え冷えしている、冷たい。

**싸다**[1] 他 ①包む。¶ 보자기로 ~ ふろしきで包む。②取り囲む、包囲する、かばう、庇護する。¶ 경호원들이 겹겹이 싸고 있다 警護員たちが幾重にも取り囲んでいる。③(食べ物を)つめる、支度をする。¶ 도시락을 ~ 弁当をつめる。

**싸다**[2] 他 (大小便を)排泄する、もらす、垂れ流す。¶ 똥을 ~ くそを垂れる。

**싸다**[3] 形 ①(口が)軽い、軽率だ。¶ 자네는 입이 싸서 탈이다 君は口が軽くて困る。②(動作が)すばやい、速い、敏捷だ。¶ 싸게 걸어라 はやく歩きだ。③(性質が)せっかちだ、気が荒くて短気だ。¶ 성미가 몹시 ~ 気性が非常に荒くて短気だ。④(屋根などの)傾斜が急だ。

**싸다**[4] 形 ①(値段が)安い。¶ 값이 굉장히 ~ 値段がとても安い。②(罰らを受けて)当然だ、あたり前だ。¶ 비난을 받아 ~ 非難を受けるのがあたり前だ。

**싸-다니다** 自 あちこちをうろつく、出歩ある、走り回る。¶ 하루 종일 ~ 一日中じゅうほっつき回る。

**싸리-나무** 图[植] ハギ。

**싸리-문**[-門] 图 萩の戸。

**싸-매다** 他 しっかり結ぶ、包む、巻く、巻きつける。¶ 짚으로 가로수를 ~ わらを街路樹に巻きつける。

**싸우다** 自 ①けんかをする、争う、いさかいをする。¶ 유산을 둘러싸고 형제가 ~ 遺産をめぐって兄弟が争う。②戦う、競う。¶ 우승을 목표로 ~ 優勝を目指して競う。③闘う、努力する。¶ 고난과 ~ 苦難と闘う。

**싸움** 图 する自 けんか、争い、戦い。¶ ~에지다 戦いに負ける。

**싸이다**[1] 自 囲まれる、包まれる、取りまかれる。¶ 산에 둘러싸인 작은 마을 山に囲まれた小さい村。

**싸이다**[2] 他 大小便をさせる。¶ 자기 전에 오줌을 ~ ねる前に小便をさせる。

**싸:-하다** 形 (舌・喉が)ひりつく、ひりひりする、びりっとする。¶ 목구멍이 ~ 喉がひりひりする。

**싹**[1] 图 ①芽。¶ ~이 트다 芽を吹く。②「싹수」の縮約形。
〈관용〉 **싹이 노랗다** 芽が黄色い。《初めから望みがない、見込みが全くない》

**싹**[2] 图 ①《紙などを一気に切るよう・その音》ずばっ、ばさっと、ちょっきり、すぱりと。¶ ~ 자르다 ずばっと切る。②《一気に押しつぶしらり 掃き出したりしたようす》すっかり、きれいに、さっと。¶ 눈을 ~ 쓸어 버리다 雪をすっかり掃いてしまう。③(少しも残さず)すっかり、さっと。¶ 얼굴에서 핏기가 ~ 가시다 顔から血の気がさっと引く。④(責任をとろうとしなかったり 知らぬふりをすること》がらり、けろりと。¶ 태도를 ~ 바꾸다 態度をがらりと変える。

**싹둑** 副《柔らかい物を一度に細切りにするよう・その音》ちょきん、すぱっと、ばっさりと、ざくっと。¶ 머리를 ~ 자르다 髪をばっさりと切る。

**싹-수** 图 見込み、兆しし、芽、前途が開ける兆候。¶ ~가 노랗다 見込みがない。

**싹싹-하다** 形예 気さくだ、愛想がよい。

**싹-트다** 自 ①芽を吹く、芽ぐむ、芽生える。¶ 버드나무가 ~ 柳が芽を吹く。②兆す、芽生える、芽ぐむ。¶ 우정이 ~ 友情が芽ぐむ。

**쌀** 图 米、よね、ライス。¶ 찹~ もち米/~을 찧다 米をつく。/~을 주식으로 하다 米を主食とする。

**쌀-가:게** 图 米屋。

**쌀-가루** 图 米の粉、糅粉とん、米粉べい。

**쌀-겨** 图 米糠、糠。、小糠。

**쌀-눈** 图 米の胚芽。

**쌀-뜨물** 图 米のとぎ汁、白水。

**쌀랑-하다** 形예 うすら寒い、肌寒い。¶ 쌀랑한 바람이 불다 肌寒い風が吹く。②ひやりとする。¶ 가슴이 ~ 肝がひやりとする。

**쌀래-쌀래** 副 強くかぶりを振るようす。

**쌀-밥** 图 米飯、銀飯。

**쌀-벌레** 图 ①コクゾウムシ、米虫、米食い虫。②働かずにあそび暮しの人と、穀つぶし、米食い虫。

**쌀-보리** 图[植] 裸麦。

**쌀-부대**[-負袋] 图 米袋。

**쌀쌀-하다** 形예 ①肌寒い、ひえびえとしている、冷ややかだ。¶ 쌀쌀한 날씨 肌寒いひより。②(態度・表情が)よそよそしい、冷たい、冷ややかだ。¶ 태도가 ~ 態度がよそよそしい。

**쌀-알** 图 米粒。

**쌀-장사** 图 する自 米商売。

**쌀-장수** 图 米屋、米商人。

**쌈**[1] 白菜・チシャなどで飯とおかずを包っ

쌈んで食べべること、またその食たべ物もの。
쌈²: 名[하]自 「싸움」의 縮約形.
쌈³ 依 ①縫い針 24本にじゅうよんを 単位たんいとして 数かぞえる 語ご。②重おさが 百両りょうの 金きん。③ きぬに 載のせて 打うつつに 頃合ころあいの 布地ぬのじの 一束ひとたば。
쌈지 名 タバコ入いれ。
[俗談] 쌈짓돈이 주머니 돈 タバコ入れの金かねが 財布さいふの金。《家族かぞくの財産ざいさんはその家いえ全体ぜんたいの財産ざいさん》
쌈싸래-하다 形아 (味あじが)ほろ苦にがい、やや苦にがみがある。
쌈쌀-하다 形어 ほろ苦にがい、やや苦にがみがある。 ¶ 맥주의 쌉쌀한 맛 ビールのほろ苦にがい味あじ。
쌍[雙] 名 ①双そう, 対つい, そろい。¶꽃병 한 ~ 花瓶かびん一対いっつい。 ②(形式名詞的に) つがい。 ¶ 병아리 한 ~ ひよこ一ひとつがい。
쌍-가마[雙-] 名 二ふたつのつむじ、またそれを 持もつ人ひと。
쌍-곡선[雙曲線] 名[數] 双曲線そうきょくせん。
쌍-권총[雙拳銃] 名 二挺にちょうの拳銃けんじゅう。
쌍-꺼풀[雙-] 名 二重瞼ふたえまぶた。
쌍긋 副[하]自 にっこり。¶마음에 들었는지 ~ 웃다 気きに入いったのにっこり笑わらう。쌍긋이 にこっと, にっこりと。
쌍-년 名(卑) 端女はした、汚きたない女おんな、卑いやしい 女おんな, 腐くされ女おんな。
쌍-놈 名(卑) 下品げひんな、卑いやしい男おとこ。
쌍두[雙頭] 名 ①双頭そうとう。 ¶ ~의 독수리 双頭 の鷲わし。②二匹にひき、二頭にとう。
쌍두 마:차[-馬車] 名 二頭立にとうだての馬車ばしゃ。
쌍-둥이[雙-] 名 双子ふたご。
쌍둥이-자리 [天] 双子座ふたござ。
쌍륜[雙輪] 名 双輪そうりん。
쌍무[雙務] 名 双務そうむ。¶ ~ 계약 双務契約けいやく。
쌍-무지개[雙-] 名 二重にじゅうにかかった虹にじ。
쌍-바라지[雙-] 名 両開りょうびらき、二枚開にまいびらき。 ¶ ~ 문 二枚開きの戸と。
쌍-받침[雙-] 名[文法] 同じ子音しいんが重かさなって できた濃音のうおんの終声。
쌍방[雙方] 名 双方そうほう, 両方りょうほう。¶ ~의 의견 双方の意見いけん。
쌍벌-죄[雙罰罪] 名[法] 相姦者そうかんしゃ双方を共ともに罰ばっする罪つみ。
쌍벽[雙璧] 名 双璧そうへき。 ¶ 화단의 ~ 画壇がだんの 双璧/ ~을 이루다 双璧をなす。
쌍봉[雙峰] 名 双峰そうほう, 並ならび立たつ二ふたつの峰みね。
쌍봉-낙타[-駱駝] 名[動] フタコブラクダ。
쌍분[雙墳] 名 盛もり土どを並ならべた夫婦ふうふの二ふたつの墓はか。
쌍-소리 名 下品げひんなことば、卑いやしいことば。
쌍수[雙手] 名 双手そうしゅ, 両手りょうて, 諸手もろて。 ¶~를 들어 환영하다 諸手をあげて歓迎かんげいする。
쌍-스럽다 形어 下品げひんだ、下劣げれつだ、卑いやしい。 ¶ 쌍스러운 농담 下品な冗談じょうだん。
쌍-심지[雙心-] 名 ①二筋ふたすじの灯心とうしん。②[比] 激怒げきどして目めが血走ちばしること。¶눈에 ~를 켜고 화내다 目を血走らして怒おこる。

쌍쌍[雙雙] 名 ①二組にくみ以上いじょうの対つい。 ② ⇨ 쌍쌍이
쌍쌍-이 二人ふたりずつ, 雌雄しゆうがつれそって。¶ 나비가 ~ 날고 있다 蝶々ちょうちょうが いつがいに飛とび交かっている。
쌍안[雙眼] 名 双眼そうがん, 両眼りょうがん。
쌍안-경[-鏡] 名 双眼鏡そうがんきょう。
쌍-자엽[雙子葉] 名[植] 双子葉そうしよう。㊦ 쌍떡잎
쌍자엽-식물[-植物] 名[植] 双子葉植物しょくぶつ。
쌍-지팡이[雙-] 名 ①一対いっついの松葉杖まつばづえ。② でしゃばり, おせっかい。¶ 네가 뭔데 ~를 짚고 나서냐? 君きみが何なんででしゃばるのか。
쌍태[雙胎] 名[하]他[生] 双胎そうたい、ふたごをみごもること。
쌍태 임:신[-妊娠] 名[生] 双胎妊娠にんしん。
쌍화-탕[雙和湯] 名[漢] 疲労回復ひろうかいふくに用もちいる 煎せんじ薬ぐすり。
쌓다 他 ①積つむ、積つみ重かさねる、積つみ上あげる。 ¶ 책을 쌓아 올리다 本ほんを積み上げる。 ②(建物たてものなどを)築きずく、築造ちくぞうする。¶ 제 방을 ~ 堤防ていぼうを築く。③(技術ぎじゅつ・知識ちしき などを)積つむ、築きずき上あげる、立たてる。¶ 수양을 ~ 修養しゅうようを積む。
쌓이다 自 ①積つもる, 重かさなる。¶ 눈이 ~ 雪ゆきが積もる。 ②(心配しんぱい・不平ふへいなどが)重かさなって 増ふえる, 募つのる。¶ 불만이 쌓여 폭발했다 不満ふまんが積もって爆発ばくはつした。③(仕事しごとが)積つもる, たまる。¶ 일이 잔뜩 ~ 仕事がどっさりたまる。
쌔근-거리다 自 「새근거리다」の強調語あえぐ、息いきせく、息いきをはずませる。
쌔근-쌔근 副[하]自 (「새근새근」の強調語) はあはあ、すやすや。¶ 아기가 ~ 고이 잠들고 있다 赤あかちゃんがすやすやと 安やすらかにねむっている。
쌔무룩-하다 形어 (「새무룩하다」の強調語) 仏頂面ぶっちょうづらをしている、つんとしている、ふくれている。¶ 꾸중을 듣고 쌔무룩해지다 叱しかられて仏頂面になる。
쌔비다 他(俗) 盗ぬすむ, かすめ取とる, 掠かすめる, ちょろまかす。㊦ 훔치다
쌕 副 (声こえをたてず目めで笑わらうようす)にっと、にこっと。¶ ~ 웃고 돌아 앉다 にっと笑わらって顔かおを向むく。
쌕:쌕 副[하]自 (安やすらかに眠ねむるようす) すやすや。¶ 아기가 ~ 자고 있다 赤あかちゃんが すやすやと眠ねむっている。
쌕:-거리다 自 しきりに息いきを弾はずませる。
쌨:다 形 有ありあまる, さらに有ある。¶그런 것 은 쌨고 ~ そんなものは有り余っている。
쌩 副 ①(激はげしく吹ふきつける風かぜの音おと) ひゅう, びゅう。¶ 북풍이 ~ 불어 온다 北風きたかぜがひゅうと吹ふいてくる。②(風かぜを切きって 物ものが飛とぶ音おと) びゅっ。
쌩글-거리다 自 (「생글거리다」の強調語) にこにこする。¶ 기뻐서 ~ うれしくってにこにこする。
쌩긋 副 (「생긋」の強調語) にっこり、にこっ

と。¶ 〜 웃다 にっこり笑らう。 **쌩긋-이** 副 にっこりと。

**쌩쌩-하다** 形動《「생생하다」の強調語》ぴらぴらしている、生き生きしている、とても新鮮んだ。¶ 생선이 〜 魚ががぴらぴらしている。

**써걱-거리다** 自「서걱거리다」の強調語。
**써걱-써걱** 副(하)自「서걱서걱」の強調語。
**써-내다** 他 書いて出す。
**써-넣다** 他 書き入れる、記入する、書き込む。¶ 수첩에 메모를 〜 手帳にメモを書き入れる。
**써늘-하다** 形動「서늘하다」の強調語。
**써다** 自 潮が引く、たまり水が干る。
**써:레** 馬ぐわ、まんが。
**썩** 副 ①すっと、さっさと、ぱっと、たちどころに。¶ 〜 나가거라 さっさと出て行け。/ 앞으로 〜 나서다 前へすっと出る。②ずばぬけて、すばらしく、とても、非常に。¶ 〜 좋은 물건 とてもよい品物/ 노래를 〜 잘 부른다 歌がとてもうまい。
**썩다** 自 ①腐る、腐敗する。¶ 목재가 〜 木材が腐る。 ②(精神・社会制度が)腐る、堕落する。¶ 썩은 정치 腐った政治。 ③(心を)痛める、気が腐る、めいる。¶ 속이 푹푹 썩는다 すっかり気がめいる。 ④(活用されるべきものが)使われずにくちる、腐る。¶ 썩고 있는 자재를 이용하다 遊休資材を利用する。 ⑤(才能などが)くちる、埋もれる。¶ 인재가 시골에서 썩고 있다 人材が田舎に埋もれている。
**썩어-빠지다** 自 腐り切る、くち果てる。¶ 정신이 〜 精神性が腐り切っている。
**썩이다** 他 腐らせる。¶ 과일을 〜 果物を腐らせる。
**썩정이** 名 腐ったもの。
**썰:다** 他 切る、刻む。¶ 두껍게 〜 厚切りにする。/ 무를 채 〜 大根を千切りにする。
**썰렁-하다** 形動「설렁하다」の強調語。①(風・空気などが)少し冷たい、ひんやりしている。¶ 방안이 〜 部屋の中が冷やっとする。②もの寂しい。
**썰매** 名 そり。¶ 〜 를 타다 そりに乗る。
**썰-물** 名 引き潮、下げ潮、落ち潮。
**썰:음-질** 名(하) のこぎりで木を切ること。
**쏘가리** 名(動) シナケツギョ。
**쏘곤-거리다** 他自 囁く、ひそひそと話す。 ㉑ 수군거리다
**쏘곤-쏘곤** 副(하)自他 ひそひそと。
**쏘다** 他 ①射る、撃つ、放つ。¶ 총을 〜 鉄砲を撃つ。②刺す。¶ 벌이 〜 蜂が刺す。③鋭く言い放つ、はげしくなじる。④(においなどが鼻を)つく、(味が舌を)刺す。¶ 매운 맛이 혀를 톡 〜 辛い味がぴりっと舌を刺す。
**쏘-다니다** 自 やたらに出歩く、歩き回る、うろつき回る。¶ 거리를 〜 街をうろつきまわる。

**쏘삭-거리다** 他 ①つっつき回す、ひっかき回す。¶ 화롯불을 〜 火鉢の火をひっかき回す。②おだててそそのかす。¶ 놀러 가자고 〜 遊びに行こうとそそのかす。
**쏘시개** 名《「불쏘시개」の縮約形》焚き付け。
**쏘시개-나무** 名 火つけ木。
**쏘아-보다** 他 鋭い目つきで見る、にらむ。
**쏘아-붙이다** 他 鋭く言い放つ。
**쏘이다** 自《「쏘다」の受動》刺される。¶ 벌레에 〜 虫に刺される。
**쏙** 副 ①《ひどく突き出たりへこんだりしているようす》にゅっと、ぽかっと、ぽこっと、ぽこっ(と)。¶ 〜 들어간 눈 ぽこんとくぼんだ目。②《深く突っこんだり抜き出したりするようす》ぐいっと、すぱっと、すぼっと、きゅっと。¶ 〜 빠지다 すぼっと抜ける。③《軽率に物を言い出すようす》ぶしつけに、遠慮なく、唐突に。④《容姿・身なりがすんなりしているようす》すんなり、すっきり、すてきに。¶ 〜 뽑은 옷차림 すっきりと目だった身なり。
**쏜살-같다** 形 (矢のように)とても速い、飛ぶように速い。 **쏜살-같이** 副 矢のように、飛ぶように速く。¶ 〜 내달리다 矢のように走る。
**쏟다** 他 ①こぼす、流す、空ける、出す。¶ 잉크를 〜 インクをこぼす。/ 코피를 〜 鼻血を流す。②(心の中なるを)うちあける、ぶつまける。¶ 불평을 쏟아 놓다 不平をぶちまける。③(心を)注ぐ、傾かける。¶ 애정을 〜 愛情を注ぐ。
**쏟아-지다** 自 ①こぼれる。¶ 잉크가 〜 インクがこぼれる。②あふれる、とめどなく流れる。¶ 눈물이 〜 涙があふれ出る。③降りしきる、降りそそぐ。¶ 눈이 펑펑 〜 雪がこんこんと降りしきる。
**쏠:다** 他 (ねずみやしみなどが)かじる、食う。¶ 좀이 〜 しみが食う。
**쏠리다** 自 ①かたよる、斜めになる。¶ 배가 왼쪽으로 〜 船が左舷に傾く。②(心・視線などが)注がれる、集まる、引かれる。¶ 마음이 〜 気持ちが傾く。/ 사람들의 시선이 그에게 〜 人々の視線が彼に集まる。
**쏠쏠-하다** 形動 ①(品質が)かなり良い、なかなかだ。¶ 쏠쏠한 물건이 많다 結構いい品物がたくさんある。②(利益が)かなり上がる、うまみがある。¶ 이윤이 〜 利益がかなり上がる。 **쏠쏠-히** 副 かなりよく、相当に。
**쏴** 副 ①《風が激しく吹きつけるようす・その音》ひゅう、びゅう。¶ 바람이 〜 불어 온다 風がひゅうと吹いて来る。②《にわか雨が降ったり水などが急に流され出たりする音》ざあっと。¶ 소나기가 〜 하고 오다 立立夕がざあっと降る。

**쐐:기**¹ 名 くさび。¶ ~를 지르다 くさびをさす。 慣用 **쐐기(를) 박다** ①くさびを打つ、打ち込む。②後顧の恐れのないように駄目を押す。③事・状態が悪化するのを防ぐ、手をうつ。

**쐐:기**² 名動 イラムシ。

**쐐:기-풀** 名植 蕁麻、刺草。

**쐬:다**¹ 他 ①(日光・風などを)浴びる、当てる。¶ 바람을 쐬려고 밖으로 나왔다 風に当たろうと思って外に出た。②(物を風・日光などに)当てる。¶ 옷가지를 바람에 ~ 衣類を風に当てる。③(物・作品を)評価させる、見てもらう。¶ 보석을 ~ 宝石を見てもらう。

**쐬:다**² 自 (「쏘이다」の縮約形) 刺される。¶ 벌에 ~ 蜂に刺される。

**쑤군-거리다** 自他 ひそひそと話す、囁く。 同 쑈곤거리다

**쑤군-쑤군** 副自他 ひそひそ、こそこそ。

**쑤다** 炊く。¶ 죽을 ~ お粥を炊く。

**쑤석-거리다** 他 ①ひっかき回す、つっつき回す。¶ 화롯불을 ~ 火鉢の火をひっかき回す。②つつく、そそのかす、おだてる。¶ 친구를 쑤석거려 주식을 사게 하다 友達をつついて株などを買わせる。

**쑤시다**¹ 自 ちくちくと痛む、ずきずきする、うずく。¶ 상처가 ~ 傷がうずく。/ 머리가 ~ 頭がずきずきする。

**쑤시다**² 他 ①ほじくる、せせる、刺す。¶ 이를 ~ 歯をせせる。②つつく、ほじくる。¶ 벌집을 ~ 蜂の巣をつつく。③(人を)そそのかす。

**쑥**¹ 名植 ヨモギ、モグサ。

**쑥**² 名 間抜け、愚か物、馬鹿、お人好し。¶ 말해 보니 영 ~이더군 話して見たらほんとに間抜けだったよ。

**쑥**³ 副 ①(ひどく突き出るかへこんでいるよう)にゅっと、ぽこっと、ぽこっと、ぬっと。¶ 얼굴을 ~ 내밀다 顔をぬっと突き出す。②(深くさしこんだり引き抜いたりしているよう)ぐいと、ぎゅっと、すぽっと、すっと。¶ 병마개가 ~ 빠지다 びんのせんがすぽっと抜ける。③言行などが軽率で向こう見ずなよう。¶ 남의 이야기에 ~ 나서다 人の話にひょいとくちばしを入れる。

**쑥-갓** 名植 シュンギク。

**쑥-대** 名 ヨモギの茎。 **쑥대-밭** 名 ①ヨモギの生い茂っている荒れ地。②(比)廃墟など。¶ 마을이 ~이 되다 村が廃墟となる。

**쑥덕-거리다** 自 「숙덕거리다」の強調語。

**쑥덕-쑥덕** 副自他 ひそひそ、こそこそ。

**쑥덕-공론** [-公論] 名하自 多くの人がひそひそと話すこと、ひそひそと相談したりうわさしたりすること。

**쑥-떡** 名 蓬を入れた餅、蓬餅、草餅など。

**쑥-버무리** 名 米の粉と蓬をまぜて甑に蒸した餅。

**쑥-스럽다** 形ㅂ てれくさい、きまりが悪い、気恥ずかしい、ぎこちない。¶ 사람들 앞에 서기가 어쩐지 ~ 人前に出るのがなんとなく気恥ずかしい。

**쑬쑬-하다** 形여 まあまあの程度だ、結構だ、かなり良い、まずまずだ、使いようがある。¶ 이만하면 ~ これぐらいならまずまずだ。 同 쏠쏠하다

**쓰개** 名 被り物類の総称。

**쓰개-치마** 名 女が外出するとき頭から上体を覆い隠したチマ。

**쓰다**¹ 他 ①(文字を)書く。¶ 잉크로 ~ インクで書く。/ 빠뜨리고 ~ 書き落とす。②(文章などを)作る、書く。¶ 소설을 ~ 小説を書く。

**쓰다**² 他 ①(帽子・手ぬぐいなどを)かぶる、つける、掛ける。¶ 모자를 ~ 帽子をかぶる。/ 안경을 ~ 眼鏡をかける。②(傘を)さす。¶ 양산을 ~ パラソルをさす。③(ごみなどを)かぶる。¶ 먼지를 뒤집어 ~ ほこりをかぶる。④(罪名を)かぶる、着せられる。¶ 누명을 ~ ぬれぎぬを着せられる。

**쓰다**³ 他 ①(お金・物を)使う、使用する、費やす。¶ 경비를 ~ 経費を使う。/ 물을 많이 ~ 水をたくさん費やす。②(人を)雇う、使う。¶ 가정부를 ~ お手伝いを雇う。③(心・力などを)使う、傾ける、注ぐ、はたらかす、張る。¶ 신경을 ~ 気を使う。/ 힘을 ~ 力を注ぐ。/ 떼를 ~ 強情を張る。④(手段・権力などを)用いる、使う、振るう、振りまわす。¶ 비겁한 수단을 ~ 卑怯な手段を用いる。⑤(薬を)飲む、服用する。¶ 한약을 ~ 漢方薬を飲む。⑥(金を)借りる、借金する。¶ 남의 돈을 ~ 人のお金を借りる。⑦(碁・将棋などの石・駒を)置く、進める。¶ 말을 ~ 駒を進める。⑧(食べ物を)おごる、もてなす。¶ 한턱 ~ 一杯おごる。

**쓰다**⁴ 他 埋葬する、墓をつくる。¶ 동네 뒷산에 뫼를 ~ 村の裏山に埋葬する。

**쓰다**⁵ 形 ①苦い、苦味がある。¶ 쓴 약 苦い薬。②食欲がない、まずい。¶ 입맛이 ~ 食欲がない。③不機嫌だ、苦々にがしい。¶ 쓴웃음을 짓다 苦笑にがわらいをする。

**쓰다듬다** 他 ①なでる、さする、なでさする。¶ 머리를 ~ 頭をなでる。②なだめる、すかす。¶ 우는 아이를 ~ 泣く子をなだめる。

**쓰디-쓰다** 形 苦々しい。①(味が)ひどく苦い。②辛い、非常に苦しい。¶ 쓰디쓴 경험 苦々しい経験。

**쓰라리다** 形 ①(傷口が)ひりひりする、ずきずきする、疼く。¶ 상처가 ~ 傷口が疼く。②辛い、痛い、心苦しい。¶ 마음이 ~ 心が痛む。

**쓰러-뜨리다** 他 倒す。①ぶっ倒す、ひっくり返す。¶ 서 있는 나무를 ~ 立ち木を倒

す。②負まかす、打うち倒たおす、打倒だおうする、殺ころす。¶ 정부를 ~ 政府せいふを倒す。

**쓰러-지다** 自 倒たおれる。①転ころぶ。¶ 나무가 바람에 쓰러졌다 木きが風かぜで倒れた。②(過労かろうなどで)床ゆかにつく。¶ 과로로 ~ 過労で倒れる。③滅ほろびる、覆くつがえる。¶ 회사가 쓰러졌다 会社かいしゃが倒産とうさんした。④死しぬ。¶ 흉탄에 쓰러졌다 凶弾きょうだんに倒れた。

**쓰레기** 名 ごみ、ちり、屑くず。¶ ~를 치우다 ごみを片付かたづける。/ ~가 쌓이다 ごみが積つもる。

**쓰레기-차**[-車] 名 ごみ運搬車うんぱんしゃ。
**쓰레기-통**[-桶] 名 ごみ箱ばこ、塵箱ちりばこ、掃はき溜だめ。

**쓰레-받기** 名 ごみ取とり、ちりとり。
**쓰레-질** 名他 掃はき仕事しごと。
**쓰르라미** 名(動) ヒグラシ、カナカナ。

**쓰리다** 形 ①ひりひり痛いたむ、焼やける。¶ 가슴이 ~ 胸むねが焼ける。②(腹はらが)ぺこぺこだ、ひもじい。

**쓰이다**¹ Ⅰ 自 (《쓰다¹》の被動) 書かける、書かかれる。¶ 이 펜은 글씨가 잘 쓰인다 このペンは字じがよく書ける。Ⅱ 他 (《쓰다¹》の使動) 書かかせる。¶ 학생에게 글씨를 ~ 学生がくせいに字じを書かせる。

**쓰이다**² 自 使つかわれる、使用しようされる、用もちいられる。¶ 널리 ~ 広ひろく使われる。/ 잘 쓰이는 단어 よく使われる単語たんご。

**쏙** 副 ①(にわかに現あらわれたり消きえたりするようす) さっと、すっと、ぱっと。¶ 방안으로 ~ 들어서다 部屋へやにさっと入はいる。/ ~ 빠지다 すっとなくなる。②(速はやく走はしり出だしたり通とおり過すぎたりするようす) さっと、すっと。¶ 검은 그림자가 ~ 지나갔다 黒くろい影かげがすっと通とおり ねった。③(가볍게 구ぎる) さっと、そっと、ぐいと、ぐっと。¶ 눈물을 ~ 닦다 涙なみだをぐいとぬぐう。

**쏙싹** 副(する) (のこぎり・やすりをこするとき出でる音おと) ぎこぎこ、ごしごし。

**쏙싹-거리다** 自他 ごしごし音おとがする、ぎこぎこ音を立たてる。

**쏙-하다** 他 ①(不正ふせい・誤あやまりなどを)もみ消けす、隠かくす。②(人ひとの物ものを)猫ねこばばをきめこむ。¶ 습득물을 ~ 拾ひろい物ものを猫ばばする。③(勘定かんじょうなどを)棒引ぼうびきにする、相殺そうさいする。

**쏙쏙** 副 ごしごし。¶ ~ 문지르다 ごしごしする。

**쓴-맛** 名 苦にがい味あじ、苦味にがみ。
〖속담〗쓴맛 단맛 다 보다 酸すいも甘あまいも嚙かみ分わける。《あらゆる経験けいけんを積つんだ》

**쓴-웃음** 名 苦笑にがわらい、苦笑くしょう。

**쓸개** 名 胆嚢たんのう。
〖관용〗쓸개(가) 빠지다 主観しゅかんのないのをあざけって言いう語ご。

**쓸다**¹ 他 ①掃はく。¶ 마당을 ~ 庭にわを掃く。②(手でで軽かるく)なでる。¶ 가슴을 쓸어 내리다 胸むねをなでおろす。③(伝染病でんせんびょうなどが)広ひろまる、蔓延まんえんする、覆おおい尽つくす。¶ 독감이 전국을 ~ インフルエンザが全国ぜんこくにひろがる。④独ひとり占じめにする、席巻せっけんする。¶ 상을 모조리 쓸어 갔다 すべての賞しょうを独ひとり占めして行いった。

**쓸다**² 他 (やすりなどで)擦する。¶ 줄로 톱을 ~ やすりでのこぎりを擦する。

**쓸데-없다** 形 使つかいみちがない、無用むようである、役やくに立たたない、要いらない、つまらない、くだらない。¶ 쓸데없는 걱정 いらぬ心配しんぱい/ 쓸데없는 말을 지껄이다 くだらないことをしゃべる。**쓸데-없이** 副 いたずらに、無駄むだに、無用むように。¶ ~ 날을 보내다 いたずらに日ひを過すごす。

**쓸리다**¹ 自 擦すり剝むける。¶ 넘어져서 무릎이 ~ 転ころんで膝ひざが擦り剝ける。

**쓸리다**² 自 傾かたむく、従したがう、なびく、靡なびぐ。¶ 벼가 바람에 ~ 稲いねが風かぜに吹ふかれて傾く。

**쓸리다**³ 自 掃はかれる。¶ 마당이 깨끗하게 ~ 庭にわがきれいに掃かれる。

**쓸-모** 名 使つかい道みち、用途ようと、取とり柄え。¶ ~ 없는 녀석 取り柄のない奴やつ/ ~가 많다 使い道が多おおい。/ 아무짝에도 ~가 없다 なんの役やくにも立たたない。

**쓸쓸-하다** 形(여) ①(天気てんきが)うすら寒さむい、ひえびえする、肌寒はださむい。¶ 쓸쓸한 날씨가 계속되다 うすら寒い天気てんきが続つづく。②うら寂さびしい、ものさびしい、わびしい。¶ 친구가 없어서 ~ 友達ともだちがいなくて寂しい。/ 어쩐지 쓸쓸한 기분이 되다 どうしてかうら寂しい気持きもちになる。**쓸쓸-히** 副 さびしく、つくねんと、ぽつねんと、しょんぼり。¶ ~ 서 있다 しょんぼり立たっている。

**쓸어-들이다** 他 掃はき寄よせる、掃きためる、かき集あつめる。

**쓸어버리다** 他 掃はき捨すてる、掃いてしまう。¶ 쓰레기를 ~ ごみを掃き捨てる。

**씀바귀** 名(植) ニガナ。

**씀벅-거리다** 自他 ①(目めを)ぱちぱちさせる、しきりに瞬まばくす。②(目めが)ちかちかする、しょぼしょぼする。㊤ 씀벅거리다。
**씀벅-씀벅** 副(する) ぱちぱち、ちかちか。

**씀씀-이** 名 (金銭きんせん・物ものなどを)費ついやすこと、費用ひよう、支出ししゅつ。¶ ~가 헤프다 金遣かねづかいが荒あらい。

**씁쓰레-하다** 形(여) ほろ苦にがい、苦っぽい。¶ 맥주의 씁쓰레한 맛 ビールのほろ苦い味あじ。

**씁쓸-하다** 形(여) やや苦にがい、ほろ苦にがい。

**씌우개** 名 覆おおい、かぶせ物もの、カバー。

**씌우다** 他 ①(頭あたま・物ものの上うえに)かぶせる、覆おおう、掛かける。¶ 아이에게 모자를 ~ 子供こどもに帽子ぼうしをかぶせる。②(人ひとに罪つみなどを)着きせる、かぶせる、なすりつける。¶ 누명을 ~ ぬれぎぬを着きせる。

**씨**¹ 名 種たね。①(植物しょくぶつの)種子しゅし。¶ 꽃 ~ 花はなの種/ ~를 뿌리다 種を蒔まく。②(果実かじつの中なかの)さね。¶ 복숭아 ~ モモのさね。③(父ちちの)血筋ちすじ、胤たね、血統けっとう。¶ ~가 좋은

씨 말 血筋のすぐれた馬/ ~를 받다 種を取る。④(比)(物事などの)根本、原因、もと。¶ 싸움의 ~ けんかの種。
〈관용〉 씨를 말리다 種を絶やす、ひとつの種類を跡形もなく無くしてしまう。

**씨²** 名 緯、(織物の)横糸。

**씨³** [氏] Ⅰ 依 …氏、…さん。¶ 김~ 金さん。Ⅱ 代 「その人・そのお方」の意で表わす 氏、先生。¶ ~는 선량한 사람이었다 氏は善良な人であった。Ⅲ 接尾 「氏族を表わす」 …氏。¶ 전주 이~ 全州李チョンジュイ。

**씨근-거리다** 自 喘ぐ、息をはずませる、息を切らす。

**씨-도둑** 名 親お・兄弟などの血筋とは少しも似通ぬことで、変わり種。¶ ~은 못한다 血筋だけは争そえないものだ。

**씨-돼:지** 名 種豚・種。

**씨름** 名 ①(韓国からの)相撲。¶ ~을 하다 相撲を取る。②하自 (ある事に真剣に)取り組むこと。¶ 책과 ~하다 本と取り組む。

**씨름-판** 名 相撲場、土俵場。

**씨-말** 名 種馬。

**씨-받이** 名 하自 ①采種する、種をとること。¶ ~ 말 種馬。②(妻が子を生めないとき)他の女性に子を生ませたこと、また報酬をもらってそのことをした女。

**씨-벼** 名 籾種。

**씨부렁-거리다** 自 (「시부렁거리다」の強調語) しきりにしゃべる、無駄口をたたく。

**씨부렁-씨부렁** 副 하自 (しきりにしゃべりたてるようす) ぺちゃぺちゃ、ぶつぶつ。

**씨-뿌리다** 自 種を蒔く。①播種する。¶ 밭에 씨뿌리러 가다 畑に種蒔きに行く。②(物事の)基をを作る。

**씨-소** 名 種牛。

**씨-실** 名 緯糸、横糸、緯。

**씨아** 綿繰り車。

**씨-알** 名 ①種卵、種。②穀物の種としての粒。③鉱物の細かい粒。

**씨-암탉** 種取りめんどり、種卵を産ませるためのめんどり。

**씨앗** 名 (植物の)種。 종자(種子)。

**씨족** [氏族] 名 氏族。¶ ~ 사회 氏族社会。

**씨족 제:도** [-制度] 名 氏族制度。

**씨-줄** 名 ①緯糸・よこ。②[地] 緯線。

**씩** 名 にやりと、にたりと。¶ ~ 혼자서 웃다 にたりと一人で笑う。

**-씩** 接尾 …ずつ。¶ 한 번 ~ 一回ずつ/한 개~ 받았다 1個ずつもらった。

**씩씩-거리다** 名 あはあする、息巻く。¶ 씩씩거리며 덤벼들다 息巻いてとびかかる。

**씩씩-하다** 形動 凛々しい、雄々しい、男らしい。¶ 씩씩한 모습 雄々しい姿が。

**씰그-뜨리다** 他 歪める、傾ける。

**씰그러-지다** 自 歪む、傾く。

**씰긋-하다** 形動 少し歪んでいる、少し傾かたいている。

**씰긋-거리다** 自他 しきりに歪にするよう、傾かたこうとする。

**씰긋-씰긋** 副 하自他 ぐらぐら、ぎしぎし。

**씰기죽-거리다** 自 ぐらぐらと動く、ぎしぎししながら歪むように動く。

**씰기죽-씰기죽** 副 하自 ぐらぐら、ぎしぎし。

**씰룩** 副 하自他 (「실룩」の強調語) ひくっと、ぴくっと。

**씰룩-거리다** 自他 ぴくぴくする(させる)。¶ 입술을 ~ 唇をぴくぴくさせる。

**씰룩-씰룩** 副 하自他 ぴくぴく、ひくっぴくっ。

**씹** 名 ①大人の女女の陰部、陰門。②하自(卑) 性交。

**씹-거웃** 名 女の陰毛。

**씹다** 他 ①かむ、咀嚼する。¶ 밥을 꼭꼭 씹어서 먹다 御飯をよくかんで食べる。②(他人に)そしる、陰口をきく、けなす。③(同じことを)繰り返して言う。

**씹어-대다** 他 ①しきりにかむ、咀嚼する。¶ 껌을 ~ ガムをくちゃくちゃかむ。②(同じことを繰り返して言う)くどくど言う。¶ 쓸데없는 말을 계속 ~ つまらないことをくどくど言う。③(他人だを)しきりにそしる、陰口をきく。

**씹히다¹** 自 「씹다」の被動。①かめる。¶ 너무 질겨서 잘 씹히지 않는다 あまり固くてよくかめない。②(人から)そしりを受ける、悪口をきく。

**씹히다²** 他 (「씹다」の使動) かむようにさせる、かませる。

**씻기다¹** 自 (「씻다」の被動) 洗われる。¶ 파도에 ~ 波に洗われる。

**씻기다²** 他 (「씻다」の使動) 洗わせる、すすがせる。¶ 몸을 ~ 体を洗わせる。

**씻다** 他 ①(水などで)洗う、流す。¶ 손을 깨끗이 ~ 手をきれいに洗う。②(水気などを)拭く。¶ 이마의 땀을 ~ 額の汗を拭く。③(汚名など・恥辱を)そそぐ、すすぐ。¶ 치욕을 ~ 恥辱をそそぐ。④(恨みなどを)晴らす。

**씻어 내:다** 他 洗い上げる、洗い立てる。

**씻어 버리다** 他 ①洗い上げる、洗ってしまう。②すすぐ、そそぐ、清ずめる。

**씻은-듯이** 副 洗ったように、きれいさっぱり、すっかり。¶ 상처가 ~ 나았다 傷がすっかり治った。/원한을 ~ 잊어버리다 恨みをきれいさっぱりと忘れてしまう。

**씽글-거리다** 自 ひきつづいてにこやかに笑う、にこにこする。

**씽글-씽글** 副 하自 にこにこ。

**씽긋** 名 にこり。

**씽긋-거리다** 自 しきりににこにこする。

**씽-씽** 副 ①(激しく吹き続ける風の音が) ひゅうひゅう、びゅうびゅう。¶ 찬 바람이 ~ 분다 冷たい風がびゅうびゅう吹く。②《ニイニイゼミの鳴き声》にいにい。

**씽씽-하다** 形動 (「싱싱하다」の強調語) 生き生きしている、元気旺盛だ、ぴんぴんしている、ぴちぴちしている。

ㅇ ハングルの字母の第8番目の字。

**아**[1] 感 ①(驚いたりあわてたり せっぱつまったりした時などに出す声) ああ、あっ。¶ ~, 깜빡 잊었다 あ、うっかり忘れた。 ②(相手に注意を引っこすために話す前に出す声) あ、ああ、あの、おい。¶ ~, 여보세요 ああ、もしもし。

**아**[2] 感 (喜怒哀楽の感じを表わす声) ああ、あ、ああ、わあ。¶ ~, 재미있다 わあ、面白い。/ ~, 슬프다 ああ、悲しい。

**아**[3] 助 (子音で終わる体言について 目下の者の·物などをさす語)…よ、…や、…め。¶ 이놈~ こいつめ/ 달~ 밝은 달~ 月よ、明るい月よ。

**아:-** [亜] 接頭 亜…。①「つぎの·次位の·2番目の」の意を表わす。¶ ~ 열대 亜熱帯。 ②[化] (無機酸の)酸素原子さんそげんしの比率が少ないことを表わす。¶ ~ 황산 亜硫酸。

**-아** [兒] 接尾 …児。¶ 유~ 乳児/ 행운~ 幸運児。

**아가** 名 赤子、赤ちゃん、坊や。

**아가리** 名 ①(俗) 口、くちばし。②瓶·壺などの口。③ 가 득 독 口의 넓은 甕。
〖관용〗 **아가리(를) 놀리다** 口をはさむ。

**아가리-질** 名[하다] ①(卑) 言い争い、口論。②悪たれ口、悪口、ののしり。③(卑) 泣くこと。

**아가미** 名[動] えら。¶ ~ 구멍 えら穴。

**아가씨** 名 ①(未婚の若い女性をていねいに言う語) お嬢さん、娘さん。¶ 댁의 ~ お宅のお嬢さん。②妻が夫の未婚の妹を呼ぶ語。

**아갈-잡이** 名[하다] 猿ぐつわ。¶ ~를 물리다 猿ぐつわをかませる。

**아교** [阿膠] 名 膠、阿膠。¶ ~로 굳히다 にかわで固める。

**아교-질** [-質] 名 にかわ質、阿膠質。

**아구** 名 (「맞다·맞추다」と共に使われて)満たす·合わせる数量。
〖관용〗 **아구(가) 맞다** 標準とする数量にきっちりと合う。**아구(를) 맞추다** 標準とする数量にきっちりと合わせる。

**아:-군** [我軍] 名 ①我が軍、我が軍隊。②味方、友軍。

**아궁이** 名 かまど、焚口、火口。¶ ~에 나무를 지피다 かまどに薪をくべる。

**아귀**[1] 名 ①口の両わき、口角。¶ 입 ~가 헐다 口角がただれる。②親指と他の四本の指の指の間、股、握力。¶ 손 ~ 指の股。③衣服のわきあけ。④新芽の吹き出でたところ。
〖관용〗 **아귀(가) 무르다** 屈服しやすい。**아귀(가) 세다** 握力が強い、気が強く人に屈しない。**아귀(를) 트다** 衣服のわきをあける。

**아귀**[2] 名[動] アンコウ。

**아귀-다툼** 名[하다] 口げんか、ののしり合い、口論。

**아귀-아귀** 副 (口いっぱい頬張ってむさぼり食べるようす) がつがつ、むしゃむしゃ。¶ ~ 먹어대다 がつがつむさぼり食う。

**아기** 名 赤ちゃん、赤ん坊、坊や。¶ ~를 업다 赤ん坊をおぶう。
〖관용〗 **아기(가) 서다** 子をはらむ、妊娠する、身ごもる。

**아기-집** 名[俗] 子袋、子宮。

**아기-씨** 名 (「嫁入りごろの乙女」に対する上品な呼称) お嬢さま。

**아기-자기** 名[하다形] ①むつまじくて楽しいようす、情愛深いようす。¶ ~ 한 결혼 생활 むつまじい結婚生活。②調和がとれて美しく繊細なようす。¶ ~하게 꾸민 정원 数寄をこらした庭園。③かわいらしいようす。¶ 보면 볼수록 ~ 한 얼굴 見れば見るほどにかわいらしい顔。

**아까** 副 少し前、先ほど、さっき。¶ ~ 만난 사람 少し前に会った人/ ~는 실례했습니다 先ほどは失礼しました。/ ~는 뭐라고 했니? さっきはなんて言ったかね。

**아까워-하다** 他[여] 惜しむ、惜しがる。¶ 그의 죽음을 ~ 彼の死をおしむ。

**아깝다** 形[ㅂ] ①惜しい、残念だんだ。¶ 버리기는 너무 ~ 捨てるのはとても惜しい。②もったいない。¶ 아까운 재능을 썩히고 있다 もったいない才能をくさらせている。

**아끼다** 他 ①やたらに扱わない、惜しむ、節約する、大切に使う。¶ 비용을 ~ 費用をやたらに使わない。②大事にする、大切にする、尊重する、重んじる。¶ 자연을 ~ 自然を大切にする。③(「아끼지 않다」の形で) 惜しまない、いとわない。¶ 수고를 아끼지 않다 苦労をおしまない。

**아나운서** [announcer] 名 アナウンサー。

**아낙** 名 ①家庭の主婦の部屋。②(「아낙네」の縮約形) 女、かかあ。

**아낙-네** 名 女、かかあ。

**아날로그** [analogue] 名 アナログ。¶ ~ 시계 アナログ時計。

**아내** 名 妻、家内、女房。¶ ~를 맞다 妻をめとる。

**아냐** 感 (「아니야」の縮約形) いや、いいや。¶ ~, 그런 뜻으로 말한 것은 아니다 いや、そういう意味で言ったのではない。

**아녀자** [兒女子] 名 ①子供と女。②「여자」をさげすんで言う語。

**아뇨** 感 (「아니요」의 縮約形) いいえ。

**아늑-하다** 形여 ①奥まって静かだ、こぢんまりしている。¶ 아늑한 정원 こぢんまりした庭。②風もなく暖かい、穏やかだ。아늑한 겨울날이 계속되다 穏やかで暖かい冬の日が続くさ。 **아늑-히** 副 こぢんまりと、居心地よく。

**아니**[1] 副 《用言の前に置かれて否定の意を表わす語》…ない、…しない。¶ ~ 오다 来ない。/ ~ 먹다 食べない。

**아니**[2] 感 ①《否定・反対の返事に用いる語》いいえ、いや。¶ 그를 찾았나? 彼か探したか。いいえ。②《驚き・疑問などを表わす語》ええっ、やっ、あれっ、おや。¶ ~, 그게 정말인가? あれっ、それはほんとうか。③《強調・疑念の意を表わす語》いや、いな。¶ 모인 사람은 백 명、~ 이백 명은 넘는 것 같다 集まった人は100人、いや200人は超えるようだ。④《話しす途中に中断したる時に使う語》いや、¶ ~, 아무 일도 아닙니다 いや、なんでもありません。

**아니-야** 感 《否定の意を表わすときに用いる語》いや、いやあ。¶ ~, 난 싫어 いや、僕はいやだぜ。

**아니-참** 感 《ふと思い出したときに用いる語》あっ、あっそうだ(だ)、あっそうか、おっと。¶ ~, 그걸 깜박 잊었군 あっそうだ、それをとんと忘れていたな。

**아니꼽다** 形ㅂ ①吐き気がする、むかつく。②こしゃくだ、きざだ、きざわりだ。¶ 거들먹거리는 꼴이 정말 ~ 偉ぶるさまがほんとうにこしゃくだ。

**아니꼽살-스럽다** 形ㅂ ひどく生意気だ、目に余る、目がざわりだ。

**아니나-다를까** 感 案の定だ、予想通りだ、果たして。¶ ~ 그의 소행이었다 案の定彼のしわざであった。

**아니다** 形 《事実を否定して》…でない、ではない。¶ 나는 학생이 ~ 私たちは学生ではない。/ 그가 한 말은 사실이 ~ 彼が言ったことは事実でない。

**아니-하다**[1] 助動 《動詞について否定の意を表わす》…しない。¶ 읽지 ~ 読まない。

**아니-하다**[2] 助動여 《形容詞について否定の意を表わす》…くない、…でない。¶ 좋지 ~ よくない。/ 예쁘지 ~ きれいでない。

**아니할말로** 副 はばかりながら、言ってはいけないことだが。¶ 그렇게 살 바에야, ~ 죽는게 차라리 낫겠다 そんな暮らしをするなら、言っちゃ悪いけど、むしろ死んだほうがましだ。

**아닌게-아니라** 副 ほんとうに、果たして、なるほど、やっぱり、まったく。¶ 와서 보니 ~ 절경이구나 来て見たら、なるほど絶景だな。/ ~ 네 말이 옳다 やっぱり君の言うとおりだ。

**아닌-밤중에** [-中-] 副 思いわぬ時に、いきなり、だしぬけに、やぶから棒に、突然。¶ ~ 그게 무슨 소리냐? やぶから棒に何を言ってるんだ。
속담 **아닌밤중에 홍두깨** ま夜中に綾巻き。《物事のしかたがだしぬけであるさま、やぶから棒》

**아:담** [雅淡・雅澹] 名하形 △型 上品でこぢんまりしていること、シックだ、しっとりと落ち着いていること。¶ ~한 방 こぢんまりした部屋。

**아동** [児童] 名 ①児童、子供。¶ ~복 児童服。②(小学校などの)生徒。

**아동 문학** [-文學] 児童文学。
**아동심리학** [-心理學] 名[心] 児童心理学。

**아둔-하다** 形여 愚かだ、愚鈍だ。

**아드-님** 名 《他人の息子の尊敬語》息子さん、御子息。

**아드득** 副하自 ①《固い物をかむ音》がりっ、がりがり、ばりっ。②《歯ぎしりするときの音》ぎりりっ、ぎりぎり。

**아득-바득** 副하自 《我を張ったりせがんだりするよす》かたくなに、ねちねち。¶ ~ 졸라대다 ねちねちせがむ。/ ~ 우기다 かたくなに言い張る。

**아득-하다** 形여 ①はるかだ、はるかに遠い。¶ 아득한 옛날 はるかむかし。②めどが付かない、漠然とする。¶ 돈을 마련할 길이 ~ 金策のめどが付かない。 **아득-히** 副 はるかに。

**아들** 名 息子、せがれ。

**아들-놈** 名 《他人の前で自分の息子をひくめて言う語》せがれ。¶ 우리 집 ~ うちのせがれ。

**아들-딸** 名 息子と娘、子女。

**아따** 感 《ひどく気がいらないときに発する語》なんだって、なんとまた、いったい。¶ ~, 울기는 왜 울어? なんだって泣いたりするんだい。

**아뜩-하다** 形여 くらっと目まいがする、くらくらする、気が遠くなる。¶ 갑자기 정신이 ~ 急に気が遠くなる。

**아라비아 숫:자** [Arabia 数字] 名[数] アラビア数字。

**아랍** [Arab] 名[地] アラブ。

**아랑곳** 名하自他 与あり知る所、気にする所。¶ 남이 무어라 하든지 ~ 하지 않다 人がなんと言おうととんと気にしない。

**아랑곳-없다** 形 知ったことではない、あずかり知ることではない。¶ 네 처지 따위는 ~ お前の立場など知ったことではない。

**아래** 名 ①下、下方。¶ 위와 ~ 上と下/~를 보다 下の方を見る。②(数量・年齢・地位などの)下、下位、少ない方。¶ 아랫사람 下位の人/ 나보다 나이가 ~다 わたしより年下が下だ。③(影響・条件の)下。¶ 이러한 조건 ~에서는 この条件の下では。④あとに続くこと、次ぎ、以下。¶ 설명은 ~와 같다 説明は次のと

**아래-위** 图 上ㅗと下ㅅ た、上下ヒょぅ。¶ 옷을 ~ 갖추어 입다 衣服ふくを上下そろえて着きる。

**아래-쪽** 图 下したの方ほう、下の場所ヒょ。¶ ~을 보다 下の方を見みる。

**아래-층**[-層] 图 (2階以上にじょうの建物たてものの)下層そう、下したの階かい。

**아래-턱** 图 下したあご。

**아랫-것** 图〔俗〕(「아랫사람」の卑称)目下めしたの者もの、下部ぶ。

**아랫-니** 图 下歯ば、下したの歯は。

**아랫-단** 图 (着物きもののの)すそ。

**아랫-도리** 图 下半身はんしん。

**아랫-목** 图 (オンドル部屋へやで)焚口たきぐちに近ちかいところ。

**아랫-배** 图 下腹はら・した。¶ ~에 힘을 주다 下腹に力ちからをいれる。

**아랫-사람** 图 ①目下ぢの人ひと。②(地位ちい・階級きゅうが自分ぶんより)低ひくい人ひと。

**아:량**[雅量] 图 雅量りょう。¶ ~을 베풀다 雅量をもって処しょする。

**아련-하다** 图〔四〕 (記憶きおくなどが)はっきりしない、かすかだ、おぼろげだ。¶ 아련하게 떠오르는 옛 추억 おぼろげに浮うかび上あがるむかしの追憶ついおく。**아련-히** 副 かすかに。

**아렴풋-하다** 图〔四〕 ①(見みたり聞きいたりしたものが)かすんでいる、かすかだ。¶ 나무가 안개에 싸여 ~ 木きが霧きりに包つつまれてかすんで見みえる。②(記憶きおくなどが)はっきりしない、かすかだ、おぼろげだ。¶ 아렴풋한 기억 おぼろげな記憶。**아렴풋-이** 副 ぼうっと、かすかに。

**아:령**[啞鈴] 图〔體〕 亜鈴れい。

**아로-새기다** 他 ①(文字じ・模様もようなどを)上手じょうずに彫ほり込こむ、ちりばめる。②(心こころに)刻きざみつける、しっかり記憶きする、肝きもに銘めいじる。¶ 마음 속에 ~ 心こころの中なかに刻きざみつける。

**아롱-거리다** 圓 目めの前まえにちらちらする、かすかにちらつく。

**아롱-사태** 图 牛うしの股肉もも。

**아뢰다** 他 ①(目上めうえの人ひとに)申もし上あげる、奏そうする。¶ 선생님께 사정을 ~ 先生せんせいに事ごとの次第しだいを申し上げる。②(目上の人の前まえで音楽おんがくを)演奏えんそうする、奏かなでる。

**아:류**[亞流] 图 亜流りゅう。¶ 피카소의 ~에 지나지 않는다 ピカソの亜流にすぎない。

**아르바이트**[独 Arbeit] 图 アルバイト。

**아른-거리다** 圓 見みえ隠かくれする、ちらちらする、ちらつく、明滅めいめつする。¶ 그들의 모습이 내 눈 앞에 ~ 彼等かれらの姿すがたがわたしの目の前まえにちらつく。

**아른-아른** 副〔四〕 ちらちら、ゆらゆら。

**아름**〔依〕 抱かえ。¶ 세 ~이나 되는 소나무 三抱かかえもある松まつの木き。

**아름답다** 图〔ㅂ〕 ①(色彩しき・形かたちなどが)美うつくしい、うるわしい、きれいだ。¶ 꽃처럼 ~ 花のようにうるわしい。②(心根こころねなどが)美しい、立派ぱだ、けなげだ。¶ 아름다운 추억 美しい思おもい出で。

**아름-드리** 图 一抱かかえを越こす木き・物もの。¶ ~나무 一抱えの木き。

**아리다** 圈 ①(舌したの感触かんしょくが)ひりひりする、ぴりっと辛からい。¶ 혀끝이 ~ 舌先さきがひりひりする。②(傷口きずぐちなどが)ひりひりと痛いたむ。¶ 불에 덴 자리가 ~ やけどのあとがひりひりする。

**아리땁다** 圈〔ㅂ〕 (心こころ・態度たいどなどが)きれいだ、美うつくしい、うるわしい。¶ 아리따운 여인 うるわしい女おんな。

**아리랑-타령**[-打令] 图〔音〕 アリランの歌うた(韓国かんこくの代表的だいひょうてき民謡みんようのひとつ)。

**아리송-하다** 图〔四〕 はっきりしない、曖昧あいまいだ、不明瞭ふめいりょうだ、いぶかしい。¶ 정말인지 거짓말인지 ~ ほんとうなのか嘘うそなのかはっきりしない。

**아리아**[이 aria] 图〔音〕 アリア、(オペラの)詠唱しょう。

**아마**[亞麻] 图〔植〕 アマ。

**아마**[←amateur] 图〔「아마추어」の縮約形〕 アマ、アマチュア。

**아마** 副 おそらく、おおかた、たぶん、思おもうに。¶ ~ 오겠지 おそらく来くるだろう。/~ 세 시쯤 되었을 거야 たぶん3時じごろにはなったろう。

**아:마추어**[amateur] 图 アマチュア、アマ。

**아메리칸 인디언**[American Indian] 图 アメリカンインディアン。

**아메리칸 풋볼**[American football] 图〔體〕 アメリカンフットボール。

**아:멘**[히 amen] 图〔基〕 アーメン。

**아:무¹** 代 (不特定ふとくていの人ひとをさす語ご) 誰だれ。¶ ~라도 좋다 誰でもいい。/~도 모른다 誰も知らない。

**아:무²** 冠 ①(指定ていせずに物事ものごとを指さすときに使つかわれる語ご) どの、なんの、何なん、どんな。¶ ~ 책이나 가져오너라 どの本ほんでもいいから持もって来きなさい。②何なんの、少すこしも。¶ ~ 소용도 없다 何の役やくにも立たたない。/ ~ 걱정 말아라 少しも心配しんぱいするな。

**아:무-개** 图 (「아무」よりやや気軽きがるに使つかう語ご) なにがし、誰それ、某それがし。¶ 김 ~의 집 金きむなにがしの家いえ。

**아:무-것** 代 なに、なん。¶ ~이든 좋다 なんでもいい。/~도 없습니다 何でもありません。

**아:무-데** 代 どこ、いかなる所ところ。¶ ~나 놓아라 どこにでも置おけ。

**아:무-때** 代 いかなるとき、いつ。¶ ~ 와도 좋다 いつ来きてもいい。/~라도 있다 いつでもある。

**아:무래도** 副 「아무리 하여도」の縮約形。①どうにも、どうしても。¶ 그까짓 일은 ~ 좋다 それしきのことはどうでもよい。②どうしても、どうやっても、なんとしても。¶ ~ 너한테는 무리일 것이다 どうしてもお前まえに

아무런 は無理りだろう。

**아:무런** 略《「아무러한」의 縮約形》何なの、何らの、いかなる。¶ ~ 소용도 없다 何の役にも立たない。/ ~ 조건도 붙이지 않다 いかなる条件けんも付つけない。

**아:무런들** 略《「아무러한들」의 縮約形》いくらなんでも、どうあろうと、どうだろうと。¶ 남들이 ~ 어떠냐? 他人たにんがどうあろうとそれがどうだというのだ。

**아:무렇다** 形を《「아무러하다」의 縮約形》どうこうである、どんな状態じょうだ、どんな程度ていだ。¶ 아무렇게도 생각지 않다 どうとも思おもわない。

**아:무려면** 感 勿論もちろん、言いうまでもなく、当然とうぜん。¶ ~. 그렇고 말고 勿論そうだとも。

**아:무렴** 感《「아무려면」의 縮約形》勿論もちろん、むろん、当然とうぜん。¶ ~, 가고 말고 もちろん行いくさ。

**아:무리** 副 ①いくら(…でも)、どんなに(…でも)。¶ ~ 서둘러도 どんなに急いそいでも/ ~ 추워도 나는 간다 いくら寒さむくてもわたしは行いく。②まさか、いくらなんでも。¶ ~ 그럴리가 있나? いくらなんでも、そんなはずはないだろう。

속담 아무리 바빠도 바늘 허리 매어 쓰지 못한다 いくら忙いそがしくても針はりの腰こしに(糸いとを)結むすんでは使つかえない。《何事なにごとにも定さだめられた形式けいしきというものがある》

**아:무-말** 图 どんな[なんの]話はな、一言ひとことも。¶ ~도 하지 않았다 何なにも言いわなかった。

**아:무-짝** 图《主おもに「아무짝에도」の形で使つかわれて》どんな所ところ、どの方面ほうめん、どうにもこうにも。¶ ~에도 못 쓰겠다 どうにもこうにも使つかえない。

**아:무쪼록** 副 何なにとぞ、ぜひとも、どうか、くれぐれも。¶ ~ 잘 부탁드립니다 くれぐれもよろしくお願ねがいいたします。

**아무튼** 副 とにかく、ともかくにも、いずれにせよ、ともあれ。¶ ~ 가 보자 とにかく行いってみよう。

**아물-거리다** 自《記憶きおく・光景こうけいなどが》ぼうっとしてはっきりしない、かすかに見みえる、ちらちらする、ちらつく。¶ 기억이 ~ 記憶がほんやりしている。

**아물다** 自 癒いえる、治なおる。¶ 상처가 ~ 傷きずが癒える。

**아미타-불**[阿彌陀佛] 图[佛] 阿弥陀仏あみだぶつ。

**아바-마마**[一媽媽] 图[宮] 父上ちちうえ、父君ちちぎみ。

**아버-님** 图《「아버지」の尊称そんしょう》お父とうさま。¶ ~께서는 안녕하십니까? お父さまはお元気げんきですか。

**아버지** 图 父ちち、父親ちちおや、お父とうさん。¶ 우리 ~ うちのお父さん/ ~ 없는 아이 父親のいない子こ/ ~를 여의다 父を亡なくす。

**아범** 图 ①「아버지」をさげすんで言いう語ご。②目上めうえの人ひとの前まえで自分じぶんの夫おっとを指さして言いう語。③《年配ねんぱいの下男なんに対たいする呼称こしょう》爺じいや、爺やさん。

**아부**[阿附] 图하自 阿付あふ、へつらい。¶ ~를 일삼다 阿付に明あけ暮くれる。/ 상사에게 ~하다 上司じょうしにへつらう。

**아비** 图《「아버지」をひくめて言いう語ご》おやじ、父ちち。¶ ユ ~에 그 자식 そのおやじにその子。

속담 아비만한 자식이 없다 父ちちにまさる子こなし。《息子むすこがいくら偉えらくなっても親おやにはかなわない》

**아비 규환**[阿鼻叫喚] 图 阿鼻叫喚あびきょうかん。

**아빠** 图 効 パパ、とうちゃん、お父とうちゃん、父ちちさん。

**아뿔싸** 感 しまった、あっそうだ。¶ ~、이것 큰일났구나 しまった、これはとんだ事ことになったぞ。

**아:사**[餓死] 图하自 餓死がし、飢うえ死じに。¶ ~자 餓死者/ ~ 직전에 구출되었다 餓死直前ぜんに救出きゅうしゅつされた。

**아:사지-경**[-之境] 图 餓死線上せんじょう。

**아삭** 副하自他《果物くだ・野菜やさいなどをかみ切きる音》さくっ。

**아삭-거리다** 自他 さくさく音おとがする。

**아삭-아삭** 副하自他 さくさく。¶ 사과를 ~ 씹다 リンゴをさくさくとかむ。

**-아서** 語尾《理由りゆう・時間じかんの前後ぜんごの関係かんけいを表あらわす語》…して、…でって、…で。¶ 옷이 작아 ~ 못 입는다 服ふくが小ちいさくて着きられない。/ 고기를 잡 ~ 구워 먹다 魚さかなを捕とって焼やいて食たべる。

**아서라** 感《目下めしたの者ものに対たいし禁止きんしの命令めいれいを表あらわす語》よせ(っ)、やめろ。¶ ~, 그러면 못쓴다 よせ、そんな事ことをするんじゃない。

**아성**[牙城] 图 牙城がじょう、本拠地ほんきょち、根城ねじろ。¶ 보수주의의 ~ 保守主義ほしゅしゅぎの牙城。

**아세틸렌**[acetylene] 图[化] アセチレン。¶ ~등 アセチレン灯とう。

**아쉽다** 形ㅂ ①《必要ひつような物ものがなくて》欲ほしい、不便ふべんだ。¶ 돈이 ~ 金かねが欲しい。②もの足たりない、不満ふまんだ、惜おしい。¶ 아쉬운 마음 もの足りない気持きもち/ 아쉬운 대로 참다 もの足りないが我慢がまんする。③名残なごり惜しい、心残こころのこりである。¶ 이별을 아쉬워하는 두 사람 名残惜を惜しむ二人ふたり。

**아스라-하다** 形ㅎ ①《距離きょりなどが》遠とおく隔へだたっている、はるかだ。¶ 아스라한 수평선 はるかな水平線すいへいせん。②《記憶きおくなどが》かすかだ。**아스라-이** 副 はるかに、かすかに。

**아스러-지다** 自 ①すり潰つぶされる。②《皮膚ひふが》すりむける。

**아스팔트**[asphalt] 图 アスファルト。¶ ~ 포장 アスファルト舗装ほそう。

**아슬-아슬** 形하形《①不安ふあん・危険きけんを感かんじるようす》ひやひや、ひやっと、はらはら。¶ ~한 공중 서커스 ひやひやさせる空中くうちゅうサーカス/ 위기를 ~ 하게 넘겼다 危機きをやっとのことで乗のり切きった。②《寒気さむけがするようす》ぞくぞく。¶ ~ 한기가 들다 ぞくぞ

아슴푸레-하다 [形] (物事·記憶が)かすかだ、おぼろげだ。¶ 기억이 아슴푸레한 고향 記憶がおぼろになったふるさと。

아:씨 [名] 《下男などが主人の妻や娘などを呼ぶときの語》若奥様、お嬢様。

아야 [感] 《痛い時に出す声》あいたっ、痛い。¶ ~, 아프다 あいたっ、痛いよ。

-아야 [語尾] ①《後続する語の必須条件であることを表わす》…してこそ、(し)なけりゃ。¶ 먹~ 산다 食べてこそ生きられる。 ②《仮定が結局何の足しにもならないことを表わす》如何に、いくら…したって。¶ 아무리 쫓~ 쓸데없다 いくら追っ払っても仕様がない。

-아야만 [語尾] 《「-아야」の強調語》…(し)てこそ、…してはじめて。¶ 품질이 좋~ 잘 팔린다 品質がすぐれてこそよく売れる。

-아야지 [語尾] 《「-아야 하지」の縮約形》「…すべきだ、…しなければならない」の意味を表わす。¶ 사람이면 도리를 알~ 人間ならば道理を知るべきだ。

야양 [名] 愛嬌、媚、へつらい。¶ ~스러운 말투로 이야기하다 媚びるようなことば遣いで話す。
[관용] 야양(을) 떨다 愛嬌をふりまく、媚びる。 야양(을) 부리다 愛嬌をふりまく、媚び る、媚びへつらう。 야양(을) 피우다 媚びへつらう、媚を売る。

야역 [兒役] [名] (映画·演劇などの)子役、子供役。

아연 [亞鉛] [名] [鑛] 亜鉛。¶ ~광 亜鉛鉱/~도금 亜鉛めっき。

아연 [俄然] [副] [하形] 俄然、にわかに、急に。¶ ~ 활기를 띠다 俄然活気を帯びる。

아연 실색 [啞然失色] [名] [하動] 啞然として顔色が変わること。

아연-하다 [啞然-] [形어] 啞然とする。

아:-열대 [亞熱帶] [名] [地] 亜熱帯。¶ ~ 기후 亜熱帯気候。

아예 [副] ①初めから、最初から、てんで、はなっから。¶ ~ 상대도 되지 않는다 てんで相手にならない。 ②絶対に、決して。¶ ~ 거짓말은 하지 말아라 絶対に嘘はつくな。

아옹-다옹 [副] [하自動] 《いがみ合いようす》ああのこうの、ああだこうだ。¶ ~ 다투다 ああだこうだ言い争をう。

-아요 [語尾] 《叙述·指示·疑問の意を表わす語》…です、…ですか、…しなさい、…せよ、…して(ください)。¶ 방이 향~ 部屋が狭いです。/ 맛이 좋~? おいしいですか。/ 어서 여기 앉~ どうぞこちらへ座って。

아우 [名] (兄弟·姉妹、同士で年下のもの) 弟、妹ども。
[관용] 아우를 보다 二番目以降の子をみごもる、弟〔妹〕ができる。

아우-님 「아우」の尊敬語。

아우러-지다 [自] 一緒になる、合わされる、交わる。

아우르다 [他] 一緒になる、合わせる。¶ 힘을 ~ 力を合わせる。

아우성 [名] 大勢がどっと上げる叫び、大勢のわめき。¶ 군중의 ~ 群衆の叫び。
[관용] 아우성(을) 치다 喚き立てる、声を張り上げる。

아우트-라인 [outline] [名] アウトライン。

아욱 [植] フユアオイ。

아울러 [副] ①同時に、付け加えて。¶ ~ 주의할 것은 同時に注意するべきことは。 ② 一緒にして、合わせて、ともに。¶ 재색을 ~ 갖추다 才色をかね備える。

아웃 [out] [名] [도自] アウト。¶ ~ 코너 アウトコーナー。

아웃-사이더 [-sider] [名] [社] アウトサイド、局外者。

아웃-풋 [-put] [名] [컴] アウトプット、出力。

아워 [hour] [名] アワー、時間。¶ 러시 ~ ラッシュアワー。

아유 [感] 《意外なことに驚きの感じを表わす語》いや、ああ、おお、まあ、ふう。¶ ~, 깜짝이야 まあ、びっくりした。

아이 [名] ①子供ども、子、幼子さな、童ら。¶ 사내 ~ 男の子/~를 낳다 子を産む。 ②息子や娘、子供。¶ ~가 둘 있다 子供が二人いる。
[속담] 아이 싸움이 어른 싸움 된다 子供のけんかが大人のけんかになる。《ささいなことが次第に大おきくなる》
[관용] 아이가 떨어지다 流産する。 아이(가) 서다 子をはらむ、身ごもる、妊娠する。 아이(를) 배다 子をはらむ、身ごもる、妊娠する。

아이 [感] ①《何だか気に入らなったり人にせがむ時に発する語》よう、おい、ねえ。¶ ~, 얼른 줘 よう、早くくれよ。 ②《「아이고」の縮約形》あら、あら、まあ、あら。¶ ~, 난 몰라요 あら、私なら知りませんわ。/ ~, 이걸 어떻게 하면 좋지요? まあ、これをどうしたらいいのかしら。

아이고 [感] 《非常に痛かったり、悔しかったり嘆れたりしたとき発する語》ああ、あら、やれやれ。¶ ~ 깜짝이야 ああびっくりした。/ ~, 야단났구나 やれやれ、これはたいへんなことになったぞ。

아이고-머니 [感] 「아이고」の強調形。

아이디어 [idea] [名] アイデア。¶ ~가 풍부하다 アイディアが豊富だ。

아이러니 [irony] [名] アイロニー。

아이러니컬 [ironical] [名] [하形] アイロニカル、風刺的、逆説的。

아이리스 [iris] [名] [植] アイリス。

아이스 [ice] [名] アイス。¶ ~박스 アイスボックス/ ~크림 アイスクリーム。

아이스 하키 [-hockey] [名] [体] アイスホッケ。

**아이-큐**【IQ ← intelligence quotient】图 アイキュー、知能指数。

**아장-거리다** 图 よたよた歩く、ちょこちょこ歩く。¶ 아장거리며 뒤따르다 よちよちと後ろについて行く。
　**아장-아장** 副하目 よちよち、ちょこちょこ。¶ ~ 걷는 아기 よちよち歩く赤ちゃん。

**아저씨** 图 ①《父親의 兄弟뻘에 あたる 男》叔父さん、伯父さん、おじさん。②《大人의 男에 対하는 親称으로》おじさん。

**아주**[1] 副 ①非常に、とても、たいへん、すごく。¶ ~ 어려운 문제 非常にむずかしい問題。②全く、すっかり、完全に、まるで、全然に。¶ ~ 다르다 全く違う。/ 내 기억에서 ~ 사라졌다 私の記憶から完全に消えた。

**아주**[2] 感 《人의 得意스러운 言動을 からかう 語》何だい、なんだ、ふん、いやはや。¶ ~, 제법인데 いやはや、大したもんだ。

**아주까리** 图 植 ヒマ、トウゴマ。

**아주머니** 图 ①《父母의 姉妹뻘에 あたる 女性》おばさん。②《大人의 女性에 対하는 親しい呼称으로》奥さん、おかみさん。

**아주버니** 图 夫의 兄에 当たる 人에 対하는 呼称. ㊔ 시숙(媤叔)

**아지랑이** 图 かげろう。¶ ~가 피어 오르다 かげろうがもえる。

**아지트**【← agitation point】 图 アジト。

**아직** 副 ①未だ、いまだ、いまだに。¶ ~ 안 먹었다 まだ食べていない。②まだまだ、今なお、なお、やはり。¶ ~ 잊을 수가 없다 今も忘れられない。/ ~도 모자란다 まだまだ足りない。
　**아직-까지** 副 いまだに、今まで、今なお。¶ ~ 소식이 없다 いまだに便りがない。

**아:집**【我執】图 我執。¶ ~을 부리다 片意地を張る。

**아찔-하다** 形여 目まいがする、くらくらする、ふらふらする、ふらっとする。¶ 정신이 ~ 気がふらっとなる。
　**아찔-아찔** 副形 ふらふら、ふらっと、くらくら。¶ 머리가 ~하게 돌다 頭がくらくらする。

**아차** 感《ふとあやまちなどに気づいて出す声》あっ、しまった。¶ ~, 약속을 잊고 있었다 しまった、約束を忘れていた。

**아첨**【阿諂】图하目 おべっか、へつらい、お世辞。¶ 윗사람에게 ~하다 上役におべっかを使う。

**아:취**【雅趣】图 雅趣、風雅な趣き。

**-아치** 接尾 《…의 職에 従事하는 人》である ことを表わす 語. ¶ 구실 ~ 官庁의 下役人/ 장사 ~ 商売人.

**아:치**【arch】图 建 アーチ。

**아침** 图 ①朝。¶ ~ 문안 朝の挨拶/ ~부터 밤까지 朝から晩まで。②《「아침밥」의 縮約形》朝ご飯、朝飯、朝食。¶ ~을 먹다 朝ご飯を食べる。

**아침-결** 图 ①朝方、朝のうち。②昼前、午前。

**아침-나절** 图 午前中。¶ ~에 다 해치워다 午前中にすっかり片付けてしまった。

**아침-내** 副 朝中、朝のあいだ。

**아침-노을** 图 朝焼け。

**아침-때** 图 ①朝方。②朝飯の時間。

**아침-밥** 图 朝ご飯、朝飯、朝食。

**아침-잠** 图 朝寝。

**아침-저녁** 图 朝夕。

**아카데미**【academy】图 アカデミー。¶ ~상 アカデミー賞。

**아:케이드**【arcade】图 アーケード。

**아코-디언**【accordion】图 音 アコーデオン、手風琴。

**아퀴** 图 (仕事との)締めくくり、結末、けり。¶ ~를 짓다 仕事を締めくくる、けりをつける。

**아킬레스-건**【Achilles腱】图 生 アキレス腱。

**아틀리에**【프 atelier】图 アトリエ。

**아:티스트**【artist】图 アーチスト。

**아파:트**【← apartment house】图 アパート。

**아파-하다** 自여 痛がる、痛く感じる。¶ 몹시 ~ ひどく痛がる。

**아편**【阿片・鴉片】图 阿片。¶ ~ 중독 阿片中毒。

**아편-쟁이** 图 俗 阿片中毒者。

**아편 전:쟁**【-戦争】图 史 阿片戦争。

**아프다** 形 痛い。¶ 배가 ~ 腹が痛い。/ 아픈 데를 찌르다 痛い所を突く。

**아픔** 图 痛み。¶ ~을 느끼다 痛みを感じる。

**아하** 感《気が付かずにいたことを悟った時に発する声》ああ、ははあ、そうか。¶ ~, 알았다 ははあ、分かったぞ。

**아:-한대**【亜寒帯】图 地 亜寒帯。

**아홉** 數 九、九つ。¶ ~ 살이 되다 九歳になる。

**아홉-수**【-數】图 民 9のつく年上(男子의 年齢에 9·19·29·39·49など9がつく年を忌み嫌う)。

**아홉-째** 數 九番目、九つ目。

**아흐레** 图 ①九日 こ こ の か. ¶ ~ 동안 九日間。②「아흐렛날」의 縮約形。

**아흐렛-날** 图 九日。

**아흔** 數 九十。

**악**[1] 图 ありったけの力、必死のあがき。¶ ~을 바락바락 쓰다 むやみやたりにあがく。
〈慣用〉**악(에) 받치다** やけ(くそ)になる、あがく。**악(을) 쓰다** ありったけの声でわめき散らす、わめく、怒鳴る。

**악**[2] 图 《人을 驚かしたり 自身이 驚いたりしたときの叫び声》あっ、わっ、やっ。

**악**【悪】图 悪。¶ ~의 근원 悪の根源。

**악-감정**【悪感情】图 悪感情。¶ ~을 품다 悪感情を抱く。

**악곡**【楽曲】图 音 楽曲。

**악귀**【悪鬼】图 悪鬼。

**악극**【楽劇】图 楽劇。¶ ~단 楽劇団。

**악기**[樂器] 囲 楽器がっ。¶ 현~ 弦げ楽器。
**악녀**[惡女] 囲 悪女じょ。
**악다구니** 囲 自 ①互たいにののしり争あらうこと、悪口あくをつくこと。¶ ~을 퍼붓다 悪態をつき合あう。 ②反目はんすること。
**악단**[樂團] 囲 楽団だん。¶ 관현~ 管弦かん楽団。
**악담**[惡談] 囲 ㊐㊉ 悪口ぐち、悪あくたれ。¶ ~을 퍼붓다 悪口を浴びせる。
**악당**[惡黨] 囲 悪党とう。
**악덕**[惡德] 囲 悪徳とく。¶ ~ 상인 悪徳商人しょうにん。
**악독**[惡毒] 囲 ㊉形 邪悪じゃであくどい。
　**악독-스럽다** 形ㅂ 邪悪であくどい、いかにもあくどそうだ。
**악동**[惡童] 囲 悪童どう、悪太郎たろう、いたずらっ子こ。
**악랄**[惡辣] 囲 ㊉形 悪辣らつ、あくどいこと。¶ ~한 수단 悪辣な手段だん。
**악력**[握力] 囲 握力りょく。¶ ~계 握力計けい／~이 세다 握力が強つよい。
**악령**[惡靈] 囲 悪霊りょう、もののけ、人ひとにたたる霊魂れい。
**악마**[惡魔] 囲 悪魔あく。¶ ~의 속삭임 悪魔のささやき。
**악명**[惡名] 囲 悪名あく・めい、悪るい評判ばん。¶ ~ 높은 사람 悪名あく高たかい人ひと。
**악몽**[惡夢] 囲 悪夢あく。¶ ~에서 깨다 悪夢からさめる。
**악-물다** 他 (歯はを)食くいしばる。¶ 이를 악물고 참다 歯を食いしばって我慢がまんする。
**악-바리** 囲 ①片意地かたいじでがめつい人ひと、がんばりや。 ②悪賢わるがしこい人ひと、ちゃっかりや。
**악법**[惡法] 囲 ①悪法ほう、悪るい法律りつ。¶ ~도 또한 법이다 悪法もまた法ほうなり。 ②悪るい方法ほう。
**악보**[樂譜] 囲 楽譜がく、音譜おん。
**악사**[樂士] 囲 楽士がく。
**악상**[樂想] 囲 ㊉㊊音 ①楽想そう。 ②楽曲がっきょくの主題しゅ・イメージ。
**악-선전**[惡宣傳] 囲 悪宣伝あくでん。
**악성**[惡性] 囲 悪性あく。¶ ~ 빈혈 悪性貧血ひんけつ。 ㊉ 양성(良性)
　**악성 종:양**[-腫瘍] 囲㊉醫 悪性腫瘍しゅよう。
**악성**[樂聖] 囲 楽聖がく。¶ ~ 베토벤 楽聖ベートベーン。
**악센트**[accent] 囲 アクセント。
**악수**[握手] 囲 自 握手しゅ。¶ ~를 나누다 握手を交かわす。
**악수**[惡手] 囲 (碁ご・将棋しょうぎなどで)悪手しゅ。¶ ~를 두다 悪手を打うつ。
**악-순환**[惡循環] 囲 ㊉自㊌自 悪循環じゅんかん。
**악습**[惡習] 囲 悪習しゅう。¶ ~을 일소하다 悪習を一掃する。
**악-쓰다** 自 わめきあばれる。
**악악-거리다** 自 (不満ふまんをいだいたり憤激ふんげきしたりして)大声おおごえで叫さけび立てる。
**악어**[鰐魚] 囲 ㊕動 ワニ。¶ ~ 가죽 ワニ革かわ。
**악역**[惡役] 囲 悪役やく、敵役かたき。¶ ~을 맡다 悪役を引ひき受うける。

**악연**[惡緣] 囲 悪縁あく。
**악-영향**[惡影響] 囲 悪影響あくえいきょう。
**악용**[惡用] 囲 ㊉他 悪用よう。¶ 지위를 ~하다 地位ちいを悪用する。
**악운**[惡運] 囲 悪運あく。¶ ~이 세다 悪運が強つよい。
**악의**[惡意] 囲 悪意あく。¶ ~에 찬 말 悪意に満みちた言葉こと。
**악인**[惡人] 囲 悪人にん、悪漢かん、悪者わる。¶ ~ 역 悪役かたき、敵役もの。
**악장**[樂章] 囲 ㊊音 楽章がく。
**악전**[惡戰] 囲 ㊉自 悪戦せん、苦くるしい戦たたかい。
　**악전-고투**[-苦闘] 囲㊉他 悪戦苦闘くとう。¶ ~ 끝에 승리했다 悪戦苦闘の末すえに勝利しょうりした。
**악정**[惡政] 囲 悪政せい。¶ ~에 시달리다 悪政に苦くるしむ。
**악-조건**[惡條件] 囲 悪条件じょうけん。
**악종**[惡種] 囲 ①悪るい種類しゅ。 ②たちの荒あらい凶悪きょうな人ひと・動物どう。
**악질**[惡質] 囲 悪質あく。¶ ~적인 범죄 悪質な犯罪さい。
　**악질 분자**[-分子] 囲 悪質分子ぶんし。
**악착**[齷齪] 囲㊉形 ㊆形 ①齷齪あく。 ②残忍ざんでみみっちいこと。 ③ねばり強つよくがめついこと、しつこいこと、がむしゃら。
　**악착-같다** 形 ひどくしつこい、ねばり強つよい。
　**악착같-이** 副 しつこく、ねばり強く、執拗しつように、負まけん気きに。¶ ~ 일하다 ねばり強く働はたらく。
　**악착-스럽다** 形 粘り強くがめつい、勝かち気きだ。¶ 악착스러운 여자 勝ち気な女おんな。
**악처**[惡妻] 囲 悪妻さい。
**악-천후**[惡天候] 囲 悪天候てんこう、悪天てん。¶ ~로 행사가 연기되다 悪天候のため行事ぎょうじが延期えんきされる。
**악취**[惡臭] 囲 悪臭しゅう、いやなにおい。¶ ~를 풍기다 悪臭を放はなつ。
**악-취미**[惡趣味] 囲 悪趣味あくしゅみ。
**악평**[惡評] 囲 ㊉他 悪評ひょう。¶ ~을 받다 悪評を受うける。
**악폐**[惡弊] 囲 悪弊へい。¶ ~를 바로잡다 悪弊を正ただす。
**악풍**[惡風] 囲 悪風ふう、悪習しゅう。¶ ~에 물들다 悪風に染そまる。
**악필**[惡筆] 囲 悪筆ひつ。¶ ~가 悪筆家か。
**악-하다**[惡-] 形여 ①(残忍ざんで)邪悪じゃだ、凶悪きょうそうだ、獰猛どうだ。¶ 악한 마음 邪悪な心こころ。 ②(性質じつ・行動こうが)悪るい、不道徳どうとくだ。¶ 악한 풍습 悪い風習ふうしゅう。
**악한**[惡漢] 囲 悪漢かん、悪者わる、悪人にん。
**악행**[惡行] 囲 悪行ぎょう・こう、悪事じ。¶ 온갖 ~을 다하다 悪行の限かぎりを尽つくす。
**악화**[惡化] 囲 ㊉自 悪化か。¶ 정세가 ~되다 情勢じょうせいが悪化する。
**안**[1] 囲 ①(囲かこまれた部分ぶんの)中なか、内ない、内部ぶ、内側がわ。¶ 방 ~ 部屋へやの中／~으로 들어오게 内にはいりなさい。 ②(時間かん・数量りょうの)内ない、以内ない。¶ 사흘 ~에 끝내다

三日以内に仕上げる。③(衣服の)裏、裏地。¶ 옷에 ~을 대다 衣服に裏地をつける。④女性であることを示す語。¶ ~주인 女主人。

**안2** [副]《「아니1」の縮約形》…しない、…くない。¶ ~ 먹다 食べない。/ ~ 좋다 よくない。/ 일을 ~ 한다 仕事をしない。

**안:**[案] [名] 案。①「안건(案件)」の縮約形。¶ 예산~ 予算案。②思案、計画。¶ ~을 세우다 案を立てる。

**안-간힘** [名] (悲しみ・苦痛などを)こらえようとするあがき、ありったけの力。
[관용] **안간힘(을) 쓰다** (悲しみ・怒りなどを)こらえようと歯をくいしばる、必死に努力をする、力む。¶ 분노를 참으려고 ~ 憤怒をこらえようと歯をくいしばる。

**안-감** [名] ①(衣服の)裏地、裏。¶ ~을 대다 裏をつける。②物の内側にあてがうもの、中、はらわた。

**안:개** [名] 霧、もや。¶ 아침 ~ 朝霧、朝もや/ ~가 짙다 霧が深い。/ ~가 끼다 霧が立ち込める。

**안:개-구름** [名] 霧雲、層雲。

**안거**[安居] [名][하自] ①安居、安らかに過ごすこと。②《佛》安居。

**안:건**[案件] [名] 案件。¶ 중요한 ~ 重要な案件。

**안-겉장**[-張] [名] (本の)扉。[유] 속표지

**안:경**[眼鏡] [名] 眼鏡。¶ 색~ 色眼鏡/ ~테 眼鏡の縁/ ~을 쓰다 眼鏡をかける。

**안:경-다리** [名] 眼鏡のつる。

**안:경-집** [名] 眼鏡入れ。

**안:공**[眼孔] [名] 眼孔。

**안:과**[眼科] [名] 眼科。¶ ~의 眼科医。

**안:광**[眼光] [名] 眼光。①目つき。②眼識。¶ ~이 날카롭다 眼光が鋭い。

**안:구**[眼球] [名] 眼球、目玉。¶ ~ 돌출 眼球突出。

**안기다1** [自]《「안다」の受動》(人の懐に)抱かれる。¶ 어머니 품에 안긴 아기 母の懐に抱かれた赤ん坊。

**안기다2** [他]「안다」の使役。①抱くようにする、抱かせる。¶ 어머니에게 아기를 ~ 母に赤ん坊を抱かせる。②《俗》(拳骨などを)食らわす、なぐる、打つ。¶ 한 대 안기자 뻗어 버렸다 一発食らわしたら伸びてしまった。③(責任などを)負わせる。¶ 임무를 ~ 任務を負わせる。

**안:내**[案內] [名][하他][되自] 案内。¶ ~인 案内人/ 회장으로 ~하다 会場に案内する。

**안:내-소**[-所] [名] 案内所。

**안:내-장**[-狀] [名] 案内状。

**안녕1**[安寧] [名][하形] 安寧、安泰。¶ 공공의 ~을 유지하다 公共の安寧を保つ。

**안녕 질서**[-秩序] [名] 安寧秩序。

**안녕2**[安寧] [感]《会ったとき・別れるときのあいさつの言葉》さようなら、こんにちは。¶ 여러분 ~하십니까? 皆さん、こんにちは。/ ~히 가십시오 さようなら。

**안:다** [他] ①抱く、抱える、抱きしめる。¶ 아기를 ~ 赤ん坊を抱く。②(心に)いだく。¶ 희망을 ~ 希望をいだく。③(風・光などを)まともに受ける、はらむ。¶ 바람을 안고 달려가다 向かい風を受けて走る。④(責任を)負う、引き受ける、受け持つ。¶ 동생의 빚을 ~ 弟の借金を負う。⑤(鳥が卵を)抱く。¶ 암탉이 알을 ~ めんどりが卵を抱く。⑥《俗》むちで打たれる、殴られる、くらう。

**안달** [名][하自] いらだち、やきもきすること、気をもむこと、焦ること。¶ ~이 나다 やきもきする。

**안달복달-하다** [自][여] やきもきする、いらいらする、ひどく気をもむ。¶ 애가 타서 ~ 気が気でない。

**안:대**[眼帶] [名] 眼帯。

**안도**[安堵] [名][하自] 安堵。¶ ~의 한숨을 쉬다 安堵の息をつく。

**안도-감**[-感] [名] 安堵感。

**안-되다1** [自]「아니 되다」の縮約形。①うまくいかない、失敗する。¶ 일이 계획대로 ~ 仕事が計画どおりにいかない。②だめだ、いけない、ならない。¶ 여기서 담배를 피우면 안됩니다 ここでタバコを吸ってはいけません。

**안-되다2** [形] 気の毒だ、哀れだ、残念だ。¶ 또 실패하다니 정말 안됐구나 また失敗とは実に気の毒なことだ。

**안-뜰** [名] 内庭、中庭。

**안락**[安樂] [名][하形] 安楽。¶ ~ 의자 安楽椅子/ ~한 생활 安楽な生活。

**안락-사**[-死] [名]《法》安楽死。

**안료**[顔料] [名] 顔料。

**안:마**[按摩] [名][하他] 按摩、マッサージ。

**안:마**[鞍馬] [名] (体操の)鞍馬。

**안-마당** [名] 内庭、中庭。

**안면**[安眠] [名][하自] 安眠。¶ ~ 방해 安眠妨害。

**안면**[顔面] [名] 顔。①顔面、面。②顔見知り、顔なじみ。¶ ~이 있는 사람 顔見知りの人/ ~이 넓다 顔が広い。
[관용] **안면(을) 바꾸다** 突然態度を変えて冷酷になる。**안면(을) 팔다** 顔を売る。

**안면 부지**[-不知] [名] 顔を見知らぬこと、またその人。

**안면 신경**[-神經] [名] 顔面神経。¶ ~ 마비 顔面神経麻痺。

**안:목**[眼目] [名] ①眼識、見分ける目。¶ ~이 높다 眼識が高い。②眼目、主眼、要点。

**안:무**[按舞] [名][하自] (舞踊の)振り付け。¶ ~가 振り付け師。

**안-방**[-房] [名] ①奥の間。②主婦が起居する内室、居間。

**안:배**[按排] [名][하他][되自] 按排。¶ 인원을 ~하다 人員を按排する。

**안:벽**[岸壁] 图 岸壁がん。¶ 배를 ~에 대다 船ふねを岸壁につける。

**안부**[安否] 图 安否あんぴ。¶ ~를 걱정하다 安否を気きづかう。

**안빈**[安貧] 图囮 貧まずしいに安やすんじること。
**안빈-낙도**[-樂道] 图 貧まずしいうちにも心こころを安やすらかにして天道てんどうを楽たのしむこと。

**안살림** 图「안살림살이」の縮約形.
**안살림-살이** 图 主婦しゅふによる家計かけいの切きり盛もり。

**안-상제**[-喪制] 图 喪中もちゅうの婦女ふじょ。

**안색**[顔色] 图 顔色かおいろ、顔かおの表情ひょうじょう、気色けしょく。¶ ~이 변하다 顔色が変かわる。

**안성-맞춤**[安城-] 图 誂あつらえ向むき、打うってつけ。¶ 학생에게 ~인 참고서 学生がくせいに誂あつらえ向きの参考書さんこうしょ。

**안-섶** 图 上着うわぎの内側うちがわの衽おく。

**안:수**[按手]〖基〗 按手しゅ。¶ ~ 기도 按手祈祷きとう。

**안식**[安息] 图囮 安息あんそく。¶ ~년 安息年ねん/ ~일 安息日び。
**안식-교**[-敎] 图〖基〗(土曜日どようびを安息日あんそくとする)キリスト教きょうの一分派ぶんぱ。
**안식-처**[-處] 图 安息所じょ、安息あんそくの場ば。¶ 마음의 ~ 心こころの安息の場。

**안:식**[眼識] 图 眼識しき。¶ ~이 매우 높다 眼識がすごく高たかい。

**안-식구**[-食口] 图 ①女家族おんなかぞく。②女房にょうぼう、家内かない。

**안심**[安心] 图囮 安心しん。¶ 부모를 ~시키다 父母ふぼを安心させる。
**안심-찮다** 图 ①安心あんしんできない、不安ふあんだ。②(世話せわになったりやっかいをかけたりして)済すまない、気きの毒どくだ。

**안심부름** 图 女主人おんなしゅじん・主人しゅじんの娘むすめなどのお使つかい。

**안쓰럽다** 图 ①(弱よわい者ものに迷惑めいわく・世話せわをかけて)気きの毒どくだ、すまない。②(弱よわい者ものの境遇きょうぐうなどが)哀あわれだ、気きの毒どくだ、いたましい。¶ 그녀가 ~ 彼女かのじょが気の毒だ。

**안아-맡다** 他 (他人たにんの問題もんだい・責任せきにんなどを)受うけ持もつ。

**안:압**[眼壓] 图〖生〗眼圧がん。

**안:약**[眼藥] 图 目薬めぐすり、点眼薬てんがん。¶ ~을 넣다 目薬をさす。

**안온**[安穏] 图圈 安穏あんのん。¶ ~한 나날을 보내다 安穏な日々ひびを送おくる。

**안위**[安危] 图 安危あんき。¶ 국가의 ~에 관련되는 일 国家こっかの安危にかかわる問題もんだい。

**안이**[安易] 图圈 安易あんい。¶ ~한 방법 安易な方法ほうほう/ ~한 태도 のんきな態度たいど。

**안일**[安逸] 图圈 安逸あんいつ。¶ 무사 ~ 無事ぶじ安逸いつ/ ~한 사고 방식 いい加減かげんな考かんがえ方かた。

**안장**[安葬] 图囮 安やすらかに葬ほうむること。

**안전**[安全] 图圈 安全あんぜん。¶ ~ 장치 安全装置そうち/ 교통 ~ 交通安全/ ~을 기하다 安全を期きする。 **안전-히** 副 安全に。

**안전 보:장**[-保障] 图 安全保障しょう 이사회 安全保障理事会りじかい。
**안전 제:일**[-第一] 图 安全第一いち。
**안전 지대**[-地帶] 图 安全地帯たい。

**안절부절-못하다** 国 いたたまれない、そわそわ落おち着つかない、居いても立たってもいられない。¶ 아들이 좀처럼 오지 않아 안절부절 못했다 息子むすこがなかなか来こないのでいらいらと落ち着かなかった。

**안정**[安定] 图囮 安定てい。¶ ~감 安定感/ 병세가 ~되다 病状びょうじょうが安定する。
**안정-도**[-度] 图 安定度ど。

**안정**[安靜] 图圈囮他 安静あん。¶ 절대 ~ 絶対ぜったい安静。

**안존**[安存] 图 ①圈 (人ひととなりが)おとなしく慎つつましやかなさま。②囮 安やすらかに長ながらえ続つづくこと。

**안주**[安住] 图 安住じゅう。¶ ~할 땅을 구하다 安住の地ちを得える。

**안주**[按酒] 图 (酒さけの)肴さかな、おつまみ。¶ ~가 좋으니 술 한 잔 하게 肴がいいから一杯いっぱいやれよ。

**안-주인**[-主人] 图 女主人おんなしゅじん、主婦しゅふ、(旅館りょかんなどの)女将おかみ。

**안:중**[眼中] 图 眼中ちゅう。¶ 그런 놈은 ~에도 없다 あんな奴やつは眼中にもない。
**안:중 무인**[-無人] 匍 眼中人ひとなし、傍若無人ぼうじゃくぶじん。⑨ 안하 무인(眼下無人)

**안:질**[眼疾] 图 眼疾がん、眼病がんびょう。

**안:집** 图 ①母屋おもや。②大家おおやの家いえ。③召使つかいが主家しゅかの家族かぞくを指さす語ご。

**안-짝** 图 (ある標準ひょうじゅん・距離きょり・数量すうりょうに達たっしない)以内いない、以下いか、…足たらず。¶ 스무살 ~의 젊은이 二十歳はたち未満みまんの若者わかもの/ 역은 10분 ~의 거리에 있다 駅えきは10分ぷん以内の距離にある。

**안-쪽** 图 内うち、内側うちがわ。¶ 문을 ~으로 열다 ドアを内側に開ひらく。

**안-찝** 图 (衣服いふくの)裏地うらじ、裏うら。¶ ~을 대다 裏をつける。

**안-차다** 图 ものおじしない、肝きもがすわっている、図太ずぶとい。¶ 안찬 사람 ずぶとい人ひと。

**안착**[安着] 图囮 安着あんちゃく、無事ぶじに到着とうちゃくすること。

**안-창** 图 (靴くつの)中敷なかしき。

**안-채** 图 母屋おもや、主棟おもむね。¶ ~에 묵다 母屋に泊とまる。

**안치**[安置] 图囮囮 安置あんち。¶ 불상을 ~하다 仏像ぶつぞうを安置する。
**안치-소**[-所] 图 安置所しょ。¶ 시체 ~ 死体たい安置所。

**안치다** 他 (煮炊にたきすべきものを釜かま・鍋なべの中なかに)入いれてしかける。¶ 쌀을 ~ 米こめを釜の中なかにしかける。

**안타**[安打] 图〖野〗安打あんだ、ヒット。¶ ~를 치다 安打を打うつ。

**안타까워-하다** 他回 気きの毒どくに思おもう、哀あわれに

안타깝다

思う、痛ましく思う、もどかしがる、じれったがる、惜しむ。
**안타깝다** 形 ①(人의 境遇 등이) 不憫だ、気の毒だ、哀れむだ。¶ 보기에도 ~ 見るも気の毒だ。②(思うようにならないので)もどかしい、切なくいらいらする、じれったい。¶ 시간 가는 것이 ~ 時間の立つのがもどかしい。**안타까-이** 副 切なく、もどかしそうに、じりじりして。¶ ~ 보고만 있었다 切なく見ていた。
**안테나**[antenna] 名 アンテナ。
**안-팎** 名 内外 ①内と外と。¶ 나라 ~의 정세 国の内外の情勢 / 집 ~을 청소하다 家の中と外を掃除する。②およそ、前後쯤、~ぐらい、そこそこ。¶ 서른 ~의 부인 30前後の婦人。③ 裏と表と、裏表ともに。¶ 옷의 ~을 뒤집다 服の裏表をひっくり返す。④妻と夫と、夫婦と。
**안팎-살림** 名 家の内外の生活か。
**안팎-식구**[-食口] 名 男家族と女家族、全家族かぞく。
**안-표지**[-表紙] 名 本の扉とびら。
**안:-하**[眼下] 名 眼下がん、目の下した。
**안:하 무인**[-無人] 名 眼中がんに人ひとなし、傍若無人ぼうじゃくぶじん。
**앉다** 自 ①座る、腰を下ろす、着つく。¶ 의자에 ~ 椅子に座る。②(鳥·虫などが)止まる。¶ 참새가 나뭇가지에 ~ 雀が木の枝に止まる。③(地位·職に)就く。¶ 과장 자리에 ~ 課長の職に就く。④(埃などが)積もる、溜まる、生える、覆われる。¶ 곰팡이가 ~ かびが生える。/ 때가 ~ 垢が溜まる。⑤(建物などが)据えられる、位置する。
**앉은-뱅이** 名 いざり、足がなえた人。
**앉은뱅이-걸음** 名 いざるような歩き方。
**앉은뱅이-저울** 名 台秤ばかり。
**앉은-자리** 名 ①即席、即席で、すぐその場で、立ち所に。¶ ~에서 다 팔다 その場で売りつくす。②席、座席、座っている場所。
**앉은-키** 名 座高ざこう。
**앉을-자리** 名 ①座ろうとする場所、座り場所。¶ 마땅한 ~를 찾다 適当な座り場所をさがす。②ものを据えるべき場所、据え場所。
**앉음-앉음** 名 居いずまい、座り方かた。
**앉히다** 他 「앉다」の使役。①座らせる、座らす。¶ 손자를 무릎 위에 ~ 孫を膝の上に座らせる。②(地位·職に)就かせる、据える。¶ 부장 자리에 ~ 部長の職に就かせる。
**않다** 助動形 《「아니하다」의 縮約形》…しない、…くない、…でない、やらない。¶ 춥지 ~ 寒くない。/ 쉬지 ~ 休まない。/ 아무일도 ~ 何もしない。
**알** I 名 ①(鳥·魚·虫などの)卵たま。¶ ~을 낳다 卵を産む。② (果実などの個々の)

実み。¶ 이 밤은 ~이 크다 この栗は実が大おおきい。③ (小さく丸まいもの)粒つぶ、玉だま、珠たま。¶ 쌀 ~ 米粒こめつぶ / 주판 ~ そろばんの珠 / 눈 ~ 目玉め。Ⅱ 依《固有数詞につく助数詞》…粒つぶ。¶ 한 ~의 쌀 一粒ひとつぶの米。Ⅲ 接頭 ① 覆いのない…、裸はだの…、むき出しの…。¶ ~ 몸 裸 はだか、すっぱだか。②粒状つぶじょうの…、丸まるい…。¶ ~약 丸薬がんやく / ~ 사탕 飴玉あめだま。③本物ほんものの…。¶ ~ 짝 本物の。
**알갱이** 名 ①粒つぶ、実み。¶ ~가 작다 粒が小ちいさい。②微粒子びりゅうし。
**알-거지** 名 無一文むいちもんの乞食こじき、すっからかん、丸裸まるはだか。
**알-건달**[-乾達] 名 無一文もんのごろつき。
**알겨-내다** 他 (わずかな金品きんをみみっちい小細工こで)巻き上あげる、せびり取とる、だまし取る。
**알겨-먹다** 他 (幼おさない者や弱よわい者のわずかなものを)だまし取る、せびり取る、すかし取る、かすめ取る。
**알:-다** 他 ①知しる、分わかる、悟さとる、覚おぼえる。¶ 알 리 없다 分かるはずがない。②知っている、わかっている。¶ 일본어를 ~ 日本語を知っている。③判断はんだんする、分別ぶんべつする、わきまえる。¶ 자기 분수를 ~ 自分の分際さいを知る。④経験けんする、(経験して)知っている。¶ 여자를 ~ 女を知っている。⑤顔見知かおみしりである、知り合あいだ。¶ 우연히 알게 된 사람 偶然ぜんに知り合った人。⑥関与かんよする、関知かんちする、関係かんけいする、かかわる。¶ 네가 알 바가 아니다 君きみにかかわりのないことだ。⑦理解りかいする、認識にんしきする、知しる。⑧感かんずる、知しる。¶ 은혜를 ~ 恩を知る。
《속담》 아는 것이 병 知っていることが病やまい。《中途半端はんぱの知識ちしきはむしろ災わざわいのもとになる》아는 길도 물어 가라 知っている道も尋たずねながら行け。《念ねんには念を入いれよ》
**알뜰-살뜰** 副 하形 家事かじの切きり盛もりを上手じょうずにするよう、生活せいをかいがいしくまめにする。
**알뜰-하다** 形 ①つましくて抜ぬけ目がない。¶ 알뜰한 살림 つましくて抜け目がない暮らし。②(愛情じょうが)こまやかで深ふかい。 **알뜰-히** 副 ①まめに、まめまめしく。②つましく。③抜ぬけ目がなく。
**알랑-거리다** 自 こびへつらう、おもねる、おべっかを使つかう。
**알랑-알랑** 副하自 しきりにこびへつらうさま。¶ 윗사람에게 ~하다 上役やくにおべっかを使う。
**알랑-방귀** 名하 こびへつらうこと、おべっか。
**알랑방귀-뀌다** 自하 こびへつらう、取とり入いる、おもねる。하 알랑거리다。
**알량-하다** 形 取とるに足たりない、つまらない。¶ 알량한 기술 取るに足りない技術じゅつ。
**알레르기**[독 Allergie] 名 アレルギー。¶ ~성 질환 アレルギー性しつ疾患しっかん。

**알려-지다** 自 《「알리어지다」の縮約形》 知られわたる、知られる、有名になる。¶ 명성이 ~ 名声が知れわたる。

**알력**【軋轢】 名 軋轢。¶ ~이 생기다 軋轢が生じる。

**알로-까다** 形 抜け目がない、こざかしい、ちゃっかりしている。¶ 알로깐 아이 こざかしい子ども。

**알로에**【라 aloe】 名【植】アロエ。

**알록-달록** 副하形 《色々な斑点・しまなどがまだらに模様をなしているようす》だんだらに、まだらに。

**알루미늄**【aluminium】 名【化】アルミニウム、アルミ。¶ ~ 새시 アルミサッシ。

**알리다** 他 知らせる、通知する、告げる、報ずる。¶ 합격을 ~ 合格を通知する。

**알리바이**【alibi】 名 アリバイ。¶ ~를 입증하다 アリバイを立証する。

**알리어-지다** 自 ①知られる。¶ 세상에 알리어지면 창피하다 世間に知られると恥ずかしい。②広く知られる、有名になる。¶ 알리어진 음악가 知れわたっている音楽家。

**알:-맞다** 形 適当だ、程よい、都合がよい、ふさわしい。¶ 알맞은 운동 適当な運動/알맞은 자리 ふさわしい地位/분수에 알맞게 산다 身分相応に暮らす。

**알맹이** 名 中身。①(皮をむいた)実。¶ 밤 ~ 栗の実。②(物事の)内容、中心、要点、核心。¶ ~가 빠진 이야기 中身の抜けた話。

**알-몸** 名 ①裸体、裸、まっ裸。¶ ~으로 일광욕을 하다 まっ裸で日光浴をする。②すっ裸、裸一貫、一文なし、無一文。¶ ~으로 출발하다 裸一貫から出発する。

**알-몸뚱이** 名 俗 ⇒ 알몸

**알-밤** 名 ①いがを取り除いた栗の実。②げんこつ、げんこ。¶ ~을 먹이다 げんこつをくらわせる。

**알-배기** 名 ①子持ちの魚。¶ ~ 조기 子持ちグチ。②(うわべより)内容が充実しているもの。

**알-사탕**【-砂糖】 名 あめ玉。

**알선**【斡旋】 名하他 斡旋、周旋。¶ ~업자 斡旋業者/직장을 ~하다 職場を斡旋する。

**알-세포**【-細胞】 名【生】卵細胞。

**알-속** 名 ①(数量・長さ・重さなどの)外装を抜けにした中身、正味。②(見かけより)充実している内容。③秘密。④核心、芯、精髄。

**알싸-하다** 形ㄱ (辛い味・においなどで)舌・鼻がひりひりする、ぴりっとする。¶ 너무 매워서 입 안이 ~하다 あまり辛くて口の中がひりひりする。

**알쏭-달쏭** 副하形 ①だんだらに、まだらに。②《記憶・考えがこんがらかってあやふやなようす》ぼうっと、ぼやっと、もやもや。¶ ~한 이야기 ぼやっとした話。

**알아-내다** 他 ①明らかにする、見抜く、見分けいる、解明する。¶ 원인을 ~ 原因を解きあかす。②見つける、探し出す、突き止める、割り出す。¶ 그의 거처를 ~ 彼の居所を突き止める。

**알아-듣다** 他 ①聞き分ける、聞き取る、理解する、納得する。¶ 거의 알아들을 수 없는 소리 ほとんど聞き取れない声/선배의 충고를 ~ 先輩の忠告を聞き分ける。

**알아-맞히다** 他 (答えを)当てる、言いい当てる、的中させる。¶ 퀴즈의 정답을 ~ クイズの正答を言い当てる。

**알아-먹다** 他 俗 分かる、見分ける、納得する、ぴんと来る。

**알아-보다** 他 ①見分ける、見覚える、記憶する。¶ 옛 친구를 못 ~ 昔の友達を見分けられない。②調べてみる、捜ってみる、探ってみる。¶ 전력을 ~ 前歴を調べる。③認める。¶ 상대방의 능력을 ~ 相手方の能力を認める。

**알아-주다** 他 ①(人の長所・能力などを)認める。¶ 실력을 ~ 実力を認める。②(他人の立場を)理解する、思いやる、察してやる、推し量る。¶ 딱한 사정을 ~ 苦しい事情を思いやる。

**알아-차리다** 他 ①(状況をよく判断して)心得る、予知する。②見抜く、気付く、感付く。¶ 상대의 속셈을 ~ 相手の下心を見抜く。

**알아-채다** 他 機微を知る、気付く、感じ取る、感付く。¶ 속셈은 벌써 알아챘다 下心はとっくのむかしに気付いた。/위험이 닥쳐 오는 것을 ~ 危険が迫ってくるのを感じ取る。

**알알-이** 副 粒ごとに、一粒一粒。¶ ~ 잘익은 포도 一粒一粒よく熟れたブドウ。

**알알-하다** 形ㄱ ①(刺激などで舌が)ひりひりする。¶ 매워서 혀가 ~ 辛くて舌がひりひりする。②(傷口などが)ひりつく、ぴりぴりする。¶ 넘어져서 벗겨진 무릎이 ~ ころんですりむいた膝がぴりぴりする。

**알-약**【-藥】 名 丸薬、錠剤。

**알은-체** 名하他 ①知っている様子、かかわりぶり。¶ 그 일에는 ~ 않는 것이 좋겠다 そのことにはかかわらないほうがいい。②知り合いぶる態度。¶ 길거리에서 어떤 사람이 ~했다 街角である人が知り合いぶっているいさつをした。

**알음** 名 ①知り合い、面識のあること、なじみ。②知っていること、知識。③神の加護、おかげ。

**알음-알음** 名 ①個人間の知り合い関係、親交。②よしみ、つて。

**알음-알이** 名 ①親しい人、知り合い、知人。②すばしこい手段。

**알-젓** 名 魚卵の塩辛。

**알짜** 名 ①最も肝心なもの、粒選り、選え

**알짱거리다**

리 抜き。¶ ~들로만 편성하다 選り抜きだけで編成する。②典型、標本。¶ ~ 사기꾼 典型的な詐欺師。

**알짱-거리다** 自 ①ぺこぺこしながらだます、うまく取り入りながらだます。②(用もないのに)うろうろする。¶ 시내 번화가를 ~ 市内の繁華街をうろうろする。

**알-찌개** 名[料] かき回した卵に肉やとうふを入れてつくった鍋物。

**알-차다** 形 ①中身がぎっしり詰まっている。¶ 콩이 ~ 大豆の実入りが良い。②内容が充実している。¶ 내용이 알찬 사전 内容の充実した辞典。

**알칼리** [alkali] 名[化] アルカリ。¶ ~성 식품 アルカリ性の食品。

**알코올** [alcohol] 名[化] アルコール。¶ ~ 음료 アルコール飲料。

**알코올 램프** [-lamp] 名 アルコールランプ。

**알코올 중독** [-中毒] 名[医] アルコール中毒、アル中。

**알-탄** [-炭] 名 豆炭。

**알-토란** [-土卵] 名 皮をむいた里芋。

**알토란-같다** 形 ①暮らしが豊かだ。¶ 알토란 같은 살림 裕福な暮らし向き。②内容が充実している。

**알-통** 名 力こぶ。¶ ~이 나오다 力こぶが盛り上がる。

**알파벳** [alphabet] 名 アルファベット。

**알파벳-순** [-順] 名 アルファベット順、ABC順。

**알현** [謁見] 名[他] 謁見。

**앓다** 他 ①病む、患う、痛む。¶ 폐를 ~ 肺を患う。②胸を痛める、苦しむ、心配する。¶ 마음을 ~ 心を痛める。

속담 앓던 이가 빠진 것 같다 痛んでいた虫歯が抜けたみたいだ。《心配事がなくなってすっきりする》

**-앓이** [接尾] …病。、…痛。¶ 배~ 腹痛。/ 가슴~ 胸痛。

**암** I 名 (生物などの)雌。 II [接頭] 雌の、め…。¶ ~꽃 雌花。/ 닭 雌鶏。/ ~캐 雌犬。

**암:** [癌] 名 ①[医] 癌。¶ 위~ 胃癌。/ 간~ 肝臓の癌。②(比) (機構・組織などで) 最大のさまたげとなっているもの。¶ ~적인 존재 癌のような存在。

**암:-** [暗・闇] [接頭] 闇…。¶ ~거래 やみ取引。

**-암** [岩] [接尾] …岩。¶ 석회 ~ 石灰岩。

**암:-갈색** [暗褐色] 名 暗褐色。

**암:-거래** [暗去來・闇去來] 名[他/自] やみ取引、やみ流し。

**암:거래-상** [-商] 名 やみ屋。

**암:-계** [暗計] 名[他] 秘密の策、秘かに謀ること。

**암:-기** [暗記] 名[他] 暗記。¶ ~력 暗記力。

**암-나사** [-螺絲] 名 雌ねじ、ナット。

**암-내**[1] 名 発情期の雌の体臭。

관용 암내(가) 나다 盛りがつく、発情する。암내(를) 내다 雌が発情して体臭

を発散する。

**암:-내**[2] 名 腋臭。

**암:-녹색** [暗綠色] 名 暗綠色。

**암-놈** 名 動物の雌。

**암:-담** [暗澹] 名[하形] 暗澹。¶ ~한 기분 暗澹とした気持ち。

**암:-띠다** 形 ①秘密を好むたちだ。¶ 암띠어서 속을 알 수가 없다 秘密を好むたちなので本音がわからない。②はにかみがちである、内気だ。

**암만** 副 いくら、どのくらい、どんなに、どれほど。¶ ~ 공부해도 どんなに勉強しても/ ~ 물어도 대답을 하지 않다 いくら聞いても返事をしない。

**암만-해도** どうしても、どうやっても、どんなにしても、どのみち、到底。¶ ~ 그를 믿을 수 없다 どうしても彼を信じることができない。/ ~ 해결이 안 된다 どうやっても解決ができない。

**암:-매** [暗買] 名[하他/되自] 闇買い。

**암:-매** [暗賣] 名[하他/되自] 闇売り。

**암:-매매** [暗賣買] 名[하他] 闇取引。

**암:-매장** [暗埋葬] 名[하他/되自] 密葬。

**암모니아** [ammonia] 名[化] アンモニア。¶ ~수 アンモニア水。

**암:-묵** [暗黙] 名 暗黙。¶ ~리에 양해하다 暗黙のうちに了解する。

**암반** [岩盤] 名 岩盤。

**암벽** [岩壁] 名 岩壁。¶ ~을 기어오르다 岩壁をよじ登る。

**암:-산** [暗算] 名[하他] 暗算。

**암:-살** [暗殺] 名[하他/되自] 暗殺。¶ 요인을 ~ 要人を暗殺する。

**암:-상** [-] 名 ねたみ、嫉妬、嫉妬心。¶ 얼굴에 ~을 가득 띄우다 顔にねたみをいっぱい浮かべる。

**암:상-궂다** 形 ねたみっぽい、ねたみ深い、ねたんで意地悪い。

**암:상-떨다** 自 (人を)ねたみ憎むふるまいをする、ねたましがる。

**암:상-스럽다** 形[ㅂ] ねたみっぽい、嫉妬深い。¶ 암상스러운 여자 嫉妬深い女。 **암상-스레** 副 ねたましげに、ねたみっぽく。

**암석** [岩石] 名 岩石。¶ ~층 岩石層。

**암:-세포** [癌細胞] 名 癌細胞。

**암-소** 名 雌牛。

**암:-송** [暗誦] 名[하他] 暗誦、暗唱。¶ 시를 ~하다 詩を暗誦する。

**암-수** 名 雄と雌、雌雄。

**암술** [-] 名[植] 雌しべ。¶ ~대 花柱。

**암술-머리** 名[植] 柱頭。

**암:-시** [暗示] 名[하他/되自] 暗示。¶ ~ 요법 暗示療法。/ ~를 주다 暗示を与える。

**암:-시세** [暗時勢] 名 闇値、やみ相場。

**암:-시장** [暗市場] 名 闇市、やみ市場。

**암:-실** [暗室] 名 暗室。

**암:암-리** [暗暗裡] 名 暗々裏、内々に。¶ ~에 꾀하다 暗々裏に企てる。

암:약[暗躍] 图(하자) 暗躍あんやく。¶ 이면에서 ~하다 裏面りめんで暗躍する。
암:영[暗影] 图 暗影あんえい、暗くらい影かげ。¶ ~을 던지다 暗影を投なげかける。
암:운[暗雲] 图 暗雲あんうん。¶ ~이 감돌다 暗雲が漂ただよう。
암자[庵子] 图 ①大おおきな寺に付属ふぞくする小ちいさな寺。②庵いお。③尼僧にそうのいる寺。
암:-자색[暗紫色] 图 暗紫色あんししょく。
암:장[暗葬] 图(하자) 密葬みっそう。
암:-적색[暗赤色] 图 暗赤色あんせきしょく。
암:-죽[-粥] 图 重湯おもゆ。
암:중[暗中] 图 ①暗中あんちゅう、暗くらがりの中なか。②暗く裏うらあんに、人ひとに知しられないよう。
  암:중 모색[-摸索] 图(하자) 暗中模索あんちゅうもさく。
암:초[暗礁] 图 暗礁あんしょう。¶ ~에 부딪치다 暗礁にぶち当あたる。
암-캐 图 雌犬めいぬ。
암컷 图 (動物どうぶつの)めす。
암-탉 图 めんどり。
  속담 암탉이 울면 집안이 망한다 めんどりが歌うたえば家いえが滅ほろびる。
암:투[暗闘] 图(하자) 暗闘あんとう。¶ ~를 벌이다 暗闘を繰くり広ひろげる。
암팡-스럽다 形日 大胆だいたんで精悍せいかんだ。¶ 나이에 비해 ~ 年としに似合にあわず精悍だ。
암팡-지다 形 (小柄こがらだが)精悍せいかんで大胆だいたんだ。
암:표[暗票・闇票] 图 闇取引やみとりひきの切符きっぷ。
  암:표-상[-商] 图 だふ屋や。
암:행[暗行] 图(하자) 密行みっこう、微行びこう、潜行せんこう。
암:호[暗號] 图(하자) 暗号あんごう、合言葉あいことば。¶ ~문 暗号文ぶん。/ ~를 해독하다 暗号を解読かいどくする。
암:흑[暗黑] 图 暗黒あんこく。¶ ~기 暗黒期き/ ~시대 暗黒時代じだい。
  암:흑-가[-街] 图 暗黒街がい。
압권[壓卷] 图 圧巻あっかん。¶ 이 장면은 이 영화의 ~이다 このシーンはこの映画えいがの圧巻だ。
압도[壓倒] 图(하자) 圧倒あっとう。¶ 아름다움에 ~되다 美うつくしさに圧倒される。
압도-적[-的] 冠 圧倒的あっとうてき。¶ ~인 승리 圧倒的な勝利り。
압력[壓力] 图 圧力あつりょく。¶ ~ 단체 圧力団体だんたい/ ~을 가하다 圧力を加くわえる。
  압력-솥 图 圧力釜あつりょくがま、圧力なべ。
압류[押留] 图(하자) 差さし押おさえ。
압맥[壓麥] 图 押麦おしむぎ、平麦ひらむぎ。
압박[壓迫] 图(하자) 圧迫あっぱく。¶ 정신적인 ~을 받다 精神的せいしんてきな圧迫を受うける。
압박-감[-感] 图 圧迫感あっぱくかん。
압사[壓死] 图(하자) 圧死あっし。¶ 담이 무너져서 ~하다 へいが倒たおれて圧死する。
압송[押送] 图(하자) 押送おうそう。¶ 죄인을 ~하다 罪人ざいにんを押送する。
압수[押收] 图(하자)(法) 押収おうしゅう。¶ 밀수품을 ~하다 密輸品みつゆひんを押収する。
압승[壓勝] 图(하자) 圧勝あっしょう。¶ 큰 차로 ~하다 大差たいさで圧勝する。
압연[壓延] 图(하자)(工) 圧延あつえん。¶ ~기 圧延延機き。¶ 철을 ~하다 鉄てつを圧延する。
압정[押釘] 图 押おしピン。
압정[壓政] 图 圧政あっせい。¶ ~에 시달리다 圧政に苦くるしむ。
압제[壓制] 图(하자) 圧制あっせい。¶ ~자 圧制者しゃ/ ~ 정치 圧制政治せいじ。
압지[押紙] 图 吸すい取とり紙がみ。
압착[壓搾] 图(하자)(되자) 圧搾あっさく。¶ ~기 圧搾機き。
압축[壓縮] 图(하자)(되자) 圧縮あっしゅく。¶ ~ 공기 圧縮空気くうき/ 포위망을 ~하다 包囲網ほういもうを縮ちぢめる。
  압축-기[-機] 图 圧縮機き、コンプレッサー。
앗 感 《危急ききゅうのとき・びっくりした時ときに発はっする声こえ》 あっ、えっ。¶ ~, 위험하다 あっ、危あぶない。
앗기다 自 《「앗다」の受動》 奪うばわれる。
앗:다 他 ①奪うばいとる。¶ 재산을 앗아 가다 財産ざいさんを奪いとる。②(穀物こくもつの皮かわを)むく、はぐ。③(綿繰わたくりで綿花めんかの種たねを)とる、取とり除のぞく。④削けずり取る。
앙-갚음 图(하자) 報復ほうふく、仕返しかえし。¶ 그에게 ~을 하다 彼かれに仕返しする。
앙금 图 沈殿物ちんでんぶつ、おり、かす。¶ ~이 앉다 かすが溜たまる。
앙-다물다 他 (口くちを)固かたくつぐむ、かみしめる。¶ 입을 앙다문 채 말이 없다 口を固くつぐんだまま言いわない。
앙:망[仰望] 图(하자) 仰望ぎょうぼう、仰あおぎ望のぞむこと。
  앙:망 불급[-不及] 仰望及およばず。
앙-버티다 自 (最後さいごまで)突つっ張はる、頑張がんばる。¶ 이를 악물고 ~ 歯はを食くいしばって頑張る。
앙상블[프 ansemble] 图 アンサンブル。
앙상-하다 形어 ①やつれている、やせ衰おとろえている。¶ 먹지 못해서 뼈만 앙상하게 남았다 食たべられなくて骨ほねと皮かわばかりになった。②(葉はが落おちて枝えだばかりの木きが)ものさびしい、寒々さむざむとしている。¶ 앙상한 나뭇가지 寒々とした木の枝。③(着物きものなどが)不釣合ふつりあいだ、不格好ぶかっこうだ、似合にあわない。
앙숙[怏宿] 图 うらみがあって仲なかの悪わるい仲なか、またはそのような仲。¶ 그들은 서로 ~이다 彼らは互たがいに憎にくみ合あっている。
앙심[怏心] 图 復讐心ふくしゅうしん、執念しゅうねん、恨うらみ。¶ ~을 품다 恨みを抱いだく。
  앙심-먹다 自 怨恨えんこんを抱だく、恨みをもつ。
앙-앙 副(하자) ①《子供こどもが大声おおごえで泣なくようす・その声こえ》 あんあん、わあわあ。¶ ~을기 시작했다 あんあん泣き出だした。②《ねだったりして泣くようす・その声》 ねえねえ、ううんううん。
  앙앙-거리다 自 ①(子供が)大声を出だして泣く、あんあん泣く。②ねだったりしてううんうんいう。
앙:양[昻揚] 图(하자)(되자) 昻揚こうよう、高揚こうよう。¶ 사기를 ~ 士気しきを高揚する。
앙증-스럽다 形ㅂ ①不釣合ふつりあいに小ちいさく見みえる、小さすぎる。②(小さなもの・人ひとが)

よくととのってかわいい。**앙증-스레** 🔄 よくととのってかわいく。
**앙:천**〖仰天〗🔵 天$_{てん}$を仰$_{あお}$ぐこと。
**앙칼-스럽다** 🔄🔵 (気性$_{きしょう}$が)どぎつい、とげとげしい、毒々$_{どくどく}$しい。¶ 앙칼스럽게 덤벼들다 どぎつく食$_{く}$ってかかる。**앙칼-스레** 🔄 どぎつく、とげとげしく、毒々しく。
**앙칼-지다** 🔄 ①負$_{ま}$けん気$_{き}$が強$_{つよ}$い、意地$_{いじ}$っ張$_{ば}$りだ。¶ 몸집은 작아도 ~ 体$_{からだ}$は小$_{ちい}$さくても気が強い。②鋭$_{するど}$くて厳$_{きび}$しい、荒々$_{あらあら}$しい。¶ 앙칼진 소리를 내지르다 荒々しく鋭い声$_{こえ}$で叫$_{さけ}$ぶ。
**앙케-트**〖프 enquête〗🔵 アンケート。
**앙코-르**〖프 encore〗🔵 アンコール。¶ ~에 응하다 アンコールに応ずる。
**앙큼-스럽다** 🔄🔵 悪賢$_{わるがしこ}$い、ずるい、狡猾$_{こうかつ}$だ。¶ 앙큼스럽게 시치미를 떼다 陰険$_{いんけん}$にもしらを切$_{き}$る。**앙큼-스레** 🔄 悪賢く、ずるく、狡猾に。
**앙큼-하다** 🔄🔵 悪賢$_{わるがしこ}$い、欲得$_{よくとく}$に目$_{め}$ざとい、狡猾$_{こうかつ}$だ。¶ 앙큼한 소리를 하다 身勝手$_{みがって}$なことを言$_{い}$う。
**앙탈** 🔵🔄 ①(人$_{ひと}$の言$_{い}$うことを聞$_{き}$かずに)無理強$_{むりじ}$いをすること、片意地$_{かたいじ}$を張$_{は}$ること、むちゃ、だだ。②(言$_{い}$い付$_{つ}$けを聞$_{き}$かず)ずるけること、言$_{い}$い逃$_{のが}$れをすること。
〖관용〗**앙탈(을) 부리다** 片意地$_{かたいじ}$を張$_{は}$る、だだをこねる。
**앞** 🔵 ①前$_{まえ}$、前面$_{ぜんめん}$、前方$_{ぜんぽう}$。¶ 집 ~ 家$_{いえ}$の前$_{まえ}$/상대방 ~으로 가다가 相手$_{あいて}$の前に進$_{すす}$む。②(順序$_{じゅんじょ}$で)先き、前き。¶ ~ 사람 前の人$_{ひと}$/~을 다투다 先を争$_{あらそ}$う。③(時間的$_{じかんてき}$に)先き、前き、先程$_{さきほど}$、以前$_{いぜん}$。¶ ~에서 말했듯이 先に述$_{の}$べたように。¶ 今後$_{こんご}$、将来$_{しょうらい}$、未来$_{みらい}$、前途$_{ぜんと}$。¶ ~으로 잘 부탁드립니다 今後ともよろしくお願$_{ねが}$いします。⑤取$_{と}$り分$_{わ}$け、持$_{も}$ち前、分$_{わ}$け前。¶ 맏아들 ~으로 가는 재산 長男$_{ちょうなん}$の取り分となる財産$_{ざいさん}$。⑥(人$_{ひと}$の)陰部$_{いんぶ}$、前、下$_{した}$。¶ ~을 가리다 前を隠$_{かく}$す。⑦(手紙$_{てがみ}$などで)…宛$_{あて}$、…様$_{さま}$。¶ 과장 ~ 課長$_{かちょう}$宛。
〖관용〗**앞(을) 다투다** (競争$_{きょうそう}$などで)先を争$_{あらそ}$う。**앞(을) 못보다** ①目$_{め}$が見$_{み}$えない、盲$_{めくら}$である。②将来$_{しょうらい}$のことを見通$_{みとお}$す目がない。**앞(이) 캄캄하다** お先真$_{まっ}$暗だ、絶望的$_{ぜつぼうてき}$だ。
**앞-가슴** 🔵 ①(「가슴」の強調語$_{きょうちょうご}$)胸元$_{むなもと}$。②上衣$_{じょうい}$の前$_{まえ}$。
**앞-길** 🔵 ①前途$_{ぜんと}$、将来$_{しょうらい}$、行$_{ゆ}$く末$_{すえ}$。¶ ~이 유망하다 前途有望$_{ゆうぼう}$だ。②道$_{みち}$のり、行$_{ゆ}$く手$_{て}$。¶ 아직 ~이 멀다 まだ道のりは遠$_{とお}$い。¶ 길을 가로막다 行く手を阻$_{はば}$む。③(家$_{いえ}$・店$_{みせ}$の)前$_{まえ}$の通$_{とお}$り。
**앞-날** 🔵 ①将来$_{しょうらい}$、未来$_{みらい}$、後日$_{ごじつ}$。¶ ~을 위해서 돈을 모으다 将来のためにお金$_{かね}$をためる。②余命$_{よめい}$、余日$_{よじつ}$。¶ ~이 얼마 남지 않았다 余命いくばくもない。③過$_{す}$ぎ去$_{さ}$った前$_{まえ}$の日$_{ひ}$、前日$_{ぜんじつ}$。

**앞-니** 🔵 前歯$_{まえば}$、門歯$_{もんし}$。¶ ~가 났다 前歯が生$_{は}$えた。
**앞-다리** 🔵 ①(獣$_{けもの}$の)前脚$_{まえあし}$。②(机$_{つくえ}$・椅子$_{いす}$などの)前の方$_{ほう}$の脚$_{あし}$。
**앞-당기다** 🔄 (予定$_{よてい}$などを)繰$_{く}$り上$_{あ}$げる、早める、取$_{と}$り越$_{こ}$す。¶ 일정을 ~ 日程$_{にってい}$を繰り上げる。
**앞-뒤** 🔵 前後$_{ぜんご}$。①前$_{まえ}$と後$_{うし}$ろ。¶ ~를 살피다 前後を探$_{さぐ}$る。②前後のいきさつ、あとさき。¶ 일의 ~를 잘 가리다 事$_{こと}$のあとさきをよくわきまえる。③前の話$_{はなし}$は後の話。
〖관용〗**앞뒤(가) 막히다** 物事$_{ものごと}$の分別$_{ふんべつ}$がつかない、道理$_{どうり}$をわきまえない。**앞뒤(가) 맞다** (話$_{はなし}$・事件$_{じけん}$などが)常識$_{じょうしき}$・道理$_{どうり}$に合う、つじつまが合う。**앞뒤(를) 재다** 利害$_{りがい}$などをあれこれと考$_{かんが}$えて見$_{み}$る。
**앞뒷-집** 🔵 前$_{まえ}$と後$_{うし}$ろに位置$_{いち}$する家$_{いえ}$。
**앞-뜰** 🔵 前庭$_{ぜんてい}$、庭先$_{にわさき}$。
**앞-마당** 🔵 前庭$_{ぜんてい}$、前$_{まえ}$。
**앞-말** 🔵 ①前言$_{ぜんげん}$、前$_{まえ}$に言$_{い}$ったこと、前$_{まえ}$の話$_{はなし}$。②これから言うこと。
**앞-문**〖-門〗🔵 表門$_{おもてもん}$、表口$_{おもてぐち}$。
**앞-바다** 🔵 (陸地$_{りくち}$の)すぐ前$_{まえ}$の海$_{うみ}$、沖$_{おき}$、沖合$_{おきあい}$。
**앞-발** 🔵 (動物$_{どうぶつ}$の)前足$_{まえあし}$。
**앞발-굽** 🔵 前足のひづめ。
**앞발-질** 🔵🔄 前足蹴$_{げ}$り、前足をしきりに動$_{うご}$かすこと。
**앞-서** 🔄 ①先$_{さき}$に、前$_{まえ}$に、前もって、予$_{あらかじ}$め。¶ 출발에 ~ 점검을 하다 出発$_{しゅっぱつ}$の前に点検$_{てんけん}$をする。/~ 떠난 사람은 벌써 도착했다 先に出発$_{しゅっぱつ}$した人$_{ひと}$はすでに到着$_{とうちゃく}$した。②先だって、先日$_{せんじつ}$。¶ ~ 찾아 뵈었을 때…先日お訪$_{たず}$ねした時$_{とき}$と…。
**앞서-가다** 🔄 ①先$_{さき}$に立$_{た}$って行$_{ゆ}$く。②先に進$_{すす}$む、先んずる。③(人$_{ひと}$より)すぐれている、ぬきんでる。¶ 앞서가는 기술 ぬきんでる技術$_{ぎじゅつ}$。
**앞서거니-뒤서거니** 🔄 先立$_{さきだ}$ったり後$_{あと}$になったり。¶ ~ 하면서 걸음을 재촉했다 先立った後になったりしながら足を急$_{いそ}$いだ。
**앞-서다** 🔄 ①先$_{さき}$に進$_{すす}$む、先に立$_{た}$つ。②(ほかの何$_{なに}$よりも)先行$_{せんこう}$する、先立$_{さきだ}$つ、先んずる。¶ 말보다 실천이 앞서야 한다 口より実践$_{じっせん}$が先でなければならない。③(他人$_{たにん}$より)ぬきんでる、すぐれる。¶ 기술이 ~ 技術$_{ぎじゅつ}$がすぐれる。
**앞-서서** 🔄 ①先立$_{さきだ}$って、先駆$_{さきが}$けて。¶ 남보다 ~ 일하다 他人$_{たにん}$に先だって働$_{はたら}$く。②前もって、あらかじめ。¶ ~ 승낙을 받아두다 前もって承諾$_{しょうだく}$を得$_{え}$ておく。
**앞-세우다** 🔄 ①先$_{さき}$に立$_{た}$たせる。¶ 국기를 앞세우고 행진하다 国旗$_{こっき}$を揚$_{あ}$げて行進$_{こうしん}$する。②先$_{さき}$に出$_{だ}$す、表$_{おもて}$に立$_{た}$たせる、先行$_{せんこう}$させる。¶ 경제 문제를 앞세워야 한다 経済問題$_{けいざいもんだい}$を先行させなければならない。③先$_{さき}$に死$_{し}$なせる、先立$_{さきだ}$たれる。¶ 외아들을 ~ 一人息子$_{ひとりむすこ}$に先立たれる。

앞-앞 图 各自かく、各自の前まえ、めいめい。
　앞앞-이 副 各自の前に、めいめいに、おのおの。
앞-일 图 これからの事こと、将来しょうらいのこと。¶ ~이 걱정이다 これからのことが心配しんぱいだ。
앞-자락 图 (着物きものの)前まえすそ。
앞-잡이 图 ①先導者せんどうしゃ、先達せんだつ。(人ひとの)手先さき、走狗そうく。②警察さつの ~ 警察さつの手先。
앞-장 图 先頭せんとう、先頭の人ひと、いちばん前まえ、一番ばん。¶ 어려운 일에 있어서는 그녀가 제일 먼저 ~을 선다 難むずかしい仕事しごとになると彼女かのじょが一番いちばんだ。
　앞장-서다 圓 先頭せんとうに立たつ、先立さきだつ、先駆さきがける、音頭おんどを取とる。¶ 앞장서서 뛰다 先頭に立って走はしる。
　앞장-세우다 他 先頭に立たたせる。
앞-지르다 他르 追おい越こす、追い抜ぬく、だしぬく、先さんずる。¶ 앞차를 ~ 前まえの車くるまを追い越す。
앞-집 图 前まえにある家いえ。
앞-차[-車] 图 先さきに出発しゅっぱつした車くるま、前まえを走はしっている車、前方ぜんぽうの車。
앞-채 图 母屋おもやの前まえの棟むね。
앞-치마 图 前掛まえかけ、エプロン。
앞-폭[-幅] 图 ①(衣服いふくの)前まえの部分ぶぶんに当あてる布ぬの、前身まえみごろの幅はば。②(家具かぐなどの)全面ぜんめんに当てる板いた。③(品物しなものの)全面の幅。
애:¹ 图 ①いらいらする心こころ、気きづかい、やきもき、心配しんぱい、焦燥しょうそう。¶ ~가 타다 やきもきする。②(心身しんの)苦労くろう、気苦労きぐろう。¶ 이번 일에는 ~를 많이 썼네 このたびは大変たいへんご苦労だったね。
　慣用 애(가) 끊다 断腸だんちょうの思おもいがする。애(가) 끓다 心配しんぱいで気きが気でない、やきもきする。애(가) 달다 たいへん気にかかっていらいらする、やきもきする、じりじりする。애(를) 먹다 ひどく気苦労きぐろうする、手てを焼やく。애(를) 먹이다 てこずらせる、手を焼かせる。애(를) 쓰다 非常ひじょうに努力どりょくする、気をつかう。애(를) 태우다 心配しんぱいをかける、やきもきさせる。
애² 图 ((「아이」の縮約形))子供こども。
애- 接頭 ①「幼おさない・若わかい・未熟みじゅく・子供こどもっぽい」などの意いを表わあらわす。¶ ~송이 若僧わかぞう/~송아지 幼い子牛こうし。②「最初さいしょの・初はじめの」などの意を表わす。¶ ~호박 初はつものの かぼちゃ。
-애[愛] 接尾 …愛あい。¶ 조국~ 祖国愛そこくあい。
애가[哀歌] 图 哀歌あいか、悲歌ひか、エレジー。
애:-간장[-肝腸] 图 「애」の強調形。¶ ~을 녹이다 はらわたがちぎれる。/ ~을 태우다 やきもきさせる。
애개 感 ((軽かるく嘆なげいたり悔くいるときに発はっする声こえ))あっ、やっ、あら、あれえっ、しまった。¶ ~ 또 틀렸네 あら、また間違まちがった。②((大たいしたものでないとわかった時ときに発する語ご))ちえっ、なあんだ。¶ ~ 요것뿐이야? なあんだ、これっぽちか。
애걸[哀乞] 图하自他 哀願あいがん。¶ 도와 달라고 ~하다 手伝てつだってくれと哀願する。
애걸-복걸[-伏乞] 图하自他 哀あわれに請こい願ねがうこと、泣ないて頼たのむこと、哀願。¶ 목숨만은 살려 달라고 ~하다 命いのちだけは助たすけてくれと懇願こんがんする。
애:견[愛犬] 图하自 愛犬あいけん、犬いぬをかわいがること、その犬。¶ ~가 愛犬家か。
애고 「아이고」の縮約形。
애고-머니 感 「아이고머니」の縮約形。
애:교[愛嬌] 图 愛嬌あいきょう。¶ ~ 있는 몸짓 愛嬌のあるしぐさ。
　애:교-떨다 圓 愛嬌を振ふりまく。
　애:교-부리다 愛嬌を見みせる。
애:국[愛國] 图하自 愛国あいこく。¶ ~심 愛国心しん/~ 지사 愛国志士し。
애:국-가[-歌] 图 愛国歌か。
애:국-적[-的] 图 愛国的てき。¶ ~인 행동 愛国的な行動どう。
애기 图 坊ぼうや、赤あかん坊ぼう。
애꾸 图 ①「애꾸눈」の縮約形。②「애꾸눈이」の縮約形。
　애꾸-눈 图 独眼どくがん、片目かため、めっかち。
　애꾸눈-이 图 独眼どくがんの人ひと、片目かための人。
애-꽃다 圓 ①(何なんの罪つみもない者ものが災わざわいにあって)くやしい、心外しんがいだ、無念ねんだ。②(「애꽂은」の形で)何なんの罪つみもない。¶ 애꽂은 가족에게 화풀이를 하다 何のかかわりもない家族かぞくに当たりちらす。
애:-끓다 圓 心こころを焦こがす、やきもきする、いらいらする。
애:-늙은이 图 年寄としよりじみた若者わかもの、若年寄わかどしより。
애니메이션[animation] 图 アニメーション、アニメ、動画どうが。
애니미즘[animism] 图宗 アニミズム。
애달프다 形 つらい、痛いたましい、切せつない、哀切あいせつだ、ふびんだ、やるせない。¶ 애달픈 신세 哀あわれな身みの上うえ/애달퍼서 눈물을 흘리다 切なくて涙なみだを流ながす。애달-피 副 切なく、切なげに、つらそうに。¶ ~ 울다 切なげに泣なく。
애-당초[-當初] 图 ((「애초・당초」の強調語))最初さいしょ、初はじめ、当初とうしょ。¶ ~부터 잘못이었다 初めから間違まちがいだった。
애도[哀悼] 图하自他 哀悼あいとう。¶ 삼가 ~의 뜻을 표하다 謹つつしんで哀悼の意いを表ひょうする。
애:독[愛讀] 图하自他回他 愛読あいどく。¶ 널리 ~되는 작품 広ひろく愛読される作品さくひん。
애:독-자[-者] 图 愛読者しゃ。
애드-벌룬:[ad-balloon] 图 アドバルーン。
애락[哀樂] 图 哀楽あいらく、悲かなしみと楽たのしみと。¶ 희로 ~ 喜怒哀楽きどあいらく。
애련[哀戀] 图 哀恋あいれん、悲恋ひれん。
애로[隘路] 图 隘路あいろ、障害しょうがい、難点なんてん。¶ ~를 타개하다 隘路を打開だかいする。
애:마[愛馬] 图 愛馬あいば。
애:매[曖昧] 图하形 曖昧あいまい。¶ ~한 태도 曖昧な態度たいど。

**애:매 모호**〔-模糊〕 ⓝⓗ形 曖昧模糊も。
**애:매-하다** ⓗ形 無実ﾞつである、罪がない、不当である。¶ ~ 한 사람을 들볶다 罪のない人を困らせる。 **애매-히** ⓐ 罪なく、無実に。¶ ~ 걸려들다 罪なく引っ掛かる。
**애:먼** ⓒ ①とんでもない、まるっきり別な、見当はずれな。¶ ~ 대답을 하다 まるっきり見当はずれの答えをする。 ②無実な、無関係な、見込み違いな。¶ ~ 사람을 잡고 따진다 無実の人をつかまえて問いつ詰める。
**애:모**〔愛慕〕 ⓝⓗ他 愛慕あい。¶ ~의 정 愛慕の情じよう。
**애:무**〔愛撫〕 ⓝⓗ他 愛撫あいぶ。
**애물** ⓝ 心しんを傷める物もの・人ひと、苦労くろうの種たね。¶ 자식은 ~ 이다 子供こどもは苦労の種だ。
**애-바르다** ⓗ形 利害打算だんが早はやい、利りにさとい、欲張ばくりである。
**애벌** ⓝ (同おなじことを何度なんも繰くり返かえすときに)最初さいの手出てだし、一回目いつかいめ、下したごしらえ、あらかじめしておくこと。¶ ~ 행구다 先さにあらかじめすすぐ。
**애벌-구이** ⓝⓗ他ⓓⓘ 素焼すやき。
**애벌-빨래** ⓝ 下洗したあいの洗濯せんたく。
**애-벌레** ⓝ 幼虫ちゆう。
**애:-보기** ⓝ お守もり、子守こもり、またその人ひと。
**애사**〔哀史〕 ⓝ 哀史あいし、悲史ひし。
**애살-스럽다** ⓗ形 物欲もつよくしそうなようすだ、がつがつしている。
**애:서**〔愛書〕 ⓝⓗ他 愛書あいしよ。
**애석**〔哀惜〕 ⓝⓗ形 哀惜あいせき、惜おしいこと。¶ 참으로 ~한 일이다 ほんとに惜しいことだ。
**애:석**〔愛惜〕 ⓝ 愛惜あいせき。①ⓗ形 なごり惜しむこと。¶ ~한 마음을 금치 못하다 愛惜の念ねんを禁じえない。 ②ⓗ他 (ある物事ものごと・人ひとを大切たいせつにして)愛あいし惜おしむこと。
**애:송**〔愛誦〕 ⓝⓗ他ⓓⓘ 愛誦あいしよう。¶ 내가 ~ 하는 시 わたしの愛誦の詩し。
**애-송이** ⓝ 若造わかぞう、青二才あおにさい。
**애수**〔哀愁〕 ⓝ 哀愁あいしゆう。¶ ~에 젖다 哀愁にしずむ。
**애애**〔靄靄〕 ⓝⓗ形 藹々あいあい、和やかなようす。¶ 화기 ~한 모임 和気靄々とした集つどい。
**애-연가**〔愛煙家〕 ⓝ 愛煙家あいえんか。
**애오라지** ⓐ ただ、いくぶん、ひたすら、何なにはさておいて。¶ ~ 한가닥의 희망을 품다 ただ一縷いちるの望のぞみを抱いだく。
**애옥살이** ⓝⓗ他 貧乏びんぼうな生活せいかつ、貧乏暮ぼうぐらし。
**애:완**〔愛玩〕 ⓝⓗ他 愛玩あいがん。¶ ~ 동물 愛玩動物どうぶつ。
**애:욕**〔愛慾〕 ⓝ 愛慾あいよく、情欲じようよく。¶ ~에 빠지다 情欲におぼれる。
**애:용**〔愛用〕 ⓝⓗ他ⓓⓘ 愛用あいよう。¶ 국산품을 ~하다 国産品こくさんひんを愛用する。
**애원**〔哀願〕 ⓝⓗ他ⓓⓘ 哀願あいがん。¶ ~을 물리치다 哀願を退しりける。
**애:인**〔愛人〕 ⓝ ①ⓗ他 人ひとを愛あいすること。¶ 경천 ~ 敬天愛人けいてんあいじん。 ②恋人こいびとこと。¶ ~이 생기다 恋人ができる。

**애잔-하다** ⓗ形 ①ひ弱よわい、か弱い、弱々よわよわしい。¶ 애잔한 몸 か弱い体からだ。 ②哀われである、可憐かれんである、いじらしい。¶ 애잔한 모습 哀れな姿すがた。 **애잔-히** ⓐ ひ弱く、弱々しく、いじらしく。
**애:장**〔愛藏〕 ⓝⓗ他ⓓⓘ 愛藏あいぞう。¶ ~품 愛藏品ひん。
**애절**〔哀切・哀絶〕 ⓝⓗ形 哀切あいせつ、切せつないこと、たいへん悲かなしいこと。¶ ~한 이야기 哀切な物語ものがたり。 **애절-히** ⓐ 哀切に、切なく。
**애:정**〔愛情〕 ⓝ 愛情あいじよう。¶ ~ 없는 결혼 愛情なき結婚けつこん/ ~에 굶주려 있다 愛情に飢うえている。
**애:-제자**〔愛弟子〕 ⓝ 愛弟子まなでし。
**애조**〔哀調〕 ⓝ 哀調あいちよう。¶ ~를 띤 노랫소리 哀調を帯おびた歌声うたごえ。
**애:주**〔愛酒〕 ⓝⓗ他 愛酒あいしゆ、愛飲あいいん。¶ ~가 愛酒家か。
**애:증**〔愛憎〕 ⓝ 愛憎あいぞう。
**애:지-중:지**〔愛之重之〕 ⓝⓗ他 非常ひじように愛あいして大切たいせつにすること。
**애:착**〔愛着〕 ⓝⓗⓘ ①愛着あいちやく。¶ ~을 느끼다 愛着を覚おぼえる。 ②〔佛〕愛着じやく、愛執あいしゆう。
**애:착-심**〔-心〕 ⓝ 愛着心しん。¶ 삶에 대한 ~ 生せいに対たいする愛着心。
**애:창**〔愛唱〕 ⓝⓗ他ⓓⓘ 愛唱あいしよう。¶ 가곡을 ~ 하다 歌曲かきよくを愛唱する。
**애:창-곡**〔-曲〕 ⓝ 愛唱曲きよく。
**애:처**〔愛妻〕 ⓝⓗ他 愛妻あいさい。¶ ~가 愛妻家か。
**애처-롭다** ⓗ形ⓑ 不憫ふびんだ、気きの毒どくだ、かわいそうだ、哀われだ、痛いたましい、いじらしい。¶ 굶주린 아이들은 보기에도 애처로웠다 飢うえた子供こどもたちは見みるも哀れだった。 **애처로-이** ⓐ かわいそうに、哀れに、不憫に、いじらしく。
**애:첩**〔愛妾〕 ⓝ 愛妾あいしよう。
**애:청**〔愛聽〕 ⓝⓗ他ⓓⓘ 愛聽あいちよう。¶ ~자 愛聽者しや/~하는 곡 好このんで聴きく曲きよく。
**애초**〔-初〕 ⓝ 初はじめ、当初とうしよ、最初さいしよ。¶ ~의 계획 当初の計画けいかく/ ~부터 잘못이었다 初ねからから間違まちがいだった。
**애초-에** ⓐ 初はじめに、初めから、最初から、そもそも。¶ ~ 합격할 가능성은 없었다 初めから合格ごうかくの可能性かのうせいはなかった。
**애:칭**〔愛稱〕 ⓝ 愛称あいしよう。¶ ~으로 부르다 愛称で呼よぶ。
**애:타**〔愛他〕 ⓝⓗ他 愛他あいた。¶ ~심 愛他心しん。
**애:타-주의**〔-主義〕 ⓝ 愛他主義しゆぎ、利他りたの主義。ⓒ 이기주의(利己主義)
**애:-타다** ⓘ 気きが気でない、はらはらする、やきもきする、気苦労きぐろうする。¶ 애타게 기다리는 마음 焦こがれるように待まつ気持きもち。
**애:-태우다** ⓗ 《「애타다」の使役》心配しんぱいさせる、気苦労くろうをかける、気をもませる、はらはらさせる、やきもきさせる。¶ 부모를 ~ 父母ふぼに気苦労かける。

**애통**【哀痛】 ②[하][자] 哀痛あいつう。¶ 얼마나 ~하십니까? 御愁傷ごしゅうしょう様さまでございます。
**애:통-지다** ② 心配しんぱいで胸むねがはりさけそうだ、気きが気きでない。
**애틋-하다** [形][아] ①哀切あいせつだ、やるせない、切せつない。¶ 애틋한 사랑 切せつない恋こい。 ②名残なごり惜おしむ、切せつない。 ③情じょうが細こまやかである。¶ 애틋한 정 細こまやかな情じょう。 **애틋-이** ③ 哀切あいせつに、やるせなく、切せつなく。
**애:-티** ② 子供こどもらしさ、子供こどもっぽさ、幼おさげ。¶ ~를 벗다 子供こどもっぽさが抜ぬける。
**애프터-서:비스**【after+service】 ② アフターサービス。
**애햄** ④[하][자] (気取きどったり合図あいずしたりする時ときにわざとするせきの声こえ) えへん。¶ ~、거기 누구 없느냐? えへん、誰だれかいないか。/ ~하고 기침을 하다 えへんと咳払せきばらいをする。
**애:향**【愛鄕】 ②[하][자] 愛郷あいきょう。¶ ~심 愛郷心あいきょうしん。
**애:호**【愛好】 ②[하][타] 愛好あいこう。¶ ~가 愛好家あいこうか/ 음악을 ~하다 音楽おんがくを愛好あいこうする。
**애:호**【愛護】 ②[하][자] 愛護あいご。¶ 문화재를 ~합시다 文化財ぶんかざいを愛護あいごしましょう。
**애-호박** 未熟みじゅくのカボチャ、初はつもののカボチャ。
[속담] 애호박에 말뚝 박기 未熟みじゅくのカボチャに杭くいを打うつ。《意地悪いじわるをする》
**애환**【哀歡】 ② 哀歡あいかん。¶ ~을 함께하다 哀歡あいかんを共ともにする。
**액**【厄】 ② 厄やく、災わざわい、災難さいなん、不運ふうん。¶ ~막이 厄払やくばらい、厄よけ/ ~을 당하다 厄やくに遭あう。
**액**【液】 ② 液えき、汁しる。¶ ~을 짜다 液えきを搾しぼる。
**-액**【額】 [接尾] …額がく。¶ 생산 ~ 生産額せいさんがく。
**액년**【厄年】 ② 厄年やくどし。
**액-때우다**【厄-】 ②[자] (来くるべき災難さいなんを) 他たの軽かるい困難こんなんで肩代かたがわりする、厄払やくばらいをする、厄落やくおとしをする。
**액-때움**【厄-】 ②[하][자] 厄払やくばらい、厄除やくじょけ、厄落やくおとし。
**액-땜**【厄-】 ②[하][자]「액때움」の縮約形。
**액-막이**【厄-】 ②[하][자] 厄除やくよけ、厄払やくばらい、厄落やくおとし。
**액막이-굿** ②[하][자][民] 〈陰曆いんれきの正月しょうがつの十五日にちの前まえに巫女みこが行おこうその年としの厄払やくばらい。
**액면**【額面】 ② 額面がくめん。¶ ~ 가격 額面価格がくめんかかく/ 그 말을 ~ 그대로 믿을 수가 없다 そのことばを額面がくめんどおりに信しんじられない。
**액세서리**【accessory】 ② アクセサリー。
**액셀러레이터**【accelerator】 ② アクセルレレータ、アクセル、(自動車じどうしゃの) 加速かそくペダル。
**액션**【action】 ② アクション。¶ ~ 映画えいが アクション映画えいが。
**액수**【額數】 ②①金額きんがく、金高かねだか。¶ 상당한 ~에 달하다 相当そうとうな金額きんがくに達たっする。 ②人数にんず、人員数じんいんすう。
**액신**【厄神】 ② 厄神やくじん。
**액운**【厄運】 ② 厄運やくうん。¶ ~을 없애다 厄払やくばらいをする。

**액자**【額子】 ② 額縁がくぶち。¶ 벽에 ~를 걸다 壁かべに額縁がくぶちをかける。
**액정**【液晶】 ②[物] 液晶えきしょう。¶ ~ 텔레비전 液晶えきしょうテレビ。
**액체**【液體】 ② 液体えきたい。¶ ~ 산소 液体酸素えきたいさんそ/ ~ 연료 液体燃料えきたいねんりょう。
**액취**【腋臭】 ② 腋臭わきが。
**액화**【液化】 ②[하][자][타][되][物] 液化えきか。¶ ~ 가스 液化えきかガス。
**앨범**【album】 ② アルバム、写真帳しゃしんちょう。
**앰뷸런스**【ambulance】 ② アンビュランス、救急車きゅうきゅうしゃ。
**앳-되다** [形] 子供こどもっぽい、幼おさく見みえる、あどけない。¶ 앳된 목소리 子供こどもっぽい声こえ/ 나이에 비해 앳되게 보인다 年としに比くらべて幼おさく見みえる。
**앵** ④ 《蚊か・ハチなどが飛とびながら出だす音おと》ぶうん。
**앵글**【angle】 ② アングル、角かく、角度かくど。¶ 카메라 ~ カメラアングル。
**앵-돌아지다** ②[자] ①すねてつんつんする、ふくれる。¶ 앵돌아져서 대답도 안 한다 ふくれて返事へんじもしない。 ②(物ものが)よじれる、ねじれる、反そる。
**앵두** ② ユスラウメ、ユスラウメの実み。¶ ~ 같은 입술 ユスラウメのような唇くちびる。
**앵무-새**【鸚鵡-】 ②[動] オウム。
**앵-앵** ④[하][자] 《蚊か・ハチなどが飛とびながら出だす音おと》ぶんぶん。
**앵앵-거리다** ②[자] ぶんぶん音おとをたてる。¶ 모기가 귓전에서 ~ 蚊かが耳みみもとでぶんぶんうなっている。
**앵커-맨**【anchorman】 ② アンカーマン。
**앵-하다** [形][아] (損そんをして) くやしがる、残念ざんねんがる、惜おしがる。

**야:**[1] ④ ①《驚おどろいたり感嘆かんたんしたりうれしいときに出だす声こえ》やあ、おや、わあ、まあ、おう。¶ ~、굉장하구나 わあ、すごいね。 ②《目下めしたの者ものを呼よんだり友達同士ともだちどうしが互たがいに呼よんだりする語ご》君きみ、おい。¶ ~、이리 좀 와 おい、ちょっとこちらへ 来きいよ。
**야**[2] ⑩ ①《強調きょうちょうする意いを表あらわす》…(だけ)は、こそ、こそはじめて。¶ 너~ 반대하지 않을 테지 おまえだけは反対はんたいしないだろうな。 ②《物事ものごとを肯定的こうていてきに断定だんていする意いを表あらわす》…だ、…な、…である。¶ 우습구나~ おかしいな。
**야**[3] ⑩ 《人ひと・物ものを呼よぶときに用もちいる語ご》…よ、…や。¶ 아기 ~ 坊やや/ 새 ~ 새 파랑새 ~ 鳥とりよ鳥とり青あおい鳥とりよ。
**야:간**【夜間】 ② 夜間やかん。¶ ~ 경기 夜間競技やかんきょうぎ/ ~ 통행 금지 夜間通行禁止やかんつうこうきんし。
**야:간 도주**【-逃走】 ②[하][자] 夜間逃走やかんとうそう、夜逃よにげ。
**야:간 열차**【-列車】 ② 夜行列車やこうれっしゃ、夜汽車よぎしゃ。

야:간 학교[-學校] 名 夜間学校。
야:경[夜景] 名 夜景、夜ふけの景色。
야:경[夜警] 名ハ变 夜警、夜番。¶ ~꾼 夜警員。
야곡[夜曲] 名[音] (「소야곡」의 縮約形) 夜曲、セレナーデ。
야:광[夜光] 名 夜光。¶ ~시계 夜光時計。
야:구[野球] 名 野球。¶ 프로 ~ 선수 プロ野球の選手。
야:구-장[-場] 名 野球場、球場。
야:근[夜勤] 名 夜勤、夜間勤務。
야:금[冶金] 名 冶金。¶ ~술 冶金術。
야:금-학[-學] 名 冶金学。
야금-거리다 自 (口の中のたべ物を)もぐもぐする。¶ 늘 야금거리며 먹다 いつももぐもぐ食べる。
야금-야금 副ハ变 ①(食べ物などを口のなかに入れて少しずつかむようす)もぐもぐ。②(少しずつ使うようす) ちびちび、なしくずしに。¶ 저금을 ~ 찾아 쓰다 預金をなしくずしに使う。
야:기[惹起] 名ハ他 自 惹起、(事件などを)ひき起こすこと。¶ 문제를 ~하다 問題をひき起こす。
야:뇨-증[夜尿症] 名[醫] 夜尿症。
야:단[惹端] 名ハ自 ①騒がしいこと、騒ぎ立てること、大騒ぎ。¶ 왜 이리 ~들이냐? どうしてこんなに騒ぐのか。②口やましく叱ること、やたらにどなりつけること。¶ 호되게 ~치다 こっぴどく叱る。③非常に困ったこと、大変なこと、一大事。¶ 이것 참 ~이구려 これはほんとに困ったな。
야:단-나다 自 ①大騒ぎになる。②大変なことが起こる。
야:단-맞다 自 叱られる。
야:단-법석 名 大騒動、らんちき騒ぎ、てんやわんや、どんちゃん騒ぎ。¶ ~을 떨다 らんちき騒ぎをする。
야:단-스럽다 形ㅂ たいへん騒がしい。야단-스레 副 騒がしく、騒々しく。
야:단-치다 自他 ①叱りつける、叱りとばす、叱る。②やたらに大騒ぎする。
야:담[野談] 名 野史や物語の語り。
야:당[野黨] 名 野党。¶ 여당과 ~의 싸움 与党と野党の争い。
야:독[夜讀] 名ハ他 夜に本を読むこと。¶ 주경 ~ 昼は田畑たを耕がし夜は本を読むこと。
야:드[yard] 依 ヤード。
야들-야들 副ハ形 (柔らかくつややかなようす)つやつや、すべすべ。¶ ~한 옷감 つやつやしてやわらかな布地。
야로 名 たくらみ、はかりごと、仕掛け。¶ 무슨 ~가 있을 거야 何さかのたくらみがありそうだ。
야:료[惹鬧] 名ハ自 無理や言いがかりをつけて騒ぎ立てること。
야릇-하다 形여 おかしい、不思議だ、奇妙だ、妙である、風変わりだ、奇怪だ。¶ 야릇한 취향 風変わりの趣向/ 운명이란 참으로 야릇한 것이다 運命とは実に妙なものだ。
야:만[野蠻] 名ハ变ㅅ形 野蛮。¶ ~성 野蛮性/ ~스러운 행동 野蛮なふるまい。
야:망[野望] 名 野望、野心。¶ ~에 불타는 사람 野望に燃える人。
야:맹-증[夜盲症] 名[醫] 夜盲症。
야멸-차다 形 無情だ、薄情だ、つれない。¶ 부탁을 야멸차게 거절하다 たのみをつれなく断る。
야무-지다 形 しっかりしている、しまっている、手抜きかりがない、がっちりしている。¶ 야무진 소년 しっかりしている少年/ 일을 야무지게 마무리짓다 仕事を手抜かりなく仕上げる。
야:바위[野-] 名 ①いかさま賭博。②ぺてん、詐欺、手管、奸策。
관용 야바위(를) 치다 (人の目を掠めて)ごまかす、ぺてんにかける。
야:바위-꾼 名 いかさま師、ぺてん師。
야:바위-판 名 いかさま賭博の場。
야:바윗-속 名 (ぺてんの)手のうち、からくりの内幕。
야:박[野薄] 名ハ变ㅅ形 薄情はく、不人情だ、無情だ。¶ ~한 말 無情な言葉。
야:반[夜半] 名 夜半、夜中。¶ ~까지 공부하다 夜半まで勉強する。
야:-밤[夜-] 名 夜中。
야:-밤중[夜-中] 名 真夜中。同 한밤중
야:비[野卑] 名ハ形 野卑、下品で卑しい。¶ ~한 근성 野卑な根性、外史じ。
야:사[野史] 名 野史、外史。
야:살 名 小憎くらしくこましゃくれた言葉、ふるまい、生意気な言動。¶ ~을 까다 小憎らしくふるまう。
야:살-떨다 自 ひねくれた態度をとる、こましゃくれたことをする。
야:살-부리다 わざとひねくれた態度をとる。
야:살-스럽다 形 (言動などが)小憎らしい。야살-스레 副 小憎らしく、ひねくれて。
야:상-곡[夜想曲] 名[音] 夜想曲、ノクターン。
야:생[野生] 名 野生。¶ ~화 野生の花/ ~ 동물 野生動物。
야:성[野性] 名 野性。¶ ~적인 매력 野性的な魅力。
야:성-미[-美] 名 野性美。
야:속[野俗] 名ハ变ㅅ形 ①薄情で冷たいこと、無情、不人情。¶ ~한 세상 薄情な世の中。②残念だ、うらめしい。¶ ~한 처사 うらめしい仕打ち。
야:수[野手] 名[體] 野手。¶ 외 ~ 外野手。
야:수[野獸] 名 野獣。¶ ~성을 발휘하다 野獣性を発揮する。
야:수-파[-派] 名[美] 野獣派、フォービスム。
야:-시장[夜市場] 名 夜市、夜店。
야:-식[夜食] 名ハ自他 夜食。同 밤참

**야:심**〔夜深〕[名][하形] 深夜、夜更け。¶ ~할 때까지 일하다 夜更けまで働く。

**야:심**〔野心〕[名] 野心。¶ ~작 野心作/ 학문적 ~ 学問的野心/ ~을 품다 野心を抱く。

**야:심 만:만**〔-滿滿〕[名][하形] 野心満々。

**야:영**〔野營〕[名][하自] 野営。¶ ~지 野営地。

**야옹** [副]《猫の鳴き声》にゃあ、にゃん。

**야:외**〔野外〕[名] 野外、屋外、郊外。¶ ~극 野外劇/ ~ 수업 野外授業/ ~로 나가다 野外に出る。

**야:욕**〔野慾〕[名] ①野心、野望。②(野獣のような)性的欲望。¶ ~을 채우다 性的欲望を満たす。

**야위다** [自] 痩せほそる、やせこける、やせる、やつれる。¶ 야윈 얼굴 やせた顔/ 근심 걱정으로 몹시 ~ 心配事でひどくやつれる。

**야:유**〔野遊〕[名][하自] 野遊び。

**야:유-회**〔-會〕[名] 野遊び、ピクニック。

**야:유**〔揶揄〕[名][하他] 揶揄、やじ、からかい。¶ ~ 섞인 목소리 揶揄の混じった声。

**야:음**〔夜陰〕[名] 夜陰。¶ ~을 타서 도주하다 夜陰に乗じて逃走する。

**야:인**〔野人〕[名] 野人、在野の人、民間の人。¶ 일개 ~으로서의 입장 一介の野人としての立場。

**야:자**〔椰子〕[名]〔植〕 椰子の木。

**야:적**〔野積〕[名][하他][되自] 野積み。¶ ~장 野積み場。

**야:전**〔野戰〕[名] 野戦。¶ ~군 野戦軍/ ~ 병원 野戦病院。

**-야지** [語尾]《「-야 하지」の縮約形》…しなければ(ならない)、…でなくては(ならない)、…すべきだ。¶ 무엇이든 먹어~ なんでも食べなければならない。

**야:채**〔野菜〕[名] 野菜、青物、菜、あおな。¶ ~류 野菜類/ ~ 가게 八百屋。

**야코-죽다** [自]〔俗〕 圧倒される、気圧される、やる気をなくす。

**야코-죽이다** [他]〔俗〕 圧倒する、やる気をなくさせる、へこます。

**야트막-하다** [形][여] やや低い、かなり低い、低めだ。¶ 야트막한 언덕 かなり低い丘。

**야:-하다**〔冶-〕[形][여] 下品でけばけばしい、派手で安っぽい。¶ 차림새가 ~ 身なりが下品でけばけばしい。

**야:학**〔夜學〕[名] 夜学。¶ ~교 夜学校。

**야:행**〔夜行〕[名][하自] 夜行。¶ ~ 열차 夜行列車。

**야:행-성**〔-性〕[名]〔動〕 夜行性。¶ ~ 동물 夜行性動物。

**야-호**〔yo-ho〕[感]《登山する人々が互いに呼ぶ声》ヤッホー。

**야:화**〔夜話〕[名] 夜話。

**야:회**〔夜會〕[名] 夜会。¶ ~복 夜会服。

**약** [名] ①(植物の)刺激性のある成分。¶ ~이 오른 고추 辛くなった唐辛子。②癪に障ること、怒りの感情。¶ ~이 받치다 むかっ腹が立つ。
[관용] **약(을) 올리다** 怒らせる。**약(이) 오르다** ①(植物が)刺激性がつよくなる。②癪に障る、腹が立つ。

**약**〔約〕[冠] 約、おおよそ、およそ、ほぼ。¶ ~3만 명의 관중 約3万人の観衆。

**약**〔藥〕[名] ①薬。¶ 특효~ 特効薬/ ~을 먹다 薬を飲む。②《「화약」の縮約形》火薬。¶ ~을 재다 火薬を詰める。③(つや出し用の)釉薬、靴墨。¶ ~을 칠하다 釉薬を塗る。④〔俗〕 酒、麻薬。⑤〔比〕 心身のためになる物事、いいもの。¶ 네겐 잔소리가 ~이다 お前には小言が薬になる。
[속담] **약에 쓸래도 없다** 薬に使おうにもない。《ほんの少しもない》

**-약**〔弱〕[接尾] …弱。¶ 10%~ 10%弱。[대] -강(强)

**약간**〔若干〕[名] ①若干、いくらか。¶ ~의 돈 いくらかの金。②《副詞的に》若干、少し、幾らか、やや、ちょっと。¶ ~ 부족하다 いくらか足りない。/ ~ 좁다 やや狭い。

**약골**〔弱骨〕[名] ①体が弱い人、弱い骨格。②弱虫。

**약과**〔藥果〕[名] ①小麦粉を蜂蜜・砂糖水でこねて型を取り油で揚げた菓子。②〔比〕 たやすいこと、なんでもないこと、朝飯前。¶ 그까짓 것은 ~다 それしきのことは朝飯前だ。

**약관**〔約款〕[名]〔法〕 約款。¶ 보험 ~ 保険約款。

**약국**〔藥局〕[名] 薬局、薬屋。

**약다** [形] ①賢い、才気がある。②自分の利をはかるに巧みだ、利口だ、こざかしい、ずるい。¶ 약은 꾀를 쓰다 ずるい手を使う。/ 약게 굴다 利口に立ち回る。

**약대** [名] ラクダ。[유] 낙타

**약도**〔略圖〕[名] 略図。¶ 역까지의 ~를 그리다 駅までの略図を描く。

**약동**〔躍動〕[名][하自] 躍動。¶ ~하는 젊음 躍動する若さ。

**약력**〔略歷〕[名] 略歴。¶ ~을 소개하다 略歴を紹介する。

**약리**〔藥理〕[名] 薬理。¶ ~ 작용 薬理作用。

**약물**〔藥物〕[名] 薬物。¶ ~ 중독 薬物中毒/ ~ 치료 薬物治療。

**약물 요법**〔-療法〕[名] 薬物療法。

**약방**〔藥房〕[名] 薬屋、薬局、薬舗。
[속담] **약방에 감초** 薬屋に甘草。《①何事にも口出しをしないと気のすまない人、出しゃばりな人。②欠くことのできないもの、不可欠な物》

**약-방문**〔藥方文〕[名] 処方箋。¶ 사후 ~ 死後の処方箋、後の祭り。

**약분**〔約分〕[名][하他][되自]〔數〕 約分。

**약-빠르다** [形][르] すばしこい、抜け目がない、めざとい、如才ない。¶ 약빠르게 굴다 如

**약사**[藥師] 名 薬剤師やくざい.
**약삭-빠르다** 形르 如才じょない、すばしこくて要領りょうがいい、抜ぬけ目めがない、こざかしい、めざとい、小利口こりこうだ。¶ 약삭빠른 사나이 すばしこい男おとこ。 **약삭-빨리** 副 如才じょなく、すばしこく、抜ぬけ目めなく、小利口に。¶ ~ 처신하다 如才なくふるまう。
**약세**[弱勢] 名하形 ①勢力せいりょくの弱よわいこと、劣勢れっせい。¶ ~에 몰리다 劣勢に追おい込こまれる。②(物価ぶっか・株価かぶかなどが)下降かこうする〔さがる〕相場そうば。
**약소**[弱少] 名하形 弱小じゃくしょう。¶ ~ 국가 弱小国家こっか。
**약소 민족**[-民族] 名 弱小民族みんぞく。
**약소**[略少] 名하形 (贈おくり物ものなどが)少すくなくて粗末そまつなこと、わずかでつまらないこと。¶ ~하오나 받아주십시오 ほんのわずかでございますが御受納ごじゅのうください。
**약속**[約束] 名하他되自 約束やくそく。¶ ~을 지키다 約束を守まもる。/ 재회를 ~하다 再会さいかいを約束する。
**약속 어음**[-經] 約束手形てがた。¶ ~을 발행하다 約束手形を振ふり出だす。
**약손가락**[藥-] 名 薬指くすりゆび、無名指むめいし、紅差べにさし指ゆび。
**약수**[藥水] 名 薬水やくすい、飲のめば薬くすりになると言いわれる泉いずみの水みず、鉱泉水こうせんすい。
**약수-터** 薬水が出でる所ところ。
**약식**[略式] 名 略式りゃくしき。¶ ~ 절차 略式手続つづき。
**약아-빠지다** 形 ずる賢がしこい、小賢こざかしい、目めから鼻はなへ抜ぬける。¶ 어린애가 너무 약아빠졌다 子供こどもがあまりに小賢しい。
**약-오르다** 自되 しゃくにさわる、腹はらがたつ。
**약용**[藥用] 名하形 薬用やくよう。¶ ~ 비누 薬用せっけん。
**약육 강식**[弱肉強食] 名 弱肉強食じゃくにくきょうしょく。¶ ~의 사회 弱肉強食の社会しゃかい。
**약자**[弱者] 名 弱者じゃくしゃ。¶ ~의 편에 서다 弱者の側がわに立たつ。
**약자**[略字] 名 略字りゃくじ。¶ ~로 쓰다 略字で書かく。
**약점**[弱點] 名 弱点じゃくてん、弱よわみ、欠点けってん、短たんしょ。¶ ~을 잡히다 弱点を握にぎられる。
**약정**[約定] 名하他되自 約定やくじょう。¶ ~ 기간 約定期間きかん/ ~을 맺다 約定を結むすぶ。
**약정-서**[-書] 名 約定書しょ。
**약제**[藥劑] 名 薬剤やくざい。¶ ~사 薬剤師し。
**약제-실**[-室] 名 薬剤室、調剤室ちょうざいしつ。
**약조**[約條] 名하他 ①条件じょうけんをつけて約束やくそくすること。②約束やくそくで決きめた条項じょうこう。
**약졸**[弱卒] 名 弱卒じゃくそつ、弱兵じゃくへい、¶ 용장 밑에 ~ 없다 勇将ゆうしょうの下もとに弱卒なし。
**약주**[藥酒] 名 ①薬酒やくしゅ、薬くすりとして飲のむ酒さけ。②どぶろくより清きよくアルコール分ぶんの高たかい酒、清酒せいしゅ。③(酒さけの上品じょうひんな言いい方かた) お酒さけ。¶ ~ 한 잔 하셨군요 お酒を一杯いっぱい

飲のまれましたね。
**약진**[弱震] 名地 弱震じゃくしん。¶ 어젯밤의 지진은 ~이었다 昨夜さくやの地震じしんは弱震だった。
**약진**[躍進] 名하自 躍進やくしん。¶ 눈부신 ~ 目覚めざましい躍進。
**약질**[弱質] 名 弱質じゃくしつ、虚弱体質きょじゃくたいしつ、か弱よわい体質。¶ 우리 아이는 너무 ~이라서 걱정이다 うちの子こはあまりにも弱い体質たいしつなので心配しんぱいだ。
**약초**[藥草] 名 薬草やくそう。
**약취**[略取] 名하他되自 略取りゃくしゅ。¶ ~ 유괴 略取誘拐ゆうかい。
**약-칠**[藥-] 名하自他 ①患部かんぶに薬くすりを塗ぬること。②薬を塗ってつや出だしをすること。¶ 구두에 ~을 하다 靴くつにクリームを塗ってつやを出す。
**약칭**[略稱] 名하他되自 略称りゃくしょう。
**약탈**[掠奪] 名하他되自 略奪りゃくだつ。¶ 남의 재산을 ~하다 人ひとの財産ざいさんを略奪する。
**약-탕기**[藥湯器] 名 ①煎せんじた薬くすりを入いれる器うつわ。②薬を煎じる陶器とうき。
**약-팔다**[藥-] 名 あれやこれやと引ひき合あいに出だしてしゃべりたてる、飽あきもせずあれこれとしゃべる。
**약품**[藥品] 名 薬品やくひん。¶ 화학 ~ 化学かがく薬品。
**약품-명**[-名] 名 薬品名めい。
**약-하다**[約-] 他어 約やくする。①約束やくそくする、契約けいやくする。②數 約分やくぶんする。
**약-하다**[略-] 他어 略りゃくする、省略しょうりゃくする。
**약-하다**[弱-] 形어 (힘などが)弱よわい。①(光선などが)弱い光線こうせんでない、弱よわい。②丈夫じょうぶでない、弱よわい。¶ 기초가 ~ 基礎きそが丈夫でない。/ 비닐은 열에 ~ ビニールは熱ねつに弱い。③(意志などが)もろい。¶ 정에 ~ 情じょうにもろい。④不得手ふえてだ、下手へただ。¶ 수학이 ~ 数学すうがくが不得手だ。⑤(濃度のうどなどが)弱い、薄うすい。¶ ~한 술 弱い酒。
**약학**[藥學] 名 薬学やくがく。¶ ~ 대학 薬学部ぶ。
**약혼**[約婚] 名하自 婚約こんやく。¶ ~ 반지 婚約指輪ゆびわ/ 두 사람은 ~한 사이다 二人ふたりは婚約した間柄あいだがらだ。
**약혼-자**[-者] 名 婚約者しゃ。
**약화**[弱化] 名하自他되自 弱化じゃっか。¶ 조직의 ~ 組織そしきの弱化。
**약효**[藥效] 名 薬効やっこう、薬くすりの効ききき目め。¶ ~가 떨어지다 薬効が落おちる。
**얄궂다** 形 ①(性質せいしつ・人柄ひとがらが)変かわっている、奇妙きみょうだ、変へんだ。¶ 얄궂은 사람 変な人。②妙みょうだ、不思議ふしぎだ、皮肉ひにくだ。¶ 얄궂은 운명 奇くしき運命うんめい。
**얄따랗다** 形ㅎ なかなかうすい、うすっぺらだ。¶ 얄따란 종이 うすっぺらな紙かみ。
**얄:-밉다** 形ㅂ 憎にくたらしい、憎らしい、小面憎こづらにくい。¶ 하는 짓이 ~ 仕草しぐさが憎らしい。
**얄팍-하다** 形어 ①薄うすっぺらだ、얄팍한 책 うすっぺらな本。②(行動こうどう・思慮しりょなどの)内容ないようが見みえすいている。¶ 얄팍한 수 見えすいた手て。

**얇다** [形] ①(厚さが)薄い。¶ 책이 ~ 本がうすい。②(行動などが)軽い、浅はかだ、薄っぺらい。③(色・濃度が)薄い。

**얌생이** [名][他] こそ泥を働かたくこと。
**얌생이-꾼** [名] こそ泥、こっそり取る人。

**얌전-떨다** [自] いかにもしとやかなふりをする、おとなしそうに振る舞う。

**얌전-이** [名] よい子、おとなしい人。

**얌전-스럽다** [形ㅂ] おとなしい、淑やかだ、慎ましやかだ、神妙だ。**얌전-스레** [副] おとなしく、淑やかに、慎ましやかに。

**얌전-하다** [形여] ①おとなしい、しとやかだ、慎つましやかだ。¶ 저 처녀는 ~ あの娘はおとなしい。②(形などが)よく品格がある、きちんとしている。¶ 바느질이 ~ 針仕事がきちんとしてて丁寧だ。**얌전-히** [副] おとなしく、淑やかに、慎ましやかに。

**얌체** [名] 《ずる賢しく立ちまわる人》をさげすんで言う語〉恥知らず、ちゃっかり屋。¶ 이 ~야 この恥知らずめ。

**얌치** [名] いさぎよく恥を知る心、廉恥。¶ ~가 없다 恥知らずだ。

**얏** [感] 《力・気合いを入れる時などに出す声》やあ、やっ。

**양**[羊] [名] 羊。①[動] 綿羊。¶ ~ 떼 羊の群れ。②[基] 神の子羊、キリスト教の信者。③[比] (性質等から)温順な人、内気でおとなしい人。

**양**[良] [名] 良(成績評価の4番目)。

**양**[量] [名] ①(「분량(分量)・수량(数量)」の縮約形) 量。¶ ~ 보다 質 量より質。②「식량(食糧)」の縮約形。

**양**[様] [名] ①「양식(様式)」の縮約形。②「양태(様態)」の縮約形。

**양** [依] ①(「-ㄴ[-는・-은]양(으로)」の形で)(さも)~するように、~のごとく、~らしく、~ふり。¶ 군인인 ~ 말하다 軍人のように話す。/ 맛이 없는 ~ 먹다 남겼다 きもまずそうに食べ残した。②(「-ㄹ[-을]양(으로)」の形で) …する積もりで、…しようと。¶ 글을 읽을 ~으로 책상 앞에 앉다 読書しようと机の前にすわる。

**양**[嬢] [依] …嬢、…さん。¶ 김 ~ 金さん。

**양-**[両] [接頭] 両…。¶ ~ 손 両手。

**양-**[洋] [接頭] 洋…、西洋の、洋式の。¶ ~ 식 洋式、¶ ~ 담배 洋もく。

**양-**[養] [接頭] 養…、養い~の。¶ ~ 자 養子。

**-양**[洋] [接尾] 洋。¶ 태평 ~ 太平洋。

**양가**[良家] [名] 良家。
**양갓-집**[良家] [名] 良家。¶ ~ 규수 良家の娘。

**양:가**[両家] [名] 両家。

**양각**[陽刻] [名][他][自][美] 陽刻、浮き彫り。団 음각(陰刻)

**양감**[量感] [名] 量感、ボリューム。¶ ~이 넘치는 작품 量感のあふれる作品。

**양갱**[羊羹] [名] 羊羹。

**양:-견**[両肩] [名] 両肩、双肩。¶ 중책을 ~에 짊어지다 重責を両肩に負う。

**양:계**[養鶏] [名][他][自] 養鶏。¶ ~장 養鶏場。

**양-고기**[羊-] [名] 羊の肉。

**양-과자**[洋菓子] [名] 洋菓子。

**양:-국**[両國] [名] 両国。

**양:-군**[両軍] [名] 両軍。

**양궁**[洋弓] [名][地] 洋弓、アーチェリー。

**양-귀비**[楊貴妃] [名][植] ケシ。

**양:-극**[両極] [名] 両極。①[地] 北極と南極。¶ ~ 지방 両極地方。②[物] 陽極と陰極。③両極端。

**양극**[陽極] [名][物] 陽極。¶ ~선 陽極線。

**양:-극단**[両極端] [名] 両極端。¶ 의견이 ~으로 갈라지다 意見が両極端に分かれる。

**양:-껏** [副] ありったけ、できるだけ、思うう存分に。¶ ~ 드십시오 たくさん召し上がってください。

**양:-끝**[両-] [名] 両端。¶ 끈의 ~을 매다 ひもの両端を結ぶ。

**양:-날**[両-] [名] 両刃、もろは。¶ ~의 칼 両刃の剣。

**양:녀**[養女] [名] 養女。

**양념** [名] 薬味、味付けじけ、調味料。¶ ~을 하다 薬味をきかせる。

**양념-장**[-醤] [名] 薬味を加えた醤油。

**양:-다리**[両-] [名] 二股、両足。
〈관용〉**양다리(를) 걸치다** 二股をかける。¶ 이기는 쪽으로 붙으려고 ~ 勝つ方につこうとして二股をかける。

**양:단**[両端] [名] ①両端。¶ ~을 자르다 両端を切る。②婚礼用の青色と紅色の絹。

**양:단-간**[-間] [副] とにかく、ともかく、どちらか、どっちみち。¶ ~에 해야 할 일이다 とにかくしなければならないことだ。

**양:단**[両断] [名][他][自] 両断。¶ 일도 一刀両断。

**양달**[陽-] [名] 日なた。¶ ~에 빨래를 널다 日なたに洗濯物を干す。

**양-담배**[洋-] [名] 西洋タバコ、洋もく。

**양:-당**[両党] [名] 両党。

**양:-대**[両大] [名] 両大、二大。¶ ~ 세력 二大勢力。

**양:-도**[両刀] [名] 両刀、二刀。

**양:도 논법**[-論法] [名][論] 両刀論法、ジレンマ。

**양:도**[譲渡] [名][他][自] 譲渡。¶ 토지를 ~하다 土地を譲渡する。

**양:도 소:득세**[-所得税] [名] 譲渡所得税。

**양:돈**[養豚] [名][他][自] 養豚。¶ ~업 養豚業。

**양동이**[洋-] [名] ブリキ製のバケツ。

**양동 작전**[陽動作戦] [名][軍] 陽動作戦。

**양두**[羊頭] [名] 羊頭、羊の頭。
**양두 구육**[-狗肉] [名] 羊頭狗肉、羊を揚げておいて狗肉を売る。

**양:-두**[両頭] [名] 両頭。

**양:두 마:차**[-馬車] [名] 二頭立て馬車。
⑭ 쌍두 마차(雙頭馬車)

**양:두-정치**[-政治] [名] 両頭政治。

양ː득[兩得] 명하자타 両得りょうとく。¶ 일거 ~ 一挙きょ両得。

양ː-딸[養-] 명 養女じょ。

양력[陽曆] 명 (「태양력」의 縮約形) 陽暦りょう、太陽暦たいよう。

양ː로[養老] 명 養老ろう。¶ ~ 연금 養老年金ねんきん。

양ː로-원[-院] 명 養老院ろういん、老人ろうじんホーム。

양ː론[兩論] 명 両論りょうろん。¶ ~으로 갈리다 両論に分かれる。

양ː립[兩立] 명하자되자 両立りつ、並立にりつ。¶ 가정과 직장을 ~시키다 家庭かていと職場しょくばを両立させる。

양말[洋襪] 명 靴下くつした。¶ ~을 갈아 신다 靴下を履はき変える。

양말-대님 명 靴下止どめ、ガーター。

양ː면[兩面] 명 両面りょうめん。¶ ~ 인쇄 両面刷り/ 물심 ~으로 도와주다 物心ぶっしん両面から援助えんじょする。

양명[揚名] 명하자 揚名よう、名なを世間せけんに高く揚あげること。¶ 입신 ~ 立身りっしん揚名。

양모[羊毛] 명 羊毛ようもう。

양ː모[養母] 명 養母ようぼ。

양ː-무릎[兩-] 명 両膝りょうひざ。¶ ~을 꿇고 사과하다 ひざまずいて謝あやまる。

양ː미[兩眉] 명 双眉そう、両方ほうの眉ま。

양ː미-간[-間] 명 眉間けん。¶ ~을 찌푸리다 眉間をしかめる。

양민[良民] 명 良民みん。

양ː반[兩班] 명 ①ヤンバン(昔むかしの特権とっけん身分みぶん階級きゅう、その人ひと)②男性だんせいの他人たにんをうやまって言いう語ご。

양ː방[兩方] 명 両方ほう、双方そう、両者しゃ。

양-배추[洋-] 명 キャベツ。

양ː보[讓步] 명하자되자 譲歩ほ、譲ゆずること。¶ 길을 ~하다 道みちを譲る。/ 쌍방이 조금씩 ~하다 双方がすこしずつ譲歩する。

양복[洋服] 명 洋服ふく、背広ひろ。¶ ~ 점 洋服店てん/ 새로 맞춘 ~ 新あたらしくあつらえた背広。

양복-감 명 洋服の生地きじ、服地ふくじ。

양ː봉[養蜂] 명하자 養蜂ほう。

양부[良否] 명 良否ひ、よしあし。¶ ~를 묻다 良否を問とう。

양ː부[養父] 명 養父ふ。

양ː-부모[養父母] 명 養父母ぼ、養親しん、養父子と養母。

양분[兩分] 명하자되자 両分ぶん。¶ 이익을 ~하다 利益えきを両分する。

양-분[養分] 명 養分ぶん、栄養分ぶん。¶ ~을 섭취하다 養分を摂取せっしゅする。

양산[陽傘] 명 日傘ひがさ、パラソル。

양상[樣相] 명 様相そう、様態たい、状態たい、ありさま。¶ 불온한 ~을 보이다 不穏ぶおんな様相を呈ていする。

양ː-상추[洋-] 명 식 タマヂシャ、レタス。

양ː생[養生] 명하자 養生じょう。①摂生せっ。¶ 약보다 ~ 薬くすりより養生。②(病気回復かいふくのための) 保養よう。¶ 시골로 ~하러 가다 田舎いなかへ養生した行いく。③コンクリートを固かためること。

양ː서[良書] 명 良書しょ。

양ː서[兩棲] 명자 両生せい。

양ː서-류[-類] 명동 両生類るい。

양서[洋書] 명 洋書しょ、洋本ぼん。

양ː성[兩性] 명 両性せい。¶ ~ 생식 両性生殖しょく。

양ː성[良性] 명 良性せい。¶ ~ 종양 良性りょう腫瘍しゅよう。⊕ 악성(惡性)

양ː성[陽性] 명 陽性せい。¶ ~ 반응을 일으키다 陽性反応はんのうを起おこす。

양성-자[-子] 명물 陽子し。

양ː성[養成] 명하자되자 養成せい。¶ 기술자를 ~하다 技術者ぎじゅつしゃを養成する。

양ː성-소[-所] 명 養成所じょ。

양속[良俗] 명 良俗ぞく。¶ 미풍 ~ 美風びふう良俗。

양ː-손[兩-] 명 両手て。¶ ~에 꽃 両手に花はな/ ~을 비비다 両手をこする。

양-송이[洋松栮] 명 西洋種せいようのマツタケ。

양수[羊水] 명생 羊水すい。¶ ~ 검사를 하다 羊水検査けんさをする。

양ː수[兩手] 명 両手て。

양ː수-걸이 명하자 ①二股ふたをかけること。②(碁ご・将棋しょうぎなどで) 両方ほうあたりの手て。

양수[揚水] 명하자 揚水すい。¶ ~기 揚水機き。

양ː수[讓受] 명하자 譲ゆずり受うけること。

양ː수-인[-人] 명법 譲ゆずり受け人にん。

양수-기[量水器] 명 量水計りょうすいけい。

양ː순[良順] 명하형 順良りょう、(性質せいしつが)従順じゅんで善良りょうなこと。

양식[良識] 명 良識りょう。¶ ~에 호소하다 良識に訴うったえる。

양식[洋式] 명 (「서양식」의 縮約形) 洋式しき。¶ ~ 집 洋式の家いえ。

양식[洋食] 명 洋食しょく。¶ ~을 먹다 洋食を食べる。/ ~ 집 洋食料理店りょうりてん。

양식[樣式] 명 様式しき。¶ 생활 ~ 生活かつ様式/ 서류의 ~을 통일하다 書類しょるいの様式を統一いっする。

양ː식[養殖] 명하타되자 養殖しょく。¶ ~ 어장 養殖漁場ぎょじょう。

양식[糧食] 명 ①糧食りょう、食糧しょく。¶ ~이 떨어지다 食糧が尽つきる。②(比)精神せいしんな支ささえ、糧かて。¶ 독서는 마음의 ~이다 読書どくしょは心こころの糧である。

양심[良心] 명 良心しん。¶ ~의 가책을 느끼다 良心の呵責かしゃくを感じる。

양심-적[-的] 관 良心的てき。¶ ~인 가게 良心的な店みせ。

양ː-아버지[養-] 명 養父ふ。

양악[洋樂] 명 (「서양 음악」의 縮約形) 洋楽がく。

양-악기[洋樂器] 명 洋楽器がっき。

양약[洋藥] 명 ①よく利きく薬くすり。¶ ~은 입에 쓰다 良薬は口くちに苦にがし。

양양[洋洋] 명하형 洋々よう。¶ 전도가 ~하다 前途ぜんとが洋々としている。

양양[揚揚] 명하형 揚々よう、得意とくなさま。¶ 의기 ~ 意気いき揚々。

**양:어**〔養魚〕 图名自 養魚ょう。¶ ~장 養魚場じょう。
**양:-어머니**〔養-〕 图 養母ぼ。
**양:여**〔讓與〕 图名他サ自 讓与じょう。¶ ~세 讓与税じょうよ。
**양옥**〔洋屋〕 图 西洋式せいようの家屋おく、洋館かん。
**양:용**〔兩用〕 图 兩用りょう。¶ 수륙 ~ 전차 水陸りょうようの戦車せんしゃ。
**양:원**〔兩院〕 图(法) 両院りょう。
**양:원-제**〔-制〕 图(法) 両院制りょう、二院制せい。
**양:위**〔讓位〕 图名自 讓位じょう、王位おうを讓ゆずること。
**양:육**〔養育〕 图名他サ自 養育よう。¶ 고아를 데려다 ~하다 孤児こじを引ひき取とって養育する。
**양:육-비**〔-費〕 图 養育費ひ。
**양-으로**〔陽-〕 副 陽ように、公おおやけに、大おっぴらに。¶ 음으로 ~ 도움을 받다 陰いんに陽に助たすけを受うける。
**양은**〔洋銀〕 图 洋銀ぎん。¶ ~솥 洋銀の釜かま。
**양:익**〔兩翼〕 图 両翼りょく、左右さゆうの翼つばさ。
**양:일**〔兩日〕 图 両日りょう、二日ふつ。¶ ~간 二日間かん。
**양:자**〔兩者〕 图 両者りょう、両人にん、二者じゃ。¶ ~ 택일 二者択一にしゃたくいつ。
**양자**〔量子〕 图(物) 量子しりょう。¶ ~ 역학 量子力学がく。
**양자-론**〔-論〕 图(物) 量子論りょう。
**양:자**〔養子〕 图 養子しよう。¶ ~ 결연 養子縁組さん。~로 주다 養子にやる。
(관용) **양자(로) 가다** 養子ように行いく。 **양자(를) 들다** 養子に入はいる(なる)。 **양자(를) 들이다(세우다)** 養子を取とる、養子を定さだめる。
**양:잠**〔養蠶〕 图 養蠶さん。¶ ~업 養蠶業ぎょう。
**양장**〔洋裝〕 图名他サ自 洋裝そう。¶ ~본 洋裝本ほん。~한 부인 洋装の婦人ふじん。
**양재**〔洋裁〕 图 洋裁さい。¶ ~학원 洋裁学院がく。
**양-재기**〔-洋磁器〕 图 アルミニウム製せいの器うつわ。
**양-잿물**〔洋-〕 图 洗濯用せんたくの苛性かせいソーダ。
**양적**〔量的〕 冠图 量的りょう。¶ ~인 성장 量的な成長せい。
**양:조**〔釀造〕 图 釀造ぞう。¶ ~장 釀造場じょう。
**양주**〔洋酒〕 图 洋酒しゅ。
**양지**〔陽地〕 图 日ひなた。¶ ~에 앉아 책을 읽다 日なたにすわって本ほんを読よむ。
(속담) **양지가 음지 되고 음지가 양지 된다** 日ひなたが日陰ひかげになり日陰が日なたになる。《天下てんかは回まわり持もち》
**양지-바르다**〔形ㄹ〕 日当ひあたりがよい。¶ 양지 바른 언덕 日当たりのよい丘おか。
**양지-쪽** 图 日ひなたの方ほう、日なた。
**양:지**〔諒知〕 图名他サ 承知しょう、了承りょう。¶ 이 점 ~하여 주시기 바랍니다 この点てんご承知おきください。
**양질**〔良質〕 图 良質しつ。¶ ~의 노동력 良質の労働力ろうどう。
**양:-쪽**〔兩-〕 图 両方りょう、双方そう、両側がわ。¶ 길 ~ 道みちの両側/~ 모두 나쁘다 双方とも悪わるい。
**양처**〔良妻〕 图 良妻りょう。¶ 현모 ~ 良妻賢母けんぼ。

**양:철**〔洋鐵〕 图 ブリキ。
**양철-통**〔-桶〕 图 ブリキ缶かん。
**양:초**〔洋-〕 图 ろうそく。¶ ~를 켜다 ろうそくをともす。
**양:측**〔兩側〕 图 ①両方りょう。¶ ~의 대표 両方の代表だいひょう。②両側りょう。¶ 길~에 꽃을 심다 道みちの両側に花はなを植うえる。
**양:치**〔養齒〕 图名他サ自「양치질」의 縮約形。
**양:치-질** 图名自 ①うがい。¶ 소금물로 ~하다 塩水しおみずでうがいをする。②歯はを磨みがくこと、歯磨はみがき。
**양치기**〔羊-〕 图名他サ自 羊ひつじを飼かうこと。
**양치-식물**〔羊齒植物〕 图(植) 羊歯植物しょくぶつ。
**양키**〔Yankee〕 图 ヤンキー。
**양태**〔樣態〕 图 様態たい、ようす、様相そう。
**양털**〔羊-〕 图 羊毛もう、ウール。
**양파**〔洋-〕 图(植) タマネギ。
**양:팔**〔兩-〕 图 両腕うで。
**양:편**〔兩便〕 图 ①両側りょう、両方ほう。②(形) 両方が共ともに便利べんりなこと。
**양품**〔洋品〕 图 洋品ひん。¶ ~점 洋品店てん。
**양풍**〔良風〕 图 良風りょう、美風びふう。¶ ~ 미속 良風美俗びぞく。
**양피**〔羊皮〕 图 羊皮かわ。¶ ~지 羊皮紙し。
**양피 구두** 羊皮制せいのキッド)の靴くつ。
**양-하다** 图名他サ《動詞などの連体形について》…するふりをする、…のふりをする、…なそぶりをする、…たしくふるまう。¶ 모르는 ~ 知しらないふりをする。/선생인 ~ 先生せんせいのようなふりをする。
**양학**〔洋學〕 图 洋学がく。¶ ~을 배우다 洋学を学まなぶ。
**양:해**〔諒解〕 图名他サ自 了解りょう、了承しょう。¶ ~를 구하다 了解を求もとめる。
**양호**〔良好〕 图名形 良好りょう。¶ 성적이 ~하다 成績せいが良好する。
**양:호**〔養護〕 图名他サ自 養護ごう。¶ ~ 교사 養護教諭きょう。
**양화**〔良貨〕 图 良貨りょう。¶ 악화는 ~를 구축한다 悪貨あっかは良貨を駆逐くちくする。
**양화**〔洋靴〕 图 靴くつ。¶ ~점 靴屋くつ。
**얕다**〔形〕 ①(深ふかさ・奥行おくゆきなどが) 浅あさい。¶ 얕은 바다 浅い海うみ/시냇물이 ~ 小川おがわが浅い。②(高たかさが) 低ひくい。¶ 산이 ~ 山やまが低い。③(眠ねむりが浅い) 얕은 잠 浅い眠り。④(性格せい・考かんがえなどが) 浅あさい、浅はかだ。¶ 생각이 얕은 사람 考えの浅はかな人ひと。⑤(学問もん・経験けいなどが) 浅あさい、少すくない、狭せまい。¶ 지식이 ~ 知識しきが浅い。
(속담) **얕은 내도 깊게 건너라** 浅い川かわも深ふかい川のように渡わたれ。《すべてのことに用心ようじんく行動こうどうせよ》
**얕보다** 他 見みくびる、侮あなどる、軽かろんずる、見下みさげる、さげすむ。¶ 사람을 ~ 人ひとを軽んずる。/돈이 없다고 얕보지 마라 金かねがないとて見下げるな。
**얕은-꾀** 图 浅知恵あさぢえ。¶ ~에 넘어가다 浅知恵に乗のせられる。

**얕은-맛** 〖名〗薄くあっさりした味。
**얕-잡다** 〖他〗甘く見る、侮どる、さげすむ、見くびる、見下げる。¶ 사람을 얕잡아 보면 안된다 人を侮ってはならない。
**얘:**¹ 〖代〗(「이 아이」の縮約形)この子。
**얘:**² 〖感〗(驚いたり感嘆したとき発する声)あら、おお、おや、やあ、まあ。¶ ~, 너무해 まあ、ひどいわ。
**얘:기** 〖名〗(「이야기」の縮約形)話。¶ ~를 꺼내다 話を引き出す。
**얘:야** 〖感〗(「이 아이야」の縮約形)坊や、お嬢ちゃん。¶ ~, 이리 좀 와 봐 坊や、ちょっとこっちへ来てごらん。
**어**¹ 〖感〗(驚いたり慌てたりしたとき発する声)あっ、おっ、おや、あれ。¶ ~, 위험해 あっ、危ないっ。
**어**² 〖感〗(喜怒哀楽・後悔の念にかられたときに発する声)ああ、おお、ああっ。¶ ~, 기쁘다 ああ、うれしい。
**-어** 〖語尾〗①(副詞形の語をつくる連結語尾)…して、…くて。¶ 먹~ 봐라 食べてみなさい。 / 문을 밀 ~ 열다 門を押して開ける。 ②(命令・疑問などを表わす呼び捨て終結語尾)…ろ、…れ、…소、…け、…다、…か。¶ 손 들~ 手をあげろ。 / 누가 왔~? だれが来たの。
**-어** 〖語〗〖接尾〗…語。¶ 한국~ 韓国語 / 외래~ 外来語がいらい。
**어:간** 〖語幹〗〖名〗〖文法〗語幹。↔ 어미(語尾)
**어:감** 〖語感〗〖名〗語感。¶ ~이 다르다 語感が異なる。
**어개** 〖魚介〗〖名〗魚介。¶ ~류 魚介類。
**어거지** 〖名〗⇨ 억지
**어:구** 〖語句〗〖名〗語句。
**어군** 〖魚群〗〖名〗魚群。¶ ~ 탐지기 魚群探知機.
**어귀** 〖-於口〗〖名〗(山や・部屋やなどの)入り口。¶ 동네 ~ 村の入り口。
**어그러-지다** 〖自〗①(物が)はずれる、それる、歪む、反する。¶ 책상 다리가 ~ 机の脚が歪む。 ②(考え・予定などが)はずれる、くい違う、反覆する、たがう。¶ 계획이 ~ 計画がくい違う。 ③(仲が)悪くなる、仲たがいする。¶ 그녀와 사이가 어그러졌다 彼女との仲がおかしくなった。
**어금-니** 〖名〗奥歯、臼歯。¶ ~를 악물다 奥歯を食いしばる。
**어긋-나다** 〖自〗①ずれる、外れる、反れる。¶ 어깨뼈가 ~ 肩の骨が外れる。 ②(事実に・期待に、などに)反対する、外れる、食い違う、狂う。¶ 도리에 ~ 道理に反する。 ③行き違う。¶ 길이 어긋나서 만나지 못했다 道を行き違えて会えなかった。
**어긋-물리다** 〖自〗たがいちがいに組み合わせる[かみ合わせる]。
**어긋-어긋** 〖副〗〖하形〗(物の各部分が少しずつくい違っているようす)ちぐはぐ。
**어긋-하다** 〖形여〗(物の組み合わせた部分が)すこしはずれている。

**어기다** 〖他〗(約束や・時間が・規則などを)守らない、破る、反する、違える、背く、違反する。¶ 날짜를 ~ 日にちを守らない。 / 명령을 ~ 命令に背く。 / 약속을 ~ 約束を破る。
**어기어-지다** 〖自〗①違えるようになる。 ② ⇨ 어그러지다
**어김** 〖名〗違えること、違反、そむくこと。
**어김-없:다** 〖形〗たがわない、間違いない、確かだ。¶ 어김없는 사람 間違いない人。
**어김없-이** 〖副〗たがわずに、間違いなく、確かに、きっと、必ず。¶ ~ 돌아온다 きっと帰ってくる。
**어진-장** 〖名〗わざと反対する行動、逆らう行動。
〚慣用〛어진장을 놓다 わざとひねくれる、反抗してすなおに従わない。
**어깨** 〖名〗肩。①(人や・動物の)肩。¶ ~에 짐을 지다 肩に荷物を担ぐ。 ②衣服の襟とそでぐりの間。¶ ~에 패드를 넣다 肩にパッドを入れる。 ③(比)(引き受けた)責任、使命。¶ ~가 무겁다 責任が重い。 ④(俗)やくざ、ごろつき、不良ちょうから。⑮ 깡패
〚慣用〛어깨를 겨루다 肩を並べる、(地位・力などが)同列になる。
**어깨-동무** 〖名〗①〖하自〗肩を組むこと、またそのようにして遊ぶ子供の遊び。②竹馬の友、幼なじみ。
**어깨-뼈** 〖生〗肩胛骨。
**어깨-총** 〖-銃〗〖名〗〖하自〗〖軍〗(号令で)担え筒っ。
**어깨-춤** 〖名〗うれしくて肩を振ること、肩を振りながら踊ること。
**어깻-숨** 〖名〗肩でせわしく息をすること、肩息。
**어깻-죽지** 〖名〗肩先、肩口。
**어느** 〖冠〗(確かでない物事や・人・時・場所、などを漠然とさす語)ある、どの、何だ・な。¶ ~ 날 ある日 / ~ 사람 いつのまにか / ~ 사람 どの人。
〚俗談〛어느 장단에 춤을 춰야 옳을지 どの調子に合わせて舞えばよいやら。
〚慣用〛어느 겨를[틈]에 いつの間にか、いつの日に。 어느 세월[천년]에 いつになったら、いつの日に。
**어느-것** 〖代〗どれ、どの物、どちら。¶ ~을 좋아합니까? どれが好きですか。
**어느 누구** 〖代〗(「누구」の強調語)誰だ。¶ ~의 짓이냐? 誰の仕業ですか。
**어느-덧** 〖副〗いつのまにか。¶ ~ 어두워졌다 いつのまにか暗くなった。
**어느-때** 〖名〗何時、どの時、ある時、いつ。
**어느때-고** 〖副〗いつということなく、いつでも。¶ ~ 우리 집에 놀러 오너라 いつでも私のうちへ遊びにおいてよ。
**어느-새** 〖副〗いつのまにか、はや、もはや、も

う。¶ ～ 봄이 찾아왔다 いつのまにか春が訪ねていた。

**-어도** 語尾 《(仮定・譲歩)の意を表わす》…ても、…とも、だとしても。¶ 싫～ 가야 한다 いやでも行かなければならない。

**어두컴컴-하다** 形動 薄暗い、やや暗い。¶ 저녁 때가 되어 ～ 夕暮になって薄暗い。

**어둑-새벽** 名 薄暗い夜明けごろ、黎明、あけぼの。

**어둑어둑-하다** 形動 (周りがよく見えないほど)薄暗い、かなり暗い。

**어둑-하다** 形動 薄暗い、かなり暗い。

**어둠** 名 暗がり、くらやみ、闇。¶ ～을 밝히다 闇を照らす。¶ ～ 속에서 손으로 더듬다 くらやみで手探りする。

**어둠 상자[-箱子]** 名 (写真機などの)暗箱。

**어둠침침-하다** 形動 暗くうっとうしい、薄ぐらい。¶ 방안이 ～ 部屋の中が薄ぐらい。

**어둡다** 形ㅂ ①(光・色などが)暗い。¶ 방안이 ～ 部屋が暗い/어두운 빛깔의 옷 暗い色の服。②(視力・聴力などが)弱い。¶ 귀가 ～ 耳が遠い。/돈에 눈이 ～ 金に目がくらむ。③(物事などに)疎い、暗い、無知だ。¶ 국제 정세에 ～ 国際情勢に疎い。/이 부근의 지리에 ～ このあたりの地理に暗い。④(表情などが)暗い、うっとうしい。¶ 분위기가 ～ 雰囲気が暗い。⑤暗澹としている、暗い。¶ 어두운 과거 暗い過去。
〔속담〕어둔 밤중에 홍두깨 내밀듯 暗い夜中に砧打ちの棒を突き出すようすだ。《やぶから棒》

**어디**[1] 代 ①《疑問の意で》どこ、どちら。¶ ～가 아프냐? どこが痛いのか。/～ 사십니까? どちらにお住まいですか。②《不定の意で》どこか、どこどこ、ある所と。¶ ～서 음악 소리가 들려 온다 どこかから楽の音が聞こえてくる。

**어디**[2] 副 ①《折りをねらうか念を押す意を強調する語》よし、ようし。¶ ～ 두고 보자구나, 今에 보자. ②《反問語を強調する語》そもそも、いったい。¶ 그게 ～ 될 법이나 한 일이오? それがそもそもできると思うんですか。

**어따** 感《何かがひどく気に食わなかったりして発する声》ちぇっ、まあまあ、なんと。

**어때** 略《「어떠해」の縮約形》どう、どうだい。¶ ～, 근사하지 않나, いかすだろう。/건강은 ～? 健康はどうだい。

**어떠-하다** 形動 (事の性質・状態が)どうである、どんなだ、いかがだ、どういうふうだ。¶ 어떤 일이 있어도 どんなことがあっても/그곳의 날씨는 어떠합니까? そちらの天気はいかがですか。

**어떡-하다** 他 如何にする、どんなにする、どういうふうにする、どうする。¶ 어떡하지? どうしようか。/네가 그만두면 나는 어떡하라는 말이냐? 君がやめたら、僕はどうしろというんだ。

**어떤** 冠 或る、どんな、どのような。¶ ～ 의미에서는 ある意味では/～ 빛깔이던가? どんな色だったかね。

**어떻게** 副 どんなに、どういうふうに、如何に、どう。¶ ～ 하면 좋을까? どうすればいいだろうか。/요즈음 ～ 지내십니까? このごろいかがお過しですか。

**어떻든지** 《「어떠하든지」の縮約形》どうあろうとも、ともかく、とにかく、いずれにしても。¶ ～ 해 보자 とにかくやってみよう。

**어뜩** 副 ちらっと、ちらりと。¶ ～ 보니 그 사람이었다 ちらっと見たら彼だった。

**-어라** 語尾 ①《命令を表わす語》…しろ、…せよ。¶ 천천히 먹 ～ ゆっくり食べろ。②《感嘆を表わす》…なあ、…だね、…だねえ、…だね。¶ 몹시도 만나고 싶 ～! 本当に会いたいね。

**어럽쇼** 感〔俗〕あれ、おやっ。¶ ～, 이게 웬일이야 おやっ、こりゃどういうことだ。

**어려워-하다** 他 ①(目上の人に対して)気兼ねをする、遠慮する。¶ 어려워하지 말고 말해 보아라 気兼ねせずに言ってみなさい。②(力かに余って)苦労する、もてあます、難儀なする。

**어련-하다** 形動《疑問形に用いられて》間違いがなかろう、違うはずがない、確かだ。¶ 아버지가 하시는 일인데 어련하시겠습니까? お父さんがなさることだから間違いありません。**어련-히** 副 間違いなく、確かに。

**어렴풋-하다** 形動 ①(記憶が)ぼんやりしている、もうろうとしている。¶ 기억이 어렴풋하게 떠오른다 記憶がぼんやりと浮かぶ。②(見えたり聞こえたりするのが)かすかである、ぼんやりしている。¶ 멀리서 들려 오는 어렴풋한 기적 소리 遠くから聞こえてくるかすかな汽笛の音。**어렴풋-이** 副 ぼんやりと、おぼろげに、ほうっと、かすかに。

**어렵다** 形ㅂ ①(事が)難しい、困難だ、難儀なだ、骨が折れる。¶ 어려운 일 難しい仕事。②(理解・会得が)むずかしい。¶ 이해하기 ～ 理解に苦しむ。③(暮しが)貧しい、苦しい。¶ 어렵게 살다 貧しく暮す。④(目上の人に)気兼ねされる、気兼ねする、窮屈きうだ。¶ 선생님 앞에서는 좀 ～ 先生の前では何か窮屈だ。⑤(性格が)気むずかしい、扱いにくい、煙たい。¶ 비위 맞추기 어려운 사람 機嫌とりにくい人。

**어렵-사리** 副 苦労の末に、かろうじて、やっとこさ。

**어로**[漁撈] 名〔漁〕漁労。¶ ～권 漁労権。
**어:록**[語録] 名 語録。
**어뢰**[魚雷] 名〔軍〕魚雷。
**어루-만지다** 他 ①撫でする、撫でる、さする。¶ 볼을 ～ 頬をなでる。②労る、慰める。¶ 유가족의 슬픔을 ～ 遺族の悲しみ

미를 慰める。
**어류**[魚類] 图 魚類ぎょ。
**어:르다** 他五 (むずかる子供こどもを)あやす、すかす。¶ 우는 아이를 ~ 泣なく子こをあやす。
**어르신-네** 图 他人たにんの父ちち・老人ろうじんに対たいする尊敬語そんけいご。
**어:른** 图 ①大人おとな、成人せいじん。¶ 벌써 ~이 다 됐다 もうすっかり大人になった。②目上めうえの人ひと、年上としうえの人、長上ちょうじょう、上長じょうちょう。¶ 집안의 ~ 親族しんぞくの長上。
**어:른-스럽다** 形回 大人おとなびている、大人っぽい。¶ 어른스러운 행동 大人びたふるまい。**어:른-스레** 副 大人らしく、大人っぽく。
**어른-거리다** 自回 ①ちらつく、ちらちらする、見ゆえがくれする。¶ 지난 날의 기억이 눈 앞에 ~ 過すぎし日ひの記憶きおくが目めの前まえにちらちらする。②ゆらめく、ゆらゆらする。¶ 물에 비친 그림자가 ~ 水みずに映うつった影かげがゆらゆらする。
**어른-어른** 副回 ちらちら、ゆらゆら。
**어름-거리다** 自他 ①言動げんどうをはっきりしない、ぐずぐずする。¶ 어름거리다가 기차를 놓친다 ぐずぐずしていると汽車きしゃに遅おくれるぞ。②(仕事しごとなどを)いい加減かげんに〔でたらめに〕ごまかす。
**어리광** 图回 (大人おとなに)甘あまえること、ねだること、じゃれつき。¶ ~조로 말하다 甘あまえた調子ちょうしで話はなす。
**어리광-떨다** 自 甘あまったれる、しきりに甘える。
**어리광-부리다** 自他 わざと甘える。
**어리광-피우다** 自 ひどく甘える。
**어리다¹** 自 ①涙なみだぐむ、(目めが)うるむ。¶ 눈물 어린 눈으로 바라보다 涙ぐんだ目でながめる。②こる、凝結ぎょうけつする。③こもる、みなぎる。¶ 정성 어린 선물 心こころのこもった贈おくり。④(目めが)くらむ、まばゆい。¶ 햇빛이 강해서 눈이 ~ 日差ひざしが強つよすぎて目がくらむ。
**어리다²** 形 ①幼おさない、幼稚ようちだ。¶ 그 아이는 아직 ~ その子こはまだ幼い。②(考かんえ・経験けいけんが)浅あさい、未熟みじゅくだ。¶ 어린 소견 未熟な考かんえ。③(動植物どうしょくぶつが)若わかい、幼さない。¶ 어린 나무 若木わかぎ。
**어리둥절-하다** 形回 面めんくらう、まどう、ぽやっとする、まごつく。¶ 뜻밖의 일이라서 ~ だしぬけな事ことなので面くらう。
**어리벙벙-하다** 形回 呆然ぼうぜんとなる、ぽうっとする、もうろうとしている。¶ 어리벙벙해서 어찌할 바를 모르다 ぽうっとしてどうしていいかわからない。**어리벙벙-히** 副 呆然と。
**어리석다** 形 愚おろかだ、間抜まぬけだ、ばかだ。¶ 어리석게도 그 말을 믿었다 愚おろかにもその話はなを信しんじた。
**어리숙-하다** 形回 人擦ひとずれしていない、うぶだ、賢かしこくない。
**어리어리-하다** 形回 みんな似にたり寄よったりだ、見分みわけがつかない。
**어린-아이** 图 幼子おさなご、子供こども。

**어린-애** 图「어린아이」の縮約形しゅくやくけい。
**어린-이** 图 子供こども、児童じどう。¶ ~ 헌장 児童憲章けんしょう/~ 는 나라의 보배 子供は国くにの宝たからだ。
**어린이-날** 图 子供の日ひ(五月五日ごがつむいか)。
**어림** 图 他 概算がいさん、見当けんとう、大体だいたいのところ、見積みつもり。
**어림-셈** 图 他 概算がいさん、見積みつもり算ざん。
**어림-잡다** 他 見積みつもる、大体だいたいの見当けんとうをつける。¶ 어림잡아 주문하다 大体の見当をつけて注文ちゅうもんする。
**어림-짐작** 图 他 おおよその見当けん、当あてて推量すいりょう。¶ ~으로 말하지 말아라 当て推量でものを言いうな。
**어림-없다** 形 ①(数かずが多おくて)概算がいさんすらできない、見当けんとうがつかない。¶ 어림없는 크기다 とんでもない大おおきさだ。②可能性かのうせいがない、望のぞめない、とんでもない。¶ 그 일은 네 실력으로는 ~ その仕事しごとはお前まえの実力じつりょくでは無理むりだ。③定見ていけんがない。¶ 어림없는 사람 定見のない人ひと。**어림-없이** 副 とんでもなく、遠とおく及およばなくて。

**어릿-광대** 图 ①道化師どうけし、ピエロ。②(事ことを順調じゅんちょうにはかどらせるため)前まえもって地じならしをする人ひと。③堤灯持ちょうちんもち、太鼓持たいこもち、ほうかん。
**어마어마-하다** 形回 おごそかでいかめしい、物々ものものしい、もの凄すごい。¶ 어마어마하게 큰 건물 ものすごく大おおきな建物たてもの/ 규모가 ~ 規模きぼがとてつもない。
**어머니** 图 ①母はは、お母かあさん、母親ははおや。¶ 양~ 養母ようぼ/우리 ~ うちの母さん/~가 다른 형제 母親の違ちがう兄弟きょうだい。②(比ひ)源みなもととなるもの、根源こんげん、もと、母。¶ 노력은 성공의 ~ 努力どりょくは成功せいこうの母。
**어머님** 图《母ははに対たいする尊敬語そんけいご》お母かあさん、母上ははうえ。
**어멈** 图 ①「어머니」のひけめた語ご。②女中じょちゅう、召使めしつかいの女おんな。

**어:-명**〔御命〕图 王おうの命令めいれい。
**어-묵**〔魚-〕图 かまぼこ。
**어:-문-일치**〔語文一致〕图 言文一致げんぶんいっち。
**어:-문학**〔語文學〕图 語学ごがくと文学ぶんがく。

**어물-거리다** 自 ①ぐずぐずする、もたもたする。¶ 어쩔 줄 모르며 어물거렸다 どうしていいのやらわからずもたもたしていた。②(目めの前まえに)ちらちらする。¶ 그의 모습이 지금도 눈 앞에 어물거린다 彼かれの姿すがたが今いまも目の前にちらちらする。
**어물-어물** 副回 ①ぐずぐず、もたもた、曖昧あいまいに、まごまごと。¶ ~ 대답했다 ぐずぐずと答こたえた。②ちらちら。
**어물쩍-거리다** 自他 (言行げんこうが)うやむやにする、曖昧あいまいにする、ぼやかす、あやふやだ。
**어미** 图 ①(卑ひ) かあちゃん、おふくろ、おっかあ。¶ 네 ~는 어디 갔니? お前まえのかあちゃんはどこへ行いった の。②《子こを産うんだ動物どうぶつの雌めを指さす》親おや。¶ ~ 개 親犬おやいぬ。
**어:-미**〔語尾〕图《文法ぶんぽう》語尾ごび。④ 어간(語幹)

어민[漁民] 名 漁民ぎょみん。

어버이 名 親おや、両親りょうしん、父母ふぼ。¶ ~를 공경하다 親を敬うやまう。
어버이-날 名 父母の日(5月8日ごがつようか)。

어:법[語法] 名 語法ごほう、文法ぶんぽう。

어벙벙-하다 形ヨ《俗》まぬけだ、ぽけっとしている。

어부[漁夫・漁父] 名 漁夫ぎょふ、漁師りょうし。
어부지리[-之利] 漁夫の利り。¶ ~를 얻다 漁夫の利を占しめる。

어부바 感他 ①《母はが幼児ようじをおんぶしてやろうとして言いう語ご》さあおんぶ。②《ことばを使つかえるようになったばかりの幼児ようじがおんぶをせがんで言いう語》おんぶ。

어:불성설[語不成說] 名 話はなしがまったく理屈りくつに合あわないこと。¶ 네 주장은 ~이다 君きみの主張しゅちょうは理屈に合わない。

어-살[魚-] 名 簗やな。¶ ~을 지르다 簗を仕掛しかける。

어:새[御璽] 名 御璽ぎょじ、王璽おうじ。

어색-하다[語塞-] 形ヨ ①言葉ことばにつまる、返答へんとうに窮きゅうする。¶ 어색한 변명을 한다 むりな弁解べんかいをする。②気きまずい、きまりが悪わるい、気恥きはずかしい。¶ 분위기가 ~ 気きまずい雰囲気ふんいき/ 어색해서 고개를 숙였다 きまり悪げに首くびを垂たれた。③不器用ぶきよう だ、ぎこちない、おかしい。¶ 어색한 몸가짐 ぎこちないふるまい。

어서 副《行動こうどうを促うながしたり 勸すすめるときの語ご》はやく、さあ、どうぞ。¶ ~ 가 보자 早はやく行いって見みよう。/ ~ 앉으세요 どうぞお座すわりください。

-어서 語尾 …(し)て、…だから、…ので。¶ 뜰에 심~ 가꾸다 庭にわに植うえて育そだてる。/ 그것을 믿~ 좋을지 모르겠다 それを信しんじていいかわからない。

어선[漁船] 名 漁船ぎょせん。

어:설프다 形 ①粗雜そざつだ、不手際ふてぎわだ、ぶざまだ、がさつだ。¶ 어설픈 솜씨 まずい手並てなみ。②生半可なまはんかだ、生なまなかだ。¶ 어설픈 지식 生半可な知識ちしき。

어:설피 下手へたに、うかつに、不用意ふよういに、なまじっか、生半可なまはんかに。¶ 장사를 ~ 벌였다가는 큰코 다친다 商売しょうばいをうかつに広ひろげてはひどい目めに遭あう。

어수룩-하다 形ヨ ①《言動げんどうが》うぶだ、人ひずれしていない、なまっちょろい、おめでたい、単純たんじゅんだ。¶ 그는 좀 어수룩한 데가 있다 彼かれはちょっとうぶなところがある。②《物事ものごとが》たやすい、ぼろい。

어수선-하다 形ヨ ①散ちらかっている、ごちゃごちゃしている、ごった返かえしている。¶ 역 앞은 항상 ~ 駅の前まえはいつもごった返している。②《気きが散ちって》落おち着つかない、慌あわただしい、ごたごたしている。¶ 어수선한 정국 慌あわただしい政局せいきょく。

어:순[語順] 名 語順ごじゅん。

어스레-하다 形ヨ 小暗こぐらい、薄暗うすぐらい、ほの暗くらい。¶ 날이 저물어 사방이 ~ 日ひが暮くれて四囲しいがうす暗らい。

어스름 名《暁あかつきやたそがれの》薄暗うすぐらいとき、またそのような状態じょうたい。¶ ~ 달밤 おぼろ月夜つきよ。
어스름-하다 形ヨ 薄暗うすぐらい、ほの暗い。

어슥-어슥 副ヨ自 多おおくのものがすべて一方いっぽうへゆがんでいるようす。

어슬렁-거리다 自 のそりのそりと歩あるき回まわる、ぶらりぶらりする、ぶらつく、うろつく。
어슬렁-어슬렁 副ヨ自 のそりのそり、ぶらりぶらり、ぶらぶら。

어슴푸레-하다 形ヨ ①おぼろげだ、ぼんやりしている、かすかだ。¶ 어슴푸레한 기억 かすかな記憶きおく。②薄暗うすぐらい、ほの暗い。¶ 어슴푸레한 불빛 ほの暗い灯火ともしび。③《見みたり聞きいたりすることが》ぼんやりしている。¶ 산이 안개에 싸여 ~ 山やまが霧きりに包つつまれてかすんでいる。

어슷비슷-하다 形ヨ ①似にたり寄よったりだ、似通にかよっている、どっこいどっこいだ。¶ 두 사람의 처지가 ~ 二人ふたりの立場たちばが似たり寄ったりだ。②あっちに傾かたむいたりこっちに傾いたりしてそろっていない、ちぐはぐだ。

어슷-하다 形ヨ 斜ななめぎみだ、少すこし傾かたむいている。¶ 어슷하게 자르다 斜めに切きる。

어-시장[魚市場] 名 魚市場うおいちば。

어안[魚眼] 名 魚眼ぎょがん。¶ ~ 렌즈 魚眼レンズ。

어-안이-벙벙하다 形ヨ あっけにとられる、唖然あぜんとする、あきれてものがいえない、ことばも出でない。¶ 그 말을 듣고 한동안은 어안이벙벙했다 その話はなしを聞きいてしばらくはことばも出なかった。

-어야 語尾 ①《必須ひっす要件ようけんであることを表あらわす》…してはじめて、…してこそ。¶ 먹~ 산다 食たべてこそ生いきる。②《仮定かていをいくら強調きょうちょうしても大たいした変かわりがないことを表わす》…したって、…としても。¶ 제 아무리 떠들~ 들은 척도 안한다 自分じぶんがいくらわめいたところで聞くふりもしない。

-어야만 語尾《「-어야」の強調語きょうちょうご》…してこそ。¶ 비료를 풍족히 주~ 잘 자란다 肥料ひりょうをふんだんに施ほどこしてこそよく育そだつ。

-어야지 語尾《「-어야 하지」の縮約形しゅくやくけい》…(し)なければならない。¶ 살기 위해서는 먹~ 生いきるためには食くわねばならない。

어언-간[於焉間] 副 いつの間まに(か)、いつしか。¶ ~에 여름이 가고 가을 바람이 분다 いつの間にか夏なつが去さり秋風あきかぜが吹ふく。

어업[漁業] 名 漁業ぎょぎょう。¶ ~권 漁業權ぎょぎょうけん/ 원양 ~ 遠洋えんよう漁業。

어여쁘다 形《古》美うつくしい、麗うるわしい、きれいだ、可愛かわいい。¶ 어여쁘신 아가씨들 美しき乙女おとめたち。

어여삐 副 美しく、きれいに、かわいらしく。

어연간-하다 形ヨ《ある基準きじゅんに》大変たいへん近ちかい、程よい、かなりよい、相当そうとうだ。¶ 그 정도면 어연간한 편이다 その程度ていどならかな

어엿하다

리よいほうだ。 **어연간-히** 副 程よく、かなりよく、相当に。¶ ～ 이익을 올리다 程よく利益を上げる。

**어엿-하다** 形④ (行動などが) 堂々としている、立派だ。¶ 어엿한 풍채 堂々たる風采。**어엿-이** 副 堂々と。

**-어요** 語尾 《叙述・請願・疑問の意を表わす》…ます、…です、…か、…なさい、(…して) ください。¶ 제가 가겠～ 私たちが行きます。/ 거기 있～? そこにありますか。/ 빨리 걸～ 速く歩いてください。

**어:용**【御用】 名 御用だ。①王様が使う品物など。¶ ～ 상인 御用商人。②権力者などに迎合する者・団体・作品などをけべつして言う語。¶ ～ 학자 御用学者。

**어:용 노조**[-勞組] 名 御用労組、御用労働組合。

**어우러-지다** 自 (多数の人・物が寄り集まって) 一団となる、一塊たまりになる。¶ 뜻을 같이하는 사람들끼리 ～ 志を同じくする人たちが一団となる。

**어우르다** 他五 (多おくの物を集めて) 一団とする、一塊たまりにする、合わせる。¶ 힘을 ～ 力を合わせる。

**어울리다** 自 ①似合う、釣り合う、調和する、しっくりする。¶ 잘 어울리는 부부 お似合いの夫婦／색깔과 구조가 잘 ～ 色彩きと構造がよく調和する。②交わる。¶ 나쁜 아이들과 어울려서는 안된다 不良りょうたちと交わってはいけないよ。

**어:원**【語源】 名 語源だ。¶ ～ 학 語源学。

**어유** 感 ①《意外の事柄に驚いて発する声》ああ、おう、ありゃ、あらまあ、あれっ、わあ。¶ ～, 굉장하군요 まあ、すごいのね。②《疲れはたり苦しみに余りるときに出す声》ああ、おお、やれやれ。¶ ～, 못 당하겠다 やれやれ、かなわん。

**어육**【魚肉】 名 魚肉だ。①魚の肉。②魚と動物の肉。③比 踏みにじられること、むごい死に方をすること。

**어음** 名 ①[組] 手形だ。¶ ～ 을 발행하다 手形を発行する。②(むかし) 金銭の支払いを約束した証文。

**어음 대:부**[-貸付] 名 手形貸付だ。

**어음 할인**[-割引] 名 手形割引だ。

**어이구** 感 《ひどく痛いたり驚いたり力むときなどに発する声》ううん、おう、ああ、いたいっ、よいしょ、分解 ああ、くやしい。/ ～, 이게 무슨 꼴이냐? おう、これはいったい何のざまだ。

**어이구-나** 感 《子供の利口そうなしぐさを見て感心して発する声》おやまあ、あらまあ、これはこれは。¶ ～, 참 신통해라 おやまあ、お利口だこと。

**어이구-머니** 感 「어이구」の強調語。

**어이-없:다** 形 あきれる、あっけない、とんでもない。¶ 어이없는 거짓말 とんでもない嘘だ／어이없다는 듯한 얼굴로 쳐다보았다 あきれたような顔で見上げた。**어이없-이** 副 あきれて、あえなく、あっけなく、どうしようもなく。¶ 너무나 ～ 무너지다 余りもあっけなく崩れる。

**어이쿠** 感 《「어이구」の強調語》ああ、おう、あっ、あっ。

**어장**【漁場】 名 漁場だ・りょう。

**어저께** 名 昨日だ。¶ ～ 오후 昨日の午後だ。 ㉠ 어제。

**어:전**【御前】 名 御前だ。¶ ～ 회의 御前会議だ。

**어정-거리다** 自 (ずうたいの大きいものが) のそのそと歩き回まる、ぶらつく、ぶらぶらする、うろうろする。¶ 집 주위를 ～ 家の周囲をぶらつく。

**어정-어정** 副(ハ変) ぶらぶら、のそのそ、うろうろ。

**어정쩡-하다** 形④ ①いかがわしい、ぱっとしない、曖昧まいだ、いぶかしくて気がかりだ。¶ 어정쩡한 태도 いかがわしい態度をとる。②(記憶が) はっきりしない、ぼうっとしている、ぼんやりしている。

**어제** 名 昨日だ・きの。¶ ～ 신문 昨日の新聞だ/～의 적은 오늘의 친구 昨日の敵は今日の友だ。

📌 어제가 다르고 오늘이 다르다 昨日が違って今日が違う。《とても速く変化すると》어제 보던 손님 昨日会った客だ。《会ってすぐに親しくなること》

**어제-오늘** 名 昨日今日だ。①昨日だと今日だ。②(副詞的に) 昨今だ、最近だ、このごろ。¶ ～ 시작된 일이 아니다 昨日今日に始まったことではない。

**어젯-밤** 名 昨日の晩だ、昨晩だく、昨夜よく。

**어:조**【語調】 名 語調ちょう、口調ちょう、口振ちょり、言葉ばつき。¶ 열렬한 ～ 로 말하다 熱烈な語調で言う。

**어:족**【語族】 名[言] 語族だく。¶ 알타이 ～ アルタイ語族だ。

**어:줍다** 形 ①(言行が) 不自然せんできびきびしない。¶ 말투가 ～ 話しぶりがきびきびしない。②不慣れで下手だ。¶ 솜씨가 ～ 手つきが慣れていない。

**어-중간**【於中間】 名(ハ変)④ ①(距離ょ・場所ばなどの) 中間ちゅう、中ほどの位置ちゅ。¶ 한 곳 中間の場所。②中途半端ちゅうと、どっちつかず。¶ 시간이 ～ 하게 되었다 時間が中途半端になった。**어중간-히** 副 中途半端に、どっちつかずに。

**어중-되다**[於中-] 形 中途半端ちゅうとだ、どっちつかずだ。¶ 시간이 ～ 時間が中途半端だ。

**어:중이-떠중이** 名 烏合ごうの衆、野次馬やじ、群衆ぐん。

**어지간-하다** 形④ ①かなり良い、まずまずだ、相当そうだ。¶ 일이 어지간하게 되어 간다 仕事がまずまず思ったとおりになる。②普通うつだ、ややよい、まあまあだ。¶ 그만하면 ～ その程度だならまあまあだ。③ほどよい、適当とうだ。¶ 어지간한 거리 ほどよい距

離きょ。 **어지간-히** 副 かなり、相当、まあまあ、ほどよく。¶ ~ 춥다 かなり寒い。

**어지러-뜨리다** 他 取り散らかす、散らかす、(取り)乱らす。¶ 방안을 ~ 部屋を取り散らかす。

**어지럼** 名 目まい。

**어지럼-증**[-症] 名 目まい。¶ ~이 나다 目まいがする。⑳ 현기증(眩氣症)

**어지럽다** 形ㅂ ①乱れている、散らかっている、混乱する。¶ 어지러운 책상 위 散らかっている机の上/ 사회가 ~ 社会が乱れている。②目まいがする、目がかすむ。¶ 높은 곳에 오르면 ~ 高いところに登ると目まいがする。③(心が)そわそわする、落ち着かない。¶ 꿈자리가 ~ 夢見がよくない。

**어지르다** 他르 取り散らかす、とりみだす。¶ 방을 ~ 部屋を取り散らかす。

**어지-빠르다** 形르 中途半端だ、どっちつかずである。

**어질다** 形 善良だ、情深かだ寛大だ。¶ 어진 마음 善良な心。

**어질-병**[-病] 名漢 目まいの病気だ。

**어질어질** 副形動 (目まいがするようす)くらくら、ふらふら。¶ 머리가 ~하다 頭がくらくらする。

**어쩌** 副 (《「어찌하여」의 縮約形》) どうして、なぜ。¶ ~ 안 올까? どうして来ないのかな。

**어째서** 副 (《「어찌하여서」의 縮約形》) どうして、なぜ。¶ ~ 우느냐? どうして泣くの。

**어쨌든** 副 (《「어찌하였든·어찌 되었든」의 縮約形》) どうあろうとも、とにかく、ともあれ、いずれにせよ。¶ ~ 한번 만나 봅시다 とにかく一度会って見よう。

**어쨌든지** 副 (《「어찌하였든지·어찌 되었든지」의 縮約形》) どうあろうとも、とにかく、いずれにせよ。¶ ~ 이 일부터 정리합시다 とにかくこれから片付けましょう。

**어쩌고-저쩌고** 副 ああだこうだと、なんだかんだと。¶ ~ 불평을 한다 ああだこうだと文句を言う。

**어쩌다** 副 「어쩌다가」의 縮約形。

**어쩌다가** 副 ①偶然ぐうぜんに、思いがけなく、うっかり。¶ ~ 알게 되었다 偶然に知り合った。②ときおり、ときどき、たまに、時ときに。¶ 한 번씩 일어나는 일 たまに起こること。③どうして。¶ ~ 그가 그렇게 되었니? どうして彼がそうなったか。

**어쩌면**[1] 「어찌하면」의 縮約形。①どうすれば、どのようにすれば。¶ 이 일을 ~ 좋을까? このことをどうすればよいだろうか。②どうかすると、ひょっとすると、事によると、或あるいは。¶ ~ 내일은 비가 올 것이다 ひょっとすると明日は雨が降るだろう。

**어쩌면**[2] 副 (《意外いがいなことに感嘆かんたんする語》) あら、あらまあ、あれ、まあ、えっ。¶ ~ , 그럴 수가 있어요 あらまあ、そんな事ってあり得うるかしら。

**어쩐지** 副 どういうわけか、どうやら、どうしたのか、なんとなく、何なんだか。¶ ~ 비가 올 것 같다 どうやら雨になりそうだ。/ ~ 싫다 なんだかいやだ。

**어쭙-잖다** 形 (不相応ふそうおうなことを言ったりして)おこがましい、お笑いである、ばかげている。¶ 어쭙잖게 말참견을 하다 おこがましくも口出ができない。

**어찌** 副 ①どう、どんなに、いかに。¶ ~된 일인고? どうしたの。②どうして、何なんで、なぜ。¶ ~ 오지 않는가? どうして来ないのか。③どうやって、どんなに、どのように。¶ 그 문제를 ~ 풀었니? その問題をどうやって解いたの。④どんなに、あまりにも、なんと…か。¶ ~ 반가운지 눈물이 난 余りの嬉しさに涙が出る。

**어찌-하다** 自他여 どうする。

**어찌-하여** 副 どうして、なぜ。¶ ~ 못 오는가? どうして来られないか。

**어찌나** 副 (《「어찌」의 强調形》) どんなに、あまりにも、なんと…か。¶ ~ 우스운지 대답을 못했다 どんなにおかしいか返事ができなかった。

**어차피**[於此彼] 副 どうせ、とにかく、どのみち、いずれにしても、所詮しょせん。¶ ~ 늦을 바에야 내일 갑시다 どうせ遅れるのなら明日行きましょう/ ~ 합격하기는 틀렸다 どのみち合格ごうかくはできないよ。

**어처구니** 名 とてつもなく巨大きょだいな人・物。

**어처구니-없다** 形 あきれる、あっけにとられる、とんでもない、思いもかけない。¶ 어처구니없는 거짓말 とんでもない嘘/ 어처구니없어 말도 안 나온다 あきれ返って物も言えない。 **어처구니-없이** 副 あきれたことに、もろくも、あっけなく、思いもよらず。¶ 패했다 あっけなく敗れた。

**어촌**[漁村] 名 漁村ぎょそん。

**-어치** 接尾 (《金額きんがくを表わす語について》) …分ぶん、…ばかり、…程度ていど、…の値うち。¶ 사과 5천원 ~ 주세요 リンゴを5000ウォン分ください。

**어-투**[語套] 名 話しぶり、口くちぶり、語気ごき。¶ 날카로운 ~로 따지고 들다 鋭するどい語気で問いつめる。

**어-폐**[語弊] 名 語弊ごへい。¶ 그 말은 ~가 있다 そのことばは語弊がある。

**어필**[appeal] 名하다他 アピール。¶ 섹스 ~ セックスアピール/ 젊은이에게 ~ 하는 영화 若者わかものにアピールする映画えい。

**어:-하다** 他여 (子供こどもを)甘あまやかす。¶ 손자를 ~ 孫こを甘やかす。

**어:-학**[語學] 名 語学ごがく。¶ ~에 뛰어나다 語学に秀ひいでている。

**어항**[魚缸] 名 金魚鉢きんぎょばち。

**어항**[漁港] 名 漁港ぎょこう。

**어허** 感 ①(《意外いがいなことをふと悟さとったときなどに発はっする声こえ》) ほう、なるほど、ははあん。¶ ~, 참 그렇군 なるほど、本当ほんとうにそ

うだなあ。②(不満・不安を感じるときに発する声) いーや、いやはや、ううん。¶ ~、그렇지 않다니까 ううんそうじゃないというのに。

**어허-둥둥** 感 《赤子をあやすときに出す声》 おお、よしよし。

**어험** 感 《威厳を示すためにする咳払い》 えへん、えへん。¶ ~ 하고 큰기침을 한다 おほんと大きな咳ばらいをする。

**어:형**[語形] 名 [文法] 語形。¶ ~ 변화 語形変化。

**어:화** 感 《よろこびの歌などで調子に乗って人々に呼びかける声》 ああ、おお、ほおい。¶ ~、벗님네야 ああ、友よ。

**어화-둥둥** 感 「어허둥둥」の古めかしい語。

**어획**[漁獲] 名 ㉠他 漁獲。¶ ~고 漁獲高/~량이 적다 漁獲量が少ない。

**어:휘**[語彙] 名 語彙。¶ ~가 빈약하다 語彙が乏しい。

**어흥** 副 ①《虎の吠える声》 うおお、わおお。②《感嘆的に子供らを脅すために虎がほえるまねをして出す声》わあお、わああ、ぐお。

**억**[億] 数 億。¶ 일 ~ 一億。

**억겁**[億劫] 名 [佛] 億劫、永劫、きわめて永い時間。

**억-누르다** 他 (感情・行動などを)抑える、抑えつける、抑圧する、抑制する。¶ 자유를 ~ 自由を抑圧する。/ 흥분을 억누르지 못했다 興奮を抑えることができなかった。

**억-눌리다** 自 抑え(つけ)られる、抑圧される、抑制される。

**억대**[億臺] 名 億台だい。¶ 몇 ~의 재산 幾億にも上る財産。

**억류**[抑留] 名 ㉠他 抑留。¶ ~ 생활 抑留生活。

**억만**[億萬] 数 ①億。②《冠形詞的に》億万と、きわめて多い数。¶ ~ 가지 걱정 数々の心配事。

**억만-년**[-年] 名 億万年。

**억만-장자**[-長者] 名 億万長者、大金持ち。

**억:새** 名 [植] ススキ。

**억설**[臆說] 名 臆説、憶説。¶ 그것은 ~에 지나지 않는다 それは憶説にすぎない。

**억-세다** 形 ①(体が)頑丈だ。¶ 억센 손 頑丈な手。②(意志・性質が)堅固で激しい、強情だ、粘り強い。¶ 성질이 ~ 性質が強情だ。③(葉・茎が)強い、硬い。¶ 수염이 ~ ひげが強い。

**억수** 名 土砂降り、鉄砲雨。¶ ~같이 퍼붓는 비 土砂降りの雨。

**억압**[抑壓] 名 ㉠他㉤ 抑圧。¶ ~된 감정 抑圧された感情。

**억양**[抑揚] 名 抑揚、イントネーション。¶ ~을 붙이다 抑揚をつける。

**억울**[抑鬱] 名 ㉠形 ①(抑圧されて)気が重苦しいこと。②(無実の罪・不公平な仕打ちを受けて)無念なこと、くやしくて胸がふさがること。¶ ~해서 못 견디겠다 くやしくてたまらない。

**억제**[抑制] 名 ㉠他㉤ 抑制。¶ 감정을 ~하다 感情を抑制する。

**억조**[億兆] 数 億兆。①億と兆。②数がえきれないほど多い数。

**억조 창생**[-蒼生] 名 億兆蒼生、数多くの人々、万民。

**억지** 名 無理強い、無理押し、ごり押し、強引、横車。
〈慣用〉**억지가 세다** 無理強いがひどい、意地っ張りだ。**억지(를) 부리다** 無理押しをする。**억지(를) 쓰다** 無理強いをする、意地を張る、だだをこねる。

**억지 다짐** 名 ㉠他 強引に承諾させること。

**억지-로** 副 無理やり、無理に、強いて、強制的に、いやいや。¶ ~ 일을 시키다 無理に仕事をさせる。/ ~ 웃다 いやいや笑う。

**억지-스럽다** 形 ㉤ いかにも強情そうだ。

**억지-스레** 副 無理やりに、強情に。

**억지 춘향이**[-春香-] 名 物事を無理にやり遂げること。

**억지**[抑止] 名 ㉠他 抑止。¶ ~력 抑止力。

**억척** 名 不屈にして、我慢強さ、根気強さ、粘り強さ、またはそのような人。¶ 그런 ~은 세상에 둘도 없어 そんな粘り強さは世に二つとない。
〈慣用〉**억척을 떨다**[부리다] 根強く仕事をする、粘り強くがんばる。

**억척-같다** 形 ㉤ がむしゃらだ、根気強い、粘り強い、しつこい、あくどい。¶ 억척같은 사람 粘り強い人。**억척-같이** 副 がむしゃらに、根気強く、しつこく。¶ ~ 일을 한다 がむしゃらに仕事をする。

**억척-스럽다** 形 ㉤ がむしゃらだ、粘り強い、しつこい、あくどい。**억척-스레** 副 がむしゃらに、粘り強く、しつこく。

**억측**[臆測] 名 ㉠他 憶測。¶ 그것은 ~에 불과하다 それは憶測にすぎない。

**억하-심정**[抑何心情] 名 いったいどういう考えでそんなことをするのかわからないこと。

**언감-생심**[焉敢生心] 名 どうしてそのように考えられようか、そんなことは考えもつかないこと、あえてそんなことは考えられない。

**언걸** 名 ①他人のために受ける損害、とばっちり、巻き添え。②ひどい苦労。
〈慣用〉**언걸(을) 먹다**[입다] 巻き添え〔とばっちり〕を食う。

**언급**[言及] 名 ㉠自 言及。¶ ~을 회피하다 言及を避ける。

**언니** 名 ①《妹が姉を呼ぶ語》姉さん、お姉さん。②《弟が兄を呼ぶ語》兄さん。

**언더-라인**[underline] 名 アンダーライン、下線。¶ ~을 치다 アンダーラインを引く。

언더-웨어【underwear】 名 アンダーウェア、下着、肌着。

언덕 名 ①丘、丘陵。¶ ~을 넘다 丘を越える。 ②坂、勾配。¶ 가파른 ~을 내려가다 急な坂を下る。

언덕-길 名 坂道。

언덕-배기 名 丘のてっぺん、坂の上、斜面。¶ ~를 오르다 斜面を登る。

언도【言渡】名他他自【法】(判決文の)言い渡し。¶ 사형을 ~하다 死刑を言い渡す。

언동【言動】名 言動。¶ 경박한 ~을 삼가다 軽薄な言動を慎しむ。

언뜻 副 ①(考えや・感じなどが)ふと、ふっと。¶ ~ 생각이 나다 ふっと思い出す。 ②ちらっと、ちらり。¶ ~ 보아서 확실치 않다 ちらりと見たのではっきりしない。

언론【言論】名他 言論。¶ ~인 言論人／~의 자유 言論の自由。

언론 기관【-機關】名 言論機関。

언명【言明】名他他自 言明。¶ ~을 피하다 言明を避ける。

언문【言文】名 言文。¶ ~일치 言文一致。

언변【言辯】名 話術、口弁、口。¶ ~이 좋다 口が達者だ。

언사【言辭】名 言辭、ことば、言い草。¶ 외교적 ~ 外交的な言辞。

언성【言聲】名 話す声。¶ ~을 높이다 声を高める。

언약【言約】名他他 口約束、口約、約束。¶ 부부의 ~을 맺었다 夫婦の約束を言い交わした。

언어【言語】名 言語、ごん。¶ ~ 예술 言語芸術。

언어-도단【-道斷】名 言語道斷、もってのほか。¶ ~의 요구 言語道断の要求。

언어 장애【-障碍】名 言語障害。

언외【言外】名 言外。¶ 참뜻을 ~에 비치다 真意を言外ににおわせる。

언:월-도【偃月刀】名 ①偃月刀、なぎなた。 ②「청룡 언월도(青龍偃月刀)」の縮約形。

언쟁【言爭】名他他 言い争う、口げんか。¶ ~이 벌어지다 言い争いが起こる。

언:저리 名 周り、あたり、ほとり、縁。¶ 호수의 ~ 湖のほとり。

언:제 代 いつ、いつか。¶ 졸업식은 ~인가? 卒業式はいつかね。/ ~라도 괜찮다 いつでもかまわない。/ ~ 한번 놀러 오세요 いつか一度遊びにいらしてください。

언:제-나 副 ①いつも、常に、しょっちゅう。¶ ~ 명랑한 사람 いつも朗らかな人。 ②いつになったら、いつごろ。¶ 저 놈은 ~ 철이 들까? あいつはいつになったら落ち着くだろうか。

언:제-든지 副 いつでも。¶ ~ 좋아 いつでもよろしい。

언:제-인가 副 いつか。①(将来について) いつかは、そのうち、今に。¶ ~ 후회할 때가 올 것이다 いつか後悔するときがくるだろう。 ②(過去について)いつだったか、いつかしら、かつて。¶ ~ 본 적이 있다 いつか見たことがある。

언:젠가 副 「언제인가」の縮約形。

언중【言中】名 言葉の中。

언중 유:골【-有骨】名 何気ない言葉の中に風刺し・含みのあること。

언질【言質】名 言質。¶ ~을 주다 言質を与える。

관용〉 언질(을) 잡다 言質を取る。

언짢다 形 ①よくない、気に入らない、不快だ、いやだ。¶ 언짢게 여기다 不快に思う。/ 그의 태도가 ~ 彼の態度が気に入らない。 ②みっともない、見苦しい。

언청이 名 兎唇、いぐち。

언-필칭【言必稱】副 ものを言えばきっと、口を開かれば必ずが、何ということは。

언행【言行】名 言行。¶ ~을 삼가다 言行を慎しむ。

언행 일치【--一致】名他形 言行一致。

얹다 他 ①上げる、上げて置く、載せる。¶ 선반에 ~ 棚に載せる。/ 가슴에 손을 얹고 생각해 봐라 胸に手を当てて考えてみろ。 ②(金銭등)に付け加える、重ねねる、積む、上乗せする。¶ 웃돈을 ~ 上乗せ金を積む。

얹은-머리 名 髪をつかねて頭にぐるっと巻き上げた女の髪形のこと。

얹혀-살다 自 居候する、寄食する。¶ 누나집에 ~ 姉夫婦のところに居候する。

얹히:다 自 ①(「얹다」の受動)載せられる。¶ 책상 위에 ~ 机の上に載せられる。 ②(船등이)乗り上げる。¶ 배가 暗礁に ~ 船が暗礁に乗り上げる。 ③(食べ物등이)もたれる。¶ 먹은 것이 ~ 食べ物がもたれる。 ④(他人등의)やっかいになる、頼じる。

얻:다¹ 他 ①貰う、いただく。¶ 휴가를 ~ 休暇をもらう。 ②(権利・許可등을)得る、受ける。¶ 승인을 ~ 承認じょうを得る。 ③(援助・信任등을)得る、受ける。¶ 국민의 지지를 ~ 国民の支持を得る。 ④拾う、拾得する。 ⑤会得する、得る。¶ 기술을 ~ 技術得る会得する。 ⑥病気になる。¶ 위장병을 ~ 胃腸病になる。 ⑦(勇気・自信등을)持つ、得る、抱く。¶ 힘을 ~ 力を得る。 ⑧(部屋등을)借りる。¶ 셋방을 ~ 間借りする。 ⑨(妻・婿・嫁등을)迎える、めとる。¶ 아내를 ~ 妻をめとる。

얻:다² 略 (「어디에다」の縮約形)どこに。¶ 그 사전을 ~ 두었느냐? その辞書をどこに置いたのか。

얻:어-걸리다 自(合) ありつく。¶ 직장이 ~ 職場にありつく。

얻:어-듣다 他 人づてに聞く、聞き込む、もれ聞く。¶ 그의 비밀을 ~ 彼の秘密をもれ聞く。

얻:어-맞다 他 なぐられる、ぶたれる、引っぱ

얻어먹다

たかれる。
얻:어-먹다 囮 ①貰い食いする。¶ 남의 집에 얻어먹으러 다니다 他人の家にもらい食いにほっつき歩く。②おごってもらう、ごちそうになる。¶ 선배에게 저녁을 얻어먹었다 先輩に夕食をおごってもらった。③のしられる。¶ 영문도 모르고 욕을 얻어먹었them わけも分からずのしられた。
얻:어-터:지다 囮㈲ なぐられる。
얼 图 精神、魂、霊。¶ 순국자의 ~ 殉国者の霊/ ~이 빠지다 魂が抜ける。
관용 얼(을) 빼다 めんくらわす。
얼- 接頭 ①《名詞の前について》「賢明でない・足りない」の意を表わす語。¶ ~간이 마누者。②《動詞の前について》「入りみだれて・ごちゃごちゃ・中途半端な」の意を表わす語。¶ ~버무리다 いい加減にまぜ合わせる。
얼-간¹ 图㈲㈲ 魚・野菜などを浅漬けにすること。¶ ~ 고등어 鯖の浅漬け。
얼-간² 图 ①「얼간망둥이」の縮約形。②「얼간이」の縮約形。
얼간-망둥이 しまりがなく間の抜けた人。
얼간-이 图 とんま、まぬけ者、うすのろ。
얼개 图 組み立て、仕組み、構造。
얼-결 图 「얼떨결」の縮約形。
얼굴 图 ①顔、つら、おもて、容貌。¶ ~생김새 顔つき。②(感情のあらわれる部分としての)顔、表情、顔つき。¶ 성난 ~ 怒った顔/ ~을 붉히다 顔を赤らめる。③(人格を代表とする部分としての)面目、体面、名誉。¶ ~을 깎다 面目をつぶす。④(人々によく知られている部分としての)顔、面、面。¶ ~이 넓다 顔が広い。⑤(物のよく目につく部分としての)顔、姿。
관용 얼굴에 똥[먹]칠을 하다 顔に泥を塗る。얼굴에 철판을 깔다 (顔に鉄板を敷いたように)厚かましい、図々しい。얼굴을 내밀다 顔を出す。얼굴(이) 두껍다 面の皮が厚い、図々しい。얼굴이 뜨겁다 顔が熱い、恥ずかしい。얼굴이 팔리다 顔が売れる、有名人になる。
얼굴-값 图 顔つきにふさわしいこと、値することする。¶ ~도 못하는 놈 見かけにもよらない奴。
얼굴-빛 图 顔色、血色、顔の表情。¶ ~이 변하다 顔色が変わる。
얼근-하다 囲 ①ほろ酔い機嫌だ。②(辛くて)口の中がかりひりする。얼근-히 剾 ①ほろ酔い機嫌に。②ひりひりと。
얼기-설기 剾 《糸などがもつれ絡まっているようす》ごちゃごちゃ。¶ 끈이 ~ 얽혀 있다 紐がごちゃごちゃにもつれている。
얼김-에 剾 はずみで。¶ ~ 찬성하고 말았다 はずみで賛成してしまった。
얼:다 国 ①凍る、凍てる、凍て付く。¶ 연못의 물이 ~ 池の水が凍る。②凍える、

かじかむ。¶ 온몸이 ~ 全身が凍える。③気が挫ける、緊張する、上がる、すくむ、かたくなる。¶ 연단에서 ~ 演壇上でのぼせあがる。
속담 언 발에 오줌 누기 凍えた足に小便をする。《一時しのぎにはなるが、かえって悪い結果をもたらす》
얼떨-결 图 (「얼떨결에」の形で)事のはずみに、うっかり、とさくまぎれに。¶ 그만 ~에 약속하고 말았다 ついうっかり約束してしまった。
얼떨떨-하다 囲 面くらう、頭がふらつく、どぎまぎする。¶ 잠을 잘 못자서 정신이 ~ よく眠れなくて頭がふらふらする。
얼:-뜨기 图 間抜け、とんま、うすのろ。
얼:-뜨다 囲 (人となりが)しっかりしない、間抜けだ、愚かだ、ぼんやりしている。
얼렁-뚱땅 剾㈲ 人を口車にのせてうまくごまかすようす、(仕事を)いい加減に処理するようす。¶ 무슨 일이든지 ~ 해 넘기다 何事でもいいかげんにやってしまう。
얼레 图 (糸などを巻かせ、糸車、糸巻いて、糸枠。
얼레-빗 图 目の粗い櫛、解き櫛。
얼레지 图㈲ カタクリ。
얼레짓-가루 图 片栗粉。
얼룩 图 ①まだら、斑点、段だら。¶ ~ 무늬 まだら模様。②染み。¶ ~을 빼다 染みを抜く。
얼룩-고양이 图 三毛猫。
얼룩-배기 图 しまもの、まだら模様の動物、物。
얼룩-소 まだらの牛、斑牛。
얼룩-지다 国 染みがつく、まだらになる。
얼룩-말 图㈲ シマウマ。
얼른 剾 すぐ、すばやく、早やく、急いで、さっと、さっさと。¶ ~ 대답해라 すぐ答えろ。/ 감추다 さっと隠す。
얼른-거리다 国 ①ちらつく、ちらちらする。불빛이 ~ 明かりがちらつく。②影がゆらゆらする、ゆらゆら揺れる、揺らめく。
얼른-얼른 剾㈲ ①ちらちら。②ゆらゆら。
얼:리다¹ 国 ①「어울리다」の縮約形。②もつれる。¶ 연줄이 공중에서 ~ 凧の糸が空中でもつれる。
얼:리다² 凍らせる、冷凍する。¶ 고기를 ~ 肉を凍らせる。
얼마 图 ①いくら、どれほど。¶ 이것은 ~입니까? これはいくらですか。②《明らかにできない数量・値段・程度などをあらわす語》いくらか、どれくらい。¶ ~ 안 되는 돈 いくばくもない金。
얼마-간[-間] 图 ①いくらか、どのくらい、ちょっと、若干、幾分。¶ ~의 돈 いくらかの金。②(副詞的に)当分の間、当分は。¶ 서울에 있겠소 しばらくソウルにいます。
얼마-나 剾 ①いくら位、いかほど、どれほ

ど。¶ 돈을 ~ 주책소? お金をいくら位入れる積もりですか。②どんなに、どれくらい。¶ ~ 아플까? どんなに痛かろう。

**얼마-든지** 副 いくらでも。¶ 돈은 ~ 있다 お金はいくらでもある。

**얼마-만큼** 副 どの位ぐらい、いくらぐらい。¶ ~ 되느냐? どれくらいになるかね。

**얼마-쯤** 副 いくらぐらい、どれ程。¶ 비용은 ~ 듭니까? 費用はいくらぐらいかかりますか。

**얼-버무리다** 自他 ①ざっと混ぜる、ごちゃ混ぜにする。¶ 김치를 얼버무려서 담그다 キムチをざっと混ぜ合わせて漬け込む。 ②(食べ物を)よくかまないで飲みこむ。③(言葉などを)ごまかす、はぐらかす、お茶を濁らす。¶ 말을 ~ 話をはぐらかす。④うやむやにする、闇に葬る、もみ消す。¶ 사건을 ~ 事件をうやむやにする。

**얼:-보다** 他 はっきり見ない、(光がまぶしくて)直視できない、まともに見ない。

**얼:-보이다** 自 はっきり見えない、正しく見えない、かすんで見える。¶ 글자가 얼보여서 읽기 힘들다 文字がはっきり見えず読みにくい。

**얼:-빠지다** 自 気が抜ける、間が抜ける、気抜けする、気がぼうっとする。¶ 얼빠진 놈처럼 気が抜けた者のように。

**얼싸** 感 (興に乗って出す語)よいよい、さの、そうれ、そうら。¶ ~, 좋네 ああ、よいよい。

**얼싸-안다** 他 抱擁する、抱きしめる、だきかかえる。¶ 손자를 힘껏 ~ 孫をぎゅっと抱きしめる。

**얼씨구** 感 ①(興に乗って出す語)よいやい、ようよう。¶ ~, 좋다 あれ、よいよい。②(目に余まる言行などを見たり聞いたりしたときあざけって言う語)ちくしょう、このやろう、ええ~い。¶ ~, 잘 놀아나는구나 ちくしょう、うまくやってやがるな。

**얼씬** 副 する (《目の前にちょっと現われて去るようす》)ちらりと。¶ ~ 나타났다가 사라졌다 ちらっと現われて消えた。

**얼씬-거리다** 自 目の前に現われたり消えたりする、ちらつく、ちらちらする。¶ 집 앞에 수상한 사람이 ~ 家の前に怪しげな人がうろうろする。

**얼씬-못하다** 自四 目の前に現われることもできない、ちらりとも見えない、(ある物の)近づくこともできない、すくむ。

**얼어-붙다** 自 ①凍りつく、凍結する。¶ 강물이 ~ 川の水が凍りつく。②(恐怖・緊張などのため)体がこわばって動かなくなる、すくむ。

**얼얼-하다** 形動 ①(味が辛くて舌が)ひりひり[ぴりぴり]する、ひりつく。¶ 입 안이 ~ 口の中がひりひりする。②(肌・傷口などが)ひりひりする、ちくちくする。¶ 볕에 탄 살갗이 ~ 日焼けした肌がひりひりする。③(酒に酔って)意識が確かでない、もうろうとしている、頭がふらふらする。

**얼음** 名 氷。¶ ~ 물 氷水/~ 판 氷の面/연못에 ~ 이 얼다 池に氷が張いる。

**얼음-과자** [-菓子] 名 氷菓子。

**얼음-주머니** 名 氷嚢。

**얼음-지치기** 名自 氷滑り。

**얼음-찜질** 名他自 氷しっぷをすること。

**얼쩡-거리다** 自 ①(うまいことを言って)まんまとだます、たぶらかす。②(用事もなく)ぶらつく、のらりくらりする、うろうろする。¶ 눈앞에서 얼쩡거리지 마라 目の前をぶらぶらうろつくんじゃない。

**얼쩡-얼쩡** 副他自 ①まんまと。②ぶらぶら、うろうろ。

**얼추** 副 おおよそ、大方、大体、あらまし、ほとんど、ほぼ。¶ 공사는 ~ 끝났다 工事はあらまし片付かった。

**얼추-잡다** 他 大ざっぱに取り決める、見積もる。¶ 계획을 ~ 計画を大ざっぱに立てる。

**얼-치기** 名 ①中途半端なこと。¶ ~로 일을 하다 中途半端に仕事をする。②どっちつかずのもの、あれこれが少しずつ混じっているもの。③(学問・技術などが)生半可な人。¶ ~ 의사 やぶ医者。

**얼크러-지다** 自 もつれる、絡む、入り乱れる、入り混じる。¶ 실이 ~ 糸がもつれる。/감정이 ~ 感情が絡む。

**얼큰-하다** 形動 ①(味が)辛くて口の中がひりひりする。②ほろ酔いきげんだ、酔いがまわる。**얼큰-히** 副 ①ひりひりと。②ほろ酔いきげんに。¶ 술에 ~ 취하다 酒にほろ酔いきげんに酔う。

**얼키-설키** 副 (糸と物事がひどくもつれ絡まっているようす)ごちゃごちゃ、くしゃくしゃ、ごたごた。

**얼토당토-아니하다** 形動 ①全まったく関係がない。¶ 얼토당토아니한 사람에게 시비를 걸다 全く関係のない人に言いがかりを付ける。②とんでもない、滅相もない、見当違いだ。¶ 얼토당토아니한 요구 とんでもない要求。

**얼핏** 副 ①ちらっと。¶ 창 틈 사이로 ~ 보인다 窓のすき間すきからちらっと見える。②ふと。¶ ~ 생각나다 ふと思い浮かべる。

**얽다**¹ 自 あばたになる。¶ 얼굴이 ~ 顔があばただ。②ものの表面にきずが多く出来る。¶ 책상이 많이 ~ 机の表面にきずがたくさん出来る。

**얽다**² 他 ①(紐・縄で)縛る、くくる、結ぶ。¶ 짐을 끈으로 ~ 荷物をひもでくくる。②(うそなどを)でっち上げる。¶ 남을 모략하여 죄를 ~ 人を陥れて罪をでっち上げる。③(竹などで)編む。¶ 댓가지로 바구니를 ~ 竹でかごを編む。

**얽-매다** 他 ①(物を)くくる、くくりつける、結ぶ、縛る。②束縛する、縛りつけ

얽매이다

る。¶ 자유를 ~ 自由を束縛する。
얽-매이다 [自] ①縛られる、くくられる。②(仕事とか・勉強べんきょうなどに)縛られる。¶ 일에 ~ 仕事ことに縛られる。③束縛される、拘束される、(情じょうに)ほだされる。¶ 규칙에 ~ 規則きそくに束縛される。
얽히고-설키다 [自] 複雑にもつれている、非常じょうにこんがらかっている。¶ 이해 관계가 ~ 利害関係かんけいが複雑にからまっている。
얽히다¹ [自] (〈얽다〉の受動) 縛られる、くくられる、絡からまれる。¶ 쇠사슬에 ~ 鎖くさりに縛りつけられる。
얽히다² [自] ①巻まきこまれる、巻き添そえを食う。¶ 관계 없는 사건에 ~ 関係かんけいのない事件じけんに巻き込こまれる。②(ある事ごとに)まつわる、関連かんれんする、関かかわる。¶ 그 노래에 얽힌 사연 その歌うたにまつわる由来ゆらい。
엄격[嚴格] [名][하形] 厳格げんかく、厳きびしいこと。¶ ~한 아버지 厳格な父ちち。
엄금[嚴禁] [名][하他][되自] 厳禁げんきん。¶ 출입 ~ 出入でいり厳禁。
엄:-니 [名] (動物どうぶつの)牙きば。
엄단[嚴斷] [名][하他] ①厳重げんじゅうに処断だんすること。②厳禁きん。
엄동[嚴冬] [名] 厳冬げんとう。
엄동 설한[-雪寒] [名] 厳冬の寒きびしさ、雪ゆきの降ふる非常じょうに寒きびしい冬ふゆ。
엄두 [名] あえて何なにかをしようとする気持きもち、意欲よく、考かんがえ。¶ 도저히 ~도 못 내다 とうていやる気きも出でない。
[慣用] 엄두가 나지 않다 その気きにならない、意欲よくがわかない。
엄마 [名] ①[幼] おかあちゃん、かあちゃん。②(〈어머니〉を親したしく言いう語ご) お母かあさん、ママ。¶ ~, 밥 줘요 ママ、ご飯ちょうだい。③子供こどもの名前まえにつけてその母親おやを呼よぶ語ご。
엄명[嚴命] [名][하他] 厳命げんめい。
엄밀[嚴密] [名][하形] 厳密げんみつ。¶ ~한 검사 厳密な検査さ。
엄벌[嚴罰] [名][하他] 厳罰げんばつ。¶ ~에 처하다 厳罰に処しょする。
엄벙-덤벙 [副][하自] むてっぽうに、向むこう見みずに、あたふたと。¶ ~하다가 큰 실수를 저질렀다 向こう見ずにふるまって大おおきな失敗しっぱいを犯おかした。
엄부[嚴父] [名] 厳父ぷ、厳きびしい父ちち。
엄살 [名][하自] (痛いたみ・苦くるしみ・苦境くきょうなどを)大おおげさに訴うったえる態度たいど。
엄살-꾸러기 [名] (痛いたみなどを)大おおげさに訴うったえる人ひと、痛いたがり屋や、仮病けびょう使づかい。
엄살-떨다 [自] 大おおげさに痛いたがる、仮病びょうをつかう。
엄선[嚴選] [名][하他][되自] 厳選げんせん。¶ ~한 작품 厳選した作品ひん。
엄수[嚴守] [名][하他][되自] 厳守げんしゅ。¶ 시간 ~ 時間じかん厳守。
엄숙[嚴肅] [名][하形] 厳粛げんしゅく。¶ ~한 식전 厳

粛な式典しきてん。 엄숙-히 [副] 厳粛に。¶ 의식은 ~ 진행되었다 儀式ぎしきは厳粛に行おこなわれた。
엄:습[掩襲] [名][하自他] 掩襲しゅう、不意打ういうち。
엄:연-하다[儼然-] [形여] 厳然げんぜんたり。¶ 엄연한 사실 厳然たる事実じじつ。 엄연-히 [副] 厳然と。
엄정[嚴正] [名][하形] 厳正げんせい。¶ ~한 심사 厳正な審査さ。 엄정-히 [副] 厳正に。
엄정 중립[-中立] [名] 厳正中立ちゅうりつ。
엄중[嚴重] [名][하形] 厳重げんじゅう。¶ ~한 경계 厳重な警戒かい。 엄중-히 [副] 厳重に。
엄지 [名] 〈엄지가락〉の縮約形。
엄지-가락 [名] (手足あしの)親指おやゆび。
엄지-발가락 [名] 足あしの親指おや。
엄지-손가락 [名] 手ての親指おや。
엄처-시하[嚴妻侍下] [名] かかあ天下てんか、妻つまの尻しりに敷しかれている男おと、恐妻家きょうさいか。
엄:폐[掩蔽] [名][하他][되自] 掩蔽えん、覆おおい隠かくすこと。¶ 죄상을 ~하다 罪状じょうを覆い隠す。
엄:폐-물[-物] [名][軍] 掩蔽物ぶつ。
엄:포 [名] こけおどし、わざとおどかすこと、やしつけること、空からいばり。¶ ~를 놓다 こけおどしをする。
엄-하다[嚴-] [形여] ①厳きびしい、厳重げんじゅうである。¶ 경계가 ~ 警戒けいかいがきびしい。②厳格げんかくである、きつい。¶ 엄한 가풍 厳格げんかくな家風ふう。③苛酷かこくだ、冷酷こくだ。¶ 엄한 문초 苛酷な取とり調しらべ。 엄-히 [副] 厳しく、厳げんに。¶ ~ 단속하다 厳しく取り締しまる。
엄:호[掩護] [名][하他] 掩護えんご。¶ 아군을 ~하다 味方かたを掩護する。
엄:호 사격[-射擊] [名][軍] 掩護射撃げき。
업 [名][民] 一家いっかの福ふくをもたらす人ひと・動物どうぶつ、福ふくの神かみ。
업[業] I [名] ①「職業」の縮約形。②[佛] 業ごう。II [接尾] 〈業種ぎょうしゅを表あらわす語ご〉 …業ぎょう。¶ 농- 農業のうぎょう / 수산- 水産業すいさんぎょう。
업계[業界] [名] 業界かい。¶ ~의 동향 業界の動向どう。
업다 [他] ①(背せに)負おう、背負せおう、おんぶする。¶ 등에 ~ 赤あかん坊ぼうをおんぶする。②(ある勢力りょくを)背景はいけいにする、後ろ盾たてにする。¶ 수상을 등에 업고 세력을 뻗치다 首相しゅしょうを後ろ盾にして勢力を張はる。
[속담] 업은 아기 삼 년 찾는다 背負せおった子こを3年ねんさがす。《身近みぢかにあるのに気きづかないこと、灯台下とうだいもと暗くらし》
[慣用] 업어 가도 모른다 《深ふかくぐっすり寝入ねいっていて》背負せおって行いっても分わからないようすだ。
업-둥이 [名] 拾ひろい子こ。
업무[業務] [名] 業務ぎょう。¶ 일상 ~ 日常にちじょう業務 / 과실 業務上じょうの過失しつ。
업무 방해죄[-妨害罪] [名][法] 業務妨害罪ぼうがいざい。

업보[業報] 图[佛] 業報ごう、因果いん、業ごう。
업신-여기다 他 侮ぶる、蔑視べつする、軽かんじる、見下みさげる、見みくびる。¶ 시골뜨기라고 ~ 田舎者いなかものだと見みくびる。
업신-여김 图 侮ぶること、軽かんじること、軽視けいし。¶ ~을 받다 軽視される。
업어-치기 图 (柔道じゅうどうなどで)背負せおい投なげ。
업자[業者] 图 業者ぎょうしゃ。
업적[業績] 图 業績ぎょうせき。¶ ~을 올리다 業績を上あげる。
업종[業種] 图 業種ぎょうしゅ、営業えいぎょうの種類しゅるい。¶ ~별로 조사하다 業種別べつに調査ちょうさする。
업주[業主]「영업주(營業主)」의 縮約形。
업체[業體] 图 事業じぎょうの主体しゅたい。
업히다[1] 圓 負おわれる、背負せおわれる、おんぶされる。¶ 아기가 엄마한테 ~ 赤あん坊ぼうが母はは に背負われる。
업히다[2] 圓 背負わせる、負おわせる、おんぶさせる。¶ 아기를 유모의 등에 ~ 赤あん坊ぼうを乳母うばに背負わせる。
없:다 圈 無ない。①存在そんざいしない、いない。¶ 책상 위에는 아무 것도 ~ 机つくえの上うえには何なにもない。②持もっていない。¶ 한푼도 없습니다 一銭いっせんもありません。③(物事ものごとが)起こったり展開てんかいしたりしない。¶ 별 문제는 ~ 別べつに問題もんだいはない。④含ふくまれていない。¶ 악의 없는 농담 悪意あくいのない冗談じょうだん。⑤多おおくない、足たりない。¶ 신의가 없는 사람 信義しんぎのない人ひと。⑥生いきていない。⑦부모가 없는 고아 父母ふぼのない孤児こじ。⑦(経済的けいざいてきに)貧まずしい。¶ 없는 집에 태어나다 貧まずしい家いえに生うまれる。⑧進行しんこうされない、開ひらかれない。¶ 오늘은 행사가 ~ 今日きょうは行事ぎょうじがない。⑨空むなしい、空からっぽだ。⑩(「-ㄹ 수 없다」의 形で) 可能かのうでない、できない。¶ 이럴 수도 저럴 수도 ~ どうにもこうにもできない。
-없다 [接尾] 無ない。¶ 낯~ 面目めんぼくない。/ 다시~ またとない。/ 그지~ 限かぎりない。
없어-지다 圓 無なくなる。①消きえる、消失しょうしつする。¶ 용기가 ~ 勇気ゆうきがなくなる。②減へる。¶ 다 닳아 없어졌다 みな擦すり減へった。③紛失ふんしつする、失うしなわれる。¶ 지갑이 없어졌다 財布さいふがなくなった。
없:이 副 …なく、…なしに。¶ 쉴 새 없이 일만 하다 休やすむひまもなく仕事しごとばかりする。
없:이-살다 圓 貧まずしく暮くらす。
엇-[接頭]「하즈레테・소레테・치구하구니・斜ななめに・互たがいに・호톤도・야야」의 뜻을 あらわす。¶ ~걸리다 互たがいに違ちがい掛かかる。/ ~나가다 横よこへそれる。/ ~구수하다 やや香こうばしい。
엇-가다 圓 (言行げんこうが)事理じりに外はずれる、道理どうりにもとる、横よこにそれる。¶ 엇가는 행동 道理にもとる行動こうどう。
엇-갈리다 圓 ①行ゆき違ちがう、すれ違ちがう、食くい違ちがう。¶ 길이 엇갈려 못 만나다 行き違いになって会あえない。②(交差こうさして)重かさなり

合あう、折おり重かさなる。¶ 가슴에 희비가 ~ 胸むねに喜よろこびと悲かなしみが交差する。
엇-걸다 他 互たがい違ちがいに掛かける、交差こうささせる、組くむ。
엇-나가다 圓 ①(線せんなどが)横よこにそれる。②(言行げんこうが)事理じりに外はずれる、道理どうりにもとる。
엇-대다 他 ①ななめ[はす]に当あてる。②当あてこする、当つける。¶ 엇대어 말하다 当てこすりを言いう。
엇-베다 他 斜ななめに切きる、はすかいに切る。
엇비슷-하다 圈[ㄹ] ①ほとんど同おなじだ、ほぼ似にている、似にかよっている。¶ 실력이 엇비슷한 두 사람 実力じつりょくがほぼ等ひとしい二人ふたり。②ややななめだ、少すこし傾かたむいている。
엉거-주춤 副[ㄹ][ㅎ] ①中腰ちゅうごしになって、及および腰ごし で。¶ ~한 자세 中腰の姿勢しせい。②どっちつかずに、優柔不断ゆうじゅうふだんに、あいまいに。¶ ~한 태도를 취하다 どっちつかずの態度たいどをとる。
엉겁-결에 知しらぬ間まに、思おもわず、とっさに。¶ ~ 뛰어내리다 とっさにとび下おりる。
엉겅퀴 图[植] アザミ。
엉금-엉금 副 (大おおきい図体ずうたいで這はうようす)のそのそ、のそりのそり、のしのし。¶ 거북이가 ~ 기어가다 亀かめがのそのそ這はって行ゆく。
엉기다[1] 圓 ①(仕事しごとなどの手際てぎわが悪わるくて)もつく、ぐずぐずする、もたもたする。¶ 익숙치 못한 일에 ~ 慣なれない仕事しごとにもたもたする。②やっと這はう。
엉기다[2] 圓 ①固かたまる、凝固ぎょうこする。¶ 두부가 ~ 豆腐とうふが固かたまる。②むらがる、たかる、寄より集あつまる。¶ 썩은 고기에 파리가 ~ 腐くさった肉にくに蠅はえがたかる。③(蔓つる・ひもなどが)からまる、からみつく。¶ 풀숲에 엉긴 칡덩굴 草くさに絡からみついたくずのつる。
엉너리 图 取とり入いること、ごますり、へつらい、おもねり。
[慣用] 엉너리(를) 치다 (人ひとに)取とり入いる、へつらう、おもねる、ごまをする、こびを売うる。
엉-덩바아 图 尻しりもち。
[慣用] 엉덩방아(를) 찧다 尻しりもちをつく。
엉:덩이 图 尻しり。¶ ~가 가볍다 尻が軽かるい。/ ~를 때리다 尻をたたく。
[慣用] 엉덩이가 근질근질하다 尻がむずむずする、じっとしていられない。 엉덩이가 무겁다 尻が重おもい、腰こしが重い。 엉덩이를 붙이다 尻をくっつける、一いっか所しょに長ながくとどまる、腰をすえる。 엉덩이를 흔들다 尻を振ふる、こびる。
엉뚱-하다 圈[ㄹ] ①(言行げんこうが)分ぶんに過すぎる、身みのほど知しらずだ、とてつもない。¶ 년に似にずとてつもないことをする。②とんでもない、べらぼうだ。¶ 엉뚱한 착각 とんでもない錯覚さっかく。
엉망 图 (散ちらかったりして)めちゃくちゃ、台だいなし、散々さんざん。¶ 집안이 ~이다 家いえの中ちゅう

**엉성하다**

がめちゃくちゃだ。/ 雨ﾞに濡れて服ﾞが台なしになった。

**엉망-진창** 名 (「엉망」の強調語) めちゃくちゃ、台なし。¶ 큰 비가 와서 길이 ~이다 大雨が降って道がぬかるんでめちゃくちゃだ。

**엉성-하다** 形 ①締まりがない、いい加減である、粗末だ、不十分である。¶ 내용이 ~ 内容がお粗末だ。②げっそりしている、やせこけている、ひどくやつれている。¶ 두 다리가 ~ 両足がやせこけている。③まばらだ、粗い。¶ 엉성한 머리카락 まばらな髪の毛。

**엉:-엉** 副 (大きい声で泣くようす・その声) ああんああん、わあわあ、おいおい。¶ ~ 통곡을 하다 おいおいと号泣する。

**엉클다** 他 ①(糸・つなどを)もつらせる。②(物事を一緒くたにして)ごちゃまぜにする。¶ 아이가 장난감을 모두 엉클어 놓았다 子供がおもちゃをみなごちゃ混ぜにした。③(物事を)こじらせる、もつれさせる、めちゃくちゃにする。¶ 엉클어 놓은 일들을 하나 하나 정리하다 ごっちゃになった仕事を一つ一つ整理する。

**엉클어-지다** 自 ①(糸・紐、または物事が)もつれる、こじれる、絡み合う。¶ 머리카락이 ~ 髪の毛がもつれる。

**엉큼-스럽다** 形 腹黒げだ。**엉큼-스레** 副 腹黒げに。

**엉큼-하다** 形 腹黒い、陰険だ。¶ 엉큼한 사내 陰険な男だ。

**엉키다** 自 ①(「엉클어지다」の縮約形) もつれる、絡み合う。¶ 실이 ~ 糸がもつれる。②凝固する。¶ 피가 ~ 血が凝固する。

**엉터리** 名 ①でたらめ、いいかげん、いんちき、うそ。¶ 그 말은 ~야 その話はでたらめだ。②見かけ倒し、見てくれだけのもの。¶ ~ 의사 やぶ医者。

**엊-그저께** 名 ①二・三日前。②数日前。**엊-그제** 名 「엊그저께」の縮約形。

**엎다** 他 ①ひっくり返す、うつむけに置く、伏せる。¶ 물 그릇을 ~ 水の器をひっくり返す。②倒す、滅ぼす、覆す、駄目にする。¶ 정설을 ~ 定説を覆す。

**엎드러-지다** 自 四つん這いになる、腹ばいになる、つんのめる、うつぶせる。¶ 땅에 ~ 地にうつぶせる。

**엎드리다** 自 腹ばいになる、うつ伏せになる。¶ 마룻바닥에 ~ 床に伏せる。

**엎어-놓다** 他 伏せて置く、ひっくり返して置く、うつ伏せにする。¶ 카드를 ~ カードを伏せて置く。

**엎어-지다** 自 ①(前に)倒れる、転ぶ、つんのめる。¶ 빙판길에서 ~ 凍った道で転ぶ。②覆る、転覆する、ひっくり返る。¶ 나룻배가 ~ 渡し船が転覆する。/ 밥상이 엎어졌다 お膳がひっくり返った。
俗談 엎어지면 코 닿을 데 つんのめれば鼻のつく所。《目と鼻の先き、非常に近い所》

**엎-지르다** 他 (液体を)こぼす。¶ 양동이의 물을 ~ バケツの水をこぼす。
俗談 엎지른 물 こぼれた水。《覆水盆に返らず》

**엎-치다** 他 (「엎다」の強調形) 伏せる。
慣用 엎친 데 덮친다 倒れたところへ覆いかぶさる。《泣きっ面にハチ》

**엎치락-뒤치락** 副自他 ①しきりに寝返りをうつようす。寝床で寝返りをうつ。②《勝負で接戦を広げるようす》追いつ追われつ。¶ ~하는 시합 追いつ追われつの試合。

**에¹** 感 (物を言うときや次の言葉を考えながら出す語) ええ、ええと。¶ ~、ユ 다음은 어떻게 됐느냐 하면 ええ、その後はどうなったかというと。

**에²** ①(空間的·時間的位置を表わす)…に、…で。¶ 벽~ 기대다 壁に寄りかかる。/ 다섯 시~ 일어났다 5時に起きた。②(行動の指向点を表わす)…に、…へ。¶ 학교~ 가다 学校に行く。③(行動の原因を表わす)…に。¶ 병~ 걸려 죽었다 病気にかかって死んだ。④(行動・規律の基準点を表わす)…に。¶ 예의~ 벗어나다 礼儀にもとる。⑤(行為・作用の帰着点を表わす)…に。¶ 경제 발전~ 주력하다 経済発展に力を注ぐ。⑥(二つ以上の物を列挙する意を表わす)…や、…に。¶ 가방~ 모자~ 다 샀다 カバンに帽子に全部買った。⑦(手段・材料を表わす)…に。¶ 난로~ 몸을 녹이다 ストーブで体を暖める。⑧(基準となる単位を表わす)…に、…で。¶ 한 개~ 천 원입니다 一個に1000ウォンです。⑨(地位·職位を表わす語とともに用いられて)…に、として。¶ 왕위~ 오르다 王位に昇る。

**에게** 助 ①(行動の及ぶ相手方を表わす)…に。¶ 누구~ 줄까? 誰にやろうか。②(ある行動をさせた相手であることを表わす)…に。¶ 선생님~ 귀염을 받다 先生にかわいがられる。③(移動の帰着点を表わす)…に、…のところに。¶ 나~ 와 봐 私のところに来てごらん。

**에게-로** 助 (接近点・接着点にするの意を表わす)…に、…のところに、…のほうに、…へ。¶ 이건 누구~ 가는 것이냐? これは誰のところに行くものなのか。

**에게-서** 助 (物事の出発点であることを表わす)…から、…より。¶ 형~ 온 편지 兄から来た手紙。

**에계** 感 ①なんと、やれやれ、まあ、あら。¶ ~、이걸 어쩌나 まあ、これをどうしよう。②(小さかったりけちくさいようすをあなどるときの語) なんだ、あれ、へえ、ちえ。¶

**에계-계** 〖感〗《「에계」の強調形》ややっ、あれあれ、なんだなんだ。
**에고이스트**〖egoist〗〖名〗エゴイスト、利己主義者。
**에고이즘**〖egoism〗〖名〗エゴイズム、利己主義。
**에구** 〖感〗「어이구」の強調形。
**에구-데구** 〖副〗《大声を上げて泣くようす》おいおい、おうおう、わあわあ、わんわん。
**에구-머니** 〖感〗「어이구머니」の強調形。
**에구-에구** 〖感〗《ひどく悲しんで泣き叫ぶ声》おいおい、おうおう、わんわん。
**에구구** 〖感〗《ひどく驚いたり傷心したときにおもわず出す声》ああ、あれまあ、あらら、あれれ、ありゃりゃ。¶ ~、이게 웬일이야 あれまあ、こりゃどうしたことだ。
**에그** 〖感〗《同情したり驚いたときなどに出す声》ええ、おやまあ、あれまあ、あれ、おっと。¶ ~、가엾어라 あれまあ、かわいそうに。
**에끼** 〖感〗《気に入らないときに出す声》えい、くそ、ちくしょう。¶ ~、이 못난 놈 같으니 くそっ、このろくでなしめ。
**에나멜**〖enamel〗〖名〗エナメル。¶ 가죽 에나멜 革。
**에너지**〖energy〗〖名〗エネルギー。¶ ~ 자원 エネルギー資源。
**에누리**〖名〗〖하〗〖自他〗①掛ね値。¶ ~ 없는 정가 掛け値なしの正札。②値切り、値引き、割引。¶ 10원도 ~ 못합니다 10ウォンも負けられません。③《物事を》大げさに言うこと、割増し。¶ 그의 말은 ~해서 듣는 편이 좋다 彼の話は割引して聞いた方がいい。
**에누리-없다** 〖形〗掛け値がない、値切ることができない、値引きしない。**에누리-없이** 〖副〗掛け値なしに、値引きなしに。¶ ~ 정가대로 팔다 掛け値なしに定価どおりに売る。
**에는** 〖助〗…には。¶ 환락가 ~ 가지 마라 歓楽街には行くな。
**에:다** 〖他〗①えぐる、えぐり出す、切る。¶ 살을 에는 듯한 추위 身を切るような寒さ。②心痛させる、(心を)突きさす。¶ 가슴을 에는 듯한 슬픔 胸をえぐるような悲しみ。③「에우다」の縮約形。
**에다²** 〖助〗①《「에다가」の縮約形》…に。¶ 커피 ~ 설탕을 넣다 コーヒーに砂糖を入れる。②《二つ以上の物事を列挙する意》…に、…や、…やら。¶ 밥 ~ 술 ~ 배불리 먹었다 飯やら酒やら腹一杯食べた。
**에다가** 〖助〗①《何かが加えられるのを表わす》…に。¶ 둘 ~ 셋을 더하다 2に3を加える。②《場所・位置などを表わす》…に。¶ 책을 어디 ~ 두었니? 本をどこに置いたの。
**에도** 〖助〗…にも。¶ 3월 ~ 얼음이 언다 三月にも氷が張る。
**에:-돌다** 〖他〗①よけて通る、遠くに避けて通る、遠回りする。¶ 들판을 에돌아 흐르는 시내 野原を遠く避けて流れる小川/ 길이 나빠서 멀리 ~ 道が悪くて遠回りする。②ぐるぐる回る。
**에:-두르다** 〖他〗①取り囲む、張りめぐらす。¶ 주위를 ~ まわりを取り囲む。②遠回しに言う、ほのめかす。¶ 에둘러서 말하다 遠回しに話す。
**에라** 〖感〗①《失望したであきらめるときに出す声》えい、ええい。¶ ~、그만두겠다 えい、もうやめた。②《子供・目下の者に禁止したりとがめたりする声》こらっ、よし。¶ ~、비켜라 こらっ、どけ。
**에러**〖error〗〖名〗エラー、失策。
**에로**〖ero〗〖名〗エロ、エロチック、エロチシズム。¶ ~ 문학 エロ文学作品。
**에로티시즘**〖eroticism〗〖名〗エロチシズム。
**에로틱**〖erotic〗〖하形〗エロチック。
**에를** 〖助〗…に、…へ。¶ 도서관 ~ 간다더라 図書館に行くくそうだ。
**에메랄드**〖emerald〗〖名〗〖鉱〗エメラルド。
**에멜무지-로** ①試しに、こころみに。¶ ~ 한 번 해보다 試しに一度やってみる。②しっかり束ねないまま、ゆるくして。¶ ~ 나무를 지다 しっかり束ねず薪を背負う。
**에서** 〖助〗①《ある行為の場所を表わす》…で。¶ 방 ~ 공부하다 部屋で勉強する。②《ある行動の出発点を表わす》…から、…より。¶ 집 ~ 학교까지 10분 걸린다 家から学校まで10分かかる。③《主体が団体だいであることを表わす》…が、…で。¶ 신문사 ~ 주최했다 新聞社で主催した。④《理由・動機を表わす》…で、…によって、…から。¶ 그런 목적 ~ 행동했다 そんな目的で行動から行動した。
**에서-부터** 〖助〗…から、…より。¶ 학교 ~ 내내 뛰어 왔다 学校からずうっと走ってきた。
**에세이**〖essay〗〖名〗〖文〗エッセイ、随筆。
**에스-오:-에스**〖SOS〗 エスオーエス。¶ ~를 치다 エスオーエスを打つ。
**에스컬레이터**〖escalator〗〖名〗エスカレーター。
**에어**〖air〗〖名〗エア。¶ ~ 쿠션 エアクッション。
**에어 펌프**〖air pump〗〖名〗エアポンプ。
**에어 컨디셔너**〖air-conditioner〗〖名〗エアコンディショナー、エアコン。
**에에** 〖感〗《言葉に詰まったりためらったりするときに出す声》ええ、えええ、そのう。¶ ~ 그리고 나서 나는… ええと、それから私は…。
**에우다** 〖他〗①取り囲む、取りまく、包囲する。¶ 적진을 ~ 敵陣を包囲する。②迂回させる、まわす。¶ 길을 에워 갔다 道をぐるっと遠回りして行った。③《他の食べ物で食事を》済ます、間に合わせる。¶ 국수로 점심을 ~ 麺類で昼飯を済ませる。④《記録・帳簿などから》消す、削る、抹消する。¶ 명단에서 이름을 ~ 名簿から名前を削る。

**에워-싸다** 他 取り囲む、包囲する。¶ 성을 ~ 城を包囲する。

**에이** ①《投げやりな気持ちで出す声》えい、ええい、もう、ままよ。¶ ~, 될대로 되라 ええい、もうなるようになれ。②「에이끼」の縮約形。

**에이그** 感《ひどく情けないとき・心配事などがあるときなどに出す声》なんと、まあ、ああ、ああ。¶ ~, 가엾어라 まあ、かわいそうに。/ ~, 이 일을 어쩌나 ああ、これどうしよう。

**에이끼** 感《目下の者をとがめるときに出す声》えい、やい、こら。¶ ~ 배은망덕한 자식 やい、この恩知らずめ。

**에이스**[ace] 名 エース。①(さいころ・トランプの)1点。②(テニス・バレーボールの)サービスエース。③第一人者。④野 主戦投手。

**에이즈**[AIDS: acquired immune deficiency syndrome] 名 医 エイズ、後天性免疫不全症候群。

**에이프런**[apron] 名 エプロン。

**에잇** 感《不快なときに発する声》えいっ、くそっ。¶ ~, 시시해 えいっ、つまらない。

**에:참** 感《気に入らないがどうしようもないときに出す声》ちぇっ。¶ ~, 가기 싫다 ちぇっ、行きたくないな。

**에티켓**[프 étiquette] 名 エチケット。

**에틸**[ethyl] 名 化 エチル。
　**에틸-알코올**[-alcohol] 名 化 エチルアルコール、エタノール。

**에피소-드**[episode] 名 エピソード、逸話、挿話。

**에필로그**[epilogue] 名 エピローグ、結末、終幕。

**에헴** 感《勿体ぶったり自分の存在感を知らせるためのから咳》えへん。¶ ~하고 기침을 하다 えへんと咳払いする。

**엑스-선**[X線] 名 物 エックス線。¶ ~ 사진 エックス線写真。

**엑스트라**[extra] 名 エキストラ。

**엑스포**[EXPO: World Exposition] 名 エキスポ、万国博覧会。

**엔**[일 えん・円] 名《日本の貨幣単位》円。

**엔가** 助 …にか。¶ 어느 틈~ いつのまにか。

**엔간-하다** 形《「어언간하다」の縮約形》適当だ、並だ、普通ほどだ、ほどほどだ。¶ 엔간한 고생이 아니다 並大抵の苦労ではない。**엔간-히** 副 適当に、普通に、ほどよく。¶ ~ 먹다 ほどよく食べる。

**엔들** 助 …だって、…にだに、…になんか。¶ 꿈~ 잊으랴 夢にだにわすられようか。

**엔진**[engine] 名 エンジン。

**엘** 助 …に、…へ。¶ 산~ 갔더니… 山に行ったところが…。

**엘리베이터**[elevator] 名 エレベーター、昇降機。¶ ~ 걸 エレベーターガール。

**엘리트**[프 élite] 名 エリート。¶ ~ 의식 エリート意識。

**엠브이-피**:[MVP: most valuable player] 名 エムブイピー、最優秀選手。

**엣** 助 …にある、…の、…への。¶ 눈~ 가시 眼にあるとげ。

**엥** 感《怒ったりくやしがったりするときに発する声》えい、ええい、くそ。¶ ~, 바보 같이 えい、あほうめが。

**여** 助《母音で終わる体言につく》…よ。¶ 동포~ 同胞よ/ 슬픔이~ 안녕 悲しみよ、こんにちは。

**여**[女] Ⅰ 名《「여성(女性)」の縮約形》女、女性。Ⅱ 接頭 女…。¶ ~학생 女学生。

**여**:[汝] 代 汝、お前、そち。

**여**[予・余] 代 予、余、われ、おのれ。

**-여**[餘] 接尾《数詞について》…余、…あまり。¶ 100~ 명 100余名。

**-여** 語尾 …で、…して。¶ 성공하~ 돌아오다 成功して帰る。

**여가**[餘暇] 名 余暇よ、ひま、いとま。¶ ~를 활용하다 余暇を活用する。

**여간**[如干] 名 ①普通、尋常、通常。¶ ~해서는 말을 안 듣는다 尋常のことでは承知しない。②(主に否定の語とともに用いて)普通では、並などでは、ちょっとやそっとでは。¶ ~ 바쁘지 않다 忙しいといってもんじゃない。
　慣用 **여간(이) 아니다** 並大抵ではない、普通ではない。
　**여간-내기** 名 ただ者、普通の人、凡人。¶ 그 사람은 ~가 아니야 その人はただ者ではないぞ。

**여객**[旅客] 名 旅客、旅客。¶ ~ 운임 旅客運賃。
　**여객-기**[-機] 名 旅客機。¶ 대형 ~ 大型旅客機。
　**여객-선**[-船] 名 旅客船。

**여:건**[與件] 名 与件。¶ 어떠한 ~하에서도 いかなる与件のもとでも。

**여걸**[女傑] 名 女傑、女丈夫。

**여겨-듣다** 他E 聞き入る、熱心に聞く、傾聴する。¶ 친구의 충고를 ~ 親友の忠告を傾聴する。

**여겨-보다** 他 見入る、見つめる、注視する、念入りに見る。¶ 주의깊게 ~ 注意深く見入る。

**여경**[女警] 名《「여자 경찰관」の縮約形》婦人警察官、婦警。

**여고**[女高] 名《「여자 고등 학교」の縮約形》高女。

**여공**[女工] 名《「여직공」の縮約形》女工、女子工員。

**여:과**[濾過] 名 하他 되自 濾過する。¶ ~ 장치 濾過装置。
　**여:과-지**[-紙] 名 化 濾過紙、濾紙。

**여관**[女官] 名 女官、宮女。

**여관**[旅館] 名 旅館、宿屋など。¶ ~에 묵다 旅館に泊まる。

**여-교사**[女教師] 图 女教師きょうし。

**여권**[女權] 图 女権じょ。¶ ~의 신장 女権の拡張かくちょう。

**여권 운동**[-運動] 图[社] 女権運動うんどう。

**여권**[旅券] 图 旅券けん、パスポート。¶ 복수 ~ 数次じすう旅券。

**여급**[女給] 图 女給じょ、(バーなどの)ホステス、ウェートレス。

**여기** 代 ①ここ、この所ところ、こちら。¶ ~ 앉아라 ここにすわれ。/ ~는 서울입니다 こちらはソウルです。 ②これ、この点てん。¶ ~에 대하여 의견을 말해라 この点について意見けんを述のべよ。

**여기-저기** 代 あちこち、方々ほうぼう、ここかしこ。¶ ~에서 모이다 あちこちから集あつまる。/ ~ 놀러 다니다 ここかしこを遊あそび歩あるく。

**여기다** 他 思おもう、感かんじる、認みとめる。¶ 가엾게 ~ かわいそうに思う。

**여남은** 冠图 10余じゅうり、10余じゅう。¶ ~ 명의 청중 10余人にんの聴衆ちょうしゅう。

**여념**[餘念] 图 余念ねん。¶ 독서에 ~이 없다 読書どくに余念がない。

**여느** 冠 ①通常つうじょうの、普通ふつうの、なみの、ふだんの。¶ ~ 사람 普通の人ひと/ ~ 때 같으면… 普段だんなら…。 ②その他の、別べつの。¶ ~ 것 보다 크다 他ほかのものより大おおきい。

**여:-닫다** 他 (門もん・窓まどなどを)開閉へいする、開あけ閉しめる。

**여:-닫이** 图 ①開閉へいすること、開あけ閉しめ。 ②揚あげ戸ど。¶ 引ひき戸ど。

**여담**[餘談] 图 余談だん、雜談ざつ。¶ ~은 그만 두고 余談はさておき。

**여:당**[與黨] 图 与党とう。¶ ~ 의원 与党議員ぎいん。

**여대**[女大] 图 《「여자 대학(女子大學)」의 縮約形》女子大だい、女子大学だいがく。

**여대-생**[-生] 图 女子大生せい。

**여덟** 數 ①八やっつ。 ② 八歳さい。/ ~ 시 八時じ。/ 사과를 ~ 개 사다 リンゴを八つ買かう。

**여덟-째** 數 八番目ばんめ。

**여덟팔자 걸음**[-八字-] 图 (足先さきを外側そとがわに開ひらいてのしのしと歩く)いばった歩あるき方かた、八の字じ歩き、外股そとまた歩き。

**여독**[旅毒] 图 旅疲たびづかれ。¶ ~을 풀다 旅疲れをいやす。

**여-동생**[女同生] 图 妹いもうと。

**여드레** 图 ①八日はつか・よう。 ②八日間ようかかん。

**여드름** 图 にきび。¶ ~을 짜다 にきびをつぶす。

**여든** 數 八十じゅう。¶ ~ 살 八十歳はちじゅっさい。

**-여라** 尾 ①《「命令めいれいの意"をあらわす》…せよ、…しなさい、…しろ。¶ 어서 출발하~ 早く出発はっしなさい。/ 노력하~ 努力りょくせよ。 ②《感嘆かんたんの意をあらわす》…ことよ、…だな。¶ 기특하~ 殊勝しゅしょうだな。

**여러** 冠 数々かずかずの、さまざまな、いろいろの、多おくの。¶ ~ 가지 물건 いろいろの品物しなもの/ ~ 사람의 의견 多くの人ひとの意見けん。

**여러-모로** 副 多角的たかくてきに、いろいろな面めんで、多方面ほうめんに。¶ ~ 신세를 지다 いろいろな方面で世話せわになる。

**여러-분** 代 皆みなさん、皆様さま。¶ 신사 숙녀 ~ 紳士淑女しんししゅくじょの皆さん/ ~의 덕택으로 皆様のおかげで。

**여럿** 图 ①(物もの数かずが)多おおい、多数おおすう。¶ ~ 중에서 하나를 고르다 多くの中なかから一ひとつを選えらぶ。 ②多くの人、大勢ぜい、たくさんの人。¶ ~이 모여서 떠들다 多くの人が集あつまって騷さわぐ。

**여력**[餘力] 图 余力りょく。¶ 그것까지 할 ~이 없다 それまでする余力はない。

**여로**[旅路] 图 旅路たびじ。¶ ~에 오르다 旅路につく。

**여:론**[輿論] 图 興論ろん、世論せん。¶ ~에 호소하다 世論に訴うったえる。

**여:론 조사**[-調査] 图 興論調査ちょうさ、世論調査。

**여류**[女流] 图 女流じょりゅう。¶ ~ 문학 女流文学ぶんがく/ ~ 시인 女流詩人じん。

**여름** 图 夏なつ。¶ 초~ 初夏しょか/ 어느 날 어느 夏の日ひ/ ~은 해가 길다 夏は日ひが長ながい。

**여름-내** 副 夏中なかちゅう。¶ ~ 놀고 지내다 夏じゅう遊あそび暮くらす。

**여름 방학**[-放學] 图 夏やすみ。

**여름-옷** 图 夏服なつふく。

**여름-철** 图 夏季かき。

**여름-타다** 自 夏負まけする、夏やせする。

**여리다** 形 ①弱よわい、もろい、軟やわらかい。¶ 의지가 ~ 意志しが弱い。/ 정에 여린 사람 情じょうにもろい人。 ②やや足たりない。¶ 한 벌을 짓기엔 옷감이 좀 ~ 一着いっちゃくつくるには生地きじが少すこし足たりない。

**여망**[興望] 图 興望ぼう、衆望しゅう、大衆たいしゅうの期待きたい。¶ 국민의 ~을 짊어지다 国民こくみんの興望を担になう。

**여명**[餘命] 图 余命めい。¶ ~이 얼마 남지 않았다 余命いくばくもない。

**여:-명**[黎明] 图 黎明めい、夜明よけ、明あけがた。

**여:-명기**[-期] 图 黎明期き。

**여물** 图 ①まぐさ、かいば。¶ 말에게 ~을 주다 馬うまにまぐさをやる。 ②壁土かべつちに混まぜる刻きざみわら。

**여물-간**[-間] 图 まぐさ小屋や。

**여물다**[1] 自 (穀物こくもつなどが)よく実みる、熟じゅくする。¶ 밤이 잘 ~ 栗くりがよく実る。

**여물다**[2] 形 ①(人ひととなり・体からだが)しっかりしている。¶ 나이에 비해 하는 짓이 ~ 年としに比くらべてすることがしっかりしている。 ②(ある現象げんしょう・仕事しごとが)うまくいく、しっかりしている、機きが熟す。¶ 모든 일을 여물게 처리하다 すべての事ごとをしっかりと処理りする。 ③むだづかいしない、浪費ろうひせずつましくする、つましい。¶ 살림살이가 ~ 暮くらし向むきがつましい。

**여미다** 他 整ととのえる、ただす、直なおす。¶ 옷깃을 ~ 襟えりをただす。

**여반장**[如反掌] 图 (掌てのひらを返かえすように)非常ひじょうにたやすいこと、朝飯前あさめしまえ。¶ 그런 일쯤

**여백**〔餘白〕② 余白よはく、空白くうはく。¶ ~에 써 넣다 余白に書かき込こむ。
**여-벌**〔餘-〕② ①余分よぶんの物もの、残のこり物もの。②予備よびの物もの。
　**여벌-옷** 余分の着替きがえ。
**여병**〔餘病〕② 余病よびょう。㉠ 합병증(合併症).
**여-보**㉠ ①(「여보시오」のひくめて言いう語ご)もし、おい。¶ ~, 잠깐 기다려요 もし、ちょっとお待まちなさい。②(『夫婦間ふうふかんでお互たがいの呼称こしょう』)あなた、おまえ、おい、ねえ。¶ ~ 마누라 ねえ、おまえ。
**여-보게** ㉠ ~, 같이 안 가겠나? ねえ、いっしょに行いかないか。
**여-보시오** ㉠(『相手あいてに呼よびかけたり注意ちゅういを促うながすときの語ご』)もし(もし)、ちょっと。
**여-봐라** ㉠(『目下めしたの人ひとを呼よんだり注意ちゅういを促うながすときに用もちいる語ご』) これこれ、おい。¶ ~, 게 아무도 없느냐? おい、誰だれかおらんのか。
**여봐란-듯이** 副 どんなもんだと言いわんばかりに、これ見みよがしに。¶ ~ 가슴을 펴고 걸어가다 これ見よがしに胸むねを張はって歩あるく。
**여:부**〔與否〕② 可否かひ、よしあし、当否とうひ、…(した)かどうか。¶ 합격 ~를 묻다 合格ごうかくしたかどうかを問とう。
**여:부-없다**〔形〕疑うたがう余地よちがない、間違まちがいない、確たしかだ。　**여부없-이** 副 間違まちがいなく、確たしかに。
**여북** 副(『主おもに疑問文ぎもんぶんに用もちいられて』) どんなに、どれほど、いかほど、さぞかし、さだめし。¶ ~ 아프랴 さぞかし痛いたかろう。/ ~ 하면 도망을 쳤을까? 何なにかにつらくて逃にげたんだろう。
　**여북-이나** 副(『疑問文で反語的はんごてきに用もちいられて』) どんなに、どれほど、さぞかし。¶ 그러면 ~ 좋으랴? そうならばどんなにようだろうか。
**여분**〔餘分〕② 余分よぶん、余あまり。¶ ~이 하나 있다 余分が一つひとつある。
**여비**〔旅費〕② 旅費りょひ。¶ ~는 각자 부담이다 旅費は自前じまえだ。
**여사**〔女史〕② 女史じょし。
**여-사무원**〔女事務員〕② 女事務員おんなじむいん。
**여색**〔女色〕② 女色じょしょく。¶ ~에 빠지다 女色に狂くるう。
**여생**〔餘生〕② 余生よせい、余命よめい。¶ ~을 편히 지내다 余生を安楽あんらくに暮くらす。
**-여서** 語尾(『「-하다」がつく用言の語幹について』) …して、…ので。¶ 아들이 합격하~ 자랑스럽다 息子むすこが合格してほこらしい。
**여섯** 数 六むっつ、六ろく。¶ 달 六ろっか月げつ / ~ 시에 일어나다 六時ろくじに起おきる。
**여성**〔女性〕② 女性じょせい。¶ ~ 잡지 女性雑誌ざっし/ ~직업 職業婦人しょくぎょうふじん。
**여성**〔女聲〕② 女声じょせい。¶ ~ 합창 女声合唱がっしょう。
**여세**〔餘勢〕② 余勢よせい。¶ ~를 몰아 추격하다 余勢を駆かって追撃ついげきする。
**여-송-연**〔呂宋煙〕② 葉巻はまきタバコ、シガー。

**여수**〔旅愁〕② 旅愁りょしゅう、旅情りょじょう。
**여-순경**〔女巡警〕② 婦人ふじんの巡査じゅんさ、婦人警官かん、婦警ふけい。
**여승**〔女僧〕② 女僧にょそう、尼僧にそう、尼あま、びくに。
**여식**〔女息〕② 娘むすめ。㉠ 딸.
**여신**〔女神〕② 女神じょしん・めがみ。¶ 자유의 ~ 自由じゆうの女神。
**여:신**〔與信〕② 〔經〕与信よしん、金融機関きんゆうきかんで取引先とりひきさきに金かねを貸かし出だすこと。
**여실**〔如實〕② 如実にょじつ。**여실-히** 副 如実に。¶ 실력을 ~ 보여 주다 実力りょくを如実に示しめす。
**여심**〔女心〕② 女心おんなごころ。
**여심**〔旅心〕② 旅情りょじょう。
**여아**〔女兒〕② ①娘むすめ。②女児じょじ、女おんなの子こ。
**여:야**〔與野〕② 与党よとうと野党やとう。
**-여야** 語尾(『「-하다」がつく用言の語幹について』) …しなければ、…しないと。¶ 열심히 공부하~ 한다 一生懸命けんめいに勉強べんきょうしなければならない。
**여열**〔餘熱〕② 余熱よねつ。
**여염**〔閭閻〕② 村里むらざと、閭巷りょこう。
　**여염-집** 民家みんか、一般庶民しょみんの家いえ。¶ ~ 처녀 世間けんの一般の娘むすめ。
**여왕**〔女王〕② 女王じょおう、クイーン。¶ 은막의 ~ スクリーンの女王。
　**여왕-개미** 女王蟻あり。
　**여왕-벌**〔女-〕 女王蜂ばち。
**여우** ②〔動〕狐きつね。¶ ~에 홀리다 狐につつまれる。
**여우-같다** 〔形〕(狐のように)悪賢わるがしこい。
**여우**〔女優〕② 女優じょゆう。
**여우-비** ② 狐きつねの嫁入よめいり、日照ひでり雨あめ。
**여운**〔餘韻〕② 余韻よいん。¶ ~이 있는 문장 余韻のある文章ぶんしょう/ ~을 남기다 余韻を残のこす。
**여울** ② 瀬せ、早瀬はやせ。¶ 얕은 ~ 浅瀬あさせ。
　**여울-목** 早瀬の狭せまくなった所ところ。
**여위다** 自 瘦やせる、やせ衰おとろえる、やせ細ほそる、やつれる。¶ 여윈 얼굴 やつれた顔かお。
**여유**〔餘裕〕② 余裕ゆう、ゆとり。¶ ~ 있는 태도 余裕のある態度たいど/ ~를 두다 余裕を残のこす。
　**여유 작작**〔-綽綽〕〔形〕 余裕綽々しゃくしゃく。
**여의다** 他 ①死しに別わかれる、亡なくす。¶ 부모를 ~ 親おやに死に別れる。②(娘むすめを)嫁よめにやる、嫁よめがせる。¶ 고명 딸을 ~ 一人娘ひとりむすめを嫁がせる。
**여-의사**〔女醫師〕② 女医じょい。
**여의-주**〔如意珠〕② 如意宝珠ほうじゅ。
**여의-찮다**〔如意-〕〔形〕意いの如ごとくならない、不如意にょいである、思おもいのままにならない。
**여인**〔女人〕② 女人にょにん、女子じょし、婦女子ふじょし。
**여인-숙**〔旅人宿〕② 宿屋やどや、木賃宿きちんやど。
**여일**〔如一〕〔形〕一様いちよう、同様どうよう。¶ 시종 ~하다 始はじめから終おわりまで同おなじである。
**여자**〔女子〕② 女子じょし、女性じょせい。¶ ~ 아이 女おんなの子こ / 답지 않은 태도 女らしくない態度たい / 약한 자여, 그대 이름은 ~이니라 弱よわき者もの、汝なんじの名なは女なり。

[속담] 여자 팔자는 뒤웅박 팔자 女の運勢はつるべの運勢。《女の運はつれあいで決まる》

여장[女裝] 名自 女装。

여장[旅裝] 名 旅支度。¶ ~을 풀다 旅装を解く。

여-장부[女丈夫] 名 女丈夫、女傑。

여전[如前] 名下形 同然、相変も変わらぬこと。¶ 그 노인은 기력이 아직도 ~하다 その老人は気力がいまだに以前と同じである。**여전-히** 副 相変わらず、今までどおり。¶ ~ 게으르며 相変わらず無精しょうだ。

여-점원[女店員] 名 女の店員。

여정[旅情] 名 旅情。¶ ~을 달래다 旅情を慰める。

여정[旅程] 名 旅程。¶ 빡빡한 ~ ぎりぎりの旅程。

여-종[女-] 名 女の召使い、はしため。

여죄[餘罪] 名 余罪。¶ ~를 밝히다 余罪を明らかにする。

여-주인공[女主人公] 名 女主人公。

여지[餘地] 名 余地。①余分の土地、余っている土地。②余裕、ゆとり。¶ 변명의 ~가 없다 弁解しようの余地がない。

여지-없다 形 余地がない。**여지없이** 副 余地なく、完全に、ぼろくそに。¶ ~ 패했다 完全に敗れた。

여지-껏 今日に至るまで、今まで。¶ ~ 본 적이 없다 今まで見たことがない。

여진[餘震] 名 余震、揺り返し。¶ ~이 이어지다 余震が続く。

여쭈다 申し上げる、言上する。¶ 이유를 ~ 理由を申し上げる。

여-쭙다 他 「여쭈다」の尊敬語。

여차[如此] 名下形 このとおりである、かくのことである。¶ 사태가 ~하니… 事態がこのとおりなので…

여차여차-하다[如此如此-] 形動 かくかくしかじかである。¶ 여차여차한 이유로 かくかくしかじかの理由で。

여차-하면 副 いざとなったら。¶ ~ 도망갈 생각이다 いざとなったら逃げようと思う。

여:치 動 キリギリス。

여:탈[與奪] 名 与奪。¶ 생살 ~권 生殺与奪の権。

여탕[女湯] 名 女湯。

여태 副《「여태까지」の縮約形》今まで、いまだに、今なお。¶ ~ 그것도 몰랐어? 今までそれも知らなかったのか。

**여태-까지** 副 今まで。¶ ~ 없었던 사건 今までなかった事件。

**여태-껏** 副 今まで、今になっても。¶ ~ 돌아오지 않는다 今になっても帰ってこない。

여트막-하다 形 少し低い、少し浅い。

여파[餘波] 名 余波、あおり。¶ 태풍의 ~ 台風の余波。

여편-네 名 ①既婚の女。②〈俗〉妻、かかあ、よめはん。

여필종부[女必從夫] 名 妻は必ずその夫に従うべきこと。

여하[如何] 名下形 如何。¶ ~한 이유라도 いかなる理由でも/ 성공은 너의 노력 ~에 달려 있다 成功は君の努力に如何にかかっている。

**여하-간**[-間] 副 ともかく、とにかく、どうであれ。¶ ~ 한 번 만나 보자 とにかく一度会ってみよう。

**여하-튼** 副 とにかく、ともかく、どうしてでも。¶ ~ 승부에는 이겨야 한다 とにかく勝負には勝たねばならない。

**여하-히** 副 いかに、なんと、どう。

여-학교[女學校] 名 女学校。

여-학생[女學生] 名 女学生。

여한[餘恨] 名 遺恨、残っている恨み。¶ 지금 죽어도 ~이 없다 いま死んでも思い残すことはない。

여행[旅行] 名下形 旅行、旅。¶ 당일치기 ~ 日帰り旅行/ ~을 떠나다 旅行に出る。

**여행-사**[-社] 名 旅行社。

**여행-자**[-者] 名 旅行者、旅人。

여호와[Jehovah] 名[基] エホバ、ヤーウェ。

여흥[餘興] 名 余興。¶ ~을 즐기다 余興を楽しむ。

역[逆] 名 逆。¶ ~광선 逆光線/ ~으로 말하면… 逆に言うと…

**역-수입**[逆輸入] 名下他自 逆輸入。

**역-수출**[逆輸出] 名下他自 逆輸出。

역[驛] 名 (鉄道の)駅。¶ 시발 ~ 始発駅/ ~에서 만나기로 하다 駅で待ち合わせる。

역[譯] 名《「번역」の縮約形》訳。

역[役] Ⅰ 名 ①(演劇・映画での)役、配役。¶ 노인 ~을 맡다 年寄り役を受け持つ/ ~(職務など)の役、任務。③役을 懲役。④役을 兵役、夫役。Ⅱ 接尾 …役。¶ 상담 ~ 相談役/ 안내 ~ 案内役。

**역-겹다**[逆-] 形 おぞましい、うとましい、むかつくようだ、非常に気にさわる。¶ 역겨운 냄새 むかつくようなにおい。

역경[逆境] 名 逆境。¶ ~을 헤쳐 나가다 逆境を切り抜ける。

역광[逆光] 名 逆光、逆光線。¶ ~으로 사진을 찍다 逆光で写真をとる。

역군[役軍] 名 ①土方。②働き手、やり手。

역-기능[逆機能] 名 望ましくない機能。

역대[歷代] 名 歴代、代々。¶ ~ 내각 歴代の内閣。

역도[力道] 名[體] 重量上げ。

역량[力量] 名 力量、器量。¶ ~이 있는 인물 力量のある人物。

**역력-하다**[歷歷-] 形 歴々だ、はっきりとしている、ありありと見える。¶ ~한 업적 歴々たる業績/ 고뇌의 흔적이 ~ 苦悩の痕跡がはっきりとしている。**역력-히** 副 歴々と、はっきりと、ありありと。¶ 그녀의 심정이 ~ 나타나 있다 彼女の心情があ

**역류**[逆流] 名 하他 되自 逆流. ¶ 강물이 ~하다 川の水が逆流する。

**역마-살**[驛馬煞] 名 流浪の星回り。¶ ~이 끼다 流浪の星回りにつかれる。

**역-마차**[驛馬車] 名 駅馬車。

**역모**[逆謀] 名 하自 逆謀、謀反のはかりごと。

**역-반응**[逆反應] 名 化 逆反応。

**역병**[疫病] 名 疫病。¶ ~이 돌고 있다 疫病がはやっている。

**역-부족**[力不足] 名 하形 力量・技量などが不足すること。

**역-불급**[力不及] 名 하形 力が及ばないこと。¶ 저로서는 도저히 ~입니다 私としてはとうてい力が及びません。

**역-비례**[逆比例] 名 하自 逆比例、反比例。

**역사**[力士] 名 力士、力持ち。

**역사**[歷史] 名 歴史。¶ ~가 歴史家/ ~에 길이 남다 長く歴史に残る。

　**역사-관**[-觀] 名 歴史観、史観。

　**역사-상**[-上] 名 歴史上、史上。¶ ~의 사건 歴史上の事件。

　**역사-적**[-的] 冠 名 歴史的。¶ ~인 고찰 歴史的な考察。

　**역사-학**[-學] 名 歴史学、史学。

**역사**[驛舍] 名 駅舎。

**역산**[逆産] 名 하他 되自 ①(醫) 逆産、逆子。②反逆者の財産。

**역산**[逆算] 名 하他 逆算。

**역서**[譯書] 名 訳書、翻訳書。

**역-선전**[逆宣傳] 名 하他 逆宣伝。¶ 자기에게 유리해지도록 ~하다 自分が有利になるように逆宣伝する。

**역설**[力說] 名 하他 되自 力説。¶ 필요성을 ~하다 必要性を力説する。

**역설**[逆說] 名 逆説。¶ ~적으로 말하면 逆説的に言えば。

**역성** 名 하他 えこひいきすること、肩をもつこと。¶ 동생의 ~을 들다 弟の肩をもつ。

**역순**[逆順] 名 逆順。

**역습**[逆襲] 名 하他 逆襲。¶ 불의의 ~을 당하다 不意の逆襲にあう。

**역시**[亦是] 副 ①また。¶ 너도 ~ 나쁘다 君もまた悪い。②やはり、やっぱり。¶ ~ 그놈의 짓이었다 やっぱりそいつのしわざだった。

**역어**[譯語] 名 訳語。

**역연**[歷然] 形이 歴然としている、はっきりしている。¶ ~한 사실 歴然たる事実/얼굴에 만족감이 ~했다 顔に満足感がはっきり現われていた。**역연-히** 副 歴然と、はっきりと。¶ 증거는 ~ 남아 있다 証拠は歴然と残っている。

**역임**[歷任] 名 하他 歴任。¶ 요직을 ~하다 要職を歴任する。

**역자**[譯者] 名 訳者、翻訳者。

**역작**[力作] 名 力作。¶ ~을 발표하다 力作を発表する。

**역장**[驛長] 名 駅長。

**역저**[力著] 名 力作の本、立派な著作。

**역적**[逆賊] 名 逆賊、謀反の徒。¶ ~모의 謀反の謀議。

**역전**[逆轉] 名 하他 되自 逆転。¶ ~승 逆転勝ち/ 사태가 ~되다 事態が逆転する。

**역전**[歷戰] 名 하他 歴戦。¶ ~의 용사 歴戦の勇士。

**역전**[驛前] 名 駅前。¶ ~으로 모이다 駅前に集まる。

**역점**[力點] 名 力点。¶ 그 점에 ~을 두다 その点に力点を置く。

**역정**[逆情] 名 《'성'の尊敬語》怒り、ご不興。 관용〉**역정(을) 내다** 腹をたてる、怒る。**역정(이) 나다** 腹がたつ、気に障る。

**역정**[歷程] 名 歴程、歩んで来た道。

**역조**[逆調] 名 逆調。¶ 무역 수지가 ~로 변하다 貿易収支が逆調に変わる。

**역주**[力走] 名 하自 力走。¶ 끝까지 ~하다 最後まで力走する。

**역주**[譯註] 名 訳注。¶ ~를 달다 訳注をつける。

**역참**[驛站] 名 史 駅站、宿駅。

**역-탐지**[逆探知] 名 하他 逆探知。

**역투**[力投] 名 하自 力投。

**역투**[力鬪] 名 하自 力戦、力闘。

**역풍**[逆風] 名 逆風、むかいかぜ。

**역-하다**[逆-] 形여 ①むかつく、むかむかする。¶ 역한 냄새 むかつくいやなにおい。②気に障る、不快だ。¶ 보기만 해도 ~ 見ただけで気に障る。

**역학**[力學] 名 物 力学。¶ 유체 ~ 流体力学。

**역학**[易學] 名 易学。

**역할**[役割] 名 役割。¶ 중요한 ~을 하다 重要な役割を演じる。

**역행**[逆行] 名 하自他 逆行。①反対の方向に進むこと。 ~ 운동 逆行運動。②(時代の流れに)逆らって進むこと。¶ 시대에 ~하다 時代に逆行する。

**역-효과**[逆效果] 名 逆効果。¶ ~를 내다 逆効果を出す。

**엮다** 他 ①(紐・縄などを)互いに組み合わせる、編む。¶ 돗자리를 ~ むしろを編む。②話し続ける、書きつづる。¶ 이야기를 엮어 나가다 話をくりひろげる。③(本を)編集する、編纂する。¶ 문집을 ~ 文集を編纂する。

**엮은-이** 名 本を編纂した人、編者。

**연**[年] 名 年、一年。¶ ~ 평균 年平均。

**연**[蓮] 名 植 ハス。

**연**[鳶] 名 たこ。¶ ~을 날리다 たこを揚げる。

**연**[延] 名 延べ。¶ ~면적 延べ面積/ ~인원 延べ人員。

**연:-**[軟] 接頭 あわい…、うすい…。¶ ~보라 うすむらさき。

**연-**[連] 接頭 継続して、引き続き。¶ ~

이틀 술만 마시다 二日ふつ続つづきで酒さけばかり飲のむ。
**연-가**[戀歌] 图 恋歌れんか。
**연간**[年間] 图 年間かん。¶ ~ 강우량 年間の降雨量こうう りょう。
**연-갈색**[軟褐色] 图 薄うすい褐色かっしょく、薄茶色うすちゃいろ。
**연감**[年鑑] 图 年鑑かん。¶ 경제 ~ 経済けいざいの年鑑。
**연-거푸**[連-] 副 続つづけざまに、引ひき続つづき、継続けいぞくして幾度いくども。¶ ~ 사건이 일어나다 続けざまに事件じけんが起おこる。
**연-건평**[延建坪] 图 延のべ坪つぼ。
**연결**[連結] 图他自 連結けつ、つながり。¶ 객차를 ~하다 客車きゃくしゃを連結する。
**연계**[連繫] 图他自 連係けい。¶ ~ 동작 連係動作さ。
**연:고**[軟膏] 图 軟膏なんこう。¶ 종기에 ~를 바르다 腫物はれものに軟膏を塗ぬりつける。
**연고**[緣故] 图 ①事由じゆう、わけ、理由りゆう。¶ 무슨 ~인고 どういう訳わけかな。②縁故えんこ、ゆかり。¶ ~지 緣故地ち/ 아무런 ~도 없다 なんの縁故もない。
**연고-권**[-權] 图[法] 縁故権けん。
**연고-자**[-者] 图 縁故者しゃ。
**연고-로**[緣故-] 副 そういうわけで、そんな理由ゆうで、しかるがゆえに、それゆえに。
**연-골**[軟骨] 图 ①[生] 軟骨なんこつ。¶ ~ 조직 軟骨組織しき。②(意志いし・態度たいどなどが)軟弱なんじゃくであること、こしぬけ。¶ ~한 軟骨漢かん。
**연공**[年功] 图 年功こう。¶ ~ 서열 年功序列じょれつ。
**연관**[聯關] 图他自 連関かん、関連れん。¶ ~성 있는 문제 関連性せいのある問題もん。
**연:구**[研究] 图他自 研究けんきゅう。¶ ~ 논문 研究論文ろんぶん/ ~를 거듭하다 研究を重かさねる。
**연:-구생**[-生] 图 研究生せい。
**연:구 수업**[-授業] 图 研究授業じゅぎょう。
**연:-구열**[-熱] 图 研究熱ねつ。
**연:-구개**[軟口蓋] 图[生] 軟口蓋こうがい。¶ ~음 軟口蓋音おん。
**연:극**[演劇] 图 ①演劇げき、劇げき、芝居しばい、演劇人じん/ ~계 演劇界かい。②人ひとを欺あざむくためにする作つくり事ごとやしぐさ、芝居しばい。¶ 그 사람은 ~을 잘 해 その人はよく芝居をする。
**연:-극놀다** 自 (他人たにんを欺あざむくために)芝居しばいをする、芝居を打うつ。
**연:-극단**[-團] 图 演劇団だん、劇団げきだん。
**연근**[蓮根] 图[植] 蓮根れんこん。
**연금**[年金] 图[法] 年金ねんきん。¶ ~ 보험 年金保険けん。
**연:금**[軟禁] 图他自 軟禁なん。¶ ~된 상태 軟禁された状態じょうたい。
**연:금**[鍊金] 图他自 錬金れん。¶ ~술 錬金術じゅつ。
**연기**[延期] 图他自 延期えんき。¶ 지불 ~ 支払しはらい延期/ 비가 와서 운동회를 ~하다 雨あめが降ふって運動会うんどうかいを延期する。
**연기**[煙氣] 图 煙けむり。¶ ~가 나다 けむりが立たつ。/ ~처럼 사라지다 煙のように消きえる。
**연:기**[演技] 图他自 演技ぎ。¶ 실감나는 ~ 真しんにせまる演技。

**연-날리기**[鳶-] 图 たこ揚あげ。
**연내**[年內] 图 年内ねん、その年との内うち。¶ ~에 해결하다 年内に解決かいけつする。
**연년**[年年] 图副 年々ねん、毎年まいとし、年毎ごとに。**연년-이** 副 年々、毎年、年毎に。¶ ~ 불어나다 年々増ふえる。
**연년-생**[-生] 图 年子としご。
**연년**[連年] 图 連年れん。¶ ~의 풍작 連年の豊作ほうさく。
**연-놈** 图(卑)(男おとこと女おんなを一緒いっしょにした俗ぞくっぽい語ご) 野郎やろうと女郎じょろう。
**연:단**[演壇] 图 演壇だん。¶ ~에 오르다 演壇にのぼる。
**연대**[年代] 图 年代だい。①経過けいかしてきた時代だい。¶ ~순 年代順じゅん。②時ときの流ながれを区切くぎった一時期じき、時代だい。
**연대-기**[-記] 图 年代記き。
**연대**[連帶] 图他 連帯たい。¶ ~ 책임을 지다 連帯責任にんを負おう。
**연대 보:증**[-保證] 图[法] 連帯保証ほしょう。
**연대**[聯隊] 图[軍] 連隊たい。
**연도**[年度] 图 年度ど。¶ ~초 年度初はじめ/ 회계 ~ 会計かいけい年度。
**연도**[沿道] 图 沿道どう、道端みちばた。¶ ~는 구경꾼으로 가득하였다 沿道は見物人けんぶつにんでいっぱいだった。
**연두**[年頭] 图 年頭とう、年明としあけ、年始し。¶ ~ 교서 年頭教書きょうしょ。
**연:-두**[軟豆] 图 薄緑うすみどり、早緑さみどり。
**연등**[燃燈] 图 ①「연등절」의 縮約形。②「연등회」의 縮約形。
**연등-절**[-節] 图 燃灯ねんとうの祝日しゅくじつ (釈迦しゃかの誕生日たんじょうびの陰暦いんれき4月がつ8日ようか)。
**연등-회**[-會] 图 燃灯とうの祝日しゅくじつ (陰暦いんれき1月がつから15日にちまで)。
**연-때**[緣-] 图 因縁いんねんで互たがいに結むすばれる機会きかい、巡めぐり合あわせ。¶ ~가 맞다 巡り合わせがよい。
**연락**[連絡] 图他自 連絡らく。¶ ~소 連絡所しょ/ ~을 취하다 連絡を取とる。
**연락-망**[-網] 图 連絡網もう。¶ 비상 ~ 非常ひじょう連絡網。
**연락-병**[-兵] 图 連絡兵へい、伝令でんれい。
**연락-선**[-船] 图 連絡船せん。¶ ~이 결항하다 連絡船が欠航けっこうする。
**연령**[年齡] 图 年齢れい。¶ 정신 ~ 精神せいしん年齢/ ~ 제한 年齢制限せい。
**연례**[年例] 图 年例れい、毎年まいとしのきまり、毎年の慣例かん。¶ ~ 행사 年例の行事ぎょうじ。
**연로**[年老] 图他自 年老としおい、年ほおいていること。¶ ~하신 부모님 年おいた両親りょう。
**연료**[燃料] 图 燃料りょう。¶ 고체 ~ 固体こたい燃料/ ~비 燃料費ひ。
**연루**[連累] 图他自 連累るい、連座ざ、巻まき添ぞえ。¶ 독직 사건에 ~되다 汚職おしょく事件けんに連座する。
**연륜**[年輪] 图 年輪りん。¶ 오랜 ~을 쌓은 기량 長ながい年輪を積つみ重かさねた技量ぎりょう。

**연립**[聯立] 名[하자][되자] 連立れんりつ。¶ ~ 정부 連立政府せい。
**연:마**[研磨·研摩] 名[하자][되자] 研磨けんま。¶ 보석을 ~ 하다 宝石ほうせきを研磨する。
**연:마**[練磨·鍊磨] 名[하자][되자] 練磨れんま。¶ 기술의 ~ 技術ぎじゅつの練磨。
**연막**[煙幕] 名 煙幕えんまく。¶ ~ 탄 煙幕弾だん。[관용] **연막(을) 치다** 煙幕を張はる。
**연말**[年末] 名 年末ねんまつ、年としの暮くれ。¶ ~ 상여금 年末のボーナス。
**연맹**[聯盟] 名 連盟れんめい。¶ 국제 ~ 国際こくさい連盟。
**연면**[連綿] 名 한 전통으로 연면-한 伝統でんとうたる。 **연면-히** 副 連綿と。¶ ~ 이어지는 역사 連綿と受うけ継つがれる歴史れきし。
**연명**[延命] 名[하자] 延命えんめい。¶ 내각의 ~ 을 꾀하다 内閣ないかくの延命を図はかる。
**연모** 名 器具きぐ、道具どうぐ。¶ ~ 를 챙기다 道具をとりそろえる。
**연:모**[戀慕] 名[하자] 恋慕れんぼ、恋こい慕したうこと。¶ ~ 의 정 恋慕の情じょう。
**연-못**[蓮-] 名 ①池いけ。②蓮はすを植うえた池。
**연:문**[戀文] 名 恋文こいぶみ、ラブレター。
**연-미복**[燕尾服] 名 燕尾服えんびふく。
**연민**[憐憫] 名[하자] 憐憫れんびん。¶ ~ 을 느끼다 憐憫を感かんじる。
**연발**[延發] 名[하자] 延発えんぱつ。¶ 열차가 ~ 하다 列車れっしゃが延発する。
**연발**[連發] 名[하자자][되자] 連発れんぱつ。¶ 사고가 ~ 하다 事故じこが連発する。
**연발-총**[-銃] 名 連発銃じゅう。
**연방**[聯邦] 名 連邦れんぽう。¶ ~ 제 連邦制せい/ ~ 회 連邦議会ぎかい。
**연방** 副 続つづけざまに、引ひき続つづいて、ひっきりなしに、しきりに、しょっちゅう。¶ ~ 실수를 하다 しょっちゅう失敗しっぱいをする。/ 차가 ~ 다니다 車くるまがひっきりなしに通とおる。
**연배**[年輩] 名 年輩ねんぱい、年配ねんぱい。¶ 동 ~ 同年輩ねんぱい。
**연변**[沿邊] 名 国境こっきょう·道路どうろなどに沿そった一帯いったいの地方ちほう、ほとり、沿岸えんがん。¶ 철도 ~ 을 따라 걷다 鉄道てつどうに沿って歩あるく。
**연:병**[練兵] 名[하자] 練兵れんぺい。¶ ~ 장 練兵場じょう。
**연보**[年譜] 名 年譜ねんぷ。¶ 작가의 ~ 作家さっかの年譜。
**연:-보라**[軟-] 名 薄紫うすむらさき、藤色ふじいろ。
**연봉**[年俸] 名 年俸ねんぽう、年給ねんきゅう。¶ ~ 5000만 원 年俸5000万ごせんウォン。
**연봉**[連峯] 名 連峰れんぽう、連山れんざん。¶ 알프스의 ~ アルプスの連峰。
**연부**[年賦] 名 年賦ねんぷ、年払ねんばらい。¶ ~ 금 年賦金きん。
**연분**[緣分] 名 ①縁えん、因縁いんねん。¶ ~ 이 있다 縁がある。②夫婦ふうふとなる因縁いんねん。¶ 좋은 ~ 良縁りょうえん。
**연:-분홍**[軟粉紅] 名 薄うすい桃色ももいろ、淡紅色だんこうしょく。
**연:사**[演士] 名 演説者えんぜつしゃ、弁士べんし。
**연산**[年産] 名 年産ねんさん。
**연:산**[演算] 名[하자자][數] 演算えんざん、運算うんざん。

**연상**[年上] 名 年上としうえ、年長ねんちょう。¶ 나보다 세 살 ~ 이다 わたしより3歳さい年上だ。
**연상**[聯想] 名[하자자][되자] 連想れんそう。¶ 빨강색에서 정열을 ~ 하다 赤色あかいろから情熱じょうねつを連想する。
**연서**[連署] 名[하자자][되자] 連署れんしょ。
**연석**[連席] 名[하자] 幾人いくにんかの人がひとところに席せきを連つらねること。
**연선**[沿線] 名 沿線えんせん。¶ 철도 ~ 鉄道てつどう沿線。
**연:설**[演說] 名[하자자] 演説えんぜつ。¶ ~ 회 演説会かい/ 가두 ~ 道みちばたの演説。
**연:-설조**[-說調] 名 演説調えんぜつちょう。¶ ~ 로 이야기하다 演説調で話はなす。
**연세**[年歲] 名(「나이」의 尊敬語) お年とし。¶ ~ 가 어떻게 되십니까? おいくつになられましたか。
**연소**[年少] 名[하자][하형] 年少ねんしょう、幼おさないこと。¶ ~ 자 年少者しゃ。
**연소**[延燒] 名[하자자] 延焼えんしょう、類焼るいしょう、貰もらい火び。¶ ~ 를 면하다 延焼をまぬがれる。
**연소**[燃燒] 名[하자자][되자] 燃焼ねんしょう、燃もえること。¶ 불완전 ~ 不完全ふかんぜん燃焼。
**연속**[連續] 名[하자자][되자] 連続れんぞく。¶ ~ 번호 連続番号ばんごう/ 휴일이 ~ 되다 休やすみが続つづく。
**연속-극**[-劇] 名 連続劇げき、連続ドラマ。
**연속-적**[-的] 冠名 連続的てき。
**연쇄**[連鎖] 名[하자자][되자] 連鎖れんさ。¶ ~ 반응 連鎖反応はんのう。
**연쇄-상 구균**[-狀球菌] 名[生] 連鎖状じょう球菌きゅう、連鎖球菌。
**연쇄-점**[-店] 名 連鎖店てん、チェーンストア。
**연수**[年收] 名 年収ねんしゅう。
**연수**[年數] 名 年数ねんすう。¶ ~ 가 모자라다 年数が足たりない。
**연:수**[硏修] 名[하자] 研修けんしゅう。¶ ~ 생 研修生せい/ 신입 사원의 ~ 新入社員しんにゅうしゃいんの研修。
**연:습**[演習] 名[하자] 演習えんしゅう、ゼミナール。①練習れんしゅう。②[軍] 模擬もぎ軍事行動ぐんじこうどう。
**연:습**[練習·鍊習] 名[하자] 練習れんしゅう。¶ ~ 장 練習帳ちょう/ ~ 을 게을리 하다 練習をおこたる。
**연:-습곡**[-曲] 名[音] 練習曲きょく、エチュード。
**연승**[連勝] 名[하자] 連勝れんしょう。¶ 연전 ~ 連戦れんせん連勝。
**연시**[年始] 名 年始ねんし。①年としのはじめ、年初ねんしょ。¶ 연말 ~ 年末ねんまつ年始。②正月しょうがつ。
**연:시**[軟柿] 名 熟柿じゅくし。[동] 홍시(紅柿)
**연:식**[軟式] 名 軟式しき。¶ ~ 정구 軟式庭球ていきゅう/ ~ 야구 軟式野球やきゅう。
**연실**[鳶-] 名 凧糸たこいと。
**연:심**[戀心] 名 恋心こいごころ、恋情れんじょう。¶ ~ 을 품다 恋心を抱いだく。
**연안**[沿岸] 名 沿岸えんがん。¶ ~ 어업 沿岸漁業ぎょぎょう/ ~ 에 발달한 평야 沿岸に発達はったつした平野へいや。
**연안 무:역**[-貿易] 名 沿岸貿易ぼうえき。
**연안 항:로**[-航路] 名 沿岸航路こうろ。
**연애**[戀愛] 名[하자] 恋愛れんあい、恋こい。¶ ~ 결혼 恋愛結婚けっこん/ 편지 恋文こいぶみ。
**연:약**[軟弱] 名[하형] 軟弱なんじゃく。①(質しつが)柔やわら

연하다

かで弱よいこと。¶ ~한 지반 軟弱な地盤。 ②弱腰なこと、か弱よいこと。¶ ~한 아이 軟弱な子供。
**연어**〔鰱魚〕图〔動〕サケ。
**연:역**〔演繹〕图하他〔論〕演繹えき。⇔귀납(歸納)
**연:역-법**〔-法〕图〔論〕演繹法。
**연:역-적**〔-的〕冠图 演繹的。¶ ~ 방법 演繹的方法。
**연:연**〔戀戀〕图 恋々たる。①하形 恋いこがれるようす。¶ ~한 정 恋々の情。②하形 未練がましいようす。¶ 지위에 ~하다 地位に恋々としている。
**연:예**〔演藝〕图 演芸。¶ ~계 演芸界。
**연:옥**〔煉獄〕图〔基〕煉獄。
**연원**〔淵源〕图 淵源、源。¶ ~을 더듬다 淵源を探る。
**연-월일**〔年月日〕图 年月日。¶ 출생 ~ 生年月日。
**연:유**〔煉乳〕图 煉乳。
**연유**〔緣由〕图 縁由。①事由、理由、原因。¶ 사건의 ~를 묻다 事件の原因を尋ねる。②하自 由来、縁故。¶ 원시 신앙에 ~하다 原始信仰に由来する。
**연-이율**〔年利率〕图 年利率、年利。
**연:인**〔戀人〕图 恋人、情人。¶ 영원한 ~ 永遠の恋人。
**연-인원**〔延人員〕图 延べ人員。¶ ~ 5만 명 延べ人員5万名。
**연일**〔連日〕图副 連日、毎日。¶ ~ 오는 비 連日の雨/ 훈련이 ~ 계속되다 訓練が連日つづく。
**연임**〔連任〕图하他하自 再任、重任。
**연-잇다**〔連-〕自他 引き続こう、相次ぐ。¶ 사건이 연이어 터지다 事件が相次いで起こる。
**연장** 图 (物を作る)道具、器具。¶ 목수의 ~ 大工の道具。
**연장-주머니** 图 道具袋。
**연장**〔年長〕图하形 年長、年上、としかさ。¶ ~자 年長者。
**연장**〔延長〕图하他하自 延長。¶ ~선 延長線/ 기간을 ~하다 期間を延ばす。
**연장-전**〔-戰〕图 延長戦。¶ ~으로 들어가다 延長戦に入る。
**연재**〔連載〕图하他하自 連載。¶ ~소설 連載小説。
**연:적**〔硯滴〕图 硯滴、(すずりの)水差し、水滴。
**연:적**〔戀敵〕图 恋敵。
**연전**〔連戰〕图하自 連戦。¶ ~연승 連戦連勝。
**연:정**〔戀情〕图 恋情、恋心。¶ ~을 품다 恋情を抱く。
**연:제**〔演題〕图 演題。
**연조**〔年條〕图 ①(事物の)歴史の長さ、年代。②経歴年数。¶ ~를 쌓다 年功を積む。
**연좌**〔連坐〕图하自하自 連座、巻き添え、

連累。¶ 오직 사건에 ~되다 汚職事件に連座する。
**연:주**〔演奏〕图하他하自 演奏。¶ 국가를 ~하다 国歌を奏する。
**연:주회**〔-會〕图 演奏会。
**연-줄**〔緣-〕图 縁筋、縁故、手づる、コネ。¶ ~이 닿다 コネがつく。/ 선배의 ~로 취직하다 先輩のコネで就職する。
**연줄-연줄**〔-緣-〕副 縁故をたどって、縁故伝いに。
**연중**〔年中〕图 年中・年中。¶ ~행사 年中行事。
**연중 무휴**〔-無休〕图 年中無休。
**연지**〔硯池〕图 (硯の)硯池。
**연지**〔臙脂〕图 ①臙脂、紅。¶ 입술 ~ 口紅/ ~를 찍다 紅をさす。②臙脂色。
**연차**〔年次〕图 年次。¶ ~계획 年次計画。
**연차 휴가**〔-休暇〕图 年次休暇。
**연착**〔延着〕图하自 延着。¶ 기차는 한 시간이나 ~했다 汽車は一時間も延着した。
**연:-착륙**〔軟着陸〕图하自 軟着陸。
**연체**〔延滯〕图하他하自 延滞。¶ ~료 延滞料/ 지불을 ~하다 支払いを延滞する。
**연체 이자**〔-利子〕图 延滞利息。
**연:체**〔軟體〕图 軟体。¶ ~동물 軟体動物。
**연초**〔年初〕图 年初、年始、年頭。
**연초**〔煙草〕图 タバコ。
**연:출**〔演出〕图하他 演出。¶ 텔레비전 드라마를 ~하다 テレビドラマを演出する。
**연:출-가**〔-家〕图 演出家。
**연타**〔連打〕图하他 連打。
**연:탄**〔煉炭〕图 煉炭、練炭。¶ ~가스 練炭ガス/ ~을 태우다 練炭を燃やす。
**연통**〔煙筒〕图 (ブリキなどで円くつくった)煙突。
**연파**〔連破〕图하他하自 連破。¶ 강적을 ~하다 強敵を連破する。
**연판**〔連判〕图하自하他 連判。¶ ~장 連判状。
**연판**〔鉛版〕图〔版〕鉛版。¶ ~공 鉛版工。
**연패**〔連敗〕图하自하自 連敗。¶ 연전 ~ 連戦連敗。
**연패**〔連覇〕图하自 連覇。¶ 2년 ~를 이루다 2年連覇を遂げる。
**연-평수**〔延坪數〕图 延べ坪。
**연표**〔年表〕图 年表、年代表。¶ 세계사 ~ 世界史年表。
**연필**〔鉛筆〕图 鉛筆。¶ 색~ 色鉛筆/ ~을 깎다 鉛筆を削る。
**연필-깎이** 图 鉛筆削り。
**연필-화**〔-畫〕图 鉛筆画。
**연하**〔年下〕图 年下。¶ 4살 ~ 四つ年下。
**연하**〔年賀〕图 年賀。¶ ~인사 年賀のあいさつ。
**연하-장**〔-狀〕图 年賀状。
**연-하다**〔連-〕自他 続く、連なる、引き続く。¶ 집이 연해 있다 家が連なっている。
**연:-하다**〔軟-〕形여 ①(肉などが)軟らかい、

-연하다

しなやかだ。¶ 고기가 ~ 肉が軟らかい。②(色っぽく)薄い、淡로く鮮やかだ。¶ 연한 녹색 薄緑色っぽい。

-연하다【然-】接尾 ⓗ …然としている、…を気取る、…振る、…をきめこむ。¶ 학자~ 学者ぶって振舞っている。

연한【年限】名 年限。¶ 수업 ~ 修業年限。

연합【聯合】名 하他 되自 連合。¶ ~국 連合国/ ~ 국제 ~ 国際연合。

연합-군【-軍】名 連合軍。¶ ~ 사령부 連合軍司令部。

연해【沿海】名 沿海。¶ ~ 어업 沿海漁業。

연해-안【-岸】名 沿海岸。

연-해【連-】副 (「연하여」의 縮約形) 連続して、引き続き、続けて、しきりに、ひっきりなしに。¶ ~ 우승을 하다 連続して優勝する。

연행【連行】名 하他 되自 連行。¶ 용의자를 ~하다 容疑者を連行する。

연혁【沿革】名 沿革。¶ ~이 오래다 沿革が古い。

연호【年號】名 年号、元号。

연호【連呼】名 하他 連呼。¶ 후보자의 이름을 ~하다 候補者の名前を連呼する。

연:화【軟化】名 하他 되自 軟化。

연:회【宴會】名 宴会、宴。¶ ~를 열다 宴会を催す。

연:회-석【-席】名 宴会の席。

연후【然後】副 しかるのち、そうした後。

연후-에 副 しかる後に、そうした後で。¶ 돈을 번 ~ 쓸 생각을 해라 金をかせいだのちに使う道を考かんえよ。

연휴【連休】名 連休。

열 數 十つ、と。¶ ~ 달 十月つき、十か月/ ~ 손가락 十指/ 하나를 보고 ~을 안다 一を見みて十を知る。

[속담] 열 길 물 속은 알아도 한 길 사람 속은 모른다 十尋の水の底は分かっても一尋の人の心の底は分からない。《とかく人の心は知り難いものだ》 열 번 찍어 아니 넘어가는 나무 없다 十回も切りつけられて倒されない木はない。《繰り返して努力すればついには成功するものだ、いくら強固な決意をしていても繰り返して誘惑されるとついにその誘惑に負ける》 열 손가락을 깨물어도 안 아픈 손가락이 없다 十指のどの指を噛んでも痛くない指はない。《いくら子供等が多くても自分の子はみんなかわいいものである》

열【列】名 列。¶ 2~로 서다 2列に並ぶ。

열【熱】I 名 ①[物] 熱。¶ ~을 가하다 熱を加える。②(病気による) 熱、体熱。¶ ~이 높다 熱が高い。③(ある事に熱中する) 熱、情熱。¶ 골프에 ~을 올리다 ゴルフに熱を上げる。④興奮している状態。¶ ~을 올려 이야기하다 興奮して話す。II 接尾 …熱。¶ 연구 ~ 研究熱。

[관용] 열에 받히다 頭にくる。 열(을) 받다 頭にくる。 열(이) 식다 熱が冷める、意欲がなくなる。

열- 接頭 幼おさない…、若わかい…。¶ ~무 若大根/ ~중이 ひな鳥。

열강【列強】名 列強、強い国々。

열거【列擧】名 列挙。¶ 증거를 ~하다 証拠を列挙する。

열광【熱狂】名 하他 되自 熱狂。¶ 청중을 ~시키다 聴衆を熱狂させる。

열광-적【-的】冠 熱狂的。¶ ~인 환영 熱狂的な歓迎。

열국【列國】名 列国、諸国。¶ ~ 회의 列国会議。

열기【熱氣】名 熱気。①熱さ、熱い空気。¶ 용광로의 ~ 溶鉱炉の熱気。②高い体温、熱。¶ 몸에 ~가 있다 体に熱がある。③高揚している興奮。¶ ~ 띤 토론 熱気を帯びた討論。

열-김【-】名 ①興奮した勢い、または興奮のあまり。②腹だちまぎれ。㊥ 홧김。

열-나다【熱-】自 ①(病気で)熱が出る。②(物事に)熱を入れる、熱を上げる。③怒る、腹が立つ。¶ 열나서 못 참겠다 腹が立ってたまらない。

열녀【烈女】名 烈女、烈婦。

열녀-문【-門】名[史] 烈女を表彰するために建てた赤い門。

열:다¹ 自 (実が)実る、なる。¶ 열매가 ~ 実がなる。

열:다² 他 ①(戸と・窓などを)開く、あける。¶ 뚜껑을 ~ ふたを開ける。②(何事を)始める、開く、起こす、開催する。¶ 가게를 새로 ~ 店を新たに始める。/ 전람회를 ~ 展覧会を催す。③(関係を)結ぶ、開く。¶ 국교를 ~ 国交を結ぶ。/ 문호를 ~ 門戸を開く。④(進むべき道を)切り開く、開拓する。¶ 활로를 ~ 活路を開く。

열대【熱帶】名 熱帯。¶ ~야 熱帯夜/ ~어 熱帯魚。

열대 기후【-氣候】名 熱帯気候。

열대-림【-林】名 熱帯林。

열-댓 名 十五つぐらい。¶ ~ 사람에 불과하다 十五人ぐらいに過ぎない。

열도【列島】名 列島。¶ 일본 ~ 日本列島。

열독【閱讀】名 하他 閲読。¶ 논문을 ~하다 論文を閲読する。

열등【劣等】名 하他 劣等。¶ ~생 劣等生/ ~품질이 ~하다 品質が劣っている。

열등-감【-感】名 劣等感、コンプレックス、引け目。¶ ~에 사로잡히다 劣等感にとらわれる。

열-띠다【熱-】自 熱を帯びる、熱っぽい、熱がこもる。¶ 열띤 어조로 말하다 熱っぽい口調で話す。

열람【閱覽】名 하他 閲覧。¶ ~실 閲覧室。

열량【熱量】名[物] 熱量。¶ ~이 높은 식품 カロリーの高い食品。

**열량-계**[-計] 名 熱量計.
**열렬**[熱烈] 名形 熱烈. ¶ ~한 환영 熱烈な歡迎. **열렬-히** 副 熱烈に. ¶ ~ 사랑하다 熱烈に愛する.
**열리다**[1] 自 「열다」의 受動. ①(닫혀 있던 것이) 開く、あく、開きかかる. ¶ 막이 ~ 幕があく. ②(集会などが)開かれる、あく、催される. ¶ 임시 총회가 ~ 臨時總會が開かれる. ③(業務가) 始まる、開く. ¶ 상점은 아홉 시에 열린다 店は9時に開く. ④(文化などが)開ける、開化する. ¶ 문명이 ~ 文明が開ける. ⑤(進むべき道가)開ける、あく. ¶ 앞길이 ~ 前途が開ける.
**열리다**[2] 自 (実が)なる、実る. ¶ 감이 많이 ~ 柿はが多くなる.
**열망**[熱望] 名 熱望. ¶ 독립을 ~하다 獨立を熱望する.
**열매** 名 実. ①果実. ¶ 나무 ~ 木の実. ②結果、成果. ¶ 오랜 노력이 ~를 맺다 長年の努力が実を結ぶ.
**열-무** 名[植] 若大根.
**열반**[涅槃] 名自[佛] 涅槃. ¶ ~에 들다 涅槃に入る.
**열변**[熱辯] 名 熱弁. ¶ ~을 토하다 熱弁をふるう[吐く].
**열병**[閱兵] 名他 閱兵. ¶ ~식 閱兵式.
**열병**[熱病] 名 熱病. ¶ ~에 걸리다 熱病にかかる.
**열사**[烈士] 名 烈士.
**열사**[熱砂] 名 熱砂. ¶ ~의 사막을 가다 熱砂の砂漠を行く.
**열사-병**[熱射病] 名 熱射病.
**열상**[裂傷] 名 裂傷、裂き傷. ¶ 다리에 ~을 입다 足に裂傷を負う.
**열석**[列席] 名 列席. ¶ 회의에 ~하다 會議に列席する.
**열성**[劣性] 名 劣性. ¶ ~ 유전 劣性遺傳. 対 우성(優性).
**열성 인자**[-因子] 名 劣性因子.
**열성**[熱誠] 名 熱誠、ひたむきな真心. ¶ ~을 다하다 熱誠を尽くす.
**열성-껏** 副 真心を尽くして、真心の限り、誠意の限り. ¶ ~ 봉사하다 真心を尽くして奉仕する.
**열성-적**[-的] 冠名 熱誠的. ¶ ~으로 일에 착수하다 熱誠をもって仕事に着手する.
**열세**[劣勢] 名形 劣勢. ¶ ~를 만회하다 劣勢をもりかえす.
**열-쇠** 名 鍵、キー. ¶ 문제 해결의 ~ 問題解決의鍵/ ~를 채우다 鍵をかける.
**열-쇠구멍** 名 鍵穴. ¶ ~으로 들여다보다 鍵穴からのぞき見する.
**열심**[熱心] 名 熱心. ¶ 교육에 ~인 사람 教育に熱心な人. **열심-히** 副 熱心に、一生懸命に. ¶ ~ 공부하다 一生懸命勉強する.
**열악**[劣惡] 名形 劣惡. ¶ ~한 환경 劣惡な環境/ 품성 ~ 品性劣惡.
**열애**[熱愛] 名他 熱愛.
**열어-젖뜨리다** 他 (扉나・障子などを)広びく開き放む、押し開く. ¶ 잠긴 문을 ~ 閉まった戸を広く開け放つ.
**열:-없다** 形 ①照れ臭い、気恥ずかしい、きまりが悪い. ¶ 그는 여자 앞에서 열없어 한다 彼は女の前では照れ臭がる. ②(性質が)しっかりしていない、しまりがない. ③(肝が小さくて)臆病がっだ、小心しくりだ、ものおじする. ¶ 열없는 소리를 하다 臆病なことを言う. **열없-이** 副 照れ臭く、恥ずかしそうに、小心に. ¶ ~ 웃다 恥ずかしそうに笑う.
**열-역학**[熱力學] 名[物] 熱力学.
**열연**[熱演] 名他 熱演、力演. ¶ 햄릿 역을 ~하다 ハムレット役を熱演する.
**열외**[列外] 名 列外. ¶ ~로 나오다 列外に出る.
**열의**[熱意] 名 熱意. ¶ ~가 없는 사람 熱意のない人/ ~를 보이다 熱意を示す.
**열전**[列傳] 名 列伝. ¶ 사기 ~ 史記列伝.
**열전**[熱戰] 名 熱戦. ¶ 숨막히는 ~을 벌이다 息づまるような熱戦を繰り広げる.
**열-전도**[熱傳導] 名[物] 熱伝導.
**열정**[熱情] 名 熱情. ¶ ~을 담아 호소하다 熱情を込めて訴える.
**열정-적**[-的] 冠名 熱情的. ¶ ~인 사랑 熱情的な恋.
**열중**[熱中] 名自 熱中、夢中. ¶ 골프에 ~하다 ゴルフに熱中する.
**열중-쉬어**[列中-] 感 (号令で)休め.
**열차**[列車] 名 列車. ¶ 상행 ~ 上り列車/ 완행 ~ 鈍行列車/ ~를 놓치다 列車に乗り遅れる.
**열창**[熱唱] 名 熱唱. ¶ 가곡을 ~하다 歌曲を熱唱する.
**열-처리**[熱處理] 名他 熱処理.
**열탕**[熱湯] 名 熱湯、煮え湯.
**열풍**[熱風] 名 熱風. ¶ 사막의 ~ 砂漠の熱風.
**열풍**[烈風] 名 烈風. ¶ ~이 휘몰아치다 烈風が吹きすさぶ.
**열혈**[熱血] 名 熱血. ¶ ~한 熱血漢.
**열혈 남아**[-男兒] 名 熱血男兒.
**열화**[烈火] 名 烈火. ¶ ~같은 정열 烈火のような情熱.
**열-효율**[熱效率] 名[物] 熱効率.
**열흘** 名 十日、十日間、旬日. ¶ 병으로 ~이나 쉬었다 病気で十日も休んだ. 俗談 **열흘 굶어 군자 없다** 十日も飢えて君子くんしはいない《十日間飢えて盜みをしない者はいない》 **열흘 붉은 꽃이 없다** 十日間赤い花はない.《人の權勢・榮華は長なく續くことはない》
**엷:다** 形 ①(厚さが)薄い. ¶ 엷은 이불 薄い掛け布団. ②(味・色가) 薄い、淡い. ¶ 맛이 ~ 味が薄い. ③(笑いなどが)

かすかだ。¶ 엷은 웃음을 짓다 かすかな笑いを浮かべる。 ④(밀도·농도가) 薄い。¶ 아침 안개가 엷게 끼다 朝靄が薄くかかる。 ⑤(学識·感情·眠りなどが) 浅い、薄い。¶ 엷은 잠에서 깨다 浅い眠りからさめる。

**염**[鹽] 名 ①塩。 ②[化] 塩類。

**-염**[-炎] 接尾 …炎。¶ 피부~ 皮膚炎。

**염가**[廉價] 名 廉価、安価、安値。¶ 특별 ~ 판매 特別に安値販売。

**염기**[鹽基] 名[化] 塩基。¶ ~도 塩基度。

**염기-성**[-性] 名[化] 塩基性。¶ ~ 산화물 塩基性酸化物、~ 염료 塩基性染料。

**염낭**[-囊] 名 巾着。

  **염낭-쌈지** 名 巾着型のタバコ入れ。

**염:두**[念頭] 名 念頭、心、考え。¶ ~에 두다 念頭に置く。/ ~에서 떠나지 않다 頭から離れない。

**염라**[閻羅] 名[佛] 閻羅、閻魔。¶ ~ 대왕 閻魔大王。

**염:려**[念慮] 名하他되自 気遣い、懸念、心配、気がかり。¶ ~가 되다 気にかかる。/ 남에게 알려질 ~는 없다 人に知られる心配はない。

  **염:려-스럽다** 形 気遣わしい、気がかりだ、心配になる。 **염려스-레** 副 気遣わしく。

**염:료**[染料] 名 染料。

**염류**[鹽類] 名 塩類。

**염매**[廉賣] 名하他 廉売、安売り。¶ 재고품을 ~하다 在庫品を廉売する。

**염:문**[艷聞] 名 艷聞、浮き名。¶ ~이 퍼지다 艷聞が広まる。

**염:문**[艷文] 名 艷文、艷書、恋文。

**염:병**[染病] 名 ①[美] 腸チフス。 ②「전염병(傳染病)」の縮約形。

**염:복**[艷福] 名 艷福。¶ ~이 많은 사람 艷福家。

**염분**[鹽分] 名 塩分、塩気。¶ ~을 함유하다 塩分を含む。

**염:불**[念佛] 名[佛] 念仏。¶ ~ 왕생 念仏往生/ ~을 외다 念仏を唱える。

  **(속담) 염불에는 마음이 없고 잿밥에만 마음이 있다** 念仏にはうわの空で供え物のだけに気がある。(なすべき事とはそっちのけで自分の利益になることだけを思まう)

**염산**[鹽酸] 名[化] 塩酸。

**염:색**[染色] 名하他 染色、色染め。¶ 홀치기 ~ 絞り染め/ 머리를 ~하다 髪を染める。

  **염:색-체**[-體] 名[生] 染色体。

**염서**[炎暑] 名 炎暑、炎熱、酷暑。

**염:세**[厭世] 名 厭世。¶ ~가 厭世家。

**염:세-적**[-的] 冠名 厭世的。¶ ~인 사고 방식 厭世的な考え方。

  **염:세-주의**[-主義] 名[哲] 厭世主義、ペシミズム。

**염소** 名[動] ヤギ。¶ ~ 수염 やぎひげ。

**염소**[鹽素] 名[化] 塩素。

**염소-산**[-酸] 名[化] 塩素酸。¶ ~나트륨 塩素酸ナトリウム。

**염:원**[念願] 名하他 念願。¶ 오랜 ~이 이루어졌다 多年の念願がかなった。

**염전**[鹽田] 名 塩田、塩浜。

**염:좌**[捻挫] 名하他 捻挫。

**염:주**[念珠] 名 ①[佛] 念珠、数珠。 ②[植] ジュズダマ。

**염증**[炎症] 名 炎症。¶ ~을 일으키다 炎症を起こす。

**염:증**[厭症] 名 嫌気。¶ 일에 ~이 나다 仕事に嫌気がさす。

**염천**[炎天] 名 炎天。¶ ~하에서 일하다 炎天下で働きだ。

**염출**[捻出] 名하他되自 捻出。¶ 비용을 ~하다 費用を捻出する。

**염치**[廉恥] 名 廉恥。¶ ~를 차리다 廉恥心を持つ。

  **염치-없다** 形 破廉恥だ、恥知らずだ。¶ 염치없는 놈 破廉恥な奴。 **염치없-이** 副 ずうずうしく、破廉恥に、あつかましく。

**염탐**[廉探] 名하他 秘かに事情を探ること。

  **염탐-꾼** 名 回し者、密偵、間者。

**염통** 名[生] 心臓。

**염:하다**[殮-] 名하他 死体を清めてから経かたびらを着せ麻布でくるむ。

**염화**[鹽化] 名하自他[化] 塩化。¶ ~ 나트륨 塩化ナトリウム。

**염화-가리**[-加里] 名[化] 塩化カリ、塩化カリウム。

**염화-물**[-物] 名[化] 塩化物。

**엽관**[獵官] 名하自 猟官。¶ ~ 운동 猟官運動。

**엽기**[獵奇] 名 猟奇。¶ ~ 소설 猟奇小説。

**엽기-적**[-的] 冠名 猟奇的。¶ ~인 사건 猟奇的な事件。

**엽록-소**[葉綠素] 名[植] 葉緑素。

**엽록-체**[葉綠體] 名[植] 葉緑体。

**엽서**[葉書] 名 葉書。¶ 그림 ~ 絵葉書。

**엽전**[葉錢] 名 真鍮などで作った昔からの貨幣。

**엽차**[葉茶] 名 葉茶。

**엽채**[葉菜] 名 葉菜。¶ ~류 葉菜類。

**엽총**[獵銃] 名 猟銃。

**엿**[1] 名 飴。¶ ~을 빨아 먹다 飴をなめる。

  [관용] **엿(을) 먹이다** (飴をしゃぶらせる)人をだます、苦境に陥らせる。

  **엿-가래** 名 あめん棒、棒状の飴。

  **엿-장수** 名 飴売り、飴屋。

**엿**[2] 冠 六つ、六つの。¶ ~새 六日/ 쌀 ~ 말 米の六斗。

**엿-기름** 名 麦芽。

**엿:-듣다** 他 立ち聞きする、盗み聞きする。¶ 누군가 엿듣고 있다 誰かが盗み聞きしている。

**엿:-보다** 他 ①盗み見る、のぞき見る、のぞく。¶ 곁문질로 ~ 横目で盗み見る。 ②(機を)ねらう、うかがう。¶ 기회를 ~ 機会をうかがう。

**엿새** 名 ①六日。¶ 내달 초~ 来月初の六日。 ②六日間。¶ ~ 동안 쉬었다 六日間やすんだ。

**영:** 副 まったく、全然、とても、到底。¶ ~ 틀렸다 到底だめだ。/ 이거 ~ 딴판이 됐구려 これは全然違ってしまったよ。

**영**[令] 名 ①「명령」의 縮約形。 ②「법령」의 縮約形。 ③「약령(薬令)」의 縮約形。

**영**[零] 名 零り、ゼロ。¶ 3대 ~으로 이기다 3対で勝つ。/ 시험에서 ~점을 받다 試験で零点をもらう。

**영**[靈] 名 霊れい。¶ 霊魂。¶ 선조의 ~ 先祖の霊。②神霊。③心霊。

**영:**[永] 副 (「영영(永永)」의 縮約形) 永遠に、とこしえに、永久に。¶ ~ 떠나 버렸다 永久に去った。

**영-**[令] 接頭 (他人の家族を尊敬して呼ぶときつける語) 令…。¶ ~부인 令夫人。

**영가**[靈歌] 名[音] 霊歌。¶ 흑인 ~ 黒人霊歌。

**영:감**[令監] 名 ①年配の夫を呼ぶ語。②家柄のいい人や年寄りを敬って言う語。③(むかし)正三品から従二品までの官吏の呼び名。

**영:감-마님** 名 「영감」의 尊敬語。

**영:감-쟁이** 名 老いぼれ。

**영감**[靈感] 名 霊感。¶ ~이 떠오르다 霊感が浮かぶ。

**영:겁**[永劫] 名[佛] 永劫。¶ ~ 회귀 永劫回帰。

**영:결**[永訣] 名[自] 永訣、死別。

**영:결-식**[-式] 名 葬儀の告別式。

**영계**[-鷄] 名 若鶏。

**영계-백숙**[-白熟] 名[料] 若鶏の水炊き。

**영고**[榮枯] 名 ~ 성쇠 栄枯盛衰。

**영공**[領空] 名 領空。¶ ~을 침범하다 領空を侵す。

**영관**[榮冠] 名 栄冠。¶ 승리의 ~을 얻다 勝利の栄冠を得る。

**영광**[榮光] 名 栄光、光栄、栄誉。¶ 승리의 ~ 勝利の栄光/ 분에 넘치는 ~이옵니다 身に余る光栄でございます。

**영광-스럽다** 形 光栄である、名誉である。¶ 영광스러운 우리 조국 栄えあるわが祖国。 **영광-스레** 副 光栄に。

**영:구**[永久] 名[하形] 永久だ、永遠だ。¶ ~ 불변 永久不変。 **영구-히** 副 永久に、とこしえに。¶ ~ 보존하다 永久に保存する。

**영:구 기관**[-機關] 名[物] 永久機関。

**영:구-성**[-性] 名 永久性、恒久性。

**영:구 자석**[-磁石] 名[物] 永久磁石。

**영:구-치**[-齒] 名[醫] 永久歯。

**영구**[靈柩] 名[하形] 霊柩。

**영구-차**[-車] 名 霊柩車。

**영국**[英國] 名[地] 英国、イギリス。

**영기**[靈氣] 名 霊気、霊妙な気。

**영내**[營內] 名 営内、兵営の内部。¶ ~ 근무 営内勤務。

**영년**[永年] 名 永年、長年。

**영농**[營農] 名[하他] 営農。¶ ~비 営農費/ ~ 방법 営農方法。

**영단**[英斷] 名[하他] 英断。¶ ~을 내리다 英断を下す。

**영달**[榮達] 名[하自] 栄達、栄進。¶ ~의 길이 열리다 栄達の道が開かれる。

**영도**[零度] 名 零度。¶ ~ 이하로 내려가다 零度以下に下がる。

**영도**[領導] 名 領導。¶ 뛰어난 ~자 すぐれた領導者。

**영락**[零落] 名[하自] 零落、おちぶれ。¶ ~한 귀족 零落した貴族。

**영락-없다** 形 確かである、間違いない、きっと…だ、まるで…だ。¶ 생김새가 아버지와 ~ ようすが父にそっくりだ。 **영락없-이** 副 たしかに、間違いなく、きっと。

**영령**[英領] 名 英領、英国領。

**영롱**[玲瓏] 名[하形] 玲瓏。¶ ~한 달빛 玲瓏たる月影。

**영:리**[怜悧] 名[하形] 怜悧、利発。¶ ~한 소년 怜悧な少年。

**영리**[營利] 名 営利。¶ ~ 사업 営利事業/ ~에 급급하다 営利に汲々とする。

**영리 법인**[-法人] 名 営利法人。

**영림**[營林] 名 営林。¶ ~서 営林署。

**영매**[靈媒] 名 霊媒。

**영면**[永眠] 名[하自] 永眠、永逝、長逝。¶ 어젯밤 ~하셨습니다 昨夜永眠いたしました。

**영명**[令名] 名 令名、名声。¶ ~이 높다 令名が高い。

**영묘**[靈妙] 名[하形] 霊妙。¶ ~한 음악 霊妙な音楽。

**영문** 名 訳、理由、(事の)成り行き。¶ 무슨 ~으로 どういう訳で/ 왜 화를 내고 있는지 ~을 모르겠다 なぜ怒っているのか訳がわからない。

**영문**[英文] 名 英文。¶ ~학 英文学。
**영문-과**[-科] 名 英文科。

**영물**[靈物] 名 ①霊物・霊。②(比)非常に賢い動物。

**영민**[英敏] 名[하形] 英敏、明敏。¶ ~한 두뇌 さえた頭脳。

**영-부인**[令夫人] 名 令夫人。

**영빈**[迎賓] 名 迎賓。¶ ~관 迎賓館。

**영사**[映寫] 名[하他][하自] 映写。¶ ~막 映写幕/ ~실 映写室。

**영사-기**[-機] 名 映写機。¶ ~를 돌리다 映写機を回す。

**영사**[領事] 名 領事。¶ 총~ 総領事。
**영사-관**[-館] 名 領事館。

**영산**[靈山] 名 霊山、霊峰。

**영:산-홍**[映山紅] 名[植] サツキ。

**영상**[映像] 名 映像。¶ 거울에 비친 ~ 鏡に映った映像。

**영색**[令色] 명 令色しょく. ¶ 교언 ~ 巧言こうげん令色.
**영:생**[永生] 명 하자 永生えい、永遠えいの生命めい、永遠えいに生いきること. ¶ ~ 불멸 永生不滅ふめつ.
**영:세**[永世] 명 永世えい、永代だい. ¶ ~ 중립국 永世中立国ちゅうりつこく.
**영:세 무궁**[-無窮] 명 하형 永世無窮きゅう、永遠えん無窮.
**영세**[零細] 명 하형 零細さい. ¶ ~민 零細民みん/ ~ 기업 零細企業きぎょう.
**영세-농**[-農] 명 零細農のう.
**영:속**[永続] 명 하자타 永続ぞく. ¶ 효력이 ~되다 効力こうりょくが永続する.
**영:속-적**[-的] 관명 永続的てき. ¶ ~인 관계 永続的な関係かん.
**영수**[領収・領受] 명 하타 領収しゅう、受領りょう.
**영수-증**[-證] 명 領収証しょう、領収書しょ、受領証しゅ・受取うけとり.
**영수**[領袖] 명 領袖しゅう. ¶ 파벌의 ~ 派閥はつの領袖.
**영시**[英詩] 명 英詩えい.
**영시**[零時] 명 零時れい、夜よるの12時じゅうに.
**영식**[令息] 명 令息そく.
**영신**[迎新] 명 하자 迎新しん、新年しんを迎えること. ¶ 송구 ~ 旧年きゅうねんを送おくり新年を迎えること.
**영아**[嬰兒] 명 嬰児じ、赤あん坊ぼう、乳児にゅう、乳飲のみ子こ. ¶ ~ 사망율 嬰児死亡率しぼう.
**영악**[獰惡] 명 하형 獰悪どう. ¶ ~한 범인 獰悪な犯人はん.
**영악-스럽다** 형ㅂ (見みた目めに)がめつい、抜ぬけ目ない. **영악-스레** 부 がめつく、抜け目なく.
**영악-하다** 형여 (利害関係りがいかんけいに)がめつい、抜ぬけ目ない、小利口こりこうだ、こすい. ¶ 돈에 대해서 ~ お金かねにかけてはがめつい.
**영애**[令愛] 명 令愛あい、令嬢じょう、お嬢じょうさま.
**영양**[羚羊] 명 동 カモシカ.
**영양**[營養] 명 하자 営養よう. ¶ ~사 栄養士し/ 부족 栄養不足ぶそく/ ~을 섭취하다 栄養をとる.
**영양-가**[-價] 명 栄養価か.
**영양-분**[-分] 명 栄養分ぶん.
**영양 실조**[-失調] 명 栄養失調ちょう.
**영양-제**[-劑] 명 栄養剤ざい.
**영어**[囹圄] 명 囹圄れい、牢屋ろうや. ¶ ~의 몸이 되다 囹圄の身みとなる.
**영어**[英語] 명 英語えい. ¶ 그는 ~를 술술 잘 한다 彼は英語がぺらぺらだ.
**영업**[營業] 명 하자 営業ぎょう. ¶ ~ 방해 営業妨害ぼうがい/ ~ 소득 営業所得とく/ ~을 시작하다 営業を始める.
**영업 감찰**[-鑑札] 명 営業鑑札かん.
**영업-권**[-權] 명 営業権けん.
**영업-용**[-用] 명 営業用よう. ¶ ~ 자동차 営業用自動車じどうしゃ.
**영업 정지**[-停止] 명 법 営業停止てい.
**영역**[英譯] 명 하타자 英訳やく. ¶ 고전 작품을 ~하다 古典作品こてんさくひんを英訳する.
**영역**[領域] 명 領域いき. ①国家こっかの主権しゅけんの及およぶ範囲はん. ¶ ~권 領域権けん. ②勢力せいりょくの及およぶ範囲はん、領分りょう. ¶ 남의 ~을 침범하다 他人たんの領分を侵おかす. ③専門せんもんとする範囲はん、分野ぶん. ¶ 과학의 ~ 科学がくの領域.
**영:영**[永永] 부 永々えい、いつまでも、永久きゅうに、永遠えんに. ¶ ~ 볼 수 없게 되었다 永久に見られなくなった.
**영예**[榮譽] 명 栄誉えい、誉れ. ¶ ~를 걸고 싸우다 栄誉をかけて戦たたかう. / 수상의 ~를 안다 受賞じょうの栄誉をになう.
**영예-롭다** 형ㅂ 栄誉である、誉れである. **영예로-이** 부 栄誉に、誉れに、誉れ高たかく.
**영예-스럽다** 형ㅂ 栄誉である、誉れである. **영예-스레** 부 栄誉に、誉れに.
**영욕**[榮辱] 명 栄辱じょく. ¶ 일신의 ~ 一身しんの栄辱.
**영웅**[英雄] 명 英雄ゆう、ヒーロー. ¶ ~담 英雄談だん/ ~ 호걸 英雄豪傑ごうけつ/ ~심에 불타다 英雄心に燃もえる.
**영웅-주의**[-主義] 명 英雄主義しゅぎ.
**영웅 호:색**[-好色] 명 英雄色いろを好このむこと.
**영:원**[永遠] 명 永遠えん、永久きゅう、とこしえ. ¶ ~한 이별 永遠の別れた.
**영:원 무궁**[-無窮] 명 하형 永遠無窮きゅう.
**영위**[營爲] 명 하타 営為えい、営いとみ. ¶ 문화생활을 ~하다 文化生活せいかつを営む.
**영유**[領有] 명 하타 領有ゆう. ¶ ~권 領有権けん.
**영육**[靈肉] 명 霊肉にく、霊魂こんと肉体にく.
**영:-이별**[永離別] 명 하자타 長ながの別れ、永久きゅうの別れ、永別れ.
**영:인**[影印] 명 하타 影印えい. ¶ ~본 影印本ぼん.
**영일**[寧日] 명 寧日じつ、安やすらかな日ひ、平穏無事へいおんな日. ¶ ~이 없다 寧日なし.
**영입**[迎入] 명 하자타 (よろこんで)迎むかえ入いれること. ¶ 유능한 인사를 ~하다 有能ゆうな人士じんしを迎え入れる.
**영자**[英字] 명 英字じ. ¶ ~ 신문 英字新聞しん.
**영작**[英作] 명 (「영작문」の縮約形) 英作さく.
**영장**[令狀] 명 법 令状じょう. ¶ 수색 ~ 搜索そう令状.
**영장**[靈長] 명 霊長ちょう. ¶ 사람은 만물의 ~이다 人間にんげんは万物ぶつの霊長である.
**영장-류**[-類] 명 동 霊長類るい.
**영재**[英才] 명 英才さい. ¶ ~ 교육 英才教育きょういく.
**영적**[靈的] 관명 霊的てき. ¶ ~인 교감 霊的な交感こう.
**영전**[榮轉] 명 하자 栄転てん. ¶ 본사로 ~되었다 本社ほんしゃに栄転した.
**영전**[靈前] 명 霊前ぜん. ¶ 고인의 ~ 故人こじんの霊前.
**영점**[零點] 명 零点てん、ゼロ. ¶ 시험에서 ~을 받다 試験けんで零点を取とる.
**영접**[迎接] 명 하타 迎接せつ、出迎でむかえて応対おうたいすること. ¶ 공항에서 ~하다 空港くうこうで出迎えて応対する.
**영:주**[永住] 명 하자 永住じゅう. ¶ ~할 땅으로 삼다 永住の地ちとする.

**영:주-권**[-權] 图 永住権。
**영주**[領土] 图 領主。
**영지**[領地] 图 領地。
**영지**[靈地] 图 霊地、霊場、霊境。
**영:창**[詠唱] 图[音] 詠唱、アリア。
**영치**[領置] 图[하他] 領置。¶ ~금 領置金。
**영:탄**[詠歎·詠嘆] 图[하自] 詠嘆。
**영토**[領土] 图 領土、領地。¶ ~ 분쟁 領土紛争。
**영특**[英特] 图[하形] 英明、英邁。¶ ~한 인물 英明な人物。
**영판** 副 まるで、まったく、全然、すっかり。¶ 하는 짓이 ~ 어른 같다 することなすことがまるで大人みたいだった。/ ~ 모르는 사실이다 全然知らない事実だ。
**영패**[零敗] 图[하自] 零敗、ゼロ敗、スコンク。¶ ~를 당하다 零敗を喫する。
**영하**[零下] 图 零下、氷点下。¶ ~ 10도 零下10度。
**영합**[迎合] 图[하自] 迎合。¶ 권력에 ~하다 権力に迎合する。
**영해**[領海] 图 領海。¶ ~ 어업 領海漁業/~를 침범하다 領海を侵犯する。
**영:향**[影響] 图 影響。¶ ~을 주다 影響を与える。/ 좋은 ~을 미치다 よい影響を及ぼす。
**영:향력**[-力] 图 影響力。
**영험**[靈驗] 图 霊験。 ㉮ 영검
**영혼**[靈魂] 图 霊魂、たましい。¶ 불멸 霊魂不滅。
**영화**[映畫] 图 映画。¶ ~관 映画館/ ~ 감독 映画監督/ ~ 배우 映画俳優/ ~ 구경 가다 映画を見に行く。
**영화 각본**[-脚本] 图 映画の脚本、シナリオ。
**영화 예:술**[-藝術] 图 映画芸術。
**영화**[榮華] 图 栄華。¶ ~를 누리다 栄華を極める。
**영화-롭다** 形ㅂ ときめき栄える、栄華極まる。**영화로-이** 副 栄えて、栄華を極めて。
**옅다** 形 ①(深さが)浅い。¶ 옅은 잠 浅い眠り。②(色・濃度が)薄い、淡い。¶ 빛깔이 ~ 色が薄い。③(情などが)浅い。¶ 정이 옅은 사람 薄情な人。④(学問・知識などの)程度が低い、浅い。¶ 옅은 생각 浅い考え/ 학식이 ~ 学識が浅い。
**옆** 图 横、そば、傍ら、わき、となり。¶ ~에 다가서다 そばに寄る。/ ~에서 도와주다 傍らで面倒をみる。/ ~집에 살다 となりの家に住む。
**옆-구리** 图 脇、脇腹、横腹。¶ ~를 찌르다 脇をつつく。
**옆-길** 图 わき道、横道、横筋。¶ ~로 새다 わき道にそれる。
**옆-면**[-面] 图 側面。¶ ~에서 공격하다 側面から攻撃する。
**옆-얼굴** 图 横顔、プロフィール。
**옆-자리** 图 隣席、隣の席。¶ ~에 앉다 隣席に座る。
**옆-줄** 图 ①横の線。②[動] (魚の)側線。
**옆-집** 图 隣家、隣となりの家。
**옆-쪽** 图 横の方向。
**예**[1] 图 昔、古、ずっと以前、かつて。¶ ~로 부터 전해 오다 昔から伝わる。
**예**[2] 感 ①(肯定の意で目上の人に答える言葉)はい、ええ。¶ ~, 그렇습니다 はい、そうです。②(目上の人に問いかえす語) え、は(あ)。¶ ~, 뭐라고요? え、なんですって。
**예:**[例] 图 例。①(「전례(前例)・선례(先例)」の縮約形)ならし、先例、前例。¶ 지금까지 그런 ~가 없다 今までそのような前例がない。②実例、たとえ。¶ ~를 들다 例を挙げる。③手本、基準、標準。¶ 이것은 좋은 ~가 될 것이다 これはいい例になることだろう。④(「예의」形で)例の、いつもの、いつもと同じ。¶ ~의 그 다방으로 오너라 いつものその喫茶店に来い。
**예**[禮] 图 礼、礼儀、礼節。¶ ~를 지키다 礼を守る。
**예:각**[鋭角] 图[數] 鋭角。¶ ~ 삼각형 鋭角三角形。
**예:감**[豫感] 图[하他] 予感、虫の知らせ。¶ 불길한 ~ 不吉な予感。
**예:견**[豫見] 图[하他][되自] 予見、見越し。¶ 충분히 ~되었던 문제다 充分に予見された問題だ。
**예:결**[豫決] 图[하他] ①予算と決算。②あらかじめ決めること。
**예:고**[豫告] 图[하他][되自] 予告、前触れ。¶ 영화의 ~편 映画の予告篇/ 아무 ~도 없이 방문하다 なんの前触れもなしに訪問する。
**예:과**[豫科] 图 予科。
**예:금**[預金] 图[하他][되自] 預金。¶ ~ 통장 預金通帳/ ~을 찾다 預金を引き出す。
**예:기**[鋭氣] 图 鋭気。¶ ~를 기르다 鋭気を養う。
**예:기**[豫期] 图[하他] 予期。¶ ~치 않았던 일 予期しなかった出来事。
**예:끼** 感 (殴らんばかりの気勢で、ののしるときに出だす声) こらっ、これっ、ええいっ。¶ ~, 나쁜 놈아 こらっ、悪いやつめ。
**예:납**[豫納] 图[하他] 預納、前納。¶ 세금을 ~하다 税金を前納する。
**예:년**[例年] 图 例年。¶ ~과 같이 例年通り/ 금년은 ~에 비해 훨씬 덥다 今年は例年に比べてずっと暑い。
**예:능**[藝能] 图 芸能、芸、芸事。¶ ~인 芸能人。
**예-닐곱** 數 六七、六つか七つ。
**예:단**[豫斷] 图[하他] 予断。¶ ~을 불허하다 予断を許さない。
**예단**[禮緞] 图 進物として贈る絹織物。
**예:라** 感 ①(子供に対して発する禁止の掛け声) どけっ、のけ、よせ、こら、やい。¶ ~, 이놈들 어서 물러 서라 こら、お

예리

まえたち早く下がれ。②《迷っている事に決断を下ろすときの一人言》よし、えい。¶ ~, 그만두자 よし、やめよう。
예:리[銳利] 图[하形] 鋭利り, 鋭いこと。¶ ~한 칼 鋭利な刀な/ 관찰력이 ~하다 観察力が鋭い。
예매[豫買] 图[하他][되自] 前もって買うこと。¶ 입장권을 ~하다 入場券を前もって買う。
예매[豫賣] 图[하他][되自] 前売まえうり。¶ ~권 前売り券。
  예:매-처[-處] 图 前売りする場所。
예:명[藝名] 图 芸名。
예:문[例文] 图 例文。¶ ~을 들어 설명하다 例文を挙げて説明する。
예물[禮物] 图 ①礼物, 贈り物, お礼の品。 ②《花嫁さんから初のお目見得を受けた》嫁入り先きの目上の人が答礼品として与える品物。 ③《結婚式で》新郎・新婦がやりとりする記念品。
예:민[銳敏] 图[하形] 鋭敏。¶ ~하게 반응하다 鋭敏に反応する。
예:방[豫防] 图[하他][되自] 予防。¶ ~ 주사 予防注射/ 전염병을 ~하다 伝染病を予防する。
  예:방 접종[-接種] 图[醫] 予防接種。
  예:방-책[-策] 图 予防策。¶ ~을 강구하다 予防策を講じる。
예배[禮拜] 图[하他] 礼拝。
  예배-당[-堂] 图[基] 礼拝堂, 教会。
예법[禮法] 图 礼法, 礼儀作法。¶ ~에 맞다 礼法にかなう。
예:보[豫報] 图[하他][되自] 予報。¶ 일기 ~ 天気予報。
예복[禮服] 图 礼服, 式服。
예:봉[銳鋒] 图 鋭鋒。¶ 적의 ~을 꺾다 敵の鋭鋒を挫く。
예불[禮佛] 图[하他][佛] 礼仏, 仏を礼拝すること, 仏参じ。
예:비[豫備] 图[하他] 予備。¶ ~공작 予備工作/ ~ 선거 予備選挙/ ~로 가지고 있다 予備に持っている。
  예:비-군[-軍] 图[軍] 予備軍。
  예:비-비[-費] 图 予備費。
  예:비 시험[-試驗] 图 予備試験。
  예:비-역[-役] 图[軍] 予備役。¶ ~으로 편입되다 予備役として編入する。
예:쁘다 [形] きれいだ, 美しい, かわいい。¶ 예쁜 목소리 かわいい声/ 예쁜 자태 美しい姿が/ 꽃이 ~ 花はがきれいだ。
예:쁘장-하다 [形] ちょっときれいだ, かわいらしい。¶ 예쁘장한 얼굴 かわいらしい顔。
예:사[例事] 图 《「예상사」의 縮約形》ありふれたこと, あたりまえのこと, 平気なこと。¶ 그 정도는 ~다 それ位らは有り得ることだ。
예:사-로 副 平気で, なんともなく。¶ 거짓말을 ~ 한다 うそを平気で言う。
예:사-롭다 [形] 当たり前まだ, 尋常だ, ありふれたことだ。¶ 예사로운 문제가 아니다 尋常の問題じゃない。 예사로-이 副 当たり前に, 平気で, ありふれたこととして。¶ 남을 속이는 일을 ~ 생각한다 人をだますことを何でもないことのように思う。
예:삿-일 图 普通うの事, 並みの事, ただごと。¶ ~이 아니다 並みの事ではない。
예:산[豫算] 图 予算。¶ ~안 予算案/ ~을 세우다 予算を立てる。
  예:산 심:의[-審議] 图[法] 予算審議。
  예:산 초과[-超過] 图 予算超過。
예:상[豫想] 图[하他][되自] 予想。¶ ~대로 予想どおり/ ~을 뒤엎다 予想を裏切る。
  예:상-외[-外] 图 予想外, 案外, 思いの外。¶ ~의 결과 予想外の結果。
예:서 略 《「여기서」의 縮約形》ここで, ここから。¶ ~ 기다려 ここで待て。
예:선[豫選] 图 予選。¶ ~을 통과하다 予選を通過する。
예:속[隸屬] 图[하他][되自] 隷属。¶ 강국에 ~되다 強国に隷属する。
예:수[←Jesus] 图[基] イエス。¶ ~ 그리스도 イエスキリスト。
예수-교[-教] 图[基] キリスト教。
예순 颐 六十じゅう。
예:술[藝術] 图 芸術。¶ ~가 芸術家/ ~성 芸術性。
  관용 예술은 길고 인생은 짧다 芸術は長く人生は短かし。
  예:술-원[-院] 图 芸術院。
  예:술-적[-的] 冠名 芸術的。¶ ~인 가치 芸術的な価値。
  예:술-품[-品] 图 芸術品。
예:-스럽다 [形] 古めかしい, 古風だ。¶ 예스러운 건물 古風な建物。
예:습[豫習] 图[하他] 予習。¶ 내일의 학과를 ~하다 明日の学科を予習する。 団 복습(復習)。
예:시[例示] 图[하他][되自] 例示, 例を挙げて示すこと。¶ 여러 가지 방법을 ~하다 いろいろの方法を例示する。
예:시[豫示] 图[하他][되自] 予示, あらかじめ示すこと。
예식[禮式] 图 式式。¶ ~장 結婚式場。
예:심[豫審] 图[法] 予審。
예:약[豫約] 图[하他][되自] 予約。¶ 극장의 좌석을 ~하다 劇場の座席を予約する。
  예:약-금[-金] 图 予約金, 手付け金。
  예:약 판매[-販賣] 图 予約販売。
예:언[豫言] 图[하他] 予言。¶ ~이 빗나가다 予言が外れる。
예:외[例外] 图 例外。¶ 거의 ~없이 ほとんど例外なしに。
예우[禮遇] 图[하他] 礼遇。¶ 최고의 ~를 하다 最高の礼遇をする。
예:의[銳意] 图 鋭意。¶ ~ 주시하다 鋭意注視する。

**예의**〖禮儀〗图 礼儀れい。¶ ~상 礼儀上じょう/~ 에 어긋나다 礼儀に合あわない。
　**예의 범절**〔-凡節〕图 礼儀作法さほう、エチケット。¶ ~이 바른 처녀 しつけのよい娘むすめ。
**예의-바르다** 图 礼儀正しょうしい。¶ 예의바르게 인사하다 礼儀正しくあいさつする。
**예:-인선**〖曳引船〗图 引ひき船ふね、曳船えいせん。
**예:입**〖預入〗图 하타 되自 預あずけること、預あずけ入いれ。
**예:-입-금**〔-金〕图 預け入れ金きん、預金よきん。
**예장**〖禮裝〗图 하타自 礼装れいそう。¶ ~을 차리고 나서다 礼装をして出でかける。
**예:전** 图 昔むかし、一昔ひとむかし、ずっと以前いぜん。¶ ~의 모습을 찾아볼 수 없었다 かつての姿すがたを見みいだせなかった。
**예절**〖禮節〗图 礼儀れい、礼儀ない作法さほう。¶ ~을 지키다 礼節を守まもる。
**예:정**〖豫定〗图 하타 되自 予定よてい。¶ ~이 들어지다 予定が狂くるう/내일 도착할 ~이다 あす到着とうちゃくする予定。
**예:정-설**〔-說〕图 基 予定説よていせつ。
**예:정-일**〔-日〕图 予定日び。¶ 출산 ~ 出産しゅっさん予定日。
**예:정-표**〔-表〕图 予定表ひょう。¶ 행사 ~ 行事ぎょうじ予定表。
**예:증**〖例證〗图 하타 例証しょう。¶ ~을 들어 반박하다 例証を挙あげて反駁はんぱくする。
**예:지**〖豫知〗图 하타 予知よち。¶ 지진을 ~ 하다 地震じしんを予知する。
**예:지**〖叡智〗图 叡智えいち、叡知えいち、英知えいち。
**예찬**〖禮讚〗图 하타 礼賛らいさん。¶ 청춘을 ~ 하다 青春せいしゅんを礼賛する。
**예:측**〖豫測〗图 하타 되自 予測よそく。¶ 결과를 ~ 할 수 없다 結果けっかの予測がつかない。
**예:치**〖預置〗图 하타 되自 預あずけて置おくこと。¶ ~금 預かり金きん。
**예-컨대**〔例-〕剖 例たとえば、例れいをあげれば。¶ 구기, ~ 야구나 농구가 좋다 球技きゅうぎ、例えば野球やきゅうやバスケットボールが好すきだ。
**예:탁**〖預託〗图 하타 預託よたく。¶ ~금 預託金きん。
**예:편**〖豫編〗图 하타 되自 予備ようび編入へんにゅう。
**예포**〖禮砲〗图 軍 礼砲れいほう。¶ ~을 쏘다 礼砲を放はなつ。
**예:항**〖曳航〗图 하타 曳航えいこう。
**예:행**〖豫行〗图 하타 予行よこう。¶ ~ 연습 予行演習えんしゅう。
**예:후**〖豫後〗图 予後よご。¶ 수술 후의 ~가 좋지 않다 手術後しゅじゅつごの予後が悪わるい。
**옌:장** 感 《失望しつぼうの意いをあらわすときに発はっする声こえ》えい畜生ちくしょう、こん畜生、ちぇっ。¶ ~、또 실패했다 ちぇっ、また失敗しっぱいした。
**옛** 冠 昔むかしの、ずっと前まえの、かつての、いにしえの。¶ ~ 친구 昔の友達ともだち。
**옛-날** 图 昔むかし、過すぎ去さった日ひ、昔日せきじつ、往時おうじ。¶ ~ 이야기 昔話むかしばなし/~ 을 회상하다 昔を回想かいそうする。
**옛:날 옛:적** 昔々むかしむかし、大昔おおむかし。¶ ~ 간 날 갓적 昔々大昔。

**옛:-말** 图 ①古語こご。②古人こじんのことば、昔むかしから伝つたえられる諺ことわざ。¶ ~에 그른 데 없다 昔から言いうことに間違まちがいはない。 ③昔話むかしばなし。¶ 지금은 그것도 ~이 되었다 今いまではそれも昔話となった。 ④過去かこを回想かいそうする話はなし。
**옛:-사람** 图 ①むかしの人ひと、古人こじん。¶ ~의 말에 의하면 古人の言げんによれば。②死しんだ人、故人こじん。③古風こふうな人、古めかしい人。
**옛:-일** 图 ①むかしの事こと。②過すぎし事、往事おうじ。¶ ~은 잊어버리자 過去のことは忘わすれよう。
**옛:-적** 图 昔むかし、かつて、以前いぜん。¶ 그것은 모두 ~ 일이다 それはすべて昔のことだ。
**옛:-집** 图 ①古家ふるいえ、古屋ふるや。②以前いぜん 住すんでいた家いえ。
**옛:-터** 图 古跡こせき、遺跡いせき。
**옜다** 感 ①《「여기 있다」의 縮約形》ここにあるよ。②えい、どうにでもなれ、ほら、さあ。¶ ~、이거나 먹어라 えい、これでも食くらえ。
**옜소** 感 《「여기 있소」의 縮約形》ここにあります、さあ。¶ ~、받으시오 さあ、お受うけください。
**오** 感 ①《「옳지」의 意いで》そうそう、そのとおり、そうだ、よろしい。¶ ~、잘하는구나 そうそう、上手じょうずじゃないか。②《「오냐」の意いで》うん、よし、そうか。¶ ~、이제 왔니구나、今いま来きたか。③ああ、おお。¶ ~、슬프도다 ああ、悲かなしいかな。
**오:**〖午〗图 午うま《十二支じゅうにしの第7番目ななばんめ》。
**오:**〖五〗图 五ご、五いつつ。¶ ~ 분の一いち/~ 남매 五人ごにん兄弟きょうだい。
**-오** 語尾 《叙述じょじゅつ・疑問ぎもん・命令めいれいなどの意いを表あらわす》…です、…ですか、…ます、…ますか、…しなさい。¶ 참 예쁘 ~ とてもきれいです。/어서 가시 ~ 早はやく行いきなさい。/무엇 하 ~? 何なにをしますか。
**오-가다** 自他 往ゆき来きする、往来おうらいする、行ゆき交かう。¶ 거리를 오가는 사람들 街ちまたを往来する人々ひとびと。
**오가리** 图 ①《大根だいこん・カボチャなどの》切きり干ほし、かんぴょう。②《植物しょくぶつの葉はが》枯かれしおれたもの。
**오가리-들다** 自 《植物の葉が病気びょうき・暑あつさで》枯かれしぼむ、しおれる。
**오:각**〖五角〗图 五角ごかく。¶ ~ 형 五角形けい。
**오갈-들다** 自 ①「오가리들다」의 縮約形。②怖こわさに震ふえ上あがる、縮ちぢみ上がる。
**오:-갈피**〔-五加皮〕图 漢 五加皮ごかひ。
**오감**〖五感〗图 生 五感ごかん。
**오:경**〖五經〗图 五経ごきょう。¶ 사서 ~ 四書ごしょ五経。
**오:곡**〖五穀〗图 五穀ごこく。¶ ~이 풍성하게 익다 五穀が豊ゆたかに実みのる。
**오:관**〖五官〗图 生 五官ごかん。
**오구**〖烏口〗图 하타 《製図用せいずようの》烏口からすぐち。
**오그라-들다** 自 ①縮ちぢむ、縮ちぢまる、しぼむ、収縮しゅうしゅくする。¶ 잎이 말라서 ~ 葉はが枯かれ

**오그라뜨리다**

てしぼむ。②(勢力が、暮らし向きなどが)細る、傾く、おとろえを見せる。¶ 살림이 형편없이 오그라들었다 暮らし向きがひどく悪くなった。

**오그라-뜨리다** 他 縮ちめる、収縮しゅくさせる。¶ 몸을 ~ 体からを縮める。

**오그라-지다** 自 ①(物の端が)内側に曲がり込む、丸まる、ひしゃげる。¶ 깡통이 ~ 空き缶がへこむ。②(長さ・広さ・かさなどが)小さくなる、しぼむ。③しわがよる、収縮しゅくする、縮む。¶ 모직 옷이 ~ 毛織おりの衣服ふくが縮む。④(怖じかったり寒かったりして)縮みあがる、縮こまる、すくむ。¶ 추워서 몸이 ~ 寒くて体からがすくむ。⑤(事が)もつれる、(規模などが)小さくなる、細ばってゆく、傾く。¶ 사업이 ~ 事業じょうが傾く。

**오그리다** 他 引っ込める、縮める、曲げる、すぼめる。¶ 뻗었던 다리를 ~ 伸ばした足を引っ込める。

**오글-거리다** 自 ①(湯ゆが)ぐつぐつと沸わき立つ。②(小さい虫などが)一所にどっと集まってうじゃうじゃうごめく。

**오글-오글** 副하다 ①ぐつぐつ。②うようよ、うじゃうじゃ。

**오금** 名 ①ひかがみ、よぼろ。②「한오금」の縮約形。③「괄오금」の縮約形。
慣用 **오금아 날 살려라** ひかがみよ 助けてくれ。《急いで逃げるとき脚が速く動いてくれることを願う言葉》 **오금을 못 쓰다** [펴나] 動身うごきがとれない。**오금을 박다** (日ごろの勇ましさにそぐわぬ言動を取り上げて)相手あいてをやり込める、とどめを刺す。**오금이 저리다** ひかがみがしびれる。《自分じぶんのあやまちがばれるのじゃないかとひやひやする》

**오:기**[傲氣] 名 負まけず嫌ぎい、勝かち気き、痩やせ我慢がまん、強情じょう。¶ ~를 부리다 やせ我慢をする。

**오:기**[誤記] 名 하다 되자 誤記ごき、書かき誤ぎり。

**오나-가나** 副 どこへ行っても、どこでも、至いたる所ところ、いつも。¶ ~ 말썽이다 どこへ行っても問題もんだだ。

**오:냐** 感 ①(目下したの者の質問しつ・依頼に対して承諾だっ・同意どうをあらわす語》)うん、おう、よし、そうか。¶ ~, 알았다 よし、わかった。②(肯定けていしたり決意けついしたりするときの独り言》)よし、ようし。¶ ~, 두고 보자 ようし、覚えていろ。

**오:너-드라이버**[owner-driver] 名 オーナードライバー。

**오-누** 名 「오누이」の縮約形。
**오-누이** 名 兄あにと妹いもと、姉あねと弟おとと。

**오-뉘** 名 「오누이」の縮約形。

**오-뉴월**[←五六月] 名 (陰暦いんれきの)五月ごと六月ごと、真夏なつ。
俗談 **오뉴월 감기는 개도 아니 앓는다** 5・6月の風邪かぜは犬いぬも引かぬ。《夏風邪なつかぜを引く人ひとをからかって言うことば》 **오뉴월 쉬파리** 5・6月のウシバエ。《非常にうるさくてわずらわしいものをふざけて言う語》

**오늘** 名 ①今日きょう、本日ほんじつ。¶ ~ 아침 今朝/~은 무슨 요일입니까? 今日は何曜日なんようびですか。②(「오늘날」の縮約形)今日こんにち。

**오늘-껏** 副 今日きょうまで、いまだに、まだ。¶ ~ 완성을 못 하다 今日まで完成かんせいできない。

**오늘-날** 名 今日こん、現時げん、現今こん。¶ ~의 세계 今日の世界せかい。

**오늘-내일**[←來日] 副 今日明日きょう、今日明日の間に、すぐに、ただちに。
慣用 **오늘내일 하다** 今日明日にに迫まる。

**오늘-따라** 副 今日きょうに限ぎって、(よりによって)今日のような日に。¶ ~ 바람이 심하다 今日に限って風がぜが激しい。

**오:니**[汚泥] 名 汚泥でい、汚きたない泥どろ。

**오다¹** 自 ①(到着ちゃく地点てんまで)来くる。¶ 친구가 우리 집에 ~ 友達たちがわたしの家いえに来る。/택시가 ~ タクシーが来る。②(時じ・機会かい・事態じたいなどが)来る、到来とうする。¶ 봄이 ~ 春が来る。③(ある基準きじゅん・程度でいに)至たる、届とどく。¶ 물이 무릎까지 ~ 水みずが膝ひざまで来る。④(雨あ・雪ゆきなどが)降ふる、降ふりる。¶ 비가 ~ 雨が降る。⑤(眠気ねむけ・病気びょうきなどが)さす、する、ひく。¶ 졸음이 ~ 眠気ねむくなる。⑥(電気でんき・ガスなどが)つく、入はる。¶ 전등이 들어 ~ 電灯でんとうがつく。⑦(順番じゅんばん・順序じゅんじょなどが)回まわってくる、当たる。¶ 내 차례가 ~ わたしの順番じゅんばんが来る。⑧(観念かんねん・表象ひょうしょう・記憶きおくなどが)浮うかぶ。⑨(郵便物ゆうびんぶつ・消息しょうそくなどが)来る、届とどく。¶ 소식이 ~ たよりが来る。⑩(…から)生しょうじる、起おこる、由来ゆらいする、伝来でんらいする。¶ 과로에서 온 병 過労ろうから来きた病気びょうきだ。⑪(「와서・와서는」の形で》)になって(は)、至いたって(は)。¶ 이제 와서 헤어지다니 너무하군 今になって別わかれるとは3年は犬いぬも引かぬ。《夏風邪なつかぜを引くとのはあんまりだね。
俗談 **오는 말이 고와야 가는 말이 곱다** 来くる言葉ことばがきれいであってこそ行いく言葉がきれいだ。《売うり言葉に買かい言葉》 **오는 정이 있어야 가는 정이 있다** 来る情じょうがあってこそ行く情じょうがある。《魚心ぎょしんあれば水心みずごころあり》 **오도 가도 못하다** 来ることも行いくこともできない。《立たち往生おうじょうする》

**오다²** 助動 《ある動作さ・事態じたいが進行しんこうする意いを表あらわす》…(して)くる、…(に)なってくる。¶ 파도가 밀려 ~ 波が寄せてくる。/결혼한 지 3년이 되어 온다 結婚けっこんしてから3年になろうとする。

**오다-가다** 副 ①通とおりがかりに、通りすがりに。¶ ~ 들르다 通りすがりに立たち寄る。②ひょっと、ひょっこりと、何なんかの拍子ひょうしで、偶然ぐうぜんに。¶ ~ 만난 사람 偶然に出会であった人。③時々ときどき、たまに。

**오:달-지다** 形 手抜ぬかりがなくてしっかりしている、抜ぬけ目がない。

**오:-대양**[五大洋] 图[地] 五大洋ごたいよう。

**오:-대주**[五大洲] 图 五大州ごだいしゅう。

**오도독** 副[하自他]《固かたいものをかみ砕くだく音おと》ぽりっ、かりっ。

**오도독-오도독** 副[하自他]《固かた物ものをしきりにかみ砕くだくようす》ぽりぽり、かりかり。

**오:도-방정** 图 おっちょこちょいで縁起えんぎの悪わるい言動げんどう、軽々けいけいしいずみな行動こうどう。
 관용 오도방정을 떨다 おっちょこちょいで縁起の悪い言動をする。

**오도카니** 副 ぼさっと、ぽつねんと、つくねんと、しょんぼりと。¶ ~ 앉아 있다 つくねんと座すわっている。

**오:-독**[誤讀] 图[하他] 誤読ごどく。

**오돌또기** 图[音] 済州島チェジュドの民謡みんようのひとつ。

**오동**[梧桐] 图「오동나무」の縮約形。
 **오동-나무** 图[植] キリ。

**오동통-하다** 形 小柄こがらな人ひとが肥こえてふっくらとしている、ぽっちゃりしている、丸々まるまるとしている。¶ 오동통하게 살찌다 まんまると太ふとる。

**오두-막**[-幕] 图 掘ほっ立たて小屋ごや、粗末そまつな小屋ごや、あばらや、あばらや。
 **오두막-집**[-幕-] 图 掘ほっ立たて小屋ごや、あばらや。

**오들-오들** 副[하自]《寒さむさ・恐おそろしさなどで体からだが震ふるえるようす》ぶるぶる、がたがた、わなわな。¶ 겁이 나서 ~ 떨다 恐おそろしくてぶるぶる震える。

**오:디션**[audition] 图 オーディション。

**오:디오**[audio] 图 オーディオ。

**오뚝** 副[하形]《他たのより高たかく突つき出でているようす》ぬっと、ぐっと、にょきっと。 **오뚝-이**[1] 副 ぬっと、にょきっと。

**오뚝-이**[2] 图 だるま、起おき上あがり小法師ぼうし。

**오:라** 捕縄じょう、捕とり縄なわ、早縄はやなわ。¶ ~ 를 지다 捕縄で縛しばられる。
 **오:랏-줄** 图 捕縄じょう。

**오:라기** 图 (紙かみ・布ぬの・糸いとなどの)細長ほそながく切きれ端はし。

**오라버니** 图《「오빠」の尊敬語》お兄にいさん、お兄様にいさま。

**오라버님** 图《「오라버니」の尊敬語》お兄様にいさま。

**오라범** 图「오라비」のちょっとした尊敬語そんけいご。

**오라비** 图 ①女おんなが人ひとの前まえで自分じぶんの兄あにを低ひくめて言いう語ご。②女が人の前で自分の弟おとうとを言う語。

**오:락**[娛樂] 图 娛樂ごらく。¶ ~회 娛樂会かい/ ~ 시설 娛樂施設しせつ。

**오락-가락** 副[하自]①行いったり来きたり。¶ 술집 앞을 ~ 하다 飲のみ屋やの前まえを行ったり来たりする。②(雨あめ・雪ゆきが)降ふったり止やんだりするよう。¶ ~ 내리는 비 降ったりやんだりの雨。③(意識いしきなどがもうろうとしてはっきりしないようす)ぽんやり。¶ ~ 하는 기억 おぼろげな記憶きおく。

**오랑-우탄**[orang-utan] 图[動] オランウータン、猩々しょうじょう。

**오랑캐** 图 ①えびす、蕃人ばんじん、野蛮人やばんじん。②(むかし)中国ちゅうごく東北地方とうほくちほうに居住きょじゅうした女真族じょしんぞく。
 **오랑캐-꽃** 图[植] スミレ。⑦ 제비꽃。

**오래** 副(時間じかんの長ながく)長ながく、長ながく、久ひさしく。¶ ~ 걸리다 長くかかる。/ ~ 살다 長生ながいきする。/ ~ 기다리셨습니다 長くお待またせしました。

**오래간-만** 图 久ひさしぶり、久々ひさびさ。¶ ~에 만났다 久しぶりに会あった。

**오래-도록** 副 長ながらく、長ながらく、長い間あいだ、久ひさしく。¶ ~ 만나지 못했다 長らく会あえなかった。

**오래-전**[-前] 图副 ずっと以前いぜん、前々まえまえ。¶ ~부터 가고 싶었다 前々から行いきたかった。

**오랫-동안** 图 長ながい間あいだ、久ひさしい間あいだ。¶ ~ 기다렸다 長いこと待まった。

**오래다** 形 久ひさしい、長年ながねんになる。¶ 오랜 역사 長ながい歴史れきし/ 그 일이 끝난 지 ~ その事ことが終わって久しい。

**오랜** 冠 長年ながねんの、長ながい、永ながい、古ふるくからの。¶ ~ 교제 長年の付つき合あい。

**오렌지**[orange] 图 オレンジ。¶ ~ 주스 オレンジジュース。
 **오렌지-색**[-色] 图 オレンジ色いろ、橙色だいだいろ。

**오로라**[aurora] 图[地] オーロラ。

**오:로지** 副 ひたすら、もっぱら、一途いちずに、ひたに。¶ ~ 학업에만 열중하다 ひたすら学業がくぎょうにのみ熱中ねっちゅうする。/ 책임은 ~ 너한테 있다 責任せきにんはもっぱら君きみにある。

**오룡-차**[烏龍茶] 图 ウーロン茶ちゃ。

**오:류**[誤謬] 图 誤謬ごびゅう、間違まちがい。¶ ~를 범하다 誤謬を犯おかす。

**오:륜**[五倫] 图 五倫ごりん(五いつつの守まもるべき人間じんかんの道徳的どうとくてき)。¶ 삼강 ~ 三綱さんこう五倫。

**오:륜**[五輪] 图 五輪ごりん。①オリンピック大会たいかいのしるし。¶ ~기 五輪旗き。②オリンピック。¶ ~ 대회 五輪大会たいかい、オリンピック大会。

**오르간**[organ] 图 オルガン。

**오르-내리다** 自五 ①(階段かいだんなどを)上あがり下さがりする、上のぼり下くだりする。¶ 승강기는 하루 종일 오르내리고 있다 エレベーターは一日中いちにちじゅう上がり下がりしたりしている。②(人々ひとびとの話題わだいに)のぼる。¶ 입길에 ~ 口くちの端はにのぼる。③(物価ぶっか・熱ねつなどが)上あがったり下さがったりする、上下じょうげする。¶ 물가가 ~ 物価が上がったり下がったりする。

**오르다** 自五 ①(上うえへ)登のぼる、上がる。¶ 산에 ~ 山やまに登る。②(乗のり物ものに)乗のる。¶ 기차에 ~ 汽車きしゃに乗る。③(陸地りくちに)上あがる、上陸じょうりくする。¶ 뭍에 ~ 陸りくに上がる。④(程度ていど・状態じょうたいなどが)より高たかくなる、上あがる。¶ 성적이 ~ 成績せいせきが上がる。⑤(結果けっかが)よくなる、上がる。¶ 실적이 ~ 実績じっせきが上がる。⑥(ある地位ちいに)就つく。¶ 왕위에 ~ 王位おういに就く。⑦(テーブルに)のる、出でる。¶ 식탁에 진수성찬이 ~ 食卓しょくたくにごちそうが出る。⑧(物価ぶっか・価

오르락내리락

値(ね)などが) 高(たか)くなる、上(あ)がる。¶ 요금이 ~ 料金(りょうきん)が上がる。⑨(気勢(きせい)・熱気(ねっき)などが) 上がる。¶ 환성이 ~ 歓声(かんせい)が上がる。⑩(病気(びょう)・毒(どく)などが) うつる。¶ 옻이 ~ ウルシにかぶれる。⑪(話題(だい)・議題(ぎだい)などに) 上(のぼ)る。¶ 사람들의 입길에 ~ 人々(ひと)の口(くち)の端(は)にのぼる。⑫(肉(にく)が) つく。¶ 살이 ~ 肉がつく。⑬(垢(あか)・どろなどが) 表面(ひょう)につく。¶ 때가 ~ 垢がつく。⑭(酒(さけ)などが) 回(まわ)る。¶ 술기운이 ~ 酒が回る。⑮(魔神(まじん)などが) とりつく、つく。¶ 신이 ~ 神がかりになる。⑯(名前(な)・記事(きじ)などが) 載(の)る。¶ 이름이 리스트에 ~ 名前がリストに載る。⑰(旅路(たびじ)に) つく。¶ 장도에 ~ 壮途(そうと)につく。⑱(気(き)・しゃくに) さわる。¶ 약이 ~ しゃくにさわる。⑲(軌道(きどう)に) 乗(の)る。¶ 경영이 궤도에 ~ 経営(けいえい)が軌道に乗る。⑳(収入(しゅうにゅう)などが) 増(ふ)える、上がる。¶ 월급이 ~ 月給(げっきゅう)が上がる。
[속담] 오르지 못할 나무는 쳐다보지도 말아라 登(のぼ)れない木(き)は見上(あ)げることすらするな。《不可能(ふかのう)なことだったら初(はじ)めから望(のぞ)むな》
오르락-내리락 副(하타) 上(あ)がったり下(さ)がったりするよう。¶ 열이 ~ 하다 熱(ねつ)が上がったり下がったりする。
오르막 名 「오르막길」의 縮約形.
오르막-길 名 上(のぼ)り坂(ざか)の道(みち)。
오른 冠 「右(みぎ)の、右側(がわ)の」의 意(い)。
오른-손 名 右手(みぎて)。
오른-쪽 名 右(みぎ)、右側(がわ)、右(みぎ)の方(ほう)。¶ ~에 앉으세요 右の方にお座(すわ)りください。
오른-팔 名 右腕(みぎうで)。①利(き)き腕(うで)。¶ ~로 던지다 右腕で投(な)げる。②(比) 頼(たよ)りになる存在(ざい)。¶ 사장의 ~ 社長(しゃちょう)の右腕。
오른-편(-便) 名 右側(がわ)、右(みぎ)の方(ほう)。¶ 쪽 右側のほう。
오름-세(-勢) 名 (相場(そうば)・物価(ぶっか)などの) 上(あ)がり、上がり目(め)、騰勢(とうせい)。¶ 쌀값이 ~를 보이고 있다 米(こめ)の価格(かかく)が値上(ねあ)がりの気配(けはい)を見(み)せている。
오:리¹ 名 (糸(いと)・木(き)・竹(たけ)などの) 細長(ほそなが)く切(き)ったもの。
오:리² 名 [動] カモ、アヒル。
오:리-발 名 水搔(みずか)き。
오:리(五里) 名 半里(はんり)、半道(はんみち)。
오:리(汚吏) 名 汚吏(おり)。¶ 탐관 ~ 貪官(どんかん)汚吏。
오리-나무 名 [植] ハンノキ。
오리다 他 (布(ぬの)・紙(かみ)などを) 切(き)り取(と)る、切り抜(ぬ)く。¶ 신문을 ~ 新聞を切り取る。
오:리-무중(五里霧中) 名 五里霧中(ごりむちゅう)。¶ 수사는 아직도 捜査(そうさ)はいまだ五里霧中。
오리엔테이션(orientation) 名 オリエンテーション。
오리지널(original) 名 オリジナル。¶原作(げんさく)、原本(げんぽん)。②(冠形詞的(かんけいしてき)に) 独創的(どくそうてき)な。¶ ~ 기획 オリジナルな企画(きかく)。
오막-살이 名 ①粗末(そまつ)な小屋(こや)、あばら屋(や)。②あばら屋(や)暮(く)らし。
오:만(傲慢) 名(하타)(스)形 傲慢(ごうまん)。¶ 무례 傲慢無礼(ごうまんぶれい)。/ ~ 한 사람 傲慢な人(ひと)。
오:만(五萬) 数 ①五万(ごまん)。②非常(ひじょう)に多(おお)い数量(すうりょう)・種類(しゅるい)。¶ ~ 가지 물건이 진열되어 있다 あらゆる(種類の) ものが陳列(ちんれつ)されている。
오:만-상(-相) 名 しかめっ面(つら)、苦々(にがにが)しい表情(ひょうじょう)。¶ ~을 찌푸리다 苦々しい表情になる。
오:만-소리 名 ぺらぺらとしゃべりちらす声(こえ)。¶ ~ 를 다하다 ぺらぺらとつまらぬことを言(い)い立てる。
오:매(寤寐) 名 寤寐(ごび)、目(め)が覚(さ)めているときと寝(ね)ているとき。
오:매-간(-間) 名 寝(ね)ても覚(さ)めても、いつも。¶ ~에도 잊지 못하다 寝ても覚めても忘(わす)れられない。
오:매-불망(-不忘) 名(하타) 寝ても覚めても忘れられないこと。
오:명(汚名) 名 汚名(おめい)。¶ ~을 남기다 汚名残(のこ)す。
오:목(五目) 名 五目並(ごもくなら)べ、連珠(れんじゅ)。
오목-거울 名 [物] 凹面鏡(おうめんきょう)。
오목-렌즈(-lens) 名 凹(おう)レンズ。
오목-조목 副(하타)形 ところどころぼこぼこへこんでいるよう。
오목-하다 形여 ぽこっとくぼんでいる、へこんでいる。
오:묘(奥妙) 名(하타)形 奥妙(おうみょう)、玄妙(げんみょう)。
오:물(汚物) 名 汚物(おぶつ)。¶ ~ 처리장 汚物処理場(しょりじょう)。
오물-거리다 自 ①(小(ちい)さい虫(むし)・魚(さかな)などが) うようよする、うじゃうじゃする。②(口(くち)を) もぐもぐする[させる]。
오물-오물 副(하타自) ①うようよ、うじゃうじゃ。②もぐもぐ。
오므라-들다 自 すぼむ、つぼまる、縮(ちぢ)こまる、縮(ちぢ)む、しぼむ。¶ 풍선이 ~ 風船(ふうせん)がしぼむ。
오므라-뜨리다 他 つぼめる、縮(ちぢ)める。¶ 입을 ~ 口(くち)をつぼめる。
오므라-지다 自 縮(ちぢ)む、縮(ちぢ)まる、つぼまる、しぼむ。②へこむ、くぼむ、落(お)ちこむ。
오므리다 他 つぼめる、縮める。¶ 입을 ~ 口をつぼめる。
오:미-자(五味子) 名(漢) 五味子(ごみし)。
오밀-조밀(奥密稠密) 副(하타)形 ①(意匠(いしょう)・細工(さいく)などが) 細(こま)かく凝(こ)っているよう。¶ 오밀조밀한 솜씨로 만들다 細かい細工でつくる。②(心遣(こころづか)いが) こまごまと行(い)きとどいているよう、きちょうめんで細かいよう。
오:발(誤發) 名(하타) ①誤発(ごはつ)、暴発(ぼうはつ)。¶ ~ 사고 誤発事故(じこ)。②失言(しつげん) ③夢精(むせい)。
오:발-탄(-弾) 名 誤発弾(ごはつだん)。
오:밤-중(-中) 名 真夜中(まよなか)、深夜(しんや)。
오:배-자(五倍子) 名(漢) 五倍子(ごばいし)、付子(ふし)。
오:버(over) 名 オーバー。①(하타)(되自) 越(こ)えること。②タイム オーバータイム。③「オーバーコート」の縮約形.
오:보(誤報) 名(하타) 誤報(ごほう)。¶ 터무니없는 ~로 말썽을 일으키다 とんでもない誤報でト

ラブルを起こす。
오보에 [이 oboe] 图 オーボエ。
오:복 [五福] 图 五福.
오불관언 [吾不關焉] 图 我関せず。¶ ~의 태도를 취하다 我関せずの態度をとる。
오붓-하다 [形여] ①(暮らしが)豊かである、無駄がなく必要なものばかりある、こぢんまりとしている。¶ 오붓한 살림 豊かな生活. ②(精神的に)豊かで仲むつまじい。¶ 오붓하게 살고 있다 心豊かに暮らしている。
오비-이락 [烏飛梨落] 图 烏が飛んで梨が落ちる、偶然なできごとで人に疑われること。
오빠 图 (妹のほうから)お兄さん、お兄ちゃん、兄。
오:-사리 [五-] 图 (陰暦いん5月のの)大潮のときに獲れたエビなどの海産物。
오:사리-잡놈 [-雜-] 图 あらゆる悪いことをしでかすやから、よたもの、ならず者の、不良の雑輩。
오:사리-젓 图 陰暦5月の大潮にとらえたエビを漬けた塩辛。
오:산 [誤算] 图 誤算、計算違い、見込み違い。¶ 커다란 ~ 大きな誤算。
오:색 [五色] 图 五色。¶ ~실 五色の糸。
오:선 [五線] 图 五線。¶ ~지 五線紙。
오소리 图 [動] アナグマ。
오솔-길 图 さびしい細道。
오:수 [午睡] 图 午睡、昼寝。
오:수 [汚水] 图 汚水、下水。¶ ~ 처리장 汚水処理場.
오순-도순 圓 《仲よく暮らしたり語かり合うようす》むつまじく、和気あいあいと。¶ 부부가 ~ 지내다 夫婦がむつまじく暮らす。
오:순-절 [五旬節] 图 [宗] 五旬節。
오슬-오슬 圓 《鳥肌が立つように寒気を感じるようす》ぞくぞく。¶ ~ 추위지다 ぞくぞくと寒くなる。
오:식 [誤植] 图 誤植、ミスプリント。¶ ~ 투성이의 책 誤植だらけの本。
오:신 [誤信] 图 誤信。
오:심 [惡心] 图 惡心、むかつき、吐き気。
오:심 [誤審] 图 誤審。
오:십 [五十·五拾] 數 五十。¶ ~분 五十分。 ㊀ 쉰.
오:십보-백보 [-步百步] 五十歩百歩。¶ 결과적으로는 ~다 結果的には五十歩百歩だ。
오싹 圓 《体からが縮まるほどひどく恐ろしかったり寒かったりして鳥肌が立つようす》ぞくっと、ぞくっと、ぞっと、ひやりと。¶ 몸이 ~해진다 ひやりとして体がぞくむ。
오싹-오싹 圓 ぶるぶる、ぞくぞく、ひしひしに。¶ 소름이 ~ 끼치다 鳥肌がぞうっと立つ。
오아시스 [oasis] 图 オアシス。

오얏 图 スモモの実。㊀ 자두.
오:언 [五言] 图 五言。¶ ~시 五言詩.
  오:언 절구 [-絕句] 图 五言絕句。
오:역 [誤譯] 图 誤譯。¶ ~ 투성이다 誤訳だらけだ。
오열 [嗚咽] 图 嗚咽、むせび泣き。¶ ~하는 소리 むせび泣く声。
오:염 [汚染] 图 汚染。¶ 대기 ~ 大気汚染 / ~된 하천 汚染された河川。
  오:염-물 [-物] 图 汚染物。
오:욕 [汚辱] 图 汚辱。¶ ~을 참다 汚辱を忍ぶ。
오:용 [誤用] 图 誤用。¶ 말의 ~ ことばの誤用。
오:월 [五月] 图 5月。
오유 [烏有] 烏有、何物もないこと。¶ ~로 돌아가다 烏有に帰す。
오:음 [五音] 图 [音] 五音。
오:의 [奧義] 图 奧義、極意。¶ ~를 터득하다 奧義を究める。
오이 图 [植] キュウリ。
오:인 [誤認] 图 誤認、見誤り。
오:일-장 [五日場] 图 5日ごとに立つ田舍の市。
오:입 [誤入] 图 女郎買い。
  오:입-쟁이 图 女遊びをする人、女たらし、浮気者。
  오:입-질 图 女郎買い、浮気すること。
오:자 [誤字] 图 誤字。¶ ~ 투성이의 글 誤字だらけの文。
오작 [烏鵲] 图 烏鵲、烏と鵲。
  오작-교 [-橋] 图 烏鵲橋、かささぎの橋。
오:장 [五臟] 图 五臟。
  관용 오장을 긁다 (人の)気分をそこねる、怒らせる。오장이 뒤집히다 腸が煮えくりかえる。
  오:장-육부 [-六腑] 图 五臟六腑、臟腑。
오쟁이 图 小さい藁の俵。
  관용 오쟁이(를) 지다 妻が浮気する、妻を寝取られる。
오:전 [午前] 图 午前。¶ ~ 중에 일을 끝내다 午前中に仕事を仕上げる。
오:점 [汚點] 图 汚点、けがれ、不名譽。¶ 커다란 ~을 남기다 大きな汚点を残す。
오:종 [五種] 图 五種。¶ ~ 경기 五種競技。
오죽 圓[形] どんなに(か)、如何に、さぞ、さぞかし。¶ ~ 아프랴 さぞ痛かろう。
오죽-이나 圓 どんなにか。¶ ~ 슬프겠니 どんなにか悲しかろう。
오죽-잖다 [形] 取るに足らない、つまらない、普通以下だ。¶ 오죽잖은 사람 取るに足らない人。
오줌 图 小便、尿、小水、おしっこ。¶ ~을 누다 小便をする。/ ~이 마렵다 小便がしたい。
  오줌-소태 图 頻尿症、多尿症。
  오줌-싸개 图 ①小便たれ。②(不用意に)粗相をした子をからかう語。

**오줌-장군** 名 小便担桶た̄、にないおけ。
**오줌-통**[-桶] 名 ①[生] 膀胱ぼう。 ②小便桶お、小便つぼ。
**오:중**[五重] 名 五重じゅう。¶ ~주 五重奏そう/ ~창 五重唱しょう。
**오지** 名 ①「오지그릇」の縮約形。②「오지물」の縮約形。
**오지-그릇** 名 素焼すやきの陶器とう。
**오짓-물** 名 うわぐすり、釉薬ゆうやく。
**오:지**[奥地] 名 奥地おうち。
**오:지다** 形 ①(人ひと・物ものが) しっかりしている、がっちりしている、堅実けんじつだ。¶ 오진 물건 しっかりした物。②激はげしい、こっぴどい。¶ 오지게 얻어맞다 こっぴどく殴なぐられる。
**오지랖** 名 上着うわぎなどの前裾まえすそ。
[慣用] 오지랖이 넓다 出でしゃばる、おせっかいだ、首くびを出だしすぎる。
**오:직** 副 ただ、ひたすら、専もっぱら、ひとえに。¶ ~ 하나 뿐이다 ただ一ひとつだけだ。/ ~ 공부만 하다 ひたすら勉強べんきょうばかりする。
**오:직**[汚職] 名 汚職おしょく、瀆職とくしょく。¶ ~ 사건 汚職事件じけん。
**오:진**[誤診] 名[하他] 誤診ごしん。¶ 명의라도 ~하는 수 있다 名医めいいでも誤診することがある。
**오징어** 名[動] イカ。
**오징어-포**[-脯] 名 するめ。
**오:차**[誤差] 名 誤差ごさ。¶ ~가 생기다 誤差が生しょうじる。
**오:차-율**[-率] 名[数] 誤差率りつ。
**오:찬**[午餐] 名 午餐さん、昼食ちゅうしょく、昼飯ひるめし。¶ ~을 같이하다 昼食を共ともにする。
**오:체**[五體] 名 五体たい。①人間にんげんの体からだの全部ぶ、全身しん。②漢字かんじの五いつつの書体しょたい。
**오케스트라**[orchestra] 名 オーケストラ。
**오:토-바이**[← autobicycle] 名 オートバイ、モーターサイクル。
**오톨-도톨** 副[하形](表面ひょうめんが細こまかくでこぼこなようす)でこぼこ、ぼこぼこ、ぶつぶつ、ごつごつ。¶ ~하게 무늬를 아로새긴 꽃병 ごつごつした模様もようを刻きざみ込こんだ花瓶かびん。
**오:판**[誤判] 名[하他] 誤判はん、誤審しん。¶ 심판의 ~ 審判しんぱんの誤り。
**오페라**[opera] 名 オペラ、歌劇かげき。¶ ~ 하우스 オペラハウス。
**오:픈**[open] 名[하自他] オープン。¶ ~ 세트 オープンセット。
**오:픈 카:**[-car] 名 オープンカー。
**오한**[惡寒] 名 悪寒おかん、寒気さむけ。¶ ~이 나다 悪寒をおぼえる。
**오합**[烏合] 名[하他] 烏合ごう。
**오합지-졸**[-之卒] 名 烏合の衆しゅう。
**오:해**[誤解] 名[하他] 誤解ふぃい。¶ ~를 받다 誤解を受うける。
**오호**[嗚呼] 感 (悲かなしみや嘆なげきをあらわすときの声こえ)嗚呼ぁぁ。
**오호 통:재**[-痛哉] 感 ああ、悲かなしいかな、いたましいかな。
**오:후**[午後] 名 午後ご。¶ ~ 한 시 午後一時いちじ。

**오히려** 副 むしろ、かえって、なお、逆ぎゃくに。¶ ~ 해가 된다 かえって害がいになる。/ 이것보다 ~ 저것이 낫다 これよりむしろあれのほうがよい。
**옥**[玉] 名[鑛] 玉たま(宝石ほうせきの一ひとつ)。¶ ~가락지 玉の指輪ゆびわ。
[俗談] 옥에도 티가 있다 玉にもきずがある。《どんなに立派りっぱな人ひと・品物しなものにも一ひとつぐらいは欠点けってんがある》옥에 티 玉にきず。《ほとんど完全かんぜんであるのに惜おしくも一ひとつだけ欠点がある》
**옥**[獄] 名 獄ごく、監獄かんごく、牢屋ろう。¶ ~에 가두다 獄につなぐ。
**옥-** 接頭 内側うちがわへ曲まがった…、内曲うちまがりの。¶ ~니 内反うちぞりの歯は。
**-옥**[屋] 接尾 (飲食店いんしょくてん・商店しょうてんなどの商号ごうにつける語ご)…屋や。¶
**옥고**[獄苦] 名 獄屋ごくにつながれる苦くるしみ。
**옥내**[屋内] 名 屋内ない。¶ ~ 배선 屋内配線はいせん/ ~ 전화 屋内電話でんわ。
**옥-니** 名 内曲うちまがりの歯は。
**옥니-박이** 名 内曲がりの歯の人ひと。
**옥답**[沃畓] 名 沃田おくでん、美田びでん。
**옥도**[沃度] 名[化] ヨード。
**옥도-정기**[-丁幾] 名 ヨードチンキ。
**옥-돌**[玉-] 名 ①玉たまの交まじっている石いし。②加工かこうしていない玉たま、玉石ぎょく。
**옥돔**[玉-] 名[動] アカアマダイ。
**옥-동자**[玉童子] 名 玉ぎょくのような男おとこの子こ、大切たいせつな男の子。
**옥-바라지**[獄-] 名[하自他] 囚人しゅうじんに差さしいれなどの世話せわをすること。
**옥-비녀**[玉-] 名 玉たまのかんざし。
**옥상**[屋上] 名 屋上おくじょう。
**옥상-가:옥**[屋-架屋] 名 屋上屋を架かす、よけいなことを重かさねてすること。
**옥색**[玉色] 名 空色そら。
**옥석**[玉石] 名 玉石ぎょく。①玉たまのまじっている石。②玉たまと石いし。③すぐれたものとつまらないもの、善ぜんと悪あく。¶ ~을 가리다 玉石を選えり分わける。
**옥석-혼:효**[-混淆] 名 玉石混交こう。
**옥쇄**[玉碎] 名[하自他] 玉砕ぎょくさい。
**옥수수**[玉-] 名[植] とうもろこし、とうきび。¶ ~ 가루 とうもろこし粉こ。㊧ 강냉이
**옥신-각신** 副[하自他] ①ああだこうだと、なんだかんだと、やっさもっさ、すったもんだ。¶ 서로 ~ 다투고 있다 互たがいにすったもんだと言いい争あらっている。②(名詞的に)いざこざ。¶ ~이 벌어지다 いざこざが起おこる。
**옥신-거리다** 自 ①(多おおくの人ひと・動物どうぶつなどが集あつまって)込こみ合あう、ごったがえす。②(意見いけんが対立たいりつして)もみ合あう、すったもんだする。③(傷口きずぐちなどが)うずく、ひりひりする、ずきずき痛いたむ。
**옥안**[玉顔] 名 玉顔ぎょく、竜顔りゅう。¶ ~을 우러르다 玉顔を仰あおぐ。
**옥-양목**[玉洋木] 名 キャラコ。

**옥외**[屋外] 图 屋外ぉく, 野天てん, 戸外こがい. ¶ ~ 집회 屋外集会かい.
　**옥외-등**[-燈] 图 屋外灯とう.
**옥잠-화**[玉簪花] 图[植] タマノカンザシ.
**옥졸**[獄卒] 图 獄卒ぞく, 牢番ろうばん.
**옥좌**[玉座] 图 玉座ぎょく, 王座おう, 御座ぎょ.
**옥-죄다** 他 (体からなどを)締しめつける. ¶ 목을 ~ 首くびを締しめつける.
**옥중**[獄中] 图 獄中ちゅう. ¶ ~기 獄中記き.
**옥체**[玉體] 图 玉体たい. ①王おうの体からだ. ②《書簡文しょかんぶんなどで相手あいての体からだの尊敬語そんけいご》お体からだ, ご尊体そんたい. ¶ ~ 만강하시기를 빕니다 玉体ご健勝けんしょうのほどをお祈いのり申もうし上あげる.
**옥타브**[octave] 图[音] オクターブ.
**옥토**[沃土] 图 沃土よく, 沃地よく. ¶ 광대한 ~ 広大こうだいな沃土. 凹 박토(薄土).
**옥-토끼**[玉-] 图 ①月つきの中なかにいるといわれる伝説上でんせつじょうの兎うさぎ. ②白しろい毛けの兎.
**옥편**[玉篇] 图 字引じびき, 字書しょ, 辞典じてん. ¶ ~을 찾다 字引を引ひく.
**옥호**[屋號] 图 屋号ごう, 店みせの名な, 商号しょうごう.
**온**[1] 冠 全ぜん, すべての, 全部ぜんの, あらゆる. ¶ ~몸 全身ぜんしん/ ~ 나라 全国ぜんこく/ ~ 힘을 다하여 全力りょくを尽つくして.
**온**[2] 感 《意外がいな事・驚おどくべき事などに出合であった時ときに出だす語ご》ええっ, あれっ, まあ. ¶ ~, 그런 말이 어디 있어! ええっ, そんなことあるわけないでしょ.
**온-갖** 冠 あらゆる, すべての, いろいろの. ¶ ~ 종류 あらゆる種類しゅるい/ ~ 수단을 부리다 ありとあらゆる手段しゅだんをとる.
**온건**[穩健] 图[形動] 穏健けん, 穏便びん, 穏おだやか. ¶ ~파 穏健派は.
**온고-지신**[溫故知新] 图[形自] 温故知新ちしん, 古ふるきを温たずねて新あたらしきを知しること.
**온기**[溫氣] 图 温気おん, 温あたたかみ, 温ぬくもり, 暖あたたかさ. ¶ ~가 돌다 温もちまって来る.
**온난**[溫暖] 图[形動] 温暖だん. ¶ ~한 기후 温暖な気候.
　**온난 전선**[-前線] 图[気] 温暖前線ぜんせん.
**온:-당**[穩當] 图[形動] 穏当とう. ¶ ~한 생각 穏当な考かんがえ.
**온대**[溫帶] 图[地] 温帯たい. ¶ ~ 기후 温帯気候.
　**온대-림**[-林] 图[植] 温帯林りん.
**온데간데-없다** 形 (姿すがた・形かたちが)急きゅうに見みえなくなる, 行方不明ゆくえふめいである, 影かげも形もなく, 急に跡形あとかたもなく消きえている. ¶ 아까까지 여기 있던 가방이 온데간데없어졌다 いさっきまでここにあった手提てさげかばんが急になくなってしまった. **온데간데없-이** 副 急に跡形もなく, 影かげも形もなく. ¶ ~ 사라졌다 急に跡形もなく消えた.
**온도**[溫度] 图 温度ど. ¶ 실내 ~가 높다 室内ないは温度が高たかい. / ~를 재다 温度を計はかる.
　**온도-계**[-計] 图 温度計けい.
**온돌**[溫突] 图[建] オンドル.
**온돌-방**[-房] 图 オンドル部屋へや.
**온-라인**[on-line] 图 オンライン. ¶ ~ 시스템 オンラインシステム.
**온랭**[溫冷] 图 温冷れい.
**온:-몸** 图 全身しん, 体中じゅう, 体全体ぜんたい. ¶ ~ 운동 全身運動どう/ ~에 스머들다 体中にしみわたる.
**온:-밤** 图 終夜や, 夜通よどおし, 一晩中ひとばんじゅう, まる一晩. ¶ ~을 새워 간병하다 夜通しで看病かんびょうする.
**온상**[溫床] 图 温床しょう. ¶ ~ 재배 温床栽培さいばい/ 악의 ~ 悪あくの温床.
**온:-새미-로** 副 まるごと, そっくりそのまま.
**온수**[溫水] 图 温水すい. ¶ ~ 난방 장치 温水暖房装置だんぞうち.
**온순**[溫順] 图[形動] 温順じゅん, 穏おだやかなこと. ¶ ~한 성격 温順な性質せいしつ. **온순-히** 副 穏やかに. ¶ ~ 대해무 穏やかに対たいする.
**온:-쉼표**[-標] 图[音] 全休止符ぜんきゅうしふ, 全休符きゅうふ.
**온스**[ounce] 依 オンス.
**온습**[溫濕] 图[形動] 温あたたかくて湿しめっていること. ¶ ~한 기후 温かくて湿った気候.
**온실**[溫室] 图 温室しつ. ¶ ~ 재배 温室栽培さいばい/ ~에서 자라다 温室で育そだつ.
　**온실 효:과**[-效果] 图 温室効果こうか.
**온유**[溫柔] 图[形動] 温柔じゅう, 穏やかで温あたたかいこと. ¶ ~한 성미 温柔な性格せいかく.
**온:-음**[-音] 图[音] 全音おん.
　**온:-음표**[-標] 图[音] 全音符ぜんおんぷ.
**온:전-하다**[穩全-] [形動] (かけたところがなく)完全かんぜんだ, まともだ, 無事ぶじだ. ¶ 우전한 정신 まともな精神せいしん. **온전-히** 副 完全に, 無事に, きずのないように, 全まったく.
**온정**[溫情] 图 温情じょう, 温あたたかい人情にんじょう, 思おもいやり. ¶ ~에 넘친 말 温情にあふれたことば.
**온:-종일**[-終日] 图 一日中いちにち, 終日しゅう, 四六時中しろくじちゅう, ひねもす. ¶ ~ 비가 오다 一日中雨あめが降ふる.
**온:-채**[-](家屋かおくの)一棟とうの全体ぜん. ¶ ~를 빌리다 一棟の全体を借かりる.
**온천**[溫泉] 图 温泉せん. ¶ ~장 温泉場ば.
**온탕**[溫湯] 图 温湯とう. ①温泉おんせんの湯ゆ. ②あたたかい湯.
**온:-통** 副 すべて皆みな, 全部ぜん, 一面いちめん, 一様いちように, ことごとく. ¶ 하늘이 ~ 흐렸다 空そらが一面に曇くもった. / ~ 벌레가 먹었다 ことごとく虫むしが食くった.
**온:-통-으로** 副 丸まるごとで, まるまる, 全部ぜん, ことごとく. ¶ ~ 삼키다 丸ごと飲のみ込こむ. / ~ 팔다 全部売うる.
**온혈**[溫血] 图 ①温血けつ. ②[美] (薬くすりとして飲のむ)鹿しか・ノロの温あたたかい血ち.
　**온혈 동:물**[-動物] 图[動] 温血動物どうぶつ, 定温ていおん動物. 凹 냉혈 동물(冷血動物).
**온화**[溫和] 图[形動] 温和わ. ¶ ~한 날씨 温和な天気てんき.

온:화【穩和】㈎㈑(性質・態度が) 穩やかでやさしいこと、穩和。¶ ~한 성격 穩和な性格。

온후【溫厚】㈎㈑ 溫厚。¶ ~한 인품 溫厚な人柄。

올¹ Ⅰ㈎ ① 糸のすじ、布目。¶ ~이 굵다 布目が荒れる。Ⅱ㈎ (糸・紐などの)すじ。¶ 실 한 ~ 糸一すじ。

올²㈎ 今年。¶ ~ 가을 今年の秋。

올:-³接頭 (「早熟」の意を表わす語) 早生、早熟。¶ ~벼 早稻벼/ ~감자 早生のジャガイモ。

올가미㈎ わな。¶ ~를 놓아 잡다 わなを仕掛けとって捕える。
관용 올가미(를) 쓰다 わなにかかる、他人の策略に陷れられる。올가미(를) 씌우다 わなにかける、他人を策略に陷れる。

올:-곧다㈑ (心根が) 正しく実直だ、正直だ。¶ 올곧은 사람 正直な人。

올:-되다㈋ ①(穀物などが) 早生である、早くも実る。¶ 올된 밤 早生の栗。②(年齢のわりに)ませる、早熟だ、分別がつく。¶ 올된 아이 ませた子。

올라-가다㈋ ①(上の方へ) 上がって行く、上る、登る。¶ 나무에 ~ 木に登る。②(陸へ) 揚がる、上陸する。¶ 뭍으로 ~ 陸に揚がる。③(地位・程度などが) 高くなる、昇る、上がる。¶ 중학교에 ~ 中學校に上がる。④(物価が・数量などが) 上がる、增す。¶ 쌀값이 ~ 米價が騰貴する。⑤(気勢が・熱気などが) 上がる。¶ 사기가 ~ 士氣が上がる。⑥(地方から都に) 上る、上京する。¶ 서울로 ~ ソウルに上る。⑦(流れを)さかのぼる、上る。¶ 상류로 ~ 上流にのぼる。⑧(元手・身代などが)無くなる、失なわれる。¶ 화재로 재산이 다 올라갔다 火災で財産がみんななくなった。(死んで天に) 昇る、昇天する、死ぬ。

올라서다㈋ ①(高い所に) 上がって立つ、登る。¶ 산꼭대기에 ~ 山のてっぺんに登る。②(地位が) 高くなる、昇る。¶ 과장으로 ~ 課長に昇進する。③(何かを踏んで)その上に立つ。¶ 발판에 ~ 踏み台に乘る。

올라앉다㈋ ①(高い所に) 上がってすわる。②(高い地位に) 就く。

올라오다㈋ ①(高い所へ) 上がって来る。②(高い地位・水準に) 昇る。¶ 이학년으로 ~ 二年生になる。③(地方から都に) 来る、上る、上京する。¶ 서울로 ~ ソウルに上がってくる。

올라-타다㈋ ①(乗り物に) 乘る、乘り込む。¶ 기차에 ~ 汽車に乘り込む。②(体の上に) 乗りかかる、馬乘りになる。¶ 몸 위에 올라타고 때리다 体の上に馬乘りになって殴る。

올려-놓다㈒ (上に) 置く、乘せる、掛ける。¶ 주전자를 불 위에 ~ やかんを火に掛ける。

올려다-보다㈒ ①見上げる、仰ぎ見る。¶ 산을 ~ 山を見上げる。②尊敬する。

올록-볼록㈐㈑ でこぼこ、凸凹、凹凸。¶ ~한 표면 でこぼこした表面。

올리다㈒ ①(上に) 上げる、擧げる、揚げる。¶ 손을 ~ 手を擧げる。②(勢いなどを) 增す、出す、上げる。¶ 속도를 ~ スピードを出す。③(目上の人に) 差し上げる、捧げる。¶ 말씀을 ~ お話を申し上げる。④(地位・程度などを) 高める、上げる。¶ 값을 ~ 値段を上げる。⑤(式などを) 擧げる、擧行する。¶ 졸업식을 ~ 卒業式を擧げる。⑥(瓦などで屋根を) 葺く。¶ 기와를 ~ 瓦を葺く。⑦殴る、殴りつける。¶ 한 대 ~ 一発お見舞いする。⑧(文書・新聞などに) 載せる、のぼらす。¶ 이름을 명부에 ~ 名前を名簿に載せる。⑨(病気・病菌を) 移らす。¶ 유행성 감기를 ~ 流感をうつす。⑩怒らせる、しゃくにさわるようにする。¶ 핏대를 ~ 青筋を立てて怒る。

올리브【olive】㈎㈧ オリーブ。¶ ~유 オリーブ油。

올림¹㈎㈕ 切上げ。㈔ 버림

올림²㈎ (手紙などで) ...拜上。

올림-표【-標】㈎㈨ シャープ。

올림픽【olympic】㈎ オリンピック。¶ 동계 ~ 冬季オリンピック。

올망-졸망㈐㈑ (小さきなかわいいものが寄り集まって) ころころ、ちょろちょろ、たわわに。¶ ~한 조무래기들이 놀고 있다 どんぐりの背くらべのような小さい子供たち

올무㈎ (鳥と・獸などを捕らえる)わな。

올:-바로㈐ 正しく、正直に。¶ ~ 판단하다 正しく判斷する。/ ~ 살아라 正直に生きなさい。

올:-바르다㈑ㄹ 正しい、正直だ、公平だ。¶ 올바른 주장 正しい主張/ 올바르게 살아가다 正直に暮らす。

올:-벼㈎ 早稻。

올뺴미㈎㈩ フクロウ。

-올시다語尾《指定詞の語幹につく終結語尾》...であります、...でございます。¶ 제가 김이~ 私たがが金之でございます。/ 그는 학생이 아니~ 彼らは学生ではありません。

올:-차다㈑ ①がっしりとしている、元氣いっぱいだ。¶ 올차게 생긴 얼굴 がっしりしていて元気いっぱいな顔。②実がぎっしり詰っている、充実している。¶ 올찬 옥수수 実の詰っているトウモロコシ。③(穀物・人などが) 早熟だ、ませている。¶ 올찬 아이 ませた子。

올챙이㈎㈩ おたまじゃくし。

**올챙이-배** 名 おたまじゃくしのように膨れあがった腹、太鼓腹。

**올케** 名 (姉妹から見て) 兄・弟の妻、義理の姉・妹。

**올-해** 名 今年、当年、この年。¶ ~는 풍년이다 今年は豊作だ。

**옭다** 他 ①(なわ・紐などで)縛る、くくる、からめる。¶ 짐을 새끼로 ~ 荷物をなわで縛る。②(人を)計略をもって陥れる、わなに掛ける。¶ 남을 옭아 넣다 人を陥れる。③(身体の自由を奪うため)がんじがらめにする。

**옭-매다** 他 小間結びにする。

**옭-매듭** 名 小間結びまび、玉結びまび。

**옭아-매다** 他 ①縛りつける、くくりつける。②(無実の罪を)でっちあげる、罪に陥れる。¶ 무고한 사람을 ~ 罪のない人を罪に陥れる。③(わなを仕掛けて)捕らえる、捕らまえる。

**옮기다** 他 ①(位置を)移す、移転する、置き変かえる。¶ 주소를 ~ 住所を移転する。②歩く、進む、運ぶ。¶ 발걸음을 ~ 足を運ぶ。③(関心・視線などを)移す、変える、向ける。¶ 시선을 하늘로 ~ 視線を空に向ける。④(次の段階に)移う、推進する。⑤生각을 실행에 ~ 思ったままを実行に移す。⑤(病を)伝染させる、移す。¶ 병을 ~ 病気を移す。⑥(話などを)伝える、口外にする。¶ 비밀 이야기를 무심코 ~ 秘密の話をうっかり洩らす。⑦訳する、通訳する、翻訳する。¶ 영문을 ~ 英文を韓文に訳す。⑧(植物などを他の所に)移す、移植する、植え替える。¶ 고추 모종을 ~ 唐辛子の苗を植え替える。

**옮:다** 自 ①(位置・住居などが)移る、変わる、移動する。②(火が)燃え移る。¶ 이웃집으로 옮아 붙은 불 隣家に燃え移った火。③(病が)移る、伝染する。¶ 눈병이 ~ 眼病が移る。④(思想などに)そまる、かぶれる。⑤(水・色などが)染しみる、そまる。¶ 손수건에 빨간 녹물이 옮아 있다 手ぬぐいに赤いさびの水が染みている。

**옮아-가다** 自 ①(住居・権利などが)移って行く、引っ越す、転じる。¶ 새집으로 ~ 新しい家に引っ越す。②(うわさ・疫病・火などが)広がる、伝染する。¶ 불길이 옆집으로 ~ 火の手が隣の家に延焼する。

**옳다**¹ 形 正しい、間違いがない、もっともだ。¶ 옳은 답 正しい答/ 옳은 말 もっともな話。

**옳다²** 感 ((なにかを決意したり 急に思い出したり 思いついたりして出す語)) そうだ、そうそう、まさにこれだ。¶ ~, 그거야말로 좋은 생각이다 そうそう、それそういい考えだ。

**옳아** 感 (「そのとおりだ」の意で発する声) そうだ、そうだとも。¶ ~, 그렇게 해야지 そうだ、そうしなけりゃ。

**옳지** 感 (心に思い当たるものがあるときやあることをしようとするときに発する声) そうだ、そのとおり、よろしい。¶ ~, 그만하면 됐다 うん、それぐらいでいい。

**옴:** 名 [医] 疥癬がい、皮癬がい、しつ。

**옴:-벌레** 名 [動] 疥癬虫。

**옴죽-거리다** 自他 (身体の一部を少し縮ませたり 伸ばしたりするようす) ぴくぴくする、ぴくりと動く。

**옴죽-옴죽** 副 ぴくぴく。

**옴짝-달싹** 副自他 ⇒ 옴쭉달싹

**옴쭉-달싹** 副自他 ((主に「못하다・안 하다」などと共に用いられて 体をかそうとするようす)) ぴくぴく、ぴくっと、ぴりぴり。¶ ~ 못하고 있었다 ぴくりともせずにいた。

**옴찔-거리다** 自他 (怖がって)ぴくぴくする。

**옴찔-옴찔** 副 ぴくぴく。

**옴츠러-들다** 自 (寒さ・恐ろしさなどで体が)縮み上がる、縮こまる。¶ 겁을 먹고 몸이 ~ 怖じ気づいて体が縮こまる。

**옴츠리다** 他 (身を)縮める、小さくする、すくめる。¶ 추워서 목을 ~ 寒くて首をすくめる。

**옴켜-쥐다** 他 ①しっかり握りしめる、ぎゅっとつかむ。②(自分の手中に入った物を)しっかり守る、手中に収める。

**옴큼** 依 一握りの分量、すくい。¶ 쌀 한 ~ 米一握り。

**옴-파다** 他 (中身を)ほじくり出す、ほじくる。

**옴팡-눈** 名 窪目、凹目、くぼんだ目、かなつぼ眼。

**옴-패다** 自 えぐり取られる、掘り取られる。

**옴폭** 副 する形 ((内側に深く窪んでいるようす)) ぽこっと、ぺこんと。¶ 길이 ~ 패었다 道路がぽこっとへこんでいる。

**-옵니까** 語尾 (現在の動作・状態に対して 問う終結語尾) …ですか、…ますか。¶ 건강은 어떠하시~? ご健康はいかがでございますか。

**-옵니다** 語尾 (現在の動作・状態を説明したり 答える終結語尾) …ます、…でございます、…でございます。¶ 그렇사~ そうでございます。

**옷** 名 衣服ぶ、服ふ、着物もの、衣装、ころも。¶ 웃~ 上衣/ 맞춤~ あつらえ服/ ~을 껴입다 重ね着する。

[속담] **옷이 날개다** 衣服は翼だ。《馬子にも衣装》

**옷-가지** 名 (数点の)衣服、衣類。¶ 변변한 ~가 하나도 없다 めぼしい服が一着もない。

**옷-감** 名 服地、生地、反物。¶ 겨울 ~ 冬物の服地。

옷-걸이 [名] 衣紋掛かけ、洋服掛かけ、ハンガー。
옷-고름 [名] チョゴリ(저고리)・トゥルマギ(두루마기)などの結むすび紐ひも。
옷-기장 [名] (衣服の)丈たけ、長ながさ。¶ ~을 줄이다 衣服の丈を詰つめる。
옷-깃 [名] 襟えり。¶ ~을 여미다 襟を正ただす。
옷-단 [名] (服の)折おり返かえし。
옷-매무시 [名][自] 着きこなし、着映ばえ、身みごしらえ。¶ ~가 단정하다 着こなしが端正たんせいである。
옷-맵시 [名] ①着きこなし、着映ばえ。¶ ~가 나는 옷 着映えのする服。②身みなり。¶ ~가 멋지다 身なりがすばらしい。
옷-소매 [名] 袖そで。
옷-자락 [名] (服の)裾そで。¶ ~이 너무 길다 裾が長ながすぎる。
옷-차림 [名] 服装ふくそう、装よそおい、装束しょうぞく、身みなり。¶ 단정한 ~ 端正たんせいな装い。
옷-치레 [名][自] 着飾かざること、おしゃれ。
옹:-고집 [壅固執] [名] 片意地かたいじ、強情ごうじょう、えこじ、意地いじ。¶ ~쟁이 強情な人。
옹골-지다 [形] 充実じゅうじつしている、実みが入はいっている。¶ 옹골진 살림살이 充実した暮くらし。
옹골-차다 [形] 充実じゅうじつしている、ぎっしり詰つまっている、しっかり入はいっている。¶ 옹골차게 여문 벼 しっかり実の入った稲いね。②がっしりしている。③気丈きじょうだ、頑丈がんじょうだ。¶ 옹골찬 대가 있는 청년 気丈なところがある青年せいねん。
옹:-기 [甕器] [名] 陶器とうき。¶ ~ 그릇 陶器のうつわ。
옹:-기-가마 [名] 陶器を焼やく窯かま。
옹:-기-장수 [名] 陶器を商あきなう人ひと、陶器商しょう。
옹:-기-장이 [名] 陶工とうこう。
옹:-기-전[-廛] [名] 陶器店てん。
옹기-종기 [副][形] (大おおきさの不ふぞろいな物ものが集あつまっているようす) ちんまり、ちまちま、こちゃこちゃ、のんびりと、のどかに。¶ ~ 모여 있는 아이들 こちゃこちゃ集まっている子供こどもたち。
옹달-샘 [名] 小ちいさい泉いずみ。
옹동고라-지다 [自] すぼみはてる。
옹:립[擁立] [名][他] 擁立ようりつ。¶ 왕위에 ~하다 王位に擁立する。
옹:색[壅塞] [名][形] ①(生活せいかつが)苦くるしくなること、困窮こんきゅう。¶ 생활이 매우 ~하다 暮らしが非常に苦しい。②狭窄きょうさくなこと、窮屈きゅうくつに苦しい。¶ 방이 너무 ~하군 部屋がひどく狭苦しいね。③(心こころなどが)狭せまいこと、狭せばがって嫌いやになること。
옹알-거리다 [他] ①ぶつぶつつぶやく。②(赤あかん坊ぼうが)可愛かわいらしく声こえを出だす。
옹알-옹알 [副][自他] ぶつぶつ。
옹알-이 [名] まだ話はなせない赤あかん坊ぼうが一人ひとりでつぶやくこと。
옹이 [名] (木きの)節ふし、木の瘤こぶ。
옹:-졸[壅拙] [名][形] 融通ゆうずうが利きかないこと、度量どりょうが狭せまいこと。
옹:호[擁護] [名][他] 擁護ようご。¶ 권익을 ~하다 権益けんえきを擁護する。
옻 [名] ウルシ、漆うるしかぶれ、漆かせ、漆負うるしまけ。[慣用] 옻(을) 올리다 ウルシにかぶれる。옻(을) 타다 ウルシに負まける、ウルシに負けやすい体質たいしつである。옻(이) 오르다 ウルシにかぶれる。
옻-나무 [名][植] ウルシ。
옻-칠[-漆] [名] ①漆汁うるしじる。②[自] 漆汁うるしじるを器物うつわものに塗ぬること、漆塗うるしぬり。
와:¹ [副] ①(多おおくの人ひとが一時いちじに動うごくようす) わあっと、どっと。¶ ~ 하고 몰려 오다 わあっと押おし寄よせる。②(大勢おおぜいの人が一度いちどに騒さわぎたてる声こえ) どっと。¶ ~ 웃다 どっと笑う。
와² [助] ①(二ふたつ以上いじょうの物事ものごとを列挙れっきょさせる意いを表あらわす語ご) …と。 너~ 나 おまえとおれ。②(比較ひかくする対象たいしょうを表わす語) …に、…と。¶ 언니~ 닮은 동생 姉あねに似にた妹いもうと。③(共ともにすることを表わす語) …と。¶ 친구~ 만나다 友人ゆうじんと会あう。
와그르르 [副][自] ①(積つまれている固かたいものが一度いちどに崩くずれ落おちる音おと) がらがら、がたんがたん。¶ 벽돌이 ~ 무너지다 れんががらがらと崩れる。②(小ちいさい器うつわの湯ゆが沸わき立たつようす・その音) ぐらぐら。
와글-거리다 [自] 騒さわぎたてる、ざわつく、ざわめく、わいわいする、ひしめく。¶ 시장에서 와글거리는 장사꾼들 市場いちばでわいわいひしめく商人しょうにんたち。②少量しょうりょうの湯ゆが煮にたぎる。
와글-와글 [副][自] ①わいわい、がやがや、わあわあ。②ぐらぐら。
와당탕 [副] ばたん、どたん、がたん。¶ 마루 위에 ~ 넘어지다 床ゆかの上うえにばたんと倒たおれる。
와당탕-거리다 [自] どたんばたんする。
와당탕-통탕 [副][自] どたんばたん、どったんばったん。¶ 아이들이 ~하며 떠들고 있다 子供こどもたちがどたんばたんと騒さわいでいる。
와드득 [副] (固かたいものをかんだとき・折おったときに出でる音) がたっ、ぽきっ。
와들-와들 [副][自] がたがた、ぶるぶる。¶ 추워서 ~ 떨다 寒さむくてがたがた震ふるえる。
와락 [副] (急きゅうに飛とびかかったり引ひき寄よせたりするようす) わっと、ぐいっと、さっと、不意ふいに、突然とつぜんに、いきなり。¶ ~ 화를 내다 かっと腹はらを立たてる。/ ~ 달려들다 わっと飛とびかかる。
와르르 [副] ①(石垣いしがきなどが崩くずれるようす・その音) がらがら。¶ 벽돌담이 ~ 무너지다 煉瓦塀れんがべいががらがらと崩れ落ちる。②(多おおくの人ひとが一度いちどに動うごくようす) どっと、わっと。¶ 사람들이 ~ 밀려 들었다 人々ひとびとがどっと押おし寄よせた。③(湯ゆが煮にえたぎるようす・その音) ぐらぐら。
와삭 [副] (枯かれ葉はっぱ・乾かわいた先濯物せんたくものなどがふれ合あったりそれを踏ふんだりするときに

出る音)かさっ、こそっ、ばさっ。¶ 낙엽이 발밑에서 ~거린다 落ち葉が足もとでかさかさっと音をたてる。

**와:신-상담**[臥薪嘗胆] 名 臥薪嘗胆がしょうたん。

**와음**[訛音] 名 訛音おん、なまった音。

**와이드**[wide] 名 ワイド。¶ ~ 스크린 ワイドスクリーン。

**와이-셔:츠**[← white shirts] 名 ワイシャツ。

**와이어**[wire] 名 ワイヤ。¶ ~ 로프 ワイヤロープ。

**와이프**[wife] 名 ワイフ、妻つま。

**와인**[wine] 名 ワイン。¶ ~ 글라스 ワイングラス。

**와일드**[wild] 名形動 ワイルド。
**와일드 피치**[- pitch] 名野 ワイルドピッチ、暴投ぼう。

**와작-와작** 副自他《やや固たい食べ物を歯切はよくかむよう・その音》がりがり、ぽりぽり、ばりばり。¶ 단무지를 ~ 씹다 くあんをがりがりかむ。

**와전**[訛傳] 名하他되自 訛伝でん、誤あやって伝つたえること。

**와중**[渦中] 名 渦中ちゅう。¶ 싸움의 ~에 휘말려 들다 争あらそいの渦中に巻まき込こまれる。

**와지끈** 副《大おおきな固かたいものが折おれたりこわれたりする音》がちゃん、ぽきんと、どかん。¶ 의자가 ~ 부서졌다 椅子いすががちゃんと壊こわれた。

**와짝** 副《にわかに増ふえたり減へったりするようす》ぐっと、ぱっと、わっと、ずっと。¶ 며칠 사이에 ~ 추워졌다 数日すうじつの間あいだにぐっと寒さむくなった。

**와하하** 副《大声おおごえで笑わらうようす・その声》わはは、わっははは。

**와:해**[瓦解] 名하自되自 瓦解かい。¶ 조직이 ~되다 組織そしきが瓦解する。

**왁다그르르** 副하自《小ちいさくて固かたい物が互たがいにぶつかりながら転ころがるようす・その音》ころころ、がらがら、からんからん、かちかち、がたごと。

**왁스**[wax] 名 ワックス。

**왁시글-거리다** 自《多おおくの人・動物どうぶつ》がごった返かえす、込こみ合あう、ひしめき合う、騒ぎ立たてる。¶ 관중들이 ~ 観衆かんしゅうがひしめく。

**왁시글-왁시글** 副하自《多くの人・動物がひしめき合うようす》わいわい、がやがや。

**왁자그르르** 自하自①《大勢おおぜいが集あつまって笑わらいさざめくようす》ざわざわ、がやがや、わいわい。¶ 장내가 ~하다 場内じょうないがわいわい騒さわがしい。②《うわさが急きゅうに広ひろがって騒がしいようす》がやがや、わいわい。¶ 소문이 ~ 시끄럽다 うわさがわいわいと騒がしい。

**왁자지껄-하다** 自하他 わいわい騒ぐ、ざわざわする、騒々そうぞうしい。¶ 바깥이 ~ 家いえの外そとが騒々しい。

**왁자-하다** 形여 騒さわがしい、かまびすしい、ひどく騒々そうぞうしい。

**완강**[頑強] 名하形 頑強がんきょう。¶ ~한 태도 頑

強な態度たい。**완강-히** 副 頑強に、頑がんとして。¶ ~ 저항하다 頑強に抵抗ていこうする。

**완결**[完結] 名하自되自 完結けつ。¶ ~편 完結編へん/ 연재 소설이 ~되다 連載小説しょうせつが完結する。

**완고**[頑固] 名하形 頑固がん、かたくなこと。¶ ~한 할아버지 頑固なおじいさん。**완고-히** 副 頑固に、かたくなに。

**완:곡**[婉曲] 名하形 婉曲えん。¶ ~한 표현 婉曲な表現ひょう。**완곡-히** 副 婉曲に、遠回とおまわしに。¶ ~ 거절하다 婉曲に断ことわる。

**완공**[完工] 名하自 完工かん、竣工しゅん。¶ 다리가 ~되다 橋が完工する。

**완:구**[玩具] 名 玩具がん、おもちゃ。

**완:급**[緩急] 名 緩急かん。¶ ~차 緩急車しゃ/ ~ 자재 緩急自在ざい。

**완납**[完納] 名하他되自 完納かん。¶ 세금을 ~하다 税金ぜいを完納する。

**완:두**[豌豆] 名植 エンドウ。

**완:력**[腕力] 名 腕力かん。¶ ~에 호소하다 腕力に訴うったえる。

**완료**[完了] 名하他되自 完了かん。¶ 준비 ~/ 공사를 ~하다 工事こうじを完了する。

**완:만**[緩慢] 名하形 緩慢まん、緩ゆるやかなこと。¶ ~한 동작 緩慢な動作さ。**완만-히** 副 緩慢に、緩やかに。

**완:물**[玩物] 名 玩物ぶつ、おもちゃ。

**완벽**[完璧] 名하形 完璧かん。¶ ~을 기하다 完璧を期する。

**완봉**[完封] 名하他 完封ぷう。

**완불**[完拂] 名하他되自 完全に支払しはらうこと。

**완비**[完備] 名하他되自 完備かん。¶ 냉방 ~ 冷房れい完備。

**완:상**[玩賞] 名하他 玩賞がんしょう、鑑賞かん。

**완성**[完成] 名하他되自 完成せい。¶ 미~ 未完成みかん/ 대작을 ~하다 大作たいを完成する。
**완성-품**[-品] 名 完成品ひん。

**완수**[完遂] 名하他 完遂すい。¶ 책임을 ~하다 責任せきを完遂する。

**완숙**[完熟] 名하自 完熟じゅく。¶ ~한 수박 よく熟うれた西瓜すいか。

**완승**[完勝] 名하自 完勝しょう。¶ ~을 거두다 完勝を収おさめる。

**완역**[完譯] 名하他되自 完訳やく。¶ ~본 完訳本ほん。

**완연-하다**[宛然-] 形여 ①はっきり現あらわれる。¶ 봄 기운이 ~ 春はるの気配けはいがはっきりと感かんじられる。②宛然たるようすで、そっくりである。¶ 어렸을 적 모습이 ~ 幼おさない時ときのおもかげそっくりだ。**완연-히** 副 宛然と。①ありあり、まざまざと、はっきりと。②さながら、あたかも。

**완:자** 名料 ミンチにした牛肉ぎゅうに卵たまごと豆腐とうふを混まぜあわせて丸まめ鉄板てっぱんでやいた食たべ物もの。

**완:-자**[←卍字] 名 卍まん。
**완:자-문**[-紋] 名 まんじ紋もん、卍の模様もよう。

완:자-창[-窓] 名 窓枠まどわくが卍形まんじの窓と、卍窓まんじまど。

완:장[腕章] 名 腕章わんしょう。¶ ~을 두르다 腕章を巻く。

완전[完全] 名 하形 完全かんぜん。¶ ~ 무장 完全武装/ ~ 연소 完全燃焼ねんしょう/ ~ 을 기하다 完全を期する。 완전-히 副 完全かんぜんに、全まったく、すっかり。¶ ~ 늙어 버렸다 完全に老ふけ込こんだ。

완전 고용[-雇用] 名 [經] 完全雇用こよう。
완전 무결[-無缺] 名 하形 完全無欠かんぜんむけつ。
완전 시합[-試合] 名 [野] 完全試合じあい、パーフェクトゲーム。

완제[完製] 名 하他 完全かんぜんにつくること、またその製品せいひん、完製かんせい。¶ ~품 完製品かんせいひん。

완주[完走] 名 하自 完走かんそう。¶ 마라톤 코스를 ~하다 マラソンコースを完走する。

완:충[緩衝] 名 하他 緩衝かんしょう。¶ ~ 장치 緩衝装置そうち。

완:충 지대[-地帶] 名 緩衝地帯ちたい。

완치[完治] 名 하他 하自 完治かんち。¶ 상처가 ~되다 傷きずが完治する。

완쾌[完快] 名 하自 하自 全快ぜんかい、全治ぜんち、全癒ぜんゆ。¶ 지병이 ~되다 持病じびょうが全快する。

완투[完投] 名 하他 [野] 完投かんとう。

완패[完敗] 名 하自 完敗かんぱい、惨敗ざんぱい。¶ ~를 당하다 完敗を喫きっする。

완:행[緩行] 名 하自 緩行かんこう、鈍行どんこう。¶ ~ 열차 鈍行列車じゃ。

완:화[緩和] 名 하他 하自 緩和かんわ。¶ 긴장 ~ 緊張きんちょう緩和/ 규제를 ~하다 規制きせいを緩和する。

왈[曰] 名 曰いわく。¶ 공자 ~ 孔子こうしこう曰く。

왈가닥 名 お転婆てんば、おきゃん。

왈가-왈부[曰可曰否] 名 あれやこれやと言いい立たてること、あげつらうこと。

왈츠[waltz] 名 [音] ワルツ。

왈칵 副 하自 ①(食たべものを急きゅうに吐はき出すようす) げえっと。 ~ 토하다 げえっと吐く。②(急に多おおくこぼれるようす) どっと。 ¶ 눈물이 ~ 쏟아지다 涙なみだがどっとこぼれる。③(いきなり押おしたり引っ張るようす) ぐいと、どっと。 ~ 떠밀다 どっと押しやる。④(激情げきじょうがつき上あがるようす) かっ(と)、かあっ(と)。¶ ~ 치솟는 분노 かっとつき上がる憤いきどおり。⑤(急に全部ぜんぶひっくりかえるようす) どっと。

왈칵-하다 形어 (性質せいしつが)すぐかっとくる、短期たんきだ、非常ひじょうにせっかちだ。

왈패[日悖] 名 言動げんどうがふしだらで騒さわがしい者もの。

왔다-갔다 副 하自 ①行いったり来たり、行きつ戻もどりつ。¶ 거리를 ~하다 通とおりを行ったり来たりする。②気きを失うしなったり気がついたりすること。

왕[王] Ⅰ 名 王おう。①王様おうさま、国王こくおう。¶ ~을 세우다 王をたてる。②(出) 第一人者だいいちにんしゃ、実力者じつりょくしゃ、実権者じっけんしゃ。¶ 백수의 ~ 사자 百獣ひゃくじゅうの王ライオン。 Ⅱ 接頭 ①(非常ひじょうに大おおきいことを表あらわす語ご) 大だい…、大おお…。 ¶ ~개미 大蟻おおあり。②祖父そふの系列けいれつにあたる人ひとに対たいする尊称。¶ ~고모 大伯母おおおば。 Ⅲ 接尾 …王おう。¶ 발명 ~ 発明王はつめいおう。

왕가[王家] 名 王家おうけ、王室おうしつ。¶ ~의 혈통 王家の血統けっとう。

왕-개미[王-] 名 [動] オオアリ。

왕-거미[王-] 名 オニグモ。

왕-겨[王-] 名 あらぬか、もみ殻がら。

왕-고모[王姑母] 名 おお伯母おば、大叔母おおおば、祖父そふの姉妹しまい。

왕-골[王-] 名 [植] ワングル、カンエンガヤツリ。

왕골 방석[-方席] 名 ワングルの皮かわで編あんだ座布団ざぶとん。

왕관[王冠] 名 王冠おうかん。
왕국[王國] 名 王国おうこく。¶ 제철 ~ 製鉄せいてつ王国。
왕궁[王宮] 名 王宮おうきゅう。
왕권[王權] 名 王権おうけん。¶ ~ 신수설 王権神授説せつ。

왕기[王氣] 名 ①王が生うまれる[王になる]兆きざし。②大成たいせいする兆し。
관용 왕기(가) 뜨이다 王が生まれる兆しが見える。

왕:기[旺氣] 名 ①幸福こうふくになる兆し。②旺盛おうせいな気運きうん。
관용 왕기(가) 뜨이다 幸福に暮くらせる兆しが見える。

왕녀[王女] 名 王女おうじょ。
왕:년[往年] 名 往年おうねん、往時おうじ、むかし。¶ ~의 인기 배우 往年の人気俳優にんきはいゆう。

왕눈-이[王-] 名 (目めの大おおきい人ひとをふざけて言いう語ご) 出目おうめの人。

왕당[王黨] 名 王党おうとう。¶ ~파 王党派は。
왕-대[王-] 名 [植] 真竹まだけ。
왕-대비[王大妃] 名 生存せいぞんしている先王せんおうの妃きさき。
왕-대인[王大人] 名 他人たにんの祖父そふの尊敬語そんけいご。
왕-대포[王-] 名 (居酒屋いざかやで)大おおきな杯さかずきで飲のむ酒さけ。

왕도[王都] 名 王都おうと、王国おうこくの都みやこ。
왕도[王道] 名 王道おうどう。

왕:래[往來] 名 하自 ①往来おうらい、行ゆき来き。¶ 사람의 ~가 많다 人ひとの往来が多い。②(書信しょしん・通信つうしんなどの)やり取とり。¶ 두 사람 사이에 편지 ~가 있었다 二人ふたりの間あいだに手紙てがみのやりとりがあった。③付つき合あうこと、交際こうさい。¶ 가깝게 ~하다 親したしく付き合う。

왕릉[王陵] 名 王陵おうりょう。
왕:림[枉臨] 名 하自 枉臨おうりん、来臨らいりん、光臨こうりん。¶ 귀빈이 ~하다 貴賓きひんが来臨する。
왕명[王命] 名 王命おうめい。¶ ~에 따르다 王命に従したがう。
왕-모래[王-] 名 粒つぶの粗あらい砂すな。
왕-방울[王-] 名 大おおきい鈴すず。
왕방울-눈 名 どんぐり眼まなこ、大目玉おおめだま。

왕:복[往復] 名 하自 往復おうふく、行いき帰かえり。¶ ~ 차표 往復切符きっぷ/ ~에 세 시간이 걸리다 往復するのに3時間じかんかかる。

**왕:복 운:동**[-運動] 图〖物〗往復運動ラふくうんどう。
**왕비**〔王妃〕 图 王妃ぉぅひ、后ぉぅ、王后ぉぅごぅ。
**왕:사**〔往事〕 图 往事ぉぅじ、過すぎ去さったこと。¶ ~を 돌이켜보다 往事を顧かぇりみる。
**왕:생**〔往生〕 图〖自〗〖佛〗往生ぉぅじょぅ。¶ ~ 극락 極樂ごくらく往生。
**왕:성**〔旺盛〕 图〖하形〗旺盛ぉぅせい。¶ ~ 한 식욕 旺 盛な食欲しょく/ 혈기 ~ 한 청년 血気けっ盛さかんな青年せいねん。 **왕성-히** 副 旺盛に、盛さかんに。
**왕-세손**〔王世孫〕 图 王世子ぉぅせぃしの長子ちょぅし、王世 孫せいそん。
**왕-세자**〔王世子〕 图 王世子ぉぅせぃし、太子たぃし。
**왕-소금**〔王-〕 图 粗塩あらじお、あら。
**왕손**〔王孫〕 图 王孫ぉぅそん。
**왕:시**〔往時〕 图 往時ぉぅじ、昔むかし。
**왕실**〔王室〕 图 王室ぉぅしっ、王家ぉぅけ。
**왕:왕**〔往往〕 副 往々ぉぅぉぅ、しばしば、時折ときおり。¶ ~ 있는 일 往々にあること。
**왕위**〔王位〕 图 王位ぉぅぃ。¶ ~를 계승하다 王位 を継ぐ。
**왕자**〔王子〕 图 王子ぉぅじ。
**왕자**〔王者〕 图 王者ぉぅじゃ。¶ 밀림의 ~ 密林みつりんの 王者。
**왕정**〔王政〕 图 王政ぉぅせぃ。¶ ~ 복고 王政復古こ。
**왕조**〔王朝〕 图 王朝ぉぅちょぅ。¶ 부르봉 ~ ブルボ ン王朝/ ~ 시대 王朝時代だぃ。
**왕족**〔王族〕 图 王族ぉぅぞく、王家ぉぅけ。¶ ~ 출신 王 族の出で。
**왕좌**〔王座〕 图 王座ぉぅざ。¶ ~에 오르다 王座に つく。
**왕:진**〔往診〕 图〖하他〗往診ぉぅしん。¶ ~료 往診料りょぅ/ ~을 부탁하다 往診を頼たのむ。
**왕창** 副〖俗〗 とても、すっかり、全部ぜんぶ。
**왕초**〔王-〕 图〖俗〗(乞食こじき・ばた屋ゃなどの)頭かしら、 親分おやぶん。
**왕통**〔王統〕 图 王統ぉぅとぅ、王ぉぅの血統けっとぅ。¶ ~을 잇다 王統を継つぐ。
**왕후**〔王后〕 图 王后ぉぅごぅ、后きさき、王妃ぉぅひ。
**왕후**〔王侯〕 图 王侯ぉぅこぅ、王ぉぅと諸侯しょこぅ。
**왕후-장상**〔-將相〕 图 王侯将相しょぅしょぅの縮約形。
**왜**〔倭〕 图 「왜국(倭國)・왜인(倭人)」の縮約形。
**왜:**[1] 副 なぜ、なにゆえ、何なんで、どうして。¶ ~ 울어? 何で泣なくのか。/ ~ 늦었지? なぜ 遅おくれたのか。
**왜**[2] 感 おや、えっ、どうしたんだ。¶ ~ 무슨 일이 있었나? おや、何があったのか。
**왜:가리** 图〖動〗 アオサギ。
**왜곡**〔歪曲〕 图〖하他〗〖自〗 歪曲ゎぃきょく。¶ 사실을 ~ 하다 事実じじっを歪曲する。
**왜구**〔倭寇〕 图〖史〗 倭寇ゎこぅ。
**왜국**〔倭國〕 图 倭国ゎこく、日本にほんの卑称ひしょぅ。
**왜냐-하면** 副 なぜかと言いうと、なぜならば、 何なんとなれば。¶ ~ 달리 사람이 없기 때문 이다 なぜならばほかに人ひとがいないからだ。
**왜소**〔矮小〕 图〖하形〗 矮小ゎぃしょぅ。¶ ~한 체구 矮 小な体軀たぃく。
**왜색**〔色〕 图 日本風にほんふぅ。¶ ~ 가요 日本風 の歌謡ゕょぅ。
**왜식**〔式〕 图 和式ゎしき、日本式にほんしき。
**왜식**〔倭食〕 图 和食ゎしょく、日本にほん料理りょぅり。
**왜인**〔倭人〕 图 倭人ゎじん、日本人にほんじん。
**왜자-하다**〔形(うわさが)広ひろまって騒々さゎさゎし い、やかましい。
**왜적**〔倭敵〕 图 (敵国てきとしての)日本にほん、日本 じん。
**왜정**〔倭政〕 图 日本にほん統治下とぅちかの政治せぃじ。
**왜:통-스럽다** 形〖口〗 途方とほぅもなく調子ちょぅしはずれ だ、突拍子とっぴょぅしもない。 **왜통-스레** 副 途方 もなく調子はずれに、突拍子もなく。
**왜풍**〔倭風〕 图 ①日本にほんの風俗ふぅぞく、和風ゎふぅ。② 日本風にほんふぅ、日本式にほんしき。
**왝** 副〖하自〗①《アオサギの鳴なき声こゑ》あっと。 ②《吐はき出だす声こゑ》げえっと、うえっと。¶ 메슥메슥해서 ~하고 토했다 むかむかしてげ えっと吐はいた。
**왱** 副〖하自〗①《虫むし・つぶてなどが飛とび交かう音おと》 ぶん、ぶうん、びゅうん。②《風かぜが電線でんせんな どに強つよく吹ふき付つける時ときに鳴なる音》びゅぅ ん、びんびん。
**외:** 图 《「오이」の縮約形》 キュウリ。
[속담] 외 덩굴에 가지 열릴까 キュウリの蔓つるに ナスがなるか。《蛙かゑるの子こは蛙》
**외:**〔外〕 I 图 外ほか、以外いがぃ。¶ 예상 ~ 予想 外ょそぅ/ 이들 원인 ~에 これらの原因げんぃん以外 に/ ユ ~에도 많다 その外ほかにも多ぉぉい。 II 接頭 ①《母ははの里方さとかたに関ゕんする意いを表ぁらゎす語ご》 母方ゕたの…、外がぃ…。¶ ~조부 外祖父そふ。 ②《外がぃの、外部がぃぶの…、表面ひょぅめん…。¶ ~피 外皮がぃひ。
**외-** 接頭 「独どく・単たん・片かた」の意いを表ぁらゎす語ご。 ¶ ~아들 独ひとりっ子こ/ ~돌 一粒ひとつぶ。
**외:가**〔外家〕 图 母ははの実家じっか。
**외-가닥** 图 (糸ぃと・縄なゎなどの)一筋ひとすじ、一本縒ぃっぽんょ りの筋すじ。¶ ~길 一本道いっぽんみち。
**외:각**〔外角〕 图〖數〗外角がっかく。
**외:간-남자**〔外間男子〕 图 (女おんなの立場たちばで)親 戚せんせき以外がぃの男おとこ、よその男。
**외-갈래** 图 ただ一筋ひとすじ、一本筋いっぽんすじ。
**외:견**〔外見〕 图 外見がいけん、外観がいかん、見みかけ。¶ ~은 좋으나 내용이 빈약하다 見かけはよい が内容ないょぅは貧弱ひんじゃくだ。
**외-겹** 图 一重ひとえ。
**외:경**〔畏敬〕 图〖하他〗 畏敬いけぃ。 同 경외(敬畏)
**외:계**〔外界〕 图 外界がいかい。¶ ~와의 접촉 外界 との接触せっしょく。
**외:계-인**〔-人〕 图 宇宙人うちゅぅじん。
**외-고집**〔-固執〕 图 意地じっ張はり、片意地かたいじ、 利りかん気き、えこじ。¶ ~을 부리다 意地じ を張る。
**외-곬** 图 ①一方ぃっぽぅにだけ通つぅじた道みち。②一本 気き、ひたむき、一筋ひとすじ。¶ ~으로 생각 하다 ひたむきに考ゕんがえる。
**외:과**〔外科〕 图 外科がか。¶ ~의 外科医い。
**외:곽**〔外廓〕 图 外郭がぃかく。¶ 성의 ~을 부수다 城しろの外郭をこわす。
**외:곽 단체**〔-團體〕 图 外郭団体だんたぃ。

**외:관**【外觀】 图 外観ぃ、外見ぃ。¶ ~을 꾸미다 外観を飾る。
**외:교**【外交】 图 外交ぃ。¶ ~ 사절 外交使節ぃ/ ~를 단절하다 外交を絶つ。
**외:교-관**【-官】 图 外交官ぃ。
**외:교-적**【-的】 冠图 外交的ぃ。¶ ~ 수완 外交的手腕ぃ。
**외:교 특권**【-特權】 图 外交特権ぃ。
**외:구**【外寇】 图 外寇ぃ、外敵ぃ。
**외:국**【外國】 图 外国ぃ、異国ぃ。¶ ~ 공채 外国公債ぃ/ ~의 침략을 받다 外国の侵略ぃを受ぅける。
**외:국-산**【-産】 图 外国産ぃ、舶来ぃ。¶ ~ 상품 外国商品ぃ。
**외:국-어**【-語】 图 外国語ぃ、外語ぃ。¶ ~를 배우다 外国語を習ぅ。
**외:국-인**【-人】 图 外国人ぃ、外人ぃ。¶ ~ 관광객 外国人観光客ぃ。
**외:국-환**【-換】 图 外国為替ぃ。
**외:근**【外勤】 图自 外勤ぃ。¶ ~ 직원 外勤職員ぃ。
**외:기**【外氣】 图 外気ぃ。¶ ~를 쐬다 外気に当ぁたる。
**외-기러기** 孤雁ぃ、(相手ぃのいない)1羽ぅの雁ぃ。
**외-길** 图 一筋道ぃ、一本道ぃ。
**외나무-다리** 图 一本橋ぃ、丸木橋ぃ。
속담 **외나무다리에서 만날 날이 있다** 一本橋で出会ぅう日がある。《いがみ合ぁっている相手ぃがいると運悪ぁく出会う》
**외-눈** 图 片目ぃ、めっかち、独眼ぃ。
속담 **외눈 하나 깜짝 아니하다** 片目一ぃつびくりともしない、少ぃしも驚ぉどかないこと。
**외눈-퉁이** 图 片目の人ぃ。
**외다**¹ 他 (「외우다」の縮約形) 暗記ぃする、覚ぉえる、記憶ぉする。¶ 구구법을 ~ 九九ぅを暗記する。
**외다**² 語尾 (「오이다」の縮約形) …ます、…です、…でございます。¶ 이것이 자동차~ これが自動車ぃです。
**외:도**【外道】 图 ①正当ぃに外ずれること、正道に反ぃすること。②妻ぃ以外ぃの女性ぃと関係ぃを持もつこと、遊女買ぃ。
관용 **외도(를) 하다** ①遊女と交情ぃする、浮気ぃする。②本職ぃ以外ぃのことに手をつける。
**외-돌토리** 图 (身寄ぃりの全まくない)独どり身ぃ、一人ぃぼっち。
**외동-딸** 图 一人娘ぃ。
**외동-아들** 图 一人息子ぃ。
**외:-등**【外燈】 图 (「외외등」の縮約形) 外灯ぃ。
**외-따로** 圖 一人ぃぼっちで、ただひとつだけ別ぃに、ぽつんと。¶ 나만 ~ 남았다 わたし一人だけ残ぃった。
**외딴-곳** 图 人ぃのいない所ぃ、人里離ぃれたところ。
**외딴-길** 图 人里離れてさびしい小道ぃ。
**외딴-섬** 图 離はなれ島ま。

**외딴-집** 图 一軒家ぃ。¶ 산 속의 ~ 山ぃの中ぃの一軒家。
**외-딸** 图 ①(息子ぃのない)一人娘ぃ。¶ ~을 시집보내다 一人娘を嫁がせる。②(子女ぃの中ぃで)ただ一人ぃの娘ぃ。
**외-딸다** 形 (「외딴」の形で)(遠とく)かけ離はれた、ぽつんと離れた、人里ぃと離れた。¶ 외딴 산 속에서 살다 人里離れた山奥ぃに住ぃむ。
**외-떨어지다** 形 さびしく独ぃり離ぃれている。
**외:-람**【猥濫】 图 形 分 僭越ぃ、おこがましいこと。
**외:람-되다** 形 僭越である、おこがましい、身分ぃ不相応ぃである。¶ 외람된 말씀이지만… はばかりながら…。**외람되-이** 副 僭越にも、おこがましくも。
**외:래**【外來】 图 外来ぃ。¶ ~ 문화 外来文化ぃ。
**외:래-어**【-語】 图 外来語。
**외:래-품**【-品】 图 外来品ぃ、舶来品ぃ。
**외:래 환:자**【-患者】 图 外来患者ぃ。
**외:려** 副 (「오히려」の縮約形) むしろ、かえって。¶ ~ 잘 되었다 かえってよかった。
**외:로** 左側ぃに、左ひだりの方ほぅに。¶ 고개를 ~ 돌리다 首ぃを左に回まわす。
관용 **외로 지나 바로 지나** (左側に背負ぃっても右側ぃに背負っても重さは同ぃじの意ぃで)どっちにしても結果ぃは同じだ。
**외로움** 图 孤独ぃ。¶ 홀로 사는 ~ 一人暮ぃしのさびしき。
**외롭다** 形 心細ぃい、さびしい、孤独ぃだ、身寄ぃりがない、一人ぃぼっちだ。¶ 외로운 사람 孤独な人間ぃ/ 타향살이 ~ 他郷ぃう暮ぃらしは心細い。**외로-이** 副 心細く、さびしく、ぽつねんと。¶ 혼자 ~ 서 있다 一人ぃぽつねんと立っている。
**외-마디** 图 ①ひと言ぃ、ひと声ぃ。②(竹ぃなどの)一節ぃ。
**외마디-소리** 图 悲鳴ぃ。¶ ~를 지르다 悲鳴をあげる。
**외:면**¹【外面】 图 外面ぃ、外側ぃ、うわべ、表面ぃぅ、面ぉ。¶ ~적인 관찰 外面的な観察ぃ。
**외:면-치레** 图自 うわべだけの飾かぃり、見ぃせかけり。
**외:면**²【外面】 图自他 ①そっぽを向ぃくこと、顔ぉをそむけること。¶ 길에서 만나도 ~ 하고 지나간다 道ぃで会ぉっても顔をそむけて通りすぎる。②無視ぃすること。¶ ~ 할 수 없는 문제 無視できない問題ぃ。
**외:모**【外貌】 图 外貌ぃぅ、見ぃた目め、外見ぃん、外面ぃぅ。¶ ~가 단정하다 外貌が端正ぃん である。
**외:무**【外務】 图 外務ぃ。¶ ~부 外務省ぃぅ。
**외:무-사:원**【-社員】 图 外務員ぃ、外交員ぃぅ。
**외-바퀴** 图 一ぃとつの輪ゎ、片輪ぃ。¶ ~차 一輪車ぃ。
**외:박**【外泊】 图自 外泊ぃく。¶ 무단 ~ 無断だ外泊。
**외:벽**【外壁】 图 外壁ぃ。

외:부[外部] 名 外部ぶ、外と、外側そと。¶ ~ 구조 外構造こうぞう/ ~에 누설되다 外部に洩もらす。

외:분-비[外分泌] 名[生] 外分泌ぶんぴつ。¶ ~선 外分泌腺せん。

외:빈[外賓] 名 外賓ひん。

외:사[外史] 名 外史し。①外国がいこくの歴史れき。②民間みんで書かれた歴史書しょ、野史や。

외:사[外事] 名 外事じ。①外部に関かんすること。~과 外事課か。②外国がいこくに関すること。

외:-사:촌[外四寸] 名 母方ははかたのおじの子こ、いとこ。

외:-삼촌[外三寸] 名 母方ははかたの叔父じ。

외:상 名 掛かけ、掛け売うり、付つけ。¶ ~값 掛け金きん/ ~으로 팔다 掛け売りをする。/ ~으로 술을 마시다 つけで酒さけを飲のむ。
속담 외상이면 소도 잡아먹는다 付つけで買かうなら牛うしも屠ほふって食たべる。《後あとは野のとなれ山やまとなれ》

외:상[外相] 名 外相しょう、外務む大臣だい。

외:상[外傷] 名 外傷しょう。¶ ~을 입다 外傷を負おう。

외:서[外書] 名 外書しょ、外国こくの書物しょ。

외:선[外線] 名 外線せん。¶ ~ 공사 外線工事こうじ/ ~에 연결되다 外線につなぐる。

외:설[猥褻] 名[形] 猥褻わい。¶ ~ 행위 猥褻行為こうい。
외:설-죄[-罪] 名[法] 猥褻罪ざい。

외:세[外勢] 名 ①外部の情勢せい。②外国こくの勢力りょく。

외-손 名 片手かた、一方いっぽうの手て。¶ ~으로 짐을 들다 片手で荷物にもつを持もつ。

외:손[外孫] 名 外孫そん。

외:-손녀[外孫女] 名 娘むすめが産うんだ女おんなの子、孫娘むすめ。

외:-손자[外孫子] 名 外孫そん、そとまご。

외:숙[外叔] 名 外叔しゅく、母方かたの叔父じ、母ははの男兄弟きょうだい。

외:-숙모[外叔母] 名 ①母方ははかたの叔母ぼ。②外叔じくの妻つま。

외:식[外食] 名[自] 外食しょく。¶ ~ 산업 外食産業さん。

외:신[外信] 名 外信しん。¶ ~ 기자 外信記者しゃ。

외-아들 名 一人息子ひとりむすこ。

외:압[外壓] 名 外圧あつ。

외:야[外野] 名[野] 外野や。¶ ~수 外野手しゅ。

외:양[外樣] 名 見みかけ、外見けん、外観かん、うわべ。¶ ~이 좋지 않다 外見がよくない。

외양-간[喂養間] 名 牛馬ぎゅうの小屋や、厩うまや、牛舎しゃ。

외:연 기관[外燃機關] 名[機] 外燃機関きかん。

외옥-질[嘔吐-] 名[自] 吐はき気けを催もよすこと、嘔吐おう。

외:용[外用] 名[自他] 外用よう。¶ ~ 약 外用薬やく。

외우다 他 ①そらんじる、暗誦あんしょうする。¶ 글을 줄줄 ~ 文ぶんをすらすら暗誦する。②暗記あんきする。¶ 구구단을 ~ 九九くくの段だんを暗記する。

외:유[外遊] 名[自] 外遊ゆう。¶ ~길에 오르다 外遊の途と にのぼる。

외:유-내:강[外柔內剛] 名[形] 外柔内剛ないごう。

외:-음부[外陰部] 名[生] 外陰部いんぶ。

외:이[外耳] 名[生] 外耳じ。¶ ~염 外耳炎えん。

외:인[外人] 名 外人じん。①部外者ぶがい、出入 금지 部外者の出入にゅう禁止きん。②外国人じんこく。¶ ~ 부대 外人部隊たい。

외:-자[-字] 名 一字いち。¶ ~ 이름 一字の名な。

외:자[外字] 名 外字じ、外国がいこくの文字じ。¶ ~ 신문 外字新聞しん。

외:자[外資] 名[經] 外資し、外国こくの資本ほん。¶ ~ 도입 外資導入どうにゅう。

외:장[外裝] 名 外装そう。

외:적[外的] 名 外的てき。¶ ~ 인 조건 外的な条件けん。

외:적[外敵] 名 外敵てき。¶ ~ 의 침입 外敵の侵入にゅう。

외:접[外接] 名[數] 外接せつ。
외:접-원[-圓] 名[數] 外接円えん。

외:제[外製] 名 外国製こく。¶ ~품 外国製品ひん/ ~차 外車しゃ。

외:조[外祖] "외조부"의 縮約形。
외:-조부[-父] 名 外祖父ふ。

외:종 사:촌[外從四寸] 名 母方かたのいとこ。

외:종-형[外從兄] 名 母方ははかたのいとこの兄に。

외:주[外注] 名[他] 外注ちゅう。¶ ~로 만들다 部品ぶひんを外注で作つくる。

외-줄 名 一筋ひとすじ、一本ほん、単線せん。

외-줄기 名 ①一本筋ほん、一筋すじ。②枝えのない茎くき[幹みき]。

외:지[外地] 名 外地ち。①居住地きょじゅう以外いがいの地方ほう、他郷きょう。②植民地しょくみん。

외:지[外紙] 名 外紙し、外国こくの新聞しん。

외:지[外誌] 名 外誌し、外国こくの雑誌ざっ。

외:-지다 形 (おもに「외진」の形で)へんぴな、ひっそりした、人里ひとざと離はなれた。¶ 외진 산골 人里離れた山奥おく。

외-짝 名 (対ついでそろっていない)片方かた。¶ ~문 片開かたびらきの戸と/ ~ 다리 片脚かたあし。

외-쪽 名 ①(相対あいたいするものの)片方ほう、片一方いっぽう。¶ ~ 어버이 片親かたおや。②一片いっぺん、一切とひとき。

외:채[外債] 名 外債さい。¶ ~를 모집하다 外債を募つのる。

외-챗-집 名 一軒家いっけん、一戸建いっこての家いえ。

외:척[外戚] 名 外戚せき、母方ははかたの親類しん。

외:출[外出] 名[自] 外出しゅつ。¶ ~ 금지 外出禁止きん/ 지금 막 ~하려는 참이다 今いまちょうど出かけようとするところだ。
외:-출-복[-服] 名 外出着ぎ、よそゆき。
외:출 부재[-不在] 名[自] 外出していないこと、留守す。
외:-출증[-證] 名 外出証しょう、外出許可証きょかしょう。
외:-출혈[外出血] 名[醫] 外出血しゅっけつ。
외:측[外側] 名 外側そとがわ。
외:치[外治] 名 外交こう。

**외:치다** 自他 叫ぶ, 喚く, 声を張り上げる。¶ 개혁을 ~ 改革を叫ぶ。/ 살려 달라고 ~ 助けてくれとわめく。

**외:탁**[外-] 名[하自] (容貌・性質せいしつが) 母方ははに似ていること。

**외-토리** 名 独りぼっち, 独り身。⇔ 외돌토리

**외-톨** 名 ①(栗くり・にんにくなどの)実が一粒ひとつぶだけのもの。 ②「외돌토리」의 縮約形.

**외톨-박이** 名 ①(栗・にんにくなどの)一粒だけ入っているもの。 ②独りぼっち。

**외톨-밤:** 名 いがに一粒だけ入っている栗。

**외-통**[-通] 名 ①一方だけに通ずること。 ②(将棋しょうぎで) 詰められた局面きょくめん。

**외통수**[-手] 名 (将棋で) 一手詰いってめの手。

**외:투**[外套] 名 外套とう, オーバー。

**외:투-막**[-膜] 名[動] 外套膜。

**외-틀다** 他 (一方はうに)ひねる, ねじる。

**외:판**[外販] 名[하自] 外販はん, 外交販売はんばい。¶ ~원 外販員。

**외팔** 名 片方かたっぽの腕で, 片腕かたうで。

**외팔-이** 名 片腕の人。

**외:풍**[外風] 名 ①隙間風すきまかぜ, 外から入はいる風かぜ。¶ ~이 세다 隙間風がひどい。 ②外来がいらいの風俗ふうぞく。

**외:피**[外皮] 名 外皮がい。

**외:-할머니**[外-] 名 外祖母がいそぼ。

**외:-할아버지**[外-] 名 外祖父がいそふ。

**외:-항**[外港] 名 外港こう。

**외-향성**[外向性] 名[心] 外向性こうせい。

**외:-형**[外形] 名 外形けい, 見みかけ。

**외:-화**[外貨] 名 外貨がい。¶ ~ 획득 外貨獲得かくとく。

**외:-화**[外畫] 名 外画がい, 外国がいこくの映画えいが。

**외:-환**[外患] 名 外患かん。¶ 내우 ~ 内憂ないゆう外患。

**외:-환**[外換] 名《「외국환(外国換)」의 縮約形》外国がいこく為替かわせ。¶ ~ 관리법 外国為替管理法ほう。

**외:-환율**[-率] 名 為替かわせレート。(予) 환시세(換時勢)

**왼:** 冠 左ひだりの, 左側がわの。¶ ~쪽 左側/ ~뺨 左のほお。

*관용* **왼 고개를 젓다** 頭あたまを左に振ふる。《反対はんたい・否定の意を表わす》 **왼 고개를 틀다** 頭を左に回まわす。《無視むしする, 気に入らなくて顔をそむける》 **왼눈도 깜짝 아니하다** 左側の目めもまたたかない。《少しも驚おどかない》

**왼:-발** 名 左足ひだりあし。

**왼:-손** 名 左手ひだりて。

**왼:-손-잡이** 名 左利ひだりきき(の人)。

**왼:-쪽** 名 左ひだり, 左側がわ, 左の方ほう。¶ ~으로 돌아가 左に曲まがる。

**왼:-팔** 名 左腕ひだりうで。(予) 좌수 左腕投手とうしゅ。

**왼:-편**[-便] 名 左ひだり, 左側, 左の方。

**윙** 副 ①(小ちいさな虫などが飛ぶときの音)ぶん, ぶうん, びゅん。 ②(風かぜが電線でんせんに強つく当たったときの音) ひゅう, びゅう。

**요**¹ 冠 ①(近ちかい距離きょ・時間じかんをさす語ー) こ

の, ここ。¶ ~ 근처 この近所きんじょ/ ~ 전에 この前まえに。 ②(目前もくぜんの人・事物じぶつを軽かろんじて言う語)この, これ。¶ ~ 녀석 こいつ/ ~ 귀여운 고양이 このかわいい猫こ。

**요**² 語尾 ①(断定だんていする意を表わす)…です。¶ 이것은 동물이 ~ これは動物どうぶつです。 ②(問とを表わす)…ですか。¶ 누구세 ~? どちらさまですか。 ③(注意ちゅういをうながす意味の特殊とくしゅ助詞)…ですね, …よ。¶ 눈이 와 ~ 雪ゆきが降りますよ。 ④(列挙れっきょ・羅列れっを表わす連結れんけつ助詞))…であり, …であって。¶ 이것은 소 ~ 저것은 말이다 これは牛うしで, あれは馬うまだ。

**요**[←褥] 名 敷布団しきぶとん, 敷しき, しとね。¶ ~를 깔다 敷布団を敷しく。

**요:**[要] 名 《おもに「요는」の形で》要ようは。¶ ~는 그렇다 말이다 要はそういうことだ。

**요가**[범 yoga] 名 ヨガ, ヨーガ。

**요강**[尿鋼] 名 しびん, しゅびん, おまる。

**요강**[要綱] 名 要綱こう。¶ 실시 ~ 実施じっし要綱。

**요-같이** 副 このように, こんなに, こうして。¶ ~ 만들어라 このようにつくりなさい。

**요-거** 名《「요것」의 縮約形》これ, こいつ。

**요-건** 略《「요것은」의 縮約形》これは, こりゃ。¶ ~ 간단하다 これは簡単かんたんだ。

**요건**[要件] 名 要件けん。¶ ~을 갖추다 要件をそなえる。

**요-걸** 略《「요것을」의 縮約形》これを, こいつを。¶ ~ 주께요 これをあげます。

**요-것** 代 ①これ。¶ ~ 만 있으면 뭐든지 할 수 있다 これさえあれば何でもできる。 ②こいつ。¶ ~ 참 똑똑한 놈이다 こいつなかなかしっかりしているね。

**요-게** 略《「요것이」의 縮約形》これが, こいつが。¶ ~ 한 짓이다 こいつの仕業しわざだ。

**요격**[邀撃] 名[하他][되自] 邀撃げき, 迎撃げき。¶ ~기 邀撃機き。

**요결**[要訣] 名 要訣けつ, 奥おくの手で, 秘訣ひけつ。¶ 성공의 ~ 成功せいこうの要訣。

**요골**[腰骨] 名[生] 腰骨ほね。

**요관**[尿管] 名 尿管かん, 輸尿管ゆにょうかん。

**요괴**[妖怪] 名 ①[하形] ←形 よこしまで怪しいこと。 ②妖怪よう, お化ばけ, 化ばけ物もの。

**요구**[要求] 名[하他][되自] 要求きゅう。¶ 부당한 ~ 不当ふとうな要求/ 임금 인상을 ~하다 賃上ちんあげを要求する。

**요구르트**[독 Joghurt] 名 ヨーグルト。

**요:금**[料金] 名 料金きん。¶ ~ 별납 料金別納べつのう/ ~을 징수하다 料金を徴収ちょうしゅうする。

**요기** 代 ①ここ, こちら。¶ 자, ~를 봐 さあ, ここを見みなさい。 ②これ, この点てん。

**요기**[妖氣] 名 妖気よう。¶ ~가 서리다 妖気が漂ただよう。

**요기**[療飢] 名[하他][되自] 飢うえを満みたす程度ていどに少しく食たべること, 口くちしのぎ, 腹はらの足たし。¶ 식빵으로 ~하다 食パンで空腹くうふくを満みたす。

**요긴**[要緊] 名[하形] 緊要きんよう, 非常ひじょうに大切たいせつ

なこと。¶ 일상 생활에 ~한 물건 日常生活に緊要なもの。㊇ 긴요
**요-까짓**[冠] これしきの、これくらいの、これほどの。¶ ~ 일로 쩔쩔매다니 これしきの事ででこずるとは。
**요-나마**[副] これまでも、これだけでも。これさえも。¶ ~ 남은 것도 다행이다 これだけでも残ったのも幸いだ。
**요날-요때**[名][副] この日゚この時を、きょうこの時。¶ ~를 기다려 왔다 この日この時を待ってきた。
**요날-조날**[名][副] あの日゚この日゚、今日や明日やと。¶ ~ 미루다 今日や明日やと延期をする。
**요낭**[副] このままで、このままずっと。¶ 언제까지 ~ 살 수는 없다 いつまでもこのような暮しは出来ない。
**요녀**[妖女][名] 妖女、妖婦よう。㊇ 요부(妖婦)
**요-년**[名][卑] この尼。¶ ~, 썩 꺼지지 못해 この尼、とっとと消えうせろ。
**요-놈**[名][卑] この野郎、こいつ。
**요-다음**[名] この次、今度こん。¶ ~은 내 차례다 この次は僕の番だ。
**요-다지**[副] このようにも、こんなにまでも、これほどまで。¶ ~ 어려울 줄은 몰랐다 こんなにまで難しいとは知らなかった。
**요대**[腰帶][名] 腰帯こし。㊇ 허리띠
**요-대로**[副] このとおりに、このままに。¶ ~ 따라가면 된다 このとおりについて行けばよい。
**요도**[尿道][名] 尿道にょう。¶ ~염 尿道炎えん。
**요도**[腰刀][名] 腰刀こし。
**요동**[搖動][名][하自他] 揺動とう、揺ゆれ動どくこと。¶ 천지를 ~하다 天地でんを揺るがす。
**요-따위**[冠] ①このようなたぐい、こんなもの。¶ ~ 형편없는 물건 こんなくだらない物。 ②これっぱかし、これぐらいのもの。¶ ~ 가지고 왜 이리 야단인가 こんなことで何でこんなに騒いでいるのか。
**요란**[搖亂][名][形][스動] ①騒々そうしいこと、騒がしいこと、うるさいこと、けたたましいこと。¶ ~한 사이렌 소리 けたたましいサイレンの音ね。②けばけばしいこと、大おおげさなこと。¶ ~한 옷차림 けばけばしい身みなり。
**요란-히**[副] 騒がしく、騒々しく、うるさく、やかましく。¶ ~ 떠들어대다 うるさく騒ぎたてる。
**요람**[要覽][名] 要覽よう。¶ 학교 ~ 学校の要覽。
**요람**[搖籃][名] 搖籃よう、揺ゆり籠かご。¶ ~에서 무덤까지 揺り籠から墓場ばまで。
**요람-기**[-期][名] 搖籃期き。¶ 고대 문명의 ~ 古代文明ぶんの揺籃期。
**요래-도**[略] ①(「요러하게 하여도」の縮約形)こんなにしても、こうしても。¶ ~ 안 열리고 조래도 안 열린다 こうしても開あかないし、ああしても開あかない。②(「요러하여도」の縮約形)こうでも、これでも、かくても。¶ ~ 옳다고 하느냐? これでも正しいと言ゆうのか。
**요래라-조래라**[略]((「요러하게 하여라 조러하게 하여라」の縮約形)こうしろああしろと、ああしろこうしろと。¶ ~ 말도 많다 ああしろこうしろとずいぶんうるさい。
**요래-봬도**[略]((「요러하게 보이어도」の縮約形)こう見えても、こうでも。¶ ~ 마을에서 제일 가는 부자다 こう見えても村むらでは一番はんの金持かねだ。
**요래서**[略]((「요러하여서」の縮約形)こんなにして、かくて、これだから。
**요래서-야**[略]((「요러하여서야」の縮約形)こうしては、これでは、こんなでは。¶ ~ 큰 인물이 되겠느냐? こんなでは大人物じんぶつになれないぞ。
**요래-조래**[副]((「요러하여 조리하여」の縮約形)ああしてこうして、あれこれして、どっちみち。¶ ~ 나만 손해를 봤다 どっちみち私ひただけ損そんだ。
**요랬다-조랬다**[略]((「요러하였다가 조러하였다가」の縮約形)こうしたりああしたり、こういったりあいあいったり、ああだこうだと。¶ ~ 하는 변덕쟁이 ああだこうだという気きをつかう。
**요량**[料量][名][하他] (事情じょう・状況じょうなどに対しての)考かんえ、見当けん、思案しあん、つもり、思しわく。¶ ~없는 말 考えのないことば／자네가 ~해서 처리해 주게 君きが見当をつけて処理りしてくれ。
**요러나-조러나**[略] ①(「요러하나 조러하나」の縮約形)こうでもああでも、あれやこれや。②(「요러하나 조러하나」の縮約形)ああしてもこうしても。¶ ~ 마찬가지다 ああしてもこうしても同じだ。
**요러니-조러니**[副]((「요러하다느니 조러하다느니」の縮約形)ああだこうだと、どうのこうのと。¶ ~ 핑계를 대다 ああだこうだと理屈くつをつける。
**요러다**[略]「요러다가」の縮約形。
**요러다가**[略](「요러하다가」の縮約形)こうするうちに、こうしていては。¶ ~ 실패하면 어떻게 하지? こんなことをしていて失敗ぱいしたらどうするか。
**요러면**[略](「요러하면」の縮約形)こうしたら、こうすれば、これなら。¶ ~ 어떤가? こうしたらどうかね。
**요러므로**[略](「요러하므로」の縮約形)こうだから、こうなので、これゆえ。
**요러요러-하다**[形여] こうこうである、斯かく斯である、しかじかである。¶ 요러요러한 이유로… こうこういう理由ゆうで…。
**요러조러-하다**[形여] しかじかである、斯かく斯である。¶ 사건의 경위는 ~ 事件じんのいきさつはしかじかである。
**요러쿵-조러쿵**[副][하自]((「요러하다는 등 조러하다는 등」の縮約形)なんだかんだと、なんのかんのと、ああだこうだと。¶ ~ 말하다 ああだこうだと言ゆう。
**요러-하다**[形여] このようだ、こうだ。¶ 사건의 내막은 ~ 事件じんの内幕まくはこうだ。
**요럭-조럭**[副][하自] ①どうやらこうやら、どうに

요런¹ 〔感〕(《軽く驚いた時に発っする声》)おやっ、まあ、何んと。¶ ~、깜찍한 것 마あ、お利口じゃさん。

요런² 〔冠〕(「요러한」の縮約形) こんな、このような。¶ ~ 사람은 처음 봤네 こんな人間は初めてだ。

요렇다 〔形ㅎ〕(「요러하다」の縮約形) このようだ、こうだ。¶ 진상은 ~ 真相はこうだ。

요렇다-조렇다 〔副〕(「요러다거나 조러다거나」の縮約形) ああだこうだ、なんだかんだ。¶ ~ 잔소리가 많다 ああだこうだと小言ごとが多い。

요렇듯 〔副〕(「요러하듯」の縮約形) 斯かくも、このように、こんなに。

요렇듯-이 〔形ㅎ〕(「요러하듯이」の縮約形) 斯かくのごとく、こんなに、このように。

요령〔要領〕〔名〕要領りょう。¶ ~ 있게 말하다 要領よく話はす。/ ~을 알 수가 없다 要領をつかめない。

요령-부득〔不得〕〔名〕〔하形〕要領りょうを得えない こと、不得ふ要領。

요로〔要路〕〔名〕要路ろ。①主要しゅような道路どう。¶ 교통의 ~ 交通うの要路。②重要じゅうような地位。¶ ~ 관계 ~에 진정하다 関係かん要路に陳情じょうする。

요리〔料理〕〔名〕〔하他〕〔되自〕料理りょう。¶ 중화 中華ちゅう料理/ ~를 만들다 料理を作つくる。

요리-사〔-師〕〔名〕料理人に、調理師ちょうりし。

요릿-집 〔名〕料理店てん、料理屋や。

요리 〔副〕①こちらへ、ここに、こっちに。¶ ~로 오십시오 こちらにいらっしゃい。 ②こう、このように。¶ ~ 만들어라 このようにつくりなさい。

요리-조리 〔副〕①あちらこちらに、あっちこっちに。¶ ~ 용하게 피한다 あちらこちらにうまく避ける。②あれこれと。¶ ~ 궁리하다 あれこれと工夫ふうする。

요만¹ 〔冠〕これくらいの、これしきの。¶ ~ 일에 울다니 これしきのことで泣なくとは。

요만² 〔副〕これだけで、これくらいにして、この程度ていにして。¶ 오늘은 ~ 하자 今日きょうはこれだけにしよう。

요-만치 〔副〕①これくらい離れて。②これくらい。¶ 이만치

요-만큼 〔副〕これくらい、これほど、これだけ。¶ ~만 주세요 これくらいだけください。

요만-하다 〔形刮〕これくらいだ、これほどだ、これだけだ、これ程度のものだ。¶ 요만한 손해 これくらいの損害そん。

요맘-때 〔名〕今いまごろ、今時分じぶん。¶ 작년 ~ 昨年さくねんの今ごろ。

요망〔妖妄〕〔名〕〔하形〕あやしくみだらなこと。¶ ~을 떨다 みだらにふるまう。

요망-스럽다 〔形ㅂ〕みだらだ。

요망〔要望〕〔名〕〔하他〕要望ぼう。¶ ~ 사항 要望事項じこう/ ~에 부응하다 要望にこたえる。

요면〔凹面〕〔名〕凹面おう。¶ ~경 凹面鏡きょう。

요모-조모〔名〕〔副〕あんな面めんこんな面、あれこれ。¶ ~로 생각하다 あれこれと考かんえる。

요물〔妖物〕〔名〕妖物ぶつ。①妖怪かい。②邪悪じゃあくな者の、よこしまな者。

요-번〔-番〕〔名〕今度こん、この度たび。¶ ~에는 내 차례다 今度は僕ぼくの順番じゅんばんだ。

요법〔療法〕〔名〕療法ほう。¶ 물리 ~ 物理ぶつ療法。

요변〔妖變〕〔名〕①〔하他〕よこしまで気きまぐれにふるまうこと。②妖変へん、あやしげな変事へんじ。¶ 갖은 ~이 잦다 さまざまな妖変が頻発ひんぱつする。

〈慣用〉 요변(을) 떨다〔부리다〕 よこしまで気きままに行動こうする。

요부〔妖婦〕〔名〕妖婦ふ、妖女じょ。

요사〔妖邪〕〔名〕〔하形〕あやしげで邪悪じゃあくであること。

〈慣用〉 요사(를) 떨다〔부리다〕 ひどく邪悪じゃあくにふるまう。 요사(를) 피우다 非常ひじょうに邪悪じゃあくなふるまいを公然こうぜんとする。

요사-스럽다 〔形ㅂ〕よこしまに見みえる。

요-사이 〔名〕①この間あいだ、少すこしの間、わずかな間。②(副詞的に)近ごろ、このごろ、最近きん。¶ ~ 일어난 일 最近起きったこと。

요-새 〔名〕〔副〕(「요사이」の縮約形) 近ごろ、最近きん、このごろ。¶ ~의 청년 近ごろの青年ねん/ ~ 어떻게 지내십니까? このごろいかがお過すごしですか。

요새〔要塞〕〔名〕要塞さい、とりで。¶ 난공 불락의 ~ 難攻不落なんこうふらくの要塞。

요설〔饒舌〕〔名〕〔하自〕饒舌じょう。¶ ~을 떨다 饒舌をふるう。

요소〔尿素〕〔名〕〔化〕尿素にょう。¶ ~ 수지 尿素樹脂じゅ。

요소〔要所〕〔名〕要所しょ。¶ ~를 차지하다 要所を占しめる。

요소〔要素〕〔名〕要素よう。¶ 문장의 구성 ~ 文章しょうの構成こうせい要素。

요술〔妖術〕〔名〕妖術じゅつ、魔術じゅつ。¶ ~을 부리다 妖術を使つかう。

요술-쟁이 〔名〕妖術師し、魔術師し。

요식〔要式〕〔名〕要式しき。¶ ~ 행위 要式行為こうい。

요식-업〔料食業〕〔名〕飲食物いんしょくを販売はんばいする営業ぎょう。

요-실금〔尿失禁〕〔名〕〔美〕尿失禁しっきん。

요약〔要約〕〔名〕〔하自他〕〔되自〕要約やく。¶ 문장을 ~ 하다 文章ぶんを要約する。

요양〔療養〕〔名〕〔하自他〕療養りょう。¶ 전지 ~ 転地ち療養。

요양-소〔-所〕〔名〕療養所じょ。¶ 결핵 ~ 結核かく療養所。

요업〔窯業〕〔名〕窯業よう。

요연〔瞭然〕〔名〕〔하形〕瞭然りょう。¶ 일목 ~ 一目もく瞭然。

요염〔妖艶〕〔名〕〔하形〕妖艶えん。¶ ~한 눈매 妖艶なまなざし。

요오드〔独 Jod〕〔名〕〔化〕ヨード、沃素よう。

**요오드-팅크**〔독 Jodtinktur〕 名〚藥〛ヨードチンキ、ヨーチン。

**요오드-화**〔-化〕 名〚하타〛되타〚化〛沃化する。¶ ~물 沃化物/ 칼륨 沃化カリウム。

**요:요-하다**〔夭夭-〕 形 夭々としている、若く麗しい。¶ 요요한 얼굴 夭々たる顔つき。

**요요-하다**〔搖搖-〕 揺々とする、揺れ動いて、(心こが)動揺して落ち着かない。¶ 걱정으로 요요한 마음 心配で揺ぐとする心。

**요요-하다**〔遙遙-〕 形여 遥々としている、遠くはるかである。

**요원**〔要員〕 名 要員。¶ 보안 ~ 保安要員。

**요원**〔遙遠〕 名하形 遥遠、遼遠。¶ 전도가 ~하다 前途遙遠である。

**요원**〔燎原〕 名 燎原。
〖관용〗요원의 불길 燎原の火。¶ ~처럼 일어나다 燎原の火のように起こる。

**요의**〔尿意〕 名 尿意。¶ ~를 느끼다 尿意を催す。

**요인**〔要人〕 名 要人。¶ 정부 ~을 경호하다 政府の要人を警護する。

**요인**〔要因〕 名 要因。¶ 분쟁의 ~이 되다 紛争の要因となる。

**요일**〔曜日〕 名 曜日。¶ 일~日曜日/ 무슨 ~입니까? 何曜日ですか。

**요-전**〔-前〕 名 この前、この間、先日。¶ 바로 ~ ついこの間/ ~에 만났을 때 先日お会いしたとき/ ~에는 실례 많았습니다 この前は大変失礼しました。

**요-전번**〔-前番〕 名 この前、先日、先頃、先だって。

**요:절**〔夭折〕 名하自 夭折、若死に。¶ ~한 천재 시인 若死にした天才詩人。

**요절**〔腰折・腰絶〕 名하自 (腰が折れるほど)笑うこと、笑いこけること。¶ ~을 하도록 웃다 腰が折れるほど笑う。

**요절-복통**〔-腹痛〕 名하自 笑いこけて腹痛をおぼえるほどであること。

**요절-나다** 台なしになる、駄目になる、潰れる。

**요절-내다** 他 台なしにする、駄目にする、潰す、使えなくする。

**요점**〔要點〕 名 要点。¶ ~을 설명하다 要点を説明する。/ 문제의 ~을 파악하다 問題点の要点をつかむ。

**요정**〔妖精〕 名 妖精、ニンフ。

**요정**〔料亭〕 名 料亭、料理屋。㊥ 요릿집

**요:조**〔窈窕〕 名하形 窈窕、(女性らしく)奥ゆかしい。
**요:조 숙녀**〔-淑女〕 名 窈窕たる淑女。

**요-주의**〔要注意〕 名 要注意。¶ ~ 인물 要注意の人物。

**요-즈막** 名 このごろ、つい最近。¶ ~에 있었던 사건 つい最近起こった事件。

**요-즈음** 名 ①この頃、近ごろ、最近、今時、近来。¶ ~의 젊은이들 この頃の若者たち。②《副詞的に》この頃、近ごろ。¶ ~ 통 보이지 않습니다 近ごろ全然顔を見せません。

**요-즘** 名 「요즈음」の縮約形。

**요지**〔要地〕 名 要地。¶ 교통의 ~ 交通の要地。

**요지**〔要旨〕 名 要旨、あらまし。¶ 강연의 ~를 말하다 講演の要旨をのべる。

**요지-경**〔瑤池鏡〕 名 のぞき眼鏡、のぞきからくり。¶ ~ 속같이 돌아가는 세상 のぞきからくりのようにくるくる回る世の中。

**요지-부동**〔搖之不動〕 名 ゆさぶっても微動だにしないこと、絶対に変わらないこと。¶ 자기 생각을 ~으로 고집한다 自分の考えを頑固に押し通する。

**요직**〔要職〕 名 要職。¶ ~에 오르다 要職に就く。

**요-처럼** 副 このように、これほどに。¶ ~ 해라 このようにしろ。

**요철**〔凹凸〕 名하形 凹凸、でこぼこ。¶ ~ 렌즈 凹凸レンズ。

**요청**〔要請〕 名하他 要請。¶ 지원을 ~하다 支援を要請する。/ 시대적 ~에 응하다 時代の要請にこたえる。

**요충**〔要衝〕 名 要衝、要地、要所。¶ 군사적 ~ 軍事的の要衝。
**요충-지**〔-地〕 名 要衝の地。

**요충**〔蟯蟲〕 名〚動〛ギョウチュウ。

**요:-컨대**〔要-〕 副 要するに、要は、つまり。¶ ~ 돈이 문제다 要は金が問題だ。

**요통**〔腰痛〕 名 腰痛。¶ ~을 앓다 腰痛を患う。

**요트**〔yacht〕 名 ヨット。¶ ~ 레이스 ヨットレース/ ~를 달리다 ヨットを走らせる。

**요:-하다**〔要-〕 他 要する、必要とする。¶ 비밀을 ~ 秘密を要する。

**요항**〔要項〕 名 要項。¶ 모집 ~ 募集要項。

**요:해**〔了解〕 名하他되自 了解。¶ 충분한 ~ 十分なる了解。

**요행**〔僥倖〕 名하形 僥倖。¶ ~을 믿다 僥倖に頼る。**요행-히** 副 まぐれに、運よく。¶ ~ 살아나다 運よく助かる。

**요행-수**〔-數〕 名 僥倖の運、まぐれあたり。¶ ~나 바라서야 되겠는가? 零幸こぼれの運など当てにしていていいのか。

**욕**〔辱〕 名 ①하自他 (「욕설」の縮約形) 悪口、悪罵する、~のしること。¶ 뒤에서 ~을 하다 裏で悪口を言う。②(「치욕(恥辱)」の縮約形) 恥辱、辱かしめ。¶ ~을 당하다 恥辱をこうむる。

**욕**〔欲〕 名 (「욕구(欲求)」の縮約形) 欲。¶ 소유~ 所有欲 / 육~ 肉欲。

**욕구**〔欲求〕 名하他 欲求。¶ ~를 채우다 欲求を満たす。
**욕구 불만**〔-不滿〕 名 欲求不満。¶ ~에 빠지다 欲求不満に陥る。

**욕-되다**〔辱-〕 形 面目がない、不名誉である、恥になる。¶ 학교의 이름을 욕되게 하다 学校の名を汚す。

**욕망**[欲望] 名하他 欲望よく。¶ ~을 부추기다 欲望をあおる。

**욕-먹다**[辱-] 自 ①悪口わるぐちを言いわれる、悪評あくひょうを受うける。②叱しかられる。

**욕-보다**[辱-] 自 ①恥辱ちじょくを受うける、恥はじをかく、辱はずかしめられる。②非常ひじょうに苦労くろうする、骨折ほねおる、困こまる。③強姦ごうかんされる、凌辱りょうじょくされる。

**욕-보이다**[辱-] 他 ①辱はずかしめる、恥はじをかかせる。②苦労くろうをかける、苦くるしめる。③強姦ごうかんする、凌辱りょうじょくする。

**욕설**[辱說] 名하他 悪口わるぐち、ののしり、罵倒ばとう。¶ ~을 퍼붓다 悪口を浴あびせる。

**욕실**[浴室] 名 浴室よくしつ、風呂ふろ。

**욕심**[欲心·慾心] 名 欲よく、欲心よくしん、欲気よくけ。¶ ~이 많다 欲が深ふかい。/ ~을 내다 欲を出だす。
관용 욕심에 눈이 어두워지다 欲よくに目めがくらむ。

**욕심-꾸러기** 名 欲張よくばり、欲張りな人ひと。

**욕심-부리다** 自 欲張よくばる。

**욕심-사납다** 形 強欲ごうよくだ、大変たいへんな欲張りである、骨折ほねおりである。

**욕심-쟁이** 名 欲張りよくばり、ごうつくばり、強欲ごうよくな人ひと。

**욕정**[欲情] 名 欲情よくじょう。

**욕조**[浴槽] 名 浴槽よくそう、湯船ゆぶね、風呂桶ふろおけ。

**욕-지거리**[辱-] 名하自 悪口わるぐち、ののしり。¶ ~를 퍼붓다 悪口を浴あびせる。

**욕-지기** 名 吐はき気け。¶ ~가 나다 吐き気を催もよおす。

**욕창**[褥瘡] 名 褥瘡じょくそう、床擦とこずれ。¶ ~이 생기다 床擦れができる。

**욕탕**[浴湯] 名 風呂場ふろば、銭湯せんとう。

**용**[龍] 名 竜りゅう。
관용 용(이) 되다 ろくでなしが偉えらくなること。

**-용**[用] 接尾 …用よう、…持もち。¶ 학생~ 学生用がくせいよう。

**용:감**[勇敢] 名하形 勇敢ゆうかん。¶ ~한 행위 勇敢な行為こうい。 **용감-히** 副 勇敢に、勇いさましく。¶ ~ 싸우다 勇敢に戦たたかう。

**용:감 무쌍**[-無雙] 名하形 勇敢無双ゆうかんむそう、勇敢このうえないこと。

**용:건**[用件] 名 用件ようけん、用事ようじ。¶ ~을 꺼내다 用件を切きり出だす。

**용공**[容共] 名 容共ようきょう。¶ ~ 정책 容共政策ようきょうせいさく。

**용광-로**[鎔鑛爐] 名[工] 溶鉱炉ようこうろ。

**용:구**[用具] 名 用具ようぐ。¶ 필기 ~ 筆記ひっき用具。

**용궁**[龍宮] 名 竜宮りゅうぐう。

**용:기**[勇氣] 名 勇気ゆうき。¶ 백배 勇気百倍ゆうきひゃくばい/ ~를 내다 勇気を出だす。

**용기**[容器] 名 容器ようき、入いれ物もの、器うつわ。¶ ~에 담다 容器に入いれる。

**용-꿈**[龍-] 名 〈縁起えんぎがよいとされる〉竜りゅうの夢ゆめ、祥瑞しょうずいの夢。¶ ~을 꾸다 縁起のよい夢を見みる。

**용납**[容納] 名하他되自 〈人ひとの言行げんこうを〉受うけ入いれること、容認ようにんすること。¶ ~될 수 없는 문제 受け入れられない問題もんだい。

**용:-단**[用斷] 名하他 勇断ゆうだん。¶ ~을 내리다 勇断を下くだす。

**용:달**[用達] 名하他 〈物もの·用事ようじを〉配達はいたつ·伝達でんたつすること。

**용:달-차**[-車] 名 用達車ようたしゃ。

**용:도**[用途] 名 用途ようと、使つかい途みち。¶ ~가 다양한 상품 用途が広ひろい商品しょうひん。

**용:-돈**[用-] 名 小遣こづかい、ポケットマネー。¶ ~을 타다 小遣いをもらう。

**용두-사미**[龍頭蛇尾] 名 竜頭蛇尾りゅうとうだび。¶ 그 계획은 ~로 끝났다 その計画けいかくは竜頭蛇尾に終おわった。

**용:량**[用量] 名 用量ようりょう。¶ ~을 늘리다 用量を増ふやす。

**용량**[容量] 名[化] 容量ようりょう。¶ ~ 분석 容量分析ぶんせき。

**용렬**[庸劣] 名하形 스형 庸劣ようれつ、凡庸ぼんようで劣おとっていること。

**용:례**[用例] 名 用例ようれい。¶ ~를 들다 用例を挙あげる。

**용-마루** 名 屋根やねの棟むね。

**용매**[溶媒] 名[化] 溶媒ようばい。

**용:맹**[勇猛] 名하形 勇猛ゆうもう。¶ ~을 떨치다 勇猛をとどろかす。

**용:맹-스럽다** 形 見みるからに勇猛だ。¶ 용맹스러운 병사들 勇猛な兵士へいしたち。 **용맹-스레** 副 勇猛に。

**용모**[容貌] 名 容貌ようぼう、顔形かおかたち、顔かおつき。¶ 아름다운 ~ 美うつくしい容貌。

**용:-무**[用務] 名 用務ようむ、用事ようじ。¶ ~가 있어 나가다 用事ができて出でかける。

**용:법**[用法] 名 用法ようほう、用つかい方かた。¶ 부사의 ~ 副詞ふくしの用法。

**용:-변**[用便] 名하自 用便ようべん。¶ ~을 보다 用を足たす。

**용:병**[用兵] 名하自 用兵ようへい。

**용:병-술**[-術] 名 用兵術ようへいじゅつ。

**용병**[傭兵] 名 傭兵ようへい。¶ ~대 傭兵隊ようへいたい。

**용:사**[勇士] 名 勇士ゆうし、勇者ゆうしゃ。¶ 역전의 ~ 歴戦れきせんの勇士。

**용서**[容恕] 名하他되自 容赦ようしゃ、勘弁かんべん、〈過あやまち·罪つみなどを〉許ゆるすこと。¶ ~를 빌다 許ゆるしを請こう。/ ~할 수 없다 容赦できない。

**용선**[傭船] 名 傭船ようせん、チャーター船せん。

**용선-로**[鎔銑爐] 名[工] 溶銑炉ようせんろ、キューポラ。

**용-솟음** 名하自 〈水みず·力ちからなどが〉勢いきおいよくほとばしること、わき立たつこと、沸わき上あがること。

**용솟음-치다** 自 ほとばしる、わき上がる、たぎる。¶ 용솟음치는 샘 わき上がる泉いずみ/ 젊은 피가 ~ 若わかき血ちがたぎる。

**용:수**[用水] 名 ①〈飲料水いんりょうすいに対たいして〉雑用ざつようの水みず。②飲料いんりょう·灌漑かんがい·洗濯せんたく·消火用しょうかようの水、用水。

**용수-철**[龍鬚鐵] 名 ばね、ぜんまい、スプリング。¶ ~ 저울 ぜんまい秤はかり。

**용:-쓰다**[勇-] 自 ①力ちからむ、必死ひっしになる。¶

용쓰고 들어 올리다 必死になって持ち上げる。 ②堪え忍ぶ、ふんばる。¶ 실패에도 지지 않고 ~ 失敗にもめげずふんばる。
**용안**[龍顔] 图 竜顔、天顔、王の顔。
**용암**[熔岩] 图〖地〗溶岩。¶ ~이 흐르다 溶岩が流れる。
**용암 대지**[-臺地] 图〖地〗溶岩台地。
**용암-류**[-流] 图〖地〗溶岩流。
**용액**[溶液] 图〖化〗溶液。
**용:약**[勇躍] 图 하자 勇躍。¶ ~ 출발하다 勇躍出発する。
**용:어**[用語] 图 用語。¶ 학술 ~ 学術用語/~의 선택 用語の選択。
**용:언**[用言] 图〖文法〗用言。
**용:역**[用役] 图 用役。
**용:역 수출**[-輸出] 图〖経〗用役輸出。
**용:역 회사**[-會社] 图 用役会社。
**용왕**[龍王] 图 竜王、竜神。
**용:왕-매:진**[勇往邁進] 图 하자 勇往邁進。はばかることなく勇敢に進むこと。
**용:의**[用意] 图 用意、心づかいの準備。
**용:의 주도**[-周到] 图 하형 用意周到。¶ 매사에 ~하다 すべてに用意周到だ。
**용의**[容疑] 图 容疑、犯罪の嫌疑。¶ ~자 容疑者。
**용이**[容易] 하형 容易、たやすいこと。¶ ~한 일이 아니다 容易ではない。/ 사용법이 ~하다 使用法がたやすい。
**용:익**[用益] 图 使用、使用と収益。¶ ~ 물권 用益物権。
**용인**[容認] 图 하타 되자 容認、認容。¶ ~하기 곤란한 문제 容認しがたい問題。
**용:자**[勇姿] 图 勇姿、勇ましい姿。¶ 마상의 ~ 馬上の勇姿。
**용자**[容姿] 图 容姿、姿かたち。¶ ~가 단려하다 容姿が端麗である。
**용:장**[勇將] 图 勇将。¶ 밑에 약졸 없다 勇将の下に弱卒なし。
**용:재**[用材] 图 用材。¶ 건축 ~ 建築用材。
**용적**[容積] 图 容積。¶ ~량 容積量。
**용적-계**[-計] 图 容積計。
**용:전**[勇戰] 图 하자 勇戦、勇ましく戦うこと。¶ ~ 분투 勇戦奮闘。
**용점**[鎔點] 图〖物〗融点、融解点。
**용접**[鎔接] 图 하타 溶接。¶ ~봉 溶接棒/전기 ~ 電気溶接。
**용:지**[用紙] 图 用紙。¶ 답안 ~ 答案用紙。
**용:처**[用處] 图 使いどころ、使いみち。¶ 돈의 ~ 金の使いみち。
**용:출**[湧出] 图 하자 湧出、涌出。¶ 샘이 ~하다 泉が湧出する。
**용-춤** 图 おだてにのること。
〔관용〕 **용춤(을) 추다** おだてられいい気になって言われるままにする。 **용춤(을) 추이다** おだてて自分の意のままにさせる。
**용케** 剾〈「용하게」の縮約形〉よくぞ、気丈にも、けなげにも。¶ 죽을 고비를 ~ 넘겼다 死の境かをよくも乗り越えた。

**용태**[容態] 图 容態。¶ ~가 급변하다 容態が急変する。
**용:퇴**[勇退] 图 하자 勇退。¶ 후진을 위해 ~하다 後進のために勇退する。
**용-트림**[龍-] 图 하자 気取ってわざと大きくげっぷをすること、もったいぶったげっぷ。
**용:품**[用品] 图 用品。¶ 사무 ~ 事務用品/생활 ~ 生活用品。
**용:-하다** 하형 ①技量がすぐれている、腕がいい、上手だ。¶ 용한 의사 腕のいい医者。②奇特だ、あっぱれだ、偉い。¶ 그런 어려운 일을 해치우다니 ~ そんな難しい仕事を やり遂げるとは偉い。③(人ひとなり)がおとなしくお好み。
**용해**[溶解] 图 하타 되자 溶解。¶ ~도 溶解度。
**용해-열**[-熱] 图 溶解熱。
**용해**[鎔解] 图 하타 되자 熔解。¶ ~로 熔解炉。
**용혈**[溶血] 图〖生〗溶血。¶ ~ 반응 溶血反応。
**용호**[龍虎] 图 竜虎。
**용호-상박**[-相搏] 图 하자 竜虎相打つ、強い者同士が闘たうこと。
**우:** 剾 ①〈多くのものが一度どに押し寄せるようす〉どっと、どやどや。¶ 아이들이 ~ 몰려오다 子供たちがどっと押し寄せて来る。 ②〈風が強く吹きつける音〉わっと、どっと、ひゅうひゅう。
**우:**[右] 图 右、右側。¶ ~로 나란히! 右へ倣え。
**우**[優] 图 優〈成績評価の5段階の2番目〉。
**우거지** 图 ①白菜・大根などの外葉や下葉。 ②甕に漬けた漬物・塩辛などの漬かっていない上のほうの部分。
**우거지-상**[-相] 图 しかめつ面、渋い顔。¶ ~을 하다 しかめっ面をする。
**우거지다** 자 (草木が) 生い茂る。¶ 나무가 우거진 숲 木の生い茂った森。
**우겨-대:다** 타 (頑固に) 言い張る、強情を張る。¶ 끝까지 모른다고 ~ どこまでも知らないと言い張る。
**우격-다짐** 图 하타 無理強い、無理往生、無理やりに押しつけること。¶ ~으로 끌고 오다 無理やりに連れてくる。
**우격-으로** 剾 無理やりに、強制的に。
**우견**[愚見] 图 愚見。
**우:경**[右傾] 图 하자 右傾。¶ ~화 右傾化。
**우:계**[雨季] 图 雨季。⑨ 우기 (雨期)。
**우국**[憂國] 图 하자 憂国。¶ ~지사 憂国の士。
**우:군**[友軍] 图 友軍、味方の軍隊。¶ ~기 友軍機。
**우그러-들다** 자 (内側に) へこむ、へこんで小さくなる。
**우그러-뜨리다** 타 へこませる、ぺしゃんこにする。
**우그러-지다** 자 ①(物の端が内側に) ちぢんでまくり込む。¶ 양동이가 ~ バケツの端

우그렁하다

우그렁-하다 [形여] ややへこんでいる、ややくぼんでいる。

우글-거리다 [自] ①(液体だいが) ぐらぐらと煮え立たつ。②(人ひと·虫むしが) うようよする、うじゃうじゃする。¶ 바퀴벌레가 우글거린다 ゴキブリがうようよしている。

우글-우글 [副][하자] ①(液体えきなどが沸わき立たつようす·その音おと) ぐらぐら ②(人ひと·やや大おきい生物ぶつが群むらがり集つまってうごめくようす) うようよ、うじゃうじゃ。

우글-쭈글 [副][하形] (ひどくしわがよったりひしゃげているようす) しわくちゃ、もみくちゃ。¶ ~한 종이 もみくちゃになった紙かみ。

우:기[雨期] [名] 雨期うき、雨季うき。¶ ~로 접어들었다 雨期に入はいった。

우기다 [他] 言いい張はる、意地いじを張はる、主張しゅちょうする、我がを張はる。¶ 자기가 옳다고 ~ 自分ぶんが正ただしいと言いい張はる。

우:는-살 [名] 鏑矢かぶらや、鳴矢めいし なり。

우:는-소리 [名] 泣なき言ごと。¶ ~를 하다 泣きごとを並ならべる。

우단[羽緞] [名] 絹きぬのビロード、ベルベット。

우당탕 [副] どしんどしん、どたばた、がたん、がたがた。¶ ~ 소리를 내며 계단을 내려왔다 どしんどしんと音おとを立たてて階段かいだんを降おりて来きた。

우대[優待] [名][하他][되自] 優待ゆうたい。¶ ~권 優待券けん/ 손님을 ~하다 お客きゃくさんを優待する。

우두[牛痘] [名][하自他][醫] 牛痘ぎゅうとう、牛ぎゅうのほうそう。

우두둑 [副][하自他] ①(固かたい物ものをかみ砕くだく音おと) かりかり、がりがり、ばりばり、ばりばり。②(固い物を折おるときに出でる音) ぽきっ、ぽきん。③(雨粒あまつぶやひょうなどが落おちる音) ばらばら、ぱらぱら。¶ 우박이 ~ 떨어지다 ひょうがばらばらと降ふりかかる。

우두-머리 [名] ①てっぺん、頂いただき、先端せんたん。¶ 나무의 ~를 자르다 木きのてっぺんを切きる。②頭かしら、頭目とう、親分おやぶん、首領しゅりょう、ボス。¶ 산적의 ~ 山賊さんぞくの頭目。

우두커니 [副] ①ほうぜんと、ぼんやりと、つくねんと。¶ ~ 서 있다 ぼんやりと立たっている。②ぶらぶら、ごろごろ。¶ ~ 놀고만 있다 ぶらぶら遊あそんでばかりいる。

우둔[愚鈍] [名][하形] 愚鈍ぐどん。¶ ~한 사람 愚鈍な人ひと。

우둘-우둘 [副][하形] ①(軟骨なんこつなどをかむようす·その音) ぽりぽり、ごりごり。②(丸々まるまるとして柔やわらかいようす) やわやわ、ふっくら。

우둥퉁-하다 [形여] (体からだが大おおきくてよく太ふとって) まるまるしている、むっちりしている。

우듬지 [名] 梢こずえ。

우등[優等] [名] 優等ゆうとう。¶ ~상 優等賞しょう/ ~으로 졸업하다 優等で卒業そつぎょうする。

우등-생 [-生] [名] 優等生せい。

우뚝 [副][하形] ①(高たかくそびえたつようす) ぐっ

と、にゅっと、ぬっと。¶ ~ 솟은 바위산 ぐっとそびえ立たった岩山いわやま。②(人ひとより秀ひいでたようす) ぐっと、ぐんと、ずっと。

우라질 [感感] (腹はらが立たったとき一人言ひとりごとのように吐はき出だしたり憎にくい相手あいてをののしるときに言いう語ご) くそ、畜生ちくしょう、えい、いまいましい。

우락부락-하다 [形여] (人相にんそう·行動こうどうが) 険けわしく荒あらあらしい。

우람-스럽다 [形ㅂ] (見みるからに) 堂々どうどうとして威厳いげんがある。

우람-하다 [形여] 堂々としている、雄大ゆうだいである、荘厳そうごんである。¶ 우람한 나무 大おおきくて立派りっぱな木き。

우:량[雨量] [名] 雨量うりょう。¶ ~이 많다 雨量が多おおい。

우:량-계 [-計] [名][氣] 雨量計けい。

우량[優良] [名][하形] 優良ゆうりょう。¶ ~품 優良品ひん。

우러-나다 [自] 染しみ出でる、染し出でる、抜ぬける、落おちる。¶ 쓴맛이 ~ 苦味にがみが染み出る。/ 색이 ~ 色いろが落ちる。

우러-나오다 [自] ①(考かんがえ·心こころなどが) わき出でる、にじみ出る。¶ 진심에서 우러나온 말 真心こころからわき出たことば。②(涙だ·声こえなどが) わき出でる、流ながれ出る、こみ上あげる。¶ 우러나오는 기쁨의 눈물 わき出るよろこびの涙。

우러러-보다 [他] ①仰あおぎ見みる。¶ 별을 ~ 星ほしを仰ぎ見る。②仰あおぐ、尊敬そんけいする、敬うやまう。¶ 스승으로 ~ 師しと仰ぐ。

우러르다 [自] ①顔かおを仰あおむける、仰あおぎ見みる。¶ 푸른 하늘을 ~ 青空あおぞらを仰ぎ見る。②仰あおぐ、尊たっとぶ、敬けいする。¶ 우러러 모시다 敬いに仕つかえる。

우렁쉥이 [名][動] ホヤ。⓷ 멍게。

우렁이 [名][動] タニシ。

우렁-차다 [形] (声こえ·音おとがとどろきわたる、大おおきく力強ちからづよい、高たからかだ。¶ 우렁찬 박수 소리 力強い拍手はくしゅの音おと。

우레 [雷] [名] 雷かみなり。¶ ~가 울리다 雷が鳴なる。

우려[憂慮] [名][하他] 憂慮ゆうりょ、おそれ。¶ 실패할 ~가 있다 失敗しっぱいする憂慮がある。

우려-내다 [他] ①(脅おどかして金かねなどを) 巻まき上あげる、せびり取とる、絞しぼり取る。¶ 남의 돈을 ~ 人ひとの金を巻き上げる。②(水みずに浸ひたして味あじ·色いろなどを) 抜ぬく、とる、出だす。¶ 떫은 맛을 ~ 灰汁あくを抜く。

우려-먹다 [他] ①(人を脅おどかして金かねなどを) 巻き上げる、ふんだくる、絞しぼり取る。②(水みずに浸ひたして味あじ·あくなどを) 抜ぬいて食たべる。

우로[迂路] [名] 迂路うろ、回まわり道みち。

우:로[雨露] [名] 雨露うろ、雨あめと露つゆ。¶ ~를 막다 雨露をしのぐ。

우롱[愚弄] [名][하他] 愚弄ぐろう。¶ 독자를 ~하다 読者どくしゃを愚弄する。

우르르 [副] ①(人ひと·動物どうぶつが群むらがって移動いどうしたり押おし寄よせたりするようす) わっと、どっと、どやどやと。¶ 사람들이 ~ 몰

려들었다 人々がどやどやとなだれこんだ。②《積まれていた物が崩れるようす・その音》がらがら。¶ 돌담이 ~ 무너지다 石垣ががらがらと崩れる。③《液体などが沸き立つようす・その音》ぐらぐら。④《雷鳴の音》ごろごろ、どろどろ。¶ 천둥이 ~ 울리다 雷がごろごろと鳴る。

**우리**¹ [名] 檻、(動物の)小屋。¶ 돼지 ~ 豚小屋/ 사자 ~ ライオンの檻。

**우리**² [代] 我、我々等、私たちたち。¶ ~ 나라 我が国/ ~ 마누라 うちのかみさん/ ~ 의견은 이렇다 我々の意見はこうだ。

**우리-들** [代] 我々等、我等等、私たちたち。

**우리-말** [名] わが国の言葉こと、すなわち国語、自国語。

**우리다** [他] ①(水につけて味・色などを)抜く、取る。②(おどしたりすかしたりして金を)巻き上げる、奪い取る、せしめる。

**우리집-사람** [名] 《他人に対して自分の妻を言う語》家内、うちの女房。

**우마** [牛馬] [名] 牛馬。¶ ~처럼 혹사하다 牛馬のように酷使する。

**우마-차** [-車] [名] 牛車と馬車。

**우매** [愚昧] [名] [하形] 愚昧。¶ ~한 백성 愚昧な民。

**우무** [名] 寒天。

**우묵** [副] [하形] 《まるくくぼんでいるようす、へこんでいるようす》ぼこん、ぽこっ。¶ 구덩이를 ~ 하게 파다 穴をぽこっと掘る。

**우문** [愚問] [名] 愚問。¶ ~현답 愚問賢答。

**우물** [名] 井戸、井。¶ ~을 파다 井戸を掘る。/ ~을 치다 井戸さらいをする。

〔속담〕 우물 안 개구리 井の中の蛙。《見識が狭くて広い世の中を知らないこと》 우물에 가 숭늉 찾겠다 井戸でお湯をねだる。《性質の非常にせっかちなこと》우물을 파도 한 우물을 파라 井戸を掘るにしても一つの井戸を掘れ。《何事でも一つのことに励めば成功する》

**우물-가** [名] 井戸端。¶ ~ 공론 井戸端会議。

〔속담〕 우물가에 애 보낸 것 같다 井戸端に子供を行かせたようだ。《心配でたまらないこと》

**우물-물** [名] 井戸水。¶ ~을 긷다 井戸水を汲む。

**우물-거리다** [自他] ①(口の中の食べ物を)もぐもぐする。②(はっきり言わないで)口ごもる、もぐもぐする。¶ 우물거리지 말고 분명하게 말해라 口ごもらないではっきり言いなさい。

**우물-우물** [副] [하自他] ぐずぐず、もぐもぐ、もじもじする。¶ 뭘 ~하고 있니? 何をもじもじしているの。

**우물-반자** [名] [建] 組み天井。

**우물-쭈물** [副] [하自他] 《言動をはっきりさせずにためらうようす》ぐずぐず、もたもた、もじもじ、まごまご。¶ 부끄러워서 ~하다 恥ずかしくてもじもじする。/ ~하다 기차를 놓쳤다 ぐずぐずするうちに汽車に乗り遅れた。

**우뭇-가사리** [名] [植] テングサ。

**우므러-뜨리다** [他] 縮める、すぼめる。

**우므러-지다** [自] 縮こまる、すぼまる。

**우므리다** [他] 縮める、すぼめる。¶ 입술을 ~ 唇をすぼめる。

**우미** [優美] [名] [하形] 優美。¶ ~한 표현 優美な表現。

**우민** [愚民] [名] 愚民。¶ ~ 정책 愚民政策。

**우바새** [優婆塞] [名] [佛] 優婆塞。

**우바이** [優婆夷] [名] [佛] 優婆夷。

**우:박** [雨雹] [名] 雹、あられ。¶ ~이 오다 雹が降る。

**우:발** [偶發] [名] [하自] 偶発。¶ ~적인 사건 偶発的な事件。

**우:발-범** [-犯] [名] [法] 偶発犯。

**우:방** [友邦] [名] 友邦、邦国。

**우범** [虞犯] [名] 虞犯。¶ ~자 虞犯者/ ~ 지대 虞犯地帯。

**우:변** [右邊] [名] 右辺、右側の方。

**우:비** [雨備] [名] ①雨具。②雨外套、レインコート。¶ ~를 입다 レインコートを着る。

**우비다** [他] ①(穴・すき間などの中を)えぐり出す、かき出す。②ほじる、ほじくる。¶ 귀를 ~ 耳をほじくる。

**우비어-넣다** [他] 《中をあちこち掘り返して何かを》押し込む、突っ込む、差し込む。¶ 구멍에 막대기를 ~ 穴に棒きれを突っ込む。

**우비어-파다** [他] 《穴・すき間を深く掘る》えぐる、ほじくる。¶ 벽에 구멍을 ~ 壁に穴をあけさせる。

**우사** [牛舍] [名] 牛舎、牛小屋。

**우:산** [雨傘] [名] 傘、雨傘。¶ ~걸이 傘かけ/ 접는 ~ 折り畳み傘/ ~을 받다 傘を差す。/ ~을 펴다 傘を開く。

**우:산-걸음** [名] 《傘を開いたり閉じたりするように》体を上下に揺すりながら歩くこと。

**우:산-대** [名] 傘の柄。

**우:산-살** [名] 傘の骨。

**우:상** [偶像] [名] 偶像。¶ ~ 숭배 偶像崇拜/ 청소년의 ~ 青少年しょうねんの偶像。

**우:상-화** [-化] [名] [하自他] 偶像化。¶ ~된 인물 偶像化された人物。

**우생** [優生] [名] 優生。¶ ~학 優生学。

**우선** [優先] [名] [하自] 優先。¶ ~ 순위 優先順位/ ~ 주 優先株。

**우선-권** [-權] [名] 優先権。¶ ~을 부여하다 優先権を与える。

**우선-적** [-的] [冠] 優先的。

**우선** [于先] [副] まず、最初に、ともかく、先に、差し当たり、取りあえず。¶ ~ 가보자 ともかく行ってみよう。/ 이것으로 ~은 안심이다 これでひとまずは安心だ。

**우선-하다** [形] ①(病気が)少し良くなったようだ、回復したようだ。②(暮らし向

우성[優性] 名[生] 優性ゆうせい。¶ ~ 유전 優性遺伝でんの。㈘ 열성[劣性]

우세 名하自 恥はじさらし、物笑ものわらい、あざけり、嘲笑ちょうしょうされること。¶ ~를 당하다 物笑いにされる。

우세-스럽다 形ㅂ 嘲笑されて当然とうぜんだ。

우셋-거리 名 物笑いの種たね、笑いぐさ、恥さらしなこと。¶ ~가 되다 笑いぐさとなる。

우세[優勢] 名하自 優勢ゆうせい。¶ 시합을 ~하게 이끌다 試合を優勢に運はこぶ。

우송[郵送] 名하他 自 郵送ゆうそう。¶ 서류를 ~하다 書類しょるいを郵送する。

우:수[雨水] 名 ①雨水あまみず。②雨水うすい(二十四節気にじゅうしせっきのーひとつ)。

우:수[偶數] 名 偶数ぐうすう。㈘ 짝수

우수[憂愁] 名 憂愁ゆうしゅう。¶ ~띤 얼굴 憂愁を帯おびた顔かお。

우수[優秀] 名하形 優秀ゆうしゅう。¶ ~한 성적 優秀な成績せいせき。

우수-성[-性] 名 優秀性せい、優秀さ。

우수리 名 ①余あまり、端はし、端数はすう。¶ ~를 잘라 버리다 端を切り捨てる。②釣つり銭せん、お釣つり。¶ ~를 받다 お釣りをもらう。

우수수 副 ①(物ものが一度いちどにこぼれるようす)ばらばら、ばらばら、ざあっと。②(落おち葉ばが散ちるようす・その音おと)さらさら、はらはら。¶ ~ 떨어지는 가랑잎 はらはら落ちる枯かれ葉は。③(組くみ合わせたものがひとりでに ほどけて落おちるようす)ばらばら。

우스개 名 おどけた言動げんどう、たわむれ、冗談じょうだん。

우스갯-소리 名 笑わらい話ばな、おどけ話ばな。

우스꽝-스럽다 形ㅂ (見みるからに)おどけている、こっけいだ、おかしい。

우:습다 形ㅂ ①こっけいだ、おかしい、面白おもしろおかしい。¶ 우스운 몸짓 おかしな身みぶり。②ちゃんちゃらおかしい、ばからしい、お笑いだ。¶ 젠체하는 꼴이 — うぬぼれているさまがちゃんちゃんおかしい。

관용〉 우습게 보다[여기다] 軽視けいしする、軽かるんじる、見下みくだす、見下みくびる。

우승[優勝] 名 優勝ゆうしょう。①하形 一番いちばんすぐれていること。¶ ~ 열패 優勝劣敗ゆうしょうれっぱい。②하他 第一位だいいちいで勝かつこと。¶ 연속 ~ 連続れんぞく優勝/~ 컵 優勝カップ。

우승-기[-旗] 名 優勝旗き。

우승-배[-盃] 名 優勝盃はい。

우-시장[牛市場] 名 牛市うしいち。

우쩍 副 (一気いっきに進すすみ出でたり いっぺんに増減ぞうげんしたりするようす)どっと、ぐんと、うんと、めっきり。¶ 나무가 ~ 자랐다 木きがぐんと伸のびた。

우아 感 (意外いがいな喜よろこびに出会であった時ときに出だす声こえ)うわあ、わあ、やあ、ひゃあ。¶ ~, 기쁘다 うわあ、うれしい。

우아[優雅] 名하形 優雅ゆうが。¶ ~한 문체 優雅な文体ぶんたい。

우악살-스럽다[愚惡−] 形ㅂ おろかで暴悪ぼうだ、粗野そやだ、乱暴らんぼうだ。¶ 사람됨이 ~ 人ひととなりがおろかで荒々あらあらしい。

우:애[友愛] 名하自 友愛ゆうあい。¶ ~의 정신 友愛の精神せいしん。

우:언[寓言] 名 寓言ぐうげん、寓話ぐうわ。

우엉 名[植] ゴボウ。

우여-곡절[迂餘曲折] 名 紆余曲折うよきょくせつ。¶ ~을 겪다 紆余曲折を経へる。

우:연[偶然] 名하形 偶然ぐうぜん。¶ ~한 만남 偶然の出会であい、たからずも。¶ ~ 그 자리에 있었다 たまたまその場ばにいた。

우:연-론[-論] 名[哲] 偶然論ろん。

우:연-사[-死] 名 偶然死し。

우연만-하다 形어 ①間まに合あう程度ていどだ、まあまあだ、まずまずだ。¶ 질이 ~ 質らがまずまずだ。②そう大だいしたことではない。

우열[優劣] 名 優劣れつ。¶ ~을 다투다 優劣を争あらそう。

우:완[右腕] 名 右腕うでん、みぎで。¶ ~ 투수 右腕投手しゅ。

우:왕-좌왕[右往左往] 名하自 右往左往おう。¶ 혼란 속에서 ~하다 混乱こんらんのなかで右往左往する。

우:-우 感 (くだらないこと・卑劣ひれつなことを多おおくの人ひとが揶揄やゆするときに出だす声こえ)うう。

우울[憂鬱] 名하形 憂鬱ゆううつ。¶ ~한 나날 憂鬱な日々ひび。

우울-증[-症] 名 憂鬱症しょう。

우월[優越] 名하形 優越ゆうえつ。¶ ~성 優越性せい。

우월-감[-感] 名 優越感かん。¶ ~을 품다 優越感を抱いだく。

우위[優位] 名 優位ゆうい。¶ ~를 차지하다 優位を占しめる。

우유[牛乳] 名 牛乳ぎゅうにゅう。¶ ~로 기르다 牛乳で育そだてる。

우유[優柔] 名하形 優柔ゆうじゅう、煮にえきらないこと。

우유-부단[-不斷] 名하形 優柔不断だん。¶ ~한 성격 優柔不断な性格かく。

우음[牛飲] 名하他 牛飲ぎゅういん、暴飲ぼういん、鯨飲げいいん。¶ ~ 마식 牛飲馬食ばしょく。

우:의[友誼] 名 友誼ゆうぎ、友情ゆうじょう。¶ ~가 돈독하다 友誼が厚あつい。

우:의[寓意] 名하自 寓意ぐうい。¶ ~적인 표현 寓意的な表現げん。

우:의 소:설[-小說] 名[文] 寓意小説しょう。

우:의[雨衣] 名 雨着あまぎ。

우이[牛耳] 牛耳ぎゅう。①牛うしの耳みみ。②かしら、盟主めいしゅ。

관용〉 우이(를) 잡다 牛耳ぎゅうる、牛耳を執とる、主導権しゅどうけんを握にぎる。

우이-독경[-讀經] 名 馬うまの耳みみに念仏ねんぶつ。

우:익[右翼] 名 右翼よく。¶ ~ 단체 右翼団体だんたい。

우:익-수[-手] 名[野] 右翼手しゅ、ライト。

우:인[友人] 名 友人じん、友とも、友達ともだち。

우자[愚者] 名 愚者ぐしゃ、愚人ぐじん、愚おろか者もの。

우자-일득[-一得] 名 愚者も一得いっとく、愚か者もたまには利口りこうなときがあるということ。

**우적-우적** 副하自他 ①《やや固たい食べ物を口を大きく開けて力強くかみくだくようす・その音》ぽりぽり、がりがり、がしがし。¶ 김치를 ~ 씹어 먹다 キムチをぽりぽり嚙んで食べる。②《やや大きくて重いものが崩れたり裂けたりするようす・その音》めりめり。

**우:정**{友情} 名 友情。¶ 두터운 ~ 厚い友情。

**우정**{郵政} 名 郵政。

**우:주**{宇宙} 名 宇宙。¶ ~복 宇宙服 / ~공간 宇宙空間 / ~를 탐험하다 宇宙を探検する。

　**우:주 기지**{-基地} 名 宇宙基地、宇宙ステーション。

　**우:주 비행**{-飛行} 名 宇宙飛行。¶ ~사 宇宙飛行士。

　**우:주-선**{-船} 名 宇宙船。

　**우:주-인**{-人} 名 宇宙人。

**우쭐-거리다** 自《体から全体をリズミカルに揺り動かすようす》ゆらゆらする、ゆらりゆらりする、ゆさゆさする。

**우:중**{雨中} 名 雨中、雨の中。

**우중충-하다** 形여 ①陰鬱だ、うっとうしい、薄暗くじめじめしている。¶ 날씨가 ~ 天気가 우っとうしい。②(色らが)褪せて鮮明でない、くすんでいる。

**우지끈** 副하自《固くて大きいものがこわれたり折れたりするようす・その音》ぽきっ、ぽきん、がちゃん。¶ 기둥이 ~ 소리를 내며 쓰러졌다 柱がぽきっと音をたてて倒れた。

**우지끈-거리다** 自 ぽきんぽきんと折れる、がちゃんがちゃんとこわれる。

**우지끈-우지끈** 副하自 ぽきっぽきっ、ぽきんぽきん、がちゃんがちゃん、めりめり。

**우지직** 副하自 ①《薪・麦わらなどの燃えさかる音》ぱちぱち、じりじり。¶ 나뭇가지가 ~하며 타다 木の枝がぱちぱちと燃える。②(煮物などが焦げるか煮詰まる音)じいじい、じじっ、ぐつぐつ。③(やや太い木の枝などが折れる音)ぽきり、ばりばり、めりめり、ぽきっと。

**우직**{愚直} 名하形 愚直、ばか正直。¶ ~ 한 생각 愚直な考え。

**우:짖다** 自 ①泣き叫ぶ、泣き喚く。②(鳥などが)さえずる。¶ 종달새가 ~ ヒバリがさえずる。

**우쭐-하다** 自他여 偉そうにふるまう、いい気になる、得意顔をする、うぬぼれる。¶ 칭찬을 받고 우쭐해 있다 ほめられていい気になっている。

**우차**{牛車} 名 牛車。

**우:천**{雨天} 名 雨天。¶ ~으로 말미암아 중지되다 雨天のため中止になる。

　**우:천 순:연**{-順延} 名하여 雨天順延。

**우체**{郵遞} 名 郵便。¶ ~국 郵便局。⇒ 우편

　**우체-부**{-夫} 名 郵便配達人。

　**우체-통**{-筒} 名 郵便ポスト、郵便箱。

**우:측**{右側} 名 右側、右。¶ ~통행 右側通行。

**우툴-두툴** 副하形 凸凹。¶ 공사 중인 ~ 한 길 工事中なのでこぼこな道。

**우:파**{右派} 名 右派。

**우편**{郵便} 名 郵便、メール。¶ ~물 郵便物 / 항공 ~ 航空郵便。

　**우편-낭**{-囊} 名 郵便行囊、郵袋。

　**우편 엽서**{-葉書} 名 郵便葉書。

　**우편-환**{-換} 名 郵便為替。

**우표**{郵票} 名 郵便切手、切手。¶ ~를 붙이다 切手を張る。

　**우표-딱지**{-}〔俗〕 郵便切手、切手。

**우:현**{右舷} 名 右舷。¶ 키를 ~ 으로 잡다 舵を右舷にとる。

**우:호**{友好} 名 友好。¶ ~ 조약 友好条約 / ~ 관계를 맺다 友好関係を結ぶ。

　**우:호-적**{-的} 冠名 友好的。¶ ~ 인 태도 友好的な態度。

**우:화**{寓話} 名 寓話。¶ 이솝 ~ イソップの寓話。

**우환**{憂患} 名 ①憂患。¶ 오랜 ~ 長期の憂患。②(家族に病人があるための)憂い事、心配事。¶ 집안에 ~이 그칠 날이 없다 家중に心配事のない日はない。

**우회**{迂廻} 名 迂回、遠回り。¶ ~ 도로 迂回道路。

**우:회전**{右回轉} 名하自 右回転、右折。

**우:후**{雨後} 名 雨後、雨上がり。

　**우:후-죽순**{-竹筍} 名 雨後の筍。¶ ~처럼 생겨나다 雨後の筍のように出てくる。

**욱-기**{-氣} 名 かっとなる性質。¶ ~가 있다 かっとなりやすい。

**욱시글-거리다** 自 うようようごめく、ひしめき合う、うじゃうじゃする。¶ 파리 떼가 ~ ハエの群れがうごめく。

**욱시글-욱시글** 副하自 うようよ、もぞもぞ、うじゃうじゃ。

**욱신-거리다** 自 ①(傷・頭などが)うずく、ずきずき痛んだ。¶ 베인 손가락이 ~ 切った指がずきずきする。②ひしめき合う、ごった返す、へし合う。¶ 거리에 사람이 ~ 거리에 人がひしめき合う。

**욱신-욱신** 副하自 ①ずきずき、ずきんずきん。②ぎゅうぎゅう、うじゃうじゃ、押し合いへし合い。

**욱이다** 他 内側に曲げる、へこます。

**욱일**{旭日} 名 旭日、朝日。

　**욱일-승천**{-昇天} 名 旭日昇天。¶ ~의 기세 旭日昇天の勢い。

**욱적-거리다** 自 ひしめく、ざわめく、ごった返す。

**욱-죄다** 他 (固く)締めつける、差し込む、食いこませる。

**욱-죄이다** 自《'욱죄다'の受動》(体のある部分が)強く締めつける、差し込みがく

욱지르다

욱-지르다 [他五] 脅かして気を挫く。¶ 욱질러서 돈을 빼앗다 脅かして金をぶんどる。

욱-하다 [自四] かっとなる、のぼせ上がる、頭がに来る、逆上きょうする。¶ 욱하는 성질 かっとしやすい性格。

운: [運] 名 《「운수(運数)」の縮約形》運、運勢、巡り合わせ、星回り、つき。¶ ~이 트이다 運が開ける。/ ~이 사납다 運が非常に悪い。/ ~ 좋게 합격했다 運よく合格した。

운: [韻] 名 《「운자(韻字)」の縮約形》韻。¶ ~을 맞추다 韻を整える。
[慣用] 운(을) 달다 韻を踏む。운(을) 떼다 話を切り出す、話しに始める。운(을) 밟다 ① 他人のつくった漢詩に応酬する。② 人のやるとおりに真似る。

운-구 [運柩] 名 棺を運ぶこと。

운-김 [運-] (大勢が高揚して出だす) 余勢、勢い。¶ 하던 ~에 해치우다 やりかけた勢いで片づけてしまう。

운-동 [運動] 名 [하他] 運動。¶ ~ 경기 運動競技 / ~ 삼아 걷다 運動がてら歩く。/ 사회 혁신 ~을 일으키다 社会革新運動を起こす。

운-동-복 [-服] 名 運動着。

운-동 신경 [-神経] 名 運動神経。¶ ~이 발달해 있다 運動神経が発達している。

운-동-원 [-員] 名 運動員。¶ 선거 ~ 選挙運動員。

운-동-장 [-場] 名 運動場。

운-동-화 [-靴] 名 運動靴。

운-동-회 [-会] 名 運動会。

운두 [靴・器物などの縁の高さ。¶ ~가 높은 그릇 縁の高い器。

운:명 [運命] 名 運命、運、宿命、命運。さだめ。¶ ~의 장난 運命のいたずら / ~을 좌우하다 運命を左右する。/ ~에 맡기다 運命に任せる。

운:명-론 [-論] 名 [哲] 運命論。¶ ~자 運命論者。

운:명-적 [-的] 冠名 運命的。¶ ~인 만남 運命的な巡り合わせ。

운:명 [殞命] 名 [하自] 殞命、死ぬこと。

운모 [雲母] 名 [鉱] 雲母、きらら。

운무 [雲霧] 名 雲霧、雲と霧。¶ ~가 자욱한 산기슭 雲霧の立ちこめた山裾。

운-문 [韻文] 名 韻文。¶ ~으로 쓰다 韻文で書く。

운-문-체 [-體] 名 [文] 韻文体。

운:반 [運搬] 名 [하他] 運搬、運送。¶ ~ 장치 運搬装置 / 철도로 ~하다 鉄道で運搬する。

운:반-비 [-費] 名 運搬費、運送費。

운산 [雲散] 名 [하自] 雲散。

운산 무:소 [-霧消] 名 雲散霧消。

운:산 [運算] 名 [하自他] [数] 運算、演算。¶ ~법 運算法。

운:석 [隕石] 名 隕石。¶ ~이 떨어지다 隕石が落ちる。

운:송 [運送] 名 [하他回自] 運送。¶ ~비 運送費 / 기차로 ~하다 汽車で運送する。

운:송-료 [-料] 名 運送料、運賃。

운:송-업 [-業] 名 運送業。¶ ~자 運送業者。

운:송-장 [-狀] 名 運送状、送り状。

운:수 [運數] 名 運、運勢、星回り、巡り合わせ。¶ ~를 보다 運勢を占う。/ ~타령을 하다 星回りの悪いのを嘆く。
[慣用] 운수(가) 사납다 運が悪い、ついていない。

운:수 소:관 [-所關] 名 何事も運次第で人間の力ではどうすることもできないこと、運は天にあり。

운:수 [運輸] 名 [하他] 運輸。¶ 여객 ~ 旅客運輸。

운:수-업 [-業] 名 運輸業。

운:신 [運身] 名 [하自] 体を動かすこと、身動き。¶ ~을 못하다 身動きもできない。

운:영 [運營] 名 [하他回自] 運営、経営。¶ ~자금 運営資金 / 회사를 ~하다 会社を運営する。

운:용 [運用] 名 [하他] 運用。¶ 자금을 ~하다 資金を運用する。

운우 [雲雨] 名 雲雨。① 雲と雨。② 男女の契り。¶ ~ 지정 雲雨の情。

운우지-락 [-之樂] 名 雲雨の楽しみ、男女の交わり。

운:운 [云云] 名 [하他] 云々、しかじか、あれこれ言うこと。¶ 이제 와서 ~해봤자 소용 없다 いまさら云々しても始まらない。

운위-하다 [云謂-] [他四] 言う、語る。

운:율 [韻律] 名 韻律。¶ 시문の ~ 詩文の韻律。

운:임 [運賃] 名 運賃、運送料。¶ ~의 선불 運賃先払い。

운:전 [運轉] 名 [하他] 運転。¶ 시 ~ 試し運転 / ~ 면허 運転免許 / 부주의로 인한 사고 運転不注意による事故。

운:전-수 [-手] 名 運転手。

운:전 자:금 [-資金] 名 運転資金。

운집 [雲集] 名 [하自] 雲集。¶ 관중이 ~하다 観衆が雲集する。

운:치 [韻致] 名 韻致、風雅なおもむき。¶ ~가 넘치는 그림 韻致あふれる絵。

운:필 [運筆] 名 [하自] 運筆、筆遣い、用筆。¶ 힘이 넘치는 ~ 力の溢れる運筆。

운:하 [運河] 名 運河。¶ 파나마 ~ パナマ運河。

운:항 [運航] 名 [하自] 運航。¶ 주 1회 ~하다 週に1回ずつ運航する。

운:행 [運行] 名 [하他回自] 運行。¶ 버스의 ~ 노선 バスの運行路線 / 궤도를 ~하다 軌道を運行する。

운:휴 [運休] 名 [하自] 運休。¶ 폭풍우로 항공기가 ~되었다 嵐で航空機が運休した。

**울¹** 图 ①(「울타리」の縮約形) 垣、垣根。¶ ~을 두르다 垣根をめぐらす。 ②(屋根のない) 檻。¶ 돼지 ~ 豚だの囲い檻。 ③「신울」の縮約形。

**울²** 图 (「우리」の縮約形) 私、私たち、われわれ、うちの。¶ ~ 엄마 うちの母は。

**울:** 图 【wool】 ウール、羊毛、毛織物。

**울가망-하다** 自四 (心配事などのために) 心が落ちつかない、そわそわする、心が晴れない、不安がる。

**울:고-불고** 副하自 くやしさのあまり泣き喚くようす。¶ ~하며 떼를 쓰다 泣きわめいて駄々をこねる。

**울긋-불긋** 副하形 色とりどりに。¶ 꽃이 ~피었다 花が色とりどりに咲いた。

**울컥** 副하自他 ①(急に吐き出すようす・その声) げえっ(と)。 ②(激しい感情が一度にこみ上げるようす) かっ(と)、むかっと、むらむら、むかむか。¶ ~ 화가 치밀다 むかっと怒りがこみあげる。

**울:다** 自 ①泣く。¶ 흐느껴 ~ すすり泣く。 ②(鳥・獣・虫などが) 鳴く、さえずる、うなる、さえずる。¶ 수풀에서 벌레가 ~ 草むらで虫が鳴く。 ③(物体が) 音を立てる、鳴る。¶ 종이 ~ 鐘が鳴る。 ④耳鳴りがする。 ⑤(着物も・張り紙などに) しわが寄る、ひずむ。¶ 창호지가 ~ 障子紙にしわが寄る。 ⑥わざと難儀そうなふりをする、泣き言をいう。¶ 우는 소리 작작해라 泣き言はいいかげんにしろ。
속담 울고싶자 때린다 泣きたいときになぐってくれる。《何かをしたいと思うときに折りよくいい口実ができる》 울며 겨자 먹기 泣きながらカラシを食べる。《いやなこともやむを得ずすること》 울지 않는 아이 젖 주랴 泣かぬ子に乳をやろうか。《黙っていると何も与えられない》

**울:-대** 图 (鳥類の) 鳴管。

**울뚝** 自 (性質がせっかちで言行が荒々しいようす) かっと。¶ ~하는 성미 かっとする性質。

**울뚝-불뚝** 副하形 (短気で荒々しく振舞うようす) かっかっ。¶ 이따금 ~한다 ときどきかっかっとする。

**울렁-거리다** 自 ①(喜び・恐怖などで) 胸がわくわくする、どきどきする。¶ 깜짝 놀라서 가슴이 울렁거렸다 びっくりして胸がどきどきした。 ②(波・船が大きく) ぐらりぐらりと揺れる、ゆらゆらする。¶ 울렁거리는 보트 ゆらゆら揺れるボート。 ③(吐き気で) むかつく、むかむかする。¶ 배를 타면 속이 울렁거린다 船に乗ると胸がむかつく。

**울렁-울렁** 副하 ①わくわく、どきどき。 ②ゆらゆら。 ③むかむか。

**울룩-불룩** 副하形 (物体の表面がへこんだり突き出たりしているようす) でこぼこ。

**울리다¹** 自 ①(音が) 出る、鳴る、とどろく、響く。¶ 전화 벨이 ~ 電話のベルが鳴る。 ②(名声などが広く) 鳴り渡る、とどろく、響く。¶ 천하에 울리던 이름 天下に鳴り響いた名で。

**울리다²** 他 ①(「울다」の使役) 泣かす、泣かせる。¶ 동생을 때려서 ~ 弟を殴って泣かせる。 ②音をださせる、鳴らす、ひびかせる、とどろかす。¶ 경적을 ~ クラクションを鳴らす。 ③(名声などを広く) ひびかせる、とどろかす、鳴らす。¶ 세계를 울리는 명성 世にとどろかす名声。

**울림** 图 ①響き、鳴り。¶ 산~ 山びこ。 ②(音の) 共鳴。

**울먹-거리다** 自 今にも泣き出しそうな顔をする、べそかかる。¶ 울먹거리는 소리로 이야기하다 涙声などで話す。

**울:며-불며** 副 泣く泣く、泣き泣き。¶ ~매달리다 泣き泣きすがり付く。

**울-밑** 图 垣根の根元に。¶ ~에 선 봉선화야 垣根のもとに咲いた鳳仙花ほうせんかよ。

**울-바자** 图 籬まがき、籬根、ませ。

**울:-보** 图 泣き虫、泣きみそ、よく泣く子。

**울:-부짖다** 自 泣き叫ぶ、ほえ叫ぶ。¶ 친구의 죽음에 ~ 友との死に号泣ごうきゅうする。

**울분** 【鬱憤】 图하形 鬱憤ぷん。¶ ~을 풀다 鬱憤を晴らす。

**울:-상** [-相] 图 泣き面つら、泣きべそ。¶ ~을 짓다 泣きべそをかく。

**울쑥-불쑥** 副하形 (峰などがあちこち不ぞろいに突き出たようす) にょきにょき、うねうね。

**울-안** 图 垣根で囲まれた中。

**울울** 【鬱鬱】 图하形 鬱々うつ。 ①心がふさいで晴れないようす。¶ ~한 심정 鬱々とした心情。 ②草木の茂がっているようす。

**울울-창창** [-蒼蒼] 图하形 鬱蒼うっそう。¶ ~한 숲 鬱蒼とした森。

**울음** 图 ①泣き声、鳴き声。¶ 종달새のヒバリの鳴き声。 ②泣くこと、泣き、鳴き。¶ ~을 그치다 泣き止む。 / ~을 참다 泣くのをこらえる。

**울음-바다** 图 多くの人が一斉に泣きしきるさま。

**울음-보** 图 こらえきれなくなってわっと泣くこと。¶ ~가 터지다 わっと泣き出す。

**울적** 【鬱寂】 图하形 気がふさいで寂しいこと、憂鬱ゆう。¶ ~한 마음을 풀다 憂鬱な心を晴らす。

**울창** 【鬱蒼】 图하形 (「울울창창」の縮約形) 鬱蒼うっそう。¶ ~한 숲 鬱蒼とした森。

**울컥** 副하自他 ①(突然に吐き出すようす) げえっと。¶ 먹은 것을 ~ 다 토하다 食べた物のをげえっとみんな吐き出す。 ②(怒りが急にこみ上げるようす) むかっと、むっと、かっと。¶ 상대방의 말에 ~하다 相手の言葉ことにむっとする。

**울타리** 图 垣が、垣根ね、囲い、まがき。¶ 산~ いけ垣/ ~를 치다 垣根をめぐらす。

**울퉁-불퉁** 副하形 でこぼこ、ごつごつ。¶ ~한

**울퉁불퉁** 副하形 데코보코, 고츠고츠. ¶ ~한 길 데코보코의 길.

**울화**【鬱火】名 鬱憤, 憤り, 立腹. ¶ ~가 치밀다 憤りがこみ上げる.

**울화-병**【-病】名/자 心気症, 怒りを抑えきれずに起こる病気だり.

**울화-통** 名 「울화」의 強調語.
관용 울화통이 터지다 癇癪玉が破裂する, 堪忍袋が切れる.

**움**:¹ 名 芽, 若芽, 新芽. ¶ ~이 트다 芽をふく.

**움**² 名 穴蔵. ¶ ~을 묻다 穴蔵をつくる.

**움-나다** 自 新芽が出る, 若芽をふく.

**움-막**【-幕】名 穴蔵, 掘り立て小屋.

**움-막-살이** 名/하自 穴蔵住まい.

**움실-거리다** 自 (虫などが)うようよする, うじゃうじゃする, うごめく.

**움실-움실** 副/하自 うようよ, うじゃうじゃ.

**움쑥** 副/하形 (大きくへこんでいるようす) ぺこん, ぽこん.

**움죽** 副/하自他 (体の一部分をすくめるか伸ばすようす) びゃく, ぎくっ.

**움직-거리다** 自他 しきりに動く, (大きいものが)ゆらゆら動かす. ¶ 손발을 ~ 手足をを動かす.

**움직-이다** 自他 動く. ①(位置などを)変える, 変わる, 移す. ¶ 자리를 ~ 席を移す. ②(機械などを)動かす, 作動する, 運転する, 働かす, 働かせる. ¶ 기계를 ~ 機械を動かす. ③活動する, 操縦する, 動かす. ¶ 군대를 ~ 軍隊を動かす. ④経営する, 運営する. ⑤(心ざが)動揺する, 感動する, 動ずる. ¶ 마음이 ~ 心が揺れる. ⑥変わる, 変える, 変動する. ¶ 정세가 유리한 쪽으로 ~ 情勢が有利な方に動く. ⑦(その場で)揺れる, 揺れ動く. ¶ 앞니가 ~ 前歯がが揺れる.

**움직임** 名 ①動き. ¶ ~이 빨라졌다 動きが早くなった. ②変動する, 変化する. ③動静, 動向. ¶ 세계의 ~ 世界の動向.

**움질-거리다**¹ 自 ①(虫などが)しきりにうごめく. ②(てきぱきとせずに)ぐずぐずする, もじもじする.

**움질-거리다**² 他 (口の中などで)もぐもぐとかむ.

**움-집** 名 (家のように作った)穴蔵.

**움쭉-달싹** 副/하自他 (おもに「못하다」と共に用いて)身じろぎもできない状態ようす. ¶ 차 안이 비좁아서 ~ 못하다 車内がひどく混んで身動きもできない.

**움찔** 副/하自他 ((びっくりして一瞬身体を縮こめるようす)) びくっ, びくっ, ぎくっ, ぎくりと. ¶ ~ 놀라다 びくっと驚く.

**움츠러-들다** 自 縮み上がる, 縮こまる, すくむ, すぼまる. ¶ 두려워서 ~ おそろしく縮み上がる.

**움츠러-지다** 自 縮まる, 縮こまる, すくむ.

¶ 추위에 몸이 ~ 寒さに身が縮こまる.

**움츠리다** 他 ①(体を)縮こめる, すくめる. 몸을 움츠리고 벌벌 떨다 体をすくめてぶるぶる震える. ②(前までに出てた体を)引っ込める, さっとひく, 後ずさる. ¶ 내밀던 손을 도로 ~ 出しかけた手をさっと引っ込める.

**움칠** 副/하自他 (驚いて身を急に震わせるようす) びくっ, びくっ.

**움켜-잡다** 他 つかみ取る, 引っつっかむ. ¶ 소매를 ~ 袖をを引っつかむ.

**움켜-쥐다** 他 ①わしづかみにする, ぎゅっと握りしめる. ¶ 돈을 ~ お金をわしづかみにする. ②(自分の手に入ったものを)しっかりと保とう, 掌握ようする. ¶ 권력을 ~ 権力をつかむ.

**움큼** 依 握り, つかみ, すくい. ¶ 한 ~ 一握ひとり.

**움**:-**트다** 自 ①(草木そうが)芽を吹ふく, 芽む. ¶ 버드나무가 ~ 柳が芽ぐむ. ②(物事が)起り始める, 芽生える. ¶ 사랑이 ~ 愛が芽生える.

**움**:-**파다** 他 深く広く掘る.

**움**:-**패다** 自 掘られる.

**움푹** 副/하形 (内側にへこんだようす) べこんと, ぽこんと. ¶ 땅이 ~ 꺼졌다 地面がぽこんとへこんだ.

**웃**- 接頭 「上」の意を表わす語. ¶ ~사람 目上の人/ ~기름 追肥こえ.

**웃-국** 名 (酒･醤油などの)上澄すみ.

**웃기다** 他 笑わうす, 笑わせる. ¶ 남을 ~ 人を笑わせる.

**웃**:**다** 自 笑う. ①笑えみを浮かべる. ¶ 웃는 얼굴 笑顔えがお. ②声を出してうれしくがる. ¶ 큰 소리로 ~ 大声で笑う. ③(比)(花が)咲く, 開く, 満開する. ④(他動詞的に) 嘲笑する, 嘲ざる, あざ笑う, 軽んずる. ¶ 남의 잘못을 ~ 人の失敗をあざ笑う.

속담 웃는 낯에 침 뱉으랴 笑う顔につばはけない. 《笑う顔は打たれぬ》
관용 웃어 넘기다 笑って見過ごす.

**웃-돈** 追い銭.

**웃-물** 名 ①上水, 表面の水. ⑦겉물 ②上澄すみ.

**웃-어른** 名 目上の人.

**웃음** 名 笑わい, 笑えみ. ¶ 쓴~ 苦笑/ 어색한 ~ きまりの悪い笑い/ ~을 띄우다 笑いを浮かべる.

관용 웃음을 사다 笑い種となる. 웃음을 팔다 媚を売る. 《花柳界の女になる》

**웃음-거리** 笑い種, もの笑いの種, 笑いもの. ¶ 세상의 ~가 되다 世間の笑いものになる.

**웃음-보** 大笑い, 笑いこけること. ¶ ~를 터뜨리다 大笑いを噴き出す.

**웃음엣-소리** 笑い話, 笑談, 冗談. ¶ ~를 하다 笑い話をする.

**웃음-판** 笑いの渦〔場面〕。¶ 방안은 갑자기 ~으로 변했다 部屋の中は急に笑いの渦に変わった。

**웃-짐** 名 上荷。¶ ~을 치다 (牛馬に)上荷を載せる。

**웃-통** 名 ①上体、上半身。¶ ~을 벗어 제치다 上半身を裸にする。②上着。

**웅그리다** 他 (身を)縮める、すくめる。㉔ 웅그리다 ㉖ 웅크리다

**웅긋-쭝긋** 副 하形 《大小まちまちのものがあちこち突き出ているようす》にょきにょき、ぼこぼこ。¶ ~ 솟아 있는 산봉우리 にょきにょきとそびえ立つ山の峰。

**웅기-중기** 副 하形 不揃いの物がまばらに沢山群らがっているようす。㉖ 웅기종기

**웅담**〔熊膽〕名漢 熊胆、熊の胆。

**웅대**〔雄大〕名 하形 雄大。¶ ~한 포부 雄大な抱負。

**웅덩이** 名 水溜まり、よどみ。¶ 군데군데 ~가 패어 있다 ところどころ水溜りができている。㉔ 웅당이

**웅덩이-지다** 自 水溜りができる。

**웅변**〔雄辯〕名 雄弁。¶ ~을 토하다 雄弁をふるう。/ ~은 은 침묵은 금 雄弁は銀沈黙は金。

**웅변-가**〔-家〕名 雄弁家。

**웅변-술**〔-術〕名 雄弁術。

**웅비**〔雄飛〕名 自 雄飛。¶ 해외로 ~하다 海外に雄飛する。

**웅성-거리다** 自 ざわめく、ざわざわする、がやがやする、ひしめく。¶ 그녀가 등단하자 곧 장내는 웅성거렸다 彼女が登壇するや場内はざわめいた。

**웅성-웅성** 副 하形 ざわざわ、がやがや。

**웅숭-그리다** 他 (寒かったり恐かったりして)気がくじけて身をすくめる。

**웅숭-깊다** 形 ①度量が広らい、寛大である。②(器)などの底が深い、深みがある。

**웅얼-거리다** 自 口の中でつぶやく、ぶつぶつ言う。

**웅얼-웅얼** 副 하自 ぶつぶつ。¶ ~ 불평을 하다 ぶつぶつ不平を言う。

**웅자**〔雄姿〕名 雄姿。¶ 히말라야의 ~ ヒマラヤの雄姿。

**웅장**〔雄壯〕名 하形 雄壮、雄大。¶ ~한 경관 雄壮な景観。

**웅지**〔雄志〕名 雄志。¶ ~를 품다 雄志を抱く。

**움크리다** 他 (寒さ・おそろしさのため)身をすくめる〔縮める〕。

**워걱-거리다** 自 (多くの固いものが)しきりにかち合って音を出だす、がちゃがちゃする、がたがたする。

**워그르르** 副 하自 ①《積んであるものが急に崩れる音》がらがら、からから。②《多くの水が煮えたぎるようす・その音》ぐつぐつ、ごろごろ、がらがら。

**워글-거리다** 自 ①(多くの人・虫などがたくさん集まって)うじゃうじゃする、ごたごたする。②(多くの水が)勢いよく煮え立つ、ぐつぐつたぎる。

**워낙** 副 ①もともと、元来。¶ ~ 온순한 사람이다 もともと温順な人である。②なにせ、なにしろ、あんまり。¶ 값이 비싸서 사지 못했다 なにしろ値段が高くて買えなかった。

**워:드 프로세서**〔word processor〕名 ワードプロセッサー、ワープロ。

**워럭** 副 하自 《急に飛びかかったり引っ張ったりするようす》ばっと、ぐっと、ぎゅっと。¶ 문을 ~ 열다 門をぐっと開らく。

**워르르** 副 하自 ①《積まれていた大粒のものがにわかに崩れるようす・その音》がらがら。②《大勢の人が群れをなしておし寄せるようす》どっと。

**워:리** 感 《犬を呼ぶ声》おいでおいで、こいこい。

**워석** 副 하自 《枯れ葉・固く糊をつけた衣服などが擦れ合うときに出る音》かさかさ、かさっと。

**워석-거리다** 副 かさかさと音を立てる。

**워더그르르** 副 하自 《多くの固たくて大きいものがやかましくぶつかりあいながら転がる音》がらがら。

**원:**〔怨〕名 (「원한(怨恨)」の縮約形)怨み。¶ ~을 풀다 怨みを晴らす。

**원**〔圓〕名 円、まる、円形。¶ ~을 그리다 円を描く。

**원:**〔願〕Ⅰ名 (「소원(所願)」の縮約形)願い、望み。¶ ~을 이루다 願いを遂げる。/ 그 이상 ~ 이 없다 それ以上の望みはない。Ⅱ接尾 …願い。¶ 휴가 ~ 休暇願い。

**원**¹〔依〕《韓国の貨幣の単位》ウォン。¶ 만 ~ 1万ウォン。

**원**² 感 《意外や・驚きや・不満の時を発する語》あら、なんと、なんでまた、まあ。¶ ~, 기가 막혀 まあ、あきれた。

**원-**〔元・原〕接頭 原…、元の…。¶ ~주민 原住民/ ~ 위치 元の位置。

**-원**〔員〕接尾 …員。¶ 구성~ 構成員/ 공무~ 公務員。

**-원**〔院〕接尾 …院。¶ 양로~ 養老院。

**-원**〔源〕接尾 …源。¶ 동력~ 動力源。

**원가**〔原價〕名 原価、コスト、元値。¶ ~ 이하로 떨어지다 元値を割る。

**원가 계:산**〔-計算〕名經 原価計算。

**원-거리**〔遠距離〕名 遠距離。¶ ~ 수송 遠距離輸送。

**원:격**〔遠隔〕名 하形 遠隔。¶ ~ 조종 遠隔操縦/ ~한 땅 遠隔の地。

**원:격 조작**〔-操作〕名 遠隔操作、リモートコントロール、リモコン。

**원:경**〔遠景〕名 遠景。㉔ 근경(近景)

**원고**〔原告〕名法 原告。㉔ 피고(被告)

**원고**〔原稿〕名 ①原稿。¶ ~ 마감 原稿の締め切り。②下書き、草稿。

**원고-료**〔-料〕图 原稿料、稿料。

**원고-지**〔-紙〕图 原稿用紙。¶ 이백 자 ~ 200字詰原稿用紙。

**원:군**〔援軍〕图 援軍。¶ ~을 요청하다 援軍を要請する。

**원:귀**〔冤鬼〕图 怨靈。

**원:근**〔遠近〕图 遠近。¶ ~법 遠近法。

**원금**〔元金〕图 元金、元手。¶ ~마저 날리다 元金までなくす。

**원기**〔元氣〕图 元氣、精気。¶ ~ 왕성하다 元気旺盛だ。

**원-기둥**〔圓-〕图〔數〕円柱。

**원내**〔院內〕图 院内。¶ ~ 감사 院内監査。

**원년**〔元年〕图 元年。

**원-님**〔員-〕图〔史〕"郡守"の尊敬語。
〔속담〕원님 덕에 나팔이라 殿様とのお陰でらっぱを吹く。《他人だんのお陰で身に余るぜいたくをする》

**원단**〔元旦〕图 元旦。

**원:대**〔遠大〕图句形 遠大。¶ ~한 포부 遠大な抱負。

**원동**〔原動〕图 原動。
  **원동-기**〔-機〕图〔機〕原動機、発動機、モーター。
  **원동-력**〔-力〕图 原動力。¶ 우승의 ~ 優勝の原動力。

**원두**〔原豆〕图 (粉にひく前の炒った)コーヒー豆。

**원두**〔園頭〕图 畑に植えたキュウリ・マクワウリ・スイカなどの総称。
  **원두-막**〔-幕〕图 マクワウリ・スイカ畑などの番小屋。

**원-둘레**〔圓-〕图〔數〕円周。
  **원둘레-율**〔-率〕图〔數〕円周率。

**원래**〔元來・原來〕图 元来。①元。¶ ~의 위치로 돌아가다 元の位置にかえる。②(副詞的に)もともと、初めから、始めから。¶ ~ 정직한 사람이다 もともと正直な人だ。/ 머리가 둔하다 元来頭が鈍い。

**원:려**〔遠慮〕图 遠慮。①遠далいа将来まで見通して考えること。¶ 심모 ~ 深謀遠慮。②遠く離されていてする心配。

**원:령**〔怨靈〕图 怨霊、物の気〔怪〕。

**원로**〔元老〕图 元老。¶ 정계의 ~ 政界の元老。
  **원로-원**〔-院〕图〔史〕元老院。

**원:로**〔遠路〕图 遠路、長い道中。¶ ~에 오시느라고 수고하셨습니다 遠路はるばるご苦労さまでした。

**원론**〔原論〕图 原論。¶ 경제학 ~ 経済学原論。

**원료**〔原料〕图 原料。¶ ~비 原料費/ ~ 의 가격 상승 原料の値上がり。

**원류**〔源流〕图 源流。¶ 한국 문화의 ~ 韓国文化の源流。

**원리**〔元利〕图 元利、元金と利子。¶ ~금 元利金。

**원리**〔原理〕图 原理。¶ 근본 ~ 根本原理/ ~를 응용하다 原理を応用する。

**원만-하다**〔圓滿-〕句形 円満だ。¶ 성격이 ~ 性格が円満だ。 **원만-히** 副 円満に。¶ 일을 ~ 처리하다 事を円満に処理する。

**원:망**〔怨望〕图他 怨望、恨み。¶ ~을 풀다 恨みを晴らす。
  **원:망-스럽다**〔形〕 恨めしい、くやしい。
  **원망스러운 얼굴** 恨めしそうな顔つき。 **원망-스레** 副 恨めしそうに、くやしそうに。

**원:망**〔願望〕图 願望、願い。¶ 유일한 ~ 唯一の願い。

**원:매-인**〔願買人〕图 買い手。

**원:매-인**〔願賣人〕图 売り手。

**원면**〔原綿〕图 原綿。

**원명**〔原名〕图 原名。

**원모**〔原毛〕图 原毛。

**원:모**〔遠謀〕图他 遠謀。¶ 심려 ~ 深慮深謀。

**원목**〔原木〕图 原木、粗木。¶ ~을 가공하다 原木を加工する。

**원무**〔圓舞〕图 円舞。¶ ~곡 円舞曲。

**원문**〔原文〕图 ①原文。¶ ~을 충실하게 번역하다 原文を忠実に訳する。②本文。

**원반**〔原盤〕图 原盤。¶ 레코드 ~ レコードの原盤。

**원반**〔圓盤〕图 円盤。
  **원반-던지기**〔-體〕图〔體〕円盤投げ。

**원:방**〔遠方〕图 遠方。¶ ~으로 떠나다 遠方に旅だつ。

**원:병**〔援兵〕图 援兵、援軍。¶ ~을 청하다 援兵を請う。

**원본**〔原本〕图 原本。

**원부**〔原簿〕图 原簿、元帳。¶ 호적 ~ 戸籍の原簿。

**원뿔**〔圓-〕图〔數〕円錐。

**원사**〔原絲〕图 原糸。¶ ~의 수입 原糸の輸入。

**원산**〔原産〕图 原産。¶ 열대 ~의 식물 熱帯原産の植物。
  **원산-지**〔-地〕图 原産地。¶ ~ 증명서 原産地証明書。

**원:산**〔遠山〕图 ①遠くの山。②めがねのブリッジ。③(便器の)金隠し。④扉が内側から入り過ぎないように敷居しに打ち込んだ金具。⑤ことじ。

**원상**〔原狀〕图 原状。¶ ~ 회복 原状回復/ ~으로 되돌리다 原状に戻す。

**원색**〔原色〕图 原色。¶ 삼 ~ 三原色。 回 기색 (基色)。
  **원색-판**〔-版〕图〔版〕原色版。

**원생**〔原生〕图 原生。¶ ~대 原生代。 回 원시 (原始)。
  **원생-동물**〔-動物〕图〔動〕原生動物。

**원:생**〔院生〕图 院生。

**원서**〔原書〕图 原書。¶ ~로 읽다 原書で読む。 回 원전 (原典)。

**원:서**〔願書〕图 願書。¶ 입학 ~를 제출하다 入学願書を提出する。

**원석**(原石) 图 原石(げんせき)。¶ 다이아몬드 ~ ダイヤモンドの原石.

**원:성**(怨聲) 图 怨声(えんせい)、恨(うら)む声(こえ)。¶ ~이 자자하다 怨声が高い.

**원소**(元素) 图 元素(げんそ)。¶ 동위 ~ 同位(どうい)元素.
　**원소 기호**(-記號) 图(化) 元素記号(きごう)。
　**원소 주기율**(-週期率) 图(化) 元素周期率(しゅうき)。¶ ~표 元素周期表(ひょう)。

**원:소**(冤訴) 图(하다) ①無実(むじつ)の罪(つみ)を訴(うった)えること. ②不服(ふふく)を申(もう)し立(た)てること.

**원수**(元首) 图 元首(げんしゅ)。¶ 국가 ~ 国家(こっか)の元首.

**원수**(元帥) 图(軍) 元帥(げんすい)。

**원:수**(怨讐) 图 怨讐(えんしゅう・おん)、仇(あだ)、かたき、仇敵(きゅうてき)。¶ ~지간 かたきの間柄(あいだがら)/ 은혜를 ~로 갚다 恩(おん)をあだで返(かえ)す.
　속담〉**원수는 외나무 다리에서 만난다** 仇敵は一本橋(いっぽんばし)の上(うえ)で出会(であ)う。《嫌(いや)な相手(あいて)にはどこかで必(かなら)ず会(あ)うものだ》
　관용〉**원수(가) 지다** 互(たが)いにかたきどうしとなる. **원수(를) 갚다** 恨(うら)みを晴(は)らす、かたきを討(う)つ.

**원수**(員數) 图 員数(いんずう)、人数(にんずう)。¶ ~를 세다 員数を数(かぞ)える.

**원숙**(圓熟) 图(하다)(形) 円熟(えんじゅく)、老熟(ろうじゅく)。¶ ~한 연기 円熟な演技(えんぎ)/ ~한 경지에 달하다 円熟した境地(きょうち)に達(たっ)する.

**원:숭이** 图 猿(さる)。¶ ~같이 흉내를 내다 猿まねをする.
　속담〉**원숭이도 나무에서 떨어진다** 猿も木(き)から落(お)ちる.《どんな得意(とくい)なこと・慣(な)れたことでも失敗(しっぱい)することがある》
　**원-숭이-띠** 图 申年生(さるどしう)まれ.

**원시**(原始) 图 原始(げんし)、元始(げんし)。¶ ~림 原始林(りん)/ ~시대 原始時代(じだい).
　**원시-인**(-人) 图 原始人(じん)。
　**원시-적**(-的) 冠(名) 原始的(てき)。¶ ~인 방법 原始的な方法(ほうほう).

**원:시**(遠視) 图 遠視(えんし)、遠眼(えんがん)、遠目(とおめ)。¶ ~경 遠眼鏡(えんがんきょう).
　**원:시-안**(-眼) 图(醫) 遠視眼(がん).

**원심**(原審) 图(法) 原審(げんしん)。¶ ~을 파기하다 原審を破棄(はき)する.

**원:심**(遠心) 图 遠心(えんしん)。¶ ~ 분리기 遠心分離機(ぶんりき).
　**원:심-력**(-力) 图(物) 遠心力(りょく).

**원아**(園兒) 图 (幼稚園(ようちえん)の)園児(えんじ).

**원안**(原案) 图 原案(げんあん)。¶ ~대로 의결하다 原案どおり議決(ぎけつ)する.

**원:안**(遠眼) 图(《「원시안(遠視眼)」の縮約形》遠視眼(えんし)、遠眼(えんがん).

**원앙**(鴛鴦) 图 鴛鴦(えんおう)。①(動) オシドリ. ②(比) おしどり夫婦(ふうふ).
　**원앙 금침**(-衾枕) 图 オシドリを刺繍(ししゅう)した布団(ふとん)と枕(まくら).
　**원앙-새** 图(動) オシドリ.

**원액**(原液) 图 原液(げんえき).

**원야**(原野) 图 原野(げんや)、野原(のはら)。¶ 황막한 ~ 荒漠(こうばく)たる原野.

**원:양**(遠洋) 图 遠洋(えんよう)。¶ ~ 항해 遠洋航海(こう).
　**원:양 어업**(-漁業) 图 遠洋漁業(ぎょぎょう).

**원어**(原語) 图 原語(げんご).

**원예**(園藝) 图 園芸(えんげい)。¶ ~ 농업 園芸農業(のうぎょう)/ 가정 ~ 家庭(かてい)園芸.
　**원예-사**(-師) 图 園芸師(し).
　**원예 시험장**(-試驗場) 图 園芸試験場(しけんじょう).
　**원예 작물**(-作物) 图 園芸作物(さくもつ).

**원:외**(員外) 图 員外(いんがい)、定員外(ていいんがい).

**원:외**(院外) 图 院外(いんがい)。¶ ~ 운동 院外運動(うんどう).

**원:용**(援用) 图(하다) 援用(えんよう).

**원유**(原油) 图 原油(げんゆ)。¶ ~를 정제하다 原油を精製(せいせい)する.

**원유-회**(園遊會) 图 園遊会(えんゆうかい).

**원음**(原音) 图 原音(げんおん).

**원의**(原意) 图 原意(げんい)、原義(げんぎ).

**원의**(原義) 图 原義(げんぎ)。¶ 이 말의 ~ この語(ご)の原義.

**원인**(原人) 图 原人(げんじん)。㊦ 원시인(原始人).

**원인**(原因) 图 原因(げんいん)。¶ 주된 ~ おもな原因/ ~을 규명하다 原因を糾明(きゅうめい)する.

**원:인**(遠因) 图 遠因(えんいん)。¶ 전쟁의 ~이 되다 戦争(せんそう)の遠因となる.

**원일**(元日) 图 元日(がんじつ)、元旦(がんたん).

**원자**(元子) 图 (まだ王世子(おうせいし)になる前(まえ)の)王(おう)の長男(ちょうなん).

**원자**(原子) 图(化) 原子(げんし)。¶ ~가 原子価(か)/ ~단 原子団(だん)/ ~량 原子量(りょう)/ ~기호 原子記号(きごう).
　**원자-력**(-力) 图 原子力(りょく)。¶ ~ 발전 原子力発電(はつでん)/ 잠수함 原子力潜水艦(せんすいかん).
　**원자-로**(-爐) 图(原) 原子炉(ろ).
　**원자-론**(-論) 图(哲) 原子論(ろん)、原子説(せつ).
　**원자 번호**(-番號) 图(化) 原子番号(ばんごう).
　**원자 폭탄**(-爆彈) 图 原子爆弾(ばくだん)、原爆(げんばく).
　**원자-핵**(-核) 图(物) 原子核(かく)。¶ ~ 분열 原子核分裂(ぶんれつ).

**원-자재**(原資材) 图 原資材(げんしざい)。¶ ~ 수입 原資材の輸入(ゆにゅう).

**원작**(原作) 图 原作(げんさく)。¶ 드라마의 ~ ドラマの原作.
　**원작-자**(-者) 图 原作者(しゃ).

**원장**(原帳) 图 元帳(もとちょう)、原簿(げんぼ)。¶ ~에 기입하다 元帳に記入(きにゅう)する.

**원:장**(院長) 图 (学院(がくいん)・病院(びょういん)の)院長(ちょう)。¶ 병원 ~ 病院長(ちょう).

**원장**(園長) 图 園長(えんちょう)。¶ 유치원 ~ 幼稚園(ようちえん)の園長.

**원적**(原籍) 图 原籍(げんせき)。¶ ~지 原籍地(ち).

**원전**(原典) 图 原典(げんてん)。¶ ~ 비판 原典批判(ひはん).

**원점**(原點) 图 原点(げんてん)。¶ ~으로 되돌아가다 原点に戻(もど)る.

**원:정**(遠征) 图(하다)(自) 遠征(えんせい)。¶ ~ 경기 遠征競技(きょうぎ).
　**원:정-대**(-隊) 图 遠征隊(たい).

**원제**(原題) 图 原題(げんだい).

**원조**(元祖) 图 元祖(がんそ)、始祖(しそ).

원:조[援助] 图[하타] 援助ぉ。¶ 재정적 ~ 財政的ざいせいてき援助/ 물심 양면으로 ~하다 物心両面ぶっしんりょうめんで援助する。

원죄[原罪] 图[基] 原罪げんざい。

원죄[寃罪] 图 寃罪えんざい、無実むじつの罪つみ。¶ ~ 썼다 寃罪を晴はらす。

원주[原住] 图 原住げんじゅう。¶ ~지 原住地ち。

원주-민[-民] 图 原住民げんじゅうみん、土着民どちゃくみん。

원주[圓周] 图[数] 円周えんしゅう。¶ ~각 円周角かく。

원주-율[-率] 图[数] 円周率りつ。

원주[圓柱] 图 円柱えんちゅう。¶ ~도법 円柱図法ずほう。

원-주소[原住所] 图 原住所げんじゅうしょ。

원천[源泉] 图 源泉げんせん、元もと、根源こんげん。¶ 힘의 ~ 力ちからの源泉。

원천 징수[-徵收] 图[法] 源泉徴収げんせんちょうしゅう。

원체[元體] 副 もともと、本来ほんらい、元来がんらい。¶ ~ 건강하다 もともと健康けんこうである。

원추[圓錐] 图 円錐えんすい。¶ ~형 円錐形けい。

원추리 图[植] ワスレグサ。

원칙[原則] 图 原則げんそく。¶ ~을 세우다 原則を立たてる。

원칙-적[-的] 冠 原則的てき。¶ ~으로 말하면 그것은 위반이다 原則的に言えばそれは違反はんだ。

원:-컨대[願-] 副 願ねがわくは、どうか。¶ ~ 성공하시기를 願わくは成功せいこうせられますように。

원탁[圓卓] 图 円卓えんたく。¶ ~ 회의 円卓会議ぎ。

원통[寃痛] 图[하形] ①非常ひじょうに怨うらめしいこと、くやしくてたまらないこと。¶ 너무 ~해서 밤잠을 설치다 あまりのくやしさに夜よるもおちおち眠ねむれない。②痛恨つうこん、残念ざんねん。¶ 그의 죽음은 참으로 ~하다 彼かれの死しは実じつに残念なことだ。

원통[圓筒] 图 円筒えんとう。¶ ~형 円筒形けい。

원판[元-] 图 ①本来ほんらいの状態じょうたい。②《副詞的に》本来ほんらい、もともと。

원판[原版] 图[版] 原版げんぱん。¶ 사진 ~ 写真しゃしんの原版。

원판[圓板] 图 円板えんばん。

원폭[原爆] 图 (「원자 폭탄」의 縮約形) 原爆げんばく。

원:-풀이[怨-] 图[하他] 恨うらみを晴はらすこと。

원:-풀이[願-] 图[하他] 願ねがいがかなうこと。

원-피:스[one-piece] 图 ワンピース。

원:-하다[願-] 他あ 願ねがう、望のぞむ、(…したいと)思おもう、欲ほっする。¶ 평화를 ~ 平和へいわを願う。

원:한[怨恨] 图 怨恨えんこん、うらみ。¶ ~을 품다 怨恨を抱いだく。

원:해[遠海] 图 遠海えんかい。¶ ~ 어업 遠海漁業ぎょぎょう。

원형[原形] 图 原形げんけい。¶ ~을 보존하다 原形を保存ほぞんする。

원형-질[-質] 图[生] 原形質げんけいしつ。¶ 분리 原形質分離ぶんり。

원형[原型] 图 原型げんけい。¶ ~을 뜨다 原型をとる。

원형[圓形] 图 円形えんけい・まるがた。¶ ~ 극장 円形劇場げきじょう。

원:호[援護] 图[하他][되自] 援護えんご。¶ ~ 기금 援護基金ききん。

원혼[寃魂] 图 寃魂えんこん。

원활[圓滑] 图[하形] 円滑えんかつ、滑なめらかなこと。¶ ~한 진행 円滑な進行しんこう。원활-히 副 円滑に。

원흉[元兇] 图 元凶がんきょう。¶ 부정 선거의 ~ 不正選挙せんきょの元凶。

월[月] 图 ①月つき・げつ・がつ。¶ 1~ 1月いちがつ/ 일개~ 1いっか月/ 평균 月平均へいきん。②(「월요일」의 縮約形) 月げつ。

월간[月刊] 图 月刊げっかん。¶ ~ 잡지 月刊雑誌ざっし。

월경[月經] 图 月経げっけい、月つきの物もの、メンス。¶ ~대 月経帯たい/ 첫 ~ 初潮しょちょう。

월경 불순[-不順] 图[医] 月経不順ふじゅん。

월경[越境] 图[하自] 越境えっきょう。¶ ~자 越境者しゃ。

월계-관[月桂冠] 图 月桂冠げっけいかん。¶ 승리의 ~을 쓰다 勝利しょうりの月桂冠をかぶる。

월계-수[月桂樹] 图[植] ゲッケイジュ。

월광[月光] 图 月光げっこう、月つきの光ひかり。

월권[越權] 图[하自] 越権えっけん。¶ ~ 행위 越権行為こうい。

월급[月給] 图 月給げっきゅう、サラリー。¶ ~을 받다 月給を受うけ取とる。

월급-날 图 月給日び。

월급-쟁이 图 月給取つきゅうとり、サラリーマン。¶ ~ 생활을 하다 サラリーマンの暮くらしをする。

월남¹[越南] 图[하自] ①南なんの方ほうに越こえて行いくこと。②北韓ほっかんから脱出だっしゅつして大韓民国だいかんみんこくに来くること。

월남²[越南] 图[地] ベトナム。

월내[月內] 图 月内げつない、一月つきひと月以内いない。¶ ~로 할 일 一月以内でする仕事しごと。

월년[越年] 图[하自] 越年えつねん。

월년생 식물[-生植物] 图[植] 越年生しょく植物しょくぶつ。

월년-초[-草] 图 越年草そう、二年草にねんそう。

월단[月旦] 图 月旦げったん。

월단-평[-評] 图 月旦評ぴょう、人物評じんぶつひょう。

월동[越冬] 图 越冬えっとう。¶ ~ 준비 越冬準備じゅんび。

월등[越等] 图[하形] 格段かくだんに違ちがうこと、はるかにすぐれていること、ずば抜ぬけていること、卓越たくえつ。¶ 성적이 ~한 학생 成績せいせきがずば抜けている学生がくせい。월등-히 副 格段に、けたはずれに、ずば抜ぬけて。¶ 그 편이 ~ 낫다 そのほうが段違だんちがいによい。

월력[月曆] 图 暦こよみ。종 달력

월례[月例] 图 月例れい。¶ ~회 月例会かい/ 행사 月例の行事ぎょうじ。

월리[月利] 图 月利げつり。¶ ~ 두 푼으로 빌리다 月利2分ぶで借かりる。

월말[月末] 图 月末まつ、つきずえ。¶ ~ 시험 月末試験しけん。

월면[月面] 图 月面げつめん。¶ ~ 착륙 月面着陸ちゃくりく。

월면-도[-圖] 图 月面図ず。

월반[越班] 图[하自] 飛とび級きゅう、1学年いちがくねん飛び越こして進級しんきゅうすること。

월별[月別] 图 月別べつ。¶ ~ 생산량 月別生産量さんりょう。

월봉[月俸] 图 月俸ほう、月給きゅう。

월부[月賦] 图 月賦げっぷ、月割つきわり。¶ ~ 판매

月賦販売はん。

**월부-금**[-金] 图 月賦金きん。
**월부-불**[-拂] 图 月賦払はらい。
**월북**[越北] 图 [하자] ①北方ほっぽうに行ゆくこと。 ②38線さんじゅうはちせんの以南いなんから以北いほくに越こえて行いくこと。
**월사-금**[月謝金] 图 月謝げっしゃ、授業料じゅぎょうりょう。¶~을 납부하다 月謝を納おさめる。
**월산**[月産] 图 月産げっさん。¶~ 5만 대 月産5万台だい。
**월색**[月色] 图 月色げっしょく。
**월세**[月貰] 图 ①月払つきばらいの家賃やちん。㊧ 사글세 月払いの借家しゃくや。
**월-세계**[月世界] 图 月世界げっせかい。¶~ 여행 月世界旅行りょこう。
**월수**[月收] 图 月收げっしゅう。¶~ 백만 원 月收100万まんウォン。
**월식**[月蝕] 图 [天] 月食げっしょく。¶ 개기 ~ 皆既かいき月食。
**월요**[月曜] 图 (「월요일」의 縮約形) 月曜げつよう。¶~병 月曜病げつようびょう。
**월요-일**[-日] 图 月曜日げつようび。
**월일**[月日] 图 ①月日つき、月つきと太陽たいよう。②月日げつじつ、暦こよみの上うえの月つきと日ひ。¶생년~ 生年ねんがっぴ月日。
**월장**[越墻] 图 [하자] へいを越こえること。
**월전**[月前] 图 一ひとっ月前つきまえぐらい前まえ、ひと月つき前まえ。¶~에 만났다 ひと月前に会あった。
**월정**[月定] 图 月ぎめ。¶~ 구독료 月ぎめ購読料どくりょう。
**월중 행사**[月中行事] 图 月中行事げっちゅうぎょうじ。
**월차**[月次] 图 月次げつじ。①毎月まいつき、月つきごと。¶~ 휴가 月次休暇きゅうか。②空そらにおける月つきの位置いち。
**월척**[越尺] 图 (釣つりで)釣つり上あげた魚さかなが一尺じゃくに余あまること、またその魚さかな。
**월천**[越川] 图 [하자] 川かわを越こえること、渡河とか。
**월천-꾼**[越川-] 图 (むかし)人ひとを背負せおって川かわを渡わたすことを業わざとした人ひと、川越かわごし人足にんそく。
**월초**[月初] 图 月初つきはじめ。¶~에 지불하다 月初めに支払しはらいする。
**월출**[月出] 图 [하자] 月つきの出で。
**월컥** 囝 ①(食たべた物ものを急きゅうに吐はき出だすようす)げえっ。 ②(急きゅうにひっくり返かえったりそりかえるようす)ぱっと。 ③(急きゅうに力ちからいっぱい押おしのけたり引ひき寄よせるようす)ぱっと、ぐっと、ぎゅっと。
**월평**[月評] 图 月評げっぴょう。¶ 문예~ 文芸げいげつ月評。
**월하-노인**[月下老人] 图 月下老人げっかろうじん、月下氷人ひょうじん、仲人なこうど。
**월하-빙인**[月下氷人] 图 月下氷人げっかひょうじん、仲人なこうど、媒酌人ばいしゃくにん。
**웨딩 드레스**[wedding dress] 图 ウェディングドレス。
**웨이터**[waiter] 图 ウエーター。
**웨이트리스**[waitress] 图 ウエートレス。
**웩** 囝[하자] ①(食たべ物ものなどを吐はき出だす音おと)げえっ。¶ 먹은 것을 ~하고 토하다 食べたものをげえっと吐き出す。②((ありったけの声こえを出だして叫さけぶ声こえ) わあっ。

**웬**: 囶 どんな、どうした、なんという。¶ ~ 사람이냐? どういう人ひとか。/ 새벽부터 ~ 일이냐? 朝あさっぱらからどうしたことか。
[관용] **웬 떡이냐** どうした餅もちか。《思おもいがけない幸運こううんに巡めぐり合あったときに言いう》。
**웬:-걸** 囶 (「웬 것을」의 縮約形) 何なにを、どうしてそんな、なんでまた、いや。¶ ~ 이렇게 많이 가져 오셨습니까? どうしてまたこんなにたくさんお持ちくださったのですか。
**웬:-만큼** 囝 いいかげんに、ほどほどに、適度てきどに、そこそこに。¶ ~ 해 두게 いいかげんにしておけ。
**웬:-만-하다** 囧囶 (「우연만하다」의 縮約形) まあまあ、ほどほどである、まずまずだ。¶ 오늘은 추위가 ~ 今日きょうは寒さむさがまあまあだ。
**웬:-일** 图 どういうこと、どうしたこと、何事なにごと。¶ ~ 인지 가슴이 설렌다 なんとなく胸騒むなさわぎがする。
**웽** 囝[하자] ((やや大おおきな虫むしが飛とび回まわったり強つよい風かぜが電線でんせんなどに当あたって出でる音おと)) ぶうん、ひゅう。
**위** 图 上うえ。①上うえの方ほう、上部じょうぶ。¶ 팔을 ~로 뻗치다 腕うでを上に伸のばす。②(物体ぶったいの)表面めん、表おもて。¶ 물 ~에 뜬 배 水みずの上に浮うかんだ船ふね。③高たかい所ところ、頂上ちょうじょう、頂いただき。¶ 산 ~로 올라가다 山やまの頂に登のぼる。④(地位ちい・程度ていど・品質ひんしつなどの)上位じょうい、上部じょうぶ。¶ 나보다 한 수 ~다 わたしより一枚いちまい上うえだ。⑤年上としうえ다 三さい歳上うえだ。⑥上記じょうき、以上いじょう、前記ぜんき。¶ ~와 같음 上記の通とおり。⑦…に加くわえて、その上うえに、さらに。 우등상을 탄 ~에 장학금까지 받았다 優等賞ゆうとうしょうを取とった上に奨学金しょうがくきんまでもらった。
**위**[位] I 图 (「지위」의 縮約形) 位くらい、地位ちい、職位しょくい。¶ 정승의 ~에 오르다 丞相じょうしょうの位に就つく。 II 囮 位くらい。①等級とうきゅう、順位じゅんいなどを表あらわす語ご。¶ 제1~ 第一位だいいちい。②(位牌いはいなどを数かぞえる単位たんい) 柱はしら。¶ 영령 백 ~ 英霊えいれい百ひゃく柱ちゅう。
**위**[胃] 图 胃い、胃袋いぶくろ。¶ ~가 아프다 胃が痛いたい。
**위-경련**[-痙攣] 图 [醫] 胃痙攣いけいれん、差さし込こみ、しゃく。
**위-궤양**[-潰瘍] 图 [醫] 胃潰瘍いかいよう。
**위-하수**[-下垂] 图 [醫] 胃下垂いかすい。
**위계**[危計] 图 危険きけんな計画けいかく、企くわだて。
**위계**[位階] 图 位階いかい。¶ ~가 높은 사람 位階が高たかい人ひと。
**위계**[僞計] 图 [하자] 偽計ぎけい。¶ ~를 쓰다 偽計を用もちいる。
**위공**[偉功] 图 偉功いこう。¶ ~을 세우다 偉功を立たてる。
**위광**[威光] 图 威光いこう。¶ 권력의 ~ 権力けんりょくの威光。
**위구**[危懼] 图 [하자자] 危惧きぐ。¶ ~심을 품다 危

**위국**〔危局〕图 危局きょく。¶ ~에 처하다 危局に処する。

**위급**〔危急〕图[하形] 危急きゅう。¶ 매우 ~한 사태 非常じょうに危急な事態たい。
　**위급 존망지-추**〔-存亡之秋〕图 危急存亡そんぼうの秋とき。

**위기**〔危機〕图 危機き。¶ ~감 危機感かん/ ~에서 벗어나다 危機から抜ぬけ出だす。/ ~에 빠지다 危機に陥おちいる。
　**위기 의:식**〔-意識〕图 危機意識しき、危機感かん。
　**위기 일발**〔--髮〕图 危機一髮ぱつ。¶ ~에서 벗어나다 危機一髮のところを逃のがれる。

**위대**〔偉大〕图[하形] 偉大だい。¶ ~한 인물 偉大な人物じんぶつ。

**위덕**〔威德〕图 威德とく、權威けんいと德望とくぼう。¶ ~을 겸비하다 威德を兼かね備そなえる。

**위도**〔緯度〕图[地] 緯度ど。¶ ~선 緯度線せん。

**위독**〔危篤〕图[하形] 危篤とく。¶ ~한 환자 危篤の患者かんじゃ。

**위락**〔慰樂〕图 慰樂らく。¶ ~시설 慰樂施設しせつ。

**위력**〔威力〕图 威力りょく。¶ 핵무기의 ~ 核武器きの威力/ ~을 발휘하다 威力を發揮はっきする。

**위령**〔慰靈〕图[하自] 慰靈れい。¶ ~탑 慰靈塔とう。
　**위령-제**〔-祭〕图 慰靈祭さい。

**위로**〔慰勞〕图[하他][되自] 慰勞ろう。¶ 패자를 ~하다 敗者はいしゃを慰勞する。
　**위로-금**〔-金〕图 慰勞金きん。
　**위로-회**〔-會〕图 慰勞會かい。¶ ~를 열다 慰勞会を開ひらく。

**위명**〔威名〕图 威名めい。¶ 천자의 ~ 天子てんしの威名。

**위명**〔僞名〕图 僞名めい。¶ ~을 쓰다 僞名を使つかう。

**위무**〔慰撫〕图[하他] 慰撫ぶ。¶ 민심을 ~하다 民心みんしんを慰撫する。

**위문**〔慰問〕图 慰問もん。¶ ~금 慰問金きん/ ~ 편지 慰問の手紙がみ。
　**위문-품**〔-品〕图 慰問品ひん。

**위반**〔違反〕图[하他][되自] 違反はん、違反はい。¶ 규칙 ~ 規則そく違反。

**위배**〔違背〕图[하他][되自] 違背はい、違反はん。¶ 학칙에 ~된 행위 學則そくに違背した行爲こうい。

**위법**〔違法〕图 違法ほう。¶ ~자 違法者しゃ/ ~ 행위 違法行爲い。
　**위법-성**〔-性〕图 違法性せい。
　**위법 처:분**〔-處分〕图[法] 違法處分しょぶん。

**위병**〔胃病〕图 胃病びょう。

**위병**〔衛兵〕图 衛兵へい。¶ ~소 衛兵所しょ。

**위산**〔胃酸〕图[生] 胃酸さん。
　**위산 결핍증**〔-缺乏症〕图[醫] 胃酸欠乏症けつぼうしょう。
　**위산 과:다증**〔-過多症〕图[醫] 胃酸過多症かたしょう。

**위상**〔位相〕图 位相そう。¶ ~공간 位相空間くうかん。
　**위상 기하학**〔-幾何學〕图[數] 位相幾何学がく。
　**위상-어**〔-語〕图[言] 位相語ご。

**위생**〔衛生〕图 衛生せい。¶ 공중 ~ 公衆こうしゅう衛生/ ~ 관리 衛生管理かんり/ ~ 상태가 좋지 않다 衛生狀態じょうたいがよくない。
　**위생-병**〔-兵〕图[軍] 衛生兵へい。
　**위생-복**〔-服〕图 衛生服ふく。
　**위생-적**〔-的〕冠[하形] 衛生的てき。¶ ~인 설비 衛生的な設備びび。

**위선**〔僞善〕图[하自] 僞善ぜん。¶ ~자 僞善者しゃ。
　**위선-적**〔-的〕冠 僞善的てき。¶ ~인 행위 僞善的な行爲い。

**위성**〔衛星〕图 衛星せい。¶ 인공 ~ 人工じんこう衛星/ ~ 통신 衛星通信つうしん。
　**위성 국가**〔-國家〕图 衛星せい国家こっか、衛星国こく。
　**위성 도시**〔-都市〕图 衛星都市と。

**위세**〔威勢〕图 威勢せい。¶ ~에 눌리다 威勢におされる。

**위수**〔衛戍〕图[軍] 衛戍じゅ。¶ ~지 衛戍地ち。
　**위수-령**〔-令〕图[法] 衛戍令れい。

**위스키**〔whisky〕图 ウイスキー。

**위시-하다**〔爲始-〕[他여] はじめとしている。¶ 총리를 위시하여 전각료가 참석하다 總理そうりをはじめとして全閣僚かくりょうが参加さんかする。

**위신**〔威信〕图 威信しん。¶ ~이 서지 않다 威信が立たたない。

**위-아래**〔上下〕图じょうげ。①上うえと下した。¶ 신사복 ~ 背広びろの上下。②目上めうえの人ひとと目下めしたの人、上級者じょうきゅうしゃと下級者かきゅうしゃ。¶ ~의 구별 없이 다루다 上下の別なく扱あつかう。

**위안**〔慰安〕图[하他][되自] 慰安あん、慰なぐさめ。¶ ~거리 慰なぐさみ物もの/ 따뜻한 말로 ~하다 温あたたかいことばで慰なぐさめる。
　**위안-부**〔-婦〕图 慰安婦ふ。

**위암**〔胃癌〕图[醫] 胃癌がん。

**위압**〔威壓〕图[하他][되自] 威壓あつ。¶ ~적인 태도 威壓的な態度たいど。
　**위압-감**〔-感〕图 威壓感かん。¶ ~을 느끼다 威壓感を感かんじる。

**위액**〔胃液〕图 胃液えき。

**위약**〔違約〕图 違約やく。¶ ~금 違約金きん。
　**위약 배상**〔-賠償〕图[하他] 違約賠償ばいしょう。

**위엄**〔威嚴〕图 威嚴げん。¶ ~에 압도당하다 威嚴に壓倒あっとうされる。
　**위엄-스럽다**[形ㅂ] 威嚴がある、威嚴がこもる、いかめしい。¶ 위엄스러운 모습 威嚴なる風貌ふうぼう。　**위엄-스레**副 威嚴をもって、いかめしく。

**위업**〔偉業〕图 偉業ぎょう。¶ ~을 이루다 偉業を成なし遂とげる。

**위-없다**[形] この上うえない、最上じょうだ、一番いちばんだ。¶ 위없는 물건 この上ない品物もの。

**위염**〔胃炎〕图[醫] 胃炎えん、胃カタル。¶ 만성 ~ 慢性まんせい胃炎。

**위요**〔圍繞〕图[하他][되自] 圍繞じょう・にょう。¶ ~지 圍繞地にょうち。

**위용**〔威容〕图 威容よう。¶ ~을 자랑하다 威容をほこる。

**위용**〔偉容〕图 偉容よう。¶ ~을 드러내다 偉容をあらわす。

**위원**〔委員〕图 委員いん。¶ ~장 委員長ちょう/ 집행 ~ 執行しっこう委員。

**위원-회**〔-會〕 ㊂ 委員会。¶ 상임 ~ 常任委員会。
**위인**〔爲人〕 ㊂ ①人となり、人柄。¶ 착한 ~ 이다 善良な人となりだ。②人のためになること。
**위인 설관**〔-設官〕 ㊂㉠ 人のために官職を設けること。
**위인**〔偉人〕 ㊂ 偉人。¶ ~전 偉人伝。
**위임**〔委任〕 ㊂㉠㉣ 委任。¶ ~자 委任者/ ~ 명령 委任命令/ 권한을 ~하다 権限を委任する。
**위임-대리**〔-代理〕 ㊂〚法〛 委任代理、任意代理。
**위임-장**〔-狀〕 ㊂〚法〛 委任状。
**위자**〔慰藉〕 ㊂㉠㉣ 慰謝、慰籍。
**위자-료**〔-料〕 ㊂ 慰謝料。¶ ~를 청구하다 慰謝料を請求する。
**위작**〔僞作〕 ㊂㉠ 偽作。¶ ~품 偽作品。
**위장**〔胃腸〕 ㊂ 胃腸。¶ ~병 胃腸病。
**위장**〔僞裝〕 ㊂㉠㉣ 偽装、擬装。¶ ~망 偽装網。
**위정**〔爲政〕 ㊂㉠ 為政。¶ ~자 為政者。
**위조**〔僞造〕 ㊂㉠ 偽造、贋造。¶ ~지폐 偽造紙幣/ 공문서 ~ 公文書の偽造。
**위조-죄**〔-罪〕 ㊂ 偽造罪。
**위조-품**〔-品〕 ㊂ 偽造品。
**위주**〔爲主〕 ㊂㉠ 主とすること。¶ 실력 ~ 로 実力を主とする。
**위증**〔僞證〕 ㊂㉠ 偽証。¶ ~죄 偽証罪。
**위지**〔危地〕 ㊂ 危地。¶ ~에 뛰어들다 危地に飛び込む。
**위-쪽**〔上-〕 ㊂ 上の方、上方、上側、上え。¶ 강~ 川上/ ~에서 내려다보다 上の方から見下ろす。
**위촉**〔委嘱〕 ㊂㉠㉣ 委嘱。¶ 위원으로 ~되다 委員に委嘱される。
**위축**〔萎縮〕 ㊂㉠㉣ 萎縮。¶ 마음이 ~되다 心が萎縮する。
**위-층**〔-層〕 ㊂ ①上の層、上層。②(1階に対する)2階、階上。
**위치**〔位置〕 ㊂㉠ ①存在する場所。¶ 학교의 ~ 学校の位置。②社会的な地位、立場。¶ 아내로서의 ~ 妻としての立場。③(或る場所)を占めること、またその場所。¶ 서남쪽에 ~하고 있는 강 西南の方角に位置している川。
**위치 에너지**〔-energy〕 ㊂〚物〛 位置エネルギー。
**위탁**〔委託〕 ㊂㉠ 委託。¶ ~품 委託品/ 연구를 민간에 ~하다 研究を民間に委託する。
**위탁 가공**〔-加工〕 ㊂〚經〛 委託加工。¶ ~무역 委託加工貿易。
**위탁-금**〔-金〕 ㊂ 委託金。
**위탁 매매**〔-賣買〕 ㊂ 委託売買。
**위태-롭다**〔危殆-〕 ㊅㉣ 危なっかしい、危ない、危うい。¶ 위태로운 장난 危ないいたずら/ 생명이 ~ 生命が危うい。**위태-로이** ㊃ 危なっかしく、危うく。

**위태위태-하다**〔危殆危殆-〕 ㊅㉤ 非常に危険だ、ひやひやする。¶ 위태위태한 곡예 ひやひやする曲芸。
**위태-하다**〔危殆-〕 ㊅㉤ ①(危害を受けそうで)気がかりだ、危ない。¶ 목숨이 ~ 命が危ない。②(情勢・状態などが)不安だ、難しい。¶ 재무 상태가 ~ 財務状態が難しい。
**위-턱**〔-〕 ㊂ 上顎、上あご。
**위트**〔wit〕 ㊂ ウイット、しゃれ、才知。
**위패**〔位牌〕 ㊂ 位牌。¶ 선조의 ~를 모시다 先祖の位牌を祭る。
**위폐**〔僞幣〕 ㊂ にせ金、偽造紙幣。
**위풍**〔威風〕 ㊂ 威風。¶ ~에 압도되다 威風に圧倒される。
**위풍 당당**〔-堂堂〕 ㊂㉠㉤ 威風堂々。¶ ~한 행진 威風堂々とした行進。
**위필**〔僞筆〕 ㊂㉠ 偽筆。
**위:-하다**〔爲-〕 ㉡㉤ ①(人・物を)大事にする、大切にする、愛がする、思う。¶ 책을 보물처럼 ~ 本を宝物のように大事にする。②敬う、尊敬する、仕える。¶ 부모님을 ~ 親を敬う。③(「위하여・위한」の形で)~のための(に)、~向きの。¶ 유아를 위한 그림책 幼児向きの絵本/ 앞날을 위하여 건배하자 将来のために乾杯しよう。
**위해**〔危害〕 ㊂ 危害。¶ ~를 가하다 危害を加える。
**위헌**〔違憲〕 ㊂㉠ 違憲。¶ ~ 판결 違憲判決。
**위헌-성**〔-性〕 ㊂ 違憲性。㊁ 合憲性(合憲性)。
**위헌 입법**〔-立法〕 ㊂〚法〛 違憲立法。
**위험**〔危險〕 ㊂㉠㉤ 危険。¶ ~ 수위 危険水位/ ~ 인물 危険人物/ ~을 무릅쓰다 危険をおかす。
**위험-스럽다**〔危險-〕 ㊅ 危なっかしい、危うい。¶ 위험스러워 보이는 장난 危なっかしいいたずら。**위험-스레** ㊃ 危なく、危うく。
**위험-률**〔-率〕 ㊂ 危険率。¶ ~이 높다 危険率が高い。
**위험 부:담**〔-負擔〕 ㊂〚法〛 危険負担。
**위험-시**〔-視〕 ㊂㉠㉣ 危険視。
**위험 신:호**〔-信號〕 ㊂ 危険信号。
**위험 천만**〔-千萬〕 ㊂ 危険千万。
**위협**〔威脅〕 ㊂㉠ 威嚇、脅威、脅やかし、おどし。¶ ~ 사격 威嚇射撃/ ~하여 돈을 빼앗다 脅して金を奪う。
**위협-적**〔-的〕 ㊃㊂ 威嚇的。¶ ~인 태도 威嚇的な態度。
**위화**〔違和〕 ㊂ 違和。¶ ~감을 느끼다 違和感を覚える。
**위훈**〔偉勳〕 ㊂ 偉勲。¶ ~을 세우다 偉勲を立てる。
**윗** ㊈ 「上」の意を表わす。¶ ~눈썹 上まつげ/ ~옷 上着。
**윗-길** ㊂ ①上の方の道。②(質的に)より

**윗-니** 名 上歯ば。
**윗-도리** 名 ①上体じょう、上半身はんしん。②上着うわぎ。③左官さかん仕事ごとの親方おやかた。
**윗-동네**〔-洞-〕名 上方ほうの村むら。
**윗-목** 名 オンドル部屋へやの焚たき口ぐちから一番いちばん遠とおいところ。
**윗-몸** 名 上体じょう。¶ ~을 펴다 上体を伸のばす。
**윗-물** 名 上手かみての水みず。
[속담] 윗물이 맑아야 아랫물이 맑다 上手かみての水みずが清きよくてこそ下手しもての水も清い。《目上めうえの人ひとの行おこないが正ただしくてこそ目下めしたの者ものの行ないも正しくなる》
**윗-사람** 名 ①(親族しんぞくで)目上めうえの人ひと。②(会社かいしゃで)上司じょうし、上役やく。
**윗-옷** 名 上着うわぎ。
**윗-입술** 名 上唇うわくちびる。
**윗-자리** 名 ①上席かみざき、上席じょうせき。¶ ~에 앉히다 上席にすえる。②高たかい地位ちい・位階いかい。
**윗-집** 名 上うえの方ほうにある家いえ、(自分じぶんの家より)高たかいところにある家いえ。
**윙** 副自他 《虫むしが飛とぶ音おと・機械きかいなどが回まわる時とき・風かぜが細ほそい電線でんせんに強つよくぶつかった時などに出でる音おと》ぶん、ぴゅっ、ひゅう。
**유:**〔有〕I 名 存在そんざい、あるもの、あること。¶ 무에서 ~를 만들다 無むから有を生しょうじる。II 接頭 有ゆう…。¶ ~자격자 有資格者しゃ。
**유:**〔類〕名 類るい。①(「종유(種類)」의 縮約形)種類しゅるい、たぐい。②(生物せいぶつ分類ぶんるいで)「網こう・目もく」の代かわりに用もちいられる語ご。¶ 곤충 ~ 昆虫類こんちゅうるい。③ ⇨ 무리¹。
**유가**〔有價〕名 有価か。¶ ~ 증권 有価証券しょうけん。
**유가**〔油價〕名 油価ゆか。
**유-가족**〔遺家族〕名 遺家族ぞく、遺族ぞく。
**유감**〔遺憾〕名 遺憾かん、残念ざんねん、悔くやしさ。¶ ~의 뜻을 표하다 遺憾の意を表ひょうする。
**유감-스럽다** 形ㅂ 遺憾だ、残念ざんねんだ、口惜くちおしい。¶ 참가하지 못한 것은 ~ 参加さんかできなかったことは残念だ。**유감-스레** 副 遺憾に、残念に、口惜しく。
**유감-없다** 形 遺憾なし、申もうし分ぶんない、十分じゅうぶんである。¶ 그 일에 대해서는 ~ そのことについては文句もんくない。**유감없-이** 副 遺憾なく、申し分なく、十分に。¶ 실력을 ~ 발휘하다 実力じつりょくを十分に発揮はっきする。
**유:-개**〔有蓋〕名 有蓋がい。
**유:-개 화:차**〔-貨車〕名 有蓋貨車しゃ。
**유객**〔遊客〕名 遊客きゃく・ゆう。
**유객**〔誘客〕名自他 客引きゃくびき、客取きゃくとり。¶ ~ 행위 客引き行為こうい。
**유격**〔遊撃〕名自他 遊撃げき。¶ ~대 遊撃隊たい。
**유격-수**〔-手〕名 [野] 遊撃手しゅ、ショートストップ。
**유격-전**〔-戦〕名 遊撃戦せん、ゲリラ戦。
**유:-고**〔有故〕名 故事ゆえじがあること。¶ 회장의 ~ 시는 부회장이 대리한다 会長かいちょうが事故じこの ~ 時ときは副会長ふくかいちょうが代理だいを務つとめる。

**유고**〔遺稿〕名 遺稿こう。
**유곡**〔幽谷〕名 幽谷こく。¶ 심산 ~ 深山しんざん幽谷。
**유골**〔遺骨〕名 遺骨こつ。
**유:-공**〔有功〕名形動 有功こう。¶ ~자 有功者しゃ。
**유곽**〔遊廓〕名 遊郭かく、色町まち、くるわ。¶ ~에 출입하다 遊郭に出入でいりする。
**유괴**〔誘拐〕名他 誘拐かい、かどわかし。¶ ~범 誘拐犯はん。
**유교**〔儒教〕名 儒教きょう。
**유구**〔悠久〕名形動 悠久きゅう。¶ ~한 역사 悠久の歴史き。
**유:-구-무언**〔有口無言〕名 口くちがあっても言いえないこと、弁明べんめいの余地よちがないこと。
**유:-권**〔有権〕名 有権けん。¶ ~자 有権者しゃ。
**유:-급**〔有給〕名 有給きゅう。¶ ~직 有給職しょく。
**유:-급 휴가**〔-休暇〕名 有給休暇きゅうか。
**유급**〔留級〕名自 [旧] 留年ねん。¶ 1년 ~하다 一年いちねん留年する。
**유:-기**〔有期〕名 (「유기한」의 縮約形)有期ゆうき。¶ ~ 징역 有期懲役ちょうえき。
**유:-기한**〔-限〕名 有期限げん。
**유:-기-형**〔-刑〕名[法] 有期刑けい。
**유:-기**〔有機〕名 有機き。¶ ~ 화학 有機化学かがく / ~ 비료 有機肥料ひりょう。
**유:-기-물**〔-物〕名 有機物ぶつ。
**유:-기-적**〔-的〕冠名 有機的てき。¶ ~인 관련 有機的な関連かん。
**유:-기-체**〔-體〕名 有機体たい。
**유기**〔遺棄〕名他 [旧] 遺棄き。¶ 직무 ~ 職務しょく遺棄。
**유기-죄**〔-罪〕名[法] 遺棄罪ざい。¶ 시체 ~ 死体たい遺棄罪。
**유:-난** 名 格別かくべつなこと、けたはずれなこと、際立きわだっていること、突飛とっぴなこと。**유난-히** 副 ひときわ、際立って、特別とくべつに、格別に。¶ 오늘은 ~ 예뻐 보이는군 今日きょうはひときわ美うつくしく見みえるね。
[관용] 유난(을) 떨다 異常いじょうに振舞ふるまう、大おおげさな態度たいどを取とる、風変ふうがわりな行動こうどうを取る。
**유:-난-스럽다** 形ㅂ 格別かくべつだ、際立きわだっている、突飛とっぴだ、風変ふうがわりだ。¶ 유난스러운 복장 突飛な服装ふくそう。**유난-스레** 副 格別に、ひときわ、際立って、特別に。¶ 오늘은 ~ 춥다 今日は格別に寒さむい。
**유녀**〔遊女〕名 遊女じょ、遊あそび女め、女郎じょろう。
**유년**〔幼年〕名 幼年ねん。¶ ~ 시절 幼年時代じだい。
**유년-기**〔-期〕名 幼年期き。
**유념**〔留念〕名自他 心こころに留とめて考かんがえること、留意りゅうい。¶ 각별히 ~하다 格別かくべつに留意する。
**유:-능**〔有能〕名 有能のう。¶ ~한 사원 有能な社員しゃいん。
**유니폼**〔uniform〕名 ユニホーム。
**유:-다르다**〔類-〕形르 特とくに変かわっている、異ことなっている、違ちがっている、格別かくべつだ、異様いようだ。¶ 유다른 생각 変わった考かんがえ方かた。
**유:-단-자**〔有段者〕名 (囲碁いご・剣道けんどうなどの)有

유:식[有識] 名[하形] 有識식, 物知ものり。¶ ~한 사람 有識な人ひと。
유:신[有信] 名 有信신, 信義しんのあること。¶ 붕우 ~ 朋友ほうに信しんあり。
유신[維新] 名[하他] 維新しん, 改新かいしん。
유신[遺臣] 名 遺臣じん。
유:신-론[有神論] 名[哲] 有神論ゆうしんろん。
유실[流失] 名[하自] 流失りゅう。¶ 다리가 ~ 되다 橋はしが流失する。
유실[遺失] 名[하他][되自] 遺失しつ。¶ ~물 遺失物ぶつ。
유심[唯心] 名[哲] 唯心しん。
　유심-론[-論] 名[哲] 唯心論ろん。
유:심-하다[有心-] 形[여] ①深ふかい意味いみが含ふくまれている。②注意ちゅういしている。유심-히 副 注意深ちゅういぶかく, つくづく, つらつら。¶ 살펴보다 注意深く探さぐる。
유아[幼兒] 名 幼兒じ。¶ ~기 幼兒期き。
유아[乳兒] 名 乳兒じゅう, 乳飲のみ子こ。
유아[遺兒] 名 遺兒じ。¶ 교통 ~ 交通こうつう遺兒。
유아[唯我] 名 唯我が, ただ自分じぶんだけのこと。
　유아 독존[-獨尊] 名 唯我独尊どくそん。
　유아-론[-論] 名[哲] 唯我論ろん。
유아-등[誘蛾燈] 名 誘蛾灯とう。
유압[油壓] 名 油圧あつ。¶ ~ 브레이크 油圧ブレーキ。
유:야-무야[有耶無耶] 名[하形] うやむや, はっきりせずあいまいなこと。¶ ~로 끝나다 うやむやに終おわる。
유약[幼弱] 名[하形] 幼弱じゃく。¶ ~한 아동 幼弱な児童どう。
유약[柔弱] 名[하形] 柔弱じゃく。¶ ~한 정신 柔弱な精神せい。
유:어[類語] 名 類語るい, 類義語るいぎ。
유언[流言] 名 流言げん, デマ。¶ ~을 퍼뜨리다 流言を広ひろめる。
　유언-비어[-蜚語] 名 ~가 난무하다 流言飛語が乱みだれ飛とぶ。
유언[遺言] 名[하他] 遺言ごん。¶ 고인의 ~ 故人こじんの遺言。
　유언-장[-狀] 名 遺言狀じょう。
유업[遺業] 名 遺業ぎょう。¶ ~을 계승하다 遺業を継承けいしょうする。
유-에프-오[UFO: unidentified flying object] 名 ユーフォー, 未確認みかくにん飛行物体ひこうぶったい。
유-엔[UN: United Nations] 名 国際連合こくさいれんごう, 国連れん。¶ ~ 군 国連軍ぐん。
유역[流域] 名[地] 流域いき。¶ 한강 ~ 漢江ハンガン流域。
유연[柔軟] 名[하形] 柔軟じゅう。¶ ~한 사고 방식 柔軟な考かんがえ方かた。 유연-히 副 柔軟に。¶ ~ 대처하다 柔軟に対処たいしょする。
　유연-성[-性] 名 柔軟性せい。
　유연 체조[-體操] 名 柔軟体操たいそう。
유:연-탄[有煙炭] 名 有煙炭たん。
유연-하다[悠然-] 形[여] 悠然としている。¶ 유연한 태도 悠然たる態度たい。
유영[游泳] 名[하自] 遊泳ゆう。①泳およぐこと。¶ 우주 ~ 宇宙ちゅう遊泳。②世渡わたり, 処世しょせい。
유예[猶豫] 名[하他] 猶予よ。¶ 집행 ~ 執行こう猶予 / 한시도 ~할 수 없다 一刻いっこくの猶予もできない。
유:용[有用] 名[하形] 有用よう。¶ 국가에 ~한 인재 国家こっかに有用な人材じん。
　유:용 가격[-價格] 名[經] 有用価格かく。
　유:용-성[-性] 名 有用性せい。
유용[流用] 名[하他] 流用よう。¶ 공금을 ~하다 公金こうきんを流用する。
유원[悠遠] 名[하形] 悠遠えん, はるかに遠とおいこと。
유원-지[遊園地] 名 遊園地ゆうえん。
유월[六月] 名 6月がつ。¶ 음력 ~ 陰暦の6月。
유월-절[逾月節] 名[基] 過すぎ越こしの祭まつり。
유:위[有爲] 名[하形] 有為ゆう。¶ ~한 인물 有為な人物じん。
유유-낙낙[唯唯諾諾] 名[하形] 唯々諾々だくだく。¶ ~하게 따르다 唯々諾々として従したがう。
유:유-상종[類類相從] 名[류類は友ともを呼よぶ, 同気どうきあい求もとめる。
유유-자적[悠悠自適] 名[하自] 悠々自適ゆうゆう。¶ 한 생활을 보내다 悠々自適の生活せいかつを過すごす。
유유-하다[悠悠-] 形[여] 悠々としている。¶ 유유한 창공 悠々たる青空あおぞら。 유유-히 副 悠々と, のんびりと。¶ ~ 흐르는 강 悠々と流ながれる川かわ。
유음[流音] 名[文法] 流音りゅう。
유:의[有意] 名[하形] 有意い。¶ ~ 행동 有意行動こう。
　유:의-범[-犯] 名[法] 有意犯はん。
유:의[留意] 名[하自] 留意い。¶ ~점 留意点てん / 건강에 ~하다 健康けんこうに留意する。
유:의-어[類義語] 名 類義語ぎ, 類語ご。
유:익[有益] 名[하形] 有益えき, 為ためになること。¶ ~한 정보 有益な情報じょう。
유인[有人] 名 有人じん。¶ ~ 로켓 有人ロケット。
유인[誘引] 名[하他][되自] 誘引いん。¶ 적을 ~하다 敵てきを誘引する。
유인[誘因] 名 誘因いん。¶ 전쟁의 ~이 되다 戦争せんそうの誘因となる。
유인-물[油印物] 名 謄写刷とうしゃずり, プリント。
유:인-원[類人猿] 名[動] 類人猿えん。
유일[唯一] 名[하形] 唯一いつ, ただ一つひとつ。¶ ~성 唯一性せい / ~한 친구 唯一の友とも。
　유일-무이[-無二] 名[하形] 唯一無二に。¶ ~한 존재 唯一無二の存在そん。
　유일-신[-神] 名 ~교 唯一神教きょう。
유임[留任] 名[하自][되自] 留任にん。¶ 회장을 ~시키다 会長ちょうを留任させる。
유입[流入] 名[하自][되自] 流入にゅう。¶ 문화의 ~ 文化ぶんかの流入。
유자[有刺] 名 有刺ゆう。¶ ~ 철선 有刺鉄線てっせん。
유:-자[柚子] 名[植] ユズの実み。
유:-자격[有資格者] 名 有資格者しゃ。
유-자녀[遺子女] 名 ①故人こじんの子女じょ。②戦病사・戦死者せんしの子女。¶ 군인 ~ 軍人じんの遺児じ。

유작[遺作] 图 遺作さく。¶ ~전 遺作展てん。
유장[悠長] 图[하形] 悠長ちょう。¶ ~한 태도 悠長ちょうな態度たいど。
유저[遺著] 图 遺著ちょ。
유적[遺跡・遺蹟] 图 遺跡せき、古跡せき。¶ 로마 시대의 ~ ローマ時代じだいの遺跡。
유전[油田] 图 油田でん。¶ ~의 개발 油田の開発はっ。
유전[流轉] 图[하自] 流転てん、世よに広ひろく伝つたわること。
유전[遺傳] 图[하自] 遺伝でん。¶ 우성 ~ 優性ゆうせい遺伝/ ~ 공학 遺伝工学こうがく/ 자손에게 ~되다 子孫しそんに遺伝する。
유전-병[-病] 图 遺伝病びょう。
유전-자[-子] 图[生] 遺伝子し。¶ ~ 은행 遺伝子銀行ぎんこう。
유:정[有情] 图 ①[하形] 有情じょう。②[佛] 有情じょう、衆生しゅじょう。
유정[油井] 图 油井せい。¶ ~관 油井管かん/ ~ 굴착 油井の掘削さく。
유제[乳劑] 图[薬] 乳剤ざい。¶ 석유 ~ 石油せき乳剤。
유조[油槽] 图 油槽そう、油あぶらのタンク。
유조-선[-船] 图 油槽船せん、タンカー。
유조-차[-車] 图 油槽車しゃ、タンクローリー。
유족[裕足] 图[하形] 暮くらしが豊ゆたかなこと。
유족[遺族] 图 遺族ぞく。¶ ~ 연금 遺族年金ねんきん。
유:종[有終] 图 有終しゅう。¶ ~의 미를 거두다 有終の美びを飾かざる。
유:죄[有罪] 图[하形] 有罪ざい。¶ ~ 판결이 내리다 有罪の判決はんけつが下くだる。
유:지[有志] 图[하形] 有志し。¶ ~를 모으다 有志を募つのる。
유지[油脂] 图 油脂し。¶ ~ 공업 油脂工業こうぎょう。
유지[維持] 图[하他][되自] 維持じ、保たもつこと。¶ 현상 ~ 現状じょう維持/ 생계를 ~하다 生計せいけいを維持する。
유지-비[-費] 图 維持費ひ。¶ 자동차의 ~ 自動車じどうしゃの維持費。
유지[遺志] 图 遺志し。¶ 생전의 ~를 지키다 生前ぜんの遺志を守まもる。
유질[流質] 图 流質りゅう、質流しちながれ。
유착[癒着] 图[하自] 癒着ちゃく。¶ 업자와 ~하다 業者ぎょうしゃと癒着する。
유찰[流札] 图[하自] 入札流にゅうさつながれ。
유창-하다[流暢-] 形여 流暢りゅうだ。¶ 유창한 연설 流暢な演説ぜつ。 유창-히 副 流暢に。¶ 영어를 ~ 말하다 英語えいごを流暢に話はなす。
유채[油菜] 图[植] アブラナ。
유:채-색[有彩色] 图 有彩色さいしょく。
유:책[有責] 图[하形] 有責せき。¶ ~ 행위 有責行為こうい。
유체[流體] 图[物] 流体たい。¶ ~ 역학 流体力学りきがく。
유체[遺體] 图 遺体たい。¶ ~를 안치하다 遺体を安置あんちする。
유:추[類推] 图[하自][되自] 類推すい。¶ ~ 해석 類推解釈しゃく/ 과거의 사례에서 ~하다 過去かこの事例じれいから類推する。
유출[流出] 图[하自] 流出しゅつ。¶ 두뇌의 해외 ~ 頭脳ずのうの海外かいがい流出/ 원유가 ~되다 原油げんゆが流出する。
유충[幼蟲] 图[動] 幼虫ちゅう。¶ 나방의 ~ 蛾がの幼虫。
유취[乳臭] 图 乳臭しゅう。①乳ちちのにおい。②(比)幼おさなく未熟みじゅくなこと。
유치[幼稚] 图[하形] 幼稚ち、幼おさないこと。¶ ~한 행동 幼稚な行動こうどう。
유치-원[-園] 图 幼稚園えん。
유치[乳齒] 图[生] 乳歯し。
유치[留置] 图[하他][되自] 留置ち。¶ ~장 留置場じょう/ 범인을 ~하다 犯人はんにんを留置する。
유치-권[-權] 图[法] 留置権けん。
유치 우편[-郵便] 图 留とめ置おき郵便びん。
유치[誘致] 图[하他] 誘致ち。¶ 외자 ~ 外資がいし誘致/ 관광객을 ~하다 観光客かんこうきゃくを誘致する。
유쾌[愉快] 图[하形] 愉快かい。¶ ~한 이야기 愉快な話はなし。 유쾌-히 副 愉快に。¶ 오늘도 ~ 지냈다 今日きょうも愉快に過すごした。
유탄[流彈] 图 流弾だん、流ながれ弾だま。¶ ~에 맞다 流れ弾にあたる。
유통[流通] 图[하自][되自] 流通つう。¶ ~망 流通網もう/ ~ 기구 流通機構きこう/ 공기의 ~ 空気くうきの流通。
유통 경제[-經濟] 图 流通経済けいざい。
유통 자:본[-資本] 图 流通資本ほん。
유파[流派] 图 流派は。¶ ~를 달리하다 流派を異ことにする。
유폐[幽閉] 图[하他] 幽閉へい。
유포[流布] 图[하自他] 流布ふ。¶ 널리 ~ 된 학설 広ひろく流布している学説がくせつ。
유품[遺品] 图 遺品ひん。¶ 죽은 남편의 ~ 亡なき夫おっとの遺品。
유풍[遺風] 图 遺風ふう、遺習しゅう、遺俗ぞく。¶ 조상의 ~ 先祖せんぞの遺風。
유:-하다[有-] 形여 「있다」의 意い의 漢文調かんぶんちょうの語ご。
유-하다[留-] 图여 宿泊しゅくはくする、泊とまる、滞在たいざいする。¶ 도쿄에 일주일간 ~ 東京とうきょうに一週間しゅうかん滞在する。
유-하다[柔-] 形여 ①柔やわらかい。②(気持きもちが)ゆったりしている、おっとりしている。¶ 유한 태도 ゆったりした態度たいど。
유학[留學] 图[하自] 留学がく。¶ ~을 마치고 귀국하다 留学を終おえて帰国きこくする。
유학-생[-生] 图 留学生せい。¶ 관비 ~ 官費かんぴ留学生。
유학[儒學] 图 儒学がく。¶ ~자 儒学者しゃ。
유:한[有限] 图[하形] 有限げん。¶ ~한 생명 限かぎりある命いのち。
유:한 급수[-級數] 图[数] 有限級数きゅうすう。
유:한 책임[-責任] 图[法] 有限責任にん。¶ ~ 사원 有限責任社員しゃいん。
유:한 회사[-會社] 图[法] 有限会社がいしゃ。
유:한[有閑] 图[하形] 有閑かん。¶ ~ 계급 有閑

**유:한 마담**[-madame] 图 有閑マダム、有閑夫人。

**유한**[遺恨] 图 遺恨、恨み。¶ ~을 품다 遺恨を抱く。

**유합**[癒合] 图[自] 癒合。¶ 상처의 ~ 傷口の癒合。

**유:해**[有害] 图[形] 有害。¶ ~한 성분이 有害な成分/ 담배는 건강에 ~하다 タバコは健康に有害だ。

**유:해-무익**[-無益] 图[形] 有害無益。¶ ~한 존재 有害無益な存在。

**유해**[遺骸] 图 遺骸、なきがら。

**유행**[流行] 图 流行、はやり。¶ 최신 ~ 最新流行/ ~의 첨단을 걷다 流行の先端を歩く。/ ~에 뒤떨어지다 流行に遅れる。

**유행-가**[-歌] 图 流行歌、はやり歌。
**유행-병**[-病] 图 流行病。
**유행성 감:기**[-性感氣] 图 流行性感冒、流感、インフルエンザ。
**유행-어**[-語] 图 流行語、はやり言葉。

**유향**[遺香] 图 遺香。①残り香、移り香。②故人の遺した美徳。

**유현**[幽玄] 图[形] 幽玄。

**유혈**[流血] 图 流血。¶ ~이 낭자하다 流血がはなはだしい。

**유혈-극**[-劇] 图 流血劇、流血騒ぎ、血みどろの争い。

**유:형**[有形] 图[形] 有形。¶ ~ 문화재 有形文化財。

**유:형-무형**[-無形] 图 有形無形。¶ ~의 재화 有形無形の財貨。

**유:형-물**[-物] 图 有形物。
**유:형 재산**[-財産] 图 有形財産。

**유형**[流刑] 图[史] 流刑・けい、流罪。¶ ~에 처하다 流刑に処する。

**유형-지**[-地] 图 流刑地。

**유형**[類型] 图 類型。¶ ~화 類型化。
**유형-적**[-的] 冠 類型的。¶ ~인 등장인물 類型的な登場人物。

**유혹**[誘惑] 图[他][自] 誘惑、誘い。¶ ~에 빠지다 誘惑に陥る。/ 돈으로 ~하다 金で誘惑する。

**유혹-적**[-的] 冠 誘惑的。¶ ~인 언행 誘惑的な言動。

**유화**[油畫] 图 油絵。
**유화**[柔和] 图[形] 柔和。¶ ~한 얼굴 柔和な顔つき。

**유화**[宥和] 图[自] 宥和。¶ ~론 宥和論/ ~ 정책 宥和政策。

**유황**[硫黃] 图[化] 硫黄。¶ ~ 연고 硫黄軟膏。

**유황-천**[-泉] 图[地] 硫黄泉。

**유:효**[有效] 图 有効。¶ 시간을 ~하게 쓰다 時間を有効に使う。

**유:효 기간**[-期間] 图 有効期間。
**유:효 사:정**[-射程] 图 有効射程。
**유:효 수요**[-需要] 图[經] 有効需要。

**유휴**[遊休] 图 遊休。¶ ~지 遊休地/ ~시설 遊休施設。

**유휴 자:본**[-資本] 图[經] 遊休資本。

**유흥**[遊興] 图[自] 遊興。¶ ~에 빠지다 遊興にふける。

**유흥-비**[-費] 图 遊興費。
**유흥-장**[-場] 图 遊興場、遊興の場所。

**유희**[遊戱] 图[自] 遊戯。¶ ~ 시간 遊戯の時間。

**육**[六] 数 六つ、六つ。¶ ~일 六日/ ~ 개월 六か月/ ~분의 일 6分の1。

**육감**[六感] 图(「제육감」의 縮約形)第六感、勘。¶ ~으로 알아차렸다 勘で分かった。

**육감**[肉感] 图 肉感。¶ ~을 자극하는 장면 肉感をそそる場面。

**육감-적**[-的] 冠 肉感的。¶ ~인 미인 肉感的な美人。

**육-개장**[肉-] 图[料] ユッケジャン(じっくり煮込んだ牛肉などを千切せんにぎりにし辛からく薬味を利きかせて煮立てた汁)。

**육교**[陸橋] 图 陸橋、歩道橋。

**육군**[陸軍] 图[軍] 陸軍。¶ ~ 본부 陸軍本部。

**육군 사:관 학교**[-士官學校] 图[軍] 陸軍士官学校。

**육-기통**[六氣筒] 图 六気筒。
**육-대주**[六大洲] 图[地] 六大州。
**육도**[陸稻] 图 陸稲、おかぼ。
**육두-문자**[肉頭文字] 图 卑俗な言葉。

**육로**[陸路] 图 陸路。¶ ~로 수송하다 陸路で輸送する。

**육류**[肉類] 图 肉類。
**육면-체**[六面體] 图[數] 六面体。
**육-모**[六-] 图 六角形。
**육모 방망이**[六-] 图[史](むかし捕使が使った)六面体の棍棒。

**육박**[肉薄] 图[自] 肉薄、肉迫。¶ 적진에 ~하다 敵陣に肉薄する。

**육박-전**[-戰] 图 肉薄戦。

**육법**[六法] 图 六法。¶ ~ 전서 六法全書。

**육부**[六腑] 图[美] 六腑。¶ 오장 ~ 五臓六腑。

**육상**[陸上] 图 陸上。¶ ~ 선수 陸上選手/ ~ 수송 陸上輸送。

**육상 경:기**[-競技] 图 陸上競技。

**육서**[陸棲] 图[自] 陸棲、陸生。¶ ~ 동물 陸棲動物。

**육성**[肉聲] 图 肉声、生の声。¶ ~으로 연설하다 肉声で演説する。

**육성**[育成] 图[他][自] 育成。¶ 후계자를 ~하다 後継者を育成する。

**육손-이**[六-] 图 指が六本ある人。

**육송**[陸送] 图[他] 陸送、運送。

**육수**[肉水] 图 肉を煮出した汁、肉汁。

**육순**[六旬] 图 六旬。①六十日。②六十歳。

**육식**[肉食] 图[自] 肉食。¶ ~ 동물 肉食動物。

**육식-성**[-性] 图 肉食性ぜい.
**육식 처대**[-妻帶] 图[하][佛] 肉食妻帯ざいたい.
**육신**[肉身] 图 肉身ぜ.
[관용] **육신(을) 쓰다** 体を使う、動かす、活動する.
**육십**[六十] 图 六十きゅう、六十歳ざい、むそじ.
¶ ~분 六十分ぷん.
**육십-갑자**[-甲子] 图 十干十二支じっかんじゅうにし、干支ぜ.
**육십-진법**[-進法] 图[數] 六十進法しんほう.
**육아**[育兒] 图[하][自] 育児じく. ¶ ~ 일기 育児日記にっき / ~ 휴가 育児休暇きゅうか.
**육아**[肉芽] 图 肉芽にく. ¶ ~가 생기다 肉芽ができる.
**육안**[肉眼] 图 肉眼にく、裸眼らがん. ¶ ~으로 보인다 肉眼で見える.
**육영**[育英] 图[하][自] 育英いく、英才さいの教育きょう. ¶ ~ 사업 育英事業.
**육욕**[肉慾] 图 肉欲にく、情欲じょう、色欲しょく. ¶ ~에 빠지다 肉欲に溺れる.
**육용**[肉用] 图[하][自] 肉用にく. ¶ ~으로 돼지를 치다 肉用に豚を飼う.
**육용-종**[-種] 图 肉用種しゅ.
**육우**[肉牛] 图〔食肉用しょくにくようの〕肉牛ぎゅう.
**육운**[陸運] 图 陸運りく、陸上運送うんそう. ¶ ~ 화물 陸運貨物もつ.
**육자-배기**[六字-] 图[音] 韓国かんこくの南部地方なんぶちほうで広く謡われる民謡みんようのひとつ.
**육장**[六場] Ⅰ 图〔五日いつかおきに〕毎月まいげつ6回かい開かれる市, 六斎市ろくさいち. Ⅱ [副] いつも、常つねに. ¶ ~ 놀기만 한다 いつも遊んでばかりいる.
**육적**[肉的] 冠 图 肉的にく, 肉体的たい, 肉欲的にくよく. ¶ ~인 욕망 肉的な欲望ぼう.
**육-젓**[六-] 图 六月ろくがつにとったエビの塩辛しおからし.
**육종**[肉腫] 图[醫] 肉腫にく、腫瘍しゅよう.
**육종**[育種] 图. ¶ ~학 育種学がく.
**육중-하다**[肉重-] 形이 〔図体からだが大きくて〕 どっしりしている. ¶ 육중한 체격 どっしりとした体格.
**육지**[陸地] 图 陸地りく、陸上じょう、陸おか. ¶ ~에 오르다 陸地に上がる.
**육질**[肉質] 图 肉質しつ.
**육체**[肉體] 图 肉体たい. ¶ ~ 노동 肉体労働ろう / ~를 단련하다 肉体を鍛える.
**육체-미**[-美] 图 肉体美び. ¶ ~를 자랑하다 肉体美を誇る.
**육체-적**[-的] 冠名 肉体的てき. ¶ ~인 고통 肉体的な苦痛つう.
**육체-파**[-派] 图 肉体派は. ¶ ~ 배우 肉体派の俳優ゆう.
**육촌**[六寸] 图 ①〔長さの〕六寸すん. ②またいとこ、はとこ.
**육친**[肉親] 图 肉親しん. ¶ ~의 정 肉親の情じょう.
**육탄**[肉彈] 图 肉弾だん. ¶ ~전 肉弾戦せん.
**육포**[肉脯] 图 脯ほし、干肉ほし、ほしじし.
**육필**[肉筆] 图 肉筆ひつ. ¶ ~ 원고 肉筆の原稿げん.

**육해공-군**[陸海空軍] 图 陸海空軍りくかいくうぐん.
**윤:**[潤] 图〔「윤기」の縮約形〕つや、光沢たく、照り. ¶ ~이 도는 얼굴 つやつやした顔がお.
[관용] **윤(을) 내다** つやを出す. **윤(이) 나다** つやが出る、つやつやしている.
**윤간**[輪姦] 图[하][他] 輪姦かん.
**윤곽**[輪廓] 图 輪郭かく. ¶ ①〔物の〕外側がわを形どづくる線せん. ¶ ~을 굵게 그리다 輪郭を太く画く. ②〔顔の〕目鼻はなだち, 外形がい. ¶ ~이 뚜렷한 얼굴 目鼻だちがはっきりした顔がお. ③〔物事ごとの〕概要よう、概略りゃく. ¶ 사건의 ~을 파악하다 事件じけんの輪郭を把握はあくする.
**윤:기**[潤氣] 图 潤沢じゅんたくな気け、艶つや. ¶ ~ 흐르는 머리 つやのある髪かみ.
**윤:년**[閏年] 图 閏年うるう, じゅんねん.
**윤:-달**[閏-] 图 閏月うるうづき, じゅんげつ.
**윤독**[輪讀] 图[하][他] 輪読どく、回読かい. ¶ 고전을 ~하다 古典こてんを輪読する.
**윤락**[淪落] 图[하][自] 淪落らく. ¶ ~ 여성 淪落女性じょせい.
**윤리**[倫理] 图 倫理りん. ¶ ~ 도덕 倫理道徳どうとく / ~에 어긋나는 행위 倫理にもとる行為こうい.
**윤리-적**[-的] 冠名 倫理的てき. ¶ ~ 책임 倫理的責任せきにん.
**윤리-학**[-學] 图 倫理学がく.
**윤번**[輪番] 图 輪番ばん、回まわり番ばん.
**윤번-제**[-制] 图 輪番制せい.
**윤:색**[潤色] 图[하][自][他] 潤色しょく、色づけ. ¶ 사실을 ~하다 事実じつを潤色する.
**윤전**[輪轉] 图[하][自] 輪転てん. ¶ ~기 輪転機き.
**윤:택**[潤澤] 图[하]形 潤沢たく. ①〔物質的しつてきな〕ゆとり、うるおい、豊かさ. ¶ ~한 살림 豊かな暮らし. ②光沢たく、つや.
**윤화**[輪禍] 图 輪禍りん、交通事故こうつうじこ. ¶ ~를 당하다 輪禍に見舞われる.
**윤:활**[潤滑] 图[하]形 潤滑じゅん.
**윤:활-유**[-油] 图 潤滑油ゆ.
**윤회**[輪廻] 图[하][自] 輪廻りん. ¶ ~ 사상 輪廻思想そう.
**윤회 생사**[-生死] 图[佛] 輪廻生死しょうじ.
**율**[律] 图 律りつ. ¶ 불문 ~ 不文律ふぶん.
**율**[率] 图〔「비율」の縮約形〕率りつ. ¶ 백분 ~ 百分率ぶんりつ.
**율동**[律動] 图[하][自] 律動どう、リズム. ¶ ~ 체조 律動体操そう.
**율동-적**[-的] 冠名 律動的てき. ¶ ~인 움직임 律動的な動き.
**율법**[律法] 图 律法ほう. ¶ ~주의 律法主義しゅぎ.
**율시**[律詩] 图[文] 律詩し、律りつ.
**융기**[隆起] 图[하][自] 隆起き. ¶ 지반의 ~ 地盤ばんの隆起.
**융기 해:안**[-海岸] 图[地] 隆起海岸がん.
**융단**[絨緞] 图 絨毯だん、カーペット. ¶ ~을 깔다 絨毯を敷しく.
**융단 폭격**[-爆擊] 图[軍] 絨毯爆撃ばく.
**융모**[絨毛] 图[生] 絨毛もう.

융모-상:피종【-上皮腫】名【醫】絨毛上皮腫じょうひ。
융성【隆盛】名하形 隆盛りゅうせい。¶ 사업이 ~하다 事業じぎょうが隆盛する。
융숭【隆崇】名하形 (態度たいどなどが)丁重ていちょうなこと、手厚あつくもてなすこと。¶ ~한 대접을 받다 丁重なもてなしを受うける。 융숭-히 副 丁重に。¶ ~ 대접하다 丁重にもてなす。
융자【融資】名하自他되自 融資ゆうし。¶ 자금의 ~를 받다 資金しきんの融資を受うける。
융-털【絨-】名 ①絨毯じゅうたんの表おもてのやわらかい毛け。 ②絨毛じゅうもう。
융통【融通】名하他되自 融通ゆうずう。¶ ~ 어음 融通手形てがた/ 돈을 ~하다 金かねを融通する。
융통-성【-性】名 融通性せい。¶ ~이 없는 사람 融通の利きかない人ひと。
융합【融合】名하自되自 融合ゆうごう。¶ ~ 반응 融合反応はんのう。
융해【融解】名하他되自 融解かい。
 융해-열【-熱】名【物】融解熱ねつ。
 융해-점【-點】名【物】融解点てん。
융화【融和】名하自되自 融和ゆうわ。¶ ~ 정책 融和政策せいさく。
으그러-뜨리다 他 (物ものの表面めんを)押おし潰つぶす、へこませる。
으그러-지다 自 (物ものの表面めんが)押おし潰つぶされる、へこむ、ゆがめられる。
으깨다 他 ①(固かたい物ものを)押おし潰つぶす、潰つぶす、砕くだく。¶ 찐 감자를 ~ 蒸ふかしたジャガイモを潰す。 ②すりつぶす、にじる。 ③(固かたい物ものを)やわらかくする。
-으냐 語尾 ⇨ -냐
-으니 語尾 ⇨ -니
-으니까 語尾 ⇨ -니까
으드득 副하自 ①《固かたい物ものを強つよく噛かみ砕くだく音おと》ばりばり、がりがり。¶ 호두를 ~ 깨물다 クルミをがりっとかみ砕くだく。 ②《歯はぎしりの音》ぎりぎり。¶ ~ 이를 갈다 ぎりぎりと歯ぎしりする。
으드득-거리다 自 ①しきりにがりがり噛かむ。 ②ぎりぎりと歯ぎしりする。
으드등-거리다 自 しつこく口くちげんかする、意地じを張はり合あう、口論こうろんする。¶ 그들은 늘 으드등거리고 있다 彼かれらはいつも口げんかしている。
으드등-으드등 副하自 《いがみ合あうようす》がみがみ。
으뜸 名 ①第一だいいち、一番いちばん、最上さいじょう、トップ。¶ 세계 ~의 부국 世界せかい一いちの富国ふこく。 ②基本きほん、根本こんぽん、根源こんげん、基もと。¶ 덕의 ~ 徳とくの根本。
으뜸-가다 自 最上さいじょうだ、最高さいこうだ、一番いちばんだ。¶ 동네에서 으뜸가는 미인 町内ちょうない切きっての美人びじん。
-으라 語尾 ⇨ -라
-으라고 語尾 ⇨ -라고
-으라는 語尾 ⇨ -라는
-으라니 語尾 ⇨ -라니
-으라니까 語尾 ⇨ -라니까

으레 副 ①言いうまでもなく、当然とうぜん、もちろん。¶ 학생이니 ~ 공부해야지 学生せいだから当然勉強べんきょうしなければならない。 ②いつも、きまって、間違まちがいなく、たいがい。¶ 아침에는 ~ 빵을 먹는다 朝あさはいつもパンを食たべる。 / 만나면 ~ 싸운다 会あえばきまってけんかする。
-으려고 語尾 ⇨ -려고
-으려는데 語尾 ⇨ -려는데
-으려다 語尾 「-으려다가」의 縮約形。
-으려다가 語尾 ⇨ -려다가
-으려면 語尾 ⇨ -려면
-으련다 語尾 ⇨ -련다
-으렵니다 語尾 ⇨ -렵니다
-으로 助 ⇨ 로
-으로-부터 助 ⇨ 로부터
-으로서 助 ⇨ 로서
-으로써 助 ⇨ 로써
으르다 他르 脅おどかす、脅おどす、怖こわがらせる、脅迫きょうはくする、威嚇いかくする。¶ 을러서 복종시키다 脅かして服従ふくじゅうさせる。
으르-대다 他 しきりに脅おどかす、脅迫きょうはくする、威嚇いかくする、息巻いきまく。¶ 가만두지 않겠다고 ~ ただではおかぬぞと息巻く。
으르링 副하自 ①《猛獣もうじゅうのほえる声こえ》うおーっと、うおっと、うおーん。 ②非常ひじょうに怒おこって互たがいにののしり合あうようす。
으르링-거리다 自 ①《獣けものが》うおーっとほえる、うなる。¶ 호랑이가 ~ トラがうおーっとほえる。 ②いがみ合あう、口くちげんかする、ながいたてる、争あらそう。¶ 형제가 서로 으르렁거린다 兄弟きょうだいが互いにいがみ合う。
으름 名 アケビの実み。
 으름-덩굴 名【植】アケビ。
으름-장 名 脅おどすこと、威嚇いかく、脅迫きょうはく。
 관용〉 으름장(을) 놓다 おどす、威嚇いかくする。¶ 아무리 으름장을 놓아도 꿈쩍도 않는다 いくらおどしてもびくともしない。
-으리라 語尾 ⇨ -리라
-으리요 語尾 ⇨ -리요
으리으리-하다 形여 (建物たてもの・暮くらしの程度ていどが) 豪勢ごうせいだ、豪壮ごうそうだ、ぴかぴかだ。¶ 으리으리한 저택 豪壮な邸宅ていたく。
-으마 語尾 ⇨ -마
-으며 語尾 「-으면서」의 縮約形。
-으면 語尾 ⇨ -면
-으면서 語尾 ⇨ -면서
으스-대다 自 威張いばる、威張いばりちらす、肩かたをいからす。¶ 자기가 제일이라고 ~ 自分じぶんが一番いちばんだと威張る。
으스러-뜨리다 他 砕くだく、こわす、こなごなにする、つぶす。
으스러-지다 自 潰つぶれる、砕くだける、こわれる、ひしゃげる。
으스름-달밤 名 おぼろ月夜づき。
으스름-하다 形여 うす明あかるい、ほのかだ、おぼろだ。¶ 으스름한 불빛 ほのかな灯かり。
으스스 副하形 《寒気さむき・怖気おぞけなどで肌はだが鳥

**으슥하다** 肌膚が粟立つようなようす》ぞくぞく、ぞっと。¶ ~ 무서운 느낌이 든다 ぞっと薄気味悪い感じがする。

**으슥-하다** 形여 ①奥まっている。¶ 으슥한 산길 奥深くさびれた山道。②静まりかえっている、ひっそりしている。¶ 으슥한 골목길 ひっそりとした路地。

**으슬-으슬** 副하形《寒気がして・恐怖などで身のふるえをおぼえるようす》ぞくぞく。¶ ~ 오한이 난다 ぞくぞくと悪寒がする。

**으쓱¹** 副하自《寒気・怖気などでにわかに体がすくむようす》ぞっと、ぞくっと、ひやっと。

**으쓱²** 副하自《いばったり気どったりして肩をそびやかすようす》つんと、ぴんと、へんと。
**으쓱-거리다** 自他《肩を》そびやかす、気どる、得意がる、つんとすましている。

**으아** 感 ①《赤ん坊が大きく泣く声》おぎゃあ、うわあん。②《感嘆して出す声》ああ、やあ、わあ。

**으악** 感 ①《食べ物を吐く音》げえっ、げろっ。¶ ~ 토하다 げえっと吐き出す。②《突然驚いたり人を驚かしたりするときに出す声》わっ、あっ。¶ ~ 하고 울다 わっと泣く。

**으앙** 感《赤ん坊が大きく泣く声》おぎゃあ、うわーん。

**-으옵니까** 語尾 ⇒ -옵니까
**-으옵니다** 語尾 ⇒ -옵니다

**으응** 感 ①《友人や目下の者に対して問い返したりうなずいたりするときの語》うん、ああ、そう。¶ ~、알았어 うん、分かった。②《気に入らないときなどに使う語》ううん、ええい、えい。¶ ~, 겨우 이것뿐이야? ええい、たったこれだけかね。

**으지직** 副하自他《固くしっかりした物がこわれたりつぶれたりする音》ばりっ、めりっ。
**으지직-거리다** 自他 しきりにめりめりと音を立てる、ばりっという。

**으흐흐** 副《わざと陰険に笑う声》うふふ、ふふふ。

**윽-박다** 他 ぎゅっと抑えつける、無理やり抑える、頭ごなしに抑えつける。

**윽박-지르다** 他르 どやしつける、押えつける、頭ごなしにやり込める、脅す。

**은**〔銀〕名〔鑛〕銀ぎ、しろがね。¶ ~ 가락지 銀の指輪／~ 도금 銀メッキ。

**은** 助 …は、…では。¶ 여름~ 덥다 夏は暑い。／당장~ 알 수 없다 すぐには分からない。

**-은가** 語尾 ⇒ -ㄴ가

**은고**〔恩顧〕名하他 恩顧。¶ ~에 보답하다 恩顧に報いる。

**은-가락지**〔銀-〕名 銀の指輪。

**은거**〔隱居〕名하自 隱居、隠棲。¶ 깊은 산 속에 ~하다 山奥に隱居する。

**은광**〔銀鑛〕名〔鑛〕銀鑛。

**은괴**〔銀塊〕名 銀塊。

**은근**〔慇懃〕名하形 慇懃。①礼儀正しいこと。¶ ~한 태도 慇懃な態度。②互いの情が密かに深いこと。¶ ~한 사이 慇懃な間柄。③密やかなさま。¶ ~한 자신감 ひそかな自信。**은근-히** 副 ①慇懃に。②ひそかに、それとなく、なんとなく、人知れず。¶ ~ 바라고 있다 ひそかに望んでいる。／~ 눈짓하다 それとなく目くばせする。

**은근짜** 名 ①陰險な人、腹黒い人。②《俗》売春婦。

**은니**〔銀-〕名 銀歯、銀をかぶせた歯。

**은닉**〔隱匿〕名하他 隱匿。¶ 범인을 ~하다 犯人を隱匿する。

**은닉-죄**〔-罪〕名〔法〕隱匿罪。

**은덕**〔恩德〕名 恩德。¶ ~을 입다 恩德をこうむる。

**은덕**〔隱德〕名 隱德、人の知らない德。¶ ~을 쌓다 隱德を積む。

**-은데** 語尾 ⇒ -ㄴ데

**은-도금**〔銀鍍金〕名하他 銀メッキ。

**은-돈**〔銀-〕名 銀貨。

**은둔**〔隱遁〕名하自 隱遁。¶ ~자 隱遁者／~ 생활 隱遁生活。

**은-딱지**〔銀-〕名《時計などの》銀側。¶ ~ 시계 銀側時計。

**은륜**〔銀輪〕名 銀輪、自転車。

**은막**〔銀幕〕名 銀幕、スクリーン。¶ ~의 여왕 銀幕の女王。

**은-메달**〔銀medal〕名 銀メダル。

**은밀**〔隱密〕名하形 隱密、内密、内緖。¶ ~한 계획 隱密な計画。**은밀-히** 副 ~한 계획 隱密に、内密に、ひそかに、こっそり。¶ ~ 처리하다 隱密に処理する。

**은박**〔銀箔〕名 銀箔。¶ ~을 입히다 銀箔を張る。

**은박-지**〔-紙〕名 銀紙。

**은반**〔銀盤〕名 銀盤。

**은발**〔銀髮〕名 銀髮、白髮。¶ ~의 신사 銀髮の紳士。

**은-방울**〔銀-〕名 銀の鈴。

**은방울-꽃**〔銀-〕名〔植〕スズラン。

**은배**〔銀杯〕名 銀杯、銀製のカップ。

**은-백색**〔銀白色〕名 銀白色。

**은-비녀**〔銀-〕名 銀製のかんざし。

**은-빛**〔銀-〕名 銀色。

**은사**〔恩師〕名 恩師。¶ 대학 시절의 ~ 大学時代の恩師。

**은사**〔恩赦〕名하他 恩赦。¶ ~를 입다 恩赦を受ける。

**은사**〔恩賜〕名하他 恩賜。

**은산**〔銀山〕名 銀山、銀鑛。

**은색**〔銀色〕名 銀色、しろがねいろ。

**은서**〔隱棲〕名하自 隱棲。

**은-세계**〔銀世界〕名 銀世界。¶ 하룻밤 사이에 산이 ~가 되었다 一夜のうちに山が銀世界になった。

**은-세공**〔銀細工〕名하自 銀細工。

**은-수저**[銀-] 图 銀製ぎんせいの匙さじと箸はし。
**은신**[隱身] 图 自 身みを隱かくすこと。
**은신-처**[-處] 图 隱かくれ処が、隱かくれ家が。
**은어**[銀魚] 图 動 アユ。
**은어**[隱語] 图 隱語いんご、隱かくし言葉ことば。
**은연-중**[隱然中] 副 《主おもに「은연중에」の形で》隱然いんぜんたる中うちに、人知ひとしれずに、ひそかに、それとなく。¶ ~에 깊어진 정 人知れずに深ふかまった情じょう。
**은연-하다**[隱然-] 形四 隱然いんぜんとしている。¶ 은연한 영향력 隱然たる影響力えいきょうりょく。
**은유-법**[隱喩法] 图 文法 隱喩法いんゆほう。
**은은-하다**[殷殷-] 形四 (音おんが) 殷々いんいんとしている。¶ 은은한 포성 殷々たる砲声ほうせい。**은은-히** 副 殷々と。¶ ~ 들려오는 종소리 殷々と聞きこえる鐘かねの音ね。
**은은-하다**[隱隱-] 形四 かすかで明あきらかでない。¶ 산이 안개 속에 은은하게 보인다 山やまが霧きりの中なかにかすかに見みえる。**은은-히** 副 かすかに、ほのかに。
**은의**[恩義] 图 恩義おんぎ。¶ ~에 보답하다 恩義に報むくいる。
**은인**[恩人] 图 恩人おんじん。¶ 내 생명의 ~이다 私わたしの命いのちの恩人だ。
**은인**[隱忍] 图 自 隱忍いんにん。
**은인 자중**[-自重] 图 自 隱忍自重いんにんじちょう。¶ 큰일을 앞두고 ~하다 大事だいじを前まえに隱忍自重する。
**은-장도**[銀粧刀] 图 銀装飾ぎんそうしょくをほどこした小刀こがたな。
**은전**[恩典] 图 恩典おんてん。¶ ~을 입다 恩典を浴よくする。
**은정**[恩情] 图 恩情おんじょう。¶ ~을 베풀다 恩情を施ほどこす。
**은제**[銀製] 图 銀製ぎんせい。¶ ~의 우승컵 銀製の優勝ゆうしょうカップ。
**-은즉** 語尾 ⇨ -ㄴ즉
**-은즉슨** 語尾 「-은즉」の強調語。
**-은지** 語尾 ⇨ -ㄴ지
**은총**[恩寵] 图 恩寵おんちょう、惠めぐみ。¶ 신의 ~ 神かみの御おん恩寵。
**은택**[恩澤] 图 恩澤おんたく、惠めぐみ。¶ ~을 입다 恩澤をこうむる。
**은퇴**[隱退] 图 自 引退いんたい。¶ 정계에서 ~하다 政界せいかいから引退する。
**은폐**[隱蔽] 图 他 隱蔽いんぺい。¶ 부정을 ~하다 不正ふせいを隱蔽する。
**은하**[銀河] 图 天 銀河ぎんが、天あまの川がわ。
**은하-계**[-界] 图 天 銀河系ぎんがけい。
**은하-수**[-水] 图 天 天あまの川がわ。
**은행**[銀行] 图 銀行ぎんこう。¶ ~원 銀行員いん/ 혈액 ~ 血液けつえき銀行/ ~과 거래를 트다 銀行と取引とりひきをはじめる。
**은행-권**[-券] 图 銀行券けん。
**은행 할인**[-割引] 图 經 銀行割引わりびき。
**은행**[銀杏] 图 植 イチョウの実み、銀杏ぎんなん。
**은행-나무** 图 植 イチョウ。
**은혜**[恩惠] 图 恩惠けい、恩おん、惠めぐみ。¶ ~를 베

풀다 恩を施ほどこす。/ ~를 원수로 갚다 恩を仇あだで返かえす。
**은혜-롭다**[形ㅂ] 恩を受うけてありがたい、恵めぐみ深ぶかい。¶ 은혜로운 사람 ありがたい人ひと。
**은혜-로이** 副 ありがたく、慈いつくしみ深ぶかく。
**은혼-식**[銀婚式] 图 銀婚式ぎんこんしき。
**은화**[銀貨] 图 銀貨ぎんか。
**을** 助 …を、…に、…が。¶ 강~ 건너다 川かわを渡わたる。/ 사람~ 만나다 人ひとに会あう。/ 수박 ~ 좋아한다 スイカが好すきだ。
**을**[乙] 图 乙おつ・きのと。①十干じっかんの2番目ばんめ。¶ ~미년 乙未年いつびねん。②(順番じゅんばんなどの)2番目ばんめ。¶ 갑~을 매기기 힘들다 甲乙こうおつをつけ難がたい。
**-을** 語尾 ①(推測すいそく・予定よてい・意志いし・義務ぎむ・可能性かのうせいなどの意を表あらわす) …する…、…すべき…、…である…。¶ 내일 먹~ 양식 明日あすに食たべる食糧しょくりょう/ 믿~ 수 있는 사람 信しんじられる人ひと。②(時間じかんを表わす語ごの前まえで用いられる) …する…、…である…。¶ 밥을 먹~ 때는 조용히 해라 ご飯はんを食たべるときは静しずかにしなさい。
**-을걸** 語尾 ⇨ -ㄹ걸
**-을까** 語尾 ⇨ -ㄹ까
**-을락-말락** 語尾 ⇨ -ㄹ락말락
**-을망정** 語尾 ⇨ -ㄹ망정
**-을밖에** 語尾 ⇨ -ㄹ밖에
**-을수록** 語尾 ⇨ -ㄹ수록
**을씨년-스럽다**[形ㅂ] ①見みるからにも寂さびしい、わびしい、うっとうしい。¶ 날씨가 ~ 天気てんきがうっとうしい。②(暮くらしなどが)貧乏びんぼうたらしい、みすぼらしい、みじめだ。¶ 을씨년스러운 살림살이 みすぼらしい暮らし。
**-을지** 語尾 ⇨ -ㄹ지
**-을지라도** 語尾 ⇨ -ㄹ지라도
**-을지언정** 語尾 ⇨ -ㄹ지언정
**읊다** 他 ①(詩しなどを)吟ぎんずる、誦しょうずる、朗誦ろうしょうする。¶ 한시를 ~ 漢詩かんしを吟ずる。②(詩を)作つくる、詠よむ。
**읊조리다** 他 (調子ちょうしを合あわせて低ひくい声こえで詩しを)吟ずる、詠えいずる、口くちずさむ。
**음**[音] 图 ①音おと。¶ ~의 높낮이 音おんの高低こうてい。②(漢字かんじの音訓おんくんの)音ね、字音じおん。
**음**[陰] 图 ①陰いん、かげ、裏面りめん。¶ ~으로 돕다 陰に陽ように助たすける。②(易学えきがくでの)陰。③數 負数ふすう。④物 陰極いんきょく。
**음각**[陰刻] 图 他 自 美 陰刻いんこく。
**음감**[音感] 图 音感おんかん。¶ ~이 예민하다 音感が鋭するどい。
**음경**[陰莖] 图 生 陰莖いんけい、男根だんこん。
**음계**[音階] 图 音 音階おんかい。¶ 오음 ~ 五音いんおん音階。
**음곡**[音曲] 图 音曲おんぎょく。¶ 가무 ~ 歌舞かぶ音曲。
**음극**[陰極] 图 電 陰極いんきょく、負極ふきょく。¶ ~선 陰極線せん。
**음극-관**[-管] 图 電 陰極管かん。
**음기**[陰氣] 图 陰氣いんき。①(易学えきがくで)陰の精気せいき。②暗くらくうっとうしい気分きぶん、陰鬱いんうつ。

③【漢】(体内ないの)陰いんの気き。
**음낭**〔陰囊〕 圀〔生〕陰囊のう、ふぐり。
**음담**〔淫談〕 圀 猥談わい、いやらしい話はな。
　**음담-패설**〔-悖說〕 圀 卑猥ひわいな話はな。
**음덕**〔陰德〕 圀 隱德とく。¶ ~이 있으면 양보가 있다 隱德あれば陽報ほうあり。
**음덕**〔蔭德〕 圀 先祖せんの恩德おん、余德とく。
**음독**〔音讀〕 圀他 音読どく。①声こえを出して読よむこと。②(漢字かんの)音読おん。
**음:독**〔飲毒〕 圀自 服毒ふく。¶ ~ 자살 服毒自殺さつ。
**음란**〔淫亂〕 圀自形 淫乱らん。¶ ~ 행위 淫乱行為こうい/~한 눈웃음을 치다 みだらな色眼いろめを使つかう。
**음량**〔音量〕 圀 音量りょう。¶ ~을 조절하다 音量を調節ちょうせつする。
**음력**〔陰曆〕 圀 陰曆れき、旧曆きゅう。
**음:료**〔飲料〕 圀 飲料りょう、飲のみ物もの。¶ 청량 ~ 清涼せいりょう飲料。
　**음:료-수**〔-水〕 圀 飲料水すい。①飲のみ水みず。②飲のみ物もの。
**음률**〔音律〕 圀 ①音律りつ。②五音ごんと六律りつ。
**음모**〔陰毛〕 圀 陰毛もう、恥毛ちもう。
**음모**〔陰謀〕 圀他 陰謀いん。¶ ~를 꾀하다 陰謀を企くわだてる。
**음미**〔吟味〕 圀他 吟味ぎん。¶ 맛을 ~하다 味あじを吟味する。
**음반**〔音盤〕 圀 音盤ばん、レコード。
**음보**〔音譜〕 圀 音譜ぷ、楽譜がく。
**음:복**〔飲福〕 圀他 祭祀さいの後あとに供そなえ物ものを分わけて食たべること。
**음부**〔陰部〕 圀 陰部ぶ、局部きょく。
**음부 기호**〔音部記號〕 圀〔音〕音部記号きごう。
**음산**〔陰散〕 圀形 ①天気てんきがくもってうすら寒さむいこと。¶ ~한 날씨 うすら寒い天気。②(樣子ようすが)うら寂さびしそうなこと、陰々いんとしていること。¶ ~한 분위기 うら寂しい雰囲気ふんい。
**음색**〔音色〕 圀 音色しょく。¶ ~이 곱다 音色が澄すんでいる。
**음성**〔音聲〕 圀 音声せい、声こえ。¶ 탁한 ~ 濁だった声/야무진 ~으로 말하다 しっかりした声で話す。
　**음성 기호**〔-記號〕 圀〔言〕音声記号きごう。
　**음성-학**〔-學〕 圀 音声学がく。
**음성**〔陰性〕 圀 陰性せい、陰気いん、闇いん、裏うら。¶ ~ 반응 陰性反応はんのう/~ 거래 裏取引ひきり。
　**음성 모:음**〔-母音〕 圀〔文法〕陰性母音ぼいん、陰母音いん(音おとの響ひびきが暗くらい感かんじの母音)。
**음소**〔音素〕 圀〔文法〕音素そ。¶ ~ 문자 音素文字もじ。
**음속**〔音速〕 圀 音速そく。¶ 초~ 超ちょう音速。
**음송**〔吟誦〕 圀他 吟誦ぎん、吟唱しょう、吟詠えい。
**음수**〔陰數〕 圀 負数ふの数すう。
**음습**〔陰濕〕 圀形 陰濕しつ。¶ 숲속의 ~한 땅 林はやしの中なかの陰湿な地ち。
**음:식**〔飲食〕 圀 飲食しょく、食たべ物もの。¶ ~비 飲食費ひ/기름진 ~ 脂あぶらっこい食べ物/~ 을 삼가다 飲食を慎つつしむ。
**음:식-물**〔-物〕 圀 飲食物ぶつ、食たべ物もの。
**음:식-점**〔-店〕 圀 飲食店てん。
**음악**〔音樂〕 圀 音楽がく。¶ ~가 音楽家か/~ 감상 音楽鑑賞かん/~을 연주하다 音楽を演奏えんそうする。
**음악-계**〔-界〕 圀 音楽界かい。
**음악-적**〔-的〕 冠 音楽的てき。¶ ~ 재능 音楽的の才能のう。
**음악-회**〔-會〕 圀 音楽会かい。
**음양**〔陰陽〕 圀 陰陽よう・いん。①(易学えきがくの)陰陽。¶ ~이 화합하다 陰陽が和合ごうする。②(磁気じ・電気でんきなどの)陰極きょくと陽極よう。③(男女だんの)性せいに関かんする理り。¶ ~을 모르다 陰陽を知しらない。
**음양-가**〔-家〕 圀 陰陽家おんよう、陰陽師おんようじ。
**음양-도**〔-道〕 圀 陰陽道どう。
**음양 오:행설**〔-五行說〕 圀〔哲〕陰陽いんよう五行説せつ。
**음양 배:합**〔-配合〕 圀自 男女だんが和合わごうすること。
**음역**〔音域〕 圀 音域いき。¶ ~이 넓은 목소리 音域が広ひろい声。
**음영**〔陰影〕 圀 陰影えい、影かげ。¶ ~ 화법 陰影画法ほう。
**음욕**〔淫慾〕 圀 淫欲よく、情欲じょう、色欲しょく。¶ ~을 억제하다 淫欲を抑おさえる。
**음:용**〔飲用〕 圀他 飲用よう。¶ ~수 飲用水すい。
**음운**〔音韻〕 圀 音韻いん。¶ ~학 音韻学がく。
**음울**〔陰鬱〕 圀形 陰鬱うつ。¶ ~한 날씨 陰鬱な天気。
**음-으로**〔陰-〕 圇 陰いんに、陰になって。
　관용〉음으로 양으로 陰いんに陽ように、陰になり日ひなたになり。¶ ~ 보살펴 주다 陰になり日なたになり世話をやる。
**음자리-표**〔音-標〕 圀〔音〕音部記号きごう。¶ 높은 ~ ト音記号きごう。
**음:전-하다** 圀四 しとやかだ、おっとりしている。¶ 음전하면서도 야무진 娘むすめさん。
**음절**〔音節〕 圀〔文法〕音節せつ、シラブル。¶ 단~ 単たん音節/~로 나누다 音節に分わける。
　**음절 문자**〔-文字〕 圀〔文法〕音節文字もじ。
**음정**〔音程〕 圀 音程てい。¶ ~이 틀리다 音程が狂くるう。
**음조**〔音調〕 圀 音調ちょう、節ふし。¶ ~를 고르다 音調を整ととのえる。
**음:주**〔飲酒〕 圀自 飲酒いん。¶ ~가 酒さけのみ/~ 운전 飲酒運転うんてん。
**음지**〔陰地〕 圀 陰地いん・かげ、日陰ひかげ。¶ ~ 식물 陰地いん植物しょく。
　속담〉음지가 양지 되고 양지가 음지 된다 日陰が日ひなたになり日なたが日陰になる。《天下てんかは回まわり持もち》
**음질**〔音質〕 圀 音質しつ。¶ ~이 좋은 레코드 音質のよいレコード。
**음충-맞다** 形 (性質せいつが)腹黒はらぐろい、陰険いんけんだ。¶ 음충맞은 사람 腹黒い人ひと。
**음침-하다**〔陰沈-〕 形四 ①(天気てんきが)うっとう

しい、陰$_{いん}$うつだ。¶ 음침한 날씨 うっとうしい天気。 ②薄暗$_{うすぐら}$くて陰気$_{いんき}$だ。 ③(性格$_{せいかく}$が)陰気$_{いんき}$だ、じめじめしている。¶ 음침한 사람 陰気な人$_{ひと}$。

음탕[淫蕩] 图形 淫蕩$_{とう}$。¶ ~한 생활에 빠지다 淫蕩な生活$_{せいかつ}$にふける。

음파[音波] 图 音波$_{は}$。¶ ~ 탐지기 音波探知機$_{なんき}$。

음표[音標] 图(音) 音符$_{ぷ}$。¶ 사분 ~ 四分$_{ぶ}$音符。

음표 문자[音標文字] 图(文法) 音標文字$_{おんぴょう}$。

음향[音響] 图 音響$_{きょう}$、響$_{ひび}$き。¶ ~기 音響器$_{き}$/ ~ 장치가 나쁘다 音響装置がわるい。

음향 신호[-信號] 图 音響信号$_{ごう}$。

음향 측심[-測深] 图 音響測深$_{そく}$。¶ ~기 音響測深器$_{き}$。

음향 효과[-效果] 图 音響効果$_{こう}$。

음험-하다[陰險] 形 陰険$_{いんけん}$だ、腹黒$_{はらぐろ}$い。¶ 음험한 모략 陰険な謀略$_{ぼうりゃく}$。

음훈[音訓] 图 音訓$_{くん}$。

음흉[陰凶] 图形 陰険$_{いんけん}$で凶悪$_{きょうあく}$なこと、腹黒$_{はらぐろ}$いこと。¶ ~한 흉계를 꾸미다 陰険な策略$_{さくりゃく}$を用いる。

음흉-스럽다 形ㅂ (見$_{み}$るからに)陰険で凶悪なところがある。 음흉-스레 副 陰険であくどく、陰険そうに。

읍[邑] 图 邑$_{ゆう}$。①行政単位$_{たんい}$の一$_{ひと}$つ(人口$_{じんこう}$2万$_{まん}$以上$_{いじょう}$5万$_{まん}$以下$_{いか}$の小都市$_{としㆍ}$)。 ②「읍내(邑內)」의 縮約形。

읍내[邑內] 图 邑内$_{ない}$、邑$_{ゆう}$の内$_{うち}$。

읍소[泣訴] 图ㅎ他 泣訴$_{きゅう}$。¶ 무죄를 ~하다 無罪$_{むざい}$を泣訴する。

읍장[邑長] 图 邑$_{ゆう}$の長$_{ちょう}$。

응 感 ①(同年輩$_{どうねんばい}$・目下$_{めした}$の人に答$_{こた}$えたり 答$_{こた}$えを求$_{もと}$めるときに出$_{だ}$す声$_{こえ}$)うん、ああ、あん、ねえ。¶ ~、꼭 갈게 うん、必$_{かなら}$ず行$_{い}$くよ。/ ~、그렇고 말고 ああ、そうだとも。/ ~、그렇지 않아? ねえ、そうじゃない。 ②(人のことばが気$_{き}$に入$_{い}$らないとき不服$_{ふく}$の意$_{い}$を表$_{あらわ}$す声)ううん、ふん。¶ ~、그게 아냐 ううん、そうじゃない。

응가 感 (幼児$_{ようじ}$に排便$_{はいべん}$をさせるときに発$_{はっ}$する声$_{こえ}$)うんうん。

응:결[凝結] 图ㅎ自他回 凝結$_{ぎょう}$。

응:결-력[-力] 图(化) 凝結力$_{りょく}$。

응:고[凝固] 图ㅎ自回 凝固$_{ぎょう}$。¶ 혈액이 ~하다 血液$_{けつえき}$が凝固する。

응:고-점[-點] 图(化) 凝固点$_{てん}$。

응:급[應急] 图ㅎ他 応急$_{おう}$。¶ ~ 수단 応急手段$_{しゅだん}$/ ~ 책을 취하다 応急策$_{さく}$を取$_{と}$る。/ ~ 환자를 수송하다 急患$_{きゅうかん}$を輸送する。

응:급 조치[-措置] 图 応急措置$_{そち}$。

응:급 치료[-治療] 图ㅎ他 応急手当て。¶ ~를 받다 応急手当てを受$_{う}$ける。

응:낙[應諾] 图ㅎ自他 応諾$_{だく}$、承諾$_{しょうだく}$。¶ 상대방의 요청을 ~하다 相手$_{あいて}$の要請$_{せい}$を応諾する。

응달 图 日陰$_{かげ}$、陰地$_{かげ}$。¶ ~이 지다 陰になる。/ ~에서 쉬다 日陰で休$_{やす}$む。

응:답[應答] 图ㅎ他 応答$_{おう}$、返答$_{とう}$。¶ 질의 ~ 質疑$_{しつ}$応答。

응:당[應當] 副 当然$_{とうぜん}$、必$_{かなら}$ず、きっと。¶ ~ 그렇게 되겠지 当然そうなるだろう。

응:당-히 副 当然、必ず、きっと。¶ ~ 참석해야지 当然出席$_{しゅっせき}$しなけりゃ。

응:대[應待] 图ㅎ他 応接$_{せつ}$。¶ 손님을 ~하다 客$_{きゃく}$を接待$_{たい}$する。 ⤇ 응접。

응:대[應對] 图ㅎ他 応対$_{たい}$。¶ 무뚝뚝하게 ~하다 そっけなく応対する。

응등그러-지다 自 ①(乾$_{かわ}$いたり 硬$_{かた}$くなったりして)そり返$_{かえ}$る、反$_{そ}$る、よじれる。¶ 표지가 ~ 表紙$_{ひょうし}$が反る。 ②(寒$_{さむ}$さ・怖$_{おじ}$気などで体$_{からだ}$が)縮$_{ちぢ}$こまる。

응등-그리다 他 (寒さ・怖じ気などで体$_{からだ}$が)縮$_{ちぢ}$こめる、縮こまらせる。

응:모[應募] 图ㅎ他 応募$_{ぼ}$。¶ ~ 작품 応募作品$_{さくひん}$/ 주식 모집에 ~하다 株式募集$_{ぼしゅう}$に応募する。

응:모 가격[-價格] 图(經) 応募価格$_{かく}$。

응:모-자[-者] 图 応募者$_{しゃ}$。

응:변[應變] 图 《「임기응변(臨機應變)」의 縮約形》応変$_{ぺん}$。¶ 임기 ~의 조치를 취하다 臨機$_{りん}$応変の処置$_{しょち}$をとる。

응:보[應報] 图 応報$_{おう}$、果報$_{かほう}$、報$_{むく}$い。¶ 인과 ~ 因果$_{いんが}$応報。

응:보-주의[-主義] 图 応報主義$_{しゅぎ}$。

응:분[應分] 图 応分$_{ぶん}$、それ相応$_{そうおう}$。¶ ~의 대우를 받다 応分の待遇$_{たいぐう}$を受ける。

응:석 图ㅎ他 甘$_{あま}$えること、駄々$_{だだ}$。¶ ~ 투로 말하여 甘ったれた口調$_{くちょう}$で話す。
관용 응석(을) 받다 甘$_{あま}$やかす、甘えさす。
응석(을) 부리다 甘える、駄々をこねる。

응:석-둥이 图 甘えん坊$_{ぼう}$、だだっ子$_{こ}$。

응:석-받이 图 ①甘やかすこと、甘えさすこと。 ②甘えん坊。

응:수[應手] 图ㅎ他 (碁$_{ご}$・将棋$_{しょうぎ}$などで)応手$_{しゅ}$。¶ 한 판 ~하다 一局$_{いっきょく}$応手する。

응:수[應酬] 图ㅎ他 応酬$_{おう}$、言$_{い}$い返$_{かえ}$し。¶ 지지 않고 ~하다 負$_{ま}$けずに言い返す。

응:시[凝視] 图ㅎ他 凝視$_{ぎょう}$。¶ 한 점을 ~하다 一点$_{てん}$を凝視する。

응:시[應試] 图ㅎ自 試験$_{けん}$に応$_{おう}$ずること。¶ ~자 受験者$_{じゅけん}$。

응애-응애 感《赤子$_{あかご}$の泣$_{な}$き声$_{こえ}$》おぎゃあおぎゃあ。

응어리 图 ①(筋肉$_{きんにく}$の)しこり。¶ ~가 생기다 しこりができる。 ②(心$_{こころ}$の)しこり、わだかまり。 ③(果実$_{くだもの}$の)核$_{かく}$、芯$_{しん}$。

응얼-거리다 自 ①(詩$_{し}$・歌$_{うた}$などを)口$_{くち}$ずさむ。 ②(独$_{ひと}$り言$_{ごと}$で)ぶつぶつ不平$_{ふへい}$を並べる、ぶつぶつ言う。

응얼-응얼 副ㅎ自他 ①ひとりで口ずさむよう す。②ぶつぶつ。

응:용[應用] 图ㅎ他回 応用$_{よう}$。¶ ~ 문제 応用問題$_{もんだい}$/ ~ 범위가 넓다 応用範囲$_{はんい}$が広$_{ひろ}$い。/ 공식을 ~하다 公式$_{こうしき}$を応用する。

응:용 과학[-科學] 名 応用科学。
응:용 미:술[-美術] 名 応用美術。
응:원[應援] 名 하他 応援。¶ ~군 応援軍/자기 팀을 ~하다 味方のチームを応援する。
응:원-가[-歌] 名 応援歌。
응:원-단[-團] 名 応援団。
응:전[應戰] 名 하自他 応戦。¶ 필사적으로 ~하다 必死に応戦する。
응:접[應接] 名 하他 応接。¶ 내객을 ~하다 来客をもてなす。
응:접-실[-室] 名 応接室、応接間、客間。
응:집[凝集] 名 하自他 되自 凝集。¶ ~ 반응 凝集反応。
응:집-력[-力] 名 物 凝集力。
응:징[膺懲] 名 하他 膺懲、うち懲らしめること。¶ 반란군을 ~하다 反乱軍を膺懲する。
응:찰[應札] 名 하自他 応札、入札に応じること。
응:축[凝縮] 名 하自他 되自 凝縮。¶ ~물 凝縮物。
응:축-기[-機] 名 機 凝縮機、コンデンサー。
응:축-열[-熱] 名 化 凝縮熱。
응:-하다[應-] 自他 応ずる、答える、応募する、対応する。¶ 초대에 ~ 招待に応ずる。
응:혈[凝血] 名 하自他 되自 凝血。
응:회[凝灰] 名 凝灰。
응:회-석[-石] 名 地 凝灰石。
의(가) 의가가 나다 仲が悪くなる。
의[義] 名 義。¶ 형제의 ~를 맺다 兄弟の義を結ぶ。
의[誼] 名 《「정의(情誼)」의 縮約形》情誼、誼、よしみ、仲。¶ ~좋게 살고 있다 仲よく暮らしている。
의 助 ①《所有・主体・客体などを表わす》…の。¶ 그~ 책 彼の本/절세~ 미인 絶世の美人/여행~ 준비 旅行の準備/나 ~ 아우 わたしの弟/가을~단풍 秋の紅葉。②《連体修飾節の中で主語を表す》…の、…が。¶ 나~ 살던 고향 私の住んでいた故郷。③《比喩・特性を表す》…のような。¶ 하루살이~ 인생 カゲロウのような人生/현하~ 웅변 懸河の雄弁。
의거[依據] 名 하自他 依拠。①ある事実を根拠とすること、依ること。¶ 법에 ~하여 처벌하다 法に依って処罰する。②(ある所を)よりどころとすること。
의:거[義擧] 名 하自他 義擧。¶ ~를 일으키다 義擧を起こす。
의:견[意見] 名 意見。¶ ~의 일치 意見の一致/~이 맞지 않다 意見が合わない。/소수의 ~도 존중하다 少数の意見も尊重する。
의:견-서[-書] 名 意見書。¶ ~를 첨부하다 意見書を添える。

의결[議決] 名 하他 되自 議決。¶ ~ 사항 議決事項/만장 일치로 ~하다 満場一致で議決する。
의결-권[-權] 名 法 議決権。
의결 기관[-機關] 名 議決機関。
의고[擬古] 名 하他 擬古。¶ ~문 擬古文。
의고-주의[-主義] 名 擬古主義。
의과[醫科] 名 医科。¶ ~ 대학 医科大学。
의관[衣冠] 名 衣冠。①衣服と冠。¶ ~ 속대 衣冠束帯。②하他 衣冠を整えること。¶ ~을 갖추다 衣冠を整える。
의구[依舊] 名 하形 昔のままで変わらないこと、依然。¶ 산천은 ~하다 山河は昔のままだ。
의구[疑懼] 名 하形 疑懼。¶ ~심을 품다 疑懼の念をいだく。
의:기[意氣] 名 意気、気概。¶ ~ 왕성하다 意気盛んだ。/~를 꺾다 意気をくじく。
의:기 소침[-銷沈] 名 하自 意気消沈、意気沮喪。¶ 실패하여 ~하다 失敗して意気消沈する。
의:기 양양[-揚揚] 名 하形 意気揚々、意気軒昂。¶ ~하게 돌아오다 意気揚々と引き揚げる。
의:기 충천[-衝天] 名 하自 意気衝天。¶ ~해 있는 사기 意気衝天にある士気。
의:기 투합[-投合] 名 하自 意気投合。¶ 한 사이 意気投合した仲。
의-남매[義男妹] 名 ①義理の兄と妹、②父가 또는 母의 異なった兄と妹。
의논[議論] 名 하他 되自 相談、話し合い。¶ ~할 상대가 없다 相談する相手がいない。/~해서 정하다 話し合って決める。
의당[宜當] 副 하形 当然、すべからく、当たり前。¶ ~한 처사 当然な処置/~ 그렇게 되어야 한다 当然そうなるべきだ。 의당-히 副 当然、すべからく、当たり前に。
의대[衣帯] 名 衣帯、装束。¶ ~를 갖추다 衣帯を整える。
의대[醫大] 名 《「의과대학(醫科大學)」의 縮約形》医大。
의:도[意圖] 名 하他 意図。¶ 상대의 ~를 간파하다 相手の意図を見抜く。
의례[依例] 名 하自 ①《「의전례(依前例)」의 縮約形》前例によること。¶ ~의 조치 前例による処置。②(副詞的に)前例のように、例によって、きまって、当然。¶ 이런 날은 ~ 날씨가 좋은 법이다 こんな日はきまって天気がいいものだ。
의례-히 副 いつものように、例によって、きまって。¶ 저녁때는 ~ 산책한다 夕方にはきまって散歩する。
의례[儀禮] 名 儀礼。¶ 국민 ~ 国民儀礼。
의례-적[-的] 冠 儀礼的。¶ ~인 방문 儀礼的な訪問。
의:-롭다[義-] 形 ①義を重んじる。②義理がある、義理堅い。¶ 의로운 사람 義理堅い人。③義憤を感じる。

**의뢰**[依賴] 名[하他][되自] 依頼らい。¶ 조사를 ~ 하다 調査ちょうを依頼する。
**의뢰-심**[-心] 名 依頼心しん。¶ ~을 조장하다 依頼心を助長じょうする。
**의뢰-인**[-人] 名 依頼人にん。
**의료**[醫療] 名 医療りょう。¶ ~ 기계 医療器械きかい/ ~ 시설 医療施設しせつ。
**의료 보험**[-保險] 名 医療保険けん。
**의료-비**[-費] 名 医療費ひ。¶ ~가 많아지다 医療費がかさむ。
**의료-품**[-品] 名 医療品ひん。
**의류**[衣類] 名 衣類るい、衣服ふく。¶ ~를 정리하다 衣類を整理せいりする。
**의:리**[義理] 名 義理り。¶ ~도 인정도 없는 사람 義理も人情にんじょうもない人間にんげん/ ~를 지키다 義理を立てる。
**의:리 부동**[-不同] 名 義理にはずれること。
**의:무**[義務] 名 義務む。¶ 병역의 ~ 兵役えきの義務/ ~를 다하다 義務を果はたす。
**의:무-감**[-感] 名 義務感かん。
**의:무 교:육**[-敎育] 名 義務教育きょういく。
**의:무-적**[-的] 冠名 義務的てき。¶ ~인 행동 義務的な行動どう。
**의:무-실**[-室] 名 医務室しつ。
**의문**[疑問] 名 疑問もん。¶ ~을 품다 疑問をいだく。/ ~이 앞서다 疑問が先さきに立たつ。/ ~의 여지가 없다 疑問の余地よちがない。
**의문-문**[-文] 名『文法』疑問文ぶん。
**의문-법**[-法] 名『文法』疑問法ほう。
**의문-부**[-符] 名『文法』疑問符ふ、クエスチョンマーク。¶ ~를 달다 疑問符をつける。
**의문-사**[-詞] 名『文法』疑問詞し。
**의문-스럽다** 形D 疑うたがわしいところがある。¶ 내가 갈 수 있을지 ~ 私わたが行いけるかどうか疑わしい。 **의문-스레** 副 疑わしく。
**의문-시**[-視] 名[하他][되自] 疑問視し。
**의문-점**[-點] 名 疑問点てん、疑点てん。¶ ~이 남다 疑問点が残のこる。
**의뭉-스럽다** 形B 愚おろかそうで狡賢こしい、腹黒くろい。¶ 의뭉스러운 녀석 陰険けんなやつ。
**의뭉-스레** 副 腹黒はらぐろく、賢かしこく。
**의:미**[意味] 名[하他] ①意味み、意義ぎ。¶ 문장의 ~ 文章しょうの意味/ 있는 듯한 표정 의미있어서 시작한 일이다 訳があって始はじめたことなのだ。
**의:미-론**[-論] 名 意味論ろん。
**의:미 심장**[-深長] 名[하形] 意味深長しんちょう。¶ ~한 발언 意味深長な発言げん。
**의법**[依法] 名 法ほうによること。
**의:병**[義兵] 名 義兵へい、義軍ぐん。¶ ~을 모으다 義兵を募つのる。
**의복**[衣服] 名 衣服ふく、服ふく、着物もの。¶ ~이 남루하다 服がぼろぼろだ。
**의:부**[義父] 名 義父ふ。
**의:분**[義憤] 名 義憤ふん。¶ ~을 느끼다 義憤を感かんずる。

**의:붓-동생**[-同生] 名 異父弟おとうと、異母弟いぼてい。
**의:붓-딸** 名 継娘まま、義理りの娘むすめ。
**의:붓-아들** 名 継息子ままむすこ、義理りの息子むすこ。
**의:붓-아버지** 名 継父けい、まま、義父ふ。
**의:붓-어머니** 名 継母けい、まま、義理りの母はは。
**의:붓-자식**[-子息] 名（妻つま・妾めかけの）連つれ子こ、継子まま。
**의:사**[意思] 名 意思し。¶ ~ 소통 意思の疎通つう/ 할 ~가 있다 やる意思がある。
**의:사 능력**[-能力] 名『法』意思能力のうりょく。
**의:사 표시**[-表示] 名 意思表示ひょうじ。
**의사**[擬似] 名[하形]『醫』疑似じ。¶ ~ 콜레라 疑似コレラ
**의사-증**[-症] 名『醫』疑似症しょう。
**의사**[醫師] 名 医師し、医者しゃ。¶ 외과 ~ 外科医けか/ ~의 진찰을 받다 医者の診察しんさつを受うける。
**의사**[議事] 名[하他] 議事じ。¶ 일정 議事日程てい/ ~를 진행하다 議事を進める。
**의사-당**[-堂] 名 議事堂どう。¶ 국회 ~ 国会こっかい議事堂。
**의사-록**[-錄] 名 議事録ろく。
**의사 방해**[-妨害] 名 議事妨害ぼうがい。
**의사 정족수**[-定足數] 名 議事定足数ていそくすう。
**의상**[衣裳] 名 衣裳しょう。¶ 무대 ~ 舞台ぶたい衣装。
**의서**[醫書] 名 医書しょ。
**의석**[議席] 名 議席せき。¶ ~ 수 議席数すう/ ~에 앉다 議席に着つく。/ ~을 획득하다 議席を獲得かくとくする。
**의성-어**[擬聲語] 名『文法』擬声語ぎせいご。
**의:수**[義手] 名 義手しゅ。
**의술**[醫術] 名 医術じゅつ、医方ほう。¶ ~이 발달하다 医術が発達する。
**의:식**[意識] 名[하他][되自] 意識しき。¶ 엘리트 ~ エリート意識/ ~을 잃다 意識を失うしなう。/ 남의 눈을 ~하다 人ひとの目めを意識する。
**의:식 불명**[-不明] 名 意識不明めい。
**의:식-적**[-的] 冠名 意識的てき。¶ ~으로 피하다 意識的に避さける。
**의식**[儀式] 名 儀式しき、儀典てん、式典しきてん。¶ ~을 거행하다 儀式を執とり行おこなう。
**의심**[疑心] 名[하他] 疑心しん、疑うたがい、疑念ねん。¶ ~을 풀다 疑いを晴はらす。/ ~할 여지가 없다 疑う余地よちがない。/ 자기 눈을 ~하다 自分じぶんの目めを疑う。
**의심-스럽다** 形B 疑うたがわしい、いかがわしい、いぶかしい。¶ 의심스러운 행동 いかがわしい行動どう/ 진의가 ~ 真意しんが疑わしい。
**의아**[疑訝] 名[하形] あやしげなさま、けげんなさま。¶ ~한 표정 けげんな表情ひょう。
**의아-스럽다** 形B いぶかしい、疑うたがわしい。¶ 의아스럽게 생각하다 いぶかしく思おもう。
**의:안**[義眼] 名 義眼がん、入いれ目め。
**의안**[議案] 名 議案あん。¶ ~을 심의하다 議案を審議しんぎする。
**의약**[醫藥] 名 医薬やく。¶ ~ 분업 医薬分業ぶんぎょう。
**의약-품**[-品] 名 医薬品ひん。
**의:역**[意譯] 名[하他][되自] 意訳やく。

의:연【義捐】名하他 義捐ぎえん。
　의:연-금【-金】名 義捐金ぎえんきん。¶ ～을 거두다 義捐金を集あつめる。
의연-하다【毅然-】形여 毅然きぜんとしている。¶ 의연한 태도 毅然たる態度たいど。　의연-히 副 毅然として、しっかりと。¶ ～ 거절하다 毅然として断ことわる。
의연-하다【依然-】形여 依然いぜんとしている、もとのままである、相変あいかわらずである。¶ 구태 ～한 생각 旧態きゅうたい依然たる考かんがえ。　의연-히 副 依然として、相変わらず。¶ ～ 변함없이 依然として変かわりない。
의옥【疑獄】名 疑獄ぎごく。¶ ～ 사건에 연루되다 疑獄事件じけんに連座れんざする。
의:외【意外】名 意外いがい、思おもいの外ほか、案外あんがい。¶ ～의 결과 意外な結果けっか/ ～로 어렵다 意外に難むずかしい。
의:외-롭다【意外-】形回 意外である、思おもいがけない。¶ 사태가 의외로운 방향으로 전개되었다 事態じたいが思いがけない方向ほうこうに展開てんかいした。　의외-로이 副 意外に、思いがけず。¶ ～ 생각하여 意外に思う。
의:욕【意慾】名 意欲いよく。¶ 학습 ～ 学習がくしゅう意欲/ ～을 잃다 意欲を失うしなう。
의:용【義勇】名 義勇ぎゆう。¶ ～ 소방대 義勇消防隊しょうぼうたい。
　의:용-군【-軍】名 義勇軍ぎゆうぐん。
　의:용-병【-兵】名 義勇兵ぎゆうへい。
의원【依願】名하自他 依願いがん。¶ ～ 면직 依願免職めんしょく。
의원【醫院】名 医院いいん。
의원【議院】名 議院ぎいん。¶ ～ 내각제 議院内閣制ないかくせい。
의원【議員】名 議員ぎいん。¶ 국회 ～ 国会こっかい議員/ ～으로 당선되다 議員に当選とうせんする。
의음【擬音】名 擬音ぎおん。¶ ～ 효과 擬音効果こうか。
의:의【意義】名 意義いぎ。¶ 역사적 ～ 歴史的れきしてき意義/ ～있는 일 意義のある仕事しごと。
의의【疑義】名 疑義ぎぎ。¶ ～를 밝히다 疑義をただす。
의인【擬人】名하他 擬人ぎじん。¶ ～ 법 擬人法ほう/ 동물을 ～화하다 動物どうぶつを擬人化かする。
의자【椅子】名 椅子いす。¶ 안락 ～ 安楽あんらく椅子。
의:장【意匠】名 意匠いしょう、デザイン。¶ ～ 등록 意匠登録とうろく/ ～을 고안하다 意匠を考案こうあんする。
　의:장-권【-權】名 意匠権けん。
의장【儀仗】名 儀仗ぎじょう。¶ ～기 儀仗旗き。
　의장-대【-隊】名 儀仗隊たい。
　의장-병【-兵】名 儀仗兵へい。
의장【議長】名 議長ぎちょう。¶ ～단 議長団だん/ 국회 ～ 国会こっかい議長。
의:적【義賊】名 義賊ぎぞく、侠盗きょうとう。
의전【儀典】名 儀典ぎてん、儀式ぎしき。
　의전-실【-室】名 儀典室しつ。
의-전례【依前例】名하自 前例ぜんれいによること。⊛의례(依例)
의:절【義絶】名하自 義絶ぎぜつ。

의젓-하다 形여 (態度たいど・行動こうどうなどが)立派りっぱだ、しっかりしている、堂々どうどうとしている。¶ 의젓한 모습 堂々たる姿すがた。　의젓-이 副 立派に、堂々と、しっかりと。¶ ～ 처신하다 立派に身みを処しょする。
의정【議定】名하他 議定ぎてい・ぎじょう。¶ ～안 議定案あん。
　의정-서【-書】名 議定書しょ。
의:제【義弟】名 義弟ぎてい、義理ぎりで結むすばれた弟おとうと。
의제【擬制】名【法】擬制ぎせい。¶ ～ 자본 擬制資本しほん。
의제【擬製】名하他回自 擬製ぎせい、模造もぞう。¶ ～ 품 擬製品ひん。
의제【議題】名 議題ぎだい。¶ ～에 대해 토론하다 議題について討論とうろんする。
의:족【義足】名 義足ぎそく、継つぎ足たし。
의존【依存】名하他 依存いぞん。¶ 상호 ～ 相互そうご依存/ 원유를 수입에 ～ 하다 原油げんゆを輸入にゅうに依存する。
　의존 명사【-名詞】名【文法】形式名詞けいしきめいし。
의:중【意中】名 意中いちゅう、心こころの中、胸中きょうちゅう。¶ ～의 인물 意中の人ひと/ ～을 떠보다 腹はらの中なかを探さぐる。
의지【依支】名하他 寄よりかかること、もたれること、頼たよること、頼たより、支ささえ。¶ 노후의 ～ 老後ろうごの支え/ ～할 만한 친구 頼るに足たる友達ともだち/ 벽에 ～하다 壁かべに寄りかかる。
의:지【意志】名 意志いし。¶ 확고한 ～ 確固かっこたる意志/ ～가 강하다 意志が強つよい。
　의:지-력【-力】名 意志力りょく。¶ 강인한 ～ 強靱きょうじんな意志力。
　의:지 박약【-薄弱】名하形 意志薄弱はくじゃく。
의지가지-없다 形 身寄みよりがまったくない、全然ぜんぜん拠より所どころがない。¶ 의지가지없는 아이 身寄りのない子供こども。
의처-증【疑妻症】名 妻つまの貞操ていそうをむやみに疑うたがう病的びょうてき性格せいかく。
의:치【義齒】名 義歯ぎし、入いれ歯ば。¶ ～를 해넣다 入れ歯をはめる。
의타【依他】名하他 他人たにんに頼たよること。⊛의심 依賴心いらいしん。
의탁【依託】名하他 依託いたく。¶ 발송을 ～하다 発送はっそうを依託する。
의태【擬態】名 擬態ぎたい。¶ ～법 擬態法ほう/ ～어 擬態語ご。
의:표【意表】名 意表ひょう。¶ ～를 찌르다 意表をつく。
의-하다【依-】自여 ①(…に)因よる。¶ 부주의에 의한 사고 不注意ふちゅういに因る事故じこ。②(…に)基もとづく、依拠いきょする。¶ 법률에 의하여 처리하다 法律ほうりつに基づいて処理しょりする。
의학【醫學】名 医学いがく。¶ ～ 법～ 法医学/ ～ 용어 医学用語ようご。
의:향【意向】名 意向いこう。¶ ～이 있다 意向がある/ ～을 타진하다 意向を打診だしんする。
의:협【義俠】名 義俠ぎきょう、男おとこだて、男気おとこぎ。
　의:협-심【-心】名 義俠心しん、俠気きょうき。¶ ～을 발휘하다 義俠心を発揮はっきする。

**의:-형제**〖義兄弟〗图 義兄弟ぎょうだい、兄弟きょうだい分ぶん。¶ ~를 맺다 義兄弟の契ちぎりを結むすぶ。

**의혹**〖疑惑〗图하自他 疑惑ぎわく、疑うたがい。¶ ~이 풀리다 疑惑が晴はれる。

**의회**〖議會〗图 議会ぎかい。¶ ~를 해산하다 議会を解散かいさんする。

**의회 정치**〖-政治〗图〖政〗議会政治せいじ。

**의회-제**〖-制〗图 議会制せい。

**의회-주의**〖-主義〗图 議会主義しゅぎ。

**이**[1] 图 ①〖生〗歯は。¶ 썩은 ~ 虫歯むしば/ ~가 나다 歯が生はえる。②(器具きぐ・器械きかいなどの)歯は。¶ 톱니의 ~ のこぎりの歯。③器うつわの縁ふちのところが少すこし欠かけた部分ぶぶん。¶ ~가 빠진 접시 縁の欠かけた皿さら。
〈속담〉**이가 없으면 잇몸으로 살지** 歯がなければ歯茎はぐきで生いきる。《必要ひつようなものがなくてもそれなりにどうにかやっていけるものである》
〈관용〉**이(가) 갈리다** 歯ぎしりをしてくやしがる。**이(가) 맞다** 歯が合あう、しっかりかみ合あう。**이(를) 갈다** ①歯ぎしりする、歯ぎしりをしてくやしがる。②乳歯にゅうしが抜ぬけかわる。**이(를) 악물다** 歯をくいしばる。

**이**[2] 图〖動〗シラミ。
〈속담〉**이 잡듯 하다** シラミを捕つかまえるようにする。《すみずみまで探さがす》

**이**[3] 代〈他たの人ひとについて〉「人ひと」を表あらわす。¶ 저 ~는 일본 사람이다 あの人は日本人にほんじんだ。/ 그 소식을 듣고 놀라지 않는 ~는 없었다 その知しらせを聞きいて驚おどろかない人はいなかった。

**이**[4] 代 ①(『이것』の縮約形しゅくやくけい)これ。¶ ~와 관련해서 これと関連かんれんして。②(『이이』の縮約形)この人ひと、この方かた。¶ 이 ~가 누구지? この方は誰だれだい。

**이**[5] 冠 ①《話者わしゃの近ちかくにいる人ひと・物ものを指さす語ご》この。¶ ~ 달 今月こんげつ/ ~ 집 この家いえ。②《前述ぜんじゅつ・周知しゅうちの事物じぶつを指さす語》 この、かの。¶ ~와 같은 행위 このような行為こうい。

**이**[6] 助 ①《主格しゅかくを表あらわす》…が。¶ 꽃~ 피다 花はなが咲さく。②《『되다』とともに用もちいられて》…に(なる)、…と(なる)。¶ 과장~ 되다 課長かちょうになる。③《『아니다』とともに用もちいられて》…では(ない)、…じゃ(ない)。¶ 내 책~ 아니다 私わたしの本ほんではない。

**이:**〖利〗图 利り。①利益りえき。¶ ~를 보다 利益を得える。②有益ゆうえき、有利ゆうり。¶ 서로 ~가 되다 お互たがいにとって有益になる。③利子りし。¶ 2푼 리의 공채 二分五わりの利の公債こうさい。

**이:**〖二・貳〗数 二に、二ふたつ。¶ 인분 二人分ににんぶん/ ~삼 일 二、三日にさんにち。

**-이**[1] 接尾 ①《用言ようげんの語幹ごかんについて名詞めいしをつくる語ご》…さ、…み。¶ 깊~ 深ふかさ/ 놀~ 遊あそび/ 먹~ 餌えさ/ 꿀꿀~ 豚ぶた。②《形容詞けいようしの語幹について》副詞ふくしを作つくる語。¶ 많~ たくさん、 높~ 뛰다 高たかく跳とぶ。③《同おなじ単語たんごを重かさねた語について》副詞形ふくしけいをつくる語。살살 나날~ 日ひごとに/ 낱낱~ 一つ一つ/

~찾다 すみずみまで探さがす。④《子音しいんで終おわる人名じんめいについて》語調ごちょうを整ととのえる語。¶《子音で終わる一部の体言たいげんについて》その体言が意味いみする特徴とくちょうを持もつ人ひとを表あらわす。¶ 절름발~ びっこ。

**-이**[2] 語尾《母音ぼいんで終わる形容詞の語幹についていて自分じぶんの考かんがえを主観的しゅかんてきに述のべる語ご》…다、…다네、…다나、…다요、…네。¶ 매우 잘 하~ とても上手じょうずだね。/ 자네 말이 옳~ 君きみの言いうことが正ただしいな。

**이간**〖離間〗图하他 離間りかん、反間はんかん、仲違なかたがいさせること。¶ 친구 사이를 ~하다 友人ゆうじんの仲なかを離間する。

**이간-붙이다** 他 仲違いさせる、引ひき離はなす。

**이간-질** 图하自他 仲違いをさせること。

**이-갈다**[1] 自 歯はが生はえ変かわる。

**이-갈다**[2] 自 (くやしがって)歯ぎしりする。

**이-같이** 副 このように、こんなに。¶ ~ 예쁜 딸 こんなに美うつくしい娘むすめが/ ~ 말했다 このように言いった。

**이-거** 略《『이것』の縮約形》これ。¶ ~ 뭐야? これ何だ? / ~ 주세요 これください。

**이거나** 助 …でも、…であれ。¶ 어떠한 사업~ 간에 どんな事業じぎょうであろうとも。

**이거니** 助 ①…だもの、…だから。②…だろう(と)、…なのだ、…であれば。

**이거니와** 助 ①《相対立あいたいりつしたり相反あいはんしたりすることをつなぐ》…であるが。②《既定きていの事実じじつを認みとめながらそれにまさるものやそれと異ことなるものがあることを表あらわす》…であるが、…だが。

**이거든** 助 ①《仮定形かていけいの話はなの内容ないようがあとの話の条件じょうけんとなることを表あらわす》…であるなら、…なら。¶ 학생~ 학생らしく行動こうどうしろ 学生がくせいなら学生らしく行動せよ。②《前言ぜんげんを認めることに依よってあとの話が前言にならうことを表わす》…であるのに、…なのに。③《不思議ふしぎで珍めずらしいということを詠嘆調えいたんちょうで表わす》…だなあ。¶ 정말 이상한 일~ 本当ほんとうにおかしいことだなあ。

**이-건** 略《『이것은』の縮約形》これは、こりゃ。¶ ~ 누구 것이냐? これは誰だれのだ。/ 너무하다 こりゃひどい。

**이건마는** 助 …であるが、…だが、…ながら。

**이-걸** 略《『이것을』の縮約形》これを。¶ ~ 갖다 주어라 これを持もって行いってやれ。

**이-걸로** 略《『이것으로』の縮約形》これで、これをもって。¶ ~ 끝내자 これで終おわりにしよう。

**이것** 代 ①《身近みぢかにある事物じぶつを指さす語》これ。¶ ~은 내 책이다 これは私わたしの本ほんだ。②《今いま言いったばかりの内容ないよう・今の状況じょうきょうなどの総称そうしょう》¶ ~이야말로 こそ/ 살아 있다는 것、~만으로 만족이다 生いきているということ、これだけで満足まんぞくだ。③《『이 사람』を身下みさげくだして言いう語》こいつ。¶ ~이 왜 이리 떠들어? こいつがなんでこう騷さわぐんだ。④《『이 아이』をかわいらしく

이것저것 [代] ①これとあれ。②あれこれ、あれやこれや。¶ ~ 지시하다 あれこれと指図する。

이게 [略] (「이것이」の縮約形) これが。¶ ~ 좋군 これがいいね。

이:견【異見】[名] 異見。¶ ~을 내세우다 異見を立てる。

이고 [助] (二つ以上の事柄を対等に並べる意を表わす) …で、…であれ、…でも。¶ 이것은 책~ 그것은 연필이다 これは本だでそれは鉛筆だ。/ 옷·책·모두 팔아 버렸다 着物のであれ本であれすべて売ってしまった。

이고 [語尾] (疑問·抗議の意を表わす) …かね、…のか。¶ 날더러 바보라니 그럼 저는 무엇~? 私のことをばかだって、では自分は何だかね。

이고말고 [語尾] …であるとも、…だとも。¶ 미인~ 美人であるとも。

이:골 [名] (ある方面に)熟達していること、慣れること。
[慣用] 이골이 나다 (ある仕事に)長ける、慣れる、熟達する。¶ 장사에 ~ 商売に長ける。

이-곳 [代] ①ここ。¶ ~에서 쉬어 가자 ここで休んでいこう。②この地方、当地。¶ ~의 명물 ここの名物。

이:공【理工】[名] 理工。¶ ~과 理工科。

이:과【理科】[名] 理科。¶ ~에 진학하다 理科に進学する。

이관【移管】[名]하다[他]되다[自] 移管。¶ 다른 기관에 ~하다 他の機関に移管する。

이:교【異敎】[名] 異敎。¶ ~주의 異敎主義。
이:교-도【-徒】[名] 異敎徒。

이구나 [語尾] (「이로구나」の縮約形) …だな、…だね。¶ 멋진 그림~ すばらしい絵だね。

이:구-동성【異口同聲】[名] 異口同音。¶ ~으로 찬성하다 異口同音に賛成する。

이구먼 [語尾] (「이로구먼」の縮約形) …だなあ、…だねえ。¶ 이제 완연한 봄~ もうすっかり春だなあ。

이:국【異國】[名] 異国。¶ ~ 취미 異国趣味。/ ~ 땅에서 죽다 異国の地で死ぬ。
이:국-적【-的】[冠] 異国的。¶ ~인 풍물 異国的な風物。
이:국-정취【-情趣】[名] 異国情趣。

이군 [語尾] (「이구나」の縮約形) …だな、…だね。¶ 무서운 병~ 恐ろしい病気だな。

이:권【利權】[名] 利権。¶ ~을 독점하다 利権を独占する。

이그러-지다 [自] ゆがむ、ねじれる、へこむ。¶ 이그러진 표정 ゆがんだ表情。

이글-이글 [副]하다[形] ①(炎があかあかと燃え盛るようす)炎炎と、かっかと、あかあかと。¶ ~ 핀 숯불 かっかとおこる炭火。
②(元気·情熱などが燃え上がるようす)かっかと。¶ 분노로 속이 ~ 타오르다 憤怒ではらわたが煮えくり返る。

이:급【二級】[名] 二級。¶ ~품 二級品。

이:기【利己】[名] 利己。¶ ~심 利己心。
이:기-적【-的】[冠] 利己的。
이:기-주의【-主義】[名] 利己主義、エゴイズム。
이:기-자 利己主義者。

이:기【利器】[名] 利器。¶ 문명의 ~ 文明の利器。

이기다[1] [他] ①勝つ、負かす、破る。¶ 시합에서 ~ 試合に勝つ。②(苦痛·感情などを)打ち勝つ、こらえる、耐える。¶ 유혹을 ~ 誘惑に打ち勝つ。/ 졸음을 이기지 못했다 眠気をこらえることができなかった。③(体を)支える。¶ 제 몸을 이기지 못하다 自分の体を支えられない。

이기다[2] [他] ①(粉·土などを)こねる、こね回す、練る。¶ 진흙을 ~ 粘土をこねる。
②もみ洗いする。¶ 빨래를 ~ 洗濯物をもみ洗いする。③(刃物で肉などを)みじん切りにしてたたく。¶ 마늘을 다져 ~ にんにくをみじん切りにする。

이기로 [助] …とは言え、…でも、…であるとしても。

이기로서 [助] 「이기로서니」の縮約形。
이기로서니 [助] 「이기로」の強調語。

이기에 [助] ①(原因·理由を表わす)なので、…であるので。¶ 하도 기쁜 일~ 빨리 알리다 とてもうれしいことなので早々と知らせる。②(原因·理由をただす意を表わす)…で、何で。¶ 네가 무엇~ 그리 뽐내느냐? おまえがなんでそんなに威張りちらすのか。

이-까짓 [冠] これしきの、これくらいの、これっぽっちの、これっぱかしの。¶ ~ 푼돈 これっぽっちのはした金/ ~ 일로 놀랄까 보냐? これしきのことで驚くと思っているのか。㊐ 요까짓

이깟 [冠] (「이까짓」の縮約形) これしきの、これくらいの、この程度の。¶ ~ 놈 これしきのやつ。

이끌다 [他] ①引く、引っ張る、連れる。¶ 막내의 손을 이끌고 산책하다 末っ子の手を引いて散歩をする。②(ついてくるように)導く、指導する、率いる。¶ 배움의 길로 ~ 学問の道に導く。③(心で·視線を)引きつける、傾けさせる。¶ 사람들의 주의를 자기에게 ~ 人々の注意を自分のに引きつける。

이끌리다 [自] (「이끌다」の受動) 引かれる、引っ張られる、導かれて行く。¶ 경찰에 이끌리어 가다 警察に引っ張られて行く。

이끼【名】[植] 苔。¶ ~가 끼다 苔が生える。

이나 [助] ①(選択の意を表わす)…も、…でも。¶ 이것~ 저것~ 매한가지다 これもあれも同じことだ。②(かまわない·さしつかえないとの意を表わす)…でも。¶ 밥이 없

으면 술~ 주시오 飯がなかったら酒でも下さい。 ③《限定を表わす》…だけが。¶ 돈 있는 사람~ 갈 곳이다 金のある人だけが行くべき所だ。④《漠然とした数量を示す》…くらい。¶ 몇 명~ 갔어요? 何人ぐらい行きましたか。⑤《多くは無いがいくらかもっているのをばかにした意を表わす》ちょっとした…。¶ 돈푼~ 있다고 으스대다 ちょっとした小銭があるのと威張る。⑥《感激を表わす》…も。¶ 어느새 백 명~ 모였다 いつの間にか100名もが集った。⑦《「이나마」の縮約形》…ながら、…ですが。¶ 변변찮은 것~ 받아주십시오 つまらないものですがお受け取り下さい。

**이나마** 助 …ながら、…ですが。¶ 작은 정성~ 받아주십시오 ほんの志ですがお受け下さい。

**이-날** 名 今日、この日。
　**이날-이때** 副 今の今まで、今日のこの時まで。¶ ~ 몰랐다 今の今まで知らなかった。
　**이날-저날** 副 今日明日などと。¶ ~ 미루기만 한다 今日明日と延ばしてばかりいる。

**이-남**[以南] 名 以南。①ある地点てんより南みなみ。②韓国かんこくで北緯ほくい38度線せん以南を指さす語ご。◎ 이북(以北)

**이-내** 冠 《「나의」の強調語》このわたしの。¶ ~ 마음을 모르다니 このわたしの心こころがわからないとは。
　**이내-몸** 名 《「내몸・나의 몸」の強調語》わが身み、この身。

**이내** 副 ①(時間的じかんてきに)すぐ、忽たちち、間まもなく、ただちに。¶ 볼일이 끝나면 ~ 돌아오너라 用事ようじが済すんだらすぐ帰りなさい。②(空間的くうかんてきに)すぐ、直ちょくに。¶ 저 큰길을 따라가면 ~ 역이다 あの大通おおりをずっと行くとすぐ駅だ。③ずっと、ずうっと。¶ 그때 헤어지고는 ~ 소식이 없다 その時と別れてからはずっと音信たよりがない。

**이:내**[以內] 名 以内いない。¶ 사흘 ~로 三日みっ以内に/ 천 원 ~의 금액 1000ウォン以内の金額きんがく。

**이나** 語尾 《疑問ぎもんの意いを表わす》…か、…かね、…다(い)、…じゃ。¶ 이것은 무엇~? これは何だか。/ 어떻게 할 셈~? どうするつもりだ。

**이냥** 副 このまま、この通り。¶ ~ 놓아 두다 このまま置いておく。

**이-네** 代 この人(たち)、あの人(たち)。¶ ~가 언제 오려나? あの人はいつ来くるのだろうか。

**이녁** 代 ①《相手あいてを見下げた呼称こしょう》あんた、君ん、おまえ、そちら。¶ ~을 대할 면목이 없소 君に合あわせる顔がない。②《「자기」の謙称けんしょう》こちら、こっち。¶ ~의 형편도 좀 생각해 주시오 こちらの立場たちばも少しはお察さっしください。

**이-년** 名〔卑〕《女性じょせいをののしる語ご》このあま、この女郎じょろう。

**이:념**[理念] 名 理念ねん。¶ 민주주의의 ~ 民主主義みんしゅしゅぎの理念。

**이:뇨**[利尿] 名 하自 利尿にょう。¶ ~ 작용 利尿作用よう。
　**이:뇨-제**[−劑] 名〔藥〕利尿剤ざい。

**이니**¹ 助 ①《理由ゆう・原因げんをあらわす》…だから、…ので。¶ 휴일~ 푹 쉬어라 休日きゅうじつだからゆっくり休やすみなさい。②《多くの物事ごとを列挙れっきょするときに》…とか、…やら、…(で)も、…であれ。¶ 수박~ 사과니 잔뜩 먹다 スイカやリンゴやいっぱい食べる。

**이니**² 語尾 《「이냐」より親したしげな感かんじを表わす》…かい、…かね。¶ 무슨 일~? なに事ごとかね。/ 저것이 무엇~? あれは何なんだい。

**이니라** 語尾 …である、…だ、…なり。¶ 인간이란 어리석은 동물~ 人間にんげんとは愚おろかな動物ものなり。

**이다**¹ 他 ①(物ものを)頭あたまに載のせる。¶ 물동이를 머리에 ~ 水がめを頭に載せる。②頭の上ほうの方にある、頭上じょうにする、頂いただく。¶ 눈을 이고 있는 산꼭대기 雪ゆきを頂いている山やまの頂上ちょうじょう/ 별을 이고 나가다 星ほしを頂いて出でかける。

**이:다**² 他 葺ふく。¶ 지붕을 ~ 屋根やねを葺く。

**이다**³ 助 …だ、…である。¶ 이것은 연필~ これは鉛筆えんぴつだ。/ 독서는 마음의 양식~ 読書どくしょは心こころの糧かてである。

**이-다음** 名 この後のち、この次つぎ、今度こんど、後日ごじつ。¶ ~ 또 만나세 この次に又また会あおう。

**이-다지** 副 こんなにまで、これほどまで。¶ ~ 힘들 줄은 몰랐다 こんなにまで難なずしいとは思おもわなかった。◎ 요다지
　**이다지-도** 副 《「이다지」の強調形》こんなにまでも、これほどまでにも。

**이:단**[異端] 名 異端たん。¶ ~자 異端者しゃ。

**이-달** 名 今月ぷ、当月とうげつ、本月ほんげつ、この月つき。¶ ~-치 今月分ぶ/ ~ 안으로 끝내자 今月中ちゅうに終おわろう。

**이-담** 名 《「이다음」の縮約形》この後のち。

**이-대로** 副 このまま、この通りに、このように。¶ ~ 내버려 둘 수 없다 このまま捨すておくことはできない。/ ~ 해도 좋습니까? このようにしてもいいですか。

**이더구나** 語尾 《過去かこの事ごとを知らせたり回想かいそうする意いをあらわす》…だったよ、…だったなあ。¶ 그 사람 독신~ その人は独身どくしんだったよ。

**이더구려** 語尾 《過去の事を知らせたり回想したりする意をあらわす》…でしたね。¶ 그게 정말~ それが本当ほんとうでしたね。

**이더군** 語尾 「이더구나」の縮約形。

**이더냐** 語尾 《過去の事を問とう意をあらわす》…だったか(ね)、…であったか。¶ 어떤 사람~? どんな人にだったかね。

**이더니** 語尾 ①《過去の事を知らせたり回想かいそうする意をあらわす》…だったが(な)、…であったかなあ、…だったがな。¶ 참 뛰어난 선수~ 実じつにすぐれた選手しゅだったがな。②

**이더라** 《過去の事実どが他のある事実に対立たいりつすることをあらわす》…であったが、…だったけれど。¶ 전에는 들~ 지금은 강이다 前まえには野原のだったのが今は川かわだ。

**이더라** 語尾 《過去の事を回想かいそうするとかそれを感傷かんしょうであらわす》…であったよ、…だったよ。¶ 깨고 보니 꿈~ さめて見みたら夢ゆめであったよ。

**이더라도** 助 《仮定かていしたり讓歩じょうほしながら認みとめる意いをあらわす》…であっても、…だとしても。¶ 그녀가 아무리 미인~ 나는 싫다 彼女かのじょがどんなに美人びじんだとしても僕ぼくは嫌きらいだ。

**이더라면** 助 《過去の事を回想かいそうしながらその内容ないようとは異ことなる事実じつを仮定かていする意いをあらわす》…だったら、…であったならば。¶ 내가 선생~ 私わたしが先生せんせいだったら。

**이던** 助 《過去の事を回想かいそうする時ときに用もちいる語》…だった、…であった。¶ 옛날에는 부자~ 사람 昔むかしは金持かねもちであった人ひと。

**이던가** 助 ①《過去の事を回想かいそうしながら自問じもんする感かんじをあらわす》…であったか、…であるか。¶ 얼마나 그리던 고향~ どんななつかしい故郷きょうであったか。②《過去の事に対して疑うたがいをあらわす》…だったのか。¶ 그날 본 것이 누구~ 생각이 잘 안 납니다 その日ひ見みたのが誰だれだったのかよく思おもい出だせません。

**이던데** 助 ①《次つぎの語を引ひき出だすためにそれに関連かんれんする過去の事を知しらせたり回想かいそうする意いをあらわす》…であったが、…で。¶ 굉장한 미인~ 누구지? すばらしい美人びじんであったが誰だれだい。②《他人たにんの意見けんも聞ききこうという態度たいどで過去の事に対たいする自分じぶんの感かんじをあらわす》…だったよ、…であったよ。¶ 아주 재미있는 책~ とてもおもしろい本ほんだったよ。

**이던들** 助 《現実げんじつに現あらわれた結果けっかと反対はんたいするある事実じつを仮定かていしてこれを希望きぼうする意いをあらわす》…であったなら、…だったら。¶ 그가 선수~ 우리가 지지는 않았을 것을 彼かれが選手せんしゅだったら僕ぼくらが負まけはしなかったものを。

**이데** 助 《経験けいけんした事を回想かいそうして知しらせたり自分じぶんの感かんじをあらわす》…であったよ、…だったよ。¶ 아직도 미인~ 今いまもなお美人びじんであったよ。

**이데아** [그 idea] 名 イデア、観念かんねん、理念りねん。

**이데올로기** [독 Ideologie] 名 イデオロギー。

**이:동** [異動] 名 하他 되自 異動どう。¶ 사내의 인사 ~ 社内しゃないの人事じんじ異動。

**이동** [移動] 名 하自他 되自 移動どう。¶ ~ 촬영 移動撮影さつえい/ 민족의 ~ 民族みんぞくの大だい移動/자리를 ~ 시키다 席せきを移動させる。

**이동 도서관** [-圖書館] 名 移動図書館としょかん。

**이동-성** [-性] 名 移動性せい。¶ ~ 고기압 移動性高気圧こうきあつ。

**이동-식** [-式] 名 移動式しき。

**이동 통신** [-通信] 名 情 移動体たい通信しん。

**이되** 助 …だが、…であるが。¶ 미인 ~ 성깔은 거세다 美人びじんではあるが気性きしょうが激はげしい。/ 착한 사람 ~ 똑똑치 못하다 よい人ひとが賢かしくはない。

**이:두** [吏讀] 名 吏讀りとう《新羅時代しらぎじだいの後期ごきから漢字かんじの音おんと訓くんを借かりて韓国語かんこくごを記きするのに使つかった表記方法ひょうきほうほう、またはその文字もじ》。

**이:두 문학** [-文學] 名 文 吏讀文學ぶんがく。

**이:득** [利得] 名 利得とく、得とく、もうけ、利益えき。¶ 부당한 ~ 不当ふとうな利得/ ~을 보다 利得を得える。

**이든** 助 《「이든지」の縮約形》…でも。¶ 책~ 꽃~ 마음대로 사거라 本ほんでも花はなでも勝手かってに買かいなさい。

**이든지** 助 《より好このみしないことをあらわす》…でも、…なり(とも)。¶ 무엇 ~ 사 줄테니 골라 보아라 なんでも買かってやるから選えらんでごらん。

**이듬-해** 名 翌年よくねん、明あくる年とし。¶ ~ 봄 翌年の春はる。

**이:등** [二等] 名 二等とう、二番ばん。¶ ~상 二等賞しょう/ ~으로 졸업하다 二番で卒業そつぎょうする。

**이:등-병** [-兵] 名 二等兵へい。

**이:등분** [二等分] 名 하他 되自 二等分とうぶん。¶ ~선 二等分線せん。

**이따** 副 《「이따가」の縮約形》しばらくして。¶ 저녁을 좀 ~ 먹겠다 夕飯ゆうはんをもう少すこししてから食たべよう。

**이따가** 副 《時間的じかんてきに》少すこししして、しばらくして、のちほど、あとで。¶ ~ 올게 少ししてから来くるからね。/ ~ 만나자 あとで会あおう。

**이따금** 副 時々とき、時折おり、時ときたま、たまに。¶ ~ 소식이 있다 時折便たよりがある。/ ~ 영화를 보러 간다 時たま映画えいがを見みに行いく。

**이-따위** 名 たかがこのくらいのもの、こんな物もの、この類るい。¶ 왜 ~ 짓을 했느냐? なんでこんなことをしたのか。

**이-때** 名 この時とき、今いま。¶ 무더운 ~ 蒸むし暑あつい今この時/ ~는 벌써 한밤중이었다 このときはもう夜中よなかであった。

**이때-껏** 副 今まで、今の今まで、今に至いたるまで。¶ ~ 뭘 하고 있었니? 今の今まで何なにをしておったのか。

**이-똥** 名 歯はくそ、歯かす、歯垢こう。

**이라** 助 ①《叙述じょじゅつする意いをあらわす》…である、…だ。②《前まえの語が次つぎの語の原因げんいん理由りゆうとなることをあらわす》…なので、…だから。

**이라고** 助 ①《人ひとの話はなしを引用いんようする意いをあらわす》…と、…だと、…とか。¶ 좋은 것~ 하기에 샀다 いい物ものだと言いうから買かった。②《「大たいしたものではない」の意いをあらわす》…といえども、…だとて。¶ 그 사람 ~ 별 수 있겠나 その人ひとだとてこれといった方法ほうほうがないはずだ。③《他人たにんの話はなしを引用いんようしな

**이라느니** 助 …だとか。¶ 명작 — 졸작 — 의견이 구구하다 名作だとか拙作だとか意見がまちまちだ。

**이라니** 助 ①《相手の話がうたがわしくて反問をする意をあらわす》…だと、…だって。¶ 그가 너의 벗 — 그게 정말이야? 彼が君の友だってそれが本当だろうか。②《前の語が次の語の原因・根拠となる意をあらわす》…と言うので、…と言うのも。¶ 그것이 사실 — 믿을 수밖에 それが事実だと言うからには信じないわけにはいかない。③《相手の話が不審に思われたり意外だという意をあらわす》…だと、…だとは。¶ 그 학생이 수석 — 어느 학생이 首席だとは。

**이라니까** 助 ① …だと言うと。② …だと言うってば。¶ 글쎄 내 책 — 그래요 私の本だってば。

**이라도** 助 …でも、…であっても。¶ 다른 것이 없으면 이것 — 좋다 他の物がなければこれでもいい。

**이라든지** 助 ①《なにかを考えながら列挙するときに使われる》…とか。¶ 불 — 물 — 모두 필요 불가결한 것이다 火や水かすべて必要で不可欠なものだ。②《なにかを選んで決めることの意をあらわす》…とも、…とでも。¶ 형 — 동생 — 마음대로 불러라 兄とでも弟とでも勝手に呼べ。

**이라면** 助 …であれば、…なら、…だったら。¶ 내일 — 괜찮습니다 明日なら構いません。

**이라서** 助 ① …が、…だからといって。¶ 그 사람 — 뭐 특별한 게 있겠느냐? 彼だからといって何か特別なことがあろうか。② …なので、であるので。¶ 따뜻한 고장 — 살기도 좋겠다 あたたかい土地なので住み心地はよさそうだ。

**이라야** 助 …でなければ…ない。¶ 선생은 훌륭한 사람 — 한다 先生は立派な人でなければならない。

**이라야만** 助 (「이라야」의 縮約形) …があってこそ。¶ 돈 — 해결할 수 있다 お金があってこそ解決ができる。

**이라지** 語尾 …だって(ね)、…だと。¶ 그 여자가 일본 사람 —? 彼女が日本人だって。

**이란** 助 ①(「이라고 하는」의 縮約形) …と言う。¶ 곰 — 놈은 참으로 힘이 세다 クマというのは本当に力が強い。②(「이라고 하는 것은」의 縮約形) …とは、…と言うものは。¶ 인생 — 무엇인가 人生とは何か。

**이랄** 助 (「이라고 할」의 縮約形. 否定的인 語 — 와 함께 讓步의 意를 あらわす) …とも言えない、…とは言えない。¶ 집 — 수도 없는 오막살이 家とも言えないあばら屋。

**이랍니다** 語尾 ①《聞き知った事を他人に知らせる意をあらわす》…だそうです。¶ 그 여자가 주인 — 彼女が主人だそうです。②《自分と関わりのある事実を親しげに説明する意をあらわす》…であります、…なんです。¶ 여기가 우리 사무실 — 여기が私たちの事務室なんです。

**이랍시고** 助 …だと、…だなんて、…であるからと。¶ 사장 — 이래라 저래라 잔소리가 많다 社長だとてああしろこうしろうるさい。

**이랑**[1] 名 畝。¶ 다섯 — 5畝らす/ — 을 만들다 畑に畝をつくる。

**이랑**[2] 助 《ふたつ以上の物事を同じ資格で列挙する意をあらわす》…なり、…であれ、…とか、…や(ら)。¶ 책 — 연필 — 다 사다 本なり鉛筆なりみな買う。

**이:래**[以来] 名 …よりこのかた、…以来。¶ 유사 — 有史以来。

**이래**[1] 副 (「이리하여」의 縮約形) このようにして、こうして。¶ — 봐도 안 되고 저래 봐도 안 되니… こうしても駄目ああしても駄目なので…。

 **이래-도** 略 ①(「이리하여도」의 縮約形) こうしても、このようにしても。¶ — 안된다면 할 수 없다 こうしても駄目だというのなら仕方がない。②(「이리하여도」의 縮約形) これでも。¶ — 행복하지 않을테냐? これでも降参しようとしないのか。

 **이래-봬도** 略 こう見えても。¶ — 대학생이다 こう見えても大学生だ。

 **이래-저래** 副 あれこれ考えてみると、どうやらこうやらで。¶ — 트집만 잡는다 あれやこれやとけちばかりつける。

**이래**[2] 語尾 (「이라고 해」의 縮約形) …だよ、…だとよ、…よ。¶ 저 사람이 선생 — あの人が先生だとよ。

**이래서** 略 (「이리하여서」의 縮約形) ①こうして、こんなにして。¶ — 그는 무사하게 되었다 こうして彼は無事だった。②こういうわけで、こうだから。¶ 사정이 — 어쩔 수 없어요 事情がこうだからどうしようもありません。

**이래서야** 略 (「이리하여서야」의 縮約形) ①こんなにしては、こんなことをしては。¶ — 쓰겠나? こんなことをしていいのか。② …であるといっては、…だといっては。

**이래야** …と言ったって、…と言っても。¶ 가족 — 둘뿐입니다 家族と言っても二人きりです。

**이래요** 語尾 …だそうです、…とのことです。¶ 저 사나이가 범인 — あの男だとが犯人はだそうです。

**이랬다-저랬다** 略 ああしたりこうしたり、ああ言ったりこう言ったり。¶ — 하여 갈피를 잡을 수 없다 ああ言ったりこう言ったりして見当がつかない。

**이러나-저러나** 略 ①(「이러하나 저러하나」의 縮約形) ああであれこうであれ、どうであれ、とにもかくにも。②どうせ、どっちみち。¶ 그것은 — 마찬가지다 それはどっちみち同

이러니 副 こうだから。¶ ~ 더 분발해야겠다 こうだからもっと頑張らなければならない。

이러니-저러니 略 (「이러하다느니 저러하다느니」의 縮約形) どうのこうのと、何をのかのと、何と言っても、とやかく。¶ 이제 와서 ~ 말해도 소용이 없다 今さらどうのこうのと言ってもしようがない。

이러다 副 (「이러다가」의 縮約形) こうしていては。¶ ~ 지각하겠다 こうしていては遅刻するぞ。

이러면 副 (「이러하면」의 縮約形) こうしたら、こうすれば、こうなら。¶ ~ 어떨까요? こうしたらどうでしょうか。

이러므로 副 (「이러하므로」의 縮約形) こうだから、このために、これゆえに。¶ 사정이 자네가 이해하게 事情がこうだから君が理解してくれ。

이러이러-하다 形여 これこれだ、かくかくしかじかだ、しかじかである、こうこうである。¶ 이러이러한 이유로 가지 못했습니다 これこれの理由で行けませんでした。

이러저러-하다 形여 ああだこうだ、かくかくである、しかじかである。¶ 이러저러한 사정으로 한동안 바빴다 あれやこれやの事情で一時忙しかった。

이러쿵-저러쿵 副하여 ああだこうだと、あれやこれやと、なんだかんだと、なんのかのと。¶ ~ 말이 많다 なんだかんだと口うるさい。

이러-하다 形여 こうだ、こうである、このようである、こんな具合だ。¶ 사실인즉 ~ 事実인즉 こうだ。

이럭-저럭 副하여 ①あれやこれやと、どうにかこうにか、なんとかかんとか。¶ ~ 숙제를 끝마쳤다 なんとかかんとか宿題をやり終えた。②いつの間にか、知らないうちに、そうこうするうちに。¶ ~ 하는 동안에 해가 저물었다 そうこうするうちに日が暮れた。

이런¹ 冠 (「이러한」의 縮約形) このような、こんな。¶ ~ 일 저런 일 こんなことあんなこと／~ 상태로는 こんな状態では。

이런-고로[-故-] 副 こんなわけで、こういう理由で。¶ ~ 설명이 필요하다 こんなわけで説明が必要なのだ。

이런-대로 副 (「이러한 대로」의 縮約形) このままに、この調子で、このとおりに。¶ ~ 나가면 괜찮을 것이다 この調子で行けば大丈夫でしょう。

이런-즉 副 こんなわけだから、そうであるら。¶ 형편이 ~ 서둘러야겠다 状況がこんなわけだから急がなければならない。

이런² 感 (軽く驚いたときに出す声) あら、おやおや、あれ、まあ。¶ ~ 세상에 あらまあ／옷이 흠뻑 젖었네 あれ、着物がぐっしょり濡れた。

이렇게 副 このように、こんなに、こう、これほど。¶ ~ 부탁을 하는데도… こんなに頼んでいるのに…／~ 추운 날씨는 처음이다 こんな寒さしい天気は初めてだ。

이렇다 形여 (「이러하다」의 縮約形) こうである、こうだ、こういうものである。¶ 사건의 진상은 대강 ~ 事件の真相は大体こうだ。／~ 할 이유도 없다 こうという理由もない。

이렇다-저렇다 副하여 ああだこうだと、どうのこうのと、とやかく、なんのかのと。¶ ~ 변명을 늘어놓다 ああだこうだと弁解を並べる。／이 일에 내가 ~ 할 자격은 없다 このことに私がとやかく言う資格らはない。

이렇듯 副 (「이렇듯이」의 縮約形) こんなに、これ程に、このように。¶ ~ 많은 선물 こんなにたくさんの贈り物を。

이렇듯-이 副 (「이러하듯」의 縮約形) こんなに(も)、これ程に、このように。¶ ~ 재미있는 소설은 읽은 적이 없다 こんなにおもしろい小説は読んだことがない。

이러니 助 (推量する意をあらわす) …であろう、…だろう。¶ 그런 사람 ~ 하긴 했지만 정말 지독하군 そういう人だろうと思ってはいたが本当にひどいなあ。

이러니와 助 …だが、…だけど。¶ 돈도 돈 ~ 몸도 좀 생각해야지 金も金だが少しは健康にも気を付けなくちゃ。

이:력[履歷] 名 履歴、経歴。¶ ~서 履歴書／~ 을 쌓다 経歴を積む。
관용 이력(이) 나다 経験を経てその事に熟達する。

이런마는 語尾 (仮定・推量の意をあらわす) …であろうに、…だろうに。¶ 그 사전이 없었다면 지금쯤은 사장~ あの事件がなかったなら今ごろは社長だろうに。

이런만 語尾 「이런마는」의 縮約形。

이런다 語尾 (ある事柄が経験から・道理から推測して当然そうであるとかそうなると認める場合に確かめる意をあらわす) …だろう(な)、…であろうな、…に違いなかろう。¶ 너의 짓 ~ お前さんのしわざだろう。／저 멀리 보이는 것이 한강~ あの遠くに見えるのが漢江に違いなかろう。

이:례[異例] 名 異例。¶ ~의 사건 異例の事件。

이:례-적[-的] 冠名 異例的。¶ ~인 승진을 하다 異例的昇進をとげる。

이로구나 語尾 (詠嘆の意を表わす) …だなあ、…だね。¶ 이제 완연한 봄~ もうすっかり春だなあ。

이로구먼 語尾 (ある事実をこと新たしく感ずる意を表わす) …だなあ、…だね。¶ 아담한 집~ こぢんまりした住居だねえ。

이로군 語尾 (「이로구나・이로구먼」의 縮約形) …だなあ、…だね、…だねえ。¶ 어느덧 눈 내리는 겨울~ いつの間にか雪の降る冬になったねえ。

이로다 語尾 …なるかな、…だね。¶ 실로 아름다운 정원~ 実に美しき庭園なるかな。

이로되 助 …だが、…であるが。¶ 높은 산~

험하지 않다 高い山だが険しくはない。

**이-로부터** 副 これから、これより、これ以後に、今度から、その後から。¶ ～ 더욱 조심해라 以後もっと気をつけろ。/ ～ 비약적인 발전을 이룩했다 これから飛躍的な発展を成し遂げた。

**이-로써** 副 ①これをもって。¶ ～ 타산지석으로 삼아라 これをもって他山の石とせよ。②これで、こういうわけで。¶ ～ 회담은 결렬되었습니다 こういうわけで会談は決裂しました。

**이:론**【理論】名 理論。¶ ～과 실천 理論と実践 / ～을 세우다 理論をうち立てる。

**이:론-가**【-家】名 理論家。

**이:론-적**【-的】冠名 理論的。¶ ～으로 정리하다 理論的にまとめる。

**이:론**【異論】名 異論。¶ ～을 제기하다 異論を提示する。

**이:-롭다**【利-】形ㅂ 有利だ、得だ、有益だ、ためになる、もうかる、良い。¶ 건강에 이로운 음식 健康にいい食べもの / 정황은 그에게 이롭게 전개되었다 状況は彼に有利に展開した。

**이:루**【二壘】名 野 二壘、セカンドベース。

**이:-루-수**【-手】名 野 二壘手、セカンドベースマン。

**이:-루-타**【-打】名 野 二壘打、ツーベースヒット。¶ ～를 치다 二壘打を打つ。

**이루** 副 ①あるものすべて、みんな、全部。②(「다」と否定の語とともに用いられて) とても、どうして(も)、とうてい。¶ 말로는 ～ 다 표현할 수 없다 ことばではとうてい表現しようできない。

**이루다** 他 ①成す、つくる。¶ 가정을 ～ 家庭をつくる。/ 문전성시를 ～ 門前市を成す。②(事を) 遂げる、果たす、終える、完成する。¶ 땀으로 이룬 사업 汗をかいてなし遂げた事業。③(望みなどを) 遂げる、果たす。¶ 목적을 ～ 目的を果たす。

**이루어-지다** 自 ①成る、成り立つ、成さし遂げられる、かなう。¶ 오랜 소원이 ～ 長年の願いがかなう。②形成される、構成される、できあがる。¶ 의회는 양원으로 ～ 議会は両院で構成される。

**이룩-하다** 他04 ①成す、成し遂げる、達成する。¶ 목표를 ～ 目標を達成する。②(国·건물 등을) 建てる、築く、創建する、作り上げる。¶ 민주 국가를 ～ 民主国家を作り上げる。

**이:류**【二流】名 二流。¶ ～ 작가 二流作家。

**이륙**【離陸】名 하自 離陸。¶ ～ 지점 離陸地点。四 착륙

**이:륜-차**【二輪車】名 二輪車。

**이르다**¹ 自E ①着く、到着する。¶ 목적지에 ～ 目的地に着く。② (時間적으로) 至る、及ぶ、なる。¶ 오늘에 이르기까지 今日に至るまで。③(ある程度や範囲에) 及ぶ、亘る。¶ 세부에까지 ～ 細部にまでわたる。

**이르다**² 他E ①言う、称する、申す。¶ 옛 사람이 이르기를 古人の日く。②(予め) 知らせる。¶ 넌지시 ～ 暗黙に知らせる。③言い聞かせる、諭す、とき聞かす。¶ 잘 알아듣도록 ～ 分かるように言い聞かせる。④言い付ける、告げ口をする。¶ 너의 선생님께 일러 줄거야 おまえの先生に言い付けてやるぞ。

**이르다**³ 形E 早い。¶ 이른 봄 早春 / 실망하기는 아직 ～ 失望するのはまだ早い。

**이른-바** 副 いわゆる。¶ ～ 뜻밖의 공훈이다 いわゆるの功名だ。

**이른-봄** 名 早春、初春、春先。¶ ～의 어느 날 早春のある日。

**이를-테면** 副 たとえば、いわば、言うなれば。¶ ～ 말일이 たとえばですね。/ 이 도시는 ～ 제2의 고향이다 この町は言うなれば第二の故郷。

**이름** 名 ①(人의) 名前、名、姓名。¶ ～을 대다 名前を告げる。/ ～을 여기에 쓰시오 姓名をここに書きなさい。②名称、称号。¶ 이 꽃의 ～은 국화다 この花の名は菊だ。③評判、名声、うわさ、名誉。¶ ～이 높다 評判が高い。④名目、口実。¶ 자선 사업이란 ～으로 영리를 꾀하다 慈善事業という口実に営利を図る。⑤名義。¶ 사장 ～으로 축전을 보내다 社長の名義で祝電を打つ。

慣用 **이름(을) 걸다** (ある団体などに) 名を連ねる、成員となる。**이름(을) 날리다** 名をはせる、名をとどろかす。**이름(을) 남기다** 名を残す、名をとどめる。**이름(을) 팔다** ①名を売る、名声を利用する。②名をかたる。**이름(이) 나다** 名が知られる、有名になる。**이름(이) 높다** 名高い、有名である、評判高い。

**이름-자**【-字】名 名を表わす字。

**이름-짓다** 他 名付ける、名前をつける。

**이름-표**【-標】名 名札。

**이름-하다** 他04 …と呼ぶ、…と言う。

**이리**¹ 名 (魚類의) 白子。

**이리**² 名 動 オオカミ。

**이리**³ 副 こちらへ、こちらに、こっちへ。¶ 보내 주세요 こちらによこしてください。

**이리-로** 副「이리³」の強調語。¶ ～ 오시오 こっちへいらっしゃい。

**이리-온** 感 (子供들에 対して温かく言う語) こっちへおいで。¶ 아가, ～ あかちゃん、こっちへおいで。

**이리-저리** 副 ①あちこち、あちらこちら。¶ ～ 돌아다니다 あちこち歩きまわる。②あれこれ(と)。¶ ～ 알아보다 あれこれと調べる。

**이리**⁴ 副 このように、こんなに、こう。¶ 왜 ～ 더울까요? 何でこんなに暑いんでしょう。/ ～ 되면 문제는 더욱 복잡해진다 こうなった

**이리라** 語尾《推量ずいりょう・意志いしを表あらわす》…であろう、…であろうし、…ならん。¶ 努力すれば必ず成功するであろう 努力りょくすれば必かならず成功せいこうするであろう。

**이마** 名 額ひたい、おでこ。¶ 좁은 ~ 狭せまい額/ ~를 찌푸리다 額をしかめる。

**이마-받이** 名《하団自他》①額ひたいで突つくこと、頭突あたまつき。②《比》(額を突きあわせるように)間近まぢかに接せっしていること。

**이마-빼기** 名《俗》おでこ。

**이맛-살** 名 額のしわ。¶ ~을 찡그리다 額にしわを寄せる。

**이만** 冠 これ位ぐらいの、これしきの、この程度ていどの。¶ ~ 일에 무슨 걱정이오? これぐらいのことで何なにが心配しんぱいかね。

**이만-저만** 名《하団形》①《「아니다・않다」などとともに使われて》なみなみな(らず)、ひとかたな(らず)、少すくなか(らず)。¶ ~ 걱정하지 않았다 少すくなからず心配しんぱいした。②《名詞的で》並なみ、並大抵たいてい、なまなか。¶ 고생이 ~ 아니었다 苦労くろうが並大抵ではなかった。

**이만-하다** 形団 これくらいだ、この程度ていどだ。¶ 이만하면 됐지 이만큼이라면 いいき。

**이만²** 副 これで、これで、この辺へんで、これ位くらいで、この程度ていどで、これだけで。¶ ~ 실례하겠습니다 これで失礼しつれいいたします。

**이-만치** 副 ①(間隔かんかくなど)これくらい、このくらい。¶ ~ 떨어져 앉거라 これくらい離はなれて座すわれ。②こんなに、これ程ほど、これ位くらい。

**이-만큼** 副 こんなに、これ程ほど、これ位くらい。¶ 그동안 ~ 컸구나 その後のちにこんなに大おおきくなったね。

**이맘-때** 名 今いまごろ、今時分じぶん。¶ 작년 ~ 昨年さくねんの今ごろ。

**이며** 助 ①…も、…や(ら)。¶ 선생 ~ 학생 ~ 모두 한마음이다 先生せんせいも学生せいもみな一心いっしんだ。②《「이면서」의 縮約形》…であり。¶ 그는 시인 ~ 학자다 彼かれは詩人しじんであり学者しゃだ。

**이면** 助 …なら、…であれば、…だったら。¶ 이런 경우 당신 ~ 어떻게 하겠소? こんな場合ばあいあなたならどうしますか。

**이:면**[裏面] 名 裏面めん、裏うら。¶ 사회의 ~에 밝다 社会しゃかいの裏面に詳くわしい。

**이:면 공작**[-工作] 名 裏面工作こうさく、寝業わざ。¶ ~에 능하다 寝業にたける。

**이면서** 助 …ながら(も)。¶ 학생 ~ 공부도 안한다 学生がくせいでありながら勉強べんきょうもしない。

**이:명**[耳鳴] 名 耳鳴みみなり、耳鳴みみなり。

**이:명**[異名] 名 異名みょう、異称しょう、別名べつめい。

*이모*[姨母] 名 母ははの姉妹しまい、おば。

 **이모-부**[-夫] 名 母の姉妹の夫おっと、おじ。

**이:모**[異母] 名 異母はは、腹違はらちがい、異腹ふく。¶ ~ 형제 異母兄弟だい。

**이모-작**[二毛作] 名《農》二毛作にもうさく。

**이모-저모** 名 あれこれ、いろいろな面めん、各方面かくほうめん。¶ ~로 자세히 조사하다 あれこれ と細こまかく調しらべる。

**이:목**[耳目] 名 耳目ぼく。①耳みみと目め。②人目ひとめ、世間せけんの注目ちゅうもく。¶ ~을 끌다 人目を引く。

**이:-목-구-비**[-口鼻] 名 目鼻立はなたち、顔かおだち。¶ ~가 반듯하다 目鼻立ちが整ととのっている。

**이:무기** 名 ①《竜りゅう》になりそこなって深ふかい水みずに住すむという伝説上でんせつじょうの大蛇だいじゃ、みずち。②《俗》(熱帯地方ちほうの)大蛇、おろち。

**이:문**[利文] 名 利益えき、利ざや、もうけ。¶ ~이 적다 もうけが少ない。

**이물** 名 へさき、船首せんしゅ。対 고물

**이:물**[異物] 名 異物ぶつ。¶ ~감 異物感かん。

**이므로** 助《原因げん・理由ゆうを表あらわす》…だから、…なので。¶ 정기 휴일~ 쉽니다 定休日きゅうじつなので休やすみます。

**이:미** 副 すでに、もう、もはや、とうに。¶ ~ 때가 늦었다 すでに手遅おくれだ。/ ~ 삼년 전의 일이다 もう3年まえのことだ。②前まえに、先さきに。¶ ~ 말한 바와 같이 先に述のべたように。

**이민**[移民] 名《하団自》移民みん。¶ 해외 ~ 海外かい移民。

**이:-민족**[異民族] 名 異民族ぞく。

**이바지** 名《하団自》①(社会しゃかいのために)役やくにたつこと、貢献けん、寄与よ。¶ 경제 발전에 ~하다 経済発展はってんに貢献する。②(物資ぶっしの)あてがうこと、供給きゅう、世話せわ。

**이:발**[理髪] 名《하団自》理髪はつ、散髪さんぱつ、調髪ちょう。¶ ~하러 가다 散髪に行いく。

**이:발-사**[-師] 名 理髪師、理容師りょうし、床屋とこや。

**이:발-소**[-所] 名 理髪店てん、理髪屋や、床屋どこ。

**이:방**[異方] 名 異方ほう、風俗ぞく・習慣しゅうかんの異なる地方ほう。

**이:방**[異邦] 名 異邦ほう、異国こく。

 **이:방-인**[-人] 名 異邦人じん、外国人がいこくじん。

**이:-번**[-番] 名 今度どう。①この度たび、今回こんかい、今般こんぱん。¶ ~에는 내 차례다 今度は私わたしの番ばんだ。/ ~만은 용서해 주십시오 今回だけはお許ゆるしください。②次つぎ。¶ ~ 일요일 今度の日曜日にちようび。

**이:법**[理法] 名 理法ほう。¶ 자연의 ~ 自然しぜんの理法。

**이벤트**[event] 名 イベント。¶ 메인 ~ メインイベント。

**이:변**[異變] 名 異変へん、変事じ。¶ 기상 ~ 気象きしょう異変/ ~이 생기다 変事が起おこる。

**이별**[離別] 名《하団自他》離別べつ、別離べつ、決別けつ、別れ。¶ 생 ~ 生いき別れ/ 부부의 ~ 夫婦ふうふの離別/ ~을 고하다 別れを告つげる。

 **이별-가**[-歌] 名 離別の歌うた、別れの歌。

 **이별-주**[-酒] 名 離別の酒さけ、別れの酒。

**이:-보다** 副 これより、これに比くらべて、これ以上いじょう。¶ ~ 앞서 これより先さきに/ ~ 기쁜 일이 있겠는가? これ以上のうれしいことはないよ。

이:-보다〔利-〕 国他 ①利益になる、ためになる。②利益を得る、もうける。
이:복〔異腹〕 图 異腹ふく、腹違ちがい、異母は。¶ ~ 형제 腹違いの兄弟.
이:본〔異本〕 图 異本ぼん、珍本ほん。
이봐 國 (「이 보아」の意で呼よびかけのことば) おい、これ、君。¶ ~, 빨리 따라와 おい、早はくついてこいよ。/ ~, 잠깐 기다려 君、ちょっと待って。
이:부〔二部〕 图 二部ぶ。¶ ~ 수업 二部授業。
이:부-제〔-制〕 图 二部制。¶ ~ 학교 二部制の学校。
이:부 합창〔-合唱〕 图〔音〕二部合唱。
이:부〔異父〕 图 異父ふ、種違たねちがい。¶ ~ 형제 異父兄弟。
이부-자리 图 掛かけ布団ふとんと敷しき布団ふとん、寝具ぐ、寝床どこ。¶ ~를 펴다 布団を敷く。
이:북〔以北〕 图 ①以北ほく。②(韓国かんこくで)休戦せんライン以北をいう語。
이:분〔二分〕 图他動 二分ぶん。¶ ~의 일 二分の一いち/ 천하를 ~하다 天下を二分する。 ②(版)(活字の)半角ぶん。③春分しゅんぶんと秋分しゅうぶん。
이:분 쉼:표〔-標〕 图〔音〕二分休符ふ。
이:분 음표〔-音標〕 图〔音〕二分音符。
이불 图 布団ぶとん、掛かけ布団ぶとん。¶ ~잇 布団カバー/ ~을 덮다 掛け布団をかける。
종합 이불 속에서 활개를 치다 布団のなかで腕をふるう。《内弁慶うちべんけい》
이불-보〔-褓〕 图 布団を包つつむ大おきなふろしき。
이불-활개 图 内弁慶べんけい、陰かげ弁慶べんけい。
이:비인후-과〔耳鼻咽喉科〕 图〔医〕耳鼻咽喉科じびいんこうか。
이:사〔理事〕 图〔法〕理事じ。¶ 상임 ~ 常任じょう理事。
이:사-국〔-國〕 图 理事国こく。¶ 국제 연합 ~ 国際連合こくさいれんごう理事国。
이:사-회〔-會〕 图 理事会かい。
이사〔移徙〕 图自動 引っ越こし、転居てんきょ、転てん。¶ 이삿짐 引っ越し荷物にもつ/ 교외로 ~하다 郊外こうがいへ引っ越す。
이삭 图 穂ほ。¶ 벼 ~ 稲穂いなほ。
종합 이삭(을) 줍다 落おち穂ほを拾ひろう。 이삭(이) 패다 穂が出でる。
이산〔離散〕 图하여動 離散さん、離はなれ離ばなれ。¶ ~ 가족 離散家族ぞく。
이:-산화〔二酸化〕 图〔化〕二酸化にさんか。
이:산화-망간〔-mangan〕 图 二酸化マンガン。
이:산화-수소〔-水素〕 图 二酸化水素すいそ。
이:산화-탄소〔-炭素〕 图 二酸化炭素たんそ。
이:삼〔二三〕 國 二にさん、二つか三みっつ。¶ ~ 명 二・三名めい/ ~ 차 二・三回かい。
이:상〔以上〕 图 以上じょう。①(数量すう・程度ていが)それより上うえ。¶ 20세 ~ 20歳さい以上/ 유 ~ 모른다 それ以上知しらない。②(副詞的に)…したからには、…の上うえは。¶ 일을 맡은 ~ 끝까지 해야지 仕事しごとを引うき受うけた以上は最後さいごまでしなくては。③前述ぜんじゅつの事柄ことがら。¶ ~의 일은 모두가 사실이다 以上のことはすべて事実じじつである。
이:상〔異狀〕 图 異状じょう。¶ 몸에 ~이 있다 体からだに異状がある。
이:상〔異常〕 图하形 異常じょう、妙みょう、怪あやしいこと、おかしいこと。¶ ~ 기후 異常気象きしょう/ 행동이 ~하다 行動こうどうが怪しい。
이:상-스럽다 形ㅂ (見みるからに)おかしい、異常だ、妙だ。 이상-스레 副 異常に、妙に。
이:상〔理想〕 图 理想そう。¶ ~형 理想型けい/ ~을 실현하다 理想を実現じつげんする。
이:상-론〔-論〕 图 理想論ろん。
이:상-적〔-的〕冠图 理想的てき。¶ ~인 환경 理想的な環境かんきょう。
이:상-주의〔-主義〕 图〔哲〕理想主義しゅぎ。¶ ~자 理想主義者しゃ。
이:상-향〔-鄕〕 图 理想郷きょう、ユートピア。
이:상-화〔-化〕 图하여他되自 理想化か。
이:상야릇-하다〔異常-〕 形여 変へんてこだ、妙みょうちきりんだ、けったいだ。¶ ~한 말을 하다 変てこなことを言いう。 이상야릇-이 副 変に、へんちくりんに。
이:색〔二色〕 图 二色しょく。
이:색-판〔-版〕 图〔版〕二色版ばん。
이:색〔異色〕 图 異色しょく。¶ ~적인 존재 異色的な存在そんざい。
이:생〔-生〕 图 この世よ、現世げんせ。¶ ~에 맺지 못한 연분 この世で結むすばれなかった縁えん。
이:서〔裏書〕 图하여他 裏書うらがき。¶ 어음에 ~하다 手形てがたに裏書きする。
이:설〔異說〕 图 異説せつ。¶ ~을 내세우다 異説を立たてる。
이:성〔異性〕 图 異性せい。¶ ~과의 교제 異性との交際こうさい。
종합 이성에 눈을 뜨다 性せいに目覚めざめる。
이:성-애〔-愛〕 图 異性愛あい、異性間かんの愛あい。
이:성〔理性〕 图 理性せい。¶ ~을 잃다 理性を失うしなう。
이:성-론〔-論〕 图〔哲〕理性論ろん。
이:성-적〔-的〕冠图 理性的てき。¶ ~인 판단 理性的な判断はんだん。
이:세〔二世〕 图 二世せい。①外国がいこくに移住いじゅうした人ひとの子供ども。¶ 한국계 미국인 ~ 韓国系けいアメリカ人じん二世。②次つぎの世代せだい。③(その人の)子供ども、子女じょ。¶ ~가 태어나다 二世が生うまれる。④同おなじ名前なまえの2番目ばんめの皇帝こうてい・教皇きょうこう。¶ 나폴레옹 ~ ナポレオン二世。⑤〔佛〕現世げんせと来世らいせ。
이송〔移送〕 图하여他되自 移送そう。¶ 화물을 ~하다 貨物かもつを移送する。
이수〔泥水〕 图 泥水すい、どろみず。
이수〔移囚〕 图 移監かん。
이:수〔履修〕 图하他 履修しゅう。¶ 전과정을 ~하다 全過程かていを履修する。
이:순〔耳順〕 图 耳順じゅん、60歳さいの別称べっしょう。
이슥-하다 形여 夜よがかなり更ふけている。¶ 밤이 이슥해서야 겨우 귀가했다 夜が更けてやっと帰宅きたくした。

**이슬** 名 ①露<sup>つゆ</sup>。¶ 밤~ 夜露<sup>よつゆ</sup>/ ~이 내리다 露<sup>つゆ</sup>が降<sup>ふ</sup>りる。②(比) 涙<sup>なみだ</sup>。¶ 눈에 ~이 맺히다 目<sup>め</sup>に涙<sup>なみだ</sup>がにじむ。③(比) はかない命<sup>いのち</sup>。¶ 형장의 ~로 사라지다 刑場<sup>けいじょう</sup>の露と消<sup>き</sup>える。
　**이슬-방울** 名 露<sup>つゆ</sup>の滴<sup>しずく</sup>、露<sup>つゆ</sup>の玉<sup>たま</sup>。
　**이슬-비** 名 霧雨<sup>きりさめ</sup>、糠雨<sup>ぬかあめ</sup>、小糠雨<sup>こぬかあめ</sup>。¶ ~가 보슬보슬 내리다 霧雨<sup>きりさめ</sup>がしとしと降<sup>ふ</sup>る。
　**이슬-점**(-點) 名(物) 露点<sup>ろてん</sup>。
**이슬람**(Islam) 名(宗) イスラム。
**이슬람교**(-敎) 名(宗) イスラム教<sup>きょう</sup>、回教<sup>かいきょう</sup>。
**이승** 名(佛) この世<sup>よ</sup>、現世<sup>げんせ</sup>、今生<sup>こんじょう</sup>。¶ ~을 떠나다 この世を去<sup>さ</sup>る。(対) 저승
**이:승**(二乘) 名 ①(數) 二乗<sup>にじょう</sup>、自乗<sup>じじょう</sup>。②(佛) 大乗<sup>だいじょう</sup>と小乗<sup>しょうじょう</sup>。
**이:승-근**(-根) 名(數) 二乗根<sup>にじょうこん</sup>、自乗根<sup>じじょうこん</sup>。
**이:식**(利殖) 名(하自) 利殖<sup>りしょく</sup>。¶ ~에 힘쓰다 利殖<sup>りしょく</sup>に励<sup>はげ</sup>む。
**이식**(移植) 名(하他) 移植<sup>いしょく</sup>。¶ 피부 ~ 皮膚<sup>ひふ</sup>移植/ 묘목을 ~하다 苗木<sup>なえぎ</sup>を移植する。
**이:실직고**(以實直告) 名(하自他) 事実<sup>じじつ</sup>をありのまま告<sup>つ</sup>げること。
**이:심**(二心) 名 二心<sup>ふたごころ</sup>・<sup>にしん</sup>。¶ ~을 품다 二心<sup>ふたごころ</sup>を抱<sup>いだ</sup>く。
**이:심**(異心) 名 異心<sup>いしん</sup>、二心<sup>にしん</sup>・<sup>ふたごころ</sup>。
**이:심전심**(以心傳心) 名 以心伝心<sup>いしんでんしん</sup>。¶ ~으로 통하다 以心伝心で通<sup>つう</sup>じる。
**이:십**(二十) 名 ①二十<sup>にじゅう</sup>。¶ ~ 세기 20世紀<sup>にじゅっせいき</sup>。②(名詞的に) 二十歳<sup>はたち</sup>・<sup>にじっさい</sup>。¶ ~ 세 이상 20歳以上<sup>にじっさいいじょう</sup>。
**이:십사-금**(二十四金) 名 二十四金<sup>にじゅうよんきん</sup>。
**이:십사-시**(二十四時) 名 二十四時<sup>にじゅうよじ</sup>。
**이:십사 절기**(二十四節氣) 名 二十四節気<sup>にじゅうしせっき</sup>。
**이:십팔-수**(二十八宿) 名(天) 二十八宿<sup>にじゅうはっしゅく</sup>。
**이-쑤시개** 名 楊枝<sup>ようじ</sup>、爪楊枝<sup>つまようじ</sup>。
**이악-하다** 形 利<sup>り</sup>にさとい、欲張<sup>よくば</sup>りだ、ぬけ目<sup>め</sup>がない。
**이악-스럽다** 形(ㅂ) ぬけ目<sup>め</sup>がない、欲張<sup>よくば</sup>りである。 **이악-스레** 副 ぬけ目なく。
**이앙**(移秧) 名(하他)(農) 田植<sup>たう</sup>え。(俗) 모내기
**이야기** 名(하自他) 話<sup>はなし</sup>。①言葉<sup>ことば</sup>、話題<sup>わだい</sup>。¶ ~를 시작하다 話を始<sup>はじ</sup>める。/ ~ 꽃을 피우다 話に花<sup>はな</sup>が咲<sup>さ</sup>く。②相談<sup>そうだん</sup>、話<sup>はな</sup>し合<sup>あ</sup>い、言<sup>い</sup>い分<sup>ぶん</sup>。¶ 서로 ~한 결과 말이 합의 の結果話がまとまる。③うわさ、評判<sup>ひょうばん</sup>、消息<sup>しょうそく</sup>。¶ 처음 듣는 ~ 耳新<sup>みみあたら</sup>しい話/ 남의 ~를 좋아하는 사람 他人<sup>たにん</sup>のうわさの好<sup>す</sup>きな人<sup>ひと</sup>。④物語<sup>ものがたり</sup>、むかし話<sup>ばなし</sup>。¶ 할머니에게 ~를 해달라고 조르다 おばあさんにおとぎ話<sup>ばなし</sup>をしてほしいとせがむ。⑤事情<sup>じじょう</sup>、わけ、頼<sup>たの</sup>み。¶ 취직 ~ 를 꺼내다 就職<sup>しゅうしょく</sup>の話を切<sup>き</sup>り出<sup>だ</sup>す。
　**이야기-꾼** 名 話<sup>はなし</sup>手<sup>て</sup>。
　**이야기-판** 名 (たくさんの人<sup>ひと</sup>が集<sup>あつ</sup>まって話をしている) 話<sup>はなし</sup>の場<sup>ば</sup>、にぎやかな雑談<sup>ざつだん</sup>の場。¶ ~이 벌어지다 おしゃべりの場ができる。
　**이야깃-거리** 名 話<sup>はなし</sup>の種<sup>たね</sup>、言<sup>い</sup>い草<sup>ぐさ</sup>、語<sup>かた</sup>り草<sup>ぐさ</sup>。¶ ~가 떨어지다 話の種が尽<sup>つ</sup>きる。

**이야-말로¹** 副 (「이것이야말로」の縮約形) これこそ、これこそまさに、これぞ。¶ ~ 놀라운 일이 아닐 수 없다 これこそ驚<sup>おどろ</sup>かずしてどうしよう。
**이야-말로²** 助 …こそ(は)、…こそまさに。¶ 그것 ~ 내가 찾던 물건이다 それこそ私<sup>わたし</sup>が求<sup>もと</sup>めていたものだ。
**이양**(移讓) 名(하他) 委譲<sup>いじょう</sup>。¶ 경영권을 ~하다 経営権<sup>けいえいけん</sup>を委譲する。
**이어** 副 続<sup>つづ</sup>いて、続いて、引<sup>ひ</sup>き続いて、その後<sup>あと</sup>すぐ、次<sup>つ</sup>いで。¶ 지진에 ~ 해일이 일어나다 地震<sup>じしん</sup>に続いて津波<sup>つなみ</sup>が起<sup>お</sup>こる。
**이어-달리기** 名(하自)(體) 継走<sup>けいそう</sup>、リレー。
**이어도** 副 …でも、…だって。¶ 꿈 ~ 좋으니까 말하지 말으면 夢<sup>ゆめ</sup>でもいいから醒<sup>さ</sup>めないものだ。
**이어-받다** 他 受<sup>う</sup>け継<sup>つ</sup>ぐ、引<sup>ひ</sup>き継<sup>つ</sup>ぐ、継<sup>つ</sup>ぐ、継承<sup>けいしょう</sup>する。¶ 가업을 ~ 家業<sup>かぎょう</sup>を引き継ぐ。
**이어-서** 副 続<sup>つづ</sup>いて、続けて、引<sup>ひ</sup>き続<sup>つづ</sup>き、相<sup>あい</sup>ついて。¶ 수상식에 ~ 축하 파티를 거행하다 受賞式<sup>じゅしょうしき</sup>に続いて祝賀<sup>しゅくが</sup>パーティーを行<sup>おこな</sup>おう。
**이어-지다** 自 繋<sup>つな</sup>がる、続<sup>つづ</sup>く。¶ 면면히 이어지는 전통 綿々<sup>めんめん</sup>と引<sup>ひ</sup>き続<sup>つづ</sup>く伝統<sup>でんとう</sup>。
**이어-짓기** 名(하他)(農) 連作<sup>れんさく</sup>。
**이:언**(二言) 名(하自) 二言<sup>にごん</sup>。¶ 일구 ~하다 二枚舌<sup>にまいじた</sup>を使<sup>つか</sup>う。
**이언마는** 語尾 …ではあるが、…だが、…なのに。¶ 달콤한 꿈~… 甘<sup>あま</sup>ったるい夢<sup>ゆめ</sup>ではあるが…。
**이언정** 助 …であっても、…であるよりは、…たりとも。¶ 슬픈 일 ~ 참아라 悲<sup>かな</sup>しいことであってもぐっと我慢<sup>がまん</sup>しろ。
**이엉** 名 屋根<sup>やね</sup>・垣<sup>かき</sup>などを葺<sup>ふ</sup>く編<sup>あ</sup>み藁<sup>わら</sup>。
**이-에** 副 ここに、よって、ここで。¶ ~ 상장을 수여함 ここに賞状<sup>しょうじょう</sup>を授与<sup>じゅよ</sup>します。
**이-에서** 副 これより、これ以上<sup>いじょう</sup>、これに比<sup>くら</sup>べて。¶ ~ 더 기쁜 일이 어디 있으랴? これよりうれしいことがどこにあろうか。
**이여** 助(感嘆<sup>かんたん</sup>・訴<sup>うった</sup>えを表<sup>あらわ</sup>す語<sup>ご</sup>) …よ。¶ 슬픔<sup>いた</sup>、안녕 悲<sup>かな</sup>しみよ、こんにちは。
**이:역**(二役) 名 二役<sup>ふたやく</sup>・<sup>にやく</sup>。¶ 일인 ~ 一人<sup>いちにん</sup>二役<sup>にやく</sup>。
**이:역**(異域) 名 異域<sup>いいき</sup>。①異国<sup>いこく</sup>、外国<sup>がいこく</sup>。¶ ~ 만리 遠<sup>とお</sup>い異国<sup>いこく</sup>。②異境<sup>いきょう</sup>、他郷<sup>たきょう</sup>。¶ ~의 혼이 되다 異域の鬼<sup>おに</sup>となる。
**이-역시**(-亦是) 副 これもまた。¶ ~ 마찬가지다 これもまた同<sup>おな</sup>じだ。
**이:열치열**(以熱治熱) 名 熱<sup>ねつ</sup>を似<sup>に</sup>って熱を治<sup>おさ</sup>すること、力<sup>ちから</sup>は力で退<sup>しりぞ</sup>けること。
**이오** 助 ①(「何<sup>なに</sup>かを断定<sup>だんてい</sup>する」) …です。¶ 이것은 책상~ これは机<sup>つくえ</sup>です。②(「問<sup>と</sup>いを表<sup>あらわ</sup>して」) …ですか。¶ 당신이 회장~? あなたが会長<sup>かいちょう</sup>ですか。
**이온**(ion) 名(化) イオン。¶ 양~ 陽<sup>よう</sup>イオン。
　**이온-결합**(-結合) 名(化) イオン結合<sup>けつごう</sup>。
　**이온-화**(-化) 名(하他)(되自)(化) イオン化<sup>か</sup>。¶

~ 경향 イオンか傾向。

**이올시다** 語尾 (《「입니다」をより丁重に表わす》)…であります、…でございます。¶ 제가 김 ~ 私わたくしが金きんでございます。

**이옵니다** 語尾 …でございます。¶ 올해 스무살 ~ 今年二十歳でございます。

**이완**【弛緩】 名 하他 되自 弛緩、ゆるむこと。¶ 긴장이 ~되다 緊張がゆるむ。

**이:왕**【已往】 名 ①以前、昔。¶ ~의 일은 잊어 버리자 昔のことは忘れてしまおう。②「이왕에」の縮約形。

**이:왕-에** 副 せっかく、どうせ。¶ ~ 여기까지 왔으니 쉬었다 가자 せっかくここまで来たんだから休んで行こう。㋑ 既往に 慣用 이왕에 버린 몸 どうせ捨てた身。《どうせ駄目になったもの》

**이:왕-이면** 副 どうせなら、どうせやるなら、同じ事なら。¶ ~ 열심히 해라 どうせなら一生懸命にしろ。㋑ 既往ならば

**이:왕지-사**【-之事】 名 既に過ぎ去ったこと、過去のこと。

**이:외**【以外】 名 以外。¶ 그 ~의 방법은 없다 その以外の方法はない。

**이요** 助 (《二つ以上の事物を対等に並べる意を表わす》)…で、…であり。¶ 이것은 책 ~ 그것은 연필이다 これは本で、それは鉛筆だ。

**이:욕**【利慾】 名 利欲、利得。¶ ~에 눈이 어두워지다 利欲に目がくらむ。

**이:용**【利用】 名 하他 되自 利用。¶ ~ 가치 利用価値/ 지위를 ~하다 地位を利用する。

**이:용-도**【-度】 名 利用度。¶ ~가 낮다 利用度が低い。

**이:용-율**【-率】 名 利用率。

**이울다** 自 ①(花は葉などが)しなびる、しおれる。¶ 꽃이 ~ 花がしおれる。②(勢いが段々)衰える、なえる。¶ 가운이 ~ 家運が衰える。

**이웃** 名 ①隣、隣家、隣近所。¶ ~나라 隣国/ ~과 사귀다 隣とつきあう。②하自 隣ること、隣り合うこと。¶ 학교와 ~하고 있다 学校が隣り合っている。

**이웃-간**【-間】 名 隣との間柄、隣近所。

**이웃-사촌**【-四寸】 名 隣近所の人、近所の親しい人。¶ 먼 친척보다 ~이 낫다 遠縁な親戚より近所の他人に。

**이웃-집** 名 隣の家、隣家、隣近所。

**이:원**【二元】 名 하自他 二元。¶ ~ 방정식 二元方程式。

**이:원-론**【-論】 名 哲 二元論。

**이:원-제**【二院制】 名 政 両院制。

**이:월**【二月】 名 二月。

**이월**【移越】 名 하他 되自 繰り越し。¶ 잔고를 ~하다 残高を繰り越す。

**이월-금**【-金】 名 経 繰越金。

**이:유**【理由】 名 理由。①わけ、いわれ。¶ 결석의 ~ 欠席の理由/ ~를 캐어묻다 理由を問いただす。②口実、弁明、いいわけ。¶ 병을 ~로 결근하다 病気を口実に欠勤する。

**이유**【離乳】 名 하他 離乳、乳離れ。¶ ~식 離乳食。

**이유-기**【-期】 名 離乳期。

**이:윤**【利潤】 名 利潤、もうけ。¶ ~을 추구하다 利潤を追求する。

**이:윤 분배제**【-分配制】 名 経 利潤分配制度。

**이:율**【利率】 名 利率。¶ 연 3푼의 ~ 年3分の利率。

**이:율 배:반**【二律背反】 名 論 二律背反。

**이윽고** 副 やがて、間も無く、程なく。¶ ~ 어둠 속으로 사라졌다 やがて暗闇の中に消えた。

**이음-매** 名 繋ぎ目、継ぎ目、結び目。¶ 철로의 ~ レールの継ぎ目。

**이:의**【異義】 名 異義。¶ 동음 ~어 同音異義語。

**이:의**【異議】 名 하自他 異議、異論。¶ ~ 없음 異議なし。

**이:의 신청**【-申請】 名 하他 法 異議の申し立て。

**이:익**【利益】 名 利益、もうけ、得。¶ ~의 분배 利益の分配/ 많은 ~을 올리다 多くの利益をあげる。

**이:익-금**【-金】 名 利益金。

**이:익 대:표**【-代表】 名 社 利益代表。

**이:익 배:당**【-配当】 名 利益配当。

**이:익 사:회**【-社會】 名 社 利益社会、ゲゼルシャフト。

**이:인**【異人】 名 異人。①別人。 同名異人。②すぐれた人。③異国人、外国人。

**이:인-삼각**【二人三脚】 名 二人三脚。

**이:인-승**【二人乗】 名 二人乗り。¶ ~ 차 二人乗りの車。

**이:인-칭**【二人稱】 名 文法 二人称。

**이임**【離任】 名 하自 離任。¶ ~사 離任の辞。

**이입**【移入】 名 하他 되自 移入。¶ 감정의 ~ 感情の移入。

**이자** 助 (《二つ以上の事柄を同じ資格でつなぐ語》)…でもあり、…であると同時に。¶ 권리~ 의무이다 権利であると同時に義務である。

**이:자**【利子】 名 利子、利息。¶ ~ 소득 利子所得/ ~가 붙다 利子がつく。

**이:자-락**【-落】 名 (公債などの)利落ち。

**이:자-부**【-附】 名 (公債などの)利付き。

**이:자-율**【-率】 名 利子率、利率。

**이:자 택일**【二者擇一】 名 하自 二者択一。

**이장**【移葬】 名 하他 改葬、墓を移すこと。

**이:장**【里長】 名 里の長、村長。

**이:재**【理財】 名 理財。¶ ~가 理財家/ ~에 밝다 理財にたける。

**이:재-학**【-學】 名 理財学。

**이재**【罹災】 名 하自 罹災、被災。¶ ~지 罹災地。

**이재-민**[-民] 图 罹災民さい、被災者しゃ。¶ ~을 수용하다 罹災民を収容しゅうする。

**이:적**[利敵] 图[하目] 利敵りてき。¶ ~ 행위 利敵行為こうい。
　**이:적-죄**[-罪] 图 利敵罪ざい。

**이적**[移籍] 图[하目] 移籍せき。

**이:전**[以前] 图 ①이전より前まえ, かつて。¶ 유사 ~ 有史じ以前。团 이후(以後) ②ずっと前, 昔むかし。¶ ~에 살던 집 むかし住すんでいた家いえ。

**이전**[移轉] 图[하他目] 移転てん。①移うつすこと、移うつしかえること。②引ひっ越こすこと、引っ越し。¶ 사무소 ~ 事務所じむしょの移転。③(権利けんりなどの)譲渡じょう、委譲いじょう

**이전 등기**[-登記] 图[法] 移転登記とう。

**이:점**[利點] 图 利点てん。¶ ~이 많다 利点が多おおい。

**이:정**[里程] 图 里数りすう, 道程どう、みちのり。¶ 서울까지의 ~ ソウルまでの里程。
　**이:정-표**[-標] 图 里程標ひょう。¶ 새로운 ~를 세우다 新しい里程標を打うち建たてる。

**이제** 图 ①ただいま, 現在ざい。¶ ~ 9시다 今いま9時だ。/ ~까지 본 적이 없다 今まで見みたことがない。②《副詞的に》ただいま, もうすぐ, 今しがた, もう, すでに。~ 갑니다 今すぐ行ゆきます。/ ~ 막 도착한 참이다 ちょうど今着ついたところだ。/ ~ 돌아갈 시간이다 もう帰かえる時間じかんだ。

**이제-껏** 副 今いまに至いたるまで、今まで。~ 자고 있었는가? 今まで寝ねていたのか。

**이제-야** 副 今になって、今やっと。¶ ~ 알았다 今やっと分わかった。

**이제나-저제나** 副 今いまか今かと。¶ ~ 하고 수고대하다 今か今かと首くびを長ながくして待まつ。

**이:조**[李朝] 图[史] 《'이씨 조선(李氏朝鮮)'의 縮約形》李朝ちょう。

**이종**[이종 사촌]의 縮約形。
　**이종 사:촌**[-四寸] 图 いとこ(母ははの姉妹しまいが生うんだ息子むすこと娘むすめ)。

**이:종**[異種] 图 異種しゅ。¶ ~ 접합 異種接合せつごう。
　**이:종 교배**[-交配] 图[生] 異種交配はい。

**이:주**[移住] 图[하自目] 移住じゅう。¶ 해외로 ~하다 海外がいに移住する。
　**이주-민**[-民] 图 移住民みん, 移民みん。
　**이주-지**[-地] 图 移住地ち。

**이:중**[二重] 图 二重じゅう。¶ ~ 매매 二重売買ばい。/ ~ 생활 二重じゅう生活かつ。/ ~으로 지불하다 二重じゅうに払はらう。
　**이중 가격**[-價格] 图 二重じゅう価格かく。
　**이:중-고**[-苦] 图 二重じゅう苦労くろう, 重かさなる苦労。
　**이:중 과:세**[-過歲] 图[하目] 正月しょうがつと陰暦れきの二回にかい, 祝いわうこと。
　**이:중 국적**[-國籍] 图 二重じゅう国籍こく。
　**이:중 노출**[-露出] 图 二重じゅう露出しゅつ, 二重じゅうに写うつす。
　**이:중 모:음**[-母音] 图[文法] 二重じゅう母音ぼいん, 重母音ぼいん。

**이:중 인격**[-人格] 图[心] 二重じゅう人格じん。¶ ~자 二重じゅう人格者しゃ。
　**이:중주**[-奏] 图[音] 二重奏じゅうそう, デュエット。
　**이:중-창**[-唱] 图[音] 二重唱じゅうしょう, デュエット。
　**이:중-창**[-窓] 图[建] 二重窓にじゅうまど。

**이-즈막** 图 このごろ, 近ちかごろ, 最近さいきん, 近来きんらい。¶ ~의 동향 最近の動向どうこう。

**이-즈음** 图 このごろ, 近ちかごろ, 最近さいきん。¶ ~ 그의 행동이 이상하다 近ごろ彼かれの行動どうがおかしい。

**이:지**[理智] 图 理知ち。¶ ~적인 분위기 理知的な雰囲気ふんいき。

**이지** 助 ①《異ことなる二ふたつの事柄ことがらを比くらべて前まえの事柄を認みとめる意を表あらわす》…であって、…で。¶ 이건 책 ~ 잡지가 아니다 これは本ほんで雑誌ざっしではない。 ②《ある事柄ことがらにいくらか感動どうをまじえて言いう意を表わす》…だ, …だよ, …だよね。¶ 겉으로야 얌전한 학생 ~ 見みかけは慎つつましやかな学生がくせいだよね。 ③《何なにかを問とう意を表わす》…かね, …だろう。¶ 오늘이 무슨 요일 ~? 今日きょうは何曜日なんようびだろう。

**이지러-뜨리다** 他 (器物きぶつなどの一部分いちぶぶんを)壊こわす, 欠かく。

**이지러-지다** 自 (物ものの一部分いちぶぶんが)壊こわれる, 欠かける。¶ 달이 ~ 月つきが欠ける。

**이지마는** 助 …だが, …であるが, …ではあるが。¶ 험한 산 ~ 경치는 좋다 険けわしい山やまだが景色けしきはよい。

**이지만** 助 《'이지마는'의 縮約形》…だが, …であるが, …ではあるが。¶ 내 것 ~ 네게 준다 私わたしの物ものだが君きみにやる。

**이직**[移職] 图 転職しょく。

**이직**[離職] 图[하自目] 離職しょく。¶ ~자 離職者しゃ。

**이:진**[二陣] 图 二陣じん。¶ ~ 선수 二陣の選手しゅ。

**이:질**[異質] 图 異質しつ。¶ ~적인 문화 異質的な文化ぶんか。 团 동질(同質)

**이:질**[痢疾] 图[漢] 疫痢えきり, 赤痢せき。

**이:질-풀** 图[植] ゲンノショウコ。

**이:쪽** 图 こっち, こちら側がわ。¶ ~으로 오세요 こちらにいらしてください。
　**이쪽-저쪽** 图 副 あちらこちら, あちこち。¶ ~으로 나누어 놓다 あちこちに分わけておく。

**이:쯤** 图 このくらい, この程度てい, ここら, この辺へん, このあたり。¶ ~에서 그만두자 こらでやめておこう。

**이:차**[二次] 图 ①第一次だい、第二次だい, 二回目にかいめ。¶ ~ 감염 二次感染せん。②二次会にじかい。¶ ~로 갑시다 二次会に行いきましょう。
　**이:차 방정식**[-方程式] 图[數] 二次にじ方程式しき。
　**이:차 산:업**[-産業] 图 二次産業さんぎょう。
　**이:차 성:징**[-性徵] 图[生] 二次性徴せいちょう。
　**이:차-적**[-的] 冠图 二次的てき。¶ ~인 문제 二次的な問題もん。
　**이:차-원**[二次元] 图 二次元じげん。

**이-착륙**[離着陸] 图[하自目] 離着陸りちゃく。

이:채【異彩】 名 異彩ぃ。 ¶ ~를 띠다 異彩を放はつ。
　이:채-롭다 形 ひときわ目立だっている。
이-처럼 副 これ程ほど、こんなに、このように。 ¶ ~ 어려운 문제는 처음이다 これほど難むずしい問題もんだいははじめてだ。
이첩【移牒】 名 他 自 移牒ちょう。 ¶ 공문을 ~하다 公文書こうぶんを移牒する。
이:체【異體】 名 異体ぃ。
　이:체 동종【-同種】 名 異体同種ぃたぃどうしゅ。
이-출입【移出入】 名 他 自 移出入ぃしゅつにゅう、移出しゅつと移入にゅう。
이:층【二層】 名 二階にかぃ。 ¶ ~집 二階屋や。
이:치【理致】 名 理致ちぃ、すじみち、道理どうり。 ¶ 자연의 ~ 自然ぜんの道理/ ~에 맞는 말 理致にかなったことば。
이:타【利他】 名 利他た。 ¶ ~주의 利他主義しゅぎ。
　이:타-적【-的】 冠 利他的てき。
이탈【離脫】 名 他 自 自 離脱だつ。 ¶ ~자 離脱者しゃ/ 연맹을 ~하다 連盟れんを離脱する。
이탓-저탓 副 自 ①あれこれとなじるようす、ああだこうだとけちをつけるようす。 ¶ ~ 하지 말고 잠자코 일이나 해라 ああだこうだと言いい訳わけせずに黙だまって仕事しごとでもしろ。 ②《名詞的に》いろいろと言いいわけをすること、あれこれとかこつけること、言いのがれ、口実こうじつ。
이태 名 二年ねん。 ¶ ~ 동안 二年間かん。
이-토록 副 こんなに、このように、これほどにまで。 ¶ ~ 급한 줄은 몰랐다 こんなに急きゅうだとは思おもわなかった。/ ~ 염려해 주시니 감사합니다 これほどまで心配しんぱいしてくださりありがとうございます。
이튿-날 名 ①翌日よくじつ、明あくる日ひ、次つぎの日ひ。 ¶ ~ 아침 翌朝よくちょう/ ~ 도착했다 その翌日到着とうちゃくした。 ②二日目ふつかめ、二日目の日ひ。 ③(《초이튿날》의 縮約形)(月つきの)2日ふつ。 ¶ 오월 ~ 5月がつ2日。
이틀 名 ①二日ふつか、二日間ふつかかん、両日りょうじつ。 ¶ ~ 후에 二日後ごに/ ~이 걸리다 二日かかる。 ②「이튿날・초이틀・초이튿날」의 縮約形。 ¶ 정월 ~ 正月しょうがつ二日。
이파리 名 (草木そうもくの)葉は。
이:팔【二八】 名 二八はち、十六歳じゅうろくさいの別称べっしょう。
　이:팔-청춘【-靑春】 名 二八はち、十六歳前後ぜんごの若者わかもの。
이-편【-便】 名 ①こちらの方ほう、こちら側がわ。 ¶ ~이 이겼다 こちらの方が勝かった。 ②《代名詞的に自分じぶんの方ほうを自みずからちょっと高たかめる表現ひょうげん》こちら、私わたし、僕ぼく。 ¶ ~이 잘못했네 こちらが悪わるかったよ。
　이편-저편 名 ①あちこち、あちらこちら。 ¶ ~이 다 바다다 あちらこちらがみんな海うみだ。 ②こちら側がわの人ひとと あちら側の人。 ¶ ~이 한 자리에 모이다 あっちの人とこちらの人が一ひとつ所しょに集あつまる。
이평계-저평계 副 他 自 ⇨ 이탓저탓
이:하【以下】 名 以下ぃ。 ¶ ~ 동문 以下同文どうぶん/ ~ 수준 ~ 水準すぃじゅん以下/ 6세 ~는 반액입니다 6歳さぃ以下は半額はんがくです。
이:학【理學】 名 理学がく。 ¶ ~부 理学部ぶ。
이합【離合】 名 他 自 離合ごう。 ¶ ~ 집산 離合集散しゅうさん。
이:항【二項】 名 数 二項こう。 ¶ ~ 방정식 二項方程式ほうていしき。
이:항【移項】 名 他 自 数 移項こう。
이-해 名 今年こし。 ¶ ~도 저물어 가다 今年も暮くれ行ゆく。
이:해【利害】 名 利害り。 ¶ ~ 관계 利害関係かんけい/ ~가 얽히다 利害がからむ。
　이:해-간【-間】 副 利害にかかわりなく、利害と関係かんけいなく。
　이:해-득실【-得失】 名 利害得失とくしつ。
　이:해-상반【-相半】 名 形 利害が相半あぃなかばすること。
　이:해 타:산【-打算】 名 損得そんとく計算けいさん。
이:해【理解】 名 他 自 理解かい。 ¶ ~가 빠르다 理解が早はやい。/ ~하기 곤란하다 理解しがたい。
　이:해-력【-力】 名 理解力りょく。 ¶ ~이 뛰어나다 理解力が優すぐれている。
　이:해-심【-心】 名 思おもいやり。
이:행【履行】 名 他 自 履行こう。 ¶ 공약의 ~ 公約こうやくの履行/ 약속을 ~하다 約束やくそくを履行する。
　이:행 불능【-不能】 名 法 履行不能ふのう。
이향【離鄕】 名 他 離郷りきょう。 對 귀향(歸鄕)
이:형【異形】 名 異形ぎょう・けい。 ¶ ~ 분열 異形分裂ぶんれつ。
　이:형 배:우자【-配偶子】 名 生 異形はぃ配偶子はぃぐう。
　이:형-질【-質】 名 生 異質ぃしつ。
이:호【二號】 名 二号ごう。 ①第二番だいにばん、二ふたつめ。 ¶ ~ 차 二号車しゃ。 ②(俗) 妾めかけ。
이혼【離婚】 名 他 自 離婚こん。 ¶ ~ 소송 離婚訴訟そしょう/ ~을 요구하다 離婚を要求ようきゅうする。
이화【梨花】 名 梨花りか、梨なしの花はな。 對 배꽃
이:-화학【理化學】 名 理化学りかがく。
이환【罹患】 名 自 罹患かん、罹病びょう。 ¶ ~율 罹患率りつ。
이:후【以後】 名 以後ご。 ①以来らぃ、それよりのち、その後ご。 ¶ 12시 ~ 통행 금지 十二時じゅうにじ以後通行禁止きんし。 ②今後こん、これから。 ¶ ~에는 그런 실수를 해서는 안된다 今後はそのようなあやまちを犯おかしてはならない。
익금【益金】 名 益金えき、利益金えき、もうけ。
익년【翌年】 名 翌年よく・とし、明あくる年とし。 對 이듬해
익다¹ 自 ①(果実かじつが)熟じゅくする、実みのる、熟うれる。 ¶ 잘 익은 감 よく熟れた柿かき。 ②(生なまのものが)煮にえる、焼やける。 ¶ 생선이 잘 ~ 魚さかながよく焼ける。 ③(漬つけ物ものなどが)漬つかる、味あじがつく、発酵はっこうする。 ¶ 술이 ~ 酒さけが発酵する。
익다² 形 ①慣なれている、熟達じゅくたつしている。 ¶

손에 익은 일 手慣れた仕事ごと。 ②なじんでいる、見覚えがある、聞きいてよく知っている。 ¶ 낯이 ~ 顔かおなじみだ。 / 귀에 익은 목소리 聞き慣れた声こえ。 ③癖くせになっている、習慣しゅうになっている。

**익명** [匿名] 名 하다 匿名とくめい。 ¶ ~으로 투서하다 匿名で投書とうしょする。

**익사** [溺死] 名 自 溺死できし、溺おぼれ死じに。 ¶ ~체 溺死体たい。

**익살** 名 滑稽こっけい、おどけ、剽軽ひょうきん、洒落しゃれ。
관용 **익살(을) 떨다〔부리다〕** おどける、ふざけてみせる。

**익살-꾼** 名 おどけ者もの、ひょうきん者。

**익살-맞다** 形 おどけたところがある、ふざけている、こっけいだ。

**익살-스럽다** 形 ㅂ おどけたふうである、こっけいだ。

**익숙-하다** 形 여 ①手慣てなれている、熟練じゅくれんしている、上手じょうずだ。 ¶ 익숙한 솜씨 慣れた手付てつき。 ②精通せいつうしている、詳くわしい。 ¶ 미국 사정에 익숙한 사람 アメリカの事情じょうに精通した人。 ③親したしい、なじみだ。 ¶ 그녀와는 익숙한 사이다 彼女かのじょとは親しい間柄あいだだ。 **익숙-히** 副 ①上手に、巧たくみに。 ②詳しくよく、十分じゅうぶんに。

**익애** [溺愛] 名 하다 溺愛あい、ねこかわいがり。 ¶ 외동딸을 ~하다 一人娘ひとりむすめを溺愛する。

**익월** [翌月] 名 翌月よくげつ。 준 다음달。

**익일** [翌日] 名 翌日よくじつ。 준 이튿날

**익히** 副 詳くわしく、よく。 ¶ 국내 사정을 ~ 알다 国内事情じょうを詳しく知る。

**익히다** 他 「익다」の使役。 ①煮にる、炊たく。 ¶ 감자를 잘 ~ ジャガイモをよく煮る。 ②潰つけ物ものなどを漬つける、味をつかせる、発酵はっこうさせる。 ¶ 술을 ~ 酒さけを発酵させる。 ③習熟じゅくさせる、慣ならす、身みにつける。 ¶ 기술을 ~ 技術を身につける。

**인** 名 (たばこ·阿片あへんなど) 身みに染しみ付ついた癖くせ、中毒ちゅうどく状態じょう。
관용 **인이 박히다** 癖くせがつく、中毒ちゅうどくになる。 ¶ 담배에 ~ タバコが癖になる。

**인** [印] 名 印しるし、印章いんしょう、判はん、はんこ。 ¶ 실~ 実印じついん。 / ~을 치다 判を押おす。

**인** [寅] 名 民 寅とら (十二支じゅうにしの第3番目さんばんめ)。

**인** [燐] 名 化 燐りん。

**-인** [人] I 依 《漢数詞につく助数詞》 …人にん。 ¶ 20~ 20人にん。 II 接尾 …人じん。 ¶ 문화~ 文化人ぶんかじん / 외국~ 外国人がいこくじん。

**인가** 語尾 《疑問の意を表わす》 …か、…のか。 ¶ 이것은 무엇~? これはなにか(ね)。 / 낮~ 밤~? 昼ひるか夜よるか。
관용 **인가 보다** …らしい、…のようだ、…みたいだ、…かも知しれない。 ¶ 그 소문이 사실~ そのうわさは本当ほんとうのようだ。

**인가** [人家] 名 人家じんか。 ¶ ~가 드문 골짜기 人家のまれな谷合あいあい。

**인가** [認可] 名 하다 認可にんか。 ¶ ~를 받다 認可を得える。

**인가-증** [-證] 名 認可証にんかしょう。

**인가** [隣家] 名 隣家りんか、隣となりの家いえ、隣となり。

**인간** [人間] 名 人間にんげん。 ①人ひと、人類じんるい。 ¶ ~관계 人間関係かんけい / ~은 만물의 영장이다 人間は万物ばんぶつの霊長れいちょうである。 ②人柄ひとがら、人物じんぶつ。 ¶ 그는 ~이 됐어 彼かれは人間ができている。 ③人間にんげん、世間せけん、現世げんせ。 ④ 《「気きに入いらない人ひと」を軽視けいしして言いう語ご》 者もの、奴やつ。 ¶ 못된 ~ 駄目だめなやつ。

**인간-계** [-界] 名 人間界かい、人界じんかい。

**인간 공학** [-工學] 名 人間工学こうがく。

**인간-답다** 形 人間らしい、人ひとがましい。 ¶ 인간다운 생활 人間らしい生活せいかつ。

**인간 독** [-dock] 名 医 人間にんげんドック。 ¶ ~에 들어가다 人間ドックに入はいる。

**인간 문화재** [-文化財] 名 人間国宝こくほう、無形けいの文化財ぶんかざい。技能ぎのう保有者ほゆうしゃ。

**인간-미** [-味] 名 人間味にんげんみ、人情味にんじょうみ。 ¶ ~ 넘치는 사람 人間味あふれる人。

**인간-성** [-性] 名 人間性にんげんせい。 ¶ ~을 말살하다 人間性を抹殺まっさつする。

**인간-적** [-的] 冠 人間的てき。 ¶ ~인 감정 人間的な感情かんじょう。

**인감** [印鑑] 名 法 印鑑いんかん、印いん。 ¶ ~ 신고 印鑑届とどけ。

**인감 도장** [-圖章] 名 (印鑑いんかん登録とうろくをした) 印鑑、実印じついん。

**인감 증명** [-證明] 名 印鑑証明しょうめい。 ¶ ~서 印鑑証明書しょ。

**인건** [人件] 名 人件じんけん。

**인건-비** [-費] 名 人件費ひ。 ¶ ~를 절감하다 人件費を節減せつげんする。

**인걸** 助 ①《「-이다」の意で感動をあらわす》 …だね、…だよ。 ¶ 정말 어려운 일~ 本当ほんとうに難むずかしいことだね。 ②《「-인 것을」の縮約形》 …なのを、…であるのを。 ¶ 그가 아직 학생~ 몰랐다 彼かれがまだ学生がくせいであるのを知しらなかった。

**인격** [人格] 名 人格じんかく、人柄ひとがら、人品じんぴん。 ¶ 이중 ~ 二重にじゅう人格 / ~을 존중하다 人格を尊重そんちょうする。

**인격-자** [-者] 名 人格者しゃ。

**인격-적** [-的] 冠 人格的てき。 ¶ ~인 감화 人格的な感化かんか。

**인격-화** [-化] 名 自他 되 自 人格化か。

**인견** [人絹] 名 人絹じんけん、レーヨン。

**인:계** [引繼] 名 하다 되 自 引ひき継つぎ。 ¶ 사무를 ~하다 事務じむを引き継ぐ。

**인:계 인:수** [-引受] 名 하다 引ひき継つぐこと引ひき受うけること。

**인고** 語尾 《疑問の意をあらわす》 …か。 ¶ 그건 무슨 뜻~? それはどんな意味いみか。

**인공** [人工] 名 人工じんこう。 ¶ ~ 감미료 人工甘味料かんみりょう / ~ 영양 人工栄養えいよう。

**인공 강:우** [-降雨] 名 気 人工降雨こうう。

**인공 두뇌** [-頭腦] 名 人工頭脳ずのう。

**인공-림** [-林] 名 人工林りん。

**인공 수정** [-受精] 名 人工受精じゅせい。

**인공 위성**〔-衛星〕 ⓝ〔宇〕人工衛星。
**인공 호흡**〔-呼吸〕 ⓝ 人工呼吸。
**인과**〔因果〕 ⓝ 因果。 ①原因と結果。 ¶ ~ 관계 因果関係。 ②〔佛〕前世の悪業に対応する報い。 ¶ ~라고 단념하다 因果だとあきらめる。
　**인과-율**〔-律〕 ⓝ〔哲〕因果律。
　**인과 응:보**〔-應報〕 ⓝ〔佛〕因果応報。
**인광**〔燐光〕 ⓝ 燐光。 ¶ ~을 발하다 燐光を発する。
　**인광-체**〔-體〕 ⓝ〔物〕燐光体。
**인구**〔人口〕 ⓝ ①人口。 ¶ ~ 문제 人口問題/ ~ 노동 労働人口/ ~가 늘다 人口が増える。 ②人の口、世間の口。
　〔관용〕 인구에 회자하다 人口に膾炙する《人々人の口にのぼる》。
　**인구 과:잉**〔-過剰〕 ⓝ〔社〕人口過剰。
　**인구-론**〔-論〕 ⓝ〔經〕人口論。
　**인구 밀도**〔-密度〕 ⓝ 人口密度。
　**인구 조사**〔-調査〕 ⓝ 人口調査。
**인권**〔人權〕 ⓝ 人権。 ¶ ~ 유린 人権蹂躙/ ~을 침해하다 人権を侵害する。
　**인권 선언**〔-宣言〕 ⓝ 人権宣言。
　**인권 옹호**〔-擁護〕 ⓝ 人権擁護。
**인근**〔隣近〕 ⓝ 隣近、近隣。
**인기**〔人氣〕 ⓝ 人気、世間の受け、評判。 ¶ ~ 투표 人気投票/ ~가 떨어지다 人気が落ちる。
　**인기-인**〔-人〕 ⓝ 人気のある人、人気者。
　**인기 직업**〔-職業〕 ⓝ 人気商売。
　**인기-주**〔-株〕 ⓝ 人気株。
**인-기척**〔人-〕 ⓝ 人の気配。 ¶ ~이 나다 人の気配がする。/ 아무런 ~도 없다 何の人気もない。
**인내**〔忍耐〕 ⓝ〔하자〕忍耐。 ¶ ~력 忍耐力/ ~심이 없다 忍耐心がない。
**인데** ⓗ ① …だが、…であるが。 ¶ 쉬운 문제 ~ 맞혀 보렴 やさしい問題だが当ててごらん。 ② …だね、…だな(あ)。 ¶ 좋은 사람 ~ いい人だなあ。
**인도**〔人道〕 ⓝ 人道。 ①人倫。 ¶ ~에 어긋나다 人道にはずれる。 ②歩道。
　**인도-교**〔-橋〕 ⓝ(鉄道橋てつどうに対する)人道橋。
　**인도-적**〔-的〕 冠ⓝ 人道的。 ¶ ~인 조치 人道的な措置。
　**인도-주의**〔-主義〕 ⓝ 人道主義。
**인:도**〔引渡〕 ⓝ〔하타〕引き渡し。 ¶ 본선 ~ 本船引き渡し/ 신병을 ~하다 身柄を引き渡す。
　**인:도 증권**〔-證券〕 ⓝ〔經〕引き渡し証券。
**인:도**〔引導〕 ⓝ〔하타〕引導。 ①教え導くこと。 ¶ 바른 길로 ~하다 正しい道へ教え導く。 ②道案内、手引き。 ¶ 앞장서서 ~하다 先立ちって案内する。
**인도**〔印度〕 ⓝ〔地〕インド。
　**인도-양**〔-洋〕 ⓝ〔地〕インド洋。
**인두** ⓝ ①(布や紙のしわをのばす)こて、焼きごて。 ¶ ~ 질을 하다 こてをかける。 ② (はんだ付け用の)焼きごて。
**인두**〔人頭〕 ⓝ 人頭。 ①人の頭、人のかしら。 ②人数。
　**인두-세**〔-税〕 ⓝ〔法〕人頭税。
**인두**〔咽頭〕 ⓝ〔보〕咽頭。 ¶ ~염 咽頭炎。
**인-두겁**〔人-〕 ⓝ 人面、人間の皮。
　〔관용〕 인두겁(을) 쓰다 人間の皮をかぶる。《人間の面をして畜生にも劣る、人でなし》
**인들** ⓗ《《譲歩の意をあらわす》…だとしても、…だとて、…であろうとも。 ¶ 내일 ~ 늦으리 明日だとて遅かろうか。
**인력**〔人力〕 ⓝ 人力。 ¶ ~으로는 안 되는 일 人力の及ばない事。
　**인력-거**〔-車〕 ⓝ 人力車。 ¶ ~를 끌다 人力車を引く。
**인:력**〔引力〕 ⓝ〔物〕引力。 ¶ 만유 ~ 万有引力。
**인류**〔人類〕 ⓝ 人類。 ¶ ~학 人類学/ ~의 번영 人類の繁栄。
　**인류-애**〔-愛〕 ⓝ 人類愛。
**인륜**〔人倫〕 ⓝ 人倫。 ¶ ~에 어긋나다 人倫に背く。
　**인륜 대:사**〔-大事〕 ⓝ(出生・結婚などの)人生における重大事。
**인망**〔人望〕 ⓝ 人望。 ¶ ~가 人望家/ ~이 두텁다 人望が厚い。
**인맥**〔人脈〕 ⓝ 人脈、手づる。
**인면**〔人面〕 ⓝ 人面。 ①人の顔。
　**인면-수심**〔-獸心〕 ⓝ 人面獣心、人でなし。
**인멸**〔湮滅〕 ⓝ〔하자・되자〕隠滅。 ¶ 증거를 ~하다 証拠を隠滅する。
**인명**〔人名〕 ⓝ 人名。 ¶ ~부 人名簿/ ~ 사전 人名辞典。
　**인명-록**〔-錄〕 ⓝ 人名録。
**인명**〔人命〕 ⓝ 人命。 ¶ ~ 존중 人命尊重/ ~에 관계되는 문제 人命にかかわる問題。
　**인명-재:천**〔-在天〕 ⓝ 人命在天、人の寿命は天にあること。
**인문**〔人文〕 ⓝ 人文。 ¶ ~계 人文系/ ~ 과학 人文科学。
　**인문-주의**〔-主義〕 ⓝ 人文主義。
**인물**〔人物〕 ⓝ 人物。 ①人。 ¶ 등장 ~ 登場人物。 ②人材。 ¶ ~을 모으다 人材を集める。 ③器量、容姿。 ¶ ~이 좋은 처녀 器量のいい娘。 ④人柄。 ¶ 선량한 ~ 善良な人柄。
　**인물-평:론**〔-評論〕 ⓝ 人物評。
　**인물-화**〔-畫〕 ⓝ〔美〕人物画。
**인민**〔人民〕 ⓝ 人民。 ¶ ~ 재판 人民裁判/ ~ 투표 人民投票。
**인-발**〔印-〕 ⓝ 印影、印を押したあと。
**인복**〔人福〕 ⓝ 交わった人たちから助け受ける徳。
**인본-주의**〔人本主義〕 ⓝ 人本主義、ヒューマニズム。
**인분**〔人糞〕 ⓝ 人糞。 ¶ ~ 비료 人糞肥料。

**인분-뇨**[-尿] 名 人の糞尿ふんにょう。
**인사**[人士] 名 人士じん。¶ 저명 ~ 著名な人士。
**인사**[人事] 名[하自] ①あいさつ。¶ 작별 ~ 別れのあいさつ。②初対面の人同士が名のり合うこと。¶ 초면 ~ 를 하다 初対面のあいさつをする。③礼儀、儀礼。~성이 밝다 礼儀をよくわきまえている。④人事じんじ。人としてなすべきこと。¶ 진 - 대천명 人事を尽くして天命を待つ。⑤人事じんじ、個人じんに関すること。¶ ~ 이동 人事異動。⑥人事じんじ、意識しき。¶ ~ 불성에 빠지다 人事不省におちいる。
**인사 관리**[-管理] 名 人事管理かんり。
**인사-란**[-欄] 名 (新聞・雑誌などの)人事欄、消息欄しょうそくらん。
**인사-말** 名 あいさつの言葉ことば。
**인사-치레** 名 ほんのうわべだけのあいさつ。¶ ~ 로 하는 말 お世辞で言う言葉。
**인산**[人山] 名 人山やま、人だかり、人の多いこと。
**인산-인해**[-人海] 名 人の山に人の海、たくさんの人出ひとで。
**인산**[燐酸] 名[化] 燐酸りんさん。¶ ~ 비료 燐酸肥料りょう。
**인산-나트륨**[-natrium] 名[化] 燐酸ナトリウム。
**인산-칼슘**[-calcium] 名[化] 燐酸カルシウム。
**인삼**[人蔘] 名[植] チョウセンニンジン、高麗人参にんじん。
**인삼-차**[-茶] 名 人参茶ちゃ。
**인상**[人相] 名 人相にんそう、人の容貌ようぼう、顔つき。¶ 무서운 ~ 恐ろしい人相。
**인상**[引上] 名[하他][하自] ①(価格・賃金などの)引き上げ、値上げ、上げ。¶ 임금 ~ 賃上げ/ 금리 ~ 하다 金利きんりを引き上げる。②(重量挙じゅうりょうあげで)スナッチ。
**인상-액**[-額] 名 引き上げ額がく。
**인상-율**[-率] 名 引き上げ率りつ。
**인상**[印象] 名 印象いんしょう。¶ 첫 ~ 第一だいいち印象/ 좋은 ~ 을 주다 よい印象を与あたえる。
〔관용〕 **인상(을) 쓰다** (俗) 険悪けんあくな表情ひょうじょうをする、険しい顔をする。 **인상(이) 깊다** 強い印象を受ける。
**인상 비:평**[-批評] 名[文] 印象批評ひひょう。
**인상-적**[-的] 冠名 印象的。¶ ~ 인 장면 印象的なシーン。
**인상-파**[-派] 名[美][音] 印象派は。¶ ~ 화가 印象派の画家が。
**인색**[吝嗇] 名[하形] 吝嗇りんしょく、けち、しみったれ。¶ ~ 한 사람 けちくさい人。
**인생**[人生] 名 人生じんせい、生涯しょうがい。¶ ~ 철학 人生哲学てつがく/ ~ 은 불과 50년 人生わずか50年ごじゅう/ ~ 을 비관하다 人生を悲観ひかんする。
〔관용〕 **인생은 짧고 예술은 길다** 人生は短く芸術は長がし。 **인생 칠십 고래희** 人生七十古来まれなり。
**인생-관**[-觀] 名 人生観かん。
**인생 무상**[-無常] 名 人生無常むじょう、人生のはかないこと。

**인생 행로**[-行路] 名 人生行路こうろ。
**인선**[人選] 名[하他] 人選じん。
**인성**[人性] 名 人性じん。
**인세**[印税] 名 ①印紙税いんしぜい。②印税いんぜい。
**인솔**[引率] 名[하他][하自] 引率いんそつ。¶ 학생들을 ~ 하다 学生たちを引率する。
**인솔-자**[-者] 名 引率者しゃ。
**인쇄**[印刷] 名[하他][하自] 印刷いんさつ。¶ ~ 판 印刷版/ 활판 ~ 活版かっぱん印刷/ 화보를 ~ 하다 画報ほうを印刷する。
**인쇄-공**[-工] 名 印刷工こう。
**인쇄-기**[-機] 名 印刷機き、印刷機械きかい。
**인쇄-물**[-物] 名 印刷物ぶつ。
**인쇄-소**[-所] 名 印刷所しょ。
**인수**[人數] 名 人数にんずう。㊁ 인원수(人員數)
**인-수**[引受] 名[하他][하自] 引き受うけ。¶ ~ 은행 引き受け銀行/ 화물을 ~ 하다 貨物もつを引き受ける。
**인:수-거:절**[-拒絶] 名 引き受け拒絶きょぜつ。
**인:수-인**[-人] 名 引き受け人にん。¶ 신병 ~ 身柄がら引き受け人。
**인:수-인계**[-引繼] 名[하他] 引き継つぎと引き受つけ、受け渡わたし。
**인수**[因數] 名[數] 因数いんすう。¶ 소 ~ 素そ因数。
**인수 분해**[-分解] 名[數] 因数分解ぶんかい。
**인순 고식**[因循姑息] 名 因循姑息いんじゅんこそく。
**인술**[仁術] 名 仁術じゅつ。¶ 의술은 ~ 이다 医は仁術なり。
**인슐린**[insulin] 名[化] インシュリン。
**인스턴트**[instant] 名 インスタント。¶ ~ 식품 インスタント食品しょくひん。
**인습**[因襲] 名 因襲しゅう。¶ ~ 타파 因襲打破だは/ ~ 에 얽매이다 因襲にとらわれる。
**인습-적**[-的] 冠名 因襲的てき。
**인식**[認識] 名[하他][하自] 認識にんしき。¶ ~ 부족 認識不足ふそく/ ~ 을 새로이 하다 認識を新あらたにする。
**인식-론**[-論] 名[哲] 認識論ろん。
**인식-표**[-票] 名[軍] 認識票ひょう。
**인신**[人身] 名 人身しん。¶ ~ 보호 人身保護ほご。
**인신 공:격**[-攻撃] 名[하他] 人身攻撃こうげき。
**인신 매:매**[-賣買] 名[하自] 人身売買ばいばい。
**인심**[人心] 名 人心しん。①人間にんげんの心こころ。¶ ~ 은 조석변이다 人心は朝夕さゆうに変かわる。②庶民しょみんの心、民心みんしん。¶ ~ 이 동요하다 民心が動揺どうようする。③人情じょう、情なさけ、同情どうじょう。¶ ~ 이 후하다 人情が厚あつい。
〔속담〕 **인심이 천심이라** 人心が天心でんしんである。《国民こくみんの与論よろんはすなわち天てんの御心みこころである》
〔관용〕 **인심(을) 사다** 人心を得える、人から好評こうひょうを受うける。 **인심(을) 쓰다** ①人情にんじょうを施ほどこす。②気前まえをよくする。 **인심(을) 잃다** 評判ひょうばんが落ちる、人に好かれない。
**인심(이) 사납다** 人情がない、人心が荒あれて薄情はくじょうだ。
**인심 세:태**[-世態] 名 世間せけんの人情と世相せそう。
**인심 소:관**[-所關] 名 人の心それぞれに趣おもむ

인양[引揚] 名ㅎ他되自 引き揚げ。¶ 침몰선을 ~하다 沈没船を引き揚げる。
　인양-기[-機] 名[機] 引き揚げ機。
인어[人魚] 名 人魚。
인연[因縁] 名 因縁、縁、ゆかり。¶ 전생의 ~ 前世からの因縁/ ~을 맺다 縁を結ぶ。/ 돈과는 ~이 없다 金とは縁がない。
인영[印影] 名 印影、印を押したあと。
인영[人影] 名 人影。¶ ~이 보이다 人影が見える。
인용[引用] 名ㅎ他되自 引用。¶ ~법 引用法/ 속담을 ~하다 諺を引用する。
　인용-구[-句] 名 引用句。
　인용-문[-文] 名 引用文。
　인용-부[-符] 名 引用符、クオーテーションマーク。
인원[人員] 名 人員、人数。¶ 모집 ~ 募集人員/ ~을 제한하다 人員を制限する。/ ~이 부족하다 人員が足りない。
　인원-수[-數] 名 人員数、人数。¶ ~가 늘다 人数が増す。
인위[人爲] 名 人為、人工。¶ ~ 도태 人為淘汰。
　인위-적[-的] 冠名 人為的。¶ ~인 아름다움 人為的な美。
인:유[引喩] 名ㅎ他 引喩。¶ ~법 引喩法。
인의[仁義] 名 仁義。
　인-의-예-지[-禮智] 名 仁、義、礼、智の四徳。
　인-의-예-지-신[-禮智信] 名 仁、義、礼、智、信の五常。
인:입[引入] 名ㅎ他되自 引き入れること、引き込むこと。¶ ~선 引き込み線。
인자[人子] 名 ①人の子。②[基] キリストの自称。
인자[仁者] 名 仁者。¶ ~ 무적 仁者に敵なし。
　인자 요산[-樂山] 名 仁者は山を楽しむこと。
인자[仁慈] 名ㅎ他스形 仁慈。¶ ~한 할머니 慈愛に満ちたおばあさん。
인자[因子] 名 因子、遺伝 ~ 遺伝因子。
　인자 분석[-分析] 名[統] 因子分析。
인자[印字] 名ㅎ他 印字。
　인자-기[-機] 名 印字機、タイプライター。
인장[印章] 名 印章、印、はんこ。¶ ~ 위조 印章偽造。
인재[人材] 名 人材。¶ 우수한 ~를 등용하다 優秀な人材を登用する。
인적[人跡] 名 人跡、足跡。¶ ~ 미답 人跡未踏/ ~이 끊어지다 人足が絶える。
인적[人的] 冠名 人的。¶ ~ 담보 人的担保。㊤ 물적(物的)。
　인적 자:원[-資源] 名 人的資源。¶ ~이 풍부하다 人的資源が豊かだ。
　인적 증거[-證據] 名[法] 人的証拠。
인절미 名 きな粉をまぶしたもち米の餅。
인접[隣接] 名ㅎ自 隣接。¶ ~한 지역 隣接した地域。
　인접-국[-國] 名 隣接国。
인정[人情] 名 人情、情け、思いやり。¶ ~이 많은 사람 情け深い人/ ~을 베풀다 人情を施す。
　인정-머리 名[俗] 人情、人情味。¶ 눈곱만큼도 ~이 없다 目もそそれほど人情がない。
　인정-미 名 人情味、味情。¶ ~ 넘치는 이야기 人情味あふれる話。
　인정-스럽다 形ㅂ 人情がある、情け深い。
　인정-스레 副 情け深く。
인정[仁政] 名 仁政。¶ ~을 베풀다 仁政を施す。
인정[認定] 名ㅎ他되自 認定、認めること。¶ 실력을 ~하다 実力を認定する。/ 무죄로 ~하다 無罪と認める。
　慣用 인정(을) 받다 人から信任を受ける、認められる。
　인정 과세[-課稅] 名 認定課税。
인정사정-없다[人情事情-] 形 情容赦ない。인정사정-없이 副 情容赦なく。¶ ~ 때리다 情容赦なく殴る。
인제 副 ①今になって。¶ ~ 와서 약속을 어기다니 今になって約束を破るとは。②今から、今すぐ。¶ ~ 곧 가겠다 今すぐ行かす。
인조[人造] 名 ①人造。~ 보석 人造宝石。②「인조견(人造絹)」의 縮約形。
　인조-견[-絹] 名 人絹、レーヨン。
　인조-석[-石] 名 人造石。
　인조 인간[-人間] 名 人造人間、ロボット。
인종[人種] 名 人種。¶ 유색 ~ 有色人種/ ~적 편견 人種的偏見。
　인종 차별[-差別] 名 人種差別。¶ ~을 없애다 人種差別をなくす。
인주[印朱] 名 印肉、朱肉。
　인주-갑[-匣] 名 印肉入れ。
인-줄 名[民] 出産の後に不浄よけのため門口などに張るしめ縄。
인즉 助 [推測の意を表わす] …(だ)と。도둑 ~ 알고 소리를 질렀다 泥棒だと思って叫び声を上げた。
인중[人中] 名 人中、鼻溝。
　慣用 인중이 길다 人中が長い。《寿命が長い、長生なきだ》
인즉 助 ①…について言えば、…と言うならば。¶ 사실 ~ 그 말이 옳다 事実を言えばその話が正しい。②…だから、…ならば。¶ 휴일 ~ 쉬어야지 休日なんだから休まなきゃ。
인즉슨 助 「인즉」의 강조형。
인증[引證] 名ㅎ他되自 引証。
인증[認證] 名ㅎ他되自[法] 認証。
인지[人指] 名 人差し指、食指。
인지[人智] 名 人智、人の知恵。¶ ~의 발달 人知の発達。
인지[印紙] 名 印紙。¶ 수입 ~를 붙이다 収入印紙をはる。

인지

**인지-세**[-稅] 图 印紙税ぜい.
**인지** 動 (《漠然ばくとした疑問ぎもんの意いを表わす》) …か, …やら, …なのか. ¶ 무엇이 무엇~ 모르겠다 何なにやら分わからない.
**인질**[人質] 图 人質ひと. ¶ 아이를 ~로 잡다 子供ことを人質に取とる.
**인책**[引責] 图하自 引責ひんせき, 責任せきにんを取とること. ¶ ~ 사직 引責辞職じしょく.
**인척**[姻戚] 图 姻戚いんせき, 姻族いんぞく. ¶ ~ 관계 姻戚関係かんけい.
**인체**[人體] 图 人体じんたい. ¶ ~에 영향을 미치다 人体じんたいに影響えいきょうをおよぼす.
　**인체 실험**[-實驗] 图 人体実験じんたいじっけん.
　**인체 해:부학**[-解剖學] 图 團 人体じんたい解剖学かいぼうがく.
**인축**[人畜] 图 人畜じんちく. ¶ ~의 피해는 없었다 人畜の被害ひがいはなかった.
**인출**[引出] 图하他 引ひき出だすこと. ¶ 저금을 ~하다 貯金ちょきんを引き出す.
**인치**[inch] 图 《長ながさの単位たんい》インチ.
**인칭**[人稱] 图 人称にんしょう. ¶ 제3~ 第三だいさん人称.
　**인칭 대:명사**[-代名詞] 图 文法 人称にんしょう代名詞だいめいし.
**인터뷰:** [interview] 图하他 インタビュー.
**인터체인지** [interchange] 图 (高速道路こうそくどうろの) インターチェンジ.
**인테리어** [interior] 图 インテリア.
**인텔리** 图 (《「인텔리겐치아」의 縮約形》) インテリ.
**인텔리겐치아** [러 intelligentsia] 图 インテリゲンチア, インテリ.
**인파**[人波] 图 人波ひとなみ, 人出ひとで. ¶ ~에 휩쓸리다 人波にもまれる.
**인편**[人便] 图 人伝ひとづて, 行ゆき来きする人ひとの便びん. ¶ ~에 편지를 보내다 人伝に手紙てがみをことづける.
**인품**[人品] 图 人品じんぴん, 人柄ひとがら, 品性ひんせい, 品位ひんい. ¶ 온화한 ~ 穏和おんわな人柄/~이 좋다 人柄がよい.
**인플레** 图經 (《「인플레이션」의 縮約形》) インフレ. ¶ ~를 억제하다 インフレを抑制よくせいする.
**인플레이션** [inflation] 图經 インフレーション, インフレ.
**인플루엔자** [influenza] 图 醫 インフルエンザ.
**인:하**[引下] 图하他되自 引ひき下さげ, 下さげること. ¶ 금리 ~ 金利きんりの引き下げ/ 가격을 ~하다 価格かかくを下げる.
**인-하다**[因-] 图自 よる, 基もとづく. ¶ 부주의로 인한 사고 不注意ふちゅういによる事故じこ.
**인해**[人海] 图 人海じんかい, 人ひとの群むれ.
　**인해 전:술**[-戰術] 图 人海戦術じんかいせんじゅつ.
**인허**[認許] 图하他되自 認許にんきょ, 認可にんか.
**인형**[人形] 图 人形にんぎょう. ¶ 손가락 ~ 指人形.
　**인형-극**[-劇] 图 劇 人形劇にんぎょうげき, 人形芝居にんぎょうしばい.
**인:화**[引火] 图하自 引火いんか. ¶ ~ 물引火物ひき/ 화발유에 ~하다 ガソリンに引火する.
**인:화-성**[-性] 图 引火性ひき. ¶ ~ 물질 引火性物質ぶっしつ.
**인:화-점**[-點] 图 化 引火点いんかてん.

**인화**[印畵] 图하他되自 印画いんが, 焼やき付つけ. ¶ 사진의 ~ 写真しゃしんの印画.
　**인화-지**[-紙] 图 印画紙いんがし.
**인화**[燐火] 图 燐火りんか, 鬼火おにび, 狐火きつねび.
**인후**[咽喉] 图生 咽喉いんこう, のど. ¶ 이비 ~과 耳鼻じび咽喉科か.
　**인후-염**[-炎] 图 醫 咽喉炎いんこうえん.

**일**:¹ [日] 图 ①仕事しごと. ¶ ~이 밀리다 仕事がつかえている. ②用事ようじ, 用件ようけん, 用よう. ¶ 무슨 ~로 오셨나요? どういうご用件でいらっしゃいましたか. ③事こと, 事実じじつ, 成なり行ゆき, 現象げんしょう. ¶ 난처한 ~이 생기다 困こまったことができる. ④事件じけん, 事故じこ, 事変じへん. ¶ 큰 ~ 났다 大変たいへんなことが起おきた. ⑤経験けいけん, こと. ¶ 본 ~도 없다 見みたこともない. ⑥事情じじょう, 事由じゆう. ¶ 오지 못할 ~이 있다 来られない事情がある. ⑦行事ぎょうじ. ⑧計画けいかく, 事業じぎょう. ¶ ~이 잘 되어 간다 事がうまく運はこんでいる. ⑨物 仕事ごと, 作用よう, 働はたらき. ¶ ~률 仕事率しごとりつ. ⑩《軽かるい命令れいや・希望きぼうを表あらわす》 …(する)こと. ¶ 푹 자 둘 ~ ゆっくり寝ねておくこと. ⑪《用言を名詞化にさせる語》 …(する)こと. ¶ 먹는 ~ 食たべること.
　[관용] **일(을) 내다** もめ事ごとを起こす, 事故を起こします. **일(을) 보다** 仕事をする, 用事をする. **일(을) 봐 주다** 人の世話せわをする. **일(을) 삼다** ①事とする, 仕事として行なう. ②専念せんねんする, 明あけ暮くれる.

**일**² 動 ①《一般的いっぱんてき事実じじつであることを表わす》 …である, …たる. ¶ 나라의 기둥~ 청년 国くにの柱はしらである青年. ②《それを推量りょうする意を表わす》 …であろう, …だろう. ¶ 이번 학기의 수석은 그 ~ 것이다 今度こんどの学期の首席しゅせきは彼かれだろう.

**일**¹ [日] 图 ①日曜日にちようび. ②日ひ・び・にち. ¶ ~ 평균 一日いちにち平均きん. ③《形式名詞的に日数ひすうを数かぞえる時とに用もちいる語》 日にち・か. ¶ 15~ 十五日じゅうごにち/ 5~ 5日いつか.

**일**² [日] 图 (《「일본(日本)」의 縮約形》) 日にち. ¶ 재~ 교포 在日ざいにちの同胞どうほう.

**일** [-] 数 ①~も, 一つひと. ¶ ~주일 1週間いっしゅうかん/ ~렬로 서다 1列れつに並ならぶ. ②《体言について》 一いち…. ¶ ~평생 一生涯いっしょうがい/ ~순간 一瞬間いっしゅんかん.

**일가**[一家] 图 一家いっか. ①一家族いちかぞく. ¶ 화목한 ~ むつまじい一家. ②親類しんるい, 一族いちぞく. ¶ ~ 친척 親類一族. ③《学問がくもん, 技芸ぎげいなどの独自とくじの流派りゅうは》 ¶ 학계에서 ~를 이루다 学界がくかいで~を成なす.
　**일가-견**[-見] 图 一見識いちけんしき. ¶ ~을 갖고 있다 一見識を持もっている.
　**일가 단란**[-團欒] 图하形 一家団欒いっかだんらん.

**일각**[一角] 图 一角いっかく, 片隅かたすみ, 一部いちぶ. ¶ 빙산의 ~ 氷山ひょうざんの一角.
　**일각 대:문**[-大門] 图 独立柱どくりつばしらの屋根やねつき大門だいもん.
　**일각-수**[-獸] 图 一角獣いっかくじゅう, ユニコーン.

**일각**〔一刻〕 图 一刻。①ごく短い間、いっとき。¶ ~을 다투다 一刻を争う。②昔の時間の単位(15分)。
관용〉 **일각이 여삼추** 一刻が三秋の如し、一日千秋。
**일각 천금**〔-千金〕 图 一刻千金。
**일간**〔日刊〕 图 하자 ①日刊。¶ ~지 日刊紙。②「日刊新聞」の縮約形。
**일간 신문**〔-新聞〕 图 日刊新聞。
**일간**〔日間〕 图 ①(「일일간(一日間)」の縮約形) 日間、一日間。¶ ~ 작업 계획을 세우다 日間作業計画を立てる。②《副詞的に》近いうちに、いずれ、そのうち。¶ ~ 한 번 찾아 뵙겠습니다 近いうちに一度うかがいます。
**일갈**〔一喝〕 图 하자 一喝。¶ 대성 ~ 大声一喝。
**일-감** 图 仕事、仕事の材料。¶ ~이 밀려 있다 仕事がつかえている。㉿ 일거리
**일개**〔一介〕 图 一介。¶ ~ 서생에 불과하다 一介の書生にすぎない。
**일-개인**〔一個人〕 图 一個人。¶ ~의 입장 一個人の立場。
**일거**〔一擧〕 图 一挙。¶ 적을 ~에 처부수다 敵を一挙にうち壊す。
**일거-양득**〔-兩得〕 图 一挙両得。
**일거-일동**〔-一動〕 图 一挙一動。¶ ~을 살피다 一挙一動を見守る。
**일:-거리** 图 なすべき仕事。¶ ~를 찾다 仕事をさがす。
**일거수-일투족**〔-擧手-投足〕 图 一挙手一投足。¶ 그의 ~을 지켜보다 彼の一挙手一投足を見守る。
**일-거야** 語尾 …だろう、…であろう。¶ 그건 책 ~ それは本だろう。
**일건**〔一件〕 图 一件。
**일건 기록**〔-記錄〕 图〔法〕 一件記録。
**일건 서류**〔-書類〕 图〔法〕 一件書類。¶ ~를 송치하다 一件書類を送致する。
**일걸** 語尾 …だろう、…であろう。¶ 아마 거짓말 ~ 일 うそだろう。
**일격**〔一擊〕 图 一撃、一打。¶ ~을 가하다 一撃を加える。
**일견**〔一見〕 图 하자 一見。①ひとめ見ること。¶ 백문이 불여 ~ 百聞は一見にしかず。②《副詞的に》一見して、ちょっと見たところ。¶ ~ 얌전해 보이는 여자 一見おとなしそうな女。
**일계**〔一計〕 图 一計。¶ ~를 꾸미다 一計をめぐらす。
**일계**〔日系〕 图 日系。¶ ~ 회사 日系会社。
**일계**〔日計〕 图 日計、日々の計算。¶ ~ 표 日計表。
**일고**〔一考〕 图 하자 一考。¶ ~의 여지가 없다 一考の余地がない。
**일고**〔一顧〕 图 하자 一顧。¶ ~의 가치도 없다 一顧の価値もない。
**일곱** 數 七、な、七つ。¶ ~ 번째 七番目/ ~ 식구 七人家族。

**일곱-살** 图 七歳、なな。
**일곱-이레** 图 子供の生後約49日。
**일과**〔-過〕 图 하자 一過。①一度通過すること。¶ 태풍 ~ 台風一過。②一度目を通すこと。
**일과-성**〔-性〕 图〔醫〕 一過性。¶ ~ 발열 一過性の発熱。
**일과**〔日課〕 图 日課。¶ ~를 게을리하다 日課を怠ける。¶ 아침 산책을 ~로 삼다 朝の散策を日課とする。
**일과표**〔-表〕 图 日課表。
**일관**〔一貫〕 图 하자 자 一貫、始めから終わりまで変わらないこと。¶ 시종 ~ 終始一貫/ 초지를 ~하다 初志を貫徹する。
**일관-성**〔-性〕 图 一貫性。¶ ~ 있는 정책 一貫性ある政策。
**일관 작업**〔-作業〕 图 一貫作業。
**일괄**〔一括〕 图 하자 一括、一まとめ。¶ ~ 해서 심의하다 一括して審議する。
**일광**〔日光〕 图 日光。¶ ~ 소독 日光消毒。㉿ 햇빛
**일광-욕**〔-浴〕 图 日光浴。¶ 툇마루에서 ~을 하다 縁側で日光浴をする。
**일광 절약 시간**〔-節約時間〕 图 サマータイム、夏時間。
**일-교차**〔日較差〕 图〔地〕 日較差。
**일구**〔一口〕 图 一口。①一口、一言。②一人。③大勢の人々が口をそろえて言うこと。
**일구-이언**〔-二言〕 图 하자 (一つ口で二つのことを言う意で) 二枚舌。
**일구다** 他 ①掘り起こす、開墾する。¶ 밭을 ~ 掘り起こす。②(もぐらなどが)地面を盛り上げる。
**일국**〔-國〕 图 一国。¶ ~의 대통령 一国の大統領。
**일군**〔-軍〕 图 一軍。¶ ~을 거느리다 一軍を率いる。
**일군**〔-群〕 图 一群、一群れ。
**일그러-뜨리다** 他 歪める、歪ませる。¶ 얼굴을 ~ 顔を歪める。
**일그러-지다** 自 歪む。¶ 표정이 ~ 表情が歪む。
**일금**〔一金〕 图《金額を示すときその前まえに「金の意」を表わす語》一金。¶ ~ 오만 원정 一金五万ウォン也。
**일급**〔一級〕 图 一級。¶ ~품 一級品。
**일급**〔日給〕 图 日給。¶ ~으로 지불하다 日給で支払う。
**일급-장이** 图 日雇い。
**일급-제**〔-制〕 图 日給制。
**일기**〔-技〕 图 一技、一芸。¶ 일인 ~ 一人一技/ ~에 뛰어나다 一芸に秀でる。
**일기**〔一期〕 图 ①一期、一生。¶ 70세를 ~로 죽다 七十歳を一期に死ぬ。②一期。¶ 제 ~생 第一期生。
**일기**〔一騎〕 图 一騎。

**일기**

**일기-당천**[-當千] 图 一騎当千. ¶ ~의 용사 一騎当千の勇士.

**일기**[日記] 图 ①日記. ¶ ~를 쓰다 日記を書く. ②日記帳.

**일기 문학**[-文學] 图[文] 日記文学.

**일기-체**[-體] 图[文] 日記体.

**일기**[日氣] 图 天気, 天候, 日和. ¶ ~가 고르지 못하다 天候が不順だ.

**일기 불순**[-不順] 图 天気不順.

**일기 예:보**[-豫報] 图 天気予報.

**일까** 国 ①(疑問または意見を表わす) …だろう(か). ¶ 이게 무슨 뜻~? これは何の意味だろうか. ②…はずがあろうか. ¶ 빛난다고 해서 모두 금~ 光っているからといってみんな金であるはずがあろうか.

**일-깨우다**¹ 他 (眠っている人などを)早めに起こす, 目覚めさせる.

**일-깨우다**² 他 悟らせる, 言い聞かせる, 覚醒かくせいさせる. ¶ 잘못을 ~ 誤りを悟らせる.

**일껏** 副 わざわざ, 折角. ¶ ~ 준비했는데 쓰이지 않았다 せっかく用意したのに使われなかった.

**일-꾼** 图 ①作業員, 働き手, 人手, 手伝い. ¶ ~을 구할 수가 없다 働き手が ない. ②人材, やり手.

**일년**[一年] 图 一年. ¶ 내내 一年中/ 그로부터 ~이 지났다 あれから一年たった.

**일년-생**[-生] 图 一年生. ①(学校で)一年生の生徒. ¶ 초등학교 ~ 小学校の一年生. ②[植] 一年生草本.

**일년-생 초본**[-草本] 图[植] 一年生草本.

**일년-초**[-草] 图[植] 一年草.

**일념**[一念] 图 一念. ¶ 구국의 ~ 救国の一念/ 만나고 싶은 ~에서 달려오다 会いたい一念から飛んでくる.

**일는지** 国 (漠然とした疑問・推量などを表わす) …かも, …やら, …だろうか(な). ¶ 1등은 김군~(도) 모르겠다 一等は金君かも知れない.

**일:다**¹ 自 ①(新たに)生ずる, 発生する. ¶ 파도가 ~ 波が立つ. / 말썽이 ~ いざこざが起こる. ②(勢いが)盛んになる. ¶ 화로의 불이 ~ 火鉢の火が起こる. ③(毛羽・泡などが)立つ, ふくれる, ふくれ上がる. ¶ 스웨터에 보푸라기가 ~ セーターに毛羽が立つ.

**일:다**² 他 ①よなげる, 揺る, とぐ. ¶ 쌀을 ~ 米をとぐ. ②(箕などで)あおりふるう, ふるい分ける.

**일단**[一團] 图 一団, 一群. ¶ 관광객의 ~ 観光客の一団.

**일단**[一端] 图 一端. ¶ 소신의 ~을 말하다 所信の一端を述べる.

**일단**[一旦] 副 一旦, ひとたび, ひとまず. ¶ ~ 결정한 바에는 관철한다 一旦決めたからにはやり抜かく. / 이것으로 ~ 끝난 셈이다 これでひとまず終わったわけだ.

**일-단락**[一段落] 图[하自] 一段落. ¶ 일이 ~되다 仕事が一段落つく.

**일당**[一黨] 图 一党, 一味, 仲間. ¶ 도둑의 ~ どろぼうの一味. ②一つの政党. ¶ ~ 독재 一党独裁.

**일당**[日當] 图 日当て, 日給, 日割り. ¶ ~을 받다 日当をもらう.

**일당백**[-當百] 图 (一人が100人に当たるの意で) 一人当千, 一騎当千.

**일대**[一代] 图 一代. ¶ ~의 영웅 一代の英雄/ 일생 ~의 걸작 一世一代の傑作.

**일대-기**[-記] 图 一代記.

**일대**[一帶] 图 一帯, 一円, あたり全体, 界わい. ¶ 부근 ~ 付近一帯/ 그 근처 ~에 そのあたり一面わい.

**일대**[一大] 冠 一大. ¶ ~ 장관을 이루다 一大壮観をなす.

**일대-사**[-事] 图 一大事. ¶ 국가의 ~ 国家の一大事.

**일도-양단**[一刀兩斷] 图 一刀両断. ¶ ~으로 처리하다 一刀両断に処理する.

**일독**[一讀] 图[하他] 一読. ¶ ~의 가치가 있다 一読の価値がある.

**일동**[一同] 图 一同. ¶ 회원 ~ 会員一同.

**일-되다** 自 ①(穀物などが)早く熟れる, 早く実る. ¶ 벼가 ~ 稲が早く実る. ②(年齢より)早熟する, ませる. ¶ 일된 아이 早熟な子.

**일등**[一等] 图 一等. ¶ ~석 一等席/ ~을 차지하다 一等を占める.

**일등-급**[-級] 图 一等級, 最上級.

**일등-병**[-兵] 图[軍] 一等兵.

**일등-품**[-品] 图 一等品.

**일라** 国 (疑わしさ・気がかりなどの危惧の念を表わす) …かも知れんぞ.

**일람**[一覽] 图[하他] 一覧.

**일람불 어음**[-拂] 图[経] 一覧払い手形.

**일람-표**[-表] 图 一覧表.

**일랑** 国 …は, …なんかは. ¶ 그런 생각~ 아예 하지도 말아라 そんな考えは初めから捨てろ.

**일러-두기** 图 (本などの) 凡例.

**일러-두다** 他 言いつけて置く, 申しつけておく. ¶ 문단속을 잘 하라고 ~ 戸締りをきちんとしろと申しつけておく.

**일러-바치다** 他 告げ口する, 言い付ける. ¶ 선생님께 잘못을 ~ 先生に過ちを言いつける.

**일러-주다** 他 ①知らせる, おしえてやる. ¶ 그의 주소를 ~ 彼の住所をおしえてやる. ②言い聞かす, 諭す.

**일렁-거리다** 自 (波のまにまに)揺れる, 漂う, 浮遊する. ¶ 물결에 따라 일렁거리는 배 波につれてゆらりゆらり揺れる船.

**일렁-일렁** 副[하自] ゆらりゆらり, ゆらゆら.

**일련**[一連] 图 一連. ¶ ~의 사건 一連の事件.

**일련 번호**[-番號] 图 一連番号, 通し番号.

**일렬**〔一列〕图 一列$_{いち}$。¶ ~ 종대 一列縦隊$_{じゅうたい}$/ ~로 서다 一列に立つ。

**일례**〔一例〕图 一例$_{いちれい}$。¶ ~를 들다 一例を挙げる。

**일로**〔一路〕图 ①一路$_{いちろ}$。¶ 몰락의 ~를 걷다 没落$_{ぼつらく}$の一途をたどる。 ②《副詞的に》一路、ひたすら、まっすぐに。¶ 귀국길에 오르다 一路帰国$_{きこく}$の途$_{と}$につく。

**일로 매:진**〔-邁進〕图$_{ħ}$目 一路邁進$_{いちろまいしん}$。

**일로**《「이리로」의 縮約形》ここへ、こちらへ、こっちへ。¶ ~ 오시오 こっちへいらっしゃい。

**일루**〔一縷〕图 一縷$_{いちる}$。¶ ~의 희망마저 잃다 一縷の希望$_{きぼう}$さえ失$_{うしな}$う。

**일루**〔-壘〕图[野] 一壘$_{いちるい}$、ファーストベース。¶ 4구로 ~에 나가다 四球$_{しきゅう}$で一壘に出$_{で}$る。

**일루-수**〔-手〕图[野] 一壘手$_{しゅ}$、ファーストベースマン。

**일루-타**〔-打〕图[野] 一壘打$_{だ}$、シングルヒット、単打$_{たん}$。

**일류**〔一流〕图 一流$_{いちりゅう}$。¶ ~ 품 一流品$_{ひん}$/ ~ 호텔 一流ホテル。

**일륜**〔一輪〕图 一輪$_{いちりん}$。¶ ~ 명월 一輪の明月$_{めいげつ}$、満月$_{まんげつ}$。

**일륜-차**〔-車〕图 一輪車$_{しゃ}$。

**일률**〔一律〕图 一律$_{いちりつ}$。①(調子$_{ちょうし}$が) 一様$_{いちよう}$で変化$_{へんか}$がないこと。¶ 천편 ~ 千篇$_{せんぺん}$一律。②(昔$_{むかし}$) 死刑$_{しけい}$に値$_{あたい}$する罪$_{つみ}$。

**일률-적**〔-的〕冠图 一律的$_{てき}$。¶ ~ 으로 생각할 수는 없다 一律に考$_{かんが}$えることはできない。

**일리**〔一理〕图 一理$_{いちり}$。¶ 네 말에도 ~ 있다 君$_{きみ}$の言$_{い}$うことにも一理ある。

**일막-극**〔一幕劇〕图 一幕物$_{ひとまくもの}$。㉠ 단막극

**일말**〔一抹〕图 一抹$_{いちまつ}$。¶ ~의 불안을 느끼다 一抹の不安$_{ふあん}$を感$_{かん}$じる。

**일망정**助 (たとえ)…であろうとも、…と言$_{い}$えども。¶ 적~ 함부로 죽이지 말아라 敵$_{てき}$といえどもむやみに殺$_{ころ}$すな。

**일망-타진**〔一網打盡〕图$_{ħ}$他 一網打尽$_{いちもうだじん}$。¶ 일당을 ~ 하다 一党$_{とう}$を一網打尽にする。

**일맥 상통**〔一脈相通〕图$_{ħ}$他 一脈相通$_{いちみゃくあいつう}$ずること。¶ ~ 하는 점이 있다 一脈相通ずる点$_{てん}$がある。

**일면**〔一面〕图 一面$_{いちめん}$。①(物事$_{ものごと}$の)片面$_{かためん}$、一側面$_{いちそくめん}$。¶ 사물의 ~만 보다 事物$_{じぶつ}$の一面だけ見$_{み}$る。②周囲一帯$_{しゅういいったい}$、全面$_{ぜんめん}$、全体$_{ぜんたい}$。¶ 부근 ~ 付近$_{ふきん}$一帯。③(新聞$_{しんぶん}$の)一面。¶ ~의 톱기사 一面のトップ記事$_{きじ}$。④(副詞的に)一方$_{いっぽう}$。¶ ~ 동정할 점이 있다 一面同情$_{どうじょう}$すべき点がある。

**일-면식**〔一面識〕图 一面識$_{いちめんしき}$。¶ 그와는 ~도 없다 彼$_{かれ}$とは一面識もない。

**일명**〔一名〕图 一名$_{いちめい}$。①又$_{また}$の名$_{な}$。¶ 아메리카는 ~ 미국이라고 한다 アメリカは一名米国$_{べいこく}$という。②一人$_{ひとり}$。¶ 부상자 ~ 負傷者$_{ふしょうしゃ}$一名。

**일목**〔一目〕图 一目$_{いちもく}$。①一$_{ひと}$つの目$_{め}$、片目$_{かため}$。㉠ 애꾸눈 ②一度$_{いちど}$見$_{み}$ること。③(囲碁$_{いご}$で)一目$_{いちもく}$。

**일목-요연**〔-瞭然〕图$_{ħ}$形 一目瞭然$_{いちもくりょうぜん}$。¶ ~ 하게 설명하다 一目瞭然に説明$_{せつめい}$する。

**일몰**〔日沒〕图$_{ħ}$自 日没$_{にちぼつ}$、日$_{ひ}$の入$_{い}$り。

**일무**〔一無〕图$_{ħ}$形 全$_{まった}$くないこと、一$_{ひと}$つもないこと。

**일무-소:득**〔-所得〕图 所得$_{しょとく}$が全然$_{ぜんぜん}$ないこと。

**일무-소식**〔-消息〕图 便$_{たよ}$りが全然$_{ぜんぜん}$ないこと。¶ 떠난 후로 아직껏 ~이다 去$_{さ}$ってから今$_{いま}$まで何$_{なん}$の便りもない。

**일문**〔一門〕图 一門$_{いちもん}$。¶ ~의 자랑 一門の誇$_{ほこ}$り。

**일문**〔日文〕图 日文$_{にちぶん}$、日本文$_{にほんぶん}$。

**일문-일답**〔一問一答〕图$_{ħ}$自 一問一答$_{いちもんいっとう}$。

**일미**〔一味〕图 ①独特$_{どくとく}$な味$_{あじ}$。②最上$_{さいじょう}$の味。¶ 천하 ~ 天下$_{てんか}$に名$_{な}$がとどろいているおいしい味。③《佛》一味$_{いちみ}$。

**일반**〔一般〕图 一般$_{いっぱん}$。①同$_{おな}$じこと、同様$_{どうよう}$、同類$_{どうるい}$、一様$_{いちよう}$。¶ 곤란하기는 피차 ~이다 困$_{こま}$るのはお互$_{たが}$いさまだよ。②普通$_{ふつう}$、普遍$_{ふへん}$。¶ ~석 一般席$_{せき}$/ ~ 회계 一般会計$_{かいけい}$。

**일반-론**〔-論〕图 一般論$_{いっぱんろん}$。

**일반-인**〔-人〕图 一般人$_{じん}$。

**일반-적**〔-的〕冠图 一般的$_{てき}$。¶ ~인 사고 방식 一般的な考$_{かんが}$え方$_{かた}$。

**일반-직**〔-職〕图 ¶ ~ 공무원 一般職公務員$_{こうむいん}$。

**일반-화**〔-化〕图$_{ħ}$他$_{ħ}$自 一般化$_{か}$。

**일발**〔一髮〕图 一髪$_{いっぱつ}$。¶ 위기 ~ 危機$_{きき}$一髪。

**일방**〔一方〕图 一方$_{いっぽう}$、片方$_{かたほう}$。¶ ~ 통행 一方通行$_{こう}$。

**일방-적**〔-的〕冠图 一方的$_{てき}$。¶ ~인 주장 一方的な主張$_{しゅちょう}$。

**일변**〔一邊〕图 ①一辺$_{いっぺん}$、片方$_{かた}$、一方$_{いっぽう}$。②[数] 一辺$_{ぺん}$、一$_{ひと}$つの辺$_{ぺん}$。③《副詞的に》一方$_{いっぽう}$では、傍$_{かたわ}$ら。¶ ~ 놀랍고 반갑다 驚$_{おどろ}$く一方、また懐$_{なつ}$かしい。

**일변-도**〔-倒〕图 一辺倒$_{いっぺんとう}$。¶ 수출 ~의 경제 輸出$_{ゆしゅつ}$一辺倒の経済$_{けいざい}$。

**일변**〔-變〕图$_{ħ}$他$_{ħ}$自 一変$_{いっぺん}$。¶ 태도가 ~ 하다 態度$_{たいど}$が一変する。

**일별**〔-瞥〕图$_{ħ}$他 一瞥$_{いちべつ}$。¶ ~도 않고 지나가다 一瞥もくれずに通$_{とお}$りすぎる。

**일병**〔一兵〕图 ①「일등병」의 縮約形。②一兵$_{へい}$、一人$_{ひとり}$の兵士$_{へいし}$。

**일보**〔一步〕图 一歩$_{いっぽ}$。¶ ~ 전진 一歩前進$_{ぜんしん}$/ ~도 양보하지 않다 一歩も譲$_{ゆず}$らない。

**일:-보다**自 ①仕事$_{しごと}$をする、用事$_{ようじ}$をすます。②世話$_{せわ}$をする、手伝$_{てつだ}$う。

**일:-복**〔-福〕图(比) 仕事$_{しごと}$が多$_{おお}$いことを福$_{ふく}$にたとえた語$_{ご}$。¶ ~이 터지다 仕事がどっとおしよせる。

**일본**〔日本〕图[地] 日本$_{にほん}$・$_{にっ}$$_{ぽん}$。¶ ~ 열도 日本列島$_{れっとう}$。

**일본 뇌염**〔-腦炎〕图[醫] 日本脳炎$_{のうえん}$。

**일본-풍**[-風] 图 日本式しき、和式わしき。

**일봉**[一封] 图 一封いっぷう、お礼れい・賞金しょうきんとしてちょっとのお金かねを入いれた封筒ふうとう。¶ 금~ 金一封きんいっぷう。

**일부**[一夫] 图 一夫いっぷ。

**일부-다처**[-多妻] 图 一夫多妻いっぷたさい。¶ ~제 一夫多妻制いっぷたさいせい。

**일부-일처**[--妻] 图 一夫一妻いっぷいっさい。¶ ~주의 一夫一妻主義いっぷいっさいしゅぎ。

**일부-종사**[-從事] 图하目 一人ひとりの夫おっとだけに仕つかえること。

**일부**[一部] 图 一部いちぶ。¶ ~ 파산 一部破産いちぶはさん/ ~를 수정하다 一部を修正しゅうせいする。

**일부**[日附] 图 日付ひづけ。¶ ~ 변경선 日付変更線ひづけへんこうせん。

**일부-인**[-印] 图 日付印ひづけいん。¶ ~을 찍다 日付印を押おす。

**일부**[日賦] 图 日賦にっぷ、日払ひばらい。¶ ~ 판매 日賦販売にっぷはんばい/ ~로 갚다 日賦で返かえす。

**일부-불**[-拂] 图 日払ひばらい。

**일부러** 副 わざと、わざわざ、故意こいに、ことさらに。¶ ~ 갈 것까지는 없다 わざわざ行いくまでもない。/ ~ 한 것이 아니니 용서해 주십시오 故意にしたことではないので赦ゆるしてください。

**일-부분**[一部分] 图 一部分いちぶぶん。¶ ~이 파손되다 一部分が破損はそんする。

**일분**[一分] 图 ①(時間じかんなどの)一分いっぷん。②《副詞的にも使われて》一分いちぶ、ちょっと。¶ ~의 잘못도 없다 一分の誤あやまりもない。

**일분 일초**[--抄] 图 一分一秒いちぶいちびょう。¶ ~를 다투는 경쟁 一分一秒を争あらそう競争きょうそう。

**일비**[日費] 图 毎日まいにちの費用ひよう。

**일사**[一事] 图 一事いちじ。¶ ~로 만사를 알다 一事で万事ばんじを知しる。

**일사-부재리**[-不再理] 图〖法〗一事不再理いちじふさいり。

**일사**[一絲] 图 一糸いっし。

**일사-불란**[-不亂] 图하形 一糸乱いっしみだれぬこと。¶ ~한 행동 一糸乱れぬ行動こうどう。

**일사**[日射] 图 日射にっしゃ、ひざし。

**일사-병**[-病] 图〖醫〗日射病にっしゃびょう。

**일-사분기**[一四分期] 图 第一四半期だいいちしはんき。

**일사-천리**[-瀉千里] 图 一瀉千里いっしゃせんり。¶ ~로 진행되다 一瀉千里に進行しんこうする。

**일삭**[一朔] 图 ひと月つき、一いっカ月げつ。

**일산**[日産] 图 ①日産にっさん、一日いちにちの生産高せいさんだか。¶ ~ 백만 톤 日産100万まんトン。②日本にほん。

**일산화-탄소**[一酸化炭素] 图〖化〗一酸化いっさんか炭素たんそ。

**일:-삼다** 他 事ことをする、専念せんねんする、明あけ暮くれる。¶ 당쟁을 ~ 党争とうそうを明け暮れる。

**일상**[日常] 图 日常にちじょう、ふだん、常日つねひごろ。¶ ~ 생활 日常生活にちじょうせいかつ/ ~ 있는 일 日常ごろよくあること。

**일상-사**[-事] 图 日常の事こと。

**일상 용:어**[-用語] 图 日常じょうよう用語ようご、平常語へいじょうご、日常語にちじょうご。

**일상-적**[-的] 冠名 日常的にちじょうてき。¶ ~인 행동 日常的な行動こうどう。

**일색**[一色] 图 ①一色いっしょく・ひといろ。¶ 초록 ~으로 칠하다 緑みどり一色に塗ぬる。②《一部の名詞について》そればかり、一色いっしょく。¶ 경축 ~ 慶祝けいしゅく一色。③素晴すばらしい美人びじん。¶ 천하 ~ 絶世ぜっせいの美人。

**일생**[一生] 图 一生いっしょう、生涯しょうがい。¶ 여자의 ~ 女おんなの一生/ ~을 바치다 一生をささげる。/ ~을 독신으로 지내다 生涯独身どくしんで過すごす。

**일생-일대**[--代] 图 一世一代いっせいちだい。¶ ~의 큰 도박 一世一代の大おおばくち。

**일생-토록** 副 一生いっしょうまで、死しぬまで。¶ 이 은혜는 ~ 잊지 않겠습니다 ご恩おんは死ぬまで忘わすれません。

**일석-이조**[一石二鳥] 图 一石二鳥いっせきにちょう、一挙両得りょうとく。¶ ~의 효과 一石二鳥の効果こうか。

**일선**[一線] 图 一線いっせん。①一ひとつの線せん、区切くぎり。¶ ~을 긋다 一線を画かくす。②第一線だいいっせん、最前線さいぜんせん。¶ ~ 부대 第一線部隊ぶたい/ ~에 서다 一線に立たつ。

**일성**[一聲] 图 一声いっせい・ひとこえ。¶ 대갈 ~ 大喝一声だいかついっせい。

**일세**[一世] 图 一世いっせい。①一生いっしょう。¶ ~의 사업 一世の大事業だいじぎょう。②世よの中なか、当世とうせい、当時とうじ。¶ ~를 풍미하다 一世を風靡ふうびする。③一人ひとりの王おうの国くにを治おさめた時代だい、一代いちだい。④同名どうめいの皇帝こうてい・法皇ほうおうで初代しょだいの人ひと。¶ 엘리자베스 ~ エリザベス一世。⑤移住民いじゅうみんなどの初代だいの人ひと。¶ 재일 동포 ~ 在日同胞どうほう一世。

**일세**[語尾] …だよ、…だ(ね)。¶ 참 오래간만~ やあ、暫しばらくだね。

**일소**[一笑] 图하目 一笑いっしょう。①一度いちど笑わらうこと。¶ 파안 ~ 破顔はがん一笑。②悔くやしがって笑うこと。¶ ~를 당하다 一笑を買かう。
관용> **일소에 부치다** 一笑に付ふす。

**일소**[一掃] 图하他回目 一掃いっそう。¶ 적폐를 ~ 하다 積弊せきへいを一掃する。

**일:-손** 图 ①働はたらく人ひと、人手ひとで。¶ ~이 모자라다 人手が足たりない。②(仕事しごとの)腕うで、腕前うでまえ。¶ ~이 야무지다 腕がしっかりしている。③仕事しごとの手て。¶ 잠시 ~을 멈추다 しばらく手を休やすめる。
관용> **일손(을) 놓다** 仕事ことの手てを休やすめる。
**일손(을) 떼다** 仕事をやめる、仕事を終おえる。
**일손(이) 잡히다** 仕事に身みが入はいる。

**일수**[日收] 图 ①日収にっしゅう、日銭ひぜに、一日いちにちの収入しゅうにゅう。②日済にっすし。¶ ~ 돈을 얻다 日済し金かねを借かりる。

**일수-놀이** 图 日済しで金かねを貸かすこと、またそれを業ぎょうとすること。

**일수-쟁이** 图 日済し貸かし(人にん)。

**일수**[日數] 图 ①日数にっすう、日ひかず。¶ 결석 ~ 欠席けっせき日数。②その日の運うん、日柄ひがら。¶ ~가 사납다 日柄が良よくない。

**일수록** 助 …(であれば)あるほど、…(すれば)す

**일순**[一瞬] 名 一瞬。¶ ~도 잊지 않다 一瞬も忘れない。

**일순-간**[-間] 名 一瞬間、瞬時間、つかの間。¶ ~에 일어난 사고 一瞬間に起こった事故。

**일습**[一襲] 名 (衣服・器具などの)一着、一式、ひとそろい。¶ 가구 ~ 家具一式。

**일시**[一時] 名 一時に。①その時だけ、臨時、当座、いっとき。¶ ~의 모면 一時ののがれ。②一時、(過去の)ある時期、かつて。¶ ~ 곤경에 빠진 때도 있었다 一時に苦境に陥ったこともあった。¶ ~ 동시에、いちどきに。¶ ~에 몰려오다 同時に押しかける。④一度に。¶ 몸에서 ~에 힘이 빠졌다 体から一度に力が抜けた。⑤ひととき、わずかの間。¶ ~ 철도가 불통되다 鉄道が一時不通になる。

**일시-금**[-金] 名 一時金。

**일시-불**[-拂] 名 一時払い。

**일시-적**[-的] 冠 一時的。¶ ~인 현상 一時的の現象。

**일시**[日時] 名 日時。¶ 회합 ~를 정하다 会合の日時を決める。

**일식**[日蝕] 名 하자 天 日食。¶ 개기 ~ 皆既日食。

**일신**[一身] 名 一身。¶ ~의 이익을 꾀하다 一身の利益を計る。

**일신-상**[-上] 名 一身上。¶ ~의 문제 一身上の問題。

**일신**[一新] 名 하자 되자 一新。¶ 면목을 ~하다 面目を一新する。

**일신-교**[一神教] 名 宗 一神教。

**일실**[一室] 名 一室。

**일심**[一心] 名 一心。¶ ~ 협력 一心協力。

**일심-동체**[-同體] 名 一心同体。¶ 부부는 ~다 夫婦は一心同体だ。

**일심 불란**[-不亂] 名 하자 一心不乱。¶ ~으로 공부하다 一心不乱に勉強する。

**일심 전력**[-專力] 名 하자 一心になって全力を尽くすこと。

**일쑤** 名 ①いちばんよい方法。¶ 일을 많이만 하면 ~냐? 仕事をただたくさんするのがいいというのかい。②《おもに「-기가 -다」の形で》…するのが常、ならわし、お決まり。¶ 툭하면 울기가 ~다 どうかするとすぐに泣く。③《副詞的に》しばしば、よく、ときどき。¶ 몸이 약해서 ~ 결석을 한다 体が弱くてよく欠席する。

**일약**[一躍] 名 一躍。¶ ~ 유명해지다 一躍有名になる。

**일어**[日語] 名 日本語。¶ ~ 회화 日本語会話。

**일어-나다** 自 ①立つ、立ち上がる。¶ 의자에서 ~ 椅子から立ち上がる。②(寝床から)起きる、起き上がる。¶ 아침 일찍 ~ 朝早く起きる。③決起する。¶ 조국을 위해 ~ 祖国のために決起する。④発生する、起こる。¶ 전쟁이 ~ 戦争が起こる。/살인 사건이 ~ 殺人事件が発生する。⑤盛んになる、興る、起こる。¶ 집안 형편이 ~ 家勢が興る。⑥(火が)付き始める、起こる。¶ 불이 잘 일어난다 火がよくつく。

**일어-서다** 自 ①立つ、立ち上がる、起立する。¶ 비틀거리면서 간신히 ~ よろよろしながらやっと立ち上がる。②(悪い状態から)立ち直る、よくなる。¶ 회사가 다시 ~ 会社がもう一度立ち直る。③奮起する、決起する。¶ 압제에 반항하여 ~ 圧制に抗して立ち上がる。

**일어-앉다** 自 起き上がって座る。

**일언**[一言] 名 一言。¶ ~ 일행에 주의하다 一言一行に注意する。

**일언-반구**[-半句] 名 一言半句。¶ ~의 불평도 없다 一言半句の不平もない。

**일언지-하**[-之下] 名 一言のもと、言下。¶ ~에 거절하다 一言のもとにはねつける。

**일:-없다** 形 ①必要でない、要らない。¶ 네 도움은 ~ お前の助けは要らないよ。②構わない、大丈夫だ、差し支えがない。¶ 일없으니 조금도 걱정 말게 大丈夫だから少しも心配しなするな。**일없-이** 副 用もなく、無用に。¶ ~ 거리를 배회하다 用もなく街をうろつく。

**일요**[日曜] 名 《「일요일」の縮約形》日曜。¶ ~ 화가 日曜画家。

**일요-일**[-日] 名 日曜日。¶ ~도 없이 일하다 日曜日もなしに働く。

**일용**[日用] 名 日用。¶ 하자 되자 毎日使用すること。¶ ~ 잡화 日用雑貨。②毎日の費用。

**일용-품**[-品] 名 日用品。

**일용**[日傭] 名 日傭、日雇い。¶ ~ 노동자 日雇い労働者。

**일원**[一元] 名 一元。¶ ~ 방정식 一元方程式。

**일원-론**[-論] 名 哲 一元論。

**일원-화**[-化] 名 하자 되자 一元化。¶ 기구를 ~하다 機構を一元化する。

**일원**[一員] 名 一員。¶ 조직의 ~이 되다 組織の一員となる。

**일원**[一圓] 名 一円。¶ 중부 지방 ~의 비구름 中部地方一円の雨雲。

**일월**[日月] 名 日月。①太陽と月。②月日、年月、歳月。¶ ~을 보내다 月日を送る。

**일월-성신**[-星辰] 名 日月星辰。

**일위**[一位] 名 ①一位、首位。¶ ~를 차지하다 一位を占める。②お一人、お一方。③数 一つの桁。

**일으키다** 他 ①起こす、引き起こす、立たせる。¶ 몸을 ~ 体を起こす。②(事を)起こす、引き起こす。¶ 소송을 ~ 訴訟を

を起こす。/ 사건을 ~ 事件じんを引き起こす。③(病びょうに)かかる、起おこす。¶ 식중독을 ~ 食しょくあたりする。④(国こく・事業じぎょうなどを)興おこす、建たてる、始はじめる。¶ 사업을 ~ 事業じぎょうを興こす。⑤発生はっせいさせる、起おこす。¶ 전기를 ~ 電気でんを起こす。/ 화로에 불을 ~ 火鉢ひばちに火ひを起こす。⑥盛さかんにさせる、立たて直なおす、興おす。¶ 기운 가세를 다시 ~ 傾かたむいた家勢かせいを再ふたたび盛もり返かえす。⑦出世しゅっせする、立身りっしんする、起おこす。

**일이**〔一二〕 名 一二にに。①一いちや二に、一ひとつか二ふたつ。②《冠形詞的に》一二の。¶ ~ 회 一二回いちにかい/ ~ 위를 다투다 一二を競きそう。

**일익**〔一翼〕 名 一翼いちよく。¶ ~을 담당하다 一翼を担にのう。

**일인**〔一人〕 名 一人にん・ひと。¶ ~당 一人当ひとりたり/ ~ 분 一人分ぶん。

**일인 이:역**〔一二役〕 名 一人二役いちにんふたやく。

**일인-자**〔-者〕 名 一人者いちにんしゃ、第一人者だいいちにんしゃ。¶ 재계의 ~ 財界ざいかいの第一人者。

**일-인칭**〔一人稱〕 名《文法》一人称いちにんしょう。¶ ~ 소설 一人称小説しょうせつ。

**일일**〔一日〕 名 ①一日いちにち。¶ ~ 3회 복용 一日3回服用。②(毎月まいつきの)一日ついたち。¶ 삼월 ~ 三月さんがつ一日。

**일일**〔日日〕 名 日々にち・ひ、日ひごと、毎日まいにち。¶ ~ 매상고 日々にちの売上高うりあげ。

**일:일-이** 副 事々ことに、すべて。¶ ~ 참견하다 事々ことに口くちを出だす。

**일일-이**〔━━〕 副 一々いちいち、一ひとつ一ひとつ。¶ 말대꾸하다 いちいち口答くちごたえをする。

**일임**〔一任〕 名 他 一任にん、任まかせること。¶ 부하에게 ~ 하다 部下ぶかに一任する。

**일자**〔一字〕 名 一字いちじ。①一ひとつの字じ、一文字もじ。②ごく短みじかい文ぶん。③一ひとの字じ。
**일자-무식**〔-無識〕 名 一文不知いちもんふち、一文不通つう。

**일자**〔日字〕 名 日付づけ、日取とり、日数にっすう。¶ ~ 가 틀리다 日付が間違まちがっている。/ 결혼 ~ 를 정하다 結婚けっこんの日取りを決きめる。

**일:-자리** 名 ①職しょく、仕事しごと、勤つとめ口ぐち、職場しょくば。¶ ~를 구하다 勤め口を探さがす。②職場しょくば、仕事場しごとば。¶ ~에 나가다 職場に行いく。

**일장**〔一場〕 名 一場いちじょう、一席せき。¶ ~ 풍파 一場の騒さわぎ/ ~ 연설을 하다 一席ぶつ。
**일장-춘몽**〔-春夢〕 名 一場の夢ゆめ。

**일장-일단**〔一長一短〕 名 一長一短いっちょういったん。¶ 누구에게나 ~ 이 있는 법이다 誰だれしも一長一短はあるものだ。

**일전**〔一戰〕 名 他 一戦せん。¶ ~ 불사 一戦を辞じせず。

**일전**〔一轉〕 名 他 一転てん。¶ 심기 ~ 心機しんき一転。

**일전**〔日前〕 名 先般せんぱん、先日せんじつ、過日かじつ、先ごろ。¶ ~엔 여러 가지로 폐가 많았습니다 先日はいろいろとお世話せわになりました。

**일절**〔一切〕 副 一切さい、全ぜんく、全然ぜんぜん。¶ 사례는 ~ 받지 않는다 謝礼しゃれいは一切受うけ取とらない。

**일정**〔一定〕 名 他 形 一定いってい。¶ ~ 량 一定量りょう/ ~ 한 조건 一定の条件じょうけん/ 규격을 ~ 하게 하다 規格きかくを一定にする。

**일정**〔日程〕 名 日程にってい。¶ 행사 ~ 行事ぎょうじ日程/ ~ 에 오르다 日程にのぼる。
**일정-표**〔-表〕 名 日程表ひょう。

**일제**〔一齊〕 名 一斉いっせい。¶ ~ 단속 一斉取とり締しまり。
**일제 사격**〔-射擊〕 名 他 一斉射撃しゃげき。
**일제-히** 副 一斉に、そろって。¶ ~ 일어서다 一斉に立たち上あがる。

**일제**〔日帝〕 名 日帝ていい。①日本帝国にほんていこく。②日本ほん帝国主義しゅぎ。

**일제**〔日製〕 名 日本製にほんせい・にっぽん、和製わせい、メードインジャパン。

**일조**〔一助〕 名 一助じょ。¶ 양국의 이해에 ~ 하다 両国りょうこくの理解かいに一助とする。

**일조**〔一朝〕 名 一朝いっちょう。①「일조일석」の縮約形。ある日ひの朝あさ。③万一まんいちの場合ばあい。¶ ~ 유사시에는 一朝事ある時ときには。

**일조-일석**〔一夕〕 名 一朝一夕いっせき。¶ ~에는 성취되지 않는다 一朝一夕には成就じょうじゅしない。

**일조**〔日照〕 名 日照じょう。¶ ~ 시간 日照時間かん。
**일조-권**〔-權〕 名 日照権けん。
**일조-율**〔-率〕 名《物》日照率りつ。

**일족**〔一族〕 名 一族いちぞく、同族どうぞく。¶ ~이 모이다 一族が集あつまる。

**일종**〔一種〕 名 一種しゅ。①一ひとつの種類しゅるい。¶ 개의 ~ いぬの一種。②ある種類。¶ ~의 행복감 一種の幸福感こうふくかん。

**일주**〔一周〕 名 他 一周しゅう、一回ひとまわり、一巡いちじゅんり。¶ 세계 ~ 世界せかい一周。

**일주**〔一週〕 名 ①他 一週しゅう。㊥ 일주(一週)。②「일주간・일주일」の縮約形。
**일-주간**〔-間〕 名 一週間しゅうかん。
**일-주일** 名 一週間じっしゅうかん。

**일-주기**〔-週忌〕 名 一周忌いっしゅう、一回忌いっかいき。

**일-주년**〔-週年〕 名 一周年しゅうねん。¶ 창립 ~ 기념 創立そうりつ一周年記念ねん。

**일지**〔日誌〕 名 日誌じっし。¶ 학급 ~를 쓰다 学級きゅうの日誌をつける。

**일지** 助《推量りょう・疑ぎ・過去かこのことを思おい返かえすなど》問とうを表あらわす》…だろうか、…なのか、…やら。¶ 무슨 선물~ 궁금하구나 どんな贈おくり物ものなのか気きになるなあ。

**일지니** 助 …なのであるから、…(するはず)だから、…ので。¶ 게으름은 실패의 원인~ 삼가라 怠惰たいだは失敗ぱいの原因いんであるから気をつけよ。

**일지라** 語尾 …(すべき)である、…のはずだ。¶ 정직함은 사회 생활의 기본~ 正直しょうじきであることは社会生活しゃかいせいかつの基本である。

**일지라도** 助 (たとえ)…といえども、…たりとも、…でも。¶ 어린아이 ~ 그것은 알고 있다 子供こどもといえどもそれは知しっている。

**일지언정** 助 (たとえ)…ではあれど、…であって

**일직**[日直] 图 日直にっちょく。¶ ~ 당번 日直当番とうばん/ ~을 서다 日直に立たつ。

**일-직선**[一直線] 图 一直線いっちょくせん。¶ ~으로 늘어서다 一直線に並ならぶ。

**일진**[一陣] 图 一陣いちじん。
 **일진 광풍**[-狂風] 一陣の狂風きょうふう。¶ ~이 일다 一陣の狂風が起おこる。

**일진**[日辰] 图[民] その日ひの干支えと、日柄ひがら、日並ひなみ。¶ ~이 좋다 日柄がよい。

**일진대** 励 もし…なら、もし…であるようなら、…であるからには。¶ 빚쟁이도 사람~ 어찌 눈물이 없겠는가 借金取しゃっきんとりも人間にんげんであるからにはどうして涙なみだがないはずがあろうか。

**일진-일퇴**[一進一退] 图[하자] 一進一退いっしんいったい。¶ ~하는 전황 一進一退の戦況せんきょう。

**일찌감치** 早はやめに、もう少しく早はやく、かなり早く。¶ ~ 일을 끝내다 早めに仕事しごとを終える。

**일찍** 副(「일찍이」의 縮約形) 早はやく、早はやめに。¶ 아침 ~ 일어나다 朝早あさはやく起おきる。

**일찍-이** 副 ①早はやく、早はやめに。¶ ~ 오너라 早めに来こい。②以前ぜん、これまで、かつて。¶ ~ 이런 일은 없었다 これまでこんなことはなかった。

**일차**[一次] 图 ①一次いちじ。¶ ~ 방정식 一次方程式ほうていしき/ ~ 모집 一次募集ぼしゅう。②(副詞的に)一回いっかい、一度いちど。¶ ~ 시험해 보십시오 一度試ためしてみなさい。
 **일차 산:업**[-産業] 一次産業さんぎょう。
 **일차-적**[-的] 冠 一次的てき。¶ ~인 책임은 내게 있다 一次的な責任せきにんは僕ぼくにある。
 **일차 함:수**[-函数] [数] 一次関数かんすう。

**일착**[一着] 图[하자] 一着ちゃく。¶ 경주에서 ~을 하다 競走きょうそうで一着になる。

**일처 다부**[一妻多夫] 图 一妻多夫いっさいたふ。¶ ~ 제 一妻多夫制。

**일체**[一切] 图 ①一切いっさい、全部ぜんぶ。¶ 재산 ~를 처분하다 財産ざいさん一切を処分しょぶんする。②《冠形詞的に》一切の、すべて、あらゆる。¶ ~ 사무를 관장하다 すべての事務じむを管掌かんしょうする。③《副詞的に》一切、全まったく、全然ぜんぜん。¶ 그 얘기는 ~ 입 밖에 내지 말아라 その話はなしは口外こうがいするな。

**일체**[一體] 图 一体たい。①一ひとつの体からだ、同体どうたい。¶ ~가 되다 一体になる。②全部ぜんぶ、すべて。③一様ようであること。
 **일체-화**[-化] 图[하자타] 一体化か。

**일촉-즉발**[一觸卽發] 图 一触即発いっしょくそくはつ。¶ ~의 위기 一触即発の危機きき。

**일축**[一蹴] 图[하자타] 一蹴いっしゅう。¶ 제안을 ~하다 提案ていあんを一蹴する。

**일출**[日出] 图[하자] 日出にっしゅつ、日ひの出で。

**일취-월장**[日就月將] 图[하자] 日ひに月つきに進步発展はってんすること、日進月步にっしん。¶ ~하는 기량 日進月步の技量ぎりょう。

**일층**[一層] 图 一層そう。①(建物たてものの)一階いっかい、一重ひと。②(副詞的に) ひときわ、ひとしお、もっと。¶ ~ 경계하다 一層警戒けいかいする。

**일치**[一致] 图[하자] 一致いっち。¶ 언행 ~ 言行げんこう一致/ 의견이 ~하다 意見いけんが一致する。
 **일치 단결**[-團結] 图[하자] 一致団結けつ。¶ ~하여 일을 하다 一致団結して仕事しごとをする。

**일컫다** 他巨 ①(何々なにとと)呼よぶ、称しょうする、号ごうする。¶ 음악의 아버지라고 ~ 音楽おんがくの父ちちと呼ぶ。②ほめる、たたえる、称賛しょうさんする。¶ 훈공을 길이 ~ 薫功くんこうをながら永ながくほめたたえる。③かこつける。¶ 병을 일컫고 쉬다 病気びょうきにかこつけ休やすむ。

**일탈**[逸脫] 图[하자자][하자타] 逸脱だつ。¶ 본래의 목적에서 ~하다 本来ほんらいの目的から逸脱する。

**일:-터** 職場しょくば、働はたらき口くち、作業場さぎょうば、仕事場しごとば。¶ ~를 구하다 働き口を探さがす。

**일-텐데** 助 …であるはずだが、…であろうが、…であろうに。¶ 그도 아직 학생~ 彼かれもまだ学生がくせいであるはずだが。

**일파**[一派] 图 一派は。①(学芸げいなどの)一ひとつの流派りゅうは。¶ 독립되어 ~를 이루다 独立どくりつして一派をなす。②仲間なかま、一味みち。¶ 그들 ~의 소행이다 彼かれら一派のしわざだ。

**일편**[一片] 图 一片ぺん、ひとかけら。¶ ~의 양심도 없다 ひとかけらの良心りょうしんもない。
 **일편-단심**[-丹心] 图 一片の赤誠せき、真心まごころ。

**일-평생**[-平生] 图 一生いっしょう、一生涯しょうがい。¶ ~의 소원 一生の願ねがい。

**일품**[一品] 图 一品ぴん。①一ひとつの品しな。¶ ~ 요리 一品料理りょうり。②逸品いっぴん、最もっとも勝すぐれた品物しなもの、最上品さいじょうひん。¶ 천하 ~ 天下てん一品。

**일품**[逸品] 图 逸品ぴん。

**일필**[一筆] 图 一筆いっぴつ。①ひとふで。¶ ~의 서화 一筆の書画しょが。②短みじかい文章ぶんしょう。
 **일필 휘지**[-揮之] 图[하자타] 一筆書がき、一気いっきに書かき下おろすこと。

**일:-하다** 自여 働はたらく、仕事しごとをする。¶ 밤낮 없이 ~ 昼夜ちゅうやを分わかたず働く。

**일행**[一行] 图 一行ぎょう、同勢どうぜい、連つれ、同行者どうこうしゃ。¶ 사절단 ~ 使節団しせつだんの一行。

**일화**[逸話] 图 逸話わ、エピソード。¶ 재사다운 ~ 才人さいじんらしい逸話。

**일확-천금**[一攫千金] 图 一攫千金いっかくせんきん。¶ ~을 꿈꾸다 一攫千金を夢見ゆめみる。

**일환**[一環] 图 一環かん。¶ 정책의 ~을 이루다 政策さくの一環をなす。

**일회**[一回] 图 一回いっかい。¶ 연재 소설의 ~ 連載小説れんさいしょうせつの一回/ ~에 득점하다 一回に得点とくてんする。
 **일회-기**[-忌] 图 一回忌き。

**일흔** 七十ななじゅう・じゅう、ななそ。¶ ~ 살 七十歲ななじゅっさい。

**일희-일비**[一喜一悲] 图[하자자] 一喜一憂いっきいちゆう。¶ 그 소식에 ~하다 その知しらせに一喜一憂する。

**읽다** 他 ①読よむ。¶ 소설을 ~ 小説しょうせつを読

읽히다

む。②(相手の表情などから)推量する、読み取る。¶ 표정으로 남의 마음을 ~ 表情で人の心を読み取る。③(将棋・碁などで)手を読む。¶ 바둑에서 수를 ~ 囲碁などで手を読む。

**읽히다** I 自 《「읽다」의 수동》読まれる。¶ 많이 읽히는 책 よく読まれている本。II 他 《「읽다」의 사동》読ませる。¶ 아이들에게 책을 ~ 子供たちに本を読ませる。

**잃다** 他 失う。①(持っていたものを)無くす、落とす。¶ 지갑을 ~ 財布を失う。②(常識등을)無くする、忘れる。¶ 이성을 ~ 理性を失う。③(賭博등에서)金品을 取られる、損をする、無くす。¶ 본전까지 다 ~ 元手までまですっかり取られる。④亡くなす、死別する。¶ 외아들을 ~ 一人息子を亡くなす。⑤方向에 迷う。¶ 방향 감각을 ~ 方向感覚を失う。⑥(機会등을) とり逃がす、のがす。¶ 기회를 ~ 機会をのがす。

**잃어-버리다** 他 失う、無くす、無くしてしまう。¶ 잃어버린 세월 失われた歳月 / 길을 ~ 道に迷う。

**임**[1] 名 恋い慕う人、いとしの君。
[속담] **임도 보고 뽕도 딴다** いとしの人にも会うしクワの葉も摘もう。《一挙両得、一石二鳥》

**임**[2] 名 頭の上に載せた物。
**임-질** 하自 物を頭の上に載せること。

**임**[3] 助 であること、…である、…とする。¶ 이 사람은 학생~을 증명한다 この者は学生であることを証明する。/ 회의장은 강당~ 会議場は講堂である。

**임간**[林間] 名 林間。¶ ~ 학교 林間学校。
**임검**[臨檢] 名 하他 臨検。
**임계**[臨界] 名 臨界、境界、境。¶ ~ 상태 臨界状態。
임계-각[-角] 名 物 臨界角。
임계 압력[-壓力] 名 物 臨界圧力。
임계 온도[-溫度] 名 物 臨界温度。
**임:관**[任官] 名 하自 되 任官。¶ ~ 장교 任官将校。
**임:금** 名 王、君王、君主。¶ ~님 王様。
**임:금**[賃金] 名 賃金、労賃、労銀。¶ ~ 인상 賃上げ / 최저 ~ 最低賃金 / 을 지불하다 賃金を支払う。
**임:금 노동**[-勞動] 名 賃金労動。¶ ~자 賃金労働者。
**임:금 지수**[-指數] 名 賃金指数。
**임:기**[任期] 名 任期。¶ 만료 任期満了 / ~를 연장하다 任期を延長する。
**임기**[臨機] 名 하自 臨機。
**임기-응변**[-應變] 名 하自 臨機応変。¶ ~의 조치를 취하다 臨機応変の措置をとる。
**임:대**[賃貸] 名 하他 되 賃貸、賃貸し。¶ ~ 주택 賃貸住宅 / 집을 ~ 하다 家を賃貸する。
**임:대-료**[-料] 名 賃貸料、貸し賃。

**임:대-인**[-人] 名 賃貸人。
**임:대-지**[-地] 名 賃貸地。
**임:대차**[賃貸借] 名 하他 法 賃貸借。¶ ~ 계약 賃貸借契約。
**임:란**[壬亂] 名 「임진왜란」의 縮約形。
**임:면**[任免] 名 하他 任免。¶ ~권을 쥐다 任免権を握る。
**임:명**[任命] 名 하他 되 任命。¶ ~장 任命状 / 주미 대사에 ~되다 駐米大使に任命される。
**임:무**[任務] 名 任務、役目。¶ ~를 다하다 任務を果たす。
**임박**[臨迫] 名 하自 差し迫ること、切迫。¶ 섣달 대목이 ~하다 大晦日みそかが差し迫る。
**임산**[林産] 名 林産。¶ ~ 자원 林産資源。
**임산-물**[-物] 名 林産物。
**임:-산부**[妊産婦] 名 妊産婦にんさん。
**임상**[臨床] 名 臨床。¶ ~ 의학 臨床医学。
임상 신:문[-訊問] 名 臨床訊問。
**임시**[臨時] 名 ①臨時。¶ ~ 국회 臨時国会 / ~ 고용 臨時雇い。②ある時에 至ること、またその時。¶ 해 뜰 ~에 출발하자 日の昇る時に発たとう。
임시 변:통[-變通] 名 一時しのぎ、その場逃れ。¶ ~의 변명 その場逃れの言い訳け。
임시-비[-費] 名 臨時費。
임시 예:산[-豫算] 名 臨時予算。
임시 정부[-政府] 名 臨時政府。
**임:신**[姙娠・妊娠] 名 하自他 되 妊娠、身ごもること。¶ ~ 중절 妊娠中絶 / ~한 아내 身ごもった妻。
**임:신-부**[-婦] 名 妊婦、身持ちの女。
**임야**[林野] 名 林野。
**임:용**[任用] 名 하他 되 任用。¶ 대사에 ~ 하다 大使に任用する。
**임:원**[任員] 名 役員。¶ ~ 회 役員会。
**임:의**[任意] 名 任意。¶ ~ 출두 任意出頭 / ~로 선택하다 任意に選ぶ。
**임:의 동행**[-同行] 名 法 任意同行。¶ ~을 요구하다 任意同行を求める。
**임:의 추출법**[-抽出法] 名 統 任意抽出法、無作為抽出法、ランダムサンプリング。
**임:의-롭다** 形 任意だ、気ままだ、自由である。¶ 임의로운 생활 気ままな生活。
**임:자**[1] 名 主、持ち主、所有者。¶ 땅 ~ 地主 / 가게 ~ 가 바뀌다 店の主人が変わる。
[관용] **임자를 만나다** 自分にぴったりあう相手에(好敵手에) 巡り会あう、手ごわい相手に会う。
**임:자**[2] 代 ①《親しい間柄での呼称》君、あんた、おまえさん、お主。¶ 이 일은 ~ 가 맡아 주게 この仕事は君がやってくれ。②《中年以上の夫婦がお互いを親しく呼ぶ二人称代名詞》あなた、あんた、おまえ。
**임전**[臨戰] 名 하自 臨戦。¶ ~ 태세를 취

하다 臨戰態勢ないをとる.
**임전-무퇴**[-無退]图[하자] 戰たたかいに臨のぞんで 退しりぞかないこと.
**임정**[臨政]图「임시 정부」의 縮約形.
**임종**[臨終]图[자] ①臨終りんじゅう, 死しに際きして. ¶ 편안한 ~을 맞이하다 安やすらかな臨終を迎むかえる. ②父母ふぼの臨終に立たち会あうこと. ¶ ~을 지켜보다 臨終をみとる.
**임:지**[任地]图 任地にんち, 任所にんしょ. ¶ 새 ~로 떠나다 新あたらしい任地に赴おもむく.
**임:직-원**[任職員]图 役職員やくしょくいん.
**임:진-왜란**[壬辰倭亂]图[史] 壬辰倭乱じんしんわらん, (日本ほんでは)文禄ぶんろく・慶長けいちょうの役えき.
**임:차**[賃借]图[하자][되자] 賃借ちんしゃく, 賃借ちんしゃり. ¶ ~ 계약 賃借契約やく/ 토지를 ~하다 土地とちを賃借する. ④ 임대
**임:차-권**[-權]图[法] 賃借権けん.
**임:차-료**[-料]图 借料しゃくりょう, 借かり賃ちん.
**임:차-인**[-人]图 賃借人にん.
**임파**[淋巴]图[生] リンパ, リンパ液えき.
**임파-구**[-球]图[生] リンパ球きゅう.
**임파-선**[-腺]图[生] リンパ腺せん. ¶ ~염 リンパ腺炎えん.
**임파-절**[-節]图[生] リンパ節せつ.
**임:-하다**[任-]图[他][여] 任にんずる. ①引ひき受うけて自分じぶんの任務にんむとする. ¶ 国政こくせいに任ずる. ②任命にんめいする. ¶ 과장에 ~ 課長かちょうに任ずる.
**임-하다**[任-]图[自][他] 臨のぞむ. ①目めの前まえにする, 面めんする. ¶ 바다에 임해 있는 호텔 海うみに面しているホテル. ②赴おもむく, 出席しゅっせきする. ¶ 개회식에 ~ 開会式かいかいしきに臨む. ③ある場合ばあいにぶつかる, 直面ちょくめんする. ¶ 国難こくなんに臨む.
**임해**[臨海]图[하자] 臨海りんかい. ¶ ~ 공업 지대 臨海工業地帯こうぎょうちたい.
**입**图 口くち. ①(人ひと・動物どうぶつの)口. ¶ ~을 비쭉이다 口をとがらす. / ~에 삼키다 一口ひとくちに飲のみ込こむ. ②言葉ことばつき, 口癖くちぐせ. ¶ ~이 가볍다 口が軽かるい. ③人ひとの話はなしやうわさ. ¶ 남의 ~에 오르내리다 人の口の端はにのぼる. ④家族かぞく, 扶養家族ふようかぞく. ¶ ~을 줄이다 口減くちべらしをする. ⑤味覚みかく, 食欲しょくよく. ¶ 음식이 ~에 맞지 않는다 食たべ物ものが口に合あわない.
〈속담〉**입에 맞는 떡** 口くちに合あう餅もち. 《気きに入いった物事ものごとを》**입이 열 둘이라도 말 못한다** 口が12個にあっても話はなしができない. 《弁明べんめいの余地よちが全まったくない》
〈관용〉**입만 살다** 話はなしだけで実行じっこうが伴ともなわない. **입만 아프다** 口くちが痛いたいだけだ. 《口がすっぱくなるほど言いってもかいがない》**입에 거미줄 치다** 口にクモの巣すが張はる. 《長ながい間あいだ飢うえる》**입에 맞다** (出だされた食たべ物ものが)口に合あう. **입에 담다** 口に出だしていう, 口にする. **입에 발린 소리** 心こころにもないお世辞せじ. **입에서 젖내가 나다** 口から乳ちが幼ようにおいがする. 《まだ幼おさない, 言動げんどうが幼稚ようち

だ》**입에 침이 마르도록** 口のつばや乾かくほどに. 《しきりにほめたたえる》**입에 풀칠을 하다** 口に糊のりをする. 《糊口ここうをしのぐ, やっと暮くらしを立たてる》**입(을) 막다** 口をふさぐ.
**입(을) 열다** 口を割わる, 口を開ひらく. **입이 근질근질하다** (しゃべりたくて)口がむずむずする. **입이 무겁다** ①口が重おもい, 口数くちかずが少すくない. ②言いってはならないことは他言たごんしない. **입이 싸다** 口が軽かるい. **입이 짧다** 口がおごっている, 食たべ物ものの好すき嫌きらいがはげしい. **입이 험하다** 口汚くちぎたない.
**입-가** 口くちもと, 口くちのあたり. ¶ ~에 미소를 띠다 口もとに微笑びしょうを浮うかべる.
**입-가심**图[하자] 口直くちなおし. ¶ 과일로 ~하다 果物くだもので口直しをする.
**입각**[立脚]图[하자] 立脚りっきゃく. ¶ 사실에 ~하여 논의하다 事実じじつに立脚して議論ぎろんする.
**입-간판**[立看板]图 立たてて看板かんばん.
**입건**[立件]图[하자][되자][法] 立件りっけん, 事件じけんを成立せいりつさせること.
**입경**[入京]图[하자] 入京にゅうきょう, 入洛にゅうらく, 都入みやこいり.
**입고**[入庫]图[하자][되자] 入庫にゅうこ, 蔵入くらいり. ¶ 발주한 물건이 ~하다 発注はっちゅうした品しなが入庫する. ④ 출고(出庫)
**입관**[入棺]图[하자][되자] 入棺にゅうかん, 納棺のうかん.
**입교**[入校]图[하자] 入校にゅうこう, 入学にゅうがく. ¶ ~식 入学式.
**입구**[入口]图 ①入いり口ぐち. ¶ 터널의 ~ トンネルの入り口/ ~가 좁다 入り口が狭せまい. ②乗車口じょうしゃぐち. ④ 출구(出口)
**입국**[入國]图[하자] 入国にゅうこく. ¶ 불법 ~ 不法ほう入国/ 허가 入国許可きょか. ④ 출국(出国)
**입국 사증**[-査證] 图 入国査証しょう, ビザ.
**입궐**[入闕]图[하자] 宮中きゅうちゅうに参内さんだいすること.
**입금**[入金]图[하자][되자] 入金にゅうきん. ¶ ~ 전표 入金伝票でんぴょう.
**입-길**图 口くちの端は. ¶ 자주 사람들의 ~에 오르내리다 しょっちゅう人ひとの口の端に上のぼる.
**입-김**图 ①息いき, 呼気こき. ¶ 후우 하고 ~을 불다 はあっと息をかける. ②息いきづかい. ¶ ~이 거세다 息づかいが荒あらい. ③(比)影響力えいきょうりょく, 圧力あつりょく.
〈관용〉**입김을 넣다** 息を吹ふきかける, ある事ことに影響えいきょう・圧力あつりょくをそっとかける.
**입-내**[1]图 口くちまね, ものまね.
〈관용〉**입내(를) 내다** 口まねをする.
**입-내**[2]图 口臭こうしゅう. ¶ ~가 심하다 口臭がひどい.
**입니까**[語尾] …ですか, …でありますか. ¶ 그것은 책 ~? それは本ほんですか.
**입니다**[語尾] …です, …でございます, …であります. ¶ 저는 의사~ 私わたしは医者いしゃです. / 이것은 제 책 ~ これは私のの本です.
**입다**图[他] ①(着物ものを)着きる, 身みに付つける, 身みにまとう, 履はく. ¶ 양복을 ~ 洋服ようふくを着る. / 바지를 ~ ズボンを履く. ②(損害そんがいなどを)受うける, 負おう, こうむる. ¶ 피해를 ~ 被害ひがいを受ける. / 중상을 ~ 重

傷しょうを負う。③(恩おん·援助えんじょなどを)こうむる、受うける。¶ 은혜를 ~ 恩を受ける。④(喪もに)服ふくする。¶ 상을 ~ 喪に服する。

**입단**【入團】图해自 入団だん。¶ 청년단에 ~ 하다 青年団せいねんに入団する。

**입-담**图 話はなぶり、話術わじゅつ、口才こうさい、しゃべり方かた。¶ ~이 좋다 弁舌べんぜつがたつ。

**입당**【入黨】图해自 入党とう。⊕ 탈당(脫黨)

**입대**【入隊】图해自 入隊たい。¶ 육군에 ~ 하다 陸軍ぐんに入隊する。⊕ 제대(除隊)

**입-덧**图 つわり、悪阻おそ。¶ ~이 나다 つわりが起おきる。

**입도**【立稻】图 青田あおだ、立たち毛げ。¶ ~ 차압 青田差さし押おさえ。

**입도 선매**【-先賣】图해自 青田売うり、青田売わけ。

**입동**【立冬】图 立冬とう(二十四節気にじゅうしせっきの一ひとつ)。

**입력**【入力】图해他图自 入力にゅう、インプット。¶ ~ 장치 入力装置そうち/ 데이터를 ~ 하다 データを入力する。⊕ 출력(出力)

**입-막음**图해自 口止くちどめ、口固くちがため、口塞くちふさぎ。¶ 돈으로 ~ 하다 かねで口を封ふうじる。

**입-맛**图 ①食欲しょくよく、食くい気け、口当くちあたり。¶ ~이 돌다 食欲が出でる。/ ~을 잃다 食欲を失うしなう。②(比)物事ものにひかれる心こころ。
<관용> **입맛대로 하다** 自分じぶんの好すきなようにする。 **입맛(을) 다시다** ①(食たべたい、持もちたい、またはやりたいとかの)欲よくが出でる。②(事ことが行ゆきづまって)困惑こんわくする、舌打したうちする。 **입맛(이) 당기다** 食たべたくなる、食欲しょくよくが進すすむ。 **흥미きょうみがわく、欲よくが出でる。 **입맛(이) 쓰다** 物事ものの後味あとあじが悪わるい、気きが進すすまない、苦々にがにがしい。

**입-맞추다**自 ①口くちづけをする、接吻せっぷんする。②口裏くちうらを合あわせる。

**입-맞춤**图 口くちづけ、接吻せっぷん、キス。

**입-매**图 口くちの形かたち、口くちつき。¶ ~가 곱다 口元くちもとがかわいい。

**입면**【立面】图[數] 立面りつめん。¶ ~도 立面図ず。

**입명**【立命】图해自 立命めい。 안심 ~ 安心あんしん立命。

**입문**【入門】图해自 入門もん。①師しについて門弟でしとなること。 ②(学問がくもん·技術ぎじゅつなどを)学まなびはじめること、初歩しょほ。¶ ~서 入門書しょ。 ③(むかし科挙かきょの)試験場しけんじょうに入いること。

**입-바르다**形 言いうことが正ただしい、正ただしいことを言いう、直言ちょくげんする。¶ 입바른 소리를 하다 歯はにきぬを着きせないで言う。

**입방**【立方】图[數] 立方ほう。
　　**입방-근**【-根】图[數] 立方根こん。
　　**입방-체**【-體】图[數] 立方体たい。

**입방아-찧다**自 つまらないことをあれこれとしきりに言いう、無駄口むだぐちをたたく。

**입-버릇**图 口くちぐせ。¶ ~처럼 말하다 口ぐせのように言いう。

**입법**【立法】图해他 立法ほう。¶ ~권 立法権けん/ ~ 기관 立法機関きかん。

**입법-부**【-府】图 立法府ふ。
**입법-화**【-化】图해他图自 立法化か。

**입-빠르다**形 ①おしゃべりだ、口くちが軽かるい。②軽率けいそつに人ひとの弱点じゃくてんをよくつく、口くちが過すぎる。

**입사**【入社】图해自 入社しゃ。¶ ~ 시험 入社試験けん。

**입사**【入射】图해自[物] 入射しゃ、投射とうしゃ。¶ ~ 광선 入射光線こうせん。
　　**입사-각**【-角】图[物] 入射角かく。

**입산**【入山】图해自 入山ざん。¶ 금지 入山禁止きんし。

**입상**【入賞】图해自 入賞しょう。¶ ~자 入賞者しゃ/ ~작 入賞作さく。

**입석**【立席】图 立たち席せき。¶ ~권 立ち席券けん。

**입선**【入選】图해自 入選せん。¶ ~작 入選作さく/ 전람회에 ~ 하다 展覧会てんらんかいに入選する。

**입성**图 [俗] 衣ころも、衣服いふく、着物きもの。

**입성**【入城】图해自 入城じょう。

**입소**【入所】图해自 入所しょ。¶ ~자 入所者しゃ。

**입속-말**图 ひとり言ごと、つぶやき。¶ ~로 중얼거리다 ぶつぶつひとり言をいう。

**입수**【入手】图해他图自 入手しゅ。¶ ~ 경로 入手経路けいろ/ 정보를 ~ 하다 情報じょうほうを手てに入いれる。

**입술**【口脣】图 唇くちびる。¶ ~이 트다 唇が荒あれる。/ ~을 비죽거리다 唇をとがらす。
<속담> **입술에 침이나 바르지** 唇くちびるに唾つばでも塗ぬらして物ものを言いえ。《まことしやかに嘘うそをつく人ひとをあざけって言ういう語ご》 **입술이 없으면 이가 시리다** くちびる亡ほろびて歯は寒さむし。
<관용> **입술을 깨물다** (怒いかり·苦痛くつうなどをこらえたり固かたく決心けっしんしたりするときに)くちびるを噛かむ。

**입술 연지**【-臙脂】图 口紅くちべに、リップスティック。¶ ~를 바르다 口紅を差さす。

**입시**【入試】图(「입학 시험」의 축약형) 入試にゅうし。¶ ~ 제도 入試制度せいど。

**입신**【入神】图해自 入神しん。¶ ~의 경지에 달하다 入神の域いきに達たっする。

**입신**【立身】图해自 立身しん。¶ ~의 길이 열리다 立身の道みちが開ひらける。
**입신 양명**【-揚名】图해自 立身揚名ようめい。
**입신 출세**【-出世】图해自 立身出世しゅっせ。

**입실**【入室】图해自 入室しつ。①部屋へやに入はいること。¶ 외부인의 ~을 금함 部外者ぶがいしゃの入室を禁きんず。②[佛] 師しに道みちを問とうこと。③(学問がくもん·芸術げいじゅつなどが)深ふかい境地きょうちに達たっすること。

**입-심**图 口くちが立たつこと、口くちの達者たっしゃなこと。¶ ~이 좋은 사람 口達者くちだっしゃな人ひと。
<관용> **입심(이) 세다** 口が立って相手あいてを言いい負まかす。

**입-씨름**图해自 ①口くちがすっぱくなるほど言いうこと、口が疲つかれるほど話はなすこと。②口争くちあらそい、押おし問答もんどう、口論こうろん。¶ ~만 하다가 결말이 안 났다 押し問答ばかりでけりがつかなかった。

**입-씻기다** 他 口止くちどめする、口をふさぐ、口止め料りょうを与あたえる。¶ 돈을 주어 ~ 金かねをやって口をふさぐ。

**입-씻다** 自 ①口くちをゆすぐ。②利益りえきを独ひとり占しめして知しらんぷりをする、口を拭ぬぐう。

**입-씻이** 名 ①口止くちどめ料りょう。②口直くちなおし、口すすぎ。

**입-아귀** 名 口角こうかく、口くちの両りょうわき。

**입안**[立案] 名 하타 立案りつあん。¶ ~자 立案者りつあんしゃ/ 정책을 ~하다 政策せいさくを立案する。

**입양**[入養] 名 養子縁組ようしえんぐみ。

**입어**[入漁] 名 하자 入漁にゅうぎょ。¶ ~권 入漁権けん。

**입영**[入營] 名 하자 〖軍〗入営にゅうえい、入隊にゅうたい。

**입옥**[入獄] 名 하자 入獄にゅうごく、入牢にゅうろう。反 출옥(出獄)

**입욕**[入浴] 名 하자 入浴にゅうよく、ゆあみ。

**입원**[入院] 名 하자 入院にゅういん。¶ ~ 환자 入院患者かんじゃ。

**입원-실**[-室] 名 入院室しつ、病室びょうしつ。

**입자**[粒子] 名 〖物〗粒子りゅうし。¶ 소립자 素粒子そりゅうし。

**입자-량**[-量] 名 〖物〗粒子量りゅうしりょう。

**입장**[入場] 名 하자 入場にゅうじょう。¶ ~식 入場式しき/ 무료 ~ 無料むりょう入場/ 어린이 ~ 사절 子供こどもの入場はお断ことわり。

**입장-권**[-券] 名 入場券けん。

**입장-료**[-料] 名 入場料りょう。

**입장**[立場] 名 立場たちば、立たつ瀬せ。¶ ~이 딱하다 立場が苦くるしい。/ ~을 달리하다 立場を異ことにする。/ 자기 ~을 밝히다 自分じぶんの立場を明あきらかにする。反 처지(處地)

**입적**[入寂] 名 하자 〖佛〗入寂にゅうじゃく、入滅にゅうめつ。

**입적**[入籍] 名 하타回자 入籍にゅうせき。¶ 결혼하여 ~하다 結婚けっこんして入籍する。

**입전**[入電] 名 하자 入電にゅうでん、来電らいでん。

**입정** 名 ①口癖くちぐせ、口くちぶり。②(食たべ物ものを食たべる)口くちの動うごき。

慣用 **입정(을) 놀리다** ひっきりなしに間食かんしょくする。¶ 口汚くちぎたなくしゃべる。 **입정(이) 사납다** ①食たべ物をむさぼり食くう、がつがつしている。②口汚きたない、口が悪わるい。

**입조**[入朝] 名 하자 入朝にゅうちょう、朝廷ていに参内さんだいすること。

**입주**[入住] 名 하자 入居にゅうきょ。¶ ~자 入居者しゃ/ 아파트에 ~하다 アパートに入居する。

**입증**[立證] 名 하타 立証りっしょう。¶ 무죄를 ~하다 無罪むざいを立証する。

**입지**[立地] 名 立地りっち。

**입지 조건**[-條件] 名 立地条件じょうけん。¶ ~이 좋다 立地条件に恵めぐまれる。

**입지**[立志] 名 하자 立志りっし。

**입지-전**[-傳] 名 立志伝でん。¶ ~적인 인물 立志伝中ちゅうの人物じんぶつ。

**입-질** 名 하자 (釣つりで) 当あたり、魚さかなが餌えさに口くちをつけること。¶ ~을 하다 当たりがある。

**입찰**[入札] 名 하타 入札にゅうさつ。¶ ~자 入札者しゃ/ 경쟁 ~ 競争きょうそう入札/ ~에 부치다 入札に付ふする。

**입찰 공고**[-公告] 名 入札公告こうこく。

**입체**[立體] 名 立体りったい。¶ ~ 교차 立体交差こうさ/ ~ 음향 立体音響おんきょう。

**입체-감**[-感] 名 立体感かん。¶ ~이 넘치다 立体感があふれる。

**입체 도형**[-圖形] 名 立体図形ずけい。

**입체 영화**[-映畵] 名 立体映画えいが。

**입체-적**[-的] 名 立体的てき。¶ ~인 영상 立体的な映像えいぞう。

**입체-파**[-派] 名 〖美〗立体派は、キュビスム。

**입초**[入超] 名 入超にゅうちょう、輸入超過ちょうか。

**입초**[立哨] 名 立哨りっしょう、歩哨ほしょうに立たつこと。¶ ~를 서다 歩哨に立つ。

**입추**[立秋] 名 立秋りっしゅう(二十四節気せっきの一ひとつ)。

**입추**[立錐] 名 立錐りっすい。¶ ~의 여지도 없다 立錐の余地よちもない。

**입춘**[立春] 名 立春りっしゅん(二十四節気せっきの一ひとつ)。

慣用 **입춘 대길** 立春大吉だいきち(立春の日ひに幸運こううんを祈いのって正門せいもんなどに張はり付つける文句もんく)。

**입출**[入出] 名 収入しゅうにゅうと支出ししゅつ、収支しゅうし、出入しゅつにゅう。

**입출금**[-金] 名 収入金きんと支出金きん、出入しゅつにゅうの金かね。

**입하**[入荷] 名 하자回타 入荷にゅうか、着荷ちゃっか。¶ 신제품이 ~되다 新製品しんせいひんが入荷する。

**입하**[立夏] 名 立夏りっか(二十四節気せっきの一ひとつ)。

**입학**[入學] 名 하자 入学にゅうがく。¶ ~식 入学式しき/ ~ 절차를 밟다 入学の手続てつづきをとる。/ 대학에 ~하다 大学だいがくに入学する。

**입학-금**[-金] 名 入学金きん。¶ ~을 납부하다 入学金をおさめる。

**입학-생**[-生] 名 入学生せい、新入生しんにゅうせい。

**입학 시험**[-試驗] 名 入学試験しけん。¶ ~을 치르다 入学試験を受うける。

**입학 원서**[-願書] 名 入学願書がんしょ。¶ ~를 내다 入学願書を出だす。

**입항**[入港] 名 하자 入港にゅうこう。¶ ~료 入港料りょう/ 화물선이 ~하다 貨物船かもつせんが入港する。反 출항(出港)

**입헌**[立憲] 名 하자 立憲りっけん。¶ ~ 정치 立憲政治せいじ。

**입헌-국**[-國] 名 〖政〗立憲国こく。

**입헌 군주제**[-君主制] 名 〖政〗立憲君主制くんしゅせい。

**입회**[入會] 名 하자 入会にゅうかい。¶ 후원회에 ~하다 後援会こうえんかいに入会する。

**입회-금**[-金] 名 入会金きん。

**입회**[立會] 名 하자 立たち会あい。¶ 개표에 ~하다 開票かいひょうに立ち会う。

**입회-인**[-人] 名 立たち会あい人にん。

**입-후보**[立候補] 名 하자回타 立候補りっこうほ。¶ 국회의원에 ~하다 国会議員こっかいぎいんに立候補する。

**입후보-자**[-者] 名 立候補者しゃ。

**입히다**¹ 他 ①(物ものの表面ひょうめんに)かぶせる、覆おおう、塗ぬる。¶ 금박을 ~ 金箔きんぱくを張はる。②(芝生しばふなどを)植うえる。¶ 잔디를 ~ 芝生を植える。

**입히다**² 他「입다」の使役。①(服を)着せる、まとわせる。¶ 아기에게 옷을 입혀 주다 赤ん坊に服を着せてやる。②(損害などを)与える、負わせる、こうむらせる。¶ 큰손해를 ~ 大損を与える。/ 상처를 ~ 傷を負わせる。

**잇** 名 (かけ布団・まくらなどの)覆い、カバー。¶ 이불~을 씌우다 布団のカバーをかける。

**잇꽃** 名 [植] ベニバナ。

**잇:다** 他ㅅ ①結ぶ、つなぐ、連結する。¶ 끈을 ~ ひもを結ぶ。②継ぐ、継承する。¶ 가업을 ~ 家業を継ぐ。③続く、継続する。¶ 수상식에 이어 파티가 시작되었다 受賞式にひき続いてパーティーが始まった。

**잇:-달다** 自他 相次ぐ、後に続く、引き続く。¶ 축하객이 잇달아 모여들다 お祝いの客が次々つと集まってくる。

**잇:-닿다** 自 つながり接する、つながる、後へ続く。¶ 처마가 ~ 軒を接する。/ 길에 잇닿은 행렬 長々と続く行列。

**잇:-대다** 他 ①つなぎ合わせる、継ぎ合わせる、くっつける、綴る。¶ 천조각을 ~ 布切れをつぎ合わせる。②(途切れないように)続ける、引き続く。¶ 다시 말을 ~ ことばを再び続ける。

**잇:-따르다** 自 引き続く、相次ぐ。¶ 자동차가 ~ 自動車が列をなす。/ 잇따라 질문하다 たて続けに質問する。

**잇-몸** 名 歯茎、歯肉。¶ ~이 헐다 歯茎がただれる。

**잇-바디** 名 歯並び、歯列。¶ ~가 곱다 歯並びがきれいだ。

**잇-새** 名 歯と歯のすき間。

**잇-속** 名 歯の形、歯の生えぐあい。¶ ~이 고르다 歯並びがきれいだ。

**잇:-속**[利-] 名 実利、打算。¶ 아무 ~도 없다 なんの実利もない。

**잇-자국** 名 歯形、歯で噛んだ跡。¶ ~이 나다 歯形がつく。

**있다**¹ 自 ①有る、居る、存在する。¶ 책상 위에 책이 ~ 机の上に本がある。/ 그는 저기 ~ 彼はあそこにいる。②位置する、ある。¶ 산 속에 있는 초가집 山の中にあるわらぶきの家。③とどまる、居る。¶ 내일은 집에 쭉 있을 것입니다 明日はずっと家にいるつもりです。④(ある状態に)置かれる、ある。¶ 마무리 단계에 ~ 仕上げの段階にある。⑤(時間が)たつ、経過する。¶ 사흘만 있으면 돌아온다 3日ぐらいたてば帰ってくる。⑥持っている、そなえている、ある。¶ 자신이 ~ 自信がある。⑦発生する、起こる。¶ 여기서 교통 사고가 있었다 ここで交通事故があった。⑧(ある事を)展開する、進行する。¶ 오늘은 모임이 ~ 今日は会合がある。⑨(ある地位・職に)ついている、勤めている。¶ 영업 과장으로 있는 사람 営業課長をしている人。⑩(家族などが)ある、いる。¶ 동생을 둘 ~ 弟が二人いる。⑪(「있는」の形で)金持ちの、裕福な。¶ 있는 집에 태어나다 裕福な家に生まれる。⑫(「-에〔에게〕 있어서」の形で)…において、…には、…としては。¶ 나에게 있어서 중요한 일이다 私としては重要なことだ。⑬(「-ㄹ〔을〕 수 있다」の形で) …できる、…することが可能である。¶ 같이 갈 수 있습니까? 一緒に行けますか。

**있다**² Ⅰ 助動 (動作どうが現在進行中であることを表わす) …ている、…つつある。¶ 걷고 ~ 歩いている。/ 태풍이 다가오고 ~ 台風が近づきつつある。Ⅱ 助形 (状態が継続していることを表わす) …ている。¶ 꽃이 피어 ~ 花が咲いている。/ 예쁜 옷을 입고 ~ きれいな服を着ている。

**있다**³ 接尾 一部の名詞・副詞について存在動詞をつくる。¶ 맛~ おいしい。/ 재미~ 面白い。/ 가만~ じっとしている。

**있다가** 副 しばらくして。

**잉걸** 名「잉걸불」の縮約形。

**잉걸-불** 名 ①おき、おき火。②薪の燃えさし、燃え残り。

**잉꼬**[일 いんこ] 名 [動] インコ。

**잉:-어** 名 [動] コイ。

**잉:-여**[剩餘] 名 剰余、余剰、余り。¶ ~금 剰余金 / ~ 생산물 余剰生産物。

**잉:-여 가치**[一價値] 名 剰余価値。

**잉:-여 노동**[-勞動] 名 剰余労働。

**잉-잉** 副 하다 (子供のしきりに泣く声) あんあん、ああんああん。¶ 아기가 ~ 울다 赤ん坊がああんああんと泣く。

**잉잉-거리다** 自 ああんああんと泣く。

**잉크**[ink] 名 インク。¶ ~병 インク瓶。

**잉:-태**[孕胎] 名 하다他 되다 妊娠、懐妊、子をやどすこと。

**잊다** 他 忘れる。①思い出さない。¶ 약속 시간을 ~ 約束の時間を忘れる。②(抱いていた考えなどを)忘れ去る、捨てる、思いきる。¶ 잠시 시름을 ~ しばらく心配ごとを忘れる。③(恩義などを)そむく。¶ 이 은혜는 결코 잊지 않겠습니다 この恩は決して忘れません。④(持ってくるのを)忘れる。¶ 우산을 ~ 傘を忘れる。

**잊어-버리다** 他 すっかり忘れてしまう、忘れる。¶ 배운 것을 까맣게 잊어버렸다 習ったことをすっかり忘れてしまった。

**잊히다** 自 (「잊다」の受動) 忘れられる、忘れるようになる。¶ 지금도 잊히지 않는 말 今も忘れられないことば。

**잎** 名 [植] 葉。¶ 가랑~ 枯れ葉 / ~이 지다 葉が落ちる。

**잎-눈** 名 [植] 葉芽。

**잎-담배** 名 葉タバコ。

**잎-사귀** 名 (一枚一枚の)葉、葉っぱ。

**잎잎-이** 副 葉ごとに。

# ス

**ス** ハングル字母の第9番目の字。

**자**¹ 图 定規, 物差し。¶ 삼각~ 三角定規/ ~로 재다 物差しで測る。

**자**² 依 (長さの単位) 尺。¶ 한 ~ 두 치 一尺二寸。

**자:**³ 感 ①《行動を促したり自分の決意などを述べるときの語》さあ, ようし, ほら, それ。¶ ~, 들어가자 さあ, 入ろう。/ ~, 먹어라 さあ, 御食べ。/ ~, 던진다 それ, 投なげるぞ。②《判断に迷っているときに出す語》さあ, さて, はて(な)。¶ ~, 이 일을 어떡하지 さて, これをどうしよう。¶ ~, 슬슬 가 볼까 さて, そろそろ帰ろうか。

**자**⁴ 励 …であると同時に, …であると共に, …でありました。¶ 본인의 영예이~ 나라의 영광이다 本人の栄誉であると同時に国の栄光である。

**자**〔子〕Ⅰ 图 子, 子供, 息子。Ⅱ 接尾 《きわめて小さいものであることを表わす》…子。¶ 미립~ 微粒子。

**자**〔字〕图 ①字, 文字。¶ 로마~ ローマ字/ 2백 ~ 원고지 2百字づめ原稿用紙。②字。(嫁をもらった後に) 本名の代わりによぶ名前。

**자**〔者〕Ⅰ 依 者, 人, やつ。¶ 약한 ~ 弱い者/ 저 ~는 누구냐? あいつは誰だかね。Ⅱ 接尾 …者。¶ 노동~ 労働者/ 승리~ 勝利者/ 철학~ 哲学者。

**-자** 語尾 ①《勧誘の意味を表わす》…よう, …しよう。¶ 어서 출발하~ 早めに出発しよう。②《しようとする気持ちを表わす》…しよう。¶ 장사를 하~ 하니 밑천이 없다 商売をしようとしても元手がない。③《ある動作が終わってすぐ次の動作が続くことを表わす》…するやいなや, …するとすぐ。¶ 비가 그치~ 햇빛이 났다 雨がやむやすく日が出た。

**자가**〔自家〕图 自家。①自分の家。¶ ~ 발전 自家発電。②自分, 自己。¶ ~ 당착 自家撞着。

**자가-용**〔-用〕图 自家用。①自分の家で使用しょうすること。②自家用車, マイカー。¶ ~으로 출퇴근하다 自家用で通勤する。

**자각**〔自覚〕图 하他 되自 自覚。¶ 책임의 중요함을 ~하다 責任の重要さを自覚する。/ 학생으로서의 ~이 부족하다 学生としての自覚が足りない。

**자각 증:상**〔-症狀〕图 医 自覚症状。

**자갈** 图 砂利。¶ ~길 砂利道/ 도로에 ~을 깔다 道路に砂利を敷く。

**자갈-밭** 图 砂利の多い土地。

**자개** 图 螺鈿。¶ ~ 장롱 螺鈿のたんす。

**자개 그릇** 图 螺鈿飾りなりの器。

**자개 소반**〔-小盤〕图 螺鈿細工の膳。

**자:객**〔刺客〕图 刺客。¶ ~을 보내다 刺客をさしむける。/ ~의 손에 쓰러지다 刺客の手で倒される。

**자격**〔資格〕图 資格。¶ ~ 시험 資格試験/ 교사 ~을 얻다 教員の資格をとる。

**자격지-심**〔自激之心〕图 自分のなしたことを自ずから不満に思う心。

**자결**〔自決〕图 하自 自決。¶ 민족 ~ 民族自決。②自殺, 自害。

**자결-주의**〔-主義〕图 自決主義。

**자:계**〔磁界〕图 物 磁場, 자장 (磁場)

**자고-로**〔自古-〕副 「자고 이래로」の縮約形。

**자고 이래-로**〔自古以來-〕副 昔から, 今までずっと, 古来。¶ ~ 전해 오는 풍습 昔からの風習。

**자괴**〔自愧〕图 하自 自ずから恥じること。

**자괴지-심**〔-之心〕图 自ら恥じる心。

**자괴**〔自壊〕图 하自 自壊, 自然に崩壊すること。¶ ~ 작용 自壊作用。

**자구**〔字句〕图 字句。¶ ~를 정정하다 字句を訂正する。

**자구**〔自救〕图 하他 自救, 自力で救済すること。¶ ~ 행위 自救行為。

**자구-권**〔-權〕图 法 自救権。

**자국** 图 跡, 痕, 痕跡, 跡形。¶ 발~ 足跡/ 손톱 ~이 나다 つめあとがつく。

**자국**〔自國〕图 自国。¶ ~의 이익을 도모하다 自国の利益を図る。

**자궁**〔子宮〕图 生 子宮, 子袋。¶ ~ 후굴 子宮後屈。俗 아기집。

**자궁-암**〔-癌〕图 子宮癌。

**자궁외 임:신**〔-外妊娠〕图 医 子宮外妊娠。

**자궤**〔自潰〕图 하自 自ずから潰れること。

**자귀** 图 動物の足跡。¶ ~를 짚다 動物の足跡を辿る。

**자귀**² 〔柱〕手斧。

**자귀-별** 图 原木を山で手斧で製材したもの。

**자귀-질** 图 하他 手斧で木を削ること。

**자그르르** 副 하自 《煮にえ返る音》 じいじい, しゅんしゅん。

**자그마치** 副 ①僅か, 少し, 少しだけ。¶ 술 좀 ~ 마셔라 酒は少しだけにしておけ。② (反) 《予想よりかなり多いときに使う語》わずかに, ほんの…ほど, …にも。¶ ~ 천만 원이나 되는 돈 ほんの1000万ウォンほどにもなるお金。

**자그마-하다** 形 やや小さい, 小さめだ, 小振りだ。¶ 자그마한 그릇 小さめな器/ 떡을 자그마하게 자르다 もちを小さめに切る。

**자그맣다** 形 「자그마하다」の縮約形。

**자그시** 副 ①《ゆっくり力強く押さえたり押

**자극**

したり引っ張ったりするようす》ぎゅっと、じいっと、ぐっと。¶ 입술을 ~ 깨물다 唇をぎゅっとかみしめる。②《目を静かに閉じるようす》そっと、じっと。¶ ~ 감은 눈 そっとつむった目。③《我慢するようす》じっと、ぐっと。¶ 아픔을 ~ 참다 痛みをじっとこらえる。

**자:극**[刺戟] 名他サ 刺激げき。¶ ~제 刺激剤。/ ~적인 말 刺激的な言葉ば/ 신경을 ~하다 神経を刺激する。

**자:극**[磁極] 名物 磁極きょく。¶ ~성 磁極性。

**자근-거리다** 自五 ①人とがいやがる程からかう、じらす。②うるさくねだる、しつこくせびる。③軽く嚙み続ける。④ある物を続けて押し砕だく。

**자근-자근** 副自他 ①いやがる程からかったりじらすよう。②うるさくねだったりせびるよう。③(物を)続けて嚙んだり押し砕くようす。

**자금**[自今] 名副 今から、以後に。

**자금 이후**[-以後] 副 今後こん、以後に、今より後のち。

**자:금**[資金] 名 資金きん。¶ ~조달 資金調達/ ~이 부족하다 資金が不足そくする。

**자:금-난**[-難] 名 資金難なん。

**자:금 동:결**[-凍結] 名経 資金凍結けっ。

**자급**[自給] 名他サ 自給きゅう。¶ 식량을 ~하다 食糧を自給する。

**자급 자족**[-自足] 名他サ 自給自足そく。

**자긍**[自矜] 名他サ 自らを誇ること、自負じ、自慢まん。

**자기**[自記] 名他サ ①自ら記録する こと。②自動的に記すこと。¶ ~ 기계 自記器械かい。

**자기 온도계**[-溫度計] 名 自記温度計けい。

**자기**[自起] 名自サ ①自ら起き上がること。②自然に起こること。

**자기**[自期] 名自サ 心の中で自ら期すること。

**자기**[自棄] 名自サ 自棄じ、やけ、すてばち。¶ 자포 ~에 빠지다 自暴じぼう自棄に陥る。

**자-기**[瓷器] 名 磁器き。

**자:기**[磁氣] 名物 磁気き。¶ ~ 회로 磁気回路/ ~를 띠다 磁気を帯びる。

**자기 유도**[-誘導] 名物 磁気誘導どう。

**자기 저:항**[-抵抗] 名物 磁気抵抗こう。

**자기 폭풍**[-暴風] 名物 磁気嵐あらし。

**자기**[自己] 名 自己こ、自分ぶん、自身しん。¶ ~ 소개 自己紹介かい/ ~ 만족 自己満足そく/ ~ 마음대로 하다 自分の思いどおりにする。

關慣用 자기도 모르게 無意識のうちに、思わず、われ知らず。

**자기 과:시**[-誇示] 名心 自己顕示けん。¶ ~ 욕 自己顕示欲よく。

**자기 모순**[-矛盾] 名論 自己矛盾じゅん。

**자기앞 수표**[-手票] 名経 銀行保証しょう小切手ぎって。

**자기 중심**[-中心] 名 自己中心しん。

**자기 혐오**[-嫌惡] 名 自己嫌悪けん。

**자기 희생**[-犧牲] 名 自己犠牲せい。

**자깜-스럽다** 形ロ (幼い者が)こましゃくれている、大人おびてちゃっかりしている。

**자꾸** 副 しきりに、ひっきりなしに、何度なんも、どんどん。¶ ~ 조르다 しきりにせがむ。/ 전화가 ~ 걸려 온다 電話がひっきりなしにかかってくる。

**자꾸-만** 副 (「자꾸」の縮約形) しきりに、ひっきりなしに、何度も何度も。¶ ~ 졸라대다 しきりにねだる。

**자나-깨나** 副 寝ても覚めても、明けても暮れても。¶ 부모는 ~ 자식 걱정뿐이다 親おやは寝ても覚めても息子むすこのことばかり心配しんしている。

**자네** 代 君き、貴君きん。¶ 어이 ~ おい君/ ~의 성공을 비네 君の成功せいを祈る。

**자녀**[子女] 名 子女じょ。¶ ~ 교육 子女教育きょう。

**자농**[自農] 名 自作さく、自作農のう。

**자늑자늑-하다** 形ロ (動作さが)静かでしなやかだ《上品ひんだ》。

**자다** 自 ①眠ねる、寝ねる。¶ 낮잠을 ~ 昼寝ひるをする。②(動いていたものが)止とまる、やむ、なぐ、収まる。¶ 시계가 ~ 時計とけいがとまる。/ 바람이 ~ 風が収まる。③(異性せいと)寝る、共寝ねする、同衾どうきんする。¶ 여자와 ~ 女おんなと寝る。④(花札はなふだなどで)起こし札ふだの一番下に敷しかれている。

【俗談】 자는 범 코침 주기 寝ているトラの鼻はをこよりでくすぐる。《やぶをつついて蛇を出す》 자다가 봉창 두드린다 寝ぼけて小窓まどをたたく。《見当違けんとうちがいのことを言うこと》

**자담**[自擔] 名他サ 自弁べん、自前まえ。¶ 비용은 ~한다 費用ようは自弁する。

**자답**[自答] 名他サ 自答とう、自ら答えること。¶ 자문 ~ 自問じもん自答。

**자당**[慈堂] 名 母堂ぼう、母御はは、母君はは。

**자당**[蔗糖] 名化 蔗糖とう。

**자대**[自大] 名他サ 自大だい、自ら誇りたかぶること、尊大そんにかまえること。

**자독**[自瀆] 名 自瀆どく、自慰い、手淫いん。

**자동**[自動] 名 自動どう。¶ ~ 감지기 自動感知機き/ ~ 소총 自動小銃じゅう/ ~ 제어 장치 自動制御装置そうち。

**자동 면:역**[-免疫] 名医 自動免疫めんえき。

**자동-문**[-門] 名 自動ドア。

**자동 판매기**[-販賣機] 名 自動販売機はんばい。

㊆ 자판기(自販機)

**자-동사**[自動詞] 名文法 自動詞どう。

**자동-차**[自動車] 名 自動車どう。¶ ~를 운전하다 自動車を運転うんする。/ ~ 사고를 당하다 自動車事故に遭う。

**자득**[自得] 名他サ 自得とく。¶ 자업 ~ 自業自得。

**자득지-묘**[-之妙] 名 自得の妙みょう、自ら悟り得られた妙理みょう。

**자디-잘다** 形 (「잘다」の強調形) 非常じょうに細かい、非常に小ちいさい。

**자라** 名[動] スッポン。
  속담 자라 보고 놀란 놈이 소댕 보고 놀란다 スッポンを見㊅て驚いた者が釜のふたを見て驚く。《蛇にかまれて朽ち縄にも怖ず》
**자라-목** 名 ①スッポンの首。②短い首、猪首。③短く縮まったもの。¶ ～ 셔츠 とっくりのシャツ。
  관용 자라목이 되다 (スッポンの首となるの意で)縮こまる、縮み上がる。
**자라-나다** 自 育つ、成長する、伸びる。¶ 아이가 무럭무럭 ～ 子供がすくすくと育つ。/ 나무가 크게 ～ 木が大きく伸びる。
**자라다¹** 自 育つ、成長する。¶ 아이가 많이 자랐다 子供がずいぶん大きくなった。②伸びる、長くなる。¶ 수염이 빨리 ～ ひげが早く伸びる。③発展する、進歩する。
**자라다²** 自 ①(水準に)達する、届く、及ぶ。¶ 손이 자라는 곳에 手の届く所に/ 힘 자라는 데까지 도와주다 力の及ぶ限り助けてやる。②《形容詞的に》足りる、充分だ。¶ 식량은 이것으로 자란다 食糧はこれで足りる。
**자락** 名 (衣服・反物などの)裾。
**자랑** 名하他 自慢、誇り、誉れ。¶ 나라의 ～ 国の誇り/ 요리 솜씨를 ～하다 料理の腕前を自慢する。
**자랑-거리** 名 自慢の種。
**자랑-스럽다** 形ㅂ 誇らしい、誇らかだ、自慢げだ。 **자랑-스레** 副 誇らしく、誇らしげに。¶ ～ 여기다 誇らしく思う。
**자력**〔自力〕 名 自力。¶ ～ 갱생 自力更生/ ～으로 해내다 自力でやってのける。
**자:력**〔資力〕 名 資力。¶ ～이 있는 사람 資力のある人。
**자:력**〔磁力〕 名[物] 磁力。¶ ～선 磁力線/ ～이 작용하다 磁力が働く。
**자:력-계**〔-計〕 名[物] 磁力計。
**자:료**〔資料〕 名 資料。¶ 참고 ～를 모으다 参考資料を集める。
**자루¹** 名 ①袋。②米袋。
**자루²** 名 柄、取っ手、把手。¶ 도끼 ～ 斧の柄/ 칼 ～ 刀の柄。
**자루³** 依 《鉛筆・銃などの長ない物を数える 助数詞》本。¶ 연필 한 ～ 鉛筆一本/ 환도 한 ～ 太刀一腰。
**자:류**〔磁流〕 名[物] 磁気の流れ。
**자르다** 他르 ①切る、断つ、切断する。¶ 머리를 짧게 ～ 髪の毛を短く切る。②首を切る、解雇する。¶ 책임자의 목을 ～ 責任者の首を切る。③断る、拒絶する。¶ 부탁을 한마디로 잘라 버렸다 頼みを一言で断った。
**자르르** 副하形 《水気・油気などでつやつやしているよう》つやつや、てかてか。¶ 윤기가 ～ 흐르는 머리카락 つやつやとつやのある髪。
**자리¹** 名 ①席、座席。¶ ～에서 일어나다 席を立つ。/ ～를 양보하다 席を譲る。②場、場所、所。¶ 책상을 놓을 ～ 를 置치わ場所/ ～를 차지하다 場所をふさぐ。③跡。¶ 긁힌 ～ 引っかかれた跡。④地位、位、ポスト。¶ 높은 ～ 高い地位/ 시장 ～에서 물러나다 市長のポストから退ぞく。⑤《数値すうの》位取り、桁、位。¶ 백의 ～ 100の位。⑥(星座の)座。¶ 큰곰 ～ 大熊座。
  관용 자리(가) 잡히다 ①(仕事に)慣れてくる、上手になる。②(生活が)安定する、落ち着く。 자리(를) 잡다 ①席を取る、場所を取る。②(生活・職場などに)落ち着く。③(感情・考えなどが)根を張る、根づく。
**자리-다툼** 名하自 地位争い・座席取りの喧嘩。
**자릿-수**〔-數〕 名[数] 数字の桁、位。
**자리²** 名 ①敷き物、ござ、むしろ。¶ ～를 깔다 ござを敷く。②布団。¶ ～를 개다 布団をたたむ。③《「잠자리¹」の縮約形》寝床。¶ ～에 들다 寝床に入いる。
  관용 자리를 걷고 일어나다 (病気が治って)床を上げる。
**자리-끼** 名 就寝前に枕もとに準備しておく飲み水。
**자리 보:전**〔-保全〕 名하自 病床に伏すこと。
**자리다** 形 ①麻痺する、痺れる。¶ 발이 ～ 足が痺れる。②(筋肉・関節が)さすように痛い、ちくちくする。㊂ 저리다
**자립**〔自立〕 名하自 自立。¶ ～심 自立心/ 경제적으로 ～하다 経済的に自立する。
**자릿-내** 名 (汚された洗濯物の)饐えた臭い。
**자릿-하다** 形여 痺れている、ぴりぴりしている。¶ 손발이 ～ 手足がぴりぴりする。㊂ 저릿하다
**자마구** 名[植] 穀物の花粉。
**자:-마노**〔紫瑪瑙〕 名[鉱] 紫色の瑪瑙。
**-자 마자** 語尾 …するやいなや、…するとすぐ、…するなり。¶ 오 ～ 가 버렸다 来るとすぐ帰ってしまった。/ 대학을 졸업하~ 결혼했다 大学を卒業するとすぐ結婚した。
**자막**〔字幕〕 名 (映画などの)字幕、スーパー。
**자만**〔自慢〕 名하自 自慢、自慢気どり。
**자매**〔姉妹〕 名 姉妹。¶ ～품 姉妹品/ ～ 회사 姉妹会社。
  **자매 결연**〔-結縁〕 名 姉妹の縁結び。
**자맥**〔自脈〕 名하自〔漢〕 自脈、自ら脈を取ること。
**자맥-질** 名하自 潜り、水中で浮き沈みしながら手足を動かすこと。
**-자면** 語尾 …しようとすれば、…しようと言えば、…すると。¶ 이 약으로 말하～ この薬について説明しますと/ 함께 가~ 기뻐할 것입니다 一緒に行こうと言えば喜ぶでしょう。
**자멸**〔自滅〕 名하自 自滅。¶ 에러로 ～

하다 エラーで自滅する。
**자명**【自明】 명 하형 自明めい。¶ ~한 이치 自明な理。
**자명**【自鳴】 명 하자 自鳴じ。
　**자명-종**【-鐘】 自鳴鐘じめいしょう、目覚めざまし時計どけい。¶ ~이 울리다 目覚まし時計が鳴なる。
**자모**【子母】 명 子こと母はは、母子ぼし。
**자모**【字母】 명 【文法】字母じぼ。
　**자모-순**【-順】 명 字母の配列はいれつ順序じゅんじょ。
**자모**【姉母】 명 姉母しぼ。
　**자모-회**【-會】 명 (幼稚園ようちえん・小学校しょうがっこうなどの) 姉あねと母ははの会かい。
**자모**【慈母】 명 慈母じぼ。¶ ~의 사랑을 받고 자라다 慈母のいつくしみを受うけて育そだつ。
**자못** 부 思おもったよりずっと、とても。¶ ~ 기대가 크다 期待きたいがとても大おおきい。
**자문**【刺文】 명 하자 文身ぶん、入いれ墨ずみ、刺青せいい。
**자문**【自問】 명 自問じもん。
　**자문 자답**【-自答】 명 하자 自問自答じもんじとう。
**자:문**【諮問】 명 諮問しもん。¶ ~에 응하다 諮問に応おうずる。
　**자:문 기관**【-機關】 명 自問機関きかん。
**자물-쇠** 명 錠じょう、錠前じょうまえ。¶ ~를 잠그다 錠をかける。/ ~를 열다 錠を開あける。
**자미**【滋味】 명 ① 滋味じみ。② ⇨ 재미
**자박**【鑛】 명 砂金鉱さきんこうで採取さいしゅされる金きんの塊かたまり。
**자박**【自縛】 명 自縛ばく。¶ 자승 ~ 自縄じょう自縛。
**자박** 부 《静しずかに踏ふみ出だす足あしの音おと》さくさく、しずしずと。 은 저벅
**자반**【佐飯】 명 塩物しおもの、塩辛しおからきの魚さかな。¶ ~ 고등어 塩しおサバ。
**자:반**【紫斑】 명 紫斑はん、出血しゅっけつにより皮膚ひふにできる紫色むらさきいろの痣あざ。
　**자:반-병**【-病】 명 【醫】紫斑病びょう。
**자발**【自發】 명 自発じはつ。¶ ~적으로 공부하다 自発的てきに勉強べんきょうする。
　**자발-성**【-性】 명 自発性せい。
**자:발-없다** 형 忍耐性にんたいせいがなく軽率けいそつだ、そそっかしい。¶ 자발없는 아이 そそっかしい子供こども。　**자발없-이** 부 そそっかしく、我慢がまんできずに、軽かるがるしく。
**자밤** 의 (調味料ちょうみりょうなどの) 一摘ひとつまみ程ほどの分量りょう。¶ 두 ~ 二摘ふたつまみ。
　**자밤-자밤** 부 一摘み一摘み取とるようす。
**자배기** 명 たらいに似にた陶器とうきの一種いっしゅ。
**자백**【自白】 명 하자 自白はく、白状じょう、自供じきょう。¶ 범행을 ~하다 犯行はんこうを自白する。
**자변**【自辨】 명 하자 自弁べん。¶ 비용은 각자 ~한다 費用ひようは各自かくじ自弁する。
**자별-하다**【自別-】 형여 ① 自おのずから他ほかと違ちがう。② 格別かくべつ親したしい仲なかだ、とりわけ親密しんみつである。¶ 자별한 사이 格別親しい間柄あいだがら。
　**자별-히** 부 格別に、とりわけ親しく。
**자복**【子福】 명 子福こぶく、多おおくの子こに恵めぐまれるしあわせ。
**자복**【自服】 명 하자 自白はくして服従ふくじゅうすること。
**자복**【雌伏】 명 하자 雌伏しふく。

**자:본**【資本】 명 資本しほん、元手もとで。¶ ~재 資本財ざい/ ~ 거래 資本取引とりひき/ ~을 축적하다 資本を蓄積ちくせきする。
　**자:본-가**【-家】 명 資本家か。
　**자:본 계:정**【-計定】 명 【經】資本勘定かんじょう。
　**자:본 시:장**【-市場】 명 【經】資本市場しじょう。
　**자:본-주의**【-主義】 명 【經】資本主義ぎ。
**자봉-틀**【自縫-】 명 ミシン。㊀ 재봉틀
**자부**【子婦】 명 嫁よめ。㊀ 며느리
**자부**【自負】 명 하자타 自負ふ。¶ 일류라고 ~하다 一流いちりゅうであると自負する。
　**자부-심**【-心】 명 自負心しん。¶ ~이 강하다 自負心が強つよい。
**자부**【慈父】 명 慈父ふ。¶ ~와 같은 스승 慈父のような師し。
**자부락-거리다** 타 いたずら気きに人ひとを苛いじめる、なぶる、からかう。
　**자부락-자부락** 부 하자 《しきりに人をなぶるようす》ねちねち。
**자부지** 명 すきの柄え。
**자분-자분** 부 하형 《性質せいしつが優やさしく落おち着ついているようす》しとやかで。
**자비** 명 (輿こしなどの) 乗のり物ものの総称そうしょう。
**자비**【自費】 명 自費ひ、私費しひ。¶ ~로 여행하다 自費で旅行りょこうする。
　**자비 출판**【-出版】 명 自費出版しゅっぱん。
**자비**【煮沸】 명 하자 煮沸しゃふつ、煮にえたたせること。¶ ~ 소독법 煮沸消毒法しょうどくほう。
**자비**【慈悲】 명 慈悲ひ。¶ ~심 慈悲心しん/ ~를 베풀다 慈悲を施ほどこす。
**자빠-뜨리다** 타 倒たおす、転ころがす。
**자빠-지다** 자 ① 倒たおれる、転ころぶ。¶ 미끄러져서 ~ 滑すべって転ぶ。② (一緒いっしょにしていた仕事しごとから) 手てを引ひく。¶ 동업자가 ~ 同業者どうぎょうしゃが手を引く。③(俗) 寝転ねころぶ、こもっている、くすぶる。¶ 늘 자빠져서 놀고만 있다 いつも寝転んで遊あそんでばかりいる。
**자빡** 명 断固だんこたる拒絶きょぜつ。
　**자빡-대다** 자 一言ひとことではねつける、断乎だんことして拒絶する。
　**자빡-맞다** 자 断乎と拒絶される。
**자:산**【資産】 명 資産さん、財産ざい。¶ ~가 資産家か/ ~ 동결 資産凍結とうけつ。
　**자:산 계:정**【-計定】 명 【經】資産勘定かんじょう。
　**자:산-주**【-株】 명 資産株かぶ。
　**자:산 평가**【-評價】 명 資産評価ひょうか。
**자살**【自殺】 명 하자 自殺さつ、自害がい。¶ 음독 ~ 服毒ふくどく自殺/ ~ 미수 自殺未遂みすい。
　**자살 교:사죄**【-教唆罪】 명 【法】自殺きょう教唆罪ざい。
　**자살 방조죄**【-幇助罪】 명 【法】自殺幇助罪ほうじょざい。
**자:살**【刺殺】 명 하자 刺殺さつ、刺さし殺ころすこと。
**자상**【仔詳】 명 하형 △形 ① 細こまやかなこと、よく気きがつくこと、詳くわしらかなこと。¶ 성격이 ~한 사람 性格せいかくが細やかな人。② 子細しさい、詳細しょうさい。¶ ~하게 물어보다 子細に聞きいてみる。　**자상-히** 부 詳くわしらかに、くわしく。¶ ~ 가르치다 くわしく教おしえる。

**자상**〔自傷〕 [名][하自] 自傷、故意に自分の身を傷つけること。
**자:상**〔刺傷〕 [名] 刺傷、刺し傷。¶ ~을 입다 刺傷を負う。
**자새** [名] 糸巻、糸車、糸かせ。
**자새-질** [名][하自] 糸車を廻す仕業。
**자색**〔姿色〕 [名] 姿色、(女の)美しい顔だち、美しいみめかたち。¶ ~이 뛰어나다 姿色に秀でる。
**자:색**〔紫色〕 [名] 紫色・むらさきいろ、紫。
**자생**〔自生〕 [名][하自] 自生。¶ ~지 自生地/ ~ 식물 自生植物。
**자생-적**〔-的〕 [冠名] 自生的。
**자서**〔自序〕 [名] 自序。¶ 저자의 ~가 있다 著者の自序がある。
**자서**〔自敍〕 [名][하自] 自叙。
**자서-전**〔-傳〕 [名] 自叙伝、自伝。
**자서**〔自書〕 [名][하自] 自書、自筆。
**자서**〔自署〕 [名][하自他] 自署。¶ 본인의 ~가 있는 원서 本人の自署のある願書。
**자:석**〔磁石〕 [名] 磁石。
**자선**〔慈善〕 [名] 慈善。¶ ~ 사업 慈善事業/ ~을 베풀다 慈善を施す。
**자선 냄비** [名] 慈善なべ、社会なべ。
**자선 병:원**〔-病院〕 [名] 慈善病院。
**자선-시**〔-市〕 [名] 慈善市、バザー。
**자설**〔自說〕 [名] 自説。¶ ~을 굽히지 않다 自説を曲げない。
**자성**〔自省〕 [名][하自] 自省。¶ 깊이 ~하다 深く自省する。
**자:성**〔資性〕 [名] 資性、もちまえ。¶ ~이 온화하다 資性温和である。[유] 천성(天性)
**자:성**〔磁性〕 [名]〔物〕 磁性。¶ ~을 띠다 磁性を帯びる。
**자:성-체**〔-體〕 [名]〔物〕 磁性体。
**자성 일가**〔自成一家〕 [名][하自] 自分の力で一家を成すこと。
**자:세**〔姿勢〕 [名] 姿勢。¶ 저~ 低姿勢/ ~를 바로하다 姿勢を正す。
**자세-하다**〔仔細-·子細-〕 [形여] 子細だ、詳しい、細かい。¶ 자세한 설명 細かい説明。 **자세-히** [副] 詳しく、子細に、詳細に。¶ ~ 알아보다 詳しく調べる。
**자손**〔子孫〕 [名] 子孫、子と孫。¶ ~이 많다 子孫が多い。
**자수**〔自手〕 [名] 自力。¶ ~로 성공하다 自力で成功する。
**자수 성가**〔-成家〕 [名] (受け継ぐ財産のない人が)自力で財を成す。
**자수**〔字數〕 [名] 字数。¶ ~를 맞추다 字数をあわせる。
**자:수**〔刺繡〕 [名] 刺繡、縫い取り。
**자:-수정**〔紫水晶〕 [名]〔鑛〕 紫水晶。
**자숙**〔自肅〕 [名][하自] 自粛。¶ ~을 촉구하다 自粛を促す。
**자습**〔自習〕 [名][하自他] 自習。¶ ~서 自習書/ ~ 시간 自習時間。
**자승**〔自乘〕 [名][하自]〔數〕 自乗。[유] 제곱
**자승**〔自勝〕 [名][하自] ①自分が人より勝っていると思うこと。 ②私欲を抑えること。
**자승 자박**〔自繩自縛〕 [名][하自] 自縄自縛。
**자시**〔子時〕 [名] 子の刻。
**자:시다** [他] (「먹다」の尊敬語) 召し上がる。¶ 많이 자십시오 たくさんお召し上がりください。
**자식**〔子息〕 [名] ①子息、子供、息子と娘。¶ ~에게 무른 부모 子に甘い親/ ~을 키우다 子供を育てる。 ②(男をののしる語) 野郎、奴。¶ 나쁜 ~ 悪いやつ。 ③(子供をかわいく思う気持ちを表わす語) こいつ、こいつめ。
**자신**〔自身〕 [名] 自身、自分、自己。¶ 자기 ~ 自分自身/ 너 ~을 알라 汝自らを知れ。
**자신**〔自信〕 [名][하他] 自信。¶ ~감 自信感/ ~을 잃다 自信を失う。/ 확고한 ~을 가지다 確固たる自信を持つ。
**자신-만만**〔-滿滿〕 [名][하形] 自信満々。¶ ~한 태도 自信満々の態度。
**자실**〔自失〕 [名][하自] 自失。¶ 망연 ~하다 茫然自失する。
**자씨**〔姉氏〕 [名] (他人の姉に対する敬称) お姉さま。
**자아**〔自我〕 [名] 自我。¶ ~ 실현 自我実現/ ~에 눈뜨다 自我に目ざめる。
**자아 의:식**〔-意識〕 [名]〔心〕 自我意識、自意識。
**자아-내다** [他] ①(感情・興味などを)起こさせる、そそる、かきたてる、催す。¶ 호기심을 ~ 好奇心をそそる。/ 슬픔을 ~ 悲しみをかきたてる。 ②(糸を)紡ぎ出す。¶ 고치에서 실을 ~ 繭から糸を紡ぐ。 ③(機械の力で液体・ガスなどを)流れ出させる、吸いあげる、取りだす。
**자아-올리다** [他] (機械の力を利用して)水を吸い上げる。
**자애**〔自愛〕 [名][하自] 自愛。¶ 자중 ~ 自重自愛。
**자애**〔慈愛〕 [名] 慈愛、慈しみ。¶ 어버이의 ~ 親の慈愛。
**자애-롭다** [形ㅂ] 慈しみ深い。¶ 자애로운 어머니 慈しみ深い母。
**자약**〔自若〕 [名][하形] 自若、自如。¶ 태연 ~하게 일에 대처하다 泰然自若としてことに当たる。
**자업-자득**〔自業自得〕 [名] 自業自得。¶ ~이라고 체념하다 自業自得と諦める。
**자연**〔自然〕 [名] ①自然。¶ ~ 현상 自然現象/ ~을 사랑하다 自然を愛する。 ②「자연히」の縮約形。 **자연-히** [副] 自然に、自然と、ひとりでに。¶ 병이 ~ 낫다 病気が自然に治る。
**자연 과학**〔-科學〕 [名] 自然科学。
**자연 도태**〔-淘汰〕 [名] 自然淘汰。
**자연 법칙**〔-法則〕 [名] 自然法則。
**자연-스럽다** [形ㅂ] 自然だ、ありのままだ。¶

자연스러운 태도 自然な態度。 **자연-스레** 副 自然に。
**자연-인**〔-人〕 名 自然人。
**자엽**〔子葉〕 名 子葉。 ¶ 쌍~ 식물 双子葉植物。
**자영**〔自營〕 名 自營。 ¶ ~업자 自営業者/ 공장을 ~하다 工場を自営する。
**자오-면**〔子午面〕 名〘天〙子午面、子午線を含む平面。
**자오-선**〔子午線〕 名〘天〙子午線。 ¶ 본초 ~ 本初子午線/~ 통과 子午線通過。
**자오선 관측**〔-觀測〕 名 子午線観測。
**자옥-하다** 形〘여〙(霧・煙りなどが)立ちこめている、深い、濃い。 ¶ 자옥한 안개 深い霧/ 담배 연기가 ~ タバコの煙が立ちこめている。
**자:외-선**〔紫外線〕 名〘物〙紫外線。
**자:외선 사진**〔-寫眞〕 名 紫外線写真。
**자욱-하다** 形〘여〙(霧・煙り等が)あたり一面に立ちこめている、もやもやしている。 ¶ 안개가 ~ 霧がもやもやしている。
**자운**〔字韻〕 名 字韻、文字の韻い。
**자:운**〔紫雲〕 名 紫雲、紫色の雲、めでたい雲。
**자웅**〔雌雄〕 名 雌雄。 ①雌と雄。 ¶ ~ 감별 雌雄鑑別。 ②(比)強弱さきん、優劣、勝負。 ¶ ~을 결하다 雌雄を決する。
**자웅 동주**〔-同株〕 名〘生〙雌雄同株。
**자웅 동체**〔-同體〕 名〘生〙雌雄同体。
**자웅 이:주**〔-異株〕 名〘生〙雌雄異株。
**자웅 이:체**〔-異體〕 名〘生〙雌雄異体。
**자원**〔自願〕 名〘하他〙自ら願い出ること、志願。 ¶ ~해서 떠맡다 自ら願い出て引き受ける。
**자원 봉사자**〔-奉仕者〕 名 ボランティア。
**자원**〔資源〕 名 資源。 ¶ 천연 ~ 天然資源/ 인적 ~ 人的資源/ ~을 개발하다 資源を開発がいする。
**자위**〔自慰〕 名〘하自〙自慰。
**자위**〔自衛〕 名〘하自他〙自衛。 ¶ ~권 自衛権/ ~책을 강구하다 自衛策を講ずる。
**자위-대**〔-隊〕 名 (日本の)自衛隊。
**자유**〔自由〕 名 自由。 ¶ ~ 사상 自由思想/ 언론의 ~를 지키다 言論の自由を守る。/ ~ 에는 책임이 따른다 自由には責任が伴う。
**자유-롭다** 形〘ㅂ〙自由である、気ままである。 ¶ 자유로운 분위기 自由な雰囲気。 **자유로-이** 副 自由に。 ¶ ~ 활동하다 自由に活動する。
**자유 무:역**〔-貿易〕 名 自由貿易。
**자유 방:임**〔-放任〕 名 自由放任。 ¶ ~주의 自由放任主義。
**자유 의:지**〔-意志〕 名 自由意志。
**자유 자재**〔-自在〕 名 自由自在。 ¶ 영어를 ~로 구사하다 自由自在に英語を駆使する。
**자유-화**〔-化〕 名〘하他〙〘되自〙自由化。 ¶ 무역 ~ 貿易自由化。
**자율**〔自律〕 名 自律。 ¶ ~ 신경 自律神経。

㉔ 타율(他律)
**자율-적**〔-的〕 冠名 自律的。 ¶ ~으로 행동하다 自律的に行動する。
**자음**〔子音〕 名 子音。
**자음**〔字音〕 名〘言〙字音、漢字の音。
**자의**〔字義〕 名 字義、文字の意味。 ¶ ~대로의 해석 字義通りの解釈。
**자의**〔恣意〕 名 恣意、気ままな心。 ¶ ~적 행위 恣意的行ない。
**자의**〔自意〕 名 自分の考え・意思。 ¶ ~ 에 의한 행동 自分の意思による行動。
**자-의식**〔自意識〕 名〘心〙自意識。 ¶ ~이 강하다 自意識が強い。
**자익**〔自益〕 名 自益、自分の利益。
**자익-권**〔-權〕 名 自益権。
**자인**〔自認〕 名〘하他〙自認。 ¶ 잘못을 ~하다 過ちを自認する。
**자일**〔独 Seil〕 名 ザイル。 ㉔ 로프
**자임**〔自任〕 名〘하他〙自任。 ¶ 제일인자로 ~ 하고 있다 第一人者だと自任している。
**자자-손손**〔子子孫孫〕 名 子々孫々。 ¶ ~에 전하다 子々孫々に伝える。
**자:-하다**〔藉藉-〕 形〘여〙(うわさ・評判などが)広まっている、人々の口にのぼる。 ¶ 칭찬이 ~ みんなが褒めたたえている。/ 평판이 ~ 評判が高い。
**자작**〔子爵〕 名 子爵。
**자작**〔自作〕 名〘하他〙自作。 ¶ ~극 自作劇。
**자작-농**〔-農〕 名 自作農。
**자작**〔自酌〕 名 自酌、手酌。
**자작 자음**〔-自飲〕 名〘하他〙独酌〔自酌〕で飲むこと。
**자작-거리다** 自 子供がふらつく足どりでよちよち歩く。
**자작-나무** 名〘植〙シラカバ。
**자잘-하다** 形〘여〙みんな小さい、みな小粒である。 ¶ 밤알이 ~ クリの実がみな小粒だ。
**자:장**〔磁場〕 名〘物〙磁場。
**자장-가**〔-歌〕 名 子守歌。
**자장-자장** 感《赤ちゃん坊を寝かせる時にあやす声》ねんねん。
**자재**〔自在〕 名〘하形〙自在。 ¶ 자유 ~ 自由自在。
**자:재**〔資材〕 名 資材。 ¶ ~난 資材難/ 건축 ~ 建築資材/ ~를 주문하다 資材を注文する。
**자저**〔自著〕 名 自著。 ¶ ~를 출판하다 自著を出版する。
**자적**〔自適〕 名〘하自〙自適。 ¶ 유유 ~ 悠々自適。
**자전**〔字典〕 名 辞典、辞書、字引。
**자전**〔自傳〕 名 自伝。
**자전**〔自轉〕 名〘하自〙自転。 ¶ 지구는 ~한다 地球は自転する。
**자전 주기**〔-週期〕 名〘天〙自転周期。
**자전-거**〔自轉車〕 名 自転車。
**자정**〔子正〕 名 夜の12時ように、午前零時に。
**자정 작용**〔自淨作用〕 名 自浄作用。

**자제**〔子弟〕 图 ①《他人たんの息子むすに対たいする尊敬語》令息そく、息子むすさん。 ②《相手あいての家いえの若者ものに対する尊敬語》子弟てい。¶ 양가ー 良家りょうの子弟。

**자제**〔自制〕 图 하自 自制せい。¶ 지나친 욕심을 ー하다 いきすぎた欲望ぼうを自制する。

**자제-력**〔-力〕 图 自制力りょく。

**자제-심**〔-心〕 图 自制心しん。¶ ー이 강한 사람 自制心の強い人ひと。

**자제**〔自製〕 图 自製せい、自家製じか。¶ ー품 自製品ひん。

**자조**〔自助〕 图 自助じょ。¶ ー의 정신 自助の精神しん。

**자조**〔自照〕 图 自照じょう、自分自身じしんをかえりみて反省はんせいすること。

**자조**〔自嘲〕 图 自嘲ちょう。¶ ー적인 웃음 自嘲的な笑わらい。

**자족**〔自足〕 图 하自 形動 自足ぞく。¶ 자급ー自給じきゅう自足 / 경제 自足経済けいざい。

**자존**〔自存〕 图 自存ぞん。¶ 자립ー自立りつ自存。

**자존**〔自尊〕 图 自尊そん。¶ 독립ー 独立どく自尊。

**자존-심**〔-心〕 图 自尊心しん、プライド。¶ ー이 상하다 自尊心が傷きずつく。

**자주**〔自主〕 图 自主しゅ。¶ ー 국방 自主国防ぼう / ー 독립 自主独立どく。

**자주-성**〔-性〕 图 自主性せい。¶ ー의 결여 自主性の欠如けつ。

**자주-적**〔-的〕 冠图 自主的てき。¶ ー인 외교 自主的外交こう。

**자주**〔自走〕 图 自走じそう。¶ ー포 自走砲ほう。

**자주**〔紫朱〕 图 赤紫色あかむらさき。

**자주** 副 たびたび、しばしば、しょっちゅう、かさねがさね。¶ ー 만난 사람 たびたび会あった人ひと / 그런 일은 ー 발생한다 そんなことはしばしば起おこる。

**자주-자주** 副 たびたびに、しげしげ(と)、しきりに、頻繁ひんぱんに。

**자중**[自重] 图 自重じゅう、物の自体じたいの重さ。¶ ー 2톤의 기계 自重二トンの機械きかい。

**자중**[自重] 图 하自 自重ちょう。¶ ー하시기를 바랍니다 ご自愛あいのほどをお祈いのりします。

**자중-심**〔-心〕 图 自重心しん。

**자중지-란**〔自中之亂〕 图 仲間争なかまあらそい、同士討どうしうち、内輪うちもめ。

**자:지** 图 陰茎いんけい、ちんぽ、ちんぽこ、ちんこ。

**자지**〔子枝〕 图 繁栄はんえいする子孫そん。

**자지러-뜨리다** 他 (驚おどき・苦痛くつうなどで体からを)すくめる、よじる、縮ちぢこませる。¶ 고통으로 몸을 ー 苦くるしみで身をよじる。

**자지러-지다**[1] 自 ①(非常ひじょうに驚いて体が)すくむ、縮む、よじれる。¶ 자지러지게 놀랐다 身がすくむほどびっくりした。②(笑い声ごえ・拍子ひょうしなどが)はやくなる、ひんぱんになる。¶ 아이들은 자지러지게 웃었다 子供こどもたちは笑い転ころげた。

**자지러-지다**[2] 形 (絵え・彫刻ちょうこく・音楽おんがくなどが)精巧せいこうで美うつくしい。

**자진**〔自進〕 图 하自 自みずら進すすんですること。¶ ー해서 일을 하다 自ら進んで仕事しごとをする。

**자질**〔資質・姿質〕 图 資質しつ。¶ 뛰어난 ー의 소유자 すぐれた資質の持ちもち主ぬし / ー이 우수하다 資質が優秀ゆうしゅうである。

**자질구레-하다** 形動 こまごましている、断片的だんぺんてきでつまらない。¶ 자질구레한 물건 こまごました品物しなもの。

**자질-자질** 副 形動 水気みずけが乾かわいて段々だんだんと少すくなくなるよう。

**자-짜리** 图 (魚釣うおづりで)一尺じゃく(余あまり)の魚さかな。

**자차분-하다** 形動 きちょうめんに落着おちつきはらっている。 **자차분-히** 副 きちょうめんに落着きはらって。

**자찬**[自讚] 图 하自 自費さん。¶ 자화ー 自画じが自費。

**자책**[自責] 图 하自 自責せき。¶ ー감에 괴로워하다 自責の念ねんに苦くるしむ。

**자책-점**〔-點〕 图 自責点てん。

**자처**[自處] 图 하他 ①自任にん、自負じふ。¶ 예술가로 ー하다 芸術家げいじゅつかをもって自任する。 ②自決けつ、自殺さつ。

**자천**[自薦] 图 하自 自薦せん。¶ ー 타천의 후보자 自薦他薦たせんの候補者こうほしゃ。

**자청**[自請] 图 自みずから請こうこと、買かって出でること。¶ ー해서 나서다 自ら進すすんで乗のり出だす。/ 야근을 ー하다 夜勤やきんを買って出る。

**자체**[自體] 图 自体たい。¶ 계획 그 ー는 나무랄 데 없다 計画そのもの自体は申もうし分ぶんない。

**자체**[字體] 图 字体たい。①書体たい。②字形けい。

**자초**[自招] 图 自みずら招まねくこと。¶ 화를 ー하다 災わざわいを自ら招く。

**자초지종**[自初至終] 图 一部始終ぶしじゅう、始末しまつ、顛末てんまつ。¶ 사건의 ー을 밝히다 事件じけんの一部始終を明あかす。

**자축**[自祝] 图 하自 自みずから祝いわうこと。¶ 입학을 ー하다 入学にゅうがくを自ら祝う。

**자축-거리다** (足ぁしに力ちからが無なくて)少すこしびっこ〔ちんば〕を引ひく

**자축-자축** 副 하自 続けざまに少しびっこを引くようす。

**자축-발이** 图 びっこ〔ちんば〕を引く人ひと。

**자충**[自充] 图 하自 (碁ごで)自分ぶんの地じを自ら
ふさぐこと。

**자취** 图 ①跡あと、跡形がた、名残ごり。¶ 발ー 足跡あと / 고대 문명의 ー 古代文明だいぶんめいのなごり / ー도 없이 사라지다 跡形もなく消きえる。②(人ひと・動物どうぶつの)行方ゆく、行く先さき。¶ ー가 묘연하다 行方が分からない。
관용 **자취를 감추다** 行方ゆくえ・姿すがたをくらます、雲隠くもがくれする。

**자취**[自炊] 图 하自 自炊すい。¶ 생활 自炊生活せいかつ / 방을 얻어 혼자 ー하다 部屋へやを借りて一人ひとりで自炊する。

**자치**[自治] 图 하他 自治じち。¶ ー제 自治制せい / ー 활동 自治活動かつどう / 지방ー 地方ちほう自治。

**자치-권**〔-權〕 图 法 自治権けん。

**자치 기관**〖-機關〗图 自治機関か。
**자치 단체**〖-團體〗图〖法〗自治団体だ、自治体たい。
**자치-령**〖-領〗图 自治領りょう。
**자칫**图 ①《ある物事ごとがほんの少しく食い違ちがっていることを表あらわす》万まんが一いち、まかり間違ちがえば、ちょっと。¶ ~ 잘못하면 큰일이 난다 まかり間違えば大変なことになる。②やや、少しく。¶ ~ 작은 듯하다 やや小ちいさいようだ。
**자칫-하면**副 まかり間違まちがえば、ややもすれば、ともすると、ひょっとすると、すんでのことに。¶ ~ 사고가 나기 쉽다 ややもすれば事故じこが起おこりがちだ。/ ~ 계산이 틀리게 된다 ともすれば計算けいさんを間違まちがえる。
**자칫-거리다**自 赤あかん坊ぼうがよちよちと歩あるく。
**자칫-자칫**副 あよちよち。
**자칭**〖自稱〗图하动 自称じょう。¶ 시인이라고 ~ 하는 사람 詩人しじんと自称する人ひと。
**자타**〖自他〗图 自他じた。¶ ~ 가 공인하는 바다 自他ともに認みとめることである。
**자탄**〖自歎·自嘆〗图하자他 自嘆たん·だん、自みずら嘆なげくこと。
**자:태**〖姿態〗图 姿態たい、姿すがた。¶ 아름다운 ~ 美うつくしい姿態。
**자택**〖自宅〗图 自宅たく。¶ ~ 을 방문하다 自宅を訪問ほうもんする。
**자퇴**〖自退〗图하자他 自みずら退しりぞくこと。
**자투리**图《布ぬのの》端はしぎれ、切きれ端はし、切きれ地じ。¶ ~ 로 방석을 만들다 切れ端でざぶとんを作つくる。
**자파**〖自派〗图 自派は。¶ ~ 의 세력 自派の勢力せいりょく/ ~ 로 끌어 들이다 自派に引ひき込こむ。
**자판-기**〖自販機〗图《「자동 판매기」の縮約形》自販機じはんき。
**자평**〖自評〗图하자他 自評ひょう。
**자폐-증**〖自閉症〗图〖醫〗自閉症しょうへい。
**자포-자기**〖自暴自棄〗图하자 自暴じぼう自棄じき、破れかぶれ、やけくそ。¶ ~ 에 빠지다 自暴自棄に陥おちいる。/ ~ 의 행동을 하다 破れかぶれの行動こうどうをする。
**자폭**〖自爆〗图하자 自爆じばく。
**자필**〖自筆〗图하자他 自筆ひつ、自書じしょ。¶ ~ 편지 自書の手紙てがみ/ ~ 이력서 自筆の履歴書りれきしょ。
**자학**〖自虐〗图하자 自虐ぎゃく。¶ ~ 행위 自虐行為じこうい。
**자학 자습**〖自學自習〗图하자他 自学自習じがくじしゅう。
**자해**〖自害〗图하자 ①自分じぶんで自分の体からだを害がいすること。②自害がい、自尽じん。¶ ~ 행위 自害行為こうい。
**자행**〖自行〗图하자他 自行こう。①自分じぶんの修行しゅぎょう。②自みずら行なうこと。
**자:행**〖恣行〗图하자他 恣行しこう、ほしいままに行なうこと。¶ 폭력을 ~ 하다 暴力ぼうりょくをほしいままにする。
**자형**〖字型〗图〖版〗活字かつじの型かた。
**자형**〖姉兄〗图 姉あねの夫おっと、義兄けい。
**자형**〖慈兄〗图《手紙てがみの用語ようごで》貴兄けい、大兄けい。

**자혜**〖慈惠〗图 慈恵けい。
**자혜-롭다**形回 慈いつくしみ深ぶかい、情なさけ深がい。¶ 자혜로운 하느님 情け深い神様かみさま。
**자호**〖字號〗图 字号ごう。①活字かつじの大小だいしょうを表あらわす番号ばんごう。②千字文せんじもんの順序じゅんじょによって付つけた番号。
**자화**〖自畵〗图 自画が。¶ ~ 자찬 自画自賛さん。
**자화-상**〖自畵-像〗图 自画像ぞう。¶ ~ 을 그리다 自画像を描えがく。
**자활**〖自活〗图하자 自活かつ。¶ ~ 의 길을 걷다 自活の道みちを歩あゆむ。
**자-회사**〖子會社〗图 子会社がいしゃ。
**자획**〖字劃〗图 字画かく。¶ ~ 으로 사전을 찾다 字画で辞書じしょを引ひく。
**자훈**〖字訓〗图 字訓くん。
**자흔**〖疵痕〗图 疵きずの痕あと。
**작**〖爵〗图 爵しゃく。①官職かんしょくの位くらい。②五等爵ごとうしゃくの階級かいきゅう。¶ 후~ 侯爵こうしゃく。
**작**〖作〗图 Ⅰ 依《その人ひとの作品さくひん·著作ちょさく·製作せいさくの意いを表あらわす》…作さく。¶ 톨스토이 ~ トルストイ作。 Ⅱ 接尾 …作さく。①作品ひん·製品せいひんの意を表わす。¶ 처녀~ 処女作しょじょさく。②作況きょう·農業のうぎょうの意を表わす。¶ 이모~ 二毛作にもうさく。
**작**〖勺〗依 勺しゃく。①《容量りょうの単位たんい》一合ごうの十分じゅうぶんの一。②《面積めんせきの単位》一坪つぼの百分ひゃくぶんの一。
**작**〖昨〗冠 昨さく、昨日きのうの意い。
**작가**〖作家〗图 作家か。¶ 인기 ~ 人気にんき作家。
**작고**〖作故〗图하자 逝去せいきょ。¶ ~ 하신 선생님 逝去なさった先生せんせい。
**작곡**〖作曲〗图하자他 短自 作曲きょく。¶ ~ 가 作曲家か。
**작금**〖昨今〗图 昨今さっこん。¶ ~ 의 세계 정세 昨今の世界情勢せかいじょうせい。
**작년**〖昨年〗图 昨年さく、去年きょねん。¶ ~ 이맘때 去年の今ごろ。
**작:다**形 ①《大おおきさが》小ちいさい。¶ 몸집이 ~ 体からだが小さい。②《背せが》低ひくい。¶ 키가 작은 사람 背が低い人ひと。③《寸法すんぽうなどが》小ちいさい。¶ 구두가 작아서 신을 수 없다 靴くつが小さくて履はけない。④《程度ていど·数量すうりょう·規模きぼなどが》小ちいさい、少すくない。¶ 스케일이 ~ スケールが小さい。⑤《声こえが》小ちいさい、低ひくい。¶ 작은 소리로 말하다 小さい声で話はなす。⑥《事柄ことがらが》重要じゅうでない、小さい、細こまかい。¶ 작은 실수 小さな過すぎち。⑦《月つきの日数にっすうが》満みたない。¶ 작은 달 小の月。⑧幼おさない、若わかい。¶ 작은 아이 幼い子供こども/ 작은 언니 お姉ねえちゃん。
**작다리**图《背せの低ひくい人ひとをからかって言いう語ご》ちび。
**작달막-하다**形回《体格たいかくの割わりに》背が低い。
**작당**〖作黨〗图하자 群むれをなすこと、徒党とうを組くむこと。¶ ~ 하여 몰려 들다 群ぐんがって押おしよせて来くる。
**작대기**图《何なにかを支ささえるときに使つかう》長ながい棒ぼう。

**작대기 찜질** 名 하自 杖・棒などでひどく殴ること。
**작도**[作圖] 名 하自 作圖。
  **작도-법**[-法] 名 作圖法。
**작동**[作動] 名 하自他 되自 作動。¶ 기계가 ~하다 機械が作動する。
**작두**[斫-] 名 押し切り、飼わ葉切り。
  **작두-질** 名 하自 押し切りで秣や藁などをきざみ切ること。
**작디-작다** 形 非常に小さい。
**작란**[作亂] 名 하自 乱を起こすこと。
**작란**[雀卵] 名 雀の卵ご。
**작렬**[炸裂] 名 하自 炸裂。¶ 포탄이 ~하다 砲彈が炸裂する。
**작례**[作例] 名 作例、詩文などの作り方の手本となる実例。¶ ~를 보이다 作例を示す。
**작명**[作名] 名 하自 名付けること、命名。
  **작명-사**[-師] 名 名付けを業とする人。
**작문**[作文] 名 하自 作文。¶ 영-英作文／~을 짓다 作文をつくる。
  **작문-법**[-法] 名 作文法。
**작물**[作物] 名 (「농작물」의 縮約形) 作物。¶ ~을 재배하다 作物を栽培する。
  **작물 한:계**[-限界] 名 (農) 作物限界、農作物の栽培限界。
**작미**[作米] 名 하自 稲をついて米を作ること、精米。
**작법**[作法] 名 ①作法、文章などの作り方。¶ 소설 ~ 小説作法。②하自 法則を定めること。
**작별**[作別] 名 하自他 別れ、訣別。¶ ~을 고하다 別れを告げる。／ 인사를 하다 別れの挨拶をする。
**작보**[昨報] 名 昨報、昨日の報道。¶ ~에 의하면 昨報に依れば。
**작부**[酌婦] 名 酌婦。¶ ~가 술을 따르다 酌婦が酒をつぐ。
**작사**[作詞] 名 하自 作詞。¶ ~ 작곡 作詞作曲／ 교가를 ~하다 校歌を作詞する。
**작살** 名 銛、やす。¶ ~로 고래를 찌르다 銛で鯨を突く。
  【관용】 **작살을 내다** めちゃめちゃにつぶす、たたきのめす。 **작살이 나다** めちゃめちゃにつぶれる、たたきのめされる。
**작설-차**[雀舌茶] 名 新芽で作った茶。
**작성**[作成] 名 하自他 되自 作成。¶ 보고서를 ~하다 報告書を作成する。
**작시**[作詩] 名 하自 作詩。
**작신-거리다** 自 (身近に居坐って) しつこくねだる[せびる]。¶ 왜 이리 작신거리느냐 どうしてこんなにせがみ立てるのかね。
**작신-작신** 副 하自 しきりにしつこくねだる[せびる]ようす。
**작심**[作心] 名 하自 決心、覚悟を決めること。
  **작심-삼일**[-三日] 名 決心が三日と続かないこと、三日坊主。

**작업**[作業] 名 하自 作業。¶ 야간 - 夜間作業／~의 능률 作業の能率／~을 중지하다 作業を中止する。
  **작업-복**[-服] 名 作業服。
  **작업-장**[-場] 名 作業場。
**작열**[灼熱] 名 하自 灼熱。¶ ~하는 태양 灼熱の太陽。
**작용**[作用] 名 하自 되自 作用、働き。¶ 반~ 反作用／~을 미치다 作用を及ぼす。／ 이성이 ~하다 理性が働く。
**작월**[昨月] 名 昨月、先月、지난달。
**작위**[作爲] 名 ¶ ~적인 행동 作爲的な振る舞い。
**작위**[爵位] 名 爵位。¶ ~가 주어지다 爵位が授与される。
**작은-계:집** 名 (俗) 身分の低い者の妾。
**작은곰-자리** [天] 小熊座。
**작은-달** 名 小の月。
**작은-댁**[-宅] 名 「작은집」の敬称。
**작은-마누라** 名 妾を親しげに言う語。
**작은-방**[-房] 名 奧の間に続く隣となの小さい部屋。
**작은-설** 名 (元旦에 대해서) 大晦日。
**작은-집** 名 ①分家。①②큰집 ②妾、妾宅。¶ ~을 두다 妾をかこう。③(俗) 便所。
**작의**[作意] 名 作意、芸術作品の創作の意図。
**작일**[昨日] 名 昨日、어제。
**작자**[作者] 名 ①作者、著者。¶ ~미상 作者不詳。②買い手。¶ ~가 없다 買い手がない。③(他人の人柄をけなして言う語) 者、奴。¶ 이상한 ~다 おかしいやつだ。④非凡人。
**작작**¹ 副 ほどよく、適度に、いいかげんに。¶ 웃기는 소리 좀 ~ 해라 笑わせるのもいいかげんにしろ。／ 바보 같은 짓 좀 ~ 해라 戯だけもいいかげんにしろ。
**작:작**² 副 하自 ①(履き物を引きずる音) ずる。②(紙などを破るようす・その音) ばりばり、びりびり。¶ 편지를 ~ 찢어 버리다 手紙をびりびり破ってしまう。
**작전**[作戰] 名 하自 作戰。¶ 양동 - 陽動作戰／~을 짜다 作戦を練る。／~을 전개하다 作戦を展開する。
  **작전 명:령**[-命令] 名 (軍) 作戰命令。
  **작전 참모**[-參謀] 名 (軍) 作戰參謀。
**작정**[作定] 名 하自他 되自 ①心で決めること、決心、決定。¶ 시치미를 떼기로 ~하다 ねこばばを決め込む。② …(する)積もり、予定、考え。¶ 어떻게 할 ~이에요? どうするつもりですか。
**작중 인물**[作中人物] 名 作中人物、作品の中に出る人物。
**작태**[作態] 名 하自 ①(表情や身なりなどを) 繕うこと、整えること、見目をつくろうこと。②見苦しい仕草。¶ 한심스러운 - 情けない仕草。
**작파**[作破] 名 하他 (計画や仕事などを) 中

작품

断だんしてしまうこと、中止ちゅうしすること。
작품[作品] 图 作品ひん。¶ 예술 ~ 芸術じゅつ作品/ ~을 전시하다 作品を展示てんじする。
작품-집[-集] 图 作品集しゅう。
작풍[作風] 图 作風ふう。¶ 남의 ~을 모방하다 他人たにんの作風を模倣もほうする。
작하[昨夏] 图 昨夏さくか、去年きょねんの夏なつ。
작화[作畫] 图 絵えを画かいたりすること。
작황[作況] 图 作況じょう。¶ 올해의 벼 ~ 今年ことしの稲いねの作況。
작황 지수[-指數] 图 作況指数しすう。
작히(나) 副 さぞかし、どれほど、どんなに。¶ 합격만 한다면 ~ 좋을까 合格ごうかくしさえすればどんなにいいだろうか。
잔[盞] 图 ①(「술잔」の縮約形) 杯さかずき。¶ ~을 돌리다 杯をまわす。②(形式名詞的に)…杯はい。¶ 술 석 ~ お酒さけ3杯さんばい。
잔- 接頭「小ちいさい・細こまかい・細ほそい」の意を表わす。¶ ~가지 小枝こえだ/ ~돈 小銭こぜに/ ~소리 小言こごと。
-잔 略 …しようと言いう。¶ 가~ 말인가? 行こうと言うのか。
잔-가시 图 魚さかなの小骨こぼね。
잔-가지 图 小枝こえだ、梢こずえ。
잔-걱정 图 こまごまとした心配事しんぱいごと、つまらない心配しんぱい。
잔-걸음 图 ①室内しつないや家いえの中なかを行いったり来きたりする歩あゆみ。②短みじかい道程みちのりをしきりに往来おうらいすること。
잔걸음-치다 自 近ちかい所ところをしきりに往来おうらいする。
잔-결[建] 細ほそくまっすぐな柾目まさめ[木目もく]。
잔고[殘高] 图 残高ざんだか、残のこりの高たか、残額ざんがく。¶ 예금 ~ 預金よきん残高/ ~를 계산하다 残高を計算けいさんする。/ 은행 ~를 조사하다 銀行ぎんこうの残高を調しらべる。
잔-고기 图 小魚こざかな、雑魚ざこ。
잔광[殘光] 图 残光ざんこう、残照ざんしょう。
잔교[棧橋] 图 ①(埠頭ふとうの)桟橋さんばし。②(山やまの)かけ橋はし、桟橋。
잔-구멍 图 ①小ちいさい穴あな。②狭せまい考かんがえ。
잔국[殘菊] 图 残菊ざんぎく、冬ふゆの始はじめまで咲さき残のこった菊きくの花はな。
잔-글씨 图 細字さいじ。
잔-금 图 ①細ほそかいしわ、細ほそいひび。②細ほそい線せん。
잔금[殘金] 图 残金ざんきん。¶ ~을 치르다 残金を支払しはらう。/ ~은 얼마 없다 残金はいくらも無ない。
잔기[殘期] 图 残期ざんき、残のこりの期間きかん。
잔-기침 图 (続つけざまに出でる)軽かるい咳せき。
잔-꾀 图 猿知恵さるぢえ、浅知恵あさぢえ、こざかしい策さく。¶ ~에 넘어가다 浅知恵に乗のる。
잔-눈치 图 他人たにんの行動こうどうから細こまかい機微きびまでを感かんじ取とる勘かん。
잔당[殘黨] 图 残党ざんとう、残徒ざんと。¶ ~을 소탕하다 残党を掃討そうとうする。
잔도[棧道] 图 桟道さんどう、懸けけ路じ。

잔-돈 图 ①小銭こぜに、はした金かね。¶ ~으로 바꾸다 小銭に替かえる。②釣つり銭せん、おつり。¶ ~을 거슬러 받다 おつりをもらう。③「잔돈푼」の縮約形。
잔돈-푼 图 いくらかの金かね、わずかのお金かね。¶ ~이 생겼다 いくらかの金が出来できた。
잔-돌 图 小石こいし、砂利じゃり。
잔돌-밭 图 小石の多おおい畑はたや土地とち。
잔득-거리다 自 ①にちゃにちゃとべとつく。②(強つよい肉片にくへんなどが)強靭きょうじんでなかなか嚙かみ切きれない。
잔득-잔득 副 하形 ①べとつくようす。②嚙かみ切きれないようす。
잔득-하다 形口 ①(身持みもちに)重おもみがあって辛抱しんぼうづよい。②ねばりけがある、ねばねばしている。 잔득-이 副 辛抱強しんぼうづよく、落おち着ついて根気こんきよく。
잔등[殘燈] 图 残燈ざんとう、うら寂さびしい夜よるのおぼつかない燈火とうか。
잔등-이 图(俗) 背中せなか。
잔디 图 芝しば、ローン。¶ 마당에 ~를 심다 庭にわに芝を植うえる。
잔디-밭 图 芝生しばふ。
잔뜩 副 いっぱい、たくさん、すっかり、ひどく。¶ 밥을 ~ 먹다 ご飯ごはんを腹はらいっぱい食たべる。/ 하늘이 ~ 흐렸다 すっかり曇くもり空そらになった。
잔류[殘留] 图 하自 残留ざんりゅう、居残いのこること。¶ ~ 농약 残留農薬のうやく。
잔-말 图 無駄口むだぐち、小言こごと、文句もんく。¶ 이래라 저래라 ~이 많다 ああしろこうしろと文句が多おおい。
잔망[孱妄] 图 하形 スル形 ①(言動げんどうが)軽かるがるしいこと、生意気なまいきなこと。②(体からだが)ひ弱よわくて行動こうどうが軽率けいそつならぬこと。
잔명[殘命] 图 余命よめい、残生ざんせい。
잔-모래 图 細こまかい砂すな。
잔-못 图 小ちいさな釘くぎ。
잔-무늬 图 細こまごました縞しま[模様もよう]。
잔반[殘飯] 图 残飯ざんぱん、食くい残のこりの飯めし。
잔-뿌리 图 鬚根しゅこん。¶ ~이 많은 무 鬚根の多おおい大根だいこん。
잔-별 图 小ちいさい星ほし。
잔병[-病] 图 しょっちゅうかかる軽かるい病気びょうき。¶ ~이 많다 軽い病気がちである。
잔병-꾸러기 图 なんだかんだと軽い病気びょうきの多おおい人ひと。
잔병-치레 图 하自 あれこれ軽い病気びょうきをたびたび病やむこと。
잔-뼈 图 幼おさなくてまだ十分じゅうぶんに成長せいちょうしていない骨ほね。
慣用 잔뼈가 굵어지다 細ほそい骨ほねが太ふとくなる。《幼おさい時ときからある仕事しごと・環境かんきょうの中なかで成長せいちょうする》
잔-뿌리 图 ひげ根ね、細ほそい根、側根そっこん、支根しこん。
잔상[殘像] 图 残像ざんぞう。
잔생[殘生] 图 残生ざんせい、余生よせい。
잔서[殘暑] 图 残暑ざんしょ、余炎よえん。

**잔설**[殘雪] 图 残雪ざんせつ。

**잔-셈** 图[하他] 細こまかい計算けいさん・勘定かんじょう。

**잔-소리** 图[하自] ①くどくどしい文句もんく、無駄口むだぐち、不平ふへい。¶ ～를 늘어놓다 むだ口ぐちをたたく。②小言こごと、説教せっきょう。¶ ～를 듣다 小言を食くう。

**잔손** 图 細々こまごました手数てすう、手間てま。¶ ～이 가는 일 手での込こんだ仕事しごと。

　**잔손-가다** 自 こまごまと手数てすうがかかる。

　**잔손-질** 图[하自他] こまごましい手入ていれ。

**잔-손금** 图 細こまかい手筋てすじ。

**잔-술**[盞-] 图 ①一杯いっぱいの酒さけ。②コップ売うりの酒。

**잔-시중** 图 細こまかい世話せわ・手伝てつだい。¶ ～을 들다 こまごまとめんどうを見みてやる。

**잔심부름** 图[하自] 雑多ざったな使つかい、雑用ざつよう。

　**잔심부름-꾼** 图 雑多な使いをする人ひと、雑用係かかり、小間使こまづかい。

**잔액**[殘額] 图 残額ざんがく。¶ ～을 지불하다 残額を支払しはらう。

**잔업**[殘業] 图 残業ざんぎょう、オーバータイム。¶ ～수당 残業手当て。

**잔여**[殘餘] 图 残余ざんよ、余あまり。¶ ～액 残余額/ ～기간 残余期間かん。

**잔인**[殘忍] 图[하自][스形] 残忍ざんにん。¶ ～한 범행 残忍な犯行はんこう。

　**잔인-스럽다** 形回 残忍である。**잔인-스레** 副 残忍に、残酷ざんこくに、むごたらしく。

**잔-일** 图 (手数てすうのかかる)細々こまごました仕事しごと、手間てま仕事。

**잔잔-하다** 形回 ①(風かぜ・波なみなどがおさまって)静しずかだ、穏おだやかだ。¶ 잔잔한 바다 静かな海うみ。②(病気びょう・形勢けいせいなどが)静しずまる。¶ 통증이 잔잔해졌다 痛いたみが静まってきた。

　**잔잔-히** 副 静かに、穏やかに。¶ ～ 흐르는 강물 静かに流ながれる川かわの水みず。

**잔재**[殘滓] 图 残滓ざんし・ざんさい。¶ 봉건주의의 ～ 封建主義ほうけんしゅぎの残滓。

**잔-재미** 图 こまごまとした面白おもしろみ、ちょっとした楽たのしみごと。¶ ～가 있는 사람 楽しみごとのある人ひと。

**잔-재주**[-オ-] 图 小才こさい、小細工こざいく。¶ ～를 부리다 小細工を弄ろうする。/ ～가 있다 小才がある。

**잔-전**[-錢] 图 小銭こぜに。¶ ～으로 바꾸다 小銭に替かえる。㊦ 잔돈。

**잔-정**[-情] 图 細こまやかな情じょう。¶ ～이 많은 여자 情のこまやかな女おんな。

**잔존**[殘存] 图[하自] 残存ざんそん。¶ ～ 부수 残存部数すう/ 폐습이 ～하다 弊習へいしゅうが残存する。

**잔-주름** 图 小こじわ、細こまかいひだ。¶ 얼굴에 ～이 잡히다 顔かおに小じわがよる。

**잔챙이** 图 取とるに足たらない人ひと・物もの、下したっぱの人ひと、雑魚ざこ、ちんぴら。

**잔치** 图[하自] うたげ、宴えん、宴会えんかい、祝宴しゅくえん、パーティー。¶ 환갑 ～ 還暦かんれきの祝宴/ ～를 벌이다 宴を催もよおす。

　**잔칫-날** 图 宴会えんかいの日ひ、宴会日えんかいび。

**잔칫-집** 图 祝宴しゅくえんを行おこなう家や。

**잔품**[殘品] 图 残品ざんぴん、売うれ残のこり。¶ ～ 정리 대매출 残品整理せいりの大おお売うり出だし。

**잔학**[殘虐] 图[하形] 残虐ざんぎゃく。¶ ～한 행위 残虐な行為こうい。

**잔해**[殘骸] 图 残骸ざんがい。¶ 불탄 뒤의 ～ 焼やけ跡あとの残骸。

**잔향**[殘響] 图[物] 残響ざんきょう。¶ ～ 효과 残響効果こうか。

**잔-허리** 图 腰こしの後うしろの方ほうの細ほそい部分ぶぶん、弱腰よわごし。

**잔혹**[殘酷] 图[하形] 残酷ざんこく。¶ 너무나도 ～한 처사 あまりにも残酷な仕打しうち。

**잔흔**[殘痕] 图 残痕ざんこん、残のこっている痕あと。

**잘** 副 よく。①上手じょうずに、うまく。¶ 노래를 ～ 부르다 歌うたを上手に歌うたう。②立派りっぱに、見事みごとに。¶ ～ 해내다 立派にやりとげる。③無事ぶじに、元気げんきに。¶ 목적지까지 ～ 도착하다 目的地もくてきちまで無事に到着とうちゃくする。④大切たいせつに、大事だいじに。¶ 간수해 두다 大切にしまっておく。⑤十分じゅうぶんに、満足まんぞくに、完全かんぜんに、たっぷり。¶ ～ 먹었다 たっぷり食たべた。⑥注意ちゅういして、気きをつけて。¶ ～ 들으시오 よく聞ききなさい。⑦詳くわしく、詳細しょうさいに、十分じゅうぶんに。¶ 사정은 ～ 알고 있다 事情じょうは十分承知しょうちしている。⑧正まさしく。¶ 마음을ー 써や한다 心こころを正しく持たねばならない。⑨いい時ときに、適時てきに、折おりよく、都合つごうよく。¶ 마침 ～ 왔구나 折りよく来きてくれたね。⑩(顔形かおかたちが)立派りっぱに、見目みめよく。¶ ～ 생긴 얼굴 立派な顔かおだち。⑪しょっちゅう、しばしば、たびたび。¶ ～ 웃는 아이 よく笑わらう子こ。⑫よろしく。¶ 앞으로 ～ 부탁합니다 今後こんごともよろしくお願ねがいします。

(속담) 잘 자랄 나무는 떡잎부터 알아본다 よく育そだつ木きは双葉ふたばのときから分わかる。《栴檀せんだんは双葉より芳かんばしき》

**잘강-거리다** 他 (ガムなどを)くちゃくちゃとかむ。

**잘강-잘강** 副[하他]《固かたいものを軽かるく続つづけて噛かむようす》くちゃくちゃ、ぐちゃぐちゃ。¶ ～ 고기를 씹다 くちゃくちゃ肉にくをかむ。

**잘그랑** 图[하自]《小ちいさい金属片きんぞくへんなどが地面じめんに落おちたり 互たがいにぶつかり合あって鳴なる音おと》ちゃらん、かちん。㊗ 잘그랑。

**잘그랑-거리다** 自他 ちゃらんちゃらん音おとを立たてる。

**잘깃-하다** 形回 ①(紙かみ・布きれなどが)やや強つよそうだ。②(肉にくなどが)少すこし堅かたそうだ。③(性質せいしつが)やや強つよそうだ。

**잘끈** 副《しっかりと締しめつけたり縛しばったりするようす》ぎゅっと、しっかり、堅かたく。¶ 허리띠를 ～ 동여매다 ベルトをぎゅっと締しめつける。

**잘-나다** 自 偉えらい、優すぐれている。¶ 그 정도 일에 잘난 체하지 마라 その程度ていどのことで偉そうにふるまうな。②見目みめよい、美うつし

잘다 い、器量がよい。¶얼굴만은 ~ 顔かただけは美しい。③(反) たいしたことない、ろくでもない、くだらない。¶그 잘난 것 가지고 빼기지 말게 そんなつまらないものでいばりなさんな。

잘다 形 ①小さい。¶사과가 모두 ~ りんごがみな小さい。②細かい、細かい。¶잔 뿌리 細い根/ 잘게 자르다 細かく切る。③(度量が)狭い、みみっちい、こせこせしている。¶사람이 너무 ~ 人間があまりこせこせしている。④こまごまとしている、つまらない。¶잔 일 つまらない仕事。

잘-되다 自 ①(物事が)うまくいく、よく出来る。¶사업이 ~ 事業がうまく行く。②成功する、偉くなる。¶네가 잘되기를 기원한다 君の成功を祈る。
속담 잘되면 제 탓 못 되면 조상 탓 うまくいったら自分のせい、うまくいかなかったら祖先のせい。《うまくいけば自分の手柄とし 失敗すれば他人のせいにする》

잘라-말하다 自他 きっぱりと言い切る、断言する。¶틀림없다고 ~ 間違いないと断言する。

잘라-매다 他 (紐などで)堅く縛る。

잘라-먹다 他 ①ちぎって食べる。¶떡을 조금씩 ~ 餅を少しずつちぎって食べる。②踏み倒す、借り倒す。¶빚을 ~ 借金を踏み倒す。③横領する、着服する。¶공금을 ~ 公金を横領する。

잘래-잘래 副 他サ 《否定・拒否の意を表わすために頭を横に振るようす》いやいや。¶고개를 ~ 흔들다 首をいやいやと振る。㉘ 절레절레

잘록-거리다 自他 少しびっこを引く、ぴょこぴょこする。

잘록-하다 形サ くびれている、細くなっている。¶허리가 잘록한 옷 腰のくびれた服。

잘름-거리다 自他 軽くびっこを引く、ぴょこぴょこする。

잘름-발이 名 びっこ、ちんば。

잘리다 自 「자르다」の受動。①切られる、断たれる。¶가지가 잘 잘리지 않는다 枝がうまく切れない。②踏み倒される、貸し倒される。¶빚을 ~ 貸し金を踏み倒される。③首になる、やめさせられる。¶회사에서 ~ 会社を首になる。

잘-먹다 自 ①(なんでも)よく食べる。②食べ物に不足しない。

잘못¹ 名 誤り、過ち、間違い、手落ち、落ち度、やり損ない。¶큰 ~ 大きな過ち/ ~을 깨닫다 誤りを悟る。/ 내게는 ~이 없다 私に誤りは過ちはない。

잘못² 副 誤って、間違って。¶뜻을 ~ 이해하다 意味を間違って理解する。/ 사람을 ~ 보다 人を見間違える。/ 약을 ~ 먹다 薬を間違って飲み違える。/ 앞뒤를 ~ 맞추어, うっかり。¶~ 건드리다가는 큰일 난다 うっかり手をつけたりしたらとんでも

ないことになる。

잘못-되다 自 ①間違う、誤まる。¶잘못된 생각 間違った考え。②悪い結果になる、失敗に終わる。¶일이 잘못되어 손해를 보았다 仕事が失敗して損をした。③(事故・病気などで)命を落とす、死ぬ。④(性質などが)悪くなる。

잘못-하다 自他サ ①間違える、誤まる、過つ、やり損なう、失敗する。¶계산을 ~ 計算を間違える。/ 판단을 ~ 判断を誤る。/ 수술을 ~ 手術を失敗する。②下手だ。¶운전을 ~ 運転が下手だ。

잘박 副 《浅瀬やぬかるみなどを踏むときの音》びしゃっ。

잘박-거리다 自他 びしゃびしゃっする。

잘-빠지다 形 ①出来がよい。②(俗)(体つきが)すらっとしている、見目がよい。

잘-살다 自 ①豊かに暮らす。¶잘사는 나라 豊かな国。②無事に過ごす、つつがなく暮らす。¶잘살고 있는지 궁금하다 無事に過ごしているかどうか気になる。

잘-생기다 形 見目よい、顔かたちが整っている。

잘쏙-하다 形サ (長いものの中間がん)くびれている、きゅっとしまっている、ぺこんとこんでいる。¶허리가 ~ 腰がくびれている。

잘-입다 自 ①衣生活に不自由がない。②上手に着こなす、着飾る。¶잘입으면 멋이 있다 上手に着るとかっこいい。

잘잘¹ 副 《熱気で熱くなっているようす》ほかほか、かっか。¶방바닥이 ~ 끓다 オンドルの床がほかほかと暖かい。②((湯が煮にえ立つようす》ぐらぐら。¶물이 ~ 끓고 있다 湯がぐらぐらと沸き立っている。③(少量の液体などが流されるようす・その音》ちょろちょろ。㉘ 절절

잘잘² 副 ①(つやがあるようす》つるつる、つやつや、てかてか。¶머리에 윤기가 ~ 흐르다 髪がつやでてかてか光る。②《引きずるようす》ずるずる。¶슬리퍼를 ~ 끌다 スリッパをずるずると引きずる。㉘ 질질

잘잘³ 副 《あちこちむやみにせかせか歩きまわるようす》ばたばた、せかせか。¶바쁘다고 하며 ~ 쏘다니다 忙しいと言ってばたばたとせわしく走り回る。

잘잘-거리다 自 あちこちとむやみにせわしく歩き回る。

잘-잘못 名 善し悪し、是非。¶~을 가리다 是非を正す。

잘-지내다 自 ①無事に暮らす、何不自由なく暮らす。②(人と)親しくつきあう、仲よくする。¶이웃과 ~ となり近所と仲よく暮らす。

잘카닥 副 他自サ ①《金具が掛かったり外れたりするようすや音》がちゃっ、かちん、がちゃん。¶자물쇠가 ~ 걸리다 錠前ががちゃっと掛かる。②《ものが粘りつくようす》べたりと。㉘ 절커덕

**잘칵** 副|하自他《카메라의 셔터·텔레비전의 채널 등을 操作するときの音등》ぱちっ(と)、かちゃっ(と)。¶ ~하고 셔터를 누르다 ぱちっとシャッターを切る。

**잘-하다** 他四 よくする。①うまい、上手だ、達者だ。¶ 노래를 ~ 歌がうまい。/ 일본어를 ~ 日本語が上手だ。②親切にする、よく仕える。¶ 부모님께 ~ 父母によく仕える。③(くせで)よく…する、ともすると…する。웃기를 ~ よく笑らう。

**잘-해야** 副 せいぜい、たかだか、大目にみて、多く見積もっても。¶ 열 명쯤 되겠지 せいぜい10人ぐらいだろう。

**잠** 名 ①眠り、睡眠。¶ 낮~ 昼寝び/~을 설치다 寝そびれる。/~이 부족하다 眠りが足りない。②(蚕の)眠、休眠。¶ 석 ~ 三眠。③(かさばったものに押しが入って)薄くなった状態。¶ 이불 솜이 ~을 자다 布団綿が押しならされる。④(比)活用·利用されないままでいること、眠り。
[慣用] 잠(을) 자다 眠る。①寝る。②活用されないままでいる、死蔵される。 잠(을) 재우다 ①寝かす。②(かさばったものを)きちんと押さえつける、整った形にする。 잠(이) 깨다 ①眠りから覚める。②悟る。 잠(이) 들다 ①寝つく、寝入る。②永い眠りにつく、永眠する。

**잠-결** 名 夢うつつ、うとうとしているとき。¶ ~에 듣다 夢うつつに聞く。
[俗談] 잠결에 남의 다리 긁는다 寝ぼけて人の脚をかく。《自分のためにしたことがはからずも他人のためになってしまう》

**잠-귀** 名 寝耳。
[慣用] 잠귀(가) 밝다 寝耳がさとい、目ざとい。 잠귀(가) 어둡다 寝耳がにぶい、ちょっとした音では目が覚めない。 잠귀(가) 질기다 ちょっとやそっとのことでは目が覚めない。

**잠그다**¹ 他 ①(戸などを)閉める、閉ざす、(錠を)かける、おろす。¶ 자물쇠를 ~ 錠をおろす。②(ボタンなどを)止める、掛ける。¶ 셔츠의 단추를 ~ シャツのボタンをかける。③(栓などを)締める。¶ 수도 꼭지를 ~ 水道の栓を締める。

**잠그다**² 他 ①(液体などに)浸つける、浸す。¶ 물에 ~ 水に浸ける。/ 개울에 발을 ~ 小川に足を浸す。②(資金·商品などを)死蔵する、(将来の利益を見込んで資金を)注ぎ込む、投資する。¶ 증권에 큰돈을 잠가 두다 証券に大金を注ぎ込む。

**잠기다**¹ 自 (「잠그다¹」の受動) ①(戸などが)閉まる、閉ざされる、(錠などが)掛かる、下りる。¶ 문이 잠겨 있다 戸が閉ざされている。②(ボタンなどが)掛かる。

**잠기다**² 自 (「잠그다²」の受動) ①漬かる、浸る。¶ 집이 물에 ~ 家が水びたしになる。②(資金·商品などが)寝かせられる、死蔵される。¶ 돈이 은행에 잠겨 있다 お金が銀行に寝かせられている。③(心にがある状態に)浸る、沈む、ふける。¶ 슬픔에 ~ 悲しみに沈む。/ 추억에 ~ 思い出でにふける。

**잠기다**³ 自 (声が)かれる、かすれる、しわがれる。¶ 목소리가 ~ 声がかれる。

**잠깐**[←暫間] 名 ①ちょっとの間、少しの間、暫くの間。¶ ~의 실수 一瞬の過ち。②《副詞的に》 ちょっと、しばらく、少々しょう。¶ ~ 실례합니다 ちょっと失礼します。/ ~ 쉬었다가 갑시다 しばらく休んでから行きましょう。

**잠깐-만** 副「잠깐」の強調形。¶ ~ 기다려 주세요 少々しょうお待ちください。

**잠-꼬대** 名하自 ①寝言。¶ ~를 많이 한다 ずいぶん寝言を言う。②たわごと。¶ 무슨 ~를 하고 있는 거냐 何のうわごとを言っているんだ。¶ 같은 소리 하지 마라 たわけた事を言うな。

**잠-꾸러기** 名 寝坊、朝寝坊。

**잠농**[蠶農] 名 養蚕農家。

**잠-들다** 自 ①眠る、寝つく、寝入る。¶ 깊이 ~ 深く寝入る。②死ぬ、永い眠りにつく、眠る。¶ 지하에 잠든 친구 地下に眠る友。

**잠망-경**[潜望鏡] 名 潜望鏡せんぼう。

**잠-버릇** 名 寝癖ねぞ。¶ ~이 고약하다 寝癖がとても悪い。

**잠복**[潜伏] 名하自 潜伏。¶ ~ 근무 潜伏勤務/ 산속에 ~하다 山の中に潜伏する。

**잠복-기**[−期] 名[醫] 潜伏期き。

**잠사**[蠶絲] 名 蚕糸きん。
**잠사-업**[−業] 名 蚕糸業ぎょう。

**잠수**[潜水] 名하自 潜水、潜ること。¶ ~복 潜水服/ ~부 潜水夫/ 바닷속으로 ~하다 海中に潜る。

**잠수-교**[−橋] 名 (洪水のときに)水に浸る橋はし。

**잠수-병**[−病] 名[醫] 潜水病びょう。

**잠수-질**[−] 名하自 (水の中さに)潜ること、潜り、潜水すること。

**잠수-함**[−艦] 名 潜水艦かん。

**잠:시**[暫時] 名 ①暫しばらくの間、ちょっとのま、暫時、片時。¶ ~도 잊을 수가 없다 片時も忘れられない。②《副詞的に》 しばらく、暫し、ちょっと。¶ ~ 쉬었다 합시다 しばらく休んでからやりましょう。/ ~ 기다려 주세요 暫時しちください。

**잠식**[蠶食] 名하他自 蚕食さんしょく。¶ 영토를 ~당하다 領土を蚕食される。

**잠실**[蠶室] 名 蚕室さんしつ。

**잠언**[箴言] 名 箴言げん、戒めとなる短句たん。

**잠열**[潜熱] 名[物] 潜熱ねつ。

**잠-옷** 名 寝間着まき、寝巻ねまき。

**잠입**[潜入] 名하自 潜入にゅう。¶ 적지에 ~하다 敵地に潜入する。

**잠-자다** 自 眠る。①寝る、睡眠する。¶ 아

잠자리

기가 곤히 ~ 赤ん坊ぼうがぐっすり眠る。②活用かつようされていない、ほったらかしてある、死蔵しぞうされている。¶ 해저에 잠자는 보물 海底かいていに眠る財宝ざいほう。

잠-자리¹ [名] ①寝床ねどこ、床とこ。¶ ~에 들다 寝床に入はいる。/ ~를 펴다 寝床を敷しく。②[하目] 男女だんじょの共寝ともね、同衾どうきん。¶ ~를 같이 하다 男女が共寝する。

잠자리² [名][動] トンボ、カゲロウ。
[관용] 잠자리 날개 같다 トンボの羽はねのようだ。《芋いもなどの織物おりものがきわめて薄うすくて美うつくしいことのたとえ》

잠자코 [副] 黙だまって、無口むくちで、黙々もくもくと。¶ 아무 말 말고 ~ 있거라 何なにも言いわずに黙だまっていなさい。

잠잠-하다[潛潛-] [形이] ①静しずかだ、ひっそりしている。¶ 잠잠한 바다 静しずかな海うみ。②黙だまっている、押おし黙だまる。 잠잠-히 [副] 静しずかにして、黙だまって。¶ ~ 앉아 있다 黙だまって座すわっている。

잠재[潛在] [名][하目] 潜在せんざい。¶ ~ 능력 潜在能力のうりょく/ ~ 유전 潜在の遺伝いでん。
　잠재-력[-力] [名] 潜在力りょく。
　잠재 의식[-意識] [名] 潜在意識いしき。
　잠재-적[-的] [冠][名] 潜在的てき。¶ ~ 실업 潜在的失業しつぎょう。

잠-재우다 [他] ①寝ねかす、眠ねむらせる。¶ 아기를 ~ 赤ちゃん坊ぼうを寝かす。②(かさばったものを)きちんと押さえつける、整ととった形かたちにする。③(鎮圧ちんあつして)静しずまらせる、無力むりょくにさせる。

잠적[潛跡] [名][하目] 姿すがたをくらますこと。¶ 범인이 ~하다 犯人はんにんが姿をくらます。

잠-정[暫定] [名] 暫定ざんてい。¶ ~적인 조치 暫定的てきな処置しょち。
　잠-정 예:산[-豫算] [名] 暫定予算よさん。

잠-투세 [名] (子供こどもの)寝癖ねぐせ。

잠-투정 [名][하目] 子供こどもが就寝前後しゅうしんぜんごにむずかること。¶ ~하는 아이를 달래다 むずかる子供こどもをあやす。

잠항[潛航] [名][하目] 潜航せんこう。¶ ~정 潜航艇てい。

잠행[潛行] [名][하目] 潜行せんこう。¶ 지하로 ~하다 地下ちかに潜行する。
　잠행 운:동[-運動] [名] 潜行運動うんどう、地下活動かつどう。

잠혈[潛血] [名][醫] 潜血せんけつ、潜出血しゅっけつ。
　잠혈 반:응[-反應] [名][醫] 潜血反応はんのう。

잡-[雜] [接頭] (いろいろなものが混まじっている意いを表あらわす語ご) 雑ざつ-、ざ-。¶ ~목 雑木ざつぼく/ ~종 雑種しゅ/ ~소득 雑所得しょとく。

잡가[雜歌] [名] ①俗ぞくっぽい歌うた、俗楽ぞくがく。②正楽せいがく以外いがいの歌、雑楽ざつがく、雑曲ざっきょく。

잡-것 [名] ①雑物ざつぶつ。②(俗) 淫みだらな人ひと、下品げひんな者もの、雑輩ざつはい。

잡-계:정[雜計定] [名][經] 雑勘定かんじょう。

잡곡[雜穀] [名] 雑穀ざっこく。¶ ~을 섞어 먹다 雑穀を混まぜて食たべる。
　잡곡-밥 [名] 雑穀を混まぜたご飯はん、糅飯めし。

잡교[雜交] [名][生] 雑交ざっこう、交雑こうざつ、かけあわせ。¶ ~ 수정 雑交受精じゅせい。[한] 교잡(交雜)。

잡귀[雜鬼] [名] (正体不明しょうたいふめいの)いろいろな悪鬼あっき。

잡균[雜菌] [名] 雑菌ざっきん。¶ ~이 들어가다 雑菌が入はいる。

잡기[雜技] [名][하目] ①いろいろの賭かけ事ごと、博打ばくち、賭博とばく。¶ ~로 가산을 없애다 賭博で家産かさんをなくす。②雑技ざつぎ、種々しゅじゅの技芸ぎげい。
　잡기-꾼 [名] 博打打ばくちうち。

잡기[雜記] [名][하目] 雑記ざっき、雑録ざつろく。¶ 신변 ~ 身辺しんぺん雑記。

잡-년[雜-] [名][卑] 不貞ふていな女おんな、淫みだらな女、下品げひんな女。

잡념[雜念] [名] 雑念ざつねん、余念よねん。¶ ~을 버리다 雑念を捨すてる。

잡-놈[雜-] [名][卑] 淫みだらな奴やつ、下品げひんな男おとこ/下劣げれつな男おとこ。

잡다¹ [他] ①(手てに)取とる、握にぎる、つかむ。¶ 핸들을 ~ ハンドルを取る。/ 손을 잡고 길을 건너다 手を取って道みちを渡わたる。②手てに入いれる、得える、握る、つかむ、掌握しょうあくする。¶ 증거를 ~ 証拠しょうこをつかむ。/ 권력을 ~ 権力けんりょくを握る。/ 기회를 ~ 機会きかいを得る。③(信号しんごう・電波でんぱなどを)捕捉ほそくする、捕とらえる、探知たんちする。¶ 정체 불명의 전파를 ~ 正体不明しょうたいふめいの電波を捕とらえる。④(欠点けってん・秘密ひみつなどを)捜さがし出だす、つかむ、握る、捕とらえる。¶ 단서를 ~ 端緒たんしょをつかむ。/ 흠을 ~ 欠点を捜し出す。⑤(担保たんぽとして)取とる、抵当ていとうにする。¶ 집을 잡고 돈을 꾸어 주다 家屋かおくを担保にして金を貸かしてやる。⑥(場所ばしょ・方向ほうこう・時間じかんなどを)定さだめる、決きめる、取とる。¶ 직장을 ~ 職場しょくばを決める。/ 날짜를 ~ 日取ひどりを決める。/ 숙소를 ~ 宿やどをとる。⑦(犯人はんにんなどを)捕とらえる、捕まえる、つかまえる。¶ 강도를 ~ 強盗ごうとうを捕らえる。/ 고양이가 쥐를 ~ 猫ねこがネズミを捕る。⑧(車くるまを)拾ひろう、つかまえる。¶ 택시를 ~ タクシーをつかまえる。⑨(調和ちょうわ・均衡きんこうなどを)取とる。¶ 균형을 ~ 釣つり合あいを取る。⑩(統計とうけい・資料しりょうなどを)まとめる、取とる。¶ 인구 통계를 ~ 人口じんこう統計を取る。⑪(意味いみを)捕とらえる、把握はあくする。¶ 요점을 ~ 要点ようてんを捕える。⑫(田たに水みずを)ためる、引ひく、引き込こむ。¶ 논에 물을 ~ 田に水を引く。⑬(楽器がっきの音律おんりつに)合あわせる、調律ちょうりつする。

잡다² [他] ①見積みつもる、推おしはかる。¶ 비용을 대충 잡아 보다 費用ひようをあらまし見積もってみる。②(基準きじゅんとして)決きめる、定さだめてる。¶ 초안을 ~ 草案そうあんをつくる。/ スケジュール을 ~ スケジュールを決める。③(人ひとの考かんえ・성なり行ゆきなどを)感かんじとる、悟さとる、感付かんづく。¶ 거짓말이라고 감을 잡았다 うそだと感付いた。

**잡다**³ 他 ①屠殺(とさつ)する、屠(ほふ)る、つぶす、殺(ころ)す。¶ 돼지를 ~ 豚を屠る。②(人を)窮地(きゅうち)に追(お)い込(こ)む。③鎮火(ちんか)する、消(け)す、消火(しょうか)する。¶ 불길을 ~ 火を消す。④(乱れた気持ち・インフレなどを)おさえる、鎮める、入れ替える、落ち着ける。¶ 인플레를 ~ インフレをおさえる。/ 마음을 잡고 공부하다 腰を落ち着けて勉強する。

**잡다-하다**[雜多-] 他여 雜多(ざった)だ。¶ 잡다한 물건 雑多な品物。

**잡담**[雜談] 名 雑談(ざつだん)、むだ話(ばなし)。¶ ~에 몰두하다 雑談に耽(ふけ)る。/ ~으로 시간을 보내다 むだ話で時間をつぶす。

**잡동사니** 名 がらくた、雑物(ざつぶつ)。¶ ~를 정리하다 がらくたを整理する。

**잡무**[雜務] 名 雑務(ざつむ)。¶ ~에 쫓기다 雑務に追われる。

**잡문**[雜文] 名 雑文(ざつぶん)。¶ ~을 써서 생활하다 雑文を書いて生活する。

**잡물**[雜物] 名 雑物(ざつぶつ・ぞうもつ)。①雑品(ざっぴん・ざつひん)。②不純物(ふじゅんぶつ)、雑(ま)じり物(もの)。¶ ~을 제거하다 不純物を除く。

**잡배**[雜輩] 名 雑輩(ざつばい)、ふしだらな輩(やから)。

**잡범**[雜犯] 名 雑犯(ざっぱん・ぞうはん)、政治犯(せいじはん)以外(いがい)の犯罪人(はんざいにん)、犯人(はんにん)。

**잡부**[雜夫] 名 ①[鑛] 鉱夫(こうふ)以外(いがい)の使用人夫(にんぷ)。②雑役夫(ざつえきふ)、人夫(にんぷ)。⟶잡역부。

**잡부-금**[雜賦金] 名 各種(かくしゅ)の賦課金(ふかきん)。

**잡비**[雜費] 名 雑費(ざっぴ)。¶ ~ 지출이 많다 雑費の支出が多い。

**잡사**[雜事] 名 雑事(ざつじ)。¶ 신변 ~에 쫓기다 身辺(しんぺん)の雑事に追われる。

**잡상인**[雜商人] 名 各種(かくしゅ)の行商人(ぎょうしょうにん)。

**잡색**[雜色] 名 ①雑色(ざっしょく)。②さまざまな人(ひと)が入(い)り雑(ま)じること。

**잡서**[雜書] 名 雑書(ざっしょ)。①さまざまな事を記(しる)した書物(しょもつ)。②みだりに著述(ちょじゅつ)した価値(かち)の乏(とぼ)しい書物。③(図書(としょ)と分類上(ぶんるいじょう))雑多(ざった)な書物。

**잡석**[雜石] 名 ①(土木(どぼく)・建築用(けんちくよう))大小(だいしょう)の石(いし)。②あまり役(やく)に立(た)たない石。

**잡세**[雜稅] 名 雑税(ざつぜい)。

**잡-소득**[雜所得] 名 雑所得(ざつしょとく)。

**잡-손질**[雜-] 名 不必要(ふひつよう)な手入(てい)れ、こまごました手入れ。

**잡수다**¹ 自 (「먹다」の尊敬語) 耳(みみ)が遠(とお)くなられる。¶ 귀 잡순 분 耳の不自由(ふじゆう)な方(かた)。

**잡수다**² 他 (「먹다」の尊敬語) 召(め)し上(あ)がる、お飲(の)みになる。¶ 진지를 ~ お食事(しょくじ)を召し上がる。

**잡-수당**[雜手當] 名 種々(しゅじゅ)の手当て。

**잡수시다** 他 (《잡수다》の尊敬語) 召し上がる。¶ 진지 잡수셨습니까? お食事(しょくじ)を召し上がりましたか。

**잡-수입**[雜收入] 名 雑収入(ざっしゅうにゅう)。¶ 월급 외에 ~이 있다 月給(げっきゅう)の外(ほか)に雑収入がある。

**잡-스럽다**[雜-] 形ㅂ 品(ひん)の悪(わる)い、淫(みだ)らで卑(いや)しい、乱雑(らんざつ)だ、ふしだらだ。¶ 잡스러운 이야기 品の悪い話(はなし)。

**잡식**[雜食] 名 他自 雑食(ざっしょく)。¶ ~성 동물 雑食性(せい)動物(どうぶつ)。

**잡신**[雜神] 名 正体(しょうたい)の分(わ)からないいろいろな悪鬼(あっき)。⟶ 잡귀(雜鬼)。

**잡심**[雜心] 名 邪念(じゃねん)、よこしまな心(こころ)。

**잡아-가다** 他 (犯人(はんにん)などを)捕(と)らえて行(い)く、捕(つか)まえて行く。¶ 경찰이 범인을 ~ 警察(けいさつ)が犯人を捕まえて行く。

**잡아-내다** 他 ①(欠点(けってん)などを)指摘(してき)する、さがし出(だ)す。¶ 오자를 ~ 誤字(ごじ)をさがし出す。②(隠(かく)れているものを)捜(さが)し出す、引(ひ)っ張(ぱ)り出す。¶ 숨어 있는 범인을 ~ 隠れている犯人をひっぱり出す。

**잡아-넣다** 他 ①(犯人(はんにん)などを捕(と)らえて)拘禁(こうきん)する、押(お)し込(こ)める。¶ 범인을 유치장에 ~ 犯人を留置場(りゅうちじょう)にぶち込(こ)む。②(檻(おり)などの)中(なか)に入(い)れる。

**잡아-당기다** 他 引(ひ)く、引(ひ)っ張(ぱ)る、引(ひ)きよせる、たぐる。¶ 소매를 ~ 袖(そで)を引く。/ 문을 잡아당겨 열다 ドアを引っ張って開ける。

**잡아-들이다** 他 ①(犯人(はんにん)などを)捕(つか)まえてくる、拘置(こうち)する、逮捕(たいほ)する、検挙(けんきょ)する。¶ 주모자를 ~ 主謀者(しゅぼうしゃ)を拘置する。②(外(そと)の物(もの)を中(なか)へ)引(ひ)っ張(ぱ)りこむ、つかんで中へ入(い)れる、押(お)しこめる。

**잡아-떼다** 他 ①もぎ取(と)る、はがす、引(ひ)き離(はな)す。¶ 벽보를 ~ 張(は)り紙(がみ)をはがす。②白(しら)を切(き)る、うそぶく、知(し)らぬふりをする。¶ 끝까지 ~ 最後(さいご)までしらを切る。

**잡아-매다** 他 ①くくる、束(たば)ねる。¶ 끈으로 꽉 ~ 紐(ひも)でしっかりとくくる。②(逃(に)がれないように)縛(しば)りつける、つないでおく。¶ 개를 사슬로 ~ 犬(いぬ)を鎖(くさり)でつないでおく。

**잡아-먹다** 他 ①(捕(と)って)食(た)べる、食(く)う。¶ 닭을 ~ 鶏(にわとり)を食う。②(人を)いじめて苦しめる、いびる、こらしめる。③(時間(じかん)・金(かね)などを)費(つい)やす、食う。¶ 시간을 많이 잡아먹는 일 多(おお)くの時間を要(よう)する仕事(しごと)。④(空間(くうかん)を)占(し)める。

**잡아-죽이다** 他 捕(と)らえて殺(ころ)す。

**잡아-채다** 他 引(ひ)ったくる、ふんだくる。¶ 핸드백을 잡아채다 ハンドバッグを引ったくる。

**잡아-타다** 他 (自動車(じどうしゃ)などに)拾(ひろ)って乗(の)る、捕(つか)まえて乗る。¶ 택시를 ~ タクシーを拾って乗る。

**잡역**[雜役] 名 ①公役(こうえき)以外(いがい)の各種(かくしゅ)の夫役(ぶやく)。②雑役(ざつえき)。¶ ~에 종사하다 雑役に従事(じゅうじ)する。

**잡역-부**[-夫] 名 雑役夫(ざつえきふ)、下働(したばたら)き。

**잡용**[雜用] 名 ①雑用(ざつよう)。¶ ~으로 쓰다 雑用に供(きょう)する。②雑費(ざっぴ)。

**잡음**[雜音] 名 雑音(ざつおん)。¶ 거리의 ~ 通(とお)りの雑音 / 라디오에 ~이 들어가다 ラジオに雑音がはいる。

**잡인**[雜人] 名 (その場(ば)・事(こと)に)無関(むかん)の人(ひと)、第三者(だいさんしゃ)。

잡일[雜-] 图 雑事ざっ、雑用ざっよう。
잡종[雜種] 图 雑種ざっしゅ。¶ ~ 개 雑種の犬いぬ。
잡-죄다 他 ①厳きびしく取とり締しめる、厳しく注意ちゅういする。②厳しく催促さいそくする、せきたてる。¶ 잠죄다 해도 빨리 될 수 없다 厳しく催促しても早はやくできはしない。
잡지[雜誌] 图 雑誌ざっし。¶ ~ 사 雑誌社しゃ/ 대중 ~ 大衆たいしゅう雑誌/ ~ 를 구독하다 雑誌を購読こうどくする。
잡채[雜菜] 图[料] いろいろな野菜やさいと肉類にくるいを混まぜ合あわせて油あぶらでいためた料理りょう。
잡초[雜草] 图 雑草ざっそう。¶ ~ 를 뽑다 雑草を抜ぬき取とる。/ 뜰에 ~ 가 무성하다 庭にわに雑草が生はえ茂しげっている。
잡-추렴[雜-] 图 規定きていの外ほかの雑多ざったの醵出きょしゅつ、不定期ふていきの割わり当あて金きん。
잡치다 他 ①(事ことを)損そこなう、しくじる、誤あやまる、失敗しっぱいする。¶ 시험을 ~ 試験しけんに失敗する。②(物ものを)使つかえなくする、だめにする。③(感情かんじょうを)損そこなう、傷きずつける。¶ 기분을 ~ 気分きぶんをそこなう。
잡탕[雜湯] 图 ①[料] 魚さかな・肉にく・野菜やさいにいろいろな薬味やくみを混まぜて煮込にこむ汁しる、ごった煮に。②ごちゃごちゃしたもの、乱雑らんなもの。
잡-티[雜-] 图 細こまかいほこり、各種かくしゅのごみ。
잡-풀[雜-] 图 雑草ざっそう。⇨ 잡초
잡필[雜筆] 图 雑筆ざっぴつ、雑記ざっき。
잡혼[雜婚] 图 雑婚ざっこん、乱婚らんこん。¶ ~ 시대 雑婚時代じだい。
잡화[雜貨] 图 雑貨ざっか。¶ ~ 점 雑貨店てん/ 일용 ~ 日用にちよう雑貨。

잡히다¹ 图 「잡다」の受動。①(手てなどを)つかまえられる、握にぎられる、取とられる。¶ 손목을 ~ 手首てくびを握られる。②(犯人はんにん・動物どうぶつが)捕とらわれる、つかまる。¶ 강도가 ~ 強盗ごうとうがつかまる。③(権利けんり・金きん・証拠しょうこなどが)つかまる、挙あげられる、得える。¶ 단서가 ~ 手てがかりが得られる。④(信号しんごう・電波でんぱなどが)捕捉ほそくされる、捕らえられる。¶ 전파가 ~ 電波が捕らえられる。⑤(欠点けってん・端緒たんしょなどが)握られる、とらえられる、暴あばかれる、見みつけ出だされる。¶ 약점이 ~ 弱点じゃくてんを握られる。/ 흠을 ~ 欠点を見つけ出される。⑥(担保たんぽなどに)入いれられる、抵当ていとうに入れられる。¶ 집을 ~ 家屋かおくを抵当に入れる。⑦(場所ばしょ・方向ほうこう・時間じかんなどが)定さだめられる、決きめられる、取とられる、占しめられる。¶ 결혼 날짜가 ~ 結婚けっこんの日ひが決められる。⑧(車くるまが)つかまる、拾ひろわれる、見みつかる。¶ 택시가 좀처럼 잡히지 않는다 タクシーがなかなかつかまらない。⑨(調和ちょうわ・均衡きんこうなどが)取とれる。¶ 균형이 ~ 釣つり合あいが取れる。⑩(統計とうけい・자료しりょうなどが)取れる、まとまる。¶ 실업 통계가 ~ 失業しつぎょうの統計が取れる。⑪(田たに水みずが)溜たまる。⑫(意味いみが)把握はあくされる、理解りかいされる。⑬(楽器がっきの音おとが調律ちょうりつされる、そろう、整ととのう。

잡히다² 图 「잡다」の受動。①(計画けいかくなどが)決きまる、定さだめられる。¶ 스케줄이 ~ スケジュールが決まる。②見積みつもられる、予想よそうされる。¶ 예산은 대충 잡혀 있다 予算よさんは大体だいたい見積もられている。③(人ひとの考かんがえ・成なり行ゆきなどが)感かんじとれる、感かんづく、悟さとる。

잣: 图[植] チョウセンマツの実み。
잣:다 他[人] ①(糸いとを)紡つむぐ。¶ 실을 ~ 糸を紡ぐ。②(水車すいしゃなどで水みずを)くみ上あげる。¶ 연못의 물을 자아 올리다 池いけの水をくみ上げる。
잣-죽[-粥] 图 チョウセンマツの実みと米こめをひいて炊たいた粥かゆ。

장¹[場] 图 ①市いち、市場いちば・しじょう。¶ ~ 에 가다 市場へ行いく。②「장날」の縮約形。
[속담] 장마다 망둥이 날까 市のたびにハゼが出るものか。《世よの中なかは自分じぶんにちょうど都合つごうのいいことばかり起おこるものではない、世間せけんのありさまはたえず変かわるものである》
[관용] 장(이) 서다 市が立たつ。
장²[場] 图[依] 場ば、演劇えんげきの一場面ばめん。¶ 2막 3二幕にまく三場さんば。
장:[醬] 图 ①(「간장」の縮約形)醤油しょうゆ。②醤油・みそ・唐辛子とうがらしみそなどの総称そうしょう。¶ ~ 을 담그다 みそ[醤油]を仕込しこむ。
장:[欌] 图(簞司たんす・茶たんす・本箱ほんばこなど)物ものを入いれておく家具かぐの総称。
장:[臟] 图《内臓ないぞうの総称》臓ぞう、はらわた。
장[張] 图[依]《紙かみや板いたなどを数かぞえる語ご》枚まい、張ちょう。¶ 종이 1~ 紙かみ1枚いちまい。
장-[長] 接頭 (「長ちょうの意い」を表あらわす)長ちょう…。¶ ~ 거리 長距離ちょうきょり/ ~ 기간 長期間ちょうきかん。
-장[丈] 接尾 (「目上うえのお方かたの意」を表あらわす) …さま。¶ 주인 ~ ご主人じんさま/ 춘부 ~ あなたの父上ちちうえさま。
-장[狀] 接尾 …状じょう。¶ 연하 ~ 年賀状ねんがじょう/ 신임 ~ 信任状しんにんじょう。
장:가 图 (男おとこが)妻つまを娶めとること、結婚けっこんすること。
[관용] 장가(를) 가다[들다] (男が)結婚する、妻を娶る。 장가(를) 들이다[보내다] 妻を娶らせる、結婚させる。
장:갑[掌匣] 图 手袋てぶくろ。¶ 가죽 ~ 皮かわ手袋/ ~ 을 끼다 手袋をはめる。
장갑-차[裝甲車] 图[軍] 装甲車そうこうしゃ。
장-거리[長距離] 图 長距離ちょうきょり。¶ ~ 경주 長距離競走きょうそう。
장:건[壯健] 图[하形] 壮健そうけん、気骨きこつがあり元気げんなこと。
장:골[壯骨] 图 力強ちからづくがっちりした大おおきな骨格こっかく、そのような人ひと。
장:관[壯觀] 图 壮観そうかん。¶ 산정에서의 해돋이는 실로 ~ 이었다 山頂さんちょうの日ひの出では実じつに壮観だった。
장:관[長官] 图 長官ちょうかん(日本にほんの大臣だいじんにあ

たる). ¶ 외무부 — 外務&lt;がい&gt;大臣。
**장광-설**[長廣舌] 图 長広舌&lt;ぜつ&gt;。 ¶ ~을 늘어놓다 長広舌をふるう。
**장:교**[將校] 图 将校&lt;こう&gt;。
**장구** 图[音] チャング(中央部&lt;ちゅうおう&gt;のくびれた胴&lt;どう&gt;の両側&lt;りょう&gt;に皮&lt;かわ&gt;を張って打ち鳴&lt;な&gt;らす鼓&lt;つづみ&gt;の一種&lt;しゅ&gt;)。
　**장구-잡이** 图 鼓&lt;つづみ&gt;を打つ人&lt;ひと&gt;。
　**장구-채**¹ 图 鼓&lt;つづみ&gt;を打つ枠&lt;わく&gt;。
**장구**[長久] 图[하形] 長久&lt;ちょう&gt;。 ¶ 무운 ~ 武運&lt;ぶうん&gt;長久/ ~한 세월 長い歳月&lt;さいげつ&gt;。
**장구**[長驅] 图[하自] 長駆&lt;ちょうく&gt;、遠くまで馬&lt;うま&gt;に乗って駆けていくこと。 ¶ 승승 ~ 勝利&lt;しょうり&gt;の勢いに乗って敵&lt;てき&gt;を追い払うこと。
**장구-채**² 图[植] フシグロ。
**장:-국**[醬-] 图 ①澄&lt;す&gt;まし汁&lt;じる&gt;。②みそ汁&lt;じる&gt;以外&lt;がい&gt;の汁物&lt;しるもの&gt;。③(すき焼&lt;や&gt;きなどに使&lt;つか&gt;う)醬油&lt;しょうゆ&gt;を溶かした水&lt;みず&gt;。
**장:-밥** 图 汁&lt;しる&gt;とご飯&lt;はん&gt;。
**장군**¹[將軍] 图 将軍&lt;ぐん&gt;。
**장군**²[將軍] 图 (将棋&lt;しょうぎ&gt;で)王手&lt;おうて&gt;。 ㉺ 장(將)
　[관용] **장군(을) 받다** (王手&lt;おうて&gt;をかけられて)王将&lt;おうしょう&gt;の位置&lt;いち&gt;を変&lt;か&gt;えて防御&lt;ぼうぎょ&gt;する。 **장군(을) 부르다** 王手をかける、王手をとなえる。
**장기**[長技] 图 長技&lt;ちょうぎ&gt;、隠&lt;かく&gt;し芸&lt;げい&gt;、特技&lt;とくぎ&gt;、お手&lt;て&gt;の物&lt;もの&gt;、得手&lt;えて&gt;、おはこ。 ¶ 그의 ~는 요술이다 彼の隠し芸は手品だ。/ 그 노래는 그녀의 ~이다 その歌は彼女のおはこだ。
**장기**[長期] 图 長期&lt;ちょうき&gt;。 ¶ ~ 결석 長期欠席&lt;けっせき&gt;/ ~ 거래 長期取り引き。
　**장기-간**[-間] 图 長期間&lt;かん&gt;。 ¶ ~에 걸쳐서 長期間にわたって。
　**장기예:보**[-豫報] 图 (天気&lt;てんき&gt;の)長期予報&lt;ほう&gt;。
　**장기-채**[-債] 图[經] 長期債&lt;さい&gt;。
　**장기-화**[-化] 图[하自他] 長期化&lt;か&gt;。
**장-기**[將棋] 图 将棋&lt;しょうぎ&gt;。 ¶ ~ 짝 将棋の駒&lt;こま&gt;/ ~를 두다 将棋を差す。
**장:-기**[臟器] 图[生] 臓器&lt;ぞうき&gt;。 ¶ ~ 이식 臓器移植&lt;しょく&gt;。
**장난** 图[하自] ①いたずら、悪ふざけ。 ¶ ~ 전화 いたずら電話/ ~해서는 못써요 いたずらしてはだめよ。 ②(子供&lt;こども&gt;などの)遊&lt;あそ&gt;び、戯&lt;たわむ&gt;れ。 ¶ ~에 팔리어 遊びに夢中&lt;ちゅう&gt;になる。 ③気晴&lt;ぎば&gt;らし、慰&lt;なぐさ&gt;み、冗談&lt;じょうだん&gt;。
　[관용] **장난(을) 치다** いたずらをする、戯&lt;たわむ&gt;れる、ふざける。
　**장난-감** 图 おもちゃ、玩具&lt;がん&gt;。
　**장난-기**[-氣] 图 ちゃめっ気&lt;き&gt;、いたずらっぽいこと、ちゃき、おどけ。
　**장난-꾸러기** 图 いたずら小僧&lt;こぞう&gt;、いたずらっ子、わんぱく、ちゃめっ子。
　**장난-조**[-調] 图 いたずらっぽい調子&lt;ちょうし&gt;。 ¶ ~로 말하다 いたずらっぽく言う。
**장:-날**[場-] 图 市日&lt;いちび&gt;、市&lt;いち&gt;の立つ日&lt;ひ&gt;。
**장:-남**[長男] 图 長男&lt;ちょうなん&gt;、長子&lt;ちょうし&gt;。 ¶ ~을 편애하다 長男を偏愛&lt;へんあい&gt;する。 ㉺ 맏아들
**장내**[場內] 图 場内&lt;じょうない&gt;。 ¶ ~가 혼잡하다 場内が混雑&lt;こんざつ&gt;している。

**장:-녀**[長女] 图 長女&lt;ちょうじょ&gt;。
**장:-년**[壯年] 图 壮年&lt;そうねん&gt;、壮齢&lt;れい&gt;。 ¶ ~기 壮年期&lt;き&gt;。
**장년**[長年] 图 長年&lt;ちょうねん&gt;、長ない年月&lt;とし&gt;。
**장뇌**[樟腦] 图[化] 樟脳&lt;しょう&gt;。 ¶ ~유 樟脳油&lt;ゆ&gt;。
**장:님** 图 (「소경」の尊敬語) 盲人&lt;もうじん&gt;、盲者&lt;もうじゃ&gt;。
**장단**[長短] 图 長短&lt;たん&gt;。 ①長&lt;なが&gt;いものと短&lt;みじか&gt;いもの。 ¶ ~을 재다 長短を測&lt;はか&gt;る。 ②長所&lt;ちょうしょ&gt;と短所&lt;たんしょ&gt;。 ¶ ~을 서로 보완하다 長短を相補&lt;あい&gt;なう。 ㉺ 장단점(長短點) ③(音楽&lt;おんがく&gt;・舞踊&lt;ぶよう&gt;などの)拍子&lt;ひょうし&gt;、調子&lt;ちょうし&gt;、リズム。
　[관용] **장단(을) 맞추다** 調子&lt;ちょうし&gt;を合わせる。 ①拍子&lt;ひょうし&gt;を合わせる。 ②相手&lt;あいて&gt;の気&lt;き&gt;に入るように言葉&lt;ことば&gt;・態度&lt;たいど&gt;を合わせる。 **장단(을) 치다** ①歌&lt;うた&gt;に合わせて太鼓&lt;たいこ&gt;などを打つ。 ②相手の意見&lt;いけん&gt;に同調&lt;どうちょう&gt;した言動&lt;げんどう&gt;をする。 **장단(이) 맞다** 調子が合う。
**장-단점**[長短點] 图 長所&lt;ちょうしょ&gt;と短所&lt;たんしょ&gt;。
**장:-담**[壯談] 图[하自他] 壮語&lt;そうご&gt;。 ¶ 호언 ~ 大言&lt;たいげん&gt;壮語/ 너무 ~ 마라 あまり大&lt;おお&gt;きなことを言うな。
**장대**[長-] 图 長竿&lt;ながざお&gt;、竿&lt;さお&gt;。
　**장대-높이뛰기** 图[體] 棒高跳&lt;ぼうたかと&gt;び。
**장:대**[壯大] 图[하形] 壮大&lt;そうだい&gt;、雄大&lt;ゆうだい&gt;。 ¶ ~한 경관 壮大な景観&lt;かん&gt;。
**장대**[長大] 图[하形] 長大&lt;ちょうだい&gt;、長&lt;なが&gt;く大&lt;おお&gt;きいこと。 ¶ ~한 체구 長大な体軀&lt;たいく&gt;。
**장:-도**[壯途] 图 壮途&lt;そうと&gt;。 ¶ ~에 오르다 壮途に就&lt;つ&gt;く。
**장도**[粧刀] 图 「장도칼」の縮約形。
　**장도-칼** 图 鞘&lt;さや&gt;のある小刀&lt;こがたな&gt;。
**장:-도리** 图 釘抜&lt;くぎぬ&gt;き兼用&lt;けんよう&gt;のかなづち。
**장:-독**[杖毒] 图 ひどい杖刑&lt;じょうけい&gt;を受けてできた傷&lt;きず&gt;の毒&lt;どく&gt;。
**장:-독**[醬-] 图 醬油甕&lt;しょうゆがめ&gt;、みそ甕&lt;がめ&gt;。
　**장:-독-대**[-臺] 图 醬油甕&lt;しょうゆがめ&gt;・みそ甕&lt;がめ&gt;を置&lt;お&gt;く台&lt;だい&gt;。
**장-돌림**[場-] 图 各地&lt;かくち&gt;の市&lt;いち&gt;を回る商人&lt;しょうにん&gt;、行商人&lt;ぎょうしょうにん&gt;、旅商&lt;たびあきない&gt;。
**장-돌뱅이**[場-] 图(卑) ⇒ 장돌림
**장:-딴지** 图 ふくらはぎ。 ¶ ~가 아프다 ふくらはぎが痛い。
**장:-떡**[醬-] 图 醬油&lt;しょうゆ&gt;・みそを入れて作&lt;つく&gt;ったお好み焼&lt;や&gt;き。
**장래**[將來] 图 将来&lt;しょうらい&gt;、未来&lt;みらい&gt;、前途&lt;ぜんと&gt;、これから先&lt;さき&gt;。 ¶ 가까운 ~ 近&lt;ちか&gt;い将来/ ~에 대비하다 将来に備える。
　**장래-성**[-性] 图 将来性&lt;せい&gt;。 ¶ ~이 있는 사람 将来性のある人&lt;ひと&gt;。
**장:-려**[奬勵] 图[하他] 奨励&lt;しょうれい&gt;。 ¶ 혼식을 ~다 混食&lt;こんしょく&gt;を奨励する。
　**장:-려-금**[-金] 图 奨励金&lt;きん&gt;。 ¶ ~을 받다 奨励金を受ける。
**장력**[張力] 图[物] 張力&lt;ちょうりょく&gt;。 ¶ 표면 ~ 表面&lt;ひょうめん&gt;張力。
**장:-렬**[壯烈] 图[하形] 壮烈&lt;そうれつ&gt;。 ¶ ~한 최후를 마치다 壮烈な最後&lt;さいご&gt;を遂&lt;と&gt;げる。 **장렬-히** 圖 壮烈に。

**장:례**[葬禮] 名 葬礼れい, 葬儀ぎ, 葬式しき.
　**장:례-식**[-式] 名 葬式そう.
**장:로**[長老] 名 長老ちょう.
　**장:로-교**[-教] 名 [基] 長老教会きょう, 長老派は, プレスビテリアン.
**장:롱**[欌籠] 名 (服ふく・布団ふとんなどを入いれる)たんす.
**장마**[霖-] 名 梅雨つゆ・ばい, 長雨ながあめ. ¶ ~ 전선 梅雨前線ぜんせん/ ~가 걷히다 梅雨が明あける.
　<관용> **장마(가) 들다** 梅雨が始はじまる, 梅雨入いりとなる. **장마(가) 지다** 長雨になる.
**장마-철** 名 梅雨期き, 梅雨の季節きせつ. ¶ ~로 접어들다 梅雨の季節きせつに入はいる.
**장:막**[帳幕] 名 帳とばり, 幕まく, カーテン. ¶ 철의 ~ 鉄てつのカーテン/ ~을 늘어뜨리다 幕を垂たらす.
**장만** 名 [하다] (必要ひつようなものの)用意い, 準備じゅん, 仕度したく, こしらえ, しつらえ. ¶ 음식을 ~ 하다 食たべ物ものを用意する. / 옷을 새로 ~ 하다 服ふくを新調しんちょうする.
**장면**[場面] 名 場面めん, 光景こうけい, 情景じょうけい, シーン. ¶ 싸우는 ~ 戦たたかうシーン/ ~이 바뀌다 場面が変かわる.
**장:모**[丈母] 名 妻つまの母はは, 義母ぼ.
**장문**[長文] 名 長文ちょう. ¶ ~의 편지 長文の手紙がみ.
**장물**[贓物] 名 贓物ぞう, 贓品ひん. ¶ ~ 취득 贓物取得とく.
　**장물-아비**[-] (俗) 贓物を買かう人ひと, 窩主買けいい, 故買人にん.
　**장물-죄**[-罪] 名 [法] 贓物罪ざい.
**장미**[薔薇] 名 [植] バラ. ¶ 덩굴 ~ ツルバラ/ ~ 가시 バラのとげ.
　**장미-꽃**[-] 名 薔薇ばらの花はな, バラ.
　**장미-빛**[-色] 名 薔薇色いろ. ¶ ~ 인생 薔薇色の人生じんせい.
　**장미 전:쟁**[-戰爭] 名 [史] 薔薇戦争そう.
**장-바구니**[場-] 名 買かい物ものの籠かご.
　**장-바닥**[場-] 名 市場いちばの中なか.
**장발**[長髮] 名 長髪ちょう. ¶ ~ 족 長髪族ぞく.
**장방-형**[長方形] 名 [数] 長方形ちょうほう, 矩形くけい.
**장벽**[障壁] 名 障壁へき. ¶ ~을 제거하다 障壁を取とり除のぞく.
**장:병**[將兵] 名 将兵しょう, 将士しょう, 将卒しょう. ¶ ~을 위문하다 将兵を慰問いもんする.
**장-보다**[場-] 自 ①市場いちばで商取ひきをする. ② 品物しなものを売うるため市場いちばに行いく.
**장복**[長服] 名 [하다] 薬くすりなどを長ながい間あいだ服用ふくようすること.
**장본**[張本] 名 張本ちょう.
　**장본-인**[-人] 名 張本人にん. ¶ 소동의 ~ 騒動そうどうの張本人.
**장:부** 名 [建] ほぞ.
　**장:부-구멍** 名 [建] ほぞ穴あな.
**장:부**[丈夫] 名 丈夫じょう. ①一人前ひとりまえの男子だん. ②立派りっぱな男子だん, ますらお. ⑤ 대장부
　<관용> **장부 일언이 중천금** 男おとこの一言ひとことは千金きんのように重おもい. 《約束やくそくは必かならず守まもらなければならない》
**장부**[帳簿] 名 [하다/他] 帳簿ちょう. ¶ ~에 기입하다 帳簿に付つけ込こむ.
　**장부-끝** 名 ①帳簿の記入にゅうの端はし. ②精算せいの結果けっ, 帳尻じり. ¶ ~을 맞추다 帳尻を合あわせる.
**장비**[裝備] 名 [하다/되다] 装備そう. ¶ 중~ 重じゅう装備.
**장사**[-] 名 [하다] 商売しょう, 商あきない. ¶ ~ 밑천 商売の元手もと/ ~가 잘 되다 商売がうまくいく. / ~를 잘하다 商売が上手じょうずだ.
　**장사-꾼**[-] 名 ①商人しょう. ②商あきないにたけた人ひと.
　**장삿-속**[-] 名 ①商売の内情じょう. ¶ ~이 훤하다 商売の内情に明あかるい. ② (利りを計はかる)打算的だんな考かんがえ.
**장:사**[壯士] 名 壮士そう. ①怪力かいりきの人ひと, 豪傑ごう. ②力士りきし.
**장사**[長蛇] 名 長蛇ちょう.
　**장사-진**[-陣] 名 長蛇の列れつ. ¶ ~을 치다 長蛇の列を作つくる.
**장:사**[葬事] 名 [하다] 葬式しき, 葬儀ぎ.
　**장:사-지내다**[-] 他 葬ほうむる, 葬式しきを行おこなう.
**장색**[匠色] 名 職人しょくにん, 職方かた, 匠たくみ.
**장:생**[長生] 名 [하다/自] 長生せい, 長生いき. ¶ 불사 ~ 不老ふろう不死ふし.
**장서**[藏書] 名 [하다/自] 蔵書しょ. ¶ ~를 처분하다 蔵書を手放はなす.
**장-서다**[場-] 自 市いちが立たつ.
**장:성**[長成] 名 [하다/自] 成長せいちょうして大人おとなになること. ¶ ~한 자식 成長ちょうして大人おとなになった息子むすこ.
**장성**[長城] 名 長城ちょう. ①長ながい城壁じょう. ② (中国ちゅうごくの)万里ばんりの長城.
**장:성**[將星] 名 将星せい, 将軍ぐん.
**장소**[場所] 名 場所ばしょ, 場ば, 所ところ. ¶ 만나기로 한 ~ 待まち合あわせの場所/ ~를 바꾸다 場所を替かえる. / ~를 차지하다 場所を取とる.
**장:손**[長孫] 名 長男ちょうなんの長男, 嫡孫ちゃく. ⑤ 맏손자
**장:송**[葬送] 名 [하다] 葬送そう, 送葬そう.
　**장:송-곡**[-曲] 名 [音] 葬送曲きょく.
**장수**[長壽] 名 [하다/自] 長寿じゅ, 長生ながいき. ¶ ~하는 집안 長生きする家計けい.
**장:수**[將帥] 名 将帥すい, 大将しょう.
**장수**[張數] 名 枚数まいすう. ¶ 노트의 ~를 세다 ノートの枚数を数かぞえる.
**-장수** 接尾 《商品名しょうひんの後あとについてそれを売うる人ひとを表あらわす》…屋や, …商しょう, 売うり子こ. ¶ 과일 ~ 果物商くだもの/ 떡 ~ 餠屋もちや.
**장승**[長栍] 名 ① [民] (道端みちばたに立たてて里数りを示しめしたり 村むらの守まもり神がみとして村の入はいり口ぐちに立てておく)男女だんじょ一対いっついの木像ぞう. ② [比] 背せの高たかい人ひと, のっぽ. ¶ ~처럼 서 있다 ぼんやり立たっている.
**장-시간**[長時間] 名 長時間ちょう. ¶ ~ 기다리게 하다 長時間待またされる.
**장식**[裝飾] 名 [하다/他] 装飾しょく, 飾かざり, 装よそおい. ¶ ~ 미술 装飾美術じゅつ/ 실내 ~ 室内しつない

장식/ 화려하게 ~하다 華やかに飾る。
**장식-음**[-音] 名 音 装飾音。
**장식-품**[-品] 名 装飾品。
**장신**[長身] 名 長身。¶ ~의 사나이 長身の男。対 단신(短身)
**장신-구**[裝身具] 名 装身具、アクセサリー。¶ ~를 달다 装身具を付ける。
**장:악**[掌握] 名 他自 掌握。¶ 실권을 ~ 하다 実権を掌握する。
**장안**[長安] 名 ①中国の地名。②首都の別称。
**장애**[障碍] 名 障害。①妨げ、邪魔。¶ ~를 극복하다 障害を乗り越える。②(身体上の)故障、不調。¶ 위장~ 胃腸障害/ 신체~자 身体障害者。
**장애-물**[-物] 名 障害物。¶ ~ 경주 障害物競走。
**장어**[長魚] 名 動 ウナギ。¶ ~ 덮밥 ウナギどんぶり。
**장엄**[莊嚴] 名 他形 荘厳。¶ ~한 분위기 荘厳な雰囲気。
**장외**[場外] 名 場外。¶ ~ 거래 場外取り引き。
**장:원**[壯元] 名 自 史 科挙に首席で合格すること、その人。
**장:원 급제**[-及第] 名 (科挙での)首席合格。
**장음**[長音] 名 音 長音。¶ ~계 長音階。対 단음(短音)
**장:의**[葬儀] 名 葬儀、葬礼、葬式。
**장:의-사**[-社] 名 葬儀屋。
**장-의자**[長椅子] 名 長椅子、ベンチ。
**-장이**[匠-] 接尾 (職人をさげすんでいう語)…屋。¶ 대장~ かじ屋/ 미~ 左官さん/ 잔소리~ やかまし屋。
**장:인**[丈人] 名 妻の父、義父、岳父。
**장인**[匠人] 名 匠人、たくみ、職人。
**장:자**[長子] 名 長子、長男。
**장:자**[長者] 名 長者。①大人、年上、目上の人。②徳が優れて老成した人。¶ ~의 풍도가 있다 長者の風度がある。③金持かね、富豪。¶ 백만~ 百万長者。
**장작**[長斫] 名 薪、たきぎ。¶ ~을 피우다 薪をくべる。/ ~을 패다 薪を割る。
**장작-개비** 割り材の一片。
**장작-불** 薪の火。
**장장**[長長] 副 長々と、長々しく。¶ ~ 1년이나 걸린 교섭 長々と1年もかかった交渉。
**장전**[裝塡] 名 他 装塡。¶ 탄약을 ~하다 弾薬を装塡する。
**장점**[長點] 名 長所。¶ ~을 살리다 長所を生かす。
**장정**[裝幀] 名 他自 長征。
**장:정**[壯丁] 名 壮丁。¶ ~을 모으다 壮丁を集める。
**장정**[裝幀] 名 他 装丁、装幀。¶ 책을 가죽으로 ~하다 本を皮で装丁する。
**장:-조림**[醬-] 名 牛肉を醤油で煮詰めたおかず。
**장족**[長足] 名 長足。¶ ~의 발전을 이룩하다 長足の発展を遂げる。
**장중**[莊重] 名 形 荘重。¶ ~한 음악 荘重な音楽。 **장중-히** 副 荘重に。
**장:중**[掌中] 名 掌中。¶ ~에 넣다 掌中に収める。
**장:중-보:옥**[-寶玉] 名 掌中の玉、自分の最も大切なな物。
**장지**[長指] 名 長指、中指。
**장지**[←障子] 名 障子、ふすま。¶ ~를 바르다 障子を張る。
**장지-문**[-門] 名 障子、ふすま。¶ ~을 열다 障子を開ける。
**장차**[將次] 副 ①今から先、将来、今後。¶ ~ 어떤 일이 있을지 아무도 모른다 将来どんなことが起こるか誰もわからない。②《名詞的に》将来、未来。¶ ~의 희망은 무엇인가? 将来の希望は何なのか。
**장착**[裝着] 名 他自 装着。
**장치**[裝置] 名 他自 装置、仕掛け、設え。¶ 도청 ~를 하다 盗聴装置をする。/ 손님의 눈을 끌도록 ~하다 客の目を引くように設える。
**장침**[長針] 名 ①長い針。②(時計の)長針、分針。
**장타**[長打] 名 野 長打。
**장탄**[裝彈] 名 他自 装弾。¶ 소총에 ~하다 小銃に装弾する。
**장탄식**[長歎息] 名 他自 長嘆息、長嘆、長いため息。
**장-터**[場-] 名 市場、市が立つ場所。
**장판**[壯版] オンドルの床を油をしみこませた厚い紙で貼ったもの。
**장판-지**[-紙] 名 オンドルの床に貼る油をしみこませた厚い紙。
**장편**[長篇] 名 長編。¶ ~ 소설을 쓰다 長編小説を書く。
**장:-하다**[壯-] 形 ①見事だ、あっぱれだ、立派だ、すばらしい。¶ 합격했다니 장한 일이다 合格したとは立派なことだ。②殊勝だ、奇特だ、けなげだ。¶ 효성이 ~ 親孝行が殊勝だ。 **장-히** 副 すばらしく、みごとに、立派に。¶ 애국심을 ~ 여기다 愛国心を立派に思う。
**장:학**[奬學] 名 他自 奬学。¶ ~금 奨学金/ ~생 奨学生。
**장해**[障害] 名 障害。¶ ~ 보상 障害補償。
**장해-물**[-物] 名 障害物。
**장화**[長靴] 名 長靴、ブーツ。
**장황-하다**[張皇-] 形 冗漫だ、冗長だ、長たらしい、だらだらとしている、くどくどしい。¶ 장황한 연설 長たらしい演説。 **장황-히** 副 長たらしく、だらだらと。¶ ~ 얘기하다 だらだらと話す。

잦다 [形] 頻繁だ、よくある、しばしばである、たびたびである、激しい。¶ 왕래가 ~ 往来が激しい。/ 철도 사고가 ~ 鉄道の事故が頻繁におこる。

잦아-들다 [自] ①(液体がだんだん減って)ほとんどなくなりかける。¶ 가뭄으로 연못의 물이 잦아들었다 日照りで池の水がほとんどなくなった。②(ある状態が)弱まる、静まる、収まる、和らぐ。¶ 바람이 잦아들었다 風が静まった。

잦아-지다¹ [自] (水などが)だんだん減ってなくなる。

잦아-지다² [自] 頻繁になる。¶ 서로 만나는 횟수가 잦아졌다 互いに会う回数が多くなった。

잦은-가락 [名][音] (伝統音楽のでの)テンポの速い曲。

잦혀-놓다 [他] ①ひっくり返しておく。¶ 뚜껑을 ~ ふたをひっくり返しておく。②(中・裏が見えるように)裏返しておく、開けておく。¶ 문을 ~ ドアをすっかり開けておく。③後回しにする。¶ 숙제는 잦혀놓고 놀러 가다 宿題などはしないで遊びに行く。

잦혀-지다 [自] ①ひっくり返る。②(後ろに)反り返る。¶ 어깨가 잦혀졌다 肩が反り返っている。③(中・裏が見えるように)裏返しされる、開く。¶ 바람에 문이 잦혀졌다 風で戸がすっかり開いた。

잦히다 [他] ①(後ろに)反らす、反らせる。¶ 몸을 ~ 体を反らす。②裏返しする、開けっ放す、開ける。¶ 문을 ~ 門を開け放す。③(仕事などを)後回しにする、差し置く、そっちのけにする。

재¹ [名] 灰。¶ 담뱃 ~ タバコの灰 / 화재로 다 타버리고 ~만 남았다 火災でみな燃え尽きて灰だけ残った。

재² [名] 峠。¶ ~를 넘다 峠を越える。
  〔속담〕재는 넘을수록 높고 내는 건널수록 깊다 峠は越えれば越えるほど高く 川は渡れば渡るほど深い。《物事がますます難しくなっていくこと》

재 [災] [名] 災い、災禍、災難。

재 [財] [名] 財。①財産。②家財。③[経] 財貨。

재- [再] [接頭] 再び…。¶ ~검토 再検討 / ~입국 再入国。

재- [在] [接頭] 在…。¶ ~경 在京 / ~미 교포 在米の僑胞。

-재 [材] [接尾] …材。¶ 건~ 建材 / 한약 ~ 漢薬材。

재간 [才幹] [名] 才幹、才能、技量。¶ ~이 있는 사람 才幹のある人。

재: -간 [再刊] [名][하他] 再刊。¶ 휴간했던 잡지를 ~하다 休刊していた雑誌を再刊する。

재갈 [名] 轡、はみ。¶ ~을 물리다 くつわをはめる。

재: -개 [再開] [名][하他][되自] 再開。¶ 교섭을 ~하다 交渉を再開する。

재: -검토 [再検討] [名][하他] 再検討。¶ 계획을 ~하다 計画を再検討する。

재결 [裁決] [名][하他][되自] 裁決。¶ ~을 바라다 裁決を求める。
  재결 신청 [-申請] [名][法] 裁決申請。

재계 [財界] [名] 財界。¶ ~의 중진 財界の重鎮。

재계 [齋戒] [名][하自] 斎戒。¶ 목욕 ~ 斎戒沐浴。

재: -고 [再考] [名][하他] 再考。¶ ~의 여지가 없다 再考の余地がない。

재: -고 [在庫] [名] 在庫。¶ ~ 조사 在庫調査 / ~가 떨어지다 在庫が切れる。
  재: 고 정리 [-整理] [名][하自] 在庫整理、棚ざらえ。
  재: 고-품 [-品] [名] 在庫品。¶ ~ 정리 대매출 棚ざらえ大売り出し。

재: 교부 [再交付] [名][하他] 再交付。¶ ~ 신청 再交付申請。

재: -교육 [再教育] [名][하他][되自] 再教育。¶ ~을 받다 再教育を受ける。

재: -구성 [再構成] [名][하他][되自] 再構成。

재: -귀 [再帰] [名][하自] 再帰。¶ ~ 대명사 再帰代名詞。
  재: 귀-열 [-熱] [名][醫] 再帰熱。回帰熱。

재기 [才気] [名] 才気。¶ ~ 넘치는 신인 才気あふれる新人。

재: -기 [再起] [名][하他][되自] 再起。¶ ~ 불능 再起不能の / 선수로서 ~하다 選手として再起する。

재깍 [副] (物事を素早くかたづけるようす) てきぱき、さっさと、手早く。¶ 일을 ~ 해치우다 仕事をてきぱきと片付ける。

재난 [災難] [名] 災難、災い。¶ 불의의 ~을 당하다 不意の災難に見舞われる。

재능 [才能] [名] 才能、才。¶ ~을 발휘하다 才能を発揮する。

재: -다¹ [形][俗] 威張る、偉ぶる、傲慢ぶる、もったいぶる。¶ 너무 재지 마라 あまりいばるな。

재: -다² [他] ①計る、測る、量る。¶ 시간을 ~ 時間を計る。/ 체중을 ~ 体重を量る。②(事の前後をいろいろと)推し量る、考える。¶ 여러 각도로 재어 보다 いろいろな角度から推し量ってみる。③(密かに実情を)探る、調べる。¶ 뒤를 ~ 後ろを探る。

재: -다³ [他] ①(中などに)詰め込む、差しこむ。¶ 총에 탄약을 ~ 銃に弾を込める。②積み重ねる。¶ 상품을 창고에 재 놓다 商品を倉庫に積み重ねておく。③(海苔などを)味付けして重ねる。

재: -다⁴ [形] ①(動作が)軽かく速い、すばやい、敏捷だ。¶ 걸음이 ~ 足どりが軽く速い。②(口が)軽い。¶ 입이 ~ 口が軽い。③(加熱すると)すぐ温まる、熱しやすく冷めやすい。¶ 양은솥은 불에 ~ 洋銀の釜は熱しやすい。

**재단**【財團】 ⓝ 財団ﾀﾞﾝ。¶ ~ 법인을 조직하다 財団法人ﾎｳｼﾞﾝを組織ｿｼｷする。

**재단**【裁斷】 ⓝ하他 裁断ｻｲﾀﾞﾝ。¶ ~기 裁断機ｷ。

**재단-사**[-師] ⓝ 裁断師ｼ、仕立屋ﾀﾃﾔ。

**재담**【才談】 ⓝ하自 才知ｻｲﾁに富ﾄﾝだユーモア、機知ｷﾁにとんだ面白ｵﾓｼﾛい話ﾊﾅｼや、しゃれ。

**재덕**【才德】 ⓝ 才徳ﾄｸ。¶ ~을 겸비하다 才徳を兼備ｹﾝﾋﾞする。

**재-떨이** ⓝ 灰皿ﾊｲｻﾞﾗ。

**재:래**【在來】 ⓝ 在来ｻﾞｲﾗｲ。¶ ~식 농업 在来式ｼｷの農業ﾉｳｷﾞｮｳ。

**재:래-종**[-種] ⓝ 在来種ｼｭ。

**재:래**【再來】 ⓝ하自 再来ｻｲﾗｲ。¶ 황금 시대의 ~ 黄金時代ｵｳｺﾞﾝｼﾞﾀﾞｲの再来。

**재량**【裁量】 ⓝ하他 裁量ｻｲﾘｮｳ。¶ 자유 ~ 自由ｼﾞﾕｳ裁量/ 상사의 ~에 맡기다 上司ｼﾞｮｳｼの裁量にまかせる。

**재력**【財力】 ⓝ 財力ｻﾞｲﾘｮｸ。¶ ~을 앞세우다 財力に物言ﾓﾉｲわせる。

**재:론**【再論】 ⓝ하他 再論ｻｲﾛﾝ。¶ ~의 여지가 없다 再論の余地ﾖﾁがない。

**재롱**【才弄】 ⓝ 《子供ｺﾄﾞﾓの天真ﾃﾝｼﾝﾗﾝﾏﾝな》面白ｵﾓｼﾛくかわいいしぐさ。

관용> **재롱(을) 부리다[떨다]** 面白ｵﾓｼﾛくかわいいしぐさをする、かわいく天真爛漫ﾃﾝｼﾝﾗﾝﾏﾝにふるまう。

**재롱-둥이** ⓝ しぐさのかわいい子ｺ。

**재료**【材料】 ⓝ 材料ｻﾞｲﾘｮｳ。¶ 건축 ~ 建築ｹﾝﾁｸ材料/ ~을 마련하다 材料をそろえる。/ 연구 ~로 삼다 研究ｹﾝｷｭｳの料にする。

**재:류**【在留】 ⓝ하自 在留ﾘｭｳ。¶ ~민 在留民ﾐﾝ。

**재:림**【再臨】 ⓝ하自 再臨ﾘﾝ。¶ 그리스도의 ~ キリストの再臨。

**재목**【材木】 ⓝ ①材木ｻﾞｲﾓｸ、木材ﾓｸｻﾞｲ。¶ ~을 베어내다 材木を切ｷり出ﾀﾞす。②人材ｼﾞﾝｻﾞｲ、材ｻﾞｲ。¶ 유능한 ~ 有能ﾕｳﾉｳな人材。

**재무**【財務】 ⓝ 財務ｻﾞｲﾑ。¶ ~ 관리 財務管理ｶﾝﾘ。

**재무 제표**[-諸表] ⓝ經 財務諸表ｼｮﾋｮｳ。

**재:-무:장**【再武裝】 ⓝ하自 再武装ﾌﾞｿｳ。

**재물**【財物】 ⓝ 財物ｻﾞｲﾌﾞﾂ・ﾓﾂ。¶ ~을 모으다 財物を蓄ﾀｸﾜえる。

**재미** ⓝ ①面白ｵﾓｼﾛみ、面白さ、興味ｷｮｳﾐ、楽ﾀﾉしみ。¶ 아이를 기르는 ~ 子供ｺﾄﾞﾓを育ｿﾀﾞてる楽しみ。②《商売ｼｮｳﾊﾞｲの》景気ｹｲｷ、儲ﾓｳけり。¶ 신제품으로 ~을 보다 新製品ｼﾝｾｲﾋﾟﾝでひともうけする。③《あいさつの言葉ｺﾄﾊﾞとして用ﾓﾁいられて》具合ｸﾞｱｲ、調子ﾁｮｳｼ、様子ﾖｳｽ。¶ 요즘 ~가 어떤가? このごろ調子はどうかね。

관용> **재미(가) 적다** 《結果ｹｯｶが》好ｺﾉましくなさそうだ、面白くなさそうだ、何ﾅﾝとなく気ｷにかかる。 **재미(를) 보다** ①利益ﾘｴｷを得ｴる、成果ｾｲｶを上ｱげる、儲ﾓｳける。②異性ｲｾｲとの付ﾂき合ｱいをたのしむ。 **재미(를) 붙이다** ①一度ｲﾁﾄﾞ心ｺｺﾛを占ｼめて止ﾔめられなくなる、面白さを覚ｵﾎﾞえる。②興味ｷｮｳﾐを持ﾓつ。

**재미-없다** ⓗ ①面白ｵﾓｼﾛくない、楽ﾀﾉしくない。¶ 재미없는 영화 面白くない映画ｴｲｶﾞ。②望ﾉｿﾞましくない、好ｺﾉましくない。¶ 재미없는 결과 面白くない結果ｹｯｶ。③《脅ｵﾄﾞしの言葉ｺﾄﾊﾞでひどい目ﾒに会ｱわせるとの意ｲを表ｱﾗﾜして》よろしくない。¶ 내 말대로 하지 않으면 재미없을 줄 알아라 僕ﾎﾞｸの言ｲうとおりにしないとひどい目に会ｱう覚悟ｶｸｺﾞをしておけ。

**재미-있다** ⓗ ①面白ｵﾓｼﾛい、楽ﾀﾉしい、興味ｷｮｳﾐがある。¶ 그 책을 재미있게 읽었다 その本ﾎﾝを面白く読ﾖんだ。②望ﾉｿﾞましい、好ｺﾉましい。

**재:-발**【再發】 ⓝ하自 再発ﾊﾂ。¶ 병이 ~ 하다 病気ｷﾞが再発する。

**재:-발견**【再發見】 ⓝ하他 再発見ｹﾝ。

**재:-방송**【再放送】 ⓝ하他 回自 再放送ﾎｳｿｳ。

**재:배**【栽培】 ⓝ하他 回自 栽培ｻｲﾊﾞｲ。¶ 촉성 ~ 促成ｿｸｾｲ栽培/ 온실에서 ~하다 温室ｵﾝｼﾂで栽培する。

**재벌**【財閥】 ⓝ 財閥ｻﾞｲﾊﾞﾂ。¶ ~을 해체하다 財閥を解体ｶｲﾀｲする。

**재:범**【再犯】 ⓝ하他 再犯ﾊﾝ。¶ ~자 再犯者ｼｬ。

**재봉**【裁縫】 ⓝ하自他 裁縫ｻｲﾎｳ。¶ ~일 針仕事ﾊﾘｼｺﾞﾄ/ ~을 잘한다 裁縫が上手ｼﾞｮｳｽﾞだ。

**재봉-사**[-師] ⓝ 仕立ﾀﾃ屋ﾔ。

**재봉-틀** ⓝ ミシン。

**재:-분배**【再分配】 ⓝ하他 再分配ﾌﾞﾝﾊﾟｲ。¶ 부의 ~ 富ﾄﾐの再分配。

**재빠르다** ⓗ 素早ｽﾊﾞﾔい、すばしこい、手早ﾃﾊﾞﾔい、敏捷ﾋﾞﾝｼｮｳだ。¶ 재빠른 동작으로 시작하다 素早い動作ﾄﾞｳｻで始ﾊｼﾞめる。

**재-빨리** ⓐ すばやく、逸早ｲﾁﾊﾔく、さっと。¶ ~ 손을 쓰다 すばやく手ﾃを打ｳつ。

**재산**【財産】 ⓝ 財産ｻｲﾊﾝ。¶ ~세 財産税ｾﾞｲ/ 사유 ~ 私有ｼﾕｳ財産/ ~을 탕진하다 身代ｼﾝﾀﾞｲをつぶす。/ ~을 모으다 財産を築ｷｽくく。

**재산 상속**[-相續] ⓝ法 財産相続ｿｳｿﾞｸ。

**재산 소:득**[-所得] ⓝ經 財産所得ﾄｸ。

**재산 압류**[-押留] ⓝ法 財産差ｻｼ押ｵｻえ。

**재:상**【宰相】 ⓝ史 宰相ｼﾞｮｳ。

**재색**【才色】 ⓝ 才色ｼｮｸ。¶ ~을 겸비한 여성 才色を兼備ｹﾝﾋﾞした女性ｼﾞｮｾｲ。

**재:생**【再生】 ⓝ하自他 回自 再生ｾｲ、更生ｺｳｾｲ。¶ ~ 고무 再生ゴム/ ~의 기쁨 再生の喜ﾖﾛｺﾋﾞ/ ~을 맹세하다 更生を誓ﾁｶう。

**재:-생지**[-紙] ⓝ 再生紙ｼ。

**재:-생품**[-品] ⓝ 再生品ﾋﾟﾝ。

**재:선**【再選】 ⓝ하自他 回自 ①再選挙ｾﾝｷｮ。②再選ｾﾝ、再ﾌﾀﾀび当選ﾄｳｾﾝすること。¶ 회장에 ~되다 会長ｶｲﾁｮｳに再選される。

**재:-소자**[在所者] ⓝ ①ある所ﾄｺﾛに居ｲる者ﾓﾉ。②在監者ｻﾞｲｶﾝｼｬ。

**재수**【財數】 ⓝ 《財産ｻｲｻﾝ・利益ﾘｴｷに関ｶﾝする》運ｳﾝ、金ｶﾈの運、財運ｻﾞｲｳﾝ、縁起ｴﾝｷﾞ、つき。¶ ~가 좋다 運がいい。/ ~ 없는 소리 마라 縁起でもないこと言ｲうな。

속담> **재수가 옴 붙듯하다** 運ｳﾝが疥癬ｶｲｾﾝにかかるようだ。《金の運がとても悪いこと》 **재수 없는 놈은 뒤로 자빠져도 코가 깨진다** 運の悪い者ﾓﾉは後ｳｼﾛに倒ﾀｵれても鼻ﾊﾅがつぶれる。《運の悪い者はどこまでも運が悪い》

**재:수**【再修】 ⓝ하他 ①一度ｲﾁﾄﾞ学ﾏﾅんだ課程ｶﾃｲを

재:수생[-生] 图 《(入学試験に落ちた) 浪人.
재:-수입[再輸入] 图 하터 再輸入する.
재:-수출[再輸出] 图 하터 再輸出する.
재:심[再審] 图 하터 回터 再審. ¶ ~을 청구하다 再審を請求する.
재앙[災殃] 图 災殃, 災難, わざわい. ¶ 뜻밖의 ~을 만나다 とんだ災難にあう.
재:야[在野] 图 在野. ¶ ~ 인사를 맞아들이다 在野の人士を迎え入れる.
재:연[再燃] 图 하터 再燃. ¶ 분쟁이 ~되다 紛争が再燃する.
재:외[在外] 图 在外. ¶ ~ 공관 在外公館/ ~ 동포 在外同胞.
재우다 囲 ①寝かす, 眠らす, 眠らせる. 아기를 ~ 赤ちゃん坊やを寝かす. ②泊める, 泊まらせる. ¶ 손님을 하룻밤 ~ お客さんを一晩泊める.
재원[財源] 图 財源. ¶ ~이 풍부하다 財源が豊富だ.
재:-음미[再吟味] 图 하터 再吟味.
재:-인식[再認識] 图 하터 再認識. ¶ 중요성을 ~하다 重要性を再認識する.
재:일[在日] 图 在日, 日本にいること. ¶ ~ 동포 在日同胞.
재일[齋日] 图 ①[佛] 斎日, 斎戒をする日. ②[佛] 死者の冥福を祈り供養をする日. ③[가] 大小斎を守る日.
재:임[在任] 图 하面 在任. ¶ ~ 기간 在任期間.
재:임[再任] 图 하터 回터 再任. ¶ 회장에 ~되다 会長に再任される.
재:-작년[再昨年] 图 一昨年, おととし, 去る年前.
재잘-거리다 囲 ①ぺちゃくちゃしゃべる. ②(小鳥が) しきりにさえずる, ピーチクパーチクする.
재잘-재잘 剛 하터 ①ぺちゃくちゃ. ②ちゅんちゅん.
재:적[在籍] 图 하面 在籍. ¶ ~ 수 在籍数/ ~ 의원 在籍議員.
재정[財政] 图 財政. ¶ 긴축 ~ 緊縮財政/ ~ 정책 財政政策.
재정[裁定] 图 하터 裁定. ¶ 중재 ~ 仲裁裁定/ ~ 신청 裁定申請.
재:-조정[再調整] 图 하터 再調整.
재:-조직[再組織] 图 하터 再組織.
재종[再從] 图 またいとこ, はとこ, 父母のいとこの子.
재:종-간[-間] 图 またいとこの間柄.
재:종-형[-兄] 图 またいとこの兄.
재:종 형제[-兄弟] 图 またいとこの兄弟.
재주[才] 图 ①才能, 才知, 才, 能. ¶ 숨은 ~ 隠れた才能/ 아무 ~도 없다 何の能もない. ②腕前, 技術, 技, 芸.

手際. ¶ ~를 겨루다 技を競う./ ~를 익히다 芸を身につける.
[속담] 재주는 곰이 넘고 돈은 되놈이 받는다 芸はクマが演じ お金は中国人が受け取る.《苦労をした人とは報酬をもらえずほかの人が横取りすること》
[관용] 재주가 있다 器用だ. 재주(를) 넘다 宙返りする, とんぼ返りする. 재주(를) 부리다 妙技を披露する. 재주(를) 피우다 ①妙技を披露する. ②つまらない事に知恵を働かす, 手練手管を使う.
재주-껏 剛 能力の限なり, 腕をふるって. ¶ ~ 해 보아라 力の限りやってみろ.
재주-꾼 图 多才な人, 才にたけた人.
재:중[在中] 图 在中. ¶ 이력서 ~ 履歴書在中.
재즈[jazz] 图 [音] ジャズ. ¶ ~ 밴드 ジャズバンド.
재:직[在職] 图 하面 在職. ¶ ~ 기간 在職期間.
재질[才質] 图 才質, 才能と気質と. ¶ 뛰어난 ~ 優れた才質.
재질[材質] 图 材質. ¶ ~이 좋다 材質がよい./ ~이 단단하다 材質が堅い.
재:차[再次] 图 再度に, 二度に. ¶ ~의 독촉 再度の督促. ②《副詞的に》再たび, もう一度に, 重ねて, 繰り返して. ¶ ~ 묻다 もう一度問う.
재:천[在天] 图 ①在天, 天にいること. 天意によること. ¶ 인명은 ~이다 人命は天意による.
재촉 图 하터 ①せき立てること, 催促をすること. ¶ 빚을 갚으라고 ~하다 借金の返済をせき立てる. ②急がせること, 速めること. ¶ 걸음을 ~하다 足を速める.
재:취[再娶] 图 後妻, 後添い.
재치[才致] 图 才能, 機知, 才覚, 機転, とんち. ¶ ~가 있다 機転がきく.
재:탕[再湯] 图 하터 二番煎じ.
재:판[再版] 图 하터 再版. ¶ ~된 소설 再版された小説.
재판[裁判] 图 하터 [法] 裁判. ¶ ~권 裁判権/ ~ 공개 公開裁判/ ~을 받다 裁判を受ける.
재판-관[-官] 图 裁判官.
재판-소[-所] 图 裁判所.
재:편[再編] 图 하터 《「재편성(再編成)」の縮約形》再編.
재:-편성[-成] 图 하터 再編成. ¶ 기구를 ~하다 機構を再編成する.
재:-평가[再評價] 图 하터 再評価.
재:학[在學] 图 하面 在学. ¶ ~생 在学生/ ~ 증명서 在学証明書.
재해[災害] 图 災害. ¶ 자연 ~ 自然の災害/ ~를 입다 災害をこうむる.
재해 보:험[-保險] 图 災害保険.
재해-지[-地] 图 災害地, 被災地.
재:향[在鄕] 图 하面 在郷. ¶ ~ 군인

在郷軍人(ざいごうぐんじん).

재:현[再現] 名[하]自他 되自 ①再現(げん)。¶ 사건 현장을 ~하다 事件(じけん)現場(げんば)を再現する。 ② ⇨ 재생(再生)

재:혼[再婚] 名[하]自 再婚(こん)。

재화[財貨] 名 財貨(か)。¶ 무형의 ~ 無形(けい)の財貨/ ~의 축적 財貨の蓄積(せき)。

재:활[再活] 名[하]自他 再(ふたた)び生(い)かすこと、立(た)ち直(なお)ること。

재:회[再會] 名[하]自 再会(さいかい)。¶ ~를 기약하다 再会を期(き)する。

잼[jam] 名 ジャム。¶ 빵에 ~을 바르다 パンにジャムを付(つ)ける。

잽-싸다 形 素早(すばや)い、敏捷(びんしょう)だ。¶ 잽싸게 달려가다 素早く走(はし)っていく。

잿-길 名 峠道(とうげみち)、峠(とうげ)に通(つう)じる道(みち)。

잿-더미 名 ①灰(はい)の堆積(たいせき)、灰(はい)の山(やま)。②灰燼(かいじん)。¶ 전화로 국토가 ~로 화했다 戦火(せんか)で国土(こくど)が灰燼に帰(き)した。

잿-물 名 ①(洗濯用(せんたくよう)の)灰汁(あく)。¶ ~을 받아서 빨래를 하다 灰汁を取(と)って洗濯(せんたく)をする。 ②「양잿물」의 縮約形。③(陶磁器(とうじき)の)釉薬(ゆうやく・うわぐすり)。¶ 도자기에 ~을 올리다 陶磁器に釉薬(うわぐすり)を塗(ぬ)る。

잿-밥[齋-] 名[佛] 供養(くよう)のとき仏前(ぶつぜん)に供(そな)えるご飯(はん)。

잿-빛 名 灰色(はいいろ)。¶ ~ 하늘 灰色の空(そら)/ 얼굴이 ~이 되다 顔色(かおいろ)が灰色になる。

쟁그랑 副《薄(うす)い金物(かなもの)などが落(お)ちたりぶつかったりしてなる音(おと)》からん、がちゃん、ちゃりん。¶ 열쇠가 ~ 하고 떨어지다 鍵(かぎ)がちゃりんと落(お)ちる。

쟁기 名 犂(すき)。¶ ~날 犂の先(さき)。

쟁기-질 名[하]他 犂で田畑(たはた)を耕(たがや)すこと。

쟁반[錚盤] 名 (お)盆(ぼん)。¶ ~같이 둥근 달 お盆のようにまん丸(まる)い月(つき)。

쟁의[爭議] 名[하]自 争議(そうぎ)。¶ 노동 ~ 労働(ろうどう)争議/ ~를 타결짓다 争議を妥結(だけつ)する。

쟁의-권[-權] 名[法] 争議権(けん)。

-쟁이 接尾《性質(せいしつ)・習慣(しゅうかん)・行動(こうどう)などを表(あら)わす語(ご)について その人(ひと)をさげすんでいう語》…者(もの)。¶ 심술 ~ 意地悪者(いじわるもの)/ 거짓말 ~ 嘘(うそ)つき/ 점 ~ 易者(えきしゃ)。

쟁이다 他 積(つ)み重(かさ)ねる。¶ 물건을 사서 ~ 品物(しなもの)を買(か)い貯(た)め積み重ねる。

쟁점[爭點] 名 争点(そうてん)。¶ 논쟁의 ~ 論争(ろんそう)の争点。

쟁취[爭取] 名[하]他 勝(か)ち取(と)ること。¶ 승리를 ~하다 勝利(しょうり)を勝ち取る。

쟁탈[爭奪] 名[하]他 争奪(そうだつ)。戦(たたか)って奪(うば)い取(と)ること。¶ 정당간에 정권을 ~하다 政党(せいとう)間(かん)で政権(せいけん)を争奪する。

쟤 代《「저 아이」의 縮約形》あの子(こ)。¶ ~는 공부를 잘한다 あの子は勉強(べんきょう)をよくする。

저¹ 代 ①(「나」의 謙讓語) 私(わたくし)、わたし。¶ ~를 믿어 주십시오 私を信(しん)じてください。 ②自分(じぶん)。¶ ~는 하지 않으면서 남에게 시키는 버릇이 있다 自分はしないで人(ひと)にさせるくせがある。 관용 저도 모르게 我知(われし)らず、思(おも)わず。

저² 代《「저것」의 縮約形》あれ。¶ 이도 ~도 다 놓었다 あれもこれもみな逃(のが)した。

저³ 冠 あの。¶ ~ 사람 あの人(ひと)/ ~ 유명한 사건 あの有名(ゆうめい)な事件(じけん)。

저⁴ 感《考(かんが)えが思(おも)い浮(う)かばなかったときや話(はな)し始(はじ)めるのがなんとなくためらわれるときに発(はっ)する語》あのう、ええっと、ええ。¶ ~、 그게 뭐더라? あのう、それなんだったっけ。

저:-[低] 接頭 低(てい)…。¶ ~기압 低気圧(ていきあつ)。

저:가[低價] 名 低価(か)、廉価(れんか)。

저-거 代《「저것」의 縮約形》あれ、あの物(もの)。¶ ~ 주세요 あれください。

저-건 略《「저것은」의 縮約形》あれは。¶ ~ 뭡니까? あれは何(なん)ですか。

저-걸 略《「저것을」의 縮約形》あれを。¶ ~ 사주세요 あれを買(か)ってください。

저-것 代 ①あれ、あの物(もの)。¶ ~은 책상입니다 あれは机(つくえ)です。②(大人(おとな)に対(たい)しては軽蔑的(けいべつてき)に、子供(こども)に対しては愛情(あいじょう)を込(こ)めて)あいつ、あれ、あの子(こ)。

저-게 略《「저것이」의 縮約形》あれは、あいつが。¶ ~ 무엇입니까? あれは何ですか。

저:격[狙擊] 名[하]他 狙撃(そげき)。¶ 요인을 ~하다 要人(ようじん)を狙撃する。

저고리 名 チョゴリ、上衣(じょうい)、上着(うわぎ)。

저:공[低空] 名 低空(ていくう)。¶ ~ 비행 低空飛行(ひこう)。

저:금[貯金] 名[하]自他 貯金(ちょきん)。¶ ~을 찾다 貯金を引(ひ)き出(だ)す。

저:금-통[-筒] 名 貯金箱(ばこ)。

저:금 통장[-通帳] 名 貯金通帳(つうちょう)。

저:금리[低金利] 名[經] 低金利(きんり)、低利(てい)。¶ ~ 정책 低金利政策(せいさく)。

저:급[低級] 名[하]形 低級(きゅう)。¶ ~한 서적 低級な書籍(しょせき)。

저기 代 ①あそこ、あちら、かなた。¶ 화장실은 ~에 있습니다 トイレはあちらにあります。 ②(副詞的に)あそこに、あちらに。¶ ~ 보이는 집이 우리 집입니다 あそこに見(み)える家(いえ)が私(わたくし)たちの家です。

저:-기압[低氣壓] 名 ①[氣] 低気圧(ていきあつ)。 ②[比]不機嫌(きげん)。¶ 오늘 그는 ~인 것 같다 今日(きょう)彼(かれ)は低気圧らしい。

저-까짓 冠 あれしきの、あれくらいの。¶ ~ 것을 못해? あれしきの事(こと)ができないの。

저-나마 副 あれでも、あんなものでも、あれでさえも。¶ ~ 없는 것보다 낫다 あんなものでもないよりましだ。

저냥 副 あのままに。¶ ~ 내버려 두어서는 안된다 あのままほうっておいてはいけない。

저:널리스트[journalist] 名 ジャーナリスト。

저:널리즘[journalism] 名 ジャーナリズム。

저녁 名 ①夕(ゆう)、夕方(ゆうがた)、宵(よい)、日暮(ひぐ)れ。¶ 내일 ~에 가겠습니다 明日(あした)の夕方に行(い)きます。 ②夕飯(ゆうはん)、夕食(ゆうしょく)。¶ ~을 먹다 夕食をとる。

**저녁-거리** 名 夕飯の材料.

**저녁-나절** 名 夕暮れ時、日暮れ時.

**저녁-내** 副 夕方からずっと、一晩じゅう.

**저녁-노을** 名 夕焼け、夕映え. ¶ ~이 지다 夕焼けになる.

**저녁-놀** 名 「저녁노을」の縮約形.

**저녁-때** 名 夕方、夕暮れ方、夕食をとるころ. ¶ ~가 되었는데 돌아오지 않는다 夕方になったのに帰ってこない.

**저:능-아**〔低能兒〕 名 低能児.

**저-다지** 副 あれ程に、あんなにまで. ¶ 술을 ~ 마시고 싶을까 酒をあんなにまで飲みたいのだろうか.

**저:-당**〔抵當〕 名 他 抵当. ¶ 집을 ~ 잡히다 家を抵当に取られる.

**저:당-권**〔-權〕 名 抵当権. ¶ ~ 설정 抵当権設定.

**저-대로** あのように、あのままに. ¶ ~ 둘 수는 없다 あのままほっておけない.

**저돌**〔猪突〕 名 他自 猪突.

**저돌-적**〔-的〕 冠 猪突的、向こう見ずな. ¶ ~인 행동 向こう見ずな行動.

**저-따위** 名 あんなもの、あんな奴、あんな部類. ¶ ~ 인간이 선생이라니 あんな人間が先生だとは.

**저래**¹ 副 ①あのようで、ああで、あのざまで. ¶ ~서는 안된다 ああでは駄目だ. ②あのようにして、ああして、あんなふうにして. ¶ ~ 가지고도 무사할 수 있을까? ああしても無事にすむだろうか.

**저래**² 略 「저리할까」の縮約形 ああだろうか、あんなにするだろうか. ¶ 쟤가 왜 ~? あの子は なぜああだろうか.

**저래-도** 略 ①「저러하여도」の縮約形 あのようでも、あれでも、ああでも. ②「저리하여도」の縮約形 あのようにしても、あんなにしても、ああしても. ¶ 말은 ~ 본심은 착한 사람이다 言うことはあのようでも根が やさしい人だ.

**저래야** 略 ①「저러하여야」の縮約形 あのようでなければ、ああでなければ. ②「저리하여야」の縮約形 あのように〔ああ〕しなければ. ¶ 운전은 ~ 한다 運転はあのようにしなければならない.

**저러-하다** 形 あのようだ、あんな具合だ.

**저런** 感 意外な事に驚いたときに発する声 あら、おや、まあ、なんとまあ. ¶ ~, 어쩌면 좋지 あれ、どうしよう.

**저렇다** 「저러하다」の縮約形 ああだ、あんなぐあいだ、あのようだ. ¶ 이렇다 ~ 말 한마디 없다 ああだとかこうだとか一言とも ない、うんともすんとも言ってこない.

**저:-력**〔底力〕 名 底力. ¶ ~을 발휘하다 底力を発揮する.

**저:-렴**〔低廉〕 名 形 低廉、(値段・賃金が)安いこと. ¶ ~한 가격 安い値段.

**저:-리**〔低利〕 名 低利. ¶ ~ 융자 低利融資 / ~로 자금을 꾸다 低利で資金を借りる.

**저리** 副 あちらに、あっちに、あそこに. ¶ ~ 가시오 あちらに行きなさい.

**저리다** 痺れる、麻痺する. ¶ 팔다리가 ~ 手足がしびれる.

**저리저리-하다** 形 非常に痺れる、ぴりぴりとしびれる.

**저-마다** 副 ①ひとりひとり、おのおの、各自で、それぞれ、それぞれ. ¶ ~ 한마디씩 하다 みなそれぞれ一言ずつ言う. ②名詞的に 各自で、おのおの. ¶ ~의 삶을 즐기다 おのおのの人生を楽しむ.

**저-만치** 副 ちょっと離れた所に、あそこらへんに. ¶ 그는 ~ 서 있었다 彼はあそこ辺りに立っていた.

**저-만큼** 副 ①あれ位で、あれほどに、あの程度で. ②ずっと隔たったあそこ辺りに. ¶ ~ 떨어져서 앉으시오 ずっと離れてあそこ辺りに座りなさい.

**저만-하다** 形 ①程度があの位だ、あれほどだ、あの程度だ. ¶ 저만한 크기 あれくらいの大きさ. ②別に大したものではない、まああんなものだ.

**저맘-때** 名 大きさ・年齢などがあれくらいの時.

**저:-명**〔著名〕 名 形 著名. ¶ ~한 학자 著名な学者が.

**저:-물가**〔低物價〕 名 低物価、安い物価で. ¶ ~ 정책 低物価政策.

**저물다** 自 ①暮れる. ¶ 한 해가 ~ 年が暮れる. ②事が 日が暮れるまでおくれる.

**저물-도록** 自 ①日暮れまで. ¶ ~ 일하다 日暮れまで働く. ②遅くまで.

**저미다** 他 薄く切る、そぎ取る. ¶ 쇠고기를 ~ 牛肉を薄く切る.

**저-버리다** 他 ①約束などを破る. ¶ 약속을 ~ 約束を破る. ②恩義などに背く、忘れる. ¶ 신의를 ~ 信義に背く. ③好意・期待を無にする、見捨てる. ¶ 선배의 호의를 ~ 先輩の好意を無にする.

**저벅** 副 重くて大きい足音 のっしのっし.

**저:-번**〔這番〕 名 この前、先頃. ¶ ~에 만났을 때보다 얼굴이 좋다 この前会ったときより顔色がよい.

**저:-변**〔底邊〕 名 底辺. ¶ 산업의 ~을 지탱하다 産業界の底辺を支える.

**저:-서**〔著書〕 名 著書. ¶ ~를 내다 著書を出す.

**저:-속**〔低俗〕 名 形 低俗. ¶ ~한 노래 低俗な歌.

**저:-속**〔低速〕 名 低速. ¶ ~으로 차를 몰다 低速で車を運転する.

**저:-수**〔貯水〕 名 自 貯水. ¶ ~량이 줄다 貯水量が減る.

**저:수-지**〔-池〕 名 貯水池.

**저:-술**〔著述〕 名 他 著述. ¶ ~가 著述家 / 책을 ~하다 本をあらわす.

**저승** あの世、黄泉. ¶ ~으로 가다 あの

世へ行く。
**저승-길** 名 黄泉路よみ、死出しでの旅路だ。¶ ~을 떠나დ 死出の旅なに出でる。
**저:압**[低圧] 名 低圧てい。¶ ~계 低圧計てい。
**저:액**[低額] 名 低額てい。¶ ~ 소득층 低額所得層しょとく。
**저어-하다** 他여 恐おそれる、心配しんぱいする、不安あんがる、懸念けねんする。¶ 적의 공격을 ~ 敵てきの攻撃こうげきを恐れる。
**저:열**[低劣] 名하形 低劣てい。¶ ~한 사람 低劣な人ひと。
**저:온**[低温] 名 低温おん。¶ ~ 마취 低温麻酔ますい。
**저:온 살균**[-殺菌] 名 低温殺菌さっきん。
**저울** 名 秤はかり。¶ ~대 秤の竿さお / ~에 달다 秤にかける。
**저울-눈** 名 秤目はかりめ。¶ ~을 속이다 秤目をごまかす。
**저울-질** 名하自他 ①秤ではかること。¶ ~을 넉넉히 하다 計りをよくする。②(損得そんとくを考かんがえるために)秤にかけること。¶ 이해득실을 ~하다 利害得失りがいとくしつを天秤てんびんにかける。③人ひとの心こころ・人柄ひとがらをあれこれと推おし量はかること。
**저울-추**[-錘] 名 分銅ふんどう、重おもり。
**저:율**[低率] 名 低率りつ。¶ ~의 금리 低率の金利きんり。
**저:음**[低音] 名 低音おん。
**저:의**[底意] 名 底意そこい、下心したごころ。¶ 그의 ~를 알 수 없다 彼かれの底意をはかりかねる。
**저-이** 代 あの人ひと、あの方かた。
    **저이-들** 代 あの人たち。
**저:인-망**[底引網] 名水 底引そこびき網あみ、トロール。¶ ~ 어선 底引き網漁船ぎょせん。
**저:임**[低賃] 名「저임금」の縮約形しゅくやく。
**저:-임금**[-金] 名 低賃金ちんきん。
**저자** 名 ①市場いちばにある店みせ。②朝夕あさゆうに大通おおどおりに立つ総菜ざいや材料ざいりょうの市。
    慣用 **저자(가) 서다** 市が立たつ、市で取とり引ひきが始はじまる。**저자(를) 보다** 市へ行いって品物ものの売うり買かいをする。
**저잣-거리** 名 市場の店の立ち並ならんでいる通とおり。
**저:자**[著者] 名 著者しょ。
**저-자** 代 (「저 사람」をひくめて) あの者もの、あいつ、あれ。¶ ~는 누구인가? あいつは誰だれか。
**저:-자세**[低姿勢] 名 低姿勢しせい。¶ ~로 나오다 低姿勢に出てくる。
**저:작**[著作] 名하他自 著作ちょ。¶ ~자 著作者しゃ / ~물 著作物ぶつ。
**저:작-권**[-權] 名法 著作権けん。¶ ~을 침해하다 著作権を侵害しんがいする。
**저:장**[貯藏] 名하他自 貯蔵ちょ、貯たくわえること。¶ ~실 貯蔵室しつ / 냉동 ~하다 冷凍れいとう貯蔵する。/ 야채를 ~하다 野菜やさいを囲かこう。
**저:장-고**[-庫] 名 貯蔵庫こ。
**저:장-품**[-品] 名 貯蔵品ひん。
**저-절로** 副 自然しぜんに、ひとりでに、おのずから。

¶ 문이 ~ 열리다 戸とがひとりでに開ひらく。/ 상처는 ~ 나았다 傷しずは自然に治なおった。
**저:조**[低調] 名하形 低調ちょう。¶ 실적이 ~하다 実績じっせきが低調である。
**저:주**[詛呪] 名하他 呪詛じゅ、呪のい。¶ 세상을 ~하다 世ょを呪う。
**저:-주파**[低周波] 名 低周波しゅうは。¶ ~ 전류 低周波電流でんりゅう。
**저:지**[低地] 名 低地てい。
**저:지**[沮止] 名하他 阻止てい。¶ ~선 阻止線せん / 침략을 ~하다 侵略しんりゃくを阻止する。
**저-지난** 冠 この前まえの前、前々ぜんぜんの、先々せんせん。
    **저지난-달** 名 先々月げつ。
    **저지난-밤** 名 おとといの晩ばん。
    **저지난-번**[-番] 名 前々番ばん。
    **저지난-해** 名 二に・三年さんねん前まえの年とし。
**저지레** 名 物事ものごとをし損そこねること、悶着もんちゃくを起おこすこと。¶ 아이들이 ~하다 子供こどもたちが事ごとをしくじる。
**저지르다** 他르 (過あやち・失敗しっぱいなどを)しでかす、やらかす、犯おかす、しくじる。¶ 잘못을 ~ 過ちを犯す。/ 엉뚱한 짓을 ~ とんでもないことをしでかす。
**저:질**[低質] 名 低質てい。¶ ~탄 低質炭たん。
**저-쪽** 名 あちら、あっち、あちらのほう、向むこう(側がわ)。¶ ~을 보십시오 あちらを見みて下ください。/ ~으로 갑시다 あちらのほうに行いきましょう。
**저-처럼** 副 あんなに、あのように、あれぐらいに、あの程度ていどに。
**저:촉**[抵觸] 名하自되自 抵触てい。¶ 법에 ~되는 행위 法はうに抵触する行為こう。
**저:축**[貯蓄] 名하他되自 貯蓄ちく、貯たくわえること。¶ ~ 성향 貯蓄性向せいこう / 아들의 학비를 ~하다 息子むすこの学費がくひを貯える。
    **저:축 보:험**[-保險] 名 貯蓄保険ほけん。
    **저:축 예:금**[-預金] 名 貯蓄預金よきん。
**저:택**[邸宅] 名 邸宅たく。¶ 으리으리한 ~ 豪壮ごうそうな邸宅。
**저-토록** 副 あれ程ほど、あんなに。¶ ~ 대담한 사람은 보지 못했다 あれほど大胆だいたんな人ひとは見みたことがない。
**저-편**[-便] 名 あちら、あちら側がわ、向むこう、向こう側。
**저:하**[低下] 名하自되自 低下てい。¶ 품질이 ~되다 品質ひんしつが低下する。
**저:-학년**[低學年] 名 低学年がくねん。
**저:항**[抵抗] 名하自되自 抵抗こう。¶ ~ 운동 抵抗運動うんどう / 권력에 ~하다 権力けんりょくに抵抗する。/ 완강한 ~에 부딪치다 頑強がんきょうな抵抗にあう。
**저:항-권**[-權] 名法 抵抗権けん。
**저:항-력**[-力] 名 抵抗力りょく。¶ ~이 강하다 抵抗力が強つよい。
**저:해**[沮害] 名하他되自 阻害がい。¶ 발전을 ~하다 発展はってんを阻害する。
**저:-혈압**[低血壓] 名醫 低血圧けつあつ。
**저희** 代 ①(「우리」の謙譲語けんじょう) 私わたしども、わたしたち。¶ ~는 모릅니다 私どもは分わかりま

**적** せん。②彼ら、あの人たち。¶ ～どうし 놀러 가다 あの人たちだけで遊びに行く。

**적**[赤]【名】(「적색(赤色)」の縮約形)赤。¶ ～과 흑 赤と黒と。

**적**[炙]【名】【料】串焼きしきの魚や・肉に。

**적**[的]【名】①(射撃などの)標的でき。②対象たい。¶ 선망의 ～ 羨望せんぼうの的。

**적**[笛]【名】【音】①笛ふえ。②横笛よこぶえ。

**적**[敵]【名】敵てき。¶ ～과 싸우다 敵と戦たたかう。/ 그는 ～이 많다 彼には敵が多い。

**적**[籍]【名】籍せき、戸籍こせき・兵籍へいせき・学籍がくせきなどの文書ぶんしょ。¶ 학교에 ～을 두다 学校がっこうに籍をおく。/ 입～시키다 戸籍に入れる。

**적**(때)①時じ、頃ころ、折おり。¶ 어릴 ～ 幼おさないとき。②(過去連体形について経験けいけんを表わす)(…した)こと。¶ 일본에 가 본 ～이 있다 日本にほんへ行いったことがある。

**-적**[的]【接尾】…的てき。¶ 비극～ 悲劇的ひげきてき/ 세계～ 世界的せかいてき/ 구체～인 설명 具体的ぐたいてきな説明せつめい。

**적개-심**[敵愾心]【名】敵愾心てきがいしん。¶ ～을 품다 敵愾心を抱いだく。

**적격**[適格]【名】【하形】適格てきかく。¶ 책임자로는 ～이 아니다 責任者せきにんしゃとしては適格でない。
　**적격-자**[-者]【名】適格者しゃ。

**적국**[敵國]【名】敵国てきこく。

**적군**[敵軍]【名】敵軍てきぐん。¶ ～을 물리치다 敵軍を撃退げきたいする。

**적극**[積極]【名】①積極せっきょく。¶ ～성을 띠다 積極性せいを帯びる。②(副詞的に)積極的せっきょくてきに。¶ ～ 추진하다 積極的に推おし進める。
　**적극-적**[-的]【冠形】積極的てき。¶ ～인 성격 積極的な性格せいかく。

**적금**[積金]【名】【하自他】①積つみ金きん、積み立て金。②月掛つきがけ貯金ちょきん。¶ ～을 붓다 月掛け貯金をする。

**적기**[赤旗]【名】赤旗あかはた・せっき。¶ ～로 위험을 알리다 赤旗で危険きけんを知しらす。

**적기**[適期]【名】適期てっき。¶ ～에 파종하다 適期に種たねをまく。

**적기**[敵機]【名】敵機てっき。¶ ～를 격추하다 敵機を撃墜げきついする。

**적-나라**[赤裸裸]【名】【하形】赤裸々せきらら。¶ ～한 사실 赤裸々な事実じじつ/ ～하게 고백하다 ありのままに告白こくはくする。

**적남**[嫡男]【名】嫡男ちゃくなん。 혼 적자(嫡子)

**적녀**[嫡女]【名】嫡女ちゃくじょ、嫡出しゅっの娘むすめ。

**적다**【他】記しるす、書かき記す、記録きろくする。¶ 요점을 ～ 要点ようてんを書き記す。/ 이름을 수첩에 ～ 名前なまえを手帳てちょうに記す。

**적:다**【形】少すくない、わずかだ。¶ 수입이 ～ 収入しゅうにゅうが少ない。/ 금년에는 비가 ～ 今年ことしは雨あめが少ない。

**적당**[適當]【名】【하形】適当とう。¶ ～한 운동 適当な運動うんどう/ ～한 크기의 방 ちょうどよい大おきさの部屋へや。　**적당-히**【副】適当に、適宜てきぎに。¶ ～ 얼버무리다 適当にごまかす。

**적대**[敵對]【名】【하自他】敵対てき。¶ ～ 세력 敵対勢力せいりょく。
　**적대-시**[-視]【名】【하他】【되自】敵視てきし。¶ ～하는 태도 敵視する態度たいど/ 주위에서 ～당하다 周囲しゅういから敵視される。

**적도**[赤道]【名】【天】赤道せきどう。¶ ～ 해류 赤道海流かいりゅう。

**적도-제**[-祭]【名】(船上せんじょうの)赤道祭せきどうさい、赤道祭まつり。

**적량**[適量]【名】適量てきりょう。¶ ～의 약을 먹다 適量の薬くすりを飲のむ。

**적령**[適齡]【名】適齢てきれい。
　**적령-기**[-期]【名】適齢期き。¶ 결혼 ～ 結婚けっこん適齢期。

**적례**[適例]【名】適例てきれい。¶ ～를 들다 適例を挙げる。

**적록 색맹**[赤綠色盲]【名】【醫】赤緑色盲せきりょくしきもう、紅緑色盲こうりょくしきもう。

**적리**[赤痢]【名】【醫】赤痢せきり。
　**적리-균**[-菌]【名】【醫】赤痢菌きん。

**적립**[積立]【名】【하他】【되自】積つみ立てたて。¶ 매월 10만 원씩 ～하다 毎月まいつき10万円まんウォンずつ積み立てる。
　**적립-금**[-金]【名】積立金つみたて。

**적막**[寂寞]【名】【하形】寂寞せき。¶ ～한 산속 寂寞たる山やまの中なか。
　**적막-감**[-感]【名】寂寞感、寂寥感せきりょうかん。

**적반하장**[賊反荷杖]【名】(泥棒どろぼうがかえって棒を振ふりかざすの意いで)盗人ぬすっと猛々だけしいこと。¶ ～도 유분수지 盗人猛々しいにもほどがある。

**적발**[摘發]【名】【하他】【되自】摘発てきはつ。¶ 부정을 ～하다 不正ふせいを摘発する。

**적법**[適法]【名】【하形】適法てきほう。¶ ～ 행위 適法行為こうい/ ～한 조치를 취하다 適法な措置そちをとる。
　**적법-성**[-性]【名】適法性せい。

**적병**[敵兵]【名】敵兵てきへい。¶ ～이 투항하다 敵兵が投降とうこうする。

**적부**[適否]【名】適否てきひ。¶ 구속 ～ 심사 拘束こうそく適否審査しんさ。

**적분**[積分]【名】【數】積分せきぶん。
　**적분-학**[-學]【名】【數】積分学がく。

**적산**[敵産]【名】敵産てきさん、敵国てきこくの財産ざいさん。¶ ～ 동결 敵産凍結とうけつ。

**적삼**【名】(韓国かんこく固有こゆうの衣装いしょうの)ひとえのチョゴリ。

**적색**[赤色]【名】赤色あかいろ・せき。①赤あか。②(俗)社会主義しゃかいしゅぎ、共産主義きょうさんしゅぎ。¶ ～ 테러 赤色しょくテロ。

**적선**[積善]【名】【하自】積善せきぜん、善事ぜんじを積つみかさねること。

**적설**[積雪]【名】積雪せきせつ、ふりつもった雪ゆき。¶ ～량 積雪量りょう。

**적성**[適性]【名】適性せい。
　**적성 검:사**[-檢査]【名】適性検査けんさ。

**적성**[敵性]【名】敵性てきせい。¶ ～ 국가로 간주하다 敵性国家こっかとみなす。

**적소**[適所]【名】適所てきしょ。¶ 적재 ～ 適材てきざい適所/ ～에 배치하다 適所に配はいする。

**적수**[赤手]【名】赤手せきしゅ、素手すで。¶ ～ 공권 赤

手空拳くう。

**적수**【敵手】图 敵手てき。¶호~ 好う敵手/ ~를 맞아 긴장하다 敵手を迎むかえて張はり切きる。

**적시**【適時】图 適時てき。¶ ~ 안타를 치다 適時安打あんだを打うつ。

**적시다**（他) ①浸ひす、濡ぬらす、湿しめらせる。¶손을 물에 ~ 手てを水みずに浸ひたす。/ 비로 옷을 ~ 雨あめで服ふくを濡ぬらす。 ②貞操ていそうを奪うばわれる。

**적-신호**【赤信號】图 赤信号あかしんごう。¶건강의 ~ 健康けんこうの赤信号/ ~로 바뀌어 赤信号にかわる。 ⮕ 청신호(靑信號)

**적실**【敵失】图 敵失てき、相手あいてのチームのエラー。¶ ~로 한 점을 더 얻다 敵失で一点てんを加くわえる。

**적-십자**【赤十字】图 赤十字せきじゅうじ。¶ ~ 병원 赤十字病院びょういん。

**적십자-사**【-社】图 赤十字社しゃ。

**적어도** 副 ①少すくなくとも、せめて、最小きょう限度どに。¶ ~ 만 원은 한다 少すくなくとも1万まんウォンはする。/ 열 사람은 필요하다 少すくなくとも10人にんは要いる。 ②いやしくも、かりにも、かりそめにも。¶ ~ 대학생이 아니냐 かりそめにも大学生だいがくせいではないか。

**적어-지다** 自 少すくなくなる、減へる。¶인구가 점점 ~ 人口じんこうがだんだん減へる。/ 수입이 ~ 収入しゅうにゅうが少すくなくなる。

**적역**【適役】图 適役てき、はまり役やく、適任てき。¶주인공으로는 그가 ~이다 主人公しゅじんこうには彼かれが適役だ。

**적열**【赤熱】图（하며 赤熱せき。

**적외-선**【赤外線】图【物】赤外線せきがいせん。¶ ~ 사진 赤外線写真しゃしん。

**적외선 요법**【-療法】图【医】赤外線療法りょうほう。

**적요**【摘要】图 摘要てきよう。¶ ~ 란 摘要欄らん。

**적요-하다**【寂寥-】形囫 寂寥せきりょうとしている。

**적용**【適用】图（하며囘回 適用てき。¶ ~ 범위 適用範囲はんい/ 실제로 ~하다 実際じっさいに適用する。

**적응**【適應】图（하며 適応てき。¶환경에 ~하다 環境かんきょうに適応する。

**적의**【敵意】图 敵意てき。¶ ~를 품다 敵意を抱いだく。/ ~를 표시하다 敵意を示しめす。

**적이** 副 多少たしょう、幾いくらか、いささか、ちょっと。¶ ~ 안심했다 いくらか安心あんしんした。/ 그 소식을 듣고 ~ 놀랐다 その知しらせを聞きいて多少驚おどろいた。

**적임**【適任】图 適任てき。¶회장에는 그가 ~이다 会長かいちょうには彼かれが適任だ。

**적임-자**【-者】图 適任者しゃ。

**적자**【赤字】图 赤字てき、欠損そん。¶ ~가 나다 赤字を出だす。/ ~를 메우다 赤字を埋うめ合あわせる。⮕ 흑자(黑字)

**적자**【適者】图 適者てき。

**적자 생존**【-生存】图【生】適者生存せいぞん。

**적:-잖다** 形 少すくなくない。¶그 사고로 다친 사람이 ~ その事故じこでけがをした人ひとが少すくなくない。 **적잖-이** 副 少すくなからず。¶그 말을 듣고 ~ 놀랐다 その話はなしを聞きいて少すくなからず驚おどろいた。

**적재**【積載】图（하며 積載せき。¶ ~량 積載量りょう/ 배에 ~ 한 짐 船ふねに積載した荷物もつ。

**적적-하다**【寂寂-】形囘 ひっそりとして寂さびしい。¶적적한 생활 寂さびしい生活せいかつ/ 적적한 마음을 달래다 寂さびしい心こころを慰なぐさめる。

**적절**【適切】图（하며形 適切てき。¶ ~한 표현 適切な表現ひょうげん/ **적절-히** 副 適切に。¶ ~ 처리하세요 適切に処理しょりしなさい。

**적정**【適正】图（하며形 適正てき。¶ ~한 가격 適正な価格かかく。

**적정**【敵情】图 敵情じょう。¶ ~을 살피다 敵情を探さぐる。

**적조**【赤潮】图【水】赤潮あか。

**적중**【的中】图（하며自回 的中てきちゅう。¶예상이 ~하다 予想よそうが的中する。

**적지**【適地】图 適地てき。¶목축에는 여기가 ~다 牧畜ぼくちくにはここが適地である。

**적지**【敵地】图 敵地てき。¶ ~에 잠입하다 敵地に潜入せんにゅうする。

**적진**【敵陣】图 敵陣てき。¶ ~에 뛰어들다 敵陣に乗のり込こむ。

**적체**【積滯】图（하며自回 滞積たいせき、積つみとどこおること。¶수출 화물이 ~하다 輸出ゆしゅつ貨物かもつが滞積する。

**적출**【摘出】图（하며他 摘出てきしゅつ。¶장기를 ~하다 臓器ぞうきを摘出する。

**적출**【嫡出】图 嫡出ちゃく。¶ ~자 嫡出子し。⮕ 서출(庶出)

**적출**【積出】图 積つみ出だし、出荷かゅっかすること。¶ ~항 積み出し港こう。

**적치**【積置】图（하며他回自 積つんで置おくこと。

**적침**【敵侵】图 敵てきの侵入にゅう。

**적탄**【敵彈】图 敵弾だん。¶ ~에 쓰러지다 敵弾に倒たおれる。

**적-포도주**【赤葡萄酒】图 赤葡萄酒あかぶどうしゅ。

**적함**【敵艦】图 敵艦かん。

**적합**【適合】图（하며形 適合てき。¶시대에 ~한 교육 時代じだいに適合した教育きょういく。

**적혈**【赤血】图 赤血けつ、赤あかい血ち。

**적혈-구**【-球】图【生】赤血球きゅう。

**적화**【赤化】图（하며自回他 赤化せき。①赤あかくなること。②共産主義化きょうさんしゅぎかされ、左翼化さよく。

**적확**【的確】图（하며形 的確かく・てき。¶ ~한 해답 的確な解答とう。

**적히다** 自（「적다」の受動）書かかれる、記録きろくされる。¶이름을 ~ 名前なまえを書かれる。

**전**【前】图 Ⅰ 前まえ、以前いぜん。¶ ~ 역 駅前えきまえ/ ~에 만난 적이 있다 前に会あったことがある。Ⅱ 蹎頭 前まえ…、元もと…。¶ ~남편 前夫ふ/ ~년도 前年度ねんど/ ~반부 前半部はんぶ。

**전**【全】图 Ⅰ 冠 全すべての。¶ ~ 도둑놈 全くのぬすっと。②全部ぜんぶ、全体ぜんたい、すべての。Ⅱ 蹎頭《「すべて」の意を表あらわす》全ぜん…。¶ ~ 세계 全世界せかい。

**-전**【展】接尾 …展てん。¶미술~ 美術展びじゅつ。

**-전**【傳】接尾 …伝でん。¶좌씨 춘추 ~ 左氏春秋伝ししゅんじゅうでん。

**-전**【殿】接尾 …殿でん。¶신~ 神殿しんでん。

-전[戰] 接尾 …戦せん。¶ 리그~ リーグ戦せん。
전가[傳家] 名[하他][되自] 伝家でん。¶ ~의 보도 伝家の宝刀ほうとう。
전-가[轉嫁] 名[하他][되自] 転嫁てんか。¶ 책임을 ~하다 責任せきにんを転嫁する。
전:각[篆刻] 名[하自他] 篆刻てんこく。
전갈[全蠍] 名[動] サソリ。
전갈[傳喝] 名[하他] 言伝ことづて、伝言でんごん。¶ ~을 부탁하다 言伝を頼たのむ。
전:개[展開] 名[하他][되自] 展開てんかい。¶ 선거전을 ~하다 選挙戦せんきょせんを展開する。
전:개-도[-圖] 名[数] 展開図ず。
전:거[典據] 名 典拠てんきょ、よりどころ。¶ ~가 있어 믿을 만하다 典拠があって信しんずる。
전:격[電擊] 名 電撃でんげき。¶ ~적인 공격 電撃的な攻撃こうげき。
전경[全景] 名 全景ぜんけい。¶ 시내의 ~을 내려다보다 市内しないの全景を見みおろす。
전경[前景] 名 前景ぜんけい。¶ ~이 매우 좋다 前景がすごくよい。
전곡[全曲] 名 全曲ぜんきょく。¶ ~을 연주하다 全曲を演奏えんそうする。
전:골[-骨] 名[料] すき焼やき・寄よせ鍋なべの一種いっしゅ。
전공[專攻] 名[하他] 専攻せんこう。¶ 물리학을 ~하다 物理学ぶつりがくを専攻する。
전공 과목[-科目] 名 専攻科目かもく。
전:공[戰功] 名 戦功せんこう、武勲ぶくん。¶ ~을 세우다 戦功をたてる。
전과[全科] 名 ①全科ぜんか、全科目ぜんかもく。 ②「전과서」의 縮約形。
전과-서[-書] 名 全科参考書さんこうしょ。
전과[前科] 名 前科ぜんか。¶ ~ 3범 前科3犯さんぱん/폭력의 ~가 있다 暴力ぼうりょくの前科がある。
전과-자[-者] 名 前科者しゃ。
전과[前過] 名 前過ぜんか、以前いぜんの過あやち。¶ ~를 뉘우치다 前過を悔くいる。
전:광[電光] 名 電光でんこう。¶ ~ 뉴스 電光ニュース。
전:광 석화[-石火] 名 電光石火せっか。¶ ~ 같은 날랜 솜씨 電光石火の早はやわざ。
전:광-판[-板] 名 電光揭示板けいじばん。
전교[全校] 名 全校ぜんこう。¶ ~생 全校生せい。
전:구[電球] 名 電球でんきゅう。¶ 꼬마 ~ 豆まめ電球/~가 끊어지다 電球が切きれる。
전국[全國] 名 全国ぜんこく。¶ ~에 퍼지다 全国に広ひろがる。/ ~ 각지를 순회하다 全国各地かくちを巡めぐる。
전국-적[-的] 冠名 全国的ぜんこくてき。¶ ~인 행사 全国的な行事ぎょうじ。
전:국[戰局] 名 戦局せんきょく。¶ ~이 호전되다 戦局が好転こうてんする。
전:국[戰國] 名 戦国せんごく。
전:국 시대[-時代] 名[史] 戦国時代じだい。
전권[全權] 名 全権ぜんけん、一切いっさいの権限けんげんと権利けんり。¶ ~ 위원 全権委員いいん/~을 위임하다 全権を委任いにんする。
전권[專權] 名[하自] 専権せんけん、権力けんりょくをほしいままにすること、その権力。¶ ~을 휘두르다 専権をふるう。

전:근[轉勤] 名[하自][되自] 転勤てんきん。¶ 지방으로 ~하다 地方ちほうに転勤する。
전근대-적[前近代的] 冠名 前近代的ぜんきんだいてき。¶ ~인 제도 前近代的な制度ど。
전기[傳奇] 名 伝奇でんき。¶ ~ 문학 伝奇文学ぶんがく。
전기[傳記] 名 伝記でんき。¶ 위인 ~를 읽다 偉人いじんの伝記を読よむ。
전:기[電氣] 名 電気でんき。¶ ~ 공학 電気工学こうがく/~ 담요 電気毛布もうふ/~를 켜다 電気をつける。/ ~를 일으키다 電気を起おこす。
전:기 기관차[-機關車] 名 電気機関車きかんしゃ。
전:기 면:도기[-面刀器] 名 電気かみそり。
전:기 밥솥 名 電気釜がま。
전:깃-불 名 電灯でんとうの明あかり。
전:깃-줄 名 電線でんせん、[俗] 전선(電線)
전:기[轉機] 名 転機てんき。¶ 인생의 ~를 맞다 人生じんせいの転機を迎むかえる。
전-날[前-] 名 ①前日ぜんじつ、前まえの日。¶ 그 전날의 日。②先日せんじつ、かつて、過日かじつ。¶ ~의 약속 先日の約束やくそく。
전년[前年] 名 前年ぜんねん。
전념[專念] 名[하自] 専念せんねん。¶ 가업에 ~하다 家業かぎょうに専念する。
전능[全能] 名[하形] 全能ぜんのう。¶ 전지 ~ 全知ぜんち全能。
전단[全段] 名 全段ぜんだん。¶ ~ 짜리 광고 全段抜ぬきの広告こうこく。
전단[傳單] 名 伝単たん、ビラ、ちらし。¶ ~을 뿌리다 ビラを撒まく。
전-달[前-] 名 前月ぜんげつ、先月せんげつ。¶ ~에는 사고가 없었다 先月には事故じこがなかった。
전달[傳達] 名[하他][되自] 伝達でんたつ。¶ ~ 사항 伝達事項じこう/명령을 ~하다 命令めいれいを伝達する。
전담[全擔] 名[하他] ある事ことの全部ぜんぶを受うけ持もつこと。¶ 비용을 혼자서 ~하다 費用ひようを一人ひとりで受け持つ。
전담[專擔] 名[하他] ある事ことを専門せんもんに担当たんとうすること。
전당[全黨] 名 全党ぜんとう、ある政党せいとうの全部ぜんぶ。¶ ~ 대회 全党大会たいかい。
전:당[典當] 名[하他] 物品ぶっぴんを担保たんぽにして金かねの貸かし借かりすること、抵当ていとう、かた、質しち。 慣用 전당(을) 잡다 担保に取とる、質に取る。
전당(을) 잡히다 質に入いれる、質に置おく。
전:당-포[-鋪] 名 質札しちふだ。
전:당-표[-票] 名 質札しちふだ、質券しちけん。
전:당[殿堂] 名 殿堂でんどう。¶ 예술의 ~ 芸術げいじゅつの殿堂。
전대[前代] 名 前代ぜんだい。
전:대[纏帶] 名 胴巻どうまき。¶ ~를 차다 胴巻きを締しめる。
전도[全圖] 名 全図ぜんず。¶ 세계 ~ 世界せかい全図。
전도[前途] 名 前途ぜんと。¶ ~ 양양한 소년 前途洋々ようようたる少年しょうねん。
전도[傳道] 名[하自他][基] 伝道でんどう。
전도-사[-師] 名[基] 伝道師し、布教師ふきょうし。
전도[傳導] 名[하自][되自][物] 伝導でんどう。¶ 열しかし~ 熱つ伝導/ 전기를 잘 ~한다 電気でんきをよく伝

전도-율【-率】 图【物】 伝導率ﾂ。
전:도【顚倒】 图ｻ自他 形動 転倒ﾄﾝ。¶ 주객이 ~되다 主客ｼｬｸが転倒する。
전:동【電動】 图【電動】 電動ﾄﾞｳ。¶ ~기 電動機ｷ。
전:동-차【-車】 图 電動車ｼｬ。
전:등【電燈】 图 電灯ﾄｳ、電気ﾃﾞﾝ。¶ 회중 ~ 懐中ﾁｭｳ電灯/ ~을 끄다 電灯を消ｹｽ。/ ~을 켜다 電灯をつける。
전라【全裸】 图 全裸ﾀﾞ。
전:락【轉落】 图ｻ自 転落ﾗｸ。¶ 삼류 팀으로 ~하다 三流ﾘｭｳチームに転落する。
전:란【戰亂】 图 戦乱ﾗﾝ。¶ ~이 일어나다 戦乱が起ｺる。
전:람【展覽】 图 展覧ﾃﾝ。
전:람-회【-會】 图 展覧会ｶｲ。¶ 미술 ~ 美術ｼﾞｭﾂ展覧会。
전래【傳來】 图ｻ自(다)自 伝来ﾃﾞﾝ。¶ 예로부터 ~된 동화 むかしから伝来した童話ｯ。
전:략【戰略】 图 戦略ﾘｬｸ。¶ 물자 戦略物資ﾌﾞﾂ/ ~을 세우다 戦略を立てる。
전:략-가【-家】 图 戦略家ｶ。
전:략 무기【-武器】 图 戦略武器ｷ。
전력【全力】 图 全力ﾘｮｸ。¶ ~을 기울이다 全力を傾ｶﾀﾑける。/ ~을 다해서 달리다 全力を尽ﾂｸして走る。
전력【前歷】 图 前歴ﾚｷ。¶ ~을 조사하다 前歴を調ｼﾗべる。
전력【專力】 图ｻ自 もっぱら一ﾋﾄつの事ｺﾄに力ﾁｶを傾ｶﾀﾑけること。¶ 오로지 연구에 ~하다 もっぱら研究ｷｭｳに力を傾ｶﾀﾑける。
전:력【電力】 图 電力ﾘｮｸ。¶ ~을 공급하다 電力を供給ｷｮｳする。
전:력【戰力】 图 戦力ﾘｮｸ。¶ ~을 증강하다 戦力を増強する。
전령【傳令】 图ｻ他 伝令ﾚｲ。¶ ~을 보내다 伝令を送ｵｸる。
전례【前例】 图 前例ﾚｲ。¶ ~없는 일 前例のないこと/ ~을 조사하다 前例を調べる。/ 좋은 ~를 만들다 よい前例を作る。
전:류【電流】 图 電流ﾘｭｳ。¶ ~가 통하다 電流が通ﾂｳじる。
전:리-품【戰利品】 图 戦利品ﾋﾝ。
전립-선【前立腺】 图【生】 前立腺ｾﾝ。
전립선-암【-癌】 图【醫】 前立腺癌ｶﾞﾝ。
전:말【顚末】 图 顛末ﾏﾂ。¶ 사건의 ~을 말하다 事件の顛末を語る。
전:망【展望】 图ｻ自他(다)自 展望ﾎﾞｳ、見通ﾄｵｼ、見晴ﾊﾗし、眺ﾅｶﾞめ。¶ 창 밖의 ~ 窓ﾏﾄﾞからの展望/ 장래를 ~하다 将来ｼｮｳを展望する。/ 별로 ~이 좋지 않다 あまり見通しはよくない。
전:망-대【-臺】 图 展望台ﾀﾞｲ、見晴らし台。
전매【專賣】 图ｻ他 専売ﾊﾞｲ。¶ ~권 専売権ｹﾝ。
전매 특허【-特許】 图 専売特許ｷｮ。
전:매【轉賣】 图ｻ他(다)自 転売ﾊﾞｲ。¶ 토지를 ~하다 土地を転売する。
전면【全面】 图 全面ﾒﾝ。¶ ~ 광고 全面広告ｺｸ/ ~에 걸쳐서 全面にわたって/ ユ 기사가 ~을 메웠다 その記事が全面を埋ﾄﾞめた。
전면-적【-的】 冠動 全面的ﾃｷ。¶ ~으로 금지하다 全面的に禁止ｷﾝする。
전면【前面】 图 前面ﾒﾝ。¶ 건물의 ~ 建物ﾓﾉの前面。
전멸【全滅】 图ｻ自 全滅ﾒﾂ。¶ 적을 ~시키다 敵ﾃｷを全滅させる。
전모【全貌】 图 全貌ﾎﾞｳ。¶ 사건의 ~를 발표하다 事件ｹﾝの全貌を発表ﾋｮｳする。
전:몰【戰歿】 图ｻ自(다)形 戦没ﾎﾞﾂ、戦歿ﾎﾞﾂ、陣没ﾎﾞﾂ。¶ ~ 장병 戦没将士ｼｮｳ。
전무【全無】 图ｻ自形 皆無ｶｲ、全ﾏｯﾀくないこと。¶ 이길 가망은 ~하다 勝ｶつ見込ｺﾐみは全ﾏｯﾀくない[皆無だ]。
전무【專務】 图ｻ他 専務ﾑ。①専ﾓｯﾊﾞら行ｵｺﾅうべき務ﾂﾄﾒ。②「전무 이사」の縮約形。
전무-이사【-理事】 图 専務理事ｼﾞ、専務取締役ﾄﾘｼﾏﾘ。
전문【全文】 图 全文ﾌﾞﾝ。¶ ~을 게재하다 全文を掲載ｹｲする。
전문【專門】 图ｻ自他 専門ﾓﾝ。¶ ~ 분야에서 연구하다 専門分野ﾌﾞで研究ｷｭｳする。
전문-가【-家】 图 専門家ｶ、くろうと。
전문 대학【-大學】 图 専門大学ｶﾞｸ(日本ﾎﾝの短大ﾀﾞﾝに当ｱﾀる)。
전문-어【-語】 图 専門語ｺﾞ、術語ｺﾞ。
전문-의【-醫】 图 専門医ｲ。
전문-적【-的】 冠動 専門的ﾃｷ。¶ ~인 지식 専門的な知識ｼｷ。
전:문【電文】 图 電文ﾌﾞﾝ。¶ ~을 해독하다 電文を解読ﾄﾞｸする。
전문【傳聞】 图ｻ他 伝聞ﾌﾞﾝ、また聞ｷき。¶ ~한 바에 의하면 伝聞するところによれば。
전반【全般】 图 全般ﾊﾟﾝ、(物事ｺﾄの)全体ﾀﾞｲ。¶ ~에 걸쳐 全般にわたって/ 사회 ~의 문제 社会ｼｬ全般の問題ﾀﾞｲ。
전반-적【-的】 冠動 全般的ﾃｷ。
전반【前半】 图 前半ﾊﾟﾝ・ﾊﾞﾝ。¶ 20대 ~ 20代ﾀﾞｲの前半。↔ 후반(後半)。
전반-기【-期】 图 前半期ｷ。
전반-전【-戰】 图 前半戦ｾﾝ。
전방【前方】 图 ①前方ﾎﾟｳ、前ﾏｴの方ﾎｳ、行ﾕく手ﾃ。¶ ~ 주의 前方注意ﾁｭｳ。②(敵ﾃｷを前ﾏｴにする)前線ｾﾝ、第一線ﾀﾞｲ。¶ ~ 부대 前線の部隊ﾀﾞｲ。
전번【前番】 图 先般ﾊﾟﾝ、この前ﾏｴ、先ｻｷごろ。¶ ~ 주일 この前の週ｼｭｳ/ ~에 알려드린 바와 같이 この前お知ｼらせしたとおり。
전:범【戰犯】 图 (「전쟁 범죄・전쟁 범죄자」の縮約形) 戦犯ﾊﾟﾝ。
전:법【戰法】 图 戦法ﾎｳ。
전:보【電報】 图ｻ自 電報ﾎﾟｳ。¶ ~를 치다 電報を打ｳつ。
전:보【轉補】 图ｻ他 転補ﾎ。¶ 벽지로 ~하다 僻地ﾍｷに転補する。
전복【全鰒】 图【動】 アワビ。¶ ~죽 アワビのお粥ｶﾕ/ ~을 잡다 アワビを捕ﾄる。
전:복【顚覆】 图ｻ自他(다)自 転覆ﾌﾟｸ。¶ 기차가

**전부**[全部] 名 全部ぜん、すべて。¶ ~ 끝나다 全部終おわる。/ 돈이 인생의 ~는 아니다 お金かねが人生じんのすべてではない。

**전부**[前部] 名 前部ぜん、前まえの部分ぶん。

**전**:**분**[澱粉] 名 澱粉ぶん。¶ ~질 澱粉質しつ。

**전**:**사**[戰士] 名 戰士し。¶ 무명 ~ 無名むい戰士し/ 산업 ~ 産業さん戰士し。

**전**:**사**[戰死] 名 자 戰死し。¶ 조국을 위하여 ~하다 祖國そのために戰死する。

**전**:**사-자**[-者] 名 戰死者しゃ。

**전**:**산-기**[電算機] 名 電算機でんさんき、コンピューター。

**전생**[全生] 名 全生涯しょうがい、生涯しょう、一生いっしょう。¶ ~을 사회 사업에 바치다 生涯を社会事業じぎょうに捧ささげる。

**전생**[前生] 名〖佛〗前生しょう、前世せ。¶ ~의 인연 前世の因縁えん。

**전서**[全書] 名 全書ぜん。¶ 백과 ~ 百科ひゃっか全書。

**전선**[前線] 名 前線せん。¶ 한랭 ~ 寒冷かんれい前線/ ~ 부대의 장병 前線部隊たいの將兵しょう。

**전**:**선**[電線] 名 電線でん。¶ ~이 끊어지다 電線が切れる。

**전**:**선**[戰線] 名 戰線せん。¶ 서부 ~ 西部せいぶ戰線/ ~을 확대하다 戰線を拡大かくだいする。

**전설**[前説] 名 前説せつ。¶ ~을 뒤집다 前説を覆くつがえす。

**전설**[傳説] 名 傳説でん。¶ ~적인 인물 傳説的てきな人物じん。

**전성**[全盛] 名 하形 全盛せん。¶ ~기 全盛期き。

**전**:**성**[展性] 名 展性せい。¶ 금은 ~이 풍부하다 金きんは展性が著いちじるしい。

**전**:**성**[轉成] 名 하他 자 轉成せん、轉てんじて他たのものに変かわること。¶ ~어 轉成語ご。

**전세**[前世] 名 ①前世せ、前代だい、昔むかし。②〖佛〗前世せ、前生しょう。

**전세**[專貰] 名 貸かし切きり。¶ ~ 버스 貸し切りバス。

**전세**[傳貰] 名 不動産ふどうさんの所有主しょゆうに一定いっていの金額きんを預あずけてその不動産を一定期間かん借かりること。

**전셋-집** 〖「전세(傳貰)」で借かりた家いえ〗。

**전**:**세**[戰勢] 名 戰勢せん、戰たたかいの形勢けい。¶ ~가 유리해지다 戰勢が有利ゆうりになる。

**전-세계**[全世界] 名 全世界せかい。

**전-세기**[前世紀] 名 前世紀せいき。

**전소**[全燒] 名 하他 자 全燒しょう。¶ 가옥이 ~되다 家屋おくが全燒する。

**전속**[專屬] 名 하他 자 專屬ぞく。¶ ~ 계약 專屬契約やく。

**전-속력**[全速力] 名 全速力ぜんりょく、フルスピード。¶ ~을 내다 全速力を出だす。/ ~으로 달리다 全速力で走はしる。

**전**:**송**[電送] 名 하他 電送せん。¶ 정보를 ~하다 情報じょうを電送する。

**전**:**송**[餞送] 名 하他 見送みおくること。¶ 친구를 역까지 ~하다 友ともを駅えきまで見送る。

**전**:**송**[轉送] 名 하他 자 轉送でん。¶ 편지를 이 사간 곳으로 ~해 주다 手紙がみを転居先てんきょさきへ転送してやる。

**전수**[專修] 名 하他 専修しゅう。¶ ~ 학교 専修学校こう。

**전수**[傳受] 名 하他 伝受でん。¶ 스승으로부터 비법을 ~하다 師匠しょうから秘法ほうを伝受する。

**전수**[傳授] 名 하他 자 伝授でん。¶ 기술을 후대에 ~하다 技術じゅつを後代だいに伝授する。

**전술**[前述] 名 하他 前述じゅつ。¶ ~한 바와 같이 前述のごとく。

**전**:**술**[戰術] 名 戰術じゅつ。¶ ~을 바꾸다 戰術を変かえる。

**전승**[全勝] 名 하자 全勝しょう。¶ ~ 우승 全勝優勝しょう。

**전승**[傳承] 名 하他 자 伝承しょう。¶ 민간 ~ 民間伝承。

**전**:**승**[戰勝] 名 하자 戰勝しょう、からいくさ。¶ ~국 戰勝國こく。

**전**:**시**[展示] 名 하他 展示てん。¶ ~ 효과 展示効果こう/ 작품을 ~하다 作品ひんを展示する。

**전**:**시**-**품**[-品] 名 展示品ひん。

**전**:**시**[戰時] 名 戰時じ。¶ ~ 입법 戰時立法ほう。

**전**:**시 체제**[-體制] 名 戰時体制せい。

**전신**[全身] 名 全身ぜん。¶ ~에 화상을 입다 全身に火傷けどを負おう。

**전신 마취**[-痲醉] 名 全身麻醉すい。

**전신**[前身] 名 前身しん。¶ 이 대학의 ~은 전문 학교였다 この大学がくの前身は専門学校せんもんがっこうだった。

**전실**[前室] 名 前妻さい、先妻さい。

**전실 자식**[-子息] 名 先妻が生うんだ子供ども。

**전심**[全心] 名 全心しん。¶ ~ 전력을 기울이다 全身全力ぜんを傾かたむける。

**전심**[專心] 名 하他 專心しん。¶ 학문에 ~하다 学問もんに專心する。

**전**:**압**[電壓] 名〖物〗電圧あつ。¶ ~계 電圧計けい。

**전액**[全額] 名 全額がく。¶ ~ 배상 全額賠償しょう/ ~을 지불하다 全額を支払はらう。

**전야**[前夜] 名 前夜ぜん。¶ 폭풍 ~의 고요 暴風ぼうの前夜の靜しずけさ。

**전야-제**[-祭] 名 前夜祭さい。

**전언**[前言] 名 前言ぜん。¶ ~을 번복하다 前言を翻ひるがえす。

**전언**[傳言] 名 하他 伝言でん。¶ ~을 부탁하다 伝言を頼たのむ。

**전업**[專業] 名 專業ぎょう。¶ ~ 농가 専業農家のう/ ~ 주부 専業主婦ふ。

**전**:**업**[轉業] 名 하자 轉業てん。¶ ~ 자금 轉業資金きん/ ~을 권하다 転業を勧すすめる。

**전역**[全域] 名 全域いき。¶ ~에 걸쳐서 全域にわたって/ 남부 지방 ~이 피해를 입었다 南部地方なんぶ全域が被害がいを受うけた。

**전**:**역**[轉役] 名 하他 轉役えき、軍隊ぐんたいで他たの兵役えきに轉かわること。¶ 예비역으로 ~하다 予備役えきに転役する。

**전연**[全然] 副 全然ぜん、全まったく、まるで、さっぱり。¶ 부정이라고는 ~ 모른다 不正せいということは全然知しらない。⇨ 전혀

**전:열**【電熱】⑬ 電熱でん。¶ ~기 電熱器き。
**전:렬**【戰列】⑬ 戰列れつ。¶ ~을 이탈하다 戰列を離脱だっする。
**전염**【傳染】⑬[하자][되자] 伝染でん。¶ 공기 ~ 空気くう伝染/ 콜레라가 ~되다 コレラが伝染する。
**전염-병**【-病】⑬ 伝染病びょう。
**전염-성**【-性】⑬ 伝染性せい。¶ ~이 강하다 伝染性が強つよい。
**전용**【專用】⑬[하자] 専用せん。¶ ~선 専用線せん。
**전용-기**【-機】⑬ 専用機き。¶ 대통령 ~ 大統領だいとうりょう専用機。
**전:용**【轉用】⑬[하자][되자] 転用てん。¶ 유휴 시설의 ~ 遊休施設ゆうきゅうしせつの転用。
**전:우**【戰友】⑬ 戰友ゆう。¶ 옛 ~를 만나다 昔むかしの戰友に会あう。
**전:운**【戰雲】⑬ 戰雲うん。¶ ~이 감돌다 戰雲が漂ただよう。
**전원**【田園】⑬ 田園でん。¶ ~ 생활 田園生活せいかつ/ ~에서 살다 田園で暮くらす。
**전원 문학**【-文學】⑬ 田園文学ぶん。
**전원**【全員】⑬ 全員いん。¶ ~ 찬성하다 全員賛成さんせいする。
**전:원**【電源】⑬ 電源げん。¶ ~을 개발하다 電源を開発かいはつする。
**전위**【前衛】⑬ 前衛ぜん。¶ 부대 前衛部隊ぶたい。
**전위-극**【-劇】⑬ 前衛劇げき。
**전위 예술**【-藝術】⑬ 前衛芸術じゅつ。
**전위-파**【-派】⑬ 前衛派は、アバンギャルド。
**전유**【專有】⑬[하자] 専有ゆう。¶ ~물 専有物ぶつ。
**전:율**【戰慄】⑬[하자] 戰慄りつ。¶ ~을 느끼다 戰慄を覚おぼえる。
**전:의**【戰意】⑬ 戰意せん。¶ ~를 잃다 戰意を失うしなう。
**전:이**【轉移】⑬[하자][되자] 転移てん。¶ 암이 ~되다 癌がんが転移する。
**전인**【全人】⑬ 全人じん。¶ ~ 교육 全人教育きょういく。
**전인**【前人】⑬ 前人ぜん、先人せん。¶ ~ 미답 前人未踏とう。
**전일**【全日】⑬ 全日じつ。¶ ~제 수업 全日制せい授業じゅぎょう。
**전일**【前日】⑬ 前日ぜん、先日せんじつ。¶ 입학식 ~ 入学式にゅうがくしきの前日。
**전임**【前任】⑬ 前任にん。¶ ~자 前任者しゃ。
**전임**【專任】⑬ 専任せん。
**전임 강:사**【-講師】⑬ 専任講師こうし。
**전:임**【轉任】⑬[하자][되자] 転任にん。¶ 신설 학교로 ~하다 新設しんせつ学校に転任する。
**전:입**【轉入】⑬[하자] 転入にゅう。¶ ~생 転入生せい/ 시내로 ~하다 市内しないに転入する。
**전:입 신고**【-申告】⑬ 転入届とどけ。
**전:자**【電子】⑬[물] 電子でん。¶ ~ 레인지 電子レンジ/ ~ 현미경 電子顕微鏡けんびきょう。
**전:자 공학**【-工學】⑬ 電子工学がく、エレクトロニクス。
**전:자-파**【-波】⑬[물] 電子波は。
**전:자**【電磁】⑬[물] 電磁でん。¶ ~기 電磁気き。
**전작**【田作】⑬[농] 畑作はたさく。
**전작**【前酌】⑬ 今いまの酒席しゅせきに参加さんかするすぐ前まえに飲のんだ酒さけ。¶ ~이 있어서 사양하겠습니다 もうすでに飲んできたので遠慮えんりょさせていただきます。

**전장**【全長】⑬ 全長ちょう。¶ ~ 2미터의 날개 全長2メートルの翼つばさ。
**전:장**【戰場】⑬ 戰場せん、戰地ち。¶ ~으로 나가다 戰場に赴おもむく。
**전:재**【轉載】⑬[하자][되자] 転載てん。¶ 무단 ~를 금함 無断むだん転載を禁きんずる。
**전:쟁**【戰爭】⑬[하자] 戰爭そう。¶ ~ 고아 戰爭孤児こじ/ ~을 일으키다 戰爭を起おこす。/ ~이 발발하다 戰爭が勃発ぼっぱつする。
**전:쟁-놀이** ⑬ 戰爭ごっこ。
**전:쟁 범:죄**【-犯罪】⑬[법] 戰爭犯罪はんざい。⑫ 전범(戰犯)
**전:쟁-터** ⑬ 戰場じょう、戰地ち。
**전적**【全的】冠⑬ 全的てき。¶ ~으로 지지하다 全的に支持しじする。
**전:적**【戰績】⑬ 戰績せき。¶ 훌륭한 ~을 남기다 見事みごとな戰績を残のこす。
**전:전**【戰前】⑬ 戰前ぜん。¶ ~파 戰前派は。
**전:전**【輾轉】⑬[하자] 輾轉てん、展転てん。¶ ~하며 잠 못 이루는 밤 輾轉して眠ねむれぬ夜よる。
**전:전-반측**【-反側】⑬[하자] 輾轉反側ほうそく。
**전:전**【轉轉】⑬[하자] 転々てん。¶ 각지를 ~하다 各地かくちを転々する。
**전전**【前前】冠 ①前々ぜん、前まえの前、先々せんせん。¶ ~날 前々日じつ/ ~주 先々週しゅう。②(名詞的に)ずっと前まえ。¶ ~의 이야기 ずっと前の話はなし。
**전:전-긍긍**【戰戰兢兢】⑬[하자] 戰々恐々せんせんきょうきょう。¶ ~하며 날을 보내다 戰々恐々として日ひを過すごす。
**전제**【前提】⑬[하자] 前提てい。¶ ~ 조건 前提条件けん/ 결혼을 ~로 한 교제 結婚けっこんを前提とした交際さい。
**전제**【專制】⑬[하자] 専制せい。¶ ~ 군주 専制君主くんしゅ。
**전제 정치**【-政治】⑬[정] 専制政治じ。
**전조**【前兆】⑬ 前兆ぜん、兆きざし。¶ 변화의 ~를 보이다 変化へんかの前兆を見みせる。
**전조-등**【前照燈】⑬ 前照灯ぜんしょうとう、ヘッドライト。¶ 자동차의 ~ 車くるまのヘッドライト。
**전:족**【纏足】⑬ 纏足そく。¶ ~의 풍습 纏足の風俗ふうぞく。
**전주**【前奏】⑬[음] 前奏そう。
**전주-곡**【-曲】⑬ 前奏曲きょく。①[음] プレリュード。②[비] 物事ものごとの始はじまり。¶ 세계 대전의 ~ 世界大戦たいせんの前奏曲。
**전주**【前週】⑬ 前週しゅう、先週せんしゅう。¶ ~의 토요일 前週の土曜日ようび。
**전:지**【電池】⑬ ①電池ち。¶ 건~ 乾電池かんでんち/ ~를 갈아 넣다 電池を入いれかえる。②懐中かいちゅう電灯でんとう。
**전:지**【戰地】⑬ 戰地ち、戰場じょう。¶ ~로 가다 戰地へ赴おもむく。
**전:지**【轉地】⑬[하자] 転地てん。¶ ~ 요양 転地療養りょう。
**전직**【前職】⑬ 前職しょく。¶ 그의 ~은 군인이

전직

다 彼の前職は軍人だ。

**전:직**〔轉職〕 图하图 転職てんしょく、転業てんぎょう。¶ 교사로 ～하다 教師きょうしに転職する。

**전진**〔前進〕 图하图 前進しんしん。¶ ～ 기지 前進基地ちぜ/ 1보 ～하다 一歩いっぽ前進する。

**전질**〔全帙〕 图 丸本まるぼん、完本かんぽん。

**전집**〔全集〕 图 全集ぜんしゅう。¶ 세계 문학 ～ 世界せかい文学ぶんがく全集。

**전:차**〔電車〕 图 電車でんしゃ。¶ ～ 표 電車の切符きっぷ/ ～를 타다 電車に乗のる。

**전:차**〔戰車〕 图 戦車せんしゃ。¶ ～대 戦車隊たい。

**전처**〔前妻〕 图 前妻ぜんさい、先妻せんさい。

　**전처 소:생**〔—所生〕 图 先妻せんさいから生うまれた子こ。

**전-천후**〔全天候〕 图 全天候てんこう。¶ ～ 농업 全天候農業のうぎょう。

**전철**〔前轍〕 图 前轍ぜんてつ。¶ ～을 밟다 前轍を踏ふむ。

**전:철**〔電鐵〕 图 電鉄でんてつ、電車でんしゃ。¶ ～로 출근하다 電車で出勤きんする。

**전체**〔全體〕 图 全体ぜんたい、全部ぜんぶ。¶ ～의 의견 全体の意見いけん。

　**전체-적**〔—的〕 冠图 全体的てき。¶ ～인 윤곽 全体的な輪郭りんかく。

　**전체-주의**〔—主義〕 图 全体主義しゅぎ。

**전초**〔前哨〕 图 ①〔軍〕警戒部隊けいかいぶたい。¶ ～ 기지 前哨基地。②〔比〕先鋒せんぽう。

　**전초-전**〔—戰〕 图 前哨戦ぜんしょうせん。¶ 선거의 ～ 選挙きょの前哨戦。

**전:출**〔轉出〕 图하图되图 転出てんしゅつ。¶ ～ 신고 転出届とどけ/ 공장으로 ～하다 工場こうじょうに転出する。

**전치**〔全治〕 图하图되图 全治ぜんち。¶ ～ 1개월의 상처 全治一いっか月げつのけが。

**전치-사**〔前置詞〕 图〔言〕前置詞ぜんちし。

**전토**〔全土〕 图 全土ぜんど、国土全体こくどぜんたい。¶ ～에 퍼지다 全土にひろがる。

**전통**〔傳統〕 图 伝統でんとう。¶ ～ 예능 伝統芸能げいのう/ ～을 이어받다 伝統を受うけ継つぐ。

　**전통-적**〔—的〕 冠图 伝統的てき。¶ ～적으로 축구가 세다 伝統的にサッカーが強つよい。

**전:투**〔戰鬪〕 图하图 戦闘とう。¶ ～력 戦闘力りょく/ ～를 벌이다 戦闘を繰くり広ひろげる。

**전:투 경:찰대**〔—警察隊〕 图〔軍〕戦闘けいさつ警察隊けいさつたい(対たいスパイ作戦さくせん・警備けいびのため編成せいされた警察組織けいさつそしき)。

**전:투-기**〔—機〕 图〔軍〕戦闘機せんとうき。

**전파**〔全破〕 图하图되图 全壊ぜんかい。¶ ～된 가옥 全壊した家屋かおく。

**전:파**〔電波〕 图 電波でんぱ。¶ ～ 방해 電波妨害ぼうがい。

　**전:파 탐지기**〔—探知機〕 图〔物〕電波探知機たんちき、レーダー。

**전파**〔傳播〕 图하자타图 伝播でんぱ。¶ 불교 문화의 ～ 仏教文化ぶっきょうぶんかの伝播。

**전패**〔全敗〕 图하图 全敗ぜんぱい。¶ 7전 ～하다 七戦しちせん全敗する。

**전편**〔全篇〕 图 全編ぜんぺん。¶ ～에 넘치는 스릴 全編にあふれるスリル。

**전편**〔前篇〕 图 前編ぜんぺん。¶ 이야기의 ～ 物語ものがたりの前編/ ～만 읽다 前編だけ読よむ。

**전폐**〔全廢〕 图하타되图 全廃ぜんぱい。¶ 구제도를 ～하다 旧制度きゅうせいどを全廃する。

**전폭**〔全幅〕 图 全幅ぜんぷく、全面ぜんめん。¶ ～적으로 신뢰하다 全幅の信頼しんらいをおく。

**전:하**〔殿下〕 图 殿下でんか。¶ 황태자 ～ 皇太子こうたいし殿下。

**전-하다**〔傳—〕 他图 伝つたえる。①(金品きんぴんを)手渡わたす、送おくり届とどける。②(消息そくそくを)取とりつぐ、言いい知しらせる。¶ 안부 말씀 잘 전해 주십시오 よろしくお伝えください。③譲ゆずる、伝授でんじゅする。¶ 비법을 자손에게 ～ 秘法ほうを子孫しそんに伝授する。④受うけ継つぐ、引ひきつぐ。¶ 옛부터 전해 오는 풍속 昔むかしから伝つたわる風俗ふうぞく。⑤(文物ぶんぶつを)他の地ちに移うつす、伝播でんぱさせる。

**전:학**〔轉學〕 图하자 転学てんがく、転校てんこう。¶ 시골 학교로 ～하다 田舎いなかの学校こうへ転校する。

**전:함**〔戰艦〕 图 戦艦かん。

**전:해**〔電解〕 图(「전기 분해(電氣分解)」의 縮約形) 電解でんかい。¶ ～질 電解質しつ。

**전:향**〔轉向〕 图하자 転向こう。¶ 프리랜서로 ～하다 フリーランサーに転向する。

　**전:향 문학**〔—文學〕 图〔文〕転向文学ぶんがく。

**전혀**〔全—〕 副 全然ぜんぜん、全まったく、まるっきり、皆目かいもく、さっぱり、ちっとも。¶ ～ 모르는 사람 全然知しらない人ひと/ 사건과는 ～ 관계가 없다 事件とは全く関係かんけいがない。

**전:형**〔典型〕 图 典型でんけい。

　**전:형-적**〔—的〕 冠图 典型的てき。¶ ～인 인물 典型的な人物じんぶつ。

**전:형**〔銓衡〕 图하타 銓衡こう、選考せんこう。¶ ～ 기준 選考基準きじゅん。

**전:화**〔電話〕 图하자타 電話でんわ。¶ 자동 응답 留守番るすばん電話/ ～ 교환 電話交換こうかん/ ～를 놓다 電話を引ひく/ ～를 걸다 電話をかける。/ ～ 받으세요 電話に出でてください。

**전:화-국**〔—局〕 图 電話局きょく。

**전:화-기**〔—機〕 图 電話機き。

**전:화 번호**〔—番號〕 图 電話番号ばんごう。

**전:화 번호부**〔—番號簿〕 图 電話帳ちょう。

**전:화**〔戰火〕 图 戦火せんか。¶ ～가 확대되다 戦火が広ひろがる。

**전:화**〔戰禍〕 图 戦禍せんか。¶ ～를 입다 戦禍をこうむる。

**전:환**〔轉換〕 图하자타되图 転換かん。¶ 기분을 ～시키다 気分ぶんを転換させる。

**전:환-기**〔—期〕 图 転換期き。¶ 인생의 ～ 人生じんせいの転換期。

**전:환 사채**〔—社債〕 图〔經〕転換社債しゃさい。

**전회**〔前回〕 图 前回ぜんかい。¶ ～의 패배를 설욕하다 前回の敗北はいぼくをそそぐ。

**전:회**〔轉回〕 图하자타 転回かい。¶ 방침을 180도 ～하다 方針ほうしんを180度ど転回する。

**전횡**〔專橫〕 图 専横せんおう。¶ 독재자의 ～ 独裁者どくさいしゃの専横。

**전후**〔前後〕 图 前後ぜんご。①(空間上くうかんじょうの)まえ

とうしろ。¶ ～ 좌우 前後左右。②(時間上の)あとさき。¶ 식사 ～ 食事の前後。③すじみち、道理。¶ 이야기의 ～가 바뀌다 話のすじが変わる。④(おおよそ基準になる数値の)内外、あたり、くらい。¶ 40～의 사나이 40前後の男。⑤[하자] 間を置かず続くこと、相次いでのこと。¶ ～해서 나타나다 相前後して現われる。⑥[하타] ある事ごとや時ときを中心にした一連の状況、あとさき。¶ 9시를 ～해서 만나자 9時前後に会おう。

전:후[戰後] [名] 戦後。¶ ～ 세대의 청소년 戦後世代の青少年。
전:훈[戰勳] [名] 戦勲、戦功。¶ ～을 세우다 戦功を立てる。
전휴[全休] [名][하자타] 全休。
절¹ [名] 寺、寺院。¶ ～에 가다 寺にお参りする。
〈속담〉절에 가서 젓국 달라 한다 寺に行って塩辛の汁をくれという。《あるはずのない所へ行って物をさがす》
절² [名][하타] お辞儀、敬礼、えしゃく。¶ 공손하게 ～을 하다 丁寧にお辞儀をする。
절[節] I [名] 節。① 文章の第2～ 文章の第二節。II [接尾] …節。①節日たち、節句、…祭。¶ 성탄～ 聖誕祭、クリスマス/ 단오～ 端午の節句。②…の節気。¶ 동지～ 冬至の節気。
절감[切感] [名][하타] 切実に感じること、痛感すること。¶ 필요성을 ～하다 必要性を痛感する。
절감[節減] [名][하타][되자] 節減。¶ 비용을 ～하다 費用を節減する。
절개[切開] [名][하타] 切開。¶ 제왕～ 帝王切開/ 환부를 ～하다 患部を切開する。
절개[節槪] [名] 志操、節義、節操。¶ ～를 지키다 節義を守る。
절거덩 [副][하자타] (金属類などがぶつかるときの鈍重な音)がちん、がちゃん。¶ ～하고 철문이 닫히다 がちんと鉄門でしまる。
절경[絶景] [名] 絶景。¶ 천하 ～을 바라보다 天下の絶景を眺めわる。
절교[絶交] [名][하타] 絶交、断交。¶ ～를 선언하다 絶交を宣言する。
절구 [名] 臼、つき臼。¶ ～로 쌀을 찧다 臼で米をつく。
　절구-질 [名][하자타] 臼で搗くこと。
　절구-통 (杵に対して)臼。
　〈관용〉절구통 같다 (太った女性をからかって)臼のようだ。
　절굿-공이 杵。
절구[絶句] [名][文] 絶句。¶ 칠언 ～ 七言絶句。
절규[絶叫] [名][하자타] 絶叫。¶ 구원을 청하여 ～하다 救いを求めて絶叫する。
절그렁 [副][하자타] (やや大きい金属が落ちるようす・その音)かちゃん、がちゃん。
　절그렁-거리다 [自][타] がちゃんがちゃんと音を立てる。

절:다¹ [自] (塩に)漬かる。¶ 배추가 잘 절었다 白菜がよく漬かった。
절:다² [自][타] 足をひきずる、びっこを引く。¶ 다리를 절며 걸어가다 足をひきずって歩いて行く。
절단[切斷] [名][하타][되자] 切断。¶ ～기 切断機/ 전선을 ～하다 電線を切断する。
　절단-면 [一面] 切断面、断面。
절대[絶對] [名] ①絶対。¶ 군주제 絶対君主制/ ～의 명령에 복종하다 命令に絶対服従する。②(副詞的に)絶対に。¶ ～ 그렇지 않다 絶対にそうでない。
　절대 다수 [-多數] [名] 絶対多数。
　절대-로 [副] 絶対に。①必ずや。¶ 숙제는 ～ 해야 한다 宿題は必ずしなければならない。②決して、断じて。¶ ～ 해서는 안된다 絶対にしてはいけない。
　절대-값 [名][數] 絶対値。
　절대 안정 [-安靜] [名] 絶対安静。¶ ～을 요하다 絶対安静を要する。
　절대 온도 [-溫度] [名][物] 絶対温度。
　절대-자 [-者] [名][哲] 絶対者。
　절대-적 [-的] [冠] 絶対的。¶ ～ 가치 絶対的価値。
　절대 평가 [-評價] [名] 絶対評価。
절도[節度] [名] 節度。¶ ～ 있는 행동 節度ある振る舞い/ ～를 지키다 節度を守る。
절도[竊盜] [名] 窃盗。¶ ～범 窃盗犯/ ～를 하다 窃盗を働く。
　절도-죄 [-罪] [名] 窃盗罪。
절뚝-거리다 [自] 足をひきずって歩く、びっこを引く。
절뚝발-이 [名] びっこ、ちんば。
절로 [副] ①("저절로"の縮約形)おのずと、おのずから、ひとりでに。¶ ～ 머리가 숙여지다 おのずと頭が下がる。②("저리로"の縮約形)あちらへ、あっちへ。¶ ～ 가거라 あっちへ行け。
절룩-거리다 [自][타] 足をひきずって歩く、びっこを引く。
　절룩-절룩 [副][하자타] (足をひきずって歩くようす) ひょこひょこ。
절름발-이 [名] 足の不自由な人。
절망[絶望] [名][하자] 絶望。¶ 앞날에 ～하다 前途に絶望する。
　절망-감 [-感] [名] 絶望感。
　절망-적 [-的] [冠] 絶望的。¶ ～인 상황 絶望的な状況。
절멸[絶滅] [名][하자타][되자] 絶滅。¶ ～된 품종 絶滅した品種。
절묘[絶妙] [名][하형] 絶妙。¶ ～한 트릭 妙のトリック/ ～한 재주 すばらしい才能。
절박[切迫] [名][하형] 切迫。¶ 사태가 ～하다 事態が切迫する。
　절박-감 [-感] [名] 切迫感。
절반[折半] [名] 折半、半分。¶ ～으로 가르다 折半にわける。/ 이익이 ～으로 줄었다

**절벽**

利益ᵉᵏⁱが半分に減ᵃった。②(柔道ᵈᵒ°で)技ᵂᵃあり。

**절벽**〔絶壁〕③①絶壁ᵉᵏⁱ、崖ᵏᵃᵏᵉ。¶ ~을 기어오르다 絶壁をよじ登ᵒᵇᵒる。②よく聞ᵏⁱこえないこと、聞ᵏⁱき分けのないこと、またそのような人ᵖⁱᵗᵒ。¶ 귀가 ~이다 耳ᵐⁱᵐⁱが遠ᵗᵒᵒい。

**절삭**〔切削〕③⬚⬚ 切削ᵉᵏˢᵃᵏᵘ。¶ ~ 공구 切削工具ᵏᵒᵘᵍᵘ。

**절색**〔絶色〕③ 絶色ᵉᶻˢˢʰᵒᵏᵘ、絶世ᵉᶻˢᵉⁱの美人ᵇⁱʲⁱⁿ。

**절세**〔絶世〕③①絶世ᵉᶻˢᵉⁱ。②⬚⬚ 世ᵞᵒと交ᵏᵃᵗᵃᵂᵃりを絶ᵗᵃつこと。

**절세 미인**〔-美人〕③ 絶世の美人ᵇⁱʲⁱⁿ。

**절수**〔節水〕③⬚⬚ 節水ᵉᶳˢᵘⁱ。

**절식**〔絶食〕③⬚⬚ 絶食ᵉᶳˢʰᵒᵏᵘ。¶ ~ 요법 絶食療法ʳᵞᵒᵒʰᵒᵘ。

**절실**〔切實〕③⬚ 切実ᵉᵗˢᵘʲⁱᵗˢᵘ。¶ ~한 문제 切実な問題ᵐᵒⁿᵈᵃⁱ。 **절실-히** ⬚ 切実に。¶ 필요성을 ~ 느끼다 必要性ʰⁱᵗˢᵘᵞᵒᵒˢᵉⁱを切実に感ᵏᵃⁿじる。

**절약**〔節約〕③⬚⬚⬚ 節約ˢᵉᵗˢᵘᵞᵃᵏᵘ。¶ 비용을 ~하다 費用ʰⁱᵞᵒᵒを節約する。

**절연**〔絶緣〕③⬚⬚⬚ 絶縁ᶻᵉᵗˢᵘᵉⁿ。¶ 친척과 ~하다 親族ˢʰⁱⁿᶻᵒᵏᵘと絶縁する。

**절연-장**〔-狀〕③ 絶縁状ʲᵒᵒ。

**절연-체**〔-體〕③⬚ 絶縁体ᵗᵃⁱ。

**절연**〔節煙〕③⬚⬚ 節煙ˢᵉᵗˢᵘᵉⁿ。¶ 건강을 위해 ~하다 健康ᵏᵉⁿᵏᵒᵒのために節煙する。

**-절이**⬚⬚ 《漬ᵗˢᵘけ物ᵐᵒⁿᵒの意ⁱを表ᵃʳᵃわす》…漬ᶻᵘけ。¶ 소금 ~ 塩漬ˢʰⁱᵒᶻᵘけ。

**절이다** ⬚ 漬ᵗˢᵘける、塩漬ˢʰⁱᵒᶻᵘけにする。¶ 생선을 소금에 ~ 魚ˢᵃᵏᵃⁿᵃを塩に漬ける。

**절전**〔節電〕③⬚⬚ 節電ˢᵉᵗˢᵘᵈᵉⁿ。

**절절** ⬚ ①《湯ᵞᵘなどが煮ⁿᵉえたぎるようす》ぐらぐら。¶ 물이 ~ 끓고 있다 お湯ᵞᵘがぐらぐらたぎっている。②《高温ᵏᵒᵒᵒⁿ・高熱ᵏᵒᵒⁿᵉᵗˢᵘで非常ʰⁱʲᵒᵒに熱ᵃᵗˢᵘいようす》かっかと。¶ 온돌이 ~ 끓는다 オンドルがかっかと熱い。

**절절-이**〔節節-〕⬚ 一言ʰⁱᵗᵒᵏᵒᵗᵒ一言に、句くごとに。¶ ~ 간절한 소원이 담겨 있다 一言一言に切ᵏⁱなる願ⁿᵉᵍᵃいがこもっている。

**절절-하다**〔切切-〕⬚⬚ 切々ᵏᵗᵗᵒⁿⁿとしている。¶ 절절한 생각 切々たる思ᵒᵐᵒい。 **절절-히** ⬚ 切々と、切に。¶ ~ 호소하다 切々と訴ᵘᵗᵗᵃえる。

**절정**〔絶頂〕③ 絶頂ᶻᵉᶜʰᵒᵒ、頂点ᶜʰᵒᵒᵗᵉⁿ。¶ 인기 ~ 人気ⁿⁱⁿᵏⁱ絶頂/ 행복의 ~ 幸福ᵏᵒᵒᶠᵘᵏᵘの絶頂。

**절제**〔切除〕③⬚⬚⬚ 切除ˢᵉᵗˢᵘʲᵒ。¶ 수술 ~ 切除手術ˢʰᵘʲᵘᵗˢᵘ。

**절제**〔節制〕③⬚⬚⬚ 節制ˢᵉˢˢᵉⁱ。¶ 술을 ~하다 酒ˢᵃᵏᵉを節制する。

**절주**〔節酒〕③⬚⬚ 節酒ˢᵉˢˢʰᵘ。¶ ~ 운동 節酒運動ᵘⁿᵈᵒᵒ。

**절지 동물**〔節肢動物〕③⬚ 節足動物ˢᵉˢˢᵒᵏᵘᵈᵒᵒᵇᵘᵗˢᵘ。

**절차**〔節次〕③ 手順ʲᵘⁿⁿ、手続ᵗᵉᵗˢᵘᶻᵘᵏⁱき。¶ ~를 밟다 手続きを踏ᶠᵘむ。

**절찬**〔絶讚〕③⬚⬚ 絶賛ᶻᵉᵗˢᵘˢᵃⁿ。¶ ~할 만하다 絶賛に値ᵃᵗᵃⁱする。

**절충**〔折衷〕③⬚⬚⬚ 折衷ˢᵉᵗˢᶜʰᵘᵘ。¶ ~안 折衷案ᵃⁿ/ 양자를 ~하다 両者ʳᵞᵒᵒˢʰᵃを折衷する。

**절취**〔截取・切取〕③⬚⬚ 切り取ᵗᵒりo¶ 신문 기사를 ~하다 新聞ˢʰⁱⁿᵇᵘⁿの記事ᵏⁱʲⁱを切り取る。

**절취-선**〔-線〕③ 切り取り線ˢᵉⁿ。

**절취**〔竊取〕③⬚⬚ 窃取ˢᵉˢˢʰᵘ。¶ 어음을 ~하다 手形ᵗᵉᵍᵃᵗᵃを窃取する。

**절치**〔切齒〕③⬚⬚ 切歯ˢᵉˢˢʰⁱ、歯ぎしりすること。

**절치 부심**〔-腐心〕③⬚⬚ 切歯腐心ˢᵉˢˢʰⁱᶠᵘˢʰⁱⁿ。

**절친**〔切親〕③⬚ 大変ᵗᵃⁱʰᵉⁿ親ˢʰⁱᵗᵃしいこと。¶ ~한 사이 大変親しい間柄ᵃⁱᵈᵃᵍᵃʳᵃ。

**절필**〔絶筆〕③ 絶筆ᶻᵉᵗˢᵘʰⁱᵗˢᵘ。

**절하**〔切下〕③⬚⬚⬚〔經〕切り下げ。¶ 달러의 평가 ~ ドルの平価ʰᵞᵒᵒᵏᵃ切り下げ。

**절해**〔絶海〕③ 絶海ᶻᵉᵏᵏᵃⁱ。¶ ~ 고도 絶海の孤島ᵏᵒᵗᵒᵒ。

**절호**〔絶好〕③⬚⬚ 絶好ᶻᵉᵏᵏᵒᵒ。¶ ~의 기회 絶好のチャンス。

**젊:다** ⬚ 若ᵂᵃᵏᵃい。①(年ᵗᵒˢʰⁱとが)若い。¶ 젊어 보이는 사람 若く見ᵐⁱえる人。②血気盛ᵏᵉᵏᵏⁱˢᵃᵏᵃⁿだ。¶ 나이는 먹었어도 마음만은 ~ 年ᵗᵒˢʰⁱはとっても心ᵏᵒᵏᵒʳᵒだけはまだ若い。

**젊디-젊:다** ⬚ 非常ʰⁱʲᵒᵒに若い。

**젊은-이** ③ 若者ʷᵃᵏᵃᵐᵒⁿᵒ、若人ʷᵃᵏᵒᵒᵈᵒ、若手ʷᵃᵏᵃᵗᵉ。¶ 요즘 ~들은 예의를 모른다 近ᶜʰⁱᵏᵃごろの若者は礼儀ʳᵉⁱᵍⁱを知ˢʰⁱらない。

**젊음** ③ 若ʷᵃᵏᵃさ。¶ ~이 넘치는 청춘 若さがあふれる青春ˢᵉⁱˢʰᵘⁿ。

**점**〔占〕⬚⬚ 占ᵘʳᵃⁿᵃい、卜筮ᵇᵒᵏᵘˢᵉⁿ、易ᵉᵏⁱ。

⬚⬚ **점(을) 보다** 占ってもらう。 **점(을) 치다** (吉凶ᵏⁱᵗˢᵏᵞᵒᵒを)占ᵘʳᵃⁿᵃう、卜ᵇᵒᵏᵘする。

**점**〔點〕 I ③ 点ᵗᵉⁿ。①小ᶜʰⁱⁱˢᵃな印ˢʰⁱʳᵘˢʰⁱ、句読点ᵏᵘᵗᵒᵒᵗᵉⁿ、小数点ˢʰᵒᵒˢᵘᵘᵗᵉⁿ。¶ ~을 찍다 点を打ᵘつ。②二ᶠᵘᵗᵃつの線ˢᵉⁿの交ᵏᵒᵘᵂᵃる所ᵗᵒᵏᵒʳᵒ。¶ 두 ~을 지나는 직선 2点ᵗᵉⁿを通ᵗᵒᵒる直線ᶜʰᵒᵏᵏᵘˢᵉⁿ。③(皮膚ʰⁱᶠᵘの)斑点ʰᵃⁿᵗᵉⁿ、ほくろ、あざ。④特ᵗᵒᵏᵘに指摘ˢʰⁱᵗᵉᵏⁱする部分ᵇᵘᵇᵘⁿ、要素ᵞᵒᵒˢᵒ。¶ 배울 ~이 많다 学ᵐᵃⁿᵃぶべき点が多い。⑤目印ᵐᵉʲⁱʳᵘˢʰⁱ。¶ ~을 찍어 두다 めじるしをしておく。⑥(計器ᵏᵉⁱᵏⁱ・目盛ᵐᵉᵐᵒʳⁱなどの)度ᵈᵒ。¶ 빙 ~ 氷点ʰᵞᵒᵒᵗᵉⁿ。⑦(空間ᵏᵘᵘᵏᵃⁿの)ある地点ᶜʰⁱᵗᵉⁿ。¶ 출발 ~ 出発点ˢʰᵘᵖᵖᵃᵗˢᵘᵗᵉⁿ。 II ⬚ 《成績ˢᵉⁱᵏⁱを表ᵃʳᵃわす語ᵍᵒ》…点ᵗᵉⁿ。¶ ~ 차로 이겼다 5点ᵗᵉⁿ差ˢᵃで勝ᵏᵃった。②《時ᵗᵒᵏⁱを表わす語》時ʲⁱ、刻ᵏᵒᵏᵘ。¶ 벽시계가 세 ~을 쳤다 掛ᵏᵃけ時計ᵈᵒᵏᵉⁱが3時ʲⁱを打った。③《品物ˢʰⁱⁿᵃᵐᵒⁿᵒの数ᵏᵃᶻᵘを表す語》点ᵗᵉⁿ。¶ 그림 두 ~ 絵ᵉ2点ᵗᵉⁿ。④(肉ⁿⁱᵏᵘなどの)切ᵏⁱれ。¶ 고기 한 ~ 肉ⁿⁱᵏᵘの一切ᵏⁱれ。

**-점**〔店〕⬚⬚ …店ᵗᵉⁿ。¶ 백화 ~ 百貨店ʰᵞᵃᵏᵏᵃᵗᵉⁿ。

**점거**〔占據〕③⬚⬚⬚ 占拠ˢᵉⁿᵏᵞᵒ。¶ 건물을 불법으로 ~하다 建物ᵗᵃᵗᵉᵐᵒⁿᵒを不法ᶠᵘʰᵒᵒに占拠する。

**점검**〔點檢〕③⬚⬚ 点検ᵗᵉⁿᵏᵉⁿ。¶ 소지품을 ~하다 持ᵐᵒち物ᵐᵒⁿᵒを点検する。

**점괘**〔占卦〕③ 占ᵘʳᵃⁿᵃいの卦ᵏᵉ。¶ 좋은 ~가 나오다 よい卦が出ᵈᵉる。

**점:두**〔店頭〕③ 店頭ᵗᵉⁿᵗᵒᵒ、店先ᵐⁱˢᵉˢᵃᵏⁱ。¶ ~ 매매 店頭売買ᵇᵃⁱᵇᵃⁱ/ 물건을 ~에 벌여놓다 品物ˢʰⁱⁿᵃᵐᵒⁿᵒを店先に並ⁿᵃらべる。

**점령**〔占領〕③⬚⬚⬚ 占領ˢᵉⁿʳᵞᵒᵒ。¶ ~군 占領軍ᵍᵘⁿ/ 적에게 ~되다 敵ᵗᵉᵏⁱに占領される。

**점막**〔粘膜〕③〔生〕粘膜ⁿᵉⁿᵐᵃᵏᵘ。¶ 코의 ~ 鼻腔ᵇⁱᵏᵒᵒの粘膜。

**점멸**〔點滅〕③⬚⬚⬚ 点滅ᵗᵉⁿᵐᵉᵗˢᵘ。¶ 네온 사인이

~하다 ネオンが点滅する。
**점묘**[點描] 图 他 点描びょう。¶ ~화를 그리다 点描画がを描えがく。
**점박이**[點-] 图 ①(顔かお・体からだに)斑点はんてんのある人ひと・獣けもの。②後うしろ指ゆびをさされる人。
**점벙** 副 《大おおきな物ものが勢いきおいよく水中すいちゅうに落おちて沈しずむようす・その音おと》どぶん、どぼん、じゃぶん。
**점선**[點線] 图 点線てんせん。¶ ~을 긋다 点線を引ひく。/ ~으로 그리다 点線で描えがく。
**점성**[粘性] 图 物 粘性ねんせい。
**점성술**[占星術] 图 占星術せんせいじゅつ。
**점수**[點數] 图 点数てんすう、点てん。¶ ~가 짜다 点が辛からい。/ 좋은 ~를 얻다 よい点数をとる。
**점심**[點心] 图 昼飯ひるめし、昼食ちゅうしょく。¶ ~ 시간 昼休ひるやすみ/ ~을 먹다 昼飯を食たべる。
**점심-나절** 昼食を食べるまでの半日にち。
**점심-때** 昼食時ちゅうしょくじ、昼時ひるどき、昼ひるごろ。¶ ~만나다 昼食時にあう。
**점액**[粘液] 图 生 粘液ねんえき。¶ ~질 粘液質しつ。
**점용**[占用] 图 他 占用せんよう。¶ 도로의 ~ 道路どうろの占用。
**점원**[店員] 图 店員てんいん。
**점유**[占有] 图 他 自 占有せんゆう。¶ ~물 占有物ぶつ/ 국유지를 ~하다 国有地こくゆうちを占有する。
**점유-권**[-權] 图 占有権せんゆうけん。
**점자**[點字] 图 点字てんじ。¶ ~ 신문 点字新聞しんぶん/ ~로 쓰다 点字で書かく。
**점:잔** 图 (言行げんこうが)重々おもおもしく上品じょうひんなこと、おとなしやかなこと、大様おおようなこと、おおらかなこと。
〈관용〉 **점잔(을) 부리다** 上品な態度たいどをとる、大様にとりつくろう。**점잔(을) 빼다** ことさらに上品ぶる、わざと取とり澄すます。**점잔(을) 피우다** いやにもったいぶる、上品を気取きどる。
**점:잖다** 形 ①行儀ぎょうぎがよい、大様おおようである、大人おとなびている、物静ものしずかだ。¶ 점잖은 남자 物静かな男おとこだ。②品格ひんかくがある、上品じょうひんだ、物柔ものやわらかだ。¶ 양복 무늬가 ~ 背広せびろの柄がらが地味じみだ。**점잖-이** 副 大様に、上品に、おとなしく、物柔らかに。¶ ~ 타이르다 物柔らかに言いい聞きかせる。
〈속담〉 **점잖은 개 부뚜막에 오른다** おとなしい犬がかまどに上あがる。《おとなしく見みえる人ひとがとっぴなことをする》
**점-쟁이**[占-] 图 占うらない師し、易者えきしゃ。
**점적**[點滴] 图 他 点滴てんてき。
**점:점**[漸漸] 副 だんだん、徐々じょに、次第しだいに、いよいよ、ますます。¶ ~어려워지다 だんだん難むずかしくなる。/ ~ 많아지다 徐々に多おおくなる。
**점점-이**[點點-] 图 点々てんてんと。¶ 발자국이 ~ 찍혀 있다 足跡あしあとが点々と付ついている。
**점:주**[店主] 图 店主てんしゅ、店みせの主人しゅじん。
**점:증**[漸增] 图 自他 漸増ぜんぞう。¶ 인구가 ~하다 人口じんこうが漸増する。
**점지** 图 他 神仏しんぶつが子供こどもを授さずけること、申もうし子こを与あたえること。

**점:차**[漸次] 副 漸次ぜんじ、だんだん、次第しだいに、徐々じょに。¶ ~ 회복되다 次第に回復かいふくする。/ 분위기가 ~ 무르익어 갔다 雰囲気ふんいきがだんだん熟じゅしていった。
**점:차-로** 副 (「점차」の強調語) だんだん、次第しだいに。¶ 성적이 ~ 향상되다 成績せいせきがだんだん向上こうじょうする。
**점착**[粘着] 图 他 粘着ねんちゃく。¶ ~ 테이프 粘着テープ。
**점착-력**[-力] 图 粘着力りょく。
**점-치다**[占-] 图 占うらう、卜ぼくする。¶ 운수를 ~ 運勢うんせいをうらなう。/ 길일을 ~ 吉日きちじつを卜する。
**점토**[粘土] 图 粘土ねんど。¶ ~질 粘土質しつ。
**점퍼**[jumper] 图 ジャンパー。¶ ~ 스커트 ジャンパースカート。
**점:포**[店鋪] 图 店舗てんぽ、店みせ。¶ ~를 차리다 店舗を構かまえる。
**점프**[jump] 图 自 ジャンプ。
**점-하다**[占-] 他 占しめる。¶ 다수를 ~ 多数たすうを占める。
**점호**[點呼] 图 他 点呼てんこ。¶ ~를 하다 点呼をとる。
**점화**[點火] 图 他 点火てんか。¶ ~ 장치 点火装置そうち/ 양초에 ~하다 ろうそくに点火する。
**접**[接] (果物くだもの・白菜はくさい・大根だいこんなどの)百個ひゃっこを指さす語ご。¶ 사과 한 ~ リンゴ100個こ。
**접객**[接客] 图 接客せっきゃく。
**접객-업**[-業] 图 接客業ぎょう。
**접견**[接見] 图 自他 接見せっけん。¶ 외국 대사를 ~하다 外国大使がいしを接見する。
**접경**[接境] 图 自 両りょう地域ちいきが接せっすること、またその境界きょうかい。
**접골**[接骨] 图 他 接骨せっこつ、骨ほねつぎ。¶ ~원 接骨院いん。
**접근**[接近] 图 自 他 接近せっきん、近寄ちかよること。¶ ~ 금지 接近禁止きんし/ 감시선이 ~해 監視船かんしせんが接近して来きた。
**접다** 他 ①折おる、畳たたむ、折おり畳む。¶ 우산을 ~ 傘かさを畳む。/ 신문지를 ~ 新聞紙しんぶんしを折り畳む。②(自分じぶんの考かんがえ・主張しゅちょうを)控ひかえめにする、ひっこめる。¶ 이 문제는 일단 접어 두기로 하자 この問題もんだいはいったんひっこめることにしよう。③「접어주다」の縮約形。
**접대**[接待] 图 他 接待せったい。¶ 거래처의 사장을 ~하다 取引先とりひきさきの社長しゃちょうを接待する。
**접대-부**[-婦] 图 接待婦ふ、女給じょきゅう、ホステス。¶ ~를 두다 接待婦をおく。
**접두사**[接頭辭] 图 文法 接頭辞せっとうじ、接頭語ご。
**접목**[接木] 图 自他 接つぎ木き。¶ 고목에 ~하다 老木ろうぼくに切きり継つぎする。
**접미사**[接尾辭] 图 文法 接尾辞せつびじ、接尾語ご。
**접-붙이기**[接-] 图 接つぎ木き。⑰ 접목
**접-붙이다**[接-] 他 接つぎ木きをする。
**접선**[接線] 图 他 接触せっしょくすること、連絡れんらくをとること。¶ 간첩과 ~하다 スパイと接する。
**접속**[接續] 图 自他 接続せつぞく。¶ 코드를 ~

접수[接受] 〖名〗〖他〗〖回自〗 接受じゅ。受付うけ、受け取ること。¶ ~ 창구 受付窓口まどぐち/ 입학원서를 ~ 하다 入学願書がんしょを受け取る。
접시 〖名〗 皿さら。¶ ~ 닦이 皿洗あらい/ 음식을 ~에 담다 食たべ物ものを皿に盛もる。
접시-꽃 〖植〗 タチアオイ。
접안-렌즈[接眼 lens] 〖名〗〖物〗 接眼せつがんレンズ。
접어-들다 〖他〗 ①(ある時期じきや年としに) 近ちかづく、入はいる、差さしかかる。¶ 가을에 ~ 秋あきに差しかかる。②(ある場所ばしょに) 入る、差しかかる。¶ 오솔길로 ~ 小道こみちに入る。
접어-주다 〖他〗 ①大目おおめに見てやる、寛大かんだいに対する。②(碁ご・将棋しょうぎで) 有利ゆうりな条件じょうけんを与あたえること。¶ 두 점 접어주는 바둑 二目にもくの置おき碁ご。
접영[蝶泳] 〖名〗 (水泳すいえいの) バタフライ。
접-의자[-椅子] 〖名〗 折おり畳たみ椅子。
접전[接戦] 〖名〗〖回自〗 接戦せん。¶ 끝에 겨우 이기다 接戦の末すえにやっと勝かつ。
접종[接種] 〖名〗〖他〗〖医〗 接種しゅ。¶ 예방 ~ 予防ぼう接種。
접지[接地] 〖名〗〖物〗 接地せつ、アース。
접지-선[-線] 〖名〗 接地線せん。
접지[摺紙] 〖名〗〖他〗〖回自〗 ①紙かみを折おること、またその紙。②〖版〗 製本ほんするために紙をページ順じゅんに折ること。
접지-기[-機] 〖名〗 紙を折る機械きかい。
접-질리다 〖自〗 挫くじく。¶ 손목이 ~ 手首てくびをくじく。
접착[接着] 〖名〗〖他〗〖回自〗 接着せつ。
접착-제[-劑] 〖名〗 接着剤ざい。¶ ~로 붙이다 接着剤でくっつける。
접촉[接觸] 〖名〗〖他〗〖回自〗 接触せつ。¶ 자동차 ~ 사고 自動車どうしゃの接触事故じこ/ 외부와의 ~을 끊다 外部ぶとの接触を断たつ。
접촉 반-응[-反應] 〖名〗〖化〗 接触反応はんのう。
접-하다[接-] 〖回自〗 接せっする。¶ 隣となり合あう。¶ 바다와 접해 있다 海うみに接している。②人ひととつきあう、応対おうたいする。¶ 매일 외국인과 ~ 毎日まいにち外国人がいこくじんに接する。③ぶつかる、出会う、当あたる。¶ 뜻밖의 일에 ~ 思おもいがけない事ことに出会う。④受うけ取とる。¶ 소식을 ~ 消息しょうそくに接する。⑤触ふれる。¶ 바깥 공기에 ~ 外気がいに触れる。
접합[接合] 〖名〗〖他〗〖回自〗 接合ごう。¶ ~부 接合部ぶ/ 양면이 ~ 하다 両面りょうめんが接合する。
접히다 〖自〗「접다」受動。①折おり畳たまれる、折おられる。¶ 세 겹으로 ~ 三重みえに折り畳まる。②大目おおめに見てもらう。③(碁ご・将棋しょうぎなどで) 置おき碁ごをする。
젓 〖名〗 塩辛しおから。¶ 새우~ エビの塩辛。
젓-가락[箸-] 〖名〗 箸はし。¶ ~질 箸の上あげ下おろし/ ~을 놓다 箸を置おく。
젓-갈 〖名〗 塩辛しおから。
젓:다 〖他人〗 ①かき混まぜる、かき回まわす。¶ 커피에 설탕을 넣어 ~ コーヒーに砂糖さとうを入れてかき混ぜる。②(舟ふねなどを) 漕こぐ。¶ 노를 ~ 櫓ろを漕ぐ。③振ふる。¶ 고개를 가로 ~ 首くびを横よこに振る。
정:[1] 〖名〗 石切いしきりのみ、石いしのみ。
정:[2] 〖副〗 本当ほんとうに、まことに、あえて、しいて。¶ ~ 자신이 없으면 기권해라 本当に自身じしんがなかったら棄権きけんしなさい。
정[情] 〖名〗 情じょう。①感情かんじょう、気持きもち。¶ 그리운 ~ なつかしい思おもい。②思おもいやり、情なさけ、情愛じょうあい。¶ ~에 약한 다 情にもろい。③愛情あいじょう、親したしみ。¶ 부부ふうふの ~ 夫婦の情/ ~이 두터워지다 親しみが増ます。
〖속담〗 정들자 이별 親したしくなったと思おもったら別われ、《会あって間まもなく別れること》
〖관용〗 정(을) 쏟다 情を込こめて愛あいする、愛情を注そそぐ。 정(이) 들다 なじむ、親しくなる。 정(이) 떨어지다 愛想あいそが尽つきる、嫌いやになる。
정:-[正] 〖接頭〗 正せい・じょう。①正ただしいとの意。¶ ~ 위치 正位置いち。②副ふく・準じゅんに対たいする主しゅの意。¶ ~회원 正会員かいいん。
-정[亭] 〖接尾〗 …亭てい、あずまや。¶ 팔각 ~ 八角亭かくてい。
-정[整] 〖接尾〗《金額きんがくの下したに付つける語》也なり。¶ 일금 2만 원 一金きん2万ウォン也。
-정[錠] 〖接尾〗 錠じょう・錠剤ざいの意。¶ 당의 ~ 糖衣錠とうい。
정:-가[定價] 〖名〗〖他〗 定価てい。¶ ~대로 팔다 定価どおりに売る。
정:가-표[-表] 〖名〗 定価表ひょう、値札ねふだ。
정:-각[正刻] 〖名〗 ちょうどその時刻じこく、きっかり [きっかり] の時刻。¶ 2시 ~에 도착했다 2時にちょうどに着ついた。
정:-각[定刻] 〖名〗 定刻てい、定時じ。¶ 버스는 ~에 출발한다 バスは定時に出発しゅっぱつする。
정간[停刊] 〖名〗〖他〗〖回自〗 停刊かん。¶ ~ 처분을 받다 停刊処分しょぶんを受ける。
정갈-스럽다 〖形回〗 清潔せいけつだ、小ぎれいだ、こざっぱりしている。 정갈-스레 〖副〗 清潔に、小ぎれいに、こざっぱりと。
정갈-하다 〖形回〗 (装よそおいや衣服いふくなどが) こざっぱりしている、小ぎれいだ。¶ 정갈한 옷차림 こざっぱりした身なり。 정갈-히 〖副〗 こざっぱりと、小ぎれいに。
정감[情感] 〖名〗 情感じょうかん。¶ ~ 어린 노래 情感のこもった歌うた。
정강이 〖名〗 脛すね、向こう脛。¶ ~를 차다 向こう脛を蹴ける。
정강이-뼈 〖名〗 脛骨けいこつ。
정거[停車] 〖名〗〖他〗〖回自〗 停車しゃ。¶ 차가 갑자기 ~하다 車くるまが急きゅうに停車する。
정거-장[-場] 〖名〗 停車場ていしゃじょう、停留所ていりゅうじょ、駅えき。
정:-견[定見] 〖名〗 定見けん。¶ 확실한 ~이 없다 はっきりした定見がない。
정견[政見] 〖名〗 政見けん。¶ ~을 발표하다 政見を発表はっぴょうする。
정결[貞潔] 〖名〗〖回形〗 貞潔けつ。¶ ~한 부인 貞潔な婦人ふじん。
정결[淨潔] 〖名〗〖回形〗 浄潔じょう、清きよらかなよう

정-겹다[情-] [形ㅂ] 情愛深い、情がある。 ¶ 연인들이 정겹게 속삭이고 있다 恋人たちが親しそうにささやいている。
정경[政経] [名] 政経。 ¶ ~ 분리 政経分離/ ~ 유착 政経癒着。
정경[情景] [名] 情景。 ¶ 눈물겨운 ~ 涙ぐましい情景。
정계[政界] [名] 政界。 ¶ ~에서 물러나다 政界から退く。
정-곡[正鵠] [名] 正鵠。 ¶ ~을 찌르다 正鵠を射る。
정:공[正攻] [名][하他] 正攻。 ¶ ~법을 쓰다 正攻法を用いる。
정:관[定款] [名][法] 定款。 ¶ ~을 작성하다 定款を作成する。
정:관[静観] [名][하他] 静観。 ¶ 정세를 ~하다 情勢を静観する。
정:-관사[定冠詞] [名][文法] 定冠詞。
정:교[正教] [名][宗] 正教。 ①正しい宗教。②ギリシア正教。
정교[精巧] [名][하形] 精巧。 ¶ ~한 기계 장치 精巧な機械装置。
정국[政局] [名] 政局。 ¶ ~의 안정을 도모하다 政局の安定を図る。
정:권[政権] [名] 政権。 ¶ ~을 잡다 政権を握る。
정:규[正規] [名] 正規。 ¶ ~ 교육을 받다 正規の教育を受ける。
정:규-군[-軍] [名] 正規軍。
정근[精勤] [名][하自] 精勤。 ¶ ~ 수당 精勤手当て。
정:기[正気] [名] 正気、意気。 ¶ 민족 ~ 民族の正気。
정:기[定期] [名] 定期。 ¶ ~ 간행물 定期刊行物/ ~ 승차권 定期券/ ~적으로 검사하다 定期的に検査する。
정:기 적금[-積金] [名] 定期積み金。
정:기 총:회[-總會] [名] 定期総会。
정:기 항:로[-航路] [名] 定期航路。
정년[停年] [名] 停年、定年。 ¶ ~ 퇴직 停年退職。
정념[情念] [名] 情念。
정녕[丁寧] [副] きっと、ほんとうに、どうあっても、必らなず、間違まちいなく。 ¶ 자네 생각이 ~ 그렇다면… 君の考えがほんとうにそうであるならば…
정녕-코[丁寧-] [副](「정녕」の強調形) 間違いなく、どうあっても、必ならずや。
정담[情談] [名] 情話。 ¶ ~으로 밤을 새우다 情話で夜を明かす。
정:답[正答] [名][하他] 正答。 ¶ 문제의 ~을 내다 問題の正答を出す。
정-답다[情-] [形ㅂ] ①睦むまじい、仲なかがよい。 ¶ 아이들이 정답게 놀고 있다 子供たちが仲よく遊んでいる。 ②優やさしい、懐なつかしい。 ¶ 정다운 목소리로 속삭이다 優しい声でささやく。

정:당[正当] [名][하形] 正当。 ¶ ~한 주장 正当な主張。
정:당-화[-化] [名][하自他][되自] 正当化。 ¶ 행동을 ~시키다 行動を正当化する。
정:대[正大] [名][하形] 正大。 ¶ 공명 ~ 公明正大。
정:도[正道] [名] 正道。 ¶ ~에 벗어나는 행위 正道にはずれる行為/ ~를 걷다 正道を踏む。
정도[程度] [名] 程度、くらい、ほど。 ¶ 피해의 ~ 被害の程度/ 농담도 ~껏 해라 冗談もほどほどにしろ。/ 자네 ~면 할 수 있다 君くらいならばできる。
정:돈[整頓] [名][하他][되自] 整頓。 ¶ 서랍을 ~하다 引き出しを整頓する。
정-들다[情-] [自] 馴染なむ、なれ親しむ、慣れる。 ¶ 정든 땅을 떠나다 なれ親しんだ土地を離れる。
정-떨어지다[情-] [自] 愛想あいそが尽きる、いやになる。
정략[政略] [名] 政略。 ¶ ~가 政略家。
정략 결혼[-結婚] [名] 政略結婚。
정력[精力] [名] 精力。 ¶ ~이 넘치다 精力にあふれる。
정력-제[-剤] [名][薬] 精力剤。
정:렬[整列] [名][하自他][되自] 整列。 ¶ 2열로 ~하다 2列れつに整列する。
정령[精霊] [名] 精霊。 ¶ 산의 ~ 山の精霊。
정:론[正論] [名] 正論。 ¶ 그의 의견은 모두가 ~이다 彼の意見はことごとく正論だ。
정:론[定論] [名] 定論、定説。 ¶ ~을 뒤엎다 定論を覆す。
정류[停留] [名][하自他] 停留。
정류-소[-所] [名] 停留所。 ㉗ 정류장。
정류-장[-場] [名] 停留場、停留所、のりば。 ¶ 버스 ~ バス停。
정:류[整流] [名][하他][되自][物] 整流。 ¶ ~ 작용 整流作用。
정:리[定理] [名][数][論] 定理。 ¶ 파스칼의 ~ パスカルの定理。
정리[情理] [名] 情理、人情にんじょうと道理どうり。
정:리[整理] [名][하他][되自] 整理。 ¶ 서랍을 ~하다 引き出しを整理する。
정:립[定立] [名][哲] 定立ていりつ。
정:-말[正-] [名] ①(うそのない)まこと、本当ほんとう、真実しんじつ。 ¶ 그 소문이 ~입니까? そのうわさは本当ですか。 ②《副詞的に》本当に、なるほど。 ¶ ~ 떠나십니까? 本当に出発しゅっぱつなさいますか。
정:말-로[正-] [副] 本当ほんとうに、間違まちいなく、まったく。 ¶ ~ 갈테냐? 本当に行くのか。
정맥[静脈] [名] 静脈。 ¶ ~ 주사 静脈注射。
정:면[正面] [名] 正面、真まっ向、真向き。 ¶ ~ 충돌 正面衝突/ ~으로 거절하다 真っ向から断る。/ ~에 산이 보인다 正面に山が見える。
정:면 공:격[-攻撃] [名] 正面攻撃、正攻。
정묘[精妙] [名][하形] 精妙。 ¶ ~한 묘사 精

정무

정무【政務】 명 政務セい。¶ ~를 보다 政務を執とる。

정:문【正門】 명 正門セい、表門おもて。¶ ~이 열려 있다 表門が開いている。/ ~으로 들어가다 正門から入はいる。

정물【静物】 명 静物セい。¶ ~화 静物画が。

정미【精米】 명 하자 精米セい。¶ ~기 精米機き。

정밀【精密】 명 하形 精密セい。¶ ~하게 조사하다 精密に調しらべる。

정박【碇泊】 명 하자 停泊テい。¶ 항구에 ~ 중인 배 港なに停泊中チュウの船ふね。

정:-반대【正反對】 명 正反対ハンタい。¶ 사실은 ~이다 事実じつは正反対だ。

정벌【征伐】 명 하他지 征伐バつ。¶ 이민족을 ~하다 異民族みんぞくを征伐する。

정변【政變】 명 政変セン。¶ ~으로 실각하다 政変で失脚しっキャクする。

정보【情報】 명 情報ジョウ。¶ ~원 情報員イン/ ~기관 情報機関きかン/ ~를 수집하다 情報を集あつめる。

정보-망【-網】 명 情報網モウ。

정보-화【-化】 명 情報化カ。¶ ~ 사회 情報化社会シャかい。

정:복【正服】 명 正服フく。¶ ~ 경찰 正服の警察官かン。

정복【征服】 명 하他지 征服フく。¶ 에베레스트를 ~하다 エベレストを征服する。

정부【政府】 명 政府フ。¶ 임시 ~를 수립하다 臨時リンジ政府を樹立ジュリツする。

정부-미【-米】 명 政府米マい。

정:-북방【正北方】 명 正北方ホウ、真北まきた。

정분【情分】 명 誼よしみ、情誼ジョウぎ、情義ぎ。¶ ~을 맺다 誼を結むすぶ。

정:비【整備】 명 하他지 整備セい。¶ ~사 整備士シ / 사업을 ~ 하다 事業ジョウを整備する。

정:사【正邪】 명 正邪ジャ。¶ ~를 분별하다 正邪をわきまえる。

정사【政事】 명 政事ジ。¶ ~에 바쁜 몸 政事に忙いそがしい身み / ~를 맡아보다 政事を執とる。

정사【情死】 명 하자 情死ジョウ、心中シンジュウ。

정사【情事】 명 情事ジ、色いろごと。

정:-사각형【正四角形】 명 数 正四角形セいしかくケい。

정:-사원【正社員】 명 正社員シャいン、正式シきの社員イン。

정산【精算】 명 하他지 精算サン。¶ 비용을 ~ 하다 費用ヨウを精算する。

정:-삼각형【正三角形】 명 数 正三角形サンかく。

정:상【正常】 명 正常ジョウ。¶ ~으로 돌아가다 正常に戻もどる。/ 그 놈의 짓은 ~이 아니다 あいつのふるまいは正常ではない。

정:상-화【-化】 명 하他지 正常化カ。¶ 국교의 ~ 国交こうの正常化。

정상【頂上】 명 頂上ジョウ。¶ ~ 회담 頂上会談かいダン/ ~에 오르다 頂上に登のぼる。

정상【情狀】 명 情状ジョウ。

정상 참작【-參酌】 명 情状酌量シャくリョウ。¶ ~의 여지가 없다 情状酌量の余地よちがない。

정:색【正色】 명 하자 真顔まがお、改あらたまった顔付かおつきになること。¶ 갑자기 ~하고 말하다 急きゅうに改まって話はなす。

정:서【正書】 명 正書セい。¶ 독일어의 ~법 ドイツ語ごの正書法ホウ。

정서【淨書】 명 하他 浄書ジョウ、清書セい。¶ 원고를 ~하다 原稿ゲンコウを清書する。

정서【情緖】 명 情緖ジョウ・ チョ。¶ 이국 ~ 異国こくの情緖ジョウ。

정:석【定石】 명 定石ジョウ。¶ ~대로 해 보다 定石どおりにやって見みる。

정선【精選】 명 하他 精選セン。¶ ~된 작품 精選された作品サく。

정:설【定說】 명 定説セつ、定論ロン。¶ ~을 뒤엎다 定説を覆くつがえす。

정:성【定性】 명 하形 定性セい。¶ ~ 분석 定性分析セき。

정성【精誠】 명 真心まごころ、誠意セい、誠まこと、丹念タンネン。¶ ~을 바치다 誠を捧ささげる。/ ~을 다해 일하다 誠意を尽つくして仕事しごとをする。

판용》정성(을) 들이다 真心を込こめる。정성(이) 어리다 真心がこもっている。¶ 정성 어린 선물 真心のこもった贈りきり物もの。

정성-껏 부 誠意を込めて、丹念に。¶ ~ 간호하다 誠意を込めて看護カンゴする。

정세【情勢】 명 情勢セい、様子ヨウす。¶ ~의 변화 情勢の変化かンか。

정:수【定數】 명 定数スウ。¶ 의원의 ~ 議員ギいンの定数。

정수【淨水】 명 浄水ジョウ。¶ ~기 浄水器き。

정수【精粹】 명 精粹スい。¶ 예술의 ~ 芸術ゲいジュツの精粹。

정수【精髓】 명 精髓スい。¶ 현대 과학의 ~ 現代科学カガくの精髓。

정수리【頂-】 명 脳天ノウテン。¶ ~를 때리다 脳天を殴なぐりつける。

정숙【貞淑】 명 하形 貞淑シュく。¶ ~한 아내 貞淑な妻つま。정숙-히 貞淑に、しとやかに。

정숙【靜肅】 명 하形 静肅シュく。¶ ~한 분위기가 되다 静肅な雰囲気ふンいきになる。

정:시【正視】 명 하他 正視シ。¶ 사태를 ~하다 事態タいを正視する。

정:시【定時】 명 定時ジ。¶ ~ 운행 定時運行ウンコウ/ ~에 도착하다 定時に到着トウチャクする。

정:식【正式】 명 正式シキ、本式ホン。¶ ~ 재판 正式裁判サい。

정:식【定式】 명 定式テい。¶ ~ 절차를 따르다 定式の順序ジュンジョに従したがう。

정신【精神】 명 ①精神シン。¶ ~ 노동 精神労働ロウドウ/ 애국 ~ 愛国ごくの精神/ ~을 집중하다 精神を集中シュウチュウする。②意識シき、気力リョく。¶ ~이 몽해지다 意識がぼうっとなる。

판용》정신(을) 잃다 気きを失うしなう、失神シっする。정신(을) 차리다 気を付つけて仕事、気を取とり戻もどす、しっかりする。정신(을) 팔다 よそ見みをする、他ほかの事ことに気をとられる。정신(이) 나가다 気が抜ぬける、ぼうっとする。정신(이) 들다 ①分別フンベつがつくようになる。②気がつく、気を取とり戻もどす、正気ショうキに返かえ

る. 정신(이) 없다 気が気でない、ぼうっとしている、正気でない。
정신 감정[-鑑定] 名 精神鑑定。
정신 박약[-薄弱] 名[心] 精神薄弱。¶ ~아 精神薄弱児。
정신-병[-病] 名[醫] 精神病。
정신 분석[-分析] 名[心] 精神分析。
정신 분열증[-分裂症] 名[醫] 精神分裂症。
정신-없다 形 気がせく、無我夢中だ。¶ 너무 흥분해서 ~ あまり興奮して気がせく。 정신없-이 副 無我夢中で、夢中で、我を忘れて。¶ 하루종일 ~ 뛰어다녔다 一日中無我夢中で駆け回った。
정신-적[-的] 冠 精神的。¶ ~인 도움 精神的な助력け。
정신 착란[-錯亂] 名[心] 精神錯亂。¶ ~을 일으키다 精神錯亂を起こす。
정:실[正室] 名 正室。①本妻、正妻。②母屋、おもてざしき。
정실[情實] 名 情実。¶ ~ 인사 情実人事。
정:압[定壓] 名 定圧。
정:압 비:열[-比熱] 名[物] 定圧比熱。
정:액[定額] 名 定額。¶ ~세 定額税。
정액[精液] 名[生] 精液。
정양[靜養] 名[自] 静養。¶ 병후의 ~ 病後の静養。
정연-하다[整然-] 形 整然としている。¶ 질서 정연하게 행진하다 秩序整然と行進する。
정열[情熱] 名 情熱。¶ ~적인 음악 情熱的な音楽/ ~을 기울이다 情熱を傾ける。
정염[情炎] 名 情炎。¶ ~을 불태우다 情炎を燃やす。
정예[精鋭] 名[形] 精鋭。¶ 소수 ~ 少数精鋭/ ~ 부대 精鋭部隊。
정:오[正午] 名 正午、まひる。¶ ~의 시보 正午の時報。
정:온[定溫] 名 定温。¶ ~ 동물 定温動物/ ~을 유지하다 定温を保つ。
정욕[情欲] 名 情欲。¶ ~을 채우다 情欲を満たす。
정:원[定員] 名 定員。¶ 버스의 ~ バスの定員/ ~을 초과하다 定員を超過する。
정원[庭園] 名 庭園、庭。¶ ~을 가꾸다 庭園の手入れをする。
정원-사[-師] 名 庭師、園丁。
정월[正月] 名 正月、1月、むつき。¶ ~ 초하루 正月1日。
정유[精油] 名 精油。¶ ~소 精油所/ ~공장 精油工場。
정육[精肉] 名 精肉、上肉。
정육-점[-店] 名 精肉店、肉屋。
정:의[正義] 名 正義。¶ ~감 正義感/ ~를 위해 싸우다 正義のために戦う。
정:의[定義] 名[自他] 定義。¶ ~를 내리다 定義を下す。
정:의[情誼] 名 情誼、よしみ。¶ 두터운 ~ 厚い情誼。

정자[丁字] 名 (「정자형」の縮約形) 丁字。
정자-형[-形] 名 丁字形。
정:자[正字] 名 正字。
정:자-법[-法] 名 正字法、正書法。
정자[亭子] 名 あずまや、亭。
정:작 副 本来、本当に、実際に、いざ、まさに。¶ ~ 알아 보니 거짓이었다 いざ調べてみると嘘だった。/ ~ 해 보니 어려웠다 実際にやってみたら難しかった。
정:장[正裝] 名[自他] 正装。¶ ~하고 나서다 正装して出掛ける。
정:장[整腸] 名 整腸。¶ ~제 整腸剤。
정쟁[政爭] 名 政争、政戦。¶ ~에 휩쓸리다 政争に巻き込まれる。
정적[政敵] 名 政敵。¶ ~을 암살하다 政敵を暗殺する。
정적[靜的] 名 静的。¶ ~인 미를 느끼다 静的な美を感じる。
정적[靜寂] 名[形] 静寂。¶ 새벽의 ~을 깨뜨리다 あかつきの静寂を破る。
정전[停電] 名[自] 停電。
정전[停戰] 名[自] 停戦。¶ ~ 협정 停戦協定。
정-전기[靜電氣] 名[物] 静電気。
정절[貞節] 名 貞節。¶ ~을 지키다 貞節を守る。
정점[頂點] 名 頂点、絶頂。¶ ~에 달하다 頂点に達する。
정:정-당당[正正堂堂] 名[形] 正々堂々たる態度。 정정당당-히 副 正々堂々と。¶ ~ 승부하다 正々堂々と勝負する。
정:정[訂正] 名[自他] 訂正。¶ 오자를 ~하다 誤字を訂正する。
정정-하다[亭亭-] 形 ①亭々としている。②(年を取っても)かくしゃくとしている。¶ 노령이지만 아직 ~ 老齢だがいまだにかくしゃくとしている。
정제[精製] 名[自他] 精製。¶ 원유를 ~하다 原油を精製する。
정조[貞操] 名 貞操。¶ ~를 지키다 貞操を守る。
정:족-수[定足數] 名 定足数。¶ ~에 달하다 定足数に達する。
정:좌[正坐] 名 正座、端座。
정:죄[定罪] 名 ①[自他] 取り調べて罪があるものと判定すること。②[佛] 前世で定められた罪。
정:중[鄭重] 名[形] 丁重、鄭重。¶ ~한 대접을 받다 丁重なもてなしを受ける。 정중-히 副 丁重に、懇ろに。¶ ~ 인사하다 丁重にあいさつする。
정지[停止] 名[自他] 停止。¶ ~ 신호 停止信号/ 심장이 ~하다 心臓が停止する。/ 차를 ~시키다 車を止める。
정:지[整地] 名 整地、地均し。¶ ~ 작업 整地作業。
정:직[正直] 名[形] 正直。¶ ~한 아이 正

**직**な子供ᇂｏ. **정직-히** 副 正直ᇂᅧᄇに.
**정진**【精進】图하自 精進ᇂᇰ. ¶ 학문을 ~하다 学問ᇂᄀに精進する.
**정차**【停車】图하自 停車ᇂᅣ. ¶ 각 역에 ~하다 各駅ᇂᄀに停車する.
**정-착**【定着】图하自他 回 定着ᇂᄀ. ¶ 그 고장에서 ~해서 살아가다 その地ᇂに定着して暮らしていく.
**정찰**【偵察】图하他 偵察ᇂᄀ. ¶ 적정을 ~하다 敵情ᇂᅣを偵察する.
**정책**【政策】图 政策ᇂᄀ. ¶ 외교 ~을 세우다 外交ᇂᄀの政策を立てる.
**정:처**【定處】图 一定ᇂᄀの場所ᇂ, 定ᇂまったところ. ¶ ~없이 방황하다 当ᇂてる所もなくさまよう.
**정:체**【正體】图 正体ᇂᄀ, 得体ᇂᄀ, 本性ᇂᄀ. ¶ ~불명 正体不明ᇂᄀ./ ~를 드러내다 正体を現ᇂすわす.
**정체**【停滞】图自 回 停滞ᇂᄀ, 滞ᇂとどり. ¶ 자금의 ~ 資金ᇂᄀの停滞/ 일이 ~하다 仕事ᇂᄀが支ᇂつかえる.
**정체 전선**【-前線】图【気】停滞前線ᇂᄀ.
**정초**【正初】图 正月ᇂᄀの初旬ᇂᄀ, 年ᇂの始め, 年頭ᇂᄀ, 年始ᇂᄀ. ¶ ~의 각지의 표정 年初ᇂᄀの各地の表情ᇂᄀ.
**정:초**【定礎】图하他 定礎ᇂᄀ.
**정:초-식**【-式】图 定礎式ᇂᄀ.
**정충**【精蟲】图【生】精虫ᇂᄀ, 精子ᇂᄀ, 種ᇂたね.
**정취**【情趣】图 情趣ᇂᄀ, 趣ᇂᄀ, 風情ᇂᄀ. ¶ 이국~를 맛보다 異国ᇂᄀの情趣ᇂᄀを味わう.
**정:치**【定置】图하他 定置ᇂᄀ. ¶ 소화기는 학교 내에 ~되어 있다 消火器ᇂᅣは校内ᇂᄀで定置してある.
**정:치-망**【-網】图【水】定置網ᇂᄀ, 建ᇂて網ᇂ.
**정:치 어업**【-漁業】图 定置漁業ᇂᄀ.
**정치**【政治】图自 政治ᇂᄀ. ¶ ~ 자금 政治資金ᇂᄀ/ 국내 ~에 간섭하다 国内ᇂᄀの政治に干渉ᇂᄀする.
**정치-가**【-家】图 政治家ᇂ.
**정치-꾼** 图 政治屋ᇂ.
**정치-력**【-力】图 政治力ᇂ. ¶ ~을 발휘하다 政治力を発揮ᇂᄀする.
**정치-범**【-犯】图 政治犯ᇂᄀ, 国事犯ᇂᄀ.
**정치-적**【-的】图 政治的ᇂᄀ. ¶ ~인 수완 政治的な手腕ᇂᄀ.
**정치**【精緻】图하形 精緻ᇂᄀ, 細ᇂこまかく緻密ᇂᄀなこと. ¶ ~를 다한 세공 精緻を極ᇂめた細工ᇂᄀ.
**정:칙**【定則】图 定則ᇂᄀ, 一定ᇂᄀの規則ᇂᄀ・法則ᇂᄀ. ¶ ~에 따라 움직이다 定則に従ᇂって動ᇂく.
**정탐**【偵探】图하他 探偵ᇂᄀ, 密ᇂかに様子ᇂᅣを探ᇂることること, 偵察ᇂᄀ. ¶ 적진을 ~하다 敵陣ᇂᄀを探る.
**정탐-꾼** 图 回し者ᇂᄀ, 間者ᇂᄀ.
**정토**【征討】图하他 征討ᇂᄀ. ¶ 반란군을 ~하다 叛乱軍ᇂᄀを征討する.
**정토**【淨土】图【仏】浄土ᇂᄀ, 仏土ᇂ, 浄界ᇂᄀ. ¶ ~ 왕생 浄土往生ᇂᄀ.
**정토-교**【-教】图【仏】浄土教ᇂᄀ.
**정토-종**【-宗】图【仏】浄土宗ᇂᄀ.
**정:통**【正統】图 正統ᇂᄀ. ¶ ~론 正統論ᇂᄀ/ ~의 천자 正統の天子ᇂᄀ.
**정:통-파**【-派】图 正統派ᇂ.
**정통**【精通】图自 精通ᇂᄀ. ¶ ~한 소식통 精通の消息通ᇂᄀ/ 민정에 ~하다 民情ᇂᄀに通ᇂᄀずる.
**정파**【政派】图 政派ᇂ, 政党ᇂᄀの分派ᇂ. ¶ 정당 ~ 政党ᇂᄀ政派.
**정판**【精版】图【版】①オフセット. ②オフセット印刷ᇂᄀ.
**정:판**【整版】图하他 整版ᇂᄀ.
**정:평**【定評】图 定評ᇂᄀ. ¶ ~있는 작품 定評のある作品ᇂᄀ/ 작가로서 ~이 나다 作家ᇂᄀとして定評がある.
**정표**【情表】图 情宜ᇂᄀのしるしに贈ᇂり物ᇂをすること, またその贈り物.
**정:-하다**【定-】他어 定ᇂめる, 決ᇂめる. ¶ 규칙을 ~ 規則ᇂᄀを定める. / 일정을 ~ 日割りを決める.
**정-하다**【淨-】形어 澄ᇂんでいて清ᇂらかだ, 清潔ᇂᄀである. ¶ 정한 샘물 澄んで清らかな泉ᇂ. **정-히** 副 清ᇂく, 清らかに, きれいに.
**정-하다**【精-】形어 (きめなどが)細ᇂかい, 丹念ᇂᄀにできれいだ, 精巧ᇂᄀだ. **정-히** 副 細かく, きれいに, 審ᇂつまらかに.
**정학**【停學】图하他 停学ᇂᄀ. ¶ ~ 처분 停学処分ᇂᄀ.
**정:해**【正解】图하他 正解ᇂᄀ. ¶ 문제의 ~ 問題ᇂᄀの正解.
**정해**【精解】图하他 精解ᇂᄀ.
**정:형**【定型】图 定型ᇂᄀ.
**정:형-시**【-詩】图 定型詩ᇂ.
**정:형**【整形】图하他 整形ᇂᄀ. ¶ ~ 수술 整形手術ᇂᄀ.
**정:형 외:과**【-外科】图 整形外科ᇂᄀ.
**정:혼**【定婚】图自 婚姻ᇂᄀを定ᇂめること, 縁定ᇂᄀめ, 婚約ᇂᄀ. ¶ 두 사람은 ~한 사이다 二人ᇂᄀは婚約した間柄ᇂᄀだ.
**정화**【淨化】图하他 浄化ᇂᄀ. ¶ 정계를 ~하다 政界ᇂᄀを浄化する.
**정화-조**【-槽】图 浄化槽ᇂᄀ.
**정화**【情火】图 情火ᇂᄀ. ⇨ 정염(情炎)
**정화**【精華】图 精華ᇂᄀ.
**정:확**【正確】图하形 正確ᇂᄀ. ¶ ~한 시계 正確な時計ᇂᄀ/ ~을 기하다 正確を期ᇂする.
**정확-히** 副 正確に. ¶ 시간을 ~ 지키다 時間ᇂᄀを正確に守る.
**정:확-성**【-性】图 正確性ᇂᄀ, 正確ᇂᄀさ.
**정확**【精確】图하形 精確ᇂᄀ. ¶ ~하게 조사하다 精確に調査ᇂᄀする.
**정황**【政況】图 政況ᇂᄀ.
**정황**【情況】图 ①状況ᇂᄀ. ②(人情ᇂᄀの上で)気ᇂの毒ᇂな事情ᇂᄀ.
**정회**【停會】图하他 停会ᇂᄀ. ¶ ~ 선언 停会の宣言ᇂᄀ.
**정:-휴**【定休】图 定休ᇂᄀ, 定期休業ᇂᄀ.

**정:휴-일**【-日】图 定休日.
**정-히**【正-】副 ①正に, 正しく, 確かに, 確実に. ¶ 일금 백만 원정을 ~ 영수함 一金100万ウォン也を確かに領收しました. ②どうしても, 是非とも. ¶ 그곳에 ~ 가고 싶거든 가시오 どうしてもそこへ行きたければ行きなさい.
**젖** 图 ①母乳, 乳汁. ¶ ~을 먹이다 乳を飲ませる. ②乳房, おっぱい. ¶ ~이 붇다 乳が張る.
   〔俗談〕 젖 떨어진 강아지 같다 乳離れした小犬のようだ. 《ひどくむずかる》
   〔關聯〕 젖(을) 떼다 乳離れさせる, 離乳させる.
**젖-가슴** 图 (女性の)胸, 乳房のある胸の辺り.
**젖-꼭지** 图 ①乳首. ②〔醫〕乳頭.
**젖-내** 图 乳のにおい, 乳臭.
   〔關聯〕 젖내(가) 나다 ①乳のにおいがする. ②幼稚である, 未熟である.
**젖-니** 图 乳歯. ¶ ~를 갈다 乳歯が抜け替わる.
**젖다¹** 固 (後ろに)傾く.
**젖다²** 固 ①濡れる, 湿る. ¶ 비에 함빡 ~ 雨水にびっしょり濡れる. ②(ある状態・感情に)浸る, 染まる. ¶ 슬픔에 젖어 있다 悲しみに浸っている. ③慣れる. ¶ 귀에 젖은 목소리 聞き慣れた声.
**젖-동냥** 图 貰い乳をすること.
**젖-떼기** 图 ①離乳期の幼児・動物の仔. ②離乳法.
**젖-떼다** 他 乳を離す, 離乳する.
**젖-뜨리다** 他 反り返す, 後ろに反らす. ¶ 몸을 뒤로 ~ 身を後ろに反り返す.
**젖-먹이** 图 乳飲み子, 赤ん坊, 乳児.
**젖-멍울** 图 ①乳腺. ②乳の腫れ, 乳のぐりぐり.
**젖-몸살** 图〔醫〕乳腺炎(乳の腫れ・痛みなどによる身の疲れ).
**젖-병**【-瓶】图 哺乳瓶.
**젖-비린내** 图 ①乳臭いにおい. ②子供っぽさ, 幼稚な感じ. ¶ ~ 나는 말 幼稚な話.
**젖-빛** 图 乳色, 乳白色.
**젖빛 유리**【-琉璃】图 摩すりガラス, つやけしガラス, 曇りガラス, 濁りガラス.
**젖-산**【-酸】图〔化〕乳酸. ¶ ~균 乳酸菌.
**젖-소** 图〔動〕乳牛.
**젖-어머니** 图 乳母, めのと, ちのと.
**젖-줄** 图 ①乳腺. ②(比)糧の供給源.
**젖혀-지다** 固 裏返る, そり返される, 反る.
**젖히다** 他 ①反らす, 反り返る, のけ反る. ¶ 몸을 뒤로 ~ 体を後ろに反らす. ②(中の物を)外にあらわになるようにする, 開らく, 開ける, 傾たける, まくる. ¶ 문을 밀어 젖히고 안으로 들어갔다 ドアをすっかり押し開けて中に入った. ③差し置く, 無視する. ¶ 일을 젖혀놓고 외출하다

仕事を差し置いて外出する.
**제¹** 代 ①(「나」の謙譲語) 私, わたくし, 手前. ¶ ~가 하겠습니다 私がします. ②《第三者だいさんを指して》自分, 自身. ¶ ~ 일은 ~가 잘 건사해라 自分の仕事は自分がきちんと始末しろ.
**제²**〔略〕「저의」の縮約形. ①(「나의」の謙譲語) 私の. ¶ ~ 것입니다 これは私のです. ②(「자기의」の謙譲語) 自分の, 自身の. ¶ ~ 잘못은 덮어두고 남의 말만 한다 自分の過ちは棚に上げて人のことばかり話している.
**제³**〔略〕(「적에」の縮約形) …の時に, …の折りに. ¶ 어릴 ~ 幼ないときに/ 해 뜰 ~ 日の出での時に.
**제:-**【第】接頭 第が…. ¶ ~2차 第2次/ ~1과 第一課.
**-제**【制】接尾 …制. ¶ 내각 ~ 內閣制/ 대가족 ~ 大家族制.
**-제**【祭】接尾 …祭. ¶ 예술 ~ 芸術祭.
**-제**【製】接尾 …製. ①材料を表わす. ¶ 은~ 銀製. ②生產地を表わす. ¶ 미국 ~ 米国製.
**-제**【劑】接尾 …剤. ¶ 진통 ~ 鎮痛剤/ 소화 ~ 消化剤.
**제가**【齊家】图 他 斉家, 一家をととのえ治めること. ¶ 수신 ~ 修身斉家.
**제-각각**【-各各】副 各々, それぞれ. ¶ ~ 멋대로 해산하다 各々勝手に解散する.
**제-각기**【-各其】副 各自が, おのおの, めいめい, それぞれ. ¶ ~ 할 말이 있다 それぞれ言い分がある. / 사람은 ~ 성격이 다르다 人はめいめい性格が違う.
**제거**【除去】图 他 除去, 取り除くこと. ¶ 불순물을 ~하다 不純物を取り除く.
**제-격**【-格】图 身分相応の格式が, あつらえ向き, うってつけ. ¶ 소풍에는 ~ 날씨다 遠足にはあつらえ向きの天気だ.
**제고**【提高】图 他 (水準などを)高めること, 引き上げること.
**제곱** 图 他〔數〕二乗, 自乗.
**제곱-근**【-根】图〔數〕平方根, 自乗根. ¶ ~을 구하다 平方根を求める.
**제공**【提供】图 他 自 提供. ¶ 실비 ~ 実費提供/ 자료를 ~하다 資料を提供する.
**제:과**【製菓】图 他 製菓. ¶ ~업 製菓業/ ~점 ベーカリー.
**제:관**【祭官】图 ①祭官, 祭事を行なう役人. ②祭祀に参加する人.
**제:구**【制球】图〔野〕制球, コントロール.
**제:-구력**【-力】图 制球力.
**제:구**【祭具】图 祭具.
**제-구실** 图 ①自分のなすべき義務, 自分の役割, 務め. ¶ ~도 못한다 自分の務めも果たせない. ②幼時に一度は必ずかかる病.

제:국[帝國] 〖名〗 帝国ていこく。¶ 로마 ~ ローマ帝国/ ~주의 帝国主義しゅぎ。

제국[諸國] 〖名〗 諸国しょこく。¶ 구미 ~을 여행하다 欧米おうべい諸国を旅行りょこうする。

제군[諸君] 〖名〗 諸君しょくん、みなさん。¶ 학생 ~ 学生せいがく諸君/ ~의 건투를 빈다 諸君の健闘けんとうを祈る。

제기 〖名〗 足あしで蹴けり上あげる子供こどもの遊あそび道具どうぐの一つ。

제:기[祭器] 〖名〗 祭器さいき。

제기[提起] 〖名〗〖하他〗 提起てい。¶ 의문을 ~하다 疑問ぎもんを提起する。

제:기랄 〖感〗 ちぇっ、えいくそ、くそ、畜生ちくしょう。¶ ~, 또 실패했다 ちぇっ、また失敗しっぱいした。

제-까짓 〖冠〗 高たかがあれぐらいの、あれしきの、あんな。¶ ~ 놈이 뭐가 잘났다고 あんなやつが何なにが偉えらくて。

제-깐에 自分じぶんの考かんがえで、自分で。¶ ~는 잘했다고 생각하겠지 自分ではうまくやったと思おもうだろう。

제꺽¹ 〖名〗 ①《固かたい物ものが折おれたりぶつかったりして出でる音おと》ぽきっ、かつん、がつん、かんかん。②《時計とけいなどの歯車はぐるまの回まわる音》かちかち。

제꺽² 〖副〗《物事ものごとを手てぎわよく成なしとげるようす》さっと、手早てばやく。¶ 일을 ~ 해치우다 仕事しごとをさっさと片付かたづける。

제-날 〖名〗「제날짜」의 縮約形しゅくやくけい。

제-날짜 〖名〗 定さだめられた日ひ、所定しょていの日、期日きじつ。¶ ~에 맞추어 귀국하다 期日に合あわせて帰国きこくする。

제:단[祭壇] 〖名〗 祭壇さいだん。¶ ~을 차리다 祭壇を設もうける。

제:당[製糖] 〖名〗 製糖せいとう。
제:당-업[-業] 〖名〗 製糖業せいとうぎょう。

제대[除隊] 〖名〗〖하自〗 除隊じょたい。¶ 만기 ~ 満期まんき除隊じょたい。

제:대[祭臺] 〖名〗〖가〗ミサを行おこなう祭壇さいだん。

제-대로 思おもいどおりに、確たしかに、満足まんぞくに、きちんと、立派りっぱに、十分じゅうぶんに。¶ ~ 지은 건물 立派に建たてた建物たてもの/ 일이 ~ 되다 仕事しごとがうまくいく。/ ~ 잠을 자지 못하다 ろくに眠ねむれない。

제:도[制度] 〖名〗 制度せいど。¶ 가족 ~ 家族かぞく制度/ 선거 ~ 選挙せんきょ制度。

제:도[製圖] 〖名〗〖하他〗 製図せいず、作図さくず。¶ ~판 製図板せいずばん。
제:도-기[-器] 〖名〗 製図器せいずき。

제도[諸島] 〖名〗 諸島しょとう、島々しまじまの集団しゅうだん。¶ 남양 ~ 南洋なんよう諸島とう。

제독[提督] 〖名〗 提督ていとく、アドミラル。¶ ~으로 취임하다 提督の任にんに就つく。

제:동[制動] 〖名〗〖하他〗 制動せいどう、ブレーキ。¶ ~을 걸다 ブレーキをかける。
제:동-기[-機] 〖名〗〖機〗制動機き、ブレーキ。

제등[提燈] 〖名〗 堤灯ちょうちん。¶ ~ 행렬 堤灯行列ちょうちんぎょうれつ。

제-딴은 自分じぶんの考かんがえでは、自分なりには、自分では。¶ ~ 잘하노라고 한 짓이다 自分なりにはよくやろうとしたことだ。

제-때 〖名〗 所定しょていの時とき、ちょうどよい時とき、ころあい、適期てっき。¶ ~에 대다 間まに合あう。/ ~에 찾아오다 ころあいを合わせて来る。

제:련[製鍊] 〖名〗〖하他〗〖工〗 製錬せいれん。¶ ~소 製錬所じょ。

제:례[祭禮] 〖名〗 祭礼さいれい、祭祀さいしの儀式ぎしき。¶ ~를 집행하다 祭礼を執とり行おこなう。

제막[除幕] 〖名〗 除幕じょまく。¶ ~식 除幕式しき。

제-멋대로 〖副〗 自分じぶん勝手かってに、気きままに、好すき放題ほうだいに。¶ ~ 구는 남자 わがままな男おとこ/ ~ 결정하다 自分勝手に決める。

제:명[除名] 〖名〗〖하他〗〖自〗 除名じょめい。¶ ~ 처분 除名処分しょぶん/ ~을 결의하다 除名を決議けつぎする。

제:목[制帽] 〖名〗 制帽せいぼう。¶ 제복 — 制服せいふく制帽。

제목[題目] 〖名〗 題目だいもく、表題ひょうだい。¶ 논문의 ~ 論文ろんぶんの題目。

제:문[祭文] 〖名〗 祭文さいもん・さいぶん、告祭文こくさいぶん。¶ ~을 읽다 祭文を読よむ。

제:물[祭物] 〖名〗 ①供そなえ物もの、供物もつ。¶ ~을 장만하다 供え物を用意よういする。 ②いけにえ、犠牲ぎせい。

제물 〖名〗 ①食たべ物ものを煮にるときに始はじめから入いれる水みず、またはそれ自体じたいから染しみ出でた水。②まじりけのない純粋じゅんすいの物もの。

제물-로 〖副〗 ひとりでに、おのずから、おのずと。¶ 창문이 열렸다 ひとりでに窓まどがあいた。

제물-에 〖副〗 ひとりでに、おのずと。¶ ~ 화가 풀리다 おのずと怒いかりがしずまる。/ 울다가 ~ 잠이 들었다 泣ないている内うちにひとりでに寝入ねいった。

제-바람에 〖副〗 自分じぶんのせいで、ひとりでに、我知われしらず。¶ ~ 놀라 쓰러지다 ひとりでに驚おどろいて倒たおれる。

제반[諸般] 〖名〗 諸般しょはん。¶ ~ 사정으로 중지하다 諸般の事情じじょうで中止ちゅうしする。

제:발 〖副〗 是非ぜひ、どうか、なにとぞ。¶ ~ 와 주십시오 是非来きて下ください。/ 부탁이니 ~ 이번만 눈감아 주게 頼たのむからどうか今度こんどだけ見逃みのがしてくれ。

제:발 덕분에[-德分-] 〖副〗 こい願ねがわくは、何卒なにとぞ。

제방[堤防] 〖名〗 堤防ていぼう、堤つつみ、土手どて。¶ ~을 쌓다 堤防を築きずく。/ ~이 무너지다 堤が切きれる。

제법 〖副〗 ①なかなか、案外あんがい、わりあいに、かなり。¶ ~ 똑똑하다 案外利口者りこうものだ。/ ~ 재미있다 なかなか面白おもしろい。②《名詞的に》なかなか、案外、思おもいのほか。¶ 일 솜씨가 ~이다 手際てぎわがなかなかのものである。

제:법[製法] 〖名〗 製法せいほう。¶ 와인의 ~ ワインの製法。

제보[提報] 〖名〗〖하自他〗 情報じょうほうを提供ていきょうする。¶ ~를 받다 情報を提供してもらう。

제:복[制服] 〖名〗 制服せいふく。¶ ~을 입다 制服を着きる。

제:본[製本] 〖名〗〖하他〗〖自〗 製本せいほん。¶ ~소 製本屋や。

제:분[製粉] 图하자 製粉せい。 ¶ ~소 製粉所じょ。
제비¹ 图 ①籤くじ、抽籤ちゅうせん、宝たからくじ。 ¶ ~를 뽑다 くじを引ひく。 ②引ひき札ふだ。
　제비-뽑기 图하자 くじ引びき、抽選ちゅうせんすること。 ¶ 순번을 ~로 정하다 順番じゅんばんをくじ引きで決きめる。
제:비² [图動] ツバメ。
제:비-꽃 [图(植)] スミレ。
제:비-족[-族] 图(俗) 年上としうえの女おんなの愛人あいじんになっている若わかい男おとこ、若いつばめ。
제:빙[製氷] 图하자 製氷ひょう。 ¶ ~기 製氷機き。
제:사[祭祀] 图 祭祀さい、祭まつり。 ¶ ~를 지내다 祭祀を執とり行なう。
　제:삿-날 图 祭日さい、忌日きっ・にち。
　제:삿-밥 图 祭祀を終おえて食たべる飯めし。
제:사[製絲] 图 製糸せい。 ¶ ~공 製糸工こう/~회사 製糸会社しゃ。
제산-제[制酸劑] 图 制酸剤せいさんざい。
제-살붙이 图 自分じぶんの血族けつぞく、血筋ちすじ。
제:삼[第三] 数 第三だいさん、第三さん番目ばんめ。 ¶ ~차 第三次じ/~계급 第三階級かいきゅう。
　제:삼 인칭[-人稱] 图(文法) 第三人称しょう。
　제:삼-자[-者] 图 第三者しゃ。 ¶ ~의 증언을 듣다 第三者の証言げんを聞きく。
제:설[除雪] 图하자 除雪じょ。 ¶ ~차 除雪車しゃ/~작업 除雪作業ぎょう。
제설[諸說] 图 諸説せつ。 ¶ ~이 분분하다 諸説紛々ふんぷんである。
제:세[濟世] 图(文) 済世さい、世よの人ひとをすくうこと。 ¶ ~ 구민의 길 済世救民きゅうみんの道みち。
제소[提訴] 图하타 提訴そ。 ¶ 위원회에 ~하다 委員会かいに提訴する。
제-소리¹ 图 ①(文字もじの)正たしい音おん、正音せい。②(楽器がっ・機械きかいなどの)正常せいじょうな音。
제-소리² 图하자 本音ほん、本心ほん。 ¶ 이제야 ~가 나오는군 やっと本音を吐はくね。
제:수[弟嫂] 图 弟嫁おとうと。 图 계수(季嫂)。
제수[除數] 图(数) 除数じょ。
제:수[祭需] 图 ①祭祀用さいし用の供そなえ物ものやその材料ざいりょう。 ②供物もつ。
제스처[gesture] 图 ジェスチャー。
제습[除濕] 图하자 除湿じょ、湿気しっを除のぞくこと。
제시[提示] 图하타 提示じ、呈示じ。 ¶ 증거를 ~하다 証拠しょうこを呈示する。
제-시간[-時間] 图 定さだめた時間じかん、定刻じこく、定時じ。 ¶ 버스는 ~에 발차한다 バスは定刻に発車はっしゃする。
제:식[制式] 图 制式しき。 ¶ ~ 훈련 制式訓練くん 图 규정。
제-아무리 副 いくら…(でも)、どんなに…(でも)、いかに…(でも)。 ¶ ~ 잘난 체 해도 별 수 없다 自分じぶんがいくらえらぶってもしょうがない。
제안[提案] 图하타 提案あん。 ¶ ~을 받아들이다 提案を受うけ入いれる。
　제안-자[-者] 图 提案者しゃ。
제:압[制壓] 图하타 制圧あつ。 ¶ 폭도를 ~하다 暴徒ぼうとを制圧する。

제:야[除夜] 图 除夜じょ。 ¶ ~의 종이 울리다 除夜の鐘かねが鳴なる。
제:약[制約] 图하타 制約せい、掣肘ちゅう。 ¶ ~을 가하다 掣肘を加くわえる。 / 행동을 ~하다 行動どうを制約する。
제:약[製藥] 图하자 製薬やく。 ¶ ~ 회사 製薬会社しゃ。
제:어[制御] 图하타되자 制御ぎょ。 ¶ 자동 ~ 장치 自動制御装置ち/ 운전 기기를 ~하다 運転機器きを制御する。
제언[提言] 图하타 提言げん。 ¶ ~을 받아들이다 提言を受うけ入いれる。
제:염[製鹽] 图하자 製塩えん。 ¶ ~업 製塩業ぎょう/ 천일 ~ 天日てんじつ製塩。
제:왕[帝王] 图 帝王おう。
　제:왕 절개[-切開] 图 帝王切開かい。
제외[除外] 图하타되자 除外がい。 ¶ 전형에서 ~하다 選考せんこうから除外する。
제:위[帝位] 图 帝位い。 ¶ ~를 계승하다 帝位を継つぐ。
제:유[製油] 图하자 製油ゆ。 ¶ ~ 공장 製油工場じょう。
제육[-肉] 图 豚肉ぶた。
제:-육감[弟六感] 图 第六感ろっかん。 图 육감。
제의[提議] 图하타 提議ぎ。 ¶ 휴전을 ~하다 休戦せんを提議する。
제:이[第二] 数 第二だい、二番目ばん。 ¶ ~의 고향 第二の故郷きょう。
　제:이-심[-審] 图 第二審しん。
　제:이-인칭[-人稱] 图(文法) 第二人称しょう。
　제:이-차[-次] 图 第二次じ。 ¶ ~ 산업 第二次産業さん。
제:일[祭日] 图 祭日さい。
제:일[第一] 数 ①第一だい、一番いち。 ¶ 세계의 부자 世界せかい第一の金持かねもち/ 뭐니 해도 건강이 ~이다 なんといっても健康こんこうが第一だ。 ②(副詞的に)第一に、いちばん、最もっとも。 ¶ ~ 싼 물건 いちばん安やすい品物しなもの。
　제:일-보[-步] 图 第一歩だいいっぽ。 ¶ ~를 내딛다 第一歩を踏ふみ出だす。
　제:일-선[-線] 图 第一線せん。 ¶ ~에서 물러나다 第一線から退しりぞく。
　제:일인-자[-人者] 图 第一人者しゃ。
　제:일-차[-次] 图 第一次だいいっち。 ¶ ~ 세계 대전 第一次世界大戦たいせん。
제:자[弟子] 图 弟子し。 ¶ ~가 되다 弟子になる。/ ~를 기르다 弟子を育そだてる。
제자[題字] 图 題字じ、題辞じ。
제-자리 图 もとの場所ば、自分じぶんの位置い。 ¶ ~에 놓다 もとの場所に置おく。/ ~를 떠나다 自分の位置を離はなれる。
제:작[製作] 图하타 製作さく、作製さく。 ¶ 공동 ~ 共同きょう製作/ 영화를 ~하다 映画がを製作する。
제:재[制裁] 图하타 制裁さい。 ¶ ~를 가하다 制裁を加くわえる。
제재[題材] 图 題材ざい。 ¶ 소설의 ~ 小説しょうの題材。

제적[除籍] 名하다되自 除籍じょ。¶ 학교에서 ~되다 学校がっこうから除籍される。
제:전[祭典] 名 祭典てん。¶ 미의 ~ 美びの祭典。
제:정[制定] 名하다他 制定てい。¶ 헌법을 ~하다 憲法けんぽうを制定する。
　제:정-법[－法] 名[法] 制定法ほう。
제:정[帝政] 名 帝政せい。~ 러시아 帝政ロシア。
제:정[祭政] 名 祭政さい、祭祀さいしと政治せいじ。¶ ~ 일치 祭政一致いっち。
제-정신[－精神] 名 正気しょう、本心ほん。¶ ~이 아니다 正気でない。/ ~으로 한 짓은 아니겠지 本気ほんきのさたではあるまい。
제:제[製劑] 名 製剤さい、薬品やくひんを調合ちょうごうしてつくること。¶ 생약 ~ 生薬しょうやく製剤。
제:조[製造] 名하다他 製造ぞう。¶ 상품을 ~하다 商品しょうひんを製造する。
　제:조-업[－業] 名 製造業ぎょう。
　제:조-원[－元] 名 製造元もと。
제:주[祭主] 名 祭主さいしゅ、祭事さいじを主宰しゅさいする人ひと。
제:주[祭酒] 名 祭祀さいしに用もちいる酒さけ。
제:지[制止] 名하다他 制止せいし。¶ 출입을 ~하다 出入でいりを制止する。
제:지[製紙] 名하다自 製紙せいし。¶ ~ 공업 製紙工業こうぎょう。
제-집 名 わが家いや、自家じか、自宅たく。¶ 무엇보다도 ~이 제일 좋다 何なによりもわが家がいちばんいい。
제-짝 名 (対ついをなすものの)片方かた、連つれ。¶ ~을 찾다 連れを求もとめる。
제창[提唱] 名하다他 提唱しょう。¶ 학설을 ~하다 学説がくせつを提唱する。
제창[齊唱] 名하다他 斉唱しょう。¶ 애국가를 ~하다 愛国歌あいこくかを斉唱する。
제-철 名 ①適期てきき、時節じ。¶ ~에 맞는 옷 時節に似合にあう着物もの。 ②時季じ、旬しゅん、シーズン。¶ ~이 지나ै 旬が過すぎる。
제:철[製鐵] 名하다自 製鉄てつ。
　제:철-소[－所] 名 製鉄所じょ。
제쳐-놓다 他 ①後あとまわしにする、捨すててておく、うっちゃらかす。 ②(じゃまにならないように)よけておく。 ③(ある規準きじゅんのもとに)別べつに選えらんでおく、取とって置おく。
제초[除草] 名하다他 除草じょ、草取くさとり。¶ ~ 제 除草剤ざい。
제출[提出] 名하다他되自 提出てい。¶ 사표를 ~하다 辞表じひょうを提出する。
제치다 他 (じゃまにならないように)取とり除のぞく、どける。
제:판[製版] 名하다他 製版ばん。
제:패[制覇] 名하다他 制覇は。¶ 전국 ~를 노리다 全国ぜんこく制覇を目指めざす。
제풀-로 副 ひとりでに、おのずから、自然しぜんと。¶ ~ 자라다 ひとりでに成長せいちょうする。
제풀-에 副 ひとりでに、おのずと、自然しぜんと。¶ 졸려서 ~ 눈이 감기다 眠ねむくてひとりでに瞼まぶたが合あわさる。

제:품[製品] 名하다他 製品ひん。¶ 신 ~을 판매하다 新しん製品を販売はんばいする。
제-하다[除－] 他여 ①差さし引ひく。¶ 비용을 ~ 費用ひようを差し引く。 ②(数すう)割わる。¶ 5로 ~ 五ごで割る。 ③除のける、除のく。¶ 장애물을 ~ 障害物しょうがいぶつを取とり除く。
제:한[制限] 名하다他되自 制限げん。¶ ~ 속도 制限速度そくど/ 출입을 ~하다 出入でいりを制限する。
제:해-권[制海權] 名[法] 制海権けん。¶ ~을 장악하다 制海権を握にぎる。
제행[諸行] 名[佛] 諸行ぎょう。
　제행 무상[－無常] 名하다形[佛] 諸行無常じょう。
제:헌[制憲] 名하다自 制憲げん。¶ ~ 의회 制憲議会ぎかい。
　제:헌-절[－節] 名 制憲節せつ(大韓民国だいかんみんこく憲法けんぽうの公布こうふ記念日きねんび、日本にほんの「憲法記念日きねんび」に当あたる)。
제호[題號] 名 題号ごう。¶ ~를 달다 題号を付つける。
제:화[製靴] 名 製靴か。
제휴[提携] 名하다自 提携けい。¶ 기술 ~ 技術ぎじゅつ提携/ 세 사람이 ~하다 三人さんにんが提携する。
제-힘 名 自力りき、独力どく。¶ ~으로 해결하다 自力で解決かいけつする。
젠-체하다 自여 もったいぶる、うぬぼれる、気取きどる。¶ 젠체하는 여자 気取る女おんな/ 너무 젠체하지 말아라 あまりうぬぼれるな。
젯-밥[祭－] 名 祭祀さいしを終おえて祭壇だんから下さげたご飯めし。

조¹[粟] 名[植] アワ。¶ ~밥 粟飯あわめし。
조² 冠 (対話たいわをする両方りょうのすぐ近ちかくに見みえる人ひとや物ものをさす語ご) あの。
조¹[條] 依 (項目こうもくを数かぞえる語ご) 条じょう。¶ 제 3~ 第三条だいさんじょう。
조²[條] 依 (「－조로」の形で)…として、…の名目めいもくで。¶ 수수료 ~로 드립니다 手数料てすうりょうの名目でさし上あげます。
조[兆] 數 兆ちょう、億おくの1万倍いちまんばい。
-조[朝] 接尾 朝ちょう。¶ 청 ~ 清朝しんちょう。
-조[調] 接尾 …調ちょう。¶ ①詩歌しいかなどの字数じすう・節ふしの特徴とくちょうを表あらわす語ご。¶ 민요 ~ 民謡調みんようちょう。 ②(口振くちぶり・身みぶりの意いを表あらわす) 腰こし、見習みならい、調子ちょうし。¶ 농담 ~로 말하다 冗談じょうだん口調くちょうで話はなす。
조:가[弔歌] 名 弔歌ちょうか、挽歌ばんか。
조가비 名 貝殻かいがら。
조각 名 ①切きれ、切きれ端はし。¶ ~ 구름 ちぎれ雲も/ 종이 ~ 紙切かみきれ。 ②かけら、破片へん。¶ 유리 ~에 손을 베다 ガラスのかけらで手てを切きる。
　관용 조각(을) 내다 割わる、砕くだく、裂さく、粉々こなごなにする。 조각(이) 나다 ①裂さける、砕くだける、切きれ切きれになる。¶ 산산 ~ 散々さんに砕ける。 ②分裂ぶんれつする、分わかれる。
조각-달 名 弦月げんげつ、弓張ゆみはり月つき。
조각-배 名 扁舟へんしゅう、小舟こぶね。
조각-보[－褓] 名 小切こぎれを縫ぬい合あわせて

作ったふろしき。

**조각-조각** 副 粉々に、切れ切れに、ばらばら。¶ ~ 부서지다 ばらばらに砕ける。

**조각**[彫刻] 名하他되自 彫刻。¶ 상아에 ~ 하다 象牙に彫刻する。

**조간**[朝刊] 名(「조간 신문」の縮約形) 朝刊。¶ ~의 사설 朝刊の社説。

**조간 신문**[-新聞] 名 朝刊新聞。

**조갈**[燥渇] 名 渇き、喉が乾くこと。

**조갈-증**[-症] 名漢 喉がひどく渇く症状。

**조감**[鳥瞰] 名하他 鳥瞰、俯瞰。

**조감-도**[-圖] 名 鳥瞰図。

**조강**[糟糠] 名 糟糠。¶ ~지처 糟糠の妻。

**조개** 名 貝。¶ ~젓 貝の塩辛。

**조개-관자**[-貫子] 名 貝柱、肉柱。

**조개-탄**[-炭] 名 豆炭。

**조:객**[弔客] 名 弔客。

**조-거** 代(「조것」の縮約形)あれ。¶ ~ 주시오 あれ(を)ください。

**조건**[條件] 名 条件。¶ 근로 ~ 労働条件/ 파격적인 ~으로 계약하다 破格の条件で契約する。

**조건 반:사**[-反射] 名生 条件反射。

**조건-부**[-附] 名 条件付き。¶ ~로 허가하다 条件付きで許可する。

**조건** 略(「조것은」の縮約形)あれは。¶ 뭡니까? あれは何ですか。

**조것** 代 あれ、あのもの。俗 저것

**조게** 略(「조것이」の縮約形)あれが。¶ ~ 사람을 놀려 あのちんぴらが人をからかう。

**조:계**[租界] 名 租界。¶ ~지 租界地。

**조:곡**[弔哭] 名 弔哭。¶ 영전에 엎드려 ~ 하다 霊前にうつ伏せて弔哭する。

**조공**[朝貢] 名 朝貢、貢ぎ、貢物、年貢。¶ ~을 바치다 貢物を捧げる。

**조:교**[助教] 名 ①助教、助手。 ②軍 教官を補佐する下士官。

**조:-교:수**[助教授] 名 助教授。

**조국**[祖國] 名 祖国。¶ ~애 祖国愛/ ~의 땅을 밟다 祖国の土を踏む。

**조그마-하다** 形여 やや小さい。¶ 조그마한 집 やや小さな家。

**조그만큼** 副 少し、幾らか、僅かばかり。¶ 일본어를 ~ 안다 日本語をいくらか知っている。

**조금** 副(程度分·分量분·時間간が)少し、やや、ちょっと、僅か、寸分。¶ ~ 부족하다 やや足りない。/ ~만 기다려 주세요 ちょっとお待ちください。

**조금-도** 副 少しも、ちっとも、いささかも。¶ ~ 몰랐다 少しも知らなかった。

**조금-씩** 副 少しずつ。¶ 날씨가 ~ 따뜻해지고 있다 天気が少しずつ暖かくなってきた。

**조:급**[早急] 名하形 早急·早急、非常に急ぐさま、大急ぎ。**조급-히** 副 早急に。¶ ~ 연락해 주십시오 早急にご連絡ください。

**조급**[躁急] 名하形 躁急、せっかちなこと、気短じか、気持ちがいらだつさま。¶ ~한 성격 せっかちな性格。**조급-히** 副 せわしく、あわただしく。¶ 그렇게 ~ 굴지 말아라 そんなにあくせくするな。

**조:기**[弔旗] 名 弔旗。¶ ~를 달다 弔旗を掲げる。

**조:기**[早起] 名하自 早起、早起き。¶ ~축구 早起きサッカー。

**조:기**[早期] 名。¶ ~ 교육 早期教育/ ~에 발견하다 早期に発見する。

**조끼**[胴衣] 名 チョッキ。¶ 방탄 ~ 防弾チョッキ。

**조난**[遭難] 名하自 遭難。¶ ~자 遭難者/ ~ 신호 遭難信号/ 폭풍우로 ~ 당하다 あらしで遭難する。

**조달**[調達] 名하他되自 調達。¶ 자금을 ~하다 資金を調達する。

**조:대**[釣臺] 名 釣り場。他 낚시터

**조:도**[照度] 名物 照度。

**조:-도-계**[-計] 名物 照度計。

**조:-동사**[助動詞] 名文法 助動詞。

**조동아리** 名卑 口、嘴。

**조동이** 名「조동아리」の縮約形。

**관용 조동이가 싸다** 差し出がましい。

**조락**[凋落] 名하自 凋落、落葉すること。¶ ~의 계절 凋落の季節。

**조랑-말** 名 体軀の小さい馬。

**조래** 副 ①(「조리하여」の縮約形)あのようで、あんなようで。 ②(「조리하여」の縮約形)あのようにして、ああして。¶ ~ 가지고도 괜찮을까? ああしてもいいだろうか。

**조래-도** 略 ①あのようでも、あれでも、ああでも。 ②あのようにしても。

**조래-서** 略 ①あんなわけで。¶ ~ 믿지 못한다 あんなわけだから信じられない。 ②あのようにして。¶ ~는 곤란하다 あのようでは困る。

**조리-하다** 形여 あのようだ、あれぐらいだ。¶ 조리한 것쯤은 문제없다 あれぐらいはこだわることない。

**조린** 感(驚おどきを表わす語)あれあれ、あら、あれ、まあ。¶ ~ 또 실패했다 あれ、又しくじった。

**조:력**[助力] 名하他 助力。¶ ~을 청하다 助力を請う。

**조력**[潮力] 名 潮力。¶ ~ 발전 潮力発電。

**조련**[調練] 名하他 調練。¶ 신병을 ~하다 新兵を調練する。

**조련-사**[-師] 名 調教師。

**조례**[條例] 名 条例。

**조:로**[早老] 名 早老。¶ ~를 막는 비결 早老を防ぐ秘訣。

**조롱**[嘲弄] 名하他 嘲弄。¶ 사람을 ~하다 人をおちゃらかす。/ ~을 받다 嘲弄を受ける、嘲弄される。

**조롱-조롱** 副 ①木の実みなどが鈴生りになっているよう。¶ 감이 ~ 열려 있다 柿が

조루

鈴生りになっている。②一人ひとに多おくの人ひとが行列ぎょうれつしたがっているようす。㉗ 주렁주렁

**조:루**[早漏] 图[하][醫] 早漏そうろう。¶ ~증 早漏症しょう。

**조류**[鳥類] 图 鳥類ちょう。

**조류**[潮流] 图 潮流ちょうりゅう。¶ 시대의 ~를 타다 時代じだいの潮流に乗のる。

**조르기** 图 (柔道じゅうどうの)絞しめわざ。

**조르다** 他⑤ ①締しめる、絞しめる。¶ 목을 ~ 首くびを絞める。②せがむ、ねだる、せびる。¶ 용돈을 ~ 小遣こづかいをせびる。

**조르르** 副 ①《水みずが細ほそい管くだや面めんを流ながれるようす·その音おと》ちょろちょろ。¶ 물이 새고 있다 水がちょろちょろ漏もれている。②《小ちいさい物ものがゆるやかな傾斜面けいしゃめんを軽かるくすべるようす》するする。㉗ 주르르

**조르륵** 副 ①《細ほそい水みずの流ながれなどが速はやく流ながれてから止とまるようす·その音おと》ちょろり(と)、ちょろり(と)。②《傾斜面けいしゃめんを速はやくすべっていた小ちいさい物ものが止とまるようす》ころっ(と)。

**조리**[條理] 图 条理じょう、筋道すじみち、つじつま。¶ 부~ 不条理/ ~ 있게 말하다 筋道を立たてて話はなす。

**조리**[調理] 图[하][自] ①調理ちょう。¶ ~법 調理法ほう。②養生ようじょう、摂生せっせい。¶ 산후 ~를 잘하다 産後さんごの養生に気きをつける。

**조리** 副 あそこに、あそこへ、あちらへ。¶ ~ 가면 큰길이 나옵니다 あちらへ行いくと大通おおどおりに出でます。

**조리-로** 副 あそこに、あそこへ。¶ ~ 가십시오 あそこに行いって下くださいい。

**조리개** 图 ①括くくり紐ひも。②(カメラの)しぼり。

**조리다** 他 煮につける、煮つめる、どろっと煮る。¶ 생선을 ~ 魚さかなを煮つける。

**조림** 图 煮につけ、煮しめ、煮物もの。¶ 감자 ~ いもの煮つけ。

**조:림**[造林] 图[하][自] 造林ぞう。¶ ~ 사업 造林事業じぎょう/ 식수 ~ 人工じんこう造林。

**조립**[組立] 图[하][自] 組くみ立たて。¶ ~ 건축 組み立て建築けんちく/ 모형을 ~하다 ラジオを組み立てる。

**조마-조마** 副[하][形] 《あやぶむようす》はらはら、ひやひや、いらいら。¶~해서 도저히 못 보겠다 はらはらしてとても見みていられない。

**조막-손** 图 指ゆびがなかったり 曲まがりちぢまったりして開ひらかない手て。

**조:만-간**[早晩間] 副 早晩そう、遅おそかれ早はやかれ、いつかは、そのうちに。¶ ~ 세상에 알려질 거다 早晩世間せけんに知しれるだろう。/ ~ 큰일이 날 것 같다 そのうちに大変たいへんな事ことが起おこりそうだ。

**조-만큼** 副 あれぐらい、あのように。¶ ~ 해도 흡족하다 あれぐらい出来できても満足まんぞくだ。

**조맘-때** 图 ちょうどあれぐらいの時とき、あのような時期じき、あの時分じぶん。

**조:망**[眺望] 图[하][他] 眺望ちょう、眺なめ、見晴みはらし、遠望えんぼう。¶ ~대 眺望台だい/ ~이 좋은 옥상 遠見のきく屋上おくじょう。

**조:명**[照明] 图[하][回][自] 照明めい。¶ ~ 기구 照明器具きぐ。

**조모**[祖母] 图 祖母ぼ。

**조목**[條目] 图 条目じょう。¶ ~별로 심리하다 条目別べつに審理しんりする。

**조목-조목** 副 条目ごとに。¶ ~ 따지다 条目ごとに問とい詰つめる。

**조몰락-거리다** 他 しきりにいじくる、しきりにもむ。㉗ 주물럭거리다

**조무래기** 图 ①小僧こぞう、ちび。②こまごましたがらくた。

**조:-문**[弔問] 图[하][他] 弔問もん、弔とむらい。

**조:-문-객**[-客] 图 弔客ちょう·ちょうかく、弔問する人ひと。¶ ~이 줄이어 찾아오다 弔客が相次あいついで訪おとずれてくる。

**조문**[條文] 图 条文じょう、件くだり。

**조-물-주**[造物主] 图 造物主ぬし。

**조미**[調味] 图[하][自] 調味ちょう。

**조미-료**[-料] 图 調味料りょう。¶ 화학 ~ 化学かがく調味料。

**조밀**[稠密] 图[하][形] 稠密ちゅうみつ。¶ 인구가 ~한 도시 人口じんこうが稠密な都市とし。

**조바심** 图[하][自] いらいらすること、いらだち、焦燥感しょうそうかん。¶ ~이 나서 견딜 수가 없다 いらいらして気きが気でない。

**조반**[朝飯] 图 朝飯あさ、朝食ちょう。

**조발**[調髮] 图[하][自] 調髪ぼう、整髪はつ、理髪はつ。

**조부**[祖父] 图 祖父ふ。

**조-부모**[祖父母] 图 祖父母ぼ、할아버지

**조붓-하다** [形四] やや狭せまい、狭い方かただ。**조붓-이** 副 やや狭く。

**조:-사**[弔詞·弔辭] 图 弔詞ちょう、弔辞じ。¶ ~를 읽다 弔辞を読よむ。

**조:사**[助詞] 图[文法] 助詞じ。

**조:사**[照射] 图[하][他] 照射しゃ。¶ 방사선 ~ 放射線ほうしゃせん照射。

**조사**[調査] 图[하][自] 調査ちょう。¶ 신원 ~ 身元みもと調査/ 실태를 ~하다 実態じったいを調査する。

**조:산**[早産] 图[하][他] 早産そう。¶ ~아 早産児じ/ ~한 아기 早産した子こ。

**조:산**[助産] 图[하][自] 助産じょ。

**조:산-원**[-員] 图 助産婦じょさん、産婆さんば。

**조상**[祖上] 图 祖先そせん、先祖せんぞ。¶ ~ 대대로 전해 내려오다 先祖代々だいだいに伝つたわる。

**조상**[彫像] 图 彫像ちょうぞう。¶ 대리석 ~ 大理石だいりせきの彫像。

**조:-생-종**[早生種] 图 早生そうの品種ひんしゅ、わせ。

**조서**[調書] 图 調書ちょう、しらべがき。¶ ~를 작성하다 調書を作成さくせいする。

**조석**[朝夕] 图 朝夕ちょう·あさゆう、朝晩あさばん。¶ ~으로 부쩍 서늘해졌습니다 朝夕ちょうせきめっきり涼すずしくなりました。

**조:-석간**[朝夕刊] 图 朝刊ちょうかんと夕刊ゆうかん。

**조:선**[造船] 图[하][他] 造船ぞう。¶ ~ 기술 造船技術ぎじゅつ。

**조:선-소**[-所] 图 造船所じょ。

**조선**[朝鮮] 图 ①朝鮮ちょう(日本にほんで韓国かんこくをさ

す語ご〕。②李成桂イソンゲが建国けんこくした朝鮮王朝ちょうせん, 李朝りちょう。
**조선-어**〔-語〕 名 韓国語かんこく。
**조:성**〔助成〕 名 하타 助成じょせい。¶ 기금을 ~하다 基金きんを助成する。
**조:성**〔造成〕 名 하타 하자 ①造成ぞう。¶ 택지를 ~하다 宅地たくちを造成する。②醸かし出すこと、つくり上あげること。¶ 분위기를 ~하다 雰囲気ふんいきを醸し出す。
**조세**〔租税〕 名 租税そぜい。¶ ~를 징수하다 租税を徴収ちょうしゅうする。
**조소**〔嘲笑〕 名 하타 嘲笑ちょうしょう, あざけること。¶ ~의 대상이 되다 嘲笑の的まととなる。
**조:속**〔早速〕 名 하形 速すみやかなようす。¶ ~한 조치를 취하다 速やかな処置しょちを取とる。**조속-히** 副 速やかに、早はやく、頓とみに。¶ ~ 완성해라 早く完成かんせいせよ。
**조:수**〔助手〕 名 助手じょしゅ, アシスタント。¶ ~를 고용하다 助手を雇やとう。
**조수**〔潮水〕 名 潮水ちょうすい, 潮しお。¶ ~의 간만 潮足しおあし/ ~가 써다 潮が干ひく〔引ひく〕。
**조수**〔漕手〕 名 漕手そうしゅ, 漕こぎ手て
**조:숙**〔早熟〕 名 하自 ①早熟そうじゅく。(果物くだなどが早はやく熟じゅくすること、わせ。②하形〔年齢ねんの割わりに〕発育はついくの早はやいさま、ませているさま。¶ ~한 아이 早熟な子供こども。
**조식**〔朝食〕 名 朝食ちょうしょく, 朝飯あさめし。
**조:실-부모**〔早失父母〕 名 하自 幼おさないときに父母ちちははを死しに別わかれること。
**조:심**〔操心〕 名 하自他 気きをつけること、用心ようじん, 注意ちゅうい。¶ 불~ 火ひの用心/ 몸~해라 体からだに注意しなさい。
**조:심-성**〔-性〕 名 慎つつしみ, 嗜たしなみ。¶ ~이 없는 행동 慎みのない行動こうどう。
**조아리다** 他 (恐縮きょうしゅくして) 頭あたまを下さげる、額ぬかずく。¶ 불전에 ~ 仏前ぶつぜんに額ずく。
**조악**〔粗悪〕 名 하形 粗悪そあく。¶ ~한 상품 粗悪な商品しょうひん。
**조약**〔條約〕 名 条約じょうやく。¶ ~을 체결하다 条約を締結ていけつする。
**조약-돌** 名 (丸まるい) 小石こいし。
**조:어**〔造語〕 名 하自 造語ぞうご。¶ ~ 성분 造語成分ぶん。
**조:언**〔助言〕 名 하自 助言じょげん。¶ ~을 청하다 助言を請こう。
**조:업**〔操業〕 名 하自 操業そうぎょう。¶ 단축 操業 短縮たんしゅく操業/ 하루 8시간 ~하다 一日にち八時間じかん操業する。
**조:역**〔助役〕 名 助役じょやく。
**조:연**〔助演〕 名 하自 助演じょえん。¶ ~ 배우 助演俳優はいゆう。
**조:예**〔造詣〕 名 造詣ぞうけい。¶ 미술에 ~가 깊다 美術品びじゅつひんに造詣が深ふかい。
**조용-하다**〔←從容-〕 形이 静しずかだ, もの静かだ、穏おだやかだ。¶ 조용한 교실 静かな教室きょうしつ/ 조용한 목소리로 이야기하다 もの静かな声こえで話はなす。**조용히** 副 静かに, もの静かに、穏やかに。¶ ~ 해라 静かにしなさ

い。/ ~ 이야기하다 もの静かに語かたる。
**조우**〔遭遇〕 名 하自 遭遇そうぐう。¶ 적병과 ~하다 敵兵てきへいに遭遇する。
**조울-병**〔躁鬱病〕 名 앟 躁鬱病そううつびょう。
**조:위**〔弔慰〕 名 하타 弔慰ちょうい。¶ 정중히 ~하다 丁重ていちょうに弔慰する。
**조:위-금**〔-金〕 名 弔慰金きん。
**조율**〔調律〕 名 하타 調律ちょうりつ。¶ 피아노를 ~하다 ピアノを調律する。
**조율-사**〔-師〕 名 調律師し。
**조:의**〔弔意〕 名 弔意ちょうい。¶ ~를 표하다 弔意を表あらわす。
**조인**〔調印〕 名 하自 되자 調印ちょういん。¶ ~식 調印式しき/ ~을 마치다 調印を終える。
**조:작**〔造作〕 名 하타 でっちあげること, 捏造ぞう。¶ ~된 서류 捏造された書類しょるい/ 알리바이를 ~하다 アリバイをでっち上あげる。
**조:작**〔操作〕 名 하타 되자 操作そうさ。¶ 기계를 ~하다 機械きかいを操作する。
**조잘-거리다** 自 ①(子供こどもなどが) 小声こごえでしきりにしゃべる。②(小鳥ことりなどが) しきりにさえずる。
**조잘-조잘** 副《紐ひもなどが雑然ざつぜんとたれ下さがっているようす》ごちゃごちゃ, ごじゃごじゃ。
**조잡**〔粗雑〕 名 하形 粗雑ざつ, 粗悪あく。¶ ~한 물건 粗雑な品物しなもの。
**조잡** (人間にんげん·生物せいぶつが) よく育そだたないこと、発育不全ふぜん。㉣ 주접
**조잡-스럽다** 形이 食くい意地いじがきたない。
**조:장**〔助長〕 名 하타 되자 助長じょちょう。¶ 인명 경시 풍조를 ~하다 人命軽視けいしの風潮ふうちょうを助長する。
**조장**〔鳥葬〕 名 鳥葬そう。
**조:전**〔弔電〕 名 弔電でん。¶ ~을 치다 弔電を打うつ。
**조절**〔調節〕 名 하타 되자 調節せつ。¶ 온도를 ~하다 温度おんどを調節する。
**조정**〔漕艇〕 名 하自 漕艇てい。¶ ~ 경기 漕艇競技きょうぎ。
**조정**〔調停〕 名 하타 되자 調停てい。¶ ~안 調停案あん/ ~에 나서다 調停に乗のり出だす。
**조정**〔調整〕 名 하타 되자 調整せい。¶ 의견을 ~하다 意見を調整する。
**조제**〔粗製〕 名 하타 粗製せい, 物ものを粗あらくつくること。
**조제-품**〔-品〕 名 粗製品ひん。
**조제**〔調劑〕 名 하自他 되자 調剤ちょう, 調合ごう。¶ 감기약을 ~하다 風邪薬かぜを調剤する。
**조:조**〔早朝〕 名 早朝ちょう。¶ ~ 할인 早朝割引びき。
**조:종**〔弔鐘〕 名 弔鐘しょう。¶ ①哀惜あいせきの意いをあらわして打うつ鐘かね。②(比) ことの終末しゅうまつ。
**조종**〔操縦〕 名 하타 되자 ①操縦そうじゅう。¶ 기계를 ~하다 機械きかいを操縦する。②(人などを) 操あやつること。¶ 배후에서 사람을 ~ 陰かげで人を操る。
**조:주**〔助走〕 名 하自 助走そう。㉣ 도움닫기
**조:준**〔照準〕 名 하타 照準じゅん。¶ ~을 맞추다 照準を合あわせる。

**조:지다** 他 ①(ゆるくならないように)しっかり締しめる、ぴったり組くみ合あわせる。¶ 병마개를 ~ 瓶の栓を締める。 ②きびしく取とり締しまる、引ひき締しめる。 ③したたか殴なぐる、ひどく叩たたく。

**조직**【組織】名 組織そしき。¶ 세포 ~ 細胞さいぼう組織/ 조합을 ~하다 組合くみあいを組織する。

**조직-망**【-網】名 組織網そしきもう。

**조직-적**【-的】冠 組織的そしきてき。¶ ~인 저항 組織的な抵抗ていこう。

**조직-화**【-化】名하타 組織化そしきか。

**조집**【兆朕】名 徴候ちょうこう、兆候ちょうこう、前触まえぶれ、兆きざし。¶ 불길한 ~ 不吉きつな兆候。

**조차** 助 …さえ、…まで(も)、…だに。¶ 자기 이름∙쓰지 못한다 自分じぶんの名前なまえさえ書かけない。/ 비가 오는데 바람~ 분다 雨あめが降ふるのに風かぜまで吹ふく。

**조찬**【朝餐】名 朝餐ちょうさん、朝食ちょうしょく、あさめし。

**조촐-하다** 形여 ①こぢんまりとしている。¶ 조촐한 집 こぢんまりとした家いえ。 ②(行動こうどうが)さっぱりして慎つつましい。 ③(容貌ようぼうが)こざっぱりしている、すっきりしている。 **조촐히** 副 こぢんまりと、こざっぱりと。¶ 의식을 ~ 끝내다 儀式ぎしきをこぢんまりと終おえる。

**조:총**【弔銃】名 弔銃ちょうじゅう。¶ ~을 쏘다 弔銃を撃うつ。

**조치**【措置】名하타 措置そち。¶ 응급 ~ 応急おうきゅう措置/ ~를 강구하다 措置を講こうずる。

**조카** 名 甥おい、姪めい。¶ ~며느리 甥の嫁よめ。

**조카-딸** 名 姪めい。

**조카별** 名 甥や姪に当あたる身内みうちの関係かんけい。

**조:타**【操舵】名하타 操舵そうだ。

**조:타-수**【-手】名 操舵手そうだしゅ、舵取かじとり。

**조:퇴**【早退】名하타 早退そうたい、早引ひきけ、はやびき。¶ 병으로 ~하다 病気びょうきで早引けする。

**조판**【組版】名하타 組くみ版はん、植字しょくじ。¶ ~에 돌리다 組み版に回まわす。

**조팝-나무**【植】シジミバナ。

**조:폐**【造幣】名하타 造幣ぞうへい。¶ ~ 공사 造幣公社こうしゃ。

**조합**【組合】名 組合くみあい。¶ ~원 組合員いん/ 노동 ~ 労働ろうどう組合/ ~에서 내쫓다 組合から追おい出だす。

**조합**【調合】名하타뒤자 調合ちょうごう。¶ 약을 ~다 薬くすりを調合する。

**조항**【條項】名 条項じょうこう。

**조:혈**【造血】名하타 造血ぞうけつ。¶ ~ 작용 造血作用さよう。

**조:형**【造形】名하타뒤자 造形ぞうけい。¶ ~ 미술 造形美術びじゅつ。

**조:혼**【早婚】名하타 早婚そうこん。¶ ~하는 습관 早婚の習ならわし。

**조:화**【弔花】名 弔花ちょうか、手向たむけの花はな。

**조:화-**【造化】名 ①造化ぞうか。¶ 자연의 ~ 自然しぜんの造化。 ②人ひとの力ちからではどうすることもできない不思議ふしぎなこと。¶ 무슨 ~인지 영문을 모르겠다 どうしてこうなったのかその訳わけがわからない。 ③仕業しわざ、奥おくの手て。

관용 **조화(를) 부리다** ①不可思議ふかしぎな変化へんを起おこす。¶ 하늘이 ~ 天てんが異変いへんを起こす。 ②奥の手を使つかう。

**조:화**【造花】名 造花ぞうか、人造花じんぞうか。

**조화**【調和】名하타뒤자 調和ちょうわ。¶ 주위와 ~를 이룬 건물 周囲しゅういと調和のとれた建物たてもの。

**조화-롭다** 形ㅂ 調和している、釣つり合あいがとれている。

**조회**【朝會】名하타 朝会ちょうかい、朝礼ちょうれい。¶ 직원 ~ 職員しょくいん朝礼。

**조흔**【爪痕】名 爪痕つめあと。

**조:회**【照會】名하타 照会しょうかい、問といい合あわせ。¶ 신원을 ~하다 身元みもとを照会する。

**족** 副 ①《線せんをまっすぐに引ひくようす》すうっと、すっと。¶ 선을 ~ 내리긋다 線をすうっと引く。 ②《物ものが一列いちれつに並ならぶようす》ずらっと、ずらりと。¶ 한 줄로 ~ 다 一列にずらりと並ぶ。 ③《紙かみ・布のを引ひき裂さく音おと》ぱりっと、びりびり。¶ 비단을 ~ 찢다 絹きぬをびりびり引き裂く。 ④《口くちで吸すい込こむ音おと》ぐいと、ぐっと、ごくりと。¶ 주스를 ~ 빨아 먹다 ジュースをぐっと吸い込む。 ⑤《狭せまい範囲はんいを一目ひとめで見渡みわたすようす》すっと、ざっと。¶ 실내를 ~ 둘러보다 室内しつないをすっと見渡す。 ⑥《文章ぶんしょう・言葉ことばなどをよどみなく読よんだり話はしたりするようす》すらすら、するする。¶ 책을 ~ 읽다 本ほんをすらすら読む。

**족**【足】 I 名 《牛うし・豚ぶたの膝ひざから下したの部分ぶぶんを食用しょくようにするときにいう語ご》脚あし。 II 依 《はきものひとそろいを数かぞえる語》…足そく。¶ 구두 한 ~ 靴くつ1足。

**-족**【族】接尾 …族ぞく。¶ 아랍 ~ アラブ族/ 히피 ~ ヒッピー族。

**족내-혼**【族内婚】名 族内婚ぞくないこん。

**족대** 名 叉手網さであみ、すくい網あみ。

**족두리** 名 婦人ふじんの礼装れいそうのときの冠かんむり。

**족-발**【足-】名 《食用しょくようの》豚ぶたの足首あしくび。

**족벌**【族閥】名 勢力せいりょくをもった門閥もんばつ。¶ ~ 정치 門閥政治せいじ。

**족보**【族譜】名 族譜ぞくふ、家譜かふ。

**족속**【族屬】名 ①一門いちもん、身内みうち。 ②《軽蔑的けいべつてきに》輩やから、連中れんじゅう、仲間なかま。

**족쇄**【足鎖】名 足あしかせ。

**족외-혼**【族外婚】名 族外婚ぞくがいこん。

**족자**【簇子】名 掛かけ軸じく、掛け物もの。¶ ~를 벽에 걸다 掛け物を壁かべに掛ける。

**족자리** 名 (容器ようきなどの)両脇りょうわきについている取とっ手て、耳みみ。¶ 냄비 ~ 鍋なべの耳。

**족적**【足跡】名 足跡そくせき、あと。¶ 위대한 ~을 남기다 偉大いだいな足跡せきを残のこす。

**족제비** 名動 イタチ。

속담 **족제비도 낯짝이 있다** イタチにも体面たいめんがある。《身勝手みがってな人ひとをとがめる語》。

**족족** 依 …する度たびに、…するといつも、ことごとく、一ひとつ毎ごとに。¶ 장사를 하는 ~ 손해만 본다 商売しょうばいをするたびに損そんばかりす

る。/ 발견하는 ～ 데려와라 見つけ次第連れて来い。

**족집게** 名 毛抜き。
[관용] **족집게 같다** (毛抜きで正確に引き抜くように)正確に当てることのたとえ。

**족치다** 他 ①ぶん殴る。②責め立てる。범인을 족쳐서 자백시키다 犯人を責め立てて自白にさせる。③(財産などを)減らす、台無しにする。④叩き潰す。

**족탕**[足湯] 名[料] 牛の足と膝の裏側の肉を入れて煮つめた汁。

**족-하다**[足-] 形容 十分だ、充分だ、足りる。¶ 하나로 ～ ひとつで足りる。/ 자격은 ～ 資格は十分である。**족히** 副 十分に、優に。¶ 자네라면 ～ 해낼 수 있을 거야 君なら十分にやり遂げられるだろう。

**족형**[族兄] 名 親戚で兄に当たる男。

**존경**[尊敬] 名他 ～する気持ち 尊敬の念/ ～을 받다 尊敬を受ける。

**존귀**[尊貴] 名形動 尊貴な、尊いこと。¶ 사람의 목숨보다 ～한 것은 없다 人の命より尊貴なものはない。

**존당**[尊堂] 名《他人の母の尊敬語》尊母さん、母御は。

**존대**[尊大] 名形動 地位・学徳・人格などの高いこと。

**존대**[尊待] 名他 敬う心高めること。
**존대-어**[-語] 名 尊敬語、敬語。

**존득-거리다** 自 ①柔らかくて粘り気があって)にちゃにちゃする。②(弾力があって)しこしこする。
**존득-존득** 副形動《強くて粘り気のあるようす》しこしこ。

**존립**[存立] 名自 存立。¶ 국가의 ～이 위태롭다 国家の存立が危うい。

**존망**[存亡] 名 存亡。¶ ～을 건 싸움 存亡をかけた戦い。

**존속**[存続] 名自他 存続。¶ ～ 기간 存続期間/ 제도의 ～을 꾀하다 制度の存続をはかる。

**존속**[尊属] 名 尊属。¶ 직계 ～ 直系尊属。
**존속 살해**[-殺害] 名 尊属殺害、尊属殺し。

**존안**[尊顔] 名 尊顔、お顔。¶ ～을 뵙다 尊顔を拝します。

**존엄**[尊嚴] 名形動 尊厳。¶ 인간의 ～성 人間の尊厳性。

**존영**[尊影] 名《他人の肖像・写真に対する敬語》尊影。

**존자**[尊者] 名[佛] 尊者。

**존재**[存在] 名自 存在。¶ 무시할 수 없는 ～ 無視できない存在/ 신의 ～를 믿다 神の存在を信じる。
**존재-론**[-論] 名[哲] 存在論。
**존재 이유**[-理由] 名 存在理由。¶ ～가 의문시되다 存在理由が問われる。

**존중**[尊重] 名他自 尊重。¶ 상대방의 의견을 ～하다 相手の意見を尊重する。

**존칭**[尊稱] 名他 尊称。
**존칭-어**[-語] 名 尊敬語、敬語。

**존폐**[存廢] 名 存廃。¶ 제도의 ～를 의논하다 制度の存廃を議論する。

**존함**[尊啣] 名 お名前、尊名。¶ ～은 익히 듣고 있습니다 ご尊名はかねがね伺っております。

**졸**[卒] 名 (将棋で)「卒・兵」の字をきざんだ駒。

**졸개**[卒] 名 手下、ちんぴら、使い走り。

**졸깃-졸깃** 副《弾力があってかむと歯ごたえのあるようす》しこしこ。

**졸:다¹** 自 居眠りする、うたたねする、まどろむ。¶ 꾸벅꾸벅 ～ こっくりこっくり居眠りする。/ 책을 읽다가 잠깐 ～ 本を読みながらちょっとうたたねする。

**졸:다²** 自 (水気などの分量が)減る、少なくなる。¶ 찌개가 졸았다 なべ物が煮詰まった。

**졸도**[卒倒] 名自 卒倒。¶ 쇼크를 받고 ～하다 ショックを受けて卒倒する。

**졸때기** 名 ①ちっぽけ、規模が小さいこと。¶ ～ 회사 ちっぽけな会社。②かけ出し、三下、ちんぴら、しがない人物。¶ 그런 ～가 무슨 일을 해 そんな三下に何ができようか。

**졸라-대다** 他 (しつこく)ねだる、せがむ、せびる。¶ 용돈을 달라고 ～ 小遣いをねだる。

**졸라-매다** 他 きつく締しめる、ぎゅっと結ぶ。¶ 신발끈을 ～ 靴のひもをぎゅっと結ぶ。

**졸랑-거리다** 自 軽々しく振る舞う、おっちょこちょいに出しゃばる。

**졸랑-졸랑** 副形動《しきりに軽々しく振るようす》おっちょこちょい。

**졸래-졸래** 副形動《軽々しくふるまうようす》ちょこちょこと。¶ ～ 따라오다 ちょこちょこついてくる。

**졸렌**[独 Sollen] 名 ゾルレン、当為。

**졸렬**[拙劣] 名形動 拙劣だ。¶ ～한 방법 拙劣な方法。

**졸:리다¹** 自 眠い、眠たい。¶ 졸린 듯한 눈 眠たそうな目/ 졸려서 견딜 수 없다 眠たくてたまらない。

**졸:리다²** 自 (「조르다」の受動)ねだられる、せがまれる、催促される。¶ 빚쟁이에게 ～ 借金取りに催促される。

**졸막-졸막** 副形動《大小さまざまなものが入り混じっているようす》ごたごた(と)、雑多に。

**졸망-졸망** 副形動 ①表面がでこぼこであるようす。②小さなものがかわいらしくむらがっているようす。¶ 아이들이 ～ 모여 있다 子供たちがちょこちょこより集まっている。

**졸문**[拙文] 名 拙文。①拙い文章。②自己の文章の謙称。

**졸병**[卒兵] 名 兵卒。

**졸보기-눈** 名 近視眼。

**졸부**〔猝富〕图 成金なり。¶ ~다운 속된 취미 成金らしい俗趣味しゅみ。

**졸속**〔拙速〕图 拙速せっ。¶ ~주의 拙速主義しゅぎ。

**줄어-들다** 圁(体積たい・分量ぶんりょう)っていく、少すくなくなる、小ちいさくなる。¶ 분량이 ~ 分量が減~っていく。/ 논물이 ~ 田圃たんぼの水みずが干ひあがる。

**졸아-붙다** 圁 (煮詰につまって)焦こげつく、煮につまる。¶ 된장국이 ~ みそ汁しるが煮詰まる。

**졸아-지다** 圁 (だんだん)減~っていく、縮ちぢんでいく、少すくなくなる、小ちいさくなる。

**졸업**〔卒業〕图 하다自他 ①卒業そつぎょう。¶ ~식 卒業式しき/ 대학을 수석으로 ~했다 大学だいがくを首席しゅせきで卒業した。 ②(比) (一定いっていの段階だんかいを経へて)次つぎの段階にいくこと。¶ 이미 연애 따위는 ~했다 もう恋愛れんあいなんかとっくに卒業した。

**졸업 논문**〔-論文〕图 卒業論文ろんぶん。

**졸업-생**〔-生〕图 卒業生せい。¶ 천 명의 ~을 내다 1000名めいの卒業生を出だす。

**졸업 증서**〔-證書〕图 卒業証書しょう。

**졸연-하다**〔猝然・-然〕彫団 ①突然とつぜんだ、不意ふいである、出だし抜ぬけてある。②《否定の表現とともに用いられて》たやすい、簡単かんだ。¶ 이번 일은 졸연치 않을 것 같다 こんどの仕事はたやすくないようだ。**졸연-히**副 突然、不意に、にわかに、たやすく。¶ 모습을 감추다 突然姿すがたを消す。/ 그 질문에 ~ 대답할 수 없었다 その質問にそんなに簡単には答えてやってくれないかと分ぶんに簡単にも答こたえられなかった。

**졸:음**〔拙作〕图 眠気ねむけ。¶ ~이 오다 眠気がさす。

**졸이다**他 ①(「졸다」の使役) 減へらす、煮詰につめる、煮につける。¶ 생선을 ~ 魚さかなを煮詰める。②気きをもむ、やきもきする。¶ 그런 사소한 일로 마음 졸일 것 없다 そんなつまらないことで気をもむことはない。

**졸작**〔拙作〕图 拙作せっ。①拙まずい作品さくひん。②自分ぶんの作品の謙辞けんじ。

**졸-장부**〔拙丈夫〕图 度量どりょうの狭せまい男おとこ、小心者しょうしんもの。

**졸저**〔拙著〕图 拙著せっ。

**졸졸**副 ①(少量しょうりょうの水みずが流ながれるようす・その音おと) さらさら、ちょろちょろ。¶ 물이 ~ 흐르다 水がちょろちょろと流れる。②((子供こども・子犬こいぬなどが後あとについて来くるようす))ぞろぞろ。¶ 아이들이 ~ 따라오다 子供たちがぞろぞろついてくる。③((細ほそい紐ひもなどを引ひくようす))ずるずる。

**졸졸-거리다** 圁 さらさら流される、ずるずる引ひっぱられる、ちょろちょろついてくる。

**졸중**〔卒中〕图 卒中そっちゅう。¶ ~으로 쓰러지다 卒中で倒れる。

**졸지**〔猝地〕图 にわか、だしぬけ、突然とつぜん、不意ふい、急きゅう。¶ ~의 일이라서 놀랐다 突然の事とで驚おどろいた。

**졸지-에** 圁 にわかに、だしぬけに、不意ふいに、急きゅうに。¶ ~ 당했다 不意にやられた。/ 돌아가시다 急に亡なくなる。

**졸필**〔拙筆〕图 拙筆せっ。

**좀**[1] 图①動 しみ、しみむし。②(比) 物事ものごとに少しずつ損を与たえる物の・人ひと。
관용 좀이 쑤시다 むずむずする、じっとしていられない。

**좀**[2] 圁 ①(「조금」の縮約形) ちょっと、少し、少々しょうしょう、やや、しばらく。¶ ~ 일찍 와ちょっと早はやく来こいよ。/ 오늘은 ~ 덥다 今日きょうはやや暑あつい。②(要求ようきゅう・依頼いらいの際さいに)ちょっと、どうぞ。¶ 그것 ~ 해 주지 않을래? それをちょっとやってくれないかね。/ 내일 ~ 와 주시겠습니까? 明日あしたちょっと来てくださいませんか。

**좀**[3] 圁 いかほどにか、どんなにか、さぞ、大おおいに。¶ 배가 ~ 고플까 腹はらがどんなに空すいたろう。/ 아팠을까 どんなに痛いたかったろう。

**좀-** 接頭 (度量どりょう・規模きぼなどが小ちいさいことを表あらわす語ご) 小ちい~、ちっぽけな、つまらない。¶ ~도둑 こそどろ。

**좀-더** 圁 もう少すこし、もうちょっと、もっと。¶ ~ 놀다 가거라 もう少し遊あそんで行いけ。/ ~ 기다려 もうちょっと待まってね。

**좀-도둑** 图 こそ泥どろ。¶ ~을 잡다 こそ泥をつかまえる。/ ~질을 하다 こそ泥を働はたらく。

**좀-되다** 彫 人ひととなりがみみっちい、しみったれだ。¶ 좀된 사내 しみったれな男おとこ。

**좀-먹다** 自他 ①しみが食くう、むしばむ。¶ 좀먹은 책 しみの食った本ほん。②少すこしずつ損害そんがいを与たえる、やってくれる。¶ 동심을 좀먹는 환경 童心どうしんをむしばむ環境かんきょう。

**좀-생원**〔-生員〕图 しみったれな人ひと。

**좀-스럽다** 彫ㅂ ①ちっぽけでとるに足たりない。②こせこせしている、みみっちい。¶ 좀스럽게 굴다 こせこせとふるまう。

**좀-약**〔-藥〕图 (シミよけの)防虫剤ぼうちゅうざい。

**좀:-처럼** 圁 めったに(…しない)、なかなか(…しない)。¶ ~ 오지 않는 기회 めったに来ないチャンス/ 버스는 ~ 오지 않는다 バスがなかなか来ない。

**좀팽이** 图 ①小柄こがらでこせこせした者もの、しみったれ。②くだらない物もの、がらくた。

**좁다** 彫 狭せまい。¶ 좁은 문 狭い門もん/ 길이 ~ 道みちが狭い。/ 마음이 ~ 心こころが狭い。

**좁-다랗다** 彫 とても狭い、狭苦せまくるしい。¶ 좁다란 방 狭苦しい部屋へや。

**좁디-좁다** 彫 「좁다」の強調形。

**좁-쌀** 图 ①粟あわ。¶ ~떡 粟餅あわもち。②(比) ごく小ちいさい物もの、せせこましい人ひと。¶ ~만한 땅 猫ねこの額ひたいほどの土地とち。

**좁쌀 영감**〔-令監〕图 こせこせした老人ろうじん。

**좁히다** 他 狭せばめる、縮ちぢめる、絞しぼる。¶ 간격을 ~ 間隔かんかくを狭める。/ 포위망을 ~ 包囲網ほういもうを絞る。/ 수사 범위를 ~ 捜査範囲そうさはんいを縮める。

**종:** 图 ①史 奴婢ぬひ、召使めしつかい、僕しもべ。¶ ~ 살이 僕しもべ暮らし。②(比) 他人たにんの考かんがえ・命令れいどおりに動うごく人ひと。

**종**:[種] **I** 图 ①種たね, 種子しゅ。 ②種類しゅ。 ¶ 동~에 속하다 同じ種類しゅに属ぞくする。 ③[生]《生物せいぶつ分類上ぶんるいじょうの最下位さいかいの単位たんい》種しゅ。 ¶ ~の保存 種の保存ほぞん。 **II** 造《種類しゅるいをかぞえる単位たんい》…種しゅ。 ¶ 3~의 요리 3種さんの料理りょう。 **III** 接尾 …種しゅ。 ¶ 개량~ 改良種かいりょう/ 재래~ 在来種ざいらいしゅ。

**종**:[縱] 图 縦たて・じゅう。 ¶ ~과 횡 縦と横よこ。

**종**:[鐘] 图 ①鐘かね, つりがね, 鈴れい, ベル。¶ ~을 치다 鐘を撞つく。 /~이 울리다 鐘が鳴なる。 ②《雅楽ががくで用もちいる》鐘しょう。

**종**-[宗] 接頭 宗そう。①おおもと, 本家ほんけ。¶ ~가 宗家そうけ。 ②祖先そせん, みたまや。¶ ~묘 宗廟そうびょう。③中心ちゅうしんとなる大事だいじなもの。

**종**:-[従] 接頭《いとこなどの関係かんけいをあらわす語ご》従じゅう…。 ¶ ~형제 従兄弟じゅうけいだい。

-**종**[宗] 接尾 …宗しゅう。¶ 선~ 禅宗ぜんしゅう。

**종가**[宗家] 图 宗家そうけ, 本家ほんけ。¶ ~가 되는 가문 宗家そうけに当あたる家柄いえがら。

**종가**[終價] 图〔経〕《取引所とりひきじょの立たち会あいで》前場ぜんば・後場ごばでの最終しゅうの時価じか, 大引おおびけ値段ねだん, 終おわり値ね。

**종각**[鐘閣] 图 鐘楼しょうろう, 鐘かねつき堂どう。

**종간**[終刊] 图ㆍ하자 終刊しゅうかん。 ¶ 잡지의 ~호 雑誌ざっしの終刊号しゅうかんごう。

**종강**[終講] 图ㆍ하자 終講しゅうこう, 閉講へいこう, 《学期がっきの》講義こうぎを終おえること。¶ 오늘로 ~이다 今日きょうで講義は終わりだ。

**종:-개념**[種概念] 图〔論〕種概念しゅがいねん。 ⓐ 유개념(類概念)。

**종견**[種犬] 图 種犬たねけん。

**종결**[終決] 图ㆍ하자 終決しゅうけつ, きまりがついて終おわること。

**종결**[終結] 图ㆍ하타ㆍ되자 終結しゅうけつ。¶ 분쟁의 ~ 紛争ふんそうの終結/ 회의가 ~되다 会議かいぎが終結する。

**종결 어:미**[-語尾] 图〔文法〕終結語尾ごび。

**종교**[宗教] 图 宗教しゅうきょう。 ¶ ~가 宗教家しゅうきょうか/ 신흥 ~ 新興しんこう宗教/ ~를 믿다 宗教を信しんずる。/~에 귀의하다 宗教に帰依きえする。

**종교 개**:**혁**[-改革] 图〔史〕宗教改革かいかく。

**종교 음악**[-音樂] 图 宗教音楽おんがく。

**종교 재판**[-裁判] 图〔基〕宗教裁判さいばん。

**종교 전**:**쟁**[-戰爭] 图 宗教戦争せんそう。

**종국**[終局] 图 終局しゅうきょく, 大詰おおづめ。¶ 분쟁이 ~을 맞다 紛争が終局を迎むかえる。

**종군**[從軍] 图ㆍ하자 従軍じゅうぐん。¶ ~ 기자 従軍記者しゃ。

**종군 위안부**[-慰安婦] 图 従軍慰安婦いあんふ。

**종극**[終極] 图 終極しゅうきょく, はて, 終おわり, 最後さいご。¶ ~의 목적 終極の目的もくてき。

**종기**[終期] 图 終期しゅうき。¶ 계약의 ~ 契約けいやくの終期。

**종**:**기**[腫氣] 图 出来物できもの, 腫はれ物もの, お出来でき。¶ 악성 ~ たちの悪わるいできもの/ ~가 나다 腫れ物ができる。

**종**:-**날** 图 陰暦いんれきの二月一日にがつついたち。

**종**:-**남매**[從男妹] 图 いとこの兄にいと妹いもうと。

**종내**[終乃] 副 ①ついに, 結局けっきょく, とうとう。¶ ~ 항복하고 말았다 ついに降伏こうふくしてしまった。 ②最後さいごまで。¶ ~ 자백하지 않았다 最後まで自白じはくしなかった。

**종다리**[名ㆍ動] ヒバリ。 ⓐ 종달새

**종단**[縱斷] 图ㆍ하타ㆍ되자 縦断じゅうだん。¶ ~ 비행 縦断飛行ひこう/ 알프스를 ~하다 アルプスを縦断する。 ⓐ 횡단(橫斷)

**종단-면**[-面] 图 縦断面めん。

**종달-새**[名ㆍ動] ヒバリ。 ⓐ 종다리

**종당**[從當] 副 結局けっきょく, 今後当然こんごとうぜん。¶ ~ 그렇게 되고야 말 것이다 今後当然そうなるに決きまっている。

**종대**[縱隊] 图 縦隊じゅうたい。¶ 일렬 ~로 늘어서다 一列いちれつ縦隊に並ならぶ。

**종돈**[種豚] 图 種豚たねぶた。

**종**:**두**[種痘] 图ㆍ하자ㆍ되자〔医〕種痘しゅとう。 ¶ ~를 맞다 種痘を打うってもらう。

**종**:**두법**[-法] 图〔医〕種痘法ほう。

**종래**[從來] 图ㆍ副 従来じゅうらい。¶ ~의 방법 従来の方法ほうほう/ ~와 같이 실시한다 従来の通とおり実施じっしする。

**종량-제**[從量制] 图 従量税制じゅうりょうぜいせい。¶ 쓰레기 ~ ごみの従量税制。

**종려**[棕櫚] 图〔植〕シュロ。 ⓐ 종려나무

**종려-나무** 图 シュロ。

**종례**[終禮] 图ㆍ하자《学校がっこうで》授業じゅぎょうが終おわったあとの先生せんせいと生徒せいとの会合かいごう。

**종료**[終了] 图ㆍ하타ㆍ되자 終了しゅうりょう。¶ 시합 ~ 試合しあい終了。

**종루**[鐘樓] 图 鐘楼しょうろう, 鐘かねつき堂どう。

**종**:**류**[種類] 图 種類しゅるい。¶ 같은 ~ 同じ種類/ ~별로 분류하다 種類別べつに分類ぶんるいする。 / 귤에도 많은 ~가 있다 みかんにもたくさんの種類がある。

**종**:**마**[種馬] 图 種馬たねうま・しゅば。

**종막**[終幕] 图 ①フィナーレ。 ②《比》物事ものごとの終おわり。¶ ~을 고하다 終幕を告つげる。

**종말**[終末] 图 終末しゅうまつ, 終おわり。¶ 슬픈 ~을 맞이하다 悲かなしい終末を迎える。/ ~은 비참했다 終末は悲惨ひさんだった。

**종말-론**[-論] 图〔宗〕終末論ろん。

**종**:**목**[種目] 图 種目しゅもく。¶ 출전 ~ 出場しゅつじょう種目/ ~별 득점 種目ごとの得点とくてん。

**종묘**[宗廟] 图 宗廟そうびょう。①王室おうしつの霊れいをまつるところ。 ②朝鮮ちょうせん時代じだいの歴代れきだいの王王・王妃おうひの位牌いはいを祭まつった王室の祠堂しどう。

**종**:**묘**[種苗] 图 種苗しゅびょう。①苗木なえぎを植うえて育そだてること。②苗木になる種たねを植える事。

**종**:-**묘장**[-場] 图 苗木なえぎを植うえて育てるところ。

**종무**[終務] 图ㆍ하자 役所やくしょなどでその年ねんの業務ぎょうむを終えること。

**종-무소식**[終無消息] 图 ついに消息しょうそくのないこと。¶ 헤어진 후 ~이다 別わかれた後なにの消息もない。

**종반**[終盤] 图 終盤しゅうばん。¶ ~전 終盤戦せん/ ~

**종범**에 접어들다 (囲碁・将棋で)寄せに入る.
**종범**[從犯] 图[法] 従犯. ¶ 살인죄의 ~ 殺人罪きの従犯.
**종:별**[種別] 图[他][自] 種別. ¶ ~로 분류하다 種別に分類する.
**종복**[從僕] 图 従僕, 僕, 召使. ¶ 충실한 ~ 忠実な従僕.
**종부**[宗婦] 图 本家の一番上の嫁.
**종사**[宗社] 图 宗社, 宗廟と社稷.
**종사**[從事] 图[他][自] 従事. ¶ 농업에 ~하다 農業に従事する. / 교육에 ~하다 教育に携わる.
**종:-살이** 图[自] (むかし)奴婢として主人の家に仕えたこと.
**종서**[縱書] 图[他][自] 縦書き.
**종선**[從船] 图 大きな船舶に付属する小さい船.
**종선**[縱線] 图 縦線. ¶ ~을 긋다 縦線を引く.
**종성**[終聲] 图[文法] 終声(ハングルで一音節末にちゃくに来る子音じおん).
**종-소리**[鐘-] 图 鐘の音. ¶ 제야의 ~ 除夜の鐘の音.
**종속**[從属] 图[他][自] 従属. ¶ ~ 관계 従属関係 / ~적인 지위 従属的な地位.
**종손**[宗孫] 图 宗家の長孫.
**종:손**[從孫] 图 従孫, 兄弟の孫.
**종시**[終是] 副 ついに, とうとう, 終わりまで, 結局. ¶ ~ 말하지 않았다 ついに話さなかった. / ~ 연구를 완성했다 とうとう研究を完成した.
**종식**[終熄] 图[他][自] 終息. ¶ 분쟁이 ~되다 紛争が終息する.
**종신**[終身] 图[他] ①終身, 死ぬまでの間. ¶ ~ 고용 終身雇用. ②一生を終えること. ③臨終, 最期.
**종신 연금**[-年金] 终身年金.
**종신-토록** 副 一生, 一生涯, 死ぬまで. ¶ ~ 여기서 살겠다 一生ここで住むつもりだ.
**종신 회:원**[-會員] 图 終身会員.
**종씨**[宗氏] 图 同じ姓の人で親戚でない人, 同姓.
**종:씨**[從氏] 图 自分, 他人の従兄をうやまっていう語.
**종:아리** 图 ふくら脛, こむら. ¶ ~를 맞다 ふくらはぎを打たれる.
**종알-거리다** 图(不平不を)ぶつぶつ言う, つぶやく.
**종알-종알** 副[自] ぶつぶつ.
**종:양**[腫瘍] 图[醫] 腫瘍. ¶ 악성 ~ 悪性腫瘍.
**종언**[終焉] 图[他][自] 終焉. ¶ ~을 고하다 終焉を告げる.
**종업**[從業] 图[他][自] 従業. ¶ ~ 중 면회 사절 従業中面会謝絶.
**종업-원**[-員] 图 従業員.
**종업**[終業] 图[他][他] 終業. ¶ ~식 終業式 /

금일 ~ 本日終業.
**종연**[終演] 图[他][自] 終演. ¶ ~은 아홉시입니다 終演は9時です.
**종영**[終映] 图[他][自] 終映, 映画が終わること, 映画を終えること.
**종용**[慫慂] 图[他] 慫慂. ¶ 출마를 ~하다 出馬を慫慂する.
**종유-석**[鍾乳石] 图[地] 鍾乳石.
**종이** 图 紙. ¶ ~ 조각 紙切れ / ~에 적다 紙に記す. / ~를 팔락 넘기다 紙をぱらりとめくる.
**종일**[終日] 图 ①終日, 一日中. ②《副詞的に》終日. ¶ 어제는 ~ 비가 왔다 昨日きのうは終日雨が降った.
**종일-토록** 副 一日中. ¶ ~ 쉬지 않고 일하다 一日中休まず働く.
**종자**[從者] 图 従者, 供人, 供の者. ¶ 고향까지 ~를 거느리고 가다 故郷まで従者を従えて行く.
**종자**[種子] 图 ①種子, 種. ¶ ~가 좋다 種がいい. / ~를 개량하다 種子を改良する. ②(比)(卑しめて)血統, ひととなり, 人柄.
**종작** 图 だいたいの推測, 見当.
**종작-없다** 厖 はかり知りがたい, 定見がない, 要領を得ない. ¶ 종작없는 말 要領を得ないことば. **종작-없이** 副 定見もなく, あてど(も)なく.
**종-잡다** 图 だいたいを推しはかる, 見当をしゃべる. ¶ 전혀 종잡을 수 없다 全然見当がつかない.
**종적**[踪跡] 图 蹤跡, 踪跡, あしあと, 行方. ¶ 그의 ~이 묘연하다 彼の行方が分からない.
관용> **종적(을) 감추다** 跡をくらます, 姿を消す. **종적(을) 밟다** 行方をさがす.
**종적**[縱的] 图[冠] 物事じょの上下じょ, 縦の関係にかかわる状態. ¶ ~인 유대 縦のつながり.
**종전**[從前] 图 従前, これまで. ¶ ~대로 하시오 従前どおりにしなさい.
**종전**[終戰] 图[他][自] 終戦.
**종점**[終點] 图 終点. ¶ 버스 ~에서 내리다 バスの終点で降りる.
**종:-조모**[從祖母] 图 従祖母, 従祖父の夫人.
**종:-조부**[從祖父] 图 従祖父, 祖父の兄弟.
**종족**[種族] 图 種族.
**종족 보:존**[-保存] 图 種族保存. ¶ ~의 본능 種族保存の本能.
**종:종**[種種] 副 時々, たまに, たびたび, 折り折り, しばしば. ¶ ~ 비가 온다 しばしば雨が降る. / ~ 만나기로 하자 時々会うことにしよう.
**종종-거리다**[1] 图 小走りに歩く, せかせかと歩く.
**종종-거리다**[2] 图 恨みがましくこぼす, ぶつぶ

**종종-걸음** 〖名〗 刻み足、急ぎ足、小走り。¶ ~으로 걷다 刻み足で歩く。

**종종걸음-치다** 〖自〗 小走りする。

**종주**〖宗主〗〖名〗 宗主。¶ ~권 宗主権。

**종주-국**〖-國〗〖名〗 宗主国。

**종주**〖縦走〗〖名〗〖自他〗 縦走。¶ 알프스를 ~하다 アルプスを縦走する。

**종:-주먹** 〖名〗 振り上げたげんこつ。¶ ~을 다 げんこつを振り上げながら脅す。

**종중**〖宗中〗〖名〗 一門。

**종중-답**〖-畓〗〖名〗 一族所有の田。

**종중-산**〖-山〗〖名〗 一族の祖先の墓を祭った山。

**종지**〖宗旨〗〖名〗 宗旨。¶ ~를 달리하다 宗旨を異にする。/ ~를 바꾸다 宗旨を変える。

**종지**〖終止〗〖名〗〖自〗 終止。

**종지 기호**〖-記號〗〖名〗〖音〗 終止記号。

**종지-부**〖-符〗〖名〗 終止符、ピリオド。¶ ~를 찍다 終止符を打つ。

**종지-뼈** 〖名〗〖生〗 膝蓋骨、膝皿。

**종:-질**〖從姪〗〖名〗 従兄弟の息子。

**종:-질녀**〖從姪女〗〖名〗 従兄弟の娘。

**종:-질부**〖從姪婦〗〖名〗 従兄弟の嫁。

**종착**〖終着〗〖名〗〖自〗 終着。¶ ~ 열차 終着列車。

**종착-역**〖-驛〗〖名〗 終着駅。

**종:-축**〖種畜〗〖名〗 種畜。¶ ~장 種畜牧場。

**종:-치다**〖鐘-〗〖自〗〖俗〗 事が成果なく終わる、万事が休す。¶ 그 사업도 종쳤다 その事業もだめになった。

**종친**〖宗親〗〖名〗 ①同姓・同本貫の一族。②王室の親族。

**종파**〖宗派〗〖名〗 宗派。

**종파**〖縦波〗〖名〗〖物〗 縦波。

**종합**〖綜合〗〖名〗〖他〗〖自〗 総合。¶ ~ 대학 総合大学/ 다양한 정보를 ~하다 多様な情報を総合する。

**종합 병:원**〖-病院〗〖名〗 総合病院。

**종합 예:술**〖-藝術〗〖名〗 総合芸術。

**종합-적**〖-的〗〖冠〗〖名〗 総合的。¶ ~으로 검토하다 総合的に検討する。

**종:-형**〖從兄〗〖名〗 従兄。

**종:-형제**〖從兄弟〗〖名〗 従兄弟。

**종횡**〖縦横〗〖名〗 縦横。¶ 시가를 ~으로 뻗은 길 市街に走ける道路。

**종횡 무진**〖-無盡〗〖名〗 縦横無尽。¶ ~의 활약 縦横無尽の活躍。

**좆** 〖名〗〖卑〗 男性の性器、大人の男根。

**좇다** 〖他〗 追う。¶ ①(後に)ついて行く。¶ 친구를 좇아 놀러 가다 友達について遊びに いく。②(人の意見・大勢などに)従う。¶ 선례를 ~ 先例に従う。/ 유행을 ~ 流行を追う。

**좇아-가다** 〖他〗 ①(後に)ついて行く。¶ 어머니의 뒤를 ~ 母の後について行く。②(人の意見などに)従う。¶ 유행을 ~ 流行を追う。

**좇아-오다** 〖他〗 (後に)ついて来る、(後から) 追ってくる。

**좋:다¹** 〖形〗 よい、いい。①楽しい、愉快だ、うれしい、快い。¶ 기분이 ~ 気持ちがよい。②美しい、立派だ、好ましい、賢い、善良だ、丈夫だ。¶ 경치가 ~ 景色がいい。/ 머리가 ~ 頭がいい。/ 좋은 집안에 태어나서 立派な家柄に生まれる。③効き目がある、得だ。¶ 건강에 ~ 健康によい。④適切である、適当だ、ふさわしい、ほどよい。¶ 좋은 적수 い敵手/ 어떻게 대답해야 좋을지 몰랐다 どう答えてよいかわからなかった。⑤めでたい、よろこばしい。¶ 오늘같이 좋은 날 今日のようなめでたい日。⑥親しい、睦まじい。¶ 사이 좋게 지내자 仲よく過ごそう。⑦好きだ、気に入っている。¶ 그녀가 ~ 彼女が好きだ。⑧(反) よい。¶ 꿀、~ 달콤だ/ 염치가 ~ 恥知らずだ。⑨宜しい、構わない、差し支えない。¶ 담배를 피워도 ~ たばこを吸っても よい。⑩正当である。¶ 사람을 돕는 것은 좋은 일이다 人を助けるのはいいことで ある。⑪幸運である。¶ 운이 ~ 運がいい。⑫(…し)やすい。¶ 먹기 ~ 食べやすい。/ 활자가 굵어서 읽기 ~ 活字が太くて読み易い。⑬(願望を表わす)(…すれば)いい、(…だったら)いい。¶ 내일 비가 오면 좋을텐데… あす雨だと良いのだが…。

**좋:다²** (満足感、決意、賛成、興奮などの感情を表わす語) よし、よしし、よろしい、結構だ、いいぞ。¶ 용서해 주마 よし、許してやろう。

**좋:아-지다** 〖自〗 ①良くなる。¶ 경기가 ~ 景気がよくなる。②好きになる。¶ 그 여자가 점점 좋아졌다 彼女がだんだん好きに なった。

**좋:아-하다** 〖他〗 ①喜ぶ、嬉しがる。¶ 칭찬을 듣고 ~ ほめられて喜ぶ。②好きだ、好む。¶ 독서를 ~ 読書を好む。/ 홍차보다 커피를 ~ 紅茶よりコーヒーを好む。③好く。¶ 좋아하는 사람 好きな人/ 서로 ~ 好き合っている。

**좋:이** 〖副〗 よく、かなり、優に、相当。¶ ~ 재산을 모았다 かなり財産を作った。/ 거기까지 가려면 ~ 시간이 걸릴 것이다 そこまで行くにはかなり時間がかかるだろう。

**좌**〖左〗〖名〗 左。¶ ~익수 左翼手/ ~로 돌아가라 左に回って行け。

**좌**〖座〗 I 〖名〗 座る場所、席。 II 〖依〗《仏像を数える語》座、体。¶ 불상 일 ~ 仏像1体。 III 〖接尾〗〖天〗 …座。¶ 전갈 ~ さそり座。

**좌:-경**〖左傾〗〖名〗〖自〗 左傾。¶ ~ 사상에 물들다 左傾思想に染まる。

**좌:-골**〖坐骨〗〖名〗〖生〗 座骨。¶ ~ 신경통 座骨神経痛。

**좌:-기**〖左記〗〖名〗 左記。¶ ~와 같음 左記の

**좌:담**[座談] 图 座談だん。¶ ~ 형식으로 이야기하다 座談の形かたちで話はす。

**좌:담-회**[-會] 图 座談会かい。

**좌르르** 副 ①《水みずがどっと勢いきおいよく流ながれ落おちる音おと》じゃあじゃあ、ざあざあ。②《小ちいさい物ものが一度いちどに流ながれおちる音》がらがら、ごろごろ、ざらざら。

**좌:변**[左邊] 图 ①左辺へん。②左側ひだりの端はし。

**좌:상**[座像] 图 座像ぞう、坐像ぞう。

**좌:상**[挫傷] 图 [하자] ①元気げんきが挫くじけて心こころが痛いたむこと。②挫傷しょう、うちみ、くじき。㊥ 타박상

**좌:석**[座席] 图 座席せき、席せき。¶ 지정 ~ 指定ていの座席/ ~ 에 앉다 座席につく。

**좌:선**[坐禪] 图 [하자] 座禅ぜん、坐禅ぜん。

**좌:시**[坐視] 图 座視し。¶ ~ 할 수 없다 座視するに忍しのびない。

**좌:-심방**[左心房] 图 [生] 左心房しんぼう。

**좌:-심실**[左心室] 图 [生] 左心室しんしつ。

**좌:약**[坐藥] 图 座薬やく、座剤ざい、さしぐすり。¶ 치질의 ~ 痔じの座薬。

**좌:완**[左腕] 图 左腕わん。¶ ~ 투수 左腕投手とうしゅ。

**좌:우**[左右] 图 左右ゆう。①左ひだりと右みぎ。¶ 전후 ~ 로 흔들리다 前後ぜんご左右に揺ゆれる。②そば、わき、周囲い、辺あたり。¶ ~ 를 잘 살피시오 辺りによく気きをつけなさい。③《手紙がみで》その人ひとの宛名あてなの下したに尊敬けいの意いで書かきそえる言葉ことば。④「좌우익(左右翼)」の縮約形けい。⑤「좌지우지(左之右之)」の縮約形。¶ 권력에 ~ 되는 사람들 権力けんりょくに左右される人たち/ 남의 의견에 ~ 되다 他人にんの意見けんに左右される。

**좌:우간**[-間] 副 ともかく、とにかく、何ではともあれ。¶ ~ 가 보자 とにかく行ってみよう。②どちらがを、どたらかに。

**좌:우-고면**[-顧眄] 图 [하자] 右顧左眄ばべん。

**좌:우-명**[座右銘] 图 座右めいの銘めい。

**좌:익**[左翼] 图 左翼よく。¶ ~ 화 左翼化か。

**좌:익-수**[-手] 图 [野] 左翼手しゅ、レフト。

**좌:장**[座長] 图 座長ちょう。

**좌:절**[挫折] 图 [하자] 挫折せつ。¶ ~ 감 挫折感かん/ 계획이 ~ 되다 計画かくが挫折する。

**좌:중**[座中] 图 座中ちゅう、人ひとが集あつまった席せき。¶ ~ 을 웃기다 座中を笑わらわす。

**좌:지우:지**[左之右之] 图 [하자] 돼 思おうままにすること。¶ 나라의 운명을 ~ 하다 国くにの運命めいを左右ゆうする。㊥ 좌우

**좌:천**[左遷] 图 [하자] 돼 左遷せん。¶ 지방으로 ~ 되다 地方ほうへ左遷される。

**좌:초**[坐礁] 图 [하자] 돼 座礁しょう。¶ 화물선이 ~ 되다 貨物船かぶつせんが座礁する。

**좌:충-돌**[左衝右突] 图 [하자] 四方ほう八方ほうに突つきあたること、あちこちぶつかりあうこと。

**좌:측**[左側] 图 左側がわ・ひだりがわ。¶ ~ 통행 左側ひだりがわ通行つう。㊥ 왼쪽

**좌:파**[左派] 图 左派は。¶ ~ 진영 左派陣営じんえい。

**좌:판**[坐板] 图 地面めんに敷しいて座すわる板いた。

**좌:편**[左便] 图 左側ひだりがわ。

**좌:표**[座標] 图 [數] 座標ひょう。¶ ~ 를 구하다 座標を求もとめる。/ ~ 로 삼다 座標とする。

**좌:표-축**[-軸] 图 [數] 座標軸じく。

**좌:향-좌**[左向左] 感 左向ひだりむけ左ひだり。

**좌:현**[左舷] 图 左舷げん。

**좌:회-전**[左廻轉] 图 [하자타] 左折せつ、(車くるまなどが)左ひだりへ曲まがること。¶ ~ 금지 左折禁止きんし/ 이곳에서는 ~ 을 못 합니다 ここでは左折できません。

**좌:흥**[座興] 图 座興きょう。¶ ~ 으로 노래를 부르다 座興に歌うたを歌うたう。/ 그는 ~ 을 돋우는 솜씨가 좋다 彼かれは座興ちがうまい。

**좍** 副《物事ものが広ひろがるようす》ぱっと。¶ 소문이 ~ 퍼지다 うわさがぱっと広がる。

**좍좍** 副 ①《激はげしく降ふる雨あめ・水みずの音おと》じゃあじゃあ、ざあざあ。¶ 물을 ~ 뒤집어 쓰다 水みずをざあざあとあびる。②《よどみなく文章ぶんしょうを読よみ下さげようす》よどみなく、すらすら。¶ 글을 ~ 읽어 내리다 文ぶんをすらすら読み下す。③《みるみる広ひろく拡ひろがるようす》とめどなく、ぱっと。¶ 명성이 ~ 퍼져 나갔다 名声めいがみるみる広がっていった。

**좔좔** 副 [하자] 《多量たりょうの水みずが勢いきおいよく流ながれるようす》ざあざあ、じゃあじゃあ。¶ 냇물이 ~ 흐르다 小川おがわの水みずがじゃあじゃあと流れる。

**죄**[罪] 图 罪つみ。¶ 살인 ~ 殺人じん罪/ ~ 와 벌 罪と罰ばつ/ ~ 를 짓다 罪を犯おかす。/ ~ 를 남에게 덮어 씌우다 人ひとに罪をなすり付つける。|관용| 죄(를) 받다 (犯おかした罪つみに対たいして)罰ばつを受うける。 죄(를) 주다 罪つみを犯おかした者ものを罰ばつする。

**죄:과**[罪科] 图 [하자타] 罪科か・つみ。¶ 아무 ~ 도 없는 사람을 치다 何なのつみとがもない人ひとを打うつ。

**죄:과**[罪過] 图 罪過か。¶ 저지른 ~ 犯おかした罪過/ ~ 를 묻다 罪過を問とう。

**죄:다**[他 ①(ゆるんでいるものを)きつく絞しめる、引ひき締しめる。¶ 볼트를 ~ ボルトを絞める。②(透すき間まを)狭せばめる、詰つめる。¶ 죄어 앉아 점게 座すわる。③(気きを)もむ、(心こころを)焦こがす。¶ 마음을 죄며 기다리고 있다 気をもみながら待まっている。

**죄다**[2] 何なにもかもすべて、すっかり、ひとつ残のこらず、いっさい、皆みな。¶ ~ 먹어 버렸다 すっかり食たべてしまった。/ 표가 ~ 팔렸다 切符きっぷが全部ぶ売うり切きれた。

**죄:명**[罪名] 图 罪名めい。¶ ~ 은 살인죄입니다 罪名は殺人罪ざいです。

**죄:목**[罪目] 图 罪目もく。

**죄:-받다**[罪-] 自 罰ばつを受うける、罰ばつが当あたる。¶ 그런 짓을 하면 죄받는다 そんなことをすれば罰が当たる。

**죄:상**[罪狀] 图 罪状じょう。¶ ~ 을 부인하다 罪状を否認にんする。

**죄:송**[罪悚] 图 [하형] [소形] 申もうし訳わけないこと、恐おそれ入いること、恐縮しょく。¶ 바쁘신데 ~

**죄:-수**〔罪囚〕图 罪囚죄수, 囚人수인. ¶ ~가 도망을 꾀하다 囚人が逃走を企くわだてる。

**죄:-스럽다**〔罪-〕形ㅂ どうも申もうし訳わけない、すまない。¶ 부모님을 속인 것 같아 ~ 父母ふぼをだましたようですまない。

**죄:악**〔罪惡〕图 罪悪ざいあく。¶ ~을 범하다 罪悪を犯おかす。

**죄:-악-감**〔-感〕图 罪悪感ざいあくかん。

**죄어-들다** 自 ① 引ひき締しまる、食くい込こむ。¶ 끈이 손가락을 ~ ひもが指ゆびに食い込む。② 縮ちぢむ、縮ちぢみ込こむ。③〔胸品・息いきが〕詰つまる、引ひき締しまる。¶ 가슴이 죄어들어 숨이 막히다 胸むねがつまって息苦いきぐるしい。

**죄:업**〔罪業〕图〔佛〕罪業ざいごう。¶ ~이 많은 이 몸 罪業の深ふかいこの身み。

**죄이다** 自(《죄다》의 受動) 締しまる、絞しめられる。¶ 나사가 꼭 ~ ねじがかたく締しめつけられる。

**죄:인**〔罪人〕图 ① 罪人ざいにん. ¶ ~ 취급을 하다 罪人扱ざいにんあつかいする。② 喪中もちゅうにある人ひとが自身じしんを指さしていう語ご。

**죄:질**〔罪質〕图 罪質ざいしつ。

**죄:-짓다**〔罪-〕自人 罪つみを犯おかす。

**죄:책**〔罪責〕图 罪責ざいせき。¶ ~감 罪責感かん。

**죄:형**〔罪刑〕图 罪刑ざいけい。¶ ~ 법정주의 罪刑法定主義ほうていしゅぎ。

**죔:쇠** 图 締しめ金がね。¶ 혁대의 ~를 늦추다 バンドの締め金を緩ゆるめる。

**주**〔主〕Ⅰ图 主しゅ。① 主人しゅじん、持もち主ぬし、あるじ。¶ ~ 객 전도 主客転倒てんとうする 君主くんしゅ、主君しゅくん、君きみ。③〔基〕神かみ、イエスキリスト。④ 中心ちゅうしんとなること、おも、頭かしら。¶ ~된 목적 おもな目的もくてき。Ⅱ接尾 …主ぬし。¶ 소유~ 所有主しょゆうぬし/ 조물~ 造物主ぞうぶつしゅ。

**주**〔州〕图 州しゅう。①〔史〕地方行政区域ちほうぎょうせいくいきのひとつ。②〔美国べいこくなど〕連邦州れんぽうしゅう国家こっかの行政区域。¶ 일리노이 ~ イリノイ州。

**주**〔洲〕Ⅰ图《地球地球ちきゅうじょうの大陸たいりくの区分くぶん》洲しゅう。¶ 오대 ~ 五大洲ごだいしゅう。Ⅱ接尾 ① …州しゅう。¶ 미 ~ アメリカ州。② …洲しゅう。¶ 삼각 ~ 三角州さんかくす。

**주**〔株〕Ⅰ图《《주식・주권의 縮約形》株かぶ。¶ 자산 ~ 資産株しさんかぶ/ ~를 팔아 버리다 株を手放てばなす。Ⅱ依《株券かぶけん・樹木じゅもくを数かぞえる単位たんい》株かぶ。¶ 2천 ~ 2千株せんかぶ。

**주**〔註〕图 注ちゅう。¶ ~를 달다 注を付つける。

**주**〔週〕图 週しゅう。¶ 이번 ~ 今週こんしゅう/ ~ 5일 근무 週五日ごにち勤務きんむ。

**주-**〔駐〕接頭 駐ちゅう…。¶ ~ 일 대사 駐日大使ちゅうにちたいし/ ~ 미 대사 駐米ちゅうべい公館こうかん。

**주가**〔株價〕图 株価かぶか。¶ 평균 ~ 平均へいきん株価/ ~가 폭등하다 株価が暴騰ぼうとうする。

**주가 지수**〔-指數〕图 株価指数しすう。

**주간**〔主幹〕图他 主幹しゅかん、取とり締しまり、主任しゅにん。¶ 편집 ~ 編集へんしゅう主幹。

**주간**〔週刊〕图 週刊しゅうかん。¶ ~ 신문 週刊新聞しんぶん。

**주간-지**〔-誌〕图 週刊誌し。

**주간**〔週間〕图 週間しゅうかん。¶ 독서 ~ 読書どくしょ週間/ 1 ~의 휴가 一週間の休暇きゅうか。

**주간**〔晝間〕图 昼間ちゅうかん、ひるま。¶ ~ 학교 昼間学校がっこう/ ~ 인구 昼間人口じんこう。

**주-개:념**〔主概念〕图〔論〕主概念しゅがいねん。

**주객**〔主客〕图 主客しゅかく。¶ ~ 일체 主客一体いったい/ ~ 전도 主客転倒てんとう。

**주객**〔酒客〕图 酒客しゅかく、酒好さけずき、酒飲さけのみ。

**주:거**〔住居〕图自他 住居じゅうきょ、住すまい。¶ ~ 부정 住居不定ふてい/ ~를 이전하다 住居を移転いてんする。

**주:거-지**〔-地〕图 住居地ち。

**주:거 침입죄**〔-侵入罪〕图〔法〕住居じゅうきょ侵入罪しんにゅうざい。

**주걱** 图 ①(ご飯はんをよそう) しゃもじ。¶ ~으로 밥을 푸다 しゃもじで飯はんをよそう。② 靴くつべら。

**주걱-턱** 图 しゃくれたあご、杓子顎しゃくしあご。

**주검** 图 しかばね、死体したい、なきがら。

**주격**〔主格〕图〔文法〕主格しゅかく。

**주격 보:어**〔-補語〕图〔文法〕主格補語ほご。

**주격 조:사**〔-助詞〕图〔文法〕主格助詞じょし。

**주경-야독**〔晝耕夜讀〕图自他(昼間ちゅうかんは畑はたを耕たがやし夜よるは本ほんを読よむの意いで)忙いそがしいときにも熱心ねっしんに勉強べんきょうすること。

**주고-받기**图自他 やり取とり、取とり交かわすこと。

**주고-받다**他 やり取とりする、取とり交かわす。¶ 선물을 ~ 贈おくり物ものを取り交わす。/ 의견을 ~ 意見けんを交わす。

**주관**〔主管〕图自他 主管しゅかん。¶ ~하는 관청 主管する官庁かんちょう/ 이 업무는 그의 ~에 속한다 この業務ぎょうむは彼かれの主管に属ぞくする。

**주관**〔主觀〕图 主観しゅかん。¶ ~성 主観性せい/ ~이 섞이다 主観がまじる。

**주관-적**〔-的〕冠图 主観的しゅかんてき。¶ ~인 견해 主観的な見方みかた。

**주교**〔主教〕图 ①〔가〕司教しきょう。② 主教しゅきょう。

**주교**〔舟橋〕图 浮うき橋ばし、舟橋ふなばし。(日)橋はしだり。

**주구**〔走狗〕图 走狗そうく、人の手先てさき。¶ 반역자의 ~가 되다 反逆者はんぎゃくしゃの走狗となる。

**주군**〔主君〕图 主君しゅくん。¶ ~을 섬기다 主君に仕つかえる。

**주권**〔主權〕图〔法〕主権しゅけん。¶ ~자 主権者しゃ/ ~을 존중하다 主権けんを尊重そんちょうする。

**주권-재:민**〔-在民〕图〔政〕主権在民ざいみん。

**주권**〔株券〕图 株券かぶけん。¶ ~의 명의를 개서하다 株券の名義めいぎを書かき換かえる。

**주권 배:당**〔-配當〕图〔經〕株式配当かぶしきはいとう。

**주근-깨** 图(顔かおに生しょうじる) そばかす。

**주급**〔週給〕图 週給しゅうきゅう。¶ ~으로 일하다 週給で働はたらく。

**주기**〔酒氣〕图 酒気しゅき。¶ ~를 띤 얼굴 酒気を帯おびた顔かお。

**주기**〔週忌〕图 ① 周忌しゅうき、回忌かいき。②《形式名詞的に》周忌しゅうき。¶ 부친의 3~ 父ちちの3

주기 周忌きゅうき。

**주기**【週期】图 周期しゅうき。¶ 자전 ~ 自転じてん周期。/ ~ 운동 周期運動うんどう。

**주기-율**[-律] 图【化】周期律しゅうきりつ。¶ ~ 표 周期表ひょう。

**주-기도문**【主祈禱文】图【基】主しゅの祈いのり。

**주년**【周年】依 周年しゅうねん。¶ 창업 5~ 創業そうぎょう5周年しゅうねん。

**주:눅** 图 気後きおくれ、いじけること。
  **주:눅-들다** 自 気後きおくれする、いじける、臆おくする。¶ 주눅든 사람 いじけた人ひと/ 주눅들게 하다 いじけさせる。
  **주:눅-좋다** 形 気後きおくれしない、厚あつかましい、臆面おくめんもない。

**주다**¹ 他 ①与あたえる、やる、授さずける、くれる。¶ 용돈을 ~ 小遣こづかいをくれる。/ 나무에 물을 ~ 木きに水みずをやる。/ 기회를 ~ 機会きかいを与える、あてがう。②供給きょうきゅうする、支給しきゅうする、あてがう。¶ 수당을 ~ 手当てあてを支給する。③(利益りえき・損害そんがいを)与える、被こうらせる。¶ 손해를 ~ 損害を与える。④(お金かねを)払はらう、出す。¶ 만 원 주고 책을 샀다 10000 ウォン出して本ほんを買った。⑤(力ちからを)入いれる、出す。¶ 힘을 주어 말하다 力を入れて話はなす。⑥(心こころを)許ゆるす。¶ 마음을 ~ 心こころを許す。⑦(視線しせん・関心かんしんなどを)向むける。¶ 의미 있는 듯한 시선을 ~ 意味いみあり気げな視線しせんを向ける。⑧(巻まいていた綱つななどを)繰くり出す、解ほどいてやる。¶ 연실을 ~ 凧糸たこいとを繰り出す。⑨(釘くぎなどを)打うつ。¶ 침을 ~ 鍼はりを打つ。
  **관용** **주거니 받거니** (物もの・ことばを)互たがいに交かわす、やりとり、さしつきれつ。¶ 술잔을 ~하다 杯さかずきをやりとりする。

**주다**² 助 ((動詞の連用形について))…(して)やる、…(して)くれる。¶ 때려 ~ なぐってやる。/ 그것 좀 보여 주게나 それちょっと見みせてやれ。

**주단**【朱丹】图 朱丹しゅたん、あか色いろ、又またはあか色の塗ぬり。

**주단**【紬緞】图 絹織物きぬおりものの総称そうしょう。

**주당**【酒黨】图 酒徒しゅと、飲のみ仲間なかま、左党さとう。

**주도**【主導】图 〔하〕 他 主導しゅどう。¶ ~적인 세력 主導的てきな勢力せいりょく/ 회의를 ~하다 会議かいぎを主導する。

**주도-권**[-權] 图 主導権しゅどうけん。¶ ~을 쥐다 主導権を握にぎる。

**주도**【周到】图〔하〕形 周到しゅうとう。¶ ~ 면밀한 준비 周到綿密めんみつな準備じゅんび。

**주도**【酒道】图 酒席しゅせきでの礼儀れいぎ作法さほう。

**주독**【酒毒】图【美】酒毒しゅどく、酒焼さけやけ。

**주동**【主動】图 主動しゅどう。¶ ~자 主動者しゃ/ ~적 인물 主動的てきな人物じんぶつ。

**주-되다**[主-] 自 主おもだつ、中心ちゅうしんとなる。¶ 주된 원인 主おもたる原因げんいん/ 주된 인물 主おもだった人物じんぶつ。

**주:둔**【駐屯】图〔하〕 自 駐屯ちゅうとん。¶ ~지 駐屯地ちゅうとんち/ 군대가 ~하다 軍隊ぐんたいが駐屯する。

**주둥아리** 图 ①(俗) 口くち、口先くちさき。¶ 함부로 ~를 놀리다 要いらないことを言いう。②くちばし。¶ 닭의 ~ 鶏にわとりのくちばし。④ 주둥이。

**주둥이**「주둥아리」의 縮約形けい。
  **관용** **주둥이(가) 싸다** 口くちが軽かるい、おしゃべりだ。 **주둥이(를) 놀리다** みだりにしゃべる。

**주량**【酒量】图 酒量しゅりょう、飲のむ酒さけの分量ぶんりょう。¶ ~이 늘다 酒量がふえる。

**주렁-주렁** 副 形動 ①《果物くだものなどがたくさんぶらさがっているようす》鈴すずなりに、ふさふさ(と)。¶ 포도나무에 ~ 달려 있다 ぶどうがふさふさとなっている。②《一人ひとりに多おおくの人ひとがくっついているようす》ぞろぞろ、ぞろりと。

**주력**【主力】图 主力しゅりょく。¶ ~을 기울이다 主力を注そそぐ。/ 적의 ~을 격파하다 敵てきの主力を撃破げきはする。

**주력 부대**【-部隊】图 主力部隊ぶたい。

**주:력**【注力】图〔하〕 自 力ちからを注そそぐこと。¶ 수준을 향상시키는 데 ~하다 水準すいじゅんを向上こうじょうさせるのに力を注ぐ。

**주례**【主禮】图〔하〕 自 (結婚式けっこんしきなどの)媒酌ばいしゃく。¶ 목사가 ~가 되다 牧師ぼくしが媒酌になる。

**주례-사**[-辭] 图 (結婚式けっこんしきで)媒酌が述のべる祝辞しゅくじ。

**주:-로**【走路】图 走路そうろ、コース。

**주-로**[主-] 副 主おもに、主しゅとして。¶ ~ 제품 관리를 담당한다 主として製品管理せいひんかんりを担当たんとうする。/ 젊은 사람이 모인다 主に若わかい人ひとが集あつまる。

**주:루**【走壘】图〔하〕 自【野】走塁そうるい。¶ ~ 플레이 走塁プレー。

**주룩** 副《太ふとい水流すいりゅうなどが狭せまく短みじかい所ところを早はやく流ながれて止とまるようす・その音おと》ざあっ(と)。
  **주룩-주룩** 副 ①《雨あめが激はげしく降ふるようす》ざあざあ、じゃあじゃあ。②《太ふとい水流すいりゅうなどが狭せまい所ところを流ながれて止とまるようす・その音おと》ちょろちょろ、じゃあじゃあ。

**주류**【主流】图 主流しゅりゅう。¶ ~ 파 主流派は/ 한강의 ~ 漢江かんがんの主流 / 시대 사조의 ~ 時代思潮しちょうの主流。

**주류**【酒類】图 酒類しゅるい。¶ ~ 판매업 酒類販売業はんばいぎょう。

**주르르** 副 ①《素早すばやい足取あしどりで進すみ出でるようす》すうっと、ばたばた。¶ ~ 달려가다 ばたばた駆かけて行いく。②《水みずが狭せまい穴あな・面めんをしきりに流ながれるようす・その音おと》じゃあじゃあ、ざあっと、ほろほろ(と)。¶ 눈물을 ~ 흘리다 涙なみだをほろほろこぼす。③《物ものが斜面しゃめんを滑すべり落おちるようす》するする、するり、つるり。¶ 비탈길에서 ~ 미끄러지다 坂道さかみちでつるりと滑る。④《人ひと・物ものが一列いちれつに並ならんでいるようす》ずらり(と)、ずらっ(と)。

**주르륵** 副 ①《液体えきたいがすばやく流ながれては止とまるようす・その音おと》ざあっと、じゃあっと、たらたら。¶ 이마에서 땀이 ~ 흐르다 額ひたい

から汗がたらたら流れ落ちる。②《斜面をすばやく滑り落ちるようす》するっと、つるっと、さっと。

**주름** [名] ①皺。¶ ~투성이의 얼굴 皺だらけの顔。②ひだ。¶ 스커트의 ~ スカートのひだ/ 바지에 ~을 잡다 ズボンに折り目をつける。
[관용] **주름(을) 잡다** ①ひだをとる、折り目をつける。②(主導権などをとって)牛耳る。 **주름(이) 잡히다** しわが寄る、ひだがつく、折り目がつく。 **주름(이) 지다** しわになる、折り目がつく。

**주름-살** [名] 皺、しわの筋。¶ ~이 많다 しわが多い。/ ~이 잡히다 しわが寄る。

**주리다** [自他] 飢える。①ひもじくなる。¶ 주린 배를 채우다 空腹を満たす。②欲望などが満たされない、ひどくほしがる。¶ 애정에 ~ 愛情に飢える。

**주막**[酒幕] [名] 宿屋付きの居酒屋。

**주말**[週末] [名] 週末、ウイークエンド。¶ ~여행 週末旅行。

**주머니** [名] ①巾着、小袋。¶ 모래 ~ 砂袋/ 돈을 ~에 넣다 お金を巾着に入れる。②ポケット。¶ 윗도리의 ~ 上着のポケット。③懐、所持金。¶ ~ 사정 懷ぐあい。
[속담] **주머닛돈이 쌈짓돈** 巾着のお金が財布のお金。《あれもこれも区別がなく同じだ》
[관용] **주머니(를) 털다** ①財布をはたく、所持金をみな出す。②他人のお金を強制的きょうせいに出させる。

**주먹** [名] こぶし、げんこつ。¶ ~을 불끈 쥐다 こぶしをぐっと握る。/ ~으로 얻어 맞다 げんこつを食らう。

**주먹-구구**[-九九] [名] ①指を折って数を数かぞえること。②大おおざっぱな計算。

**주먹-다짐** [名][하他] ①げんこくでさんざん殴ること。②腕力で脅かすこと。

**주먹-밥** [名] 握り飯。

**주먹-질** [名][自] げんこつで打ったり脅したりすること、こぶしを振り回すこと。

**주먹-코** [名] だんご鼻。

**주모**[主謀] [名] 主謀、首謀。
**주모-자**[-者] [名] 主謀者、首謀者。¶ ~를 체포하다 首謀者を逮捕する。

**주모**[酒母] [名] ①酒母、酵母。②酒屋で酒を売る女。

**주:목**[注目] [名][하他][되自] 注目。¶ ~의 대상 注目の的/ 세상의 ~을 받다 世人の注目を浴びる。

**주-목적**[主目的] [名] 主目的。

**주무르다** [他三] ①(手で)もむ、こする、いじる、こねる。¶ 어깨를 ~ 肩をもむ。/ 손수건을 ~ ハンカチをいじる。②(人を)自由にあやつる、牛耳る。

**주무시다** [自] (「자다」の尊敬語) お休みになる。¶ 안녕히 주무십시오 お休みなさい。

**주문**[主文] [名] ①[法] 主文。¶ 판결 ~ 判決主文。②「대학(大學)」の別称。③(むかし試験官の頭であった)「상시(上試)」の別称。

**주:문**[注文] [名][하他] 注文。¶ ~ 생산 注文生産/ ~을 취소하다 注文を取り消す。/ 물품을 ~처에 발송하다 品物を注文先に仕向ける。
**주:문-품**[-品] [名] 注文品。

**주:물**[鑄物] [名] 鋳物。¶ ~공 鋳物師/ 가마 鋳物の釜。

**주물럭-거리다** [他] いじくり回す、こねりまわす、もんだりいじったりする。
**주물럭-주물럭** [副][하他] いじくり回すようす。

**주:미**[駐美] [名][하自] 駐米。¶ ~ 대사 駐米大使。

**주:민**[住民] [名] 住民。¶ ~세 住民税/ ~을 대표하다 住民を代表する。
**주:민-등록**[-登錄] [名] 住民登録。¶ ~증 住民登録証。

**주밀**[周密] [名][하形] 周密。¶ ~한 계획 周密な計画。

**주발**[周鉢] [名] (真鍮製の)飯をもる碗。

**주방**[廚房] [名] 厨房、台所。¶ ~ 용품 厨房用品。

**주번**[週番] [名] 週番。¶ ~ 사관 週番士官/ ~을 서다 週番に立つ。

**주범**[主犯] [名] 主犯。¶ ~을 잡다 主犯を捕らえる。

**주벽**[酒癖] [名] 酒癖。¶ ~이 나쁜 사람 酒癖の悪い人。

**주:변** [名][하他] 要領、(物事を)やり繰りする能力、融通性。¶ ~이 없다 要領が悪い。/ ~이 좋다 やり繰りがうまい。
**주:변-머리** [名](俗) 要領、融通性。¶ ~가 없다 やり繰りが下手だ。

**주변**[周邊] [名] 周辺、周り、あたり。¶ 도시 ~의 개발 都市周辺の開発/ ~을 둘러보다 あたりを見回す。

**주보**[週報] [名] 週報。

**주부**[主部] [名][文法] 主部。¶ ~와 술부 主部と述部。

**주부**[主婦] [名] 主婦。¶ 전업 ~ 専業主婦/ 한 가정의 ~ 一家の主婦。

**주빈**[主賓] [名] 主賓。¶ 대사를 ~으로 만찬회를 베풀다 大使を主賓として晩餐会を催もよおす。

**주뼛-하다** [形여] ①(先さきが)尖っている。¶ 주뼛한 입 尖った口先。②(身の毛がよだって)ぞっとする。¶ 그때 일을 생각하면 지금도 머리카락이 주뼛한다 あの時のことを思うと今でもぞっとする。

**주뼛-주뼛** [副] ①あちこち尖っているようす。②(怖くて)髪の毛がよだつようす。¶ 머리카락이 ~ 곤두서다 髪の毛がよだつ。③《はにかむようす》おずおず、もじもじ。¶ ~하며 말을 꺼내다 おずおずと話を切り出す。

**주:사**[走査] 图해 走査そう。
**주:사-선**[-線] 图 走査線そうせん。
**주:사**[注射] 图해 注射ちゅう。¶ ~ 바늘 注射針ばり/ 예방 ~ 予防ぼう注射/ ~를 맞다 注射を打うってもらう。
**주사**[酒邪] 图 悪わるい酒癖さけぐせ。¶ ~가 심하다 酒癖が悪い。
**주사위** 图 さいころ、さい。¶ ~를 던지다 さいを振ふる。/ ~는 던져졌다 さいは投なげられた。
**주산**[珠算] 图 珠算しゅさん、そろばん。¶ ~을 놓다 そろばんをはじく。
**주산-지**[主産地] 图 主産地さんち。
**주:살**[誅殺] 图해되자 誅殺ちゅう。¶ 역적을 ~하다 逆賊ぎゃくを誅殺する。
**주상**[主上] 图 主上しゅじょう、王おう。㊦ 임금
**주색**[酒色] 图 酒色しゅしょく。¶ ~에 빠지다 酒色におぼれる。
　**주색-잡기**[-雜技] 图 酒色とばくち、飲のむ打うつ買かう。
**주석**[主席] 图 主席しゅせき。¶ 중국의 국가 ~ 中国ちゅうごくの国家こっか主席。
**주석**[柱石] 图 柱石ちゅうせき。¶ 국가의 ~이 되다 国家こっかの柱石となる。
**주석**[酒席] 图 酒席しゅせき。¶ ~을 베풀다 酒席を設もうける。
**주:석**[註釋] 图해 注釈ちゅうしゃく。¶ ~을 달다 注釈をつける。
**주선**[周旋] 图해되자 周旋しゅうせん、斡旋あっせん、取とり持もち。¶ 친구의 ~으로 友人ゆうじんの取り持ちで/ 취직을 ~해 주다 就職しゅうしょくを周旋してやる。
**주섬-주섬** 圖 ①散ちらかった物ものを一ひとつ一ひとつ拾ひろい収おさめるようす。¶ 밤송이를 ~ 주위 담다 毬栗いがを拾い入れる。②《いちいち さがして拾ひろうように動作どうさがのろいようす》のろのろ。¶ 옷을 ~ 입다 衣服いふくをのろのろと着きる。
**주-성분**[主成分] 图 主成分せいぶん。¶ 안약의 ~ 目薬めぐすりの主成分。
**주세**[酒稅] 图 酒税しゅぜい。
**주:소**[住所] 图 住所じゅう、居所どころ。¶ ~ 불명 住所不明ふめい/ ~를 알리다 居所を知しらせる。/ ~가 변경되었습니다 住所が変かわりました。
　**주:소-록**[-錄] 图 住所録ろく。
　**주:소 부정**[-否定] 图 住所不定ふてい。
**주:술**[呪術] 图 呪術じゅじゅつ、まじない。¶ ~을 부리다 お呪まじないをする。
**주:시**[注視] 图해 注視ちゅう。¶ 사태를 ~하다 事態たいを注視する。
**주식**[主食] 图 主食しゅしょく。¶ 쌀을 ~으로 하다 米こめを主食とする。
**주식**[株式] 图 株式かぶしき。¶ ~ 배당금 株式配当金きんとう/ ~에 손을 대다 株式に手てをだす。/ ~으로 한밑천 잡다 株式で当あてる。
　**주식 공개**[-公開] 图 株式公開こうかい。¶ 매수 株式公開買付つけ。
　**주식 시:장**[-市場] 图 株式市場じょう。

**주식 회:사**[-會社] 图 株式会社がいしゃ。
**주신**[主神] 图 主神しゅしん。
**주신**[酒神] 图 酒神しゅしん、酒さけの神かみ。
**주심**[主審] 图 主審しゅしん。¶ 야구의 ~ 野球やきゅうの主審。
**주악**[奏樂] 图해 奏楽そうがく。¶ 국가의 ~ 国家こっかの奏楽。
**주안**[主眼] 图 主眼がん。¶ 교육의 ~점 教育きょういくの主眼点てん/ 복지에 ~을 둔 예산 福祉ふくしに主眼を置おいた予算よさん。
**주안**[酒案] 图 酒肴こうを添そえたお膳ぜん。
　**주안-상**[-床] 图 酒さけと肴さかなの膳立ぜんだてをしたお膳ぜん。㊦ 술상
**주야**[晝夜] 图 昼夜ちゅうや、日夜にちや。¶ ~ 교대로 근무하다 昼夜交代こうたいで勤務きんむする。
　**주야 겸행**[-兼行] 图해 昼夜兼行けんこう。¶ ~으로 일하다 昼夜兼行で働はたらく。
　**주야 장천**[-長川] 圖 昼夜を分わかたず、いつも、常つねに、絶たえず。¶ ~ 놀고 지내다 いつもふらふらしている。
**주어**[主語] 图[文法] 主語しゅご。
**주어-지다** 自 与あたえられる、提示ていじされる。¶ 주어진 조건 提示された条件じょうけん/ 힌트가 ~ ヒントが与えられる。
**주업**[主業] 图 主業しゅぎょう、本業ほんぎょう。
**주역**[主役] 图 主役しゅやく。¶ ~으로 발탁되다 主役に抜擢ばってきされる。
**주역**[周易] 图 周易しゅうえき。
　**주역 선생**[-先生] 图 易者えきしゃ、八卦置はっけおき、八卦見はっけみ。㊦ 점쟁이
**주연**[主演] 图해자 主演しゅえん。¶ ~ 배우 主演俳優はいゆう。
**주연**[酒宴] 图 酒宴しゅえん、酒盛さかもり。¶ ~을 베풀다 酒宴を開ひらく。
**주옥**[珠玉] 图 珠玉しゅぎょく。¶ ~ 같은 작품 珠玉のような作品さくひん。
**주요**[主要] 图해形 主要しゅよう。¶ ~한 인물 主要な人物じんぶつ。
**주워-내다** 他 拾ひろい出だす。
**주워-담다** 他 拾ひろい入いれる。¶ 밤송이를 바구니에 ~ 毬栗いがを竹籠たけかごに拾い入れる。
**주워-대다** 他 (言葉ことばを)並ならべる、並べ立たてる。¶ 이유를 ~ 理屈りくつを並べ立てる。
**주워-듣다** 他 聞ききかじる、小耳こみみに挟はさむ。¶ 주워들은 이야기 小耳に挟んだ話はなし。
**주워-먹다** 他 拾ひろって食たべる。¶ 밤을 ~ クリを拾って食べる。
**주워-섬기다** 他 話はなしまくる、まくし立たてる。¶ 있는 일 없는 일 마구 ~ あることないことをまくし立てる。
**주위**[周圍] 图 周囲しゅうい、周まわり。¶ ~의 사람들 周りの人ひと/ 건물 ~를 바라보다 建物たてものの周囲を見渡みわたす。
**주유**[周遊] 图해 周遊しゅうゆう。¶ 세계 ~ 世界せかい周遊。
　**주유 천하**[-天下] 图해 周遊天下てんか。
**주:유-소**[注油所] 图 ガソリンスタンド。
**주의**[主義] 图 主義しゅぎ。¶ 민주~ 民主しゅ主義

**주의-자**[-者] 图 主義者しゃ。¶ 민족~ 民族みん主義者。

**주:의**[注意] 图 注意ちゅう。①自他 気きをつけること、用心ようじんすること。¶ ~ 사항 注意事項じこう/ 건강에 ~하다 健康けんこうに注意する。②他 忠告ちゅうこく[警告けいこく]すること。¶ 선생님에게 ~를 받다 先生せんせいから注意を受うける[注意される]。

**주:의-력**[-力] 图 注意力ちゅうりょく。¶ ~이 부족하다 注意力が足たりない。

**주:의-보**[-報] 图 注意報ほう。¶ 폭풍 ~ 暴風ぼう注意報。

**주:의 인물**[-人物] 图 注意人物じんぶつ。

**주인**[主人] 图 主人しゅじん。①(一家いっかの)主あるじ、家長かちょう。¶ 바깥 ~ 旦那だんなさん/ 양반 계십니까? ご主人様さまはいらっしゃいますか。②持もち主ぬし、所有者しょゆうしゃ。¶ 가방 ~ カバンの持ち主/ 이 땅의 ~ この土地とちの所有者。③客きゃくを応対おうたいする人ひと。¶ ~이 손님을 맞다 主人がお客きゃくを迎むかえる。④自分じぶんが仕つかえている人、雇やとい主。¶ ~의 심부름을 갑니다 旦那さまの使つかいに行いきます。⑤(妻つまが夫おっとを指さして)主人しゅじん。¶ 우리집 ~ うちの主人。

**주인-공**[-公] 图 主人公こう。

**주인-장**[-丈] 图(「주인」의 尊敬語)ご主人さま、旦那だんなさま。

**주인**[主因] 图 主因しゅいん。¶ 사망의 ~ 死亡しぼうの主因。

**주일**[主日] 图[基] 日曜日にちよう、主しゅの日ひ。

**주일 학교**[-學校] 图[基] 日曜ようび学校がっこう。

**주일**[週日] 图 ①週日しゅう、週しゅう。¶ 지난 ~ 先週せんしゅう。②(形式名詞的に)週間しゅうかん。¶ 2 ~이 지났다 2週間しゅうかんが過すぎた。

**주:일**[駐日] 图 駐日にち。¶ ~ 대사관 駐日大使館たいしかん。

**주임**[主任] 图 主任しゅにん。¶ 회계 ~ 会計かいけい主任/ ~ 교수 主任教授きょうじゅ。

**주:입**[注入] 图自他自他 注入ちゅう。¶ 지식을 ~ 하다 知識ちしきを注入する。

**주:입-식**[-式] 图 注入式しき、詰つめ込こみ方式ほう。¶ ~ 교육 詰め込み教育きょういく。

**주:자**[走者] 图 走者そうしゃ。①走はしる人ひと。¶ 단거리 ~ 短距離たんきょり走者。②[野] ランナー。¶ 2루 ~ 二塁にるい走者。

**주:자**[奏者] 图 奏者そう。¶ 오르간 ~ オルガン奏者。

**주장**[主張] 图自他自他 ①主張しゅちょう。¶ ~을 굽히다 主張を曲まげる。/ 무죄를 ~하다 無罪むざいを主張する。②主宰さい。

**주장**[主將] 图 主将しゅしょう。①一ひとつの軍隊ぐんたいの主おも将軍しょう。②チームの統率者とうそつ、キャプテン。¶ 야구부의 ~ 野球部やきゅうぶの主将。

**주:재**[駐在] 图自他自他 駐在ちゅう。¶ ~원 駐在員/ 일본에 ~하다 日本にほんに駐在する。

**주:저**[主著] 图 主著しょ。

**주저**[躊躇] 图自他自他 躊躇ちゅう、ためらうこと、渋しぶること。¶ ~ 없이 행하다 躊躇なく行おこなう。/ 대답을 ~하다 返事へんじを渋る。

**주저-주저** 副自形 ぐずぐずす、まごまご、もじもじ。¶ ~하는 태도 ぐずぐずする態度たい。

**주저-앉다** 自 ①座すわり込こむ。¶ 땅바닥에 털썩 ~ 地面じめんにぺたりと座り込む。②(建物たてものなどが)崩くずれる、落おちる、へこむ。¶ 지붕이 폭삭 주저앉다 屋根やねがぼこっと落ち込んだ。③(仕事しごとを)中途ちゅうとで止やめる、放棄ほうきする。

**주저-앉히다** 他「주저앉다」의 使役。①座すわらせる。②(屋根やね・床ゆかなどを)落おち込こませる。③(仕事しごとを)中途で放棄させる。

**주전**[主戦] 图自他自他 主戦せん、主力しゅりょくとなって戦たたかうこと。¶ ~론자 主戦論者ろんじゃ/ ~ 선수 主力選手せんしゅ。

**주전-부리** 图自他 しょっちゅう無駄食むだぐいをする癖くせ。

**주전-자**[酒煎子] 图 やかん、湯沸ゆわかし。

**주절-거리다** 自(何なにかを)しきりにつぶやく、ぶつぶつ言いう。

**주절-주절** 副自他《何なにかをしきりにつぶやくようす》ぶつぶつ。㉔ 조잘조잘

**주절-주절**[2] 副自形(ひもなどがたくさんぶら下さがっているようす)だらりだらりと。

**주점**[酒店] 图 飲のみ屋や。㉔ 술집

**주접** 图(生物体せいぶつたいがいろいろな原因げんいんで)よく生長せいちょうせず萎しなびること。¶ ~ 든 나무 萎しなびた木き。

**주접-떨다** 自(食たべ物ものに)がつがつする、食くい意地いじを張はる、ひどく欲張よくばる。

**주접-스럽다** 形自 食くい意地いじが汚きたない、がつがつしている。¶ 주접스럽게 먹다 がつがつ食たべる。**주접-스레** 副 食い意地が汚く。

**주정**[酒酊] 图自他 酒癖さけぐせ、酒乱しゅらん。¶ ~이 심하다 酒癖が悪わるい。

《慣》> 주정(을) 부리다 酒さけに酔よってくだを巻まく。

**주정-꾼** 图 酔よっ払ぱらい、酒癖さけの悪わるい人ひと。

**주정-뱅이** 图[俗] 酒癖さけのある人ひと。

**주정**[酒精] 图 酒精しゅせい、アルコール。

**주정 음:료**[-飲料] 图 アルコール飲料いん。

**주제** 图 ①(「주제꼴」의 縮約形)粗末そまつな身なり、様さま、分際ぶんざい。¶ 자기 ~를 모르는 사람 身の程知みのほどしらず/ 이런 ~로 남 앞에 나갈 수가 없다 こんな様で人前ひとまえに出でられない。②(「주제에」의 形で)…(の)くせに。¶ 알지도 못하는 ~에 아는 척한다 知しりもしないくせに知ったふりをする。

**주제-꼴** 图 粗末まつな身ななり、様さま。¶ 그 ~ 이 뭐냐 その様は何なんだ。㉔ 주제

**주제-넘다** 形 生意気なまいきだ、おこがましい、さしでがましい。¶ 주제넘은 말을 하다 生意気な口くちをきく。

**주제**[主題] 图 主題だい。¶ 소설의 ~ 小説しょうせつの主題。

**주제-가**[-歌] 图 主題歌か、テーマソング。

**주조**[主調] 图[音] 主調ちょう。¶ ~음 主調音おん。

주조

**주조**[主潮] 图 主潮ちょう。¶ 현대 음악의 ~ 現代音楽げんだいおんがくの主潮。

**주:**[鑄造] 图 하他 鋳造ちゅうぞう。¶ 화폐를 ~하다 貨幣かへいを鋳造する。

**주종**[主從] 图 主従しゅじゅう。¶ ~ 관계 主従関係しゅじゅうかんけい/ ~이 역전하다 主従が逆転ぎゃくてんする。

**주주**[株主] 图 株主かぶぬし。¶ ~권 株主権しゅぬしけん/ ~ 총회 株主総会そうかい。

**주중**[週中] 图 ①その週しゅうの内うち。②その週間しゅうかんの中間ちゅうかん。

**주지**[主旨] 图 主旨しゅし、主意しゅい。¶ 연설의 ~ 演説えんぜつの主旨。

**주:지**[住持] 图[佛] 住持じゅうじ、住職じゅうしょく。¶ ~ 스님 方丈ほうじょうさん。

**주지**[周知] 图 하他(되自) 周知しゅうち。¶ ~의 사실 周知の事実じじつ/ ~ 하는 바와 같이 周知しゅうちのとおり。

**주:차**[駐車] 图 하自 駐車ちゅうしゃ。¶ ~ 금지 駐車禁止きんし/ 길가에 ~하다 道みちばたに駐車する。

**주:차-장**[-場] 图 駐車場ちゅうしゃじょう。

**주창**[主唱] 图 하他 主唱しゅしょう。¶ 헌법 개정을 ~하다 憲法改正かいせいを主唱する。

**주창-자**[-者] 图 主唱者しゅしょうしゃ。

**주책**[一主着] 图 ①しっかりした考かんがえ、分別ふんべつ。 ②無定見むていけんでいい加減かげんなこと。
〔慣用〕**주책**(을) 떨다 無定見で軽薄けいはくにふるまい、いやらしくふるまう。**주책**(을) 부리다 軽々かるがるしくふるまい、いやらしくふるまう。

**주책-바가지** 图 無定見で軽薄けいはくな人ひと。

**주책-없다** 形 無定見だ、見境みさかいがない。¶ 주책없는 소리 작작 해라 でたらめなおしゃべりはいいかげんにしておけ。**주책없-이** 副 無定見に、粗忽そこつに、でたらめに、みだりに。¶ ~ 굴다 粗忽そこつにふるまう。

**주체** 图 하他 手てに負おえないこと。¶ ~하지 못할 일 手に負えない仕事しごと/ 흐르는 눈물을 ~ 할 길이 없다 流ながれる涙なみだをどうすることもできない。
〔慣用〕**주체**(를) **못하다** 持もて余あます、手てを焼やく。¶ 시간을 ~ 時間じかんを持て余す。

**주체-스럽다** 形 手数てすうがかかって厄介やっかいだ、煩わずらわしい、面倒めんどうくさい。

**주체**[主體] 图 主体しゅたい。¶ 행위의 ~ 行為こういの主体。

**주체-성**[-性] 图 主体性しゅたいせい。¶ ~을 확립하다 主体性を確立かくりつする。

**주초**[週初] 图 週しゅうの初はじめ。

**주최**[主催] 图 하他(되自) 主催しゅさい。¶ ~자 主催者しゃ/ ~측 主催側がわ/ 대회를 ~하다 大会たいかいを主催する。

**주축**[主軸] 图 主軸しゅじく。¶ 팀의 ~으로서 활약하다 チームの主軸として活躍かつやくする。

**주춤** 副 たじろぐようす、後込しりごみするようす。¶ 상대방의 위세에 ~하다 相手あいての威勢いせいにたじろぐ。

**주춤-거리다** 自 たじたじする、ためらっている、ぐずぐずする。¶ 살까말까 주춤거리고 있다 買かおうか買うまいかとためらっている。

**주춤-주춤** 副 하自 たじたじ、ぐずぐず、もたもた。

**주춧-돌**[柱-] 图 礎いし、礎石そせき。¶ 나라의 ~ 国くにの礎/ ~을 놓다 礎石を据すえる。

**주치-의**[主治醫] 图 主治医しゅじい。

**주:택**[住宅] 图 住宅じゅうたく。¶ ~지 住宅地ち/ 집단 ~ 集団じゅうたく。

**주:택-가**[-街] 图 住宅街がい。

**주:택-난**[-難] 图 住宅難なん。

**주:택 단지**[-團地] 图 住宅団地だんち。

**주-특기**[主特技] 图 ①主おもな特技とくぎ。 ②軍人ぐんじんが経歴けいれきと素質そしつに照てらして専門的せんもんてき教育きょういくを受うけて習得しゅうとくした特技とくぎ。

**주:파**[走破] 图 하他 走破そうは、走はしり通とおすこと。¶ 마라톤 코스를 ~하다 マラソンコースを走破する。

**주파-수**[周波數] 图[物] 周波数しゅうはすう。

**주:판**[珠板] 图 算盤そろばん。¶ ~을 놓다 算盤をはじく。 倒 수판(數板)。

**주필**[主筆] 图 主筆しゅひつ。¶ 신문사의 ~ 新聞社しんぶんしゃの主筆。

**주필**[朱筆] 图 朱筆しゅひつ。¶ ~을 가하다 朱筆を入いれる。

**주:한**[駐韓] 图 駐韓ちゅうかん。¶ ~ 외교 사절 駐韓外交使節がいこうしせつ。

**주:해**[註解] 图 하他 注解ちゅうかい。¶ 논어의 ~ 서 論語ろんごの注解書しょ。

**주:행**[走行] 图 하自他 走行そうこう。¶ ~ 거리 走行距離きょり/ 사막을 ~하다 砂漠さばくを走行する。

**주:형**[鑄型] 图 鋳型いがた。¶ 활자의 ~ 活字かつじの鋳型。

**주호**[酒豪] 图 酒豪しゅごう、大酒飲おおざけのみ。

**주홍**[朱紅] 图 ①朱しゅ、赤色あかいろの顔料がんりょう。②朱色しゅいろ、緋色ひいろ。

**주:화**[鑄貨] 图 하自 鋳貨ちゅうか。

**주:효**[奏效] 图 하自 奏効そうこう。¶ 강경책이 ~하다 強行策きょうこうさくが奏効する。

**주휴**[週休] 图 週休しゅうきゅう。

**주흥**[酒興] 图 酒興しゅきょう。¶ ~을 돋우다 酒興を添そえる。

**죽** 副 ①《線せんをまっすぐに引ひくようす》さっと、すっと。¶ 선을 ~ 긋다 線をすっと引く。②《一列いちれつに並ならぶようす》ずらっと、ずらりと。¶ ~ 늘어서다 ずらりと並ならぶ。③《紙かみなどを引ひき裂さくようす》びりっと、びりっと。¶ 헝겊을 ~ 찢어 버리다 布切ぬのぎれをびりっと破やぶってしまう。④《一気いっきに読よんだり言いったりするようす》ざっと、さっと、すっと。¶ 신문을 ~ 훑어보다 新聞しんぶんにざっと目めを通とおす。⑤《周囲しゅういを一目ひとめで見渡みわたすようす》ぐるりと、ぐるっと。¶ 주위를 ~ 훑어보다 周囲をぐるっと見渡す。⑥《水みず・酒さけなどを一息ひといきに飲のむようす》ぐいと、ぐるっと。¶ 위스키를 단번에 ~ 마셨다 ウイスキーを一気いっきにぐいっと飲んだ。⑦ずうっと、ずっと、(…)どおし。¶ 처음부터 끝까지 ~ 지켜보았다 始はじめから最後さいごまでずうっと見守まもっていた。

**죽**[粥] 〖名〗 粥かゆ、おかゆ。¶ 흰~ 白粥しらかゆ/ ~을 쑤다 粥を炊たく。

[속담] **죽도 밥도 안 된다** 粥にも飯めしにもならない。《どっちつかずだ》 **죽 쑤어 개 좋은 일 한다** 粥を炊いて犬のよろこぶことをする。《せっかく骨折ほねおってやってつくったものが他人たんを利りする結果けっかに終おわる》 **죽이 되든 밥이 되든** 粥になろうが飯になろうが。《どうなろうと、とにかく》

[관용] **죽 끓듯 하다** (粥が煮にえ返かえるようだの意いから)感情かんじょうの起伏きふくが激はげしい、むら気きだ。**죽을 쑤다** 事ことがめちゃめちゃになって大損害だいそんがいを被こうむる。**죽이 맞다** 二ふたつがよく調和ちょうわする、気きが合あう。

**죽는-소리** 〖名〗[하다] 《不幸ふこう・苦痛くつうなどを大おおげさに誇張こちょうする語》泣なきごと。¶ 노상 ~만 한다 いつも泣なきごとばかり言いう。

**죽는-시늉** 〖名〗 (死しんだ振ふりの意いで)大おおげさに痛いたい振ふりをすること。

**죽다**[1] 〖自〗 ①死しぬ、没ぼっする。¶ 굶어 ~ 飢うえ死じにする。/ 젊어서 ~ 若わかくして死しぬ。②(草木そうもくなどが)枯かれる。¶ 죽은 소나무 枯かれた松まつの木き。③(動うごいていたものが)止とまる。¶ 시계가 ~ 時計とけいが止とまる。④(火ひが)消きえる。¶ 연탄불이 ~ 練炭たんの火ひが消きえる。⑤(碁ご・将棋しょうぎで石いし・駒こまが)死しぬ。¶ 말이 ~ 駒こまが死しぬ。⑥(野球やきゅうで選手せんしゅが)死しぬ、アウトになる。¶ 둘이 죽었다 二ふたりがアウトなった。⑦(糊のりが)なくなる、落おちる。¶ 풀이 죽은 옷 糊気けのとれた衣服ふく。⑧(生気せいき・価値かちなどが)衰おとろえる、なくなる。¶ 개성이 ~ 個性せいがなくなる。⑨(金属ぞく・食物しょくぶつなどが)変色へんしょくする、色いろがあせる、味あじがなくなる。¶ 죽은 빛깔 さえない色いろ/ 설탕을 너무 넣어서 맛이 죽어 버렸다 砂糖さとうを入いれすぎて味あじがなくなった。⑩気きおくれする、おじけづく。¶ 야단을 맞고 풀이 ~ 叱しかられてしょげている。⑪(刃物はものが)なまくらになる、鈍にぶくなる、切きれなくなる。

[속담] **죽은 나무에 꽃이 핀다** 枯かれ木きに花はなが咲さく。《特とくに優すぐれたところのない家いえに栄誉よを授さずかること》 **죽은 자식 나이 세기** 死しんだ子この年としを数かぞえる。《言いっても仕方しかたのないこと》

[관용] **죽고 못 살다** 互たがいに熱烈ねつれつに愛あいすること。**죽기보다 싫다** 死しぬよりも嫌いやだ、非常じょうに嫌いやだ。**죽으면 죽었지** どんなことがあっても。**죽을 고생을 하다** 死しぬほどの苦労ろうをする。**죽을 지경이다** やり切きれない、耐たえられない、…でたまらない。**죽자 사자** 死しにもの狂ぐるいで、必死ひっしになって、命いのちをかけて。**죽지 못해 살다** (死しねずに生いきるの意い)いやいやなしに生いきる。**죽어라 하고** ありったけの力ちからを尽つくして、頑がんとして。

**죽다**[2] 〖動〗 (《죽겠다・죽었지》などの限定げんていされた活用形けいにのみ使つかわれる》…でたまらない。¶ 배고파 죽겠다 腹はらが減へってたまらない。

**죽다**[3] (盛もり上あがっているべきところが)落おちこんでいる、へこんでいる。¶ 콧날이 ~ 鼻筋はなすじが低ひくい。

**죽도**[竹刀] 〖名〗 竹刀しない、竹光たけみつ。

**죽림**[竹林] 〖名〗 竹林ちくりん。

**죽림 칠현**[-七賢] 〖名〗 竹林の七賢けん。

**죽마**[竹馬] 〖名〗 竹馬ちくば、たけうま、高足たかあし。

**죽마 고우**[-故友] 〖名〗 竹馬の友とも、幼ちなじみ。¶ 그는 나의 ~이다 彼かれはわたしの幼ちなじみだ。

**죽-맞다** 〖自〗 意気きが相通あいつうずる。

**죽물**[竹物] 〖名〗 竹たけの器うつわ。⑦ 대그릇。

**죽-부인**[竹夫人] 〖名〗 竹夫人ちくふじん、抱だき籠かご。

**죽-세:공**[竹細工] 〖名〗 竹細工ちくざいく、竹工ちくこう。

**죽순**[竹筍] 〖名〗 筍たけのこ、竹たけの子こ。¶ 우후~ 雨後うごの竹の子。

**죽어-지내다** 〖自〗 ①抑圧よくあつされた生活せいかつをする、人ひとのいうままになって暮くらす。②(たいへん貧まずしくて)苦くるしみながら暮くらす。

**죽은-목숨** 〖名〗 ①死しんだも同然どうぜんの命いのち、望のぞみのない命いのち。②自由じゆうのない人ひと、生いきがいのない人ひと。

**죽을둥-살둥** 〖副〗 必死ひっしになって、むやみやたらに、死しにもの狂ぐるいで。¶ ~ 모르고 덤벼들다 必死ひっしになって飛とび掛かかる。

**죽을-병**[-病] 〖名〗 不治ふちの病やまい。¶ ~에 걸리다 不治の病にかかる。

**죽을-상**[-相] 〖名〗 ①死相そう、死しに顔がお。②瀕死ひんしの表情ひょうじょう、苦くるしそうな顔がおつき。¶ ~을 짓다 死しに顔がおになる。

**죽을-죄**[-罪] 〖名〗 死しに値あたいする罪つみ。

**죽음** 〖名〗 死し、死しぬこと。¶ ~을 각오하다 死を覚悟かくごする。/ 개~을 하다 犬死いぬじにする。

**죽이다** 〖他〗 《「죽다」の使役やく》殺ころす。①命いのちを奪うばう。¶ 때려 ~ 殴なぐり殺ころす。②亡なくす、死しなせる、死に至いたらしめる。¶ 아까운 사람을 죽였다 惜おしい人ひとを死しに至いたらしめた。③(火ひを)消けす。¶ 난로불을 ~ ストーブの火ひを消けす。④(野球やきゅう・将棋しょうぎなどで)アウトにする、取とる。¶ 주자를 ~ ランナーを殺ころす。⑤(勢いきおいや動うごきなどを)抑おさえる、挫くじく。¶ 숨을 죽이고 엿보다 息いきを殺ころしてうかがう。⑥失うしなわせる、薄うすめる。¶ 옷의 풀을 ~ 衣服ふくの糊のりを薄うすめる。⑦(角かどを)面取めんとりする、そぐ、落おとす。¶ 모난 곳을 ~ 角かどを面取りする。⑧(金属ぞくのつやなどを)けす。⑨枯からす。¶ 나무를 ~ 木きを枯からす。

**죽장**[竹杖] 〖名〗 竹杖じょう、竹たけの杖つえ。

**죽정이** 〖名〗 粃しいな、中実ちゅうじつのない穀物こくもつ。

**죽:-죽** 〖副〗 ①《多おおくの列れつをなして立たち並ならんだようす。②《動作さに滞とどこおりのないようす》ずんずん。¶ ~ 앞으로 나아가다 ずんずんと先さきに進すすむ。③《紙かみ・布ぬのなどを続つづきざまに裂さくようす》ばりばり。④《多おおくの物ものを見回みまわすようす。⑤続つづけざまに線せんを引ひくようす。⑥《口くちで続つづけざまに吸すいこむようす》ちゅうちゅう。¶ 젖을 ~ 빨다 乳ちをちゅうちゅうと飲のむ。

죽창

죽창[竹槍] 名 竹槍ちくそう, たけやり.
죽-치다 直 蟄居ちっきょする, 引ひきこもる, 閉とじこもる. ¶ 방 안에만 죽치고 있다 部屋へやにばかり閉じこもっている.
준:-[準] 接頭 準じゅん…. ¶ ~회원 準会員じゅんかいいん.
준:거[遵據] 名하타의 準拠じゅんきょ. ¶ 사실에 ~하다 史実じじつに準拠する.
준:-결승[準決勝] 名 準決勝じゅんけっしょう.
준:공[竣工] 名하타 竣工しゅんこう. ¶ 사옥이 ~되다 社屋しゃおくが竣工する.
준:공-식[-式] 名 竣工式しゅんこうしき.
준:-교사[準教師] 名 準教師じゅんきょうし, 準教員じゅんきょういん.
준:-급행[準急行] 名 準急じゅんきゅう.
준:-급행 열차[-列車] 名 準急行じゅんきゅうこう列車れっしゃ, 準急列車じゅんきゅうれっしゃ.
준:령[峻嶺] 名 峻嶺しゅんれい, 峻峰しゅんぽう.
준:마[駿馬] 名 駿馬しゅんめ・しゅんば.
준:-말 名 略語りゃくご, 縮約形しゅくやくけい.
준:법[遵法] 名 遵法じゅんぽう. ¶ ~ 정신 遵法精神せいしん/ ~ 투쟁 遵法闘争とうそう.
준:비[準備] 名하타의 準備じゅんび, 用意ようい. ¶ ~금 準備金じゅんびきん/ 식사 ~를 하다 食事しょくじのしたくをする. / 자격 시험을 ~하다 資格試験しかくしけんを準備する.
준:비 운:동[-運動] 名 準備運動じゅんびうんどう.
준:설[浚渫] 名하타 浚渫しゅんせつ. ¶ ~ 공사 浚渫工事こうじ.
준:설-선[-船] 名 浚渫船しゅんせつせん.
준:수[俊秀] 名하여 俊秀しゅんしゅう, 才知さいちがすぐれてひいでていること.
준:수[遵守] 名하타의 遵守じゅんしゅ. ¶ 교통 법규를 ~하다 交通法規こうつうほうきを遵守する.
준:엄[峻嚴] 名하形 峻厳しゅんげん. ¶ ~한 표정 峻厳な表情ひょうじょう/ 학생을 ~하게 꾸짖다 学生がくせいを厳しくとがめる.
준:열[峻烈] 名하形 峻烈しゅんれつ. ¶ ~한 비평 峻烈な批評ひひょう.
준:용[準用] 名하타의 準用じゅんよう.
준:-우승[準優勝] 名하타의 準優勝じゅんゆうしょう.
준:위[准尉] 名〔軍〕准尉じゅんい.
준:장[准將] 名〔軍〕准将じゅんしょう, 代将だいしょう.
준:족[駿足] 名 駿足しゅんそく. ①馬うまの足あしのはやいこと. ②足あしのはやい人ひと.
준:척[準尺] 名 (釣つり上げた魚さかなが)一尺いっしゃくに近ちかいこと.
준:치 名〔動〕ヒラ.
준:칙[準則] 名 準則じゅんそく.
준:칙 주의[-主義] 名 準則主義しゅぎ.
준:-하다[準-] 自여 のっとる, 準じゅんずる, ならう. ¶ 원안에 ~ 原案げんあんに準ずる. / 회원에 준하는 대우 会員かいいんに準ずる扱あつかい.
준:험[峻險] 名하形 峻險しゅんけん. ¶ ~한 산등성이 峻険な山稜さんりょう.
줄¹ 名 ①綱つな・縄なわ・紐ひもの総称. ¶ 빨랫~ 物干ものほし綱づな/ ~이 끊어지다 ひもが切きれる. ②(楽器がっきの)弦げん, つる. ¶ 기타 ~을 죄다 ギターの弦を締しめる. ③線せん, ライン. ¶ ~을 긋다 線を引ひく. ④列れつ, 行列ぎょうれつ. ¶

~에 끼어들다 列に割わり込こむ. ⑤(文章ぶんしょうなどの)行ぎょう. ¶ ~을 바꾸다 行を改あらためる. ⑥《年齢ねんれいを表あらわす数詞すうしについて》代だい, 坂さか. ¶ 50~에 접어들다 50坂にさしかかる. ⑦(人間関係にんげんかんけいの)結びつき, 縁故えんこ, つて, 手てづる, コネ. ¶ 정계에 ~이 많다 政界せいかいにコネが多おおい.
〈관용〉줄(을) 놓다 他人たにんと関係を持もつ. 줄(을) 대다 ずらっと連つらなる. 줄(을) 짓다 並ならぶ, 列をつくる. 줄(을) 타다 ①綱渡つなわたりをする. ②危あぶないことをする. 줄(이) 닿다 関係が結むすばれる.
줄:² 名 やすり. ¶ ~로 쓸다 やすりをかける.
줄³ 依 ①…列れつ. ¶ 한 ~로 늘어서다 一列いちれつに並ならぶ. ②(本ほんの行数ぎょうすうを数かぞえる語ご)…行ぎょう. ¶ 위로부터 다섯째 ~ 上うえから五行目ぎょうめ. ③(野菜やさい・干ほし魚うおをわらなどで束たばねたものを数かぞえる語)…連れん. ¶ 굴비 두 ~ 干しイシモチ2連れん.
줄⁴ 依 ①(ある事実じじつや心こころづもりを表あらわして)…(る)と, …(る)ことと, …(の)ものと, …だろうと. ¶ 그럴 ~ 알았다 そうだろうと思おもった. / 시간 가는 ~ 몰랐다 時ときの経たつのを忘れた. ②…(する)すべ, …(し)方かた, 方法ほうほう. ¶ 쓸 ~을 모르다 書かき方を知しらない.
줄:- 接頭 ①少すくなめに見積みつもっても…. ¶ ~잡나 少なめに見積もる. ②続つづけて…, 続けざまに…. ¶ ~담배를 피우다 続けざまにタバコを吸すう.
줄거리 名 ①(物事ものごとの)大筋おおすじ, 要点ようてん, あらまし, あらすじ. ¶ 소설의 ~ 小説しょうせつのあらすじ / ~만 얘기하시오 要点だけを言いいなさい. ②(植物しょくぶつの)葉柄ようへい, 葉脈ようみゃく. ③(葉を除のぞいた木・草などの)枝えだ, 茎くき.
줄곧 副 ずっと, 絶たえず, 続けて, ひっきりなしに. ¶ ~ 비가 내린다 ひっきりなしに雨あめが降ふる. / ~ 같이 행동했다 ずっと一緒いっしょに行動こうどうした.
줄-긋:다 他 線を引ひく, 棒引ぼうびきをする.
줄기 名 ①幹みき, 茎くき, つる. ¶ 소나무 ~ 松まつの幹/ 콩 ~ 豆まめの茎/ 고구마 ~ さつまいものつる. ②(ものの)流ながれ, 筋すじ. ¶ 등~ 背筋せすじ/ 강이 두 ~로 갈라지다 川かわが二筋ふたすじに分わかれる. ③山並やまなみ, 山脈さんみゃく. ¶ 서쪽으로 뻗은 산~ 西にしの方ほうに伸のびた山並み. ④(내리는 비의)一降ひとふり. ¶ 한 ~ 비가 쏟아지다 にわか雨あめがひとしきり降ふる. ⑤(火ひ・煙けむりなどの長ながく伸びた)筋, 線せん. ¶ 한 ~ 연기가 피어오르다 一筋ひとすじの煙が立たち上のぼる.
줄기-줄기 副 幾筋いくすじにも, 筋すじごとに. ¶ 산맥이 ~ 뻗어 있다 山脈さんみゃくが幾筋にも走はしっている.
줄기-차다 形 (激はげしい勢いきおいが)たゆみない, 粘ねばり強づよい, 根気強こんきづよい. ¶ 줄기찬 노력 たゆみない努力どりょく/ 줄기차게 퍼붓는 비 激はげしく降り注そそぐ雨あめ.
줄-넘기 名하타의 なわ飛とび.

줄:다 |自| ①(数量(すうりょう)が) 減(へ)る, 少(すく)なくなる. ¶ 해마다 줄어가는 인구 年(とし)ごとに減ってゆく人口(じんこう). ②(大(おお)きさが) 縮(ちぢ)む, 小(ちい)さくなる. ¶ 빨아도 줄지 않는다 洗(あら)っても縮まない. ③(程度(ていど)가) 下(さ)がる. ¶ 수위가 ~ 水位(すいい)が下がる. ④(気勢(きせい)나 力(ちから)が) 弱(よわ)くなる, 衰(おとろ)える. ⑤(速力(そくりょく)가) 落(お)ちる, 減(へ)る. ¶ 배의 속력이 ~ 船(ふね)の速力が落ちる. ⑥(暮(く)らしが) 貧(まず)しくなる, 苦(くる)しくなる.
줄-다리기 |名||自| 綱引(つなひ)き.
줄-달다 |自他| ①列(れつ)をなす, 引(ひ)き続(つづ)く. ¶ 손님이 ~ お客(きゃく)さんが引き続く. ②立(た)て続(つづ)けにする, 続(つづ)けざまにする. ¶ 담배를 줄달아 피우다 タバコを続けざまに吸(す)う.
줄달음 |名||하い| 「줄음질」의 縮約形(しゅくやくけい).
줄달음-질 |名||하い| 一目散(いちもくさん)に走(はし)ること, 一息(いっそく)に走ること, まっしぐらに走ること.
줄달음질-치다 |自| つっ走(ばし)る, 一目散(いちもくさん)に走る.
줄-담배 |名| 続(つづ)けてタバコを吸(す)うこと. ¶ ~ 를 피우다 続けざまにタバコを吸う.
줄-대:다 |名| 引(ひ)き続(つづ)く, 連続(れんぞく)する, 連(つら)なる. ¶ 줄대서 담배만 피우다 続けざまにタバコばかり吸う.
줄레-줄레 |副||하い|《おっちょこちょいがそそっかしく振舞(ふるまうようす)》ちょこちょこ.
줄-무늬 |名| 縞模様(しまもよう), 縞(しま).
줄-바둑 |名| 碁石(ごいし)を一列(いちれつ)に連(つら)ねて打(う)つ下手(へた)な碁(ご), へぼ碁(ご).
줄-사닥다리 |名| 縄梯子(なわばしご), つり梯子(ばしご).
줄어-들다 |自| 次第(しだい)に減(へ)る, 少(すく)なくなる, 小(ちい)さくなる, 縮(ちぢ)む. ¶ 체중이 ~ 体重(たいじゅう)が減る. / 스웨터가 ~ セーターが縮む.
줄이다 |他| 「줄다」의 使役(しえき). ①減(へ)らす. ¶ 사원을 ~ 社員(しゃいん)を減らす. ②縮(ちぢ)める, 少(すく)なくする, 小(ちい)さくする. ¶ 수명을 ~ 寿命(じゅみょう)を縮める. / 분량을 ~ 分量(ぶんりょう)を少なくする. ③(出費(しゅっぴ)을) 切(き)り詰(つ)める, 節約(せつやく)する. ¶ 경비를 ~ 経費(けいひ)を節約する.
줄임-표 [-標] |名||文法| 省略(しょうりゃく)符号(ふごう).
줄-자 |名| 巻(ま)き尺(じゃく).
줄:-잡다 |他| 少(すく)なく見積(みつ)もる, 控(ひか)え目(め)に見積もる, 割(わ)り引(ひ)く. ¶ 줄잡아도 10일은 걸린다 少なくとも十日(とおか)はかかる. / 줄잡아서 듣다 割り引いて聞く.
줄줄 |副| ①《水(みず)が絶(た)えず流(なが)れるようす》ざあざあ, じゃあじゃあ, どくどく, だくだく. ¶ 비가 ~ 내리다 雨(あめ)がざあざあと降(ふ)る. / 피가 ~ 흐르다 血(ち)がどくどくと流(なが)れ出(で)る. ②《ひもなどが続(つづ)けざまに引(ひ)っぱられるようす》ずるずる, ぞろぞろ. ¶ 줄이 ~ 풀려 나간다 ロープがずるずるとほどけていく. ③《人(ひと)の後(うし)ろにつきまとうようす》ぞろぞろ, ぞくぞく. ¶ 애들이 ~ 따라오다 子供(こども)たちがぞろぞろと付(つ)いてくる. ④《淀(よど)みのないようす》すらすら. ¶ 책을 ~ 읽다 本(ほん)をすらすらと読(よ)む.

줄줄-이 |副| ①一行一行(いちぎょういちぎょう), 列(れつ)ごとに, 各列(かくれつ)から. ②たくさんの列をなして, 幾列(いくれつ)にも. ¶ ~ 늘어서 있다 軍人(ぐんじん)が幾列にも並(なら)んでいる.
줄-짓다 |自| 列(れつ)をなす, 並(なら)ぶ, 連(つら)なる.
줄-치다 |自| ①線(せん)を引(ひ)く, 棒(ぼう)を引く. ②縄(なわ)を張(は)る.
줄-타기 |名||하い| 綱渡(つなわた)り.
줄-판 [-板] |名| やすり板(いた), がり版(ばん).
줄-행랑 [-行廊] |名| ①家(いえ)の門(もん)の左右(さゆう)にある使用人(しようにん)の部屋(へや). ②逃(に)げること, 高飛(たかと)び. ¶ ~ 을 놓다 高飛(たかと)びする.
줄행랑-치다 |自| 逃亡(とうぼう)する, 高飛びする. ¶ 잡히기 전에 ~ 捕(つか)まる前(まえ)に高飛びする.
줌: |依| 一握(ひとにぎ)りの分量(ぶんりょう), 握(にぎ)り. ¶ 한 ~ 의 소금 ひとにぎりの塩(しお).
줌:-안 |名| ①握(にぎ)り拳(こぶし)の中(なか). ②他人(たにん)の支配圏内(しはいけんない), 手中(しゅちゅう).
|관용| 줌안에 들다 他人の手中に入(はい)る.
줍:다 |他| 拾(ひろ)う, 拾(ひろ)い上(あ)げる. ¶ 이삭을 ~ 落(お)ち穂(ほ)を拾う. / 길에서 지갑을 ~ 道端(みちばた)で財布(さいふ)を拾う.
줏대 [主-] |名| 定見(ていけん), 主観(しゅかん), 主体性(しゅたいせい), 芯(しん). ¶ ~ 없는 사람 定見のない人(ひと), 骨(ほね)なし / ~ 가 세다 芯が強(つよ)い.
중: |名||佛| 僧(そう), 僧侶(そうりょ), (お)坊(ぼう)さん. ¶ ~ 이 되다 坊主(ぼうず)さんになる.
|속담| 중이 제 머리 못 깎는다 坊主(ぼうず)は自分(じぶん)で自分の頭(あたま)は刈(か)れない.《いくら緊急(きんきゅう)を要(よう)することでも人(ひと)の手(て)を借(か)りないとできない》
중 [中] |名| 中(ちゅう). ①中等(ちゅうとう), 中間(ちゅうかん), 中位(ちゅうい), 中程(なかほど), 普通(ふつう). ¶ ~ 정도의 성적 中位(ちゅうい)の成績(せいせき). ②(物事(ものごと)の) なか, 内(うち), 内部(ないぶ). ¶ 시(市)에 나돌고 있다 市中(しちゅう)に出回(でまわ)っている. ③(多(おお)くの) なか, 内(うち). ¶ 그의 한 사람 その内の一人(ひとり) / 찾고 있는 물건이 이 ~ 에 있다 さがしている物(もの)がこの中にある. ④(何(なに)かをしている) 間(あい), 途中(とちゅう). ¶ 수업 ~ 에 잠들어 버렸다 授業中(じゅぎょうちゅう)に寝(ね)てしまった. ⑤(動作(どうさ)が行(おこ)なわれている) 中(ちゅう), じゅう. ¶ 금주 ~ 今週中(こんしゅうじゅう) / 통화 ~ 通話中(つうわちゅう).
중 [中] |名| (「중국」의 縮約形(しゅくやくけい)) 中(ちゅう). 대~ 무역 対中貿易(たいちゅうぼうえき).
중:-[重] |接頭| 重(じゅう)…. ¶ ~ 모음 重母音(じゅうぼいん) / ~ 징계 重懲戒(じゅうちょうかい).
중간 [中間] |名| 中間(ちゅうかん). ①(二(ふた)つのものの) 間(あいだ). ¶ ~ 이득 中間利得(ちゅうかんりとく) / 집과 역의 ~ 에 학교가 있다 家(いえ)と駅(えき)との中間に学校(がっこう)がある. ②(一(ひと)つのものの) 真(ま)ん中(なか), 中(なか)ほど. ¶ 언덕의 ~ 坂(さか)の中ほど. ③(始(はじ)めと終(お)わりの) 途中(とちゅう), 間(あいだ). ¶ 영화를 ~ 부터 보다 映画(えいが)を途中から見(み)る. ¶ ~ 층 中間層(ちゅうかんそう).
중간 고:사 [-考査] |名| 中間考査(ちゅうかんこうさ), 中間(ちゅうかん)試験(しけん).
중간 노선 [-路線] |名| 中間路線(ちゅうかんろせん).

**중간 보:고**[-報告] 図하他 中間報告ほうこく。

**중간 선:거**[-選擧] 図 中間選擧せんきょ。

**중:개**[仲介] 図하他 仲介ちゅうかい、橋渡はしわたし、仲立なかだち。¶ ~를 부탁하다 橋渡しを頼たのむ。/ 주식 매매를 ~하다 株かぶの売買ばいばいを仲介する。

**중:개 무:역**[-貿易] 図 仲介貿易ぼうえき。

**중:개-업**[-業] 図 仲介業ぎょう、取とり次つぎ営業えいぎょう。

**중:개-인**[-人] 図 仲介人にん、仲立ち人にん、仲買なかがい、ブローカー。

**중-거리**[中距離] 図 中距離ちゅうきょり。

**중견**[中堅] 図 中堅ちゅうけん。¶ ~ 작가 中堅作家さっか。

**중견-수**[-手] 図[野] 中堅手しゅ、センター。

**중:-경상**[重輕傷] 図 重輕傷じゅうけいしょう、重傷じゅうしょうと軽傷けいしょう。¶ ~을 입다 重輕傷を負おう。

**중계**[中繼] 図하他 되自 中繼ちゅうけい、中繼つなぎ。¶ ~항 中繼港こう/ 위성 ~ 衛星えいせい中繼/ 실황을 ~하다 實況じっきょうを中繼する。

**중계 무:역**[-貿易] 図 中繼貿易ぼうえき。

**중계 방:송**[-放送] 図 中繼放送ほうそう、リレー放送。

**중고**[中古] 図 中古ちゅうこ。①中世ちゅうせい。¶ ~ 시대 中古時代じだい。②中古ふる、セコハン。¶ ~차 中古車しゃ/ ~품을 사다 中古品ひんを買う。

**중:-공업**[重工業] 図 重工業じゅうこうぎょう。

**중:과**[重課] 図하他 되自 (税金ぜいきんなどを)重おく課かすること。

**중:-과실**[重過失] 図[法] 重過失じゅうかしつ。

**중구**[中歐] 図[地] 中歐ちゅうおう、中部ヨーロッパ。

**중구**[衆口] 図 衆口こう、多おくの人ひとのことば。

**중:-난방**[-難防] 図 衆口塞ふさぎ難にくし。

**중국**[中國] 図[地] 中國。¶ ~인 中國人ちゅうごくじん。

**중국-어**[-語] 図 中國語ちゅうごくご。

**중국 요리**[-料理] 図 中華ちゅうか料理りょう。

**중-근:동**[中近東] 図[地] 中近東ちゅうきんとう。

**중:-금속**[重金屬] 図[化] 重金屬じゅうきんぞく。

**중급**[中級] 図 中級ちゅうきゅう。¶ ~ 코스 中級コース/ ~ 영어 中級英語えいご。

**중기**[中期] 図 中期ちゅうき。¶ 신라 시대 ~ 新羅時代しらじだい中期。

**중년**[中年] 図 中年ねん。¶ ~층 中年層そう/ ~ 부인 中年の婦人ふじん/ ~을 지나다 中年を過ぎる。

**중년-기**[-期] 図 中年期き。¶ ~에 접어들다 中年期にさしかかる。

**중:-노동**[重勞動] 図 重勞働じゅうろうどう。

**중:-노인**[中老人] 図 中老ちゅうろう。참 중늙은이

**중농**[中農] 図 中農ちゅうのう。

**중-늙은이**[中-] 図 中老ちゅうろう。

**중단**[中斷] 図하他 되自 中斷ちゅうだん、打うち切きり。¶ 계획이 ~ 計畵けいかくの中斷/ 심의를 ~하다 審議しんぎを打ち切る。

**중대**[中隊] 図[軍] 中隊ちゅうたい。¶ 보병 ~ 歩兵ほへい中隊。

**중:대**[重大] 図하形 重大じゅうだい。¶ ~ 사건 重大事件じけん/ 책임이 ~하다 責任せきにんが重大だ。

**중:대-시**[-視] 図하他 되自 重大視、重視じゅうし。

¶ 사태를 ~하다 事態じたいを重視する。

**중도**[中途] 図 中途ちゅうと、半なかば、途中とちゅう。¶ ~ 하차 途中下車げしゃ/ 일을 ~에서 팽개치다 仕事しごとを中途で投なげ出だす。

**중도 퇴:학**[-退學] 図하他 中途退學たいがく、中退たいする。¶ 대학을 ~하다 大學だいがくを中退する。준 중퇴(中退)

**중도**[中道] 図 中道どう。¶ ~를 걷다 中道を行いく。/ ~를 지키다 中道を守まもる。

**중도-금**[中渡金] 図(手付てつけ金きんと残金ざんきんの中間ちゅうかんに支払はらわれる)内金うちきん。

**중독**[中毒] 図 되自 中毒ちゅうどく。¶ 알콜 ~ アルコール中毒、アル中ちゅう/ 식~을 일으키다 食しょくあたりする。

**중독-자**[-者] 図 中毒者しゃ。¶ 마약 ~ 麻藥まやく中毒者。

**중독 증상**[-症狀] 図 中毒症狀しょうじょう。¶ ~을 보이다 中毒症狀を呈ていする。

**중동**[中東] 図[地] 中東ちゅうとう。¶ ~ 전쟁 中東戰爭そう。

**중등**[中等] 図 中等ちゅうとう。¶ ~ 학교 中等學校がっこう。

**중등 교:육**[-敎育] 図 中等敎育いく。

**중략**[中略] 図하他 되自 中略ちゅうりゃく。

**중:-량**[重量] 図 重量りょう、重さ、目方かた。¶ ~ 톤 重量トン/ ~을 달다 重さを計はかる。/ ~을 속이다 目方をごまかす。/ ~이 초과하다 重量が超過ちょうかする。

**중:량-급**[-級] 図[體] 重量級きゅう、ヘビー級。¶ ~ 선수 ヘビー級選手せんしゅ。

**중:량 분석**[-分析] 図[化] 重量分析ぶんせき。

**중:력**[重力] 図[物] 重力じゅうりょく。¶ ~댐 重力ダム/ ~의 법칙 重力の法則ほうそく。

**중:력 가속도**[-加速度] 図[物] 重力加速度かそくど。

**중:력 단위계**[-單位系] 図[物] 重力單位系たんいけい。

**중:론**[衆論] 図 衆論ろん。¶ ~을 무시하다 衆論を無視むしする。

**중류**[中流] 図 中流ちゅうりゅう。¶ ~ 가정 中流家庭かてい/ 강의 ~ 川かわの中流。

**중류 계급**[-階級] 図 中流階級かいきゅう。

**중립**[中立] 図 中立ちゅうりつ。¶ ~국 中立國こく/ ~을 지키다 中立を守る。

**중립-주의**[-主義] 図 中立主義しゅぎ。

**중립 지대**[-地帶] 図 中立地帶たい。

**중매**[仲買] 図하他 仲買ばい。¶ ~인 仲買人にん。

**중매**[仲媒・中媒] 図하他 媒酌ばい、仲立なかだち。¶ ~ 결혼 見合みあい結婚けっこん/ ~를 서다 仲立ちをする。

**중매-들다** 目 媒酌ばいしゃくする、仲立ちをする、結婚を取とり持もつ。

**중매-인**[-人] 図 仲人なこうど、媒酌人ばいしゃく。

**중매-쟁이** 図[俗] 仲人、媒酌人。참 중매인

**중:-무장**[重武裝] 図하他 重武裝じゅうぶそう。

**중문**[中門] 図 中門ちゅうもん、なかの門もん。

**중:-문**[重文] 図[文法] 重文じゅうぶん、二ふたつ以上いじょうの節せつから成なる文ぶん。

**중미**[中美] 図[地] 中米ちゅうべい、中央ちゅうおうアメリカ。

**중반**[中盤] 図 中盤ちゅうばん。¶ ~전 中盤戰せん。

**중:벌**[重罰] 図 重罰ばつ。¶ ~에 처하다 重罰

중:범[重犯] 图 重犯$_{じゅうはん}$。
중:병[重病] 图 重病$_{じゅうびょう}$。¶ ~을 앓다 重病を患$_{わずら}$う。/ ~에 걸리다 重病にかかる。
중복[中伏] 图 中伏$_{ちゅうふく}$(三伏$_{さんぶく}$の一$_{ひと}$つ)。
중복-허리 图 中伏頃$_{ごろ}$の一番$_{いちばん}$暑$_{あつ}$い日頃$_{ひごろ}$。
중복[重複] 图 他 重複$_{ちょうふく・じゅうふく}$。¶ 이야기가 ~되다 話$_{はなし}$が重複する。
중부[中部] 图 中部$_{ちゅうぶ}$。¶ ~ 지방에 비가 온 다 中部地方$_{ちほう}$では雨$_{あめ}$が降る。
중뿔-나다[中-] 形《おもに「중뿔나게」の形で》①差$_{さ}$し出$_{で}$がましい、でしゃばる。¶ 이제 와서 중뿔나게 무슨 간섭이야 いまさらでしゃばって何$_{なん}$の干渉$_{かんしょう}$だ。②突$_{とっ}$っ拍子$_{ぴょうし}$もない、とほうもない。¶ 자네 혼자 중뿔나게 무슨 반대인가? おまえ一人$_{ひとり}$がとっぴょうしもなく反対$_{はんたい}$するなんてなんだ。
중산 계급[中産階級] 图 重産階級$_{ちゅうさんかいきゅう}$。
중산-모[中山帽] 图「중산모자」の縮約形。
　중산 모자[-子] 图 山高帽子$_{やまたかぼうし}$。
중상[中傷] 图 他 中傷$_{ちゅうしょう}$。¶ ~을 받다 中傷を受$_{う}$ける。/ 친구를 ~하다 友人$_{ゆうじん}$を中傷する。
중:상[重傷] 图 重傷$_{じゅうしょう}$、深手$_{ふかで}$。¶ ~을 입다 重傷を負$_{お}$う。
중:생[衆生] 图《佛》衆生$_{しゅじょう}$。¶ ~ 제도 衆生済度$_{さいど}$。
중생-대[中生代] 图《地》中生代$_{ちゅうせいだい}$。
중성[中性] 图 ~ 土壤 中性土壌$_{どじょう}$。
　중성 모:음[-母音] 图《文法》中性母音$_{ぼいん}$、ハングルの母音$_{ぼいん}$の「ㅣ」の称。
　중성 반:응[-反應] 图《化》中性反応$_{はんのう}$。
　중성 세:제[-洗劑] 图 中性洗剤$_{せんざい}$。
　중성-자[-子] 图《物》中性子$_{し}$、ニュートロン。
　중성-화[-化] 图 他 自 中性化$_{か}$。
중세[中世] 图《史》中世$_{ちゅうせい}$。
중소[中小] 图 中小$_{ちゅうしょう}$。¶ ~ 기업 中小企業$_{きぎょう}$。
중순[中旬] 图 中旬$_{ちゅうじゅん}$。¶ 다음 달 ~ 来月$_{らいげつ}$の中旬。
중:시[重視] 图 他 自 重視$_{じゅうし}$。¶ 사태를 ~ 하다 事態$_{じたい}$を重視する。
중식[中食] 图 中食$_{ちゅうじき}$、昼食$_{ちゅうしょく}$、昼飯$_{ひるめし}$。⑰ 점심。
중:신[重臣] 图 重臣$_{じゅうしん}$。¶ ~ 회의 重臣会議$_{かいぎ}$。
중:신[衆臣] 图 衆臣$_{しゅうしん}$、多$_{おお}$くの臣下$_{しんか}$。
중심[中心] 图 中心$_{ちゅうしん}$。①中央$_{ちゅうおう}$、真$_{ま}$ん中$_{なか}$。¶ ~점 中心点$_{てん}$/ 원의 ~ 円$_{えん}$の中心。②最$_{もっと}$も重要$_{じゅうよう}$な位置$_{いち}$にある物$_{もの}$・人$_{ひと}$。¶ ~ 인물 中心人物$_{じんぶつ}$/ 화제의 ~ 話題$_{わだい}$の中心。③定見$_{ていけん}$、主体性$_{しゅたいせい}$。¶ ~이 잡힌 사람 しっかりと自分$_{じぶん}$の意見$_{いけん}$を持$_{も}$った人$_{ひと}$。④(周囲$_{しゅうい}$をめぐるものの)軸$_{じく}$。¶ 지구는 태양을 ~으로 돌고 있다 地球$_{ちきゅう}$は太陽$_{たいよう}$を中心に回$_{まわ}$っている。
중심-가[-街] 图 本通$_{ほんどお}$り。
중심-부[-部] 图 中心部$_{ぶ}$。

중:심[重心] 图 重心$_{じゅうしん}$。¶ 몸의 ~을 잃다 体$_{からだ}$の重心を失$_{うしな}$う。
중:압[重壓] 图 重圧$_{じゅうあつ}$。¶ ~감 重圧感$_{かん}$。
중앙[中央] 图 中央$_{ちゅうおう}$。①中心$_{ちゅうしん}$、真$_{ま}$ん中$_{なか}$。¶ ~에 자리잡다 中央に位$_{い}$する。/ 정원 ~에 벤치가 있다 庭園$_{ていえん}$の中央にベンチがある。②中枢$_{ちゅうすう}$。¶ ~ 기관 中央機関$_{きかん}$/ ~ 은행 中央銀行$_{ぎんこう}$。③(地方$_{ちほう}$に対$_{たい}$する)首都$_{しゅと}$。¶ ~ 집권 中央集権$_{しゅうけん}$/ ~으로 전근되다 中央に転勤$_{てんきん}$になる。
　중앙 난방[-煖房] 图 中央暖房$_{だんぼう}$。
　중앙 분리대[-分離帶] 图 中央分離帯$_{たい}$。
　중앙-선[-線] 图 中央線$_{せん}$。
중:언[重言] 图 他 重言$_{じゅうげん}$。
중얼-거리다 图 独$_{ひと}$り言$_{ごと}$を言$_{い}$う、ぶつぶつつぶやく。¶ 혼자 중얼거리는 버릇이 있다 一人$_{ひとり}$でぶつぶつ言う癖$_{くせ}$がある。
중얼-중얼 副 他 ぶつぶつ、むにゃむにゃ。
중:역[重役] 图 重役$_{じゅうやく}$。¶ ~ 회의에 출석하다 重役会議$_{かいぎ}$に出席$_{しゅっせき}$する。
중역[重譯] 图 他 重訳$_{じゅうやく・ちょうやく}$。¶ ~본 重訳本$_{ちゅうやくほん}$。
중엽[中葉] 图 中葉$_{ちゅうよう}$、中$_{なか}$ごろ。¶ 19세기 ~ 19世紀$_{せいき}$の中葉。
중외[中外] 图 中外$_{ちゅうがい}$。①内$_{うち}$と外$_{そと}$。②国内$_{こくない}$と国外$_{こくがい}$。
중:요[重要] 图 他 形 重要$_{じゅうよう}$、大切$_{たいせつ}$、大事$_{だいじ}$、肝心$_{かんじん}$。¶ ~ 인물 重要人物$_{じんぶつ}$/ ~한 일부터 처리하다 大切なことから処理する。/ 평소의 마음가짐이 ~하다 平素$_{へいそ}$の心掛$_{こころが}$けが大切だ。
　중:요-성[-性] 图 重要性$_{せい}$。¶ ~을 인식하다 重要性を認識$_{にんしき}$する。
중:요-시[-視] 图 他 自 重要視、重視$_{じゅうし}$。¶ 수출을 ~하는 우리나라 정책 輸出$_{ゆしゅつ}$を重視する我$_{わ}$が国$_{くに}$の政策$_{せいさく}$。
중용[中庸] 图 中庸$_{ちゅうよう}$、中正$_{ちゅうせい}$。¶ ~을 지키다 中庸を守$_{まも}$る。
중용지-도[-之道] 图 中庸の道$_{みち}$。
중:우[衆愚] 图 衆愚$_{しゅうぐ}$、多数$_{たすう}$の愚者$_{ぐしゃ}$。
　중:우 정치[-政治] 图 衆愚政治$_{せいじ}$。
중위[中位] 图 中位$_{ちゅうい}$、中$_{なか}$くらい。¶ ~의 성적 中位の成績$_{せいせき}$。
중위[中尉] 图《軍》中尉$_{ちゅうい}$、二尉$_{にい}$。
중:유[重油] 图 重油$_{じゅうゆ}$。
　중:유 기관[-機關] 图《機》重油機関$_{きかん}$、ディーゼルエンジン。
　중:유 연료[-燃料] 图 重油燃料$_{ねんりょう}$。
중음[中音] 图 中音$_{ちゅうおん}$。
중:의[衆意] 图 衆意$_{しゅうい}$、多数$_{たすう}$の意見$_{いけん}$。¶ ~에 따르다 衆意に従$_{したが}$う。
중이[中耳] 图 中耳$_{ちゅうじ}$。¶ ~염 中耳炎$_{えん}$。
중:인[衆人] 图 衆人$_{しゅうじん}$、大勢$_{おおぜい}$の人$_{ひと}$。
　중:인 환시[-環視] 图 衆人環視$_{かんし}$。¶ ~리에 창피를 당했다 衆人環視の中$_{なか}$で恥$_{はじ}$をかいた。
중:임[重任] 图 他 自 再任$_{さいにん}$。¶ 회장직을 ~하다 会長職$_{ちょう}$に再任する。②重大$_{じゅうだい}$な任務$_{にんむ}$。¶ ~을 다하다 重任を

果たす。

중장【中章】 名 (文章・詩歌を三部に分けた時の)中の章。

중장【中將】 名 [軍] 中将。

중-장비【重裝備】 名 重装備。

중재【仲裁】 名 하他 仲裁、取り成し。¶ ~의 명수 取り成しの上手な人/ 싸움을 ~하다 けんかを仲裁する。

중재-인【-人】 名 仲裁人。

중재 재판【-裁判】 名 [法] 仲裁裁判。

중절【中絶】 名 하他 中絶。¶ 임신 ~ 妊娠中絶。

중절-모【中折帽】 名 「중절모자」의 縮約形。

중절-모자【-子】 名 中折れ帽子、ソフト帽子。

중점【中點】 名 ① 中黒。② [數] 中点、二等分点。

중:점【重點】 名 重点。¶ ~을 두다 重点を置く。

중:점 산:업【-産業】 名 重点産業。

중:점-적【-的】 冠 重点的。¶ ~으로 조사하다 重点的に調査する。

중졸【中卒】 名 中卒、中学卒業。

중:죄【重罪】 名 重罪。¶ ~를 범하다 重罪を犯す。

중:주【重奏】 名 [音] 重奏。¶ 4~ 四重奏。

중:증【重症】 名 重症。¶ ~ 환자를 간호하다 重症患者を看護する。

중지【中止】 名 하他 自 中止。¶ 작업~ 作業中止/ 거래를 ~하다 取り引きを中止する。

중지【中指】 名 中指。㊀ 가운뎃손가락

중:지【衆智】 名 衆知。¶ ~를 모으다 衆知を集める。

중:진【重鎭】 名 重鎮、大立て者。¶ 정계의 ~ 政界の重鎮。

중진-국【中進國】 名 中進国。

중질【中質】 名 中質、並み。

중:차대【重且大】 名 하形 重且つ大、非常に重大。¶ ~한 임무 重且つ大なる任務/ 책임이 ~하다 責任が重大だ。

중:창【重唱】 名 [音] 重唱。¶ 삼~ 三重唱。

중:책【重責】 名 ① 重責。¶ ~을 맡다 重責を引き受ける。② 하他 厳しくとがめること。¶ ~을 당하다 厳しいとがめを受ける。

중천【中天】 名 中天、中空。¶ 해가 ~에 뜨다 太陽が中天にかかる。

중추【仲秋】 名 仲秋。¶ 한가위·추석(秋夕)

중-추-절【-節】 名 仲秋の節(陰暦の8月15日の節日)。㊀ 추석(秋夕)

중추【中樞】 名 中樞。¶ ~ 기관 中樞機関/ ~ 신경 中樞神経。

중축【中軸】 名 中軸。

중-치【中-】 名 中質〔並な〕の品物。

중-키【中-】 名 中背、普通の身長。¶ 보통 몸집에 ~ 中肉中背。

중:탕【重湯】 名 하他 湯煎。

중:태【重態】 名 重態、重体。¶ ~에 빠지다 重態に陥る。

중-턱【中-】 名 (山や·坂などの)中腹。¶ 산~ 山の中腹。

중퇴【中退】 名 하自 中退、中途退学。¶ 대학을 ~하다 大学を中退する。

중:판【重版】 名 하他 重版。㊉ 초판

중편【中篇】 名 中編、中篇。¶ ~ 소설 中編小説。

중:평【衆評】 名 衆評、世評。

중품【中品】 名 中等品、中級の品物。¶ 굴비 중級の干しイシモチ。

중풍【中風】 名 [漢] 中風、中気。

중:하【重荷】 名 重荷。¶ ~를 짊어지다 重荷を担ぐ。

중:-하다【重-】 形 ① (病気·罪などが)重い。¶ 중한 병 重い病気/ 죄가 ~ 罪が重い。② 大切だ、大事だ。¶ 나에게는 중한 물건 私によっては大事な物/ 중한 이야기가 있다 大切な話がある。③ (責任·任務などが)重大だ、重要だ。¶ 자네 책임이 ~ 君の責任は重い。중-히 副 重く、大事に。¶ 인물을 ~ 여기다 人物を重んじる。

중학【中學】 名 (「중학교」의 縮約形) 中学。

중학-교【中學校】 名 中学校。

중-학생【中學生】 名 中学生。

중:합【重合】 名 ① 하他 自 重ね合わせること。② [化] 重合。¶ ~체 重合体。

중핵【中核】 名 中核、中心、核心。

중형【中型】 名 中型。¶ ~ 승용차 中型乗用車。

중:형【重刑】 名 重刑。¶ ~에 처하다 重刑に処する。

중:혼【重婚】 名 하他 重婚。

중:혼-죄【-罪】 名 重婚罪。

중화【中和】 名 하他 中和。¶ 산을 염기로 ~시키다 酸を塩基で中和させる。

중화-열【-熱】 名 [化] 中和熱。

중화【中華】 名 中華。¶ ~ 사상의 소유자 中華思想の持ち主。

중화 민국【-民國】 名 中華民国、台湾。

중화 인민 공:화국【-人民共和國】 名 中華人民共和国、中国。

중:화학 공업【重化學工業】 名 [工] 重化学工業。

중:-환자【重患者】 名 重病人、重患。¶ ~ 실 重病人室。

중:-후【重厚】 名 하形 重厚。¶ ~한 인품 重厚な人柄。

중흥【中興】 名 하自 中興。¶ 민족 ~의 전기를 맞다 民族중흥의 転機を迎える。

쥐¹ 【痙攣】 名 こむら返り、しびれ。
[관용] 쥐(가) 나다 痙攣が起こる、こむら返りを起こす、しびれが来る、引きつる。

쥐² 【動】 鼠。¶ 들~ 野のネズミ/ 고양이 앞에 ~ 猫の前のねずみ/ ~를 잡다 ねずみを捕る。

관용〉 쥐도 새도 모르게 (ネズミも鳥とも分からないようにの意から) 誰だも知らないうちにこっそり.
쥐-구멍 图 鼠ずの穴な.
속담〉 쥐구멍에도 볕들 날이 있다 ねずみの穴にも日が差すときがある. 《待まてば海路の日和よりあり》
관용〉 쥐구멍(을) 찾다 (ねずみの穴をさがす意から) 恥ずかしくて穴なでもあれば入はりたい. 慌ただしくふためく.
쥐-꼬리 图 鼠ずのしっぽ.
쥐꼬리-만하다 [형어] ほんのわずかだ, 非常じょうに小さい, 雀すの涙なだほどだ. ¶ 쥐꼬리만한 월급 ほんのわずかな月給きゅう.
쥐:다 他 握る. ①拳けを作る. ¶ 주먹을 ~ こぶしを握る. ②(手てに)つかむ, 握り持つ. ¶ 손에 땀을 ~ 手てに汗あを握る. ③掌握しょうする, 手に入れる. ¶ 주도권을 ~ 主導権しゅどうけんを握る. / 증거를 쥐고 있다 証拠しょうを握っている. ④支配はいする. ¶ 사람을 쥐었다 폈다 하다 思いのままに人びとをあやつる.
쥐-덫 图 ねずみ取とり, ねずみ落とし.
쥐-띠 图 子年ね生うまれ(の人ひ).
쥐:락-펴락 副 하他 (人ひとを思いのままに動うごかすようす)ほしいままに, 勝手気がってままに.
쥐-벼룩 图 ネズミノミ.
쥐-뿔 图 (ねずみの角つのの意から)取とるに足らないもの, つまらないこと.
관용〉 쥐뿔도 모르다 何なも知しらない, 全然ぜん知らない. 쥐뿔도 없다 何も持もっていない.
쥐-새끼 图 ①ねずみの子. ②(卑)細かいことにも抜け目がなくずる賢しこい人. ¶ ~ 같은 놈 ずる賢い奴.
쥐-색[-色] 图 ねずみ色, 灰色はい.
쥐-약[-藥] 图 ねずみ捕とりの薬ず, 猫要だらず, 殺鼠剤さ.
쥐어-뜯다 他 ①むしる, むしり取る. ¶ 잡초를 ~ 雑草そうをむしる. ②(紙かなどを)引き千切る, 引きむしる. ③(胸・髪などを)かきむしる. ¶ 가슴을 ~ 胸をかきむしる. ④(皮膚ふを)つまんでひねる, ぎゅっとつねる.
쥐어-박다 他 (こぶしで)突つく, 小突こく. ¶ 옆구리를 ~ わき腹ぱらをつく.
쥐어-주다 他 つかませる, 握らせる. ¶ 돈을 좀 ~ お金かをいくらか握らせる.
쥐어-짜다 他 ①絞しる, 絞り上あげる. ¶ 수건을 ~ タオルを絞り上げる. ②(無理りに)絞る, 絞り出だす. ¶ 머리를 ~ 頭あたを絞る. ③(経済的けいざいに)むごく取り立てる.
쥐어-흔들다 他 ①(手てでつかんで)揺すぶる, 揺ゆする. ¶ 멱살을 ~ 暇元もとをつかんでゆすぶる. ②人ひとを意のままにする, 牛耳ぎゅうる. ¶ 남편을 ~ 夫おっとを尻に敷しく.
쥐여-지내다 自 (人ひとに)おさえつけられて暮くらす. ¶ 마누라에게 ~ 奥さんの尻に敷かれている.

쥐-잡듯이 副 하他 しらみつぶしに, くまなく, 根こそぎ, 至いたる所ごろ. ¶ ~ 찾다 くまなくさがす.
쥐죽은-듯하다 [형이] ①しんと静まりかえる, ひっそりする, 水を打ったようだ. ¶ 장내가 ~ 場内じょうが水を打ったように静まりかえっている. ②(恐怖きょう・驚きなどで)身動みできもできない, 息をころしている. 쥐죽은듯-이 副 しんと, ひっそり, じっと. ¶ 집안이 ~ 조용하다 家じゅの中がしんと静まりかえっている.
쥐코-밥상[-床] 图 ご飯と(と)わずかなおかずのごく簡単かんな食膳しょく.
쥘:-부채 图 扇おう, 扇子せん, すえひろ.
쥘:-손 图 取とっ手, つまみ, 耳み. ¶ 냄비의 ~ なべのみみ / 꽃병의 ~ 花瓶びんの取っ手.
즈런-즈런 副 하形 (暮くらしが豊たかなようす)ぬくぬく, ゆったり. ¶ ~한 살림 ゆったりした暮らし.
즈음 依 頃ごろ, おり, とき, 際さい. ¶ 일을 끝낼 ~에 찾아오다 仕事ごとを終えるころに訪ねて来くる. / 요~ 경기는 아주 좋다 이즈음 景気けいは格別だった.
즈음-하다 自 ((「…에 즈음하여」の形で)…に際して, …に臨のぞんで, …に当あたって. ¶ 졸업에 즈음하여 卒業ぎょうに際して.
즉(卽) 副 すなわち, つまり, 言いかえれば. ¶ 금메달리스트 ~ 우승자 金ンメダリストすなわち優勝者ゅうしょう.
즉각(卽刻) 即刻そく, 直ちに, すぐ, すぐさま. ¶ ~ 처리하겠습니다 即刻処理しょりしますます. / ~ 실행해야 한다 すぐに実行こうしなければならない.
즉결(卽決) 图 하他 即決けつ. ¶ ~ 재판 即決裁判はん.
즉결 처:분[-處分] 图 하他 [法] 即決処分ぶん.
즉낙(卽諾) 图 하他 即諾だく. ¶ ~을 얻다 即諾を得る.
즉납(卽納) 图 하他 即納のう. ¶ 세금을 ~하다 税金きを即納する.
즉답(卽答) 图 하他 即答とう, 直答ちょく. ¶ ~을 피하다 即答を避さける.
즉발(卽發) 图 하自 即発はつ. ¶ 일촉 一触いっしょく即発.
즉사(卽死) 图 하自 即死し. ¶ 차에 부딪혀서 ~하다 車くにはねられて即死する.
즉석(卽席) 图 即席せき, 即座ざ. ¶ ~ 연설 即席演説えん / ~에서 승낙하다 即座に承諾だくする.
즉석 식품[-食品] 图 即席食品しょくひん, インスタント食品.
즉시(卽時) 图 即時じ, 即刻こく, すぐさま, 直ちに, 早速そく, …次第じ. ¶ ~불 即時払ばらい / ~ 돌아가라 直ちに帰れ / ~ 출발해 주시오 すぐ出発しゅっしてください.
즉시 매:매[-賣買] 图 即時売買ばい.
즉시 인도[-引渡] 图[經] 即時渡たし.
즉시-즉시 副 その時その時にすぐ, その時ご

**즉위**(卽位) 명하자 即位쫘。¶ ~식 即位式쫘。
**즉응**(卽應) 명하자 即応쫘。¶ 시대의 요구에 ~하다 時代だいの要求ようにに即応する。
**즉일**(卽日) 명 即日そく、当日とう。
**즉효**(卽效) 명 即効そっこう。¶ 그 약은 두통에 ~가 있다 その薬くすりは頭痛づつうに即効がある。
**즉흥**(卽興) 명 即興きょう。¶ ~극 即興劇げき/ 시인 即興詩人じん。
  **즉흥-곡**[-曲] 명 即興曲きょく。
  **즉흥-시**[-詩] 명 即興詩しい。
  **즉흥-적**[-的] 관명 即興的てきい。¶ ~인 연주 即興的な演奏そう。

**즐거움** 명 楽たのしみ、楽しさ、慰なぐさみ。¶ 독서의 ~ 読書どくしょの楽しみ。
**즐겁다** 형ㅂ ①楽たのしい、愉快ゆかいだ、快こころよい。¶ 즐거운 생활 楽しい生活せいかつ。②うれしい。¶ 즐거운 비명을 지르다 うれしい悲鳴ひめいをあげる。**즐거-이** 부 ①楽しく、愉快に。¶ ~ 노래하다 楽しく歌うたう。②喜よろこんで、快く。¶ ~ 도와 드리겠습니다 喜んで手伝てつだいいたします。
**즐기다** 타 ①楽たのしむ、興きょうじる。¶ 인생을 ~ 人生じんせいを楽しむ。②好このむ、たしなむ。¶ 즐겨 먹는 요리 好んで食たべる料理りょう/ 낚시를 ~ 釣つりを好む。/ 술을 ~ 酒さけをたしなむ。
**즐비**[櫛比] 명형하 櫛比しっぴ、ぎっしりと並ならんでいること。¶ 상가가 ~한 거리 商家しょうかが櫛比する街道かいどう。

**즙**[汁] 명 (果物くだものなどの)汁しる。¶ 레몬 ~ レモンの汁。
**즙-내:다**[汁-] 타 絞しぼって汁しるを出だす。
**즙액**[汁液] 명 汁しる、汁液じゅうえき。 준 즙。

**-증**[症] 접미 …症しょう。¶ 불면 ~ 不眠症ふみんしょう/ 갈 ~이 나다 乾かきをおぼえる。
**-증**[證] 접미 …証しょう。¶ 회원 ~ 会員証かいいんしょう。
**증가**[增加] 명하자타되자 増加ぞうか。¶ 인구가 ~하다 人口じんこうが増加する。
**증간**[增刊] 명하타되자 増刊ぞうかん。¶ 임시 ~ 臨時りんじ増刊。
**증감**[增減] 명하타되자 増減ぞうげん。¶ 생산량의 ~ 生産量せいさんりょうの増減。
**증강**[增强] 명하타되자 増強ぞうきょう。¶ 병력을 ~하다 兵力へいりょくを増強する。
**증거**[證據] 명 証拠しょうこ、証左しょうさ。¶ ~인멸 証拠湮滅いんめつ/ ~를 잡다 証拠をつかむ。
  **증거-물**[-物] 명[法] 証拠物ぶつ、証拠物件ぶっけん。
**증권**[證券] 명 証券けん。¶ ~ 거래소 証券取引所とりひきじょ。
  **증권 시:장**[-市場] 명 証券市場しじょう。
  **증권 회:사**[-會社] 명 証券会社がいしゃ。
**증기**[蒸氣] 명 蒸気じょうき。¶ ~ 기관 蒸気機関きかん/ ~로 움직이다 蒸気で動うごく。
  **증기-압**[-壓] 명[物] 蒸気圧あつ。
  **증기 터빈**[-turbine] 명[工] 蒸気タービン。
**증대**[增大] 명하타되자 増大だい。¶ 수출의 ~ 輸出しゅつの増大。
**증량**[增量] 명하타되자 増量りょう。¶ 약의 ~ 薬くすりの増量。
**증류**[蒸溜] 명하타되자 蒸留じょうりゅう。¶ ~기 蒸留器き/ ~액 蒸留液えき/ ~주 蒸留酒しゅ。
  **증류-수**[-水] 명 蒸留水すい。
**증명**[證明] 명하타 証明めい。¶ 무죄를 ~하다 無罪むざいを証明する。
  **증명-서**[-書] 명 証明書しょ。
**증발**[蒸發] 명하자 蒸発はつ。¶ ~량 蒸発量りょう/ 물이 ~하다 水みずが蒸発する。
  **증발 접시** 명[化] 蒸発皿ざら。
**증발**[增發] 명하타되자 増発ぞうはつ。¶ 임시 열차의 ~ 臨時列車れっしゃの増発/ 지폐를 ~하다 紙幣しへいを増発する。
**증보**[增補] 명하타되자 増補ほ。¶ ~ 개정판 増補改訂版かいていばん。
**증빙**[證憑] 명하타되자 証憑ひょう、証拠しょうこ。¶ ~ 서류 証拠書類しょるい。
**증산**[增産] 명하자타되자 増産さん。¶ ~ 설비 増産設備びび/ 원유를 ~하다 原油げんゆを増産する。
**증상**[症狀] 명 症状じょうじょう、症候こう。¶ ~이 나타나다 症状が現あらわれる。
**증서**[證書] 명 証書しょ。¶ 졸업 ~를 받다 卒業そつぎょう証書をもらう。
**증설**[增設] 명하타되자 増設せつ。¶ 기계를 ~하다 機械きかいを増設する。
**증세**[症勢] 명 病勢びょう、病症しょう、病状じょう。¶ ~가 악화되다 病勢が悪化あっかする。
**증손**[曾孫] 명 曾孫そう、ひまご。
  **증손-녀**[-女] 명 ひまご娘むすめ。
  **증손-자**[-子] 명 ひまご。
**증쇄**[增刷] 명하타 増刷さつ、ましずり。
**증수**[增收] 명하자타되자 増収しゅう。¶ ~를 꾀하다 増収を図はかる。
**증식**[增殖] 명하자타되자 増殖しょく。¶ 자본을 ~하다 資本しほんを増殖する。
**증액**[增額] 명하타 増額がく。¶ 예산의 ~ 予算よさんの増額。
**증언**[證言] 명하타 証言げん。¶ 목격자의 ~ 目撃者もくげきしゃの証言/ ~을 청취하다 証言を聴取ちょうしゅする。
**증여**[贈與] 명하타되자 贈与よ。¶ ~를 받다 贈与を受うける。
  **증여-세**[-稅] 명 贈与税ぜい。
**증오**[憎惡] 명하타 憎悪ぞうお。¶ ~의 눈으로 보다 憎悪の目めで見みる。
**증원**[增員] 명하타 増員いん。¶ ~ 계획 増員計画けいかく/ 정원을 ~하다 定員ていいんを増員する。
**증원**[增援] 명하타되자 増援えん。¶ ~을 요청하다 増援を要請ようせいする。
**증인**[證人] 명 証人にん。¶ ~ 출두 証人出頭しゅっとう/ ~으로 세우다 証人に立たてる。
  **증인 신:문**[-訊問] 명[法] 証人尋問じんもん。
**증인**[證印] 명 証印いん。¶ ~을 찍다 証印を押おす。
**증자**[增資] 명하타되자 増資し。
**증정**[贈呈] 명하타되자 贈呈てい、進呈しんてい。¶ ~본 贈呈本ぼん/ 책을 ~하다 献本けんぽんする。
**증조**[曾祖] 명 曾祖そう。

**증조-모**[-母] 〖名〗 曾祖母・おばあさん。
**증조-부**[-父] 〖名〗 曾祖父・おじいさん。
**증지**〖證紙〗〖名〗証紙。¶ 주세 ~를 붙이다 酒税に証紙を貼る。
**증진**〖增進〗〖名〗〖自〗〖他〗増進。¶ 식욕 ~ 食欲を増進。
**증차**〖增車〗〖名〗〖自〗〖他〗(バスなどの)増発。¶ 버스를 ~하다 バスを増発させる。
**증축**〖增築〗〖名〗〖他〗〖自〗増築、建て増し。¶ 사옥을 ~하다 社屋を増築する。
**증폭**〖增幅〗〖名〗〖他〗〖自〗増幅。¶ ~기 増幅器/ ~ 작용 増幅作用。
**증표**〖證標〗〖名〗証票。¶ 사랑의 ~를 주고받다 愛の証票を交わす。
**증회**〖贈賄〗〖名〗〖自〗贈賄。¶ ~죄 贈賄罪。
**증후**〖症候〗〖名〗症候、症状。¶ 결핵의 ~가 나타나다 結核の症候が現われる。
**증후-군**〖-群〗〖名〗症候群、シンドローム。
**지**[依]…(して)から、…(して)以来。¶ 결혼한 ~ 10년이다 結婚してから10年だ。
**-지**〖接尾〗「漬け物、漬け」の意。¶ 오이きゅうりの塩漬け/ 짠-ダイコンの塩漬け。
**-지**〖地〗〖接尾〗…地。①土地を表わす。¶ 목적 - 目的地。②服地を表わす。¶ 양복- 洋服地。
**-지**〖池〗〖接尾〗…池。¶ 저수- 貯水池。
**-지**〖紙〗〖接尾〗…紙。¶ 원고- 原稿用紙/ 일간- 日刊紙。
**-지**《動詞・形容詞などの語幹について》① 否定の意を表わす。¶ 비싸~ 않다 高くない。/ 먹~ 못하다 食べられない。② 意を強調する。¶ 잘 해 봐라、알았~ しっかりやれよ、いいか。③ 当然の意を表わす。¶ 하면 되겠~ やればできるだろう。④ 疑問の意を表わす。¶ 그는 누구~? 彼は誰かね。
**지가**〖地價〗〖名〗地価。¶ ~의 변동 地価の変動/ ~가 오르다 地価が上がる。
**지각**〖地殼〗〖名〗〖地〗地殻。¶ ~ 변동 地殻変動/ ~ 운동 地殻運動。
**지각**〖知覺〗〖名〗①知覚。¶ ~이 마비되다 知覚が麻痺する。②物心、分別。
〖俗談〗지각이 나자 망령 物心がついた途端にもうろく。《成功した途端に落ちぶれる》〖慣用〗지각(이) 나다〖들다〗分別がつく。
**지각-없다**〖形〗分別がない、無分別だ。¶ 지각없는 행동 無分別なふるまい。**지각없이**〖副〗無分別に、軽はずみに。
**지각**〖遲刻〗〖名〗〖自〗遅刻、遅参。¶ 학교에 ~하다 学校に遅刻する。
**지갑**〖紙匣〗〖名〗財布、金入れ、札入れ。¶ 이 텅 비었다 財布が空っぽだ。
**지검**〖地檢〗〖名〗(「지방 검찰청」の縮約形)地検。¶ ~ 검사 地検の検事。
**지게**〖名〗背負子。¶ ~를 지다 しょいこを背負たる。
**지게-꾼**〖名〗しょいこ人夫。
**지겟-작대기**〖名〗しょいこを支える棒。

**지게미**〖名〗①酒かす。②酒の飲み過ぎ・熱によってできる目脂。
**지겹다**〖形〗うんざりする、あきあきする、退屈だ。¶ 보기만 해도 ~ 見ただけでもうんざりする。
**지경**〖地境〗〖名〗①地境、界界、じざいい。②立場、羽目、境遇。¶ 어려운 ~에 놓여 있다 苦しい立場に置かれている。③《動詞の語幹などについて》…するほどに、…でたまらない。¶ 졸려서 못 견딜 ~이다 眠くてたまらない。
**지고**〖至高〗〖名〗〖하다〗至高。¶ ~하신 존재 至高の存在る。
**지관**〖地官〗〖名〗〖民〗地相人、地相師。㊧ 풍수(風水)
**지구**〖地球〗〖名〗地球。¶ ~ 위성 地球衛星/ ~의 인력 地球の引力。
**지구 과학**〖-科學〗〖名〗地球科学、地学。
**지구 물리학**〖-物理學〗〖名〗地球物理学。
**지구-의**〖-儀〗〖名〗地球儀。
**지구 자기**〖-磁氣〗〖名〗地球磁気、地磁気。
**지구**〖地區〗〖名〗地区。¶ 상업 - 商業地区。
**지구**〖地溝〗〖名〗〖地〗地溝。
**지구-대**〖-帶〗〖名〗地溝帯。
**지구**〖持久〗〖名〗〖自〗持久。¶ ~성 持久性。
**지구-력**〖-力〗〖名〗持久力。¶ ~을 기르다 持久力を養う。
**지구-전**〖-戰〗〖名〗持久戦。¶ ~으로 끌고 가다 持久戦にもちこむ。
**지국**〖支局〗〖名〗支局。¶ 신문사 ~ 新聞社支局。
**지그럭-거리다**〖自〗①つまらない事で言い争う。②ぶつぶつ不平を言う、くどくどと愚痴をこぼす。¶ 공연히 ~ 訳もなくぶつぶつ言う。
**지그럭-지그럭**〖副〗〖하다〗しきりにうるさく、くどくどしく。
**지그시**〖副〗①《おもむろに押したり引いたりするようす》そっと、じわじわ(と)。¶ 손을 ~ 잡다 手をそっと握る。②《おもむろに目をつぶるようす》じっと、静かに。¶ ~ 눈을 감다 じっと目をつぶる。③《忍びこらえるようす》じっと、ぐっと。¶ 아픔을 ~ 참다 痛みをじっとこらえる。
**지그재그**〖zigzag〗〖名〗ジグザグ。¶ ~로 행진하다 ジグザグに行進する。
**지그재그 항행**〖-航行〗〖名〗ジグザグ航行。
**지극**〖至極〗〖名〗〖하다〗至極、この上ないこと。¶ 효성이 ~하다 親孝行この上ない。
**지극-히**〖副〗至極、この上なく。¶ ~ 편리하다 至極便利だ。
**지근-거리다**〖自〗〖他〗①うるさくねだる、しつこくせがむ。②(ガムなどを)くちゃくちゃとかむ。③(頭が)ずきずきと痛む。
**지근-지근**〖副〗〖하다〗①ねちねちと、しつこく。②軽く続けて、ずきずきと。
**지글-거리다**〖名〗①(少量の水分や油分などが)ししっと音を立てて煮え立つ、じりじり

**지금** とぎる。 ②(熱ちで体からが) かっかとほてる。 ③(不安などで) じりじりする、いらいらする、やきもきする。

**지글-지글** 副 ①じりじりと。¶ 고기를 ~ 굽다 肉にをじりじりと焼やく。②かっかと。③じりじりと、いらいらと、やきもき。

**지금**[只今] 名 ①今いま、ただいま。¶ ~ 현재로서는 ただいまのところ/ ~까지 어디에 있었니? 今までどこにいたの。②《副詞的に》今いますぐ、ちょうど今いま。¶ ~ 당장 해라 今すぐにやれ。

**지금-껏** 副 今いままで、いまだに、今いまもって。¶ ~ 대답이 없다 いまだに返事へんじがない。

**지금**[地金] 名 地金じがね、じがね。

**지금-거리다** 自 (食たべ物にまじった砂なをかんだとき)じゃりじゃりする。

**지금-지금** 副 ざくざく(と)。

**지급**[支給] 名[하他][되自] 支給しきゅう、支払はらい。¶ ~액 支給額がく/ ~품 支給品ひん/ 수당을 ~하다 手当てあてを支給する。

**지급 보:증**[-保證] 名[法] 支払はらい保証しょう。
**지급 불능**[-不能] 名[法] 支払い不能のう。
**지급 유예**[-猶豫] 名[法] 支払はらい猶予ゆう。
**지급 정지**[-停止] 名[法] 支払い停止し。

**지급**[至急] 名[하形] 至急しきゅう。¶ ~을 요하다 至急を要する。¶ ~으로 부치다 至急便びんで送おくる。

**지급 전:보**[-電報] 名 至急電報でんぽう。

**지긋지긋-하다** 形四 ①飽あき飽きする、うんざりする、こりごりだ。¶ 그런 이야기는 이젠 ~ そんな話はなしはもうあきあきする。②ひどい、ぞっとするほど残酷ざんこくだ、身みの毛けがよだつようだ。¶ 지긋지긋한 광경 身の毛がよだつような光景こうけい。

**지긋-하다** 形四 年配ねんぱいである、中年ちゅうねん以上いじょうの年頃としごろである。¶ 나이 지긋한 부인 年配の婦人ふじん。

**지기**[知己] 名(「지기지우」の縮約形)知己ちき。

**지기지-우**[-之友] 名 知己ちき、親友しんゆう。

**-지기**¹ 接尾 《田畑たはたの面積めんせきを表あらわす語ご》…まきの田た・畑はた。¶ 논 한 마 ~ 一斗とまきの田た。

**-지기**² 接尾 …守まもり、…番ばん。¶ 등대~ 灯台とうだい守もり/ 문~ 門番ばん。

**지껄-이다** 自(ぺちゃくちゃと)しゃべりちらす、口くちをたたく。¶ 쓸데 없는 말을 ~ むだ口をたたく。/ 되는 대로 마구 ~ 言いいたい放題ほうだいをしゃべりちらす。

**지끈** 副[하自]《堅かたい物ものが壊こわれるか折おれるようす・その音おと》がちゃっ(と)、ぽきっ(と)。¶ 나뭇가지가 ~ 부러지다 木きの枝えだがぽきっと折おれる。

**지나-가다** 自 ①《他動詞的に》通過つうかする、通とり過すぎる、過すぎて行いく。¶ 학교 앞을 ~ 学校がっこうの前まえを通り過ぎる。②(時間じかんが)過すぎる、過すぎ去さる、過すぎ行いく。¶ 기한이 ~ 期限きげんが過ぎる。/ 이미 지나간 일이다 もう過すぎ去ったことだ。③(偶然ぐうぜんに)通とおり掛かかる、通り合あわせる。

**지나다**¹ 自 ①(時間じかんが)過すぎる、経過けいかする、経たつ。¶ 지난 날 過すぎし日ひ/ 세월이 ~ 歳月さいげつが経つ。②見過みすごす、見落みおとす。¶ 무심히 지나 버릴 수 없다 うかつに見過ごすことができない。③(「지나지」の形で「아니하다」と共ともに使われて)…に過ぎない。¶ 제삼자에 지나지 않는다 第三者だいさんしゃに過ぎない。

**지나다**² 自 ①通過つうかする、通とおり過すぎる。¶ 가게 앞을 ~ 店みせの前まえを通り過ぎる。②(限度げん・基準きじゅんなどを)越こす、過ごす、過すぎる。¶ 한창 때를 ~ 盛さかりを越す。

**지나-다니다** 自 通とおる、往来おうらいする、行いき来きする。¶ 매일 이 길을 지나다닌다 毎日まいにちこの道みちを行き来する。

**지나-오다** 他 ①通とおり過すぎて来くる、通とおって来る。¶ 학교 앞을 ~ 学校の前を通り過ぎる。②(時間的じかんてきに)経へて来くる、歩あゆんで来る。¶ 지나온 발자취 歩んで来きた足跡あしあと。

**지나치다**¹ 自(言動げんどうなどが)度どを越こす、度が過ぎる、度外どがいずれる、行ゆき過ぎる。¶ 지나친 장난 度はずれのいたずら。

**지나치다**² 他 ①通とおり過すぎる、通り越こす。¶ 극장 앞을 ~ 劇場げきじょうの前まえを通り過ぎる。②やり過ごす、見逃みのがす。¶ 이 문제는 그냥 지나칠 수 없다 この問題だいはやり過ごすことはできない。

**지난**[至難] 名[하形] 至難しなん。¶ ~한 임무 至難な任務にん。

**지난-날** 名 過すぎし日ひ、以前いぜん、むかし。¶ ~의 추억 過ぎし日の思おもい出で。

**지난-달** 名 先月せんげつ、前まえの月つき。

**지난-밤** 名 ゆうべ、昨晩さくばん、昨夜さくや。

**지난-번**[-番] 名 この間あいだ、先ごろ、先日せんじつ、せんだって。¶ ~ 모임에서 만났다 この間の会合かいごうで会あった。

**지난-해** 名 去年きょねん、昨年さくねん。

**지남**[指南] 名[하他] 指南なん。

**지남-철**[-鐵] 名 ①磁石じゃく。②磁針じしん。

**지낭**[智囊] 名 知恵袋ちえぶくろ。

**지:내다**¹ 自 ①暮くらす、過すごす。¶ 독신으로 ~ 独身どくしんで暮らす。/ 즐겁게 ~ 楽たのしく過ごす。②(仲なかよく)交まじわる、付つき合あう、交際こうさいする。¶ 가깝게 ~ 親したしくつきあう。

**지:내다**² 他 ①(時ときを)過ごす。¶ 휴가를 해변에서 ~ 休暇きゅうかを海辺うみべで過ごす。②(冠婚葬祭かんこんそうさいなどを)執とり行おこなう、挙あげる、催もよおす。¶ 장례를 ~ 葬式そうしきを執り行なう。③(ある職責しょくせきを)務つとめる。¶ 수상을 ~ 首相しょうを務める。

**지:내-보다** 他 ①付つきあってみる。¶ 사람은 지내보아야 안다 人ひとは付きあってみなければ分からない。②経験けいけんしてみる。¶ 그런 일은 지내보지 않고는 모른다 そんなことは経験してみなければ分からない。③(気きをつけずに)いい加減かげんに見過みすごす。¶ 무심히 ~ 何気なにげなく見過ごす。

**지네** [名][動] ムカデ。

**지-노** [紙-] [名] 紙撚より、かんぜより。

**지느러미** [魚などの]ひれ。 ¶ 가슴 ~ 胸びれ/ 등 ~ 背びれ。

**지능** [知能] [名] 知能のう。 ¶ ~ 지수 知能指数すう/ ~이 높다 知能のうが高たかい。

　**지능 검:사** [-檢査] [名] 知能検査けんさ、メンタルテスト。

　**지능 연령** [-年齢] [名] 知能年齢ねんれい、精神しんせい年齢。 ¶ ~이 높다 知能年齢が高い。

**지니다** [他] ①身みにつける、所持しょじする、所有しょゆうする、持もつ。 ¶ 큰돈을 ~ 大金たいきんを所持する。 ②(人格じんかく·才能さいのうなどを)備そなえる。 ¶ 품격을 ~ 品格を備える。 ③(原型げんけいを)保たもつ。 ¶ 옛모습을 그대로 지니고 있다 むかしの面影おもかげをそのままとどめている。 ④(あることを忘わすれずに)覚おぼえている、抱いだく。 ¶ 원한을 지니고 있다 恨うらみを抱いている。

**지다**[1] [自] ①(花はな·葉はが)落おちる、散ちる。 ¶ 꽃이 ~ 花が散る。 ②(日ひ·月つきが)暮くれる、沈しずむ。 ¶ 해가 ~ 日が沈む。 ③(露つゆなどが)消きえる、なくなる。 ¶ 이슬이 ~ 露が消える。 ④(垢あか·しみなどが)取とれる、落おちる、消きえる。 ¶ 때가 ~ 垢が取れる。 ⑤目立めだつ、特徴とくちょうが表あらわれる。 ¶ 모가 ~ 角かどが立つ。 ⑥(ある現象げんしょう·状態じょうたいに)なる。 ¶ 장마가 ~ 梅雨つゆになる。 / 원수 진 사이 仇あだをなす間柄あいだがら。

**지다**[2] [自] (勝負しょうぶに)負まける、敗やぶれる、敗北はいぼくする。 ¶ 시합에서 ~ 試合しあいで負ける。 / 전쟁에 ~ 戦争せんそうに敗れる。

**지다**[3] [自] ①(「등지다」의 縮約形しゅくやくけい)背せにする。 ②(荷物にもつなどを)背負せおう、担かつぐ。 ¶ 배낭을 ~ リュックサックを背負う。 ③(借金しゃっきん·恩恵おんけいなどを)受うける、こうむる、負おう。 ¶ 빚을 ~ 借金をする。 ④(責任せきにんなどを)負う。 ¶ 사건의 책임을 ~ 事件じけんの責任を負う。

**지다**[4] [助動] ①《動詞の連用形について自発的じはつてき意味いみを表あらわす》…れる、…られる。 ¶ 기다려 ~ 待またれる。 / 느껴 ~ 感かんじられる。 ②《他動詞の連用形について受動形じゅどうけいをつくる》…れる、…られる。 ¶ 만들어 ~ 作つくられる。 ③《形容詞の連用形について状態じょうたいの変化へんかを表わす》…(く)なる、…(に)なる。 ¶ 깨끗해 ~ きれいになる。 / 좋아 ~ よくなる。

**지다**[5] [助動] …(し)たいな、…(なり)たいものだ。 ¶ 천년 만년 살고 지고 千年ねん万年ねんも生きたいものだ。

**-지다** [接尾] ①ある状態じょうたい·現象げんしょうになる意いの動詞をつくる。 ¶ 한숨 ~ ため息いきをつく。 ②そのようになっている状態の形容詞をつくる。 ¶ 값 ~ 高価こうかだ。 / 기름 ~ 脂あぶらっこい。

**지당** [至當] [名][하形] 至当しとう、尤もっともなこと。 ¶ ~ 한 조치 至当な措置そち/ 하신 말씀입니다 しごくもっともなお言葉ことばです。 **지당-히** [副] 至当に。

**지대** [至大] [名][하形] 至大しだい。 ¶ ~ 한 공헌 至大な貢献こうけん。

**지대** [地代] [名] 地代だい·ちだい、借地料しゃくちりょう。

**지대** [地帶] [名] 地帯ちたい。 ¶ 곡창 ~ 穀倉こくそう地帯。

**지대:-공** [地對空] [名] 地対空ちたいくう。 ¶ ~ 미사일 地対空ミサイル。

**지덕** [知德] [名] 知徳ちとく。 ¶ ~ 합일 知徳合一ごういつ/ ~ 을 겸비하다 知徳を合あわせそなえる。

**지도** [地圖] [名] 地図ちず。 ¶ 세계 ~ 世界せかい地図/ ~ 를 의지하여 찾아가다 地図を頼たよりに訪たずねて行いく。

**지도** [指導] [名][하他] 指導しどう。 ¶ ~ 력 指導力りょく/ 단체의 ~ 자 団体だんたいの指導者しゃ/ 선생의 ~ 를 받다 先生の指導を受ける。

　**지도-서** [-書] [名] 指導書しょ、手引てびき。

　**지도 요령** [-要領] [名] 指導要領ようりょう。 ¶ 학습 ~ 学習しゅう指導要領。

**지독-하다** [至毒-] [形四] とてもひどい、もの凄すごい。 ¶ 지독한 욕 ひどい悪口わるくち/ 지독하게 퍼붓는 비 もの凄く降ふり注そそぐ雨。

**지동** [地動] [名] 地動どう。 ①地震じん。 ②地球ちきゅうの公転こうてんと自転じてん。 ¶ ~ 설 地動説せつ。

**지랄** [名] ①[하他][俗] 分別ふんべつのない気きまぐれな言行げんこう、気違きちがいじみた振舞ふるまい。 ¶ ~ 하고 있네 気違いじみたまねをしているね。 ②「지랄병」の縮約形。

　**지랄-병** [-病] [名][漢] 癲癇てんかん。

**지략** [智略] [名] 知略ちりゃく、知謀ちぼう。 ¶ ~ 이 뛰어난 사람 知略にたけた人ひと。

**지:렁이** [名][動] ミミズ。

　[속담] 지렁이도 밟으면 꿈틀한다 ミミズも踏ふめばうごめく。《一寸いっすんの虫むしにも五分ごぶの魂たましい》

**지레**[1] [名] てこ。 ¶ ~ 로 들어올리다 てこで持もち上あげる。

　**지레-질** [名][하他] てこで物ものを動うごかすこと。

　**지렛-목** [名] てこの支点してん。

**지레**[2] あらかじめ、前まえもって、先さきだって。 ¶ ~ 겁을 먹다 事ことに先だっておびえる。

　**지레-김치** [名] (冬期用とうきようのキムチよりも)早目はやめに漬つけて食たべるキムチ。

　**지레-짐작** [-斟酌] [名] 早合点はやがてん、はやのみこみ。 ¶ ~ 하고 포기하다 早合点して放棄ほうきする。

**지력** [地力] [名] 地力ちりょく、土地とちの生産力せいさんりょく。

**지력** [智力] [名] 知力ちりょく。 ¶ ~ 과 체력 知力と体力たいりょく。

**지령** [指令] [名][하他] 指令れい。 ¶ ~ 을 받다 指令を受ける。 / ~ 대로 행동하다 指令どおりに行動こうどうする。

**지령** [紙齢] [名] 紙齢れい、新聞しんぶんの発行はっこう号数ごうすう。

**지령** [誌齢] [名] 誌齢れい、雑誌ざっしの発行号数。

**지론** [持論] [名] 持論じろん、持説じせつ。 ¶ ~ 을 굽히지 않다 持論を曲まげない。

**지뢰** [地雷] [名] 地雷らい。 ¶ ~ 밭 地雷原げん/ ~ 를 부설하다 地雷を敷設ふせつする。

**지루-하다** [-支離-] [形四] 退屈たいくつだ、あきあきする、うんざりする。 ¶ 지루한 대화 退屈な対話たいわ。

**지류** [支流] [名] ①支流りゅう。 ②分派ぶんぱ。

**지르다**¹ 他五 ①突く。¶ 옆구리를 ~ 横腹を突く。②蹴る、けとばす。¶ 발로 정강이를 ~ 足でむこうずねを蹴る。③挿す、差す、はさみ入れる、突っ込む。¶ 비녀를 ~ かんざしを挿す。/ 광고지를 신문에 질러 넣다 びらを新聞に差し込む。④近道する。¶ 길을 질러 가다 近道して行く。⑤(火びを)付ける、かける、(腹をを)立てる。¶ 집에 불을 ~ 家いえに火を付ける。⑥(においが 鼻をを)突く、刺さす。¶ 악취가 코를 ~ 悪臭あくしゅうが鼻を突く。⑦(賭博ばくに)賭ける。¶ 노름판에 돈을 ~ 賭場とばに金を賭ける。⑧(他たの成分ぶんを)混まぜる、差さす。⑨摘つむ、刈かり取とる、殺ころす。¶ 곁순을 ~ 側がわから出でる芽めを摘む。⑩濃こい色いろを薄うすい色の 緣へりに塗ぬってその薄い色を浮うき立たせる。

**지르다²** 他五 (声こえを)張はり上あげる、叫さけぶ、怒鳴どなる。¶ 비명을 ~ 悲鳴ひめいを上げる。

**지르르** 副하形 ①((つやがあって滑なめらかなようす))つやつや、すべすべ。②(体からだの一部いちぶがしびれるようす)びりびり、ぴりぴり。¶ 뼈마디가 ~ 하다 関節かんせつがぴりぴりする。

**지르퉁-하다** 形여 むっとしている、つんとしている、膨ふくれっ面つらをしている。¶ 지르퉁한 얼굴 むくれた顔かお。

**지름** 名数 直径ちょっけい、差さし渡わたし。¶ ~ 5센티의 원 直径五センチの円えん。

**지름-길** 名 近道ちかみち、早道はやみち。¶ 합격에의 ~ 合格ごうかくへの近道。/ ~로 가다 近道をする。

**지리**(地理) 名 ①地理ち。¶ ~적 위치 地理的てきな位置いち/ 이 근방 ~에 밝다 この辺あたりの地理に明あかるい。②「지리학」의 縮約形しゅくやくけい。③「풍수지리」의 縮約形。

**지리-학**(-學) 名 地理学がく。

**지리다**¹ 他 (大小便だいしょうべんを)少しく漏もらす、ちびる、たれる。

**지리다²** 形 小便臭しょうべんい。

**지리-멸렬**(支離滅裂) 名하回 支離滅裂しめつれつ。¶ ~한 이야기 支離滅裂な話はなし。

**지린-내** 名 小便臭しょうべんいにおい。

**-지마는** 語尾 ⇒ 지만

**-지만** 語尾 …だが、…けれども。¶ 돈도 돈이~ 우선 건강이다 お金かねも大事だいじだがまず健康こうだ。/ 키는 크~ 힘은 없다 背せは高いけれども力ちからはない。

**지망**(志望) 名 志望しぼう。¶ ~자 志望者しゃ/ 소설가를 ~하다 小説家しょうせつかを志望する。

**지맥**(支脈) 名 支脈しみゃく。

**지맥**(地脈) 名 (地) 地脈ちみゃく。

**지면**(地面) 名 地面めん、地ちべた。¶ ~에 앉다 地べたに座すわる。

**지면**(知面) 名 ①하自 初対面しょたいめんで知しり合あいになること。②顔見知かおみしり、知しり合かい、面識めんしき。¶ ~이 있는 사람 面識のある人ひと。

**지면**(紙面) 名 紙面めん。①紙かみの表面ひょうめん。②紙上じょうに。¶ 많은 ~을 할애하다 多おおくの紙面を割さく。

**지면**(誌面) 名 誌面しめん、誌上じょう。¶ ~을 통해 알리다 誌面を通とうして知しらせる。

**지명**(地名) 名 地名めい。¶ ~의 유래를 듣다 地名の由来ゆらいを聞く。

**지명**(地鳴) 名 地鳴じなり、地ひびき。

**지명**(知名) 名 知名めい。
　**지명-도**(-度) 名 知名度ど。¶ ~가 높다 知名度が高い。

**지명**(知命) 名 ①하自 天命てんめいを知しること。②50歳さいの別称べっしょう。

**지명**(指名) 名하他回 指名めい、名指なし。¶ ~ 타자 指名打者だしゃ/ ~을 받다 指名を受ける。/ ~해서 부르다 指名で呼ぶ。
　**지명 수배**(-手配) 名 指名手配てはい。¶ 범인을 ~하다 犯人はんにんを指名手配する。

**지모**(智謀) 名 知謀ぼう、知略りゃく。¶ ~가 뛰어난 사람 知謀に富とんだ人。

**지목**(地目) 名 ((土地ちの用途ようとを表あらわすためにつけた名称めいしょう)) 地目もく。¶ ~ 변경 地目変更へん。

**지목**(指目) 名하他回 指目もく、目星めぼしをつけること。¶ ~을 범인으로 ~하다 彼れを犯人はんにんだと目星をつける。

**지묵**(紙墨) 名 紙墨しぼく、紙かみと墨すみ。

**지문**(地文) 名 (戯曲ぎきょくの)卜書がき。

**지문**(指紋) 名 指紋もん。¶ ~ 채취 指紋採取しゅ/ ~을 찍다 指紋を押おす。

**지물**(紙物) 名 紙類るい、紙の総称そうしょう。
　**지물-상**(-商) 名 紙屋がみ。
　**지물-포**(-鋪) 名 紙屋がみ、紙類を売うる店みせ。

**지반**(地盤) 名 地盤ばん。①地面めん、土台だい。¶ ~ 침하 地盤沈下ちんか/ ~이 단단하다 地盤が堅固けんごだ。②根拠地こんきょち、(成功せいこうに通つうじる)足場ば。¶ 정계 진출의 ~을 굳히다 政界せいかい進出しゅっしゅつへの足場を固かためる。
　**지반 공사**(-工事) 名 地盤工事こうじ、土台だい工事。

**지방**(地方) 名 地方ほう。¶ ~세 地方税ぜい/ ~ 자치단체 地方自治団体だんたい/ 산악 ~ 山岳さんがく地方。
　**지방 검:찰청**(-檢察廳) 名 地方検察庁けんさつちょう。
　**지방 공무원**(-公務員) 名 地方公務員こうむいん。
　**지방 법원**(-法院) 名 地方裁判所さいばんしょ。
　**지방-색**(-色) 名 地方色しょく、郷土色きょうどしょく、ローカルカラー。

**지방**(脂肪) 名 脂肪ぼう。¶ ~층 脂肪層そう/ 동물성 ~ 動物性どうぶつせい脂肪。
　**지방-산**(-酸) 名 脂肪酸さん。
　**지방-질**(-質) 名 脂肪質しつ。

**지방**(紙榜) 名 紙かみの位牌いはい。

**지배**(支配) 名하他回 支配はい。¶ ~자 支配者しゃ/ ~ 감정 ~을 당하다 感情かんじょうに支配される。/ 천하를 ~하다 天下てんかを支配する。
　**지배-권**(-權) 名 支配権けん。

**지벅-거리다** 自 (暗くらかったり 道みちが悪わるかったりして)よろよろと歩あるく、たどたどしく歩く。
　**지벅-지벅** 副하回 よたよた、たどたど。

**지번**(地番) 名 地番ばん、土地とちの番号ばんごう。¶ ~정리 地番の整理せいり。

**지법**(地法) 名 (「지방 법원」의 縮約形) 地裁ちさい。

**지변**(地變) 名 地変へん。¶ 천재 ~ 天災てんさい地変。

**지병**[持病] 명 持病びょう。¶ ~으로 자리에 눕다 持病で床とこに就つく。

**지보**[至寶] 명 至宝しょう、この上うえなく尊とうい宝たから。¶ 예술계의 ~ 芸術界げいじゅつかいの至宝。

**지부**[支部] 명 支部ぶ。

**지분**[持分] 명[法] 持もち分ぶん、持もち前まえ。¶ 토지의 ~ 土地とちの持ち分。

**지분**[脂粉] 명 脂粉ふん、紅にとおしろい。

**지분-거리다** 자타 いやがらせをする、意地悪いじわるくからかう。¶ 여사무원에게 ~ 女じょの事務員いんに嫌いやがらせをする。

**지분-지분** 부 ①하타 《しきりに嫌いやがらせをするよう》ねちねち。②하자 《食たべ物ものに混まじった砂すながしきりにかまれるよう》じゃりじゃりと。

**지불**[支拂] 명하타되자 支払しはらい。¶ ~ 기일 支払い期日きじつ/ 현금으로 ~하다 現金げんきんで支払う。

**지불-인**[-人] 명 支払い人にん。

**지붕** 명 ①屋根やね。¶ 기와 ~ 瓦葺かわらぶき屋根/ ~을 이다 屋根を葺ふく。②覆おおい。

**지빠귀** 명[動] ツグミ。

**지사**[支社] 명 支社しゃ。¶ ~를 설치하다 支社を設もうける。

**지사**[志士] 명 志士し。¶ 우국 ~의 묘 憂国ゆうこくの志士の墓はか。

**지사**[知事] 명 知事じ、道知事どうちじ。

**지사-제**[止瀉劑] 명[藥] 止瀉剤ししゃざい、下痢げりどめの薬くすり。

**지상**[地上] 명 地上じょう。¶ 낙원 地上の楽園らくえん/ ~에 내리다 地上に降おりる。

**지상-권**[-權] 명[法] 地上権けん。

**지상**[至上] 명 至上じょう、最高こう。¶ ~ 명령 至上命令めいれい。

**지상**[紙上] 명 紙上じょう、紙面めん。¶ ~을 떠들썩하게 하다 紙上を賑にぎわす。

**지상**[誌上] 명 誌上じょう、誌面めん。

**지-새다**[-] 자 (夜よが)明あける。

**지-새우다**[-] 타 (夜よを)明あかす、(夜を)過すごす。¶ 뜬눈으로 하룻밤을 ~ まんじりともせずに一夜いちやを明かす。

**지서**[支署] 명 支署しょ、派出所はしゅつじょ。

**지선**[支線] 명 支線せん。

**지선**[至善] 명하형 至善ぜん、最高善さいこうぜん。

**지설**[持說] 명 持説せつ、持論じろん。

**지성**[至誠] 명하형 至誠せい、誠まこと。
〔속담〕 **지성이면 감천이라** 至誠天てんに通つうず。

**지성-껏**[至誠-] 부 至誠を尽つくして、真心まごころを込こめて。¶ ~ 부모님을 모시다 真心をこめて父母ちちははにつかえる。

**지성**[知性] 명 知性せい。¶ ~미 知性美び/ ~이 풍부한 인물 知性豊ゆたかな人物じんぶつ。

**지성-인**[-人] 명 知性人じん。

**지성-적**[-的] 관 知性的てき。

**지세**[地勢] 명 地勢せい。¶ ~가 험하다 地勢が険けわしい。

**지소**[支所] 명 支所しょ。

**지속**[持續] 명자타되자 持続ぞく。¶ ~성 持続性せい/ 효과가 ~되다 効果こうかが持続する。

**지수**[指數] 명 指数すう。¶ 물가 ~ 物価ぶっか指数。

**지스러기** 명 残のこり物もの。①選えり残のこり。②屑くず、裁断さいだんやくり抜ぬいた後あとの残り。

**지시**[指示] 명하타 指示じ。¶ ~ 가격 指示価格かかく/ ~에 따르다 指示に従したがう。

**지시 대:명사**[-代名詞] 명[文法] 指示しと代名詞だいめいし。

**지시-약**[-藥] 명[化] 指示薬やく。

**지식**[知識] 명 知識しき。¶ ~인 知識人じん/ 어설픈 ~ 生半可なまはんかな知識/ ~을 쌓다 知識を積つむ。

**지식 계급**[-階級] 명 知識階級かいきゅう、インテリゲンチャ。

**지식 산:업**[-産業] 명 知識産業さんぎょう。

**지식-욕**[-慾] 명 知識欲よく。¶ ~이 왕성하다 知識欲が旺盛おうせいだ。

**지식-층**[-層] 명 知識層そう、インテリゲンチャ。

**지신**[地神] 명 地神じん、地ちの神かみ。

**지심**[地心] 명[地] 地心しん、地核かく。

**지아비** 명 ①(自分じぶんの夫おっとをへりくだって)愚夫ぐふ。②(昔むかしの)下女げじょの夫おっと。

**지압**[指壓] 명 指圧しあつ。¶ ~요법 指圧療法りょうほう。

**지압-법**[-法] 명 指圧法ほう。

**지약**[持藥] 명 持薬やく。¶ ~으로 사용하다 持薬として用もちいる。

**지양**[止揚] 명하타[哲] 止揚しよう。

**지어-내다** 타 作つくり出だす、でっち上あげる。¶ 문장을 ~ 文章ぶんしょうを作り出す。/ 거짓말을 ~ 話はなしをでっち上げる。

**지어-먹다** 타 思おもい立たつ、固かたく決心けっしんする。

**지어미** 명 (自分じぶんの妻つまをへりくだって)愚妻ぐさい。

**지언**[至言] 명 至言げん。

**지엄**[至嚴] 명하형 至いたって厳きびしいようす、極きわめて厳格げんかくなようす。

**지역**[地域] 명 地域いき。¶ ~ 개발 地域開発かいはつ/ ~ 사회 地域社会しゃかい/ 미개 ~ 未開みかい地域。

**지역-구**[-區] 명 地域区く。

**지역 단체**[-團體] 명 地域団体だんたい。

**지연**[地緣] 명 地縁えん。

**지연**[遲延] 명하자타되자 遅延えん、遅おくれること。¶ 배상 遅延賠償ばいしょう/ 폭설로 열차가 ~되었다 大雪おおゆきのために列車が遅れた。

**지연 작전**[-作戰] 명 遅延作戦さくせん、引ひき延のばし作戦せん。

**지열**[止熱] 명 病やまいにより熱ねつが下さがる〔下げる〕こと。

**지열-제**[-劑] 명[藥] 解熱剤げねつざい。

**지열**[地熱] 명[地] 地熱ねつ・じねつ。¶ ~ 발전 地熱発電はつでん。

**지엽**[枝葉] 명 枝葉しよう。¶ ~ 말절에 얽매이다 枝葉末節まっせつにとらわれる。

**지엽-적**[-的] 관 枝葉的てき。¶ ~인 문제 枝葉の問題もんだい。

**지옥**[地獄] 명 地獄ごく。①[宗] 罪つみを悔くい改あらめない人ひとが死後しごに行いくといわれる所ところ。②(比) 非常ひじょうに苦くるしい境地きょうち。¶ 교통 ~ 交通こうつう地獄。

**지옥-계**[-界] 图〖佛〗地獄界.

**지우**[知友] 图 知友. ¶ 그와는 ~ 관계다 彼とは知友関係だ.

**지우개** 图 ①文字·絵·字などを消すもの. ¶ 칠판 ~ 黒板拭き. ②消しゴム. ¶ ~로 지우다 消しゴムで消す.

**지우다**¹ 他 ①(なかったものを)新たに生じさせる、なす. ¶ 그늘을 ~ 影を投じる. ②(特徴など)をつける. ¶ 인상 ~ 印象づける.

**지우다**² 他 ①(あったものを)無くす、消す、落とす. ¶ 글씨를 ~ 字を消す. / 때를 ~ 垢を落とす. ②(考え·感じなどを)消す、隠す、変える. ¶ 어두운 표정을 ~ 暗い表情をけす. ③(液体だを)少したらす、落とす、こぼす. ¶ 눈물을 ~ 涙をたらす. ④(自分の体から)絶つ、引き取る. ¶ 아이를 ~ 胎児をおろす.

**지우다**³ 他 (「지다³」の使役)負わす、背負わす. ¶ 책임을 ~ 責任を負わせる. / 짐을 ~ 荷を負わす.

**지-우:산**[紙雨傘] 图 唐傘, 番傘. ¶ ~을 받다 唐傘を差す.

**지원**[支援] 图〖他〗 支援. ¶ ~ 사격 支援射撃 / 자금을 ~하다 資金を支援する.

**지원**[志願] 图〖他〗 志願. ¶ ~자 志願者 / 문과를 ~하다 文科を志願する.

**지원-병**[-兵] 图 志願兵.

**지위**[地位] 图 地位, 位. ¶ 사회적 ~ 社会的な地位 / 지위를 얻다 地位を得る. / ~가 높아지다 地位が高まる.

**지의**[地衣] 图〖植〗地衣.

**지의-류**[-類] 图〖植〗地衣類.

**지이다** 助形 (願望等を表わす) …成らんことを、…(し)ますよう(に)、…たまえ、…あれ. ¶ 소원이 이루어 ~ 願いがかないますように.

**지인**[知人] 图 知人, 知己, 知り合い. ¶ ~ 관계 知人関係 / ~을 믿고 상경하다 知人を頼って上京する.

**지-자:기**[地磁氣] 图〖地〗地磁気.

**지장**[支障] 图 支障, 差し支え, 差し障り. ¶ ~을 주다 支障をきたす. / 걷는 데는 ~이 없다 歩くのには差し支えない.

**지장**[指章] 图 拇印, 爪印. ¶ ~을 찍다 つめいんを押す.

**지저귀다** 自 (鳥が)さえずる、鳴く. ¶ 종달새가 ~ ヒバリがさえずる.

**지저분-하다** 形〖여〗 ①汚ならしい、むさくるしい、けがらわしい、きたない、散らかっている. ¶ 차림새가 ~ 身なりがきたならしい. ②みだらだ、下品である. ¶ 지저분한 행동 みだらな行ない.

**지적**[地籍] 图 地籍. ¶ ~ 대장 地籍台帳 / ~ 조사 地籍調査.

**지적-도**[-圖] 图 地籍図.

**지적**[知的] 冠 知的な. ¶ ~인 얼굴 知的な顔 / ~ 호기심 知的好奇心.

**지적 소:유권**[-所有權] 图 知的所有権.

**지적**[指摘] 图〖他〗 指摘. ¶ 결점을 ~하다 欠点を指摘する.

**지절-거리다** 自 しゃべりまくる、ぺちゃぺちゃしゃべり続ける. 颔 재잘거리다

**지점**[支店] 图 支店, 出張所. ¶ ~ 근무 支店詰め / ~을 내다 支店を出す.

**지점**[地點] 图 地点. ¶ 출발 ~ 出発地点 / 반환 ~ 折り返し地点.

**지정**[指定] 图〖他〗 指定. ¶ ~석 指定席 / 좌석을 ~하다 座席を指定する.

**지정 문화재**[-文化財] 图 指定文化財.

**지정-학**[地政學] 图 地政学.

**지조**[志操] 图 志操, 操. ¶ ~를 굳게 지키다 志操を固くに守る.

**지존**[至尊] 图〖하形〗至尊. ①この上もなく尊いこと. ②王の尊敬語.

**지주**[支柱] 图 支柱. ①支える柱、つっかい棒. ②支えとなる重要なもの·人、拠所. ¶ 정신적 ~를 잃다 精神的の支柱を失う.

**지주**[地主] 图 地主. ¶ 대~ 大地主 / ~ 계급 地主階級.

**지주**[持株] 图 持ち株. ¶ ~ 회사 持ち株会社.

**지중**[地中] 图 地中、地下. ¶ ~에서 파내다 地中から掘り出す.

**지중 식물**[-植物] 图〖植〗地中植物.

**지중해**[地中海] 图〖地〗地中海. ¶ ~성 기후 地中海性気候.

**지지**[支持] 图〖他〗支持. ¶ ~자 支持者 / 국민의 ~를 잃다 国民の支持を失う.

**지지**[地誌] 图 地誌.

**지지-학**[-學] 图 地誌学.

**지지**[遲遲] 图〖하〗遅々. ¶ ~하게 진척되지 않다 遅々としてはかどらない.

**지지 부진**[-不進] 图〖하〗 遅々として進まないこと.

**지지난-달** 图 前々月、先々月.

**지지난-밤** 图 一昨晩、おとといの晩.

**지지난-번**[-番] 图 この前の前, 前々回.

**지지난-해** 图 一昨年、おととし.

**지지다** 他 ①(水を少し入れて)煮る. ¶ 생선을 ~ 魚を煮る. ②(卵などを)煎る、いためる、焼く. ¶ 두부를 ~ 豆腐を煎る. ③焦がす、焼く. ¶ 환부를 ~ 患部を焼く.

〈관용〉**지지고 볶다** ①(炒めたり焼いたりする)騷々しくふるまう. ②(人を)居たたまれぬほどいじめる.

**지지러-지다** 自 ①(驚いて)体がすくみあがる、縮み上がる. ②(生物等が病気などで)よく育たない、いじける. 颔 자지러지다

**지지르다** 他 ①(重しなどで)押えつける. ¶ 돌로 김치를 ~ 重しでキムチを押さえる. ②(人の気勢·意見を)くじく、抑えつける. ¶ 반대 의견을 ~ 反対意見を抑えつける.

**지지리** 副 ひどく、あきれるほど、えらく。¶ ~ 못난 놈 ろくでなし/ ~ 고생만 하는 구나 えらい苦労をしているね。

**지지-배배** 副《ひばりの鳴き声え》ぴーちくぴーちく。

**지지-하다** 形이 つまらない、くだらない。¶ 지한 잡지만 읽고 있다 くだらない雑誌しばかり読よんでいる。

**지진**[地震] 名 地震じん。¶ ~ 대 地震帯たい/ 어젯밤 강한 ~이 있었다 ゆうべ強つよい地震があった。

**지진-계**[-計] 名 地震計けい。

**지진-파**[-派] 名[地] 地震波は。

**지진-아**[遲進兒] 名 遅進児じしん、学業がぎょう遅滞児じたいじ。

**지질**[地質] 名 地質しつ。¶ ~학 地質学がく/ ~ 조사 地質調査ちょうさ。

**지질-도**[-圖] 名 地質図ず。

**지질 시대**[-時代] 名[地] 地質時代じだい。

**지질**[脂質] 名 脂質しつ。

**지질**[紙質] 名 紙質しつ、紙かみの質しつ。

**지질-맞다** 形 非常ひじょうにたわいない、すごくくだらない。

**지질-지질** 副[하形] ①《水気みずが多いようす》じめじめ、じくじく。②《さっぱりしなくてだらしないようす》だらだら、でれでれ。

**지짐-이** 名[料] ①魚さかな・貝かい・肉にく・ネギなどを小麦粉こむぎこで溶といて油あぶらを引ひいた鉄板てっぱんで焼やいた食たべ物もの、鉄板焼てっぱんやき。②辛あらめの煮込にみ。

**지짐-질** 名[하他] 鉄板焼てっぱんやきをすること。

**지참**[持參] 名[하他] 持参さん。¶ ~인 持参人にん/ 필기 도구를 ~하다 筆記道具ひっきどうぐを持参する。

**지참-금**[-金] 名 持参金きん。

**지척**[咫尺] 名 咫尺せき。¶ ~지간 咫尺の間あいだ。

**지척-거리다** 名《元気げんきがなく足あしを引ひきずって》よたよた歩あるく、のろのろ歩く。

**지척-지척** 副[하他]《よろよろと足を引きずるようす》よろよろ、よたよた。

**지천**[至賤] 名[하形] ①《身分ぶんなどが》きわめて賤いやしいこと。②ありふれて重宝ちょうほうでないようす。¶ ~으로 핀 들국화 咲さいているありふれた野菊のぎく。

**지체** 名 代々だいだい伝つたわる身分ぶん、家柄いえがら。¶ ~ 높은 집 자식 家柄のよい家やの息子むすこ。

**지체**[肢體] 名 肢体たい。¶ ~ 장애 肢体障害しょうがい。

**지체 부자유아**[-不自由兒] 名 肢体たい不自由児ふじゆうじ。

**지체**[遲滯] 名[하自] 遅滞ちたい、遅れること。¶ ~ 없이 신고하다 遅滞なく届とどける。

**지축**[地軸] 名 地軸じく。¶ ~을 흔드는 듯한 폭음 地軸を搖ゆするような爆音ばくおん。

**지출**[支出] 名[하他] 支出しゅつ、出費ひ。¶ ~액 支出額が/ ~을 억제하다 支出を抑おさえる。/ 이것저것 ~이 많다 何だかやかやと出費が多おおい。

**지층**[地層] 名 地層そう。

**지:치다**[1] 自 疲つかれる、くたびれる、へたばる。¶ 일에 ~ 仕事ことに疲れる。/ 기다리다 ~ 待まちくたびれる。

**지:치다**[2] 他《氷こおりの上うえを》滑すべる。¶ 얼음판을 ~ 氷の上を滑る。

**지침**[指針] 名 指針しん、手引びき。¶ 행동 ~ 行動どうの指針/ 초학자의 ~이 되다 初学者しょがくしゃの道どうしるべになる。

**지침-서**[-書] 名 指針書しょ、手引き書。

**지칭**[指稱] 名[하自] 指さして称しょうすること、指さして呼よぶこと。

**지켜-보다** 他 見守まもる、見届みとどける。¶ 경과를 ~ 経過けいかを見守る。/ 임종을 ~ 臨終りんじゅうを見届ける。

**지키다** 他 ①守まもる、保護ほごする、見張みはる、番ばんをする。¶ 나라를 ~ 国を守る。/ 집을 留守番るすばんをする。②(規則きそく・慣習かんしゅうなどに)従したがう、守る、遵守じゅんする。¶ 約束を ~ 約束を守る。/ 교통 법규를 ~ 交通法規こうつうほうきを遵守する。③(ある状態じょうたいをそのまま)保たもつ、維持いじする、守る。¶ 순결을 ~ 純潔じゅんを守る。/ 비밀을 ~ 秘密ひみつを守る。④看護かんごして守る、看病びょうする。¶ 환자를 밤새 ~ 患者かんじゃを一晩中ひとばんじゅう看病する。

**지킴** 名 ①守まもり。②[民] 守り神がみ。

**지탄**[指彈] 名[하他] 指弾だん、爪弾つまはき。¶ 세상의 ~을 받다 世よの指弾を受うける。

**지탱**[支撑] 名[하自他][되自] 持ちこたえること、支ささえること。¶ 집안 살림을 ~해 나가다 家計けいを支えていく。/ 한 달은 ~할 식량이 있다 一ヵ月は持ちこたえる食糧しょくりょうがある。

**지팡이** 名 杖つえ。¶ ~를 짚다 つえをつく。/ ~에 의지하다 つえにすがる。

**지평**[地平] 名 地平へい。¶ ~면 地平面めん。

**지평-선**[-線] 名 地平線せん。¶ ~ 너머 地平線のかなた。

**지폐**[紙幣] 名 紙幣へい、札さつ。¶ 위조 ~ 偽造ぞう紙幣/ ~를 발행하다 紙幣を発行はっこうする。

**지표**[地表] 名 地表ひょう。¶ ~ 수 地表水すい/ ~에 균열이 생기다 地表に亀裂きれつが生しょうじる。

**지표**[指標] 名 指標ひょう。¶ 교육의 ~로 삼다 教育きょういくの指標にする。

**지푸라기** 名 藁らくず。¶ 물에 빠진 사람은 ~라도 잡는다 おぼれる者ものは藁をもつかむ。

**지피다** 他 (燃もえる火ひに薪まきなどを)くべる。¶ 난로에 장작을 ~ ストーブに薪をくべる。

**지피-지기**[知彼知己] 名[하自] 彼かれを知り己おのを知ること。

**지필**[紙筆] 名 紙筆ひつ、紙かみと筆ふで。

**지-필-묵**[-墨] 名 紙かみと筆ふでと墨すみ。

**지하**[地下] 名 地下か。①地ちの下した、地中ちゅう。¶ ~도 地下道どう/ ~ 이층 地下二階にかい/ ~ 자원 地下資源げん。②非合法的ひごうほうてきなこと。¶ ~ 공작 地下工作こうさく/ ~로 잠적하다 地下に潜ひそむ。

**지하 경제**[-經濟] 名 地下経済けい。

**지하 상가**[-商街] 名 地下街がい。

**지하-수**[-水] 名 地下水すい。

**지하-철**[-鐵] 名 地下鉄てつ。

**지하-층**〔-層〕图建 地階ちかい。
**지학**〔地學〕图(「지구 과학」의 縮約形) 地学がく。
**지한-제**〔止汗劑〕图 止汗剤ざい、制汗剤ざい。
**지핵**〔地核〕图 地核かく。
**지행**〔知行〕图 知行こう、知識しきと行為こう。¶ ~일치 知行一致いっち。
**지향**〔志向〕图하他 志向こう、意向こう。¶ ~성 志向性せい/ 권력 ~ 権力けん志向。
**지향**〔指向〕图 指向こう。¶ 도시 ~의 젊은 이들 都市指向の若者ものたち。
**지향-성**〔-性〕图 指向性せい。¶ ~ 안테나 指向性アンテナ。
**지향-없다**[形] 定ためがない、当あてがない。 지향없-이 副 定めなく、当てもなく。¶ ~ 거리를 헤매다 当てもなく町まちをさまよう。
**지혈**〔止血〕图하他回自 止血けつ、血止ちどめ。¶ ~제 止血剤ざい。
**지협**〔地峽〕图地 地峽きょう。¶ 파나마 ~ パナマ地峡。
**지형**〔地形〕图 地形けい。¶ ~도 地形図ず。
**지형**〔紙型〕图版 紙型けい。¶ ~을 뜨다 紙型を取とる。
**지혜**〔智慧・知慧〕图 知恵ちえ。¶ ~를 짜내다 知恵を絞しぼり出だす。/ ~를 모으다 知恵を合わせる。
**지혜-롭다**[形] 知恵がある、賢かしこい。¶ 지혜로운 사람 知恵のある人ひと。
**지환**〔指環〕图 指輪わ。㊦ 가락지。
**지휘**〔指揮〕图하他 指揮き。¶ ~관 指揮官かん/ 오케스트라를 ~하다 オーケストラを指揮する。
**지휘-권**〔-權〕图軍 指揮権けん。¶ ~ 발동 指揮権発動はつどう。
**지휘-봉**〔-棒〕图 指揮棒ぼう、タクト。
**지휘-자**〔-者〕图 指揮者しゃ、コンダクター。

**직**: 副 ①(線せんなどを勢いきいよく引ひくようす) さっと、すっと。¶ 선을 ~ 긋다 線をすっと引く。 ②(紙かみ・布ぬのなどを引ひき裂さくようす) びりっ(と)。
**직**〔職〕I 图 職しょく。¶ 여러 ~을 역임하다 いろいろな職を歴任れきにんする。II 接尾 …職しょく。¶ 사무 ~ 事務職しょく。
**직각**〔直角〕图数 直角かく。¶ ~ 삼각형 直角三角形さんかくけい。
**직각**〔直覺〕图하他 直覚かく。¶ ~적으로 알다 直覚的てきに知しる。
**직각-력**〔-力〕图 直覚力りょく。
**직간**〔直諫〕图하他 直諫かん、はばからずに諫いさめること。¶ 사장에게 ~하다 社長しゃちょうに直諫する。
**직감**〔直感〕图하他自 直感かん。¶ ~이 들어맞다 直感が当たる。/ 신변의 위험을 ~했다 身みの危険けんを直感した。
**직감-적**〔-的〕冠 直感的てきの。¶ ~으로 판단하다 直感的に判断はんだんする。
**직-거래**〔直去來〕图하自他回 直取引とりひき。¶ 산지와 ~하다 産地さんちと直取引する。
**직격**〔直擊〕图하自他回 直撃げき。¶ ~탄을 맞다 直撃弾だんをうける。

**직결**〔直結〕图하他回 直結けつ。¶ 생활에 ~되는 문제 生活せいかつに直結する問題もんだい。
**직경**〔直徑〕图数 直径けい、差さし渡わたし。¶ ~을 재다 直径を測はかる。㊦ 지름。
**직계**〔直系〕图 直系けい。¶ ~ 자손 直系子孫しそん/ ~ 혈족 直系血族けつぞく。
**직계 비속**〔-卑屬〕图法 直系卑属ひぞく。
**직계 존속**〔-尊屬〕图法 直系尊属そんぞく。
**직고**〔直告〕图 ありのままを告つげること。¶ 이실 ~하기로 하다 事実じつをありのままに告げることにする。
**직공**〔職工〕图 職工しょっこう、工員こういん、職人しょくにん。¶ 여자 ~ 女工こうじょ。
**직공**〔織工〕图 織工しょっこう、織物工おりものこう。
**직관**〔直觀〕图하他 直観かん。¶ 진리를 ~하다 真理しんりを直観する。
**직관-적**〔-的〕冠名 直観的てき。¶ ~인 판단 直観的な判断はんだん。
**직관-주의**〔-主義〕图 直観主義しゅぎ。
**직구**〔直球〕图野 直球きゅう、ストレート。¶ ~를 던지다 直球を投なげる。
**직권**〔職權〕图 職権けん。¶ ~을 내세우다 職権をかさに着きる。/ ~을 행사하다 職権を行使こうしする。
**직권 남:용**〔-濫用〕图하自 職権濫用らんよう。
**직권 처:분**〔-處分〕图하他法 職権処分しょぶん。
**직급**〔職級〕图 職級きゅう。
**직급**〔職給〕图 職給きゅう、職務給しょくむ。
**직납**〔直納〕图하他 直納のう、直接せつ納入にゅう。
**직녀**〔織女〕图 織女じょ、はたおりめ。
**직능**〔職能〕图 職能のう。¶ ~별 대표 職能別代表だいひょう。
**직답**〔直答〕图하自 直答ちょく・とう。¶ ~을 피하다 直答を避さける。
**직렬**〔直列〕图電 直列れつ。¶ 전지를 ~로 연결하다 電池でんちを直列につなぐ。㊨ 병렬(竝列)。
**직로**〔直路〕图 直路ちょく。㊦ 직도(直道)。
**직류**〔直流〕图 直流ちょく。¶ ~ 발전기 直流発電機はつでんき。㊨ 교류(交流)。
**직류 전:류**〔-電流〕图電 直流電流でん。
**직립**〔直立〕图하自 直立りつ。¶ ~ 원인 直立猿人えんじん/ ~ 부동의 자세 直立不動ふどうの姿勢しせい。
**직매**〔直賣〕图하他 直売ばい。¶ 공장에서 ~하다 工場こうじょうで直売する。
**직면**〔直面〕图하自 直面めん。¶ 난국에 ~하다 難局なんきょくに直面する。
**직무**〔職務〕图 職務しょく、役柄がら。¶ ~ 태만 職務怠慢たいまん/ ~상의 일 役向やくむきのこと/ ~를 수행하다 職務を遂行すいこうする。
**직무 수당**〔-手當〕图 職務手当あて。
**직무 유기**〔-遺棄〕图 職務遺棄いき。
**직물**〔織物〕图 織物もの。¶ 모~ 毛けの織物/ ~을 짜다 織物を織おる。
**직배**〔直配〕图하他回 直配はい。
**직분**〔職分〕图 職分しょく、役目やくめ。¶ 각자의 ~을 지키다 めいめいの職分を守まもる。
**직사**〔直射〕图하自他回 直射しゃ。¶ ~포 直射砲ほう/ ~ 광선 直射光線こうせん。

**직-사각형**〔直四角形〕 图 長方形ちょうほう.
**직-삼각형**〔直三角形〕 图 直角ちょっかく三角形さんかくけい.
**직선**〔直線〕 图 直線ちょくせん. ¶ ~ 코스 直線コース/ ~ 을 긋다 直線を引ひく.
  **직선 거:리**〔-距離〕 图 直線距離ちょくせんきょり.
  **직선-적**〔-的〕 冠名 直線的ちょくせんてき. ¶ ~ 인 말투 直線的な言いい方かた.
**직설-법**〔直說法〕 图 〖文法〗 直説法ちょくせつほう.
**직성**〔直星〕 图 人ひとの運勢うんせいをつかさどるという九ここのつの星ほし.
  〔관용〕 **직성(이) 풀리다** (願望がんぼうが遂とげられて)気きが済すむ, 満足まんぞくに思おもう.
**직소**〔直訴〕 图 ㈜ 直訴ちょくそ, 越訴おっそ, 直願じきがん.
**직속**〔直屬〕 图 ㈜ 直属ちょくぞく. ¶ ~ 상관 直属上官じょうかん/ 대통령 ~ 기관 大統領だいとうりょう直属の機関きかん.
  **직속 부대**〔-部隊〕 图 〖軍〗 直属部隊ぶたい.
**직손**〔直孫〕 图 直系ちょっけいの子孫しそん.
**직송**〔直送〕 图 ㈜他 直送ちょくそう. ¶ 산지에서 ~ 한 과일 産地さんちから直送の果物くだもの.
**직-수입**〔直輸入〕 图 ㈜他 直輸入ちょくゆにゅう.
**직-수출**〔直輸出〕 图 ㈜他 直輸出ちょくゆしゅつ.
**직시**〔直視〕 图 ㈜他 直視ちょくし. ¶ 현실을 ~ 하다 現実げんじつを直視する.
**직언**〔直言〕 图 ㈜他 直言ちょくげん. ¶ 상사에게 ~ 하다 上役うわやくに直言する.
**직업**〔職業〕 图 職業しょくぎょう, 稼業かぎょう, 職しょくと. ¶ ~ 군인 職業軍人ぐんじん/ ~ 여성 職業婦人ふじん/ ~ 을 구하다 職を求もとめる.
  **직업 교:육**〔-教育〕 图 職業教育きょういく.
  **직업-병**〔-病〕 图 職業病びょう.
  **직업 선:수**〔-選手〕 图 職業選手せんしゅ, プロの選手.
  **직업 학교**〔-學校〕 图 職業学校がっこう.
**직역**〔直譯〕 图 ㈜他 直訳ちょくやく. ¶ 영문을 ~ 하다 英文えいぶんを直訳する.
**직영**〔直營〕 图 ㈜他 直営ちょくえい. ¶ 회사 ~ 매점 会社かいしゃ直営の売店ばいてん.
**직원**〔職員〕 图 職員しょくいん. ¶ 임시 ~ 臨時りんじ職員.
**직위**〔職位〕 图 職位しょくい. ¶ 사장이라는 ~ 社長しゃちょうという職位.
**직유-법**〔直喩法〕 图 〖文法〗 直喩法ちょくゆほう.
**직-육면체**〔直六面體〕 图 〖數〗 直六面体ろくめんたい.
**직인**〔職印〕 图 職印しょくいん, 役印やくいん. ¶ ~ 을 찍다 職印を押おす.
**직장**〔直腸〕 图 〖生〗 直腸ちょくちょう.
  **직장-암**〔-癌〕 图 〖醫〗 直腸癌がん.
**직장**〔職場〕 图 職場しょくば, 勤つとめ先さき, 勤つとめ口ぐち. ¶ ~ 을 찾다 勤め口をさがす./ ~ 을 그만두다 職場をやめる.
**직전**〔直前〕 图 直前ちょくぜん, 寸前すんぜん. ¶ 출발 ~ 出発しゅっぱつ直前/ 체포 ~ 에 놓치고 말았다 逮捕たいほ寸前で取とり逃にがしてしまった.
**직접**〔直接〕 图 直接ちょくせつ. ①じかに接せっすること. ¶ ~ 거래 直接取引とりひき/ ~ 조명 直接照明しょうめい. ②《副詞的に》直々じきじきに, まっすぐに. ¶ ~ 전하다 直接手渡てわたす.
  **직접 담판**〔-談判〕 图 ㈜自他 直接談判だんぱん, じ

か談判, 直談じきだん.
  **직접 선:거**〔-選擧〕 图 直接選挙せんきょ.
  **직접-세**〔-稅〕 图 直接税ぜい.
  **직접-적**〔-的〕 冠名 直接的てき. ¶ ~인 영향 直接的な影響えいきょう.
  **직접 화:법**〔-話法〕 图 直接話法ほう.
**직제**〔職制〕 图 職制しょくせい. ¶ 회사의 ~ 를 고치다 会社かいしゃの職制を改あらためる.
**직조**〔織造〕 图 ㈜他 製織せいしょく. ¶ ~ 기 織機しょっき.
**직종**〔職種〕 图 職種しょくしゅ. ¶ ~ 을 불문하다 職種を問とわない.
**직:-거리다** 他 ①続つづけてずるずると引ひきずる. ②引ひき続つづいてびりびりと引ひき裂さく.
**직진**〔直進〕 图 ㈜自 直進ちょくしん. ¶ 교차로에서 ~ 하다 交差路こうさろで直進する.
**직책**〔職責〕 图 職責しょくせき. ¶ ~ 을 다하다 職責を果はたす.
**직통**〔直通〕 图 ㈜自 直通ちょくつう. ¶ 열차 直通列車れっしゃ/ ~ 전화 直通電話でんわ.
**직판**〔直販〕 图 ㈜他自 直販ちょくはん, 直接ちょくせつ販売はんばい. ¶ ~ 점 直販店てん.
**직하**〔直下〕 图 ㈜自 ①直下ちょっか, 真下ました. ¶ 적도 ~ 赤道せきどう直下. ②直下ちょっか, まっすぐに下くだること. ¶ 급전 ~ 急転きゅうてん直下. ③〖醫〗 赤痢せきりの重症じゅうしょう.
**직-하다**〔直-〕 ㉠㈎ ①道理どうりが正ただしい. ②実直じっちょくだ.
**직-하다** 助形㈎ (可能かのう・許容きょようの意いを表あらわす) …のようだ, …(し)そうだ, …(する)に価あたいする. ¶ 먹음 ~ おいしそうだ./ 믿음 ~ 信じんじられる.
**-직하다** 接尾㈎ かなり〔相当そうとう〕…である. ¶ 묵 ~ 하니 重おもそうだ./ 꽤 큼직하게 보이다 かなり大おおきく見みえる.
**직할**〔直轄〕 图 直轄ちょっかつ. ¶ ~ 구역 直轄区域くいき/ …의 ~ 로 옮기다 …の直轄に移うつす.
**직함**〔職銜〕 图 肩書かたがき. ¶ 회장의 ~ 会長かいちょうの肩書き/ 부친의 ~ 을 이용하다 おやじの肩書きを利用りようする.
**직항**〔直航〕 图 ㈜自 直航ちょっこう. ¶ ~편 直航便びん/ 서울에 ~ 하다 ソウルへ直航する.
**직해**〔直解〕 图 文字もじどおりに解釈かいしゃくすること.
**직행**〔直行〕 图 ㈜自 直行ちょっこう. ¶ ~ 버스 直行バス/ 정거하지 않고 ~ 하다 停車ていしゃせずに直行する.
**직후**〔直後〕 图 直後ちょくご. ¶ 도착 ~ 到着とうちゃく直後/ 휴가 ~ 의 시험 休暇きゅうか明あけの試験けん.
**진:**〔津〕 Ⅰ 图 脂やに. ¶ 송 ~ 松まつやに/ ~ 이 많다 脂あぶらっこい.
  〔관용〕 **진(이) 떨어지다**〔빠지다〕 (嫌気いやけが差さして)やる気きがなくなる.
**진**〔陣〕 图 陣じん. ¶ 배수 ~ 背水はいすいの陣/ 보도 ~ 報道陣ほうどうじん.
  〔관용〕 **진(을) 치다** 陣を張はる.
**진**〔眞〕 Ⅰ 图 真まこと, 真実しんじつ, まこと. ¶ ~・선・미 真・善・美しんぜんび. Ⅱ 接頭 真しん…, 本当ほんとうの…. ¶ ~면목 真面目しんめんもく.

진

**진:** [jean] 图 ジーンズ。¶ 블루 ~ ブルージーンズ。

**진-¹** 接頭「水気のある・乾いていない」の意いを表わす。¶ ~밥 水気のあるご飯はん。

**진-²** 接頭「濃い」の意を表わす。¶ ~간장 濃い醤油ゆ。/ ~보라 濃い紫むらさき。

**진가**〖眞假〗图 真贋しんがん、真偽しんぎ。¶ ~를 감정하다 真贋を鑑定かんていする。

**진가**〖眞價〗图 真価しんか、ほんとうの値打ち。¶ ~를 인정하다 真価を認める。/ ~를 발휘하다 真価を発揮はっきする。

**진-간장**〖-醬〗图 (長ながく保管ほかんしておいて)濃くなった醤油ゆ。

**진갑**图 還暦かんれきの翌年よくねんの誕生日たんじょうび。

**진객**〖珍客〗图 珍客ちんきゃく。¶ 야、~이 오셨군 これは珍客がおいでだ。

**진-걸레** 图 ぬれた雑巾ぞうきん。

**진:격**〖進擊〗图他自 進撃しんげき。¶ ~ 명령을 내리다 進撃命令めいれいをくだす。

**진경**〖珍景〗图 珍貴ちんきな風景ふうけい、珍らしい景色しき。¶ ~을 즐기다 珍しい風景を楽しむ。

**진골**〖眞骨〗图史 新羅時代しらじだいの身分みぶんを表わす骨品ごっぴんの一ひとつ。

**진공**〖眞空〗图物 真空しんくう。¶ ~ 상태 真空状態じょうたい/ ~ 포장 真空包装ほうそう。

**진공-관**〖-管〗图物 真空管しんくうかん。

**진공 방:전**〖-放電〗图物 真空放電ほうでん。

**진공 청소기**〖-淸掃機〗图 真空掃除機そうじき、電気でんき掃除機。

**진:공**〖進攻〗图他自 進攻しんこう。¶ 적진 깊숙이 ~하다 敵陣てきじん深ふかく進攻する。

**진-구렁** 图 ぬかるみ、泥沼どろぬま。¶ ~에 빠지다 泥沼にはまりこむ。

**진국**〖眞-〗图 ①まじめな人。②(酒さけ・醬油しょうゆなどの)水みずを混まぜない本物ほんものの煮汁にじる。

**진:군**〖進軍〗图 進軍しんぐん。¶ ~ 나팔을 불다 進軍らっぱを吹ふく。

**진귀**〖珍貴〗图하形 珍貴ちんき、珍らしく貴重きちょうなこと。¶ ~한 물건 珍貴な品物ものの。

**진:급**〖進級〗图하自 進級しんきゅう。¶ 시험 進級試験しけん/ 다음 학년으로 ~하다 次つぎの学年がくねんに進級する。

**진기**〖珍奇〗图하形 珍奇ちんき。¶ ~한 풍습 珍奇な風習ふうしゅう。

**진:기**〖津氣〗图 ①粘ねばり気け。¶ ~가 있는 쌀 粘ねばり気のある米こめ。②滲にじみ出でる体内たいないの精気せいき。

**진:-나다**〖津-〗形 ねだられ過すぎてへとへとになる。

**진:날** 图 雨あめ・雪ゆきの降ふる日ひ、じめじめした日。

**진:노**〖震怒〗图하自 震怒しんど、君王くんおうの怒いかり。

**진-노랑** 图 濃こい黄色きいろ。

**진눈-깨비** 图 みぞれ。¶ ~가 내리다 みぞれが降ふる。

**진:단**〖診斷〗图他自 診断しんだん。¶ 건강 健康けんこう診断/ 의사의 ~을 받다 医者いしゃの診断を受うける。

**진:단-서**〖-書〗图 診断書しょ。

**진달래** 图植 カラムラサキツツジ。

**진담**〖珍談〗图 珍談ちんだん。¶ ~으로 웃기다 珍談で笑わらわせる。

**진담**〖眞談〗图 本当ほんとうの話はなし。¶ 농담을 ~으로 듣다 冗談じょうだんを真まに受うける。

**진:도**〖進度〗图 進度しんど。¶ 학습 ~표 学習がくしゅう進度表しんどひょう/ 일의 ~가 늦다 仕事しごとの運はこびがおそい。

**진:도**〖震度〗图地 震度しんど。¶ ~ 5의 강진 震度5の強震きょうしん。

**진돗-개**〖珍島-〗图動 珍島ドン犬ぬ。

**진동**〖袖-〗图 袖付そでつけの幅はば。

**진:동**〖振動〗图他自 振動しんどう。¶ ~수 振動数すう/ 차체의 ~이 심하다 車体しゃたいの振動が激はげしい。

**진:동-음**〖-音〗图文法 振動音、震ふるえ音。

**진:동**〖震動〗图他自 震動しんどう。¶ ~이 전해지다 震動が伝つたわる。/ 천지를 ~시키다 天地てんちを震動させる。

**진두**〖陣頭〗图 陣頭じんとう。¶ ~ 지휘 陣頭指揮しき/ ~에 서다 陣頭に立たつ。

**진드근-하다** 形여 大変おお落お着ついている。**진드근-히** 副 大変落ち着いて、じっと。

**진드기** 图動 ダニ。

**진득-거리다** 自 ①(餅もちなどが)ねばねばする。¶ 물엿이 ~ 水あめがねばねばする。②(性質せいしつが)ねちねちする。

**진득-진득** 副하形 ①(粘ねっこいようす) ねばねば。②(執拗しつようなようす) ねちねち。¶ ~한 아이 ねちねちした執拗しつような子こ。

**진득-하다** 形여 ①粘ねばり気がある。②(態度たいど・行動こうどうが)落お着ついている。¶ 그는 언제 봐도 ~ 彼かれはいつ見みても落ち着いている。**진득-이** 副 落ち着いて、じっと。¶ 아픔을 ~ 참나 痛いたみをじっとこらえる。

**진디** 图「진딧물」の縮約形しゅくやくけい。

**진딧-물** 图動 アブラムシ。
慣用 **진딧물(이) 내리다** (野菜やさいなどに)アブラムシがつく。

**진:-땀** 图 ①脂汗あぶらあせ、冷ひや汗あせ。¶ ~을 흘리며 일하다 脂汗を流ながしながら働はたらく。②死しに際さいに流ながす汗。
慣用 **진땀(을) 내다**〖빼다〗(困こまった立場たちばに置おかれて)冷や汗をかく、脂汗を流ながす。**진땀(이) 나다** 脂汗が出でる。

**진:력**〖盡力〗图하自 尽力じんりょく。¶ 나라의 재건을 위해 ~하다 国くにの再建さいけんのために尽力する。
慣用 **진력(이) 나다** うんざりする、嫌気いやきが差さす。

**진:로**〖進路〗图 進路しんろ。¶ ~를 개척하다 進路を切きり開ひらく。/ 졸업 후의 ~를 정하다 卒業後そつぎょうごの進路を決きめる。

**진:료**〖診療〗图他自 診療しんりょう。¶ 조기 ~ 早期そうき診療/ ~를 받다 診療を受うける。

**진:료-소**〖-所〗图 診療所しょ。

**진:루**〖進壘〗图他自野 進塁しんるい。

**진리**〖眞理〗图 真理しんり。¶ 영구 불변의 ~ 永久えいきゅう不変ふへんの真理。

**진:맥**〖診脈〗图他自医 診脈しんみゃく。

**진-면목**[眞面目] 名 真面目$_{まじめ}$、真価$_{しんか}$。¶ ~을 발휘하다 真面目を発揮$_{はっき}$する。

**진-무르다** 自 爛$_{ただ}$れる。¶ 상처가 ~ 傷$_{きず}$がただれる。

**진문**[珍問] 名 珍問$_{ちんもん}$、かわった質問$_{しつもん}$。¶ ~진답 珍問珍答$_{ちんとう}$。

**진ː물** 名 できものから滲$_{し}$みでる液体$_{えきたい}$。

**진미**[珍味] 名 珍味$_{ちんみ}$。¶ 산해 ~를 맛보다 山海$_{さんかい}$の珍味を味$_{あじ}$わう。

**진미**[眞味] 名 真味$_{しんみ}$、真$_{しん}$の味$_{あじ}$わい。

**진-반찬** 名 水気$_{みずけ}$のあるおかず。

**진-발** 名 泥$_{どろ}$だらけの足$_{あし}$、濡$_{ぬ}$れ足$_{あし}$。¶ ~로 마루에 올라 오다 泥足$_{どろあし}$で床$_{ゆか}$に上$_{あ}$がってくる。

**진-밥** 名 水$_{みず}$っぽいご飯$_{はん}$。

**진배-없다** 形 異$_{こと}$なるところがない、…(も) 同然$_{どうぜん}$だ、劣$_{おと}$らない、等$_{ひと}$しい。¶ 거저나 진배없는 가격 ただ(も) 同然の値段$_{ねだん}$。**진배없-이** 副 …(も)同然に、同様$_{どうよう}$に。

**진-버짐** 名[漢] 湿性$_{しっせい}$疥癬$_{かいせん}$、湿癬$_{しっせん}$。

**진범**[眞犯] 名 真犯人$_{はんにん}$。

**진ː보**[進歩] 名[ハ他][自] 進歩$_{しんぽ}$。¶ 과학의 ~가 눈부시다 科学$_{かがく}$の進歩がめざましい。

**진ː보-적**[-的] 冠 名 進歩的$_{てき}$。¶ ~인 의견 進歩的な意見$_{いけん}$。

**진ː보-주의**[-主義] 名 進歩主義$_{しゅぎ}$。

**진본**[珍本] 名 珍本$_{ちんぽん}$、珍書$_{ちんしょ}$。

**진본**[眞本] 名 昔$_{むかし}$の本$_{ほん}$や書画$_{しょが}$などの本物$_{ほんもの}$。

**진부**[眞否] 名 真否$_{しんぴ}$、実否$_{じっぴ}$。¶ ~를 확인하다 真否を確かめる。

**진ː부**[陳腐] 名[ハ形] 陳腐$_{ちんぷ}$、古$_{ふる}$くさいこと。¶ ~한 표현 陳腐な表現$_{ひょうげん}$。

**진-분수**[眞分數] 名[数] 真分数$_{しんぶんすう}$。

**진-분홍**[-粉紅] 名 濃$_{こ}$い桃色$_{ももいろ}$。

**진ː사**[陳謝] 名[ハ他自] 陳謝$_{ちんしゃ}$。¶ ~를 요구하다 陳謝を要求$_{ようきゅう}$する。

**진상**[眞相] 名 真相$_{しんそう}$。¶ ~의 파악 真相の把握$_{はあく}$/ 사건의 ~을 밝히다 事件$_{じけん}$の真相を明$_{あき}$らかにする。

**진ː상**[進上] 名[ハ他] 進上$_{しんじょう}$、進呈$_{しんてい}$、献上$_{けんじょう}$。¶ ~물 進上物$_{ぶつ}$/ 축하의 물품을 ~하다 お祝$_{いわ}$いの品$_{しな}$を進上する。

**진서**[珍書] 名 珍書$_{ちんしょ}$、珍本$_{ちんぽん}$。¶ ~를 입수하다 珍書を手$_{て}$に入$_{い}$れる。

**진서**[眞書] 名 ①(ハングルに対$_{たい}$して)漢文$_{かんぶん}$。②(俗) 楷書$_{かいしょ}$。

**진-선-미**[眞善美] 名 真善美$_{しんぜんび}$。

**진성**[眞性] 名 真性$_{しんせい}$。¶ ~ 콜레라 真性コレラ。

**진솔**[眞率] 名[ハ形] 真率$_{しんそつ}$、正直$_{しょうじき}$で飾$_{かざ}$り気$_{け}$のないこと。

**진수**[珍羞] 名 珍羞$_{ちんしゅう}$、珍$_{めずら}$しくておいしい食$_{た}$べ物$_{もの}$。

**진수 성찬**[-盛饌] 名 ごちそう、豪華$_{ごうか}$な食事$_{しょくじ}$。¶ ~을 대접받다 豪華なごちそうに与$_{あず}$かる。

**진수**[眞髓] 名 真髄$_{しんずい}$、神髄$_{しんずい}$。¶ 음악의 ~를 맛보다 音楽$_{おんがく}$の神髄を味$_{あじ}$わう。

**진ː수**[進水] 名[ハ他自] 進水$_{しんすい}$。¶ ~식 進水式$_{しき}$/ 어제 ~한 배 昨日$_{きのう}$進水した船$_{ふね}$。

**진ː수-대**[-臺] 名 進水台$_{だい}$。

**진ː술**[陳述] 名[ハ他自] 陳述$_{ちんじゅつ}$。¶ ~을 거부하다 陳述を拒否$_{きょひ}$する。/ 의견을 ~하다 意見$_{いけん}$を述べる。

**진ː술-서**[-書] 名 陳述書$_{しょ}$。

**진시**[辰時] 名 辰$_{たつ}$の刻$_{こく}$(午前$_{ごぜん}$7時$_{じ}$ごろから午前$_{ごぜん}$9時$_{じ}$までの2時間$_{じかん}$)。

**진실**[眞實] 名[ハ形] 真実$_{しんじつ}$、本当$_{ほんとう}$、まこと。¶ ~성 真実性$_{せい}$/ ~한 이야기 まことの話$_{はなし}$/ ~을 입증하다 真実を立証$_{りっしょう}$する。

**진실-로** 副 まことに、真$_{しん}$に、本当$_{ほんとう}$に。¶ ~ 사랑하는 사람 真に愛$_{あい}$する者$_{もの}$。

**진심**[眞心] 名 真心$_{まごころ}$、本気$_{ほんき}$、誠意$_{せいい}$。¶ ~으로 축하하다 心$_{こころ}$から祝$_{いわ}$う。/ ~으로 받아 들이다 本気で引$_{ひ}$き受$_{う}$ける。

**진ː압**[鎭壓] 名[ハ他自] 鎮圧$_{ちんあつ}$。¶ 폭동을 ~하다 暴動$_{ぼうどう}$を鎮圧する。

**진ː앙**[震央] 名[地] 震央$_{しんおう}$。¶ 지진의 ~지 地震$_{じしん}$の震央地$_{ち}$。

**진ː언**[進言] 名[ハ他自] 進言$_{しんげん}$、意見$_{いけん}$を申$_{もう}$し述$_{の}$べること。¶ 개혁안을 ~하다 改革案$_{かいかくあん}$を進言する。

**진열**[陣列] 名 陣列$_{じんれつ}$。¶ ~을 가다듬다 陣列を整$_{ととの}$える。

**진ː열**[陳列] 名[ハ他自] 陳列$_{ちんれつ}$。¶ ~대 陳列台$_{だい}$/ 상품을 ~하다 商品$_{しょうひん}$を陳列する。

**진ː열-창**[-窓] 名 陳列窓$_{まど}$、ショーウィンドー。

**진영**[陣營] 名 陣営$_{じんえい}$。¶ 보수 ~ 保守$_{ほしゅ}$陣営/ ~을 치다 陣を張$_{は}$る。

**진용**[陣容] 名 陣容$_{じんよう}$。¶ 교수 ~ 教授$_{きょうじゅ}$の顔$_{かお}$ぶれ/ ~을 가다듬다 陣容を整$_{ととの}$える。

**진ː운**[進運] 名 進運$_{しんうん}$、進歩$_{しんぽ}$、向上$_{こうじょう}$の方向$_{ほうこう}$にある成$_{な}$り行$_{ゆ}$き。¶ 시대의 ~에 따라 時代$_{じだい}$の進運に伴$_{ともな}$って。

**진ː원**[震源] 名 震源$_{しんげん}$。¶ 소문의 ~ うわさの震源。

**진ː원-지**[-地] 名 震源地$_{ち}$。¶ 혁명의 ~ 革命$_{かくめい}$の震源地。

**진위**[眞僞] 名 真偽$_{しんぎ}$、真否$_{しんぴ}$。¶ ~를 규명하다 真偽を糾$_{ただ}$す。/ ~ 여부를 확인하다 真偽のほどを確かめる。

**진의**[眞意] 名 真意$_{しんい}$。¶ ~를 헤아릴 수 없다 真意をはかりかねる。

**진의**[眞義] 名 真義$_{しんぎ}$。¶ 인생의 ~를 깨닫다 人生$_{じんせい}$の真義を悟$_{さと}$る。

**진-일** 名[ハ他] ①(炊事$_{すいじ}$・洗濯$_{せんたく}$などの) 水仕事$_{みずしごと}$。②不吉$_{ふきつ}$なこと。 固 궂은일 ③気$_{き}$に入$_{い}$らない仕事$_{しごと}$。

**진ː입**[進入] 名[ハ他自] 進入$_{しんにゅう}$。¶ 열차가 홈에 ~하다 列車$_{れっしゃ}$がホームに進入する。

**진ː입-로**[-路] 名 進入路$_{ろ}$。¶ 고속 도로 ~ 高速道路$_{こうそくどうろ}$の進入路。

**진ː자**[振子] 名[物] 振子$_{ふりこ}$、振$_{ふ}$り子$_{こ}$。

**진ː자 시계**[-時計] 名 振り子時計$_{どけい}$。

**진-자리** 名 ①お産$_{さん}$をした場所$_{ばしょ}$。②乳児$_{にゅうじ}$の大小便$_{だいしょうべん}$で湿$_{しめ}$っぽい寝床$_{ねどこ}$。③人$_{ひと}$の死$_{し}$んだ場所$_{ばしょ}$。

**진:작**[振作] 名 해자 퇴자 振作しん。¶ 사기 ~ 士気しき振作。

**진:작** 副 ①ずっと前まえに、かなり以前いぜんに、とっくに。¶ ~ 항복할 것이지 ずっと前に降参こうさんすべきだったな。②前まえもって、早はやくから、少すし早めに。¶ ~ 왔으면 만났지 早く来てたら逢あえたのに。

**진저리** 名 ①(寒さむさ・恐怖きょうふ・放尿後ほうにょうごなどの) 身震みぶるい。②嫌気いやけのための身震い。

**진저리-나다** 自 こりごりする、うんざりする、飽あき飽きする。¶ 생각만 해도 ~ 考かんえただけでもうんざりする。

**진저리-치다** 自 身震いする、ぞっとする、おののく。

**진:전**[進展] 名 해자 퇴자 進展しんてん。¶ 사태가 급속히 ~되다 事態じたいが急速きゅうそくに進展する。

**진절-머리** 名 ひどい嫌気いやけのための身震みぶるい、うんざりする気持きもち。

**진절머리-나다** 自 うんざりする、極度きょくどに嫌気がさす。¶ 진절머리나도록 들은 잔소리 うんざりするほどに聞きかされた小言こごと。

**진정**[眞正] 名 真正しんせい、本当ほんとう。¶ ~한 민주주의 真正の民主主義みんしゅしゅぎ。②(副詞的に) 本当に、全まったく。¶ ~ 나는 몰랐었다 本当に私わたしは知しらなかった。

**진정**[眞情] 名 真情しんじょう、まごころ。¶ ~을 토로하다 真情を吐露とろする。

**진정**[陳情] 名 해자 陳情ちんじょう。¶ 관계 기관에 ~하다 関係機関かんけいきかんに陳情する。

**진정-서**[-書] 名 陳情書ちんじょうしょ。¶ ~를 내다 陳情書を出す。

**진:정**[鎭定] 名 해타 퇴자 鎮定ちんてい、鎮しずめること。¶ 내란을 ~시키다 内乱ないらんを鎮める。

**진:정**[鎭靜] 名 해자 해타 鎮静ちんせい、鎮しずめること。¶ 흥분을 ~시키다 興奮こうふんを静める。

**진:정-제**[-劑] 名 藥 鎮静剤ちんせいざい。

**진:-종일**[盡終日] 名 一日中いちにちじゅう、終日しゅうじつ、ひねもす。¶ ~을 일하다 一日中働はたらく。/ ~ 놀고 먹다 ひねもす遊あそんでくらす。

**진주**[眞珠] 名 真珠しんじゅ。¶ ~를 양식하다 真珠を養殖ようしょくする。

**진:주**[進駐] 名 해자 進駐しんちゅう。¶ ~군 進駐軍ぐん/ 외국에 ~하다 外国がいこくに進駐する。

**진주-조개**[眞珠-] 名 動 アコヤガイ。

**진중**[鎭重] 名 해형 重厚じゅうこう、重々おもおもしいこと。¶ 언행이 ~하다 言行げんこうが重々しい。

**진:지**[-] 名 (「밥」の尊敬語) お食事しょくじ、ご飯はん、御膳ごぜん。¶ ~를 올리다 お食事を運はこぶ。

**진:짓-상**[-床] 名 お膳ぜん、御膳ごぜん。

**진지**[陣地] 名 陣地じんち。¶ ~를 사수하다 陣地を死守ししゅする。

**진지**[眞摯] 名 해형 真摯しんし、真剣しんけん、まじめでひたむきなこと。¶ ~한 태도 真摯しんしな態度たいど/ ~하게 이야기하다 まじめに話はなす。

**진진-하다**[津津-] 形예 津々しんしんだ。¶ 흥미 ~ 興味きょうみ津々だ。

**진짜**[眞-] 名 ①本物ほんもの。¶ ~와 똑같은 모조품 本物そっくりの模造品もぞうひん。②本当ほんとう。¶ ~ 목적은 딴 데 있다 本当の目的もくてきは外ほかにある。③(副詞的に) 本当に、本気ほんきで。¶ ~ 곤란하다 本当に困こまる。

**진짜-로** 副 本当ほんとうに、本気ほんきで。¶ ~ 하는 말이니? 本気で言いっているのか。

**진:찰**[診察] 名 해타 診察しんさつ。¶ ~료 診察料りょう/ 환자를 ~하다 患者かんじゃを診察する。

**진창** 名 ぬかるみ、泥濘でいねい、泥沼どろぬま。¶ ~에 빠지다 ぬかるみに踏ふみ込こむ。

**진창-길** 名 泥どんこの道みち、ぬかるみ道みち。

**진:척**[進陟] 名 해자 해타 퇴자 進陟しんちょく。¶ ~ 상황 進捗状況じょうきょう/ 일이 잘 ~되지 않다 事ことがよく捗はかどらない。

**진:출**[進出] 名 해자 進出しんしゅつ。¶ 세계 시장에 ~하다 世界市場しじょうに進出する。

**진:취**[進取] 名 해타 進取しんしゅ。¶ ~적인 기상 進取の気象きしょう。

**진-치다**[陣-] 自 陣取じんどる、陣じんを張はる。¶ 국경에 ~ 国境こっきょうに陣を張る。

**진탕**[-宕] 副 飽あきるほどたくさん、思おう存分ぞんぶん。¶ 술을 ~ 마시다 酒さけを飽きるほどたくさん飲のむ。

**진토**[塵土] 名 塵土じんど、ちりと土つち。

**진통**[陣痛] 名 해자 陣痛じんつう。¶ ~이 시작되다 陣痛が始はじまる。

**진:통**[鎭痛] 名 해자 鎮痛ちんつう。

**진:통-제**[-劑] 名 藥 鎮痛剤ちんつうざい。

**진:퇴**[進退] 名 進退しんたい。¶ ~를 함께하다 進退を共ともにする。/ ~를 결정할 때가 去就きょしゅうを決けっするときだ。

**진:퇴-양난**[-兩難] 名 進退両難りょうなん。

**진:퇴-유곡**[-維谷] 名 進退極きわまって困難こんなんな状態じょうたいに陥おちいること。¶ ~에 빠지다 進退きわまる。

**진폐**[塵肺] 名 醫 塵肺じんぱい。¶ ~증 塵肺症しょう。

**진:폭**[振幅] 名 振幅しんぷく。¶ ~이 크다 振幅が大おおきい。

**진:폭**[震幅] 名 地 震幅しんぷく。

**진품**[珍品] 名 珍品ちんぴん。¶ 천하의 ~ 天下てんかの珍品。

**진품**[眞品] 名 本物ほんもの。¶ 이 그림은 피카소의 ~이다 これは本物のピカソの絵えである。

**진-풍경**[珍風景] 名 珍めずらしい風景ふうけい。

**진필**[眞筆] 名 真筆しんぴつ、真跡しんせき。

**진:-하다**[盡-] 自예 ①尽つきる、果はてる。¶ 운이 ~ 運うんが尽きる。②極極きょくきょくに至いたる。

**진-하다**[津-] 形예 ①(液体たいが)濃こい。¶ 진한 차 濃いお茶ちゃ。②(色いろ・化粧けしょうなどが) 濃い、こってりしている。¶ 진한 초록 濃い緑みどり/ 진하게 화장하다 厚化粧あつげしょうする。

**진:학**[進學] 名 해자 進学しんがく。¶ ~률 進学率りつ/ 대학에 ~하다 大学だいがくに進学する。

**진:해**[鎭咳] 名 해자 해타 鎮咳ちんがい、せきどめ。

**진:해-제**[-劑] 名 藥 鎮咳剤ちんがいざい。

**진:행**[進行] 名 해자 해타 퇴자 進行しんこう。¶ 의사 ~ 議事ぎじ進行/ 교섭이 ~중이다 交渉こうしょうが進行中ちゅうだ。/ 행사가 순조롭게 ~되고 있다 行事ぎょうじは順調じゅんちょうに進行している。

진:행-형[-形]图[文法]進行形.
진-허리图 腰の細い部分.
진:혼[鎭魂]图 鎭魂. ¶ ~곡 鎭魂曲.
진:혼-제[-祭]图[祭] 鎭魂祭、慰靈祭.
진홍[眞紅]图 真紅、真っ赤.
진:화[進化]图[하며][되며] 進化. ¶ 생물의 ~ 生物の進化/ ~ 과정을 더듬다 進化の過程を辿る.
진:화-론[-論]图[生] 進化論.
진:화[鎭火]图[하며][되며] 鎭火. ¶ ~에 힘쓰다 鎭火に努める. / 불은 겨우 ~됐다 火事はやっと鎭火した.
진:-흙图 ①粘土、赤土. ¶ 벽을 ~으로 바르다 壁を赤土で塗る. ②泥、泥土. ¶ ~투성이가 되다 泥だらけになる.
진:-흙탕图 ぬかるみ. ¶ 무릎까지 빠지는 ~ ひざまで没するぬかるみ.
진:흥[振興]图[하며][되며] 振興. ¶ 수출·수입의 振興/ 산업을 ~하다 産業を振興する.
질图[工] 陶土.
질:[帙]图 ①(本の)ひとそろい. ¶ 이 책은 여섯 권인 한 ~이다 この本は六卷でひとそろいだ. ②書物の巻数などの順序.
질[質]图 質. ①(物の)品質. ¶ 양보다 ~ 量よりも質. ②(生まれつきの)たち、資質、天性. ¶ ~이 좋지 않은 사람들 のよくない人.
-질接尾 ①反復的な動作·行動を表わす. ¶ 걸레~ ぞうきんがけ/ 딸꾹~ しゃっくりをすること. ②よくないことをする意を表わす. ¶ 싸움~ けんかすること/ 도둑~을 하다 盗みをはたらく. ③職業·役目などをやや軽蔑的にいう. ¶ 선생~을 하다 先生をする.
질감[質感]图 質感.
질겁-하다[自][여] びっくり仰天する、胆をつぶす. ¶ 질겁하다 달아나다 びっくり仰天して逃げる.
질-것图 陶土で焼いて製した物の総称.
질겅-거리다[他](歯ごたえのあるものを)くちゃくちゃかむ.
질겅-질겅副[하며他] くちゃくちゃ. ¶ 껌을 ~ 섭다 ガムをくちゃくちゃかむ.
질고[疾苦]图 疾苦、病苦. ¶ ~에 시달리다 病苦に苦しめられる. [한] 병고(病苦)
질곡[桎梏]图 桎梏、束縛. ¶ ~에서 벗어나다 桎梏を逃れる.
질-그릇图 素焼きの土器、土焼っぽき. [한] 옹기(甕器)
질근-질근副 ①((硬らかい肉などを口らの中でかむようす))くちゃくちゃ. ②縄·紐などをゆるくなうようす.
질금-거리다[自他] (水などを)ちびちびと流れ出たり止まったりする.
질금-질금副[하며自他] ちびちび、じくじく. ¶ 환자가 소변을 ~ 지리다 患者がちびちび小便をちびちび漏らす.

질긋-질긋副 ①((粘り強く堪え忍ぶようす)) ぐっと、じっと. ②((続けて押さえたり引っぱったりするようす)) ぎゅうぎゅう.
질기다[形] ①(布·紙などが)丈夫だ、耐久力がある. ¶ 질긴 천 丈夫な布. ②(肉などが)堅い、柔らかくない. ¶ 쇠고기는 ~ この牛肉きうは堅い. ③(性格などが)粘り強い.
질깃-질깃副[하며形] ①(品物などが)なかなか強いようす. ②(性質などが)しつこいようす. ③(食べ物などが)堅くてよく嚙み切れないようす. [한] 좋긋좋긋.
질깃-하다[形][여] ①(肉などが)やや堅い. ②(性質などが)粘り強いところがある.
질끈副((堅く絞めるようす)) ぎゅっと、しっかり. ¶ 허리띠를 ~ 동이다 腰ひもをぎゅっと絞める.
질녀[姪女]图 姪. [한] 조카딸
질다[形] ①(捏ね物·飯が)水気が多すぎる、軟らかすぎる. ¶ 밥을 질게 짓다 ご飯を軟らかめに炊く. ②(地面が)ぬかっている. ¶ 길이 ~ 道がぬかっている.
질-뚝배기图 焼素焼きの壺鍋[なべ].
질량[質量]图[物] 質量. ¶ ~ 단위 質量單位/ ~을 측정하다 質量を測定する.
질량 보존의 법칙[-保存-法則]图[物] 質量保存の法則.
질러-가다[自] 近道を行く. ¶ 질러가면 빠르다 近道を行けば早い.
질러-먹다[自] 生煮えのまま食べる.
질러-오다[自] 近道をして来る.
질력-나다[自] 飽き飽きする、退屈だらする、嫌気がつかさす、屈託たくする. ¶ 질력나는 설교 退屈でたまらない説教/ 똑같은 나날の生活に ~ 同じような毎日の生活にすっかり屈託する.
질룩-하다[形][여] (中ほどが)やや細くなっている、くびれている.
질리다[自] ①飽き飽きする、嫌になる、いや気がさす、こりる. ¶ 이 일에는 이젠 질렸다 この仕事にはもう飽き飽きした. ②あっけに取られる、ぼう然となる、あきれる、おびえる、参ずる、閉口こうする. ¶ 겁에 ~ 恐怖におびえる. / 질려서 아무 말도 못하다 あきれて何とも言えない. ③青ざめる、血の気が引く. ¶ 파랗게 ~ 真っ青になる. ④(染色のとき)むらができる. ⑤(費用が)かかる.
질문[質問]图[하며] 質問、問い. ¶ 예리한 ~ つっこんだ質問/ ~을 퍼붓다 質問を浴びせる. / 끈질기게 ~하다 しつこく質問する.
질박[質樸]图[하며形] 質樸だ. ¶ ~한 농민 質樸な農民.
질벅-거리다[自] どろどろする、じくじくする. ¶ 연못 부근은 몹시 질벅거린다 池の付近はじくじくして湿っている.
질벅-질벅副[하며] どろどろ、じくじく. ¶ ~한 진창 どろどろのぬかるみ.

**질병**【疾病】图 疾病しっ、病気びょう。¶ 소화기 계통의 ～ 消化器しょうかの系統けいとうの疾病。

**질부**【姪婦】图 姪めいの妻つま。

**질산**【窒酸】图【化】硝酸しょう。¶ ～염 硝酸塩さん/ ～은 硝酸銀ぎん。

　**질산-나트륨**【-Natrium】图【化】硝酸ナトリウム、硝酸ソーダ。

　**질산-칼슘**【-calcium】图【化】硝酸カルシウム、ノルウェー硝石せき。

**질색**【窒塞】图圄圈 ひどく嫌きらうこと、うんざりすること、苦手にがてなこと。¶ 단것은 ～이다 甘あい物ものは大嫌おおきらいだ。/ 긴 이야기는 아주 ～이다 長ながい話はなしには飽あき飽きする。

**질서**【秩序】图 秩序ちつじょ。¶ ～정연 秩序整然せん/ ～를 어지럽히다 秩序を乱みだす。

**질소**【窒素】图【化】窒素そ。¶ ～ 가스 窒素ガス/ ～ 화합물 窒化物ちっかぶつ、窒素化合物ごう。

　**질소 동화 작용**【-同化作用】图【植】窒素同化作用ようう。

　**질소 비:료**【-肥料】图 窒素肥料ひりょう。

**질소**【質素】图圄圈 質素そ。¶ 검약을 본받아 質素倹約けんやくを模範はんとする。

**질시**【嫉視】图圄個 嫉視しっ。¶ 반목 嫉視反目はん/ 동료를 ～하다 同僚どうりょうを嫉視する。

**질식**【窒息】图圄個 窒息そく。¶ 산소 결핍으로 ～하다 酸欠さんけつで窒息する。

　**질식-사**【-死】图圄個 窒息死し。

**질의**【質疑】图圄個 質疑ぎ。¶ ～ 응답 質疑応答とう。

**질-장구** 图【音】胴土どうつちの鼓つづみのような楽器がっき。

**질적**【質的】冠形 質的てき。¶ ～인 변화 質的な変化へんか/ ～으로 저하되다 質的に低下ていかする。

**질정**【叱正】图圄個 叱正せい。¶ 많은 ～ 있으시기 바랍니다 ご叱正を請こう。

**질주**【疾走】图圄個 疾走そう。¶ 전력 ～ 全力ぜんりょく疾走/ 자동차가 ～하다 自動車じどうしゃが疾走する。

**질질** 圄 ①《液体たいがたれ流ながれるようす》だらだら。¶ 침을 ～ 흘리다 よだれをだらだら流す。 ②《脂汗あぶらでてかてかしているようす》てかてか、つるつる。¶ 얼굴에 개기름이 ～ 흐르다 顔かおがあぶらでてかてかす光ひかる。 ③《引ひきずって歩あるくようす》ぞろぞろ、ずるずる。¶ 옷자락을 ～ 끌면서 걷다 裾すそをずるずる引きずりながら歩く。 ④《あちこち置おとすようす》だらしなく、ぽろぽろ。¶ 소지품을 ～ 흘리면서 다니다 所持品しょじひんをだらしなく落として歩く。 ⑤《期限げんなどを引ひき延のばすようす》ずるずる、だらだら。¶ 약속 날짜를 ～ 끌다 約束やくそくの日ひをずるずる延ばす。 ⑥《何なの抵抗ていこうもせずに引ひっぱられるようす》ずるずる。¶ ～ 끌려 가다 ずるずる引っ張られていく。

**질책**【叱責】图圄個 叱責せき、叱正せい。¶ ～을 받다 叱責を受うける。/ 엄하게 ～하다 きびしく叱責する。

**질척-거리다** 图 どろどろする、じくじくする。

　**질척-질척** 圄形 じくじく、どろどろ。¶ 길이 ～해지다 道みちがどろどろになる。

**질척-하다** 形 《泥土でいどなどが水みずっぽくて》べとべとしている、どろどろである、じくじくしている。¶ 눈이 녹아서 길이 ～ 雪ゆきが解けて道がどろどろだ。

**질타**【叱咤】图圄個 叱咤た。¶ ～ 격려 叱咤激励れい。

**질탕**【佚宕・佚蕩】图圄形 遊あそびごとが度どをぎて放蕩ほうとうになること。¶ ～하게 마시고 놀다 思おもう存分ぞんぶん飲のみ遊ぶ。

**질-탕:관**【-湯罐】图 薬くすりを煎せんじる小形こがたの土釜つちがま器物きぶつ。

**질투**【嫉妬】图圄個 嫉妬と、ねたみ、やきもち。¶ 여자의 ～심 女おんなのねたみ/ ～가 많다 嫉妬が深ふかい/ 동료의 승진을 ～하다 同僚どうりょうの昇進しょうしんを嫉妬する。

**질퍽-하다** 形 非常ひじょうにどろどろである、じくじくである。¶ 길이 ～ 道がぬかる。

　**질퍽-거리다** 图 どろどろする、ぬかる、じくじくする。

　**질퍽-질퍽** 圄形 ぐちゃぐちゃ、じめじめ、じくじく。

**질펀-하다** 形 どろどろである、ぬかるんでいる。¶ 눈이 녹아서 땅이 ～ 雪が解けて地面じめんがどろどろである。

　**질펀-거리다** 图 じくじくする、ぬかる。

　**질펀-질펀** 圄形 どろどろ、じめじめ、ぐちゃぐちゃ、じくじく。¶ 질펀질펀한 땅 じめじめした土地とち。

**질편-하다** 形 ①広々ひろびろとしている。¶ 질편한 들판 広々ひろびろとした野原のはら。 ②のうとして寝ねそべっているようす、ぐうたらだ。¶ 질편하게 놀고만 있다 のんべんだらりと遊あそんでばかりいる。 **질편-히** 圄 ①広々ひろびろと。 ②のんべんだらりと。

**질풍**【疾風】图 疾風ふう、突風とっぷう、はやて。¶ ～ 노도 疾風怒濤どとう/ ～처럼 도망을 치다 はやてのように逃にげうせる。

　**질풍 신뢰**【-迅雷】图 疾風迅雷らい。¶ ～의 진격 疾風迅雷の進撃しんげき。

**질-항아리** 图 素焼すやきの瓶かめ。

**질-화로**【-火爐】图 素焼すやきの火鉢ひばち。

**질환**【疾患】图 疾患かん、病気びょう。¶ 흉부 ～ 胸部きょうぶ疾患。

**질:-흙** 图 ①粘土ねん。 ②陶土どう。

**짊어-지다** 他 ①背負せおう、かつぐ。¶ 볏단을 ～ 稲束いなたばをかつぐ。 ②《債務むを》負おう。¶ 빚을 ～ 借金しゃっきんを負う。 ③《責任せき・負担たんなどを》負う、担になう。¶ 한 집안 살림을 ～ 一家いっかの暮らしを担う。

**짐**【荷】图 ①荷物もつ。¶ 이삿～ 引っ越こしの荷物/ ～ 꾸리기 荷作づくり/ ～을 나르다 荷を運はこぶ。 ②責任せき、負担たん。¶ 친구의 부탁이 ～이 된 다 友人ゆうじんの依頼いらいが負担になる。 ③厄介やっかいなこと。¶ 힘이 되기는커녕 오히려 ～이다 頼たよりになるどころかとんだお荷物だ。

**짐**【朕】图《天子てんしの自称しょう》朕ちん。¶ ～은 곧 국가다 朕はすなわち国家こっかなり。

**짐-꾼** 图 担にぎ人夫にんぷ、ポーター。

짐-바리 [名] 荷駄に。¶ 짐꾼이 ~로 나르다 担ぎ人夫にんが荷駄を運ぶ。

짐-받이 [名] (自転車じてんしゃの)荷台だい。

짐-배 [名] 荷船にぶね、はしけぶね。¶ ~로 건너다 荷船で渡る。

짐-삯 [名] (荷物にもつの)運賃うん、運はこび賃ちん。

짐-수레 [名] 荷車にぐるま。¶ ~를 끌고 가다 荷車を引いて行く。

짐-스럽다 [形ㅂ] 荷厄介やっかいである、負担だんになる。¶ 짐스러운 부탁을 받다 荷厄介な依頼らいを受うける。

짐승 [名] ①鳥獣ちょうじゅう、獣ものだ。¶ 네 발 ~ 四よつ足あしの動物ぶつ。②[比] 人間にんげんらしさのない人ひと、野蛮やばんな人間、畜生ちくしょう。¶ ~ 같은 사람 鬼畜ちくのような人。

짐작 [名][하他][되自] 推おし量はかること、推測そく、推量りょう、見当とう。¶ 어림 ~ 当てて推量ずる/ 대강 ~이 가다 おおよそ見当がつく。/ 네 ~이 맞았다 君きの推量が当あたった。

짐짓 [副] わざと、故意こに、ことさら。¶ ~ 못들은 체하다 わざと聞きかないふりをする。

짐-짝 [名] 荷造にづくりした荷物もつ。

집[1] [名] ①家いえ・うち、家屋かおく、住すまい、屋や。¶ 빈 ~ 空家あき/ 벽돌 ~ れんが造づくりの家や/ 우리 ~에 놀러 오세요 私わたしの家にあそびに来てください。②家庭かてい、家門かもん、家系かけい。¶ 큰 ~ 本家ほんけ/ 유명한 ~ 출신 有名ゆうめいな家門の出で。③(動物どうぶつの)すみか、巣す。¶ ~ 짓는 새 巣すを張はる鳥とり/ 거미 ~ 거미が巣を張る。④(刀な・銃じゅうなどの)さや、箱はこ、入いれ物もの。¶ 칼 ~ 刀のさや/ 벼루 ~ 硯箱ばこ。⑤(囲碁ごとの)地じ、目め。¶ 세 ~을 이겼다 3目めきけ勝かった。[Ⅱ] [接尾] ①(姓氏せいについて)…の家いえに嫁とついだ娘むすめ。¶ ②(地名ちめいについて)…出身しゅっしんの妾しょう。③(名詞めいしについて)…屋や。¶ 꽃 ~ 花屋はな/ 고개의 찻 ~ 峠とうげの茶屋ちゃや。

[속담] 집도 절도 없다 家も寺もない。《流るされ者もののような生活せいかつをして住すむ家も財産ざいもない》집에서 새던 바가지는 들에 나가도 샌다 家で漏もれるパガジは野のへ出でても漏れる。《決定的けっていてきな欠点けってんのある人ひとはどこへ出てもその欠点が出る》

[관용] 집을 뜨다 家を空あける、外出がいしゅつする。 집을 보다 留守番ばんする。 집을 비우다 留守るすにする。

집[2] [名] 自分じぶんの妻、家内かない。¶ 그런 일은 ~에 맡겨 놓고 있습니다 そんなことは家内に任まかせてあります。

-집 [集] [接尾] …集しゅう。¶ 논문 ~ 論文集ろんぶんしゅう。

집게 [名] やっとこ、ニッパー。

　집게-발 [名] (カニなどの)はさみ。

　집게-손가락 [名] 人差ひとさし指ゆび、食指しょく。㊦ 검지

집결 [集結] [名][하自他][되自] 集結けつ。¶ 물자를 ~하다 物資ぶつを集結する。

집계 [集計] [名][하他][되自] 集計けい。¶ 투표의 ~ 投票とうの集計/ 득점을 ~하다 得点を集計する。

집광 [集光] [名][하自] 集光こう。

　집광-기 [-器] [名] 集光器き。

집-구석 [名][俗] 家いえの中なか、家。¶ ~에만 틀어박혀 있다 家にばかり閉とじこもっている。

집권 [執權] [名][하自] 執権けん。¶ ~당 執権党とう/ ~자 執権者しゃ。

집권 [集權] [名][하自] 集権けん。¶ 중앙 ~ 정치 中央ちゅうおう集権政治せいじ。

집기 [什器] [名] 什器じゅう、什物もつ。¶ 사무용 ~ 事務用じむよう備品ひん。

집념 [執念] [名][하自他] 執念しゅう。¶ 무서운 ~ 恐るべき執念/ ~이 강한 사람 執念深ぶかい人ひと。

집다 [他] ①(手てなどで)握にぎる、持もつ、つまみ上あげる。¶ 손으로 집어 먹다 手でつまんで食たべる。②つまむ、挟はさむ。¶ 젓가락으로 반찬을 ~ 箸でおかずをはさむ。③(落おちているものを)拾ひろう。¶ 떨어진 사과를 ~ 落ちたりんごを拾い上げる。④(要点ようてんを)かいつまむ、指摘してきする。¶ 요점만 집어서 말하다 要点だけをかいつまんで話はなす。

집단 [集團] [名] ~ 생활 集団生活せいかつ/ 정치 ~ 政治じ集団/ ~으로 덤벼들다 集団で押おしかける。

집단 안전 보:장 [-安全保障] [名][政] 集団安全あんぜん保障しょう。

집단-적 [-的] [冠] 集団的てき。¶ ~인 행동 集団的な行動どう。

집단-혼 [-婚] [名] 集団婚こん、群婚ぐん。

집달 [執達] [名][하他][法] 執達たつ。¶ ~리 執達吏り/ ~관 執行官しっこう。

집-대성 [集大成] [名][하他][되自] 集大成たいせい。¶ 다년간의 연구를 ~하다 年来ねんらいの研究きゅうを集大成する。

집도 [執刀] [名][하自] 執刀とう。¶ ~의 執刀医い。

집-들이 [名][하自] ①新居しんきょに引っ越こすこと。②新居に友人ゆうを招待しょうたいしてもてなすこと。

집례 [執禮] [名][하自] 執礼れい、礼式じきを執行こうすること。

집록 [輯錄・集錄] [名][하他] 輯錄ろく、集錄ろく。¶ 강의의 ~ 講義ぎの集録。

집무 [執務] [名][하自] 執務む。¶ ~ 중 면회 사절 執務中ちゅう面会謝絶めんかい/ 5시까지 ~하다 5時じまで執務する。

집-문서 [-文書] [名] 家屋かの権利証書けんりしょうしょ。

집물 [什物] [名] 什物もつ、什器じゅう。

집배 [集配] [名][하他] 集配はい。¶ 우편물을 ~하다 郵便物ゆうびん集配する。

집배-원 [-員] [名] 集配人にん。

집-보기 [名] 留守るす(番ばん)、留守居い。¶ 이웃집에 ~를 부탁하다 隣家りんかに留守を頼たのむ。

집-비둘기 [名] 家鳩いえばと、どばと。

집사 [執事] [名] 執事じ。①[基] 教会きょうかいで職務しょくを分担ぶんたんする人ひと。②(身分ぶんある人の家いえにあって)庶務を執とり行おこなう人。

집-사람 [名] (自分じぶんの妻を謙遜けんそんして)家内かない。¶ 제 ~입니다 私わたくしの家内です。

집산 [集散] [名][하自他] 集散さん。¶ 이합 ~ 離合ごう集散/ 상품의 ~ 商品しょうひんの集散。

**집산-지**[-地] 图 集散地。¶ 사과의 ~ りんごの集散地。

**집성**[集成] 图하他되自 集成する。¶ 전국의 민요를 ~하다 全国の民謡を集成する。

**집-세**[-貰] 图 家賃、店賃。¶ ~를 물다 家賃を払う。/ ~가 비싸다 家賃が高い。

**집-안** 图 ①身内、一族、内輪。¶ ~ 사람 身内の人々/ ~의 큰일 一族の大事。② 家柄、家門、家系。¶ 좋은 ~에 태어나다 いい家門に生まれる。③家じゅう、家庭。¶ ~일을 돕다 家事を手伝う。/ ~을 치우다 家の中をかたづける。

**집안-간**[-間] 图 身内の間柄。

**집안-사람** 图 ①身内、親類一族。②同じ組織に属する人。

**집안-싸움** 图 ①内輪もめ。¶ 상속 문제로 ~이 일어나다 相続問題で内輪もめが起こる。②(組織내에서의)仲間の争い。¶ ~이 시작되다 仲間争いが始まる。

**집안-일** 图 ①家事、家じゅうの仕事。¶ ~에 바쁘다 家事に忙しい。②家庭内でのささいな事柄、家の中でのこと。¶ 남의 ~에 간섭하지 마라 人の家のことに口出しをするな。

**집약**[集約] 图하他되自 集約する。¶ ~ 농업 集約農業/ 의견을 ~하다 意見を集約する。

**집약-적**[-的] 冠图 集約的。

**집어-내다** 他 ①つまみ出す、取り出す。¶ 쌀에서 돌을 ~ 米の中から石をつまみ出す。②指摘する。¶ 원인을 정확하게 ~ 原因を的確に指摘する。

**집어-넣다** 他 ①手でつまんで入れる。¶ 국에 소금을 ~ スープに塩をつまんで入れる。②差し込む、突っ込む。¶ 손을 호주머니에 ~ 手をポケットに入れる。③収容する、ほうり込む、ぶち込む。¶ 정신 병원에 ~ 精神病院に収容する。④繰り込む。¶ 비용을 예산에 ~ 費用を予算に繰り込む。

**집어-던지다** 他 ほうり投げる、ほうり出す、投げつける。¶ 의자를 밖으로 ~ 椅子を外にほうり投げる。

**집어-등**[集魚燈] 图 集魚灯。

**집어-먹다** 他 ①つまんで食べる、つまみ食いする、取って食べる。¶ 반찬을 손가락으로 ~ おかずを指でつまんで食べる。②かすめ取る、横領する、着服する。¶ 공금을 ~ 公金を着服する。

**집어-삼키다** 他 ①飲み込む、吸い込む。¶ 단숨에 ~ 一息に飲み込む。②(人의 물건을) 横取りする、着服する。

**집어-치우다** 他 途中でやめる、放り出す、放り投げる。¶ 장사를 ~ 商売をやめる。/ 하던 일을 집어치우고 외출하다 やりかけていた仕事をやめて外出する。

**집요**[執拗] 图하形 執拗、しつこいようす。¶ ~한 추적 執拗な追跡/ ~하게 따라다니다 しつこくつきまとう。

**집적**[集積] 图하他되自 集積。¶ 원료의 ~지 原料の集積地。

**집적 회로**[-回路] 图[物] 集積回路。

**집적-거리다** 他 ①(人의 일에) お節介をやく。¶ 무슨 일에나 ~ どんなことにもお節介をやく。②(むだに人を)ちょっかいを出す、つつく。¶ 상대를 집적거려 싸움을 걸다 相手をつついてけんかを売る。③手を出す、やたらに弄ぶ。

**집정**[執政] 图하自 執政。¶ ~관 執政官。

**집-주인**[-主人] 图 ①家長、亭主、戸主。②大家、家主。¶ ~에게 집세를 내다 家主に家賃を払う。

**집중**[集中] 图하自他되自 集中。¶ ~ 공격 集中攻撃/ 주의를 ~하다 注意を集中する。/ 인구가 도시에 ~하다 人口が都市に集中する。

**집중 사격**[-射擊] 图 集中射撃。

**집중 호우**[-豪雨] 图[氣] 集中豪雨。

**집-쥐** 图 家ネズミ。

**집진**[集塵] 图하自 集塵。¶ ~기 集塵機。

**집-집** 图 家々、おのおのの家。 **집집-이** 副 家毎に。

**집집-마다** 副 家々に、家毎に。¶ ~ 신문을 돌리다 家毎に新聞を配る。

**집착**[執着] 图하自 執着。¶ 구습에 ~하다 旧習に泥する。

**집-채** 图 一軒の家。

**집채-같다** 形 家のように大きい、山のようだ。¶ 집채같은 파도 山のような大波。

**집-치레** 图 家を飾ること。

**집-치장**[-治粧] 图 家の手入れをしてきれいに飾ること。

**집-터** 图 ①家の敷地。②家のあった跡。

**집-토끼** 图[動] カイウサギ。

**집필**[執筆] 图하自 執筆。¶ ~진 執筆陣/ 논문을 ~하다 論文を執筆する。

**집합**[集合] 图 集合。①하自되自 集まる[集める]こと。¶ ~ 시각 集合時刻/ 모두들 ~시켜라 者共を集めろ。②[數] 数学の基礎概念のひとつ。¶ 자연수의 ~ 自然数の集合。

**집합 명사**[-名詞] 图[文法] 集合名詞。

**집행**[執行] 图하自되自 執行。①実際に行なうこと。¶ ~부 執行部。②法令・裁判などの内容を実現させること。¶ ~권 執行権/ 형을 ~하다 刑を執行する。

**집행 유예**[-猶豫] 图[法] 執行猶予。

**집회**[集會] 图하自 集会。¶ ~의 자유 集会の自由/ ~를 열다 集会を開く。

**집히다** 自 《「집다」의 受動》 にぎられる、つかまれる、摘まれる。¶ 잘 집히지 않는다 うまくにぎられない。/ 손에 집히는 대로 던지다 手であたり次第に投げつける。

**짓:** 图 行動のこと、仕業、しぐさ、ふるまい。¶ 분별없는 ~ 分別のない行動/ 이건 누구 ~이냐? これは誰の仕業だ。/ 못된

**짓-** [接頭] 「やたらに・ひどく・容赦なく」などの意を表わす。¶ ～눌리다 拉しげる。/ ～밟다 踏ふみにじる。

**-짓** [接尾] 《名詞について》動うごきをを表わす。¶ 손～ 手振り/ 눈～ 目配めくばせ。

**짓-거리** [名][하自] ①興きょうに乗のったしぐさ、ふざける動作どう。¶ ② 《俗》 ⇨ 짓

**짓고-땡** [名] ①花札はなふだでする賭博との一つ。② 《俗》仕事ことが思おうとおりにはかどること。

**짓-궂다** [形] 意地悪いたるい。¶ 짓궂은 장난 意地悪いたずら/ 짓궂게 굴다 意地悪をする。

**짓-누르다** [他르] ぐっと押おさえつける。

**짓-눌리다** [自](「짓누르다」の受動) 押さえつけられる、踏ふみつけられる。¶ 무거운 돌에 ～ 重い石で押えつけられる。

**짓:다** [他ㅅ] ①(建物たてものなどを)建たてる。¶ 집을 ～ 家を建てる。②(ご飯はんなどを)炊たく。¶ 아침밥을 ～ 朝飯あさはんを炊く。③(文章ぶんしょうなどを)作つくる、書かく。¶ 지어낸 이야기 作り話ばなし。④(表情ひょうじょうを)つくる、浮かべる。¶ 슬픈 표정을 ～ 悲かなしい表情を浮かべる。⑤(涙なみだを)流ながす、(ため息いきを)つく、もらす。¶ 눈물 ～ 涙なみだぐむ。/ 한숨을 ～ 嘆息なんそくをもらす。⑥(作物さくもつを)つくる、栽培さいばいする。¶ 쌀농사를 ～ 米こめをつくる。⑦(罪つみを)犯おかす。¶ 죄를 ～ 罪を犯す。⑧群むれをなす、列れつをつくる。¶ 떼를 지어 다니다 群れをなして行ゆき来きする。⑨(結論けつろんを)出だす、かたづける、結むすぶ。¶ 결론을 ～ 結論をだす。⑩命名めいめいする、名付づける。¶ 신생아의 이름을 ～ 新生児しんせいじの名付けをする。⑪(服ふくなどを)縫ぬう、仕立したてる。¶ 양복을 ～ 洋服ようふくを仕立てる。⑫(薬くすりを)調ちょうぜいする。¶ 감기약을 ～ 風邪薬かぜぐすりを調合する。

**짓-밟다** [他] 踏みつける、踏みにじる。¶ 잔디를 ～ 芝生しばふを踏みつける。②蹂躙じゅうりんする。¶ 정조를 ～ 貞操ていそうを蹂躙する。

**짓-밟히다** [自](「짓밟다」の受動) 踏みにじられる、踏みつけられる、蹂躙じゅうりんされる。

**짓-씹다** [他] (粉々こなごなに)噛かみ砕くだく、がりがりと噛かむ。

**짓-이기다** [他] ①こね返かえす、かき混まぜる、すりつぶす。¶ 흙을 짓이겨서 벽을 바르다 土つちをこねて壁かべを塗ぬる。②ひどく殴なぐる、めったやたらに打うちのめす。

**짓-찧다** 強つよか搗つく、搗き砕くだく。

**징¹** [名] どら、鉦しょう。¶ ～을 치다 どらを打うつ。/ ～이 울리다 どらが鳴なる。

**징²** [名] (靴くつなどの)鋲びょう。¶ ～을 박다 鋲びょうを打つ。

**징거-두다** [他] (衣服いふくを)仮縫かりぬいしておく。②(前まえもって)準備じゅんびして置おく。¶ 여행에 필요한 물건을 ～ 旅行りょこうに必要ひつような物ものを準備して置く。

**징거-매다** [他] (衣服いふくが綻ほころびる前まえに)粗あらにさし縫ぬいする。

**징검-다리** [名] (浅瀬あさせなどの)飛とび石いし。

**징계**【懲戒】[名][하他] 懲戒ちょうかい。¶ ～ 처분 懲戒処分しょぶん。

**징그다** [他] ①(衣服いふくなどが長持ながもちするように)さし縫ぬいする、つぎを当あてる。②(長ながい衣服の一部分ぶぶんを)縫ぬい上あげる。

**징그럽다** [形] ①いやらしい、(鳥肌とりはだが立たつぐらい)気味きみが悪い。¶ 징그러운 소리만 하다 いやらしいことばかり言いう。/ 보기만 해도 ～ 見ただけでも気味が悪い。

**징글-맞다** [形] いやらしいほどしつこい、非常ひじょうに気味きみが悪い。

**징글징글-하다** [形여] 非常ひじょうに気味が悪い、不快ふかいな気持ちがする。

**징발**【徵發】[名][하他][되自] 徵発ちょうはつ。¶ 식량을 ～하다 食糧しょくりょうを徵発する。

**징벌**【懲罰】[名][하他] 懲罰ちょうばつ。¶ ～을 받다 懲罰を受ける。

**징병**【徵兵】[名][하他] 徵兵ちょうへい。¶ ～ 기피 徵兵忌避きひ。

**징병 검:사**【-檢査】[名] 徵兵検査けんさ。
**징병 제:도**【-制度】[名] 徵兵制度せいど。

**징세**【徵稅】[名][하他][되自] 徵税ちょうぜい。

**징수**【徵收】[名][하他][되自] 徵収ちょうしゅう。¶ 세금을 ～하다 税金ぜいきんを徵収する。

**징악**【懲惡】[名][하他] 懲悪ちょうあく。¶ 권선 ～ 勧善懲悪かんぜんちょうあく。

**징얼-거리다** [自] (子供こどもが)ぐずる、むずかる。¶ 징얼거리는 아기를 달래다 むずかる赤あん坊ぼうをなだめる。

**징얼-징얼** [副][하自] ①(不平ふへいをこぼすようす)ぶつぶつ。②(子供がしきりにぐずる〔むずかる〕ようす)ぐずぐず。

**징역**【懲役】[名][하他] 懲役ちょうえき。¶ 무기 ～ 無期むき懲役/ ～에 처하다 懲役に処しょする。[관용] 징역(을) 살다 懲役ちょうえきに服ふくする、服役ふくえきする。

**징역-살이** [名] 懲役生活せいかつ、服役ふくえき。

**징용**【徵用】[名][하他][되自] 徵用ちょうよう。¶ 강제 ～ 強制きょうせい徵用/ ～되다 徵用される。

**징조**【徵兆】[名] 徵兆ちょうちょう、兆きざし、兆候ちょうこう、前ぶれ、様子ようす。¶ 불길한 ～ 不吉ふきつな兆し/ 소나기가 올 ～다 夕立ゆうだちが来そうな様子だ。

**징집**【徵集】[名][하他] 徵集ちょうしゅう。¶ 장정을 ～하다 壮丁そうていを徵集する。

**징크스**【jinx】[名] ジンクス。¶ ～를 깨다 ジンクスを破る。

**징후**【徵候】[名] 徵候ちょうこう、兆候ちょうこう、徵しるし。¶ 임신의 ～ 妊娠にんしんの徵/ 인플레의 ～가 보인다 インフレの徵候が見える。

**징:다** [自] ①(犬いぬが)吠ほえる。¶ 개가 ～ 犬が吠える。②(烏からすなどが)やかましく鳴なく。③ 《俗》やかましくしゃべりちらす。

**짙다** [形] 濃こい。①(色いろ・においなどが)深ふかい、きつい。¶ 짙은 색 濃色のうしょく/ 짙은 맛 しつこい味あじ。②(霧きり・煙けむりなどが)深い。¶ 안개가 ～ 霧が深い。③(液体えきたいの濃度のうが)濃い。¶ 짙은 황산 濃い硫酸りゅうさん。④(草木くさき・

**질푸르다**

まゆげなどが)密生している。¶ 짙은 수염 濃いひげ。⑤(疑いが)濃厚である。¶ 혐의가 ~ 疑いが濃い。

**짙-푸르다** [形四] 濃い青色である、青々としている。¶ 짙푸른 바다 まっ青な海。

**짚** [名] 藁。¶ ~을 다발 짓다 藁を束ねる。/ ~으로 지붕을 잇다 藁で屋根を葺く。

**짚다** [他] ①(地面などに手で、杖などを)つく。¶ 지팡이를 짚고 산에 오르다 杖をついて山に登る。②(脈を)取る。¶ 맥을 ~ 脈を取る。③指摘する、指す、名指する。¶ 누구라고 딱 짚어 말할 수는 없다 誰だとはっきり名指していうことはできない。④推し量る、推量りょうする、見当する。¶ 잘못 짚어서 견 못할 見当違いをした。

**짚-단** [名] わら束た。

**짚-방석** [-方席] [名] わらの座布団、円座たん。

**짚-불** [名] わら火。

**짚-신** [名] 草鞋、草履ぞう。¶ ~을 삼다 草鞋を編む。

[속담] 짚신도 제 짝이 있다 割れ鍋に綴じ蓋。

**짚신-벌레** [名] [動] ゾウリムシ。

**짚-여물** [名] ①(牛馬の)わらの飼い葉。②

**짚이다** [自] 思い当たる、推し量られる。¶ 짚이는 데가 있다 思い当たるふしがある。

**짚-자리** [名] ①わらごも、わらのござ。②わらを敷いた席。

**짚-재** [名] わら灰。

**짜개다** [他] 裂く、割る。¶ 널빤지를 ~ 板を割る。/ 호두를 ~ くるみを割る。

**짜개-지다** [自] 割れる、裂ける。

**짜그라-뜨리다** [他] 押し潰す、ひしぐ。¶ 빈 깡통을 ~ 空缶を押し潰す。

**짜그라-지다** [自] ①押し潰される、ひしゃげる、ぺしゃんこになる。②瘦せてしわくちゃになる、瘦せこける。¶ 고생이 많아 몹시 ~ 苦労が多くひどく瘦せる。

**짜글-거리다** [自] ①(汁などが)煮詰まってじじと音を立てながら沸く。②じりじりと心を焦がす。

**짜글-짜글** [副] [自] じじと、じりじり。

**짜-깁기** [名] [他] かけはぎ、かけつぎ。

**짜-깁다** [他] かけはぎをする、かけつぎする。

**짜-내다** [他] 絞り出す、絞り取る。

**짜다¹** [他] ①(家具などを)組み立てる、組む。¶ 선반을 ~ 棚を組み立てる。②(糸・織物などを)織る、編む。¶ 가마니를 ~ かますを編む。③(組織などを)組む、編成する。¶ 대오를 ~ 隊伍を組む。/ 반을 ~ 班を編成する。④(計画などを)たてる、練る。¶ 예산을 ~ 予算をたてる。⑤絞る、絞り取る。¶ 기름을 ~ 油を絞り取る。⑥(頭などを)ひねる、ひねり出す。⑦搾る、搾取する。¶ 백성의 고혈을 ~ 民の膏血を搾る。⑧(まげなどを)結う。¶ 상투를 ~ ちょんまげを結う。⑨(涙を)流す、

泣きじゃくる。¶ 질질 ~ しくしくと泣きじゃくる。⑩(自動詞的に)謀る、しめし合わす、ぐるになる。¶ 여럿이 짜고 속이다 みんながぐるになってだます。

**짜다²** [形] ①塩辛しおい、しょっぱい。¶ 짠 맛 塩辛い味。②けちだ、けちくさい。¶ 돈에 짠 사람 金にけちな人。③(評価などが)辛い。¶ 점수가 ~ 点数が辛い。

**짜들다** [自] ①垢じみる。¶ 때에 짜든 옷깃 垢じみたえり。②(苦労などで)やつれる。¶ 살림살이에 ~ 所帯にやつれる。

**짜디-짜다** [形] ひどく塩辛い、ひどくけちくさい。

**짜랑짜랑-하다** [形] 声ががんがんとよく響いて大きい。¶ 짜랑짜랑한 목소리로 연설하다 通る声で演説をする。

**짜르륵** [副] [自] (細い管などで液体を吸い上げる音) ちゅう。

**짜르륵-거리다** [他] (管で吸い込む時)しきりにちゅうちゅうという音がする。

**짜르륵-짜르륵** [副] [自] [他] ちゅうちゅう。

**짜름-하다** [形] やや短かい、短目である。

**-짜리¹** [接尾] ①(金額について) …に値するもの。¶ 백 원 ~ 연필 百ウォンの鉛筆 / 이건 얼마~나 될까? この品はいくら位のものだろうか。②(数・量について)…する、…ほど、…入り。¶ 세 살~ 아들 3歳さんの息子 / 한 되 ~ 병으로 팔다 1升入りの瓶で売る。

**-짜리²** [接尾] (身につけているものをもじって)その人を軽んじてよぶ語。¶ 그 안경~ サナイ 아이 あのめがねのやつ / 양복 ~ 洋服まとい、洋服もの。

**짜릿-하다** [形] (「자릿하다」の強調語) びりっとする、じいんとする。

**짜릿-짜릿** [副] [形] びりびり。

**짜부라-뜨리다** [他] 押し潰す、ぺしゃんこになる、ぺちゃんこになる。

**짜부라-지다** [自] ①へこむ、ひしゃげる、ぺちゃんこになる。¶ 자동차가 ~ 車がぺちゃんこになる。②(勢力などが)潰れる、ほろびる、衰える。¶ 가세가 ~ 家勢が衰える。/ 의기를 失くす、衰弱する。

**짜이다** [自] (構成・組織などが)ととのう、きちんとそろう。

**짜임-새** [名] ①仕組み、結構。¶ 문장의 ~ 文章の ~。②織り目。¶ ~가 거친 옷감 織り目の粗らい布地。

**짜장** [副] まことに、ほんとうに、いかにも、果たして、なるほど。¶ ~ 잘난 듯이 いかにも偉そうに。

**짜증** [名] (思うようにならなくて)腹を立てること、癇癪、いらだち。¶ 시끄럽다고 ~을 부리다 騒がしいと癇癪を起こす。

**짜증-나다** [自] 苛立つ、癇癪が起こる。

**짜증-내다** [自] 苛立つ、癇癪を起こす、腹を立てる。¶ 툭하면 짜증낸다 ともするとかんしゃくを起こす。

**짜:-하다** [形四] (うわさなどが)ぱっと広がる、

もちきりである。¶ 소문이 짜하게 났다 우와사がぱっと広がった。

**짝**¹ 图 ①一対っの ものの片方かた。¶ 양말 한 ~ 靴下したの片方。②いっしょにものごとをする相棒ぼう。¶ ~을 잃다 相手あいてを失うしなう。
〈관용〉**짝을 이루다** ①一組ひとくみになる、対ついになる。②夫婦ふうふになる。**짝을 짓다** ①ペアを組くむ、つがいになる。②めあわせる、添そわせる。**짝(이) 맞다** 似合にあっている、釣つり合あいがとれている。

**짝**² 图 ①(牛うし・豚ぶたの)肋骨ろっこつの片方かたを全部ぜんぶ数かぞえる単位たん。②果物くだものを詰つめた箱はこなどを数かぞえる単位。¶ 사과 두 ~ リンゴ二箱ふたはこ。③牛馬ぎゅうばの荷にを数かぞえる単位。

**짝**³ 图 (「何なんの・何等なんなん」などの語ごについて)…役やく、…ざま。¶ 이게 무슨 ~이냐? 何たるざまだ。

**짝**⁴ 副 ①(かたい物体ぶったいが割われたり 裂さけたりするよう・その音おと)がちゃん。②(紙かみ・布ぬのなどが破やぶれる音)ぱりっ(と)。¶ 포장지가 ~ 찢어지다 包装紙ほうそうしがばりっと破れる。③(舌鼓したつづみを打うつ音)くちゃくちゃ。④(ぴったりくっつくようす・その音)ぴたっ(と)。¶ 책상 위에 ~ 달라붙은 껌 机つくえの上うえにぴたっとはりついたガム。

**짝**⁵ 副 広ひろく張はっているようす。¶ 어깨가 ~ 벌어진 단단한 몸매 肩かたがぴんと張はった頑丈がんじょうな体からだつき。

**-짝** 接尾 ①軽かるんじる意いを表あらわす。¶ 낯~이 두껍다 面つらの皮かわが厚あつい。②一組ひとくみ・一足いっそくの中なかのひとつの意を表す。¶ 양말 ~ 靴下したの一方ほう。

**짝-갈이** 图 他 [農] 乾耕かんこうと水耕すいこうを交互こうごに行おこなうこと。
**짝-귀** 图 両耳りょうみみの大おおきさが違ちがう耳みみ。
**짝-눈** 图 両目りょうめの大おおきさが違ちがう目め。
**짝-맞다** 自 対ついが揃そろう、一対ついになる。
**짝-맞추다** 他 つがいにする、組くみ合あわせる、人組ひとくみにする。
**짝-사랑** 图 自他 片思かたおもい、片恋かたこい。¶ ~으로 고민하다 片恋になやむ。
**짝-수**[-數] 图 偶数ぐうすう。
**짝-신** 图 片ちんばのはきもの。
**짝-없다** 形 ①この上うえない、またとない、極きわまる。¶ 부끄럽기 ~ 恥はずかしいことこの上ない。②馬鹿ばかげている、むちゃだ。**짝없-이** 副 この上なく、またとなく、むちゃに。¶ ~ 고마운 말씀 この上なくありがたいお言葉ことば。
**짝자그르-하다** 形四 (うわさなどが)広ひろまって騒さわがしい。
**짝자꿍** 图 自 (乳飲みのみ子ごが)愛らしく両手りょうてを打うつこと。
**짝-짓기** 图 (動物どうぶつが)交尾こうびするため対ついになること。
**짝-짓다** 他ㅅ めあわせる、連つれ添そう。¶ 두 사람을 짝지어 주다 二人ふたりを連れ添わせる。
**짝짝**¹ 副 (拍手はくしゅする音)ぱちぱちと。
**짝짝-거리다**¹ 他 ぱちぱちと拍手する。

**짝짝**² 副 (かたい物体ぶったいが割われたり 裂さけたりするよう・その音おと)がちゃん、ばしっ。
**짝짝-거리다**² しきりにくちゃくちゃ音おとがする(をだす)。
**짝짝-이** 图 不ぞろいになった一組ひとくみ、片ちんば、ちぐはぐ。¶ 신발이 ~다 履物はきものがちぐはぐだ。
**짝-채우다** 他 ①一揃ひとそろいのものの欠かけたのを充みたす、つがいにする。②連つれ添そわせる、組くむ。
**짝-하다** 自他 相棒あいぼうになる、相手あいてをする、組くむ。

**짠득-거리다** 自 ①にちゃにちゃべとつく。②(肉にくなどが)堅かたくて噛かみ切きれない。
**짠득-짠득** 副 形 にちゃにちゃ、ねちょねちょ。
**짠-물** 图 ①海水かいすい。②塩気しおけの多おおい水みず、塩辛からい水。
**짠물-고기** 图 海うみの魚さかな。
**짠지** 图 大根だいこん・きゅうりなどの塩漬しおづけ。
**짠:-하다** 形四 (ひどく残念ざんねんに思おもって)胸むねが痛いたい、心残こころのこりに思う、心苦こころぐるしい。

**짤그랑** 副 形四 (薄うすい金属きんぞくが触ふれ合あって鳴なる音おと)かちん。
**짤그랑-거리다** 自 がちゃつく、がちゃがちゃする。¶ 호주머니에서 돈이 ~ ポケットの中なかで金かねがかちゃつく。
**짤그랑-짤그랑** 副 形四 がちゃがちゃ、かちんかちん。
**짤끔** 副 「잘금・잘끔」の強調語。
**짤끔-거리다** 自 ①(液体えきたいが)少すこしずつとぎれがちに流ながれる。②(物事ものごとを一度いちどにしないで)少しずつする。
**짤끔-짤끔** 副 (少量しょうりょうの物ものを幾度いくどかに分わけて与あたえるようす)ちびりちびり。
**짤랑** 副 形四 (小ちいさな鈴すず・鉄てつの薄片はくへんなどが鳴なる音おと)ちゃらんちゃらんと。
**짤랑-거리다** 自 じゃらじゃらする[させる]、(鈴すずなど)ちんちんと鳴なる[鳴ならす]。
**짤랑-짤랑** 副 形四他 じゃらじゃら、ちんちん、かちゃかちゃ。
**짤래-짤래** 副 形四 (「잘래잘래」の強調語)いやいや。
**짤록-하다** 形四 (物ものの一部いちぶが)浅あさく括くくられている。
**짤름발-이** 图 ちんば、びっこ。
**짤막-하다** 形四 (長ながさが)やや短みじかい、短めだ。¶ 짤막한 인삿말 短めなあいさつ/소매가 ~ 袖そでがやや短い。**짤막-이** 副 やや短く、短めに。
**짤막-짤막** 副 形四 そろってやや短いようす。
**짤쏙-하다** 形四 (蟻ありの腰こしのように)括くくられている。
**짤짤** 副 ①(熱ねつ・温度おんどのひじょうにあついようす)かっかと、ほかほか。②(水みずが沸わくようす)ぐらぐら。¶ 물이 ~ 끓다 水みずがぐらぐら滾たぎる。
**짤짤-이** 副 ((からかって))せわしくあちこち出歩ありくようす。

**짧다** 形 ①(時間じかん・長ながさが)短みじかい。¶ 짧은 문장 短い文章ぶんしょう/겨울 해는 ~ 冬ふゆの日ひは

短い。②(学識ᵍᵃᵏᵘˢʰⁱᵏⁱ・考ᵏᵃⁿᵍᵃᵉなどが)足ᵗᵃりない、浅ʰʲᵃい。¶ 식견이 ~ 見識ᵏᵉⁿˢʰⁱᵏⁱが足りない。③(元手ᵐᵒᵗᵒᵈᵉ・資本ˢʰⁱʰᵒⁿなどが)少ˢᵘᵏᵘない、充分ʲᵘᵘᵇᵘⁿでない。¶ 밑천이 ~ 元手ᵐᵒᵗᵒᵈᵉが足りない。④(食ᵗᵃべ物ᵐᵒⁿᵒに)好ˢᵘきキライがはげしい。¶ 원래 입이 ~ もともと好き嫌いがはげしい。

**짧아-지다** 〔自〕 短ᵐʲⁱⁱᵏᵃⁱくなる、縮ᶜʰⁱᵈʲⁱまる。¶ 해가 ~ 日ʰⁱが短くなる。

**짬:** 〔名〕①すき間ᵐᵃ、すき、間隙ᵏᵃⁿᵍᵉᵏⁱ。¶ 발들여 놓을 ~도 없다 足ᵃˢʰⁱの踏ᶠᵘみ入ʰᵃⁱれるすきもない。②合間ᵃⁱᵐᵃ、暇ʰⁱᵐᵃ。¶ 책 읽을 ~도 없다 本ʰᵒⁿを読ʸᵒむ暇ʰⁱᵐᵃがない。/ ~을 보아서 한 번 놀러 가겠습니다 暇を見ᵐⁱて一度ⁱᶜʰⁱᵈᵒ遊ᵃˢᵒびに行ⁱきます。③(紙ᵏᵃᵐⁱなどの端ʰᵃˢʰⁱを切ᵏⁱりそろえるとき刀ᵏᵃᵗᵃⁿᵃ・筆先ᶠᵘᵈᵉˢᵃᵏⁱなどでつける)目ᵐᵉじるし。
〔慣用〕 **짬(을) 내다** ①すき間をつくる。②暇をこしらえる。③目じるしをつける。 **짬(이) 나다** ①すき間ができる。②手ᵗᵉがすく、暇ができる。

**짬뽕** 〔일 ちゃんぽん〕 〔名〕 ちゃんぽん。①〔하他〕 2種ˢʰᵘ以上ⁱʲᵒᵘのものをまぜ合ᵃわせること。¶ 술을 ~해서 마시다 酒ˢᵃᵏᵉをちゃんぽんにして飲ⁿᵒむ。②〔料〕 中華ᶜʰᵘᵘᵏᵃそばの一種。

**짬짬-이** 合間合間ᵃⁱᵐᵃᵃⁱᵐᵃに、ひまひまに。¶ ~ 운동을 하다 あいまあいまに運動ᵘⁿᵈᵒᵘをする。

**짭짤-하다** 〔形여〕 ①やや塩辛ˢʰⁱᵒᵏᵃʳᵃい。¶ 맛은 좋지만 좀 ~ 味ᵃʲⁱはいいがやや塩辛い。②(物ᵐᵒⁿᵒが)上質ʲᵒᵘˢʰⁱᵗˢᵘだ、高価ᵏᵒᵘᵏᵃだ。③(物事ᵐᵒⁿᵒᵍᵒᵗᵒがうまくいって)結構ᵏᵉᵏᵏᵒᵘである、かなりよい、まずまずだ。¶ 장사가 짭짤하게 잘 된다 商売ˢʰᵒᵘᵇᵃⁱがかなりうまくいっている。 **짭짤-히** 〔副〕①やや塩辛く。②結構に、かなりよく。

**짭짭** 〔副〕 舌ˢʰⁱᵗᵃつづみを打ᵘつ音ᵒᵗᵒ。
**짭짭-거리다** 〔自他〕 舌つづみを打つ。
**짭짭-하다** 〔形여〕 (何ⁿᵃにか食ᵗᵃべたくて)口ᵏᵘᶜʰⁱがさびしい、口さびしい。

**짱알-거리다** 〔自〕 (幼児ʸᵒᵘʲⁱが)むずかる、ぐずぐず並ⁿᵃらべ立ᵗᵃてる。¶ 아기가 하루종일 ~ 赤ᵃᵏᵃん坊ᵇᵒᵘが一日中ⁱᶜʰⁱⁿⁱᶜʰⁱʲᵘᵘむずかる。
**짱알-짱알** 〔副自〕 (不平ᶠᵘʰᵉⁱ・不満ᶠᵘᵐᵃⁿなどを)ぐずぐず並べ立たてるようす、ぐずぐず。

**짱짱-하다** 〔形여〕 ①頑丈ᵍᵃⁿʲᵒᵘだ、がっしりしている。②(布地ⁿᵘⁿᵒʲⁱ・木目ᵐᵒᵏᵘᵐᵉなどが)目ᵐᵉがつんでいて丈夫ʲᵒᵘᵇᵘだ。

**-째** 〔接尾〕 ①…間ᵃⁱᵈᵃ、…の間ᵃⁱᵈᵃ。¶ 일 년~ 소식이 끊었다 一年ⁱᶜʰⁱⁿᵉⁿの間ᵃⁱᵈᵃ消息ˢʰᵒᵘˢᵒᵏᵘが絶ᵗᵃえた。②そのまま、…ごと。¶ 통~로 먹다 丸ᵐᵃʳᵘごと食ᵗᵃべる。③(一部の名詞・数詞について順序ʲᵘⁿʲᵒ・等級ᵗᵒᵘᵏʸᵘᵘをあらわす)…め、…番目ᵇᵃⁿᵐᵉ。¶ 셋~ 아들 三番目ˢᵃⁿᵇᵃⁿᵐᵉの息子ᵐᵘˢᵘᵏᵒ。

**째각** 〔副〕 ①《硬ᵏᵃᵗᵃいものが折ᵒれるかふれ合ᵃう時の音》 ぽきん、かちん、かちッ。②《時計ᵗᵒᵏᵉⁱの歯車ʰᵍᵘʳᵘᵐᵃの音》 かちかち。
**째각-거리다** 〔自〕 ①しきりにぽきんぽきんと折れる。②しきりにかちんかちんと音ᵒᵗᵒがする。ぐずぐずにいう。
**째각-째각** 〔副하自〕 ぽきんぽきん、かちんかちん、からから。

**째:다¹** 〔自〕 (衣服ⁱᶠᵘᵏᵘ・靴ᵏᵘᵗˢᵘなどが)きつい、きちきちだ、きゅうくつだ。

**째:다²** 〔自〕①(人手ʰⁱᵗᵒᵈᵉが)不足ᶠᵘˢᵒᵏᵘする。¶ 일손이 ~ 人手が足りない。②(物資ᵇᵘᵗˢᵘˢʰⁱが)不足する、窮ᵏʸᵘᵘする、詰ᵗˢᵘまる。¶ 생활이 ~ 生活ˢᵉⁱᵏᵃᵗˢᵘに窮する。

**째:다³** 〔他〕 裂ˢᵃくる、切ᵏⁱり裂ˢᵃくる、引ʰⁱき裂くる、引開ʰⁱᵏᵃⁱする。¶ 생선의 배를 ~ 魚ˢᵃᵏᵃⁿᵃの腹ʰᵃʳᵃを裂く。/ 종기를 ~ 腫ʰᵃʳᵉれ物ᵐᵒⁿᵒを切開する。

**째보** 〔名〕①〔俗〕兎唇ᵐⁱᵗˢᵘᵏᵘᶜʰⁱ・と・ん・の人ʰⁱᵗᵒ。②うかつで軽率ᵏᵉⁱˢᵒᵗˢᵘな人、おっちょこちょい。

**째어-지다** 〔自〕①裂ˢᵃける、裂け目ᵐᵉができる。②(生活ˢᵉⁱᵏᵃᵗˢᵘに)非常ʰⁱʲᵒᵘに窮する。¶ 째어지게 가난하다 とても貧乏ᵇⁱⁿᵇᵒᵘだ。
**째:-지다** 「째어지다」の縮約形。

**째푸리다** 〔他〕①(顔ᵏᵃᵒを)しかめる、(眉ᵐᵃʸᵘを)ひそめる。¶ 너무 아파서 얼굴을 ~ あまりの痛ⁱᵗᵃさに顔をしかめる。②(天気ᵗᵉⁿᵏⁱが)曇ᵏᵘᵐᵒる。¶ 잔뜩 찌푸린 하늘 どんより曇った空ˢᵒʳᵃ。

**짹-소리** 〔名〕 ぐうの音ⁿᵉ、うんともすんとも。¶ ~도 못하다 ぐうの音も出ⁿⁱない。

**짹-짹** 〔副〕 《雀ˢᵘᶻᵘᵐᵉの鳴ⁿᵃく声ᵏᵒᵉ》 ちゅんちゅん。
**짹짹-거리다** 〔自〕(雀などが)しきりにちゅんちゅんと鳴く。

**쨍** 〔副〕①《金属ᵏⁱⁿᶻᵒᵏᵘが触ᶠᵘれ合ᵃって鳴ⁿᵃる音ᵒᵗᵒ》 かちん、がちゃん。②《耳ᵐⁱᵐⁱをつんざく音》 わあん、がん、じいん。
**쨍강-거리다** 〔自〕 (重ᵒᵐᵒくて薄ᵘˢᵘい金物ᵏᵃⁿᵃᵐᵒⁿᵒがぶつかって)かちゃんかちゃんと鳴ⁿᵃる、がちゃつく。
**쨍강-쨍강** 〔副하自〕 かちゃかちゃ。
**쨍그랑** 〔副자自〕《薄い金物ᵏᵃⁿᵃᵐᵒⁿᵒが落ᵒちて鳴る音ᵒᵗᵒ》がちゃん。¶ 접시가 ~ 깨지다 皿ˢᵃʳᵃががちゃんと割ʷᵃれる。
**쨍그리다** 〔他〕(顔ᵏᵃᵒを)しかめる、(眉ᵐᵃʸᵘを)ひそめる。¶ 얼굴을 ~ 顔をしかめる。

**쨍쨍** 〔副하形여〕《光ʰⁱᵏᵃʳⁱが強ᵗˢᵘʸᵒく照ᵗᵉりつけるようす》 かんかん、じりじり。¶ 햇볕이 ~ 내리쬐다 日ʰⁱがかんかん照りつける。
**쨍쨍-거리다** 〔自〕(不平ᶠᵘʰᵉⁱを)がみがみ言ⁱう、ぶつぶつ言う。

**쩌렁쩌렁-하다** 〔形여〕(声ᵏᵒᵉが)大ᵒᵒきく響ʰⁱᵇⁱきわたる、りんりんとしている。¶ 쩌렁쩌렁한 음성 よく通ᵗᵒᵒる声ᵏᵒᵉ。

**쩍¹** 〔副〕①《固ᵏᵃᵗᵃい物ᵐᵒⁿᵒが二ᶠᵘᵗᵃつに割ʷᵃれて大ᵒᵒきく開ʰⁱʳᵃくようす》 ぱかり(と)、ぱかっ(と)。¶ 장작이 ~ 하고 쪼개지다 薪ᵗᵃᵏⁱがぱかっと割れる。②《おいしそうに舌鼓ˢʰⁱᵗᵃᶻᵘᵗˢᵘᵐⁱを打ᵘつ音》 ちぇっ。③《粘ⁿᵉᵇᵃり気ᵏᵉのあるものがくっつくようす》ぺったり、ぴったり。

**쩍²** 〔副〕 広ʰⁱʳᵒく張ʰᵃったようす。¶ ~ 벌어진 어깨 広く張った肩ᵏᵃᵗᵃ。

**-쩍다** 〔接尾〕…のようだ、…らしい、…しい、…気味ᵏⁱᵐⁱだ。¶ 미심~ いぶかしい。/ 수상~ あやしい。/ 견연~ 気ᵏⁱまずい。

**쩍-쩍** 〔副〕 ぱくっと、むしゃむしゃ、べたべた。
**쩍쩍-거리다** 〔自他〕 むしゃむしゃ舌鼓ˢʰⁱᵗᵃᶻᵘᵗˢᵘᵐⁱを打つ、ぐずぐず。

**쩔컥** 〔副하自他〕《鍵ᵏᵃᵍⁱを掛ᵏᵃける時などに出ᵈᵉる

쩔렁-거리다 自他 (鈴ㆍ金属片が触れ合って)じゃらじゃら[かちゃかちゃ]する、ちりんちりんと鳴る。

쩔레-쩔레 副 しきりに頭を振るよう。

쩔룩-거리다 自他 ややびっこを引く。

쩔쩔-매다 自 ①(忙しくして)てんてこ舞する。¶손님이 많아서 ~ 客が多おくててんてこ舞する。②圧倒されてたじたじとなる、たじろぐ。¶어른 앞에서 ~ 目上の人の前ではたじたじとなる。③あわてふためく。¶난관에 부닥쳐서 쩔쩔매고 있다 難関にぶつかってあわてふためいている。

쩝쩝 副 《舌打ちして舌鼓を打つよう·その音》ちえっちえっ、ぺちゃぺちゃ。

쩝쩝-거리다 自 (しきりに)舌打ちをする、舌鼓を打つ。

쩨쩨-하다 形四 ①つまらない、くだらない。②けちだ、みみっちい、しょっぱい。¶제쩨한 소리 말아라 しょっぱい事を言うな。

쨍그렁 副하自他 《鋳貨などが地面などに落ちる音》ちゃりん、かちん。㉃ 쟁그랑

쪼가리 名 かけら、切れ端、破片、片割れ。¶헝겊 ~ 布の切れ端。

쪼개다 他 割る、裂く、分ける。¶수박을 ~ スイカを割る。/생나무를 ~ 生木を裂く。

쪼개-지다 自 ①割れる、裂ける、分かれる。¶장작이 ~ 薪が割れる。/나라가 둘로 ~ 国が二つに分かれる。

쪼구미 名[建] 束、ますがた。

쪼그라-들다 自 縮かむ、縮こまる、萎びる、減る。¶스웨터를 빨았더니 쪼그라들었다 セーターを洗ったら縮んでしまった。

쪼그라-뜨리다 他 へこませる、潰す、ぺしゃんこにする。

쪼그라-지다 自 ①(かさが)縮まる、小さくなる、へこむ、ぺちゃんこになる。②(老いて)しわくちゃになる。

쪼그랑-박 しわくちゃのヒョウタン。

쪼그랑-할멈 名 皺くちゃばあさん、梅干し婆。

쪼그리다 他 ①おしつぶす、ぺちゃんこにする、へこませる。②(体を)縮める、かがめる、しゃがみこむ。¶몸을 쪼그리고 앉다 体をかがめて座する。

쪼글-쪼글 副하形 皺くちゃ、くちゃくちゃ。¶~한 얼굴 しわくちゃな顔。

쪼:다 他 ①(鳥が)つつく、ついばむ。¶부리로 모이를 ~ くちばしでえさをついばむ。②(のみなどで)彫る、刻む、うがつ。

쪼들리다 自 窮乏する、悩まされる、困る、追われる。¶돈에 ~ お金に窮する。/생활에 ~ 生活に追われる。

쪼르르 副 ①《足を速く動かして歩くよう》ちょこちょこ。②《子供·犬などが後について来るよう》ちょろちょろ、ぞろぞろ。③《小さいものが傾斜から滑るよう》ずるずる。④《水が狭い所を流れるよう》ちょろちょろ。¶물이 ~ 새고 있다 水がちょろちょろ漏れている。

쪼아-먹다 他 ついばむ、つつく。¶비둘기가 콩 ~ はとが豆をついばむ。

쪼이다¹ 自他 (日ㆍ火に)当たる。㊀ 죄다

쪼이다² 他 (《쪼다》の受動)つつかれる、ついばまれる。

쪽¹ 名 (髪を後ろで束ねて簪を挿すようにした婦人の)まげ。

쪽² 名 ①(本の)ページ、面。②《形式名詞的に》ページ。¶300~의 책 300ページの本。

쪽³ Ⅰ 名 ①(こわれたものの)かけら。②《形式名詞的にかけらを数える語》切れ、片。¶사과 한 ~ りんご1切れ。Ⅱ 接尾 …のかけら、切れ端。¶종이 ~ 紙切れ。

쪽⁴ 名 《主として「못쓰다」と共に使われて》「気·力」の意を表わす。
〈慣用〉 쪽(을) 못쓰다 ①ひどく気後れする、ぐうの音も出ない。¶상사 앞에서는 ~ 上司の前ではぐうの音も出ない。②何とかが好すきで目がない。¶돈이라면 ~ 金ときたら目がない。

쪽⁵ 依 ①方向、むき。¶어느 ~ どの方向/해 지는 ~ 日が落ちる方向。②方、側が、一方に。¶왼 ~ 左側むき/한 ~으로 기울다 片方向に傾がたむく。③方面。¶그 ~에 대한 지식 その方面に対がたする知識。

쪽- 接頭 「小さな·かけらからなる」の意を表わす。¶~대문 大門なく小さなくぐり戸。

쪽-김치 名 (大根ㆍ白菜を)小切りにして漬けたキムチ。

쪽-대문 [-大門] 名 (母屋に通じる)小さなくぐり戸。

쪽-마루 名 1·2枚の板を横に敷いた縁側、ぬれ縁。

쪽매 名 板切れを組み合わせてつくったもの、寄せ木。

쪽매-붙임 名하他 寄せ木細工。

쪽-모이 名하他 切れ端をつぎ合わせること。

쪽-문 [-門] 名 脇戸、潜り戸。

쪽-박 名 小さなフクベ、ヒサゴ。
〈慣用〉 쪽박(을) 차다 ヒサゴを腰につける、落ちぶれて乞食になる。

쪽-발이 名 ①一本脚のもの。②(牛の蹄のように)二またになった脚。③《俗》日本人。

쪽-배 名 丸木舟。

쪽-빛 名 あい色。

쪽-지 [-紙] 名 ①紙切れ。②紙切れに書いた手紙·メモ。¶~를 써 놓고 자리를 뜨다 メモを書き残してそこを去る。

쪽-찌다 他 (婦人が)髪を結って後頭部に揺らをつくり簪をさす。

쪽-창 [-窓] 名 細長い一枚窓。

쫀쫀-하다 形四 織り目目が細かい、布目が詰つんでいる。

쫄깃-쫄깃 副하形 《歯でかむと堅かたくて弾力性があるよう》しこしこ。

**쫄딱** 副 すっかり、完全に。¶ ~ 망하다 すっかり亡びる。/ 비를 ~ 맞다 雨にびっしょりぬれる。

**쫠래-쫠래** 副하形 《身をゆすぶって軽々しくふるまうようす》ちょこちょこと、うろちょろと。

**쫄리다** 自 ①ひどくせがまれる〔ねだられる〕、責められる。②ひどく締め付けられる、きりりと縛られる〔結ばれる〕。

**쫠쫠-이** 名 伸縮じん自在の肌着。

**쫑긋** 副하他自 ①《耳をそばだてるようす》ぴくっ、ぴんと。¶ 소문에 귀를 ~하다 うわさに耳をそばだてる。②《話そうとして口をもぐもぐさせるようす》もぐもぐ。

**쫑긋-거리다** 自 ①《耳を》ぴくぴくさせる。¶ 귀를 ~ 耳をぴくぴくさせる。②《話そうとして口を》もぐもぐさせる。

**쫑긋-쫑긋** 副하他 ぴくっぴくっ、もぐもぐ。

**쫑긋-하다** 形여 ぴんと尖っている。

**쫑알-거리다** 自 (不平・不満で)しきりにつぶやく、ぶつぶついう。

**쫑알-쫑알** 副하自 ぶつぶつ。

**쫑쫑-거리다** 形여 ちょこちょこ(と)小走りに歩く、忙しく足早に歩く。

**쫓겨-가다** 自 追われて行く。

**쫓겨-나다** 自 追い出される、追われる。¶ 동네에서 ~ 村から追い出される。/ 공직에서 ~ 公職から追われる。

**쫓겨-오다** 自 追われて来る。

**쫓기다** 自 (《쫓다》의 受動) 追われる。①追いかけられる。¶ 경찰에게 ~ 警察に追われる。②《仕事などに》追い回しされる、追いまくられる、取り紛れる。¶ 일에 쫓기는 신세 仕事に追われる身/ 잡무에 ~ 雑務に取り紛れる。

**쫓다** 他 ①追い払う、追い出す。¶ 졸음을 ~ 眠気を追い払う。②追う、追いかける、従う。¶ 유행을 ~ 流行を追う。/ 남의 뒤를 ~ 人の後を追う。

**쫓아-가다** 自他 ①追いかける、おっかける。¶ 소매치기를 ~ すりを追いかける。②ついて行く、つき従う。¶ 선두를 ~ 先頭について行く。③追いつく。¶ 외국 수준을 ~ 外国の水準に追いつく。

**쫓아-버리다** 他 追い出す、追い払う。¶ 방에서 ~ 部屋から追い出す。/ 반대자를 ~ 反対者を追い払う。

**쫓아-다니다** 自他 ①(後に) くっついていく、追いかける、付け回する。¶ 여자 꽁무니를 ~ 女のけつを追いかけ回す。②駆け回る、あちこち走りまわる。

**쫓아-버리다** 他 追い払う、追い退ける、追い散らす。¶ 문전에서 ~ 門前払もんぜんを食くわす。

**쫓아-오다** 他 ①(後に) ついて来る。¶ 수상한 사나이가 ~ 怪しげな男が後をつけて来る。②追いつく、追って来る。¶ 숨을 헐떡이며 ~ 息をきらして追って来る。

**쫙:** 副하自 ①《たちまち広まるようす》ぱっと。¶ 소문은 삽시간에 ~ 퍼졌다 うわさはたちまちぱっと広まった。②《液体が一度に落下するようす》ざあっと。¶ 물을 ~ 끼얹다 水手をざあっとかける。③《よどみなく文章を読んだり暗誦したりするようす》すらすら。

**쬐:다** 自他 ①照てる、照りつける。¶ 한여름의 태양이 내리 ~ 真夏の太陽が照りつける。②(日・火に)当たる、当てる、浴びる、干す。¶ 햇볕에 ~ 日光にさらす。/ 불에 쬐어 말리다 火に当てて乾かす。

**쭈그러-들다** 自 ①凹む。¶ 부딪혀서 차체가 ~ ぶつかって車体がへこむ。②(勢い・状態が)弱まる、縮まる。¶ 살림이 ~ 暮らしが苦しくなる。

**쭈그러-뜨리다** 他 へこませる、ぺちゃんこにする。¶ 주전자를 쭈그러뜨렸다 やかんをぺちゃんこにした。

**쭈그러-지다** 自 ①ぺちゃんこになる、凹む。②しわくちゃになる。

**쭈그리다** 他 ①押しつぶす、ぺちゃんこにする、へこませる。②しゃがむ、屈む。¶ 길바닥에 ~ 道端にしゃがむ。

**쭈글-쭈글** 副하形 《萎びているようす》しわくちゃ、くちゃくちゃ、くしゃくしゃ。¶ 늙어서 ~한 노파 老いてしわくちゃな婆さん/ 비를 맞아 ~한 바지 雨にぬれくちゃくちゃのズボン。

**쭈르륵** 副하自 《液体が流れ落ちるようす・その音》ぽたぽた。¶ 눈물이 ~ 흐르다 涙がぽたぽた流れる。

**쭈뼛-하다** 形여 ①(物の先端が)ぴんと張はっている、鋭くとがっている。②(非常に恐ろしくて)身の毛が逆立っている。

**쭈뼛-쭈뼛** 副하形 もじもじ(と)、おずおず(と)。¶ 질문에 대답하다 おずおずと質問しんに答える。

**쭉** 副 《쭉²》の強調語。

**쭉정이** 名 中身なかの欠けているもの、しいな。

**쭐레-쭐레** 副하形 《とんまな人が無様にふるまうようす》のそのそ、ちょこちょこ。

**쭝긋** 副 ①《耳をそばだてるようす》ぴんと、つんと。②《話しをしようと》口をもぐもぐするようす。

**쫑긋-쫑긋** 副하他 もぐもぐ、ぴくぴく。

**-쯤** 接尾 《だいたいの程度を表わす》…程、…ぐらい、…頃、…ばかり、…前後。¶ 언제~ いつ頃/ 컵에 절반~ 되는 물 コップに半分ばんぱかりの水手/ 어디~ 왔을까? どのあたりまで来ただろうか。/ 몇 살~으로 보이느냐? いくつぐらいに見えるか。

**쯧쯧** 感 《可憐・残念・不満の感じがするときに舌打ちをする音》ちえっ、ああ。¶ ~ 가엾어라 ああかわいそうに。

**찌** 名 書かきつけ、付箋ふせん。

**찌** 名 《「낚시찌」의 縮約形》浮き。

**찌개** 名[料] チゲ、肉・魚・野菜・とうふなどに薬味を加えて煮た鍋もの。

**찌걱** 副 《木などが軋む音》ぎしっ、きしっ。

**찌걱-거리다** 自他 ぎしぎし軋む。¶ 의자 다리가 앉을 때마다 ~ いすの脚が座るたびにぎしぎしいう。

**찌걱-찌걱** 副(하自) ぎしぎし、きしきし。

**찌그러-뜨리다** 他 押し潰す、へこます、ぺちゃんこにする。

**찌그러-지다** 自 ①潰れる、(形が)歪む、へこむ。②やせこけて萎びる。

**찌그럭-거리다** 自 つまらない事で争もう〔揉み合おう〕。

**찌그럭-찌그럭** 副(하自) ささいなことで揉み合いをするようす。

**찌그리다** 他 ①押し潰す、へこませる、ぺちゃんこにする。②(顔を)しかめる、ゆがめる。

**찌근-거리다** 他 ①うるさがらせる、小突きな悩ませる。②しつこくねだる、ねちねちとせびる。

**찌근-찌근** 副(하自) ねちねち、うるさく。

**찌꺼기** 名 ①(液体などの底にに溜まったり)澱り、かす、沈澱物。¶ 술 ~ 酒っかす/ ~가 가라앉다 かすが沈澱する。②残りり物、残りかす、屑。¶ 먹고 남은 ~ 食べ残し。

**찌다¹** 自 (肉などが)つく、肥える、太る。¶ 살이 ~ 肉がつく。

**찌다²** 自 ひどく蒸し暑い、うだる、蒸れる。¶ 한 낮의 찌는 듯한 더위 昼さがりのうだるような暑さ。

**찌다³** 他 蒸す、ふかす。¶ 감자를 ~ ジャガイモをふかす。/ 다시 ~ 蒸し直す。

**찌다⁴** 他 ①間引く、疎抜く。②(苗代で苗を)取る。

**찌들다** 自 ①(古くなって)よごれる、垢じみる、染み付く。¶ 셔츠가 땀에 ~ シャツが汗じみる。②(苦労うに)やつれる、ひなびれる。¶ 고생에 찌든 얼굴 苦労のためにやつれた顔/ 살림에 ~ 所帯じみる。

**찌르다** 他巨 ①(針・刀などで)突き刺す、刺す、突く。¶ 칼로 ~ 刀で突く。/ 바늘로 ~ 針で刺す。②さし込む、つっ込む。¶ 손을 호주머니에 ~ 手をポケットにつっ込む。③告げ口をする、密告する。¶ 경찰에 ~ 警察に密告する。④鋭鋭きく攻める、突く。¶ 핵심을 ~ 核心をつく。/ 약점을 ~ 弱点をつく。⑤(臭いなどが)鼻を つく。¶ 악취가 코를 ~ 悪臭が鼻を突く。⑥(資金などを)突っ込む、立て替かえる。

**찌르레기** 名[動] ムクドリ。

**찌르르** 副(하形) ①《水気・油気でいやにつやつやしいよう》てかてか、てらてら、ぬらぬら。②《骨節・筋肉などにしびれを感じるよう》ぴりっと、ぴりぴり。

**찌르륵** 副(하自他) 《細い管で液体をきつく吸いこむときの音》ちゅうちゅう。

**찌르륵-거리다** 自 しきりにちゅうちゅうと吸いこむ。

**찌르륵-찌르륵** 副(하自) ちゅうちゅう。

**찌르릉** 副(하自) 《ベルの鳴る音》ちりん、ちりん。

**찌르릉-찌르릉** 副(하自) ちりんちりん。

**찌릿-하다** 形(여) ①(手足などが)ぴりっとする、びりびりする。②電気が通じて手にしびれを 感じる。¶ 전기가 통해서 손이 ~ 電気で手がぴりっとする。②(胸に)こたえる、じいんと来る。¶ 가슴이 ~ 胸にじんと来る。

**찌릿-찌릿** 副(하形) ぴりぴりと、びりびりと。

**찌무룩-하다** 形(여) しかめっ面をしている、ふてくされている、不気嫌だ。**찌무룩-이** 副 不気嫌に、ふてくされて、むっつりと。

**찌부러-뜨리다** 他 つぶす、へこます、ぺちゃんこにする。

**찌부러-지다** 自 ①つぶれる、へこむ、ぺちゃんこになる。¶ 찌부러진 모자 へこんだ帽子。②滅びる、つぶれる、駄目になる。¶ 회사가 ~ 会社がつぶれる。③力が尽きる果てる、へこたれる。

**찌뻑-거리다** 自 (暗くてまたは道が悪くて)たどたどしく歩く。

**찌뻑-찌뻑** 副(하自) たどたどしく、ふらふら。

**찌뿌드드-하다** 形(여) ①(体が)けだるい、だるい、どんよりする重苦しい。¶ 간밤에 잠을 설쳐 몸이 ~ ゆうべ寝そびれて体がだるい。②(気分・顔色などが)さえない、すぐれない。③(空模様が)どんよりしている、うっとうしい。

**찌우다** 他 肥やす、太らせる。

**찌-지**[-紙] 名 書きつけの紙片、押紙、付箋。

**찌푸리다** 他 ①しかめる、しかめっ面をする。¶ 얼굴을 ~ 顔をしかめる。②《自動詞的に》どんより曇る。¶ 잔뜩 찌푸린 날씨 どんより曇った空模様。

**찍¹** 副 《人・鳥などが尿にやうすいくそを一度にひりだすようす》ちゃっ。

**찍²** 副(하自) ①《線・字画などを一度に勢いよく引くようす》さあっと。②《紙か・布を一気に裂く音》ぴりっと。

**찍다¹** 他 ①(粉や液体などを)つける。¶ 붓에 먹을 ~ 筆に墨をつける。②(ほおべになどに)つける。¶ 연지를 ~ ほおべにをつける。③(はんこなどを)押す。¶ 스탬프를 ~ スタンプを押す。④刷する、印刷する。¶ 초대장을 ~ 招待状を刷る。⑤(写真を)撮る、写ょうす。¶ 기념 사진을 ~ 記念写真を撮る。⑥(型などに)鋳る、押す。¶ 연탄을 찍어 내다 練炭を型に押してつくる。⑦(点などを)付ける、打つ。¶ 종지부를 ~ 終止符を打つ。/ 투표용지에 ~ 投票する。

**찍다²** 他 ①(刃物で)切る、ぶち切る。¶ 도끼로 ~ おのできる。②突き刺す。¶ 포크로 생선을 ~ フォークで魚を突き刺す。③(札・切符きっなどを)切る、鉄はさを入れる。¶ 개찰구에서 표를 ~ 改札口できり

찍-소리 명 ぐうの音ね、文句もん。¶ ~도 못하다 ぐうの音もしない。
찍어-내다 타 ①(とがったもので)突つき刺して出だす。②刷り上あげる、刷り出だす。
찍어-매다¹ 타 (荒目あらに)ざっと縫ぬい合あわす。
찍어-매다² 형 (火傷やけどなどで皮膚ひふが)引ひき攣つっている。
찍찍 부 《雀すずめ・ねずみなどの鳴なき声ごえ》ちゅうちゅう。
찍찍-거리다 자 ちゅうちゅう鳴なきつづける。
찍히다 자 「찍다」の受動。①刻きざみつけられる、刺さされる。②(液体えきたいなどが)付つく。③(はんこなどが)押おされる。¶도장이 찍힌 증명서 はんこが押された証明書しょうめいしょ。④刷すられる。¶초판이 ~ 初版しょはんが刷られる。⑤(写真しゃしんを)撮とられる、写うつる。¶사건 현장이 찍힌 사진 事件じけんの現場げんばが写うつった写真。⑥(尖とがったもので)突つかれる。⑦目めをつけられる、にらまれる。¶상사에게 찍혔다 上役うわやくに目をつけられた。
찐득-거리다 자 「진득거리다」の強調語。
찐득-찐득 부 ねばねば。¶ ~한 액체 ねばねばした液体えきたい。
찐-쌀 명 実みのりきらない稲いねを蒸むし乾かわかして搗ついた米こめ。
찐:-하다 형여 (なんとなく)気きにかかる、(悔くまれて)心苦こころぐるしい。¶그냥 보내서 ~ 素手すてで送おくり心苦しい。
찔깃-찔깃 부하형 ①(物ものが)強靭きょうじんなようす。②《人ひとがしつこく粘ねばっこいようす》ねちねち。③(食たべ物ものなどが)堅かたくてなかなか噛かみ切きれないようす。
찔깃-하다 형여 「질깃하다」の強調語。
찔꺽-거리다 자 (粘土ねんど・糊のりなどをこねるとき)ぴちゃぴちゃする。
찔꺽-찔꺽 부 ぴちゃぴちゃ。
찔끔¹ 부 《液体えきたいが少すこしずつとぎれがちに漏もれたりこぼれたりするようす》ちびちび、ほろりと。¶눈물을 ~ 흘리다 涙なみだをほろりとこぼす。
찔끔-거리다 자타 (水みず・小便しょうべんなどを)ちびちびもらす、ちびちびもれる。
찔끔-찔끔 부하자타 ちびちび。
찔끔² 부하자 《突然とつぜん驚おどろいたりおびえたりしてたじろぐようす》ぎくっ、びくっ。
찔끔-하다 자여 びくっとする、たじろぐ、縮ちぢみあがる。
찔뚝-하다 형여 (長ながい物ものの一部いちぶが)深ふかくくびれている。
찔뚝-찔뚝 부하형 (長い物が所々ところどころへこんでいるようす)くびれくびれ。
찔레 명 ノイバラ。¶ ~꽃 ノイバラの花はな。
찔레-나무 명[植] ノイバラ。
찔룩-하다 형여 (長ない物ものの一部いちぶが)浅あさくくびれている。 찔룩-이 부 ややくびれて。
찔룩-찔룩 부하형 (長い物が)所ところどころ小刻こきざみにくびれているようす。

찔리:다 자 ①(「찌르다」の受動) 刺ささる、刺される。¶가시에 손끝을 ~ とげに指先ゆびさきが刺さる。②良心りょうしんのかしゃくを受うける。¶양심에 ~ 良心がとがめる。③突つかれる。¶아픈 데를 ~ 痛いたいところを突かれる。
찔찔-거리다 자 ①だらしなく出歩であるく。②しくしく泣なく。
찜 명 ①[料] 鳥とり・魚さかな・肉にく・野菜やさいなどをいろいろの薬味やくみと一緒いっしょにじっくり煮につめたもの。②「찜질」の縮約形。
찜-나다 자 隙間すきまがあく。
찜-없다 형 ①つぎ目めが見みえない。②(物事ものごとがよくはこんで)ちょっとした隙すきもない。
찜-질 명하자타 ①湿布しっぷ。②砂浴すなゆや浴浴ゆあみ。③(이)容赦ようしゃなく打うちのめすこと。
찜찜-하다 형여 何なんとなく気まずい、気恥きはずかしい、気きにかかる。¶뭔가 찜찜한 생각이 들다 何となく気まずい思おもいがする。
찝찔-하다 형여 ①塩辛しおからい、しょっぱい。¶짭짤한 바닷물 塩辛い海水かいすい。②(物事もののはこびが)気きにくわない、むしゃくしゃする。¶아침부터 기분이 ~ 朝あさからむしゃくしゃする。
찡 부 《氷こおりなどの固かたい物が裂さける音おと》ぱりっと、ぴしっと。
찡그리다 타 しかめる、ひそめる、しわを寄よせる。¶얼굴을 ~ 顔かおをしかめる。
찡긋-거리다 타 顔かおをしきりにしかめるようす。
찡긋-찡긋 부하타 しきりに顔かおや目めをしかめるようす。
찡기다 자 (ぴんと張はらずに)しわくちゃになる、しわむ。
찡둥-그리다 타 しかめっ面つらをする。
찡얼-거리다 자 (子供こどもに)むずかる。¶아이가 자지 않고 ~ 子供が寝ねないでむずかる。
찡얼-찡얼 부하자 しきりにむずかるようす。
찡찡-거리다 자 ぶつぶつこぼす、ごてる。
찡찡-하다 형여 ①気まずい、気恥はずかしい。②鼻はながつまって息苦いきぐるしい。
찡-하다 자 (強つよく感動かんどうを受うけて)じいんとする。¶가슴이 ~ 胸むねがじいんとする。
찢기다 자 (「찢다」の受動)①破やぶられる、破られる、(引ひき)裂さかれる。②あちこち引っ張はられる。
찢다 타 破やぶる、裂さく、引ひき裂さく。¶편지를 갈기갈기 ~ 手紙てがみをずたずたに破る。
찢어-발기다 타 ずたずたに裂さく、ちぎる。
찢어-지다 자 破やぶれる、裂さける。¶ 갈기갈기 ~ ずたずたに裂ける。
찧다 타 ①(穀物こくもつなどを)搗つく、精白せいはくする。¶떡을 ~ 餅もちを搗く。②(重おもいものを持もち上あげて)打うち下おろす。③ぶつける。¶엉덩방아를 ~ 尻餅しりもちをつく。/벽에 이마를 ~ 壁かべに額ひたいをぶつける。
관용 찧고 까불다 ①勝手かってに人ひとを煽あおてたり貶おとしめたりしてなぶる。②勝手なことを言いって軽率けいそつにふるまう。

# え

**え** ハングル字母の第10番目の字。

**차¹**〔車〕**名** 乗り物。車、しゃ、自動車、汽車、電車。¶ 구급~ 救急車/외제~ 外国製の車/~를 타고 가다 車に乗って行く。

**차²**〔車〕**名**《将棋の駒のひとつ》車。

**차**〔茶〕**名** 茶。①「차나무」の縮約形。¶ ~ 재배 茶の栽培。②(沸かしたり煎じたりした)お茶。¶ ~를 끓이다 茶を沸かす。/~라도 한 잔 하실까요? お茶でも一杯如何がでしょうか。③(乾燥・加工した)茶の葉。¶ ~를 따다 茶を摘む。

**차**〔差〕**名** 差、違い、差異。¶ 빈부의 ~ 貧富の差/~가 심하다 差が激しい。

**차**〔次〕**Ⅰ 依**(「-던 차」の形で)①…(する)とき、ちょうどその とき。¶ 나가려던 ~에 전화가 왔다 出かけようとしたときに電話がかかってきた。②…(した)ついでに、…(した)折に、兼ねて。¶ 고향에 갔던 ~에 모교에도 들렀다 いなかへ行ったついでに母校にも寄った。**Ⅱ 接頭** 次の…。¶ ~세대 次の世代。**Ⅲ 接尾** ①(「하려고」の意を表わす) …するため、…のため。¶ 시찰 가다 視察のために行く。②(数字について回数や・度数を表わす)…次。¶ 제일 ~ 세계 대전 第一次世界大戦。

**차- 接頭**(「粘り気のある」の意を表わす) もち…。¶ ~조 大黍米、もち栗。

**차감**〔差減〕**名 하다 되自** 差し引き、差し引くこと。¶ 월급에서 세금을 ~하다 月給から税金を差し引く。

**차갑다** **形**①冷たい。¶ 바람이 몹시 ~ 風がとても冷たい。②(人情などが)冷淡だ。¶ 차가운 태도 冷淡な態度。

**차고**〔車庫〕**名** 車庫。¶ 자동차를 ~에 넣다 車を車庫に入れる。

**차곡-차곡 副**《物を整然と積んだり畳んだりするようす》きちんきちん(と)。¶ 빈 상자를 ~ 쌓아 올리다 空箱をきちんきちんと積み上げる。

**차관**〔次官〕**名** 次官。¶ 정무 ~ 政務次官。

**차：관**〔借款〕**名 하다他** 借款。¶ ~을 도입하다 借款を導入する。

**차：광**〔遮光〕**名 하다自** 遮光、光りを遮ること。¶ ~ 막 遮光幕。

**차근-차근 副 하다形**《細心の注意を払って何ごとかを行なうようす》じゅんじゅんに、きちんきちんと、丹念に、ちゃんと。¶ 자초지종을 ~ 설명하다 一部始終をじゅんじゅんに説明する。

**차근-하다 形여** 落ち着いている、どっしりとしている。¶ 사후 처리를 차근하게 하다 沈着に事後の処理をする。

**차기**〔次期〕**名** 次期。¶ ~ 정권 次期政権。

**차-나무**〔茶-〕**名**〔植〕チャ、茶の木。

**차남**〔次男〕**名** 次男、次子。

**차내**〔車内〕**名** 車内、車中。¶ ~ 금연 車内禁煙。

**차녀**〔次女〕**名** 次女。

**차다¹ 自** 満ちる。①一杯になる。¶ 욕조에 물이 ~ 浴槽に水が満ちる。/뒤주에 쌀이 ~ 米びつに米がいっぱいになる。②定められた時期・時間になる。¶ 나이가 찼다 年ごろ(婚期)になった。/대출 기일이 ~ 貸し出し期限が切れる。③(一定量の限度に)至る、達する、とどく、及ぶ。¶ 정원이 ~ 定員に達する。/무릎까지 차는 냇물 ひざまでとどく川の水。④満月になる。¶ 달이 ~ 月が満ちる。⑤(心ごが)満足になる、満ちたりる。¶ 마음에 차지 않다 心が満たされない。⑥(「-에 찬」の形で)…に満ちた。¶ 활기에 찬 생활 活気に満ちた生活。⑦(「기가 차다」の形で)あきれる。

**차다² 他**①蹴る、蹴飛ばす。¶ 공을 ~ ボールを蹴る。②(席を)蹴る。¶ 자리를 차고 일어나다 席を蹴って立つ。③(関係を)断つ、振る、捨てる。¶ 애인을 차 버리다 恋人を振ってしまう。④舌打ちをする。¶ 못마땅해서 혀를 ~ 気にくわなくて舌打ちをする。

**차다³ 他**①(身に)つける、差す、下げる。¶ 허리에 칼을 차다 腰に刀を差す。②(時計などを)はめる、かけられる。¶ 쇠고랑을 ~ 手錠じょうをかけられる。

**차다⁴ 形**①冷たい。¶ 찬 바람 冷たい風/수박을 차게 하다 スイカを冷やす。②人情がない、冷淡だ。¶ 마음씨가 ~ 心が冷たい。③気温が低い、肌寒い、冷たい。¶ 날씨가 ~ 気候が肌寒い。

**차：단**〔遮断〕**名 하다 되他** 遮断。¶ 통행을 ~하다 通行を遮断する。

**차：단-기**〔-器〕**名**〔電〕遮断器。

**차：단-기**〔-機〕**名**(鉄道の)遮断機。¶ ~가 내린 건널목을 건너다 遮断機のおりた踏み切りを渡る。

**차도**〔車道〕**名** 車道。

**차도**〔差度〕**名** 病気が少しずつ良くなること、その度合。¶ 병세에 ~가 보이다 病勢が快方に向かう。

**차돌 名**①〔鉱〕石英。②(比)がっちりして抜け目のない人。

**차돌-박이 名** 牛ギの間にある固い脂肪質の肉。

**차등**〔差等〕**名** 差等、等差。¶ 대우에 ~

**차디-차다** [形] 非常に冷たい、すごく冷たい。¶ 차디찬 샘물 すごく冷たい泉の水。

**차라리** [副] 寧しろ、いっそ、反って。¶ ～ 없는 편이 낫다 むしろないほうがいい。/ ～ 그만두자 いっそやめてしまおう。

**차란-차란** [副][하다] ①(器一杯に)水があふれそうなようす)なみなみ。¶ 술을 잔에 ～ 따르다 酒を杯さかにもみなみとつぐ。②(物の一端が他の面にふれんばかりであたるようす)すれすれに。

**차랑-거리다**[1] [自他] ゆらゆらと揺れる。¶ 버들가지가 바람에 ～ 柳の枝が風にさやさやと揺れる。

**차랑-차랑**[1] [副][하다] (長々と垂れたものがしなやかにゆれ動くようす)ゆらゆらと。

**차랑-거리다**[2] [自他] ちゃらんちゃらんと鳴る、ちゃりんちゃりんと鳴る。¶ 열쇠 뭉치를 차랑거리며 걷다 鍵の束をじゃらじゃらさせながら歩かく。

**차랑-차랑**[2] [副][하다] (薄い金属などがぶつかって出す音)ちゃらんちゃらんと、ちりんちりんと。

**차량**[車輛] [名] 車両。¶ ～ 번호 車両番号。

**차량 검사**[-検査] [名] 車両検査、車検。

**차려** [感] (号令で)気をつけ。¶ 열중 쉬어, ～ 休やめ、気をつけ。

**차:력**[借力] [名][하다] 薬す・神霊の力を借りて怪力を出すこと。

**차례**[-次第] [I] [名] ①順序、順番、順、番。¶ ～를 정하다 順序を決める。/ ～를 기다리다 順を待つ。②(本の)目次。¶ 책의 ～ 本の目次。[II] [依] 回、度。¶ 두 ～ 다녀왔다 二度行って来た。

**차례-차례** [副] 順々に、順次に、順繰りに。¶ ～로 시험장에 입장하다 順々に試験場に入場する。

**차례**[茶礼] [名] 陰暦의 元旦・秋夕など에 行なう簡略한 祭礼い。

관용> 차례(를) 지내다 「차례(茶禮)」의 儀式을 行なう。

**차륜**[車輪] [名] 車輪、車의 輪。

**차리다** [他] ①準備する、用意する、整える。¶ 밥상을 ～ 膳立てをする。②構える、開く、設ける。¶ 가게를 ～ 店を構える。③(身なりなどを)装う、こしらえる。¶ 양복을 차려 입다 洋服よく装う。④(礼儀などを)わきまえる、つくろう。¶ 체면을 ～ 体面をつくろう。⑤利を図る、欲張よる。¶ 실속을 ～ 実利を図る。⑥(気力などを)しっかりさせる、整える。¶ 정신을 ～ 気をつける。⑦推し量る、感じとる。¶ 눈치를 ～ 勘を推し量る。

**차림** [名] 姿、身なり、服装。¶ 옷 ～ 身なり / 신부 ～ 花嫁よめな装い。

**차림-새** [名] 装よい、身なり、格好こう。¶ 유난히 눈에 띄는 ～ ことさら目立つな装い。

**차림-차림** [名] なりふり、身なり、様子。

**차림-표**[-表] [名] 献立表こんだて、メニュー。⑦ 식단(食單)

**차마** [副] 《否定文・疑問文に用いられて》とても、どうにも、どうしても、どうして、…に忍びない。¶ ～ 볼 수 없었다 とても見るに忍びなかった。/ 그런 일을 ～ 할 수 있겠는가? そんなことがどうしてできるだろうか。

**차-멀미**[車-] [名][하다] 車酔よい。¶ ～가 나다 車くるまに酔う。

**차:명**[借名] [名][하다] 他人の名義を借かりること。

**차-바퀴** [名] 車輪。¶ ～가 진창에 빠지다 車輪がぬかるみにはまる。

**차별**[差別] [名][하다][되다] 差別っ。¶ 인종 ～ 人種じん差別 / 부당하게 ～ 하다 不当とうに差別する。/ ～ 대우를 받다 差別待遇らを受ける。

**차분-하다** [形여] 落ち着いている、物静かだ。¶ 차분한 분위기 落ち着いた雰囲気。

**차분-히** [副] 落ち着いて、じっくり、どっしりと。¶ ～ 생각하다 資金を借り入れる。

**차비**[車費] [名] 車代くるま、車賃くるま、運賃うん。

**차석**[次席] [名] 次席せき。

**차선**[次善] [名] 次善せん。¶ ～책 次善の策。

**차선**[車線] [名] 車線せん。¶ ～을 바꾸다 車線を変更こうする。

**차압**[差押] [名][하다] さしおさえ。⑦ 압류

**차액**[差額] [名] 差額がく、差金きん。¶ ～을 돌려주다 差額を返す。

**차양**[遮陽] [名] ①(建物などの)ひさし。②(帽子の)つば、ひさし。¶ ～이 넓은 모자 つば広の帽子。

**차-올리다** [他] 蹴上げる。¶ 공을 높이 ～ ボールを高く蹴上げる。

**차:용**[借用] [名][하다][되다] 借用じょう。¶ ～인 借用人に / 무단 ～ 無断借用。

**차:용-금**[-金] [名] 借用金きん、借金しゃっ。

**차:용-증**[-證] [名] 借用証しょう。

**차원**[次元] [名] ①[数] 次元げん。¶ 4～의 세계 四次元の世界 / ②物事ものを考がえたりする立場ば、またその水準じゅん。¶ ～을 달리하다 次元げんを異にする。

**차:월**[借越] [名][하다] 借かり越こし。

**차이**[差異] [名] 差異い、差、相違そう、違い。¶ 의견의 ～ 意見けんの違い / 별다른 ～는 없다 たいした差はない。

**차이-점**[-點] [名] 差異点てん、違ちがう点てん。

**차익**[差益] [名] 差益えき。

**차일**[遮日] [名] 日除けけ、日覆おおい。¶ ～을 치다 日覆いを張はる。

**차일-피:일**[此日彼日] [副][하다] (期日きつなどを)今日明日きょうと延のばすこと。¶ ～ 미루기만 한다 今日明日と延ばすばかりだ。

**차:입**[借入] [名][하다] (金品きんの)借かり入れ。¶ 자금을 ～ 하다 資金を借り入れる。

**차입**[差入] [名][하다][되다] 差し入れ。¶ ～품 差し入れ品。

**차자**[次子] [名] 次子じ、次男なん。

**차:자**[借字] [名][하다] ①(自国じくの文字じでなくて)

**차장**〔次長〕[名] 次長ちょう。¶ ~ 검사 次席せき検事けんじ。

**차장**〔車掌〕[名] 車掌しょう。¶ 열차 ~ 列車れっしゃの車掌。

**차점**〔次點〕[名] 次点てん。¶ ~자 次点者しゃ / ~으로 낙선하다 次点で落選らくせんする。

**차제**〔此際〕[名] この際さい、このとき、この機会きかい(に)。¶ ~에 분명히 밝히자 この際はっきりさせよう。

**차조기** [名]〔植〕シソ。

**차종**〔車種〕[名] 車種しゅ、車くるまの種類しゅるい。

**차주**〔車主〕[名] 車くるまの持もち主ぬし。

**차츰-차츰** [副] だんだん、次第しだいに、次第に、少しずつ。¶ ~ 좋아지다 だんだんよくなる。

**차지** ①分わけ前まえ、取とり分ぶん、分ぶん。¶ 나머지는 내 ~다 残のこりはおれの分だ。②[하여] 占有せんゆうすること、占しめること、取とること。¶ 절대 다수를 ~하다 絶対ぜったい多数たすうを占める。

**차지다** [形]《餠もち・ご飯めしなどが》粘ねばり気けが強つよい、粘ねばっこい。¶ 흙이 ~ 土つちが粘こい。

**차질**〔蹉跌〕[名] 蹉跌さてつ、狂くるい、つまずき、手違てちがい。¶ ~을 가져오다 蹉跌を来きたす。

**차차**〔次次〕[副] だんだん、次第しだいに、漸次ぜんじ。¶ 하늘이 ~ 밝아지다 空そらがだんだん明あかるくなる。/ 경기가 ~ 좋아졌다 景気けいきがしだいによくなった。

**차창**〔車窓〕[名] 車窓しゃそう。¶ ~으로 바라보는 풍경 車窓から眺ながめる風景ふうけい。

**차축**〔車軸〕[名] 車軸じく。

**차출**〔差出〕[名]〔하여〕 選えらんで差さし出だすこと。¶ 인원을 ~하다 人員じんいんを差し出す。

**차츰-차츰** [副] だんだんと、次第しだい次第に、おいおい、漸次ぜんじ(に)。¶ ~ 날이 밝아오다 次第次第に夜よが明あけていく。

**차**¹〔且置〕[名]〔하여〕《主おもに「차치하고」の形で》さて置おくこと。¶ 그 문제는 ~하고 その問題もんだいはさておいて。

**차편**〔車便〕[名] 車くるまの便びん。¶ ~을 이용하다 車の便を利用りようする。

**차표**〔車票〕[名]〔汽車きしゃ・バスなどの〕切符きっぷ、乗車券じょうしゃけん。¶ 왕복 ~ 往復おうふく切符 / ~를 예매하다 乗車券を前売まえうりする。

**차호**〔次號〕[名] 次号ごう。¶ ~에 계속되다 次号につづく。

**차후**〔此後〕[名] この後のち、今後こんご。¶ ~ 일절 금하다 今後一切いっさい禁ずる。

**착**¹ [副]《すきまなくついているようす》ぴったり、ばたっと、べったり。¶ 젖은 셔츠가 몸에 ~ 달라붙다 濡ぬれたシャツが体からだにぴったつく。

**착**² [副] ①《落おちついているようす》ゆったり、しめやかに、しとやかに。¶ ~ 가라앉은 목소리 しいんと沈しずんだ声こえ。②《枝えだなどが垂たれ下さがっているようす》でにゃり、だらり。③《力ちからなくくたびれたようす》ぐったり。¶ 몸이 ~ 늘어지다 体がぐったりとなる。

**-착**〔着〕[接尾] 着ちゃく。①「到着とうちゃく」の意いを表あらわす。¶ 김포 공항 ~ 空港着くうこう。②到着順とうちゃくじゅんを表わす。¶ 일 ~을 한 선수 1着ちゃくになった選手しゅ。

**착각**〔錯覺〕[名]〔하여〕〔되자〕 錯覚かく、勘違かんちがい。¶ ~을 일으키다 錯覚を起おこす。

**착공**〔着工〕[名]〔하여〕〔되자〕 着工こう。¶ ~식 着工式しき / ~을 연기하다 着工を延期えんきする。

**착란**〔錯亂〕[名]〔하여〕 錯乱らん。¶ 정신 ~을 일으키다 精神せいしん錯乱を起こす。

**착륙**〔着陸〕[名]〔하여〕〔되자〕 着陸りく。¶ 동체 ~ 胴体どうたい着陸 / ~ 지점 着陸地点ちてん。

**착복**〔着服〕[名]〔하여〕 着服ふく。¶ 공금을 ~하다 公金こうきんを着服する。

**착살-맞다** [形]《言行げんこうが》見苦みぐるしいほどにけちくさい、みみっちい、しみったれだ。¶ 착살 맞은 짓을 하다 みみっちいことをする。

**착살-부리다** [自] みみっちいことをする、しみったれなことをする。

**착살-스럽다** [形] どことなくけちくさい、みみっちいところがある。**착살-스레** [副] みみっちく。

**착상**〔着想〕[名]〔하여〕〔되자〕 着想そう、思おもいつき。¶ 기발한 ~ 奇抜きばつな思いつき / ~이 떠오르다 着想がひらめく。

**착색**〔着色〕[名]〔하여〕〔되자〕 着色しょく、色付いろづけ。¶ ~제 着色剤ざい / 인공 ~ 人工じんこう着色。

**착생**〔着生〕[名]〔하여〕〔되자〕 着生せい。¶ ~ 식물 着生植物しょくぶつ。

**착수**〔着水〕[名]〔하여〕 着水すい。

**착수**〔着手〕[名]〔하여〕〔되자〕 着手しゅ。¶ 공사에 ~하다 工事こうじに着手する。

**착수-금**〔-金〕[名] 着手金きん、手付てつけ金。¶ ~을 건네다 手付け金を打うつ。

**착신**〔着信〕[名]〔하여〕〔되자〕 着信しん。⑪ 발신。

**착실-하다**〔着實-〕[形] 着実じつだ、まじめだ、地道じみちだ。¶ 착실한 직업 地道な職業しょくぎょう。**착실-히** [副] 着実に、まじめに。¶ ~ 일하다 まじめに働はたらく。

**착안**〔着眼〕[名]〔하여〕〔되자〕 着眼がん、着目ちゃくもく、目めのつけ方かた。¶ 좋은 점에 ~하고 있다 いい所ところに着眼している。

**착안-점**〔-點〕[名] 着眼点てん、目のつけ所ところ。¶ ~이 남다르다 目のつけ所が並ならはずれている。

**착암-기**〔鑿岩機〕[名] 鑿岩機さくがんき。

**착오**〔錯誤〕[名]〔하여〕 錯誤ごく、誤あやまり、間違まちがい。¶ 시대 ~적인 생각 時代じだい錯誤的なな考かんがえ / ~가 생기다 間違いが生しょうじる。

**착용**〔着用〕[名]〔하여〕〔되자〕 着用よう。¶ 제복 ~ 制服せいふく着用。

**착유**〔搾乳〕[名]〔하여〕 搾乳さくにゅう、乳搾ちちしぼり。¶ ~기 搾乳機き。

**착의**〔着衣〕[名]〔하여〕 着衣ちゃく。¶ 범인의 인상 ~ 犯人はんにんの人相にんそうと着衣。

**착잡-하다**〔錯雜-〕[形] 錯雑さくざつする、錯綜さくそうする。¶ 이해 관계가 ~ 利害関係りがいかんけいが錯雑している。

**착지**〔着地〕[名]〔하여〕 着地ちゃく。①着陸りく・到着とうちゃくする所ところ。②〔体操たいそうで〕降おり立たつこ

と。¶ ~ 동작에서 점수를 따다 着地動作で点数を稼ぐ。

**착착¹** [副]《物が強く粘りつくようす》ねばねば、べたべた、べったり(と)。¶ 땀에 젖은 셔츠가 몸에 ~ 달라붙는다 ぬれたシャツが体にべたべたくっつく。

**착착²** [副] きちんと、きちんきちんと、着々(と)。¶ 공사가 ~ 진행되다 工事が着々と進む。

**착취**〔搾取〕[名][하他][되自] 搾取。¶ ~ 계급 搾取階級。

**착탄**〔着弾〕[名][하自] 着弾。¶ ~ 거리 着弾距離。

**착-하다** [形][여] (行ない・心根が)良い、正しくてよい、善良だ、おとなしい。¶ 마음이 ~ 心根が良い。/ 착한 행동을 하다 よい行ないをする。

**착화**〔着火〕[名][하自] 着火、点火。¶ ~점 着火点。

**찬:**〔饌〕[名]「반찬(飯饌)」の縮約形。

**찬:-가게** [名] おかずなどを売る店。

**찬:-거리** [名] おかずの材料。

**찬:가**〔讚歌〕[名] 賛歌、讃歌。¶ 사랑의 ~ 愛の賛歌。

**찬-기**〔-氣〕[名] 冷気、冷たい空気、冷え。¶ ~가 돈다 冷たい空気が漂う。

**찬:동**〔賛同〕[名][하自他] 賛同。¶ ~을 얻다 賛同を得る。

**찬:란**〔燦爛〕[名][하形] 燦爛、きらびやかなこと、まばゆいこと。¶ ~한 햇빛 燦爛たる陽光。 **찬란-히** [副] さんらんと、燦然と、きらきらと。¶ ~ 빛나는 공적 燦然と輝く功績。

**찬:모**〔饌母〕[名] 賄いを担当するお手伝いさん。

**찬-물** [名] 冷や水、つめたい水、冷水、お冷や。[유] 냉수

[속담]> **찬물도 위아래가 있다** 冷たい水も上下がある。《何事も順序を踏んで行なわなければならない》

[관용]> **찬물을 끼얹다** 水を差す、茶々を入れる。

**찬:미**〔讚美〕[名][하他] 賛美。¶ 인생을 ~하다 人生を賛美する。

**찬:미-가**〔-歌〕[名] 賛美歌。

**찬-바람** [名] 冷たい風、冷風、寒風。¶ ~이 몰아치다 寒風が吹きすさぶ。

[관용]> **찬바람(이) 일다** 冷たい風がおこる。《雰囲気が冷えびえする、よそよそしくて冷淡だ》

**찬-밥** [名] 冷や飯。

[관용]> **찬밥 더운밥 가리다** (冷や飯と炊きたてのご飯を区別して選ぶの意で) 暮らしに事欠きながら満ち足りているようなことをする。 **찬밥(을) 먹이다** 冷や飯を食わせる。《冷遇する、ばかにする》

**찬:부**〔賛否〕[名] 賛否。¶ ~를 묻다 賛否を問う。

**찬-비** [名] 冷たい雨、冷雨。¶ 늦가을의 ~ 晩秋の冷たい雨。

**찬:사**〔讚辭〕[名] 賛辞。¶ 아낌없는 ~를 보내다 惜しみない賛辞を送る。

**찬:성**〔賛成〕[名][하他] 賛成。¶ ~자 賛成者 / ~을 구하다 賛成を求める。

**찬:송**〔讚頌〕[名][하他] 賛美、美徳をほめたたえること。¶ ~가 賛美歌。

**찬:술** [名] 冷や酒。

**찬:스**〔chance〕[名] チャンス。¶ 절호의 ~ 絶好のチャンス。

**찬:양**〔讚揚〕[名][하他][되自] ほめたたえること、賞すること。¶ 위업을 ~하다 偉業をほめたたえる。

**찬:양-대**〔-隊〕[名][基] 聖歌隊。

**찬:연-하다**〔燦然-〕[形][여] 燦然としている、きらきらと光り輝く。¶ 찬연한 빛을 내다 燦然たる光りを放つ。 **찬연-히** [副] 燦然と。¶ ~ 빛나는 보석 燦然と輝く宝石。

**찬:의**〔賛意〕[名] 賛意。¶ ~를 표하다 賛意を表する。

**찬-이슬** [名] 冷たい露、夜露。

**찬:장**〔饌欌〕[名] 茶だんす、(台所の)戸棚、食器棚。

**찬:조**〔賛助〕[名][하他] 賛助。¶ ~ 출연 賛助出演 / ~를 얻다 賛助を得る。

**찬:조-금**〔-金〕[名] 賛助金。

**찬:조-연:설**〔-演説〕[名] 賛助演説。

**찬:찬-하다** [形][여] 綿密で着実である、注意深い、細かい、沈着だ。¶ 찬찬한 성격 注意深い性格。 **찬찬-히** [副] 注意深く、綿密に。¶ ~ 살펴보다 注意深く見る。

**찬:탄**〔讚歎〕[名][하他] 賛嘆。¶ 명연기에 ~하다 名演技に賛嘆する。

**찬:합**〔饌盒〕[名] 重箱。

**찰-** [接頭]「粘り気のある」の意。¶ ~떡 もち米でつくった餅。

**찰가닥** [副][하自他] ①《粘っこい物がくっつくようす・その音》ぴたっと、ぺたっと。②《金物などがぶつかるときの音》かちっと、がちゃりと、かたり。¶ 자물쇠가 ~ 잠기다 錠ががちゃりとかかる。

**찰각** [副][하自他]《小さい金物などがぶつかるときの音》がたっ、かたり。

**찰각-거리다** [自他] かたかた〔がちゃがちゃ〕音がする。

**찰각-찰각** [副][하自他] かたかた、がちゃがちゃ。

**찰-거머리** [名] ①チスイビル。②《比》しつこくまといついて人を悩ます者。¶ ~ 같은 놈이다 (ヒルのように)ねちっこいやつだ。

**찰과-상**〔擦過傷〕[名] 擦過傷、かすり傷、すり傷。

**찰그랑** [副][하自]《小さい金物などがぶつかるときの音》がちゃんと、ちゃりんと。

**찰그랑-거리다** [自他] がちゃんがちゃんと音がする、ちゃりんちゃりんと音を立てる。

**찰-기**〔-氣〕[名] 粘り気。¶ ~가 있는 떡 粘り気のある餅。

**찰나**[刹那] 名 刹那せつ、瞬間しゅんかん、(…した)途端たん。¶ ~적인 쾌감 刹那的な快感かいかん／충돌하는 ~ 정신을 잃었다 衝突とうの瞬間気を失しなった。

**찰-떡** 名 餅もち。
관용 찰떡 같다 ①べたりとくっついてなかなか離はなれない、粘ねばり強づよい。②情じょうが深ふかくなって離はれがたい。

**찰랑** 副 ハタ自他 ①《器うつわいっぱい水みずがゆれるようす・その音おと》ばしゃっと。②《小ちいさな金物かなものなどがぶつかるときに鳴なる音》がちゃん。

**찰랑-거리다** I 自《浅瀬あさせで水みずが》さらさら流ながれる、ぱしゃぱしゃいう。II 他 ばちゃばちゃ[がちゃがちゃ]音おとを立たてる。

**찰랑-찰랑** 副 ハタ自他 ばちゃばちゃ、がちゃがちゃ、なみなみ。¶ 술을 ~하게 따르다 酒さけをなみなみとつぐ。

**찰바닥** 副 ハタ自他《浅瀬あさせやぬかるみなどを強つよく踏ふみつけるようす・その音おと》ぴちゃっ、じゃぶじゃぶ。

**찰-밥** 名 ①もち米ごめで炊たいた飯めし。②強飯こわめし、おこわ、赤飯せきはん。

**찰싸닥** 副 ハタ自他《水面すいめんを平ひらたい物ものなどで打うつ音おと》ばしゃっ。

**찰싸닥-거리다** 自他 ばしゃばしゃっと打つ、ばしゃばしゃっと音おとがする。

**찰싸닥-찰싸닥** 副 ハタ自他 ばしゃばしゃっ。

**찰싹** 副 ハタ自他 ①《波打なみうつ音おと》ぴしゃり、ぱしゃっ(と)。②《頬ほおなどを軽かるく打うつ音おと》ぴしゃっ。¶ 볼기를 ~ 때리다 尻しりをぴしゃりと打うつ。㊂ 철썩

**찰찰** 副《液体えきたいがすこしずつあふれるようす》ちょろちょろ、なみなみ。¶ 넘치게 술을 따르다 なみなみと酒さけを注そそぐ。

**찰카닥** 副 ハタ自他 ①《粘ねばっこい物ものがしっかりくっつくようす・その音おと》べたり。②《金物かなものなどがきつくぶつかるようす・その音おと》がちゃり。¶ 수갑을 ~ 채우다 手錠じょうをがちゃりとかける。

**찰칵** 副 ハタ自他《小ちいさな金物かなものなどがぶつかるときの音おと》ぴちゃりと、がちゃりと。

**찰-흙** 名 粘土ねんど、ねばつち。¶ ~으로 바르다 粘土で塗ぬる。

**참**¹ I 名 誠まこと、真実しんじつ、本当ほんとう。¶ ~과 거짓 真実しんじつと虚偽きょぎ。II 接頭 ①本当ほんとうの…、真ま の…、まことの…。¶ ~뜻 本意ほんい／~ 사랑 まことの愛あい。②上質じょうしつの…。¶ ~먹 上質の墨すみ。

**참**² 副 実じつに、本当ほんとうに、まことに、とても、非常ひじょうに。¶ ~ 기쁘다 本当にうれしい。／~ 놀라운 일이다 実に驚おどろくべきことだ。

**참**³ 依《連体形の後で用もちいられて》とき、つもり、ところ。¶ 막 출발하려는 ~이다 ちょうど出発しゅっぱつしようとするところだ。

**참가**[参加] 名 ハタ自 参加さんか。¶ ~ 신청 参加の申もうし込こみ／올림픽에 ~하다 オリンピックに参加する。

**참견**[参見] 名 ハタ自他 干渉かんしょうする、おせっかい、口出くちだし、でしゃばり。¶ 쓸데없이 ~하다 いらぬ口出しをする。

**참고**[参考] 名 ハタ他 自他 参考さんこう。¶ ~ 문헌 参考文献ぶんけん／전례를 ~로 하다 前例ぜんれいを参考にする。

**참고-서**[-書] 名 参考書しょ。¶ 학습 ~ 学習がくしゅう参考書。

**참관**[参観] 名 ハタ他 参観さんかん。¶ 수업을 ~하다 授業じゅぎょうを参観する。

**참관-인**[-人] 名 参観人さんかんにん。

**참극**[慘劇] 名 惨劇さんげき。¶ 유혈 ~ 流血りゅうけつの惨劇。

**참-기름** 名 胡麻油ごまあぶら。

**참-깨** 名 樹 胡麻ごま。

**참-나무** 名 樹 クヌギ。

**참:다** 他 ①我慢がまんする、堪たえる、こらえる、忍しのぶ。¶ 아픔을 ~ 痛いたみを堪える。／더 이상 참을 수가 없다 これ以上いじょう我慢できない。②待まつ。¶ 한 시간만 더 참아 봅시다 もう一時間じかんだけ待って見みましょう。
속담 참을 인자 셋이면 살인도 피한다 忍しのの字じが三みっつあれば殺人さつじんをも避さけられる。《ならぬ堪忍かんにんするが堪忍》

**참-다랭이** 名 動 マグロ、シビ。㊂ 참치

**참:다-못해** 副 我慢がまんしきれずに、たまりかねて、耐たえかねて、こらえきれず、辛抱しんぼうしきれずに。¶ ~ 한 마디 했다 こらえきれず一言ひとこといった。／~ 호통을 치다 たまりかねてどなりつけた。

**참담**[慘憺] 名 ハタ形 惨憺さんたん。¶ ~한 사고 현장 惨憺たる事故じこ現場げんば。

**참-답다** 形 ㅂ 真実しんじつである、真まである、誠実せいじつである。¶ 참다운 용기 まことの勇気ゆうき／참다운 양심을 지닌 사람 真実の良心りょうしんを持もった人ひと。

**참-되다** 形 正ただしい、誠実せいじつだ、真実だ、まことである。¶ 참된 친구 真まの友人ゆうじん／참된 애국자 まことの愛国者あいこくしゃ。**참-되이** 副 誠実に、本当ほんとうに。¶ ~ 살아라 誠実に生いきよ。

**참-뜻** 名 本意ほんい、真意しんい、真義しんぎ。¶ 상대방의 ~을 헤아리다 相手あいての真意を推おし量はかる。

**참례**[参禮] 名 ハタ自 儀式ぎしきに参列さんれつすること。

**참-마** 名 樹 ヤマイモ。

**참-말** 名 本当ほんとうの話はなし、まことの話。¶ 그게 ~이라면 큰일났는데 それが本当の話なら大変たいへんなことになった。**참말-로** 副 実じつに、本当に、まことに、まったく。¶ ~ 기쁘다 本当にうれしい。

**참-맛** 名 本当の味あじ、醍醐味だいごみ。¶ 낚시의 ~을 맛보다 釣つりの醍醐味を味あじわう。

**참모**[參謀] 名 参謀さんぼう。¶ ~ 장교 参謀将校しょうこう／작전 ~ 作戦さくせん参謀。

**참모 본부**[-本部] 名 参謀本部ほんぶ。

**참모-장**[-長] 名 参謀長ちょう。

**참모 총장**[-總長] 名 参謀総長そうちょう。

**참-모습** 名 真まの姿すがた、本当ほんとうの姿、真面目めんぼく。¶ ~을 보여 주다 真面目を見みせ

てやる。
**참배**〔參拜〕[名][하自] 参拜、参詣。¶ ~객 参拜客。
**참변**〔慘變〕[名] むごたらしい事故、災難、惨事。
**참-빗** [名] 梳きぐし、爪ぐし。
[속담] **참빗으로 훑듯** 梳きぐしで梳くよう。《しらみつぶしにさがすこと》
**참사**〔慘死〕[名][하自] 惨死。¶ 추락 사고로 ~하다 墜落事故で惨死する。
**참사**〔慘事〕[名] 惨事。¶ 눈뜨고 볼 수 없는 ~ 目も当てられない惨事。
**참-사람** [名] 真人間、まともな人間。¶ 마음을 고쳐먹고 ~이 되다 心を入れ変えて真人間になる。
**참-사랑** [名] 真実の愛、真の愛情。
**참:살**〔斬殺〕[名][하他] 斬殺。
**참살**〔慘殺〕[名][하他][되自] 惨殺、むごたらしいやりかたで殺すこと。
**참상**〔慘狀〕[名] 惨状。¶ 전쟁이 빚은 ~ 戦争のもたらした惨状。
**참-새** [名]〔動〕雀。¶ ~ 떼를 쫓다 スズメの群れを追い払う。
[속담] **참새가 방앗간을 거저 지나랴** スズメが米踏み小屋をそのまま通り過ぎようか。《①欲の深い人が利益になることを見過ごすはずがない。 ②自分の好きな物を見過ごすわけがない》
**참새-구이** [名] 雀の焼き鳥。
**참-새우** [名]〔動〕クルマエビ。
**참-생활** [名] 誠実な生活、まじめな生活。
**참석**〔參席〕[名][하自] 出席、参加、列席。¶ 회의에 ~하다 会議に出席する。
**참선**〔參禪〕[名][하自]〔佛〕参禅、座禅。
**참:수**〔斬首〕[名][하他] 斬首、打ち首、首切り。¶ ~형에 처해지다 斬首の刑に処せられる。
**참신**〔斬新〕[名][하形] 斬新。¶ ~한 기획 斬新な企画。
**참여**〔參與〕[名][하自] 参与、参加。¶ 사회 ~ 社会参与/ 네가 ~할 바 아니다 お前の出る幕じゃない。
**참-외** [名]〔植〕マクワウリ。
**참-으로** [副] 実に、本当に、まことに、全く。¶ ~ 기쁘다 本当にうれしい。/ ~ 유감스러운 일이다 まことに残念なことだ。
**참을-성**〔-性〕[名] こらえ性、辛抱強さ、忍耐性。¶ ~ 있게 기다리다 辛抱強く待つ。
**참-의원**〔參議院〕[名]〔法〕参議院。
**참작**〔參酌〕[名][하他][되自] 参酌、斟酌。¶ 사정을 ~하다 事情を参酌する。
**참전**〔參戰〕[名][하自] 参戦。¶ ~국 参戦国。
**참정**〔參政〕[名][하自] 参政。¶ ~권 参政権。
**참조**〔參照〕[名] 参照。¶ 사전을 ~하시오 辞書を参照せよ。
**참-조기** [名]〔動〕イシモチ。
**참:참-이**〔站站-〕[副] 時々、折々、合間に、間をおいて。¶ ~ 쉬다 ときどき休む。
**참:치** [名]〔動〕マグロ。[유] 참다랭이
**참패**〔慘敗〕[名][하自] 惨敗。¶ ~를 당하다 惨敗を喫する。
**참:-하다** [形여] ①おとなしい、しとやかだ、つつましい。¶ 참한 색시 しとやかな娘。 ②小ぎれいだ、こざっぱりとしている。¶ 옷차림이 ~ 身なりが小ぎれいだ。③(顔かたちが)整っている、こぢんまりと整っている。¶ 참하게 생긴 얼굴 こぢんまりと整っている顔。
**참해**〔慘害〕[名] 惨害。¶ 홍수로 ~를 입다 大水で惨害を被る。
**참:형**〔斬刑〕[名][하他] 斬刑、打ち首。¶ ~에 처하다 斬刑に処す。
**참호**〔塹壕〕[名] 塹壕。¶ ~전 塹壕戦/ ~를 파다 塹壕を掘る。
**참혹**〔慘酷〕[名][하形] 残酷。¶ 너무나도 ~한 광경 あまりにも残酷な光景。
**참화**〔慘禍〕[名] 惨禍。¶ 전쟁의 ~ 戦争の惨禍。
**참회**〔懺悔〕[名][하他] 懺悔。¶ ~자 懺悔者/ ~의 눈물 懺悔の涙/ 진심으로 ~하다 真心から懺悔する。
**참회-록**〔-錄〕[名] 懺悔録。
**찹쌀** [名] もちごめ。¶ ~밥 もちごめの飯。
**찹쌀-고추장** [名] もちごめで作った唐辛子味噌。
**찹쌀-떡** [名] もちごめの餅。
**찹쌀-막걸이** [名] もちごめで作った濁り酒。
**찹쌀-술** [名] もちごめの酒。
**찹찹-하다** [名] ①(心が)落ち着いている、しんみりしている。¶ 선생님의 추억을 찹찹하게 서로 이야기했다 先生の追憶をしんみりと語り合った。 ②きちんと積み重ねられている。¶ 이불을 찹찹하게 쌓았다 布団をきちんと積み重ねた。
**찻-길**〔車-〕[名] ①線路、レール。 ②車道。
**찻-삯**〔車-〕[名] 交通費、車賃、車代、足代。
**찻-숟가락**〔茶-〕[名] 茶匙、ティースプーン。
**찻-집**〔茶-〕[名] 茶屋、喫茶店、茶店。
**창** [名] ①(靴などの)底、靴底。 ②「구두창・신창」の縮約形。
**창**〔窓〕[名]《「창문」の縮約形》窓。¶ 유리~ ガラス窓/ ~을 열다 窓をあける。
**창:**〔唱〕[名][하自他]「판소리・잡가(雜歌)」などを節をつけて歌うこと、その歌。
**창**〔槍〕[名] 槍。¶ ~던지기 槍投げ。
**창-가**〔窓-〕[名] 窓際、窓辺。¶ ~의 자리 窓際の席。
**창:가**〔唱歌〕[名] 唱歌。
**창:간**〔創刊〕[名][하他][되自] 創刊。¶ ~호 創刊号/ 잡지를 ~하다 雑誌を創刊する。
**창-갈다** [他] 靴底を張りかえる。
**창-갈이** [名][하他] 靴底の張りかえ。
**창:건**〔創建〕[名][하他][되自] 創建。¶ 신라 시대에 ~된 절 新羅時代の創建された寺。

**창고**〔倉庫〕图 倉庫そう。¶ ~업 倉庫業ぎょう/ 보세 ~ 保税ほぜい倉庫。
　**창고-료**〔-料〕图〔経〕倉庫料りょう、倉敷料くらしきりょう。
　**창고 증권**〔-證券〕图〔経〕倉庫証券しょうけん。
**창공**〔蒼空〕图 蒼空そう、青空あお、蒼天そう。¶ ~을 날다 青空を飛とぶ。
**창구**〔窓口〕图 窓口ぐち。¶ ~업무 窓口業務ぎょう/ 민원 ~ (役所やくなどの) 受うけ付つけ窓口。
**창-구멍**〔窓-〕图 窓・障子しょうなどの破やぶれた穴あな。
**창:군**〔創軍〕图 하타 創軍そう、建軍けん。
**창:극**〔唱劇〕图 「판소리」を中心ちゅうにして演劇えんげきな台詞せりを取とり入いれて演えんずる古典こてん劇げき。
**창난-젓** 图 スケトウダラのはらわたの塩辛しおから。
**창녀**〔娼女〕图 娼婦しょう、売春婦ばいしゅん、遊女ゆうじょ。¶ ~로 전락하다 遊女に身みを落おとす。
**창:달**〔暢達〕图 하타 暢達たつ。¶ 언론 ~ 言論げんの暢達。
**창:당**〔創黨〕图 하타 立党りっ、結党とう。¶ ~의 정신 立党の精神せいしん。
**창-던지기**〔槍-〕图〔体〕槍投やりなげ。
**창:립**〔創立〕图 하타 創立そう。¶ 회사를 ~하다 会社かいしゃを創立する。
**창-머리**〔窓-〕图 窓まどの側がわ、窓際まどぎわ。
**창문**〔窓門〕图 窓まど。¶ ~을 활짝 열어 놓다 窓を開あけっ放はなす。
**창백**〔蒼白〕图 蒼白そう。¶ 소녀의 ~한 얼굴 少女じょうの蒼白な顔かお。
**창사**〔創寺〕图 寺てらを創建けんすること。
**창-살**〔窓-〕图 窓まどの格子こうし。
**창:설**〔創設〕图 하타 創設そう。¶ 연구소를 ~하다 研究所けんきゅうを創設する。
**창:세-기**〔創世記〕图〔基〕創世記そうせいき。
**창:시**〔創始〕图 하타 創始そう。¶ 유파의 ~자 流派りゅうの創始者しゃ。
**창:씨 개:명**〔創氏改名〕图〔史〕創氏改名かいめい。(日本にほん、植民地しょくみんち時代じだいに朝鮮総督府そうとくふが韓国人かんこくの姓名せいを強制的きょうせいに日本式にほんしきに変へんえさせたこと)。
**창:안**〔創案〕图 하타 案案あん。¶ 획기적인 ~ 画期的かっきの創案。
**창:업**〔創業〕图 하타 ①建国けん、開国かい。¶ 나라를 ~하다 国くにをつくる。 ②創業そう。¶ ~백년을 자랑하다 創業百年ひゃくねんを誇ほこる。
　**창:업-자**〔-者〕图 創業者しゃ。
　**창:업지-주**〔-之主〕图 新あたらしい王朝おうちょうを興おこした王おう。
**창연-하다**〔蒼然-〕形이 蒼然ぜんとしている。¶ 고색 창연한 건물 古色こしょく蒼然たる建物たて。
　**창연-히** 副 蒼然と。
**창:의**〔創意〕图 하타 創意そう。¶ ~력 創意力りょく/ ~를 다하다 創意をこらす。
　**창:의-성**〔-性〕图 創意性そう。
**창자** 图 (動物どうの)腸ちょう、はらわた。
　〈관용〉**창자가 끊어지다** はらわたがちぎれるほど悲かなしい、断腸だんの思おもいだ。
**창:작**〔創作〕图 하타 創作さく。¶ ~가 創作家か/ ~물 創作物もの/ ~과 모방 創作と模倣もほう/
~에 전념하다 創作に専念せんする。
　**창:작-극**〔-劇〕图〔劇〕創作劇げき。
　**창:작-력**〔-力〕图 創作力りょく。
　**창:작-집**〔-集〕图 創作集しゅう。
　**창:작-품**〔-品〕图 創作品ひん。
**창:제**〔創製〕图 하타 되자 創製そう。¶ 한글을 ~하신 세종 대왕 ハングルを創製なされた世宗セジョン大王だい。
**창:조**〔創造〕图 하타 되자 創造そう。¶ ~물 創造物ぶつ/ 천지 ~ 天地の創造。
　**창:조-성**〔-性〕图 創造性せい。¶ ~이 있는 연구원 創造性のある研究員けんきゅう。
　**창:조-적**〔-的〕冠 創造的てき。¶ ~인 일 創造的な仕事しごと。
　**창:조-주**〔-主〕图 創造主しゅ、造物主しゅぶつ。
**창:졸-간**〔倉卒間〕图副 倉卒そつの間あいだに、あわただしく、急きゅうに、とっさに。¶ ~에 인사도 제대로 못했다 とっさのことで挨拶あいさつもろくにできなかった。
**창창**〔蒼蒼〕图 하形 ①蒼々そう。¶ ~한 바다 蒼々たる海うみ。 ②洋々よう。¶ 앞길이 ~한 젊은이 前途ぜんと洋々たる若者わかもの。
**창:출**〔創出〕图 하타 되자 創出しゅつ。¶ 새로운 문화의 ~ 新あたらしい文化ぶんかの創出。
**창-칼** 图 小刀こがたな、切きり出だし。
**창-턱**〔窓-〕图 窓まどの敷居しきい。
**창-틀**〔窓-〕图 窓まどわく。
**창파**〔滄波〕图 大海たいかいの青あおい波なみ。
**창포**〔菖蒲〕图 ①〔植〕ショウブ。 ②〔漢〕ショウブの根ね。
**창피**〔猖披〕图 하形 스形 ①面目めんぼくを失うしなうこと、恥はじ、恥辱ちじょく、辱はずかしめ。¶ ~를 당하다 恥をかく。/ 창피해서 얼굴을 들 수 없다 恥ずかしくて顔かおをあげられない。 ②みっともないこと、みすぼらしいこと、見苦みぐるしいこと。¶ ~하다, 어서 가자 みっともない、早はやく行いこう。
**창해**〔滄海〕图 滄海そう、あお海原うなばら。
**창호**〔窓戶〕图〔建〕窓まどと戸と。
　**창호-지**〔-紙〕图 (障子紙しょうじに用もちいる)韓国かんこくの在来式ざいらいしきの紙かみの一種いっしゅ。
**찾다** 他 ①さがす、さがし求もとめる、見みつける。¶ 일거리를 ~ 仕事しごとをさがす。/ 셋방을 ~ 貸間かしまをさがす。 ②(原因げんを)究明きゅうする、探さぐり求める。¶ 동기를 ~ 動機どうきを探る。 ③訪問ほうもんする、訪たずねる、訪おとずれる。¶ 친구 집을 ~ 友人ゆうじんの家いえを訪れる。 ④(預あずけたものなどを)取とりもどす、返かえしてもらう、引ひき出だす。¶ 예금한 돈을 ~ 預金よきんを引き出す。 ⑤求もとめる、欲ほしがる。¶ 널리 인재를 ~ 広ひろく人材じんざいを求める。 ⑥(辞典じてんなどを)引ひく、さがす。¶ 사전을 ~ 辞書じしょを引く。
**찾아-가다** 他 ①訪たずねていく、会あいに行いく、訪問ほうもんする。¶ 옛 친구를 ~ 旧友きゅうゆうを会いにいく。 ②取とりもどして行く、引ひき取とって行く、下おろして行く。¶ 맡겼던 물건을 ~ 預あずけ物ものを引き取っていく。

**찾아내다** 他 見つける、見いだす、さがし出す、見つけ当てる、発見する。¶ 찾고 있던 지갑을 찾아냈다 さがしていた財布を見つけた。/ 보물을 기어코 찾아내고야 말겠다 宝物を必ず探しだしてみせる。

**찾아다니다** 他 探し回る。¶ 그녀가 있을 만한 곳을 ~ 彼女がいそうな所を探し回る。

**찾아보다** 他 ①探して見る。¶ 이곳 저곳을 ~ あちこちをさがして見る。②訪ねて行く、行って会args、訪問する。¶ 오래간만에 모교를 ~ 久しぶりに母校を訪問する。

**찾아오다** 他 ①(自分を)訪ねて来る。¶ 친구가 ~ 友人が訪ねて来る。②(預け物などを)取り戻して来る、引き取って来る、下ろして来る。¶ 맡겨놓은 책을 ~ 預けておいた本を引き取って来る。/ 예금을 ~ 預金をおろして来る。

**찾아-헤매다** 他 探し回る。¶ 범인을 ~ 犯人を探し回る。

**채** 名 ①(「채찍」の縮約形) 鞭。②(刑罰に用いいる)むち、棒。③(音)(太鼓・鼓づなどを打つ)ばち。④(テニスなどの)ラケット。⑤こまの鞭。

**채:** 名 (大根・キュウリなどの)千切り。관용 채(를) 치다 千切りをする。

**채** 依 ①(家屋を数える語) 棟、軒。¶ 기와집 한 ~ 瓦屋かわら一棟 ②(ふとんなどを数える語) 枚。¶ 이불 두 ~ ふとん二枚に。

**채** 依 (ある状態が続いていることを表わす)…のまま。¶ 산 ~로 잡다 生きたまま捕らえる。/ 눈을 감은 ~ 말이 없다 目を閉じたまま物を言わない。

**채** 副 いまだ、まだ。¶ ~ 시간이 되지 않았다 まだ時間になっていなかった。/ 날이 ~ 밝기도 전에 떠나다 まだ夜が明けきらないうちに発つ。

**-채** 接尾 ①むち、ばち、つち、棒。¶ 장구・북の) 桴、屋。②(建物の) 棟、屋。¶ 바깥~ 離れた屋/ 별~ 別棟。

**채:결[採決]** 名하他 自他 採決。¶ 만장일치로 ~하다 満場一致で採決する。

**채:광[採光]** 名하他 自他 採光。¶ ~이 잘 되는 방 採光のいい部屋。

**채:굴[採掘]** 名하他 自他 採掘。¶ ~ 허가 採掘許可/ 금광을 ~하다 金鉱を採掘する。

**채:-굴-권[-權]** 名 採掘権。

**채:권[債券]** 名 債券。¶ ~ 발행 은행 債券発行銀行。

**채:권[債權]** 名 債権。¶ ~법 債権法/ ~의 소멸 債権の消滅。

**채:권-자[-者]** 名 債権者。

**채:근[採根]** 副하自他 ①(植物などの)根を掘ること。②(物事の)根源を究めること。③급히 하는 것、せかすこと。¶ 빨리 갚으라고 ~하다 早めく返済せとせきたてる。

**채널[channel]** 名 チャンネル。¶ ~을 맞추다 チャンネルを合わせる。

**채:다¹** 自 ①蹴られる。¶ 정강이를 ~ 向こうずねをけられる。¶ (恋人등에) 振られる。¶ 여자에게 ~ 女에게 振られる。③(石などに)つまずく。¶ 돌부리에 채어 넘어지다 石の角につまずいて倒れる。

**채:다²** 自 (ちらっと見て)すぐ気がつく、気づく、感じづく。¶ 낌새를 ~ 気配を感じづく。

**채:다³** 他 ①いきなり引っぱる、ぐいと引き寄せる。¶ 낚싯대를 ~ 釣り竿をぐいと引き寄せる。②素早くひったくる。¶ 솔개가 병아리를 채어 갔다 とびがひよこをかっさらって行った。

**채:단[采緞]** 名 結婚式に際して新郎の家から新婦の家に贈る青・紅のチマ・チョゴリ用の絹。

**채:독[菜毒]** 名 菜毒。①菜毒症。②食べると胃腸を害する野菜の毒気。

**채:록[採錄]** 名하他 自他 採録。¶ 민담을 ~하다 民話を採録する。

**채:마[菜麻]** 名 蔬菜、野菜、青物。¶ ~밭 野菜畑。

**채:무[債務]** 名 債務。¶ ~국 債務国/ ~를 청산하다 債務を清算する。

**채:무-불이행[-不履行]** 名[法] 債務不履行。

**채:무-자[-者]** 名 債務者。

**채:문[彩文]** 名 彩文。¶ ~ 토기 彩文土器。

**채:-반[-盤]** 名 萩で平たく編んだ縁のない盆。

**채비[←差備]** 名하他 支度、用意、準備。¶ 겨울 ~ 冬じたく/ 출국할 ~를 하다 出国の支度をする。

**채:산[採算]** 名 採算。¶ 독립 ~제 独立採算制/ ~이 맞다 採算が取れる。

**채:색[彩色]** 名 彩色、彩り。¶ 토기에 ~을 하다 土器に彩色を施す。

**채:석[採石]** 名 採石。¶ ~장 採石場。

**채:소[菜蔬]** 名 蔬菜、野菜、青物。¶ ~ 가게 八百屋/ ~를 재배하다 野菜を栽培する。

**채:소-밭** 名 野菜畑。

**채:송-화[菜松花]** 名[植] マツバボタン。

**채:식[菜食]** 名하他 菜食。¶ ~주의 菜食主義。

**채:신[←處身]** 名 身持ち、品行、ふるまい。¶ ~이 말이 아니군 身持ちがなっていないね。관용 채신(이) 사납다 身持ちが悪く品がない、ぶざまだ、だらしない。

**채:신-머리** 名(俗) 채신。

**채:신머리-없다** 形 (言行が)軽々しい、ふしだらだ、だらしない。채신머리없-이 副 軽々しく、だらしなく。

**채:용[採用]** 名하他 自他 採用。¶ 직원을 ~하다 職員を採用する。

**채우다** 他 ①(包むように)身につける、当てる。¶ 기저귀를 ~ おむつを当てる。②(錠前・ボタンなどを)かける、下ろろす。¶ 문에 자물쇠를 ~ 戸に錠を下ろろす。③

(手錠(じょう)などを)かける、はめる。¶ 손목에 수갑을 ~ 手首(くび)に手錠をかける。

채우다² 他 (冷水(すい)や氷(こおり)に)浸(ひた)す、つける、冷(ひ)やす、さます。¶ 맥주를 냉수에 ~ ビールを冷水に冷(ひ)やす。

채우다³ 他 ①いっぱいにする、満(み)たす、埋(う)める、詰(つ)める。¶ 술잔을 ~ 杯(さかずき)を満たす。/ 여백을 ~ 余白(よはく)を埋める。②(欲望(よくぼう)などを)満たす、肥(こ)やす。¶ 욕망을 ~ 欲望を満たす。/ 사복을 ~ 私腹(しふく)を肥やす。③(不足(ふそく)を)補(おぎな)う、そろえる、埋(う)め合(あ)わせる。¶ 부족한 수량을 ~ 不足(ふそく)する数量(すうりょう)を埋め合わせる。④(期限(きげん)を)満たす。¶ 계약 기간을 ~ 契約(けいやく)期間(きかん)を満たす。

채워-지다 自 (「채우다³」의 수동) 満(み)たされる。¶ 항아리에 물이 가득 채워졌다 瓶(かめ)に水(みず)がいっぱいに入(い)れられた。

채-원(菜園) 名 菜園(さいえん)、野菜畑(やさいばたけ)。

채이다¹ 他 (「채다²」의 수동) 感(かん)づかれる、悟(さと)られる。

채이다² 他 (「채다³」의 수동) ひったくられる、さらわれる。¶ 소매치기한테 지갑을 채였다 スリに財布(さいふ)をさらわれる。

채-잡다 自他 ①担(かつ)ぎ棒(ぼう)をかつぐ。②(あることで)主動的(しゅどうてき)な役割(やくわり)をする、音頭(おんど)を取(と)る。

채-점(採點) 名 하他 採点(さいてん)。¶ 답안을 ~ 하다 答案(とうあん)を採点する。

채-종(採種) 名 하他 採種(さいしゅ)。

채-집(採集) 名 하타 自他 採集(さいしゅう)。¶ 곤충 ~ 昆虫(こんちゅう)採集。

채찍 名 鞭(むち)。¶ ~을 휘두르다 むちを振(ふ)るう。

채찍-질 名 하他 ①むち打(う)ち。②せきたてたり励(はげ)ましたりすること、激励(げきれい)、鞭撻(べんたつ)。¶ 스스로를 ~ 하다 自分(じぶん)をむち打(う)つ。

채-취(採取) 名 하他 自他 採取(さいしゅ)。¶ 지문 ~ 指紋(しもん)の採取/ 조개를 ~ 하다 貝(かい)を採(と)る。

채-취권(採取權) 名 採取権(けん)。

채-칼 名 千切(せんぎ)り用(よう)の包丁(ほうちょう)。

채-탄(採炭) 名 하他 採炭(さいたん)。

채-택(採擇) 名 하他 採択(さいたく)。¶ 결의안을 ~ 하다 決議案(けつぎあん)を採択する。

채-혈(採血) 名 하他 採血(さいけつ)。

채-화(採火) 名 하他 レンズで太陽(たいよう)の光線(こうせん)からオリンピックの聖火(せいか)を採(と)ること。

책(冊) 名 本(ほん)、書物(しょもつ)、書籍(しょせき)、図書(としょ)。¶ 그림~ 絵本(えほん)/ ~을 읽다 本を読(よ)む。/ ~으로 내다 本にして出(だ)す。

-책(責) 接尾 「責任者(せきにんしゃ)」であることを意味(いみ)する。¶ 조직~ 組織(そしき)責任者。

-책(策) 接尾 …策(さく)、方策(ほうさく)。¶ 해결~ 解決策(かいけつさく)。

책-가방(冊-) 名 本(ほん)を入(い)れて持(も)ち歩(ある)くカバン。

책-갈피(冊-) 名 本のページの間(あいだ)。¶ ~에 끼우다 本のページの間に挟(はさ)む。

책-꽂이(冊-) 名 本立(ほんた)て、本棚(ほんだな)、書架(しょか)。

책동(策動) 名 하他 策動(さくどう)。¶ 반동 분자의 ~ 反動分子(ぶんし)の策動。

책-뚜껑(冊-) 名 本(ほん)の表紙(ひょうし)。

책략(策略) 名 하他 策略(さくりゃく)。¶ ~을 꾸미다 策略をめぐらす。

책망(責望) 名 하他 叱(しか)り、咎(とが)め、責(せ)めること、叱責(しっせき)すること。¶ 심하게 ~하다 咎め立(だ)てする。

책모(策謀) 名 策謀(さくぼう)、策略(さくりゃく)。

책무(責務) 名 責務(せきむ)。¶ 무거운 ~를 다하다 重(おも)い責務を果(は)たす。

책-받침(冊-) 名 (文房具(ぶんぼうぐ)の)下敷(したじ)き。

책방(冊房) 名 本屋(ほんや)、書店(しょてん)。

책보(冊褓) 名 (本(ほん)をつつむ)ふろしき。

책사(策士) 名 策士(さくし)。

책상(冊床) 名 机(つくえ)。¶ ~ 서랍 机の引(ひ)きだし/ ~ 앞에 앉다 机の前(まえ)に座(すわ)る。

책상-다리 名 하自 膝(ひざ)を組(く)むこと、あぐらをかくこと。

책상-머리 名 机のそば、机の前(まえ)。

책상-물림 名 世情(せじょう)にうとい学者肌(がくしゃはだ)の人(ひと)、書生(しょせい)っぽい人、学者(がくしゃ)ばか。

책-씻이(冊-) 名 하他 (むかし)私塾(しじゅく)で学童(がくどう)が一冊(いっさつ)の本(ほん)を習(なら)い終(お)わったときお祝(いわ)いに師(し)と学友(がくゆう)におごった習(なら)わし。

책임(責任) 名 責任(せきにん)。¶ 연대 ~ 連帯(れんたい)責任/ ~을 다하다 責任を果たす。/ 무거운 ~을 지다 重い責任を負(お)う。

책임-감(-感) 名 責任感(かん)。¶ ~이 강하다 責任感が強(つよ)い。

책임-자(-者) 名 責任者(しゃ)。¶ ~로 임명되다 責任者に任命(にんめい)される。

책임-지다 自 責任を負う、責任を持(も)つ。

책자(冊子) 名 冊子(さっし)、本(ほん)、書物(しょもつ)。¶ 소~ 小(しょう)冊子。

책-잡다(責-) 他 咎(とが)める、責(せ)める、なじる。

책-잡히다(責-) 自 (「책잡다」의 수동) 咎(とが)められる、せめられる、なじられる。¶ 남에게 책잡힐 일은 결코 하지 않는다 人(ひと)に咎められるようなことは決(け)してしてない。

책장(冊張) 名 本(ほん)のページ。¶ ~을 넘기다 ページをめくる。

책장(冊欌) 名 本棚(ほんだな)、本箱(ほんばこ)。

책정(策定) 名 하他 自他 策定(さくてい)。¶ 예산을 ~ 하다 予算(よさん)を策定する。

책-하다(責-) 他 叱(しか)る、責(せ)める、とがめる。¶ 상사가 부하의 잘못을 ~ 上役(うわやく)が部下(ぶか)のあやまちをとがめる。

챙기다 他 ①取(と)りそろえる、取りまとめる。¶ 여행 도구를 ~ 旅行(りょこう)道具(どうぐ)を取りまとめる。②よく整理(せいり)する、片付(かたづ)ける。¶ 흩어진 책을 ~ 散(ち)らかっている本(ほん)を整理(せいり)する。③膳立(ぜんだ)てをする、準備(じゅんび)する。¶ 저녁밥을 ~ 夕(ゆう)ご飯(はん)の準備をする。④(人(ひと)の物(もの)を)かすめる、着服(ちゃくふく)する。¶ 남의 몫까지 ~ 人の分(わ)け前(まえ)までかすめる。

처(妻) 名 妻(つま)、家内(かない)、女房(にょうぼう)。¶ 조강지 ~ 糟糠(そうこう)の妻。

처(處) I 名 処(しょ)(中央(ちゅうおう)行政(ぎょうせい)機関(きかん)の一(ひと)つ)。¶ 총무~ 総務処(そうむしょ)/ 법제~ 法制

処₍しょ₎せい。 **II 接尾** (「担当する所₍ところ₎」の意を表わす)…所₍しょ₎、…先₍さき₎。¶ 거래 — 取引先₍とりひきさき₎/ 연락 — 連絡先₍れんらくさき₎.

**처- 接頭** 「やたらに・むやみに・下品₍げひん₎」などの意₍い₎を表わす。¶ ~먹다 やたりに食₍く₎う。

**처가**[妻家] 名 妻₍つま₎の実家₍じっか₎、里₍さと₎。
  **처가-살이** 名自 妻の実家に身₍み₎を寄₍よ₎せて暮₍く₎らすこと。
  **처갓-집** 名 妻の実家。⇒ 처가
  [속담] **처갓집 말뚝에도 절하겠네** 妻の実家の杭₍くい₎にもお辞儀をしそうだな。《愛妻家₍あいさいか₎をからかっていう語》

**처남**[妻男] 名 妻₍つま₎の男₍おとこ₎の兄弟₍きょうだい₎、義兄₍ぎけい₎、義弟₍ぎてい₎。
  **처남-댁**[-宅] 名 妻₍つま₎の弟₍おとうと₎の妻。

**처-넣다** 他 突₍つ₎っ込む、詰₍つ₎め込む、ぶち込む、ほうり込む、つぎ込む。¶ 벽장 속에 ~ 戸棚₍とだな₎に突っ込む。/ 죄수를 감옥에 ~ 囚人₍しゅうじん₎を牢獄₍ろうごく₎にぶち込む。

**처:네** 名 ①赤₍あか₎ん坊₍ぼう₎を背負₍せお₎うときにかけるねんねこの一種₍いっしゅ₎。②掛け布団₍ふとん₎の上₍うえ₎にかける薄₍うす₎い布団₍ふとん₎。

**처:녀**[処女] 名 処女₍しょじょ₎。①娘₍むすめ₎、乙女₍おとめ₎。¶ ~성 処女性₍せい₎ / 시골 — 田舎₍いなか₎娘。②《ある名詞について》処女。¶ ~지 処女地₍ち₎ / 작 処女作₍さく₎。
  [속담] **처녀가 아이를 낳아도 할 말이 있다** 処女が子₍こ₎を産₍う₎むでも言₍い₎い分₍ぶん₎がある。《盗人₍ぬすびと₎にも三分₍さんぶ₎の理₍り₎》
  **처:녀-림**[-林] 名 処女林₍りん₎。
  **처:녀-막**[-膜] 名[生] 処女膜₍まく₎。
  **처:녀-자리**[-] 名[天] 乙女座₍ざ₎。
  **처:녀-장가** 名 再婚₍さいこん₎の男性₍だんせい₎が初婚₍しょこん₎の女性₍じょせい₎を妻₍つま₎に迎₍むか₎えること。
  **처:녀-티** 名 娘₍むすめ₎らしき、乙女₍おとめ₎らしさ。

**처념** 名 牛の反芻胃₍はんすうい₎の第3胃₍だいさんい₎、センマイ。¶ ~회 センマイの刺身₍さしみ₎。

**처:단**[処断] 名하他되自 処断₍しょだん₎。¶ 법에 따라 ~하다 法₍ほう₎によって処断する。

**처-담다** 他 やたらにいっぱい盛₍も₎る、詰₍つ₎め込む。¶ 자루가 터져라 하고 처담았다 袋₍ふくろ₎がはちきれんぱかりに詰め込んだ。

**처-대다** 他 盛₍さか₎んに供給₍きょうきゅう₎する、盛んに継₍つ₎ぎ足₍た₎しす。

**처덕**[妻徳] 名 妻₍つま₎のおかげ、内助₍ないじょ₎の功₍こう₎。

**처량-하다**[凄凉-] 形여 ①ぞっとするほど物寂₍さび₎しい、うら寂しい。¶ 처량한 옛 싸움터 ものさびしい古戦場₍こせんじょう₎。②哀₍あわ₎れでもかなしい、哀₍あわ₎れである、わびしく痛₍いた₎ましい。¶ 처량한 노래 ものがなしい歌₍うた₎。**처량-히** 副 うら寂しく、もの悲しく、痛₍いた₎ましく。

**처럼** 助 …のように、…と同じように、…ほどに。¶ 대낮 — 밝다 真昼₍まひる₎のように明るい。/ 어린아이 ~ 좋아 날뛰다 子供₍こども₎のように喜₍よろこ₎んで小躍₍こおど₎りする。

**처:리**[処理] 名하他 処理₍しょり₎。¶ 사건을 신속히 ~하다 事件₍じけん₎を速₍すみ₎やかに処理する。

**처마** 名[建] 軒₍のき₎。¶ ~밑 軒下₍のきした₎/ ~를 내달다 軒を張₍は₎り出す。
  **처마-끝** 名[建] 軒先₍のきさき₎、軒端₍のきはし₎。¶ ~의 고드름 軒先のつらら。
  **처마-널** 名[建] 軒₍のき₎のへり・欄干₍らんかん₎にめぐらした板₍いた₎。

**처맛 기슭** 軒₍のき₎のへり。

**처-마시다** 他 ①(酒₍さけ₎などを)やたらに飲₍の₎む、浴₍あ₎びるほど飲む。②(俗) 飲₍の₎む。

**처-매다** 他 (傷口₍きずぐち₎などを包帯₍ほうたい₎で)しぼる、くくる、ぐるぐる巻₍ま₎いてくくる。¶ 상처를 ~ 傷口を包帯₍ほうたい₎でしばる。

**처-먹다** 他 ①がつがつ食₍く₎う、むやみやたらに食う。②(俗) 食₍く₎う、食₍く₎らう。

**처-먹이다** 他 ①やたらに食₍く₎わせる、腹₍はら₎いっぱい詰₍つ₎め込₍こ₎ませる。②(俗) 食₍く₎わせる、食₍く₎らわせる。

**처-박다** 他 ①(強₍つよ₎く)打₍う₎ち込む。¶ 못을 ~ 釘₍くぎ₎を打ち込む。②むやみに押し込₍こ₎む、突₍つ₎っ込む、詰₍つ₎め込む。¶ 장속에 처박아 두었다 だんすの中₍なか₎に突っ込んでおいた。③閉₍と₎じ込める。

**처:방**[処方] 名하他[医] 処方₍しょほう₎。¶ 의사의 ~ 医者₍いしゃ₎の処方 / ~을 내다 処方を下₍くだ₎す。②「처방전(處方箋)」の縮約形。③[比] 事₍こと₎を処理₍しょり₎する方法₍ほうほう₎、対策₍たいさく₎。¶ 인구 문제에 대한 ~ 人口問題₍もんだい₎に対する対策。
  **처:방-전**[-箋] 名 処方箋₍せん₎。¶ ~을 쓰다 処方箋を書₍か₎く。

**처:벌**[處罰] 名하他되自 処罰₍しょばつ₎。¶ 엄한 ~을 받다 厳しい処罰を受₍う₎ける。

**처:분**[處分] 名하他되自 ①処分₍しょぶん₎。¶ 토지를 ~하다 土地を処分する。②指図₍さしず₎、指示₍しじ₎、計₍はか₎らい。¶ ~만 기다리겠습니다 ご指示₍しじ₎のみを待₍ま₎っております。

**처:사**[處事] 名 物事₍ものごと₎の取り扱い、仕打ち、仕向け。¶ 부당한 ~ 不当₍ふとう₎な仕打ち。

**처상**[妻喪] 名 妻₍つま₎を失₍うしな₎うこと、妻₍つま₎の喪₍も₎。

**처:세**[處世] 名하自 処世₍しょせい₎、世渡₍よわた₎り。¶ ~가 능하다 世渡りがうまい。
  **처:세-술**[-術] 名 処世術₍じゅつ₎。
  **처:세-훈**[-訓] 名 処世訓₍くん₎。

**처:소**[處所] 名 居所₍いどころ・きょしょ₎、住所₍じゅうしょ₎。¶ ~를 옮기다 居所₍いどころ₎を移₍うつ₎す。

**처:신**[處身] 名하自 身持₍みも₎ち。¶ 신중히 ~하다 身もちを慎重₍しんちょう₎にする。

**처:신-사납다** 形日 身もちが悪₍わる₎い、だらしない、ぶざまだ。

**처연-하다**[凄然-] 形여 凄然₍せいぜん₎としている、わびしくうら悲₍かな₎しい、もの寂₍さび₎しい。

**처:우**[處遇] 名하他 処遇₍しょぐう₎。¶ ~를 개선하다 処遇を改善₍かいぜん₎する。

**처음** 名 ①最初₍さいしょ₎、始₍はじ₎め、皮切₍かわき₎り、端₍はな₎。¶ ~부터 끝까지 始めから終わりまで。②《副詞的に》それ以前₍いぜん₎にはなかったこと、初₍はじ₎めて。¶ 난생 ~ 보는 물건이다 生₍う₎まれて初めて見₍み₎る物₍もの₎だ。

**처자**[妻子] 名 妻子₍さいし・さいこ₎。¶ ~를 먹여 살리다 妻子₍さいし₎を養₍やしな₎う。

천당

처절[悽絶] 名하形 悽絶ぜつ, 凄絶ぜつ, すさまじいこと. ¶ ~한 싸움 悽絶な戦たたかい.
처제[妻弟] 名 妻つまの妹いもと, 義妹ぎまい.
처:지[處地] 名 ①立場たちば. ¶ ~가 난처해지다 立場たちばが難むずしくなる. ②間柄あいだがら, 仲なか. ¶ 친한 ~ 親したしい仲. ③身分みぶん, 分際ぶんざい. ¶ 그 사람과 나는 ~가 다르다 彼かれと私わたしとは身分みぶんが異ことなる.
처:-지다 自 ①張はっていたものが垂たれる, 垂れ下さがる. ¶ 나뭇가지가 ~ 木きの枝えだが垂たれ下さがる. ②(下したに)下さがる. ¶ 위가 ~ 胃いが下さがる. ③取とり残のこされる, 立たちおくれる. ¶ 걸음이 느려 뒤로 ~ 歩あゆくのがおそくて遅おくれる.
처참[悽慘] 名하形 悽慘さん, 凄慘さん. ¶ ~한 광경 悽慘な光景こうけい.
처:치[處置] 名하他되自 処置しょち, 処分ぶん, 処理しょり, 始末しまつ. ¶ 응급 ~ 応急おうきゅう処置しょち/ 단호한 ~를 하다 断固だんことたる処置しょちをとる.
처:치 불능[-不能] 名하形 処置不能のう, 処置できないこと.
처:-하다[處-] 自他 処しょする. ①直面ちょくめんする, 身みを置おく, 置おかれる. ¶ 곤란한 처지에 ~ 難むずかしい立場たちばに置おかれる. ②処しょす, 処罰しょばつする. ¶ 사형에 ~ 死刑けいに処しょす.
처:형[處刑] 名하他되自 処刑しょけい. ¶ ~장 処刑場じょう.
척¹ 依 (それらしく繕つくろう)態度たい, …(した)ふりをする. ¶ 아는 ~하다 知しったふりをする. ㉮ 체
척² 副 ①(物ものが張はりつくようす)ぴったり, べたっと, ぺったり. ¶ 광고지를 벽에 ~ 붙이다 広告紙こうこくしを壁かべにぺたっとはりつける. ②(きっぱりとするようす)さっと, さっと. ¶ 돈을 ~ 내놓다 お金かねをさっと出だす. ③(人ひとをすばやく見みるようす)ちらっと. ¶ ~ 보기에도 괜찮다 ちらっと見た目めにも悪わるくない. ④(力ちからなくたれ下さがったようす)だらりと, だらんと. ¶ ~ 늘어진 버들가지 だらりと垂たれ下さがった柳やなぎの枝えだ.
척[隻] 依 隻せき, 艘そう. ¶ 보트 한 ~ ボート一艘いっそう/ 군함 5~ 軍艦ぐんかん5隻せき.
척결[剔抉] 名하他되自 剔抉けっ. ¶ 부정 행위를 ~하다 不正行為こういを剔抉けっする.
척도[尺度] 名 尺度しゃく. ¶ 문화의 ~ 文化ぶんかの尺度.
척수[脊髓] 名[生] 脊髄ずい. ¶ ~염 脊髄炎えん.
척척¹ 副 (物ものがよくはりつくようす)べたべた, ねばねば. ¶ ~ 들러붙다 べたべたくっつく.
척척² 副 ①(物事ものごとを手てぎわよく処置しょちするようす) てきぱき, しゃきしゃき. ¶ 맡은 일을 ~ 해내다 任まかされた仕事しごとをてきぱきと片付かたづける. ②(物事が滞とどこおりなく運はこぶようす) とんとん, すらすら, ずんずん, さっさと. ¶ 문제를 ~ 풀다 問題だいをすらすらと解とく. ③(行列ぎょうれつの足並あしなみなどが)きちんと. ¶ 발을 ~ 맞추어 행진하다 足並あしなみをきちんとそろえて行進こうしんする.

척척-박사[-博士] 名 ①どんな質問しつもんにもすらすら答こたえられる人ひと, 物知ものしり博士はか. ②どんな仕事しごとをまかせてもてきぱきやりとげる人, 何なんでも屋や.
척추[脊椎] 名[生] 脊椎つい. ¶ ~염 脊椎炎えん/ ~ 만곡 脊椎湾曲わんきょく. ②「척추골」의 縮約形.
척추-골[-骨] 名[生] 脊椎骨せきついこつ.
척추-동:물[-動物] 名[動] 脊椎動物どうぶつ.
척출[剔出] 名하他 剔出しゅつ, えぐり出だすこと.
척화[斥和] 名하自 和議ぎを退しりぞけること.
척후[斥候] 名하他 斥候こう. ¶ ~병 斥候兵へい.
천: 名 布ぬの, 布地ぬのじ, 生地じ. ¶ ~ 조각 生地の切きれ端はし/ ~을 짜다 布を織おる.
천[千・阡] 數 千せん. ¶ ~배 千倍ばい.
천:-거[薦擧] 名하他되自 薦挙きょ, 推薦せん, 推挙きょ. ¶ 후보자를 ~하다 候補者しゃを推挙する.
천:격[賤格] 名 ①卑いやしい品格ひん. ②低ひくい身分に生うまれついた人.
천:격-스럽다 形 はしたない, 卑いやしい.
천고[千古] 名 千古こ, 大昔おおむかし, 永遠えいに. ¶ ~의 명작 千古の名作めいさく.
천고-마:비[天高馬肥] 名 (秋あきの季節きせつをいって)天高たかく馬肥うる.
천:-골[賤骨] 名 ①卑賎ひせんな骨相こっそう. ②卑いやしく生まれついた人. ㉮ 천격(賤格)
천공[天空] 名 天空くう, 空そら. ¶ ~에 우뚝 솟은 山 天空にそびえる山.
천국[天國] 名 天国こく. ¶ 지상의 ~ 地上じょうのパラダイス.
천군-만:마[千軍萬馬] 名 千軍万馬せんぐんばんば.
천근[千斤] 名 ①千斤せん. ②〔比〕非常じょうに重おもいこと.
〖관용〗 천근(과) 같다 非常じょうに重おもい. ¶ 피곤해서 몸이 ~ 疲つかれて体からだが非常にだるい.
천금[千金] 名 千金きん. ¶ 일확 ~을 꿈꾸다 一攫千金かくを夢ゆめみる.
천기[天機] 名 天機き. ①天地ちの造化ぞうかの機密みつ, 重大だいな秘密みつ. ②天賦てんの性質しつ, 天性てんせい.
천기 누:설[-漏泄・-漏洩] 名하自 重大だいな秘密みつを漏もらすこと.
천:기[賤妓] 名 賤妓せん.
천:[千丈] 名 千丈ちょう, 千尋ひろ. ¶ ~ 나락으로 떨어진다 千丈の奈落ならくに落おちる.
〖속담〗 천길 물 속은 알아도 사람 마음 속은 모른다 千尋ちろの水底みなそこは測はって知しることができても人ひとの心こころは分わからない.
천:-냥[千兩] 名 千両りょう, 多額たがくの金かね.
〖속담〗 천냥 빚도 말로 갚는다 千両の借金しゃっきんも言葉ことばで返かえす. 《口達者くちだっしゃは世渡よわたりがたやすい》
천년[千年] 名 千年ねん.
천년-만:년[-萬年] 名 千年万年まんねん, 長ながい歳月げつ. ㉮ 천만년
천당[天堂] 名 ①天上界てんじょうの殿堂でん. ②〖基〗天国こく. ③〖佛〗極楽浄土ごくらくじょうど.

**천:대**〔賤待〕 [名][하他] ①卑しんでないがしろにすること。②ぞんざいに取り扱うこと。

**천:-더기**〔賤―〕 [名] 卑しめられる者、ぞんざいに取り扱われる物。

**천:덕-꾸러기**〔賤―〕 [名]〔俗〕 ⇨ 천더기

**천도**〔天道〕 [名] 天道。¶ ~에 어긋나다 天道に背く。

**천도-교**〔―教〕 [名]〔宗〕 天道教(崔済愚を教祖とする韓国の宗教)。

**천:도**〔遷都〕 [名][하自] 遷都。

**천동-설**〔天動說〕 [名] 天動説。

**천둥**〔←天動〕 [名] 雷。¶ ~ 소리 雷の音/ ~이 치다 雷が鳴る。

**천둥-벌거숭이** [名] 無鉄砲な人、向こう見ずな人。

**천려**〔千慮〕 [名][하他] 千慮、さまざまの思慮。¶ ~일득 千慮の一得。

**천렵**〔川獵〕 [名][하自] 川猟。

**천륜**〔天倫〕 [名] 天倫。

**천리**〔千里〕 [名] 千里。¶ ~ 타향 遠く離れた異郷/ ~도 마다 않고 찾아가다 千里の道も遠しとせず訪ねて行く。

[속담] **천릿길도 한 걸음부터** 千里の行程も一歩より始まる。

**천리-마**〔―馬〕 [名] 千里の馬。

**천리-안**〔―眼〕 [名] 千里眼。

**천막**〔天幕〕 [名] 天幕、テント。¶ ~을 치다 テントを張る。

**천만**[1]〔千萬〕 [名]《一部の名詞について 程度が甚だしい意を表わす》千万。¶ 위험 ~ 危険千万。

**천만**[2]〔千萬〕 [數] 千万。①万の千倍。②極めて多い数量。

**천만-금**〔―金〕 [名] 莫大な金銭・財宝。¶ ~을 준다 해도 나는 싫다 いくら多額の金銭をくれてもおれはいやだ。

**천만**[3]〔千萬〕 [副] 全然、非常に、とんでもない、どんなばあいでも。¶ ~ 모를 소리 全然わけの分からない話。

[관용] **천만 뜻밖** 思いもよらない。¶ ~에도 복권이 당첨되었다 思いもよらなかった宝くじが当たった。 **천만의 말〔말씀〕** まったく意外なお言葉、とんでもない。¶ 고맙다니요, ~입니다 有り難いなんて、とんでもございません。

**천만-다행**〔―多幸〕 [名] 非常に幸運であること。

**천명**〔天命〕 [名] 天命、天寿。¶ ~을 다하다 天寿を全うする。

**천문**〔天文〕 [名] 天文。¶ ~대 天文台。

**천:민**〔賤民〕 [名] 賤民。

**천:박**〔淺薄〕 [名][하形] 浅薄、あさはか。¶ ~한 지식 浅薄な知識。

**천방-지축**〔天方地軸〕 [名] (愚かな者が)分別もなくやたらにでしゃばること。¶ 매사에 ~이다 何事にもやたらにでしゃばる。

**천벌**〔天罰〕 [名] 天罰。¶ ~을 받다 天罰を受ける。

**천부**〔天賦〕 [名][하他] 天賦、うまれつき。¶ ~의 재능 天賦の才能。

**천부당-만:부당**〔千不當萬不當〕 [名][하形] 不当千万なこと、とんでもないこと。¶ ~한 말씀 とんでもない話。

**천분**〔天分〕 [名] 天分。¶ ~을 타고나다 天分に恵まれる。

**천사**〔天使〕 [名] 天使。¶ 백의의 ~ 白衣の天使。

**천산-지산** [副][하自] ①あれやこれやとしゃべっていい訳をすること。¶ 핑계를 ~ 늘어놓다 言い訳をくがくだと並べ立てる。②こんがらかって見分けがつかないこと。

**천상**〔天上〕 [名] 天上。

[관용] **천상천하 유아독존**(天上天下唯我獨尊) 天上天下唯我独尊。

**천생**[1]〔天生〕 [名] 天生。

**천생-배:필**〔―配匹〕 [名] 天が定めた似合いの配偶者。

**천생-연분**〔―緣分〕 [名] 天が定めた縁。

**천생**[2]〔天生〕 [副] ①生まれながら、はじめから、もとから。¶ 그는 ~ 시인으로 타고 났다 彼は生まれながらの詩人だ。②ちょうど、あたかも、そっくり、まるで。¶ 얼굴이 ~ 아버지야 顔がおやじそっくりだ。③仕方なく、やむを得ず。¶ ~ 그렇게 될 수밖에 없었다 やむを得ずそうなるほかなかった。

**천석-꾼**〔千石―〕 [名] 千石取りの大地主。

**천:선**〔遷善〕 [名][하自] 悪い行いを直し善くなること。¶ 개과 ~ 過ちを悔い改め善くなること。

**천성**〔天性〕 [名] 天性、生まれつき。¶ ~이 고지식하다 天性がきまじめだ。

**천수**〔天授〕 [名][하他] 天授。

**천수**〔天壽〕 [名] 天寿。¶ ~를 누리다 天寿を全うする。

**천수-답**〔天水畓〕 [名]〔農〕 天水田、雨水のみにたよる田。

**천:시**〔賤視〕 [名][하他][되自] 賤視、見下げること、さげすむこと。

**천:식**〔喘息〕 [名] 喘息。¶ ~으로 고생하다 喘息で苦しむ。

**천신-만:고**〔千辛萬苦〕 [名] 千辛万苦。¶ ~를 거듭하다 千辛万苦を重ねる。

**천애**〔天涯〕 [名] 天涯。¶ ~ 고아가 되다 天涯の孤児になる。

**천야만:야-하다**〔天耶萬耶―〕 [形][여] (千尋にも万丈にもなるほどに) きわめて高い〔深い〕。¶ 천야만야한 골짜기 きわめて深い谷。

**천양**〔天壤〕 [名] 天壌、天と地。

**천양지-차**〔―之差〕 [名] 雲泥の差。

**천연**〔天然〕 [名] 天然。¶ ~ 가스 天然ガス/ ~ 섬유 天然繊維/ ~ 자원 天然の資源。

**천연 기념물**〔―記念物〕 [名] 天然記念物。

**천연-두**〔―痘〕 [名]〔醫〕 天然痘。

**천연 비료**〔―肥料〕 [名] 天然肥料、堆肥。

**천연-색**〔―色〕 [名] 天然色。¶ ~ 사진 天然色写真。

천연-스럽다 [形ㅂ] 平然へいとしている、飾かざり気けがなくすなおだ、自然しぜんだ。¶ 천연스럽게 대답하다 平然へいと答こたえる。
천연-하다 [形여] ①飾かざらない気けがない、自然しぜんだ。¶ 천연한 태도 飾かざらない態度たいど。②さりげない、平然へいとしている。
천우 [天佑] [名] 天佑てんゆう。
천우-신조 [-神助] [名][하他] 天佑神助てんゆうしんじょ。¶ ~로 목숨을 건졌다 天佑神助で命拾いのちびろいした。
천운 [天運] [名] 天運てんうん。¶ ~이라고 체념하다 天運とあきらめる。
천은 [天恩] [名] 天恩てんおん。①天てんの恵めぐみ。②天子の恩おん。¶ ~을 입다 天恩に浴よくする。
천의 [天衣] [名] 天衣てんい。①天子てんしの衣服いふく。②天人てんにん[仙女せんにょ]の衣服いふく。¶ ~ 무봉 天衣無縫むほう。
천의 [天意] [名] 天意てんい。
천인 [天人] [名] 天人てんにん、天てんと人ひと。
천인-공노 [-共怒] [名][하自] 天てんと人ひとがともに怒いかること、誰だれもが憤然ふんぜんすること。¶ ~할 만행 誰もが憤慨ふんがいするほどの蛮行ばんこう。
천일 [天日] [名] 天日てんじつ。¶ ~염 天日塩しお。
천자-만:태 [千姿萬態] [名] 千姿万態せんしばんたい。¶ ~의 기암 괴석 千姿万態の奇岩怪石きがんかいせき。
천자-만:홍 [千紫萬紅] [名] 千紫万紅せんしばんこう。¶ ~이 다투어 핀다 千紫万紅が競きそい咲さく。
천자-문 [千字文] [名] 千字文せんじもん。
천작 [天作] [名] (人手ひとでが加くわわらずに)自然しぜんにできること、その物もの。
천장 [天障] [名] 天井てんじょう。¶ ~이 낮은 방 天井の低ひくい部屋へや。⑭ 천정(天井)
천재 [千載] [名] 千載せんざい、千歲せんさい。
천재-일우 [一遇] [名] 千載一遇せんざいいちぐう。¶ ~의 호기 千載一遇の好機こうき。
천재 [天才] [名] 天才てんさい。¶ 음악의 ~ 音楽おんがくの天才。
천재 [天災] [名] 天災てんさい。¶ ~를 당하다 天災をこうむる。
천재-지변 [-地變] [名] 天災地変ちへん。
천적 [天敵] [名] 天敵てんてき。¶ 개구리의 ~은 뱀이다 蛙かえるの天敵は蛇へびである。
천정 [天井] [名] 天井てんじょう。¶ ~에서 비가 새다 天井から雨あめが漏もる。⑭ 천정(天井)
천정-부지 [-不知] [名] 天井知しらず。¶ ~로 물가가 오르다 天井知らずで物価ぶっかが上がる。
천조 [天助] [名] 天助てんじょ、天佑てんゆう。
천주 [天主] [名] 天主てんしゅ。①[基] 神かみ、主しゅ、キリスト。②[佛] 諸天しょてんの王おう。
천주경 [-經] [名][基] 主の祈いのり、主祷文しゅとうぶん。
천주교 [-敎] [名][가] 天主教きょう、カトリック教。
천지 [天地] [名] ①天地てんち、世よの中なか。¶ 신~ 新天地てんち。②きわめて多おおいこと。¶ 시장엔 사람 ~다 市場には人ひとがいっぱいだ。
{관용} 천지가 진동하다 天地てんちが震動しんどうする。《物凄ものすごく大おおきな音おとがするとの意い》
천지 개벽 [-開闢] [名] 天地開闢かいびゃく。¶ 이래의 대사건 天地開闢以来いらいの、大事件だいじけん。
천지-신명 [-神明] [名] 天地神明しんめい。¶ ~에 맹세하다 天地神明に誓ちかう。
천지 창:조 [-創造] [名] 天地創造そうぞう。
천직 [天職] [名] 天職てんしょく。¶ 교사를 ~으로 알다 教師きょうしを天職とする。
천진 [天眞] [하形][스形] 天真てんしん。
천진-난만 [-爛漫] [名形] 天真爛漫らんまんだ。¶ ~한 어린이 天真爛漫な子供こども。
천진-무구 [-無垢] [名][하形] 天真無垢むく、けがれがなく無邪気むじゃきなこと。
천차-만:별 [千差萬別] [名][하形] 千差万別せんさばんべつ。¶ 사람의 마음은 ~이다 人ひとの心こころというのは千差万別である。
천:천-하다 [形여] 緩慢かんまんだ、ゆっくりしている、ゆったりしている。¶ 천천한 걸음걸이 ゆったりした足どり。천천-히 [副] ゆっくり。¶ 밥을 ~ 먹는다 ご飯はんをゆっくり食たべる。
천체 [天體] [名] 天体たい。¶ ~ 관측 天体観測かんそく。
천추 [千秋] [名] 千秋せんしゅう、千年ねん。¶ ~의 한 いつまでも忘わすれられないうらみ。
천:출 [賤出] [名] 下女げじょ・遊女ゆうじょ出での妾めかけから生うまれた子孫しそん。
천치 [天痴・天癡] [名] 白痴はくち、ばか。
천칭 [天秤] [名] 天秤てんびん。¶ ~에 달다 天秤にかける。
천태-만:상 [千態萬象] [名] 千態万状せんたいばんじょう。
천파-만:파 [千波萬波] [名] 千波万波せんぱばんぱ。
천편-일률 [千篇一律] [名] 千篇一律せんぺんいちりつ。¶ ~의 문장 千篇一律の文章ぶんしょう。
천하 [天下] [名] 天下てんか。¶ 무적 天下無敵てき/~를 손에 쥐다 天下を握にぎる。/~에 널리 알려지다 世よの中なかに広ひろく知しられる。
{관용} 천하를 얻은 듯 天下てんかを手てに入いれたよう。《非常ひじょうに満足まんぞくして得意とくいになっていること》
천하 무쌍 [-無雙] [名][하形] 天下無双そう。
천하-없어도 [副] 何なにが何でも、どんなことがあっても、きっと、ぜひとも。¶ ~ 약속은 지킨다 何がなんでも約束やくそくは守る。
천하-에 [感] 《こんな事ことがあり得るものかと嘆なげいて言いう語ご》いやはや、いやはや全まったく、なんとまあ。¶ ~ 괘씸한 놈 같으니라고 なんというけしからん奴やつだ。
천하-일색 [--色] [名] 絶世ぜっせいの美人びじん。
천하-일품 [--品] [名] 天下一品いっぴん。
천하-장사 [-壯士] [名] ①世よにもまれな力持ちからもち。②[相撲] 最高位ぐらい。
천하-태평 [-太平・-泰平] [名] 天下太平たいへい。
천:하다 [賤-] [形여] 卑賤ひせんだ、いやしい。¶ 천한 직업 いやしい職業しょくぎょう。
천:해 [淺海] [名] 浅海かい、浅あさい海うみ。¶ ~어업 浅海漁業ぎょぎょう。
천행 [天幸] [名] 天幸こう。¶ ~으로 구조되다 天のめぐみで救すくわれる。
천형 [天刑] [名] 天刑てんけい。⑭ 천벌(天罰)
천황 [天皇] [名] ①(日本ほんの)天皇のう。②(中国ちゅうごくの)天帝てんてい、上帝てい。
철[1] ①季節きせつ。¶ ~이 바뀌다 季節が変かわる。②一年ねんのうちのある時期じき、時季じき、

時き。¶ 모내기 — 田植えの時季。 ③(物の)出盛さかり、旬しゅん。¶ 수박~이 되었다 スイカの出盛り時期じきになった。

**철²**【名】物心ものごころ、分別ふんべつ、わきまえ。¶ ~이 들다 物心がつく。

**철**〔鐵〕【名】①鉄てつ。②「철사(鐵絲)」의 縮約形。③(比)強固きょうこなもの。

철의 장:막[-帳幕]鉄のカーテン。

**-철**〔綴〕[接尾]…綴じ。¶ 서류~ 書類綴しょるじ。

**철갑-상어**〔鐵甲-〕【名】【動】チョウザメ。

**철강**〔鐵鋼〕【名】鉄鋼てっこう。¶ ~업 鉄鋼業ぎょう。

**철거**〔撤去〕【名】【하他】【되自】撤去きょ。¶ 시설을 ~하다 施設せつを撤去する。

**철거덕**【副】【하自他】①《ねばっこい物が強くくっつくようす》べたっ、べったり。②《金物などがぶつかるときの音》がちゃん、がちゃり。

**철골**〔鐵骨〕【名】①鉄骨てっこつ、鉄材てつざい。¶ ~ 구조 鉄骨構造こうぞう。②たくましい骨組ほねぐみ。

철골조 건:축[-造建築]【名】【建】鉄骨建築けんちく。

**철공**〔鐵工〕【名】鉄工こう。¶ ~소 鉄工所しょ。

**철교**〔鐵橋〕【名】鉄橋きょう。

**철근**〔鐵筋〕【名】鉄筋きん。¶ ~ 콘크리트 鉄筋コンクリート。

**철기**〔鐵器〕【名】鉄器き。¶ ~ 시대 鉄器時代だい。

**철-길**〔鐵-〕【名】鉄道どう、レール。

**철-끈**〔綴-〕【名】綴とじひも。

**철-나다**【自】分別ふんべつがつく、物心ものごころがつく。¶ 이제 좀 철날 때도 되었으련만 もう少しは分別がついてもよかったろうに。

[속담] 철나자 망령이라 物心ものごろつくやもうろくする。

**철도**〔鐵道〕【名】鉄道どう。¶ ~망 鉄道網もう/ ~ 건널목 鉄道の踏切ふみきり。

철도-청[-廳]【名】鉄道庁ちょう。

**철두-철미**〔徹頭徹尾〕【副】【하形】徹頭徹尾とうてつび、始はじめから終おわりまで、あくまで、どこまでも。¶ 저 사람 いつも徹底てっていしている人。

**철떡**【副】《粘しい物などが強くくっつくようす・その音》べったり、べったり、べたっと。

철떡-거리다【自】べたべたする、べたつく。

철떡-철떡【副】べたべた。

**철렁**【副】【하自他】①《大おきな溜まり水が一度ゆれるようす・その音》とぶん、ざぶっと、ざぶんと。②《薄い金物などが一度ぶつかる音》ちりんと、ちゃりんと、がたん。③《ショックを受けて胸がどぎっとするようす》どぎっ、がくん、がっくり。¶ 가슴이 ~ 내려앉다 胸むねがどぎっとする。

**철로**〔鐵路〕【名】鉄道どう、鉄道線路てつどうせんろ。

**철마**〔鐵馬〕【名】【比】汽車きしゃ。

**철-만나다**【自】シーズンになる、最盛期さいせいきを迎むかえる。

**철망**〔鐵網〕【名】①金網かなあみ。②鉄条網てつじょうもう。

**철-면피**〔鐵面皮〕【名】【하形】鉄面皮めんぴ、恥知はじしらずこと、ずうずうしいこと。¶ ~한 사나이 鉄面皮な男おとこ。

**철모**〔鐵帽〕【名】鉄帽てつ、鉄てつかぶと。

**철-모르다**【自】【르】分別ふんべつがない、わきまえがない。¶ 철모르는 아이 分別のない子こ。

**철물**〔鐵物〕【名】金物かなもの。¶ ~전 金物屋や。

**철버덕**【副】【하自他】《浅さい水やぬかるみを強つよくくみつけたりたたいたりするときの音》ぽちゃっ、びちゃっ。¶ 진창에 ~ 넘어지다 ぬかるみにぱちゃっとたおれる。

**철버덩**【副】《深ふかい水中に重おもいものが落おちるようす・その音》どぼん、ざぶん。

**철병**〔撤兵〕【名】【하自】撤兵へい。¶ 주둔지에서 ~하다 駐屯地ちゅうとんちから撤兵する。

**철-복**〔-服〕【名】時服ふく、時候じこうに合あった衣服いふく。

**철봉**〔鐵棒〕【名】鉄棒ぼう。

**철-부지**〔-不知〕【名】①年端としは行かぬ子供こども、世間けん知しらず。¶ 아직 아무 것도 모르는 ~다 まだ何なにも知しらない子供こどもだ。②分別ふんべつのない人ひと、分別のない愚おろか者もの。

**철분**〔鐵分〕【名】鉄分ぶん。¶ ~이 많은 물 鉄分の多おい水みず。

**철사**〔鐵絲〕【名】針金はりがね。¶ 구리 ~ 銅線どうせん。

**철삭**〔鐵索〕【名】鉄索さく、鋼索こうさく、ケーブル。

**철-새**【名】渡わたり鳥どり、候鳥こうちょう。

**철석**〔鐵石〕【名】鉄石せき。¶ ~의 신념 鉄石の信念ねん。

[관용] 철석(과) 같다 (意志いし・決心けっしんなどが)鉄石のように固かたい。

**철선**〔鐵船〕【名】鉄船ふね、鉄てつで造つくった船ふね。

**철선**〔鐵線〕【名】鉄線せん、針金はりがね。

**철수**〔撤收〕【名】【하自他】撤収しゅう。¶ 부대를 ~시키다 部隊たいを撤収させる。

**철시**〔撤市〕【名】【하自】【되自】市場いちば・店みせなどが一斉に休業きゅうぎょうすること。

**철심**〔鐵心〕【名】鉄心しん、強固きょうな精神しん。

**철심-석장**〔-石腸〕【名】鉄心石腸せきちょう、強固きょうな意志・精神しん。㊀ 철석간장(鐵石肝腸)

**철썩**【副】【하自他】①《水面すい・頬ほほなどをひらたい物で打つ音》ぴしゃり、ぱしゃっ。¶ ~빰을 치다 びんたとびんたを張はる。②《波なみが強く打つ音》ばしゃっ、ばしゃっ。¶ 파도가 바위에 ~ 부딪치다 波が岩いわにぱしゃっとぶつかる。

**철야**〔徹夜〕【名】【하自】徹夜や。¶ ~로 간병한다 徹夜で看病かんびょうする。

**철-없다**【形】思慮分別しりょふんべつがない、聞き分わけがない、幼稚ようちである、頑是がんぜない。¶ 철없는 어린아이 分別のない子こちゃん。

**철옹-성**〔鐵甕城〕【名】【比】 (鉄てつでつくったかめのように堅固けんごな城しろの意いで)非常ひじょうに堅固なもの、金城鉄壁きんじょうてっぺき。¶ ~ 같은 수비 金城鉄壁の守まもり。

**철인**〔哲人〕【名】哲人てつじん、哲学者てつがくしゃ。

**철인**〔鐵人〕【名】鉄人じん。

**철자**〔綴字〕【名】【하自】綴字てつじ、綴つづり字じ。

철자-법[-法]【名】【文法】綴字法ほう、綴つづり方かた。

**철저**〔徹底〕【名】【하形】徹底てい。¶ ~한 교육 徹底した教育きょういく。 철저-히【副】徹底的てきに、どこまでも、とことんまで。¶ ~ 조사하다 徹底的に調査ちょうさする。

**철제**〔鐵製〕【名】鉄製せい。¶ ~품 鉄製品ひん。

**철조**〔鐵條〕图 鉄条。
  **철조-망**〔-網〕图 鉄条網。¶ ~을 치다 鉄条網を張りめぐらす。
**철쭉** 图〔植〕クロフネツツジ。
**철창**〔鐵窓〕图 鉄窓。①鉄格子の窓。②牢屋、監獄。
**철창 신세**〔-身世〕图 獄につながれた身、囹圄の身。
**철책**〔鐵柵〕图 鉄柵。¶ ~을 둘러치다 鉄柵をめぐらす。
**철천지-원**〔徹天之冤〕图 (天に達するほどの)深い恨み。
**철천지-원수**〔徹天之怨讐〕图 不倶戴天の敵。
**철천지-한**〔徹天之恨〕图 骨髄に徹する恨み。¶ ~을 품고 세상을 하직했다 骨髄に徹する恨みを抱いてこの世を去った。
**철철** 副《多量の液体などが満ちあふれて流れるようす》じゃあじゃあと、どくどくと、なみなみと。¶ 수도물이 ~ 흘러나왔다 水道水がじゃあじゃあと流れでた。
**철철이** 副 季節ごとに。¶ ~ 피는 꽃 その季節になると咲く花、季節の花。
**철칙**〔鐵則〕图 鉄則。¶ 민주주의의 ~ 民主主義の鉄則。
**철커덕** 副하自 ①(粘っこいものが強くくっつくようす・その音)べりっと、ばりっと、べったり。¶ ~ 달라붙다 べったりとくっつく。②((鉄製のものが強くぶつかるようす・その音)がちゃん、がちゃり。¶ 셔터를 ~ 내리다 シャッターをがちゃんとおろす。
**철컥** 副하自他《鉄製のものが強くぶつかるようす・その音》がちゃん、がちゃり。
**철통**〔鐵桶〕图 鉄桶、鉄製の桶。
  관용〉 **철통 같다**《防備などが》堅固で少しのすきもないこと。
**철퇴**〔撤退〕图하自 撤退、撤収。¶ 진지에서 ~하다 陣地から撤退する。
**철퇴**〔鐵槌〕图 鉄槌。¶ 악덕 상인에게 ~를 가하다 悪徳商人に鉄槌を下す。
**철판**〔鐵板〕图 鉄板。¶ ~ 구이 鉄板焼き。
  관용〉 **철판(을) 깔다** 恥を恥とも思わないこと、ずうずうしいようす。¶ 얼굴에 철판을 깐 사람 厚顔無恥の人。
**철폐**〔撤廢〕图하他 撤廃。¶ 차별을 ~하다 差別を撤廃する。
**철-하다**〔綴-〕图하他 《本・書類などを》綴じる、つづる。
**철학**〔哲學〕图 哲学。¶ ~자 哲学者/ 인생 ~ 人生哲学。
**철회**〔撤回〕图하他自 撤回。¶ 발언을 ~하다 発言を撤回する。
**첨가**〔添加〕图하他自 添加。¶ 비타민을 ~하다 ビタミンを添加する。
**첨단**〔尖端〕图 尖端、先端。¶ 유행의 ~ 시대 流行の先端を行く。
**첨병** 副《重い物が水に落ちるようす・その音》どぶん、ざぶん、どぼん。¶ 강물에 ~ 뛰어들다 川にざぶんととび込む。

**첨병**〔尖兵〕图 尖兵、先兵。¶ 시대의 ~ 時代の尖兵。
**첨부**〔添附〕图하他自 添付。¶ ~ 자료 첨부자료/ 사진을 ~하여 제출하다 写真を添付して提出する。
**첨삭**〔添削〕图하他 添削。¶ 문장에 ~을 가하다 文章に添削を加える。
**첨예**〔尖銳〕图하形 尖鋭、先鋭。¶ 이해관계가 ~하게 대립되다 利害関係が先鋭に対立する。
  **첨예 분자**〔-分子〕图 先鋭分子。
  **첨예-화**〔-化〕图하自他自 先鋭化。¶ 노동쟁의가 ~하다 労働争議が先鋭化する。
**첨탑**〔尖塔〕图 尖塔。¶ 교회의 ~ 教会の尖塔。
**첩**〔妾〕图 妾、そばめ。¶ ~을 두다 妾を囲う。
**첩**〔貼〕依《煎薬などの包みを数える語》貼り、服り、包み。¶ 한 ~ ひと包み、一服。
**-첩**〔貼〕接尾《写真・絵などを貼ったり集めたりして綴じた本のことを表わす》…帳。¶ 사진 ~ 写真帳。
**첩경**〔捷徑〕图 捷径、近道。¶ 성공에의 ~ 成功への近道。
**첩보**〔諜報〕图하他 諜報。¶ ~ 활동 諜報活動。
**첩-약**〔貼藥〕图 薬材を調合して紙に包んだ薬。
**첩자**〔諜者〕图 諜者、間諜、スパイ。
**첩첩**〔疊疊〕图하形 畳々、幾重にも重なり合うようす。¶ ~ 수심 積み重なった心配。 **첩첩-이** 畳々と、重なり合って。
  **첩첩-산중**〔-山中〕图 深い山奥まで。
**첫-** 接頭 初らの、初めての、最初の。¶ ~ 사랑 初恋。
**첫-걸음** 图 ①第一歩。¶ 천릿길도 ~ 부터 百里の道も一歩からか。②物事のはじめの段階から、初歩に、入門に。¶ 일본어 학습의 ~ 日本語学習の初歩。
**첫-고등** 图 最初の機会か、最初のチャンス。¶ ~이 좋지 않다 最初のチャンスがよろしくない。
**첫-날** 图 初日に、はじめの日。¶ 공연 ~ 公演初日。
  **첫날-밤**《新婚の》初夜。¶ 가슴 설레는 ~ 胸ときめく初夜。
**첫-눈**¹ 图 一目。¶ ~에 들다 一目で気にいる、/ ~에 반하다 一目ぼれをする。
**첫-눈**² 图 初雪。
**첫-닭** 图 一番鶏。¶ ~이 울다 一番どりが鳴く。
**첫-돌** 图 生まれて最初の誕生日。
**첫-딸** 图 最初に生うまれた娘。
  속담〉 **첫딸은 세간 밑천이라** 初産の娘は家財の元だ。《初産が男の子でなかったのをなぐさめる語》
**첫-물** 图 着物を新調してから洗濯するまでの間。¶ 이것은 ~ 옷이다 これはお

**첫-배** 〔名〕 ①初子はつご、ういご。②(年たちに二回かい以上いじょうはらむ家畜かちくの)その年としはじめて子こを生うむこと、その子こ。

**첫-번**[-番] 〔名〕第一番だいいちばん、一番いちばん。¶ ~째 一番目いちばんめ。

**첫-사랑** 〔名〕初恋はつこい。¶ ~의 추억 初恋の思おもい出で。~에 실패하다 初恋に破やぶれる。

**첫-서리** 〔名〕初霜はつしも。¶ ~가 내리다 初霜が降ふりる。

**첫-새벽** 〔名〕早暁そうぎょう、暁あかつき、明あけ方がた。

**첫-손** 〔名〕①事ことのはじまり、初はじめて手てをつけること。¶ ~부터 능숙하게 해내다 初はじめから立派りっぱにやりとげる。②最高さいこう、一番いちばん。¶ ~에 꼽히다 一番いちばんだ。

**첫-솜씨** 〔名〕初はじめての手並てなみ、初はじめて見みせる腕前うでまえ。¶ ~치고는 훌륭하다 初はじめてやったにしては立派りっぱだ。

**첫-술** 〔名〕最初さいしょのひとさじ。
〈속담〉첫술에 배부르랴 最初さいしょのひとさじで腹はらがいっぱいになれようか。《何事なにごとでもはじめから満足まんぞくすることはできない》

**첫-이레** 〔名〕子供こどもが生うまれて七日目なのか。

**첫-인상**[-印象] 〔名〕第一印象だいいちいんしょう。

**첫째** Ⅰ 〔名〕①長子ちょうし、長男ちょうなん、長女ちょうじょ。¶ ~로 태어났다 長子として生うまれた。②第一だいいち、一番いちばん、最高さいこう。¶ 경주에서 ~를 했다 競走きょうそうで一番いちばんになった。③《副詞的に》第一、まず第一、一番に。¶ 그렇게 하고 싶어도 ~ 돈이 없어 그렇다시피 해도 第一金かねがない。Ⅱ 〔數〕《順序じゅんじょの》一番目いちばんめ、最初さいしょ。¶ ~、둘째, 셋째 一番いちばん、二番にばん、三番さんばん。

**첫째-가다** 〔自〕(多おおくの中なかで)一番いちばんすぐれている、いちばんだ、トップをなす。

**첫-판** 〔名〕手初てはじめ、しはじめ。¶ ~부터 내내 졌다 出端ではなから負まけつづけた。

**첫-행보**[-行步] 〔名〕①はじめての外出がいしゅつ。②最初さいしょの行商ぎょうしょう。

**청**〔青〕 〔名〕青あお、青色あおいろ。

**청**〔請〕 〔名〕①「청탁」の縮約形。②「초청」の縮約形。
〈관용〉청(을) 넣다 特別とくべつに頼たのむ、願ねがいを申もうし出でる。

**청:-각**〔聽覺〕 〔名〕〔生〕聽覺ちょうかく。¶ ~ 기관 聽覺器官きかん。

**청:-각 교:육**[-教育] 〔名〕聽覺教育ちょうかくきょういく。

**청:-각-기**[-器] 〔名〕〔生〕聽覺器ちょうかくき、聽器ちょうき。

**청:-강**〔聽講〕 〔名〕〔自他〕聽講ちょうこう。¶ 강의를 ~하다 講義こうぎを聽講する。

**청:-강-생**[-生] 〔名〕聽講生せい。

**청-개구리**[青-] 〔名〕〔動〕アオガエル、アマガエル。

**청결**〔淸潔〕 〔名〕〔形〕淸潔せいけつ。¶ ~한 복장 淸潔な服裝ふくそう。

**청경-우:독**〔晴耕雨讀〕 〔名〕晴耕雨讀せいこううどく。

**청과**〔靑果〕 〔名〕靑果せいか。¶ ~ 시장 靑果市場しじょう。

**청-교도**〔淸敎徒〕 〔名〕〔基〕淸敎徒せいきょうと。¶ ~ 혁명 淸敎徒革命かくめい。

**청구**〔請求〕 〔名〕〔他〕請求せいきゅう。¶ 위자료를 ~하다 慰謝料いしゃりょうを請求する。

**청국-장**〔淸麴醬〕 〔名〕よく茹ゆで上あがった大豆だいずを熟成じゅくせいさせた味噌みその一種いっしゅ。

**청년**〔青年〕 〔名〕青年せいねん、若者わかもの。¶ ~ 시절 青年時代じだい。

**청-녹색**〔青緑色〕 〔名〕青味あおみがかったみどり。

**청담**〔淸淡〕 〔名〕〔形〕淸淡せいたん。¶ ~한 산수화 淸淡な山水画さんすいが。

**청대-콩** 〔名〕成熟せいじゅくしきっていない靑豆あおまめ。

**청동**〔靑銅〕 〔名〕靑銅せいどう。¶ ~ 화로 靑銅の火鉢はばち。

**청동기 시대**[-器時代] 〔名〕靑銅器せいどうき時代だい。

**청동-오리** 〔名〕〔動〕マガモ。

**청량**〔淸涼〕 〔名〕〔形〕淸涼せいりょう。¶ ~한 가을 바람 すがすがしい秋風あきかぜ。

**청량 음:료**[-飲料] 〔名〕淸涼飲料りょう。

**청:-력**〔聽力〕 〔名〕聽力ちょうりょく。

**청렴**〔淸廉〕 〔名〕〔形〕淸廉れん。¶ ~ 결백한 공무원 淸廉潔白けっぱくな公務員こうむいん。

**청룡**〔靑龍〕 〔名〕靑竜せいりゅう。①青あおい竜りゅう。②〔民〕(四神しじんのひとつで)東方とうほうの守護神しゅごしん。③〔民〕(風水ふうすいで)背後はいごの山やまから分わかれた左方ほうの尾根おね。

**청루**〔靑樓〕 〔名〕靑樓せいろう、遊女屋ゆうじょや、妓楼ぎろう。¶ ~에서 호탕하게 놀ी 靑樓で豪遊ごうゆうする。

**청명**〔淸明〕 〔名〕淸明せいめい。①〔形〕(天気てんきが)晴れて澄すんでいること。¶ ~한 날씨 淸明な天気てんき。②二十四節気にじゅうしせっきのひとつ。

**청:-문**〔聽聞〕 〔名〕〔他〕聽聞ちょうもん。¶ 인사 ~회 人事じん聽聞会かい。

**청-바지**[靑-] 〔名〕ブルージーンズ、ジーパン。

**청백**〔淸白〕 〔名〕〔形〕淸白せい、淸廉潔白せいれんけっぱく。

**청백-리**[-吏] 〔名〕淸廉れんな官吏かんり、淸吏せいり。

**청백-자**〔靑白瓷・靑白磁〕 〔名〕白しろい素地きじに靑あい上薬うわぐすりをかけた磁器じき。

**청부**〔請負〕 〔名〕〔他〕請負せい。¶ ~를 주다 請負を出だす。 ⑳ 도급(都給)

**청부 살인**[-殺人] 〔名〕請負殺人うけおいさつじん、報酬ほうしゅうを目的もくてきに人ひとを殺ころすこと。

**청빈**〔淸貧〕 〔名〕〔形〕淸貧ひん。¶ ~한 생활 淸貧な生活かつ。

**청사**〔靑史〕 〔名〕靑史せいし、歷史れきし、記錄きろく。¶ ~에 남길 인물 靑史に残のこる人物じんぶつ。

**청사**〔廳舍〕 〔名〕庁舎ちょうしゃ。

**청사 등롱**[靑紗燈籠] 〔名〕靑紗あおしゃのうすぎぬを貼はった釣灯籠つりどうろう。

**청-사진**[靑寫眞] 〔名〕靑写真あおじゃしん。¶ 미래의 ~ 未来みらいの青写真。

**청사 초롱**[靑紗-籠] 〔名〕⇨ 청사 등롱

**청산**〔靑山〕 〔名〕靑山せいざん。¶ ~ 백운 靑山白雲はくうん。

**청산-유수**[-流水] 〔名〕立たて板いたに水みず、懸河けんがの弁べん。¶ 그의 연설은 ~다 彼かれの演説えんぜつは立て板に水だ。

**청산**〔靑酸〕 〔名〕〔化〕青酸せいさん。¶ ~가리 青酸カリ。

**청산**〔淸算〕 〔名〕〔他〕淸算せいさん。¶ 빚을 ~다 借金しゃっきんを淸算する。

**청상**〔靑孀〕 〔名〕「청상 과부」の縮約形。

**청상 과:부**[-寡婦] 〔名〕年若としわかくして夫おっとに先立さきだたれた女おんな、若おんなやもめ。

**청소**〔淸掃〕 〔名〕〔他〕〔自〕淸掃そう、掃除そうじ。¶ ~

부 掃除人に/ 대 ― 大掃除。

**청-소년**[青少年] 图 青少年しょうねん。¶ ～ 선도 青少年の善導ぜん。

**청-솔가지**[青-] 图 切きり取とってまだ乾かかない松まつの枝えだ。

**청송**[青松] 图 青松しょう、青あい松まつ。¶ 백사 ～ 白砂はくせい青松。

**청:송**[聽訟] 图하自 (事実じつ審理りのため)訴訟しょうの内容ないようを聞きくこと。

**청순**[清純] 图하形 清純じゅん。¶ ～한 소녀 清純な少女じょ。

**청승** 图 貧乏びんくさくて見苦るしいこと、みじめで哀あわれっぽい態度たい・様子よう。
관용 **청승(을) 떨다** わざと哀れっぽくみじめに見みせかける。

**청승-맞다** 形 みすぼらしく哀れっぽい。

**청-신호**[青信號] 图 青信号しんごう。¶ 목표 달성 ～ 目標もくひょう達成たつせいの青信号。

**청-실**[青-] 图 青色あおいろの糸いと。
**청실 홍실**[-紅-] 图 (結納のうに用いる)藍あい・赤あか二色にしょくの絹糸きぬいとの束たば。

**청심**[清心] 图 心しんを清きよめること、またけがれのない清きよらかな心。

**청심-환**[-丸] 图[漢] 心気しんきの熱ねつを下さげる丸薬がんやく。

**청아**[清雅] 图하形 清雅せいが。¶ ～한 피리 소리 清雅な笛ふえの音おと。

**청-요리**[清料理] 图 中華料理ちゅうかりょうり。

**청운**[青雲] 图 青雲せいうん。¶ ～의 뜻을 품다 青雲の志こころざしを抱いだく。

**청원**[請援] 图하自 援助えんじょを請こうこと。

**청원**[請願] 图하他 請願せいがん。
청원 **경:찰**[-警察] 图 請願巡査じゅんさ。

**청음**[清音] 图 清きよらかな音おと・音色いろ。②[文法] 無声音むせいおん。

**청자**[青瓷・青磁] 图 青瓷せいじ、青磁じ。¶ 고려 ～ 高麗コウライ青磁。

**청장년**[青壮年] 图 青壮年せいそうねん。

**청정**[清淨] 图하形 ①清きよらか・せい、清きよらかで汚けがされのないこと。¶ ～ 채소 清浄じょう野菜さい/ ～ 무구한 아이 清浄じょう無垢むくな子供ども。②[佛] 清浄じょう、罪ざいがなく清きよらかなこと。¶ ～심 清浄心しん。

**청주**[清酒] 图 ①清酒しゅ。②日本酒にほんしゅ。

**청:중**[聽衆] 图 聴衆しゅう。¶ ～을 열광시키다 聴衆を熱狂ねっきょうさせる。

**청:진**[聽診] 图하他 聴診しん。
**청:진-기**[-器] 图 聴診器き。

**청천**[青天] 图 青天てん、青空あおぞら。
**청천 벽력**[-霹靂] 图 青天の霹靂へき。

**청첩**[請牒] 图 ①하他 招待しょうたい。②'청첩장'의 縮約形。

**청첩-장**[-狀] 图 (結婚こん・婚約こんやくなどの)招待状しょうたい。¶ ～을 내다 招待状を出だす。

**청청백백-하다**[清清白白-] 形하 このうえなく清廉潔白けっぱくだ。

**청청-하다**[青青-] 形하 青青あおあおとしている。¶ 청청하고 넓은 바다 青青として広ひろい海うみ。

**청초**[清楚] 图하形 清楚せいそ。¶ ～한 용모 清楚な容貌ぼう。

**청춘**[青春] 图 青春しゅん。¶ ～을 구가하다 青春を謳歌おうかする。

**청출어람**[青出於藍] 图 青あおは藍あいより出いでて藍あいより青あおし、弟子でしが師しよりまさること。

**청:취**[聽取] 图하他 聴取しゅ。¶ ～자 聴取者しゃ/ 라디오를 ～하다 ラジオを聴取する。
**청:취-서**[-書] 图[法] 聴取書しょ。

**청탁**[請託] 图하他 請託たく、依頼らいすること。¶ ～을 받다 請託を受うける。/ 취직을 ～하다 就職しょくを依頼する。

**청-포도**[青葡萄] 图 青葡萄ぶどう。

**청풍**[清風] 图 清風ふう。¶ 한 줄기 ～ 一陣じんの清風。

**청-하다**[請-] 他여 ①請こう、求もとめる、要請ようせいする。¶ 면회를 ～ 面会かんを求める。②招まねく、招待しょうたいする。¶ 결혼식에 ～ 結婚式けっこんしきに呼ぶ。③(眠ねむりを)さそう。¶ 잠을 ～ 眠りをさそう。④(料理りょうりを)注文ちゅうもんする、(食たべ物ものを)求める。¶ 손님은 냉면을 청했다 客きゃくは冷麺めんを注文した。

**청:허**[聽許] 图하他 聴許ちょう、聞きき届とどけて許ゆるすこと。

**청혼**[請婚] 图하自 求婚きゅう。¶ ～자 求婚者しゃ。

**체**[1] 依 …するふり、…したふり、…であるかのように。¶ 못 이기는 ～하다 勝かてない振ふりをする。/ 모르는 ～하다 知しらん顔かおをする。

**체**[2] 感 《気きに食くわないとき・心外がいに思おもうときなどに不満まんそうに発はっする声こえ》ちぇっ。¶ ～, 별놈 다 있네 ちぇっ、なんてやつだ。

**체**[滯] 图 ①하自 食滞たい、食くいもたれ。②'체증(滯症)'의 縮約形。

**-체**[體] 接尾 …体たい。①立体りったいを表わす。¶ 사면～ 四面体たい。②組織そき・体裁さい・機関きを表わす。¶ 조직～ 組織体しき。③文体だいを表わす。¶ 문어～ 文語体ぶんご。

**체감**[遞減] 图하自 逓減げん、次第しだいに減少げんすること。¶ 수확 ～의 법칙 収穫しゅう逓減の法則ほう。

**체감**[體感] 图하他 体感たい、体からに感かんじること。¶ ～ 온도 体感温度ど。

**체격**[體格] 图 体格かく。¶ 가냘픈 ～ きゃしゃな体格/ ～이 좋다 体格がよい。
**체격 검:사**[-檢査] 图 体格検査けん。¶ ～를 받다 体格検査を受うける。

**체결**[締結] 图하他 締結けつ。¶ 조약을 ～하다 条約やくを締結する。

**체계**[體系] 图 体系けい。¶ 철학 ～ 哲学てつの体系。
**체계-적**[-的] 冠名 体系的てき。¶ ～인 연구 体系的な研究きゅう。
**체계-화**[-化] 图하自他되自 体系化か。¶ 이론을 ～하다 理論ろんを体系づける。

**체공**[滯空] 图하自 滞空たい、空中くうちゅうにとどまること。¶ ～ 기록 滞空記録ろく。
**체공 비행**[-飛行] 图 滞空飛行こう。
**체공 시간**[-時間] 图 滞空時間かん。

체관(諦觀) 名(하他) 諦観(ていかん). ¶ 인생을 ~하다 人生を諦観する。

체구(體軀) 名 体軀(たいく). ¶ 당당한 ~ 堂々たる体軀。

체급(體級) 名 (ボクシング・柔道などでの)体重別階級。

체기(體技) 名 (ボクシング・柔道などでの)体技。

체기(滯氣) 名(漢) 軽い食もたれ。

체납(滯納) 名(하他) 滞納(たいのう). ¶ 소득세를 ~하다 所得税を滞納する。

체내(體內) 名 体内(たいない). ¶ ~ 기생충 体内の寄生虫／~ 수정 体内受精。

체념(諦念) 名 ①諦念(ていねん). 道理りを悟さる心。 ②名(하他) 断念(だんねん), 諦(あきら)め。 ¶ 결혼을 ~하다 結婚をあきらめる。

체력(體力) 名 体力(たいりょく). ¶ ~이 떨어지다 体力が衰える。

체련(體練) 名(하他) 体練(たいれん), 体からだを鍛(きた)えること。

체류(滯留) 名(하自) 滞留(たいりゅう), 滞在(たいざい). ¶ 장기 ~ 長期滞留。

체-머리 名 病的びょうてきに絶えず頭あたまが揺ゆれ動く症状しょうじょう。

[관용] 체머리(를) 흔들다 ①病的びょうてきに頭あたまをしきりに振ふる。 ②嫌気いやけがさす、あきあきする、うんざりする。

체면(體面) 名 体面(たいめん), 体裁(ていさい), 面目(めんぼく). ¶ ~을 차리다 体面をつくろう。／~이 서다 顔かおが立たつ。 ㊤ 체모(體貌)

체면-치레 名 見栄(みえ), 体面をつくろうこと。¶ ~에 불과하다 見栄にすぎない。

체벌(體罰) 名(하他) 体罰(たいばつ). ¶ ~을 가하다 体罰を加える。

체불(滯拂) 名(하自)(되自) 支払はらいが遅おくれる〔遅おらせる〕こと、遅払いはらい, 遅配はいはい. ¶ ~ 노임 遅払い労賃ちん。

체불-금(-金) 名 遅配金ちはいきん。

체-세포(體細胞) 名(生) 体細胞(たいさいぼう)。

체스(chess) 名 チェス, 西洋将棋しょうぎ。

체신(遞信) 名 通信(つうしん)。

체액(體液) 名(生) 体液(たいえき)。

체언(體言) 名(文法) 体言(たいげん)。

체온(體溫) 名 体温(たいおん). ¶ ~계 体温計。

체위(體位) 名 体位(たいい). ①体格(たいかく)・発育はついくの程度(ていど). ¶ 국민의 ~가 향상되다 国民の体位が向上する。②体からだの位置・姿勢(しせい). ¶ ~를 바꾸다 体位を変える。

체육(體育) 名 体育(たいいく). ¶ ~관 体育館。

체인(chain) 名 チェーン. ¶ 자전거의 ~ 自転車のチェーン。

체재(滯在) 名(하自) 滞在(たいざい), 滞留(たいりゅう). ¶ 기간 滞在期間。

체제(體制) 名 体制(たいせい). ①体裁(ていさい), 形(かた). ②生物体(せいぶつたい)の基本きほん構造こうぞう. ③制度(せいど)・組織(そしき)の様式(ようしき). ¶ 정치 ~ 政治せいじ体制。

체조(體操) 名(하自) 体操(たいそう). ¶ 맨손 ~ 徒手たいそう体操。

체중(體重) 名 体重(たいじゅう). ¶ ~계 体重計／~이 늘다 体重が増える。

체증(滯症) 名(漢) 食もたれ, 消化かが不良(ふりょう)。

체증(遞增) 名(하自)(되自) 逓増(ていぞう). ¶ 수출이 ~하다 輸出ゆしゅつが逓増する。

체질(體質) 名 体質(たいしつ). ¶ ~ 개선 体質改善/허약한 ~ ひよわな体質。

체취(體臭) 名 体臭(たいしゅう). ¶ 남자의 ~가 가득했다 男だんの体臭が満ちていた。

체통(體統) 名 体面(たいめん), 体裁(ていさい), 面子(メンツ). ¶ ~을 지키다 体面を保つ。

체포(逮捕) 名(하他)(되自) 逮捕(たいほ). ¶ 범인을 ~하다 犯人を逮捕する。

체험(體驗) 名(하他) 体験(たいけん). ¶ ~담 体験談だん／풍부한 ~을 쌓다 豊富ほうふな体験を積つむ。

체형(體形) 名 体形(たいけい), 体からだつき。

체형(體型) 名 体型(たいけい). ¶ 비만 ~ 肥満ひまん体型。

첼로(이 cello) 名 チェロ。

쳇-바퀴 名 篩ふるいの枠わく。

쳐-넣다 他 投なげこむ, 投なげ入いれる, ぶち込こむ. ¶ 감옥에 ~ 牢ろうにぶち込む。

쳐:다-보다 他 仰(あお)ぎ見みる, 見あげる, 眺なめる, 見つめる. ¶ 얼굴을 뚫어지게 ~ 顔かおを穴あなのあくほど見つめる。

쳐:-들다 他 持もちあげる, もたげる. ¶ 고개를 ~ 頭あたまをもたげる, 勢力せいりょくを得える。

쳐-들어가다 他 攻せめ込こむ, 攻せめ入いる, 討うち入いる, なぐりこむ. ¶ 적진에 ~ 敵陣てきじんに攻め入る。

쳐-부수다 他 打うち破やぶる. ¶ 적을 ~ 敵てきを打ち破る。

초 名 ろうそく. ¶ ~를 커다 ろうそくをともす。

초(醋) 名 酢す. ¶ 음식에 ~를 치다 料理りょうりに酢をかける。

초(秒) Ⅰ 名 秒びょう. ¶ ~ 읽기 秒読びょうよみ。 Ⅱ 依 秒. ①時間じかんの単位たんい. ②角度かくど・経緯度けいいどなどの単位たんい。

초-(初) 接頭 (「初はじめ」の意いを表あらわす) 初しょ. ¶ ~하 初夏しょか。

-초(初) 接尾 (「初はじめ」の意を表あらわす) 初めてのこと. ¶ 학년 ~ 学年初がくねんしょ。

-초(草) 接尾 (「草くさ・草木そうもく」などの意を表あらわす)…草そう. ¶ 일년~ 一年草いちねんそう。

초가(草家) 名 藁(わら)ぶきの家いえ, 草屋ぞうおく. ¶ ~ 지붕 藁ぶきの屋根やね。

초간(初刊) 名 初刊(しょかん). ¶ ~본 初刊本ぼん。

초개(草芥) 名 草芥(そうかい), ちりあくた. ¶ ~와 같은 목숨 ちりあくたのような命いのち。

초경(初經) 名 初経(しょけい), 初潮(しょちょう)。

초계(哨戒) 名(하他) 哨戒(しょうかい). ¶ ~ 임무 哨戒任務にんむ。

초계-정(-艇) 名(軍) 哨戒艇(しょうかいてい)。

초고(草稿・草藁) 名 草稿(そうこう). ¶ 강연의 ~를 다듬다 講演こうえんの草稿を練ねる。

초-고추장(醋-醬) 名 酢すをかけた唐辛子とうがらしみそ。

초-고층(超高層) 名 超高層(ちょうこうそう)。

초과(超過) 名(하自)(되自) 超過(ちょうか). ¶ 예산을 ~하다 予算よさんを超過する。

**초근**[草根] 〖名〗 草根ぞう、草くさの根ね。
　**초근-목피**[―木皮] 〖名〗 ①（草くさの根ねと木きの皮かの意いで）穀物こくもつ不足ふそくを補おぎなうためのひどい代用食だいようしょく。¶ ～で 연명하다 ひどい食たべ物もので命いのちをつなぐ。② 漢方かんぽうの薬材やくざい。
**초근-초근**[ ] 〖副〗〖形〗《執拗しゅうように ねだるようす》ねちねち。¶ 용돈을 달라고 ～ 매달리다 小遣こづかいをねだってしつこくまつわりつく。
**초급**[初級] 〖名〗 初級しょきゅう。¶ ～반 初級しょきゅうクラス／～ 영어 初級しょきゅう英語えいご。
**초기**[初期] 〖名〗 初期しょき。¶ ～의 작품 初期しょきの作品さくひん／ 문명의 ～ 文明ぶんめいの初期しょき。
**초년**[初年] 〖名〗 初年しょねん。
　**초년 고생**[―苦生] 若わかいときの苦労くろう。
　〖속담〗 초년 고생은 사서라도 한다 若わかいときの苦労くろうは 買かってでもする。《艱難かんなん 汝なんじを玉たまにす》
**초-능력**[超能力] 〖名〗 超能力ちょうのうりょく。
**초단**[初段] 〖名〗 初段しょだん。¶ 검도에서 ～을 따다 剣道けんどうで初段しょだんを取とる。
**초-단파**[超短波] 〖名〗〖物〗 超短波ちょうたんぱ。
**초-닷새**[初―] 「초닷샛날」の縮約形しゅくやくけい。
　**초닷샛-날** その月つきの五日いつか。¶ 정월 ～ 正月しょうがつ五日いつか。
**초대**[初代] 〖名〗 初代しょだい。¶ ～ 대통령 初代しょだい大統領だいとうりょう。
**초대**[招待] 〖名〗〖하他〗〖되自〗 ①王命おうめいで召めされること。②招待しょうたい。¶ ～권 招待券しょうたいけん／ 손님을 ～하다 客きゃくを招待しょうたいする。
　**초대-연**[―宴] 〖名〗 招待宴しょうたいえん。
　**초대-장**[―狀] 〖名〗 招待状しょうたいじょう。
**초-대면**[初對面] 〖名〗〖하他〗 初対面しょたいめん。¶ ～ 인사 初対面しょたいめんのあいさつ。
**초-대형**[超大型] 〖名〗 超大型ちょうおおがた。¶ ～ 스크린 超大型ちょうおおがたのスクリーン。
**초동**[初動] 〖名〗 初動しょどう。¶ ～ 수사 初動捜査しょどうそうさ。
**초두**[初頭] 〖名〗 初頭しょとう、最初さいしょ。¶ 신년 ～ 新年しんねん初頭しょとう。
**초등**[初等] 〖名〗 初等しょとう。¶ ～ 수학 初等数学しょとうすうがく／ ～ 교육 初等教育しょとうきょういく。
**초라-하다** 〖形〗 みすぼらしい、貧弱ひんじゃくだ、しがない、お粗末そまつだ。¶ 옷차림이 ～ 身なりがみすぼらしい。
**초래**[招來] 〖名〗〖하他〗〖되自〗 招来しょうらい。¶ 화를 ～하다 災わざわいを招まねく。
**초려**[草廬] 〖名〗 草廬そうろ。①藁わらぶきの粗末そまつな家いえ。¶ 삼고 ～ 三顧さんこの草廬そうろ。②「自分じぶんの家いえ」をへりくだっていう語ご。
**초려**[焦慮] 〖名〗〖하他〗 焦慮しょうりょ。㊌ 초사（焦思）
**초로**[初老] 〖名〗 初老しょろう。¶ ～기 初老期しょろうき／～의 신사 初老しょろうの紳士しんし。
**초로**[草露] 〖名〗 草露そうろ。①草くさにおける露つゆ。② 〖比〗物事ものごとのはかなさ。¶ ～ 같은 목숨 はかない命いのち。
　**초로-인생**[―人生] はかない人生じんせい。
**초록**[草綠] 〖名〗 緑色みどりいろ、草色くさいろ。¶ 짙은 ～ 深緑ふかみどり
　〖속담〗 초록은 동색이라 草くさと緑みどりは同おなじ色いろ。

《①類るいは友ともを呼よぶ。②名なは違ちがうが結局けっきょくは同おなじものであること》
**초롱**[―籠] 〖名〗 堤灯ちょうちん、灯籠とうろう。
**초롱초롱-하다** 〖形〗《目めがきれいに》さえている、澄すんでいる。
**초립**[草笠] 〖名〗（むかし小冠者かんじゃがかぶった）細ほそい草くさの茎くきで編あんだ笠かさ、草笠りゅう。
　**초립-둥이** 〖名〗 小冠者かんじゃ。
**초막**[草幕] 〖名〗 庵いおり、草庵そうあん、草屋そうおく。¶ ～을 짓다 庵いおりを結むすぶ。
**초-만원**[超滿員] 〖名〗 超満員ちょうまんいん。
**초면**[初面] 〖名〗 初対面しょたいめん。¶ ～인 사람 初対面しょたいめんの人ひと。
**초목**[草木] 〖名〗 草木くさき・そうもく。¶ 산천 ～ 山川さんせん草木そうもく。
**초-무침**[醋―] 〖料〗 酢すの物もの、すもの。
**초문**[初聞] 〖名〗 初はじめて聞きくこと、初耳はつみみ。¶ 그건 금시～이다 それは初耳はつみみだ。
**초미**[焦眉] 〖名〗 焦眉しょうび。¶ ～의 문제 焦眉しょうびの問題もんだい。
**초-미립자**[超微粒子] 〖名〗〖物〗 超微粒子ちょうびりゅうし。
**초반**[初盤] 〖名〗 序盤じょばん。¶ ～전 序盤戦じょばんせん。
**초-밥**[醋―] 〖名〗（日本料理にほんりょうりの）寿司すし。
**초배**[初褙] 〖名〗〖하他〗 下張したばり。¶ ～지 下張したばりの紙かみ。
**초벌**[初―]（同おなじことを何度なんども繰くり返かえすときの最初さいしょの下拵こしらえ）。¶ ～ 도배 下張したばり。
**초범**[初犯] 〖名〗 初犯しょはん。
**초보**[初步] 〖名〗 初歩しょほ。¶ ～자 初歩しょほの者もの／아직 ～ 단계이다 まだ初歩しょほの段階だんかいである。
**초본**[抄本] 〖名〗 抄本しょうほん。¶ 호적 ～ 戸籍こせき抄本しょうほん。
**초봉**[初俸] 〖名〗 初給しょきゅう、初任給しょにんきゅう。¶ ～ 80만 원으로 입사하면 初給はつきゅう80万まんウォンで入社にゅうしゃする。㊌ 초급（初給）
**초-비상**[超非常] 〖名〗 超非常ちょうひじょう。¶ ～ 시국 超非常時局ちょうひじょうじきょく。
**초빙**[招聘] 〖名〗〖하他〗〖되自〗 招聘しょうへい。¶ ～에 응하다 招聘しょうへいに応おうじる。
**초-사흘날**[初―] 三日みっか。¶ 삼월 ～ 三月さんがつ三日みっか。㊌ 초삼일（初三日）
**초산**[初産] 〖名〗〖하他〗 初産しょさん・ういざん。¶ ～부 初産婦しょさんぷ。
**초산**[硝酸] 〖名〗 硝酸しょうさん。㊌ 질산（窒酸）
**초산**[醋酸] 〖名〗〖化〗 酢酸さくさん。¶ ～균 酢酸菌さくさんきん。
**초상**[初喪] 〖名〗 ①人ひとが死しんで葬儀そうぎまでの間あいだ、喪中もちゅう、喪も。¶ ～을 치르다 葬儀そうぎを行おこなう。②身近みぢかな人ひとが死しぬこと。
　**초상-나다** 〖自〗 家いえの者ものが死しぬ。
　**초상-집** 喪家そうか。
**초상**[肖像] 〖名〗 肖像しょうぞう。¶ ～화 肖像画しょうぞうが。
**초생**[初生] 〖名〗 初生しょせい。①初はじめて生うまれること。②「초승」のもとの語ご。
**초석**[礎石] 〖名〗 礎石そせき、礎いしずえ。¶ 근대화의 ～을 쌓다 近代化きんだいかの礎石そせきを築きずく。
**초선**[初選] 〖名〗 初選しょせん。¶ ～ 의원 初選議員しょせんぎいん。
**초속**[秒速] 〖名〗 秒速びょうそく。
**초순**[初旬] 〖名〗 初旬しょじゅん、上旬じょうじゅん。¶ 5월 ～

**초승**〔初-〕【名】(陰曆で)その月のはじめの4・5日に、月はじめ。

**초식**〔草食〕【名】〔하자〕草食。¶ ~ 동물 草食動物。

**초심**〔初心〕【名】初心。
**초심-자**〔-者〕【名】初心者。¶ ~를 위한 입문서 初心者のための入門書。

**초심**〔初審〕【名】〔法〕初審、第一審。

**초싹-거리다**〔自他〕しきりにそそっかしく振る舞う、しきりに人を動かす。

**초안**〔草案〕【名】草案、下書き。¶ ~을 검토하다 草案を検討する。

**초야**〔初夜〕【名】初夜。①初めての夜。¶ 신혼 ~ 新婚との初夜。②初更という。

**초야**〔草野〕【名】草野、片田舎。¶ ~에 묻혀 살다 草野に埋もれて暮らす。

**초-여름**〔初-〕【名】初夏。

**초역**〔抄譯〕【名】〔하타〕抄訳。¶ 논어를 ~하다 論語を抄訳する。

**초연**〔招宴〕【名】〔하타〕招宴。¶ ~을 베풀다 招宴を張る。

**초연**〔初演〕【名】〔하타〕初演。

**초연-하다**〔超然-〕【形】超然としている、物事にこだわらない。¶ 돈 문제에 ~ 金銭の問題に超然としている。**초연-히**【副】超然と。¶ ~ 살아가다 超然と生きていく。

**초엽**〔初葉〕【名】初葉、初期。¶ 20세기 ~ 二十世紀の初葉。

**초옥**〔草屋〕【名】草屋、草堂。

**초원**〔草原〕【名】草原。¶ ~ 기후 草原気候 / 넓은 ~ 広々とした草原。
**초원-대**〔-帶〕【名】草原帯。

**초월**〔超越〕【名】〔하타〕超越。¶ 상상을 ~하다 想像を超越する。

**초-음속**〔超音速〕【名】〔物〕超音速。¶ ~ 비행 超音速飛行。
**초음속-기**〔-機〕【名】超音速機。

**초-음파**〔超音波〕【名】〔物〕超音波。

**초-이레**〔初-〕【名】⇒ 초이렛날。

**초-이렛날**〔初-〕【名】月の7番目の日。

**초-이틀날**〔初-〕【名】月の第2日。

**초인**〔超人〕【名】超人、スーパーマン。
**초인-적**〔-的〕【冠名】超人的。¶ ~인 인내력 超人的な忍耐力。

**초인-종**〔招人鐘〕【名】呼び鈴、ベル。¶ ~을 누르다 呼び鈴を押す。

**초-읽기**〔秒-〕【名】秒読み。¶ ~에 몰리다 秒読みに追われる。

**초임**〔初任〕【名】〔하타〕初任。¶ ~ 인사 初任のあいさつ。
**초임-급**〔-給〕【名】初任給。

**초입**〔初入〕【名】(路地などの)入り口、(山などの)登り口。¶ 골목 ~에 있는 집 路地の入り口にある家。

**초-자연**〔超自然〕【名】超自然。¶ ~적 현상 超自然的な現象。

**초-잡다**〔草-〕【他】草する、下書きする、起草する。¶ 축사를 ~ 祝辞を草する。

**초장**〔初場〕【名】①市場などが立ち始めた当初、初め。②事の初め、初手、のっけ。¶ ~에 이미 끝나 버렸다 出端にもう終わってしまった。

**초-저녁**〔初-〕【名】①宵の口、宵、夕暮れ。¶ ~ 달 夕月。②物事の始め、はな、序。¶ ~부터 재수가 없구나 はなから縁起が悪いな。
**초저녁-잠**【名】宵寝。

**초점**〔焦點〕【名】焦点。¶ ~ 거리 焦点距離 / ~을 맞추다 焦点を合わせる。

**초조**〔焦燥〕【名】〔하形〕焦燥、いらだち、いらいら、あせり、もどかしさ。¶ ~한 마음 いらいらした気持ち / 그렇게 ~해할 것 없다 そんなに焦ることはない。

**초주검-되다**〔初-〕【自】半死半生になる、今にも死にそうになる。¶ 뭇매를 맞고 ~ 袋だたきに会って半死半生になる。

**초지**〔初志〕【名】初志、初一念。¶ ~를 관철하다 初志を貫ぬく。
**초지 일관**〔一貫〕【名】〔하自〕初志一貫。

**초진**〔初診〕【名】初診、最初の診察。¶ ~ 환자 初診の患者。
**초진-료**〔-料〕【名】初診料。

**초창**〔草創〕【名】草創、はじまり、創始。¶ ~기 草創期。

**초청**〔招請〕【名】〔하타〕招請、招待、招くこと。¶ ~을 받다 招請を受ける。/ ~ 강연을 하다 招請講演をする。
**초청-장**〔-狀〕【名】招請状、招待状。

**초출**〔初出〕【名】〔하自〕初出。

**초췌**〔憔悴〕【名】〔하形〕憔悴。¶ ~해진 얼굴 憔悴しきった顔。

**초치**〔招致〕【名】招致。¶ 올림픽 대회를 ~하다 オリンピック大会を招致する。

**초친-놈**〔醋-〕【名】遊びほうけて役に立たない者、ろくでなし、ごくつぶし。

**초친-맛**〔醋-〕【名】没趣味、無風流なこと。¶ ~ 같은 사나이 無粋な男だ。

**초침**〔秒針〕【名】秒針。

**초콜릿**〔chocolate〕【名】チョコレート。

**초탈**〔超脱〕【名】〔하타〕超脱。¶ 세속을 ~한 태도 世俗を超脱した態度。

**초토**〔焦土〕【名】焦土。¶ ~ 작전을 전개하다 焦土作戦を展開する。
**초토-화**〔-化〕【名】〔하타自〕焦土化。¶ 전국을 ~하다 全国を焦土化する。

**초-특급**〔超特急〕【名】超特急。¶ ~으로 일을 해치우다 超特急で仕事を片づける。
**초특급 열차**〔-列車〕【名】超特急列車。

**초-판**〔初-〕【名】初めの局面・時期、初め、しょっぱな。¶ ~부터 난전이 전개되다 しょっぱなから乱戦となる。

**초판**〔初版〕【名】初版。¶ ~본 初版本。

**초하**〔初夏〕【名】初夏。

**초-하루**〔初-〕【名】「초하룻날」の縮約形。
**초하룻-날**【名】(月の)一日。

초행(初行) 名하自 (ある所どこへ)初はじめて行いくこと、その道みち。
- 초행-길 名 初めて行いく道みち。
초-현대적(超現代的) 冠名 超現代的ちょうげんだいてき。¶ ~인 빌딩 超現代的なビル。
초-현실주의(超現實主義) 名[文] 超現実げんじつ主義しゅぎ、シュールレアリスム。
초혼(初婚) 名 初婚しょこん。
초혼(招魂) 名하他 招魂しょうこん。①死者ししゃの霊れいを招まねいてまつること。②[民] 発喪はっそうに先さきだって死者ししゃの霊をよび寄よせること。
초혼-제[-祭] 名 招魂祭さい。
촉 名 (柄え などの)先さきに付つけた尖とがったもの。ペン~ ペン先さき・やじり。
촉각(觸角) 名[動] 触角しょっかく。¶ 곤충의 ~ 昆虫こんちゅうの触角。🔮 더듬이
〈관용〉촉각을 곤두세우다 触角しょっかくを逆立さかだてる。「何なにかに神経しんけいを集中しゅうちゅうさせて直ちに対応おうし得うる態勢たいせいを整ととのえること」
촉각(觸覺) 名[生] 触覚しょっかく。¶ ~이 예민하다 触覚が鋭敏えいびんだ。
촉각 기관[-器官] 名[生] 触覚器官きかん。
촉감(觸感) 名 ①触感しょっかん、肌触はだざわり。¶ 차가운 ~ 冷つめたい触感/~이 보드랍다 肌触りがやわらかだ。②[生] 触覚しょっかく。
촉광(燭光) 名 ①ろうそくの光ひか。②《形式名詞的に》光度こうどの単位たんい。¶ 표준 ~ 標準ひょうじゅん燭光。🔮 촉
촉구(促求) 名하他 促うながすこと。¶ 주의를 ~하다 注意ちゅういを促す。
촉망(屬望・囑望) 名하自되他 嘱望しょくぼう。¶ 장래가 ~되는 젊은 학자 将来しょうらいを嘱望される若わかい学者しゃ。
촉매(觸媒) 名[化] 触媒しょくばい。¶ ~제 触媒剤ざい/~ 작용 触媒作用ようう。
촉박(促迫) 名하形 促迫そくはく、切迫せっぱく。¶ 기일이 ~하다 期日きじつが切迫する。
촉-새 名[動] シベリアアオジ。
촉성(促成) 名하自되他 促成そくせい。
촉성 재배[-栽培] 名 促成栽培さいばい。¶ ~ 재소 促成栽培の野菜やさい。
촉수(燭數) 名 燭光そっこうの単位数すう。
촉진(促進) 名하自되他 促進そくしん、促うながすこと。¶ 대화가 ~되다 対話たいわが促進される。/판매~을 꾀하다 販売はんばい促進を図はかる。
촉촉-하다 形[여] やや湿しめっぽい、湿り気けがある、しめっぽい、しっとりとしている。¶ 촉촉한 피부 しっとりとした肌はだ。
촉탁(囑託) 名하他 嘱託しょくたく。¶ ~ 사원 嘱託社員しゃいん / 전문가에게 ~하다 専門家せんもんかに委嘱いしょくする。
촌:[村] I 名 田舎いなか、村むら。¶ ~사람 田舎者もの。II 接尾 …村むら、町ちょう。¶ 선수~ 選手村せんしゅそん。
촌:[寸] I 名 寸すん。①長ながさの単位たんい。②親等しんとう、等親とうしん。¶ 4~ 이내의 친족 四親等しんとう以内ないの親族しんぞく。
촌:각[寸刻] 名 寸刻すんこく。¶ ~을 다투다 寸刻を争あらそう。

촌:-구석[村-] 名 片田舎かたいなか、田舎なか。
촌:-극[寸劇] 名 寸劇げき。①ごく短みじかい劇げき。②ちょっとした笑わらい事ごと・事件けん。¶ 배꼽을 쥐게 하는 ~이 있었다 腹をよじらせる笑い事があった。
촌:-놈[村-] 名 田舎なかっぺえ、田舎者いなかもの。
촌:-뜨기[村-] 名 田舎なかっぺえ、田舎者もの、やぼ、ぽっと出で。¶ 시골에서 올라온 ~ お上のぼりさん。
촌:락[村落] 名 村落そんらく、村むら、村里さと。
촌:-락공:동체[-共同體] 名 村落共同体きょうどうたい。
촌:로[村老] 名 村老ろう、村むらの年寄としより。
촌:보[寸步] 名 寸歩ぽ、わずかな歩あゆみ。¶ ~도 움길 수가 없다 寸歩も動うごけない。
촌:부[村婦] 名 村婦ぷ。
촌:-사람[村-] 名 田舎なかの人ひと、田舎者いなか。
촌:수[寸數] 名 親等とう、等親しん。¶ ~가 멀다 親等が遠とおい、遠縁えんだ。
촌:-스럽다[村-] 形ㅂ 田舎なかくさい、田舎っぽい、やぼったい、垢抜あかぬけしない。¶ 촌스러운 옷차림 やぼったい身なり。
촌:음[寸陰] 名 寸陰すんいん、寸時じ。¶ ~을 아끼다 寸陰を惜おしむ。
촌:장[村長] 名 村長そん。
촌:지[寸地] 名 寸地すん、寸土ど。
촌:지[寸志] 名 寸志し、薄志し。
촌:척[寸尺] 名 ①すんと尺しゃ。②いくらもないこと、寸尺。¶ ~을 다투다 寸尺を争そう。
촌:충[寸蟲] 名[動] ジョウチュウ。
촌:탁[忖度] 名하他 忖度そんたく、推測すいそく。¶ 심중을 ~할 수 없다 心中しんちゅうを忖度しかねる。
촌:-티[村-] 名 田舎なかじみた様子ようす。¶ ~가 나다 田舎臭いなかくさい。
촌:평[寸評] 名하他 寸評すんぴょう。
출랑-거리다 自 ①(器うつの水みずがしきりにゆれて)ちゃぷちゃぷ音おとがする。②(言動げんどうが軽率けいそつで)ちゃらちゃらする、ちょろちょろする。
출랑-출랑 副하自 ①ちゃぷちゃぷ。②おっちょこちょいに、ちょろちょろ。
출랑-이 名 おっちょこちょい、そそっかしく振ふる舞まう人ひと、慌あわう者もの。
출싹-거리다 自他 ①ふざけまわる、差し出でがましく振る舞う。②けしかける、おだてる、そそのかす。
출출-하다 形[여] 少しく腹はらをすかしている、ややひもじい。
촘촘-하다 形[여] (織おり目めなどが)細こまかい、ぎっしり詰つまっている。¶ 올이 촘촘한 옷감 織り目の細かい生地きじ。
촛-농[-膿] 名 ろうそくが燃えて流れる蠟ろう、燭涙しょくるい。🔮 촉루
촛-대[-臺] 名 燭台だい。🔮 촉대(燭臺)
촛-불 名 ろうそくの火ひ。¶ ~을 밝히다 ろうそくをともす。
총(銃) 名 銃じゅう、鉄砲てっぽう。¶ ~을 쏘다 鉄砲を撃うつ。
총:-[總] 接頭 総そう…、全ぜん…。¶ ~등장 全員登場とうじょう / ~선거 総選挙そうせんきょ。

**총:각**〖總角〗② 未婚の男と、チョンガー。¶ ~ 처녀 未婚の男と娘。
**총:-각김치**〖-〗②「총각무」で漬けたキムチ。
**총:-각무**〖-〗② 葉っぱごとキムチに漬ける小さい大根。
**총검**〖銃劍〗② 銃劍。¶ ~술 銃劍術/ ~으로 찌르다 銃劍で突く。
**총격**〖銃擊〗② ⑩他 銃擊。¶ ~전이 시작되다 銃擊戰が始まる。
**총:-결산**〖總決算〗② ⑩他 總決算。
**총:계**〖總計〗② 總計。¶ ~를 내다 總計を出す。
**총:-공격**〖總攻擊〗② ⑩他 總攻擊。¶ ~을 받다 總攻擊を浴びる。
**총:괄**〖總括〗② ⑩他 總括。¶ ~하여 질문하다 總括して質問する。
 **총:-괄-적**〖-的〗冠② 總括的。¶ ~인 의견 總括的な意見。
**총구**〖銃口〗② 銃口。¶ ~를 들이대다 銃口を突きつける。倒 총부리
**총:-궐기**〖總蹶起〗② ⑩自 總決起。
**총기**〖銃器〗② 銃器。¶ ~의 불법 소지 銃器の不法所持。
**총기**〖聰氣〗② 聰明さ。¶ ~ 있는 어린이 聰明な少年。
**총-대**〖銃-〗② 銃床。¶ ~를 잡다 銃床を取る。
**총:-동원**〖總動員〗② ⑩他⑩自 總動員。¶ ~하여 대청소를 하다 總掛かりで大掃除をする。
**총:력**〖總力〗② 總力、全力。¶ ~전 總力戰/ ~을 기울이다 總力を傾ける。
**총론**〖叢論〗② 叢論。¶ 문학 ~ 文學叢論。
**총:리**〖總理〗② ①「국무 총리」の縮約形。②⑩他 全體をおしなべて管理すること。
**총망**〖忽忙〗②⑩形 忽忙、あわただしいこと。
 **총망-히** 副 あわただしく、ばたばたと。
**총:-망라**〖總網羅〗② ⑩他⑩自 すべてを網羅すること。
**총명**〖聰明〗②⑩形 聰明。¶ ~한 사람 聰明な人/ 머리가 ~ 하다 頭がよい。
**총:무**〖總務〗② 總務。¶ ~부 總務部。
**총:보**〖總譜〗② 總譜。
**총-부리**〖銃-〗② 銃口、筒先。¶ ~를 들이대다 銃口を突きつける。
**총:-사령부**〖總司令部〗② 總司令部。
**총:-사직**〖總辭職〗② ⑩他 總辭職。¶ 내각 ~ 內閣總辭職。
**총살**〖銃殺〗② ⑩他 銃殺。¶ ~형 銃殺刑。
**총상**〖銃傷〗② 銃傷。¶ ~을 입다 銃傷を負う。
**총서**〖叢書〗② 叢書、雙書、シリーズ。¶ 경제학 ~ 經濟學叢書。
**총:선**〖總選〗②「총선거」の縮約形。
 **총:-선거**〖-擧〗② 總選擧。¶ ~를 실시하다 總選擧を實施する。
**총성**〖銃聲〗② 銃聲。¶ ~이 울리다 銃聲がひびく。
**총:세**〖總勢〗② 總勢、全體の人數。
**총:-소리**〖銃-〗② 銃聲。¶ 요란한 ~가 들리다 騷々しい銃聲が聞こえる。
**총:아**〖寵兒〗② 寵兒。¶ 문단의 ~ 文壇の寵兒。
**총-알**〖銃-〗② 彈丸、鐵砲玉。¶ ~을 재다 彈丸をこめる。
**총:애**〖寵愛〗② ⑩他 寵愛。¶ ~를 받다 寵愛を受ける。
**총:액**〖總額〗② 總額。¶ 차입 ~ 借り入れ總額/ ~을 내다 總額を出す。
**총:-영사**〖總領事〗② 總領事。¶ ~관 總領事館。
**총:-예산**〖總豫算〗② 總豫算。
**총:원**〖總員〗② 總員、全員。¶ ~ 백명 總員百名。
**총:장**〖總長〗② 總長。¶ 검찰 ~ 檢察廳總長/ 사무 ~ 事務總長。
**총:재**〖總裁〗② 總裁。¶ 한국 은행 ~ 韓國銀行總裁。
**총:-지휘**〖總指揮〗② ⑩他 總指揮。¶ 파견군 ~하다 派遣軍を總指揮する。
**총-채** ② はたき、塵拂い。¶ ~로 털다 はたきをかける。
**총총** 副⑩形《夜空にちりばめられたような星がきらきら光るようす》きらきら。
 **총총-하다** 形⑩《星の光などが》きらきらする、ぴかぴかする。¶ 밤하늘엔 별이 ~ 夜空には星がきらきら光っている。
**총총**〖忽忽〗副⑩形 忽々。①あわただしいようす。②《手紙の末尾に書かれて走り書きをわびる意を表わす》草々。¶ ~이만 줄입니다 忽々にこれで失礼します。
 **총총-히** 副 あわただしく、そそくさ。¶ ~ 그 자리를 떠나다 あわただしくその場を去る。
**총총-거리다** 自 小刻みに足を繁く動かして步く。
**총총-걸음** ② 急ぎ足。
**총:칙**〖總則〗② 總則。¶ 민법 ~ 民法總則。
**총:칭**〖總稱〗② ⑩他 總稱。
**총:통**〖總統〗② 總統。
**총:평**〖總評〗② ⑩他 總評、全體にわたっての批評、概評。
**총:화**〖總和〗② ①總和、總計。②全體の和合。¶ 전국민 ~ 全國民の和合。
**총:회**〖總會〗② 總會。¶ 주주 ~ 株主總會/ ~를 열다 總會を開く。
**총:획**〖總劃〗②〖漢字の〗總劃。¶ ~순으로 글자를 배열하다 總劃順に文字を並べる。
**촬영**〖撮影〗② ⑩他⑩自 撮影。¶ 영화 ~ 映畵撮影。
 **촬영-소**〖-所〗② 撮影所。
**최:-**〖最〗接頭《「最も」の意を表わす》最…。¶ ~고급 最高級。
**최:강**〖最強〗② 最強。¶ 국내 ~ 팀 國內最強チーム。

**최:고**〔最古〕 图 最古い。¶ 현존 ~의 건축물 現存する最古の建築物。

**최:고**〔最高〕 图 最高峰。¶ ~점 最高点／~의 인기 最高の人気。

**최:고-봉**〔-峯〕 图 最高峰。¶ 히말라야의 ~ ヒマラヤの最高峰。

**최:고 속도**〔-速度〕 图 最高速度。¶ ~를 내다 最高速度を出す。

**최:고조**〔最高潮〕 图 最高潮、絶頂、クライマックス。¶ 흥분이 ~에 이르다 興奮が最高潮に達する。

**최:근**〔最近〕 图 最近。¶ ~에 일어난 사건 最近起こった事件。

**최:다**〔最多〕 图形動 最も多い。¶ ~ 득점 最多得点。 逆 최소(最少)

**최:단**〔最短〕 图 最短。¶ ~ 거리 最短距離／~ 기간 最短期間。

**최:대**〔最大〕 图 最大。¶ 국내 ~의 기업 国内最大の企業。 逆 최소(最小)

**최:대 공약수**〔-公約数〕 图数 最大公約数。

**최:대-한**〔-限〕 图 最大限、精一杯。¶ 시기를 ~ 앞당기다 時期を最大限繰り上げる。

**최:대 한:도**〔-限度〕 图 最大限度、最大限。¶ ~의 양보 最大限度の譲歩。

**최루**〔催涙〕 图 催涙、涙を流させること。¶ ~가스 催涙ガス。

**최루-탄**〔-彈〕 图 催涙弾。

**최면**〔催眠〕 图 催眠。¶ ~약 催眠薬／~ 요법 催眠療法。

**최면-술**〔-術〕 图 催眠術。¶ ~을 걸다 催眠術をかける。

**최면-제**〔-劑〕 图薬 催眠剤。

**최:상**〔最上〕 图 最上。¶ ~의 컨디션 最上のコンディション。

**최:상-급**〔-級〕 图 最上級。

**최:선**〔最善〕 图 最善。¶ ~을 다하다 最善を尽くす。

**최:성-기**〔最盛期〕 图 最盛期、全盛期。¶ ~를 맞이하다 最盛期を迎える。

**최:소**〔最小〕 图形動 最も小さい。¶ ~의 노력으로 최대의 효과를 거두다 最小の努力で最大の効果を上げる。 逆 최대(最大)

**최:소 공배수**〔-公倍数〕 图数 最小公倍数。

**최:소-한**〔-限〕 图 ①最小限。¶ ~의 협조를 바라다 最小限の協力を望むのだ。 ②《副詞的に》少なくとも。¶ ~ 나흘은 걸릴 것이다 少なくとも四日はかかるだろう。

**최:소**〔最少〕 图 最少。 逆 최다(最多)

**최:신**〔最新〕 图 最新。¶ ~ 유행의 모델 最新流行のモデル。

**최:신-식**〔-式〕 图 最新式。

**최:악**〔最惡〕 图 最悪。¶ ~의 사태 最悪の事態／결과가 ~이다 結果が最悪だ。

**최:우수**〔最優秀〕 图 最優秀。¶ ~ 선수 最優秀選手。

**최:저**〔最低〕 图 最低。¶ ~ 기온 最低気温／값이 ~로 떨어지다 値段が底をつく。

**최:저-가**〔-價〕 图 最低価。

**최:저 생활비**〔-生活費〕 图 最低生活費。

**최:저 임:금**〔-賃金〕 图 最低賃金。

**최:적**〔最適〕 图形動 最適だ。¶ ~의 환경 最適な環境。

**최:-전방**〔最前方〕 图 最前方、最前線。

**최:-전선**〔最前線〕 图 最前線。¶ ~에 배치되다 最前線に配置される。

**최:종**〔最終〕 图 最終。¶ ~ 단계 最終段階／~ 검사 最終検査。

**최:종-심**〔-審理〕 图 最終審理。

**최:종-적**〔-的〕 冠图 最終的。¶ ~인 판단 最終的な判断。

**최:-첨단**〔最尖端〕 图 最先端。¶ 유행의 ~을 가다 流行の最先端をゆく。

**최:초**〔最初〕 图 最初。¶ ~의 시도 最初の試み。 逆 최종(最終)

**최:하**〔最下〕 图 最下。¶ ~의 조건 最下の条件。

**최:후**〔最後〕 图 最後。¶ ~ 수단 最後の手段／~의 노력을 기울이다 最後の努力を傾ける。

**최:후의 만:찬**〔-晩餐〕 图基 最後の晩餐。

**최:후 통첩**〔-通牒〕 图 最後の通牒。

**추**〔錘〕 图 《はかりの分銅みたいに吊るされているものの総称》錘、おもり、振り子。¶ 시계 ~ 掛け時計の振り子／낚시줄에 ~를 달다 釣り糸におもりをつける。

**추가**〔追加〕 图形他 追加。¶ ~ 예산 追加予算／인원을 ~하다 人員を追加する。

**추가량**〔-量〕 图 追加量。

**추가 배:당**〔-配當〕 图経 追加配当。

**추가 시:험**〔-試驗〕 图 追加試験。

**추격**〔追撃〕 图形他 追跡 追撃、追い討ち。¶ 달아나는 적을 ~하다 逃げる敵を追撃する。

慣用 **추격(을) 붙이다** 両方を離間させて相戦わせる。

**추계**〔秋季〕 图 秋季、秋期。¶ ~ 운동회 秋季運動会。

**추계**〔推計〕 图形他 推計。¶ 득표수를 ~하다 得票数を推計する。

**추계 인구**〔-人口〕 图 推計人口。

**추고**〔追考〕 图形他 追考、後から考えること。

**추곡**〔秋穀〕 图 秋に収穫する穀物。

**추구**〔追求〕 图形他 追求。¶ 행복을 ~하다 幸福を追求する。

**추구**〔追究〕 图形他 追究。¶ 진리를 ~하다 真理を追究する。

**추궁**〔追窮〕 图形他 追及。¶ 책임을 ~하다 責任を追及する。

**추근-거리다** 图 しつこくまとわりつく、ねちねちとしきりにまとい付く。

**추근-추근** 副形動 《しつこいようす》しつこく、執拗に、ねちねちと。¶ ~ 여자를 쫓아 다니다 しつこく女をしつこく追いかけまわす。

**추근추근-하다** 形며 じめじめしている、とてもしめっている。¶ 떡이 너무 ~ 餅がとても

しめっている。
**추기**[樞機] 图 枢機すう、枢要すうよう。¶ ~에 참여하다 枢機に参与さんよする。
　**추기-경**[-卿] 图[가] 枢機卿きょう。
**추기다** 他 ①그렇게하다, 아오르다, 扇動せんどうする。¶ 싸움을 하게 사람을 추긴다 喧嘩けんかをするようしむけそそのかしている。②오도대다。¶ 대단한 솜씨라고 ~ 은 すばらしい腕前うでまえだとおだてる。
**추남**[醜男] 图 醜男おとこ。
**추납**[追納] 图[하他] 追納のう。
**추녀** 图 軒のき。
**추녀**[醜女] 图 醜女おんな・しこ、ぶす。
**추념**[追念] 图[하他] 追念ねん。¶ ~사 追念のことば。
**추다**¹ 他 おだてる、わざとほめたたえる、持もち上あげる。
**추다**² 他 ゆすり上げる、押し上げる。¶ 업은 아이를 추어 올리다 背負せおった子こをゆすり上げる。
**추다**³ 他 (踊おどりを)踊おどる、舞まう。¶ 춤을 ~ 舞まいを舞う。
**추대**[推戴] 图[하他][되自] 推戴たい。¶ 회장으로 ~ 하다 会長かいちょうに推戴する。
**추도**[追悼] 图[하他] 追悼とう。¶ ~문 追悼文ぶん/고인을 ~ 하다 故人こじんを追悼する。
**추돌**[追突] 图[하自] 追突とつ。¶ ~ 사고 追突事故じこ。
**추락**[墜落] 图[하自][되自] 墜落らく。¶ 비행기 사고 飛行機ひこうきの墜落事故じこ。
　**추락-사**[-死] 图 墜落死し、墜死つい。
**추량**[推量] 图[하他][되自] 推量すいりょう、推はし量はかること。⊕ 추측(推測)。
**추레-하다** 形[여] ①(身なりが)だらしない、みすぼらしい、うす汚きたない。¶ 추레한 옷차림 みすぼらしい身なり。②生気せいきがない、しょげている、しょぼくれている。¶ 추레한 모습으로 걸어오다 しょぼくれた格好かっこうで歩あるいて来くる。
**추려-내다** 他 選えらび出だす、抜ぬき出す。¶ 좋은 물건을 ~ よい品物を選び出す。
**추리**[推理] 图[하他] 推理すいり。¶ 범인을 ~ 하다 犯人はんにんを推理する。
　**추리-력**[-力] 图 推理力りょく。
　**추리 소:설**[-小說] 图 推理小説しょう。
**추리다** 他 ①そろえる、整ととのえる。¶ 새끼를 꼬려고 짚을 ~ なわをなうためにわらを整える。②(必要ひつようなものを)選えらび出だす、抜ぬき出す。¶ 요점을 ~ 要点ようてんを抜き出す。
**추맥**[秋麥] 图 秋あきまきの麦むぎ。
**추모**[追慕] 图[하他] 追慕ぼ。¶ 고인을 ~ 하다 故人こじんを追慕する。
**추문**[醜聞] 图 醜聞しゅう、スキャンダル。¶ ~이 퍼지다 醜聞が広ひろまる。
**추물**[醜物] 图 ①醜みにくい物もの。②いやらしい人ひと。
**추방**[追放] 图[하他][되自] 追放ほう。¶ 국외로 ~ 하다 国外こくがいに追放する。
**추분**[秋分] 图 秋分しゅうぶん(二十四節気にじゅうしせっきの一ひとつ)。
**추산**[推算] 图[하他][되自] 推算さん。¶ 참가자는 약 2천 명으~된다 参加者さんかしゃは約二千名めいと推算される。
**추상**[抽象] 图[하他] 抽象ちゅう。¶ ~ 개념 抽象概念がいねん。
　**추상-론**[-論] 图 抽象論ろん。
　**추상 명사**[-名詞] 图[文法] 抽象名詞めいし。
　**추상 예:술**[-藝術] 图 抽象芸術げいじゅつ。
　**추상-적**[-的] 冠图 抽象的てき。¶ ~으로 말하다 抽象的に話はなす。
**추상**[秋霜] 图 秋霜しゅうそう。①秋あきと霜しも。②(権威けんい・刑罰けいばつなどが)厳きびしいこと。¶ ~ 열일 秋霜烈日れつじつ。
　**추상-같다** 形 (命令めいれい・刑罰けいばつなどが)非常ひじょうに厳きびしい。¶ 호령이 ~ 号令ごうれいが厳しい。추상-같이 副 厳きびしく。
**추상**[追想] 图[하他] 追想そう。¶ 젊은 날의 ~ 若わかき日ひの追想。
**추상**[推想] 图[하他][되自] 推おし測はかって考かんがえること、その考かんがえ。
**추서다** 自 (病後びょうごなどの体力たいりょくが)次第しだいに快復かいふくする、肥立ひだつ、健康けんこうがだんだんよくなる。¶ 산후의 몸이 ~ 産後さんごの肥立ひだちがよい。/ 웬만큼 추서면 일을 시작하겠다 少すこしばかり快復したら仕事しごとを始はじめるつもりだ。
**추석**[秋夕] 图 陰暦いんれき8月はち15日じゅうごにちの節日にち。⊕ 한가위。
**추세**[趨勢] 图 趨勢すう、成なり行ゆき。¶ 시대의 ~ 時代じだいの趨勢/ 세상의 ~에 따르다 世よの趨勢に従したがう。
**추소**[追訴] 图[하他] 追訴そ。
**추수**[秋收] 图[하他] 秋収しゅう、秋あきの取とり入いれ。¶ ~를 끝내다 秋の取り入れを終おえる。
　**추수 감:사절**[-感謝節] 图[基] 感謝祭かんしゃさい、サンクスギビングデー。
**추스르다** 他[르] ①(隅々すみずみにまで物ものがよく詰つまるように入いれ)物ものを軽かるく揺ゆり動うごかす。¶ 가마니에 쌀을 담고 ~ かますに米こめを詰めて揺り動かす。②おだてる。¶ 솜씨가 좋다고 ~ 手並てなみが立派りっぱだとおだてる。③(体からだを思おいのまま)動うごかす。¶ 제 몸 하나 제대로 추스르지 못한다 自分じぶんの体もろくに動うごかせない。④(事ことを)取とりまとめ、収拾しゅうし処理しょりする。¶ 일을 잘 ~ 事ことをうまく取りまとめる。⑤(物ものを)持もち上あげる、ずり上あげる。¶ 바지를 ~ ズボンをずり上げる。
**추시**[追試] 图[하他] 追試験しけん、追試験けん。
**추신**[追伸·追申] 图[하他] 追伸しん、追おって書がき。
**추심**[推尋] 图[하他] ①尋たずね探さがすこと。②(銀行ぎんこうなどでの)取とり立たて。
　**추심 어음** 图 取とり立たて手形がた。
**추썩-거리다** 自他 ①しきりにふざける、しきりにはしゃぎまわる。¶ 어지간히 추썩거리고 공부 좀 해라 ふざけるのはいい加減かげんにして勉強べんきょうしなさい。②(はたから)あおり立たてる、扇動せんどうする。

**추악**[醜惡] 名하形 醜悪しゅう。¶ ~한 얼굴 醜悪な顔か。

**추앙**[推仰] 名하他 崇あめ奉たてること。¶ 신으로 ~하다 神かとしてあがめてまつる。

**추어**[鰍魚] 名動 ドジョウ。㋐ 미꾸라지

**추어-탕**[-湯] 名料 ドジョウ汁る。

**추어-올리다** 他 ①持もち上あげる。¶ 아이를 높이 ~ 子供どもを高たかく持もち上あげる。②おだてる、ほめちぎる、おだて上あげる。¶ 머리가 좋다고 ~ 頭あたまがいいとほめちぎる。③(元気ばん・健康けんなどを)取とり戻もどす。¶ 건강을 ~ 健康を取り戻す。

**추억**[追憶] 名하他 追憶おく、思おもい出で。¶ ~담 思い出で話ばな/ 지난 날의 ~에 잠기다 過ぎし日ひの思い出にふける。

**추위-하다** 自여 寒さむがる。¶ 옷을 얇게 입고 ~ 薄着うずぎして寒さがる。

**추월**[追越] 名하他 追おい越こし、追おい抜ぬき。¶ ~ 금지 追い越し禁止きんし/ 앞 차를 ~하다 前まえの自動車じどうしゃを追い越す。

**추위** 名 寒さむさ、寒さむいこと、寒気かん。¶ 심한 ~ 厳きびしい寒さ/ ~를 느끼다 寒さを感じる。/ ~가 풀리다 寒気が緩ゆるむ。
慣用 추위(를) 타다 寒さむがる、寒さに弱よわい。

**추이**[推移] 名하自 推移すい。¶ 사태의 ~를 지켜보다 事態たいの推移を見守みまる。

**추잡-하다**[醜雜-] 形여 猥雑わいだ、卑賤わいだ、淫みだらだ。¶ 행실이 ~ 身持みもちが猥雑だ。

**추장**[酋長] 名 酋長しゅう。¶ 인디언 ~ インディアンの酋長。

**추장**[推奬] 名하他 推奨すい、推薦すい。¶ ~할 만한 제도 推奨にあたいする制度どな。

**추적**[追跡] 名하他 追跡せき。¶ ~ 조사 追跡調査ちょうさ/ 범인을 ~하다 犯人を追跡する。

**추적-추적** 副 しょぼしょぼ。¶ 가랑비가 ~ 내리다 こぬか雨あめがしょぼしょぼと降ふる。

**추접-스럽다**[醜-] 形日 汚きたらしい、汚きたわしい、不潔ふけつだ、いやらしい。¶ 추접스러운 수를 쓰다 汚らしい手てを使つかう。

**추-젓**[秋-] 名 秋あきに漬つけた小こえびの塩辛しおからる。

**추정**[推定] 名하他 推定てい。¶ 범인으로 ~한다 犯人はんと推定する。

**추종**[追從] 名하他 ①追従ちょう、追随つい。¶ ~자 追従者しゃ/ 타의 ~을 불허하다 他たの追従を許ゆるさない。②追従つい、人ひとにこびへつらうこと。¶ 권력자에 ~하다 権力者けんりょくに追従する。

**추진**[推進] 名하他 推進すい。¶ ~ 장치 推進装置そう/ 사업을 ~하다 事業を推進する。

**추진-기**[-機] 名機 推進機き。¶ 배의 ~ 船ふねの推進機。

**추진-력**[-力] 名 推進力りょく。

**추징**[追徵] 名하他 追徴ちょう。¶ ~금 追徴金きん/ 세금의 ~ 税ぜいの追徴。

**추천**[推薦] 名하自他 推薦すい。¶ 후보자를 ~하다 候補者こうほを推薦する。

**추천-인**[-人] 名 推薦人にん。

**추천-장**[-狀] 名 推薦狀じょう。

**추첨**[抽籤] 名하他 抽籤ちゅう、抽選ちゅう、籤引くじき。¶ ~에서 떨어지다 抽選に外はずれる。/ ~으로 정하다 くじ引きで定さだめる。

**추첨-권**[-券] 名 抽選券けん。

**추첨-제**[-制] 名 抽選制せい。

**추출**[抽出] 名하他 抽出しゅつ。¶ 독물을 ~하다 毒物どくを抽出する。

**추측**[推測] 名하他 推測すい、推おし測はかること。¶ 근거 없는 ~ 当てて推量りょう/ ~이 맞다 推測が当たる。

**추켜-잡다** (手てを上あげて)つかむ。¶ 멱살을 ~ 胸むなぐらをつかむ。

**추키다** 他 ①軽かるく持もち上あげる。②たくし上げる、引ひっぱり上げる、(着物きものの裾すを)すり上げる。¶ 바짓자락을 ~ ズボンの裾すをたくし上げる。③(値段ねを)高たかくつり上あげる。¶ 임금을 ~ 賃金ちんを吊り上げる。④おだてる、そそのかす。¶ 잘 했다고 ~ よくやったとおだてる。

**추태**[醜態] 名 醜態しゅう。¶ ~를 부리다 醜態を演ずる。

**추파**[秋波] 名 秋波しゅう。①秋あきの澄すみきった波なみ。②(女性じょの)色いろっぽい目めつき、流ながし目、色目いろ、ウインク。¶ ~를 던지다 色目を使う。

**추풍**[秋風] 名 秋風しゅう・あき・かぜ。

**추풍-낙엽**[-落葉] 名 ①秋風あきに散ちる木きの葉は。②(比)勢力せいりょくなどが衰おとえること。

**추-하다**[醜-] 形여 ①不潔ふけつで汚きたい、汚きたらしい、見苦みぐるしい。¶ 복장이 ~ 服装そうが見苦しい。②野卑やびだ、下品げひだ。¶ 추한 마음보 下衆げすな根性こんじょう。③(顔かが)醜みにくい。¶ 추한 얼굴 醜い顔。

**추행**[醜行] 名 醜行こう。¶ 강제 ~ 力ちからずくの醜行。

**추호**[秋毫] 名 ((おもに「추호도・추호라도・추호의」の形で))わずか、いささか、ほんの少すこし。¶ 그런 생각은 ~도 없다 そんな考かんがえは少しもありません。

**추후**[追後] 名 ((おもに「추후・추후에・추후로」の形で))後あとほど、追おって。¶ 결과는 ~ 우편으로 통지함 結果かはのちほど郵便ゆうびんで通知つうちする。

**축**[軸] 名 軸じ。¶ 대칭 ~ 対称軸たいしょう/ 회전 ~ 回転軸かいてん。

**축**¹困 部類るい、同類どう、類たぐ、なかま、グループ。¶ 잘하는 ~에 끼다 上出来でのの部類に入はいる。

**축**²副 (物ものが垂れ下がったようす)だらり、だらっと。¶ ~ 늘어진 꼬리 だらりと垂れ下がったしっぽ。

**축가**[祝歌] 名 祝いい歌た。

**축객**[逐客] 名하自 客きゃくを追おい返かえすこと。¶ 문전 ~하다 門前払もんぜんばらいする。

**축구**[蹴球] 名蹴 蹴球しゅう、サッカー、フットボール。¶ ~ 시합 サッカー試合しあい/ 미식 ~ アメリカンフットボール。

**축-나다**[縮-] 自 ①減へる、足たりなくなる。¶

축농증

돈이 ~ お金が足りなくなる。 ②やつれる、衰弱する。¶ 영양 실조로 몸이 축났다 栄養失調で体がやせ衰えた。

**축농-증**[蓄膿症] 图 [醫] 蓄膿症。

**축다** 팀 湿る、しける、じめじめする。¶ 습기에 담배가 ~ 湿気でたばこがしける。

**축대**[築臺] 图 高く築き上げた土台。

**축도**[縮圖] 图 縮図。¶ 인생의 ~ 人生の縮図/ ~ 를 그리다 縮図を描く。
　**축도-기**[-器] 图 縮図器。

**축문**[祝文] 图 祝文・祝詞。①(お祭りに)神に祈る文。②祝意を記した文、祝辞。

**축배**[祝杯] 图 祝杯、祝盃。¶ ~ 를 들다 祝杯を上げる。

**축복**[祝福] 图 하자 祝福、祝うこと。¶ ~ 을 받다 祝福を受ける。

**축사**[畜舎] 图 畜舎。

**축사**[祝辞] 图 祝辞。¶ 졸업식 ~ 卒業式の祝辞。

**축산**[畜産] 图 畜産。

**축생**[畜生] 图 畜生。
　**축생-도**[-道] 图[佛] 畜生道。

**축소**[縮小] 图 하자되 縮小。¶ ~ 율 縮小率/ 규모를 ~ 하다 規模を縮小する。
　**축소-판**[-版] 图 縮小版。

**축수**[祝壽] 图 長寿を祈ること。

**축연**[祝宴] 图 祝宴。 ㊦ 축하연

**축우**[畜牛] 图 家畜として飼う牛。

**축원**[祝願] 图 願い、祈り。¶ 성공을 ~ 하다 成功を祈る。
　**축원-문**[-文] 图 祈り願う旨を書いた文章。

**축음-기**[蓄音機] 图 蓄音機。¶ ~ 를 틀다 蓄音機をかける。

**축의**[祝意] 图 祝意。¶ ~ 를 표하다 祝意を表す。

**축의**[祝儀] 图 祝儀、祝いの儀式。¶ ~ 금 祝いのお金。

**축이다** 팀 濡らす、湿らせる、湿す、潤す。¶ 천을 ~ 布を濡らす。/ 목을 ~ のどをうるおす。

**축일**[祝日] 图 祝日。

**축일**[逐日] 图副 逐日、日つ追って、日ごと、一日一日と。

**축재**[蓄財] 图 하자 蓄財。¶ 부정 ~ 不正な蓄財。

**축적**[蓄積] 图 하자 타되 蓄積。¶ 지식을 ~ 하다 知識を蓄積する。

**축전**[祝電] 图 祝電。¶ ~ 을 치다 祝電を打つ。
　**축전-지**[蓄電池] 图 蓄電池。

**축제**[祝祭] 图 祝祭。¶ 마을이 온통 ~ 분위기다 村全体がお祝いの雰囲気だ。

**축조**[築造] 图 하자타되 築造。¶ 댐을 ~ 하다 ダムを築造する。

**축척**[縮尺] 图 縮尺。¶ ~ 오만분의 일의 지도 縮尺五万分の一の地図。

**축축-하다** 形연 しめっぽい、じめじめしている、じめつく。¶ 축축한 날씨 じめじめした天気/ 공기가 ~ 空気がしめっぽい。

**축출**[逐出] 图 하자되 追い出すこと。¶ 정계에서 ~ 당하다 政界から追い出される。

**축하**[祝賀] 图 하자타 祝賀、祝い。¶ ~ 인사 祝いのあいさつ。

**축혼**[祝婚] 图 結婚を祝うこと。

**춘경**[春景] 图 春景、春色。

**춘곤**[春困] 图 春に感ずるけだるさ。

**춘궁**[春窮] 图 春窮、陰暦の3・4月ごろ農家で食糧が不足すること。 ㊦ 보릿고개
　**춘궁-기**[-期] 图 春窮期。

**춘기**[春氣] 图 春のうららかな日和より。

**춘기**[春機] 图 春機、色情。

**춘몽**[春夢] 图 春の夢、はかない夢。¶ 일장 ~ 一場のはかない夢。

**춘부**[春府] 图 「춘부장」の縮約形。
　**춘부-장**[-丈] 图 《他人の父を尊敬して言う語》ご尊父、おとうさま。

**춘분**[春分] 图 春分(二十四節気の一つ)。

**춘-삼월**[春三月] 图 春たけなわな陰暦の三月。

**춘색**[春色] 图 春色、春景。¶ ~ 짙은 계절 春たけなわの季節。

**춘설**[春雪] 图 春雪。

**춘소**[春宵] 图 春宵、春の宵。¶ ~ 일각 치천금 春宵一刻値千金。

**춘잠**[春蠶] 图 春蚕。

**춘정**[春情] 图 春情。①春のおもむき。②男女間の情欲、いろけ、春心。¶ ~ 에 눈뜨다 春情に目覚める。

**춘추**[春秋] 图 春秋。①春と秋。②《他人の年齢の尊敬語》お年。¶ ~ 가 어떻게 되십니까? お年はおいくつですか。 ㊦ 연세(年歳)。③歳月。④歴史、歴史の本。¶ ~ 필법 春秋の筆法。
　**춘추-복**[-服] 图 合い服。
　**춘추 전-국**[-戰國] 图 春秋戦国。¶ ~ 시대 春秋戦国時代。

**춘풍**[春風] 图 春風。
　**춘풍 추우**[-秋雨] 图 (春の風など秋の雨の意で)過ぎ去った歳月。

**춘-하-추-동**[春夏秋冬] 图 春夏秋冬。

**춘화**[春畵] 图 春画。
　**춘화-도**[-圖] 图 春画、まくら絵。

**출가**[出家] 图 하자 出家。¶ ~ 하여 속세를 등진 몸 出家遁世の身。

**출가 득도**[-得度] 图 하자 [佛] 出家得度、出家して仏道に入ること。

**출가**[出嫁] 图 하자 嫁入りすること、嫁ぐこと。¶ 딸을 ~ 시키다 娘を嫁らがせる。

**출가-외인**[-外人] 图 嫁いだ娘は既に他家の人であること。

**출간**[出刊] 图 하자타 出版сын。 ㊦ 출판

**출감**[出監] 图 하자되 出監、出獄、出

所しょ。⑦ 출옥(出獄)
**출강**〔出講〕 图 하自 出講しゅっこう。¶ 대학에 ~하다 大学だいがくに出講する。
**출격**〔出撃〕 图 하自他 出撃しゅつげき。¶ ~ 명령 出撃命令めいれい。
**출고**〔出庫〕 图 하他 되自 出庫しゅっこ、蔵出くらだし。¶ ~ 가격 出庫価格かかく/ 갓 ~된 술 蔵だししたばかりの酒さけ。
**출고-량**〔-量〕 图 出庫量りょう。
**출고 전표**〔-傳票〕 图 出庫伝票でんぴょう。
**출고-증**〔-證〕 图 出庫証しょう。
**출구**〔出口〕 图 出口でぐち。¶ 건물의 ~ 建物たてものの出口/ 비상 ~ 非常口ひじょうぐち/ ~가 막히다 出口がふさがれる。
**출국**〔出國〕 图 하自 出国しゅっこく。¶ ~ 수속 出国手続つづき。
**출근**〔出勤〕 图 하自 出勤しゅっきん。¶ ~ 버스 出勤バス/ ~ 시간 出勤時間じかん/ 아침 일찍 ~하다 朝あさ早はやく出勤する。
**출근-길** 图 出勤の途と、出勤途中とちゅう。¶ ~에 만나다 出勤途中に出会であう。
**출근-부**〔-簿〕 图 出勤簿ぼ。
**출금**〔出金〕 图 하自他 出金しゅっきん。¶ ~ 전표 出金伝票でんぴょう。
**출납**〔出納〕 图 하他 出納すいとう、出だし入いれ。¶ 금전 ~ 金銭きんせんの出納。
**출납-계**〔-係〕 图 出納係がかり。
**출동**〔出動〕 图 하自 出動しゅつどう。¶ 소방차가 ~하다 消防車しょうぼうしゃが出動する。
**출두**〔出頭〕 图 하自 出頭しゅっとう。¶ ~ 명령 出頭命令めいれい/ 법정에 ~하다 法廷ほうていに出頭する。
**출렁-거리다** 自 ①(大おきな器うつわなどに入いれた液体たいが)じゃぶじゃぶんと音を立たてる、だぶだぶ揺ゆれ動うごく。②(大おきな波なみが)ざぶんざぶんと音を立てる。 ③(不安ふあん・心配しんぱいなどで胸むねが)どきんどきんする。
**출력**〔出力〕 图 하他 出力しゅつりょく、アウトプット。¶ 이 발전소의 ~은 30만 킬로와트다 この発電所はつでんしょの出力は30万まんキロワットだ。
**출마**〔出馬〕 图 하自 出馬しゅつば。¶ 시장 선거에 ~하다 市長しちょう選挙せんきょに出馬する。
**출몰**〔出沒〕 图 하自 出没しゅつぼつ。¶ 도적이 ~하다 盗賊とうぞくが出没する。
**출몰-무쌍**〔-無雙〕 图 하形 出没が非常ひじょうに甚はなだしいこと。
**출발**〔出發〕 图 하自他 되自 出発しゅっぱつ、振ふり出だし、始はじまり。¶ ~ 준비 出発準備じゅんび/ 인생의 첫 ~ 人生じんせいの門出かどで/ ~을 연기하다 出発を延のばす。/ 예정대로 ~하다 予定よていどおりに出発する。
**출발-선**〔-線〕 图 出発線せん、スタートライン。
**출발 신:호**〔-信號〕 图 出発信号しんごう。
**출발-역**〔-驛〕 图 出発駅えき。
**출발-점**〔-點〕 图 出発点てん。¶ ~에 서다 出発点に立たつ。
**출발-지**〔-地〕 图 出発地ち。
**출범**〔出帆〕 图 하自 出帆しゅっぱん、船出ふなで。¶ 부산 항을 ~하다 プサン港こうを出帆する。

**출병**〔出兵〕 图 하自 出兵しゅっぺい。¶ 해외 ~ 海外かいがい出兵。
**출산**〔出産〕 图 하自他 出産しゅっさん。¶ ~율이 높다 出産率りつが高たかい。/ 사내아이를 ~하다 男おとこの子こを産うむ。
**출상**〔出喪〕 图 霊柩車れいきゅうしゃが喪家そうかから出でて行いくこと。
**출생**〔出生〕 图 하自 出生しゅっせい・しゅっしょう、生うまれ。¶ ~율 出生率りつ/ 서울 ~ ソウル生まれ。
**출생 신고**〔-申告〕 图 出生届しゅっしょうとどけ。
**출생-지**〔-地〕 图 出生地しゅっしょうち。
**출석**〔出席〕 图 하自 出席せき。¶ ~을 부르다 出席を取とる。
**출세**〔出世〕 图 하自 出世しゅっせ。¶ ①陰遁生活いんとんせいかつから世よの中なかに出でること。②社会的しゃかいてきに身分みぶん・地位ちいが高たかくなること。¶ ~가 빠르다 出世が早はやい。③〔佛〕煩悩ぼんのうを離はなれて仏道ぶつどうに入はいること。
**출세-간**〔-間〕 图〔佛〕①出家しゅっけ。②脱俗だつぞく、超俗ちょうぞく。
**출세-작**〔-作〕 图 出世作さく。
**출소**〔出所〕 图 하自 되自 出所しゅっしょ、出獄しゅつごく。⑦ 출옥(出獄)
**출신**〔出身〕 图 出身しゅっしん、出で、上あがり。¶ 농촌 ~ 農村のうそん出身/ 그는 대학 ~이다 彼かれは大学だいがく出である。
**출썩-거리다** 自他 ①軽々かるがるしくさわぎまわる。②そそのかしておだてる。
**출어**〔出漁〕 图 하自 出漁しゅつりょう・しゅつぎょ。¶ 북양에 ~하다 北洋ほくように出漁する。
**출연**〔出演〕 图 하自 出演えん。¶ ~자 出演者しゃ/ 첫 ~ 初舞台はつぶたい。
**출옥**〔出獄〕 图 하自 되自 出獄しゅつごく、出所しゅっしょ。¶ 형기를 채우고 ~하다 刑期けいきを終おえて出所する。⑦ 출감(出監)
**출원**〔出願〕 图 하他 出願しゅつがん、願ねがい出で。¶ 특허 ~ 特許とっきょの出願。
**출입**〔出入〕 图 하自他 ①出入しゅつにゅう、出入でいり。¶ ~ 금지 구역 出入り禁止きんし区域くいき/ 사람의 ~이 많다 人ひとの出入りが多おおい。②お出でかけ、外出がいしゅつ。¶ 선생님은 ~ 중이십니다 先生せんせいは外出中がいしゅつちゅうです。
**출입-구**〔-口〕 图 出入でいり口ぐち。¶ ~를 막다 出入り口をふさぐ。
**출입국 관:리**〔-國管理〕 图 出入国しゅつにゅうこく管理かんり。
**출입-문**〔-門〕 图 通用門つうようもん。
**출입-처**〔-處〕 图 出入でいりする所ところ。
**출자**〔出資〕 图 하自他 되自 出資しゅっし。¶ ~액 出資額がく/ 기업에 ~하다 企業きぎょうに出資する。
**출자-금**〔-金〕 图 出資金きん。
**출자-자**〔-者〕 图 出資者しゃ。
**출장**〔出張〕 图 하自 出張しゅっちょう。¶ 공무로 ~가다 公務こうむで出張する。
**출전**〔出戰〕 图 하自 出戦しゅっせん、出場しゅつじょう。¶ 대회에 ~하다 大会たいかいに出場する。
**출정**〔出廷〕 图 하自 出廷しゅってい。¶ 피고의 ~ 被

告(고)の出廷/ ~을 요구하다 出廷を要求する.

**출제**[出題] 图[하]自他 [되]自 出題. ¶ ~ 위원 出題委員.

**출중**[出衆] 图[하]形 衆に抜きん出ていること、ずばぬけていること, 抜群. ¶ ~한 성적 ずばぬけた成績.

**출처**[出處] 图 ①出所·しょ. ¶ 기사의 ~ 記事の出所/ ~가 분명치 않다 出所がはっきりしない. ②世に出ることと退いて家にいること, 出処進退. ¶ ~를 분명히 하다 出処進退を明らかにする. ㊌ 거처(去就).

**출출** 副 (水分などの液体が多量に流れでるよう) ざあざあ, じゃあじゃあ.

**출출-하다** 形여 少し腹がすいている, ややひもじい.

**출타**[出他] 图[하]自 外出すること. ¶ ~중 外出中/ 아버지는 지금 ~하고 안 계십니다 父はいま外出して留守です.

**출토**[出土] 图[하]自 [되]自 出土. ¶ 유물이 ~되다 の遺物が出土する.

**출-퇴근**[出退勤] 图[하]自 出勤と退勤.

**출판**[出版] 图[하]自他 [되]自 出版. ¶ ~계 出版界/ 기념회 出版記念会/ 사전을 ~하다 辞典を出版する. ㊌ 출간.

**출판-권**[-權] 图[法] 出版権, 版権.

**출판-물**[-物] 图 出版物. ¶ ~을 단속하다 出版物を取り締まる.

**출판-사**[-社] 图 出版社.

**출품**[出品] 图[하]自他 [되]自 出品. ¶ 전시회에 ~하다 展示会に出品する.

**출하**[出荷] 图[하]自 出荷. ¶ ~ 조절 出荷調節/ 과일을 ~하다 果物を出荷する.

**출하-량**[-量] 图 出荷量.

**출항**[出航] 图[하]自 出航. ¶ ~이 늦어지다 出航が遅れる. / ~ 시간이 임박하다 出航時間が迫る.

**출항**[出港] 图[하]自 出港. ¶ ~ 수속 出港手続.

**출항-세**[-稅] 图 出港税.

**출현**[出現] 图[하]自 出現. ¶ 신제품의 ~ 新製品の出現.

**출혈**[出血] 图[하]自 ①血が出ること. ¶ ~ 과다 過多の出血/ ~이 멎다 出血が止まる. ②犠牲, 損害. ¶ 다소의 ~은 각오해야 한다 多少の損害は覚悟しなければならぬ.

**춤**[1] 图 踊り, 舞踊, 舞, 舞踏. ¶ ~을 잘 추다 踊りが上手だ.

**춤**[2] 图 入れ物などの高さ. ¶ ~이 높은 항아리 丈の高いかめ.

**춤**[3] 图 '허리춤'의 縮約形.

**춤**[4] 依 (細長い物の) 一握りの分量, 握り, 把. ¶ 짚 한 ~ 藁 一握り.

**춤-추다** 自 ①踊る, 舞う. ¶ 노래하며 ~ 歌いながら踊る. ②(喜びのあまり) 小躍りする. ¶ 합격 소식에 좋아라고 ~ 合格の知らせに小躍りする. ③人に踊らされる. ¶ 남의 장단에 ~ 人の調子に合わせて踊る.

**춥다** 形ㅂ 寒い. ¶ 추운 날씨 寒い天気/ 추워 보이다 寒そうに見える. / 점점 추워지다 だんだん寒くなる.

**충격**[衝擊] 图 衝擊, ショック. ¶ ~ 시험 衝擊試驗/ 큰 ~을 받다 大きなショックを受ける.

**충격 요법**[-療法] 图[醫] 衝擊療法, ショック療法.

**충격-적**[-的] 冠名 衝擊的. ¶ ~인 뉴스 衝擊的なニュース.

**충격-파**[-波] 图[物] 衝擊波.

**충고**[忠告] 图[하]自他 忠告. ¶ ~에 따르다 忠告に従う. / 아무리 ~해도 소용없었다 いくら忠告しても無駄だった.

**충당**[充當] 图[하]他 充當. ¶ 생활비에 ~하다 生活費に当てる.

**충돌**[衝突] 图[하]自他 [되]自 衝突. ¶ 의견이 ~하다 意見が衝突する.

**충동**[衝動] 图[하]他 衝動. ¶ ~에 이끌리다 衝動にかられる.

**충동-질** 图[하]他 そそのかすこと, 誘惑すること.

**충렬**[忠烈] 图[하]形 忠烈.

**충령**[忠靈] 图 忠靈. ¶ ~탑 忠靈塔.

**충만**[充滿] 图[하]形 [되]自 充満. ¶ 천지에 ~한 봄기운 天地に充満している春の気.

**충분**[充分] 图[하]形 十分, 充分. ¶ 그 정도면 ~하다 その程度ならば沢山だ.

**충성**[忠誠] 图[하]自 忠誠. ¶ ~을 맹세하다 忠誠を誓おう.

**충성-스럽다** 形ㅂ 忠義である. ¶ 충성스러운 신하 忠義な臣下.

**충성-심**[-心] 图 忠誠心.

**충신**[忠臣] 图 忠臣. ¶ ~은 불사이군이라 忠臣は二君に仕えず.

**충실**[充實] 图[하]形 ①充實. ¶ 내용이 ~한 책 内容の充実した本. ②(子供などが) 健やかなこと, 元気であること. ¶ 아이들은 다 ~합니까? 子供たちはみんな元気ですか.

**충실**[忠實] 图[하]形 忠實. ¶ ~하게 임무를 수행하다 忠実に任務を遂行する.

**충심**[衷心] 图 衷心, 真心. ¶ ~으로부터 환영 衷心からの歓迎/ ~으로 감사합니다 真心から感謝します.

**충언**[忠言] 图[하]自他 忠言, 忠告. ¶ ~를 받아들이다 忠言を聞き入れる.

**충언-역이**[-逆耳] 图 忠言は耳にさからうこと.

**충원**[充員] 图[하]自 充員, 人員の補充. ¶ 결원을 ~하다 欠員を補充する.

**충의**[忠義] 图 忠義. ¶ ~를 다하다 忠義を尽くす.

**충적**[沖積] 图[하]自他 [되]自[地] 沖積. ¶ ~토 沖積土.

**충전**[充電] 图[하]自 充電. ¶ 축전지에 ~하

**충전**〔充塡〕 图 他 되自 充塡ᇵ｡ ¶ 가스를 ~하다 ガスを充塡する。 ㊸ 방전

**충정**〔衷情〕 图 衷情ᇶ、真心ᇶᇵ。 ¶ ~을 털어놓다 衷情を打ち明ける。

**충족**〔充足〕 图 他 되自 充足ᇶ。 ¶ ~감 充足感、욕망을 ~시키다 欲望を満たす。

**충천**〔衝天〕 图 되自 衝天ᇶ。 ¶ 노기가 ~하다 怒髮天を衝く。

**충충-하다** 圈 (水色ᇶや色ᇶなどに)にごっている、どんよりしている、汚ᇶらしい。¶ 색깔이 ~ 色合いがどんよりしている。

**충치**〔蟲齒〕 图 虫歯ᇶ。¶ ~가 쑤시다 虫歯がうずく。/ ~가 생기다 虫歯になる。

**충해**〔蟲害〕 图 虫害ᇶ。 ¶ ~를 입었다 虫害にやられた。

**충혈**〔充血〕 图 되自 充血ᇶ。 ¶ ~된 눈 充血した目。

**충혼**〔忠魂〕 图 忠魂ᇶ。 ¶ ~을 위로하다 忠魂を慰ᇶめる。

**충혼-탑**〔-塔〕 图 忠魂塔ᇶ。

**충효**〔忠孝〕 图 忠孝ᇶ。 ¶ ~ 사상을 함양하다 忠孝の思想ᇶを涵養ᇶする。

**췌:액**〔膵液〕 图 生 膵液ᇶ。

**췌:장**〔膵臓〕 图 生 膵臓ᇶ。 ¶ ~염 膵臓炎ᇶ。

**취:객**〔醉客〕 图 醉客ᇶ、よっぱらい。

**취:급**〔取扱〕 图 他 되自 ①(物ᇶの)取り扱い。¶ ~ 주의 取り扱い注意ᇶ／돈을 ~하다 金ᇶを取り扱う。②(人ᇶの)扱ᇶい、待遇ᇶ。¶ 바보 ~ 하지 마라 ばか扱いするな。

**취:기**〔醉氣〕 图 酔気ᇶ、酔ᇶい。¶ ~가 돌다 酔いがまわる。

**취:득**〔取得〕 图 他 되自 取得ᇶ。¶ ~세 取得税ᇶ／권리를 ~하다 権利ᇶを取得する。

**취:락**〔聚落〕 图 集落ᇶ、聚落ᇶ。 ¶ ~을 이루다 集落を成ᇶす。

**취:로**〔就勞〕 图 되自 就労ᇶ。 ¶ ~ 인원 就労人員ᇶ

**취:로 사:업**〔-事業〕 图 就労事業ᇶ、失業者ᇶᇶ、貧民ᇶᇶの就労を目的ᇶとして政府ᇶが実施ᇶする事業ᇶ。

**취:미**〔趣味〕 图 ①趣味ᇶ。¶ 악~ 悪趣味／내 ~는 독서다 僕の趣味は読書ᇶᇶだ。②興味ᇶ、関心ᇶ。¶ 그림에 ~를 붙이다 絵ᇶに興味を覚ᇶえる。③好ᇶみ、嗜好ᇶ、嗜ᇶみ。¶ ~에 맞다 好みに合ᇶう。

**취:사**〔炊事〕 图 되自 炊事ᇶ。 ¶ ~병 炊事兵ᇶ／~ 도구 炊事道具ᇶ。

**취:사**〔取捨〕 图 他 取捨ᇶ。 ¶ 적당히 ~하다 適当ᇶに取捨する。

**취:사 선:택**〔-選擇〕 图 他 取捨選択ᇶᇶ。 ¶ ~의 자유 取捨選択の自由ᇶ。

**취:소**〔取消〕 图 他 되自 取ᇶり消し。 ¶ 계약의 ~ 契約ᇶᇶの取り消し／약속을 ~하다 約束ᇶᇶを取り消す。

**취:식**〔取食〕 图 되自 ①食事ᇶᇶを取ᇶること。¶ ~ 시간 食事の時間ᇶ。 ②他人ᇶᇶの食事を厚面ᇶᇶもなく食ᇶべること。 ¶ 무전 ~ 無銭飲食ᇶᇶ。

**취:약**〔脆弱〕 图 他 形 脆弱ᇶ。 ¶ ~한 지반 脆弱な地盤ᇶ。

**취:업**〔就業〕 图 되自 就業ᇶ。 ¶ ~률 就業率ᇶ／~ 시간 就業時間ᇶ。

**취:업 규칙**〔-規則〕 图 就業規則ᇶ。

**취:업 인구**〔-人口〕 图 就業人口ᇶ。

**취옥**〔翠玉〕 图 翠玉ᇶ、エメラルド。

**취:임**〔就任〕 图 되自 就任ᇶ。 ¶ ~식 就任式ᇶ／~ 인사 就任のあいさつ／교장으로 ~하다 校長ᇶᇶに就任する。

**취:입**〔吹入〕 图 他 되自 吹ᇶき込み。¶ 신곡을 ~하다 新曲ᇶᇶを吹き込む。

**취:재**〔取材〕 图 他 되自 取材ᇶ。 ¶ 사건의 ~ 事件ᇶᇶの取材。

**취:재-원**〔-源〕 图 取材源ᇶ。

**취:조**〔取調〕 图 他 되自 取ᇶり調ᇶべ。 ¶ ~를 받다 取り調べを受ᇶける。／용의자를 ~하다 容疑者ᇶᇶᇶを取り調べる。

**취:주**〔吹奏〕 图 他 吹奏ᇶ。 ¶ 관악기를 ~하다 管楽器ᇶᇶᇶを吹奏する。

**취:주 악대**〔-樂隊〕 图 吹奏楽隊ᇶ。

**취:중**〔醉中〕 图 酒ᇶに酔ᇶっている間ᇶ。¶ ~에 실수하다 酔ってしくじりをする。

속담 취중에 진담 난다 酔って本性ᇶをあらわす。《酒ᇶは本心ᇶをあらわすの意》

**취:지**〔趣旨〕 图 趣旨ᇶ、趣意ᇶ。 ¶ 설립의 ~ 設立ᇶᇶの趣旨／말씀하시는 ~는 잘 알았습니다 お話ᇶしなさる趣意はよくわかりました。

**취:직**〔就職〕 图 되自 就職ᇶ。 ¶ ~ 시험 就職試験ᇶ。

**취:침**〔就寢〕 图 되自 就寝ᇶ。 ¶ ~ 시간 就寝時間ᇶ。

**취:하**〔取下〕 图 他 取ᇶり下げ、願ᇶい下げ。 ¶ 소송을 ~하다 訴訟ᇶᇶを取り下げる。

**취:-하다**〔醉-〕 自他 ①(酒ᇶ・乗ᇶり物ᇶに)酔ᇶう、酔いがまわる。 ¶ 술에 ~ 酒に酔う。②(物事ᇶᇶに)酔ᇶう、酔いしれる、陶酔ᇶᇶする。 ¶ 성공에 ~ 成功ᇶᇶに酔いしれる。 ③(眠ᇶりが足ᇶりなかったりひどく眠ᇶかったりして)深ᇶい眠ᇶりに落ᇶちる。 ¶ 잠에 ~ ぐっすり寝込ᇶむ。

**취:-하다**〔取-〕 他 取ᇶる。①摂取ᇶᇶする。 ¶ 영양을 ~ 栄養ᇶᇶを取る。②選択ᇶᇶする、選ᇶぶ。 ¶ 굴욕보다 죽음을 ~ 屈辱ᇶᇶより死ᇶを選ぶ。 ③(手段ᇶᇶなどを)講ᇶじる。 ¶ 응급 조치를 ~ 応急処置ᇶᇶᇶを取る。 ④(金銭ᇶᇶなどを)借ᇶりる。 ¶ 돈을 ~ 金ᇶを借りる。

**취:학**〔就學〕 图 되自 就学ᇶ。 ¶ ~ 아동 就学児童ᇶ。

**취:한**〔醉漢〕 图 酔漢ᇶ、酔ᇶいどれ。

**취:항**〔就航〕 图 되自 就航ᇶ。 ¶ 모스크바 항로에 ~하다 モスクワ航路ᇶᇶに就航する。

**취:향**〔趣向〕 图 趣向ᇶ、おもむき。 ¶ 개인의 ~에 따라서… 個人ᇶᇶの趣向によって…／각자의 ~은 서로 다르다 各人ᇶᇶの趣向は互ᇶいに異ᇶなる。

**-측**[側]接尾 …側に、…方に。¶ 정부~ 政府側。

**측근**[側近]名 側近さん。¶ 사장의 ~ 社長の側近。

**측량**[測量]名하(되自) ①推量, 推測。¶ 속마음을 ~ 할 길이 없다 胸中を推しはかるすべがない。②測量。¶ 부지를 ~ 하다 敷地を測量する。

**측면**[側面]名 側面。¶ ~에서 공격하다 側面から攻撃する。

**측연**[惻然]图形 かわいそうに思うようす。

**측우-기**[測雨器]名 ①雨量計。②(史) 朝鮮王朝世宗24年(1442年)に設置された雨量計。

**측은**[惻隱]名形 惻隱。¶ ~한 마음 あわれむ気持ち。

**측은지-심**[-之心]名 惻隱の情。

**측정**[測定]名하(되自他 測定。¶ 거리를 ~ 하다 距離を測定する。

**층**[層]I名 層。①重ね。¶ 석탄의 ~ 石炭の層。②階層。¶ 학생~의 지지를 받다 学生層の支持たる。③(建物などの)階、… II(依(階層かさを数をえる語)階、…階。¶ 빌딩 2~ ビルの2階な。

**층계**[層階]名 階段。¶ ~를 오르다 階段を上がる。

**층암**[層岩]名 層をなしている岩。

**층적-운**[層積雲]名 層積雲、うね雲。

**층층**[層層]名 層々。¶ ~으로 쌓아 올리다 幾層に積み上げる。

**층층-다리**名 階段。

**층층-대**名 ①階段。②幾段にもなっている台。

**층층-시하**[-侍下]名 父母祖父母がいっしょに住んでいてかしずくべき人が多いこと。

**층하**[層下]名하(他 人を見さげておろそかに扱うこと。
관용 층하(를) 두다 人を差別する。

**치**[齒]名 歯。
관용 치가 떨리다 ①(怒りやくやしさで)歯ぎしりする、身を震わせる。¶ 생각만 해도 ~ 考えるだけでもぞっとする。②飽き飽きする、うんざりする。

**치-**接頭「上への勢」を表わす。¶ 눈을 ~ 뜨다 上目をつかう。

**치-감다**他 上向きに巻く。
관용 치감고 내리감는다 全身を絹の衣装で包む。《婦女子の過度ではでな贅沢やおしゃれのたとえ》

**치고**助 ①《後にに否定文がつづいて「例外なく・すべて」の意を表わす》…で、いば。¶ 대학생~ 그 사건을 모르는 이는 없을 것이다 大学生でその事件を知らない人はいないだろう。②《「例外的にの意を表わす》…にしては、…の割には。¶ 싸구려 시계~ 정확하다 安物の割にては正確だ。③《引用文の終止形について》…として。¶ 네 말이 옳다~ 앞으로

어떻게 할 작정이나 君の言うことが正しいとしてこれからどうするつもりかね。

**치골**[恥骨]名 恥骨。

**치과**[歯科]名 歯科。¶ ~ 의사 歯医者。

**치국**[治國]名하(되自 治国。

**치국 평천하**[-平天下]名 治国平天下。

**치근-거리다**自他 うるさくつきまとう、うるさくねだる。

**치근-치근**副하(他《人が嫌がるほどつきまとうようす》ねちねち、しつこく、べたべた。

**치근덕-거리다**自他 ①しつこく悩ます、ねちねちとねばりついて困らせる。②うるさくつきまとってねだる。

**치근덕-치근덕**副하(他《しつこくねだるようす》ねちねちと。

**치근치근-하다**形여 べたべたとまつわりつかれて不愉快だ。

**치기**[稚氣]名 子供っぽさ。

**-치기**語尾《遊びや賭け事を表わす》打ち、…遊び。¶ 화투~ 花札遊び。

**치기-배**[-輩]名 かっ払いやこそどろなどのやから。

**치다**自 ①(風・雪などが)吹きまくる、吹きすさぶ。¶ 눈보라가 ~ 吹雪が吹きまくる。②(雷などが)落ちる、(稲妻などが)光る。¶ 벼락이 ~ 雷が落ちる。③(霜などが)降りる。¶ 서리가 ~ 霜が降りる。④(波などが)打つ。¶ 물결이 ~ 波が打ちつける。

**치:다²**他 ①打つ、殴る。¶ 주먹으로 ~ こぶしで殴る。②(太鼓・ピアノなどを)打つ、たたく、弾く。¶ 북을 ~ 太鼓をたたく。/ 기타를 ~ ギターを弾く。③(餠を)搗く。¶ 절굿대로 떡을 ~ 杵で餠を搗く。④(まり・球を)つく。¶ 당구를 ~ 球をつく。⑤(電信を)打つ。¶ 전보를 ~ 電報を打つ。⑥(敵を)討つ、攻める、攻撃する。¶ 적진을 ~ 敵陣地を攻める。⑦切り落とす。¶ 죄인의 목을 ~ 罪人の首を切り落とす。⑧(表皮などを)そぐとる。¶ 날밤을 ~ 生栗の渋皮をそぐ。⑨(野菜などを)千切りにする。¶ 무채를 ~ 大根を千切りにする。⑩(動作を)する、(手段を)とる。¶ 진저리를 ~ 身ぶるいをする。/ 도망을 ~ 逃げを打つ。⑪(花札などを)打つ、遊びをする。¶ 화투를 ~ 花札を打つ。⑫(鉄を打ち鍛えて)器具をつくる。¶ 대장장이가 식칼을 ~ 鍛冶屋が包丁をつくる。⑬(頭などに)浮ぶ、感動をする。

**치다³**他 ①(しるしを)つける、押す、描がく。¶ 낙관을 ~ 落款を押す。②(線を)引く。¶ 밑줄을 ~ アンダーラインを引く。③占う、占いをする。¶ 운수점을 ~ 運勢占をする。④(試験を)受ける。¶ 시험을 ~ 試験を受ける。

**치다⁴**他 ①(かます・むしろなどを)つくる。¶ 가마니를 ~ かますを編む。②(ゲートルなどを)巻く。¶ 각반을 ~ ゲートルを巻く。

치다⁶ 他 ①(液・粉などを)かける、ふりかける、入れる、さす、まく。¶ 초를 ~ 酢をかける。②(ふるいに)かける、ふるい分ける。¶ 체로 밀가루를 ~ ふるいで小麦粉をふるい分ける。

치다⁷ 他 ①(すだれなどを)下ろす、吊る、掛ける。¶ 커튼을 ~ カーテンをおろす。②(網などを)張る。¶ 그물을 ~ 網を張る。③(びょうぶ・塀などで)かこむ、巡らす。¶ 철조망을 ~ 鉄条網を張る。

치다⁸ 他 ①(大きな声をなどを)出す、叫ぶ。¶ 큰 소리를 ~ 大声で叫ぶ。②(わざと)気勢を張る、おおげさにふるまう、空いばりをする。¶ 허풍을 ~ 駄ぼらを吹く。③(値段を)つける。¶ 값을 비싸게 ~ 値段を高くつける。④見なす、見積もる、見立てる、…とする。¶ 그건 그렇다 치고 それはそうとして。

치다⁹ 他 ①(汚物を)のける、取り除く、清掃する。¶ 눈을 ~ 雪を掻く。②(井戸・溝などを)取り去る、さらう。¶ 우물을 ~ 井戸をさらう。

치다¹⁰ 他 ①(家畜などを)飼育する、飼かう。¶ 누에를 ~ かいこを飼う。②(樹木などが)枝を伸ばす。③(蜂などが)蜂蜜をつくる。¶ 꿀을 ~ 蜜をつくる。④(動物などが)子を産む、ひなをかえす、繁殖する。¶ 제비가 새끼를 ~ ツバメがひなをかえす。⑤(営業的に)客を泊める。¶ 하숙생을 ~ 下宿人を置くと。

치:다¹¹ 他「치우다」の縮約形。¶ 쓰레기를 ~ ごみを片付ける。

치다¹² 他 (人・物などを)轢く。¶ 차에 치어 죽다 車に轢かれて死ぬ。

-치다 語尾 ①(一部の名詞について)動詞をつくる。¶ 해~ 害する。②(動詞の語幹・連用形について)強調を表わす。¶ 내~ 退ける。/ 뿌리~ ふりはらう。

치다꺼리 名하 ①切り回し、切り盛り。¶ 손님 ~ 客のもてなし。②(人の)世話をやくこと、面倒みる。¶ 아이들 ~ 를 하다 子供たちの面倒を見る。

치-닫다 自 ①(下から上に)むかって走る、駆け上がる。¶ 언덕을 ~ 坂を走り登る。②(勢いよく)突っ走る。③(感情などが)込み上げる、突き上げる。¶ 분노가 ~ 怒りが込み上がる。

치대다¹ 他 ①(洗濯物を)板などに押しつけてもむ、もみ洗いする。②(粉などを)練ってこね返す。¶ 밀가루 반죽을 ~ メリケン粉を練ってこね返す。

치-대다² 他 上の方に当てる、上向きに当てる。

치-뜨다 他 目上使うわいをする、目を上向きにあける。

치렁-하다 形여 長なく垂れ下がっている、ぶらり垂れ下がっているようす。

치렁-치렁 副하自 《長なく垂れ下がったり ぶらり垂れ下がっているようす》ゆらゆらと。

-치레 接尾 うわべを飾ることの意。¶ 겉~ 内실의ともなわない外見がい。

치료〔治療〕名하他되自 治療ちりょう

치르다 他 ①(賃金などを)払はう。¶ 품삯을 ~ 労銀を払う。②(行事などを)行なう、済ませる、終わる。③(食事を)食べる。¶ 시험을 ~ 試験を終える。③(食事を)食べる。¶ 조반을 ~ 朝食をとる。

치마 名 ①女性用の裳、チマ。¶ ~를 입다 チマを履く。②スカート。③上下に色分けけした凧の下の部分。

치마-끈 名 チマの帯につけたひも。

치마-널 名 手すりの下にはり巡らした板。

치마-저고리 名 チマとチョゴリ。

치마-폭 名 布を継ぎ合わせてつくったチマの幅。

[숙담] 치마폭이 스물네 폭이다 チマの幅が24 幅だ。《人のことに要いらぬ口出くしをすること》

치맛-바람 名 ①女性の出でしゃばった行為こう、教育きょうママ的な行為。②女性のふだん着姿。③女の後押しと、女の尻押し。

치맛-자락 名 チマの裾を。¶ ~을 끌다 チマの 裾を引く。

[숙담] 치맛자락이 넓다 チマの裾が広い。《生意気きでいろいろなことにでしゃばる》

치매〔痴呆〕名 痴呆ほう。

치:명〔致命〕名하自 ①死に際に至ること。②[가] 天主てんと教会きょうのために自分の命を捧げること。

치:명-상〔-傷〕名 致命傷しょう。¶ ~을 입다 致命傷を負う。

치:명-적〔-的〕冠名 致命的ちめい。¶ ~인 타격 致命的な打撃。

치밀〔緻密〕名하形 緻密みつ。¶ ~한 연구 緻密な研究 / ~하게 현장을 조사하다 緻密に現場を調べる。

치밀-성〔-性〕名 緻密性せい。

치-밀다 自他 ①(悲しみ・怒りなどが)激しく込み上げる、突き上げる。¶ 슬픔이 ~ 悲しみがこみあげる。②押し上げする、突き上げる。③(火災み・煙などが)噴き上がる。④(胃がもたれて食べ物が)出てくる、吐き気がする。

치받다 自他 ①(上に向かって)突き上がる。②(上に向かって)押し上げる、突き上げる。¶ 우산을 ~ 傘をさす。

치-받치 自 ①(火災・煙などが)吹き上がる、わき上がる。②熱気が熱気がわき上がる。②(感情などが)こみ上がる。¶ 억울함이 ~ 口惜しさがこみ上がる。③突き上がる。¶ 숨이 턱까지 ~ 息苦しくなる。

치-받치다² 他 ①押し上げて支える。¶ 기둥을 ~ 柱を支えている。②押し上げる。¶ 쌀가마니를 치받쳐 싣다 米俵を押し上げて積む。

**치부**[恥部] 图 恥部. ¶ ~를 드러내다 恥部をさらけ出す.

**치:사**[致死] 图[하形] 致死. ¶ 과실 ~ 過失致死.
　**치:사-량**[-量] 图 致死量.

**치사**[恥事] 图[하形] 〔스形〕 ①恥ずかしいこと. ¶ ~한 인간 恥知らずの人間. ②(言動が)浅ましくてけち臭いこと.

**치:사**[致謝] 图[하他] 謝意を表すること.

**치석**[齒石] 图 歯石. ¶ ~을 제거하다 歯石をとる.

**치-솟다** 囯 ①(上方に向かって)つき上がる, 立ち上る. ¶ 연기가 ~ 煙が立ち上る. ②(感情·力などが)わき上がる, 込み上げる. ¶ 울분이 ~ うっぷんがこみ上げる.

**치수**[-數] 图 寸法, サイズ. ¶ ~가 맞다 寸法が合う. / 양복 ~를 재다 洋服の寸法をはかる.

**치수**[治水] 图[하自] 治水. ¶ ~ 공사 治水工事.

**치:신**[一處身] 图 ①(主として否定の語と共に使われて)身持ち, ふるまい. ¶ ~이 말이 아니다 身持ちが話にならない. ②(人に対する態度などにあらわれる)威信, 威厳. ¶ ~을 잃다 威信を失なう.

**치:신-사납다**[形ㅂ] 身持ちが悪く品がない, ぶざまだ, だらしがない.

**치:신-없다**[形] 身持ちが軽はずみで威信がない.

**치아**[齒牙] 图《他人の「이」を上品にいう語》歯牙.

**치안**[治安] 图[하他] 治安. ¶ ~을 유지하다 治安を維持する.

**치약**[齒藥] 图 歯磨き粉, 練り歯磨き.

**치어**[稚魚] 图 稚魚. ¶ ~를 방류하다 稚魚を放流する.

**치열**[齒列] 图 歯列, 歯なみ. ¶ ~ 교정 歯列矯正.

**치열**[熾烈] 图[하形] 熾烈. ¶ ~한 경쟁 熾烈な競争 / ~하게 싸우다 熾烈に戦う.

**치-오르다** 囯 ①(上方に向かって)上がる, 上昇する. ¶ 먼지가 ~ ほこりが舞い上がる.

**치-올리다** 他 上げる, 押し上げる, ほうり上げる. ¶ 공을 하늘로 ~ ボールを空中にほうり投げる.

**치외 법권**[治外法權] 图 治外法権. ¶ 외교관의 ~ 外交官の治外法権.

**치욕**[恥辱] 图 恥辱, はずかしめ. ¶ ~을 씻다 恥辱をすすぐ. ㉣ 욕

**치우다**[1] 他 ①(物を他の所へ)移らす, 捨てる, どける. ¶ 길의 돌을 ~ 道路の石をどける. ②片付ける. ¶ 식탁을 ~ 食卓を片付ける. ③(仕事を中途で)やめる, 切り上げる, 中止する. ¶ 하기 싫거든 치위 버려라 やりたくないのならやめてしまえ. ④(俗) 嫁にやる. ¶ 딸을 ~ 娘を嫁がせる.

**치우다**[2] [助動]《動作の完了を意味する》…してしまう. ¶ 먹어 ~ 食べてしまう.

**치우-치다** 囯 (一方に)かたよる. ¶ 감정이 한 쪽으로 ~ 感情が一方にかたよる.

**치유**[治癒] 图[하他][되自] 治癒. ¶ 상처는 곧되었다 傷はすぐ治癒した.

**치음**[齒音] 图《文法》歯音.

**치이다**[1] 囯 ①(反物などの織り目が)ほころびる. ②(綿入たれ·布団などの綿たが)一方にもつれてかたまる.

**치이다**[2] 囯 ①(重いものに)しかれる, (車などに)ひかれる. ¶ 차에 ~ 車にひかれる. ②(わななどに)かかる, はまる. ¶ 덫에 ~ わなにはまる. ③追われる. ¶ 일에 ~ 仕事に追い詰められる.

**치이다**[3] 囯 (「치다[7]」の受動)(費用などが)かかる. ¶ 비싸게 ~ 高くつく.

**치이다**[4] 他 (「치다[3]」の使役)(かじ屋に器具などを)作らせる. ¶ 대장장이에게 낫을 ~ かじ屋に鎌を作らせる.

**치장**[治粧] 图[하他][되自] おめかし, 装いをこらすこと, 装うこと, 飾ること. ¶ 아름답게 ~한 아가씨 美しく着飾った娘 / 얼굴을 ~하다 化粧する.

**치적**[治績] 图 治績. ¶ 훌륭한 ~을 올리다 立派な治績を上げる.

**치정**[治定] 图[하他] 治定て, (国を)治め定めること.

**치정**[痴情] 图 痴情. ¶ ~에 의한 살인 사건 痴情による殺人事件.

**치졸**[稚拙] 图[하形] 稚拙, 幼稚でつまらないこと. ¶ ~한 문장 稚拙な文章.

**치:중**[置重] 图[하自][되自] あることに重点を置くこと. ¶ 경제 문제에 ~하다 経済問題に重点を置く.

**치즈**[cheese] 图 チーズ, 乾酪.

**치지-도외**[置之度外] 图[하他] ほっといて問題視しないこと, 度外視すること. ¶ 이익을 ~하다 利益を度外視する.

**치질**[痔疾] 图《醫》痔疾, 痔.

**치켜-세우다** 他 おだてる, ほめたたえる, 褒め上げる. ¶ 입에 침이 마르게 ~ 口を極めてほめたたえる.

**치키다** 他 (上方に)引き上げる. ¶ 바지를 ~ ズボンを引き上げる.

**치킨**[chicken] 图 チキン, 鶏肉.

**치태**[痴態] 图 痴態. ¶ 술을 먹고 ~를 부리다 酒を飲んで痴態を演じる.

**치통**[齒痛] 图 歯痛, はいた. ¶ ~이 나다 歯痛を起こさす.

**치하**[治下] 图 治下す, 統治下.

**치:하**[致賀] 图[하他] 《目下の者·同輩の間だいで》祝賀の意を表わすること, ほめたえる. ¶ 공로를 ~하다 功労をほめたたえる.

**치한**[痴漢] 图 痴漢. ¶ ~이 출몰하다 痴漢が出没する.

**칙령**[勅令] 图 勅令. ¶ ~을 내리다 勅令

を下くだす。
**칙명**〚勅命〛图 勅命ちょく。
**칙사**〚勅使〛图 勅使ちょくし。¶ ～를 보내다 勅使を遣つかわす。
**칙살-맞다** 圈 振舞ふるまいが憎にくらしくてきたならしい。¶ 칙살맞게 굴다 憎らしいほどけち臭くさく振舞ふるまう。
**칙칙-폭폭** 图《蒸気機関車じょうききかんしゃが煙けむりを出だしながら走はしる音おと》シュッシュッポッポ。
**칙칙-하다** 圈어 (色合いろあいが)濃こいばかりであざやかでない、くすんでいる。¶ 칙칙한 색 くすんだ色いろ。
**친-**〚親〛接頭 ①「実みの」の意を表あらわす。¶ ～부모 実みの父母ふぼ。②「親したしい・近ちかい」の意を表わす。¶ ～여 세력 親与勢力せいりょく。
**친고**〚親告〛图 親告こく。
**친고-죄**〚-罪〛图 (法) 親告罪ざい。
**친교**〚親交〛图 親交のある若者わかもの。
**친구**〚親舊〛图 ①友達ともだち、友とも、友人じん、親友しんゆう。¶ 술 - 飲のみ仲間なかま/옛 - 古ふるい友達ともだち ②(同輩どうはい・目下めしたの人に親しみを込こめて呼よぶ語ご) 君きみ、やつ。¶ 참 재미있는 ～군 とてもおもしろいやつだなあ。/여보게、～、이리 좀 오게 おい、君、ちょっとここに来てたまえ。
**친권**〚親權〛图 (法) 親権けん。¶ ～을 행사하다 親権を行使こうしする。
**친근**〚親近〛图 (하形) 親近感かん。¶ ～감 親近感かん/～히 親しい友人ゆうじん。
**친목**〚親睦〛图 (하形) 親睦ぼく。¶ ～회 親睦会かい/～을 도모하다 親睦を図はかる。
**친밀**〚親密〛图 (하形) 親密みつ。¶ ～한 사이 親密な間柄がらで。사귀다 親密に交まじわる。
**친분**〚親分〛图 よしみ、親交こう。¶ ～이 두터워지다 親交が厚あつくなる。
**친서**〚親書〛图 (하他) 親書しょ。¶ ～를 전달하다 親書を伝つたえる。
**친선**〚親善〛图 親善ぜん。¶ ～ 사절 親善使節せつ/～을 도모하다 親善を図はかる。
**친선 경:기**〚-競技〛图 親善競技きょうぎ。
**친소**〚親疏〛图 (하形) 親疎そ。¶ ～의 구별없이 통지하다 親疎の別べつなく通知こうちする。
**친소간-에**〚-間-〛副 親疎の別べつなく、親疎関係かんけいなく。
**친-손녀**〚親孫女〛图 (女おんなの)内孫うちまご。
**친-손자**〚親孫子〛图 (男おとこの)内孫うちまご。
**친숙**〚親熟〛图 (하形) 親熟じゅく。¶ ～해지다 非常ひじょうに親したしくなる。
**친애**〚親愛〛图 (하他) 親愛あい。¶ ～하는 벗 親愛なる友とも。
**친-어머니**〚親-〛图 実母じつぼ、生うみのみの母はは。
**친-언니**〚親-〛图 実ほんとうの姉あね。
**친위**〚親衛〛图 親衛えい、近衛このえ。¶ ～대 親衛隊たい。
**친전**〚親展〛图 親展てん。¶ ～서 親展書しょ。
**친절**〚親切〛图 (하形) 親切せつ。¶ ～한 사람 친절한 사람/～히 응하다 親切に応対おうたいする。
**친정**〚親庭〛图 (嫁よめに行いった女おんなの)実家、実方じつ、さと。¶ ～ 아버지 実家の父ちち/～에 가다 里帰さとがえりする。倒 親家しんか
**친정-살이** 图 (하自) 実家じっかで暮くらすこと。
**친족**〚親族〛图 親族ぞく。
**친지**〚親知〛图 親したしい知人じん。
**친척**〚親戚〛图 親戚せき、親類るい。¶ 가까운 ～ 近ちかい親戚/～이 되다 親戚に当あたる。
**친:친** 副《幾重いくえにも巻まいたり縛しばったりするようす》くるくる、ぐるぐる、ぎゅうぎゅう。¶ 상처에 붕대를 ～ 감다 傷きずに包帯ほうたいをぐるぐる巻まく。
**친탁**〚親-〛图 (하自) (容貌ようぼう・性格せいかくなどが)父方ちちかたに似にていること。
**친필**〚親筆〛图 親筆ひつ、自みずから書かくこと。¶ 틀림없는 ～ 間違まちがいない親筆。
**친-하다**〚親-〛圈어 親したしい。¶ 친하게 지내는 사이 親しくしている間柄あいだがら。**친-히** 副 ①親しく、仲よく。¶ ～지내다 親しく行ゆき来きする。②自みずから、手ずから。¶ ～ 自ら訪問ほうもんする。
**친화**〚親和〛图 (하形) (되自) 親和わ。¶ ～를 도모하다 親和を図る。
**친화-력**〚-力〛图 (化) 親和力りょく。
**칠**〚漆〛图 ①(「옻칠」의 縮約形) 漆うるし。②塗ぬること、塗ぬり、塗料とりょう。¶ 애벌 - 下塗したぬり/～이 벗겨지다 塗りがはげる。③汚よごれ、しみ。¶ 흙 - 泥どろ汚よごれ。
**칠**〚七〛数 七ななつ。¶ ～번 七番ばん/～일간 七日間かん。
**칠거지-악**〚七去之惡〛图 (儒教じゅきょうで)妻つまと離婚りこんできる七ななつの悪わるさ、七去しちきょ。
**칠기**〚漆器〛图 ①「칠목기」의 縮約形。②漆うるしのような黒くろい上薬うわぐすりをかけた陶磁器とうじき。
**칠떡-거리다** (長ながすぎて)ずるずるひきずる。¶ 치마가 땅에 ～ チマが地面じめんにすれる。
**칠떡-칠떡** (하形) ずるずる。
**칠렁-거리다** (器うつわの水みずが)揺ゆれこぼれる。
**칠렁-칠렁** 副(하形) (器うつわの水みずが揺ゆれこぼれるようす) ぴちゃぴちゃ。
**칠렁-하다** 圈어 (大おおきな器うつわに水みずが)なみなみとあふれそうだ。
**칠면-조**〚七面鳥〛图 ①(動) シチメンチョウ。②(比) 気きまぐれな人ひと。
**칠목**〚漆木〛图 (植) ウルシ。
**칠-목기**〚-木器〛图 漆塗うるしぬりの木製きせいの器うつわ。
**칠삭-둥이**〚七朔-〛图 ①七ななか月目げつめに生うまれた月足つきたらずの子こ。②(俗) 愚おろかな人ひと。
**칠색**〚七色〛图 七色なないろ。
  관용 칠색 팔색을 하다 とんでもないとびっくりする。
**칠순**〚七旬〛图 七旬じゅん。①七十歳ななじゅっさい。¶ ～ 노인 七十歳の老人ろうじん/～ 잔치 七旬の祝宴しゅくえん。②七十日ななじゅうにち。
**칠언**〚七言〛图 (文) 七言しちごん。
**칠언 율시**〚-律詩〛图 (文) 七言律詩りっし。
**칠일-장**〚七日葬〛图 死後しごに七日目なぬかめに行おこなう葬式そうしき。
**칠전-팔기**〚七顚八起〛图 (하自) 七転八起しちてんはっき、七

**칠첩 반상**〔七一飯床〕 图 ご飯か·汁物·キムチなど基本の献立この外に七種のおかずを添えたお膳立てだて。

**칠칠-하다** 囮어 ①(野菜やさいなどが)すくすくと伸びている、よく育っている。¶ 배추가 칠칠하게 자라고 있다 白菜はくさいがよく育っている。②(動作どうさが)てきぱきしている、敏捷びんしょうだ。¶ 솜씨가 ~ 手際てぎわがてきぱきしている。③(身みなり·ようすが)こぎれいだ、さっぱりしている。¶ 칠칠한 노인 こざっぱりとした老人ろうじん。

**칠판**〔漆板〕 图 黒板こくばん。¶ ~ 지우개 黒板ふき/ ~을 지우다 黒板をふく。

**칠흑**〔漆黒〕 图 漆黒しっこく、まっくろ。¶ ~ 같은 어둠 漆黒の闇やみ。

**칡** 图 [植] クズ。

**칡-덤불** 图 葛くずの蔓つるにほかの草くさ·いばらなどが入はいりみだれて茂しげったくさむら。

**침** 图 唾液だえき。¶ ~을 뱉다 唾つばを吐はく。
[관용] 침 발린 말 人ひとの機嫌きげんをとる口先くちさきばかりの言葉ことば。 **침(을) 삼키다** ①ひどく食たべたがる。②非常ひじょうに欲ほしがる。 **침(을) 튀기다** 熱ねつをあげてしゃべりちらす。

**침**〔針〕 图 ①針はり。②時計とけいの針はり。

**침-감**〔沈-〕 图 塩水しおみずにひたして渋しぶを抜ぬいた柿かき。

**침공**〔侵攻〕 图하[타] 侵攻しんこう。¶ 적이 ~해 오다 敵てきが侵攻してくる。

**침:구**〔寢具〕 图 寝具しんぐ、夜具やぐ。

**침구**〔鍼灸〕 图 鍼灸しんきゅうと灸きゅう。
**침구-술**〔-術〕 图[医] 鍼灸術しんきゅうじゅつ。

**침:낭**〔寢囊〕 图 寝袋ねぶくろ、スリーピングバッグ。

**침-놓다**〔鍼-〕 国 ①鍼はりをうつ。②(忠告ちゅうこくなど)痛いたいところをついて相手あいてに刺激しげきをあたえる。

**침:대**〔寢臺〕 图 寝台しんだい。

**침략**〔侵略〕 图하[타] 侵略しんりゃく。¶ 무력으로 ~하다 武力ぶりょくで侵略する。

**침몰**〔沈沒〕 图하[타][되[타] 沈没ちんぼつ。¶ ~선 沈没船せん/ 배가 ~하다 船ふねが沈没する。

**침묵**〔沈默〕 图하[타] 沈黙ちんもく。¶ ~을 지키다 沈黙している。/ ~을 깨다 沈黙をやぶる。

**침범**〔侵犯〕 图하[타][되[타] 侵犯しんぱん、侵おかすこと。¶ 영해를 ~하다 領海りょうかいを侵犯する。

**침:사**〔沈思〕 图하[타] 沈思ちんし。¶ ~ 묵고 沈思黙考もっこう。

**침:소-봉대**〔針小棒大〕 图하[타] 針小棒大しんしょうぼうだい。¶ 사건을 ~하여 말하다 事件じけんを針小棒大にして話はす。

**침수**〔浸水〕 图하[타][되[타] 浸水しんすい。¶ ~ 가옥 浸水家屋かおく。

**침술**〔鍼術〕 图[医] 鍼術しんじゅつ。

**침식**〔浸蝕〕 图하[타][되[타] 浸食しんしょく、浸蝕しんしょく。¶ ~ 작용 浸食作用さよう。
**침식 평야**〔-平野〕 图[地] 浸食平野へいや。

**침:식**〔寢食〕 图하[타] 寝食しんしょく。¶ ~을 잊고 공부하다 寝食を忘わすれて勉強べんきょうする。

**침:실**〔寢室〕 图 寝室しんしつ、ねま。

**침:엽**〔針葉〕 图[植] 針葉しんよう、針状はりじょうの葉は。
**침:엽-수**〔-樹〕 图[植] 針葉樹じゅ。

**침울**〔沈鬱〕 图하[형] 沈鬱ちんうつ。①憂鬱ゆううつであること、沈しずんでいること。¶ 어쩐지 기분이 ~하다 なんとなく気分きぶんが沈んでいる。②(天気てんき·雰囲気ふんいきなどが)うっとうしいこと、陰鬱いんうつであること。¶ ~한 날씨 沈鬱な空模様もよう。

**침입**〔侵入〕 图하[타]자 侵入しんにゅう。¶ 적의 ~을 막다 敵てきの侵入を防ふせぐ。

**침적**〔沈積〕 图하[타][되[타] 沈積ちんせき。

**침전**〔沈澱〕 图하[타][되[타] 沈殿ちんでん、沈澱ちんでん。¶ 물 沈殿物ぶつ/ 불순물이 ~하다 不純物ふじゅんぶつが沈殿する。

**침중**〔沈重〕 图하[형] ①沈重ちんちょう。¶ 사람됨이 ~하다 人ひととなりが重おもおもしい。②(病勢びょうせいが)非常ひじょうに重おもいこと、危篤きとく。¶ 병이 점점 ~해지다 病気びょうきがますます重おもくなる。

**침착**〔沈着〕 图하[타][하[형] ①沈着ちんちゃく。¶ ~하게 행동하거라 落おちついて行動こうどうしなさい。

**침체**〔沈滯〕 图하[타][되[타] ①(官職かんしょくなどが)長ながいあいだ昇進しょうしんしないこと。②沈滞ちんたい。¶ 사기가 ~해 있다 士気しきが沈滞している。

**침침-하다**〔沈沈-〕 囮어 ①うす暗くらい、どんより曇くもっている。¶ 방안이 ~ 部屋へやがうす暗い。②(目めが)かすんでいる、はっきり見みえない。¶ 눈이 ~ 目がかすんで見える。

**침통**〔沈痛〕 图하[형] 沈痛ちんつう。¶ ~한 어조 沈痛な語調ごちょう。

**침투**〔浸透〕 图하[타][되[타] 浸透しんとう。¶ ~압 浸透圧あつ/ ~ 작용 浸透作用さよう。

**침팬지**〔chimpanzee〕 图[動] チンパンジー。

**침하**〔沈下〕 图하[타][자] 沈下ちんか。¶ 지반이 ~하다 地盤じばんが沈下する。

**침해**〔侵害〕 图하[타][되[타] 侵害しんがい。¶ 권리를 ~하다 権利けんりを侵害する。

**침-흘리다** 国 よだれを垂たらす。

**칩거**〔蟄居〕 图 蟄居ちっきょ。¶ 집안에 ~하다 家いえの中なかに蟄居する。

**칩떠-보다** 匣 上目遣うわめづかいに見みる、にらみ上あげる。

**칩뜨다** 国 勢いきおいよく跳はねあがる。

**칫-솔**〔齒-〕 图 歯はブラシ。

**칭송**〔稱頌〕 图하[타][되[타] 功徳こうとくをほめたたえること。¶ 덕을 ~하다 徳とくをほめたたえる。

**칭얼-거리다** 国 むずかる、だだをこねる。¶ 아기가 자지않고 칭얼거린다 赤あかん坊ぼうが寝ねずにむずかっている。
**칭얼-칭얼** 副 しきりにむずかるよう。

**칭찬**〔稱讚〕 图하[타][되[타] 称賛しょうさん、賞賛しょうさん、ほめること。¶ 극구 ~하다 口くちをきわめて賞賛する。

**칭칭** 副 ぐるぐる、くるくる。¶ 팔을 ~ 감다 腕うでをぐるぐる巻まく。

**칭-하다**〔稱-〕 匣 称しょうする、言いう、呼よぶ。¶ 병이라고 ~ 病気びょうきと称する。

**칭호**〔稱號〕 图 称号しょうごう。¶ 박사 ~를 받다 博士はくしの称号を受うける。

# ㅋ

ヲ ハングル字母の第11番目の字じ。

**카:**(car) 名 カー。¶ 오픈 ~ オープンカー／~ 스테레오 カーステレオ。

**카:** 副感 ①《とても辛かったりにおいがきつかったりするときに出す声》はあ、かあっ、ひいっと。 ②《ぐっすり寝入ったときの寝息》ぐう、ぐうっと。

**카나리아**[에 canaria] 名[動] カナリア。

**카:네이션**[carnation] 名[植] カーネーション。

**카누:**[canoe] 名 カヌー。¶ ~ 경기 カヌー競技き。

**카:니발**[carnibal] 名 カーニバル、謝肉祭。参 사육제(謝肉祭)

**카:드**[card] 名 カード。¶ 현금 ~ キャッシュカード。

**카:드 놀이** 名 トランプ遊び。

**카랑-카랑** 副[하形]《声音が澄んで高いようす》きんきん、りんりん、りんと。¶ ~ 한 목소리 きんきんとした響び く声。

**카레**[←curry] 名 カレー。

**카레-라이스**[←curried rice] 名[料] カレーライス、ライスカレー。

**카리스마**[독 Charisma] 名 カリスマ。¶ ~ 인 존재 カリスマ的な存在。

**카메라**[camera] 名 カメラ、写真機。¶ ~ 앵글 カメラアングル／ ~ 를 들이대다 カメラを向ける。

**카메라-맨**[-man] 名 カメラマン。

**카메라 워:크**[-work] 名 カメラワーク、撮影技術。

**카멜레온**[라 chameleon] 名[動] カメレオン。

**카무플라주**[프 camouflage] 名[하他] カムフラージュ、カモフラージュ。

**카바레**[프 cabaret] 名 キャバレー。

**카:본**[carbon] 名 カーボン。¶ ~ 블랙 カーボンブラック。

**카:본-지**[-紙] 名 カーボン紙、複写紙。

**카세트**[cassette] 名 カセット。¶ ~ 테이프 カセットテープ。

**카운터**[counter] 名 カウンター。¶ ~ 블로 カウンターブロー。

**카운트**[count] 名[하自他] カウント。¶ ~ 아웃 カウントアウト。

**카지노**[이 casino] 名 カジノ。

**카:키-색**[khaki色] 名 カーキ色。

**카타르시스**[그 katharsis] 名 カタルシス。

**카톨릭**[Catholic] 名[가] カトリック、カトリック教。¶ ~ 교 カトリック教。参 가톨릭

**카:트리지**[catridge] 名 カートリッジ。

**카페**[프 café] 名 カフェー、喫茶店。

**카페인**[caffeine] 名[化] カフェイン。

**카:펫**[carpet] 名 カーペット、じゅうたん。

**카피**[copy] 名[하他] コピー。¶ ~ 라이터 コピーライター／ 서류를 ~ 하다 書類をコピーする。

**칵** 副《喉にひっかかった物を吐き出す音》かっ、けっ、げっ。

**칵-칵** 副[하自]《喉にひっかかった物を吐き出そうとしてくりかえし立てる音》げえげえ、けっけっ。

**칵칵-거리다** 自 げえげえする。

**칵테일**[cocktail] 名 カクテル。¶ ~ 글라스 カクテルグラス。

**칵테일 파:티**[-party] 名 カクテルパーティー。

**칸**[1] 名 ①(家屋の)間ま。 ②仕切った空間、または、升目、空欄。¶ 원고지의 ~ 原稿用紙の升目。

**칸**[2] 依 間ま。 ①建物の間数を数える単位。¶ 세 ~ 짜리 집 3間つきの家。 ②(長さの単位)6尺。¶ 두 ~ 짜리 장대 2間の竿。

**칸나**[라 canna] 名[植] カンナ。

**칸-막이** 名[하他] 仕切り、ついたて。¶ ~ 를 세우다 ついたてを設ける。

**칸살** 名 ①(家の)一間の広さ、ひと間ま。 ② 間隔。

慣用 **칸살(을) 지르다** 部屋を仕切る。

**칼**[1] 名 (刀・包丁などの)刃物。¶ 주머니 ~ ふところ刀／ ~ 을 차다 刀を差す／ ~ 을 빼다 刀を抜く。

慣用 **칼로 물 베기** 刀で水を切ること。《争ってもすぐ仲直りをすること》

**칼**[2] 名[史] 首枷。¶ 죄인에게 ~ 을 씌우다 罪人に首枷をかける。

**칼-국수** 名 手打ちうどん、切麦。

**칼-날** 名 (刃物の)刃は。¶ ~ 이 번뜩이다 刃がひらめく。

慣用 **칼날 위에 서다** 刃の上に立つ。《非常に危うい立場におかれたこと》

**칼데라**[에 caldera] 名[地] カルデラ。¶ ~ 호수 カルデラ湖。

**칼-등** 名 刃物の背せ、峰。

**칼라**[collar] 名 カラー、えり。

**칼로리**[calorie] 名 カロリー。¶ ~ 섭취량 カロリー摂取量。

**칼륨**[독 Kalium] 名[化] カリウム。¶ ~ 염 カリウム塩。

**칼리**[독 Kali] 名[化] カリ。¶ 청산 ~ 青酸カリ。

**칼-부림** 名[하自] 刃物で相手を脅すこと、刃物三昧、刃傷沙汰。

**칼슘**[calcium] 名[化] カルシウム。

**칼-자국** 名 刀傷、切り傷、刀痕。¶ 손등에 ~ 이 있다 手の甲に刀傷がある。

**칼-자루** 名 ①(刀剣の)柄。 ②(比)実際の権力、実権。¶ ~ 를 쥔 사람 実権を握った人。

**칼-잡이** 名 ①手に刀を握った人。 ②畜殺

業者(ぎょうしゃ)。

**칼-질** 〖名〗〖하自〗 ①刃物(はもの)で切(き)ったり 削(けず)ったりすること。②刃物を使(つか)うこと、その使(つか)い方(かた)、刃物さばき。¶ ~이 서투르다 刃物さばきがぎこちない。

**칼-집** 〖名〗 (刀(かたな)の)さや。¶ ~에 칼을 꽂다 さやに刀を差(さ)し込(こ)む。

**칼-춤** 〖名〗 剣舞(けんぶ)。¶ ~을 추다 剣舞を舞(ま)う。

**칼-침** 〖-針〗 〖名〗 刀(かたな)で刺(さ)したり刺されること。〖관용〗 **칼침(을) 맞다** 刀でさされる。

**칼칼-하다** 〖形여〗 ①(喉(のど)が)からからだ。②ひりひりと辛(から)い。

**캄캄-하다** 〖形여〗 ①暗(くら)い、真(ま)っ暗(くら)だ。¶ 캄캄한 밤 真っ暗やみの夜(よる)。②希望(きぼう)が持(も)てない、暗(くら)い、暗澹(あんたん)だ。¶ 앞날이 ~ 前途(ぜんと)が暗い。③(事情(じじょう)を)知(し)らない、疎(うと)い、暗(くら)い。¶ 세상 물정에 ~ 世情(せじょう)に疎い。

**캐:-내다** 〖他〗 ①掘(ほ)り出(だ)す。¶ 광석을 ~ 鉱石(こうせき)を掘り出す。②探(さぐ)り出(だ)す、探査(たんさ)する。¶ 비밀을 ~ 秘密(ひみつ)を探り出す。

**캐:다** 〖名動〗 ①掘(ほ)る。¶ 인삼을 ~ 高麗人参(こうらいにんじん)を掘る。②探(さぐ)る、突(つ)きとめる、問(と)いただす、調(しら)べあげる。¶ 원인을 ~ 原因(げんいん)を突きとめる。/ 장사 내용을 ~ 商売(しょうばい)の内容(ないよう)を調べあげる。

**캐러멜** 〖caramel〗 〖名〗 キャラメル、カラメル。

**캐럴** 〖carol〗 〖名〗 キャロル、カロル。¶ 크리스마스 ~ クリスマスキャロル。

**캐럿** 〖carat〗 〖因〗 《宝石(ほうせき)の重(おも)さの単位(たんい)》 カラット。

**캐:-묻다** 〖他〗 しつこく尋(たず)ねる、問(と)い詰(つ)める、根掘(ねほ)り葉掘(はほ)り聞(き)く。¶ 의심스러운 것을 하나하나 ~ 疑(うたが)わしいことを一(ひと)つ一(ひと)つしつこく尋ねる。

**캐비지** 〖cabbage〗 〖名〗〖植〗 キャベツ、甘藍(かんらん)、玉菜(たまな)。

**캐스트** 〖cast〗 〖名〗〖劇〗〖映〗 キャスト、配役(はいやく)。¶ ~가 정해지다 キャストが決(き)まる。

**캐스팅** 〖casting〗 〖名〗〖하他〗〖되自〗 キャスティング。 **캐스팅 보:트** 〖-vote〗 〖名〗 キャスティングボート。¶ 보수당이 ~를 쥐다 保守党(ほしゅとう)がキャスティングボートを握(にぎ)る。

**캐어-묻다** 〖他〗 根掘(ねほ)り葉掘(はほ)り聞(き)きただす、問(と)いただす、しつこく尋(たず)ねる。ⓒ 캐묻다

**캐주얼** 〖casual〗 〖名〗 カジュアル。¶ ~ 웨어 カジュアルウェア。

**캐처** 〖catcher〗 〖名〗〖野〗 キャッチャー、捕手(ほしゅ)。

**캐치-프레이즈** 〖catchphrase〗 〖名〗 キャッチフレーズ。①〖廣〗 宣伝文句(せんでんもんく)。②警句(けいく)。

**캑** 〖副〗 《喉(のど)につかえたものを吐(は)き出(だ)したり苦痛(くつう)をたえしのぶ声(こえ)》 かあっ。

**캑-캑** 〖副〗〖하自〗 《喉(のど)につかえたものをしきりに吐(は)き出(だ)すようす・その音(おと)》 かあっかあっ、げえげえ。¶ ~ 소리를 지르다 かあっかあっとしきりに声(こえ)を張(は)り上(あ)げる。

**캑캑-거리다** 〖自〗 かあっかあっと吐(は)き出(だ)す。

**캔디** 〖candy〗 〖名〗 キャンデー、キャンディー。¶ 아이스 ~ アイスキャンデー。

**캔버스** 〖canvas〗 〖名〗 カンバス、キャンバス。

**캘린더** 〖calendar〗 〖名〗 カレンダー、暦(こよみ)。

**캠페인** 〖campaign〗 〖名〗 キャンペーン。¶ ~을 펼치다 キャンペーンを繰(く)り広(ひろ)げる。

**캠프** 〖camp〗 〖名〗 キャンプ、野営(やえい)。¶ ~장 キャンプ場(じょう)。

**캠핑** 〖camping〗 〖名〗〖하自〗 キャンピング、野営(やえい)、キャンプ生活(せいかつ)。

**캡슐:** 〖capsule〗 〖名〗 カプセル。

**캥** 〖副〗 《狐(きつね)の鳴(な)き声(ごえ)》 こん。

**캥-캥** 〖副〗〖하自〗 《狐(きつね)が続(つづ)けざまに鳴(な)く声(こえ)》 こんこん。¶ 여우가 ~ 운다 キツネがこんこん鳴く。

**캥거루:** 〖kangaroo〗 〖名〗〖動〗 カンガルー。

**커** 〖副感〗 ①《食(た)べ物(もの)が辛(から)いときや酒(さけ)の味(あじ)・においがひどくきついときに出(だ)す声(こえ)》 はあ(っと)、ひい(っと)。②《ぐっすり眠(ねむ)っているときに出(で)るいびき》 ぐう、ぐうっ。

**커녕** 〖助〗 …どころか、…はおろか。¶ 반기기는 ~ 아는 척도 안한다 うれしがるどころか知(し)ったふりもしない。

**커닝** 〖cunning〗 〖名〗〖하自他〗 カンニング。

**커:-다랗다** 〖形ㅎ〗 とても大(おお)きい。¶ 커다란 희망을 품다 とても大(おお)きな希望(きぼう)を抱(いだ)く。

**커:다래-지다** 〖自〗 とても大(おお)きくなる。¶ 놀라서 눈이 커다래졌다 びっくりして目(め)がまん丸(まる)くなった。

**커미션** 〖commission〗 〖名〗 コミッション、仲介(ちゅうかい)の手数料(てすうりょう)、斡旋料(あっせんりょう)。¶ ~을 받다 コミッションをもらう。

**커버** 〖cover〗 〖名〗〖하他〗 カバー。¶ 시트 ~ シートカバー/ 손실을 ~하다 損失(そんしつ)をカバーする。

**커버 걸:** 〖-girl〗 〖名〗 カバーガール。

**커:브** 〖curve〗 〖名〗 カーブ。¶ 완만한 ~를 그리다 ゆるやかなカーブを描(えが)く。

**커-지다** 〖自〗 大(おお)きくなる、広(ひろ)がる、成長(せいちょう)する、¶ 규모가 ~ 規模(きぼ)が大きくなる。/ 키가 ~ 背丈(せたけ)が伸(の)びる。

**커트** 〖cut〗 〖名〗〖하他〗 カット。¶ ~ 글라스 カットグラス。

**커트-라인** 〖cutline〗 〖名〗 ①切(き)り捨(す)てる線(せん)。②合格圏(ごうかくけん)の最低線(さいていせん)。

**커:튼** 〖curtain〗 〖名〗 カーテン、窓掛(まどか)け。¶ ~을 내리다 カーテンを下(お)ろす。

**커틀릿** 〖cutlet〗 〖名〗 カツレツ、カツ。¶ 쇠고기 ~ ビーフカツ。

**커플** 〖couple〗 〖名〗 カップル。¶ 잘 어울리는 ~ 似合(にあ)いのカップル。

**커:피** 〖coffee〗 〖名〗 コーヒー。¶ ~ 포트 コーヒーポット。

**커:피 숍** 〖-shop〗 〖名〗 コーヒーショップ、コーヒー店(てん)、喫茶店(きっさてん)。

**-컨대** 〖語尾〗 《「-하건대」の縮約形》 …するに。¶ 요(要)~ 要(よう)するに/ 원(願)~ 願(ねが)わくは。

**컨디션** 〖condition〗 〖名〗 コンディション、具合(ぐあい)、調子(ちょうし)、状態(じょうたい)。¶ ~은 어떻습니까? コンディションはどうですか。

**컨베이어** 〖conveyor〗 〖名〗 コンベヤー。

**컨베이어 시스템**〔-system〕图 コンベヤーシステム、流れ作業。

**컨트롤**〔control〕图하他 コントロール。¶ 볼 ~이 좋다 ボールのコントロールがいい。

**컬러**〔color〕图 カラー。¶ ~ 사진 カラー写真。

**컬러 텔레비전**〔-television〕图 カラーテレビ。

**컬컬-하다** 形여 ①喉がからからだ。②(声が)にごって力強い。¶ 컬컬한 목소리 しわがれてにごった声。

**컴-백**〔comeback〕图하自 カムバック、返り咲き、復帰。¶ 무대에 ~하다 舞台にカムバックする。

**컴컴-하다** 形여 ①暗い、真っ暗だ。¶ 컴컴한 방안 真っ暗な部屋の中。②暗澹としている。¶ 앞날이 ~ 前途が暗澹としている。③腹黒い、あくどい、陰険で欲深い。¶ 속이 컴컴한 사람 腹黒い人。

**컴컴-해지다** 自 暗くなる、真っ暗になる。¶ 방안이 ~ 部屋が暗くなる。②暗澹としてくる。

**컴퍼스**〔compass〕图 コンパス。

**컴퓨ː터**〔computer〕图 コンピューター。¶ ~ 게임 コンピューターゲーム。

**컵**〔cup〕图 コップ、カップ。¶ 우승 ~ 優勝カップ/ 물 한 ~ 주세요 水を一コップください。

**컷**〔cut〕图하他되自 カット。¶ 머리를 ~하다 髪をカットする。

**컹컹** 副 (犬が大声で吠える声で)わんわん。¶ 개가 ~ 짓다 犬がわんわん吠える。

**컹컹-거리다** 自 わんわん吠える。

**케이블**〔cable〕图 ケーブル。¶ 해저 ~ 海底ケーブル。

**케이블-카ː**〔-car〕图 ケーブルカー。

**케이스**〔case〕图 ケース。¶ 모델 ~ モデルケース/ 바이 ~ ケースバイケース。

**케이-에스**〔KS: Korean Industrial Standard〕图 ケーエス、韓国工業規格。¶ ~ 마크 ケーエスマーク。

**케이-오ː**〔K.O.〕图 ケーオー、ノックアウト。¶ ~승 ケーオー勝ち。

**케이크**〔cake〕图 ケーキ、洋菓子。

**케첩**〔ketchup〕图 ケチャップ。¶ 토마토 ~ トマトケチャップ。

**케케-묵다** 形 古くさい、かび臭い、陳腐だ。¶ 케케묵은 사고방식 古くさい考え方。

**켄트-지**〔Kent紙〕图 ケント紙。

**켕기다** I 自 ①張りつめる、ぴんと張る。¶ 밧줄이 ~ 綱がぴんと張る。②気にかかる、気がひける、心配になる、不安になる。¶ 큰소리는 쳤지만 뒤가 ~ 大きなことを言ったが後始末が気になる。II 他 引っ張る。¶ 줄을 바짝 ~ ロープをぎゅっと引っ張る。

**켜** 图 (重なった物の)層、重ね。¶ 두 ~로 쌓아 올리다 二層に積み上げる。

**켜다¹** 他 ①(火を)つける、ともす、点火する。¶ 전등을 ~ 電灯をつける。②(マッチなどで)火をつける。¶ 성냥을 ~ マッチをつける。③(スイッチなどを)つける。¶ 라디오를 ~ ラジオをつける。

**켜다²** 他 ①(鋸で)挽く。¶ 나무를 ~ 木を挽く。②(弦楽器を)弾く。¶ 바이올린을 ~ バイオリンを弾く。③(まゆから糸を)つむぐ。④(飴を練ったり伸ばしたりして)白くする。

**켜다³** 伸びをする、背伸びする。¶ 두 팔을 벌리고 기지개를 ~ 両腕を広げて伸びをする。

**켜지다** 自 (明かり・火などが)ともる、つく、つけられる。¶ 전등이 ~ 電灯がともる。

**켜켜-이** 副 層ごとに、重ねね重ねね。

**켤레** 依 《履物などを数える語》足、組、対。¶ 양말 두 ~ 靴下2足。

**켯-속** 图 (事この)いきさつ、内幕、経緯、内情、真相。

**코¹** 图 ①鼻。¶ 들창 ~ しし鼻/ ~멘 목소리 鼻にかかった声/ ~가 막히다 鼻が詰まる。/ ~를 후비다 鼻をほじくる。②鼻水、鼻汁。¶ ~를 닦다 鼻をふく。/ ~를 흘리다 鼻水を垂らす。

속담 코 아래 진상이 제일이라 鼻の下に進上するのが一番いい。《他人の歓心を得るには物を差し上げるのがもっとも効果的である》 코에서 단내가 난다 鼻から焦げ臭いにおいがする。《仕事で悩み心身が疲労する》

관용 코가 납작해지다 顔がつぶれる、面目を失う。 코가 높다 鼻が高い、鼻にかける、誇らしい。 코가 땅에 닿다 地面につく、最敬礼をする。 코가 빠지다 心配事で意気消沈する。 코가 세다 鼻っ柱が強い、鼻息が荒い。 코를 골다 いびきをかく。 코를 떼다 鼻を折られる、やりこめられる、恥をかく。 코를 맞대다 鼻をつき合わせる、非常に近くより合う。 코를 풀다 鼻をかむ。 코 묻은 돈 鼻がついたお金。《子供が持っているわずかばかりのお金》 코에 걸다 鼻にかける、自慢する、誇り顔をする。

**코²** 图 ①(履物などの)先、つま先。¶ 구두 ~ 靴のつま先。②(網・編み物などの)目ごとの結び、編み目。¶ ~가 성기다 編み目があらい。

**코ː-감ː기**〔-感氣〕图医 鼻風邪。

**코-골다** 自 いびきをかく。

**코-끝** 图 鼻面の、鼻の先き、鼻先。

관용 코끝도 볼 수 없다 (鼻の先も見ることができないの意で)全然姿を見せない、音沙汰もがない。

**코끼리** 图動 象。

**코ː너**〔corner〕图 コーナー。¶ ~ 킥 コーナーキック。

**코-딱지** 图 鼻くそ。¶ ~를 후비다 はなくそをほじくる。

**코르덴**〔←corded velveteen〕图 コールテン、コー

デュロイ。¶ ~ 바지 コールテンのズボン。

**코르크**[cork] 名 コルク、キルク。¶ ~ 마개 コルクの栓。

**코리아**[Korea] 名 コリア、韓国。

**코리언**[Korean] 名 韓国人、韓国語。

**코-맹맹이** 名 鼻づまりの人、鼻声の人。

**코-머거리** 名 鼻づまりの人。

**코멘트**[comment] 名ㅎ他 コメント、説明、論評。¶ 노- ノーコメント。

**코미디**[comedy] 名 コメディー、喜劇。

**코미디언**[comedian] 名 コメディアン、喜劇俳優。

**코믹**[comic] 名 コミック。¶ ~ 오페라 コミックオペラ。

**코-밑** 名 鼻の下、人中。

**코-바늘** 名 鉤針。¶ ~ 뜨개질 鉤針編み。

**코발트**[cobalt] 名化 コバルト。

**코발트-색**[-色] 名 コバルト色、空色。

**코-방귀** 名 ①人を小ばかにしてふふんと鼻を鳴らすこと。②人の忠告·意見をせせら笑うこと。

〈慣用〉**코방귀만 뀌다** 鼻であしらう。

**코-방아** 名 うつぶせに倒されて地面·床面に鼻をぶつけること。

〈慣用〉**코방아를 찧다** (うつぶせに倒されて)鼻をぶつける。

**코-배기** 名〈俗〉鼻高な人、鼻が特に高くて大きい人。¶ 양- 西洋人。

**코브라**[cobra] 名動 コブラ、メガネヘビ。

**코-빼기** 名〈俗〉鼻。

〈慣用〉**코빼기도 나타나지 않다**(鼻も現われないとの意")でちっとも顔を出さない。**코빼기도 못 보다**(鼻も見ることができないとの意で)全然会えない。**코빼기도 볼 수 없다**(鼻の先も見ることができないとの意で)全然顔を見ることができない。

**코-뼈** 名生 鼻骨。

**코뿔-소** 名動 サイ。⊕ 무소。

**코:스**[course] 名 コース。¶ 관광 ~ 観光コース。

**코스모스**[cosmos] 名植。

**코-앞** 名 ①鼻先、目の前、目睫。¶ ~에 들이대다 鼻先に突きつける。②目前に迫ること。¶ ~에 닥치다 目前に迫る。

**코-웃음** 名 鼻笑い、あざ笑い、冷笑。

〈慣用〉**코웃음(을) 치다** 鼻で笑らう、せせら笑う、あざ笑う、冷笑する。

**코-주부**[-主簿] 名 鼻の大きい人をからかって言う語。

**코-찡찡이** 名 鼻づまりの人の別称。

**코-청** 名 鼻中隔。¶ ~을 울리다 鼻を鳴らす声。

**코:치**[coach] 名ㅎ他 コーチ。¶ 야구 ~ 野球コーチ。

**코-침** 名 鼻の穴にこよりなどを入れてくすぐること。

〈慣用〉**코침(을) 주다** ①鼻の穴をこよりなどでくすぐる。②人を怒らせる。

**코카인**[cocaine] 名化 コカイン。¶ ~ 중독 コカイン中毒。

**코-털** 名 鼻毛。¶ ~을 뽑다 鼻毛を抜く。

**코:트**[coat] 名 コート。¶ 레인 ~ レーンコート。

**코:트**[court] 名 コート。¶ 테니스 ~ テニスコート。

**코:팅**[coating] 名ㅎ自他 コーティング。¶ 종이를 ~하다 紙をコーティングする。

**코-피** 名 鼻血。¶ ~가 나다 鼻血が出る。

**코:-하다** 自여 幼 ねんねする。¶ 코하자 ねんねしよう。

**코-허리** 名 鼻筋の少しへこんだ所。

〈慣用〉**코허리가 시다** (強い感動などで)鼻ながしらがじんとうずく。

**코-흘리개** 名 はな垂れ、はな垂らし。¶ ~ 아이 はな垂れ小僧。

**콕** 副 (先のとがった固いもので突いたり刺したりするようす) ぶすっと、ちくりと、ぐっと、こつんと、つんと。¶ 바늘로 ~ 찌르다 針でちくりと刺す。/ 악취가 코를 ~ 찌르다 悪臭がつんと鼻をつく。

**콕-콕** 副ㅎ他 ぶすぶす、ちくちく、ぐっぐっ、こつこつ、つんつん。¶ 무릎이 ~ 쑤시다 ひざ小僧がちくちくとうずく。

**콘서:트**[concert] 名音 コンサート、音楽会、演奏会。¶ 피아노 ~ ピアノコンサート。

**콘센트**[←concentric plug] 名電 コンセント、差し込み。

**콘크리:트**[concrete] 名 コンクリート。¶ ~ 도로 コンクリート道路。

**콘테스트**[contest] 名 コンテスト。¶ 미인 ~ 美人コンテスト。

**콘트라베이스**[contrabass] 名音 コントラバス。

**콜:**[call] 名 コール。¶ ~ 걸 コールガール。

**콜:-사인**[-sign] 名 コールサイン。

**콜:-택시**[-taxi] 名 電話で呼び出して利用するタクシー。

**콜랑** 副 ①(器にほとんどいっぱいの液体がゆれ動く音)ぴちゃり、ちゃぽっ。②ㅎ形 (平らたい物がべったり くっつかずに少し浮いているようす)ぶこん。⊕ 쿨렁

**콜랑-거리다** 自 ぴちゃぴちゃ音がする、ぽこんとふくれ上がる。

**콜레라**[cholera] 名医 コレラ。

**콜로이드**[colloid] 名 コロイド、膠質。¶ ~ 입자 コロイド粒子。

**콜록** 副 (肺病などで口をすぼめて深く咳をする音)ごほん、こんこん。

**콜록-거리다** 自 ごほんごほんと咳をする、咳上げる、咳込む。¶ 감기가 들어서 ~ かぜを引いてごほんごほんと咳をする。

**콜록-콜록** 副ㅎ他 ごほんごほん、こんこん。

**콜콜**[1] 副 (瓶などの小さい口から液体がこぼれ出るようす)とくとく。⊕ 쿨쿨[1]

**콜콜-거리다**[1] 自 とくとくと流れ出る。

**콜콜**[2] 副 (子供がぐっすり眠むっているようす)ぐうぐう、すうすう。⊕ 쿨쿨[2]

**콜:콜-거리다**[2] 自 ぐうぐうといびきをかく。

**콤마**〖comma〗图 コンマ。¶ ~ 이하 コンマ以下。

**콤비**〖←combination〗图 コンビ、コンビネーション、二人組。¶ 명~ 名コンビ。

**콤비네이션**〖combination〗图 コンビネーション、コンビ、組み合わせ。

**콤플렉스**〖complex〗图〖心〗コンプレックス。

**콧-구멍** 图 鼻孔、鼻の穴。
〖관용〗**콧구멍만하다** 鼻の穴ほどだ。《穴・空間などがきわめて狭いこと》

**콧-김** 图 鼻息。
〖관용〗**콧김이 세다** 鼻息が荒い。《人におよぶ影響が大きい》

**콧-날** 图 鼻筋、鼻梁。¶ ~ 이 오뚝하다 鼻筋が通っている。

**콧-노래** 图 鼻歌。¶ 즐거워 ~ 를 부르다 楽しくて鼻歌を歌う。

**콧-대** 图 鼻柱、はなっぱしら。
〖관용〗**콧대(가) 높다** 鼻が高い、ごうまんである、横柄だ。**콧대(가) 세다** 鼻柱が強い、強情で意地っぱりだ。**콧대를 꺾다** 鼻柱をくじく、はなっぱしらをへし折る。**콧대를 세우다** 鼻にかける、思い上がってごうまんに振る舞う。

**콧-등** 图 鼻の背、鼻筋、鼻面。¶ ~ 을 어루만지다 鼻面をなでる。

**콧-마루** 图 鼻筋、鼻梁。

**콧-물** 图 鼻汁、洟、鼻水、水っぱな。¶ ~ 을 흘리다 鼻水をたらす。

**콧-방울** 图 小鼻、鼻翼。¶ ~ 을 벌름거리다 小鼻をうごめかす。

**콧-병**〖-病〗图 ①鼻の病気。②ひよこがよくかかる鼻の病気。
〖속담〗**콧병 든 병아리 같다** 鼻の病気にかかったひよこのようだ。《こくりこくりと居眠りしている人》

**콧-소리** 图 ①鼻声。¶ ~ 를 내다 鼻声を出す。② 鼻音。⑰ 비음。

**콧-수염** 图 口ひげ、鼻のしたのひげ。¶ ~ 이 나다 口ひげが生える。

**콧-잔등** 图 「콧잔등이」의 縮約形。

**콧-잔등이** 图〖俗〗⇨ 코허리

**콩**[^1] 图〖植〗豆、大豆。¶ 완두 ─ エンドウ/ ~ 과 팥 大豆とあずき/ ~ 을 볶다 豆を炒る。
〖속담〗**콩 심은 데 콩 나고 팥 심은 데 팥난다** 豆を植えた所には豆が生えるし小豆を植えた所には小豆が生える。《原因によって結果が生じる》**콩으로 메주를 쑨다 해도 곧이 듣지 않는다** 豆でみそを作ると言っても信じない。《ふだんよくうそをつく者は本当のことを言っても人が信じてくれない》
〖관용〗**콩 볶듯**（豆を炒るように）銃声がしきりに響くようす、ぱちぱちと、ぱんぱん。**콩이야 팥이야 하다** あああだこうだと言う。

**콩**[^2] 图《堅い所に小さく重い物が落ちる音》ことん、とん。⑳ 쿵

**콩-가루** 图 ①きな粉、豆の粉。②粉々のような粉みじん、ごっぱみじん。
〖관용〗**콩가루(가) 되다** 砕けてごっぱみじん〔粉々〕になる。

**콩-국** 图 大豆の搾り汁、豆乳。

**콩-국수** 图 うどんを豆乳に入れて塩で味つけした夏の食べもの。

**콩-기름** 图 豆油、大豆油。

**콩-깍지** 图 大豆のさや、豆がら。¶ ~ 를 까다 豆を取る。

**콩-깻묵** 图 豆粕、大豆粕。⑰ 대두박。

**콩-나물** 图 まめもやし、大豆萌。¶ ~ 시루 같은 전차 すし詰めの電車。

**콩닥** 图《小さい臼をつく音》こっとん、ごとん。⑳ 쿵덕

**콩닥-거리다** 自他 ごとんごとんとしきりに搗く。⑳ 쿵덕거리다

**콩닥-콩닥** 副自他 こっとんこっとん、ごとんごとん。

**콩-밥** 图 豆入りの飯、豆ご飯。
**콩밥-먹다** 自〖俗〗臭い飯を食う、刑務所暮らしをする。

**콩-밭** 图 豆畑、豆畠。
〖속담〗**콩밭에 가서 두부 찾는다** 豆畑に行って豆腐を求める。《たいへんせっかちな人》

**콩-알** 图 ①豆粒。②〖比〗非常に小さい物。¶ 간이 ~ 만해지다 肝が豆のように小さくなる、肝を冷やす。

**콩-자:반** 图 豆のしょう油煮、煮豆。

**콩-장**〖─醬〗图 大豆を炒って醤油、胡麻油など・唐辛子などとあえたおかず。

**콩쿠:르**〖ㄷ concours〗图 コンクール。¶ 음악 ~ 音楽コンクール。

**콩팔-칠팔** 副自他《筋道などの立たない話をとりとめなくしゃべりまくるようす》なんだかんだと、ああだこうだと。¶ 술 취한 사람이 ─ 한다 酒に酔っぱらった人がああだこうだとしゃべりまくっている。

**콩팥** 图 ①大豆と小豆。②腎臓。

**콱** 副 ①《力強く突き刺すようす》ぐっと、ぶすっと、ぐさっと。¶ 주먹으로 ~ 쥐어박다 拳でごつんと殴る。②《熱気・においなどで息が詰まりそうなようす》ぐっと、むっと、つんと。③ 숨이 ─ 막히１ 息がぐっとつまる。③《穴などがすっかり詰まるようす》ぎっしり、いっぱい。¶ 하수도가 ─ 막혀 있다 下水道がぎっしりつまっている。

**콱-콱** 副 ①《しきりに力強く突き刺すようす》ごつんごつん、ぶすっぶすっと。②《熱気・においなどで息が詰まりそうなようす》むんむんと、むっと、つんつんと。

**콱콱-거리다** 自 ①ぶすっぶすっと突く。②（においなどが）つんつんとつく、（息が）ぐっとつまる。

**콸콸** 副《水などが勢いよくほとばしり出るようす・その音》どくどく、ごうごう、だくだく、ざあざあ。¶ 수돗물이 ~ 쏟아지다 水道の水がざあざあほとばしる。

**콸콸-거리다** 自《水などが》ざあざあと流れ出る。

**쾅** 副 ①《大砲・爆発物の音》どんと、

どかん。¶ 대포 소리가 ~ 하고 울렸다 大砲の音がどんと響いた。②《重い物の落ちる音》どしん。

**쾅-쾅** 副 ①《続けて強く叩いたり ぶつけたり 爆発したりする音》どんどん、どかんどかん。¶ 문을 ~ 두드리다 戸をどんどん叩く。②《しきりに重い物の落ちる音》どしんどしん。

**쾅쾅-거리다** 自他 ①どんどん叩く、どかんどかんと鳴る。②どしんどしんと落ちる音がする。

**쾌** 依 ①《干したスケトウダラ20匹ずつを数える単位》連。¶ 북어 두 ~ 干しダラ2連に。②《史》《銅銭1000文》貫。㊥ 관(貫)

**쾌감**[快感] 名 快感。¶ ~ 를 느끼다 快感を覚える。

**쾌거**[快擧] 名 快挙。¶ 근래에 없는 ~ 다 近来にない快挙だ。

**쾌-남아**[快男兒] 名 快男児、快男子。

**쾌도**[快刀] 名 快刀。

**쾌도 난:마**[-亂麻] 名 快刀乱麻。¶ ~ 를 끊다 快刀乱麻を断つ。

**쾌락**[快樂] 名 快楽。¶ 육체의 ~ 肉体の快楽。

**쾌락-주의**[-主義] 名[哲] 快楽主義。

**쾌보**[快報] 名 快報、吉報。¶ ~ 에 접하다 快報に接する。

**쾌속**[快速] 名·形 快速、スピードが非常に速いこと。¶ ~ 정 快速艇/ ~ 으로 달리다 猛スピードで走る。

**쾌심**[快心] 名 快心、会心。

**쾌심-작**[-作] 名 会心の作。㊥ 회심작(會心作)

**쾌유**[快癒] 名·하自 快癒、本復、全快。¶ ~ 를 빌다 快癒を祈る。㊥ 쾌차(快差)

**쾌재**[快哉] 名 快哉。¶ ~ 를 부르다 快哉を叫ぶ。

**쾌적**[快適] 名·形 快適。¶ 한 날씨 快適な日和/ ~ 한 분위기 快適な雰囲気。

**쾌조**[快調] 名 快調、好調。¶ ~ 의 스타트를 끊다 快調のスタートを切る。

**쾌주**[快走] 名·하自 快走。

**쾌차**[快差] 名·하自 快癒、全快。¶ 병이 ~ 하다 病気が快癒する。

**쾌청**[快晴] 名·하自 快晴。¶ 오늘은 ~ 하다 今日は快晴である。

**쾌-하다**[快-] 形動 ①愉快である、気持ちがよい。②병세가 좋아져서 기분이 가볍다 病気が快気になって気持ちが軽い。③《性格が》さわやかだ、さっぱりしている。④早い、すみやかだ。**쾌-히** 愉快に、快くこころよく、てきぱきと、気持ちよく。⑤승낙하다 快く承諾する。

**쾌활**[快活] 名·形 快活。¶ ~ 한 청년 快活な青年。**쾌활-히** 副 快活に。

**쾨쾨-하다** 形 ①臭いにおいがする、かびくさい。¶ 쾨쾨한 냄새가 코를 찌른다 臭いにおいが鼻をつく。②《やり方など》汚ない。

**쿠데타**〔프 coup d'État〕 名 クーデター。¶ ~ 를 일으키다 クーデターを起こす。

**쿠리다** 形 《糞·屁のにおいのように》臭い。

**쿠린-내** 名 《糞·屁の》臭いにおい。㊥ 구린내

**쿠션**〔cushion〕 名 クッション。

**쿠-폰**〔프 coupon〕 名 クーポン。

**쿡** 副 《物を強く突っき刺すようす》ぐっと、ぶすっと、ぶすりと。¶ 옆구리를 ~ 찌르다 わき腹をぐっと突く。㊥ 콕

**쿡-쿡** 副《物を続けざまに強く突っき刺すようす》ぶすっぶすっと、こつこつと、ちくちくと。¶ 색대로 쌀가마를 ~ 찌르다 米刺しで米俵をぶすっぶすっと突き刺す。

**쿡쿡-거리다** 自 ぶすっぶすっと突き刺す、こつこつとつっつく。

**쿨렁** 副 ①《器の中の液体が揺れる音》ぽちゃ、ぽちゃん、だぶんと。②《糊ではりつけたものがぴったりつかずにふくれ上がっているようす》ぼこんと、ぶくっと。㊥ 콜랑

**쿨렁-거리다** 自 ①ぼちゃんぼちゃん音を立てる。②ぼこんぼこんとふくれ上がる。

**쿨렁-쿨렁** 副·하形 ①ぼちゃんぼちゃんと。②ぼこんぼこんと、ぶくっぶくっと。

**쿨룩** 副 《病人などが苦しく咳をする音》ごほっと、ごほん。¶ ~ 기침을 하다 ごほっと咳をする。

**쿨룩-거리다** 自 ごほんごほんと咳き上げる。

**쿨룩-쿨룩** 副·하自 ごほんごほん。

**쿨쿨**[1] 副 《水が広い穴から勢いよく流れ出でる音》どくどく、ごぼごぼ。

**쿨쿨-거리다**[1] 自 どくどくと流される。

**쿨:쿨**[2] 《いびきをかいているようす·その音》ぐうぐう。¶ 코를 ~ 골며 자다 ぐうぐういびきをかきながら寝む。

**쿨:쿨-거리다**[2] 自 ぐうぐういびきをかく。

**쿵** 副·하自 ①《重い物が落ちる音》どしん、どすん、どん、ごとん。¶ ~ 하고 넘어지다 どすんと倒れる。②《太鼓·大砲などの音》ずどんと、どんと。¶ 대포 소리가 ~ 하고 울리다 大砲の音がずどんと響く。

**쿵-쿵** 副·하自 ①《重い物が続けざまに落ちる音》どしんどしん、どんどんと。②《太鼓·大砲などの音》ずどんずどんと、どんどんと。③《臼をしきりにつく音》どしんどしんと。④《驚きどき·ショックなどで心臓の動きが激しくなるようす》どきりと。

**쿵더쿵** 副 《「쿵덕」의 강조형》ごとんごとん、どしんどしん。

**쿵더쿵-쿵더쿵** 副·하自他 どすんどすん、どんどこどんどん。

**쿵덕** 副 《臼をつく音》ごとん、ごっとん。¶ ~ 하고 방아를 찧다 ごとんと音を立てながら臼をつく。

**쿵덕-거리다** 自他 ごっとんごっとんと音がする〔音をたてる〕。

**쿵덕-쿵덕** 副 ごっとんごっとん。

**쿵쾅** 副 《鉄砲などの音が入りまじってとどろく音》どんどん。¶ 북 소리가 ~ 울려 퍼

지다 太鼓ないの音がどんどんと鳴り響ひくく。
**쿵쾅-거리다** 自他 どんどんととどろく。
**쿵쾅-쿵쾅** 副하自他 どんどん。
**쿵쿵** 副하自他 ①《重たいものが続けて落ちる音》どしんどしん、どすんどすん。②《太鼓ないを続けざまに鳴ならす音》どんどん。③《遠とくからしきりにひびいて来くる大砲たいほうの音》どおんどおん。
**쿵쿵-거리다** 自他 どしんどしん〔どんどん〕と音おとがする。
**퀭-하다** 形여 (病気びょうきなどで)目めがくぼんで生気せいきがない。
**퀴즈**〔quiz〕 名 クイズ。¶ ~를 풀다 クイズを解とく。
**퀴퀴-하다** 形여 (物ものが腐くさったりむれたりして)臭くさい、かび臭い、悪臭あくしゅうがする、むっとする。¶ 양말에서 퀴퀴한 냄새가 난다 靴下くつしたから悪臭あくしゅうがする。
**큐**〔cue〕 名。①(玉突たまつきの)棒ぼう。②〔放〕せりふ・音楽おんがくなどの開始かいしを命めいずる合図あいず。¶ ~를 보내다 キューを出だす。
**크기** 名 大おおきさ、大おおきさ。/ 책의 ~ 本ほんの大きさ/ 신발 ~ 履物はきものサイズ。
**크나-크다** 形 (「크다」の強調形) 非常ひじょうに大おおきい、重大だいだ、大変たいへんだ。¶ 크나큰 사건 非常に大きい出来事できごと。
**크낙-새** 名하動 キタタキ。
**크다**[1] 形 ①(長ながさ・広ひろさ・大おおきさなどが)大おおきい。¶ 방이 ~ 部屋へやが大きい。②(丈たけが)高たかい。¶ 키가 ~ 背せが高たかい。③(音おとが)大おおきい。¶ 목소리가 ~ 声こえが大きい。④(サイズが)大おおきい。¶ 구두가 너무 ~ 靴くつがあまり大きい。⑤(規模き・範囲はんいなどが)広ひろい。¶ 시설이 매우 ~ 施設しせつが極きわめて大きい。⑥(考かんがえ・度量どりょうなどが)広ひろい、寛大かんだだ、太ふとい。¶ 마음이 ~ 心こころが大きい。/ 배짱이 ~ 太ふとっ腹はらだ。⑦(金額きんがくが)多おおい。¶ 큰 돈이 필요하다 大金たいきんが必要ひつようだ。⑧(程度ていどが)甚はなはだしい、激はげしい、ひどい。¶ 큰 상처를 입다 大きな痛手いたでをこうむる。⑨(責任せきにんなどが)重おもい、重大じゅうだいだ。¶ 역할이 ~ 役割やくわりが重おもい。⑩(罪つみ・過あやまちなどが)重おもい。¶ 큰 죄를 범하다 大罪たいざいを犯おかす。⑪(一いつヵ月げつの日数にっすうが)大おおの月つきだ。¶ 12월은 큰 달이다 12月がつは大おおの月つきだ。
¶《속담》**큰 방죽도 개미 구멍으로 무너진다** 大きい堤つつみもアリの穴あなから崩くずれる。《小ちいさなことでも軽かるく見みるとひどいめにあうこと》
**크다**[2]自 大おおきくなる、育そだつ、伸のびる、成長せいちょうする。¶ 몰라보게 많이 컸다 見違みちがえるほど大きくなった。
**크디-크다** 形 (「크다」の強調形) とても大おおきい、非常ひじょうに大きい。
**크랭크**〔crank〕 名 ①〔機〕クランク。¶ ~ 축 クランク軸じく。②하自 映画えいがを撮影さつえいすること。¶ ~ 인 クランクイン。
**크레디트**〔credit〕 名 クレジット、借款しゃっかん。¶ ~ 카드 クレジットカード。

**크레용**〔프 crayon〕 名 クレヨン。
**크레졸**〔cresol〕 名〔化〕クレゾール。
**크레파스**〔Craypas〕 名 クレパス。
**크롬**〔chrome〕 名〔化〕クロム。¶ ~강 クロム鋼こう。
**크리스마스**〔Christmas〕 名 クリスマス。¶ ~ 카드 クリスマスカード/ ~ 캐럴 クリスマスキャロル。
**크리스마스 이ː브**〔-Eve〕 名 クリスマスイブ。
**크리스마스 트리ː**〔-tree〕 名 クリスマスツリー。
**크리스털**〔crystal〕 名 クリスタル。¶ ~ 글라스 クリスタルグラス。
**크리스트-교**〔Christ 教〕 名〔基〕キリスト教きょう。
**크림ː**〔cream〕 名 クリーム。
**큰-곰** 名〔動〕ヒグマ、エゾヒグマ。
**큰곰-자리** 名〔天〕大熊座おおぐまざ。
**큰-글자** 名 大文字おおもじ。
**큰-기침** 名하自 (人気ひとけを知しらせたり威儀いぎを示しめすための)大おおきな咳払せきばらい。
**큰-길** 名 大通おおどおり、本通ほんどおり、表通おもてどおり。¶ ~에는 나가 놀지 마라 大通りには出でて遊あそぶな。
**큰-놈** 名 ①一人前いちにんまえに育そだった男おとこ。②《俗》長男ちょうなん。③大おおきいもの。¶ ~을 놓쳤다 大物おおものを逃のがした。
**큰-누이** 名 (男おとこの方ほうからみて)いちばん上うえのお姉ねえさん。
**큰-눈** 名 大雪おおゆき。¶ ~으로 교통이 마비되다 大雪で交通こうつうが麻痺まひする。
**큰-달** 名 大おおの月つき(陽暦ようれきでは31日にち、陰暦いんれきでは30日にちの月つき)。
**큰댁-〔-宅〕**名 (「큰집」の尊敬語) 本家ほんけ、宗家そうけ。
**큰-돈** 名 大金たいきん。¶ ~을 벌다 大金をもうける。/ ~을 마련하다 大金を工面くめんする。
**큰-따님** 名 「큰딸」の尊敬語。
**큰-딸** 名 長女ちょうじょ。㊀ 맏딸
**큰-마음** 名 ①大望たいもう。¶ ~을 품다 大望を抱いだく。②広ひろい心こころ、寛大かんだな心こころ。¶ ~ 봐주다 大目おおめにみてやる。③奮発ふんぱつ、一大決心いちだいけっしん、思おもいきる心こころ。¶ ~ 먹고 구혼하다 一大決心をして求婚きゅうこんする。㊁ 큰맘
**큰-물** 名 大水おおみず、洪水こうずい。¶ ~로 하천이 범람하다 大水で川かわが氾濫はんらんする。
**큰물-지다** 自 大水〔洪水〕になる。
**큰-방**〔-房〕 名 ①(広ひろくて)大おおきい部屋へや、大部屋おおべや。②家中いえじゅうで一番いちばん目上めうえの婦人ふじんがいる部屋へや。
**큰-불** 名 ①大火たいか、大火事おおかじ、大火災だいかさい。¶ ~이 되다 大火になる。②(むかし)大おおきい獣けものを撃うつときに用もちいた弾丸だんがん。
《관용》**큰불(을) 놓다** ①大火災だいかさいを起おこす。②大おおきい獣ものに用もちいる弾丸だんを撃うつ。
**큰-비** 名 大雨おおあめ、豪雨ごうう。¶ ~로 홍수가 지다 大雨で洪水こうずいになる。
**큰-사위** 名 長女ちょうじょの夫おっと。
**큰-상**〔-床〕 名 ①(宴会えんかいなどで)主人公しゅじんこうをもてなす豪華ごうかな膳ぜん。②多おおくの料理りょうりが並ならべられる大おおきな膳ぜん。
《관용》**큰상(을) 받다** (宴会えんかいなどで)主人公しゅじん

큰-소리 图(하)自 ①大声ごえ、大きい音おと。¶ ~
로 꾸짖다 大声で叱しかる。②大言げん、大口おおぐち。¶ ~를 치다 ほらを吹ふく。
큰소리-치다 自 ①大言げんを吐はく。②大声おおごえでどなる。
큰-손녀[-孫女] 图 一番いちばん年上としの孫娘まごむすめ。
큰-손자[-孫子] 图 一番いちばん年上としの孫まご。
큰-아가씨 图 ① ⇨ 큰아씨 ②嫁よめが一番いちばん年上としの小姑こじゅうとめを呼よぶ語ご。
큰-아들 图 長男ちょうなん。 ⑦ 장자(長子)
큰-아버지 图 伯父おじ、父ちちの長兄ちょうけい。
큰-아씨 图 既婚きこんの長女ちょうじょ・長男なんの嫁よめを使用しようする人ひとが呼よぶ語ご。 ⑦ 큰아가씨
큰-아이 图「長男ちょうなん・長女ちょうじょ」をかわいらしく言いう語ご。
큰-애 图「큰아이」の縮約形けい。
큰-어머니 图 伯母おば。
큰-언니 图（女おんなの方ほうからみて）大姉あね、一番いちばん年上としの姉あね。
큰-오빠 图（女おんなの方ほうからみて）大兄あに。
큰-일 图 ①重大じゅうだいなこと、大変たいへんなこと。¶ ~을 저지르다 大変なことをしでかす。②大きな儀式ぎしき、大行事ぎょうじ。¶ ~이 닥쳐오다 大行事が迫せまっている。③大事ごと、一大事だいじ。¶ ~을 앞둔 작은 일 大事の前まえの小事しょうじ。
[관용]큰일(을)치르다 大おおきな儀式ぎしきを行おこなう。
큰일-나다 自 大変たいへんなことになる。
큰-절 图(하)自（結婚けっこんのときなどに）女性じょせいがする最もっとも丁寧ていねいなお辞儀じぎ。
큰-집 图 ①本家ほんけ、宗家そうけ。 ⑦ 종가(宗家) ②本妻ほんさいの家いえ。③大おおきな構かまえの家いえ。④《俗ぞく》刑務所けいむしょ、留置場りゅうちじょう。¶ ~에 다녀온 사람 けいむしょ帰がえり。
큰-칼 图(史) 大おおきな首枷くびかせ。
큰-판 图 ①大おおげんか[大おおばくち]の現場げんば。②盛さかんにやること。
큰-형[-兄] 图 長兄ちょうけい、大兄おおあに。
클라이맥스[climax] 图 クライマックス。¶ ~에 달하다 クライマックスに達たっする。
클래스[class] 图 クラス。
클래스-메이트[-mate] 图 クラスメート、同級生どうきゅうせい、級友きゅうゆう。
클래식[classic] 图 クラシック。
클랙슨[klaxon] 图 クラクション。¶ ~을 울리다 クラクションを鳴ならす。
클럽[club] 图 クラブ。¶ 나이트 ~ ナイトクラブ。
클레임[claim] 图(經) クレーム。¶ ~을 걸다 クレームを付つける。
클로:버[clover] 图(植) クローバー。¶ 네 잎 ~ 四よつ葉ばのクローバー。 ⑦ 토끼풀
클로:즈-업[close-up] 图(하)他自 クローズアップ。①大写おおうつし。¶ ~된 사진 クローズアップされた写真しゃしん。②目立めだつように大おおきく取とり上あげること。¶ 경제 문제가 ~되다 経済けいざい問題もんだいがクローズアップされる。
큼직-하다 形(여) かなり大おおきい、大おおぶりだ。

큼직한 그릇 大ぶりな器うつわ。
큼직-큼직 副(하)形動 大おおぶりな、大粒おおつぶな。¶ ~하게 썰다 大おおぶりに切きる。
킁킁 副(하)自《病気びょうき・癖くせなどで鼻はなを鳴ならす音おと》くんくん、くすんくすん。¶ ~ 냄새를 맡다 くんくんにおいをかぐ。
킁킁-거리다 自 くんくんとしきりに鼻はなを鳴ならす。

키¹ 图 ①背せ、身丈たけ、身長しんちょう。¶ ~가 크다 背が高たかい。/ ~가 잘 자란다 背がよく伸のびる。②高たかさ。¶ 의자いすの ~ いすの高さ。
[속담] 키 크고 싱겁지 않은 사람 없다 背せが高たかい人ひとはたいていしまりがない。
키² 图 箕み。¶ ~로 까불다 箕でふるう。
키³ 图 (船ふねの)舵かじ。¶ ~를 잡다 舵を取とる。
키:[key] 图 キー。①(錠前じょうまえの)鍵かぎ。②手でがかり、かぎ。¶ 사건의 ~를 쥐고 있다 事件じけんのかぎを握にぎっている。③(ピアノなどの)鍵盤けんばん。④(タイプライターの)文字盤もじばん。¶ ~를 치다 キーをたたく。⑤(電話でんわ・電信でんしんなどの)電鍵でんけん。
키-다리 图 背高せいたか、のっぽ。
키득 副《こらえきれずに口くちから漏もれる笑わらい声ごえ》くすっと。
키득-거리다 自 くすくす笑わらう。
키득-키득 副(하)自 くすくす、くっくっ。
키-순[-順] 图 背せの順じゅん、背丈たけの順。¶ ~으로 서라 背の順に並ならびなさい。
키스[kiss] 图(하)自 キス、キッス、口くちづけ、接吻せっぷん。¶ 작별 ~을 하다 別れのキスをする。
키우다 他 ①育そだてる、育はぐくむ、飼かう。¶ 아이를 ~ 子供こどもを育てる。/ 동물을 ~ 動物どうぶつを飼う。②(能力のうりょく・勢力せいりょくなどを)伸のばす、養やしなう。¶ 세력을 ~ 勢力を伸ばす。
키-잡이 图 舵取かじとり、舵手だしゅ。
키-질 图(하)他 箕みで穀物こくもつをふるうこと、ひること。¶ ~하여 티를 골라내다 箕でふるってくずを捨すてる。
키친[kitchen] 图 キッチン、台所だいどころ。
킥 副《こらえきれずに笑わらいを漏もらすようす》くすっと、くすりと。¶ 저도 모르게 ~ 하고 웃다 思おもわずくすっと笑う。
킥-킥 副 くすくす。
킥킥-거리다 自 くすくす笑う。
킥[kick] 图(하)他 キック、蹴けること。¶ ~보드 キックボード / 코너~ コーナーキック。
킬로[kilo] 依（「킬로미터・킬로그램」などの縮約形けい）キロ。
킬로-그램[-gram] 依 キログラム。
킬로-미:터[-meter] 依 キロメートル。
킬킬 副《こらえ切きれずに声こえをしのんで笑わらう声ごえ》くすくす、くっくっと。
킬킬-거리다 自 しきりにくっくっと笑う。
킹[king] 图 キング、王おう、王様おうさま。
킹킹 副(하)自《子供こどもが泣なき声ごえでせがんだりだだをこねたりする声》うんうん、ああん。¶ 자꾸 ~ 보챈다 しきりにうんうんとむずかる。
킹킹-거리다 自 しきりにうんうん言いう。

# ㅌ

ㅌ ハングル字母の第12番目の字.

**타**[他] **I** 图 他た, 別べ, 他たのもの, 他人たにん. ¶ ~의 추종을 불허하다 他の追従ついしょうを許さない. **II** 接頭 「別の・他の」の意い. ¶ ~국 他国たこ/ ~지역 他たの地域ちいき.

**타:개**[打開] 图하他되自 打開だかい. ¶ 난국을 ~ 하다 難局なんきょくを打開する.
  **타:개-책**[-策] 图 打開策だかいさく. ¶ ~을 세우다 打開策を立てる.

**타:격**[打擊] 图하他 打撃だげき. ①打うつこと, たたくこと. ②損害そんがい, 衝撃しょうげき, ショック. ¶ 큰 ~을 받다 大きな打撃を受ひうける. ③〔野〕バッティング. ¶ ~전 打撃戦せん.
  **타:격-순**[-順] 图〔野〕打撃順じゅん, 打順だじゅん.
  **타:격-률**[-率] 图〔野〕打撃率だげきりつ, 打率だりつ.

**타:결**[妥結] 图하他되自 妥結だけつ. ¶ 원만한 ~ 円満えんまんな妥結/ 교섭이 ~되다 交渉こうしょうが妥結する.

**타계**[他界] 图하自 他界たかい. ①死しぬこと. ¶ ~ 한지 10년이 지났다 他界してから10年じゅうねんが過すぎた. ②他たの世界せかい. ③〔佛〕彼かの世よ.

**타고-나다** 他 (才能さいのう・性根しょうねなどを)生うまれながら持もっている, 生うまれつく. ¶ 타고난 성질 生まれつきの性質せいしつ.

**타-고장**[他-] 图 他たの地方ちほう, 異郷いきょう.

**타관**[他關・他官] 图 他郷たきょう, ほかの地方ちほう. ¶ ~ 사람 他郷の人ひと.
  慣用 타관을 타다 他郷暮らしがなじまない.

**타:구**[打球] 图하他〔野〕打球だきゅう. ¶ 호쾌한 ~ 豪快ごうかいな打球.

**타국**[他國] 图 他国たこく, よその国くに. ¶ ~인 他国人じん/ ~ 땅 他国の土地とち.

**타:기**[惰氣] 图 惰気だき, 怠なまけ心ごころ.

**타끈-하다** 形며 けちで欲深よくぶかい, 貪欲どんよくだ, 憎にくらしくしみったれで強欲ごうよくだ.
  **타끈-스럽다** 形며 意地いじ汚きたくちだ, みみっちい, しみったれている.

**타-내다** 他 (目上うえの者ものなどから金品きんぴんを)せがんでもらう, ねだる. ¶ 여비를 ~ 旅費りょひをせがんでもらう.

**타-넘다** 他 (またがって)越こえる, 乗のり越こえる. ¶ 울타리를 ~ 垣根かきねを乗り越える.

**타다**[1] 自 ①燃もえる, 焼やける. ¶ 난로불이 ~ ストーブの火ひが燃える. ②焦こげる. ¶ 밥이 ~ ご飯はんが焦げる. ③(胸むねが)痛いたむ, 焦こがれる, いらいらする, 焦こげる. ¶ 애가 ~ 気きがいらいらする. ④(日光にっこうに)焼やける, 全身ぜんしんが真まっ黒くろに日焼やけする. ⑤干ほからびる, 干ひあがる, 渇かわききる. ¶ 가뭄으로 논바닥이 ~ ひでりでたんぼが干からびる.

**타다**[2] 他 ①(乗のり物ものに)乗のる. ¶ 자동차를 ~ 車くるまに乗る. ②登のぼる, 渡わたる. ¶ 나무를 ~ 木きに登る. ③(チャンスなどを)よく利用りようする, 乗のじる. ¶ 시운을 탄 영웅 時運じうんに乗じた英雄えいゆう. ④(そり・スケートなどで)滑すべる. ¶ 스키를 ~ スキーで滑る. ⑤(物ものに沿そって)移動いどうする, (風かぜなどと)いっしょに伝つたわる. ¶ 눈물이 뺨을 타고 흘렀다 涙なみだがほおを伝って流ながれた. ⑥(ぶらんこやシーソーなどに)乗のる. ¶ 그네를 ~ ぶらんこに乗る.

**타다**[3] 他 (液体えきに液体・粉末ふんまつなどを)混まぜる, 入いれる, 割わる. ¶ 커피에 설탕을 ~ コーヒーに砂糖さとうを入れる.

**타다**[4] 他 ①(賞しょう・給与きゅうよなどを)もらう, 受うける. ¶ 상금을 ~ 賞金しょうきんをもらう. ②恵めぐまれる, 授さずかる. ¶ 행운을 ~ 幸運こううんに恵まれる.

**타다**[5] 他 ①(頭髪とうはつを左右さゆうに)分わける. ¶ 가리마를 ~ 髪かみを分ける. ②(二ふたつに)挽ひく, 割わる, 裂さく. ¶ 박을 ~ 瓢べをを挽く. ③(ひき臼うすで)挽ひく. ¶ 콩을 ~ 豆まめをひく.

**타다**[6] 他 ①(弦楽器げんがっきを)弾ひく, 奏かなでる. ¶ 거문고를 ~ 琴ことをひく. ②(綿わたなどを)打うつ.

**타다**[7] 他 ①かぶれる, 敏感びんかんである. ¶ 옻을 ~ 漆うるしにかぶれる. ②(状態じょうたいが)悪わるくなる. ¶ 여름을 ~ 夏負なつまけする.

**타닥-거리다** 自 ①(疲つかれて足あしを引ひきずるように)とぼとぼ歩あるく, よちよち歩く. ②軽かるくとんとんたたく, ぱんぱん[ぱたんぱたんと]たたく. ③やっと[辛かうじて]暮くらしていく.

  **타닥-타닥** 副하自되自 ①(疲つかれた足あしどりで歩あるくようす・その音おと)とぼとぼ. ¶ 고갯길을 오르다 とぼとぼ峠道とうげみちをのぼる. ②(軽かるくたたくようす・その音おと)とんとん, ぱんぱん, かせ, 束たば. ¶ ~ 어깨를 두드리다 とんとんと肩かたをたたく. ③やっと, 辛かうじて.

**타:당**[妥當] 图하形 妥当だとうだ, 適切てきせつであること. ¶ ~한 평가 妥当な評価ひょうか.
  **타:당-성**[-性] 图 妥当性だとうせい. ¶ ~이 없다 妥当性を欠かく.

**타:도**[打倒] 图하他되自 打倒だとう. ¶ 정권을 ~ 하다 政権せいけんを打倒する.

**타-동사**[他動詞] 图〔文法〕他動詞たどうし.

**타:락**[堕落] 图하自 堕落だらく. ¶ ~한 생활 堕落した生活せいかつ.

**타래 I** 图 (糸いと・縄なわなどの)巻まき, かせ. **II** 依 《糸いと・縄なわのかせを数かぞえる単位たんい》…巻き, かせ, 束たば. ¶ 실 한 ~ 糸いと一ひとかせ.

**타래-박** 图 竹たけ・木きの竿さおのついたつるべ.

**타:령**[打令] 图 ①「판소리・잡가」などの総称. ②하自 口癖くちぐせ, 決きまり文句もんく. ¶ 신세 ~ 身みの上話うえばなし/ 만나면 돈 ~이다 会あえば決きまってお金かねの話はなしだ.

타문[他聞] 명하타 他聞たぶん。 ¶ ~을 꺼리다 他聞をはばかる。

타:박 명하타 責せめつけること、ひどくけなすこと、けちをつけること。 ¶ 하는 일마다 ~이다 する事なす事にけちをつける。

타:박[打撲] 명하타 打撲だぼく。 ¶ ~상 打撲傷だぼくしょう。

타박-거리다 자 とぼとぼと重おもい足あしどりで歩あるく。 틘 터벅거리다

타박-타박 부하자 とぼとぼ。

타박타박-하다 형여 (食たべ物ものに粘ねばり気け・水気すいけがなくて)ぱさぱさしている。 ¶ 찐 감자가 ~ 蒸むしいもがぱさぱさしている。

타방[他方] 명 ①(「타방면」의 縮約形)他方たほう。 ②「타지방」의 縮約形。

타-방면[-面] 명 他方面たほうめん。

타분-하다 형여 ①(魚さかな・肉にくが少すこし傷いたんで味あじが)ぷんとにおう。 ②後味あとあじが悪わるい。 ③(天気てんき・気分きぶんなどが)すっきりしない。 ④とてもやるせない。

타사[他社] 명 他社たしゃ。 ¶ ~와의 경쟁 他社との競争きょうそう。

타산[他山] 명 他山たざん。

타산지-석[-之石] 명 他山の石いし。

타:산[打算] 명하타 打算ださん。 ¶ 이해 ~이 빠른 사람 損得そんとく勘定かんじょうが早はやい人ひと。

타:산-적[-的] 관명 打算的だきんてき。 ¶ ~인 사람 打算的な人ひと。

타살[他殺] 명하타 퇴자 他殺たさつ。 ¶ ~의 혐의가 있다 他殺の疑うたがいがある。

타:-석기[打石器] 명 (「타제 석기」의 縮約形)打製だせい石器せっき。

타:성[惰性] 명 惰性だせい。 ¶ ~에서 벗어나다 惰性から抜ぬけ出だす。

타:성-적[-的] 관명 惰性的だせいてき。

타:수[打数] 명[野] 打数だすう。 ¶ 3~ 1안타 3打数だすう1安打あんだ。

타수[舵手] 명 舵手だしゅ、かじとり。

타:-악기[打楽器] 명 打楽器だがっき。

타:액[唾液] 명 唾液だえき、つば。 휘 침

타:액-선[-腺] 명[生] 唾液腺だえきせん。

타-오르다 자 ①(火ひが)燃もえあがる、燃もえ立たつ。 ②(感情かんじょう・情熱じょうねつが)燃もえる。 ¶ 타오르는 정의감 燃もえあがる正義感せいぎかん。

타용[他用] 명 他たのことにつかうこと。

타위[tower] 명 タワー、塔とう。

타:원[楕圓] 명[数] 楕円だえん。 ¶ ~ 궤도 楕円軌道きどう。

타:원-형[-形] 명 楕円形けい。

타월[towel] 명 タオル、手てぬぐい。 ¶ 목욕 ~ バスタオル。

타:율[打率] 명[野] 打率だりつ。 ¶ 3할 2푼의 ~ 3割3分2分ぶの打率。

타의[他意] 명 他意たい、別べつの考かんがえ。 ¶ ~는 없다 他意は無ない。

타이[tie] 명 タイ。 ①ひも、靴紐くつひも。 ②ネクタイ。 ¶ ~ 핀 タイピン。 ③(競技きょうぎで)同点どうてん、同率どうりつ。 ¶ ~ 스코어 タイスコア/ 5 대5로 ~가 되다 5対5でタイになる。 ④[音] 連結符れんけつふ。

타이 기록[-記録] 명[體] タイ記録きろく。

타-이르다 타르 教おしえ諭さとす、たしなめる、いい聞きかせる。 ¶ 잘못을 ~ 過あやまちを諭す。

타이밍[timing] 명 タイミング。 ¶ ~을 놓치다 タイミングを逸いっする。

타이어[tire] 명 タイヤ。 ¶ ~가 펑크나다 タイヤがパンクする。

타이트[tight] 명하형 タイト。 ¶ ~한 스케줄 タイトなスケジュール。

타이틀[title] 명 タイトル。 ①標題ひょうだい、書名しょめい。 ②職名しょくめい、肩書かたがき。 ¶ 부장의 ~ 部長ぶちょうのタイトル。 ③選手権せんしゅけん。 ¶ ~을 차지하다 タイトルを取とる。 ④[映] 字幕じまく。

타이틀 매치[-match] 명[體] タイトルマッチ。

타이프[type] 명 タイプ。 ①活字かつじ。 ②「타이프라이터」의 縮約形。

타이프-라이터[-writer] 명 タイプライター。

타인[他人] 명 他人たにん、他たの人ひと。 ¶ 아무 관계도 없는 ~ なんの関係かんけいもない他人。

타임[time] 명 タイム。 ¶ ~ 아웃 タイムアウト/ ~을 재다 タイムを計はかる。

타임 캡슐[-capsule] 명 タイムカプセル。

타입[type] 명 タイプ。

타:자[打者] 명[野] 打者だしゃ、バッター、ヒッター。 ¶ 대 ~ ピンチヒッター。

타:-자기[打字機] 명 タイプライター。

타:작[打作] 명하타 ①脱穀だっこく。 ②地主じぬしと小作人こさくにんが収穫物しゅうかくぶつを一定いっていの比率ひりつで分配ぶんぱいする小作制度こさくせいど。

타:전[打電] 명하타 打電だでん。

타조[駝鳥] 명[動] ダチョウ。

타지[他地] 명 ①他郷たきょう。 ②他たの地方ちほう。

타:진[打診] 명하타 打診だしん。 ¶ 의향을 ~ 하다 意向いこうを打診する。

타:진[打盡] 명하타 퇴자 打尽だじん。 ¶ 일망~하다 一網いちもう打尽にする。

타처[他處] 명 他所たしょ、他たの所ところ、よそ。 ¶ ~ 사람 よそ者もの。

타천[他薦] 명하타 퇴자 他薦たせん。 ¶ 자천 ~의 후보 自薦じせん他薦の候補こうほ。

타:파[打破] 명하타 他破だは。 ¶ 미신을 ~하다 迷信めいしんを打破する。

타향[他鄕] 명 他郷たきょう、異郷いきょう。 ¶ ~을 떠돌아다니다 他郷をさすらう。

타향-살이[-] 명 他郷暮たきょうぐらし、異郷暮らし。

타:협[妥協] 명하타 妥協だきょう、折おり合あい。 ¶ ~안 妥協案あん/ 그 정도에서 ~합시다 その辺へんで妥協しましょう。

타:협-적[-的] 관명 妥協的だきょうてき。 ¶ ~적인 태도 妥協的な態度たいど。

탁¹ 부 《視野しやなどが広ひろがるようす》ずっと、さあっと。 ¶ ~ 트인 시야 ずっと開ひらけた視野やや。

탁² 부 ①《何なにか突然とつぜん切きれたり破やぶれたりす

るようす・その音》ぶっつり、ぱん、ぱちんと。¶ 풍선이 ~ 터지다 風船ホンがぱんと破裂ハツする。 ②《何かをつよくたたいたりつよくぶつかるようす》ぽんと、ぴしゃりと、どんと。¶ 무릎을 ~ 치다 ぽんと膝をを打つ。③《ぴんと張っていた気持ちなどが急にゆるむようす》すっと、すかっと。¶ 힘이 ~ 풀리다 力がすっと抜ける。④《突然ころんだり 倒れるようす》ばたっと、どたっと。¶ 마룻바닥에 ~ 쓰러지다 床ャの上ウエにばたっと倒れる。⑤《唾ツバをつよく吐き出すようす》ぺっと。¶ 침을 ~ 뱉다 ぺっと唾を吐く。⑥《息が詰まるようす》ぐっと、むっと。¶ 갑자기 숨이 ~ 막혔다 突然ぐっと息が詰まった。

탁구 [卓球] 图 卓球タッキュウ、ピンポン。¶ ~를 치다 卓球をする。
탁구-공 ピンポン球ダマ。
탁류 [濁流] 图 濁流ダクリュウ。¶ ~에 휩쓸리다 濁流に呑のまれる。
탁마 [琢磨] 图他 自 琢磨タクマ。¶ 절차 ~ 切磋タク琢磨。
탁발 [托鉢] 图 自 《佛》托鉢タク。
탁발-승 [-僧] 图 《佛》托鉢僧ソウ。
탁본 [拓本] 图 拓本ホン、石摺ズリ。¶ 비문의 ~ 을 뜨다 碑文ヒブンの拓本をとる。 ㊤ 탑본
탁상 [卓上] 图 卓上ジョウ、机上。
탁상-공론 [-空論] 图 机上キジョウの空論クウ。¶ ~은 집어치워라 机上の空論はそれぐらいにしておけ。
탁상 시계 [-時計] 图 置おき時計ケイ。
탁상 연:설 [-演説] 图 卓上演説エン、テーブルスピーチ。
탁성 [濁声] 图 濁声ダク、濁った声、だみ声コエ。
탁송 [託送] 图 他 託送ソウ。¶ ~ 전보 託送電報ホウ/ 화물을 ~ 하다 貨物モツを託送する。
탁송 수하물 [-手荷物] 图 託送手荷物モツ。
탁아-소 [託兒所] 图 託児所ジョ。
탁연-하다 [卓然-] 形ヨン 卓然ゼンとしている。¶ 탁연한 자질 卓然たる資質シツ。
탁월 [卓越] 图自形 卓越エツ。¶ ~한 기량의 소유자 卓越した技量リョウの持モち主ヌシ。
탁음 [濁音] 图《文法》濁音ダン、有声音ユウセイ。
탁의 [託意] 图他 自分ブンの意中チュウを他のの事に託タクしてほのめかすこと。
탁자 [卓子] 图 卓子タク、テーブル。
탁주 [濁酒] 图 濁酒シュ、にごりざけ、どぶろく。
탁출 [卓出] 图自形 卓出シュツ。 ㊤ 탁월 (卓越)。
탁-탁 副 ①《きっぱりと速やかに始末シマツをつけるようす》てきぱき、ぱっぱっ。¶ 일을 ~ 처리하다 仕事ゴトをてきぱきと処理リッする。②《息がしきりに詰つまるようす》ぐっぐっと。¶ 숨이 ~ 막히다 息がぐっぐっと詰まる。③《つづけざまに倒れるようす》ばたばた。¶ 사람들이 ~ 쓰러지다 人びとがばたばたと倒れる。④《しきりにつばを吐くようす》ぺっぺっ。¶ 침을 ~ 뱉다 ぺっぺっと唾ツバを吐く。⑤《何かをしきりにはたいたり ぶつかったりするようす・その音》ばたばた、がつんがつん、ごつんごつん。¶ 먼지를 ~ 털다 ほこりをぱたぱたとはたく。⑥《何かがしきりにとびちったり 跳ねるようす・その音》ぱちぱち。¶ 숯불이 ~ 튀다 炭火ビがぱちぱちと飛び散る。 ㊤ 턱턱

탁탁-하다 形ヨン ①《織り目が》細こまかく丈夫ジョウだ。②《暮らしが》豊ユタかでゆとりがある。
탁필 [卓筆] 图 卓筆ピッ。
탁-하다 [濁-] 形ヨン ①濁にごっている。¶ 탁한 물 濁った水。②《性格が》陰気インキだ、さえない、すっきりしていない。③《声が》がらがらしている。
탁해-지다 自 ①《液体エキ・空気クウなどが》濁にごってくる、汚されてくる。¶ 공기가 매우 탁해졌다 空気が非常ジョウに汚れてきた。②《性格カクが》陰気になる。③《声が》がらがらになる。
탄 [炭] 图 ①「석탄」의 縮約形。②「연탄」의 縮約形。
탄:-광 [炭鑛] 图 炭鉱ダン。¶ ~ 노동자 炭鉱労働者ロウドウシャ。
탄:-내 [炭-] 图 練炭レン・炭スミが燃もえるときのにおい。
탄:도 [彈道] 图 弾道ドウ。¶ ~탄 弾道弾ダン。
탄:도 미사일 [-missile] 图 弾道ミサイル。
탄:력 [彈力] 图 弾力リョク。¶ ~을 잃은 피부 弾力のなくなった皮膚。
탄:력-성 [-性] 图 弾力性セイ。
탄:로 [綻露] 图 《秘密ミツ・悪事ジが》露見スする こと、ばれること。¶ 비밀이 ~나다 秘密がばれる。
탄:막 [彈幕] 图 弾幕マク。¶ ~을 누비며 치달다 弾幕をぬって突ッっぱしる。
탄:복 [歎服] 图他 感心カンしんして心こころから従シタがうこと、感服フク。¶ 예리한 통찰력에 ~하다 鋭い洞察力リョクに感服する。
탄:사 [歎辭] 图 歎辞ジ。
탄:산 [炭酸] 图《化》炭酸ダン。¶ ~ 소다 炭酸ソーダ。
탄:산-가스 [-gas] 图 炭酸ガス。
탄:산-나트륨 [-natrium] 图《化》炭酸ナトリウム。
탄:산-천 [-泉] 图《地》炭酸泉セン。
탄:생 [誕生] 图自他 誕生ジョウ。
탄:생-일 [-日] 图 誕生日ビ。
탄:성 [彈性] 图《物》弾性セイ。¶ ~체 弾性体タイ/ ~ 고무 弾性ゴム。
탄:성-률 [-率] 图《物》弾性率リツ。
탄:성 [歎聲・嘆聲] 图 嘆声セイ。¶ ~을 지르다 嘆声をあげる。
탄:소 [炭素] 图《化》炭素ソ。¶ ~강 炭素鋼コウ。
탄:소 동화 작용 [-同化作用] 图《植》炭素同化作用ヨウ、炭酸ダン同化作用。
탄:수화-물 [炭水化物] 图《化》炭水化物タンスイ、含水炭素ガンスイ。
탄:식 [歎息・嘆息] 图自他 嘆息ソク、ため息イキをついて嘆ナゲくこと。¶ 하늘을 우러러 ~하다 天テンを仰アオいで嘆息をもらす。

탄:신【誕辰】 [名] 誕辰たんしん。王おう・聖人せいじんなどの誕生日たんじょうび。
탄:-알【彈-】 [名] 弾丸がん。たま。
탄:압【彈壓】 [名]하타 弾圧だんあつ。¶ 언론을 ~하다 言論げんろんを弾圧する。
탄:약【彈藥】 [名] 弾薬やく。¶ ~ 상자 弾薬箱ばこ。
탄:약-고【-庫】 [名] 弾薬庫こ。
탄:우지-기【吞牛之氣】 [名] 牛うしをも飲のみ込こむほどの壮大そうだいな気概きがい。
탄:원【歎願・嘆願】 [名]하타 嘆願がん。¶ 구명을 ~하다 助命じょめいを嘆願する。
탄:원-서【-書】 [名] 嘆願書しょ。
탄:저【炭疽】 [名] 炭疽たんそ。炭疽病びょう。
탄:전【炭田】 [名] 炭田でん。
탄:지【彈指】 [名]하타 弾指だんし・だん。指ゆびではじくこと。
탄:지지-간【-之間】 [名] 弾指だんしの間あいだ、わずかの時間じかん。
탄:착 거:리【彈着距離】 [名] 弾着距離だんちゃく、着弾距離ちゃくだん。
탄:층【炭層】 [名] 炭層そう、石炭層せきたん。
탄:탄【坦坦】 [名] 坦たんたる。
탄:탄 대:로【-大路】 [名] 坦坦たる大道だいどう。
탄탄-하다 [形] ①堅固けんごで丈夫じょうぶだ、堅牢けんろうだ。¶ 신발이 탄탄하게 만들어졌다 履はき物ものが丈夫につくられている。②(体からだ)ががっちりしていて健康けんこうだ。㈜ 튼튼하다
탄:피【彈皮】 [名] 薬莢やっきょう。
탄:핵【彈劾】 [名]하타 弾劾がい。¶ ~안을 제출하다 弾劾案あんを提出じしゅつする。
탄:핵 소추권【-訴追權】 [名][法] 弾劾訴追権そついけん。
탄:화【炭化】 [名]하타[化] 炭化だん。¶ ~ 물 炭化物ぶつ。
탄:화-수소【-水素】 [名][化] 炭化水素すいそ。
탄:환【彈丸】 [名] 弾丸がん。¶ 빗발처럼 날아오는 ~ 雨あめと散ちり来くる弾丸。
탄:흔【彈痕】 [名] 弾痕だん。¶ 벌집 같은 ~ 蜂ばちの巣すみたいな弾痕。
탈:〔名〕仮面めん。①(紙かみ・木きなどでつくった)面めん。マスク。¶ 사자 ~ 獅子じしとの面。②(内心ないしんをかくして)猫ねこをかぶった顔かお。¶ 애국자の ~을 쓰다 愛国者あいこくしゃの仮面を被かぶる。
[관용] 탈을 벗다 ①仮面めんを脱ぬぐ。②本心ほんしん・本性しょうをあらわす。 탈을 쓰다 ①面めんをつける、仮面をかぶる。②(本心・本性を隠かくして)いつわりの姿すがた・態度たいどをつくろう、猫ねこをかぶる。③(姿・態度が)似にている、うり二ふたつだ。
탈:〔名〕①事故じこ、変事じん、故障しょう。¶ ~ 없이 돌아오다 無事ぶじに帰きする。②病気びょうき、病やまい。¶ 몸에 ~이 나서 못 간다 病気になって行ゆかれぬ。③(機械きかいなどの)故障しょう。¶ 기계에 ~이 나다 機械きに故障が起おこる。④けち、言いい掛がかり、口実じつ。¶ ~을 잡다 けちをつける。⑤《おもに '이다'、とともに用いられて》…(なのが)欠点けってんだ、悪わるいくせだ、傷きずだ。¶ 하지 않아도 좋을 일을 가끔 하는 것이 ~이다 しなくてもよいことを
탈:-것 [名] 乗のり物もの。
탈고【脫稿】 [名]하타되자 脱稿だっこう。
탈곡【脫穀】 [名]하타 脱穀こく。¶ ~기 脱穀機き。
탈당【脫黨】 [名]하타되자 脱党だっとう、離党とう。¶ ~하여 정계를 떠나다 脱党して政界せいかいから身みを引ひく。
탈락【脫落】 [名]하타되자 ①脱落だつらく。¶ 명단에서 ~되다 名簿めいぼから抜ぬける。②[文法] 二ふたつ以上いじょうの音節おんせつが接続せつぞくするとき一方いっぽうの母音ぼいん・子音しいん・音節が省略しょうりゃくされること。
탈모【脫毛】 [名]하타 脱毛もう。¶ ~제 脱毛剤ざい。
탈모-증【-症】 [名] 脱毛症しょう。
탈:-바꿈 [名]하자[動] (蛙かえる・昆虫こんちゅうなどの)変態へんたい。¶ 완전 ~ 完全かんぜん変態。
탈바닥 [副] ①《平たいものが浅あさい水すいを打うつ音おと》ぴちゃっ。②《むぞうさに座すわりこむようす・その音》ぺたっと。¶ ~ 주저앉다 ぺたっと座すわりこむ。㈜ 털버덕
탈법【脫法】 [名] 脱法ほう。¶ ~ 행위 脱法行為こうい。
탈상【脫喪】 [名]하자 除喪じょう・も。
탈색【脫色】 [名]하타되자 脱色だっしょく。¶ ~제 脱色剤ざい。
탈선【脫線】 [名]하자되자 脱線せん。¶ 전동차 사고 電車てんしゃ脱線事故だんせんじこ。
탈선 행위【-行爲】 [名] 脱線行為こうい。
탈세【脫稅】 [名]하자되자 脱税ぜい。¶ ~액 脱税額がく。
탈수【脫水】 [名]하자 脱水すい。¶ ~증 脱水症しょう。
탈수-기【-機】 [名] 脱水機き。
탈:-없다【頉-】 [形] 差さし障さわりがない、事故じこ(故障しょう・失敗しっぱい)がない、つつがない、順調じゅんちょうである、無事ぶじだ、元気げんきだ。 탈없-이 [副] 差し障りなく、つつがなく、順調に、無事に、健すこやかに。¶ 아이들은 잘 자랐다 子供こどもたちがすこやかに育そだった。
탈영【脫營】 [名]하자 脱営えい。¶ ~병 脱営兵へい。
탈옥【脫獄】 [名]하자 脱獄ごく、牢破ろうやぶり。
탈옥-수【-囚】 [名] 脱獄囚しゅう。
탈의【脫衣】 [名]하자 脱衣だつい。¶ ~장 脱衣場じょう。㈜ 착의(着衣)
탈의-실【-室】 [名] 脱衣室しつ。
탈주【脫走】 [名]하자 脱走そう。¶ ~병 脱走兵へい。
탈지【脫脂】 [名]하자타 脱脂だつし。¶ ~ 분유 脱脂粉乳ふんにゅう。
탈지-면【-綿】 [名] 脱脂綿めん。
탈지-유【-乳】 [名] 脱脂乳にゅう。
탈진【脫盡】 [名]하자 気力きりょくが尽つきること。¶ ~하여 녹초가 됐다 気力がなくなりへとへとになった。
탈출【脫出】 [名]하자되자 脱出だっしゅつ。¶ 적진을 ~하다 敵陣てきじんを脱出する。
탈:-춤 [名] 仮面かめん舞踊ぶよう、仮面劇げき。㈜ 가면무(假面舞)
탈취【脫臭】 [名]하타 脱臭だっしゅう。¶ ~제 脱臭剤ざい。
탈취【奪取】 [名]하타되자 奪取しゅ、奪うばい取とること。¶ 회사를 ~하다 会社かいしゃを乗のっとる。
탈탈 [副] ①《引ひき続つづいて軽かるく震ふるえるように

響ひびく鈍にい音おと))がたがた。 ②((くたびれてやっと足を運はぶようす))とぼとぼ、よたよた。¶ 시골길을 ~ 걸어가다 田舎道いなかみちをとぼとぼ歩あるいて行ゆく。 ③((ほこりなどをせわしくはたくようす・その音))ぱたぱた、ばたばた。¶ 먼지를 ~ 털다 ほこりをぱたぱたとはたく。 ④((残のこらず払はらい出だすようす))すっかり。¶ 가진 돈을 ~ 털리다 持もち金かねをすっかりはたかれる。

**탈퇴**[脱退] 名[하他] 脱退だったい。¶ 학회에서 ~하다 学会がっかいから脱退する。

**탈피**[脱皮] 名[自][하他] 脱皮だっぴ。¶ 인습에서 ~하다 因襲いんしゅうから脱皮する。

**탈환**[奪還] 名[하他] 奪還だっかん。¶ 요새를 ~하다 要塞ようさいを奪還する。

**탐관**[貪官] 名 貪官どんかん、欲よくの深ふかい役人やくにん。

**탐관-오리**[-汚吏] 名 貪官汚吏どんかんおうり。

**탐구**[探究] 名[하他] 探究たんきゅう。¶ 진리의 ~ 真理しんりの探究。

**탐구-심**[-心] 名 探究心たんきゅうしん。

**탐구**[探求] 名[하他] 探求たんきゅう。¶ ~자 探求者しゃ/ 학문의 ~ 学問がくもんの探求。

**탐-나다**[貪-] 自 欲ほしくなる、欲しい、手てに入いれたくなる。¶ 탐나는 물건 とても欲しい物もの。

**탐-내다**[貪-] 他 欲ほしがる、欲張よくばる、むさぼる、うらやましがる。¶ 남의 재산을 ~ 人ひとの財産ざいさんを欲しがる。

**탐닉**[耽溺] 名[하他] 耽溺たんでき。¶ 주색에 ~하다 酒色しゅしょくにおぼれる。

**탐독**[耽読] 名[하他] 耽読たんどく。¶ 추리 소설을 ~하다 推理小説すいりしょうせつを耽読する。

**탐문**[探問] 名[하他] 探問たんもん、探り問とうこと。¶ 거취를 ~하다 去就きょしゅうを探り問う。

**탐문**[探聞] 名[하他] 探聞たんもん、探さぐり聞きくこと。¶ ~ 수사 聞ききこみ捜査そうさ。

**탐미**[耽美] 名[하他] 耽美たんび。

**탐미-주의**[-主義] 名[文] 耽美主義たんびしゅぎ。

**탐방**[探訪] 名[하他] 探訪たんぼう。¶ 사회 ~ 社会しゃかい探訪。

**탐방 기사**[-記事] 名 探訪記事たんぼうきじ。

**탐방** 副 ((やや重おもい物ものが深ふかい水みずに落おちるようす・その音おと))どぶん、ざぶん、ぽちゃん。¶ 연못에 ~ 뛰어들다 池いけにどぶんと飛とびこむ。㊂ 덤벙。

**탐사**[探査] 名[하他] 探査たんさ。¶ 석유 ~를 위한 시추 石油せきゆ探査のための試錐しすい。

**탐색**[探索] 名[하他] 探索たんさく。¶ 범인의 행방을 ~하다 犯人はんにんの行方ゆくえを探索する。

**탐-스럽다**[貪-] 形口 ほれぼれするようである、うっとりするようである、(欲ほしくして)喉のどから手てが出でそうだ、欲よくをそそるほど見事みごとだ。¶ 탐스럽게 생긴 얼굴 ほれぼれするような顔かお。

**탐식**[貪食] 名[하自他] 貪食どんしょく・たんしょく、むさぼり食くうこと。¶ 게걸스럽게 ~하다 がつがつとむさぼり食う。

**탐욕**[貪慾] 名 貪欲どんよく。¶ ~이 생기다 貪欲の心こころがわき上あがる。

**탐욕-스럽다** 形口 貪欲どんよくだ。¶ 탐욕스러운 성격 貪欲な性格せいかく。

**탐정**[探偵] 名[하他] 探偵たんてい。①ひそかに探さぐること。②間諜かんちょう、スパイ。

**탐정 소:설**[-小説] 名 探偵小説たんていしょうせつ。

**탐지**[探知] 名[하他] 探知たんち。¶ 기밀을 ~하다 機密きみつを探知する。

**탐지-기**[-機] 名 探知機たんちき。¶ 전파 ~ 電波でんぱ探知機。

**탐탁-하다** 形如 (様子ようす・態度たいどなどが)気きに入いる、申もし分ぶんない、満足まんぞくだ、好このましい。¶ 별로 탐탁하지 않은 조건이다 あまり好ましくない条件じょうけんだ。

**탐탐**[眈眈] 副[하形] 眈眈たんたん。¶ 호시~ 노리다 虎視こし眈々とねらう。

**탐험**[探険] 名[하他] 探検たんけん、探険けん。¶ ~가 探検家けんか/ 남극을 ~하다 南極なんきょくを探検する。

**탐험-대**[-隊] 名 探検隊たんけんたい。

**탑**[塔] 名 塔とう。¶ 오층 ~ 五重ごじゅうの塔。

**탑삭** 副 (だしぬけに食くいついたりひっかんだりするようす) むずと、がぶりと、さっと。¶ 솔개가 병아리를 ~ 채가다 とんびがひよこをさっとさらっていく。㊂ 텁석。

**탑삭-부리** 名 ひげのもじゃもじゃした人ひと、ひげもじゃ。

**탑승**[搭乗] 名[하他] 搭乗とうじょう。¶ ~권 搭乗券けん/ 비행기에 ~하다 飛行機ひこうきに搭乗する。

**탑승-객**[-客] 名 搭乗客きゃく。

**탑승-원**[-員] 名 搭乗員いん。

**탑재**[搭載] 名[하自他] 搭載とうさい。¶ 폭탄을 ~하다 爆弾ばくだんを搭載する。

**탑재-기**[-機] 名 搭載機き。

**탑재-량**[-量] 名[軍] 搭載量りょう。

**탑탑-하다** 形ら ①(口くちあたり・腹はらの具合ぐあいなどが)すっきりしない。 ②(目めが)ぽっとしている。 ③(天候てんこうが)どんよりしている。

**탓** 名 (失敗しっぱい・不首尾ふしゅびに終おわった)理由りゆう、わけ、せい、ため。¶ 나이 ~을 하다 年としのせいにする。/ 모두 네 ~이다 みんな君きみのせいだ。

**탓-하다** 他여 (ある結果けっかを)恨うらむこと、責せめること。¶ 너무 탓하지 마시오 あまり責めないでください。

**탕:[1]**[湯] 名 ①汁物しるもの。②祭祀さいしのときに供そえるあつもの。

**탕:[2]**[湯] 名 湯とう、(風呂ふろ・温泉おんせんの)浴場よくじょう。¶ 남～과 여～ 男湯おとこゆと女湯おんなゆ/ ~에 들어가다 湯に入はいる。

**탕:감**[蕩減] 名[하自他] (負債ふさいなどを)すべて帳消ちょうけしすること、棒引ぼうびき。¶ 빚을 ~하다 借金しゃっきんを棒引きにする。

**탕:기**[湯器] 名 汁物しるもの・鍋物なべものを盛もる器うつわ。

**탕:아**[蕩兒] 名 蕩児とうじ。

**탕:약**[湯藥] 名[漢] 湯薬とうやく、煎せんじ薬ぐすり。㊂ 탕제。

**탕:제**[湯劑] 名[漢] 湯剤とうざい。

**탕:진**[蕩盡] 名[하他] 蕩尽とうじん、使つかい果はたすこと。¶ 가산을 ~하다 家産かさんを蕩尽する。

**탕-탕**¹ 副 《どれもが空가になっているようす》 からから, がらがら. ¶ 방마다 ~ 비었다 部屋へごとがら空きだ.

**탕-탕**² 副하되 ①(銃砲や・火薬などが爆発する音が)ぱんぱん, ずどんずどん, どんどん. ②(床板などをしきりに打つようす・その音)ぱんぱん, ばたんばたん, どんどん.

**탕탕**³ 副하되 《大言壮語したり 大おいに息巻いたりするようす》ぽんぽん. ¶ 큰소리만 ~ 친다 ぽんぽん大きなことばかりぬかす.

**탕:도** 〔湯婆〕 名 湯ゆたんぽ.

**태:** 〔態〕 名 態た, 品ひん, 様子よう, 格好かっこう. ¶ ~가 곱다 格好かっこうがきれいだ.

**태고** 〔太古〕 名 太古たい, 大昔おおむかし.

**태고연-하다** 〔太古然-〕 形動 太古然たいこぜんとしている, 昔せのままの姿すがである.

**태교** 〔胎教〕 名 胎教きょう.

**태권** 〔跆拳〕 名 (韓国かこ固有ゅうの拳法ほうである) テコン.

**태권-도** 〔-道〕 名 (韓国かこ固有ゅうの武道である) テコンドー.

**태극** 〔太極〕 名 太極きょく.

**태극-기** 〔-旗〕 名 太極旗き (大韓民国みんこくの国旗き).

**태기** 〔胎氣〕 名 懐妊かいにんの兆きし.

**태:-깔** 〔態-〕 名 ①格好かっこうと色彩しき. ②驕慢きょうまんな態度たい.
〔관용〕 태깔(이) 나다 格好かっこうがいい, しゃれている.

**태:도** 〔態度〕 名 態度たい. ¶ 애매한 ~를 취하다 曖昧あいまいな態度たいをとる. / ~가 건방지다 態度たいが生意気なまいきだ.

**태동** 〔胎動〕 名하되 胎動たいどう. ¶ 혁명의 ~을 느끼다 革命かくめいの胎動を感かんじる.

**태만** 〔怠慢〕 名하刑 怠慢たいまん, なおざりなこと. ¶ 직무 ~의 책임을 묻다 職務しょくむ怠慢の責任せきを問とう.

**태몽** 〔胎夢〕 名 懐妊かいにんを暗示あんじする夢ゆめ.

**태반** 〔太半〕 名 大半たい, 大部分ぶぶん, 半分はんぶん以上じょう. ¶ 그 사고로 승객의 ~이 다쳤다 その事故じで乗客じょうの大半が怪我けがをした.

**태반** 〔殆半〕 名 ほとんど半分はんぶんぐらい, ほぼ大半はん. ¶ 반대가 ~을 차지하다 反対はんたいが大半を占しめる.

**태산** 〔泰山〕 名 泰山ざん. ①中国ちゅうごくの名山めい. ②高たかく大おきい山やま. ¶ ~이 높다 하되 하늘 아래 뫼이로되 泰山が高たかいと言いえども天てんの下にあるのだ. ③(比) 大おきくて多おいこと, 大いなるもの.

**태산-같다** 形 泰山のようだ, 山積やまづみだ, 膨大ぼうだい, 偉大いだいだ. ¶ 태산같은 업적 偉大な業績ぎょうせき. ②大きくて多い. ¶ 걱정이 ~非常じょうに心配しんぱいが大いに大きい. ¶ 태산같은 군함 山のように大きい軍艦ぐんかん.

**태생** 〔胎生〕 名 ①胎生せい. ②出生しゅっ, (ある土地とちの)生うまれ. ¶ 서울 ~ ソウル生まれ.

**태생 동:물** 〔-動物〕 名動 胎生動物どうぶつ.

**태세** 〔態勢〕 名 態勢せい. ¶ 경계 ~ 警戒けいかい態勢/~를 갖추다 態勢を整ととのえる.

**태아** 〔胎兒〕 名 胎児じ.

**태양** 〔太陽〕 名 太陽たい. ¶ ~ 광선 太陽光線こうせん/ ~ 에너지 太陽エネルギー. ②(比) 光ひかり輝かがく存在そんざい. ¶ 민족의 ~ 民族みぞの太陽.

**태양-계** 〔-系〕 名〔天〕太陽系けい.

**태양-년** 〔-年〕 名〔天〕太陽年ねん.

**태양-력** 〔-暦〕 名〔天〕太陽歴れき, 陽暦ようれき.

**태양-열** 〔-熱〕 名 太陽熱ねつ. ¶ ~ 발전 太陽熱発電でん.

**태어-나다** 自 生うまれる, 生しょうじる. ¶ 장남으로 ~ 長男なんとして生まれる.

**태업** 〔怠業〕 名하되 怠業ぎょう, サボタージュ.

**태연** 〔泰然〕 名하刑 泰然ぜん. ¶ 아무리 욕을 해도 ~하다 いくらののしっても泰然としている.

**태연 자약** 〔-自若〕 名하形 泰然自若じゃく. ¶ ~한 태도 泰然自若たる態度たい.

**태엽** 〔胎葉〕 名 ぜんまい. ¶ 시계의 ~을 감다 時計とけいのぜんまいを巻まく.

**태우다**¹ 他 「타다¹」の使役. ①燃もやす, 焼やく. ¶ 쓰레기를 ~ ごみを燃やす. ②焦がす. ¶ 밥을 새까맣게 ~ ご飯をまっくろに焦こがす. ③(日光にっに体からを)さらして黒くする, 焼やく. ¶ 일광욕으로 살갗을 ~ 日光浴よくで肌はだを焼く. ④(心こころを)悩なやます, 心配しんぱいさせる, 気をもませる. ¶ 부모 속을 ~ 親おやを心配させる. ⑤干上ひあがる. ¶ 논밭을 ~ 田畑たはたを干上がる.

**태우다**² 他 「타다²」の使役. ①(乗のり物ものなどに)乗のせる. ¶ 차에 사람을 ~ 車くるまに人ひとを乗せる. ②(綱つなどを)渡わたらせる. ③(氷こおりの上うえなどを)滑すべらせる. ¶ 썰매를 ~ そりを滑らせる.

**태우다**³ 他 (賭事かけなどで)金品きんぴんを賭かける. ¶ 한번에 가진 돈을 몽땅 태웠다 一度いちどに持もち金を全部ぶ賭けた.

**태음** 〔太陰〕 名 太陰たい.

**태음-력** 〔-暦〕 名 太陰暦れき, 陰暦いんれき.

**태자** 〔太子〕 名 《「황태자(皇太子)」の縮約形》太子じ.

**태자-궁** 〔-宮〕 名〔史〕①(「황태자(皇太子)」の尊敬語》 皇太子こうたいし. ②皇太子の宮殿きゅうでん.

**태자-비** 〔-妃〕 名 皇太子妃ひ.

**태-질** 〔태-〕 名하되 ①力強ちからづよく投なげたり 倒たおしたりすること. ②〔農〕台だいに稲束いなたばをたたきつけて脱殻だっこくすること.

**태질-치다** 自 激はげしくぶっつける, 激しく投なげつける.

**태초** 〔太初〕 名 太初しょ, 天地てんち創造そうぞうのとき.

**태클** 〔tackle〕 名自動 (ラグビーなどの)タックル.

**태평** 〔太平・泰平〕 名하形 ①太平へい, 泰平へい. ¶ 천하 ~이다 天下てんか太平だ. ②(心こころ・家庭ていなどが)安やすらかなこと, 平安いあんなこと. ¶ ~한 나날 安やすらかな日々ひび. ③おっとりとしてこせこせしないこと, 気楽きらくなようす, のんきなようす. ¶ ~스럽게 앉아 있을 때

**태평 성:대**〖-聖代〗图 太平の御代。
**태평양**〖太平洋〗图地 太平洋。
**태평양 전:쟁**〖-戦争〗图〖史〗太平洋戦争。
**태풍**〖颱風〗图 台風。¶ ~의 눈 台風の目/ ~이 맹위를 떨치고 있다 台風が猛威をふるっている。
**태풍 경:보**〖-警報〗图 台風警報。
**태풍 주:의보**〖-注意報〗图 台風注意報。
**태형**〖笞刑〗图〖史〗笞刑、むち打うちの刑。
**태환**〖兌換〗图 兌換。¶ ~ 은행 兌換銀行/ ~ 지폐 兌換紙幣。
**태환-권**〖-券〗图〖経〗兌換券、兌換紙幣。
**태환 준:비**〖-準備〗图〖経〗兌換準備。
**택시**〖taxi〗图 タクシー。¶ ~를 잡다 タクシーを拾う。
**택시-미터**〖-meter〗图 タクシーメーター。
**택일**〖擇一〗图하자 択一。¶ 양자 ~ 二者択一。
**택일**〖擇日〗图하자 (婚姻・引っ越しなどの)吉日を選ぶこと、日取り。¶ 결혼 날짜를 ~하다 結婚するのにいい日を選ぶ。
**택지**〖宅地〗图 宅地。¶ ~를 조성하다 宅地を造成する。
**택-하다**〖擇-〗타자 選えらぶ、取とる。¶ 둘 중 하나를 ~하다 二つのうち一つを選ぶ。
**탤런트**〖talent〗图 タレント。
**탬버린**〖tambourine〗图〖音〗タンバリン。
**탯-돌**图 脱穀に用いるたたき石。
**탯-줄**〖胎-〗图 臍帯せたい、へその緒。
**탱고**〖tango〗图〖音〗タンゴ。
**탱자**图 カラタチの実。
**탱크**〖tank〗图 タンク。①液体・気体を蓄えておく容器。¶ 가스 ~ ガスタンク。②戦車。
**탱탱**副하자形 《中身がいっぱいになってはち切れそうなようす》ぱんぱん。¶ 공기가 ~하게 차 있는 타이어 空気がいっぱいつまっているタイヤ。
**탱화**〖-幀畵〗图〖佛〗仏画。①仏・菩薩の肖像画。②経典其の内容を絵に書いて壁にかけるかけ軸とする。
**터**¹图 ①場所、敷地。¶ ~가 좁은 집 敷地の狭い家/ 넓은 ~를 차지하다 広ひい場所を占める。②(物事の)いしずえ、基礎、土台。¶ 생활의 ~를 굳히다 生活の基礎を固める。 II 接尾 …場所ところ、…地。¶ 싸움~ 戦場/ 놀이~ 遊び場/ 빈~ 空き地。
관용) 터가 세다 地相が悪くろく不吉きっなことがいろいろ起こる。 터를 닦다 ①(敷地の)地固めをする。②(物事の)基礎をかたくする。
**터**² 图「터수」の縮約形。
**터**³ 图 ①(《予定》の意を表わす)積つもり、はず。¶ 내일 갈 ~이다 明日行くつもりだ。/ 지금쯤은 도착했을 ~인데 今ごろは到着しているはずだが。②(("…であるのに···にもかかわらず」の意を表わす)くせに。¶ 돈도 없는 ~에 사치가 심하다 金もないくせにぜいたくが過すぎる。
**터널**〖tunnel〗图 トンネル。¶ 해저 ~ 海底トンネル。
**터-놓다**타 ①(仕切りなどを)取とりのける、あける、放つ。¶ 수문을 ~ 水門を開く。②(禁制きんを)解とく、解除する。¶ 통행 금지령을 ~ 通行禁止令을解く。③(心の中を)打うち明ける、胸襟を開らく。¶ 가슴을 터놓고 이야기하다 胸襟を開いて話をす。④気安くつきあう。¶ 터놓고 지내는 사이 気安くつきあえる間柄。
**터덜-터덜**副하자 ①(非常に疲れて足を引きずるように歩あるくようす・その足音)とぼとぼ。②(ひびの入いった陶器などをたたくときに出る音)ごつごつ、がたがた。③(空の荷車がでこぼこの道を通るようす・その音)がたがた、がたんがたん。
**터:득**〖攄得〗图하타하자 会得、体得。¶ 요령을 ~하다 要領を会得する。
**터-뜨리다**타 破裂させる、爆発させる。¶ 다이너마이트를 ~ ダイナマイトを爆発させる。/ 울음을 ~ わっと泣き出す。
**터무니**图 ①根拠。②土台の跡。
**터무니-없다**形 根拠というものもない、とんでもない、法外である、でたらめだ。¶ 터무니없는 요구 途方もない要求/ 터무니없는 이야기를 하다 とんでもないことを言う。 **터무니-없이**副 法外に、途方もなく、むやみに。¶ ~ 비싸다 途方もなく値段を高めい。
**터:미널**〖terminal〗图 ターミナル。¶ 고속 버스 ~ 高速バスターミナル。
**터벅-거리다**自 (疲れた足どりで)とぼとぼ歩く、てくてく歩く。
**터벅-터벅**副하자 とぼとぼ、てくてく。¶ 고갯길을 ~ 걷고 있다 峠道をてくてくと歩いていた。
**터부:**〖taboo〗图 タブー、禁忌きん。¶ 환자 앞에서 술 이야기는 ~야 病人の前で酒の話しはタブーだ。
**터부룩-하다**形 (髪の毛・草木などがぼうぼうと生えて)もじゃもじゃしている。¶ 수염이 ~ ひげがもじゃもじゃだ。
**터울**图 兄弟きょうだいの年との差、としちがい。¶ 두 살 ~로 낳다 二つ違いで子供を産む。
**터전**图 ①敷地。¶ ~이 넓다 敷地が広い。②(生活의)拠りどころ、基盤、土台。¶ 생활의 ~을 마련하다 生活の基礎を作る。
**터주**〖-主〗图〖民〗(家の)守り神、敷地의 地神じん。
**터줏-대감**〖-大監〗图〖俗〗(ある土地・団体だんなどの)古顔、古株、主ぬし。¶ 직장의 ~ 職場の古株。
**터-주다**타 ①(妨害していたものを取り除いて)開けてやる。¶ 막힌 물꼬를 ~ 塞ぎがった水口を開けてやる。②(禁制などを

터지다

を)解く、解除する。

터:지다 冝 ①(事件・戦争などが)起こる、勃発する、突発する。¶ 중대 사건이 ~ 重大な事件が起こる。②(表皮・肌などが)裂ける、割れる、ひび割れる。¶ 터진 입술 ひび割れた唇。③(破れる、切れる、こわれる、くずれる。¶ 둑이 ~ 堰が切れる。④(感情が)爆発する、どっと出る。¶ 분노가 ~ 怒りが爆発する。⑤(鼻血などが)突然出る、ふき出る。¶ 코피가 ~ 鼻血がふき出る。⑥(声・歌などが)わき上がる、起こる。¶ 환성이 ~ 歓声がわき起こる。⑦(着物などが)ほころびる。¶ 양복 옆구리가 터졌다 洋服のわきがほころびた。⑧爆発する、破裂する。¶ 포탄이 ~ 砲弾が爆発する。⑨幸運などが一度に)訪れられる、押し寄せる、開ける。¶ 복이 ~ 幸運がどっと押し寄せる。⑩(俗)ぶん殴られる。¶ 깡패에게 얻어 ~ やくざにぶん殴られる。

터치[touch] 图하自 タッチ。①接触すること、触れること。¶ ~ 라인 タッチライン。②関係すること。¶ 그 건에는 ~하고 싶지 않다 その件にはタッチしたくない。③筆づかい。¶ 강렬한 ~ 로 그리다 強烈なタッチで描く。

터프[tough] 图하形 タフ。¶ ~ 가이 タフガイ、たくましい男。

턱¹ 图 顎。¶ 위 ~ 上あご / 이중 ~ 二重あご / 손으로 ~ 을 괴다 頬杖をつく。/ 사람을 ~ 으로 부리다 人をあごで使う。

턱² 图 平面からちょっと突き出た所、盛り上がり、段差。¶ 문 ~ 에 걸리다 敷居につまずく。

관용 턱이 지다 段差がつく、丘ができる。

턱³ 图 (いい事があった時の)おごり、もてなし、ご馳走。¶ 한 ~ 낼게 僕が一杯おごるよ。/ 한 ~ 내시오 一杯おごりなさい。

관용 턱이 지다 おごるべき義理がある、借りがある。

턱⁴ 囸 ①はず、わけ、道理、理由。¶ 그럴 ~ 이 없다 そんなはずがない。/ 내가 알 ~ 이 있나 ぼくが知るはずがないだろう。②くらい、程度。¶ 아직 그 ~ 이지요 まだそれくらいです。

관용 턱을 대다 当てにする、頼りにする。

턱⁵ 副 ①(緊張がほぐれるようす)ほっと。¶ 마음을 ~ 놓다 ほっと安心する。②(肩・手などを強く握るようす)ぎゅっと。¶ 손을 ~ 잡다 手をぎゅっと握る。③(落ちつきはらったようす)すっと、でんと。¶ 문간에 ~ 버티고서서 門口にでんと構えて立つ。④(にわかに倒れるようす)ばたっと、ばったり。¶ 그 자리에 ~ 쓰러지다 その場にばたっと倒れる。⑤(息が急''につかえるようす)ぐっと。¶ 숨이 ~ 막히다 息がぐっとつまる。⑥(動いていたものが急''に止まったり何かに引っかかったりする

ようす)ぱたっと。¶ 발동기가 ~ 멎다 モーターがぱたっと止まる。⑦(硬いものが裂ける音)ばりっと。

턱-걸이 图하自 懸垂。

턱-밑 图 ①あごの下。②(比)ごく近い所、目の前。¶ 구청이 ~ 에 있다 区役所が目の前にある。

턱-받이 图 よだれ掛け。

턱-없다 圏 ①理不尽だ、途方もない、とんでもない、べらぼうだ、むちゃだ。¶ 턱없는 소리 하지 마라 とんでもないことをいうな。②身分不相応である。

턱-주가리 图(俗)下あご。

턱-짓 图 あごで指図すること。

턱-턱 副 ①(ものごとを手際よくさばくようす)てきぱき。¶ 일을 ~ 해치우다 仕事をてきぱきとやっていく。②(人・ものが続けざまに倒れるようす)ばたばた。¶ 가로수가 ~ 쓰러지다 街路樹がばたばた倒れる。③(唾などを続けざまに吐くようす)ぺっぺっと。¶ 함부로 침을 ~ 뱉다 むやみやたらに唾をぺっぺっと吐く。④(息が詰まるようす)ぐっと。¶ 숨이 ~ 막히다 息がぐっと詰まる。⑤(しきりにたたいたりはたいたりするようす)ばたばたと。¶ 먼지를 ~ 털다 ほこりをばたばたとはたく。⑥(縄・鉄線などが続けざまに切れるようす)ぶつぶつと。¶ 밧줄이 ~ 끊어지다 綱がぶつっと切れる。⑦(硬いものがしきりに破れるようす)ばりばり。¶ 얼음이 ~ 갈라지다 氷がばりばりと割れる。

턴:[turn] 图 ターン。¶ 유 ~ ユーターン。

털 图 ①(人・動物などの)毛、ひげ、髪の毛。¶ 가슴의 ~ 胸毛 / ~ 이 나다 毛が生える。②(鳥の)羽毛、羽。③(植物の)茎などの)表面に生えた糸のようなもの。¶ 민들레의 솜 ~ タンポポの冠毛。④(物の表面に生じた)毛羽。⑤(「털실」の縮約形)毛糸、羊毛。

털-갈다 自 毛変わりする、毛が生え替わる。

털-갈이 图 毛が抜かわり代わること。

털-끝 图 ①毛の先。②ごく微細なもの、毛の先、毛頭。¶ 나쁜 마음은 ~ 만큼도 없다 悪気は少しも毛頭ない。

털-다 他 ①(ごみなどを)払う、はたく、振り払う、払い落とす。¶ 먼지를 ~ ほこりを払う。/ 담뱃재를 ~ タバコの灰を落とす。②(あり金を全部)使い果たす。¶ 비상금을 털어서 사다 へそくりをはたいて買う。③(強盗・泥棒などが金品を)かすめ取る、奪い取る、かっさらう。¶ 강도가 은행을 털었다 強盗が銀行から金をかっさらった。

털리다 自他 (「털다」の受動) ①(ほこりなどが)落ちる、取れる、ふるい落とされる。¶ 옷의 먼지가 잘 ~ 다 服のほこりがよく取れる。②(有り金などをすっかり)巻き上げられる、さらわれる。¶ 도둑에게 가진 돈을 ~

泥棒どろぼうに持もち金かねをさらわれる。

**털-모자**[-帽子] 图 毛皮げひの帽子ぼうし。

**털버덕** 副자타 ①《平ひらたいものが浅あさい水面すいめんを荒々あらあらしく打うつ音おと》ぴちゃんと。②《無造作むぞうさに座すわりこむようす》どっかりと、べたっと。¶ 그 자리에 ~ 주저앉았다 その場ばにべたっと座すわりこんだ。

**털-보** 图 毛深けぶかい人ひと。

**털-신** 图 毛皮けがわ・毛糸けいとでつくった防寒靴ぼうかんぐつ。

**털-실** 图 毛糸けいと、ウール。¶ ~로 스웨터를 짜다 毛糸けいとでセーターを編あむ。

**털썩** 副자타 ①《人ひとが急きゅうに座すわりこむようす・その音おと》べったりと、べたりと、どっかり、どかっと。¶ ~ 주저앉다 べたりと座すわる、どっかと腰こしを下おろす。②《大おおきなものが急きゅうに地面じめんに落おちるようす・その音おと》どさっと、どすんと、どさりと、どっかりと。¶ 무거운 짐을 ~ 내려놓다 重おもい荷物にもつをどっかりと下おろす。

**털어-놓다** 他 ①(秘密ひみつ・悩なやみなどを)打うち明あける、ぶちまける、洗あらいざらい話はなす。¶ 마음속을 ~ 胸むねのうちを明あかす。②空からにする。¶ 호주머니를 ~ ポケットを空からにする。

**털어-먹다** 他 使つかい果はたす、(家財かざいを)はたく。¶ 가산을 ~ 家産かさんを使つかい果はたす。

**털-옷** 图 毛織物けおりもの・毛皮作けがわづくりの着物きもの、毛糸けいとの着物きもの。

**털-장갑**[-掌甲] 图 毛糸けいとの手袋てぶくろ。

**털털-이** 图 ①大大雑把おおざっぱで気きどらない人ひと。②おんぼろ車ぐるま、ぽんこつ。

**털털-하다** 形여 ①ざっくばらんだ、大様おおようだ、大おおらかだ、気きさくだ。¶ 사람이 털털해서 사귀기가 쉽다 人柄ひとがらが気きさくでつきあいやすい。②(品質ひんしつが)並なみだ、普通ふつうだ、まあまあだ。¶ 털털한 차림새로 다니다 普通ふつうの身みなりで出歩であるく。

**텀벙** 副자타《重おもくて大おおきい物ものが水すいに落おちこむようす・その音おと》どぶん、どぼん。

**텀블링**[tumbling] 图자他 ①とんぼ返がえり。④ 공중제비 ②タンブリング。

**텁석** 副《急きゅうにかみついたりつかむようす》ぱくっと、ぱっと、がぶりと。¶ 친구의 손을 ~ 쥐다 友人ゆうじんの手てをぎゅっと握にぎる。

**텁수룩-하다** 形여《髪かみの毛け・ひげなどが》もじゃもじゃだ、ぼうぼうだ。¶ 텁수룩한 머리 髪かみをぼうぼうとはやした頭あたま。

**텁텁-하다** 形여 ①(口当くちあたりや舌したざわりが)さっぱりしない、味あじがすっきりしない。②(目めがかすんで)はっきりしない、どんよりしている。③(性格せいかくが)ざっくばらんだ、堅苦かたくるしくない。¶ 사람됨이 텁텁해서 누구하고도 잘 사귄다 人ひととなりがざっくばらんで人付ひとづき合あいが良よい。

**텃-밭** 图 家いえの敷地しきちについている畑はた、家いえの近所きんじょの畑はた。

**텃-새** 图 留鳥りゅうちょう。④ 철새

**텃-세**[-勢] 图자타 (先さきに居いついた者ものが)土地とちの者ものだといばること、地元風じもとふうを吹ふかせること。¶ ~ 부리지 마라 地元風じもとふうを吹かすな。

**텅** 副《中なかに何なにもないようす》がらんと。¶ ~ 빈 방 がらんとした空あき部屋べや。

**텅-텅**¹ 副《空あいて何なにもないようす》がらがら。¶ ~ 비어 있는 버스 すっからかんにすいているバス。

**텅-텅**² 副자타《銃砲じゅうほうがつづけて発射はっしゃされたり 床ゆかをつづけて鳴ならす音おと》ずどんずどん、どんどん、どたばた。

**텅-텅**³ 副자타《大言壮語たいげんそうごするようす》ぽんぽん、でかでか。¶ 큰소리만 ~ 치다 大口おおぐちをぽんぽんとたたく。

**테**¹ 图 「테두리」の縮約形。①縁ふち、枠わく、へり。¶ 안경 ~ めがねの縁ふち。②たが、輪わ。¶ 통おけに ~를 두르다 桶おけにたがをはめる。③(帽子ぼうしの)つば。¶ ~가 넓은 모자 つばの広ひろい帽子ぼうし。

**테**² 依《かせ糸いとを数かぞえる語ご》かせ。

**테니스**[tennis] 图 テニス。¶ ~를 치다 テニスをやる。

**테두리** 图 枠わく。①へり、縁ふち、枠わく。¶ 장식 縁かざり。③ 테 の輪郭りんかく、概要がいよう。¶ 계획의 ~를 말하다 計画けいかくの概要がいようを話はなす。③範囲はんい、限界げんかい、枠わく。¶ 예산의 ~ 안에서 실행하다 予算よさんの枠内わくないで実行じっこうする。

**테러**[terror] 图 テロ。¶ ①暴力ぼうりょく手段しゅだん・行為こうい。¶ 적색 ~ 赤あかテロ。②「テロリスト・テロリズム」の縮約形。

**테러리즘**[terrorism] 图 テロリズム、テロ。

**테:마**[독 Thema] 图 テーマ、主題しゅだい。¶ ~ 뮤직 テーマミュージック。

**테스트**[test] 图하타 テスト、試験しけん。¶ 탄성 ~ 弾性だんせい試験/ ~를 받다 テストを受うける。

**테이블**[table] 图 テーブル、食卓しょくたく。

**테이프**[tape] 图 テープ。¶ 카세트 ~ カセットテープ / ~를 감다 テープを巻まく。/ ~에 녹음하다 テープに録音ろくおんする。

**테이프 리코:더**[-recorder] 图 テープレコーダー。

**테크놀러지**[technology] 图 テクノロジー。

**테크닉**[technic] 图 テクニック。

**텍스트**[text] 图 テキスト。

**텍스트-북**[-book] 图 テキストブック、教科書きょうかしょ、教本きょうほん。

**텐트**[tent] 图 テント、天幕てんまく。¶ ~를 치다 テントを張はる。

**텔레비전**[television] 图 テレビジョン、テレビ。

**텔레파시**[telepathy] 图 テレパシー。

**템포**[이 tempo] 图 テンポ、速度そくど。¶ 일의 ~가 느리다 仕事しごとのテンポがのろい。

**토관**[土管] 图 土管どかん。¶ ~을 묻다 土管どかんを埋うめる。

**토굴**[土窟] 图 土窟どくつ。

**토기**[土器] 图 土器どき、土焼つちやき、素焼すやき、瓦器がき。

**토끼** 图動 ウサギ。¶ ~장 うさぎ小屋ごや/ ~를 치다 ウサギを飼かう。

**토끼-뜀** 名 うさぎ跳び。
**토끼-띠** 名 兎年生まれ。
**토끼-털** 名 うさぎの毛。¶ ~ 외투 うさぎの毛の外套。
**토끼-풀** 名 [植] クローバー。⑳ 클로버
**토닥-거리다** 自他 (赤ん坊をあやしてその背中などを)軽くたたく。
**토닥-토닥** 副 ①(洗濯物などをたたく音) とんとん。②(ほこりを払ったり肩をたたいたりするようす)ばたばた。 ③(なんでもないことで)すぐ言い合いするようす。
**토-담**(土-) 名 土塀、土の塀。¶ ~을 두르다 土塀をめぐらす。
**토담-집** 名 土壁の家。
**토대**(土臺) 名 土台だい。①土で築いた台。②(建築物の)基礎。¶ ~를 다지다 土台を固める。③(物事の)基本、基礎、もと。¶ 경험을 ~로 일을 시작하다 経験を元に事を始める。
**토라지다** 自 ①食もたれする。②すねる、ふくれる、ふてくされる、仲たがいする。¶ 무슨 때문인지 단단히 토라졌다 何かでひどくふくれている。
**토란**(土卵) 名 [植] サトイモ。
**토:로**(吐露) 名 하他 되自 吐露。¶ 심정을 ~ 하다 心情を吐露する。
**토록** 助 《ある程度・数量に及ぶことを表わす》…まで、…ほど、…ように。¶ 종일 ~ 一日中/영원 ~ 永遠に/그 ~ 어리석은 줄은 미처 몰랐다 それほどまでにばかげているとはついぞ知らなかった。
**토:론**(討論) 名 하他 되自 討論。¶ ~회 討論会/~지상 ~ 紙上討論/문제를 ~에 붙이다 問題を討論に付す。
**토마토**(tomato) 名 [植] トマト。
  **토마토 케첩**(-ketchup) 名 トマトケチャップ。
**토막** 名 ①切れ、小切れ、かけら。¶ 나무 ~ 木切れ。②(ことば・文章などの)区切り、くさり、一節。¶ 한 ~의 이야기 ひとくさりの物語。③(形式名詞的に)…切れ、片、くさり、こま。¶ 생선 두 ~ 魚さかな2切れ。
  **토막-치다** 他 ぶつ切りにする、ずたずたに切る、小切れにする、輪切りにする。¶ 생선을 ~ 魚をぶつ切りにする。
**토목**(土木) 名 土木。¶ ~업 土木業/건축 토목 建築土木。
  **토목 공사**(-工事) 名 土木工事。
  **토목 기사**(-技師) 名 土木技師。
**토민**(土民) 名 土民、土着の住民、原住民。
**토박**(土薄) 名 하形 土地がやせていること。
**토-박이**(土-) 名 (『본토박이』の縮約形)土地っ子、生え抜き。¶ 서울 ~ きっすいのソウルの子。
**토벌**(討伐) 名 하他 되自 討伐、征伐。¶ 반란군을 ~하다 叛乱軍を討伐する。
**토분**(土墳) 名 土墳。

**토사**(土砂) 名 土砂。¶ ~의 유출 土砂の流出。
**토:사**(吐瀉) 名 하自他 吐瀉。吐き下し。¶ ~가 나다 吐瀉する。
**토산**(土産) 名 土産、地物、物産。
  **토산-물**(-物) 名 土産、土地の産物。
**토성**(土星) 名 [天] 土星。
**토성**(土城) 名 土城。
**토속**(土俗) 名 土俗、土地の風俗。
  **토속-학**(-學) 名 土俗学。
**토실-토실** 副形 (ふっくらと肉付きのよいようす)まるまる、ぽちゃぽちゃ、ぽってり。¶ ~한 얼굴 ぽちゃぽちゃした顔/~한 아기 まるまるとした赤ちゃん。
**토:악-질**(吐-) 名 하自 (食物などを)吐き出すこと、へどを吐くこと、嘔吐。¶ 먹은 것을 ~하다 食べた物を吐き出す。②不当に取り上げた金品を返すこと、吐きもどすこと。
**토양**(土壤) 名 土壤。¶ 메마른 ~ 不毛な土壤/~이 기름지다 土壤が肥えている。
  **토양 개량**(-改良) 名 土壤改良。
  **토양 오염**(-汚染) 名 土壤汚染。
**토옥**(土沃) 名 하形 土地が肥えていること。
**토요-일**(土曜日) 名 土曜日。
**토우**(土偶) 名 土偶、土人形。
**토:의**(討議) 名 하他 되自 討議。¶ ~에 들어가다 討議に入る。/지금 ~ 중이다 今討議中である。
**토일렛**(toilet) 名 トイレット、トイレ、便所。
**토제**(土製) 名 土製。
**토종**(土種) 名 その地方特産の品種。¶ ~닭 地鳥。
**토지**(土地) 名 土地。①土、土壤。¶ 척박한 ~ やせた土/산성이 강한 ~ 酸性の強い土壤。②地所、地面、耕地、宅地。¶ ~를 경작하다 土地を耕す。
  **토지 개:량**(-改良) 名 土地改良。¶ ~조합 土地改良組合。
  **토지 개:혁**(-改革) 名 土地改革。
  **토지 구획 정:리**(-區劃整理) 名 土地区画整理。
  **토지 소:유권**(-所有權) 名 土地所有権。
**토질**(土質) 名 土質。¶ ~ 분석 土質分析。
**토착**(土着) 名 하自 土着。¶ ~민 土着民。
  **토착-화**(-化) 名 하自 되自 土着化、根付くこと。¶ 민주주의의 ~ 民主主義の土着化。
**토테미즘**(totemism) 名 トーテミズム。
**토픽**(topic) 名 トピック、話題。¶ 해외 ~ 海外トピック。
**토:-하다**(吐-) 他여 ①(食べたものを)吐く、へどを吐く、戻す。¶ 피를 ~ 血を吐く。②(心の内を)吐く、吐露する、語る、話す。¶ 기염을 ~ 気炎を吐く。/열변을 ~ 熱弁をふるう。
**토:혈**(吐血) 名 하自 吐血、血を吐くこと。
**토호**(土豪) 名 土豪、土地の豪族。

**톡**¹ 副 ①《急きゅうに折おれたり切きれたりするようす・その音おと》ぽきっと、ぶつんと。¶ 실을 ~ 끊다 糸いとをぶつんと切きる。②《小ちいさなものが床ゆかに落おちるようす・その音おと》ことん、ぽたり。¶ 연필이 ~ 떨어지다 鉛筆えんぴつがことんと落おちる。③《軽かるく一度いちどたたくようす・その音おと》ぽんと。¶ 어깨를 ~ 치다 肩かたをぽんとたたく。④《小ちいさなものが破裂はれつするようす・その音おと》ぽん、ぱちん、ぽん。¶ 풍선이 ~ 터지다 風船ふうせんがぱんと破やぶれる。⑤《はねたりはじけたりするようす》ぴょんと、ぽんと。

**톡**² 副 ①《物ものの一部分いちぶぶんが突つき出でたようす》にゅっと、ぷくっと。¶ 눈알이 ~ 튀어나온 개구리 目玉めだまがぷくっとはみ出でたカエル。②《言葉ことばを鋭するどくいい放はなつようす》きっぱり、ぴしゃっと。¶ 거친 말을 ~ 쏘아 붙이다 荒あらあらしいことばをきっぱりといい放はなつ。

**톡탁** 副《小ちいさくて固かたいものがぶつかり合あう音おと》かちん。二 툭탁

**톡탁-거리다** 自他 小ちいさくて固かたいものがしきりにぶつかる。¶ 아이들이 톡탁거리며 다투다 子供こどもたちがどたばたけんかをする。

**톡-톡**¹ 副 ①《小ちいさなものがつづけて落おちるようす・その音おと》ことんことん、ぽたぽた。②《切きれたり折おれたりするようす・その音おと》ぽきぽき、ぶつぶつ。③《つづけて軽かるくたたくようす・その音おと》ぽんぽん。④《つづけて破やぶれるようす・その音おと》ぽんぽん。⑤《つづけてはねたりはじけるようす》ぴょんぴょん、ぽんぽん。

**톡-톡**² 副 ①《物もののあちこちが突つき出でたようす》によによ。②《言葉ことばをつっけんどんにいい放はなつようす》ぴしゃっと。

**톡톡-하다** 形ヨ ①(織おり目めを細こまかく詰つんでいて少すこし厚あつい。②(汁しるが煮詰につまって)濃こい。③(衣服ふくに綿わたを入いれて)ふっくらしている。④(物事ものごとの中味なかみが)充実じゅうじつである。¶ 살림 밑천을 톡톡하게 장만하였다 暮らしの元手もとを充分じゅうぶんこしらえた。⑤(批判はん・叱責しっせきなどが)ひどい、きつい。¶ 공부를 안해서 톡톡하게 꾸중을 들었다 勉強べんきょうをしなかったのでこっぴどく叱しかられた。**톡톡-히** 副 ひどく、ずいぶん、たっぷり。¶ 망신을 ~ 당했다 ひどい恥はじをかいた。

**톤** [ton] 依 トン。

**톨** I 名 (栗くりなどの)個々ここの粒つぶ。II 依《栗くりなどを数かぞえる単位たんい》粒つぶ。¶ 밤 한 ~ 一粒ひとつぶの栗くり。

**톨:-게이트** [tollgate] 名 トールゲート。

**톱** 名 鋸のこぎり、のこ。¶ 실~ 糸いとのこ / ~으로 나무를 켜다 のこぎりで木きを挽ひく。

**톱-날** 名 鋸のこぎりの歯は。¶ ~을 세우다 鋸のこぎりの歯はを立たてる。

**톱니-바퀴** 名 歯車はぐるま、ギヤ。

**톱밥** 名 鋸屑のこくず、おがくず。

**톳** I 名 ノリ100枚まいを束たばにしたもの。II 依《ノリの束たばを数かぞえる単位たんい》…束たば・そく。¶ 김 두 ~ ノリ二束にそく・ふたたば。

**통**¹ 名 ①(ズボンの股また・袖そでなどの)幅はば。소매 ~이 좁다 袖回そでまわりが狭せまい。②腰回こしまわり、(脚あしの)太ふとさ。③《比》度量どりょう。¶ ~이 큰 사람 度量の大おおきい人ひと。

**통**² I 名 (成熟せいじゅくした)白菜はくさいなどの玉たま、ユウガオの実み。¶ ~이 큰 배추 玉たまが大おおきい白菜はくさい。II 依《白菜はくさい・スイカ・カボチャなどを数かぞえる単位たんい》…株かぶ、…個こ。¶ 수박 세 ~ スイカ3個さん。

**통**³ 依 ①ぐる、仲間なかま、一味いちみ。¶ 한 ~이 되다 ぐるになる。②(ある事ことでごたごたする)最中さいちゅう・さなか、渦中かちゅう、まわり。¶ 싸움 ~에 휘말리다 けんかの渦中かちゅうに巻まき込こまれる。③(「-ㄴ〔는〕통에」の形で)…のはずみで、…したために、…したせいで。¶ 떠드는 ~에 공부가 안 된다 騒さわぎ立てているので勉強べんきょうができない。

**통**⁴ 副 ①「온통」の縮約形。②全然ぜんぜん、全まったく、からきし、まるきり、一向いっこうに、さっぱり。¶ ~ 몰랐다 全然しらなかった。/ 술은 ~ 못한다 酒さけはからきしだめだ。

**통**⁵ 副《空からの桶おけ・小ちいさい太鼓たいこなどを打うって出でる音おと》ごんごん、どんどん。

**통-통** 副 ごんごん、どんどん。

**통통-거리다** 自他 どんどんとたたき続つづける、ぽんぽん音おとがする。

**통**〔筒〕 名 筒つつ。

**통**〔統〕 依《市しの行政区画ぎょうせいくかくの一ひとつ》。

**통**〔通〕 依《手紙てがみ・文書ぶんしょなどを数かぞえる語ご》通つう。¶ 한 ~의 편지 一通いっつうの手紙てがみ。

**-통**〔通〕接尾《ある方面ほうめんに通つうじていてよく知しっていることを表あらわす》…通つう。¶ 소식 ~ 消息通しょうそくつう / 정보 ~에 의하면 情報ほうつうによれば。

**통-가죽** 名 丸洗まるあらいできる服ふく。

**통**〔痛感〕 名ハダ他 痛感つうかん。¶ 책임을 ~하다 責任せきにんを痛感する。

**통-계**〔統計〕名 ①統計とうけい。¶ ~조사 統計調査ちょうさ / ~를 내다 統計をとる。②通計つうけい、通算さん。

**통:계-적**〔-的〕冠名 統計的てき。

**통:계-학**〔-學〕名 統計学がく。

**통고**〔通告〕名ハダ他・自 通告ここう。¶ ~를 받다 通告を受うける。/ 사전에 ~하다 事前ぜんに通告する。

**통고-서**〔-書〕名 通告書しょ。

**통곡**〔痛哭〕名ハダ自 痛哭つうこく、慟哭どうこく。¶ 땅을 치며 ~하다 地ちをたたいて痛哭する。

**통과**〔通過〕名ハダ他・自 通過つうか。¶ 태풍이 서울을 ~하다 台風たいふうがソウルを通過する。

**통과-세**〔-税〕名 通過税ぜい。

**통관**〔通關〕名ハダ他・自 通関つうかん。¶ ~ 수속 通関手続つづき / ~을 기다리다 通関を待まつ。

**통관-업**〔-業〕名 通関業ぎょう。

**통:괄**〔統括〕名ハダ他・自 統括とうかつ。¶ 사무를 ~하다 事務じむを統括する。

통근【通勤】 图和自 通勤つう. ¶ ~ 버스 通勤バス/ 매일 기차로 ~ 한다 毎日きしゃ汽車で通勤している.
통근-차【-車】 图 通勤用つうきんようの車くるま.
통-나무 图 丸太まるた, 丸太ん棒まるたんぼう, 丸木まるき. ¶ ~로 받치다 丸太で突っつぱる.
통념【通念】 图 通念つうねん. ¶ 그것이 사회의 ~이다 それが社会しゃかいの通念である.
통달【通達】 图和他 通達つうたつ. ¶ 수개 국어에 ~하다 数すう力国語こくごに通達する.
통-닭 图 ①丸まるのままの鶏とり. ②鶏とりの丸焼やき. ¶ ~구이 鶏の丸焼き.
통:렬【痛烈】 图和形 痛烈つうれつ. ¶ ~하게 논박하다 痛烈に論駁ろんばくする.
통례【通例】 图 通例つうれい. ¶ 그렇게 하는 것이 ~로 되어 있다 そうするのが通例になっている.
통로【通路】 图 通路つうろ. ¶ 비밀 ~ 秘密ひみつ通路/ ~를 막다 通路をふさぐ.
통론【通論】 图 通論つうろん. ¶ 사회의 ~ 社会しゃかいの通論.
통-마늘 图 (小分こわけしていない)丸まるごとのにんにくの玉たま.
통명【通名】 图 通名つうめい, 通称つうしょう. ㊌ 통칭(通稱)
통밀다 他 おしなべる, ひっくるめる. ㊌ 통틀다
통-발【筒】 图 筌うえ·うけ(漁具ぎょぐの一種いっしゅ).
통보【通報】 图和他回自 通報つうほう, 知しらせ. ¶ 기상 ~ 気象きしょう通報.
통-보리 图 丸麦まるむぎ.
통분【通分】 图和他回自【数】 通分つうぶん.
통:분【痛憤·痛忿】 图和形 痛憤つうふん, ひどく嘆なげくこと.
통-사정【通事情】 图和他 ①自分じぶんの苦くるしい事情じじょうを人ひとに打うち明あけること. ¶ 도와 달라고 ~하다 たすけてくれるよう事情を打ち明けてたのむ. ②人ひとの苦くるしい事情じじょうをよく理解りかいすること.
통상【通常】 图 通常つうじょう. ¶ ~복 普段着ふだんぎ/ ~의 업무 通常の業務ぎょうむ.
통상【通商】 图和自 通商つうしょう. ¶ ~ 조약 通商条約じょうやく/ 이웃 나라와 ~을 시작하다 隣国りんごくと通商を始める.
통설【通説】 图 通説つうせつ. ¶ ~을 뒤엎다 通説をくつがえす.
통-성명【通姓名】 图和自 互たがいに名なのりあうこと, 初対面しょたいめんの挨拶あいさつを取とり交かわすこと. ㊌ 통성(通姓)
통속 图 ①ひそかに作つくられた集あつまり, 一味いちみ, ぐる. ¶ 한 ~이 되다 ぐるになる. ②陰謀いんぼう, 企くわだて, 密約みつやく.
통속【通俗】 图 通俗つうぞく. ¶ ~성 通俗性せい/ ~ 문학 通俗文学ぶんがく.
통속-적【-的】 冠名 通俗的つうぞくてき. ¶ ~인 소설 通俗的な小説しょうせつ.
통속-화【-化】 图和他回自 通俗化か.
통:솔【統率】 图和他 統率つうそつ. ¶ ~자 統率者しゃ/ 아랫 사람을 잘 ~하다 下したの者ものをよく統率する.

통:솔-력【-力】 图 統率力りょく.
통:수【統帥】 图和他回自 統帥つうすい. ¶ 국군을 ~하다 国軍こくぐんを統帥する.
통수-권【-權】 图【法】 統帥権けん.
통신【通信】 图和自他 通信つうしん. ¶ ~병 通信兵へい/ ~ 위성 通信衛星えいせい/ 런던으로부터의 ~에 의하면… ロンドンからの通信によれば….
통신 교:육【-敎育】 图 通信教育きょういく.
통신-망【-網】 图 通信網もう.
통신-사【-社】 图 通信社しゃ.
통신-원【-員】 图 通信員いん.
통역【通譯】 图和他 通訳つうやく. ¶ 일본어로 ~하다 日本語にほんごで通訳する.
통역-관【-官】 图 通訳官かん.
통용【通用】 图和自 通用つうよう. ¶ ~ 화폐 通用貨幣へい/ 널리 세계에 ~되는 언어 広ひろく世界せかいに通用する言語げんご.
통용 기간【-期間】 图 通用期間きかん.
통용-어【-語】 图 通用語ご, 通語つうご.
통운【通運】 图和自 通運つううん. ¶ ~ 회사 通運会社しゃ.
통:일【統一】 图和他回自 統一つういつ. ¶ 정신 ~ 精神せいしん統一/ 평화적으로 ~하다 平和的でいに統一する.
통:일 국가【-國家】 图 統一国家こっか.
통:일-안【-案】 图 統一案あん.
통장【通帳】 图 通帳つうちょう, かよい帳ちょう. ¶ 예금 ~ 預金よきん通帳.
통:장【統長】 图 (市しの行政区域ぎょうせいくいきの一ひとつである)「통(統)」の長ちょう.
통-장수【桶-】 图 ①桶屋おけや. ②塩辛しおからの入はいった桶おけを担かついで売うり歩あるく人ひと.
통-장이【桶-】 图 桶屋おけ.
통:점【痛點】 图 痛點てん.
통:제【統制】 图和他回自 統制とうせい. ¶ 출입을 ~하다 出入でいりを統制する.
통:제-력【-力】 图 統制力りょく.
통-조림【桶-】 图 缶詰かんづめ. ¶ ~을 따다 缶詰をあける.
통:증【痛症】 图 ひどく痛いたむ症状しょうじょう, 痛いたみ. ¶ ~이 멎다 痛みが止とまる. / 심한 ~을 느끼다 ひどい痛みを感かんじる.
통지【通知】 图和他 通知つうち, 知しらせ. ¶ 합격 ~ 合格ごうかくの通知.
통지-표【-表】 图 (「생활 통지표(通知表)」의 縮約形しゅくやくけい) 通知表ひょう.
통-째 副 丸まるごと, 丸まるのまま. ¶ ~로 삼키다 丸のみする.
통:찰【洞察】 图和他 洞察どうさつ. ¶ 예리하게 ~하다 鋭するどく洞察する.
통:찰-력【-力】 图 洞察力りょく.
통-천하【通天下】 图和自 あまねく天下てんかに通つうずること.
통첩【通牒】 图和他 通牒つうちょう. ¶ 최후 ~ 最後さいごの通牒.
통치【通治】 图和他回自 一ひとつの薬くすりがあらゆる病気びょうきに効きき目めがあること. ¶ 만병 ~ 万病びょうに効きくこと.

**통:치**〔統治〕 [名][하他] 統治とう。 ¶ 한 나라를 ~하다 一国いっこくを統治する。
**통:치 기관**〔-機關〕 [名] 統治機関きかん。
**통칙**〔通則〕 [名] 通則つう。 ¶ 사회의 ~ 社会しゃかいの通則。
**통칭**〔通稱〕 [名] 通称つうしょう、通とおり名な。 ¶ ~으로 부르다 通り名で呼ぶ。
**통:쾌**〔痛快〕 [名][하形] 痛快つう。 ¶ ~하게 여기다 痛快に思おもう。/ ~한 승리를 거두다 痛快な勝利しょうりをおさめる。
**통:탄**〔痛歎〕 [名][하他] 痛嘆つう。 ¶ ~해 마지 않다 痛嘆に堪たえない。
**통탕** [副][하自他] 《板張いたばりの床ゆかなどを強つよく打うったり踏ふみ鳴ならすときの音おと》どんどん、どたばた。
**통통**[1] [副] ①《小ちいさな蒸気船じょうきせんなどのエンジンの音おと》ぽんぽん。 ②《堅固けんごなところを足あしでしきりに踏ふみならす音》どんどん、どたばた。
**통통-배** [名] ぽんぽん蒸気船じょうきせん。
**통통**[2] [副][하形] ①《背せの低ひくい人ひとが太ふとっているようす》丸々まるまる、むくむく(と)、ぶくぶく(と)。 ¶ ~하게 살이 찐 사람 丸々と太った人。 ②《体からだの一部分いちぶぶんが膨ふくれ上あがっているようす》ぷっと、ふっくら(と)、ぽっちゃり(と)。 ¶ 발목이 ~ 부었다 足首あしくびがぷっとはれた。
**통-틀어** [副] ひっくるめて、全部ぜんぶで。 ¶ ~몇 명이냐? ひっくるめて何人なんにんだい。 / ~ 얼마인가요? 全部でいくらですか。
**통:-폐합**〔統廢合〕 [名][하他][되自] (いくつかの機構きこうなどを)廃止はいしたり統合とうごうしたりして整理せいりすること。
**통풍**〔通風〕 [名][되自] 通風つう、風通かぜとおし。 ¶ ~이 잘되다 風通しがいい。 ⓐ 통기(通氣)
**통풍-기**〔-機〕 [名] 通風機つうふうき。
**통-하다**〔通-〕 [自他][여] ①(道みちなどが)通つうじる。 ¶ 로마로 통하는 길 ローマに通じる道みち。 ②(電話でんわ・電流でんりゅうが)通じる。 ¶ 전화가 잘 통하지 않는다 電話がよく通じない。 ③(空気くうきが)流ながれる、通とおす。 ④(意思いし・気持きもちなどが)相手あいてに伝つたわる。 ¶ 마음이 서로 ~ 気持ちが通じあう。 ⑤(文章ぶんしょうなどが)よどみなく通つうじる。 ¶ 문맥이 잘 ~ 文脈ぶんみゃくがよく通じる。 ⑥(ある分野ぶんやに)精通せいつうする、通じる。 ¶ 현대 음악에 ~ 現代げんだい音楽おんがくに精通する。 ⑦ひそかに連絡れんらくを取とったり関係かんけいを結むすぶ。 ¶ 적과 ~ 敵てきがたに内通ないつうする。 ⑧(世よの中なかに)知しられる、認みとめられる。 ¶ 그 사람은 괴짜로 통하고 있다 彼かれは変かわり者もので通っている。 ⑨(大小便だいしょうべんが)体外たいがいに排泄はいせつされる、通つうじる。 ¶ 대변이 잘 ~ 大便だいべんがよく通じる。 ⑩(「-을 통하여 」の形かたちで)を通つうじて、…を通とおして、…を通とおって。 ¶ 텔레비전을 통하여 실황을 알리다 テレビを通つうじて実況じっきょうを伝つたえる。
**통학**〔通學〕 [名][하自] 通学つう。 ¶ 자전거 ~ 自転車じてんしゃ通学。

**퇴장**

**통:합**〔統合〕 [名][하他][되自] 統合とう。 ¶ 야당이 ~하다 野党やとうが統合する。
**통행**〔通行〕 [名][하自] 通行つう。 ¶ 일방 ~ 一方いっぽう通行/ ~을 금하다 通行を禁きんずる。
**통행 금:지**〔-禁止〕 [名] 通行禁止きんし、通行止どめ。 ¶ ~ 구역 通行禁止区域くいき。
**통행-료**〔-料〕 [名] 通行料りょう。
**통화**〔通貨〕 [名] 通貨つう。 ¶ ~ 개혁 通貨改革かいかく。
**통화-량**〔-量〕 [名] 通貨量りょう、通貨つうの発行額はっこうがく。
**통화 수축**〔-收縮〕 [名][經] 通貨収縮しゅうしゅく、デフレーション。
**통화 팽창**〔-膨脹〕 [名][經] 通貨膨張ぼうちょう、インフレーション。
**통화**〔通話〕 [名][하他] ①通話つう。 ¶ ~중 通話中ちゅう/ 전화로 ~를 하다 電話でんわで話はなす。 ②《形式けいしき名詞めいしてきに》電話でんわの通話つうで規定きていされた時間じかんの単位たんい。 ¶ 한 ~분의 요금 1通話つうわ分ぶんの料金りょうきん。
**퇴:각**〔退却〕 [名][하自他] 退却きゃく。 ¶ ~ 명령 退却命令めいれい/ 후방으로 ~하다 後方ごほうへ退却する。
**퇴:거**〔退去〕 [名][하自他] 退去きょ。 ¶ ~를 명하다 退去を申もうし渡わたす。
**퇴:거 명:령**〔-命令〕 [名][法] 退去命令めいれい。
**퇴고**〔推敲〕 [名][하他] 推敲つう。 ¶ ~를 거듭하다 推敲を重かさねる。
**퇴:근**〔退勤〕 [名][하自] 退勤きん。 ¶ 회사의 ~ 시간 会社かいしゃの引ひけ時どき。 ⓐ 출근(出勤)
**퇴:물**〔退物〕 [名] ①(目上めうえの人ひとからもらった)使つかい古ふるし、お下さがり。 ②断ことわられたもの、受うけ入いれられなかったもの。 ⓐ 퇴물림 ③《その職しょくから退しりぞいた人のぞんざいな呼称こしょう》成なり下さがり。
**퇴:박-맞다**〔退-〕 [自] 退しりぞけられる、断ことわられる、はねつけられる。
**퇴:보**〔退步〕 [名][하自][되自] 退歩ほ。 ¶ 기술이 ~하다 技術ぎじゅつが退歩する。 ⓐ 진보
**퇴비**〔堆肥〕 [名] 堆肥たい、つみごえ。 ¶ ~ 증산 堆肥増産ぞうさん。 ⓐ 무엄
**퇴:사**〔退社〕 [名][하自] 退社しゃ。 ①退職しょく。 ¶ ~를 결심하다 退社を決心けっしんする。 ⓐ 입사(入社) ②退勤きん。 ¶ ~ 시간 退社時間かん。 ⓐ 출근(出勤)
**퇴:색**〔退色·褪色〕 [名][하自][되自] 退色たい、色いろがあせること。 ¶ ~한 양복 色のあせた洋服ようふく/ 옷이 ~하다 服ふくの色がさめる。
**퇴석**〔堆石〕 [名] 堆石たい。 ¶ ~층 堆石層そう。
**퇴:실**〔退室〕 [名][하自] 退室しつ。
**퇴:역**〔退役〕 [名][하自] 退役えき。 ¶ ~ 장군 退役将軍しょうぐん。
**퇴:원**〔退院〕 [名][하自] 退院いん。 ¶ 병이 나아 ~하다 病気びょうきが治なおって退院する。
**퇴:위**〔退位〕 [名][하自] 退位い。 ¶ 폭군을 ~시키다 暴君ぼうくんを退位させる。 ⓐ 즉위(卽位)
**퇴:임**〔退任〕 [名][하自] 退任にん。 ¶ ~ 인사 退任のあいさつ。
**퇴:장**〔退場〕 [名][하自] 退場じょう。 ¶ 부상으로 경기장에서 ~하다 けがでコートから退場する。

**퇴적**【堆積】 명 하자 되자 堆積. ¶ 토사가 ~하다 土砂が堆積する。

**퇴적-암**【-岩】 명 堆積岩.

**퇴:조**【退潮】 명 하자 退潮. ¶ 사회주의가 ~하다 社會主義が退潮する。

**퇴:주**【退酒】 명 하자 (祭祀の時)お神酒を下げること、またその酒。

**퇴:직**【退職】 명 하자 退職. ¶ 정년 ~ 定年退職/ 연금을 주어 ~시키다 年金をやって退職させる。

**퇴:직-금**【-金】 명 退職金.

**퇴:진**【退陣】 명 하자 退陣、退くこと。¶ 일선에서 ~하다 一線から退く。

**퇴:짜**【-退字】 명 ① 史 上納した麻布・木綿の質が惡るく「退」の字が押されてつき返されたもの。② (獻上品などを)つき返すこと、拒絶すること。

관용 **퇴짜 놓다** (贈り物などを)つき返す、拒絶する、ひじ鉄砲を食くわす。**퇴짜 맞다** 拒絶される、つき返される、ひじ鉄砲を食くわされる。¶ 여자에게 퇴짜 맞은 사나이 女性に振られた男だ。

**퇴:출**【退出】 명 하자 退出. ¶ 관청에서 ~하다 役所から退出する。

**퇴:치**【退治】 명 하타 되자 退治. ¶ 문명 ~ 文盲退治。

**퇴:침**【退枕】 명 ひき出しのある木枕.

**퇴폐**【頹廢】 명 하자 頹廢. ①(勢力などが)おとろえたれること。¶ 일족의 퇴폐。②(道德・氣風などが)失われ亂れること。¶ ~적인 소설 頹廢的な小說。

**퇴폐-주의**【-主義】 명 頹廢主義.

**퇴:학**【退學】 명 하자 退學、退校. ¶ ~당하다 退學になる。

**퇴:화**【退化】 명 하자 되자 退化. ¶ 문명의 ~ 文明の退化。반 진화(進化)。

**툇:-마루**【退-】 명 建 緣側、縁、ぬれ緣.

**투**【套】 의 ①(慣例化された)樣式、方式、方法。¶ 편지 ~ 書簡文の樣式。②ことば遺い、やり口。¶ 말하는 ~가 좋지 않다 話しぶりがよくない。③(物事の)やり方、腕前、手並み。¶ 하는 ~가 좀 해본 사람이다 ちょっとした腕前のある人だ。④(接尾辭的に)「方式・ようす」などを表わす。¶ 한문~ 漢文調。

**투견**【鬪犬】 명 하자 鬪犬、犬合わせ.

**투계**【鬪鷄】 명 하자 鬪鷄、鷄合わせ.

**투고**【投稿】 명 하자 되자 投稿. ¶ 신문에 ~하다 新聞に投稿する。

**투과**【透過】 명 하자 透過、透き通ること。¶ ~성 透過性。

**투구**【兜】 명 兜. ¶ ~끈 兜の緒。

**투기**【投棄】 명 하타 投棄. ¶ 쓰레기를 하천에 ~하다 ごみを川に投棄する。

**투기**【投機】 명 投機. ¶ ~성 投機性/ ~에 손을 대다 投機に手を出す。

**투기-꾼** 명 投機師、山師.

**투기 사:업**【-事業】 명 投機事業.

**투기**【妬忌】 명 하자 嫉妬、やきもち、ねたみ。¶ ~심 嫉妬心。

**투깔-스럽다** 형ㅂ (仕事の出來ばえ・物などが)すっきりせず不手際である、荒っぽい、粗雜だ。¶ 투깔스럽게 만들어진 자기 荒っぽく作られた磁器。

**투덜-거리다** 자 一人で不平を言う、ぶつぶつ言う、愚痴をこぼす。¶ 용돈이 적다고 小遺いが少ないと不平を言う。

**투덜-투덜** 부 하자 ぶつぶつ。¶ 뒤에서 ~한다 陰でぶつぶつ言っている。

**투망**【投網】 명 投網. ¶ ~을 던지다 投網を投げる。

**투매**【投賣】 명 하타 投げ賣り、捨て賣り、見切り賣り。¶ ~품 見切り品/ 재고품을 몽땅 ~하다 在庫品を全部投げ賣りする。

**투명**【透明】 명 하형 透明. ¶ ~체 透明體/ 무색 ~한 유리 無色透明なガラス。

**투명-도**【-度】 명 透明度.

**투명 수지**【-樹脂】 명 透明樹脂.

**투박-스럽다** 형ㅂ ①厚ぼったく不格好だ。¶ 투박스러운 천 厚ぼったい布。②ぶっきらぼうである、野暮ったい。¶ 투박스럽게 대답하다 ぶっきらぼうに答える。

**투박-하다** 형여 ①厚ぼったく不格好だ。¶ 투박한 외투 不格好な外套。②ぶっきらぼうだ、무骨だ、無愛想だ。¶ 투박한 말씨 無愛想な言い方。

**투병**【鬪病】 명 하자 鬪病. ¶ ~ 생활 鬪病生活。

**투사**【投射】 명 하자 投射. ¶ ~ 광선 投射光線。반 입사(入射)。

**투사-각**【-角】 명 物 投射角. 반 입사각.

**투사**【透寫】 명 하타 透寫. ¶ 그림을 ~하다 繪を透寫する。

**투사-지**【-紙】 명 透寫紙、トレーシングペーパー。

**투사**【鬪士】 명 鬪士. ¶ 자유의 ~ 自由の鬪士。

**투사-형**【-型】 명 心 鬪士型.

**투서**【投書】 명 하자 投書. ¶ ~란 投書欄/ 신문에 ~하다 新聞に投書する。

**투서-함**【-函】 명 投書箱.

**투석**【投石】 명 하자 投石.

**-투성이** 접미 ①(何かが一面について汚れることを表わす)…だらけ、…まみれ、…みどろ。¶ 흙~ 土まみれの衣服/ 땀~ 汗まみれ/ 피~ 血まみれ。②(そのものが非常に多いことを表わす)…だらけ。¶ 주름살~의 얼굴 しわだらけの顔。

**투수**【投手】 명 ㉺ 投手、ピッチャー。¶ 선발 ~ 先發投手。

**투숙**【投宿】 명 하자 投宿. ¶ 여관에 ~하다 旅館に泊まる。

**투시**【透視】 명 하타 되자 透視. ¶ ~력 透視力/ 마음속을 ~하다 胸中を透視する。

**투시-도**【-圖】⦗名⦘透視図ず.
**투시 화법**【-畫法】⦗名⦘⦗美⦘透視画法ほう.
**투신**【投身】⦗名⦘⦗自⦘①(ある事ごとに)身みを投とうじること, 全力ぜんりょくを尽つくすこと. ¶ 사회 사업에 ~하다 社会事業じぎょうに身みを投とうじる. ②投身とうしん, 身投みなげ. ¶ ~ 자살 投身投自殺じさつ.
**투실-투실**⦗副⦘⦗하형⦘(程ほどよく肥こえて感かんじのいいようす) 丸まるまる, むくむく. ¶ ~ 살이 오른 아기 丸まると肥こえた赤あかん坊ぼう.
**투약**【投薬】⦗名⦘⦗하他⦘投薬とうやく. ¶ 환자에게 ~하다 患者かんじゃに投薬とうやくする.
**투어**【tour】⦗名⦘ツアー. ¶ 스키 ~ スキーツアー.
**투여**【投與】⦗名⦘⦗하他⦘⦗되自⦘投与とうよ. ¶ 환자에게 약을 ~하다 患者かんじゃに薬くすりを投与とうよする.
**투영**【投影】⦗名⦘⦗하他⦘⦗되自⦘投影とうえい. ¶ 수면에 ~된 하얀 구름 水面すいめんに投影とうえいされた白しろい雲くも.
**투영-도**【-圖】⦗名⦘投影図ず.
**투옥**【投獄】⦗名⦘⦗하他⦘⦗되自⦘投獄とうごく. ¶ 살인죄로 ~되다 殺人罪さつじんざいで投獄とうごくされる.
**투우**【鬪牛】⦗名⦘鬪牛とうぎゅう. ¶ ~장 鬪牛場じょう.
**투입**【投入】⦗名⦘⦗하他⦘投入とうにゅう. ¶ 자본을 ~하다 資本しほんを投入とうにゅうする.
**투자**【投資】⦗名⦘⦗하他⦘⦗되自⦘投資とうし. ¶ 주식에 ~하다 株式かぶしきに投資とうしする.
**투자 신:탁**【-信託】⦗名⦘⦗經⦘投資信託とうししんたく.
**투쟁**【鬪爭】⦗名⦘⦗하自⦘鬪爭とうそう. ¶ 법정 ~ 法廷ほうてい鬪爭/ ~을 지원하다 鬪爭とうそうを支援しえんする.
**투정**⦗名⦘⦗하自他⦘だだをこねること, ねだること, すねること. ¶ ~을 부리다 だだをこねる.
**투지**【鬪志】⦗名⦘鬪志とうし, 鬪魂とうこん. ¶ 불굴의 ~ 不屈ふくつの鬪志/ ~가 넘치다 鬪志がみなぎる.
**투척**【投擲】⦗名⦘⦗하他⦘投擲とうてき, 投なげること. ¶ 수류탄을 ~하다 手榴弾しゅりゅうだんを投擲とうてきする.
**투척 경:기**【-競技】⦗名⦘⦗體⦘投擲競技とうてきぎょうぎ.
**투철**【透徹】⦗名⦘⦗하形⦘透徹とうてつ. ¶ ~한 정신 透徹した精神せいしん.
**투-포환**【投砲丸】⦗名⦘⦗體⦘砲丸投ほうがんなげ.
**투표**【投票】⦗名⦘⦗하自⦘⦗되自⦘投票とうひょう. ¶ ~율 投票率りつ/ 무기명 ~ 無記名めい投票/ ~에 부치다 投票に付ふする.
**투표-권**【-權】⦗名⦘投票權とうひょうけん.
**투표 용:지**【-用紙】⦗名⦘投票用紙とうひょうようし.
**투하**【投下】⦗名⦘⦗하他⦘⦗되自⦘投下とうか. ¶ 폭탄을 ~하다 爆彈ばくだんを投下とうかする.
**투합**【投合】⦗名⦘⦗하自⦘投合とうごう. ¶ 의기 ~하다 意氣いきが投合する.
**투항**【投降】⦗名⦘⦗하自⦘投降とうこう. ¶ ~을 권고하다 投降をすすめる.
**투호**【投壺】⦗名⦘投壺とうこ, 矢やを壺こつの中なかに投なげ入いれる遊戯ゆうぎ.
**투혼**【鬪魂】⦗名⦘鬪魂とうこん. ¶ ~을 불태우다 鬪魂とうこんを燃もやす.
**툭탁**⦗副⦘(固かたい物ものが强つよくぶつかるときの音おと) がつんがつん, こつんこつん.
**툭-하면**⦗副⦘どうかすると, ともすれば, ちょっとしたことで. ¶ ~ 싸운다 どうかするとけんかをする. / ~ 화를 낸다 ちょっとしたことで腹はらを立たてる.

**툴툴-거리다**⦗自⦘(不平ふへい・不滿ふまんを)ぶつぶつ言いう, ぶつぶつ言いう. ¶ 계속 툴툴거리기만 한다 しきりにぶつぶつ言いっている.
**툼벙**⦗副⦘(やや大おおきく重おもたい物ものが水みずに落おちるようす・その音おと) どぶん. ¶ ~ 물 속에 뛰어들다 どぶんと水みずに飛とび込こむ.
**툽툽-하다**⦗形ㅂ⦘汁しるが濃こい.
**퉁겨-지다**⦗自⦘①現あらわれる, ばれる. ¶ 비밀이 ~ 秘密ひみつがばれる. ②(繼つぎ目めなどが)はずれる, 食くい違ちがう. ¶ 뼈가 ~ 脫臼だっきゅうする. ③(見込みこみ・期待きたいが)はずれる.
**퉁명-스럽다**⦗形ㅂ⦘(言語げんごが)ぶっきら棒ぼうだ, 素そっ気けない, 無愛想ぶあいそうだ. ¶ 퉁명스러운 사람 無愛想ぶあいそうな人ひと.
**퉁소**【←洞簫】⦗名⦘洞簫どうしょう(尺八しゃくはちに似にた笛ふえ).
**퉁탕**⦗副⦘(板敷いたじきの床ゆかなどを强つよく打うったり踏ふみならしたりする音おと) どんどん, どたんばたん. ㉔ 퉁퉁.
**퉁퉁**⦗副⦘⦗하形⦘(體からだが肥こえたりむくんだりしたようす)ぶくぶく. ¶ 몸집이 ~하다 體からだつきがぶくぶく太ふとっている.
**퉤-퉤**⦗副⦘(やたらに唾つばをはき捨すてる音おと) ぺっぺっ.
**튀각**⦗名⦘昆布こんぶの揚あげ物もの.
**튀:기**⦗名⦘①混血兒こんけつじ, 合あいの子こ. ②(動物ぶつの)雜種ざっしゅ.
**튀기다¹**⦗他⦘①はねかえらせる, 飛とばす. ¶ 차가 흙탕물을 ~ 車くるまが泥水どろみずをとばす. ②(たわめた物ものを)はなつ, 彈はじく. ¶ 손가락을 ~ 指ゆびを彈はじく. ③(そろばんの球たまを)指先ゆびさきで上あげ下さげする, そろばんを彈はじく. ¶ 주판알을 ~ そろばんの球たまをはじく. ④つついてあたふたと逃にげ出だすようにする.
**튀기다²**⦗他⦘①(油あぶらで)揚あげる. ¶ 감자를 기름에 ~ じゃがいもを油あぶらで揚あげる. ②(穀粒こくつぶに熱ねつを加くわえて)膨ふくらせる, はじかせる. ¶ 옥수수를 ~ とうもろこしを炒いってはじけさせる.
**튀김¹**⦗名⦘テンプラ, 揚あげ物もの. ¶ 새우 ~ エビのテンプラ.
**튀김²**⦗名⦘(凧たこあげのとき)糸いとをはじいたこをさかさにする技わざ, しゃくり.
**튀다**⦗自⦘①彈はじける, 跳はねる, 彈はずむ. ¶ 공이 높이 ~ ボールが高たかく彈はずむ. ②(急きゅうに)逃にげる, 高飛たかとびする. ¶ 외국으로 ~ 外國がいこくへ高飛たかとびする. ③(水みず・泥どろなどが)飛とび散ちる, 跳はねる. ¶ 바지에 흙탕물이 ~ ズボンに泥どろが飛とび散ちる. ④(折おれて一部いちぶが)裂さけてはじける.
**튀어-나오다**⦗自⦘①飛とび出だす, 飛とび出でる. ¶ 아이가 차도로 ~ 子供こどもが車道しゃどうに飛とび出でる. ②突つき出でる. ¶ 튀어나온 광대뼈 突つき出でた頰骨ほおぼね.
**튜:브**【tube】⦗名⦘チューブ.
**튤립**【tulip】⦗名⦘⦗植⦘チューリップ.
**트다¹**⦗自⦘①(芽めが)吹ふき出でる, 發芽はつがする, 芽めぐむ, 萌もえる. ¶ 새싹이 ~ 新芽しんめが

트다

出る。②(東の空が)明るむ、明ける、(夜が)白む、明けそめる。¶ 동틀 무렵 夜が白むころ。③(ひび割れる、裂きれる、割れる。¶ 가뭄으로 논바닥이 ~ 日照りで田がひび割れる。④(肌が)ひび割れる、あかぎれする。¶ 손이 ~ 手があかぎれする。

트다 他 ①(塞がったものを)通じるようにする、開らく。¶ 벽을 터서 방을 넓히다 壁を取り払って部屋を広くする。②(敬語づかいをやめて)友達どうきあいをする、親しくする。¶ 트고 지냅시다 ざっくばらんにつき合いましょう。③(取り引きなどを)始める。¶ 은행과 거래를 ~ 銀行と取り引きを始める。

트라이앵글 [triangle] 名〘音〙トライアングル。
트랙터 [tractor] 名 トラクター。
트랜지스터 [transistor] 名 トランジスター。¶ 라디오 トランジスターラジオ。
트럭 [truck] 名 トラック、貨物自動車。
트럼펫 [trumpet] 名〘音〙トランペット。
트럼프 [trump] 名 トランプ。
트렁크 [trunk] 名 トランク。
트레-머리 名 髪を後ろに束ねて結いあげた女性の髪型。
트레이드-마ː크 [trademark] 名 トレードマーク、商標、登録商標。
트레이싱 페이퍼 [tracing paper] 名 トレーシングペーパー、透写紙。
트레일러 [trailer] 名 トレーラー。
트로이카 [러 troika] 名 トロイカ。¶ ~ 체제 トロイカ体制。
트로피 [trophy] 名 トロフィー、優勝盃。
트릭 [trick] 名 トリック、詭計。¶ ~을 간파하다 トリックを見破る。
트림 名〘하自〙おくび、げっぷ。¶ ~이 나오다 げっぷが出る。
트릿-하다 形 ①(消化不良で)胸がつかえる、食もたれする。¶ 허접지집 먹었더니 속이 ~ がつがつ食べたので食もたれする。②(態度などが)はっきりしない、煮え切らない、あいまいだ。¶ 하는 짓이 ~ やり方が煮え切らない。
트이다 自「트다²」の受動。①障害物がなくなる、開ける、通じる。¶ 막혔던 도로가 ~ 塞がっていた道路が通じる。②(視界が)明るくなる、開ける。¶ 시계가 활짝 ~ 視界がひろびろと開ける。③よくなる、向く、開ける。¶ 운이 ~ 運が向いてくる。④晴れる。¶ 활짝 트인 하늘 からっと晴れた空。⑤(頭が・心이) すっきりする、晴れる。¶ 속이 트인 사람 さばけた人/ 의문이 시원하게 ~ 疑問がすっきりと晴れる。⑥(穴などが)開く。¶ 구멍이 트여 있다 穴が開いている。
트집 名 ①けちをつけること、難くせ、言い掛かり、いちゃもん。¶ ~을 잡아 값을 깎다 けちをつけて値切る。②(物事の)割れ目、さけ目。

특강 [特講] 名 特講、特別講義。
특공-대 [特攻隊] 名〘軍〙特攻隊。¶ ~에 의한 작전 特攻隊による作戦。
특권 [特權] 名 特権。¶ 면책 ~ 을 가지다 免責特権をもつ。
특권-층 [-層] 名 特権層、特権階級。
특근 [特勤] 名〘하自〙時間外勤務、特別勤務。¶ ~ 수당 時間外勤務手当。
특급 [特急] 名 特急。
특급 열차 [-列車] 名 特急列車。
특기 [特技] 名 特技、得手。¶ ~를 살리다 特技を生かす。
특기 [特記] 名〘하타〙特記、特筆。¶ 이 사건은 ~ 할 만하다 この事件は特筆すべきだ。
특대 [特大] 名 特大。¶ ~호 特大号。
특등 [特等] 名 特等。
특등-실 [-室] 名 (汽車・ホテルなどの)特等室。
특례 [特例] 名 特例。¶ ~는 인정하지 않는다 特例は認めない。
특명 [特命] 名《「특별 명령」의 축약형》特命。¶ ~을 띠다 特命を帯びる。
특무 [特務] 名 特務、特別任務。
특무-대 [-隊] 名〘軍〙特務隊。
특별 [特別] 名〘하形〙特別。¶ ~ 활동 特別活動/ ~한 조치 特別の処置/ 재주가 ~다 才能が抜群だ。 특별-히 副 特別に、格別に、わざわざ。¶ ~ 주의하다 特別に注意する。
특별 배ː당 [-配當] 名〘經〙特別配当。
특별 사ː면 [-赦免] 名〘法〙特別赦免、特赦。
특별-시 [-市] 名 特別市 (地方の行政区域のひとつ)。
특별-세 [-稅] 名 特別税。
특보 [特報] 名〘하타〙特報。¶ 선거 ~ 選挙特報/ ~가 들어오다 特報が入る。
특사 [特使] 名 特使。¶ ~를 파견하다 特使を派遣する。
특사 [特赦] 名〘하타〙〘法〙(「특별 사면 (特別赦免)」의 축약형》特赦。¶ ~를 내리다 特赦を出す。
특산 [特産] 名 特産。¶ ~물 特産物。
특색 [特色] 名 特色。¶ ~을 살리다 特色を生かす。
특선 [特選] 名〘하타〙特選。①特別に選ぶこと。¶ ~품 特選品。②特に優秀な作品。¶ ~작 特選作。
특설 [特設] 名〘하타〙特設。¶ ~ 경기장 特設競技場。
특성 [特性] 名 特性。¶ 이 물건의 ~ この品物の特性。
특수 [特殊] 名〘하形〙特殊。¶ ~강 特殊鋼/ ~ 교육 特殊教育/ ~한 방법으로 처리하다 特殊な方法で処理する。
특수-성 [-性] 名 特殊性。
특약 [特約] 名〘하타〙特約。¶ ~ 판매 特約販売。
특약-점 [-店] 名 特約店。

특용[特用] 名[하]自他 特用とくよう。¶ ～ 작물 特用作物さくもつ。

특유[特有] 名[하]他 特有とくゆう。¶ 그 나라 ～의 문화 その国くにに特有の文化ぶんか。
　　특유-성[-性] 名 特有性せい。

특이[特異] 名[하]形 特異とくい。¶ ～ 체질 特異体質たいしつ / ～ 한 존재 特異な存在そんざい。
　　특이-성[-性] 名 特異性せい。

특전[特典] 名 特典とくてん。¶ 회원의 ～이 있다 会員かいいんの特典がある。

특정[特定] 名[하]他 特定とくてい。¶ ～ 한 행위 特定の行為こうい。
　　특정-인[-人] 名 特定人にん。

특제[特製] 名 ①[하]他 特製とくせい。②(「특제품」의 縮約形) 特製品ひん。

특종[特種] 名 ①特種とくしゅ。②(「특종 기사」의 縮約形) 特種だね。
　　특종 기사[-記事] 名 特種だね記事きじ。

특진[特進] 名[하]自[되]自 特進とくしん。¶ 2계급 ～ 二階級かいきゅう特進。

특질[特質] 名 特質とくしつ、特性とくせい。

특집[特輯] 名[하]他 特集とくしゅう。¶ ～ 기사 特集記事きじ。
　　특집-호[-號] 名 特集号ごう。¶ 신년 ～ 新年しんねん特集号。

특징[特徵] 名 ①特徵とくちょう。¶ ～을 보여 주고 있다 特徵を示しめしている。②[하]他 (むかし) 官職かんしょくを任命にんめいするために王おうが特別とくべつに召めし出だしたこと。
　　특징-적[-的] 冠名 特徵的てき。
　　특징-짓다 自他[ㅅ] 特徵ちょうづける。

특채[特採] 名[하]他 特別とくべつ採用さいよう。

특천[特薦] 名[하]他 特薦とくせん、特別とくべつ推薦すいせん。

특출[特出] 名[하]形 特出とくしゅつ。¶ ～한 인물 特出した人物じんぶつ。

특파[特派] 名[하]他 特派とくは。
　　특파-원[-員] 名 特派員いん。¶ ～을 보내다 特派員を送おくる。

특품[特品] 名 特別とくべつによい品物しなもの。

특필[特筆] 名[하]他 特筆とくひつ。¶ 대서 ～하다 大書だいしょ特筆する。

특허[特許] 名[하]他 特許とっきょ。¶ ～품 特許品ひん / ～를 얻다 特許を取とる。
　　특허-권[-權] 名 特許権けん。
　　특허-법[-法] 名[法] 特許法ほう。
　　특허-청[-廳] 名 特許庁ちょう。

특혜[特惠] 名 特惠とっけい、特別とくべつな恩惠おんけい。¶ ～를 얻다 特惠を与あたえる。
　　특혜 관세[-關稅] 名[經] 特惠関税かんぜい。

특호 활자[特號活字] 名[版] 特号ごう活字かつじ。

특활[特活] 名 「특별 활동」의 縮約形。

특효[特效] 名 特效とっこう。¶ ～를 내다 特效を出だす。
　　특효-약[-藥] 名 特效藥やく。¶ 감기에 ～은 없다 風邪かぜに特效薬はない。

특히[特-] 副 特とくに、特別とくべつに、殊更ことさら、こと、とりわけ。¶ ～ 주의하다 特に注意ちゅういする。/ ～ 이렇게 할 일도 없다 特にこうだということもない。

튼실-하다 形[여] 強壮きょうそうだ、がっしりしている。

튼튼-하다 形[여] ①(体からだが) 丈夫じょうぶだ、壮健そうけんだ、達者たっしゃだ、すこやかだ、がっちりしている。¶ 아이가 튼튼하게 자라다 子供こどもがすこやかに育そだつ。②(物ものが) 頑丈がんじょうだ、しっかりしている、堅固けんごだ。¶ 건물이 ～ 建物ものが頑丈だ。 튼튼-히 副 丈夫に、頑丈に、堅固に。¶ 몸을 ～ 단련하다 体からだを丈夫に鍛きたえる。

틀 名 ①(物ものの) 型かた、形かたを作つくり出だすもの。¶ ～에 부어 주조하다 型に入いれて鋳造ちゅうぞうする。②額がく、枠わく、縁ふち、フレーム。¶ 창～・ 窓まどわく / ～에 끼운 사진 額に入いれた写真しゃしん。③簡単かんたんな機械きかい・器具きぐ。¶ 새끼～ 縄ないい機。④「재봉틀」의 略。⑤一定いっていの形式しき・格式かくしき。¶ 편지의 ～ 手紙てがみの形式。⑥貫祿かんろく、威儀いぎ。¶ 사장으로서의 ～이 잡히다 社長しゃちょうとしての貫祿がつく。
　　関用 틀에 맞추다 型かたにはめる、(融通性ゆうずう・ゆとりがなく) 機械的きかいてき・形式的けいしきてきに流ながれる。틀이 잡히다 堂さまに入いっている、格式かくしきを備そなえる。

틀개-놓다 自 騒さわぎ立たてて妨害ぼうがいする、邪魔じゃまする。

틀-국수 名 機械きかいで作つくったうどん・そば。

틀-니 名 入いれ歯ば、義歯ぎし。¶ ～를 해넣다 入れ歯を入いれる。

틀다 他 ①ねじる、ひねる、よじる、よる。¶ 나사를 ～ ねじを締しめる。②(機械きかいなどを) 動うごかす、つける。¶ 라디오를 ～ ラジオをつける。③(髪かみを) 結ゆう。¶ 상투를 ～ まげを結う。④(方向ほうこう・進路しんろなどを) 変かえる。¶ 진로를 동쪽으로 ～ 進路を東ひがしに変える。⑤(事ことを) 妨さまたげる、じゃまする、反対はんたいする。¶ 계획을 못하게 하다 計畫けいかくを妨害ぼうがいする。⑥(打綿機だめんきで綿わたを) 打うつ。⑦(鳥とりが) 巣すをつくる。¶ 참새가 둥지를 ～ スズメが巣をつくる。

틀리다[1] 自 ①違ちがう、間違まちがう、誤あやる、合あわない、食くい違ちがう。¶ 틀린 판단 誤った判斷はんだん / 결산이 ～ 決算けっさんが合わない。②仲なかが違ちがう、不仲ふなかになる。¶ 친구와 틀리게 되었다 友達ともだちと不仲になった。③誤あやっている、正ただしくない、駄目だめだ。¶ ～ 하는 짓이 틀렸다 やることが正しくない。/ 이 사업도 이젠 틀렸다 この事業じぎょうももう駄目だ。

틀리다[2] 自 (「틀다」의 受動) 巻まかれる、ねじられる。¶ 태엽이 ～ ネジが巻かれる。

틀림 名 違ちがい、間違まちがい、誤あやり、食くい違ちがい、相違そうい。¶ ～이 있을 리가 없다 間違いがあるはずがない。
　　틀림-없다 形 違ちがいない、間違まちがいない、過あやちのない、確たしかだ。¶ 틀림없는 물건 な品しな / 이것은 그의 필적에 ～ これは彼かれの筆跡ひっせきに間違いない。 틀림없-이 副 間違いなく、確かに、きっと、正まさに。¶ 내일은 ～ 비가 온다 明日あすは間違いなく雨あめが降ふる。

**틀어-넣다** 他 (狭い所へ)詰め込む、押し込む、ねじこむ。¶ 가방에 책을 ~ かばんに本を詰め込む。

**틀어-막다** 他 ①(押しこんで穴を)ふさぐ。¶ 솜으로 귀를 ~ 綿で耳をふさぐ。②(言論などを)封ずる、封じこむ、口止めをする。¶ 뇌물로 입을 ~ わいろを使って口止めをする。③(負債などを)埋め合わせる。¶ 빚을 ~ 借金を埋め合わせる。④(事を)妨げる、無理にじゃまする。¶ 다 된 혼담을 ~ まとまりかけた縁談をおじゃんにする。

**틀어-박다** 他 ①(狭い所へに)押し込む、ねじこむ、突っこむ。②(物を)しまいこんだままほったらかしておく。

**틀어-박히다** 自 (『틀어박다』の受動)閉じこもる、引きこもる、くすぶる。¶ 집구석에 ~ 家の隅っこにひきこもる。/ 방에만 틀어박혀 있지 말고 산책이라도 해라 部屋ばかりに閉じこもっていないで散歩ぐらいでもしろ。

**틀어-쥐다** 他 ①かたく握る、握りしめる、しっかりつかむ。¶ 고삐를 잔뜩 ~ 手綱をしっかりとらえる。②すっかり手中におさめる、しっかりとらえる。¶ 단체를 틀어쥐고 있다 団体を手中におさめている。

**틀어-지다** 自 ①(横に)曲がる、反れる。¶ 길이 왼쪽으로 ~ 道が左側に曲がっている。②(縄などのように)よれる、よじれる、ねじれる。¶ 넥타이가 틀어져 있다 ネクタイがねじれている。③仲違いする、仲たがいする。¶ 사소한 일로 ~ 何でもないことで仲違いする。④(計画が・仕事などが)駄目になる、食いちがう、失敗する、狂う。¶ 일이 ~ 事が駄目になる。

**틈** 名 ①(物との)すき間、割れ目、裂け目、間隔、亀裂。¶ 바위 ~ 岩の割れ目/문 ~으로 바람이 들어오다 戸のすき間から風が入る。②(人間の関係などの)不和、ひび、へだたり。¶ 둘 사이에 ~이 생기다 二人の仲にひびが生まれる。③(時間的なひま)暇、手間、間、余暇。¶ 어느 ~에 いつの間に/ 놀 ~이 없다 遊ぶひまがない。④機会、すき、チャンス。¶ ~을 노리다 機会をねらう。/ 도망할 ~이 없다 逃げるすきがない。⑤(心ざしの)隙。¶ 마음 속에 조그만 ~도 생기지 않게 해라 心に寸分の隙も生じないようにしなさい。

**틈-내다** 自 ①暇をつくる、都合をつける。¶ 틈내어 한 번 찾아 보겠다 暇をつくって一度訪ねてみよう。②すき間をつくる、間合いをとる、空間うを空ける。

**틈-바구니** 名 (俗) ⇨ 틈

**틈-바귀** 名 『틈바구니』の縮形形。

**틈-새** 名 ⇨ 틈새기

**틈-새기** 名 わずかなすき間。

**틈-타다** 他 機に乗じる、機会を利用する、(…に)つけこむ。¶ 야음을 ~ 夜陰に乗じる。

**틈틈-이** 副 ①暇々に、暇あるごとに、片手間に。¶ 일하는 ~ 공부하다 仕事の合間に勉強する。②すき間ごとに。

**틔우다** 他 ①(仕切りなどを)取り除く。¶ 방을 ~ 仕切りを取って部屋を広くする。②わからせる、目覚めさせる。

**티**[1] 名 ①ほこり、ごみ、ちり。¶ 눈에 ~가 들어가다 目にごみが入る。②小さなきず、欠点だて。¶ 옥에 ~ 玉にきず。慣用 티(를) 뜯다 ①ごみを取り除く。②けちをつける。티(를) 보다 欠点をさがす。

**티**[2] 依 ふり、なり、気配、気振り、素振り、くささ、臭み、窮한。¶ 시골 ~가 나다 田舎くさい。/ 부자 ~를 내다 金持ちの振りをする。

**티**:[tea] 名 ティー、茶、(特に)紅茶。¶ ~ 세트 ティーセット。

**티:-스푼**:[-spoon] 名 ティースプーン。

**티격** 名 そりが合わないこと、気が合わず仲が悪いこと。

**티격-나다** 自 仲たがいする、ひびが入る。¶ 티격난 사이 仲たがいした間柄。

**티격-태격** 副하自 (言い争うようす)なんだかんだと、いざこざ、ごたごた。¶ 둘 만나기만 하면 ~한다 二人は会うたびになんだかんだと言い争う。

**티끌** 名 ①ごみ、ちり、ほこり、あくた。¶ ~이 자욱하다 ほこりでいっぱいだ。②(比)ほんのわずかなこと、微塵。¶ 양심 따위는 ~만큼도 없다 良心なんかちりほどもない。俗談 티끌 모아 태산 塵も積もれば山となる。

**티눈** 名 (手・足にできる)魚の目。¶ 발에 ~이 생겼다 足に魚の目ができた。

**티:-브이**[TV] 名 (『텔레비전』の縮約形)ティーブイ、テレビジョン。

**티:-셔:츠** [T-shirts] 名 ティーシャツ。

**티-없다** 形 傷がなくきれいだ、けがれがない。¶ 티없는 어린이 あどけない子供。**티없-이** 副 けがれなく、きれいに。

**티:-자** 名 T定規。

**티:-케이-오**:[TKO] 名 體 ティーケーオー、テクニカルノックアウト。

**티켓**[ticket] 名 チケット、切符。

**티푸스**[Typhus] 名 チフス。¶ 발진 ~ 発疹しんチフス/ ~균 チフス菌。

**틴:-에이저** [teenager] 名 ティーンエージャー。

**팀**:[team] 名 チーム。¶ 홈 ~ ホームチーム/ 같은 ~에 속해 있다 同じチームに属している。

**팀:-워:크**[-work] 名 チームワーク。

**팁**[tip] 名 チップ、心付け、祝儀。¶ ~을 주다 チップをやる。

**팃-검불** 名 ほしぐさや落ち葉などの屑。

**팅크**[독 Tinktur] 名 藥 チンキ。¶ 요오드 ~ ヨードチンキ。

**팅팅** 副하形 (膨れ上がったようす)ぶくぶく、ぶよぶよ。¶ 몸이 ~ 부었다 体がむくんでいる。

# ㅍ

**ㅍ** ハングル字母の第13番目の字。

**파** 名[植] ネギ。¶ 양~ 玉ねぎ。

**파[派]** Ⅰ 名 派は。¶ 두 ~로 갈라지다 二つの派に分かれる。Ⅱ 接尾 …派は。¶ 낭만~ ローマン派/ 반대~ 反対派はんたい。

**파[이 fa]** 名[音] (音階おんかいの)ファ。

**-파[波]** 接尾 …波は。¶ 전자~ 電子波でんぱ。

**파:격[破格]** 名하다 破格かく。
　**파:격-적[-的]** 冠名 破格的てき。¶ ~인 승진을 하다 破格的な昇進しょうしんをする。

**파견[派遣]** 名하타되자 派遣けん。¶ ~ 부대 派遣部隊たい/ 사절을 ~하다 使節しを派遣する。
　**파견-군[-軍]** 名[軍] 派遣軍はけんぐん。

**파:경[破鏡]** 名 破鏡きょう、夫婦ふうふ別れれ、離婚りこん。¶ ~에 이르다 破鏡に至いたる。

**파:계[破戒]** 名하타 破戒かい。
　**파:계-승[-僧]** 名[佛] 破戒僧そう。

**파고[波高]** 名 波高こう、波なの高たかさ。

**파고-들다** 他 ①深ふかく中なかに入はいり込こむ。¶ 현지에 깊이 ~ 現地げんちに深く入り込む。②深ふかく染しみとおる、染しみ込こむ。¶ 슬픔이 가슴 속 깊이 ~ 悲かなしみが胸むねに深く染み込む。③割わり込こむ、食くい込こむ、食くい入いる。¶ 외국 시장에 ~ 外国市場しじょうに食い込む。④(物事ものごとを)深ふかく追求ついきゅうする、掘ほり下さげる、究明きゅうめいする。¶ 진상을 ~ 真相しんそうを掘り下げる。

**파:괴[破壞]** 名하타되자 破壞かい。¶ ~력 破壞力りょく/ 환경을 ~하는 행위다 環境かんきょうを破壞する行為こうだ。
　**파:괴-적[-的]** 冠名 破壞的てき。¶ ~인 위력 破壞的な威力いりょく。
　**파:괴-주의[-主義]** 名 破壞主義しゅぎ。

**파:국[破局]** 名 破局きょく。¶ ~에 이르다 破局に至いたる。

**파근파근-하다** 形お ①(食たべ物ものに)粘ねばり気きまたは水気みずけがなくぱさぱさしている。②足取あしどりが重おもったるい、足あしがだるい。

**파근-하다** 形お 足あしがくたびれてだるい。

**파급[波及]** 名하타되자 波及きゅう。¶ 전국으로 ~되다 全国ぜんこくに波及する。
　**파급 효:과[-效果]** 名 波及效果こう。¶ ~가 크다 波及效果が大おおきい。

**파:기[破棄]** 名하타되자 破棄き。¶ 원심 ~ 原審げんしん破棄/ 계약을 ~하다 契約けいやくを破棄する。
　**파:기 환송[-還送]** 名[法] 破棄差しさし戻もどし。

**파김치** 名 ネギの漬つけ物もの。
　[慣用] 파김치(가) 되다 綿わたのように疲つかれる、(疲れて)くたくたになる。

**파나마[panama]** 名[地] パナマ。¶ ~ 운하 パナマ運河うんが。
　**파나마 모자[-帽子]** 名 パナマ帽ぼう。

**파내다** 他 掘ほり出だす。¶ 보물을 ~ 宝物たからものを掘り出す。

**파노라마[panorama]** 名 パノラマ。¶ ~ 사진 パノラマ写真しゃしん。

**파다** 他 ①(穴あななどを)掘ほる、あける。¶ 굴을 ~ 洞窟どうくつを掘る。/ 우물을 ~ 井戸いどを掘る。②彫ほる、刻きざむ、彫刻ちょうこくする。¶ 도장을 ~ はんこを彫る。③掘ほり下さげる、探究たんきゅうする、究きわめる。¶ 사건을 깊이 ~ 事件じけんを深ふかく掘り下げる。④(襟えりぐりなどを)くる、くりあげる、えぐる。¶ 목을 깊이 판 원피스 襟ぐりを深くえぐったワンピース。⑤(研究けんきゅうなどに)全力ぜんりょくを注そそぐ、むさぼる、没頭ぼっとうする。¶ 공부를 ~ 勉強べんきょうに没頭する。/ 책만 판다 本ばかりむさぼるように読よむ。

**파다-하다[頗多-]** 形お 非常ひじょうに多おおい、すこぶる多い。¶ 그런 사례가 ~ そうした例れいが非常に多い。**파다-히** 副 どっさり、いくらでも。

**파다-하다[播多-]** 形お (うわさなどが)広ひろまっている。¶ 온 동네에 소문이 ~ 村中むらじゅうにうわさが広まっている。**파다-히** 副 広ひろく、あまねく、ぱっと。

**파닥-거리다** 自他 ①(鳥とりが羽はを)しきりにばたつかせる、しきりにばたつく。②(小ちいさな魚さかなが浅瀬あさせで)ぴちぴち跳はねる。③(旗はたなどが)はためく。国 퍼떡거리다・푸덕거리다

**파닥-파닥** 副하타他 ばたばた、ぴちぴち、はたはた。

**파도[波濤]** 名 波濤とう、波なみ。¶ 밀려오는 ~ 押おし寄よせる波/ ~치다 波打なつ。/ ~가 거셀다 波が荒あらい。

**파동[波動]** 名하타 ①[物] (音波おんぱなどの)波動。¶ ~이 일다 波動が起おきる。②(社会的しゃかいてきな)大変動たいへんどう、激動げきどう。¶ 정치 ~ 政治せいじ波動。
　**파동-설[-說]** 名[物] 波動說せつ。

**파드닥** 副 (鳥とり・魚さかななどが強つよく羽はね・尾おを打うつ音おと) ばたっ、ぱたっ、びちっ。国 퍼드덕

**파드닥-거리다** 自他 しきりにばたばた〔ぴちぴち〕する。

**파드닥-파드닥** 副하타自他 ばたばた、ぴちぴち。

**파드득** 副 ①(堅かたくて滑なめらかな物ものが強つよく擦すれ合あうときの音) きゅっ、きー。②(下痢げりなどをするときの音) ぶちっ、びりりっ。

**파드득-거리다** 自他 しきりにぶちっぶちっと音おとがする。

**파드득-파드득** 副하타自他 きゅっきゅっ、きー、びりっびりっ。

**파뜩** 副 ①((ある考かんがえが急きゅうに浮うかぶようす)) はっと、ぱっと、はたと。¶ 좋은 생각이 ~ 떠오르다 いい考えがぱっと浮かぶ。②((行動どうを素早すばやくするようす)) ぱっと、ひらり

と、さっと。¶ ~ 해치우다 さっとやってしまう。[큰] 퍼뜩

파뜩-파뜩 [副] ぱっぱっと、はっはっと。¶ 머리가 ~ 돌아가다 頭がぱっぱっと働く。

**파라다이스**〔paradise〕[名] パラダイス、楽園。

**파라솔**〔프 parasol〕[名] パラソル。

**파라핀**〔독 Paraffin〕[名]〔化〕パラフィン。

**파:락-호**〔破落戸〕[名]（家の財を食いつぶした）放蕩者、ならず者、ごろつき。

**파란**〔波瀾〕[名] 波乱、波瀾。¶ ~ 많은 일생 波瀾に富んだ一生/ ~을 일으키다 波乱を起こす。

파란-곡절〔-曲折〕[名] 波乱曲折。

파란-만장〔-萬丈〕[名][하形] 波乱万丈。¶ ~한 생애 波乱万丈の生涯。

**파랑** [名] ①青、青色。②青い染料。

파랑-콩 [名] 青い大豆。

**파랑**〔波浪〕[名] 波浪、波。¶ ~ 주의보 波浪注意報。

**파랑-새** [名] ①〔動〕ブッポウソウ。②（吉兆の象徴とされる）青い鳥。

**파:랗다** [形ㅎ] ①明るく青い。¶ 파란 물감 青い染料/ 가을 하늘이 ~ 秋の空が青い。②（若さがあふれて）はつらつとしている、生き生きとしている、若々しい。¶ 파랗게 젊은 사람 はつらつとした若人。

**파래** [名]〔植〕青のり。

**파:래-지다** [自] ①青くなる、青ばむ。¶ 잔디가 ~ 芝生が青くなる。②青ざめる、青白くなる。¶ 그의 얼굴빛이 파래졌다 彼の顔色が青ざめた。

**파:렴-치**〔破廉恥〕[名][하形] 破廉恥、恥知らず。¶ ~한 행동 破廉恥な行動。

파:렴치-범〔-犯〕[名] 破廉恥犯。

**파르댕댕-하다** [形여] 青黒い。[큰] 푸르뎅뎅하다

**파르르** [副][하自] ①《薄く軽いものの一部が小刻みに震えるようす・その音》はたはた、ぶるぶる。¶ 문풍지가 바람에 ~ 떨다 戸の目張りが風にはたはた震える。②《少量の液体が急に沸き立つようす・その音》ぶつぶつ、ぐつぐつ、くらくら。¶ 된장국이 ~ 끓어오르다 みそ汁がぐつぐつ沸き立つ。③《軽々しく怒り出すようす》ぷりぷり、ぴりぴり。¶ ~ 성을 내다 ぷりぷり腹を立てる。④《痙攣を起こすように体の一部が震えるようす》ぶるぶる。¶ 몸을 ~ 떨다 体をぶるぶる震える。⑤《薄く軽いものに火が付いて燃え上がるようす》めらめら(と)。¶ 낙엽이 ~ 타오르다 落ち葉がめらめらと燃え上がる。

**파르스름-하다** [形여] 薄く青味がかっている。[큰] 푸르스름하다

**파르족족-하다** [形여] 薄汚く青ずんでいる。

**파릇-하다** [形여] 青味がかっている、やや青い。

파릇-파릇 [副][하形]《いかにも青いようす》青々と。¶ ~ 싹이 돋아 나다 青々と芽を出す。[큰] 푸릇푸릇

**파:리** [名] ①〔動〕蠅。¶ ~를 쫓다 ハエを追い払う。/ 음식에 ~가 꾀다 食べ物にハエがたかる。②[俗] たかり屋。

[관용] **파리(를) 날리다**（暇でハエを追い払うの意で）商売が上がったりだ、不景気である。 **파리 목숨** ハエの命、虫けらのような命、はかない命。

파:리-채 [名] ハエたたき。

**파리-하다** [形여] やつれて青白い。¶ 파리한 안색 やつれた青白い顔色。

**파:립**〔破笠〕[名] 破れ笠。

**파:마**〔←permanent wave〕[名] パーマ、パーマネントウェーブ。

**파-먹다** [他] ①（中身を）えぐって食べる、ほじくって食べる。¶ 수박 속을 ~ スイカをほじくって食べる。②食い入る、むしばむ。¶ 벌레가 과일을 ~ 虫がりんごを食う。③食い尽くす、居食いする。¶ 모아 둔 것을 다 파먹고 말았다 蓄えておいたものをすべて食い尽くしてしまった。

**파:면**〔罷免〕[名][하他][되自] 罷免、免職。¶ ~되다 罷免になる。

**파:멸**〔破滅〕[名][하自][되自] 破滅。¶ 일신의 ~을 가져오다 身の破滅を招く。

**파문**〔波紋〕[名] 波紋。¶ ~이 번지다 波紋が広がる。/ 큰 ~을 일으키다 大きな波紋を起こす。

**파:문**〔破門〕[名][하他] 破門。¶ ~에 처하다 破門に処する。

**파묻다**[1] [他] ①うずめる、埋める。¶ 땅속에 ~ 地中に埋める。②（他人がわからないように）隠す、葬る。¶ 사건을 어둠 속에 ~ 事件を闇に葬る。

**파-묻다**[2] [他ㄷ] 根掘り葉掘り聞く、詳しく問いただす。¶ 아무리 파물어도 대답하지 않다 いくら聞いても答えない。

**파묻히다** [自]《「파묻다」の受動》埋もれる、埋まる、うめられる。¶ 집이 눈에 ~ 家が雪に埋もれる。

**파:물**〔破物〕[名] 壊れ物、傷物。

**파발**〔擺撥〕[名] 飛脚の宿駅。

[관용] **파발을 놓다** 飛脚を飛ばす。

파발-꾼 [名] 飛脚、早打ち。

파발-마〔-馬〕[名] 早馬。

**파벌**〔派閥〕[名] 派閥。¶ 학내의 ~ 学内の派閥/ ~ 싸움 派閥争い。

**파병**〔派兵〕[名][하自] 派兵。¶ 해외에 ~하다 海外に派兵する。

**파삭-하다** [形여]（すっかり乾いて）壊れやすい、もろい、ぱさぱさしている。¶ 이 빵은 말라서 ~ このパンは乾いてぱさぱさだ。[큰] 퍼석하다

파삭-파삭 [副][하形] ぱさぱさ、かさかさ、がりがり。[큰] 퍼석퍼석

**파:산**〔破産〕[名][하自][되自] 破産。¶ ~ 지경에 이르다 破産状態に至る。/ 회사를 ~시키다 会社を破産させる。

파:산 선고〔-宣告〕[名]〔法〕破産宣告。¶ ~를 받다 破産宣告を受ける。

**파:산 절차**〔-節次〕 图法 破産手続てつき。
**파상**〔波狀〕 图 波状じょう。¶ ~ 운동 波状運動うんどう。
　**파상 공:격**〔-攻擊〕 图 波状攻撃こうげき。¶ ~을 가하다 波状攻撃を加くわえる。
　**파상-운**〔-雲〕 图 波状雲うん。
**파:상-풍**〔破傷風〕 图醫 破傷風しょうふう。
**파생**〔派生〕 图하되自 派生せい。¶ ~적인 수요 派生的てきな需要じゅよう/ 여러 가지 문제가 ~하다 いろいろな問題だいが派生する。
　**파생-어**〔-語〕 图文法 派生語ご。
**파:석**〔破石〕 图하自 石いし・鉱石こうせきなどを細こまかく砕くだくこと。
**파:선**〔破船〕 图하自되自 破船せん、難破なんぱ、難破破ぱ。¶ 풍랑을 만나 ~되다 風浪ふうろうに会あい難破する。
**파:손**〔破損〕 图하自他 破損そん。¶ 기물을 ~하다 器物きぶつを破損する。
**파:쇄**〔破碎〕 图하自他되自 破砕さい。¶ 암석을 ~하다 岩石がんせきを破砕する。
**파:-쇠**〔破-〕 图 ①金属きんぞく用器ようきのかけら。②屑鉄くずてつ。
**파수**〔把守〕 图하他 見張みはること、警戒けいかいして守まもること、その人ひと。¶ ~ 병 番兵べい。
　**파수-꾼** 图 番人ばん、見張みり。
　**파수-막**〔-幕〕 图 番人ばんの詰つめ所しょ、番人小屋ごや。
　**파수-보다** 他 見張みる、番ばんをする。
**파스텔**〔pastel〕 图美 パステル。¶ ~화 パステル画が。
**파슬-파슬** 副하形 《粉こなのかたまりなどがすっかり乾かわいて脆もろく砕くだけるようす》ぽろぽろ、ぱさぱさ。
**파시**〔波市〕 图 海上かいじょうで開ひらかれる魚市いち。
**파식**〔波蝕〕 图하他 波食しょく、波蝕しょく。
　**파식 대지**〔-臺地〕 图 波食台地だいち。
**파악**〔把握〕 图하他되自 把握あく。¶ 정세 ~ 情勢せい把握/ 문장의 요점을 ~하다 文章ぶんしょうの要点てんを把握する。
**파:안**〔破顔〕 图하自 破顔がん。
　**파:안-대:소**〔-大笑〕 图하自 破顔大笑だいしょう。
**파:약**〔破約〕 图하他 破約やく。¶ 계약은 ~이 되었다 契約やくは破約になった。
**파:양**〔罷養〕 图하他 養子ようしの縁えんを断たつこと。
**파:업**〔罷業〕 图하自 罷業ぎょう、ストライキ、スト。¶ ~을 단행하다 ストライキを断行だんこうする。
　**파:업-권**〔-權〕 图 罷業権けん、ストライキ権。
**파:열**〔破裂〕 图하自 破裂れつ。
　**파:열-음**〔-音〕 图文法 破裂音おん。
**파:옥**〔破屋〕 图 破屋ぼくや、あばら家や。¶ ~을 수리하다 破屋を修理しゅうりする。
**파:옥**〔破獄〕 图하自 破獄ごく、牢破ろうやぶり、脱獄だつごく。
　**파:옥 도주**〔-逃走〕 图하自 破獄ごくして逃走とうそう。
**파운데이션**〔foundation〕 图 ファウンデーション、ファンデーション。①化粧下けしょうしたのクリーム。¶ 얼굴에 ~을 바르다 顔かおにファウンデーションを塗ぬる。②女性じょせいの姿態したいを

整ととのえる下着ぎ。
**파울**〔foul〕 图競 ファウル。¶ ~ 볼 ファウルボール/ ~ 플라이 ファウルフライ。
**파워**〔power〕 图 パワー。¶ 우먼 ~ ウーマンパワー/ ~가 있는 사람 パワーのある人ひと。
**파이프**〔pipe〕 图 パイプ。①管くだ、導管どうかん。¶ 동~ 銅どうパイプ/ ~가 막히다 パイプが詰つまる。②(タバコの)パイプ。¶ ~를 물다 パイプをくわえる。
　**파이프-라인**〔-line〕 图 パイプライン。
　**파이프 오르간**〔-organ〕 图音 パイプオルガン。
**파일**〔file〕 图 ファイル。¶ ~ 북 ファイルブック。
**파일럿**〔pilot〕 图 パイロット。①操縦士そうじゅう。②水先案内人あんないにん。
**파장**〔波長〕 图物 波長ちょう。¶ ~이 길다 波長が長ながい。
　**파장-계**〔-計〕 图物 波長計けい。
**파:장**〔罷場〕 图하되自 ①市いちが仕舞じまいになること。¶ ~ 무렵이라 값이 싸다 市の仕舞いごろなので価格かかくがやすい。②集会しゅうかいなどがお仕舞じまいになること、その時とき。③(むかし)科挙かきょの試験けんが終おわること、その時。
　**파:장-머리** 图 仕舞しまいする際、仕舞い口ぐち。
**파종**〔播種〕 图하他 播種しゅ、種蒔たねき。¶ ~기 播種期き。
**파-죽음** 图 (ひどく打うたれたり疲つかれて)へとへとになること、くたくたになること。¶ ~이 되어 돌아오다 へとへとになって帰かえる。
**파:죽지-세**〔破竹之勢〕 图 破竹ちくの勢いきおい。¶ 적군이 ~로 밀어붙이다 敵軍ぐんが破竹の勢いで押おし寄よせる。
**파:지**〔破紙〕 图 ほご、ほぐ、破やぶれ、紙屑かみくず。¶ ~가 생기다 破れが生しょうじる。
**파:직**〔罷職〕 图하他 罷職しょく、官職かんしょくを免めんずること、非役やく。
**파:찰-음**〔破擦音〕 图文法 破擦音おん。
**파초**〔芭蕉〕 图植 バショウ。
**파출**〔派出〕 图하他 派出しゅつ。
　**파출-부**〔-婦〕 图 派出婦ぷ、お手伝てつだい。
　**파출-소**〔-所〕 图 交番こうばん、派出所しょ。¶ ~에 신고하다 交番に届とどける。
**파충-류**〔爬蟲類〕 图動 爬虫類はちゅうるい。
**파:-치**〔破-〕 图 傷物きずもの、壊こわれ物もの、不用ふようの物もの、半端はんぱ。¶ ~니까 싸게 하겠습니다 傷物ですので安やすくしておきます。
**파크**〔park〕 图 パーク。①公園こうえん。②駐車ちゅうしゃすること。
**파:탄**〔破綻〕 图하自되自 破綻たん。¶ 계획에 ~이 생기다 計画けいかくに破綻を生しょうじる。
**파:투-나다**〔破鬪-〕 图 花札はなふだ遊あそびが無効むこうになる。
**파트**〔part〕 图 パート。¶ ~ 타임 パートタイム。
**파트너**〔partner〕 图 パートナー。
**파:티**〔party〕 图 パーティー。¶ ~를 열다 パーティーを開ひらく。
**파:편**〔破片〕 图 破片へん、かけら、欠かけ。¶ 폭탄의 ~ 爆弾ばくだんの破片。
**파:-하다**〔罷-〕 图自他 ①(仕事しごと・行事ぎょうじなど

**파행** が)終わる、終える、終了<ruby>了<rt>りょう</rt></ruby>する。¶ 파할 시각 退ける時<ruby>刻<rt>こく</rt></ruby>/ 회합이 ~ 会合<ruby>合<rt>ごう</rt></ruby>が終わる。/ 일을 파하고 돌아가다 仕事を終えて帰<ruby>帰<rt>かえ</rt></ruby>る。

**파행**[跛行] 图 跛行<ruby>跛行<rt>はこう</rt></ruby>。¶ ~ 상태에 있다 跛行状態<ruby>状態<rt>じょうたい</rt></ruby>にある。

**파헤치다** 囲 ①(不正<ruby>不正<rt>ふせい</rt></ruby>·秘密<ruby>秘密<rt>ひみつ</rt></ruby>などを) 暴<ruby>暴<rt>あば</rt></ruby>く、明<ruby>明<rt>あき</rt></ruby>らかにする。¶ 부정을 끝까지 ~ 不正を最後<ruby>最後<rt>さいご</rt></ruby>まで暴く。 ②(中<ruby>中<rt>なか</rt></ruby>の物<ruby>物<rt>もの</rt></ruby>を)取<ruby>取<rt>と</rt></ruby>り出<ruby>出<rt>だ</rt></ruby>す、掘<ruby>掘<rt>ほ</rt></ruby>り返<ruby>返<rt>かえ</rt></ruby>す。¶ 땅을 ~ 土<ruby>土<rt>つち</rt></ruby>を掘り返す。

**파:혼**[破婚] 图 囲 破婚<ruby>破婚<rt>はこん</rt></ruby>。¶ 두 사람은 ~ 했다 二人<ruby>二人<rt>ふたり</rt></ruby>は破婚した。

**파:흥**[破興] 图 囲 囲 興<ruby>興<rt>きょう</rt></ruby>ざめ、興<ruby>興<rt>きょう</rt></ruby>ざまし。¶ 농담으로 연회가 ~ 되었다 冗談<ruby>冗談<rt>じょうだん</rt></ruby>で宴会<ruby>宴会<rt>えんかい</rt></ruby>が興ざめになった。

**팍** 副 ①《力強<ruby>力強<rt>ちからづよ</rt></ruby>く突<ruby>突<rt>つ</rt></ruby>くようす・その音<ruby>音<rt>おと</rt></ruby>》ごつん、どん、ぶすっと。¶ 주먹으로 ~ 내지르다 こぶしでごつんと突く。 ②《力<ruby>力<rt>ちから</rt></ruby>なく倒<ruby>倒<rt>たお</rt></ruby>れるようす·その音》ばったり、ばたっと。¶ 술에 취해 ~ 고꾸라지다 酒<ruby>酒<rt>さけ</rt></ruby>に酔<ruby>酔<rt>よ</rt></ruby>ってばたっと倒れる。

**팍삭** 副形囲 ①《力<ruby>力<rt>ちから</rt></ruby>なく座<ruby>座<rt>すわ</rt></ruby>り込<ruby>込<rt>こ</rt></ruby>むようす》べたりと、ぺたっと、へなへな、ぺたんと。¶ 풀 위에 ~ 주저앉다 草<ruby>草<rt>くさ</rt></ruby>の上<ruby>上<rt>うえ</rt></ruby>にぺたんと座り込む。 ②《水気<ruby>水気<rt>みずけ</rt></ruby>のない物<ruby>物<rt>もの</rt></ruby>がこわれてばらばらになるようす》ぱさぱさ(と)、ばさっ(と)。

**팍삭-팍삭** 副形囲 へなへな、かさかさ、ぱさぱさ、ばさっばさっ。

**팍-팍** 副 ①《しきりに突くか刺<ruby>刺<rt>さ</rt></ruby>すようす》ぶすぶす。¶ 화살이 ~ 꽂히다 矢<ruby>矢<rt>や</rt></ruby>がぶすぶすと刺される。 ②《力<ruby>力<rt>ちから</rt></ruby>なく倒れるようす》ばたばた。

**팍팍-하다** 形囲 ①疲<ruby>疲<rt>つか</rt></ruby>れて足<ruby>足<rt>あし</rt></ruby>が重<ruby>重<rt>おも</rt></ruby>い。 ②(食<ruby>食<rt>た</rt></ruby>べ物<ruby>物<rt>もの</rt></ruby>が喉<ruby>喉<rt>のど</rt></ruby>につかえるほど水気<ruby>水気<rt>みずけ</rt></ruby>がなく)ぱさぱさしている。

**판**¹ 图 (あることが行<ruby>行<rt>おこ</rt></ruby>なわれる)所<ruby>所<rt>ところ</rt></ruby>、場<ruby>場<rt>ば</rt></ruby>、場面<ruby>場面<rt>ばめん</rt></ruby>、現場<ruby>現場<rt>げんば</rt></ruby>、幕<ruby>幕<rt>まく</rt></ruby>、光景<ruby>光景<rt>こうけい</rt></ruby>、状況<ruby>状況<rt>じょうきょう</rt></ruby>、段<ruby>段<rt>だん</rt></ruby>。¶ 싸움~ けんかの場/ ~이 벌어지다 光景が繰り広げられる。/ 네가 나설 ~이 아니다 君<ruby>君<rt>きみ</rt></ruby>の出<ruby>出<rt>で</rt></ruby>る幕じゃない。

**판**² 依 《勝負事<ruby>勝負事<rt>しょうぶごと</rt></ruby>の回数<ruby>回数<rt>かいすう</rt></ruby>を数<ruby>数<rt>かぞ</rt></ruby>える語<ruby>語<rt>ご</rt></ruby>》度<ruby>度<rt>ど</rt></ruby>、回<ruby>回<rt>かい</rt></ruby>、局<ruby>局<rt>きょく</rt></ruby>、戦<ruby>戦<rt>せん</rt></ruby>。¶ 바둑 한 ~을 두다 碁<ruby>碁<rt>ご</rt></ruby>一局<ruby>一局<rt>いっきょく</rt></ruby>をさす。

**판**[板] 图 ①板<ruby>板<rt>いた</rt></ruby>。¶ 빨래~ 洗濯板<ruby>洗濯板<rt>せんたくばん</rt></ruby>。 ②盤<ruby>盤<rt>ばん</rt></ruby>。¶ 바둑~ 碁盤<ruby>碁盤<rt>ごばん</rt></ruby>。

**판**[版] 图 版<ruby>版<rt>はん</rt></ruby>。①印刷版<ruby>印刷版<rt>いんさつばん</rt></ruby>、活版<ruby>活版<rt>かっぱん</rt></ruby>。¶ ~을 짜다 版を組む。②本<ruby>本<rt>ほん</rt></ruby>の刊行<ruby>刊行<rt>かんこう</rt></ruby>回数<ruby>回数<rt>かいすう</rt></ruby>。¶ 초~을 발행하다 初版<ruby>初版<rt>しょはん</rt></ruby>を発行<ruby>発行<rt>はっこう</rt></ruby>する。 慣用 판에 박은 듯하다 版<ruby>版<rt>はん</rt></ruby>で押<ruby>押<rt>お</rt></ruby>したようだ、型<ruby>型<rt>かた</rt></ruby>にはめたようにどれもみな同<ruby>同<rt>おな</rt></ruby>じだ。

**판**[瓣] 图 ①花弁<ruby>花弁<rt>かべん</rt></ruby>、花<ruby>花<rt>はな</rt></ruby>びら。 ②(機械<ruby>機械<rt>きかい</rt></ruby>の)弁<ruby>弁<rt>べん</rt></ruby>、バルブ。¶ 안전~ 安全<ruby>安全<rt>あんぜん</rt></ruby>バルブ。 ③「판막」의 縮約形.

**-판**[判] 接尾 …判<ruby>判<rt>はん</rt></ruby>。¶ 명함~ 名刺判<ruby>名刺判<rt>めいしばん</rt></ruby>/ 국~ 菊判<ruby>菊判<rt>きくばん</rt></ruby>。

**판-가름** 图 囲 是非<ruby>是非<rt>ぜひ</rt></ruby>・優劣<ruby>優劣<rt>ゆうれつ</rt></ruby>を判別<ruby>判別<rt>はんべつ</rt></ruby>すること。¶ 소송 사건을 ~하다 訴訟<ruby>訴訟<rt>そしょう</rt></ruby>事件<ruby>事件<rt>じけん</rt></ruby>を判決<ruby>判決<rt>はんけつ</rt></ruby>する。

**판가름-나다** 囲 是非・優劣が決<ruby>決<rt>き</rt></ruby>まる。¶ 승부가 ~ 勝負<ruby>勝負<rt>しょうぶ</rt></ruby>がつく。

**판각**[板刻] 图 板刻<ruby>板刻<rt>はんこく</rt></ruby>。
**판각-본**[-本] 图 板本<ruby>板本<rt>はんぽん</rt></ruby>、刻本<ruby>刻本<rt>こくほん</rt></ruby>。
**판-검사**[判検事] 图 判事<ruby>判事<rt>はんじ</rt></ruby>と検事<ruby>検事<rt>けんじ</rt></ruby>。
**판결**[判決] 图 囲 判決<ruby>判決<rt>はんけつ</rt></ruby>、裁<ruby>裁<rt>さば</rt></ruby>くこと。¶ ~ 주문 判決主文<ruby>判決主文<rt>はんけつしゅぶん</rt></ruby>/ 무죄 ~을 내리다 無罪<ruby>無罪<rt>むざい</rt></ruby>判決を下<ruby>下<rt>くだ</rt></ruby>す。
**판결-문**[-文] 图 [法] 判決文<ruby>判決文<rt>はんけつぶん</rt></ruby>。
**판공**[辦公] 图 囲 公務<ruby>公務<rt>こうむ</rt></ruby>に従事<ruby>従事<rt>じゅうじ</rt></ruby>すること。
**판공-비**[-費] 图 公務<ruby>公務<rt>こうむ</rt></ruby>の処理<ruby>処理<rt>しょり</rt></ruby>に要<ruby>要<rt>よう</rt></ruby>する費用<ruby>費用<rt>ひよう</rt></ruby>。
**판관**[判官] 图 判官<ruby>判官<rt>はんがん</rt></ruby>、審判官<ruby>審判官<rt>しんぱんかん</rt></ruby>、裁判官<ruby>裁判官<rt>さいばんかん</rt></ruby>。
**판국**[-局] 图 ①(あることが起<ruby>起<rt>お</rt></ruby>こっている)局面<ruby>局面<rt>きょくめん</rt></ruby>、状態<ruby>状態<rt>じょうたい</rt></ruby>、場面<ruby>場面<rt>ばめん</rt></ruby>、場合<ruby>場合<rt>ばあい</rt></ruby>、場<ruby>場<rt>ば</rt></ruby>、時局<ruby>時局<rt>じきょく</rt></ruby>。¶ 새로운 ~으로 접어들다 新<ruby>新<rt>あたら</rt></ruby>しい局面にさしかかる。②《風水地理説<ruby>風水地理説<rt>ふうすいちりせつ</rt></ruby>で》敷地<ruby>敷地<rt>しきち</rt></ruby>・墓地<ruby>墓地<rt>ぼち</rt></ruby>の位置<ruby>位置<rt>いち</rt></ruby>や地形<ruby>地形<rt>ちけい</rt></ruby>。
**판권**[版権] 图 版権<ruby>版権<rt>はんけん</rt></ruby>。¶ ~을 획득하다 版権を獲得<ruby>獲得<rt>かくとく</rt></ruby>する。
**판권 소:유**[-所有] 图 版権所有<ruby>版権所有<rt>はんけんしょゆう</rt></ruby>。
**판권-장**[-張] 图 [版] 奥付<ruby>奥付<rt>おくつ</rt></ruby>、版権証書<ruby>版権証書<rt>はんけんしょうしょ</rt></ruby>。
**판금**[販禁] 图 「판매 금지」의 縮約形.
**판단**[判断] 图 囲 判断<ruby>判断<rt>はんだん</rt></ruby>。¶ 상황 ~ 状況<ruby>状況<rt>じょうきょう</rt></ruby>判断/ 올바른 ~을 내리다 正<ruby>正<rt>ただ</rt></ruby>しい判断を下す。
**판단-력**[-力] 图 判断力<ruby>判断力<rt>はんだんりょく</rt></ruby>。¶ ~이 무디다 判断力が鈍<ruby>鈍<rt>にぶ</rt></ruby>い。
**판도**[版図] 图 版図<ruby>版図<rt>はんと</rt></ruby>。¶ 재계의 ~ 財界<ruby>財界<rt>ざいかい</rt></ruby>の版図/ ~를 넓히다 版図を広<ruby>広<rt>ひろ</rt></ruby>げる。
**판독**[判読] 图 囲 判読<ruby>判読<rt>はんどく</rt></ruby>。¶ ~하기 어려운 암호 判読しにくい暗号<ruby>暗号<rt>あんごう</rt></ruby>。
**판-돈**[-] 图 賭博<ruby>賭博<rt>とばく</rt></ruby>の掛<ruby>掛<rt>か</rt></ruby>け金<ruby>金<rt>きん</rt></ruby>。¶ ~을 걸다 賭博の掛け金をかける。
慣用 판돈(을) 떼다 寺銭<ruby>寺銭<rt>てらせん</rt></ruby>をとる。
**판례**[判例] 图 《「판결례」의 縮約形》判例<ruby>判例<rt>はんれい</rt></ruby>。¶ ~집 判例集<ruby>判例集<rt>はんれいしゅう</rt></ruby>/ 새로운 ~를 남기다 新<ruby>新<rt>あたら</rt></ruby>しい判例を残<ruby>残<rt>のこ</rt></ruby>す。
**판례-법**[-法] 图 [法] 判例法<ruby>判例法<rt>はんれいほう</rt></ruby>。
**판로**[販路] 图 販路<ruby>販路<rt>はんろ</rt></ruby>、売<ruby>売<rt>う</rt></ruby>れくち、捌<ruby>捌<rt>さば</rt></ruby>け口<ruby>口<rt>ぐち</rt></ruby>。¶ ~를 넓히다 販路を広げる。
**판막**[瓣膜] 图 [生] 弁膜<ruby>弁膜<rt>べんまく</rt></ruby>。¶ 심장 ~ 心臓<ruby>心臓<rt>しんぞう</rt></ruby>弁膜。
**판매**[販賣] 图 囲 販売<ruby>販売<rt>はんばい</rt></ruby>。¶ ~액 販売額<ruby>販売額<rt>はんばいがく</rt></ruby>/ 통신 ~ 通信<ruby>通信<rt>つうしん</rt></ruby>販売/ ~를 촉진하다 販売を促進<ruby>促進<rt>そくしん</rt></ruby>する。
**판매 가격**[-價格] 图 販売価格<ruby>販売価格<rt>はんばいかかく</rt></ruby>。¶ 적당한 ~ 適当<ruby>適当<rt>てきとう</rt></ruby>な販売価格。 ㊟ 판매가.
**판매 금:지**[-禁止] 图 販売禁止<ruby>販売禁止<rt>はんばいきんし</rt></ruby>。 ㊟ 판금.
**판매-원**[-員] 图 販売員<ruby>販売員<rt>はんばいいん</rt></ruby>、売り子<ruby>売り子<rt>うりこ</rt></ruby>。
**판매-점**[-店] 图 販売店<ruby>販売店<rt>はんばいてん</rt></ruby>。¶ 구내 ~ 構内<ruby>構内<rt>こうない</rt></ruby>の販売店。
**판매 촉진**[-促進] 图 販売促進<ruby>販売促進<rt>はんばいそくしん</rt></ruby>。 ㊟ 판촉.
**판명**[判明] 图 囲 判明<ruby>判明<rt>はんめい</rt></ruby>。¶ 진상이 ~되다 真相<ruby>真相<rt>しんそう</rt></ruby>が判明する。
**판목**[版木] 图 版木<ruby>版木<rt>はんぎ</rt></ruby>、板木<ruby>板木<rt>いたぎ</rt></ruby>、刷<ruby>刷<rt>す</rt></ruby>り板<ruby>板<rt>いた</rt></ruby>。
**판-박이**[版-] 图 ①印刷<ruby>印刷<rt>いんさつ</rt></ruby>した本<ruby>本<rt>ほん</rt></ruby>。②瓜二<ruby>瓜二<rt>うりふた</rt></ruby>つ、そっくりのもの、型通<ruby>型通<rt>かたどお</rt></ruby>りのもの、お決<ruby>決<rt>き</rt></ruby>まり、お定<ruby>定<rt>さだ</rt></ruby>まり。¶ 얼굴이 꼭 엄마의 ~다

**顔**が母はと瓜二つだ。 ③「판박이 그림」의 縮約形。
**판박이-그림** 图 移うし絵え。
**판별**〔判別〕图他动 判別はん。¶ 시비를 ~ 하다 是非ぜを判別する。
**판본**〔板本・版本〕图 板本ほん、版本ぽん。㊨ 판각본(板刻本)
**판사**〔判事〕图 判事はん。
**판상**〔板狀〕图 板状じょう、板いたのようなもの。
**판서**〔板書〕图自他动 黒板こくばんに白墨はくで書くこと。
**판-세**〔-勢〕图(物事ごとの)成なり行ゆき、形勢けい、情勢せい。
**판-소리** 图(音) パンソリ(語かり物ものに節ふしをつけて歌うたう韓国かんの民俗芸能げいのうの一つ)。
**판시**〔判示〕图他动 判示はん。
**판연-하다**〔判然-〕形여 判然はんとしている、はっきりしている、明あきらかだ。¶ 논지가 어쩐지 판연하지 않다 論旨ろんがどうも判然としない。**판연-히** 副 判然と、明あきらかに。¶ 사실과 ~ 다르다 事実じつとは明らかに異ことなる。
**판-유리**〔板琉璃〕图 板いたガラス。
**판이-하다**〔判異-〕形여 まったく異ことなる、すっかり違ちがう。¶ 판이한 성격 まったく異なる性格かく。
**판자**〔板子〕图 ①板いた。¶ ~로 만든 상자 板で つくった箱はこ。②松まつの板。㊨ 송판
**판자-벽**〔-壁〕图 板壁いたかべ。
**판자-촌**〔-村〕图 バラックの集落しゅう。
**판잣-집** 图 バラック、板張いたばりの粗末そまつな小屋や。
**판장**〔板墻〕图(《「널판장」의 縮約形》) 板塀べい。¶ 을 둘러치다 板塀を巡めぐらす。
**판정**〔判定〕图他动 判定はん。¶ ~을 보류 하다 判定を保留ほりゅうする。/ 공정한 ~을 내 리다 公正こうな判定を下くだす。
**판정-승**〔-勝〕图 判定勝がち。¶ ~을 거두다 判定勝ちを収おさめる。
**판정-패**〔-敗〕图 判定負まけ。
**판-짜기**〔版-〕图他动 組くみ版はん。㊨ 조판(組版)
**판촉**〔販促〕图 「판매 촉진」의 縮約形。
**판-치다** 自 ①(その分野ぶんで)最もっとも抜きんでた、最も優すぐれる。②(ある分野で)幅はばを利きかせる。¶ 부정이 판치는 세상 不正ふせいが横行こうする世よの中なか。
**판판-이** 副 いつも、しょっちゅう、ことごとに。¶ ~ 거짓말만 하다 いつも嘘うそばかりつく。/ 시합에 ~ 지다 試合しあいにしょっちゅう負まける。
**판판-하다** 自他 平たいらだ、平ひらたい、平坦へいたんだ。¶ 길을 판판하게 닦다 道みちを平らにならす。**판판-히** 副 平たくく、平らに。
**판형**〔版型〕图 判型はん・はん。
**판화**〔版畫〕图(美) 版画はん。¶ ~가 版画家か/ ~를 찍다 版画を刷する。
**팔** 图 腕うで、手て。¶ ~ 다리 手足てあし/ ~씨름 腕相撲ずもう/ ~을 휘두르다 腕を振ふり回まわす。/ 친구와 ~을 끼

다 友達たちと腕を組くむ。
〔慣用〕**팔을 걷고 나서다**(腕をまくり上あげてかかるの意いで)積極的せっきょくな姿勢しせいで立たち向むかう。**팔을 걷어 붙이다** (腕をまくり上げるの意いで)取とり掛かかる。
**팔**〔八〕图 八はち、八やつ、八やっ。¶ ~ 인조 八人組はちにんぐみ/ ~ 절단 八やっ切ぎり版はん。
**팔각**〔八角〕图 八角はっ。¶ ~ 기둥 八角柱ちゅう。
**팔각-정**〔-亭〕图 八角はっのあずまや。
**팔각-형**〔-形〕图 八角形けい。
**팔-걸이** 图 ①(椅子いすなどの)ひじかけ。¶ ~ 의 자 ひじかけ椅子いす。②(相撲もうで)手てで足あしをすくいなげる技わざ。③(足あしで体からだを浮うかせ)左右ゆうの手てでかわるがわる動うごかす泳およぎ方かた。
**팔경**〔八景〕图 八景はっ。¶ 관동 ~ 関東とう八景/ ~을 두루 다니다 八景をめぐる。
**팔고**〔八苦〕图〔佛〕八苦はっ。¶ 칠난 ~ 七難なん八苦。
**팔괘**〔八卦〕图〔民〕八卦はっ。
**팔구**〔八九〕(數) 八はっと九く、八か九。¶ 십중 ~ 十中じゅっちゅう八九はっく。
**팔구-분**〔-分〕图 ①10分じゅうぶんの8ないし9。②ほとんど、大部分だいぶ。
**팔구-십**〔-十〕图 80歳じゅうか90歳じゅう。¶ ~은 되어 보이는 노인 80か90に見みえる老人じん。
**팔구-월**〔-月〕图 8月はつか9月がつ、8月と9月。
**팔-꿈치** 图 ひじ。¶ ~로 밀어 제치다 ひじで押おしのける。
**팔-난봉** 图 放蕩者ほうとう、ならず者もの。
**팔다** 他 ①売うる、販売はんする、売却ばいきゃくする。¶ 싸게 ~ 安やすく売る。② 目めをそらす、気きを取とられる。¶ 한눈도 팔지 않고 일하다 わき目もふらず働はたらく。③(穀物こくを)買かう。¶ 쌀을 팔러 가다 米こめを買いに行いく。④(名前まえなどを)かたる、名なを借かりる。¶ 친구의 이름을 ~ 友達たちの名をかたる。⑤(利りを求もとめて)裏切ぎる、売うる、売わたす。¶ 나라를 판 역적 国くにを売った逆賊ぎゃく/ 양심을 ~ 良心しんを売る。⑥(体からだを売る、売春ばいしゅんする。¶ 몸 파는 여자 身みを売る女おんな。⑦(代金きんを受うけ取とって)労働力りょうどうりょくを提供ていきょうする。¶ 삯품을 ~ 賃金ちんを得える。
**팔-다리** 图 手足てあし、腕うでと脚あし。
**팔다리-뼈** 图 手足てあしの骨ほね。
**팔달**〔八達〕图 八達はっ。¶(道路どうが)八方はっに通つうじること。¶ 사통 ~ 四通しつう八達。② (物事ごとに)通つうじていること、精通つうしていること。
**팔도**〔八道〕图 ①朝鮮時代ちょうせんじだいの行政区域ぎょうせい(京畿キョンギ・忠清チュンチョン・慶尚キョンサン・全羅チョルラ・江原カンウォン・黄海ファン・平安ピョンアン・咸鏡ハムギョンの八道どう)。②全国ぜんこく、全土ぜんど、全国土ぜんこくど。¶ ~ 명산 全国の名山さん。
**팔도-강산**〔-江山〕图 全国の山河さんが。
**팔-등신**〔八等身〕图 八頭身とうしん、八等身とうしん。¶ 미인 八頭身の美人びん。
**팔딱** 副(小ちいさくはずみをつけて跳はねあがるようす》 ぴょんと、ぱっと。¶ 개구리가 ~ 뛰

팔뚝

다 カエルがぴょんとと跳とぶ。㊀ 펄떡
**팔딱-거리다** 自他 ぴょんぴょん〔ぱっぱっ〕と跳はねあがる。
**팔딱-팔딱** 副(하)自 ぴょんぴょん, ぱっぱっ。
**팔뚝** 图 腕うで, 小手こて, 前腕ぜん。
**팔뚝 시계**〔-時計〕图 腕時計うでどけい。
**팔락** 副《風かぜになびくようすやまたその音おと》ひらひら, はたはた。㊀ 펄럭
**팔락-거리다** 自他 ひらひら〔はたはた〕する。¶ 깃발이 바람에 ~ 旗はたが風かぜにはためく。
**팔락-팔락** 副(하)自 ひらひら, はたはた。
**팔랑** 副 ①《小ちいさいものが風かぜになびくようす》ひらひら, ひらっと, ぱたぱた。¶ 낙엽이 떨어지다 落おち葉はがひらひらと散ちる。②《軽率けいそつに動うごく回まわるようす》ちょろちょろ。㊀ 펄렁
**팔랑-거리다** 自他 ひらひらする。
**팔랑-팔랑** 副(하)自 ひらひら, ぱたぱた。
**팔랑-개비** 图 ①風車かざぐるま。②おっちょこちょい, 落おち着つきのない人ひと。
**팔리다** 自 ①売うれる。¶ 날개가 돋친듯 잘 ~ 羽はが生はえたように売れる。/ 돈에 팔려 가다 金かねで売られて行ゆく。②気きをうばわれる。¶ 노는 데 정신이 ~ 遊あそびに気をうばわれる。
**팔림-새** 图 売うれ行ゆき。¶ ~가 좋다 売れ行ゆきがよい。
**팔매** 图《小石こいしなどを》腕うでを振ふり回まわして遠とおくへ投なげること, つぶて。¶ 돌 ~ 石投いしなげ。
**팔매-질** 图(하)自 石いしなどを遠とおくへ投なげること, つぶてを打うつこと。
**팔매-치기** 图 石投いしなげ遊あそび。
**팔면**〔八面〕图 八面はちめん。¶ ~고 八面の鼓つづみ。
**팔면-육비**〔-六臂〕图 八面六臂はちめんろっぴ。¶ ~의 활약 八面六臂の活躍かつやく。
**팔면-체**〔-體〕图(数) 八面体はちめんたい。
**팔-모**〔八-〕图 八角はっかく。¶ 기둥 八角柱はっかくちゅう。
**팔모-살**〔-(建)〕图 八角はっかくの窓格子まどごうし。
**팔모 지붕**〔(建)〕图 八角はっかくの屋根やね。
**팔목** 图 手首てくび。¶ 상대방의 ~을 비틀다 相手あいての手首をひねる。
**팔목 시계**〔-時計〕图 腕時計うでどけい。
**팔방**〔八方〕图 八方はっぽう。¶ 사방 ~으로 헤매어 다니다 四方しほう八方を流ながれ歩あるく。
**팔방-미인**〔-美人〕图 八方美人はっぽうびじん。
**팔-베개** 图 手枕てまくら, ひじまくら。¶ ~를 하고 낮잠을 자다 ひじまくらで昼寝ひるねをする。
**팔분 쉼:표**〔八分-標〕图(音) 八分はちぶ休止符きゅうしふ。
**팔분 음표**〔八分音標〕图(音) 八分はちぶの音符おんぷ。
**팔-불용**〔八不用〕图 愚おろか者もの, ばか者, 役立やくたず。⑪ 팔불출
**팔-불출**〔八不出〕图 ⇨ 팔불용(八不用)
**팔삭**〔八朔〕图 八朔はっさく, 陰暦いんれき8月がつ1日ついたち。
**팔삭-둥이** 图 ①8はっか月げつ足たらずで生うまれた子こ。②間抜まぬけ, とんま。
**팔순**〔八旬〕图 80歳さい, 八十やそ。¶ ~ 노인 80歳の老人ろうじん。/ ~을 바라보다 八十はちじゅうに手てが届とく。

**팔심** 图 腕力わんりょく。¶ ~이 세다 腕力が強つよい。
**팔십**〔八十·八拾〕数 ①八十はちじゅう。¶ 인생 ~년 人生じんせい80年ねん。②《名詞的めいしてきに》80歳はっそさい。
**팔싹** 副 ①《煙けむり·ほこりが立たつようす》ぱっと。¶ 흙먼지가 ~ 일어나다 土つちぼこりがぱっと立つ。②《急きゅうに力ちからなく座すわり込こむようす》ぺたり。¶ 땅바닥에 ~ 주저앉다 地じべたにぺたりと座り込む。㊀ 펄썩
**팔싹-팔싹** 副(하)自 ぱっぱっと, ぺたりぺたりと。
**팔-씨름** 图 腕相撲うでずもう。
**팔아-먹다** 他(俗) ①売うる, 売り払はらう, 売り渡わす, 売り込こむ, 売り飛とばす。¶ 정보를 ~ 情報じょうほうを売り込む。/ 가짜를 ~ にせ物ものを売り付つける。②売う里り食ぐいする。¶ 팔아먹는 생활이 계속되다 売り食いの生活せいかつが続つづく。③《穀物こくもつを》買かって食くう。
**팔월**〔八月〕图 八月はちがつ。
**-팔이**〔接尾〕-売うり。¶ 신문~ 新聞しんぶん売り / 껌 ~ ガム売り。
**팔자**〔八字〕图 ①《人ひとのもって生うまれた》運うん, 運命めい, 星回ほしまわり, 運勢うんせい。¶ 타고난 ~ もって生まれた運命 / ~가 좋다 星回りがよい。②《漢字かんじの》八はちの字じ。
慣用 **팔자(가) 늘어지다** 運うんの巡めぐり合あわせがよい, 結構けっこうな身分みぶんである。**팔자(도) 세다** 数奇すうきな運命うんめいを背負せおっている, もって生まれた星回ほしまわりが悪わるい。**팔자(를) 고치다** ①《女性じょせいが》再婚さいこんする。②貧まずしかった者ものの生活せいかつが豊ゆたかになる, 成なり上あがる。**팔자에 없다** 身みにあまる幸運こううんに恵めぐまれる。
**팔자-걸음** 图《"여덟팔자 걸음"의 縮約形》外股またあるき, 外輪そとわ歩あるき。
**팔자-타령**〔-打令〕图 数奇すうきな運命うんめいを嘆なげくこと。
**팔짝** 副 ①《戸と·窓まどを急きゅうに開あけるようす》さっと, ぱっと。¶ 문을 ~ 열다 戸をさっとあける。②《軽かるく跳とびあがって飛とぶようす》ぴょんと, ぽんと。¶ 도랑을 ~ 뛰어넘다 溝みぞをぴょんと跳とび越こえる。㊀ 펄쩍
**팔짝-거리다** 自他 ①《門もんなどが》しきりにぱっぱっと開閉かいへいする。②続つづけざまにぴょんと飛とびあがる。
**팔짝-뛰다** 自 ①《無実むじつの言いいがかりなどを受うけて》強つよく否認ひにんする, 滅相めっそうもないと飛とびあがる。②《思おもいがけないうれしさで》飛とび上あがる。㊀ 펄쩍 뛰다
**팔짝-팔짝** 副(하)自他 ①ぱっぱっと, さっさっと。②ぴょんぴょんと。
**팔짱** 图 腕組うでぐみ。
慣用 **팔짱(을) 끼다** 腕組みをする, 腕を組くむ, 手てをこまねく。¶ 팔짱을 낀 채 보고만 있다 手をこまねいたまま見みている。**팔짱(을) 지르다** 手をこまねく。
**팔찌** 图 ①《"팔가락지"의 縮約形》腕輪うでわ。②弓籠手ゆごて, たまき。
**팔촌**〔八寸〕图 ①八寸はっすん。②八等親はっとうしん。
**팔팔** 副 ①《少量しょうりょうの水みずがたぎるようす》ぐら

ぐら。¶ 물을 ~ 끓이다 湯をぐらぐら沸かす。②《小さなものが勢いよく飛び上がるようす》ぴょんぴょん。¶ 새가 ~ 난다 小鳥がぴょんぴょん飛ぶ。③《体・オンドルなどがとても熱いようす》かっかと。¶ 온돌방이 ~ 끓는다 オンドル部屋がすごく熱い。[큰] 펄펄

**팔팔-뛰다** [自] (無実の罪をきせられてとんでもないと)強く否定する。¶ 그런 말을 한 적이 없다고 팔팔 뛰었다 そんなことを言ってないと強く否定した。[큰] 펄펄 뛰다

**팔팔-하다** [形여] ①せっかちだ、短気である。¶ 팔팔한 성격 せっかちな性格。②生き生きしている、ぴんぴんしている。¶ 나이에 비하면 아직 팔팔한 편이다 年に比べればまだぴんぴんとしているほうだ。

**팔푼-이**〔八-〕[名] 出来損ない、間抜け、とんま。

**팜플렛**〔pamphlet〕[名] パンフレット。

**팝-송**〔←popular song〕[名] ポップソング。

**팝-콘:**〔popcorn〕[名] ポップコーン。

**팡** [副] ①《破裂したり跳ねたりする音》ぱあん、ぱん、ぽん。¶ 풍선이 ~ 터지다 風船がぱんと破裂する。②《小さな穴が開いているようす》ぽこっ、ぽつん。¶ 양말에 구멍이 ~ 뚫려 있다 靴下に穴がぽこっとあいている。[큰] 펑

**팡파짐-하다** [形여] 平べったく広い。¶ 팡파짐한 엉덩이 平べったく広い尻。

**팡-팡** [副][하自] ①《水などが勢いよく流れ出たり ほとばしるようす》ざあざあ、どくどく、こんこん。¶ 시원한 샘물이 ~ 솟다 冷たい泉の水がこんこんとわく。②《雪が勢いよくたくさん降るようす》こんこん、どんどん。③《しきりに鳴る鋭い銃声》ぽんぽん、ぱんぱん。[큰] 펑펑

**팡팡-거리다** [自] ①ぽちゃんぽちゃんと落ちる。②気前よく金をやたらに使う、ぱっぱっと使う。[큰] 펑펑거리다

**팥** [名][植] 小豆。¶ ~꼬투리 小豆の莢/ ~빙수 氷あずき。

**팥-가루** [名] 小豆を煮てつくった粉。

**팥-고물** [名] (餅にまぶすための)小豆のさらしあん。¶ ~을 묻히다 小豆のさらしあんをまぶす。

**팥-단자**〔-團子〕[名] あずき団子。

**팥-떡** [名] あずきもち。

**팥-밥** [名] 赤飯、あずき飯。

**팥-소** [名] 小豆あん、あんこ。¶ ~를 넣은 떡 餡餅/ ~를 개다 小豆あんを練る。

**팥-죽**〔-粥〕[名] あずき粥。

**패**[1]〔牌〕[名] 牌、札。¶ 문~ 門札/ 붉은 ~ 赤札。

**패**[2]〔牌〕[名] 仲間、組、輩、連中、ともがら、徒党。¶ 젊은 ~들 若い連中/ ~를 짓다 群れを組む。/ 두 ~로 가르다 二組に分ける。

**패:**〔覇〕[名] (囲碁の)劫。¶ ~가 나다 劫になる。/ ~를 쓰다 劫にする。

**패:가**〔敗家〕[名][하自] 身代をつぶすこと、破産すること。

**패:가 망신**〔-亡身〕[名][하自] 身代をつぶし身を滅ぼすこと。

**패:각**〔貝殼〕[名] 貝殻。[유] 조가비

**패-거리**〔牌-〕[名][俗] 輩、連中、徒党。¶ ~를 짓다 徒党を組む。

**패:검**〔佩劍〕[名][하自] 佩剣、帯剣、差し料。

**패:관**〔稗官〕[名] 稗官。¶ ~ 소설 稗官小説。

**패:관 문학**〔-文學〕[名][文] 稗官文学。

**패:군**〔敗軍〕[名] 敗軍。

**패:군지-장**〔-之將〕[名] 敗軍の将。¶ ~은 말이 없다 敗軍の将は語らず。

**패:권**〔覇權〕[名] 覇権。¶ ~을 쥐다 覇権を握る。

**패:기**〔覇氣〕[名] 覇気、意気込み。¶ ~가 없다 覇気に欠ける。

**패:기-만만**〔-滿滿〕[名][하形] 覇気満々、覇気が満ち満ちていること。¶ ~한 청년 覇気満々の青年。

**패다**[1] [自] (穀物の)穂が出る。¶ 벼 이삭이 ~ 稲の穂が出る。

**패:다**[2] [自] 《「파다」の受動》掘られる、掘れる、くぼむ。¶ 빗물에 땅이 ~ 雨水まで地面が掘られる。/ 볼에 팬 보조개 頰にくぼんだえくぼ。

**패:다**[3] [自] (ひどく)殴る、ぶん殴る、殴りつける、たたく。¶ 사람을 마구 ~ 人をむちゃくちゃに殴る。

**패:다**[4] [自] (斧などで)割る、たたき割る、たたき切る。¶ 장작을 ~ 薪を割る。

**패:다**[5] [自] 《「파다」の使役》掘らせる。¶ 인부에게 땅을 ~ 人夫に地面を掘らせる。

**패:담**〔悖談〕[名][하自] 道理にはずれたことば。

**패:덕**〔悖德〕[名] 悖徳、背徳。¶ ~자 背徳者。

**패:도**〔佩刀〕[名] 佩刀、帯刀、佩剣。

**패랭이** [名] ①(むかし卑賤な者などがかぶった)細割りの竹で編んだ笠。②「패랭이꽃」の縮約形。

**패랭이-꽃** [名][植] セキチク、ナデシコ。

**패:류**〔貝類〕[名][動] 貝類。

**패:륜**〔悖倫〕[名][하形] 破倫。

**패:륜-아**〔-兒〕[名] 人倫に背いた行ないをする者。

**패:망**〔敗亡〕[名][하自] 敗亡。

**패:멸**〔敗滅〕[名][하自] 敗滅。¶ 적은 ~했다 敵は敗滅した。

**패:물**〔佩物〕[名] ①装身具。② ⇨ 노리개

**패:배**〔敗北〕[名][하自] 敗北。¶ ~주의 敗北主義/ 예선에서 ~하다 予選で敗北する。

**패:병**〔敗兵〕[名] 敗兵。

**패:보**〔敗報〕[名] 敗報。¶ ~가 들어오다 敗報が届く。

**패:사**〔敗死〕[名][하自] 敗死。

**패:색**〔敗色〕[名] 敗色。¶ ~이 완연하다 敗色があらわだ。

패:설 *관용* 패색이 짙다 敗色が濃い。
패:설[悖說] *名* 道理に合わない話。
패션[fashion] *名* ファッション。¶ ～ 모델 ファッションモデル。
패션 쇼:[-show] *名* ファッションショー。
패:소[敗訴] *名하자동* 敗訴。¶ 원고의 ～가 되다 原告の敗訴となる。
패스[pass] *名* パス。①定期券、通行証、入場券。無料乗車券。②「パスポート」の縮約形。③*하자타* 合格、通過。¶ 시험에 ～하다 試験にパスする。④*하자타*（球技で）ボールを味方の者に送ること。¶ ～ 볼 パスボール。⑤*하자타*（トランプで）自分の番を飛ばすこと。
패스-포:트[passport] *名* パスポート、旅券。= 패스
패-싸움[牌-] *名* 徒党を組んでするけんか。¶ ～을 벌이다 徒党を組んでけんかをする。
패:악[悖惡] *名하형* 道理に外れて凶悪なこと。
패:업[霸業] *名* 覇業。¶ ～을 이루다 覇業を遂げる。
패:역[悖逆] *名하형* 悖逆。
패:역 무도[-無道] *名하형* 悖逆無道、悪逆無道。
패:왕[霸王] *名* 覇王。
패:용[佩用] *名하타* 佩用、着用。¶ 기장을 ～하다 記章を佩用する。
패:인[敗因] *名* 敗因。¶ ～을 분석하다 敗因を分析する。
패:자[敗者] *名* 敗者。¶ ～전 敗者戦。
패:자[霸者] *名* 覇者。¶ 전국 시대의 ～ 戦国時代の覇者。
패:잔[敗殘] *名* 敗残。
패:잔-병[-兵] *名* 敗残兵。¶ ～을 소탕하다 敗残兵を掃蕩する。
패-잡다 *自*（賭場で）親になる。
패:장[敗將] *名*（「패군지장(敗軍之將)」の縮約形）敗将。
패:적[敗敵] *名* 敗敵。¶ ～을 쫓다 敗敵を追う。
패:전[敗戰] *名하자* 敗戦。¶ ～국 敗戦国。
패:전 투수[-投手] *名*[野] 敗戦投手。
패:주[敗走] *名하자* 敗走。¶ ～하는 적을 추격하다 敗走する敵を追撃する。
패:착[敗着] *名하자* 敗着。¶ 그 점이 ～이었다 その点が敗着だった。
패:총[貝塚] *名*[考古] 貝塚。
패키지[package] *名* パッケージ。¶ ～ 여행 パッケージツアー。 ～ 소포 小包。
패턴[pattern] *名* パターン、パタン。¶ 행동의 ～ 行動のパタン。
패:퇴[敗退] *名하자* 敗退。¶ 결승전에서 ～하다 決勝戦で敗退する。
패:퇴[敗頹] *名* 廃退、廃頹。
패트런[patron] *名* パトロン。¶ 돈많은 ～ 金持ちのパトロン。
패트롤[patrol] *名하자* パトロール。¶ ～ 카 パトロールカー。

패:-하다 *自타* ①敗れる、負ける。¶ 아깝게도 패하고 말았다 惜しくも敗れてしまった。②破産する、身代をつぶす、亡ぼす。¶ 노름으로 집안이 ～ 博打で身代がつぶれる。③やつれる、やせ衰える。
패:-혈증[敗血症] *名*[醫] 敗血症。
팩 *副* ①（小柄な体がもろく倒れるようす）ばたり、ばったり、ころり。¶ ～ 쓰러지다 ばったりと倒れる。②（細いなわ・ひもがもろく切れるようす）ぶつり、ぶつっ、ぶつっ。¶ 끈이 약해서 ～ 끊어졌다 ひもが弱くてぶつっと切れた。= 픽
팩스[fax] *名*（「팩시밀리」の縮約形）ファックス。
팩시밀리[facsimile] *名* ファクシミリ。= 팩스
팩-팩 *副하자* ①（小柄のものが続けざまにもろく倒れるようす）ばたばた。②（細いなわ・ひもがもろく切れるようす）ぶつんぶつん。③（小さい体でで負けまいと飛び掛かるようす）ぐいぐい、ずけずけ。
팬¹[fan] *名* ファン、送風機。¶ ～이 돌고 있다 ファンが回っている。
팬²[fan] *名* ファン。¶ ～ 레터 ファンレター/ 영화 ～ 映画ファン。
팬[pan] *名* パン、手なべ、平なべ。¶ 프라이 ～ フライパン。
팬둥-거리다 *自* 怠けてばかりいる、何もせずぶらぶらしている。
팬둥-팬둥 *副하자*（怠けてばかりいるようす）ぶらぶらと、ぶらぶり、ごろごろ。
팬들-거리다 *自*（することがなく）ぶらぶらする、怠けてばかりいる。
팬들-팬들 *副하자* ぶらぶら、ごろごろ。
팬츠[pants] *名* パンツ、ズボン。¶ 트레이닝 ～ トレーニングパンツ。②猿股。¶ ～를 입다 パンツを穿く。
팬티[panties] *名* パンティー。¶ ～ 스타킹 パンティーストッキング。
팻-말[牌-] *名* 立て札、高札、板札。¶ ～을 세우다 立て札を立てる。
팽 *副* ①（素早く一回転するようす）くるっと、くるくる。②（急に目がまいがするようす）くらっ。③（急に目頭が熱っくなるようす）じいんと。¶ 눈물이 ～ 돈다 目頭がじいんと熱くなる。
팽개-치다 *他* ①ほうり出す、投げすてる。¶ 가방을 ～ かばんをほうり出す。②（仕事などを中途で）投げやる、ほうる、ほうっておく、ほったらかす。¶ 일을 팽개쳐 두고 놀고 있다 仕事をほうっておいて遊んでいる。
팽그르르 *副* ①（小さいものが滑らかに一回しまわるようす）くるっと、くるりと。¶ ～ 돌다 ぐるっと回る。②（突然空気が遠とくなるようす）くらっ。③（急に涙ぐむようす）じいんと。= 핑그르르
팽글 *副* くるっと、ぐるっと。= 핑글
팽글-팽글 *副*（つづけざまに滑らかに回るよう

**팽대**(膨大) 名[하]自 膨大。¶ ~한 예산 膨大な予算。

**팽만**(膨滿) 名[하]形 ①膨満。②飽満。

**팽배**(澎湃・彭湃) 名[하]自 澎湃。¶ 반대 여론이 ~하다 反対の世論が澎湃する。

**팽이** 名 独楽。¶ ~를 돌리다 こまを回す。

**팽이-채** 名 独楽を打つむち、独楽を打ってまわすひも。

**팽이-치기** 名[하]自 独楽回まし、独楽をひもで打って回すこと。

**팽창**(膨脹) 名[하]自[되] 膨張、膨脹。¶ 인구의 ~ 人口の膨張/ 예산이 ~하다 予算が膨張する。

**팽창 계:수**(-係數) 名[物] 膨張係数。

**팽창-률**(-率) 名[物] 膨張率。

**팽팽** 副 ①(早빨리 回돌り続けるようす) くるくる、ぐるぐる。¶ 팽이가 ~ 돌다 こまがくるくる回る。②(目まいがするようす) くらくら、ぐらぐら。¶ 현기증으로 머리가 ~ 돈다 目まいで頭がくらくらする。

**팽팽-하다** 形여 ①ぴんと張っている。¶ 연줄이 ~ たこ糸がぴんと張っている。②(両側双方の勢力同士が)釣り合っている。¶ 五分五分だ、伯仲ほくはしている。¶ 실력은 서로 ~ 実力は互いに五分五分だ。③(性質が)偏狭へんだ、けちくさい。¶ 팽팽한 성격 偏狭な性格。④(過不足なく)ぎりぎりだ、きゅうきゅうだ、きちきちだ。¶ 옷이 ~ 服がきつい。**팽팽-히** 副 ぴんと、きりきりに、張り切って。

**팽팽-하다**(膨膨-) 形여 膨脹ぼうしている、膨れ上がっている、腫れている。**팽팽-히** 副 膨脹して、膨れて、腫れて。¶ ~ 부어오른 얼굴 ぱんぱんに膨れた顔か。

**팽-하다**(烹-) 他[史] (罪人などを)煮殺しの刑に処しょする。

**퍅** 副 ((かよわい体がへたばって倒されるようす)) ばたっと、ばたっと。

**퍅성**(愎性) 名 偏屈で怒りっぽい性質。

**퍼-내다** 他 汲み取る、汲み上げる、汲み出す、すくい出す。¶ 뱃바닥의 물을 ~ 船底の水を汲み出す。

**퍼:니** 副 ((なすことなくぶらぶら遊んでいるようす)) ぶらぶら、ごろごろ。¶ ~ 놀며 지내다 ぶらぶら遊び暮らす。㊂ 파니

**퍼덕-거리다** 自 ①(鳥の羽などが)しきりにばたばたする。②(魚が)しきりにぴちゃぴちゃ跳ねる。¶ 물고기가 ~ 魚がぴちぴち跳ねる。

**퍼덕-퍼덕** 副[하]自他 ばたばた、ぴちぱち。

**퍼드덕** 副 ①(鳥가 大きく羽ばたきする音) ばたばた、ばさばさ。②(魚などが激しく跳ねる音) ばしゃぱしゃ、ぴちゃぴちゃ。㊂ 파드닥

**퍼드덕-거리다** 他 しきりにばたばた(ぴちぴ

ち)する。

**퍼드덕-퍼드덕** 副[하]自他 ばたばた、ばたばた、ぴちゃぴちゃ。

**퍼-뜨리다** 他 広める。①言いふらす、まき散らす。¶ 나쁜 소문을 ~ 悪いうわさを立てる。②普及させる。¶ 전통 문화를 ~ 伝統の文化を広める。

**퍼뜩** 副 ①((ふと思い出したり思い浮かんだりするようす)) はっと、はたと、とっさに、ふっと、ふと。¶ ~ 정신이 들다 はっと気がつく。/ 좋은 생각이 ~ 떠올랐다 いい考えがとっさに思い浮かんだ。②((素早く片付けるようす)) さっと、さっさと。¶ 일을 ~ 끝내고 나갔다 仕事をさっと終えて出かけた。

**퍼뜩-퍼뜩** 副 ((続けてはっとするようす)) とっさに、さっさと。

**퍼렁** 名冠 ①青い色、青。¶ ~ 과일 青い果物。②青色の染料。㊂ 파랑

**퍼렁이** 名 青色のもの。

**퍼:렇다** 形ㅎ 青い、やや濃いめに青い、青々しい。¶ 매실은 아직 ~ 梅の実はまだ青い。/ 퍼렇게 멍이 들었다 青くあざがついた。㊂ 파랗다

**퍼레이드**[parade] 名 パレード。¶ ~를 벌이다 パレードをくりひろげる。

**퍼르르** 副[하]自 ①(小刻みに震えるようす) ばたばた、ぶるぶる。②(かなり多량い水分が急に沸き立つようす) ぐらぐら、くらくら、ぶくぶく。¶ 물이 ~ 끓고 있다 湯がぐらぐら沸き立っている。③(癇癪を起こすようす) かっと、わなわな。¶ 그 정도로 ~ 할 필요는 없다 それほどにかっとする必要はない。④(痙攣を起こすように震えるようす) ぶるぶる、がたがた。¶ 분에 못 이겨 몸을 ~ 떨다 怒りからだをぶるぶる震わせる。⑤(薄く軽いものが燃え上がるようす) めらめら。㊂ 파르르

**퍼:머넌트**[permanent] 名 パーマネント。

**퍼:머넌트 웨이브**[-wave] 名 パーマネントウエーブ、パーマ。

**퍼-먹다** 他 ①(ご飯などを) すくって食べる。¶ 밥을 숟가락으로 ~ ご飯をスプーンですくって食べる。②やたらに多く食べる、がつがつ食う。¶ 그렇게 마구 퍼먹다가는 배탈이 난다 そうやたらにかき込んでは腹をこわすよ。

**퍼-붓다** 他ㅅ ①(雨・雪などが) 降り注ぐ、激しく降る。¶ 비가 억수같이 ~ 雨がざあざあ降り注ぐ。②(暴言・非難などを)浴びせる、浴びせかける。¶ 욕을 마구 ~ 容赦ようなく悪口を浴びせる。

**퍼블릭**[public] 名 パブリック。¶ ~ 스쿨 パブリックスクール。

**퍼석-하다** 形여 (乾いたものが)もろい、ぱさぱさしてこわれやすい、かさかさしている。¶ 가뭄으로 흙이 ~ 日照りで土が乾き切っている。㊂ 파삭하다

**퍼석-퍼석** 副하形 ばさばさ、かさかさ、もろく。¶ 이 빵은 ~해서 맛이 없다 このパンはばさばさしておいしくない。
**퍼:센트** [percent] 依 パーセント。¶ 십 ~ 증가 10パーセントの増加。
**퍼:센티지** [percentage] 名 パーセンテージ、百分率。
**퍼:스널 컴퓨:터** [personal computer] 名 パーソナルコンピューター、パソコン。
**퍼:스트** [first] 名 ファースト。¶ ~ 레이디 ファーストレディー。
**퍼:스트 베이스** [-base] 名野 ファーストベース、一塁。
**퍼슬-퍼슬** 副하形 《粉などの塊が水気がなくなりもろく砕けやすいようす》ぽろぽろ。
**퍼지다** 自 ①(先きの方が)広がる、広くなる、張る。¶ 넓게 퍼진 치마 すそが広がったスカート。②(思想・うわさなどが)広がる、広まる、行き渡る、知れわたる、はやる。¶ 나쁜 소문이 ~ 悪いうわさが広まる。③(酒・毒などが)利きく、回る。¶ 술 기운이 빨리 ~ 酒の回りが早い。④増える、栄える、繁殖する、繁盛する。¶ 자손이 ~ 子孫が繁栄する。⑤(ご飯粒などが)軟らかくなって膨れる、蒸れる、よく煮える。¶ 밥이 잘 퍼졌다 ご飯がよく蒸れている。⑥(体が)ぐったりする、のびる、(麺類が)のびる。
**퍽**¹ 副 とても、すごく、非常に、大変、たいそう、たいへんだ。¶ ~ 덥다 とても暑い。/ ~ 어렵다 非常にむずかしい。/ ~ 재미있다 すごく面白い。
**퍽**² 副 ①《強く突き刺すようす・その音》ぶすっ、ぶすり、ぽかっと。¶ 단도로 ~ 찌르다 短刀でぶすっと刺す。②《もろく倒れるようす・その音》ばったっと、ばたりと、ばったり。¶ ~ 쓰러지다 ばったり倒れる。③《ぬかるみに深くはまり込むようす・その音》ずぽっと、ずぶっと。24 팍
**퍽석** 副하形 ①《力なく座り込むようす・その音》へたっ、ぺたり、へなっ。¶ ~ 주저앉다 ぺたりと座り込む。②《かさばったものがもろく崩れたり砕けるようす・その音》ばさっ、どさっ。¶ 흙담이 ~ 무너졌다 土塀がばさっと崩れた。24 팍삭
**퍽석-퍽석** 副하形 ①へなへなと、ぺたりぺたりと。②ばさばさっと、どさっどさっと。
**퍽신-하다** 形여 ばさばさしている、ふわふわしている。24 팍신하다
**퍽신-퍽신** 副하形 ばさばさと、ふわふわに。
**퍽-퍽** 副 ①《何度も突いたり殴ったりするようす》ぶすっぶすっ、ぽかっぽかっ。¶ 송곳으로 ~ 찌르다 きりでぶすっぶすっと刺す。②《次々に倒れるようす》ばたばた、ばたっばたっ。¶ 총에 맞아 ~ 쓰러지다 銃弾にあたってばたばたと倒れる。③《ぬかるみなどに深くはまり込むようす》ず

ぼっずぼっと。¶ 눈 속에 발이 ~ 빠지다 雪の中に足がずぼっずぼっとはまる。
**퍽퍽-하다** 形여 ①(疲れて足が)だるい。②(食べ物が水気が足りなくて)非常にかさかさしている。24 팍팍하다
**펀둥-거리다** 自 何もせずに怠けてばかりいる、ぶらぶらする。
**펀둥-펀둥** 副하自 ぶらぶら、ごろごろ。
**펀들-거리다** 自 ぬくぬくと怠けてばかりいる。
**펀들-펀들** 副하自 ぶらぶら、のらくら。
**펀치** [punch] 名 パンチ。¶ ~ 카드 パンチカード/ ~ 를 얻어맞다 パンチを食らう。
**펀치-기** [-機] 名 パンチ機、パンチャー。
**편편-하다** 形여 平ったい、平らだ、平らべった、平坦だ。¶ 편편한 들판 平坦な野原。
**편편-히** 副 平らべったく、平たく。
**편-하다** 形여 平らで広々としている。편-히 副 平らたくひろがる。
**펄** 名 ①「개펄」の縮約形) 潟。②野原の、平原。
**펄떡** ①《力を入れて軽く跳ぶようす》ぽんと、ぴょんと。¶ 도랑을 ~ 뛰어넘다 溝をぴょんと跳び越える。②《脈などが激しく打つようす》どきどきと、どきっと。24 팔딱
**펄떡-거리다** 自 ①ぽんぽんと跳ぶ。②(脈が)どきっどきっと打つ。
**펄떡-펄떡** 副하自 ①ぴょんぴょん、ぴんぴん。¶ 물고기가 ~ 뛰다 魚がぴんぴんと跳ねる。②どきっどきっと。
**펄럭** 副《風になびくようす・その音》ばたばた、ぱたぱた、ひらひら。24 팔락
**펄럭-거리다** 自 《風になびいて》ばたばた〔ぱたぱた〕翻る、はためく。¶ 옷자락이 바람에 ~ 着物のすそが風にひらめく。
**펄럭-펄럭** 副하自 はたはた、ひらひら。¶ 깃발이 ~ 나부끼다 旗がはたはたとなびく。
**펄렁** 副하自《旗などが風にひるがえるようす・その音》ひらひら、ひらっと、はたはた。
**펄렁-거리다** 自 ひらひらする。
**펄렁-펄렁** 副하自 ひらひらと、はたはた。
**펄썩** 副 ①《煙・ほこりが急に立つようす》ぱっと。¶ 먼지가 ~ 일다 ほこりがぱっと立つ。②《力なく座るようす》へなへなと、へたっと、ぺたっと。¶ 피곤해서 땅바닥에 ~ 주저앉았다 疲れて地面にぺたっと座り込んだ。24 팔싹
**펄썩-펄썩** 副하自 ぱっぱっと、へなへなと。
**펄쩍** 副 ①《急に跳んだり跳び上がるようす》ぱっと、ぴょんと、さっと。②《戸・蓋などを急に開け放すようす》ぱっと、さっと。24 팔짝
**펄쩍-거리다** 自他 しきりにぱっと跳び上がる。②戸などをさっさっと開け放す。
**펄쩍-뛰다** 自 ①(無実などとがめを受けたりして)とんでもない主張をする。②(思いがけないことに)跳び上がる、ぴょんと跳ぶ。¶ 펄쩍뛰며 좋아하다 跳び上がって喜ぶ。
**펄쩍-펄쩍** 副하自 ぱっぱっと、さっさっと。

펄펄 ①《多量の水がしきりにたぎるようす》ぐらぐら。¶ 물이 ~ 끓는다 湯がぐらぐらと沸いて返る。②《体が熱っぽいようす》かっか。¶ 고열로 몸이 ~ 끓다 高熱で体があつかってほてる。③《鳥・魚などが飛んだり力强く跳ねるようす》すいすい、ひらひら、ぴちゃぴちゃ。¶ 뛰는 싱싱한 생선 ぴちゃぴちゃ跳ねる生きのいい魚。④《旗・雪などが風に勢いよくひるがえるようす》はたはた、ひらひら。¶ 깃발이 바람에 ~ 휘날리고 있다 旗が風にはたはたとひるがえっている。㉔ 팔팔

펄펄-뛰다 自 ①(無実じゃなっとがめなどを受けて)とんでもないと强く否定しこする。②《思いがけないことに》跳とび上がる。(うれしくて)ぴょんと跳とぶ。

펌프(pump) 名 ポンプ。¶ ~ 우물 ポンプ井戶/~로 퍼 올리다 ポンプで汲み上げる。

펑 副 ①(突然何かが破裂するようす・その音)ばあん。¶ 풍선이 ~ 터지다 風船がばあんと割れる。②(大きな穴がぽかっと開いているようす)ぽっかり、ぽかっ。

펑덩 副《大きく重い物が深い水中に落ちる音》どぶん。

펑덩-거리다 自他 つづけてどぶんと落ちる(落とす)。

펑덩-펑덩 副 自他 どぶんどぶん。

펑크(←puncture) 名 パンク。¶ 타이어가 ~ 나 タイヤがパンクする。

펑-퍼지다 自 丸みやかで横広に拡がる。

펑퍼짐-하다 形의 (丸みを帯びて)平べったい。¶ 펑퍼짐한 언덕 べったい丘。㉔ 팡파짐하다

펑-펑 副 自 ①《多量の液体が勢いよく流れ出るようす》どくどく、だくだく、じゃあじゃあ、こんこん。¶ 수돗물이 ~ 쏟아져 나오다 水道水がじゃあじゃあと流れ出る。②《雨・雪などが盛んに降るようす》ざあざあ、こんこん。¶ 눈이 ~ 내리다 雪がこんこんと降る。③《續けざまに破裂の音》ぽんぽん、ぱんぱん、ばんばん。

펑펑-거리다 自他 ①大きな物が深い水中にどぶんどぶん落ちる。②(財産などを)湯水のように使う、どんどん浪費する。

페널티(panalty) 名 ペナルティー。¶ 페널티 에어리어 ペナルティーエリア。

페널티 킥(-kick) 名 (サッカーなどで)ペナルティーキック。

페니실린(penicillin) 名(薬) ペニシリン。¶ ~ 알레르기 ペニシリンアレルギー。

페니실린 쇼크(-shock) 名(医) ペニシリンショック。

페달(pedal) 名 (自轉車などの)ペダル。¶ ~ 을 밟다 ペダルを踏む。

페더-급(feather級) 名(體) フェザー級。

페스티벌(festival) 名 フェスティバル。

페스트(pest) 名(医) ペスト。

페어 플레이(fair play) 名 フェアプレー、正々堂々たる勝負。

페이스(pace) 名 ペース。¶ 자기 ~ 를 지키다 自分のペースを守る。

페이지(page) 名 ①ページ。¶ ~ 를 매기다 ページを付ける。②《形式名詞的に》ページ。¶ 3~를 펴다 3ページを開く。

페인트(paint) 名 ペイント、ペンキ。¶ ~ 를 칠하다 ペイントを塗る。

펜(pen) 名 ペン。¶ ~ 대 ペン軸 / ~ 을 들다 ペンを取る。

펜-팔(- pal) 名 ペンパル。

펜싱(fencing) 名 フェンシング。

펭귄(penguin) 名(動) ペンギン。

펴-내다 他 (事柄などを)広める、発行する、頒布する。¶ 책을 ~ 本を発行する。

펴낸-이 名 (本などの)発行人、発行者。

펴다 他 ①(畳んだものを)広げる、開ける、開ける、延べる、敷く。¶ 우산을 ~ 傘を開く。/ 이부자리를 ~ 布団を敷く。②(曲がったり折ったりしたものを)伸ばす、張る。¶ 허리를 ~ 腰を伸ばす。/ 가슴을 ~ 胸を張る。③(しわなどを)伸ばす。¶ 바지의 주름을 ~ ズボンのしわを伸ばす。④(包んだものを)広げる、開ける。¶ 선물 꾸러미를 ~ おみやげ包を開ける。⑤(気を)楽にする。¶ 기를 펴고 살다 のびのびと暮らす。⑥(勢力・組織などを)伸ばす、張る、広げる。¶ 세력을 ~ 勢力を伸ばす。/ 수사망을 ~ 捜査網を張る。⑦公布する、施行する、敷く。¶ 법령을 ~ 法令を公布する。/ 선정을 ~ 善政を敷く。⑧(暮らしが)よくなる。¶ 살림을 ~ 暮らしを楽にする。⑨(心を)打ち明ける。¶ 본심을 솔직히 ~ 本心を素直に打ち明ける。

펴:-지다 自 (畳んでいたものが)広がる、開ける、伸びる。¶ 우산이 ~ 傘が開く。/ 주름이 ~ しわが伸びる。

편(便) I 名 ①組、方、側、仲間。¶ 건너 ~ むこう側 / 우리 ~이 이겼다 味方のほうが勝った。/ ~을 갈라 시합을 하다 組になって試合をする。②(「인편(人便)」の縮約形)伝て、人伝て。II 依 ①(ものごとを幾つかに分けて考えることの)一方、方。¶ 일찍 가는 ~이 낫다 早めに行く方がいい。②(交通の)便。¶ 항공 ~ 航空便。

편(編) 名 《「편찬」の縮約形》編。

편:(片) 依 (高麗人参などを数える単位)片。¶ 열 ~ 의 인삼 10片の高麗人参。

편(篇) 依 篇。①詩歌・文章などを数える単位。¶ 세 ~ 의 시 三篇さんの詩。②書物の部分分け。¶ 제1~ 第一篇 / 입문~ 入門篇。

편-가르다(便-) 他 組・チームに分ける、組を作る。

편각(偏角) 名(地)(物) 偏角。

편각-계(-計) 名 偏角計。

편-갈리다(便-) 自 《「편가르다」の受動》組·

**편견** [偏見] 名 偏見ﾍﾝｹﾞﾝ。¶ ~을 갖다 偏見を持つ。/ ~을 버리다 偏見を捨てる。
**편곡** [編曲] 名(하)他(되)自[音] 編曲ﾍﾝｷｮｸ。
**편광** [偏光] 名[物] 偏光ﾍﾝｺｳ。¶ ~ 프리즘 偏光プリズム。
　**편광-경** [-鏡] 名[物] 偏光鏡ﾍﾝｺｳｷｮｳ。
　**편광 현:미경** [-顯微鏡] 名 偏光顯微鏡ﾍﾝｺｳｹﾝﾋﾞｷｮｳ。
**편년** [編年] 名 編年ﾍﾝﾈﾝ。¶ ~체 編年体ﾀｲ。
**편달** [鞭撻] 名(하)他 鞭撻ﾍﾞﾝﾀﾂ。지도·을 바랍니다 ご指導ご鞭撻をお願いします。
**편대** [編隊] 名(하)自他 編隊ﾍﾝﾀｲ。¶ ~ 비행 編隊飛行ﾋｺｳ/~를 짜다 編隊を組む。
**편:도** [片道] 名 片道ｶﾀﾐﾁ。¶ ~ 승차권 片道乗車券ｼﾞｮｳｼｬｹﾝ。
**편도** [扁桃] 名[植] 扁桃ﾍﾝﾄｳ、アーモンド。
　**편도-선** [-腺] 名[生] 扁桃腺ﾍﾝﾄｳｾﾝ。¶ ~염 扁桃腺炎ｴﾝ。
**편두-통** [偏頭痛] 名[醫] 偏頭痛ﾍﾝｽﾞﾂｳ。
**편-들다** [便-] 他 ①肩ｶﾀを持ﾓつ。②味方ﾐｶﾀする、味方して力添ﾁｶﾗｿﾞえをする。
**편람** [便覽] 名 便覽ﾍﾞﾝﾗﾝ。
**편:력** [遍歷] 名(하)自 遍歷ﾍﾝﾚｷ。¶ 각국을 ~하다 諸國ｼｮｺｸを遍歷する。
**편리** [便利] 名(하)形 便利ﾍﾞﾝﾘ。¶ ~한 도구 便利な道具ﾄﾞｳｸﾞ/교통이 ~하다 交通ｺｳﾂｳの便ﾍﾞﾝがいい。
**편린** [片鱗] 名 片鱗ﾍﾝﾘﾝ、かたはし、一端ｲｯﾀﾝ。¶ 재능의 ~이 엿보이다 才能ｻｲﾉｳの片鱗をうかがわせる。
**편모** [偏母] 名 片親ｶﾀｵﾔの母ﾊﾊ。
　**편모-슬하** [-膝下] 名 片親ｶﾀｵﾔの母の膝元ﾋｻﾞﾓﾄ、母は一人ﾋﾄﾘの元ﾓﾄ。
**편모** [鞭毛] 名[生] 鞭毛ﾍﾞﾝﾓｳ。¶ ~ 운동 鞭毛運動ｳﾝﾄﾞｳ。
　**편모-충** [-蟲] 名[動] 鞭毛虫ﾁｭｳ。
**편:무** [片務·偏務] 名 片務ﾍﾝﾑ。¶ ~ 협정 片務協定ｷｮｳﾃｲ。
　**편:무 계:약** [-契約] 名 片務契約ｹｲﾔｸ。(대) 쌍무계약(雙務契約)
**편:-무:역** [片貿易] 名 片貿易ｶﾀﾎﾞｳｴｷ。
**편물** [編物] 名 編ｱみ物ﾓﾉ、ニット。¶ ~ 기계 編み機械ｷｶｲ/~을 하다 編み物をする。
**편발** [-編髮] 名 弁髪ﾍﾞﾝﾊﾟﾂ。
**편백** [扁柏] 名[植] 扁柏ﾍﾝﾊﾟｸ、檜ﾋﾉｷ。
**편법** [便法] 名 便法ﾍﾞﾝﾎﾟｳ。¶ ~을 강구하다 便法を講ｺｳじる。
**편벽** [偏僻] 名(하)形 偏僻ﾍﾝﾍﾟｷ、偏屈ﾍﾝｸﾂ。¶ ~한 인물 偏屈な人物ｼﾞﾝﾌﾞﾂ。
　**편벽-되다** 形 偏ｶﾀﾖっている、偏屈ﾍﾝｸﾂだ。¶ 편벽된 견해 かたよった見解ｹﾝｶｲ。**편벽되-이** 副 偏ｶﾀﾖって、偏屈に。
**편복** [便服] 名 便服ﾍﾞﾝﾌｸ、ふだん着ｷﾞ。
**편상-화** [編上靴] 名 編ｱみ上ｱげ靴ｸﾞﾂ。
**편서-풍** [偏西風] 名[氣] 偏西風ﾍﾝｾｲﾌｳ。
**편성** [編成] 名(하)他 編成ﾍﾝｾｲ。¶ ~표 編成表ﾋｮｳ/학급을 ~하다 学級ｶﾞｯｷｭｳを編成する。
**편수** 名 工匠ｺｳｼｮｳの頭ｶｼﾗ。
**편수** [編修] 名(하)他 編修ﾍﾝｼｭｳ。¶ 실록의 ~ 実録ｼﾞﾂﾛｸの編修。
　**편수-관** [-官] 名 教科書ｷｮｳｶｼｮの編修を担当ﾀﾝﾄｳする公務員ｺｳﾑｲﾝ、教材編修官ｷｮｳｻﾞｲﾍﾝｼｭｳｶﾝ。
**편승** [便乗] 名(하)自 便乗ﾋﾞﾝｼﾞｮｳ。①(乗ﾉり物ﾓﾉを)乗せてもらうこと。¶ 친구의 차에 ~하다 友人ﾕｳｼﾞﾝの車ｸﾙﾏに便乗する。②機会ｷｶｲに乗ｼﾞｮｳずること。¶ 시대의 흐름에 ~하다 時代ｼﾞﾀﾞｲの流ﾅｶれに便乗する。
**편식** [偏食] 名(하)自 偏食ﾍﾝｼｮｸ。¶ ~하는 아이 偏食する子供ｺﾄﾞﾓ。
**편-싸움** [便-] 名(하)自 ①組ｸﾐみに分わかれてけんかや勝負ｼｮｳﾌﾞごとをすること。②(むかし)陰暦ｲﾝﾚｷ正月ｼｮｳｶﾞﾂに村と村が二組ﾌﾀｸﾐに分かれて石ｲｼと棒ﾎﾞｳを使ﾂｶって戦ﾀﾀｶった遊戯ﾕｳｷﾞ。
**편안** [便安] 名(하)形 ①気楽ｷﾗｸなこと、穏おﾔﾏやかなこと、安ﾔｽらかなこと。¶ ~한 생활 気楽な生活ｾｲｶﾂ。②無事ﾌﾞｼﾞなこと。¶ ~하게 지내다 無事にすごす。**편안-히** 副 気楽に、楽ﾗｸに、無事に、のんびり。¶ ~ 앉으십시오 楽にお座ｽﾜりください。
**편애** [偏愛] 名(하)他 偏愛ﾍﾝｱｲ、えこひいき。¶ 막내를 ~하다 末ｽｴっ子を偏愛する。
**편액** [扁額] 名 扁額ﾍﾝｶﾞｸ、横額ｵｳｶﾞｸ。¶ ~을 걸다 扁額を掲ｶｶげる。
**편:언** [片言] 名 片言ﾍﾝｹﾞﾝ。
　**편:언-척구** [-隻句] 名 片言隻句ﾍﾝｹﾞﾝｾｷｸ、ちょっとした言葉ｺﾄﾊﾞと文字ﾓｼﾞ。
**편:영** [片影] 名 片影ﾍﾝｴｲ。¶ 적의 ~조차 볼 수 없다 敵ﾃｷの片影すら見ﾐえない。
**편:운** [片雲] 名 片雲ﾍﾝｳﾝ、ちぎれぐも。
**편:육** [片肉] 名[料] 煮にた牛肉ｷﾞｭｳﾆｸの薄切ｳｽｷﾞりり。
**편의** [便衣] 名 便衣ﾍﾝｲ、ふだん着ｷﾞ。(유) 편복
　**편의-대** [-隊] 名 便衣隊ﾀｲ。
**편의** [便宜] 名 便宜ﾍﾞﾝｷﾞ、便利ﾍﾞﾝﾘ。¶ ~상 便宜上ｼﾞｮｳ/모든 ~를 제공하다 あらゆる便宜を提供ﾃｲｷｮｳする。
　**편의-주의** [-主義] 名 便宜主義ｼｭｷﾞ、御都合主義ｺﾞﾂｺﾞｳｼｭｷﾞ。
**편이** [便易] 名(하)形 便利ﾍﾞﾝﾘでたやすいこと。
**편익** [便益] 名 便益ﾍﾞﾝｴｷ、便利ﾍﾞﾝﾘ。¶ ~을 도모하다 便益を図ﾊｶる。
**편입** [編入] 名(하)自他(되)自 編入ﾍﾝﾆｭｳ。¶ ~생 編入生ｾｲ/예산에 ~하다 予算ﾖｻﾝに編入する。
**편자** [-鐵] 名 蹄鉄ﾃｲﾃﾂ、馬蹄ﾊﾞﾃｲ、鉄蹄ﾃｯﾃｲ。¶ ~를 박다 蹄鉄を打ｳつ。
**편자** [編者] 名 編者ﾍﾝｼﾞｬ、編纂者ﾍﾝｻﾝｼｬ、編集者ﾍﾝｼｭｳｼｬ。¶ 사전의 ~ 辞典ｼﾞﾃﾝの編者。
**편재** [偏在] 名(하)自 偏在ﾍﾝｻﾞｲ。¶ 부의 ~ 富ﾄﾐとの偏在。
**편:재** [遍在] 名(하)自 遍在ﾍﾝｻﾞｲ。¶ 물자가 ~해 있다 物資ﾌﾞｯｼが遍在している。
**편저** [編著] 名 編著ﾍﾝﾁｮ。
**편:적-운** [片積雲] 名[氣] 片積雲ﾍﾝｾｷｳﾝ。
**편전** [便殿] 名 (むかし)王ｵｳが居住ｷｮｼﾞｭｳして執務ｼﾂﾑした宮殿ｷｭｳﾃﾞﾝ。
**편전-지** [便箋紙] 名 便箋紙ﾋﾞﾝｾﾝｼ。(유) 편지지
**편제** [編制] 名(하)他 編制ﾍﾝｾｲ。¶ 전시 ~로 하다 戦時ｾﾝｼﾞ編制にする。

편제-표[-表] 名 編制表。
편주[扁舟・片舟] 名 片舟、小舟。
편중[偏重] 名他自 偏重。¶ 경제에 ~된 정책 経済にのみ偏重した政策。
편:지[片紙・便紙] 名 手紙、書簡、書状。¶ 안부 ~ 見舞いの手紙/ ~를 부치다 手紙を出す。/ ~가 닿으다 手紙が届く。
편:지-지[-紙] 名 便箋紙、レターペーパー。
편집[偏執] 名 偏執、片意地。
　편집-광[-狂] 名[醫] 偏執狂。
　편집-병[-病] 名[醫] 偏執病、パラノイア。
편집[編輯] 名他自 編集。¶ ~위원 編集委員/ 학술 잡지를 ~하다 学術雑誌を編集する。
　편집-인[-人] 名 編集人。
　편집 후:기[-後記] 名 編集後記。
편-짜다[便-] 自 (勝負をするため) 組み分けする、組を組む。
편-짝[便-・偏-] 名 相対する組のどちらかの一方。¶ 우리 ~ こちら側。
편차[偏差] 名 偏差。¶ ~각 偏差角。
편찬[編纂] 名他自 編纂。¶ 사전을 ~하다 辞書を編纂する。
편-찮다[便-] 形「편하지 아니하다」の縮約形。①病気である、加減が悪い。¶ 몸이 ~ 体の具合が悪い。/ 어디 편찮으세요? どこかお加減が悪いのですか。②安らかでない、楽でない。¶ 앉은 자리가 ~ 座りごこちがよくない。
편충[鞭蟲] 名[動] 鞭虫。
편취[騙取] 名他自 騙取、だまし取ること、からりとること。¶ 금품을 ~하다 金品をだまし取る。
편-층운[片層雲] 名 片層雲。
편친[偏親] 名 片親。¶ ~슬하에서 자라다 片親のもとで育つ。
편:토[片土] 名 一片の土地。
편파[偏頗] 名 偏頗、一方にのみ偏ること、えこひいきをすること。¶ ~성 偏頗性。
　편파-적[-的] 冠 偏頗的。¶ ~인 보도 偏った報道。
편:편[片片] 名 片々、きれぎれ。편편-이 副 きれぎれに、ちりぢり。¶ 꽃잎이 ~ 흩날리다 花びらがへんぺんと散り乱れる。
편편-찮다[便便-] 形 居心地が悪い。
편편-하다[便便-] 形 ①(何事もなく)安らかである、和やかだ。②(物の表面などが)平たい。편편-히 副 安らかに、平たく。
편평[扁平] 名他自 扁平、平たいこと。¶ ~한 얼굴 扁平な顔。
　편평-족[-足] 名 扁平足。
편-하다[便-] 形 ①安らかだ、気楽だ、楽だ、ゆったりしている。¶ 마음이 ~ 心が安らかだ。/ 편하게 지내고 있다 気楽に過ごしている。②(面倒でなく)しやすい、たやすい、便利だ。¶ 교통이 ~ 交通の便がいい。/ 읽기 편하게 만들다 使いやすく作る。편-히 副 安らかに、楽に、気楽に、ゆったりと。¶ ~ 누워라 ゆったりと横になれ。/ ~ 잠들다 安らかにねむる。/ 날마다 ~ 지내다 毎日安楽に過ごす。
편향[偏向] 名他自 偏向。¶ 신문의 ~ 보도 新聞の偏向報道。
편협[偏狭] 名他形 偏狭。¶ ~한 인물 偏狭な人物。
편형[扁形] 名 扁形、平たい形。
　편형-동물[-動物] 名[動] 扁形動物。
펼치다 他 広げる、広く述べる、敷く、開く。¶ 책을 ~ 本を広げる。/ 네 꿈을 펼쳐라 君の夢を広げろ。
폄:[貶] 名他 けなすこと、そしること。¶ 남을 ~하다 人をけなす。
폄:론[貶論] 名他 他人をけなして言うこと、その言葉。
폄:하[貶下] 名他 治績の悪い官吏をおとし退けること。
평:[評] 名他自 評、批評、評判。¶ 심사 위원의 ~ 審査委員の批評/ 나쁜 ~을 듣다 悪い評判を聞く。
평[坪] 因 坪。¶ 밭 1000~ 畑は1000坪。
평-[平] 接頭 平…。¶ ~사원 平社員。
평가[平價] 名 平価。¶ ~ 발행 平価発行。
　평가 절상[-切上] 名[經] 平価切り上げ。
　평가 절하[-切下] 名[經] 平価切り下げ。
평:가[評價] 名他自 評価、値ぶみ。¶ ~액 評価額/ 공적을 높이 ~하다 功績を高く評価する。
평:결[評決] 名他自 評決。¶ 유죄 ~을 내리다 有罪の評決を下す。
평균[平均] 名他 平均、並み。¶ ~ 수명 平均寿命/ 이상의 실력 평균 이상の実力/ 그것을 ~하면 얼마 꼴이 되냐? それを平均するとどれくらいになるの。
　평균-대[-臺] 名 (体操などの)平均台。
　평균-시[-時] 名[天]「평균 태양시」の縮約形 平均時。
　평균 연령[-年齢] 名 平均年齢。
　평균-치[-値] 名[數] 平均値。
　평균 태양[-太陽] 名[天] 平均太陽。
　평균 태양년[-太陽年] 名[天] 平均太陽年。
　평균 태양시[-太陽時] 名[天] 平均太陽時。
평년[平年] 名 平年。¶ ~ 기온 平年並みの気温。
　평년-작[-作] 名 平年作。¶ ~을 웃돌다 平年作を上回る。
평:단[評壇] 名 評壇。
평당[坪當] 名 坪当たり。¶ ~ 시가 坪当たりの時価。
평등[平等] 名他形 平等。¶ ~사상 平等思想/ 법 앞에는 만인이 ~하다 法の前には万人が平等である。
　평등-권[-權] 名[法] 平等権。
　평등 선:거[-選擧] 名[政] 平等選挙。
평:론[評論] 名他自 評論。¶ 시사 ~ 時事評論/ 시국을 ~하다 時局を評論する。

**평:론-가**[-家] 명 評論家か.
**평맥**[平脈] 명 平脈みゃく, 健康時じんこうの脈搏みゃく.
**평면**[平面] 명 平面めん. ¶ ~ 도형 平面図形ずけい./ ~적인 관찰 平面的てきな観察かんさつ.
  **평면-각**[-角] 명[數] 平面角かく.
  **평면 기하학**[-幾何學] 명[數] 平面幾何学がく.
  **평면-도**[-圖] 명 平面図ず.
**평-미레**[平-] 명 升ますかき, 斗とかき. ㉠ 평목
  **평미레-질** 명[하他] 升ますかきでならすこと, 擦すり切きり.
**평민**[平民] 명 平民みん, 小民しょう, 常民じょう. ¶ ~ 출신이다 平民出身しゅっしんである.
**평방**[平方] 명[하터][數] (「제곱」의 旧称) 平方ほう. ¶ 3미터 ~ 3メートル平方.
**평방근**[-根] 명 (「제곱근」의 旧称) 平方根ん.
**평범**[平凡] 명[하形] 平凡ぼん, 並なみ, 月並づき. ¶ ~한 생활을 하다 平凡な生活かつをする.
  **평범-히** 부 平凡に, 月並みに. ¶ 그날도 ~ 지냈다 その日ひもどうということなく過すぎた.
**평복**[平服] 명 平服ふく. ①ふだん着ぎ. ¶ ~ 차림으로 외출하다 平服のままで出でかける. ②[하自] ふだん着ぎをきること.
**평-사원**[平社員] 명 平社員ひらしゃいん.
**평상**[平床・平牀] 명 牀榻とう, 木きでつくった寝台だいの一種しゅ.
**평상**[平常] 명 (「평상시」의 縮約形) 平常じょう. ¶ ~에 없던 일은하나도 없었다/ ~ 상태를 유지하다 平常の状態たいを保たもつ.
  **평상-복**[-服] 명 ふだん着ぎ.
  **평상-시**[-時] 명 平常じょう, ふだん, ひごろ, 平素そ. ¶ ~와 다름없다 ふだんと変かわらない. ㉠ 상시・평상・평시
  **평상-일**[-日] 명 平常日び. ㉠ 평일(平日)
**평생**[平生] 명 ①一生しょう. ¶ ~의 소원 一生の願ねがい. ②(副詞的に)一生いっしょうの間あいだ, 生涯がい. ¶ ~ 독신으로 지내다 生涯独身どくで暮くらす.
  **평생 교:육**[-敎育] 명 生涯教育きょう.
  **평생-토록** 부 一生涯しょうがい, 命いのちある限かぎり, いついつまでも. ¶ ~ 잊지 말자고 약속하다 命ある限り忘わすれまいと約束やくそくする.
**평서-문**[平敍文] 명[文法] 平叙文ぶん.
**평소**[平素] 명 平素そ, ふだん, つねひごろ. ¶ ~와 같이 가게를 열다 いつものとおりに店みせを開あける. / ~에 소원했음을 사과하다 平素の疎遠えんをおわびする.
**평수**[坪數] 명 坪数つぼ. ¶ 부지의 ~ 敷地しきちの坪数.
**평시**[平時] 명 (「평상시」의 縮約形) 平時じ. ¶ ~ 편제 平時編制へん.
  **평시 봉쇄**[-封鎖] 명[軍] 平時封鎖さ.
**평-신도**[平信徒] 명[宗] (役職やくしょくに就ついていない) 一般ぱんの信者じゃ.
**평안**[平安] 명[하形] 平安あん, 無事ぶじで安やすらかなこと. ¶ ~을 빌다 平安を祈いのる. / 민심을 ~히 하다 民心しんを安んじる.
**평야**[平野] 명 平野や.
**평열**[平熱] 명 平熱ねつ. ¶ 겨우 ~로 내렸다 やっと平熱に下さがった.
**평영**[平泳] 명 平泳およぎ.
**평온**[平溫] 명 平温おん, 平均温度へいきんおんど.
**평온**[平穩] 명[하形] 平穏おん. ¶ ~한 생활 平穏な生活かつ/ 심중이 ~치 못하다 心中ちゅうがおだやかでない.
**평원**[平原] 명 平原げん. 대~ 大平原へいげん.
**평:의**[評議] 명[하他][되自] 評議ぎ. ¶ ~원 評議員いん.
  **평:의-회**[-會] 명 評議会かい.
**평이**[平易] 명[하形] 平易い. ¶ ~한 해설 平易な解説せつ.
**평일**[平日] 명 平日じつ.
**평:자**[評者] 명 評者ひょう.
**평작**[平作] 명[農] ①(「평년작」의 縮約形) 平作さく, 平年作ねんさく. ②畝うねを作つくらないで作物もつを栽培さいばいすること.
**평:전**[評傳] 명 評伝でん.
**평:점**[評點] 명 評点てん.
**평정**[平定] 명[하他][되自] 平定てい. ¶ 천하를 ~하다 天下かを平定する.
**평정**[平靜] 명[하形] 平静せい. ¶ 마음의 ~ 心こころの平静/ ~을 되찾다 平静を取とり戻もどす.
**평:정**[評定] 명[하他][되自] 評定ひょう・ひょう. ¶ 근무 ~ 勤務ひを評定じょう.
**평:정-법**[-法] 명 評定法ほう.
**평준**[平準] 명[하他][되自] 平準じゅん. ¶ ~법 平準法ほう.
**평준-화**[-化] 명[하他][되自] 平準化か. ¶ 학력을 ~하다 学力がくりょくを平準化する.
**평지**[植] アブラナ.
**평지**[平地] 명 平地ち.
  **평지-풍파**[-風波] 명 平穏おんな中なかで波瀾らんを起おこすこと. ¶ 공연히 ~를 일으키다 いたずらにあらぬいさかいを起こす.
**평직**[平織] 명 平織ひらり.
**평-천하**[平天下] 명[하自] 天下かを平定へいていすること.
**평탄**[平坦] 명[하形] 平坦たん. ¶ ~한 길 平坦な道みち. ②心こころの穏おだやかなこと, 平衡へい. ¶ ~하게 지내온 일생 穏やかに過すごしてきた一生しょう. ③(ものごとが)順調じゅんちょうにはかどること. ¶ ~하게 일이 진행되다 順調に仕事ごとが進すすむ.
**평판**[平板] 명 平板ばん.
  **평판 측량**[-測量] 명[建] 平板測量そく.
**평판**[平版] 명[版] 平版はん. ¶ ~인쇄 平版印刷さつ.
**평:판**[評判] 명[하他] 評判ひょう. ¶ ~이 나다 評判になる. / ~에 오르다 口くちの端はしに上のぼる. / 세상의 ~이 좋다 世間けんの評判がよい.
**평평-하다**[平平-] 형[여] ①平たひらい, 平たいらだ. ¶ 평평한 땅 平らな地面めん. ②平凡いだ.
  **평평-히** 부 平たく, 平らに.
**평:-하다**[評-] 명 評ひょうする, 批評ひょうする.
**평행**[平行] 명[하自] 平行こう. ¶ ~ 사변형 平行四辺形しへんけい/ ~ 운동 平行運動どう.
  **평행-봉**[-棒] 명 (体操たいそうの) 平行棒ぼう.
  **평행-선**[-線] 명[數] 平行線せん.

평형【平衡】[名][하形] 平衡こう、釣つり合あい。¶ ~상태 平衡状態じょう/ ~을 잡다 釣り合いをとる。/ 몸의 ~을 잃다 体からの平衡を失うしなう。

평형 감각【-感覺】[名][生] 平衡感覚かん。

평형 기관【-器官】[名][生] 平衡器官かん。

평화【平和】[名][하形][스形] 平和かの。¶ ~ 공세 平和攻勢ふう/ ~ 를 깨뜨리다 平和を乱みだす。/ ~스러운 가정을 이루다 平和な家庭かを築きずく。

평화-롭다【形】[ㅂ] 平和かだ、安やすらかだ。¶ 평화로운 광경 平和な光景けい。 평화로-이【副】平和に。¶ ~ 살고 있는 사람들 平和に暮くらしている人々びと。

평화 공:존【-共存】[名] 平和共存きょうぞん。

평화 봉:사단【-奉仕團】[名] 平和奉仕団だん。

평화적【-的】[冠] 平和的てき。¶ ~인 통일 平和的な統一とう。

평화 조약【-條約】[名][政] 平和条約じょうやく。

평활【平滑】[名][하形] 平滑かつ。

평활-근【-筋】[名][生] 平滑筋きん。

폐:【肺】[名][生] 肺はい。¶ ~ 출혈 肺出血しゅっけつ/ ~를 앓다 肺を患わずらう。

폐:【弊】[名] ①(「폐단(弊端)」의 縮約形)弊、弊害がい、悪弊あく。¶ 여러 가지 ~가 따른다 いろいろな弊害が伴ともなう。 ②迷惑わく、世話せわ。¶ ~를 끼치다 迷惑をかける。

폐:-【弊】[接頭](自分じぶんの物ものをへりくだって言いう語ご)弊。¶ ~사 弊社じゃ/ ~교 弊校こう。

폐:가【廢家】[名][하自] 廃家か。

폐:간【廢刊】[名][하他][되自] 廃刊かん。¶ 신문이 ~되다 新聞しんぶんが廃刊になる。

폐:강【閉講】[名] 閉講こう。

폐:-결핵【肺結核】[名][醫] 肺結核けっかく。

폐:경-기【閉經期】[名] 閉経期き。

폐:관【閉館】[名][하自他][되自] 閉館かん。

폐:관【廢館】[名][하自他][되自] 廃館かん。

폐:광【廢鑛】[名][하自他][되自] 廃鉱こう。

폐:교【廢校】[名][하自他][되自] 廃校こう。¶ 경영난으로 ~되었다 経営難えいなんで廃校になった。

폐:기【廢棄】[名][하他][되自] 廃棄き。¶ ~ 물 廃棄物ぶつ/ 문서를 ~하다 文書ぶんしょを廃棄する。

폐:-기종【肺氣腫】[名][醫] 肺気腫しゅ。

폐:단【弊端】[名] 弊害がい。¶ ~을 막다 弊害を防止ぼうしする。

폐:-디스토마【肺 distoma】[名][醫] 肺はいジストマ。

폐:렴【-肺炎】[名][醫] 肺炎えん。¶ ~ 균 肺炎菌きん。

폐:륜【廢倫】[名][하自] 結婚けっこんをしないこと[できないこと]。

폐:리【弊履】[名] 弊履はきふるし。¶ ~처럼 버리다 弊履のごとく棄てる。

폐:막【閉幕】[名][하自他][되自] 閉幕まく。¶ 대회가 ~되다 大会たいかいが閉幕する。

폐:문【閉門】[名][하自他][되自] 閉門もん。¶ ~ 시간까지는 돌아온다 閉門時刻じこくまでには帰かえる。

폐:물【廢物】[名] 廃物ぶつ。①廃品ひん。¶ ~ 이용 廃物利用よう。②(比)全然ぜんぜん役やくに立たない人、役立たず、ろくでなし。

폐:백【幣帛】[名] ①新婦しんぷが舅しゅうと・姑しゅうとめに初対面たいめんの儀式ぎしきで差さし上あげるナツメ・干しがきなど。②婚礼こんれいの前まえに新郎しんろうが新婦に贈おくる青あお・紅くれないの緞子どんす。③目上うえの人ひとに贈る贈おくり物もの。

폐:병【肺病】[名] 肺病びょう。

폐:부【肺腑】[名] 肺腑はい。¶ ~를 찌르다 肺腑を突つく。

폐:비【廢妃】[名][하他][되自] 王妃おうの位くらいを退しりぞかせること、その王妃。

폐:사【弊社】[名] 弊社しゃ。

폐:사【斃死】[名][하自] 斃死へいし。¶ 닭이 ~하다 にわとりが斃死する。

폐:색【閉塞】[名][하自他][되自] 閉塞そく。¶ 장~ 腸ちょう閉塞。

폐:색-선【-船】[名][軍] 閉塞船せん。

폐:석【廢石】[名] 廃石せき、ぼた。

폐:선【廢船】[名] 廃船せん。

폐:쇄【閉鎖】[名][하他][되自] 閉鎖さ。¶ ~적인 사회 閉鎖的な社会しゃかい/ 출입구를 ~하다 出入でいり口ぐちを閉鎖する。

폐:수【廢水】[名] 廃水すい。¶ 공장 ~ 工場こうじょうの廃液えき/ ~ 처리장 廃水処理場じょう。

폐:-수종【肺水腫】[名][醫] 肺水腫すいしゅ。

폐:습【弊習】[名] 弊習しゅう。

폐:시【廢市】[名][하自] 市場いちばを仕舞しまうこと。

폐:암【肺癌】[名][醫] 肺癌がん。

폐:업【閉業】[名][하自][되自] 閉業ぎょう、門もんを閉とじて営業えいぎょうを休やすむこと。

폐:업【廢業】[名][하自][되自] 廃業ぎょう。¶ 영업 부진으로 ~하다 営業不振えいきょうのため廃業する。

폐:위【廢位】[名][하他][되自] 廃位い。

폐:유【廢油】[名] 廃油ゆ。¶ 공장 ~ 工場こうじょう廃油/ ~ 재생 처리 廃油再生さいせい処理しょり。

폐:인【廢人】[名] 廃人にん。¶ 완전히 ~이 되었다 全まったく廃人になった。

폐:-일언【蔽一言】[名][하自](「~하고」의 形で)つべこべ言いわずに、一言ひとことでいえば。

폐:장【肺臟】[名][生] 肺臓ぞう。㊁ 폐(肺)

폐:장-암【-癌】[名][醫] 肺臓癌がん。

폐:장【閉場】[名][하自][되自] 閉場じょう。㊌ 개장

폐:점【閉店】[名][하自][되自] 閉店てん。¶ ~ 시간 閉店時間かん。

폐:정【閉廷】[名][하自][되自] 閉廷てい。¶ ~을 선언하다 閉廷を宣言せんげんする。

폐:정【弊政】[名] 弊政せい。¶ ~을 바로잡다 弊政へいを改あらためる。

폐:지【廢止】[名][하他][되自] 廃止し。¶ 법령의 ~ 法令ほうれいの廃止/ 통금을 ~하다 通行禁止つうこうきんしを廃止する。

폐:질【肺疾】[名] 肺疾しつ。¶ ~로 고생하다 肺疾で苦くるしむ。㊁ 폐결핵

폐:차【廢車】[名][하自他][되自] 廃車しゃ。¶ 자동차의 ~ 自動車じどうしゃの廃車。

폐:차 처:분【-處分】[名][하自他] 廃車処分ぶん。

폐:첨【肺尖】[名][生] 肺尖せん。¶ ~ 카타르 肺尖カタル。

폐:퇴【廢頹】[名][하自] 廃退たい、退廃。¶ 도의의 ~ 道義どうぎの廃退。

폐:포【肺胞】[名][生] 肺胞ほう。㊁ 기포(氣胞)

폐:품【廢品】[名] 廃品ひん、屑物もの。¶ ~ 처리장

폐:풍[弊風] 图 弊風ぷぅ、悪風ぁく。¶ ~에 물들다 弊風に染そまる。

폐:하[陛下] 图 陛下へぃか。¶ 황제 ~ 皇帝こぅてぃ陛下/ ~의 대리로서 陛下の名代みょうだぃとして。

폐:-하다[廢-] 他여 ①廃はぃする。¶ 악습을 ~ 悪習あくしゅうを廃する。 ②中止ちゅぅしする。¶ 학업을 ~ 学業がくぎょうを中止する。 ③(地位から)追おぃ出だす、廃位はぃぃする。¶ 왕을 ~ 王王おぅを廃位する。 ④断たつ、やめる。¶ 식음을 ~ 食事じしを断つ。

폐:해[弊害] 图 弊害へぃがぃ。¶ 마약의 ~ 麻薬まゃくの弊害/ ~를 수반하다 弊害を伴ともなう。

폐:허[廢墟] 图 廃墟はぃきょ。¶ 전후의 ~ 戦後せんごの廃墟。

폐:활량[肺活量] 图 肺活量はぃかつりょう。¶ ~을 재다 肺活量を計はかる。

폐:회[閉會] 图하여自 閉会へぃかぃ。¶ ~식 閉会式しき/ ~를 선언하다 閉会を宣言せんげんする。

폐:회-사[-辭] 图 閉会の辞じ。

포 因[版] (「포인트」의 縮約形) ポ。¶ 8~ 활자 8ポ活字かつじ。

포[砲] 图 (「대포(大砲)」의 縮約形) 砲ほう。¶ ~진지 砲陣地ほうじんち/ ~를 쏘다 砲を撃うつ。

포[脯] 图 (「포육(脯肉)」의 縮約形) ほじし、干ほしたにく。¶ 육~ ほじし。

-포 接尾 (「期間きかん・あいだ」의 意いを表あらわす) …余あまり、…ばかり。¶ 달~나 된다 一ヵ月いっかげつ余りになる。

포개다 他 ①重かさねる、積つみ重ねる。¶ 신문을 ~ 新聞しんぶんを積み重ねる。 ②(腕うで・脚あしなどを)組くむ。¶ 다리를 포개고 앉다 脚を組んで座すわる。

포격[砲擊] 图하他 砲撃ほうげき。¶ 진지를 ~하다 陣地じんちを砲撃する。

포:경[包莖] 图医 包茎ほぅけぃ。¶ ~ 수술 包茎手術じゅつ。

포:경[捕鯨] 图하自 捕鯨ほげぃ。¶ ~ 모선 捕鯨母船ぼせん。

포:경-선[-船] 图 捕鯨船せん。

포:고[布告・佈告] 图하他自 布告ふこく。¶ 선전 ~ 宣戦せんせん布告。

포:괄[包括] 图하他自 包括ほうかつ。¶ ~ 승계 包括承継しょうけぃ/ 의견을 ~하다 意見けんを包括する。

포:괄-적[-的] 冠 包括的てき。¶ ~인 개념 包括的な概念ねん。

포:교[布教] 图하自 布教ふきょぅ。¶ ~에 종사하다 布教に従事じゅうじする。

포:교-사[-師] 图仏 布教師し。

포구[浦口] 图 浦うらの入いり口ぐち。

포구[砲口] 图 砲口こう、砲門ほうもん。¶ 적에게 ~를 돌리다 敵てきに砲口を向むける。

포구 장전[-裝塡] 图하他 砲口装塡そぅ。

포근-하다 圈여 ①ぽかぽかと暖あたたかい。¶ 겨울치고는 포근한 날씨다 冬ふゅにしては暖かい天気てんきだ。 ②(服ふく・布団ふとんなどが)ふんわりしている、ふくよかだ、ふかふかしている。¶ 포근한 이불 ふんわりした布団。 ③(雰囲気ふんぃきなどが)なごやかだ、のどかだ。¶ 가정의 포근한 분위기 家庭てぃのなごやかな雰囲気。

포근-히 副 ①ぽかぽかと暖かく。 ②ふかふか、ふんわりと。 ③なごやかに、のどかに。

포근포근-하다 圈여 非常ひじょうにふんわりしている。

포기 图 ①(植物しょくぶつの)株かぶ。¶ ~를 나누다 株を分わける。 ②(形式名詞的に)株。¶ 배추 한 ~ ハクサイ1株。

포:기[抛棄] 图하여自 放棄ほぅき、あきらめること。¶ 권리의 ~ 権利けんりの放棄/ 진학을 ~하다 進学しんがくをあきらめる。

포달 (毒どくづく)あくたれ口ぐち、悪口わるくち、ののしり、食くってかかること。

포달-부리다 自 (毒づいて)あくたをつく。

포달-스럽다 圈ㅂ (性質せぃしつが)毒々どくどくしい、荒々あらあらしい。 포달-스레 副 毒々しく。

포달-지다 圈 (話はなし振ぶりなどが)憎憎にくにくしげで毒々どくどくしい。

포대[砲臺] 图 砲台ほぅだぃ。¶ ~를 구축하다 砲台を築きずく。

포대-경[-鏡] 图軍 砲台鏡きょう。

포대기 图 おくるみ。 강보(襁褓)。

포:도[捕盜] 图 泥棒どろぼうを捕とらえること。

포:도 대:장[-大將] 图 「포도청」의 頭かしら。

포:도-청[-廳] 图史 (むかし)犯罪者はんざぃしゃを取とり締しまるために置おいた官庁かんちょう。

포도[葡萄] 图 葡萄ぶどう。¶ ~주 葡萄酒しゅ/ 건~ 干ほし葡萄。

포도-나무[-木] 图植 ぶどうの木き。

포도-당[-糖] 图化 葡萄糖とう。

포도[鋪道] 图 舗道ほどう。¶ 넓은 ~ 広ひろい舗道。

포동-포동 副하여形 (丸まると太ふとってふっくらとしたようす) ふっくら(と)、ぽってり(と)。¶ ~한 얼굴 ふっくらとした顔かお/ ~하게 살찐 아기 丸々と太っている赤あかん坊ぼう。

포:로[捕虜] 图 捕虜ほりょ、とりこ、俘虜ふりょ。¶ ~ 수용소 捕虜収容所しょうょうじょ/ 사랑의 ~가 되다 恋こいのとりこになる。

포르노[porno] 图 (「포르노그라피」의 縮約形) ポルノ。

포르노그라피[pornography] 图 ポルノグラフィー、ポルノ。

포르르 副 ①(薄うすいものが軽かるくふるえるようす)ぶるぶる。¶ 새가 ~ 떨다 小鳥ことりがぶるぶるとふるえる。 ②(少量しょうりょうの水みずが煮にえたぎるようす・その音おと) ぐらぐら。¶ 물이 ~ 끓고 있다 湯ゅがぐらぐら沸わき立たっている。 ③(勢いきよいよく火ひが燃もえ上あがるようす) めらめら。¶ 불이 ~ 타오르다 火がめらめら燃え上がる。 ④(小鳥ことりなどが急きゅうに飛とび立だつときの音) ばたばた。

포르말린[독 Formalin] 图薬 ホルマリン。

포르테[이 forte] 图音 フォルテ。

**포르티시모**[이 fortissimo] 图[音] フォルティシモ。
**포:리**[捕吏] 图[史] 捕吏ほうり、捕り方かた、捕り手て。 ¶ ~가 범인의 뒤를 좇다 捕り手が犯人はんにんの後あとを追おう。
**포마:드**[pomade] 图 ポマード。¶ ~를 바르다 ポマードを塗ぬる。
**포:만**[飽滿] 图[하形] 飽満ほうまん、十分じゅうぶんに満みちていること。
**포말**[泡沫] 图 泡沫ほうまつ。① 泡あわ。¶ ~ 유리 泡沫ふまつガラス。② [比] はかないこと、むなしいこと。¶ ~ 회사 泡沫会社がいしゃ。
　**포말-상**[-商] 图 反物商ほうもの。
　**포말-점**[-店] 图 反物店たんものみせ、反物屋たんものや。
**포문**[砲門] 图 砲門ほうもん、砲口ほうこう。¶ ~을 열다 砲門を開ひらく。
**포-물-선**[抛物線] 图[数] 放物線ほうぶつせん。¶ ~을 그리며 날다 放物線を描えがいて飛とぶ。
**포:박**[捕縛] 图[하他][되自] 捕縛ほばく。¶ 죄인을 ~하다 罪人ざいにんを捕縛する。
**포병**[砲兵] 图 砲兵ほうへい。¶ ~대 砲兵隊たい/ ~의 엄호 사격 砲兵の援護射撃えんごしゃげき。
**포복**[匍匐] 图[하自] 匍匐ほふく。¶ ~해서 전진하다 匍匐して前進ぜんしんする。
**포:복**[抱腹] 图[하自] 抱腹ほうふく。
**포:복-절도**[-絶倒] 图[하自] 抱腹絶倒ほうふくぜっとう。
**포:-볼**[일 four+balls] 图[野] フォアボール、四球しきゅう。¶ ~로 출루하다 フォアボールで出塁しゅつるいする。
**포:부**[抱負] 图 抱負ほうふ。¶ 원대한 ~ 遠大えんだいな抱負。
**포상**[褒賞] 图[하他][되自] 褒賞ほうしょう。¶ 유공자를 ~하다 功労者こうろうしゃを褒賞する。
**포:석**[布石] 图 布石ふせき。¶ 차기 선거를 위한 ~ 次期選挙じきせんきょのための布石/ 바둑의 ~을 연구하다 囲碁いごの布石を研究けんきゅうする。
**포석**[鋪石] 图 敷しき石いし、切きれ石いし、石畳いしだたみ。
**포:섭**[包攝] 图[하他][되自] ① 抱だき込こむこと。¶ 거물을 ~하다 大物おおものを抱き込む。② [論] 包摂ほうせつ。
**포성**[砲聲] 图 砲声ほうせい。¶ 천지를 진동시키는 ~ 天地てんちを揺ゆるがす砲声。
**포:수**[捕手] 图[野] 捕手ほしゅ、キャッチャー。
**포:수**[砲手] 图 ① 猟師りょうし、狩人かりゅうど、鉄砲打てっぽうち。② 砲手ほうしゅ。¶ ~가 쓰러지다 砲手が倒たおれる。
**포술**[砲術] 图 砲術ほうじゅつ。¶ ~을 배우다 砲術を習ならう。
**포스터**[poster] 图 ポスター。¶ ~를 붙이다 ポスターをはる。
　**포스터 컬러**[-color] 图 ポスターカラー。
**포슬-포슬** 副[하形]《塊かたまりになった粉こなどが乾かわいてこなごなになるようす》ぽろぽろ、ばらばら。¶ 빵이 ~ 부서지다 パンがぽろぽろに砕くだける。
**포:승**[捕繩] 图 捕縄ほじょう、捕り縄なわ。¶ ~으로 묶다 捕り縄で縛しばる。
**포:시**[布施] 图[하他][佛]《「보시」의 원もとの語ご》お布施ふせ。
**포:식**[捕食] 图[하他] 捕食ほしょく。¶ ~자 捕食者しゃ/ 뱀이 개구리를 ~하다 蛇へびが蛙かえるを捕食する。
**포:식**[飽食] 图[하自他] 飽食ほうしょくを。
**포:식-난:의**[-煖衣] 图[하自] 飽食暖衣だんい。
**포신**[砲身] 图 砲身ほうしん、筒つつ。
**포실-하다** 形[01] 豊ゆたかだ、富とんでいる、暮くらしが楽らくだ。
**포악**[暴惡] 图[하形] 暴悪ぼうあく。¶ ~한 범인 暴悪な犯人はんにん/ ~을 부리다 暴悪にふるまう。
　**포악-스럽다** 形[日] 暴悪である。
　**포악질** 图 暴悪なふるまい。
**포연**[砲煙] 图 砲煙ほうえん。
**포연-탄:우**[-彈雨] 图 砲煙弾雨だんう。
**포:옹**[抱擁] 图[하他] 抱擁ほうよう。¶ 열렬한 ~ 熱烈ねつれつな抱擁。
**포:용**[包容] 图[하他][되自] 包容ほうよう。¶ ~력 包容力りょく/ ~하는 아량 包容する雅量がりょう。
**포:위**[包圍] 图[하他][되自] 包囲ほうい。¶ 적군을 ~하다 敵軍てきぐんを包囲する。/ ~를 풀다 囲かこみを解とく。
**포:위-망**[-網] 图 包囲網ほういもう。¶ ~을 뚫다 包囲網を破やぶる。
**포:유**[哺乳] 图 哺乳ほにゅう。¶ ~ 동물 哺乳にゅう動物どうぶつ。
**포:유-기**[-期] 图 哺乳期き。
**포:유-류**[-類] 图[動] 哺乳類るい。
**포의**[布衣] 图 ① 布衣ふい、麻布あさぬのでつくった衣服いふく。② 布衣ふい、官位かんいのない人ひと。
**포의지-교**[-之交] 图 布衣ふいの交まじわり。
**포인트**[point] 图[依] ポイント、ポ。¶ 8~로 짜다 8ポで組くむ。
　**포인트 활자**[-活字] 图[版] ポイント活字かつじ。
**포자**[胞子] 图[植] 胞子ほうし。¶ ~ 생식 胞子生殖しょく。
**포자-낭**[-囊] 图[植] 胞子嚢のう。
**포자 식물**[-植物] 图[植] 胞子植物しょくぶつ。
**포자-충**[-蟲] 图[動] 胞子虫ちゅう。
**포장**[布帳] 图 とばり、ほろ、幕まく。¶ ~을 씌우다 幕をかぶせる。
**포장-마차**[-馬車] 图 ① ほろ馬車ばしゃ。② 屋台やたい。¶ ~에서 한 잔 하자 屋台で一杯いっぱいひっかけよう。
**포장**[包裝] 图[하他][되自] 包装ほうそう、荷造にづくり。¶ ~이 잘 되어 있다 包装がよくできている。
　**포장-지**[-紙] 图 包装紙し。
**포장**[褒章] 图 褒章ほうしょう。
**포장**[鋪裝] 图[하他] 舗装ほそう。
　**포장 도:로**[-道路] 图 舗装道路どうろ、ペーブメント。
**포:졸**[捕卒] 图[史] 捕とり手て、捕り方かた。
**포:주**[抱主] 图（女郎じょろうの）抱かかえ主ぬし、女郎屋じょろうやの主人しゅじん。
**포:즈**[pose] 图 ポーズ。¶ ~를 취하다 ポーズをとる。
**포지션**[position] 图 ポジション、位置いち、部署ぶしょ。¶ 자기 ~을 지키다 自分じぶんのポジションを守まもる。

**포지티브**[positive] 名 ポジティブ。①肯定的であること。②(写真で)陽画が、ポジ。団 ネガティブ

**포:진**[布陣] 名하자 布陣じん。

**포:착**[捕捉] 名他할되자 捕捉ほそく、とらえること、つかむこと。¶ 기회를 ~하다 機会をとらえる。

**포:충-망**[捕蟲網] 名 捕虫網ほちゅうあみ。

**포커**[poker] 名 ポーカー。

**포켓**[pocket] 名 ポケット。¶ ~ 북 ポケットブック。

**포켓 머니**[-money] 名 ポケットマネー、小遣づかい銭せん。

**포:크**[fork] 名 フォーク。

**포:크-볼**[-ball] 名[野] フォークボール。

**포:크**[pork] 名 ポーク、豚肉ぶたにく。¶ ~ 커틀릿 ポークカツレツ。

**포:크 댄스**[folk dance] 名 フォークダンス。

**포:크 송**[folk song] 名 フォークソング。

**포탄**[砲彈] 名 砲弾だん、砲丸ほうがん。¶ ~을 퍼붓다 砲弾を浴びせる。

**포:탈**[逋脫] 名他할되자 逋脱だつ。¶ 관세를 ~하다 関税を逋脱する。

**포태**[胞胎] 名하자 胎児たいじをはらむこと、みごもること。働 임신・잉태。

**포토**[photo] 名 (「포토그래프」의 縮約形) フォト。¶ ~ 뉴스 フォトニュース。

**포토-그래프**[-graph] 名 フォトグラフ。

**포폄**[褒貶] 名他할되자 褒貶へん。¶ 훼예 ~ 毀誉よ褒貶。

**포플러**[poplar] 名[植] ポプラ。

**포플린**[poplin] 名 ポプリン。

**포피**[包皮] 名 包皮ひ。

**포피-염**[-炎] 名[醫] 包皮炎えん。

**포학**[暴虐] 名하彤 暴虐ぎゃく。¶ ~한 행위 暴虐な行為。

**포학 무도**[-無道] 名하彤 暴虐無道どう。¶ ~한 군주 暴虐無道な君主しゅ。

**포함**[包含] 名他할되자 包含がん。¶ 세금을 ~한 가격 税込みこみ価格かかく/ 여러 가지 의미를 ~하다 いろいろな意味を包含する。

**포함**[砲艦] 名 砲艦ほう。

**포화**[砲火] 名 砲火ほう。¶ ~를 퍼붓다 砲火を浴びせる。

**포:화**[飽和] 名 飽和ほう。¶ ~ 인구 飽和人口じん。

**포:화 상태**[-狀態] 名 飽和状態たい。¶ ~에 이르다 飽和状態に至る。

**포:화 용액**[-溶液] 名[化] 飽和溶液ようえき。

**포환**[砲丸] 名 砲丸ほう。

**포환-던지기** 名[體] 砲丸投なげ。

**포:획**[捕獲] 名他할되자 捕獲かく。¶ ~량 捕獲量りょう/ 고래를 ~하다 鯨くじらを捕獲する。

**포효**[咆哮] 名하자 咆哮こう。¶ 맹수의 ~ 猛獣じゅうの咆哮。

**폭**[副] ①(…した)つもり、(…した)わけ、(…した)ということ。¶ 그 책은 읽은 ~으로 치자 その本は読よんだつもりにしておこう。②程度てい、割わり、割合かりあい。¶ 이틀 ~은 걸리겠지 二日ふつかぐらいはかかるだろう。

**폭²**[副] ①(熟睡じゅくすいしたり よく休やすんだりするようす)ぐっすり。¶ 잠이 ~ 들었다 ぐっすり寝ねこんだ。②(強つよく突つき刺さすようす)ぶすっと、ぶすりと、きゅっと。¶ 바늘로 ~ 찌르다 針はりでぶすっと刺さす。③(全体ぜんたいを包つつんだり かぶせたりしたようす)すっぽり。¶ 이불을 ~ 덮다 布団ふとんをすっぽりかぶる。④(十分じゅうぶんに煮にたり 蒸むしたりするようす)じっくり。¶ ~ 끓인 곰국 じっくり煮出だした肉にくのスープ。⑤(よく発酵はっこうしたり 腐敗ふはいするようす)すっかり。¶ 새우젓이 ~ 삭다 小えびの塩辛しおからがすっかり発酵する。⑥(ぬかるみなどにはまりこむようす)ずぼっと、すっぽり。¶ 도랑に 빠지다 溝みぞにずぼっとはまる。⑦(残のこらず皆みなあげるようす)ごっそりと、そっくり。¶ 딸에게 애정을 ~ 쏟아 붓다 娘むすめに愛情をたっぷりそそぎ込こむ。⑧(浅あさく鮮あざやかにくぼんでいるようす)ぽこっと、ぽこっと。¶ 보조개가 ~ 패다 えくぼがぽこっとへこむ。⑨(力ちからなくばたっと倒たおれるようす)ばったり。¶ ~ 쓰러지다 ばったり倒れる。働 푹

**폭**[幅] Ⅰ名 ①幅は、幅員ふくいん。¶ 강~이 넓다 川の幅が広ひろい。②(度量りょう・知識しきなどの)広ひろさ、間口まぐち、範囲はん、領域りょう。¶ ~이 넓은 사람 度量の大きい人/ 사업의 ~을 넓히다 事業じょうの領域を広げる。Ⅱ依 (紙かみ・反物たん・掛かけ軸じく・絵えなどを数かぞえる語ご) 幅。¶ 열두 ~ 치마 12幅はちょうのチマ/ 여섯 ~짜리 병풍 6幅対つくいの屏風。

**폭격**[爆擊] 名他할되자 爆撃げき。¶ 융단 ~ 絨毯じゅうたん爆撃/ 적국을 ~하다 敵国てきくを爆撃する。

**폭격-기**[-機] 名 爆撃機き。

**폭군**[暴君] 名 暴君くん。¶ ~의 압정 暴君の圧政せい。

**폭도**[暴徒] 名 暴徒と。¶ ~를 진압하다 暴徒を鎮圧ちんあつする。

**폭동**[暴動] 名 暴動どう。¶ ~을 일으키다 暴動を起おこす。

**폭등**[暴騰] 名하자 暴騰とう。¶ 물가가 ~하다 物価ぶっかが暴騰する。団 폭락(暴落)。

**폭락**[暴落] 名하자 暴落らく、がた落おち。¶ 주가가 ~하다 株価かぶかが暴落する。団 폭등(暴騰)。

**폭력**[暴力] 名 暴力りょく。¶ ~을 휘두르다 暴力を振ふるう。

**폭력-단**[-團] 名 暴力団だん。

**폭력-배**[-輩] 名 ごろつき、ならず者もの、不良ふりょうの輩やから。

**폭로**[暴露] 名自할되자 暴露ばく、暴あばくこと。¶ ~ 기사 暴露記事き/ 비밀을 ~하다 秘密みつを暴露する。

**폭리**[暴利] 名 暴利り。¶ ~를 탐하다 暴利をむさぼる。

**폭발**[暴發] 名自할되자 暴発ぼう、爆発ぼう。¶ 분노가 ~하다 怒いかりが暴発する。

**폭발**[爆發] 名自할되자 爆発ぼう。¶ ~성 爆発性せい/ 화약이 ~하다 火薬かやくが爆発する。

**폭발-물**[-物]图 爆発物ぶつ。¶ ~을 단속하다 爆発物を取とり締しまる。

**폭발-적**[-的]冠 爆発的てきの。¶ ~인 인기 爆発的な人気にん。

**폭사**[暴死]图하자 暴死ぼう、急死きゅう。

**폭사**[爆死]图하자 爆死ぼく。¶ 공습으로 ~하다 空襲くうで爆死する。

**폭삭**副 ①《すっかり腐くさったようす》すっかり。¶ 사과가 ~ 썩어 버렸다 リンゴがすっかり腐ってしまった。②《入はっていた物がみなこぼれるようす》そっくり、すっかり。¶ 떡을 시루째 ~ 엎어놓다 餅をこしきのままそっくりひっくり返してしておく。③《もろくひっくずおれるか座りこむようす》どさっと、ばたっと、ばたりと。¶ 그 자리에 ~ 주저앉았다 その場ばにばたりとくずおれた。④《もろい物がたやすく崩くずれるかつき込こむようす・その音》ばさっと、ばさりと。¶ 지붕이 ~ 내려앉다 屋根やねがばさっと崩れ落ちる。

**폭삭-폭삭**副 ①《多おくのものがもろくくずれるか座りこむようす》どさどさと、ばたばたと。②《荒あらくて乾かわいたものがもろく崩くずれるか落おちこむようす》ばさばさ。

**폭서**[暴暑]图 酷暑こくしょ、猛暑もう。

**폭설**[暴雪]图《突然とつぜんの》大雪おおゆき、どか雪ゆき、豪雪ごう。¶ ~로 교통이 두절되었다 大雪で交通つうが途絶とぜつした。

**폭소**[爆笑]图 爆笑ばくしょう。¶ ~가 터지다 爆笑が沸わき起こる。

**폭식**[暴食]图하자타 暴食ぼう。¶ 폭음 ~ 暴飲ぼう暴食。

**폭신-하다**[形여] ふんわりとしている、ふわふわしている、ふかふかしている、ふくよかだ。¶ 폭신한 소파 ふわふわしたソファー。二 폭신하다

**폭신-폭신**副形 ふわふわ、ふかふか、ふくよかに。¶ ~한 이불 ふわふわした布団とん。

**폭약**[爆藥]图《「폭발약」의 縮約形》爆薬ばく。¶ ~을 장치하다 爆薬をしかける。

**폭언**[暴言]图하자타 暴言げん。¶ ~을 하다 暴言を吐はく。

**폭염**[暴炎]图 酷暑こくしょ。㊀ 폭서(暴暑)

**폭우**[暴雨]图 暴雨ぼう。¶ 갑자기 ~가 쏟아지다 突然とつぜん暴雨が降ふる。

**폭음**[暴飲]图하자타 暴飲ぼう。¶ ~ 폭식 暴飲暴食。

**폭음**[爆音]图 爆音ばくおん。¶ 요란한 ~ 轟轟ごうたる爆音/~이 울려퍼지다 爆音がとどろく。

**폭정**[暴政]图 暴政せい。¶ ~에 시달리다 暴政に苦くるしむ。

**폭주**[暴走]图하자 暴走ぼう。¶ ~하는 택시 暴走するタクシー。

**폭주**[←輻輳·輻湊]图하자 ①輻湊ふくそう、輻輳ふくそう、込こみ合あうこと、ラッシュ。¶ 사무가 ~하다 事務が忙いそがしくてんてこまいの状態じょうだ。②《土》両眼りょうの注視線しせんが目の前まえの一点てんに集あつまること。

**폭죽**[爆竹]图 爆竹ばくちく。¶ ~을 터뜨리다 爆竹を鳴ならす。

**폭탄**[爆彈]图《「폭발탄」의 縮約形》爆弾ばくだん。¶ 시한 ~ 時限じげん爆弾/~을 투하하다 爆弾を投下とうかする。

**폭탄 선언**[-宣言]图하자 爆弾宣言ぜん。

**폭투**[暴投]图하자타 暴投ぼう、ワイルドピッチング。¶ 투수의 ~ 投手とうの暴投。

**폭파**[爆破]图하자태 爆破ばく。¶ 암석을 ~하다 岩石がんを爆破する。

**폭포**[瀑布]图《「폭포수」의 縮約形》瀑布ばく、滝たき。¶ 나이아가라 ~ ナイアガラ瀑布/~처럼 쏟아지다 滝のように降ふり注そそぐ。

**폭포-수**[-水]图 瀑布ばく、滝たき。㊀ 폭포

**폭풍**[暴風]图 暴風ぼう、嵐あらし。¶ ~ 전의 고요함 嵐の前まえの静けさ/~이 휘몰아치다 暴風が吹ふきすさぶ。/~이 멎다 嵐がやむ。

**폭풍 경:보**[-警報]图 暴風警報ほう。

**폭풍-우**[-雨]图 暴風雨ぼうふうう、嵐あらし。¶ ~를 만나다 暴風雨に遭あう。

**폭한**[暴漢]图 暴漢かん。¶ ~에게 습격당하다 暴漢おそわれる。

**폭행**[暴行]图하자태 暴行ぼう。¶ 집단 ~ 集団だん暴行/~을 가하다 暴行を加くわえる。

**폭행-죄**[-罪]图《法》暴行罪ざい。¶ ~로 체포되다 暴行罪で逮捕たいほされる。

**폴딱**副하자《小ちいさいものが軽かるくとぶようす》ぴょんと。¶ 개구리가 ~ 뛰어 올랐다 カエルがぴょんと跳とび上あがった。㊀ 폴떡

**폴딱-거리다**国 ぴょんぴょん跳はねる。

**폴딱-폴딱**副하자 ぴょんぴょん。¶ 좋아서 ~ 뛰고 있다 うれしくてぴょんぴょん小躍こおどりしている。

**폴라로이드**[polaroid]图 ポラロイド。¶ ~ 카메라 ポラロイドカメラ。

**폴:로**[polo]图 ポロ。¶ ~ 셔츠 ポロシャツ。

**폴리-에스테르**[polyester]图化 ポリエステル。

**폴리-에틸렌**[polyethylene]图化 ポリエチレン。

**폴립**[polyp]图動植 ポリプ。

**폴싹**副《煙けむ・ほこりなどがにわかに立たつようす》ぱっと。㊀ 풀썩

**폴싹-거리다**国 《煙けむ・ほこりなどが》ぱっと立たつ。

**폴싹-폴싹**副하자 ぱっぱっと。

**폴짝**副《小ちいさい物が軽かるく跳とぶようす》ぱっと、ぴょんと。¶ 개구리가 ~ 뛰어올랐다 カエルがぴょんと跳とび上あがった。②《急きゅうに戸となどを開閉かいへいするようす》ぱっと、ぱたんと、ばたんと。¶ 문을 ~ 닫다 戸をばたんと閉める。㊀ 풀쩍

**폴짝-거리다**自他 しきりに戸となどをぱたんぱたん開閉かいへいするし跳とぶ。

**폴짝-폴짝**副하자타 ぱたんぱたん、ぴょんぴょん。¶ 벼룩이 ~ 뛰어오르다 のみがぴょんぴょん跳ねとぶ。

**폴폴**副 ①《少量しょうの水みずがしきりに沸わき上あがるようす》ぐらぐら、ふつふつ。¶ 물이 ~ 끓다 湯ゆががらぐらと沸き立たつ。②《力ちからよく飛とんだり跳はねたりするようす》ばたば

た、ぴょんぴょん。¶ 새가 ~ 날아가다 鳥がぴょんぴょんと飛んでいく。③《雪·ごみなどが飛び散るようす》はらはら、ひらひら、ほろほろ。¶ 꽃잎이 바람에 ~ 날리다 花びらが風にはらはらと舞う。㉣ 풀풀

**폼:**〖form〗图 フォーム、形式。

**폼:-잡다**〖form-〗自《俗》身構える、気取る、もったいぶる。

**퐁** 副 ①《密閉された空気が狭いところから抜け出てくる音》ぽん。②《小さい穴があく音》ぽん、ぽこっと。¶ 구멍이 ~ 뚫렸다 穴がぽこっとあいた。③《大きくおならをする音》ぷうん。④《重い物が深い水中に落ちる音》どぶん、ざぶん。㉣ 풍

**퐁당** 副《小さい物が深い水中に落ちる音》ぽちゃん。¶ 연못에 돌을 ~ 던지다 池に石ころをぽちゃんと投げ込む。㉣ 풍덩

**퐁당-거리다** 自 しきりにどぶんどぶんと音がする〔音を立てる〕。

**퐁당-퐁당** 副|하|自 ぽちゃんぽちゃん、どぶんどぶん。

**퐁-퐁** 图|하|自 ①《狭い口から水が勢いよく出てくる音》どくどく、ごぼごぼと、じゃあじゃあ。②《詰まっていた空気などが一気にして吐き出される音》ぱっぱっと、ぽんぽんと。③《つづけざまにおならをする音》ぶんぶん、ぶうぶう。

**푄:**〖독 Föhn〗图《氣》フェーン。

**표**〖表〗I 图 ①上、表、表面、外側。②しるし。③標識。④《むかし》自分の意見を述べて王に差し出す文書。⑤出仕、出師の表。⑤要項を順序よく追うて記したもの。¶ 연대 ~ 年代表/ 대전 ~ 対戦表。II 接尾 …表。¶ 시간 ~ 時間表/ 대전 ~ 対戦表。

**표**〖票〗I 图 ①切符、券。¶ 파는 곳 切符売り場。②《選挙などでの》票。¶ 열 ~ 차로 당선되었다 10票の差で当選した。II 接尾 …票、…券、切符。¶ 차 ~ 乗車券/ 가격 ~ 値札。

**표**〖標〗图 標、しるし、目じるし、札、マーク。¶ 별 ~ 星印/ ~를 하다 目じるしをつける。

**표결**〖表決〗图|하|되|自 表決。¶ ~에 들어가다 表決に入る。

**표결-권**〔-權〕图《法》表決権。

**표결**〖票決〗图|하|되|自 票決。¶ ~에 부치다 票決にかける。

**표고** 图〖椎〗シイタケ。

**표고-버섯** 图 ⇒ 표고

**표고**〖標高〗图 標高、海抜。¶ ~점 標高点/ ~차 標高差。

**표구**〖表具〗图|하|他 表具。

**표구-사**〔-師〕图 表具師。

**표기**〖表記〗图|하|他 表記。¶ ~의 주소 表記の住所/ 한글로 ~하다 ハングルで表記する。

**표기-법**〔-法〕图 表記法。¶ 외래어 ~ 外来語表記法。

**표-나다**〔表-〕自 目につく、目立つ。

**표독**〖標毒〗图|하|形|스럽〗残忍さで毒々しいこと、とげとげしいこと。¶ ~스러운 말투 とげとげしい話し方。

**표류**〖漂流〗图|하|自 漂流。¶ ~기 漂流記/ 배가 ~하다 船が漂流する。

**표리**〖表裏〗图 表裏、裏表。¶ ~ 일체 表裏一体/ ~가 있는 사람 裏表のある人。

**표리 부동**〔-不同〕图|하|形 表裏不同、言動に裏表のあること。

**표리 상응**〔-相應〕图|하|自 表裏相応、表裏が互いに応ずること。

**표막**〖表膜〗图 表面を包んでいる膜。

**표면**〖表面〗图 表面、表、うわべ、外見。¶ ~ 마찰 表面摩擦/ 지구의 ~ 地球の面/ 산의 ~ 山の肌/ ~상의 이유 表向きの理由。

**표면 장력**〔-張力〕图《物》表面張力。

**표면-적**〔-的〕冠|名 表面的。¶ ~인 구실 表面的な口実。

**표면-화**〔-化〕图|하|되|自 表面化。¶ 사건이 ~되다 事件が表面化する。

**표명**〖表明〗图|하|他 表明。¶ 사의를 ~하다 辞意を表明する。

**표방**〖標榜〗图|하|되|自 標榜。¶ 민주주의를 ~하다 民主主義を標榜する。

**표-밭**〔票-〕图 票田、〈選挙戦で〉票の集中する地域。

**표백**〖漂白〗图|하|他|되|自 漂白、さらし。¶ ~작용 漂白作用/ 빨래를 ~하다 洗濯物をさらす。

**표백-분**〔-粉〕图 漂白粉、さらし粉。

**표백-제**〔-劑〕图 漂白剤。

**표범**〖豹-〗图《動》ヒョウ。

**표변**〖豹變〗图|하|되|自 豹変。¶ 태도가 ~하다 態度が豹変する。

**표본**〖標本〗图 標本、見本、手本、サンプル。¶ ~ 조사 標本調査/ 그는 교육자의 ~이다 彼からは教育家の手本だ。

**표본-실**〔-室〕图 標本室。

**표본 추출**〔-抽出〕图 標本抽出。

**표상**〖表象〗图 表象、心象。¶ 평화의 ~ 平和の表象。

**표상-형**〔-型〕图《心》表象型。

**표석**〖標石〗图 標石。㉠ 푯돌。

**표시**〖表示〗图|하|되|自 表示、しるし。¶ 품질 ~ 品質表示/ 의사를 ~하다 意思を表示する。

**표시-등**〔-燈〕图 表示灯。

**표시**〖標示〗图|하|되|自 標示、目じるし。¶ 이정 ~ 里程じるし標示。

**표어**〖標語〗图 標語、モットー、スローガン。¶ ~를 내걸다 スローガンを掲げる。/ ~를 모집하다 標語を募集する。

**표연-하다**〖飄然-〗形〔여〕飄然としている。**표연-히** 副 飄然と、ふらりと。¶ ~ 나타나다 飄然と現われる。

**표음**【表音】 名 하自 表音ひょうおん。¶ ~ 기호 表音記号きごう。
**표음 문자**〔-文字〕 名【文法】表音文字もじ。
**표의**【表意】 名 하自 表意ひょうい。
**표의 문자**〔-文字〕 名【文法】表意文字もじ。
**표적**【標的】 名 標的ひょうてき、的まと、狙ねらい。¶ ~ 사격 標的射撃しゃげき/ ~을 벗어나다 的をはずれる。
**표절**【剽竊】 名 하他 剽窃ひょうせつ、盗作とうさく。¶ 남의 작품을 ~하다 他人たにんの作品さくひんを剽窃ひょうせつする。
**표정**【表情】 名 表情ひょうじょう、顔かおつき、かおいろ、面持おももち。¶ 성난 듯한 ~ 怒おこったような表情/ ~을 살피다 かおいろを察さっする。
**표제**【標題・表題】 名 表題ひょうだい、標題ひょうだい、見出みだし、タイトル。¶ 신문의 ~ 新聞しんぶんの見出し/ ~를 붙이다 表題をつける。
**표제-어**〔-語〕 名 表題語、見出みだし語ご。
**표제 음악**〔-音樂〕 名 表題音楽おんがく。
**표주-박**〔瓢-〕 名 瓢箪ひょうたん、ひさご。
**표준**【標準】 名 標準ひょうじゅん。¶ ~ 규격 標準規格きかく/ ~을 정하다 標準を定さだめる。
**표준-시**〔-時〕 名 標準時じ。
**표준-어**〔-語〕 名 標準語ご。
**표준 편차**〔-偏差〕 名 標準偏差へんさ。
**표준-화**〔-化〕 名 하他 되自 標準化か。
**표지**【表紙】 名 表紙ひょうし。¶ ~를 붙이다 表紙をつける。
**표지**【標識】 名 標識ひょうしき、目めじるし。¶ ~등 標識灯とう/ 도로 ~ 道路どうろ標識。
**표착**【漂着】 名 하自 漂着ひょうちゃく。¶ 무인도에 ~하다 無人島むじんとうに漂着する。
**표찰**【標札】 名 標札ひょうさつ。¶ ~을 내걸다 標札を掲かかげる。
**표창**【表彰】 名 하他 되自 表彰ひょうしょう。¶ ~식 表彰式しき/ ~ 받다 表彰される。
**표창-장**〔-狀〕 名 表彰状じょう。
**표출**【表出】 名 하他 되自 表出ひょうしゅつ。¶ 감정을 ~하다 感情かんじょうを表出する。
**표층**【表層】 名 表層ひょうそう。¶ ~ 사태 表層なだれ/ 지구의 ~ 地球ちきゅうの表層。
**표토**【表土】 名 表土ひょうど。
**표피**【表皮】 名 表皮ひょうひ。¶ ~ 섬유 表皮繊維せんい/ 나무의 ~ 木きの表皮ひょうひ。
**표피 세:포**〔-細胞〕 名【生】表皮細胞さいぼう。
**표-하다**〔表-〕 他여 表ひょうする、表あらわす、示しめす。¶ 경의를 ~ 敬意けいいを表する。
**표-하다**〔標-〕 他여 記しるす、しるしをつける。¶ 예정일을 달력에 표해 두다 予定日よていびをカレンダーに記しておく。
**표현**【表現】 名 하他 되自 表現ひょうげん。¶ ~법 表現法ほう/ 말로는 ~하기 어렵다 言葉ことばでは表現し難がたい。
**표현-력**〔-力〕 名 表現力りょく。¶ ~이 풍부하다 表現力が豊富ほうふだ。
**표현-주의**〔-主義〕 名【文】【美】表現主義しゅぎ。
**푯-대**〔標-〕 名 目めじるしのために立たてた柱はしらや杭くいなど。
**푯-돌**〔標-〕 名 標石ひょうせき。 ㉠ 표석(標石)
**푯-말**〔標-〕 名 標識ひょうしきの杭くい。¶ ~을 박다 標

識のくいを打うつ。
**푸:** 副《唇くちびるを丸まるめて息いきを吹ふき出だす音おと》ぷう、ぷうっ。¶ 담배 연기를 ~ 내뿜다 タバコの煙けむりをぷうっと吹き出す。
**푸가**〔이 fuga〕 名【音】フーガ、遁走曲とんそうきょく。
**푸근-하다** 形여 ①《冬ふゆの天気てんきなどが》なごやかだ、ぽかぽか暖あたたかい、穏おだやかだ。¶ 푸근한 겨울 날씨 穏やかに暖かい冬の日和ひより。②《雰囲気ふんいきなどが》ほのぼのと柔やわらかい、穏やかだ。¶ 그녀 곁에만 있으면 마음이 ~ 彼女かのじょの側そばにいさえすれば心こころがほのぼのとする。③《暮くらしなどが》豊ゆたかだ、豊かで満足まんぞくだ。¶ 포근하다 푸근-히 副 ①なごやかに、あたたかく。②ふくよかでなごやかに。③豊かで満足に。
**푸근-푸근** 副 하形 ①ほのぼのと、ふかふかと。②ぽかぽかと。
**푸-나무** 名 ①草木くさき ②柴しば、そだ。
**푸나무-서리** 名 草木の茂しみ。
**푸념** 名 하여 ①【民】巫女みこが神かみのお告つげとして祈願者きがんしゃをどなりつけること。②苦情くじょうをいうこと、泣なき言ごと、愚痴ぐち。¶ ~을 늘어놓다 泣き言を並ならべる。
**푸다** 他 ①《液体えきたいを》汲くむ、汲くみ取とる、すくう、すくい取とる。¶ 우물에서 물을 퍼 올리다 井戸いどで水みずをくみ上あげる。②《穀類こくるい・飯めしを》すくいとる、よそう。¶ 쌀통에서 쌀을 ~ 米びつから米をすくいとる。
**푸닥거리** 名 하自【民】巫女みこの厄払やくばらい行事ぎょうじ。
**푸-대접**〔-待接〕 名 하他 冷遇れいぐう。¶ ~을 받다 冷遇される。
**푸덕-거리다** 自他 羽はね・尾おを重おくばたばた〔ぴちぴち〕させる。
**푸둥-푸둥** 副 하形《肥こえ太ふとっているようす》まるまる、ぽちゃぽちゃ、ぶよぶよ、ぷくぷく。¶ ~ 살찐 돼지 まるまると太った豚ぶた。㉔ 포동포동
**푸드덕** 副 ①《大おおきな鳥とりが羽はねを重おくばたばたさせるときの音おと》ばたばた、ばたばた。②《大きな魚さかなが尾おをぴちぴちさせるときの音》ぴちぴち、ぴちゃっと、ばちゃっと。
**푸드덕-거리다** 自他 しきりにばたつく、しきりにばたつかせる。
**푸드덕-푸드덕** 副 하自他 ばたばた、ばたばたっ、ぴちぴち。
**푸드득** 副《柔やわらかい大便だいべんを勢いきおいよく排出しゅつするときの音おと》びちびち、びりびり。¶ ~ 설사를 하다 びりびりと下痢げりをする。
**푸드득-거리다** 自 しきりにびりびりと音おとを立たてる。
**푸드득-푸드득** 副 하自 びりびり。
**푸르다** 形여 ①青あおい。¶ 푸른 하늘 青い空そら/ 나뭇잎이 ~ 木この葉はが青い。②けんまくが激はげしい、気勢きせいが鋭するどい。¶ 서슬이 ~ すごいけんまくだ。
**푸르대-콩** 青豆あおまめ。 ㉠ 청태(青太)
**푸르데데-하다** 形여 薄汚うすよごなく青あおっぽい。
**푸르뎅뎅-하다** 形여 薄汚うすよごなく青白あおじろい。

**푸르디-푸르다** 〔形〕(「푸르다」の強調語) 真っ青だ、非常に青い。

**푸르락-누르락** 〔副〕〔하다〕 (興奮して顔色が) 青ざめたり黄色くなったりするようす。

**푸르락-붉으락** 〔副〕〔하다〕 (非常に興奮して顔色が) 赤らんだり青ざめたりするようす。

**푸르르** 〔副〕 ①((軽い物が風に強くふるえるようす・その音)) ぶるぶる、はらはら。 ②((多量の水が小さい器でにわかに沸き上がるようす・その音)) ぐらぐら、ふつふつ。 ③((急に燃え立つようす)) めらめら、ぼっと。 ④((小鳥などが急に飛び上がるようす・その音)) ばたばた。

**푸르스름-하다** 〔形어〕 青味がかっている、やや青い。¶ 푸르스름한 빛을 띠다 青味がかった色を帯びる。 ㉔ 파르스름하다

**푸르죽죽-하다** 〔形어〕 どす青い、濁った青色だ。

**푸르퉁퉁-하다** 〔形어〕 青脹れしている、にごったように青い。¶ 푸르퉁퉁한 얼굴 青脹れの顔。

**푸른-곰팡이** 〔名〕〔植〕青かび。

**푸릇-푸릇** 〔副〕 青々、点々と青々く、青々いものがあちこちに。¶ 새싹이 ~ 돋아나다 新芽が青々と生え出でる。

**푹새**¹ 〔名〕雑草。

**푹새**² 〔名〕(衣類などの) 糊付け。¶ 빨래에 ~ 를 하다 洗濯物に糊付けをする。

**푹석-하다** 〔形어〕 ①(皮膚などが) 青くぶくれしている、少しむくんでいる。 ②ばさばさして脆くい、砕けやすい。¶ 사과가 ~ リンゴがぼそぼそしている。

**푹석-푹석** 〔副〕〔하다〕 ばさばさ、ぽろぽろ。¶ 가뭄으로 흙이 ~ 해지다 日照りで土がばさばさになる。

**푹성귀** 〔名〕青物、青菜、菜っ葉、蔬菜、野菜。¶ ~ 장수 八百屋や/ ~ 시장 青物市/ ~ 를 심다 野菜を植える。

**푸슬-푸슬** 〔副〕〔하다〕 (粉などが水気が足りなくてよく固まらないようす) ぼろぼろ、ばらばら、ばさばさ。 ㉔ 포슬포슬 ㉔ 부슬부슬

**푸주** 〔厨房〕 〔名〕肉屋さん。

**푸줏-간** 〔名〕[1間] 肉屋さん。

**푸지다** 〔形〕 (食べ物などが) たっぷりある、豊富である、満ち足りている。¶ 푸진 대접을 받다 たっぷりのもてなしを受ける。

**푸짐-하다** 〔形어〕 (食べ物・品物などが) たっぷりある、十分だ。¶ 음식이 푸짐한 잔치 ごちそうがたっぷりの祝宴だ。 **푸짐-히** たっぷりと。

**푸:푸** 〔副〕 ①(続けざまに息を吐き出す音) ふうふう。 ②(口にふくんだ水などを続けて吹きつけるようす) ぶうぶう。

**푹** 〔副〕 ①((熟睡するようす)) ぐっすり、ふかく。¶ 잠이 ~ 들다 ぐっすり寝入る。 ②((すっぽり包みかぶせるようす)) すっぽり。¶ 이불을 ~ 씌우다 布団をすっぽりかぶせる。 ③((強く突っき刺すようす)) ぶすっと。¶ 식칼로 ~ 찌르다 包丁でぶすっと刺す。 ④((十分に煮たりふかすようす)) じっくり、たっぷり、じゅうぶん。¶ 닭을 ~ 고다 鶏をじっくりと煮込む。 ⑤((余すことなくすっかり腐ったり潰ったるようす)) すっかり。¶ 김치가 ~ 익었다 キムチがすっかり漬かって味がついた。 ⑥((ぬかるみなどにはまりこむようす)) ずぼっ、ずぶり。¶ 수렁에 ~ 빠지다 どろぬまにずぼっとはまる。 ⑦((深く掘られているようす)) ぽっかり、ぽこっと。¶ 구덩이가 ~ 패어 있다 くぼみがぽこっと掘られている。 ⑧((力がなくべたりとくずおれるようす)) ばたっと、ばったり、どっと、べたりと。¶ ~ 쓰러지다 ばたっと倒れる。 ⑨((どっさり盛りたり一度にどっさこぼれたりするようす)) どっさり、どっと、すっかり。¶ 모래를 한 삽 ~ 뜨다 砂をシャベル一杯いっぱいどっさりすくう。 ⑩((気を落としてうなだれるようす)) がっくり。¶ 머리를 ~ 떨어뜨리다 がっくりと首うを垂れる。 ⑪((水などに深く沈むようす)) ぷくっと。¶ 물에 ~ 잠기다 水の中などに深く沈む。 ⑫((すっかりぬれるようす)) びっしょり。¶ 비에 ~ 젖다 雨水にびっしょりぬれる。 ⑬((疲れた体からをゆっくり休めるようす)) ゆったり。¶ 집에서 ~ 쉬다 家でゆったりとくつろぐ。

**푹석** 〔副〕 ①((すっかり腐ったようす)) ぐちゃぐちゃ、ぐちゃり、ぼろぼろ。 ②((くずおれるようす)) へなへな、べたりと、どっかと。 ③((かさかさしたものが脆しく崩れるようす)) ぼさっ、どさっ。¶ 지붕이 ~ 내려앉았다 屋根がどさっと崩れ落ちた。 ㉔ 폭삭

**푹석-푹석** 〔副〕 ぼろぼろ、へなへな、ばさばさ。

**푹신-하다** 〔形어〕 ふくよかだ、ふわふわしている、ふかふかしている。¶ 푹신한 침대 ふかふかのベッド。 ㉔ 폭신하다

**푹신-푹신** 〔副〕〔하다〕 ふわふわ、ふかふか、ふんわり。¶ ~ 한 이불 ふんわりした布団。

**푹-푹** 〔副〕 ①((非常に蒸し暑いようす)) むしむし、むんむん。¶ ~ 찌는 날씨 むしむしする天気。 ②((十分に煮えたようす)) ぐちゃぐちゃ、ぶつぶつ。¶ 콩을 ~ 삶다 豆をぐちゅぐちゅに煮る。

**푹-하다** 〔形어〕 (冬の天気が) ぽかぽかと暖かい。¶ 올 겨울은 예년에 비해 ~ 今年の冬は例年に比べてぽかぽかと暖かい。

**푼:** 〔〔分〕〕 〔依〕 ①((昔の金銭の単位)) 文。¶ 동전 두 ~ 銅銭二文に。 ②((小額のお金の単位)) 文。¶ 몇 ~ 안되는 돈 いくらにもならない金額だ。 ③((重量の単位)) 分。¶ 한 돈 두 ~ 1匁にも2分に。 ④((尺度の単位)) 分。¶ 한 치 닷 ~ 1寸5分に。 ⑤((百分率の単位)) 分。¶ 일 할 오 ~ 의 고리 1割に5分この高利り。

**푼:-거리** 〔名〕 (薪などの) 分売、分け売り、ばら売り。 ㉠ 푼내기

**푼:거리-나무** 〔名〕 小束にして分け売りする薪。 ㉠ 푼나무

**푼:거리-질** 图画固 ①ばら売りの薪を買って焚くこと。②(物を)少しずつ買かって使うこと。

**푼:-내기** 图 ①小銭の賭け事。② ⇨ 푼거리

**푼:내기-흥정** 图画固 小銭による売買、小額ずつ取り引き。

**푼:-돈** 图 小銭、はした金、ばら銭。¶ ~을 모으다 小銭をためる。

**푼:수** 图 ①程度、比率、分。②身分、人となり、人柄。¶ 그 일을 해낼 만한 ~가 못 되다 その仕事をやり遂げるだけの柄じゃない。

**푼:-어치** 图 はした銭で売買できるぐらいのもの。

**푼:-푼이** 副 一銭二銭と、わずかずつ。¶ ~ 저금하다 少しずつ貯金する。

**푼푼-하다** 形여 ①ゆとりがある、豊かである、十分だ。¶ 생활이 푼푼해졌다 暮らしにゆとりができてきた。②こせこせしていない、おおらかだ。¶ 푼푼한 성격 おおらかな性格。 **푼푼-히** 副 十分に、おおらかに。¶ 돈을 ~ 갖고 있다 お金を十分に持っている。

**풀¹** 糊の。¶ ~을 쑤다 糊をつくる。/ ~로 붙이다 糊で張る。/ 옷에 ~을 먹이다 糊づけをする。
관용〉 풀이 서다 糊りがきいて布地がぴんと張る。

**풀²** 图《'풀기'의 縮約形》元気、活気。
관용〉 풀이 죽다 元気がなくしょげている、意気消沈する、しおれる。

**풀³** 图 ①草。¶ ~을 뽑다 草をむしる。/ 이 자라다 草が伸びる。②(「갈풀」의 縮約形) 草肥、緑肥。

**풀:[pool]** 图 プール。①水泳場。¶ 실내~ 室内プール。②たまり場、置き場。¶ 모터 ~ モータープール。③[經] 共同計算、企業連合。¶ ~ 협정 プール協定。

**풀-기**[-氣] 图 ①糊気。②元気、活気。¶ ~ 없는 목소리 元気のない声。

**풀다** 他 ①解く、ほどく、ほぐす、広げる、外す。¶ 붕대를 ~ 包帯をほどく。/ 보따리를 ~ 包みを広げる。②(人などを)動員する、配置する。¶ 사람들을 풀어 찾다 人々を動員して探す。③(禁令などを)解除する、解く、ゆるめる。¶ 포위를 ~ 包囲を解く。④溶かす、溶く、混ぜる。¶ 설탕을 물에 ~ 砂糖を水かに溶かす。⑤(感情・願いなどを)かなえる、ぶちまける、晴らす、遂げる。¶ 원한을 ~ 恨みを晴らす。/ 긴장을 ~ 緊張をほぐす。⑥(問題などを)解く、解決する。¶ 수수께끼를 ~ 謎を解く。⑦(土地を)耕す、水田をつくる。¶ 물을 끌어 논을 ~ 水を引いて田をつくる。⑧(鼻を)かむ。¶ 코를 핑 하고 ~ 鼻をちんとかむ。⑨(占い・夢などを)解く、解釈する。¶ 꿈을 ~ 夢を解く。⑩(渇きなどを)いやす、なおす。¶ 갈증을 ~ 渇きをいやす。⑪(肩の凝りなどを)ほぐす。¶ 가볍게 몸을 ~ 軽やかに体をほぐす。

**풀-딸기** 图 叢むら、草むら。

**풀럭-거리다** 自 風강く強くはためく。¶ 깃발이 ~ 旗が強くはためく。

**풀럭-풀럭** 副 はたはた、ひらひら。

**풀리다** 自 ①~ 結ぼれ目が解ける、ほぐれる。 매듭이 ~ 結び目が解ける。/ 구두끈이 ~ 靴のひもがほどける。②(凍った物・寒さなどが)解ける、和らぐ、ゆるむ。¶ 추위가 ~ 寒さが和らぐ。/ 얼음이 ~ 氷が解ける。③ほぐれる、消える、治る。¶ 눈가의 멍이 ~ 目の縁のあざが消える。④(感情・恨みなどが)晴れる、解ける、和らぐ、消える、なくなる。¶ 의심이 ~ 疑いが晴れる。/ 노여움이 ~ 怒りが解ける。⑤(問題などが)解ける、明らかになる。¶ 풀리지 않는 수수께끼 解けない謎。⑥溶ける、溶解する。¶ 소금이 물에 잘 ~ 塩が水によく溶ける。⑦(禁令・拘束などが)解ける、解除される、釈放される。¶ 금족령이 ~ 禁足令が解ける。/ 봉쇄가 ~ 封鎖が解除される。

**풀-매기** 图画固 除草、草取り、草むしり。

**풀-매듭** 图 ほどき目。

**풀-매미** 图 チッチゼミ。

**풀-먹이다** 他 糊付けする。¶ 풀먹인 옷 糊付けした着物。

**풀무** 图 ふいご。

**풀무-질** 图画固 ふいごで風を送ること。

**풀-밭** 图 草地、草むら。

**풀-비** 图 糊刷毛。

**풀-빛** 图 草色。

**풀-색**[-色] 图 草色。㉠ 풀빛

**풀-솜** 图 真綿。

**풀-숲** 图 草むら、草やぶ。

**풀썩** 副 ①(煙・ほこりなどが急に立ち上がるようす) ふわっと、ぱっと。¶ 먼지가 ~ 나다 ほこりがぱっと立つ。②《力なく座り込むようす》ぺたんと。¶ 그 자리에 ~ 주저앉았다 その場にぺたんと座り込んだ。

**풀썩-거리다** 自 (煙・ほこりなどが)しきりにふわっと立つ。

**풀썩-풀썩** 副画固 ぱっぱっと、ふわっふわっと。

**풀-쑤다** 自 ①糊をつくる。②財産を使い果たす、身上をつぶす。

**풀쑥** 副 ①《だしぬけに話すようす》いきなり、だしぬけに。¶ ~ 말을 걸다 だしぬけに話しかける。②《だしぬけに突き出すようす》にゅっと、だしぬけに。¶ ~ 손을 내밀다 にゅっと手を出す。

**풀어-내다** 他 ①解く、解きほぐす。¶ 엉킨 실을 ~ もつれた糸を解きほぐす。②解き明かす、解明する。¶ 까다로운 문제를 ~ ややこしい問題を解き明かす。

**풀어-놓다** 他 ①解き放す、放さつ。¶ 사냥개를 ~ 猟犬を解き放つ。②(人をあちこちに)放さつ、配置する。¶ 경찰관을 사방에 ~ 警察官を四方に放つ。

**풀어-먹이다** 他 (各自に)分け与える、分配さいする。

**풀어-쓰기** 名【文法】ハングルを音節単位に書かずローマ字式に字母を並べて書く方式。

**풀어-지다** 自 ①解ける、ほどける、ほつれる。¶ 매듭이 ~ 結び目がほどける。②(感情などが)なくなる、消える、晴れる、解ける、和らぐ。¶ 원한이 ~ 恨みが晴れる。③(天気が)暖かくなる、和らぐ。¶ 추위가 ~ 寒さが和らぐ。④(液体に)溶ける。¶ 물에 잘 ~ 水によく溶ける。⑤(固体ものなどが)やわらかくなる、伸びる、しまりなく膨らむ。¶ 가락국수가 ~ うどんが伸びる。

**풀어-헤치다** 他 ①(包みなどを)広げる、解いて広げる。¶ 보따리를 ~ 包みを解いて広げる。②(胸元を)はだける。¶ 가슴을 ~ 胸元をはだける。

**풀이** 名 [하] 解くこと、解釈、説明、解答。¶ 한자의 뜻을 ~ 하다 漢字の意味を解釈する。

**-풀이** 接尾 ①(悪鬼・怨恨などを)打ち払うこと、お祓い、厄払いすること。¶ 살 ~ 厄払やらい。②(心中のわだかまりなどを)取り除こうとすること、…晴らし、…解き。¶ 화~ うさ晴らし/ 심심~ ひまつぶし。

**풀-잎** 名 草の葉。

**풀잎-피리** 名 草笛。⇒풀피리

**풀-죽다** 形 ①糊気が抜けている。¶ 풀죽어 후줄근한 옷 糊気が抜けてだらりとした服。②(元気がなく)しょげている、しおれる、しょんぼりする。¶ 꾸지람을 듣고 풀죽어 있다 叱られてしょげている。

**풀-질** 名 [하] 糊付けすること、糊づけ。¶ 창호지에 ~ 하다 障子紙に糊をつける。

**풀쩍** 副 ①((やや力強く跳ね上がったり飛んでいったりするようす)) ひらりと、ぱっと。②((戸などを急に開けるようす)) ばたん、ぴしゃり。

**풀쩍-거리다** 自他 ①ひらりひらりと跳ぶ。②(しきりに戸を開閉しながら)出入りする、ばたんばたんとする。

**풀쩍-풀쩍** 副 [하自他] ひらりひらり。

**풀-칠** [-漆] 名 [하] ①糊をつけること、糊のづけ。¶ 창호지에 ~ 을 하다 障子紙に糊をつける。②糊口をしのぐこと、口過ぎ。¶ 겨우 입에 ~ 할 정도다 やっと糊口をしのぐ程度だ。

**풀풀** 副 ①((多量の湯が沸騰するようす)) ぐらぐら、ごとごと。②((勢いよく飛んだり 跳ねたりするようす)) ばたばた、ぴょんぴょん。③((雪・ちりなどが勢いよく飛び散ったり 巻き上がるようす)) ひらひら、もうもう、紛々。¶ 바람에 ~ 날리다 風にひらひら飛び散る。④ 폴폴

**풀-피리** 名 (「풀잎피리」の縮約形) 草笛。¶ ~를 불다 草笛を吹く。

**품¹** 名 ①手数、手間、労力。¶ ~ 이 많이 들다 手間が多くかかる。

**품²** 名 ①(上着の)胸幅、身幅。¶ ~ 을 늘이다 身幅を広げる。②胸部と衣服とのすきま、懐ふところ。¶ ~ 에 넣다 懐に入れる。③胸ふところ、懐。¶ 엄마 ~ 에서 잠들다 母のふところで眠る。

**품:³** 依 (動詞について その動作・格好を表わす) 振り、つき、さま、よう。¶ 걷는 ~ 이 경쾌하다 歩きぶりが軽快だ。/ 말하는 ~ 이 점잖다 ことばつきが上品だ。/ 되어 가는 ~ 을 보아 정하다 成り行きをみて決める。

**품:[品] I** 名 ①品質。¶ ~ 이 낮다 品質が劣る。②品格、風柄がら、人柄。③【史】品、位階。¶ ~ 이 정이一 正二品じょう。**II** 接尾 …品。¶ 수입 ~ 輸入品/ 필수 ~ 必需品。

**품:-값** 名 労賃、賃金。¶ ~ 이 오르다 労賃が上がる。

**품:갚다** 自 労力の恩を労力で返す。

**품:갚음** 名 [하自] 労力の恩返し。

**품:-격**【品格】 名 品格、品位、気品。¶ ~ 이 높다 品格が高い。

**품:-계**【品階】 名【史】位階。

**품:-귀**【品貴】 名 [하形] 品枯れ、品薄。¶ ~ 상태가 되다 品枯れになる。

**품다¹** 他 ①抱く、かかえる。¶ 암탉이 알을 ~ めんどりが卵を抱く。②抱だく。¶ 악감정을 ~ 悪感情を抱く。③(湿気などを)含む、含有する。¶ 물기를 많이 품고 있다 水気を多く含んでいる。

**품다²** 他 (たまっている水を)続けざまに汲み出す。¶ 펌프로 물을 품어 내다 ポンプで水を汲み出す。

**품:-등**【品等】 名 品等。¶ ~ 을 매기다 品等をつける。

**품:-명**【品名】 名 品名。

**품:-목**【品目】 名 品目。¶ 수출품의 ~ 輸出品の品目。

**품:-별**【品別】 名 [하] 品別、品分け。¶ 수집품을 ~ 하다 収集品を品分けする。

**품:-사**【品詞】 名【文法】品詞。

**품:사-론**【-論】 名【文法】品詞論。

**품삯** 名 労賃、賃金、手間賃、手間代。¶ ~ 을 받다 賃金をもらう。

**품:-성**【品性】 名 品性、人柄、人格。¶ ~ 이 비열하다 品性が卑劣である。

**품-속** 名 懐、懐中、胸。¶ ~ 에 간직하다 懐にしまっておく。

**품-안** 名 懐中、ふところ。¶ 아이를 ~ 에 안다 幼児をふところに抱く。②自分の勢力圏の中。

품-앗이 ㊀㊐ 仕事ごとを互たがいに助けあってやること、労力りょくの相互扶助そうごふじょ、野良仕事のらしごとの助け合あい。¶ 서로 ~를 하다 互いに野良仕事を助け合う。

품:위[品位] ㊐ ①品位ひん、品格ひん、柄がら。¶ ~없는 사람 柄の悪い人ひと/ ~가 있다 品ひんがいい、上品じょうひんだ。/ ~를 높이다 品位を高める。/ ~가 떨어지다 品格が下さがる。 ②(昔むかしの)官吏かんりの位階いかい。

품:의[稟議] ㊐ 稟議りんぎ。¶ ~서 稟議書しょ。

품:절[品切] ㊐㊐ 品切しなぎれ。¶ ~이 되다 品切れになる。

품종[品種] ㊐ 品種ひんしゅ。¶ ~ 개량 品種改良かいりょう/ ~ 교배 品種交配こうはい。

품:질[品質] ㊐ 品質ひんしつ。¶ ~ 관리 品質管理かんり/ ~ 보증이 붙은 물건 品質保証ほしょう付つきの品物しなもの/ ~을 높이다 品質を高たかめる。

품:질 표시[-表示] ㊐ 品質表示ひょうじ。

품-팔다 ㊐ 賃金労働ちんきんろうどうをする。

품-팔이 ㊐㊐ 日雇ひやとい労働ろうどう、賃金ちんきん労働、手間賃仕事てまちんしごと。¶ ~로 살아가다 日雇いで生活せいかつする。

품팔이-꾼 ㊐ 日雇い労働者しゃ、賃金労働者、手間取てまとり。

품:평[品評] ㊐㊐ 品評ひょう、品定しなさため。

품:평-회[-會] ㊐ 品評会かい。¶ 농산물 ~ 農産物のうさんぶつ品評会。

품:행[品行] ㊐ 品行こう、行おこない、ふるまい、身持みもち。¶ ~ 방정 品行方正ほうせい/ ~이 나쁘다 品行が悪い。

풋- ㊐ 未熟みじゅくな…、新あたらしい…、青あお…。¶ ~내기 青二才あおにさい/ ~잠 うたた寝ね。

풋-거름 ㊐ 緑肥りょくひ、草ごえ。

풋-것 ㊐ ①初物はつもの、走はしり。 ②まだ熟じゅくしていない果物くだもの・穀物こくもつ。

풋-고추 ㊐ 青あおい唐辛子とうがらし。

[속담] 풋고추 절이김치 青唐辛子あおとうがらしと浅漬あさづけ。《浅漬あさづけに青唐辛子が付つき物であるように親したしいつれあいのたとえ》

풋-곡식 ㊐ まだ十分じゅうぶんにみのらない穀物こくもつ。

풋-과실[-果實] ㊐ まだ熟じゅくしていない果物くだもの。

풋-김치 ㊐ 初物はつものの大根だいこん・白菜はくさいで漬つけたキムチ。

풋-나물 ㊐ 春はるの新芽しんめのあえもの。

풋-내 ㊐ ①(新芽しんめ・若葉わかばなどの)青あおくさいにおい。 ②未熟みじゅくであること。¶ ~ 나는 애송이 青臭あおくさい若造わかぞう。

풋-내기 ㊐ 新米しんまい、青二才あおにさい、素人しろうと、初心者しょしんしゃ、新人しんじん、ひよこ、かけだし。¶ ~ 의사 新米の医者いしゃ/ 아직 ~이다 まだ青二才だ。

풋-담배 ㊐ ①青葉あおばをきざんで乾かわかしたばかりのタバコ。 ②(まだ味あじも知しらずに)吸すうタバコ。

풋-대추 ㊐ ①干ほしていないナツメの実み。 ②まだ熟じゅくしていないナツメの実み。

풋-바둑 ㊐ へぼ碁ご、笊碁ざるご。

풋-볼:[football] ㊐㊐ フットボール、サッカー。

풋-사과 ㊐ まだ十分じゅうぶんに熟じゅくしていないリンゴ。

풋-사랑 ㊐ ①幼おさない時じの恋こい。 ②仮初かりそめの恋こい、うたかたの恋、はかない恋。¶ 하룻밤 ~ 一夜ひとよのうたかたの恋。

풋-술 ㊐ (まだ味あじも知しらずに)飲のむ酒さけ。

풋-잠 ㊐ 寝ねついたばかりの浅あさいねむり、うたた寝ね、仮寝かりね。

풋-콩 ㊐ まだ十分じゅうぶんに実みのらない莢さやの中なかの豆まめ、枝豆えだまめ。

풍 ⦾ ①《押おしこめられていた気体きたいが狭せまい通路ろを抜ぬけるときだす音おと》ぶん、ぶっ、ぶっ、ぱん。¶ 방귀를 ~ 뀌다 おならをぶっとする。 ②《大おおきな穴あなが急きゅうにあくときの音》ぽん、ぱん、ぽこっ、ぽこんと。¶ 벽에 구멍이 ~ 뚫렸다 壁かべに穴がぽこんとあいた。 ③《重おもい物ものが深ふかい水すいに落おちる音》どぶん。

풍¹[風] ㊐ 《'허풍'の縮約形》法螺ほら、うそ。¶ 마구 ~을 떨다 やたらに法螺を吹ふく。

풍²[風] ㊐[美] ①精神せいしん・筋肉きんにく・神経しんけいに生しょうじる病気びょうき。 ②(頭風ずふうなど)原因不明げんいんふめいの皮膚病ひふびょう。

-풍[風] [接尾] …風ふう。¶ 서구 ~ 西欧風せいおうふう/ 상인 ~ 商人風しょうにんふう。

풍각-쟁이 ㊐ 人ひとの門前もんぜんで楽がくをならしながら金品きんぴんを乞こう人ひと。

풍격[風格] ㊐ 風格かく。¶ ~이 있는 사람 風格のある人ひと。

풍경[風景] ㊐ ①風景ふうけい、景色けしき、ながめ、情景じょうけい。¶ 전원 ~ 田園でんえん風景/ ~이 좋다 景色がいい。 ②「풍경화」の縮約形。

풍경-화[-畫] ㊐[美] 風景画が。

풍경[風磬] ㊐ 風鈴ふうりん、風鐸ふうたく。¶ ~이 울리다 風鈴が鳴なる。

풍경-치다 ㊐ ①風鈴ふうりんをしきりに鳴ならす。 ②しきりに出入でいりする。

풍광[風光] ㊐ 風光こう、景色けしき、風景けい。

풍광 명미[-明媚] ㊐㊐ 風光明媚めいび。

풍구[風-] ㊐ [方言] ふいご。

풍구질 ㊐㊐ 唐箕とうみにかけること。

풍금[風琴] ㊐[音] 風琴きん、オルガン。¶ 손 ~ 手風琴しゅふうきん。

풍기[風紀] ㊐ 風紀き。¶ ~ 문란 風紀紊乱びんらん/ ~를 해치다 風紀を害がいする。

풍기[風氣] ㊐ ①風俗ふうぞく。 ②風格かくと気性きしょう。

풍기다 ㊐ ①におう、におわせる、漂ただよう、漂ただわす、放はなつ。¶ 악취를 ~ 悪臭あくしゅうを放つ。/ 꽃 향기가 ~ 花はなの香かおりが漂う。 ②(鳥とりなどが四方ほうに)散ちる、飛とび立たたせる。¶ 새 떼를 ~ 鳥の群むれを飛び立たせる。 ③(穀物こくもつなどを)吹ふき分わける。¶ 벼를 바람에 대고 ~ 籾もみを風にさらして吹き分ける。

풍년[豊年] ㊐ 豊年ねん、豊作ほうさくの年とし。¶ ~기근 豊作飢饉ききん/ ~이 들다 豊年になる。 ㊉ 흉년(凶年)

풍년-거지 ㊐[比] 豊年乞食ごじき、あらゆる人ひとが得とくをしているのに自分じぶんだけが貧乏びんぼうくじを引ひいた人のこと。

풍년-제[-祭] ㊐ 豊作ほうさくを祈願きがんする祭まつり。

**풍덩** 🔊 《무겁고 큰 물건이 물에 떨어지는 소리》 どぶん、どぼん。 ㉔ 풍당
**풍덩-거리다** 自 どぶんどぶんと落ちる。
**풍덩-풍덩** 副 하自 どぶんどぶん。
**풍뎅이** 名 動 コガネムシ。
**풍-떨다**〔風-〕 自 法螺を吹く。
**풍랑**〔風浪〕 名 風浪。 ¶ ~에 시달리다 風浪にもまれる。
**풍력**〔風力〕 名 ①風力。 ¶ ~계 風力計。 ②人を感化させる力。
　**풍력 계급**〔-階級〕 名 氣 風力階級。
　**풍력 발전**〔-發電〕 名 風力発電。
**풍로**〔風爐〕 名 風炉、焜炉、七輪。 ¶ 석유 ~ 石油こんろ。
**풍류**〔風流〕 名 風流。 風雅。 ¶ ~가 없다 無風流ようりゅう。/ ~를 즐기다 風流を嗜む。
**풍만**〔豊滿〕 名 하形 豊満。 ¶ ~한 가슴 豊満な胸のふくらみ。
**풍매-화**〔-花〕 名 植 風媒花。
**풍모**〔風貌〕 名 風貌、 風采、 容姿。 ¶ 당당한 ~ 堂々たる風貌。
**풍문**〔風聞〕 名 風聞、 風説、 うわさ、 風の便り。 ¶ 근거없는 ~ 拠り所のないうわさ/ ~이 나돌고 있다 風説が広がっている。
**풍물**[1]〔風物〕 名 風物、 ながめ。 ¶ ~시 風物詩/ 전원의 ~ 田園の風物。
**풍물**[2]〔風物〕 名 《農楽用の楽器の総称》 鳴り物。
　**풍물-장이**〔-匠-〕 名 鳴り物を作る職人。
**풍미**〔風味〕 名 風味。 ①(食べ物の)上品な味。 ¶ ~를 살린 요리 風味を生かした料理。 ②(人柄の)上品さ、 優雅さ。
**풍미**〔風靡〕 名 하自他 風靡。 ¶ 일세를 ~하다 一世を風靡する。
**풍백**〔風伯〕 名 風伯、 風の神。
**풍병**〔風病〕 名 漢 ①神経の故障で起こる病気。 ②癩病。
**풍부**〔豊富〕 名 하形 豊富。 ¶ ~한 지식 豊富な知識/ 자원이 ~하다 資源が豊富である。 **풍부-히** 副 豊富に、 豊かに。 ¶ 내용을 ~하다 内容を豊富にする。
**풍비**〔風飛〕 名 하自 風に飛び散ること。
　**풍비-박산**〔-雹散〕 名 하自 四方に飛び散ること。
**풍상**〔風霜〕 名 風霜、 風雪。 ¶ 모진 ~을 겪다 きびしい風霜を経る。
**풍선**〔風船〕 名 風船、 風船玉。 ¶ ~을 날리다 風船を飛ばす。
**풍설**〔風雪〕 名 風雪。 ¶ ~을 무릅쓰고 진군하다 風雪を冒かして進軍する。
**풍설**〔風說〕 名 風説、 風聞、 うわさ。 ¶ ~이 퍼지다 風説が広まる。
**풍성**〔豊盛〕 名 하形 豊富、 豊かで多いこと、 ふんだんにあること。 ¶ ~한 곡식 豊かな穀物。 **풍성-히** 副 豊かに。
**풍속**〔風俗〕 名 風俗、 風習、 しきたり。 ¶ ~ 소설 風俗小説/ ~을 어지럽히다 風俗を乱す。

**풍속-도**〔-圖〕 名 風俗図。
**풍속 사:범**〔-事犯〕 名 風俗犯。
**풍속-화**〔-畵〕 名 風俗画。
**풍속-계**〔風速〕 名 風速。 ¶ ~계 風速計。
**풍수**〔風水〕 名 ①(陰陽道での)風水。 ②⇒ 지관(地官)
**풍수-쟁이**〔風水-〕 名 俗 ⇒ 지관(地官)
**풍수-지리**〔-地理〕 名 土地の形勢などを吉凶禍福と関連させて説とく学説。
**풍수지-탄**〔風樹之歎〕 名 風樹の嘆き、 孝行を思い立った時にはすでに親が死んでいて孝養を尽くすことができないという嘆き。
**풍수-해**〔-害〕 名 風水害。
**풍습**〔風習〕 名 風習、 ならわし、 しきたり。 ¶ 기묘한 ~ 奇妙な習わし/ 옛부터의 ~을 따르다 昔からの風習に従う。
**풍식**〔風蝕〕 名 地 風蝕。 ¶ ~ 작용 風食作用。
**풍신**〔風神〕 名 風神。 ①風の神、 風伯。 ②風骨、 風采。 ¶ ~이 좋다 風采がりっぱだ、 風骨がよい。
**풍아**〔風雅〕 名 하形 風雅。 ¶ ~한 사람 風雅な人。
**풍악**〔風樂〕 名 韓国の伝統的な音楽。 慣用 ~(을) 잡히다 音楽を奏でる。
**풍압**〔風壓〕 名 物 風圧。 ¶ ~에 견디다 風圧に耐える。
　**풍압-계**〔-計〕 名 風圧計。
**풍어**〔豊漁〕 名 豊漁、 大漁。 ¶ ~로 흥청대다 風漁で賑わう。
　**풍어-제**〔-祭〕 名 豊漁祭、 豊漁を祈願する祭り。
**풍염**〔豊艶〕 名 하形 豊艶。 ¶ ~한 미인 豊艶な美人。
**풍요**〔豊饒〕 名 하形 豊饒、 豊かなこと。 ¶ ~한 가을 豊饒の秋/ ~로운 사회 豊かな社会。
**풍우**〔風雨〕 名 風雨、 雨風。 ¶ ~를 무릅쓰고 나가다 風雨をついて出かける。
**풍운**〔風雲〕 名 風雲。 ¶ ~의 뜻 風雲の志/ ~이 감돌다 風雲急を告げる。
　**풍운-아**〔-兒〕 名 風雲児。
**풍월**〔風月〕 名 風月。 ¶ ~을 벗삼다 風月を友とする。
**풍유**〔諷喩・諷諭〕 名 하他 諷諭、 諷喩。
　**풍유-법**〔-法〕 名 表 諷諭法。
**풍자**〔諷刺〕 名 하他 諷刺、 諷刺。 ¶ ~ 문학 諷刺文学/ 시국을 ~하다 時局を諷刺する。
　**풍자-극**〔-劇〕 名 諷刺劇。
　**풍자-적**〔-的〕 冠名 諷刺的。 ¶ ~인 소설 諷刺的な小説。
　**풍자-화**〔-畵〕 名 諷刺画。
**풍작**〔豊作〕 名 豊作。 ¶ 해마다 ~이다 毎年豊作だ。/ ~으로 쌀값이 떨어지다 豊作で米価が下落する。 ㉔ 흉작(凶作)
**풍장**〔風葬〕 名 風葬。

**풍전**[風前] 图 風前ぜん。
　**풍전-등화**[-燈火] 图 風前の灯ともし。
**풍정**[風情] 图 風情ぜい。¶ 이국 ~이 있다 異国どこくの風情がある。
**풍조**[風潮] 图 風潮ちょう。¶ 세상 ~를 거스르다 世よの風潮に逆らう。
**풍족**[豊足] 图하形 豊ゆたかで不足そくのないこと。¶ ~한 생활 豊かな生活かつ/ 돈을 ~하게 쓰다 お金かねをふんだんに使う。**풍족-히** 副 豊かに、ふんだんに。
**풍지**[風紙] 图 (「문풍지」의 縮約形) 目張めばり。
**풍진**[風疹] 图 風疹しん、三日麻疹はしか。
**풍진**[風塵] 图 ①風かで舞まい立ったつちり。②俗世間ぞくせけん、俗事ぞくじ。③戦塵せん。
　**풍진 세:계**[-世界] 图 安やすらかでなく乱みだれた世間せけん、騒然そうぜんとした世よの中なか。
**풍차**[風車] 图 ①風車しゃ。②風車ぐるま。③唐箕とうみ。⊕ 풍구
**풍찬-노숙**[風餐露宿] 图하自 風餐露宿さんろしゅく、野宿のじゅくすること。
**풍채**[風采] 图 風采さい、みなり、ふうてい。¶ 당당한 ~ 堂々どうどうたる風采。
**풍취**[風趣] 图 風趣しゅ、趣おもき、味あじわい。¶ 아무 ~도 없다 何なんの趣もない。
**풍치**[風致] 图 風致ち。①趣おもきのある景色けしき。¶ ~를 해치다 風致を害がいする。②趣おもき、味あじわい。¶ ~를 더하다 趣を添そえる。
　**풍치-림**[-林] 图 風致林りん。
　**풍치 지구**[-地區] 图 風致地区ちく。
**풍치**[風齒] 图(医) 神経症しんけいしょうによる歯痛はいた。
**풍-치다**[風-] 自 法螺ほらを吹ふく。
**풍토**[風土] 图 風土ど。¶ ~병 風土病びょう/ 그 지방 ~에 익숙해지다 その地方ちほうの風土に慣なれる。
　**풍토-기**[-記] 图 風土記き。
　**풍토-색**[-色] 图 風土色ど。
**풍파**[風波] 图 風波は。①風かぜと波なみ、風が吹ふいて立たつ波。¶ ~에 시달리다 風波はにもまれる。②波風なみかぜ、もめごと、いざこざ。¶ ~가 끊이지 않다 もめごとが絶たえない。③(世よの) 苦労くろう、難儀なんぎ、荒波あらなみ。¶ 온갖 ~를 겪다 あらゆる苦労をなめる。
**풍편**[風便] 图 風かぜの便たより。¶ ~에 듣자 하니 風の便りに聞ききけば。
**풍-풍** 副하自他 ①(詰つまった気体きたいを出だしたりおならをするようす・その音おと)ぷうっ、ぷうぷう。②(穴あなから水分すいぶんが勢いきおいよく出でるようす・その音)どくどく。¶ ~ 쏟아져 나오다 どくどく流ながれ出る。③(深ふかい水分すいぶんに重おもい物ものがしずむ時ときに落おちる音おと) どぼんどぼん。
　**풍풍-거리다** 自他 しきりにぷんぷん[どぶんどぶん]と音おとを出す。
**풍해**[風害] 图 風害がい、風災さい。¶ ~가 심하다 風害が甚はなはだしい。
**풍향**[風向] 图 風向こう、風向かざむき。¶ ~이 바뀌다 風向が変かわる。
　**풍향-계**[-計] 图 風向計けい。
**풍화**[風化] 图하自되自 ①(地) 風化かぜ ~ 작용 風化作用よう/ ~된 바위 風化した岩いわ。②(化) 風解かい。③風教ふうきょう、徳とくによって教化きょうかすること。
　**풍화-물**[-物] 图하他 風化物ぶつ。
**풍흉**[豊凶] 图 豊凶ほう。¶ ~을 점치다 豊凶を占うらなう。
**퓨:즈**[fuse] 图(電) ヒューズ。¶ ~가 끊어지다 ヒューズが飛とぶ[切きれる]。
**프라이**[fry] 图하他 フライ。¶ ~ 팬 フライパン。
**프라이드**[pride] 图 プライド。¶ ~가 높다 プライドが高たかい。
**프라이버시**[privacy] 图 プライバシー。¶ ~를 침해당하다 プライバシーを侵おかされる。
**프랜차이즈**[franchise] 图 フランチャイズ。
**프레스**[press] 图 プレス。①押おさえること。②(工) 圧縮機あっしゅくき。¶ ~ 가공 プレス加工かこう。③新聞しんぶん、新聞界かい。¶ ~ 센터 プレスセンター。
**프레시-맨**[freshman] 图 フレッシュマン。
**프레온**[独 Freon] 图(化) フレオン。¶ ~ 가스 フレオンガス。
**프로**[← 포 procento] 图 プロ、パーセント。¶ 10~ 인상 10パーセント引ひき上あげ。
**프로**[pro] 图 プロ。①(「프로그램」의 縮約形) プログラム。¶ 라디오 ~ ラジオプログラム。②(「프로페셔널」의 縮約形) プロフェッショナル。¶ ~ 야구 プロ野球やきゅう。③(「프롤레타리아」의 縮約形) プロレタリア。
**프로그램**[program] 图 プログラム、番組ばんぐみ。¶ 방송 ~ 放送ほうそうプログラム/ ~을 짜다 プログラムを組くむ 同 프로
**프로덕션**[production] 图 プロダクション。
**프로듀:서**[producer] 图 プロデューサー。
**프로모:터**[promoter] 图 プロモーター。
**프로세스**[process] 图 プロセス。¶ 작업의 ~ 作業さぎょうのプロセス。
**프로젝트**[project] 图 プロジェクト。
**프로판**[独 Propane] 图(化) プロパン。¶ ~ 가스 プロパンガス。
**프로페셔널**[professional] 图 プロフェッショナル、プロ。⊕ 프로
**프로펠러**[propeller] 图 プロペラ。
**프로포:즈**[propose] 图하自他 プロポーズ。
**프로필**[profile] 图 プロフィール。
**프롤레타리아**[프 prolétariat] 图 プロレタリア。¶ ~ 혁명 プロレタリア革命かくめい。⊕ 프로
**프롤로그**[prologue] 图 プロローグ。
**프롬프터**[prompter] 图(劇) プロンプター。
**프루:츠**[fruits] 图 フルーツ。
　**프루:츠 펀치**[-punch] 图 フルーツポンチ。
**프리:**[free] 图 フリー。¶ ~ 드로 フリースロー/ ~ 패스 フリーパス。
**프리: 스타일**[-style] 图(體) フリースタイル、自由形けい。
　**프리: 킥**[-kick] 图 (サッカーで)フリーキック。
**프리:-랜서**[free-lancer] 图 フリーランサー。
**프리마 돈나**[이 primadonna] 图 プリマドンナ。
**프리미엄**[premium] 图 プレミアム。¶ ~이 붙

프리즘[prism] 名[物] プリズム、分光器ぶんこうき。¶ ~ 반사 プリズム反射はんしゃ。
프리즘 스펙트럼[-spectrum] 名[物] プリズムスペクトル。
프린세스[princess] 名 プリンセス。
프린스[prince] 名 プリンス。
프린트[print] 名[하他] プリント。
프릴[frill] 名 (着物きものの)フリル。
프토마인[독 Ptomain] 名[生] プトマイン。¶ ~ 중독 プトマイン中毒どく。
플라스틱[plastic] 名 プラスチック。¶ ~ 공해 プラスチック公害こうがい。
플라워[flower] 名 フラワー。¶ ~ 디자인 フラワーデザイン。
플라이-급[fly級] 名[體] フライ級きゅう。
플라타너스[platanus] 名[植] プラタナス。
플란넬[flannel] 名 フランネル。
플랑크톤[plankton] 名[生] プランクトン。
플래시[flash] 名 フラッシュ。¶ ~ 를 터뜨리다 フラッシュをたく。
플래카:드[placard] 名 プラカード。
플랜[plan] 名 プラン。¶ 마스터 ~ マスタープラン/ ~ 을 짜다 プランを練ねる。
플랜트[plant] 名 プラント。¶ ~ 수출 プラント輸出しゅつ。
플랫폼:[platform] 名 プラットホーム。
플러그[plug] 名 プラグ。¶ 점화 ~ 点火てんかプラグ。
플러스[plus] 名[하他][되自] プラス。↔ 마이너스
플러스-극[-極] 名 プラス極きょく、陽極ようきょく。
플러스 알파[-alpha] 名 プラスアルファ。
플레어 스커:트[-skirt] 名[服] フレアスカート。
플레이[play] 名 プレー。¶ 파인 ~ ファインプレー/ ~ 볼 プレーボール。
플레이-보이[-boy] 名 プレーボーイ。
플루토늄[plutonium] 名[化] プルトニウム。¶ ~ 폭탄 プルトニウム爆弾だん。
플루:트[flute] 名[音] フルート。
피¹ 名 血ち。①血液けつえき。¶ 코 ~ 鼻血はなぢ/ ~ 를 흘리다 血を流ながす。②血筋ちすじ、血統けっとう。¶ ~ 를 이어받다 血を引ひく。③血気けっき。
관용 피가 끓다 血ちが沸わく、血がたぎる。피가 마르다 やきもきする、非常ひじょうに苦くるしい。피가 맺히다 ①内出血ないしゅっけつする、青あざになる、血まめができる。②大変たいへん苦労くろうする。피가 통하다 血が通かよう、生いきている。피도 눈물도 없다 血も涙なみだもない。피를 나누다 血を分わける。¶ 피를 나눈 형제 血を分けた兄弟きょうだい。피를 말리다 思おもい焦こがれる、非常に苦しめる。피를 보다 血を見みる。①(争あらそいで)血を流ながす結果けっかになる。②大おおきな損害そんがいをうける。피에 주리다 血に飢うえる。피와 땀 血と汗あせ。¶ ~ 의 결정 血と汗の結晶けっしょう。
피² 名[植] ヒエ。
피:³ 副 ①(嘲あざける時ときに出だす声こえ)ふん。¶ ~ 웃긴다 ふん、笑わらわせやがる。②(ゴムまりなどから空気くうきのぬける声こえ)しゅうっ。
피:-[被] 接頭 被ひ…。¶ ~ 보험자 被保険ひほけん者しゃ/ ~ 선거권 被選挙権せんきょけん。
피겨[figure] 名 フィギュア。¶ ~ 스케이팅 フィギュアスケーティング。
피:격[被擊] 名[하自] 攻撃こうげきを受うけること。
피:고[被告] 名[法] 被告こく。¶ ~ 석 被告席せき/ ~ 에게 유리한 증언 被告に有利ゆうりな証言しょうげん。⑦ 원고(原告)
피:고-인[-人] 名[法] 被告人にん。
피-고름 名 血膿ちうみ。
피곤[疲困] 名[하形] 疲労ひろう、疲つかれ。¶ ~ 한 몸 疲れた体からだ/ 오늘은 무척 ~ 하다 今日きょうはすごく疲れた。
피골[皮骨] 名 皮かと骨ほね。
피골 상접[-相接] 名[하形] 皮かと骨ほねがくっつくほどにやせていること。
피-나다 自 ①血ちが出でる、出血しゅっけつする。②大変たいへんな苦労くろうをする。¶ 피나게 번 돈 身みを削けずってもうけた金かね。
피:-난[避難] 名[하自] 避難なん。¶ ~ 훈련 避難訓練くんれん/ 시골로 ~ 하다 田舎いなかに避難する。
피:난-민[-民] 名 避難民みん。
피:난-살이 名[하自] 避難生活せいかつ。
피:난-처[-處] 名 避難所じょ。
피날레[이 finale] 名 フィナーレ。¶ ~ 를 장식하다 フィナーレを飾かざる。
피-눈물 名 血涙けつるい、血ちの涙なみだ。¶ ~ 을 흘리다 血涙を流ながす。
관용 피눈물(이) 나다 ①非常ひじょうに悲かなしい。②非常に辛つらい。
피다¹ 自 ①(花はな・葉はなどが)咲さく、開ひらく。¶ 벚꽃이 ~ サクラが咲く。②(火ひが)おこる、燃もえる。¶ 연탄불이 ~ 練炭たんの火がおこる。③血色けっしょくがあでやかになる、ひときわ美うつくしくなる。¶ 한창 핀 처녀 花盛はなざかりのむすめ。④(暮くらし向むきが)よくなる、豊ゆたかになる。¶ 살림이 좀 피어 暮らしがちょっと楽らくになった。⑤(かびなどが)生はえる。¶ 곰팡이가 ~ かびが生える。⑥(雲くも・煙けむなどが)沸わき起おこる、立たちのぼる。¶ 아지랑이가 피어 오르다 かげろうが立ちのぼる。
피다² 他 「피우다¹」の縮約形。
피대[皮帶] 名 調しらべ帯おび、ベルト。¶ 굴대에 ~ 를 걸다 軸じくにベルトをかける。
피:-동[被動] 名 受動じゅどう、受うけ身み。¶ ~ 적인 태도 受動的な態度たいど。
피:-동사[-詞] 名[文法] 受動動詞どうし。
피둥-피둥 副[하形] ①(太ふとった人ひとの肌はだに張はりがあってつやかなようす)つやつや。¶ 아직도 피부는 ~ 하다 まだ皮膚ひふはぴんと張っている。②(つむじ曲まがりにずるけるようす)のらりくらり。¶ ~ 놀기만 한다 のらくら遊あそんでばかりいる。
피:-드백[feedback] 名[하他] フィードバック。
피:디:[PD: program director] 名 (放送ほうそうでの)プロデューサー、プログラムディレクター。
피-딱지 名 血ちが固かたまってできたかさぶた。

피-땀 名 血ちと汗あせ、たいへんな努力りょく。¶ ~의 결정 血と汗の結晶けっしょう。
피-똥 名 血便べん。¶ ~을 싸다 血便をする。
피라미 名 ①動 オイカワ。②此 下したっ端ぱ、下級きゅうの役人にん、下司じ。
피라미드[pyramid] 名 ピラミッド。
피:란[避亂] 名自 避難ひなん、疎開そかい。¶ 시골로 ~가다 田舎いなかに疎開する。
　피:란-민[-民] 名 避難民みん。
　피:란-살이 名自 避難生活せいかつ。
　피:란-지[-地] 名 避難地ち。
피:랍[被拉] 名하他 拉致らちされること。
피력[披瀝] 名하他 披瀝れき。¶ 소신을 ~하다 所信しんを披瀝する。
피로[披露] 名하他 披露ろう。¶ 개점 – 開店てん披露/결혼 ~하다 結婚けっこんを披露する。
　피로-연[-宴] 名 披露宴えん。¶ ~을 베풀다 披露宴を張はる。
피로[疲勞] 名形 疲勞ろう、疲つかれ。¶ 심신의 ~ 心身しんの疲労/ ~한 빛을 보이다 疲労の色いろを見みせる。/ ~가 쌓이다 疲れがたまる。
피뢰[避雷] 名하他 避雷らい。
　피:뢰-침[-針] 名 避雷針らい。
피륙 名 反物もの、切きれ地じ、布地ぬの。¶ ~점 反物屋や。
피리 名 笛ふえ。¶ 풀 – 草笛くさぶえ/ ~를 불다 笛を吹ふく。
피리어드[period] 名 ピリオド、終止符しゅうしふ。¶ ~를 찍다 ピリオドを打うつ。
피마-자[蓖麻子] 名楠 蓖麻子ひまし、トウゴマの種子しゅ。¶ ~유 蓖麻子油ゆ。
피막[皮膜] 名 皮膜まく。
피-맺히다 自 ①血ちがにじむ、内出血ないしゅっけつする。②恨うらみ・悲かなしみなどが 胸むねに染そまる、骨ほねに徹てっする。¶ 피맺힌 사연 つらい いきさつ。
피물[皮物] 名 獣けだの皮かわ、獣皮じゅうひ。
　피물-전[-廛] 名 獣皮を売うる店みせ。
피-바다 名 血ちの海うみ。¶ 온통 ~를 이루고 있다 一面いちめん血の海になっている。
피-범벅 名 血ちだらけ、血塗まみれ。¶ ~이 되어 쓰러지다 血まみれになって倒たおれる。
피:-보험자[被保險者] 名 被保險者ひほけんしゃ。
피복[被服] 名 被服ふく、衣服ふく。¶ ~창 被服廠しょう/ ~은 회사에서 지급한다 被服は会社かいしゃで支給きゅうする。
피:복[被覆] 名하他 被覆ふく。¶ 전선을 고무로 ~하다 電線でんせんをゴムで被覆する。
　피:복-선[-線] 名 被覆線せん。
피부[皮膚] 名 皮膚ふ、肌はだ。¶ 햇볕에 탄 ~ 日焼やけした肌/ ~가 거칠거칠하다 肌がかさかさだ。
　피부-과[-科] 名 皮膚科か。
　피부-병[-病] 名醫 皮膚病びょう。
　피부-염[-炎] 名醫 皮膚炎えん。
　피부 호흡[-呼吸] 名 皮膚呼吸こきゅう。
피-붙이 名 ①血族けつぞく。②直系子孫ちょっけいしそん。
피-비린내 名 血ちなまぐささ、血ちのにおい。

¶ 설구워져서 ~가 나다 生焼なまやけで血なまぐさい。②殺伐さつばつさ、殺氣けはい。¶ ~는 싸움 血なまぐさい[殺伐たる]争あらそい。
피:-사체[被寫體] 名 (写真しゃしんの)被写体ひしゃたい。
피:살[被殺] 名自回 殺ころされること、殺害さつがいされること。¶ 강도에게 ~되다 強盗ごうとうに殺害される。
피상[皮相] 名 皮相そう、表面ひょう、うわべ、うわつら。
　피상-적[-的] 冠名 皮相的の、うわべだけの。¶ ~인 관찰 皮相的な観察かんさつ。
피:-상속인[被相續人] 名法 被相続人ひそうぞくにん。
피새 名 気短きみじかでおこりっぽい性質せいしつ。
　[관용] 피새(가) 여물다 気短でおこりっぽい。
　피새-나다 自 (隠かくし事ごとが)ばれる、発覚はっかくする、明あかるみに出でる。
　피새-내다 自 気短でよく腹はらを立たてる。
피:서[避暑] 名하自 避暑しょ。¶ ~를 가다 避暑に行いく。
　피:서-지[-地] 名 避暑地ち。
피:-선거권[被選擧權] 名法 被選挙権ひせんきょけん。
피:소[被訴] 名自回 提訴ていそされること、訴うったえられること。¶ 폭행죄로 ~되다 暴行罪ぼうこうざいで訴えられる。
피스톤[piston] 名機 ピストン。
　피스톤 수송[-輸送] 名 ピストン輸送。
피:습[被襲] 名하自回 襲おそわれること。
피:-시[PC: personal computer] 名 パーソナルコンピューター、パソコン。
피:신[避身] 名하自回 逃にげること、身みを隠かくすこと、身を避さけること。¶ ~처 隠かくれ場所ばしょ/ 빨리 ~해라 早はやく逃げろ。/ ~하다 安全地帯あんぜんちたいに身を隠す。
피:아[彼我] 名 彼我がが。¶ ~의 이해 관계 彼我の利害関係りがいかんけい。
피:-아간[-間] 名 彼我間かがかん、相互間そうごかん。
피아노[piano] 名 ピアノ。¶ ~ 반주 ピアノ伴奏ばんそう/ ~를 치다 ピアノを弾ひく。
피아니스트[pianist] 名 ピアニスト。
피:-아르[P.R.: public relations] 名하他 ピーアール。¶ ~ 활동 ピーアール活動かつどう。
　피:아르 영화[-映畵] 名 ピーアール映画えいが、宣伝用せんでんようの映画。
피:안[彼岸] 名佛 彼岸がん。他 此岸(此岸)。
피앙세[프 fiancé(e)] 名 フィアンセ。
피어-나다 他 ①(花はななどが)咲さき始はじめる。¶ 국화꽃이 ~ 菊きくの花が咲き始める。②(火ひが)起おこりかける。¶ 연탄불이 ~ 練炭たんの火が起こりかける。③(顔かおに)生気せいきがよみがえる、生いきかえる。¶ 얼굴이 활짝 ~ 顔色かおいろが生き生きとよみがえる。④(苦くるしい生活せいかつが)よくなりかける。¶ 쪼들리던 살림이 ~ 貧まずしかった暮くらしがよくなりかける。
피에로[프 pierrot] 名 ピエロ。
피:-에이치[pH・PH] 名化 ピーエッチ、ペーハー。
피우다[1] 他 「피다」の使役。①(花はななどを)咲さかせる。¶ 이야기 꽃을 ~ 話はなしに花を咲かせ

피우다

る。②(火ひを)起おこす。¶ 난로에 불을 ~ ストーブに火を起こす。

피우다² 他 ①(タバコを)吸すう、吹ふかす、飲のむ、くゆらす。¶ 담배를 뻐끔뻐끔 ~ タバコをすぱすぱと吸う。②(ある行動どうを)起おこす。¶ 소란을 ~ 騒さわぎ立たてる。/ 말썽을 ~ 悶着もんちゃくを起こす。③(ほこり・においなどを)立たてる、におわす、漂ただよわす。¶ 향내를 ~ 香かおりを漂わす。/ 먼지를 ~ ほこりを立てる。⇒ 피다

피:의〖被疑〗 名 疑うたがわれること、嫌疑けんぎを受うけること。
　피:의-자〖-者〗 名〖法〗 被疑者ひぎしゃ。

피:임〖被任〗 名 ハ他自 任命にんめいされること。¶ 회장에 ~되다 会長かいちょうに任命される。

피:임〖避妊〗 名 ハ自 避妊ひにん。¶ ~법 避妊法ほう/ ~ 수술 避妊手術しゅじゅつ。
　피:임-약〖-薬〗 名〖薬〗 避妊薬やく。¶ 먹는 ~ 経口けいこう避妊薬。

피자〖이 pizza〗 名 ピザ、ピッツァ。

피:자-식물〖被子植物〗 名〖植〗 被子植物しょくぶつ。

피장-파장 名 お互たがい様さま、おあいこ、相身互あいみたがい。¶ 곤란하기는 ~이다 困こまるのはお互い様だ。

피:-제수〖被除数〗 名〖数〗 被除数じょすう。

피:-조-물〖被造物〗 名 被造物ぞうぶつ。¶ 신의 ~ 神かみの被造物。

피-죽〖-粥〗 名 ヒエで炊たいた粥かゆ。
　慣用 피죽도 못 먹었나 ヒエの粥かゆにもありつけなかったのか。《飢うえた人ひとのように元気げんがなくぐうたらなさまをとがめる語ご》

피지〖皮脂〗 名 皮脂ひ。¶ ~루 皮脂漏ろう。
　피지-선〖-腺〗 名〖生〗 皮脂腺せん。

피질〖皮質〗 名〖生〗 皮質しつ。¶ 부신 ~ 副腎ふくじん皮質。

피:차〖彼此〗 名 彼此ひし。①あれとこれ。お互たがい、双方ほう、どちらも、どっちみち。¶ 매일반 お互いさま/ ~ 통하다 お互いに相通あいつうずる。/ ~의 사정을 이해하다 お互いの事情じょうを理解かいする。
　피:차-간〖-間〗 名 双方ほうとも。¶ ~에 좋은 일이다 双方ともにいいことだ。
　피:차-일반〖-一般〗 名 お互いさま、相身互あいみたがい。¶ 오래 격조한 것은 ~입니다 ごぶさたはお互いさまです。

피처〖pitcher〗 名〖野〗 ピッチャー、投手とうしゅ。

피천 名 わずかな金銭きんせん、はした金ねん。¶ ~ 한 닢 없다 わずかな金銭もない。

피치〖pitch〗 名 ピッチ、仕事しごとの能率のうりつ。¶ ~를 올리다 ピッチを上げる。

피:치-자〖被治者〗 名 被治者ひちしゃ、統治とうちされる者もの。¶ ~의 입장 被治者の立場ば。

피:침〖被侵〗 名 ハ自 侵略しんりゃくされること。

피칭〖pitching〗 名 ハ自〖野〗 ピッチング、投球とうきゅう。

피켓〖picket〗 名 ハ社 ピケット、ピケ。¶ ~을 치다 ピケを張はる。
　피켓 라인〖-line〗 名 ハ社 ピケットライン。

피:크〖peak〗 名 ピーク、頂点ちょうてん、頂上ちょうじょう。¶ 혼잡의 ~ 混雑こんざつのピーク。

피크닉〖picnic〗 名 ピクニック。

피-투성이 名 血ちみどろ、血塗ちまみれ、血ちだるま。¶ ~가 된 셔츠 血ちまみれのシャツ/ ~가 되도록 싸우다 血だらけになるまで戦たたかう。

피폐〖疲弊〗 名 ハ自 疲弊ひへい。¶ ~한 농촌 疲弊した農村のうそん/ 국력이 ~하다 国力こくりょくが疲弊する。

피:폭〖被爆〗 名 ハ自 被爆ひばく。¶ ~자 被爆者しゃ/ ~지대 被爆地帯ちたい。

피하〖皮下〗 名 皮下ひか。¶ ~ 지방 皮下脂肪しぼう。
　피하 조직〖-組織〗 名〖生〗 皮下組織そしき。
　피하 주:사〖-注射〗 名〖医〗 皮下注射ちゅうしゃ。

피:-하다〖避-〗 他四 ①避さける、よける、かくれる。¶ 차를 ~ 車をよける。/ 남의 눈을 ~ 人目ひとめを避ける。②(難なん・責任せきにんなどを)免まぬがれる、逃のがれる。¶ 재난을 ~ 災難さいなんを免れる。③(雨あめ・雪ゆきなどを)避ける、よける。¶ 처마 밑에서 비를 ~ 軒下のきしたで雨を避ける。

피:한〖避寒〗 名 ハ自 避寒かん。
　피:-한-지〖-地〗 名 避寒地ち。

피:해〖被害〗 名 被害ひがい。¶ 큰 ~를 입다 大おおきな被害をこうむる。
　피:해 망:상〖-妄想〗 名〖医〗 被害妄想もうそう。
　피:해-자〖-者〗 名 被害者しゃ。

피:해〖避害〗 名 ハ自 被害がいを避さけること。

피혁〖皮革〗 名 皮革かく、皮ひ。¶ ~상 皮革屋かわや/ ~ 제품 皮革製品せいひん。

픽 副 ①《力ちからが尽つきて倒たおれるようす》ばたっと、ばたり、ばったり。¶ 그 자리에 ~ 쓰러지다 その場ですばったり倒れる。②《腐くさった縄なわなどがたやすく切きれるようす》ぶつり、ぶっつり。③《閉とじこめられた空気くうきなどが漏もれるようす・その音おと》しゅうっと。¶ 풍선에서 공기가 ~ 새어 나왔다 風船ふうせんから空気がしゅうっと抜ぬけた。④《あざけり笑わらうようす》ぷっと、ふふと、ふんと。¶ ~ 웃고 말았다 ぷっと笑ってしまった。

픽션〖fiction〗 名 フィクション。回 논픽션

픽-업〖pickup〗 名 ハ他 ピックアップ。

픽-픽 副 ①《多おおくのものが力ちからが尽つきて続つづけざまに倒たおれるようす》ばたばた、ばったりばったり。②《腐くさった縄などが続つづけざまにたやすく切きれる音おと》ぶつりぶつり。③《幾度いくたびも笑わらいをもらすようす》ぷっぷっと。

핀〖pin〗 名 ピン。¶ 안전 ~ 安全ぜんピン/ ~을 꽂다 ピンで留とめる。

핀둥-거리다 自 ぶらぶらする、のらくらする、ごろつく。04 빈둥거리다
　핀둥-핀둥 副 ハ自 ぶらぶら、のらくら。

핀들-거리다 自 ぶらぶらする、のらくらする、ずるける。04 빈들거리다
　핀들-핀들 副 ハ自 ぶらぶら、のらりくらり、

핀-업〖pin-up〗 名 ピンアップ。¶ ~ 걸 ピンアップガール。

**편잔** 名(하他) 面責めん、面詰めん、けんつく。
　**편잔-먹다** 自 面と向かって怒おこられる、面責めんされる、けんつくを食くわされる。
　**편잔-주다** 他 面と向かって責せめる、面責めんする、けんつくを食くわす。
**펀치**〔pinch〕名 パンチ。¶ ~를 벗어나다 ピンチを切きり抜ぬける。
**핀트**〔pint〕名 ピント。¶ ~를 맞추다 ピントを合あわす。
**필**〔疋〕依《反物ものを数かぞえる単位たん》足そく。¶ 비단 두 ~ 絹布きぬ2足ぞく。
**필**〔匹〕依《牛うし・馬うまなどを数かぞえる単位たん》匹ひき。¶ 말 세 ~ 馬うま3匹びき。
**필**〔筆〕依《田畑たはた・林野りんやなどの区画くかくを数かぞえる単位たん》筆ふで。¶ 택지 두 ~ 宅地たくち2筆ふで 倒 필지(筆地)
**-필**〔畢〕接尾 ...済ずみ。¶ 검정 ~ 検定けんてい済ずみ/ 병역 ~ 兵役へいえき済ずみ。
**필가**〔筆架〕名 筆架ひっか、筆ふでかけ。
**필경**〔筆耕〕名(하自) 筆耕ひっこう。¶ ~료 筆耕料りょう。
**필경**〔畢竟〕副 畢竟ひっきょう、結局けっきょく、つまるところ、さしづめ。¶ ~ 당신이 아니면 さしづめあなたでなければ/ ~은 들키고 말았다 結局はばれてしまった。
**필기**〔筆記〕名(하他) 筆記ひっき。¶ ~ 시험 筆記試験けん/ 요점을 ~하다 要点ようてんを筆記する。
　**필기-장**〔-帳〕名 筆記帳ちょう、ノート。
　**필기-체**〔-體〕名 筆記体たい。
**필담**〔筆談〕名(하自) 筆談だん。¶ 외국인과 ~하다 外国人がいこくじんと筆談する。
**필답**〔筆答〕名(하自他) 筆答とう。¶ ~ 시험 筆答試験けん。
**필독**〔必讀〕名 必読ひつどく。¶ 학생들의 ~서 学生がくせいたちの必読書しょ。
**필두**〔筆頭〕名 筆頭ひっとう・ふでがしら。¶ 반대파의 ~ 反対派はんたいの筆頭/ ~에 이름을 올리다 筆頭に名なを掲かかげる。
**필:드**〔field〕名 フィールド。¶ ~ 경기 フィールド競技きょう。
**필:드 하키**〔-hockey〕名(體) フィールドホッケー。
**필라멘트**〔filament〕名(電) フィラメント。
**필력**〔筆力〕名 筆力ひつりょく、筆勢ひっせい。¶ 줄지 않는 ~ 衰おとろえない筆力。
**필로폰**〔Philopon〕名(薬) ヒロポン。¶ ~ 중독자 ヒロポン中毒者ちゅうどくしゃ。
**필름**〔film〕名 フィルム。¶ 컬러 ~ カラーフィルム/ ~의 편집 フィルムの編集しゅう。
**필마**〔匹馬〕名 匹馬ひつば、一匹いっぴきの馬うま。
　**필마-단기**〔-單騎〕名 一人ひとりで馬うまに乗のって行いくこと。
**필멸**〔必滅〕名(하自)(佛) 必滅めつ。¶ 생자 ~ 生者しょうじゃ必滅。
**필명**〔筆名〕名 筆名めい、ペンネーム。
**필묵**〔筆墨〕名 筆墨ひつぼく。
　**필묵-지-연**〔-紙硯〕名 筆ふでと墨すみと紙かみと硯すずり。
**필방**〔筆房〕名 筆屋ふでや。
**필법**〔筆法〕名 筆法ひっぽう、筆使ふでづかい。¶ 춘추ちゅんちゅうの筆法/ ~을 배우다 筆法を習ならう。

**필봉**〔筆鋒〕名 筆鋒ひっぽう、筆ふでの先さき、筆の勢いきおい。¶ ~이 날카롭다 筆鋒が鋭するどい。
**필부**〔匹夫〕名 匹夫ひっぷ。¶ ~지용 匹夫の勇ゆう。
**필부**〔匹婦〕名 匹婦ひっぷ。
**필사**〔必死〕名 必死ひっし、死しにものぐるい、決死けっし、懸命けんめい。¶ ~적인 노력 必死の努力りょく/ ~적으로 일하다 必死に働はたらく。
**필사**〔筆寫〕名(하他) 筆写しゃ。¶ ~체 筆写体たい。
　**필사-본**〔-本〕名 筆写本ほん。
**필살**〔必殺〕名(하他) 必殺さつ。¶ ~의 일격 必殺の一撃げき。
**필생**〔畢生〕名 畢生せい、終生せい、一生しょう。¶ ~의 일 畢生の仕事ごと。
**필설**〔筆舌〕名 筆舌ぜつ。¶ ~로 다할 수 없다 筆舌に尽つくしがたい。
**필세**〔筆勢〕名 筆勢せい、筆力ひつ、筆遣ふでづかい。¶ 약동하는 ~ 躍動どうする筆遣づかい。
**필수**〔必須〕名 必須しゅ。¶ ~ 조건 必須条件じょうけん/ ~의 지식 必須の知識しき。
　**필수 과목**〔-科目〕名 必須科目もく。
　**필수 아미노산**〔-amino酸〕名 必須アミノ酸さん。
**필수**〔必需〕名 必需じゅ。
　**필수-적**〔-的〕冠名 必需的てき。
　**필수-품**〔-品〕名 必需品ひん。¶ 생활 ~ 生活せいかつ必需品。
**필순**〔筆順〕名 筆順じゅん。
**필승**〔必勝〕名(하自) 必勝しょう。¶ ~의 신념 必勝の信念しんねん/ ~을 기하다 必勝を期きする。
**필시**〔必是〕副 必かならず、きっと、多分たぶん、さだめし、さぞかし。¶ ~ 그럴 것이다 必ずやそうであろう。/ 무슨 이유가 있을 것이다 きっと何なにか理由りゆうがあるはずだ。
**필연**〔必然〕名 必然ぜん。¶ ~성 必然性せい/ ~의 이치 必然の道理どうり。 倒 우연(偶然)
　**필연-론**〔-論〕名(哲) 必然論ろん。
　**필연-적**〔-的〕冠名 必然的てき。¶ ~인 결과 必然的な結果か。
　**필연-코**副 必かならずや、きっと、間違まちがいなく。¶ ~ 승리할 것이다 きっと勝利しょうりするだろう。
**필요**〔必要〕名(하形) 必要よう。¶ ~ 경비 必要経費ひ/ 돈이 ~하다 お金かねが必要だ。/ 그의 도움이 ~하다 彼かれの助力じょりょくが必要だ。
　**필요-성**〔-性〕名 必要性。¶ 체험の ~를 느끼다 体験けんの必要性を感かんじる。
　**필요-악**〔-惡〕名 必要悪あく。
　**필요 조건**〔-條件〕名(論) 必要条件けん。
**필용**〔必用〕名 必用よう、なくてはならないこと。¶ ~품 必用品。
**필유-곡절**〔必有曲折〕名 きっと何なにか訳わけがあること。¶ 반대하는 것은 ~이리라 反対はんたいするのはきっと何か訳があるのだろう。
**필자**〔筆者〕名 筆者しゃ。¶ ~ 미상 筆者未詳しょう/ 논문의 ~ 論文ろんぶんの筆者。
**필적**〔匹敵〕名(하自) 匹敵てき。¶ 그에게 ~할 자는 없다 彼かれに匹敵する者ものはいない。
**필적**〔筆跡・筆蹟〕名 筆跡せき、筆蹟せき。¶ ~ 감

**필전** 정 筆跡鑑定/ 남의 ~을 흉내내다 他人の筆跡をまねる。

**필전**[筆戰] 名[하다] 筆戰、文章によって論争すること。

**필지**[必至] 名[하다] 必至、必ずそうなること。 ¶ 합격하는 것은 ~다 合格するのは必至だ。

**필진**[筆陣] 名 ①筆陣、論陣。 ¶ 당당한 ~을 펴다 堂々たる筆陣を張る。 ②執筆者の陣容。

**필체**[筆體] 名 書体。

**필치**[筆致] 名 筆致。 ¶ 뛰어난 ~로 묘사하다 ずば抜けた筆致で描写する。

**필터**[filter] 名 フィルター。 ¶ ~가 달린 담배 フィルター付き巻きタバコ。

**필통**[筆筒] 名 筆筒、筆立て、筆箱、筆入れ。

**필-하다**[畢-] 他<여> 済ます、終える、完了する。 ¶ 검사를 ~ 検査を済ます。/ 병역을 ~ 兵役を終える。

**필화**[筆禍] 名 筆禍、文章のための災い。 ¶ ~사건 筆禍事件/ ~를 당하다 筆禍を被る。

**필휴**[必携] 名 必携。 ¶ 학생~서 学生必携の書。

**필흔**[筆痕] 名 筆跡の跡、筆跡。

**필-히**[必-] 副 必ず、是非とも、ぜひ。 ¶ ~ 필기구를 지참할 것 必ず筆記用具を持参すること。

**핍박**[逼迫] 名[하다] 逼迫。 ¶ 재정이 ~하다 財政が逼迫する。

**핍-하다**[乏-] 形<여> ①乏しい、足りない、少ない。 ②無なくなる、尽きる。

**핏-기**[-氣] 名 血の気、血色。 ¶ 얼굴에 ~가 돌다 顔に血の気がさす。

[관용] **핏기(가) 가시다** 血の気が引く、顔が青白くなる。

**핏-대** 名 (太い)血管、血筋、青筋。 ¶ 이마에 ~가 서다 ひたいに青筋が立つ。

[관용] **핏대(를) 세우다[올리다]** 青筋を立てる、かんかんに怒る。 ¶ 핏대를 올리고 화를 내다 青筋を立てて怒る。

**핏-덩어리** 名 ①血の塊、血塊。 ②(比) 赤ん坊、新生児。

**핏-덩이** 「핏덩어리」의 縮約形。

**핏-발** 名 血走ること、充血。

[관용] **핏발(이) 삭다** 充血が取れる。 **핏발(이) 서다** 血走る、充血する。 ¶ 눈에 ~ 目が血走る。

**핏-빛** 名 血の色、血のように真っ赤な色。 ¶ ~으로 물들다 血の色に染まる。

**핏-속** 名 ①血の中、血液中。 ②血統、血筋。

**핏-자국** 名 血痕。 ¶ 셔츠에 ~이 있다 シャツに血痕がある。

**핏-줄** 名 ①血管。 ¶ 눈에 ~이 서다 目が充血する。 ②血筋、血統、血。 ¶ ~을 이어받다 血筋を引き継ぐ。/ ~은 속일

수 없다 血筋は争えない。

[관용] **핏줄(이) 쓰이다** 血縁間の親密感を覚える。

**핏-줄기** 名 ①血管。 ②血統、血筋。

**핑** 副 ①《勢いよく一回転するようす》くるり、くるっと、ぐるり、ぐるっと。 ¶ 공원을 한 바퀴 ~ 돌다 公園を一回ぐるりくるっと回る。 ②《にわかに目まいなどがしてぐらっとするようす》ぐらっと、くらっと、ふらっと。 ¶ 머리가 ~ 돌더니 정신을 잃었다 頭がくらっとして気を失なった。 ③《にわかに涙ぐむようす》じんと、じぃんと、じわっと。 ¶ 너무 감격해서 눈물이 ~ 돌았다 感激のあまり涙がじんとにじんだ。

**핑계** 名[하다] 口実、言い訳、言い逃がれ、弁明、弁解。 ¶ 그럴듯한 ~ もっともらしい口実/ ~를 대다 言い訳する。/ ~를 만들다 口実を設ける。/ ~를 늘어놓다 言い訳を並べる。

[속담] **핑계 없는 무덤 없다** 口実のない墓はない。《いろいろと口実をつけて責任を避けること》

[관용] **핑계(를) 삼다** 口実にする、言い訳にする、事寄せる。 ¶ 병을 핑계 삼아 게으름을 부리다 病気を口実に怠ける。

**핑그르르** 副 ①《勢いよく一回転するようす》くるりと、ぐるっと。 ¶ 춤을 추며 ~ 돌다 ダンスをしながらくるりと回る。 ②《にわかに目まいなどがするようす》くらっと、ふらっと。 ¶ 눈앞이 ~ 돌다 くらっと目まいがする。 ③《にわかに涙ぐむようす》じんと、じわっと。 ¶ 눈물이 ~ 돌았다 涙がじんとにじんできた。

**핑글** 副《速く回るようす》くるくる、ぐるり、くるっと。

**핑글-핑글** 副《速く回るようす》くるくる、ぐるぐる、くるっくるっ。 ¶ ~ 도는 바람개비 ぐるぐる回る風車。

**핑크**[pink] 名 ピンク。 ¶ ~ 무드 ピンクムード。

**핑-퐁**[ping-pong] 名 ピンポン、卓球。

**핑-핑**[1] 副 ①《しきりに回るようす》くるくる、ぐるぐる。 ②《めまいがするようす》くらくら、くらっと、ふらふら、ふらっと。 ¶ 머리가 ~ 돌다 頭がくらくらする。

**핑-핑**[2] 副《弾丸などが風を切って飛ぶようす・その音》びゅうびゅう、びゅんびゅん。 ¶ 총알이 ~ 머리 위를 스쳐 지나갔다 弾丸がびゅんびゅんと頭上をかすめて行った。

**핑핑-하다** 形<여> ①(綱などが)ぴんぴんに張っている、張り切っている。 ¶ 줄을 핑핑하게 당기다 ロープをぴんと引っぱる。 ②(双方が)とんとんだ、似たりよったりだ、伯仲する。 ¶ 실력이 서로 핑핑하겠는 걸 お互いに実力がとんとんだろうな。 ③(弾力があって)ぴんぴんしている、張り裂けんばかりだ。 ④(ふくれ上がって)ぱんぱんだ、ぱちぱちだ。 ¶ 다리가 핑핑하게 붓다 脚がぱんぱんに腫れる。

# ㅎ

ㅎ ハングル字母の第14番目の字。

**하**[1] [副] 非常に、とても、あまりにも、多く、大きく。¶ ~ 추워서 とても寒いので/ ~ 반가워서 あまりにも嬉しくて。

**하**[2] [副] 《息を大きく吐き出す声》はあ、はあっと、ほおっ。¶ 입김을 ~하고 불다 息をはあっと吐き出す。

**하:**[3] [感] 《喜び・驚き・怒り・心配などを表わす語》ああ、ほう、あれ、まあ。¶ ~, 참 잘되었다 ああ、ほんとによかった。/ ~, 별일이 다 있군 まあ、おかしなこともあるもんだ。[큰] 허

**하:**[下] **Ⅰ** [名] (等級・順序などの)下、びり。¶ 성적이 ~에서 상으로 올라갔다 成績が下から上に上がった。**Ⅱ** [接頭] 《位置・価格が低いことを表わす》下…。¶ ~반신 下半身。**Ⅲ** [接尾] 《ある状態・環境のもとであることを表わす》…下、…(の)もと。¶ 지배~ 支配下/ 묵인 ~에 黙認の下に。

**하:강**[下降] [名][하自] 下降。¶ 기온이 ~하다 気温が下降する [대] 상승(上昇)

**하:강 기류**[-氣流] [名][氣] 下降気流。

**하:객**[賀客] [名] 賀客、祝い客。

**하:계**[下界] [名] 下界。①[佛] 人間界、俗界。②(高い所から見て)低い所、地上。¶ ~를 내려다 보다 下界を見下ろす。

**하:계**[夏季] [名] 夏季、夏期、夏の季節。[유] 하기(夏期)

**하고** [助] …と。①並列の意を表わす。¶ 배 ~ 사과 ナシとリンゴ。②比較の対象を表わす。¶ 이것~ 그것은 똑같다 これとそれは同じだ。③動作・状況の対象を表わす。¶ 누구~ 놀았니? 誰と遊んだの。

**하고-많다** [形] 《「하고많은」の形で》非常に多い、はなはだ多い。¶ 하고많은 것들 중에 하필이면 그것이냐? 非常に多くのものの中からよりによってそれをかね。

**하:관**[下棺] [名][하自] (埋葬のため)棺を墓穴に下ろすこと。

**하:관**[下觀] [名] 顔面の下部、顎の部分。¶ ~이 빨다 顎が細くとがっている。

**하:교**[下校] [名][하自] 下校。[대] 등교(登校)

**하:교**[下敎] [名][하他] ①王が命令を下すこと、その命令。¶ ~를 바라다 王の命令を請う。②目上の人が目下の者に教えること。¶ ~에 따르다 教えに従う。

**하구**[河口] [名] 河口・かわぐち、川尻。¶ ~항 河口港/ 배가 ~로 들어가다 船が河口へ進み入る。[유] 강어귀

**하:권**[下卷] [名] (書籍の)下巻、下のまき。¶ ~을 출판하다 下巻を出版する。

**하:-극상**[下剋上] [名][하自] 下剋上。¶ ~의 풍조 下剋上の風潮。

**하:급**[下級] [名] 下級、下の級、下っ端。¶ ~품 下級品/ ~ 관리 下級官吏。

**하:급 관청**[-官廳] [名] 下級官庁。

**하:급-생**[-生] [名] 下級生。

**하:급-심**[-審] [名][法] 下級審。

**하:기**[下記] [名][하他] 下記。¶ 내용은 ~와 같음 内容は下記の通り。

**하:기**[夏期] [名] 夏期、夏の期間。¶ ~ 강습 夏期講習。

**하:기 방:학**[-放學] [名] (学校の)夏休み。[유] 여름 방학

**하:기 학교**[-學校] [名][教] 夏期学校、サマースクール。

**하:기 휴가**[-休暇] [名] 夏期休暇、暑中休暇。

**하기는** [副] そう言えば、実のところ、尤も。¶ ~ 그렇기도 하다 そう言えばそれもそうだ。/ ~ 네 말에도 일리는 있다 もっとも君の言うことにも一理はある。[준] 하긴

**하기야** [副] そりゃ(そうなんだが)、そうは言うものの、尤も。¶ ~ 열심히 하면 될 수 있지 そりゃ熱心にやれば出来ないことでもない。

**하긴** [副] 「하기는」の縮約形。

**하나**[1] **Ⅰ** [名] 一つ。①一体。¶ 마음을 ~로 합치다 心を一つに合わせる。②ただそれだけ、唯一。¶ 그는 노력 ~로 성공했다 彼は努力一つで成功した。③それに属する一種。¶ 그것도 ~의 방법이다 それも一つの方法だ。④《「하나도」の形で否定の語とともに用いられて》一つも、全然、少しも、…さえ(も)。¶ ~도 남기지 않고 먹어버렸다 一つ残らず食べてしまった。**Ⅱ** [數] 一つ、一。¶ 단 ~ ただ一つ/ ~ 더 もう一つ/ ~부터 열까지 거짓말이다 一から十まで嘘だ。

[속담] **하나를 보고 열을 안다** 一を見て十を知る。 **하나만 알고 둘은 모른다** 一だけ知って二は知らない。《物事の一面だけ見て全体を見ない》

**하나-가득** [副] (すき間なく)いっぱい、びっしり。¶ ~ 담다 いっぱいに盛る。

**하나-같이** [副] 一様に、おしなべて、一人残らず。¶ ~ 어쩌면 이렇게 예쁠까? 一様にどうしてこんなにきれいのかしら。

**하나-하나** [副] 一つずつ、一つ一つ、いちいち、逐次。¶ ~ 열거하다 もれなく列挙する。/ 물건을 ~ 세다 品物を一つ一つ数える。

**하나**[2] [副] だが、けれども、しかし(ながら)、とは言え。¶ ~ 안심할 수는 없다 だが安心

하나-님 [名][基] 神.
하:녀 [下女] 名 下女, 女中, 女중의 召使, 端女. ¶ ~를 마구 부리다 女中을 こき使う.
하느-님 名 神様, 神様. ①[基] 唯一の神, 天主. ⑦ 全知全能의 神. ⑭ 하나님 ②宗教的인 信仰의 対象, 天의 神, 上帝.
하느작-거리다 自 しきりに軽くゆらゆらとゆれる, ゆらぐ. ⑤ 흐느적거리다
  하느작-하느작 副[하]自 ゆらゆらと, ゆらりゆらり, しゃなりしゃなり.
하늘 名 ①空, 天空, 大空. ¶ ~을 쳐다보다 空を見上げる. / ~을 우러르다 天を仰ぐ. ②神, 神様. ¶ ~에 맹세하다 天に誓う. / ~같이 믿다 神様のように頼りにする. ③天国, 天堂. ¶ ~에 계신 우리 아버지… 天にまします我らの父よ. ④天気. ¶ 가을 ~ 秋の天気.
[俗談] 하늘 높은 줄 모른다 天の高さを知らず.《あたるべからざる勢いで居丈高にふり振る舞そう》하늘 보고 침 뱉기 天を仰いでつばする. 하늘은 스스로 돕는 자를 돕는다 天は自ずから助ける者を助ける. 하늘을 보아야 별을 따지 天を見なくては星が取れない.《必要な条件が備わってこそ目的が達せられる》하늘의 별 따기 空の星取り《達成できる見込みのないこと》하늘이 무너져도 솟아날 구멍이 있다 空が崩れても飛び出る穴はある.《どんなに困難な状況でもそれを切り抜ける方策はある》
[慣用] 하늘과 땅 天と地, 二つの事物の差が著しいこと. 하늘에 맡기다 天に任せる, 運命に任す. 하늘을 찌르다 天を衝く. ①非常に高い. ②すごい勢いである. 하늘이 노랗다 天が黄色がる. ①疲れはてて気力がない. ②(状況が)絶望的である. 하늘이 두 쪽이 나도 天が二つに割れることがあっても, どういうことがあっても. 하늘이 캄캄하다 ①ショックを受けてくらっとする. ②絶望状態にある.
하늘-가 名 空の果てて.
하늘-같다 形 (地位の非常に高い人・恩人에 対して)天のように…だ. ¶ 하늘 같은 부모님의 은혜 天のように深い父母の恩. 하늘-같이 副 天のように大きく.
하늘 나라 名[基] 天国, 天堂.
하늘-빛 名 空色, 薄い青色.
하늘-거리다 自 ひらひらする, ゆらゆらと揺らめく. ⑤ 흐늘거리다
  하늘-하늘 副[하]自 ひらひら, ゆらゆら.
하늘하늘-하다 形[여] (触れば崩れんばかりに) 脆い, ぐにゃぐにゃする. ⑤ 흐늘흐늘하다
하늘-소 名[動] カミキリムシ.
하늬 名「하늬바람」의.
  하늬-바람 名 (農村이나・魚村에서) 西쪽의 風.
  하늬-쪽 名 (船乗りのことばで) 西側に, 西쪽의 方.

하니 副 (《그러하니》의 縮約形) だから, そうだから, それゆえ.
하니까 副 (《그러하니까》의 縮約形) そうだから, そうするから, そう言うので.

하다¹ 自[여] ①する, 行なう. ¶ 하는 일마다 실패just 하는 것마다 실패だ. / 드디어 하고야 말았다 とうとうやった. ②思う, 考える. ¶ 좀 쉴까 하는데요 ちょっと休もうかと思うんですが. ③(値段がいくら) する, 値がする. ¶ 300원 하는 연필 300ウォンする鉛筆. ④(ある時に)至る, なる. ¶ 밤 12시쯤 해서 돌아와 夜 12時頃に帰って来た. ⑤決める, 意図する, …(に)する. ¶ 내일 떠나기로 했다 明日出発することにした. ⑥(《引用形》の後で) …(と)言う. ¶ 학교에 같이 가자고 했다 学校にいっしょに行こうと言った. ⑦(《-고 하여(해서)》의 形で 理由을 表わす) …であるので, …するので. ¶ 돈도 없고 해서 곧장 돌아왔다 お金もないのですぐに帰ってきた. ⑧(《-고 한다면(해도)》의 形で仮定을 表わす) …(と)すると, …(と)しても. ¶ 비가 온다고 해도 거행합니다 雨が降っても挙行します. ⑨(《-(라) 하면》의 形で) …なら, (と)言えば. ¶ 꽃이라 하면 국화가 으뜸이지 花なら菊が最上じょう. ⑩(《-(으)로 하여》의 形で理由・原因을 表わす) …(の)ため, …で, …によって. ¶ 그 일은 나로 하여 더욱더 크게 번졌다 そのことは私のせいでさらに大きく広がった.
[慣用] 하는 수 없다 仕方がない, どうしようもない, やむを得ない. ¶ 그리 되어도 ~ そうなっても仕方がない. 할 것 없이 …を問わず. ¶ 남녀노소 ~ 모두 만세를 불렀다 老若男女を問わず万歳を唱えた.

하다² 他[여] ①(ある行為を)する, 行なう. ¶ 이야기를 ~ 話をする. / 생각을 ~ 考えをする. ②(他の動詞の代用して) . ¶ 술을 ~ 酒を飲む. / 노래를 ~ 歌を歌う. ③従事する, 勤める. ¶ 선생을 ~ 先生をする. / 문학을 ~ 文学にたずさわる. ④(表情ほうじょうを)する, (顔つきを)とる. ¶ 밝은 얼굴을 ~ 明るい顔をする. ⑤(装飾品そうしょくを身に)つける. ¶ 목걸이를 한 여자 ネックレスをした女性. ⑥呼ぶ, 言う. ¶ 이런 일을 애국이라 한다 こういうことを愛国と言う. ⑦処理する. ¶ 팔다 남은 것을 어떻게 할까요? 売れ残りをどうしましょう. ⑧(《-(으)로 하다》의 形で) …にする, …とする, …とみなす. ¶ 그 얘기는 없었던 것으로 하자 その話はなかったことにしよう.

하다³ 助動 ①(《-ㄹ까 하다》의 形で) …(し)ようと思う. ¶ 시골에 갔다올까 합니다 田舎へ行ってこようかと

思います。②((「-려(고) 하다・-고자 하다」の形で意志・意図を表わす))…しようとする。¶ 나를 속이려고 ~ わたしを騙そうとする。③((「-(으)면 하다」の形で願望・希望を表わす))…したいと思う。¶ 너를 내일 만났으면 한다 君に明日会いたいと思う。④((「-도록 하다」の形で))…させる。…するようにする。¶ 감기 들지 않도록 하세요 風邪を引かないようにしてください。⑤((「-게 하다」の形で使役の意を表わす))…させる。¶ 아이에게 책을 읽게 ~ 子供に本を読ませる。⑥((「-아야[어야] 하다」の形で必然の意を表わす))…ねばならない。…しなければならない。…すべきだ。¶ 최선을 다해야 한다 最善策をつくさねばならない。⑦((「-기도[기까지・기조차] 하다」の形で語意を強める))実に…する、…することもある。¶ 많이 먹기도 한다 実によく食べる。

하다⁴ 動形句 ((「-기도[기까지・기조차] 하다」の形で語意を強める))…でもある、とても…である、本当にそうだ。¶ 얄밉기도 ~ ほんとに小憎らしい。/ 물이 맑기도 ~ 水がとてもきれいだなあ。

-하다 接尾 ①((名詞について))動詞を作る。¶ 사랑 ~ 愛する。/ 노력 ~ 努力する。②((形容詞の語根について))形容詞化する。¶ 쓸쓸 ~ 寂しい。/ 친절 ~ 親切だ。③((副詞について))動詞・形容詞を作る。¶ 넘실넘실 ~ うねうねする。/ 번쩍번쩍 ~ ぴかぴかする。④((形容詞の補助的語尾「아・어」などについて))動詞を作る。¶ 기뻐 ~ 喜ぶ。/ 귀여워 ~ かわいがる。

하다가 圖 たまには、ときには、まれには。¶ 재미있는 일도 있다 たまには面白いこともある。

하다-못해 圖 ①せめて。¶ ~ 만 원이라도 줬으면 좋겠다 10000ウォンでもやれたらいいけど。②仕方なく、とうとう。¶ ~ 나중에는 도둑질까지 했다 しかたなくついには泥棒までした。

하:단【下段】 图 下段。¶ 책장의 ~ 本棚の下段。

하:단【下壇】 图 하他 壇上から下りること、降壇。⇔ 등단(登壇)

하:달【下達】 图 하他 下達。¶ 상의 ~ 上意下達 / 명령을 ~하다 命令を下達する。

하:대【下待】 图 하他 ①粗末にあしらう〔もてなす〕こと。②目下の者に対することば遣いをすること。

하더라도 圖 …ではあるが、…としても、…からとて。¶ 아름답다 ~ 美しいとしても/ 열이 내렸다 ~ 熱が下さがったからとて。

하도 圖 ((「하」の強調語))あまりにも、とても。¶ ~ 기가 막혀서 ほんとうにあきれて/ 졸라대서 돈을 꾸어 주었다 あんまりしつこくせがむので金かを貸してやった。

하:-도급【下都給】 下請け。⇔ 하청(下請)

하도롱-지【-紙; ←hard-rolled-paper】 图 ハトロン紙。

하돈【河豚】 图 動 河豚。⇨ 복

하:드-보:드【hardboard】 ハードボード。

하:드-웨어【hardware】 图 컴 ハードウェア。

하:드 트레이닝【hard training】 图 ハードトレーニング、猛練習。

하:등【下等】 图 下等。¶ ~품 下等品。⇔ 고등(高等)

하:등 동:물【-動物】 图 下等動物。

하:등 식물【-植物】 图 下等植物。

하등【何等】 冠 ①なんら、なんの、いかなる。¶ 그와는 ~의 관계가 없다 彼とはなんら関係がない。②((副詞的に))なんら、少しも。¶ ~ 이상 없다 少しも異常じょうない。

하:락【下落】 图 하自 下落。¶ 시세의 ~ 相場の下落/ 인기가 ~하다 人気が落ちる。

하:락-세【-勢】 图 下落の傾向。

하:례【賀禮】 图 하自 賀儀、祝賀の礼式。

하루 图 一日。①一昼夜ちゅうや。¶ 단 ~ たった一日/ ~도 쉬지 않고 一日も休まず。②(夜明るけから日暮ぐれまでの)昼、昼間。¶ ~ 종일 기다렸다 一日中待った。③ある日。¶ ~는 모르는 사람이 찾아왔다 ある日のこと知らない人が訪ねて来た。④((「하룻날・초하루・초하룻날」の縮約形))ついたち、一日。

하루-같이 圖 いつも変わりなく。¶ 십 년을 ~ 十年日一日のごとく。

하루 걸리 圖 一日おきに、隔日かくじつに。¶ ~ 찾아와 一日おきに訪ねて来る。

하루-바삐 圖 一日も早く。

하루-살이 图 動 ①カゲロウ。②その日暮らし。¶ ~꾼 その日暮らしの者。③(比)はかないこと、短命なこと。¶ ~ 인생 はかない人生。

하루-아침 图 一朝、あっという間、非常に短い時間。¶ ~에 해치우다 あっという間にやってしまう。

하루-치 图 一日分、一日の分量。

하루-하루 图 一日ごとに、日一日ごと。¶ ~ 변모하는 서울 거리 日ごとに変わるソウルの街。②((名詞的に))一日一日、その日その日。¶ ~의 생활비 その日その日の生活費。

하룻-강아지 图 ①生まれて間もない小犬。②青二才、新米、初歩者。

[속담] 하룻강아지 범 무서운 줄 모른다 生まれて間もない小犬は虎をも怖がらない。《無知は恐れを知らない、盲らに蛇に怖じず》

하룻-밤 图 一晩、一夜。¶ ~ 묵다 一晩泊まる。

하:류【下流】 图 下流。①川下。¶ 한강의 ~ 漢江の下流。②下層階級。⇔ 상류(上流)

하르르 圖 하形 ((布地などが薄くやわらかいようす))ひらひら、ぺらぺら。¶ 하르르한 치

하리 名 (人을そしって) 目上の人・上役に告げ口をすること。
하:릴-없다 形 ①どうにも仕方がない、やむを得ない、しようがない、せんかたない。②すこしも違わない、そっくりだ。 하릴없-이 副 ①仕方なく、せんかたなく。¶ ~ 먼 산만 바라보다 どうにもできず遠くの山を見つめているばかりだ。②寸分たがわずに、そっくり。¶ 그 애는 ~ 엄마를 닮았다 あの子は母親にそっくりだ。
하:마〔下馬〕 名自他 下馬、下乗、馬からおりること。
하마〔河馬〕 名〔動〕河馬。
하마터면 副 すんでの事に〔所で〕で、危うく、もう少しのところで、まかり間違えば。¶ ~ 죽을 뻔했다 すんでの事に死ぬ所だった。/ ~ 차에 치일 뻔했다 危うく車にひかれるところだった。
하:마평〔下馬評〕 名 下馬評。¶ ~ 에 오르다 下馬評に上る。
하:명〔下命〕 名自他 下命、用命、¶ ~ 하신 물건 御用命の品/ ~ 을 기다리다 ご下命を待つ。
하:모니〔harmony〕 名 ハーモニー。①〔音〕和音。②調和。
하:모니카〔harmonica〕 名〔音〕ハーモニカ。
하:문〔下問〕 名他 下問、下聞、目下の者に問い尋ねること。¶ ~ 에 답하다 ご下問に答える。
하:물〔荷物〕 名 荷物、貨物。¶ ~ 을 맡기다 荷物を預ける。
하물며 副 まして、なおさら、いわんや。¶ 어른이라도 어려운데 ~ 어린아이가 할 수 있겠는가? おとなでも難しいのにまして子供にできるだろうか。
하:박〔下膊〕 名〔生〕下膊。팔뚝
하:박-골〔-骨〕 名〔生〕下膊骨。
하:박〔下薄〕 名自形 下位の者に薄情なこと。¶ 상후 ~ 上位の者を優遇し下位の者を薄遇すること。
하:반〔下半〕 名 下半、下半分。
하반〔河畔〕 名 河畔、河のほとり。강가
하:-반기〔下半期〕 名 下半期、下期。¶ ~ 결산 下半期の決算。상반기(上半期)
하:-반부〔下半部〕 名 下半部。상반부(上半部)
하:-반신〔下半身〕 名 下半身。상반신(上半身)
하:-발이〔下-〕 名 (組織などで)一番下っ端、一番下の者、ひら。
하:번〔下番〕 名 下番。①順番が下のこと、その人。②当番を終えて引き下がること、その人。
하:복〔下腹〕 名 下腹。아랫배
하:복-부〔-部〕 名〔生〕下腹部。¶ ~ 가 아프다 下腹部が痛い。
하:복〔夏服〕 名 夏服、夏物。¶ ~ 지 夏服地。동복(冬服)
하:부〔下部〕 名 下部、下の部分。¶ ~ 조직 下部組織。
하:부 구조〔-構造〕 名 下部構造。
하비작-거리다 他 ①しきりにほじくる、ひっき回す、がりがりひっかく。②しきりにけなす、けなしくり出す。
하비작-하비작 副he ①(しきりにほじくるようす)がりがり。②しきりにけなすようす。
하:사〔下士〕 名〔軍〕下士、伍長。
하:사-관〔-官〕 名〔軍〕下士官。¶ 주번 ~ 週番下士官。
하:사〔下賜〕 名自他 下賜。¶ ~ 금 下賜金/ 금일봉을 ~ 하다 金一封を下賜する。
하사〔何事〕 名 何事ぞ、なんの事ぞ。¶ 정신 일도면 ~ 불성이리요 精神一到何事か成らざらん。
하:산〔下山〕 名自他 ①下山。②(木材などを)山からおろすこと。¶ 벌목한 나무를 ~ 하다 伐採した木を山からおろす。
하상〔河上〕 名 河上、河の上。
하:선〔下船〕 名自他 下船。
하소 he 「하소연」の縮約形。
하소연 名he (くやしいこと・苦情などを)訴えること、哀訴。¶ ~ 할 데가 없다 訴えどころがない。/ 딱한 입장을 ~ 하다 苦しい立場を哀訴する。
하:송〔下送〕 名he ①都から地方へ物を送ること。②目下の者に物を送ること。
하:수〔下水〕 名 下水。¶ ~ 처리장 下水処理場。
하:수-관〔-管〕 名 下水管。
하:수-구〔-溝〕 名 下水溝、どぶ。¶ ~ 를 치다 下水溝をさらう。
하:수-도〔-道〕 名 下水道。¶ ~ 공사 下水道工事。
하:수¹〔下手〕 名 (囲碁などで)下手。상수(上手)
하:수²〔下手〕 名he自 ①着手、手を着けること。착수(着手)②自分の手で直接人を殺すこと。
하:수-인〔-人〕 名 下手人。¶ ~ 을 찾다 下手人を捜す。
하:수〔下垂〕 名he自 下垂、垂れ下がること。¶ 위 ~ 胃下垂。
하:숙〔下宿〕 名he 下宿。¶ ~ 을 구하다 下宿を求める。/ ~ 을 치다 下宿させる。
하:숙-비〔-費〕 名 下宿代。
하:숙-생〔-生〕 名 下宿している学生。
하:숙-집〔-〕 名 ①下宿している家。②下宿屋。
하:순〔下旬〕 名 下旬。¶ 내달 ~ 경 来月の下旬ごろ。
하:시〔下視〕 名he ①見下げること、蔑視すること。¶ 사람을 ~ 하다 人を見下げる。②下を見ること、見下ろすこと。
하시〔何時〕 名 いつ、どんな時ぞ、いつなんどき。¶ ~ 라도 いつでも/ ~ 를 막론하고 時を問わず。

하:악[下顎] 图 下顎がく, したあご.
　하:악-골[-骨] 图[生] 下顎骨こっ.
하안[河岸] 图 河岸かん, 강안(江岸)
　하안 단구[-段丘] 图[地] 河岸段丘だん.
하:야[下野] 图[하自] 下野や. ¶ ~ 성명 下野声明めい/ 정계에서 ~하다 政界かいから下野する.
하야-말갛다 形 (肌色はだいろが)白くうてきれいだ[すみきっている]. (4) 허여멀겋다
하양 图 ①白しろ, 白色いろ. ②白しろい物もの.
하:얗다 形 真まっ白しろだ. 하얀 수염 白しろいひげ/ 머리가 ~ 髪かみが真まっ白しろだ.
하:얘-지다 (自) 白しろくなる. ¶ 머리가 ~ 髪かみが白くなる. (4) 허예지다
하여-간[何如間] 副 とにかく, ともかく, いずれにせよ, とにもかくにも. ¶ ~ 안심이다 とにかく安心あんしんだ./ 만나게 되니 ~ 반갑다 会あえてとにかくうれしい.
하여금 副 ({"로", "으로"について使役しえきの意いを表あらわす}) …をもって, …をして, …させて, …に. ¶ 나로 ~ 말하게 한다면 私わたしをして言いわしめれば/ 그로 ~ 편지를 쓰게 하다 彼かれに手紙てがみを書かかせる. / 그 일로 ~ 뜻을 굽힐 수는 없다 そのことをもって意志いしを曲まげることはできない.
하여-튼[何如-] 副 とにかく, いずれにせよ. ¶ ~ 가 보자 とにかく行いってみよう.
하여-튼지[何如-] 副 ⇨ 하여튼
하역[荷役] 图 荷役やく, 荷物にもつのあげおろし. ¶ ~ 작업 荷役作業ぎょう.
하염-없다 形 ①(心こころが)うつろである, むなしい. ②止とめどもない, 限かぎりない. 하염없-이 副 心こころうつろに, 止とめどもなく. ¶ ~ 눈물이 흐르다 とめどもなく涙なみだが流ながれる. / ~ 먼 산을 바라보다 心うつろに遠とおくの山やまを見みつめる.
하:오[下午] 图 午後ご. (4) 상오(上午)
하:옥[下獄] 图[하他] 下獄ごく, 投獄とうごく.
하:원[下院] 图 下院いん. (4) 상원(上院)
하:위[下位] 图 下位い. ¶ ~ 관리 下級かきゅう役人やくにん/ 성적은 ~이다 成績せいせきは下位である. (4) 상위(上位)
하:의[下衣] 图 下半身はんしんにはく衣服いふく. (4) 상의(上衣)
하:의[下意] 图 下意か. ¶ ~ 상달 下意上達じょうたつ.
하이[high] 图 ハイ, 高たかいこと, 高価こうか, 上流じょう. ¶ ~ 패션 ハイファッション/ ~ 다이빙 ハイダイビング.
　하이-라이트[-light] 图 ハイライト.
　하이-웨이[-way] 图 ハイウェー, 高速こうそく道路どう.
　하이-틴[-teen] 图 ハイティーン.
　하이-힐[←high-heeled shoes] 图 ハイヒール.
하이킹[hiking] 图 ハイキング. ¶ ~ 코스 ハイキングコース.
하이픈[hyphen] 图 ハイフン.
하:인[下人] 图 下人にん, 下男なんと下女じょ, しもべ, 召めし使つかい.
하:인-배[-輩] 图 召めし使つかいたち, しもべの

輩やから.
하자[瑕疵] 图 瑕疵かし, 傷きず, 欠点けってん. ¶ 조그만 ~도 없다 少すこしの瑕疵もない.
하잘것-없다 形 つまらない, 取とるに足たりない, くだらない, ばからしい. ¶ 하잘것없는 일로 다투다 つまらないことで争あらそう. 하잘것없-이 副 つまらなく, くだらなく, 味気あじけなく.
하:전[荷電] 图[物] 荷電でん.
하:제[下劑] 图[薬] 下剤ざい, くだしぐすり. ¶ 변비에 ~를 쓰다 便秘べんぴに下剤をつかう.
하:-종가[下終價] 图[経] ストップ安やす.
하:주[荷主] 图 荷主ぬし.
하:중[荷重] 图 荷重じゅう. ¶ 화물의 ~ 貨物かもつの荷重/ ~을 지탱하다 荷重にたえる.
하:지[夏至] 图 夏至げ(二十四節気にじゅうしせっきの一ひとつで, 夜よるが最もっとも長ながい日ひ).
하지만 しかし, だが, だけど, もっとも, けれども. ¶ 그는 가난하다, ~ 성실하다 彼は貧乏びんぼうだ. しかし誠実せいじつだ.
하:직[下直] 图[하自他] ①(長上ちょうじょうへの)別わかれのあいさつ, いとまごい. ¶ ~을 고こうけて떠나다 いとまごいして発たつ. ②(むかし)都みやこを立たつ官吏かんりが王おうにいとまごいをしたこと. ③捨すてて去さること. ¶ 세상을 ~하다 世よを捨てる, 死しぬ.
하:차[下車] 图[하自他] 下車しゃ. ¶ 도중 ~ 途中ちゅう下車. (4) 승차(乗車)
하찮다 形 ({"하치않다"의 縮約形しゅくやくけい})つまらない, 取とるに足たりない, 大たいしたことでない. ¶ 하찮은 선물 つまらない贈おくり物もの/ 하찮게 생각하다 大たいしたことはないと思おもう.
하천[河川] 图 河川せん, 川かわ. ¶ ~ 부지 河川敷じき/ ~ 개량 河川改良かいりょう.
하:청[下請] 图 ({"하청부(下請負)"의 縮約形しゅくやくけい})下請うけ. ¶ ~을 맡다 下請けを引ひき受うける. / ~을 주다 下請けをさせる.
　하:청 공장[-工場] 图 下請け工場こうじょう.
　하:청-인[-人] 图 下請け人にん.
하:체[下體] 图 下半身はんしん.
하:층[下層] 图 下層そう, 下したの層そう. ¶ ~ 사회 下層社会しゃ.
　하:층 계급[-階級] 图[社] 下層階級かいきゅう.
하:-치[下-] 图 下等品ひん.
하키[hockey] 图 ホッケー.
하:탁[下託] 图[하他] 目下めしたの人ひとに依託いたくする [頼たのむ]こと.
하:퇴[下腿] 图[生] 下腿たい. (4) 정강이
　하:퇴-골[-骨] 图[生] 下腿骨こつ.
하:편[下篇] 图 (書物しょもつなどの)下巻かん.
하품 图[하自] あくび. ¶ ~을 참다 あくびをこらえる. / 하품 하면서 기지개를 켜다 あくびしながら伸のびをする.
하:품[下品] 图 ①下等品かとう. ②下品げひん, 低ひくい品位ひんい. ③[佛] 下品げひん, 九品ぼん浄土じょうどの下位かいの三品さんぼん.
하:프[half] 图 ハーフ. ¶ ~ 코트 ハーフコート.
　하:프 타임[-time] 图[体] ハーフタイム.

하:프[harp] 图[音] ハープ, 竪琴だて。
하필[何必] 圖 よりによって, どうして, なんで, 何の必要があって, とりわけ, こともあるに。 ¶ ~ 일요일에 비가 오다니 よりによって日曜日に雨がふろうとは。
하하¹ 圖[하自] 《口を大きく開けて笑うようす・その声》 はは。 ~ 웃다 ははと笑う。
하하² 感 ①《あきれてため息をもらすときの声》 ああ。 ¶ ~, 이거 큰일났군 ああ, これは大変んだ。 ②《何かをはじめて悟ったり感心したりするときの声》 おお, ははあ, ふうん。 ¶ ~, 역시 그랬었군 ははあ, やっぱりそうだったか。
하:한[下限] 图 下限。 ¶ ~선 下限線。
하:행[下行] 图[하自] 下行, 下向, 下り。 ¶ ~ 열차 下り列車。
하:향[下向] 图[하自] 下向き。 ¶ ~ 추세 下向き趨勢。
하:향[下鄕] 图[하自] ①下向, 都から田舎へ下ること。 ¶ 관직을 그만두고 ~하다 官職を辞めて田舎に下る。 ②故郷に帰ること。
하:현[下弦] 图[天] 下弦。 ¶ ~의 달 下弦の月。
하:혈[下血] 图[하自] 下血。
하:회[下回] 图 ①次의 順番, 次의 回。 ②目上의 人からの回答。 ¶ ~를 기다리다 (目上の人からの)ご回答を待つ。 ③結果, 成り行き。 ¶ 회의의 ~가 궁금하다 会議の結果が気掛かりだ。
하:회[下廻] 图[하自] (ある基準より)下回ること。 ¶ 예상을 ~하다 予想を下回る。
학[鶴] 图[動] ツル。
-학[學] 接尾 学問のひとつの体系をあらわす語…学。 ¶ 정치~ 政治学。
학계[學界] 图 学界。 ¶ ~의 관심을 끌다 学界の関心を引く。
학과[學科] 图 学科。 ¶ ~를 선택하다 学科を選択する。
학과 과정[-課程] 图[教] 学科課程。
학과-목[-目] 图[教] 学科目。
학교[學校] 图 学校。 ¶ 교육 学校教育 / ~에 다니다 学校に通う。 / 자식을 ~에 보내다 息子を学校へやる。
학교 급식[-給食] 图 学校給食。
학교-장[-長] 图 学校長, 校長。
학구[學區] 图[教] 学区。
학구-제[-制] 图[教] 学区制。
학군[學群] 图[教] (地域によって分けた)学校群。
학급[學級] 图 学級, クラス。 ¶ ~ 신문 学級新聞 / ~을 편성하다 学級を編成する。
학급 담임[-擔任] 图 学級担任。
학급 문고[-文庫] 图 学級文庫。
학기[學期] 图 学期。 ¶ 신~ 新学期。
학기-말[-末] 图 学期末。 ¶ ~ 시험 学期末試験。
학년[學年] 图 学年。 ¶ 저 ~ 低学年 / 나는 ~이다 私は3年生だ。
학대[虐待] 图[하他] 虐待。 ¶ 동물을 ~하다 動物を虐待する。
학덕[學德] 图 学徳。 ¶ ~을 겸비하다 学徳を兼備する。
학도[學徒] 图 学徒。 ①学生, 生徒。 ②学者。 ¶ 생물 ~ 生物学徒。
학도-병[-兵] 图 学徒兵。 ⑳ 학병
학력[學力] 图 学力。 ¶ ~의 향상 学力の向上 / ~이 저하되다 学力が低下する。
학력[學歷] 图 学歴。 ¶ 고졸 이상의 ~ 소유 高卒以上の学歴の所有者。
학령[學齡] 图 学齢, 学齢期。 ¶ ~에 달하다 学齢に達する。
학령-기[-期] 图 学齢期。
학령 아동[-兒童] 图 学齢児童。
학명[學名] 图 学名。 ¶ 동물을 ~으로 나타내다 動物を学名で表わす。
학문[學問] 图[하自他] 学問。 ¶ 제법 ~이 있는 사람 かなり学問のある人 / ~을 연구하다 学問を研究する。
학벌[學閥] 图 学閥。 ¶ ~을 중시하다 学閥を重視する。
학병[學兵] 图 (「학도병」의 縮約形) 学徒兵。
학부[學府] 图 学府, 大学。 ¶ 최고 ~ 最高学府。
학부[學部] 图 学部。 ¶ 문~ 文学部。
학-부모[學父母] 图 児童・生徒の父母。
학-부형[學父兄] 图 児童・生徒の父兄。 [保護者ほど]。
학부형-회[-會] 图 父兄会。
학비[學費] 图 学費, 学資。 ¶ ~를 조달하다 学費を調達する。 / ~를 대주다 学資をまかなう。
학살[虐殺] 图[하他][되自] 虐殺。 ¶ 대량 ~ 大量虐殺 / 양민을 ~하다 良民を虐殺する。
학생[學生] 图 ①学生, 生徒。 ¶ 초등학교 ~ 小学生 / 고등학교 ~ 高校生 / 대~ 大学生 / ~ 시절 学生時代 / ~다운 태도 学生らしい態度。 ②(むかし)官職に就かなかった人の死後の尊称。
학생-복[-服] 图 学生服。
학생 운·동[-運動] 图 学生運動。
학생-증[-證] 图 学生証, 学生の身分証明書。
학설[學說] 图 学説。 ¶ ~을 세우다 学説を立てる。
학수-고대[鶴首苦待] 图[하他] (鶴のように)首を長くして待ちわびること, 鶴首して待つこと。 ¶ 좋은 소식을 ~하다 吉報を鶴首して待ちわびる。
학술[學術] 图 学術。 ¶ ~ 논문 学術論文。
학술 단체[-團體] 图 学術団体。
학술-원[-院] 图 学術院。
학술-적[-的] 冠名 学術的。 ¶ ~인 가치가 있다 学術的な価値がある。
학습[學習] 图[하他] 学習。 ¶ ~ 발표회 学

習発表会はっぴょう。
**학습-서**[-書] 图 学習書がくしゅうしょ、学習がくしゅう参考書しょ。
**학습 지도**[-指導] 图 敎 学習指導しどう。¶ ~안 学習指導案あん。
**학식**[學識] 图 学識がくしき。¶ ~이 풍부한 사람 学識の豊ゆたかな人ひと。
**학업**[學業] 图 学業がくぎょう。¶ ~ 성적 学業成績せいせき/ ~에 힘쓰다 学業に励はげむ。
**학예**[學藝] 图 学芸がくげい。
　**학예-란**[-欄] 图 (新聞しんぶん・雑誌ざっしなどの) 学芸欄らん。
　**학예-회**[-會] 图 学芸会がくげいかい。
**학용-품**[學用品] 图 学用品がくようひん。
**학우**[學友] 图 学友がくゆう。¶ 친했던 ~ 親したしかった学友。
　**학우-회**[-會] 图 学友会がくゆうかい。
**학원**[學院] 图 学院がくいん。①講習所こうしゅうじょ。¶ 영어 ~ 英語えいご学院。②学校がっこう。
**학위**[學位] 图 学位がくい。¶ 논문 学位論文ろんぶん/ 박사 ~를 따다 博士はくしの学位を取とる。
**학자**[學者] 图 学者がくしゃ。¶ 사이비 ~ えせ学者/ ~로서의 지조를 지키다 学者としての操みさおを守まもる。
**학자**[學資] 图 学資がくし、学費がくひ。
　**학자-금**[-金] 图 学資金きん。
**학적**[學籍] 图 学籍がくせき。¶ ~을 조회하다 学籍を照会しょうかいする。
　**학적-부**[-簿] 图 敎 学籍簿ぼ。
**학점**[學點] 图 ①(大学だいがく・大学院だいがくいんでの)学科がっかの履修単位りしゅうたんい。②学科成績せいせきの評点ひょうてん。
**학정**[虐政] 图 虐政ぎゃくせい。¶ ~에 항거하다 虐政に抗拒こうきょする。
**학제**[學制] 图 学制せい。새~ 新しん学制/ ~ 개편 学制の改編へん。
**학질**[虐疾] 图 (醫) おこり、マラリア。 ㊀ 말라리아
　**관용 학질(을) 떼다** (マラリアを治なおす意いで) 苦くるしいことからやっと免まぬかれる。
**학창**[學窓] 图 学窓がくそう、学校がっこう。¶ ~ 시절 学窓がくそう時代じだい。
**학칙**[學則] 图 学則がくそく。¶ ~ 위반 学則違反いはん/ ~ 개편 学則を守まもる。㊀ 교칙
**학파**[學派] 图 学派がくは。
**학풍**[學風] 图 学風がくふう。¶ 아카데믹한 ~ アカデミックな学風。
**학회**[學會] 图 学会がっかい。¶ 한글 ~ ハングル学会/ ~를 열다 学会を開ひらく。
**한** 冠 ①一ひとつの、一いち。¶ ~ 번 一回いっかい/ ~ 사람 一人ひとり。 ②同おなじ、一同ひとつの。¶ 회사의 동료 同じ会社かいしゃの同僚どうりょう。 ③おおよそ、約やく、ほぼ、大体だいたい。¶ ~ 열 개 約10個こ/ ~ 사흘이면 완성된다 おおよそ三日みっかぐらいなら完成かんせいする。 ④ある、とある。¶ 그 기사를 ~ 신문에서 보았다 その記事をある新聞しんぶんで見みた。
**한-** 接頭 ①(「大おおきい」の意を表あらわす) 大おお…。¶ ~길 大通おおどおり。 ②(「ちょうど・正まさに・盛さかり」などの意を表わす) 真ま…。¶ ~겨울 真冬まふゆ/ ~밤중 真夜中まよなか/ ~복판 真まん中なか。 ③(「満みちている」の意を表わす) ぎっしり、みっちり。¶ ~껏 精いっぱい/ ~가득 ぎっしりいっぱいに。

**한**[限] I 图 ㊋他 ①限かぎり、果はて。¶ ~이 없이 높다 限りなく高たかい。②制限げん、限かぎること。¶ 학생에 ~한다 生徒せいとに限る。 II 依 …(する)限り、…(する)こと。¶ 힘이 닿는 ~ 力ちからの及およぶ限り/ 죽는 ~이 있어도… 死しぬことがあっても…/ 될 수 있는 ~ 빨리 돌아오너라 出来できる限り早はやく帰かえって来こい。
**한**[恨] 图 恨うらみ、恨む気持きもち。¶ ~을 품다 恨みを抱いだく。
　**관용 한(을) 풀다** ①恨みをはらす。 ②望のぞみを果はたす。 **한(이) 되다** 恨みになる、恨めしがる、残念ざんねんに思おもう。
**한**[韓] 图 「대한민국・한국・대한제국」の縮約形。
**-한**[限] 接尾 …限かぎり、…まで。¶ 마감은 5일 정오~ 締めし切きりは5日いつかの正午しょうご限り。
**-한**[漢] 接尾 (「男子だんし・男おとこの意を表わす」) 漢かん。¶ 열혈~ 熱血漢ねっけつかん。
**한가**[閑暇・閒暇] 图 ㊋形 閑暇かん、暇ひまなこと、ひま。¶ ~한 사람 ひまな人ひと/ 오후는 ~합니다 午後ごごは暇です。
　**한가-롭다** [形]ㅂ ひまである、のんびりしている、のびのびしている。¶ 한가로운 때 ひまな時とき。 **한가로-이** 副 のんびりと。
**한-가운데** 图 真まん中なか、中心ちゅうしん、中央ちゅうおう。¶ 방 ~ 部屋へやの真まん中/ 길 ~에 서다 道路どうろの中央に立たつ。
**한-가위** 图 中秋ちゅうしゅう(陰暦いんれきの8月がつ15日にち)。¶ ~보름달 中秋の明月めいげつ。
　**한가윗-날** 图 ⇨ 한가위
**한-가지** 图 ①同一どういつ、同おなじこと。¶ 이거나 그거나 ~다 これもそれもみな同じだ。 ②一種いっしゅ、一種類いっしゅるい。¶ 物事ものごとの一つ~。 ¶ 이것 ~만 보아도 알 수 있다 これ一つだけ見みても知ることができる。
**한갓** 副 単たんに、ただ。¶ 그것은 ~ 공상에 지나지 않는 얘기다 それは単に空想くうそうに過すぎない話はなしだ。
**한갓-지다** 形 閑静かんせいだ、ひっそりと静しずまっている、奥おくまっての静しずかだ。
**한**[漢江] 图 ①地 漢江ハンガン。 ②(比) 水浸みずびたし。¶ 비가 와서 방이 ~이 되었다 雨あめが漏もって部屋へやが水浸しになった。
　**속담 한강에 돌 던지기** 漢江ハンガンに石投いしなげ。(いくら努力りょくしても効果こうかのないこと)
**한거**[閑居・閒居] 图 ㊋他 閑居こ。
**한-걱정** 图 ㊋他 ひと心配しんぱい、大おおきな心配。
**한걸음** 图 一歩いっぽ、一足ひとあし、ひとあゆみ。¶ ~ 늦었다 一足遅おそかった。
　**한걸음-에** 副 一走ひとはしりに、すぐさま。¶ ~ 달려가다 すぐさま駆かけつける。
**한-겨울** 图 真冬まふゆ。¶ ~의 추위를 견디다 真

한결 冬の寒ﾑさをしのぐ。
**한결** 副 いっそう、ひときわ、ひとしお、ずっと。¶ ~ 돋보이다 ひときわ目立だつ。/ 이쪽 것이 ~ 낫다 こっちのほうがずっとよい。
**한결-같다** 形 いつも同じである、終始一貫している、始終変わることがない。¶ 한결같은 태도 始終変わりのない態度/ 마음이 ~ 心が始終同じで変わらない。**한결같-이** 副 相変わらず、一様に、もっぱら。¶ ~ 친절한 가게 相変わらず親切な店/ ~ 반대하다 皆同じぐあいに反対する。
**한:계**[限界] 名 限界。¶ 능력의 ~ 能力の限界/ ~ 를 분명히 하다 限界を明らかにする。
**한:계 상황**[-狀況] 名 限界状況。
**한:계 효:용**[-效用] 名[經] 限界効用。
**한-고비** 名 山場、最高潮、峠、山。¶ ~ 를 넘기다 峠を越える。
**한-구석** 名 かたすみ、一隅。¶ 방 ~ 部屋のかたすみ。
**한:국**[韓國] 名《「대한 민국·대한 제국」の縮約形》韓国。
**한:국-어**[-語] 名 韓国語。
**한:국-인**[-人] 名 韓国人。
**한-군데** 名 同じ所、ひと所。¶ ~ 에 모여 있다 ひと所に集まっている。
**한-그루** 名[農] 年に一回に農作すること、一毛作。
**한-근심** 名 大きな心配。¶ 이제 겨우 ~ 놓았다 これでようやく一安心した。
**한글** 名 ハングル、韓国の固有の文字。
**한글-날** 名 ハングル頒布記念日(10月9日)。
**한:기**[旱氣] 名 日照り、旱魃。⇒ 가물
**한기**[寒氣] 名 ①寒気、寒さ。¶ ~ 가 누그러지다 寒気がゆるむ。②悪寒がする。¶ 오슬오슬 ~ 가 들다 ぞくぞくと悪寒がする。
**한-길** 名 大通り、おもて通り。¶ ~ 에서 놀다 大通りで遊ぶ。
**한꺼번-에** 副 一度に、いっぺんに、一息で、一気に、一緒に。¶ 수당을 ~ 받다 手当を一度にもらう。/ 일을 ~ 해치우다 仕事を一気にかたづける。
**한:-껏**[限-] 副 出来る限り、力の限り、精一杯、思いきり。¶ ~ 노력하다 精一杯努力する。/ ~ 값을 깎다 ぎりぎりまで値切る。/ ~ 멋을 부리다 思いきり盛装して出かける。
**한-끼** 名 (一日に3度の食事のうち)1度の食事。¶ 하루 ~ 만 먹다 一日一食だけにする。/ ~ 는 빵을 먹는다 1度の食事はパン食にする。
**한-나절** 名 約半日分、昼の半分。¶ ~ 을 허비하다 半日をつぶす。/ ~ 이나 걸렸다 半日たもかかった。
**한-낮** 名 真昼、ひるひなか、白昼。¶ ~ 의 햇살에 살이 따갑다 真昼の日差しに肌

がひりひりする。
**한낱** 副 単に、単なる、一介の。¶ 그건 ~ 구실에 지나지 않는다 それは単なる口実に過ぎない。/ ~ 서생에 불과하다 一介の書生に過ぎない。
**한-눈**[1] 名 一目。①一度に見ること。¶ ~ 에 반하다 一目で惚れる。/ ~ 으로 알아차리다 一目で見抜く。②一度に見えること。¶ 경치가 ~ 에 내려다 보인다 景色が一目で見下ろせる。
**한:-눈**[2] 名 よそ見、わき見、わき目。 관용 한눈(을) 팔다 よそ見をする、わき見をする。¶ ~ 가 그만 놓치다 よそ見をしていてつい見逃す。
**한-다리** 名 片脚。¶ ~ 로 서다 片脚で立つ。 관용 한다리 걸치다 関係を持つ、加担する。
**한다-한** 冠 (「한다고 하는」の縮約形) ひとかどの、いわれのある、由緒ある、れっきとした。¶ ~ 집안의 자제 ひとかどの家柄の子息。
**한달음-에** 副 一足飛びに、ひと走りで、一気に、一息に。¶ ~ 달려가다 一息に駆けつける。
**한담**[閑談·閒談] 名 閑談。
**한대**[寒帯] 名[地] 寒帯。¶ ~ 식물 寒帯植物。
**한대 기후**[-氣候] 名[氣] 寒帯気候。
**한대-림**[-林] 名 寒帯林。
**한-더위** 名 盛りの暑さ、酷暑、暑中。
**한-덩어리** 名 一塊、一丸。¶ ~ 가 되어 돌진하다 一丸となって突進する。
**한:-데**[1] 名 屋外、戸外、露天。¶ ~ 서 잠을 자다 露天で寝る、露宿する。
**한:뎃-잠** 名 露宿。
**한-데**[2] ひと所、一つの所、同じ所、一所。¶ ~ 모이다 ひと所に集まる。/ 힘을 ~ 뭉치다 力を一か所に集める。
**한:도**[限度] 名 限度、限り。¶ ~ 를 넘다 限度を越える。/ 인내에도 ~ 가 있다 忍耐にも限度がある。
**한-동안** 副 しばらくの間、一時、いっとき。¶ 그는 ~ 안 보였다 彼はしばらく見えなかった。/ ~ 계속 비가 내렸다 しばらく雨が降り続いた。
**한:-되다**[限-] 自 心に恨みとして残る、残念だ、遺憾だ。
**한-두** 冠 一つか二つの。¶ ~ 사람 一人ひとか二人。/ ~ 번 방문하다 一二度に訪ねられる。
**한-둘** 数 一二、一つか二つ。¶ ~ 쯤 없어도 되겠지 一つか二つぐらい無くてもかまわないだろう。
**한들-거리다** 自他 軽く揺れる、ゆらゆら動かす、ちらちらする。¶ 한들거리는 불빛 ちらちらする光。
**한들-한들** 副自他 ゆらゆら、ゆらりゆらり、ちらちら、ひらひら。¶ ~ 흔들리다 ゆらゆられる。

**한-때**[名] 一時、ひととき、しばらくの間。¶ ～의 행복 ひとときの幸福/ 즐거운～를 보냈다 楽しいひとときを過ごした。

**한랭**[寒冷][名][하形] 寒冷。¶ ～한 기후 寒冷な気候。

**한랭 전선**[-前線][名][氣] 寒冷前線。

**한:량**[限量][名] 限られた分量。

**한:량-없다**[形] 限りがない、切りがない、計り知れない。¶ 부모의 은혜는 ～ 父母の恩恵は計り知れない。**한량없-이**[副] 限りなく。

**한량**[閑良・閒良][名] ①気前よく遊んで暮らす人。②(むかし)一定の官職がなく遊んで暮らした両班階層の人。

**한류**[寒流][名] 寒流。

**한-마디**[名][自] 一言。¶ ～ 해 두다 一言っておく。/ ～도 못하다 一言もいえない。

**한-마음**[名] 一心、心を一つに集中すること。
  〖慣用〗**한마음 한뜻** 人々の心を一つに合わせること、一心同体。¶ ～으로 노력하다 心を合わせて努力する。

**한목-에**[副] いっしょに、一度にみな、まとめて。¶ ～ 팔아 넘기다 まとめて売り渡す。

**한-몫**[名] 分け前、割り前、取り前、一口。¶ ～ 주다 割り前をやる。
  〖慣用〗**한몫 보다** 大きな利益を得る、儲け物をする。¶ 주식으로 ～ 株で一儲けする。

**한문**[寒門][名] 貧乏で門閥のない家柄。

**한:문**[漢文][名] 漢文。¶ ～학 漢文学。
**한:문-체**[-體][名] 漢文体。

**한-물**[名] ①(野菜・魚類・果物などの)旬、出盛り。¶ 귤은 이제 ～ 지났다 ミカンはもう盛りを過ぎた。②最も盛んな時、盛り、峠。
  **한물-가다**[自] 旬が過ぎる、盛りが過ぎる。¶ 한물간 투수 盛りを過ぎた投手。

**한-미**[韓美][名] 韓米、韓国と米国。

**한:-민족**[韓民族][名] 韓民族。

**한-밑천**[名] まとまった資金、一財産。¶ ～ 잡다 一財産儲ける。

**한-바닥**[名] 賑やかな場所の中央の部分。¶ 종로 ～ 鐘路通りのまんなか。

**한-바퀴**[名] 一回り、一巡り、一周り。¶ 트랙을 ～ 달리다 トラックを一回り走る。

**한-바탕**[副] ひとしきり、一幕どたん。¶ ～ 소동이 벌어지다 ひとしきり騒動が起こる。

**한:-반도**[韓半島][名] 韓半島、朝鮮半島。

**한:-발**[旱魃][名] 早魃、ひでり、水がれ。¶ 극심한 ～ はなはだしい旱魃。

**한-밤**[名] 真夜中、深夜、夜ふけ。

**한-밤중**[名] 真夜中、深夜。¶ ～까지 공부하다 真夜中まで勉強する。/ ～부터 비가 내리다 深夜から雨が降る。

**한:-밥**[名] 食事時間が過ぎて出す食事。

**한:-방**[-放][名] 一発。¶ ～의 총소리 一発の銃声。~ 놓다 一発ぶっぱなす。

**한:-방**[-房][名] ①同じ部屋、同室。¶ ～의 친구 同室の友人/ ～을 쓰다 同じ部屋を使う。②部屋中、部屋いっぱい。¶ 사람이 ～ 가득하다 人々が部屋中いっぱいだ。

**한:방**[漢方][名] 漢方。
**한:방-약**[-藥][名] 漢方薬。
**한:방-의**[-醫][名] 漢方医。

**한배**[名] ①(動物などの)一腹。¶ ～ 강아지 一腹の犬ころ。②同腹。¶ ～ 형제 同腹の兄弟。

**한-번**[-番][名] 一回、一度、いっぺん、ちょっと。¶ 한 달에 ～ 月に一度/ ～ 해보다 一度やってみる。/ ～ 마셔 보자 一つ飲んでみよう。/ ～ 보여 주게 ちょっと見せてくれ。

**한복**[韓服][名] 韓国固有の衣服。¶ ～ 차림 韓国衣裳の身形。

**한-복판**[名] 真ん中。¶ 길 ～에서 싸우다 往来の真ん中でけんかする。

**한:-사코**[副] あくまでも、なにがなんでも、命がけで。¶ ～ 말리다 命がけで止める。

**한산**[閑散・閒散][名][하形] 閑散、暇で静かなようす。¶ ～한 거리 閑散とした通り/ 거래가 ～해지다 取り引きが閑散になる。

**한:서**[漢書][名] 漢書。①漢文の書物。②二十四史じゅうしの一つ。

**한설**[寒雪][名] 冷たい雪。

**한-세상**[-世上][名] ①一生、生涯。¶ ～을 편히 지내다 一生を楽らに暮らす。②いい時、ゆたかな一時。¶ 우리도 ～ 만날 때가 있겠지 我々にもわが世の春を謳うときもあるさ。

**한-세월**[閑歳月・閒歳月][名] ひまな歳月。¶ 외국에서 ～을 보내다 外国でひまな歳月を送る。

**한센-병**[Hansen病][名] ハンセン病。㊇ 나병

**한-소끔**[副] 一度沸かし上がるようす、煮え立たつようす。

**한-속:**[名] ①同じ心。②同じ心算、同じ意図。

**한손-놓다**[自] (仕事が)一段落つく、一応片がつく。

**한솔-밥**[名] (同じ釜で炊いた飯の意で)生活を共にすること。¶ ～을 먹고 자라다 同じ釜の飯を食って育つ。

**한:-수**[漢水][名] ①大きな川。②[地] 漢江。

**한-술**[名] 一匙、わずかな食べ物。
  〖속담〗**한술 밥에 배부르랴** 一匙の飯で腹がいっぱいになれるか。《はじめから大きな効果を期待きすることはできない》
  〖慣用〗**한술 더 뜨다** ①(止めると)もっと気負い立つ。②(誰よりも・前よりも)もっと甚だしい。

**한-숨**¹[名] ①ひと息、ひと呼吸。¶ ～ 놓다 ほっとひと息つく。②一休み、一眠り。¶ 여기서 ～ 쉬자 このへんで一休みしよう。/

한숨

~ 자고 일어나니 기분이 좋다 一眠りして起きたので気分がいい。
**한숨-에** [副] 一息に、一気に。¶ ~ 달려가다 一気に走任って行く。
**한-숨²** [名] ため息、吐息、嘆息。
**한숨-쉬다** [自] ため息をつく。¶ 크게 ~ 大きくため息をつく。
**한숨-짓다** [自] ため息をつく。
**한-시**[-時] [名] 寸時、一刻。¶ ~가 바쁘다 一刻を争うほど忙しい。
**한:시**[漢詩] [名] 漢詩。
**한-시름** [名] 大きな心配事。
〈관용〉 **한시름 놓다** 大きな心配事がなくなる、一安心する。
**한식**[寒食] [名] 寒食(冬至後105日目の日)。
**한:식**[韓式] [名] 韓国式、韓国の様式。¶ ~ 가옥 韓国式家屋。
**한:식**[韓食] [名] 韓国式の食事、韓国料理。¶ ~집 韓国式飲食店。
**한심-스럽다**[寒心-] [形] 情けない、嘆かわしい。¶ 참으로 한심스러운 행동이다 実らに情けない行動だ。 **한심-스레** [副] 情けなく、嘆かわしく。
**한심-하다**[寒心-] [形] 情けない、嘆かわしい。¶ 한심하기 짝이 없는 풍조 実らに嘆かわしい風潮。
**한-아름** [名] ①(樹木などの)ひと抱えの太さ。 ②(束など)のひと抱えの量。¶ 선물을 ~ 안고 오다 プレゼントをいっぱい抱えて来る。
**한:약**[漢藥] [名] (「한방약」の縮約形) 漢薬、漢方薬。
**한:약방**[-房] [名] 漢方薬局。
**한:-약재**[-材] [名] 漢薬の材料。
**한:양**[漢陽] [名] ソウルの旧名称。
**한:-없다**[限-] [形] きりがない、限りない、果てしない。¶ 한없이 펼쳐진 들판 果てしなく広がった野原。 **한없-이** [副] 限りなく。¶ 눈물이 ~ 흐르다 涙が止めどもなく流れる。
**한-여름** [名] 真夏、盛夏。
**한:역**[韓譯] [名] 韓訳。¶ 영문 ~ 英文韓訳。 ⑤ 國譯。
**한-영**[韓英] [名] 韓英。①韓国と英国。 ②韓国語と英語。
**한-옆** [名] 片隅、一隅。¶ ~에 놓아 두다 片隅に置いておく。
**한:옥**[韓屋] [名] 韓国式の家屋。
**한:우**[韓牛] [名] 韓国の在来種の牛。
**한울**[天道敎で] 宇宙の本体または天。
**한울-님** [名][宗] (天道教で) 神。
**한:의**[漢醫] [名] 「한방의(漢方醫)」の縮約形。
**한:-의사**[-師] [名] 漢方の医師。
**한:-의원**[-院] [名] 漢方の医院。
**한:인**[韓人] [名] (「한국인(韓國人)」の縮約形) 韓人、韓国人。

**한-일**[韓日] [名] 韓日、韓国と日本。¶ ~ 회담 韓日会談。
**한입** [名] ①一口。一ひとつの口。¶ ~에 삼키다 一口に飲み込む。 ②一人の口。
**한:자**[漢字] [名] 漢字。
**한:자-어**[-語] [名] 漢字語。
**한-자리** [名] ①同じ席、同じ場所。¶ ~에 모이다 同じ場所に集まる。 ②(一つの)地位、官職。¶ ~ 얻다 ある官職を得る。/ 벼슬 ~ 못하다 官職にもありつけない。
**한자리-하다** [自] 官職につく、重要な地位にのぼる。
**한-잔**[-盞] [名][하自] 一杯、一献、一盞。¶ ~ 하다 一杯やる。
**한잔-내다** [自] 一杯おごる。
**한잔-먹다** [自] お酒を一杯飲む。
**한-잠** [名] ①深いねむり、熟睡。¶ ~ 들다 深い眠りにおちる。/ 푹 잤다 ぐっすり眠った。 ②一睡、ひと眠り、一寝入り。¶ ~도 자지 않고 一睡もせずに。
**한적**[閑寂・閒寂] [名][하形] 閑寂、ひっそりとさびしいこと。¶ ~한 시골 ひっそりとさびしい田舎。
**한:적**[漢籍] [名] 漢籍、漢書。
**한:정**[限定] [名][하他] 限定。¶ ~ 승인 限定承認/ ~된 지면 限られた紙面/ 인원 수를 ~하다 人員数を限定する。
**한:정 능력**[-能力] [名][法] 限定能力。
**한:정 치산**[-治産] [名][法] 限定治産。
**한:정-판**[-版] [名][版] 限定版。
**한제**[韓製] [名] 韓国製、韓国産。
**한:족**[韓族] [名] 韓国の民族。 ⑤ 한민족。
**한-줄기** [名] ①一つの系統、一つの土台。②一筋、一条、一抹。¶ ~ 강 一筋の川/ ~의 광선 一条の光線。
**한줌** [名] 一握り、ひとつかみ。¶ ~의 모래 一握りの砂/ 죽어 ~ 재가 되다 死んで一握りの灰となる。
**한중**[寒中] [名] 寒中。¶ ~ 문안 寒中見舞い。
**한-중**[韓中] [名] 韓中、韓国と中国。¶ ~ 무역 韓中貿易。
**한-중간**[-中間] [名] まんなか、真中、真っ最中、胴中。¶ 경기하는 ~에 試合の最中に/ 무를 ~에서 자르다 大根を胴中から切る。
**한즉** [副] (「그러한즉・그리한즉」の縮約形) それだから、すなわち、それゆえに。
**한:증**[汗蒸] [名][하自] 蒸かし風呂で汗を流すこと。¶ ~에 들어간 것 같은 더위 蒸し風呂に入ったような暑さ。
**한:증-막**[-幕] [名] 蒸かし風呂(の施設)。
**한지**[閑地] [名] 閑地。①しずかで気楽な土地。 ②暇な地位。
**한:지**[韓紙] [名] 韓国古来の製造法で漉いた紙。
**한직**[閑職・閒職] [名] 閑職。¶ ~으로 좌천되다 閑職に左遷される。

**한-집안** 名 ①一家、一家族。¶ ～의 주인 一家の主人/ ～이 뿔뿔이 흩어지다 一家がばらばらになる。 ②一族、親類、親族。¶ ～ 관계 親類の関係。

**한-쪽** 名 一方、片方、片側。¶ ～은 검고 또 ～은 희다 一方は黒くもう一方は白い。

**한-차례** 名 ①一回、一度。¶ ～ 돌다 一回りする。/ ～ 훑어보다 ひとわたり目を通す。/ 소나기가 ～ 쏟아졌다 夕立がひとしきり降った。

**한-참** 名 ①(昔)二たつの宿場(しゅく)「역참(驛站)」の間の距離。 ②はるかに、ずっと。¶ 그 분은 ～ 선배이다 その方はずっと先輩です。 ③《副詞的に》しばらく。¶ ～ 쉬다 しばらく休む。/ ～ 있다가 대답하다 しばらくしてから答える。

**한창** 名 ①盛り、真っ盛り、たけなわ、真冣中。絶頂期。¶ 여름이 ～인 때 夏の最中/ ～ 먹기 좋은 때 食べ頃だ/ ～ 일할 때다 まさに働きざかりだ/ 꽃이 바야흐로 ～이다 花が今し盛りだ。 ②《副詞的に》盛んに、非常に、最も。¶ ～ 바쁜 철이다 非常に忙しい時だ。

**한창-나이** 名 盛りの年頃、若い盛り。¶ 남자의 ～ 男ざかり/ ～에 죽다니 盛りの年頃に死ぬなど。

**한창-때** 名 元気旺盛なとき、働きは盛り。¶ 그는 ～의 젊은이이다 彼は働き盛りの若者だ。

**한천**[寒天] 名 寒天、ところてん。㉗ 우무
**한천-지**[-紙] 名 寒天紙。

**한-철** 名 ①一季節。¶ 여름 ～만 흥청거린다 夏場なつだけににぎわう。 ②最盛期、盛り。¶ 수박은 여름이 ～이다 すいかは夏がが時期だ。

**한촌**[寒村] 名 寒村、さびれた村、貧村。

**한-층**[-層] 副 一層、もっと、ひとしお、一段、一際。¶ ～ 더워지다 一層暑くなる。/ ～ 돋보이다 ぐっと引き立つ。/ ～ 곱게 보이다 ひときわ美しく見える。

**한-치** 名 ①一寸。 ②《比》極めて短い距離。
〔속담〕 **한치를 못 본다** 一寸先も見えない。《識見が浅いこと》 **한치 앞이 어둠** 一寸先は闇。《未来のことは全まく予測できない》

**한-칼** 名 ①一刀、(刀の)一振。¶ ～에 베어 버리다 一刀のもとに切り捨てる。 ②(肉などの)一切れ。

**한:-탄**[恨歎] 名 하여 恨みを嘆くこと、嘆くこと。¶ 신세를 ～하다 身の上を嘆く。/ 능력 부족을 ～하다 能力不足を嘆く。

**한-턱** 名 하여 (人に)ごちそうすること、もてなすこと、おごること。
**한턱-내다** 自 ごちそうする、おごる。¶ 오늘 한턱내라 今日おごりなさい。
**한턱-먹다** 自 (人に)おごって貰う、ごちそうになる。

**한테** 助 (誰それ)へ、…のところに〔へ〕、…に、…から。¶ 너～ 주마 お前にやろう。/ 형～ 가다 兄のとこへ行く。/ 누구～ 들은 이야기입니까? 誰から聞いた話ですか。

**한테-로** 助 …のところに、…に、…へ。¶ 형～ 가서 묻다 兄のところへ行って訪ねる。
**한테-서** 助 …から。¶ 친구～ 돈을 꾸다 友人からお金を借りる。

**한-통속** 名 同じ仲間い、ぐる、一つ穴のムジナ。¶ 모두 ～이다 みんなぐるだ。

**한파**[寒波] 名 寒波。¶ ～의 내습 寒波の襲来。

**한판** 名 一勝負、一回の賭け、一局、一丁。¶ ～ 놀다 一番する。/ ～에 이기다 一番勝負に負ける。/ 오목을 ～ 두다 五目並べを一番やる。

**한-패** 名 一味、仲間、一党、片割れ、ぐる。¶ ～가 되다 仲間になる。/ ～에 끼다 一味に加わる。

**한-편**[-便] 名 ①一方、片方、片側。¶ ～에 서다 一方に偏かたよる。/ ～으로 비켜서다 片方によけて立つ。 ②同じ仲間、味方、同類。¶ 그와는 ～이다 彼とは味方である。 ③《副詞的に》一方では、かたわら、反面。¶ ～ 좋게도 평가 받고 있고 一方では良く評価されてもいる。/ 그는 일하는 ～ 공부한다 彼は仕事とのかたわら勉強する。

**한-평생**[-平生] 名 一生涯、一生。¶ 행복한 ～을 보내다 幸福こうな一生を送る。/ ～을 조국을 위해 바치다 一生を祖国のためにささげる。㉗ 일평생

**한-푼** 名 一文、一銭。¶ ～도 없다 一文もない。/ ～을 아껴 저축하다 一銭を惜しんで貯蓄する。

**한-풀** 名 元気・根気・気勢・意気ごみ・覇気などの一端。
**한풀-꺾이다** 自 気勢・意気ごみなどがくじける、がっくりする。¶ 더위가 ～ 暑さがぐっとやわらぐ。
**한풀-죽다** 自 意気がくじける、しおれる、がっかりする、しゅんとなる。¶ 시합에 져서 ～ 試合に負けてがっかりする。

**한:-풀이**[限-] 名 하여 恨みを晴らすこと。

**한:-하다**[限-] 自他 限る、制限せいする。¶ 스무 명에 한하여 입장 무료 20名にゅうに限って入場無料/ 입장자는 여성에 한한다 入場者は女性じょに限る。

**한:-학**[漢學] 名 漢学。¶ ～자 漢学者。

**한:-해**[旱害] 名 干害、旱害。¶ ～를 입다 干害を蒙こうる。

**한해**[寒害] 名 寒害。

**한해-살이** 名 一年生。㉗ 일년생(一年生)
**한해살이-풀** 名〔植〕一年生草本、一年草。㉗ 일년초

**한-허리** 名 ある長さの中央。¶ ～를 꺾다 中央を折る。

**한:-화**[漢和] 名 漢和。¶ ～ 사전 漢和辞典。

할갑다〔形ㅂ〕 (さし込みの孔が大きくて)ゆるい、だぶだぶだ。⦅慶⦆ 헐겁다
할거〔割據〕〔名〕〔自他〕 割拠する。¶ 군웅이 ~하다 群雄が割拠する。
할당〔割當〕〔名〕〔하他〕 割り当てること。¶ ~금 割り当て金/ 기부금의 ~ 寄付金の割り当て/ 일을 ~하다 仕事を割り当てる。
할듯-할듯 〔今にも何かをしそうなようす〕今にも…しそうで。¶ 말을 ~ 주저하고 있다 話をしそうでためらっている。
할딱-거리다〔自他〕 息をはずませる、あえぐ、ぜいぜいする。⦅慶⦆ 헐떡거리다
할딱-할딱〔副〕〔하自〕 ぜいぜい。
할딱-이다〔自〕 ①あえぐ、息を切らす、息をはずませる。 ¶ 숨을 ~ 息をはずませる。 ②(靴らが大きくて)脱げそうに曳びずる。⦅慶⦆ 헐떡이다
할똥-말똥〔副〕 «するかしないか心が決まらないようす» するのやらしないのやら。
할랑-거리다〔自〕 ①(寸法が大きくて)だぶだぶする、だぶつく。 ②へらへらと軽率に振る舞う。⦅慶⦆ 헐렁거리다
할랑-할랑〔副〕〔하自〕 ぶくぶく、だぶだぶ、すかすか。
할랑-하다〔形여〕 (寸法が大きくて)だぶだぶだ、だぶついている。¶ 옷이 ~ 着物がだぶだぶだ。⦅慶⦆ 헐렁하다
할렐루야〔히 Halleulujah〕〔名〕〔基〕 ハレルヤ。
할:렘〔Harlem〕〔名〕〔地〕 ハレム、ハーレム。
할례〔割禮〕〔名〕〔基〕 割礼かつ。
할로겐〔독 Halogen〕〔名〕〔化〕 ハロゲン。
할로겐족 원소〔-族元素〕〔名〕〔化〕 ハロゲン族元素。
할-말〔名〕 言いたいこと、言うべきこと、言い分、文句。¶ ~이 있으면 하세요 言いたいことがあれば話してください。
할말-없다〔形〕 面目がない、弁明の余地もがない。
할망구〔名〕 («老女»をあざけって言う語) ばばあ。
할머니〔名〕 婆さん、お祖母さん。 ②«祖父・祖母의 姉妹の通称»おばあさん。 ③«年老いた女を言う語» おばあさん。
할머-님〔名〕 («祖母의 尊敬語) お祖母さま。
할멈〔名〕 ①«むかし身分の低い老婆を呼んだ語» ばあさん、ばばあ。 ②«老婆を呼ぶ語» ばあや、ばあちゃん。
할미〔名〕 ①老女じょ、ばば。 ②«할머니» をひくめて呼ぶ語。
할미-꽃〔名〕〔植〕 オキナグサ。
할복〔割腹〕〔名〕〔自他〕 割腹、切腹、腹切り。¶ ~ 자살 割腹自殺。
할부〔割賦〕〔名〕〔하他〕 割賦、分割払い。¶ ~ 판매 分割払い販売。
할부-금〔-金〕〔名〕 割賦金、分割払い金。

할아버-님〔名〕 («祖父»の尊敬語) お祖父さま。
할아버지〔名〕 ①お祖父さん。 ②«祖父의 兄弟・従兄弟의 通称» おじいさん、じじ。 ③«年寄りの男を言う語» おじいさん。
할아범〔名〕 じいさん。 ①«むかし身分の低い老爺を見下さげて言った語» じじい。 ②«年寄りの下男の称» じいや。
할아비〔名〕 ①«身分の低い年寄りの男子» じじい。 ②«卑» おじいさん。
할애〔割愛〕〔名〕〔하他〕 割愛かつ。¶ 시간을 ~하다 時間を~を割愛する。/ 용돈을 ~하여 책을 사다 小づかいを裂いて本を買う。
할인〔割引〕〔名〕〔하他〕 割引わり、値引わり。¶ ~율 割引率/ 조조 ~ 早朝割引/ 잔품을 ~해서 팔다 残品を割引して売る。
할인-권〔-券〕〔名〕 割引券、割札ふだ。
할인-료〔-料〕〔名〕 割引料わ。
할인 어음〔名〕〔経〕 割引手形わ。
할증〔割增〕〔名〕〔自他〕 割り増し。¶ 밤 12시가 넘으면 요금이 ~이 된다 夜 12時中以降は料金が割り増しになる。
할증-금〔-金〕〔名〕 割り増し金。
할짝-거리다〔他〕 (舌先で)軽くなめる、ちびりちびりとなめる、ぺろりとなめる。
할짝-할짝〔副〕〔하他〕 ぺろぺろ、ちびりちびり。¶ ~ 접시를 핥다 ぺろぺろと皿をなめる。
할퀴다〔他〕 (爪などで)引っ掻く、掻いて傷をつける。¶ 손톱으로 얼굴을 ~ 爪で顔を引っ掻く。
핥다〔他〕 ①なめる。¶ 엿을 ~ 飴をなめる。/ 어미개가 강아지를 핥아 주고 있다 親犬が小犬をなめてやっている。 ②(火・水などが物の底や表面を)かすめていく。 ¶ 불길이 산 전체를 핥아 버렸다 炎が山全体をなめ尽くした。
핥아-먹다〔他〕 ①なめて食べる、しゃぶる。¶ 엿을 ~ 飴をなめる。 ②(人のものを)まきあげる、少しずつだまし取る。
함〔函〕〔名〕 ①結納ゆいを入れた櫃ら。 ②衣類を入れる木箱こ。 Ⅱ 接尾 …箱。¶ 사서 ~ 私書箱/ 투표 ~ 投票箱。
함〔艦〕〔名〕 («군함»の縮約形) 艦、軍艦。
함구〔緘口〕〔名〕〔하自〕 緘口、箱口こん。¶ ~하고 말하지 않다 口をつぐんで語らない。
함구-령〔-令〕〔名〕 緘口令。¶ ~을 내리다 緘口令を敷く。
함구-무언〔-無言〕〔名〕〔하形〕 口を閉じて言葉のないこと。
함께〔副〕 ①一緒に、共に。 ¶ ~ 배운 친구 共に学んだ友/ 모두 ~ 사진을 찍다 みんな一緒に写真をとる。 ②同時に。¶ 종소리와 ~ 행사가 시작됐다 鐘の音と同時に行事が始まった。
함께-하다〔他여〕 共にする。¶ 생사를 ~ 生死を共にする。
함:대〔艦隊〕〔名〕 艦隊。¶ 무적 ~ 無敵艦隊/ ~를 배치하다 艦隊を配置する。

함:락[陷落] 名[하][自他][되][自] 陥落かん, 陥没ぼつ。¶ 지반의 ~ 地盤じばんの陥落/ 성과가 ~되다 とりでが陥落する。
　함:락-호[-湖] 名[地] 陥落湖こ。
함량[含量] 名 含量がんりょう, 含有量がんゆうりょう。¶ 비타민의 ~ ビタミンの含量/ ~이 부족하다 含量が足りない。
함:몰[陷没] 名[하][自他][되][自] 陥没かん。¶ 도로의 ~ 道路どうろの陥没。
함박-눈 名 牡丹雪ぼたんゆき, ぼたゆき, 綿雪ゆき。
함부로 副 むやみに, やたらに, みだりに, 見境みさかいなく, 無作法ぶさほうに, むちゃに。¶ ~ 덤비다 やたらにかかって来くる。/ ~ 남에게 말하지 말라 みだりに他言たごんするな。/ ~ 산의 나무를 베다 むやみに山やまの木きをきる。
함빡 副 ①(程度ていど・量りょうなどが)十分じゅうぶんに, たっぷり, うんと。¶ ~ 웃음진 얼굴 笑えみがあふれた顔かお。②(『ずぶぬれになるようす』)ぐっしょり, びっしょり。¶ 옷이 ~ 젖어들다 着物きものがぐっしょりぬれている。
함석 名 トタン。¶ ~으로 지붕을 덮다 トタンで屋根やねを覆おう。
　함석-지붕 名 トタンぶき(の屋根ね)。
　함석-판[-板] 名 トタン板ばん。
함:성[喊聲] 名 喊声かんせい, とっかんの声こえ, ときの声こえ。¶ ~을 지르며 돌격하다 喊声をあげながら突撃とつげきする。
함:수[函數] 名[数] 関数かん。
　함:수 방정식[-方程式] 名[数] 関数方程式ほうていしき。
함수[鹹水] 名 鹹水かん, 塩水えん, 海水かい。[四] 담수(淡水)
　함수-어[-魚] 名 鹹水魚ぎょ。
함수 탄:소[含水炭素] 名[化] 含水炭素たんそ。[四] 탄수화물(炭水化物)
함양[涵養] 名[하他][되][自] 涵養かん。¶ 도덕심을 ~하다 道徳心どうとくしんを涵養する。
함유[含有] 名[하他] 含有がん。¶ 철분을 ~한 물 鉄分てつぶんを含有した水みず。
　함유-량[-量] 名 含有量りょう。
함자[銜字] 名 (他人たにんの名前まえを高たかめて)お名前なまえ。¶ ~는 어떻게 되십니까? お名前は何なんとおっしゃいますか。
함:장[艦長] 名 艦長かん。
함:재[艦載] 名[하他] 艦載かん。
　함:재-기[-機] 名 艦載機き。
함:정[陷穽] 名 陥穽かん, 落おとし穴あな, わな。¶ ~을 놓다 わなを仕掛しかける。/ 적의 ~에 빠지다 敵てきの計略けいりゃくにはまる。
함:정[艦艇] 名 艦艇てい。
함지 名 ①(木きをくりぬいて作つくった)大おおきな容器よう。②「함지박」의 縮約形。
　함지-박 名 木をくりぬいて作った縁ふちのない大きな容器よう。
함:진-아비[函-] 名 (結婚前夜けっこんぜんやに)花嫁はなよめへ贈おくる結納ゆいのうの長持ながもちをかついで行ゆく人ひと。
함초롬-하다 形(이) きちんとしていてきれいだ, よくそろっていて, 整ととのっていてきれいだ。¶ 털이 함초롬한 말 毛並けなみの美うつくしい馬うま。 함초롬-히 副 きちんと, しっとりと。¶ 꽃이 ~ 이슬을 머금다 花はながしっとりと露つゆを含ふくむ。
함축[含蓄] 名[하他] 含蓄がんちく, ふくみ。¶ 어떤 뜻을 ~하고 있다 ある意味いみを含ふくんでいる。
　함축-미[-美] 名 深ふかく蔵ぞうしてあらわでない美うつくしさ。
　함축-성[-性] 名 含蓄性せい。¶ ~이 있는 말 含蓄のある言葉ことば。
함:포[艦砲] 名 艦砲かんぽう。¶ ~ 사격 艦砲かんぽう射撃げき。
함흥-차사[咸興差使] 名[比] 使つかいに行って帰かえって来こない人ひと, たよりのない人, 鉄砲玉てっぽうのような使い, 梨なしのつぶて。

합[盒] 名 ふた付つきの鉢はち, 丸まるくて平ひらたい木製もく・金属製きんぞくの食器しょっき。
합각[合閣] 名[建] 切きり妻づま。
　합각-머리 名[建] 切り妻つま破風はふ。
합격[合格] 名[하][自他][되][自] 合格ごう。¶ ~율 合格率りつ/ 대학 입시에 ~하다 大学入試だいがくにゅうしに合格する。
합계[合計] 名[하他] 合計ごうけい, 締しめ高だか。¶ ~를 내다 合計を出だす。/ ~해서 얼마요? 締めていくらですか。
합궁[合宮] 名[하自] 夫婦ふうふの性交せいこう。
합금[合金] 名[하][化] 合金ごう。¶ ~강 合金鋼こう/ 동과 주석의 ~을 만들다 銅どうと錫すずの合金をつくる。
합기-도[合氣道] 名[體] 合気道あいき。
합당[合當] 名[하自] 適当てきとう。¶ ~한 값 値頃ねごろ/ 그에 ~한 사람 然しかるべき人ひと。[四] 적당
합동[合同] 名[하][自他][되][自] 合同ごう。¶ ~ 연설회 合同演説会えんぜつかい/ ~으로 결혼식을 올리다 合同で結婚式けっこんしきを挙あげる。
합류[合流] 名[하][自他][되][自] 合流ごうりゅう。①(川かわが)一ひとつになること。두 강 줄기가 一つになる。 두 두 つの川かわが一つになる。②(別べつべつのものが)一つになること。 도중에서 ~하다 途中ちゅうで合流する。
합리[合理] 名[하形] 合理ごう。¶ ~성 合理性せい。
　합리-적[-的] 冠名 合理的てき。¶ ~인 방안 合理的な方案ほうあん。
　합리-주의[-主義] 名 合理主義しゅぎ。
　합리-화[-化] 名[하][自他][되][自] 合理化か。¶ 경영 ~ 経営けいえいの合理化。
합명[合名] 名[하][自他] 合名めい, 連名れん。
　합명 회:사[-會社] 名[經] 合名会社しゃ。
합반[合班] 名[하][自他] 学級がっきゅうを合あわせて一ひとつにすること。
합방[合邦] 名[하][自他][되][自] 合邦がっ。¶ 양국을 ~하다 両国りょうこくを合邦する。
합법[合法] 名[하自] 合法ごう。
　합법-성[-性] 名 合法性せい。
　합법-적[-的] 冠名 合法的てき。¶ ~인 수단 合法的な手段しゅだん。
　합법-화[-化] 名[하][自他][되][自] 合法化か。¶ 부분적으로 ~되다 部分的ぶぶんてきに合法化する。
합병[合併・合幷] 名[하][自他][되][自] 合併がっぺい, 併合ごう。

¶ 회사를 ~하다 会社を合併する。
**합병-증**[合併-症] 图[醫] 合併症、余病。
**합본**[合本] 图[하]他 合本、合冊。 ¶ 부록을 ~하여 발간하다 付録を合本して発刊する。
**합산**[合算] 图[하]他 合算。 ¶ 경비를 ~하다 経費を合算する。
**합석**[合席] 图[하]自 合い席、相席、同席。 ¶ 모르는 사람과 ~하다 見知らぬ人と合い席になる。
**합선**[合線] 图[하]自(되)自 短絡、ショート。 ¶ ~해서 퓨즈가 나갔다 ショートしてヒューズが飛んだ。
**합성**[合成] 图[하]自他(되)自 合成。 ¶ ~ 사진 合成写真。 (타) 분해。
**합성-금**[-金] 图[化] 合成金、合金。
**합성 섬유**[-纖維] 图 合成繊維。
**합성 세:제**[-洗劑] 图 合成洗剤。
**합성 수지**[-樹脂] 图 合成樹脂、プラスチック。
**합세**[合勢] 图[하]自 勢力を一所に集めること、力を合わせること。
**합수**[合水] 图[하]自 (二つの流れが)合流すること。 ¶ ~점 (二つの流れの)合流点。
**합숙**[合宿] 图[하]自 合宿。 ¶ ~소 合宿所/~ 훈련 合宿訓練。
**합승**[合乘] 图[하]自 相乗り、乗り合い。 ¶ 택시에 ~하다 タクシーに相乗りする。
**합심**[合心] 图[하]自 心を合わせること、心を一つにすること。 ¶ ~하여 일하다 心を一つにして働く。/ ~해서 이 일을 완수하자 心を合わせてこれをし上げよう。
**합의**[合意] 图[하]自(되)自 合意。 ¶ ~를 보았다 合意に達した。/ 쌍방이 ~하다 双方が合意する。
**합의-서**[-書] 图 合意書。
**합의 이혼**[-離婚] 图[法] 合意離婚。
**합의**[合議] 图[하]他(되)自 合議、申し合わせ。 ¶ ~ 사항 申し合わせ事項/ ~해서 결정하다 合議の上で決める。
**합의 기관**[-機關] 图 合議機関。
**합의-제**[-制] 图 合議制。
**합일**[合一] 图[하]自他 合一。 ¶ 지행 ~ 知行合一。
**합자**[合資] 图[하]自他 合資。
**합자 회:사**[-會社] 图[經] 合資会社。
**합작**[合作] 图[하]自他 合作。 ¶ 영화 합작 映画合作/ 양당의 ~ 両党の上での合作。
**합장**[合掌] 图[하]自 合掌。 ¶ 불전에 ~하다 仏前に合掌する。
**합장 배:례**[-拜禮] 图[하]自[佛] 合掌拝礼。
**합장**[合葬] 图[하]自 合葬、夫婦の死骸を一つの墓に葬ること。
**합종**[合從] 图[하]自 合従。 ¶ ~설 合従説。
**합종-연횡**[-連衡] 图 合従連衡。
**합주**[合奏] 图[하]他[音] 合奏。 ¶ 현악 ~ 弦楽合奏。
**합주-곡**[-曲] 图[音] 合奏曲。

**합주-단**[-團] 图[音] 合奏団、アンサンブル。
**합죽-선**[合竹扇] 图 親骨・子骨を竹でつくった扇子。
**합중-국**[合衆國] 图 ①合衆国。 ②アメリカ合衆国。
**합창**[合唱] 图[하]自他 合唱。 ¶ 삼부 ~ 三部合唱/ 선생의 반주로 ~하다 先生の伴奏で合唱する。
**합창-곡**[-曲] 图[音] 合唱曲。
**합창-단**[-團] 图[音] 合唱団。
**합체**[合體] 图[하]自 合体。 ¶ 회사가 ~하다 会社が合体する。
**합치**[合致] 图[하]自(되)自 合致。 ¶ 현실과 ~하다 現実に合致する。
**합-치다**[合-] 自他 ((「합하다」の強調語))(多くのものを)合わせる、一つになる、取り混ぜる。 ¶ 힘을 ~ 力を合わせる。/ 두 강물이 ~ 二つの流れが一つになる。/ 재료를 한데 ~ 材料を取り混ぜる。
**합판**[合板] 图 合板、ベニヤ板。
**합-하다**[合-] 自他 合わせる、一つになる、混ぜ合わせる、取り混ぜる。 ¶ 모두가 마음을 ~ みんなが心を合わせる。/ 여러 가지를 합하여 만든 약 いろいろなものを混ぜ合わせて調合した薬。

**핫-** 接頭 ①綿入れの…。 ¶ ~바지 綿入れのズボン。 ②配偶者のある…。 ¶ ~어미 夫のある女/ ~아비 妻のある男。
**핫-것** 图 綿入れの衣服、ふとんの総称。
**핫:-길**[下-] 图 下等品の品質(の物)。
**핫-도그**[hot dog] 图 ホットドッグ。
**핫-라인**[hot line] 图 ホットライン。
**핫-바지** 图 ①綿入れのズボン。 ②俗 田舎っぺい、学問がなく愚かな人。
**핫-옷** 图 綿入れの服。
**핫-케이크**[hot cake] 图 ホットケーキ。
**핫-팬츠**[hot pants] 图 ホットパンツ。
**항**[項] 图 項、項目。 ¶ ~별 項別/ ~식 多項式/ 3개 ~으로 나누어 설명하다 三つの項に分けて説明する。
**항:-**[抗] 接頭 抗…。 ¶ ~체 抗体/ ~ 히스타민제 抗ヒスタミン剤。
**-항**[港] 接尾 …港。 ¶ 무역 ~ 貿易港。
**항:간**[巷間] 图 巷間、世間、市井。 ¶ ~에 ~의 속설 ちまたの俗説/ ~에 소문이 자자하다 巷間のうわさがかまびすしい。
**항:거**[抗拒] 图[하]自 抗拒。 ¶ ~ 불능 抗拒不能/ 권세에 ~하다 権勢に抗おう。
**항:고**[抗告] 图[하]自[法] 抗告。 ¶ 특별 ~ 特別抗告/ 가처분 결정에 ~하다 仮処分の決定に抗告する。
**항:고-심**[-審] 图 抗告審。
**항:공**[航空] 图[하]自 航空。 ¶ ~편 航空便/ 민간 ~ 民間航空。
**항:공-기**[-機] 图 航空機。
**항:공 모:함**[-母艦] 图 航空母艦。
**항:공 사진**[-寫眞] 图 航空写真。
**항:공 우편**[-郵便] 图 航空郵便。

**항구**〔恒久〕【名】【하形】恒久$_{きゅう}$、永久$_{えい}$。¶ ~ 평화 恒久平和$_{か}$。
　**항구-적**〔-的〕【冠】【名】恒久的$_{てき}$。¶ ~인 대책 恒久的な対策$_{たいさく}$。
**항:구**〔港口〕【名】港$_{みなと}$、港口$_{こうこう}$、港湾$_{こうわん}$。¶ ~의 등대 港の灯台$_{とうだい}$／ ~를 떠나다 港を出$_{で}$る。／ ~에 기항하다 港に寄$_{よ}$る。
**항:구 도시**〔-都市〕【名】港町$_{まち}$。⑳ 항도
**항:균-성**〔抗菌性〕【名】抗菌性$_{こうきんせい}$。¶ ~ 물질 抗菌性物質$_{ぶっしつ}$。
**항내**〔港内〕【名】港内$_{こうない}$。
**항-다반**〔恒茶飯〕【名】【하他】①日常$_{にちじょう}$茶飯$_{さはん}$、毎日$_{まいにち}$のごくありふれたこと。②《副詞的に》ごくありふれたこととして、平気$_{へいき}$で。
　**항다반-사**〔-事〕【名】日常茶飯事$_{じ}$、茶飯$_{さはん}$。
**항:도**〔港都〕【名】《「항구 도시」의 縮約形》港町$_{まち}$など。
**항:-독소**〔抗毒素〕【名】抗毒素$_{こうどくそ}$。
**항-등식**〔恒等式〕【名】【數】恒等式$_{こうとうしき}$。
**항렬**〔行列〕【名】同じ血族間$_{けつぞくかん}$の世数$_{よすう}$の関係$_{かんけい}$を表$_{あら}$わす語$_{ご}$。¶ 사촌끼리는 같은 ~이다 いとこ同士$_{どうし}$は同じ世数である。
**항례**〔恒例〕【名】恒例$_{こうれい}$、常例$_{じょうれい}$。¶ ~에 따르다 恒例に従$_{したが}$う。⑳ 상례(常例)
**항:로**〔航路〕【名】航路$_{こうろ}$。¶ ~ 변경 航路変更$_{へんこう}$／ 동남아 ~ 東南$_{とうなん}$アジア航路／ ~를 잘못 잡다 航路を間違$_{まちが}$える。／ ~를 남쪽으로 돌리다 航路を南$_{みなみ}$へ転$_{てん}$ずる。
　**항:로 표지**〔-標識〕【名】航路標識$_{ひょうしき}$。
**항:만**〔港灣〕【名】港湾$_{こうわん}$。¶ ~ 노동자 港湾労働者$_{ろうどうしゃ}$。
**항:명**〔抗命〕【名】【하自】抗命$_{こうめい}$。
　**항:명-죄**〔-罪〕【名】【軍】抗命罪$_{ざい}$。
**항:모**〔航母〕【名】《「항공 모함」의 縮約形》空母$_{くうぼ}$、航空母艦$_{こうくうぼかん}$。
**항:목**〔項目〕【名】項目$_{こうもく}$。¶ 몇 개의 ~으로 나누다 いくつかの項目に分ける。／ 10~의 요구를 내다 十$_{じゅっ}$項目の要求$_{ようきゅう}$を出$_{だ}$す。⑳ 조목(條目)
**항문**〔肛門〕【名】【生】肛門$_{こうもん}$。
　**항문 괄약근**〔-括約筋〕【名】【生】肛門括約筋$_{かつやくきん}$。
　**항문 열창**〔-裂創〕【名】肛門裂創$_{れっそう}$、切れ痔$_{じ}$。
**항:법**〔航法〕【名】航法$_{こうほう}$。¶ 계기 ~ 計器$_{けいき}$航法$_{こうほう}$。
　**항:법-사**〔-士〕【名】航法士$_{し}$。
**항:변**〔抗辯〕【名】【하自】抗弁$_{こうべん}$。¶ 무언의 ~ 無言$_{むごん}$の抗弁／ 상대방의 주장에 ~하다 相手方$_{あいてがた}$の主張$_{しゅちょう}$に抗弁する。
**항복**〔降伏・降服〕【名】【하自】①降伏$_{こうふく}$、降参$_{こうさん}$。¶ ~기 降旗$_{こうき}$／ 무조건 ~ 無条件$_{むじょうけん}$降伏／ 적에게 ~하다 敵$_{てき}$に降伏する。②【佛】降伏$_{ごうぶく}$、調伏$_{ちょうぶく}$。⑳ 조복(調伏)
**항상**〔恒常〕【副】常$_{つね}$に、いつも、日常$_{にちじょう}$、ふだん、平素$_{へいそ}$、日$_{ひ}$ごろ。¶ ~ 있는 일 日常の茶飯事$_{さはんじ}$／ ~ 조심하고 있다 常に気$_{き}$をつけている。／ 그는 ~ 친절하다 彼$_{かれ}$はいつも親切$_{しんせつ}$である。
**항:생 물질**〔抗生物質〕【名】【藥】抗生物質$_{こうせいぶっしつ}$。
**항:생-제**〔抗生劑〕【名】【藥】抗生剤$_{こうせいざい}$。

**항:성**〔恒星〕【名】【天】恒星$_{こうせい}$。¶ ~ 주기 恒星周期$_{しゅうき}$。
　**항:성-년**〔-年〕【名】【天】恒星年$_{ねん}$。
　**항:성-도**〔-圖〕【名】【天】恒星図$_{ず}$。
**항:소**〔抗訴〕【名】【하自】【法】控訴$_{こうそ}$。¶ ~장 控訴状$_{じょう}$／ 기각 控訴棄却$_{ききゃく}$。
　**항:소-권**〔-權〕【名】【法】控訴権$_{けん}$。
　**항:소 법원**〔-法院〕【名】【法】控訴裁判所$_{さいばんしょ}$。
　**항:소-심**〔-審〕【名】【法】控訴審$_{しん}$。
**항:속**〔航速〕【名】航速$_{こうそく}$。
**항:속**〔航續〕【名】【하自】航続$_{こうぞく}$。¶ ~ 비행 航続飛行$_{ひこう}$／ ~ 거리 航続距離$_{きょり}$。
**항시**〔恒時〕【副】①常$_{つね}$に、いつも。¶ ~ 부드러운 사람 いつも穏$_{おだ}$やかな人／ 그는 ~ 일찍 출근한다 彼$_{かれ}$はいつも早$_{はや}$く出勤$_{しゅっきん}$する。／ 늘 ②《名詞的に》常時$_{じょうじ}$、通常$_{つうじょう}$。
**항아리**〔缸-〕【名】瓶$_{かめ}$、壺$_{つぼ}$。¶ 물 ~ 水瓶$_{みずがめ}$。
　**항아리-손님**【名】【醫】おたふく風邪$_{かぜ}$。
**항온**〔恒溫〕【名】恒温$_{こうおん}$、常温$_{じょうおん}$。¶ ~ 장치 恒温装置$_{そうち}$。
　**항온-기**〔-器〕【名】【物】恒温器$_{き}$、定温器$_{ていおんき}$。
　**항온 동:물**〔-動物〕【名】【動】恒温動物$_{どうぶつ}$、定温$_{てい}$動物。⑳ 정온 동물
**항:외**〔港外〕【副】港外$_{こうがい}$。¶ 배가 ~에서 정선하다 船$_{ふね}$が港外で停船$_{ていせん}$する。
**항용**〔恒用〕【副】常$_{つね}$に、いつも。¶ ~ 있는 일 常$_{つね}$にあること／ 그런 일은 ~ 있을 수 있다 そんな事$_{こと}$はいつもあり得る。
**항:우 장:사**〔項羽壯士〕【名】【比】項羽$_{こうう}$のような力持$_{ちからも}$ち。
**항:원**〔抗原・抗元〕【名】【生】抗原$_{こうげん}$、元元$_{げんげん}$。¶ ~ 물질 抗原物質$_{ぶっしつ}$。
**항:의**〔抗議〕【名】【하自】抗議$_{こうぎ}$。¶ ~를 받아들이다 抗議を受$_{う}$け付$_{つ}$ける。／ 판정에 ~하다 判定$_{はんてい}$に抗議する。
**항:일**〔抗日〕【名】【하自】抗日$_{こうにち}$。¶ ~ 운동 抗日運動$_{うんどう}$。
**항:쟁**〔抗爭〕【名】【하自】抗争$_{こうそう}$。¶ 무력 ~ 武力$_{ぶりょく}$抗争／ 필사적으로 ~하다 必死$_{ひっし}$に抗争する。
**항:전**〔抗戰〕【名】【하自】抗戦$_{こうせん}$。¶ 용감하게 ~하다 勇敢$_{ゆうかん}$に抗戦する。
**항:체**〔抗體〕【名】【生】抗体$_{こうたい}$、免疫体$_{めんえきたい}$。¶ ~ 혈청 免疫血清$_{けっせい}$。
　**항:체-원**〔-原〕【名】【生】抗原$_{こうげん}$。
**항:해**〔航海〕【名】【하自】航海$_{こうかい}$。¶ 처녀 ~ 処女$_{しょじょ}$航海／ 대양을 ~하다 大洋$_{たいよう}$を航海する。／ 무사히 ~를 계속하다 無事$_{ぶじ}$に航海を続$_{つづ}$ける。
　**항:해-도**〔-圖〕【名】航海図$_{ず}$。
　**항:해-사**〔-士〕【名】航海士$_{し}$。
　**항:해-술**〔-術〕【名】航海術$_{じゅつ}$。
　**항:해 일지**〔-日誌〕【名】航海日誌$_{にっし}$、ログ。
**항:행**〔航行〕【名】【하自】航行$_{こうこう}$。¶ ~ 중인 선박 航行中$_{ちゅう}$の船舶$_{せんぱく}$／ 대양을 ~하다 大洋$_{たいよう}$を航行する。
　**항:행 구역**〔-區域〕【名】航行区域$_{くいき}$。
　**항:행 차:단**〔-遮斷〕【名】【하他】航行遮断$_{しゃだん}$。
**해**$^1$【名】①日$_{ひ}$、太陽$_{たいよう}$。¶ ~가 뜨다 日$_{ひ}$が昇$_{のぼ}$る。／ ~가 지다 日が沈$_{しず}$む。②日光$_{にっこう}$、日

해

差さし。¶ ~가 잘 든다 日当ひあたりがいい。 ③年ねん、一年いちねん。¶ 새~ 新年しんねん/ 올~ 今年ことし。 ④昼間ひるま、日中ちゅう。¶ ~가 길어지다 日ひが長ながくなる。
<관용> 해가 서쪽에서 뜨다 太陽たいようが西にしから昇のぼる。《絶対ぜったいにあり得えないこと、また事ことが裏表うらおもてになることのたとえ》
해² 略(「하여」의 縮約形)…して、作つって。¶ 그렇게 ~도 되느냐? そうしてもいいのか。
해- 接頭(「その年ねに新あたらしく取とり入いれた」の意いを表あらわす)新しん…、初うい…、初物はつもの…、当年とうねんの…、その年ねの…。¶ 햇콩 初物はつものの豆まめ。③ 햇-
해{亥} 名 ①亥い(十二支じゅうにしの12番目ばんめ)。②해방{亥方}・해시{亥時}」の縮約形。
해:{害} 名 하다他 害がい、弊害へいがい、害毒がいどく。¶ 음주의 ~ 飲酒いんしゅの害/ ~를 입다 害をこうむる。/ ~를 끼치다 害を及およぼす。
-해{海} 接尾 …海かい。¶ 다도~ 多島海たとうかい/ 지중~ 地中海ちちゅうかい。
해-갈{解渴} 名 하다 ①渇かつをいやすこと。②雨あめが降ふって日照ひでりを免まぬかれること。
해감 名 水すいの濁にごり、水みずのあか。
해-거름 名 日ひが西にしに沈しずむ頃ころ、日暮ひぐれ。
해-거리 名 ①隔年かくねん。②{農} 果物くだものが一年いちねんおきにたくさん実みのること。
해:결{解決} 名 하다自他 解決かいけつ。¶ ~짓다 解決をつける。/ 사건을 ~하다 事件じけんを解決する。
해:결-책{-策} 名 解決策かいけつさく。¶ ~을 강구하다 解決策を講こうずる。
해:고{解雇} 名 하다自他 解雇かいこ。¶ 종업원을 ~하다 従業員じゅうぎょういんを解雇する。
해:고 수당{-手當} 名 解雇手当かいこてあて。
해골{骸骨} 名 骸骨がいこつ。¶ ~같이 여위다 骸骨のようにやせる。
해골-바가지 名 {俗} ⇨ 해골
해괴{駭怪} 名 하다形 非常ひじょうに奇怪きかいなこと、怪けしからぬこと。¶ ~한 소문 奇怪なうわさ。
해괴 망측{-罔測} 名 하다形 非常ひじょうに奇怪きかいで怪けしからぬこと。¶ 이런 ~한 일이 있나 こんなとんでもないことがあろうか。
해:구{海狗} 名 {動} オットセイ。卽 물개
해:구-신{-腎} 名 {漢} オットセイの雄おすの生殖器せいしょくき。
해:구{海溝} 名 {地} 海溝かいこう。¶ 필리핀 ~ フィリピン海溝。
해:군{海軍} 名 {軍} 海軍かいぐん。¶ ~ 장교 海軍士官しかん/ ~ 대장 海軍大将たいしょう。
해:군 기지{-基地} 名 海軍基地きち。
해:군 사:관학교{-士官學校} 名 海軍士官学校がっこう。
해:금{解禁} 名 하다他 解禁かいきん。¶ 은어 낚시를 ~하다 鮎釣あゆつりを解禁する。
해끄무레-하다 形여 (色いろが) ととのっていてうす白じろいようす。
해끔-하다 形여 (色いろが) きれいでやや白じろい。
해:난{海難} 名 海難かいなん。¶ ~ 사고 海難事故じこ/

~을 당하다 海難に遭あう。
해:난 구:조{-救助} 名 海難救助きゅうじょ、サルベージ。
해:난 신호{-信號} 名 海難信号しんごう。
해:-내다 他 ①成なし遂とげる、やり抜ぬく。¶ 즉석에서 ~ 即座そくざにやって退のける。/ 난공사를 거뜬히 ~ 難工事なんこうじを立派りっぱに成し遂げる。②(相手あいてを) きれいに打うち負まかす、やり込こめる。
해-넘이 名 日没にちぼつ、日ひの入いり。卽 해돋이
해:녀{海女} 名 海女あま。
해:단{解團} 名 하다他 解団かいだん。¶ 청년단 ~식 青年団だんの解団式しき。
해:달{海獺} 名 {動} ラッコ。
해:답{解答} 名 하다自他 解答かいとう、答こたえ。¶ 문제의 ~ 問題もんだいの解答/ ~을 가르쳐 주다 解答を教おしえる。
해:답-집{-集} 名 解答集しゅう。
해:당{害黨} 名 하다自 害党がいとう、党とうに害を与あたえること。¶ ~ 행위 害党行為こうい。
해당{該當} 名 하다自 되다 該当がいとう。¶ ~ 사항 없음 該当事項じこう無むなし/ ~되는 문제 該当する問題/ ~자는 없다 該当者はいない。
해:당-화{海棠花} 名 {植} 海棠かいどう、ハマナス。
해:-대다 他 くってかかる、やりこめる、やっつける。¶ 홧김에 ~ 腹立はらだちまぎれにくってかかる。
해:도{海圖} 名 海図かいず、航海図こうかいず。¶ ~에 의지하여 항해하다 海図を頼たよりに航海こうかいする。
해:독{害毒} 名 害毒がいどく。¶ ~을 끼치다 害毒を及ぼす。
해:독{解毒} 名 하다自他 解毒げどく。¶ ~ 작용 解毒作用さよう/ ~이 되다 毒が散ちる。
해:독-제{-劑} 名 毒消どくけし、解毒剤げどくざい。
해:독{解讀} 名 하다他 解読かいどく。¶ 암호를 ~하다 暗号あんごうを解読する。
해-돋이 名 日出にっしゅつ、日の出で。¶ 산 꼭대기에서 ~를 맞다 山頂さんちょうで日の出を迎むかえる。
해:동{解凍} 名 하다自 解凍かいとう、解氷かいひょう。¶ 급속 ~ 急速きゅうそく解凍。
해:득{解得} 名 하다他 会得えとく、解得かいとく、修得しゅうとく。¶ 영어를 ~하다 英語えいごを修得する。
해:로{海路} 名 海路かいろ。
해:로{偕老} 名 하다自 偕老かいろう。¶ 백년 ~하다 百年ひゃくねん偕老を全まっとうする。
해:-롭다{害-} 形ㅂ 有害ゆうがいだ、害がいになる。¶ 몸에 ~ からだに障さわる。/ 과음은 건강에 ~ 飲のみすぎは健康けんこうによくない。 해로-이 副 有害に、悪わるく。
해롱-거리다 自 しきりにへらへらとふざける、じゃらつく。卽 희롱거리다
해롱-해롱 副하다自 《しきりにふざけるようす》へらへら。
해:류{海流} 名 海流かいりゅう。¶ ~를 타다 海流に乗のる。
해:리{海里} 名 [因] 海里かいり。
해:-마다 副 年ごと、毎年まいまい・としとし、年々ねんねん。¶ ~ 물가가 오르다 年ごとに物価ぶっかがあがる。/

해-말갛다【形】(肌色はだいろなどが)白しろくすき通とおっている。⊜ 희멀겋다

해말쑥-하다【形여】(肌色はだいろなどが)白しろくすっきりしている。⊜ 희멀쑥하다

해:-맑다【形】白しろくすっきりしている。¶ 해맑은 얼굴 白しろくすっきりしている顔かお。

해머【hammer】【名】ハンマー。
　해머-던지기【名】【體】(陸上競技りくじょうきょうぎで)ハンマー投なげ。⊜ 투해머

해먹【hammock】【名】ハンモック、吊床つりどこ。

해:-먹다【他】①こしらえて食たべる。¶ 밥을 ~ 飯めしを炊たいて食たべる。②(金品きんぴんを)着服ちゃくふくする、横領おうりょうする、ちょろまかす。¶ 공금을 ~ 公金こうきんを着服ちゃくふくする。③(ある事ことを)業ぎょうとして暮くらす。¶ 장사를 해먹고 살다 商売しょうばいをして暮くらす。

해:면【海面】【名】海面かいめん。¶ ~에 떠오르다 海面かいめんに浮うかび上あがる。

해:면【海綿】【名】【動】海綿かいめん。¶ ~ 조직 海綿組織そしき。
　해:면 동:물【-動物】【名】【動】海綿動物どうぶつ。

해:명【解明】【名】【하他】解明かいめい、釈明しゃくめい。¶ 원인을 ~하다 原因げんいんを解明かいめいする。/ ~할 여지가 없다 釈明しゃくめいの余地よちがない。

해:몽【解夢】【名】夢占ゆめうらい、夢判ゆめはんじ。

해-묵다【自】①(品物しなものなどが)年ねんを越こす。②(仕事しごとが)次つぎの年ねんに繰くりこしになる。③長年ながねんにわたる。¶ 해묵은 논쟁 長年ながねんにわたる論争ろんそう。

해:물【海物】【名】(「해산물」의 縮約形)海産物かいさんぶつ、海うみの幸さち。

해:미【名】海上かいじょうの濃こい霧きり。

해-바라기【名】【植】ヒマワリ。

해박【該博】【名】【하形】該博がいはく。¶ ~한 지식 該博がいはくな知識ちしき。

해반드르르-하다【形여】①さっぱりしてつやつやしている。¶ 얼굴이 ~ 顔かおが白しろく澄すんでつやつやしている。②もっともらしく装よそっている。¶ 말은 해반드르르하게 잘한다 もっともらしく良よくしゃべり立たてる。

해:발【海拔】【名】海抜かいばつ、標高ひょうこう。
　해:발 고도【-高度】【名】【地】海抜高度こうど。

해발쪽-하다【形여】(口くち・穴あななどが)平ひらべったく開ひらいている。⊜ 헤벌쭉하다 해발쪽-이【副】평ひらべったく。

해:방【解放】【名】【하他】【되自】解放かいほう。¶ 노예 ~ 奴隷どれい解放かいほう/ 중력에서 ~되다 重力じゅうりょくから解放かいほうされる。
　해:방-둥이【名】(韓国かんこくが解放かいほうされた1945年ねんに生うまれた子こ)解放っ子こ。

해:변【海邊】【名】海辺うみべ・うみ、浜辺はまべ、海浜かいひん。¶ ~으로 가다 海辺うみべに行いく。
　해:변 학교【-學校】【名】臨海りんかい学校がっこう、海浜かいひん学校がっこう。

해:병【海兵】【名】海兵かいへい。
　해:병-대【-隊】【名】海兵隊かいへいたい、陸戦隊りくせんたい。

해:-보다【他】やってみる、試こころみる、ためしてみ

る。¶ 시험삼아 ~ 試ためしにやってみる。

해:-보다【害-】【他】害がいを受うける、損そんを被こうむる。

해:부【解剖】【名】【하他】解剖かいぼう。¶ 생체 ~ 生体せいたい解剖かいぼう/ 개구리를 ~하다 かえるを解剖かいぼうする。
　해:부-학【-學】【名】解剖学かいぼうがく。

해:빙【解氷】【名】【하自】【되自】①解氷かいひょう。¶ ~기 解氷期かいひょうき。⊕ 결빙(結氷) ②〖比〗緩和かんわ。¶ 동서 진영의 ~ 東西とうざい陣営じんえいの解氷かいひょう。

해:사【海士】【名】「해군 사관 학교」의 縮約形。

해사-하다【形여】(顔色かおいろが)やや白しろくすっきりしている。

해:산【海産】【名】「해산물」의 縮約形。
　해:산-물【-物】【名】海産物かいさんぶつ、海うみの幸さち。

해:산【解産】【名】【하自】お産さん、分娩ぶんべん、出産しゅっさん。¶ ~이 수월하다 お産さんが軽かるい。/ ~할 기미가 있다 産気さんけづく。
　해:산-달【-】【名】産月うみづき・さん、臨月りんげつ。
　해:산-바라지【名】【하自】出産しゅっさんの世話せわをすること、助産じょさん。
　해:산-어미【名】産婦さんぷ、産褥さんじょくの婦人ふじん。

해:산【解散】【名】【하自他】【되自】解散かいさん。¶ ~ 명령 解散命令めいれい/ 국회가 ~하다 国会こっかいが解散かいさんする。

해:삼【海蔘】【名】【動】ナマコ。

해:상【海上】【名】海上かいじょう、洋上ようじょう。¶ ~ 운송 海上運送うんそう。
　해:상-권【-權】【名】制海権せいかいけん。
　해:상 봉쇄【-封鎖】【名】【法】海上封鎖ふうさ。

해서【楷書】【名】楷書かいしょ、真書しんしょ。¶ ~로 쓰다 楷書かいしょで書かく。

해:석【解析】【名】【하他】①解析かいせき、分析ぶんせき。¶ 데이터를 ~하다 データを解釈かいしゃくする。②「해석학」의 縮約形。
　해:석 기하학【-幾何學】【名】解析幾何学きかがく。
　해:석-학【-學】【名】解析学がく。

해:석【解釋】【名】【하他】【되自】解釈かいしゃく。¶ 영문 ~ 英文えいぶん解釈/ 선의로 ~하다 善意ぜんいに解釈かいしゃくする。/ 그것은 ~의 차이다 それは解釈かいしゃくの相違そういだ。

해:설【解說】【名】【하他】【되自】解説かいせつ。¶ 뉴스 ~ ニュース解説。

해:소【解消】【名】【하他】【되自】解消かいしょう。¶ 교통난을 ~하다 交通難こうつうなんを解消かいしょうする。

해:송【海松】【名】①海辺うみべの松まつ。②【植】クロマツ。

해수【咳嗽】【名】咳嗽がいそう、せき。

해:수【海水】【名】海水かいすい。
　해:-수욕【-浴】【名】海水浴かいすいよく。¶ ~장 海水浴場じょう/ ~을 하다 海水浴かいすいよくをする。

해:시【亥時】【名】亥時がいじ(午後ごご9時じから11時じゅういちじまでの二時間にじかん)。

해-시계【-時計】【名】日時計ひどけい。

해:식【海蝕】【名】【地】海蝕かいしょく。¶ ~ 해안 海蝕海岸かいがん。
　해:식-동【-洞】【名】【地】海蝕洞どう。

해:신【海神】【名】海神かいじん・しん、海うみの神かみ、わたつみ。

해:심【海深】【名】海うみの深ふかさ。

해쓱-하다【形여】(顔面がんめんが)蒼白そうはくだ、青あおざめ

해:악[害惡] 图 害悪ᵃᵏᵘ. ¶ ~을 끼치다 害悪を及ぼす.
해:안[海岸] 图 海岸ᵍᵃⁿ. ¶ ~지대 海岸地帯ᵗᵃⁱ/~을 따라서 가다 海岸伝ᵈᵉⁿいに行ᵏく./파도가 ~을 치다 波がが岸を打つ. ㉰ 바닷가
해:안 기후[-氣候] 图 海岸気候ᵏⁱᵏᵒᵘ.
해:안 단구[-段丘] 图[地] 海岸段丘ᵈᵃⁿᵏʸᵘᵘ.
해:안-선[-線] 图 海岸線ˢᵉⁿ.
해:약[解約] 图[ʰᵃ][回] 解約ʸᵃᵏᵘ. ¶ 계약을 ~하다 契約ʸᵃᵏᵘを解約する. ㉰ 파약(破約)
해:양[海洋] 图 海洋ʸᵒᵘ. ¶ ~학 海洋学ᵍᵃᵏᵘ/~개발 海洋開発ᵏᵃⁱʰᵃᵗˢᵘ.
해:양 대학[-大學] 图 海洋大学ᵈᵃⁱᵍᵃᵏᵘ.
해:양성 기후[-性氣候] 图 海洋性ˢᵉⁱ気候ᵏⁱᵏᵒᵘ.
해어-뜨리다 他 (着物ᵐᵒⁿᵒなどを)すり減ᵉらしてしまう, ぼろぼろにする.
해어-지다 国 (着物ᵐᵒⁿᵒなどが)すり減ʰᵉる, すり切ᵏⁱれる. ¶ 소맷자락이 ~ 袖ˢᵒᵈᵉの端ʰᵃしがすり切れる.
해:역[海域] 图 海域ⁱᵏⁱ.
해:열[解熱] 图[ʰᵃ][他][回] 解熱ᵍᵉᵗˢᵘ.
해:열-제[-劑] 图[藥] 解熱剤ᵈᵃⁱ, 熱冷ˢᵃᵐᵃˢᵃしまし.
해오라기 图[動] サギ. ㉰ 백로
해왕-성[海王星] 图[天] 海王星ˢᵉⁱ.
해:외[海外] 图 海外ᵍᵃⁱ. ¶ ~ 유학 海外留学ʳʸᵘᵘᵍᵃᵏᵘ/~에 전해지다 海外に伝つたわる.
해:외 이민[-移民] 图 海外移民ᵐⁱⁿ.
해:운[海運] 图 海運ᵘⁿ, 海上ʲᵒᵘ運送ˢᵒᵘ. ¶ ~회사 海運会社ᵍᵃⁱˢʰᵃ.
해:운-업[-業] 图 海運業ᵍʸᵒᵘ.
해웃-값 图 花代ᵈᵃⁱ, 揚ᵃᵍᵉげ代ᵈᵃⁱ, 玉代ᵈᵃⁱ, はな, 玉ᵗᵃᵐᵃ. ㉰ 화대
해:원[海員] 图 海員ⁱⁿ.
해:이[解弛] 图[ʰᵃ] 弛緩ᵏᵃⁿ, 緩ʸᵘʳᵘむこと, だらけること. ¶ 정신이 ~해지다 精神ˢʰⁱⁿがだらける./기강이 ~하다 紀綱ᵏᵒᵘが緩む.
해:일[亥日] 图[民] 亥ⁱの日.
해:일[海溢] 图[地] 津波ⁿᵃᵐⁱ, 高潮ᵗᵃᵏᵃˡⁱᵒ. ¶ ~이 덮쳐 오다 つなみが襲ᵒˢᵒう来ᵏᵘる.
해:임[解任] 图[ʰᵃ][他][回] 解任ⁿⁱⁿ, 免職ˢʰᵒᵏᵘ. ¶ ~을 통고하다 解任を通告ᵗˢᵘᵘᵏᵒᵏᵘする.
해자[垓子] 图 ①陵ʳʸᵒᵘ · 園ᵉⁿ · 墓などの境界ᵏʸᵒᵘᵏᵃⁱ. ②(城内ʲᵒᵘⁿᵃⁱに巡ᵐᵉᵍᵘらす)堀ʰᵒʳⁱ.
해작-거리다 他 (食ᵗᵃべ物ᵐᵒⁿᵒなどを)つつつき回ᵐᵃʷᵃす. ¶ 식욕이 없는지 음식을 해작거리기만 한다 食欲ʸᵒᵏᵘがないのか食べ物をつつつき回してばかりいる.
해작-해작 副[ʰᵃ] 《食ᵗᵃべ物ᵐᵒⁿᵒなどをしきりにつつつき回ᵐᵃʷᵃすよう》ぐちゃぐちゃ.
해:장 图[ʰᵃ] 迎ᵐᵘᵏᵃえ酒ᵉを飲ᵒのむこと.
해:장-국[-국] 图 二日酔ᶠᵘᵗˢᵘᵏᵃʸᵒいの不快ᵏᵃⁱをなくすためにたべる汁物ˢʰⁱʳᵘᵐᵒⁿᵒ.
해:장-술 图 迎ᵐᵘᵏᵃえ酒ᵉ.
해:저[海底] 图 海底ᵗᵉⁱ. ¶ ~ 지진 海底地震ˢʰⁱⁿ/~이 가라앉다 海底に沈ˢʰⁱᵘᵘむ.
해:저 유전[-油田] 图 海底油田ᵈᵉⁿ.

해:저 터널[-tunnel] 图 海底トンネル.
해:적[海賊] 图 海賊ᶻᵒᵏᵘ. ¶ ~이 출몰하다 海賊が出没ˢʰᵘᵗˢᵘᵇᵒᵗˢᵘする.
해:적-선[-船] 图 海賊船ˢᵉⁿ.
해:적-판[-版] 图 海賊版ᵇᵃⁿ.
해:전[-前] 图 日没前ᵐᵃᵉ, 日暮ᵍᵘれ前ᵐᵃᵉ. ¶ ~에 닿다 日暮れ前に着つく.
해:전[海戦] 图[ʰᵃ] 海戦ˢᵉⁿ.
해:제[解除] 图[ʰᵃ][回][自] 解除ᵈᶻᵒ. ¶ 통행 금지 ~ 通行禁止ᵏⁱⁿˢʰⁱの解除/무장을 ~하다 武装ᵇᵘˢᵒᵘを解除する.
해:제[解題] 图[ʰᵃ] 解題ᵈᵃⁱ. ¶ 작품의 ~를 쓰다 作品ʰⁱⁿの解題を書かく.
해:조[害鳥] 图 害鳥ᶜʰᵒᵘ. ㉰ 익조(益鳥)
해:조[海鳥] 图 海鳥ᶜʰᵒᵘ.
해:조-음[海潮音] 图 海潮音ᵏᵃⁱᶜʰᵒᵘᵒⁿ, 潮騒ˢᵃⁱ.
해:조[海藻] 图 海藻ˢᵒᵘ, 海草ˢᵒᵘ, 藻ᵐᵒ.
해죽 副《満足ᵐᵃⁿᶻᵒᵏᵘげに愛想ᵃⁱˢᵒᵘよく笑ʷᵃʳᵃうようす》にこっと, にっと, にっこり. ¶ ~ 웃다 にっと笑う.
해죽-거리다 国 しきりににこにこする.
해:중[海中] 图 海中ᶜʰᵘᵘ. ¶ ~ 촬영 海中撮影ˢᵃᵗˢᵘᵉⁱ/~ 공원 海中公園ᵉⁿ.
해:-지다 国 (「해어지다」의 縮約形) すり減ʰᵉる, 着古ᵏⁱᶠᵘʳᵘする. ¶ 양말이 닳아 ~ くつ下ᵗᵃが切きれる.
해:직[解職] 图[ʰᵃ] 解職ˢʰᵒᵏᵘ. ¶ 사원을 ~ 처분하다 社員をを解職処分ˢʰᵒᵇᵘⁿする.
해질-녘 图 日暮ᵍᵘれ, 夕暮ʸᵘᵘᵍᵘれ, 暮ᵏᵘれ方ᵏᵃᵗᵃ, 夕方ᵍᵃᵗᵃ. ¶ ~이 되다 暮れ方になる./~에 도착하다 夕方に到着ᶜʰᵃᵏᵘする.
해쭉 副「해죽」의 強調語.
해:찰-하다 国 仕事ᵍᵒᵗᵒには身ᵐⁱを入ⁱれずだらない事をする.
해:체[解體] 图[ʰᵃ][自][他][回] 解体ᵗᵃⁱ. ¶ 정당을 ~하다 政党ᵗᵒᵘを解体する./~하여 운반하다 取とり外はずして運搬ᵘⁿᵖᵃⁿする.
해:초[海草] 图 海草ˢᵒᵘ.
해:충[害蟲] 图[動] 害虫ᶜʰᵘᵘ. ¶ 사회의 ~ 社会ᵏᵃⁱの害虫/~을 구제하다 害虫を駆除ᵏᵘᵈᶻᵒする. ㉰ 익충
해:-치다[害-] 他 害ᵍᵃⁱする, 損ˢᵒᵏᵒなう, 傷ᵏⁱᶻつける. ¶ 건강을 ~ 健康ᵏᵒᵘを損なう./사람을 ~ 人ʰⁱᵗᵒを害する.
해:-치우다 他 ①(仕事ᵍᵒᵗᵒを)きれいさっぱりと片付つける, しあげる. ¶ 오늘 중으로 해치우자 今日中ᶜʰᵘᵘにきれいさっぱりとやってのけよう. ②(邪魔ʲᵃᵐᵃになる対象ˢʰᵒᵘを)殺ᵏᵒʳᵒす, 片付つける. ¶ 그 놈을 어서 해치워라 あいつを早はやく片付けろ.
해:탈[解脫] 图[ʰᵃ][佛] 解脫ᵈᵃᵗˢᵘ.
해:태[海苔] 图 のり. ㉰ 김
해파리 图[動] クラゲ. ¶ ~가 군데군데 떠 있다 クラゲがぽかぽかと浮いている.
해:표[海豹] 图 海豹ᶻᵒᵘ, アザラシ. ㉰ 바다표범
해:풍[海風] 图 海風ᶠᵘᵘ. ¶ ~에 탄 살결 潮焼ˡⁱᵒʸᵃけの肌ʰᵃᵈᵃ.

**해학**[諧謔] 图 諧謔$_{ぎゃく}$、しゃれ、ユーモア。¶ ~을 즐기다 諧謔をもてあそぶ。
**해학-가**[-家] 图 諧謔家$_{か}$、ユーモアのある人$_{ひと}$。
**해학 소:설**[-小說] 图 諧謔小説$_{しょう}$、ユーモア小説。
**해해** 副[한자] (人$_{ひと}$をからかうようなふざけた笑$_{わら}$い声$_{ごえ}$) へへ、へらへら。
**해해-거리다** 囯 しきりにへらへら笑$_{わら}$う。¶ 금방 해해거리며 웃다 すぐへらへらとふざけて笑$_{わら}$う。
**해:협**[海峽] 图[地] 海峽$_{きょう}$、瀨戶$_{と}$。¶ 대한 ~ 大韓$_{だい}$海峽/ ~을 건너다 海峽を渡る。
**해:후**[邂逅] 图[自] 邂逅$_{こう}$、巡り合い、出会い。¶ 뜻밖의 ~ 思$_{おも}$いがけない出会い。
**핵**[核] 图 核$_{かく}$。①(物事$_{ものごと}$の)中心$_{しん}$、核心$_{かくしん}$。②[生]細胞$_{さいぼう}$の中心$_{しん}$にあるもの。¶ 세포 ~ 細胞核$_{さいぼうかく}$。
**핵-가족**[核家族] 图 核家族$_{かかぞく}$。
**핵-무기**[核武器] 图 核兵器$_{へいき}$。
**핵-반응**[核反應] 图[物] 核反応$_{はんのう}$。
**핵-발전소**[核發電所] 图 核発電所$_{はつでんしょ}$。
**핵-실험**[核實驗] 图 核実験$_{じっけん}$。
**핵심**[核心] 图 核心$_{かくしん}$。¶ ~적인 인물 核心的$_{かくしんてき}$な人物$_{じんぶつ}$/ 문제의 ~을 찌르다 問題$_{もんだい}$の核心をつく。
**핵-에너지**[核energy] 图[物] 核$_{かく}$エネルギー。
**핵-전쟁**[核戰爭] 图 核戦争$_{かくせんそう}$。
**핵-탄두**[核彈頭] 图 核弾頭$_{かくだんとう}$。
**핵-폐:기물**[核廢棄物] 图 核廃棄物$_{はいきぶつ}$。
**핸드**[hand] 图 ハンド。¶ 브레이크 핸드 ブレーキ。
**핸드-백**[handbag] 图 ハンドバッグ。
**핸드-볼:**[handball] 图 ハンドボール。
**핸들**[handle] 图 ハンドル。¶ ~을 잡다 ハンドルを握る。/ ~을 돌리다 ハンドルを回す。
**핸디캡**[handicap] 图 ハンディキャップ。¶ ~이 붙다 ハンディキャップがつく。
**핸섬**[handsome] 图[形] ハンサム。¶ ~한 청년 ハンサムな青年$_{ねん}$。
**핼금** 副(橫目$_{よこめ}$ですばやく見$_{み}$るようす) ちらっと、ちらりと。
**핼금-거리다** 他 横目でちらっちらっと見$_{み}$る。
**핼쑥-하다** 形[한자] (顔$_{かお}$に血$_{ち}$の気$_{け}$がなく)やつれている、青ざめている。¶ 얼굴이 몹시 ~ 顔$_{かお}$が非常$_{ひじょう}$にやつれている。
**햄**[ham] 图 ハム。¶ ~ 샌드위치 ハムサンドイッチ。
**햄버거**[hamburger] 图 ハンバーガー。
**햄버그**[hamburg] 图 ハンバーグ。¶ ~ 스테이크 ハンバーグステーキ。
**햅-쌀** 图 新米$_{まい}$。¶ ~로 밥을 짓다 新米で飯$_{めし}$を炊$_{た}$く。
**햅쌀-밥** 图 新米で炊$_{た}$いた飯$_{めし}$。
**햇-** 接頭 「その年$_{とし}$に生産$_{せいさん}$されたもの」の意$_{い}$を表$_{あらわ}$す」新$_{しん}$…、初物$_{はつもの}$の…。¶ ~곡식 新穀$_{しんこく}$/ ~감자 初物のジャガイモ。
**햇-것** 图 (穀物$_{こく}$・野菜$_{さい}$・果物$_{くだもの}$などの) 季節$_{せつ}$の初物$_{はつもの}$、はしり。¶ 시장에 ~이 나

돌다 市場$_{じょう}$に初物が出回$_{まわ}$る。
**햇-곡식**[-穀食] 图 新穀$_{しんこく}$。
**햇-무리** 图 日暈$_{にちうん}$・$_{がさ}$、太陽$_{たいよう}$のかさ。
**햇-발** 图 日脚$_{あし}$、日差$_{ざ}$し、ひざし、日影$_{かげ}$。¶ ~이 옮아가다 日脚が移る。
**햇-병아리** 图 ①その年$_{とし}$に孵化$_{ふか}$された雛$_{ひよこ}$。②[比] 新米$_{しん}$、駆け出し。¶ ~ 교사 駆け出しの教師$_{きょう}$。
**햇-볕** 图 日$_{ひ}$、照$_{て}$り、日光$_{にっこう}$、天日$_{てんぴ}$。¶ ~이 들다 日が差$_{さ}$す。/ ~을 쬐다 日光を浴$_{あ}$びる。/ 이불을 ~에 말리다 ふとんを日乾しにする。
**햇-빛** 图 ①日光$_{にっこう}$、日$_{ひ}$の光$_{ひかり}$、日差$_{ざ}$し、陽光$_{ようこう}$。¶ ~이 눈부시다 日光がまぶしい。②日$_{ひ}$の目$_{め}$。¶ 고생 끝에 겨우 ~을 보다 苦労$_{くろう}$の末$_{すえ}$ようやく日の目を見$_{み}$る。
**햇-살** 图 (降$_{ふ}$り注$_{そそ}$ぐ)太陽$_{たいよう}$の光線$_{こうせん}$、日差$_{ざ}$し、陽光$_{ようこう}$。¶ 따가운 ~ 焼$_{や}$けつくような日差し。
**햇-수**[-數] 图 年数$_{ねんすう}$、足掛$_{あしか}$け。¶ 벌써 ~로 삼 년이 지났다 はや足掛け三年$_{ねん}$が過ぎた。
**행**[行] 图 行$_{ぎょう}$、くだり。¶ 다음 ~ 次$_{つぎ}$の行/ ~을 바꾸다 行を変える。
**행:**[幸] 图 (「다행」の縮約形) 幸$_{こう}$、幸$_{さいわ}$い。¶ ~인지 불행인지 幸か不幸$_{こう}$か。
**-행**[行] 接尾 (地名$_{ちめい}$について そこへ行$_{い}$くことを表$_{あらわ}$す) …行$_{ゆ}$き。¶ 서울~ 특급 열차 ソウル行き特急$_{とっきゅう}$列車で。
**행각**[行脚] 图[自] 行脚$_{あんぎゃ}$。①[佛] 各地$_{かくち}$を回$_{まわ}$って修行$_{しゅぎょう}$すること。¶ ~승 行脚僧$_{そう}$。②(ある目的$_{もくてき}$のために)方々$_{ほうぼう}$を歩$_{ある}$き回ること。¶ 사기 ~ 詐欺$_{さぎ}$行脚。
**행간**[行間] 图 行間$_{ぎょうかん}$。¶ ~을 좁히다 行間を狹$_{せば}$める。
관용 행간을 읽다 行間$_{ぎょうかん}$を読$_{よ}$む、文章$_{ぶんしょう}$の真意$_{しんい}$をくみとる。
**행군**[行軍] 图[自] 行軍$_{こうぐん}$。¶ 강~ 強$_{きょう}$行軍。
**행-글라이더**[hang glider] 图 ハンググライダー。
**행낭**[行囊] 图 行囊$_{こうのう}$、郵袋$_{ゆうたい}$。
**행동**[行動] 图[自] 行動$_{こうどう}$、行ない、振$_{ふ}$る舞い、挙動$_{きょどう}$。¶ 단체 ~ 団体$_{だん}$行動/ ~이 수상하다 挙動が疑$_{うたが}$わしい。
**행동-거지**[-擧止] 图 立ち居$_{いり}$振る舞い、身$_{み}$ごなし、物腰$_{ものごし}$。¶ ~를 삼가라 立ち居振る舞いを慎$_{つつし}$みなさい。
**행동 반:경**[-半徑] 图 行動半径$_{はんけい}$。¶ ~이 넓다 行動半径が広$_{ひろ}$い。
**행동-파**[-派] 图 行動派$_{は}$。
**행락**[行樂] 图[自] 行楽$_{こうらく}$。¶ ~철 行楽シーズン/ ~지 行楽地$_{ち}$。
**행랑**[行廊] 图 表門$_{おもてもん}$の両脇$_{りょうわき}$についている部屋$_{へや}$。
속담 행랑 빌리면 안방까지 든다 庇$_{ひさし}$を貸$_{か}$して母屋$_{おもや}$を取$_{と}$られる。《初$_{はじ}$めは控$_{ひか}$えめに振るまうがだんだん厚$_{あつ}$かましくなる》
**행랑-방**[-房] 图 門脇$_{かどわき}$の部屋$_{へや}$。⑨ 행랑
**행랑-살이** 图[自] 門脇$_{かどわき}$の部屋$_{へや}$に住$_{す}$み込

**행랑-아범** 門脇かどの部屋へやに住すむ下男なん。
**행랑-어멈** 門脇かどの部屋へやに住すむ下女じょ。
**행려**[行旅] 名(ハ自) 行旅こう、たび、旅行りょ。
**행려-병자**[-病者] 名 行旅病者びょうじゃ。
**행렬**[行列] 名(ハ自) 行列ぎょう。¶ 시위 ~ デモの行列/ 가장 ~ 仮装かそう行列。
**행로**[行路] 名 行路こう、道路どう、世渡よたり。¶ 인생 ~ 人生じん行路。
**행방**[行方] 名 行方ゆく、行ゆき先さき。¶ ~을 감추다 行方をくらます。/ ~이 묘연하다 行方が分わからない。
　**행방 불명**[-不明] 名 行方不明めい。¶ ~이 되다 行方不明になる。
**행보**[行步] 名(ハ自) 行歩こう、歩行ほ、歩あゆみ。¶ ~가 느리다 歩みがのろい。
**행·복**[幸福] 名(ハ形)(ス形) 幸福ふく、幸しあわせ。¶ ~한 일생 幸福な一生しょう/ ~을 빌다 幸福を祈いのる。
　**행·복-감**[-感] 名 幸福感かん。
**행·불행**[幸不幸] 名 幸不幸ふこう。¶ 인생의 ~ 人生じんの幸不幸。
**행사**[行使] 名(ハ他) 行使こう。¶ 실력 ~ 実力りょくの行使/ 묵비권을 ~하다 黙秘権けんを行使する。
**행사**[行事] 名 行事ぎょう、催もよおし。¶ 연중 ~ 年中ちゅうの行事/ ~가 있다 催しをする。
**행상**[行商] 名(ハ自) 行商しょう、行商人にん、旅商人にん。¶ ~ 나가다 旅商いに出でる。
**행상**[行賞] 名(ハ自) 行賞しょう。¶ 논공 ~ 論功こう行賞。
**행색**[行色] 名 身みなり、身みごしらえ、装よそい。¶ 초라한 ~ みすぼらしい身なり。
**행서**[行書] 名 行書ぎょう。
**행선**[行先] 名 行ゆき先さき。
　**행선-지**[-地] 名 行ゆき先さき、(出でかける)目的地もくてき。¶ ~도 말하지 않고 나가버리다 行き先も言いわず出でて行く。
**행성**[行星] 名[天] 遊星ゆう、惑星わく。
**행세**[行世] 名(ハ自) ①処世せい、世渡よたり。¶ ~에 능하다 処世に長たけている。②当事者とうじのように振ふる舞まうこと、成なり済すますこと。¶ 주인 ~를 하다 主人顔しゅじんをする。
**행세**[行勢] 名(ハ自) 権勢けんを振ふるうこと。¶ ~깨나 하는 집안 なかなか権勢のある家柄いえがら。
**행·실**[行實] 名 身持みもち、行ない、品行ぎょう。¶ ~이 바른 여자 品行方正ほうせいな女おんな/ ~이 나쁘다 身持ちがわるい。
**행·여**[幸-] 副 幸さいわいに、若もしや、若もしかしたら、ひょっとすると、あるいは。¶ ~ 잘못되면 어쩌 若しやだめだったらどうしよう。/ ~ 만날 수 있지 않을까 ひょっとすると会あえるのじゃないか。
**행·여-나** 副「행여」の強調語。
**행·운**[幸運] 名 幸運うん。¶ ~을 빌다 幸運を祈いのる。/ ~을 만나다 幸運に恵めぐまれる。
　**행·운-아**[-兒] 名 幸運児じ。
**행원**[行員] 名(「은행원(銀行員)」の縮約形) 行員こういん。

**행위**[行爲] 名 行為こう、行ぎょうない。¶ 부정 ~ 不正せい行為/ ~ 능력 行為能力のうりょく。
**행인**[行人] 名 行人にん、道みちを行ゆく人ひと。¶ ~이 드문 고갯길 行人稀まれな峠道とうげみち。②[佛] 行人ぎょう、仏法ぽうを修行しゅぎょうする人ひと。
**행·인**[杏仁] 名[漢] 杏仁きょうにん。
**행장**[行裝] 名 行支度たく、旅装りょ。¶ ~을 꾸리다 旅支度を整ととのえる。
**행정**[行政] 名 行政ぎょう。¶ ~력 行政力りょく/ ~ 구획 行政区画かく/ ~ 기관 行政機関かん。
　**행정-부**[-府] 名 行政府ふ。
　**행정 소송**[-訴訟] 名[法] 行政訴訟しょう。
　**행정 처:분**[-處分] 名[法] 行政処分ぶん。
　**행정-학**[-學] 名 行政学がく。
**행정**[行程] 名 行程てい。¶ ①道のり。 하루의 ~ 一日いちの行程。 ②[機] シリンダー内ないでピストンの往復ふくする距離きょ。
**행주** 布巾ふきん。¶ 물っ 濡ぬったふきん。
　**행주-질** 名(ハ自他) 布巾掛ふきんがけ。
　慣用 행주질(을) 치다 布巾掛ふきんがけをする、布巾きんで拭ふく。
**행주-치마** 名 前掛まえかけ、エプロン。
**행진**[行進] 名(ハ自) 行進しん。¶ 시가를 ~하다 市街がいを行進する。
　**행진-곡**[-曲] 名[音] 行進曲きょく、マーチ。
**행차**[行次] 名(ハ自) (目上めうえの人ひとの)お出でかけ、お出でまし。¶ 임금의 ~ 国王こくのお出まし。
**행태**[行態] 名 (やや望のぞましくない意味いみで) 行動とう、振舞ふるまい。
**행패**[行悖] 名 道理どうにもとる行ぎょうない、乱暴らんな行ない、狼藉ろう。¶ ~를 부리다 狼藉を働はたらく。
**행하**[行下] 名 ①(むかし 主人しゅじんが使用人にんに与えた)祝儀しゅう、心こころづけ。②(芸人げいにんなどに与あたえる)報酬しゅう、花代はな、チップ、酒手さかて。¶ ~를 후하게 주다 チップをはずむ。
**행-하다**[行-] 名(ハ他) 行ぎょうなう、実行こうする、果はたす。¶ 선을 ~ 善ぜんを行なう。/ 의무를 ~ 義務ぎむを果たす。
**행형**[行刑] 名(ハ自)[法] 行刑けい、刑けいを執行こうすること。
　**행형-관**[-官] 名[法] 行刑官かん。

**향:**[向] 名 (家屋かおくなどの)向むき。¶ 남~ 南向なみなき。
**향:**[香] 名 香こう。¶ ~을 피우다 香を焚たく。
**향군**[鄕軍] 名 ①「재향 군인」の縮約形。②「향토 예비군」の縮約形。
**향긋-하다** 形(ハ自) 芳かんばしい、かぐわしい、香こうばしい。¶ 꽃냄새가 향긋한 방 花はなの香こうがかぐわしい部屋へや。
**향기**[香氣] 名 香気こう、香かおり、におい。¶ 질은 ~ 濃こい香り/ ~가 좋다 香かおりがいい。
　**향기-롭다** 形 芳かんばしい、かぐわしい、香こうばしい。 **향기로-이** 副 かんばしく、こうばしく。
**향-나무**[香-] 名[植] イブキ。
**향-내**[香-] 名 香気こう、香臭しゅう。¶ ~가 나다 香気が漂ただよう。

**향:년**〔享年〕图 享年ねん、行年ぎょうねん。¶ ~ 90세 享年90歳きゅうじっさい。
**향:락**〔享樂〕图ㅎ他 享楽らく。¶ ~ 주의 享楽主義ぎ/ ~ 에 빠지다 享楽にふける。
**향:락-적**〔-的〕冠名 享楽的てき。¶ ~ 인 분위기 享楽的な雰囲気ふんいき。
**향로**〔香爐〕图 香炉ろ。
**향료**〔香料〕图 ①香料りょう。¶ 천연 ~ 天然てんねん香料。 ②香典こう。
**향리**〔鄕里〕图 郷里きょう、故郷きょう、ふるさと。¶ ~ 를 떠나다 郷里を離はなれる。
**향미**〔香味〕图 香味ゐ、飲物いんしょくの香気こう。¶ ~ 료 香味料りょう。
**향:방**〔向方〕图 行ゆく先さき、行方ゆくえ。¶ 범인이 ~ 을 감추다 犯人はんが行方をくらます。
**향:배**〔向背〕图 向背はい。¶ ~ 를 분명히 하다 向背をあきらかにする。
**향:배**〔向拜〕图ㅎ自 その方ほうに向むかって拝礼はいれいすること。
**향-불**〔香-〕图 香こうをたく火ひ。
  판용 **향불(을) 피우다** ①香こうをたく。 ②(寺てら で)煙草たばこを吸すう。
**향:사**〔向斜〕图地 向斜こう。
**향:상**〔向上〕图ㅎ自凹 向上じょう。¶ 생활 수준의 ~ 生活水準すいじゅんの向上/ 지위를 ~ 시키다 地位ちいを向上させる。
**향:수**〔享受〕图ㅎ他 享受きょう。¶ 자유를 ~ 다 自由じゆうを享受する。
**향수**〔香水〕图 香水すい。¶ ~ 냄새 香水のかおり/ ~ 를 뿌리다 香水を振ぶりかける。
**향수**〔鄕愁〕图 郷愁しゅう。¶ ~ 에 잠기다 郷愁にふける。
  **향수-병**〔-病〕图 懷郷病かいきょうびょう、ホームシック。¶ ~ 에 걸리다 ホームシックにかかる。
**향신-료**〔香辛料〕图 香辛料こうしんりょう。
**향:연**〔饗宴〕图 饗宴きょう。¶ ~ 을 베풀다 饗宴を催もよおす。
**향:유**〔享有〕图ㅎ他 享有きょう。¶ 자유를 ~ 다 自由じゆうを享有する。
**향유**〔香油〕图 香油ゆ。①髮かみの毛けにつける香料りょう入いりの油あぶら。 ②胡麻油あぶら。
**향:응**〔饗應〕图ㅎ他 供応きょう、饗応おう。¶ ~ 을 받다 供応を受うける。
**향:일**〔向日〕图 ①先日せん、この間あいだ、過日じつ。 ②ㅎ自 太陽たいように向むかうこと。
**향:일-성**〔-性〕图ㅎ冠 向日性こうじつ。
**향토**〔鄕土〕图 郷土ど、ふるさと。¶ ~ 자랑 国自慢じまん/ ~ 예술 郷土芸術じゅつ。
  **향토 문학**〔-文學〕图 郷土文学ぶん。
  **향토-색**〔-色〕图 郷土色しょく、ローカルカラー。
  **향토-애**〔-愛〕图 郷土愛あい。
  **향토 예:비군**〔-豫備軍〕图 郷土予備軍ぐん。
**향:-하다**〔向-〕自凹ㅎ他 ①(ある方向ほうに)向むかう、向むく。¶ 위를 ~ 上うえを向く。/ 소리나는 쪽으로 얼굴을 ~ 音おとのするほうに顔かおを向ける。 ②向むかい合あう、面めんする、対たいする。¶ 바다를 향한 집 海うみに面した家いえ/ 정면을 향해 앉다 正面めんを向いて座すわる。 ③

(心こころを)傾かたむける。¶ 님 향한 일편단심 主君くんに傾ける真心まごころ。 ④向むかって行いく、目指めざして行く、赴おもむく。¶ 서울로 ~ ソウルに赴く。/ 결승점을 향하여 달리다 ゴールに向かって走はしる。
**향:학**〔向學〕图ㅎ自 向学がく。¶ ~ 심에 불타다 向学心こうに燃もえる。
**향:학-열**〔-熱〕图 向学の熱意ねつ。
**향:후**〔向後〕图 向後ごご、このあと、今後こん。¶ ~ 십년 向こう10年ねん/ ~ 의 문제 向後の問題だい。
**허**〔虛〕图 虚きょ、すき。¶ ~ 와 실 虚と実じつ/ ~ 를 찌르다 虚を突つく。
**허:**¹ 副《(凍こえた手てに息いきを吹ふきかけたり 辛からいものを口くちにしたときなどに出だす声こえ》ほう、はあ、ふう。
**허**² 感《喜怒哀樂きどあいらくなどさまざまな感情かんじょうを表あらわす声こえ》ほう、へえ、はあ。¶ ~、대단하구나 ほう、大だいしたもんだ。/ ~、그럴 수가 있나 ほう、そんなことがあるんかね。
**허가**〔許可〕图ㅎ他凹 許可か、許ゆるし。¶ ~ 증 許可証しょう/ ~ 를 받다 許可を受うける。/ ~ 가 나다 許可がおりる。
  **허가-장**〔-狀〕图 許可状じょう。
  **허가-제**〔-制〕图 許可制せい。
**허겁-지겁**图ㅎ他ㅎ自《非常ひじょうにあわてふためくようす》あたふたと、いそいそ。¶ ~ 달려오다 あたふたと駆かけつける。/ ~ 도망치다 あたふたと逃にげ去さる。
**허공**〔虛空〕图 虚空くう。¶ ~ 으로 사라지다 虚空に消きえ去さる。/ ~ 을 짚고 쓰러지다 空くうをつかんで倒たおれる。
**허구**〔虛構〕图ㅎ他 ①虚構こう、作つくりごと。¶ ~ 에 찬 이야기 虚構だらけの話し。 ②文 フィクション。
**허구리**图 脇腹わき、横腹よこ。
**허근**〔虛根〕图数 虚根きん。
**허기**〔虛飢〕图 飢うえ、餓うえ、ひもじさ。¶ 겨우 ~ 는 면했다 ようやく飢えはしのいだ。
**허기-지다**自 ひもじい、すごくひもじくて元気げんがなくなる。¶ 점심을 걸렀더니 몹시 ~ 昼飯ひるめしを抜ぬいたのでひどくひもじい。
**허깨비**图 ①幻영ぼ、幻影えい。¶ 저기 보이는 것이 사람이냐 ~ 냐? あそこに見みえるのは人間にんか幻か。 ②意外がいに重おもみのない物もの。
**허니-문**〔honeymoon〕图 ヘネムーン。
**허다**〔許多〕图ㅎ冠 あまた、幾多だ。¶ ~ 한 난관 あまたの難関なん/ 전례가 ~ 하다 前例れいが多い。/ ~ 한 곤란을 겪다 幾多の困難なんを経へる。 **허다-히** あまた、多おおく。¶ 주변에 ~ 널려 있다 周辺しゅうへんにいくらでもころがっている。
**허덕-거리다**自 ①돈을 모으려고 ~ 金かねを溜ためようとあくせくする。②あえぐ、もがく、息いきを切きらす。¶ 허덕거리면서 언덕을 올라가다 あえぎながら坂さかをのぼる。
**허덕-허덕**副ㅎ他 あえぎあえぎ、ふうふう、

あっぷあっぷ。
**허둥-거리다** 自 あわてふためく、あたふたする、うろうろする、おろおろする。¶ 어찌할 바를 몰라 ~ どうしてよいか分からずおろおろする。
　**허둥-허둥** 副(하자)《あわてふためくようす》じたばた、あたふた、うろうろ。¶ ~ 도망치다 すたこらと逃げうせる。
　**허둥-지둥** 副(하자)《あわてふためくようす》そそくさと、あたふた。¶ ~ 집으로 달려가다 あたふたと家に駆けつける。
**허드레** 名 がらくた。
　**허드레-꾼** 名 下働き、雑役夫。
　**허드렛-일** 名 雑役、雑務。
**허:들** [hurdle] 名 ハードル。¶ ~ 레이스 ハードルレース。
**허락** [許諾] 名(하他) 承諾、許すこと。¶ 시간이 ~ 하는 한 時間の許す限り / ~을 얻다 許しを得る。/ 입학을 ~ 하다 入学を承諾する。
**허랑-방탕** [虛浪放蕩] 名(하자)(스形) ふまじめで放蕩なようす。
**허례** [虛禮] 名 虛礼。¶ ~ 허식을 없애다 虛礼虛飾を無くす。
**허름-하다** 形 ①(値段が)安い、安そうだ。¶ 허름한 값에 팔다 安値で売る。②少し古びている、くたびれている、みすぼらしい。¶ 허름한 양복 古びた洋服 / 옷차림이 ~ 身なりがみすぼらしい。
**허리** 名 ①(生)腰。¶ 굵은 ~ 太い腰 / ~가 굽은 노인 腰の曲がった老人 / ~를 굽히다 腰をかがめる。②(高さのあるものの)中間、真ん中の部分。¶ 산 ~ 山の中腹。③(ズボン・はかまなどの)腰の部分、そこに当てる布地。¶ 치마 ~ チマの腰。
　慣用 **허리가 부러지다** ①勢いがそがれる。②非常にきつい、おかしい。**허리를 잡다** 腹をかかえる。¶ 허리를 잡고 웃다 腹をかかえて笑う。**허리(를) 펴다** 気楽に休む。
　**허리-띠** 名 帯、腰帯、こしひも、ベルト。¶ ~를 매다 帯を締める。/ ~가 풀리다 帯が解ける。
　慣用 **허리띠를 늦추다** ①暮らしにゆとりが出来る。②緊張をとく、緊張を緩める。**허리띠를 바라매다** ①生活費を引き締める。②固い覚悟の下に仕事を始める。③空腹を耐える。
　**허리-춤** 名 (ズボンなどの)腰の内側。
　**허릿-심** 名 ①腰の力。¶ ~이 세다 腰が強い。②矢の中間あたりの強さ。
**허망** [虛妄] 名(하形)(스形) 虛妄。①うそ、偽り。¶ ~ 한 소문 うそのうわさ。②あっけないこと、空しいこと。¶ 일이 ~ 하게 끝나다 事があっけなく終わる。
**허명** [虛名] 名 虛名、空名。¶ ~을 날리다 虛名を博する。
**허명-무실** [-無實] 名(하形) 名ばかりで内容のないこと。⑦ 유명무실

**허무** [虛無] 名(하形) 虛無。①何もなくからっぽなこと。②むなしいこと、はかないこと。¶ ~ 한 운명 はかない運命 / ~ 한 인생 むなしい人生。③あっけないこと。¶ ~ 하게 졌다 あっけなく負けた。
**허무 맹랑** [-孟浪] 名(하形) 途方もないこと、とんでもないこと。¶ ~ 한 소문 根拠のないうわさ。
**허무-적** [-的] 冠 虛無的。
**허무-주의** [-主義] 名 虛無主義、ニヒリズム。¶ ~ 자 虛無主義者。
**허문** [虛聞] 名 虛聞。⑦ 헛소문
**허물**¹ 名 ①(肌の)薄い膜。②(蛇・せみなどの)抜けがら。
　慣用 **허물(을) 벗다** ①(体の)皮むがむける。②(蛇などが)もぬけする、脱皮する。
**허물**² 名 ①欠点、きず、あら。¶ ~이 없는 사람은 없다 欠点のない人はいない。②過ち、とが、罪。¶ ~을 들추어내다 過ちを暴く。/ 남에게 ~을 씌우다 人に罪をかぶせる。
　慣用 **허물(을) 벗다** 汚名を濯ぐ。
　**허물-없다** 形 気がおけない、気やすい。¶ 허물없는 친구 気やすい友達。**허물없-이** 副 気やすく、心安く。¶ ~ 사귀는 사이이다 気やすく付き合う間柄だ。
**허물다** 他 崩す、取り崩す、壊す、取り壊す。¶ 집을 ~ 家を壊す。/ 쌓았다간 ~ 積んでは崩す。
**허물어-뜨리다** 他 うち壊す、壊してしまう、つぶしてしまう。
**허물어-지다** 自 壊れる、崩れる。¶ 장마로 축대가 ~ 梅雨で石垣が崩れる。
**허방** 名 窪地、くぼみ。¶ ~다 見当違いをする。/ ~을 딛다 窪地を踏む。
　**허방-다리** 名 落とし穴、陥穽。
**허벅-다리** 名 太股。
**허벅지** 太股筋の内側、内股、股のつけ根の部分。¶ ~까지 빠지다 太股までぬかる。
**허벅허벅-하다** 形(아) よく熟れた林檎のように水気・粘り気がない。
**허보** [虛報] 名(하他) 虛報。¶ ~를 전하다 虛報を伝える。
**허비** [虛費] 名(하他) 無駄づかい、費やすこと。¶ 돈을 ~ 하다 金を無駄づかいする。/ 시간을 ~ 하다 時間を費やす。
**허비적-거리다** 他 しきりにほじくる。
　**허비적-허비적** 副(하他) しきりにほじくるようす。
**허사** [虛事] 名 むだ、徒労、ふい、徒事。¶ ~로 끝나다 徒事に終わる。/ 모두 ~가 되고 말다 すべてふいになる。⑦ 헛일
**허사** [虛辭] 名 ①虛辭、虛字。②虛言。
**허상** [虛像] 名 虛像。¶ ~에 지나지 않다 虛像に過ぎない。⑩ 실상(實像)
**헛섭-쓰레기** 名 雑物、がらくた。
**허세** [虛勢] 名 虛勢、空元気、強がり。
　**허세-부리다** 自 虛勢を張る、見えを張

**허송**[虛送] 图 他 (歲月などを)空しく過ごすこと。¶ ~ 세월하다 なすことなく歳月を送る。

**허수**[虛數] 图 数 虚数。

**허수아비** 图 ①案山子。②実権のない人、傀儡、操り人形。¶ 사장은 그저 ~ 에 지나지 않는다 社長は単なる操り人形に過ぎない。

**허술-하다** 形 ①すたれている、さびれている。¶ 허술한 집 すたれた家。②みすぼらしい、粗末だ。¶ 허술한 차림새 みすぼらしい装い。③おろそかだ、手薄だ、不用心だ。¶ 경비가 ~ 警備が手薄だ。④{結わえたものなどが} 緩い。¶ 허술하게 꾸린 짐 緩く縛った荷物。**허술-히** 副 さびれて、みすぼらしく、おろそかに。

**허스키**[husky] 图 形 ハスキー。¶ ~ 보이스 ハスキーボイス。

**허식**[虛飾] 图 虚飾、見え、飾り。¶ 허례 ~ 虚礼虚飾/ ~ 이 없는 사람 飾り気のない人/ ~ 을 버리고 虚飾を捨てる。/ ~ 을 부리다 見えを張る。

**허실**[虛實] 图 虚実。¶ 일의 ~ 을 탐지하다 事の虚実を確かめる。

**허심**[虛心] 图 形 虚心、すなおな心。¶ ~ 하게 듣다 虚心に聞く。

**허심 탄회**[-坦懷] 图 形 虚心坦懐。¶ ~ 하게 이야기하다 虚心坦懐に話し合う。

**허약**[虛弱] 图 形 虚弱。¶ ~ 체질 虚弱体質。

**허언**[虛言] 图 自 虚言、うそ。¶ ~ 을 늘어놓다 虚言を並べ立てる。

**허여-멀겋다** 形 ①(肌などが)白らくて透き通るようにきれいだ。②(かゆなどが)白っぽく薄い。¶ 허여멀건 죽 白っぽく薄いかゆ。終 하야말갛다

**허여-멀쑥하다** 形 (肌などが)白らくてきれいだ。¶ 얼굴이 ~ 顔が白くてきれいだ。終 하야말쑥하다

**허영**[虛榮] 图 虚栄、見え、見えっ張り。¶ ~ 에 찬 사람 見えっ張りの人/ ~ 에 뜨다 虚栄にかられる。

**허영-심**[-心] 图 虚栄心。¶ ~ 이 강하다 虚栄心が強い。

**허영 주머니** 图 見えっ張り、虚栄の塊みたいな人。

**허:옇다** 形 白い。¶ 허연 입김 白い息。

**허:예-지다** 自 白くなる、白っぽくなる、白らむ。¶ 동녘 하늘이 ~ 東の空が白くなる。

**허욕**[虛慾] 图 むだな欲(ばり)。

**허용**[許容] 图 他 自 許容、許すこと。¶ ~ 범위 許容範囲は/ 그런 것은 ~ 되지 않는다 そんなことは許されない。

**허우대** 图 恰幅、押し出し。¶ ~ 가 좋다 恰幅がいい。/ ~ 는 좋은데 주변머리가 없다 押し出しは立派だが融通がきかない。

**허우적-거리다** 自 しきりにもがく、じたばたる、あっぷあっぷする。¶ 물에 빠져 ~ おぼれそうになってあっぷあっぷする。

**허우적-허우적** 副 形 じたばた、あっぷあっぷ。

**허울** 图 外観、うわべ、見掛け。¶ ~ 뿐인 복지 うわべだけの福祉/ ~ 은 좋다 見掛けはいい。

**허위**[虛僞] 图 虚偽、うそ、いつわり。¶ ~ 신고 虚偽の申告/ ~ 진술을 하다 虚偽の申し立てをする。

**허위-단심** 图 自 (ある目的に向かって)あえぐこと、もがくこと、非常に苦労すること、骨折はること。

**허장-성세**[虛張聲勢] 图 他 虚勢を張ること、空威張り。

**허적-거리다** 他 積み重ねた物をしきりに取り散らかす。

**허적-허적** 副 他 積み重ねた物をとりちらかすよう。

**허전-하다** 形 物足りない、心細い、何となく寂しい、うつろな感じだ。¶ 주머니가 ~ ふところが寂しい。/ 아무도 없으니 집 안이 ~ 誰もいないので家の中が何となく寂しい。

**허점**[虛點] 图 弱点、弱み。¶ ~ 을 보이다 弱みを見せる。/ 적의 ~ 을 노리다 敵の弱点をねらう。

**허탈**[虛脫] 图 形 虚脱。¶ ~ 감 虚脱感/ ~ 상태에 빠지다 虚脱状態に陥る。

**허탕** 图 徒労、無駄足。¶ ~ 을 짚다 徒労になる。/ 더 이상 찾아보았자 ~ 이다 これ以上さがしてみても無駄だ。

**허탕-치다** 自 徒労に終わる。¶ 빚 받으러 갔다가 허탕쳤다 借金を取りに行ったが無駄足だった。

**허투루** 副 ①いいかげんに、ぞんざいに。¶ ~ 다룰 문제가 아니다 いいかげんに扱う問題じゃない。②見くびって。¶ 그를 ~ 보았다간 큰일난다 彼を軽く見たらただじゃすまない。

**허튼** 冠 でたらめな、くだらない、つまらない。¶ ~ 말만 늘어놓다 つまらない話ばかりならべ立てる。

**허튼-소리** 图 いいかげんな話、与太。¶ ~ 를 하다 与太を飛ばす。

**허튼-수작**[-酬酌] 图 でたらめな言動、口任せ、出任せ。¶ 그의 말은 거의가 ~ 이다 彼の言うことはほとんどが出任せだ。

**허파** 图 肺臓、肺。
〔慣用〕 허파에 바람 들다 肺臓に風がつる。《でたらめに振る舞ったり、わけもなく笑いこける人をあざけって言う語》

**허풍**[虛風] 图 法螺、らっぱ、誇張。¶ 그 이야기에는 다소 ~ 이 있다 その話には多少こ誇張がある。

**허풍-떨다** 自 しきりに法螺を吹く、大風呂敷をひろげる。 同 허풍치다

**허풍-선**[-扇] 图 ①ふいごの一つ。② ⇨ 허풍선이

허풍선-이[-扇-] 名 法螺ﾎら吹ﾌき。⇨ 허풍선
허-하다[虛-] 形四 ①もろい、丈夫ｼﾞｮうでない。¶ 문단속이 ~ 戸締とじまりがもろい。②うつろだ、中身なかみがない、空ｱいている。¶ 뱃속이 ~ 空腹くうふくだ。③[漢] 虚弱きょじゃくだ。¶ 체질이 ~ 体質たいしつが虚弱だ。
허허[1] 《大声おおごえで笑ﾜらうようす･その声こえ》はは、はっはっと。¶ ~ 하고 크게 웃다 はっはっと大ｵﾎきく笑ﾜらう。
허허-거리다 自 しきりにははと笑ﾜらう。
허허[2] 感 ①《溜息ためいきをつく声こえ》は、ふう、ほう。¶ ~、이거 야단났는 걸 ほう、それは大変たいへんだ。②《気きに入ﾊいらないことを心配しんぱいしたり叱ｼｶったりするときの声こえ》ああ、ああ。¶ ~、그럼 못써！ やあ、そんなことをしては駄目だめだ。
허허-벌판 名 広々ひろびろとした大平原だいへいげん。
허허-실실[虛虛實實] 名 虚々実々きょきょじつじつ。¶ ~의 전술 虚々実々の戦術せんじゅつ。
허황[虛荒] 名形動 荒唐こうとう、荒唐無稽もうとうむけい、とりとめのないこと。¶ ~된 꿈 荒唐無稽な夢ゆめ／~된 이야기 雲くもをつかむような話はなし。
혁 副 ①《飛とびつくようす》がばっと。¶ 먹이를 보자 ~ 하고 달려들었다 えさを見ｶるやがばっと飛とびついた。②《疲ﾂｶれきって倒たおれるようす》ぐったり、ぺたっと。¶ 지쳐서 ~ 하고 쓰러지다 へばってぐったりと倒たおれる。③《驚おどろいて息いきをのむようす》はっと。
헌: 冠 古ﾌるい、よれよれの。¶ ~ 옷 古着ふるぎ／~ 책 古本ふるほん／~ 건물 古い建物たてもの。
헌:-것 名 古物こぶつ、ふる、古ふるびたもの。¶ 새것보다 ~이 더 좋다 新品しんぴんより古物がもっと良ｽい。
헌걸-차다 形 ①意気軒昂いきけんこうである、りりしい。②背ｾがすらりと高たかい、たくましい。
헌:금[獻金] 名ハ他 献金けんきん。¶ 정치 ~ 政治せいじ献金。
헌:납[獻納] 名ハ他 献納けんのう。
헌:-데 名 はれもの、できもの、できものの出来でﾞきたところ。⇨ 부스럼
헌:법[憲法] 名 憲法けんぽう。¶ ~ 기관 憲法機関けんぽうきかん／~을 제정하다 憲法を制定せいていする。
헌:법재판소[-裁判所] 名[法] 憲法裁判所けんぽうさいばんしょ。
헌:병[憲兵] 名 憲兵けんぺい。¶ ~대 憲兵隊たい。
헌:시[獻詩] 名 献詩けんし、詩しをささげること、またその詩。
헌:신[獻身] 名ハ自 献身けんしん。¶ 복지 사업에 ~ 하다 福祉事業ふくしじぎょうに献身する。
헌-신짝 名 履ｲき古ﾌるした靴くつ、弊履へいり。
관용 헌신짝 버리듯 하다 弊履へいりのごとく捨ｽてる、惜おしげもなく捨てる。
헌:장[憲章] 名 憲章けんしょう。¶ 어린이 ~ 児童じどう憲章／교육 ~ 教育きょういく憲章。
헌:정[憲政] 名（「입헌 정치」の縮約形しゅくやくけい）憲政けんせい。¶ ~의 옹호 憲政の擁護ようご。
헌:짚신 名 よれよれのわらじ。
속담 헌짚신도 짝이 있다 よれよれのわらじも対ついがある。《われ鍋なべにとじ蓋ぶた、どんな人ひとにも配偶者はいぐうしゃはある》

헌칠-하다 形四 （体からだが）大おおきくすらっとしてよく釣つり合あっている。
헌헌-장부[軒軒丈夫] 名 ますらお。
헌:혈[獻血] 名ハ自 献血けんけつ。
헌:화[獻花] 名ハ自 献花けんか。
헐-값[歇-] 名 安値やすね、捨ｽて値ﾈ、廉価れんか。¶ ~으로 사다 安値で買かう。／~으로 팔아 치우다 捨て値で売ｳり払はらう。
헐겁다 形ㅂ だぶだぶだ、ぶかぶかだ、緩ゆるい、甘ｱまい。¶ 옷이 ~ 衣服いふくがだぶだぶだ。／나사가 ~ ねじが緩い。
헐:다[1] 自 ①ただれる。¶ 상처가 ~ 傷口きずぐちがただれる。②古ふるびる、古い。¶ 헌 책상 古いつくえ。
헐:다[2] 他 壊こわす、崩くずす。¶ 담을 ~ 塀へいを崩す。／만 원짜리 지폐를 ~ 1万まんウォン札さつを崩す。
헐떡-거리다 自他 しきりにあえぐ、息いきを切きらす、ふうふう言いう。¶ 헐떡거리며 산을 오르다 あえぎながら山やまをのぼる。
헐떡-헐떡 副 あえぎあえぎ。
헐:-뜯다 他 中傷ちゅうしょうする、謗ｿしる、こき下おろす。¶ 뒷전에서 남을 ~ 裏うらで人ひとを謗る。
헐렁-거리다 自 だぶだぶする、ぶかぶかする。¶ 바지가 커서 ~ ズボンが大おおきくてぶかぶかする。
헐렁-이 名 軽率けいそつな人ひと、うわつき者もの、おっちょこちょい。
헐렁-하다 形ハ自 ゆるい、だぶだぶだ、だぶつく。¶ 이 스웨터는 ~ このセーターはだぶだぶだ。
헐레-벌떡 副ハ自 《息いきがはずむようす》はあはあ、ふうふう、息を切きらして。¶ ~ 달려가다 息を切らして駆かけつける。
헐리다 他（「헐다」の受動）壊こわされる、崩くずされる。¶ 건물이 ~ 建物たてものをつぶされる。
헐:-벗다 形 ①ぼろをまとう。¶ 헐벗고 굶주리다 ぼろをまとい食くうに事欠ことかく。②（山やまが）禿はげる。¶ 헐벗은 산 はげ山。
헐수할수-없:다 形 ①どうしようもない、途方とほうに暮くれている。¶ 헐수할수없어서 그 방법을 택했다 どうしようもなくてその方法ほうほうを選えらんだ。②（暮くらしに）困こまりはてる、行ゆき詰つまる。헐수할수-없:이 副 どうにもしようがなくて、仕方しかたなく。¶ ~ 이 짓을 한다네 仕方なくこんな事ことをしてるよ。
헐-하다[歇-] 形四 ①（値段ねだんが）安やすい。¶ 헐하게 팔다 安く売ｳる。②（罪つみなどが）軽かるい。¶ 헐한 벌 きびしくない罰ばつ。③易やさしい、簡単かんたんだ。¶ 다른 일보다 ~ 他ほかの事ことよりやすい。
험:-구[險口] 名ハ自 けなすこと、口くちの悪わるいこと。¶ 뒤에서 남의 ~를 하다 陰かげで人ひとの悪口わるぐちを言いう。
험:-난[險難] 名形 険難けんなん。¶ 전도는 ~ 하다 前途ぜんとはけわしい。
험:-담[險談] 名ハ他 中傷ちゅうしょう、悪口わるぐち、そしり、

かげぐち。¶ 남의 ~을 하다 人のかげぐちをきく。

**험:로**[險路] 名 険路、険しい道。

**험:상**[險狀] 名[하形] 険悪なようす、険しいありさま。

**험상-궂다** 形 険悪だ、荒々しい。¶ 험상궂은 얼굴 とても険しい顔。

**험:악**[險惡] 名[하形] 険悪だ、険しいこと。¶ ~한 날씨 荒れた天気/ 형세가 날로 ~해지다 形勢が日ごとに険悪になる。

**험:준**[險峻] 名[하形] 険峻だ。¶ ~한 산길 けわしい山道。

**험:-하다**[險-] 形目 ①(地形などが)険しい。¶ 험한 길 険しい道。②(容貌ょう・態度などが)険悪だ、とげとげしい。¶ 험한 얼굴 표정 険悪な顔つき。③(情勢などが)きびしい、けわしい。¶ 분위기가 ~ 雰囲気ふんいきが険しい。

**헙수룩-하다** 形目 ①(髪が)ぼうぼうとしている。②(みなりが)みすぼらしい。

**헛-** 接頭 むなしい…、無駄な…。¶ ~수고 徒労/ ~농사 無駄な農作。

**헛-간**[-間] 名 (戸とのない)物置きき小屋、納屋。¶ ~에 넣다 納屋に入れる。

**헛-갈리다** 自 入り混じって分別ぶがつかない、まぎれる。

**헛-걸음** 名[하自] 無駄足。¶ ~을 치다 無駄足を踏む。

**헛-것** 名 徒事、むだ事。¶ 말해 봐야 ~이다 言ってもむだだ。

**헛-고생**[-苦生] 名[하自] 無駄骨、骨折り損。¶ ~을 하다 無駄骨を折る。

**헛-공론**[-空論] 名[하自他] 無駄な議論。¶ ~만 분분하다 無駄な議論ばかり繰り返す。

**헛-구역**[-嘔逆] 名 空嘔き、吐き気はあるが何も吐き出さないこと。

**헛구역-질**[-嘔逆-] 名[하自] 空嘔をすること。

**헛-기침** 名[하自] 空咳せき、咳払せきばい。

**헛다리-짚다** 自 ①無駄足を踏む、無駄骨を折る。②見当違いになる、期待に外れる。¶ 추첨에서 ~ 抽選で空くじを引く。③しくじる、やり損ずる。

**헛-돌다** 自 空回からりする。¶ 차바퀴가 ~ 車輪が空回りする。

**헛-되다** 形 むなしい、無駄だ、でたらめだ。¶ 헛된 꿈 むなしい夢/ 모든 노력이 ~ あらゆる努力が無駄になる。 **헛되-이** 副 むなしく、無駄に。¶ 세월을 ~ 보내다 歳月を無駄に過ごす。

**헛-듣다** 他目 ①聞き損なう、聞き違える。¶ 헛듣고 엉뚱한 대답을 하다 聞き違えてとんでもない答えをする。②聞き流す、そらで聞く。

**헛-디디다** 他目 踏み外す、踏み損なう。¶ 헛디더서 넘어지다 踏み外して倒れる。

**헛물-켜다** 自 骨折はねり損をする、馬鹿をみる。¶ 헛물켜지 말고 단념해라 馬鹿をみないで早々にあきらめろ。

**헛-발** 名 ①踏みはずした足。②空からりした足。

**헛발-질** 名[하自] 狙ねらい外れた足蹴あし。

**헛-방**[-房] 名 物置きき小部屋。

**헛-방**[-放] 名 ①狙いの外れた射撃しゃ。②空砲、空発。¶ 위험으로 ~을 쏘다 威嚇に空砲を撃つ。③でたらめな話。 [관용] 헛방(을) 놓다 ①あて外された射撃をする。②空砲をうつ。③無駄口などを叩たく、ほらを吹ふく。

**헛-배** 名 (消化不良しょうりょうなどで)食べていないのに張はる腹。 **헛배-부르다** 形目 ①(ガスがたまって)腹が張る。②実利りはなく気持きちだけ満ち足りる。

**헛-보다** 他 見損そこなう、見あやまる。¶ 사람을 ~ 人違ひとちがいする。

**헛-보이다** 自 あらぬものが見える。¶ 열に떠서 ~ 熱うにうかれてあらぬものが見える。

**헛-소리** 名[하自] ①(病人びょうの)うわごと。¶ 고열로 ~를 하다 高熱でうわごとを言う。②たわごと、虚言ごと。③でたらめな話ばなしはよせ。

**헛-소문**[-所聞] 名 根も葉もないうわさ、デマ。¶ ~을 퍼뜨리다 デマを流す。

**헛-수고** 名[하自] 無駄骨折、徒労、くたびれ儲もうけ。¶ ~로 끝나다 徒労に終わる。/ 아무리 말해도 ~였다 いくら言っても無駄骨折りだった。

**헛-웃음** 名 ①つくり笑い、偽いつわりの笑い。②空そらわらい。

**헛-일** 名[하自] むだな事、無駄、やり甲斐かいのないこと、徒事ごと。¶ 모두 ~이다 みんなむだだ。

**헛-잎** 名[植] 仮葉ようしょう。

**헛-잠** 名 ①空寝ね、狸ぬ寝入り。②うたたね、まどろみ、浅い眠ねむり。

**헛헛-증**[-症] 名 空腹感くうふく、ひもじい思ねい。

**헛헛-하다** 形目 空腹感を覚おぼえる、ひもじい。

**헝:겊** 名 布切きれ、布の切き端は。

**헝클다** 他 (物事ものを)もつれさせる、絡からませる、(髪などを)乱れさせる。¶ 실을 ~ 糸をもつれさせる。

**헝클어-지다** 自 ①(糸などが)もつれる、絡からみ合あう、こんがらかる。¶ 실이 ~ 糸がもつれる。②(秩序ちつなどが)乱れる、乱雑らざっになる。¶ 대열이 ~ 隊列たつが乱れる。

**헤게모니**[独 Hegemonie] 名 ヘゲモニー。

**헤:다** 自 泳およぐ。②(苦境くきょうから)抜ぬけ出だす、(抜け出ようと)あがく、もがく。¶ 역경에서 헤어 나오다 逆境ぎゃきょうを抜け出す。

**헤드**[head] 名 ヘッド。¶ ~ 기어 ヘッドギア/ ~ 코치 ヘッドコーチ。

**헤드-라이트**[-light] 名 ヘッドライト。¶ ~를 켜다 ヘッドライトをつける。

**헤드-라인**[-line] 名 ヘッドライン、(新聞しんなどの)見出みだし、標題ひょうだい。

**헤드-폰:**[-phone] 名 ヘッドフォン。

**헤딩**[heading] 명하타[蹴] ヘッディング。¶ ~ 슛 ヘッディングシュート。

**헤-뜨리다** 타 ①散らかす。¶ 닭이 모이를 ~ 鶏に餌を散らかす。②取り散らかす。¶ 방을 헤뜨려 놓다 部屋を取り散らかす。

**헤로인**[heroin] 명[薬] ヘロイン。

**헤르츠**[독 Hertz] 依[物] ヘルツ。

**헤-매다** 자타 (当てどもなく)さまよう、さすらう、うろつく。¶ 눈보라 속을 ~ 吹雪の中をさまよう。/ 일자리를 찾아 ~ 職場を探し歩く。

**헤모글로빈**[hemoglobin] 명[生] ヘモグロビン、血色素。

**헤벌어-지다** 자 しまりなく開いている。¶ 기뻐서 입이 ~ うれしくて口がしまりなく開いている。

**헤벌쭉-하다** 형여 ((穴・口などが不恰好に広く)大きく開いているようす》あんぐり、ぱかんと。¶ 입을 헤벌쭉하게 벌리다 口をあんぐりと開ける。

**헤:살** 명하타 邪魔だてすること、妨害すること、妨げること。¶ ~꾼 邪魔者。

**헤:살-놓다** 자 邪魔をする、妨害する。

**헤:살-부리다** 자 (やたらに)邪魔だてする、妨げる。

**헤:-식다** 형 ①砕けやすい、崩れやすい、もろい。¶ 헤식은 보리밥 ぱさぱさした麦飯。②だらしない、しまりがない。¶ 그녀는 헤식은 여자는 아니지만 だらしない女ならず。

**헤아리다** 타 ①数える、計算する。¶ 입장객을 ~ 入場客を数える。②おしはかる、察する、汲み取る。¶ 남의 심정을 ~ 人の心情を汲み取る。

**헤어**[hair] 명 ヘア。¶ ~ 스타일 ヘアスタイル/ ~ 핀 ヘアピン。

**헤어-나다** 타 脱け出す、脱け出でる、まぬかれる、凌ぐ。¶ 위험한 고비를 ~ 危ぶない羽目をまぬかれる。준 헤나다

**헤어-지다** 자 ①別れる。¶ 부부가 ~ 夫婦が別れる。②(皮膚が)荒れる、張り裂ける。¶ 피곤해서 입술이 ~ 疲れて唇が裂ける。③散る、ばらばらになる。¶ 뿔뿔이 ~ ちりぢりばらばらになる。준 헤지다

**헤엄** 명하자 泳ぎ、水泳。¶ ~을 잘 친다 泳ぎがよくできる。

**헤적-거리다** 타 (しきりに)かき分ける、突っつきまわる。¶ 젓가락으로 ~ はしでしきりにつっつきまわる。

**헤죽-거리다** 자 大手を振りながら威勢よく歩く。

**헤죽-헤죽** 부하자 《大手を振りながら威勢よく歩くようす》すたすた。

**헤:-지다** 자 「헤어지다」의 縮約形。

**헤집다** 타 ①ほじくり返す。¶ 모래땅을 ~ 砂地をほじくり返す。②搔き分ける。¶ 사람들을 헤집고 앞으로 나서다 人垣を掻き分けて前に出でる。

**헤치다** 타 ①押し分ける、かき分ける。¶ 풀숲을 ~ 草むらをかきわける。/ 군중을 헤치고 나아가다 群衆を押し分けて進む。②追い払う、解散させる。¶ 모인 사람을 헤쳐 보내다 集まった人々を追い払った。③(障害などを)切り抜ける、克服する。¶ 난국을 헤쳐 나가다 難局を切り抜ける。④掘り返す。¶ 땅을 파~ 地面を掘り返す。

**헤:프다** 형 ①(物が)長持ちしない、減りやすい。¶ 비누가 물러서 ~ せっけんがもろいのですぐ減る。②(金遣いが)荒い、無駄遣いする。¶ 돈을 헤프게 쓰다 金を無駄遣いする。③(身持ちなどが)いい加減である、だらしがない。④(口が)軽い、おしゃべりだ、口数が多い。¶ 그는 평소 입이 ~ 彼とは日ごろ口数が多い。

**헤:피** 부 ぞんざいに、無駄に。¶ 돈을 ~ 쓰다 金を無駄に使う。

**헤헤** 감하자 《(口をぽかんとあけてしまりなく笑うようす・その声)》へえへえ、へへ。¶ ~, 잘 됐다 へへ、うまくいった。

**헤헤-거리다** 자 しきりにへえへえという。

**헬렐레** 부하자 《(酒に酔ったり疲れはてて身を支えることができないようす)》ぐでんぐでん。¶ 술에 취해 ~해졌다 酒に酔ってぐでんぐでんになった。

**헬륨**[helium] 명[化] ヘリウム。

**헬리콥터**[helicopter] 명 ヘリコプター、ヘリ。

**헬멧**[helmet] 명 ヘルメット。

**헷-갈리다** 자 ①(入り混じって)判断がつかない、見分けがつかない、こんがらかる。¶ 비슷비슷해서 ~ 似たりよったりで見分けがつかない。②(気が)散る。¶ 옆에서 떠드니까 정신이 ~ そばで騒ぐので気が散る。

**헹-가래** 명 胴上げ。

관용 **헹가래(를) 치다** 胴上げをする。

**헹구다** 타 ゆすぐ、すすぐ、口を~ 口をゆすぐ/ 빨래를 ~ 洗濯物をゆすぐ。

**혀** 명 ①舌。¶ ~를 내밀다 舌を出す。/ ~가 짜릿하다 舌がびりっとする。②[音] (木管楽器などの)舌、リード。¶ 피리의 ~ 笛の舌。

관용 **혀(가) 꼬부라지다** (病気・飲酒などで)舌がもつれる、ろれつが回らない。

**혀(가) 짧다** 舌足らずである。¶ 언질은 혀가 짧다 舌足らずである。**혀를 굴리다** ①(卑)舌を動かす、しゃべる。②「ㄹ」の発音をする。**혀를 내두르다** 舌を巻く、ひどく感心する。**혀를 놀리다** (卑)うっかりとしゃべる。**혀를 차다** 舌打ちする。

**혀-끝** 명 舌端、舌先。

**혀-뿌리** 명 舌の根。

**혀-짤배기** 명 舌足らずで「ㄹ」の発音がまずい人。¶ ~ 소리 舌足らずの言葉。

**혀-차다** 자 舌打ちする。¶ 못마땅하여 ~ 気にくわないので舌打ちする。

**혁대**[革帶] 명 革帯、ベルト、バンド。

**혁명**[革命] 명하자타 革命。¶ ~가 革命家/

산업 ~ 産業ぎょう革命/ ~을 일으키다 革命を起こす。

**혁명-적**[-的] 冠 革命的てき。¶ ~인 사상 革命的cてきな思想そう。

**혁명 정권**[-政權] 名 革命政権けん。

**혁신**[革新] 名하他 革新かくしん。¶ 기술 ~ 技術じゅつ革新/ 부패한 정치를 ~하다 腐敗ふはいした政治せいじを革新する。

**혁신 세:력**[-勢力] 名 革新勢力せいりょく。

**혁신-적**[-的] 冠 革新的てき。¶ ~인 방법 革新的てきな方法ほう。

**혁혁**[赫赫] 副하形 赫赫かくかく。①光ひかり輝かがくようす。②(業績ぎょうせきなどが)立派りっぱで目立めだつようす。¶ 한 무훈을 세우다 赫赫たる武勲ぶんを立てる。**혁혁-히** 副 輝かがやかしく。

**현**[絃] 名 (弦楽器がっきの)絃げん、弦げん。¶ ~을 타다 弦を鳴ならす。

**현**[弦] 名 弦げん。①弓ゆづる、つる。②[数] 直角ちょっかく三角形さんかくの底辺ていへん。

**현:-**[現] 接頭 現げん…、只今ただいまの。¶ ~정권 現政権げんせいけん/ ~주소 現住所じゅうしょ。

**현**[舷] 名 舷げん、ふなべり、ふなばた。¶ 우~ 右舷うげん/ 좌~ 左舷さげん。

**현:격**[懸隔] 名하形 懸隔けんかく、隔へだたり。¶ ~한 차이 大おおきな隔へだたりがある。

**현관**[玄關] 名 玄関げんかん。¶ ~에서 맞아들이다 玄関で迎むかえ入いれる。

**현:금**[現今] 名 現今げんこん、今いま、今日こんにち。¶ ~의 정세 現今の情勢せい。

**현:금**[現金] 名 現金げんきん、現なま。¶ ~ 판매 現金売うり/ ~으로 치르다 現金で払はらう。

**현:금 거:래**[-去來] 名 現金取引とりひき。

**현:금 출납부**[-出納簿] 名 現金出納簿すいとう。

**현:기-증**[眩氣症] 名 めまい、眩暈げんうん。¶ ~이 나다 めまいがする。/ 갑자기 ~을 느끼다 急きゅうに眩暈を感かんずる。

**현:-단계**[現段階] 名 現段階げんだんかい。¶ ~로선 실현 가능성이 없다 現段階では実現じつげんの可能性かのうがない。

**현답**[賢答] 名 賢答けんとう。¶ 우문 ~ 愚問ぐもん賢答。

**현:대**[現代] 名 現代げんだい。¶ ~ 문학 現代文学がく/ ~식 건물 現代式げんだいしき建物もの。

**현:대-인**[-人] 名 現代人じん。

**현:대-적**[-的] 冠名 現代的てき。¶ ~인 건축 現代的てきな建築ちく。

**현:대-판**[-版] 名 現代版ばん。

**현:대-화**[-化] 名하自他回 現代化か。¶ 설비의 ~ 設備びの現代化。

**현:란**[絢爛] 名하形 絢爛けんらん。¶ ~한 의상 絢爛たる衣裳しょう。

**현명**[賢明] 名하形 賢明けんめい。¶ ~한 판단 賢明な判断だん/ ~하게 대처하다 賢明に対処たいしょする。**현명-히** 副 賢明に。

**현모**[賢母] 名 賢母ぼ。¶ ~ 양처가 되겠다 良妻りょうさい賢母になりたい。

**현:몽**[現夢] 名하自 夢ゆめに現あらわれること。

**현무**[玄武] 名 玄武げんぶ。

**현무-암**[玄武岩] 名[鉱] 玄武岩がん。

**현:물**[現物] 名 現物げんぶつ。¶ ~ 가격 現物価格かかく/ ~로 지급하다 現物で支給しきゅうする。/ ~을 보지 않고서는 무어라 말할 수 없다 現物を見みなければなんとも言いえない。

**현:물 거:래**[-去來] 名하自 現物取引とりひき。

**현:물 인도**[-引渡] 名 現物渡わたし。

**현:물 지불**[-支拂] 名 現物払ばらい。

**현미**[玄米] 名 玄米まい。¶ ~밥 玄米食げんまいしょく/ ~를 찧다 玄米を搗つく。

**현:미-경**[顯微鏡] 名 顕微鏡けんびきょう。¶ ~ 사진 顕微鏡写真しゃしん/ ~으로 관찰하다 顕微鏡で観察さつする。

**현:상**[現狀] 名 現状じょう。¶ 당분간 ~대로 놓아 두다 当分間とうぶんかん現状のままにしておく。

**현:상 유지**[-維持] 名하他 現状維持。

**현:상 타:파**[-打破] 名하他 現状打破は。

**현:상**[現象] 名 現象しょう。¶ 자연 ~ 自然しぜん現象/ 재미있는 ~을 나타내다 面白おもしろい現象を呈ていする。

**현:상-계**[-界] 名[哲] 現象界かい。

**현:상-학**[-學] 名[哲] 現象学がく。

**현:상**[現像] 名하他 現像ぞう。¶ 필름을 ~하다 フィルムを現像する。

**현:상-액**[-液] 名[化] 現像液えき。

**현:상**[懸賞] 名 懸賞けんしょう。¶ ~에 응모하다 懸賞に応募おうぼする。/ 범인을 ~ 수배하다 犯人はんにんを懸賞手配てはいする。

**현:상 광:고**[-廣告] 名 懸賞広告こう。

**현:상-금**[-金] 名 懸賞金きん。

**현:상 모집**[-募集] 名하他 懸賞募集ぼしゅう。

**현:세**[現世] 名 ①今いまの世よ、この世。¶ ~의 영화 この世の栄華えいが。②[佛] 現世げんせ。

**현:세**[現勢] 名 現勢せい。¶ 세계의 ~ 世界せかいの現勢。

**현손**[玄孫] 名 玄孫げんそん、孫まごの孫、やしゃご。

**현:수**[懸垂] 名 懸垂すい。¶ ~선 懸垂線せん。

**현:수-교**[-橋] 名 吊つり橋はし。

**현:수-막**[-幕] 名 懸垂幕まく。

**현숙**[賢淑] 名하形 (女性じょせいが)賢かしこくしとやかなこと。

**현:시**[現時] 名 現時げん、今いま、ただ今。

**현:-시대**[現時代] 名 現時代じだい。

**현:-시점**[現時點] 名 現時点じてん。¶ ~에서 미래를 전망하다 現時点で未来みらいを展望てんぼうする。

**현:신**[現身] 名 ①現身げんしん、現世げんせに生いきている身み、うつしみ。②하自 (むかし)身分みぶんの低ひくい人が身分の高たかい人にまみえたこと。③[佛] 現身げんしん、応身おうじん。¶ 불 現身仏ぶつ。

**현:실**[現實] 名 現実げんじつ。¶ 도피 現実逃避とうひ/ ~에 맞지 않다 現実に合あわない。/ ~을 직시하다 現実を直視ちょくしする。

**현:실-감**[-感] 名 現実感かん。

**현:실-성**[-性] 名 現実性せい。¶ ~이 없는 계획 現実性のない計画かく。

**현:실-적**[-的] 冠名 現実的てき。¶ ~인 문제 現実的の問題だい。

**현:실-주의**[-主義] 名 現実主義しゅぎ。

**현악**[絃樂] 名[音] 絃楽がく、弦楽げんがく。¶ ~ 합주

현악-기[-器] 명 弦楽器、弾き物。
현:안[懸案] 명 懸案。¶ ~이 해결되다 懸案が解決する。
현:업[現業] 명 現業。¶ ~원 現業員。
현:역[現役] 명 現役。¶ ~병 現役兵/ ~에서 은퇴하다 現役から引退する。
현:유[現有] 명하자 現有。¶ ~ 세력 現有勢力/ ~ 재산 現有財産。
현인[賢人] 명 賢人、賢者。 한 현자
현인-군자[-君子] 명 賢人君子。
현:임[現任] 명 現任、現在の職分。¶ ~의 재상 現任の宰相。
현자[賢者] 명 賢者。 한 현인
현:장[現場] 명 現場。¶ ~ 감독 現場監督/ 사고 ~ 事故の現場/ ~에서 일하는 사람 現場で働く人/ ~으로 달려가다 現場にかけつける。
현:장 검:증[-檢證] 명 現場検証、実地検証。
현:장 부재 증명[-不在證明] 명 現場不在証明、アリバイ。
현:장 중계[-中繼] 명 現場中継。
현:재[現在] 명 現在。¶ ~량 現在量/ ~의 가격 現在の価格/ ~의 상태에 만족하다 現在の状態に満足する。
현:재 완료[-完了] 명(文法) 現在完了。
현:재-지[-地] 명 現在地。
현:저[顯著] 명 顯著、著しいこと。¶ ~한 진보 顯著な進歩/ 성과가 ~하다 成果が著しい。 현저-히 부 顯著に、著しく、めっきり。¶ ~ 변화하다 著しく変化する。/ ~ 여위다 めっきりやせる。
현:-정부[現政府] 명 現政府。
현:존[現存] 명하자 現存。¶ ~하는 작가 現存する作家。
현:주소[現住所] 명 現住所。
현:지[現地] 명 現地。¶ ~ 채용 現地採用/ ~로 가다 現地に赴く。/ ~에 가서 보고하다 現地に行って報告する。
현:지 답사[-踏査] 명 現地踏査。
현:지 로케이션[-location] 명 現地ロケーション、現地ロケ。
현:지-처[-妻] 명 現地妻。
현:직[現職] 명 現職。¶ ~ 교사 現職の教員。
현:찰[現札] 명 現金、現生。
현처[賢妻] 명 賢妻。
현:충-사[顯忠祠] 명 顯忠祠(李舜臣将軍の忠節を追慕するため建てた祠堂)。
현:충-일[顯忠日] 명 顯忠日。
현:판[懸板] 명 扁額。
현:품[現品] 명 現品、現物。¶ ~을 보내다 現品を送る。/ ~을 보고 사다 現品を見て買う。
현:하[現下] 명 現下、目下。¶ ~의 国際情勢 現下の国際情勢。

현:학[衒學] 명하자 衒学。¶ ~적인 태도 衒学的な態度。
현:행[現行] 명하자타 現行。¶ ~ 규정 現行規程。
현:행-범[-犯] 명(法) 現行犯。¶ ~으로 체포되다 現行犯で逮捕される。
현:행-법[-法] 명(法) 現行法。
현:혹[眩惑] 명하자타타 眩惑。¶ 감언에 ~되다 甘言に眩惑される。/ 적을 ~시키다 敵を惑わす。
현:황[現況] 명 現況。¶ ~ 표 現況表/ ~ 보고 現況報告。
혈[穴] 명 ①(地相で)精気の集まる所。②(漢) 経穴、つぼ。
혈거[穴居] 명하자 穴居。¶ ~ 생활 穴居生活/ ~ 시대 穴居時代。
혈관[血管] 명(生) 血管。¶ ~계 血管系/ ~이 터지다 血管が破れる。
혈관 주:사[-注射] 명(醫) 血管注射。
혈구[血球] 명(生) 血球。¶ 적~ 赤血球/ 백~ 白血球。
혈기[血氣] 명 血気。¶ 젊은이의 ~ 若者のはやり気/ ~ 왕성한 청년 血気盛んな青年/ ~에 치우치다 血気にはやる。
혈뇨[血尿] 명(漢) 血尿。
혈담[血痰] 명(漢) 血痰。¶ ~이 나오다 血痰が出る。
혈당[血糖] 명(生) 血糖。¶ ~값 血糖値。
혈로[血路] 명 血路。¶ ~를 뚫다[열다] 血路を開く。
혈맥[血脈] 명 血脈。①(生) 血管。②血統、血筋。¶ ~을 잇다 血統を継ぐ。③(佛) 血脈、法脈。
혈맥 상통[-相通] 명 血脈が相通じること、血縁関係にあること。
혈맹[血盟] 명하자 血盟。¶ ~을 맺은 사이 血盟の間柄。
혈변[血便] 명 血便。
혈색[血色] 명 血色。①血の気、顔色。¶ ~이 좋다 血色がいい。②血の色。
혈색-소[-素] 명(生) 血色素。 한 헤모글로빈
혈서[血書] 명 血書。¶ ~를 쓰다 血書をしたためる。
혈세[血税] 명 血税。¶ 국민의 ~ 国民の血税。
혈소-판[血小板] 명(生) 血小板。
혈안[血眼] 명 血眼。¶ ~이 되어 찾다 血眼になって探す。
혈압[血壓] 명 血圧。¶ ~이 높다 血圧が高い。
혈압-계[-計] 명 血圧計。
혈액[血液] 명(生) 血液。¶ ~ 순환 血液循環。
혈액 검:사[-檢査] 명 血液検査。¶ ~를 받다 血液検査を受ける。
혈액 은행[-銀行] 명 血液銀行。
혈액-형[-型] 명(生) 血液型。¶ ~을 검사

하다 血液型を検査する。
혈연[血緣] 名 血縁ぇん。¶ ~ 관계에 있다 血縁関係かんけいにある。
혈연 사:회[-社會] 名 血縁社会しゃかい。
혈우-병[血友病] 名 [醫] 血友病びょう。
혈육[血肉] 名 血肉にく、血筋すじ、骨肉にく。¶ ~을 잃은 슬픔 血肉に死しなれた悲かなしみ。
혈전[血戰] 名 하自 血戰せん。¶ ~이 벌어지다 血戦が繰くり広ひろげられる。
혈족[血族] 名 血族ぞく。¶ ~ 관계가 있다 血族関係かんけいがある。
혈족 결혼[-結婚] 名 血族結婚こん。
혈청[血淸] 名 [醫] 血淸せい。¶ ~ 주사 血清注射ちゅうしゃ。
혈청 검:사[-檢査] 名 [醫] 血淸檢査けんさ。
혈청 요법[-療法] 名 [醫] 血清療法ほう。
혈통[血統] 名 血統とう、血筋すじ。¶ 왕족의 ~ 王族ぞくの血筋。/ ~은 속일 수 없다 血筋は争あらそえない。/ 좋은 ~을 잇다 よい血統を引ひき継つぐ。
혈통-주의[-主義] 名 [法] 血統主義しゅぎ。㊂ 속인주의(屬人主義)
혈투[血鬪] 名 하自 血ちみどろの戦たたかい、血戰せん。¶ 양자간의 ~ 両方ほうの血みどろの戦い。
혈행[血行] 名 血行こう、血ちのめぐり。¶ ~을 돕다 血行をよくする。
혈혈[子子] 名 하形 子々けつけつ。①孤独こどくなようす。②小ちいさく些細ささいなこと。
혈혈-단신[-單身] 名 頼たよる所ところのない孤独こどくな身み。
혈흔[血痕] 名 血痕こん。¶ 현장에 ~이 남다 現場げんばに血痕が残のこる。
혐오[嫌惡] 名 하他 嫌惡おう。¶ 자기 ~ 自己じこ嫌悪/ ~의 정을 품다 嫌悪の情じょうをいだく。
혐오-감[-感] 名 嫌惡感かん。
혐의[嫌疑] 名 하他 ①忌いみ嫌きらうこと。②嫌疑ぎ、疑うたがい。¶ 타살 ~ 他殺さつの嫌疑/ ~가 풀리다 嫌疑が晴はれる。/ 살인 ~로 검거하다 殺人の疑いで検挙けんきょする。
혐의-자[-者] 名 嫌疑者しゃ、容疑者ようぎしゃ。
혐의-스럽다 形 疑うたがわしい、あやしい、いやらしい。㊂ 혐의적다
협객[俠客] 名 俠客きゃく。
협곡[峽谷] 名 峽谷こく。
협공[挾攻] 名 하他 挾攻きょう、挾擊げき、挾はさみ擊うち。¶ ~ 작전 挾攻作戰せん/ 적을 ~하다 敵を挾み擊ちにする。
협궤[狹軌] 名 狹軌き。
협궤 철도[-鐵道] 名 狹軌鐵道てつどう。
협기[俠氣] 名 俠氣き、おとこ気ぎ。¶ ~ 있는 사나이 俠気のある男おとこ。
협동[協同] 名 하自他 協同どう。¶ ~ 생활 協同生活かつ/ ~으로 연구하다 協同で研究けんきゅうする。
협동 정신[-精神] 名 協同精神しん。
협동 조합[-組合] 名 [社] 協同組合くみあい。
협력[協力] 名 하自 協力りょく。¶ ~자 協力者しゃ/ ~을 아끼지 않다 協力を惜おしまない。/ 연구에 ~하다 研究きゅうに協力する。

협박[脅迫] 名 하他 脅迫はく、脅おどし。¶ 칼로 ~하다 刃物ものにで脅迫する。/ ~에 굴하지 않다 脅迫に屈くっしない。
협박-장[-狀] 名 脅迫狀じょう。¶ ~이 날아들다 脅迫狀が舞まい込こむ。
협박-죄[-罪] 名 [法] 脅迫罪ざい。
협상[協商] 名 하他 協商しょう、話はなし合あい。¶ 삼국 ~ 三國さんごく協商/ ~을 벌이다 話し合いを始はじめる。
협소[狹小] 名 하形 狹小しょう。¶ ~한 국토 狹小な国土こくど/ 장소가 ~하다 場所ばしょが狹せまい。
협심-증[狹心症] 名 [醫] 狹心症しょう。
협약[協約] 名 하他 [法] 協約やく。¶ 노동 ~ 勞働どう協約/ ~을 맺다 協約を結むすぶ。
협의[協議] 名 하他 協議ぎ、話はなし合あい。¶ ~ 사항 協議事項じこう/ 대책을 ~하다 對策たいさくを協議する。
협의-안[-案] 名 協議案あん。
협의 이혼[-離婚] 名 [法] 協議離婚こん。
협의[狹義] 名 狹義ぎ。¶ ~로 해석하다 狹義に解釋かいしゃくする。
협잡[挾雜] 名 하他 人ひとをだますこと、詐欺ぎ、いかさま、いんちき、八百長やおちょう。¶ 이 승부는 ~이다 この勝負しょうぶは八百長だ。
협잡-꾼[挾雜-] 名 詐欺師し、いかさま師、ぺてん師。
협잡-질[挾雜-] 名 하自他 詐欺ぎ、いかさま。¶ ~을 일삼다 詐欺を稼業かぎょうとする。
협정[協定] 名 하他 되自 協定てい。¶ 노사간의 ~ 勞使間ろうしかんの協定/ ~을 맺다 協定を結むすぶ/ ~이 성립하다 協定が成立せいりつする。
협정 가격[-價格] 名 協定價格かく。
협정 관세[-關稅] 名 協定關稅ぜい。
협조[協助] 名 하他 協力りょくして助たすけること、助けけ合あい。
협조[協調] 名 하自他 協調ちょう。¶ ~적인 태도 協調的な態度たいど。
협주-곡[協奏曲] 名 [音] 協奏曲きょうそうきょく、コンチェルト。¶ 피아노 ~ ピアノ協奏曲。
협죽-도[夾竹桃] 名 [植] キョウチクトウ。
협착[狹窄] 名 하形 狹窄さく。¶ 유문 ~ 幽門ゆうもん狹窄。
협찬[協贊] 名 하他 協贊さん。¶ 의회의 ~을 얻다 議會ぎかいの協贊を得える。
협화[協和] 名 하自 協和わ。
협화-음[-音] 名 協和音おん。
협회[協會] 名 協会かい。¶ ~원 協会員いん/ 체육 ~ 體育たいいく協会/ ~의 고문이 되다 協會の顧問こもんになる。

혓-바늘[漢] (熱病ねつびょうなどのために) 舌したにできる粟状あわじょうの赤あかい発疹ほっしん、舌苔ぜったい。
혓-바닥 名 ①舌したの上部じょうの表面ひょうめん。②俗 舌した。¶ ~을 차다 舌を鳴ならす。
혓-소리 名 [文法] 舌音ぜつおん。

형[兄] I 名 兄あに。¶ 큰 ~ 長兄ちょうけい。II 代《同年輩どうねんぱいの相手あいてに対たいする敬称》兄貴あにき。
[속담] 형만한 아우 없다 兄あにほどの弟おとうとはない。《弟は兄にかなわない》
형[刑] 名 《「형벌」의 縮約形》刑けい。¶ 5년 ~ 5

형<sub>ん</sub>の刑/ ～을 살다 服役<sub>えき</sub>する。/ ～을 집행하다 刑を執行<sub>こう</sub>する。
**형**[形] 图 形<sub>かた</sub>、図形<sub>けい</sub>。¶ 부정～ 否定形<sub>ひてい</sub>/ ～을 고치다 形を直<sub>なお</sub>す。
**형**[型] 图 型<sub>かた</sub>、タイプ。¶ 최신～ 最新型<sub>さいしんがた</sub>/ 화를 잘 내는 ～ 怒<sub>おこ</sub>りっぽい型。
**형광**[螢光] 图 蛍光<sub>けいこう</sub>。¶ ～ 도료 蛍光塗料<sub>とりょう</sub>。
  **형광-등**[-燈] 图 蛍光灯<sub>とう</sub>。
  **형광 물질**[-物質] 图 蛍光物質<sub>ぶっしつ</sub>。
**형국**[形局] 图 ①形勢<sub>せい</sub>、局面<sub>きょくめん</sub>、状況<sub>じょうきょう</sub> 成<sub>な</sub>り行<sub>ゆ</sub>き。¶ ～이 불리해지다 形勢が不利<sub>ふり</sub>になる。②(観相<sub>かんそう</sub>・風水<sub>ふうすい</sub>で)人相<sub>にんそう</sub>や家<sub>いえ</sub>の形状<sub>じょう</sub>・方角<sub>ほうがく</sub>など。
**형기**[刑期] 图 刑期<sub>き</sub>。¶ ～를 마치다 刑期を終<sub>お</sub>える。
**형-님**[兄-] 图 ①(「형(兄)」の尊敬語)お兄<sub>にい</sub>さん。②《夫<sub>おっと</sub>の姉<sub>あね</sub>・夫の兄嫁<sub>あによめ</sub>に対する尊敬語》お姉<sub>ねえ</sub>さん。③《妻<sub>つま</sub>の兄<sub>あに</sub>・妻の姉婿<sub>あねむこ</sub>に対する尊敬語》お兄<sub>にい</sub>さん。
**형량**[刑量] 图 刑罰<sub>けいばつ</sub>の程度<sub>ていど</sub>。
**형무**[刑務] 图 刑務<sub>む</sub>。
  **형무-소**[-所] 图 (「교도소」の旧称)刑務所<sub>けいむしょ</sub>。
**형벌**[刑罰] 图 他 刑罰<sub>ばつ</sub>。¶ ～을 받다 刑罰を受<sub>う</sub>ける。
**형법**[刑法] 图 [法] 刑法<sub>ほう</sub>。¶ ～ 규정 刑法規定<sub>てい</sub>/ ～에 따라 처분하다 刑法に従<sub>したが</sub>って処分<sub>しょぶん</sub>する。
  **형법-학**[-學] 图 [法] 刑法学<sub>がく</sub>。
**형부**[兄夫] 图 (妹<sub>いもうと</sub>の立場<sub>たちば</sub>から)姉<sub>あね</sub>の夫<sub>おっと</sub>、義兄<sub>ぎけい</sub>。
**형사**[刑事] 图 刑事<sub>けいじ</sub>。①[法] 刑法<sub>ほう</sub>の適用<sub>てきよう</sub>を受<sub>う</sub>けるべき事<sub>こと</sub>。~ 사건 刑事事件<sub>けん</sub>/ ～ 책임 刑事責任<sub>せきにん</sub>。②刑事巡査<sub>じゅんさ</sub>。¶ 사복～ 私服<sub>しふく</sub>刑事/ ～가 잠복하다 刑事が張<sub>は</sub>り込<sub>こ</sub>む。
  **형사-범**[-犯] 图 [法] 刑事犯<sub>はん</sub>。
  **형사 소송**[-訴訟] 图 [法] 刑事訴訟<sub>しょう</sub>。
  **형사 처분**[-處分] 图 [法] 刑事処分<sub>ぶん</sub>。
**형상**[形狀·形相] 图 形状<sub>じょう</sub>、かたち。¶ 사나운 ～을 하다 恐<sub>おそ</sub>ろしい形状をする。
**형상**[形象] 图 形象<sub>しょう</sub>。¶ 구체적인 ～ 具体的<sub>ぐたいてき</sub>な形象。
  **형상-화**[-化] 图 他 自 形象化<sub>か</sub>。
**형:설**[螢雪] 图 蛍雪<sub>せつ</sub>。¶ ～의 공을 쌓다 蛍雪の功<sub>こう</sub>を積<sub>つ</sub>む。
**형성**[形成] 图 他 自 形成<sub>せい</sub>。¶ 세력을 ～하다 勢力<sub>せいりょく</sub>を形成する。
  **형성-기**[-期] 图 形成期<sub>き</sub>。¶ 인격의 ～ 人格<sub>じんかく</sub>の形成期。
**형세**[形勢] 图 ①暮<sub>く</sub>らし向<sub>む</sub>き、生活<sub>せいかつ</sub>状態<sub>じょうたい</sub>。¶ 곤궁한 ～ 困窮<sub>こんきゅう</sub>した暮らし向き。②形勢<sub>せい</sub>、なりゆき。¶ ～를 살피다 形勢をうかがう。～가 불리하다 形勢が不利<sub>ふり</sub>になる。③(風水<sub>ふうすい</sub>で)山<sub>やま</sub>の形<sub>かたち</sub>や・地勢<sub>ちせい</sub>。
**형수**[兄嫂] 图 兄嫁<sub>あによめ</sub>、義姉<sub>ぎし</sub>。
**형식**[形式] 图 形式<sub>けい</sub>。¶ 표현 ～ 表現<sub>ひょうげん</sub>形式/ ～에 치우치다 形式に偏<sub>かたよ</sub>る。/ ～을 차리다 形式ばる。

**형식-적**[-的] 冠 形式的<sub>てき</sub>。¶ ～인 처리 形式的な処理<sub>しょり</sub>。
**형식-주의**[-主義] 图 形式主義<sub>しゅぎ</sub>。
**형식-화**[-化] 图 他 自 形式化<sub>か</sub>。
**형언**[形言] 图 他 名状<sub>めいじょう</sub>、言<sub>い</sub>い表<sub>あらわ</sub>すこと。¶ ～할 수 없는 참상 名状しがたい惨状<sub>さんじょう</sub>。
**형용**[形容] 图 他 形容<sub>よう</sub>。¶ 뭐라 ～할 수 없다 何ともとも形容しがたい。
  **형용-사**[-詞] 图 [文法] 形容詞<sub>し</sub>。
**형이-상**[形而上] 图 [哲] 形而上<sub>けいじじょう</sub>。㊉ 형이하(形而下)
  **형이상-학**[-學] 图 形而上学<sub>がく</sub>。
**형이-하**[形而下] 图 [哲] 形而下<sub>けいじか</sub>。¶ ～의 현상 形而下の現象<sub>げんしょう</sub>。㊉ 형이상(形而上)
  **형이하-학**[-學] 图 形而下学<sub>がく</sub>。
**형장**[刑場] 图 刑場<sub>じょう</sub>。¶ ～의 이슬로 사라지다 刑場の露<sub>つゆ</sub>と消<sub>き</sub>える。
**형제**[兄弟] 图 兄弟<sub>きょうだい</sub>。¶ 배다른 ～ 腹違<sub>はらちが</sub>いの兄弟/ ～가 사이좋게 지내다 兄弟仲<sub>なか</sub>よく暮<sub>く</sub>らす。/ ～라도 성격은 딴판이다 兄弟でも性格<sub>せいかく</sub>はまるで違<sub>ちが</sub>う。
  **형제 자매**[-姉妹] 图 兄弟姉妹<sub>しまい</sub>。
**형체**[形體] 图 形体<sub>けい</sub>、形<sub>かた</sub>。¶ ～를 갖추다 形体を備<sub>そな</sub>える。/ 일정한 ～가 없다 一定<sub>いってい</sub>の形体がない。
**형태**[形態] 图 形態<sub>けい</sub>。¶ 국가의 ～ 国家<sub>こっか</sub>の形態/ ～를 바꾸다 形態を変<sub>か</sub>える。
  **형태-론**[-論] 图 [文法] 形態論<sub>ろん</sub>。
**형통**[亨通] 图 他 思<sub>おも</sub>いどおりになること。¶ 만사 ～하다 万事<sub>ばんじ</sub>思いどおりになる。
**형편**[形便] 图 ①(ことの)成<sub>な</sub>り行<sub>ゆ</sub>き、都合<sub>つごう</sub>、具合<sub>ぐあい</sub>、結果<sub>か</sub>。¶ ～을 지켜보다 成り行きを見守<sub>みまも</sub>る。/ ～이 좋지 않다 具合が悪<sub>わる</sub>い。/ 자기 ～만 생각하다 自分<sub>じぶん</sub>の都合ばかり考<sub>かんが</sub>える。②暮<sub>く</sub>らしむき。¶ 집안 ～이 어렵다 家庭<sub>かてい</sub>の暮らしむきが苦<sub>くる</sub>しい。③事情<sub>じじょう</sub>、状態<sub>たい</sub>。¶ 회사 ～ 会社<sub>かいしゃ</sub>の状態。
**형편-없다**[形-] 冠 ①(成<sub>な</sub>り行<sub>ゆ</sub>き・結果<sub>か</sub>などが)思<sub>おも</sub>わしくない、非常<sub>ひじょう</sub>に悪<sub>わる</sub>い。¶ 성적이 ～ 成績<sub>せいせき</sub>が非常に悪い。②(内容<sub>ないよう</sub>などが)見<sub>み</sub>すぼらしい、取<sub>と</sub>るに足<sub>た</sub>りない、つまらない。¶ 형편없는 물건 つまらない品物<sub>しなもの</sub>。
**형편없-이**副 ①大変<sub>たいへん</sub>、非常に、ひどく。¶ 병세가 ～ 나빠졌다 病状<sub>びょうじょう</sub>がひどく悪化<sub>あっか</sub>した。②どうしようもなく、めちゃくちゃに、さんざんに。¶ 시합에서 ～ 졌다 試合<sub>しあい</sub>にさんざんに負<sub>ま</sub>けた。
**형평**[衡平] 图 ①衡平<sub>こう</sub>、平衡<sub>へい</sub>。¶ ～을 유지하다 衡平を保<sub>たも</sub>つ。②水平<sub>すいへい</sub>。
**형형-색색**[形形色色] 图 色<sub>いろ</sub>とりどり、色々<sub>いろいろ</sub>さまざま。¶ ～의 만국기 色とりどりの万国旗<sub>ばんこくき</sub>。
**형형-하다**[炯炯-] 形容 炯々<sub>けいけい</sub>としている、鋭<sub>するど</sub>く光<sub>ひか</sub>っている。¶ 형형한 눈빛 炯々たる眼光<sub>がんこう</sub>。
**혜:서**[惠書] 图 お手紙<sub>てがみ</sub>。
**혜:성**[彗星] 图 彗星<sub>すいせい</sub>。¶ ～처럼 등장한 스타 彗星<sub>すいせい</sub>のように登場<sub>とうじょう</sub>したスター。

**혜:안**【慧眼】 图 ①慧眼けい、見抜みぬく鋭するどい眼力がんりょく。¶ 미래를 내다보는 ~ 未来みらいを見通みとおす慧眼。②〖佛〗慧眼えげん、真実じつを見通とおす眼識がんしき。

**혜:택**【惠澤】 图 恵沢けいたく、恩恵おんけい、恵めぐみ。¶ 문명의 ~ 文明ぶんめいの恵み/ ~을 입다 恩恵をこうむる。

**호**【戶】Ⅰ 图 戸籍上こせきじょうの家いえ、戸こ。¶ 가가~~ 家ごと、戸ごと。 Ⅱ 依〖家いえを数かぞえる語ご〗戸こ。¶ 만 一万まん戸/ 백여 ~ 되는 마을 百余戸ひゃくよこになる村むら。

**호**【弧】 图〖數〗弧こ。¶ 둥글게 ~를 그리다 山やまなりに弧を描えがく。

**호**【號】Ⅰ 图 ①(「아호(雅號)」의 縮約形)号ごう、雅号がごう。¶ ~를 붙이다 号をつける。②世間せけんに知しられている名な。¶ 구두쇠로 ~가 나다 けちで有名ゆうめい。Ⅱ 依 图 ①順序じゅんじょをあらわす語。¶ 3월 ~ 3月号ごう、同一どういつ番地ばんちを細分さいぶんしてつけた番号。¶ 50번지 5~ 50番地ばんち の5号ごう。③絵画かいがの大おおきさをあらわす単位たんい。¶ 100~ 그림 100号ひゃくごうの絵え。

**호**【豪】 图 ①壕ごう、堀ほり。②「호주(濠洲)」의 縮約形。

**호**: 副〖口くちをすぼめて息いきを大おおきく吹ふき出だすようす・その音おと〗はっ、ふう、ほう、ほうっ(と)。¶ ~하고 입김을 불다 はあっと息を吹きかける。 图 후

**호**:-【好】 接通(「好よい」の意い)好よい…。¶ ~경기 好景気けいき/ ~남아 好男子こうだんし。

**-호**【湖】 接尾 …湖こ。¶ 미시간~ ミシガン湖。

**호가**【呼價】 图[하·自]呼よび値ね、(売うり手て・買かい手が)値ねをとなえること。¶ 10만 달러를 ~하는 그림 10万じゅうドルの値がついた絵え/ ~대로 사다 言いい値で買かう。

**호:각**【互角】 图 互角ごかく、五分五分ごぶごぶ。
**호:각지-세**【-之勢】 图 互角の勢いきおい。

**호:각**【號角】 图 呼よび子こ。¶ ~을 불다 呼び子を鳴ならす。

**호:감**【好感】 图 好感かん。¶ ~을 주다 好感を与あたえる。¶ ~이 가다 好ましい。

**호강** 图[하·自]豪奢ごうしゃに暮くらすこと、贅沢ぜいたくに暮くらすこと、おごり。¶ 부모 덕에 ~을 하다 親おやのおかげで贅沢な暮らしをする。

**호걸**【豪傑】 图 豪傑ごうけつ。¶ ~웃음 豪傑笑わらい/ 영웅 ~ 英雄えいゆう豪傑。
**호걸-풍**【-風】 图 豪傑ごうけつらしい風貌ふうぼう、豪傑肌はだ。¶ ~의 사나이 豪傑肌の男おとこ。

**호:-경기**【好景氣】 图 好景気こうけいき、好況きょう。¶ ~로 들어서다 好景気に向むかう。

**호:곡**【號哭】 图[하·自] 号哭ごうこく、号泣ぎゅう。¶ 머리를 풀고 ~하다 髪かみを乱みだして号哭する。

**호:구**【虎口】 图 ①虎口ここう。¶ 가까스로 ~를 벗어나다 かろうじて虎口を抜ぬけ出でる。②(囲碁ごで)掛かけ継つぎの隙間すきま。

**호구**【糊口】 图 糊口ここう、生計せいけい。
**호구지-책**【-之策】 图 糊口の策さく。¶ 당장의 ~도 어렵다 当座とうざの暮らしにも困こまる。

**호:국**【護國】 图[하·自]護国こく。¶ ~의 영령 護国の英霊れい。

**호:기**【好期】 图 好期こうき。

**호:기**【好機】 图 好機こうき、チャンス。¶ ~ 도래 好機到来とうらい/ ~를 놓치다 好機を逃のがす。

**호기**【豪氣】 图 ①있는 기품 豪気ごうきな気風きふう。②있게 돈을 뿌리다 はでに金かねをばらまく。
**호기-롭다**【形ㅂ】豪気にあふれている、意気揚揚ようようとしている、はでだ。 **호기로-이** 副 豪気にあふれて、意気揚揚と。
**호기 만:발**【-滿發】 图[하·形]豪気に満みちること。
**호기-부리다** 图 豪壮そうにふるまう。

**호:기**【好奇】 图[하·自]好奇きき。
**호:기-심**【-心】 图 好奇心こうきしん。¶ ~이 많은 사람 物見高ものみだかい人ひと/ ~이 강하다 好奇心が強つよい。

**호:-남아**【好男兒】 图 好男子こうだんし。

**호농**【豪農】 图 豪農ごうのう。¶ 지방의 ~ 地方ちほうの豪農。

**호:다** 他 刺さし縫ぬいする。¶ 걸레를 누비어 ~ 雑巾ぞうきんを刺し子こに縫う。

**호도**【胡桃】 图「호두」의 もとの語。

**호도**【糊塗】 图[하·他·自]糊塗こと。¶ 진실을 ~하다 真実じつを糊塗する。

**호되다** 形 酷ひどい、厳きびしい、手酷てひどい。¶ 호된 비평 厳しい批評ひひょう/ 호되게 나무라다 きつくとがめる。

**호두**【←胡桃】 图 胡桃くるみ。¶ ~를 까다 胡桃を割わる。

**호드기** 图 草笛くさぶえ。

**호드득-거리다** 自 ①(大粒おおつぶの雨あめが)ぱらぱらと降ふる。②(豆まめなどを煎いる時ときに)ぱちぱちとはじける音がする。③(銃声じゅうせいなどが)ぱんぱんと鳴なる。④(薪まき・炭すみなどが)ぱちぱちと燃もえる。¶ 장작불이 호드득거리면서 타고 있다 たき火がぱちぱちと音をたてて燃えている。 图 후드득거리다
**호드득-호드득** 副[하·自]①ぱらぱら。②ぱちぱち。

**호들갑** 图 軽かるはずみに振ふる舞まうしぐさ、軽はずみで仰仰ぎょうぎょうしい振る舞い。
慣用 호들갑(을) 떨다 軽はずみで仰仰ぎょうぎょうしく振る舞う。

**호들갑-스럽다**【形ㅂ】軽かるはずみだ、仰仰ぎょうぎょうしい。¶ 호들갑스럽게 떠들어 대다 軽はずみに騒さわぎ立たてる。 **호들갑-스레** 副 軽はずみに、仰々しく。

**호-떡**【胡-】 图 ホットック(鉄板てっぱんなどで円形えんけいに焼やいた中国式ちゅうごくしきパンの一ひとつ)。

**호락-호락** 副 ①たやすく、やすやすと、まんまと、おいそれと。¶ ~ 속아 넘어가다 まんまとだまされる。②[하·形](性格せいかくが)くみしやすい、あまい。¶ ~하지 않은 상대 馬鹿ばかにならない相手あいて。

**호란**【胡亂】 图 胡人こじん(清軍しんぐん)による兵乱へいらん。②「병자호란」의 縮約形。

**호:랑-나비** 图〖動〗アゲハチョウ。

호:랑이[虎-] 图 ①虎とら。¶ 종이 ~ 張はり子この虎とら。②非常ひじょうに恐おそろしい人ひと。¶ ~ 선생님 恐おそろしい先生せんせい。
[속담] 호랑이 담배 먹을 적 虎とらがタバコを吸すっていたころ。《昔むかし大昔おおむかし》호랑이도 제 말 하면 온다 虎とらも自分じぶんの話はなしをすればやって来くる。《うわさをすれば影かげ》
호래-아들 图 横柄おうへいなやつ, 不屈ふくつときなやつ, 無礼者ぶれいしゃ。㊂ 호래자식 ㊨ 후레아들
호:령[號令] 图하他 号令ごうれい。¶ 천하에 ~ 하다 天下てんかに号令ごうれいする。
호롱 图 石油灯せきゆとうの油壺あぶらつぼ。
호롱-불 图 灯火とうか。㊨ 등잔불
호루라기 图 呼よぶ笛ふえ, 呼び笛ぶえ, ホイッスル。
호르르 图 ①(小鳥ことりが飛とび立つようす・その音)ばたばた, ひょいと, 身軽みがるに。¶ 참새가 ~ 날아오르다 すずめがひょいと飛び立つ。②(薄うすい紙かみなどが軽かるく燃もえ上あがるようす)ちろちろ, めらめら(と)。¶ 종이가 ~ 타버리다 紙がちろちろ燃えてしまう。
호르몬[독 Hormon] 图[生] ホルモン。¶ 성장 ~ 成長せいちょうホルモン。
호른[독 Horn] 图[樂] ホルン。
호리다 图 ①誘惑ゆうわくする。¶ 감언이설로 사람을 ~ 甘言かんげんで人ひとを誘惑する。②惑まどかす, たます, たぶらかす。¶ 남을 호려서 돈을 내놓게 하다 人をたぶらかして金かねを出ださせる。
호리-병[葫-瓶] 图 ヒョウタン形かたちの瓶びん, ひさご。
호리병-박[葫-瓶-] 图[植] ヒョウタン。
호리병-벌[葫-瓶-] 图[動] スズメバチ。
호리호리-하다 ㊌다 (背丈せたけが)すらっとしている, すんなりしている, ほっそりしている。¶ 호리호리한 체격 すらっとした体格たいかく。
호마[胡麻] 图[植] ゴマ(胡麻)。
호마-유[-油] 图 胡麻油ごまあぶら。㊨ 참기름
호명[呼名] 图하他 围自 名なを呼よぶこと。¶ 출석자를 ~ 하다 出席者しゅっせきしゃの名なを呼よび上あげる。
호미 图 (草取くさとりなどに使つかわれる)柄えの短みじかいくわみたいな小形こがたの農具のうぐ。
호-밀[胡-] 图[植] ライ麦むぎ。
호:박 图 ①[植] カボチャ。②[比] 醜みにくい女おんな, おかめ, ぶす。¶ ~ 같은 여자 カボチャに目鼻めはな。
[속담] 호박에 침 주기 カボチャに鍼はりをうつ。《①何なんの反応はんのうもないこと, ぬかに釘くぎ。②非常ひじょうに簡単かんたんなこと》호박이 넝쿨째 굴러 떨어졌다 カボチャが蔓つるごとに転ころがり込こむ。《棚たなからぼたもち》
호:박-고지 图 青あおカボチャを薄うすく切きって干ほしたもの。
호:박-꽃 图 ①カボチャの花はな。②[比] きれいでない女おんな, おかめ, ぶす。
호:박[琥珀] 图[鑛] 琥珀こはく。
호:박-단[-緞] 图 琥珀織こはくおり, タフタ。
호:박-색[-色] 图 琥珀色こはくいろ。
호반[湖畔] 图 湖畔こはん。¶ ~의 별장 湖畔の別荘べっそう。

호방[豪放] 图하形 豪放ごうほう。¶ ~ 한 성격 豪放な性格せいかく。
호:별[戶別] 图 戶別こべつ, 家いえごと。¶ ~로 징수하다 戶別に徴収ちょうしゅうする。
호:별 방:문[-訪問] 图하自 戶別訪問こべつほうもん。
호:봉[號俸] 图 号俸ごうほう。¶ 1~ 一号俸いちごうほう。
호:부[護符] 图 護符ごふ, お守まもり, 守り札ふだ。
호:-불호[好不好] 图 好すき嫌きらい。¶ 누구에게나 ~는 있다 だれにでも好き嫌いはある。
호비다 ㊌ ①(穴あなのなかを)ほじくる, ほじくり出だす。¶ 귀를 ~ 耳みみをほじくる。②(真相しんそう・内幕ないまくなどを)暴あばき出だす。
호:사[好事] 图 ①好事こうじ, めでたいこと。②하自 好事ずき, 風変ふうがわりなものを好このむこと, 物好ものずき。
호:사-가[-家] 图 好事家こうずか, 物好ものずき, 物好きな人ひと。
호:사-다마[-多魔] 图하形 好事こうじ魔まが多おおし, よいことにはとかくじゃまが入はいりやすい。
호사[豪奢] 图하自他 豪奢ごうしゃ。
호사-스럽다 ㊌形 豪奢ごうしゃだ。¶ 호사스러운 생활 豪奢な生活せいかつ。호사-스레 副 豪奢に。
호사-바치 图 洒落者しゃれもの, おめかしや。
호:상[互相] 图 相互そうご。㊨ 상호(相互)
호:상[好喪] 图 長生ながいきして幸福こうふくな一生いっしょうを終おえた人ひとの葬儀そうぎ。
호상[弧狀] 图 弧狀こじょう, 弓形ゆみなり。
호상 열도[-列島] 图[地] 弧狀列島こじょうれっとう。
호:색[好色] 图하他 好色こうしょく, 色好いろごのみ。¶ ~ 한 好色漢かん。
호:색-가[-家] 图 好色家こうしょくか, 色好みの人ひと, 助平すけべえ。
호:선[互先] 图 (囲碁いごで)互ない先せん。㊨ 맞바둑
호소[呼訴] 图하他 訴うったえること, 呼よび掛かけること。¶ 여론에 ~ 하다 世論せろんに訴える。
호소[湖沼] 图 湖沼こしょう, 湖みずうみと沼ぬま。
호:송[護送] 图 護送ごそう。¶ 범인을 ~ 하다 犯人はんにんを護送する。
호:송-차[-車] 图 護送車ごそうしゃ。¶ 죄수 ~ 囚人しゅうじん護送車。
호:수[戶數] 图 戶數こすう。
호수[湖水] 图 湖水こすい, 湖みずうみ。¶ 인공 ~ 人工じんこう湖こ / ~ 위를 비추는 달 湖の上うえを照てらす月つき。
호:수[號數] 图 号数ごうすう。¶ ~를 거듭하다 号数を重かさねる。
호스텔[hostel] 图 ホステル。¶ 유스 ~ ユースホステル。
호스트[host] 图 ホスト。
호스티스[hostess] 图 ホステス。
호:시-탐탐[虎視眈眈] 图 (おもに副詞的に)虎視眈眈こしたんたんと。¶ ~ 기회를 엿보다 虎視眈眈と機会きかいをうかがう。
호:시절[好時節] 图 好時節こうじせつ, 好よい時節じせつ。
호:식[好食] 图하自他 ①よい食たべ物もの(を食たべること)。¶ ~ 의 하다 よい衣服いふくを着きてよい食べ物を食べる。②食たべ物を好このむこと, よく食たべること。

호:신[護身] 图 護身ごしん。¶ ~책을 강구하다 護身の策さくを講こうじる。
호:신-술[-術] 图 護身術じゅつ。
호:안[護岸] 图 護岸がん。¶ ~ 공사 護岸工事こうじ。
호-안석[虎眼石] 图[鑛] 虎眼石こがん。
호언[豪言] 图 大言壮語たいげんそうご。¶ ~ 장담하다 大言壮語を吐はく。
호:연[好演] 图[하타] 好演こうえん。¶ 여주인공 역을 ~하다 ヒロイン役やくを好演する。
호:연지-기[浩然之氣] 图 浩然こぜんの気き。¶ ~를 기르다 浩然の気を養やしなう。
호열자[虎列刺] 图[醫] コレラ。
호:오[好惡] 图 好惡こうお、好すき嫌きらい。¶ ~의 감정 好惡の感情かんじょう。
호:외[號外] 图 号外ごうがい。¶ ~를 발행하다 号外を発行はっこうする。
호우[豪雨] 图 豪雨ごうう、大雨おおあめ。¶ 집중 集中しゅうちゅう豪雨/ ~가 퍼붓다 豪雨が降ふりそそぐ。
호우 주:의보[-注意報] 图 大雨注意報おおあめちゅういほう。
호:운[好運] 图 好運こううん。¶ ~을 만나다 好運が続つづいてくる。
호:위[護衛] 图[하타] 護衛ごえい。¶ ~병 護衛兵へい/ ~가 붙다 護衛が付つく。/ 요인을 ~하다 要人ようじんを護衛する。
호응[呼應] 图 呼応こおう。¶ 여론에 ~해서 행동하다 世論せろんに呼応して行動こうどうする。
호:의[好意] 图 好意こうい。¶ 순수한 ~ 純粋じゅんすいな好意/ ~를 보이다 好意を示しめす。/ 남의 ~에 보답하다 人ひとの好意に応こたえる。
호:의-적[-的] 冠 好意的こういてき。¶ ~인 태도 好意的な態度たいど。
호:의-호:식[好衣好食] 图[하自] よい衣服いふくを着きてよい食たべ物ものを食たべること、ぜいたくに暮くらすこと。
호:인[好人] 图 好人じん、好人物じんぶつ、お人よし。¶ 비길 데 없는 ~ 無類むるいの好人物。
호:재[好材] 图 好材料ざいりょう。
호:적[戶籍] 图 戸籍こせき。¶ ~에 올리다 戸籍に載のせる。
호:적 등본[-謄本] 图 戸籍謄本とうほん。
호:적-부[-簿] 图 戸籍簿ぼ。
호:적 초본[-抄本] 图 戸籍抄本しょうほん。
호:적[號笛] 图 ①号笛ごうてき、呼よび子この笛ふえ。¶ ~을 불다 笛を吹ふく。 ②らっぱ。¶ ~을 불리다 らっぱを吹く。
호:-적수[好敵手] 图 好敵手てきしゅ。¶ ~를 만났다 好敵手に出会であった。
호:전[好戰] 图[하自] 好戦せん。¶ ~성을 드러내다 好戦性をあらわす。
호:전-적[-的] 冠 好戦的てき。¶ ~인 성격 好戦的な性格せいかく。
호:전[好轉] 图[되自] 好転こうてん。¶ 경기가 ~되다 景気けいきが好転する。
호젓-하다 形[여] ひっそりしている、静しずかで寂さびしい。¶ 호젓한 산길 ひっそりした山道やまみち/ 기분이 ~ 気分きぶんがもの寂しい。 호젓-이 副 ひっそりと、寂しく。¶ 혼자 ~ 살다 一人ひとりでひっそり暮くらす。

호제[呼弟] 图[하他] 弟おとうとと呼よぶこと。¶ 서로 호형 ~하는 사이 互たがいに兄あにと呼び弟と呼ぶ間柄あいだがら。
호:조[好調] 图 好調こうちょう、快調かいちょう。¶ ~를 보이다 好調ななりゆきだ。/ ~의 물결을 타다 好調の波なみに乗のる。
호:-조건[好條件] 图 好条件こうじょうけん。¶ ~을 제시하다 好条件を提示ていじする。
호족[豪族] 图 豪族ぞく。
호:주[戶主] 图 戸主こしゅ。
호:주-권[-權] 图[法] 戸主權けん。
호주[濠洲] 图[地] 濠州しゅう、オーストラリア。
호-주머니 图 ポケット、ふところ。¶ 바지 ~ ズボンのポケット/ ~가 두둑하다 ふところが暖あたたかい。/ 남의 ~를 노리다 人ひとのふところをねらう。
호청 图 (布団ふとん・枕まくらなどの)覆おおい、カバー。
호출[呼出] 图[하他][되自] ①呼よび出だし。¶ ~전화 呼び出し電話でんわ/ ~에 응하다 呼び出しに応おうじる。 ②「召喚」の旧称きゅうしょう。
호출 부:호[-符號] 图 呼よび出だし符号ごう、コールサイン。
호치[皓齒] 图 皓齒こうし。¶ 명모 ~ 明眸めいぼう皓齒。
호칭[呼稱] 图 呼称こしょう、呼よび名な。¶ ~을 생략하다 呼称を略りゃくする。
호쾌[豪快] 图[하形] 豪快ごうかい。¶ ~한 홈런 豪快なホームラン。
호크[네 hock] 图 ホック。
호:탕[浩蕩] 图[하形]((「호호탕탕(浩浩蕩蕩)」の縮約形))浩蕩ごうとう。
호탕[豪宕] 图[하形] 豪宕ごうとう、豪放ごうほう。¶ ~한 성품 豪放な気性きしょう。
호텔[hotel] 图 ホテル。¶ ~에 묵다 ホテルに泊とまる。
호통 图[하自] 大声おおごえで怒鳴どなること、叱しかりつけること、怒号ごう。¶ 아버지한테 ~ 맞다 父ちちにどなられる。
관용 호통(을) 치다 怒鳴どなる、どなりつける、叱しかり飛とばす。¶ 빨리 하라고 ~ 早はくしろとどなりつける。
호통-바람 图 どなりつける勢いきおい。
호:투[好投] 图[하自][野] 好投こうとう。¶ 투수의 ~로 승리했다 ピッチャーの好投のおかげで勝利しょうりした。
호:평[好評] 图[하他] 好評こうひょう。¶ ~을 받다 好評を博はくする。
호:포[號砲] 图 号砲ごうほう、合図あいずとして撃うつ大砲たいほう。
호:프[hope] 图 ホープ。¶ 문단의 ~ 文壇ぶんだんのホープ。
호:피[虎皮] 图 虎皮こひ、虎とらの毛皮けがわ。
호:학[好學] 图[하自] 好学こうがく。¶ ~지사 好学の士し。
호:헌[護憲] 图[하自] 護憲ごけん。¶ ~ 운동 護憲運動うんどう。
호:형[呼兄] 图[하他] 兄あにと呼よぶこと。
호형-호제[-呼弟] 图[하自] (兄と呼び弟おとうとと呼ぶの意い)で非常ひじょうに親したしい間柄あいだがら。

**호:혜**[互惠] 图 互恵けい。¶ ~ 평등의 원칙 互恵平等びょうどうの原則げんそく。
  **호:혜 관세**[-關稅] 图 互恵関税かんぜい。
  **호:혜 무:역**[-貿易] 图 互恵貿易ぼうえき。
**호:호**[戸戸] 图 戸々こ々、家每いえごと、各戸かっこ。¶ ~ 방문 各戸訪問ほうもん。
**호호**¹ 副 하다自 《おもに女性じょせいが軽かるく笑わらうときの声こえ》ほほ、ほほほ。¶ ~ 하고 웃는 소리 ほほと笑う声。
  **호호-거리다**¹ 自 しきりにほほと笑う。
**호호**² 副 하다他 《口くちをすぼめて息いきを吹ふくようす·その音おと》ふうふうと、ほうほうと。¶ 언 손을 ~ 불다 かじかんだ手てにふうふうと息を吹ふきかける。
  **호호-거리다**² 口くちをすぼめてしきりに息をふく。
**호:호**[浩浩] 副 하다形 浩々こうこう。①広々ひろびろとしたようす。②大河たいがが流ながれるようす。
**호호-백발**[皓皓白髮] 图 真まっ白しろになった白髪しらが、白髪しらがの老人ろうじん。
**호-야**[好야爺] 图 好々爺こうこうや。
**호화**[豪華] 图 하다形 ㄴ形 豪華ごうか。¶ ~스러운 저택 豪華な邸宅ていたく。
  **호화-롭다** 形ㅂ 豪華ごうかだ、派手はでだ、ぜいたくだ。¶ 호화로운 생활을 보내다 ぜいたくな生活せいかつを送おくる。**호화로-이** 副 豪華に、派手に、ぜいたくに。¶ 실내를 ~ 꾸미다 室内ないを派手に飾かざる。
  **호화 찬:란**[-燦爛] 图 하다形 燦爛さんらんなほど豪華なこと、絢爛けんらん豪華。
  **호화판**[-版] 图 豪華版ばん。¶ 오늘 식사는 ~이다 今日きょうの食事じは豪華版だ。
**호:환**[互換] 图 하다他自 互換かん。
  **호:환-성**[-性] 图 互換性かんせい。¶ ~이 있는 부품 互換性のある部品ぶひん。
**호:황**[好況] 图 好況こう、好景気こうけいき。¶ ~인 산업계 好況の産業界さんぎょうかい / 수출이 ~이다 輸出しゅつが好況を呈ていする。
**호흡**[呼吸] 图 하다他 呼吸こきゅう。①息いき。¶ 인공 ~ 人工じんこう呼吸 / 거칠다 息が荒あらい。/ 코로 ~하다 鼻はなで呼吸する。②《共同きょうどうで何なにかをするときのお互たがいの》調子ちょうし。¶ ~이 맞다 呼吸が合あう。/ ~을 맞추다 呼吸を合わせる。
  **호흡 곤란**[-困難] 图 呼吸困難こんなん。
  **호흡기**[-器] 图 生 呼吸器き。
**혹** 图 瘤こぶ、たんこぶ。¶ 머리를 부딪쳐 ~이 났다 頭あたまをぶつけてこぶができた。
  속담 **혹 떼러 갔다가 혹 붙여 온다** こぶをとりに行いったがこぶをつけて来くる。《利益りえきを得えるつもりで行ったのに害がいをこうむること》
**혹**[或] 副 ①《「혹시(或是)」の縮約形》あるいは、もし、もしや、万一まんいち。¶ ~ 비가 오면 큰일이다 もし雨あめが降ふれば大変たいへんだ。/ ~ 김선생을 아십니까? もしや金先生せんせいを御存ぞんじですか。②《「간혹(間或)」の縮約形》たまに、ときおり、稀まれに。¶ ~ 그런 일도 있을 수 있다 たまにはそのような事ことあり得える。

**혹간**[或間] 副 たまに、ときおり、ときどき、稀まれに。¶ ~ 놀러 가기도 한다 たまに遊あそびに行いくこともある。㉥ 간혹。
**혹독**[酷毒] 图 하다形 ①きびしくはげしいこと。¶ ~한 추위 きびしい寒さむさ。②むごくひどいこと。¶ ~한 고문 残酷ざんこくな拷問ごうもん / ~한 비판을 가하다 酷烈れつな批判はんを下くだす。**혹독-히** 副 むごく、ひどく、残酷ざんこくに。
**혹-몰라**[或-] 副 もしかしたら、ひょっとしたら、あるいは。¶ ~ 가 버렸을지 모르지만 もしかしたら行ってしまったかも。
**혹-부리** 图 顔かおに瘤こぶのある人ひと。
**혹사**[酷使] 图 하다他 酷使こくし。¶ 인부를 ~하다 人足にんそくを酷使する。
**혹서**[酷暑] 图 酷暑こくしょ、極暑ごくしょ。¶ ~에 견디다 酷暑に耐たえる。/ ~를 무릅쓰고 연습하다 酷暑を冒おかして練習れんしゅうする。
**혹성**[惑星] 图 天 惑星わくせい。㉥ 행성(行星)。
**혹세**[惑世] 图 하다自 世よの中なかを惑まどわすこと、乱みだれた世の中。
  **혹세 무:민**[-誣民] 图 하다自 世人せじんを欺あざむいて惑わすこと。
**혹시**[或是] 副 もし、あるいは、万一まんいち、もしや、ひょっとすると。¶ ~ 눈이 내리면 万一いちが降ふるようだ / 実敗しっぱいしたとしても落らくしんするな もし失敗しっぱいしても気きを落とすな。/ ~ 네가 오지 않을까 하고 기다렸다 ひょっとしたらお前まえが来くるのではないかと思おもって待まっていた。㉥ 혹(或)。
  **혹시-나** もしや、もしかして、ひょっとして。¶ ~ 하고 전화를 걸어 봤다 もしやと思って電話でんわしてみた。
**혹자**[或者] 图 ある者もの、ある人ひと。¶ ~는 말한다 ある者は言いう。
**혹평**[酷評] 图 하다他 酷評ひょう。¶ ~을 받다 酷評を浴あびる。
**혹-하다**[或-] 自여 すっかり惚ほれ込こむ、溺おぼれて夢中むちゅうになる、惑まどわされる。¶ 여자에 ~ 女なんに夢中になる。
**혹한**[酷寒] 图 酷寒かん。¶ 영하 30도의 ~ 零下れいか30度どきんにわたる酷寒。
**혹형**[酷刑] 图 하다他 酷刑けい。¶ ~에 처하다 酷刑に処しょする。
**혼**[魂] 图 魂たましい、精神せいしん、霊魂れいこん。¶ ~이 나가다 魂が抜ぬける。/ ~을 부르다 (死しんだ人ひとの)魂を呼よぶ。
**혼곤**[昏困] 图 하다形 昏困こん、昏々こんこんたること、意識しきが鈍にぶること、深ふかく眠ねむっていること。**혼곤-히** 副 昏々と。¶ ~ 잠이 들다 昏々と眠る。
**혼기**[婚期] 图 婚期こん。¶ ~를 놓치다 婚期を逸いっする。
**혼-나다**[魂-] 自 たまげる、肝きもをつぶす、ひどい目めにあう、苦労くろうする、大目玉おおめだまを食くう。¶ 어르신한테 ~ 年上としうえの人ひとに叱しかられる。/ 폭풍우를 만나 ~ 暴風雨ぼうふうにあってひどく苦労する。
**혼-내다**[魂-] 他 ひどい目めにあわせる、ぎょっ

혼담〔婚談〕图 緣談だん。¶ 이 깨지다 緣談が壊こわれる。/ ～을 꺼내다 緣談を持もち出だす。
혼:돈〔混沌·渾沌〕图해形 混沌とん。¶ ～한 세계 정세 混沌たる世界せかい,情勢せい / ～ 상태에 빠지다 混沌状態じょうたいに陥おちいる。
혼:돈 세계〔-世界〕图 混沌世界せかい。
혼:동〔混同〕图해他되自 混同どう。¶ 공사를 ～하다 公私こうを混同する。/ 이 둘은 아무래도 ～하기 쉽다 この二ふたつはどうも紛まぎらわしい。
혼:란〔混亂〕图해形ㅅ形 混乱らん。¶ ～한 치안 상태 混乱した治安状態じょうたい。/ ～을 틈타다 混乱に乗じょうじる。/ 민심을 ～시키다 民心みんを混乱させる。
혼:란-기〔-期〕图 混乱期き。
혼례〔婚禮〕图 婚礼れん、結婚式けっこん、婚儀ぎ。¶ ～는 경사스럽게 끝났다 婚礼はめでたく済すんだ。
혼례-식〔-式〕图 結婚式しき。¶ ～을 올리다 結婚式を挙あげる。
혼미〔昏迷〕图해形 昏迷めい、心こころが迷まい乱みだれること。¶ ～한 정신 昏迷した精神せい。
혼:방〔混紡〕图해他 混紡ぼう。¶ 면과 모의 ～ 綿めんと毛けの混紡。
혼:방-사〔-絲〕图 混紡糸し。
혼백〔魂魄〕图 魂魄れい、霊魂れい。¶ ～이 이승을 방황하고 있다 魂魄がこの世よをさまよっている。
혼비-백산〔魂飛魄散〕图해自 非常ひじょうに驚おどいて肝きもをつぶすこと。¶ ～하여 달아나다 びっくり仰天ぎょうてんして逃にげ出だす。
혼사-인事〕图 婚事にかんする事柄がら。
혼:선〔混線〕图해自 混線せん。¶ ～을 빚다 混線を引ひき起おこす。/ 전화가 ～되어 잘 안 들린다 電話でんが混線してよく聞ききこえない。
혼:성〔混成〕图해自他 混成せい。¶ ～ 경기 混成競技きょう。/ 남녀 ～ 학급 男女だん混成のクラス。
혼:성-암〔-岩〕图〔鑛〕混成岩がん。
혼:성-주〔-酒〕图 混成酒しゅ、カクテル。
혼:성〔混聲〕图 混声せい。¶ ～ 사중창 混声四重唱じゅう。
혼수〔昏睡〕图해自 昏睡すい、意識いが不明めい。¶ ～ 상태에 빠지다 昏睡状態じょうたいに陥おちいる。
혼수〔婚需〕图 結婚式けっこんに入いり用ような品物しな・費用よう。
혼:숙〔混宿〕图해自 幾人にかの男女だんが同宿じゅくすること。
혼:식〔混食〕图해自他 混食しょく。¶ ～ 장려 混食奨励れい。/ ～은 건강에 좋다 混食しょくは健康に よい。
혼:신〔渾身〕图 渾身しん。¶ ～의 힘을 기울이다 渾身の力ちからを傾かたむける。
혼약〔婚約〕图해自되自 婚約やく。 약혼.
혼:연〔渾然〕副 渾然ぜん。¶ ～ 일체 渾然一体たい、 혼연-히 渾然と。¶ ～ 융합하다 渾然と融合ゆうごうする。
혼:욕〔混浴〕图해自 混浴よく。¶ 남녀 ～ 男女だん混浴。
혼:용〔混用〕图해他되自 混用よう。¶ 한자를 ～하다 漢字かんを混用する。
혼:음〔混淫〕图해自 乱交こう。
혼인〔婚姻〕图해自 婚姻いん、結婚けっ。¶ ～날 婚礼にんの日ひ。/ ～ 관계 婚姻関係かん。
혼인-색〔-色〕图〔動〕婚姻色しょく。
혼인 신고〔-申告〕图 婚姻届とど、結婚届とど。
혼:입〔混入〕图해自 混入にゅう。¶ 가스를 ～하다 ガスを混入する。
혼자 图 ①独ひとり、一人ひと。¶ 자기 ～ 自分じぶん一人、/ ～서도 할 수 있다 一人でもやれる。②(副詞的に)独りで、単独たんで、独身どくで。¶ ～ 살다 一人で暮くらす。
혼자-되다 自 ①一人ひとになる。②配偶者はいぐうをなくす、やもめになる。
혼자-말 图해他 独ひとり言ごと、独語どく。¶ ～로 중얼거리다 独り言をつぶやく。
혼잣-손 图 (人手ひとのない)自分じぶんひとりですること、独力どくりょく。¶ ～으로 성공했다 独力で成功せいこうした。
혼:작〔混作〕图해他 混作さく。
혼:잡〔混雜〕图해形ㅅ形 混雑ざつ、雑踏とう。¶ ～한 곳 ごたごたした所ところ / 러시 아워의 대 ～ ラッシュアワーの大混雑/ ～을 틈타 도망치다 雑踏に紛まぎれて逃にげ出だす。
혼:전〔混戰〕图해自 混戦せん、乱戦らん。¶ ～ 상태 混戦状態とう/ 시합은 ～ 중이다 試合しあいは混戦中ちゅうである。
혼절〔昏絶〕图해自 昏絶ぜつ、気絶ぜつ。¶ 거품을 내뿜고 ～하다 泡あわをふいて気絶する。
혼쭐-나다〔魂-〕自 ①ひどい目めに遭あう、とっちめられる、魂消たまる。②恍惚こうとなる、頭あたまがぼうっとなる。
혼처〔婚處〕图 結婚けっこんに適した相手あいて。¶ 마땅한 ～가 나서다 似につかわしい結婚相手が現あらわれる。
혼:탁〔混濁〕图해形 混濁だく。¶ ～한 공기 混濁した空気くう/ 의식이 ～해지다 意識しきが混濁する。
혼:합〔混合〕图해自他되自 混合ごう、混まぜること。¶ ～ 비료 混合肥料りょう/ 술에 물을 ～하다 酒さけに水みずを混ぜる。
혼:합-물〔-物〕图 混合物ぶつ。
혼:합 복식〔-複式〕图 (テニス・卓球たっきゅうなどで)混合ダブルス。
혼:혈〔混血〕图해自 混血けつ。
혼:혈-아〔-兒〕图 混血児じ、合あいの子こ。
혼:효〔混淆〕图해自他되自 混淆こう、混交こう。¶ 옥석 ～ 玉石ぎょく混交。
혼:효-림〔-林〕图 混淆林りん。
홀- 接頭〈そろいでない・一ひとつだけ・単独どくの)の意いを表あらわす。¶ ～몸 独ひとり身み。
홀〔笏〕图〔史〕笏しゃく。
홀〔hall〕图 ホール。¶ 댄스 ～ ダンスホール。
홀가분-하다 形動 ①(気持きもちが)軽かるい、さっぱ

**홀대**

りしている、快ごころよい。¶ 마음이 ~ 心地が軽い。②軽快かいだ、簡単かんたんである。¶ 홀가분한 옷차림 軽快な身なり。③《足手まといがなくて》身軽みがるだ、気楽きらくだ。¶ 홀가분한 독신자 身軽な独身者どくしん。

**홀대**[忽待] 名 する他 疎おろかなもてなし、粗末そまつに待遇たいぐうすること。¶ 손님을 ~하다 お客きゃくさんを粗末にもてなす。

**홀딱** 副 ①《一つも残のこさないようす》すっかり、完全かんぜんに。¶ 속옷까지 ~ 벗다 下着したぎまですっかり脱ぬぐ。②《動作が軽く素早いようす》さっと、ひょいと、ひらりと。¶ 울타리를 ~ 뛰어넘다 垣根かきねをひらりと飛び越える。③《べた惚ぼれしたりまんまとだまされたりするようす》ぞっこん、まんまと、見事みごとに、すっかり。¶ ~ 속았다 まんまとだまされた。/ ~ 반해 버렸다 ぞっこん惚れ込ほれこんでしまった。

**홀랑** 副 ①《全部ぜんぶあらわになるようす》すっかり、さっと。¶ ~ 벗은 알몸 素すっ裸はだか。②《皮かわなどがむけるようす》するりと。¶ 화상으로 피부가 ~ 벗겨지다 やけどで皮がするりとむける。③《穴あなが広ろくて楽らくに入はいったり出でたりするようす》すぽっと、するすると。¶ 구멍으로 ~ 들어가다 穴にすぽっと入はいる。④《軽かるくひっくり返かえるようす》くるっと、するっと。¶ 자루를 ~ 뒤집다 袋ふくろをするっと裏返うらがえす。語 홀렁。

**홀랑-하다** 形動 《穴あななどが》広ひろくてゆるい感かんじだ、だぶだぶ、ぐらぐらする。¶ 구두가 홀랑해서 벗겨질 것 같다 靴くつがだぶだぶで脱ぬげそうだ。語 홀렁하다。

**홀로** 副 独ひとりで、一人ひとりで。¶ ~ 살다 一人で暮くらす。/ ~ 남다 独り残のこる。

**홀로-되다** 自 ①一人ひとりになる。②配偶者はいぐうしゃをなくす、やもめになる。

**홀리다** 自 《「호리다」の受身》惚ほれ込こまれる、惑まどわされる、誘惑ゆうわくされる。¶ 여우에게 ~ キツネに惑わされる。/ 미모에 ~ 美貌びぼうの虜とりこになる。

**홀-맺다** 他 かたく結むすぶ。

**홀-몸** 名 ひとり身み、独身どくしん。

**홀-수**[-數] 名 奇数きすう。

**홀-씨** 名植 胞子ほうし。帶 포자(胞子)

**홀-아비** 名 男おとこやもめ、やもお。¶ ~ 살림 男やもめ暮らし。

**홀-어미** 名 女おんなやもめ、やもめ、後家ごけ。

**홀연**[忽然] 副 忽然こつぜん、突然とつぜん。**홀연-히** 副 忽然と、突然に。¶ ~ 나타나다 忽然と姿すがたをあらわれる。

**홀짝** 副 ①《少量しょうりょうの液体えきを一息ひといきに飲のみこむようす》ごくり(と)、ごくん(と)。¶ 술을 ~ 마시다 酒さけをごくりと飲のみ込こむ。②《一気いっきに軽かるく跳とび上あがるようす》ひらりと、ぴょんと。¶ 도랑을 ~ 뛰어넘다 溝みぞをひらりと跳とび越こえる。③《鼻水はなみずをすするようす》ずるっと。

**홀짝-거리다** 自他 ①ちびりちびり飲のむ。②ぴょんぴょんと跳はねる。③しくしく泣なく。¶ 코를 홀짝거리며 울다 鼻はなをすすりながら泣く。

**홀쭉-이** 名 瘦やせっぽち、やせた人ひと。

**홀쭉-하다** 形例 ①《体からだが》ほっそりしている。¶ 홀쭉한 체격 ほっそりした体からだつき。②《病気びょうきなどで》やつれている、げっそりしている。¶ 감기로 얼굴이 홀쭉해지다 風邪かぜで顔かおがげっそりとこける。③《先さきが》細長ほそなが い。¶ 끝이 홀쭉한 구두 先の細長い靴くつ。④《中なかがあいて》へこんでいる。¶ 시장에서 배가 ~ 허물조각 배가 허물허물。

**홀치다** 他 (はみ出でたりしないように)しっかり縛しばりつける、(ほどけないように)しっかりとくくる。

**홀태** 名 ①《卵らん巣・白子しらこがなくて》腹はらがほっそりした魚さかな。②細長ほそながい物もの。

**홀태-바지** 名 幅はばの狭せまいズボン。

**홀태-질** 名 する他 穀物こくもつの穂ほを扱こき落おとす仕事ごと。

**홀-하다**[忽-] 形例 軽率けいそつだ、軽かるはずみだ、そこつだ。¶ 일을 너무 홀하게 처리했다 事ことをあまり軽率に始末しまつした。

**홀:홀** 副 ①《小鳥ことりなどが軽くはばたくようす》ひらりと、ひらひら。¶ 나비가 ~ 날고 있다 チョウがひらひらと飛とんでいる。②《ほこりなどをしきりに軽くはたくようす》ぽんぽん、ぱんぱん。¶ 먼지를 ~ 털어내다 ほこりを軽くはたいて落おとす。③《火ひが少しずつ燃もえ上あがるようす》ちょろちょろと、ちろちろ、とろとろ。¶ 불이 ~ 타오르다 火がちょろちょろと燃え上がる。④《茶ちゃなどを少しずつすするようす》ちびちび。¶ 커피를 ~ 마시다 コーヒーをちびちびする。

**훑다** 他 ①《くっついているものを》扱こく、こき落おとす。¶ 벼 이삭을 ~ 稲穂いなほを扱く。②《器うつわの内側うちがわについているものを》すすぎ落とす、洗あらい落とす。¶ 그릇을 ~ 器をすすぐ。③くまなく探さがったり探さしたりする。¶ 자식을 찾으려고 온 동네를 다 훑았다 息子むすこを見みつけようと村中むらじゅうをくまなく探した。

**홈** 名 溝みぞ、切きり込こみ。¶ 판자에 ~을 파다 板いたに溝を掘ほる。

**홈:**[home] 名 ホーム。¶ ~ 그라운드 ホームグラウンド/ ~ 드레스 ホームドレス。

**홈:-드라마**[- drama] 名放 ホームドラマ。

**홈:-런**[-run] 名野 ホームラン。

**홈:-인**[-in] 名野 ホームイン。

**홈:-질** 名 する他 ぐし縫ぬい。

**홈착-거리다** 自 ①しきりに手探てさぐりする。②涙なみだをしきりに拭ぬぐう。

**훔치다** 他 ①《水気みずけなどを》きれいにふきとる。¶ 물기를 걸레로 ~ 水気を雑巾ぞうきんで拭ふく。②《人ひとの物ものを》盗ぬすむ、かすめる。¶ 몰래 ~ こっそり盗む。③《見みえない所ところにあるものを》手探てさぐりする。

**훔켜-쥐다** 他 ぎゅっと握にぎりしめる、鷲わしづかみにする。¶ 돈다발을 훔켜쥐고 놓지 않다 札

束(たば)をぎゅっと握りしめて放(はな)さない。
- **홈-통**[-桶] 图 かけひ、樋(とい・ひ)。¶ ~으로 물을 끌어오다 樋(とい)で水(みず)を引(ひ)く。/ 지붕에~을 달다 屋根(やね)に雨樋(あまどい)を付(つ)ける。
- **홉**[←合] 依 合(ごう)、一升(いっしょう)の10分(ぶん)の1(いち)。¶ 백미 한 ~ 白米(はくまい)1合(ごう)/ 소주 두 ~ 焼酎(しょうちゅう)2合(ごう)。
- **홍당-무**[紅唐-] 图 ①[植]ニンジン。②[植]アカダイコン。③[比](恥(は)ずかしさなどのため)赤(あか)くなった顔(かお)、赤面(せきめん)。¶ 얼굴이 ~가 되다 顔(かお)が真(ま)っ赤(か)になる。
- **홍두깨** 图 綾巻(あやまき)。
- **홍등**[紅燈] 图 紅灯(こうとう)。
  - **홍등-가**[-街] 图 紅灯の巷(ちまた)、花柳界(かりゅうかい)、色町(いろまち)、遊郭(ゆうかく)。¶ ~를 헤매다 紅灯の巷をさまよう。
- **홍모**[紅毛] 图 紅毛(こうもう)、赤毛(あかげ)。¶ ~ 벽안 紅毛碧眼(こうもうへきがん)。
- **홍보**[弘報] 图 解他 広報(こうほう)、弘報(こうほう)。¶ ~ 활동 弘報活動(こうほうかつどう)。
- **홍-보:석**[紅寶石] 图 [鉱] 紅玉(こうぎょく)。ルビー。
- **홍살-문**[紅-門] 图 [史] 宮殿(きゅうでん)・官庁(かんちょう)・廟(びょう)などの前(まえ)に立(た)てる赤(あか)く塗(ぬ)った門(もん)。
- **홍삼**[紅蔘] 图 高麗人参(こうらいにんじん)を蒸(む)して乾燥(かんそう)したもの。
- **홍색**[紅色] 图 紅色(べにいろ・こうしょく)、紅(くれない・べに)。¶ 담~ 淡紅色(たんこうしょく)。
- **홍소**[哄笑] 图 解他 哄笑(こうしょう)、大笑(おおわらい)、高笑(たかわらい)。
- **홍송**[紅松] 图 [植] 松(まつ)の一種(いっしゅ)。
- **홍수**[洪水] 图 洪水(こうずい)、大水(おおみず)。¶ ~가 나다 洪水になる。/ ~로 강이 범람하다 出水(でみず)で河(かわ)が氾濫(はんらん)する。
  - **홍수 경:보**[-警報] 图 洪水警報(こうずいけいほう)。
  - **홍수-막이** 图 解他 洪水を防(ふせ)ぐために堤防(ていぼう)を築(きず)くこと。
  - **홍수 예:보**[-豫報] 图 洪水予報(こうずいよほう)。
- **홍시**[紅柿] 图 熟柿(じゅくし)、じゅくしがき。
- **홍-실**[紅-] 图 赤(あか)い糸(いと)。
- **홍안**[紅顔] 图 紅顔(こうがん)。¶ ~의 미소년 紅顔の美少年(びしょうねん)。
- **홍어**[洪魚] 图 [動] ガンギエイ。
- **홍역**[紅疫] 图 [医] はしか、麻疹(ましん)。¶ ~에 걸리다 はしかにかかる。
  - 慣用 **홍역을 치르다** (はしかにかかってひどい目(め)に遭(あ)うように)大変(たいへん)な困難(こんなん)などをやっと切(き)りぬける。
- **홍엽**[紅葉] 图 紅葉(こうよう・もみじ)。
- **홍예**[虹霓] 图 ①虹霓(こうげい)、虹(にじ)。②「홍예문」の縮約形。
  - 慣用 **홍예(를) 틀다** (門(もん)などを)せり持(も)ちにする、アーチ形(がた)にする。
  - **홍예-다리** 图 太鼓橋(たいこばし)、反(そ)り橋(ばし)、アーチ橋(きょう)。
  - **홍예 머리** 图 [建] 迫持(せりもち)のかなめ石(いし)。
  - **홍예-문**[-門] 图 [建] アーチ形(がた)の門(もん)。
- **홍옥**[紅玉] 图 紅玉(こうぎょく)。①ルビー。②リンゴの一品種(ひんしゅ)。
- **홍익**[弘益] 图 ①大(おお)きな利益(りえき)、洪益(こうえき)。②解他 益(えき)を広(ひろ)めること、広益(こうえき)。
- **홍익 인간**[-人間] 图 広(ひろ)く人間社会(にんげんしゃかい)に利益(りえき)を与(あた)えること。
- **홍-일점**[紅一點] 图 紅一点(こういってん)。¶ 수상자 중 ~ 受賞者(じゅしょうしゃ)の中(なか)の紅一点。
- **홍적-세**[洪積世] 图 [地] 洪積世(こうせきせい)。¶ ~의 유물 洪積世の遺物(いぶつ)。
- **홍조**[紅潮] 图 紅潮(こうちょう)。¶ 뺨에 ~를 띠다 ほおを紅潮させる。
- **홍조**[紅藻] 图 [植] 紅藻(こうそう)。¶ ~류 紅藻類(こうそうるい)。
- **홍진**[紅塵] 图 紅塵(こうじん)。¶ 만장 紅塵万丈(こうじんばんじょう)。
- **홍차**[紅茶] 图 紅茶(こうちゃ)。¶ ~를 마시다 紅茶を飲(の)む。
- **홍채**[紅彩] 图 [生] 虹彩(こうさい)。
- **홍촉**[紅燭] 图 紅燭(こうしょく)、赤(あか)いろうそく。
- **홍칠**[紅漆] 图 赤(あか)い漆(うるし)、赤い塗料(とりょう)。
- **홍학**[紅鶴] 图 [動] フラミンゴ、紅鶴(べにづる)。
- **홍합**[紅蛤] 图 イガイ。
- **홍해**[紅海] 图 [地] 紅海(こうかい)。
- **홑** I 图 一重(ひとえ)、単(たん)。II 接頭 一重(ひとえ)の…、単(たん)…、単一(たんいつ)の…。¶ ~벌 一重のもの/ 세포 単細胞(たんさいぼう)。
- **홑-겹** 图 一重(ひとえ)。
- **홑-그루** 图 [農] 単作(たんさく)。
- **홑-껍데기** 图 ①一重(ひとえ)の表皮(ひょうひ)。②(縫(ぬ)い合(あ)わせていない)袷(あわせ)の表地(おもてじ)。
- **홑눈** 图 ①[植] 花芽(かが)、葉芽(ようが)。②[生] 単眼(たんがん)。
- **홑몸** 图 ①単身(たんしん)、独(ひと)り身(み)。¶ ~으로 살다 一人(ひとり)で暮(く)らす。②(結婚(けっこん)した女(おんな)で)身(み)ごもっていない体(からだ)。¶ ~이 아니다 身ごもっている。
- **홑-바지** 图 一重(ひとえ)のズボン。
- **홑-옷** 图 (衣服(いふく)の)一重物(ひとえもの)、単衣(ひとえ)。
- **홑-으로** 厠 (否定(ひてい)の表現(ひょうげん)とともに)単純(たんじゅん)に…(できない)、ほんの…(できない)。¶ ~를 잘 내는 사람 侮(あなど)りがたい人(ひと)。
- **홑-이불** 图 一重(ひとえ)の掛(か)け布団(ぶとん)。
- **화**:[火] 图 ①怒(いか)り、憤(いきどお)り、立腹(りっぷく)。¶ ~를 잘 내는 사람 おこりっぽい人(ひと)/ ~를 내다 腹(はら)を立(た)てる。/ ~가 치밀다 怒りが込(こ)み上(あ)げる。②「화기(火氣)」の縮約形。③「화요일」の縮約形。④五行(ごぎょう)の一(ひと)つ。
  - 慣用 **화가 머리 끝까지 나다** 怒(いか)り心頭(しんとう)に発(はっ)する。**화를 끓이다** 怒りを煮(に)えたぎらせる。
- **화**:[禍] 图 災(わざわ)い、禍(わざわ)い。¶ 혀는 ~의 근원 舌(した)は禍いの根(ね)が/ ~를 입다 災いを被(こうむ)る。/ ~가 되다 災いする。
- **-화**[化] 接尾 …化(か)。¶ 기계 ~ 機械化(きかいか)/ 표면 ~하다 表面化(ひょうめんか)する。
- **-화**[花] 接尾 …花(か)。¶ 두상 ~ 頭上花(とうじょうか)/ 장미 ~ 薔薇(ばら)の花(はな)。
- **-화**[畫] 接尾 …画(が)。¶ 동양 ~ 東洋画(とうようが)/ 유~ 油絵(あぶらえ)。
- **화:가**[畫架] 图 画架(がか)、イーゼル。
- **화:가**[畫家] 图 画家(がか)、絵(え)かき。¶ 서양 ~ 西洋画家(せいようがか)/ 고명한 ~에게 사사하다 高名(こうめい)な画匠(がしょう)に師事(しじ)する。
- **화간**[和姦] 图 解自 和姦(わかん)。

화강-암[花崗岩] 명 花崗岩かこう、御影石みかげいし。
화-공[化工] 명「화학 공업・화학 공학」의 縮約形。
화-공[火攻] 명 火攻こうめ。火攻火攻せめ。¶ 적진을 ~ 하다 敵陣を火攻めにする。
화-공[畫工] 명 画工がこう、絵かき、絵師えし。
화공[靴工] 명 靴工かこう・くつや。
화관[花冠] 명 ①[植] 花冠かかん。¶ 십자형 ~ 十字形じゅうじけい花冠。꽃부리 ②七宝しっぽうで飾かざった女おんなの冠かんむり。
화:광[火光] 명 火光かこう。 불빛
화교[華僑] 명 華僑かきょう。¶ ~가 실권을 잡고 있다 華僑が実権じっけんを握にぎっている。
화:구[火口] 명 ①火口ひぐち、焚たき口ぐち。②火炎かえんを吹ふき出だす口くち。③[地] 火口かこう。
화:구-곡[-谷] 명[地] 火口谷かこうこく。
화:구-호[-湖] 명[地] 火口湖かこうこ。
화:구[火具] 명 火具かぐ。
화:구[畫具] 명 画具がぐ、画材がざい。
화:구-상[-商] 명 画具商がぐしょう。
화:근[禍根] 명 禍根かこん。¶ ~을 없애다 禍根をなくす。
화:근-거리 명 禍根のもととなることや物もの。
화:급[火急] 명[하形] 火急かきゅう。¶ ~한 용건 火急の用件ようけん。화급-히 튀 大急おおいそぎで。¶ ~ 보고하다 大急ぎで報告ほうこくする。
화:기[火氣] 명 ①火気かき、火ひの気け。¶ 엄금 火気厳禁げんきん/ ~ 주의 火の元ごもと御用心ごようじん。②怒気どき。
화:기[火器] 명 ①(鉄砲てっぽう・小銃しょうじゅうなどの)火器かき。②火ひを入いれる器具きぐ。
화기[和氣] 명 和気わき。
화기 애애[-靄靄] 명[하形] 和気藹々あいあい。¶ ~한 분위기 和気藹々とした雰囲気ふんいき。
화기[花器] 명 花器かき、かかいれ、はないけ。
화끈 튀[하自] ①(急きゅうに熱気ねっきが生しょうじるようす) かっと、かっかと。¶ 난로가 ~ 달아오르다 ストーブの火ひがかっかと燃もえる。②(顔かお・体からだがほてるようす) かっかと、ぽっと。¶ 얼굴이 ~ 해지다 顔がほてる。
화끈-거리다 자 しきりに火照ひてる、かっかとほてる、ほうっとほてる。¶ 입안이 ~ 口くちの中なかがひりつく。/ 부끄러워서 뺨이 ~ はずかしくてほおがかっかとほてる。
화끈-화끈 튀[하自]((しきりに火照ひてるようす)) かっかと、赤々あかあかと。
화-나다[火-] 자 怒いかる、腹はらが立たつ、しゃくにさわる。¶ 화게 하다 怒らせる。/ 공연히 ~ 無性むしょうに腹が立つ。
화:-난[火難] 명 火難かなん。¶ ~의 상 火難の相そう。
화-내다[火-] 자 怒いかる、腹はらを立たてる。¶ 몹시 ~ まっかになって怒る。/ 그는 절대로 화내지 않는다 彼かれは決けっして怒らない。
화냥-년 명 姦婦かんぷ、売女ばいた。
화:-농[化膿] 명[하自][醫] 化膿かのう。¶ ~성 질환 化膿性かのうせい疾患しっかん/ 상처가 ~ 하다 傷口きずぐちが化膿する。
화:-농-균[-菌] 명 化膿菌かのうきん。
화닥닥 튀[하自]①((急きゅうに立たち上あがったり飛とび出だしたりするようす))ぱっと、さっと、慌ただしく。¶ ~ 뛰어나가다 慌ただしく飛び出す。②《すばやく事ことを運はこぶようす》ぱっぱっと、さっと、ぱたぱたと。¶ 일을 ~ 해치우다 仕事しごとをさっさと片付かたづける。
화닥닥-거리다 자 ①(不意ふいに飛とび出でようとして)しきりにじたばたする。¶ 참새가 ~ スズメがぱたぱたする。②しきりにあわただしく急せき込こむ。
화닥닥-화닥닥 튀[하自]①ぱたぱたと。②せかせかと。
화단[花壇] 명 花壇かだん。¶ 뜰에 ~을 만들다 庭にわに花壇をつくる。
화:단[畫壇] 명 画壇がだん。¶ ~의 대가 画壇の大家たいか。
화답[和答] 명[하自他] 詩歌しいかに応答おうとうすること、唱和しょうわ。
화대[花代] 명 花代はなだい、チップ。¶ ~를 듬뿍 주다 チップをたっぷりやる。
화:덕[火-] 명 ①炭火すみびを使つかう大おおきいこんろ。②鉄板てっぱん・粘土ねんどなどで作つくったかまど。 暖炉だんろ
화:-두[話頭] 명 話頭わとう、話はなしのいとぐち。
화:-딱지[火-] 명[俗] しゃく、かんしゃく、怒いかり。¶ ~가 나서 못견디겠다 しゃくにさわってたまらない。
화랑[花郎] 명[史] 花郎かろう(新羅時代しらぎじだいに貴族きぞくの子弟していで組織そしきされた修養団体しゅうようだんたい・その中心人物ちゅうしんじんぶつ)。
화랑-도[-道] 명[史] 花郎かろうの実践道徳じっせんどうとく。
화:-랑[畫廊] 명 画廊がろう、ギャラリー。
화려[華麗] 명[하形] 華麗かれい、派手はで。¶ ~한 옷차림 華麗な装よそい/ ~한 무대 晴はれの舞台ぶたいに/ ~하게 차려 입다 はでやかに着飾きかざる。
화려-체[-體] 명[文] 華麗体かれいたい。
화:력[火力] 명 火力かりょく。¶ ~이 세다 火力が強つよい。
화:력 발전[-發電] 명 火力発電かりょくはつでん。¶ ~소 火力発電所じょ。
화:로[火爐] 명 火炉かろ、火鉢ひばち。¶ ~를 쬐다 火鉢に当あたる。
화:룡-점정[畫龍點睛] 명 画竜点睛がりょうてんせい、物事ものごとの最もっとも大事だいじなところ。
화류[花柳] 명 花柳かりゅう。
화류-계[-界] 명 花柳界かりゅうかい、花街かがい、色町いろまち。¶ ~에서 놀다 花柳界で遊あそぶ。
화류-병[-病] 명 花柳病かりゅうびょう。
화:-륜선[火輪船] 명(「기선(汽船)」의 旧称)火輪船かりんせん。
화르르 튀[하自]《乾かわいた木きの葉はや紙かみなどが燃もえ上あがるようす》めらめらと、ぼうぼうと。¶ 낙엽이 ~ 탄다 落おち葉ばがめらめらと燃える。
화:-마[火魔] 명[比] 火災かさい。
화:-면[畫面] 명 画面がめん。¶ ~이 어른거리다 画面がちらつく。
화명[花名] 명 花はなの名な。
화:-목[火木] 명 薪たきぎ・まき、柴しば。

화목[花木] 名 花木ぼく、花樹じゅ。
화목[和睦] 名 ᄒ形 和睦ぼく。¶ ~하게 지내다 睦まじく暮らす。/ 가정이 ~하다 家庭がが和やかだ。
　화목-제[-祭] 名 基 酬恩祭しゅうおんさい。
화무십일홍[花無十日紅] 名 〈十日とも も持ちつ赤い花ははないという意いで〉 栄さかえたものは必かならず衰おとろえること。
화문[火門] 名 火門もん、銃砲身じゅうほうしんの口くち。¶ ~을 열다 火蓋ぶたをきる。
화문[花紋] 名 花紋もん、花模様はなもよう。
　화문-석[-席] 名 花はなござ。
화:물[貨物] 名 貨物ぶつ。¶ ~역 貨物駅えき/ ~ 발송 荷送におくり/ 가 도착하다 荷物にもつが着つく/ ~을 적재하다 貨物ぶつを積つみこむ。
　화:물-선[-船] 名 貨物船せん。¶ ~이 입항하다 荷船ぶねが入港にゅうこうする。
　화:물 자동차[-自動車] 名 貨物自動車じどうしゃ、トラック。
　화:물-차[-車] 名 貨物車しゃ。
화:백[畫伯] 名 《「화가」의 敬称》 画伯はく。
화법[話法] 名 話法ほう。¶ ~에 뛰어난 사람 話法に長ちょうじた人ひと。
화:법[畫法] 名 画法ほう。¶ 전위적인 ~ 前衛的ぜんえいてきな画法。
화:병[火病] 名 「울화병·심화병」의 縮約形。
화병[花瓶] 名 花瓶びん。¶ ~에 꽂다 花瓶にさす。⑰ 꽃병
화:병[畫餅] 名 《「화중지병(畵中之餠)」의 縮約形》 画餅べい。
화:보[畫報] 名 画報ほう。
화:복[禍福] 名 禍福ふく、不幸こうと幸福ふく。¶ 길흉 ~ 吉凶きっきょう禍福。
화:본[畫本] 名 画本ほん、絵本ほん。
화:부[火夫] 名 火夫ふ、火手しゅ。¶ 기관차의 ~ 機関車きかんしゃの助士じょし、火手しゅ。
화분[花盆] 名 植木鉢うえきばち。¶ ~에 심은 국화 植木鉢に植うえた菊きくの花はな。
화분[花粉] 名 植 花粉ふん。
　화분-화[-花] 名 植 花粉花かふん、葯やくの中なかに花粉ぶんが多おおい花はな。
화사[華奢] 名 ᄒ形 派手はでで豪華ごうかなこと。¶ ~한 옷차림 派手で豪華な身みなり。
화:산[火山] 名 地 火山ざん。¶ 활~ 活火山かっかざん/ 사~ 死し火山/ ~ 활동 火山活動かつどう。
　화:산-대[-帶] 名 地 火山帯たい。
　화:산-암[-岩] 名 地 鑛 火山岩がん。
　화:산-회[-灰] 名 地 鑛 火山灰かい。
화살 名 矢や。¶ ~처럼 빠르다 矢のように速はやい。/ ~이 꽂히다 矢が立たつ。/ 활에 ~을 메우다 弓ゆみに矢をつがえる。
　慣用〉화살을 돌리다 矛先ほこさきを転てんじる。
　화살-촉[-鏃] 名 やじり、矢先さき、矢の根ね。¶ ~이 무디다 やじりが鈍にぶい。
　화살-표[-標] 名 矢印やじるし。
화:상[火傷] 名 火傷しょう、やけど。¶ ~을 입다 やけどをする。/ ~으로 물집이 생기다 火脹やけぶくれが出来できる。

화:상[和尙] 名 佛 和尚じょう・しょう。
화:상[畫商] 名 画商しょう。
화:상[畫像] 名 画像ぞう。¶ ~을 그리다 画像を描えがく。
화색[和色] 名 血色けっしょくのよい明るるい顔色かおいろ。¶ 얼굴에 ~이 돌다 顔かおに血ちの気けがさす。
화:생방-전[化生放戰] 名 軍 化学戦かがくせん・生物戦せいぶつせん・放射線戦ほうしゃせんの総称そうしょう。
화서[花序] 名 植 花序じょ。¶ 총상 ~ 総状そうじょう花序。⑰ 꽃차례
화:석[化石] 名 地 化石かせき。¶ 표준 ~ 標準ひょうじゅん化石/ ~처럼 굳은 표정 化石のように硬かたい表情ひょうじょう。
　화:석 인류[-人類] 名 化石人類じんるい。
　화:석-학[-學] 名 化石学がく。
화:선지[畫宣紙] 名 画仙紙がせん。
화:섬[化纖] 名 《「화학섬유」의 縮約形》化繊かせん。
화:성[化成] 名 ᄒ自他 化成せい。
　화:성 비:료[-肥料] 名 化成肥料ひりょう。
화:성[火星] 名 天 火星せい。¶ ~인 火星人じん/ ~ 탐사 火星の探査たんさ。
화성[和聲] 名 音 和声せい、ハーモニー。¶ ~법 和声法ほう。
화:성-암[火成岩] 名 地 火成岩がん。
화수분 名 財物ざいもつをいくら使つかってもなお無なくならないこと、金かねの生なる木き。
화술[話術] 名 話術じゅつ。¶ ~이 뛰어난 사람 話術に秀ひいでた人ひと/ ~에 끌려 들다 話術に引ひき込こまれる。
화:승[火繩] 名 火縄なわ。
　화:승-총[-銃] 名 火縄銃じゅう。
화식[和食] 名 和食しょく、日本料理りょうり。
화:신[化身] 名 ᄒ自 化身しん。¶ 악의 ~ 悪あくの化身。
화신[花信] 名 花信しん、花はなだより。¶ 진달래의 ~ ツツジの花だより。
화신[花神] 名 ①花神しん、花を司つかさどる神かみ。② 花の精神しん。
화:실[畫室] 名 画室しつ、アトリエ。
화씨[華氏] 名 物 華氏し。
　화씨 온도계[-溫度計] 名 物 華氏温度計おんどけい。
화:약[火藥] 名 火薬やく。¶ ~을 재다 火薬をこめる。
　俗談〉화약을 지고 불로 들어간다 火薬を負って火の中に入いる。《自みずから進すすんで危険きけんを求もとめる》
　화:약-고[-庫] 名 火薬庫こ。
화약[和約] 名 ①ᄒ自他 和約やく。②「평화 조약」의 縮約形。
화:염[火焰] 名 火炎えん、炎ほのお。¶ ~에 휩싸이다 火炎に包つつまれる。
　화:염 방:사기[-放射器] 名 軍 火炎放射器ほうしゃき。
　화:염-병[-瓶] 名 火炎瓶びん。
화-요일[火曜日] 名 火曜日び。¶ 내주 ~ 来週らいしゅうの火曜日。
화원[花園] 名 花園はなぞの。
화음[和音] 名 音 和音おん、ハーモニー。

화음 기호〔-記號〕[名]〔音〕和音記号。

화의〔和議〕[名][하自他] 和議。¶ ~를 제기하다 和議をもちかける。/ ~가 성립되다 和議が成立する。

화이트〔white〕[名] ホワイト。¶ ~ 하우스 ホワイトハウス。

화이트 칼라〔-collar〕[名] ホワイトカラー。[대] 블루 칼라

화:인〔火印〕[名] 火印。[유] 낙인(烙印)

화:인〔火因〕[名] 火事の原因。

화:인〔禍因〕[名] 禍因、禍根。

화장〔-長〕[名]〔服〕袖幅、袖付けから袖口までの長さ。¶ 긴 ~ 長い裄〔肩ゆき〕。

화장〔化粧〕[名][하自他] 化粧。¶ 짙은 ~ 厚化粧/ ~을 지우다 化粧を落とす。/ 나이보다 젊게 ~하다 年よりも若く作る。

화장-대〔-臺〕[名] 化粧台。

화장-실〔-室〕[名] 化粧室、お手洗い、トイレ。¶ ~은 어디입니까? お手洗いはどこですか。

화장-지〔-紙〕[名] ①化粧紙。②落とし紙、ちり紙。[유] 휴지(休紙)

화장-품〔-品〕[名] 化粧品。

화:장〔火葬〕[名][하他] 火葬、荼毘。¶ ~을 하다 火葬に付す。

화:장-터 [名] 火葬場、やきば。

화:재〔火災〕[名] 火災、火事。¶ ~ 현장 火災の現場/ ~ 예방 火災予防/ ~를 당하다 火事に会う。

화:재 경:보기〔-警報器〕[名] 火災報知器。

화:재 보:험〔-保險〕[名] 火災保険。

화:전〔火田〕[名] 火田、焼き畑。

화:전-민〔-民〕[名] 火田民。

화전〔花煎〕[名]〔料〕もち米・小麦・きびなどの粉をこねて平たくし つつじや菊の花びらなどをつけてフライパンで焼いたもの。

화전〔和戰〕[名] 和戦。¶ ~ 양면의 태세 和戦両様の構え。

화제〔話題〕[名] 話題。¶ ~의 초점 話題の焦点/ ~로 삼다 話題にする。/ ~에 오르다 話題にのぼる。

화젯-거리 [名] 話題の種。¶ 세상 사람의 ~가 되다 世間の人の言い草になる。

화조〔花鳥〕[名] 花鳥。

화조-풍월〔-風月〕[名] 花鳥風月。¶ ~을 벗삼다 花鳥風月を友とする。

화조-화〔-畵〕[名]〔美〕花鳥画。

화:주〔火酒〕[名] 火酒、アルコール分の強い酒。

화:주〔貨主〕[名] 貨主、荷主。

화:중지-병〔畵中之餠〕[名] 画餅、絵に描いた餅。

화:증〔火症〕[名] かんしゃく、怒り、怒気、腹立ち。¶ ~을 내다 かんしゃくを起こす。

화:차〔貨車〕[名] 貨車。¶ 무개 ~ 無蓋貨車/ ~의 배차 貨車繰り/ 석탄을 ~로 실어 보내다 石炭を貨車で積み出す。

화창〔和暢〕[名][하形] (天気・心などが)のどかで麗らかなこと。¶ ~한 봄날 のどかな春の日。

화채〔花菜〕[名]〔料〕五味子の汁に蜂蜜などを加え 花びら・果物・松の実を浮かべた飲み物。

화:첩〔畵帖〕[名] 画帖、スケッチブック。

화초〔花草〕[名] ①草花。¶ ~를 심다 草花を植える。②《接頭語的に》「飾り物・遊び道具」の意を表わす。

화초-담 [名] いろいろの模様や色彩で飾った塀。

화초-밭 [名] 花畑、花園。

화초-장〔-欌〕[名] 扉などに草花の模様をあしらった簞笥。

화초-장이 [名] 草花の栽培者。

화초-집 [名] ①花屋、花の店。②草花を栽培する家。

화촉〔華燭〕[名] 華燭。¶ ~을 밝히다 華燭の典をあげる。

화촉지-전〔-之典〕[名]《結婚式の美称》華燭の典。

화친〔和親〕[名][하自] 和親。¶ ~을 도모하다 和親を計る。

화친 조약〔-條約〕[名] 和親条約。

화톳-불 [名] かがり火、焚き火。¶ ~을 놓다 かがり火を据える。

화:통 [名]《「울화통」の縮約形》堪忍袋。¶ ~이 터지다 怒りが込み上げる。/ ~이 치밀다 むかむかする。

화:통〔火筒〕[名] ①汽車・汽船の煙突。②「화통간」の縮約形。

화:통-간〔-間〕[名]〔俗〕蒸気機関車。

화투〔花鬪〕[名][하自] 花札、花がるた、カルタ。¶ ~ 놀이 花合わせ/ ~를 치다 花札をする。

화판〔花瓣〕[名]〔植〕花弁。[유] 꽃잎

화:판〔畵板〕[名] 画板。

화평〔和平〕[名][하形] 和平、心が安らかなこと。¶ ~ 교섭 和平交渉/ ~한 나날 やすらかな日々。

화:폐〔貨幣〕[名] 貨幣。¶ ~ 경제 貨幣経済/ ~ 자본 貨幣資本/ ~ 가치가 떨어지다 貨幣価値が下がる。

화:폐 개:혁〔-改革〕[名] 貨幣改革。

화:폐 단위〔-單位〕[名] 貨幣単位。

화:폐 제:도〔-制度〕[名] 貨幣制度。

화:포〔火砲〕[名] 火砲、大砲。

화:폭〔畵幅〕[名] 画幅。¶ 설경을 ~에 담다 雪景色を画幅におさめる。

화:-풀이〔火-〕[名][하自] 腹いせ、当たり散らすこと。¶ ~로 싸움을 걸다 腹いせにけんかを売る。

화:풍〔畵風〕[名] 画風。¶ 사실적인 ~ 写実的な画風。

화:필〔畵筆〕[名] 画筆、えふで。

화:-하다〔化-〕[自][여] 化する、変化する、変わる。¶ 지옥으로 ~ 地獄と化する。/ 액체가 고체로 ~ 液体が固体に変化する。

**화:학**【化學】图 化学か。¶ ~자 化学者かがしゃ/ ~ 반응 化学反応はんのう/ 무기 ~ 無機化学かがく.

**화:학 공업**【-工業】图 化学工業こうぎょう。¶ 중~重じゅう化学工業.

**화:학 기호**【-記號】图【化】化学記号きごう.

**화:학 비:료**【-肥料】图 化学肥料ひりょう.

**화:학 섬유**【-纖維】图 化学繊維せんい、化繊かせん.
㉘ 화섬(化纖)

**화:학-적**【-的】冠 化学的てき。¶ ~인 변화 化学的な変化へんか.

**화:학-전**【-戰】图【軍】化学戦せん.

**화:학 조미료**【-調味料】图 化学調味料ちょうみりょう.
¶ ~로 맛을 내다 化学調味料で味あじを出だす.

**화:합**【化合】图(하자)【化】化合か。¶ 산소와 수소가 ~하면 물이 된다 酸素さんそと水素すいそが化合すると水みずになる。㉔ 분해

**화:합-물**【-物】图【化】化合物ごうぶつ.

**화합**【和合】图(하자)【化】和合ごう。¶ 가족의 ~ 家族かぞくの和合/ 이웃끼리 ~하다 となり同士どうし折おり合あう.

**화해**【和解】图(하자)(하자) 和解かい。¶ 서로 ~시키다 互たがいに和解させる。/ ~가 이루어지다 和解が成立せいりつする.

**화:형**【火刑】图 火刑かけい、火ひあぶりの刑けい。¶ ~에 처하다 火刑に処しょする.

**화혼**【華婚】图《他人たにんの結婚けっこんの美称びしょう》ご結婚.

**화환**【花環】图 花輪はなわ。¶ ~을 목에 걸다 花輪を首くびにかける.

**화훼**【花卉】图 花卉かき、花はなのさく草くさ.

**화훼 원예**【-園藝】图【農】花卉園芸えんげい.

**확:** 图 石白いしうす・鉄白てつうすなどの総称そうしょう.

**확** 副(하자) ①《風かぜなどがにわかに強つよく吹ふくようす》びゅう、びゅうっと、ふうっと。¶ 바람이 ~ 불다 風がびゅうっと吹く。②《火ひが急きゅうに燃もえ上あがるようす》ぱっと。¶ 불이 ~ 타오르다 火がぱっと燃もえ上あがる。③《動うごきが力ちからづよくすばやいようす》ぱっと、がばっと、ぐっと。¶ ~ 당기다 ぐっと引ひっぱる。/ 물을 ~ 뿌리다 水みずをすばっと振ふりかける。④《縛しばったものが急きゅうにほどけるようす》ぱっと、すっと、するっと。¶ 밧줄이 ~ 풀어지다 綱つながするっとほどける。⑤《急きゅうにある感情かんじょうがわいたり雰囲気ふんいきなどが一変いっぺんするようす》ぱっと、かっと、どっと、がらりと。¶ 눈물이 ~ 쏟아지다 涙なみだがどっとわき出でる.

**확고**【確固】图(하자) 確固かっこ。¶ ~한 신념 確固たる信念しんねん/ 마음가짐이 ~하다 心構こころがまえがしっかりしている。**확고-히** 副 確固として、確かに.

**확고 부동**【-不動】图(하자) 確固不動ふどう。¶ 각오는 ~하다 覚悟かくごは確固不動である.

**확답**【確答】图(하자) 確答かくとう。¶ ~을 피하다 確答を避さける。/ 당장에 ~하다 直ただちに確答かくとうする.

**확대**【擴大】图(하자)(하자) ①拡大かくだい。¶ ~ 해석 拡大解釈しゃく/ 사건이 ~되다 事件じけんが拡大する。②(写真しゃしんの)引ひき伸のばし。¶ 실물 크기로 ~하다 実物大じつぶつ大に引き伸ばす.

**확대 가족**【-家族】图【社】拡大家族かぞく.

**확대-경**【-鏡】图 拡大鏡きょう、虫眼鏡むしめがね、ルーペ。㉘ 돋보기

**확대-율**【-率】图 拡大率りつ.

**확률**【確率】图【數】確率かくりつ。¶ 성공할 ~이 높다 成功せいこうする確率が高たかい.

**확률-론**【-論】图【數】確率論ろん.

**확립**【確立】图(하자)(하자) 確立かくりつ。¶ 재정의 ~ 財政ざいせいの確立/ 사회의 기강을 ~하다 社会しゃかいの紀綱きこうを確立する.

**확보**【確保】图(하자)(하자) 確保かくほ。¶ 식량을 ~하다 食糧しょくりょうを確保する。/ 예산이 ~되다 予算よさんが確保される.

**확산**【擴散】图(하자)(하자) 拡散かくさん。¶ 핵 ~ 방지 核拡散かくさん防止ぼうし/ 전국으로 ~되다 全国ぜんこくに広ひろがる.

**확성-기**【擴聲器】图 拡声器かくせいき.

**확신**【確信】图(하자)(하자) 確信しん。¶ 우승을 ~하다 優勝ゆうしょうを確信する.

**확신-범**【-犯】图 確信犯はん.

**확실**【確實】图(하자) 確実かくじつ、確たしかなこと。¶ ~한 증거 確実な証拠しょうこ/ 아직 ~치 않다 まだ確かでない。/ 그가 살아 있는 것은 ~하다 彼かれが生いきていることは確かだ。**확실-히** 副 確実に、確かに、はっきりと。¶ ~ 이상한 남자다 確かにおかしい男おとこだ。/ ~ 모른다 はっきり分わからない.

**확실-성**【-性】图 確実性せい.

**확실-시**【-視】图(하자)(하자) 確実視し.

**확약**【確約】图(하자)(하자) 確約かく。¶ ~하기는 어렵다 確約することは難むずかしい.

**확언**【確言】图(하자)(하자) 確言げん。¶ 틀림없다고 ~하다 間違まちがいないと確言する。/ 그 점은 ~하기 어렵다 その点てんは確言しがたい.

**확연**【確然】图(하자) 確然かくぜん。¶ 승리는 ~하다 勝利しょうりは確かだ。**확연-히** 副 はっきりと.

**확인**【確認】图(하자)(하자) 確認にん。¶ ~ 사항 確認事項じこう/ ~된 사실 確認された事実じじつ/ 의향을 ~하다 意向いこうを確かめる.

**확인-서**【-書】图 確認書しょ。¶ ~를 받다 確認書を受うけ取とる.

**확인 소송**【-訴訟】图【法】確認訴訟そしょう.

**확인 판결**【-判決】图【法】確認判決はん.

**확장**【擴張】图(하자)(하자) 拡張ちょう。¶ 사업을 ~하다 事業じぎょうを拡張する.

**확정**【確定】图(하자)(하자) 確定てい。¶ ~ 신고 確定申告しんこく/ 일을 ~하다 事を定さだめる。/ 기일을 ~하다 期日きじつを確定する.

**확정-적**【-的】冠名 確定的てき。¶ ~인 증거 確定的な証拠しょうこ.

**확정 판결**【-判決】图【法】確定判決はん.

**확증**【確證】图(하자)(하자) 確証かく。¶ ~을 잡다 確証を握にぎる.

**확충**【擴充】图(하자)(하자) 拡充じゅう。¶ 시설을 ~하다 施設しせつを拡充する.

**확-확** 副 ①《風かぜがしきりに強つよく吹ふきつけるようす》びゅうびゅう。¶ 뜨거운 김이 ~ 나

온다 熱ぁぃ湯気ゅゖがびゅうびゅう立たち上ゖる。②《火が》しきりに激はげしく燃もえ上あがるようす》ぼうぼう。¶ ～ 타오르는 불길 ぼうぼうと燃え上がる炎ほの。③《熱気が盛さかんなようす》かっかと。¶ 뺨이 ～ 달아오르다 頰がかっかとほてる。④《巻まきつけた物ものがほどけるようす》するする。¶ 연줄이 ～ 풀려나가다 たこ糸いとがするするほどけていく。

**환**[丸] 图《「환약(丸藥)」の縮約形》丸薬やく。

**환**[換] 图 為替がせ。¶ ～어음을 발행하다 為替手形を振り出だす。

**환:각**[幻覺] 图[心] 幻覺かく。¶ ～을 일으키다 幻覺を起こす。/ ～ 증상을 보이다 幻覺症状を示す。

**환:각-제**[-劑] 图[薬] 幻覺劑。

**환:갑**[還甲] 图 還暦れき、本卦帰ほんがり。¶ ～을 맞이하다 還暦を迎える。⑰ 회갑(回甲)

[慣用] **환갑 진갑 다 지내다** (還暦をとっくに過ぎたの意で) ずいぶん長生ながいきする。

**환:갑-날**[-날] 图 還暦を迎える誕生日。

**환:갑 잔치** 图 還暦のお祝い。

**환:거래**[換去來] 图[経] 為替で取引とりひき。

**환경**[環境] 图 ① 外界~ 外国 ② 衛生 環境衛生。¶ ～이 오염되다 環境が汚染される。 / 생활 ～이 나쁘다 生活環境が悪い。

**환경 공학**[-工學] 图 環境工学。

**환경-부**[-部] 图 環境部(日本の環境庁に当あたる)。

**환:곡**[換穀] 图 穀物を互いに交換する こと。

**환곡**[還穀] 图[史] 官庁が春に民に貸して秋に回収した穀物。

**환:골-탈태**[換骨奪胎] 图 換骨奪胎かんこつだったい。

**환:관**[宦官] 图[史] 宦官かん。⑰ 내시(內侍)

**환:-관리**[管理] 图[経] 為替管理。

**환궁**[還宮] 图 還御ぎょ、還幸こう。

**환:금**[換金] 图 ①換金、品物を売り現金に変えること。¶ ～ 작물 換金作物。⑰ 환물(換物) ②両替がえ。

**환:기**[喚起] 图 喚起かん。¶ 주의를 ～하다 注意を喚起する。/ 기억을 ～시키다 記憶を呼び起こす。

**환:기**[換氣] 图 換気き、通風つう。¶ ～가 잘 되는 방 通風のよい部屋/ ～가 되다 換気がよい。

**환:기 장치**[-裝置] 图 換気装置。

**환:기-창**[-窓] 图[建] 換気窓、風窓かざ。

**환담**[歡談] 图 歡談かん。¶ 내객과 ～하다 来客と歡談する。

**환대**[歡待] 图 歡待かん。¶ 정성어린 ～ 真心を込めたもてなし / ～를 받다 歡待を受ける。

**환도**[還都] 图 還都と。

**환:-등**[幻燈] 图《「환등기」の縮約形》幻燈。

**환:등-기**[-機] 图 幻燈機き。

**환락**[歡樂] 图 歡樂らく。¶ ～에 빠지다 歡樂におぼれる。

**환락-가**[-街] 图 歡樂街がい。

**환:란**[患亂] 图 患乱かん、兵乱へい。

**환:멸**[幻滅] 图 幻滅めつ。¶ ～을 느끼다 幻滅を感じる。

**환:멸-감**[-感] 图 幻滅感かん。

**환:문**[喚問] 图 喚問もん。¶ 증인을 ～하다 証人を喚問する。

**환:물**[換物] 图 物換かん。⑭ 환금(換金)

**환:부**[患部] 图 患部ぶ。¶ ～를 소독하다 患部を消毒する。

**환부**[還付] 图 還付かん。¶ 세금을 ～하다 税金を還付する。⑰ 환급(還給)

**환부-금**[-金] 图 還付金きん。

**환불**[還拂] 图 (料金などを)払い戻すこと。¶ 전액을 ～하다 全額を払いもどす。

**환:산**[換算] 图 換算かん。¶ 돈으로 ～하다 金に換算する。

**환:산-표**[-表] 图 換算表ひょう。

**환:상**[幻想] 图 幻想そう。¶ ～미 幻想美 / ～을 품다 幻想を抱く。

**환:상-곡**[-曲] 图[音] 幻想曲きょく、ファンタジア、ファンタジー。

**환:상-적**[-的] 图 幻想的。¶ ～인 분위기 幻想的な雰囲気。

**환:상**[幻像] 图[心] 幻像ぞう、幻影えい。¶ ～을 좇다 幻影を追おう。⑰ 환영(幻影)

**환상**[環狀] 图 環狀じょう。¶ ～선 環狀線 / ～도로 環狀道路ろ。

**환생**[還生] 图 ①生き返ること。②生まれ変わること、転生てん、輪廻りん。

**환:성**[喚聲] 图 喚声せい。¶ 와 하고 ～을 지르다 どっと喚声をあげる。

**환:성**[歡聲] 图 歡声せい。¶ ～을 올리다 歡声をあげる。

**환속**[還俗] 图[佛] 還俗ぞく。

**환송**[歡送] 图 歡送そう。¶ 인파 歡送の人波ひと。

**환송-회**[-會] 图 歡送会かい。

**환송**[還送] 图 還送そう、送還かん。¶ 서류를 ～하다 書類を差し戻す。/ 본국으로 ～하다 本国に還送する。⑰ 반송(返送)·회송(回送)

**환수**[還收] 图 還収かん、(他人の手に渡ったものを)取り戻すこと。¶ 통화를 ～하다 通貨を還収する。

**환:시**[幻視] 图[心] 幻視し。

**환시**[環視] 图 環視かん。¶ 중인 ～리에 창피를 당하다 衆人かんし環視の中で恥じをかく。

**환-시세**[換時勢] 图[経] 為替相場そうば、為替レート。⑰ 환율(換率)

**환심**[歡心] 图 歡心しん。

[慣用] **환심(을) 사다** 歡心しんを買う、取り入る。¶ 상사의 환심을 사려고 애쓰다 上役やくに取り入ろうと努める。

**환약**[丸藥] 图 丸薬やく。¶ ～ 한 알 丸薬一粒。

**환:-어음**[換-] 图 為替手形かわせてがた。

**환:언**[換言] 图 換言かん、言いかえること

と。¶ ～하면 換言すれば。
**환:영**[幻影] 图 幻影ぽん、幻ぽし。¶ ～을 좇다 幻を追おう。
**환영**[歡迎] 图[하타] 歡迎かん。¶ ～회 歡迎会かい/성대한 ～을 받다 盛大せいだいな歡迎を受うける。
　**환영-사**[-辭] 图 歡迎の辞じ。
**환원**[還元] 图[하타] 還元かん、元もとに戻もどすこと。¶ 이익을 사회에 ～하다 利益りえきを社会しゃかいに還元する。
　**환원-법**[-法] 图[論] 還元法ほう。
　**환원-제**[-劑] 图 還元剤ざい。
**환:율**[換率] 图[經] 為替かわせ相場そうば、為替レート。⑪ 환시세
**환:-은행**[換銀行] 图[經] 為替銀行ぎんこう。⑪ 외환 은행
**환:자**[患者] 图 患者かん、病人びょう。¶ 외래 ～ 外来がいらい患者。
**환:장**[換腸] 图[하타] (いつもと違ちがって)気きがおかしくなること、狂くるいそうになること。¶ 바빠서 ～할 지경이다 忙いそがしくて気きがおかしくなりそうだ。
**환:-쟁이** 图(俗) 三文画家さんもんがか。
**환:전**[換錢] 图[하타] 両替りょう。¶ ～상 両替屋や、金兌かねだ/달러로 ～하다 ドルに両替する。⑫ 환금(換金)
**환:절**[換節] 图 季節きせつが変かわること。
　**환:절-기**[-期] 图 季節きせつの変かわり目め。
**환:지**[換地] 图[하타] 換地かん、替かえ地ち。
　**환:지 처:분**[-處分] 图[法] 換地処分ぶん。
**환청**[幻聽] 图[心] 幻聴げんちょう。
**환초**[環礁] 图[地] 環礁かん。
**환-하다** 圈④①明あかるい、あかあかとしている。¶ 방이 ～ 部屋へやが明るい。/ 전등이 환하게 비치다 電灯でんとうが明るく照てらす。②見みえ透すいている。¶ 살이 환하게 비쳐 보이다 肌はだがはっきりと透すけて見える。③(前方ぜんぽうが)ぱっと開ひらけている、見通みとおしがいい、広ひろびろとしている。¶ 환하게 트인 길 広ひろくまっすぐな道みち。④(物事ものごとに)明あかるい、精通せいつうしている、詳くわしい。¶ 이 부근의 지리에 ～ この辺へんの地理ちりに明るい。⑤(物事ものごとに)明あきらかだ、明白めいはくだ、はっきりしている。¶ 불을 보듯 ～ 火ひを見るより明あきらかだ。⑥(容貌ようぼうなどが)立派りっぱだ、すっきりしている、晴はれやかだ。¶ 얼굴이 ～ 顔かおが晴れやかだ。⑦(口くちの中なかが)さわやかだ。¶ 양치질을 하고 나니 입안이 ～ うがいをしたら口の中がさっぱりした。**환-히** 圖 明あきらかに、よく、はっきり。¶ 그의 속은 ～ 알고 있다 彼かれの心中しんちゅうははっきり分わかっている。
**환향**[還鄕] 图[하타] 還鄕かん、帰鄕きょう。¶ 금의 ～하다 錦にしきを着きて郷きょうに帰かえる。
**환형**[環形] 图 環形かん、環狀じょう。
　**환형-동:물**[-動物] 图[動] 環形動物ぶつ。
**환:호**[喚呼] 图[하타] 喚呼かん。
**환호**[歡呼] 图[하타] 歡呼かん。¶ ～을 올리다 歡呼の声こえをあげる。
　**환호-성**[-聲] 图 歡呼の声こえ。

**환호 작약**[-雀躍] 图[하타] 喜よろこびこんで声こえをあげながら小躍こおどりすること。
**환:후**[患候] 图《目上めうえの人ひとの病気びょうきの尊敬そんけい語》ご病気。
**환희**[歡喜] 图 歡喜かん。¶ ～의 눈물을 흘리다 歡喜の涙なみだを流ながす。
**활** 图①弓ゆみ。¶ 이 고을의 명수 弓の名手めいしゅ/ ～을 쏘다 弓を射いる。/ ～을 잔뜩 당기다 弓をいっぱいに引ひく。②(弦楽器がんがっきの)弓ゆみ。¶ 바이올린의 ～ バイオリンの弓。
**활강**[滑降] 图[하타] 滑降かっ。¶ 경사면을 ～하다 傾斜面けいしゃめんを滑降する。
　**활강 경:기**[-競技] 图[體] 滑降競技きょう。
**활개** 图①(鳥とりの)翼つばさ、広ひろげた腕うで、大手おおて。¶ ～를 벌리고 걷다 大手を振ふって歩あるく。
　**활개-짓다** 国[入] 大手おおてを振ふる。
　**활개-치다** 国 ①羽ばたく。②大手おおてを振ふって歩あるく、意気揚々いきようようとふるまう、横行おうこうする。¶ 소매치기가 ～ スリが横行する。
　**활갯-짓** 图①羽ばたき。②(歩あるきながら)大手おおてを振ふる動作どう。
**활공**[滑空] 图[하타] 滑空かっ。
　**활공-기**[-機] 图 滑空機き、グライダー。
**활극**[活劇] 图①活劇げき。¶ 서부 ～ 西部劇げき。②乱闘劇らんとう。¶ 술에 취해 ～을 벌이다 酒さけに酔よって乱闘劇を演えんじる。
**활기**[活氣] 图 活氣かっ、生気せい。¶ ～찬 생활 活気あふれる生活せいかつ/ ～를 잃다 活気を失うしなう。/ 증권 시장이 ～를 띠다 證券しょうけん市場じょうが活況かっきょうを示しめす。
**활달**[豁達] 图[하타][하형] 闊達かったつ、豁達かったつ。¶ ～한 기질 闊達な気性きしょう/ 그는 ～한 데가 있다 彼かれはこせつかない所ところがある。
**활동**[活動] 图[하타] 活動どう。¶ ～가 活動家か/ 과외 ～ 課外かがい活動/ ～을 개시하다 活動を開始かいしする。/ 정계에서 ～하다 政界せいかいで活動する。
　**활동-력**[-力] 图 活動力りょく。¶ ～이 넘치다 活動力があふれる。
　**활동-사진**[-寫眞] 图《「영화」の旧称きゅうしょう》活動写真しゃしん、映画がが。
　**활동-적**[-的] 冠名 活動的てき。¶ ～인 사람 活動的な人ひと。
**활-등** 图 弓ゆみの背せ。
**활딱** 圖①《ひとつ残のこらず脱ぬげたり 外はずれたりしているようす》すっかり、つるっと。¶ 옷을 ～ 벗어 던지다 着物きものをすっかり脱ぬぎすてる。②《(全部ぜんぶ)ひっくり返かえるようす》くるっと。¶ 주머니를 ～ 뒤집다 ポケットをくるっと返かえす。③《熱湯ねっとうなどが急きゅうに沸わきあふれるようす》ぐらっ、ごぼっ。¶ 된장국이 끓어 ～ 넘치다 みそ汁しるがぐらぐら沸わいてあふれる。④《急きゅうに変かわるようす》すっかり、ぱっと。¶ 집안이 ～ 뒤집히다 家いえの中なかがすっかりひっくり返かえる。
**활력**[活力] 图 活力りょく。¶ ～이 넘치다 活力にあふれる。

**활력-소**[-素] 图 活力素、活力のもと。
**활로**[活路] 图 活路、血路、方法。¶ ~를 찾다 活路を見いだす。/ ~를 열다 血路を開く。
**활발**[活潑] 图혱웽 活発、活気のあること やそのようす。¶ ~한 움직임 活発な動き/ 동작이 ~하다 動作が活発である。**활발-히** 副 活発に。¶ ~ 움직이다 活発に動く。
**활보**[闊歩] 图혱셀 闊歩。¶ 대로를 ~하다 大路を闊歩する。
**활빈-당**[活貧黨] 图 義賊党。
**활석**[滑石] 图[鑛] 滑石、タルク。
**활성**[活性] 图[化] 活性。¶ ~ 비타민 活性ビタミン。
　**활성-탄**[-炭] 图 活性炭。
　**활성 탄-소**[-炭素] 图[化] 活性炭素。
　**활성-화**[-化] 图혱싸뎁ｚ 活性化。¶ 조직을 ~하다 組織を活性化する。
**활수-하다**[滑手-] 厖 気前がいい、気っ風がいい。¶ 그는 활수한 사람이다 彼は気前のいい人だ。
**활-시위**[弓弦] 图 弦、ゆみづる。¶ ~를 떠난 화살 弦を離れた矢。
　〔관용〕 활시위(를) 얹다 弓に弦を張る。
**활액**[滑液] 图[生] 滑液。
　**활액-막**[-膜] 图 滑液膜。
**활약**[活躍] 图혱싸 活躍。¶ ~이 눈부시다 活躍が目覚ましい。/ 정계에서 ~하다 政界で活躍する。
**활어**[活魚] 图 活魚、活け魚、活き魚。¶ ~ 요리 活魚料理。
**활엽**[闊葉] 图[植] 闊葉。
　**활엽-수**[-樹] 图[植] 闊葉樹、広葉樹。
**활-옷** 图 ① 王女の大礼服。② 花嫁の婚礼服。
**활용**[活用] 图혱뎁 活用。①(能力や機能などを)生かして使うこと。¶ 여가를 ~하다 余暇をうまく活用する。②[文法](用言の)語形に変化。¶ 불규칙 ~ 不規則活用。
　**활용-어**[-語] 图[文法] 活用語。
　**활용-형**[-形] 图[文法] 活用形。¶ 동사의 ~ 動詞の活用形。
**활인**[活人] 图 活人。¶ ~검 活人剣。
**활자**[活字] 图 活字。¶ 알아 보기 힘든 ~ 見悪にくい活字/ ~를 골라다 活字を拾う。
　**활자-본**[-本] 图[印] 活字本。
　**활자-체**[-體] 图 活字体。
　**활자-화**[-化] 图혱싸뎁 活字化。
**활주**[滑走] 图혱싸 滑走。
　**활주-로**[-路] 图 滑走路。
**활짝** 副 ①(戸などを開け放したようす)すっかり。¶ 창이 ~ 열려 있다 窓がすっかり開け放たれている。②(広く遠くまで開けたようす)からっと、ぱあっと、広々と。¶ ~ 트인 들판 ぱあっと開けた野原。③《すっかり晴れたようす》からりと、ぱあっと。¶ 하늘이 ~ 개어 있다 空がからっと晴れている。④《花などが完全に開いたようす》ぱあっと。¶ 뜰에 꽃이 ~ 피어 있다 庭に花がぱあっと咲いている。⑤《満面ににえみをたたえたようす》にっこりと。¶ ~ 웃다 にっこりと笑う。⑥《ご飯などが十分にむれたようす》ふっくら。¶ 밥이 ~ 퍼졌다 ご飯がふっくらと炊き上がった。
**활차**[滑車] 图 滑車 ➪ 도르래
**활-촉**[-鏃] 图(「화살촉」の縮約形)やじり。
**활-터** 图 矢場、射場、的場、弓場。
**활판**[活版] 图[印] 活版。
　**활판-본**[-本] 图 活版本。
　**활판 인쇄**[-印刷] 图 活版印刷、活版刷り。
**활-화산**[活火山] 图[地] 活火山。
**활-활** 副 ①《火が勢いよく燃えも上がるようす》ぼうぼう(と)、めらめら(と)、かんかん(と)、炎々と。¶ ~ 타오르는 불길 ぼうぼうと燃え上がる火柱。②《鳥などが軽やかに空を飛ぶようす》すいすい(と)、ひらひら(と)。¶ 갈매기가 ~ 날아간다 カモメがすいすいと飛んでいる。③《勢いよく衣服を脱ぐすてるようす》さっと、さっさと。¶ 옷을 ~ 벗어던지다 服をさっさと脱ぎすてる。④《うちわで勢いよく風を起こすようす》ぱたぱた(と)、ひらひら(と)。¶ ~ 부채질을 하다 ぱたぱたとうちわをあおぐ。
**활황**[活況] 图 活況、好況。¶ 경기가 ~을 되찾다 景気は活況を取り戻す。

**홧-김**[火-] 图 腹立ちまぎれ、腹いせ。¶ ~에 돈을 다 써 버렸다 腹立ちまぎれにお金を全部使ってしまった。
　〔속담〕 홧김에 서방질한다 腹立ちまぎれに不貞を働くたら。《憤りのあまり前後の分別にさを失うしこと》
**홧홧** 副혱웽 《焼けつくように暑いようす》かっかと、かんかんと。¶ ~한 더위 焼けつくような暑さ/ 얼굴이 ~ 달아오르다 顔がかっかとほてる。
**황** 图 ①(麻雀などで)パイがそろわないこと、そのパイ。②(ある事に)見合わない物事。
**황**[黃] 图 ①(「황색」の縮約形)黃、黃色。②[鑛] 硫黃。③[漢] ➪ 우황(牛黃)
**황-갈색**[黃褐色] 图 黄褐色。
**황감**[惶感] 图혱웽 恐れ多くて感激すること。
**황-고집**[黃固執] 图 非常にかたくなで意地の強いこと、意地っ張り。
**황공**[惶恐] 图혱웽 恐れ多いこと、恐縮。¶ 하옵게도 恐れ多くも/ ~한 말씀을 듣다 恐れ多い言葉を聞く。
**황공-무지**[-無地] 图 恐れ多くて身のおき所を知らぬこと。
**황구**[黃口] 图(くちばしの黃色いひなの意で)未熟な幼い者、青二才。
**황구-유취**[-乳臭] 图[比](幼くてまだ乳のにおいがするとの意で)青二才。
**황구**[黃狗] 图 黄狗、毛色の黃色い犬。
　㉮ 누렁이

황궁[皇宮] 名 皇宮こう、御所ごしょ。
황금[黃金] 名 ①黄金おうごん・こがね。¶ ~색 黄金色こがねいろ/ ~빛 물결(稲穂いなほの)黄金こがねの波なみ。②お金かね、金銭きんせん。¶ ~에 눈이 멀다 金に目かねが眩くらむ。
  황금 만:능[-萬能] 名 黄金おうごん万能ばんのう。¶ ~의 풍조 黄金万能の風潮ふうちょう。
  황금 분할[-分割] 名 數 黄金おうごん分割ぶんかつ。
  황금 시대[-時代] 名 黄金おうごん時代だい、全盛期ぜんせいき、ゴールデンエージ。
황급[遑急] 名 하形 慌あわてていること、慌あわただしいこと。황급-히 副 慌あわてて。¶ 소식을 듣고 ~ 달려오다 知しらせを聞きいて慌てて駆かけつける。
황기[黃旗] 名 黄旗こうき。
황녀[皇女] 名 皇女こうじょ・おうじょ。
황달[黃疸] 名 漢 黄疸おうだん。
황당[荒唐] 名 하形 荒唐こうとう、言いうことが取とり留とめのないこと、でたらめ。
  황당 무계[-無稽] 名 하形 荒唐無稽けい。¶ 너무나 ~한 이야기 あまりに荒唐無稽な話はなし。
황도[黃桃] 名 植 オウトウ。
황도[黃道] 名 天 黄道おうどう。
  황도-대[-帶] 名 天 黄道帯おうどうたい。
  황도십이궁[-十二宮] 名 天 黄道十二宮じゅうにきゅう。
황동[黃銅] 名 鑛 黄銅おうどう・どう、真鍮しんちゅう。
  황동-광[-鑛] 鑛 黄銅鉱おうどうこう。⑪ 놋쇠
황량[荒涼] 名 하形 荒涼りょう。¶ ~ 한 사막 荒涼とした砂漠さばく。
황률[黃栗] 名《栗くりを乾かわかして殻からと渋皮しぶを除のぞいたもの》勝栗かちぐり。⑪ 황밤
황린[黃燐] 名 化 黄燐おうりん。
황마[黃麻] 名 植 黄麻こうま・おうま・つなそ。¶ ~지 黄麻紙ようまし。
황막[荒漠] 名 하形 荒漠ばく。¶ ~한 풍경 荒漠とした風景ふうけい。
황망[慌忙] 名 慌忙ぼう、慌あわただしいこと、慌あわてふためくこと。¶ ~한 기분 慌ただしい気分きぶん。
황-매화[黃梅花] 名 植 ヤマブキ、オウバイ。
황모[黃毛] 名 イタチの尾おの毛け。
황무[荒蕪] 名 荒蕪ぶ。
  황무-지[-地] 名 荒蕪地ぶち、荒あれ地ち。¶ ~를 개간하다 荒れ地を開墾かいこんする。
황벽-나무[黃蘗-] 名 キハダ。
황사[黃砂・黃沙] 名 黄砂おうさ。
황사[黃絲] 名 黄色きいろい糸いと。
황산[黃酸] 名 化 硫酸りゅうさん。¶ ~ 칼슘 硫酸カルシウム。
  황산-나트륨[-Natrium] 名 化 硫酸ナトリウム、硫酸ソーダ。
  황산-염[-鹽] 名 化 硫酸塩えん。
황:-새 名 動 コウノトリ。
  황:새-걸음 長ながい足あしで大股おおまたに歩あるくようす、そのような歩あるき方かた。
황색[黃色] 名 黄色おうしょく・しょく・いろ。
  황색 인종[-人種] 名 黄色おうしょく人種じん。
황성[皇城] 名 皇城こうじょう、皇京こうけい。
황성[荒城] 名 荒城こうじょう、荒あれ果はてた城しろ。¶ ~ 옛터 荒城の遺跡せき。
황-소[黃-] 名 大おおきい牡牛おうし。⑪ 황우
  황소-걸음 ①のろい歩あゆみ、牛歩ぎゅうほ。②(比)のろいが堅実けんじつに行なうこと。
  황소-바람 強つよいすきま風かぜ。
  황소-자리 天 牡牛座おうしざ。
황손[皇孫] 名 皇孫こうそん。
황송[惶悚] 名 하形 恐おそれ入いっていること。¶ ~하게 여기다 恐縮きょうしゅくに思おもう。/ 말씀드리기 ~ 합니다만 申もうし上あげるのも恐れ多おおいのですが。⑪ 황공(惶恐)
황실[皇室] 名 皇室こうしつ。
황야[荒野] 名 荒野や・あれ・あら・の。¶ ~를 헤매다 荒野こうやをさまよう。
황옥[黃玉] 名 鑛 黄玉おうぎょく、トパーズ。
황우[黃牛] 名 大おおきい牡牛おうし。
황위[皇位] 名 皇位こうい。¶ ~를 계승하다 皇位を継承けいしょうする。
황음[荒淫] 名 하自 荒淫いん。
황-인종[黃人種] 名《「황색 인종」の縮約形》黄色しょく人種じん。
황제[皇帝] 名 皇帝こうてい。¶ ~의 자리에 앉다 皇帝の座ざに座すわる。
황조[黃鳥] 名 動 黄鳥こう、コウライウグイス。⑪ 꾀꼬리
황족[皇族] 名 皇族ぞく。
황:차[況且] 副 まして、いわんや。¶ 짐승도 은혜를 알거늘 ~ 사람에 있어서 받은 바 은혜를 모르겠는가. 獣けだものでさえ恩を知しっている、いわんや人間にんげんにおいてをやだ。⑪ 하물며
황천[黃泉] 名 黄泉よ・せん、冥土めいど、よみじ。⑪ 저승
  황천-객[-客] 名 黄泉の客きゃく、死者ししゃ。¶ ~이 되다 黄泉の客となる。
  황천-길 黄泉路よみじ、冥土めいどの旅たび。¶ ~을 떠나다 冥土の旅に出でる。
황철-광[黃鐵鑛] 名 鑛 黄鉄鉱おうてつこう。
황체[黃體] 名 生 黄体たい。
  황체 호르몬[-hormon] 名 生 黄体ホルモン。
황충[蝗蟲] 名 虫 トノサマバッタ。
황-태자[皇太子] 名 皇太子たいし。
  황태자-비[-妃] 名 皇太子妃ひ。
황-태후[皇太后] 名 皇太后たいこうごう。
황토[荒土] 名 荒土ど、荒あれ地ち。
황토[黃土] 名 黄土ど・こう。¶ ~벽 黄土おうどの壁かべ。
  황토-색[-色] 名 黄土色おうどいろ。
  황토-층[-層] 名 地 黄土層おうどそう。
황폐[荒廢] 名 하自 荒廃はい。¶ 정신의 ~ 精神せいしんの荒廃/ 밭이 ~해지다 畑はたが荒あれ果はてる。
  황폐-화[-化] 名 하自他 荒廃化か。¶ ~된 국토 荒れ果てた国土こくど。
황-하[黃河] 名 地 (中国ちゅうごくの)黄河こうが。
황혼[黃昏] 名 黄昏こん、たそがれ、夕暮ゆうぐれ、日暮ひぐれ。¶ ~ 때 夕暮れどき/ 인생의 ~ 人生じんせいのたそがれ/ ~이 되다 夕方ゆうがたになる。

**황홀**[恍惚・慌惚] 名(하)形 恍惚こう。¶ ~한 기분 うっとりした心持こころち / ~하여 넋을 잃고 바라보다 恍惚として見とれる。

**황홀-경**[-境] 名 恍惚の境地きょうち、夢心地ゆめごこち。

**황화**[黃化] 名(하)自 ①[化] 硫化りゅうか。¶ ~ 수소 硫化水素すいそ。 ②[植] 黃化おう。

**황화-동**[-銅] 名[化] 硫化銅どう。
**황화-물**[-物] 名[化] 硫化物ぶつ。
**황화-철**[-鐵] 名[化] 硫化鉄てつ。

**황화**[黃禍] 名 黃禍か。
**황화-론**[-論] 名 黃禍論ろん。

**황황**[遑遑] 名(하)形 遑々こうこう、気きがあせって落おち着つかないこと。**황황-히** 副 遑々と、せかせかと。¶ ~ 뛰어다니다 遑々として奔走ほんそうする。

**황후**[皇后] 名 皇后こうごう、きさき。

**홰**¹ 名 止まり木ぎ。
관용 **홰를 치다** (鶏にわとりが夜明よあけに止まり木を羽はねで打うちながら)羽ばたく。

**홰**² 名 松明たいまつ。

**홰**³ 名 「횃대」の縮約形。

**홰:홰** 副 ①(軽かくあちこち振ふり回まわすようす) ぐるぐる(と)。¶ 새끼줄을 ~ 휘두르다 縄なわをぐるぐる振り回す。 ②(軽かくしきりに巻まかれるようす) くるくる(と)。¶ 붕대를 ~ 감다 包帯ほうたいをくるくる巻く。

**획** 副 ①(ドアなどをすばやく開開かいするようす) ぐいと、ぱっと。¶ 문을 ~ 열어 젖히다 扉とびらをぐいと押おし開あける。 ②(すばやく振ふり切きったりかわしたりするようす) さっと、くるっと。¶ 몸을 ~ 돌리다 体からだをくるっと回まわす。 ③(すばやく通とおりすぎるようす) さっと、すっと。¶ 자동차가 ~ 지나가다 自動車じどうしゃがさっと通りすぎる。 ④(すばやく投なげたり振ふりまいたりするようす) ぽんと、ぱっと。¶ 쓰레기통에 ~ 내던지다 ごみ箱ばこにぽんと投なげ入いれる。 ⑤(風かぜなどがにわかに強つよく吹ふくようす) ひゅっと、ふっと。¶ 촛불을 ~ 불어 끄다 ろうそくの火ひをふっと吹ふき消けす。 ⑥(動作どうさが勢いきいよく素早すばやいようす) ぱっと、さっと、勢いよく。¶ 일을 ~ 해치우다 仕事しごとをきっと片付かたづける。

**획-획** 副 ①ぱっぱっと、さっさっと。 ②くるっくるっと、さっと。¶ 바람개비가 ~ 돌아가다 風車かざぐるまがくるくる回る。 ③ぽんぽんと。 ④ぐいぐいと。 ⑤ぴゅうぴゅうと。¶ 바람이 ~ 몰아치다 風かぜがぴゅうぴゅうと吹く。

**횃-대** 名 (棒ぼうの両端りょうをひもでつるすようにした)衣紋掛もんかけ。¶ ~ 밑 사내 かげ弁慶べんけい。

**횃댓-보**[-褓] 名 衣紋掛もんかけの覆おおい。

**횃-불** 名 松明たいまつ、かがり火び。¶ ~을 켜다 いまつをともす。

**행댕그렁-하다** 形04 (広ひろい空間くうかんに何なにもなく)がらんしている、ひっそりとしている。¶ 대회가 끝나고 회장은 ~ 大会たいかいが終わって会場かいじょうがひっそりとしている。 준 행댕그렁

하다

**행-하다** 形04 ①よく通つうじている、明あかるい。¶ 이 부근의 지리에 ~ この辺へんの地理に明るい。 ②(穴あな・道路どうろなどが)すっと通る、よく通る。¶ 도로가 행하게 뻗어 있다 道路がすっと伸のびている。 ③「행그렁하다」の縮約形。

**회**[灰] 名 「석회(石灰)」の縮約形。

**회**[回] Ⅰ 名 回かい。¶ ~를 거듭하다 回を重かさねる。 Ⅱ 依 …回かい。¶ 제3~ 第三回さんかい。

**회**[蛔] 名 「회충(蛔蟲)の縮約形」回虫かいちゅう。
관용 **회가 동하다** 回虫かいちゅうが動うごく、食欲しょくよく・物欲ぶつよくをそそることのたとえ。

**회**:[會] 名(하)自 ①会かい、集あつまり、集つどい、集会しゅうかい、会合ごう。¶ ~를 열다 会を開ひらく。/ ~에 가입하다 会に加入かにゅうする。 ②《接尾辞的に》…会かい。¶ 음악~ 音楽会おんがくかい。

**회**:[膾] 名(하)他 なます、刺身さしみ。¶ 도미 ~ タイの刺身 / ~를 치다 刺身にする。

**회-갈색**[灰褐色] 名 灰褐色はいかっしょく。

**회갑**[回甲] 名 還暦かんれき。㊦ 환갑
**회갑-연**[-宴] 名 還暦の祝宴しゅくえん。

**회:개**[悔改] 名(하)他 悔くい改あらためること、悔悟かいご。¶ 죄를 ~하다 罪を悔い改める。

**회:견**[會見] 名(하)自 会見かいけん。¶ 기자 ~ 記者会見 / ~을 신청하다 会見を申もうし入いれる。

**회:계**[會計] 名(하)他 会計かいけい。¶ ~ 감사 会計監査かんさ / ~를 맞추다 会計を合あわせる。

**회:계-사**[-士] 名 会計士し。¶ 공인 ~ 公認こうにん会計士。

**회:계 연도**[-年度] 名 会計年度ねんど。
**회:계 장부**[-帳簿] 名 会計帳簿ちょうぼ。

**회고**[回顧] 名(하)他 回顧かいこ。¶ 지난날을 ~하다 往時おうじを回顧する。

**회고-록**[-錄] 名 回顧録ろく。

**회고**[懷古] 名(하)自 懷古かいこ。¶ ~ 취미 懷古趣味しゅみ。

**회고-담**[-談] 名 懷古談だん。

**회:관**[會館] 名 会館かいかん。¶ 시민 ~ 市民しみん会館 / 어린이 ~ 子供こども会館。

**회교**[回教] 名[宗] 回教きょう、マホメット教きょう、イスラム教きょう。¶ ~ 사원 回教寺院じいん。

**회교-도**[-徒] 名 回教徒と。

**회귀**[回歸] 名(하)自 回帰かいき。¶ 영겁 ~ 永劫えいごう回帰。

**회귀-선**[-線] 名[天] 回帰線せん。¶ 북~ 北きた回帰線。

**회귀-열**[-熱] 名[醫] 回帰熱ねつ。㊦ 재귀열(再歸熱)

**회기**[回期] 名 回忌かいき、周忌しゅうき。

**회:기**[會期] 名 会期かいき。¶ 국회의 ~ 国会こっかいの会期 / ~를 연장하다 会期を延長えんちょうする。

**회-나무** 名 [ムラサキツリバナ]

**회:담**[會談] 名(하)自 会談かいだん。¶ 수뇌 ~ 首脳しゅのう会談 / ~이 길어지다 会談が長引ながびく。

**회답**[回答] 名(하)自他 回答とう、返事へんじ。¶ ~이 없다 回答がない。 / ~을 보내다 回答を送おくる。 / ~을 보류하다 回答を見合みあわせる。 /

구두로 ~하다 口頭で回答する。
**회독**[回讀] 명하타 回読かい、回し読まわし。¶ 동인지를 ~하다 同人雑誌どうじんざっしを回読する。
**회:동**[會同] 명자 会同かい。¶ 관계자가 ~하다 関係者かんけいしゃが会同する。
**회동그라-지다** 자 (急きゅうにぐらついて)ひっくりかえる、ぶっ倒たおれる。준 휘둥그라지다
**회:득**[會得] 명하타 会得とく。¶ 요령을 ~하다 こつを会得する。㊉ 터득(攄得)
**회뚝-거리다** 자 ぐらつく、ふらつく、倒たおれそうになる。준 휘뚝거리다
**회람**[回覽] 명하타 回覧かい。¶ ~판 回覧板ばん/ ~을 돌리다 回覧を回まわす。/ 공문을 ~하다 公文こうぶんを回覧する。
**회랑**[回廊・廻廊] 명 回廊かい。
**회로**[回路] 명 ①帰路きろ、帰途きと、帰かえり道みち。②(物)(「전기 회로」의 縮約形) 回路かい。¶ 집적~ 集積しゅうせき回路。
  **회로 소자**[-素子] 명(物) 回路素子そし。
**회:뢰**[賄賂] 명하자 賄賂わいろ。 뇌물
**회목**[檜木] 명(植) イブキ。㊉ 노송나무
**회-백색**[灰白色] 명 灰白色かいはくしょく。
**회벽**[灰壁] 명 石灰せっかいを塗ぬった壁かべ。
**회보**[回報] 명하타 回報かいほう、返報へんぽう、返事へんじ。
**회:보**[會報] 명 会報かいほう。¶ 동창회 ~ 同窓会どうそうかい会報。
**회복**[回復] 명하타자 回復かい。¶ 명예를 ~하다 名誉めいよを回復する。/ 원상으로 ~하다 原状げんじょうに回復する。
**회복**[恢復] 명하타자 回復かい、恢復かいふく。¶ 병이 ~되다 病気びょうきが恢復する。
**회복기**[-期] 명 回復期き。
**회부**[回付] 명하타 回付かい。¶ 징계에 ~되다 懲戒ちょうかいに回付される。
**회분**[灰分] 명 石灰せっかいの成分ぶん。
**회:비**[會費] 명 会費かい。¶ ~를 내다 会費を納おさめる。/ ~를 모으다 会費を集あつめる。
**회:사**[會社] 명 会社かい。¶ 주식~ 株式かぶしき会社/ ~가 망하다 会社かいしゃがつぶれる。/ 자~를 차리다 子会社じしゃをつくる。
  **회:사-원**[-員] 명 会社員いん。
**회사**[壞死] 명하자(醫) 壊死かいし。
**회상**[回想] 명하타 回想かい。¶ 학창 시절을 ~하다 学生時代がくせいじだいを回想する。
  **회상-록**[-錄] 명 回想録ろく。
**회색**[灰色] 명 灰色いろ。¶ 연한 ~ 薄うすい灰色。
**회생**[回生] 명하자 回生かい。¶ 기사 ~ 起死きし回生。㊉ 소생(蘇生)
**회:석**[會席] 명 会席せき。¶ ~에 참가하다 会席に参加さんかする。
**회선**[回船] 명 船ふねを回まわして帰かえること、またその帰かえり船ふね。
**회선**[回旋・廻旋] 명하자 回旋かい、旋回せん、ぐるぐる回まわす」こと。¶ ~탑 回旋塔とう。
  **회선-곡**[-曲] 명 回旋曲きょく。㊉ 론도
**회송**[回送] 명하타 回送そう。¶ 빈차를 ~하다 空車くうしゃを回送する。
**회수**[回收] 명하타자 回収しゅう。¶ 자본의 ~ 資本しほんの回収/ 통화를 ~하다 通貨つうかを回収する。
**회수**[回數] 명 回数かいすう、回かい、度ど。¶ ~를 거듭하다 回を重かさねる。/ 시험~가 많다 試験けんの回数が多おおい。
  **회수-권**[-券] 명 回数券けん。
**회시**[回示] 명하타 ①返事へんじ、回答とう。¶ 상부의 ~를 기다리다 上じょうの回答をまつ。②人ひとの返事へんじの尊敬語。③(むかし) 見みせしめのために罪人ざいにんを多おおくの人ひとの中なかで引ひっ張ばり回まわしたこと。
**회:식**[會食] 명하자 会食かい。¶ 회원 일동이 ~하다 会員いちどう一同が会食する。
**회신**[回信] 명하자 回信しん、返信しん。¶ ~용 엽서 返信用はがき。
**회심**[回心] 명하자 ①改心しん。②(佛) 回心しん。③(基) 回心しん。
**회심-곡**[-曲] 명(佛) 善行ぜんこうをすすめる内容ないようの歌うた。
**회:심**[悔心] 명 過あやまちを悔くいる心こころ。
**회:심**[會心] 명 会心かい。¶ ~의 미소를 짓다 会心の笑えみを浮うかべる。
  **회:심-작**[-作] 명 会心の作さく。
**회양-목**[-楊木] 명(植) チョウセンヒメツゲ。
**회:연**[會宴] 명하자 宴会えん、宴えん。¶ ~을 베풀다 宴会を催もよおす。
**회:오**[悔悟] 명하자 悔悟かい、改悟ご。¶ ~의 눈물 悔悟の涙なみだ/ 죄를 ~하다 罪つみを悔悟する。
**회오리-바람** 명 旋風せん、つむじかぜ、竜巻たつまき。¶ 일대 ~을 일으키다 一大いちだい旋風を巻まき起おこす。
**회:우**[會友] 명 会友ゆう。¶ 친목회의 ~ 親睦会しんぼくの会友。
**회:원**[會員] 명 会員いん。¶ 종신 ~이 되다 終身しゅうしん会員になる。/ ~으로 가입하다 会員として加入かにゅうする。
  **회:원-국**[-國] 명 会員国こく。
  **회:원-증**[-證] 명 会員証しょう。
**회유**[回游] 명하자 (魚うおの) 回遊ゆう。¶ ~어 回遊魚ぎょ。
**회유**[回遊] 명하타자 回遊かい、あちこちと旅行りょこうして回まわること。¶ ~선 回遊船せん。
**회유**[懷柔] 명하타 懐柔じゅう、手てなずけること。¶ ~책 懐柔策さく/ ~해서 우리 편으로 끌어들이다 懐柔して味方みかたにつける。
**회유 정책**[-政策] 명 懐柔政策さく。
**회:의**[會意] 명하자 ①意味いみを悟さとること。②会心しん。③(漢字かんじの) 会意い。
**회:의**[會議] 명하타자 会議かい。¶ 직원 ~ 職員しょくいん会議/ ~를 개최하다 会議を開催かいさいする。/ ~에 참석하다 会議に参加さんかする。
  **회:의-록**[-錄] 명 会議録ろく。
**회의**[懷疑] 명하타 懐疑かい。¶ ~론 懷疑論ろん/ ~를 품다 懐疑を抱いだく。
  **회의-적**[-的] 관명 懐疑的てき。¶ ~인 시각 懐疑的な視覚かく。
**회임**[懷妊・懷妊] 명하자 懐妊かい。㊉ 임신(姙娠)

회:자【膾炙】 名 하自 되自 膾炙きゅう。¶ 인구에 ~ 되다 人口ひとぐちに膾炙する。

회:자-정:리【會者定離】 会者定離えしゃじょうり。

회장【回裝】 名 ①屛風びょう・掛かけ軸じくなどの緣取へりどり。②服 女性用じょせいよう のチョゴリの襟えり・袖先そでさき・脇わきの下したに ひもなどを色物いろもので飾かざること、その飾かざり。

회장-저고리 名 服 「회장(回裝)」の飾かざりなりをしたチョゴリ。

회:장【會長】 名 会長かいちょう。¶ 학생 ~ 学生がくせい会長/ ~을 선출하다 会長かいちょうを選えらぶ。

회:장【會場】 名 会場かいじょう。¶ ~을 뒤덮는 활기 会場かいじょうを覆おおう活気かっき/ ~은 입추의 여지도 없다 会場かいじょうは立錐りっすいの余地よちもない。

회저【壞疽】 名 醫 壞疽えそ。

회전【回轉・廻轉】 名 하自他 되自 回転かいてん。¶ ~ 무대 回まわり舞台ぶたい/ 머리 ~이 빠르다 頭あたまの回転かいてんが速はやい。/ 자금을 ~시키다 資金しきんを回転かいてんさせる。

회전 목마[-木馬] 名 回転木馬かいてんもくば、メリーゴーラウンド。

회전-반[-盤] 名 回転盤かいてんばん。

회전 의자[-椅子] 名 回転椅子かいてんいす。

회전-축[-軸] 名 回転軸かいてんじく、心棒しんぼう。

회:전【會戰】 名 하自 会戦かいせん。¶ 흥망을 건 ~ 興亡こうぼうを掛かけた会戦かいせん。

회절【回折】 名 物 回折かいせつ。¶ ~ 격자 回折格子こうし。

회중【懷中】 名 ①懐中かいちゅう。¶ ~ 전등 懐中電灯かいちゅうでんとう。②心こころの中なか、胸中きょうちゅう。

회중-시계[-時計] 名 懐中時計かいちゅうどけい。

회중-품[-品] 名 懐中物かいちゅうもの。¶ ~ 조심 懐中物かいちゅうものご用心ようじん。

회:지【會誌】 名 会誌かいし。¶ ~를 발행하다 会誌かいしを発行はっこうする。

회진【回診】 名 하自他 回診かいしん。¶ ~을 기다리다 回診かいしんを待まつ。/ 의사가 ~하다 医者いしゃが回診かいしんする。

회초리 名 鞭むち、笞しもと。

회춘【回春】 名 하自 回春かいしゅん。¶ ~의 기쁨 回春かいしゅんの喜よろこび。

회충【蛔蟲】 名 動 回虫かいちゅう、腹はらの虫むし。¶ ~을 없애다 虫むしをくだす。

회충-약[-藥] 名 藥 虫下むしくだし。¶ ~을 먹다 虫下むしくだしを飮のむ。

회:-치다【膾-】 他 なますをつくる、刺身さしみにする。

회:칙【會則】 名 会則かいそく。¶ ~ 개정 会則かいそくの改正かいせい/ ~을 만들다 会則かいそくをつくる。⊕ 회규(會規)

회포【懷抱】 名 懷抱かいほう、心こころに抱いだいている思おもい。¶ ~를 풀다 平素へいそ の思おもいを晴はらす。

회피【回避】 名 하自 回避かいひ。¶ 책임을 ~하다 責任せきにんを回避かいひする。

회:한【悔恨】 名 하他 悔恨かいこん。¶ ~의 눈물 悔恨かいこんの涙なみだ。

회:합【合】 名 하自 会合かいごう、寄より合あい、集あつまり、集つどい。¶ 젊은이의 ~ 若人わこうどの集つどい/ ~에 참석하다 会合かいごうに参加さんかする。

회항【回航】 名 하自 回航かいこう。¶ ~선을 타다 回航船かいこうせんに乗のる。/ 본국으로 ~시키다 本国ほんごくに回航かいこうさせる。

회향【茴香】 名 ①植 ウイキョウ。②ウイキョウの実み。

회향-유[-油] 名 ウイキョウ油ゆ。

회향【懷鄕】 名 하自 懷郷かいきょう、望郷ぼうきょう。¶ ~의 정 懷郷かいきょうの情じょう。

회혼【回婚】 名 結婚けっこん60周年しゅうねんになること。

회:화【會話】 名 하自 会話かいわ。¶ 영어 ~를 배우다 英会話えいかいわを習ならう。

회:화-체[-體] 名 会話体かいわたい。

회:화【繪畵】 名 絵画かいが、絵え。

회:화-론[-論] 名 美 絵画論かいがろん。

회화-나무 名 植 エンジュ。⊕ 홰나무

회회 副 ①《何回なんかいも小ちいさく巻まいたり 巻まかれたりするようす》ぐるぐる、くるくる。¶ 나팔꽃이 줄을 ~ 감고 올라간다 アサガオが綱つなにぐるぐる巻まきついて上あがる。②《小ちいさくあちこち振ふり回まわすようす》ぐるぐる、びゅんびゅん。⊕ 휘휘

회회-교【回回敎】 名 宗 回教かいきょう、マホメット教きょう、イスラム教きょう。

획【畫】 名 画かく、字画じかく。⊕ 자획(字劃)

관용 획을 긋다 画かくする。¶ 한 시대의 획을 그은 사건 一時代いちじだいを画かくした事件じけん。

획 副 ①《すばやく回まわるようす》さっと、くるっと。¶ 머리를 ~ 돌리다 頭あたまをくるっと回まわす。②《風かぜがにわかに強つよく吹ふくようす》びゅう、びゅう。¶ 바람이 불다 びゅうびゅうと風かぜが吹ふく。③《急きゅうに強つよく振ふり放はなしたり 投なげつけるようす》ぽいっと、ぴゅっと。¶ 말을 ~ 뿌리치다 言葉ことばをぽいっと振ふり放はなす。

획기-적【劃期的】 冠 名 画期的かっきてき。¶ ~인 사건 画期的かっきてきな事件じけん。

획득【獲得】 名 하他 되自 獲得かくとく。¶ ~ 면역 獲得免疫かくとくめんえき/ 면허 ~ 免状めんじょうの獲得かくとく/ 권리를 ~하다 権利けんりを獲得かくとくする。

획득-물[-物] 名 獲得物かくとくぶつ。

획득 형질[-形質] 名 生 獲得形質かくとくけいしつ。

획수【畫數】 名 画数かくすう、字画じかくの数かず。¶ ~가 많은 글자 画数かくすうの多おおい字じ。

획순【畫順】 名 字画じかくの順序じゅんじょ。

획연【劃然】 名 하形 画然かくぜん。획연-히 副 画然かくぜんと、はっきり(と)。¶ ~ 구분하다 はっきりと区別くべつする。

획일【畫一】 名 하形 画一かくいつ。¶ ~주의 画一主義かくいつしゅぎ。

획일-적[-的] 冠 名 画一的かくいつてき。¶ ~인 교육 画一的かくいつてきな教育きょういく/ ~으로 다루다 画一的かくいつてきに扱あつかう。

획일-화[-化] 名 되自 画一化かくいつか。¶ ~된 양식 画一化かくいつかされた様式ようしき。

획정【劃定】 名 하他 画定かくてい。¶ 경계를 ~하다 境界きょうかいを画定かくていする。

획책【劃策】 名 하他 画策かくさく。¶ 정부의 전복을 ~하다 政府せいふの転覆てんぷくを画策かくさくする。

획획 副 ①《続つづけざまに早はやく回まわったり 走はし

**횟-가루**[灰-] 图 石灰<sub>がい</sub>.
**횟:-감**[膾-] 图 なますや刺身<sub>さしみ</sub>の材料<sub>ざいりょう</sub>.
**횟수**[回數] 图 回数<sub>かいすう</sub>. ¶ ～를 거듭하다 回数を重<sub>かさ</sub>ねる.
**횡**[橫] 图 横<sub>よこ</sub>. ㊥ 가로¹
**횡갱**[橫坑] 图 横坑<sub>よここう</sub>. ㊦ 수갱(竪坑)
**횡격-막**[橫膈膜·橫隔膜] 图[生] 横隔膜<sub>おうかくまく</sub>.
**횡단**[橫斷] 图[하타] 横断<sub>おうだん</sub>. ¶ 도로를 ～하다 道路<sub>どうろ</sub>を横切<sub>よこぎ</sub>る. / 대륙을 ～하다 大陸<sub>たいりく</sub>を横断する. ㊦ 종단(縱斷)
**횡단-면**[-面] 图 横断面<sub>めん</sub>, 切<sub>き</sub>り口<sub>ぐち</sub>.
**횡단 보:도**[-步道] 图 横断歩道<sub>ほどう</sub>.
**횡단 철도**[-鐵道] 图 横断鉄道<sub>てつどう</sub>.
**횡대**[橫隊] 图 横隊<sub>おうたい</sub>. ¶ 2열 ～로 늘어서다 2列<sub>れつ</sub>に横隊に並<sub>なら</sub>ぶ. ㊦ 종대(縱隊)
**횡렬**[橫列] 图 横列<sub>おうれつ</sub>. ¶ ～ 종대 横列縦隊<sub>じゅうたい</sub>.
**횡령**[橫領] 图[하타] 横領<sub>おうりょう</sub>. ¶ 공금 ～ 公金<sub>こうきん</sub>横領.
 **횡령-죄**[-罪] 图[法] 横領罪<sub>ざい</sub>.
**횡목**[橫木] 图 横木<sub>よこぎ</sub>.
**횡보**[橫步] 图[자] 横歩<sub>よこあ</sub>き.
**횡-보다**[橫-] 配 見間違<sub>みまちが</sub>う, 見誤<sub>みあやま</sub>る.
**횡사**[橫死] 图[하타] 横死<sub>おうし</sub>, 変死<sub>へんし</sub>.
**횡서**[橫書] 图 ①[하타] 横書<sub>よこが</sub>き. ㊥ 가로쓰기 ②横文字<sub>もじ</sub>. ㊥ 가로글씨
**횡선**[橫線] 图[하타] 横線<sub>おうせん</sub>. ¶ 글자 ～을 긋다 文字<sub>もじ</sub>の下<sub>した</sub>に横線を引<sub>ひ</sub>く.
 **횡선 수표**[-手票] 图[經] 横線小切手<sub>こぎって</sub>, 線引<sub>せんび</sub>き小切手<sub>こぎって</sub>.
**횡설-수설**[橫說竪說] 图[하타] でたらめをやたらにしゃべること, 世迷<sub>よま</sub>い言<sub>ごと</sub>, ちんぷんかん(ぷん), しどろもどろにしゃべること. ¶ ～하지 말아라 世迷い言を言<sub>い</sub>うな. / 답변이 ～하여 요령부득이다 答弁<sub>とうべん</sub>がしどろもどろで要領<sub>ようりょう</sub>を得<sub>え</sub>ない.
**횡액**[橫厄] 图 《「횡래지액(橫來之厄)」의 縮約形》 思<sub>おも</sub>いがけない災難<sub>さいなん</sub>. ¶ ～을 당하다 思いがけない災難にあう.
**횡재**[橫財] 图[하타] 思<sub>おも</sub>いがけない財物<sub>ざいぶつ</sub>にありつくこと〔物<sub>もの</sub>〕, 拾<sub>ひろ</sub>い物, 掘<sub>ほ</sub>り出<sub>だ</sub>し物, めつけもの. ¶ 땅값의 폭등으로 큰 ～를 했다 地価<sub>ちか</sub>の暴騰<sub>ぼうとう</sub>で思いがけない財運<sub>ざいうん</sub>にありついた.
**횡-적**[橫的] 冠名 (ある物事<sub>ものごと</sub>に対<sub>たい</sub>して) 横<sub>よこ</sub>に関係<sub>かんけい</sub>するもの. ¶ ～인 인간 관계 横<sub>よこ</sub>の人間関係<sub>にんげんかんけい</sub>.
**횡철**[橫綴] 图[하타] ①字母を横<sub>よこ</sub>に綴<sub>つづ</sub>り並<sub>なら</sub>べて書<sub>か</sub>く字<sub>じ</sub>. ②横<sub>よこ</sub>に継<sub>つ</sub>ぎ合<sub>あ</sub>わすこと. ㊦ 종철(縱綴)
**횡축**[橫軸] 图 横軸<sub>よこじく</sub>.

**횡포**[橫暴] 图[하形] 横暴<sub>おうぼう</sub>. ¶ 갖은 ～를 다하다 横暴の限<sub>かぎ</sub>りを尽<sub>つ</sub>くす.
**횡행**[橫行] 图[하타] 横行<sub>おうこう</sub>. ¶ 도둑이 ～하다 泥棒<sub>どろぼう</sub>が横行する.
**효:**[孝] 图 孝<sub>こう</sub>, 孝行<sub>こうこう</sub>. ¶ ～는 백행의 근본 孝は百行<sub>ひゃっこう</sub>の本<sub>もと</sub>.
**효:과**[效果] 图 効果<sub>こうか</sub>. ¶ 무대 ～ 舞台<sub>ぶたい</sub>効果/ 노력한 ～가 나타나다 努力<sub>どりょく</sub>した効果が現<sub>あらわ</sub>れる.
 **효:과-적**[-的] 冠名 効果的<sub>てき</sub>. ¶ ～인 방법 効果的な方法<sub>ほうほう</sub>.
**효:녀**[孝女] 图 孝女<sub>こうじょ</sub>, 孝行娘<sub>こうこうむすめ</sub>.
**효:능**[效能] 图 効能<sub>こうのう</sub>, 効<sub>き</sub>きめ, 効力<sub>こうりょく</sub>, しるし, 効<sub>き</sub>き. ¶ 약<sub>くすり</sub>의 ～ 薬<sub>くすり</sub>の効<sub>き</sub>きめ/ ～이 나타나다 効能が現<sub>あらわ</sub>れる.
**효:도**[孝道] 图[하타] 孝道<sub>こうどう</sub>, 親<sub>おや</sub>を敬<sub>うやま</sub>いつかえる道<sub>みち</sub>, (親<sub>おや</sub>)孝行<sub>こうこう</sub>. ¶ 부모에게 ～하는 자식 親孝行する子<sub>こ</sub>/ ～를 다하다 孝道を尽<sub>つ</sub>くす.
 **관용** 효도를 보다 (子女<sub>じじょ</sub>·嫁<sub>よめ</sub>たちに) 孝道<sub>こうどう</sub>を受<sub>う</sub>ける, 親孝行<sub>おやこうこう</sub>してくれる.
**효:력**[效力] 图 効力<sub>こうりょく</sub>. ¶ 법률의 ～ 法律<sub>ほうりつ</sub>の効力/ ～이 발생하다 効力が発生<sub>はっせい</sub>する.
**효모**[酵母] 图[植] 酵母<sub>こうぼ</sub>. ¶ ～균 酵母菌<sub>きん</sub>.
**효:부**[孝婦] 图 夫<sub>おっと</sub>の父母によくつくす嫁<sub>よめ</sub>.
**효:성**[孝誠] 图 心<sub>こころ</sub>をつくして父母に孝行<sub>こうこう</sub>すること, そのまごころ. ¶ ～이 지극하다 まごころをつくして父母に孝行する.
**효소**[酵素] 图[化] 酵素<sub>こうそ</sub>. ¶ 소화 ～ 消化<sub>しょうか</sub>酵素.
 **효소-제**[-劑] 图 酵素剤<sub>ざい</sub>.
**효수**[梟首] 图[하타][되타] 梟首<sub>きょうしゅ</sub>, さらし首<sub>くび</sub>. ¶ ～형에 처하다 梟首刑<sub>けい</sub>に処<sub>しょ</sub>する.
**효시**[嚆矢] 图 嚆矢<sub>こうし</sub>. ¶ 현대 문학의 ～ 現代文学<sub>ぶんがく</sub>の嚆矢.
**효:심**[孝心] 图 孝心<sub>こうしん</sub>.
**효:용**[效用] 图 効用<sub>こうよう</sub>. ¶ 약의 ～ 薬<sub>くすり</sub>の効用/ 아무 ～도 없다 何<sub>なん</sub>の効用もない.
**효:율**[效率] 图 効率<sub>こうりつ</sub>, 効果<sub>こうか</sub>. ¶ ～적인 방법 効率的<sub>てき</sub>な方法<sub>ほうほう</sub>/ ～을 높이다 効率を高<sub>たか</sub>める.
**효:자**[孝子] 图 孝子<sub>こうし</sub>, 親孝行<sub>おやこうこう</sub>な子<sub>こ</sub>, 親思<sub>おやおも</sub>い.
 **효:자-비**[-碑] 图 孝子<sub>こうし</sub>をたたえて建<sub>た</sub>てた碑<sub>ひ</sub>, 孝子碑<sub>ひ</sub>.
**효:행**[孝行] 图 孝行<sub>こうこう</sub>.
**효:험**[效驗] 图 効験<sub>こうけん</sub>, 効<sub>き</sub>き目<sub>め</sub>, 効能<sub>こうのう</sub>. ¶ 이 약은 ～이 없다 この薬<sub>くすり</sub>は効き目がない.
 **관용** 효험(을) 보다 効<sub>き</sub>き目<sub>め</sub>を得<sub>え</sub>る.
**후**[后] 图 《「후비(后妃)」의 縮約形》 后<sub>きさき</sub>.
**후**[侯] 图 《「후작(侯爵)」의 縮約形》 侯<sub>こう</sub>.
**후:**[後] Ⅰ 图 ①(時間的<sub>じかんてき</sub>に) 後<sub>ご</sub>, あと, のち, 次<sub>つぎ</sub>. ¶ 흐린 ～ 맑음 くもりのち晴<sub>は</sub>れ/ 식사 ～에 약을 먹다 食事<sub>しょくじ</sub>のあとに薬<sub>くすり</sub>を飲<sub>の</sub>む. ②(空間的<sub>くうかんてき</sub>に) うしろ, あと. ③《「추후(追後)」의 縮約形》 後日<sub>ごじつ</sub>. ¶ ～에 기별하겠습니다 追<sub>おっ</sub>てお知<sub>し</sub>らせします. ④《動詞の過去連体形に続<sub>つづ</sub>けて》…した後<sub>あと</sub>.

¶ 영화를 본 ~에 친구를 만났다 映画(えいが)を見(み)た後で友達(ともだち)に会(あ)った。 Ⅱ 接頭 《「時間的に後(のち)・次(つぎ)の意」を表(あらわ)す》後(のち)・…。 ¶ ~백제 後百済(ごひゃくさい)。

후:¹ 副 《口(くち)を丸(まる)くすぼめて突(つ)きだし息(いき)を吹(ふ)きかけるようす》ふう、ふうっと。 ¶ ~하고 불을 끄다 ふうっと吹(ふ)いて火(ひ)を消(け)す。 ㉑ 호

후:² 感 《「후유」の縮約形》ふう。

후각【嗅覺】 名 生 嗅覚(きゅうかく)、臭覚(しゅうかく)。 ¶ ~이 예민하다 嗅覚が鋭(するど)い。/ ~을 자극하다 嗅覚を刺激(しげき)する。

후각 기관【-器官】 名 生 嗅覚器官(きゅうかくきかん)。

후:견【後見】 名 法 後見(こうけん)、後楯(うしろだて)。

후:견-인【-人】 名 法 後見人(こうけんにん)。

후:계【後繼】 名 하자 後継(こうけい)。

후:계-자【-者】 名 後継者(こうけいしゃ)。 ¶ ~를 양성하다 後継者を養成(ようせい)する。

후:고【後顧】 名 ①하자 過去(かこ)のことをかえりみること。 ②後日(ごじつ)の憂(うれ)い。 ¶ ~의 염려 없이 여행을 떠나다 後顧の憂いなく旅立(たびだ)つ。

후:광【後光】 名 後光(ごこう)、光背(こうはい)。 ¶ ~이 비치다 後光がさす。

후:굴【後屈】 名 하자 後屈(こうくつ)。 ¶ 자궁 ~ 子宮(しきゅう)後屈。

후:궁【後宮】 名 史 後宮(こうきゅう)。

후:기【後記】 名 後記(こうき)。 ①後日(ごじつ)の記録(きろく)。 ②하자 本文(ほんぶん)の後(あと)へ添(そ)え書(が)きすること、あとがき。 ¶ 편집 ~ 編集(へんしゅう)後記。

후:기【後期】 名 後期(こうき)。 ¶ ~ 인상파 後期印象派(いんしょうは)/ ~의 작품 後期の作品(さくひん)。 ㉑ 전기

후끈 副 하자 《急(きゅう)にひどくほてるようす》かっと、かっと。 ¶ 창피를 당해서 얼굴이 ~했다 恥(はじ)をかかされて顔(かお)がかっかとほてった。 ㉑ 화끈

후끈-거리다 自 (熱(あつ)くほてって)ぽかぽかする、かっかとほてる、むれる。

후끈-달다 自 ①ぽかぽかするほどほてる。 ② 俗 怒(いか)りでかっかする、苛立(いらだ)っている、息巻(いきま)いている。

후끈-후끈 副 하자 ぽかぽかと、かっかっと、むんむんと。 ¶ 방안이 ~하다 部屋(へや)がぽかぽかと暖(あたた)かい。

후:년【後年】 名 後年(こうねん)。 ¶ ~에 가서 평가를 받다 後年になって評価(ひょうか)される。

후닥닥 副 하자 ①《急(きゅう)にすばやく行動(こうどう)したりあわてるようす》さっと、ぱっと、がばっと、あたふたと、どたばたと。 ¶ ~ 일어나다 がばっとはね起(お)きる。/ ~ 뛰어나가다 あたふたと飛(と)び出(だ)す。 ②《仕事(しごと)を手早(てばや)く片付(かたづ)けるようす》さっさと、ぱたぱたと。 ¶ 하던 일을 ~ 해치우다 やりかけの仕事をぱたぱたと片づける。

후닥닥-거리다 自 ぱたぱたする、せかせかする、あたふたする、どたばたする。

후닥닥-후닥닥 副 하자 ぱたぱた、せかせか、あたふた、どたばた。

후:담【後談】 名 その後(ご)の話(はなし)。

후:대【後代】 名 後代(こうだい)、後世(こうせい)。 ¶ ~에 남기다 後世に残(のこ)す。 ㉑ 선대(先代)

후:대【厚待】 名 하자 厚遇(こうぐう)。 ¶ ~를 받다 厚遇を受(う)ける。

후:덕【厚德】 名 하자 厚德(こうとく)。 ¶ ~한 사람 厚德の人(ひと)。

후:동【後童-】 名 双生児(そうせいじ)の下(した)の児(こ)。

후:두【後頭】 名 後頭(こうとう)。 ㉠ 뒤통수

후:-두-부【-部】 名 後頭部(こうとうぶ)。 ¶ ~가 아프다 後頭部が痛(いた)む。

후두【喉頭】 名 喉頭(こうとう)。

후두-염【-炎】 名 醫 喉頭炎(こうとうえん)。

후두-음【-音】 名 文法 喉頭音(こうとうおん)。

후:두골【後頭骨】 名 生 後頭骨(こうとうこつ)。

후드득-거리다 自 ①そそっかしく振(ふ)る舞(ま)う、せかせかする。 ②(豆(まめ)などを煎(い)るときに)ぱちぱちはねる。 ③(小銃(しょうじゅう)などが)ぱんぱんと鳴(な)る。 ④(ひからびた薪(たきぎ)などが勢(いきお)いよく燃(も)えながら)ぱちぱちする。

후드득-후드득 副 하자 せかせか、ぱちぱち、ぱんぱん。

후들-거리다 自 ①(犬(いぬ)などが)身(み)ぶるいする。 ②(憤(いきどお)り・恐(おそ)ろしさのために)がたがた震(ふる)える、ぶるぶるふるえる、わななく。 ¶ 분한 나머지 온몸이 ~ 憤(いきどお)りのあまり体(からだ)がぶるぶるふるえる。

후들-후들 副 하자 がたがた、がくがく、わなわな。 ¶ 다리가 ~ 떨리다 足(あし)ががたがた震(ふる)える。

후딱 副 《素早(すばや)く動(うご)くようす》さっと、ぱっと、さっさと。 ¶ 일을 ~ 해치우다 仕事(しごと)をさっさとやりのける。

후딱-후딱 副 さっさと、ぱっぱと、ぱぱっと。

후:래【後來】 名 하자 後(あと)に来(く)ること、おくれて来ること。

후:래-삼배【-三杯】 名 駆(か)け付(つ)け三杯(さんばい)。

후:략【後略】 名 하자 後略(こうりゃく)。

후레-아들 名 不作法(ぶさほう)なやつ、無礼(ぶれい)なやつ、育(そだ)ちの悪(わる)いやつ。 ¶ 저런 ~같은 놈을 보았나 あんな無礼なやつがあろうか。

후레-자식【-子息】 名 ⇨ 후레아들

후려-갈기다 他 (こぶしやむちで)ぶん殴(なぐ)る、殴(なぐ)りつける、張(は)り飛(と)ばす。 ¶ 홧김에 주먹으로 ~ 腹(はら)だたしさにまぎれこぶしでぶん殴る。

후려-내다 他 誘(さそ)い出(だ)す。

후려-치다 他 (こぶしやむちなどで)ぶん殴る、殴り飛ばす、ひどく殴りつける。 ¶ 힘껏 ~ 力(ちから)一杯(いっぱい)殴り飛ばす。

후련-하다 形叙 すっきりする、さばさばしている、さっぱりする、せいせいした気分(きぶん)になる、透(す)く。 ¶ 실컷 울었더니 마음이 ~ 存分(ぞんぶん)に泣(な)いたので気持(きも)ちがさっぱりする。

후:렴【後斂】 名 音 繰(く)り返(かえ)し、リフレーン。

후루루 副 ①《笛(ふえ)・呼(よ)び子(こ)を吹(ふ)く音》ぴりぴり、ぴーぴー。 ¶ 호루라기를 ~ 불다 呼(よ)び子をぴりぴり吹く。 ②《紙(かみ)がたやすく燃(も)え上(あ)がるようす》めらめら。 ¶ 종이가 ~ 타다 紙がめらめらと燃(も)える。

**후루룩** 副 ①《鳥が急にはばたきながら飛ぶ音》ばたばたと, ぱたぱたと。¶ 산새가 ~ 날아가다 山鳥がばたばたと飛んでいく。②《水・薄い粥などを音をたてながらすする音》ずるずると。¶ 죽을 ― 들이마시다 粥をずるずるとすする。㉔ 호로록

**후루룩-거리다** 自他 ①しきりにばたばたする。②しきりにずるずるとすする。

**후루룩-후루룩** 副自他 ①ばたばた。②ずるずる。

**후룩** ⇨ 후루룩

**후르르** 副 ①《鳥がはばたきながら軽く飛ぶ音》ばたばた。¶ 꿩이 ~ 날아가다 キジがばたばたと飛んでいく。②《紙・枯れ葉などがたやすく燃え上がるようす》めらめら。¶ 종이가 ~ 타다 紙がめらめらと燃える。㉠ 후루루

**후리** 「후릿그물」의 縮約形。

**후리-질** 名하他 引き網で魚を取ること, 地引き。

**후릿-그물** 名 引き網, 地引き(網)。

**후리다** 他 ①(角ばった部分を)削り落とす, 面取りする。¶ 판자 모서리를 ~ 板の角を面取りする。②(人のものを)かっぱらう, かっさらう, ひったくる, だまし取る。¶ 남의 재산을 ~ 人の財産をだまし取る。③追いたてる, 駆りたてる。④(人の心を乱して)たぶらかす。¶ 처녀를 ~ 娘をたぶらかす。

**후리후리-하다** 形 すらりとしている, すんなりしている。¶ 후리후리한 체격 すんなりとした体つき。㉔ 호리호리하다

**후림** 名 たぶらかし, ごまかし。㉔ 호림

**후림-불** 名 飛び火, 巻き添え, 側杖, とばっちり。

**후:면**〔後面〕名 後面。

**후무리다** 他 こっそり盗む, 着服する, 横領する, 掠する, くすねる, ちょろまかす。¶ 공금을 ~ 公金を着服する。/ 가게 물건을 ~ 店の物をくすねる。

**후:문**〔後門〕名 後門, 裏門。
**후:문**〔後聞〕名 後聞。
**후:-물림**〔後-〕名 人の使用した物を受け継ぐこと, お流れ, お下がり。¶ 형의 ~ 옷 兄のお下がりの服。

**후미** 名 (流れや山道などの)曲がったところ, 入り江, 入え。

**후미-지다** 形 ①入り江になっている, 入りこんでいる, 奥まっている。¶ 해안이 후미져 있다 海岸が入り江になっている。②奥深くひなびている, 辺鄙である。¶ 후미진 골목 奥まった路地。

**후:미**〔後尾〕名 後尾, 殿がり。¶ 배의 ~ 船の後尾 / 대열의 ~ 隊列の後尾。

**후박**〔厚朴〕名하他 人情が厚く飾りけのないこと。

**후:박-나무**〔厚朴-〕名植 ホオノキ。

**후:반**〔後半〕名 後半。¶ ~ 전 後半戦 / 시합의 ~ 試合の後半。

**후:반-기**〔-期〕名 後半期。¶ ~ 예산 後半期予算。

**후:반-부**〔-部〕名 後半部。

**후:발**〔後発〕名하他 後発。㉙ 선발(先發)

**후:발-대**〔-隊〕名 後発隊。

**후:방**〔後方〕名 ①後方。¶ ~ 부대 後方部隊 / ~으로 물러나다 後方に退く。

**후:방 교란**〔-攪亂〕名〔軍〕後方攪乱。

**후:방 근무**〔-勤務〕名〔軍〕後方勤務。

**후:배**〔後輩〕名 後輩。¶ ~ 를 보살피다 後輩の面倒をみる。㉙ 선배(先輩)

**후:배-주**〔後配株〕名〔經〕後配株。

**후:-번**〔後番〕名 ①この次, 次回, 次の番, 次のとき。¶ ~에는 꼭 이기겠다 この次はきっと勝つ。

**후보**〔候補〕名 候補。¶ ~ 선수 候補選手 / ~ 를 고르다 候補を選ぶ。/ ~로 세우다 候補に立てる。

**후보-자**〔-者〕名 候補者。
**후보-작**〔-作〕名 候補作。

**후:부**〔後部〕名 後部。

**후:불**〔後拂〕名하自他 後払い。¶ 요금을 ~하다 料金を後払いにする。

**후:불-금**〔-金〕名 後払い金。

**후:비**〔后妃〕名 后妃, きさき。

**후비다** 他 (穴などを)ほじくる, ほじる。¶ 귀를 ~ 耳をほじくる。㉔ 호비다

**후비적-거리다** 他 しきりに抉る, しきりにほじくる。

**후비적-후비적** 副하他 しきりに抉る〔ほじくる〕ようす。

**후:사**〔後事〕名 後事。¶ ~ 를 부탁하다 後事を託する。

**후:사**〔後嗣〕名 後嗣, 跡継ぎ, 世嗣・うぎ。¶ ~가 끊기다 跡継ぎが絶える。

**후:산**〔後産〕名하自 後産・のちざん・あとざん。¶ ~이 순조롭지 못했다 後産が順調でなかった。

**후:-살이**〔後-〕名하自 再嫁の暮らし。

**후:생**〔厚生〕名 厚生。¶ 복리 ~ 福利厚生 / ~ 연금 厚生年金 / 국민의 ~을 도모하다 国民の厚生を図る。

**후:생-비**〔-費〕名 厚生費。
**후:생 사:업**〔-事業〕名 厚生事業。
**후:생 시:설**〔-施設〕名 厚生施設。

**후:생**〔後生〕名 後生。①後に生まれた人。②後に学ぶ人, 後輩, 弟子。③〔佛〕後生, 来世。

**후:세**〔後世〕名 後世, 後の世, 後代。¶ ~ 에 전하다 後世に伝える。②後世。㉠ 내세(來世)

**후:속**〔後續〕名하他自 後続。¶ ~ 조치 後続措置。

**후:손**〔後孫〕名 跡継ぎ, 後裔, 子孫, 後。¶ ~이 끊기다 後が絶える。

**후:송**〔後送〕名 ①後方に送ること。¶ ~ 병원 後送病院 / 부상자를 ~하다 負傷者を後送する。②あと

から送ること。¶ 짐은 다른 편으로 ~하겠습니다 荷物は別便にて後送します。
후:술〖後述〗图㉠自他 後述する。¶ 자세한 것은 ~한다 くわしいことは後述する。㉺ 전술
후:신〖後身〗图 後身の敬称。
후:실〖後室〗图 後妻の敬称。
후:실 자식〖-子息〗图 後妻が生んだ子。
후:안〖厚顔〗图 厚顔、鉄面皮。¶ ~무치 厚顔無恥。
후:약〖後約〗图 後約、後日の約束。
후:열〖後列〗图 後列。㉺ 전열(前列)
후:예〖後裔〗图 後裔、子孫、末裔。¶ 왕족의 ~ 王族の後裔。
후:원〖後援〗图㉠ 後援。¶ ~자 後援者。
  후:원-군〖-軍〗图 後援軍。
  후:원-회〖-會〗图 後援会。
후:위〖後衛〗图 後衛。
후유 感 ①(非常に疲れた時々に出す声)ふう。②(難関を克服して安堵の胸を撫でおろす時に出す声)ふう、ほっと。¶ ~하고 한숨을 쉬다 ほっと一息つく。
후:유-증〖後遺症〗图 後遺症。
후:은〖厚恩〗图 厚恩。¶ ~에 감사하다 厚恩に感謝する。
후:의〖厚意〗图 厚意、厚情。¶ ~에 사의를 표하다 厚意に謝意を表する。
후:의〖厚誼〗图 厚誼。¶ ~를 입다 御厚誼に与る。
후:일〖後日〗图 後日、他日。¶ ~을 기약하다 後日を約する。/ ~의 증거로 삼다 後日の証拠にする。
  후:일-담〖-談〗图 後日談、後日譚。
후:임〖後任〗图 後任。¶ ~ 사장 後任の社長。/ ~을 물색하다 後任を物色する。
  후:임-자〖-者〗图 後任者。¶ ~를 추천하다 後任者を推薦する。
후:자〖後者〗图 後者。¶ 전자보다 ~가 훨씬 좋다 前者よりも後者の方がずっとよい。
후:작〖後作〗图㉢ 後作。
후:장〖後場〗图㉹ 後場。
후:정〖厚情〗图 厚情。¶ ~을 감사드립니다 御厚情を感謝いたします。
후조〖候鳥〗图 候鳥、渡り鳥。㉺ 철새
후줄근-하다 形㉱ ①(布・紙などが湿ったり糊気がなくなったりして)ぐにゃぐにゃしている、じっとりとしている。¶ 내복이 후줄근하게 젖다 下着がじっとりするほどぬれる。②(体が疲れられて)ぐったりしている、くたくただ。¶ 너무 피곤해서 몸이 ~ あまり疲れて体がくたくただ。후줄근-히 圖 ぐにゃぐにゃと、ぐったりと、くたくた。
후:진〖後進〗图㉠自他 後進する、バック。¶(車などが)뒤로 ~하다 後退する、後退する、バック。¶ ~차를 ~시키다 車をバックさせる。㉺ 전진(前進) ②後輩。¶ ~을 도와주다 後進を世話する。③進歩しないで遅れていること。¶ ~국 後進国。㉺ 선진(先進)
  후:진-성〖-性〗图 後進性。¶ ~의 탈피 後進性の脱皮。

후:처〖後妻〗图 後妻、後添い。¶ ~를 얻다 後妻をめとる。
후:천〖後天〗图 後天。¶ ~적인 성격 後天的な性格。
  후:천-병〖-病〗图㉲ 後天性の病気、後天病。
  후:천-성 면:역 결핍증〖-性免疫缺乏症〗图㉲ 後天性免疫不全症候群、エイズ。
후추 图 胡椒の実。
  후추-나무 图 コショウ。
  후추-가루 图 胡椒の粉。
후:취〖後娶〗图㉠ 後添い、後妻、継妻。
후터분-하다 形㉱ うだり気味に暑い、蒸むし暑い、むっとする。
후텁지근-하다 形㉱ 非常に蒸し暑い、むんむんする。¶ 방안은 사람의 훈김으로 ~ 部屋の中さは人いきれでむんむんしている。
후:퇴〖後退〗图㉠自他 後退する。¶ 일시적인 ~ 一時的な後退/ 전선으로부터 ~하다 前線から後退する。
후:편〖後篇〗图 後編、後篇。
후:프〖hoop〗图 フープ。¶ 훌라 ~ フラフープ。
후:-하다〖厚-〗形㉱ ①(情が)深い、厚い、情深い、人情深い。¶ 인심이 ~ 人情が厚い。②(もてなしなどが)手厚い。¶ 후한 대우 手厚い待遇。③寛大だ、甘い。¶ 점수가 ~ 点数が甘い。④(厚さが)厚い。
후:-히 圖 手厚く。¶ ~ 대접하다 手厚くもてなす。
후:학〖後學〗图 後学。①後進の学者。②学者が自分じんを言うときの謙称。③後日のためになる知識。¶ ~을 위해서 알아 두자 後学のため知っておこう。
후:환〖後患〗图 後患。¶ ~을 없애다 後患を絶たつ。
후:회〖後悔〗图㉠ 後悔、悔い、悔やみ。¶ 경솔한 행동을 ~하다 軽はずみな行動を悔いる。/ 이제 와서 ~해도 소용없다 いまさら後悔しても始まらない。
  후:회-막급〖-莫及〗图 後悔先に立たず、後悔しても及ばないこと。
후:-후 圖《口》をすぼめて息をしきりに吹きかけるようす》ふうふう。¶ 차를 ~ 불며 마시다 お茶をふうふう吹きながら飲む。
후:-후-거리다 他 ふうふうする。
훅 圖 ①(一息に飲むようす》ぐっと、ぐい と。¶ 한입에 ~ 마시다 一口にぐっと飲む。②(息を強く吹くようす》ふっと、ふうっと。¶ 촛불을 ~ 하고 불어 끄다 ろうそくの火をふっと吹きつけ消す。
훈〖訓〗图(漢字の)訓。¶ 한자의 음과 ~ 漢字の音と訓/ ~을 달다 訓を当てる。
훈:계〖訓戒〗图㉠他 訓戒、戒しめ。¶ ~를 내리다 訓戒をたれる。/ 부주의를 ~하다 不注意を戒める。
훈:계 방:면〖-放免〗图㉠他 訓戒放免。㉹

훈방(訓放)

훈공[勳功] 图 勲功くん, 手柄がら。¶ ~을 세우다 勲功を立たてる。

훈도[薫陶] 图 하他 되自 薫陶くん。¶ 선생님의 ~를 받다 先生せんせいの薫陶を受うける。

훈:독[訓讀] 图 하他 訓読くんどく、訓読くんよみ。

훈:련[訓練・訓鍊] 图 하他 訓練くんれん、トレーニング。¶ 사격 ~ 射撃しゃげき訓練/ ~을 받다 訓練を受うける。

훈:련-병[-兵] 图 軍 訓練兵くんれんへい。

훈:련-소[-所] 图 訓練所くんれんじょ。

훈:령[訓令] 图 하他 訓令くんれい。¶ 정부의 ~ 政府せいふの訓令。

훈:민-정음[訓民正音] 图 訓民正音くんみんせいおん。

훈:방[訓放] 图 하他 되自 (「훈계 방면(訓戒放免)」の縮約形) 訓戒くんかい放免ほうめん。

훈:수[訓手] 图 하他 (碁ご・将棋しょうぎなどで) 横よこから手てを教おしえてやること。

훈:시[訓示] 图 하他 訓示くんじ。¶ 학생에게 ~하다 学生がくせいに訓示する。

훈:육[訓育] 图 하他 訓育くんいく。¶ 자제를 ~하다 子弟していを訓育する。

훈장[勳章] 图 勲章くんしょう。¶ 무공 ~ 武功ぶこう勲章/ ~을 수여하다 勲章を授与じゅよする。

훈:장[訓長] 图 私塾しじゅく·寺子屋てらこやの先生せんせい。(속담) 훈장 똥은 개도 안 먹는다 先生せんせいのくそは犬いぬも食くべない。《先生の稼業ぎょうは非常ひじょうに骨ほねが折おれれること》

훈:장-질 图 하自 ①私塾しじゅく·寺子屋てらこやの先生せんせいの職しょく。②教師きょうしの稼業ぎょう。

훈제[燻製] 图 하他 薫製くんせい、燻製せい。¶ ~ 연어 燻製の鮭さけ。

훈제-품[-品] 图 燻製品ひん。

훈증[燻蒸] 图 하他 燻蒸くんじょう、燻いぶし蒸むすこと。¶ ~ 법 燻蒸法ほう。

훈풍[薰風] 图 薫風くんぷう。

훈훈-하다[薰薰-] 形の 快こころよく暖あたたかい、ぽかぽかする。¶ 훈훈한 바람 暖あたたかい風かぜ/ 집 안 분위기가 ~ 家内かないの雰囲気ふんいきが和やわらかだ。 훈훈-히 图 暖あたたかく、ぽかぽかと。

훌-닦다 他 (人ひとの過あやまちなどを) 責せめたてる、やりこめる、やっつける。¶ 부하의 잘못을 ~ 部下ぶかの過あやまちを責せめたてる。

훌-닦이다 自 (「훌닦다」の受動じゅどう) 責せめたてられる、やりこめられる、やっつけられる。

훌떡 图 ①《すっかり秃はげたり脱ぬいだりするようす》つるっと、すっかり。¶ 옷을 ~ 벗다 服ふくをすっかり脱ぬぐ。/ 머리가 ~ 벗어졌다 頭あたまがつるっとはげた。②《すっかり裏返うらがえすかひっくり返かえるようす》がらっと、ころっと。¶ 양말을 ~ 뒤집다 靴下くつしたを裏返うらがえす。/ 보트가 ~ 뒤집히다 ボートががらっとひっくり返かえる。③《一気いっきに軽かるくとびこえるようす》ひょいと、ひらりと。¶ 울타리를 ~ 뛰어넘다 垣根かきねをひょいととびこえる。 ⑨ 훌딱

훌렁 图 ①《中なかのものをみんな露出ろしゅつするようす》すっかり。¶ 옷을 ~ 벗다 服ふくをすっかり脱ぬぐ。②《すっかり禿はげたようす》つるっと。¶ 머리가 ~ 벗어지다 頭あたまがつるっとはげ上あがる。③《穴あなが大おおきくてたやすく中なかに入いれられるようす》すぽっと、すっぽりと。¶ 마개가 헐거워서 ~ 들어가다 栓せんがゆるくてすぽっと入はいる。④《ひっくり返かえるようす》ごろりと。¶ 보트가 ~ 뒤집히다 ボートがごろりとひっくり返かえる。 ⑨ 훌랑

훌렁-거리다 自 ①(衣服いふくなどが) だぶだぶする、ゆるゆるする。②(ねじなどが) 緩ゆるんで締しまらない。 ⑨ 훌랑거리다

훌렁-훌렁 副 だぶだぶに、ぶかぶか。

훌렁-하다 形の ①だぶだぶである、ぶかぶかである。¶ 옷이 커서 ~ 服ふくが大おおきくてだぶだぶだ。②(ねじなどが) すぽすぽだ、ゆるゆるだ。¶ 나사가 닳아서 ~ ねじがばかになってすぽすぽだ。

훌륭-하다 形の 立派りっぱだ。①堂々どうどうとして美うつくしい。¶ 훌륭한 저택 立派な邸宅たく。②素晴すばらしい、すぐれている。¶ 훌륭한 경치 素晴らしい景色けしき/ 솜씨가 ~ 手並なみがすばらしい。③偉えらい。¶ 훌륭한 사람이 되다 偉えらい人ひとになる。④正当せいとうである、十分じゅうぶんである、完全かんだ。¶ 그 정도면 ~ それぐらいなら十分だ。 훌륭-히 副 立派に、見事みごとに、十分に。

훌부드르-하다 形の (織物おりものなどが) 軽かるくて肌触はだざわりがよい、しなやかである。

훌부들-하다 形の 「훌부드르하다」の縮約形。

훌-부시다 他 ①(皿さらなどを) 手荒てあらく濯すすぐ。②きれいに洗あらい流ながす。③(食器しょっきように盛もった食たべ物ものを) きれいに食くい尽つくす。

훌-뿌리다 他 ①やたらにまき散ちらす、ばらまく。②すげなく断ことわる、払はらいのける。

훌쩍[1] 副 ①《一息ひといきに飲のみくだすようす》ぐいっと、ぐっと、ごくんと。¶ 술을 ~ 마시다 酒さけをぐっと飲のみほす。②《身軽みがるく素早すばやいようす》さっと、ぱっと、ひらりと、ひょいと。¶ 도랑을 ~ 건너 뛰다 溝みぞをひょいと跳とび越こえる。③《すすり泣なきたり鼻水はなみずをすすり上あげるようす·その音おと》すすっと。⑨ 훌쩍

훌쩍-거리다 自 ①ちびりちびりと飲のむ。②身軽みがるに素早すばやく跳とび上あがる。③すすり泣なく、しくしく泣なく。¶ 훌쩍거리며 잠이 들었다 すすり泣きながら寝入ねいった。

훌쩍-훌쩍 副 自 ①ちびちび、ちびりちびり。¶ 차를 ~ 마시다 茶ちゃをちびりちびりとする。②ひょいひょい(と)、ひらいらり(と)。③《すすり泣くようす》しくしく。¶ ~ 울다 しくしく泣く。

훌쩍[2] 副 《気軽きがるに突然とつぜんやって来きたり出掛でかけたりするようす》ふらっと、ふらりと、ふいと。¶ 짐을 ~ 나가다 家いえをふいと出でる。/ ~ 여행을 떠나다 ふらりと旅たびに出でる。

훌쭉-하다 形の ①細長ほそながい、ほっそりしてい

홀홀

る。②(先が)尖って長ない。③(病・過労で)げっそりしている。¶ 앓고 나더니 볼이 ~ 病で痩せ上がりでげっそりとほおがこける。④(中の方へ)へこんでいる。¶ 아무것도 먹지 않아 배가 ~ 何にも食べなかったので腹がぺちゃんこだ。㉳ 홀쭉하다

홀:홀 副 ①《鳥が軽快に飛ぶようす》すいすい、ゆうゆうと。¶ 두루미가 ~ 날아가다 ツルがすいすいと飛んでいく。②《軽快に跳び越えるようす》軽々と、ぴょんぴょんと。¶ 사슴이 ~ 재를 넘어가다 シカがぴょんぴょんと嶺を越えていく。③《手軽く投げたりふりまいたりするようす》ぽんぽん、ばらばら。¶ 소금을 ~ 뿌리다 塩をばらばらと振りまく。④《火が勢いよく燃えるようす》めらめら、ぼうぼう。¶ 불이 ~ 타오르다 火がぼうぼうと燃え上がる。⑤《着物などをすばやく脱ぎ捨てるようす》さっさと。¶ 옷을 ~ 벗다 服をさっさと脱ぐ。⑥《ほこりなどをしきりに払い落すようす》ぱたぱた。¶ 먼지를 ~ 털다 ほこりをぱたぱたと払う。⑦《水分・粥などをしきりにすするようす》ぐいぐい、ごくりごくり。¶ 국을 ~ 마시다 汁をぐいぐい飲みほす。

홀홀-하다 形여 (重湯・粥・糊などが) 薄い、ゆるい。¶ 훌훌하게 죽을 쑤다 薄く粥を炊く。

훑다 他 ①しごく、抜く、しきげずる。¶ 벼이삭을 ~ 稲をしごく。②(皮などを)はぎ取る、そぐ、むじり取る。¶ 버들가지의 껍질을 ~ 柳の枝の皮をはぎ取る。③(中のものを)しきりに取り出す。

훑어-보다 他 ①(ざっと)目を通とす、一瞥する。¶ 편지를 대충 ~ 手紙にざっと目を通す。②(上から下まで)じろじろと見る、じろりと見る。¶ 위아래로 ~ 上から下までじろじろと見る。

훑이다 自 ①(付いていたものが)しごかれる。②はぎ取られる。③すっかり取り出される。④(十分にあったものが) 減り縮まる、しなびる。

훔척-거리다 他 ①(見えないところにあるものを)手探りで探がす。¶ 책상 밑을 ~ 机の下とをぞそごそ探る。②(手で)涙をふく、ふく。¶ 손으로 눈물을 ~ 手で涙をぬぐう。

훔쳐-내다 他 ①(水気などを)拭き取る、ぬぐう。¶ 걸레로 먼지를 ~ ぞうきんでほこりを拭き取る。②(他人のものを)かすめて持ち出す、盗み出す、抜き取る。¶ 집에서 돈을 ~ 家から金を盗み出す。

훔쳐-먹다 他 (人のものを)盗んで食べる、盗み食いする。

훔쳐-보다 他 ①のぞき見する。¶ 담 너머로 ~ 垣越しにのぞき見する。②盗み見する。¶ 남의 답안지를 ~ 人の答案用紙を盗み見する。

훔치다 他 ①拭く、ぬぐう。¶ 눈물을 ~ 涙をぬぐう。/ 행주로 ~ 布巾で拭く。②(人のものを)盗む、かすめる、くすねる、ちょろまかす。¶ 남의 것을 ~ 人の物をくすねる。③手探りする。④強く殴る、ひっぱたく。¶ 뺨을 힘껏 훔쳐 갈기다 頬をしたたかひっぱたく。⑤(田畑などの)雑草をむしり取る。

훗:-날〔後-〕 名 次の日、後日。¶ ~로 미루다 後日に讓する。㉗ 뒷날

훗:-달〔後-〕 名 次の月。

훗:배-앓이〔後-〕 名 (漢) 後腹、産後に起こる腹痛。

훗훗-하다 形여 ややむし暑い、熱れている、むっとする。¶ 사람으로 방안이 ~ 人で室内がいきれる。

훤칠-하다 形여 ①すらりとしている。¶ 훤칠한 키 すらりとした背丈。②(遮るものがなくて)広々と開けけてすっきりしている。훤칠-히 副 ①すらりと。②すっきりと。

훤:-하다 形여 ①ほんのりと明るい、薄明るい、白んでいる。¶ 새벽 하늘이 훤하게 밝다 夜明けの空きが白々と明るい。②(前方が)広々と開けている。¶ 앞이 훤하게 트이다 前方が広々と開けている。③(物事ごとに)明るい、精通している。¶ 업무에 ~ 業務に明るい。④(身なり・顔つきが)すっきりしている、うるわしい。¶ 얼굴이 ~ 顔つきがすっきりしている。훤-히 副 ほのほのと、広々と。

훨씬 副 ずっと、くっと、はるかに。¶ 이쪽이 ~ 크다 こちらの方がずっと大きい。/ 돈보다 ~ 구미가 당기다 / 생각보다 ~ 빨리 끝났다 思ったよりはるかに早く終わった。

훨:훨 副 ①《大きな扇で涼しげにあおぐようす》ゆらゆら、ぱたぱた。②《火が勢いよく燃え上がるようす》ぼうぼう。¶ 모닥불이 ~ 타오르다 かがり火がぼうぼうと燃え上がる。③《大きな鳥が空高くゆうゆうと飛ぶようす》ふわふわ、ふわりふわり。¶ 갈매기가 ~ 날아가다 カモメがふわりふわりと飛んでいく。④《着物を威勢よく脱ぐようす》さっさと、きらりと。¶ 옷을 ~ 벗어 던지다 服をさっさと脱ぎ捨てる。

훼:방〔毀謗〕 名 하여 毁謗。①そしること、誹謗する。¶ 남을 이유 없이 ~하다 人をいわれなくそしる。②妨害すること、妨げること。¶ 남의 일을 ~하다 人の仕事をじゃまする。관용 훼방(을) 놓다〔놓다・치다〕 邪魔する、妨害する。

훼:방-꾼 名 邪魔者、妨害者。

훼:손〔毁損〕 名 하여自他 되自 毁損する。¶ 명예 ~ 名譽毁損。

휑뎅그렁-하다 形여 ①がらんとしている。¶ 휑뎅그렁한 방 がらんとした部屋。②ひっそりしている。㉳ 휑하다 ㉳ 휑뎅그렁하다

휑-하다 形여 ①よく知っている、よく通じて

휘적거리다

いる、精通している、通達している。¶ 휑하게 알고 있다 詳しく知り尽くしている。/ 이 부근의 지리에는 ~ この辺の地理には明るい。②(穴などが)ぽっかり開いている。¶ 휑하게 뚫린 구멍 ぽこっと開いている穴。③《目が》くぼんで生気がない。¶ 눈이 휑하게 들어갔다 目がぽっこりくぼんでいる。④「휑뎅그렁하다」の縮約形.

휘: 副 ①《強い風の音》ひゅう、ひゅうっと。¶ 바람이 ~ 분다 風がひゅうっと吹いている。②《一度に強く出す息の音》ふう、ふうっと。¶ ~ 하고 숨을 내쉬다 ふうっと息を吐き出す。③《ひと通り見回すようす》すうっと、ぐるりと。¶ 사방을 ~ 둘러보다 あたりをぐるっと見回す。

휘-: 接頭 ①程度・規模などが非常に大きいことを表わす。¶ ~ 둥그렇다 大きくて円い。②振り回したり巻いたり回したりすることを表わす。¶ ~ 감다 くるくる巻く。③「すっかり・完全に」の意を表わす。¶ ~ 늘어지다 だらりと垂れ下がる。④「やたらに」の意を表わす。¶ ~ 날리다 ひるがえす。

휘-갈기다 他 ①振り回して殴る、ぶん殴る。¶ 몽둥이로 ~ こん棒を振り回して殴る。②書きなぐる、書き散らす。¶ 낙서를 ~ 落書きを書き散らす。

휘-감기다 自 (「휘감다」の受動)ぐるぐる巻かれる、巻きつかれる、絡まる、絡みつく。¶ 덩굴이 가지에 휘감겨 있다 つるが枝に絡み付いている。

휘-감다 他 ぐるぐる巻く、巻きつける、絡む。¶ 실패에 실을 ~ 糸巻きに糸をぐるぐる巻く。

휘갑-치다 他 ①まるくおさめる、けりをつける。②(布の断ち目がほつれないように)かがり縫いする。③口止めをする。④取り縒りする、弥縫する。

휘-날리다¹ 自 ①(ひらひらと)翻る、(風に)なびく。¶ 태극기가 바람에 ~ 太極旗が風に翻る。②(激しく)飛び散る、乱れ飛ぶ。¶ 눈보라가 ~ 吹雪がふきすさぶ。

휘-날리다² 他 ①翻す、なびかせる、ひらめかす。¶ 스카프를 ~ スカーフをなびかせる。②(名声などを)とどろかせる。¶ 해외에 명성을 ~ 海外に名声をとどろかせる。

휘-늘어지다 自 (糊気がなく)だらりと垂れる、熟れる。

휘다¹ 自 (「휘어지다」の縮約形)曲がる、しなう、たわむ、反る。¶ 허리가 ~ 腰が曲がる。/ 낚싯대가 ~ 釣りざおがたわむ。/ 눈으로 나뭇가지가 ~ 雪で枝がしなう。

휘다² 他 曲げる、しならせる、たわませる。¶ 철사를 ~ 針金を曲げる。/ 나뭇가지를 ~ 枝をしならせる。

휘-달리다 自 ①勢いよく走る〔駆ける〕。②悩まされる、苦しめられる。㊥ 시달리다.

휘-돌다 自 ①ぐるぐる回る。¶ 팽이가 ~ 独楽がぐるぐる回る。②ぐるっと回る、回りくねる、曲がりくねる。¶ 고갯길을 휘돌아 올라가다 峠の道をる曲がりながら登っていく。③順々にめぐり回る。¶ 바닷가를 한바퀴 ~ 海辺を一回りする。④(ある雰囲気が)みなぎり漂だう。

휘-돌리다 他(「휘돌다」の使役)ぐるぐる回す、振り回す。

휘-두르다 他 ①(物をつかんで)振り回す。¶ 몽둥이를 ~ 棒を振り回す。②(人を)牛耳る、支配にする、あごで使う、尻に敷く。¶ 남편을 마음대로 ~ 夫を思いのままに尻に敷いている。③(力・熱弁・健筆などを)振るう、濫用する。¶ 권력을 ~ 権力を振るう。

휘-둘리다 自(「휘두르다」の受動)振り回される。

휘둥그래-지다 自 (目を)大きく見開らく、目を見張る。¶ 놀라서 눈이 ~ 驚いて目を大きく見開く。

휘-둥그렇다 形 (驚き・怖さで目を)大きく見開いている、目をまるくしている。

휘뚝-거리다 自 ぐらつく、ふらつく、ぐらぐらする。

휘-말다 他 ①ぐるぐる巻く。¶ 종이를 둘둘 ~ 紙をぐるぐる巻く。②(服などを)濡らして汚す。

휘-모리 名 ①せき立てること、駆り立てること。②[音]速度の速い韓国伝統音楽の調子の一つ。

휘-몰다 他 ①せき立てる。②駆り立てる。

휘-몰아치다 自 吹き捲くる、吹き荒ぶ。¶ 찬바람이 ~ 冷たい風が吹き荒ぶ。

휘-묻이 名[農]取とり木、圧条取とり枝だ。

휘발[揮發] 名[する] 揮発する。¶ ~성 물질 揮発性物質.

휘발-유 [-油] 名 揮発油、ガソリン。

휘어-가다 自 曲がりながらに流れる。

휘어-넘어가다 自 甘言に乗のる、術策におちいる、騙される。

휘어-들다 自 ①曲がり始める、曲がり出す。¶ 허리가 ~ 腰が曲がり出す。②(進行の向きを)内側に変える。③(強かった意志・主張が)折れる。

휘어-잡다 他 (人を)制御する、頭を抑える。¶ 종업원을 ~ 従業員の頭を抑える。

휘어-지다 自 曲がる、撓ょう、たわむ。¶ 철사가 ~ 針金が曲がる。

휘영청 副 (非常に明るいようす)皓々こうと。¶ ~ 달 밝은 밤 皓々たる月夜.

휘움-하다 形 やや曲がっている、やや反り返っている。

휘장[揮帳] 名 帳とば、幕、垂たれ絹ぎぬ。¶ ~을 둘러치다 幕を張り巡らす。

휘적-거리다 他 (歩くとき)大手を振る、肩かで揺すって歩く。

휘적-휘적 副[する] 大手を振って。

휘-적시다 他 やたらに濡らす。

휘-젓다 他ㅅ ①掻き混ぜる、掻き回す、まぜあわせる。¶ 순가락으로 ~ さじで掻き回す。②《歩くとき》大手を振る、振り回す。¶ 팔을 ~ 腕を振り回す。③掻き乱す、ひっかき回す。¶ 서랍 속을 ~ 引き出しの中を掻き乱す。

휘-주무르다 他르 ①《物を》こねくり回す。②《人を》意のままに丸め込む、使いまくる、振り回す。

휘청거리다 自 《足元が》ひょろひょろする、ふらつく、よろける、よろめく。¶ 다리가 ~ 足がふらつく。

휘청-휘청 副하自 ひょろひょろ、よろよろ、ふらふら。

휘파람 名 口笛。¶ ~을 불다 口笛を吹く。

휘하【麾下】名 麾下、部下。¶ ~의 정예 麾下の精鋭。

휘호【揮毫】名하他 揮毫。¶ 신춘 ~ 書き初め。

휘황찬란-하다【輝煌燦爛-】形여 ①まばゆいばかりに輝やいている、きらびやかである。②《振る舞いが》派手はでで信頼しんらいできない。

휘:휘 副 ①《何度も巻くようす》くるくる、ぐるぐる。¶ 죽을 ~ 휘젓다 粥をくるくるかき混ぜる。②《振り回すようす》びゅうびゅん。¶ 지팡이를 ~ 내두르다 杖をびゅんびゅん振り回す。

획 副 ①《急に速く回るようす》くるっと、くるりと。¶ ~ 뒤돌아보다 ぐるりと振り向く。②《動作がすばやいようす》さっと。¶ 칼을 ~ 던지다 ナイフをさっと投げる。③《風がにわかに強く吹くようす》びゅうっと、びゅうっと、さっと。¶ 바람이 ~ 귓전을 스치다 風がびゅうっと耳元を過ぎ去る。④《仕事を素早くすませるようす》さっさと。¶ 일을 ~ 해치우다 仕事をさっと片付ける。

획-획 副 くるくると、ひゅうひゅうと、さっさと。¶ 바람개비가 ~ 돌아가다 風車がぐるぐる回る。/ 찬바람이 ~ 불다 冷たい風がひゅうひゅうと吹く。

휩-싸다 他 包む、覆う、取り囲む。¶ 순식간에 불이 집을 ~ またたく間に火炎が家を覆う。

휩-싸이다 自 《「휩싸다」의 수동》包まれる、襲われる。¶ 충격에 ~ 衝撃に襲われる。/ 사나운 불길에 ~ 激しい炎に包まれる。

휩-쓸다 他 ①荒す、覆おう。¶ 홍수가 온 동네를 ~ 大水が村中を襲う。②さらう、席卷する。¶ 상을 ~ 賞をさらう。③のさばる、はびこる、闊歩する。¶ 불량배가 거리를 ~ 不良が町をのさばり歩く。

휩-쓸리다 自 《「휩쓸다」의 수동》荒される、押し流される、巻き込まれる、のまれる。¶ 사건에 ~ 事件に巻き込まれる。/ 파도에 ~ 波にのまれる。

휴가【休暇】名 休暇、休み。¶ 유급 ~ 有給休暇 / ~를 얻다 休暇をとる。/ ~를 주다 休暇を与える。

휴간【休刊】名하他 休刊。¶ 신문의 ~일 新聞の休刊日。

휴강【休講】名하自他 休講。¶ 금일 ~ 本日休講。

휴게【休憩】名하自 休憩、休息。¶ ~소 休憩所 / ~ 시간 休憩時間。

휴경【休耕】名하自他 休耕。¶ ~지 休耕地。

휴관【休館】名하自他 休館。¶ ~일 / 금일 ~ 本日休館。

휴교【休校】名하自 休校。¶ ~ 처분 休校処分 / 폭설 때문에 ~되다 大雪のため休校になる。

휴대【携帯】名하他 携帯。¶ 여권을 ~하다 パスポートを携帯する。/ ~하기에 불편하다 携帯に不便である。

휴대 식량【-食糧】名 携帯口糧、携行食糧。

휴대-품【-品】名 携帯品、持ち物。¶ ~ 보관소 携帯品預かり所。

휴:머니스트【humanist】名 ヒューマニスト。

휴:머니즘【humanism】名 ヒューマニズム。

휴면【休眠】名하自 休眠。¶ ~기 休眠期 / ~ 상태 休眠状態。

휴무【休務】名하自 休務、務めを休むこと。

휴식【休息】名하自 休息、休み、休憩。¶ ~ 시간 休み時間 / 충분히 ~을 취하다 十分に休息をとる。

휴양【休養】名하自他 休養。¶ ~ 시설 休養施設。

휴양-지【-地】名 休養地。

휴업【休業】名하自他 休業。¶ 임시 ~ 臨時休業 / 당분간 ~합니다 当分の間休業いたします。

휴일【休日】名 休日、休み。¶ ~을 반납하다 休日を返上する。

휴전【休戦】名하自 休戦。¶ ~ 협정이 조인되다 休戦協定が調印される。

휴전-선【-線】名 休戦ライン。

휴정【休廷】名하自 休廷。¶ ~을 선언하다 休廷を宣する。(대) 개정【開廷】

휴지【休止】名하自 休止。¶ ~ 상태에 있다 休止状態にある。

휴지-부【-符】名【音】休止符。¶ ~를 찍다 休止符を打つ。(で) 쉼표

휴지【休紙】名 ①ちり紙、鼻紙。¶ ~로 코를 풀다 ちり紙で鼻をかむ。②紙屑、反故。¶ ~를 줍다 紙屑を拾う。

휴지-통【-桶】名 ごみ箱、紙屑かご、紙屑箱。

휴지-화【-化】名하自他되自 《条約・約束などが》ほごになること。¶ 조약을 ~하다 条約をほごにする。

휴직【休職】名하自 休職。¶ 병으로 ~하다 病気で休職する。

휴진【休診】名하自 休診。¶ ~ 기간 休診期

間(かん)/ 금일 ~ 本日(ほんじつ)休診(きゅうしん)。
**휴학**[休學] 图 해 自 休学(きゅうがく)。¶ ~계를 내다 休学届(きゅうがくとどけ)を出(だ)す。
**휴한-지**[休閑地] 图 休閑地(きゅうかんち)。¶ ~를 이용하다 休閑地(きゅうかんち)を利用(りよう)する。
**휴항**[休航] 图 해 自 休航(きゅうこう)。¶ 태풍으로 ~하다 台風(たいふう)で休航(きゅうこう)する。
**휴-화산**[休火山] 图 地 休火山(きゅうかざん)。
**휴회**[休會] 图 해 自 休会(きゅうかい)。¶ ~ 중 休会中(きゅうかいちゅう)/ ~를 선언하다 休会(きゅうかい)を宣(せん)する。
**휼미**[恤米] 图 恤米(じゅつまい)。政府(せいふ)から罹災民(りさいみん)に与(あた)える米(こめ)。
**흉** 图 ①傷(きず)、傷跡(きずあと)。¶ 얼굴에 ~이 있다 顔(かお)に傷(きず)がある。②欠点(けってん)、あら。¶ 남의 ~은 눈에 잘 띄는 법이다 人(ひと)の欠点(けってん)はよく目(め)につくものだ
[관용] **흉을 보다** 欠点(けってん)をあげつらう、悪口(わるぐち)を言(い)う。**흉을 잡다** あらさがしをする、けちをつける。
**흉가**[凶家] 图 民 不吉(ふきつ)なことが起(お)こる家(いえ)、化(ば)け物(もの)屋敷(やしき)。
**흉계**[凶計] 图 悪巧(わるだく)み。¶ ~에 빠지다 悪巧(わるだく)みにかかる。
**흉골**[胸骨] 图 生 胸骨(きょうこつ)。
**흉곽**[胸廓] 图 生 胸郭(きょうかく)。¶ ~으로 호흡하다 胸郭(きょうかく)で呼吸(こきゅう)する。
**흉곽 성형술**[-成形術] 图 醫 胸郭形成術(きょうかくけいせいじゅつ)。
**흉괘**[凶卦] 图 不吉(ふきつ)な占(うらな)い卦(け)。
**흉금**[胸襟] 图 胸襟(きょうきん)。¶ ~을 털어놓고 이야기하다 胸襟(きょうきん)を開(ひら)いて語(かた)り合(あ)う。
**흉기**[凶器・兇器] 图 凶器(きょうき)。¶ ~를 든 강도 凶器(きょうき)を持(も)った強盗(ごうとう)。
**흉내** 图 真似(まね)、模倣(もほう)。¶ ~를 잘 내다 うまくまねをする。
**흉내-내다** 他 真似(まね)る、真似(まね)をする。¶ 남의 목소리를 ~ 人(ひと)の声(こえ)を真似(まね)る。
**흉내-말** 图 文法 擬声語(ぎせいご)と擬態語(ぎたいご)。
**흉내-쟁이** 图 ものまねのうまい人(ひと)。
**흉년**[凶年] 图 凶年(きょうねん)。¶ ~이 들다 凶年(きょうねん)になる。/ ~이 계속되다 凶年(きょうねん)が続(つづ)く。
**흉년-거지** 图 比 凶年(きょうねん)の乞食(こじき)、努力(どりょく)しても報(むく)われることが少(すく)ないこと。
**흉노**[匈奴] 图 史 凶奴(きょうど)。
**흉몽**[凶夢] 图 凶夢(きょうむ)、悪(わる)い夢(ゆめ)、不吉(ふきつ)な夢(ゆめ)。⊕ 길몽(吉夢)
**흉물**[凶物] 图 陰険(いんけん)な人(ひと)、凶悪(きょうあく)な人物(じんぶつ)。
[관용] **흉물(을) 떨다** 真面目(まじめ)なふりをして陰険(いんけん)に振(ふ)る舞(ま)う、凶悪(きょうあく)な行(おこな)いをする。
**흉물-스럽다** 形 ㅂ (性質(せいしつ)・行動(こうどう)が)陰険(いんけん)に見(み)える、凶悪(きょうあく)そうだ。**흉물-스레** 副 陰険(いんけん)に、凶悪(きょうあく)に。
**흉배**[胸背] 图 ①胸背(きょうはい)。①胸(むね)と背(せ)。②(むかし)官服(かんぷく)の胸(むね)と背(せ)に付(つ)けて地位(ちい)を表(あらわ)した刺繍(ししゅう)入(い)りの布切(ぬのき)れ。
**흉벽**[胸壁] 图 胸壁(きょうへき)。①胸壁(きょうへき)。②胸郭(きょうかく)の外壁(がいへき)。
**흉보**[凶報] 图 凶報(きょうほう)。¶ ~를 알리다 凶報(きょうほう)を知(し)らせる。⊕ 길보(吉報)

**흉-보다** 他 (人(ひと)の)欠点(けってん)をあげつらう、陰口(かげぐち)をきく、悪口(わるぐち)を言(い)う。
**흉부**[胸部] 图 胸部(きょうぶ)。¶ ~ 질환 胸部疾患(きょうぶしっかん)。
**흉사**[凶事] 图 凶事(きょうじ)。①不吉(ふきつ)な出来事(できごと)。②(人(ひと)の)死去(しきょ)。⊕ 길사(吉事)
**흉상**[凶相] 图 凶相(きょうそう)、不吉(ふきつ)な相(そう)。②醜(みにく)い外貌(がいぼう)。
**흉수**[凶手] 图 凶手(きょうしゅ)。¶ ~에 걸리다 凶手(きょうしゅ)にかかる。
**흉식 호흡**[胸式呼吸] 图 胸式呼吸(きょうしきこきゅう)。
**흉악**[凶惡] 图 해 形 凶悪(きょうあく)だ、兇悪(きょうあく)だ。¶ ~범 凶悪犯(きょうあくはん)/ ~ 한 강도 凶悪(きょうあく)な強盗(ごうとう)。
**흉악 망측**[-罔測] 图 해 形 測(はか)り知(し)れないほど凶悪(きょうあく)なこと。
**흉어**[凶漁] 图 凶漁(きょうりょう)、不漁(ふりょう)。¶ 청어의 ~ にしんの不漁(ふりょう)。⊕ 풍어(豊漁)
**흉위**[胸圍] 图 胸囲(きょうい)、胸(むね)まわり、バスト。¶ ~를 재다 胸囲(きょうい)を測(はか)る。⊕ 가슴둘레
**흉일**[凶日] 图 凶日(きょうじつ)。⊕ 길일(吉日)
**흉작**[凶作] 图 凶作(きょうさく)、不作(ふさく)。¶ ~인 해 凶作(きょうさく)の年(とし)。
**흉-잡다** 他 (人(ひと)の)欠点(けってん)をほじくる、あら捜(さが)しをする、けなす、けちをつける。
**흉-잡히다** 自 (《「흉잡다」의 수동》(人(ひと)に)欠点(けってん)を握(にぎ)られる、あらをほじくられる、けちをつけられる。
**흉조**[凶兆] 图 凶鳥(きょうちょう)。⊕ 길조(吉兆)
**흉중**[胸中] 图 胸中(きょうちゅう)、心中(しんちゅう)、心(こころ)のうち。¶ ~을 헤아리다 胸中(きょうちゅう)を察(さっ)する。/ ~을 털어놓다 胸中(きょうちゅう)を明(あ)かす。
**흉측**[凶測] 图 해 形 ①(容貌(ようぼう)が)ぞっとするほど醜(みにく)いこと。¶ ~한 모습 ぞっとするいやらしい姿(すがた)。②陰険(いんけん)なこと、腹黒(はらぐろ)いこと。¶ ~한 사람 腹黒(はらぐろ)い人(ひと)/ 심보가 ~하다 根性(こんじょう)が陰険(いんけん)である。
**흉탄**[凶彈・兇彈] 图 凶弾(きょうだん)。¶ ~에 쓰러지다 凶弾(きょうだん)に倒(たお)れる。
**흉-터** 图 傷跡(きずあと)。¶ ~가 남다 傷跡(きずあと)が残(のこ)る。
**흉포**[凶暴] 图 해 形 凶暴(きょうぼう)。¶ ~한 범인 凶暴(きょうぼう)な犯人(はんにん)。
**흉-하다** 形 여 ①よくない、悪(わる)い。¶ 흉한 결과를 초래하다 悪(わる)い結果(けっか)をもたらす。②不吉(ふきつ)である、忌(い)まわしい、縁起(えんぎ)が悪(わる)い。¶ 흉한 꿈 忌(い)まわしい夢(ゆめ)。③(顔(かお)つき・態度(たいど)が)見苦(みぐる)しい、醜(みにく)い。¶ 보기 흉한 옷차림 見苦(みぐる)しい身(み)なり。④(心(こころ)が)陰険(いんけん)だ。
**흉한**[兇漢・凶漢] 图 凶漢(きょうかん)。¶ ~에게 습격당하다 凶漢(きょうかん)に襲(おそ)われる。
**흉행**[兇行] 图 凶行(きょうこう)。¶ ~을 거듭하다 凶行(きょうこう)を重(かさ)ねる。
**흉허물-없다** 形 心安(こころやす)い、気兼(きが)ねしない、気(き)が置(お)けない、親密(しんみつ)だ。¶ 흉허물없는 친구들 心安(こころやす)い友人(ゆうじん)たち。**흉허물없-이** 副 心安(こころやす)く、気兼(きが)ねしないで。¶ ~ 사이좋게 지내다 気兼(きが)ねなく仲(なか)よく過(すご)ごす。
**흉흉-하다**[洶洶-] 形 여 ①(波(なみ)が)荒立(あらだ)っている。②(人心(じんしん)が乱(みだ)れて)ざわめいている、

**흐느끼다** 慌ただしい、びくびくしている。¶ 인심이 ~ 人心がひどく動揺している。

**흐-느끼다** 自 むせび泣く、すすり泣く、むせぶ。¶ 사고 소식을 듣고 흐느껴 울다 事故の知らせを聞いてむせび泣く。

**흐느적-거리다** 自 (細長い枝などが)ゆらゆらする、揺らぐ。¶ 수양버들이 바람에 ~ 糸柳が風にゆらゆらする。

**흐느적-흐느적** 副하自 ゆらゆら。

**흐늘-거리다** 自 ①ぶらぶら暮らす、のらくらと過ごす。 하는 일 없이 흐늘거리며 지내다 仕事としないでぶらぶらと暮らす。 ②(垂れて)揺らめく、ゆらゆらする。¶ 연이 바람에 ~ 凧が風にゆらゆら揺れる。 ③ぐらぐらする。 ④(張り・弾力がなく)ふにゃふにゃする、ぐにゃぐにゃする。

**흐늘-흐늘** 副하自 ①ぶらぶら、のらくら。 ②ゆらゆら、ぶらぶら。③のろのろ。 ④ふにゃふにゃ、ぐにゃぐにゃ。

**흐늘흐늘-하다** 形여 ふにゃふにゃしている、ぐにゃぐにゃしている。¶ 채소를 흐늘흐늘하게 삶다 野菜をふにゃふにゃに煮る。

**흐드러-지다** 形 ①(ほれぼれするほど)見事だ、見栄えがする、豊かだ。¶ 꽃이 흐드러지게 피었다 花が見事に咲いた。 ② ⇒ 흐무러지다.

**흐려-지다** 自 曇る、濁る、鈍る、ぼける。¶ 하늘이 ~ 空が曇る。/ 머리가 ~ 頭がぼける。

**흐르다¹** 自르 ①(液体などが)流れる。¶ 눈물이 ~ 涙が流れる。 ②(雲が)ただよう、流れる。¶ 흘러 가는 구름 流れゆく雲。 ③(時が)過ぎる、経つ、流れる。¶ 오랜 세월이 ~ 長い歳月が流れる。 ④(電流などが)伝わる、通じる、流れる。¶ 전류가 흐르고 있다 電流が流れている。 ⑤(音楽などが)聞こえてくる、流れる。¶ 음악이 흘러 나오다 音楽が流れてくる。 ⑥(人びとが)さすらう、流れる。¶ 시골로 흘러 들어온 여자 田舎へ流れてきた女。 ⑦(一定の方向に)傾く、偏する、流される。¶ 주관에 ~ 主観に偏る。 ⑧(ある雰囲気が)出でる、感じられる、漂う、流れる。¶ 침묵이 ~ 沈黙が漂う。 ⑨ずり落ちる、ずる、ずり下がる。¶ 바지가 흘러내리다 ズボンがずり下がる。 ⑩つやつやと光る。¶ 기름기가 흐르는 얼굴 つやつやと光る顔。

**흐르다²** 自여 (動物などが)交尾する、つるむ、番う。

**흐르르-하다** 形여 (布・紙などが)薄くて柔らかだ、ふにゃふにゃしている。¶ 흐르르한 천 ふにゃふにゃした布。

**흐리다¹** 他 ①濁らす、曖昧にする、ぼかす。¶ 말끝을 ~ 言葉尻を濁す。 ②(水などを)濁らす、濁らせる。¶ 샘물을 ~ 泉の水を濁す。 ③(名誉などを)汚す、傷つける。¶ 가문을 ~ 家門を汚す。 ④(心配などで表情を)曇らす。¶ 낯빛을 ~ 顔を曇らす。

**흐리다²** 形 ①(水などが)濁っている、澄んでいない。¶ 물이 ~ 水が濁っている。 ②(天気が)曇っている。¶ 날씨가 ~ 天気が曇っている。 ③(視野が)ぼやけて見えない、かすんでいる、曇っている。¶ 김으로 유리가 흐려지다 湯気でガラスが曇る。 ④(記憶力などが・判断力などが)衰えている、ぼうっとしている。¶ 정신이 ~ 頭がぼうっとしている。 ⑤(文字などが)はっきりしない、ぼけている。¶ 인쇄가 ~ 印刷がはっきりしない。

**흐리멍덩-하다** 形여 ①(記憶が)はっきりしない、曖昧だ。¶ 기억이 ~ 記憶がはっきりしない。 ②(成り行き・結果が)はっきりしない、見通しがつかない、曖昧だ。¶ 손익 계산이 ~ 損益計算がはっきりしない。 ③(耳に聞こえる音などが)かすかだ、ぼんやりしている。¶ 무엇인가 흐리멍덩하게 들리다 何かがかすかに聞こえる。 ④(意識が・精神が)もうろうとしている、ぼんやりしている、はっきりしない。¶ 정신이 ~ 意識がもうろうとしている。

**흐리터분-하다** 形여 ①どんよりしている、うっとうしい、むさ苦しい。¶ 방안의 공기가 ~ 部屋の空気がどんよりとよどんでいる。 ②(性質が)煮え切らない、さっぱりしない。¶ 흐리터분한 사람 煮え切らない人。

**흐릿-하다** 形여 ぼやけている、かすんでいる、少し曇っている、うすぼんやりしている。¶ 기억이 ~ 記憶がうすぼんやりしている。/ 글씨가 ~ 字がぼやけている。

**흐무러-지다** 形 ①円熟し過ぎている。 ②ふやけている、ぐじゃぐじゃだ。¶ 쌀이 물에 불어 ~ 米が水腹ぎれになってふやける。 ③ぼろぼろに崩れる。

**흐물-흐물** 副하自 とろとろ、ぐずぐず。¶ 채소를 해지도록 삶다 野菜をとろとろになるまで煮る。

**흐뭇-하다** 形여 満足まんである、満ち足りている、ほほえましい、心温まる。¶ 흐뭇한 광경 心温まる光景/ 마음이 한량なしに ~ 心こそが限りなく満ち足りている。 **흐뭇-이** 副 満足げに、ほほえましく。¶ ~ 미소를 짓다 満足げにほほえみを浮かべる。

**흐벅-지다** 形 ふっくらしている、ふくよかだ。¶ 흐벅진 젖가슴 ふくよかな胸.

**흐슬 부슬** 副하形 (粘じり気がなくばらつくよう)ぱらぱら。¶ ~한 밥 ぽろぽろのご飯。

**흐지-부지** 副하他 自되 うやむやに、曖昧に。¶ 일이 도중에 ~ 되었다 仕事が途中でうやむやになった。

**흐트러-뜨리다** 他 乱す、掻き乱す。①(物を)散らかす。¶ 방안을 ~ 部屋の中を散らかす。 ②(髪などを)振り乱す。 ③ごちゃごちゃにする。¶ 줄을 ~ 列を乱す。 ④(姿勢を)崩す。¶ 자세를 ~ 姿勢を崩す。 ⑤(気持ちを)惑わせる、混乱させる。¶ 정

신을 ~ 気を取られ乱す。

흐트러-지다 [自] 乱れる。①(整っていたものが)ごちゃごちゃになる、乱雑らになる。¶ 대열이 ~ 隊列がみだれる。②(結ゆなどがとけて)ほつれる。¶ 흐트러진 머리 ほつれた髪の毛。③崩れる。¶ 자세가 ~ 姿勢がくずれる。④(心が)惑わされる。

흐흐 [副][하자] (しまりなく笑うよう・その声)ふふ、ひひ。

흑[黑] [名] 黒く。①(「흑색」の縮約形)黒色こく。②(「흑지」の縮約形)黒い碁石。¶ ~을 쥐다 黒を持つ。

흑-갈색[黑褐色] [名] 黒褐色、黒茶色。

흑단[黑檀] [植] コクタン。

흑막[黑幕] [名] 黒幕、内幕、内情、裏。¶ 정계의 ~을 폭로하다 政界の黒幕を暴露する。

흑-맥주[黑麥酒] [名] 黒ビール。

흑발[黑髮] [名] 黒髮くろかみ。¶ ~ 미인의 黒髮の美人。

흑백[黑白] [名] 黒白・白黒。①黒と白と。¶ 영화 白黒映画。②是非ぜひ、正邪、善悪。¶ ~을 분명히 하다 黒白を明らかにする。/ 재판으로 ~을 가리다 裁判で白黒をつける。③(碁で)黒石と白石。¶ 先手ぜんと後手ごて。¶ 黑人と白人。¶ ~ 분규 黒白の紛糾。

흑백 사진[-寫眞] [名] 白黒写真、モノクローム。

흑-빵[黑-] [名] 黒パン。

흑사-병[黑死病] [名] 黒死病、ペスト。

흑색[黑色] [名] 黒色、ブラック。¶ ~ 인종 黒色人種。(준) 흑(黑)

흑색 선전[-宣傳] [名] デマ、悪宣伝。

흑-설탕[黑雪糖] [名] 黒砂糖。

흑심[黑心] [名] 腹黒い心。

흑연[黑鉛] [名][鑛] 黒鉛。¶ ~광 黒鉛鉱。

흑인[黑人] [名] 黒人、ニグロ。

흑인 영가[-靈歌] [音] 黒人靈歌。

흑-인종[黑人種] [名] 黒色人種。

흑-임자[黑荏子] [名] クロゴマ。(준) 검은깨

흑자[黑子] [名] ①黒い碁石。(준) ほくろ。

흑자[黑字] [名] 黒字。¶ ~ 도산 黒字倒産/ ~가 나다 黒字が出る。(대) 적자(赤字)

흑점[黑點] [名][天] 黒点。¶ 태양의 ~ 太陽の黒点。

흑태[黑荅] [名] 黒豆。(준) 검은 콩

흑판[黑板] [名] 黒板。(준) 칠판(漆板)

흑흑 [副][하자] (すすり泣くかしゃくり上げるようす)しくしく、よよと。¶ ~ 흐느껴 울다 しくしくむせび泣く。

흔드렁-거리다 [自他] しきりにぶらぶらする〔させる〕、ゆらゆらする。

흔드렁-흔드렁 [副][하자][他] ぶらぶら(と)、ゆらゆら(と)。

흔들-거리다 [自他] 揺らぐ、ゆらゆら揺れる〔揺すぶる〕、ぐらぐらする〔させる〕。¶ 촛불이 바람에 ~ ろうそくの火が風に揺れ動く。

흔들-흔들 [副][하자][他] ぐらぐら、ゆらゆら。¶ 나뭇가지가 바람에 ~ 흔들거리고 있다 木の枝が風にゆらゆら揺れている。

흔들다 [他] ①(前後・左右に)揺する、揺さぶる、振る。¶ 깃발을 ~ 旗を振る。/ 어깨를 흔들며 웃다 肩を揺するって笑う。②(心・状態などを)揺り動かす、動揺させる。¶ 그의 말이 나의 마음을 흔들었다 彼のことばがわたしの心を揺り動かした。

흔들리다 [自] (「흔들다」의 受動) 揺れ動く。①揺られる、揺すられる、ぐらつかされる。¶ 배가 몹시 ~ 船がひどく揺れる。②(灯火などが)ちらつく、ゆらめく。¶ 촛불이 ~ ろうそくの火がゆらめく。③(基礎・土台などが)ぐらつく、揺ぐ。¶ 정책이 근본부터 ~ 政策が根本からぐらつく。④(信念・決心などが)揺らぐ、ぐらつく、(心が)揺れ乱される、動揺を残される。¶ 생각이 ~ 考えがぐらつく。

흔들-의자[-椅子] [名] 揺り椅子。

흔들-이 [名] ①振り子。㉠ 진자(振子) ②体から手足と、を始終ぐ振る~っている人。

흔연[欣然] [名][하자] 欣然。흔연-히 [副] 欣然と。¶ ~ 승낙하다 欣然と承諾する。

흔적[痕迹・痕跡] [名] 痕跡、跡形、跡、名残。¶ ~이 남지 않다 痕跡を残さない。/ ~도 없이 사라지다 跡形もなく消えうせる。

흔전-만전 [副][하자] ふんだんに、惜しみなく。¶ ~ 돈을 쓰다 ふんだんにお金を使う。

흔전-하다 [形여] 有り余まる、非常に豊かである。

흔전-흔전 [副][하자] 有り余まるほど、たっぷり、ふんだんに。

흔쾌[欣快] [名][하자] 欣快。¶ ~하기 짝이 없다 欣快の至りである。흔쾌-히 [副] 欣快に、喜んで。¶ ~ 승낙하다 喜んで承諾する。

흔-하다 [形여] ありふれている、珍しくない、平凡である。¶ 흔한 일 ありふれた事/ 그런 물건은 흔하지 않다 そのような物は珍しい。흔-히 [副] ありふれて、よく、多おく。¶ ~ 듣는 이야기 よく聞きく話は/ ~ 세상에 있는 일이다 よく世間にあることだ。

흔해-빠지다 [自] ごくありふれている。¶ 흔해빠진 물건이다 ごくありふれた品物だ。

흔희 작약[欣喜雀躍] [名][하자] 欣喜雀躍。¶ 우승 소식에 ~하다 優勝の知らせに欣喜雀躍する。

흘게 [名] (仕口・継ぎ手などの)締しまり具合い、結び具合い。
[관용] 흘게(가) 늦다 ①締りがない、緩んでいる。②だらしがない。

흘겨-보다 [他] 横目でにらむ、横目でじろっと見る。¶ 그는 흘겨보는 버릇이 있다 彼は横目で見る癖がある。

흘근-거리다 [他] のろのろと行動する、ぐずぐずする。

흘근-흘근 [副][하자] のろのろ、ぐずぐず

흘금-거리다 他 橫目よこめでちらちら見みる、しきりに盗ぬすみ見みる。
　흘금-흘금 副[하다自他] ((橫目よこめでちらちら見みるようす))ちらちら。
흘긋 副 ((一瞬いっしゅんちょっと見みる〔見みえる〕ようす))ちらっと、ちらりと。¶ ~ 쳐다보다 ちらっと見上みあげる。/ 사람 모습이 ~ 보이다 人影ひとかげがちらりと見みえる。
　흘긋-거리다 自他 ちらちらする、ちらつく。
　흘긋-흘긋 副[하다自他] ちらちら。¶ 아까부터 ~ 이쪽을 보고 있다 さっきからこっちをちらちら見みている。
흘기다 他 橫目よこめでにらむ。¶ 눈을 ~ 橫目よこめでにらみつける。
흘깃-거리다 他 しきりに橫目よこめを使つかう、じろじろと橫目よこめでにらむ。
　흘깃-흘깃 副[하다他] じろじろ(と)。
흘끔 副 ((人ひとに知しられないように素早すばやく橫目よこめで見みるようす))ちらっと、じろっと。¶ 그 청년을 ~ 쳐다보다 その青年せいねんをちらっと見みつめる。
　흘끔-거리다 他 それとなく視線しせんを当あてる。
　흘끔-흘끔 副[하다他] ちらちら。
흘끗 副[하다自他] ①((一瞥いちべつするようす))ちらっと、ちらりと。¶ ~ 쳐다보다 ちらっと一瞥いちべつする。/ ~ 보고 알아차리다 ちらりと見みて取とる。②((一瞬いっしゅん現あらわれてすぐ消きえるようす))ちらっと、ちらりと。¶ 사람 그림자가 ~ 나타났다가 사라졌다 人影ひとかげがちらっと現あらわれて消きえた。
　흘끗-거리다 他 しきりにちらっと見みる。
　흘끗-흘끗 副[하다他] ちらちら (と)。
흘낏-거리다 他 「흘깃거리다」の強調語。
　흘낏-흘낏 副[하다他] 「흘깃흘깃」の強調語。
흘러-가다 自 流ながれ行ゆく、流ながれる。¶ 바다로 ~ 海うみに流ながれ行ゆく。
흘러-나오다 自 流ながれ出でる、わき出でる。¶ 수도 꼭지에서 물이 ~ 蛇口じゃぐちから水みずが流ながれ出でる。
흘러-내리다 自 ①流ながれる、流ながれ落おちる。¶ 눈물이 주르르 ~ 涙なみだがぽろぽろと流ながれ落おちる。②ずり落おちる、すべり落おちる。¶ 스타킹이 ~ ストッキングがずり落おちる。
흘러-보다 他 (人ひとの)意向いこうを探さぐる、あたって見みる。¶ 그의 속마음을 ~ 彼かれの心中しんちゅうを探さぐって見みる。
흘레 名[하다自] (動物どうぶつの)交尾こうび。
　흘레-붙다 自 交尾こうびする、盛さかる、つるむ、つがう。¶ 개가 ~ 犬いぬがつるむ。
　흘레-붙이다 他 交尾こうびさせる、盛さかさせる、つるませる。¶ 돼지를 ~ 豚ぶたを交尾こうびさせる。
흘리다 他 ①(液体えきたいなどを)流ながす。¶ 감격의 눈물을 ~ 感激かんげきの涙なみだを流ながす。②漏もらし落おとす、こぼす。¶ 밥물을 ~ 飯粒めしつぶをこぼす。③(液体えきたいを)したたらせる、垂たらす。¶ 콧물을 ~ はなを垂たらす。④(品物しなものを)落おとす、失うしなう、なくす。¶ 손수건을 ~ ハンカチを落おとす。⑤(秘密ひみつを)漏もらす。¶ 비밀을 ~ 秘密ひみつを漏もらす。⑥(水中すいちゅう・水上じょうに)押おし流ながす、流ながす。¶ 종이배를 흘려 보내다 折おり紙がみの船ふねを流ながす。⑦(字じを)崩くずす、崩くずして書かく。¶ 글씨를 흘려 쓰다 字じを崩くずして書かく。⑧聞ききき流ながす。¶ 건성으로 듣고 흘려 버리다 うわの空そらで聞きき流ながす。⑨(何回なんかいにも)分わけて与あたえる。⑩[美]ぼかす。

흘림¹ 名 草書そうしょ、崩くずし書がき、崩くずし字じ。¶ 글을 ~ 으로 쓰다 文ぶんを草書そうしょで書かく。
　흘림-체[-體] 名 草書體そうしょたい。
흘림² 名[하다] 柱はしらの柱頭ちゅうとうを下したのほうより細ほそくすること。
　흘림-기둥 名 柱頭ちゅうとうの細ほそい柱はしら。
흘수[吃水] 名 喫水きっすい、船脚ふなあし。¶ ~가 깊은 배 喫水きっすいの深ふかい船ふね。
　흘수-선[-線] 名 (船ふねの)喫水線きっすいせん。
흘연-하다[屹然-] 形 屹然きつぜんとしている。흘연-히 屹然と。¶ ~ 맞서다 屹然と立たち向むかう。
흘쩍-거리다 他 わざと長ながびかす、ぐずぐずする。¶ 일을 자꾸 ~ 仕事しごとをわざとしきりに長ながびかす。
흙 名 土つち、土壌どじょう、泥どろ。¶ ~먼지 土つちぼこり / ~을 파다 土つちを掘ほる。/ ~을 덮다 土つちをかぶせる。/ 구두에 묻은 ~을 털다 靴くつについた土つちを払はらう。
　관용＞ 흙(을) 들이다 客土きゃくどを行おこなう、田畑たはたに新あたらしい土つちを入いれる。
흙-구덩이 名 地面じめんのくぼみ、土つちを掘ほってできた穴あな。
흙-내 名 土つちのにおい。
　관용＞ 흙내(를) 맡다 (植うえ替かえた植物しょくぶつの)根ねがつく。
흙-더미 名 土盛つちもり、土つちの山やま。¶ ~ 속에 파묻히다 土盛つちもりの中なかに埋うめられる。
흙-덩이 名 土つちの塊かたまり、土つちくれ、土塊つちくれ。
흙-무더기 名 土つちの積つみ重かさね、塚つか。
흙-물 名 土水つちみず。
흙-받기 名 ①鏝板こていた。②(自転車じてんしゃなどの)泥除どろよけ、土払つちはらい。¶ ~를 차바퀴에 달아 泥除どろよけを車輪しゃりんにつける。
흙-벽[-壁] 名 土壁つちかべ。
흙-빛 名 土色つちいろ。¶ 안색이 ~으로 변하다 顔色かおいろが土色つちいろに変かわる。
흙-손 名 (左官用さかんようの)こて、土つちごて。¶ ~으로 벽을 바르다 こてで壁かべを塗ぬる。
　흙손-질 名[하다他] こてを使つかってする仕事しごと。
흙-일 名[하다自] 土仕事つちしごと。
흙-장난 名[하다自] 土遊つちあそび。¶ 아이들은 ~을 좋아하다 子供こどもたちは土遊つちあそびを好このむ。
흙-칠 名[하다自他] 泥どろがつくこと、泥どろの汚よごれ。¶ 바지에 ~을 하다 ズボンに泥どろがつく。
흙-탕 名 (「흙탕물」の縮約形しゅくやくけい)泥水どろみず。
　관용＞ 흙탕(을) 치다 (水遊みずあそびなどをして)泥水どろみずにする、水みずを濁にごす。
흙탕-길 名 泥どろんこ道みち。
흙탕-물 名 泥水どろみず、濁水だくすい。¶ ~이 뒤다 泥水どろみずがはねかえる。

**흠-투성이** 〈名〉泥だらけ、泥まみれ。¶ ~가 된 구두 泥だらけの靴。

**흠**〔欠〕〈名〉①傷, きずあと。¶ 얼굴에 ~이 지다 顔に傷がつく。㋑ 흠 ②〔品物などの〕きず。ひび。~이 있다 この商品에는 ~이 있다 この商品にはきずがある。③欠点, 短所, あら, 非。¶ 성급한 것이 ~이다 せっかちなのが欠点だ。/ 조금도 ~을 잡을 곳이 없다 一点の非の打つ所がない。

**흠**〈感〉ふん、ふうん、ふむ。¶ ~, 정말 재미있다 ふん、本当におもしろい。/ ~, 그랬던가 ふむ、そうだったか。

**흠:-내다**〔欠-〕〈他〉傷をつける。

**흠:-뜯다**〔欠-〕〈他〉〔人の〕欠点をさらけだす、けちをつける、悪口をいう。¶ 남을 흠뜯는 버릇 人の悪口をいうくせ。

**흠모**〔欽慕〕〈名〉〈하다〉欽慕, 敬慕。¶ 사람들의 ~를 받다 人々の欽慕を受ける。

**흠-빨다**〈他〉深々くくわえて吸う、口いっぱいにかぶりついて吸う。

〈慣用〉**흠빨며 감빨다** かぶりついて思う存分に吸う。

**흠뻑**〈副〉①十分に、思う存分、うんと、たっぷり。¶ 비가 ~ 내리다 雨がたっぷり降る。/ 취할 때까지 ~ 마시다 酔っぱらうまで思う存分飲む。②〔すっかり濡れたよう〕びっしょり、ずぶ濡れに。¶ 비에 ~ 젖다 雨にですぶ濡れになる。/ ~ 땀을 흘리다 びっしょり汗をかく。

**흠씬**〈副〉①たっぷり(と)、うんと、十分に。¶ 밥을 ~ 먹다 ご飯をたっぷり食べる。②〔水にすっかり濡れたよう〕びっしょり、ずぶ濡れに。¶ 소나기에 ~ 젖다 夕立にびっしょり濡れる。

**흠:-잡다**〔欠-〕〈他〉あらをさがす、けちをつける。¶ 흠잡을 데가 없는 사람 けちをつける所가 없는 사람。

**흠정**〔欽定〕〈名〉〈하다〉欽定。

**흠정 헌:법**〔-憲法〕〈名〉欽定憲法。

**흠:-지다**〔欠-〕〈自〉傷が出来る, きずがつく, 欠点が生じる。¶ 흠진 물건을 팔다 傷のある品物を売る。

**흠:-집**〔欠-〕〈名〉傷、きずあと、欠点、あら。¶ ~이 있는 얼굴 きずのある顔。/ 경력에 ~이 생기다 経歴に傷がつく。

**흠:축**〔欠縮〕〈名〉〈하다〉欠乏, 不足。

**흠:축-나다**〈自〉欠乏が生じる、不足する、減少する。

**흠:축-내다**〈他〉減らす、少なくする。

**흠칫**〈副〉〈하다〉〔驚いたりおじけたりして肩か・首をすくめるようす〕びくっと。¶ ~ 놀라서 멈춰 서다 びくっとして立ち止まる。

**흡기**〔吸氣〕〈名〉〈하다〉吸気。¶ ~ 밸브 吸気弁。

**흡반**〔吸盤〕〈名〉〈動〉吸盤。㋑ 빨판。

**흡사**〔恰似〕〈名〉〈하다〉①非常によく似ていること、ほとんどぴったりであること。¶ 얼굴이 어머니와 ~하다 顔が母親によく似ている。②〈副詞的に〉ちょうど、あたかも、まるで、そっくり。¶ ~ 그림같다 まるで絵のようだ。/ ~ 낮처럼 밝다 まるで昼のように明るい。

**흡수**〔吸水〕〈名〉〈하다〉吸水。¶ ~력 吸水力。

**흡수-관**〔-管〕〈名〉吸水管。

**흡수**〔吸收〕〈名〉〈하다〉吸收。¶ ~ 합병 吸收合併。/ 영양의 ~ 栄養の吸收。/ 이질 문화를 ~하다 異質文化を吸收する。/ 수분을 ~하다 水分を吸收する。

**흡수-력**〔-力〕〈名〉吸收力。

**흡수-성**〔-性〕〈名〉吸收性。

**흡수 작용**〔-作用〕〈名〉吸收作用。

**흡습**〔吸濕〕〈名〉吸濕。

**흡습-성**〔-性〕〈名〉〈理化〉吸濕性。

**흡연**〔吸煙〕〈名〉〈하다〉喫煙。¶ ~자 喫煙者。/ 이곳에서는 ~을 삼가해 주십시오 ここではたばこをご遠慮ください。

**흡연-실**〔-室〕〈名〉喫煙室。

**흡연-하다**〔洽然-〕〈形〉満ち足りている。**흡연-히**〈副〉十分に、たっぷりと。

**흡음**〔吸音〕〈名〉〈하다〉〈物〉吸音。¶ ~재 吸音材。

**흡인**〔吸引〕〈名〉〈하다〉〈되다〉吸引。¶ 공기를 ~하다 空気を吸引する。

**흡인-력**〔-力〕〈名〉吸引力。¶ ~이 강하다 吸引力が強い。

**흡입**〔吸入〕〈名〉〈하다〉〈되다〉吸入。¶ 산소를 ~하다 酸素를 吸入する。

**흡입-기**〔-器〕〈名〉〈醫〉吸入器。

**흡입 요법**〔-療法〕〈名〉〈醫〉吸入療法。

**흡족**〔洽足〕〈名〉〈하다〉〈形〉満足。①満ち足りていること、不満でないこと。¶ ~한 생활을 하다 満ち足りた生活をする。②十分であること、不足でないこと。¶ ~한 보수 十分な報酬。/ ~하게 비가 오다 十分に雨が降る。**흡족-히**〈副〉満足に、十分に、たっぷりと。

**흡착**〔吸着〕〈名〉〈하다〉〈되다〉吸着。¶ ~성 吸着性。/ 발에 거머리가 ~해 있다 足에 蛭가 吸いついている。

**흡착-제**〔-劑〕〈名〉〈化〉吸着剤。

**흡혈**〔吸血〕〈名〉〈하다〉吸血。¶ ~ 동물 吸血動物。

**흡혈-귀**〔-鬼〕〈名〉吸血鬼。

**흥**〔興〕〈名〉興, 興趣, 楽しみ, 面白み。¶ ~이 깨지다 興がさめる。/ ~을 돋우다 興をそえる。/ ~이 나다 興に乗る。

**흥**〈感〉①〔相手를 軽んじて鼻から出す声〕ふん、ふうん、ふむ。②〔興に乗って感嘆する声〕ふうん、ふうむ。

**흥감**〈名〉〈하다〉誇張ら、ほら、大おげさ。

〈慣用〉**흥감(을) 부리다** 大げさに言う、ほらを吹く。

**흥감-스럽다**〈形〉〈ㅂ〉大げさである。¶ 흥감스럽게 떠들어대다 大げさに騒ぎ出す。**흥감-스레**〈副〉大げさに、たいそうに。

**흥건-하다**〈形〉〈여〉①〔水などが〕一杯に溜まって

흥겹다

いる、たっぷりである。¶ 눈물이 흥건하게 괴다 涙がいっぱいたまる。/ 논에 물이 ~ 水が田にいっぱい溜まっている。 ②じっとりとしている、じめじめしている。¶ 셔츠가 땀으로 흥건하게 젖어 있다 シャツが汗でじっとりと濡れている。 ③(食べ物に)汁が多い。 **흥건-히** 圖 いっぱいに、たっぷりと、じっとりと(と)。¶ ~ 땀이 배다 じっとりと汗ばむ。

**흥:-겹다**[興-] 形ㅂ 非常に楽しい、楽しく浮き浮きする、陽気だ。¶ 흥겹게 놀다 陽気に遊ぶよ。¶ 오늘 동창회는 흥겨운 모임이었다 今日の同窓会は楽しい集まりだった。

**흥:-김**[興-] 图 興に乗った勢い。¶ ~ 에 그 곡조 읊다 興に乗って口ずさむ、歌う。

**흥:-나다**[興-] 自 興味がわく、心が浮き立つ、愉快になる。¶ 흥나면 시를 읊는다 興味がわいたら詩を吟ずる。

**흥망**[興亡] 图 興亡。¶ 국가의 ~을 결정하는 중대한 문제이다 国家の興亡を決する重大な問題だ。

**흥망-성쇠**[-盛衰] 图 栄枯盛衰。

**흥:-미**[興味] 图 興味。¶ ~가 솟다 興味がわく。/ ~를 끌다 興味を引く。/ 학습에 ~를 보이다 学習に興味を示す。

**흥:-미 진진**[-津津] 图形動 興味津々。¶ ~한 사건 興味津々たる事件だ。

**흥:-미 본위**[-本位] 图 興味本位。¶ ~의 소설 興味本位の小説。

**흥분**[興奮] 图形動 興奮。¶ ~ 상태 興奮状態。/ ~하기 쉬운 성격 興奮しやすい性格。/ 몹시 ~하다 すごく興奮する。/ 이 가라앉다 興奮が鎮まる。

**흥분-제**[-剤] 图薬 興奮剤。

**흥성**[興盛] 图形動 興盛、盛んにおこること。¶ 사업이 ~하다 事業が繁盛する。

**흥성-흥성** 圖形動 《繁盛して活気を帯びているようす》わいわい、がやがや。¶ 장사하는 소리로 ~한 시장 商売をする声でわいわいがやがやしている市場。

**흥신-소**[興信所] 图 興信所。

**흥얼-거리다** 自 ①鼻歌を歌う、ふんふんと口ずさむ。¶ 콧노래를 ~ 鼻歌を口ずさむ。②小声で一人言を言う、ぶつぶつぶやく。

**흥얼-흥얼** 圖形動 ふんふん、ぶつぶつ、もぐもぐ。¶ 혼자 ~ 노래하다 一人でふんふん歌う。

**흥이야-항이야** 圖形動 《関係のない事にあれこれ干渉するようす》おせっかいをやいて、口出しして。¶ 남의 일에 ~하다 人の事にあれこれ干渉する。參 흥야항야

**흥정** 图形動 ①売買、取引。¶ ~을 잘 붙이는 사람 駆け引きのうまい人。/ ~이 끝나다 取引が終わる。②(売買・交渉などの)駆け引き、話し合い、仲立ち、仲介。¶ 집 매매를 ~하다 家の売買を仲立ちする。

俗談 흥정은 붙이고 싸움은 말리랬다 話し合いは取り持て 喧嘩はやめさせよという。

**흥정-꾼** 图 ①仲立ち(人)、仲介者。②駆け引きのうまい人。

**흥청-거리다** 自 ①思う存分楽しむ、気ままに遊びこける、陽気に浮かれる。¶ 요릿집을 드나들며 만판 ~ 料理屋りょうりやに通って思う存分楽しむ。 ②豪勢な暮らしをする、お金をふんだんに使いまくる。¶ 돈을 벌어서 흥청거리며 살다 金をもうけて豪勢に暮らす。 ③(棒などが)ぶらぶら揺れる。¶ 버들가지가 바람에 ~ 柳の枝が風にぶらぶらと揺れる。

**흥청-흥청** 圖自動 ①(興に乗って存分に楽しむようす)浮かれて、ほいほいと。 ②《金品をふんだんに使うようす》ふんだんに、やたらに。¶ 돈을 ~ 마구 뿌리다 金をふんだんにまき散らす。 ③《棒などが揺れるようす》ぶらぶら。

**흥청-망청** 圖形動 《金・物などを惜しみなくやたらに使ってしまうようす》ふんだんに、やたらに。¶ 돈을 ~ 쓰다 金を思う存分ふんだんに使う。

**흥:-취**[興趣] 图 興趣、趣き。¶ ~를 살리다 趣を生かす。/ 한층 ~가 더해지다 一段と興趣が募る。

**흥-타령**[-打令] 图[音] 節の終わりごとに「흥」という合の手を入れて歌う韓国の俗謡の一種。

**흥-하다**[興-] 自 興ずる、栄える、盛んになる。¶ 나라가 ~ 国が興る。/ 사업이 ~ 事業が盛んになる。

**흥행**[興行] 图形動 興行。¶ ~사 興行師/ 장기 ~ 長期興行/ ~ 성적이 썩 좋았다 興行成績は上乗だった。

**흥행-물**[-物] 图 興行物。

**흥행-장**[-場] 图 興行場。¶ 가설 ~ 架設興行場。

**흥흥** 圖《相手の話を軽んじて鼻から出す声》ふん、ふんふん。¶ ~ 코웃음치다 ふふんと鼻で笑う。

**흥흥-거리다** 自 ①(興に乗じて)鼻歌を歌う。②子供がだだをこねて泣く、ふんふん言う。

**흩-날리다** 自 ①(落ち葉などが)舞い散る、飛び散る。¶ 낙엽이 바람에 ~ 落ち葉が風に飛び散る。 ②《他動詞的に》¶ 머리를 흩날리며 달리다 髪を振り乱して走る。

**흩다** 他 散らす、散らかす。¶ 흩어 뿌리다 ばら蒔く。/ 경찰관이 군중을 흩어 버리다 警察官が群衆を散らす。

**흩-뜨리다** 他 ①乱す、(整ったものを)散らかす。¶ 줄을 ~ 列を乱す。/ 머리카락을 ~ 髪を振り乱す。②ばらばらになる、散らばるようにする。¶ 경찰이 군중을 ~ 警察が群衆を追い散らす。

**흩어-지다** 自 散らばる。①(整ったものが)乱れる、散らかる。¶ 머리카락이 ~ 髪が乱れる。②広がる。¶ 지점이 전국에 흩어져 있다 支店が全国に広がっている。③(集まっていたものが)散る、ちりぢりばらばらになる。¶ 낙엽이 바람에 ~ 落ち葉が風に散る。

**흩이다**[1] 他 (「흩다」の受動) 散る、散らされる、散らかる。¶ 꽃이 바람에 ~ 花が風に吹かれて散る。⇨ 흩어지다

**흩이다**[2] 他 (「흩다」の使役) ばらばらにする、散らばるようにする。⇨ 흩뜨리다

**희-**[稀] 接頭 (「水っぽい・薄い」意を表わす) 稀۰…。¶ 염산 稀塩酸.

**희-가극**[喜劇] 名 喜歌劇。

**희-가스**[稀gas] 名 化 稀ガス。

**희곡**[戯曲] 名 戯曲。ドラマ。¶ 작가 戯曲作家/ ~을 상연하다 戯曲を上演する。

**희구**[希求] 名 他 希求。願い求めること。¶ 평화를 ~하다 平和を希求する。

**희귀**[稀貴] 名 他形 珍しくて貴重なこと。¶ ~ 한 물건 珍しい物。

**희극**[喜劇] 名 喜劇。¶ ~ 배우 喜劇俳優/ 한바탕 ~이 벌어졌다 一頻り喜劇が展開した。⇔ 비극(悲劇)

**희극**[戯劇] 名 ①真面目でない行動、ふざけた行動。②笑劇など、道化芝居らしい。

**희-금속**[稀金属] 名 化 稀金属、稀有金属。

**희끄무레-하다** 形 淡く白っぽい、ほの白い。¶ 희끄무레한 얼굴 白っぽみがかった顔/ 동녘 하늘이 희끄무레하게 밝아오다 東の空がほの白く明け始める。

**희끔-하다** 形 (色が) とても白くてきれいだ。

**희끗-거리다** 自 (目まいがして) 非常にくらくらする。

**희끗-희끗** 副 (白色が点在するようす) 点々と白く、ぽつぽつと白く。¶ 머리카락이 ~하다 髪の毛が白まだらに白い。

**희나리** 名 (まだ乾いていない) なまの薪。

**희년**[稀年] 名 (「七十歳」の称》 古稀。

**희노**[喜怒] 名 (「희로(喜怒)」のもとの語) 喜怒。¶ ~ 애락 喜怒哀楽。

**희다** 形 ①白い。¶ 흰 종이 白い紙/ 피부가 매우 ~ 肌がとても白い。②明るく澄んでいる、あかあかとしている、さやかである。¶ 달빛이 ~ 月光の光がさやかである。③(「희떱다」の縮約形) 見えっ張りである、気前がいい。¶ 흰소리 치다 ほらを吹く。

**희대**[稀代] 名 稀代、~의 사기꾼 稀代の詐欺師だ。

  **희대 미:문**[-未聞] 名 稀代未聞。¶ ~의 스캔들 稀代未聞のスキャンダル。

**희디-희다** 形 真っ白い、純白である。

**희떱다** 形 ①見栄を張っているが中身がない、からいばりしている。¶ 희떱게 굴다 見栄を張る。②気前がいい、太っ腹だ。¶ 돈 씀씀이가 ~ 金遣いに気前がいい。③尊大だ、傲慢だ、横柄だ、気どっている。

**희뜩-거리다** 自 目まいがする、くらくらする。희뜩-희뜩[1] 副 自 くらくら。

**희뜩-희뜩**[2] 副 他形 《白いものがところどころ混ざっているようす》白く点々と。¶ 머리가 ~하다 髪に白いものが混じっている。

**희랍**[希臘] 名 ギリシャ。¶ ~ 신화 ギリシア神話。⇨ 그리스

**희로**[喜怒] 名 喜怒。¶ ~를 얼굴에 나타내다 喜怒を顔に現わす。

**희-로-애-락**[-哀楽] 名 喜怒哀楽。

**희:롱**[戯弄] 名 戯弄。①他 (慰なぐものとして) もて遊ぶこと、からかうこと、冷やかすこと。¶ 운명에 ~당하다 運命にもてあそばれる。/ 지나가는 여자를 ~하다 通りすがりの女性を冷やかす。②他 (男女が)いちゃつくこと、ふざけること、戯れること。¶ 남녀가 서로 ~하고 있다 男女がいちゃついている。

**희롱-거리다** 自 ふざける、戯れる、へらへらしている。⇨ 해롱거리다

**희망**[希望] 名 希望、望み、見込み。¶ ~자 希望者/ 한 가닥의 ~ 一縷の望み/ ~을 잃다 希望を失う。/ 아직 ~은 있다 まだ見込みはある。

**희망-적**[-的] 冠名 希望的。¶ ~인 관측 希望的な観測。

**희-멀겋다** 形 (肌色などが)白くて澄んでいる。¶ 얼굴이 ~ 顔が透き通るように白い。⇨ 해말갛다

**희멀끔-하다** 形 (肌色などが)白くてすっきりしている。⇨ 해말끔하다

**희멀쑥-하다** 形 (肌色などが)白くて澄んでいる。⇨ 해말쑥하다

**희미**[稀微] 名 他形 かすかなこと、ほのかなこと、ぼんやりしていること、ぼっとしていること。¶ ~한 존재 かすかな存在/ 글씨가 ~하다 字がかすかだ。/ ~하게 기억하다 かすかに記憶している。

**희박**[稀薄] 名 他形 希薄、薄いこと。¶ ~한 공기 希薄な空気/ 우승할 가능성이 ~하다 優勝の可能性が薄い。

**희번덕-거리다** 他 ①(目を)白黒させる、ぎょろぎょろさせる、目をむく。¶ 눈을 희번덕거리며 화를 내다 目を剥いて怒る。②(魚が身をくねらせて)きらっと光る。

**희번덕-희번덕** 副 他 ①(目を白黒させるようす) ぎょろぎょろ。②(魚のうろこが光るようす)きらきら。

**희번드르-하다** 形 ①白くつやつやしている。②もっともらしい、上手にとりつくろう。¶ 말은 희번드르하게 잘한다 言葉はもっともらしくよくしゃべる。③(外見が)派手だ、けばけばしい、すっきりしている。¶ 포장은 희번드르하나 물건은 별것 아니다 包装は派手だが品物は大した

희번들-하다 [形어] 「희번드르르하다」의 縮約形.
희번지르르-하다 [形어] (顔色(かおいろ)が)白(しろ)くきれいでつやつやしている。
희보[喜報] [名] 喜(よろこ)ばしい知(し)らせ、朗報(ろうほう)。¶ 누이동생으로부터의 ~를 기다리다 妹(いもうと)からの朗報を待(ま)つ。(対) 비보(悲報)
희-부옇다 [形ㅎ] ほの白(しろ)い、ぼうっと白(しろ)い。¶ 희부옇게 달이 비치다 ほのほのと月(つき)の光(ひか)がさす。
희붐-하다 [形어] (夜(よ)があけて)薄明(うすあか)るい、ほの明(あか)るい、ほの白(しろ)い。¶ 새벽 하늘이 희붐해지다 夜明(よあ)けの空(そら)がほの白(しろ)くなる。 희붐-히 [副] ほの明(あか)るく、ほの白(しろ)く。¶ ~ 동이 틀 무렵 ほの白く東(ひがし)の空が明(あ)けるころ。
희비[喜悲] [名] 喜悲(きひ)、悲喜(ひき)。¶ ~가 엇갈리다 悲喜こもごもである。
희-비극[-劇] [名] 悲喜劇(ひきげき)。¶ 인생의 ~ 人生(じんせい)の悲喜劇。
희비 쌍곡선[-雙曲線] [名] 喜(よろこ)びと悲(かな)しみが同時(どうじ)に起(お)こって入(い)りまじること、悲喜双曲線(ひきそうきょくせん)、悲喜こもごも。
희사[喜事] [名] 喜(よろこ)ばしいこと、うれしいこと。
희사[喜捨] [名][하타] 喜捨(きしゃ)、寄付(きふ)。¶ ~를 청하다 喜捨を請(こ)う。/ 절에 돈을 ~하다 お寺(てら)に金(かね)を喜捨する。
희사-금[-金] [名] 喜捨金(きしゃきん)。
희사함[-函] [名] ①寄付金箱(きふきんばこ)。②[佛] 賽銭箱(さいせんばこ)。
희색[喜色] [名] 喜色(きしょく)、うれしそうな顔(かお)つき。¶ ~을 띠운 표정 喜色をたたえた表情(ひょうじょう)/ ~을 나타내다 喜色を現(あら)わす。
희색 만:면[-滿面] [名][하形] 喜色満面(あん)。
희생[犧牲] [名] 犧牲(ぎせい)。①いけにえ。¶ 양을 ~으로 신에게 바치다 羊(ひつじ)をいけにえに神(かみ)に供(そな)える。(同) 제물(祭物)。②[하타][되타] あることのため財物(ざいぶつ)・人命(じんめい)などを顧(かえり)みないこと。¶ ~ 정신 犧牲精神(ぎせいせいしん)/ 큰 ~을 치르다 大(おお)きな犧牲を払(はら)う。
희생-물[-物] [名] 犧牲物(ぎせいぶつ)、いけにえ。
희생-자[-者] [名] 犧牲者(ぎせいしゃ)。¶ 재해로 많은 ~가 발생했다 災害(さいがい)で多(おお)くの犧牲者がでた。
희생-적[-的] [冠] 犧牲的(ぎせいてき)。¶ ~인 봉사 犧牲的な奉仕(ほうし)。
희생-타[-打] [名][野] 犧牲打(ぎせいだ)、犧打(ぎだ)。
희서[稀書] [名] 希書(きしょ)、稀書(きしょ)。
희석[稀釋] [名][하타][되타] 希釋(きしゃく)、稀釋(きしゃく)。¶ ~액 希釋液(きしゃくえき)。
희석-도[-度] [名][化] 希釋度(きしゃくど)。
희석-열[-熱] [名][化] 希釋熱(きしゃくねつ)。
희세[稀世] [名] 希世(きせい)、希代(きだい)。¶ ~의 천재 希世の天才(てんさい)。
희세지-재[-之材] [名] 世(よ)に希(まれ)な人材(じんざい)。
희소[稀少] [名][하形] 稀少(きしょう)、稀少(きしょう)、まれで少(すく)ないこと。
희소 가치[-價値] [名] 稀少価値(きしょうかち)。¶ 우표의 값은 ~에 따라 다르다 郵便切手(ゆうびんきって)の値(ね)は希少価値によって違(ちが)う。

희소 물자[-物資] [名] 希少物資(きしょうぶっし)。
희소[喜笑] [名][하自] 喜笑(きしょう)、うれしくて笑(わら)うこと。
희소-극[-劇] [名] 喜笑劇(きしょうげき)。
희-소식[喜消息] [名] 吉報(きっぽう)、朗報(ろうほう)、喜(よろこ)ばしい知(し)らせ。¶ 합격의 ~ 合格(ごうかく)の吉報/ ~을 전하다 吉報を伝(つた)える。
희수[稀壽] [名] 《70歳(ななじゅっさい)の別称(べっしょう)》古稀(こき)。
희수[喜壽] [名] 《77歳(ななじゅうななさい)の別称(べっしょう)》喜壽(きじゅ)。
희언[戲言] [名] 戲言(ぎげん)、ざれごと。
희열[喜悅] [名][하自] 喜悅(きえつ)。
희유[稀有] [名][하形] 希有(けう)・(きゆう)。¶ ~의 대사건 希有(けう)の大事件(だいじけん)。
희유 원소[-元素] [名] 希有元素(きゆうげんそ)。(同) 희원소(稀元素)
희읍스름-하다 [形어] 白(しろ)みがかっている、ほの白(しろ)い。¶ 희읍스름하게 날이 밝아 오다 白々(しらじら)と夜(よ)が明(あ)けてくる。
희작[戲作] [名][하타] 戲作(げさく)、わたむれに書(か)いた読(よ)みもの類(るい)。
희종[稀種] [名] 珍(めずら)しい種類(しゅるい)。
희-짓다[戲-] [하타] 妨(さまた)げる、妨害(ぼうがい)する、じゃまする。¶ 공연히 남의 일을 회짓고만 다니다 いたずらに人(ひと)のすることをじゃまばかりしている。
희토류 원소[稀土類元素] [名][化] 希土類(きどるい)元素(げんそ)。
희학[戲謔] [名][하自] 戲謔(ぎぎゃく)、戲(たわむ)れおどけること。
희학-질 [名][하自] 悪(わる)いふざけ、おどけること。
희한[稀罕] [名][하形] 非常(ひじょう)にまれなこと、非常に珍(めずら)しいこと、すごく変(か)わっていること。¶ ~한 사람 変(か)わった人(ひと)/ ~한 일도 다 있군 珍しいこともあるものだなあ。/ ~하게도 집에 있다 珍しくも家(いえ)にいる。
희화[戲畵] [名] 戲畵(ぎが)、カリカチュア。
희희-낙락[喜喜樂樂] [名] 非常(ひじょう)に喜(よろこ)んで楽(たの)しむこと。¶ ~하며 나가다 嬉々(きき)として出(で)かける。
흰-개미 [名][動] シロアリ。
흰-곰 [名][動] シロクマ、北極熊(ほっきょくぐま)。
흰-깨 [名] 白(しろ)い胡麻(ごま)。
흰-나비 [名][動] 白(しろ)い蝶類(ちょうるい)の総称(そうしょう)。
흰-둥이 [名] ①(俗) 白人(はくじん)。②肌色(はだいろ)の白(しろ)い人(ひと)。③毛色(けいろ)の白い動物(どうぶつ)。
흰-떡 [名] 粳米(うるちまい)の粉(こな)で作(つく)った白(しろ)い棒状(ぼうじょう)の餅(もち)。
흰-말 [名] 白馬(はくば)。(同) 부루말
흰-머리 [名] 白髪(しらが)。¶ ~가 생기다 白髪が生(は)える。/ ~를 뽑다 白髪を抜(ぬ)く。
흰-밥 [名] 白米(はくまい)の飯(めし)。
흰-빛 [名] 白(しろ)い色(いろ)、白色(はくしょく)。(同) 백색(白色)
흰-소리 [名][하自] ほらを吹(ふ)くこと、ほら、からいばりすること、からいばりの話(はなし)、大言壮語(たいげんそうご)。¶ ~를 치다 大言壮語を吐(は)く。
흰-수작[-酬酌] [名][하自] からいばりの言動(げんどう)をすること。
흰-쌀 [名] 白米(はくまい)。
흰-옷 [名] 白衣(はくい)。

흰-이 ② 白歯ば。¶ ~를 드러내어 상긋 웃다 白歯をのぞかせてにこっと笑う。

흰-자 ② 「흰자위」의 縮約形.
　흰-자위 ② ①白身ら。②白目め、目玉めの白い部分ぶ。

흰-죽 ② 白粥ゆ、白米はくの粥ゆ。¶ ~을 쑤다 白粥を炊く。

흰-쥐 ② 白鼠しろ。

흰-콩 ② 白豆しろ。①色いの白っぽい豆め。②(黒豆くろまめなどに対たいして)大豆だい。

흰-털 ② ①白毛しろ、白色はくの毛け。②白髪しろ。

흰-팥 ② 色いの白い小豆あず。

횡-하다 ⓗ (頭あたまが)くらくらする、ぼうっとする。¶ 머리가 ~ 頭がぼうっとする。

횡-허케 ⓐ さっさと、さっと、すっと、すばやく、すぐに、急いで。¶ ~ 다녀오시오 急いで行ってきなさい。

히¹ ⓐ 《一人ひでり悦えつに入いってにやにやと笑うよう》ひ(ひ)、ひひっと、へへっと。

히² ⓘ 《冷笑れいする声え》へっ、ふん、ふふん。

-히 接尾 《「-하다」で終わる形容詞の語幹について副詞ふくをつくる語ご》…に、…と、…く。¶ 당당 ~ 堂々どうと / 열심 ~ 熱心ねっしんに / 가만 ~ 있다 じっとしている。

-히- 接尾 《語幹が「ㄱ・ㄷ・ㅂ・ㅅ」などで終わる用言について》受動・使役の動詞をつくる。¶ 먹~다 食べられる、食~다 踏~まれる / 잡~다 とらえられる。

히드라 (hydra) ② ⓐ ヒドラ。

히뜩 ② ①《ちょっと振ふり返えるようす》ちらりと、ちらっと。¶ ~ 돌아보다 ちらっと振りかえる。/ ~ 쳐다보고 간다 ちらっと見上げていく。②《たわいなく転ころんだり倒たおれたりするようす》ぱたりと、ばったりと。¶ ~ 넘어지다 ぱたっと倒れる。
　히뜩-거리다 ⓘ ①ちらちらと見返みかえる。②ころりと転ころぶ。얼음판에서 ~ 氷の上でころりと転ぶ。
　히뜩-히뜩 ⓐ ⓗ ちらりちらり、ころりころりと。¶ ~ 잘도 넘어진다 すってんすってんとよく転ころがる。

히스테리 (独 Hysterie) ② ⓖ ヒステリー。¶ ~를 일으키다 ヒステリーを起おこす。

히스테릭 (hysteric) ② ⓗ ヒステリック。¶ ~ 한 웃음 ヒステリックな笑い。

히아신스 (←hyacinth) ② ⓔ ヒヤシンス。

히어로 (hero) ② ヒーロー。

히어링 (hearing) ② ヒアリング、(外国語がいこくごの)聞きき取とり。

히죽 ⓐ ⇨ 히죽거리다
　히죽-거리다 ⓘ ⇨ 히죽거리다
　히죽-히죽 ⓐⓗⓘ ⇨ 히죽히죽

히쭉 ⓐ 《満足まんぞくげに笑うようす》にっと。¶ ~ 하얀 이를 드러내고 웃다 白い歯を見せてにやりと笑う。
　히쭉-이 ⓐ にっと、にたりと、にやりと。¶ 그는 ~ 웃었다 彼はにやりと笑った。
　히쭉-거리다 ⓘ にやにや笑う。

히쭉-히쭉 ⓐⓗⓘ にたにた、にやにや。¶ ~ 웃고 있다 にやにや笑っている。

히치하이크 (hitchhike) ②ⓗⓘ ヒッチハイク。¶ ~로 여행하기로 한다 ヒッチハイクで旅行りょこうすることにする。

히:터 (heater) ② ヒーター、暖房器だんぼう。

히트 (hit) ②ⓗⓘ ヒット。¶ ~를 치다 ヒットを放はなつ。/ 신곡이 ~하다 新曲しんきょくがヒットする。
　히트 송 (-song) ② ヒットソング。
　히트-앤드-런 (-and run) ② [野] ヒットエンドラン。

히프 (hip) ② ヒップ、臀部でん。

히피 (hippie) ②ⓗⓘ ヒッピー。¶ ~족 ヒッピー族ぞ。

히히 ⓐⓗⓘ 《せせら笑らいの声え》ひひ(っと)、へへ(っと)。
　히히-거리다 ⓘ ひひと笑う。

히힝 ⓘ 《馬うまの鳴き声え》ヒヒーン。¶ 말이 ~ 운다 馬がヒヒーンと泣く。
　히힝-거리다 ⓘ (馬が)ヒヒーンと鳴く。

힌트 (hint) ② ヒント、暗示あんし。¶ ~를 주다 ヒントを与あたえる。

힐: (heel) ② ヒール。①踵かかと。②「하이힐」の縮約形。

힐금 ⓐⓗⓘ 《横目よこで窺うかがい見みるようす》ちらっと。¶ ~ 쳐다보다 ちらっと横目で見る。ⓔ 헬금
　힐금-거리다 ⓖ しきりにちらちら見る。
　힐금-힐금 ⓐⓗⓘ ちらっちらっと。

힐끗 ⓐ ①《目めにちらつくようす》ちらりと、ちらっと。¶ 뒷모습이 ~ 보이다 後ろ姿すがたがちらりと見える。②《目玉めだまを早はやく転ころがして見るようす》じろりと。¶ ~ 둘러보다 じろりと見回みまわす。/ 곁눈질로 쏘아 보다 じろりと横目よこめでにらむ。
　힐끗-거리다 ⓘ じろりじろりと見る。
　힐끗-힐끗 ⓐⓗⓘ ちらちら、じろりじろり。

힐난 (詰難) ②ⓗⓘ 詰難きった、難詰なんきつ。¶ 날카로운 ~을 받다 するどい難詰を受ける。/ 부정 행위를 ~하다 不正行為こういを詰なじる。

힐문 (詰問) ②ⓗⓘ 詰問きっもん。¶ 용의자를 ~하다 容疑者ようぎを詰問する。

힐책 (詰責) ②ⓗⓘ 詰責きっせき。¶ 엄하게 ~하다 厳きびしく詰責する。

힘 ② 力ちから。¶(人ひ・動物どうぶつの)体力たいりょく、精力せいりょく、元気げんき。¶ ~이 다하다 力が尽つきる。/ ~이 약하다 力が弱よわい。/ ~을 내다 力を出す。②(物理的ぶつりの)働はたき。¶ 증기의 ~으로 기계를 돌리다 蒸気じょうきの力で機械きかいを動うごかす。③(ある事をするための)能力のう、才能さい、学識がくしき。¶ ~이 자라는 한 力の及およぶ限かぎり / ~에 겹다 力に余あまる。/ ~을 다하다 力を合あわせる。/ 죽을 ~을 다하다 死しにもの狂くるいになる。④権力けんりょく、勢力せいりょく、威力いりょく。¶ 여론의 世論せろんの力 / 돈의 ~을 빌다 お金かねの力を借かりる。⑤助たすけ、助力じょりょく。¶ ~을 빌다 助けを借かりる。/ ~이 되어 주다 力になって

やる。⑥効力(こうりょく)、きき目(め)。¶ 약의 ~ 薬(くすり)のきき目。⑦腕力(わんりょく)、暴力(ぼうりょく)。¶ ~에 호소하다 腕力に訴(うった)える。/ ~으로 해결하다 暴力で解決(かいけつ)する。
[관용] 힘(을) 빼물다 力(ちから)の強(つよ)いふりをする、わざと力を出(だ)してみせる、強(つよ)がる。
힘-겨룸 图[하자] 力(ちから)くらべ。
힘-껏 團 力(ちから)の限(かぎ)り、精(せい)いっぱい、力いっぱい、懸命(けんめい)に。¶ ~ 일하다 力いっぱい働(はたら)く。/ ~ 노력하다 力の限り努力(どりょく)する。/ ~ 도와 주다 精いっぱい力になってやる。
힘-꼴 图 ①力(ちから)。②(俗) 腕節(うでっぷし)、腕力(わんりょく)。¶ ~이나 쓴다 腕節がある。
힘꼴-쓰다 他 腕節(うでっぷし)をふるう。
힘-내다 圓 力(ちから)を出(だ)す、元気(げんき)を出す、がんばる、精出(せいだ)す。
힘-닿다 圓 力(ちから)が及(およ)ぶ。¶ 힘닿는 한 해 보겠습니다 力の及ぶ限(かぎ)りやってみます。
힘-들다 圓 ①(肉体的(にくたいてき)に)力(ちから)が要(い)る、力を要(よう)する。¶ 힘드는 일 力の要る仕事(しごと)。②難(むずか)しい、手(て)に負(お)えない、やっかいだ、大変(たいへん)だ。¶ 참기 ~ 耐(た)えがたい。/ 더워서 일하기 ~ 暑(あつ)くて働(はたら)きにくい。③苦労(くろう)する、苦心(くしん)する。¶ 힘들여 모은 재산 苦労して蓄(たくわ)えた財産(ざいさん)。
힘-들이다 圓 力(ちから)を傾(かたむ)ける、苦労(くろう)する、苦心(くしん)する、努力(どりょく)する。¶ 힘들여 만든 계획 苦労して作(つく)った計画(けいかく)。
힘-부치다 形 力(ちから)にあまる、力が及(およ)ばない、手(て)に負(お)えない、無理(むり)だ。¶ 그것은 나에게 힘이 부치는 일이다 それは僕(ぼく)には力のあまる仕事(しごと)だ。
힘-세다 形 力(ちから)が強(つよ)い、力強(ちからづよ)い。
힘-쓰다 他 ①(肉体的(にくたいてき)に)力(ちから)を出(だ)す。②力(ちから)をつくす、尽力(じんりょく)する、精出(せいだ)す、努(つと)める、励(はげ)む、いそしむ。¶ 오로지 공부에만 ~ ただ勉強(べんきょう)にだけ精出す。/ 문제 해결에

~ 問題(もんだい)の解決(かいけつ)に努める。③助(たす)ける、手助(てだす)けする、力添(ちからぞ)えをする。¶ 내가 좀 힘써 주지 私(わたし)が少(すこ)し手助けしてあげよう。④苦労(くろう)する、苦心(くしん)する。¶ 힘쓴 보람이 없다 苦労したかいがない。
힘-없다 形 ①力(ちから)・気力(きりょく)がない。②能力(のうりょく)がない、無能(むのう)である、無力(むりょく)だ。힘없-이 團 力なく、元気(げんき)なく。¶ ~ 어깨를 늘어뜨리고 걷다 力なく肩(かた)を落(お)として歩(ある)く。
힘-입다 圓 人(ひと)の助(たす)けを受(う)ける、力(ちから)にあずかる、負(お)う。¶ 선생님께 힘입은 바가 크다 先生(せんせい)に負うところが大(おお)きい。
힘-있다 形 ①力(ちから)が強(つよ)い、元気(げんき)がある。②能力(のうりょく)がある。
힘-주다 圓 ①力(ちから)をこめる、力を傾(かたむ)ける。②力(ちから)む、強調(きょうちょう)する。¶ 힘주어 말하다 強調して話(はな)す。
힘-줄 图 ①[生] 腱(けん)、筋(すじ)。¶ 어깨의 ~을 다치다 肩の筋を痛(いた)める。②[生] 血管(けっかん)、血脈(けつみゃく)。③物質(ぶっしつ)の繊維(せんい)でできた細(ほそ)い線(せん)。
힘-줄기 图[生] (筋肉(きんにく)の)筋(すじ)。
힘줌-말 图 強調語(きょうちょうご)、強勢語(きょうせいご)。
힘-지다 形 ①力(ちから)がある、力がはいりそうだ。¶ 그의 힘진 말에 용기가 났다 彼(かれ)の力あることばに勇気(ゆうき)が出(で)た。②力(ちから)が要(い)る。
힘-차다 形 ①とても力強(ちからづよ)い、非常(ひじょう)に元気(げんき)だ。¶ 계획을 힘차게 추진하다 計画(けいかく)を力強く押(お)し進(すす)める。②手(て)にあまる、骨(ほね)が折(お)れる。¶ 힘찬 일에 시달리다 手にあまる仕事(しごと)に悩(なや)まされる。⑦ 힘겹다
힝 團 ①《強(つよ)く鼻(はな)をかむ音(おと)》ちいんと。¶ 코를 ~ 풀다 鼻をちいんとかむ。②《鼻先(はなさき)でせせら笑(わら)う声(こえ)》ふん。¶ ~、네가 뭔데! ふん、お前(まえ)が何(なに)だい。
힝-힝 團 ①《ひきつづき鼻(はな)をかむ音(おと)》ちーんちーん。②《鼻先(はなさき)であざけり笑(わら)う声(こえ)》ふんふん。

# 부 록

## 수량(數量) 호칭 일람표

일본어에는 사물의 외형·상태에 따라 여러 가지 호칭이 있다. 여기서는 일상 생활이나 학습 등에 도움이 되도록 그 대표적인 호칭 및 특수한 호칭을 구체적으로 예시하였다.
이 표의 배열은 五十音順에 따랐다.

### 교통·통신

| | |
|---|---|
| エレベーター | 一台(いちだい)・一基(いっき) |
| 自転車(じてんしゃ) | 一台(いちだい) |
| 自動車(じどうしゃ) | 一台(いちだい)・一両(いちりょう) |
| 人工衛星(じんこうえいせい) | 一個(いっこ) |
| 線路(せんろ) | 一本(いっぽん)・一条(いちじょう) |
| 手紙(てがみ) | 一通(いっつう)・一本(いっぽん) |
| 電車(でんしゃ)・列車(れっしゃ) | 一両(いちりょう) |
| 電話(でんわ) | 一台(いちだい) |
| 통화 | 一本(いっぽん)・一通話(いっつうわ) |
| はがき | 一枚(いちまい)・一葉(いちよう)・一通(いっつう) |
| 飛行機(ひこうき) | 一機(いっき) |
| 船(ふね) | 一艘(いっそう)・一隻(いっせき)・一杯(いっぱい) |

### 무기

| | |
|---|---|
| 刀(かたな) | 一口(ひとくち)・一腰(ひとこし)・一振(ひとふり) |
| 銃(じゅう) | 一丁(いっちょう) |
| 大砲(たいほう) | 一門(いちもん) |
| 弾(たま) | 一発(いっぱつ) |
| ミサイル | 一発(いっぱつ)・一機(いっき) |

### 문방구·악기·책

| | |
|---|---|
| えんぴつ | 一本(いっぽん) |
| 紙(かみ) | 一枚(いちまい)・一葉(いちよう) |
| 琴(こと) | 一面(いちめん) |
| しゃみせん | 一丁(いっちょう)・一さお(ひとさお) |
| すずり | 一面(いちめん) |
| すみ | 一丁(いっちょう) |
| そろばん | 一丁(いっちょう)・一面(いちめん)・一個(いっこ) |
| チェロ | 一面(いちめん) |
| ノート | 一冊(いっさつ) |
| バイオリン | 一丁(いっちょう) |
| 半紙(はんし) | 一枚(いちまい) |
| 20장 묶음 | 一帖(いちじょう) |
| ピアノ | 一台(いちだい) |
| 便(びん)せん | 一枚(いちまい)・一冊(いっさつ) |
| ふえ | 一本(いっぽん)・一管(いっかん) |
| 筆(ふで) | 一本(いっぽん)・一管(いっかん)・一茎(ひとくき) |
| 本(ほん) | 一冊(いっさつ)・一部(いちぶ) |
| 전집류 | 一巻(いっかん) |

### 사회

| | |
|---|---|
| 議案(ぎあん) | 一件(いっけん) |
| 寄付(きふ) | 一口(ひとくち) |
| 事件(じけん) | 一件(いっけん) |
| 書類(しょるい) | 一通(いっつう)・一部(いちぶ) |
| 新聞(しんぶん) | 一部(いちぶ) |

| | | | | |
|---|---|---|---|---|
| 投票(とうひょう) | 一票(いっぴょう) | | ごばん | 一面(いちめん) |
| 名刺(めいし) | 一枚(いちまい)・一葉(いちよう) | | 写真(しゃしん) | 一枚(いちまい)・一葉(いちよう) |
| 問題(もんだい) | 一問(いちもん)・一題(いちだい) | | しょうぎ(勝負(しょうぶ)) | 一局(いっきょく)・一番(いちばん) |
| | | | しょうぎのこま | 一枚(いちまい) |
| | | | しょうぎばん | 一面(いちめん) |
| | | | スキー | 一台(いちだい) |

## 생물체

| | | | | |
|---|---|---|---|---|
| イカ・タコ | 一杯(いっぱい) | | すもう(勝負(しょうぶ)) | 一番(いちばん) |
| 植木(うえき) | 一株(ひとかぶ) | | テープ | 一本(いっぽん)・一巻(いっかん) |
| ウサギ | 一羽(いちわ)・一匹(いっぴき) | | テレビ・ラジオ | 一台(いちだい) |
| かみの毛(け) | 一本(いっぽん)・一筋(ひとすじ) | | トランプ | 一枚(いちまい)・一組(ひとくみ) |
| 木(き) | 一本(いっぽん)・一株(ひとかぶ) | | 人形(にんぎょう) | 一体(いったい) |
| 草(くさ) | 一本(いっぽん)・一茎(ひとくき) | | フィルム | 一本(いっぽん) |
| クジラ・イルカ | 一頭(いっとう) | | | |
| 魚(うお) | 一匹(いっぴき)・一尾(いちび) | | | |
| 動物(どうぶつ) | | | ## 신변 잡화・의류 | |
| 큰 동물 | 一頭(いっとう) | | おび | 一本(いっぽん)・一筋(ひとすじ)・一条(いちじょう) |
| 작은 동물 | 一匹(いっぴき) | | | |
| 鳥(とり) | 一羽(いちわ) | | くつ・くつ下(した) | 一足(いっそく) |
| (めす・おすで)つがい | | | げた・ぞうり | 一足(いっそく) |
| 人数(にんずう) | 一人(ひとり)・二人(ふたり)・一人(いちにん)・二人(ににん) | | シャツ | 一枚(いちまい)・一着(いっちゃく) |
| | | | スカート | 一着(いっちゃく) |
| 年齢(ねんれい) | 一歳(いっさい)・一年(いちねん) | | ズボン | 一本(いっぽん)・一着(いっちゃく) |
| 花(はな) | 一本(いっぽん)・一輪(いちりん) | | たび | 一足(いっそく) |
| マグロ | 一本(いっぽん)・一尾(いちび) | | 手(て)ぶくろ | 一足(いっそく)・一対(いっつい) |
| 虫(むし)・昆虫(こんちゅう) | 一匹(いっぴき) | | ネクタイ | 一本(いっぽん) |
| | | | 洋服(ようふく)・せびろ | 一着(いっちゃく) |
| | | | 和服(わふく) | 一重(ひとかさね)・一枚(いちまい) |

## 순서・횟수

| | | | | |
|---|---|---|---|---|
| 順序(じゅんじょ) | 一番(いちばん)・一位(いちい)・一等(いっとう)・一着(いっちゃく) | | ## 예술・기타 | |
| 度数(どすう) | 一回(いっかい)・一度(いちど)・一遍(いっぺん) | | 歌(うた)・曲(きょく) | 一曲(いっきょく) |
| | | | 絵画(かいが) | 作(さく)・一点(いってん)・一枚(いちまい)・一幅(いっぷく) |
| | | | 工作物(こうさくぶつ) | 一点(いってん) |

## 스포츠・취미

| | | | | |
|---|---|---|---|---|
| | | | 詩(し)・小説(しょうせつ) | 一編(いっぺん) |
| | | | 彫刻(ちょうこく) | 一点(いってん) |
| カメラ | 一台(いちだい) | | 俳句(はいく) | 一句(いっく) |
| ゲレンデ・コート | 一面(いちめん) | | 文章(ぶんしょう) | 一編(いっぺん) |
| ご(勝負(しょうぶ)) | 一局(いっきょく) | | 論文(ろんぶん) | 一編(いっぺん) |
| ご石(いし) | 一個(いっこ)・一石(いっせき) | | 和歌(わか) | 一首(いっしゅ) |

## 음식물

| | |
|---|---|
| 油あぶらあげ | 一枚いちまい |
| おかず | 一皿ひとさら |
| おりづめ | 一折ひとおり |
| 切きり身み | 一切ひときれ |
| 果物くだもの | 一個いっこ・一山ひとやま・一とかご・一箱ひとはこ |
| ご飯はん | 一杯いっぱい・一ぜん |
| こんにゃく | 一丁いっちょう・一枚いちまい |
| 酒さけ | 一杯いっぱい・一献いっこん |
| ざるそば | 一枚いちまい |
| すい物もの・しる | 一椀ひとわん |
| するめ | 一枚いちまい |
| タマネギ・キャベツ | 一玉ひとたま・一個いっこ |
| だんご | 一ひとくし |
| とうふ | 一丁いっちょう |
| のり | 一枚いちまい |
| 10장 묶음 | 一帖いちじょう |
| バナナ | 一本いっぽん・一房ひとふさ |
| ぶどう | 一粒ひとつぶ・一房ひとふさ |
| ようかん | 一本いっぽん・一さお |
| 料理りょうり | 一皿ひとさら・一人前いちにんまえ・一品ひとしな |

## 일용품・건물

| | |
|---|---|
| アイロン | 一丁いっちょう |
| 家いえ | 一戸いっこ・一軒いっけん・一棟ひとむね・いっとう |
| いす・つくえ | 一脚いっきゃく |
| うちわ・せんす | 一本いっぽん |
| 鏡かがみ | 一面いちめん・一枚いちまい |
| 額がく | 一面いちめん・一架いっか |
| かさ | 一本いっぽん・一張ひとはり |
| 花瓶かびん | 一個いっこ・一びん |
| かんな・のこぎり | 一丁いっちょう |
| 鏡台きょうだい | 一台いちだい・一脚いっきゃく |
| くし | 一枚いちまい・一本いっぽん |
| 薬くすり | |
| こな薬くすり | 一包ひとつつみ・一服いっぷく |
| 錠剤じょうざい | 一粒りゅう・ひとつぶ・一錠いちじょう |
| さら・ぼん | 一枚いちまい |
| じゅず | 一具いちぐ・一連いちれん |
| 神社じんじゃ | 一社いっしゃ・一座いちざ |
| すだれ | 一とたれ・一枚いちまい・一張ひとはり |
| タオル・手てぬぐい | 一本いっぽん・一筋ひとすじ・一枚いちまい |
| たたみ | 一畳いちじょう・一枚いちまい |
| たんす | 一とさお・一本いっぽん |
| ちょうちん | 一張ひとはり |
| 寺てら | 一寺いちじ・一堂いちどう・一宇いちう |
| テント | 一張ひとはり |
| 電灯でんとう | 一灯いっとう |
| 鳥居とりい | 一基いっき |
| 荷物にもつ | 一個いっこ・一こり・一包ひとつつみ・一荷いっか |
| はさみ | 一丁いっちょう |
| はし | 一ぜん |
| 旗はた | 一本いっぽん・一とさお |
| ひも・なわ | 一本いっぽん・一筋ひとすじ |
| ふすま | 一枚いちまい・一領いちりょう |
| ふとん | 一枚いちまい・一組ひとくみ・一ひとそろい |
| ふろしき | 一枚いちまい |
| ベッド | 一台いちだい |
| へや | 一間ひとま・一室いっしつ・一部屋ひとへや |
| ほうちょう | 一丁いっちょう |
| みこし | 一座いちざ・一台いちだい・一基いっき |

## 자연

| | |
|---|---|
| 川かわ | 一本いっぽん・一条いちじょう・一筋ひとすじ |
| 田た・畑はた | 一面いちめん・一枚いちまい |
| 道みち | 一本いっぽん・一筋ひとすじ |

# 일본력 · 서력 대조표

| 시대(연호) | 일본력 | 서력 |
|---|---|---|
| 大和(やまと)時代 | 원년 | 645 |
| 奈良(なら)時代 | 원년 | 710 |
| 平安(へいあん)時代 | 원년 | 794 |
| 鎌倉(かまくら)時代 | 원년 | 1192 |
| 室町(むろまち)時代 | 원년 | 1336 |
| 安土桃山(あづちももやま)時代 | 원년 | 1568 |
| 江戸(えど)時代 | 원년 | 1603 |
| 明治(めいじ)時代 | 1 | 1868 |
| | 10 | 1877 |
| | 20 | 1887 |
| | 30 | 1897 |
| | 44 | 1911 |
| 大正(たいしょう) | 1 | 1912 |
| | 14 | 1925 |
| 昭和(しょうわ) | 1 | 1926 |
| | 10 | 1935 |
| | 20 | 1945 |
| | 30 | 1955 |
| | 40 | 1965 |
| | 50 | 1976 |
| | 63 | 1988 |
| 平成(へいせい) | 1 | 1989 |
| | 10 | 1998 |
| | 11 | 1999 |